Kügel/Müller/Hofmann
Arzneimittelgesetz

Beck'sche Kurz-Kommentare

Arzneimittelgesetz

Kommentar

Herausgegeben von

Prof. Dr. J. Wilfried Kügel
Rechtsanwalt und Fachanwalt für Verwaltungsrecht in Stuttgart
Honorarprofessor an der Universität Hohenheim

Dr. Rolf-Georg Müller, LL. M.
Rechtsanwalt in München

Hans-Peter Hofmann
Ministerialrat a. D. in Bonn

Bearbeitet von

Dr. Oliver Blattner, Rechtsanwalt, Wiesbaden; *Ina Brock,* Rechtsanwältin, München; *Dr. Mark Delewski,* Rechtsanwalt, Stuttgart; *Dr. Matthias Heßhaus,* Rechtsanwalt, FA für Verwaltungsrecht, Düsseldorf; *Hans-Peter Hofmann,* Ministerialrat a.D., Bonn; *Dr. Hermann Kortland,* Rechtsanwalt, Bonn; *Dr. Carsten Krüger,* Rechtsanwalt, Frankfurt a. M.; *Prof. Dr. J. Wilfried Kügel,* Rechtsanwalt, FA für Verwaltungsrecht, Stuttgart; *Dr. Birgit Laber-Probst,* Rechtsanwältin, Köln; *Dr. Thomas Miller,* Rechtsanwalt, Berlin; *Dr. Rolf-Georg Müller,* LL. M., Rechtsanwalt, München; *Dr. Lars Nickel,* Ministerialrat, Bonn; *Dr. Arnd Pannenbecker,* Rechtsanwalt, Stuttgart; *Dr. Rolf Raum,* Vors. Richter am BGH, Karlsruhe; *Dr. Jörg Schickert,* Rechtsanwalt, München; *Dr. Veit Stoll,* Rechtsanwalt, München; *apl. Prof. Dr. Dr. Christoph Stumpf,* Rechtsanwalt, Hamburg; *Dr. Heike Wachenhausen,* Rechtsanwältin, Lübeck; *Simone Winnands,* Rechtsanwältin, Hamburg

2. Auflage 2016

C.H.BECK

Zitiervorschlag: *Bearbeiter,* in: Kügel/Müller/Hofmann,
AMG, § … Rn … .

www.beck.de

ISBN 978 3 406 67177 7

© 2016 Verlag C. H. Beck oHG
Wilhelmstraße 9, 80801 München
Druck und Bindung: Beltz Bad Langensalza GmbH
Neustädter Straße 1–4, 99947 Bad Langensalza

Satz und Umschlaggestaltung: Druckerei C. H. Beck Nördlingen

Gedruckt auf säurefreiem, alterungsbeständigem Papier
(hergestellt aus chlorfrei gebleichtem Zellstoff)

Vorwort zur 2. Auflage

Im Jahr 2015 hatte das Europäische Arzneimittelrecht sein 50. Jubiläum. Die Richtlinie 65/65/EWG (Erste Pharmazeutische Basisrichtlinie) stammt vom 26.1.1965. Sie ist der Anfang einer äußerst umfänglichen Rechtsentwicklung auf europäischer Ebene, die gerade in den letzten Jahren zu einer immer stärkeren Harmonisierung des Arzneimittelrechts geführt hat. Die Richtlinie 2001/83/EG vom 6.11.2001 (Humanarzneimittel-Kodex), die die Richtlinie 65/65/EWG mit ihren vielfältigen Änderungen und Ergänzungen durch weitere Richtlinien neu kodifiziert und in einem Text zusammengefasst hat, ist zuletzt vor allem durch das sogenannte EU-Pharmapaket vom 10.12.2008 (pharmaceutical package) erheblich geändert worden. Zu nennen sind insbesondere die Richtlinie 2010/84/EU vom 15.12.2010 (Pharmakovigilanz-Richtlinie), die Richtlinie 2011/62/EU vom 8.6.2011 (Fälschungsschutz-Richtlinie) sowie die Richtlinie 2012/26/EU vom 25.10.2012, die die Richtlinie 2001/83/EG nochmals hinsichtlich der Pharmakovigilanz geändert hat. Diese und viele weitere Richtlinien und Verordnungen haben das europäische Arzneimittelrecht sowie dessen Umsetzung und Anpassung im nationalen Recht zu einer sehr komplexen und dynamischen Rechtsmaterie gemacht. Vor diesem Hintergrund hat sich das vorliegende Werk zum Ziel gesetzt, bei der strikten Kommentierung des AMG an Hand seines Normtexts stets die europäischen Vorgaben und Auslegungsimpulse konsequent zu berücksichtigen.

Die ausgesprochen zahlreichen und freundlichen Reaktionen sowie die vielen Rezensionen zur ersten Auflage des Kommentars im Jahr 2012 haben Herausgeber und Autoren angespornt, bei der Neuauflage nahezu alle angesprochenen Verbesserungsvorschläge umzusetzen. Dies betrifft unter anderem eine noch stärkere Integration der untergesetzlichen und zum Teil nicht-normativen Texte und Dokumente, wie die der Europäischen Kommission und der Europäischen Arzneimittelagentur (EMA), die Herausarbeitung der Sanktionen bei einem Verstoß gegen eine Norm des AMG mit Blick auf das Straf-, Ordnungswidrigkeiten- und Wettbewerbsrecht sowie die Ausweitung und Verfeinerung des Sachverzeichnisses. Auch wurde noch intensiver als zuvor auf die ausführliche Einarbeitung anderer Werke zum Pharmarecht sowie auf die Verweisung innerhalb des Buches geachtet. Darüber hinaus wurden einige Teile der Kommentierung noch ausgeweitet und detailliert, wie etwa die Vorschriften der Ein- und Ausfuhr in §§ 72 ff., der Arzneimittelpreise in § 78, der Arzneimittelhaftung in §§ 84 ff. und das Fälleverzeichnis zur Produktabgrenzung nach § 2.

Das Werk wurde auf den Gesetzesstand des AMG zum 26.9.2015 gebracht. Einzuarbeiten waren vor allem die umfangreichen Änderungen des AMG seit der Vorauflage, namentlich durch das Zweite Gesetz zur Änderung arzneimittelrechtlicher und anderer Vorschriften vom 19.10.2012 (2. AMG-ÄndG 2012), das Dritte Gesetz zur Änderung arzneimittelrechtlicher und anderer Vorschriften vom 7.8.2013 (3. AMG-ÄndG 2013) und das Sechzehnte Gesetz zur Änderung des Arzneimittelgesetzes vom 10.10.2013 (16. AMG-Novelle). Das 2. AMG-ÄndG 2012 und das 3. AMG-ÄndG 2013 dienen vornehmlich der Umsetzung der genannten Richtlinien zur Pharmakovigilanz sowie zum Schutz vor Arzneimittelfälschungen. Die 16. AMG-Novelle erneuert die Sondervorschriften für Tierarzneimittel. Zudem wird die Verordnung (EU) Nr. 536/2014 vom 16.4.2014 über klinische Prüfungen mit Humanarzneimitteln und zur Aufhebung der Richtlinie 2001/20/EG bereits dezidiert dargestellt, die das bisherige System der klinischen Prüfung gemäß §§ 40 ff. und der GCP-Verordnung grundlegend ändert (Vorb. §§ 40 ff.). Schließlich berücksichtigt das Buch die äußerst umfängliche Rechtsprechung (über 400 neue Entscheidungen) und Literatur der letzten vier Jahre, die noch bis Stand September 2015 eingepflegt werden konnte.

Die Herausgeber haben zuerst den Autoren zu danken, mit denen sie nicht nur in den letzten Jahren, sondern gerade in den letzten Monaten der Konsolidierung der Neuauflagentexte sehr gut und angenehm zusammengearbeitet haben. Ein besonderer Dank gilt zudem Frau Birgit Hennig und Frau Tanja Hoffmann, Stuttgart, die den Herausgebern äußerst wertvolle Dienste insbesondere bei der Textkorrektur und vielfältigen Koordination geleistet haben. Dank schulden die Herausgeber auch Herrn Dr. Wasmuth vom Beck Verlag für seine stets wohlwollende Unterstützung. Schließlich gilt es, der Lektorin Frau Elena Boettcher zu danken, die die Veröffentlichung der Neuauflage sehr präzise und umsichtig gesteuert hat.

Für Kritik, Anregungen und Verbesserungsvorschläge sind wir unter der E-Mail-Adresse w.kuegel@kuegelrechtsanwaelte.com jederzeit dankbar.

Stuttgart/München/Bonn, im November 2015

J. Wilfried Kügel
Rolf-Georg Müller
Hans-Peter Hofmann

Vorwort zur 1. Auflage

Das Jahr 2011 markiert das 50. Jubiläum des AMG. Seit der ersten umfassenden Kodifizierung im Jahr 1961 hat sich das Arzneimittelrecht vor allem durch die rasant zunehmende europäische Gesetzgebung und die ihr folgenden nationalen Umsetzungen zu einem hochkomplexen Rechtsgebiet entwickelt. Dieses ist nur noch durch eine möglichst umfassende, gleichwohl konzentrierte Information über die Gesetzeslage sowie die betreffende Rechtsprechung und Literatur erfassbar. Dies gab Veranlassung für die Herausgabe des vorliegenden Kommentars, der eine Lücke zwischen den beiden Großkommentaren und den vorhandenen Kurzkommentaren sowie den mittlerweile erschienenen Handbüchern zum Arzneimittelrecht schließen soll.

Das Werk ist vor allem für Praktiker geschrieben und soll alle mit dem Arzneimittelrecht befassten Juristen und Berufsträger im Gesundheitswesen bei ihrer täglichen Arbeit mit dem Gesetz vertiefend unterstützen. Diesem Anspruch folgend konnten als Autoren erfahrene Kenner der jeweiligen Spezialmaterien gewonnen werden, die auch durch entsprechende Veröffentlichungen hervorgetreten sind.

Die Kommentierung ist stark am Gesetzestext und dessen Systematik orientiert. Besonderer Wert wurde darauf gelegt, die europäischen Bezüge, insbesondere die Richtlinie 2001/83/EG („Humanarzneimittel-Kodex"), vollständig zu berücksichtigen. Soweit erforderlich sind zudem die maßgeblichen völkerrechtlichen Abkommen und internationalen Vereinbarungen einbezogen worden. Den einzelnen Kommentierungen vorangestellt sind nicht nur die wichtigsten Änderungen der Vorschrift und die jeweiligen europarechtlichen Vorgaben, sondern auch umfassende Nachweise zur Literatur. Auf einen Anhang mit Abdruck der vielzähligen Vorschriften zum Arzneimittelrecht wurde angesichts der leichten Verfügbarkeit im Internet bewusst verzichtet.

Das Buch ist auf dem Gesetzesstand zum 30.9.2011. Die jüngsten Novellierungen des AMG durch das AMG-ÄndG 2009 vom 17.7.2009 (oft unzutreffend als „15.AMG-Novelle" bezeichnet), das AMNOG vom 22.12.2010 und das Fünfzehnte Änderungsgesetz vom 25.5.2011 sind vollständig eingearbeitet. Rechtsprechung und Literatur sind bis Ende September 2011 berücksichtigt.

Die Herausgeber haben zuerst den Autoren zu danken, mit denen sie in den vielen Jahren der Erstellung des Werkes immer ausgesprochen gut und angenehm zusammengearbeitet haben. Ein besonderer Dank gilt zudem dem Herrn Rechtsanwalt Dr. Jens Guttmann sowie Frau Nadine Thewes, Frau Sybille Gomez und Frau Birgit Hennig, Stuttgart, die bei der Manuskriptarbeit jahrelang unermüdlich wertvolle Dienste geleistet haben. Dank schulden die Herausgeber auch Herrn Dr. Wasmuth vom Beck Verlag für seine stete Hilfe und Geduld. Schließlich gilt es, Frau Elena Boettcher zu danken, die den Kommentar als Lektorin begleitet und vor allem in der Endphase schnell und präzise für die Veröffentlichung vorbereitet hat.

Für Kritik und Anregungen zu dieser Erstauflage sind wir unter der E-Mail-Adresse wilfried.kuegel@ heussen-law.de jederzeit dankbar.

Stuttgart/München/Bonn, im November 2011

J. Wilfried Kügel
Rolf-Georg Müller
Hans-Peter Hofmann

Benutzungshinweise

– Paragraphen ohne Gesetzesangabe sind stets solche des AMG.
– Die Nennung von Absätzen, Sätzen, Nummern oder Buchstaben ohne zusätzliche Kennzeichnung des Paragraphen in den Kommentierungen bezieht sich auf den jeweils kommentierten Paragraphen.
– Die Verwendung des Wortes „Kommission" bezieht sich jeweils auf die Europäische Kommission.
– Die europäischen Richtlinien und Verordnungen sind mit den Daten der erstmaligen Veröffentlichung im Abkürzungsverzeichnis wiedergegeben. Die jeweils aktuellen Fassungen sind im Internet unter http://eur-lex.europa.eu abrufbar.
– Bei den Zitaten aus dem Internet wird lediglich die jeweilige Website bzw. Homepage angegeben, da sich die genauen Fundstellen häufig geändert haben bzw. ändern.

Bearbeiterverzeichnis

Bearbeiterverzeichnis

Inhaltsübersicht

Inhaltsverzeichnis

Gesetz über den Verkehr mit Arzneimitteln (Arzneimittelgesetz – AMG)

Erster Abschnitt. Zweck des Gesetzes und Begriffsbestimmungen, Anwendungsbereich

Zweiter Abschnitt. Anforderungen an die Arzneimittel

Dritter Abschnitt. Herstellung von Arzneimitteln

Vierter Abschnitt. Zulassung der Arzneimittel

Inhaltsverzeichnis

Inhaltsverzeichnis

Inhaltsverzeichnis

Inhaltsverzeichnis

Inhaltsverzeichnis

Abkürzungsverzeichnis

Abkürzungsverzeichnis

amtl.	amtlich
AMVerkRV	Verordnung über apothekenpflichtige und freiverkäufliche Arzneimittel
AMVHomöp	Verordnung über homöopathische Arzneimittel
AMVV	Verordnung zur Neuordnung der Verschreibungspflicht von Arzneimitteln
AMWarnV	Arzneimittel-Warnhinweisverordnung
AMWHV	Arzneimittel- und Wirkstoffherstellungsverordnung
AMZulRegAV	Verordnung zur Festlegung der Anforderungen an den Antrag auf Zulassung, Verlängerung der Zulassung und Registrierung von Arzneimitteln
Anh.	Anhang
Anm.	Anmerkung
ANSG	Gesetz zur Förderung der Sicherstellung des Notdienstes von Apotheken (Apothekennotdienst-Sicherstellungsgesetz – ANSG)
ANTHV	Verordnung über Nachweispflichten der Tierhalter für Arzneimittel, die zur Anwendung bei Tieren bestimmt sind (Tierhalter-Arzneimittel-Nachweisverordnung)
AntiDopingG	Gesetz zur Bekämpfung des Dopings im Sport
AOLG	Arbeitsgemeinschaft der obersten Landesgesundheitsbehörden
AöR	Archiv des öffentlichen Rechts
ApBetrO	Apothekenbetriebsordnung
ApG	Gesetz über das Apothekenwesen
API	active pharmaceutical ingredient
APR	Apotheke & Recht
A & R	Arzneimittel & Recht
Art.	Artikel
Arzneimittelprüfrichtlinien	Allgemeine Verwaltungsvorschrift zur Anwendung der Arzneimittelprüfrichtlinien vom 5.5.1995, zuletzt geändert durch Zweite Allgemeine Verwaltungsvorschrift zur Änderung der Allgemeinen Verwaltungsvorschrift zur Anwendung der Arzneimittelprüfrichtlinien vom 11.10.2004 (BAnz. Nr. 197 S. 22037)
ArztR	Arztrecht
AtDeckV	Verordnung über die Deckungsvorsorge nach dem Atomgesetz (Atomrechtliche Deckungsvorsorge-Verordnung)
AtG	Gesetz über die friedliche Verwendung der Kernenergie und den Schutz gegen ihre Gefahren (Atomgesetz)
AUB 88	Allgemeine Unfallversicherungsbedingungen Fassung 2008
Aufl.	Auflage
ausf.	ausführlich
AusfVO	Ausführungsverordnung
AVB	Allgemeine Versicherungsbedingungen
AVWG	Gesetz zur Verbesserung der Wirtschaftlichkeit in der Arzneimittelversorgung (Arzneimittelversorgungs-Wirtschaftlichkeitsgesetz)
Az.	Aktenzeichen
BaFin	Bundesanstalt für Finanzdienstleistungsaufsicht
BAH	Bundesverband der Arzneimittelhersteller e. V.
BAnz.	Bundesanzeiger
BApO	Bundes-Apothekerordnung
BÄO	Bundesärzteordnung
bay.	bayerisch(e)
BayOblG	Bayerisches Oberstes Landesgericht
BaySchwHEG	Gesetz über ergänzende Regelungen zum Schwangerschaftskonfliktgesetz und zur Ausführung des Gesetzes zur Hilfe für Frauen bei Schwangerschaftsabbrüchen in besonderen Fällen (Bayerisches Schwangerenhilfeergänzungsgesetz)
BayVBl	Bayerische Verwaltungsblätter
BayVGH	Bayerischer Verwaltungsgerichtshof
BB	Betriebs-Berater
BBG	Bundesbeamtengesetz
BBR-Pharma	Besondere Bedingungen und Risikobeschreibungen für die Versicherung der Produkthaftpflicht (Inland) pharmazeutischer Unternehmer
Bd.	Band
BDSG	Bundesdatenschutzgesetz

Abkürzungsverzeichnis

Begr.	Begründung
Bek.	Bekanntmachung
bes.	besonders
Beschl.	Beschluss
bespr.	besprochen
bestr.	bestritten
betr.	betreffend
BfArM	Bundesinstitut für Arzneimittel und Medizinprodukte
BfS	Bundesamt für Strahlenschutz
BFH	Bundesfinanzhof
BGA	Bundesgesundheitsamt
BGAHomAMKostV	Kostenverordnung für die Registrierung homöopathischer Arzneimittel durch das Bundesinstitut für Arzneimittel und Medizinprodukte und das Bundesamt für Verbraucherschutz und Lebensmittelsicherheit
BGA-NachfG	Gesetz über Nachfolgeeinrichtungen des Bundesgesundheitsamtes (BGA-Nachfolgegesetz)
BGebG	Gesetz über Gebühren und Auslagen des Bundes (Bundesgebührengesetz – BGebG)
BGB	Bürgerliches Gesetzbuch
BGBl.	Bundesgesetzblatt
BGH	Bundesgerichtshof
BGHR	BGH-Rechtsprechung Zivilsachen/Strafsachen
BGHSt(Z)	Sammlung der Entscheidungen des BGH in Strafsachen (Zivilsachen)
BgVV	Bundesinstitut für gesundheitlichen Verbraucherschutz und Veterinärmedizin
BKA	Bundeskriminalamt
BKAG	Gesetz über das Bundeskriminalamt und die Zusammenarbeit des Bundes und der Länder in kriminalpolizeilichen Angelegenheiten (Bundeskriminalamtgesetz)
BlindKennzV	Verordnung über die Kennzeichnung von Arzneimitteln in Blindenschrift bei Kleinstmengen (Blindenschrift-Kennzeichnungs-Verordnung)
BlutZV	Verordnung zur Ausdehnung der Vorschriften über die staatliche Chargenprüfung auf Blutzubereitungen (Artikel 1 über die Einführung der staatlichen Chargenprüfung bei Blutzubereitungen)
BMBF	Bundesministerium für Bildung und Forschung
BMELV	Bundesministerium für Ernährung, Landwirtschaft und Verbraucherschutz
BMF	Bundesministerium der Finanzen
BMG	Bundesministerium für Gesundheit
BMGS	Bundesministerium für Gesundheit und Soziale Sicherung
BMI	Bundesministerium des Innern
BMJ	Bundesministerium der Justiz
BMJFG	Bundesministerium für Jugend, Familie und Gesundheit
BMU	Bundesministerium für Umwelt, Naturschutz und Reaktorsicherheit
BMUB	Bundesministerium für Umwelt, Naturschutz, Bau und Reaktorsicherheit
BMVg	Bundesministerium der Verteidigung
BMWi	Bundesministerium für Wirtschaft und Energie
BOPSt	Bundesopiumstelle
BPI	Bundesverband der Pharmazeutischen Industrie e. V.
BPI-Kodex	Kodex der Mitglieder des Bundesverbandes der Pharmazeutischen Industrie e. V.
BPolG	Bundespolizeigesetz
BQFG	Berufsqualifikationsfeststellungsgesetz
BR	Bundesrat
BR-Drucks.	Bundesratsdrucksache
BReg.	Bundesregierung
BRRG	Beamtenrechtsrahmengesetz
BSeuchG	Gesetz zur Verhütung und Bekämpfung übertragbarer Krankheiten beim Menschen (Bundesseuchengesetz)
BSG	Bundessozialgericht
BStBl.	Bundessteuerblatt
BT	Bundestag
BTÄO	Bundes-Tierärzteordnung
BT-Drucks.	Bundestagsdrucksache

Abkürzungsverzeichnis

Abkürzungsverzeichnis

ETS	Europäisches Übereinkommen zum Schutz von Heimtieren
EU	Europäische Union; Vertrag über die Europäische Union i. d. F. nach dem 1.5.1999
EuAB	Europäisches Arzneibuch
EudraCT	European Union Drug Regulating Authorities Clinical Trials
EuG	Europäisches Gericht erster Instanz
EuGH	Europäischer Gerichtshof
EuGVVO	Verordnung (EG) Nr. 44/2001 des Rates vom 22. Dezember 2000 über die gerichtliche Zuständigkeit und die Anerkennung und Vollstreckung von Entscheidungen in Zivil- und Handelssachen (ABl. L 12 vom 16.1.2001, S. 1)
EU HBD	EU Harmonised Birth Dates
EuR	Europarecht (Zeitschrift)
EUV	Vertrag über die Europäische Union i. d. F. des Vertrags von Lissabon
EuZW	Europäische Zeitschrift für Wirtschaftsrecht
e. V.	eingetragener Verein
evtl.	eventuell
EWG	Europäische Wirtschaftsgemeinschaft
EWGV	Vertrag zur Gründung einer Europäischen Gemeinschaft
EWR	Europäischer Wirtschaftsraum
f.	folgende Seite
FAVO	Verordnung zur Anpassung von Arzneimittel-Festbeträgen
FCKW-HalonVerbV	Verordnung zum Verbot von bestimmten die Ozonschicht abbauenden Halogenkohlenwasserstoffen (FCKW-Halon-Verbots-Verordnung)
FDA	Food and Drug Administration
FernAbsG	Fernabsatzgesetz
FertigPackV	Fertigpackungsverordnung
ff.	folgende Seiten
FMG	Futtermittelgesetz
Fn.	Fußnote
FOODDLJ	Food Drug Cosmetic Law Journal
FrischZV	Verordnung über das Verbot der Verwendung bestimmter Stoffe zur Herstellung von Arzneimitteln (Frischzellen-Verordnung)
FS	Festschrift
FSA	Freiwillige Selbstkontrolle für die Arzneimittelindustrie e. V.
FSA-Kodex Fachkreise	FSA-Kodex zur Zusammenarbeit mit Fachkreisen des Freiwillige Selbstkontrolle für die Arzneimittelindustrie e. V.
FuttMProbV	Verordnung über Probenahmeverfahren und Analysemethoden für die amtliche Futtermittelüberwachung (Futtermittel-Probenahme und -Analyse-Verordnung)
FuttMV	Futtermittelverordnung
G	Gesetz
G-BA	Gemeinsamer Bundesausschuss
GBl.	Gesetzblatt
GbR	Gesellschaft bürgerlichen Rechts
GCP	Good Clinical Practice
GCP-V	Verordnung über die Anwendung der Guten Klinischen Praxis bei der Durchführung von klinischen Prüfungen mit Arzneimitteln zur Anwendung am Menschen
GDC	Good Distribution Practice
GDV	Gesamtverband der deutschen Versicherungswirtschaft
gem.	gemäß
GenG	Genossenschaftsgesetz
GenTG	Gentechnikgesetz
GeschOBReg	Geschäftsordnung der Bundesregierung
GesR	GesundheitsRecht
GewArch	Gewerbearchiv
GewebeG	Gesetz über Qualität und Sicherheit von menschlichen Geweben und Zellen (Gewebegesetz)
GewO	Gewerbeordnung
GFP	Gute fachliche Praxis
GG	Grundgesetz
ggf.	gegebenenfalls

Abkürzungsverzeichnis

ICH	International Conference on Harmonisation of Technical Requirements for Registration of Pharmaceuticals for Human Use
ICSR	Individual Case Safety Reports
i. d. F.	in der Fassung
i. d. R.	in der Regel
i. e.	im einzelnen
i. e. S.	im engeren Sinne
IFG	Informationsfreiheitsgesetz
IfSG	Gesetz zur Verhütung und Bekämpfung von Infektionskrankheiten beim Menschen (Infektionsschutzgesetz)
IGV-DG	Gesetz zur Durchführung der Internationalen Gesundheitsvorschriften (2005)
IIT	Investigator Initiated Trial
IMPACT	International Medical Products Anti-Counterfeiting Task Force
IMPD	Investigational Medicinal Product Dossier
Infus Ther Transus Med	Infusion Therapy Transfusion Medicine (Zeitschrift)
INN	International Proprietary Names
insbes.	insbesondere
InsO	Insolvenzordnung
IOC	International Olympic Committee
IPrax	Praxis des Internationalen Privat- und Verfahrensrechts
i. S. d.	im Sinne der/des
i. S. v.	im Sinne von
int.	international
IQWiG	Institut für Qualität und Wirtschaftlichkeit im Gesundheitswesen
IUPAC	International Union of Pure and Applied Chemistry
IVD	In-vitro-Diagnostika
IVD-AMG-V	Verordnung zur Ausdehnung der Vorschriften über die Zulassung und die staatliche Chargenprüfung auf Tests zur In-vitro-Diagnostik nach dem Arzneimittelgesetz (In-vitro-Diagnostika-Verordnung nach dem Arzneimittelgesetz)
i. V. m.	in Verbindung mit
i. w. S.	im weiteren Sinne
JA	Juristische Arbeitsblätter
JPMA	Japan Pharmaceutical Manufacturers Association
JR	Juristische Rundschau
Jura	Juristische Ausbildung (Zeitschrift)
jurisPR-MedizinR	JURIS Praxis Report Medizinrecht
JuS	Juristische Schulung
JVEG	Justizvergütungs- und Entschädigungsgesetz
JVL	Journal für Verbraucherschutz und Lebensmittelsicherheit
JZ	Juristenzeitung
KAKJ	Kommission für Arzneimittel für Kinder und Jugendliche
Kap.	Kapitel
KG	Kammergericht
KHG	Gesetz zur wirtschaftlichen Sicherung der Krankenhäuser und zur Regelung der Krankenhauspflegesätze (Krankenhausfinanzierungsgesetz)
KHuR	Krankenhaus & Recht
KIV	Kaliumiodidverordnung
KliFoRe	Klinische Forschung und Recht
KMU	kleine und mittlere Unternehmen
KOM	Kommission
Komm.	Kommentar
Kommission	Europäische Kommission
KosmetikV	Kosmetik-Verordnung
KostG	Kostengesetz
krit.	kritisch
KrPflG	Gesetz über die Berufe in der Krankenpflege (Krankenpflegegesetz)
KWG	Gesetz über das Kreditwesen (Kreditwesengesetz)
Kz.	Kennziffer
L	Leitsatz
l. (Sp.)	linke Spalte
Lfg.	Lieferung
LFGB	Lebensmittel-, Bedarfsgegenstände- und Futtermittelgesetzbuch

Abkürzungsverzeichnis

LG	Landgericht
lit.	litera
Lit.	Literatur
LMBG	Lebensmittel- und Bedarfsgegenständegesetz
LMRR	Lebensmittelrecht Rechtsprechung (beck-online Modul)
LMuR	Lebensmittel & Recht
LPartG	Gesetz über die Eingetragene Lebenspartnerschaft (Lebenspartnerschaftsgesetz)
LRE	Sammlung lebensmittelrechtlicher Entscheidungen
LSG	Landessozialgericht
LuftVG	Luftverkehrsgesetz
LugÜ	Übereinkommen über die gerichtliche Zuständigkeit und die Vollstreckung gerichtlicher Entscheidungen in Zivil- und Handelssachen geschlossen in Lugano am 16. September 1988
m.	mit
M.	Meinung
MarkenG	Markengesetz
MarkenR	Zeitschrift für deutsches, europäisches und internationales Markenrecht
Mat.	Materialien
MBO-Ä	(Muster-)Berufsordnung der deutschen Ärztinnen und Ärzte
MD	Magazin Dienst
MDR	Monatsschrift für Deutsches Recht
MedR	Medizinrecht
MedDRA	Medical Dictionary for Regulatory Activities
medstra	Zeitschrift für Medizinstrafrecht
Min/TafelWV	Verordnung über natürliches Mineralwasser, Quellwasser und Tafelwasser (Mineral- und Tafelwasser-Verordnung)
MMR	MultiMedia und Recht
MPBetreibV	Verordnung über das Errichten, Betreiben und Anwenden von Medizinprodukten (Medizinprodukte-Betreiberverordnung)
MPG	Medizinproduktegesetz
MRA	Mutual Recognition Agreement
MRL	Maximum residue limits guidelines
MRP	Mutual Recognition Procedure
MüKo BGB	Münchener Kommentar zum Bürgerlichen Gesetzbuch
MüKo StGB	Münchener Kommentar zum Strafgesetzbuch
m. w. N.	mit weiteren Nachweisen
NADA	Nationale Anti Doping Agentur
n. F.	neue Fassung
NemV	Nahrungsergänzungsmittelverordnung
NJOZ	Neue Juristische Online-Zeitschrift
NJW	Neue Juristische Wochenschrift
NJW-RR	NJW-Rechtsprechungs-Report Zivilrecht
NJWE-WettbR	NJW-Entscheidungsdienst Wettbewerbsrecht
NordÖR	Zeitschrift für Öffentliches Recht in Norddeutschland
n. r.	nicht rechtskräftig
Nr.	Nummer, Nummern
NStZ	Neue Zeitschrift für Strafrecht
NStZ-RR	NStZ-Rechtsprechungs-Report Strafrecht
NUIS	Non Urgent Information System
NuR	Natur und Recht
NVwZ	Neue Zeitschrift für Verwaltungsrecht
NVwZ-RR	NVwZ-Rechtsprechungs-Report Verwaltungsrecht
NWVBl	Nordrhein-Westfälische Verwaltungsblätter
NZS	Neue Zeitschrift für Sozialrecht
o.	oben
o. ä.	oder ähnliches
ÖkoKennzV	Verordnung zur Gestaltung und Verwendung des Öko-Kennzeichens (Öko-Kennzeichnungsverordnung)
OLG	Oberlandesgericht
OLGR	OLG-Report
OMCL	Official Medicinal Control Laboratories
OVG	Oberverwaltungsgericht

Abkürzungsverzeichnis

Abkürzungsverzeichnis

Abkürzungsverzeichnis

RL 93/39/EWG .... Richtlinie 93/39/EWG des Rates vom 14. Juni 1993 zur Änderung der Richtlinien 65/65/EWG, 75/318/EWG und 75/319/EWG betreffend Arzneimittel (ABl. L 214 vom 24.8.1993, S. 22)

RL 93/42/EWG .... Richtlinie 93/42/EWG des Rates vom 14. Juni 1993 über Medizinprodukte (ABl. L 169 vom 12.7.1993, S. 1)

RL 94/36/EG .... Richtlinie 94/36/EG des Europäischen Parlaments und des Rates vom 30. Juni 1994 über Farbstoffe, die in Lebensmitteln verwendet werden dürfen (ABl. L 237 vom 10.9.1994, S. 13)

RL 95/45/EG .... Richtlinie 95/45/EG der Kommission vom 26. Juli 1995 zur Festlegung spezifischer Reinheitskriterien für Lebensmittelfarbstoffe (ABl. L 226 vom 22.9.1995, S. 1)

RL 95/46/EG .... Richtlinie 95/46/EG des Europäischen Parlaments und des Rates vom 24. Oktober 1995 zum Schutz natürlicher Personen bei der Verarbeitung personenbezogener Daten und zum freien Datenverkehr (ABl. L 281 vom 23.11.1995, S. 31)

RL 96/22/EG .... Richtlinie 96/22/EG des Rates vom 29. April 1996 über das Verbot der Verwendung bestimmter Stoffe mit hormonaler bzw. thyreostatischer Wirkung und von ß-Agonisten der tierischen Erzeugung und zur Aufhebung der Richtlinien 81/602/EWG, 88/146/EWG und 88/299/EWG (ABl. L 125 vom 23.5.1996, S. 3)

RL 97/7/EG .... Richtlinie 97/7/EG des Europäischen Parlaments und des Rates vom 20. Mai 1997 über den Verbraucherschutz bei Vertragsabschlüssen im Fernabsatz (ABl. L 144 vom 4.6.1997, S. 19)

RL 98/8/EG .... Richtlinie 98/8/EG des Europäischen Parlaments und des Rates vom 16. Februar 1998 über das Inverkehrbringen von Biozid-Produkten (ABl. L 123 vom 24.4.1998, S. 1)

RL 98/79/EG .... Richtlinie 98/79/EG des Europäischen Parlaments und des Rates vom 27. Oktober 1998 über In-vitro-Diagnostika (ABl. L 331 vom 7.12.1998, S. 1)

RL 1999/21/EG .... Richtlinie 1999/21/EG der Kommission vom 25. März 1999 über diätetische Lebensmittel für besondere medizinische Zwecke (ABl. L 91 vom 7.4.1999, S. 29)

RL 2001/18/EG .... Richtlinie 2001/18/EG des Europäischen Parlaments und des Rates vom 12. März 2001 über die absichtliche Freisetzung genetisch veränderter Organismen in die Umwelt und zur Aufhebung der Richtlinie 90/220/EWG des Rates (ABl. L 106 vom 17.4.2001, S. 1)

RL 2001/20/EG .... Richtlinie 2001/20/EG des Europäischen Parlaments und des Rates vom 4. April 2001 zur Angleichung der Rechts- und Verwaltungsvorschriften der Mitgliedstaaten über die Anwendung der guten klinischen Praxis bei der Durchführung von klinischen Prüfungen mit Humanarzneimitteln (ABl. L 121 vom 1.5.2001, S. 34)

RL 2001/37/EG .... Richtlinie 2001/37/EG des Europäischen Parlaments und des Rates vom 5. Juni 2001 zur Angleichung der Rechts- und Verwaltungsvorschriften der Mitgliedstaaten über die Herstellung, die Aufmachung und den Verkauf von Tabakerzeugnissen (ABl. L 194 vom 18.7.2001, S. 26)

RL 2001/82/EG .... Richtlinie 2001/82/EG des Europäischen Parlaments und des Rates vom 6. November 2001 zur Schaffung eines Gemeinschaftskodex für Tierarzneimittel (ABl. L 311 vom 28.11.2001, S. 1)

RL 2001/83/EG .... Richtlinie 2001/83/EG des Europäischen Parlaments und des Rates vom 6. November 2001 zur Schaffung eines Gemeinschaftskodex für Humanarzneimittel (ABl. L 311 vom 28.11.2001, S. 67)

RL 2002/46/EG .... Richtlinie 2002/46/EG des Europäischen Parlaments und des Rates vom 10. Juni 2002 zur Angleichung der Rechtsvorschriften der Mitgliedstaaten über Nahrungsergänzungsmittel (ABl. L 183 vom 12.7.2002, S. 51)

RL 2002/98/EG .... Richtlinie 2002/98/EG des Europäischen Parlaments und des Rates vom 27. Januar 2003 zur Festlegung von Qualitäts- und Sicherheitsstandards für die Gewinnung, Testung, Verarbeitung, Lagerung und Verteilung von menschlichem Blut und Blutbestandteilen und zur Änderung der Richtlinie 2001/83/EG (ABl. L 33 vom 8.2.2003, S. 30)

RL 2003/33/EG .... Richtlinie 2003/33/EG des Europäischen Parlaments und des Rates vom 26. Mai 2003 zur Angleichung der Rechts- und Verwaltungsvorschriften der Mitgliedstaaten über Werbung und Sponsoring zugunsten von Tabakerzeugnissen (ABl. L 152 vom 20.6.2003, S. 16)

Abkürzungsverzeichnis

RL 2003/63/EG .... Richtlinie 2003/63/EG der Kommission vom 25. Juni 2003 zur Änderung der Richtlinie 2001/83/EG des Europäischen Parlaments und des Rates zur Schaffung eines Gemeinschaftskodexes für Humanarzneimittel (ABl. L 159 vom 27.6.2003, S. 46)

RL 2003/94/EG .... Richtlinie 2003/94/EG der Kommission vom 8. Oktober 2003 zur Festlegung der Grundsätze und Leitlinien der Guten Herstellungspraxis für Humanarzneimittel und für zur Anwendung beim Menschen bestimmte Prüfpräparate (ABl. L 262 vom 14.10.2003, S. 22)

RL 2004/9/EG .... Richtlinie 2004/9/EG des Europäischen Parlaments und des Rates vom 11. Februar 2004 über die Inspektion und Überprüfung der Guten Laborpraxis (GLP) (ABl. L 50 vom 20.2.2004, S. 28)

RL 2004/10/EG .... Richtlinie 2004/10/EG des Europäischen Parlaments und des Rates vom 11. Februar 2004 zur Angleichung der Rechts- und Verwaltungsvorschriften für die Anwendung der Grundsätze der Guten Laborpraxis und zur Kontrolle ihrer Anwendung bei Versuchen mit chemischen Stoffen (ABl. L 50 vom 20.2.2004, S. 44)

RL 2004/23/EG .... Richtlinie 2004/23/EG des Europäischen Parlaments und des Rates vom 31. März 2004 zur Festlegung von Qualitäts- und Sicherheitsstandards für die Spende, Beschaffung, Testung, Verarbeitung, Konservierung, Lagerung und Verteilung von menschlichen Geweben und Zellen (ABl. L 102 vom 7.4.2004, S. 48)

RL 2004/24/EG .... Richtlinie 2004/24/EG des Europäischen Parlaments und des Rates vom 31. März 2004 zur Änderungen der Richtlinie 2001/83/EG zur Schaffung eines Gemeinschaftskodexes für Humanarzneimittel hinsichtlich traditioneller pflanzlicher Arzneimittel (ABl. L 136 vom 30.4.2004, S. 85)

RL 2004/27/EG .... Richtlinie 2004/27/EG des Europäischen Parlaments und des Rates vom 31. März 2004 zur Änderung der Richtlinie 2001/83/EG zur Schaffung eines Gemeinschaftskodexes für Humanarzneimittel (ABl. L 136 vom 30.4.2004, S. 34)

RL 2004/28/EG .... Richtlinie 2004/28/EG des Europäischen Parlaments und des Rates vom 31. März 2004 zur Änderung der Richtlinie 2001/82/EG zur Schaffung eines Gemeinschaftskodexes für Tierarzneimittel (ABl. L 136 vom 31.3.2004, S. 58)

RL 2004/33/EG .... Richtlinie 2004/33/EG der Kommission vom 22. März 2004 zur Durchführung der Richtlinie 2002/98/EG des Europäischen Parlaments und des Rates hinsichtlich bestimmter technischer Anforderungen für Blut und Blutbestandteile (ABl. L 91 vom 30.3.2004, S. 25)

RL 2005/28/EG .... Richtlinie 2005/28/EG der Kommission vom 8. April 2005 zur Festlegung von Grundsätzen und ausführlichen Leitlinien der guten klinischen Praxis für zur Anwendung beim Menschen bestimmte Prüfpräparate sowie von Anforderungen für die Erteilung einer Genehmigung zur Herstellung oder Einfuhr solcher Produkte (ABl. L 91 vom 9.4.2005, S. 13)

RL 2005/61/EG .... Richtlinie 2005/61/EG der Kommission vom 30. September 2005 zur Durchführung der Richtlinie 2002/98/EG des Europäischen Parlaments und des Rates in Bezug auf die Anforderungen an die Rückverfolgbarkeit und die Meldung ernster Zwischenfälle und ernster unerwünschter Reaktionen (ABl. L 256 vom 1.10.2005, S. 32)

RL 2005/62/EG .... Richtlinie 2005/62/EG der Kommission vom 30. September 2005 zur Durchführung der Richtlinie 2002/98/EG des Europäischen Parlaments und des Rates in Bezug auf gemeinschaftliche Standards und Spezifikationen für ein Qualitätssystem für Blutspendeeinrichtungen (ABl. L 256 vom 1.10.2005, S. 41)

RL 2006/17/EG .... Richtlinie 2006/17/EG der Kommission vom 8. Februar 2006 zur Durchführung der Richtlinie 2004/23/EG des Europäischen Parlaments und des Rates hinsichtlich technischer Vorschriften für die Spende, Beschaffung und Testung von menschlichen Geweben und Zellen (ABl. L 38 vom 9.2.2006, S. 40)

RL 2006/86/EG .... Richtlinie 2006/86/EG der Kommission vom 24. Oktober 2006 zur Umsetzung der Richtlinie 2004/23/EG des Europäischen Parlaments und des Rates hinsichtlich der Anforderungen an die Rückverfolgbarkeit, der Meldung schwerwiegender Zwischenfälle und unerwünschter Reaktionen sowie bestimmter technischer Anforderungen an die Kodierung, Verarbeitung, Konservierung, Lagerung und Verteilung von menschlichen Geweben und Zellen (ABl. L 294 vom 25.10.2006, S. 32)

Abkürzungsverzeichnis

Abkürzungsverzeichnis

techn.	technisch
TFG	Transfusionsgesetz
Tierarzneimittelprüf-richtlinien	Allgemeine Verwaltungsvorschrift zur Anwendung der Tierarzneimittelprüf-richtlinien vom 30.3.1995, geändert durch Art. 2 der Zweiten Allgemeinen Verwaltungsvorschrift zur Änderung der Allgemeinen Verwaltungsvorschrift zur Anwendung der Tierarzneimittelprüfrichtlinien
TierGesG	Tiergesundheitsgesetz
TierImpfStV 2006	Verordnung über Impfstoffe, Sera und Antigene nach dem Tierseuchengesetz (Tierimpfstoff-Verordnung)
TierSAnzV	Verordnung über anzeigepflichtige Tierseuchen
TierSchG	Tierschutzgesetz
TierSG	Tierseuchengesetz
TierZG	Tierzuchtgesetz
TPG	Transplantationsgesetz
TPG-GewV	Verordnung über die Anforderungen an die Qualität und Sicherheit der Entnahme von Geweben und deren Übertragung nach dem Transplantationsgesetz (TPG-Gewebeverordnung)
TransFus Med Hemother	Transfusion Medicine and Hemotherapy (Zeitschrift)
TSEAMV	Verordnung zum Verbot der Verwendung bestimmter Stoffe zur Vermeidung des Risikos der Übertragung transmissibler spongiformer Enzephalopathien durch Arzneimittel (Arzneimittel-TSE-Verordnung)
u.	und, unten
u. a.	unter andere(m)
UAbs.	Unterabsatz
u. ä.	und ähnliche(s)
UAW	Unerwünschte Arzneimittelwirkungen
UIG	Umweltinformationsgesetz
UMC	Uppsala Monitoring Centre
umstr.	umstritten
UmwG	Umwandlungsgesetz
UmwHG	Umwelthaftungsgesetz
UNICEF	United Nations International Children's Emergency Fund
unstr.	unstreitig
unveröff.	unveröffentlicht
Urt.	Urteil
UStG	Umsatzsteuergesetz
u. U.	unter Umständen
UWG	Gesetz gegen den unlauteren Wettbewerb
v.	vom, von
v. a.	vor allem
VAG	Versicherungsaufsichtsgesetz
verb.	verbundene
Verf.	Verfasser, Verfassung
VerschreibpflV	Verordnung über die automatische Verschreibungspflicht
VersR	Zeitschrift für Versicherungsrecht
VersTierMeldV 2000	Verordnung über die Meldung zu Versuchszwecken oder zu bestimmten anderen Zwecken verwendeter Wirbeltiere (Versuchstiermeldeverordnung)
VerwArch	Verwaltungsarchiv
vfa	Verband Forschender Arzneimittelhersteller e. V.
VG	Verwaltungsgericht
VGH	Verwaltungsgerichtshof
vgl.	vergleiche
VICH	International Cooperation on Harmonisation of Technical Requirements for Registration of Veterinary Medicinal Products
ViehVerkV	Viehverkehrsverordnung
VO	Verordnung
VO (EWG) Nr. 2658/87	Verordnung (EWG) Nr. 2658/87 des Rates vom 23. Juli 1987 über die zolltarifliche und statistische Nomenklatur sowie den Gemeinsamen Zolltarif (ABl. L 256 vom 7.3.1987, S. 1)

Abkürzungsverzeichnis

Abkürzungsverzeichnis

Abkürzungsverzeichnis

Abkürzungsverzeichnis

	mengen in Lebensmitteln tierischen Ursprungs betreffend Isoeugenol (ABl. L 100 vom 14.4.2011, S. 28)
VO (EU) Nr. 488/2012	Verordnung (EU) Nr. 488/2012 der Kommission vom 8. Juni 2012 zur Änderung der Verordnung (EG) Nr. 658/2007 über finanzielle Sanktionen bei Verstößen gegen bestimmte Verpflichtungen im Zusammenhang mit Zulassungen, die gemäß der Verordnung (EG) Nr. 726/2004 des Europäischen Parlaments und des Rates erteilt wurden (ABl. L 150 vom 9.6.2012, S. 68)
VO (EU) Nr. 712/2012	Verordnung (EU) Nr. 712/2012 vom 3. August 2012 zur Änderung der Verordnung (EG) Nr. 1234/2008 über die Prüfung von Änderungen der Zulassungen von Human- und Tierarzneimitteln (ABl. L 209 vom 4.8.2012, S. 4)
VO (EU) Nr. 536/2014	Verordnung (EU) Nr. 536/2014 vom 16. April 2014 über klinische Prüfungen mit Humanarzneimitteln und zur Aufhebung der Richtlinie 2001/20/EG (ABl. L 158 vom 27.5.2014, S. 1)
VO (EU) Nr. 658/2014	Verordnung (EU) Nr. 658/2014 des Europäischen Parlaments und des Rates vom 15. Mai 2014 über die Gebühren, die der Europäischen Arzneimittel-Agentur für die Durchführung von Pharmakovigilanz-Tätigkeiten in Bezug auf Humanarzneimittel zu entrichten sind (ABl. L 189 vom 27.6.2014, S. 112)
Vol.	Volume
Vor., Vorb.	Vorbemerkung
VTabakG	Vorläufiges Tabakgesetz
VVG	Versicherungsvertragsgesetz
VVRG	Gesetz zur Reform des Versicherungsvertragsrechts
VW	Versicherungswirtschaft
VwGO	Verwaltungsgerichtsordnung
VwKostG	Verwaltungskostengesetz
VwV	Verwaltungsvorschrift(en)
VwVfG	Verwaltungsverfahrensgesetz
VwVG	Verwaltungsvollstreckungsgesetz
WADA	World Anti-Doping Agency
WHO	World Health Organisation
wiss.	wissenschaftlich
wistra	Zeitschrift für Wirtschafts- und Steuerstrafrecht
WRP	Wettbewerb in Recht und Praxis
Z.ärztl.Fortbild.	Zeitschrift für ärztliche Fortbildung und Qualität im Gesundheitswesen
z. B.	zum Beispiel
ZEKO	Zentrale Ethik-Kommission
ZGB-DDR	Zivilgesetzbuch der Deutschen Demokratischen Republik
ZHG	Gesetz über die Ausübung der Zahnheilkunde
Ziff.	Ziffer
zit.	zitiert
ZLG	Zentralstelle der Länder für Gesundheitsschutz bei Arzneimitteln und Medizinprodukten
ZLR	Zeitschrift für das gesamte Lebensmittelrecht
Zollkodex	VO (EWG) Nr. 2913/92 des Rates vom 12. Oktober 1992 zur Festlegung des Zollkodex der Gemeinschaften
ZollVG	Zollverwaltungsgesetz
ZPO	Zivilprozessordnung
ZRP	Zeitschrift für Rechtspolitik
ZSKG	Zivilschutz- und Katastrophenhilfegesetz
ZStW	Zeitschrift für die gesamte Strafrechtswissenschaft
z. T.	zum Teil
Zul. Nr.	Zulassungsnummer
ZUR	Zeitschrift für Umweltrecht
zust.	zustimmend
zutr.	zutreffend
z. Zt.	zur Zeit

Im Übrigen ist das Abkürzungsverzeichnis der NJW maßgeblich.

Literaturverzeichnis

Achenbach/Ransiek (Hrsg.)	Handbuch Wirtschaftsstrafrecht, 4. Aufl., München, 2015 (zit.: *Bearbeiter*, in: Achenbach/Ransiek).
Aktories/Förstermann/ Hofmann/Starke	Allgemeine und spezielle Pharmakologie und Toxikologie, 11. Aufl., München, 2013 (zit.: *Aktories/Förstermann/Hofmann/Starke*).
Ambrosius/Bramlage/ Claus	Anwendungsbeobachtungen, 2. Aufl., Aulendorf, 2006, (zit.: *Bearbeiter*, in: Ambrosius/Bramlage/Claus).
Andrews/Moore (Hrsg.)	Mann's Pharmacovigilance, 3. Aufl., Chichester, 2014 (zit.: *Bearbeiter*, in: Mann's Pharmacovigilance).
Anhalt/Dieners	Handbuch des Medizinprodukterechts, München, 2003 (zit.: *Bearbeiter*, in: Anhalt/Dieners).
Arndt	Biotechnologie in der Medizin, München, 2004 (zit.: *Arndt*).
v. Auer/Seitz	Gesetz zur Regelung des Transfusionswesens, Loseblatt, Stand: 3/2015, München (zit.: *v. Auer/Seitz*).
Bader/Ronellenfitsch	VwVfG, München, 2010 (zit.: *Bader/Ronellenfitsch*).
Bamberger/Roth	Kommentar zum Bürgerlichen Gesetzbuch: BGB, 3. Aufl., München, 2012 (zit.: *Bearbeiter*, in: Bamberger/Roth).
v. Bar/Mankowski	Internationales Privatrecht Bd. 1: Allgemeine Lehren, 2. Aufl., München, 2003 (zit.: *v. Bar/Mankowski*, Bd. 1).
Baumbach/Hopt	Handelsgesetzbuch, 36. Aufl., München, 2014 (zit.: *Bearbeiter*, in: Baumbach/Hopt).
Baumbach/Lauterbach/ Albers/Hartmann	Zivilprozessordnung, 73. Aufl., München, 2015 (zit.: *Bearbeiter*, in: Baumbach/Lauterbach/Albers/Hartmann).
Bechtold/Bosch, Beckmann/Matusche-Beckmann	GWB, 8. Aufl., München, 2015 (zit.: *Bechtold*). Versicherungsrechts-Handbuch, 3. Aufl., München, 2015 (zit.: *Bearbeiter*, in: Beckmann/Matusche-Beckmann).
Belling/Eberl/Michlik	Das Selbstbestimmungsrecht Minderjähriger bei medizinischen Eingriffen, Köln, 1994 (zit.: *Belling/Eberl/Michlik*).
Bérézowsky	Ansprüche des Arzneimittelgeschädigten gegen den pharmazeutischen Unternehmer nach §§ 84, 84 a AMG, Aachen, 2006 (zit.: *Bérézowsky*).
Besch	Produkthaftung für fehlerhafte Arzneimittel, Baden-Baden, 2000 (zit.: *Besch*).
Beyerlein	Handbuch Kosmetikrecht, Frankfurt am Main, 2011 (zit.: *Beyerlein*).
Birkenstock	Die Bestimmtheit von Straftatbeständen mit unbestimmten Rechtsbegriffen unter besonderer Berücksichtigung der Tatbestandslehre der Rechtsprechung des Bundesverfassungsgerichts, Köln, 2004 (zit.: *Birkenstock*).
Blasius/Cranz	Arzneimittel und Recht in Europa, Stuttgart, 1998 (zit.: *Blasius/Cranz*).
Blasius/Müller-Römer/ Fischer	Arzneimittel und Recht in Deutschland, Stuttgart, 1998 (zit.: *Blasius/Müller-Römer/Fischer*).
Blattner	Europäisches Produktzulassungsverfahren, Baden-Baden, 2003 (zit.: *Blattner*).
Bonner Kommentar zum Grundgesetz	Hrsg. v. Dolzer/Kahl/Waldhoff, Loseblatt, Stand: Juli 2015, Heidelberg (zit.: *Bearbeiter*, in: Bonner Kommentar).
Bock	Der Rechtsrahmen für Arzneimittel für neuartige Therapien auf unionaler und nationaler Ebene, Baden-Baden, 2012 (zit.: *Bock*, Rechtsrahmen).
Bracher	(Hrsg.), Arzneibuch-Kommentar, Loseblatt, Stand: 2015, Stuttgart (zit.: *Bracher*).
Brechmann	Die richtlinienkonforme Auslegung, München, 1994 (zit.: *Brechmann*).
Brixius/Frehse	Arzneimittelrecht in der Praxis, Frankfurt am Main, 2007 (zit.: *Bearbeiter*, in: Brixius/Frehse).
Brixius/Schneider	Nachzulassung und AMG-Einreichungsverordnung, Stuttgart, 2004 (zit.: *Brixius/Schneider*).
Brüggemeier	Prinzipien des Haftungsrechts, Baden-Baden, 1999 (zit.: *Brüggemeier*).
Bruggmann	Abgrenzung in der Praxis – Lebensmittel und Gesundheitsprodukte, 2. Aufl., Hamburg, 2013 (zit.: *Bruggmann*).

Literaturverzeichnis

Bülow/Ring	Heilmittelwerbegesetz, 3. Aufl., Köln u. a., 2005 (zit.: *Bearbeiter*, in: Bülow/Ring).
Burgi	Verwaltungsprozess und Europarecht, München, 1996 (zit.: *Burgi*).
Bydlinski	Grundzüge der juristischen Methodenlehre, Wien, 2005 (zit.: *Bydlinski*).
Cahn	Einführung in das neue Schadensersatzrecht, München, 2003 (zit.: *Cahn*).
Calliess/Ruffert (Hrsg.) ...	EUV/EGV, 3. Aufl., München, 2007 (zit.: *Bearbeiter*, in: Calliess/Ruffert).
Calliess/Ruffert (Hrsg.) ..	EUV/AEUV, Kommentar, 4. Aufl., München, 2011 (zit.: *Bearbeiter*, in: Calliess/Ruffert).
Canaris/Larenz	Methodenlehre der Rechtswissenschaft, 4. Aufl., Heidelberg, 2014 (zit.: *Canaris/Larenz*).
Classen	Die Europäisierung der Verwaltungsgerichtsbarkeit, Tübingen, 1996 (zit.: *Classen*).
Collatz	Handbuch der EU-Zulassung, Aulendorf, 2002 (zit.: *Collatz*, Handbuch EU-Zulassung).
Collatz	Die neuen Europäischen Zulassungsverfahren für Arzneimittel, Aulendorf, 1999 (zit.: *Collatz*, Die neuen Europäischen Zulassungsverfahren).
Cyran/Rotta	Apothekenbetriebsordnung, Loseblatt, 5. Aufl. Stand: Juni 2012, Stuttgart (zit.: *Cyran/Rotta*).
v. Danwitz	Verwaltungsrechtliches System und Europäische Integration, Tübingen, 1996 (zit.: *von Danwitz*).
Delewski	Nahrungsergänzungsmittel im europäischen Wirtschafts- und Verwaltungsraum, Baden-Baden, 2003 (zit.: *Delewski*).
Deutsch	Das Recht der klinischen Forschung am Menschen, Frankfurt am Main, 1979 (zit.: *Deutsch*).
Deutsch/Bender/Eckstein/Zimmermann	Transfusionsrecht, 2. Aufl., Stuttgart, 2007 (zit.: *Deutsch/Bender/Eckstein/Zimmermann*).
Deutsch/Lippert	Arzneimittelgesetz (AMG), 3. Aufl., Heidelberg, 2010 (zit.: *Bearbeiter*, in: Deutsch/Lippert).
Deutsch/Schreiber/Spickhoff/Taupitz	Die klinische Prüfung in der Medizin, Europäische Regelwerke auf dem Prüfstand, Berlin u. a., 2005 (zit.: *Deutsch/Schreiber/Spickhoff/Taupitz*).
Deutsch/Spickhoff	Medizinrecht, 7. Aufl., Berlin u. a., 2014 (zit.: *Deutsch/Spickhoff*).
Dieners/Reese (Hrsg.)	Handbuch des Arzneimittelrechts, Grundlagen und Praxis, München, 2010 (zit.: *Bearbeiter*, in: Dieners/Reese).
Doepner	Heilmittelwerbegesetz, 2. Aufl., München, 2000 (zit.: *Doepner*).
Doepner/Hoffmann	ES-HWG, Entscheidungssammlung Heilmittelwerbegesetz, Loseblatt, Köln (zit.: *Doepner/Hoffmann*).
Dreier	Grundgesetz, 3. Aufl., Tübingen, 2013 (zit.: *Bearbeiter*, in: Dreier).
Drews/Wacke/Vogel/Martens	Gefahrenabwehr, 9. Aufl., Köln, 1986 (zit.: *Drews/Wacke/Vogel/Martens*).
Duden – Das Fremdwörterbuch	10. Aufl., Mannheim, 2010 (zit.: *Duden – Das Fremdwörterbuch*).
Duden	Wörterbuch medizinischer Fachbegriffe, 9. Aufl., Mannheim u. a., 2011 (zit.: *Duden*, Wörterbuch medizinischer Fachbegriffe).
Eberbach/Lange/Ronellenfitsch (Hrsg.)	Recht der Gentechnik und Biomedizin, Loseblatt, Stand: 9/2015, Heidelberg (zit.: *Bearbeiter*, in: Eberbach/Lange/Ronellenfitsch).
Emmerich-Fritsche	Der Grundsatz der Verhältnismäßigkeit als Direktive und Schranke der EG-Rechtsetzung, Berlin, 2000 (zit.: *Emmerich-Fritsche*).
Engelhardt/App	VwVG, VwZG, 9. Aufl., München, 2011 (zit.: *Engelhardt/App*).
Epping/Hillgruber (Hrsg.)	Grundgesetz, 2. Aufl, München, 2013 (zit.: *Bearbeiter*, in: Epping/Hillgruber).
Epping/Hillgruber (Hrsg.)	Beck'scher Online-Kommentar, Grundgesetz, München, Stand: 1.6.2015 (zit.: *Bearbeiter*, in: Epping/Hillgruber, Beck'scher Online-Kommentar).
Erbs/Kohlhaas (Hrsg.)	Strafrechtliche Nebengesetze, Loseblatt, Stand: April 2015, München (zit.: *Bearbeiter*, in: Erbs/Kohlhaas).
Erdmann	Gewebe als Arzneimittel? – Eine Untersuchung zur Neuordnung des Geweberechts in Deutschland, Frankfurt am Main u. a., 2011 (zit.: *Erdmann*).
Erfurter Kommentar zum Arbeitsrecht	10. Aufl., München, 2010 (zit.: *Bearbeiter*, in: Erfurter Kommentar).
Etmer/Lundt/Schiwy	Arzneimittelgesetz, Loseblatt, Starnberg, (zit.: *Etmer/Lundt/Schiwy*).
Eyermann	VwGO, 14. Aufl., München, 2014 (zit.: *Bearbeiter*, in: Eyermann).

di Fabio	Risikoentscheidungen im Rechtsstaat, Zum Wandel der Dogmatik im öffentlichen Recht, insbesondere am Beispiel der Arzneimittelüberwachung, Tübingen, 1994 (zit.: *di Fabio*).
Feiden	Arzneimittelprüfrichtlinien, Loseblatt, Stand: 2010, Stuttgart (zit.: *Feiden, Arzneimittelprüfrichtlinien*).
Feiden	Betriebsverordnung für pharmazeutische Unternehmer, 6. Aufl., Stuttgart, 2003 (zit.: *Feiden, PharmBetrVO*).
Feiden/Blasius	Doping im Sport, 2. Aufl., Stuttgart, 2008 (zit.: *Feiden/Blasius*).
Festschrift für Ulf Doepner zum 65. Geburtstag	(Hrsg. Reese/Hufnagel/Lensing-Kramer), München, 2008 (zit.: *Bearbeiter,* in: FS für Döpner).
Festschrift für Axel Sander zum 65. Geburtstag Iur Pharmaceutico	(Hrsg. Wartensleben/Hoffmann/Klapszus/Porstner), Frankfurt am Main, 2008 (zit.: *Bearbeiter,* in: FS für Sander).
Festschrift für Erich Steffen zum 65. Geburtstag am 28. Mai 1995	(Hrsg. Deutsch/Klingmüller/Kullmann): Der Schadenersatz und seine Deckung, Berlin u. a., 1995 (zit.: *Bearbeiter,* in: FS für Steffen).
Festschrift für Albrecht Zeuner zum siebzigsten Geburtstag	(Hrsg. Bettermann/Löwisch/Otto/Schmidt), Tübingen, 1994 (zit.: *Bearbeiter,* in: FS für Zeuner).
Fezer	Lauterkeitsrecht, Kommentar zum Gesetz gegen unlauteren Wettbewerb (UWG), 2. Aufl., München, 2010 (zit.: *Bearbeiter,* in: Fezer).
Fischer	Strafgesetzbuch und Nebengesetze, 62. Aufl., München, 2015 (zit.: *Fischer*).
Foerste/Graf von Westphalen	Produkthaftungshandbuch, 3. Aufl., München, 2012 (zit.: *Bearbeiter,* in: Foerste/Graf von Westphalen).
Fresenius/Niklas/Schilcher/Frank	Freiverkäufliche Arzneimittel, 8. Aufl., Stuttgart, 2015, (zit.: *Fresenius/Niklas/Schilcher/Frank*).
Freytag	Parallelimporte nach EG und WTO-Recht, Berlin, 2001 (zit.: *Freytag*).
Fries	Die arzneimittelrechtliche Nutzen/Risiko-Abwägung und Pharmakovigilanz, Baden-Baden, 2009 (zit.: *Fries*).
Friese/Jentges/Muazzam	Guide to Drug Regulatory Affairs, Aulendorf, 2007 (zit.: *Friese/Jentges/Muazzam*).
Fröhlich	Forschung wider Willen?, Heidelberg, 1999 (zit.: *Fröhlich*).
Fuhrmann	Sicherheitsentscheidungen im Arzneimittelrecht, Eine rechtliche Analyse zum Verbot bedenklicher Arzneimittel nach § 5 AMG und zum Nachmarktkontrollsystem unter Berücksichtigung des Lebensmittelrechts, Baden-Baden, 2005 (zit.: *Fuhrmann*).
Fuhrmann/Klein/Fleischfresser (Hrsg.)	Arzneimittelrecht, Handbuch für die pharmazeutische Rechtspraxis, 2. Aufl., Baden-Baden, 2014 (zit.: *Bearbeiter,* in: Fuhrmann/Klein/Fleischfresser).
Gänswein	Der Grundsatz unionsrechtskonformer Auslegung nationalen Rechts, Frankfurt am Main u. a., 2009 (zit.: *Gänswein*).
Geiger	Deutsche Arzneimittelhaftung und EG-Produkthaftung, Berlin, 2006 (zit.: *Geiger,* Deutsche Arzneimittelhaftung).
Genneper/Wegener	Lehrbuch Homöopathie, 3. Aufl., Stuttgart, 2010 (zit.: *Bearbeiter,* in: Genneper/Wegener).
Gerstberger	Funktionelle pflanzliche Zutaten in Nahrungsergänzungsmitteln und angereicherten Lebensmitteln, Hamburg, 3. Aufl., 2010 (zit.: *Gerstberger*).
Glaeske/Dierks	Off-label-use Weichenstellung nach dem BSG-Urteil 2002, München, 2002 (zit.: *Glaeske/Dierks*).
Glocker	Die strafrechtliche Bedeutung von Doping, Frankfurt am Main, 2009 (zit.: *Glocker*).
Göben,	Arzneimittelhaftung und Gentechnikhaftung als Beispiele modernen Risikoausgleichs, Frankfurt am Main u. a., 1995 (zit.: *Göben*).
Göhler	Gesetz über Ordnungswidrigkeiten: OWiG, 16. Aufl., München, 2012 (zit.: *Göhler*).

Literaturverzeichnis

Gola/Schomerus	BDSG Bundesdatenschutzgesetz, 12. Aufl., München, 2015 (zit.: *Gola/Schomerus*).
Grabitz/Hilf/Nettesheim (Hrsg.)	Das Recht der Europäischen Union, Loseblatt, 56. Aufl., München, 2015 (zit.: *Bearbeiter*, in: Grabitz/Hilf/Nettesheim).
Graf/Jäger/Wittig	Wirtschafts- und Steuerstrafrecht, München, 2011 (zit.: *Bearbeiter*, in: Graf/Jäger/Wittig).
Gröning	Heilmittelwerberecht, Loseblatt, Stand: Juni 2009, Stuttgart (zit.: *Gröning*).
Grunwald	Inverkehrbringen und Überwachung von Schönheitsnahrungsergänzungsmitteln (Nutricosmetics) nach deutschem und US-amerikanischem Recht, Hamburg, 2015 (zit.: *Grunwald*).
Günther/Taupitz/Kaiser ..	Embryonenschutzgesetz, Stuttgart, 2014 (zit.: *Bearbeiter*, in: Günther/Taupitz/Kaiser).
Haas/Plank	Arzneimittelgesetz, 2. Aufl., Wien, 2015, (zit.: *Haas/Plank*).
Hacks/Ring/Böhm	Schmerzensgeld Beträge 2015, 33. Aufl., Bonn, Stand: August 2014 (zit.: *Hacks/Ring/Böhm*).
Hahn	Nahrungsergänzungsmittel und ergänzende bilanzierte Diäten, Stuttgart, 2006 (zit.: *Hahn*).
Hahn/Ströhle/Wolters	Ernährung, Physiologische Grundlagen, Prävention, Therapie, 2. Aufl., Stuttgart, 2006 (zit.: *Hahn/Ströhle/Wolters*).
Harte-Bavendamm/ Henning-Bodewig	Gesetz gegen den unlauteren Wettbewerb: UWG, 3. Aufl., München, 2013 (zit.: *Bearbeiter*, in: Harte-Bavendamm/Henning-Bodewig).
Hart/Hilken/Merkel/ Woggan	Das Recht des Arzneimittelmarktes, Karlsruhe, 1988 (zit.: *Hart/Hilken/Merkel/Woggan*).
Hart/Kemmnitz/ Schnieders (Hrsg.)	Arzneimittelrisiken: Kommunikation und Rechtsverfassung, Baden-Baden, 1998 (zit.: *Hart/Kemmnitz/Schnieders*).
Hauck/Noftz (Hrsg.)	Sozialgesetzbuch SGB V, Loseblatt, Stand: 2015, Berlin (zit.: *Bearbeiter*, in: Hauck/Noftz).
Heitz	Arzneimittelsicherheit zwischen Zulassungsrecht und Haftungsrecht, Baden-Baden, 2005 (zit.: *Heitz*).
Helmchen/Lauter	Dürfen Ärzte mit Demenzkranken forschen? Analyse des Problemfeldes Forschungsbedarf und Einwilligungsproblematik, Stuttgart, 1995 (zit.: *Helmchen/Lauter*).
Herdegen	Europarecht, 17. Aufl., München, 2015 (zit.: *Herdegen*).
Herrmann	Rechtliche Problemstellungen bei ergänzenden bilanzierten Diäten in arzneitypischer Darreichungsform, Hamburg, 2008 (zit.: *Herrmann*).
Hieke	Die Informationsrechte geschädigter Arzneimittelverbraucher, Frankfurt am Main, 2003 (zit.: *Hieke*).
Hill/Schmitt	WiKo Medizinprodukterecht, Loseblatt, Stand: Dezember 2014, Köln (zit.: *Hill/Schmitt*).
Hirsch/Schmidt-Didczuhn	Gentechnikgesetz mit Verordnungen, 1991 (zit.: *Hirsch/Schmidt-Didczuhn*).
Höfling (Hrsg.)	Kommentar zum Transplantationsgesetz (TPG), 2. Aufl., Berlin, 2013 (zit.: *Bearbeiter*, in: Höfling).
Hohm	Arzneimittelsicherheit und Nachmarktkontrolle, Baden-Baden, 1990 (zit.: *Hohm*).
Hollenbach	Grundrechtsschutz im Arzt-Patienten-Verhältnis, Berlin, 2003 (zit.: *Hollenbach*).
Hügel/Junge/Lander/ Winkler	Deutsches Betäubungsmittelrecht, Loseblatt, Stand: März 2013, Stuttgart (zit.: *Hügel/Junge/Lander/Winkler*).
Hunnius	Pharmazeutisches Wörterbuch, 11. Aufl., Berlin u. a., 2014 (zit.: *Hunnius*)
Iuri Pharmaceutico	Festschrift für Axel Sander zum 65. Geburtstag, Frankfurt am Main, 2009 (zit.: *Bearbeiter*, in: FS Sander).
Jäger/Luckey	Das neue Schadensersatzrecht, Münster, 2002 (zit.: *Jäger/Luckey*).
Jarass/Pieroth	GG, 13. Aufl., München, 2014 (zit.: *Jarass/Pieroth*).
Jenke	Haftung für fehlerhafte Arzneimittel und Medizinprodukte, Berlin, 2003 (zit.: *Jenke*).
Kage	Das Medizinproduktegesetz, Berlin u. a., 2005 (zit.: *Kage*).
Karpenstein	Praxis des EU-Rechts, München, 2. Aufl., 2013 (zit.: *Karpenstein*).

Literaturverzeichnis

Kaulen	Die rechtliche Abgrenzung zwischen Lebensmittel und Arzneimittel, Bayreuth, 2012 (zit.: *Kaulen*).
Keller/Greiner/Stockebrand (Hrsg.)	Homöopathische Arzneimittel, Materialien zur Bewertung, Weinheim, 1995 (zit.: *Keller/Greiner/Stockebrand*).
Klaus	Der gemeinschaftsrechtliche Lebensmittelbegriff, Bayreuth, 2005 (zit.: *Klaus*).
Kleist/Hess/Hoffmann	Heilmittelwerbegesetz, 2. Aufl., 1998, Frankfurt am Main (zit.: *Kleist/Hess/Hoffmann*).
Kloepfer	Umweltrecht, 3. Aufl., München, 2004 (zit.: *Kloepfer*).
Kloesel/Cyran	Arzneimittelrecht, Loseblatt, Stand: Dezember 2014, Stuttgart (zit.: *Kloesel/Cyran*).
Knack/Hennecke (Hrsg.) .	Verwaltungsverfahrensgesetz, 10. Aufl., Köln, 2014 (zit.: *Bearbeiter*, in: Knack/Hennecke).
Knappstein	Der Weg der Borderline-Produkte in Richtung Vollharmonisierung, Marburg, 2012 (zit.: *Knappstein*).
Körner/Patzak/Volkmer ..	Betäubungsmittelgesetz, Arzneimittelgesetz, 7. Aufl., München, 2012 (zit.: *Körner/Patzak/Volkmer*).
Köhler/Bornkamm (Hrsg.)	Gesetz gegen den unlauteren Wettbewerb, 33. Aufl., München, 2015 (zit.: *Bearbeiter*, in: Köhler/Bornkamm).
Kopp/Ramsauer	VwVfG, 15. Aufl., München, 2014 (zit.: *Kopp/Ramsauer*).
Kopp/Schenke	VwGO, 21. Aufl., München, 2015 (zit.: *Kopp/Schenke*).
Koyuncu	Das Haftungsdreieck Pharmaunternehmen Arzt Patient, Heidelberg, 2004 (zit.: *Koyuncu*).
Koziol/Rummel (Hrsg.) ..	Im Dienste der Gerechtigkeit, Festschrift für Franz Bydlinski, Wien u. a., 2002, (zit.: *Bearbeiter*, in: FS Bydlinski).
Krieger	Die gemeinschaftsrechtskonforme Auslegung des deutschen Rechts, Münster, 2005 (zit.: *Krieger*).
Kügel/Hahn/Delewski	Nahrungsergänzungsmittelverordnung, München, 2007 (zit.: *Kügel/Hahn/Delewski*).
Küppersbusch/Höher	Ersatzansprüche bei Personenschaden, 11. Aufl., München, 2013 (zit.: *Küppersbusch/Höher*).
Kuhlmann	Einwilligung in die Heilbehandlung alter Menschen, 1996, Frankfurt am Main (zit.: *Kuhlmann*).
Kullmann/Pfister (Hrsg.) .	Produzentenhaftung, Loseblatt, Stand: 2/2014, Berlin (zit.: *Kullmann/Pfister*).
Lackner/Kühl	Strafgesetzbuch, 28. Aufl., München, 2014 (zit.: *Lackner/Kühl*).
Langen/Bunte	Kommentar zum deutschen und europäischen Kartellrecht, Bd. 1 Deutsches Kartellrecht, 12. Aufl. 2014, München (zit.: *Bearbeiter*, in: Langen/Bunte).
Landmann/Rohmer	Gewerbeordnung, 69. Aufl., München, 2015 (zit.: *Bearbeiter*, in: Landmann/Rohmer).
Larenz	Methodenlehre der Rechtswissenschaft, 6. Aufl., München, 1991 (zit.: *Larenz*).
Larenz/Canaris	Lehrbuch des Schuldrechts Band II/2: Besonderer Teil/2. Halbband, 13. Aufl., München, 1994 (zit.: *Larenz/Canaris*, Schuldrecht II/2).
v. Laufhütte/Rissing-van Saan/Tiedemann (Hrsg.) .	StGB Leipziger Kommentar, 12. Aufl., Berlin, 2006 ff. (zit.: *Bearbeiter*, in: LK).
Lemke/Mosbacher	Ordnungswidrigkeitengesetz: OWiG, 2. Aufl., München, 2005 (zit.: *Lemke/Mosbacher*).
Lewandowski/Schnieders (Hrsg.)	Grundzüge der Zulassung und Registrierung von Arzneimitteln in der Bundesrepublik Deutschland, München u. a., 1977 (zit.: *Bearbeiter*, in: Lewandowski/Schnieders).
Lieck	Der Parallelhandel mit Arzneimitteln, Köln u. a., 2008 (zit.: *Lieck*).
Lippert/Flegel	Kommentar zum Transfusionsgesetz (TFG) und den Hämotherapie-Richtlinien, Berlin u. a., 2002 (zit.: *Lippert/Flegel*).
Littbarski	AHB, München, 2001 (zit.: *Littbarski*).
Lorenz	Das gemeinschaftsrechtliche Arzneimittelzulassungsrecht, Baden-Baden, 2006 (zit.: *Lorenz*).
Mandry	Die Beauftragten im Pharmarecht, Stuttgart, 2004 (zit.: *Mandry*).
v. Mangoldt/Klein/Starck (Hrsg.)	Kommentar zum Grundgesetz: GG, 6. Aufl., München, 2010 (zit.: *Bearbeiter*, in: v. Mangoldt/Klein/Starck).

Literaturverzeichnis

Marauhn/Ruppel (Hrsg.) . . Vom Arzneimittel zum Lebensmittel? Zur Abgrenzung von Arznei- und Lebensmitteln im europäischen und deutschen Recht, Tübingen, 2009 (zit.: *Bearbeiter*, in: Marauhn/Ruppel).

Maunz/Dürig . . . . Grundgesetz, Loseblatt, 73. Aufl., Stand: Dezember 2014, München (zit.: *Bearbeiter*, in: Maunz/Dürig).

Maurer . . . . Allgemeines Verwaltungsrecht, 18. Aufl., München, 2011 (zit.: *Maurer*).

Mayer, M. . . . . Strafrechtliche Produktverantwortung für Arzneimittelschäden, Berlin u. a., 2008 (zit.: *Mayer, M.*).

Mazouz/Werner/Wiesing Krankheitsbegriff und Mittelverteilung, Baden-Baden, 2004 (zit.: *Bearbeiter*, in: Mazouz/Werner/Wiesing).

Meyer/v. Czettritz/
Gabriel/Kaufmann . . . . Pharmarecht, München, 2014 (zit.: *Bearbeiter*, in: Meyer/von Czettritz/Gabriel/Kaufmann).

Meyer-Goßner/Schmitt . . . Strafprozessordnung, 58. Aufl., München, 2015 (zit.: *Meyer-Goßner/Schmitt*).

Meyer/Streinz . . . . LFGB, BasisVO, HCVO, Kommentar, 2. Aufl., München, 2012 (zit.: *Bearbeiter*, in: Meyer/Streinz).

Middel/Pühler/Lilie/
Vilmar (Hrsg.) . . . . Novellierungsbedarf des Transplantationsrechts, München, 2010 (zit.: *Bearbeiter*, in: Middel/Pühler/Lilie/Vilmar).

Mitscherlich/Mielke . . . . Medizin ohne Menschlichkeit, 18. Aufl., Frankfurt am Main, 2009 (zit.: *Mitscherlich/Mielke*).

Mühl . . . . Abgrenzungsfragen zwischen den Begriffen „Arzneimittel" und „Lebensmittel", Baden-Baden, 2002 (zit.: *Mühl*).

Münchener Kommentar
zum Aktiengesetz: AktG 3. Aufl., München (zit.: *Bearbeiter*, in: MüKo AktG).

Münchener Kommentar
zum Bürgerlichen Gesetz-
buch . . . . München, 2000 ff. (zit.: *Bearbeiter*, in: MüKo BGB).

Münchener Kommentar
zum Lauterkeitsrecht . . . . . . 2. Aufl., München, 2014 (zit.: *Bearbeiter*, in: MüKo Lauterkeitsrecht).

Münchener Kommentar
zum Strafgesetzbuch . . . . München, 2003 ff. (zit.: *Bearbeiter*, in: MüKo StGB).

Münchener Kommentar
zum Strafgesetzbuch . . . . Bd. 6, Nebenstrafrecht I, 2. Aufl., München, 2013 (zit.: *Bearbeiter*, in: MüKo StGB, Bd. 6/I).

Münchener Kommentar zur
Zivilprozessordnung . . . . 4. Aufl., München, 2012/2013 (zit.: *Bearbeiter*, in: MüKo ZPO).

Mummenhoff . . . . Erfahrungssätze im Beweis der Kausalität, Köln u. a., 1997 (zit.: *Mummenhoff*).

Musielak . . . . Kommentar zur Zivilprozessordnung: ZPO, 12. Aufl., München, 2015, (zit.: *Musielak*).

Mutschler . . . . Arzneimittelwirkungen, Lehrbuch der Pharmakologie und Toxikologie, 9. Aufl., Stuttgart, 2008 (zit.: *Mutschler*).

Nagel/Gottwald . . . . Internationales Zivilprozessrecht, 7. Aufl., Köln, 2013 (zit.: *Nagel/Gottwald*).

Natterer . . . . Abgrenzung Arzneimittel – Lebensmittel, Wien, 2000 (zit.: *Natterer*).

Neumann/Pahlen/
Majerski-Pahlen (Hrsg.) . . Sozialgesetzbuch IX, 12. Aufl., München, 2010 (zit.: *Bearbeiter*, in: Neumann/Pahlen/Majerski-Pahlen).

Nickel/Schmidt-Preisigke/
Sengler . . . . Transplantationsgesetz, Kommentar, Stuttgart, 2001 (zit.: *Nickel/Schmidt-Preisigke/Sengler*).

Oeser/Sander . . . . GMP-Kommentar, Loseblatt, Stand: 2007, Stuttgart (zit.: *Oeser/Sander*).

Ossenbühl/Cornils . . . . Staatshaftungsrecht, 6. Aufl., München, 2013 (zit.: *Ossenbühl/Cornils*).

Palandt . . . . Bürgerliches Gesetzbuch, 74. Aufl., München, 2015 (zit.: *Bearbeiter*, in: Palandt).

Papier . . . . Der bestimmungsgemäße Gebrauch der Arzneimittel – die Verantwortung des pharmazeutischen Unternehmers, Baden-Baden, 1980 (zit.: *Papier*).

Paschke . . . . Kommentar zum Umwelthaftungsgesetz, Heidelberg, 1993 (zit.: *Paschke*).

Pfeffer . . . . Therapieoptimierungsstudien und klinische Prüfungen von Arzneimitteln in der Onkologie, 2003 (zit.: *Pfeffer*).

Pfeiffer . . . . Strafprozessordnung, 5. Aufl., München 2005 (zit.: *Pfeiffer*).

Pfeil/Pieck/Blume (Hrsg.) Apothekenbetriebsordnung, Loseblatt, Stand: 2012, Eschborn, (zit.: *Bearbeiter*, in: Pfeil/Pieck/Blume).

Literaturverzeichnis

Pielow	Beck'scher Online-Kommentar Gewerberecht, Stand: 15.7.2015, München (zit.: *Bearbeiter*, in: Pielow).
Pieroth/Schlink/Kniesel	Polizei- und Ordnungsrecht, 8. Aufl., München, 2014 (zit.: *Pieroth/Schlink/Kniesel*).
Poschenrieder	Werbebeschränkungen für Arzneimittel, Berlin, 2008 (zit.: *Poschenrieder*).
Posser/Wolff	Beck'scher Online-Kommentar VwGO, Stand: 1.4.2015, München (zit.: *Bearbeiter*, in: Posser/Wolff).
Preuss (Hrsg.)	Risikoanalysen, Kröning, 1998 (zit.: *Bearbeiter*, in: Preuss).
Prölss/Martin	Versicherungsvertragsgesetz, 29. Aufl., München, 2015 (zit.: *Prölss/Martin*).
Prütting (Hrsg.)	Fachanwaltskommentar Medizinrecht, 3. Aufl., Köln, 2014 (zit.: *Bearbeiter*, in: Prütting).
Pschyrembel	Klinisches Wörterbuch, 266. Aufl., Berlin u. a., 2015 (zit.: *Pschyrembel*).
Quaas/Zuck	Medizinrecht, 3. Aufl., München, 2014 (zit.: *Quaas/Zuck*).
Quintus	Pflanzliche Gesundheitsprodukte auf dem Arzneimittel- und Lebensmittelsektor, Bonn, 2013 (zit.: *Quintus*).
Räpple	Das Verbot bedenklicher Arzneimittel, Baden-Baden, 1991 (zit.: *Räpple*).
Ramsauer	Die staatliche Ordnung der Arzneimittelversorgung, Stuttgart u. a., 1988 (zit.: *Ramsauer*).
Raspe/Hüppe/Strech/Taupitz	Empfehlungen zur Begutachtung klinischer Studien durch Ethik-Kommissionen, 2. Aufl., Köln, 2012 (zit.: *Raspe/Hüppe/Strech/Taupitz*).
Reese/Hufnagel/Lensing-Kramer (Hrsg.)	Festschrift für Ulf Doepner zum 65. Geburtstag, München, 2008 (zit.: *Bearbeiter*, in: FS Doepner).
Rehmann	AMG, 4. Aufl., 2014, München (zit.: *Rehmann*).
Rehmann/Wagner	Medizinproduktegesetz, 2. Aufl., München, 2010 (zit.: *Rehmann/Wagner*).
Reinhart	KosmetikVO, München, 2014 (zit.: *Reinhart*).
Reuter	Arzneimittel im Einzelhandel. Ein Leitfaden für den Handel mit freiverkäuflichen Arzneimitteln, 10. Aufl., Herne, 2005 (zit.: *Reuter*).
Rietbrock/Staib/Loew (Hrsg.)	Klinische Pharmakologie, Darmstadt, 2014 (zit.: *Bearbeiter*, in: Rietbrock/Staib/Loew).
Römer/Langheid	Versicherungsvertragsgesetz, 4. Aufl., München, 2014 (zit.: *Bearbeiter*, in: Römer/Langheid).
Rolland	Produkthaftungsrecht, 1990 (zit.: *Rolland*).
Rothman/Greenland	Modern Epidemiology, Philadelphia, 2005 (zit.: *Rothman/Greenland*).
Rotthege	Die Entstehung des Arzneimittelgesetzes vom 16. Mai 1961, Frankfurt/M., 2011 (zit.: *Rotthege*).
Roxin/Schroth	Handbuch des Medizinstrafrechts, 4. Aufl., Stuttgart, 2010 (zit.: *Bearbeiter*, in: Roxin/Schroth).
Rüthers/Fischer/Birk	Rechtstheorie, 8. Aufl., München, 2015 (zit.: *Rüthers/Fischer/Birk*).
Sachs (Hrsg.)	Grundgesetz, 7. Aufl., München, 2014 (zit.: *Bearbeiter*, in: Sachs).
Sadler	Medizinische Embryologie, 11. Aufl., Stuttgart, 2008 (zit.: *Sadler*).
Salje	Umwelthaftungsgesetz: UmweltHG, 2. Aufl., München, 2005 (zit.: *Salje*).
Sander	Arzneimittelrecht, Loseblatt, Stand: Dezember 2014, Stuttgart u. a. (zit.: *Sander*).
Scheu	In Dubio Pro Securitate, Hepatitis-/AIDS-Blutprodukte, Spongioformer Humaner Wahn und kein Ende, Baden-Baden, 2003 (zit.: *Scheu*).
Schilcher/Schilcher	Sachkundenachweis für freiverkäufliche Arzneimittel in Fragen und Antworten, 5. Aufl., Stuttgart, 2011 (zit.: *Schilcher/Schilcher*).
Schiwy	Deutsches Arzneimittelrecht, Arzneimittelgesetz, Köln, 1996 (zit.: *Schiwy*).
Schmidt	Gewinnabschöpfung im Straf- und Bußgeldverfahren, München, 2006 (zit.: *Schmidt*).
Schmidt-Bleibtreu/Hofmann/Henneke	Kommentar zum Grundgesetz (GG), 13. Aufl., Köln, 2014 (zit.: *Schmidt-Bleibtreu/Hofmann/Henneke*).
Schnapp/Wigge	Handbuch des Vertragsarztrechts, 2. Aufl., München, 2006 (zit.: *Schnapp/Wigge*)
Schoch/Schneider/Bier	Verwaltungsgerichtsordnung: VwGO, Stand: März 2015, München (zit.: *Bearbeiter*, in: Schoch/Schneider/Bier).
Schönke/Schröder	Strafgesetzbuch, 29. Aufl., München, 2014 (zit.: *Bearbeiter*, in: Schönke/Schröder).

Literaturverzeichnis

Schomburg .... Rechtsrahmen funktioneller Lebensmittel – Ordnungsrechtliche Aspekte und rechtspolitische Empfehlungen, Köln u. a., 2008 (zit.: *Schomburg*).

Schorn, ... Medizinprodukte-Recht, Loseblatt, Stand: 2011, Stuttgart (zit.: *Schorn*).

Schroth / König / Gutmann / Oduncu .... Transplantationsgesetz, München, 2005 (zit.: *Bearbeiter*, in: Schroth/König/Gutmann/Oduncu).

Schulz-Borck / Pardey ...... Der Haushaltsführungsschaden. Basiswerk, 8. Aufl., 2013 (zit.: *Schulz-Borck / Pardey*).

Schulze / Zuleeg / Kadelbach .. Europarecht, 3. Aufl., Baden-Baden, 2015 (zit.: *Bearbeiter*, in: Schulze/Zuleeg/Kadelbach).

Schwarz (Hrsg.) .... Leitfaden – Klinische Prüfungen von Arzneimitteln und Medizinprodukten, 4. Aufl., Aulendorf, 2011 (zit.: *Bearbeiter*, in: Schwarz).

Schwarze (Hrsg.) .... EU-Kommentar, 3. Aufl., Baden-Baden, 2012 (zit.: *Bearbeiter*, in: Schwarze).

Schwerdtfeger / Schwerdt-feger .... Öffentliches Recht in der Fallbearbeitung, 14. Aufl., München, 2012 (zit.: *Schwerdtfeger / Schwerdtfeger*).

Sodan (Hrsg.) .... Handbuch des Krankenversicherungsrechts, 2. Aufl., München, 2014 (zit.: *Bearbeiter*, in: Sodan).

Sodan / Ziekow (Hrsg.) ... Verwaltungsgerichtsordnung, 3. Aufl., Baden-Baden, 2010 (zit.: *Bearbeiter*, in: Sodan/Ziekow).

Sosnitza (Hrsg.) .... Aktuelle Entwicklungen im deutschen und europäischen Lebensmittelrecht, Baden-Baden, 2007 (zit.: *Bearbeiter*, in: Sosnitza).

Spickhoff (Hrsg.) .... Medizinrecht, 2. Aufl., München, 2014 (zit.: *Bearbeiter*, in: Spickhoff).

Sprumont / Poledna .... Medizinische Forschung – Haftung und Versicherung, Zürich u. a., 2006 (zit.: *Sprumont / Poledna*).

Stachels .... Marktzugangsregeln für pflanzliche Arzneimittel, Frankfurt am Main u. a. , 2011 (zit.: *Stachels*).

Staudinger .... Kommentar zum Bürgerlichen Gesetzbuch mit Einführungsgesetz und Nebengesetzen, Neubearbeitung, Berlin, 1993 ff.; zit. ist, soweit nicht jeweils anders angegeben, die letzte Bearbeitung des Teilbandes (zit.: *Bearbeiter*, in: Staudinger).

Stein / Jonas .... ZPO Kommentar zur Zivilprozessordnung, 22. Aufl., Tübingen, 2002 ff. (zit.: *Bearbeiter*, in: Stein/Jonas).

Stelkens / Bonk / Sachs ...... Verwaltungsverfahrensgesetz, 8. Aufl., München, 2014 (zit.: *Bearbeiter*, in: Stelkens/Bonk/Sachs).

Stock .... Der Probandenschutz bei der medizinischen Forschung am Menschen, Frankfurt am Main, 1998 (zit.: *Stock*).

Sträter / Burgardt / Bickmann .... Schutz geistigen Eigentums an Arzneimitteln, Aulendorf, 2014 (zit.: *Sträter / Burgardt / Bickmann*).

Streinz .... Europarecht, 9. Aufl., Heidelberg u. a., 2012 (zit.: *Streinz*, Europarecht).

Streinz (Hrsg.) .... EUV/AEUV, 2. Aufl., München, 2012 (zit.: *Bearbeiter*, in: Streinz).

Streinz / Fuchs .... Ergänzende bilanzierte Diäten, Bayreuth, 2003 (zit.: *Streinz / Fuchs*).

Taschner / Frietsch .... Produkthaftungsgesetz und EG-Produkthaftungsrichtlinie, 2. Aufl., München, 1990 (zit.: *Taschner / Frietsch*).

Terbille / Höra .... Münchener Anwaltshandbuch Versicherungsrecht, 3. Aufl., München, 2013 (zit.: *Bearbeiter*, in: Terbille/Höra).

Terbille / Clausen / Schroeder-Printzen (Hrsg.) ..... Münchener Anwaltshandbuch Medizinrecht, 2. Aufl., München, 2013 (zit.: *Bearbeiter*, in: Terbille/Clausen/Schroeder-Printzen).

Tettinger / Wank .... Gewerbeordnung, 8. Aufl., München, 2011 (zit.: *Tettinger / Wank*).

Urban .... Pflanzliche Arzneimittel und Nahrungsergänzungsmittel, Saarbrücken, 2010 (zit.: *Urban*).

Venzlaff / Foerster (Hrsg.) . Psychiatrische Begutachtung: Ein praktisches Handbuch für Ärzte und Juristen, 6. Aufl., München, 2015 (zit.: *Bearbeiter*, in: Venzlaff/Foerster).

Voll .... Die Einwilligung im Arztrecht, Pieterlen/Schweiz, 1996 (zit.: *Voll*).

Voß .... Das Lebensmittel- und Futtermittelgesetzbuch, 2. Aufl., Berlin, 2007 (zit.: *Voß*).

Wabnitz / Janovsky (Hrsg.) Handbuch des Wirtschafts- und Steuerstrafrechts, 4. Aufl., München, 2014 (zit.: *Bearbeiter*, in: Wabnitz/Janovsky).

Wachenhausen .... Medizinische Versuche und klinische Prüfungen an Einwilligungsunfähigen, Frankfurt am Main, 2001 (zit.: *Wachenhausen*).

Literaturverzeichnis

Wagner, Susanne .... Europäisches Zulassungssystem für Arzneimittel und Parallelhandel, Stuttgart, 2000 (zit.: *Wagner, S.*).

Wandt .... Internationale Produkthaftung, Heidelberg, 1995 (zit.: Wandt).

Webel .... Medizinprodukterecht, Nationale Maßstabsbildung im Lichte der europäischen Harmonisierung, Berlin, 2009 (zit.: *Webel*).

Weber .... Betäubungsmittelgesetz, 4. Aufl., München, 2013 (zit.: *Weber*).

Weber .... Grenzen EU-rechtskonformer Auslegung und Rechtsfortbildung, Baden-Baden, 2010 (zit.: *Weber*).

Wehlau .... LFGB, Lebensmittel- und Futtermittelgesetzbuch, Köln, 2010 (zit.: *Wehlau*)

Weidert .... Das Verbot gesundheitsbezogener Werbung im Lebensmittelrecht unter Berücksichtigung der gemeinschaftsrechtlichen Vorgaben, Berlin, 1998 (zit.: *Weidert*).

Wernscheid .... Tissue Engineering – Rechtliche Grenzen und Voraussetzungen, Göttingen, 2012 (zit.: *Wernscheid*).

von Westphalen (Hrsg.) ... Produkthaftungshandbuch, (zit.: *von Westphalen*, Produkthaftungshandbuch, Bd. 1).

Weyers/Wandt .... Versicherungsvertragsrecht, Neuwied, 2003, (zit.: *Weyers/Wandt*).

Winters .... Rechtliche Abgrenzung von Lebensmitteln und Arzneimitteln unter besonderer Berücksichtigung naturwissenschaftlicher Aspekte, Aachen, 2011 (zit.: *Winters*).

Witte .... Zollkodex, 6. Aufl., München, 2013 (zit.: *Bearbeiter*, in: Witte).

Wolff/Bachof/Stober/
Kluth .... Verwaltungsrecht I, 13. Aufl., München, 2015 (zit.: *Wolff/Bachof/Stober/Kluth*).

Wolz, ... Bedenkliche Arzneimittel als Rechtsbegriff. Der Begriff der bedenklichen Arzneimittel und das Verbot ihres Inverkehrbringens in den §§ 95 I Nr. 1 i. V. m. 5 AMG, 1988 (zit.: *Wolz*).

Wudy .... Auskunftsansprüche des durch Humanarzneimittel Geschädigten gegen Behörden, Hamburg, 2009 (zit.: *Wudy*)

von Wulffen/Schütze
(Hrsg.) .... SGB X Sozialverwaltungsverfahren und Sozialdatenschutz, 8. Aufl., München, 2014 (zit.: *Bearbeiter* in: von Wulffen/Schütze).

Zeinhofer .... Der Begriff des Arzneimittels und seine Abgrenzung von anderen Produktkategorien, Wien u. a., 2007 (zit.: *Zeinhofer*).

Zipfel/Rathke, ... Lebensmittelrecht, Loseblatt, Stand: März 2015, München (zit.: *Zipfel/Rathke*).

Zippelius .... Juristische Methodenlehre, 11. Aufl., München, 2012 (zit.: *Zippelius*).

Zöller .... Zivilprozessordnung, 30. Aufl., Köln, 2014, Stand: 1.10.2013, (zit.: *Bearbeiter*, in: Zöller).

Zuck .... Homöopathie und Verfassungsrecht, Baden-Baden, 2004 (zit.: *Zuck*, Homöopathie und Verfassungsrecht).

Zuck .... Das Recht der anthroposophischen Medizin, 2. Aufl., Baden-Baden, 2012 (zit.: *Zuck*).

Gesetz über den Verkehr mit Arzneimitteln
(Arzneimittelgesetz – AMG)

in der Fassung der Bekanntmachung vom 12. Dezember 2005 (BGBl. I S. 3394)

zuletzt geändert durch Art. 1 Fünfte Verordnung zur Änderung EU-rechtlicher Verweisungen
im Arzneimittelgesetz vom 2.9.2015 (BGBl. I S. 1571)

Einführung

Literatur: *Bonsen*, Die 5. AMG-Novelle – Ein Beitrag des Gesetzgebers zur Sicherheit von Blutprodukten?, PharmR 1994, 337; *Brixius*, Anforderungen an Wirk- und Hilfsstoffe nach dem 2. Gesetz zur Änderung arzneimittelrechtlicher und anderer Vorschriften (sogenannte 16. AMG-Novelle), PharmR 2013, 61, 101; *Broch/Diener/Klümper*, Nachgehakt: 15. AMG-Novelle mit weiteren Änderungen beschlossen, PharmR 2009, 373; *Franken/Gawrich/Kroth*, Die wichtigen Änderungen des Arzneimittelgesetzes im Rahmen der 12. AMG-Novelle, PharmInd 2004, 867, 987; *Franklin*, Directive 2011/62/EU, PharmInd 2011, 1600, 1808; *Friese/Jentges/Muazzam*, Guide to Drug Regulatory Affairs, Aulendorf, 2007; *Ehlers/Walter*, Aktuelle Entwicklungen im Arzneimittelrecht. Referentenentwurf für ein 12. Gesetz zur Änderung des AMG, PharmInd 2003, 577; *Gawrich/Ziller*, Die wesentlichen Regelungsinhalte der siebten und achten AMG-Novelle, PharmR 1998, 374; *Gerstberger/Greifeneder*, Die 14. AMG-Novelle – ein kritischer Überblick über die geplanten Änderungen durch den Regierungsentwurf vom 13. April 2005, PharmR 2005, 297; *Hanika*, Europäisches Arzneimittelrecht – Die pharmazeutische Industrie in Europa auf dem Weg zur Vollendung des Binnenmarktes für Arzneimittel, MedR 2000, 63; *Hobusch/Terbach*, Rechtsprechungsübersicht zum Arzneimittelrecht und zu angrenzenden Rechtsgebieten 2014, PharmInd 2015, 390, 514; *dies.*, Rechtsprechungsübersicht zum Arzneimittelrecht und zu angrenzenden Rechtsgebieten 2011/2012, PharmInd 2013, 390, 422, 630; *Hofmann/Nickel*, Die Nachzulassung von Arzneimitteln nach der Zehnten Novelle zum Arzneimittelgesetz, NJW 2000, 2700; *Kleist*, Zweite AMG-Novelle, PharmR 1986, 150; *dies.*, Das europäische Zulassungssystem, PharmR 1998, 154; *Kloesel*, Das neue Arzneimittelrecht, NJW 1976, 1769; *Kügel/Heßhaus*, Das Arzneimittelrecht nach der 10. AMG-Novelle, MedR 2001, 248; *Lippert*, Achtes Gesetz zur Änderung des Arzneimittelgesetzes, NJW 1999, 837; *Rehmann/Paal*, Die 15. AMG-Novelle – Ein Überblick, A&R 2009, 195; *Rotthege*, Die Entstehung des AMG vom 16. Mai 1961, 2011; *Runge*, Die neuen GDP-Leitlinien und deren Umsetzungsprobleme in der Praxis, PharmR 2013, 405; *Will*, 4. AMG-Novelle – Inhalt und Konsequenzen, PharmR 1990, 94; *Zumdick*, Der Gesetzesentwurf des Zweiten AMG-Änderungsgesetzes 2012, PharmR 2012, 184.

Übersicht

A. Zweck des Arzneimittelrechts

1   Das AMG dient nach § 1 des Gesetzes dem Zweck, im Interesse einer ordnungsgemäßen Arzneimittelversorgung von Mensch und Tier für die Sicherheit im Verkehr mit Arzneimitteln, insbes. für die Qualität, Wirksamkeit und Unbedenklichkeit der Arzneimittel zu sorgen. In diesem Sinne handelt es sich um ein typisches **Gefahrenabwehr- und Verbraucherschutzgesetz** sowie ein spezielles Tierschutzgesetz. Im Vordergrund steht der Schutz der Patienten, die öffentliche Gesundheit, die Gesundheit von Mensch und Tier und die Vermeidung unerwünschter Auswirkungen auf die Umwelt (§ 4 XXVII).

2   Aufgrund des grundrechtlich gebotenen Gesundheitsschutzes (Art. 2 II GG) bildet die in § 1 AMG erwähnte **Sicherheit im Verkehr mit Arzneimitteln** den Leitgedanken bei der Auslegung und Anwendung des AMG. Im Rahmen der Arzneimitteltherapie wendet der Arzt regelmäßig Arzneimittel an, auf deren Entwicklung, Herstellung und Vertrieb er keinen Einfluss und nur selten Einblick hat[1]. Anwendungsverantwortung und Produktverantwortung fallen auseinander. Zum Ausgleich sieht das AMG verschiedene Schutzmechanismen vor. Diese sollen den Arzneimittelverkehr so sicher wie möglich gestalten. Die Schutzmechanismen bestehen darin, dass Arzneimitteln zunächst der Marktzugang verwehrt wird. Es besteht i. S. eines Verbots mit Erlaubnisvorbehalt ein **Zulassungserfordernis**. Nach § 21 I 1 sind grundsätzlich alle Fertigarzneimittel (§ 4 I) zulassungspflichtig. Erst wenn ein Arzneimittel in einem streng reglementierten Verfahren auf seine Qualität, Wirksamkeit und Unbedenklichkeit von der zuständigen Bundesoberbehörde geprüft und für das Inverkehrbringen (§ 4 XVII) zugelassen wurde, kann dieses vom pharmazeutischen Unternehmer in den Markt gebracht werden[2]. Die Arzneimittelsicherheit wird weiter durch steuernde Vorschriften zur Herstellung, klinischen Prüfung und Abgabe von Arzneimitteln gewährleistet, wobei der Staat insoweit keine Garantie für die völlige Unbedenklichkeit von Arzneimitteln abgeben kann[3].

3   Auch für die **Herstellung** von Arzneimitteln gilt ein Verbot mit Erlaubnisvorbehalt. Dem liegt der Gedanke zugrunde, dass Qualität nicht in das fertige Arzneimittel „hineingeprüft" werden kann, sondern dass sie im Herstellungsprozess sichergestellt werden muss. Für die Herstellung von Arzneimitteln und bestimmten Wirkstoffen ist daher eine Erlaubnis der zuständigen Behörde erforderlich (§ 13 I).

4   Bevor ein Arzneimittel zugelassen werden kann, muss es geprüft werden. Die ausreichende Prüfung des Arzneimittels ist Voraussetzung für seine Zulassung (§ 25 II 1 Nr. 2). Dementsprechend sind nach § 22 II 1 Nr. 3 die Ergebnisse von **klinischen Prüfungen** und nach § 24 I 2 Nr. 3 klinische Gutachten vorzulegen, aus denen sich ergibt, ob das Arzneimittel bei den angegebenen Anwendungsgebieten angemessen wirksam und unbedenklich ist und welche Gegenanzeigen und Nebenwirkungen bestehen. Die kontrollierte Erprobung von Arzneimitteln ermöglicht den therapeutischen Fortschritt. Sie bewegt sich in dem **Spannungsfeld** der wissenschaftlichen Notwendigkeit der Entwicklung neuer Arzneimittel zum Wohl der Allgemeinheit auf der einen Seite und dem notwendigen Schutz der körperlichen Integrität des Einzelnen, der sich für die Erprobung zur Verfügung stellt, auf der anderen Seite. Daher muss für die beteiligten Personen ein umfassender Schutz geschaffen werden, ohne jedoch durch ein zu hohes Schutzniveau die Durchführung klinischer Prüfungen praktisch unmöglich zu machen[4].

5   Auch bei der **Abgabe von Arzneimitteln** steht der Schutz der Verbraucher im Vordergrund. Bedenkliche oder zur Täuschung der Patienten geeignete Arzneimittel dürfen nicht in den Verkehr gebracht werden (§§ 5, 8). Durch Vorschriften zur grundsätzlichen Apothekenpflicht und zur Verschreibungspflicht sowie durch Regelungen für den Einzel- und Großhandel wird Vorsorge im Hinblick auf eine ggf. gesundheitsschädliche Anwendung von Arzneimitteln getroffen.

6   Zur Förderung der Patientensicherheit bestehen vielfältige **Informationspflichten** gegenüber dem Staat, den Fachkreisen und dem Patienten (etwa nach den §§ 10–12). Schließlich unterliegen zugelassene Arzneimittel auch dauernder **Überwachung** durch die pharmazeutischen Unternehmer selbst und die staatlichen Behörden (§§ 64–69b), auch durch die Etablierung eines Systems der Pharmakovigilanz (§§ 62–63j).

---

[1] Vgl. *Hollenbach*, S. 303.
[2] Homöopathische Arzneimittel sind gem. §§ 38 f. traditionelle pflanzliche Arzneimittel, gem. § 39a–§ 39d registrierungspflichtig. Für Gewebezubereitungen besteht nach § 21a eine Genehmigungspflicht.
[3] Vgl. *Dieners/Heil*, in: Dieners/Reese, § 1 Rn. 7.
[4] Vgl. *Blasius/Müller-Römer/Fischer*, S. 65.

B. Entstehung und Entwicklung des Arzneimittelrechts

I. Deutschland

1. Rechtsentwicklung bis 1961. Arzneimittel wurden bis in das 12. Jahrhundert in Europa von den 7
Heilkundigen selbst hergestellt. Diese Aufgabe wurde dann zunehmend von den sich herausbildenden
selbstständigen Apotheken erfüllt, bis es schließlich ausschließlich den Apothekern überlassen war,
Arzneimittel herzustellen[5]. Richtungweisend waren hier die „**Constitutiones Regni Siciliae**", eine
von Kaiser Friedrich II. erlassene Gesetzessammlung für das Königreich Sizilien, in der die Arzneimittelherstellung in Abgrenzung zu den Befugnissen der Ärzte allein den Apothekern zugestanden wurde. Als
symptomatische Gesetzgebung in der Folgezeit ist das „**Churfürstliche Brandenburgische Medizina-
ledikt**" aus dem Jahr 1685 zu nennen, das ein Apothekenmonopol zur Gewährleistung der Arzneimittelversorgung der Bevölkerung vorsah[6].

Die Industrialisierung im 19. Jahrhundert und der rasante wissenschaftliche Fortschritt mit der Syn- 8
thetisierung zahlreicher Stoffe führten dazu, dass die Herstellung von Arzneimitteln in zunehmendem
Maße von pharmazeutischen Betrieben außerhalb der Apotheken erfolgte. Gleichwohl wurden die
Herstellung und das Inverkehrbringen von Arzneimitteln bis zum Jahre 1961 von den jeweiligen Gesetz-
gebern in Deutschland allenfalls kursorisch geregelt. Erwähnenswert sind für die **Gesetzgebung im 20.
Jahrhundert** die Kaiserliche Verordnung betreffend den Verkehr mit Arzneimitteln vom 22.10.1901[7]
mit Vorschriften zur Apothekenpflicht und Freiverkäuflichkeit von Arzneimitteln, das Opiumgesetz vom
10.12.1929[8] betr. die Gewinnung, Herstellung und Einfuhr von Opium und weiteren Suchtmitteln für
arzneiliche und wissenschaftliche Zwecke, die Verordnung über den Verkehr mit Arzneimitteln vom
13.3.1941[9], mit der vorgeschrieben wurde, dass die Abgabe von verschreibungspflichtigen Arzneimitteln
nur über Apotheken erfolgen darf und die Verordnung zur Herstellung von Arzneimittelfertigwaren vom
11.2.1943[10], die ein unter Ausnahmevorbehalt stehendes Verbot der Herstellung neuer Arzneifertigwaren
enthielt[11].

2. AMG 1961. Erst mit dem AMG 1961[12] schuf der bundesdeutsche Gesetzgeber zum ersten Mal eine 9
einheitliche Kodifikation für das Arzneimittelwesen in Deutschland[13]. Das – soweit überhaupt vorhandene – Arzneimittelrecht war bis zu diesem Zeitpunkt durch einen zersplitterten und unsystematischen
Rechtszustand gekennzeichnet. Zudem war die industrielle Fertigung von Arzneimitteln kaum geregelt,
obwohl diese zunehmend an Bedeutung gewann. Letztlich fehlte jeglicher Überblick über die am Markt
befindlichen Arzneimittel, deren Zahl sich drastisch erhöht hatte[14]. Eine **einheitliche Regelung** war
daher dringend notwendig.

Das AMG 1961 sah in den §§ 12 ff. das Erfordernis einer behördlichen **Herstellungserlaubnis** für 10
die Fertigung von Arzneimitteln außerhalb von Apotheken vor. Zudem wurde eine **Kennzeichnungspflicht** (§ 9 AMG 1961) sowie eine **Registrierungspflicht** (§§ 20 ff. AMG 1961) für Arzneispezialitäten eingeführt[15]. Die Registrierungspflicht sollte dem zuständigen Bundesgesundheitsamt
(BGA) eine Marktübersicht verschaffen und so eine **reaktive Überwachung** i. S. d. §§ 40 ff. AMG
1961 ermöglichen. Das Inverkehrbringen von Arzneimitteln mit unvertretbaren schädlichen Wirkungen war gem. § 6 Nr. 1 AMG 1961 schon damals verboten. Eine präventive Zulassungsschranke für
Arzneimittel verbunden mit einer Prüfung von Sicherheit und therapeutischer Wirksamkeit fehlte
jedoch im AMG 1961. Der Gesetzgeber wollte Verzögerungen in der Arzneimittelentwicklung sowie
Eingriffe in die Selbstbehandlungs- und Verordnungsfreiheit vermeiden. Insgesamt zeichnete sich das
AMG 1961 durch eine erhebliche **legislatorische Zurückhaltung** aus. Hinsichtlich Wirksamkeit
und Bedarf von Arzneimitteln wurde auf die Mechanismen des Marktes vertraut. Der Regelungs-
eingriff in den Arzneimittelmarkt zielte auf die Verhinderung von Schäden, nicht auf die Gewährleistung von Sicherheit. Wie ungenügend dieser Ansatz war, zeigte sich in den **Contergan-Fällen**

---

[5] Zur Historie der Arzneimittelgesetzgebung vgl. *Blasius/Müller-Römer/Fischer*, S. 21 ff.; *Freund*, in: MüKo StGB,
Bd. 6/I, Vor §§ 1 ff. AMG Rn. 1 ff.; *Dieners/Heil*, in: Dieners/Reese, § 1 Rn. 15 ff.; *Fleischfresser/Fuhrmann*, in: Fuhr-
mann/Klein/Fleischfresser, § 1 Rn. 1 ff.
[6] Zur Entwicklung des Arzneimittelrechts bis zum Beginn des 20. Jahrhunderts vgl. *Rotthege*, S. 5 ff.
[7] RGBl. I S. 380.
[8] RGBl. I S. 215.
[9] RGBl. I S. 136.
[10] RGBl. I S. 99.
[11] Zur Entwicklung des Arzneimittelwesens unter dem Nationalsozialismus vgl. *Rotthege*, S. 81 ff.
[12] Gesetz über den Verkehr mit Arzneimitteln vom 16.5.1961 (BGBl. I S. 533). Vgl. hierzu *Rotthege*, S. 107 ff.
[13] Zur Entwicklung der Arzneimittelgesetzgebung in der ehemaligen DDR vgl. *Dieners/Heil*, in: Dieners/Reese, § 1
Rn. 26 f.
[14] *Blasius/Müller-Römer/Fischer*, S. 22.
[15] Legaldefiniert in § 4 AMG 1961: „Arzneispezialitäten im Sinne dieses Gesetzes sind Arzneimittel, die in gleich
bleibender Zusammensetzung hergestellt und in abgabefertigen Packungen unter einer besonderen Bezeichnung in den
Verkehr gebracht werden".

Anfang der 60er Jahre[16]. Der in dem Schlafmittel Contergan enthaltene Wirkstoff Thalidomid rief schwere Missbildungen bei Kindern hervor, deren Mütter das Mittel während der Schwangerschaft eingenommen hatten. Der Skandal[17] führte zu einer gesteigerten Sensibilisierung in Bezug auf Arzneimittel. Mit dem Zweiten Gesetz zur Änderung des AMG vom 23.6.1964[18] wurde jedoch nur insoweit auf den Contergan-Thalidomid-Fall reagiert als in einem neu eingefügten § 21 Ia die Verpflichtung in das Gesetz aufgenommen wurde, dass mit der Anmeldung einer Arzneispezialität, die Stoffe in der medizinischen Wissenschaft nicht allgemein bekannter Wirksamkeit enthält, ein durch Prüfunterlagen zu belegender ausführlicher Bericht über die pharmakologische und die klinische Prüfung einzureichen war. Zudem musste der Hersteller versichern, dass *„die Arzneispezialität entsprechend dem jeweiligen Stand der wissenschaftlichen Erkenntnisse ausreichend und sorgfältig geprüft worden ist"*. Im Ergebnis bereitete der Contergan-Thalidomid-Fall den Weg für eine Erhöhung der Kontrolldichte, wie sie dann im AMG 1976 erfolgte. Für die Neuordnung des Arzneimittelrechts in Deutschland war das AMG 1961 die kodifikatorische Grundlage.

11   **3. AMNOG 1976.** Das Gesetz zur Neuregelung des Arzneimittelrechts vom 24.8.1976 (AMNOG 1976)[19] stellte einen Wendepunkt im deutschen Arzneimittelrecht dar. Es zielte auf die umfassende **Gewährleistung von Sicherheit** im Arzneimittelverkehr ab. Das AMNOG 1976 trat am 1.1.1978 in Kraft. In Art. 1 enthielt das AMNOG das neu gefasste AMG 1976. Das AMG 1976 ist ungeachtet zahlreicher Novellierungen in seinen wesentlichen Zügen noch heute gültig. Mit der Neuregelung sollte der Sicherheitsstandard für Arzneimittel deutlich angehoben werden, ohne hierdurch die Arzneimittelwirtschaft zu blockieren. Gleichzeitig wurde den **europäischen Vorgaben** Rechnung getragen. Insbes. war die Umsetzung der RL 65/65/EWG zur Angleichung der Rechts- und Verwaltungsvorschriften über Arzneispezialitäten und der RL 75/318/EWG sowie der RL 75/319/EWG zu bewältigen, welche im Interesse des Binnenmarktes eine zumindest teilweise Harmonisierung des Arzneimittelrechts in den Mitgliedstaaten vorsah (s. Rn. 23). Grundgedanke des AMG 1976 war die **Verwirklichung optimaler Arzneimittelsicherheit**[20]. Neben die schon bestehende Pflicht zur Beantragung einer Herstellungserlaubnis trat mit der **Zulassungspflicht** für Arzneimittel ein entscheidendes weiteres Erfordernis präventiver staatlicher Kontrolle. Die Zulassung ersetzte das bisherige bloße Registrierungsverfahren. Zulassungsbehörde war das BGA. Das Inverkehrbringen von Arzneimitteln ist seit dem AMNOG 1976 an eine staatliche Prüfung der Qualität, Wirksamkeit und Unbedenklichkeit des jeweiligen Arzneimittels gekoppelt. Der Hersteller besitzt insofern eine Nachweispflicht (§ 21). Das AMNOG 1976 machte neben den pharmakologisch-toxikologischen Untersuchungen auch die **klinische Prüfung** am Menschen zur Voraussetzung für die Zulassung eines Arzneimittels. Hierbei wurde der komplizierte Zielkonflikt zwischen dem Probandenschutz und dem Interesse der Allgemeinheit an der Entwicklung wirksamer Arzneimittel bei einem noch vertretbaren Risiko für die Probanden einer tragbaren Lösung zugeführt[21].

12   Zur Umstellung vom Registrierungssystem auf das Zulassungssystem wurde eine **Nachzulassung** vorgesehen[22]. Diese erfordert für die bereits am Markt befindlichen Arzneimittel eine Güterabwägung zwischen dem Gemeinwohlinteresse an Arzneimittelsicherheit und den am Verhältnismäßigkeitsprinzip zu orientierenden Belastungen für die Hersteller, deren Arzneimittel teilweise schon lange Zeit am Markt waren und sich als unbedenklich erwiesen haben[23]. Zu diesem Zweck wurden den am Markt befindlichen Arzneimitteln zunächst **fiktive Zulassungen** erteilt und ein zweiphasiges Verfahren zur Nachzulassung vorgesehen. In der Aufbereitungsphase mussten alle Arzneimittel unabhängig davon, ob es sich um Arzneispezialitäten oder sonstige Arzneimittel gehandelt hatte, bis zum 1.7.1978 beim BGA unter Angabe der wirksamen Bestandteile nach Art und Menge und der Anwendungsgebiete angezeigt werden, um als zugelassen zu gelten. Die fiktive Zulassung erlosch, sofern nicht bis zum 30.4.1990 ein Antrag auf Verlängerung der Zulassung oder Registrierung gestellt wurde. Im Anschluss daran war in dem Verfahren auf Verlängerung der Zulassung die Qualität, Wirksamkeit und Unbedenklichkeit, der nur fiktiv zugelassenen Arzneimittel zu prüfen, um so den europarechtlichen Vorgaben einer Vollprüfung solcher Erzeugnisse zu genügen.

13   Neben dem Zulassungserfordernis wurden im Interesse der Arzneimittelsicherheit die **Beobachtung und Überwachung** durch Behörden intensiviert (§§ 62–69), um auch später zu Tage tretende Risiken

---

[16] Zum zugrunde liegenden Sachverhalt sowie zur Regelung der Entschädigung bei den Contergan-Thalidomid-Fällen vgl. *Dieners/Heil*, in: Dieners/Reese, § 1 Rn. 20 ff.

[17] Vgl. hierzu *LG Aachen*, JZ 1971, 507 ff. zur strafrechtlichen Seite sowie *BVerfGE* 42, 263 ff. = NJW 1976, 1783 zur damals eingerichteten Stiftung „Hilfswerk für behinderte Kinder".

[18] BGBl. I S. 365.

[19] BGBl. I S. 2445.

[20] Vgl. den Regierungsentwurf in: Bundesministerium für Jugend, Familie und Gesundheit, Reform des Arzneimittelrechts, S. 210, Begründung auch abgedruckt in BT-Drucks. 7/3060, S. 43.

[21] Vgl. *Kloesel*, NJW 1976, 1771 f.

[22] Art. 3 § 7 AMNOG 1976, jetzt §§ 105, 109a AMG. Vgl. etwa *Hasskarl*, NJW 1983, 1354 ff. Das Nachzulassungsverfahren ist auf Behördenebene abgeschlossen. Es sind aber immer noch einige Verfahren bei den Verwaltungsgerichten zu Fragen der Nachzulassung anhängig.

[23] Vgl. *Blasius/Müller-Römer/Fischer*, S. 25.

erfassen zu können. So wurden pharmazeutische Unternehmer verpflichtet, neu auftretende Nebenwirkungen bei der Zulassungsbehörde anzuzeigen. Daneben wurde die Bundesregierung in § 63
ermächtigt, einen Stufenplan zur Beobachtung, Sammlung und Auswertung von Arzneimittelrisiken zu
erstellen.

Schließlich wurde die Arzneimittelsicherheit als Reaktion auf den Contergan-Skandal um eine **14**
zivilrechtliche **Gefährdungshaftung** der Pharmaindustrie ergänzt. Insbes. Schäden auf Grund von
Entwicklungsrisiken bei Arzneimitteln sollten abgedeckt werden. Die verschuldensunabhängige Gefährdungshaftung soll Geschädigten die Erlangung von Kompensation erleichtern und gleichzeitig die
Pharmahersteller zu ordnungsgemäßem Verhalten anhalten[24].

4. Änderungsgesetze. Das AMG 1976 wurde durch bislang **16** so bezeichnete **Änderungsgesetze 15**
aktualisiert und zahlreiche andere Gesetze geändert[25]. Eine nahtlose Aufzählung aller durch die Änderungsgesetze vorgenommenen Änderungen bis zur Bekanntmachung von 2005 ergibt sich aus einer
Zusammenschau der Vorbemerkungen zu den Neubekanntmachungen vom 19.10.1994[26], vom
11.12.1998[27] und vom 12.12.2005[28]. Die Geschwindigkeit, mit der Änderungsgesetze erlassen worden
sind, hat – auch wegen der Flut von Neuregelungen auf europäischer Ebene – stetig zugenommen.
Neben den Änderungsgesetzen modifizierten auch eine Reihe anderer Gesetze einzelne Vorschriften des
AMG, etwa das **Gewebegesetz** und das **GKV-WSG.** Umfangreiche Änderungen des AMG erfolgten in
den vergangenen Jahren durch das Gesetz zur Änderung arzneimittelrechtlicher und anderer Vorschriften
vom 17.7.2009[29] (AMG-ÄndG 2009), das Gesetz zur Neuordnung des Arzneimittelmarktes in der
gesetzlichen Krankenversicherung (Arzneimittelmarktneuordnungsgesetz – **AMNOG**) vom 22.12.2010[30]
mit Regelungen zur Veröffentlichung der Ergebnisse klinischer Prüfungen in einem neuen § 42b, das
Fünfzehnte Gesetz zur Änderung des Arzneimittelgesetzes vom 25.5.2011[31] **(15. AMG-Novelle),**
welches vor allem der Umsetzung europarechtlicher Vorgaben im Bereich der Tierarzneimittel dient, das
Zweite Gesetz zur Änderung arzneimittelrechtlicher und anderer Vorschriften vom 19.10.2012[32]
(2. AMG-ÄndG 2012)[33], mit dem schwerpunktmäßig im Bereich der Pharmakovigilanz umfangreiche
Änderungen erfolgten und das die RL 2010/84/EU, RL 2011/24/EU und RL 2011/62/EU in das
nationale Recht umsetzt, das Dritte Gesetz zur Änderung arzneimittelrechtlicher und anderer Vorschriften vom 7.8.2013[34] **(3. AMG-ÄndG 2013)** zur Umsetzung der RL 2012/26/EU im Bereich der
Pharmakovigilanz und der AM-HandelsV und schließlich das Sechzehnte Gesetz zur Änderung des
Arzneimittelgesetzes[35] **(16. AMG- Novelle),** welches mit dem Ziel erlassen wurde, ein effizientes
Tierarzneimittelgesetz zu schaffen und die Antibiotikaabgabe in der Nutztierhaltung wirkungsvoll zu
reduzieren[36].

II. Europäische Union

Der Einfluss des europäischen Rechts auf das deutsche Arzneimittelrecht ist von zunehmender **16**
Bedeutung. Zahlreiche Novellen des AMG dienten der Umsetzung europarechtlicher Vorgaben. Mittlerweile sind weite Teile des deutschen Arzneimittelrechts vom EU-Recht geprägt[37]. Besonders das
Zulassungsverfahren ist wegen seiner Binnenmarktrelevanz europarechtlich tief durchdrungen. Die Maßnahmen der Union dienen der Rechtsangleichung und sollen so neben dem Gesundheitsschutz auch die
Wettbewerbsfähigkeit der europäischen Pharmaindustrie stärken. Vereinfachend lassen sich **drei Phasen**
im europäischen Arzneimittelrecht unterscheiden.

Die Rechtsakte der **ersten Phase** in den 60er und 70er Jahren bewirkten in den Mitgliedstaaten die **17**
Einführung eines **Zulassungserfordernisses** sowie einer **Herstellungserlaubnis.** Beide Anforderungen sind die Grundpfeiler der modernen Arzneimittelsicherheit. Die materiellen Kriterien wurden unter
Rücksichtnahme auf die innerstaatlichen Besonderheiten erstmals angenähert. Diese Anpassung bereitete
den Boden für weitere Harmonisierungsschritte.

---

[24] Vgl. *Kloesel*, NJW 1976, 1772 f.

[25] Eine Übersicht über den Inhalt der einzelnen Änderungsgesetze geben *Fleischfresser/Fuhrmann*, in: Fuhrmann/
Klein/Fleischfresser, § 1 Rn. 12 ff.; die Texte der Änderungsgesetze sind abgedruckt bei *Kloesel/Cyran*, Bd. VIII, Teil B
1.

[26] BGBl. I S. 3018.

[27] BGBl. I S. 3586.

[28] BGBl. I S. 3394.

[29] BGBl. I S. 1990.

[30] BGBl. I S. 2262.

[31] BGBl. I S. 946.

[32] BGBl. I S. 2192.

[33] Vgl. hierzu ausführlich *Zumdick*, PharmR 2012, 184.

[34] BGBl. I S. 3108.

[35] BGBl. I S. 3813.

[36] BT-Drucks. 17/12526, S. 1 ff.

[37] Zur Europäisierung des Arzneimittelrechts vgl. ausführlich *Fleischfresser*, in: Fuhrmann/Klein/Fleischfresser, § 3
Rn. 1 ff.

18 In dasselbe Zeitfenster wie der Vertrag von Maastricht aus dem Jahr 1993 fielen wichtige Harmonisierungsakte, die den Binnenmarkt für Arzneimittel weiter ausbauten. In dieser **zweiten Phase** wurden das **zentralisierte Zulassungsverfahren**, das **Verfahren der gegenseitigen Anerkennung** und das **dezentralisierte Zulassungsverfahren** geschaffen, die eine Erleichterung der Zulassung von Arzneimitteln im Binnenmarkt zur Folge hatten. Nach Angleichung der Strukturen innerhalb der Mitgliedstaaten wurde so ein staatenübergreifendes Zulassungssystem etabliert. Außerdem gewann der Verbraucherschutz an Bedeutung.

19 Die **dritte Phase** begann mit dem Gemeinschaftskodex für Humanarzneimittel und Tierarzneimittel von 2001 (RL 2001/83/EG bzw. RL 2001/82/EG). Diese brachte eine **Vereinfachung** und **Zusammenfassung** des bislang unübersichtlichen Arzneimittelrechts. Im Jahr 2004 wurde eine Verbesserung des zentralisierten Zulassungsverfahrens auf den Weg gebracht (VO (EG) Nr. 726/2004). Nachdem in den beiden vorherigen Phasen die grundlegenden Strukturen für die Rechtsangleichung und Rechtseinheit geschaffen wurden, zeichnet sich nunmehr eine **Konsolidierung** des europäischen Arzneimittelrechts ab. Trotz weitreichender Harmonisierung, etwa im Bereich des Arzneimittelzulassungsrechts[38] und des Heilmittelwerberechts[39] bestehen aber immer noch deutliche Unterschiede zwischen den Mitgliedstaaten, etwa bei der Abgrenzung von Arzneimitteln von anderen Produktgruppen[40]. Dies dürfte nicht zuletzt auf die unterschiedlichen Lebensbedingungen und Arzneimitteltraditionen in den Mitgliedstaaten zurückzuführen sein[41]. Hindernd wirken sich auch die verschiedenen Gesundheitssysteme mitsamt ihrer Finanzierung aus, für deren Regulierung die EU keine Kompetenz hat.

20 Im Einzelnen kann unterschieden werden zwischen Harmonisierungsmaßnahmen über RL und den Rechtsakten (Verordnungen) im Bereich des zentralisierten Zulassungsverfahrens im Wege des unionsunmittelbaren Vollzugs. Ausgangspunkt der Harmonisierung im Arzneimittelrecht waren die zwei sog. Basisrichtlinien aus den Jahren 1965 und 1975. Die **Erste Pharmazeutische Basisrichtlinie 65/65/EWG** enthielt neben grundlegenden Begriffsbestimmungen erstmals das Erfordernis einer Genehmigung für das Inverkehrbringen von Arzneimitteln nach den Kriterien der Qualität, Wirksamkeit und Unbedenklichkeit (Art. 3–5). Die Genehmigung wurde für fünf Jahre erteilt (Art. 35). Diese **Z**weite Pharmazeutische Basisrichtlinie wurde durch eine Reihe von RL ausgebaut und erweitert. Die **Zweite Pharmazeutische Basisrichtlinie 75/319/EWG** hatte eine weitere Vereinheitlichung der Genehmigungsverfahren zum Ziel. Mit ihr wurde ein wissenschaftlicher Ausschuss für die Bewertung von Arzneimitteln (CPMP) etabliert. Außerdem wurden mit der RL eine Herstellungserlaubnis (Art. 16) und weitere Überwachungsmaßnahmen vorgeschrieben. Auf Art. 39 II RL 75/319/EWG geht das deutsche Nachzulassungsverfahren zurück. Schließlich wurde unter gewissen Voraussetzungen eine erleichterte Zulassung von Arzneimitteln in anderen Mitgliedstaaten ermöglicht. Auch diese Basisrichtlinie zur Rechtsangleichung wurde durch nachfolgende RL mehrfach geändert und erweitert. Die sog. **Prüfrichtlinie** über Versuche mit Arzneimittelspezialitäten (RL 75/318/EWG) stellte wissenschaftliche und technische Vorgaben für die Arzneimittelprüfung auf. Sie sollte den gleichmäßigen und effektiven Ablauf der Zulassungsverfahren in den Mitgliedstaaten erleichtern. Einen Meilenstein für die Harmonisierung des europäischen Arzneimittelrechts stellt die **RL 2001/83/EG** zur Schaffung eines Gemeinschaftskodexes für Humanarzneimittel[42], welche zwischenzeitlich häufig geändert und ergänzt wurde, dar. Im Wesentlichen bezwecken alle RL eine Angleichung der Zulassungssysteme und Herstellungsanforderungen. Dabei werden die RL von dem Grundgedanken getragen, dass ein echter Binnenmarkt für Arzneimittel nur dann erreicht werden kann, wenn die Arzneimittelsicherheit europaweit auf einem vergleichbar hohen Niveau gewährleistet ist und die Verfahren miteinander kompatibel sind.

21 Sonderregeln für den **Großhandelsvertrieb,** die Einstufung bei der **Abgabe** (auf der Grundlage der Verschreibungspflicht), die **Etikettierung** und **Packungsbeilage** sowie die **Werbung** wurden Anfang der 90er Jahre erlassen, wobei teilweise die entsprechenden Vorschriften aus den Basisrichtlinien ausgegliedert und ergänzt, teilweise aber auch neu gefasst wurden. Ein wichtiges Anliegen dieser Vorschriften war die Stärkung des Verbraucherschutzes durch verbesserte Information. Relevant waren bzw. sind hier die RL 92/25/EWG zum Großhandelsvertrieb, RL 92/26/EWG zur Einstufung bei der Abgabe, RL 92/27/EWG zur Etikettierung und Packungsbeilage und RL 92/28/EWG zur Werbung.

22 Das Arzneimittelrecht hat gerade in den letzten 15 Jahren eine **zunehmende Harmonisierung** auf europäischer Ebene erfahren. Mittlerweile werden nahezu alle wesentlichen Änderungen des AMG durch Gesetzgebungsakte der EU veranlasst.

---

[38] *EuGH*, Urt. v. 20.9.2007 – Rs. C-84/05, PharmR 2008, 120 ff., Rn. 35 ff., 41 – Niederlande/Antroposana u. a., vgl. hierzu *Purnhagen*, EuR 2010, 438.

[39] *EuGH*, Urt. v. 8.11.2007 – Rs. C-374/05, PharmR 2008, 52 ff., Rn. 20, 25 – Gintec.

[40] *EuGH*, Urt. v. 30.4.2009 – Rs. C-27/08, NVwZ 2009, 967 ff. – BIOS Naturprodukte; *EuGH*, Urt. v. 5.3.2009 – Rs. C-88/07, PharmR 2009, 227 ff. – Kommission/Spanien; *EuGH*, Urt. v. 15.1.2009 – Rs. C-140/07, Slg. 2009, I-41 ff. – Hecht Pharma; *EuGH*, Urt. v. 15.11.2007 – Rs. C-319/05, PharmR 2008, 59 ff. – Kommission/Deutschland.

[41] Vgl. Mitteilung der Kommission vom 25.11.1998 über den Binnenmarkt für Arzneimittel, KOM/98/588 endg.; *Blasius/Cranz*, S. 41.

[42] Parallel hierzu wurde die RL 2001/82/EG für Tierarzneimittel erlassen.

C. Rechtsquellen des Arzneimittelrechts

I. Europarecht

Rechtlicher Ausgangspunkt für die Harmonisierung des Arzneimittelmarktes auf der Grundlage der   23
Zielsetzung der Schaffung eines Europäischen Rechtsraumes (mittlerweile Art. 3 II AEUV) ist Art. 26
i. V. m. Art. 114 AEUV (= Art. 14 i. V. m. Art. 95 EG bzw. die entsprechenden Vorgängervorschriften)
mit den Vorgaben für die **Rechtsangleichung** im Binnenmarkt. Im Bereich des Verkehrs mit Arznei-
mitteln kommt zudem den Bestimmungen über die Warenverkehrsfreiheit (Art. 34 AEUV = Art. 28
EG) und den durch den Gesundheitsschutz gerechtfertigten **Ausnahmen** gem. Art. 36 AEUV (=
Art. 30 EG) besondere Bedeutung zu. Diese Ausnahmebestimmungen zum Schutze der Gesundheit und
des Lebens von Menschen und Tieren haben dazu geführt, dass auch noch heute vielfältige regulatorische
Unterschiede zwischen den Mitgliedstaaten vorhanden sind. Als Handelshemmnis wirkt sich insbes. das
Fehlen einer automatischen Anerkennung der nationalen Arzneimittelzulassung aus.

1. Gemeinschaftskodex (RL 2001/83/EG). Die bisherigen RL der EG im Bereich des Arznei-   24
mittelverkehrs verloren am 17.12.2001 ihre Gültigkeit. Sie gingen auf in dem am 18.12.2001 in Kraft
getretenen **Gemeinschaftskodex für Humanarzneimittel (RL 2001/83/EG)**. Diese Kodifikation
fasst die bisherigen Harmonisierungsmaßnahmen zum Arzneimittelrecht aus Gründen der Übersicht und
der Klarheit zusammen. Der Gemeinschaftskodex wurde inzwischen durch eine Reihe von RL, u. a.
durch die RL 2002/98/EG zu Blutprodukten, die RL 2003/63/EG, die RL 2004/24/EG zu traditionellen pflanzlichen Arzneimitteln, die RL 2004/27/EG zum Arzneimittelbegriff, die RL 2010/84/EU
hinsichtlich der Pharmakovigilanz, die RL 2011/62/EU hinsichtlich der Verhinderung des Eindringens
von gefälschten Arzneimitteln in die legale Lieferkette und zuletzt die RL 2012/26/EU hinsichtlich der
Pharmakovigilanz erneut geändert.

Die **RL 2001/83/EG** bildet den Kern der Rechtsangleichung. Sie ist ähnlich strukturiert wie das   25
deutsche AMG. Mit ihr soll auch eine Vollendung des Binnenmarktes für Arzneimittel und eine Stärkung
der Wettbewerbsfähigkeit der pharmazeutischen Industrie erreicht werden[43]. Ausgehend von Begriffsbestimmungen und der Festlegung des Anwendungsbereichs sind das Inverkehrbringen mit Genehmigung – mit Vorschriften für die Besonderheiten homöopathischer Arzneimittel und traditioneller pflanzlicher Arzneimittel, Verfahrensbestimmungen zur Erteilung der Genehmigung von Arzneimitteln und
zum dezentralisierten Zulassungsverfahren –, Herstellung und Import, Etikettierung und Packungsbeilage, die Einstufung der Arzneimittel, der Großhandel mit Medikamenten, Information und Werbung,
Pharmakovigilanz, Besonderheiten für Arzneimittel aus menschlichem Blut oder Blutplasma sowie die
Überwachung und Sanktionen geregelt. Wenn auch die Kodifizierung als Vereinfachung zu begrüßen ist,
so darf nicht vergessen werden, dass der Gemeinschaftskodex seiner Rechtsnatur nach eine RL ist, die
sich an die Mitgliedstaaten wendet, hinsichtlich ihrer Ziele verbindlich ist und in nationales Recht
umgesetzt werden muss (Art. 288 III AEUV = Art. 249 III EG). Der Gemeinschaftskodex als Grund-
bestand der europäischen Rechtsangleichung wird durch eine Reihe von Regelungen ergänzt, die dazu
beitragen sollen, die Harmonisierung auch im besonders sensiblen Bereich des Verkehrs mit Arzneimitteln voranzutreiben.

2. Zentralisiertes und dezentralisiertes Zulassungsverfahren. a) Zentralisiertes Verfahren   26
(VO (EG) Nr. 726/2004). Mit der VO (EWG) Nr. 2309/93 wurde auf europäischer Ebene erstmals
ein zentralisiertes Verfahren der Zulassung von Arzneimitteln eingeführt, das allerdings nur auf relativ
wenige Arzneimittel, die mit Hilfe von bestimmten **biotechnologischen Verfahren** hergestellt wurden
oder auf Arzneimittel, die besonders **innovativ** waren[44], anwendbar war. Für die Evaluierung solcher,
der Pflicht zur zentralisierten Zulassung unterfallender Arzneimittel wurde die Europäische Agentur für
die Beurteilung von Arzneimitteln **(EMEA)** geschaffen[45].

In Art. 71 VO (EWG) Nr. 2309/93 war vorgesehen, dass die Kommission innerhalb von sechs Jahren   27
nach Inkrafttreten der VO einen allgemeinen Bericht über die Erfahrungen mit der Funktionsweise der
Verfahren vorlegt. Auf der Grundlage des Berichts wurden Verbesserungen des Verfahrens der zentralisierten Zulassung für notwendig erachtet, die mit der VO (EG) Nr. 726/2004 umgesetzt wurden. Durch
die VO (EG) Nr. 726/2004 wurde die **ausschließliche Anwendbarkeit des zentralisierten Zulas-**
sungsverfahrens bei der EMEA (nunmehr EMA) und der Kommission für bestimmte Arzneimittel
angeordnet[46]. Dies betrifft gem. Art. 3 I i. V. m. dem Anhang zur VO folgende Arzneimittel:

---

[43] Vgl. *Fleischfresser/Fuhrmann*, in: Fuhrmann/Klein/Fleischfresser, § 1 Rn. 24; *Blattner*, S. 86.
[44] Vgl. im Einzelnen Anhang Teil A und Teil B der VO (EWG) Nr. 2309/93.
[45] Zum weiteren Inhalt der VO (EWG) Nr. 2309/93 sowie zu den vorangegangenen RL 87/22/EWG und 89/341/
EWG vgl. *Fleischfresser/Fuhrmann*, in: Fuhrmann/Klein/Fleischfresser, § 1 Rn. 14 ff. Zur Geschichte der Harmonisierung der Zulassungsverfahren auf europäischer Ebene vgl. *Friese*, in: Dieners/Reese, § 5 Rn. 21 ff.
[46] Zum Inhalt und Ablauf des zentralen Zulassungsverfahrens vgl. *Friese*, in Dieners/Reese, § 5 Rn. 67 ff.; *Friese/*
Jentges/Muazzam, S. 166 ff.

– Arzneimittel, die mit Hilfe bestimmter biotechnologischer Verfahren hergestellt werden,
– Arzneimittel für neuartige Therapien gem. VO (EG) Nr. 1394/2007[47],
– Tierarzneimittel als Leistungssteigerungsmittel,
– Humanarzneimittel, die einen neuen Wirkstoff enthalten, der bei Inkrafttreten der VO (EG) Nr. 726/2004 am 20.5.2004 noch nicht im Verkehr war und der Behandlung folgender Erkrankungen dient: Erworbenes Immundefizienz-Syndrom; Krebs; neurodegenerative Erkrankungen; Diabetes; Autoimmunerkrankungen und andere Immunschwächen; Viruserkrankungen,
– Arzneimittel für seltene Leiden (sog. Orphan-Drugs).

28   Für nicht dem Anhang zur VO (EG) Nr. 726/2004 unterfallende Arzneimittel besteht für Antragsteller **fakultativ** die Möglichkeit, eine Zulassung im zentralisierten Verfahren für folgende Arzneimittel zu erhalten (Art. 3 II VO (EG) Nr. 726/2004):
– Arzneimittel, die einen neuen Wirkstoff enthalten, der bei Inkrafttreten der VO (EG) Nr. 726/2004 am 20.5.2004 noch nicht im Verkehr war,
– Arzneimittel, für die der Antragsteller den Nachweis führt, dass dieses eine bedeutende Innovation in therapeutischer, wissenschaftlicher oder technischer Hinsicht darstellt oder dass die Erteilung der Zulassung nach der VO (EG) Nr. 726/2004 auf Gemeinschaftsebene im Interesse der Patienten oder der Tiergesundheit ist.

29   Für Arzneimittel, die nicht zwingend dem Verfahren der zentralisierten Zulassung nach Art. 3 I VO (EG) Nr. 726/2004 unterliegen und für die der Antragsteller nicht ein fakultatives zentralisiertes Zulassungsverfahren nach Art. 3 II VO (EG) Nr. 726/2004 einleiten möchte, verbleibt die Möglichkeit der Antragstellung nach dem jeweiligen **nationalen Recht** des EU-Mitgliedstaates[48].

30   Als maßgebliche Einrichtung für die Koordinierung der zentralisierten Zulassungsverfahren wurde die **Europäische Arzneimittel-Agentur** („European Medicines Agency" – EMEA, nunmehr EMA) mit dem Sitz in London geschaffen[49].

31   **b) Verfahren der gegenseitigen Anerkennung und dezentralisiertes Verfahren.** Das Verfahren der gegenseitigen Anerkennung von nationalen Zulassungen (Mutual Recognition Procedure – MRP) wurde erstmals mit der RL 93/39/EWG in Ergänzung zum gemeinschaftsunmittelbaren zentralisierten Zulassungsverfahren der VO (EWG) Nr. 2309/93 eingeführt. Es basierte auf der **Anerkennung** einer in einem Mitgliedstaat bereits erteilten Zulassung durch weitere Mitgliedstaaten im MRP-Verfahren[50].

32   Mit der RL 2001/83/EG erfolgte eine Neuregelung im System der gegenseitigen Anerkennung von nationalen Zulassungen. In Art. 28 I RL 2001/83/EG[51] wird nunmehr die Möglichkeit eröffnet, ohne bereits bestehende Zulassung in einem Mitgliedstaat in einem Verfahren eine Zulassung für mehrere Mitgliedstaaten zu erhalten **(sog. dezentralisiertes Verfahren – Decentralised Procedure)**[52].

33   In Art. 28 II RL 2001/83/EG ist die Möglichkeit vorgesehen, bei einer bereits in einem Mitgliedstaat erteilten Zulassung für ein Arzneimittel die Anerkennung der betroffenen weiteren Mitgliedstaaten im sog. **MR-Verfahren** herbeizuführen[53].

34   Beide Verfahren basieren auf dem Prinzip der gegenseitigen Anerkennung, d. h. dass die Evaluierung eines Arzneimittels, das in mehreren Mitgliedstaaten aufgrund einer Zulassung in den Verkehr gebracht werden soll, nur einmal von einem Mitgliedstaat vollumfänglich vorgenommen werden soll. Hierzu soll ein vom Antragsteller ersuchter sog. Referenzmitgliedstaat **(Reference Member State – RMS)** den Beurteilungsbericht, die Zusammenfassung der Merkmale des Arzneimittels („Summary of Product Characteristics – SPC"), die Etikettierung und Packungsbeilage innerhalb von 90 Tagen (bei Vorliegen einer Erstzulassung) bzw. 120 Tagen (bei Fehlen einer Erstzulassung) nach Einreichung des Antrags erstellen und sie den betroffenen Mitgliedstaaten (Concerned Member States – CMS) und dem Antragsteller übermitteln. Die betroffenen Mitgliedstaaten haben innerhalb von 90 Tagen die eingereichten Unterlagen zu billigen, es sei denn, dass sie Gründe einer potenziellen schwerwiegenden Gefahr für die öffentliche Gesundheit vortragen können, die der Anerkennung entgegenstehen. In diesem Fall ist zunächst ein Einigungsverfahren in der Koordinierungsgruppe gem. Art. 29 RL 2001/83/EG und bei

---

[47] Vgl. hierzu *Müller, Eva-Maria*, StoffR 2011, 61 ff.
[48] Vgl. hierzu *EuGH*, Urt. v. 11.4.2013 – C-535/11, PharmR 2013, 367 m. Anm. *v. Czettritz* für Fertigspritzen, die für die Behandlung von Augenkrankheiten bestimmt sind und Dosen bestimmter Arzneimittel enthalten.
[49] Zur rechtlichen Grundlage und Struktur der EMA vgl. *Friese*, in: Dieners/Reese, § 5 Rn. 33 ff.
[50] Vgl. zur Einführung des Verfahrens der gegenseitigen Anerkennung *Friese*, in: Dieners/Reese, § 5 Rn. 27 f., 156.
[51] Nach Art. 17 I UAbs. 2 RL 2001/83/EG gelten für Anträge auf Erteilung einer Genehmigung für das Inverkehrbringen eines Arzneimittels in zwei oder mehr Mitgliedstaaten die Art. 27–39 der RL.
[52] Vgl. hierzu ausführlich *Friese/Jentges/Muazzam*, S. 138 ff.
[53] Die Ablehnung des Antrags im MRP-Verfahren durch einen anderen EU-Mitgliedstaat, weil das fragliche Arzneimittel dem Referenzarzneimittel nicht im Wesentlichen gleich sein soll, verstößt in diesem Zusammenhang gegen Art. 28 II RL 2001/83/EG und begründet für den die Anerkennung verweigernden Mitgliedstaat die Haftung, weil ein qualifizierter Verstoß gegen europäisches Recht vorliegt, vgl. *EuGH*, Urt. v. 16.10.2008 – Rs. C-452/06, PharmR 2008, 614 ff. – Synthon.

einem Scheitern der Einigung ein Schiedsverfahren durchzuführen, das eine bindende Gemeinschafts-entscheidung für alle beteiligten Mitgliedstaaten herbeiführt[54].

3. Blutprodukte (RL 2002/98/EG). Mit der RL 2002/98/EG zur Festlegung von Qualitäts- und **35** Sicherheitsstandards für die Gewinnung, Testung, Verarbeitung, Lagerung und Verteilung von mensch-lichem Blut und Blutbestandteilen und zur Änderung der RL 2001/83/EG hat der europäische Gesetz-geber die rechtliche Grundlage zur unionsweiten Verhütung der Übertragung von Krankheiten durch Blut und Blutbestandteile geschaffen und zugleich die in der RL 2001/83/EG angelegte Lücke (dort Art. 3 Nr. 6) hinsichtlich der Gewährleistung der Qualität und Sicherheit von **Vollblut, Plasma und Blutzellen,** die zur **Transfusion** vorgesehen sind und nicht als solche verarbeitet werden, geschlossen[55]. Die RL trifft ausführliche Regelungen u. a. zur Zulassung von Blutspendeeinrichtungen, deren Inspekti-on, zur Benennung einer verantwortlichen Person für die Blutspendeeinrichtung, zur Einrichtung eines Qualitätsmanagements für Blutspendeeinrichtungen und Krankenhausblutdepots und zur Hämovigilanz (Rückverfolgbarkeit von Blutspenden und Meldung von ernsten Zwischenfällen). Auf der Grundlage der RL 2002/98/EG hat die Kommission mehrere Durchführungs-RL erlassen. Dies sind die RL 2004/33/EG hinsichtlich bestimmter technischer Anforderungen für Blut und Blutbestandteile, die RL 2005/61/EG in Bezug auf die Anforderungen an die Rückverfolgbarkeit und die Meldung ernster Zwischenfälle und ernster unerwünschter Reaktionen sowie die RL 2005/62/EG in Bezug auf gemeinschaftliche Standards und Spezifikationen für ein Qualitätssystem für Blutspendeeinrichtungen. Die europäischen Vorgaben sind im Wesentlichen durch das TFG umgesetzt worden[56].

4. Orphan Drugs (VO (EG) Nr. 141/2000). Die EU hat sich des Problems der **„seltenen Krankhei-** **36** **ten"**[57] durch die VO (EG) Nr. 141/2000 vom 16.12.1999 über Arzneimittel für seltene Leiden angenom-men[58]. Ziel der Verordnung ist es, ein Gemeinschaftsverfahren für die Ausweisung von Arzneimitteln als Arzneimittel für seltene Leiden festzulegen und Anreize für die Erforschung, Entwicklung und das Inver-kehrbringen von als Arzneimittel für seltene Leiden ausgewiesenen Arzneimitteln zu schaffen (Art. 1 VO (EG) Nr. 141/2000), da ein Pharmaunternehmen aufgrund der geringen Patientenzahlen unter normalen Marktbedingungen kaum Aussicht auf eine Amortisierung seiner Investitionskosten hat. Hauptförder-instrument ist die Einräumung eines Marktexklusivitätsrechts, welches u. a. Konkurrenzzulassungen für grundsätzlich zehn Jahre sperrt (Art. 8 VO (EG) Nr. 141/2000). Als Kriterium für die Förderung wird das erfolgreiche Durchlaufen eines Gemeinschaftsverfahrens über die Ausweisung als Arzneimittel für seltene Leiden vorgeschrieben (Art. 5 VO (EG) Nr. 141/2000). Zur Festlegung von Bestimmungen für die Anwendung der Kriterien für die Ausweisung eines Arzneimittels als Arzneimittel für seltene Leiden und von Definitionen für die Begriffe „ähnliches Arzneimittel" und „klinische Überlegenheit" hat die Kommis-sion die VO (EG) Nr. 847/2000 entsprechend Art. 3 VO (EG) Nr. 141/2000 erlassen.

5. Kinderarzneimittel (VO (EG) Nr. 1901/2006). Durch die VO (EG) Nr. 1901/2006[59] werden **37** Regeln für die Entwicklung von Humanarzneimitteln festgelegt, durch die ein spezifischer therapeuti-scher Bedarf in der pädiatrischen Bevölkerungsgruppe[60] ohne unnötige klinische oder andere Prüfungen an dieser Bevölkerungsgruppe und in Übereinstimmung mit der RL 2001/20/EG (GCP-RL) gedeckt werden soll[61]. Die VO (EG) Nr. 1901/2006 verpflichtet die Pharmaunternehmen zur Durchführung sog. **pädiatrischer Studien**[62]. Auf diese Weise soll eine solide Datenbank geschaffen und die Zugänglichkeit von Arzneimitteln zur Verwendung bei der pädiatrischen Bevölkerungsgruppe erheblich erleichtert werden. Ein weiteres Ziel der VO ist die Gewährleistung der Entwicklung von Kinderarzneimitteln im Rahmen ethisch vertretbarer und qualitativ hochwertiger Forschungsarbeiten. So müssen Kinderarznei-mittel eigens für die pädiatrische Bevölkerungsgruppe genehmigt werden. Die Belastung der Kinder soll

---

[54] Vgl. hierzu *Friese*, in: Dieners/Reese, § 5 Rn. 165 ff.; *Wagner*, S. 233 ff.; *Collatz*, Die neuen Europäischen Zulassungsverfahren, S. 90 ff.; *Koenig/Müller*, PharmR 2000, 148, 155.

[55] Vgl. *EuGH*, Urt. v. 13.3.2014 – C-512/12, PharmR 2014, 224, zur Anwendbarkeit der RL 2001/83/EG in Abgrenzung von der RL 2002/98/EG auf aus Vollblut gewonnenes, für Transfusionszwecke bestimmtes Plasma, bei dessen Herstellung ein industrielles Verfahren zur Anwendung kommt.

[56] Vgl. dazu die Kommentare von *Lippert/Flegel* und *v. Auer/Seitz*.

[57] Nach Art. 3 I Buchst. a) VO (EG) Nr. 141/2000 liegt eine „seltene Krankheit" vor, wenn von dieser nicht mehr als fünf von zehntausend Personen betroffen sind. Mittlerweile sind weit mehr als 100 Orphan Drugs zugelassen worden.

[58] Vgl. dazu *Dierks/Finn*, in: Dieners/Reese, § 7 Rn. 27; *Sträter/Burghardt/Bickmann*, A&R 2014, 195; *Koenig/Leinen*, PharmR 2009, 541; *Koenig/Müller*, GRURInt 2007, 294. Zu den Kriterien für die Ausweisung eines Arzneimittels für seltene Leiden gem. Art. 3 I VO (EG) Nr. 141/2000 vgl. *EuG*, Urt. v. 22.1.2015 – T-140/12, PharmR 2015, 181 – Imatinib.

[59] Vgl. hierzu ausführlich *Lehmann*, in: Fuhrmann/Klein/Fleischfresser, § 7 Rn. 24 ff.

[60] Die pädiatrische Bevölkerungsgruppe ist der Teil der Bevölkerung zwischen der Geburt und 18 Jahren (Art. 2 VO (EG) Nr. 1901/2006).

[61] Vgl. zu den Besonderheiten, die bei der Entwicklung von Arzneimitteln zur pädiatrischen Anwendung zu berück-sichtigen sind, die „Guideline on pharmaceutical development of medicines for paediatric use" der EMA vom 1.8.2013 (EMA/CHMP/QWP/805880/2012 rev. 2, abrufbar unter http://www.ema.europa.eu).

[62] Zur Freistellung von der Vorlage der Ergebnisse eines pädiatrischen Prüfkonzepts vgl. *EuG*, Urt. v. 14.12.2011 – T-52/09, PharmR 2012, 67.

möglichst gering gehalten werden, indem auf unnötige Studien und Entwicklungsprogramme verzichtet wird. Zudem dient die VO dazu, Verzögerungen bei der Zulassung von Arzneimitteln für andere Bevölkerungsgruppen zu vermeiden. Mit der VO (EG) Nr. 1901/2006 sollen Anreize für Pharmaunternehmen zur Durchführung von pädiatrischen Studien geschaffen werden[63].

38   **6. Good Clinical Practice (GCP).** Good Clinical Practice (GCP) umfasst einen Katalog international anerkannter ethischer und wissenschaftlicher Qualitätsanforderungen, die bei der Planung, Durchführung und Aufzeichnung klinischer Prüfungen an Menschen sowie der Berichterstattung über diese Prüfungen eingehalten werden müssen. Im Mittelpunkt steht hierbei der Schutz der Studienteilnehmer und deren informierte Einwilligung sowie die Qualität und wissenschaftliche Verwertbarkeit der Studienergebnisse zum Nutzen der Patienten. Auf europäischer Ebene sind hierzu die RL 2001/20/EG und die RL 2005/28/EG erlassen worden[64]. Die RL 2001/20/EG ist in Deutschland durch die GCP-V umgesetzt worden.

39   Das Recht der klinischen Prüfung für Humanarzneimittel wird grundlegend neu durch die **VO (EU) Nr. 536/2014,** mit der die RL 2001/20/EG aufgehoben wird, geregelt. Die VO (EU) Nr. 536/2014 ist am 16.6.2014 in Kraft getreten. Sie wird jedoch erst ab sechs Monaten nach der Veröffentlichung der Mitteilung gem. Art. 82 III über die volle Funktionsfähigkeit des EU-Portals und der EU-Datenbank im Zusammenhang mit klinischen Prüfungen, jedoch nicht vor dem 28.5.2016 gelten (s. hierzu ausführlich Vor § 40 Rn. 1 ff.).

40   **7. Good Manufacturing Practice (GMP).** Unter GMP (**Good Manufacturing Practice**) versteht man Regeln zur Qualitätssicherung der Produktionsabläufe und -umgebung in der Herstellung von Arzneimitteln (s. hierzu ausführlich § 54 Rn. 5 ff.). Die Qualitätssicherung bei der Herstellung von Arzneimitteln ist von zentraler Bedeutung, da Qualitätsabweichungen unmittelbare Auswirkungen auf die Gesundheit von Patienten haben können[65]. Ein GMP-gerechtes Qualitätsmanagementsystem dient der Gewährleistung der Produktqualität und der Erfüllung der für das Inverkehrbringen verbindlichen Anforderungen. Auf europäischer Ebene sind auf der Grundlage von Art. 47 RL 2001/83/EG durch die **RL 2003/94/EG** die Grundsätze und Leitlinien der Guten Herstellungspraxis für Humanarzneimittel und für die zur Anwendung beim Menschen bestimmten Prüfpräparate festgelegt worden. Durch die RL 2003/94/EG wurde die Vorgänger-RL 91/356/EWG ersetzt und für Prüfpräparate geltende RL 2001/20/EG konkretisiert[66]. Die RL 2003/94/EG enthält die grundlegenden Vorschriften zu (Selbst-)Inspektionen der Hersteller, zur Etablierung eines Qualitätssicherungssystems sowie Grundsätze und Leitlinien der Guten Herstellungspraxis in Bezug auf Qualitätsmanagement, Personal, Räumlichkeiten und Ausrüstung, Dokumentation, Produktion, Qualitätskontrolle, Auftragsherstellung, Beanstandungen und Produktrückruf.

41   Zur Auslegung der Grundsätze und Leitlinien der Guten Herstellungspraxis und weiterer Konkretisierung ist von der Kommission im Jahr 2005 entsprechend Art. 47 RL 2001/83/EG und Art. 3 II RL 2003/94/EG der **EG-GMP-Leitfaden** veröffentlicht worden. Er enthält im Teil I Anforderungen an die Gute Herstellungspraxis für Arzneimittel, im Teil II grundlegende Anforderungen für Wirkstoffe zur Verwendung als Ausgangsstoffe[67] und im Teil III GMP-relevante Dokumente[68]. Der EG-GMP-Leitfaden stellt ein dynamisches Regelwerk dar, das von der Kommission stetig entsprechend dem wissenschaftlichen Erkenntnisstand fortgeschrieben wird. Er hat lediglich empfehlenden Charakter, bürdet dem Hersteller aber im Verhältnis zur Überwachungsbehörde bei einer Abweichung die Beweislast auf, dass die Abweichung fachlich gerechtfertigt ist. Der EG-GMP-Leitfaden ist durch § 3 II AMWHV als Auslegungsregel für die Grundsätze der Guten Herstellungspraxis in das nationale Recht übernommen worden.

42   **8. Good Distribution Practice (GDP).** Auf der Grundlage der Art. 84 S. 1 und 85b III RL 2001/83/EG hat die Kommission am 5.11.2013 die Leitlinien für die gute Vertriebspraxis für Humanarzneimittel veröffentlicht[69]. Ausgangspunkt für die GDP-Leitlinien war die **sog. Fälschungsrichtlinie 2011/62/EU** zur Verhinderung des Eindringens von gefälschten Arzneimitteln in die legale Lieferkette[70]. Die Leitlinien enthalten geeignete Instrumente, die die Großhändler bei ihrer Tätigkeit unterstützen und verhindern sollen, dass gefälschte Arzneimittel in die legale Lieferkette gelangen. Zudem soll die Kontrolle der Lieferkette sichergestellt und die Qualität und Unversehrtheit der Arzneimittel aufrechterhalten werden. Die GDP-Leitlinien gelten nicht nur von Großhändlern und Arzneimittelvermittlern, sondern auch von anderen am Vertrieb von Arzneimitteln beteiligten Wirtschaftsakteuren einzuhalten. In Deutschland erfolgte die Umsetzung der Vorgaben der GDP-Leitlinien durch die **AM-HandelsV.** § 1a AM-HandelsV

---

    [63] Vgl. *Heinemann/Tieben*, A&R 2007, 53; *Kramer/Heinemann*, PharmR 2006, 22.
    [64] Zur Vorgeschichte vgl. *Heil/Lützeler*, in: Dieners/Reese, § 4 Rn. 9 ff.
    [65] Beispielhaft kann auf den schweren Arzneimittelzwischenfall in den USA im Jahr 1940 verwiesen werden, bei dem Sulfathiazol-Tabletten in der Produktion mit Phenobarbital verunreinigt wurden, was den Tod vieler Menschen zur Folge hatte, vgl. *Anhalt/Lützeler*, in: Dieners/Reese, § 8 Rn. 4.
    [66] Zur Vorgeschichte vgl. *Anhalt/Lützeler*, in: Dieners/Reese, § 8 Rn. 14 ff.
    [67] Bekanntmachung des BMG zu § 2 Nr. 3 AMWHV vom 21.4.2015, BAnz. AT v. 27.5.2015 B2.
    [68] Die jeweils aktuelle Fassung des EG-GMP-Leitfaden ist abrufbar unter http://ec.europa.eu.
    [69] ABl. C 343 vom 23.11.2013, S. 1. Vgl. hierzu *Runge*, PharmR 2013, 405.
    [70] Vgl. hierzu *Franklin*, PharmInd 2011, 1600, 1808. Zur Haftung des Originalherstellers für Schäden durch Arzneimittelfälschungen vgl. *Hauke/Kremer*, PharmR 2013, 213; *Hornung*, PharmR 2012, 501.

bestimmt, dass Betriebe und Einrichtungen die EU-Leitlinien für die Gute Vertriebspraxis von Arzneimitteln einhalten und ein funktionierendes Qualitätssicherungssystem entsprechend der Art und des Umfangs der durchgeführten Tätigkeiten betreiben müssen (s. hierzu ausführlich § 52a Rn. 25 ff.).

9. Parallel- und Reimport von Arzneimitteln. Der Parallel- und Reimport von Arzneimitteln in der **43** EU hat große wirtschaftliche Bedeutung. Der Parallelhandel mit Arzneimitteln in der EU ist **nicht europarechtlich geregelt.** Somit liegt es grundsätzlich in der Kompetenz der EU-Mitgliedstaaten, Regelungen über die Voraussetzungen und Durchführung des Parallelhandels mit Arzneimitteln zu treffen. Hierbei haben die EU-Mitgliedstaaten die Vorgaben über die Warenverkehrsfreiheit in Art. 34 und 36 AEUV (= Art. 28, 30 EG) zu beachten. In diesem Kontext hat vor allem der *EuGH* die Grundsätze erarbeitet, die für den Parallelhandel mit Arzneimitteln zu gelten haben[71] (s. auch vor § 72 Rn. 6, 43).

Der **Parallelimport** ist dadurch gekennzeichnet, dass in einem EU-Mitgliedstaat oder EWR-Ver- **44** tragsstaat hergestellte und zugelassene Arzneimittel von einem Dritten außerhalb des von den Herstellern für ihre Arzneimittel aufgebauten Vertriebsnetzes in einen anderen EU-Mitgliedstaat oder EWR-Vertragsstaat eingeführt werden, die dort für den Parallelimporteur zugelassen oder registriert wurden. Unter dem **Reimport** ist zu verstehen, dass ein Arzneimittel in einem EU-Mitgliedstaat bzw. EWR-Vertragsstaat hergestellt, sodann in einen anderen EU-/EWR-Staat verbracht und anschließend von dort wieder in den Ausgangsstaat zurückexportiert wird[72]. Empirisch betrachtet profitiert der Parallelhandel mit Arzneimitteln von Preisabweichungen zwischen den EU-Mitgliedstaaten bzw. EWR-Vertragsstaaten und deren jeweiligen nationalen Preisregulierungssystemen. Von diesen beiden Formen des Parallelhandels ist der **Parallelvertrieb** zu unterscheiden. Dieser bezieht sich auf ein EU-weit im zentralisierten Verfahren zugelassenes Arzneimittel, für dessen Parallelvertrieb ein Anzeigeverfahren bei der EMA vorgesehen ist (Art. 57 I Buchst. o) VO (EG) Nr. 726/2004)[73].

Der *EuGH* hat schon sehr früh den Parallelhandel mit Arzneimitteln unter Berufung auf die in Art. 30 **45** EGV (nunmehr Art. 34 AEUV) geregelte Warenverkehrsfreiheit zugelassen[74]. Ausgangspunkt ist in arzneimittelrechtlicher Hinsicht, dass der Parallelimporteur eine Zulassung bzw. Registrierung im Importland benötigt, die jedoch wegen der fehlenden Zugriffsmöglichkeit auf die Dokumentation des Zulassungsinhabers unter erleichterten Voraussetzungen erlangt werden kann. Nur dann, wenn sich aus dem vom Parallelimporteur in einem **vereinfachten Zulassungsverfahren**[75] im Einfuhrland vorzulegenden Unterlagen ergeben sollte, dass sein Produkt **therapeutisch relevante Unterschiede** zum Originalpräparat aufweist, ist es gerechtfertigt, von dem Parallelimporteur den Nachweis der Qualität, Wirksamkeit und Unbedenklichkeit seines Produkts durch die dafür erforderlichen Unterlagen ohne die Möglichkeit der Bezugnahme auf die Zulassungsunterlagen des Originators zu verlangen. Es reicht aus, wenn das Parallelimportarzneimittel und das Originalarzneimittel im Wesentlichen gleich sind (sog. **Produktidentität**), d. h. die beiden zu vergleichenden Arzneimittel nach der gleichen Formel und unter Verwendung des gleichen Wirkstoffs hergestellt wurden, so dass das Importarzneimittel die gleichen therapeutischen Wirkungen wie das Bezugsarzneimittel hat (sog. **Wirkstoffidentität**)[76]. Importarzneimittel und Originalarzneimittel gelten als „im Wesentlichen gleich", wenn beide qualitativ und quantitativ dieselben Wirkstoffe enthalten, sie dieselbe pharmazeutische Form haben, beide Produkte bioäquivalent sind und in Einbeziehung wissenschaftlicher Erkenntnisse offenbar keine wesentlichen Unterschiede hinsichtlich ihrer Sicherheit und Wirksamkeit aufweisen[77].

Für Parallelimporte aus den neuen Mitgliedstaaten der EU ist der sog. **Besondere Mechanismus**[78] **46** und **„Spezielle Mechanismus"**[79] zu beachten[80]. Diese sehen vor, dass Inhaber eines Patents oder

---

[71] Urt. v. 20.5.1976 – Rs. 104/75, NJW 1976, 1575 f. – de Peijper. In der Mitteilung der Kommission v. 30.12.2003, KOM (2003) 839, sind die Grundsätze, die der *EuGH* bis dahin erarbeitet hat, zusammengefasst.
[72] Vgl. *Koenig/Engelmann/Sander*, GRUR Int 2001, 920.
[73] Vgl. hierzu „EMEA Post-authorisation Guidance on Parallel Distribution", abrufbar unter www.ema.europa.eu.
[74] Urt. v. 20.5.1976 – Rs. 104/75, NJW 1976, 1575 – de Peijper.
[75] Einzelheiten können der Website des BfArM unter www.bfarm.de entnommen werden. Zum vereinfachten Zulassungsverfahren vgl. auch *Wagner*, in: Dieners/Reese, § 6 Rn. 255 ff.
[76] Vgl. *EuGH*, Urt. v. 12.11.1996 – Rs. C-201/94, PharmR 1997, 92 Rn. 26 – Smith & Nephew and Primecrown.
[77] Vgl. *EuGH*, Urt. v. 1.4.2004 – Rs. C-112/02, EuZW 2004, 530 Rn. 19 – Kohlpharma.
[78] Bekanntmachung des BfArM, PEI sowie des BVL über die Bestimmungen des Besonderen Mechanismus nach Nummer 2 zu Anhang IV der Beitrittsakte des EU-Beitrittsvertrages vom 16. April 2003 betreffend den Parallelimport von Human- und Tierarzneimitteln aus den Republiken Estland, Lettland, Litauen, Polen, Slowenien, Ungarn, der Slowakischen Republik und der Tschechischen Republik in die Bundesrepublik Deutschland vom 30.4.2004, abrufbar unter www.bfarm.de.
[79] Erweiterte Bekanntmachung vom 30.4.2004 (BAnz. S. 9971) über die Bestimmungen des Besonderen Mechanismus nach Nummer 2 des Anhangs IV der Beitrittsakte des EU-Beitrittsvertrages vom 16.4.2003 betreffend den Parallelimport von Human- und Tierarzneimitteln aus den Republiken Estland, Lettland, Litauen, Polen, Slowenien, Ungarn, der Slowakischen Republik und der Tschechischen Republik in die Bundesrepublik Deutschland, um die Bestimmungen des Speziellen Mechanismus nach Teil I Anhang V Nr. 1 der Anlage zum Gesetz vom 7.12.2006 zu dem Vertrag vom 25.4.2005 über den Beitritt der Republik Bulgarien und Rumänien zur Europäischen Union vom 30.3.2007, abrufbar unter www.bfarm.de. Mittlerweile ist der „Besondere Mechanismus" auf die Republik Kroatien erweitert worden.
[80] Dieser gilt nicht für Malta und Zypern. Dort bestand zum Zeitpunkt des Beitritts bereits ein entsprechender Patentschutz.

Ergänzenden Schutzzertifikats (Schutzrechte) für ein Arzneimittel oder der durch diese Begünstigte, die Verbringung und das Inverkehrbringen eines erstmalig in einem der neuen Mitgliedstaaten auf den Markt gebrachten Arzneimittels in das Importland verhindern kann, wenn im Inland das Schutzrecht für das betr. Arzneimittel zu einem Zeitpunkt beantragt wurde, zu dem für dieses ein entsprechender Schutz in den neuen Mitgliedstaaten noch nicht erlangt werden konnte[81].

47   Der Parallelimport von Arzneimitteln hat aber auch eine stark **markenrechtliche Komponente**[82]. Art. 5 RL 2008/95/EG[83] gewährt dem Markenrechtinhaber ein ausschließliches Recht, das es ihm u. a. gestattet, Dritten zu verbieten, ohne seine Zustimmung mit seiner Marke versehene Ware einzuführen oder in den Verkehr zu bringen. Art. 7 I RL 2008/95/EG enthält eine Ausnahme von diesem Grundsatz. Dort ist vorgesehen, dass das Recht des Inhabers erschöpft ist, wenn die Waren von ihm selbst oder mit seiner Zustimmung in der EG in den Verkehr gebracht werden (sog. **markenrechtlicher Erschöpfungsgrundsatz**). Allerdings kann sich der Markenrechtsinhaber dem weiteren Vertrieb der Waren dann widersetzen, wenn deren Zustand nach ihrem Inverkehrbringen verändert oder verschlechtert ist (Art. 7 II RL 2008/95/EG). Mit dieser Regelung wird unter Berücksichtigung des Verhältnismäßigkeitsgrundsatzes ein Ausgleich zwischen den national geschützten gewerblichen und kommerziellen Eigentumsrechten Art. 36 AEUV (= Art. 30 EG) und der Warenverkehrsfreiheit Art. 34 AEUV (= Art. 28 EG) geschaffen[84]. Der *EuGH* und die nationalen Gerichte haben in diesem Spannungsfeld zahlreiche Entscheidungen erlassen, die stets darauf hinaus laufen, dass folgende **fünf Kriterien** bei der Geltendmachung von Unterlassungsansprüchen geprüft werden müssen, um festzustellen, ob dies ein Mittel zur willkürlichen Diskriminierung oder eine verschleierte Behinderung des Handels zwischen den Mitgliedstaaten darstellt[85]:

– Der Gebrauch des Markenrechts durch den Inhaber darf nicht zu einer künstlichen Abschottung der Märkte zwischen den Mitgliedstaaten beitragen;
– Der Originalzustand der Verpackung darf nicht beeinträchtigt werden;
– Auf der Parallelimportware muss der Hersteller und Umpacker angegeben werden;
– Durch das Umpacken darf der gute Ruf des Markenrechtsinhabers nicht gefährdet werden;
– Der Markenrechtsinhaber ist vom Parallelimporteur vor dem Inverkehrbringen durch die Vorlage eines Musters der Verpackung und die Mitteilung von Herkunftsland und –verpackung zu informieren.

48   **10. Tierarzneimittel.** Für den Bereich der Tierarzneimittel wurde 2001 parallel zum Gemeinschaftskodex für Humanarzneimittel ein Gemeinschaftskodex für Tierarzneimittel erlassen (RL 2001/82/EG), der das bis dahin geltende Recht der Tierarzneimittel zusammenfasst, strukturiert und aktualisiert. Die RL 2001/82/EG wurde durch die RL 2004/28/EG umfangreich geändert. Die RL sollen den freien und sicheren Verkehr mit Tierarzneimitteln fördern, sollen aber auch dem Schutz der Gesundheit und des Wohlergehens der Tiere sowie der öffentlichen Gesundheit dienen[86]. Die europäischen Tierarzneimittel-RL wurden insbes. durch die §§ 56a ff. zuletzt durch die 16. AMG-Novelle in nationales Recht umgesetzt.

49   **11. EU-Pharmapaket.** Die Kommission hat am 10.12.2008 das sog. EU-Pharmapaket *(„pharmaceutical package")* als Auftakt für ein EU-Gesetzgebungsverfahren mit weitreichenden Änderungen für das Arzneimittelrecht beschlossen. Das EU-Pharmapaket bestand aus Richtlinien- und Verordnungsvorschlägen zur Bekämpfung von Arzneimittelfälschungen, über nichtgewerbliche Informationen für rezeptpflichtige Arzneimittel und zur Pharmakovigilanz.

50   Mittlerweile sind die Gesetzgebungsinitiativen im Rahmen des EU-Pharmapakets zur Bekämpfung von Arzneimittelfälschungen und zur Pharmakovigilanz umgesetzt worden. Am 15.10.2010 wurde die RL 2010/84/EG zur Schaffung eines Gemeinschaftskodexes für Humanarzneimittel hinsichtlich der **Pharmakovigilanz** erlassen (sog. Pharmakovigilanz-Richtlinie); sie ist am 20.1.2011 in Kraft getreten und war von den Mitgliedstaaten bis zum 21.7.2012 in nationales Recht umzusetzen. Dies ist mittlerweile in Deutschland durch das 2. AMG-ÄndG 2012 (insbes. in den §§ 62–63j) und das 3. AMG-ÄndG 2013 geschehen. Mit der VO (EG) Nr. 1235/2010 vom 15.12.2010 hat der europäische Gesetzgeber das EU-System zur Sicherheitsüberwachung für Arzneimittel im Bereich der zentral zugelassenen Arzneimittel und der Arzneimittel für neuartige Therapien ausgebaut. Die „Pharmakovigilanz-VO" ist seit dem 2.7.2012 in den Mitgliedstaaten anzuwenden[87].

51   Weiter ist am 8.6.2011 die RL 2011/62/EU zur Änderung der RL 2001/83/EG zur Schaffung eines Gemeinschaftskodexes für Humanarzneimittel hinsichtlich der Verhinderung des Eindringens von ge-

---

[81] Vgl. *Wagner*, in: Dieners/Reese, § 6 Rn. 262 f.; *Berg*, PharmR 2005, 352; *Berg/Sauter*, PharmR 2004, 233.
[82] Vgl. *EuGH*, Urt. v. 26.4.2007 – Rs. 348/04, GRUR 2007, 586 ff. – Umpacken von Markenarzneimitteln; *Römhild/Lübbig*, in: Dieners/Reese, § 15.
[83] Zuletzt geändert durch RL 2008/95/EG, vormals RL 89/14/EWG.
[84] Vgl. *Koenig/Engelmann/Sander*, GRURInt 2001, 919, 924 ff.
[85] Vgl. *EuGH*, Urt. v. 23.4.2002 – Rs. C-143/00, GRUR 2002, 879 ff. – Boehringer; *BGH*, GRUR 2003, 435 – Pulmicort.
[86] Vgl. 2. und 3. Erwägungsgrund der RL 2004/28/EG. Zur Zulassung von Tierarzneimitteln vgl. *Wolf*, in: Fuhrmann/Klein/Fleischfresser, § 37 Rn. 1 ff. und zum Verkehr mit Tierarzneimitteln vgl. *Kluge*, in: Fuhrmann/Klein/Fleischfresser, § 38 Rn. 1 ff.
[87] Zum Pharmakovigilanz-Teil des EU-Pharmapakets vgl. *Kroth*, PharmInd 2011, 483; *Friese*, PharmInd 2011, 298, 500.

fälschten Arzneimitteln in die legale Lieferkette erlassen worden, um **Arzneimittelfälschungen**[88] effektiv bekämpfen zu können[89]. Im Mittelpunkt der RL stehen Vorschriften über die fälschungssichere Codierung von verschreibungspflichtigen Arzneimitteln[90], die eine Verifizierung der Authentizität und die Identifizierung individueller Arzneimittelpackungen ermöglicht. Für nicht verschreibungspflichtige Arzneimittel ist die Codierung nicht verpflichtend, es sei denn die Kommission schreibt gem. Art. 54a II Buchst. b) RL 2001/83/EG nach intensiver Prüfung des Fälschungsrisikos ausnahmsweise über delegierte Akte produktspezifisch die Anbringung der fälschungssicheren Codierung vor (sog. Black List)[91].

Die Kommission hat am 10.12.2008 als Teil des EU-Pharmapakets einen Vorschlag für eine VO[92] und **52** für eine RL[93] zur Änderung des europäischen Rechts in Bezug auf die **Information der** breiten **Öffentlichkeit** über verschreibungspflichtige (Human-)Arzneimittel vorgelegt. Die Vorschläge der Kommission verfolgen das Ziel, einen klaren EU-einheitlichen Rahmen für die Bereitstellung von Informationen zu schaffen, die vom Zulassungsinhaber für verschreibungspflichtige Humanarzneimittel selbst oder durch Dritte an die Öffentlichkeit weitergegeben werden dürfen. Die Gesetzgebungsverfahren befinden sich in der Abstimmung mit den Mitgliedstaaten und den europäischen Institutionen. Das Europäische Parlament hat im November 2010 in erster Lesung einen Beschluss zur RL gefasst, wonach die weiteren Beratungen im Rat auf der Grundlage des geänderten Vorschlags der Kommission geführt werden sollen. Zudem liegt ein Geänderter Vorschlag einer Verordnung des Europäischen Parlaments und des Rates zur Änderung der Verordnung (EG) Nr. 726/2004 in Bezug auf die Information der breiten Öffentlichkeit über verschreibungspflichtige Humanarzneimittel vom 10.2.2012 vor[94]. Ein Erlass der „Patienteninformations-VO" bzw. „Patienteninformations-RL" ist derzeit nicht absehbar. Im Gegenteil werden beide Gesetzgebungsvorhaben aktuell nicht weiter verfolgt.

II. Völkerrecht

Das deutsche Arzneimittelrecht wird auch durch einige Regelungen auf völkerrechtlicher Ebene **53** beeinflusst, die insbes. für dessen Auslegung von Relevanz sein können.

1. ICH. Die Internationale Konferenz zur Harmonisierung von technischen Zulassungsanforderungen **54** für Humanarzneimittel **(International Conference on Harmonisation of Technical Requirements for Registration of Pharmaceuticals for Human Use – ICH)** ist eine gemeinsame Einrichtung der Behörden[95] und der pharmazeutischen Industrie[96] der EU, USA und Japans als den Haupterzeugerregionen für Arzneimittel. Die WHO, die europäischen EFTA-Staaten (vertreten durch die Schweiz) und Kanada haben Beobachterstatus[97]. Die ICH besteht seit 1990. Der Sitz des ICH-Sekretariats ist in Genf. Neben großen Konferenzen erfolgt der Harmonisierungsprozess vorrangig über das ICH Steering Committee, das sich zweimal pro Jahr trifft, Experten-Arbeitsgruppen zu einer Reihe von Themen, die Global Cooperation Group, die die Harmonisierungsbemühungen mit den anderen Weltregionen koordiniert und die MedDRA, deren Anliegen die Erarbeitung und Fortentwicklung eines international anwendbaren medizinischen Wörterbuchs für alle Phasen des Herstellungsprozesses ist[98]. Für den Tierarzneimittelbereich gibt es ein vergleichbares Projekt **(VICH)**[99].

Primäres **Ziel** der ICH ist es, Vorschläge für eine größere Harmonisierung bei der Auslegung und **55** Anwendung von technischen Leitlinien und Anforderungen im Rahmen der Zulassung von Arzneimitteln zu erreichen[100]. Um dies zu ermöglichen, sollen die Entwicklung und Zulassung effektiver gestaltet, unnötige Wiederholungen klinischer Prüfungen vermieden und die Anforderungen zum Nachweis der pharmazeutischen Qualität harmonisiert werden[101]. Als Ergebnis dieser Bemühungen verabschiedet die

---

[88] Vgl. *Guttmann*, PharmInd 2011, 518; *Schulze*, PharmInd 2011, 681; *Willhöft/Dienemann*, A&R 2011, 62.

[89] Zu Arzneimittelfälschungen und der Haftung für solche Fälschungen vgl. ausführlich *Wesch*, in: Dieners/Reese, § 16.

[90] Die Kommission erlässt gem. Art. 54a II Buchst. b) RL 2001/83/EG eine Liste der verschreibungspflichtigen Arzneimittel, die ausnahmsweise die Sicherheitsmerkmale nicht tragen müssen (sog. White list).

[91] Die Kommission wird aller Voraussicht nach Ende 2015/Anfang 2016 einen delegierten Rechtsakt gem. Art. 54a II RL 2001/83/EG zu Sicherheitsmerkmalen erlassen.

[92] Vorschlag für eine VO des Europäischen Parlaments und des Rates zur Änderung der VO (EG) Nr. 726/2004 zur Festlegung von Gemeinschaftsverfahren und zur Errichtung einer Europäischen Arzneimittel-Agentur in Bezug auf die Information der breiten Öffentlichkeit über verschreibungspflichtige Humanarzneimittel vom 10.12.2008, abrufbar unter http://eur-lex.europa.eu.

[93] Vorschlag für eine RL des Europäischen Parlaments und des Rates zur Änderung der RL 2001/83/EG zur Schaffung eines Gemeinschaftskodexes für Humanarzneimittel in Bezug auf die Information der breiten Öffentlichkeit über verschreibungspflichtige Arzneimittel vom 10.12.2008, abrufbar unter http://eur-lex.europa.eu.

[94] COM(2012) 49 final, abrufbar unter http://ec.europa.eu.

[95] FDA, Kommission und EMA sowie Japanisches Ministerium für Gesundheit, Arbeit und Sozialwesen (MHLW).

[96] PhRMA, EFPIA und JPMA.

[97] Vgl. *Franken*, in: Fuhrmann/Klein/Fleischfresser, § 12 Rn. 84; *Sickmüller/Throm*, PharmR 2002, 428; *Sickmüller/Throm*, PharmInd 2001, 546.

[98] *Blasius/Cranz*, S. 95; *Sickmüller/Throm*, PharmInd 2001, 547; vgl. dazu auch *Franken/Kroth*, PharmInd 2005, 757.

[99] International Cooperation on Harmonisation of Technical Requirements for Registration of Veterinary Products (VICH), weitere Daten abrufbar unter www.vichsec.org.

[100] So die „Mission" der ICH auf deren Website www.ich.org.

[101] Vgl. *Sickmüller/Throm*, PharmR 2002, 428; *Sickmüller/Throm*, PharmInd 2001, 546.

ICH im Wege der Empfehlung **harmonisierte Leitlinien**. Im Vordergrund stehen hier Leitlinien zur klinischen Prüfung von Arzneimitteln (GCP), zur Guten Herstellungspraxis (GMP) und zur Standardisierung der medizinischen Terminologie (MedDRA). Die ICH-Leitlinien und -Empfehlungen haben keinen rechtsverbindlichen Charakter; diesen können sie erst erhalten, wenn sie von der EU, den USA und Japan in deren jeweilige Rechtsordnung mit Normcharakter implementiert wurden, was z. T. auch geschehen ist[102]. In der EU werden ICH-Leitlinien von dem CHMP in europäische Guidelines umgesetzt.

56   **2. PIC/S.** Die Pharmazeutische Inspektions-Konvention (Convention for the Mutual Recognition of Inspections in Respect of the Manufacture of Pharmaceutical Products – PIC) wurde am 8.10.1970 im Rahmen der **EFTA** zwischen deren damaligen 10 Mitgliedern gegründet. Später sind eine Reihe weiterer europäischer und außereuropäischer Staaten der PIC beigetreten, so auch die Bundesrepublik Deutschland am 10.3.1983[103]. Mitte der 90er Jahre setzte sich durch, dass es den PIC-Konventionsstaaten nach EG-Recht nicht möglich ist, mit neuen Staaten Beitrittsverträge zu schließen, sondern dass dies der Kommission für die EG vorbehalten war. Diese war allerdings nicht Mitglied der PIC. Daher wurde ein flexiblerer Mechanismus außerhalb völkerrechtlich verbindlicher Verträge gesucht, um die Arbeit fortsetzen zu können. Am 2.11.1995 wurde daher das **PIC Scheme** (Pharmaceutical Inspection Co-operation Scheme) gegründet, ein Kooperationsprojekt zwischen den Gesundheitsbehörden der beteiligten Staaten. PIC und PIC Scheme zusammen werden als **PIC/S** bezeichnet[104]. Das Sekretariat des PIC/S ist in Genf. Für die Bundesrepublik Deutschland sind das BMG und die ZLG beteiligte Behörden des PIC/S. Am PIC/S nehmen derzeit 39 Staaten teil. Seit dem 1.1.2011 ist auch die FDA beteiligte Behörde. Partner des PIC/S sind die WHO, die EMA, UNICEF und das EDQM.

57   **Ziel** des PIC/S ist die **gegenseitige Anerkennung** von Inspektionen im Bereich der Humanarzneimittel, so dass Doppelinspektionen nach dem Export eines Arzneimittels vermieden werden können, die Harmonisierung der GMP-Anforderungen, die Erarbeitung einheitlicher GMP-Inspektionen, die Koordinierung der gegenseitigen Ausbildung von Inspektoren, der Informationsaustausch zwischen den teilnehmenden Behörden und die Weiterentwicklung der GMP-Regeln hin zu einer globalen Harmonisierung der Guten Herstellungspraxis[105]. Die gegenseitige Anerkennung setzt voraus, dass die gleichen Kriterien für die Durchführung der Inspektionen bestehen. Das PIC/S sieht daher den Informationsaustausch sowie regelmäßige Konsultationen zwischen den Vertretern der zuständigen Behörden vor. Allerdings können Zertifikate der am PIC/S teilnehmenden Staaten, die nicht EWR-Vertragsstaaten sind, in Deutschland nur anerkannt werden, wenn mit dem das Zertifikat ausstellenden Staat ein Abkommen der EU mit Drittstaaten über die gegenseitige Anerkennung (MRA) abgeschlossen wurde.

58   **3. Bilaterale Abkommen (MRA).** Neben dem PIC/S bestehen eine Reihe bilateraler Vereinbarungen zur gegenseitigen Anerkennung zwischen der EU und Drittstaaten im Hinblick auf die Einhaltung der GMP bei der Herstellung von Arzneimitteln. Die Abkommen dienen dazu, die bilaterale Zusammenarbeit bei der Regelung der GMP zu verstärken, die gegenseitige Anerkennung der Zertifizierung der Einhaltung der GMP und der Herstellungserlaubnisse festzulegen und eine Infrastruktur aufzubauen, damit die Behörden die Gleichwertigkeit der Programme zur Einhaltung der GMP bestimmen und aufrechterhalten können. Letztlich wird das **Ziel** verfolgt, den Aufwand der MRA-Vertragsstaaten für Fremdinspektionen zu begrenzen. Derartige **Mutual Recognition Agreements (MRA)** bestehen mit Australien, Neuseeland und der Schweiz. Die Abkommen mit Japan und Kanada sind nur teilweise in Kraft. Das MRA mit den USA ist nicht in Kraft gesetzt worden[106].

59   **4. Übereinkommen über die Ausarbeitung eines Europäischen Arzneibuches.** Das Übereinkommen über die Ausarbeitung eines Europäischen Arzneibuches (EuAB) wurde am 22.7.1964 im Rahmen des **Europarates** geschlossen. Die Bundesrepublik Deutschland ist dem Übereinkommen am 4.7.1973 beigetreten[107]. Ziel des Abkommens ist es, die Vorschriften für pharmazeutische Stoffe aufeinander abzustimmen und diese durch die Zusammenfassung in einem Europäischen Arzneibuch in den Mitgliedstaaten anwendbar zu machen. So müssen diese den Text des Europäischen Arzneibuchs ungekürzt und unverändert in nationales Recht umsetzen[108]. In Deutschland ist das Europäische Arzneibuch in das Deutsche Arzneibuch integriert worden. Es ist ein Teil des Arzneibuches nach § 55 und nach Abs. 7 S. 1 der Vorschrift als amtliche deutsche Ausgabe im BAnz. bekannt zu machen (s. § 55 Rn. 38)[109]. Hierbei kann sich die Bekanntmachung darauf beschränken, auf die Bezugsquelle der Fassung des EuAB und den Beginn der Geltung der Neufassung hinzuweisen (§ 55 VII 2). Derzeit ist die Ausgabeversion 7 maßgeblich.

---

[102] Zu den vielfältigen Ergebnissen des ICH-Prozesses vgl. *Franken*, in: Fuhrmann/Klein/Fleischfresser, § 12 Rn. 84; *Sickmüller/Throm*, PharmInd 2001, 546, 548 f.

[103] Gesetz zur Pharmazeutischen Inspektions-Convention (PIC) vom 10.3.1983 (BGBl. II S. 158).

[104] Vgl. zur Historie *Anhalt/Lützeler*, in: Dieners/Reese, § 8 Rn. 11 f. sowie die PIC/S Website www.picscheme.org.

[105] Vgl. *Blasius/Cranz*, S. 44, 135; *Blasius/Müller-Römer/Fischer*, S. 239 sowie die Website www.picscheme.org.

[106] Zum Stand und Inhalt der MRA vgl. die Übersichten auf der Website der ZLG, abrufbar unter www.zlg.de.

[107] BGBl. II S. 701.

[108] Vgl. *Wagner*, in: Dieners/Reese, § 6 Rn. 183; *Blasius/Cranz*, S. 62.

[109] Vgl. zum Inhalt des Deutschen und Europäischen Arzneibuchs das umfassende Werk von *Bracher*.

Die **EU** ist diesem Abkommen 1994 beigetreten[110], da es sinnvoller schien, sich an der Arbeit der **60** bestehenden Arzneibuchkommission zu beteiligen als eigene Harmonisierungsbemühungen in diesem Bereich zu unternehmen[111].

Bei der Herstellung von Arzneimitteln dürfen nur Stoffe und Behältnisse und Umhüllungen, soweit sie **61** mit Arzneimitteln in Berührung kommen, verwendet werden und nur Darreichungsformen angefertigt werden, die den anerkannten pharmazeutischen Regeln entsprechen (§ 55 VIII). Zu diesen **anerkannten pharmazeutischen Regeln** gehört das EuAB, so dass von dessen Regelungen nur bei erwiesenen überlegenen wissenschaftlichen Erkenntnissen oder bei Regelungslücken abgewichen werden kann[112].

III. Nationales Recht

1. AMG. a) Gesetzgebungskompetenz. Die Gesetzgebungskompetenz (als Gegenstand der kon- **62** kurrierenden Gesetzgebung) für den Erlass des AMG liegt beim Bund (Art. 74 I Nr. 19 GG). Durch das Gesetz zur Änderung des GG vom 28.8.2006 wurde **Art. 74 I Nr. 19 GG** neu gefasst und der bisherige **Kompetenztitel erweitert**[113]. Bis zum Inkrafttreten des Gesetzes zur Änderung des GG am 1.9.2006 umfasste er lediglich die Kompetenz für den Verkehr mit Arzneien, Heil- und Betäubungsmitteln und Giften. Nach der Neuregelung wird das Recht dieser Gegenstände insgesamt erfasst. Bis zum damaligen Zeitpunkt konnte nach Art. 74 I Nr. 19 GG nicht die Herstellung solcher Arzneimittel geregelt werden, die von Ärzten, Zahnärzten und Heilpraktikern zur unmittelbaren Anwendung bei eigenen Patienten hergestellt wurden[114]. Die Übertragung einer umfassenden Gesetzgebungskompetenz auf den Bund erscheint sachgerecht, um im Interesse der Patienten ein bundesweit einheitliches Sicherheits- und Schutzniveau zu gewährleisten[115].

b) Aufbau des Gesetzes. Das AMG in seiner heutigen Fassung[116] ist in 18 Abschnitte gegliedert. Der **63** Aufbau entspricht in groben Zügen dem für das deutsche Umweltrecht typischen Schema: Zweck – Begriffe – Allgemeine Anforderungen – Besondere Anforderungen – Überwachung – Haftung – Straf- und Bußgeldvorschriften – Übergangsvorschriften. Diese Struktur erklärt sich aus der Nähe des Arzneimittelrechts zum Gefahrstoffrecht.

Der **erste Abschnitt** (§§ 1–4a) legt den **Zweck** des Gesetzes fest (§ 1) und enthält die für die **64** Handhabung des Gesetzes wichtigsten **Begriffsbestimmungen** (§ 2 – Arzneimittelbegriff, § 3 – Stoffbegriff, § 4 – Sonstige Begriffe). Über den Arzneimittelbegriff wird zugleich der **Anwendungsbereich** des Gesetzes definiert. Sondervorschriften für Arzneimittel für neuartige Therapien finden sich in § 4b.

Der **zweite Abschnitt** (§§ 5–12) enthält **allgemeine Anforderungen** an Arzneimittel, insbes. das **65** Verbot bedenklicher Arzneimittel (§ 5), das Täuschungsverbot (§ 8) sowie Informationspflichten (§§ 10, 11, 11a – Kennzeichnung, Packungsbeilage, Fachinformation).

Die **Herstellung von Arzneimitteln** wird im **dritten Abschnitt** (§§ 13–20a) geregelt. Eine zentrale **66** Rolle spielt § 13 I mit dem Erfordernis der betriebsbezogenen Herstellungserlaubnis. Im Weiteren finden sich Vorschriften über Erteilung, Rücknahme, Widerruf und Ruhen der Herstellungserlaubnis sowie die Anforderungen an die sachkundige Person (Qualified Person). Für die Gewinnung von Gewebe und die Herstellung und das Inverkehrbringen von Gewebe und Gewebezubereitungen gelten Sondervorschriften (§§ 20b–20d).

Der **vierte Abschnitt** (§§ 21–37) befasst sich mit der **Zulassung von Arzneimitteln.** In der **67** zentralen Norm des § 21 wird das Inverkehrbringen eines Fertigarzneimittels grundsätzlich an eine vorherige Zulassung in Deutschland geknüpft. Die weiteren Vorschriften regeln das Zulassungsverfahren, die Zulassungserteilung und die Phase nach der Zulassung. Besondere Bedeutung besitzen hier Vorschriften über die Zulassungserteilung und Zulassungsanerkennung in der EU. Eng verbunden mit dem staatlichen Zulassungserfordernis ist der **fünfte Abschnitt** (§§ 38–39d), der Anforderungen über die **Registrierung homöopathischer und traditioneller pflanzlicher Arzneimittel** enthält.

Der **sechste Abschnitt** (§§ 40–42b) betrifft den Schutz des Menschen bei der klinischen Prüfung **68** und die Arzneimittelentwicklung. Damit sollen Wirksamkeit und Unbedenklichkeit eines Arzneimittels als Voraussetzung der Zulassung festgestellt werden. Gleichzeitig dienen die Bestimmungen dem Schutz der Probanden.

Regelungen über die **Abgabe von Arzneimitteln** finden sich im **siebten Abschnitt** (§§ 43–53). **69** Die Abgabe darf gem. § 43 grundsätzlich nur in Apotheken erfolgen. § 47 reglementiert den Vertriebsweg apothekenpflichtiger Medikamente und § 48 sieht für gewisse Arzneimittel eine Verschrei-

---

[110] Beschluss 94/358/EG des Rates zur Annahme des Übereinkommens über die Ausarbeitung eines Europäischen Arzneibuches im Namen der Europäischen Gemeinschaft vom 16.6.1994 (ABl. L 158 vom 25.6.1994, S. 17).

[111] *Blasius/Cranz*, S. 43.

[112] Vgl. *Kloesel/Cyran*, § 55 Anm. 12.

[113] BGBl. I S. 2034. Vgl. *Jarass/Pieroth*, Art. 74 Rn. 53.

[114] Vgl. *BVerfG*, NJW 2000, 857 zur Frischzellentherapie.

[115] BT-Drucks. 16/813, S. 13.

[116] Bekanntmachung der Neufassung des AMG vom 12.12.2005 (BGBl. I S. 3394), zuletzt geändert durch Art. 3 des Ersten Pflegestärkungsgesetzes vom 17.12.2014 (BGBl. I S. 222).

bungspflicht vor. § 52a verlangt für den Großhandel mit Arzneimitteln eine staatliche Erlaubnis, während in § 52b eine Pflicht der pharmazeutischen Unternehmer und Betreiber von Arzneimittelgroßhandlungen zur Bereitstellung von Arzneimitteln festgeschrieben wird.

70   Die **Abschnitte acht** (Sicherung und Kontrolle der Qualität – §§ 54–55a), **zehn** (Pharmakovigilanz – §§ 62 bis 63j), **elf** (Überwachung – §§ 64–69b) und **vierzehn** (Informationsbeauftragter, Pharmaberater – §§ 74a–76) enthalten Regelungen, mit deren Hilfe die **Arzneimittelsicherheit** in der Produktion und im Vertrieb von Arzneimitteln gewährleistet und überwacht werden soll. Die staatlichen Stellen sollen möglichst früh und umfassend über Gefahren und Risiken informiert werden bzw. können von sich aus aktiv werden, um angemessen zum Schutz der Patienten reagieren zu können.

71   Die **Abschnitte neun** (§§ 56–61) und **zwölf** (§§ 70 und 71) enthalten **Sondervorschriften**, zum einen über **Tierarzneimittel**, zum anderen über Arzneimittel für die **Behörden der inneren und äußeren Sicherheit**. Darüber hinaus sind in zahlreichen Abschnitten des Gesetzes Vorschriften für Tierarzneimittel enthalten, um den Besonderheiten dieser Erzeugnisse Rechnung zu tragen.

72   Der **dreizehnte Abschnitt** (§§ 72–74) regelt den **Arzneimittelverkehr** mit dem EU-/EWR-Ausland und Drittländern. §§ 72, 72a, 73 und 74 befassen sich mit der **Einfuhr** von Arzneimitteln, §§ 73a, 74 mit der **Ausfuhr** von Arzneimitteln aus dem Geltungsbereich des Gesetzes. Die Einfuhr von Gewebe und Gewebezubereitungen wird gesondert in § 72b geregelt.

73   Der **fünfzehnte Abschnitt** (§§ 77–83b) bestimmt u. a. die **zuständigen Bundesoberbehörden** (§ 77), zu deren Aufgaben insbes. die Erteilung von Arzneimittelzulassungen und die Pharmakovigilanz zählen. Zur Durchführung des Gesetzes enthalten die weiteren Vorschriften zahlreiche Ermächtigungen zum Erlass von Rechtsverordnungen und Verwaltungsvorschriften. Hervorzuheben ist die Ermächtigung zur Festlegung von **Preisen** und Preisspannen für Arzneimittel (§ 78).

74   Die Einzelheiten der **Gefährdungshaftung für Arzneimittelschäden** regelt der **sechzehnte Abschnitt** (§§ 84–94a). Die Vorschriften der §§ 84–93 bestimmen den Umfang der Ersatzpflicht bei Tötung und Körperverletzung. § 91 stellt hierbei ausdrücklich klar, dass weitergehende gesetzliche Vorschriften unberührt bleiben. In § 94 ist die Schaffung einer Deckungsvorsorge für Arzneimittelschäden für pharmazeutische Unternehmer vorgesehen.

75   Im **siebzehnten Abschnitt** (§§ 95–98a) sind an die Einhaltung der Pflichten aus dem AMG geknüpfte umfangreiche **Straf- und Bußgeldvorschriften** zusammengefasst. Der **achtzehnte Abschnitt** (§§ 99 – 147) enthält schließlich **Überleitungs- und Übergangsvorschriften,** die im Gefolge der notwendigen Aktualisierungen des AMG das jeweils anzuwendende Recht festlegen.

76   **2. AMWHV.** Die am 10.11.2006 in Kraft getretene AMWHV[117] schreibt die Anwendung der **Guten Herstellungspraxis** bei der Herstellung von Arzneimitteln und bestimmten Wirkstoffen und der Guten fachlichen Praxis bei der Herstellung von Produkten menschlicher Herkunft vor. Mit ihr wurden zahlreiche europarechtliche Vorgaben (u. a. Art. 46 Buchst. f) und Art. 47 RL 2001/83/EG) vor allem hinsichtlich der Einbeziehung von allen Wirkstoffen, die zur Herstellung von Arzneimitteln verwendet werden und die menschlicher oder tierischer oder mikrobieller Herkunft sind oder die auf gentechnischem Weg hergestellt werden, umgesetzt. Mit der neuen AMWHV werden auch die Anforderungen an die Herstellung und damit Gewinnung von Stoffen menschlicher Herkunft präzisiert und an die Bedürfnisse von Gewebeeinrichtungen angepasst. Im Einzelnen trifft die AMWHV im **ersten Abschnitt** Regelungen zum Anwendungsbereich und zu Begriffsbestimmungen (§§ 1 und 2) und im **zweiten Abschnitt** zu allgemeinen Anforderungen (§§ 3–11) hinsichtlich der Einrichtung eines Qualitätsmanagementsystems, Personal, Betriebsräumen und Ausrüstungen, Hygienemaßnahmen, Lagerung und Transport, Tierhaltung, Lohnherstellung, Dokumentation und Selbstinspektionen und Lieferantenqualifizierung. Im **dritten Abschnitt** finden sich ausführliche Bestimmungen zur Gewährleistung der Guten Herstellungspraxis in Bezug auf Arzneimittel, Blutprodukte und andere Blutbestandteile sowie Produkte menschlicher Herkunft (§§ 12–20). Der **vierte Abschnitt** widmet sich den Wirkstoffen nicht menschlicher Herkunft (§§ 21–29). Der **fünfte Abschnitt** enthält Sondervorschriften zu Fütterungsarzneimitteln und Blutspendeeinrichtungen (§§ 30, 31). Sondervorschriften bestehen auch für Entnahme- und Gewebeeinrichtungen sowie für Gewebespenderlabore im **Abschnitt 5a** (§§ 32–41), während der **sechste Abschnitt** Ordnungswidrigkeitstatbestände enthält.

77   **3. HWG.** Das HWG soll die Gesundheit der einzelnen Verbraucher und die Gesundheitsinteressen der Allgemeinheit vor den Gefahren einer unsachgemäßen Selbstmedikation und einer **unsachlichen Werbung** schützen[118]. Das die europarechtliche Vorgabe der RL 92/28/EWG berücksichtigende Gesetz limitiert zur Realisierung dieser Schutzgedanken die Werbung für Arzneimittel in vielerlei Hinsicht. Das Verhältnis des HWG zum europäischen Recht ist durch die sog. **Gintec-Entscheidung** des *EuGH*[119] endgültig geklärt worden. In diesem vom *BGH* angestrengten Vorlageverfahren hat der *EuGH* unmissverständlich festgestellt, dass durch die RL 2001/83/EG eine Vollharmonisierung des

---

[117] BGBl. I S. 2523.
[118] Vgl. *BGH*, GRUR 2003, 256 – Anlagebedingter Haarausfall; *Doepner*, Einl. Rn. 40.
[119] Urt. v. 8.11.2007 – Rs. C-374/05, GRUR 2008, 267.

Rechts der Heilmittelwerbung für Humanarzneimittel in der EU erfolgt ist, wobei die Mitgliedstaaten nur in den Fällen befugt sind, von den heilmittelwerberechtlichen Bestimmungen der RL 2001/83/EG abzuweichen, in denen dies ausdrücklich dort vorgesehen ist[120]. Das HWG beschränkt sich nicht auf Werberegelungen für Arzneimittel, sondern umfasst gem. § 1 HWG auch Medizinprodukte sowie unter bestimmten Voraussetzungen andere Mittel, Verfahren, Behandlungen und Gegenstände.

Das HWG enthält im Wesentlichen **Regelungen** zum Anwendungsbereich (§ 1), zum Verbot   **78** irreführender Werbung (§§ 3, 3a), zu den Pflichtangaben (§ 4), zum Verbot der Werbung in der Packungsbeilage (§ 4a), zur Werbung für Anwendungsgebiete bei homöopathischen Arzneimitteln (§ 5), zur Werbung mit Gutachten, Zeugnissen und Fachveröffentlichungen sowie Zuwendungen oder sonstigen Werbegaben (§§ 6, 7), zum Verbot der Teleshopping-Werbung und Werbung für Arzneimittel im Wege der Einzeleinfuhr (§ 8), zum Verbot der Fernbehandlung mit Arzneimitteln (§ 9), zum Verbot der Werbung für verschreibungspflichtige Arzneimittel und bestimmte Krankheiten (§§ 10, 12) und zahlreiche Verbote im Bereich der sog. Publikumswerbung für Arzneimittel[121].

Ein Verstoß gegen das HWG stellt grundsätzlich eine unlautere Wettbewerbshandlung i. S. d. §§ 3, 4   **79** Nr. 11 UWG dar und kann daher entsprechend wettbewerbsrechtlich verfolgt werden[122]. Allerdings erfordert Art. 12 GG nach der Rechtsprechung des *BGH* eine verfassungskonforme Auslegung des HWG dahingehend, dass die in Frage stehende Werbung zumindest zu einer mittelbaren Gesundheitsgefährdung führen muss[123].

4. Weitere arzneimittelrechtliche Vorschriften. Wie viele Gesetze mit naturwissenschaftlich-tech-   **80** nischem Bezug wird das AMG durch zahlreiche Rechtsverordnungen konkretisiert. Das Gesetz wird auf diese Weise um technische Einzelheiten entlastet und so eine **schnelle, flexible Anpassung an Änderungen in Wissenschaft und Technik** ermöglicht. Die wichtigsten Rechtsverordnungen sind[124]:

– Verordnung über die Verschreibungspflicht von Arzneimitteln (AMVV).
– Verordnung über den Nachweis der Sachkenntnis im Einzelhandel mit freiverkäuflichen Arzneimitteln (AMSachKV).
– Arzneimittelpreisverordnung (AMPreisV)[125].
– Kostenverordnung für die Registrierung homöopathischer Arzneimittel durch das Bundesinstitut für Arzneimittel und Medizinprodukte und das Bundesamt für Verbraucherschutz und Lebensmittelsicherheit (BGAHomAMKostV)[126].
– Verordnung über radioaktive oder mit ionisierenden Strahlen behandelte Arzneimittel (AMRadV)[127].
– Verordnung über den Großhandel und die Arzneimittelvermittlung (AM-HandelsV).
– Verordnung über apothekenpflichtige und freiverkäufliche Arzneimittel (AMVerkRV).
– Verordnung über die Angabe von Arzneimittelbestandteilen (AMBtAngV).
– Verordnung zur Ausdehnung der Vorschriften über die staatliche Chargenprüfung auf Blutzubereitungen (Artikel 1 der Verordnung über die Einführung der staatlichen Chargenprüfung bei Blutzubereitungen) (BlutZV).
– Kostenverordnung für Amtshandlungen des Paul-Ehrlich-Instituts nach dem Arzneimittelgesetz (PEhrlInstKostV).
– Verordnung über die Einreichung von Unterlagen in Verfahren über die Zulassung und Verlängerung der Zulassung von Arzneimitteln (AMG-EV)[128].
– Kostenverordnung für die Zulassung von Arzneimitteln durch das Bundesinstitut für Arzneimittel und Medizinprodukte und das Bundesamt für Verbraucherschutz und Lebensmittelsicherheit (AMGKostV).
– Verordnung über die Anwendung der Guten Klinischen Praxis bei der Durchführung von klinischen Prüfungen mit Arzneimitteln zur Anwendung am Menschen (GCP-Verordnung – GCP-V).
– Verordnung über das Inverkehrbringen von Arzneimitteln ohne Genehmigung oder ohne Zulassung in Härtefällen (AMHV) (Arzneimittel-Härtefall-Verordnung)[129].
– Arzneimittelfarbstoffverordnung (AMFarbV).

---

[120] Vgl. *Zimmermann,* in: Fuhrmann/Klein/Fleischfresser, § 28 Rn. 26 f.; *Reese/Holtorf,* in: Dieners/Reese, § 11 Rn. 17 ff. mit einer Übersicht zu den Ausnahmen von der Vollharmonisierung durch die RL 2001/83/EG.

[121] Vgl. ausführlich zu den einzelnen Verbotstatbeständen *Reese/Holtorf,* in: Dieners/Reese, § 11; *Zimmermann,* in: Fuhrmann/Klein/Fleischfresser, § 28 Rn. 46 ff. Zu den Änderungen des HWG durch das 2. AMG-ÄndG 2012 vgl. *Reinhart/Meßmer,* A&R 2012, 209.

[122] Vgl. *Köhler,* in: Köhler/Bornkamm, § 4 UWG Rn. 11.133 ff.

[123] Vgl. *BGH,* GRUR 2007, 809 – Krankenhauswerbung; *BGH,* GRUR 2004, 800 – Lebertrankapseln; *Zimmermann,* in: Fuhrmann/Klein/Fleischfresser, § 28 Rn. 17 ff.

[124] Vgl. die umfangreiche Textsammlung bei *Kloesel/Cyran* Bd. 5 ff.

[125] BGBl. I S. 2147, zuletzt geändert durch Art. 2b des G. v. 27.3.2014 (BGBl. I S. 261).

[126] BGBl. I S. 2157; die Verordnung findet nach Maßgabe ihres § 5 II noch übergangsweise Anwendung, wenn die zugrunde liegende individuell zurechenbare öffentliche Leistung vor dem 7. März 2015 beantragt oder begonnen, aber noch nicht vollständig erbracht wurde.

[127] BGBl. I S. 48.

[128] Die AMG-EV ist durch § 3 II AMBefugV außer Kraft getreten. Die AMG-EV ist jedoch in ihrer bis zum 18.5.2015 geltenden Fassung solange weiter anzuwenden, soweit Regelungen nach § 1 AMBezugV nicht in Kraft sind.

[129] Die Verordnung regelt Fälle des „Compassionate use" vgl. § 21 II Nr. 6, Art. 83 VO (EG) Nr. 726/2004.

– Verordnung über die Bestimmung und Kennzeichnung von Packungsgrößen für Arzneimittel in der vertragsärztlichen Versorgung (Packungsgrößenverordnung – PackungsV).
– Verordnung über die Kennzeichnung von Arzneimitteln in Blindenschrift bei Kleinstmengen (Blindenschrift-Kennzeichnungs-Verordnung – BlindKennzV).
– Verordnung über die elektronische Anzeige von Nebenwirkungen bei Arzneimitteln (AMG-Anzeige-Verordnung – AMG-AV)[130].
– Verordnung zur Übertragung von Befugnissen zum Erlass von Rechtsverordnungen zur Regelung von Verfahren, Weiterleitung von Ausfertigungen und Einreichung von Unterlagen nach dem Arzneimittelgesetz (AMG-Befugnisverordnung – AMG-BefugV)
– Verordnung über die Zulassung von Ausnahmen von Vorschriften des Arzneimittelgesetzes für die Bereiche des Zivil- und Katastrophenschutzes, der Bundeswehr, der Bundespolizei sowie der Bereitschaftspolizeien der Länder (AMG-Zivilschutzausnahmeverordnung).
– Tierarzneimittel-Prüfrichtlinienverordnung.
– Allgemeine Verwaltungsvorschrift zur Anwendung der Arzneimittelprüfrichtlinien vom 5.5.1995.

81   Über die zahlreichen Rechtsverordnungen hinaus kommt in der Praxis auch vielfältigen **Verwaltungsvorschriften** und **Bekanntmachungen** der zuständigen Behörden große Bedeutung zu[131]. Hier sind vor allem die Allgemeine Verwaltungsvorschrift zur Durchführung des Arzneimittelgesetzes vom 29.3.2006 (AMGVwV)[132] und die Verwaltungsvorschrift zur Beobachtung, Sammlung und Auswertung von Arzneimittelrisiken (Stufenplan) nach § 63 AMG vom 9.2.2005[133] zu nennen. Ohne Außenverbindlichkeit regeln sie häufige Fragen bei der Gesetzesanwendung.

82   **5. Betäubungsmittelrecht.** Die Herstellung und der Verkehr mit Betäubungsmitteln wird spezialgesetzlich durch das **BtMG** geregelt[134]. Das AMG lässt die Vorschriften des BtMG unberührt (§ 81), so dass nur das BtMG zur Anwendung kommt, auch wenn Betäubungsmittel zugleich Arzneimittel sind. Das BtMG verfolgt den **Zweck,** die medizinische Versorgung der Bevölkerung sicherzustellen, daneben aber den Missbrauch von Betäubungsmitteln oder die missbräuchliche Herstellung ausgenommener Zubereitungen sowie das Entstehen oder Erhalten einer Betäubungsmittelabhängigkeit so weit wie möglich auszuschließen (§ 5 I Nr. 6 BtMG). Das BtMG wird durch mehrere Rechtsverordnungen ergänzt (u. a. BtMVV, BtMAHV, BtMBinHV, BtMKostV).

83   Der Umgang mit Betäubungsmitteln unterliegt einem **Verbot mit Erlaubnisvorbehalt** (§ 3 BtMG). Ausnahmen von der grundsätzlichen Erlaubnispflicht bestehen u. a. für Apotheken, Krankenhausapotheken oder tierärztliche Hausapotheken, die allerdings die Teilnahme am Betäubungsmittelverkehr der Bundesopiumstelle beim BfArM anzeigen müssen (§ 4 BtMG). Wer Betäubungsmittel im Einzelfall ausführen oder einführen will, bedarf zusätzlich zur Erlaubnis nach § 3 BtMG einer Genehmigung des BfArM (§ 11 BtMG). Dasselbe gilt für die Durchfuhr von Betäubungsmitteln. Unter den Voraussetzungen des § 13 BtMG i. V. m. § 12 BtMVV dürfen die in der Anlage III zum BtMG bezeichneten Betäubungsmittel ausnahmsweise von Ärzten, Zahnärzten und Tierärzten verschrieben und im Rahmen einer medizinischen Behandlung ohne Vorliegen einer Erlaubnis nach § 3 BtMG abgegeben werden. Der verschreibende Arzt, Zahnarzt und Tierarzt ist verpflichtet, ein Betäubungsmittelrezept auszustellen, für das besondere Sicherungs- und Dokumentationspflichten gelten (§§ 1 II, 8, 9 BtMVV). Die **Verschreibung** von Betäubungsmitteln der Anlage III zum BtMG ist nur gestattet, wenn der mit der Verschreibung beabsichtigte Zweck nicht auf andere Weise erreicht werden kann, etwa durch die Verschreibung von Arzneimitteln oder andere Behandlungsmethoden **(ultima ratio)**[135].

84   Der **Begriff** des Betäubungsmittels wird im Gesetz nicht definiert, sondern in § 1 I BtMG unter Verweis auf drei Anlagen i. S. eines Positivlistensystems näher bestimmt. Anlage I enthält die nicht verkehrsfähigen Betäubungsmittel wie etwa Heroin, Anlage II die verkehrsfähigen, aber nicht verschreibungsfähigen Betäubungsmittel und Anlage III die verkehrsfähigen und verschreibungspflichtigen Betäubungsmittel wie etwa Morphin und Opium.

85   **6. Zuständige Behörden.** Zuständige Bundesoberbehörde ist nach § 77 I das BfArM, es sei denn, dass das PEI oder das BVL zuständig ist (s. § 77 Rn. 5 ff.). Danach ist das **BfArM** u. a. zuständig für die Zulassung von Fertigarzneimitteln (§§ 21, 22), die Registrierung homöopathischer Arzneimittel (§§ 38, 39), die Registrierung traditioneller pflanzlicher Arzneimittel (§§ 39a–39d), die Genehmigung klinischer Prüfungen von Humanarzneimitteln (§§ 40 ff.) und die Organisation des Pharmakovigilanz-Systems der zuständigen Bundesoberbehörde (§ 62). Ebenso ist diese zuständig für die Betriebe und Einrichtungen im Hinblick

---

[130] Die AMG-AV ist durch § 3 II AMBefugV außer Kraft getreten. Die AMG-AV ist jedoch in ihrer bis zum 18.5.2015 geltenden Fassung solange weiter anzuwenden, soweit Regelungen nach § 1 AMBezugV nicht in Kraft sind.
[131] Vgl. die entsprechenden Texte bei *Kloesel/Cyran* unter Teil A 2.0 – A 2.33 und Teil A 2.40 – A 2.106.
[132] BAnz. Nr. 63 S. 2287.
[133] BAnz. Nr. 31 S. 2383.
[134] Vgl. *Körner/Patzak/Völkmer*, Betäubungsmittelgesetz, Arzneimittelgesetz, 7. Aufl. 2012; *Weber*, Betäubungsmittelgesetz, 4. Aufl. 2013; *Wilke*, in: Fuhrmann/Klein/Fleischfresser, § 43 Rn. 1 ff.; *Sandrock/Nawroth*, in: Dieners/Reese, § 9 Rn. 50 ff.
[135] Vgl. *OVG Münster*, MedR 1989, 44; *Sandrock/Nawroth*, in: Dieners/Reese, § 9 Rn. 56.

auf die Sammlung und Auswertung von Arzneimittelrisiken und die Koordinierung notwendiger Maßnahmen nach § 62 VI, insbes. auch für die dort geregelten Pharmakovigilanz-Inspektionen[136].

Das **PEI** ist u. a. zuständig für Sera (§ 4 III), Impfstoffe (§ 4 IV), Blutzubereitungen (§ 4 II), Gewebe- **86** zubereitungen (§ 4 XXX), Allergene (§ 4 V), Arzneimittel für neuartige Therapien (§ 4 IX), xenogene Arzneimittel (§ 4 XXI) sowie für Gewebe, Knochenmarkzubereitungen und gentechnisch hergestellte Blutbestandteile (§ 77 II). Das PEI ist zuständige Bundesoberbehörde i. S. d. TFG (dort § 27) und i. S. d. TPG für den Gewebebereich (§ 21 TPG). Eine weitere Zuständigkeit ergibt sich aus § 14 Nr. 2 Tier-ImpfStV.

Das **BVL** ist u. a. zuständig für Arzneimittel, die zur Anwendung bei Tieren bestimmt sind (§ 77 III). **87**

Die zuständigen **Behörden der Länder** sind insbes. für die Erteilung der Herstellungs- und Einfuhr- **88** erlaubnis (§§ 13 ff., 72 ff.), der Großhandelserlaubnis (§ 52a), die Ausfuhr von Arzneimitteln und die Überwachung von Betrieben und Einrichtungen, in denen Arzneimittel hergestellt, geprüft, gelagert, verpackt oder in den Verkehr gebracht werden oder in denen sonst mit ihnen Handel getrieben wird (§§ 64–67, 68–69a), zuständig. Durch Staatsvertrag der Länder wurde die Zentralstelle der Länder für Gesundheitsschutz bei Arzneimitteln und Medizinprodukten (ZLG) gegründet. Diese nimmt zahlreiche Aufgaben der Länder im Arzneimittel- und Medizinproduktebereich wahr[137].

D. Weitere Rechtsentwicklungen

I. Auf nationaler Ebene

Auf nationaler Ebene ist als nächstes die Verabschiedung des Gesetzes zur Bekämpfung des Dopings im **89** Sport (**Anti-Doping-Gesetz** – AntiDopG) zu erwarten[138], mit dem die Vorschriften über die Bekämpfung des Dopings verschärft und in einem eigenständigen Gesetz geregelt werden sollen. U. a. sollen die bisher im AMG enthaltenen Verbote und Strafbewehrungen in das AntiDopG überführt werden. Die bisher im AMG geregelten strafbewehrten Verbote sollen um neue dopingspezifische Tatbegehungsweisen („herstellen", „Handel treiben", „veräußern", „abgeben", „in oder durch den Geltungsbereich dieses Gesetzes verbringen") erweitert werden. Auch Dopingmethoden sollen erfasst und ein neues strafbewehrtes Verbot des Selbstdopings geschaffen werden. Der Erwerb und Besitz von Dopingmitteln auch bei geringer Menge, sofern mit diesen Selbstdoping beabsichtigt ist, soll strafbar werden.

Ferner ist in Kürze mit dem Beginn des Gesetzgebungsverfahrens zum Erlass eines Vierten Gesetzes **90** zur Änderung arzneimittelrechtlicher und anderer Vorschriften zu rechnen. Mit diesem sollen im Schwerpunkt die **Durchführungsvorschriften** zur VO (EU) Nr. 536/2014 betr. die **klinische Prüfung** geschaffen werden.

II. Auf europäischer Ebene

Das wichtigste derzeit anstehende Projekt auf europäischer Ebene betrifft eine umfassende Revision **91** des **Tierarzneimittelrechts**. Hierzu liegen drei Vorschläge der Kommission vor:

- Vorschlag für eine Verordnung des Europäischen Parlaments und des Rates über Tierarzneimittel vom 10.9.2014[139],
- Vorschlag für eine Verordnung des Europäischen Parlaments und des Rates über die Herstellung, das Inverkehrbringen und die Verwendung von Arzneifuttermitteln sowie zur Aufhebung der Richtlinie 90/167/EWG des Rates vom 10.9.2014[140],
- Vorschlag für eine Verordnung des Europäischen Parlaments und des Rates zur Änderung der Verordnung (EG) Nr. 726/2004 zur Festlegung von Gemeinschaftsverfahren für die Genehmigung und Überwachung von Human- und Tierarzneimitteln und zur Errichtung einer Europäischen Arzneimittel-Agentur vom 10.9.2014[141].

Im Gefolge des Erlasses der beiden ersten Verordnungen ist damit zu rechnen, dass die Vorschriften **92** über Tierarzneimittel und Fütterungsarzneimittel im AMG aufgehoben und gesondert geregelt werden.

Auf europäischer Ebene ist eine **Verordnung über neue psychoaktive Substanzen** betr. sog. Legal **93** Highs mit dem Ziel einer besseren Funktionsweise des Binnenmarkts bei der legalen Nutzung neuer psychoaktiver Substanzen in der Diskussion[142].

---

[136] Eine ausführliche Darstellung der Zuständigkeiten des BfArM findet sich auch bei *Dieners/Heil*, in: Dieners/Reese, § 1 Rn. 175 ff.

[137] Vgl. *Dieners/Heil*, in: Dieners/Reese, § 1 Rn. 183. Einzelheiten ergeben sich aus der Website der ZLG unter https://www.zlg.de.

[138] BR-Drucks. 126/15 v. 27.3.2015; BT-Drucks. 18/4898 v. 13.5.2015.

[139] COM(2014) 558 final, abrufbar unter http://www.bmel.de.

[140] COM(2014) 556 final, abrufbar unter http://www.bmel.de.

[141] COM(2014) 557 final, abrufbar unter http://www.bmel.de.

[142] Vorschlag für eine Verordnung des Europäischen Parlaments und des Rates über neue psychoaktive Substanzen vom 17.9.2013 (COM (2013) 619 final), abrufbar unter http://db.eurocrim.org.

Erster Abschnitt. Zweck des Gesetzes und Begriffsbestimmungen, Anwendungsbereich

§ 1 Zweck des Gesetzes

Es ist der Zweck dieses Gesetzes, im Interesse einer ordnungsgemäßen Arzneimittelversorgung von Mensch und Tier für die Sicherheit im Verkehr mit Arzneimitteln, insbesondere für die Qualität, Wirksamkeit und Unbedenklichkeit der Arzneimittel nach Maßgabe der folgenden Vorschriften zu sorgen.

Literatur: *Dettling,* Arzneimittelrecht als Sicherheitsrecht, PharmR 2005, 162; *Di Fabio,* Risikoentscheidungen im Rechtsstaat, Zum Wandel der Dogmatik im öffentlichen Recht, insbesondere am Beispiel der Arzneimittelüberwachung, 1994, 166; *Fries,* Die arzneimittelrechtliche Nutzen/Risiko-Abwägung und Pharmakovigilanz, 2009, 44; *Hohm,* Arzneimittelsicherheit und Nachmarktkontrolle, 1990, 45; *Kern,* Die Apotheke im Gewässer, Regulierungsmechanismus und Reformvorschläge für umweltgefährliche Arzneistoffe im Arzneimittel-, Wasser-, Chemikalien- und Agrarrecht, ZUR 2011, 9; *Kügel/Guttmann,* Gefährdungen des Schutzgutes Wasser durch Arzneimittel, PharmR 2009, 490; *Ramsauer,* Die staatliche Ordnung der Arzneimittelversorgung, 1988, 24; *Scheu,* In Dubio Pro Securitate, 2003, 677.

Übersicht

A. Inhalt

1 § 1 definiert den **Zweck des AMG**. Während der Titel des AMG („Gesetz über den Verkehr mit Arzneimitteln") „lediglich" den Verkehr mit Arzneimitteln zum Gegenstand hat, stellt § 1 konkretisierend auf die Sicherheit im Verkehr mit Arzneimitteln ab und hebt die produktbezogenen Kriterien der Qualität, Wirksamkeit und Unbedenklichkeit besonders hervor. Das Gesetz verfolgt vor allem Zwecke der Gefahrenabwehr und Risikovorsorge und ist damit ein typisches **Gefahrenabwehr- und Verbraucherschutzgesetz**[1] sowie ein spezielles Tierschutzgesetz[2]. Darüber hinaus fällt es in die Kategorie der Stoffgesetze[3].

2 Gemeinsam mit dem Arzneimittelbegriff in § 2, dem Stoffbegriff in § 3 und den Sondervorschriften für Arzneimittel für neuartige Therapien in § 4b grenzt § 1 auch den **Anwendungsbereich des AMG** ab[4]. Das Gesetz findet auf den gesamten Verkehr mit Human- und Tierarzneimitteln Anwendung, soweit hiervon gem. § 4a keine Ausnahmen gemacht werden[5]. Hierbei ist klarzustellen, dass sich der Anwendungsbereich des AMG nicht ausschließlich auf solche Stoffe erstreckt, die definitorisch „Arzneimittel" sind (s. insbes. §§ 2, 4, 4b). Erfasst werden vielmehr auch einige Stoffe − wie etwa Wirkstoffe und bestimmte Gewebe − die begrifflich (noch) keine Arzneimittel sind (s. insbes. §§ 4 XIX, XXX 2; 13 I 1 Nr. 3, 4; 20a ff.).

B. Zweck

3 § 1 legt die Zweckbestimmung des AMG fest. Diese wurde dem Gesetz erst mit dem AMNOG 1976[6] vorangestellt; das AMG 1961[7] kannte eine entsprechende Formulierung noch nicht. Derartige Zweckbestimmungen finden sich mittlerweile in vielen Gesetzen des besonderen Verwaltungsrechts[8]. Sie dienen

---

[1] Vgl. *Koyuncu,* in: Deutsch/Lippert, § 1 Rn. 2, 4, 6; *Di Fabio,* S. 166 ff.; *Drews/Wacke/Vogel/Martens,* S. 154, 157; BVerwGE 97, 132, 139 f.; 70, 284, 289.

[2] Vgl. *Kügel,* in: Terbille/Clausen/Schroeder-Printzen, § 14 Rn. 54.

[3] Vgl. *Koyuncu,* in: Deutsch/Lippert, § 3 Rn. 1.

[4] Vgl. BVerwGE 97, 132, 135 f.

[5] Sonderregelungen gelten für die Bereiche Bundeswehr, Bundespolizei, Bereitschaftspolizei und Zivilschutz (§§ 70 f.); gem. § 81 bleiben die Vorschriften des Betäubungsmittel- und Atomrechts sowie des Tierschutzgesetzes unberührt.

[6] Gesetz zur Neuordnung des Arzneimittelrechts vom 24.8.1976 (BGBl. I S. 2445).

[7] Gesetz über den Verkehr mit Arzneimitteln (Arzneimittelgesetz) vom 16.5.1961 (BGBl. I S. 533).

[8] Vgl. etwa § 1 LFGB, § 1 MPG, § 1 GenTG, § 1 ChemG.

der Verdeutlichung der gesetzlichen Zielsetzungen und bilden den Maßstab für die **(teleologische) Auslegung**[9]. Dies betrifft nicht nur die Auslegung der der Zweckbestimmung nachfolgenden Vorschriften des Gesetzes selbst[10], sondern auch die Auslegung der auf das Gesetz gestützten Rechtsverordnungen[11] und Allgemeinen Verwaltungsvorschriften. Dabei ist grundsätzlich derjenigen Auslegung der Vorzug zu geben, die – soweit dies der Gesetzeswortlaut noch zulässt[12] – der in der Zweckbestimmung verankerten ratio legis am ehesten gerecht wird[13]. Aufgrund der besonderen Bedeutung der teleologischen Gesetzesinterpretation[14] muss die Auslegung nicht notwendiger Weise mit den seinerzeitigen subjektiven Zielvorstellungen des Gesetzgebers übereinstimmen. Normative Zweckbestimmungen wie § 1 stellen vielmehr objektive Zielvorgaben für die Gesetzesauslegung dar[15].

Vor diesem Hintergrund hat § 1 keinen deklaratorischen[16] oder nur programmatischen Charakter[17], **4** sondern einen normativen Gehalt, der von zentraler Bedeutung für die Auslegung und Anwendung des AMG und seines untergesetzlichen Regelwerkes ist[18]. Sowohl hinsichtlich seiner gesamten Zielsetzung als auch bezüglich seiner Einzelvorschriften und **unbestimmten Rechtsbegriffe** ist das Arzneimittelrecht im Lichte des in § 1 niedergelegten Grundgedankens, der Sicherheit des Arzneimittelverkehrs, auszulegen und anzuwenden[19]. Die Zielvorgaben des § 1 dienen als Leitlinien für die **Ermessens- und Sollvorschriften**[20] und sind auch bei dem Erlass der auf das AMG gestützten Rechtsverordnungen und Allgemeinen Verwaltungsvorschriften zu berücksichtigen.

Die Hervorhebung der Sicherheit des Arzneimittelverkehrs in § 1 hat nicht zur Konsequenz, dass **5** regelmäßig nur eine solche Auslegung zulässig wäre, die der Arzneimittelsicherheit zur größtmöglichen Geltung verhilft. So dient schon nicht jede Vorschrift des Arzneimittelrechts dem Aspekt der Arzneimittelsicherheit. Auch wird die Auslegung der einschlägigen Vorschriften nicht allein von dem objektiven Gesetzeswillen in § 1 dirigiert. Vielmehr ist die Auslegung stets auch im Lichte des Verfassungsrechts vorzunehmen, d. h. insbes. unter Berücksichtung der grundrechtlichen (Freiheits-)Gewährleistungen[21]. Die Auslegung und Anwendung des Arzneimittelrechts muss daher gleichermaßen vor allem die **Grundrechte der Verbraucher** aus Art. 2 II GG[22], die **Grundrechte der Arzneimittelhersteller** aus Art. 12 I und 14 I GG[23] sowie die **Grundrechte der Apotheker** aus Art. 12 I GG[24] hinreichend berücksichtigen.

C. Sicherheit im Verkehr mit Arzneimitteln

Das AMG ist gem. § 1 darauf gerichtet, für die Sicherheit im Verkehr mit Arzneimitteln zu sorgen. **6** Damit kommt es entscheidend auf die Begriffe „Arzneimittelverkehr" und „Arzneimittelsicherheit" an:

I. Arzneimittelverkehr

Während eine Vielzahl der Begriffe des AMG in §§ 2 ff. (in diesem Kontext etwa auch das Inverkehr- **7** bringen in § 4 XVII) legaldefiniert ist, ist dies in Bezug auf den „Verkehr mit Arzneimitteln" nicht der Fall. Der Schutzzweck des AMG sowie dessen offener Anwendungsbereich sprechen dafür, den Begriff des Arzneimittelverkehrs grundsätzlich **weit zu verstehen**[25]. Der Verkehr mit Arzneimitteln i. S. v. § 1 umfasst daher den gesamten Umgang mit Arzneimitteln, angefangen von der Entwicklung, Herstellung, klinischen Prüfung und Zulassung über den Handel und sonstigen Vertrieb (einschließlich der Werbung) bis hin zur Anwendung. Erfasst werden folglich alle Verkehrsvorgänge während des Produktzyklus' der Arzneimittel.

---

[9] Vgl. *Wolff/Bachof/Stober/Kluth*, Verwaltungsrecht I, § 28 Rn. 44.

[10] Vgl. *BVerfGE* 35, 263, 279; *Zippelius*, S. 41 f.

[11] Vgl. etwa *BVerfG* 75, 329, 344 f.

[12] Vgl. insbes. *BVerfG*, NJW 2006, 2684, 2685; *BVerfGE* 110, 226, 248; 97, 186, 196; 87, 363, 392; *BVerwGE* 102, 1, 5; *Larenz*, S. 322, 343.

[13] Vgl. hierzu *BVerwGE* 70, 284, 287 ff.

[14] Vgl. *BVerfGE* 35, 263, 279.

[15] Vgl. *Wolff/Bachof/Stober/Kluth*, Verwaltungsrecht I, § 28 Rn. 43 f.

[16] Vgl. *Koyuncu*, in: Deutsch/Lippert, § 1 Rn. 1; *Kloesel/Cyran*, § 1 Anm. 6; *Zuck*, NZS 1999, 167, 170, Fn. 27.

[17] *Rehmann*, § 1 Rn. 1.

[18] Vgl. *Hohm*, S. 46; *Heßhaus*, in: Spickhoff, § 1 AMG Rn. 3; zurückhaltend *Freund*, in: MüKo StGB, Bd. 6/I, § 1 AMG Rn. 2.

[19] Vgl. *BVerfG*, NJW 2006, 2684, 2685; *BVerwG*, PharmR 2011, 168, 170 f. und *BVerwGE* 70, 284, 287 f. (zum Arzneimittelbegriff in § 2) sowie *BVerwGE* 94, 215, 220 und *BSGE* 82, 233, 235 (zu den Zulassungsvorschriften in § 25 II).

[20] Vgl. *VGH München*, PharmR 1997, 479, 484.

[21] Vgl. *BVerfGE* 49, 89, 141 f.; 39, 1, 41; *BVerwGE* 16, 289, 293; *Sachs*, in: Sachs, Vor Art. 1 Rn. 32 f.; *Wolff/Bachof/Stober/Kluth*, Verwaltungsrecht I, § 28 Rn. 37.

[22] Vgl. *BVerfG*, NJW 1997, 3085; *BVerwG*, NJW 1993, 3002, 3003.

[23] Vgl. *BVerfG*, NJW 2001, 1783, 1784, 1786; NJW 1992, 735, 736.

[24] Vgl. *BVerfGE* 107, 186, 196 ff.; *BGH*, PharmR 2010, 345, 346 ff.

[25] Vgl. BT-Drucks. 7/3060, S. 44; *Sander*, § 1 Erl. 2; in Bezug auf den Kompetenztitel für das AMG in Art. 74 Nr. 19 GG a. F. *BVerfGE* 102, 26, 36 ff.

II. Arzneimittelsicherheit

8   Die Sorge für die Arzneimittelsicherheit betrifft insbes. die Vorbeugung hinsichtlich der Risiken und Gefahren des Arzneimittelverkehrs sowie die Begrenzung unausweichlicher, notwendig einzugehender Risiken[26]. Die Arzneimittelsicherheit ist Ausfluss staatlicher Schutzpflichten[27]; **Schutzgüter** sind nicht nur die Gesundheit von Mensch[28] und Tier, sondern auch die öffentliche Gesundheit sowie die Umwelt (vgl. § 4 XXVII)[29]. In den Mittelpunkt der Arzneimittelsicherheit stellt § 1 die drei Kriterien der Qualität, Wirksamkeit und Unbedenklichkeit („insbesondere")[30]. Während diese drei Begriffe im Wesentlichen legaldefiniert sind[31], ist dies hinsichtlich der „Arzneimittelsicherheit" selbst nicht der Fall. In den Gesetzesmaterialien zum AMNOG 1976 heißt es, dass es das zentrale Ziel des Gesetzes sei, eine optimale Arzneimittelsicherheit zu verwirklichen[32]. Hiermit ist keine absolute, sondern nur eine **relative Sicherheit** gemeint[33], die das (Rest-)Risiko, das der Verkehr mit Arzneimitteln naturgemäß mit sich bringt, möglichst gering hält[34]. Nach dem Wortlaut des § 1 ist die Sicherheit im Verkehr mit Arzneimitteln vor allem produktbezogen zu verstehen, wobei betreffende Risiken nicht nur von qualitativ oder in sonstiger Hinsicht bedenklichen Arzneimitteln ausgehen können, sondern auch von gänzlich oder teilweise unwirksamen Produkten[35]. Darüber hinaus bezieht sich die Arzneimittelsicherheit insbes. auf eine möglichst exakte und umfassende Verbraucher- und Fachinformation sowie eine hinreichend sichere Abgabe und Anwendung. Sie ist daher auch informations-, abgabe- und anwendungsbezogen zu verstehen.

9   Die Sorge für die Sicherheit im Arzneimittelverkehr wird im AMG durch verschiedene Rahmenbedingungen, vor allem durch eine Reihe von Ge- und Verboten umgesetzt[36]. Von zentraler Bedeutung ist das **Zulassungsverfahren** für Arzneimittel in §§ 21 ff. mit seiner **Prüfungs-Trias** der Qualität, Wirksamkeit und Unbedenklichkeit (vgl. § 25 II 1 Nr. 3, 4 und 5). Das hiermit ausgesprochene präventive Verbot (mit Erlaubnisvorbehalt), Arzneimittel ohne Zulassung in den Verkehr zu bringen, ist ein Schlüsselinstrument der Arzneimittelsicherheit[37]. Weitere Verbote sind etwa das Verbot bedenklicher Arzneimittel (§ 5), das Verbot von Arzneimitteln zu Dopingzwecken im Sport (§ 6a) sowie die Verbote zum Schutz vor Täuschung (§ 8). Der Verwirklichung der Arzneimittelsicherheit dienen darüber hinaus insbes. die Vorschriften über die Kennzeichnung sowie die Gebrauchs- und Fachinformationen in §§ 10 ff., die Herstellung in §§ 13 ff., die Registrierung in §§ 38 ff., die Abgabe in §§ 43 ff. sowie die Sondervorschriften für Tierarzneimittel in §§ 56 ff. Zudem sind die Regelungen der Pharmakovigilanz in §§ 62 ff., der Überwachung in §§ 64 ff., die Straf- und Bußgeldvorschriften in §§ 95 ff. sowie die Vorschriften für die Nachzulassung in § 105 zu nennen. Schließlich sind auch einige der zahlreichen aufgrund des AMG erlassenen Rechtsverordnungen – wie z. B. die GCP-V – schwerpunktmäßig auf die Sicherheit im Verkehr mit Arzneimitteln gerichtet.

10   Bei der Auslegung und Anwendung der der Arzneimittelsicherheit dienenden Vorschriften ist gleichermaßen zu berücksichtigen, dass das AMG vor allem der **Gesundheit der Bevölkerung**[38] und damit einem **wichtigen Gemeinwohlbelang** dient[39] und die Schutzgüter Mensch, Tier und Umwelt auch von den verfassungsrechtlichen Gewährleistungen aus Art. 2 II GG und Art. 20a GG[40] erfasst werden.

D. Ordnungsgemäße Arzneimittelversorgung

11   Nach § 1 ist Zweck des Gesetzes, im Interesse einer ordnungsgemäßen Arzneimittelversorgung für die Sicherheit im Verkehr mit Arzneimitteln zu sorgen. Die Sicherheit im Arzneimittelverkehr

---

[26] Vgl. *Di Fabio*, S. 168 f.

[27] Vgl. *BVerfG*, PharmR 2001, 123, 125; *BVerwG*, NJW 1993, 3002, 3003; *Hohm*, S. 80 ff.

[28] Mit Blick auf die Contergan-Katastrophe ist hierunter auch der nasciturus zu verstehen; vgl. *BVerfGE* 39, 1, 36 f., 41; 88, 203, 251 f.

[29] Vgl. insbes. zu den Gefährdungen des Schutzgutes Wasser *Kern*, ZUR 2011, 9 ff. und *Kügel/Guttmann*, PharmR 2009, 490 ff.

[30] Inhaltlich etwas verkürzt *BVerfGE* 107, 186, 199: „Die Arzneimittelsicherheit wird in § 1 AMG gesetzlich durch die Kriterien ‚Qualität, Wirksamkeit und Unbedenklichkeit der Arzneimittel' definiert."

[31] S. §§ 4 XV, 5 II, 25 II 3; speziell zur (therapeutischen) Wirksamkeit *BVerwGE* 94, 215, 217 f.

[32] BT-Drucks. 7/3060, S. 43 f.; dies aufgreifend *BSGE* 93, 1, 3; *BSG*, NZS 1993, 398, 400 f.

[33] BT-Drucks. 7/3060, S. 43.

[34] Vgl. auch *Fries*, S. 46.

[35] Vgl. *BGHSt* 59, 16, 18 f.; *BVerwG*, NVwZ-RR 2004, 180, 182; *BVerwGE* 97, 132, 139 f.; 94, 215, 220 f.; *BVerwG*, NJW 1990, 2948, 2949; *OLG Karlsruhe*, ZLR 1999, 488, 493; *BayObLG*, NJW 1998, 3430, 3432.

[36] Vgl. *BVerfGE* 107, 186, 196 f.; 102, 26, 33; *BGHSt* 57, 312, 318 ff.

[37] Vgl. auch *BSG*, NZS 1993, 398, 400 f.

[38] Vgl. *BVerfGE* 107, 186, 196, 199; zuvor „Volksgesundheit": *BVerfGE* 20, 283, 295; *BVerwGE* 94, 215, 220; 71, 318, 323; 70, 284, 287; *BVerwG*, NJW 1993, 3002, 3003; *BGH*, PharmR 2010, 345, 347; *OLG Frankfurt/Main*, PharmR 2000, 17, 19; dazu *Frenzel*, DÖV 2007, 243 ff.

[39] Vgl. *BVerfGE* 107, 186, 196, 198 f.; *BGH*, PharmR 2010, 345, 347; *BSG*, NZS 1993, 398, 401.

[40] Vgl. *BGH*, PharmR 2010, 345, 347 f.

korreliert mit dem Aspekt der Arzneimittelversorgung und liegt vornehmlich in deren Interesse. Daher dürfen behördliche Entscheidungen und Maßnahmen nicht allein an der Arzneimittelsicherheit ausgerichtet werden, sondern haben stets die Interessen und Erfordernisse der Arzneimittelversorgung zu berücksichtigen[41]. Wie auch die Arzneimittelsicherheit ist die ordnungsgemäße Arzneimittelversorgung ein Gebot **staatlicher Schutzpflichten**[42]. Nach der Judikatur des *BVerfG* ist unter einer ordnungsgemäßen Arzneimittelversorgung eine solche zu verstehen, *„die sicherstellt, daß die normalerweise, aber auch für nicht allzu fernliegende Ausnahmesituationen benötigten Heilmittel und Medikamente in ausreichender Zahl und in einwandfreier Beschaffenheit für die Bevölkerung bereitstehen, zugleich aber einem Missbrauch von Arzneimitteln nach Möglichkeit vorbeugt."*[43] Im Kern geht es um die Sicherstellung einer qualitativ und quantitativ hochstehenden sowie möglichst sicheren Arzneimittelversorgung. Diese darf nicht nur auf eine flächendeckende Bereitstellung von bewährten Standardarzneimitteln gerichtet sein, sondern auch auf eine weit gehende und – zulassungsrechtlich möglichst zeitnahe – Versorgung mit **innovativen Produkten**[44] sowie mit Produkten für seltene Krankheiten (Orphan Drugs)[45]. Einfachgesetzlich umgesetzt wird der staatliche Versorgungs- bzw. Sicherstellungsauftrag insbes. durch entsprechende Verpflichtungen der Apotheken (§ 1 I ApG) sowie der pharmazeutischen Unternehmen und Arzneimittelgroßhändler (§ 52b).

E. Sonstiges

§ 1 enthält als normative Zweckbestimmung keine eigenständig anwendbare Regelung. Derartige **12** Normen ermächtigen nicht zu Grundrechtseingriffen[46], so dass auf § 1 selbst insbes. keine behördlichen Maßnahmen gestützt werden können. Auch stellt § 1 **keine Anspruchsgrundlage** gegen den Staat für Ansprüche auf eine bestimmte Arzneimittelversorgung oder ein bestimmtes Versorgungsniveau im Einzelfall dar[47].

Das AMG dient nicht nur dem Schutz der Allgemeinheit, sondern auch dem Schutz des einzelnen **13** Verbrauchers[48]. Daher haben diejenigen Normen, die konkret auf die Arzneimittelsicherheit gerichtet sind, **drittschützenden Charakter** und sind Schutzgesetze i. S. v. § 823 II BGB[49]. Entsprechende deliktische Ansprüche können neben den Ansprüchen aus Gefährdungshaftung gem. §§ 84 ff. geltend gemacht werden (§ 91). Aufgrund der Drittbezogenheit der betreffenden Normen – wie etwa der Vorschriften über die Überwachung in §§ 64 ff. sowie die Rücknahme, den Widerruf und das Ruhen der Zulassung in § 30[50] – kann eine schuldhafte Amtspflichtverletzung auch Amtshaftungsansprüche gem. Art. 34 GG i. V. m. § 839 BGB zur Folge haben[51].

Mit Blick auf die Arzneimittelsicherheit und den Schutz der öffentlichen Gesundheit sind diejenigen **14** Regelungen des AMG **Marktverhaltensregelungen** i. S. v. § 4 Nr. 11 UWG, die Vermarktungsverbote oder Vermarktungsbeschränkungen zum Gegenstand haben (s. insbes. §§ 21 I, 21a, 38 I, 39a, 43 I, 72 I, 72b I, 73 I)[52].

---

[41] Vor diesem Hintergrund kommt bei schweren Krankheiten z. B. auch die Anwendung eines Arzneimittels außerhalb der nach §§ 21 ff. zugelassenen Indikation (Off-Label-Use) in Betracht; vgl. *BSGE* 97, 112, 117 ff.; 96, 170, 172 ff.; 93, 236, 244 ff.; 89, 184, 186 ff.; *BVerfG*, NJW 2008, 3556 f.; *BVerfGE* 115, 25, 50 f.

[42] Vgl. *BVerfG*, NJW 1997, 3085; *BVerwG*, NJW 1993, 3002, 3003; ausführlich zu Inhalt und Grenzen der staatlichen Schutzpflichten *Sodan*, in: Sodan, § 2 Rn. 57 ff.; *Hohm*, S. 64 ff., S. 83 ff.; s. auch *BVerfGE* 17, 232, 238 f.: „[D]as Arzneimittel ist keine gewöhnliche Ware, sondern eines der wichtigsten Hilfsmittel der ärztlichen Kunst, um Krankheiten zu erkennen, zu heilen und ihnen vorzubeugen, Schmerzen zu lindern und darüber hinaus allgemein die Gesundheit zu fördern …; es dient daher unmittelbar dem öffentlichen Wohl." ebenso *BVerwGE* 137, 213, 224.

[43] *BVerfG* 7, 377, 414 f. (in Bezug auf das Apothekenrecht, vgl. § 1 I ApG).

[44] Vgl. *BVerfG*, NJW 2001, 1783, 1786; *Scheu*, S. 721 f.; *Di Fabio*, S. 167; a. A. *Fries*, S. 47 f.

[45] Vgl. hierzu die VO (EG) Nr. 141/2000 des Europäischen Parlaments und des Rates vom 16.12.1999 über Arzneimittel für seltene Leiden; *Sträter/Burgardt/Bickmann*, A&R 2014, 195 ff.; *Ehlers/Trümper*, PharmInd 2008, 379 f.; *Hiltl*, PharmR 2001, 308 ff.; *Kamann*, PharmR 2000, 170 ff.; *Koenig/Müller*, GRURInt 2000, 121 ff.; *Bopp/Berg*, PharmR 1999, 38 ff.

[46] Vgl. *BVerwGE* 90, 112, 122 ff., 125.

[47] Vgl. *BVerfGE* 115, 25, 43; *BVerfG*, NJW 1997, 3085; *Kloesel/Cyran*, § 1 Anm. 6 und *Sander*, § 1 Erl. 3.

[48] Vgl. *BVerwG*, NJW 1993, 3002, 3003.

[49] Vgl. zu § 5: *BGH*, NJW 1991, 2351 f.; *BGHZ* 51, 91, 103 (§ 6 AMG 1961); *OLG Hamm*, NJW-RR 2003, 1382; *Sprau*, in: Palandt, § 823 Rn. 63; zu § 6a: *Deutsch*, VersR 2008, 145, 150.

[50] Dem steht die Entscheidung *BVerwG*, NJW 1993, 3002, 3003, nicht entgegen; das Gericht hat hier in Bezug auf die Klagebefugnis § 42 II VwGO verneint, dass ein Patient durch den (rechtmäßigen) Widerruf einer Arzneimittelzulassung in seinen Rechten verletzt wird. Anders verhält es sich, wenn die Behörde die gebotene Aufhebung einer arzneimittelrechtlichen Zulassung rechtswidrig unterlässt und ein Patient hierdurch zu Schaden kommt. Vgl. zur Drittbezogenheit der Amtspflichten, *Ossenbühl/Cornils*, S. 59 ff.

[51] Vgl. *Koyuncu*, in: Deutsch/Lippert, § 1 Rn. 25.

[52] Vgl. *BGH*, GRUR 2008, 275, 276; *BGHZ* 167, 91, 107 f.; 163, 265, 274; 151, 286, 300; *Köhler*, in: Köhler/Bornkamm, § 4 Rn. 11.146 f. und Rn. 11.153.

§ 2 Arzneimittelbegriff

(1) Arzneimittel sind Stoffe oder Zubereitungen aus Stoffen,

1. die zur Anwendung im oder am menschlichen oder tierischen Körper bestimmt sind und als Mittel mit Eigenschaften zur Heilung oder Linderung oder zur Verhütung menschlicher oder tierischer Krankheiten oder krankhafter Beschwerden bestimmt sind oder
2. die im oder am menschlichen oder tierischen Körper angewendet oder einem Menschen oder einem Tier verabreicht werden können, um entweder
   a) die physiologischen Funktionen durch eine pharmakologische, immunologische oder metabolische Wirkung wiederherzustellen, zu korrigieren oder zu beeinflussen oder
   b) eine medizinische Diagnose zu erstellen.

(2) Als Arzneimittel gelten

1. Gegenstände, die ein Arzneimittel nach Absatz 1 enthalten oder auf die ein Arzneimittel nach Absatz 1 aufgebracht ist und die dazu bestimmt sind, dauernd oder vorübergehend mit dem menschlichen oder tierischen Körper in Berührung gebracht zu werden,
1a. tierärztliche Instrumente, soweit sie zur einmaligen Anwendung bestimmt sind und aus der Kennzeichnung hervorgeht, dass sie einem Verfahren zur Verminderung der Keimzahl unterzogen worden sind,
2. Gegenstände, die, ohne Gegenstände nach Nummer 1 oder 1a zu sein, dazu bestimmt sind, zu den in Absatz 1 bezeichneten Zwecken in den tierischen Körper dauernd oder vorübergehend eingebracht zu werden, ausgenommen tierärztliche Instrumente,
3. Verbandstoffe und chirurgische Nahtmaterialien, soweit sie zur Anwendung am oder im tierischen Körper bestimmt und nicht Gegenstände der Nummer 1, 1a oder 2 sind,
4. Stoffe und Zubereitungen aus Stoffen, die, auch im Zusammenwirken mit anderen Stoffen oder Zubereitungen aus Stoffen, dazu bestimmt sind, ohne am oder im tierischen Körper angewendet zu werden, die Beschaffenheit, den Zustand oder die Funktion des tierischen Körpers erkennen zu lassen oder der Erkennung von Krankheitserregern bei Tieren zu dienen.

(3) Arzneimittel sind nicht

1. Lebensmittel im Sinne des § 2 Abs. 2 des Lebensmittel- und Futtermittelgesetzbuches,
2. kosmetische Mittel im Sinne des § 2 Abs. 5 des Lebensmittel- und Futtermittelgesetzbuches,
3. Tabakerzeugnisse im Sinne des § 3 des Vorläufigen Tabakgesetzes,
4. Stoffe oder Zubereitungen aus Stoffen, die ausschließlich dazu bestimmt sind, äußerlich am Tier zur Reinigung oder Pflege oder zur Beeinflussung des Aussehens oder des Körpergeruchs angewendet zu werden, soweit ihnen keine Stoffe oder Zubereitungen aus Stoffen zugesetzt sind, die vom Verkehr außerhalb der Apotheke ausgeschlossen sind,
5. Biozid-Produkte nach Artikel 3 Absatz 1 Buchstabe a der Verordnung (EU) Nr. 528/2012 des Europäischen Parlaments und des Rates vom 22. Mai 2012 über die Bereitstellung auf dem Markt und die Verwendung von Biozidprodukten (ABl. L 167 vom 27.6.2012, S. 1),
6. Futtermittel im Sinne des § 3 Nr. 12 bis 16 des Lebensmittel- und Futtermittelgesetzbuches,
7. Medizinprodukte und Zubehör für Medizinprodukte im Sinne des § 3 des Medizinproduktegesetzes, es sei denn, es handelt sich um Arzneimittel im Sinne des § 2 Absatz 1 Nummer 2 Buchstabe b,
8. Organe im Sinne des § 1a Nr. 1 des Transplantationsgesetzes, wenn sie zur Übertragung auf menschliche Empfänger bestimmt sind.

(3a) Arzneimittel sind auch Erzeugnisse, die Stoffe oder Zubereitungen aus Stoffen sind oder enthalten, die unter Berücksichtigung aller Eigenschaften des Erzeugnisses unter eine Begriffsbestimmung des Absatzes 1 fallen und zugleich unter die Begriffsbestimmung eines Erzeugnisses nach Absatz 3 fallen können.

(4) [1] Solange ein Mittel nach diesem Gesetz als Arzneimittel zugelassen oder registriert oder durch Rechtsverordnung von der Zulassung oder Registrierung freigestellt ist, gilt es als Arzneimittel. [2] Hat die zuständige Bundesoberbehörde die Zulassung oder Registrierung eines Mittels mit der Begründung abgelehnt, dass es sich um kein Arzneimittel handelt, so gilt es nicht als Arzneimittel.

Wichtige Änderungen der Vorschrift: Abs. 2 Nr. 1a–4 und Abs. 3 Nr. 5–7 geändert durch § 51 Nr. 1 Gesetz über Medizinprodukte vom 2.8.1994 (BGBl. I S. 1963); Abs. 2 Nr. 3, 4 geändert durch Art. 3 Nr. 1 Zweites Gesetz zur Änderung des Medizinproduktegesetzes vom 13.12.2001 (BGBl. I S. 3586); Abs. 2 Nr. 4 neu gefasst durch Art. 2 Gesetz zur Umsetzung der RL 98/8/EG des Europäischen Parlaments und des Rates vom 16.2.1998 über das Inverkehrbringen von Biozid-Produkten vom 20.6.2002 (BGBl. I S. 2076); Abs. 3 Nr. 1–3, 6 neu gefasst durch Art. 2

§ 3 VII Nr. 1, 2 Gesetz zur Neuordnung des Lebensmittel- und Futtermittelrechts vom 1.9.2005 (BGBl. I S. 2618); Abs. 3 Nr. 8 neu gefasst durch Art. 2 Nr. 2 Gesetz über Qualität und Sicherheit von menschlichen Geweben und Zellen vom 20.7.2007 (BGBl. I S. 1574); Abs. 1 neu gefasst, Abs. 2 Nr. 2 geändert, Abs. 3 Nr. 5 neu gefasst und Abs. 3a eingefügt durch Art. 1 Nr. 3 Gesetz zur Änderung arzneimittelrechtlicher und anderer Vorschriften vom 17.7.2009 (BGBl. I S. 1990); Abs. 3 Nr. 7 geändert durch Art. 1 Nr. 2 Zweites Gesetz zur Änderung arzneimittelrechtlicher und anderer Vorschriften vom 19.10.2012 (BGBl. I S. 2192); Abs. 3 Nr. 5 geändert durch Art. 2 Gesetz zur Durchführung der Verordnung (EU) Nr. 528/2012 vom 23.7.2013 (BGBl. I S. 2565); Abs. 3 Nr. 6 geändert durch Art. 1 Nr. 1 Sechzehntes Gesetz zur Änderung des Arzneimittelgesetzes vom 10.10.2013 (BGBl. I S. 3813).

Europarechtliche Vorgaben: Art. 1 Nr. 2 und Art. 2 II RL 2001/83/EG; Art. 1 Nr. 2 und Art. 2 II RL 2001/82/EG.

Literatur (allgemein): *v. Czettritz/Strelow*, Wirklich kein Bio-Siegel für Arzneimittel?, LMuR 2010, 41; *Dettling*, Arzneimittel, Krankheit und komplexe Systeme, PharmR 2011, 118; *ders.*, Anwendungsfähigkeit als Arzneimitteleigenschaft – Ein Beitrag zur Abgrenzung von Ausgangsstoffen und Arzneimitteln, PharmR 2003, 79; *Dettling/Böhnke*, Nützlichkeit oder Gesundheitsförderung als Arzneimittelmerkmal?, PharmR 2014, 342; *Dettling/Böhnke/Niedziolka*, Rohstoffe, Ausgangsstoffe und Arzneimittel, A&R 2013, 147; *Dietze*, Die gesundheitsrechtliche Zweckbestimmung von Arzneimitteln, Kosmetika und Lebensmitteln, MedR 1987, 16; *Doepner/Hüttebräuker*, in: Dieners/Reese, Handbuch des Pharmarechts, 2010, §§ 2, 3; *Erdmann*, Gewebe als Arzneimittel?, 2011; *Friedrich*, Generischer Status, PharmR 2010, 329; *Fuhrmann*, in: Fuhrmann/Klein/Fleischfresser, Arzneimittelrecht, 2. Aufl. 2014, § 2 Rn. 1; *Heßhaus*, in: Spickhoff, Medizinrecht, 2. Aufl. 2014, § 2 AMG; *ders.*, Rohstoff, Wirkstoff, Arzneimittel – Abgrenzungsfragen in der „dritten Dimension", StoffR 2006, 27; *Heuer/Heuer/Saalfrank*, Lebende Arzneimittel, DAZ 2010, 46; *Knauer*, Die Abgrenzung von Arzneimitteln und Zwischenprodukten – Zur Auslegung von § 2 AMG aus strafrechtlicher Sicht, PharmR 2008, 199; *Köber*, in: Münchener Kommentar zum Lauterkeitsrecht, Bd. 2, 2. Aufl. 2014, Anh. D zu §§ 1–7 UWG, AMG Rn. 2; *Kügel*, in: Terbille/Clausen/Schroeder-Printzen, Medizinrecht, 2. Aufl. 2013, § 14 Rn. 56; *Meier*, in: Meier/von Czettritz/Gabriel/Kaufmann, Pharmarecht, 2014, § 2 Rn. 7; *Meyer/Reinhart*, in: Fezer, UWG, Bd. 1, 2. Aufl. 2010, § 4-S 4 Rn. 7; *Müller*, Aktuelle Fragen zum europäischen Arzneimittelbegriff, EuZW 2009, 603; *ders.*, Grundfragen des Arzneimittelbegriffs und der Zweifelsregelung, NVwZ 2009, 425; *Pannenbecker*, Grenzen des Arzneimittelbegriffs, PharmInd 2014, 1902; *Rennert*, Der Arzneimittelbegriff in der jüngeren Rechtsprechung des BVerwG, NVwZ 2008, 1179; *Sickmüller/Porstner*, Europarechtliche Veränderungen des Arzneimittelbegriffs und seine Umsetzung in das deutsche Arzneimittelgesetz, GesR 2005, 392; *Steinbeck*, Was ist ein Arzneimittel?, MedR 2009, 145; *Ulsenheimer*, in: Laufs/Kern, Handbuch des Arztrechts, 4. Aufl. 2010, § 135 Rn. 15; *Wudy*, Vier Streitpunkte zum Arzneimittelbegriff in der aktuellen Rechtsprechung, PharmR 2011, 156; *Zuck*, Was versteht man unter einem anthroposophischen Arzneimittel?, A&R 2008, 200.

Abgrenzung Arzneimittel/Lebensmittel (allgemein): *Arbeitskreis Lebensmittelchemischer Sachverständiger (ALS)*, Lebensmittel oder Arzneimittel? – Leitlinien für eine Abgrenzung (2007/39), JVL 2007, 241; *Bruggmann*, Neue Episoden der „unendlichen Geschichte": Aktuelle Entwicklungen in der Rechtsprechung zur Abgrenzung von Arzneimitteln zu anderen Gesundheitsprodukten, StoffR 2015, 148; *ders.*, Abgrenzung 2008 – Aktuelles zur Unterscheidung von Arzneimitteln und Lebensmitteln, LMuR 2008, 53; *ders.*, Das Abgrenzungskarussell rotiert wieder: Neues zur Unterscheidung von Arzneimitteln und Lebensmitteln, A&R 2007, 168; *Bruggmann*, Abgrenzung in der Praxis – Lebensmittel und Gesundheitsprodukte, 2. Aufl. 2013, 41; *Bülow*, Die Abgrenzung von Lebensmitteln, Tabakerzeugnissen, kosmetischen Mitteln, bestimmten Bedarfsgegenständen, Futtermitteln und Arzneimitteln, ZLR 1988, 597; *Büttner*, Die aktuelle Rechtsprechung des deutschen Gerichte zur Abgrenzung von Arzneimitteln und Lebensmitteln, in: Marauhn/Ruppel, Vom Arzneimittel zum Lebensmittel?, 2009, 53; *ders.*, Zum Kriterium der Verkehrsauffassung bei der Einordnung von Erzeugnissen als Arzneimittel oder Lebensmittel, ZLR 2005, 549; *Dettling*, Spice, SensaMen und Co. – im Zweifel freiverkäuflich"?, A&R 2009, 65; *Doepner*, Red Rice = Bitterer Reis?, ZLR 2009, 201; *ders.*, Abgrenzung von Arznei- und Lebensmitteln, EuR 2007, Beiheft 2, 49; *Doepner/Hüttebräuker*, in: Dieners/Reese, Handbuch des Pharmarechts, 2010, § 3 Rn. 77; *dies.*, Die Abgrenzungsproblematik Arzneimittel/Lebensmittel – nunmehr definitiv höchstrichterlich geklärt?, ZLR 2008, 1; *dies.*, Abgrenzung Arzneimittel/Lebensmittel – die aktuelle gemeinschaftsrechtliche Statusbestimmung durch den EuGH, WRP 2005, 1195; *dies.*, Der neue europäische Lebensmittelbegriff, ZLR 2001, 515; *Eggenberger Stöckli*, Abgrenzung Arzneimittel – Lebensmittel bzw. Gebrauchsgegenstände: Bericht der Swissmedic und des Bundesamtes für Gesundheit, PharmR 2009, 142, 308; *Forstmann*, Arzneimittel, Lebensmittel, diätetische Lebensmittel und Nahrungsergänzungsmittel – Abgrenzung und Werbung, GRUR 1997, 102; *Gassner*, Aktuelle Rechtsprechung des Europäischen Gerichtshofs zur Abgrenzung von Lebens- und Arzneimitteln, in: Marauhn/Ruppel, Vom Arzneimittel zum Lebensmittel?, 2009, 73; *ders.*, Knoblauch klärt den Geist, StoffR 2008, 41; *Gerstberger*, Funktionelle pflanzliche Zutaten in Nahrungsergänzungsmitteln und angereicherten Lebensmitteln, 2009, 119; *Groß*, Neues zur Abgrenzung zwischen Lebensmittel und Arzneimittel, EuZW 2006, 172; *Gröning*, Feststellung der Arzneimitteleigenschaft und Unterlassungsansprüche nach In-Kraft-Treten der Richtlinie 2004/27/EG, WRP 2005, 709; *Grundmann/Ackermann*, Im Zweifel ein Funktionsarzneimittel? Nein, im Zweifel ein Lebensmittel!, DLR 2009, 43; *Gutzler*, Die Abgrenzung zwischen Arznei- und Lebensmitteln in der gesetzlichen Krankenversicherung – alles beim Alten?, SGb 2008, 341; *Hagenmeyer/Hahn*, Zurück zum Lebensmittel – oder: „Back to the roots", WRP 2008, 275; *Hahn*, Ernährung, Nährstoff, Ernährungszweck aus ernährungsphysiologischer Sicht, ZLR 2002, 1; Homöostase-Modell des Europarates zur Abgrenzung Lebensmittel/Arzneimittel vom 7.2.2008 (s. www.coe.int); *Hüttebräuker*, Grenzprodukte im Bereich Arzneimittel – aktuelle Rechtsetzungs- und Rechtsprechungstendenzen für die Klassifizierung und den Vertrieb, in: Marburger Gespräche zum Pharmarecht, Produktinnovation im Gesundheitswesen und ihre rechtlichen Herausforderungen, 2006, 135; *Hüttebräuker/Müller*, Die Abgrenzung der Arzneimittel von den Lebensmitteln, NVwZ 2008, 1185; *Kaulen*, Die rechtliche Abgrenzung zwischen Lebensmittel und Arzneimittel, 2012, 83; *Klaus*, Der gemeinschaftsrechtliche Lebensmittelbegriff, 2005, 127; *dies.*, Leitfaden zur Abgrenzung von Lebensmitteln und Arzneimitteln in der Rechtspraxis aller EU-Mitgliedstaaten auf Grundlage der gemeinschaftsrechtlich harmonisierten Begriffsbestimmungen, ZLR 2004, 569; *Klein*, Die gerichtliche Praxis bei der Feststellung der allgemeinen Verkehrsauffassung über die Zweckbestimmung von Lebens- und Arzneimitteln, LMuR 1999, 34; *Knappstein*, Der Weg der Borderline-Produkte in Richtung Vollharmonisierung, 2012, 218; *Köhler*, Die neuen europäischen Begriffe und Grundsätze des Lebensmittelrechts, GRUR 2002, 844; *ders.*, Zur Objektivierung der Abgrenzung von Arzneimitteln und Lebensmittel nach der L-Carnitin-Entscheidung des Bundesgerichtshofs, WRP 2001, 363; *ders.*, Die Abkehr vom Anscheinsarzneimittel – Neue Ansätze zur Abgrenzung von Arzneimittel und Lebensmittel, ZLR 1999, 599; *Krell Zhinden*, „Täfeli" zwischen Heilmittel und Functional Food – S. O. S. Notfall Bonbons, DLR 2009, 19; *dies.*, „Cayenne

Pfeffer und Knoblauchöl" – Der Grenzbereich zwischen Lebensmitteln, Arzneimitteln, Kosmetika, Pflanzenschutz-mitteln und Bioziden, ZLR 2008, 427; *Meisterernst*, Dauerbrenner Abgrenzung zwischen Arznei- und Lebensmitteln, PharmInd 2013, 442; *ders.*, Zur Abgrenzung von Arzneimitteln und Lebensmitteln – die „L-Carnitin"-Entscheidung des BGH und ihre Folgen, GRUR 2001, 111; *Meyer*, „Was sind Lebensmittel"?, in: Sosnitza, Aktuelle Entwicklungen im deutschen und europäischen Lebensmittelrecht, 2007, 99; *Meyer/Grunert*, Neue Rechtsprechung: Abgrenzung zwischen Nahrungsmitteln und Arzneimitteln, LMuR 2005, 109; *Meyer/Reinhart*, in: Fezer, UWG, Bd. 1, 2. Aufl. 2010, 4-S 4 Rn. 63; *Mühl*, Abgrenzungsfragen zwischen den Begriffen „Arzneimittel" und „Lebensmittel", 2002, 88; *ders.*, Die Abgrenzung zwischen Lebensmittel und Arzneimittel im Lichte der europäischen Neuregelungen der Jahre 2001/2002, WRP 2003, 1088; *Müller*, Die Abgrenzung Arzneimittel/Lebensmittel – ein perpetuum mobile?, in: Festschrift für Ulf Doepner, 2008, 267; *ders.*, Grundfragen zur Abgrenzung der Arzneimittel von den Lebensmitteln, NVwZ 2007, 543; *Natterer*, Abgrenzung Lebensmittel – Arzneimittel, 2000, 99; *Nüse*, Zur Abgrenzung von Arzneimitteln und Lebensmitteln, DLR 1968, 138; *Pfortner*, Die Arzneimitteländerungsrichtlinie 2004/27/EG: Neue Impulse bei der Abgrenzung zwischen „dual use" Produkten und Arzneimitteln?, PharmR 2004, 388, 419; *Preuß*, Lebensmittel oder Arzneimittel?, DLR 2001, 49; *Quintus*, Pflanzliche Gesundheitsprodukte auf dem Arzneimittel- und Lebensmittel-sektor, 2012, 32; *Rabe*, Arzneimittel und Lebensmittel – Abgrenzungsproblematik und europarechtliche Dimension, NJW 1990, 1390; *Rathke*, Ein Lichtblick für die Abgrenzung der Lebensmittel von den Arzneimitteln, ZLR 2000, 285; *Rehmann*, Arzneimittel/Lebensmittel, Abgrenzungsprobleme und Konsequenzen, LMuR 2001, 66; *Reuter*, Die Abgrenzung zwischen Arzneimitteln und Lebensmitteln, Der Lebensmittelkontrolleur 1992, 60; *Scholz/Ziller*, Öffentlich-keitskriterien im Grenzbereich zwischen Lebensmitteln und Arzneimitteln – Wandel in der Rechtsprechung?, PharmR 1999, 221; *Schomburg*, Rechtsrahmen funktioneller Lebensmittel – Ordnungsrechtliche Aspekte und rechtspolitische Empfehlungen, 2008, 26; *Stachels*, Marktzugangsregeln für pflanzliche Arzneimittel, 2011, 106; *Stauch-Steffens*, Recht-liche Abgrenzung von Arznei- und Lebensmitteln, PharmInd 2007, 1042; *Stephan*, in: Fuhrmann/Klein/Fleischfresser, Arzneimittelrecht, 2. Aufl. 2014, § 2 Rn. 28; *Streit*, Lebensmittel oder Arzneimittel? – Möglichkeiten einer Abgren-zung, internistische praxis 41/2, 2001, 449; *Streinz*, in: Schulze/Zuleeg/Kadelbach, Europarecht, Handbuch für die deutsche Rechtspraxis, 2. Aufl. 2010, § 24 Rn. 14; *Vergho*, Strafrechtliche Probleme bei der Abgrenzung von Lebens-mittteln und Arzneimitteln – Der Umgang mit § 96 Nr. 5 AMG beim Vertrieb von Grenzprodukten, PharmR 2009, 221; *Voß*, Das Lebensmittel- und Futtermittelgesetzbuch, 2. Aufl. 2007, 41; *Wehlau*, Die Abgrenzung funktioneller Lebensmittel von Arzneimitteln, ZLR 2000, 163; *Weidert*, Das Verbot gesundheitsbezogener Werbung im Lebensmittel-recht unter Berücksichtigung der gemeinschaftsrechtlichen Vorgaben, 1998, 131; *Winters*, Rechtliche Abgrenzung von Lebensmitteln und Arzneimitteln unter besonderer Berücksichtigung naturwissenschaftlicher Aspekte, 2011, 69; *Win-ters/Hahn*, „Auf das innere Gleichgewicht achten!" – eine Bewertung des Homöostase-Modells des Europarats zur Abgrenzung zwischen Arznei- und Lebensmitteln, ZLR 2010, 23; *Zeinhofer*, Zum Stand der Harmonisierung im europäischen Arzneimittelrecht am Beispiel von Knoblauchkapseln, RdM 2008, 80; *dies.*, Der Begriff des Arzneimittels und seine Abgrenzung von anderen Produktkategorien, 2007, 207; *Zipfel*, Abgrenzungskriterien für Lebensmittel, kosmetische Mittel, Arzneimittel, DLR 1988, 171.

Abgrenzung Arzneimittel/Nahrungsergänzungsmittel: *Bund für Lebensmittelrecht und Lebensmittelkunde (BLL)*, Leitfaden Nahrungsergänzungsmittelverordnung, 2005, 18; *Delewski*, Nahrungsergänzungsmittel im europäischen Wirt-schafts- und Verwaltungsraum, 2003, 211; *Doepner*, Arzneimittel – Nahrungsergänzungsmittel – Abgrenzung und Konsequenzen für die Vermarktung, PharmR 1996, 206; *Doepner/Hüttebräuker*, Die aktuelle Rechtsprechung des EuGH zur Rechtsnatur von Vitamin- und Mineralstoffprodukten – ein kurzes Intermezzo?, ZLR 2004, 429; *Fogel*, Vitamin-Produkte: Arznei- oder Lebensmittel? – Die rechtliche Diskussion über den Produktstatus, PharmR 1993, 132; *Grundmann*, Die gerichtliche Praxis hinsichtlich der Abgrenzung zwischen Lebensmitteln und Arzneimitteln am Beispiel der Nahrungsergänzungen, LMuR 5/1998, 3; *Hüttebräuker*, Müssen Nahrungsergänzungsmittel in Zukunft zugelassen werden? – Checkliste zur Prüfung der Verkehrsfähigkeit von Nahrungsergänzungsmitteln, LMuR 2002, 107; *Hüttebräu-ker/Müller*, Abgrenzung Arzneimittel/Nahrungsergänzungsmittel – EuGH vom 15.11.2007, PharmR 2008, 38; *Klein*, Nahrungsergänzung oder Arzneimittel?, NJW 1998, 791; *ders.*, Vorläufiger Rechtsschutz bei arzneimittel-sicherheits-rechtlichen Maßnahmen der Überwachungsbehörden gegen vermeintliche Nahrungsergänzungsmittel, ZLR 1997, 391; *Kügel/Klein*, Neue Entwicklungen bei der Abgrenzung von Arzneimitteln und Nahrungsergänzungsmitteln, PharmR 1996, 386; *Mahn*, Veränderungen bei der Einordnung von Nahrungsergänzungsmitteln durch das Urteil des Europäi-schen Gerichtshofs vom 9.6.2005 und durch das LFGB, ZLR 2005, 529; *Rehmann*, Die Abgrenzung der Arzneimittel von den Nahrungsergänzungsmitteln – die neuere Rechtsprechung, A&R 2009, 58; *Reimer*, Zur zolltariflichen Abgrenzung zwischen „Arzneiwaren" und „Nahrungsergänzungsmitteln", LMuR 2004, 33; *Reinsch/Pahne*, Abgren-zung von Nahrungsergänzungs- und Arzneimitteln: Ein Überblick über die Entwicklung und den aktuellen Stand, LMuR 4/1998, 3; *Schroeder*, Die rechtliche Einstufung von Nahrungsergänzungsmitteln als Lebens- oder Arzneimittel – eine endlose Geschichte?, ZLR 2005, 411; *Urban*, Pflanzliche Arzneimittel und Nahrungsergänzungsmittel, 2010, 227.

Abgrenzung Arzneimittel/diätetische Lebensmittel: *Arbeitskreis Lebensmittelchemischer Sachverständiger (ALS)*, Beurteilung von ergänzenden bilanzierten Diäten (2006/02), JVL 2006, 60; *ders. u. a.*, Gemeinsame Erklärung zu ergänzenden bilanzierten Diäten, JVL 2007, 241; *Bruggmann*, Zwischen Arzneimittel und Lebensmittel – aktuelle Rechtsprechung zu bilanzierten Diäten, LMuR 2012, 231; *Dettling*, Zur Abgrenzung von Arzneimitteln und diäteti-schen Lebensmitteln, ZLR 2007, 256; *Großklaus*, Ergänzende bilanzierte Diäten in Abgrenzung zu Nahrungsergän-zungsmitteln und Arzneimitteln, LMuR 2003, 151; *Herrmann*, Rechtliche Problemstellungen bei ergänzenden bilan-zierten Diäten in arzneitypischer Darreichungsform, 2008, 131; *Kügel*, Die ALS-Stellungnahme zur „Beurteilung von ergänzenden bilanzierten Diäten" – eine kritische Würdigung, DLR 2006, 229; *ders.*, Die ergänzende bilanzierte Diät für besondere medizinische Zwecke, ZLR 2003, 265; *Rieter*, Ergänzende bilanzierte Diäten: Ein Balanceakt zwischen Arzneimitteln und Lebensmitteln, IDALK 5/2007, 2.

Abgrenzung Arzneimittel/kosmetische Mittel: *Beyerlein*, Handbuch Kosmetikrecht, 2011, 2; *Bruggmann*, Das Tierkosmetikum – eine Sphinx des AMG, PharmR 2009, 13; *Bungard*, Die Abgrenzung der Kosmetika von den Arznei-mitteln, Bedarfsgegenständen und Lebensmitteln, PharmR 1981, 276; *Doepner/Hüttebräuker*, in: Dieners/Reese, Hand-buch des Pharmarechts, 2010, § 3 Rn. 81; *Götting*, Abgrenzung Arzneimittel – Kosmetikum bei Hautpflegepräparaten, LMuR 2005, 66; *Kaiser*, Zahnprothesen-Haftmittel: Arzneimittel oder kosmetisches Mittel, PharmR 1985, 1; Leitfaden der Europäischen Kommission zur Abgrenzung der RL 76/768/EWG und 2001/83/EG (s. www.ec.europa.eu); *Mestel*, Abgrenzung kosmetischer Mittel von Arzneimitteln, StoffR 2005, 230; Manual zum Anwendungsbereich kosmetischer Mittel (Version 1.0, Stand: November 2013, s. www.ec.europa.eu), 15; *Müller*, Kosmetikum oder Arzneimittel, StoffR 2013, 134; *Rauer*, Kosmetikwerbung und der schmale Grat hin zum Präsentationsarzneimittel, PharmR 2014, 509;

Reinhart, Kosmetikrecht, 2006, 11; *ders.*, in: Fezer, UWG, Bd. 1, 2. Aufl. 2010, § 4–S 4 Rn. 98; *Stemmer*, Arzneimittel-nahe kosmetische Zubereitungen, PharmInd 2015, 1153; *Wulff*, Dermatikum, Medizinprodukt oder Kosmetikum?, PharmR 2015, 52; *Zipfel*, Abgrenzungskriterien für Lebensmittel, kosmetische Mittel, Arzneimittel, DLR 1988, 171.

Abgrenzung Arzneimittel/Biozidprodukte: *Bruggmann*, Neues zur Abgrenzung von Biozid-Produkten gegen-über Arzneimitteln und anderen Borderline-Produkten, StoffR 2012, 156; *ders.*, Haut- und Händedesinfektionsmittel: Abschied vom Arzneimittel-Dogma, PharmR 2010, 97; *ders.*, Die Abgrenzung der Biozid-Produkte von Arzneimitteln & Co. – ein Update, StoffR 2009, 263; *Bruggmann/Meyer*, Abgrenzung einmal anders: Zur Unterscheidung der Arzneimittel und kosmetischen Mittel von Biozid-Produkten, PharmR 2006, 247; *Dettling/Koppe-Zagouras*, Antiinfek-tiva und Desinfektiva: Arzneimittel, Medizinprodukte, Biozide oder Kosmetika? – Beispiel Chlorhexidin-Produkte, PharmR 2010, 152; *Jäkel*, Rechtliche Einstufung von Desinfektionsmitteln im Gesundheitswesen – ein Update, PharmR 2013, 261; *ders.*, Haut- und Händedesinfektionsmittel – Biozid-Produkt oder Arzneimittel?, PharmR 2012, 141; *ders.*, Chlorhexidin zwischen Medizin und Recht – warum Haut- und Händedesinfektionsmittel mit medizinischer Zweckbestimmung keine Biozid-Produkte sind, PharmR 2010, 397; *ders.*, Haut- und Händedesinfektionsmittel mit medizinischer Zweckbestimmung bleiben Arzneimittel, PharmR 2010, 278; *ders.*, Abgrenzung von Arzneimitteln und Biozid-Produkten am Beispiel der Desinfektionsmittel, StoffR 2010, 99; *ders.*, Die rechtliche Einstufung von Des-infektionsmitteln in Deutschland, KHR 2009, 43; *ders.*, Desinfektionsmittel zur Anwendung am Menschen – Ein-stufung als Arzneimittel auch nach der 15. AMG-Novelle, Hyg Med 2009, 240; *Krell Zbinden*, „Cayenne Pfeffer und Knoblauchöl" – Der Grenzbereich zwischen Lebensmitteln, Arzneimitteln, Kosmetika, Pflanzenschutzmitteln und Bioziden, ZLR 2008, 427; Leitfaden der Europäischen Kommission zur Abgrenzung der RL 98/8/EG, 2001/83/EG und 2001/82/EG (s. www.ec.europa.eu).

Abgrenzung Arzneimittel/Medizinprodukte: *Anhalt*, Lactobacillus-haltige Produkte im Spannungsfeld Arznei-mittel-Medizinprodukte – Erläuterung von Metabolismus bzw. metabolischen Reaktionen aus biochemischer Sicht, MPR 2009, 127; *ders.*, Immunologische Reaktionsweise als drittes Abgrenzungskriterium, MPJ 2009, 254; *Anhalt/Lücker*, Wie wird sich der EuGH in Zukunft zur Abgrenzungsproblematik stellen?, MPJ 2007, 189; *Anhalt/Lücker/Wimmer*, Abgrenzung Arzneimittel-Medizinprodukt: Pharmakologisch ist nicht biochemisch, PharmR 2007, 45; Borderline-Manual für Medizinprodukte (Version 1.16, Stand: Juli 2014; s. www.ec.europa.eu), 23; *v. Czettritz*, Ab-grenzung Arzneimittel/Medizinprodukte, PharmR 1997, 212; *v. Czettritz/Strelow*, Das VG Köln, die Zweifelsfall-regelung und die Abgrenzung von Medizinprodukten zu Arzneimitteln, MPR 2010, 1; *Dettling*, Noch einmal: Abgrenzung von Arzneimitteln und Medizinprodukten, PharmR 2007, 104; *ders.*, Zur Abgrenzung von Arzneimitteln und Medizinprodukten, PharmR 2006, 578; *Doepner/Hüttebräuker*, in: Dieners/Reese, Handbuch des Pharmarechts, 2010, § 3 Rn. 83; *Feuerhelm*, Medizinprodukt, Arzneimittel oder Kosmetikum?, PTA heute 4/1998, 396; *Fleischfresser*, in: Fuhrmann/Klein/Fleischfresser, Arzneimittelrecht, 2. Aufl. 2014, § 2 Rn. 109; *Fulda*, Irrungen und Wirrungen in aktueller Rechtsprechung, MPJ 2010, 94; *Gall/Schweim*, Zur Abgrenzung von Arzneimitteln und Medizinprodukten am Beispiel von Abführmittel-Produkten, PharmInd 2007, 518; *Granzer/Vonde*, Arzneimittel oder Medizinprodukt, PharmInd 2015, 964; *Hüttebräuker/Thiele*, Macrogolhaltige Laxativa – Abgrenzung reloaded, MPR 2010, 109; Leitfaden der Europäischen Kommission zur Anwendung der RL 90/385/EWG und 93/42/EWG (MEDDEV 2.1/3 rev 3, Stand: Dezember 2009; s. www.ec.europa.eu); *Kahl/Hilbert*, Die Rechtsprechung des BGH zur Abgrenzung von Funk-tionsarzneimitteln und Medizinprodukten auf dem Prüfstand des Unionsrechts, PharmR 2012, 177; *Lippert*, Die Abgrenzung von Arzneimitteln und Medizinprodukten am Beispiel der ortsgebundenen Heilmittel, PharmR 2015, 289; *ders.*, Handelt es sich bei den in Heilbädern und Kurorten abgegebenen ortsgebundenen Heilmitteln um Arznei-mittel oder um Medizinprodukte?, PharmR 2013, 517; *Schweim*, Macrogolhaltige Produkte – Arzneimittel oder Medizinprodukte?, A&R 2012, 16; *Tillmanns*, Alle Klarheiten beseitigt?, MPR 2011, 4; *Voit*, Die Abgrenzung von Medizinprodukten zu Arzneimitteln – eine unlösbare Aufgabe?, PharmR 2010, 501; *Webel*, Medizinprodukterecht, Nationale Maßstabsbildung im Lichte der europäischen Harmonisierung, 2009, 299; *Wulff*, Dermatikum, Medizin-produkt oder Kosmetikum?, PharmR 2015, 52.

„Zweifelsregelung"/Grenzfallregelung: *Bruggmann/Meyer*, Zweifelhafte Zeiten für Grenzprodukte: Die „Zwei-felsregelung" ist in der Praxis angekommen, LMuR 2006, 37; *v. Czettritz/Strelow*, Das VG Köln, die Zweifelsfall-regelung und die Abgrenzung von Medizinprodukten zu Arzneimitteln, MPR 2010, 1; *Dettling*, Vorsorgeprinzip, Zweifelsregelung und Korridorprodukte, ZLR 2008, 441; *Doepner/Hüttebräuker*, in: Dieners/Reese, Handbuch des Pharmarechts, 2010, § 2 Rn. 67; *Gerstberger*, Funktionelle pflanzliche Zutaten in Nahrungsergänzungsmitteln und angereicherten Lebensmitteln, 2009, 129; *Groß*, Die neue Zweifelsregelung der Humanarzneimittelrichtlinie, in: Marauhn/Ruppel, Vom Arzneimittel zum Lebensmittel?, 2009, 17; *Kaulen*, Die rechtliche Abgrenzung zwischen Lebensmittel und Arzneimittel, 2012, 159; *Knappstein*, Der Weg der Borderline-Produkte in Richtung Vollharmonisie-rung, 2012, 241; *Kraft/Röcke*, Auswirkungen der neuen Zweifelsregelung in Artikel 2 Absatz 2 der Arzneimittelricht-linie 2001/83/EG auf die Einstufung von „Grenzprodukten" als Lebens- oder Arzneimittel, ZLR 2006, 19; *Müller*, Grundfragen des Arzneimittelbegriffs und der Zweifelsregelung, NVwZ 2009, 425; *Reese/Stallberg*, Zur gemeinschafts-rechtlichen Auslegung der sog. Zweifelsfallregelung des Art. 2 Abs. 2 der Richtlinie 2001/83/EG, ZLR 2008, 665; *Stephan*, in: Fuhrmann/Klein/Fleischfresser, Arzneimittelrecht, 2. Aufl. 2014, § 2 Rn. 63; *Voit*, Zur Bedeutung des § 2 Abs. 3a AMG für die Abgrenzung von Medizinprodukten zu Präsentationsarzneimitteln, PharmR 2015, 425; *Zeinhofer*, Der Begriff des Arzneimittels und seine Abgrenzung von anderen Produktkategorien, 2007, 148.

Pharmakologische Wirkung: *Anhalt/Lücker/Wimmer*, Abgrenzung Arzneimittel-Medizinprodukt: Pharmakologisch ist nicht biochemisch, PharmR 2007, 45; *Dettling*, Physiologische, pharmakologische und toxikologische Wirkung – Ein Beitrag zur Abgrenzung von Lebensmitteln, Arzneimitteln und gefährlichen Stoffen, PharmR 2006, 58, 142; *Doepner/Hüttebräuker*, in: Dieners/Reese, Handbuch des Pharmarechts, 2010, § 3 Rn. 60; *Gerstberger*, Funktionelle pflanzliche Zutaten in Nahrungsergänzungsmitteln und angereicherten Lebensmitteln, 2009, 27, 124; *Hahn/Hagenmeyer*, „Pharmako-logische Wirkung": Ein untaugliches Abgrenzungskriterium – und seine irreführende Anwendung durch die Recht-sprechung, ZLR 2003, 707; *Kaulen*, Die rechtliche Abgrenzung zwischen Lebensmittel und Arzneimittel, 2012, 117; *Klaus*, Der gemeinschaftsrechtliche Lebensmittelbegriff, 2005, 212; *Knappstein*, Der Weg der Borderline-Produkte in Richtung Vollharmonisierung, 2012, 351; *Preuß*, Alte Zöpfe, gordisch verknotet: Zweckbestimmung und pharmakologische Wir-kung bei der Abgrenzung von Lebensmitteln zu den Arzneimitteln, ZLR 2007, 435; *Roebel/Parzeller/Schulze*, Arzneimittel oder Lebensmittel – Unterscheidung anhand der pharmakologischen Wirkung?, StoffR 2005, 208, 233; *Schomburg*, Rechtsrahmen funktioneller Lebensmittel – Ordnungsrechtliche Aspekte und rechtspolitische Empfehlungen, 2008, 32; *Stachels*, Marktzugangsregeln für pflanzliche Arzneimittel, 2011, 106; *Stephan*, in: Fuhrmann/Klein/Fleischfresser, Arzneimittelrecht, 2. Aufl. 2014, § 2 Rn. 31; *Winters*, Rechtliche Abgrenzung von Lebensmitteln und Arzneimitteln unter besonderer Berücksichtigung naturwissenschaftlicher Aspekte, 2011, 87; *Winters/Hahn*, Die „pharmakologische Wirkung" als Kriterium bei der Abgrenzung Arzneimittel/Lebensmittel – eine Betrachtung aus der Praxisperspektive, LMuR 2009, 173; *Zeinhofer*, Der Begriff des Arzneimittels und seine Abgrenzung von anderen Produktkategorien, 2007, 221.

Übersicht

A. Allgemeines

Der Arzneimittelbegriff in § 2 dient der Umsetzung von Art. 1 Nr. 2 RL 2001/83/EG. Er ist ein **1** Schlüsselbegriff des Arzneimittelrechts. Von seiner Auslegung und Anwendung hängt es ab, ob ein Produkt dem strengen Regime des Arzneimittelrechts oder einem benachbarten Rechtsregime – z. B. dem Lebensmittelrecht – unterfällt. Mit dem Arzneimittelbegriff und den hiermit korrelierenden Begriffen (Lebensmittel, Kosmetikum, Medizinprodukt etc.) wird der **rechtliche Produktstatus** bestimmt. Die Entscheidung, dass ein bestimmtes Produkt als Arzneimittel zu qualifizieren ist, hat einschneidende rechtliche Konsequenzen, wie etwa hinsichtlich der Herstellungserlaubnis (§§ 13 ff.), der Zulassungs-

bzw. Registrierungspflicht (§§ 21 ff., §§ 38 ff.), der Einfuhrerlaubnis (§ 72), der Gefährdungshaftung (§§ 84 ff.) sowie der Straf- und Bußgeldvorschriften (§§ 95 ff.). Auch greifen bei Bejahung der Arzneimitteleigenschaft die Vorgaben des Heilmittelwerberechts ein (§ 1 Nr. 1 HWG). Der Produktstatus ist zudem ganz entscheidend für die Möglichkeiten und Strategien der Hersteller und Vertreiber. Forschung, Entwicklung, Herstellung und Vertrieb sowie die Erstattungsfähigkeit in der Krankenversicherung gehen sehr unterschiedliche Wege.

2   Vor allem die **Abgrenzung** der **Arzneimittel** von den **Lebensmitteln** – die grundsätzlich nicht zulassungspflichtig sind – ist seit jeher problematisch[1] und hat mittlerweile zu einer ganzen Flut von Entscheidungen[2] und Stellungnahmen[3] geführt. Von besonderer Bedeutung ist der Umstand, dass Teile der Rechtsprechung und Literatur die Abgrenzung neuerdings nicht mehr anhand des deutschen Arzneimittelbegriffs in § 2 vornehmen, sondern direkt den europäischen Arzneimittelbegriff in Art. 1 Nr. 2 RL 2001/83/EG anwenden. Begründet wird dies mit einer sog. Integrationslösung – wonach Art. 2 III Buchst. d) VO (EG) Nr. 178/2002 den europäischen Arzneimittelbegriff in eine Verordnung umgewandelt haben soll – und/oder mit der Annahme einer Vollharmonisierung durch die RL 2001/83/EG. Mit der Judikatur des *EuGH* sind beide Annahmen abzulehnen. Es kommt darauf an, den deutschen Arzneimittelbegriffs in § 2, der mit dem europäischen Arzneimittelbegriff in Art. 1 Nr. 2 RL 2001/83/ EG textlich nicht voll kongruent ist, richtlinienkonform auszulegen und anzuwenden (s. Rn. 45).

I. Inhalt

3   Mit seinen fünf Absätzen definiert § 2 den Begriff des Arzneimittels[4]. § 2 I enthält die **Grunddefinition** des Arzneimittels („*Arzneimittel sind …*"), indem er dessen konstitutive Merkmale benennt. Arzneimittel sind „*Stoffe oder Zubereitungen aus Stoffen*", die dazu bestimmt sind, durch Anwendung „*im oder am menschlichen oder tierischen Körper*" die in Nr. 1 und Nr. 2 umschriebenen Zwecke zu erfüllen. § 2 I Nr. 1 – der sog. Präsentationsarzneimittelbegriff – hat therapeutische und prophylaktische Zwecke zum Gegenstand (Heilung, Linderung und Verhütung von Krankheiten). Bei § 2 I Nr. 2 – dem sog. Funktionsarzneimittelbegriff – geht es in Buchst. a) um die Zwecke der Wiederherstellung, Korrektur und Beeinflussung der physiologischen Funktionen im „allgemeinen". § 2 I Nr. 2 Buchst. b) betrifft diagnostische Zwecke (medizinische Diagnose).

4   Im Verhältnis zur Grunddefinition der Arzneimittel in § 2 I erweitert § 2 II den Arzneimittelbegriff um fünf weitere Produktgruppen („*Als Arzneimittel gelten …*"). Da diese Produkte keine Arzneimittel i. S. v. § 2 I sind, **fingiert** § 2 II deren **Arzneimitteleigenschaft**. Hiernach gelten die in § 2 II Nr. 1–4 genannten Gegenstände und Stoffe bzw. Stoffzubereitungen ebenfalls als Arzneimittel. § 2 II Nr. 1 erfasst körperberührende Gegenstände, die ein Arzneimittel enthalten oder auf die ein Arzneimittel aufgebracht ist. § 2 II Nr. 1a betrifft bestimmte tierärztliche Instrumente und § 2 II Nr. 2 Gegenstände, die dazu bestimmt sind, in den tierischen Körper eingebracht zu werden. § 2 II Nr. 3 erfasst Verbandstoffe und chirurgische Nahtmaterialien zur Anwendung am oder im tierischen Körper und § 2 II Nr. 4 Stoffe und Zubereitungen aus Stoffen, die zu diagnostischen Zwecken bei Tieren bestimmt sind, ohne am oder im tierischen Körper angewendet zu werden.

---

[1] S. bereits *RGSt* 68, 247 ff.; 49, 223 ff.; 4, 393 ff.

[2] S. zuletzt *EuGH*, Urt. v. 30.4.2009 – Rs. C-27/08, Slg. 2009, I-3785 ff. – BIOS Naturprodukte; Urt. v. 5.3.2009 – Rs. C-88/07, Slg. 2009, I-1353 ff. – Kommission/Spanien; Urt. v. 15.1.2009 – Rs. C-140/07, Slg. 2009, I-41 ff. – Hecht-Pharma; Urt. v. 15.11.2007 – Rs. C-319/05, Slg. 2007, I-9811 ff. – Kommission/Deutschland III; *BGH*, NJW-RR 2010, 1407 f.; GRUR 2010, 259 f.; PharmR 2010, 181 ff.; NJW-RR 2008, 1255 ff.; NVwZ 2008, 1266 ff.; *BGHZ* 167, 91 ff.; *BGHSt* 46, 380 ff.; *BVerwG*, NVwZ 2009, 1038 ff.; PharmR 2008, 78 ff., 73 ff., 67 ff.; NVwZ 2007, 591 ff.; *BVerfG*, NJW-RR 2007, 1680, 1681 f.; *BSGE* 100, 103 ff.; 96, 153, 155 f.; *BFH*, PharmR 2009, 535 ff.; PharmR 2006, 394 ff.; aus der Mittelinstanz exemplarisch *OVG Münster*, PharmR 2015, 305 ff., 142 ff.; *OVG Lüneburg*, LMuR 2012, 293 ff.; PharmR 2011, 86 ff.; *VGH Mannheim*, PharmR 2011, 92 ff.; *OVG Münster*, PharmR 2010, 607 ff.; *VGH Mannheim*, PharmR 2010, 239 ff.; *VGH München*, PharmR 2009, 573 ff.; PharmR 2008, 206 ff.; *OLG Hamburg*, LMuR 2008, 128 ff.; *OLG Stuttgart*, PharmR 2008, 386 ff.; *OLG Köln*, PharmR 2008, 506 ff.; *KG Berlin*, PharmR 2008, 503 ff.; *OLG Hamm*, PharmR 2008, 162 ff.; s. hierzu auch das Fälleverzeichnis (Rn. 247 ff.).

[3] S. insbes. die Dissertationen von *Kaulen*, Die rechtliche Abgrenzung zwischen Lebensmittel und Arzneimittel, 2012, S. 83 ff.; *Knappstein*, Der Weg der Borderline-Produkte in Richtung Vollharmonisierung, 2012, S. 218 ff.; *Quintus*, Pflanzliche Gesundheitsprodukte auf dem Arzneimittel- und Lebensmittelsektor, 2012, S. 32 ff.; *Stachels*, Marktzugangsregeln für pflanzliche Arzneimittel, 2011, S. 106 ff.; *Winters*, Rechtliche Abgrenzung von Lebensmitteln und Arzneimitteln unter besonderer Berücksichtigung naturwissenschaftlicher Aspekte, 2011, S. 69 ff.; *Urban*, Pflanzliche Arzneimittel und Nahrungsergänzungsmittel, 2010, S. 227 ff.; *Gerstberger*, Funktionelle pflanzliche Zutaten in Nahrungsergänzungsmitteln und angereicherten Lebensmitteln, 2009, S. 119 ff.; *Herrmann*, Rechtliche Problemstellungen bei ergänzenden bilanzierten Diäten in arzneitypischer Darreichungsform, 2008, S. 131 ff.; *Schomburg*, Rechtsrahmen funktioneller Lebensmittel – Ordnungsrechtliche Aspekte und rechtspolitische Empfehlungen, 2008, S. 26 ff.; *Zeinhofer*, Der Begriff des Arzneimittels und seine Abgrenzung von anderen Produktkategorien, 2007, S. 207 ff.; *Klaus*, Der gemeinschaftsrechtliche Lebensmittelbegriff, 2005, S. 127 ff.; *Delewski*, Nahrungsergänzungsmittel im europäischen Wirtschafts- und Verwaltungsraum, 2003, S. 211 ff.; *Mühl*, Abgrenzungsfragen zwischen den Begriffen „Arzneimittel" und „Lebensmittel", 2002, S. 88 ff.; *Natterer*, Abgrenzung Lebensmittel – Arzneimittel, 2000, S. 99 ff. und *Weidert*, Das Verbot gesundheitsbezogener Werbung im Lebensmittelrecht unter Berücksichtigung der gemeinschaftsrechtlichen Vorgaben, 1998, S. 131 ff.

[4] S. hierzu auch die Grafik zu Struktur und Inhalt des Arzneimittelbegriffs (Rn. 255).

§ 2 III grenzt die Arzneimittel von **benachbarten Produktkategorien** ab („*Arzneimittel sind nicht* **5** …"). § 2 III führt insgesamt acht Produktgruppen auf, die keine Arzneimittel sind. Erfasst werden Lebensmittel, kosmetische Mittel, Tabakerzeugnisse, Tierkosmetika, Biozidprodukte, Futtermittel, Medizinprodukte und deren Zubehör sowie bestimmte Organe. Hinsichtlich der in Bezug genommenen Legaldefinitionen und Begrifflichkeiten der benachbarten Rechtsgebiete (Nr. 1–3 und Nr. 5–8) ist die Aussage des § 2 III deklaratorisch, im übrigen konstitutiv (Nr. 4).

§ 2 IIIa sieht eine Sonderregelung für bestimmte **Grenzfälle** der Produktunterscheidung vor. In **6** Fällen, in denen positiv festgestellt worden ist, dass ein Produkt dem Begriff des Präsentationsarzneimittels nach § 2 I Nr. 1 und/oder dem Begriff des Funktionsarzneimittels nach § 2 I Nr. 2 unterfällt und zugleich dem Begriff einer benachbarten Produktkategorie gem. § 2 III unterfallen kann, geht das strengere Arzneimittelrecht vor. Das heißt, dass das betreffende Grenzprodukt im Einzelfall selbst dann ein Arzneimittel darstellen kann, wenn neben § 2 I Nr. 1 oder Nr. 2 auch die Legaldefinition des benachbarten Produktes erfüllt ist.

§ 2 IV rundet den Arzneimittelbegriff mit zwei **unwiderlegbaren Vermutungen** ab (gilt/gilt nicht **7** als Arzneimittel). Zum einen gilt ein Mittel nach § 2 IV 1 solange als Arzneimittel, wie es nach dem AMG als Arzneimittel zugelassen oder registriert oder durch Rechtsverordnung von der Zulassung oder Registrierung freigestellt ist. Zum anderen gilt ein Mittel gem. § 2 IV 2 dann nicht als Arzneimittel, wenn die zuständige Bundesoberbehörde die Zulassung oder Registrierung mit der Begründung abgelehnt hat, dass es sich nicht um ein Arzneimittel handelt.

II. Zweck

Die Legaldefinition des Arzneimittelbegriffs in § 2 steht in einem engen systematischen Zusammen- **8** hang mit § 1, wonach es der Zweck des AMG ist, „*im Interesse einer ordnungsgemäßen Arzneimittelversorgung von Mensch und Tier für die Sicherheit im Verkehr mit Arzneimitteln … zu sorgen.*" Gemeinsam mit dem Gesetzeszweck und der Sondervorschriften für Arzneimittel für neuartige Therapien in § 4b bestimmt § 2 maßgeblich den **Anwendungsbereich** des AMG. Ist der Arzneimittelbegriff in § 2 (unter Bezugnahme auf den Stoffbegriff in § 3) erfüllt, ist damit grundsätzlich auch der Anwendungsbereich des AMG eröffnet. Das AMG findet auf den gesamten Verkehr mit Human- und Tierarzneimitteln Anwendung, soweit keine Ausnahmen gem. § 4a eingreifen.

Im Zusammenwirken mit den Begriffsbestimmungen der benachbarten Rechtsgebiete kommt dem **9** Arzneimittelbegriff in § 2 die häufig schwierige Aufgabe zu, ähnliche Produkte voneinander **abzugrenzen** und ihren rechtlichen Produktstatus festzulegen. Nach der gesetzlichen Konstruktion, insbes. der Regelung in § 2 III („*Arzneimittel sind nicht …*"), schließen sich die betreffenden Produkte wechselseitig aus. Ein Produkt kann entweder nur Arzneimittel oder nur Lebensmittel, Kosmetikum, Medizinprodukt etc. sein. Das deutsche Recht kennt **keinen** rechtlichen **„Zwitterstatus"** ambivalenter Produkte. Bei der Abgrenzung der jeweiligen Produktkategorien kommt es entscheidend auf die Begriffsmerkmale des § 2 I an, die gemeinsam mit den Parametern der benachbarten Definitionen (etwa in § 2 II und § 2 V LFGB) den rechtlichen Prüfstand bilden.

B. Entstehung des deutschen Arzneimittelbegriffs

Die Ursprünge des heutigen Arzneimittelbegriffs lassen sich über hundert Jahre zurückverfolgen. Fasst **10** man die wichtigsten Meilensteine seiner Entstehung zusammen, ergibt sich folgendes Bild:

In § 1 der **Kaiserlichen Verordnung** betreffend den Verkehr mit Arzneimitteln vom 22.10.**1901**[5] **11** wurden zunächst die Heilmittel als „*Mittel zur Beseitigung oder Linderung von Krankheiten bei Menschen oder Thieren*" definiert. Im Mittelpunkt stand der Begriff der Krankheit. § 2 der **Verordnung** über den Handel mit Arzneimitteln vom 22.3.**1917**[6] enthielt folgende Definition: „*Arzneimittel im Sinne dieser Verordnung sind solche chemischen Stoffe, Drogen und Zubereitungen, die zur Beseitigung, Linderung oder Verhütung von Krankheiten bei Menschen oder Tieren bestimmt sind.*" Mit der Formulierung „*zur … bestimmt*" wurde der Aspekt der Zweckbestimmung eingeführt. Die **Polizeiverordnung** über die Werbung auf dem Gebiete des Heilwesens vom 29.9.**1941**[7] definierte die Arzneimittel als „*Mittel, die dazu bestimmt sind, Krankheiten, Leiden, Körperschäden oder Beschwerden bei Mensch oder Tier zu verhüten, zu lindern oder zu beseitigen.*" Der zentrale Begriff der Krankheit wurde durch die Begriffe Leiden, Körperschäden und Beschwerden ergänzt. Ähnlich wurden die Arzneifertigwaren (Spezialitäten) in § 2 der **Verordnung** über die Herstellung von Arzneifertigwaren vom 11.2.**1943**[8] als „*Stoffe und Zubereitungen, die zur Verhütung, Linderung oder Beseitigung von Krankheiten, Leiden, Körperschäden oder Beschwerden bei Mensch oder Tier bestimmt sind*" definiert.

---

[5] RGBl. I S. 380.
[6] RGBl. I S. 270.
[7] RGBl. I S. 587.
[8] RGBl. I S. 99.

12   Eine deutlich abweichende Konzeption lag dem **AMG 1961** zugrunde. Nach dessen § 1 I waren Arzneimittel „*Stoffe und Zubereitungen aus Stoffen, die vom Hersteller oder demjenigen, der sie sonst in den Verkehr bringt, dazu bestimmt sind, durch Anwendung am oder im menschlichen oder tierischen Körper 1. die Beschaffenheit, den Zustand oder die Funktionen des Körpers oder seelische Zustände erkennen zu lassen oder zu beeinflussen, 2.…*". Diese Definition gab die Orientierung an dem Begriff der Krankheit auf und stellte statt dessen auf die allgemeine Beeinflussung des Körpers und der seelischen Zustände ab. Die Zweckbestimmung der nun statt der Mittel angesprochenen „*Stoffe und Zubereitungen aus Stoffen*" ging vom Hersteller und Vertreiber aus. Hieraus ergab sich ein entsprechendes „(Mit-)Bestimmungsrecht" über die Arzneimitteleigenschaft. Die Zweckbestimmung wurde subjektiviert. Ähnlich der heutigen Konstruktion in § 2 II und III sah § 1 zudem eine gesetzliche Fiktion bestimmter Gegenstände und Stoffe als Arzneimittel vor (Abs. 2) und schloss Lebens- und Futtermittel (Abs. 3) sowie bestimmte kosmetische Mittel und Gegenstände zur Körperpflege (Abs. 4) aus dem Arzneimittelbegriff aus.

13   Mit dem **AMNOG 1976** wurde das gesamte Arzneimittelgesetz einschließlich des Arzneimittelbegriffs neugestaltet. Hintergrund waren die Contergan-Katastrophe und die RL 65/65/EWG („Erste Pharmazeutische Richtlinie"), die in Art. 1 Nr. 2 eine Definition für Arzneimittel enthielt[9]. Der neu formulierte Arzneimittelbegriff in § 2 sah im Vergleich zur Definition in § 1 AMG 1961 zwei grundlegende Änderungen vor. Zum einen wurde der Begriff der Krankheit in Abs. 1 wieder zum Ausgangspunkt der Legaldefinition gemacht. Zum anderen wurde die auf den Hersteller und Vertreiber bezogene Passage („*vom Hersteller oder demjenigen, der sie sonst in den Verkehr bringt, dazu bestimmt …*") in der Eingangsformulierung des Abs. 1 sowie in Abs. 2 und 4 ersatzlos gestrichen. Die Zweckbestimmung und damit der gesamte Arzneimittelbegriff wurden objektiviert[10]. Des weiteren wurden die gesetzliche Fiktion in Abs. 2 sowie die Ausschlußregelung in Abs. 3 erweitert und die jetzige Vermutungsregelung in Abs. 4 eingeführt.

14   Durch das **AMG-ÄndG 2009** vom 17.7.2009 wurde der Arzneimittelbegriff in § 2 I neu gefasst. Die jetzige Definition übernimmt im Kern die Begrifflichkeiten des europäischen Arzneimittelbegriffs in Art. 1 Nr. 2 RL 2001/83/EG. Der Arzneimittelbegriff in § 2 I unterscheidet nun zwischen sog. Präsentations- und Funktionsarzneimitteln (Nr. 1 und Nr. 2) und ersetzt damit die bisherigen Regelungen in § 2 I Nr. 1–5. Darüber hinaus wurde die Ausschlussregelung in Abs. 3 um die Biozidprodukte ergänzt (Nr. 5) und die jetzige Regelung für Grenzfälle der Produktunterscheidung in Abs. 3a eingeführt.

C. Europarechtliche Rahmenbedingungen (RL 2001/83/EG)

15   Für den deutschen Arzneimittelbegriff in § 2 sind die europarechtlichen Vorgaben von besonderer Bedeutung. § 2 dient der Umsetzung europäischer Richtlinien (s. auch Rn. 39 ff.). Diese sind bei seiner Auslegung und Anwendung adäquat zu berücksichtigen. Den Ursprung bildet die Arzneimitteldefinition in Art. 1 Nr. 2 RL 65/65/EWG. Diese Richtlinie wurde durch die RL 2001/83/EG vom 6.11.2001 abgelöst, die die vorherige Definition in Art. 1 Nr. 2 nahezu unverändert übernahm. Mit der Änderungsrichtlinie 2004/27/EG vom 31.3.2004 wurde die Arzneimitteldefinition präzisiert und mit Art. 2 II zusätzlich eine „Zweifelsregelung" zum Anwendungsbereich der RL 2001/83/EG eingeführt. In seiner jetzigen Fassung lautet Art. 1 Nr. 2 RL 2001/83/EG wie folgt:

16   „*Arzneimittel:*

   a) *Alle Stoffe oder Stoffzusammensetzungen, die als Mittel mit* **Eigenschaften** *zur Heilung oder zur Verhütung menschlicher Krankheiten* **bestimmt** *sind, oder*

   b) *alle Stoffe oder Stoffzusammensetzungen, die im oder am menschlichen Körper* **verwendet** *oder einem Menschen* **verabreicht** *werden können, um entweder die menschlichen physiologischen Funktionen durch eine* **pharmakologische, immunologische oder metabolische Wirkung** *wiederherzustellen, zu* **korrigieren** *oder zu beeinflussen oder eine* **medizinische** *Diagnose zu erstellen.*"[11]

I. Europäischer Arzneimittelbegriff (Art. 1 Nr. 2 RL 2001/83/EG)

17   Für das Verständnis des europäischen Arzneimittelbegriffs sind die zahlreichen Entscheidungen des *EuGH* zur Abgrenzung der Arzneimittel von den benachbarten Produkten – insbes. den Lebensmitteln – maßgeblich[12]. Da Art. 1 Nr. 2 in der Ursprungsfassung der RL 2001/83/EG fast vollständig der

---

[9] S. zu den gesetzgeberischen Motiven BT-Drucks. 7/3060, S. 43 f.
[10] S. *BVerwGE* 97, 132, 135 f.; BT-Drucks. 7/3060, S. 44.
[11] Die Hervorhebungen betreffen die Änderungen durch die RL 2004/27/EG vom 31.3.2004.
[12] *EuGH*, Urt. v. 3.10.2013 – Rs. C-109/12, PharmR 2013, 485 ff. – Laboratoires Lyocentre; Urt. v. 6.9.2012 – Rs. C-308/11, NVwZ 2012, 1459 ff. – Chemische Fabrik Kreussler; Urt. v. 30.4.2009 – Rs. C-27/08, Slg. 2009, I-3785 ff. – BIOS Naturprodukte; Urt. v. 5.3.2009 – Rs. C-88/07, Slg. 2009, I-1353 ff. – Kommission/Spanien; Urt. v. 15.1.2009 – Rs. C-140/07, Slg. 2009, I-41 ff. – Hecht-Pharma; Urt. v. 15.11.2007 – Rs. C-319/05, Slg. 2007, I-9811 ff. – Kommission/Deutschland III; Urt. v. 9.6.2005 – Rs. C-211/03 u. a., Slg. 2005, I-5141 ff. – HLH Warenvertrieb und Orthica; Urt. v. 29.4.2004 – Rs. C-387/99, Slg. 2004, I-3751 ff. – Kommission/Deutschland II; Urt. v.

Definition in Art. 1 Nr. 2 RL 65/65/EWG entspricht, ist die frühere **Judikatur des** *EuGH* **voll übertragbar**[13]. Gleiches gilt für die gegenwärtige Fassung der RL 2001/83/EG. Die Änderungsrichtlinie 2004/27/EG hat den Arzneimittelbegriff in Art. 1 Nr. 2 nicht wesentlich geändert, sondern im bisherigen Sinne fortentwickelt und präzisiert (s. Rn. 19 ff.)[14]. Daher kann auch die Rechtsprechung des *EuGH* zur Ursprungsfassung der RL 2001/83/EG auf deren Fassung gem. der Änderungsrichtlinie 2004/27/EG voll übertragen werden[15]. Dementsprechend sind auch die jüngsten Urteile des *EuGH* von einer deutlichen **Kontinuität** des Begriffsverständnisses geprägt[16].

Art. 1 Nr. 2 RL 2001/83/EG enthält zwei Definitionen des Arzneimittels[17]: Art. 1 Nr. 2 Buchst. a) **18** betrifft die Arzneimittel „nach der Bezeichnung bzw. Präsentation", Art. 1 Nr. 2 Buchst. b) die Arzneimittel „nach der Funktion"[18]. In diesem Sinne hat sich in der Rechtsprechung des *EuGH*[19] und in der überwiegenden deutschen Rechtsprechung[20] die Terminologie der Bezeichnungs- bzw. **Präsentationsarzneimittel** und der **Funktionsarzneimittel** etabliert[21]. Die beiden Definitionen lassen sich allerdings nicht trennscharf voneinander abgrenzen[22], sondern überschneiden sich in ihrem Anwendungsbereich und sind kohärent auszulegen[23]. Art. 1 Nr. 2 beinhaltet nicht zwei divergierende Arzneimittelbegriffe, sondern einen einheitlichen Arzneimittelbegriff mit zwei Unterdefinitionen. Ein Produkt ist ein Arzneimittel, wenn es unter eine Definition oder beide Definitionen in Art. 1 Nr. 2 fällt[24]. Mit Blick auf den Schutz der öffentlichen Gesundheit sind beide Definitionen grundsätzlich weit auszulegen[25].

1. Präsentationsarzneimittel (Art. 1 Nr. 2 Buchst. a) RL 2001/83/EG). Die ursprüngliche **19** Definition der Präsentationsarzneimittel in Art. 1 Nr. 2 wurde durch die **RL 2004/27/EG** hinsichtlich zweier Aspekte geändert. Art. 1 Nr. 2 Buchst. a) stellt nun auf Mittel „mit Eigenschaften" zur Heilung oder zur Verhütung menschlicher Krankheiten ab. Zudem wurde das Wort „bezeichnet" durch das Wort „bestimmt" ersetzt. Beide Änderungen haben auf das bisherige Verständnis keine wesentlichen Auswirkungen: Dass die Regelung Mittel „mit Eigenschaften" zur Heilung oder zur Verhütung menschlicher Krankheiten statt schlicht derartige „Mittel" zum Gegenstand hat, ist eine rein **sprachliche**

29.4.2004 – Rs. C-150/00, Slg. 2004, I-3887 ff. – Kommission/Österreich; Urt. v. 23.9.2003 – Rs. C-192/01, Slg. 2003, I-9693 ff. – Kommission/Dänemark; Urt. v. 28.10.1992 – Rs. C-219/91, Slg. 1992, I-5485 ff. – Ter Voort; Urt. v. 20.5.1992 – Rs. C-290/90, Slg. 1992, I-3317 ff. – Kommission/Deutschland I; Urt. v. 16.4.1991 – Rs. C-112/89, Slg. 1991, I-1703 ff. – Upjohn I; Urt. v. 21.3.1991 – Rs. C-60/89, Slg. 1991, I-1547 ff. – Monteil und Samanni; Urt. v. 21.3.1991 – Rs. C-369/88, Slg. 1991, I-1487 ff. – Delattre; Urt. v. 30.11.1983 – Rs. 227/82, Slg. 1983, 3883 ff. – Van Bennekom; s. hierzu auch das Fälleverzeichnis (Rn. 248).

[13] S. *EuGH* (s. o. Fn. 12), Rs. C-211/03 u. a. – HLH Warenvertrieb und Orthica, Rn. 50.

[14] *EuGH* (s. o. Fn. 12), Rs. C-140/07 – Hecht-Pharma, Rn. 33 ff.; ausweislich des Erwägungsgrundes Nr. 7 der RL 2004/27/EG „sollten die Begriffsbestimmungen und der Anwendungsbereich der Richtlinie 2001/83/EG aufgrund des wissenschaftlichen und technischen Fortschritts geklärt werden, damit hohe Standards bei der Qualität, Sicherheit und Wirksamkeit von Humanarzneimitteln erreicht werden."

[15] S. *EuGH* (s. o. Fn. 12), Rs. C-140/07 – Hecht-Pharma, Rn. 32 f.; *OVG Münster*, ZLR 2006, 96, 103 f.; *Voß*, Rn. 15; zweifelnd *BVerwG*, NVwZ 2007, 591, 593; ZLR 2007, 378, 386 f.

[16] S. *EuGH* (s. o. Fn. 12), Rs. C-109/12 – Laboratoires Lyocentre, Rn. 36 ff.; Rs. C-308/11 – Chemische Fabrik Kreussler, Rn. 33 ff.; Rs. C-27/08 – BIOS Naturprodukte, Rn. 18 ff.; Rs. C-88/07 – Kommission/Spanien, Rn. 72 ff.; Rs. C-140/07 – Hecht-Pharma, Rn. 25, 32 f.; Rs. C-319/05 – Kommission/Deutschland III, Rn. 41 ff.; Rs. C-211/03 u. a. – HLH Warenvertrieb und Orthica, Rn. 49 ff.

[17] S. hierzu ausführlich *Delewski*, S. 211 ff.

[18] *EuGH* (s. o. Fn. 12), Rs. C-319/05 – Kommission/Deutschland III, Rn. 41; Rs. C-211/03 u. a. – HLH Warenvertrieb und Orthica, Rn. 49; Rs. C-219/91 – Ter Voort, Rn. 11; Rs. C-112/89 – Upjohn I, Rn. 15; Rs. C-60/89 – Monteil und Samanni, Rn. 11; Rs. C-369/88 – Delattre, Rn. 15.

[19] S. nur *EuGH* (s. o. Fn. 12), Rs. C-140/07 – Hecht-Pharma, Rn. 25; Rs. C-319/05 – Kommission/Deutschland III, Rn. 41 f., 54; Rs. C-211/03 u. a. – HLH Warenvertrieb und Orthica, Rn. 49, 63.

[20] S. etwa *BVerwG*, NVwZ 2015, 749, 749 ff.; NVwZ-RR 2015, 425, 426 ff.; NVwZ-RR 2015, 420, 423 ff.; NVwZ 2012, 1343, 1344; PharmR 2011, 168, 169; NVwZ 2009, 1038, 1039 f.; PharmR 2008, 254, 255 f.; 78, 81; 73, 76; 67, 70; NVwZ 2007, 591, 592; *BVerwGE* 97, 132, 136 f.; *BGHSt* 59, 16, 18; *BGH*, PharmR 2015, 403, 404; PharmR 2013, 379, 380 f.; NJW-RR 2008, 1255, 1257; NVwZ 2008, 1266, 1268; *BGHZ* 167, 91, 104 ff.

[21] Von dem Begriff der Bezeichnungs- bzw. Präsentationsarzneimittel abweichend: *BGH*, NJW-RR 2011, 49, 50, OLG Hamburg, PharmR 2011, 413, 416 und *Meyer/Reinhart*, WRP 2005, 1437, 1441 f. („Bestimmungsarzneimittel"); *Patzak/Volkmer*, NStZ 2011, 498, 500 (Fn. 9: „Zweckarzneimittel").

[22] S. *EuGH* (s. o. Fn. 12), Rs. C-290/90 – Kommission/Deutschland I, Rn. 14; Rs. C-112/89 – Upjohn I, Rn. 18; Rs. C-60/89 – Monteil und Samanni, Rn. 12; Rs. C-369/88 – Delattre, Rn. 16; *Urban*, S. 177 f.; *Winters/Hahn*, LMuR 2009, 173, 176; *Poschenrieder*, S. 43.

[23] S. *EuGH*, Urt. v. 10.7.2014 – Rs. C-358/13 und C-181/14, GRUR 2014, 893 ff., Rn. 29, 37, 47 – D. und G.; dagegen *Knappstein*, S. 143 ff., 147 ff.; *Zipfel/Rathke*, Art. 2 BasisVO Rn. 84 ba; *Winters*, S. 76; anders auch *Doepner/Hüttebräuker*, in: *Dieners/Reese*, § 2 Rn. 14 („zwei selbständige, nebeneinander stehende Arzneimitteldefinitionen").

[24] S. *EuGH* (s. o. Fn. 12), Rs. C-109/12 – Laboratoires Lyocentre, Rn. 36; Rs. C-140/07 – Hecht-Pharma, Rn. 25; Rs. C-319/05 – Kommission/Deutschland III, Rn. 41; Rs. C-211/03 u. a. – HLH Warenvertrieb und Orthica, Rn. 49; Rs. C-219/91 – Ter Voort, Rn. 11; Rs. C-112/89 – Upjohn I, Rn. 15; Rs. C-60/89 – Monteil und Samanni, Rn. 11; Rs. C-369/88 – Delattre, Rn. 15.

[25] Vgl. hinsichtlich der Präsentationsarzneimittel *EuGH* (s. o. Fn. 12), Rs. C-140/07 – Hecht-Pharma, Rn. 25; Rs. C-319/05 – Kommission/Deutschland III, Rn. 43, 61; Rs. C-112/89 – Upjohn I, Rn. 16; Rs. C-60/89 – Monteil und Samanni, Rn. 23; Rs. C-369/88 – Delattre, Rn. 39; Rs. 227/82 – Van Bennekom, Rn. 17; in Bezug auf Funktionsarzneimittel Rs. C-319/05 – Kommission/Deutschland III, Rn. 60; Rs. C-112/89 – Upjohn I, Rn. 21; a. A. *Kahl/Hilbert*, PharmR 2012, 177, 181.

Präzisierung. Diese entspricht der Judikatur des *EuGH*, die schon zuvor auf die „Eigenschaften" eines Produktes abgestellt hat[26]. Auch der Austausch des Wortes „bezeichnet" durch das Wort „bestimmt" stellt keine Abkehr von dem bisherigen Begriffsverständnis der *Bezeichnungs- bzw. Präsentationsarzneimittel* dar[27]. Die anderen Sprachfassungen der Richtlinie haben die „alte" Terminologie beibehalten. Aufgrund der gebotenen einheitlichen Auslegung der Sprachfassungen[28] setzt sich daher das überwiegende – in diesem Fall gleichgebliebene – Sprachverständnis durch[29]. Dem Wort „bestimmt" lässt sich keine Objektivierung der Definition der Präsentationsarzneimittel entnehmen[30]. Wie bislang kann es sich hierbei um ein Produkt handeln, dass subjektiv oder objektiv dazu bestimmt ist, menschliche Krankheiten zu heilen oder zu verhüten[31]. Der Begriff der „Präsentationsarzneimittel" besteht **unverändert** fort[32]:

20   Art. 1 Nr. 2 Buchst. a) erfasst alle Produkte mit therapeutischer oder prophylaktischer Zweckbestimmung („*zur Heilung oder zur Verhütung menschlicher Krankheiten bestimmt*"). Gemeint sind nicht nur **echte Arzneimittel,** sondern auch **Anscheinsarzneimittel,** das heißt sowohl Produkte mit einer entsprechenden objektiven Zweckbestimmung als auch solche mit einer (rein) subjektiven Zweckbestimmung[33]. Nach der ständigen Rechtsprechung des *EuGH* soll die Definition der Präsentationsarzneimittel nicht nur die Arzneimittel erfassen, „*die tatsächlich therapeutische oder medizinische Wirkung haben, sondern auch die Erzeugnisse, die nicht ausreichend wirksam sind oder die nicht die Wirkung haben, die der Verbraucher nach ihrer Bezeichnung von ihnen erwarten darf … [Ziel ist es], den Verbraucher nicht nur vor schädlichen oder giftigen Arzneimitteln zu schützen, sondern auch vor verschiedenen Erzeugnissen, die anstelle geeigneter Heilmittel verwendet werden*"[34]. Auch wenn der Wortlaut des Art. 1 Nr. 2 Buchst. a) allein auf die Heilung oder Verhütung menschlicher Krankheiten abstellt, schließt der Begriff der Präsentationsarzneimittel ebenso Produkte zur Linderung von Krankheiten mit ein[35].

21   Die **Bezeichnung bzw. Präsentation** als Arzneimittel kann schlüssig oder konkludent erfolgen. Hierbei ist vornehmlich auf die Perspektive eines **Durchschnittsverbrauchers** abzustellen. Ein Produkt wird nicht nur dann als Mittel mit Eigenschaften „*zur Heilung oder zur Verhütung menschlicher Krankheiten*" bezeichnet bzw. präsentiert, wenn es (schriftlich oder mündlich) ausdrücklich „*als solches ‚bezeichnet' oder ‚empfohlen' wird*[36], sondern auch dann, wenn bei einem durchschnittlich informierten Verbraucher auch nur schlüssig, aber mit Gewißheit der Eindruck entsteht, daß dieses Erzeugnis in Anbetracht seiner Aufmachung die betreffenden Eigenschaften haben müsse.*"[37] Entscheidend ist nicht, ob das Produkt rein sprachlich als Arzneimittel bezeichnet wird, sondern dass es dem Verbraucher insgesamt als Arzneimittel erscheint bzw. präsentiert wird.

22   Ein Produkt kann auch allein aufgrund seiner **Ähnlichkeit** mit einem echten Arzneimittel ein Präsentationsarzneimittel darstellen[38]. Hierfür kommt es vor allem auf seine äußere **Form und Aufmachung** an[39]. Die äußere Form – insbes. die Kapsel- oder Tablettenform – ist jedoch kein allein ausschlaggebendes Indiz, sondern kann nur bei Hinzutreten weiterer Merkmale zur Bejahung eines Präsentationsarzneimittels führen[40]. Unter anderem ist auf die begleitenden Werbemaßnahmen des Herstellers abzustellen[41]. Dass dieser angibt, bei dem Produkt handele es sich nicht um ein Arzneimittel, ist für die Einstufung unerheblich[42]. Im Einzelfall kann selbst dann ein Arzneimittel i. S. v. Art. 1 Nr. 2 Buchst. a) vorliegen, wenn das Produkt im allgemeinen als Lebensmittel angesehen wird und es nach dem Stand der wissenschaftlichen Erkenntnisse keine therapeutischen Wirkungen aufweist[43].

23   **2. Funktionsarzneimittel (Art. 1 Nr. 2 Buchst. b) RL 2001/83/EG).** Im Vergleich zur Definition des Präsentationsarzneimittels ist die Definition des Funktionsarzneimittels durch die **RL 2004/27/EG** stärker modifiziert worden. Dies hat jedoch zu **keinen gravierenden inhaltlichen Änderungen**

---

[26] *EuGH* (s. o. Fn. 12), Rs. C-60/89 – Monteil und Samanni, Rn. 23.
[27] S. *BVerwG*, PharmR 2008, 78, 81; 73, 76; 67, 70; *OVG Lüneburg*, PharmR 2007, 71, 75 f.; *Kügel/Hahn/Delewski,* § 1 Rn. 224, 249; *Gerstberger*, S. 100; *Herrmann*, S. 137; *Zeinhofer*, S. 33 f.
[28] S. *EuGH*, Urt. v. 17.12.1998 – Rs. C-236/97, EuZW 1999, 154, 155, Rn. 25 ff. – Skatteministeriet.
[29] S. auch *OVG Münster*, ZLR 2006, 96, 103; *Gröning*, WRP 2005, 709, 710; *Groß*, EuZW 2006, 172, 174.
[30] Vgl. auch *Koyuncu*, in: Deutsch/Lippert, § 2 Rn. 10; anders *Pfortner*, PharmR 2004, 388, 390; zurückhaltend *Schroeder*, ZLR 2005, 411, 420.
[31] S. auch *EuGH* (s. o. Fn. 12), Rs. C-219/91 – Ter Voort, Rn. 16; Rs. 227/82 – Van Bennekom, Rn. 17.
[32] S. *EuGH* (s. o. Fn. 12), Rs. C-140/07 – Hecht-Pharma, Rn. 25, 33, 35; Rs. C-319/05 – Kommission/Deutschland III, Rn. 41 ff.; Rs. C-211/03 u. a. – HLH Warenvertrieb und Orthica, Rn. 49, 63.
[33] Vgl. *Koyuncu*, in: Deutsch/Lippert, § 2 Rn. 15; Schlussanträge der Generalanwältin *Trstenjak* vom 21.6.2007 – Rs. C-319/05, PharmR 2007, 338, 344 – Kommission/Deutschland III („Abzustellen ist daher auf die für den Verbraucher erkennbare Zweckbestimmung durch den Hersteller.").
[34] *EuGH* (s. o. Fn. 12), Rs. C-319/05 – Kommission/Deutschland III, Rn. 43; Rs. C-219/91 – Ter Voort, Rn. 16; Rs. C-112/89 – Upjohn I, Rn. 16; Rs. 227/82 – Van Bennekom, Rn. 17.
[35] S. *EuGH* (s. o. Fn. 12), Rs. 227/82 – Van Bennekom, Rn. 20.
[36] *EuGH* (s. o. Fn. 12), Rs. C-319/05 – Kommission/Deutschland III, Rn. 44; Rs. C-219/91 – Ter Voort, Rn. 17.
[37] *EuGH* (s. o. Fn. 12), Rs. C-319/05 – Kommission/Deutschland III, Rn. 46; Rs. C-60/89 – Monteil und Samanni, Rn. 23; Rs. 227/82 – Van Bennekom, Rn. 18.
[38] *EuGH* (s. o. Fn. 12), Rs. C-369/88 – Delattre, Rn. 41.
[39] *EuGH* (s. o. Fn. 12), Rs. C-319/05 – Kommission/Deutschland III, Rn. 47; Rs. C-369/88 – Delattre, Rn. 41.
[40] *EuGH* (s. o. Fn. 12), Rs. C-319/05 – Kommission/Deutschland III, Rn. 52 f.
[41] *EuGH* (s. o. Fn. 12), Rs. C-219/91 – Ter Voort, Rn. 26.
[42] *EuGH* (s. o. Fn. 12), Rs. C-369/88 – Delattre, Rn. 41.
[43] *EuGH* (s. o. Fn. 12), Rs. C-219/91 – Ter Voort, Rn. 21.

geführt: Die bisherige auf die Anwendung der Produkte bezogene Formulierung „*Stoffe oder Stoffzusammensetzungen, die dazu bestimmt sind, im oder am menschlichen Körper ... angewandt zu werden*", wurde sprachlich präzisiert. Dass im Zuge dessen die Formulierung „*dazu bestimmt*" entfallen ist, hat keine Konsequenzen. Aus dieser Wendung sind bisher keine eigenständigen Argumente abgeleitet worden. Während die bisherige Fassung der Definition allein die Formulierung der „*menschlichen physiologischen Funktionen*" enthielt, wurde diese in Art. 1 Nr. 2 Buchst. b) mit dem Zusatz „*durch eine pharmakologische, immunologische oder metabolische Wirkung*" angereichert. Die drei Aspekte entstammen der Definition der Medizinprodukte in Art. 1 II Buchst. a) RL 93/42/EWG vom 14.6.1993. Danach wird deren „*bestimmungsgemäße Hauptwirkung im oder am menschlichen Körper weder durch pharmakologische oder immunologische Mittel noch metabolisch erreicht.*" Die Übernahme dieser Begriffe dient in erster Linie der Synchronisation der beiden Definitionen[44]. Nach dem Erwägungsgrund Nr. 7 der RL 2004/27/EG ist dieser Zusatz (auch) darauf gerichtet, „*die Art der Wirkung, die das Arzneimittel auf die physiologischen Funktionen haben kann, [zu] spezifizieren.*" Die Hinzufügung des Aspekts der pharmakologischen Wirkung entspricht der bisherigen Judikatur des *EuGH*, die diesen Faktor schon bislang in den Vordergrund gestellt hat[45]. Die Merkmale der immunologischen und metabolischen Wirkung präzisieren den Begriff des Funktionsarzneimittels – insbes. wegen entsprechender Wirkungen von Lebensmitteln – allenfalls begrenzt[46]. Die Annahme, dass die drei „neuen" Faktoren den Begriff des Funktionsarzneimittels objektiviert haben[47], ist nicht überzeugend[48]. Dass mit diesen „Neuerungen" **keine Verobjektivierung** verbunden ist, ergibt sich vor allem aus den Aspekten der begrifflichen Vereinheitlichung und der Spezifizierung der Wirkungsweise[49] (zur Definition der drei Merkmale s. Rn. 92 ff.). Die übrigen Änderungen der Definition des Funktionsarzneimittels sind fast durchgängig grammatikalischer Natur[50]. Die „neuen" Begrifflichkeiten in Art. 1 Nr. 2 Buchst. b) dürfen nicht überbewertet werden[51]. Vielmehr sind neben dem zentralen Kriterium der pharmakologischen Wirkung auch alle anderen Merkmale und Aussagen der ständigen Rechtsprechung des *EuGH*[52] weiterhin von Bedeutung[53]:

Der Begriff des Funktionsarzneimittels in Art. 1 Nr. 2 Buchst. b) hat im Verhältnis zum Präsentations- **24** arzneimittelbegriff in Art. 1 Nr. 2 Buchst. a) **Auffangcharakter.** Nach der Judikatur des *EuGH* fällt ein Produkt, dass tatsächlich „*zur Heilung oder zur Verhütung menschlicher Krankheiten*" i. S. v. Art. 1 Nr. 2 Buchst. a) bestimmt ist, aber nicht ausdrücklich als solches *bezeichnet* bzw. präsentiert wird, grundsätzlich in den Anwendungsbereich des Art. 1 Nr. 2 Buchst. b)[54]. Dieser Auffangcharakter gilt nicht für die am Ende der Definition angesprochenen diagnostischen Produkte, die regelmäßig keine Präsentationsarzneimittel nach Art. 1 Nr. 2 Buchst. a) sind und eine eigene Kategorie von Funktionsarzneimitteln darstellen.

---

[44] S. dazu auch den Erwägungsgrund Nr. 7 der RL 2004/27/EG a. E.: „es ist angezeigt, die Kohärenz der Terminologie der pharmazeutischen Rechtsvorschriften zu verbessern."; KOM (2003) 163 endg., S. 10; *Steinbeck*, MedR 2009, 145, 147; *Hüttebräuker/Müller*, PharmR 2008, 38, 39.

[45] *EuGH* (s. o. Fn. 12), Rs. C-211/03 u. a. – HLH Warenvertrieb und Orthica, Rn. 52, 54; Rs. C-387/99 – Kommission/Deutschland II, Rn. 57; Rs. C-150/00 – Kommission/Österreich, Rn. 64; Rs. C-112/89 – Upjohn I, Rn. 23; s. hierzu auch Schlussanträge der Generalanwältin *Trstenjak* vom 19.6.2008 – Rs. C-140/07, PharmR 2008, 435, 447 – Hecht-Pharma; *Gröning*, WRP 2005, 709, 711 f.

[46] S. *OVG Münster*, ZLR 2006, 96, 104; *Pfortner*, PharmR 2004, 388, 391 ff.; kritisch auch *Kügel/Hahn/Delewski*, § 1 Rn. 266, 268.

[47] S. *BGH*, NJW-RR 2008, 1255, 1256; NVwZ 2008, 1266, 1267; *BGHZ* 167, 91, 105; *OLG München*, PharmR 2007, 350; *OLG Celle*, LMuR 2007, 116, 117; *Knappstein*, S. 137 ff.; *Stachels*, S. 125 ff.; *Doepner/Hüttebräuker*, in: Dieners/Reese, § 2 Rn. 22; *Fuhrmann*, in: Fuhrmann/Klein/Fleischfresser, § 2 Rn. 6; *Zeinhofer*, S. 34 f.; *Gerstberger*, S. 102; *Schomburg*, S. 29; *Klaus*, S. 138; *Doepner/Hüttebräuker*, ZLR 2004, 429, 450; im Ergebnis auch *Herrmann*, S. 139 f.

[48] S. *OLG Köln*, PharmR 2010, 73, 74; *Müller*, NVwZ 2009, 425, 426 f.; Schlussanträge der Generalanwältin *Trstenjak* vom 19.6.2008 – Rs. C-140/07, PharmR 2008, 435, 448 – Hecht-Pharma; *Müller*, NVwZ 2007, 543, 545.

[49] S. *EuGH* (s. o. Fn. 12), Rs. C-140/07 – Hecht-Pharma, Rn. 33 ff.; KOM (2003) 163 endg., S. 10; *Schroeder*, ZLR 2005, 411, 419 f.; *Groß*, EuZW 2006, 172, 174 f.

[50] Die bisherige auf den Zweck der Produkte bezogene Formulierung „zur Wiederherstellung, *Besserung* oder Beeinflussung der menschlichen physiologischen Funktionen" wurde vor allem sprachlich geändert und hinsichtlich des Aspekts der Besserung abgewandelt. Art. 1 Nr. 2 Buchst. b) formuliert nunmehr „um ... die menschlichen physiologischen Funktionen ... wiederherzustellen, zu korrigieren oder zu beeinflussen." Mit Blick auf den weiten Begriff der *Beeinflussung* hat die Einfügung des Begriffs „korrigieren" kaum eigenständige Bedeutung. Gleiches gilt für die Abwandlung des Begriffs der „ärztlichen Diagnose" in den Begriff der „medizinischen Diagnose". Allerdings wird hierdurch ein stärkerer Bezug zum Hauptanwendungsfeld der Arzneimittel, den Krankheiten, erreicht. Auch der Wegfall der Formulierung „gelten ebenfalls als Arzneimittel" am Ende der ursprünglichen Fassung hat rein sprachliche Gründe.

[51] Im Rahmen der Neukodifikation der VO (EWG) Nr. 1768/92 durch die VO (EG) Nr. 469/2009 wurden die drei „neuen" Begriffe (pharmakologisch, immunologisch und metabolisch) bspw. nicht in die Arzneimitteldefinition in Art. 1 Buchst. a) VO (EG) Nr. 469/2009 übernommen.

[52] *EuGH* (s. o. Fn. 12), Rs. C-109/12 – Laboratoires Lyocentre, Rn. 36 ff.; Rs. C-308/11 – Chemische Fabrik Kreussler, Rn. 33 ff.; Rs. C-211/03 u. a. – HLH Warenvertrieb und Orthica, Rn. 30, 51; Rs. C-387/99 – Kommission/Deutschland II, Rn. 57.; Rs. C-150/00 – Kommission/Österreich, Rn. 64.

[53] S. *EuGH* (s. o. Fn. 12), Rs. C-27/08 – BIOS Naturprodukte, Rn. 18; Rs. C-140/07 – Hecht-Pharma, Rn. 33 ff.; *OLG Celle*, LMuR 2007, 116, 117; *OVG Münster*, ZLR 2006, 96, 104; *Schomburg*, S. 34 f.; *Groß*, EuZW 2006, 172, 174 f.; anders *Doepner/Hüttebräuker*, ZLR 2004, 429, 450; zweifelnd *BVerwG*, NVwZ 2007, 591, 592 f.; ZLR 2007, 378, 386 f.

[54] *EuGH* (s. o. Fn. 12), Rs. C-290/90 – Kommission/Deutschland I, Rn. 14; Rs. C-112/89 – Upjohn I, Rn. 18; Rs. C-369/88 – Delattre, Rn. 16; Rs. 227/82 – Van Bennekom, Rn. 22.

25 Anders als der Begriff der Präsentationsarzneimittel umfaßt der Begriff der Funktionsarzneimittel nur **echte Arzneimittel** und **keine Anscheinsarzneimittel**[55]. Es geht allein um Produkte, die nach ihrer objektiven Zweckbestimmung therapeutischen, prophylaktischen, diagnostischen oder anderen Zwecken dienen. Nach der Judikatur des *EuGH* betrifft Art. 1 Nr. 2 Buchst. b) alle Produkte, die aufgrund ihrer Funktion als Arzneimittel anzusehen sind, das heißt tatsächlich die Eigenschaft haben, Krankheiten zu heilen, zu verhüten oder zu lindern[56]. Dass das Produkt der „Gesundheit im Allgemeinen" dient, ist – zumindest als alleinige Eigenschaft – nicht ausreichend[57]. Gleiches gilt für den Umstand, dass ein ambivalentes Produkt objektiv für therapeutische Zwecke verwendet werden kann[58]. Zwar ist die Formulierung *„um … die menschlichen physiologischen Funktionen … wiederherzustellen, zu korrigieren oder zu beeinflussen"* weit zu verstehen. Gleichwohl erstreckt sie sich nicht auf Produkte, *„die zwar auf den menschlichen Körper einwirken, aber keine nennenswerten physiologischen Auswirkungen haben und seine Funktionsbedingungen somit nicht wirklich beeinflussen."*[59] Ein Produkt ist daher kein Funktionsarzneimittel, wenn es die menschlichen physiologischen Funktionen *„aufgrund seiner Zusammensetzung – einschließlich der Dosierung seiner Wirkstoffe – … bei bestimmungsgemäßer Anwendung"* nicht nennenswert beeinflussen kann[60]. Dies gilt insbes. für Produkte, die sich nicht stärker auf die physiologischen Funktionen auswirken als betreffende – in angemessener Menge verzehrte – Lebensmittel[61]. Dass das Produkt bei einer höheren als der vorgesehenen Dosierung eine nennenswerte physiologische Wirkung hat, ist für die Produkteinstufung ohne Belang. Entscheidend ist der „normale Gebrauch"[62].

26 Für die Qualifizierung eines Produktes als Funktionsarzneimittel nach Art. 1 Nr. 2 Buchst. b) haben die **pharmakologischen Eigenschaften** eine zentrale Bedeutung[63]. Diese müssen objektiv gegeben, das heißt in der Regel wissenschaftlich festgestellt sein[64]. Dass das Produkt ein Gesundheitsrisiko darstellen kann, ist kein Indiz für dessen pharmakologische Wirksamkeit. Gesundheitsrisiken sind ein eigenständiges Merkmal, das bei der Einstufung eines Produktes als Funktionsarzneimittel gem. Art. 1 Nr. 2 Buchst. b) mit zu berücksichtigen ist[65], die Arzneimitteleigenschaft aber nicht allein begründen kann[66].

27 **3. Einordnung und Abgrenzung.** Die Einstufung von Produkten als Präsentations- oder Funktionsarzneimittel sowie deren Abgrenzung von anderen Produkten – wie vor allem den Lebensmitteln – ist vor dem Hintergrund der obigen Parameter regelmäßig schwierig. Dies liegt insbes. daran, dass die betreffenden definitorischen Rahmenbedingungen **nicht vollständig harmonisiert** sind (s. Rn. 48 ff.), weshalb bei der Produktqualifikation Unterschiede zwischen den Mitgliedstaaten bestehen[67]. Auch kann

---

[55] In seiner früheren Judikatur hat der *EuGH* noch darauf abgestellt, dass der Begriff des Funktionsarzneimittels nicht nur Produkte umfasst, „die eine tatsächliche Auswirkung auf die Körperfunktionen haben, sondern auch diejenigen, die die angekündigte Wirkung nicht haben", (s. o. Fn. 12), Rs. C-112/89 – Upjohn I, Rn. 20; hiervon ist er in seinen jüngsten Entscheidungen abgerückt, vgl. *EuGH* (s. o. Fn. 12), Rs. C-140/07 – Hecht-Pharma, Rn. 25; Rs. C-319/05 – Kommission/Deutschland III, Rn. 60 f., 64; *Gerstberger*, S. 126; *Hüttebräuker/Müller*, PharmR 2008, 38, 40.

[56] S. *EuGH* (s. o. Fn. 12), Rs. C-319/05 – Kommission/Deutschland III, Rn. 64 f., 61, (Rn. 64: Das Erzeugnis muss „wirklich die Funktion der Verhütung oder Heilung [von Krankheiten] besitzen."); Rs. C-140/07 – Hecht-Pharma, Rn. 25; Rs. C-290/90 – Kommission/Deutschland I, Rn. 14; Rs. C-112/89 – Upjohn I, Rn. 18; Rs. C-369/88 – Delattre, Rn. 16; Rs. 227/82 – Van Bennekom, Rn. 22; in Bezug auf den Sonderfall der Designerdrogen *EuGH*, Urt. v. 10.7.2014 – Rs. C-358/13 und C-181/14, GRUR 2014, 893 ff., Rn. 36 f., 50 – D. und G. (der Gesundheit zuträglich, auch ohne das Vorliegen einer Krankheit).

[57] S. *EuGH* (s. o. Fn. 12), Rs. C-319/05 – Kommission/Deutschland III, Rn. 64; in früheren Entscheidungen hatte der *EuGH* „Auswirkungen auf die Gesundheit im allgemeinen" noch ausreichen lassen, (s. o. Fn. 12), Rs. C-112/89 – Upjohn I, Rn. 17; Rs. C-387/99 – Kommission/Deutschland II, Rn. 58; Rs. C-150/00 – Kommission/Österreich, Rn. 65.

[58] S. *EuGH* (s. o. Fn. 12), Rs. C-319/05 – Kommission/Deutschland III, Rn. 65; *Doepner/Hüttebräuker*, in: Dieners/Reese, § 3 Rn. 72; *Hüttebräuker/Müller*, PharmR 2008, 38, 40; a. A. *BVerwG*, PharmR 2008, 78, 81; 73, 76; 67, 70.

[59] S. *EuGH* (s. o. Fn. 12), Rs. C-27/08 – BIOS Naturprodukte, Rn. 21; Rs. C-88/07 – Kommission/Spanien, Rn. 75; Rs. C-140/07 – Hecht-Pharma, Rn. 41; Rs. C-319/05 – Kommission/Deutschland III, Rn. 60, 68; Rs. C-112/89 – Upjohn I, Rn. 21 f.

[60] *EuGH* (s. o. Fn. 12), Rs. C-140/07 – Hecht-Pharma, Rn. 42, 45; Rs. C-27/08 – BIOS Naturprodukte, Rn. 23.

[61] S. *EuGH* (s. o. Fn. 12), Rs. C-319/05 – Kommission/Deutschland III, Rn. 68.

[62] *EuGH* (s. o. Fn. 12), Rs. C-27/08 – BIOS Naturprodukte, Rn. 22 f.; Rs. C-150/00 – Kommission/Österreich, Rn. 75.

[63] *EuGH* (s. o. Fn. 12), Rs. C-319/05 – Kommission/Deutschland III, Rn. 59; Rs. C-211/03 u. a. – HLH Warenvertrieb und Orthica, Rn. 52.

[64] *EuGH* (s. o. Fn. 12), Rs. C-308/11 – Chemische Fabrik Kreussler, Rn. 30; Rs. C-140/07 – Hecht-Pharma, Rn. 25 f.; Rs. C-319/05 – Kommission/Deutschland III, Rn. 61.

[65] *EuGH* (s. o. Fn. 12), Rs. C-27/08 – BIOS Naturprodukte, Rn. 24 ff.; Rs. C-319/05 – Kommission/Deutschland III, Rn. 69; Rs. C-211/03 u. a. – HLH Warenvertrieb und Orthica, Rn. 52, 54; Rs. C-387/99 – Kommission/Deutschland II, Rn. 57 f.; Rs. C-150/00 – Kommission/Österreich, Rn. 64 f.; Rs. C-112/89 – Upjohn I, Rn. 23.

[66] *EuGH* (s. o. Fn. 12), Rs. C-27/08 – BIOS Naturprodukte, Rn. 26 f.; Rs. C-150/00 – Kommission/Österreich, Rn. 65.

[67] S. *EuGH* (s. o. Fn. 12), Rs. C-88/07 – Kommission/Spanien, Rn. 69 f., 86; Rs. C-140/07 – Hecht-Pharma, Rn. 28; Rs. C-319/05 – Kommission/Deutschland III, Rn. 36 f., 86; Rs. C-211/03 u. a. – HLH Warenvertrieb und Orthica, Rn. 56, 68; Rs. C-387/99 – Kommission/Deutschland II, Rn. 52 f.; Rs. C-150/00 – Kommission/Österreich, Rn. 59 f.; Rs. C-219/91 – Ter Voort, Rn. 42; Rs. C-290/90 – Kommission/Deutschland I, Rn. 16; Rs. C-60/89 – Monteil und Samanni, Rn. 28; Rs. C-369/88 – Delattre, Rn. 29; *Kloesel/Cyran*, § 2 Anm. 11; *Müller*, NVwZ

der *EuGH* zu den Tatbestandsmerkmalen des Art. 1 Nr. 2 schon systembedingt nur recht abstrakte Auslegungshinweise geben[68] und hält er sich gerade bei der Auslegung der Schlüsselmerkmale, wie etwa dem Begriff der „Krankheit" und dem der „pharmakologischen Wirkung", sehr zurück[69]. Deshalb skizzieren die europäischen Regelungen gemeinsam mit der Judikatur des *EuGH* letztlich einen sehr weiten und abstrakten Rechtsrahmen für die Frage der Produktabgrenzung. Die Prüfung des konkreten Einzelfalls muss primär am Maßstab der jeweiligen nationalen Regelungen und der nationalen Judikatur erfolgen. Anderenfalls bleibt sie abstrakt und „holzschnittartig"[70].

Nach der Rechtsprechung des *EuGH* ist die Qualifizierung eines Produktes als Arzneimittel eine **28** **Einzelfallentscheidung,** bei der im Rahmen einer **Gesamtschau** alle seine Merkmale, *„insbesondere seine Zusammensetzung, seine pharmakologischen, immunologischen oder metabolischen Eigenschaften – wie sie sich beim jeweiligen Stand der Wissenschaft feststellen lassen –, die Modalitäten seines Gebrauchs, de[r] Umfang seiner Verbreitung, seine Bekanntheit bei den Verbrauchern und die Risiken, die seine Verwendung mit sich bringen kann"*, zu berücksichtigen sind[71]. Diese Gesamtbetrachtung ist vor allem an der Verkehrsauffassung ausgerichtet (insbes. Gebrauch, Verbreitung und Bekanntheit) und nicht nur bei der Prüfung eines Funktionsarzneimittels vorzunehmen, sondern ebenso bei der Prüfung eines Präsentationsarzneimittels. Zwar finden sich die obigen Aussagen des *EuGH* in seinen jüngsten Entscheidungen vornehmlich im Kontext des Funktionsarzneimittelbegriffs[72], doch hat er das Erfordernis einer Gesamtschau einheitlich sowohl für die Prüfung des Funktionsarzneimittels als auch des Präsentationsarzneimittels entwickelt[73]. Diese kommt bei der Prüfung eines Präsentationsarzneimittels insbes. dann zum Tragen, wenn es nicht um ein Anscheinsarzneimittel geht, das sich dem Verbraucher allein aufgrund seiner Präsentation als nicht oder nicht ausreichend wirksames Arzneimittel darstellt[74], sondern wenn es um die Prüfung eines „echten" Arzneimittels geht. Die Gesamtbetrachtung verbietet eine rein systematische bzw. schematische Einstufung eines Produktes, etwa allein aufgrund seiner physiologisch wirksamen Inhaltsstoffe[75]. Erforderlich ist vielmehr eine **Würdigung aller** objektiven und subjektiven **Merkmale** des Produktes, die darauf gerichtet ist, dessen tatsächliche Zweckbestimmung – insbes. hinsichtlich der Heilung oder Verhütung von Krankheiten einerseits und etwa der allgemeinen Gesundheitsförderung andererseits – zu prüfen[76]. Im Verbund mit dem Merkmal der pharmakologischen Wirkung und den jeweiligen Gegenpolen (ernährungsphysiologisch, kosmetisch, physikalisch etc.) stellt der *EuGH* damit im Kern auf die **überwiegende Zweckbestimmung** des Produktes ab[77]. Dies entspricht auch dem Modell des Europarates zur Abgrenzung Lebensmittel/Arzneimittel, das bei einheitlicher Betrachtung der Präsentations- und Funktionsarzneimittel ebenfalls auf die Zweckbestimmung nebst der Art des beabsichtigten Effektes abstellt[78].

2009, 425, 427; *Delewski*, S. 258 ff., 265; a. A. *BGH*, NJW-RR 2008, 1255, 1257; NVwZ 2008, 1266, 1268; *BGHZ* 167, 91, 104 f., 107; *Doepner/Hüttebräuker*, in: Dieners/Reese, § 2 Rn. 44 ff.; *Zipfel/Rathke*, Art. 2 BasisVO Rn. 62c f.; *Rennert*, NVwZ 2008, 1179, 1181; *Reinhart*, ZLR 2006, 422, 423 f.; *Klaus*, S. 358, 363 f.; *Doepner/Hüttebräuker*, WRP 2005, 1195, 1202; *Meyer/Reinhart*, WRP 2005, 1437, 1444.

[68] S. *EuGH* (s. o. Fn. 12), Rs. 227/82 – Van Bennekom, Rn. 13: „Mit Rücksicht auf die technischen Komponenten der Definition des Arzneimittels … kann der Gerichtshof lediglich gewisse allgemeine Hinweise geben, die es ermöglichen, die Trennlinie zwischen Arzneimitteln und Nahrungsmitteln festzulegen."

[69] S. zum Begriff der „Krankheit" *EuGH* (s. o. Fn. 12), Rs. C-369/88 – Delattre, Rn. 11 f. und zum Begriff der „pharmakologischen Wirkung bzw. Eigenschaften" *EuGH* (s. o. Fn. 12), Rs. C-308/11 – Chemische Fabrik Kreussler, Rn. 26 f.; Rs. C-319/05 – Kommission/Deutschland III, Rn. 59 ff.; Rs. C-211/03 u. a. – HLH Warenvertrieb und Orthica, Rn. 52 ff. und *OLG Frankfurt/Main*, PharmR 2011, 378 ff; kritisch *Knappstein*, S. 149.

[70] Anders sehen dies die Vertreter der „Integrationslösung", die etwa die Abgrenzung der Arznei- von den Lebensmittel wegen Art. 2 III Buchst. d) VO (EG) Nr. 178/2002 rein unionsrechtlich vornehmen und wegen des angenommenen Vorrangs des Verordnungsrechts auf das nationale Recht in § 2 nicht mehr abstellen; s. Rn. 45.

[71] *EuGH* (s. o. Fn. 12), Rs. C-109/12 – Laboratoires Lyocentre, Rn. 42; Rs. C-308/11 – Chemische Fabrik Kreussler, Rn. 34; Rs. C-27/08 – BIOS Naturprodukte, Rn. 18; Rs. C-88/07 – Kommission/Spanien, Rn. 72; Rs. C-140/07 – Hecht-Pharma, Rn. 32, 39 f.; Rs. C-319/05 – Kommission/Deutschland III, Rn. 55; Rs. C-211/03 u. a. – HLH Warenvertrieb und Orthica, Rn. 30, 51; Rs. C-387/99 – Kommission/Deutschland II, Rn. 57; Rs. C-150/00 – Kommission/Österreich, Rn. 64; Rs. C-290/90 – Kommission/Deutschland I, Rn. 17; Rs. C-112/89 – Upjohn I, Rn. 23 f.; Rs. C-60/89 – Monteil und Samanni, Rn. 29; Rs. C-369/88 – Delattre, Rn. 26, 35.

[72] S. *EuGH* (s. o. Fn. 12), Rs. C-109/12 – Laboratoires Lyocentre, Rn. 42; Rs. C-308/11 – Chemische Fabrik Kreussler, Rn. 34; Rs. C-27/08 – BIOS Naturprodukte, Rn. 18; Rs. C-88/07 – Kommission/Spanien, Rn. 72; Rs. C-140/07 – Hecht-Pharma, Rn. 32, 39; Rs. C-319/05 – Kommission/Deutschland III, Rn. 55.

[73] S. insbes. *EuGH* (s. o. Fn. 12), Rs. C-211/03 u. a. – HLH Warenvertrieb und Orthica, Rn. 30; Rs. C-290/90 – Kommission/Deutschland I, Rn. 14, 17; Rs. C-369/88 – Delattre, Rn. 26, 35.

[74] S. *EuGH* (s. o. Fn. 12), Rs. C-319/05 – Kommission/Deutschland III, Rn. 43 f., 46.

[75] *EuGH* (s. o. Fn. 12), Rs. C-308/11 – Chemische Fabrik Kreussler, Rn. 33; Rs. C-27/08 – BIOS Naturprodukte, Rn. 19; Rs. C-140/07 – Hecht-Pharma, Rn. 40.

[76] S. *EuGH* (s. o. Fn. 12), Rs. C-319/05 – Kommission/Deutschland III, Rn. 64 f., 61 („tatsächlich dazu bestimmt"); Rs. C-140/07 – Hecht-Pharma, Rn. 25; Schlussanträge des Generalanwalts *Bot* vom 12.6.2014 – Rs. C-358/13 und C-181/14 – BeckRS 2014, 80993 – D. und G., Rn. 34 ff.; Schlussanträge der Generalanwältin *Trstenjak* vom 21.6.2007 – Rs. C-319/05, PharmR 2007, 338, 344 – Kommission/Deutschland III („Zweckbestimmung"); s. auch Art. 88 II und Erwägungsgrund Nr. 7 der RL 2001/83/EG („Zusammensetzung und Zweckbestimmung", „Zweckbestimmung des Arzneimittels"); *Winters*, S. 78; *Urban*, S. 177 ff., 248 ff.

[77] S. auch *Stachels*, S. 119 ff.; *Delewski*, S. 218 ff.; *Weidert*, S. 206 ff.; *Gutzler*, SGb 2008, 341, 345 f.

[78] S. Homöostase-Modell des Europarates zur Abgrenzung Lebensmittel/Arzneimittel vom 7.2.2008 (s. www.coe.int), S. 8 f.

29   Bei der zweckbezogenen Gesamtschau ist nach der Judikatur des *EuGH* sowohl der ursprüngliche Zustand des Produktes als auch der gegebenenfalls abweichende, gebrauchsfertige Zustand zu berücksichtigen[79]. Die äußere Form, wie etwa die Kapsel- oder Tablettenform, hat lediglich indizielle Bedeutung[80]. Gleiches gilt für die Einstufung eines Produktes als Arzneimittel durch die Europäische Pharmakopöe-Kommission[81]. Der Aspekt der „sicheren Höchstmengen" i. S. v. Art. 5 I Buchst. a) RL 2002/46/EG ist für die Einstufung eines Produktes als Präsentations- bzw. Funktionsarzneimittel oder als Lebens- bzw. Nahrungsergänzungsmittel ohne Bedeutung[82].

30   Im Sinne eines **Strengegrundsatzes** geht der *EuGH* davon aus, dass auf ein Produkt, das sowohl die Voraussetzungen eines Präsentations- oder Funktionsarzneimittels als auch die Voraussetzungen eines anderen Produktes (wie insbes. eines Lebensmittels) erfüllt, „*nur die speziell für Arzneimittel geltenden gemeinschaftsrechtlichen Bestimmungen anzuwenden sind*"[83]. Dabei weist er darauf hin, dass die weite Begriffsbestimmung der *Lebensmittel* in Art. 2 I VO (EG) Nr. 178/2002 auch Arzneimittel einschließen kann[84]. Das Eingreifen des im Vergleich zu den anderen Gemeinschaftsregelungen strengeren Arzneimittelregimes begründet er mit dem Schutz der öffentlichen Gesundheit, der angesichts der besonderen Gefahren, die Arzneimittel mit sich bringen können, einen **Vorrang des Arzneimittelrechts** gebiete (vgl. Art. 9, 168 AEUV)[85]. Diese Aussagen kommen auch in der „Zweifelsregelung" des Art. 2 II zum Ausdruck (s. Rn. 37).

31   Schließlich betont der *EuGH*, dass die Würdigung des konkreten Sachverhalts und die Anwendung des Unionsrechts auf die nationalen Gegebenheiten grundsätzlich den nationalen Gerichten obliegt. Es ist „*Sache des vorlegenden Gerichts, unter Berücksichtigung der vom Gerichtshof … gegebenen Auslegungshinweise die Einstufung der … in Rede stehenden Produkte vorzunehmen.*"[86] Hierbei kann das nationale Gericht Fragen zur Einstufung von Produkten nicht an die Europäische Behörde für Lebensmittelsicherheit richten[87].

32   **4. Abweichende Tendenzen/Kritik.** Das Konzept des *EuGH* zur Einordnung und Abgrenzung wird verschiedentlich kritisiert[88]. Vor allem wird die nach der Judikatur des *EuGH* anzustellende zweckbezogene Gesamtschau vom *BVerwG* deutlich relativiert. Dieses interpretiert die Aussagen des *EuGH* zu den relevanten objektiven und subjektiven Merkmalen dahingehend, dass hiermit nur gemeint sei, „*dass sie ergänzend – gleichsam als Korrektiv – heranzuziehen* [seien]*, wenn eine pharmakologische Wirkung positiv festgestellt worden*" sei; für den (Funktions-)Arzneimittelbegriff hätten sie **keine konstitutive Wirkung** mehr[89]. Auch in der Literatur wird unter Hinweis auf den „neuen" Funktionsarzneimittelbegriff vertreten, dass auf eine zweckbezogene Gesamtschau zugunsten einer rein objektiv wissenschaftlichen Bewertung verzichtet werden könne, die allein auf die pharmakologische Wirkung abstellt[90].

33   Diese Standpunkte übergehen das Auslegungsmonopol des *EuGH* nebst der grundsätzlichen Bindungswirkung seiner Entscheidungen (s. insbes. Art. 19 I 2 EUV, Art. 267 AEUV)[91] und überzeugen auch deshalb nicht, weil mit der Änderungsrichtlinie 2004/27/EG gerade **keine Verobjektivierung** des (Funktions-)Arzneimittelbegriffs nebst einer tatbestandlichen Verkürzung auf das Merkmal der pharmakologischen Wirkung einhergeht[92]. Hiergegen spricht insbes. der Umstand, dass das Kriterium der pharmakologischen Wirkung den einheitlich zu verstehenden Begriff des Arzneimittels (Pharmakon) seit jeher bestimmt und dessen Aufnahme in den „neuen" Funktionsarzneimittelbegriff des Art. 1 Nr. 2 Buchst. b) RL 2001/83/EG primär der Synchronisation mit dem Medizinproduktebegriff in Art. 1 II Buchst. a) RL 93/42/EWG vom 14.6.1993 galt. Dieser macht das Kriterium der pharmakologischen Wirkung seit langem ausdrücklich zum Maßstab der Produkteingrenzung (s. Rn. 23). Zudem dokumen-

---

[79] S. *EuGH* (s. o. Fn. 12), Rs. C-211/03 u. a. – HLH Warenvertrieb und Orthica, Rn. 32.

[80] *EuGH* (s. o. Fn. 12), Rs. C-319/05 – Kommission/Deutschland III, Rn. 52 f., 76.

[81] *EuGH* (s. o. Fn. 12), Rs. C-290/90 – Kommission/Deutschland II, Rn. 19.

[82] *EuGH* (s. o. Fn. 12), Rs. C-211/03 u. a. – HLH Warenvertrieb und Orthica, Rn. 64.

[83] *EuGH* (s. o. Fn. 12), Rs. C-319/05 – Kommission/Deutschland III, Rn. 63, 38; Rs. C-211/03 u. a. – HLH Warenvertrieb und Orthica, Rn. 45; Rs. C-219/91 – Ter Voort, Rn. 19.

[84] *EuGH* (s. o. Fn. 12), Rs. C-211/03 u. a. – HLH Warenvertrieb und Orthica, Rn. 41.

[85] *EuGH* (s. o. Fn. 12), Rs. C-112/89 – Upjohn I, Rn. 31; Rs. C-60/89 – Monteil und Samanni, Rn. 16; Rs. C-369/88 – Delattre, Rn. 21.

[86] S. *EuGH* (s. o. Fn. 12), Rs. C-211/03 u. a. – HLH Warenvertrieb und Orthica, Rn. 96 f.; Rs. C-219/91 – Ter Voort, Rn. 32.

[87] *EuGH* (s. o. Fn. 12), Rs. C-211/03 u. a. – HLH Warenvertrieb und Orthica, Rn. 94.

[88] Vgl. *Knappstein*, S. 135 ff., 148 ff., 153 f.; *Doepner/Hüttebräuker*, in: Dieners/Reese, § 2 Rn. 66 und § 3 Rn. 56 ff.; *Doepner*, ZLR 2009, 201, 210 ff., 220 ff.; *Dettling*, A&R 2009, 65, 69 f.; *Wudy*, S. 28 ff.; *Bruggmann*, LMuR 2009, 21, 22.

[89] S. *BVerwG*, NVwZ 2009, 1038, 1040; in Bezug auf den Sonderfall der E-Zigaretten (s. Rn. 194) indes *BVerwG*, NVwZ 2015, 749, 750; NVwZ-RR 2015, 425, 427; NVwZ-RR 2015, 420, 423, dazu *Müller*, NVwZ 2015, 751 f.

[90] Vgl. *Knappstein*, S. 152; *Doepner*, ZLR 2009, 201, 220 ff.; *Rennert*, NVwZ 2008, 1179, 1182 f.; *Wudy*, S. 29 f.; tendenziell auch *Bruggmann*, S. 49 f.; a. A. *Schomburg*, S. 32 ff.; *Groß*, EuZW 2006, 172, 174 f.

[91] S. nur *BVerfGE* 75, 223, 233 f.; *Ehricke*, in: Streinz, Art. 267 AEUV Rn. 6; *Karpenstein*, in: Grabitz/Hilf/Nettesheim, Art. 267 AEUV Rn. 101 ff.; *Wegener*, in: Calliess/Ruffert, Art. 267 AEUV Rn. 47.

[92] Vgl. im Ergebnis auch *Koyuncu*, in: Deutsch/Lippert, § 2 Rn. 19, 35, 37 und *Winters*, S. 82.

tiert die **„Zweifelsregelung"** in Art. 2 II mit ihrer Formulierung *„unter Berücksichtigung aller seiner Eigenschaften"*, dass es gerade auf eine Gesamtschau aller objektiven und subjektiven Produktmerkmale ankommt[93] und nicht auf eine isolierte Prüfung anhand einzelner Tatbestandsmerkmale[94]. Der Wunsch, die Lösung der komplexen Abgrenzungsfrage in Einzelbereichen der Naturwissenschaft zu überantworten, ist grundsätzlich nachvollziehbar. Er beruht auf der Annahme, dass diese in den Grenzfällen der Produkteinstufung stets eindeutige Entscheidungen gewährleisten kann. Die einschlägigen Begriffe (pharmakologisch, immunologisch, metabolisch, ernährungsphysiologisch etc.) lassen dies jedoch nicht zu[95]. Auch bei einer rein naturwissenschaftlichen Sicht erweisen sich diese als nicht vollends präzise und trennscharf[96]. Die angestrebte eindimensionale Prüfung würde das Merkmal der pharmakologischen Wirkung ersichtlich überfordern[97]. Unzweifelhaft ist die „pharmakologische Wirkung" ein Kernelement des Arzneimittelbegriffs, das für die Abgrenzung von zentraler Bedeutung ist. Als alleiniges Prüfmerkmal ist es aufgrund seiner naturwissenschaftlich und rechtlich nicht hinreichend scharfen Konturen aber nicht geeignet[98].

II. „Zweifelsregelung" (Art. 2 II RL 2001/83/EG)

Nach Art. 2 II gilt in *„Zweifelsfällen, in denen ein Erzeugnis unter Berücksichtigung aller seiner Eigenschaften sowohl unter die Definition von ‚Arzneimittel' als auch unter die Definition eines Erzeugnisses fallen kann, das durch andere gemeinschaftliche Rechtsvorschriften geregelt ist"*, die RL 2001/83/EG. **34**

Art. 2 II nimmt die gesamte Definition der Arzneimittel in Art. 1 Nr. 2 in Bezug, das heißt sowohl die **Präsentations-** als auch die **Funktionsarzneimittel**[99]. Dass Art. 2 II nicht allein die Funktionsarzneimittel betrifft[100], folgt bereits aus dem Wortlaut des Art. 2 II, der auf *„die Definition von ‚Arzneimittel' "* abstellt und damit Art. 1 Nr. 2 insgesamt erfasst. Gleiches ergibt sich aus dem Erwägungsgrund Nr. 7 der RL 2004/27/EG, in dem es *„die Begriffsbestimmung des Arzneimittels"* heißt und in dem von *„der Definition des Arzneimittels"* die Rede ist[101]. Zudem bezieht sich Art. 2 II mit der Formulierung *„unter Berücksichtigung aller seiner Eigenschaften"* gerade auf den Begriff der „Eigenschaften" in Art. 1 Nr. 2 Buchst. a) RL 2001/83/EG. **35**

Nach ihrem Wortlaut begründet die „Zweifelsregelung" einen Vorrang der RL 2001/83/EG vor anderen europäischen Rechtsvorschriften – wie etwa der RL 93/42/EWG oder der VO (EG) Nr. 178/2002 – in den Fällen, in denen das zu beurteilende Produkt unter beide der jeweils korrelierenden Definitionen fallen kann. Die Formulierung „fallen kann" ist teleologisch dahingehend zu reduzieren, dass die **Definition der Arzneimittel** in Art. 1 Nr. 2 **erfüllt sein muss**[102]. Die Arzneimitteleigenschaft muss also positiv festgestellt werden[103]. Wollte man getreu dem Wortlaut offen lassen, ob – unter Berücksichtigung aller Eigenschaften des Erzeugnisses – überhaupt ein Arzneimittel vorliegt, ginge hiermit eine *Ausweitung* des bisherigen Anwendungsbereichs der RL 2001/83/EG einher[104]. Entgegen der bislang bestehenden Rechtslage würden auch Produkte erfasst, die überwiegend anderen als arzneilichen Zwecken dienen. Alle Grenzprodukte würden per se dem Arzneimittelrecht unterworfen[105]. Dies wider- **36**

---

[93] *EuGH* (s. o. Fn. 12), Rs. C-140/07 – Hecht-Pharma, Rn. 36 f.; s. auch die Erwägungsgründe Nr. 6 und 7 VO (EG) Nr. 1223/2009 (Abgrenzung „auf Grundlage einer Einzelfallbewertung unter Berücksichtigung aller Merkmale des Erzeugnisses").

[94] Vgl. *Müller*, EuZW 2009, 603, 604, 606.

[95] Vgl. *Winters*, S. 158, 180 f.

[96] Ausführlich *Winters*, S. 149 ff.

[97] Vgl. *Winters*, S. 150 f., 157 f.; *Wudy*, PharmR 2011, 156, 159 f.; *Müller*, LMuR 2009, 129, 130 f.; *Winters/Hahn*, LMuR 2009, 173, 178 ff.; *Schomburg*, S. 34; *OLG Frankfurt/Main*, PharmR 2011, 378 ff.

[98] Vgl. auch *Kloesel/Cyran*, § 2 Anm. 68a („begrenztes Abgrenzungspotential") und Anm. 107 („geringe Trennschärfe").

[99] Vgl. *Kügel/Hahn/Delewski*, § 1 Rn. 247; *Knappstein*, S. 260 ff.; *Kaulen*, S. 162 f.; *Winters*, S. 73; *Urban*, S. 239; *Gerstberger*, S. 133 f.; *Groß*, in: Marauhn/Ruppel, S. 17, 34 ff.; *ders.*, EuZW 2006, 172, 176; *Wudy*, S. 44 f.; *Schroeder*, ZLR 2005, 411, 420; *Mahn*, ZLR 2005, 529, 536; *Meyer*, in: Sosnitza, S. 99, 110; offen gelassen *Domeier*, DLR 2009, 458, 459 f. und *Pfortner*, PharmR 2004, 388, 393.

[100] So aber *Knappstein*, S. 218 ff.; *Zeinhofer*, S. 151 f.; *Gröning*, WRP 2005, 709, 713; *Doepner/Hüttebräuker*, in: Dieners/Reese, § 2 Rn. 23, 69; *dies.*, ZLR 2004, 429, 451 f.

[101] Ein solches einheitliches Verständnis des Arzneimittelbegriffs liegt zudem der ständigen Rspr. des *EuGH* zugrunde, wonach sich die beiden Definitionen in Art. 1 Nr. 2 überschneiden und nicht streng voneinander abgrenzen lassen; vgl. *EuGH* (s. o. Fn. 12), Rs. C-290/90 – Kommission/Deutschland I, Rn. 14; Rs. C-112/89 – Upjohn I, Rn. 18; Rs. C-60/89 – Monteil und Samanni, Rn. 12; Rs. C-369/88 – Delattre, Rn. 16.

[102] S. *EuGH* (s. o. Fn. 12), Rs. C-88/07 – Kommission/Spanien, Rn. 79; Rs. C-140/07 – Hecht-Pharma, Rn. 24, 26, 29; *Müller*, NVwZ 2007, 543, 545 f.; *Teufer*, in: Sosnitza, S. 9, 19; *Büttner*, in: Marauhn/Ruppel, S. 53, 69; *ders.*, ZLR 2006, 754, 774; *Wagner*, ZLR 2006, 213, 221; in diese Richtung auch *OLG Hamburg*, ZLR 2007, 104, 110; a. A. *OVG Münster*, PharmR 2008, 83, 84; *OVG Lüneburg*, PharmR 2007, 71, 79; *Schomburg*, S. 31; *Mahn*, ZLR 2005, 529, 536; *Gröning*, WRP 2005, 709, 711; *Kraft/Röcke*, ZLR 2006, 19, 26 ff.

[103] S. *BGH*, NJW-RR 2010, 1705, 1707; *Koyuncu*, in: Deutsch/Lippert, § 2 Rn. 102 ff., 105; *Steinbeck*, MedR 2009, 145, 148 f.; *Müller*, NVwZ 2009, 425, 426; Schlussanträge der Generalanwältin *Trstenjak* vom 19.6.2008 – Rs. C-140/07, PharmR 2008, 435, 443 – Hecht-Pharma; a. A. *Knappstein*, S. 250; *Groß*, in: Marauhn/Ruppel, S. 17, 37 ff.; *Taupitz*, ZLR 2008, 291, 312.

[104] S. auch *BVerwG*, ZLR 2007, 378, 385.

[105] Vgl. *Kügel*, ZLR 2006, 631, 633; *Doepner/Hüttebräuker*, ZLR 2004, 429, 452 f.

spräche der Entstehungsgeschichte des Art. 2 II[106] und dem Erwägungsgrund Nr. 7, wonach mit Art. 2 II aus Gründen der Rechtssicherheit „nur" der *„Anwendungsbereich der Richtlinie 2001/83/EG geklärt"*, nicht aber erweitert werden sollte. Vor allem aber entstünde im Widerspruch zur ständigen Judikatur des *EuGH*, die hinsichtlich entsprechender „Zweifelsfälle" durchgängig darauf abstellt, dass ein Arzneimittel vorliegt, nicht aber darauf, dass ein Arzneimittel vorliegen kann[107].

37   Art. 2 II ist **restriktiv auszulegen**[108] und beinhaltet weder eine echte Zweifelsfallregelung, die alle Fälle tatsächlicher oder rechtlicher Zweifel erfasst, noch eine Vermutungs- oder Beweislastregelung[109]. Art. 2 II ist eine **Vorrangregelung**[110] zugunsten des strengeren Arzneimittelrechts, die in Sonderfällen der Einordnung ambivalenter Produkte zum Einsatz kommt. Die Vorschrift normiert den obigen Strengegrundsatz des *EuGH*[111] und ist insofern deklaratorischer Natur[112]. Zusätzliche Kriterien für die Abgrenzungsprüfung Arzneimittel/Lebensmittel enthält sie nicht[113]. Allerdings bestätigt Art. 2 II mit der Formulierung *„unter Berücksichtigung aller seiner Eigenschaften"*, dass die Qualifizierung eines Grenzproduktes in Form einer Gesamtschau zu erfolgen hat, die alle objektiven und subjektiven Merkmale des Produktes berücksichtigt[114].

38   Anders als die Definition der Arzneimittel in Art. 1 Nr. 2 muss die jeweils **korrelierende Definition** nicht erfüllt sein[115]. Ein solches Verständnis widerspräche dem Wortlaut des Art. 2 II. Entgegen der Situation bei der Arzneimitteldefinition sind keine Gründe ersichtlich, hier von diesem Wortlaut einschränkend abzuweichen. Ob bei eindeutigem Vorliegen der Voraussetzungen der mit Art. 1 Nr. 2 korrelierenden Definition begrifflich ein „Zweifelsfall" gegeben ist, kann bezweifelt werden. Auch dies ist aber ein Fall des Art. 2 II[116], da dieser für Grenzfälle der Produktzuordnung einen Vorrang des Arzneimittelrechts vorsieht. Ein Grenzfall liegt auch dann vor, wenn beide in Betracht kommenden Definitionen erfüllt sind.

III. Umsetzungsfragen

39   Schon zur Rechtslage vor der Änderungsrichtlinie 2004/27/EG wurde von Teilen der Literatur vertreten, dass es an einer hinreichenden Umsetzung der Definitionen in Art. 1 Nr. 2 RL 65/65/EWG (bzw. 2001/83/EG) in nationales Recht fehlt[117]. Auch zur Rechtslage nach der Änderungsrichtlinie 2004/27/EG gem. der 14. AMG-Novelle, wurde Kritik geäußert[118]. Schließlich bestehen selbst nach den Änderungen durch das AMG-ÄndG 2009, mit denen die Aussagen in Art. 1 Nr. 2 und Art. 2 II RL 2001/83/EG weitgehend übernommen wurden, noch Bedenken[119]. Derartige Kritik ist unberechtigt:

40   Nach **Art. 288 III AEUV** ist eine Richtlinie *„hinsichtlich des zu erreichenden Zieles verbindlich, überläßt jedoch den innerstaatlichen Stellen die Wahl der Form und der Mittel."* Nach dieser „abgestuften Verbindlich-

---

[106] So heißt es zum Entwurf von Art. 2 II in KOM (2001) 404 endg., S. 89: „in denjenigen Fällen, in denen ein Produkt zweifelsfrei die Definition des Arzneimittels erfüllt, aber unter Umständen auch unter die Definition anderer rechtlich normierter Produkte fallen kann, [wird vorgeschlagen,] das Arzneimittelgesetzgebung anzuwenden".

[107] S. *EuGH* (s. o. Fn. 12), Rs. C-140/07 – Hecht-Pharma, Rn. 24; Rs. C-319/05 – Kommission/Deutschland III, Rn. 38, 63; Rs. C-211/03 u. a. – HLH Warenvertrieb und Orthica, Rn. 43, 45 (im Kontext des Art. 2 II); Rs. C-219/91 – Ter Voort, Rn. 19; Rs. C-112/89 – Upjohn I, Rn. 30; Rs. C-60/89 – Monteil und Samanni, Rn. 15; Rs. C-369/88 – Delattre, Rn. 20.

[108] Vgl. auch *Büttner*, in: Marauhn/Ruppel, S. 53, 65 ff.; *Vergho*, PharmR 2009, 221, 226 f.; *Bruggmann*, LmuR 2008, 53, 57.

[109] So auch *Kügel/Hahn/Delewski*, § 1 Rn. 244; *Wehlau*, § 2 Rn. 99 f.; *Riemer*, EuZW 2009, 222, 222 f.; a. A. *Knappstein*, S. 266 ff.; *Reese/Stallberg*, ZLR 2008, 695, 711 f.; *Dettling*, ZLR 2008, 441, 456 f.; *Groß*, in: Marauhn/Ruppel, S. 17, 46 ff.; *Meisterernst*, ZLR 2007, 387, 393 f.; *Kraft/Röcke*, ZLR 2006, 19, 33 ff.

[110] S. *BGH*, NJW-RR 2010, 1705, 1707; *Müller*, EuZW 2009, 603, 605 f.; Schlussanträge der Generalanwältin *Trstenjak* vom 19.6.2008 – Rs. C-140/07, PharmR 2008, 435, 441, 443 – Hecht-Pharma.

[111] S. *EuGH* (s. o. Fn. 12), Rs. C-319/05 – Kommission/Deutschland III, Rn. 38, 63; Rs. C-211/03 u. a. – HLH Warenvertrieb und Orthica, Rn. 43 ff.; Rs. C-219/91 – Ter Voort, Rn. 19.

[112] S. Schlussanträge der Generalanwältin *Trstenjak* vom 19.6.2008 – Rs. C-140/07, PharmR 2008, 435, 441, 443 – Hecht-Pharma; *Stephan*, in: Fuhrmann/Klein/Fleischfresser, § 2 Rn. 76; *Müller*, NVwZ 2007, 543, 545 f.; *Voß*, Rn. 19; *Schroeder*, ZLR 2005, 411, 421; a. A. *Knappstein*, S. 241 ff.; *Reese/Stallberg*, ZLR 2008, 695, 697 ff.; *Zeinhofer*, S. 150 f.; *Groß*, in: Marauhn/Ruppel, S. 17, 46 ff.; *ders.*, EuZW 2006, 172, 175; *Mahn*, ZLR 2005, 529, 536 f.

[113] So auch *Meyer*, in: Sosnitza, S. 99, 101.

[114] S. *EuGH* (s. o. Fn. 12), Rs. C-140/07 – Hecht-Pharma, Rn. 35 f.; *BGH*, NJW-RR 2010, 1705, 1707 („auch seine Neben- und Folgewirkungen"); *Urban*, S. 239 f.; *Zeinhofer*, S. 149.

[115] A. A. *Meyer*, in: Sosnitza, S. 99, 111.

[116] S. *OVG Münster*, ZLR 2006, 96, 99; a. A. *Pfortner*, PharmR 2004, 388, 393 und *Groß*, EuZW 2006, 172, 176, die unter Bezugnahme auf die Aussage im Erwägungsgrund Nr. 7 „Fällt ein Produkt eindeutig unter die Definition anderer Produktgruppen …, sollte diese Richtlinie nicht gelten" davon ausgehen, dass Art. 2 II nur dann eingreift, wenn die korrelierende Definition „nicht eindeutig" erfüllt ist. Die Begründungserwägungen eines Unionsrechtsaktes können dessen vorrangigen Wortlaut aber nicht überspielen, s. *EuGH*, PharmR 2005, 274, 278.

[117] *Jestaedt/Hiltl*, PharmR 1993, 130, 131 f.; *Rabe*, NJW 1990, 1390, 1394 f.

[118] S. *OVG Münster*, ZLR 2006, 96, 100 f., 106; *Herrmann*, S. 146 f.; *Doepner*, ZLR 2005, 679, 681 f.; *Gerstberger/Greifeneder*, PharmR 2005, 297, 299 f.; *Sickmüller/Porstner*, GesR 2005, 392 ff.; offen gelassen in *BVerwG*, NVwZ 2007, 591, 592; vgl. auch *Winters*, S. 49 ff.

[119] Vgl. *Dettling*, PharmR 2010, 525, 526 (Fn. 7); 39; *ders.*, A&R 2009, 65, 69 und *v. Czettritz/Strelow*, MPR 2010, 1, 4 (zu Art. 2 II RL 2001/83/EG und § 2 IIIa).

keit" ist eine Richtlinie „nur" hinsichtlich ihres **Zieles verbindlich.** Hinsichtlich der **Art und Weise,** auf welche die Mitgliedstaaten dieses Ziel bzw. dieses Ergebnis erreichen, sind sie grundsätzlich **frei**[120]. Sie haben das Richtlinienziel durch die Herbeiführung einer hinreichend bestimmten und klaren Rechtslage zu verwirklichen, die die vollständige Anwendung der Richtlinie gewährleistet[121]. Dabei ist ein Tätigwerden der Mitgliedstaaten nur dann erforderlich, wenn das nationale Recht dem von der Richtlinie intendierten Zustand nicht entspricht[122]. Zwar sind die Mitgliedstaaten nach der Rechtsprechung des *EuGH* verpflichtet, diejenigen „*Formen und Mittel zu wählen, die sich zur Gewährleistung der praktischen Wirksamkeit (effet utile) der Richtlinie … am besten eignen.*"[123] Auch sind die Anforderungen an die Regelungsintensität des Umsetzungsrechts um so höher je umfangreicher und detaillierter die Richtlinie ist[124]. Doch verlangt ihre Umsetzung in nationales Recht nicht, „*daß ihre Bestimmungen förmlich und wörtlich in einer ausdrücklichen besonderen Gesetzesvorschrift wiedergegeben werden; je nach dem Inhalt der Richtlinie kann ein allgemeiner rechtlicher Rahmen genügen …*"[125]. Es steht den Mitgliedstaaten vielmehr frei, den von der Richtlinie vorgegebenen Rechtszustand durch solche eigenen Rechtstexte und Formulierungen herbeizuführen, die auf die nationale Tradition und Terminologie Rücksicht nehmen. Gestattet ist daher auch die Verwendung **eigener Legaldefinitionen und unbestimmter Rechtsbegriffe**[126]. Erst wenn es unter Berücksichtigung dieser Vorgaben an einer hinreichenden Umsetzung der Richtlinie mangelt und auch eine richtlinienkonforme Auslegung nicht möglich ist, kommt eine unmittelbare Wirkung der Richtlinie in Betracht[127].

Vor diesem Hintergrund hat das AMG die Vorgaben in Art. 1 Nr. 2 und Art. 2 II **RL 2001/83/EG** **41** mit seinem Arzneimittelbegriff in § 2 **adäquat umgesetzt:** Die betreffende Umsetzung erfolgte im wesentlichen in vier Schritten. Mit dem AMNOG vom 24.8.1976[128] wurde die RL 65/65/EWG umgesetzt[129]. Die 12. AMG-Novelle vom 30.7.2004[130] betraf die RL 2001/83/EG[131]. Die 14. AMG-Novelle vom 29.8.2005[132] hatte die Änderungen durch die RL 2004/27/EG zum Gegenstand[133]. Das AMG-ÄndG 2009 vom 17.7.2009[134] betraf nochmals die RL 2001/83/EG in der durch die RL 2004/27/EG geänderten Fassung[135].

Die Ziele der auf Art. 114 AEUV gestützten RL 2001/83/EG ergeben sich vor allem aus den **42** Erwägungsgründen Nr. 2 und 3: „*Alle Rechts- und Verwaltungsvorschriften auf dem Gebiet der Herstellung, des Vertriebs oder der Verwendung von Arzneimitteln müssen in erster Linie einen wirksamen Schutz der öffentlichen Gesundheit gewährleisten. Dieses Ziel muß jedoch mit Mitteln erreicht werden, die die Entwicklung der pharmazeutischen Industrie und den Handel mit Arzneimitteln innerhalb der Gemeinschaft nicht hemmen können.*" Das **Hauptziel,** das das AMG nach der RL 2001/83/EG zu verwirklichen hat, ist der wirksame **Schutz der öffentlichen Gesundheit**[136].

Diesem Ziel wurden schon die Vorläufer der jetzigen Fassung des Arzneimittelbegriffs gerecht, das **43** heißt insbes. der Arzneimittelbegriff gem. der **14. AMG-Novelle,** der bereits der ersten Umsetzung der Änderungsrichtlinie 2004/27/EG diente. Dass der Wortlaut des § 2 I a. F. den Legaldefinitionen der Präsentations- und Funktionsarzneimittel aus Art. 1 Nr. 2 Buchst. a) und b) RL 2001/83/EG nicht voll entsprach, war nach den obigen Prämissen unschädlich[137]. Das rechtliche Konzept des § 2 hat seine Ursprünge weit vor der RL 65/65/EWG (s. Rn. 10 ff.). § 2 I a. F. wurde seit Jahrzehnten vor allem von dem Kriterium der **überwiegenden objektiven Zweckbestimmung** geprägt („dazu bestimmt …")[138],

---

[120] Vgl. *Schroeder,* in: Streinz, Art. 288 AEUV Rn. 68, 76; *Ruffert,* in: Calliess/Ruffert, Art. 288 AEUV Rn. 23.

[121] *EuGH,* Urt. v. 10.5.2001 – Rs. 144/99, EuZW 2001, 437, 437 f., Rn. 17 – Kommission/Niederlande; Urt. v. 23.3.1995 – Rs. C-365/93, Slg. 1995, I-504 ff., Rn. 9 – Kommission/Griechenland; Urt. v. 1.3.1983 – Rs. 300/81, Slg. 1983, 449 ff., Rn. 10 – Kommission/Italien.

[122] Vgl. *Nettesheim,* in: Grabitz/Hilf/Nettesheim, Art. 288 AEUV Rn. 119.

[123] *EuGH,* Urt. v. 8.4.1976 – Rs. 48/75, Slg. 1976, 497 ff., Rn. 69/73 – Royer.

[124] Vgl. *Nettesheim,* in: Grabitz/Hilf/Nettesheim, Art. 288 AEUV Rn. 120; *Jarass/Beljin,* NVwZ 2004, 1, 8.

[125] *EuGH,* Urt. v. 30.5.1991 – Rs. C-361/88, Slg. 1991, I-2596 ff., Rn. 15 – Kommission/Deutschland.

[126] Vgl. *Nettesheim,* in: Grabitz/Hilf/Nettesheim, Art. 288 AEUV Rn. 120, 135; ferner *Karpenstein,* Rn. 80; zurückhaltend *Schroeder,* in: Streinz, Art. 288 AEUV Rn. 87, 89; a. A. *Klaus,* S. 359.

[127] Vgl. hierzu und zu den Voraussetzungen (Ablauf der Umsetzungsfrist, keine oder inadäquate Umsetzung, inhaltlich unbedingte und hinreichend genaue Richtlinie, str.: subjektive Rechte), *EuGH,* Urt. v. 25.5.1993 – Rs. 193/91, Slg. 1993, I-2630 ff., Rn. 17 – Mohsche; Urt. v. 22.6.1989 – Rs. 103/88, Slg. 1989, I-1839 ff., Rn. 28 f. – Fratelli Costanzo; Urt. v. 19.1.1982 – Rs. 8/81, Slg. 1982, 53 ff., Rn. 24 – Becker; Urt. v. 5.4.1979 – Rs. 148/78, Slg. 1979, 1629 ff., Rn. 22 f. – Ratti; *Nettesheim,* in: Grabitz/Hilf/Nettesheim, Art. 288 AEUV Rn. 142 ff.; *Schroeder,* in: Streinz, Art. 288 AEUV Rn. 101 ff.; *Ruffert,* in: Calliess/Ruffert, Art. 288 AEUV Rn. 47 ff.; *Karpenstein,* Rn. 56 ff.

[128] BGBl. I S. 2445.

[129] Vgl. BT-Drucks. 7/3060, S. 43.

[130] BGBl. I S. 2031.

[131] Vgl. BT-Drucks. 15/2109, S. 24.

[132] BGBl. I S. 2570.

[133] Vgl. BT-Drucks. 15/5316, S. 31.

[134] BGBl. I S. 1990.

[135] Vgl. BT-Drucks. 16/12 256, S. 41.

[136] Vgl. auch die Erwägungsgründe Nr. 8, 15 und 45 der RL 2001/83/EG.

[137] S. auch den Standpunkt der Bundesregierung, BT-Drucks. 15/5656, S. 16; *Zeinhofer,* S. 61 f.

[138] S. *BGH,* NJW-RR 2008, 1255, 1256, 1259; NVwZ 2008, 1266, 1267, 1269; *BGHZ* 167, 91, 104; *BGH,* GRUR 2004, 882, 883; 793, 796; *BGHZ* 151, 286, 291, 294; *BGH,* NJOZ 2002, 2563, 2565; NJW-RR 2001, 1329,

das durch die unbestimmten Rechtsbegriffe in Nr. 1–5 weiter konkretisiert wurde. Schon hinsichtlich dieser Regelungen, erst recht aber mit seinen drei weiteren Absätzen, weist der deutsche Arzneimittelbegriff eine deutlich höhere Regelungsdichte als der europäische Arzneimittelbegriff auf. Wie die langjährige Rechtspraxis und die höchstrichterliche Rechtsprechung zu § 2 a. F. bestätigen[139], war dieses **eigenständige legislatorische Konzept** des § 2 a. F. hinreichend konkret[140] und ermöglichte einen wirksamen Schutz der öffentlichen Gesundheit. Schließlich fanden sich die Kernelemente der Begriffe der Präsentations- und Funktionsarzneimittel aus Art. 1 Nr. 2 Buchst. a) und b) RL 2001/83/EG in § 2 I a. F. durchaus wieder[141]. Die Merkmale des § 2 I a. F. deckten diejenigen des Präsentationsarzneimittel nach Art. 1 Nr. 2 Buchst. a) RL 2001/83/EG ab. § 2 I Nr. 5 a. F. entsprach im Kern dem Begriff der Funktionsarzneimittel nach Art. 1 Nr. 2 Buchst. b) RL 2001/83/EG[142], der ebenfalls Auffangfunktion hatte. Auch die „Zweifelsregelung" in Art. 2 II RL 2001/83/EG bedurfte im Grunde keiner weiteren Umsetzung[143]. Schon aufgrund des Arzneimittelbegriffs in § 2 I a. F. und der hiermit korrespondierenden Regelung für angrenzende Produkte in § 2 III wurde das deutsche Recht dem von der Richtlinie angestrebten Rechtszustand gerecht: Die Abgrenzung der Arzneimittel zu anderen Produkten richtete sich gem. § 2 I a. F. i. V. m. III insbes. nach der überwiegenden objektiven Zweckbestimmung[144]. Im Sinne der Rechtsprechung des *EuGH*[145] stellt die „Zweifelsregelung" in Art. 2 II RL 2001/83/EG eine spezielle Vorrangregelung zugunsten des Arzneimittelrechts dar, die das Vorliegen eines Arzneimittels voraussetzt (s. Rn. 36 f.). Dies entsprach dem deutschen Recht. Denn war ein Produkt nach seiner Zweckbestimmung als Arzneimittel gem. § 2 I a. F. zu qualifizieren, unterfiel es im Lichte der Arzneimittelsicherheit nach § 1[146] selbst dann dem strengeren Regime des AMG, wenn es auch einem benachbarten Rechtsbereich zugehören konnte[147]. Die Regelung des § 2 III („*Arzneimittel sind nicht …*") war und ist insofern deklaratorisch zu verstehen.

44   Dem Ziel, einen wirksamen Schutz der öffentlichen Gesundheit zu gewährleisten, entspricht auch die jetzige Fassung des Arzneimittelbegriffs gem. dem **AMG-ÄndG 2009**, das die Vorgaben der Änderungsrichtlinie 2004/27/EG nochmals weiter als die 14. AMG-Novelle umgesetzt hat[148]. Gegenüber dem Arzneimittelbegriff gem. der 14. AMG-Novelle übernimmt § 2 I nunmehr im wesentlichen die **Terminologie des europäischen Arzneimittelbegriffs** in Art. 1 Nr. 2 RL 2001/83/EG. § 2 I Nr. 1 entspricht zu großen Teilen dem Begriff des Präsentationsarzneimittels nach Art. 1 Nr. 2 Buchst. a) RL 2001/83/EG, wobei er klarstellend vor allem die Begriffe „Linderung" und „krankhafte Beschwerden" gem. § 2 I Nr. 1 a. F. beibehält[149]. § 2 I Nr. 2 stimmt ganz überwiegend mit dem Begriff des Funktionsarzneimittels nach Art. 1 Nr. 2 Buchst. b) RL 2001/83/EG überein. Durch die Aufteilung in zwei Unterfälle (Buchst. a) und Buchst. b)) ist er jedoch übersichtlicher strukturiert. Zudem sieht er statt der auf die Stoffe bzw. Stoffzubereitungen bezogenen Formulierung „*im oder am … Körper verwendet*" die

---

1330; NJW-RR 2000, 1284, 1285; GRUR 1995, 419, 420; *BGHZ* 44, 208, 213; 23, 184, 195 f.; *BGHSt* 46, 380, 383; 43, 336, 339; *BVerwGE* 106, 90, 92, 94, 98; 97, 132, 135 f.; 37, 209, 219, 220 f.; *BFH*, PharmR 2006, 394, 396; *BSGE* 96, 153, 155; 72, 252, 255 f.; *BSG*, NZS 1999, 449, 449 f.; s. bereits *RGSt* 68, 247, 248: „Denn entscheidend ist … der überwiegende Verwendungszweck".

[139] S. insbes. *BGH*, NJW-RR 2008, 1255, 1256 ff.; NVwZ 2008, 1266, 1267 ff.; *BGHZ* 167, 91, 104 ff.; 151, 286, 291 f.; *BGH*, NJOZ 2002, 2563, 2565 f.; *BGHSt* 46, 380, 383 ff.; *BVerfG*, NJW-RR 2007, 1680, 1681 f.

[140] S. *BVerfG*, NJW 2006, 2684, 2685.

[141] S. *BGHSt* 46, 380, 386 f.; *BVerwG*, NVwZ-RR 2007, 771, 772; *OVG Münster*, ZLR 2006, 96, 105 f.; BT-Drucks. 16/12 256, S. 41.

[142] So im Ergebnis auch *BGHZ* 167, 91, 104, 107.

[143] Vgl. *Rehmann*, § 2 Rn. 6.

[144] S. nur *BGHZ* 167, 91, 104; *BGH*, GRUR 2004, 882, 883; 793, 796; *BGHZ* 151, 286, 291, 294 (bestätigt durch *BVerfG*, NJW-RR 2007, 1680, 1681 f.); *BGH*, NJOZ 2002, 2563, 2565; NJW-RR 2001, 1329, 1330; NJW-RR 2000, 1284, 1285; *BGHSt* 46, 380, 383; *BVerwGE* 106, 90, 94, 98.

[145] S. *EuGH* (s. o. Fn. 12), Rs. C-109/12 – Laboratoires Lyocentre, Rn. 40, 59; Rs. C-88/07 – Kommission/Spanien, Rn. 79; Rs. C-140/07 – Hecht-Pharma, Rn. 24, 29; Rs. C-319/05 – Kommission/Deutschland III, Rn. 38, 63; Rs. C-211/03 u. a. – HLH Warenvertrieb und Orthica, Rn. 43, 45; Rs. C-219/91 – Ter Voort, Rn. 19; Rs. C-112/89 – Upjohn I, Rn. 30; Rs. C-60/89 – Monteil und Samanni, Rn. 15; Rs. C-369/88 – Delattre, Rn. 20.

[146] S. *BVerfG*, NJW 2006, 2684, 2685.

[147] S. dazu auch *BVerwGE* 71, 318, 323; 70, 284, 289.

[148] Die Regelungen in § 2 I, IIIa lauten nun wie folgt (die Hervorhebungen betreffen die wesentlichen Abweichungen vom Text in Art. 1 Nr. 2 und Art. 2 II RL 2001/83/EG):
§ 2 I: „Arzneimittel sind Stoffe oder *Zubereitungen aus Stoffen,*
1. die *zur Anwendung im oder am menschlichen oder tierischen Körper bestimmt sind* und als Mittel mit Eigenschaften zur Heilung *oder Linderung* oder zur Verhütung menschlicher oder tierischer Krankheiten *oder krankhafter Beschwerden* bestimmt sind, oder
2. die im oder am menschlichen oder tierischen Körper angewendet oder einem Menschen oder einem Tier verabreicht werden können, um entweder
a) die physiologischen Funktionen durch eine pharmakologische, immunologische oder metabolische Wirkung wiederherzustellen, zu korrigieren oder zu beeinflussen oder
b) eine medizinische Diagnose zu erstellen."
§ 2 III a: „*Arzneimittel sind auch Erzeugnisse, die Stoffe oder Zubereitungen aus Stoffen sind oder enthalten,* die unter Berücksichtigung aller Eigenschaften des Erzeugnisses unter eine Begriffsbestimmung des Absatzes 1 *fallen* und zugleich unter die Begriffsbestimmung eines Erzeugnisses nach Absatz 3 fallen können."

[149] S. BT-Drucks. 16/12 256, S. 41.

präzisere Formulierung „*im oder am … Körper angewendet*" entsprechend § 2 I Nr. 1 a. F. vor[150]. Die „Zweifelsregelung" aus Art. 2 II RL 2001/83/EG setzt § 2 nun mit einer eigenständigen Regelung in Abs. 3a um[151]. § 2 IIIa entspricht im Kern der europäischen Vorgabe, ist jedoch in verschiedener Hinsicht konkreter ausgestaltet. Da es sich bei Art. 2 II RL 2001/83/EG nach der Rechtsprechung des *EuGH* um keine echte Zweifelsregelung, sondern um eine Vorrangregelung zugunsten des strengeren und daher im Einzelfall vorrangigen Arzneimittelrechts handelt (s. Rn. 37), vermeidet § 2 IIIa zu Recht die Formulierung „Zweifelsfälle". Da die Arzneimitteleigenschaft zudem positiv festgestellt werden muss, ist auch die Ersetzung der auf die Erfüllung beider korrelierenden Definitionen bezogene Formulierung „fallen kann" durch die Formulierungen „fallen" (für die Arzneimitteldefinition) und „fallen können" (für die Definition des benachbarten Produktes) eine folgerichtige Weiterentwicklung der Vorgaben aus Art. 2 II RL 2001/83/EG. Auch wenn die jetzigen Regelungen in § 2 I und IIIa den Formulierungen in Art. 1 Nr. 2 und Art. 2 II RL 2001/83/EG textlich und zum Teil auch inhaltlich nicht voll entsprechen, stellen sie eine **adäquate Umsetzung und Fortentwicklung des europäischen Rechts** dar, ohne dieses einzuschränken[152]: § 2 I greift die Begrifflichkeiten aus Art. 1 Nr. 2 RL 2001/83/EG auf und präzisiert diese. § 2 IIIa entwickelt die „Zweifelsregelung" aus Art. 2 II RL 2001/83/EG insbes. i. S. d. Judikatur des *EuGH* fort. Die über die Vorgaben in Art. 1 Nr. 2 und Art. 2 II RL 2001/83/EG hinausgehenden Regelungen über die fiktiven Arzneimittel in § 2 II, die benachbarten Produkte in § 2 III sowie die beiden unwiderlegbaren Vermutungen in § 2 IV ergänzen die Regelungen in § 2 I und § 2 IIIa, wie es der bewährten Rechtslage vor dem AMG-ÄndG 2009 entspricht. Hierbei ist vor allem die Regelung zu den Abgrenzungsfragen in § 2 III ein deutlicher Vorteil des deutschen Arzneimittelbegriffs. Zweifel an der Bestimmtheit des § 2 i. S. v. Art. 20 III und 103 II GG[153] sind unbegründet. Die jeweiligen Regelungen und unbestimmten Rechtsbegriffe in § 2 lassen sich im Wege der Auslegung einzeln und in ihrem Zusammenwirken hinreichend präzisieren und konkretisieren[154].

IV. Exkurs 1: „Integrationslösung"

Entgegen der „Integrationslösung"[155] gilt der europäische Arzneimittelbegriff in Art. 1 Nr. 2 RL **45** 2001/83/EG aufgrund der Verweisung in Art. 2 III Buchst. d) VO (EG) Nr. 178/2002[156] **nicht unmittelbar**[157]. Gleiches gilt für die Zweifelsregelung in Art. 2 II RL 2001/83/EG[158]. Statt dessen geht es um die Auslegung und Anwendung des Arzneimittelbegriffs in § 2[159]. Die Verweisung in Art. 2 III Buchst. d) VO (EG) Nr. 178/2002 ist wegen Art. 128 II RL 2001/83/EG dynamisch zu verstehen[160]. Sie bezieht sich entgegen ihrem Wortlaut nicht statisch auf die Arzneimitteldefinition in Art. 1 Nr. 2 RL

---

[150] S. BT-Drucks. 16/12 256, S. 41.

[151] S. BT-Drucks. 16/12 256, S. 41.

[152] S. BT-Drucks. 16/12 256, S. 41; *VGH Mannheim*, PharmR 2010, 239, 241.

[153] Vgl. *Winters*, S. 204 f.

[154] S. zu den Vorgängerregelungen insbes. *BVerfG*, NJW 2006, 2684, 2685 und *BGHSt* 43, 336, 342 f.

[155] S. *BVerwG*, NVwZ 2009, 1038, 1039; PharmR 2008, 254, 255; 67, 69 f.; 73, 76; 78, 80 f.; NVwZ 2007, 591, 592; NVwZ-RR 2007, 771, 772; *OVG Saarlouis*, ZLR 2006, 173, 183 f., 203; *Rennert*, NVwZ 2008, 1179, 1180 f.; *Zipfel/Rathke*, Art. 2 BasisVO Rn. 53; *Wehlau*, § 2 Rn. 66; *Herrmann*, S. 144 f.; *Schomburg*, S. 29 f.; *Zeinhofer*, S. 209; *Voß*, Rn. 15; *Gorny*, ZLR 2007, 782, 782 f.; *Meyer*, in: Meyer/Streinz, Art. 2 BasisVO Rn. 41, 109; *ders.*, in: Sosnitza, S. 99, 106 f., 110; *Kraft/Röcke*, ZLR 2006, 19, 23, Fn. 21; *Reinhart*, ZLR 2006, 422, 423 f.; *Mahn*, ZLR 2005, 529, 534 f.; *Klaus*, S. 363; *Delewski*, S. 246, 255. Soweit ersichtlich geht die „Integrationslösung" auf Aussagen *Köhlers* zurück (GRUR 2002, 844, 845), der einen solchen Ansatz als These formuliert hatte („These 2: Die Aufnahme der Arzneimittel-Definitionen der Richtlinie 65/65/EWG in die Verordnung macht diese zu Bestandteilen der Verordnung."), die dann überwiegend unkritisch als feststehende Lösung übernommen wurde.

[156] Hier heißt es: „Nicht zu ‚Lebensmitteln' gehören … Arzneimittel i. S. d. Richtlinien 65/65/EWG … und 92/73/EWG … des Rates."

[157] S. *BGH*, NJW-RR 2008, 1255, 1256; NVwZ 2008, 1266, 1268; BGHZ 167, 91, 106; *VGH München*, PharmR 2008, 206, 207 f.; *OLG München*, PharmR 2007, 350; *OLG Celle*, LMuR 2007, 116, 117; *OLG Hamburg*, ZLR 2007, 104, 106; ZLR 2005, 490, 499; *Knappstein*, S. 161 ff.; *Kaulen*, S. 61 ff.; *Stachels*, S. 114 ff.; *Wudy*, PharmR 2011, 156, 156 f.; *Koyuncu*, in: Deutsch/Lippert, § 2 Rn. 4; *Kloesel/Cyran*, § 2 Anm. 9; *Doepner/Hüttebräuker*, in: Dieners/Reese, § 2 Rn. 39 ff. und *Wudy*, S. 8 ff., 14 f., 20 f.; *Gerstberger*, S. 152; *Müller*, in: FS Doepner, S. 267, 268 ff.; *Hüttebräuker/Müller*, PharmR 2008, 38, 39; *Doepner/Hüttebräuker*, ZLR 2008, 1, 8 ff., 14; *Müller*, NVwZ 2007, 543, 543 f.; kritisch *OVG Lüneburg*, PharmR 2011, 86, 87; *OVG Münster*, PharmR 2010, 607, 609; *Doepner*, ZLR 2006, 492, 496 f.; *Hüttebräuker*, ZLR 2006, 329, 333; BT-Drucks. 15/3657, S. 58.

[158] *Doepner/Hüttebräuker*, ZLR 2008, 1, 9; *Müller*, NVwZ 2007, 543, 544; a. A. *Wehlau*, § 2 Rn. 95; *Meyer*, in: Meyer/Streinz, Art. 2 BasisVO Rn. 109 (ohne Berücksichtigung des § 2 IIIa); *ders.*, in: Sosnitza, S. 99, 110; *Kraft/Röcke*, ZLR 2006, 19, 23; *Mahn*, ZLR 2005, 529, 535; *Reinhart*, ZLR 2005, 508, 510 f.

[159] S. *BGH*, NJW-RR 2008, 1255, 1256; NVwZ 2008, 1266, 1268; BGHZ 167, 91, 106; *OLG Köln*, PharmR 2010, 73, 74; *OLG Hamm*, PharmR 2008, 162, 163; *OLG Hamburg*, ZLR 2007, 104, 106; *Knappstein*, S. 161 ff., 167; *Kaulen*, S. 61 ff.; *Wudy*, PharmR 2011, 156, 157; *Kloesel/Cyran*, § 2 Anm. 9; *Koyuncu*, in: Deutsch/Lippert, § 2 Rn. 4; *Doepner/Hüttebräuker*, in: Dieners/Reese, § 2 Rn. 43, 37; *Vergho*, PharmR 2009, 221, 225; *Müller*, in: FS Doepner, S. 267, 271; *Hüttebräuker/Müller*, PharmR 2008, 38, 39; *Doepner/Hüttebräuker*, ZLR 2008, 1, 7 ff., 13 f. („Koexistenzansatz"); *Müller*, NVwZ 2007, 543, 543 f., 546; *Doepner*, ZLR 2006, 492, 497; a. A. *Gorny*, ZLR 2007, 782, 782 f.

[160] S. *EuGH* (s. o. Fn. 12), Rs. C-211/03 u. a. – HLH Warenvertrieb und Orthica, Rn. 41; *BVerwG*, PharmR 2008, 78, 80; 73, 75 f.; 67, 69 f.; NVwZ 2007, 591, 592; *OVG Münster*, ZLR 2006, 96, 98; *Zipfel/Rathke*, Art. 2 BasisVO Rn. 53a f.; *Wudy*, S. 10 ff.; *Zeinhofer*, S. 208; *Müller*, NVwZ 2007, 543, 543; *Schroeder*, ZLR 2005, 411, 419.

65/65/EWG, sondern auf die jeweils aktuelle Arzneimitteldefinition in Art. 1 Nr. 2 RL 2001/83/EG. Art. 2 III Buchst. d) VO (EG) Nr. 178/2002 erhebt den europäischen Arzneimittelbegriff in Art. 1 Nr. 2 RL 2001/83/EG und die Zweifelsregelung in Art. 2 II RL 2001/83/EG aber nicht fortlaufend in den Rang einer Verordnung[161] – was zur Folge hätte, dass der Arzneimittelbegriff des § 2 aufgrund des vorrangigen Verordnungsrechts nicht mehr angewandt werden könnte:

46   Die sog. Integrationslösung, die Art. 2 I VO (EG) Nr. 178/2002 zum Ausgangspunkt der Abgrenzungsprüfung Arzneimittel/Lebensmittel macht und eine „Integration" der Arzneimitteldefinition in Art. 1 Nr. 2 RL 2001/83/EG durch Art. 2 III Buchst. d) VO (EG) Nr. 178/2002 annimmt, geht schon **dogmatisch** fehl. Für eine entsprechende Modifikation des europäischen Arzneimittelrechts durch Art. 2 III Buchst. d) VO (EG) Nr. 178/2002 fehlt es an Anhaltspunkten[162]. Nicht nur aus Gründen der Transparenz und Rechtssicherheit, sondern vor allem hinsichtlich der Begründungspflichten aus Art. 296 II AEUV, hätte es für derartige Rechtsänderungen einer klaren Aussage nebst Begründung in der VO (EG) Nr. 178/2002 bedurft. Ein anderes Verständnis liefe der in Art. 288 AEUV zum Ausdruck kommenden Typologie der Handlungsformen zuwider[163]. Auch wenn es bei den Handlungsformen des Art. 288 AEUV zu Überschneidungen kommen kann, sind gerade die konzeptionellen und inhaltlichen Unterschiede der hier umzusetzenden Richtlinien einerseits und der unmittelbar geltenden Verordnung (vgl. Art. 288 II, III AEUV) andererseits zu beachten. Dass das Europäische Parlament und der Rat ungeachtet dessen eine Mischung bzw. Kreuzung der VO (EG) Nr. 178/2002 mit der RL 2001/83/EG vornehmen wollten, ist nicht ersichtlich[164]. Im Gegenteil, in den Gesetzesmaterialien zu Art. 2 VO (EG) Nr. 178/2002 wird deutlich herausgestellt, dass „[a]uf die Schnittstelle zwischen Arznei- und Lebensmitteln in diesem Text nicht eingegangen werden sollte, da diese in der Arzneimittelrichtlinie definiert ist"[165]. Dementsprechend finden sich auch in der Judikatur des EuGH keine Anhaltspunkte für eine „Integrationslösung". Gerade bei der Abgrenzungsprüfung stellt der EuGH nicht auf Art. 2 VO (EG) Nr. 178/2002 ab, sondern prüft vornehmlich, ob das betreffende Produkt der Arzneimitteldefinition in Art. 1 Nr. 2 RL 2001/83/EG entspricht[166].

47   Auch im **Ergebnis** führt die „Integrationslösung" zu einem verkürzten und widersprüchlichen Prüfungskonzept[167]. Nur auf den ersten Blick ermöglicht sie eine einheitliche, rein verordnungsrechtlich determinierte – vom „Ballast" des nationalen Arzneimittelrechts befreite – Abgrenzungsprüfung[168]: Zum einen nimmt Art. 2 III Buchst. d) VO (EG) Nr. 178/2002 nur den Arzneimittelbegriff in Art. 1 Nr. 2, nicht aber den diesem zugehörigen Stoffbegriff in Art. 1 Nr. 3 und die Zweifelsregelung in Art. 2 II RL 2001/83/EG in Bezug[169]. Zum anderen erfasst Art. 2 VO (EG) Nr. 178/2002 nicht die Unterbegriffe des Lebensmittelbegriffs, wie etwa den Begriff der Nahrungsergänzungsmittel in Art. 2 Buchst. a) RL 2002/46/EG oder den Begriff der diätetischen Lebensmittel in Art. 1 RL 2009/39/EG, die als speziellere Begriffe dem Oberbegriff „Lebensmittel" vorgehen[170]. In die Abgrenzungsprüfung müssen mithin in jedem Fall auch Richtlinienbestimmungen nebst ihrem nationalen Umsetzungsrecht mit einbezogen werden, die nicht in die VO (EG) Nr. 178/2002 „integriert" worden sind[171]. Zudem hat die „Integrati-

---

So jedoch *Voß*, Rn. 15; *Klaus*, S. 43; *Reinhart*, ZLR 2005, 508, 510 f. Auch die Verweisung in Art. 2 I VO (EG) Nr. 726/2004, wonach die in Art. 1 RL 2001/83/EG und Art. 1 RL 2001/82/EG enthaltenen Begriffsbestimmungen auch für die Zwecke dieser Verordnung gelten, erhebt die Arzneimitteldefinition nicht in den Rang einer Verordnung, vgl. auch *Mühl*, S. 82 ff.

[162] Gleiches gilt insbes. für Art. 2 III Buchst. e) und f) VO (EG) Nr. 178/2002, die den Begriff der kosmetischen Mittel i. S. d. RL 76/768/EWG und den Begriff des Tabaks und der Tabakerzeugnisse i. S. d. RL 89/622/EWG in Bezug nehmen.

[163] Vgl. *Schroeder*, in: Streinz, Art. 288 AEUV Rn. 12.

[164] Weder die Erwägungsgründe der VO (EG) Nr. 178/2002 noch die Entstehungsgeschichte der Definition der Lebensmittel in Art. 2 enthalten entsprechende Hinweise, s. insbes. KOM (2000) 716 endg., S. 7 f., wo betont wird, dass sich die Definition des Lebensmittelbegriffs an der Definition im Codex Alimentarius orientiert; a. A. *Reinhart*, ZLR 2006, 422, 423 f.; *Meyer*, in: Meyer/Streinz, Art. 2 BasisVO Rn. 84 sowie *ders.*, in: Sosnitza, S. 99, 106, die in die Erwägungsgründe Nr. 4 und 5 das gesetzgeberische Ziel hineinlesen, „eine EU-weit einheitliche Abgrenzung von Lebensmitteln und Arzneimitteln zu ermöglichen". Im Übrigen wurde in Art. 2 III Buchst. e) und f) VO (EG) Nr. 178/2002 vom 28.1.2002 nicht einmal auf den seinerzeit gültigen Normtext der RL 2001/83/EG vom 6.11.2001 Bezug genommen, sondern auf die durch Art. 128 I RL 2001/83/EG bereits aufgehobene RL 65/65/EWG vom 26.1.1965.

[165] S. KOM (2001) 475 endg., S. 5.

[166] S. insbes. *EuGH* (s. o. Fn. 12), Rs. C-319/05 – Kommission/Deutschland III, Rn. 39 ff., 84; ebenso Rs. C-88/07 – Kommission/Spanien, Rn. 70 ff.; *Hüttebräuker/Müller*, PharmR 2008, 38, 39; *Doepner/Hüttebräuker*, ZLR 2008, 1, 5, 14.

[167] Zu den Details der Abgrenzungssystematik und den praktischen Auswirkungen der „Integrationslösung" s. Rn. 147 ff.

[168] So *Voß*, Rn. 15; *Mahn*, ZLR 2005, 151, 151 f. („… wird alles ganz einfach"); *Meyer*, in: Meyer/Streinz, Art. 2 BasisVO Rn. 84; *ders.*, in: Sosnitza, S. 99, 106 f.; *Reinhart*, ZLR 2006, 422, 423 ff.; *Klaus*, S. 358, 362 ff.

[169] Vgl. *Müller*, NVwZ 2007, 543, 544; a. A. *OVG Lüneburg*, PharmR 2007, 71, 75; *Wehlau*, § 2 Rn. 95; *Groß*, in: Marauhn/Ruppel, S. 17, 21 ff.; *Wudy*, S. 18; *Meyer*, in: Meyer/Streinz, Art. 2 BasisVO Rn. 109; *ders.*, in: Sosnitza, S. 99, 110; zweifelnd *Mahn*, ZLR 2005, 529, 534 f.

[170] S. *EuGH* (s. o. Fn. 12), Rs. C-211/03 u. a. – HLH Warenvertrieb und Orthica, Rn. 35 f., 39.

[171] Das dogmatische Dilemma der „Integrationslösung" tritt vor allem bei der Anwendung der „Zweifelsregelung" in Art. 2 II RL 2001/83/EG deutlich zutage: Nach der „Integrationslösung" erhebt Art. 2 III Buchst. d) VO (EG)

onslösung" die befremdliche Konsequenz, dass der Arzneimittelbegriff in Art. 1 Nr. 2 RL 2001/83/EG allein für die Frage der Abgrenzung von den Lebensmitteln Verordnungscharakter bekommt, daneben aber als Richtlinienrecht und entsprechendes Umsetzungsrecht „fortgilt"[172]. Auch kommt es zu dem Wertungswiderspruch, dass zwar die Abgrenzung Arzneimittel/Lebensmittel im Ansatz unionsrechtlich determiniert ist, die Abgrenzung Arzneimittel/Medizinprodukt z. B. aber nicht, da auch diese Legaldefinition durch Art. 2 III BasisVO nicht „integriert" wird[173]. Entsprechendes gilt für das Verhältnis des Arzneimittelbegriffs in Art. 1 Nr. 2 RL 2001/83/EG zum Tierarzneimittelbegriff in Art. 1 Nr. 2 RL 2001/82/EG und zur Abgrenzung Tierarzneimittel/Futtermittel. Die „Integrationslösung" läuft daher auch den Prinzipien der Normenklarheit[174] zuwider.

V. Exkurs 2: Vollharmonisierung/Unterschiede zwischen den Mitgliedstaaten

Auch nach den Änderungen der RL 2001/83/EG durch die RL 2004/27/EG geht der *EuGH* davon **48** aus, dass die Begriffswelt des Arzneimittels – vor allem im Zusammenspiel mit der des Lebensmittelrechts – noch **nicht vollständig harmonisiert** sei[175]. Der gegenteilige Standpunkt[176] und die weitere Annahme, dass Art. 1 Nr. 2 und Art. 2 II RL 2001/83/EG aufgrund einer Vollharmonisierung der Begrifflichkeiten unmittelbar gelten würden, so dass das nationale Umsetzungsrecht verdrängt würde[177], gehen fehl[178]:

Trotz der stetigen gesetzlichen Fortentwicklung und richterlichen Nachjustierung des Arzneimittel- **49** begriffs in Art. 1 Nr. 2 RL 2001/83/EG – nebst „Zweifelsregelung" in Art. 2 II RL 2001/83/EG – liegt noch kein hinreichend belastbares Konzept vor, das in allen Mitgliedstaaten gleichermaßen zur Anwendung kommen könnte. Dies wird durch die wachsende Zahl der Vorabentscheidungsverfahren gem. Art. 267 AEUV zu den Begrifflichkeiten dokumentiert und liegt vor allem daran, dass die betreffenden Schlüsselbegriffe derzeit nicht rechtssicher (legal-)definiert sind. Dies gilt insbes. für die Begriffe „Krankheit" und „pharmakologische Wirkung" sowie die Komplementärbegriffe „Gesundheit" und „ernährungsphysiologische Wirkung", aber etwa auch für die Begriffe „Therapie" und „Prophylaxe" in Relation zu dem modernen Begriff der „Ernährung". Im Erwägungsgrund Nr. 14 der RL 2001/83/EG heißt es daher zu Recht, dass diese zwar „*ein wichtiger Schritt auf dem Wege zur Verwirklichung des freien Verkehrs mit Arzneimitteln*" sei, sich aufgrund künftiger Erfahrungen aber noch „*weitere Maßnahmen als notwendig erweisen*" können. Die Definition des Lebensmittel in Art. 2 VO (EG) Nr. 178/2002 trägt kaum etwas zu einer vollständigen Harmonisierung bei[179]. Sie ist sehr weit gefasst und verzichtet sogar auf den Begriff der „Ernährung" (s. Rn. 140 ff.). Dementsprechend wird auch durch Art. 14 IX VO (EG) Nr. 178/2002 dokumentiert, dass die unionsrechtlichen Bestimmungen zur Lebensmittelsicherheit nicht vollständig sind[180]. Vor diesem Hintergrund und unter Berücksichtigung der zunehmenden Dynamik des Arzneimittelmarktes sowie der angrenzenden Märkte ist nicht abzusehen, dass die Rechtsentwicklung zu diesen Begrifflichkeiten in naher Zukunft abgeschlossen sein wird. Selbst eine spätere Vollharmonisierung des begrifflichen Konzepts hätte schließlich nicht zur Konsequenz, dass die betreffenden Richtlinienbestimmungen direkt anzuwenden wären. In diesem Fall ist es den Mitgliedstaaten

---

Nr. 178/2002 zwar den europäischen Arzneimittelbegriff in Verordnungsrang, nicht aber die „Zweifelsregelung". Für deren Anwendung verbleiben daher nur die richtlinienkonforme Auslegung oder die unmittelbare Anwendung der Richtlinie. Beides ist ausgeschlossen. Eine richtlinienkonforme Auslegung des § 2 scheidet aus, weil der deutsche Arzneimittelbegriff in § 2 diesbezüglich von dem vorrangigen europäischen Arzneimittelbegriff verdrängt wird (Art. 288 II AEUV). Eine unmittelbare Anwendung der Richtlinie scheitert daran, dass es an der Voraussetzung einer mangelnden Umsetzung fehlt (§ 2 IIIa).

[172] Vgl. *Rennert*, NVwZ 2008, 1179, 1181: „Die nationale Definition des Arzneimittelbegriffs in § 2 I AMG ist angesichts dessen für die Abgrenzung zum Lebensmittel ohne Belang. Bedeutung kommt ihm lediglich für die Abgrenzung des Arzneimittels in anderer Hinsicht zu."

[173] Vgl. *Müller*, NVwZ 2007, 543, 546; *Delewski*, S. 246, Fn. 354.

[174] S. nur *BVerfG*, NJW 2007, 2464, 2466.

[175] S. *EuGH* (s. o. Fn. 12), Rs. C-109/12 – Laboratoires Lyocentre, Rn. 45; Rs. C-88/07 – Kommission/Spanien, Rn. 69 f., 86; Rs. C-319/05 – Kommission/Deutschland III, Rn. 36 f., 86; Rs. C-211/03 u. a. – HLH Warenvertrieb und Orthica, Rn. 68. Anders verhält es sich in den Bereichen des Arzneimittelzulassungsrechts (s. *EuGH*, Urt. v. 20.9.2007 – Rs. C-84/06, PharmR 2008, 120 ff., Rn. 35 ff., 41 f. – Niederlande/Antroposana u. a.; *Purnhagen*, EuR 2010, 438, 439 ff.) und des Heilmittelwerberechts (s. *EuGH*, Urt. v. 8.11.2007 – Rs. C-374/05, PharmR 2008, 52 ff., Rn. 20, 25 – Gintec), in denen von einer Vollharmonisierung auszugehen ist.

[176] S. *BGH*, NJW-RR 2008, 1255, 1257; NVwZ 2008, 1266, 1268; *BGHZ* 167, 91, 105; *Doepner/Hüttebräuker*, in: Dieners/Reese, § 2 Rn. 44 ff.; *Zipfel/Rathke*, Art. 2 BasisVO Rn. 62c f.; *Wehlau*, § 2 Rn. 69; *Winters*, S. 67; *Rennert*, NVwZ 2008, 1179, 1181; *Gassner*, in: Marauhn/Ruppel, S. 73, 87 ff.; *ders.*, StoffR 2008, 41, 42 ff.; *Zeinhofer*, S. 36 f.; *Doepner/Hüttebräuker*, WRP 2005, 1195, 1202; *Meyer/Reinhart*, WRP 2005, 1437, 1444; *Klaus*, S. 357 f., 362 ff.; *Meyer*, in: Meyer/Streinz, Art. 2 BasisVO Rn. 44, 84.

[177] S. *OLG Stuttgart*, PharmR 2008, 386, 388 f.; *Meyer*, in: Meyer/Streinz, Art. 2 BasisVO Rn. 44, 84; *Reinhart*, ZLR 2006, 422, 425 f.; *Meyer/Reinhart*, WRP 2005, 1437, 1444.

[178] S. *VGH Mannheim*, PharmR 2011, 92, 95; PharmR 2010, 239, 242; *Koyuncu*, in: Deutsch/Lippert, § 2 Rn. 4; *Kloesel/Cyran*, § 2 Anm. 11; *Kügel*, in: Terbille/Clausen/Schroeder-Printzen, § 14 Rn. 60; *Knappstein*, S. 201 ff.; *Kaulen*, S. 65 ff.; *Müller*, EuZW 2009, 603, 605; *ders.*, NVwZ 2009, 425, 427; *Delewski*, S. 258 ff., 265.

[179] Vgl. *Müller*, NVwZ 2009, 425, 427.

[180] S. auch *EuGH* (s. o. Fn. 12), Rs. C-319/05 – Kommission/Deutschland III, Rn. 84.

lediglich verwehrt, den Rechtsrahmen der Richtlinie zu überschreiten, das heißt Produkte als Arzneimittel zu qualifizieren, die nach objektiven Maßstäben nicht der Legaldefinition in Art. 1 Nr. 2 RL 2001/83/EG unterfallen[181]. Diese Bindung steht einer Anwendung des deutschen Rechts nicht entgegen.

50   Zu Recht stellt sich der *EuGH* auf den Standpunkt, dass ein Produkt in den **Mitgliedstaaten unterschiedlich** eingestuft werden kann[182]. Dies ist hinsichtlich der rechtlichen Grundlagen eine direkte Konsequenz aus der Ablehnung einer Vollharmonisierung. Für die Einordnung und Abgrenzung ambivalenter Produkte kommt es auf das jeweilige Umsetzungsrecht an, das in den Mitgliedstaaten naturgemäß uneinheitlich ist und einer divergierenden Vollzugspraxis unterliegt. Die sich daraus ergebende Möglichkeit einer unterschiedlichen Qualifikation ein und desselben Produktes ist ein Spiegelbild des Umstands, dass sich auch die jeweiligen tatsächlichen Gegebenheiten und Verkehrsauffassungen in den Mitgliedstaaten unterscheiden können. Als Beispiel hierfür lassen sich etwa die verschiedenen Vorstellungen über das Ob und Wie der Verwendung pflanzlicher Extrakte (wie Ginkgo, Ingwer, Knoblauch, Kurkuma, Weihrauch oder Zimt) in Grenzprodukten anführen[183].

VI. Richtlinienkonforme Auslegung

51   In Bezug auf die Unterschiede, die textlich und inhaltlich zwischen dem deutschen und dem europäischen Arzneimittelbegriff bestehen (s. Rn. 44), stellt sich die Frage der richtlinienkonformen Auslegung. Nicht nur in der Literatur[184], sondern auch in der Rechtsprechung[185] wird die richtlinienkonforme Auslegung und Anwendung des Arzneimittelbegriffs in § 2 teilweise zugunsten einer rein europarechtlichen Prüfung vernachlässigt. Gerade bei der Abgrenzung der Arzneimittel von anderen Produktkategorien wird sie – unter Rückgriff auf die obige „Integrationslösung" und/oder eine Vollharmonisierung – zum Teil sogar gänzlich abgelehnt[186] und wird stattdessen ausschließlich der europäische Arzneimittelbegriff angewandt. Ein derartiges Verständnis wird den Voraussetzungen und Grenzen der richtlinienkonformen Auslegung nicht gerecht.

52   Der *EuGH* geht in ständiger Rechtsprechung von dem Gebot der richtlinienkonformen Auslegung des nationalen Umsetzungsrechts aus[187]. Zur Begründung stellt er in erster Linie auf die mitgliedstaatliche Verpflichtung aus **Art. 288 III AEUV** ab, die in der Richtlinie vorgesehenen Ziele zu erreichen (s. auch Art. 291 I AEUV). Ergänzend weist er auf die Verpflichtung zur Gemeinschaftstreue gem. Art. 4 III EUV hin. Das Gebot der richtlinienkonformen Auslegung ist – mit verschiedenen Nuancen der dogmatischen Absicherung und Reichweite – in der deutschen Rechtsprechung[188] und Literatur[189] allgemein anerkannt. Es zielt vornehmlich darauf ab, das nationale Umsetzungsrecht so auszulegen und anzuwenden, dass es mit den Vorgaben der jeweiligen Richtlinie im Einklang steht. Es beinhaltet jedoch keine Verpflichtung, das Umsetzungsrecht unmittelbar anhand der betreffenden Richtlinie auszulegen[190]. Art. 288 III AEUV ist nicht darauf gerichtet, eine vollständige Kongruenz zwischen europäischem und nationalem (Umsetzungs-)Recht zu erreichen. Im Kern geht es um die einheitliche **Verwirklichung**

---

[181] S. Schlussanträge der Generalanwältin *Trstenjak* vom 21.6.2007 – Rs. C-319/05, PharmR 2007, 338, 342 – Kommission/Deutschland III; Schlussanträge des Generalanwalts *Ruiz-Jarabo* vom 13.2.2007 – Rs. C-374/05, PharmR 2007, 247, 252 – Gintec; *Wehlau*, ZLR 2000, 163, 172 f.

[182] S. *EuGH* (s. o. Fn. 12), Rs. C-109/12 – Laboratoires Lyocentre, Rn. 47 f.; Rs. C-88/07 – Kommission/Spanien, Rn. 69; Rs. C-140/07 – Hecht-Pharma, Rn. 28; Rs. C-319/05 – Kommission/Deutschland III, Rn. 37; Rs. C-211/03 u. a. – HLH Warenvertrieb und Orthica, Rn. 56.

[183] S. dazu insbes. *EuGH* (s. o. Fn. 12), Rs. C-27/08 – BIOS Naturprodukte, Rn. 6 ff.; Rs. C-88/07 – Kommission/Spanien, Rn. 23 ff.; Rs. C-319/05 – Kommission/Deutschland III, Rn. 11 ff.; *Salzer*, DLR 2010, 12 ff.; *Hagenmeyer/Hahn/Teufer*, StoffR 2006, 2, 10 ff.

[184] *Klaus*, S. 357 ff., 362 f.; *Kraft/Röcke*, ZLR 2006, 19, 19 und 23.

[185] *BVerwG*, NVwZ 2009, 1038, 1039; PharmR 2008, 254, 255; 78, 81; 73, 76; 67, 70; NVwZ 2007, 591, 592; *OVG Saarlouis*, ZLR 2006, 173, 183 ff.; anders *BVerwG*, NVwZ-RR 2007, 771, 772 f. und *BVerwGE* 106, 90, 92 ff.; 97, 132, 134 ff.

[186] Vgl. *Gorny*, ZLR 2007, 782, 782 f.; *Voß*, Rn. 15; *Mahn*, ZLR 2005, 151, 151 f. Vertritt man die „Integrationslösung", wonach Art. 2 III Buchst. d) VO (EG) Nr. 178/2002 den Arzneimittelbegriff in Art. 1 Nr. 2 RL 2001/83/EG in eine Verordnung umgewandelt haben soll, ist dies wegen des insofern vorrangigen Verordnungsrechts freilich konsequent (Art. 288 II AEUV).

[187] S. *EuGH*, Urt. v. 4.7.2006 – Rs. C-212/04, NJW 2006, 2465, 2467, Rn. 108, 111 – Konstantinos Adeneler u. a.; Urt. v. 5.10.2004 – Rs. C-397/01 u. a., NJW 2004, 3547, 3549, Rn. 110 ff. – Pfeiffer u. a.; Urt. v. 27.6.2009 – Rs. C-240/98 u. a., Slg. 2000, I-4963 ff., Rn. 30 – Océano Grupo Editorial SA; Urt. v. 25.2.1999 – Rs. C-131/97, Slg. 1999, I-1119 ff., Rn. 48 – Carbonari u. a.; Urt. v. 14.7.1994 – Rs. C-91/92, Slg. 1994, I-3347 ff., Rn. 26 – Faccini Dori; Urt. v. 13.11.1990 – Rs. C-106/89, Slg. 1990, I-4156 ff., Rn. 8 – Marleasing; Urt. v. 10.4.1984 – Rs. 14/83, Slg. 1984, 1891 ff., Rn. 26, 28 – von Colson und Kamann.

[188] *BVerfGE* 75, 223, 237; *BVerwGE* 106, 90, 95; 49, 60, 60 f.; *BVerwG*, NVwZ-RR 1998, 645; 645 f.; *BGHZ* 167, 91, 105 f.; 138, 55, 60 f.; *BGH*, GRUR 1995, 419, 421.

[189] *Nettesheim*, in: Grabitz/Hilf/Nettesheim, Art. 288 AEUV Rn. 133; *Schroeder*, in: Streinz, Art. 288 AEUV Rn. 125; *Ruffert*, in: Calliess/Ruffert, Art. 288 AEUV Rn. 77 ff.; *Karpenstein*, Rn. 79; *Weber*, S. 77 ff.; *Gänswein*, S. 17 ff.; *Krieger*, S. 175 ff.; *Brechmann*, S. 247 ff.; *Roth*, EWS 2005, 385 ff.; *Canaris*, in: FS Bydlinski, S. 47 ff.; *Ehricke*, EuZW 1999, 553, 554; *Ress*, DÖV 1994, 489 ff.; *Götz*, NJW 1992, 1849, 1853 ff.; *Jarass*, EuR 1991, 211, 215 ff.

[190] Vgl. *Nettesheim*, in: Grabitz/Hilf/Nettesheim, Art. 288 AEUV Rn. 134 f.; *Karpenstein*, Rn. 80; *Di Fabio*, NJW 1990, 947, 949, 953.

der Ziele der jeweiligen **Richtlinie.** Die Prinzipien der richtlinienkonformen Auslegung kommen daher vor allem dann zum Tragen, wenn dies der Zweck der Richtlinie gebietet. Grundvoraussetzung für eine richtlinienkonforme Auslegung einer Umsetzungsnorm ist nicht nur deren wortlautbedingte Auslegungsfähigkeit[191], sondern auch deren Auslegungsbedürftigkeit. Ist das Umsetzungsrecht eindeutig oder lässt es sich unter Rückgriff auf die nationalen Auslegungsmethoden so interpretieren, dass das Ergebnis mit den Richtlinienzielen übereinstimmt, bedarf es keiner weitergehenden richtlinienkonformen Auslegung – insbes. **keiner „streng akzessorischen" Auslegung** gem. dem Wortlaut der Richtlinie. Das Gebot der richtlinienkonformen Auslegung schließt vor allem solche Auslegungsergebnisse aus, die den Richtlinienzielen widersprechen, dirigiert aber nicht per se die Auslegung und Anwendung des nationalen Rechts[192]. Nach Art. 288 III AEUV ist den Mitgliedstaaten sowohl die Verwendung eigener Legaldefinitionen und unbestimmter Rechtsbegriffe gestattet als auch die Wahrnehmung entsprechender Freiräume bei der Auslegung und Anwendung derselben[193] – solange sich diese innerhalb des Rechtsrahmens der Richtlinie bewegen[194]. Der richtlinienkonformen Auslegung liegt eine **zweistufige Prüfung** zugrunde, die zunächst das „isolierte" Auslegung des nationalen Umsetzungsrechts zum Gegenstand hat und hiernach das Auslegungsergebnis (nebst etwaiger -alternativen) darauf hin überprüft, ob es mit den Vorgaben der Richtlinie, insbes. mit den jeweiligen Zielen, im Einklang steht[195]. Würde man für eine richtlinienkonforme „Auslegung" stattdessen unmittelbar auf die Richtlinienbestimmungen durchgreifen, würde das nationale Umsetzungsrecht funktionslos und würde der hierin verobjektivierte Wille des Gesetzgebers übergangen (vgl. Art. 20 III GG)[196]. Auch würde verkannt, dass Richtlinien – anders als insbes. Verordnungen – grundsätzlich nicht unmittelbar gelten (s. Art. 288 II, III AEUV). Demgemäß ist das Gebot der richtlinienkonformen Auslegung streng von dem subsidiären Prinzip der unmittelbaren Wirkung einer Richtlinie zu unterscheiden, das in eng begrenzten Ausnahmefällen eine unmittelbare Anwendung von Richtlinienbestimmungen gestattet[197].

Vor diesem Hintergrund geht es fehl, zur vermeintlichen Auslegung und Anwendung des deutschen 53 Arzneimittelbegriffs auf den europäischen Arzneimittelbegriff in Art. 1 Nr. 2 RL 2001/83/EG (einschließlich der „Zweifelsregelung" in Art. 2 II) zu springen und diesen zum alleinigen Maßstab der Prüfung zu machen. Zwar laufen der deutsche und der europäische Arzneimittelbegriff in ihren Kernaussagen synchron[198]. Doch stellt der **Arzneimittelbegriff in § 2** eine eigenständige, adäquate Umsetzung der europäischen Vorgaben in Art. 1 Nr. 2 und Art. 2 II RL 2001/83/EG dar. Der Gesetzgeber hat sich bei der Konzeption des § 2 nicht darauf beschränkt, den Wortlaut der Richtlinienbestimmungen schlicht zu übernehmen. Vielmehr hat er diese im Kontext der Entstehungsgeschichte und der langjährigen Rechtspraxis des deutschen Arzneimittelbegriffs in die bestehende Gesamtregelung integriert (s. § 2 I und IIIa) – und hierbei präzisiert – sowie mit den bisherigen weiteren Regelungen (insbes. § 2 II und III) verzahnt (s. Rn. 44). **Ausgangs- und Kristallisationspunkt** der (Abgrenzungs-)Prüfung ist der deutsche Arzneimittelbegriff in § 2. Dieser ist primär aus sich heraus zu interpretieren und sodann – im Sinne einer Kontrollprüfung – in den Kontext der Ziele und der Definitionen (nebst „Zweifelsregelung") der RL 2001/83/EG zu stellen[199], wie sie i. S. d. Judikatur des *EuGH*[200] darstellen. Bei einer solchen richtlinienkonformen Auslegung des § 2[201] wird sich im Einzelfall kein Widerspruch zu den europäischen Vorgaben, insbes. zu den Zielen der RL 2001/83/EG (Schutz der öffentlichen Gesundheit), ergeben. Der europäische Arzneimittelbegriff in Art. 1 Nr. 2 RL 2001/83/EG enthält keine zusätzlichen, insbes. engeren, von der Grunddefinition des deutschen Arzneimittelbegriffs in § 2 I abweichenden Prüfungsparameter. Im Gegenteil, anders als der weit gefasste europäische Arzneimittelbegriff verfügt der

---

[191] *Schroeder*, in: Streinz, Art. 288 AEUV Rn. 128 m. w. N. in Fn. 399 f.

[192] S. BVerwGE 106, 90, 95, 98 („Angesichts der Eindeutigkeit der innerstaatlichen gesetzlichen Regelung bleibt jedoch für eine gemeinschaftskonforme Auslegung kein Raum."); *Brechmann*, S. 259; *Di Fabio*, NJW 1990, 947, 949, 953; *Nettesheim*, in: Grabitz/Hilf/Nettesheim, Art. 288 AEUV Rn. 1; *Gänswein*, S. 76.

[193] *Nettesheim*, in: Grabitz/Hilf/Nettesheim, Art. 288 AEUV Rn. 135; *Weber*, S. 127; a. A. *Klaus*, S. 359.

[194] S. auch *EuGH*, Urt. v. 10.4.1984 – Rs. 14/83, Slg. 1984, 1891 ff., Rn. 28 – von Colson und Kamann; *Krieger*, S. 81 f.

[195] Vgl. *Canaris*, in: FS Bydlinski, S. 47, 80 f.; *Brechmann*, S. 258 f.; s. beispielhaft BVerwGE 97, 132, 134 ff.; BGHZ 167, 91, 104 ff.; 151, 286, 291 ff.; BGHSt 46, 380, 383 ff.; 37, 333, 335 f.

[196] Vgl. *Weber*, S. 170 ff.; *Jarass/Beljin*, JZ 2003, 768, 775.

[197] Vgl. *Weber*, S. 86; *Roth*, EWS 2005, 385, 387; *Canaris*, in: FS Bydlinski, S. 47, 78 f.; *Jarass*, EuR 1991, 211, 218; zu den Voraussetzungen s. *EuGH*, Urt. v. 25.5.1993 – Rs. 193/91, Slg. 1993, I-2630 ff., Rn. 17 – Mohsche m. w. N.

[198] So auch die Bundesregierung, BT-Drucks. 16/12 256, S. 41; 15/5656, S. 16.

[199] So noch BVerwGE 97, 132, 134 ff. Das BVerwG vertritt mittlerweile jedoch die „Integrationslösung" und prüft daher rein verordnungsrechtlich, das heißt einstufig.

[200] S. zuletzt *EuGH* (s. o. Fn. 12), Rs. C-109/12 – Laboratoires Lyocentre, Rn. 36ff; Rs. C-308/11 – Chemische Fabrik Kreussler, Rn. 33 ff.; Rs. C-27/08 – BIOS Naturprodukte, Rn. 18 ff.; Rs. C-88/07 – Kommission/Spanien, Rn. 72 ff.; Rs. C-140/07 – Hecht-Pharma, Rn. 21 ff.; Rs. C-319/05 – Kommission/Deutschland III, Rn. 41 ff.; Rs. C-211/03 u. a. – HLH Warenvertrieb und Orthica, Rn. 43 ff., 49 ff., 56.

[201] S. *BGH*, PharmR 2015, 403, 404; NStZ-RR 2014, 312, 313; NJW-RR 2008, 1255, 1256; NVwZ 2008, 1266, 1268; *BGHZ* 167, 91, 106; *OLG Köln*, PharmR 2010, 73, 74; *OLG Hamburg*, ZLR 2007, 104, 106; *Hüttebräuker/Müller*, PharmR 2008, 38, 39; *Müller*, NVwZ 2007, 543, 544 f.; *Doepner*, ZLR 2006, 492, 497; anders BVerwG, NVwZ 2009, 1038, 1039; PharmR 2008, 254, 255; 78, 80 f.; 73, 76; 67, 69 f.; NVwZ 2007, 591, 592; *Gorny*, ZLR 2007, 782, 782 f.

deutsche Arzneimittelbegriff mit seinen dezidierten Regelungen zu den fiktiven Arzneimitteln (§ 2 II), den Abgrenzungsfragen (§ 2 III i. V. m. IIIa) sowie den gesetzlichen Vermutungen (§ 2 IV) über eine Reihe konkretisierender und präzisierender Bestimmungen. Dasselbe gilt für die in § 2 IIIa umgesetzte „Zweifelsregelung" gem. Art. 2 II RL 2001/83/EG.

D. Arzneimittelkategorien

54   Die von § 2 erfassten Arzneimittel lassen sich in verschiedener Hinsicht kategorisieren. Der **weit zu verstehende Arzneimittelbegriff**[202] in § 2 betrifft alle Human- und Tierarzneimittel, wobei für letztere Sonderregelungen in §§ 56 ff. bestehen[203]. Erfasst werden auch Betäubungsmittel[204]. Zudem deckt der Arzneimittelbegriff grundsätzlich **sowohl echte Arzneimittel als auch Anscheinsarzneimittel** ab[205] – das heißt vor allem therapeutisch unwirksame Produkte[206].

55   Aus der Perspektive der **Herstellung** geht es vor allem um Fertigarzneimittel gem. § 4 I, das heißt um Arzneimittel, die „*im Voraus hergestellt und in einer zur Abgabe an den Verbraucher bestimmten Packung in den Verkehr gebracht werden*" oder die in sonstiger Weise industriell bzw. gewerblich (ausgenommen in Apotheken) hergestellt werden[207]. Die Fertigarzneimittel lassen sich einerseits in Arzneispezialitäten[208], das heißt in Originalpräparate mit einer bestimmten Bezeichnung, und andererseits in Generika (oder „Nachahmerpräparate")[209] unterscheiden. Letztere werden ohne bestimmte Bezeichnung oder unter der Wirkstoffbezeichnung eines Original- bzw. Referenzpräparates vertrieben, dessen Wirkstoff nicht (mehr) patentgeschützt ist (vgl. auch § 24b). Von den Fertigarzneimitteln nach § 4 I sind vor allem die in der Apotheke hergestellten Rezeptur- und Defekturarzneimittel abzugrenzen[210]. Rezepturarzneimittel sind solche, die nicht im voraus, sondern im Einzelfall auf Grund einer ärztlichen Verschreibung in der Apotheke hergestellt werden (vgl. § 7 I ApBetrO)[211]. Defekturarzneimittel sind solche, die im Rahmen des üblichen Apothekenbetriebs im voraus in Chargengrößen bis zu hundert abgabefertigen Packungen oder in einer entsprechenden Menge an einem Tag hergestellt werden (sog. verlängerte Rezeptur, § 21 II Nr. 1[212]; § 8 I ApBetrO).

56   Nach den unterschiedlichen medizinischen Denkansätzen bzw. **Therapierichtungen** stehen sich vor allem die Arzneimittel der Schulmedizin (Allopathie)[213] und die Arzneimittel der besonderen Therapierichtungen gegenüber (Phytotherapie, Homöopathie und Anthroposophie, vgl. §§ 4 XXVI, XXIX, XXXIII, 25 VI 1, 6, VII 4; 105 IVf 2)[214]. Für letztere bestehen zum Teil Sonderregelungen (§§ 38 ff.). Zusätzlich sind insbes. die Arzneimittel für neuartige Therapien zu nennen (§§ 4 IX, 4b). Nach ihrer **Zweckbestimmung** können Arzneimittel in Therapeutika, Prophylaktika und Diagnostika unterschieden werden (s. insbes. § 2 I Nr. 1, Nr. 2 Buchst. b)). Hinsichtlich der **Verkehrsfähigkeit** kann zwischen zugelassenen (§§ 21 ff.) bzw. fiktiv zugelassenen (§ 105 I), registrierten (§§ 38 ff.) und von der Zulassung bzw. Registrierung freigestellten Arzneimitteln (§ 36 I, III und § 39 III: Verordnung über Standardzulassungen bzw. Standardregistrierungen) differenziert werden. Aus der Sicht der Abgabe bzw. des

---

[202] S. *BVerfG*, NJW 2006, 2684, 2685; *BGHSt* 43, 336, 342; *OLG München*, NJWE–WettbR 1997, 51, 51; *OLG Frankfurt/Main*, NJW 1996, 3090, 3090 f.

[203] Weitere Spezialregelungen bestehen etwa für Kinderarzneimittel (VO (EG) Nr. 1901/2006; dazu *Heinemann/ Tieben*, A&R 2007, 53 ff.), für Arzneimittel für seltene Leiden („Orphan Drugs"; VO (EG) Nr. 141/2000; hierzu *EuG*, EuZW 2013, 671 f.; PharmR 2010, 595 ff.; *Sträter/Burgardt/Bickmann*, A&R 2014, 195 ff.; *Ehlers/Trümper*, PharmInd 2008, 379 f.; *Kamann*, PharmR 2000, 170 ff.) sowie für Arzneimittel für neuartige Therapien (s. §§ 4 IX, 4b und VO (EG) Nr. 1394/2007; dazu *Boergen/Jäkel/Spiegel*, PharmR 2008, 357 ff.).

[204] S. *BVerfG*, NJW 2006, 2684, 2685; *BGHSt* 43, 336, 341; *Patzak*, in: Körner/Patzak/Volkmer, § 1 BtMG Rn. 12; mit Blick auf § 81 stehen das Arzneimittel- und das Betäubungsmittelrecht grundsätzlich nebeneinander, s. auch *BGHSt* 54, 243, 256 und § 81 Rn. 3.

[205] S. *BGHSt* 59, 16, 18 f.; *OLG Frankfurt/Main*, ZLR 1997, 645, 647; zurückhaltend *VGH München*, NJW 1998, 845, 845 f.; kritisch *Köhler*, ZLR 1999, 599 ff., 608 ff.

[206] S. *BGHSt* 59, 16, 18 f.; *BVerwGE* 97, 132, 139 f.; 94, 215, 220 f.; *OLG Karlsruhe*, ZLR 1999, 488, 493.

[207] Vgl. hierzu BT-Drucks. 15/5316, S. 33 und BSGE 100, 103, 111. Keine Fertigarzneimittel sind Zwischenprodukte, die für eine weitere Verarbeitung durch einen Hersteller bestimmt sind (§ 4 I 2); zu den Abgrenzungsfragen s. Rn. 63 und § 3 Rn. 34 ff.

[208] Der Begriff der Arzneispezialitäten entstammt § 4 AMG 1961 (Arzneispezialitäten sind „Arzneimittel, die in gleichbleibender Zusammensetzung hergestellt und in abgabefertigen Packungen unter einer besonderen Bezeichnung in den Verkehr gebracht werden.").

[209] Vgl. *Friedrich*, PharmR 2010, 329 ff. (zur Werbung); *Rehmann*, A&R 2008, 147 ff. (zum Marktzugang).

[210] S. zur Abgrenzung Fertigarzneimittel/Rezepturarzneimittel *BGHSt* 57, 312, 316 ff.; *LG Hamburg*, PharmR 2010, 542, 544 ff.; zur Europaratsresolution CM/ResAP (2011) 1 *Pannenbecker/Guttmann*, PharmR 2011, 356 ff.

[211] S. dazu *EuGH*, Urt. v. 16.7.2015 – Rs. C-544/13 u. C-545/13, PharmR 2015, 436 ff., Rn. 35 ff. – Abcur; *BGHSt* 57, 312, 316 ff.; *BGHZ* 163, 265, 273; *BVerwGE* 70, 284, 288; *OLG München*, PharmR 2010, 476, 477 ff.; *OLG Hamburg*, PharmR 2008, 448, 452 f.; *Fleischfresser*, in: Fuhrmann/Klein/Fleischfresser, § 2 Rn. 168, 173 f.; *Prinz*, PharmR 2008, 364 ff.; *ders.*, PharmR 2009, 437 ff. (speziell zur Herstellung durch pharmazeutische Herstellerbetriebe).

[212] S. hierzu *BGH*, PharmR 2015, 371 ff.; *BGHSt* 57, 312, 320 f.; *BGHZ* 163, 265, 271 ff.; *OLG München*, GRUR-RR 2006, 343, 343 f.; BT-Drucks. 11/5373, S. 13.

[213] Vgl. dazu *Quellmann*, in: Fuhrmann/Klein/Fleischfresser, § 4 Rn. 4 ff.

[214] Ausführlich *Böttger/Kirchner*, in: Fuhrmann/Klein/Fleischfresser, § 4 Rn. 10 ff.; *Brixius*, in: Brixius/Frehse, S. 11 ff.; *Zuck*, A&R 2008, 200 ff. (zu anthroposophischen Arzneimitteln).

Vertriebs ist vor allem zwischen apothekenpflichtigen und freiverkäuflichen Arzneimitteln (s. §§ 43 ff., 50; AMVerkV) sowie verschreibungspflichtigen Arzneimitteln (s. § 48; AMVV) zu unterscheiden.

Trotz der vielfältigen Arzneimittelkategorien ist rechtstechnisch von einem **einheitlichen Arznei-** 57 **mittelbegriff** des AMG auszugehen. Dies gilt nicht nur für die Binnensystematik des § 2 selbst, wonach dem Oberbegriff der „Arzneimittel" die Unterbegriffe der Präsentations- und Funktionsarzneimittel in Abs. 1, die fiktiven Arzneimittel in Abs. 2 und die vermuteten Arzneimittel in Abs. 4 unterfallen. Vielmehr erfasst der Oberbegriff der Arzneimittel in § 2 auch alle zuvor genannten Arzneimittelkategorien und alle speziellen Legaldefinitionen, wie insbes. in § 4.

E. Präsentations- und Funktionsarzneimittel (Abs. 1)

§ 2 I dient der Umsetzung von Art. 1 Nr. 2 RL 2001/83/EG. Er enthält die **Grunddefinition** der 58 Arzneimittel („Arzneimittel sind …"), indem er deren konstitutive Merkmale festlegt. Nach den Eingangsformulierungen des § 2 I sind Arzneimittel *Stoffe oder Zubereitungen aus Stoffen*, die dazu bestimmt sind, durch Anwendung *„im oder am menschlichen oder tierischen Körper"* die in Nr. 1 und Nr. 2 beschriebenen Zwecke zu erzielen. § 2 I Nr. 1 bildet den **Präsentationsarzneimittelbegriff** und betrifft therapeutische und prophylaktische Zwecke (Heilung, Linderung und Verhütung von Krankheiten und krankhaften Beschwerden). § 2 I Nr. 2 stellt den **Funktionsarzneimittelbegriff** dar und hat in Buchst. a) die „allgemeinen" Zwecke der Wiederherstellung, Korrektur und Beeinflussung der physiologischen Funktionen und in Buchst. b) diagnostische Zwecke zum Gegenstand (medizinische Diagnose)[215]. Im Verhältnis zum Präsentationsarzneimittelbegriff in § 2 I Nr. 1 stellt der Begriff des Funktionsarzneimittels in § 2 I Nr. 2 Buchst. a) einen **Unterfall mit Auffangcharakter** dar. Damit überschneiden sich die beiden Begriffe. Ein Stoff oder eine Stoffzubereitung ist ein Arzneimittel, wenn zumindest eine der beiden Definitionen in § 2 I Nr. 1, 2 erfüllt ist. Angesichts der Zwecksetzungen des AMG in § 1, namentlich der Arzneimittelsicherheit und des Schutzes der öffentlichen Gesundheit, ist die Grunddefinitionen in § 2 I prinzipiell **weit auszulegen**[216]. Hiervon ist bei § 2 I Nr. 2 Buchst. a) eine Ausnahme zu machen.

I. Gemeinsame Tatbestandsmerkmale

Den beiden Begriffen der Präsentations- bzw. Funktionsarzneimittel nach § 2 I Nr. 1, 2 ist gemeinsam, 59 dass es sich um „Stoffe" oder „Zubereitungen aus Stoffen" handelt, die ihre jeweils unterschiedlichen Zwecke durch Anwendung *„im oder am menschlichen oder tierischen Körper"* erreichen.

1. Stoffe. Der Begriff der „Stoffe" (bzw. der „Zubereitungen aus Stoffen") ist ein Kernelement des 60 Arzneimittelbegriffs in § 2 I[217] und hat in diesem Verhältnis dienende Funktion. Die Legaldefinition der Stoffe in § 3 unterscheidet zwischen **vier verschiedenen Stoffgruppen**, namentlich chemischen, pflanzlichen, tierischen und menschlichen Stoffen sowie Mikroorganismen: Nach § 3 Nr. 1 sind chemische Elemente und chemische Verbindungen „Stoffe" i. S. d. AMG. § 3 Nr. 2 betrifft Pflanzen, Pflanzenteile, Pflanzenbestandteile, Algen, Pilze und Flechten. § 3 Nr. 3 hat Tierkörper sowie Körperteile, -bestandteile und Stoffwechselprodukte von Mensch und Tier zum Gegenstand. Nach § 3 Nr. 4 sind schließlich auch Mikroorganismen einschließlich der Viren „Stoffe" i. S. d. Gesetzes (s. § 3 Rn. 27 ff.).

Der Stoffbegriff in § 3 ist von dem Begriff des **Gegenstandes** abzugrenzen, den das AMG mehrfach 61 verwendet (vgl. etwa § 2 II Nr. 1, 2 und 3), aber nicht definiert. Ein Gegenstand wird vor allem durch seine bestimmungsgemäße Form und Funktion sowie seine in der Regel physikalische Wirkung charakterisiert[218]. Im Gegensatz zu einem Stoff, der in allen drei Aggregatzuständen auftreten kann, befindet sich ein Gegenstand regelmäßig in einem festen Aggregatzustand. Anders als ein Stoff, der verbraucht bzw. verarbeitet wird, wird ein Gegenstand dauerhaft gebraucht[219]. Ungeachtet seiner Zweckbestimmung kann ein Gegenstand kein Arzneimittel i. S. v. § 2 I sein, wohl aber als fiktives Arzneimittel i. S. v. § 2 II in Betracht kommen.

Der Begriff „Stoff" ist Oberbegriff für eine Vielzahl weiterer Stoffbegriffe des Arzneimittelrechts, wie 62 etwa die Unterbegriffe **„Ausgangsstoff"** (vgl. etwa §§ 12 Ib Nr. 1; 22 VII 3 und 24b V 1 und § 11 ApBetrO), **„Hilfsstoff"** (vgl. § 39b I 4) und **„Wirkstoff"** (vgl. nur § 4 XIX; 12 III 2; 20a; 21 II Nr. 1c, IIa 5; 25 II 1 Nr. 5a, 6a, III). Weitere Unterbegriffe, wie etwa **„Rohstoff"** und **„Grundstoff"**, lassen sich den sog. **Pharmazeutischen Begriffsbestimmungen** des Ausschusses „Arzneimittel-, Apotheken-

---

[215] Insofern entspricht die Terminologie der Präsentations- und Funktionsarzneimittel gem. § 2 I Nr. 1, 2 der ständigen Judikatur des *EuGH*, vgl. auch BT-Drucks. 16/12 256, S. 41; *BGHSt* 59, 16, 18; *VGH München*, PharmR 2009, 573, 574 f.

[216] S. auch *OVG Münster*, PharmR 2010, 607, 609 (in Bezug auf § 2 I Nr. 1).

[217] Vgl. auch § 2 II Nr. 4 und § 3 III Nr. 4.

[218] S. hierzu *BVerwGE* 71, 318, 320 ff.

[219] S. auch BT-Drucks. 3/654, S. 17.

und Gefahrstoffwesen der Arbeitsgemeinschaft der Leitenden Medizinalbeamten der Länder" aus dem Jahre 1992 entnehmen[220] (s. § 3 Rn. 33).

63 Wegen der erheblichen rechtlichen Folgewirkungen, welche die Bejahung der Arzneimitteleigenschaft eines Stoffes hat (s. Rn. 1), ist die Frage der **Abgrenzung** zwischen **Ausgangsstoffen** und Arzneimitteln von zentraler Bedeutung[221]. Sie ist mit Blick darauf zu beantworten, dass es bei Arzneimitteln um die Herstellung eines Endproduktes geht. Die Grenzziehung zwischen Ausgangsstoffen und Arzneimitteln erfolgt grundsätzlich dadurch, dass der Herstellungsprozess im wesentlichen abgeschlossen ist. Von diesem Grundsatz können Ausnahmen in Betracht kommen, falls die Prinzipien der in § 1 verankerten Arzneimittelsicherheit dies erfordern[222]. Entsprechendes gilt für Sonderfälle, in denen Stoffe etwa ohne jegliche Be- oder Verarbeitung auch als Arzneimittel verwendet werden können (dual use) oder schon selbst als (Ausgangs-)Arzneimittel zu qualifizieren sind und nachträglich nur noch unwesentlich verändert werden[223] (s. § 3 Rn. 34 ff.).

64 **2. Zubereitungen aus Stoffen.** Die Formulierung „Zubereitungen aus Stoffen" wird regelmäßig gemeinsam mit dem Begriff der „Stoffe" verwandt (vgl. nur § 2 I, II Nr. 4, III Nr. 4, IIIa und § 59a I, II). Anders als den Stoffbegriff (§ 3) definiert das AMG den Begriff der Zubereitungen nicht. Die Wendung „Zubereitungen aus Stoffen" kann – trotz der Unterschiede in den Rechtsmaterien – in Anlehnung an entsprechende Begriffsbestimmungen des BtMG und der VO (EG) Nr. 1907/2006 (REACH-VO) konkretisiert werden. Nach § 2 I Nr. 2 BtMG ist eine Zubereitung *„ohne Rücksicht auf ihren Aggregatzustand ein Stoffgemisch oder die Lösung eines oder mehrerer Stoffe außer den natürlich vorkommenden Gemischen und Lösungen."* Art. 3 Nr. 2 VO (EG) Nr. 1907/2006 definiert ein Gemisch als *„Gemenge, Gemische oder Lösungen, die aus zwei oder mehr Stoffen bestehen"*. Berücksichtigt man, dass Zubereitungen (i. S. d. AMG) in der Regel einen nicht unerheblichen, menschlichen Bearbeitungsvorgang voraussetzen, können diese wie folgt definiert werden: **Zubereitungen** sind ungeachtet ihres Aggregatzustandes aus zwei oder mehreren Stoffen bestehende Gemenge, Gemische oder Lösungen, die nicht natürlich vorkommen. Konsequenz dieser auf die menschliche Behandlung zweier oder mehrerer Stoffe abstellenden Definition ist unter anderem, dass *ein* behandelter Stoff noch keine Zubereitung aus Stoffen sein kann[224].

65 Eine dezidierte Abgrenzung der „Stoffe" von den „Zubereitungen aus Stoffen" ist entbehrlich. Das AMG knüpft an die Erfüllung der beiden Begriffe keine abweichenden Rechtsfolgen. Entscheidend ist, ob die in Rede stehenden „Stoffe" oder „Zubereitungen aus Stoffen" als Endprodukt[225] aufgrund ihrer Zweckbestimmung nach § 2 I Nr. 1, 2 ein Arzneimittel darstellen oder nicht[226].

66 **3. Menschlicher oder tierischer Körper.** § 2 I hat den menschlichen und tierischen Körper zum Gegenstand. Dass hiermit grundsätzlich der **lebende** und nicht auch der tote **Körper** gemeint ist, ergibt sich schon aus den Zweckbestimmungen in § 2 I Nr. 1 und 2, die ganz überwiegend einen lebenden Körper voraussetzen. Gleiches folgt aus dem Umstand, dass es sich bei dem AMG gem. § 1 um ein Gefahrenabwehr- und Verbraucherschutzgesetz handelt (s. § 1 Rn. 1)[227]. Der Begriff des „Körpers" umfasst nicht nur den Körper in seiner Gesamtheit, sondern auch die einzelnen **Körperteile** (wie die Organe) und die **Körperbestandteile** (Zellen, Gewebe und Blut)[228].

67 **4. Anwendung im Körper.** Im Gegensatz zur „Anwendung am Körper" hat die „Anwendung im Körper" die innerliche Anwendung zum Gegenstand. Die Formulierung ist weit zu verstehen und bezieht sich auf das Einverleiben bzw. Einbringen von Stoffen oder Zubereitungen aus Stoffen in das **Körperinnere**[229]. Dies kann auf verschiedene Art und Weise erfolgen, insbes. durch Einnehmen, Einatmen, Einführen, Einspritzen und Einpflanzen[230]. Eingeschlossen sind auch solche Anwendungen, die (teilweise) extrakorporal erfolgen (z. B. bei der Nierendialyse)[231]. Beispiele für Stoffe und Stoffzube-

---

[220] Abgedruckt im Bundesgesundheitsblatt Nr. 3/1992, S. 158; die Arbeitsgemeinschaft der Leitenden Medizinalbeamten der Länder (AGLMB) ist heute die Arbeitsgemeinschaft der obersten Landesgesundheitsbehörden (AOLG).

[221] Speziell zu den mit dem Begriff der Wirkstoffe in § 4 XIX verbundenen Abgrenzungsfragen ausführlich *Heßhaus*, StoffR 2006, 27 ff.; *Krüger*, PharmInd 2007, 1077 ff., 1187 ff.; zur strafrechtlichen Perspektive *BGHSt* 57, 312, 316 ff.; 54, 243, 248 ff.; *BGH*, PharmR 2008, 209, 210; *BGHSt* 43, 336, 344; *Knauer*, PharmR 2008, 199 ff.

[222] S. dazu *BVerwG*, PharmR 2011, 168, 169 f.; *BVerwGE* 70, 284, 287 ff.

[223] Vgl. *BGHSt* 54, 243, 248 ff.; 57, 312, 316 ff.; *Sander*, § 2 Erl. 4.

[224] In diese Richtung auch *Kloesel/Cyran*, § 2 Anm. 16 und § 3 Anm. 11; *Sander*, § 2 Erl. 6.

[225] S. zur Frage der Abgrenzung der Ausgangsstoffe von den Arzneimitteln, die sich gleichermaßen für „Stoffe" und „Zubereitungen aus Stoffen" stellt, ausführlich § 3 Rn. 34 ff.

[226] Vgl. auch *Kloesel/Cyran*, § 2 Anm. 16 und § 3 Anm. 11.

[227] Dies hat zur Folge, dass es sich bei Stoffen, die der Behandlung toter Körper dienen (insbes. hinsichtlich deren Konservierung bzw. Einbalsamierung) nicht um Arzneimittel i. S. v. § 2 I handelt (vgl. *Sander*, § 2 Erl. 9; *Rehmann*, § 2 Rn. 11), sondern um Biozidprodukte gem. Art. 3 I Buchst. a) VO (EU) Nr. 528/2012.

[228] Konsequenz hieraus ist, dass z. B. auch Stoffe, die der Lagerung und/oder dem Transport von Organen oder Gewebe zur Transplantation dienen, Arzneimittel i. S. v. § 2 I sein können; so auch *Rehmann*, § 2 Rn. 11; anders *Sander*, § 2 Erl. 9.

[229] S. auch *BVerwGE* 71, 318, 321.

[230] Vgl. auch *Kloesel/Cyran*, § 2 Anm. 37; *Sander*, § 2 Erl. 8; *Rehmann*, § 2 Rn. 10.

[231] Zu der Sonderregelung in § 4a S. 1 Nr. 3 s. § 4a Rn. 14 ff.

reitungen, die in der Regel im Körper angewandt werden, sind Tabletten, Pastillen, Dragées, Kapseln, (Gurgel-)Wässer, Aerosole, Inhalate, Injektionen und Infusionen[232]. Ob und inwieweit die betreffenden Stoffe und Zubereitungen aus Stoffen vom Körper resorbiert werden, ist rechtlich unerheblich[233].

5. Anwendung am Körper. Im Gegensatz zur „Anwendung im Körper" bezieht sich die „Anwen- **68** dung am Körper" auf die äußerliche Anwendung. Hierunter ist das unmittelbare Aufbringen bzw. Auftragen von Stoffen oder Zubereitungen aus Stoffen auf die **Körperoberfläche** zu verstehen[234]. Die AMVV definiert den äußeren Gebrauch von Stoffen und Stoffzubereitungen als *„die Anwendung auf Haut, Haaren oder Nägeln"*[235]. Beispiele für Stoffe und Zubereitungen aus Stoffen, die in der Regel *am* Körper angewandt werden, sind Lösungen, Tinkturen, Suspensionen, Emulsionen, Schäume, Salben, Pasten, Puder, Sprays und Pflaster[236]. Ob die am Körper angewendeten Stoffe bzw. Stoffzubereitungen von diesem resorbiert werden, ist rechtlich unbedeutend.

Die Grenze zwischen der Anwendung im und der Anwendung am Körper lässt sich nicht in allen **69** Fällen exakt festlegen. Vor allem die Anwendung von Stoffen an den verschiedenen Schleimhäuten des Körpers kann nicht nur eine innerliche Anwendung (z. B. Mund-, Magen- und Darmschleimhaut), sondern auch eine äußerliche Anwendung (z. B. Nasenschleimhaut) darstellen[237].

6. Verabreichung. Das Verabreichen von Stoffen oder Zubereitungen aus Stoffen, das in § 2 I Nr. 2 **70** angesprochen wird, betrifft einen Unterfall der Anwendung im oder am Körper. Gemeint ist die unmittelbare **Anwendung** von Stoffen oder Stoffzubereitung am menschlichen oder tierischen Körper **durch einen Dritten.** Kennzeichnend ist, dass der Betreffende an dieser Anwendung selbst nicht wesentlich mitwirkt, sondern diese von dritter Seite vorgenommen wird („Fremdapplikation"). Erfasst werden daher auch die heimliche Anwendung (z. B. von Dopingmitteln). Das Verabreichen bezieht sich sowohl auf die innerliche als auch die äußerliche Anwendung, das heißt das Einbringen von Stoffen in das Körperinnere (insbes. durch Einführen, Einflößen, Einspritzen und Einpflanzen) und das Aufbringen von Stoffen auf die Körperoberfläche (vor allem durch Auftragen, Einreiben und Einsprayen). Ob die jeweiligen Stoffe und Stoffzubereitungen vom Körper resorbiert werden, ist auch hier rechtlich irrelevant.

II. Präsentationsarzneimittel (Nr. 1)

Der Begriff der Präsentationsarzneimittel in § 2 I Nr. 1 ist für die begriffliche Bestimmung der **71** Arzneimittel von zentraler Bedeutung. Die Regelung entspricht im Wesentlichen § 2 I Nr. 1 a. F. und fasst wie dieser die typisierenden Hauptmerkmale der Arzneimittel zusammen (Heilung, Linderung und Verhütung von Krankheiten und krankhaften Beschwerden). Damit **charakterisiert und prägt** § 2 I Nr. 1 **den Arzneimittelbegriff** des § 2[238]. Erfasst werden sowohl Stoffe und Zubereitungen aus Stoffen mit therapeutischer Zweckbestimmung („Heilung" und „Linderung"), als auch solche mit prophylaktischer Zweckbestimmung („Verhütung"). Anders als § 2 I Nr. 1 a. F. hat die jetzige Fassung aber keine Stoffe bzw. Stoffzubereitungen mit diagnostischer Zweckbestimmung zum Gegenstand. Damit erstreckt sich § 2 I Nr. 1 nur auf Therapeutika und Prophylaktika, nicht aber auf Diagnostika. Diese sind in § 2 I Nr. 2 Buchst. b) geregelt.

Der Begriff der Präsentationsarzneimittel i. S. v. § 2 I Nr. 1 erfasst vor allem den „Normalfall" eines **72** Arzneimittels (z. B. Schmerztablette). Er bezieht sich insbes. auf die große Zahl der **echten Arzneimittel,** die pharmakologisch wirken und objektiv therapeutischer oder prophylaktischer Zwecken dienen. Diese erfüllen zugleich den Tatbestand eines Funktionsarzneimittels i. S. v. § 2 I Nr. 2 Buchst. a). Die Regelung in § 2 I Nr. 2 Buchst. a) ist diesbezüglich ein Unterfall des § 2 I Nr. 1[239]. Der Begriff der „Präsentation" darf nicht dahingehend missverstanden werden, dass § 2 I Nr. 1 gerade nicht die echten Arzneimittel betrifft, sondern allein Produkte, die nur entsprechend präsentiert werden und daher nur subjektiv echte Arzneimittel darstellen[240]. Zusätzlich zu den echten Arzneimitteln erfasst § 2 I Nr. 1 vielmehr auch die **Anscheinsarzneimittel**[241], das heißt Produkte, die ganz oder teilweise nur den

---

[232] Vgl. *Mutschler*, S. 7.
[233] Vgl. dazu auch *Kloesel/Cyran*, § 2 Anm. 37.
[234] Vgl. auch *Kloesel/Cyran*, § 2 Anm. 36; *Sander*, § 2 Erl. 7; *Rehmann*, § 2 Rn. 9.
[235] S. die Eingangsformulierung der Anlage 1 zu § 1 Nr. 1 und § 5 AMVV.
[236] Vgl. *Mutschler*, S. 7.
[237] Vgl. *Kloesel/Cyran*, § 2 Anm. 36 f., tendenziell „Anwendung im Körper"; so auch *Sander*, § 2 Erl. 8 und *Rehmann*, § 2 Rn. 10.
[238] In den Gesetzesmaterialien zur Vorläuferregelung (Art. 1 § 2 I Nr. 1 AMNOG 1976) heißt es, dass mit den Begriffen Krankheiten, Leiden etc. bzw. heilen, lindern etc. „die wichtigsten Arzneimittelfunktionen bei der Aufzählung an die Spitze gestellt" werden sollten, BT-Drucks. 7/5091, S. 11; s. auch BVerfGE 17, 232, 238 f.: „[D]as Arzneimittel ist … eines der wichtigsten Hilfsmittel der ärztlichen Kunst, um Krankheiten zu erkennen, zu heilen und ihnen vorzubeugen …"; ebenso BVerwGE 137, 213, 224.
[239] Vgl. *VGH München*, PharmR 2012, 525, 526; anders *Koyuncu*, in: Deutsch/Lippert, § 2 Rn. 39 f. („Subsidiarität des Präsentationsarzneimittels gegenüber dem Funktionsarzneimittel").
[240] Anders *Bruggmann*, S. 32.
[241] Insofern wäre es auch missverständlich, die Arzneimittel des § 2 I – in Abgrenzung zu den fiktiven Arzneimitteln des § 2 II – durchgängig als „echte Arzneimittel" zu bezeichnen.

Anschein erwecken, therapeutischen oder prophylaktischen Zwecken zu dienen (**Präsentationsarznei-mittel i. w. S.**)[242]. Der Verbraucher soll in Anbetracht der Arzneimittelsicherheit gem. § 1 auch vor Produkten geschützt werden, die für die Erfüllung der erwünschten therapeutischen oder prophylakti-schen Zwecke nicht oder nicht hinreichend geeignet sind[243]. So kann etwa die Heilung einer Krankheit verzögert oder deren Verlauf verschlechtert werden, wenn statt tatsächlich geeigneter Therapeutika nicht oder nicht hinreichend wirksame Anscheinstherapeutika angewendet werden. Zudem unterfallen dem Begriff der Arzneimittel nach § 2 I Nr. 1 auch solche Produkte, deren Eignung für therapeutische oder prophylaktische Zwecke bei einer entsprechenden Präsentation nicht hinreichend gesichert ist oder von den Umständen des Einzelfalls abhängt (**Präsentationsarzneimittel i. e. S.**). Erfasst werden schließlich auch **gefälschte Arzneimittel** gem. § 4 XL[244].

73   Die **Bestimmung bzw. Präsentation** eines Produktes als Arzneimittel gem. § 2 I Nr. 1 kann ausdrücklich oder konkludent erfolgen. Präsentationsarzneimittel i. S. v. § 2 I Nr. 1 sind sowohl Pro-dukte, die ausdrücklich als Arzneimittel bezeichnet werden, als auch solche, deren Bestimmung als Arzneimittel sich erst aus den Gesamtumständen der Präsentation ergibt[245]. Auch ein Produkt, das insbes. auf seiner Verpackung nicht explizit als „Arzneimittel" bezeichnet wird, kann daher – vor allem aufgrund seiner Konzeption und seines Marktauftritts – ein Präsentationsarzneimittel darstellen.

74   **1. Krankheiten.** Der Begriff der „Krankheit" ist ein zentrales Element der Arzneimitteldefinition in § 2 I. Er ist **arzneimittelspezifisch** zu verstehen. Der Begriff der Krankheit i. S. d. Arzneimittelrechts ist mit den Krankheitsbegriffen anderer Rechtsmaterien, wie insbes. des Arbeits- und Sozialversiche-rungsrechts sowie des Infektionsschutz- und Seuchenrechts, nicht kongruent[246]. Dies gilt im Grundsatz selbst für das dem Arzneimittelrecht benachbarte Heilmittelwerberecht[247]. Grund hierfür ist die jeweils unterschiedliche rechtssystematische Funktion dieser Begriffe. Bei den zuvor genannten Rechtsmaterien geht es etwa um die Risikozuweisung bei krankheitsbedingter Arbeitsunfähigkeit (§ 3 I EFZG), die Konkretisierung der Leistungspflichten der Krankenkassen (§§ 27 ff. SGB V)[248] sowie um Melde- und Anzeigepflichten bei Vorliegen bestimmter Krankheiten (§§ 6 ff. IfSG und § 4 TierGesG). Demgegen-über dient der Krankheitsbegriff des AMG insbes. der begrifflichen Eingrenzung der Arzneimittel und deren Abgrenzung von anderen Produkten. Mittelbar hat er auch die Aufgabe, die regulatorischen Kernfragen des AMG (Herstellungserlaubnis, Zulassungs- und Apothekenpflicht, Haftung etc.) zu ent-scheiden. Vor diesem Hintergrund kann zur Konkretisierung des Rechtsbegriffs der Krankheit i. S. d. AMG nur eingeschränkt auf betreffende Qualifikationen in der medizinischen Wissenschaft zurück-gegriffen werden[249].

75   Nach einheitlicher Rechtsprechung[250] ist der arzneimittelrechtliche **Krankheitsbegriff** grundsätz-lich **weit zu verstehen**. Hiernach ist eine Krankheit „*jede Störung der normalen Beschaffenheit oder der normalen Tätigkeit des Körpers …, die geheilt, d. h. beseitigt oder gelindert werden kann.*"[251] Erfasst werden auch „*alle Beschwerden, die von dem gesundheitlichen Norm abweichen, … ohne Rücksicht darauf, ob die Normabweichungen nur vorübergehend oder nicht erheblich sind.*"[252] Dabei lässt sich der Maßstab der gesundheitlichen *Norm* bzw. die Frage, welcher Zustand noch als gesund oder schon als krankhaft zu qualifizieren ist, angesichts der Vielfalt und Komplexität möglicher Störungen und Beschwerden kaum näher konkretisieren[253]. Dass die betreffenden Erscheinungen erheblich, schwer oder dauerhaft sind, ist für die Bejahung einer Krankheit nach der obigen Rechtsprechung nicht erforderlich. Gleichwohl kann schon nach dem Wortlautverständnis einer „Krankheit" – in Abgrenzung zum Begriff der

---

[242] S. *BGHSt* 59, 16, 18 f. sowie die Aussage des *EuGH*, dass die Definition der Präsentationsarzneimittel „*nicht nur Arzneimittel erfassen soll, die tatsächlich therapeutische oder medizinische Wirkung haben, sondern auch die Erzeug-nisse, die nicht ausreichend wirksam sind oder die nicht die Wirkung haben, die der Verbraucher nach ihrer Bezeichnung von ihnen erwarten darf*", *EuGH* (s. o. Fn. 12), Rs. C-319/05 – Kommission/Deutschland III, Rn. 43; Rs. C-219/91 – Ter Voort, Rn. 16; Rs. C-112/89 – Upjohn I, Rn. 16; Rs. 227/82 – Van Bennekom, Rn. 17 (Hervorhebungen diesseits).
[243] Vgl. auch BT-Drucks. 16/12 256, S. 41.
[244] S. hierzu an §§ 8 II, 95 I Nr. 3a; *Wesch*, in: Dieners/Reese, § 16 Rn. 14 ff.; *Stallberg*, GRUR-Prax 2011, 212; *Tillmanns*, PharmR 2009, 66 ff.; *Schweim*, DAZ 2005, 40 ff.
[245] S. *BVerwG*, NVwZ 2015, 749, 749 f.; NVwZ-RR 2015, 425, 426 f.; NVwZ-RR 2015, 420, 423; PharmR 2011, 168, 169; *OVG Lüneburg*, PharmR 2011, 86, 88; *OVG Münster*, PharmR 2010, 607, 609; *VGH München*, PharmR 2009, 573, 574.
[246] S. *BGHSt* 11, 304, 308 und *Mazal*, in: Mazouz/Werner/Wiesing, S. 127.
[247] S. dazu *BGH*, NJW-RR 2003, 478, 478 f.; GRUR 1998, 961, 962; GRUR 1981, 435, 436.
[248] In ständiger Rspr. definiert das Bundessozialgericht den Begriff der Krankheit i. S. v. § 27 I 1 SGB V als einen „*regelwidrige[n], vom Leitbild des gesunden Menschen abweichende[n] Körper- oder Geisteszustand …, der ärztlicher Behandlung bedarf oder den Betroffenen arbeitsunfähig macht*"; BSGE 93, 252, 252 f.; 90, 289, 290; 85, 36, 38; 72, 96, 98; 48, 258, 265; 39, 167, 168; 33, 202, 203; 26, 288, 289; 14, 83, 84; ausführlich *Schramm/Peick*, in: Sodan, § 10 Rn. 19 ff.
[249] Vgl. hierzu etwa die begrifflichen Eingrenzungen der „Krankheit" bei *Hunnius*, S. 1020.
[250] S. *BGHSt* 11, 304, 315; *BGHZ* 44, 208, 216; *BVerwG* 37, 209, 214, 223; *BVerwG*, MDR 1963, 243.
[251] *BVerwGE* 37, 209, 214; s. auch *BGHSt* 11, 304, 315 und *BGHZ* 44, 208, 216; ferner *BVerwGE* 119, 265, 268; *OLG Hamburg*, GRUR-RR 2012, 426, 427; NJOZ 2002, 1139, 1143.
[252] *BVerwGE* 37, 209, 214.
[253] S. auch *BVerwGE* 37, 209, 214, 217.

„Gesundheit"[254] – nicht jede Art von Störungen oder Beschwerden als unnormal eingestuft werden. Gewisse Beeinträchtigungen der Zustände und Funktionen treten naturgemäß auch bei einem gesunden Körper auf und sind als normal anzusehen. Aus dem Krankheitsbegriff auszuklammern sind insbes. solche *„Erscheinungen oder Schwankungen der Funktionen, denen jeder Körper ausgesetzt ist [und] die seiner Natur oder dem natürlichen Auf und Ab seiner Leistungsfähigkeit entsprechen, wie etwa die Menstruation, die Schwangerschaft, das Greisenalter, Ermüdungserscheinungen oder Hunger, solange [diese] nicht über das allgemeine und übliche Maß hinausgehen."*[255]

Auch wenn die obige Judikatur vornehmlich auf körperliche Störungen und Beschwerden abstellt, **76** erfasst der weite Krankheitsbegriff in § 2 I **sowohl somatische als auch psychische Krankheiten.** Dies folgt bereits aus dem Wortlaut „Krankheit", der beide Formen einschließt, sowie aus Sinn und Zweck des AMG nach dessen § 1 (Gewährleistung der Arzneimittelsicherheit). Aus denselben Gründen betrifft der Krankheitsbegriff neben den heilbaren Krankheiten **auch** die **unheilbaren Krankheiten.** Zwar wird in der Rechtsprechung in erster Linie auf den Aspekt der Heilung abgehoben (*„jede Störung …, die geheilt, d. h. beseitigt oder gelindert werden kann."*[256]), doch ergibt sich schon aus den weiteren Merkmalen, die § 2 I neben der Heilung und Linderung aufführt („Verhütung" und Erstellung einer medizinischen Diagnose), dass der Krankheitsbegriff nicht allein auf die heilbaren Krankheiten beschränkt ist[257].

Der in § 2 Nr. 1 a. F. noch neben dem Begriff der Krankheit vorgesehene Begriff der **„Leiden"** **77** findet sich in der Neufassung des Präsentationsarzneimittelbegriffs in § 2 I Nr. 1 nicht wieder. Anders als der ebenfalls weggefallene Begriff der „Körperschäden" geht der Begriff der Leiden allerdings in dem weiten Krankheitsbegriff auf. Ebenso wie bei diesem setzen „Leiden" zunächst eine Störung der normalen Beschaffenheit oder der normalen Tätigkeit des Körpers (oder der Psyche) voraus. Charakterisierend ist zusätzlich, dass die betreffenden Störungen von erheblicher Dauer oder nicht mehr heilbar sind[258]. Typisch für Leiden sind daher *„langanhaltende, häufig kaum oder gar nicht mehr therapeutisch beeinflußbare Funktionsstörungen"*[259]. Damit entspricht der Begriff der Leiden dem der chronischen und unheilbaren Krankheiten und kann synonym verwandt werden. Dass der Begriff der Leiden sowohl somatische als auch psychische Funktionsstörungen erfasst, ergibt sich schon aus dem Wortlaut, der beide Arten von Störungen zulässt.

2. Krankhafte Beschwerden. Nach der Rechtsprechung wird der Begriff der „krankhaften Beschwerden" **von dem** weiten **Begriff der „Krankheiten" mitumfaßt**[260]. Gleichwohl ist der Begriff in **78** § 2 I Nr. 1 nicht überflüssig[261]. Er dient vor allem der gesetzlichen Klarstellung, dass auch krankhafte Beschwerden dem Regelungsbereich des § 2 I unterfallen. Zudem lassen sich mit ihm – deutlicher als mit dem Begriff der Krankheit und dessen Definition allein – die nicht krankhaften Beschwerden aus diesem Regelungsbereich ausgrenzen. Unter krankhaften Beschwerden sind solche Beschwerden zu verstehen, *„die sich aus Zuständen oder Vorgängen ergeben, welche nicht als Krankheiten oder Leiden bezeichnet oder so empfunden werden, die aber doch als krankhaft, d. h. von der gesundheitlichen Norm abweichend, anzusehen sind, z. B. vorübergehende Verdauungsbeschwerden oder Kopfschmerzen, Hustenreiz."*[262] Hierbei lässt der Wortlaut der krankhaften Beschwerden sowohl Erscheinungen somatischer als auch psychischer Natur zu.

Nicht krankhafte Beschwerden sind demgegenüber insbes. solche Beschwerden, *„denen jeder Körper* **79** *ausgesetzt ist [und] die seiner Natur oder dem natürlichen Auf und Ab seiner Leistungsfähigkeit entsprechen, wie etwa die Menstruation, die Schwangerschaft, das Greisenalter, Ermüdungserscheinungen oder Hunger, solange [diese] über das allgemeine und übliche Maß hinausgehen."*[263] Kennzeichnend für die nicht krankhaften Beschwerden ist, dass es sich um körperliche oder psychische Zustände oder Vorgänge handelt, die ihrer Natur und ihrem Ursprung nach noch nicht von der gesundheitlichen Norm abweichen, sondern als natürlich oder alltagsadäquat anzusehen sind. Beispiele für derartige Zustände des Unwohlseins sind etwa leichte und vorübergehende Müdigkeit, Abgespanntheit, Konzentrationsschwäche[264] sowie Lampenfieber und leichte Flugangst[265].

---

[254] S. dazu insbes. die Positiv-Definition der Gesundheit in der Satzung der WHO v. 22.7.1946 als „Zustand des völligen körperlichen, psychischen und sozialen Wohlbefindens und nicht nur das Freisein von Krankheit und Gebrechen"; *Pschyrembel*, S. 773; *KG*, PharmR 2010, 251, 252.

[255] *BVerwGE* 37, 209, 215; *BGHSt* 11, 304, 315 f.; *OLG Hamburg*, GRUR-RR 2012, 426, 427.

[256] *BVerwGE* 37, 209, 214; vgl. auch *BGHSt* 11, 304, 315 und *BGHZ* 44, 208, 216.

[257] S. zu Beispielen für Krankheiten aus dem Grenzbereich *Doepner/Hüttebräuker*, in: Dieners/Reese, § 3 Rn. 17.

[258] Vgl. auch *Sander*, § 2 Erl. 11; *Kloesel/Cyran*, § 2 Anm. 45; *Rehmann*, § 2 Rn. 13.

[259] S. auch *BVerfGE* 106, 62, 106.

[260] *BVerwGE* 37, 209, 214 f.; *BGHZ* 44, 208, 216.

[261] So indes *Doepner/Hüttebräuker*, in: Dieners/Reese, § 3 Rn. 16; *Sander*, § 2 Erl. 13 und *Rehmann*, § 2 Rn. 13.

[262] *BVerwGE* 37, 209, 216 und *BGHZ* 44, 208, 216, jeweils unter Bezugnahme auf BT-Drucks. 3/654, S. 23.

[263] *BVerwGE* 37, 209, 215; *BGHSt* 11, 304, 315 f.

[264] Vgl. auch die Beispiele in BT-Drucks. 3/654, S. 23, „normale Ermüdungserscheinungen, Hunger- und Durstgefühle, Wetterfühligkeit, See- und Luftkrankheit, Schwangerschaftsbeschwerden", von denen die letzten drei Beispiele im Einzelfall aber durchaus krankhafte Beschwerden darstellen können; kritisch auch *Kloesel/Cyran*, § 2 Anm. 46 a. E.; *OLG Hamburg*, NJOZ 2002, 1139, 1143 ff., zur Abgrenzung von Wechseljahresbeschwerden mit und ohne Krankheitswert.

[265] S. dazu *OLG Hamburg*, LMuR 2008, 128, 131.

80 **3. Mittel mit Eigenschaften.** Nach § 2 I Nr. 1 geht es bei den Präsentationsarzneimitteln um Produkte, die *„als Mittel mit Eigenschaften"* „zur Heilung, Linderung oder Verhütung von Krankheiten oder krankhaften Beschwerden „bestimmt sind". Entscheidend ist damit, dass die betreffenden Produkte objektiv oder subjektiv dazu geeignet sind, den aufgeführten therapeutischen bzw. prophylaktischen Zwecken zu dienen.

81 **a) Heilung.** Der Begriff „Heilung" bezieht sich auf **Therapeutika.** Bei der Heilung von Krankheiten bzw. krankhaften Beschwerden geht es um die Wiederherstellung der normalen Beschaffenheit oder der normalen Tätigkeit des Körpers oder der Psyche, das heißt um die Rückführung zur gesundheitlichen Norm. Hierfür ist nicht unbedingt erforderlich, dass diese Rückführung dauerhaft oder sogar endgültig erfolgt[266].

82 **b) Linderung.** Der Begriff „Linderung" betrifft ebenfalls **Therapeutika.** Bei der Linderung von Krankheiten bzw. krankhaften Beschwerden wird die normale Beschaffenheit oder die normale Tätigkeit des Körpers oder der Psyche grundsätzlich nicht wiederhergestellt. Eine gänzliche Rückführung zur gesundheitlichen Norm findet nicht statt. Vielmehr werden die aufgetretenen gesundheitlichen Störungen nur teilweise behoben und/oder deren Begleitumstände abgemildert. Beispiele hierfür sind die Herabsetzung oder Beseitigung von Schmerzen oder Fieber[267].

83 **c) Verhütung.** Der Begriff „Verhütung" bezieht sich auf **Prophylaktika.** Es geht darum, noch nicht eingetretenen, aber – berechtigt oder unberechtigt – erwarteten Krankheiten oder krankhaften Beschwerden vorzubeugen[268]. Ein Beispiel hierfür ist das Impfen[269]. Insofern werden die Begriffe „verhüten" und „vorbeugen" synonym verwandt. Sind die betreffenden gesundheitlichen Störungen schon eingetreten, handelt es sich nicht mehr um „verhüten" bzw. „vorbeugen", sondern schon um „heilen" oder „lindern"[270]. Letzteres gilt auch bei latent vorhandenen gesundheitlichen Störungen, deren aktuelles Auftreten verhindert oder abgeschwächt werden soll, wie dies etwa bei Allergien der Fall sein kann.

III. Funktionsarzneimittel (Nr. 2)

84 Der Funktionsarzneimittelbegriff des § 2 I Nr. 2 hat zwei Unterfälle: § 2 I Nr. 2 Buchst. a) betrifft Stoffe und Zubereitungen aus Stoffen, die der Wiederherstellung, Korrektur oder Beeinflussung der physiologischen Funktionen dienen. § 2 I Nr. 2 Buchst. b) hat Stoffe bzw. Stoffzubereitungen für die Erstellung medizinischer Diagnosen zum Gegenstand.

85 **1. Therapeutika u. a. (Buchst. a)).** Der Funktionsarzneimittelbegriff in § 2 I Nr. 2 Buchst. a) entspricht im Kern der Regelung in § 2 I Nr. 5 a. F. Der Funktionsarzneimittelbegriff ist ein Unterfall des Präsentationsarzneimittelbegriffs in § 2 I Nr. 1 und hat im Verhältnis zu diesem **Auffangcharakter**[271]. Erfasst werden insbes. Produkte, die trotz entsprechender Zweckbestimmung und Wirkung nicht ausdrücklich als Arzneimittel bezeichnet werden bzw. nicht oder nicht eindeutig als Arzneimittel präsentiert werden. In Relation zu § 2 I Nr. 1 ist der Tatbestand des § 2 I Nr. 2 Buchst. a) deutlich weiter gefasst. § 2 I Nr. 2 Buchst. a) greift nach seinem Wortlaut unabhängig davon ein, ob die betreffenden Stoffe oder Stoffzubereitungen wegen „Krankheiten oder krankhafter Beschwerden" angewendet werden. Es geht um die Wiederherstellung, Korrektur oder Beeinflussung der physiologischen Funktionen im Allgemeinen.

86 Anders als die Regelungen in § 2 I Nr. 1 und Nr. 2 Buchst. b), deren Stoffe bzw. Stoffzubereitungen eine therapeutische, prophylaktische bzw. diagnostische Zweckbestimmung betreffen, erfasst § 2 I Nr. 2 Buchst. a) nach seinem Wortlaut alle innerlich oder äußerlich angewandten Stoffe und Stoffzubereitungen. Diese müssen keine – werden aber meist eine – **therapeutische oder prophylaktische Zweckbestimmung** haben. Nur die diagnostische Zweckbestimmung bleibt allein der speziellen Regelung in § 2 I Nr. 2 Buchst. b) vorbehalten. Als Beispiele für Produkte i. S. v. § 2 I Nr. 2 Buchst. a) dienen alle echten Therapeutika und Prophylaktika i. S. v. § 2 I Nr. 1 (Funktionsarzneimittel i. w. S.). Darüber hinaus fängt der Tatbestand des § 2 I Nr. 2 Buchst. a) auch einige spezielle (arzneispezifisch konzipierte) Produkte auf, die gerade keiner der in § 2 I Nr. 1 genannten Zweckbestimmung dienen (Funktionsarzneimittel i. e. S.). Zu nennen sind etwa Anästhetika, Aphrodisiaka, orale Kontrazeptiva[272] und Dopingmittel, nicht aber E-Zigaretten (s. Rn. 194) und Designerdrogen/Legal Highs[273] (s. Rn. 99).

---

[266] S. hierzu auch *BVerwGE* 119, 265, 269.
[267] Vgl. auch *Kloesel/Cyran*, § 2 Anm. 40.
[268] S. *BVerwGE* 37, 209, 218.
[269] Vgl. *Kloesel/Cyran*, § 2 Anm. 40.
[270] S. *BGHZ* 44, 208, 217.
[271] Vgl. *VGH München*, PharmR 2012, 525, 526; BT-Drucks. 16/12 256, S. 41 („Auffangmöglichkeiten" für Produkte „nach ihrer Funktion"); *Knappstein*, S. 237.
[272] Vgl. *EuGH* (s. o. Fn. 12), Rs. C-112/89 – Upjohn I, Rn. 19.
[273] Vgl. *EuGH*, Urt. v. 10.7.2014 – Rs. C-358/13 und C-181/14, GRUR 2014, 893 ff., Rn. 46 f., 50 – D. und G.; *BGH*, PharmR 2015, 264, 265 f.; PharmR 2015, 33, 34; NStZ-RR 2014, 312, 312 f.; *Pannenbecker*, PharmInd 2014, 1902, 1904; *Plaßmann*, StoffR 2014, 157, 160 f.; *Müller*, EuZW 2014, 744, 745; *Nobis*, NStZ 2012, 422, 423 ff.; anders

Im Gegensatz zum Begriff des Präsentationsarzneimittels nach § 2 I Nr. 1 erfasst der Begriff des **87** Funktionsarzneimittels in § 2 I Nr. 2 Buchst. a) **keine Anscheinsarzneimittel,** sondern allein **echte Arzneimittel**[274]. § 2 I Nr. 2 Buchst. a) betrifft nur solche Stoffe und Stoffzubereitungen, die tatsächlich die Eigenschaft haben, „*die physiologischen Funktionen … wiederherzustellen, zu korrigieren oder zu beeinflussen.*" Dies sind die echten Arzneimittel des § 2 I Nr. 1 (einschließlich der Produkte, die nicht ausdrücklich als „echte" Arzneimittel bezeichnet bzw. präsentiert werden) sowie echte sonstige Funktionsarzneimittel gem. § 2 I Nr. 2 Buchst. a).

a) Physiologische Funktionen. Unter dem Begriff der „physiologischen Funktionen" sind die **88** **natürlichen körperlichen Lebensvorgänge** zu verstehen[275]. Gemeint sind alle Vorgänge und Aufgaben, die der menschliche oder tierische Körper in seiner Gesamtheit oder durch einzelne Körperteile oder Organe verrichtet. Ob die betreffenden Funktionen ordnungsgemäß ablaufen oder krankhaft verändert sind, ist begrifflich zunächst unerheblich. Beispiele für physiologische Funktionen sind das Wachstum, die Regeneration, die Atmung sowie die Vorgänge des Nervensystems, des Herz-Kreislauf-Systems und des Stoffwechsels.

aa) Wiederherstellen. Die Formulierung „wiederherzustellen" bezieht sich auf physiologische Funk- **89** tionen, die nicht mehr ordnungsgemäß ablaufen[276], in dem sie teilweise oder gänzlich von dem gesundheitlichen Normalzustand abweichen. Bei der Wiederherstellung der physiologischen Funktionen geht es um die **Rückführung zum gesundheitlichen Normalzustand,** das heißt insbes. um therapeutische Zwecke. Dass diese Rückführung auf Dauer gelingt, ist nicht erforderlich.

bb) Korrigieren. Der Begriff „korrigieren" erstreckt sich ebenfalls auf physiologische Funktionen, **90** die nicht ordnungsgemäß ablaufen[277]. Anders als bei dem Begriff „wiederherstellen" kommen hier insbes. solche physiologischen Funktionen in Betracht, die schon anfänglich fehlerhaft waren, das heißt teilweise oder ganz von dem gesundheitlichen Normalzustand abweichen. Die Korrektur physiologischer Funktionen ist darauf gerichtet, den **gesundheitlichen Normalzustand herzustellen.** Auch hier geht es vor allem um therapeutische Zwecke und ist es nicht erforderlich, dass die Herstellung dauerhaft erfolgt.

cc) Beeinflussen. Die Formulierung „zu beeinflussen" ist allgemein zu verstehen. Gemeint sind **91** grundsätzlich **alle Veränderungen physiologischer Funktionen.** Ob die Funktionen ordnungsgemäß ablaufen oder krankhaft verändert sind, ist im Grundsatz unerheblich[278]. Der Umstand, dass § 2 I Nr. 2 Buchst. a) den Begriff „beeinflussen" zusätzlich zu den Begriffen „wiederherstellen" und „korrigieren" anführt, spricht gegen eine betreffende Einschränkung. Für den Begriff „beeinflussen" ist deshalb nicht notwendig zu verlangen, dass sich dieser nur auf solche physiologischen Funktionen bezieht, die nicht mehr ordnungsgemäß ablaufen. Die jeweiligen Stoffe und Stoffzubereitungen müssen daher keine therapeutische oder prophylaktische Zweckbestimmung haben – auch wenn dies bei den meisten Produkten der Fall sein wird.

b) Pharmakologische Wirkung. Der Begriff der pharmakologischen Wirkung hat eine **Schlüssel- 92** **funktion.** Er ist dem Arzneimittelbegriff seit jeher immanent und ist für diesen konstitutiv. Dies ergibt sich vor allem daraus, dass für den Begriff der Arzneimittel synonym der Begriff der Pharmaka[279] verwandt wird und die Pharmakologie im engeren Sinne als die Lehre von den Wirkungen der Arzneimittel am gesunden oder kranken Organismus verstanden wird[280]. Der Begriff der pharmakologischen Wirkungen[281] bzw. pharmakologischen Eigenschaften[282] wird seit langem an vielen Stellen des AMG verwandt. Dass das AMG-ÄndG 2009 diesen Begriff nun ausdrücklich auch in die Arzneimitteldefinition

---

BVerfG, NJW 2006, 2684, 2685 f.; *BGHSt* 43, 336, 340 f.; *OLG Nürnberg,* PharmR 2013, 94 ff.; *LG Limburg,* PharmR 2013, 190 ff.; *Patzak/Volkmer,* NStZ 2011, 498, 500 ff.; BT-Drucks. 16/12 256, S. 41.
[274] S. *VGH München,* PharmR 2009, 573, 575.
[275] Vgl. *Pschyrembel,* S. 1664; *BVerwG,* PharmR 2008, 78, 81; 73, 76; 67, 70; *KG,* PharmR 2000, 339, 340 (zum Begriff des „physiologischen Vorgangs" in § 3 Nr. 1 Buchst. c) MPG).
[276] S. *BVerwG,* PharmR 2008, 78, 81; 73, 77; 67, 71.
[277] S. *BVerwG,* PharmR 2008, 78, 81; 73, 77; 67, 71.
[278] S. auch *BVerwGE* 71, 318, 321.
[279] Vgl. nur Duden, Wörterbuch medizinischer Fachbegriffe, Stichwort „Pharmakon".
[280] Vgl. *Mutschler,* S. 3; *Aktories/Förstermann/Hofmann/Starke,* S. 2; *Hunnius,* S. 1375. Die Pharmakologie wird unter anderem in die Pharmakokinetik und in die Pharmakodynamik unterteilt. Die Pharmakokinetik betrifft den Einfluss des Organismus auf Arzneistoffe hinsichtlich ihres Weges im Körper (Resorption, Verteilung/Speicherung, Biotransformation/Metabolisierung, Ausscheidung); wichtige Parameter der Pharmakokinetik sind die Bioverfügbarkeit (Geschwindigkeit und Ausmaß der Freisetzung, Resorption und Verfügbarkeit eines therapeutisch wirksamen Bestandteils eines Arzneimittels) und die Bioäquivalenz (Unterschied der Bioverfügbarkeit zweier Arzneimittel mit identischen Wirkstoffen kleiner 20%). Die Pharmakodynamik bezieht sich auf die Auswirkungen von Arzneistoffen auf den Organismus (insbes.: Wirkprofil, Wirkungsmechanismus, Dosis-Wirkungs-Beziehung, pharmakologischer Effekt); vgl. *Mutschler,* S. 3 f., 5 ff., 43 f., 62 ff., 90; *Aktories/Förstermann/Hofmann/Starke,* S. 3, 5 ff., 36 ff.; *Pschyrembel,* S. 272, 275, 1653; *Hunnius,* S. 265, 267, 1375, 1373.
[281] Vgl. §§ 39b I 1 Nr. 4, 39c II 1 Nr. 5, 47 Ic 1 Nr. 3, 109a I.
[282] Vgl. §§ 11a I 2 Nr. 5, 24 I 2 Nr. 2.

des § 2 I aufgenommen hat, ist konsequent und dient der Rechtsklarheit. Zudem wird der Arzneimittelbegriff hierdurch mit dem Begriff des Medizinprodukts synchronisiert. Nach der Legaldefinition für
Medizinprodukte in § 3 Nr. 1 MPG sind diese von den Arzneimitteln dadurch abzugrenzen, dass ihre
bestimmungsgemäße Hauptwirkung „weder durch pharmakologisch oder immunologisch wirkende Mittel noch
durch Metabolismus erreicht wird"[283].

93 Der Begriff der pharmakologischen Wirkung ist naturgemäß schwer zu konkretisieren[284] und wird mit
Blick auf entsprechende wissenschaftliche Belege[285] häufig Sachverständigengutachten erfordern[286]. Nicht
zielführend ist es aber, ergänzend oder statt dessen neue Begriffe[287] und/oder Theorien[288] einzuführen
oder den Begriff ersatzlos zu verwerfen[289]. Zu Recht wird in der Literatur eine konstruktive Anwendung
dieses Begriffs gefordert[290] und räumt die ganz überwiegende Rechtsprechung dem Begriff der pharmakologischen Wirkung eine besondere Stellung für die Charakterisierung eines Arzneimittels ein[291].

94 Nach der Rechtsprechung ist im Grundsatz von einer pharmakologischen Wirkung auszugehen, wenn
die Wirkungen eines Produktes „über dasjenige hinausgehen, was physiologisch eine Nahrungsaufnahme im
menschlichen Körper auslösen würde, d. h. dass eine über die Zuführung von Nährstoffen hinausgehende Manipulation des Stoffwechsels erfolgt"[292]. Ausgenommen sind gänzlich unerhebliche Auswirkungen auf den menschlichen Körper, sodass der Begriff der pharmakologischen Wirkung **tendenziell weit** zu verstehen ist[293].

---

[283] S. auch BT-Drucks. 12/6991, S. 28: „Die Medizinprodukte unterscheiden sich von den Arzneimitteln dadurch,
dass der Zweck der Medizinprodukte vorwiegend auf physikalischem Wege … erreicht wird, während im Gegensatz
dazu Arzneimittel ihren Zweck vorwiegend auf pharmakologischem Wege … erfüllen." und BT-Drucks. 16/12 256,
S. 41.

[284] S. insbes. *EuGH* (s. o. Fn. 12), Rs. C-308/11 – Chemische Fabrik Kreussler, Rn. 26 f., 35 f.; *BGH*, NJW-RR
2011, 49, 50 f.; *OLG Frankfurt/Main*, GRUR-RR 2013, 485, 486; PharmR 2011, 378 ff. (Vorlagebeschluss); *Doepner/
Hüttebräuker*, in: Dieners/Reese, § 3 Rn. 60 ff.; *Kügel/Hahn/Delewski*, § 1 Rn. 262 ff.; kritisch *OLG Hamm*, PharmR
2008, 162, 163 („unscharf"); *OVG Münster*, ZLR 2006, 302, 313 f.; *Winters*, S. 87 f.; *Winters/Hahn*, LMuR
2009, 173, 178 ff.; ausführlich *Knappstein*, S. 351 ff.; *Stachels*, S. 130 ff.; *Quintus*, S. 62 ff.; *Hahn/Hagenmeyer*, ZLR 2003,
707, 708 ff.

[285] S. *EuGH* (s. o. Fn. 12), Rs. C-308/11 – Chemische Fabrik Kreussler, Rn. 30; Rs. C-140/07 – Hecht-Pharma,
Rn. 25 f.; Rs. C-319/05 – Kommission/Deutschland III, Rn. 61; *BGH*, NJW-RR 2010, 1407, 1409; GRUR 2010,
259, 260; PharmR 2010, 181, 182; *BVerwG*, NVwZ 2009, 1038, 1040; PharmR 2008, 78, 82; 73, 77 f.; 67, 71 f.;
Stephan, in: Fuhrmann/Klein/Fleischfresser, § 2 Rn. 42 ff., 78; *Dettling*, A&R 2009, 65, 68 f.

[286] S. *BGH*, NJW-RR 2008, 1255, 1258; NVwZ 2008, 1266, 1269; *BGH*, NJW-RR 2000, 1284, 1285; *OLG
Hamm*, PharmR 2008, 162, 163; *OLG Hamburg*, ZLR 2005, 490, 496; *Zeinhofer*, S. 227, 239; s. aber auch *BGH*, NJW
2002, 3469, 3472. Gleichwohl ist die abschließende Bewertung eines Produktes anhand des unbestimmten Rechts-
begriffs der pharmakologischen Wirkung keine rein empirisch zu beantwortende Tatsachenfrage, sondern primär eine
Rechtsfrage, *BGH*, PharmR 2010, 338, 339; NVwZ 2008, 1266, 1269; NJW-RR 2008, 1255, 1258; *OLG Hamm*,
PharmR 2008, 162, 163 f.

[287] S. *OVG Münster*, ZLR 2006, 302, 313 (therapeutischer Zweck, dagegen *BVerwG*, PharmR 2008, 78, 81; 73, 76;
67, 70); kritisch auch *Doepner/Hüttebräuker*, in: Dieners/Reese, § 3 Rn. 72; *Kügel/Hahn/Delewski*, § 1 Rn. 282, *Meyer*,
in: Meyer/Streinz, Art. 2 BasisVO Rn. 74 und *Bruggmann*, A&R 2007, 168, 168 ff.

[288] S. insbes. *Dettling*, ZLR 2007, 256, 257 f.; *ders.*, PharmR 2006, 58, 64 f.; *ders.*, PharmR 2006, 578, 582; *ders.*,
PharmR 2007, 104, 106 f. (sog. Funktionssteuerungstheorie); ebenso *BVerwG*, PharmR 2008, 78, 82; 73, 77; 67, 71;
NVwZ 2007, 591, 593 („gezielte Steuerung von Körperfunktionen von außen"), nicht (mehr) in *BVerwG*, NVwZ
2009, 1038 ff.; ablehnend *Knappstein*, S. 454 ff.; *Winters*, S. 159 ff.; *Meistererust/Preuß*, ZLR 2009, 391 ff.; *Hahn/Winters*,
ZLR 2008, 607, 609 ff.; *Kügel*, ZLR 2008, 373, 379; *Hahn*, ZLR 2007, 403, 411; *Meistererust*, ZLR 2007, 387, 389;
Anhalt/Lücker/Wimmer, PharmR 2007, 45 ff.; *Gorny*, ZLR 2007, 782, 785 f.; kritisch *Wudy*, S. 31 f.; *Müller*, in: FS
Doepner, S. 267, 273 und *Büttner*, ZLR 2006, 754, 763 f. Die „Funktionssteuerungstheorie" geht davon aus, dass „[F]ür
den Produktstatus jeweils nur die Hauptwirkungen der Produkte maßgeblich sind" und „Nebenwirkungen … nur den
Vertriebsstatus betreffen." Arznei- und Lebensmittel dienten demselben Wirkungsziel – der körperlichen Unversehrt-
heit – so dass es für die Abgrenzung nicht auf das Ergebnis der Beeinflussung der Körperfunktionen (das Wirkungsziel)
ankomme, sondern allein auf das „Wie" (den Wirkungsmechanismus); *Dettling*, ZLR 2007, 256, 257, 263 f. Dieser
Ansatz lässt die einschlägigen Legaldefinitionen im wesentlichen unberücksichtigt und ist auch in tatsächlicher Hinsicht
wenig überzeugend. Bei dem Arzneimittelbegriff steht der Krankheitsbezug im Vordergrund (vgl. § 2 I Nr. 1 und
Art. 1 Nr. 2 Buchst. a) RL 2001/83/EG), während der Lebensmittelbegriff (in § 2 II LFGB bzw. Art. 2 I, II VO (EG)
Nr. 178/2002) primär ernährungs- und genussbezogen zu verstehen ist und ergänzend den Aspekt der Prävention
betrifft (Rn. 143 f.). Arznei- und Lebensmittel verfolgen daher gerade nicht dasselbe Wirkungsziel, sondern definieren
sich vor allem durch ihre unterschiedliche Ziel- bzw. Zweckbestimmung.

[289] Vgl. *Urban*, S. 268, 273 („abgrenzungsuntauglich"); *Hagenmeyer/Oelrichs*, in: MüKo Lauterkeitsrecht, Bd. 2, Anh.
F zu §§ 1–7 UWG, § 2 LFGB Rn. 9 („Leerformel"); *Hahn/Hagenmeyer*, ZLR 2003, 707, 721, 727 f. („untaugliches
Abgrenzungskriterium/Scheinkriterium").

[290] Vgl. *Herrmann*, S. 142; *Gröning*, WRP 2005, 709, 711; *Hüttebräuker*, ZLR 2006, 329, 335.

[291] S. *BGH*, NJW-RR 2010, 1407, 1408 f.; GRUR 2010, 259, 260; PharmR 2010, 181, 182; NJW-RR 2008, 1255,
1257 ff.; NVwZ 2008, 1266, 1268 f.; *BGHZ* 167, 91, 106; 151, 286, 293 ff., 297; PharmR 2003, NJOZ 2002, 2563, 2565 f.;
NJW-RR 2000, 1284, 1285 f.; ferner *BGH*, GRUR 2004, 882, 883; 793, 796 f.; *BVerwG*, NVwZ 2009, 1038, 1039 f.;
PharmR 2008, 78, 82; 73, 77 f.; 67, 71 f.; NVwZ 2007, 591, 593 f.; *BVerwGE* 106, 90, 96.

[292] S. *BGH*, NVwZ 2008, 1266, 1269; PharmR 2008, 162, 163; *OLG Hamm*, PharmR 2008, 162, 163; *OLG München*,
PharmR 2007, 350; ZLR 2006, 621, 627; *OLG Hamburg*, ZLR 2005, 490, 498; *OLG Stuttgart*, ZLR 2003, 497, 501;
KG, ZLR 2003, 604, 616; ZLR 2001, 576, 585 f.; ebenso *BVerwG*, NVwZ 2007, 591, 593; *Zipfel/Rathke*, Art. 2
BasisVO Rn. 77.

[293] Vgl. *EuGH* (s. o. Fn. 12), Rs. C-308/11 – Chemische Fabrik Kreussler, Rn. 26 f., 35 f.; *BVerwG*, PharmR 2008,
78, 82; 73, 77; 67, 71; NVwZ-RR 2007, 771, 773; NVwZ 2007, 591, 593; *Müller*, NVwZ 2012, 1461, 1462 f.; a. A.
Kahl/Hilbert, PharmR 2012, 177, 179 ff.

Versucht man, diese – von der Abgrenzung Arzneimittel/Lebensmittel ausgehende – Definition weiter zu präzisieren, ist herauszustellen, dass es sich bei Pharmaka aus wissenschaftlicher Perspektive um körperfremde oder körpereigene Stoffe handelt, die nach ihrer Aufnahme in den Körper in diesem oder an dessen Oberfläche erwünschte oder unerwünschte (schädliche, giftige) Wirkungen hervorrufen[294]. Hierbei entscheidet vor allem die Dosis des betreffenden Stoffes darüber, ob und bis zu welchem Ausmaß die erwünschten Wirkungen erreicht werden (Dosis-Wirkungs-Beziehung)[295]. Die Differenz zwischen den Dosen bei Erreichen des Maximums der erwünschten Wirkungen und dem Auftreten der ersten unerwünschten Wirkungen wird als therapeutische Breite bezeichnet[296]. Der Begriff der pharmakologischen Wirkung ist daher vornehmlich **dosierungsbezogen** zu interpretieren[297]. Ist die Dosierung des Stoffes in der Gebrauchsanweisung nicht hinreichend präzise definiert, ist für die Aufnahme der betreffenden Stoffmenge ergänzend auf die normalen Gebrauchsgewohnheiten abzustellen[298]. Vor diesem Hintergrund lässt sich der Begriff der pharmakologischen Wirkung definieren als eine nicht gänzlich unerhebliche Beeinflussung der physiologischen Funktionen durch von außen zugeführte Stoffe, die nicht auf eine ernährungsphysiologische Wirkung gerichtet ist oder die über diese hinausgeht und aufgrund der Dosis-Wirkungs-Beziehung eine bestimmte erwünschte Wirkung im oder am Körper hervorruft.

Die für die Prüfung von Grenzprodukten notwendigen Komplementärbegriffe zur pharmakologischen 95 Wirkung (nebst der immunologischen und metabolischen Wirkung) sind neben der ernährungsphysiologischen Wirkung (s. Rn. 144, 155) vor allem die kosmetische, chemische und physikalische Wirkung (s. insbes. Rn. 190, 220).

c) Immunologische Wirkung. Im Vergleich zum Begriff der pharmakologischen Wirkung ist der 96 Begriff der immunologischen Wirkung für die Bestimmung eines Arzneimittels von geringerer Bedeutung[299]. Der Begriff der immunologischen Wirkung knüpft an die Lehre von der Struktur und den Funktionen des Immunsystems an. Diese hat insbes. die Erkennungs- und Abwehrmechanismen des Organismus gegenüber körperfremden Stoffen zum Gegenstand[300]. Eine immunologische Wirkung kann demnach definiert werden als eine Beeinflussung der physiologischen Funktionen durch von außen zugeführte Stoffe, die das Immunsystem – hinsichtlich der Bildung von Antikörpern – stärken oder aktivieren oder die eine Immunreaktion auf Antigene im oder am Körper intensivieren[301]. Derartige Wirkungen gehen allerdings auch von einer Vielzahl von Lebensmitteln aus[302], so dass der Begriff der immunologischen Wirkung den Arzneimittelbegriff – abgesehen von den typischen Fällen, wie insbes. den Impfstoffen (§ 4 IV) – nicht wesentlich weiter konkretisiert[303].

d) Metabolische Wirkung. Der Begriff der metabolischen Wirkung hat für die begriffliche Kon- 97 kretisierung des Arzneimittels nur geringe Bedeutung[304]. Er bezieht sich auf den Metabolismus und

---

[294] Vgl. *Hunnius*, S. 1375; *Pschyrembel*, S. 1653.

[295] Vgl. *Hunnius*, S. 539, 1015; *Pschyrembel*, S. 504 f.; *Aktories/Förstermann/Hofmann/Starke*, S. 13 f.; ausführlich *Mutschler*, S. 83 ff. Vgl. hierzu auch den Leitfaden der Europäischen Kommission zur Anwendung der RL 90/385/EWG und 93/42/EWG (MEDDEV 2.1/3 rev 3, Stand: Dezember 2009; s. www.ec.europa.eu). Dort (S. 6) werden pharmakologisch wirkende Mittel definiert durch eine „Wechselwirkung zwischen den Molekülen des betreffenden Stoffes und einem Zellbestandteil, gewöhnlich als Rezeptor bezeichnet, die entweder in einer direkten Reaktion oder in der Blockierung einer Reaktion auf ein anderes Agens beruht." Weiter heißt es hierzu: „Auch wenn es sich hierbei nicht um ein vollständig verlässliches Kriterium handelt, ist das Vorhandensein einer Dosis-Wirkungs-Beziehung ein Hinweis auf einen pharmakologischen Effekt." Der Leitfaden ist zwar naturgemäß rechtlich unverbindlich; er gibt aber gleichwohl gewisse Auslegungsimpulse und kann daher auch bei der Konkretisierung der „pharmakologischen Wirkung" berücksichtigt werden, vgl. *EuGH* (s. o. Fn. 12), Rs. C-308/11 – Chemische Fabrik Kreussler, Rn. 23 ff.; *BGH*, PharmR 2011, 299, 301; NJW-RR 2011, 49, 50; *OLG Hamburg*, GRUR-RR 2002, 360, 361; *OLG München*, OLG Report 2002, 146, 147; *LG Köln*, PharmR 2009, 570, 573.

[296] Vgl. *Hunnius*, S. 299; *Pschyrembel*, S. 505; *Mutschler*, S. 86 f.; *Aktories/Förstermann/Hofmann/Starke*, S. 13.

[297] S. auch *BGH*, NJW-RR 2011, 49, 50; NJW-RR 2010, 1407, 1409; NVwZ 2008, 1266, 1269; *BGHZ* 151, 286, 292, 297; *BGH*, NJW-RR 2000, 1284, 1285; *BGHSt* 46, 380, 384 f., 388; *BVerwG*, NVwZ 2012, 1343, 1344; *OVG Bautzen*, PharmR 2014, 591, 593 ff.; *OLG Frankfurt/Main*, ZLR 2006, 428, 435 f.; *OLG Köln*, ZLR 2005, 109, 117 f.; *Dettling/Böhnke/Niedziolka*, A&R 2013, 147, 163 f.; *Müller*, in: FS Doepner, S. 267, 274; *Büttner*, ZLR 2006, 754, 759, 762; Homöostase-Modell des Europarates zur Abgrenzung Lebensmittel/Arzneimittel vom 7.2.2008 (s. www.coe.int), S. 9.

[298] S. *BGH*, NJW-RR 2010, 1407, 1409 (Verzehrempfehlung „ein bis zwei Gläser" ohne Hinweis auf eine exakte Trinkmenge und eine tägliche Obergrenze).

[299] So auch *Kügel/Hahn/Delewski*, § 1 Rn. 266; *Gerstberger*, S. 103 f. In dem Leitfaden der Europäischen Kommission zur Anwendung der RL 90/385/EWG und 93/42/EWG (MEDDEV 2.1/3 rev 3, Stand: Dezember 2009; s. www.ec.europa.eu) werden immunologisch wirkende Mittel definiert durch eine „Wirkung im oder am Körper durch Stimulierung und/oder Mobilisierung von Zellen und/oder Produkten, die an einer spezifischen Immunreaktion beteiligt sind."

[300] Vgl. *Pschyrembel*, S. 1001; *Hunnius*, S. 900.

[301] Vgl. hierzu auch *Hunnius*, S. 902 f.; *Pschyrembel*, S. 1001.

[302] Vgl. auch das Schlagwort „Gesunde Ernährung" bei *Hunnius*, S. 607.

[303] So auch *Meyer*, in: Meyer/Streinz, Art. 2 BasisVO Rn. 75.

[304] Vgl. auch *Kügel/Hahn/Delewski*, § 1 Rn. 268; *Gerstberger*, S. 104. In dem Leitfaden der Europäischen Kommission zur Anwendung der RL 90/385/EWG und 93/42/EWG (MEDDEV 2.1/3 rev 3, Stand: Dezember 2009; s. www.ec.europa.eu) werden metabolisch wirkende Mittel definiert durch eine „Wirkung, die eine Veränderung –

dessen Synonym – den Stoffwechsel. Hierunter ist die Gesamtheit aller lebensnotwendigen (bio-) chemischen Aufbau- und Abbaureaktionen im Organismus zu verstehen[305]. Der Begriff der metabolischen Wirkung lässt sich daher definieren als eine Beeinflussung der physiologischen Funktionen durch von außen zugeführte Stoffe, die die (bio-)chemischen Aufbau- und Abbaureaktionen im oder am Körper betreffen. Diese Wirkungen gehen jedoch auch mit den meisten – wenn nicht sogar allen – Lebensmitteln einher, so dass auch dieser Begriff den Arzneimittelbegriff kaum näher präzisiert[306].

98   **e) Teleologische Reduktion.** Der offene Tatbestand des § 2 I Nr. 2 Buchst. a) hat insbes. hinsichtlich des Begriffs der „physiologischen Funktionen" und des Merkmals „beeinflussen" zur Konsequenz, dass er mit seinem Wortlaut auch Produkte erfasst, die keine Arzneimittel sind. Dies betrifft im Prinzip schon die normalen Lebensmittel, vor allem aber den Bereich der speziellen Lebensmittel, wie insbes. die Nahrungsergänzungsmittel. Zwar typisiert die Eingangsformulierung des § 2 I Nr. 2 mit den Begriffen „angewendet" und „verabreicht" grundsätzlich die Kategorie der Arzneimittel, da Lebensmittel demgegenüber aufgenommen bzw. verzehrt werden (s. Art. 2 I VO (EG) Nr. 178/2002 und § 3 Nr. 5 LFGB). Gerade für die Grenzbereiche der Produktunterscheidung ergeben sich aus diesen Begriffen allein jedoch keine eindeutigen Einschränkungen. Auch die zusätzlichen Merkmale der pharmakologischen, immunologischen und metabolischen Wirkung schränken den weit gefassten Tatbestand des § 2 I Nr. 2 Buchst. a) nicht hinreichend ein. Diese Wirkungsweisen sind zum Teil auch bei Lebensmitteln zu verzeichnen. Z. B. beeinflussen bestimmte Vitamin- und Mineralstoffprodukte die menschlichen physiologischen Funktionen, in dem sie aufgrund immunologischer Wirkungen das Immunsystem stärken. Nach Sinn und Zweck des AMG in § 1 sowie der Legaldefinition in § 2 ist es nicht sachgerecht, derartige (Grenz-)Produkte per se als Arzneimittel einzustufen. Sie werden in der Regel nicht den Anschein eines Arzneimittels erwecken und bei bestimmungsgemäßem Gebrauch auch keine Gesundheitsgefahren zeitigen.

99   Daher ist es geboten, den Tatbestand des § 2 I Nr. 2 Buchst. a) zunächst teleologisch dahingehend zu reduzieren[307], dass er allein solche Stoffe und Stoffzubereitungen erfasst, die die **physiologischen Funktionen** des Körpers **in erheblicher Weise beeinflussen**[308]. Deshalb ist etwa ein Produkt, das sich nach seiner konkreten Zusammensetzung nicht günstiger auf die physiologischen Funktionen auswirkt als ein entsprechendes, in angemessener Menge verzehrtes Lebensmittel („Referenzlebensmittel", z. B. Knoblauch oder Zimt), nicht als Funktionsarzneimittel nach § 2 I Nr. 2 Buchst. a) zu qualifizieren[309]. Dabei ist nicht entscheidend, ob der Verbraucher eine betreffende Menge schon im Rahmen seiner normalen Ernährungsgewohnheiten tatsächlich aufnimmt. Es kommt darauf an, ob der Verzehr einer solchen Menge zur Herbeiführung der jeweiligen physiologischen Wirkung im Einzelfall noch angemessen wäre und nicht etwa (auf Dauer) zu schädlichen Nebenwirkungen führen würde[310]. Auch die Begriffe der pharmakologischen, immunologischen und metabolischen Wirkung sind auf solche **Wirkungen** zu beschränken, die eine gewisse Wirkungs- bzw. **Erheblichkeitsschwelle überschreiten**[311]. Sowohl die erhebliche Beeinflussung der physiologischen Funktionen als auch die Erheblichkeit der betreffenden Wirkungen müssen grundsätzlich wissenschaftlich hinreichend belegt sein[312]. Auch wenn das hiermit eingeführte Kriterium der Erheblichkeit im Einzelfall nicht leicht zu handhaben ist[313], ist es durchaus geeignet, zur gebotenen Einschränkung des weiten Tatbestandes in § 2 I Nr. 2 Buchst. a) beizutragen. Zusätzlich ist vor allem bei der Prüfung ambivalenter Produkte eine betont zweckbezogene Betrachtung anzustellen, die berücksichtigt, dass § 2 I Nr. 2 Buchst. a) ein Unterfall des § 2 I Nr. 1 ist und ebenso

---

einschließlich der Beendigung, des Beginns oder des Wechsels der Geschwindigkeit – der normalen chemischen Prozesse zur Folge hat, die an den normalen Körperfunktionen beteiligt sind und für diese zur Verfügung stehen. Der Umstand, dass ein Produkt selbst stofflich umgewandelt wird oder nicht selbst stofflich umgewandelt wird, bedeutet nicht, dass es seine bestimmungsgemäße Hauptwirkung durch metabolisch wirkende Mittel erreicht bzw. nicht erreicht."

[305] Vgl. *Pschyrembel*, S. 1345, 2028; *Hunnius*, S. 1155, 1701. Insofern ginge es fehl, hinsichtlich der metabolischen Wirkung (direkt) auf die Metabolisierung bzw. Biotransformation von Arzneistoffen abzustellen (s. dazu *Pschyrembel*, S. 1345, 275; *Hunnius*, S. 1155, 267), hier drohte ein Zirkelschluss.

[306] Vgl. auch *Meyer*, in: Meyer/Streinz, Art. 2 BasisVO Rn. 75.

[307] S. dazu BVerfG, NJW 1997, 2230, 2230 f.; BVerfGE 88, 144, 167 f.; 35, 263, 278 ff.

[308] S. EuGH (s. o. Fn. 12), Rs. C-308/11 – Chemische Fabrik Kreussler, Rn. 35; Rs. C-319/05 – Kommission/Deutschland III, Rn. 60; Rs. C-112/89 – Upjohn I, Rn. 22; BVerwG, NVwZ 2015, 749, 750; NVwZ-RR 2015, 425, 427; NVwZ-RR 2015, 420, 423; PharmR 2008, 78, 82; 73, 77; 67, 71; BGH, NJW-RR 2010, 1407, 1408 f.; GRUR 2010, 259, 260; PharmR 2010, 181, 182; NJW-RR 2008, 1255, 1258 f.; NVwZ 2008, 1266, 1268.

[309] S. EuGH (s. o. Fn. 12), Rs. C-319/05 – Kommission/Deutschland III, Rn. 68; BGH, GRUR 2010, 259, 260; PharmR 2010, 181, 182; NJW-RR 2008, 1255, 1257; NVwZ 2008, 1266, 1268; OVG Münster, PharmR 2015, 142, 143.

[310] S. BGH, GRUR 2010, 259, 260 f.; PharmR 2010, 181, 182 f.; *Meisterernst*, ZLR 2010, 217, 218; kritisch hierzu *Delewski*, PharmR 2010, 183, 184 f. (mit Blick auf Art. 14 IV Buchst. a) VO (EG) Nr. 178/2002); *Hahn*, LMuR 2010, 57, 60 f.; *Dettling*, PharmR 2010, 119 ff.

[311] S. BVerwG, PharmR 2008, 78, 82; 73, 77; 67, 71.

[312] S. BVerwG, PharmR 2008, 78, 82; 73, 77; 67, 71; BGH, NJW-RR 2008, 1255, 1258.

[313] Vgl. auch *Hagenmeyer/Hahn*, WRP 2008, 275, 282 und *Bruggmann*, LMuR 2008 53, 56 zu den Kriterien „nennenswert" und „wirklich".

wie dieser vor allem Produkte mit **therapeutischer oder prophylaktischer Zweckbestimmung** zum Gegenstand hat. Als Teil der einheitlich zu verstehenden Legaldefinition des § 2 hat § 2 I Nr. 2 Buchst. a) den Zweck, den Begriff des Arzneimittels zu definieren. Dieser wird in seinem Kern seit jeher nicht nur durch die in § 2 I Nr. 2 Buchst. a) ausdrücklich aufgeführte pharmakologische Wirkung charakterisiert, sondern vor allem durch die **arzneispezifischen** Zwecksetzungen der Heilung, Verhütung und Diagnose von **Krankheiten**[314] – wobei letztere allein von § 2 I Nr. 2 Buchst. b) erfasst wird[315]. Tatbestandlich auszuklammern sind daher grundsätzlich solche Produkte, mit denen primär nicht therapeutische oder prophylaktische, sondern andere Zwecksetzungen verfolgt werden, wie etwa lebensmittelspezifische Zwecke (allgemeine und besondere Ernährung/Genuss) oder Rauschzwecke (s. Rn. 86 a. E.). Bei der gebotenen zweckbezogenen Auslegung des § 2 I Nr. 2 Buchst. a) sind daher auch die Charakteristika des potentiell in Betracht kommenden Komplementärproduktes adäquat zu berücksichtigen (§ 2 III; zu den Abgrenzungsfragen s. Rn. 136 ff.).

2. Diagnostika (Buchst. b)). Die Regelung in § 2 I Nr. 2 Buchst. b) entspricht im Kern § 2 I Nr. 2 **100** a. F. Sie ist kein Unterfall des „allgemeinen" Funktionsarzneimittelbegriffs in § 2 I Nr. 2 Buchst. a), da sie tatbestandlich insbes. keine Beeinflussung der „physiologischen Funktionen" voraussetzt[316]. Auch hat § 2 I Nr. 2 Buchst. b) im Verhältnis zum Präsentationsarzneimittelbegriff in § 2 I Nr. 1 keinen Auffangcharakter. Es handelt sich um einen eigenständigen Tatbestand eines Funktionsarzneimittels, der ausschließlich Stoffe und Stoffzubereitungen mit diagnostischer Zweckbestimmung betrifft. Erfasst werden allerdings die In-vivo-Diagnostika, da die In-vitro-Diagnostika dem Anwendungsbereich des MPG unterfallen (vgl. §§ 2 V Nr. 1, 3 Nr. 4–6 MPG).

Die Erstellung einer medizinischen Diagnose bezieht sich im Kontext des § 2 I Nr. 1 zunächst auf die **101** Erkennung von **Krankheiten und krankhaften Beschwerden** sowie Schäden des menschlichen oder tierischen Körpers. Dies betrifft die Feststellung, ob und inwieweit eine Abweichung von der gesundheitlichen Norm vorliegt. Dies kann insbes. durch die Entdeckung entsprechender Begleitumstände oder Symptome erfolgen. Darüber hinaus erfasst der Tatbestand des § 2 I Nr. 2 Buchst. b) auch die **generellen Zustände und physiologischen Funktionen** des menschlichen oder tierischen Körpers, das heißt unabhängig davon, ob diese krankhaft verändert sind oder nicht. Hierbei geht es um die Feststellung des Zustandes bzw. der Funktionen des Körpers im allgemeinen, das heißt etwa darum, ob der körperliche Zustand dem Alter entspricht oder ob bestimmte Organe normal funktionieren (z. B. Schilddrüse, Lunge oder Niere). Die in Rede stehenden Produkte müssen selbst unmittelbar der medizinischen Diagnose dienen. Werden sie nur dafür eingesetzt, eine solche vorzubereiten oder zu begleiten, sind sie nicht als Diagnostika zu qualifizieren (z. B. Mittel zur Vorbereitung einer Darmspiegelung[317] oder Kontrastpasten für Ultraschall- und EKG-Geräte[318]). Beispiele für Diagnostika sind Kontrastmittel (für das Röntgen, die Kernspintomographie oder die Sonographie), radioaktiv markierte Stoffe für die Szintigraphie, Radiojodlösungen, bestimmte Gase, Tuberkuline und Testallergene (§ 4 V).

Entsprechend dem Begriff des Präsentationsarzneimittels nach § 2 I Nr. 1 erfasst der Begriff des **102** Funktionsarzneimittels gem. § 2 I Nr. 2 Buchst. b) sowohl **echte Diagnostika** als auch **Anscheinsdiagnostika.** Im Hinblick auf die Arzneimittelsicherheit nach § 1 muss der Verbraucher auch vor Produkten geschützt werden, die zu den beabsichtigten diagnostischen Zwecken nicht oder nicht hinreichend geeignet sind, da andernfalls etwa schwere Krankheiten unerkannt und unbehandelt bleiben könnten.

---

[314] S. auch *EuGH* (s. o. Fn. 12), Rs. C-319/05 – Kommission/Deutschland III, Rn. 64: Das Erzeugnis muss „wirklich die Funktion der Verhütung oder Heilung [von Krankheiten] besitzen"; Urt. v. 19.5.2009 – Rs. C-171/07 u. a., Slg. 2009, I-4171 ff. – Apothekerkammer des Saarlandes, Rn. 31: „der ganz besondere Charakter der Arzneimittel …, deren therapeutische Wirkungen"; Schlussanträge des Generalanwalts *Bot* v. 12.6.2014 – Rs. C-358/13 und C-181/14 – BeckRS 2014, 80993 – D. und G., Rn. 34, 43; abgeschwächt *EuGH*, Urt. v. 10.7.2014 – Rs. C-358/13 und C-181/14, GRUR 2014, 893 ff., Rn. 34 ff., 46 f. – D. und G.; *BGH*, PharmR 2013, 379, 382; GRUR 2011, 544, 545: Funktionsarzneimittel „stets auf einen medizinischen Zweck gerichtet"; *BVerwG*, NVwZ 2015, 749, 750; NVwZ-RR 2015, 425, 427; NVwZ-RR 2015, 420, 424: „das Produkt muss objektiv geeignet sein, für therapeutische Zwecke eingesetzt zu werden"; PharmR 2011, 168, 171: „in beiden Fällen handelt es sich um Produkte, die … zur Heilbehandlung angewandt oder eingenommen werden"; *BVerwGE* 137, 213, 224: „Arzneimittel sind … eines der wichtigsten Hilfsmittel der ärztlichen Kunst, um Krankheiten zu erkennen, zu heilen und ihnen vorzubeugen … (*BVerfGE* 17, 232, 238 ff.)"; *OVG Münster*, PharmR 2015, 305, 307; NVwZ 2013, 1553, 1558; NVwZ 2012, 767, 768; *VGH München*, PharmR 2012, 525, 526; *OVG Magdeburg*, PharmR 2012, 298, 300; *VGH Mannheim*, PharmR 2008, 340: „Die pharmakologische Wirkung allein ist demnach nicht ausschlaggebend, Voraussetzung für die Verleihung der Arzneimitteleigenschaft ist vielmehr eine spezifische Heil- oder Verhütungsfunktion"; ebenso *Pannenbecker*, PharmInd 2014, 1902, 1904; *Plaßmann*, StoffR 2014, 157, 160 f.; *Schemmer/Schulte-Steinberg*, DVBl 2012, 1008, 1011; *Kügel*, ZLR 2008, 373, 377 f. und *Zipfel/Rathke*, Art. 2 BasisVO Rn. 76; in diese Richtung auch s. auch *Köhler*, GRUR 2002, 844, 851 f. (überwiegende Zweckbestimmung als Maßstab der Abgrenzung Funktionsarzneimittel/Lebensmittel); a. A. *Kloesel/Cyran*, § 2 Anm. 75a; *Doepner/Hüttebräuker*, in: Dieners/Reese, § 3 Rn. 71.

[315] Der in § 2 I Nr. 2 Buchst. b) explizit aufgeführte Begriff „medizinisch" bezeichnet das *Haupt*anwendungsfeld der Arzneimittel, die Krankheiten, und spricht daher ebenfalls dafür, § 2 I Nr. 2 Buchst. a) entsprechend auszulegen.

[316] Vgl. *Koyuncu*, in: Deutsch/Lippert, § 2 Rn. 18.

[317] S. *BGH*, PharmR 2010, 338, 339 f.; *OLG Köln*, PharmR 2010, 73, 73 f.

[318] Vgl. *Doepner/Hüttebräuker*, in: Dieners/Reese, § 3 Rn. 87.

IV. Einordnung und Abgrenzung

103   Die rechtssichere Einordnung ambivalenter Produkte als Arzneimittel nach § 2 I sowie deren Abgrenzung von anderen Produktkategorien – insbes. den Lebensmitteln – ist seit jeher mit großen Schwierigkeiten verbunden[319]. Zwar ist der deutsche Arzneimittelbegriff im Laufe der Jahre immer wieder gesetzlich weiterentwickelt und präzisiert worden, doch haben sich die betreffenden Einordnungs- und Abgrenzungsprobleme hierdurch nicht wesentlich vermindert. Auch die Neufassung der Grunddefinition in § 2 I durch das AMG-ÄndG 2009, die sich stärker als zuvor an den europäischen Arzneimittelbegriff in Art. 1 Nr. 2 RL 2001/83/EG anlehnt, kann die Lösung dieser Probleme nicht erheblich vereinfachen. Von besonderer Bedeutung ist in diesem Kontext allerdings, dass sowohl die Judikatur des *EuGH*[320] als auch die der deutschen Gerichte, insbes. die des *BGH*[321], die betreffenden Abgrenzungsfragen sehr kontinuierlich und beständig begleitet haben[322] und dass der deutsche Gesetzgeber stets von der grundsätzlichen Übereinstimmung des deutschen mit dem europäischen Arzneimittelbegriffs ausgeht[323]. Die Rechtsentwicklung ist in dieser Hinsicht von einer weit gehenden Kontinuität geprägt. Allein das *BVerwG* geht in seinen jüngeren Entscheidungen in verschiedener Hinsicht von einer Zäsur aus (s. Rn. 121 f.)[324].

104   Für die Prüfung ist zunächst zu verdeutlichen, dass der **Arzneimittelbegriff** des § 2 I ebenso wie der Arzneimittelbegriff in Art. 1 Nr. 2 RL 2001/83/EG[325] **einheitlich zu verstehen** ist[326]. Zwischen den Begriffen der Präsentations- und Funktionsarzneimittel besteht – gerade hinsichtlich der Abgrenzungsprüfung – kein Verhältnis der Doppelung[327] oder Alternativität[328] und ist auch nicht trennscharf im Sinne zweier gegensätzlicher Begriffe zu differenzieren[329]. Vielmehr wirken die beiden Begriffe in ihrer Gesamtheit definitorisch zusammen und sind ihre Tatbestandsmerkmale kumulativ zu verstehen (**„Einheitsansatz"**). Dies legt bereits der Wortlaut der amtlichen Überschrift nahe[330], ergibt sich aber vor allem aus dem Sinn und Zweck des Arzneimittelbegriffs in § 2. Dieser liegt einheitlich darin, den Anwendungsbereich des AMG zu bestimmen und gemeinsam mit den korrelierenden (ebenfalls jeweils als Einheit konzipierten) Legaldefinitionen eine rechtssichere Produkteinordnung und -abgrenzung zu gewährleisten. Dem entsprechend sind die beiden Unterbegriffe des § 2 I eng miteinander verzahnt und überschneiden und ergänzen sich in verschiedener Hinsicht. Ein Produkt ist ein Arzneimittel, wenn es einen oder beide Unterbegriffe erfüllt; unterschiedliche Rechtsfolgen ergeben sich aus der Bewertung nicht (s. Rn. §§ 13 I 1 Nr. 1, 21 I, 72 I 1 Nr. 1, 84 ff., 95 ff.; § 1 Nr. 1 HWG).

105   In grundsätzlicher Hinsicht ist zu berücksichtigen, dass der Funktionsarzneimittelbegriff in § 2 I Nr. 2 Buchst. a) ein Unterfall des Präsentationsarzneimittelbegriffs in § 2 I Nr. 1 mit Auffangcharakter ist[331]. Die Definition des **Präsentationsarzneimittels** in § 2 I Nr. 1 beschreibt vor allem den „Normalfall" eines Arzneimittels, der durch die klassische Zweckbestimmung gekennzeichnet ist, Krankheiten zu heilen, zu lindern oder zu verhüten. Hiermit wird insbes. die große Zahl der Produkte erfasst, die aufgrund ihrer pharmakologischen Wirkungen objektiv therapeutische oder prophylaktische Zwecke erfüllen und ausdrücklich als Arzneimittel bezeichnet werden (echte Arzneimittel, z. B. Antibiotika). Diese Produkte stellen zugleich Funktionsarzneimittel nach § 2 I Nr. 2 Buchst. a) dar, weil sie krankhafte physiologische Funktionen wiederherstellen, korrigieren oder günstig beeinflussen und damit ebenfalls objektiv therapeutischen oder prophylaktischen Zwecken dienen. Darüber hinaus erstreckt sich § 2 I Nr. 1 auf solche Produkte, deren Eignung für therapeutische oder prophylaktische Zwecke bei entsprechender Präsentation wissenschaftlich nicht oder nicht hinreichend gesichert ist (z. B. homöopathische Arzneimittel und pflanzliche, insbes. traditionelle pflanzliche Arzneimittel) oder von der jeweiligen Zusammensetzung abhängt (Grenzprodukte, z. B. Kräutertee); dies sind die Präsentationsarzneimittel i. e. S. Schließlich erfasst § 2 I Nr. 1 auch solche Produkte, die rein subjektiv – aufgrund ihrer Präsentation durch den Hersteller – therapeutische oder prophylaktische Zwecke erfüllen (Präsentationsarznei-

[319] S. bereits *RGSt* 68, 247 ff.; 49, 223 ff.; 4, 393 ff.

[320] S. *EuGH* (s. o. Fn. 12).

[321] S. zuletzt *BGH*, NJW-RR 2010, 1407 ff.; GRUR 2010, 259 ff.; PharmR 2010, 181 ff.; NJW-RR 2008, 1255 ff.; NVwZ 2008, 1266 ff.; *BGHZ* 167, 91 ff., jeweils m. w. N.

[322] Hierbei ist freilich zu berücksichtigen, dass die Rspr. naturgemäß vornehmlich die „Problemfälle" der Abgrenzung (ambivalente Produkte) und nicht die gesetzlichen „Normalfälle" zum Gegenstand hat und zudem stark einzelfallbezogen ist; s. auch *Koyuncu*, in: Deutsch/Lippert, § 2 Rn. 55.

[323] S. BT-Drucks. 16/12 256, S. 41; 15/5656, S. 16.

[324] Vgl. *Rennert*, NVwZ 2008, 1179 ff.

[325] S. *EuGH* (s. o. Fn. 12), Rs. C-290/90 – Kommission/Deutschland I, Rn. 14; Rs. C-112/89 – Upjohn I, Rn. 18; Rs. C-60/89 – Monteil und Samanni, Rn. 12; Rs. C-369/88 – Delattre, Rn. 16.

[326] Vgl. auch *Bruggmann*, S. 31; Homöostase-Modell des Europarates zur Abgrenzung Lebensmittel/Arzneimittel vom 7.2.2008 (s. www.coe.int), S. 9.

[327] So *Rennert*, NVwZ 2008, 1179, 1182.

[328] So *VGH Mannheim*, PharmR 2011, 92, 93; PharmR 2010, 239, 241.

[329] Vgl. auch *Koyuncu*, in: Deutsch/Lippert, § 2 Rn. 41; so jedoch *Knappstein*, S. 147 ff.; *Zipfel/Rathke*, Art. 2 BasisVO Rn. 84 b; *Doepner/Hüttebräuker*, in: Dieners/Reese, § 2 Rn. 14; *Winters/Hahn*, ZLR 2010, 23, 36.

[330] Diese stellt auf *den* „Arzneimittelbegriff" und nicht auf „Arzneimittelbegriffe" ab.

[331] Vgl. *VGH München*, PharmR 2012, 525, 526; anders *Koyuncu*, in: Deutsch/Lippert, § 2 Rn. 39 f.

mittel i. w. S./Anscheinsarzneimittel). Die Definition des **Funktionsarzneimittels** in § 2 I Nr. 2 Buchst. a) ist hinsichtlich der therapeutischen und prophylaktischen Zwecke ein Unterfall der Definition des Präsentationsarzneimittels in § 2 I Nr. 1. Erfasst werden alle Produkte, die ohne entsprechende Bezeichnung bzw. Präsentation objektiv therapeutische oder prophylaktische Zwecke erfüllen, weil sie krankhafte physiologische Funktionen wiederherstellen, korrigieren oder günstig beeinflussen (Funktionsarzneimittel i. w. S., insbes. Grenzprodukte, z. B. spezielle Vitaminpräparate). Darüber hinaus bezieht sich § 2 I Nr. 2 Buchst. a) auch auf solche Produkte, die nicht therapeutischen oder prophylaktischen Zwecken, sondern anderen Zwecken dienen, in dem sie objektiv nicht krankhafte physiologische Funktionen speziell beeinflussen (Funktionsarzneimittel i. e. S., z. B. orale Kontrazeptiva). § 2 I Nr. 2 Buchst. b) betrifft Produkte, die objektiv oder auch nur subjektiv diagnostischen Zwecken dienen (echte Diagnostika und Anscheinsdiagnostika).

106

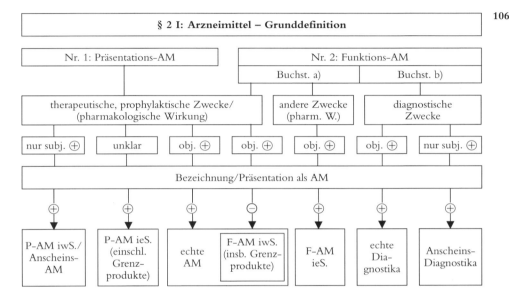

Die Einordnung und Abgrenzung streitiger Produkte ist eine **komplexe Einzelfallentscheidung,** **107** die den Arzneimittelbegriff in § 2 I in seiner Gesamtheit berücksichtigen muss und nicht auf einzelne Prüfungsparameter oder Tatbestandsmerkmale beschränkt werden darf. Beispielsweise wäre es verfehlt, die Prüfung eines Präsentationsarzneimittels nach § 2 I Nr. 1 allein an der Frage festzumachen, welchen Zwecken das Produkt aus Verbrauchersicht dient, ohne hierbei betreffende wissenschaftliche Faktoren mit einzubeziehen. So müssten viele stoffliche Medizinprodukte und ergänzende bilanzierte Diäten wegen ihrer medizinischen Zweckbestimmung und Präsentation als Arzneimittel eingestuft werden. Gleiches müsste für Lebensmittel mit (zugelassenen) Angaben über die Verringerung eines Krankheitsrisikos gelten (s. Art. 14 I Buchst. a) i. V. m. Art. 2 II Nr. 6 VO (EG) Nr. 1924/2006, „Health-Claims-Verordnung" – HCVO)[332]. Insofern darf nicht unbedacht bleiben, dass § 2 I Nr. 1 den „Normalfall" der Arzneimittel regelt, die ganz überwiegend durch ihre objektiv nachprüfbare pharmakologische Wirkung charakterisiert werden, die § 2 I Nr. 2 Buchst. a) ausdrücklich aufführt. Ebenso wäre es verfehlt, die Prüfung eines Funktionsarzneimittels nach § 2 I Nr. 2 Buchst. a) rein objektiv wissenschaftlich vorzunehmen und etwa nur auf den Nachweis einer pharmakologischen Wirkung zu reduzieren[333], so dass die mit dem Produkt verbundenen Zwecksetzungen in den Hintergrund treten. So müssten z. B. Vitamin- und Mineralstoffpräparate im Einzelfall maßgeblich an Hand ihrer Dosierung qualifiziert werden, unabhängig davon, ob sie bestimmungsgemäß etwa zur Nahrungsergänzung oder gegen (Mangel-)Krankheiten eingesetzt werden. Abgesehen von den Schwierigkeiten, die insbes. in derartigen

---

[332] Dass ein Lebensmittel mit zugelassenen Angaben zur Verringerung eines Krankheitsrisikos nicht allein aufgrund dieser Präsentation als Arzneimittel zu qualifizieren ist (vgl. *OVG Lüneburg*, PharmR 2011, 86, 91; *Doepner/Hüttebräuker*, in: Dieners/Reese, § 3 Rn. 51), ergibt sich erst aus einer Gesamtbewertung, die neben der Präsentation und Zweckbestimmung des Produktes insbes. dessen Wirkungsweise (ernährungsphysiologisch vs. pharmakologisch) adäquat berücksichtigt.
[333] So *Doepner*, ZLR 2009, 201, 220 ff.; *Rennert*, NVwZ 2008, 1179, 1182 f.; im Ergebnis auch *BGHSt* 54, 243, 258 f.; *BVerwG*, NVwZ 2009, 1038, 1040.

Grenzbereichen mit dem Begriff der pharmakologischen Wirkung einhergehen (s. Rn. 92 ff.), bliebe unberücksichtigt, dass es bei den meisten der streitigen Produkte gerade um die Frage geht, ob und inwieweit diese auch oder primär therapeutische oder prophylaktische Zwecke erfüllen können, die § 2 I Nr. 1 ausdrücklich anspricht[334]. Auch darf nicht ausgeblendet werden, dass gerade betreffende Grenzprodukte oft mehr oder weniger deutlich therapeutische oder prophylaktische Eigenschaften in den Raum stellen, ohne dass dies schon eindeutig als Präsentation i. S. v. § 2 I Nr. 1 zu qualifizieren wäre. Dasselbe gilt schließlich für die Prüfung eines Funktionsarzneimittels nach § 2 I Nr. 2 Buchst. b). Auch hier wäre es verkürzt, die jeweiligen Produkte rein objektiv wissenschaftlich nach ihrer Funktionsweise zu bewerten und unbeachtet zu lassen, dass Diagnostika überwiegend auf die (vorbeugende) Erkennung der in § 2 I Nr. 1 angesprochenen Krankheiten oder krankhaften Beschwerden abzielen und entsprechend präsentiert werden.

108   Die zum Teil anzutreffende Auffassung, dass für die Frage der Einordnung und Abgrenzung schlicht zwischen Präsentationsarzneimitteln aus Verbrauchersicht einerseits und Funktionsarzneimitteln aus Sicht der Wissenschaft andererseits abzustellen sei[335], ist daher zu vereinfacht. Eine solche Aufspaltung in zwei alternative Sichtweisen verkennt nicht nur den „Normalfall" eines Arzneimittels nach § 2 I (z. B. Schmerztablette), dem eine derartige Aufspaltung fremd ist. Vielmehr übergeht dieser Standpunkt auch den Sinn und Zweck des § 2 I und wird der Komplexität, die gerade die Problemfälle der Produkteinstufung in der Praxis kennzeichnen, nicht gerecht.

109   **1. Wertende Gesamtbetrachtung.** Die Frage der Einstufung eines Produktes als Präsentations- oder Funktionsarzneimittel nach § 2 I Nr. 1 und Nr. 2 ist – parallel zur Judikatur des *EuGH*[336] – anhand einer wertenden Gesamtbetrachtung zu beantworten[337], die die Aspekte der Arzneimittelsicherheit gem. § 1 mit einbezieht[338]. Wie auch die Aussage in § 2 IIIa (*„unter Berücksichtigung aller Eigenschaften"*) verdeutlicht, geht es darum, unter Würdigung aller zur Verfügung stehenden Faktoren und Indizien (s. Rn. 115 ff.) zu entscheiden, ob das betreffende Produkt (schon) als Arzneimittel zu qualifizieren ist. Maßgeblich ist die Erscheinung des **Produktes in seiner Gesamtheit** – nicht hinsichtlich einzelner Bestandteile[339]. Entscheidend ist nicht allein das aktuelle Erscheinungsbild des Produktes, sondern auch dessen frühere Konzeption und Vermarktung[340]. Dabei ist nicht nur das konkrete Produkt in den Blick zu nehmen, sondern die gesamte Kategorie oder „Gattung" vergleichbarer Produkte mit einzubeziehen[341]. Bei dieser mosaikartigen Gesamtbetrachtung sind die Faktoren der Produktkonzeption und der Wissenschaft von stärkerem Gewicht als die Faktoren des Marktauftritts. Von nachrangiger Bedeutung sind die Indizien. Schließlich ist bei der Gewichtung der einzelnen Faktoren untereinander und in Verbindung mit den Indizien zu berücksichtigen, dass diese wegen der zum Teil sehr dynamischen Produktentwicklungen gewissen „Alterungsprozessen" unterworfen sind. Daher sind insbes. die Faktoren, die auf ältere Sachverhalte und Judikate zurückgehenden (Darreichungsform, Vertriebsweg etc.), tendenziell von geringerer Bedeutung (s. Rn. 119).

110   Im Verhältnis zu anderen Produktkategorien ist entscheidend, dass es **keinen** rechtlichen **„Zwitterstatus"** ambivalenter Produkte gibt. Die Qualifizierung eines Produktes als Arzneimittel schließt eine anderweitige Zuordnung – etwa als Lebensmittel – aus[342]. Ein Produkt kann nur einer Kategorie angehören. Dabei ist für die Abgrenzung grundsätzlich die **überwiegende Zweckbestimmung** des Produktes ausschlaggebend[343] und in speziellen Grenzfällen gem. § 2 IIIa von einem Vorrang des Arzneimittelrechts auszugehen (s. Rn. 232 f.).

---

[334] S. auch *EuGH* (s. o. Fn. 12), Rs. C-319/05 – Kommission/Deutschland III in Bezug auf den Begriff des Funktionsarzneimittels in Art. 1 Nr. 2 Buchst. b) RL 2001/83/EG (Rn. 55 ff.): Das Erzeugnis muss „wirklich die Funktion der Verhütung oder Heilung [von Krankheiten] besitzen." (Rn. 64); Schlussanträge des Generalanwalts *Bot* vom 12.6.2014 – Rs. C-358/13 und C-181/14 – BeckRS 2014, 80993 – D. und G., Rn. 43.

[335] S. *OVG Lüneburg*, PharmR 2011, 86, 87; *Rennert*, NVwZ 2008, 1179, 1182 f. (zum Verhältnis Funktionsarzneimittel/Präsentationsarzneimittel: „Hier entscheidet nicht der Verbraucher, sondern der Wissenschaftler", 1182); in diese Richtung auch *Knappstein*, S. 152.

[336] S. *EuGH* (s. o. Fn. 12), Rs. C-27/08 – BIOS Naturprodukte, Rn. 18; Rs. C-88/07 – Kommission/Spanien, Rn. 72; Rs. C-140/07 – Hecht-Pharma, Rn. 32, 35 f., 39; Rs. C-319/05 – Kommission/Deutschland III, Rn. 55; Rs. C-211/03 u. a. – HLH Warenvertrieb und Orthica, Rn. 30; Rs. C-387/99 – Kommission/Deutschland II, Rn. 57.; Rs. C-150/00 – Kommission/Österreich, Rn. 64; Rs. C-290/90 – Kommission/Deutschland I, Rn. 17; Rs. C-112/89 – Upjohn I, Rn. 23 f.; Rs. C-60/89 – Monteil und Samanni, Rn. 29; Rs. C-369/88 – Delattre, Rn. 26, 35.

[337] S. *BGH*, GRUR 2004, 793, 796 f.; *BGHZ* 23, 184, 196; *BVerwG*, NVwZ 2015, 749, 750; NVwZ-RR 2015, 425, 427; NVwZ-RR 2015, 420, 424; *BVerwGE* 97, 132, 141; 37, 209, 219; *BFH*, PharmR 2006, 394, 396; *OLG Köln*, PharmR 2010, 73, 75; *VGH Mannheim*, PharmR 2008, 340, 342; PharmR 2008, 285, 289, 291; *Koyuncu*, in: Deutsch/Lippert, § 2 Rn. 19, 35 ff.; *Heßhaus*, in: Spickhoff, § 2 AMG Rn. 17.

[338] S. *BVerwG*, PharmR 2011, 168, 170; *BVerwGE* 97, 132, 139 f.; 71, 318, 323; 70, 284, 287 f.

[339] S. *BVerwG*, NVwZ 2007, 591, 594; *BVerwGE* 106, 90, 96; *BGH*, NJW-RR 2001, 1329, 1330.

[340] S. *BVerwGE* 37, 209, 221; abweichend *BGH*, NJW-RR 2000, 1284, 1286.

[341] S. *BGH*, GRUR 1995, 419, 421.

[342] S. *BGH*, NJW-RR 2000, 1284, 1285; GRUR 1995, 419, 420; GRUR 1976, 430, 432; *BGHSt* 46, 380, 383; *BVerwGE* 106, 90, 93.

[343] S. *BGH*, NJW-RR 2008, 1255, 1256, 1259; NVwZ 2008, 1266, 1267, 1269; *BGHZ* 167, 91, 104; *BGH*, GRUR 2004, 882, 883; 793, 796; *BGHZ* 151, 286, 291, 294; *BGH*, NJOZ 2002, 2563, 2565; NJW-RR 2001, 1329,

2. Zweckbestimmung („zur … bestimmt"/"um … zu"). Nach § 2 I Nr. **111** 1 sind Arzneimittel Stoffe oder Stoffzubereitungen, die zur Anwendung im oder am Körper bestimmt sind und als Mittel mit Eigenschaften *„zur Heilung oder Linderung oder zur Verhütung menschlicher oder tierischer Krankheiten … bestimmt"* sind. Bei § 2 I Nr. 2 geht es um Stoffe oder Stoffzubereitungen, die im oder am Körper angewendet werden können, *„um … die physiologischen Funktionen … wiederherzustellen, zu korrigieren oder zu beeinflussen oder … eine medizinische Diagnose zu erstellen."* Aus den Formulierungen „zur … bestimmt" und „um … zu" sowie den in § 2 I Nr. 1 und Nr. 2 genannten therapeutischen, prophylaktischen, diagnostischen und anderen Zwecken ist das Kriterium der Zweckbestimmung abzuleiten, das etwa auch in § 2 II Nr. 2 sehr deutlich zum Ausdruck kommt (*„dazu bestimmt …, zu den in Absatz 1 bezeichneten Zwecken"*). Das Merkmal der Zweckbestimmung hat für den deutschen Arzneimittelbegriff seit langem eine **Schlüsselfunktion** und findet sich auch in der jüngeren Rechtsprechung des *EuGH*[344].

a) Objektiver Maßstab. Mit der Rechtsprechung[345] und der ganz überwiegenden Auffassung in der **112** Literatur[346] ist davon auszugehen, dass die **Zweckbestimmung** in § 2 I vornehmlich **objektiv zu verstehen** ist[347]. Es geht um die objektive Bestimmung des jeweiligen Stoffes oder der Stoffzubereitung, die in Nr. 1 und 2 genannten therapeutischen, prophylaktischen, diagnostischen und weiteren Zwecke zu erreichen. Dass das Gesetz – mit Ausnahme der Anscheinsarzneimittel – keine subjektive Zweckbestimmung zum Gegenstand hat, folgt allerdings noch nicht aus dem Wortlaut des § 2 I. Die Formulierungen „zur … bestimmt" bzw. „um … zu" lassen sich sowohl objektiv als auch subjektiv verstehen. Aufgrund der in § 1 niedergelegten Gesetzeszwecks, namentlich der Arzneimittelsicherheit, ergibt sich aber vor allem aus Sinn und Zweck der Regelung, dass die Zweckbestimmung objektiv geprägt ist[348]. Mit den verbraucherbezogenen Schutzzwecken wäre es unvereinbar, die Bestimmung der mit dem jeweiligen Produkt verfolgten Zwecke und damit zugleich die Entscheidung über das Eingreifen des arzneimittelrechtlichen Regimes aus rein subjektiver Perspektive vorzunehmen.

Der an die Zweckbestimmung anzulegende objektive Maßstab hat insbes. zur Konsequenz, dass die **113** subjektiven Vorstellungen und Strategien des Herstellers grundsätzlich außer Betracht bleiben müssen[349]. Da diese individuelle Sicht tendenziös sein kann und sich auch kurzfristig wandeln kann, gingen mit einem Abstellen hierauf Rechtsunsicherheiten und Gefahren einher[350]. Für die Ermittlung des rechtlichen Produktstatus kommt es daher nicht auf eine individuelle, sondern auf eine generelle Sichtweise an. Der Maßstab für die Zweckbestimmung eines Produktes i. S. von § 2 I ist damit grundsätzlich **objektiv-genereller**, nicht subjektiv-individueller Natur. Gleichwohl ist der Hersteller in der Lage, die rechtliche Einstufung eines (Grenz-)Produktes durch dessen Konzeption und Vermarktung mit zu beeinflussen. Vor allem durch die Zusammensetzung, die Namensgebung und die Bewerbung bestimmt der Hersteller in vielfältiger Weise mit, ob ein Produkt schon als Arzneimittel zu qualifizieren ist oder noch in eine andere Produkt- und damit Rechtskategorie fällt[351].

b) Verkehrsauffassung. Für die Ermittlung der objektiven Zweckbestimmung des Produktes kommt **114** es nach ständiger Rechtsprechung des *BGH*[352] und der früheren Rechtsprechung des *BVerwG*[353] vor allem auf die Perspektive des Verbrauchers – die allgemeine Verkehrsauffassung – an[354]. Das AMG ist als

---

1330; NJW-RR 2000, 1284, 1285; GRUR 1995, 419, 420; GRUR 1976, 430, 432; *BGHSt* 46, 380, 383; *BVerwGE* 106, 90, 94, 98; *BFH*, PharmR 2006, 394, 396; *BSGE* 111, 155, 159; 96, 153, 155; 72, 252, 255; *Koyuncu*, in: Deutsch/Lippert, § 2 Rn. 69; *Eschelbach*, in: Graf/Jäger/Wittig, Vorb. §§ 95 ff. AMG, Rn. 6, 9; *Kaulen*, S. 177 ff.; *Gerstberger*, S. 153; *Bruggmann*, S. 9, 74; *Delewski*, S. 218 ff., 226 ff.; *Gutzler*, SGb 2008, 341, 345 f.

[344] Vgl. nur *EuGH* (s. o. Fn. 12), Rs. C-140/07 – Hecht-Pharma, Rn. 25 („tatsächlich dazu bestimmt …"); Rs. C-319/05 – Kommission/Deutschland III, Rn. 64 f., 61; ebenso Schlussanträge der Generalanwältin *Trstenjak* vom 21.6.2007 – Rs. C-319/05, PharmR 2007, 338, 344 – Kommission/Deutschland III („Abzustellen ist daher auf die … Zweckbestimmung"); s. auch Art. 88 II und Erwägungsgrund Nr. 7 der RL 2001/83/EG („Zusammensetzung und Zweckbestimmung", „Zweckbestimmung des Arzneimittels").

[345] S. *BGHSt* 54, 243, 248; *BGH*, NJW-RR 2008, 1255, 1256; NVwZ 2008, 1266, 1267, 1269; PharmR 2008, 209, 210; *BGHZ* 167, 91, 104; *BGH*, GRUR 2004, 882, 883; 793, 796; *BGHZ* 151, 286, 291; *BGH*, NJOZ 2002, 2563, 2565; NJW-RR 2001, 1329, 1330; NJW-RR 2000, 1284, 1285; GRUR 1995, 419, 420; GRUR 1976, 430, 432; *BGHZ* 44, 208, 213; 23, 184, 195 f.; *BGHSt* 46, 380, 383; 43, 336, 339; *BVerwGE* 106, 90, 92; 97, 132, 135 f.; 37, 209, 219, 220 f.; *BFH*, PharmR 2006, 394, 396; *BSGE* 72, 252, 255 f.

[346] Vgl. nur *Kloesel/Cyran*, § 2 Anm. 48 f., 62, 124; *Koyuncu*, in: Deutsch/Lippert, § 2 Rn. 69; *Sander*, § 2 Erl. 1; *Rehmann*, § 2 Rn. 2; *Dieners/Heil*, in: Dieners/Reese, § 1 Rn. 89, 98; *Meyer/Reinhart*, in: Fezer, § 4–S 4 Rn. 72.

[347] Für eine stärker subjektive Bewertung *Mühl*, S. 42 ff.

[348] S. auch *BVerwGE* 97, 132, 135; 37, 209, 221.

[349] S. *BVerwGE* 97, 132, 135; 37, 209, 221; *BGH*, GRUR 1976, 430, 432.

[350] S. auch *BVerwGE* 37, 209, 221.

[351] Vgl. auch *VGH München*, PharmR 2012, 525, 526 und § 44 I.

[352] S. *BGHSt* 54, 243, 248, 250; *BGH*, NJW-RR 2008, 1255, 1256; NVwZ 2008, 1266, 1267, 1269; *BGHZ* 167, 91, 104; *BGH*, GRUR 2004, 882, 883; 793, 796; *BGHZ* 151, 286, 291; *BGH*, NJOZ 2002, 2563, 2565; NJW-RR 2001, 1329, 1330; NJW-RR 2000, 1284, 1285; GRUR 1995, 419, 420 f.; GRUR 1976, 430, 432.

[353] *BVerwGE* 106, 90, 92; 97, 132, 135; 37, 209, 220.

[354] Dieser Judikatur hat sich die Mittelinstanz nahezu durchgängig angeschlossen, s. zuletzt *VGH München*, PharmR 2012, 525, 526; *OLG Hamburg*, PharmR 2011, 413, 416; *VGH Mannheim*, PharmR 2011, 92, 94; PharmR 2010, 239,

Gefahrenabwehr- und Verbraucherschutzgesetz konzipiert (s. § 1 Rn. 1), so dass die Verbrauchersicht bei der Produkteinordnung im Mittelpunkt steht. Entscheidend ist die potentielle Sicht eines **durchschnittlich informierten, aufmerksamen und verständigen Verbrauchers**[355]. Dieser Maßstab bedeutet nicht, die Einordnung und Abgrenzung ambivalenter Produkte letztlich dem Verbraucher selbst zu überantworten, dem es hinsichtlich der naturwissenschaftlichen Faktoren (insbes. pharmakologisch, ernährungsphysiologisch etc.) in der Regel an den notwendigen Spezialkenntnissen fehlt[356]. Vielmehr geht es darum, die objektive Zweckbestimmung bei einer wertenden Gesamtbetrachtung als Spiegelbild der aktuellen Verkehrsanschauung zu ermitteln, für die neben vielen anderen Faktoren gerade die Ergebnisse naturwissenschaftlicher Untersuchungen und Gutachten (z. B. zur pharmakologischen Wirkung) besonderes Gewicht haben[357]. Die Berücksichtigung der allgemeinen Verkehrsauffassung verlangt nicht, auf die Auffassung mehr oder weniger aller Verbraucher abzustellen, ein beachtlicher überwiegender Teil der Verbraucherschaft reicht aus[358]. Geht es um ein Produkt, das sich an einen speziellen Verbraucherkreis richtet, ist vornehmlich auf diesen abzustellen[359]. Hierbei bildet sich die Verkehrsauffassung zu einem neuen Produkt in der Regel durch die Anknüpfung an eine schon bestehende Auffassung zu Zweck und Anwendung vergleichbarer „alter" Produkte[360]. Fehlt es an einer hinreichenden Vergleichbarkeit, wie dies insbes. bei neuartigen, innovativen Produkten der Fall sein kann, entsteht die Verkehrsauffassung originär anhand der Vorstellungen und Erwartungen hinsichtlich der Zwecke des Produktes[361].

115   **c) Bestimmende Faktoren.** Die Faktoren, die zu einer gefestigten Verkehrsauffassung beitragen können, sind vielschichtig[362]. Die nach der Judikatur des *BGH*[363] und der bisherigen Judikatur des *BVerwG*[364] maßgeblichen Faktoren – die sich überwiegend auch in der Rechtsprechung des *EuGH*[365] wiederfinden – lassen sich im wesentlichen in **drei Kategorien** einteilen. Eine erste Kategorie bilden die Kriterien der Produktkonzeption, eine zweite Kategorie die Auffassungen in der Wissenschaft und eine dritte Kategorie die Faktoren, die sich auf den Marktauftritt beziehen.

116   **aa) Produktkonzeption.** Zu den Faktoren der Produktkonzeption gehört insbes. die **stoffliche Zusammensetzung** des Produktes. Hierbei stehen die Auswahl und die bestimmungsgemäße **Dosierung** der Wirkstoffe im Vordergrund[366]. Anhaltspunkte können sich prinzipiell auch aus der **Darreichungsform** des Produktes ergeben[367] (Tablette, Kapsel, Capsette, Dragée, Pastille, Ampulle, Flasche mit Pipettenverschluß etc.). Weiterhin ist dessen **Be- bzw. Kennzeichnung** von Bedeutung[368]. In

---

241 f.; *VGH München*, PharmR 2009, 573, 574 f.; PharmR 2008, 206, 208; *OLG Köln*, PharmR 2008, 506, 508, 512; *VGH Mannheim*, PharmR 2008, 285, 289, 340, 341; *OLG Hamburg*, ZLR 2007, 104, 105 f.; *OLG Celle*, LMuR 2007, 116, 117.

[355] S. *BGHSt* 54, 243, 250, 254; *BGH*, NJW-RR 2008, 1255, 1256; NVwZ 2008, 1266, 1267, 1269; *BGHZ* 167, 91, 104; *BGH*, GRUR 2004, 882, 883; 793, 796; *BGHZ* 151, 286, 291; *BGH*, NJOZ 2002, 2563, 2565; NJW-RR 2001, 1329, 1330; NJW-RR 2000, 1284, 1285; im Ergebnis ebenso *BVerwGE* 106, 90, 92; 97, 132, 135; 37, 209, 220; *BFH*, PharmR 2006, 394, 396.

[356] Kritisch *Urban*, S. 250; *Zeinhofer*, S. 227, 239 f.; *Hahn/Hagenmeyer*, ZLR 2003, 707, 712 f.

[357] S. insofern auch die Aussage des *BGH*, „ein verständiger Durchschnittsverbraucher gehe im Allgemeinen nicht davon aus, dass ein als Nahrungsergänzungsmittel angebotenes Präparat tatsächlich ein Arzneimittel sei, wenn es in der empfohlenen Dosierung keine pharmakologischen Wirkungen habe" (NVwZ 2008, 1266, 1269; GRUR 2004, 882, 883; *BGHZ* 151, 286, 292; *BGH*, NJOZ 2002, 2563, 2565; NJW-RR 2000, 1284, 1285); ebenso *BVerwG*, NVwZ 2009, 1038, 1040; PharmR 2008, 78, 83; 67, 72; vgl. auch *BGH*, NJW-RR 2010, 1407, 1408 f. (pharmakologische Wirkung bei einer Dosierung gemäß den normalen Verzehrgewohnheiten eines Durchschnittsverbrauchers).

[358] S. *BGHSt* 54, 243, 250 ff.; *BVerwGE* 97, 132, 139 f.

[359] S. *VGH München*, PharmR 2008, 206, 208 (Kreis der „durchschnittlich informierten Diabetiker").

[360] *BGHZ* 167, 91, 104; *BGH*, GRUR 2004, 882, 883; 793, 796; *BGHZ* 151, 286, 292; *BGH*, NJOZ 2002, 2563, 2565; NJW-RR 2001, 1329, 1330; NJW-RR 2000, 1284, 1285; GRUR 1995, 419, 421; *BVerwGE* 106, 90, 92; 97, 132, 135; 37, 209, 220.

[361] S. *BVerwGE* 106, 90, 92; 97, 132, 135; 37, 209, 220.

[362] Vgl. hierzu auch die Darstellungen bei *Urban*, S. 252 ff.; *Delewski*, S. 226 ff.; *Mühl*, S. 88 ff.; *Klaus*, S. 205 ff.; *Doepner*, S. 131 ff.

[363] *BGHZ* 167, 91, 104; *BGH*, GRUR 2004, 882, 883; 793, 796; *BGHZ* 151, 286, 291 ff.; *BGH*, NJOZ 2002, 2563, 2565 f.; NJW-RR 2001, 1329, 1330 ff.; NJW-RR 2000, 1284, 1285 f.; GRUR 1995, 419, 420 f.; GRUR 1976, 430, 432.

[364] *BVerwGE* 106, 90, 92 ff.; 97, 132, 135 ff.; 37, 209, 220 ff.

[365] S. *EuGH* (s. o. Fn. 12), Rs. C-109/12 – Laboratoires Lyocentre, Rn. 42 f.; Rs. C-308/11 – Chemische Fabrik Kreussler, Rn. 34; Rs. C-27/08 – BIOS Naturprodukte, Rn. 18; Rs. C-88/07 – Kommission/Spanien, Rn. 72; Rs. C-140/07 – Hecht-Pharma, Rn. 32, 37, 39 f.; Rs. C-319/05 – Kommission/Deutschland III, Rn. 55; Rs. C-211/03 u. a. – HLH Warenvertrieb und Orthica, Rn. 30, 51; Rs. C-387/99 – Kommission/Deutschland II, Rn. 57; Rs. C-150/00 – Kommission/Österreich, Rn. 64; Rs. C-290/90 – Kommission/Deutschland I, Rn. 17; Rs. C-112/89 – Upjohn I, Rn. 23 f.; Rs. C-60/89 – Monteil und Samanni, Rn. 29; Rs. C-369/88 – Delattre, Rn. 26, 35.

[366] Vgl. *BVerwGE* 106, 90, 92; 97, 132, 135; 37, 209, 219; s. auch *BVerwG*, NVwZ 2015, 749, 750; NVwZ-RR 2015, 425, 427; NVwZ-RR 2015, 420, 424 („Dosierungsempfehlung, wie sie für Arzneimittel typisch ist"); zum Begriff der Wirkstoffe s. § 4 XIX.

[367] *BVerwGE* 97, 132, 135; *BGH*, NJOZ 2002, 2563, 2565; GRUR 1995, 419, 421; *OVG Lüneburg*, PharmR 2011, 86, 88; *OLG Hamburg*, LMuR 2008, 128, 131; *OLG München*, NJWE-WettbR 1997, 51, 52; *OLG Schleswig*, ZLR 1997, 458, 464; zurückhaltend *BGH*, NJW-RR 2000, 1284, 1286.

[368] *BVerwGE* 106, 90, 93; 97, 132, 135; 37, 209, 220; *OLG München*, NJWE-WettbR 1997, 51, 52.

diesen Zusammenhang gehören des weiteren die **Produktbeschreibung** auf der Verpackung oder an anderer Stelle[369] sowie (auch frühere[370]) **Gebrauchsanweisungen** und **Indikationshinweise**[371]. Im Vergleich zur immunologischen und metabolischen Wirkung hat die (wissenschaftlich hinreichend belegte[372]) **pharmakologische Wirkung** eine herausragende Stellung[373], die auch der *EuGH* besonders betont[374]. Ob und inwieweit das Produkt im Sinne seiner Konzeption therapeutisch **tatsächlich wirksam** ist, ist demgegenüber **unerheblich**[375]. Der Aspekt der therapeutischen Wirksamkeit ist für den Arzneimittelbegriff in § 2 I nicht entscheidend, kann jedoch als Beleg für eine pharmakologische Wirkung gewertet werden[376]. Auch der Umstand, dass ein Produkt objektiv für **therapeutische Zwecke** verwendet werden kann, reicht allein für die Annahme eines Arzneimittels nicht aus[377]. Gleiches gilt für die Frage etwaiger **Risiken und Gesundheitsgefahren** bei bestimmungsgemäßer Anwendung, die als weiterer Faktor zu berücksichtigen sind[378].

bb) Wissenschaft. Die Auffassungen in der pharmazeutischen und medizinischen Wissenschaft sind **117** von besonderem Gewicht[379]. Diese werden auf verschiedenste Art und Weise geäußert, wie insbes. durch Gutachten, Stellungnahmen, (Aufbereitungs-)Monographien[380] und sonstige Fachpublikationen[381], und haben meist Aussagen über therapeutische, prophylaktische und sonstige Eigenschaften (wie etwa die pharmakologischen und sonstigen Wirkungen) zum Gegenstand. Dass das Produkt einen oder mehrere Stoffe enthält, die in einer der Anlagen zur AMVerkV aufgeführt sind, ist für dessen Beurteilung grundsätzlich ohne Bedeutung. Die AMVerkV konturiert den Begriff des Arzneimittels nicht selbst, sondern setzt eine Arzneimitteleigenschaft i. S. v. § 2 I voraus[382]. Ebenso unerheblich ist es, ob dasselbe oder ein vergleichbares Produkt von den Behörden oder der Wissenschaft im Ausland anders qualifiziert wird[383].

cc) Marktauftritt. Zu den Kriterien, die sich auf den Marktauftritt beziehen, gehören insbes. die **118** **Aufmachung**[384] des Produktes und die Art seines **Vertriebs**[385]. Zur Aufmachung sind etwa die Bezeichnung bzw. der **Name** des Produktes sowie die Gestaltung der **Verpackung**[386] zu zählen. Der

---

[369] S. *BVerwGE* 106, 90, 93; 37, 209, 219.

[370] *BVerwGE* 37, 209, 221.

[371] *BGHZ* 167, 91, 104; *BGH*, GRUR 2004, 882, 883; 793, 796; *BGHZ* 151, 286, 292; *BGH*, NJOZ 2002, 2563, 2565; NJW-RR 2001, 1329, 1330; NJW-RR 2000, 1284, 1285; GRUR 1995, 419, 420; GRUR 1976, 430, 432; *BGHZ* 23, 184, 196; *BGHSt* 46, 380, 384; *OLG Hamburg*, LMuR 2008, 128, 131.

[372] S. *EuGH* (s. o. Fn. 12), Rs. C-308/11 – Chemische Fabrik Kreussler, Rn. 30; Rs. C-140/07 – Hecht-Pharma, Rn. 25 f.; Rs. C-319/05 – Kommission/Deutschland III, Rn. 61; *BGH*, NJW-RR 2010, 1407, 1409; GRUR 2010, 259, 260; PharmR 2010, 181, 182; *BVerwG*, NVwZ 2009, 1038, 1040; PharmR 2008, 78, 82; 73, 77 f.; 67, 71 f.

[373] S. *BGH*, NVwZ 2008, 1266, 1268 f.; *BGHZ* 167, 91, 106 f.; 151, 286, 293 ff., 297; *BGH*, GRUR 2004, 882, 883; 793, 796 f.; NJOZ 2002, 2563, 2565 f.; NJW-RR 2000, 1284, 1285 f.; *BVerwG*, NVwZ 2009, 1038, 1039 f.; PharmR 2008, 78, 82; 73, 77 f.; 67, 71; NVwZ 2007, 591, 593 f.; *BVerwGE* 106, 90, 96; *OLG München*, PharmR 2007, 350; *OLG Celle*, LMuR 2007, 116, 117.

[374] S. *EuGH* (s. o. Fn. 12), Rs. C-27/08 – BIOS Naturprodukte, Rn. 25; Rs. C-140/07 – Hecht-Pharma, Rn. 25, 32; Rs. C-319/05 – Kommission/Deutschland III, Rn. 55, 59 ff.; Rs. C-387/99 – Kommission/Deutschland II, Rn. 57; Rs. C-150/00 – Kommission/Österreich, Rn. 64; Rs. C-112/89 – Upjohn I, Rn. 23.

[375] S. *BGHSt* 43, 336, 339; *BVerwGE* 97, 132, 138; *VGH München*, NJW 1998, 845, 845 f.

[376] S. *BVerwG*, NVwZ 2009, 1038, 1040; NVwZ 2007, 591, 593; *OVG Münster*, PharmR 2015, 142, 143 f.

[377] S. *EuGH* (s. o. Fn. 12), Rs. C-319/05 – Kommission/Deutschland III, Rn. 65; *Hüttebräuker/Müller*, PharmR 2008, 38, 40; a. A. *BVerwG*, PharmR 2008, 78, 81; 73, 76; 67, 70 („ein Erzeugnis, das geeignet ist, therapeutische Zwecke zu erfüllen, ist in jedem Fall ein Arzneimittel"); *Wehlau*, § 2 Rn. 84.

[378] S. *EuGH* (s. o. Fn. 12), Rs. C-27/08 – BIOS Naturprodukte, Rn. 24 ff.; *BVerwG*, NVwZ 2015, 749, 751; NVwZ-RR 2015, 425, 428; NVwZ-RR 2015, 420, 424; *BGH*, PharmR 2011, 299, 300 f.; GRUR 2010, 259, 261; PharmR 2010, 181, 183; NJW-RR 2008, 1255, 1259; *BGHZ* 167, 91, 106; *BVerwG*, PharmR 2008, 73, 78.

[379] S. *BGHZ* 167, 91, 104; *BGH*, GRUR 2004, 882, 883; 793, 796; *BGHZ* 151, 286, 292; *BGH*, NJOZ 2002, 2563, 2565; NJW-RR 2001, 1329, 1330; NJW-RR 2000, 1284, 1285; GRUR 1995, 419, 420; GRUR 1976, 430, 432; *BGHZ* 23, 184, 196; *BGHSt* 46, 380, 383 f.; *BVerwGE* 37, 209, 219 f.; *OVG Lüneburg*, PharmR 2011, 86, 88; *OVG Münster*, PharmR 2010, 607, 609.

[380] S. *BGH*, PharmR 2015, 403, 404 f.; NJW-RR 2011, 49, 51; NJW-RR 2000, 1284, 1285; *BVerwG*, PharmR 2008, 73, 78; *VGH München*, PharmR 2009, 573, 576; *OLG Köln*, PharmR 2008, 506, 509; ZLR 2004, 94, 99; *OVG Lüneburg*, NJW 2002, 913, 914; *OLG Karlsruhe*, ZLR 1999, 488, 494; zurückhaltend *OVG Münster*, LRE 31, 153, 163.

[381] S. *OVG Berlin*, PharmR 1995, 403, 411 (Zeitschrift „test" der Stiftung Warentest).

[382] S. *BVerwGE* 97, 132, 142.

[383] S. *BVerwG*, NVwZ 2015, 749, 751; NVwZ-RR 2015, 425, 428; NVwZ-RR 2015, 420, 424; NVwZ 2007, 591, 592; *BVerwGE* 97, 132, 141; *OVG Münster*, PharmR 2008, 83, 84 f.; *OLG Karlsruhe*, ZLR 1999, 630, 635; *VGH Mannheim*, ZLR 1996, 582, 590; *LG Berlin*, MD 2003, 1304, 1308.

[384] *BGH*, PharmR 2015, 403, 405; *BGHZ* 167, 91, 104; *BGH*, GRUR 2004, 882, 883; 793, 796; *BGHZ* 151, 286, 292; *BGH*, NJW-RR 2001, 1329, 1330; NJW-RR 2000, 1284, 1285; GRUR 1995, 419, 420 f.; GRUR 1976, 430, 432; *VGH München*, NJW 1998, 845, 846 (wissenschaftlich-strenge Erscheinung spricht für Arzneimittel); *LG Frankfurt/Main*, PharmR 2014, 541, 544 (Aufmachung der Produktlinie).

[385] S. *BGH*, NJOZ 2002, 2563, 2565; *BVerwGE* 106, 90, 96; 97, 132, 135.

[386] S. *BGH*, NJW-RR 2001, 1329, 1331; NJW-RR 2000, 1284, 1286; *BVerwGE* 106, 90, 93; *OVG Münster*, PharmR 2010, 607, 609; *OLG Köln*, PharmR 2008, 506, 512; LMuR 2008, 100, 102 (Annäherung an bekannte Arzneimittelserie); *OVG Naumburg*, PharmR 1998, 37, 38; *OVG Berlin*, PharmR 1995, 403, 409, 411; 263, 269; *OLG Hamburg*, NJWE-WettbR 1998, 32, 33 („typische Apothekenflasche"); *LG Frankfurt/Main*, PharmR 2014, 541, 545 (Doktortitel im Produktnamen und Zusatz „Med" sprechen nicht notwendig für Arzneimittel).

Vertrieb betrifft vor allem die Frage, ob das Produkt allein über **Apotheken**[387] oder auch über Drogerien[388], Reformhäuser und andere Stellen, wie etwa Supermärkte, vertrieben wird. Weitere, auf den Markt bezogene Anhaltspunkte sind die **Verbreitung und Bekanntheit** des Produktes sowie dessen Bewerbung – insbes. durch **Anzeigen** und **Werbeprospekte**[389] sowie im **Internet**[390]. Dass der Hersteller oder Vertreiber im Rahmen des Marktauftritts zum Ausdruck bringt, bei dem betreffenden Produkt handele es sich um **„kein Arzneimittel"** (sondern etwa um ein bestimmtes Lebensmittel oder Genussmittel), ist für dessen Einordnung **unerheblich**[391]. Gleiches gilt grundsätzlich für das Ergebnis von **Marktumfragen**[392].

119 **d) Indizien.** Zu den Faktoren der drei vorstehenden Kategorien können flankierend noch einige indizielle Merkmale hinzutreten. Hierbei sind die **Grenzen** zwischen den bestimmenden Faktoren und den Indizien durchaus **fließend.** Auch haben einige Faktoren, die für ein Produkt zuvor charakteristisch waren, mit der Zeit an Abgrenzungswirkung verloren und haben nun eher indizielle Bedeutung. Dies gilt insbes. für die Aspekte der Darreichungsform und des Vertriebs[393]. Viele Produkte werden mittlerweile in Darreichungsformen angeboten, die früher allein Arzneimitteln vorbehalten waren (z.B. Nahrungsergänzungsmittel)[394]. Zudem werden (freiverkäufliche) Arzneimittel zunehmend außerhalb von Apotheken vertrieben; im Gegenzug nehmen Apotheken verstärkt auch spezielle Lebensmittel und kosmetische Mittel in ihre Sortimente auf.

120 Indizien sind z.B. Aussagen zu **Nebenwirkungen, Wechselwirkungen und Gegenanzeigen**[395]. Als schwache Indizien kommen auch der hohe **Preis** eines Produktes[396] oder der **Name des Herstellers** – nicht aber der des Vertreibers[397] – in Betracht, wenn dieser für bestimmte Produktkategorien steht[398]. Ein Indiz kann sich auch daraus ergeben, dass ein vergleichbares Produkt in das Arzneimittelverzeichnis **„ROTE LISTE"**[399], in das Arzneimittelinformationssystem **AMIS**[400] oder in die **„Traditionsliste"**[401] (§ 109a III) aufgenommen worden ist und/oder über eine **Pharmazentralnummer** verfügt[402]. Gleiches gilt mit Einschränkungen auch für die Aufnahme eines ähnlichen Produktes bzw. Stoffes in das Deutsche **Arzneibuch** (§ 55)[403] oder das Deutsche **Lebensmittelbuch** (§ 15 LFGB)[404].

121 **e) Abweichende Tendenzen/Kritik.** Das Konzept der überwiegenden objektiven Zweckbestimmung wird in jüngster Zeit verschiedentlich in Frage gestellt. Vor allem das *BVerwG* hat es über

---

[387] S. *BVerwG*, PharmR 2011, 168, 169 („Apothekenqualität", „ausschließlich Apotheken"); *VGH München*, PharmR 2012, 525, 526 (Produktion in einer Apotheke führt nicht zwangsläufig zur Einstufung als Arzneimittel); *VGH Mannheim*, PharmR 2011, 92, 95; *OLG Köln*, LMuR 2008, 100, 102; *OLG Karlsruhe*, ZLR 1999, 488, 495; ZLR 1999, 630, 636; *OLG Schleswig*, ZLR 1997, 458, 464; s. auch *BVerwGE* 148, 28, 30 ff. (Magnetschmuck kein Arzneimittel, keine apothekenübliche Ware).

[388] S. *OLG Köln*, PharmR 2008, 506, 512; *LG Frankfurt/Main*, PharmR 2014, 541, 544.

[389] S. *BGHZ* 167, 91, 104; *BGH*, GRUR 2004, 882, 883; 793, 796; *BGHZ* 151, 286, 292; *BGH*, NJOZ 2002, 2563, 2565; NJW-RR 2000, 1284, 1285; GRUR 1995, 419, 420; GRUR 1976, 430, 432; *BGHZ* 23, 184, 196; *BVerwG*, NVwZ 2009, 1038, 1040; *BVerwGE* 97, 132, 140; 37, 209, 220; *VGH Mannheim*, PharmR 2011, 92, 95 („Gute Besserung!", „Apothekentee" vs. „Arzneitee"); *OLG München*, GRUR 2000, 1103, 1104 (die Aussagen „patentgeschützt" und „klinisch getestet" sprechen für Arzneimittel); *LG Berlin*, MD 2003, 1304, 1308 (Patentschutz ist ohne Belang); *OLG Hamburg*, NJOZ 2002, 1139, 1147 (Werbung in einer bestimmten Zeitschrift ist unerheblich – hier „Pharmazeutische Zeitung").

[390] S. dazu *BGHZ* 167, 91, 100 ff.; *BVerwG*, PharmR 2011, 168, 169; NVwZ-RR 2007, 771, 772; *BFH*, PharmR 2009, 535, 536, 538; *OVG Lüneburg*, PharmR 2011, 86, 89; *VGH Mannheim*, PharmR 2011, 92, 96 f.; *OVG Münster*, PharmR 2010, 607, 609; *VGH Mannheim*, PharmR 2010, 239, 243; PharmR 2008, 340, 342; *LG Frankfurt/Main*, PharmR 2014, 541, 544 f.; *VG Berlin*, PharmR 2012, 122, 124 f.

[391] S. *BGH*, NJW-RR 2001, 1329, 1331; GRUR 1976, 430, 432; *BVerwG*, NVwZ 2009, 1038, 1040; *BVerwGE* 97, 132, 135, 141; *OVG Magdeburg*, PharmR 2012, 298, 299; *OLG Hamburg*, PharmR 2011, 413, 417; *OLG Hamm*, PharmR 2008, 162, 165 f.; *OLG Hamburg*, NJWE-WettbR 1998, 32, 32; *OLG München*, NJWE-WettbR 1997, 51, 52; *OLG Naumburg*, ZLR 1997, 68, 71; *OVG Münster*, ZLR 1996, 232, 237; *VG Berlin*, PharmR 2012, 122, 124 f.

[392] S. *BGH*, NJW-RR 2001, 1329, 1331.

[393] S. *BGH*, NJW-RR 2000, 1284, 1286; *VGH München*, PharmR 2012, 525, 526; OVG Lüneburg, PharmR 2011, 86, 88 f.; NJW 2002, 913, 914; anders noch *OLG Köln*, PharmR 2008, 506, 512; LMuR 2008, 100, 102; *OLG Karlsruhe*, ZLR 1999, 630, 636; *OLG München*, ZLR 1999, 639, 641; *OLG Koblenz*, ZLR 1996, 541, 543.

[394] S. auch *BGH*, NJW-RR 2008, 1255, 1258; NJW-RR 2000, 1284, 1286; *OVG Lüneburg*, PharmR 2011, 86, 88; *VGH Kassel*, ZLR 2002, 504, 505.

[395] S. *OVG Münster*, PharmR 2015, 142, 145; *VGH Mannheim*, PharmR 2011, 92, 96; *OVG Lüneburg*, PharmR 2007, 71, 76.

[396] S. *OLG München*, GRUR 2000, 1103, 1105; *VGH München*, NJW 1998, 845, 846; *OLG Naumburg*, PharmR 1998, 37, 38; *OLG Koblenz*, ZLR 1996, 541, 543.

[397] S. *OLG Hamburg*, ZLR 2000, 922, 925.

[398] S. *BGH*, NJW-RR 2001, 1329, 1331; zurückhaltend *VGH München*, NJW 1998, 845, 846 und *LG Frankfurt/Main*, PharmR 2014, 541, 544 f.

[399] S. *VGH Mannheim*, PharmR 2010, 307, 308; *OLG Düsseldorf*, MD 1999, 161, 164.

[400] S. *OVG Lüneburg*, NJW 2002, 913, 914.

[401] S. dazu *OVG Münster*, PharmR 2008, 564, 568.

[402] S. *OLG Schleswig*, ZLR 1997, 458, 465; anders OVG Lüneburg, PharmR 2011, 86, 89.

[403] S. *VGH Mannheim*, PharmR 2011, 92, 94; *OVG Münster*, LRE 31, 153, 163 (kein Automatismus).

[404] S. *VGH München*, ZLR 1998, 660, 662.

Jahrzehnte mitgetragen und fortentwickelt[405], hält es nun aber für obsolet[406]. Der *BGH* relativiert das Konzept in seinen jüngsten Entscheidungen zugunsten einer betont richtlinienbezogenen Auslegung[407]. Schließlich sehen es einige Stimmen in der Literatur als überholt an[408] oder kritisieren es als unpraktikabel[409]. Hierbei geht es zum einen um dogmatische und zum anderen um inhaltliche Gesichtspunkte:

In **dogmatischer** Hinsicht vertritt insbes. das *BVerwG*, dass Art. 2 III Buchst. d) VO (EG) Nr. 178/ 2002 den europäischen Arzneimittelbegriff des Art. 1 Nr. 2 RL 2001/83/EG in den Rang einer Verordnung erhoben habe[410], weshalb der deutsche Arzneimittelbegriff in § 2 *"keine Rolle"* mehr spiele[411]. Dabei geht es davon aus, dass das Konzept der überwiegenden objektiven Zweckbestimmung vornehmlich auf der mit dem Inkrafttreten des LFGB am 7.9.2005 weggefallenen Formulierung *"überwiegend dazu bestimmt"* in §§ 1 I, 4 I LMBG beruhe[412]. Der *BGH* nimmt in seinen jüngeren Urteilen zwar eine richtlinienkonforme Auslegung des § 2 I vor, lässt das Konzept der überwiegenden Zweckbestimmung aber tendenziell in den Hintergrund treten, wobei er von einer Vollharmonisierung nebst Verobjektivierung der europäischen Begriffe aufgrund der Änderungsrichtlinie 2004/27/EG ausgeht[413]. Diese Annahmen, die auf verschiedene Zäsuren hinauslaufen, gehen fehl. Für den angenommenen Verordnungsrang des Art. 1 Nr. 2 RL 2001/83/EG im Sinne einer „Integrationslösung" fehlt es an belastbaren Anhaltspunkten (s. Rn. 45 ff.). Gleiches gilt mit der Judikatur des *EuGH* auch für die Annahme einer Vollharmonisierung und Verobjektivierung der Begrifflichkeiten (s. Rn. 48 ff., 19 f., 23). Schließlich ist der Maßstab der überwiegenden objektiven Zweckbestimmung keinesfalls allein auf §§ 1 I, 4 I LMBG gestützt. Seine Entstehung liegt weit vor dem LMBG[414] und setzt nicht nur an der obigen Formulierung, sondern vor allem an den verschiedenen Zweckbestimmungen des Arzneimittel (Heilung, Linderung und Verhütung von Krankheiten etc.) und der angrenzenden Produkte (Ernährung, Nahrungsergänzung, Kosmetik etc.) an[415]. Daher hebt die RL 2001/83/EG das Kriterium der Zweckbestimmung bzw. des Verwendungszwecks an verschiedenen Stellen besonders hervor (z.B. Art. 88 II und Erwägungsgrund Nr. 7 bzw. Art. 16a I Buchst. a), Art. 16c II und Art. 54 Buchst. n))[416] und sind nur für die auf die Zweckbestimmung als solche bezogenen Aussagen (z.B. „zur … bestimmt" und „dazu bestimmt" in § 2 I Nr. 1, II Nr. 1, 2, 4, III Nr. 4), sondern auch für die ehemalige Formulierung in §§ 1 I, 4 I LMBG zur überwiegenden Zweckbestimmung. Beispielsweise verwendet § 2 V 1 LFGB diese Formulierung ausdrücklich (*"ausschließlich oder überwiegend dazu bestimmt"*). Gleiches gilt für Art. 2 I Buchst. a) VO (EG) Nr. 1223/2009 (EG-Kosmetik-VO), der ebenfalls auf den *"ausschließlichen oder überwiegenden Zweck"* abstellt[417]. Vor diesem normativen Hintergrund spricht nichts dafür, das Konzept der überwiegenden objektiven Zweckbestimmung nach § 2 I aufzugeben[418]. Das Kriterium der Zweckbestimmung ermöglicht eine adäquate Vergleichbarkeit benachbarter Produktgruppen, da es deren wichtigster gemeinsamer Nenner ist. Wie in den obigen Formulierungen zum Ausdruck kommt, ist es sachgerecht, bei der Einordnung und Abgrenzung ambivalenter Produkte zunächst die in Betracht kommenden unterschiedlichen Zweckbestimmungen herauszuarbeiten und sodann – im Zuge einer wertenden Gesamtbetrachtung – zu entscheiden, welche Zweckbestimmung im Einzelfall überwiegt.

---

[405] S. *BVerwGE* 106, 90, 92 ff.; 97, 132, 135 ff.; 37, 209, 219 ff.

[406] S. *BVerwG*, NVwZ 2009, 1038, 1039 f.; PharmR 2008, 254, 255 f.; 78, 80 ff.; 73, 75 ff.; 67, 69 ff.; NVwZ 2007, 591, 592 ff.; *Rennert*, NVwZ 2008, 1179, 1179 ff.

[407] S. *BGH*, NJW-RR 2011, 49, 50 f.; NJW-RR 2010, 1407, 1408 f.; GRUR 2010, 259, 260 f.; PharmR 2010, 181, 182 ff.; NJW-RR 2008, 1255, 1256 ff.; NVwZ 2008, 1266, 1267 ff.; im Ansatz bereits *BGHZ* 167, 91, 104 ff.; s. auch *BGHSt* 54, 243, 258 f.

[408] Vgl. *Knappstein*, S. 47; *Voß*, Rn. 15; *Wagner*, ZLR 2006, 213, 222; *Mahn*, ZLR 2005, 529, 531.

[409] Vgl. *Freund*, in: MüKo StGB, Bd. 6/I, § 2 AMG Rn. 29, 35; *Mühl*, S. 47 ff.

[410] S. *BVerwG*, NVwZ 2009, 1038, 1039; PharmR 2008, 254, 255; 78, 80 ff.; 73, 76; 67, 69 f.; NVwZ 2007, 591, 592; NVwZ-RR 2007, 771, 772; ebenso *OVG Saarlouis*, ZLR 2006, 173, 183 ff.; *Voß*, Rn. 15; *Meyer*, in: Sosnitza, S. 99, 106 f.; *Mahn*, ZLR 2005, 151, 151 f.; *Reinhart*, ZLR 2006, 422, 423 f.; *Gorny*, ZLR 2007, 782, 782 f.; *Klaus*, S. 358, 362 f.; *Kügel/Hahn/Delewski*, § 1 Rn. 217 f.

[411] S. *BVerwG*, PharmR 2008, 78, 81; 73, 76; 67, 70; *Rennert*, NVwZ 2008, 1179, 1181 („ohne Belang"); ebenso *Gorny*, ZLR 2007, 782, 783; *Voß*, Rn. 15; in diese Richtung auch *Mahn*, ZLR 2005, 151, 151 f.; anders *Delewski*, S. 255 ff.

[412] Vgl. *Rennert*, NVwZ 2008, 1179, 1179 ff.

[413] S. *BGH*, NJW-RR 2010, 1407, 1408 f.; GRUR 2010, 259, 260; PharmR 2010, 181, 182; NJW-RR 2008, 1255, 1256 f.; NVwZ 2008, 1266, 1267 f.; in BGHZ 167, 91 ff. ist dieser stark richtlinienbezogene Ansatz bereits vorhanden (104 ff.). Hierbei gibt der *BGH* die zweckbezogene Prüfung als solche aber nicht auf, sondern stellt nach wie vor arzneiliche Zwecke und Ernährungszwecke gegenüber (s. *BGH*, NJW-RR 2008, 1255, 1259).

[414] S. bereits *RGSt* 68, 247, 248: „Denn entscheidend ist … der überwiegende Verwendungszweck."; *RGSt* 57, 114, 115: „Als Arzneimittel hat ein … Stoff dann zu gelten, wenn er nach der allgemeinen Verkehrsanschauung … hauptsächlich zu Heilzwecken dient"

[415] Ausführlich *Hüttebräuker/Müller*, NVwZ 2008, 1185, 1188 f., 1190.

[416] Vgl. auch §§ 10 I 1 Nr. 14, 39b I 4 und *BGHSt* 54, 243, 248 ff.

[417] S. auch den Erwägungsgrund Nr. 6 der VO (EG) Nr. 1223/2009 (Abgrenzung Arzneimittel/kosmetische Mittel nach der Zweckbestimmung).

[418] S. auch *BSGE* 100, 103, 107; *VGH München*, PharmR 2008, 206, 208; *Köhler*, GRUR 2002, 844, 851 f.: „Das Erfordernis der ‚überwiegenden' Zweckbestimmung wird man freilich … nicht … aufgeben müssen. Denn gerade bei der Abgrenzung von Lebensmittel und Funktionsarzneimittel kann es fruchtbar gemacht werden.").

Indem die typisierenden Hauptzwecke der jeweiligen Produkte gegenübergestellt und gewichtet werden, werden die korrelierenden Legaldefinitionen in Relation zueinander gebracht. Dies ermöglicht eine produktnahe und ausgewogene Abgrenzungsprüfung[419].

123   In **inhaltlicher** Hinsicht wird kritisiert, dass das Konzept der überwiegenden objektiven Zweckbestimmung auf schwer zu konkretisierende und sich bisweilen wandelnde Faktoren abstellt und daher im Einzelfall schwer zu handhaben ist[420]. Insofern ist einzuräumen, dass der normative Ausgangspunkt des Konzepts in § 2 I Nr. 1 („*zur Heilung … bestimmt*") hinsichtlich der Kriterien Produktkonzeption, Wissenschaft und Marktauftritt mit einem ganzen Strauß von Zusatzkriterien unterlegt wird, die ihrerseits zum Teil schwer zu konkretisieren sind. Gleichwohl ist das Konzept gem. § 2 I sachlich und praktisch gerechtfertigt und wird auch den Anforderungen des Bestimmtheitsgrundsatzes nach Art. 103 II GG gerecht[421]. Gerade das Abstellen auf die überwiegende objektive Zweckbestimmung in § 2 I mit den drei obigen Kategorien hat sich als Maßstab für die zunehmend schwieriger werdenden Einstufungs- und Abgrenzungsfragen seit vielen Jahren bewährt. Das Konzept ist darauf gerichtet, die jeweils korrelierenden Legaldefinitionen angemessen zu berücksichtigen und alle zur Verfügung stehenden objektiven und subjektiven Faktoren auszuschöpfen. So wird ein Gesamturteil ermöglicht, das der rechtlichen und tatsächlichen Komplexität der Einordnungs- und Abgrenzungsfragen gerecht wird. Mit einer Abkehr von diesen gefestigten Maßstäben gingen daher erhebliche Anwendungs- und Auslegungsprobleme in der Praxis sowie ein Verlust an Rechtssicherheit einher, der nicht zuletzt wegen der strafrechtlichen Konsequenzen (§ 96 Nr. 5) vermieden werden sollte[422]. Dies gilt vor allem für den Versuch, die Fragen der Produktabgrenzung isoliert anhand einzelner Merkmale des § 2 I zu beantworten, insbes. allein mit dem komplexen Begriff der „pharmakologischen Wirkung". Dieser stößt gerade bei den Problemfällen an seine Grenzen und bringt divergierende wissenschaftliche Stellungnahmen mit sich. Gleiches gilt für den Ansatz, diese Fragen von § 2 I gänzlich abzukoppeln und zu versuchen, sie allein unter Rückgriff auf die jüngeren Aussagen des *EuGH* zu erörtern[423]. Zwar stellt auch der *EuGH* eine Gesamtschau an, die im Kern auf die überwiegende Zweckbestimmung des Produktes abhebt (s. Rn. 28). Doch ist zu berücksichtigen, dass er eine Vollharmonisierung der Begrifflichkeiten ausdrücklich ablehnt, so dass es auf die Auslegung und Anwendung des nationalen Rechts ankommt[424]. Dem entsprechend sind die Ausführungen des *EuGH* zu den europäischen Begrifflichkeiten recht abstrakt. Dies gilt insbes. für seine Antworten in den als Dialog zu verstehenden Vorabentscheidungsverfahren nach Art. 267 AEUV[425]. Seine dortigen Aussagen beziehen sich regelmäßig auf abstrakt formulierte Einzelfragen zum Verständnis des europäischen Arzneimittelbegriffs[426] und gehen auf die jeweiligen Komplementärbegriffe, deren Auslegung sowie die definitorischen Wechselwirkungen zwischen den Legaldefinitionen naturgemäß nicht ein. Schließlich vermeidet der *EuGH* gerade bei der Konkretisierung der zentralen Tatbestandsmerkmale des Arzneimittelbegriffs (insbes. „Krankheit", „physiologische Funktionen" und „pharmakologische Wirkung") konkrete Festlegungen.

124   **Zusammenfassend** ist festzuhalten, dass die an dem Konzept der überwiegenden objektiven Zweckbestimmung nach § 2 I geäußerten dogmatischen und inhaltlichen Bedenken nicht durchgreifen. Das Konzept ist und bleibt der verlässliche Kompass für die Einordnung und Abgrenzung ambivalenter Produkte. Zu Recht stellen die überwiegende deutsche Rechtsprechung[427] und Literatur[428] im Einklang

---

[419] Eine am Maßstab der überwiegenden (objektiven) Zweckbestimmung orientierte Prüfung hat sich auch in anderen Rechtsgebieten bewährt, wie etwa bei der stoffbezogenen Abgrenzungsprüfung im Abfallrecht (vgl. *BVerwG*, NVwZ 2004, 344, 345, 347; *OVG Münster*, ZUR 2005, 608, 608 f.; *Uwer/Held*, EuZW 2010, 127, 129 f.) und bei der Abgrenzung zwischen präventiver Gefahrenabwehr und repressiver Strafrechtspflege im Falle doppelfunktionaler Maßnahmen der Polizei (s. *BVerwGE* 47, 255, 264 f.; *VGH Mannheim*, NVwZ-RR 1989, 412, 413; *VGH München*, NJW 1984, 2235; *OVG Münster*, NJW 1980, 855; *Rennert*, in: Eyermann, § 40 Rn. 130).
[420] Vgl. *Mühl*, S. 47 ff.; *Freund*, in: MüKo StGB, Bd. 6/1, § 2 AMG Rn. 35.
[421] S. *BVerfG*, NJW 2006, 2684, 2685; *BGHSt* 43, 336, 342 f.; *BVerwGE* 70, 284, 287; *OLG Frankfurt/Main*, NJW 1996, 3090, 3091; a. A. *Winters*, S. 204 f.
[422] S. *BVerwGE* 37, 209, 215 (zum Begriff der Krankheit); *BVerfGE* 82, 6, 12.
[423] So *BVerwG*, NVwZ 2009, 1038, 1039 f.; PharmR 2008, 254, 255 f.; 78, 80 f.; 73, 76; 67, 69 f.; NVwZ 2007, 591, 592; *OVG Saarlouis*, ZLR 2006, 173, 183 ff.; *Gorny*, ZLR 2007, 782, 782 f.; *Voß*, Rn. 15.
[424] S. *EuGH* (s. o. Fn. 12), Rs. C-109/12 – Laboratoires Lyocentre, Rn. 45; Rs. C-88/07 – Kommission/Spanien, Rn. 69 f., 86; Rs. C-140/07 – Hecht-Pharma, Rn. 28; Rs. C-319/05 – Kommission/Deutschland III, Rn. 36 f., 86; Rs. C-211/03 u. a. – HLH Warenvertrieb und Orthica, Rn. 56, 68.
[425] Vgl. dazu *Skouris*, EuGRZ 2008, 343, 343 f.; *Ehricke*, in: Streinz, Art. 267 AEUV Rn. 7, 14 f.
[426] Zu Recht weist *Zipfel/Rathke* darauf hin, dass sich die Aussagen des *EuGH* vor diesem Hintergrund nicht uneingeschränkt verallgemeinern lassen (Art. 2 BasisVO Rn. 84b).
[427] S. *BGH*, NJW-RR 2008, 1255, 1256, 1259 und NVwZ 2008, 1266, 1267, 1269 relativierend; *BGHZ* 167, 91, 104; *BGH*, GRUR 2004, 882, 883; 793, 796; *BGHZ* 151, 286, 291, 294 (bestätigt durch *BVerfG*, NJWRR 2007, 1680, 1681 f.); *BGH*, NJOZ 2002, 2563, 2565; NJW-RR 2001, 1329, 1330; NJW-RR 2000, 1284, 1285; GRUR 1995, 419, 420; GRUR 1976, 430, 432; *BGHSt* 46, 380, 383; *BSGE* 111, 155, 159; 100, 103, 107; 96, 153, 155; *BSG*, NZS 1999, 449, 449 f.; *BSGE* 72, 252, 255; *BFH*, PharmR 2009, 535, 536; PharmR 2006, 394, 396.
[428] Vgl. *Koyuncu*, in: Deutsch/Lippert, § 2 Rn. 69; *Eschelbach*, in: Graf/Jäger/Wittig, Vorb. §§ 95 ff. AMG, Rn. 5 f., 9; *Kaulen*, S. 177 ff.; *Delewski*, S. 218 ff., 226 ff.; *Weidert*, S. 138 ff., 148 ff., 206 f.; *Gutzler*, SGb 2008, 341, 345 f.; *Rehmann*, § 2 Rn. 2 ff., 27; *Meier*, in: Meier/v. Czettritz/Gabriel/Kaufmann, § 2 Rn. 20; *Meyer/Reinhart*, in: Fezer, § 4-S 4 Rn. 72 f.; *Hagenmeyer/Oelrichs*, in: MüKo Lauterkeitsrecht, Bd. 2, Anh. F zu §§ 1–7 UWG, § 2 LFGB Rn. 10; *Köber*, in: MüKo Lauterkeitsrecht, Bd. 2, Anh. D zu §§ 1–7 UWG, AMG Rn. 7, 20; *Dieners/Heil*, in: Dieners/Reese,

mit der Judikatur des *EuGH*[429] seit langem hierauf ab und entwickeln es kontinuierlich weiter. Gerade die Neufassung des deutschen Arzneimittelbegriffs durch das AMG-ÄndG 2009 bedeutet eine weitere Phase der Fortentwicklung dieses Konzepts und bietet die Möglichkeit, es weiter zu präzisieren (zu den Abgrenzungsfragen s. Rn. 136 ff.).

F. Fiktive Arzneimittel (Abs. 2)

§ 2 II erweitert den Arzneimittelbegriff der Grunddefinition in § 2 I um fünf weitere Produkt- **125** gruppen. Da die betreffenden Gegenstände bzw. Stoffe und Zubereitungen nach der allgemeinen Verkehrsauffassung keine Arzneimittel sind, aber ein vergleichbares, wenn auch abgestuftes Gefährdungs- potential aufweisen, wird deren **Arzneimitteleigenschaft** über § 2 II **fingiert** („*Als Arzneimittel gelten [auch] …*")[430]. In § 2 VI 2 LFGB wird klargestellt, dass fiktive Arzneimittel i. S. § 2 II nicht zugleich Bedarfsgegenstände (s. § 2 VI 1 LFGB) sein können. Beide Produktkategorien schließen sich wechselsei- tig aus. Von den fünf Produktgruppen der fiktiven Arzneimittel in § 2 II sind nur die körperberühren- den Gegenstände (Nr. 1) zur Anwendung bei Mensch und Tier bestimmt. Alle anderen fiktiven Arzneimittel (Nr. 1a–4) betreffen allein die Anwendung bei Tieren. § 2 II ist mehrfach erheblich geändert worden, insbes. durch das MPG vom 2.8.1994 (Nr. 1a–4) sowie das 2. MPG-ÄndG vom 13.12.2001 (Nr. 3, 4). Viele Produkte, die zuvor der Regelung des § 2 II unterfielen, stellen seitdem – da sie am menschlichen Körper angewandt werden – Medizinprodukte gem. § 3 Nr. 1 ff. MPG dar (s. Rn. 211 ff.).

Gemeinsam ist den fiktiven Arzneimitteln des § 2 II Nr. 1–3, dass es sich um **Gegenstände** handelt, **126** die anders als Stoffe, die verbraucht bzw. verarbeitet werden, gebraucht werden. § 2 II Nr. 1 erfasst körperberührende Gegenstände, die ein Arzneimittel enthalten oder auf die ein Arzneimittel aufgebracht ist. § 2 II Nr. 1a betrifft tierärztliche Instrumente und § 2 II Nr. 2 Gegenstände, die in den tierischen Körper eingebracht werden. § 2 II Nr. 3 regelt Verbandstoffe und chirurgische Nahtmaterialien zur Anwendung am oder im tierischen Körper. Demgegenüber erfasst § 2 II Nr. 4 **Stoffe und Zubereitungen** aus Stoffen, die zu diagnostischen Zwecken bei Tieren bestimmt sind, ohne dass diese am oder im Körper angewendet werden (s. zu den Begriffen Gegenstände, Stoffe und Zubereitungen aus Stoffen Rn. 60 ff.).

§ 2 II: fiktive Arzneimittel				
Nr. 1:	körperberührende Gegenstände	Nr. 3:	Verbandstoffe, Nahtmaterialien	**127**
Nr. 1a:	tierärztliche Einweginstrumente	Nr. 4:	bestimmte Diagnostika	
Nr. 2:	eingebrachte Gegenstände			

Folge der mit der Fiktion in § 2 II verbundenen Ausweitung des Arzneimittelbegriffs ist insbes., dass **128** die dort genannten Gegenstände, Stoffe und Zubereitungen nicht denselben gesetzlichen Vorgaben unterfallen wie die „echten" Arzneimittel des § 2 I. Mit Ausnahme von § 2 II Nr. 1 sind die fiktiven Arzneimittel **regulatorisch privilegiert.** Wegen ihres abgestuften Gefährdungspotentials unterliegen die von § 2 II Nr. 1a–4 erfassten Produkte z. B. nicht den Regelungen über die Herstellungserlaubnis (§§ 13 ff.), die Zulassungs- bzw. Registrierungspflicht (§§ 21 ff., §§ 38 ff.)[431], die Kennzeichnungs- und Informationspflichten (§§ 10 ff.) sowie die Einfuhrerlaubnis (§ 72). Dass § 2 II Nr. 1 von dieser Sonder- stellung ausgenommen ist, liegt daran, dass die betreffenden Produkte ein Arzneimittel nach § 2 I enthalten oder mit einem solchen verbunden sind, so dass sie den Arzneimitteln des § 2 I in ihrer Wirkungsweise und insofern auch rechtlich gleichstehen[432].

I. Körperberührende Gegenstände (Nr. 1)

§ 2 II Nr. 1 erfasst körperberührende Gegenstände, verstanden als **zusammengesetzte Produkte,** **129** die aus einem (neutralen) Gegenstand und einem Arzneimittel nach § 2 I bestehen. Hierbei geht es nicht

---

[427] § 1 Rn. 89, 97 f.; *Gerstberger,* S. 153; *Bruggmann,* S. 9, 17, 74; *Hahn,* S. 75; *Hagenmeyer/Hahn,* WRP 2008, 275, 276; *Rathke,* ZLR 2007, 139, 150.

[429] S. insbes. *EuGH* (s. o. Fn. 12), Rs. C-319/05 – Kommission/Deutschland III, Rn. 64 f., 61; Rs. C-140/07 – Hecht-Pharma, Rn. 25; *Delewski,* S. 218 ff.; *Weidert,* S. 206 ff.; *Gutzler,* SGb 2008, 341, 345 f.; Homöostase-Modell des Europarates zur Abgrenzung Lebensmittel/Arzneimittel vom 7.2.2008 (s. www.coe.int), S. 8 f.; s. Rn. 28.

[430] Geht man davon aus, dass § 2 I eine abschließende Grunddefinition der Arzneimittel enthält, kann es sich bei den in § 2 II aufgeführten Produkten begrifflich nicht um Arzneimittel handeln. § 2 II Nr. 1–3 betrifft (im weiteren Sinne) Gegenstände, also keine „Stoffe" oder „Zubereitungen aus Stoffen" i. S. v. § 2 I. § 2 II Nr. 4 hat zwar „Stoffe und Zubereitungen aus Stoffen" zum Gegenstand, doch nicht solche, die am … Körper" angewendet werden. Da der in Bezug genommene Umstand (Arzneimitteleigenschaft) bei den genannten Produkten deshalb mit Gewissheit nicht vorliegt, stellt § 2 II eine gesetzliche Fiktion dar (offen gelassen in *BVerwGE* 106, 90, 94).

[431] *BVerwGE* 71, 318, 321.

[432] Vgl. BT-Drucks. 7/3060, S. 44.

um eine *„Anwendung am oder im menschlichen oder tierischen Körper"* im engeren Sinne, sondern nur um einen **zeitweisen Kontakt mit der Körperoberfläche** aufgrund dessen die arzneilichen Bestandteile im bzw. am Körper wirken können.

130   Beispiele für körperberührende Gegenstände, die ein Arzneimittel nach § 2 I enthalten, sind medizinische Windelhosen mit bakteriostatischer Wirkung[433]; nicht aber Balneotherapeutika wie Moor- oder Schlammpackungen, denn hierbei handelt es sich nicht um Gegenstände, sondern um Stoffe und damit – je nach bestimmungsgemäßer Hauptwirkung – um Arzneimittel gem. § 2 I Nr. 1 oder um Medizinprodukte nach § 3 Nr. 1 MPG (s. Rn. 220). Beispiele für körperberührende Gegenstände, auf die ein Arzneimittel nach § 2 I aufgebracht ist, sind Pflaster und Verbandstoffe mit aufgetragenen Arzneimitteln[434] (z. B. Schmerz- oder Rheumapflaster bzw. Zinkleimbinden oder Brandbinden) sowie Intrauterinpessare mit arzneilicher Beschichtung[435].

131   Die körperberührenden Gegenstände nach § 2 II Nr. 1 sind im Einzelfall von den Medizinprodukten nach § 3 Nr. 2 MPG abzugrenzen, die vorliegen, wenn das betreffende Arzneimittel im Verhältnis zur Hauptwirkung des Produktes eine nur ergänzende bzw. unterstützende Funktion hat (s. Rn. 217).

II. Tierärztliche Einweginstrumente (Nr. 1a)

132   § 2 II Nr. 1a erklärt **tierärztliche sterile Einweginstrumente** zu fiktiven Arzneimitteln. Tierärztliche Instrumente sind alle berufsspezifischen Werkzeuge und Geräte eines Tierarztes. Verfahren zur Verminderung der Keimzahl sind Sterilisationsverfahren wie die Dampf-, Gas- und Strahlensterilisation oder die Sterilisation durch trockene Hitze, nicht aber eine Behandlung mit Konservierungsstoffen[436]. Beispiele für sterile tierärztliche Einweginstrumente sind (einem Sterilisationsverfahren unterzogene und entsprechend gekennzeichnete) Einwegskalpelle, Einwegspritzen, Einwegkatheter sowie Infusions- und Transfusionshilfsmittel[437].

III. In den tierischen Körper eingebrachte Gegenstände (Nr. 2)

133   § 2 II Nr. 2 betrifft Gegenstände, die zu den Zwecken des § 2 I – vor allem den diagnostischen und sonstigen Zwecken des § 2 I Nr. 2 – in den tierischen Körper **implantiert** oder sonst innerlich eingebracht werden. Diese Gegenstände müssen bereits vor der Einbringung in den Körper zu ihrer bestimmungsgemäßen Gestalt vorgefertigt sein[438]. Ausgenommen sind körperberührende Gegenstände gem. § 2 II Nr. 1 und alle tierärztlichen Instrumente[439]. Beispiele für Gegenstände i. S. v. § 2 II Nr. 2 sind Knochenersatzteile, Kunststoffgelenke oder Marknägel[440].

IV. Verbandstoffe und chirurgische Nahtmaterialien zur Anwendung am oder im tierischen Körper (Nr. 3)

134   Nach § 2 II Nr. 3 gelten (mit Ausnahmen) auch Verbandstoffe und chirurgische Nahtmaterialien als Arzneimittel. In Anlehnung an Art. 1 § 4 IX AMNOG 1976 lassen sich Verbandstoffe definieren als *„Gegenstände, die dazu bestimmt sind, oberflächengeschädigte Körperteile zu bedecken oder deren Körperflüssigkeiten aufzusaugen."* Flüssige Verbandstoffe werden daher nicht erfasst[441]. Beispiele für Verbandstoffe sind Mull und Watte (als Binden und Kompressen). Chirurgische Nahtmaterialien sind Fäden, die zum Nähen von offenen Wunden oder bei chirurgischen Eingriffen verwandt werden, einschließlich der hierbei eingesetzten Nadeln und Klammern[442]. Von der Regelung ausgenommen sind körperberührende Gegenstände gem. § 2 II Nr. 1, tierärztliche Einweginstrumente nach § 2 II Nr. 1a und in den tierischen Körper eingebrachte Gegenstände i. S. v. § 2 II Nr. 2.

V. Diagnostika ohne Anwendung am oder im tierischen Körper (Nr. 4)

135   § 2 II Nr. 4 betrifft Produkte, die nicht wie die Produkte des § 2 I Nr. 2 Buchst. b) im oder am, sondern **außerhalb des tierischen Köpers zu diagnostischen Zwecken** eingesetzt werden[443]. Die Formulierung *„auch im Zusammenwirken mit anderen Stoffen oder Zubereitungen aus Stoffen"* legt fest, dass

---

[433] *BGH*, GRUR 1993, 677, 678; *KG*, ZLR 1992, 43, 44 f.
[434] Vgl. auch BT-Drucks. 12/6991, S. 39.
[435] S. *OLG Stuttgart*, NJW 1987, 1493, 1494.
[436] Vgl. *Kloesel/Cyran*, § 2 Anm. 91c; *Rehmann*, § 2 Rn. 22.
[437] Vgl. BT-Drucks. 10/5112, S. 15.
[438] S. *BVerwGE* 71, 318, 322 f.
[439] Dass § 2 II Nr. 2 zunächst die Gegenstände nach Nr. 1a, das heißt die tierärztlichen sterilen Einweginstrumente, ausnimmt und darüber hinaus (nochmals) alle „tierärztliche[n] Instrumente", dürfte ein redaktionelles Versehen sein – insofern könnte die Wendung „oder 1a" in § 2 II Nr. 2 gestrichen werden.
[440] Vgl. BT-Drucks. 3/654, S. 17.
[441] Vgl. auch *Sander*, § 2 Erl. 30; *Kloesel/Cyran*, § 2 Anm. 94.
[442] Vgl. auch *Kloesel/Cyran*, § 2 Anm. 96.
[443] Dass es in § 2 II Nr. 4 – anders als in § 2 I Nr. 2 Buchst. a) – nicht „Funktionen", sondern „Funktion" des (tierischen) Körpers heißt, dürfte ein redaktionelles Versehen sein.

diese Produkte auch dann als eigenständige Arzneimittel gelten, wenn sie in Kombination mit anderen Produkten verwendet werden[444]. Die diagnostische Zwecksetzung ist grundsätzlich mit der des § 2 I Nr. 2 Buchst. b) identisch. Beispiele für betreffende Produkte sind Test- und Kontrollsera nach § 4 VI, Testantigene nach § 4 VII sowie sonstige Reagenzien für die Labordiagnostik (In-vitro-Diagnostika; s. auch § 4a Rn. 6 f.).

G. Keine Arzneimittel (Abs. 3)

§ 2 III grenzt die Arzneimittel von den **Produkten der benachbarten Rechtsbereiche** ab („*Arznei-* 136 *mittel sind nicht …*"). § 2 III Nr. 1–8 bezieht sich auf acht Produktgruppen, namentlich Lebensmittel, kosmetische Mittel, Tabakerzeugnisse, Tierkosmetika, Biozidprodukte, Futtermittel, Medizinprodukte und deren Zubehör sowie bestimmte Organe.

§ 2 III: keine Arzneimittel				137
Nr. 1:	Lebensmittel (allg. u. besondere Ernährung)	Nr. 5:	Biozidprodukte	
Nr. 2:	Kosmetische Mittel	Nr. 6:	Futtermittel	
Nr. 3:	Tabakerzeugnisse	Nr. 7:	Medizinprodukte und Zubehör	
Nr. 4:	Tierkosmetika	Nr. 8:	bestimmte Organe	

Unterfällt ein Stoff oder eine Stoffzubereitung einer der in § 2 III Nr. 1–8 aufgeführten Produkt- 138 gruppen, liegt kein Arzneimittel vor. Ein Produkt kann **keine „Doppelnatur"** haben. Es kann nur ein Arzneimittel oder ein anderes Produkt sein. Für die Abgrenzungsfrage (Arzneimittel oder Lebensmittel etc.) stellt § 2 III eine **wertneutrale Schnittstelle** zwischen dem AMG und den angrenzenden Rechtsmaterien dar. Mit Ausnahme der Regelung in Nr. 4 ist § 2 III deklaratorischer Natur. § 2 III ist in den letzten Jahren stark geändert worden, vor allem durch das Gesetz zur Neuordnung des Lebensmittel- und des Futtermittelrechts vom 1.9.2005 (Nr. 1–3, 6), das Gewebegesetz vom 20.7.2007 (Nr. 8) und das AMG-ÄndG 2009 vom 17.7.2009 (Nr. 5).

I. Lebensmittel (Nr. 1)

§ 2 II LFGB definiert den Begriff der Lebensmittel nicht selbst, sondern verweist auf Art. 2 VO (EG) 139 Nr. 178/2002 (Lebensmittel-Basisverordnung). Nach Art. 2 I VO (EG) Nr. 178/2002 sind Lebensmittel „*alle Stoffe und Erzeugnisse, die dazu bestimmt sind oder von denen nach vernünftigem Ermessen erwartet werden kann, dass sie in verarbeitetem, teilweise verarbeitetem oder unverarbeitetem Zustand von Menschen aufgenommen werden.*" Dem Begriff der Lebensmittel unterfallen „*auch Getränke, Kaugummi sowie alle Stoffe – einschließlich Wasser –, die dem Lebensmittel bei seiner Herstellung oder Ver- oder Bearbeitung absichtlich zugesetzt werden*" (§ 2 II 1 VO (EG) Nr. 178/2002). Nach Art. 2 III Buchst. a)–h) VO (EG) Nr. 178/2002 gehören Futtermittel, lebende Tiere, Pflanzen vor dem Ernten, Arzneimittel, kosmetische Mittel, Tabak und Tabakerzeugnisse, Betäubungsmittel und psychotrope Stoffe sowie Rückstände und Kontaminanten nicht zu den Lebensmitteln.

1. Lebensmittelbegriff. Der Lebensmittelbegriff in Art. 2 VO (EG) Nr. 178/2002 ist denkbar weit 140 gefasst und kaum konturiert[445]. Im Vordergrund steht die „Aufnahme" eines Stoffes oder Erzeugnisses durch den Menschen.

a) Stoffe oder Erzeugnisse. Anders als die RL 2001/83/EG mit Art. 1 Nr. 3 und das AMG mit § 3 141 verzichten die VO (EG) Nr. 178/2002 und das LFGB auf eine Legaldefinition der Stoffe und Erzeugnisse. Nach dem Erwägungsgrund Nr. 11, wonach die „*Definition des Lebensmittelrechts [f]ür ein hinreichend umfassendes einheitliches Konzept der Lebensmittelsicherheit … weit gefasst werden muss*", ist davon auszugehen, dass beide Begriffe grundsätzlich **weit zu verstehen** sind. Erfasst werden daher alle Stoffe und Erzeugnisse, unabhängig von ihrer Herkunft (pflanzlich, chemisch, tierisch, menschlich) und von ihrem Aggregatzustand (fest, flüssig, gasförmig) und unabhängig davon, ob und inwieweit sie einem Be- oder Verarbeitungsprozess unterzogen worden sind. In Ermangelung einer begrifflichen Eingrenzung erstreckt sich der Stoffbegriff auch auf sämtliche Roh- und Ausgangsstoffe etc.[446].

b) Aufnahme. Im Gegensatz zum alten Lebensmittelbegriff in § 1 I des LMBG, der darauf abstellte, 142 dass Stoffe zur Ernährung oder zum Genuss „*verzehrt*" werden, hebt Art. 2 I VO (EG) Nr. 178/2002 darauf ab, dass Stoffe oder Erzeugnisse „*aufgenommen werden*". Der Begriff der Aufnahme erfasst nicht

---

[444] Vgl. BT-Drucks. 7/3060, S. 70.
[445] S. *BVerwG*, NVwZ 2007, 591, 592; *Knappstein*, S. 218 ff.; *Klaus*, S. 38 f.; *Schomburg*, NVwZ 2007, 1373, 1374; *Gröning*, WRP 2005, 709, 710; *Doepner/Hüttebräuker*, ZLR 2001, 515, 531 ff.; *Delewski*, S. 248.
[446] Vgl. auch *Meyer*, in: Meyer/Streinz, Art. 2 BasisVO Rn. 5.

nur das Verzehren[447] von Stoffen oder Erzeugnissen, sondern **jede Form der oralen oder sonstigen Zufuhr,** also etwa auch die Aufnahme über Sonden oder durch Infusionen. Die Aufnahme ist begrifflich nicht darauf beschränkt, dass die Stoffe oder Erzeugnisse dem Magen-Darm-Trakt zugeführt werden. Daher erfasst sie neben der natürlichen oralen (und der sonstigen, insbes. enteralen Zufuhr) auch die parenterale Zufuhr[448].

143 **c) Zweckbestimmung/Ernährung.** Dass es begrifflich nur um Stoffe oder Erzeugnisse geht, „*die dazu bestimmt sind oder von denen nach vernünftigem Ermessen erwartet werden kann*", dass sie vom Menschen aufgenommen werden, schränkt den Lebensmittelbegriff kaum ein. Eine solche Bestimmung oder Erwartung ist mit einer Vielzahl von Stoffen und Produkten – gerade im Grenzbereich – verbunden[449]. Nach dem Wortlaut des Art. 2 I VO (EG) Nr. 178/2002 geht es allein um die zweckfreie Aufnahme von Stoffen und Erzeugnissen. Anders als der alte Lebensmittelbegriff in § 1 LMBG stellt Art. 2 I VO (EG) Nr. 178/2002 nicht auf Ernährungs- und/oder Genusszwecke ab. Gleichwohl ist der Lebensmittelbegriff des Art. 2 I VO (EG) Nr. 178/2002 vor allem hinsichtlich der Aufnahme von Stoffen **zum Zwecke der Ernährung** und des Genusses zu konkretisieren[450]. Dies ergibt sich nicht allein daraus, dass Art. 1 I 1 VO (EG) Nr. 178/2002 das Ziel eines hohen Schutzniveaus für die Gesundheit des Menschen und die Verbraucherinteressen bei Lebensmitteln ausdrücklich auf die Vielfalt des *Nahrungs*mittelangebots bezieht. Vielmehr sind Lebensmittel seit jeher insbes. durch ihre **ernährungsphysiologische Wirkung** gekennzeichnet[451]. Dementsprechend finden sich in einer Vielzahl spezieller Lebensmitteldefinitionen Formulierungen, die auf den Ernährungszweck bezogen sind. So heißt es in § 1 I Nr. 1 NemV bzw. Art. 2 Buchst. a) RL 2002/46/EG „*dazu bestimmt ..., die allgemeine [bzw. „normale"] Ernährung zu ergänzen*" sowie in § 1 I DiätV und Art. 1 I RL 2009/39/EG „*für eine besondere Ernährung bestimmt*". § 1 II Nr. 2 DiätV und Art. 1 II RL 2009/39/EG heben ausdrücklich auf den „*Ernährungszweck*" ab. Schließlich wird in § 21 II Nr. 2 DiätV und im Anhang der RL 1999/21/EG (Nr. 2 ff.) auf die betreffende „Zweckbestimmung" des Lebensmittels abgestellt.

144 Unter dem Begriff der Ernährung ist die Zufuhr von Nährstoffen zur Deckung der energetischen und stofflichen Bedürfnisse des menschlichen Organismus[452] einschließlich der Prävention von Erkrankungen[453] zu verstehen. Der Begriff der ernährungsphysiologischen Wirkung lässt sich definieren als eine Beeinflussung der physiologischen Funktionen durch von außen zugeführte Stoffe, die auf die Deckung der energetischen und stofflichen Bedürfnisse des Körpers einschließlich der Prävention von Erkrankungen gerichtet ist.

145 **2. Lebensmittelkategorien.** Die von Art. 2 I VO (EG) Nr. 178/2002 erfassten Lebensmittel lassen sich unter anderem in solche zur allgemeinen Ernährung und in solche für eine besondere, spezifische Ernährung einteilen. **Lebensmittel der allgemeinen (normalen) Ernährung,** sind solche, die der Grundversorgung des Organismus mit Wasser, Kohlenhydraten, Fetten, Eiweißen, Ballaststoffen, Mineralstoffen, Vitaminen etc. dienen. Demgegenüber sind insbes. Nahrungsergänzungsmittel und diätetische Lebensmittel auf eine spezifische Ernährung gerichtet. Nach § 1 I, II NemV ist ein **Nahrungsergänzungsmittel** ein Lebensmittel, das dazu bestimmt ist, die allgemeine Ernährung zu ergänzen, ein

---

[447] A. A. *Klaus,* S. 40; *Schomburg,* NVwZ 2007, 1373, 1374; vgl. hierzu auch die Definition des Verzehrens in § 3 Nr. 5 LFGB als „das Aufnehmen von Lebensmitteln durch den Menschen durch Essen, Kauen, Trinken sowie durch jede sonstige Zufuhr in den Magen".

[448] Vgl. *Zipfel/Rathke,* Art. 2 BasisVO Rn. 33; *Kaulen,* S. 31 f.; a. A. *Wehlau,* § 2 Rn. 18 f.; *Meyer,* in:Sosnitza, S. 99, 100; *Klaus,* S. 40 f. Speziell zum Aspekt der parenteralen Zufuhr von (Nähr-)Stoffen ist klarzustellen, dass die Art und Weise der Aufnahme (insbes. intravenös) für den Produktstatus (Arzneimittel/Lebensmittel) letztlich nicht entscheidend ist. Vielmehr kommt es auch hier im wesentlichen auf die stoffliche Zusammensetzung, Wirkungsweise und Zweckbestimmung des jeweiligen Produktes an. Parenteral zu verwendende Produkte können daher – je nach Einzelfall – Arzneimittel oder Lebensmittel sein. Insofern darf die Formulierung „parenterale Ernährung" in § 21 II Nr. 1b Buchst. a) nicht dahin mißverstanden werden, dass „parenterale Ernährungslösungen" – jenseits dieser Sonderregelung – per se Arzneimittel sind (s. etwa § 21 II 1 Nr. 9 DiätV). Gleichwohl erscheint eine gesetzliche Klarstellung dieses Themenkomplexes angebracht.

[449] Ausweislich der Materialien zu Art. 2 I VO (EG) Nr. 178/2002 soll die Formulierung „nach vernünftigem Ermessen erwartet" gewährleisten, dass Stoffe, die zwar erwartungsgemäß in die Lebensmittelherstellungkette gelangen, jedoch auch in andere Industriebereiche gelangen können (z. B. Palmöl), solange als Lebensmittel behandelt werden, bis deren (anderweitige) Nutzung endgültig feststeht, KOM (2000) 716 endg., S. 7.

[450] S. auch *BGH*, NJW-RR 2008, 1255, 1259; *Winters,* S. 110 f., 148; *Bruggmann,* S. 78; *Schomburg,* S. 31; *Zeinhofer,* S. 174, 223; *Hüttebräuker/Müller,* NVwZ 2008, 1185, 1190; *Rehmann,* § 2 Rn. 6, 27; *Klaus,* S. 51 f.; a. A. *Knappstein,* S. 44, 281 ff.; *Schemmer/Schulte-Steinberg,* DVBl 2012, 1008, 1010; *Wehlau,* § 2 Rn. 10; *Meyer,* in: Meyer/Streinz, Art. 2 BasisVO Rn. 7, 91; *Preuß,* ZLR 2007, 435, 436 f.

[451] Vgl. auch *Zeinhofer,* S. 223; *Hahn/Hagenmeyer,* ZLR 2003, 707, 717 f.; *Zipfel/Rathke,* Art. 2 BasisVO Rn. 23 ff., 77; *Rathke,* ZLR 2007, 139, 147, 150; *Dieners/Heil,* in: Dieners/Reese, § 1 Rn. 97; *Klaus,* S. 371 ff.; *Rennert,* NVwZ 2008, 1179, 1183; Schlussanträge des Generalanwalts *Tesauro* vom 16.1.1991 – Rs. C-369/88, Slg. 1991, I-1487 ff. – Delattre, Rn. 9 („Qualifikation als Lebensmittel ..., sofern es einen im wesentlichen auf die Ernährung gerichteten Zweck behält"); s. bereits *RGSt* 1, 223, 224 („Der Begriff von Nahrungsmitteln ... umfasst alle diejenigen Mittel, welche der Ernährung des menschlichen Körpers dienen").

[452] *BGH*, NJW 2001, 2812, 2813; *OLG Stuttgart*, ZLR 2002, 231, 240 f.; *OLG München*, NJWE-WettbR 1997, 51, 51.

[453] Vgl. *Zeinhofer,* S. 223 f.; *Hahn,* ZLR 2002, 1, 9 ff.; *ders.,* S. 79, 91 f.

Konzentrat von Nährstoffen (verstanden als Vitamine, Mineralstoffe und Spurenelemente) oder sonstigen Stoffen darstellt und in dosierter Form in den Verkehr gebracht wird. Nach § 1 I, II DiätV sind **diätetische Lebensmittel** solche, die für eine besondere Ernährung bestimmt sind, d. h. den besonderen Ernährungserfordernissen bestimmter Verbrauchergruppen entsprechen und sich deutlich von den Lebensmitteln des allgemeinen Verzehrs unterscheiden. Diätetische Lebensmittel für besondere medizinische Zwecke sind „bilanzierte Diäten", wobei zwischen vollständigen und ergänzenden bilanzierten Diäten unterschieden wird (§ 1 IVa DiätV).

Weitere Kategorien von Lebensmitteln bilden die funktionellen Lebensmittel (Functional Food), die **146** angereicherten Lebensmittel, die neuartigen Lebensmittel (Novel Food) und die genetisch veränderten Lebensmittel (Gen Food). Die gesetzlich bislang nicht definierten **Funktionellen Lebensmittel** sind solche, die auf einen über die normale Ernährung hinausgehenden gesundheitlichen Zusatznutzen gerichtet sind, wie etwa präbiotische oder probiotische (Milch-)Produkte und ACE-Getränke[454]. **Angereicherte Lebensmittel** sind Lebensmittel, denen bestimmte (Nähr-)Stoffe, wie insbes. Vitamine und Mineralstoffe, zugesetzt werden, um z. B. ebenfalls einen gesundheitlichen Zusatznutzen zu erzielen oder Stoffanteile zu ersetzen, die bei der Herstellung, Behandlung oder Lagerung verlorengegangen sind (vgl. Art. 1 I 2 Nr. 2 VO (EG) Nr. 1925/2006 – EG-Anreicherungs-VO)[455]. **Neuartige Lebensmittel** sind solche, die bisher noch nicht in nennenswertem Umfang für den menschlichen Verzehr verwendet wurden und die eine neue oder gezielt modifizierte primäre Molekularstruktur aufweisen, die aus Mikroorganismen, Pilzen, Algen oder Pflanzen bestehen (außer Lebensmittel, die mit herkömmlichen Methoden gewonnen wurden und die als unbedenkliche Lebensmittel gelten können) oder bei deren Herstellung ein nicht übliches Verfahren angewandt worden ist (vgl. Art. 1 I, II VO (EG) Nr. 258/97 – EG-Novel-Food-VO)[456]. **Genetisch veränderte Lebensmittel** sind Lebensmittel, die genetisch veränderte Organismen (GVO) enthalten, daraus bestehen oder daraus hergestellt werden (Art. 2 I Nr. 6, 5 VO (EG) Nr. 1829/2003 – EG-Gen-Nahrungsmittel-VO). Unter einem genetisch veränderten Organismus ist ein Organismus zu verstehen, dessen genetisches Material so verändert worden ist, wie es auf natürliche Weise durch Kreuzen und/oder natürliche Rekombination nicht möglich ist (vgl. Art. 2 Nr. 2 RL 2001/18/EG).

3. Abgrenzung Arzneimittel/Lebensmittel (Grundprinzipien). Für die Abgrenzung der Arznei- **147** mittel von den Lebensmitteln ist von einigen Grundprinzipien auszugehen, die für alle Arten von Lebensmitteln gelten (Fallbeispiele: Kräutertee[457], Knoblauchkapseln[458], Ginkgo-Extrakt[459])[460]. Diese Prinzipien sind nicht statisch zu verstehen, sondern können sich je nach Streitgegenstand verändern.

a) Maßgebliche Legaldefinitionen. Eine zentrale Vorfrage der Abgrenzungsprüfung ist die der **148** maßgeblichen korrelierenden Legaldefinitionen. Fest steht, dass die eine Seite des Begriffspaares zunächst durch den **europäischen Lebensmittelbegriff** in Art. 2 VO (EG) Nr. 178/2002 gebildet wird, auf den das LFGB verweist (§ 2 II LFGB). Vor allem bei der Prüfung von Grenzprodukten ist es allerdings geboten, die **jeweiligen Unterbegriffe** des allgemeinen Lebensmittelbegriffs als speziellere und damit vorrangige Begriffe[461] mit einzubeziehen[462] und so eine mehrdimensionale Prüfung vorzunehmen. Dies gilt insbes. für den Begriff der Nahrungsergänzungsmittel in § 1 I NemV bzw. Art. 2 Buchst. a) RL 2002/46/EG[463] und den Begriff der diätetischen Lebensmittel in § 1 I, II DiätV bzw. Art. 1 RL 2009/39/EG. Insofern wäre es verkürzt, die gerade bei den Grenzprodukten tatsächlich und wissenschaftlich sehr komplexen Abgrenzungsfragen allein anhand des nach seinem Wortlaut sehr weiten europäischen Lebensmittelbegriffs in Art. 2 VO (EG) Nr. 178/2002 vorzunehmen. Eine solche eindimensionale, wenig präzise Prüfung droht vor allem dann, wenn man die Abgrenzungsprüfung mit Art. 2 I VO (EG)

[454] Vgl. *BGH*, NJW-RR 2014, 1129 ff.; *Schomburg*, S. 18 ff.; *Delewski*, S. 56 f.; *Hahn*, S. 83 f.; *Hahn/Ströhle/Wolters*, S. 237 f.; *Maier/Kammerer/Schieber/Carle*, DLR 2008, 53 ff.

[455] Vgl. *Gerstberger*, S. 78 ff.

[456] S. dazu *EuGH*, Urt. v. 14.4.2011 – Rs. C-327/09, LMuR 2011, 76 ff. – Mensch und Natur; Urt. v. 15.1.2009 – Rs. C-383/07, LMuR 2009, 62 ff. – M-K Europa und *BGH*, NJW-RR 2009, 531, 533 f.; GRUR 2008, 625 ff.; *OLG Frankfurt/Main*, LMuR 2015, 137 ff.; *VGH München*, LMuR 2014, 109 ff.; *OLG Celle*, LMuR 2014, 101 ff.; *OLG Köln*, LMuR 2011, 131 ff.; *OLG München*, LMuR 2010, 132 ff.; zu den geplanten Änderungen der VO (EG) Nr. 258/97 *Delewski/Grube/Karsten*, LMuR 2014, 125 ff.

[457] S. *EuGH* (s. o. Fn. 12), Rs. C-219/91 – Ter Voort; *BGH*, GRUR 1976, 430 ff.; *VGH Mannheim*, PharmR 2011, 92 ff.; *KG*, PharmR 1995, 272 ff.

[458] S. *EuGH* (s. o. Fn. 12), Rs. C-319/05 – Kommission/Deutschland III; *BGH*, GRUR 1995, 419 ff.

[459] S. *BGH*, NJW-RR 2010, 1407 ff.; *OLG Köln*, PharmR 2008, 506 ff.; *LG Köln*, LMRR 2002, 80; *OLG Düsseldorf*, NJWE-WettbR 1998, 125 ff.; zu weiteren Beispielen und Einzelfällen der Abgrenzung Arzneimittel/Lebensmittel s. *Doepner/Hüttebräuker*, in: Dieners/Reese, § 3 Rn. 80, *Kloesel/Cyran*, § 2 Anm. 110 und *Meyer*, in: Meyer/Streinz, Art. 2 BasisVO Rn. 116 ff.

[460] Zu den Besonderheiten der Abgrenzung hinsichtlich der Nahrungsergänzungsmittel und der diätetischen Lebensmittel s. Rn. 169 ff. und Rn. 177 ff.

[461] S. *EuGH* (s. o. Fn. 12), Rs. C-211/03 u. a. – HLH Warenvertrieb und Orthica, Rn. 35 f., 39.

[462] Vgl. *Herrmann*, S. 147; *Müller*, NVwZ 2007, 543, 544; *Streinz*, ZLR 2000, 803, 810; a. A. *Knappstein*, S. 45, 219 ff., 238 ff.; *Winters/Hahn*, ZLR 2010, 23, 35.

[463] So auch das Homöostase-Modell des Europarates zur Abgrenzung Lebensmittel/Arzneimittel vom 7.2.2008 (s. www.coe.int), S. 6 ff.

Nr. 178/2002 beginnt, und dann – ohne auf die speziellen Lebensmittelbegriffe zu rekurrieren – über Art. 2 III Buchst. d) VO (EG) Nr. 178/2002 letztlich allein den europäischen Arzneimittelbegriff in Art. 1 Nr. 2 RL 2001/83/EG prüft. Dies wird im Fall eines mehr oder weniger normalen Lebensmittels noch zu sachgerechten Ergebnissen führen, nicht aber dann, wenn Produkte auf dem Prüfstand stehen, die nach ihrer Konzeption gezielt auf der Grenze zwischen Nahrungsergänzungsmittel, diätetischem Lebensmittel, bilanzierter Diät etc. und Arzneimittel plaziert werden. Hier ist es geboten, beide Seiten der „Medaille" anhand der zur Verfügung stehenden speziellen Legaldefinitionen zu beleuchten[464]. Dies folgt nicht zuletzt aus der Grenzfallregelung in § 2 IIIa bzw. Art. 2 II RL 2001/83/EG, die eine Parallel-Prüfung der jeweiligen Komplementärbegriffe systematisch voraussetzt[465].

149   Hinsichtlich der anderen Seite ergibt sich ein uneinheitliches Bild: Zunehmend wird vertreten, dass aufgrund von Art. 2 III Buchst. d) VO (EG) Nr. 178/2002 allein auf den europäischen Arzneimittelbegriff in Art. 1 Nr. 2 RL 2001/83/EG abzustellen sei und die Abgrenzungsprüfung rein gemeinschafts- bzw. verordnungsrechtlich vorzunehmen sei[466]. Der deutsche Arzneimittelbegriff in § 2 und die lang-jährige dezidierte Abgrenzungsjudikatur hierzu seien obsolet[467]. Die Änderungen des § 2 durch das AMG-ÄndG 2009 wären ohne Bedeutung. Demgegenüber vertritt vor allem der *BGH*, dass es für die Abgrenzung – nach wie vor – auf den richtlinienkonform auszulegenden deutschen Arzneimittelbegriff in § 2 ankomme[468]. Dieser Standpunkt vermeidet insbes. eine Zäsur sowie den hiermit verbundenen Verlust an Rechtssicherheit, der mit der Ausblendung des § 2 einhergeht[469]. Zum Teil wird die Frage der einschlägigen Legaldefinitionen unter Hinweis darauf offengelassen, dass die Antwort für die Praxis keine Rolle spiele, da es letztendlich nur auf den europäischen Arzneimittelbegriff ankomme[470]. Vereinzelt werden der deutsche und der europäische Arzneimittelbegriff vorsichtshalber parallel geprüft[471].

150   Die Frage der für die Abgrenzung maßgeblichen Normen ist mit Blick auf eine adäquate Rechts-anwendung und gerichtliche Kontrolle[472] sowie ihre strafrechtliche Komponente (§§ 96 Nr. 5, 21 I, 2 I; Art. 103 II GG)[473] von zentraler Bedeutung und darf keineswegs unbeantwortet bleiben: Das Pendant zum europäischen Lebensmittelbegriff in Art. 2 VO (EG) Nr. 178/2002 nebst den speziellen Lebens-mittelbegriffen ist der deutsche **Arzneimittelbegriff in § 2**, mit dem die begrifflichen Vorgaben in Art. 1 Nr. 2 Buchst. a) und b) RL 2001/83/EG adäquat umgesetzt worden sind (s. Rn. 41 ff.). Der Standpunkt einer rein unionsrechtlich geprägten Abgrenzung beruht auf der Annahme, dass der europä-ische Arzneimittelbegriff in Art. 1 Nr. 2 Buchst. a) und b) RL 2001/83/EG über Art. 2 III Buchst. d) VO (EG) Nr. 178/2002 dynamisch in den Rang einer Verordnung erhoben worden ist bzw. wird[474]. Diese sog. Integrationslösung geht fehl[475]. Für eine derart gravierende Abänderung des europäischen

---

[464] Bei isolierter Betrachtung geht es zwar in manchen Fällen „nur" um die Frage „Arzneimittel, ja oder nein?", doch darf nicht verkannt werden, dass eine exakte und belastbare Abgrenzungsprüfung in der regelmäßig schwierigen Einzelfällen nur unter voller Ausschöpfung aller verfügbaren Erkenntnisquellen gelingen wird, die die Prüfung der einschlägigen Legaldefinitionen mit einbeziet. Beispielsweise ist eine sachgerechte Abgrenzungsprüfung im Falle bilanzierter Diäten nur möglich, wenn man (zusätzlich zu Art. 2 VO (EG) Nr. 178/2002) auf die Kriterien der Legaldefinitionen in § 1 IVa DiätV bzw. Art. 1 II, III RL 1999/21/EG abstellt.

[465] Deshalb führt der Erwägungsgrund Nr. 7 der RL 2004/27EG die wichtigsten mit dem Arzneimittelbegriff korrelierenden Legaldefinitionen im Hinblick auf Art. 2 II explizit auf (Lebensmittel, Nahrungsergänzungsmittel, Medizinprodukte, Biozid-Produkte und kosmetische Mittel).

[466] S. *BVerwG*, NVwZ 2009, 1038, 1039; PharmR 2008, 254, 255; 78, 80 f.; 73, 76; 67, 69 f.; NVwZ 2007, 591, 592; NVwZ-RR 2007, 771, 772; *OVG Saarlouis*, ZLR 2006, 173, 183 ff.; *Schwemer*, ZLR 2014, 387, 388; *Rennert*, NVwZ 2008, 1179, 1180 f.; *Zipfel/Rathke*, Art. 2 BasisVO Rn. 50, 53; *Voß*, Rn. 15; *Meyer*, in: Meyer/Streinz, Art. 2 BasisVO Rn. 41, 84; *ders.*, in: Sosnitza, S. 99, 106 f.; *Mahn*, ZLR 2005, 151, 151 f.; *Reinhart*, ZLR 2006, 422, 423 f.; *Gorny*, ZLR 2007, 782, 782 f.; *Klaus*, S. 358, 362 ff.; *Kügel/Hahn/Delewski*, § 1 Rn. 217 f.; kritisch *OVG Lüneburg*, PharmR 2011, 86, 87; *OVG Münster*, PharmR 2010, 607, 609.

[467] Vgl. *Rennert*, NVwZ 2008, 1179, 1180 f.; *Schomburg*, S. 36 f.; *Gorny*, ZLR 2007, 782, 783; *Voß*, Rn. 15; in diese Richtung auch *Mahn*, ZLR 2005, 151, 151 f.; anders *Delewski*, S. 255 ff.

[468] S. *BGH*, NJW-RR 2010, 1407, 1408 f.; GRUR 2010, 259, 260; PharmR 2010, 181, 182; NJW-RR 2008, 1255, 1256; NVwZ 2008, 1266, 1268; *BGHZ* 167, 91, 106; ebenso *OLG Hamm*, PharmR 2008, 162, 163; *OLG Hamburg*, ZLR 2007, 104, 106; *OLG Celle*, LMuR 2007, 116, 117; *OLG München*, PharmR 2007, 350; ZLR 2006, 621, 626.

[469] Vgl. *Müller*, NVwZ 2007, 543, 545.

[470] S. *OLG Stuttgart*, PharmR 2008, 386, 388 f., das im Gegensatz zum *EuGH* von einer Vollharmonisierung ausgeht; *Meyer*, in: Meyer/Streinz, Art. 2 BasisVO Rn. 44; *Meyer/Reinhart*, in: Fezer, § 4-S 4 Rn. 10, 64; *Reinhart*, ZLR 2008, 640, 641; *Klaus*, S. 359; *Tillmanns*, A&R 2008, 236.

[471] S. insbes. *OVG Lüneburg*, PharmR 2011, 86, 87 ff.; *OVG Münster*, ZLR 2006, 302, 308 ff., 310 ff.; in Bezug auf den Sonderfall der E-Zigaretten *BVerwG*, NVwZ 2015, 749, 749 ff.; NVwZ-RR 2015, 425, 426 ff.; NVwZ-RR 2015, 420, 423 ff., dazu *Müller*, NVwZ 2015, 751, 752.

[472] Vgl. *Schwerdtfeger/Schwerdtfeger*, Rn. 805.

[473] Vgl. *Kloesel/Cyran*, § 2 Anm. 9; *Vergho*, PharmR 2009, 221, 224 ff.; *BVerfG*, NJW 2007, 2464, 2466 f. (Gebot der Normenklarheit und -bestimmtheit); NJW 2006, 2684, 2685 (speziell zu § 96 Nr. 4 i. V. m. § 2 I Nr. 5 a. F.); *Doepner/Hüttebräuker*, in: Dieners/Reese, § 2 Rn. 42.

[474] S. insbes. *BVerwG*, NVwZ 2009, 1038, 1039; PharmR 2008, 254, 255; 78, 80 f.; 73, 75 f.; 67, 69 f.; NVwZ 2007, 591, 592; NVwZ-RR 2007, 771, 772; *OVG Saarlouis*, ZLR 2006, 173, 183 f., 203; *Rennert*, NVwZ 2008, 1179, 1180 f.; *Gorny*, ZLR 2007, 782, 782 f.; *Voß*, Rn. 15.

[475] Vgl. *Kloesel/Cyran*, § 2 Anm. 9; *Knappstein*, S. 161 ff.; *Kaulen*, S. 61 ff.; *Stachels*, S. 114 ff.; *Doepner/Hüttebräuker*, in: Dieners/Reese, § 2 Rn. 39 ff.; *Vergho*, PharmR 2009, 221, 225; *Gerstberger*, S. 152; *Hartwig*, ZLR 2008, 245, 246; *Müller*, in: FS Doepner, S. 267, 268 ff.; *Doepner/Hüttebräuker*, ZLR 2008, 1, 8 ff.; *Müller*, NVwZ 2007, 543, 543 f.

Arzneimittelrechts fehlt es – vor allem angesichts der Begründungspflichten aus Art. 296 II AEUV – an Anhaltspunkten[476]. Zudem widerspräche sie der Typologie der Handlungsformen nach Art. 288 AEUV und der Judikatur des *EuGH*, die Art. 2 VO (EG) Nr. 178/2002 gerade nicht zum Ausgangspunkt der Abgrenzungsprüfung macht[477] (s. Rn. 45 ff.). Die Auffassung, dass die Frage der maßgeblichen Legaldefinitionen offen bleiben könne, verkennt nicht nur das strafrechtliche Erfordernis einer eindeutigen Festlegung, sondern auch den Umstand, dass § 2 den europäischen Arzneimittelbegriff im Zuge des AMG-ÄndG 2009 nicht einfach übernommen, sondern in verschiedener Hinsicht präzisiert und nachjustiert hat (u. a. § 2 IIIa) und einige wichtige Zusatzregelungen enthält (§ 2 II, III, IV).

b) Prüfungssystematik. Dem Begriffspaar des europäischen Lebensmittelbegriffs in Art. 2 VO (EG) **151** Nr. 178/2002 und des deutschen Arzneimittelbegriffs in § 2 liegt ein **formelles Ausschlußverhältnis** zugrunde. Nach § 2 III Nr. 1 („*Arzneimittel sind nicht … Lebensmittel*") sowie nach Art. 2 III Buchst. d) VO (EG) Nr. 178/2002 („*Nicht zu 'Lebensmitteln' gehören: … Arzneimittel*") schließen sich Arzneimittel und Lebensmittel wechselseitig aus[478]. Art. 2 III Buchst. d) VO (EG) Nr. 178/2002 und § 2 III Nr. 1 kann kein **Regel- und Ausnahmeverhältnis** entnommen werden[479]. Für die These, dass jedes Produkt per se/zunächst als Lebensmittel anzusehen ist und nur ausnahmsweise als Arzneimittel qualifiziert werden kann[480], fehlt es an normativen (und auch an tatsächlichen) Anhaltspunkten[481]; zudem passt die These schon nicht auf den „Normalfall" eines Arzneimittels (z. B. Schmerztablette). Ebensowenig lässt sich aus den obigen Normen ein **Vorrangverhältnis** zugunsten der Einstufung eines Produktes als Lebensmittel[482] oder als Arzneimittel[483] ableiten[484]. Auch hierfür fehlt es – anders als noch unter der Geltung des LMBG (vgl. §§ 1 I, 4 I)[485] – an Anhaltspunkten. Gleiches gilt für die Annahme eines Verhältnisses der **Spezialität**[486]. Arzneimittel sind keine speziellen Lebensmittel, sondern ein aliud. Die beiden Begriffe stehen dualistisch nebeneinander[487]. Vor diesem Hintergrund sind die Regelungen in § 2 III Nr. 1 und Art. 2 III Buchst. d) VO (EG) Nr. 178/2002 deklaratorisch zu verstehen[488]. Sie treffen keine materiellrechtliche Aussage, sondern sind **wertneutrale Schnittstellen** zwischen den beiden Rechtsmaterien[489]. Dies wird nicht zuletzt durch die Existenz der Zweifels- bzw. Grenzfallregelungen in Art. 2 II RL 2001/83/EG und § 2 IIIa dokumentiert.

Von der Frage des formellen (Rang-)Verhältnisses gem. Art. 2 III Buchst. d) VO (EG) Nr. 178/2002 **152** und § 2 III Nr. 1 ist die Frage zu unterscheiden, ob eine der beiden Legaldefinitionen bei der Abgrenzungsprüfung **materiell** im Vordergrund steht. Diese Frage ist letztlich zu verneinen. Zwar ist der Wortlaut des europäischen Lebensmittelbegriffs in Art. 2 VO (EG) Nr. 178/2002 sehr weit gefasst[490] und hält – anders als der detaillierte Arzneimittelbegriff in § 2 – für die Abgrenzung kaum nennenswerte Kriterien bereit[491]. Nahezu alle Humanarzneimittel sind begrifflich „*Stoffe oder Erzeugnisse, die dazu bestimmt sind …, … von Menschen aufgenommen* [zu] *werden*" (vgl. Art. 2 I VO (EG) Nr. 178/2002). Art. 2

---

[476] In Konsequenz hieraus hat z. B. der Österreichische Gesetzgeber mit § 1 III Nr. 1 AMG eine eigenständige Abgrenzungsregelung formuliert, die zwar die Lebensmitteldefinition in Art. 2 I, II VO (EG) Nr. 178/2002 in Bezug nimmt, nicht aber die Arzneimitteldefinition in Art. 1 Nr. 2 RL 2001/83/EG (AMG vom 2.3.1983, BGBl. Nr. 185/1983; geänd. durch BGBl. I Nr. 162/2013); dazu *Haas/Plank*, S. 55 f.; *Urban*, S. 182 ff.; *Zeinhofer*, S. 51 ff.

[477] S. *EuGH* (s. o. Fn. 12), Rs. C-319/05 – Kommission/Deutschland III, Rn. 39 ff., 84; *Hüttebräuker/Müller*, PharmR 2008, 38, 39; a. A. *Reinhart*, ZLR 2006, 422, 423 f. und *Gorny*, ZLR 2007, 782, 782 f.

[478] Vgl. *Kügel/Hahn/Delewski*, § 1 Rn. 229; a. A. *Gorny*, ZLR 2005, 122, 123, der die Zweifelsregelung in Art. 2 II RL 2001/83/EG als „besonderen Auffangtatbestand" versteht.

[479] A. A. *OVG Lüneburg*, NVwZ-RR 2005, 322, 323; NVwZ-RR 2004, 840, 841; *Zipfel/Rathke*, Art. 2 BasisVO Rn. 53, 51; *Reinhart*, ZLR 2006, 422, 425; *Kraus*, EWS 2005, 498, 499.

[480] S. *Knappstein*, S. 231 f. („die Anforderungen an ein oral aufzunehmendes Arzneimittel sind stets identisch mit denjenigen eines Lebensmittels nach Art. 2 I BasisVO. Dazu kommt dann lediglich ein ,Plus' an weiteren Voraussetzungen."; es ist „von einer einzigen großen Gruppe verzehrbarer [gemeint „aufnehmbarer"] Substanzen auszugehen, innerhalb derer die Arzneimittel anhand spezieller Merkmale künstlich herausgenommen werden."); *Reinhart*, ZLR 2006, 422, 425; *Meyer/Reinhart*, WRP 2005, 1437, 1444 f.; *Meyer*, in: Meyer/Streinz, Art. 2 BasisVO Rn. 89 f.; *ders.*, in: Sosnitza, S. 99, 107; *Preuß*, ZLR 2007, 435, 448; *Schomburg*, NVwZ 2007, 1373, 1374.

[481] S. auch *EuGH* (s. o. Fn. 12), Rs. C-319/05 – Kommission/Deutschland III, Rn. 84, wo ausdrücklich offen gelassen wird, ob das fragliche Produkt ein Lebensmittel gem. Art. 2 VO (EG) Nr. 178/2002 darstellt.

[482] So aber *OVG Lüneburg*, NVwZ-RR 2004, 840, 841; *Preuß*, ZLR 2007, 435, 448.

[483] Vgl. *Knappstein*, S. 232 ff.; *OVG Münster*, ZLR 2006, 302, 305 f.; *OVG Saarlouis*, ZLR 2006, 173, 200.

[484] So auch *Kügel/Hahn/Delewski*, § 1 Rn. 231; *Groß*, in: Marauhn/Ruppel, S. 17, 48; *Zeinhofer*, S. 150.

[485] S. *BVerwGE* 106, 90, 94 f.; *VGH München*, NJW 1998, 845, 845 f.

[486] S. aber *Knappstein*, S. 230 ff.; *Fuhrmann*, in: Fuhrmann/Klein/Fleischfresser, § 2 Rn. 21; *Voß*, Rn. 15; *Meyer*, in: Meyer/Streinz, Art. 2 BasisVO Rn. 89; *ders.*, in: Sosnitza, S. 99, 107; *Winters*, S. 185, 206; *Zeinhofer*, S. 210; *Schomburg*, S. 28, 30; *Taupitz*, ZLR 2008, 291, 311; *Gassner*, StoffR 2008, 41, 42; *Mahn*, ZLR 2005, 151, 152.

[487] Vgl. auch *Rabe*, ZLR 2003, 151, 155.

[488] S. auch *EuGH* (s. o. Fn. 12), Rs. C-211/03 u. a. – HLH Warenvertrieb und Orthica, Rn. 41 f.; *Doepner/Hüttebräuker*, ZLR 2008, 1, 13 f.; *Schroeder*, EuZW 2005, 423, 423 f.

[489] *Kügel*, NVwZ 2007, 543, 544; *Kügel/Hahn/Delewski*, § 1 Rn. 231; *Hüttebräuker*, ZLR 2006, 329, 332.

[490] *Klaus*, S. 38 f.; kritisch auch *Doepner/Hüttebräuker*, ZLR 2001, 515, 531 ff.; *Delewski*, S. 248; *Doepner*, EuR 2007, Beiheft 2, 49, 51.

[491] So auch *OVG Münster*, ZLR 2006, 302, 315; *Knappstein*, S. 220 f.; *Kaulen*, S. 34; *Kügel/Hahn/Delewski*, § 1 Rn. 234; *Delewski*, S. 264; *Doepner*, EuR 2007, Beiheft 2, 49, 51; *Kraus*, EWS 2005, 498, 500; *Streinz*, ZLR 2002, 654, 660.

VO (EG) Nr. 178/2002 ist jedoch nicht gem. seinem schlichten Wortlaut auszulegen und anzuwenden, mit der Folge, dass nahezu alle einschlägigen Produkte zunächst Lebensmittel sind. Eine auch aus lebensmittelrechtlicher Sicht präzise Prüfung erfordert vielmehr, vor allem auf die dem Lebensmittelbegriff immanente Zweckbestimmung der Ernährung und auf die ernährungsphysiologische Wirkung abzustellen und im Einzelfall auch die spezielleren Begriffe – wie etwa die der Nahrungsergänzungsmittel in § 1 I NemV bzw. Art. 2 Buchst. a) RL 2002/46/EG und der diätetischen Lebensmittel in § 1 I, II DiätV bzw. Art. 1 RL 2009/39/EG – hinreichend zu berücksichtigen[492] (s. Rn. 143, 148). Mit diesem Verständnis stellen der Lebensmittelbegriff und der Arzneimittelbegriff Komplementärbegriffe dar, die bei der Abgrenzungsprüfung in einer hermeneutischen Zusammenschau **gleichberechtigt** zu würdigen sind[493].

153   **aa) Prüfungsparameter.** Gerade bei der Abgrenzungsprüfung ist der Arzneimittelbegriff des § 2 mit den Definitionen der Präsentations- und Funktionsarzneimittel in § 2 I grundsätzlich als Einheit zu verstehen (s. Rn. 104 ff.). Es geht nicht um eine alternative Prüfung Präsentationsarzneimittel/Lebensmittel aus Verbrauchersicht einerseits und/oder Funktionsarzneimittel/Lebensmittel aus Sicht der Wissenschaft andererseits (s. Rn. 108)[494]. Für die Frage der materiellen Prüfungsparameter kommt es vor allem auf das Kriterium der **objektiven Zweckbestimmung** an (s. Rn. 111 ff.), das eine adäquate Vergleichbarkeit und Abgrenzung der in Rede stehenden Produkte ermöglicht (s. Rn. 122). Nach der ständigen Rechtsprechung des *BGH*[495] ist die objektive Zweckbestimmung aus der Perspektive des Verbrauchers – i. S. d. **allgemeinen Verkehrsauffassung** – zu beurteilen[496]. Das AMG und die benachbarten Gesetze sind in erster Linie Verbraucherschutzgesetze (s. § 1 Rn. 1), womit es für die Produktbewertung maßgeblich auf die Verbrauchersicht ankommt (s. Rn. 114). Entscheidend ist, wie sich das betreffende Produkt für den durchschnittlich informierten, aufmerksamen und verständigen Verbraucher darstellt[497]. Die für die allgemeine Verkehrsauffassung relevanten Faktoren sind vielschichtig und überschneiden sich in vielen Fällen. Sie lassen sich im wesentlichen in **drei Kategorien** einteilen. In eine erste Kategorie gehören die Kriterien der **Produktkonzeption,** wie die stoffliche Zusammensetzung, Dosierung, Be- bzw. Kennzeichnung, Indikationshinweise und die pharmakologische Wirkung. Eine zweite Kategorie bilden die Auffassungen in der pharmazeutischen und medizinischen **Wissenschaft.** Zu einer dritten Kategorie lassen sich die Faktoren des **Marktauftritts** zusammenfassen, wozu etwa die Aufmachung und Bewerbung des Produktes zu zählen sind. Ergänzend können zu diesen Faktoren schließlich noch einige **Indizien,** wie etwa der Name des Herstellers oder dessen subjektive Einschätzung des Produktes, hinzutreten (s. Rn. 115 ff.). Aus dem Strauß der Faktoren ragen die stoffliche Zusammensetzung und vor allem die **pharmakologische Wirkung** hervor, welche die ganz überwiegende Rechtsprechung seit langem in den Mittelpunkt der Abgrenzungsprüfung stellt[498]. Die Begriffe der immunologischen und metabolischen Wirkung haben demgegenüber nur untergeordnete Bedeutung (s. Rn. 96 f.). Die pharmakologische Wirkung kann definiert werden als eine nicht gänzlich unerhebliche Beeinflussung der physiologischen Funktionen durch von außen zugeführte Stoffe, die nicht auf eine ernäh-

---

[492] Vgl. *Urban,* S. 251; *Streinz,* ZLR 2000, 803, 810; a. A. *Knappstein,* S. 219, 238 ff., 281 f. („Ernährungszweck … bei der Abgrenzung Arzneimittel-Lebensmittel … keine Relevanz mehr"), s. aber auch S. 366 f.

[493] Vgl. *Winters,* S. 72; *Urban,* S. 247; *Schomburg,* S. 30; *Köhler,* GRUR 2002, 844, 846; *Zippelius,* S. 47, 73 f.; a. A. *Knappstein,* S. 45, 232 f., 236 f.

[494] Für eine solche Prüfung fehlt es auch an den definitorischen Gegenpolen („Präsentationslebensmittel" aus Verbrauchersicht und „Funktionslebensmittel" aus Wissenschaftssicht).

[495] S. *BGH,* NJW-RR 2008, 1255, 1256; NVwZ 2008, 1266, 1267, 1269; *BGHZ* 167, 91, 104; *BGH,* GRUR 2004, 882, 883; 793, 796; *BGHZ* 151, 286, 291 (bestätigt durch *BVerfG,* NJW-RR 2007, 1680, 1681 f.); *BGH,* NJOZ 2002, 2563, 2565; NJW-RR 2001, 1329, 1330; NJW-RR 2000, 1284, 1285; GRUR 1995, 419, 420 f. m. w. N.; *BGHSt* 46, 380, 383; 43, 336, 339 f.; ebenso *BVerwGE* 106, 90, 92; 97, 132, 135; 37, 209, 220; *BFH,* PharmR 2006, 394, 396; anders *BVerwG,* NVwZ, 2007, 591 592.

[496] Dieser Rspr. folgt die Mittelinstanz nahezu einheitlich, s. zuletzt *VGH München,* PharmR 2012, 525, 526; *OLG Hamburg,* PharmR 2011, 413, 416; *VGH Mannheim,* PharmR 2011, 92, 94; PharmR 2010, 239, 241 f.; *VGH München,* PharmR 2009, 573, 574 f.; PharmR 2008, 206, 208; *OLG Köln,* PharmR 2008, 506, 508, 512; *VGH Mannheim,* PharmR 2008, 340, 341; *OLG Hamburg,* ZLR 2007, 104, 106; *OLG Celle,* LMuR 2007, 116, 117; *OLG Frankfurt/ Main,* ZLR 2006, 428, 433 f.; *OLG Hamburg,* ZLR 2005, 490, 495; *OLG Köln,* ZLR 2005, 109, 114; ZLR 2004, 94, 96; *OVG Lüneburg,* ZLR 2003, 371, 379; *OLG Stuttgart,* ZLR 2003, 497, 500 f.

[497] *BGHSt* 54, 243, 250, 254; *BGH,* NJW-RR 2008, 1255, 1256; NVwZ 2008, 1266, 1267, 1269; *BGHZ* 167, 91, 104; *BGH,* GRUR 2004, 882, 883; 793, 796; *BGHZ* 151, 286, 291; *BGH,* NJOZ 2002, 2563, 2565; NJW-RR 2001, 1329, 1330; NJW-RR 2000, 1284, 1285; im Ergebnis ebenso *BVerwGE* 106, 90, 92; 97, 132, 135; 37, 209, 220. Diese Grundsätze gelten auch für die Fälle „echter" **Dual use-Produkte,** die zwar dieselben – häufig pflanzlichen – (Wirk-) Stoffe enthalten, in Abhängigkeit von ihrer Aufmachung aber sowohl als Arzneimittel als auch als Lebensmittel vertrieben werden, vgl. hierzu etwa *OLG Düsseldorf,* ZLR 2000, 610, 614 ff.; 617 f.; *Kloesel/Cyran,* § 2 Anm. 119; ferner *OLG Hamm,* PharmR 2008, 162, 164. Produkte, die zwar dieselben (Wirk-)Stoffe aber jeweils *anders dosiert* sind, sind begrifflich keine echten Dual use-Produkte sondern aufgrund ihrer unterschiedlichen Dosierung jeweils ein aliud.

[498] S. *BGH,* NJW-RR 2010, 1407, 1408 f.; GRUR 2010, 259, 260; PharmR 2010, 181, 182; NVwZ 2008, 1266, 1268 f.; *BGHZ* 167, 91, 106 f.; 151, 286, 293 ff., 297; *BGH,* GRUR 2004, 882, 883; 793, 796 f.; NJOZ 2002, 2563, 2565 f.; NJW-RR 2000, 1284, 1285 f.; *BVerwG,* NVwZ 2009, 1038, 1039 f.; PharmR 2008, 78, 82; 73, 77 f.; 67, 71 f.; NVwZ 2007, 591, 593 f.; *BVerwGE* 106, 90, 96; *KG,* PharmR 2008, 503, 504 ff.; *OLG München,* PharmR 2007, 350; *OLG Celle,* LMuR 2007, 116, 117.

rungsphysiologische Wirkung gerichtet ist oder die über diese hinausgeht und aufgrund der Dosis-Wirkungs-Beziehung eine bestimmte erwünschte Wirkung im oder am Körper hervorruft" (s. Rn. 92 ff.). Das für die Abgrenzungsprüfung notwendige Pendant ist der Begriff der **ernährungsphysiologischen Wirkung,** die sich definieren lässt als eine Beeinflussung der physiologischen Funktionen durch von außen zugeführte Stoffe, die auf die Deckung der energetischen und stofflichen Bedürfnisse des Körpers einschließlich der Prävention von Erkrankungen gerichtet ist (s. Rn. 143 f.).

bb) Wertende Gesamtbetrachtung. Für die Entscheidung, ob sich ein Produkt als Arznei- oder als **154** Lebensmittel darstellt, sind sämtliche Prüfungsparameter – für sich genommen und in ihrem Gesamtzusammenhang – zu würdigen. Dies ergibt sich nicht zuletzt aus § 2 IIIa, wonach bei der Abgrenzungsprüfung grundsätzlich alle Eigenschaften des streitigen Produktes zu berücksichtigen sind (s. Rn. 234). Es geht darum, im Wege einer wertenden Gesamtbetrachtung zu entscheiden, wie sich das Produkt nach seiner objektiven Zweckbestimmung darstellt[499]. In diese Bewertung sind insbes. die Aspekte der Sicherheit bzw. des Verbraucherschutzes nach § 1 (bzw. § 1 I LFGB)[500] und im Einzelfall auch die der Grenzfallregelung in § 2 IIIa mit einzubeziehen. Dabei ist das Produkt nicht isoliert oder allein bezüglich einzelner Bestandteile zu betrachten, sondern in den Kontext vergleichbarer Produkte zu stellen und in seiner Gesamtheit zu beurteilen[501]. Bei der Gesamtwürdigung haben die Faktoren der Produktkonzeption und der Wissenschaft ein stärkeres Gewicht als die Faktoren des Marktauftritts und die Indizien (s. Rn. 109).

Da die definitorischen Schnittstellen in § 2 III Nr. 1 und Art. 2 III Buchst. d) VO (EG) Nr. 178/2002 **155** wertneutral sind, kommt es für die Abgrenzung mit der überwiegenden Rechtsprechung[502] und Literatur[503] im Kern auf die **überwiegende objektive Zweckbestimmung** des Produktes an (s. Rn. 110 ff.). Unter besonderer Berücksichtigung der stofflichen Zusammensetzung und der Wirkungsweise des Produktes (insbes.: **pharmakologisch oder ernährungsphysiologisch**) ist zu entscheiden, ob es objektiv überwiegend für **arzneispezifische Zwecke** i. S. v. § 2 I (therapeutisch, prophylaktisch etc.) **oder** für **lebensmittelspezifische Zwecke** i. S. v. Art. 2 VO (EG) Nr. 178/2002 (allgemeine oder besondere Ernährung) bestimmt ist[504]. Ist diese Entscheidung nach abschließender Würdigung aller Umstände nicht sicher zu treffen (insbes. kein Überwiegen einer Zweckbestimmung), folgt aus der Sonderregelung des § 2 III die Einstufung des Grenzproduktes als Arzneimittel.

Dieser **Prüfungsmaßstab** gilt **grundsätzlich einheitlich,** das heißt sowohl für den allgemeinen **156** Lebensmittelbegriff in Art. 2 VO (EG) Nr. 178/2002 nebst den speziellen Lebensmittelbegriffen als auch für den Begriff des Präsentationsarzneimittels in § 2 I Nr. 1 und den Begriff des Funktionsarzneimittels nach § 2 I Nr. 2 Buchst. a) (s. Rn. 104 ff.). Da der Tatbestand des Funktionsarzneimittels in § 2 I Nr. 2 Buchst. a) aufgrund seiner offenen Formulierung („*physiologischen Funktionen … zu beeinflussen*") begrifflich auch Produkte mit überwiegend lebensmittelspezifischen Eigenschaften abdeckt, ist er teleologisch

---

[499] *BGH*, GRUR 2004, 793, 796 f.; *BGHZ* 23, 184, 195 f.; *BVerwGE* 97, 132, 141; 37, 209, 219; *BFH*, PharmR 2006, 394, 396; *Koyuncu*, in: Deutsch/Lippert, § 2 Rn. 35 ff., 69; *Heßhaus*, in: Spickhoff, § 2 AMG Rn. 17.

[500] S. *BVerwG*, PharmR 2011, 168, 170; *BVerwGE* 97, 132, 139 f.; 71, 318, 323; 70, 284, 287 f.

[501] S. *BGH*, NJW-RR 2001, 1329, 1330; GRUR 1995, 419, 421; *BVerwG* 106, 90, 96; *BVerwG*, NVwZ 2007, 591, 593 f.; *Köhler*, GRUR 2002, 844, 846; *Schomburg*, S. 30.

[502] S. *BGH*, NJW-RR 2008, 1255, 1256, 1259 und NVwZ 2008, 1266, 1267, 1269 relativierend; *BGHZ* 167, 91, 104; *BGH*, GRUR 2004, 882, 883; 793, 796; *BGHZ* 151, 286, 291, 294 (bestätigt durch *BVerfG*, NJW-RR 2007, 1680, 1681 f.); *BGH*, NJOZ 2002, 2563, 2565; NJW-RR 2001, 1329, 1330; NJW-RR 2000, 1284, 1285; GRUR 1995, 419, 420; GRUR 1976, 430, 432; *BGHSt* 46, 380, 383; *BVerwGE* 106, 90, 94, 98; *BSGE* 100, 103, 107; 96, 153, 155; *BSG*, NZS 1999, 449, 449 f.; *BFH*, PharmR 2009, 535, 536; PharmR 2006, 394, 396; *VGH München*, PharmR 2012, 525, 526; PharmR 2008, 206, 208; *OLG Hamburg*, LMuR 2008, 128, 130; ZLR 2007, 104, 105 f.; *OLG Celle*, LMuR 2007, 116, 117; *OLG Frankfurt/Main*, ZLR 2006, 428, 433 f.; *OLG Hamburg*, ZLR 2005, 490, 495; *OLG Köln*, GRUR-RR 2006, 293, 294; ZLR 2005, 109, 114; ZLR 2004, 94, 96; *OVG Lüneburg*, ZLR 2003, 371, 379; *OLG Stuttgart*, ZLR 2003, 497, 500; *KG*, ZLR 2003, 232, 235, 239; *OLG München*, PharmR 2002, 106, 108; *OLG Düsseldorf*, ZLR 2000, 610, 614, 618; s. bereits *RGSt* 68, 247, 248: „Denn entscheidend ist … der überwiegende Verwendungszweck … Der Wille des Verkäufers, eine … als Lebensmittel anzusehende Ware als Heilmittel zu verkaufen, ist ohne Bedeutung".

[503] Vgl. *Koyuncu*, in: Deutsch/Lippert, § 2 Rn. 69; *Rehmann*, § 2 Rn. 2 ff., 27; *Rehmann*, in: Rehmann/Wagner, § 3 Rn. 1; *Eschelbach*, in: Graf/Jäger/Wittig, Vorb. §§ 95 ff. AMG, Rn. 9; *Kaulen*, S. 177 ff.; *Urban*, S. 250; *Delewski*, S. 218 ff., 226 ff.; *Weidert*, S. 138 ff., 148 ff., 206 ff.; *Gutzler*, SGb 2008, 341, 345 f.; *Meier*, in: Meier/v. Czettritz/Gabriel/Kaufmann*, § 2 Rn. 20; *Meyer/Reinhart*, in: Fezer, § 4-S 4 Rn. 72 f.; *Hagenmeyer/Oelrichs*, in: MüKo Lauterkeitsrecht, Bd. 2, Anh. F zu §§ 1–7 UWG, § 2 LFGB Rn. 10; *Köber*, in: MüKo Lauterkeitsrecht, Bd. 2, Anh. D zu §§ 1–7 UWG, AMG Rn. 7, 20; *Gerstberger*, S. 153; *Bruggmann*, S. 9, 17 f., 74; *Hahn*, S. 75; kritisch *Freund*, in: MüKo StGB, Bd. 6/I, § 2 AMG Rn. 35; anders *Volkmer*, in: Körner/Patzak/Volkmer, Vorb. AMG Rn. 38 f., 99 ff.; a. A. *Knappstein*, S. 44, 47; *Voß*, Rn. 15, 18; *Wagner*, ZLR 2006, 213, 222; *Mahn*, ZLR 2005, 529, 531.

[504] S. auch *VGH München*, PharmR 2008, 206, 208; *OLG Hamm*, PharmR 2008, 162, 164; *Dieners/Heil*, in: Dieners/Reese, § 1 Rn. 97 f. Nicht überzeugend ist in dieser Hinsicht die verallgemeinernde Aussage des *BVerwG*, dass „ein Erzeugnis, das geeignet ist, therapeutische Zwecke zu erfüllen, in jedem Fall ein Arzneimittel ist" (PharmR 2008, 78, 81; 73, 76; 67, 70). Dass dies nicht zutrifft, ergibt sich bereits aus dem Umstand, dass es für diese Frage etwa bei Vitamin- und Mineralstoffprodukten vor allem auf deren Dosierung ankommt. Auch stellt z. B. die Legaldefinition der bilanzierten Diäten in § 1 IVa 1 DiätV bzw. Art. 1 II Buchst. b) 1 RL 1999/21/EG ausdrücklich auf die „diätetische Behandlung von Patienten" ab (s. Rn. 173). Ablehnend daher auch *EuGH* (s. o. Fn. 12), Rs. C-319/05 – Kommission/Deutschland III, Rn. 65.

entsprechend zu reduzieren (s. Rn. 98 f.). Ist das streitige Produkt überwiegend für arzneispezifische Zwecke bestimmt – oder ist es gem. § 2 IIIa als Arzneimittel einzustufen – und wird es auch als Arzneimittel präsentiert, liegt ein Präsentationsarzneimittel nach § 2 I Nr. 1 vor. Wird es nicht oder nicht eindeutig als Arzneimittel präsentiert, unterfällt es dem Auffangtatbestand des Funktionsarzneimittels nach § 2 I Nr. 2 Buchst. a) (s. Rn. 73, 85).

157   **cc) Richtlinienkonformität.** Die dargestellte Prüfungssystematik nebst der Auslegung des Arzneimittelbegriffs in § 2 steht mit den Vorgaben der RL 2001/83/EG i. S. d. Rechtsprechung des *EuGH* im Einklang[505]: Die auf den Schutz der Gesundheit gerichteten **Ziele der RL 2001/83/EG**[506] sind mit denen des deutschen Rechts in § 1 (bzw. § 1 I LFGB) kongruent. Der **Arzneimittelbegriff** in Art. 1 Nr. 2 RL 2001/83/EG entspricht im Wesentlichen dem deutschen Arzneimittelbegriff in § 2 I (s. Rn. 18 ff., 44, 58 ff.). Aus Sicht des *EuGH* ist Art. 1 Nr. 2 RL 2001/83/EG **einheitlich** zu verstehen, wobei Art. 1 Nr. 2 Buchst. b) RL 2001/83/EG Auffangcharakter hat[507]. Dies führt zu vergleichbaren Auslegungs- und Anwendungsergebnissen[508]. Die Judikatur des *EuGH* stellt im wesentlichen auf dieselben Prüfungsparameter ab und enthält keine Faktoren, die von dem Verständnis des deutschen Arzneimittelbegriffs in § 2 abweichen oder enger gefasst sind (s. Rn. 27 ff.). Dies gilt vor allem für den **Begriff der „pharmakologischen Wirkung"** in Art. 1 Nr. 2 Buchst. b) RL 2001/83/EG, den der *EuGH*[509] ebenfalls in das Zentrum der Abgrenzungsprüfung rückt. Auch die wertende, zweckbezogene Gesamtbetrachtung aller Prüfungsparameter (Produktkonzeption, Wissenschaft, Marktauftritt; s. Rn. 109 ff.) entspricht dem Prüfungsmaßstab des *EuGH*. Dieser stellt für die Abgrenzungsfrage auf eine **Gesamtschau** ab, die alle Merkmale des Produktes, *„insbesondere seine Zusammensetzung, seine pharmakologischen, immunologischen und metabolischen Eigenschaften – wie sie sich beim jeweiligen Stand der Wissenschaft feststellen lassen –, die Modalitäten seines Gebrauchs, de[r] Umfang seiner Verbreitung, seine Bekanntheit bei den Verbrauchern und die Risiken, die seine Verwendung mit sich bringen kann"*[510], berücksichtigt. Diese Gesamtschau ist insbes. darauf gerichtet, die **tatsächliche Zweckbestimmung** des Produktes zu ermitteln, das heißt, die Frage zu beantworten, ob es *„wirklich die Funktion der Verhütung oder Heilung"* von Krankheiten hat oder aber andere Funktionen, wie etwa die allgemeine Gesundheitsförderung[511] (s. Rn. 28). Schließlich ist die **„Zweifelsregelung"** in Art. 2 II RL 2001/83/EG im Einklang mit der Rechtsprechung des *EuGH*[512] als eine spezielle Vorrangregelung für Einzelfälle der Produktzuordnung zu verstehen. Dies stimmt ebenfalls mit der deutschen Rechtslage nach § 2 IIIa überein (s. Rn. 37, 232).

158   **4. Abgrenzung Arzneimittel/Lebensmittel (bestimmte Fälle). a) Nahrungsergänzungsmittel.** Nach § 1 I NemV ist ein Nahrungsergänzungsmittel ein Lebensmittel, das dazu bestimmt ist, die allgemeine Ernährung zu ergänzen, ein Konzentrat von Nährstoffen oder sonstigen Stoffen mit ernährungsspezifischer oder physiologischer Wirkung allein oder in Zusammensetzung darstellt und in dosierter Form in den Verkehr gebracht wird. Unter Nährstoffen sind Vitamine und Mineralstoffe, einschließlich der Spurenelemente, zu verstehen (§ 1 II NemV). Beispiele für Nahrungsergänzungsmittel sind Vitamin- und Mineralstoffprodukte.

159   **aa) Begriff der Nahrungsergänzungsmittel.** Der Begriff der Nahrungsergänzungsmittel in § 1 I NemV geht auf Art. 2 Buchst. a) RL 2002/46/EG zurück und wird im wesentlichen durch **drei kumulative Merkmale** geprägt. Er betrifft Lebensmittel, die die allgemeine Ernährung ergänzen, ein

---

[505] S. hierzu auch *BGH*, NJW-RR 2008, 1255, 1256 f.; NVwZ 2008, 1266, 1267 f.; *BGHZ* 167, 91, 104 ff.; *BGHSt* 46, 380, 385 ff.; *BVerwGE* 97, 132, 136 ff.

[506] S. die Erwägungsgründe Nr. 2, 8, 15 und 45.

[507] S. *EuGH* (s. o. Fn. 12), Rs. C-290/90 – Kommission/Deutschland I, Rn. 14; Rs. C-112/89 – Upjohn I, Rn. 18; Rs. C-60/89 – Monteil und Samanni, Rn. 12; Rs. C-369/88 – Delattre, Rn. 16; Rs. 227/82 – Van Bennekom, Rn. 22.

[508] So im Ergebnis auch die Bundesregierung, BT-Drucks. 15/5656, S. 16

[509] S. *EuGH* (s. o. Fn. 12), Rs. C-27/08 – BIOS Naturprodukte, Rn. 25; Rs. C-140/07 – Hecht-Pharma, Rn. 25, 32; Rs. C-319/05 – Kommission/Deutschland III, Rn. 55, 59 ff.; Rs. C-211/03 u. a. – HLH Warenvertrieb und Orthica, Rn. 30, 52, 54; Rs. C-387/99 – Kommission/Deutschland II, Rn. 57; Rs. C-150/00 – Kommission/Österreich, Rn. 64; Rs. C-112/89 – Upjohn I, Rn. 23.

[510] *EuGH* (s. o. Fn. 12), Rs. C-109/12 – Laboratoires Lyocentre, Rn. 42; Rs. C-308/11 – Chemische Fabrik Kreussler, Rn. 34; Rs. C-27/08 – BIOS Naturprodukte, Rn. 18; Rs. C-88/07 – Kommission/Spanien, Rn. 72; Rs. C-140/07 – Hecht-Pharma, Rn. 32 f., 36 f., 39 f.; Rs. C-319/05 – Kommission/Deutschland III, Rn. 55; Rs. C-211/03 u. a. – HLH Warenvertrieb und Orthica, Rn. 30, 51; Rs. C-387/99 – Kommission/Deutschland II, Rn. 57.; Rs. C-150/00 – Kommission/Österreich, Rn. 64; Rs. C-290/90 – Kommission/Deutschland I, Rn. 17; Rs. C-112/89 – Upjohn I, Rn. 23 f.; Rs. C-60/89 – Monteil und Samanni, Rn. 26, 35.

[511] S. *EuGH* (s. o. Fn. 12), Rs. C-319/05 – Kommission/Deutschland III, Rn. 64 f., 61 („tatsächlich dazu bestimmt"); Rs. C-140/07 – Hecht-Pharma, Rn. 25; Schlussanträge des Generalanwalts *Bot* vom 12.6.2014 – Rs. C-358/13 und C-181/14 – BeckRS 2014, 80993 – D. und G., Rn. 43; Schlussanträge der Generalanwältin *Trstenjak* vom 21.6.2007 – Rs. C-319/05, PharmR 2007, 338, 344 – Kommission/Deutschland III („Zweckbestimmung"); s. auch Art. 88 II und Erwägungsgrund Nr. 7 der RL 2001/83/EG („Zweckbestimmung").

[512] S. insbes. *EuGH* (s. o. Fn. 12), Rs. C-109/12 – Laboratoires Lyocentre, Rn. 40, 59; Rs. C-140/07 – Hecht-Pharma, Rn. 24; Rs. C-211/03 u. a. – HLH Warenvertrieb und Orthica, Rn. 43 ff.

Konzentrat von bestimmten (Nähr-)Stoffen darstellen und in speziell dosierter Form in den Verkehr gebracht werden:

Der Begriff der allgemeinen Ernährung erfasst die Zufuhr von Nährstoffen zur Deckung der energeti-   160
schen und stofflichen Bedürfnisse des menschlichen Organismus[513], einschließlich der Prävention von Erkrankungen[514]. Lebensmittel, die die **allgemeine Ernährung ergänzen** (Nr. 1), sind auf eine Zufuhr von (Nähr-)Stoffen gerichtet, die gezielt über die Deckung der normalen energetischen und stofflichen Bedürfnisse des Organismus hinausgeht. Es geht vor allem darum, Mangelzustände – etwa hinsichtlich der Versorgung mit bestimmten Vitaminen – zu beheben oder solchen vorzubeugen, die auf einer unzureichenden Ernährung oder einem besonderen Nährstoffbedarf beruhen[515].

Der Begriff des **Konzentrats von Nährstoffen** oder sonstigen Stoffen mit ernährungsspezifischer   161
oder physiologischer Wirkung (Nr. 2) stellt nicht auf ein besonderes Herstellungsverfahren ab, sondern darauf, dass die betreffenden (Nähr-)Stoffe in Relation zur Gesamtzusammensetzung und Dosierung des Produktes in hoher Konzentration vorhanden sind[516]. Die Formulierung „*allein oder in Zusammensetzung*“ stellt klar, dass sich das Produkt nicht aus einem Konzentrat von (Nähr-)Stoffen, sondern auch aus mehreren (Nähr-)Stoffkonzentraten zusammensetzen kann. Als Nährstoffe i. S. d. NemV kommen allein Vitamine und Mineralstoffe nebst den Spurenelementen in Betracht (§ 1 II NemV). Die Regelung über zugelassene Stoffe in § 3 I NemV verweist auf die Anhänge I und II der RL 2002/46/EG, in denen enumerativ festgelegt wird, welche Vitamine und Mineralstoffe bei der Herstellung von Nahrungsergänzungsmitteln verwendet werden dürfen. **Sonstige Stoffe mit ernährungsspezifischer oder physiologischer Wirkung** sind alle Stoffe, die – ohne Vitamine oder Mineralstoffe zu sein – ernährungsspezifisch oder ernährungsphysiologisch wirken, wie insbes. Ballaststoffe, essentielle Fettsäuren, Aminosäuren und Enzyme[517].

Die Formulierung **in dosierter Form** (Nr. 3) bezieht sich auf die Darreichungsform der Produkte.   162
Ausdrücklich aufgeführt werden Kapseln, Pastillen, Tabletten, Pillen, Pulverbeutel, Flüssigampullen und Flaschen mit Tropfeinsätzen. Darüber hinaus kommen auch andere Darreichungsformen in Betracht, wenn sie der Aufnahme des Konzentrats von (Nähr-)Stoffen in abgemessenen kleinen Mengen dienen[518]. Typisch für die Darreichungsform der Nahrungsergänzungsmittel ist damit die Beschränkung auf kleine vordosierte Mengen.

bb) Abgrenzung Arzneimittel/Nahrungsergänzungsmittel. Definitorischer Ausgangspunkt   163
für die Abgrenzung der Arzneimittel von den Nahrungsergänzungsmitteln (Fallbeispiele: Vitaminpräparate[519], L-Carnitin-Produkte[520]) ist einerseits der **Begriff der Arzneimittel in § 2**[521] und andererseits der Begriff der **Nahrungsergänzungsmittel in § 1 I NemV** (s. Rn. 159 ff.). Letzterer ist gegenüber dem Begriff der Lebensmittel in § 2 II LFGB bzw. Art. 2 I VO (EG) Nr. 178/2002 spezieller und geht daher bei der Abgrenzungsprüfung vor[522]. Der Lebensmittelbegriff in Art. 2 I VO (EG) Nr. 178/2002, der den Begriff der Nahrungsergänzungsmittel mitumfasst, hat für die Abgrenzungsfrage daher praktisch keine Bedeutung:

Für die Abgrenzung Arzneimittel/Nahrungsergänzungsmittel gelten im wesentlichen alle **Grund-**   164
prinzipien der Abgrenzung Arzneimittel/Lebensmittel (s. Rn. 147 ff.). Auch diesem Begriffspaar liegt ein wertneutrales Ausschlußverhältnis zugrunde (vgl. § 2 III Nr. 1 und Art. 2 III Buchst. d) VO (EG) Nr. 178/2002). Die materiellen Parameter der Abgrenzungsprüfung ergeben sich aus § 2 und aus § 1 I NemV. Zu den allgemeinen Prüfungsparametern (s. Rn. 153) treten insbes. die **drei Hauptmerkmale** der Nahrungsergänzungsmittel nach § 1 I NemV (**Ergänzung der allgemeinen Ernährung, Konzentrat von [Nähr-]Stoffen, dosierte Form**) hinzu. Dem Merkmal der dosierten Form wird in den meisten Fällen keine oder nur eine geringe Abgrenzungswirkung zukommen, da die

---

[513] S. *BGH*, NJW 2001, 2812, 2813; *OLG Stuttgart*, ZLR 2002, 231, 240 f.; *OLG München*, NJWE-WettbR 1997, 51, 51.

[514] Vgl. *Zeinhofer*, S. 223 f.; *Hahn*, ZLR 2002, 1, 9 ff.; *ders.*, S. 79, 91 f.; vgl. auch den Erwägungsgrund Nr. 3 der RL 2002/46/EG: „Eine geeignete, abwechslungsreiche Ernährung sollte in der Regel alle für eine normale Entwicklung und die Erhaltung einer guten Gesundheit erforderlichen Nährstoffe in den Mengen bieten, die auf der Grundlage allgemein anerkannter wissenschaftlicher Daten ermittelt wurden und empfohlen werden.“

[515] Vgl. auch *Kügel/Hahn/Delewski*, § 1 Rn. 43.

[516] Vgl. *Kügel/Hahn/Delewski*, § 1 Rn. 49 f.

[517] Hierzu ausführlich *Kügel/Hahn/Delewski*, § 1 Rn. 71 ff., 107 ff.

[518] Vgl. hierzu *Zipfel/Rathke*, § 1 NemV Rn. 16 f.

[519] S. *EuGH* (s. o. Fn. 12), Rs. C-387/99 – Kommission/Deutschland II; *BFH*, PharmR 2009, 535 ff.; *BVerwG*, PharmR 2008, 73 ff.; *BGHSt* 46, 380 ff.

[520] S. *EuGH*, Urt. v. 18.5.2000 – Rs. C-107/97, Slg. 2000, I-3367 ff. – Rombi und Arkopharma; *BGH*, NJW-RR 2008, 1255 ff.; NVwZ 2008, 1266 ff.; zuvor *BGH*, NJW-RR 2000, 1284 ff. (diätetisches Lebensmittel); weitere Beispiele bei *Kloesel/Cyran*, § 2 Anm. 124.

[521] S. *BGH*, NJW-RR 2008, 1255, 1256; NVwZ 2008, 1266, 1268; *BGHZ* 167, 91, 106; *OLG München*, PharmR 2007, 350; *OLG Hamburg*, ZLR 2007, 104, 106; *OLG Celle*, LMuR 2007, 116, 117; a. A. *BVerwG*, NVwZ 2009, 1038, 1039; PharmR 2008, 254, 255; 78, 80 f.; 73, 76; 67, 69 f.; NVwZ 2007, 591, 592.

[522] S. *EuGH* (s. o. Fn. 12), Rs. C-211/03 u. a. – HLH Warenvertrieb und Orthica, Rn. 35 f., 39; Homöostase-Modell des Europarates zur Abgrenzung Lebensmittel/Arzneimittel vom 7.2.2008 (s. www.coe.int), S. 6ff; a. A. *Knappstein*, S. 219 ff., 238 ff.

betreffenden Darreichungsformen (Kapseln, Pastillen, Tabletten etc.) auch die Mehrzahl der Arzneimittel kennzeichnen[523]. Anders verhält es sich mit dem Merkmal des Konzentrats von (Nähr-)Stoffen. Grundsätzlich indiziert ein Konzentrat von Vitaminen und/oder Mineralstoffen (nebst den Spurenelementen) oder von sonstigen Stoffen, wie insbes. Ballaststoffen, essentiellen Fettsäuren, Aminosäuren und Enzymen, dass es sich bei dem betreffenden Produkt um ein Nahrungsergänzungsmittel handelt. Entscheidend ist, dass das (Nähr-)Stoffkonzentrat überwiegend ernährungsspezifisch oder ernährungsphysiologisch wirkt und die allgemeine Ernährung ergänzt. Wirkt das (Nähr-)Stoffkonzentrat überwiegend pharmakologisch und geht damit über eine Ergänzung der allgemeinen Ernährung hinaus, wird der Rechtskreis der Nahrungsergänzungsmittel verlassen und liegt ein Arzneimittel vor. Das Überschreiten der Schwelle zum Arzneimittel lässt sich – gerade bei Vitamin- und Mineralstoffprodukten – **nicht formelhaft** ermitteln, indem bei einem (x-fachen) Übersteigen des normalen, empfohlenen Tagesbedarfs[524] per se eine pharmakologische Wirkung und damit ein Arzneimittel bejaht wird[525]. Übersteigt die Tagesdosis des Produktes den normalen, empfohlenen Tagesbedarf, so steht lediglich fest, dass die überschießende (Nähr-)Stoffmenge keine ernährungsphysiologische Wirkung mehr hat. Ob das (Nähr-)Stoffpräparat weitergehend pharmakologisch wirkt, ist eigens festzustellen[526]. Bei der wertenden Gesamtbetrachtung der vorstehenden speziellen und der allgemeinen Prüfungsfaktoren (Produktkonzeption, Wissenschaft, Marktauftritt; s. Rn. 116 ff.) ist auf die **überwiegende objektive Zweckbestimmung** des Produktes abzustellen[527] (vgl. auch die Formulierung *„dazu bestimmt …, die allgemeine Ernährung zu ergänzen"* in § 1 I Nr. 1 NemV)[528]. Unter besonderer Berücksichtigung der stofflichen Zusammensetzung und der Wirkungsweise des Produktes (insbes.: **pharmakologisch oder ernährungsphysiologisch**) ist zu entscheiden, ob es objektiv überwiegend für **arzneispezifische Zwecke** i. S. v. § 2 I (therapeutisch, prophylaktisch etc.) **oder** für **lebensmittelspezifische Zwecke** i. S. v. § 1 I NemV (Ergänzung der allgemeinen Ernährung) bestimmt ist.

165 Diese Prüfungssystematik geht **mit den Vorgaben der RL 2001/83/EG und 2002/46/EG** sowie den einschlägigen Entscheidungen des *EuGH*[529] **konform** (s. grundsätzlich Rn. 157). Vor allem ergeben sich aus dem europäischen Begriff der Nahrungsergänzungsmittel in Art. 2 Buchst. a) RL 2002/46/EG keine zusätzlichen Prüfungsparameter. Die Definition der Nahrungsergänzungsmittel in § 1 I NemV ist mit den Formulierungen in Art. 2 Buchst. a) RL 2002/46/EG nahezu identisch. Die wenigen Abweichungen („normale" statt „allgemeine" Ernährung und „Einfach- oder Mehrfachkonzentrate" statt „allein oder in Zusammensetzung") sind sprachlicher Natur[530]. Dass § 1 II NemV anders als Art. 2 Buchst. b) RL 2002/46/EG neben den Vitaminen und Mineralstoffen die Spurenelemente ausdrücklich aufführt, dient allein der Klarstellung[531].

166 **b) Diätetische Lebensmittel.** Nach § 1 I, II DiätV sind diätetische Lebensmittel solche, die für eine besondere Ernährung bestimmt sind, d. h. den besonderen Ernährungserfordernissen bestimmter Verbrauchergruppen entsprechen, sich für den angegebenen Ernährungszweck eignen, mit einem entsprechenden Hinweis in den Verkehr gebracht werden und sich – auf Grund ihrer besonderen Zusammensetzung oder des besonderen Verfahrens ihrer Herstellung – deutlich von den Lebensmitteln des allgemeinen Verzehrs unterscheiden. § 1 IVa DiätV regelt diätetische Lebensmittel für besondere medizinische Zwecke (bilanzierte Diäten). Diese werden in vollständige und in ergänzende bilanzierte Diäten unterteilt (§ 1 IVa 3 Nr. 1, 2 DiätV). Beispiele für „normale" diätetische Lebensmittel sind Formula-Diäten. Beispiele für bilanzierte Diäten sind spezifische Trink- und Sondennahrungen[532]. § 1 V DiätV bestimmt, dass Kochsalzersatz per se ein diätetisches Lebensmittel darstellt. Mit Inkrafttreten der VO (EU) Nr. 609/ 2013 über Lebensmittel für Säuglinge und besondere medizinische Zwecke wird das Diätrecht zum 20.7.2016 grundlegend geändert. Vor allem wird das „allgemeine Diätrecht" in RL 2009/39/EG aufgehoben und der Rechtsrahmen für bilanzierte Diäten (RL 1999/21/EG) neu gefasst (s. Art. 20 I, IV, 21 f. und Art. 2 II Buchst. g) VO (EU) Nr. 609/2013).

---

[523] S. hierzu auch *BGHSt* 46, 380, 389; *BGH*, NJW-RR 2000, 1284, 1286.

[524] Vgl. etwa die Referenzwerte für die Nährstoffzufuhr der Deutschen Gesellschaft für Ernährung e. V. (DGE) und die Werte in Anlage 1 der Nährwert-Kennzeichnungsverordnung (NKV).

[525] S. *BGHSt* 46, 380, 384 f.; anders bspw. noch *OLG München*, NJWE-WettbR 1997, 51, 51 f., *OLG Hamburg*, PharmR 1996, 220, 225 und *Sander*, § 2 Erl. 34.

[526] S. *BGHSt* 46, 380, 384 f.

[527] S. *BGH*, NJW-RR 2008, 1255, 1256, 1259; NVwZ 2008, 1266, 1267, 1269; *BGHZ* 167, 91, 104; *BFH*, PharmR 2006, 394, 396; *OLG Hamburg*, ZLR 2007, 104, 105 f.; *OLG Celle*, LMuR 2007, 116, 117; *Delewski*, S. 218 ff., 226 ff.; *Gutzler*, SGb 2008, 341, 345 f.; anders *BVerwG*, NVwZ 2009, 1038, 1039 f.; NVwZ 2007, 591, 593 f., das nahezu ausschließlich auf die pharmakologische Wirkung abstellt.

[528] Vgl. auch *Rehmann*, A&R 2009, 58, 60.

[529] S. *EuGH* (s. o. Fn. 12), Rs. C-27/08 – BIOS Naturprodukte, Rn. 18 ff.; Rs. C-88/07 – Kommission/Spanien, Rn. 72 ff.; Rs. C-140/07 – Hecht-Pharma, Rn. 25 ff.; Rs. C-319/05 – Kommission/Deutschland III, Rn. 36 ff.; Rs. C-211/03 u. a. – HLH Warenvertrieb und Orthica, Rn. 30 ff.; Rs. C-387/99 – Kommission/Deutschland II, Rn. 51 ff. (Rn. 59 ff., 82 f. zur „Dreifach-Regel"); Rs. C-150/00 – Kommission/Österreich, Rn. 58 ff.; Rs. C-192/01 – Kommission/Dänemark, Rn. 42 ff.; Rs. C-219/91 – Ter Voort, Rn. 11 ff.; Rs. 227/82 – Van Bennekom, Rn. 11 ff.

[530] Vgl. *Kügel/Hahn/Delewski*, § 1 Rn. 28, 47; *Zipfel/Rathke*, § 1 NemV Rn. 2.

[531] S. BR-Drucks. 248/04, S. 13; *Zipfel/Rathke*, § 1 NemV Rn. 18.

[532] S. zu den einzelnen Produktgruppen *Hahn/Ströhle/Wolters*, S. 255 ff.

aa) Begriff der diätetischen Lebensmittel. Der Begriff der diätetischen Lebensmittel in § 1 I, II **167** DiätV dient der Umsetzung von Art. 1 RL 2009/39/EG und wird im Kern durch **drei kumulative Merkmale** bestimmt. Es geht um Lebensmittel für eine besondere Ernährung, indem diese den besonderen Ernährungserfordernisse bestimmter Verbrauchergruppen entsprechen, sich für den angegebenen Ernährungszweck eignen und entsprechend in den Verkehr gebracht werden und sich deutlich von den Lebensmitteln des allgemeinen Verzehrs unterscheiden:

Der Begriff der **besonderen Ernährungserfordernisse** ist grundsätzlich weit zu verstehen[533] und **168** bezieht sich auf **drei Verbrauchergruppen** (§ 1 II Nr. 1 Buchst. a) – c) DiätV). Die erste Gruppe bilden Personen, deren Verdauungs- oder Resorptionsprozess (z. B. bei Maldigestion oder Malabsorption, § 3 II Nr. 4 Buchst. a) DiätV) oder deren Stoffwechsel (z. B. bei Diabetes mellitus[534]) gestört ist. Der Begriff der Störung bedeutet nicht, dass diese Personen dauerhaft erkrankt sein müssen. Es kann sich auch um vorübergehende Beeinträchtigungen der obigen Prozesse handeln. Dies ergibt sich aus dem Wortlaut der „Störung" und aus dem systematischen Zusammenhang zwischen § 1 II Nr. 1 Buchst. a) und § 1 IVa 3 Nr. 1 Buchst. b) und Nr. 2 Buchst. b) DiätV, da dort neben dem Begriff der Störung auf den Begriff der Krankheit (und der Beschwerden) abgestellt wird. Die zweite Gruppe betrifft Personen, die sich in besonderen physiologischen Umständen befinden. Dies ist z. B. bei Schwangeren und Müttern in der Stillzeit der Fall und kommt auch bei Hochleistungs-, Kraft- und Ausdauersportlern[535] sowie bei Senioren in Betracht[536]. Die dritte Gruppe bilden gesunde Säuglinge und gesunde Kleinkinder. Im Sinne der DiätV sind Säuglinge Kinder unter zwölf Monaten (§ 1 VI Nr. 1) und Kleinkinder Kinder zwischen einem Jahr und drei Jahren (§ 1 VI Nr. 2)[537]. Hinsichtlich der besonderen Ernährungserfordernisse dieser drei Verbrauchergruppen sind die Vorgaben für Zusatz- und andere Stoffe in §§ 5 I, 7 ff. und Anlage 2 DiätV (Vitamine, Mineralstoffe, Aminosäuren, Carnitin, Taurin, Nucleotide, Cholin, Inosit und zehn „sonstige Stoffe") zu beachten.

Der Aspekt der **Eignung für den angegebenen Ernährungszweck** (Nr. 2) bedeutet, dass die **169** betreffenden Produkte einer bestimmten Verbrauchergruppe nach § 1 II Nr. 1 DiätV und einem konkreten besonderen Ernährungszweck zugeordnet[538] und für diesen auch tatsächlich geeignet sein müssen. Die Eignung des Produktes für den spezifischen diätetischen Ernährungszweck ist objektiv-fachlich, das heißt auf **wissenschaftlicher** Grundlage **zu belegen**[539]. Misslingt dieser Nachweis, ist ein diätetisches Lebensmittel zu verneinen, ein entsprechender Anschein reicht nicht aus. Auf die hinreichend belegte Eignung des Produktes ist explizit hinzuweisen (vgl. auch §§ 19 ff. DiätV).

Die deutliche **Unterscheidung von den Lebensmitteln des allgemeinen Verzehrs** (Nr. 3) kann **170** sich aus der besonderen (qualitativen oder quantitativen) Zusammensetzung des Produktes (vgl. § 19 I 1 Nr. 2 DiätV) und/oder aus einem besonderen Herstellungsverfahren ergeben.

bb) Begriff der bilanzierten Diäten. Der Begriff der diätetischen Lebensmittel für besondere **171** medizinische Zwecke (bilanzierte Diäten) in § 1 IVa DiätV dient der Umsetzung von Art. 1 II, III RL 1999/21/EG. Bilanzierte Diäten werden im Kern von **zwei kumulativen Merkmalen** geprägt. Nach § 1 IVa 1 DiätV handelt es sich um Erzeugnisse, die auf besondere Weise verarbeitet oder formuliert sind und die für eine diätetische Behandlung von Patienten bestimmt sind:

Das Merkmal der **besonderen Weise der Verarbeitung oder Formulierung** in § 1 IVa 1 DiätV **172** bezieht sich – entsprechend den Aussagen in § 1 II Nr. 3 DiätV – auf ein besonderes Herstellungs- bzw. Verarbeitungsverfahren und eine besondere (qualitative oder quantitative) Zusammensetzung des Produktes (vgl. § 19 I 1 Nr. 2 DiätV)[540]. Insofern unterscheiden sich die bilanzierten Diäten nicht von den „normalen" diätetischen Lebensmitteln, sondern stellen einen Unterfall dar, der auch die Voraussetzungen des § 1 I, II DiätV erfüllen muss[541].

Der Begriff der **diätetischen Behandlung von Patienten** in § 1 IVa 1 DiätV bedeutet, dass es nicht **173** um eine normale (diätetische) Ernährung von Personen, sondern um eine spezifische Behandlung von bestimmten Patienten geht. Der Begriff der Patienten meint Personen mit Krankheiten, einschließlich bestimmter krankhafter Störungen und Beschwerden. Dies folgt insbes. daraus, dass § 1 IVa 3 Nr. 1 Buchst. b) und Nr. 2 Buchst. b) DiätV neben dem Begriff der Krankheit auch die Begriffe „Beschwerden" und „Störung" nennt (vgl. auch § 21 II 1 Nr. 1 DiätV)[542]. Die drei Begriffe sind keine Synonyme,

---

[533] S. *BGH*, NJW-RR 2009, 531, 532.

[534] S. *BGH*, GRUR 2010, 259, 261; *VGH München*, PharmR 2008, 206, 209.

[535] S. *BGH*, NJW-RR 2008, 1255, 1259; GRUR 2004, 793, 796 f.; GRUR 2003, 631, 632; *BGHZ* 151, 286, 295 f. und Anlage 8 Nr. 7 zu § 4a I DiätV: „Lebensmittel für intensive Muskelanstrengungen, vor allem für Sportler"; *VGH München*, PharmR 2008, 206, 209.

[536] Vgl. *Kügel/Hahn/Delewski*, § 1 Rn. 184; *Zipfel/Rathke*, § 1 DiätV Rn. 21 ff.; nicht ausreichend ist die „Bestimmung" einer Personengruppe durch den abstrakten (potenziellen) Bedarf an speziellen Stoffen (*OVG Lüneburg*, LMuR 2012, 293, 294 f., keine „Flucht ins Diätrecht").

[537] Ausführlich *Zipfel/Rathke*, § 1 DiätV Rn. 26 ff.

[538] S. auch *BVerwG*, NJW 1992, 996, 996 f.

[539] S. *BGH*, GRUR 2009, 75, 77; GRUR 2008, 1118, 1119 (zu bilanzierten Diäten); *VGH München*, PharmR 2008, 206, 209; *Zipfel/Rathke*, § 1 DiätV Rn. 28.

[540] Vgl. *Kügel*, ZLR 2003, 265, 269.

[541] Vgl. *OLG Bamberg*, GRUR-RR 2015, 222, 222 ff.; *Zipfel/Rathke*, § 1 DiätV Rn. 84.

[542] Vgl. *Herrmann*, S. 91 f.

sondern stehen für einzelne „Indikationen"[543], die in § 1 IVa 2 DiätV näher konkretisiert werden. Nicht erfasst wird der gesunde Normalverbraucher[544], der gelegentlich von nicht krankhaften, alltagsadäquaten Störungen oder Beschwerden betroffen ist (s. Rn. 79). Der Begriff der Behandlung meint vor allem therapeutische Maßnahmen[545]. Erfasst wird daher nicht nur die Deckung eines krankheits- bzw. medizinisch bedingten besonderen Nährstoffbedarfs, sondern auch die **Diättherapie**, die auf eine positive therapeutische Beeinflussung der betreffenden Krankheit – einschließlich der Störungen und Beschwerden – gerichtet ist[546]. Die Wirksamkeit der bilanzierten Diät ist grundsätzlich durch allgemein anerkannte wissenschaftliche Daten nachzuweisen[547]. Entscheidend ist der Nachweis der Wirksamkeit des Produktes in seiner Gesamtheit, nicht hinsichtlich aller Inhaltsstoffe und des exakten Wirkungszusammenhangs[548]. Begrifflich ausgeschlossen sind Maßnahmen bzw. Produkte, die eine prophylaktische Zwecksetzung haben[549].

174   Nach § 1 IVa 2 DiätV dienen bilanzierte Diäten der diätetischen Behandlung von **zwei Patientengruppen**: Bei der ersten Gruppe geht es um die Ernährung von Patienten „*mit eingeschränkter, behinderter oder gestörter Fähigkeit zur Aufnahme, Verdauung, Resorption, Verstoffwechslung oder Ausscheidung gewöhnlicher Lebensmittel oder bestimmter darin enthaltener Nährstoffe oder ihrer Metaboliten*" (§ 1 IVa 2 1. Alt. DiätV). Hiermit wird ein **abschließender Katalog** von Krankheiten, Störungen und Beschwerden vorgegeben[550], bei denen ein spezifischer medizinisch bedingter Nährstoffbedarf besteht. Bei der zweiten Gruppe geht es um die Ernährung von Patienten „*mit einem sonstigen medizinisch bedingten Nährstoffbedarf, für deren diätetische Behandlung eine Modifizierung der normalen Ernährung, andere Lebensmittel für eine besondere Ernährung oder eine Kombination aus beiden nicht ausreichen*" (§ 1 IVa 2 2. Alt. DiätV). Ein **sonstiger medizinisch bedingter Nährstoffbedarf** liegt vor bei Krankheiten, Störungen oder Beschwerden, die zwar nicht in § 1 IVa 2 1. Alt. DiätV aufgeführt sind[551], aber ebenfalls einen spezifischen Nährstoffbedarf mit sich bringen[552]. Beispiele hierfür sind Herz-Kreislauf-Erkrankungen, rheumatische Erkrankungen, Osteoporose, Hypercholesterinämie, ADHS[553], Krebs und AIDS[554]. Erfasst wird nicht nur der Bedarf, ein besonderes Nährstoffdefizit auszugleichen, sondern auch der Bedarf, ernährungsbedingten Erkrankungen durch die Zufuhr bestimmter Nährstoffe auf andere Weise entgegenzuwirken[555]. Für die Annahme eines sonstigen medizinisch bedingten Nährstoffbedarfs reicht es aus, dass die betreffenden Personen einen besonderen Nutzen aus der kontrollierten Aufnahme der Nähstoffe ziehen können. Dieser kann auch darin liegen, dass sich der Bedarf an zusätzlich einzunehmenden Arzneimitteln verringert[556].

175   § 1 IVa 2 2. Alt. DiätV hat Auffangfunktion, wobei jedoch die **Subsidiaritätsklausel** am Ende der Regelung zu beachten ist[557]. Kommen eine Modifizierung der normalen Ernährung, andere Lebensmittel für eine besondere Ernährung (also „normale" diätetische Lebensmittel nach § 1 I, II DiätV) oder eine Kombination aus beiden in Betracht, scheidet eine bilanzierte Diät aus. Insofern ist die bilanzierte Diät „ultima ratio"[558]. Eine normale Ernährung i. S. v. § 1 IVa 2 2. Alt. DiätV ist eine solche, „*die insbesondere hinsichtlich der Art und der Eigenschaften der verzehrten Lebensmittel sowie des Umfangs und der Dauer des Verzehrs im Rahmen der üblichen Ernährungsgewohnheiten des betreffenden Patientenkreises liegt.*"[559] Der

---

[543] Vgl. auch die Stellungnahme „Beurteilung der ergänzenden bilanzierten Diäten (2006/02)" des Arbeitskreises Lebensmittelchemischer Sachverständiger der Länder und des Bundesamtes für Verbraucherschutz und Lebensmittelsicherheit (ALS), JVL 2006, 60 f., die im Ergebnis jedoch zu restriktiv allein auf Indikationen mit Krankheitswert abstellt; *Meyer*, in: Meyer/Streinz, Art. 2 BasisVO Rn. 24.

[544] So auch *Kügel*, ZLR 2003, 265, 269.

[545] Insofern sind die Begriffe Therapie und Behandlung synonym zu verstehen, vgl. auch *Pschyrembel*, S. 2102 und *Hunnius*, S. 1772 f.

[546] S. *BGH*, NJW-RR 2009, 531, 532; *OLG Frankfurt/Main*, ZLR 2006, 428, 437; ausführlich *Herrmann*, S. 81 ff.; *Hahn*, ZLR 2009, 358, 364, 366; *v. Jagow*, ZLR 2009, 86, 89 ff.; *Hüttebräuker*, in: FS Doepner, S. 227, 228 f.; *Kügel*, DLR 2006, 229, 232; *ders.*, ZLR 2003, 265, 270; kritisch *Streinz/Fuchs*, S. 27 ff.; *Delewski*, ZLR 2006, 443, 447 f.

[547] S. *BGH*, GRUR 2012, 1164, 1165; Beschl. v. 1.6.2011 – I ZR 199/09 – BeckRS 2011, 16212 („randomisierte placebokontrollierte Doppelblindstudie"); GRUR 2009, 75, 77 f.; GRUR 2008, 1118, 1119 f.; *BSG*, NJOZ 2012, 1039, 1043; *OLG München*, GRUR-RR 2015, 258, 258 f.; *OLG Karlsruhe*, ZLR 2011, 479, 489 ff.; *OLG Düsseldorf*, PharmR 2010, 353, 354 f.; ZLR 2010, 87, 91; *OLG München*, GRUR-RR 2006, 139, 140; *OLG Braunschweig*, ZLR 2006, 453, 463; *OLG Frankfurt/Main*, GRUR 2006, 428, 440 f., jeweils unter Rückgriff auf eine richtlinienkonforme Auslegung des § 14b I 2 DiätV i. S. v. Art. 3 S. 2 RL 1999/21/EG; *Schwager*, ZLR 2011, 496, 506 ff.

[548] S. *BGH*, GRUR 2009, 75, 77; anders *OLG Düsseldorf*, PharmR 2010, 353, 354 f.; kritisch dazu *Hahn*, ZLR 2010, 353, 358 ff.

[549] So im Ergebnis auch *Kügel*, DLR 2006, 229, 230; *ders.*, ZLR 2003, 265, 272; *Großklaus*, LMuR 2003, 151, 155.

[550] A. A. *Zipfel/Rathke*, § 1 DiätV Rn. 88, „nur beispielhaft".

[551] Anders offenbar *Zipfel/Rathke*, § 1 DiätV Rn. 89.

[552] Vgl. auch *Kügel*, DLR 2006, 229, 230 f.

[553] S. *OLG Düsseldorf*, ZLR 2010, 87, 90 ff.; *Kügel*, ZLR 2010, 92, 92 f., 96.

[554] Vgl. *Kügel*, DLR 2006, 229, 231; *ders.*, ZLR 2003, 265, 270 f.

[555] S. *BGH*, NJW-RR 2009, 531, 532.

[556] S. *BGH*, GRUR 2012, 734, 735; GRUR 2008, 1118, 1119 f.

[557] Auch wenn dies sprachlich nicht ganz eindeutig ist, bezieht sich die Subsidiaritätsklausel in § 1 IVa 2 DiätV (a. E.) allein auf § 1 IVa 2 2. Alt. DiätV und nicht auf dessen erste Alternative, da hiermit nur der (weite) Auffangtatbestand des „sonstigen medizinisch bedingten Nährstoffbedarf[s]" eingeschränkt wird.

[558] Vgl. *Streinz/Fuchs*, S. 51; *dies.*, LMuR 2003, 40, 43.

[559] S. *BGH*, GRUR 2012, 734, 735; NJW-RR 2009, 531, 533; GRUR 2008, 1118, 1121.

alleinige Umstand, dass bestimmte Produkte nur aufgrund einer besonderen Genehmigung von einzelnen Unternehmen hergestellt werden dürfen, grenzt diese – vor allem hinsichtlich ihrer Verfügbarkeit – nicht per se aus der normalen Ernährung aus[560]. Eine Modifizierung der normalen Ernährung kann etwa durch die Vermeidung bestimmter Lebensmittel des allgemeinen Verzehrs oder durch den Einsatz von Nahrungsergänzungsmitteln[561] erreicht werden. Bei der Prüfung der Subsidiaritätsklausel ist zu berücksichtigen, dass die Eignung der betreffenden Alternativernährung – wie auch die Wirksamkeit der bilanzierten Diät selbst – durch allgemein anerkannte **wissenschaftliche** Daten **belegt** und deren Aufnahme im Hinblick auf die Gebrauchssicherheit und die Verzehrgewohnheiten der Patienten **zumutbar** sein muss (vgl. auch § 14b I 1, 2 DiätV)[562].

Nach § 1 IVa 3 werden bilanzierte Diäten in **vollständige und** in **ergänzende bilanzierte Diäten**　**176** unterteilt. Nach § 1 IVa 3 Nr. 1 und Nr. 2 DiätV geht es in beiden Fällen entweder um Nährstoff-Standardformulierungen (Buchst. a)) oder um Nährstoffformulierungen, die für bestimmte Beschwerden spezifisch oder für eine bestimmte Krankheit oder Störung angepasst sind (Buchst. b)). Während die Nährstoff-Standardformulierungen nach § 1 IVa 3 Nr. 1 Buchst. a) und Nr. 2 Buchst. a) DiätV für bestimmte Krankheits-, Störungs- oder Beschwerdebilder (im vornherein) zusammengestellt sind, werden die Nährstoffformulierungen nach § 1 IVa 3 Nr. 1 Buchst. b) und Nr. 2 Buchst. b) DiätV individuell konzipiert[563]. Der **Unterschied** zwischen vollständigen und ergänzenden bilanzierten Diäten ist der Aspekt der Eignung als **einzige Nahrungsquelle.** Vollständige bilanzierte Diäten müssen alle Nähr- und sonstigen Stoffe enthalten, die ein Patient benötigt und können daher dessen einzige Nahrungsquelle darstellen. Demgegenüber enthalten ergänzende bilanzierte Diäten nur ein bestimmtes Segment an Nähr- und sonstigen Stoffen, und eignen sich daher nicht als einzige Nahrungsquelle. Hierbei sind die jeweiligen Vorgaben für Mindest- und Höchstmengen an Mineralstoffen, Spurenelementen und Vitaminen gem. § 14b II, III und Anlage 6 DiätV zu beachten. Anders als vollständige bilanzierte Diäten müssen ergänzende bilanzierte Diäten neben Mikronährstoffen (Vitamine, Mineralstoffe, Spurenelemente) nicht notwendig auch Makronährstoffe (Kohlenhydrate, Fette, Proteine) enthalten[564].

cc) Abgrenzung Arzneimittel/diätetische Lebensmittel. Den **begrifflichen Prüfstand** für die　**177** Abgrenzung der Arzneimittel von den „normalen" diätetischen Lebensmitteln (Fallbeispiel: Zimtpräparate[565]) bilden der **Arzneimittelbegriff in § 2**[566] und der **Begriff der diätetischen Lebensmittel in § 1 I, II DiätV.** Im Verhältnis zum Lebensmittelbegriff in § 2 II LFGB bzw. Art. 2 I VO (EG) Nr. 178/2002 ist der Begriff der diätetischen Lebensmittel in § 1 I, II DiätV spezieller und hat daher bei der Abgrenzungsprüfung Vorrang[567]. Der Lebensmittelbegriff in Art. 2 I VO (EG) Nr. 178/2002 ist diesbezüglich praktisch bedeutungslos:

Die Abgrenzung Arzneimittel/diätetische Lebensmittel bestimmt sich im Kern nach den **Grund-**　**178** **prinzipien der Abgrenzung Arzneimittel/Lebensmittel** (s. Rn. 147 ff.)[568]. Die Begriffssystematik beruht auf einem wertneutralen Ausschlussverhältnis (vgl. § 2 III Nr. 1 und Art. 2 III Buchst. d) VO (EG) Nr. 178/2002). Die materiellen Parameter der Abgrenzungsprüfung sind § 2 und § 1 I, II DiätV zu entnehmen. Die allgemeinen Prüfungsparameter (s. Rn. 153) werden durch die **drei Hauptmerkmale** der diätetischen Lebensmittel in § 1 II DiätV **(besondere Ernährungserfordernisse bestimmter Verbrauchergruppen, Eignung für den angegebenen Ernährungszweck, Unterscheidung von den Lebensmitteln des allgemeinen Verzehrs)** ergänzt. Das letztgenannte Merkmal hat nur geringe Abgrenzungswirkung, da sich die meisten Arzneimittel – in ähnlicher Weise wie die diätetischen Lebensmittel – deutlich von den Lebensmitteln des allgemeinen Verzehrs unterscheiden. Anders verhält es sich mit dem Aspekt der besonderen Ernährungserfordernisse bestimmter Verbrauchergruppen. Entspricht die Zusammensetzung des Produktes den spezifischen Ernährungserfordernissen einer der drei genannten

---

[560] S. *BGH*, NJW-RR 2009, 531, 533.

[561] S. *BGH*, GRUR 2012, 734, 735; zweifelnd *OLG Hamburg*, ZLR 2005, 266, 276; offen gelassen in *OLG Frankfurt/Main*, ZLR 2006, 428, 439; a. A. *Herrmann*, S. 112 ff.; *Kügel*, DLR 2006, 229, 234 f.; *ders.*, ZLR 2003, 265, 273 (anders in der Vorauflage).

[562] S. *BGH*, GRUR 2012, 734, 735; NJW-RR 2009, 531, 533; GRUR 2008, 1118, 1121; *OLG München*, GRUR-RR 2015, 258, 258 f.; *OLG Düsseldorf*, ZLR 2010, 87, 91 f.; *OLG Frankfurt/Main*, ZLR 2006, 428, 439; *OLG Hamburg*, ZLR 2005, 266, 275; *Kügel*, ZLR 2010, 92, 95 f.; *ders.*, DLR 2006, 229, 234; *ders.*, ZLR 2003, 265, 273 f.; *Delewski*, DLR 2009, 443, 448 f.

[563] Vgl. *Zipfel/Rathke*, § 1 DiätV Rn. 96.

[564] S. *BGH*, GRUR 2009, 75, 77; *OLG Frankfurt/Main*, ZLR 2006, 428, 436 f.; *v. Jagow*, ZLR 2009, 86, 88; *Hagenmeyer*, DLR 2009, 78, 83; Stellungnahme „Beurteilung der ergänzenden bilanzierten Diäten (2006/02)" des Arbeitskreises Lebensmittelchemischer Sachverständiger der Länder und des Bundesamtes für Verbraucherschutz und Lebensmittelsicherheit (ALS), JVL 2006, 60, 61; a. A. *Großklaus*, LMuR 2003, 151, 156.

[565] S. *BGH*, GRUR 2010, 259 ff.; PharmR 2010, 181 ff.; *VGH München*, PharmR 2008, 206 ff.; *OLG Hamm*, PharmR 2008, 162 ff.; *OLG Celle*, LMuR 2007, 116 ff.

[566] S. *BGH*, GRUR 2010, 259, 260; PharmR 2010, 181, 182; *BGH*, NJW-RR 2008, 1255, 1256; NVwZ 2008, 1266, 1268; *BGHZ* 167, 91, 106; *OLG Hamm*, PharmR 2008, 162, 163; *OLG Celle*, LMuR 2007, 116, 117; *OLG München*, PharmR 2008, 350.

[567] S. *EuGH* (s. o. Fn. 12), Rs. C-211/03 u. a. – HLH Warenvertrieb und Orthica, Rn. 35 f., 39; a. A. *Knappstein*, S. 219 ff., 238 ff.

[568] S. auch *OLG Hamm*, PharmR 2008, 162, 166.

Verbrauchergruppen (§ 1 II Nr. 1 Buchst. a)–c) DiätV), liegt die Annahme eines diätetischen Lebensmittels nahe. Entscheidend ist, dass die stoffliche Zusammensetzung des Produktes nur für die jeweilige besondere Ernährung bestimmt ist, also überwiegend ernährungsspezifisch bzw. ernährungsphysiologisch wirkt. Ist sie auch oder sogar überwiegend auf pharmakologische Wirkungen gerichtet und geht damit über eine besondere Ernährung hinaus, wird die Schwelle zu den Arzneimitteln überschritten[569]. Entsprechend dem Merkmal der Eignung für den angegebenen Ernährungszweck sind die betreffenden Wirkungen auf wissenschaftlicher Grundlage zu belegen[570]. Im Rahmen der wertenden Gesamtbetrachtung der genannten speziellen und der allgemeinen Prüfungsfaktoren (Produktkonzeption, Wissenschaft, Marktauftritt; s. Rn. 116 ff.) ist auf die **überwiegende objektive Zweckbestimmung** des Produktes abzustellen[571] (vgl. auch die Formulierung *„für eine besondere Ernährung bestimmt"* in § 1 I, II DiätV). Unter besonderer Berücksichtigung der stofflichen Zusammensetzung und der Wirkungsweise des Produktes (insbes.: **pharmakologisch oder ernährungsphysiologisch**)[572] ist zu entscheiden, ob es objektiv überwiegend für **arzneispezifische Zwecke** i. S. v. § 2 I (therapeutisch, prophylaktisch etc.) **oder** für **lebensmittelspezifische Zwecke** i. S. v. § 1 I, II DiätV (besondere Ernährung) bestimmt ist.

179   Dieses Prüfungssystem **entspricht den Vorgaben der RL 2001/83/EG und 2009/39/EG** (s. grundsätzlich Rn. 157). Vor allem vermittelt der europäische Begriff der *„Lebensmittel, die für eine besondere Ernährung bestimmt sind"* in Art. 1 II RL 2009/39/EG keine anderen Prüfungsparameter. Die Begriffsmerkmale der Definition der diätetischen Lebensmittel in § 1 II DiätV stimmen wörtlich mit den Formulierungen in Art. 1 II, III RL 2009/39/EG überein. Sie werden allein in einer anderen Abfolge genannt.

180   **dd) Abgrenzung Arzneimittel/bilanzierte Diäten.** Die Abgrenzung der Arzneimittel von den bilanzierten Diäten (Fallbeispiel: Erfokol-Kapseln[573]) stellt gegenüber den „normalen" diätetischen Lebensmitteln nochmals eine Sonderkonstellation dar, da beide Produktkategorien aufgrund ihres Krankheitsbezugs regelmäßig Überschneidungen aufweisen (s. auch § 21 II 1 Nr. 1 und Nr. 2 DiätV). Gerade mit Blick auf die ergänzenden bilanzierten Diäten kommt es bisweilen zu einem Wechsel in der Zweckbestimmung **(Switch)**, indem der Hersteller sein Produkt (insbes. im Rahmen der Nachzulassung) von einem Arzneimittel in eine ergänzende bilanzierte Diät umwidmet. **Definitorischer Ausgangspunkt** für die Abgrenzung der Arzneimittel von den bilanzierten Diäten ist einerseits der **Arzneimittelbegriff in § 2** und andererseits der **Begriff der bilanzierten Diät in § 1 IVa DiätV.** Wie auch hinsichtlich der „normalen" diätetischen Lebensmittel ist der europäische Lebensmittelbegriff in Art. 2 I VO (EG) Nr. 178/2002 für die Abgrenzungsfrage praktisch unbedeutend.

181   Für die Abgrenzung Arzneimittel/bilanzierte Diät ist zunächst auf die **Regeln der Abgrenzung Arzneimittel/diätetische Lebensmittel** zurückzugreifen. Diese entsprechen ihrerseits im wesentlichen den Grundsätzen der Abgrenzung Arzneimittel/Lebensmittel[574] (s. Rn. 147 ff. und Rn. 177 ff.). Die materiellen Parameter der Abgrenzungsprüfung ergeben sich aus § 2 und aus § 1 IVa DiätV. Die allgemeinen Prüfungsmaßstäbe (s. Rn. 153) werden mit den **zwei Hauptmerkmalen** der bilanzierten Diät nach § 1 IVa 1 DiätV (**auf besondere Weise verarbeitet oder formuliert, diätetische Behandlung von Patienten**) angereichert. Das Merkmal der besonderen Weise der Verarbeitung oder Formulierung wird in den meisten Fällen nur geringe Abgrenzungswirkung haben, da die Mehrzahl der Arzneimittel ebenfalls besonders verarbeitet und/oder formuliert ist. Im Zentrum der Abgrenzungsprüfung steht damit die diätetische Behandlung von Patienten. Da es hierbei insbes. um therapeutische Maßnahmen zugunsten von Personen mit Krankheiten, einschließlich bestimmter krankhafter Störungen und Beschwerden, geht, sind die betreffenden Produkte den Arzneimitteln konzeptionell sehr ähnlich. Der Aspekt der grundsätzlichen Wirkungsweise des Produktes – ernährungsspezifisch bzw. ernährungsphysiologisch oder pharmakologisch – ist daher nur begrenzt aussagekräftig[575]. Im Vordergrund steht die **spezifische Zusammensetzung der** in dem Produkt enthaltenen **Nährstoffe und der für deren Verwertung notwendigen weiteren Stoffe**[576]. Sind diese allein auf die Deckung eines krankheits- bzw. medizinisch bedingten Nährstoffbedarfs einer der in § 1 IVa 2 DiätV genannten Patientengruppen gerichtet und ist die Eignung des Produktes für die jeweilige krankheits-, störungs- oder beschwerdespezifische Ernährung

---

[569] S. auch *BGH*, NJW-RR 2008, 1255, 1259; *BGHZ* 151, 286, 294 ff.; *OLG Hamm*, PharmR 2008, 162, 163.

[570] S. *BGH*, GRUR 2009, 75, 77; GRUR 2008, 1118, 1119 (zu bilanzierten Diäten); *VGH München*, PharmR 2008, 206, 209.

[571] S. *BGH*, NJW-RR 2008, 1255, 1256, 1259; NVwZ 2008, 1266, 1267, 1269; *BGHZ* 167, 91, 104; *BGH*, GRUR 2004, 793, 796 f.; GRUR 2003, 631, 632 f.; *BGHZ* 151, 286, 294 ff.; *VGH München*, PharmR 2008, 206, 208; *OLG Celle*, LMuR 2007, 116, 117.

[572] S. *OLG Hamm*, PharmR 2008, 162, 163 f.

[573] S. *BGH*, NJW-RR 2009, 531 ff.; *OLG München*, ZLR 2006, 621 ff.

[574] So im Grundsatz auch *BGH*, NJW-RR 2009, 531, 531 f.; *Hahn*, ZLR 2009, 358, 363; *v. Jagow*, ZLR 2009, 86, 87 f.

[575] S. *OLG Frankfurt/Main*, ZLR 2006, 428, 434 f.; sehr restriktiv *OLG Hamburg*, ZLR 2005, 266, 274: keine Abgrenzung „nach dem Kriterium der (pharmakologischen) Wirkung"; *Zeinhofer*, S. 243; *Meyer*, in: Meyer/Streinz, Art. 2 BasisVO Rn. 26; *Großklaus*, LMuR 2003, 151, 154; a. A. *OLG München*, ZLR 2006, 621, 626 f.; *Hahn*, ZLR 2009, 358, 363 f.; modifizierend *Herrmann*, S. 152 ff., 181 ff. (pharmakologisch vs. „ernährungsmedizinisch").

[576] S. *OLG Hamburg*, ZLR 2005, 266, 274; *Kügel*, DLR 2006, 229, 230; *ders.*, ZLR 2003, 265, 270.

durch allgemein anerkannte wissenschaftliche Daten dokumentiert[577], spricht dies für eine bilanzierte Diät[578]. Entspricht die stoffliche Zusammensetzung des Produktes den spezifischen Ernährungserfordernissen der jeweiligen Patientengruppe nicht oder nicht gänzlich, geht sie darüber hinaus oder fehlt es an wissenschaftlichen Belegen für die Eignung des Produktes zur spezifischen Ernährung, kommt die Annahme eines Arzneimittels in Betracht. Bei der wertenden Gesamtbetrachtung der obigen speziellen und der allgemeinen Prüfungsfaktoren (Produktkonzeption, Wissenschaft, Marktauftritt; s. Rn. 116 ff.) kommt es auf die **überwiegende objektive Zweckbestimmung** des Produktes an[579] (vgl. auch die Formulierung *„für die diätetische Behandlung von Patienten bestimmt"* in § 1 IVa 1 DiätV). Unter besonderer Berücksichtigung der stofflichen Zusammensetzung des Produktes ist ausschlaggebend, ob dieses objektiv überwiegend für **arzneispezifische Zwecke** i. S. v. § 2 I (therapeutisch, prophylaktisch etc.) **oder** für die **speziellen lebensmittelspezifischen Zwecke** i. S. v. § 1 IVa 1, 2 DiätV (diätetische Ernährung bzw. Behandlung von Patienten, Diättherapie) bestimmt ist. Aufgrund der besonderen konzeptionellen und zweckbezogenen Verwandtschaft von bilanzierten Diäten und Arzneimitteln ist hierbei eine **restriktive Sicht** der arzneispezifischen Zwecke geboten[580].

Auch diese Prüfungssystematik geht **mit den RL 2001/83/EG und 1999/21/EG konform** (s. 182 grundsätzlich Rn. 157). Vor allem hält der europäische Begriff der *„Lebensmittel für besondere medizinische Zwecke"* in Art. 1 II, III RL 1999/21/EG keine abweichenden Prüfungsparameter bereit. Die Definition der bilanzierten Diät in § 1 IVa DiätV ist mit den Formulierungen in Art. 1 II, III RL 1999/21/EG so gut wie identisch. Die wenigen begrifflichen Abweichungen (*„für die diätetische Behandlung von Patienten gedacht"* statt *„… bestimmt"*, der Zusatz *„unter ärztlicher Aufsicht zu verwenden"* und *„Ihr Zweck ist"* statt *„Sie dienen"*) sind allein sprachlicher Art. Gleiches gilt für den Umstand, dass Art. 1 III 1 Buchst. a)–c) RL 1999/21/EG auf drei Kategorien abstellt, während § 1 IVa 3 Nr. 1 und 2 DiätV nur zwischen zwei Kategorien von bilanzierten Diäten unterscheidet. Die in Art. 1 III 1 Buchst. a) und b) RL 1999/21/EG genannten Kategorien sind in § 1 IVa 3 Nr. 1 DiätV lediglich sprachlich verklammert. Auch nach der Ersetzung der Regelungen in Art. 1 II, III RL 1999/21/EG und § 1 IVa DiätV durch Art. 2 II Buchst. g) VO (EU) Nr. 609/2013 zum 20.7.2016 bleibt diesem Prüfsystem bestehen. Die Definition der *„Lebensmittel für besondere medizinische Zwecke"* in Art. 2 II Buchst. g) VO (EU) Nr. 609/2013 entspricht im Wesentlichen den bisherigen Begriffen; insbes. stellt auch sie darauf ab, dass diese Lebensmittel *„in spezieller Weise verarbeitet oder formuliert"* und zur speziellen Ernährung von *„Patienten"* bestimmt sind (Diätmanagement unter ärztlicher Aufsicht).

II. Kosmetische Mittel (Nr. 2)

Nach Art. 2 I Buchst. a) VO (EG) Nr. 1223/2009 sind kosmetische Mittel *„Stoffe oder Gemische, die* 183 *dazu bestimmt sind, äußerlich mit den Teilen des menschlichen Körpers (Haut, Behaarungssystem, Nägel, Lippen und äußere intime Regionen) oder mit den Zähnen und den Schleimhäuten der Mundhöhle in Berührung zu kommen, und zwar zu dem ausschließlichen oder überwiegenden Zweck, diese zu reinigen, zu parfümieren, ihr Aussehen zu verändern, sie zu schützen, sie in gutem Zustand zu halten oder den Körpergeruch zu beeinflussen."* In Ergänzung dieser Positivdefinition enthalten Art. 2 II VO (EG) Nr. 1223/2009 und § 2 V LFGB zwei Negativdefinitionen. Nach Art. 2 II VO (EG) Nr. 1223/2009 gelten *„Stoffe oder Gemische, die dazu bestimmt sind, eingenommen, eingeatmet, injiziert oder in den menschlichen Körper implantiert zu werden, nicht als kosmetische Mittel."* Nach § 2 V 2 LFGB gelten *„Stoffe oder Gemische aus Stoffen, die zur Beeinflussung der Körperformen bestimmt sind"*, ebenfalls nicht als kosmetische Mittel. Beispiele für kosmetische Mittel sind Produkte für die Haut-, Haar-, Zahn- und Mundpflege sowie Schminkmittel, Seifen, Parfums etc.[581] Tierkosmetika sind in § 2 III Nr. 4 gesondert geregelt (s. Rn. 195 ff.).

1. Begriff der kosmetischen Mittel. Mit der Definition der kosmetischen Mittel in Art. 2 I 184 Buchst. a) und II VO (EG) Nr. 1223/2009 wurden die bisherigen Vorgaben in Art. 1 I RL 76/768/ EWG und § 2 V LFGB mit Wirkung zum 11.7.2013 im Wesentlichen ersetzt (s. Art. 38 VO (EG)

[577] S. *BGH*, GRUR 2012, 1164, 1165; Beschl. v. 1.6.2011 – I ZR 199/09 – BeckRS 2011, 16212; GRUR 2009, 75, 77 f.; GRUR 2008, 1118, 1119; *BSG*, NJOZ 2012, 1039, 1043; *OLG Karlsruhe*, ZLR 2011, 479, 489 ff.; *OLG Düsseldorf*, PharmR 2010, 353, 354 f.; ZLR 2010, 87, 91; *OLG München*, GRUR-RR 2006, 139, 140; *OLG Braunschweig*, ZLR 2006, 453, 463; *OLG Frankfurt/Main*, ZLR 2006, 428, 440 f.

[578] S. auch *BGH*, NJW-RR 2009, 531, 531 f.

[579] S. *BGH*, NJW-RR 2009, 531, 531 f. („§ 1 IVa DiätV … stellt auf den Zweck ab, der mit dem Lebensmittel verfolgt wird"); *BGH*, GRUR 2009, 75, 78 f.; GRUR 2008, 1118, 1120 f. („Ernährungszweck", „Zweckbestimmung"); *OVG Münster*, PharmR 2015, 305, 306 ff.; *OLG Frankfurt/Main*, ZLR 2006, 428, 433 ff.; in Bezug auf die „normalen" diätetischen Lebensmittel *BGH*, GRUR 2004, 793, 796 f.; GRUR 2003, 631, 632 f.; BGHZ 151, 286, 294 ff.; *OLG Celle*, LMuR 2007, 116, 117.

[580] S. auch *OLG Hamburg*, ZLR 2005, 266, 277 f.; *Hahn*, ZLR 2009, 358, 364; *Hegele*, ZLR 2009, 31, 35 f.; *Kügel*, DLR 2006, 229, 230.

[581] S. hierzu auch die Beispiele in Erwägungsgrund Nr. 7 der VO (EG) Nr. 1223/2009 sowie die Erläuterung der verschiedenen Arten kosmetischer Mittel in der Präambel zu den Anhängen II bis VI der VO (EG) Nr. 1223/2009; ausführlich *Reinhart*, Art. 2 Rn. 21 ff; keine kosmetischen Mittel sind farbige Motivkontaktlinsen, *EuGH*, Urt. v. 3.9.2015 – Rs. C-321/14, PharmR 2015, 500 ff., Rn. 19 ff. – Colena.

Nr. 1223/2009)[582]. Als unmittelbar geltendes, höherrangiges Recht verdrängt Art. 2 I Buchst. a) VO (EG) Nr. 1223/2009 die „kollidierenden" Aussagen in § 2 V 1 LFGB (Art. 288 II AEUV); Art. 2 II VO (EG) Nr. 1223/2009 wird durch die darüber hinaus gehenden, nicht „kollidierenden" Aussagen in § 2 V 2 LFGB ergänzt. Gleichwohl erscheint es angebracht, § 2 V LFGB und/oder § 2 III Nr. 2 künftig gesetzlich anzupassen. Die **Positivdefinition in Art. 2 I Buchst. a) VO (EG) Nr. 1223/ 2009** stellt auf Stoffe und Gemische ab, die ausschließlich oder überwiegend dazu bestimmt sind, an einem bestimmten Anwendungsort (Körperäußeres oder Mundhöhle) einem bestimmten Anwendungszweck (Kosmetik) zu dienen. Diese **drei Hauptmerkmale** müssen **kumulativ** vorliegen:

185   **a) Stoffe oder Gemische.** Ebenso wie das AMG in § 3 und die RL 2001/83/EG in Art. 1 Nr. 3 sieht die VO (EG) Nr. 1223/2009 eine Legaldefinition der Stoffe vor und definiert zusätzlich den Begriff der Gemische aus Stoffen. Nach Art. 2 I Buchst. b) VO (EG) Nr. 1223/2009 ist ein Stoff *„ein chemisches Element und seine Verbindungen in natürlicher Form oder gewonnen durch ein Herstellungsverfahren, einschließlich der zur Wahrung seiner Stabilität notwendigen Zusatzstoffe und der durch das angewandte Verfahren bedingten Verunreinigungen, aber mit Ausnahme von Lösungsmitteln, die von dem Stoff ohne Beeinträchtigung seiner Stabilität und ohne Änderung seiner Zusammensetzung abgetrennt werden können."* Art. 2 I Buchst. c) VO (EG) Nr. 1223/2009 definiert ein Gemisch als *„Gemische oder Lösungen, die aus zwei oder mehr Stoffen bestehen."* Zusätzlich enthält die VO (EG) Nr. 1223/2009 eine Reihe von Vorgaben für verbotene und zugelassene Stoffe (s. insbes. Art. 14 ff. und Anhänge II ff. VO (EG) Nr. 1223/2009). Nach dem Gesetzeszweck in Art. 1 und den Erwägungsgründen Nr. 3, 4 der VO (EG) Nr. 1223/2009 sind die Begriffe „Stoffe" und „Gemische" grundsätzlich **weit zu verstehen**[583]. Erfasst werden alle Stoffe und Gemische, das heißt unabhängig von ihrer Herkunft (pflanzlich, chemisch, tierisch, menschlich) und von ihrem Aggregatzustand (fest, flüssig, gasförmig). Der Begriff „chemisches Element" in Art. 2 I Buchst. b) VO (EG) Nr. 1223/2009 darf nicht dahingehend missverstanden werden, dass für ein kosmetisches Mittel allein Stoffe chemischer Herkunft in Frage kommen. Auch kommt es nicht darauf an, ob und inwieweit die Stoffe einem Be- oder Verarbeitungsprozess unterzogen worden sind und ob es sich um Roh-, Ausgangs- oder Zusatzstoffe handelt (vgl. Rn. 60 ff.).

186   **b) Körperäußeres oder Mundhöhle.** Die Formulierung *„äußerlich mit den Teilen des menschlichen Körpers ... in Berührung zu kommen"* grenzt die kosmetischen Mittel von innerlich anzuwendenden Produkten ab, die – durch Einnehmen, Einatmen, Einspritzen etc. – in das Körperinnere eingebracht werden[584]. Produkte für eine „Kosmetik von innen" – wie etwa spezielle Nahrungs(ergänzungs)mittel/ "Nutrikosmetika" – sind daher per se ausgeschlossen[585]. Unter einer äußerlichen Berührung ist vor allem das unmittelbare **Aufbringen bzw. Auftragen** von Stoffen oder Gemischen auf die **Körperoberfläche**, das heißt insbes. auf Haut, Behaarungssystem, Nägel, Lippen und äußere Intimregionen zu verstehen[586]. Ob und inwieweit die äußerliche Anwendung auch innerliche Wirkungen zeitigt, ist unerheblich[587]. Beispiele für Stoffe und Gemische aus Stoffen die in der Regel äußerlich am Körper angewandt werden sind Cremes, Emulsionen, Suspensionen, Pasten, Puder, Schäume und Sprays.

187   Die Berührung *„mit den Zähnen und den Schleimhäuten der Mundhöhle"* betrifft das **Auf- und Einbringen** von Stoffen oder Gemischen in die Mundhöhle zur Einwirkung auf die **Schleimhäute** sowie auf die **Zähne**[588]. Beispiele hierfür sind vor allem Cremes, Wässer und Spüllösungen[589] sowie Produkte zum Kauen oder Lutschen soweit sie der Zahn- und/oder Mundpflege dienen. Nicht erfasst werden Produkte zur Reinigung und Pflege von Zahnersatz[590] sowie Haftmittel[591].

188   **c) Reinigung, Parfümierung, Schutz etc.** Stoffe oder Gemische, die zur **Reinigung** angewendet werden, dienen vornehmlich der Entfernung von körpereigenen und -fremden Substanzen, die sich auf der Körperoberfläche oder auf den Zähnen befinden (z. B. Schweißrückstände, Schmutz, Schminkmittel, Zahnbelag etc., nicht aber Körperhaare)[592]; Beispiele sind Seifen, (Schuppen-)Shampoos[593], Abschmink-

---

[582] S. zu der Verordnung im Überblick *Reinhart*, GRUR-Prax 2013, 307 ff.; *Beyerlein*, S. 11 ff.; *ders.*, ZLR 2012, 567 ff.; *Bruggmann*, LMuR 2010, 141 ff.; *Stallberg*, StoffR 2010, 88 ff.

[583] Nach dem Erwägungsgrund Nr. 21 der VO (EG) Nr. 1223/2009 hat der Begriff „Gemisch" dieselbe Bedeutung wie der früher (in Art. 1 I RL 76/768/EWG) verwendete Begriff der „Zubereitung"; s. auch Art. 2 I Buchst. b) RL 1999/45/EG (*„Zubereitungen: Gemenge, Gemische und Lösungen, die aus zwei oder mehreren Stoffen bestehen"*).

[584] S. auch Art. 2 II VO (EG) Nr. 1223/2009; *VGH Mannheim*, PharmR 2008, 285, 288.

[585] Vgl. *Grunwald*, S. 7 f.; *Reinhart*, Art. 2 Rn. 28; *Bungard*, PharmR 1981, 276, 276 f.; *Zipfel/Rathke*, Art. 2 BasisVO Rn. 105; *Mestel*, StoffR 2005, 230, 231.

[586] Vgl. hierzu auch die Eingangsformulierung der Anlage 1 zu § 1 Nr. 1 und § 5 AMVV.

[587] Vgl. auch *Reinhart*, Art. 2 Rn. 29.

[588] S. auch *VGH Mannheim*, PharmR 2008, 285, 287 ff. (Zahnbleichmittel).

[589] S. dazu *BGH*, NJW-RR 2011, 49 ff.; *OLG Frankfurt/Main*, PharmR 2008, 550 ff.; *Dettling/Koppe-Zagouras*, PharmR 2010, 152 ff.

[590] Vgl. BT-Drucks. 15/3657, S. 59.

[591] Vgl. *Kloesel/Cyran*, § 2 Anm. 143; dazu *Kaiser*, PharmR 1985, 1 ff.

[592] Vgl. *Reinhart*, Art. 2 Rn. 47; *Bungard*, PharmR 1981, 276; *Sander*, § 2 Erl. 36; *Zipfel/Rathke*, Art. 2 BasisVO Rn. 108.

[593] S. *OLG Hamburg*, GRUR 2000, 626, 627.

mittel und Zahncremes. Produkte zur **Parfümierung** dienen der Aufbringung von wohlriechenden – grundsätzlich körperfremden – Geruchsstoffen auf die Körperoberfläche (z. B. Parfums, Toiletten- und Rasierwässer). Produkte, die zum **Schutz** angewendet werden, sind vor allem auf den Schutz der Körperoberfläche vor schädlichen oder nachteiligen Einwirkungen gerichtet. Dies ist z. B. bei Sonnen- und Kälteschutzmitteln oder bei Wundschutzcremes[594] der Fall. Die **Erhaltung eines guten Zustandes** meint insbes. die Gesunderhaltung der Körperoberfläche und der Mundhöhle durch den Einsatz pflegender Produkte. Beispiele sind Gesichtscremes, Körperlotionen, Lippenpflegemittel sowie Zahn-, Mund- und Nagelpflegemittel[595]. Der Begriff der **Veränderung des Aussehens** meint optisch wahr- nehmbare Veränderungen der Körperoberfläche. Entsprechende Produkte sind auf eine farbliche oder strukturelle Veränderung von Haut, Haaren oder Nägeln gerichtet[596]. Beispiele sind Schminkmittel, Bräunungscremes, Hautbleichmittel[597], Nagellack, Haarfärbemittel, Frisiermittel, Well- und Entkrau- sungsmittel, Haarentfernungs- und Rasiermittel, Schönheitsmasken sowie Antifaltenmittel[598]. Begrifflich nicht erfasst werden Produkte, die der Tätowierung des Körpers oder dem sog. Permanent Make-up dienen[599]. Mittel zur **Beeinflussung des Körpergeruchs** dienen der Verhinderung, Verringerung und/ oder der Überdeckung von körpereigenen Ausdünstungen bzw. Gerüchen, wie insbes. Desodorantien, Antitranspirationsmittel[600] und Mundwässer[601].

d) Keine kosmetischen Mittel. Nach der **Negativdefinition in Art. 2 II VO (EG) Nr. 1223/** 189 **2009** gelten *„Stoffe oder Gemische, die dazu bestimmt sind, eingenommen, eingeatmet, injiziert oder in den menschlichen Körper implantiert zu werden,"* nicht als kosmetische Mittel. Die Regelung stellt i. V. m. Art. 2 I Buchst. a) VO (EG) Nr. 1223/2009 klar, dass kosmetische Mittel regelmäßig äußerlich oder in der Mundhöhle angewandt werden und dass **innerlich** angewandte Produkte – auch bei entsprechender Zweckbestimmung – **keine kosmetischen Mittel** sind (s. Rn. 186). Nach der **Negativdefinition in § 2 V 2 LFGB** gelten *„Stoffe oder Gemische aus Stoffen, die zur Beeinflussung der Körperformen bestimmt sind"*, ebenfalls nicht als kosmetische Mittel. Hierunter sind alle äußerlich angewandten Mittel zu verstehen, die nach ihrer objektiven Zweckbestimmung auf eine **Beeinflussung der äußeren Konturen** des Körpers – insbes. durch eine Veränderung des Gewebes (nicht aber der Haut) – gerichtet sind[602]. Diese sind regelmäßig als **Arzneimittel nach § 2 I Nr. 2 Buchst. a)** zu qualifizieren (Beeinflussung der physiolo- gischen Funktionen). Hintergrund der Fiktion in § 2 V 2 LFGB ist der Umstand, dass die betreffenden Mittel den menschlichen Organismus meist so nachhaltig beeinflussen, dass eine Herausnahme aus dem Kosmetikbegriff (*„Veränderung des Aussehens"*) und eine Überführung in den Arzneimittelbegriff gerecht- fertigt ist. Beispiele für Mittel i. S. v. § 2 V 2 LFGB sind Schlankheits- und Muskelaufbaucremes[603], Anti- Cellulitis-Mittel[604] sowie Cremes zur Vergrößerung oder Formung des Busens[605], nicht aber Mittel zur Straffung und Glättung der Haut[606] oder gegen Faltenbildung[607].

2. Abgrenzung Arzneimittel/kosmetische Mittel. Der **begriffliche Prüfstand** zur Abgrenzung 190 der Arzneimittel von den kosmetischen Mitteln (Fallbeispiele: Mundspüllösung[608], Creme gegen Haut- probleme[609]) wird von dem **Arzneimittelbegriff in § 2** und dem **Begriff der kosmetischen Mittel in Art. 2 I Buchst. a) VO (EG) Nr. 1223/2009** gebildet. Nach § 2 III Nr. 2 ist für die Abgrenzung von

---

[594] S. *OLG Köln*, WRP 1989, 271, 272 f.
[595] Vgl. *Reinhart*, Art. 2 Rn. 56; *Zipfel/Rathke*, Art. 2 BasisVO Rn. 112; zu Mundspüllösungen: *EuGH* (s. o. Fn. 12), Rs. C-308/11 – Chemische Fabrik Kreussler; *BGH*, NJW-RR 2011, 49 ff.; *OLG Hamm*, PharmR 2014, 202 ff.; *OLG Frankfurt/Main*, GRUR-RR 2013, 485 ff.; PharmR 2011, 378 ff.; PharmR 2008, 550 ff.
[596] Vgl. *Reinhart*, Art. 2 Rn. 49; *Bungard*, PharmR 1981, 276; *Zipfel/Rathke*, Art. 2 BasisVO Rn. 114.
[597] Vgl. *Kloesel/Cyran*, § 2 Anm. 143.
[598] Vgl. auch *Zipfel/Rathke*, Art. 2 BasisVO Rn. 114; *Reinhart*, Art. 2 Rn. 49.
[599] S. BT-Drucks. 15/3657, S. 60. Da diese Produkte keine kosmetischen Mittel sind, erklärt § 4 I Nr. 3 LFGB die betreffenden Vorschriften (insbes. §§ 26 ff. LFGB) für (entsprechend) anwendbar; damit scheidet eine Einstufung als Arzneimittel aus; s. hierzu insbes. die Tätowiermittel-Verordnung (TätoMVO); *Blume/Platzek/Luch*, StoffR 2013, 143 ff.
[600] Vgl. *Bungard*, PharmR 1981, 276; *Sander*, § 2 Erl. 36.
[601] Vgl. *Zipfel/Rathke*, Art. 2 BasisVO Rn. 116.
[602] S. auch *OLG Köln*, MD 1995, 41, 43.
[603] Vgl. *Bungard*, PharmR 1981, 276, 277; *Zipfel/Rathke*, § 2 LFGB Rn. 111.
[604] S. auch *OLG Köln*, GRUR 2000, 154, 155; *Kloesel/Cyran*, § 2 Anm. 143 und *Sander*, § 2 Erl. 36 a. E.
[605] S. *OLG Karlsruhe*, GRUR 1994, 452, 453; *LG Dortmund*, PharmR 2013, 54, 56; *Sander*, § 2 Erl. 36 a. E.; *Kloesel/ Cyran*, § 2 Anm. 143; reine „Straffungsprodukte" sind indes als kosmetische Mittel zu qualifizieren, *OLG Köln*, MD 1995, 41, 43 f.; ein Produkt zur innerlichen Anwendung ist wiederum ein Arzneimittel nach § 2 I, *LG Berlin*, MD 2003, 1304, 1307 f.
[606] S. *VGH Mannheim*, PharmR 2008, 340, 341.
[607] S. *OLG Köln*, MD 1995, 41, 43.
[608] S. *EuGH* (s. o. Fn. 12), Rs. C-308/11 – Chemische Fabrik Kreussler; *BGH*, PharmR 2015, 403 ff.; NJW-RR 2011, 49 ff.; *OLG Hamm*, PharmR 2014, 202 ff.; *OLG Frankfurt/Main*, GRUR-RR 2013, 485 ff.; PharmR 2011, 378 ff.; PharmR 2008, 550 ff.; *Müller*, NVwZ 2012, 1461, 1462 f.; *ders.*, PharmR 2011, 381 ff.
[609] S. *OLG Hamburg*, PharmR 2015, 457 ff.; *VGH München*, PharmR 2012, 525 f.; *VGH Mannheim*, PharmR 2008, 340 f.; *LG Frankfurt/Main*, PharmR 2014, 541 ff.; *Stemmer*, PharmInd 2015, 1153 ff.; *Wulff*, PharmR 2015, 52, 57 f.; weitere Beispiele und Einzelfälle bei *Reinhart*, Art. 2 Rn. 115 ff.; *Doepner/Hüttebräuker*, in: Dieners/Reese, § 3 Rn. 82 und *Kloesel/Cyran*, § 2 Anm. 143.

einem **wertneutralen Ausschlussverhältnis** der beiden Begriffe auszugehen. Bezüglich ein und desselben Produktes schließen sie sich wechselseitig aus[610]. Weder § 2 III Nr. 2 noch Art. 2 I Buchst. a) VO (EG) Nr. 1223/2009 kann ein Regel- und Ausnahmeverhältnis oder Vorrangverhältnis zugunsten einer der beiden Produktkategorien entnommen werden[611]. Die materiellen Parameter der Abgrenzungsprüfung ergeben sich aus § 2[612] und aus Art. 2 I Buchst. a) VO (EG) Nr. 1223/2009, dessen Hauptmerkmale der bestimmte Anwendungsort (Körperäußeres oder Mundhöhle) und der bestimmte Anwendungszweck (Kosmetik) sind. Dabei steht – neben den Kriterien des § 2 – das Merkmal des **kosmetischen Anwendungszweckes im Vordergrund**. Maßgeblich ist, ob die stoffliche Zusammensetzung des Produktes auf die Zwecke Reinigung, Parfümierung, Schutz etc. gerichtet ist, ob es also überwiegend kosmetisch wirkt oder auch auf pharmakologische Wirkungen abzielt. Bei der wertenden Gesamtbetrachtung der genannten speziellen und der allgemeinen Prüfungsparameter (Produktkonzeption, Wissenschaft, Marktauftritt; s. Rn. 116 ff.) kommt es auf die **überwiegende objektive Zweckbestimmung** des Produktes an (vgl. die Formulierung „ausschließlichen oder überwiegenden Zweck" in Art. 2 I Buchst. a) VO (EG) Nr. 1223/2009)[613]. Mit besonderer Berücksichtigung der Wirkungsweise des Produktes (pharmakologisch oder kosmetisch) ist zu entscheiden, ob es objektiv überwiegend für **arzneispezifische Zwecke** i. S. v. § 2 I (therapeutisch, prophylaktisch etc.) **oder** für **spezifisch kosmetische Zwecke** i. S. v. Art. 2 I Buchst. a) VO (EG) Nr. 1223/2009 bestimmt ist. Lässt sich diese Entscheidung abschließend nicht sicher treffen (insbes. kein Überwiegen einer Zweckbestimmung), ergibt sich aus der Grenzfallregelung des § 2 IIIa die Einstufung des Grenzproduktes als Arzneimittel.

191　　Diese Prüfungssystematik steht **mit der RL 2001/83/EG und der VO (EG) Nr. 1223/2009**[614] nebst den betreffenden Entscheidungen des *EuGH*[615] **im Einklang** (s. grundsätzlich Rn. 157). Dies gilt vor allem für den Prüfungsmaßstab der überwiegenden objektiven Zweckbestimmung, der sich unmittelbar aus Art. 2 I Buchst. a) VO (EG) Nr. 1223/2009 ergibt[616]. Da die Begriffsmerkmale der kosmetischen Mittel i. S. v. Art. 2 I Buchst. a) VO (EG) Nr. 1223/2009 mit den seinerzeitigen Formulierungen in Art. 1 I RL 76/768/EWG – sowie den noch bestehenden Aussagen in § 2 V 1 LFGB – materiell übereinstimmen, hat sich die bisherige Rechtslage nicht wesentlich geändert und ist die betreffende Rechtsprechung, insbes. des *EuGH*, übertragbar[617]. Auch die „Zweifelsregelung" in Art. 2 II RL 2001/83/EG verändert die obige Prüfungssystematik nicht[618], da sie als spezielle Vorrangregelung für Grenzfälle zu verstehen ist, was der Regelung in § 2 IIIa entspricht (s. Rn. 37, 232 f.)[619].

III. Tabakerzeugnisse (Nr. 3)

192　　§ 3 VTabakG dient der Umsetzung der Definition der Tabakerzeugnisse in Art. 2 Nr. 1 RL 2001/37/EG und Art. 2 Buchst. a) RL 2003/33/EG. Die RL 2014/40/EU hebt die RL 2001/37/EG mit Wirkung zum 20.5.2016 auf (s. Art. 31 I RL 2014/40/EU). Vor allem § 3 VTabakG muss daher entsprechend der geänderten Definition der Tabakerzeugnisse in Art. 2 Nr. 4 RL 2014/40/EU angepasst werden. Nach § 3 I VTabakG sind Tabakerzeugnisse „aus Rohtabak oder unter Verwendung von Rohtabak hergestellte Erzeugnisse, die zum Rauchen, anderweitigen oralen Gebrauch oder zum Schnupfen bestimmt sind." Erfasst werden insbes. Zigaretten, Zigarren, Zigarillos sowie Rauch-, Kau- und Schnupftabak[620]. Bei sog.

---

[610] S. *BVerwGE* 106, 90, 93; *BGH*, GRUR 2001, 450, 451; *VGH München*, PharmR 2012, 525; *OLG Karlsruhe*, ZLR 1999, 488, 491; *Müller*, StoffR 2013, 134, 138; *Reinhart*, Art. 2 Rn. 63, 103.

[611] S. mit Blick auf § 4 I LMBG („Kosmetische Mittel … sind …, es sei denn, daß …") noch *BVerwGE* 106, 90, 94 („Vorrang der [im Verhältnis zu den Arzneimitteln] alternativen Zuordnung").

[612] A. A. *Reinhart*, in: Meyer/Streinz, § 2 LFGB Rn. 122.

[613] S. *BVerwGE* 106, 90, 92, 96 f.; *BGH*, GRUR 2001, 450, 451; *VGH München*, PharmR 2012, 525, 526; *VGH Mannheim*, PharmR 2008, 285, 289; PharmR 2008, 340, 341 f.; *OVG Münster*, ZLR 2004, 208, 214; *OLG Hamburg*, GRUR 2000, 626, 627 f.; *OLG Karlsruhe*, ZLR 1999, 488, 491; GRUR 1994, 452, 453; *LG Frankfurt/Main*, PharmR 2014, 541, 544; *Koyuncu*, in: Deutsch/Lippert, § 2 Rn. 69; *Sander*, § 2 Erl. 36; *Kloesel/Cyran*, § 2 Anm. 136, 141; *Rehmann*, § 2 Rn. 28; *Kügel*, in: Terbille/Clausen/Schroeder-Printzen, § 14 Rn. 66; *Reinhart*, Art. 2 Rn. 106; *Voß*, Rn. 106; *Wulff*, PharmR 2015, 52, 57 f.; *Rauer*, PharmR 2014, 509, 510 f.; *Götting*, LMuR 2005, 66, 67; *Bungard*, PharmR 1981, 276; BT-Drucks. 15/3657, S. 59.

[614] Vgl. hierzu auch den zwischen der Europäischen Kommission und den Behörden der Mitgliedstaaten abgestimmten Leitfaden zur Abgrenzung der RL 76/768/EWG und 2001/83/EG (s. www.ec.europa.eu). Dieser ist zwar rechtlich unverbindlich und bezieht sich noch auf die RL 76/768/EWG bzw. 2001/83/EG aufgehobene RL 76/768/EWG, doch kann er für die Auslegung im Einzelfall zweckdienliche Anhaltspunkte liefern, *EuGH* (s. o. Fn. 12), Rs. C-308/11 – Chemische Fabrik Kreussler, Rn. 23 ff.); s. auch das Manual zum Anwendungsbereich kosmetischer Mittel (Version 1.0, Stand: November 2013, s. www.ec.europa.eu), S. 15 ff.

[615] S. *EuGH* (s. o. Fn. 12), Rs. C-308/11 – Chemische Fabrik Kreussler, Rn. 21 ff.; Rs. C-112/89 – Upjohn I, Rn. 15 ff.; Rs. C-60/89 – Monteil und Samanni, Rn. 11 ff.; Rs. C-369/88 – Delattre, Rn. 15 ff.

[616] Vgl. auch den Erwägungsgrund Nr. 6 der VO (EG) Nr. 1223/2009 (Abgrenzung gemäß Anwendungsort und Zweckbestimmung); *Reinhart*, Art. 2 Rn. 44 f.

[617] Aus Gründen der Rechtsklarheit liegt es jedoch nahe, die Definitionen und Abgrenzungsregelungen in § 2 V LFGB (und § 2 III Nr. 2) an die mit der VO (EG) Nr. 1223/2009 geschaffene neue Rechtslage anzugleichen (s. § 2 II LFGB).

[618] Vgl. *Reinhart*, Art. 2 Rn. 97 ff.; *Mestel*, StoffR 2005, 230, 231.

[619] So im Ergebnis auch *VGH München*, PharmR 2012, 525, 526.

[620] S. dazu auch die Definitionen in § 1 II TabStG; *Zipfel/Rathke*, § 3 VTabakG Rn. 8 ff.

flüssigem Nikotin, das aus Rohtabak gewonnen wird und zum oralen (inhalativen) Konsum bestimmt ist, handelt es sich begrifflich auch um ein Tabakerzeugnis[621]. Wie sich aus der Formulierung „*unter Verwendung von*" ergibt, ist nicht erforderlich, dass das Erzeugnis ausschließlich aus Rohtabak hergestellt wird und entsprechende Ausgangsstoffe enthält[622]. Den Tabakerzeugnissen stehen gem. § 3 II VTabakG gleich: Rohtabak, Tabakerzeugnissen ähnliche Waren (Nr. 1), Zigarettenpapier, Kunstumblätter und sonstige mit dem Tabakerzeugnis fest verbundene Bestandteile mit Ausnahme von Zigarettenmundstücken sowie Rauchfilter aller Art (Nr. 2) sowie Erzeugnisse, die dazu bestimmt sind, bei dem nicht gewerbsmäßigen Herstellen von Tabakerzeugnissen verwendet zu werden (Nr. 3)[623].

Erzeugnisse i. S. v. § 3 I, II Nr. 1 VTabakG, die der Linderung von Asthmabeschwerden dienen, gelten **193** nicht als Tabakerzeugnisse (§ 3 III VTabakG). Deshalb kommen insbes. **Asthmazigaretten** als Arzneimittel nach § 2 I Nr. 1 in Betracht[624]. Demgegenüber sind nikotinfreie Zigaretten auch dann keine Arzneimittel, wenn sie der Nikotinentwöhnung dienen sollen (vgl. § 3 II Nr. 1 VTabakG: „Tabakerzeugnissen ähnliche Waren")[625]. Andere **Mittel zur Nikotinentwöhnung** stellen aber in der Regel Arzneimittel nach § 2 I Nr. 2 Buchst. a) dar[626].

Abgesehen von den obigen Sonderkonstellationen ist für die **Abgrenzung** der Arzneimittel von den **194** Tabakerzeugnissen in erster Linie auf die Inhalts- bzw. Ausgangsstoffe des Produktes (Rohtabak) abzustellen[627]. Dieser **stoffbezogene** Ansatz ist im Einzelfall mit dem Maßstab der überwiegenden objektiven Zweckbestimmung zu ergänzen. Dies gilt insbes. für **E-Zigaretten**, mit denen Nikotin und/oder Aromastoffe – vernebelt aus einer (nikotinhaltigen) Lösung (Liquids) – inhaliert werden. Neben der Frage, ob und in welcher Dosierung sowie in welchem Verhältnis diese Produkte/Liquids Nikotin und/oder Aromastoffe enthalten, kommt es maßgeblich darauf an, ob sie der Raucher- bzw. Nikotinentwöhnung oder anderen, vor allem Genusszwecken dienen[628]. So können sie im Einzelfall entweder Tabakerzeugnisse oder zumindest Tabakerzeugnissen ähnliche Waren darstellen (§ 3 I, II Nr. 1 VTabakG) oder aber Präsentations- und/oder Funktionsarzneimittel i. S. v. § 2 I Nr. 1, Nr. 2 Buchst. a). Wird eine E-Zigarette (nebst Liquids) nicht als Mittel zur Raucherentwöhnung bezeichnet bzw. präsentiert (Nikotinabhängigkeit als Krankheit), kann sie nicht als Präsentationsarzneimittel gem. § 2 I Nr. 1 eingestuft werden. Steht eine pharmakologische Wirkung aufgrund der stofflichen Zusammensetzung und Dosierung nicht fest oder fehlt es an einer betreffenden medizinisch-therapeutischen Zweckbestimmung, können sie und die Liquids nicht als Funktionsarzneimittel gem. § 2 I Nr. 2 Buchst. a) qualifiziert werden (s. Rn. 98 f.)[629]. Aus demselben Grund scheidet insbes. die Annahme eines Medizinproduktes gem. § 3 Nr. 1 MPG aus, da auch dieses durch eine medizinische Zweckbestimmung charakterisiert ist (s. Rn. 215)[630].

---

[621] Dem steht auch nicht entgegen, dass Art. 2 Nr. 3 RL 2001/37/EG den Begriff „Nikotin" neben dem Begriff der „Tabakerzeugnisse" (in Nr. 1) als „Nikotinalkaloide" definiert, denn begrifflich (und stofflich) schließen Tabakerzeugnisse Nikotin mit ein, so dass § 3 VTabakG den Begriff des Nikotins zu Recht nicht gesondert definiert; s. auch *OVG Münster*, NVwZ 2013, 1553, 1560; PharmR 2013, 493, 500 f.; *VG Köln*, PharmR 2014, 192, 195 f.; anders *VG Potsdam*, NVwZ-RR 2009, 240, 241.

[622] Vgl. auch *Zipfel/Rathke*, § 3 VTabakG Rn. 9; zu (nicht verkehrsfähigen) Zigaretten mit Aromakapsel, *VG Braunschweig*, PharmR 2012, 515, 518 ff.

[623] Vgl. hierzu *Zipfel/Rathke*, § 3 VTabakG Rn. 19 ff.; speziell zu § 3 II Nr. 1 VTabakG *BGH*, NStZ-RR 2015, 142 ff.; PharmR 2015, 33, 34 (Cannabinoidversetzte Kräutermischungen).

[624] Vgl. *Zipfel/Rathke*, § 3 VTabakG Rn. 19.

[625] Vgl. *Kloesel/Cyran*, § 2 Anm. 146; *Rehmann*, § 2 Rn. 29; offen gelassen in *EuGH*, Urt. v. 30.3.2006 – Rs. C-495/04, Slg. 2006, I-3129 ff., Rn. 27 ff. – Smits-Koolhoven („medizinische" Kräuterzigaretten).

[626] S. auch *OLG Oldenburg*, MD 1999, 1040, 1041; *OLG Naumburg*, ZLR 1997, 68, 70 f.; das Produkt zur Raucherentwöhnung „Nicorette Inhaler" (mit 10 mg Nikotin je Patrone) ist als Arzneimittel zugelassen.

[627] Vgl. auch *Voß*, Rn. 23.

[628] Vgl. hierzu auch das Orientierungs-Dokument der Europäischen Kommission (Generaldirektion Gesundheit und Verbraucher) vom 22.5.2008 (s. http://ec.europa.eu), die Stellungnahme Nr. 013/2008 des Bundesinstituts für Risikobewertung vom 5.1.2008 (s. www.bfr.bund.de) sowie Art. 20 I 2 und Erwägungsgrund Nr. 36 RL 2014/40/EU.

[629] S. *BVerwG*, NVwZ 2015, 749 ff.; NVwZ-RR 2015, 425 ff.; NVwZ-RR 2015, 420 ff.; *OVG Münster*, NVwZ 2013, 1553, 1555 ff.; PharmR 2013, 493, 495 ff.; NVwZ 2013, 1562, 1566; NVwZ 2012, 767, 768 f.; *OLG Hamm*, PharmR 2013, 531; *OVG Magdeburg*, PharmR 2012, 298, 298 ff.; *VG Frankfurt/Oder*, PharmR 2013, 280, 281 ff.; PharmR 2011, 462, 464 f. (noch offen gelassen); *AG Frankfurt/Main*, PharmR 2013, 136, 137 ff.; *VG Köln*, PharmR 2012, 223, 227 ff.; *Müller*, NVwZ 2015, 751 f.; NVwZ 2013, 1561, 1561 f.; ders., PharmR 2012, 137, 138 ff.; *Schink*, StoffR 2015, 72 ff.; *Schwemer*, ZLR 2014, 387, 389; *Beckemper*, NZWiST 2013, 121, 122 ff.; *Kaufmann/Habbe*, StoffR 2013, 225, 227; *Hohmann*, StoffR 2013, 90 ff.; *Schink/Winkelmüller*, DVBl 2012, 1540, 1541 ff.; *Schemmer/Schulte-Steinberg*, DVBl 2012, 1008, 1011; *Voit*, PharmR 2012, 241, 242 ff.; *Diekmann*, ZLR 2012, 197, 207 ff.; anders *Kloesel/Cyran*, § 2 Anm. 147a, 75a; a. A. *VG Düsseldorf*, PharmR 2012, 521, 523 f.; PharmR 2012, 154, 156 ff.; *VG Potsdam*, NVwZ-RR 2009, 240, 241; *Stollmann*, NVwZ 2012, 401, 402 ff.; *Kasper/Krüger/Stollmann*, MedR 2012, 495, 496 ff.; *Krüßen*, PharmR 2012, 143, 144 f.; *Volkmer*, PharmR 2012, 11, 13 ff.

[630] Vgl. *BVerwG*, NVwZ-RR 2015, 425, 428; 420, 424; *OVG Münster*, NVwZ 2013, 1553, 1561; NVwZ 2013, 1562, 1566; NVwZ 2012, 767, 769; a. A. *VG Düsseldorf*, PharmR 2012, 521, 524; PharmR 2012, 154, 158. Angesichts der Komplexität der rechtlichen Einordnung und Abgrenzung Elektronischer Zigaretten ist eine eigenständige gesetzliche Regelung angebracht (s. insbes. Art. 1 Buchst. f), 2 Nr. 16 und 20 RL 2014/40/EU, die bis zum 20.5.2016 umzusetzen ist). Dies gilt nicht nur für den rechtlichen Produktstatus als solchen, sondern auch für den Aspekt des Nichtraucherschutzes. Sowohl das aktive Rauchen als auch das Passivrauchen setzen ein Inhalieren von Rauch aus verbrennendem Tabak voraus. Da E-Zigaretten keinen Tabak verbrennen, sondern aromatisierte und/oder nikotinhal-

IV. Tierkosmetika (Nr. 4)

195   Mit § 2 III Nr. 4 werden grundsätzlich alle äußerlich anzuwendenden Tierkosmetika vom Arzneimittelbegriff ausgenommen. Beispiele für Tierkosmetika sind Melkfett oder Hufpflegemittel.

196   Hinsichtlich der Definition der Tierkosmetika kann für die Merkmale „Stoffe" und „Zubereitungen aus Stoffen" auf die Begrifflichkeiten in § 2 I zurückgegriffen werden (s. Rn. 60 ff.) und bezüglich der weiteren Tatbestandsmerkmale (Reinigung, Pflege etc.) auf den Begriff der kosmetischen Mittel in Art. 2 I Buchst. a) VO (EG) Nr. 1223/2009. Der abweichende Begriff der „Pflege" in § 2 III Nr. 4 entspricht im wesentlichen dem Begriff „in gutem Zustand zu halten" in Art. 2 I Buchst. a) VO (EG) Nr. 1223/2009 (s. Rn. 188)[631].

197   Bei der **Abgrenzung** der Arzneimittel von den Tierkosmetika (Fallbeispiel: kampherhaltige Pferdesalbe[632]) ist zunächst zu beachten, dass ein Tierkosmetikum gem. § 2 III Nr. 4 **keine apothekenpflichtigen Stoffe oder Zubereitungen** enthalten darf. Dies ist insbes. anhand der Bestimmungen in §§ 1 ff. AMVerkV nebst deren Anlagen bzw. Stofflisten zu entscheiden. Sind dem Produkt Stoffe oder Zubereitungen zugesetzt, die hiernach apothekenpflichtig sind, scheidet die Annahme eines Tierkosmetikums per se aus. § 2 III Nr. 4 liegt die unwiderlegbare Vermutung zugrunde, dass ein solches Produkt nicht allein kosmetisch, sondern zumindest auch pharmakologisch wirkt. In derartigen Fällen wird häufig – wenn auch nicht zwingend[633] – ein Arzneimittel nach § 2 I Nr. 2 Buchst. a) zu bejahen sein. Enthält das in Rede stehende Produkt keine apothekenpflichtigen Stoffe, richtet sich die Abgrenzung im Rahmen einer wertenden Gesamtbetrachtung aller Faktoren (Produktkonzeption, Wissenschaft, Marktauftritt; s. Rn. 116 ff.) nach dessen **objektiver Zweckbestimmung** (vgl. auch die Formulierung „*ausschließlich dazu bestimmt*")[634]. Mit Blick auf die Wirkungsweise des Produktes (pharmakologisch oder kosmetisch) kommt es darauf an, ob es objektiv nach für **arzneispezifische Zwecke** i. S. v. § 2 I (therapeutisch, prophylaktisch etc.) **oder ausschließlich** für **spezifisch kosmetische Zwecke** i. S. v. § 2 III Nr. 4 bestimmt ist[635]. Ist neben der kosmetischen Zweckbestimmung auch eine andere – insbes. prophylaktische oder therapeutische – Zweckbestimmung zu bejahen, liegt kein Tierkosmetikum i. S. v. § 2 III Nr. 4 vor, sondern wird in der Regel ein Arzneimittel nach § 2 I Nr. 2 Buchst. a) gegeben sein[636].

V. Biozidprodukte (Nr. 5)

198   Die Regelung des § 2 III Nr. 5 ist mit dem AMG-ÄndG 2009 in § 2 III eingefügt und durch Art. 2 des Gesetzes zur Durchführung der Verordnung (EU) Nr. 528/2012 vom 23.7.2013 geändert worden. Sie stellt klar, dass Biozidprodukte nach Art. 3 I Buchst. a) VO (EU) Nr. 528/2012 keine Arzneimittel sind[637]. Mit der Definition der Biozidprodukte in Art. 3 I Buchst. a) VO (EU) Nr. 528/2012 wurden die bisherigen Vorgaben in Art. 2 I Buchst. a) RL 98/8/EG und § 3b I Nr. 1 ChemG mit Wirkung zum 1.9.2013 ersetzt (s. Art. 96 VO (EU) Nr. 528/2012 und die Verweise in § 3 S. 1 Nr. 11, 12 ChemG). Nach Art. 3 I Buchst. a) VO (EU) Nr. 528/2012 sind Biozidprodukte Stoffe oder Gemische, die dazu bestimmt sind, Schadorganismen zu zerstören etc., ihre Wirkungen zu verhindern oder sie in anderer Weise zu bekämpfen. Biozidprodukte sind grundsätzlich zulassungspflichtig (Art. 17 I VO (EU) Nr. 528/2012). Für geeignete Biozidprodukte kann ein vereinfachtes Zulassungsverfahren beantragt werden (Art. 25 VO (EU) Nr. 528/2012). §§ 12a ff. ChemG und die DVO (EU) Nr. 88/2014 enthalten Regelungen zur Durchführung der VO (EU) Nr. 528/2012. Beispiele für Biozidprodukte sind Flächendesinfektionsmittel, Insektizide und Repellentien bzw. Repellents[638].

---

tige Liquids erhitzen bzw. vernebeln, entsteht kein „Tabakrauch". Bei einem reinen Wortlautverständnis unterfallen E-Zigaretten daher nicht dem Anwendungsbereich der Nichtraucherschutzgesetze. Auch deren Sinn und Zweck, namentlich der Schutz der Bevölkerung vor den Gesundheitsgefahren durch Passivrauchen, spricht nicht notwendig dafür, dass E-Zigaretten von dem Regime der Nichtraucherschutzgesetze erfasst werden. Der von diesen in geringin Mengen freigesetzte Dampf enthält nach den Herstellerangaben deutlich weniger Nikotin und vor allem Schadstoffe (wie Teerkondensate, Kohlenmonoxid etc.) als der Rauch, der von den regulatorisch unstreitig betroffenen Tabakerzeugnissen ausgeht (s. *OVG Münster*, NVwZ-RR 2015, 211 ff.; *VG Köln*, PharmR 2014, 192, 194 ff.; *Müller*, NVwZ 2015, 383 f.; *ders.*, NVwZ 2012, 769, 771; *ders.*, PharmR 2012, 137, 140 f.; a. A. *VG Gießen*, MedR 2013, 550, 551; *Stollmann*, NVwZ 2012, 401, 404 f.).

    [631] S. auch *BVerwG*, NVwZ-RR 2007, 771, 774.

    [632] S. *BVerwG*, NVwZ-RR 2007, 771 ff.; weitere Beispiele bei *Kloesel/Cyran*, § 2 Anm. 151.

    [633] S. *BVerwGE* 97, 132, 142.

    [634] S. *BVerwGE* 97, 132, 135 ff., 141 f.; *OVG Münster*, PharmR 2006, 216, 217 ff.; PharmR 2005, 331, 335; *OVG Bremen*, PharmR 1986, 272, 274 f.

    [635] Vgl. auch *Bruggmann*, PharmR 2009, 13, 14 ff.; anders *BVerwG*, NVwZ-RR 2007, 771, 774, das § 2 III Nr. 4 bewusst ungeprüft lässt.

    [636] S. hierzu auch *BVerwGE* 97, 132, 142.

    [637] S. zur Entstehung BT-Drucks. 17/12955, S. 18, 23 und BT-Drucks. 16/12 256, S. 41.

    [638] S. *OLG Hamburg*, GRUR-RR 2008, 94 ff.; *VG Köln*, PharmR 2012, 127 f.; *VG München*, PharmR 2009, 534 f.; *Jäkel*, PharmR 2013, 261, 267 ff.

1. Begriff der Biozidprodukte. Aus der Definition der Biozidprodukte in Art. 3 I Buchst. a) VO **199** (EU) Nr. 528/2012 sowie dem Anhang V der VO (EU) Nr. 528/2012 ergeben sich im wesentlichen **vier Merkmale** für ein Biozidprodukt: Es geht um Stoffe oder Gemische (in der Form, in der sie zum Verwender gelangen), die aus einem oder mehreren bioziden Wirkstoffen bestehen, diese enthalten oder erzeugen, die drei Zweckbestimmungen haben können (Schadorganismen zu zerstören etc., ihre Wirkung zu verhindern, sie in anderer Weise zu bekämpfen), die eine bestimmte Wirkungsweise haben (anders als physikalisch oder mechanisch) und die in der Regel einer bestimmten Produktart zugehören:

a) Biozidwirkstoffe. Art. 3 I Buchst. a) S. 1 1. Halbs. VO (EU) Nr. 528/2012 stellt ab auf Stoffe **200** oder Gemische, die aus einem oder mehreren bioziden Wirkstoffen bestehen, diese enthalten oder erzeugen. Für den Begriff der Stoffe und Gemische verweist Art. 3 II Buchst. a) und b) VO (EU) Nr. 528/2012 auf die Definitionen in Art. 3 VO (EG) Nr. 1907/2006 (REACH-VO). Nach Art. 3 I Buchst. c) VO (EU) Nr. 528/2012 ist ein (biozider) Wirkstoff ein Stoff oder ein Mikroorgansimus, der eine **Wirkung auf oder gegen Schadorganismen** entfaltet. Art. 3 I Buchst. b) VO (EU) Nr. 528/ 2012 definiert einen Mikroorganismus als *„eine zelluläre oder nichtzelluläre mikrobiologische Einheit einschließlich niederer Pilze, Viren, Bakterien, Hefen, Schimmelpilze, Algen, Protozoen und mikroskopisch sichtbarer parasitärer Helminthen, die zur Vermehrung oder zur Weitergabe von genetischem Material fähig sind"*. Entscheidend für Biozidwirkstoffe ist allein deren biozide Wirkung, so dass Biozidwirkstoffe auch reine Naturprodukte sein können[639]. Die Formulierung *„in der Form, in der er/es zum Verwender gelangt"* in Art. 3 I Buchst. a) S. 1 1. Halbs. VO (EU) Nr. 528/2012 stellt klar, dass es sich bei Biozidprodukten in der Regel um bereits verwendbare Produkte handelt, d. h. insbes. nicht um Ausgangsstoffe sowie Vor- und Zwischenprodukte. Allerdings kommen gem. Art. 3 I Buchst. a) S. 1 2. Halbs. VO (EU) Nr. 528/ 2012 – bei entsprechender Zweckbestimmung – grundsätzlich auch andere als bereits verwendbare Produkte in Betracht. Art. 3 I Buchst. d) und e) VO (EU) Nr. 528/2012 differenziert zwischen alten und neuen Wirkstoffen (Stichtag 14.5.2000).

b) Zweckbestimmung. Ein Biozidprodukt kann im wesentlichen drei Zweckbestimmungen („dazu **201** bestimmt") haben. Diese sind allesamt auf die Bekämpfung von **Schadorganismen** gerichtet. Nach Art. 3 I Buchst. g) VO (EU) Nr. 528/2012 ist ein Schadorganismus ein *„Organismus, einschließlich Krankheitserreger, der für Menschen, für Tätigkeiten des Menschen oder für Produkte, die von Menschen verwendet oder hergestellt werden, oder für Tiere oder die Umwelt unerwünscht oder schädlich ist"*. Beispiele hierfür sind Bakterien, Viren, Pilze, Algen[640] und Schädlinge (insbes. Insekten wie Stechmücken, Bremsen, Zecken etc.). Nach Art. 3 I Buchst. a) VO (EU) Nr. 528/2012 geht es zum einen darum, Schadorganismen zu **zerstören, abzuschrecken oder unschädlich zu machen.** Das Zerstören von Schadorganismen meint deren Vernichtung (z. B. Insektizide). Diese abzuschrecken bezieht sich auf das dauerhafte Fernhalten (z. B. Repellentien bzw. Repellents). Unschädlichmachen bedeutet, die unerwünschten oder schädlichen Wirkungen von Schadorganismen auszuschalten. Weiterhin können Biozidprodukte den Zweck haben, **Wirkungen** durch Schadorganismen zu **verhindern,** das heißt unerwünschten bzw. schädlichen Wirkungen vorzubeugen. Schließlich können Biozidprodukte auch darauf gerichtet sein, Schadorganismen **in anderer Weise (mittelbar)** zu **bekämpfen,** wie etwa durch Zusammenschließen, Entfernen[641] oder Verhindern der weiteren Verbreitung.

c) Wirkungsweise. Nach Art. 3 I Buchst. a) VO (EU) Nr. 528/2012 sind Biozidprodukte dadurch **202** gekennzeichnet, dass sie ihre jeweilige Zweckbestimmung *„auf andere Art, als durch bloße physikalische oder mechanische Einwirkung"* erreichen. Dies schließt solche Produkte aus, die allein physikalisch bzw. mechanisch wirken. Da die meisten Biozidprodukte **chemisch oder biologisch** wirken, kommt also insbes. auch eine physikalisch-chemische Wirkungsweise in Betracht (s. auch die Zulassungsvoraussetzungen in Art. 19 I Buchst. c) und d) VO (EU) Nr. 528/2012).

d) Produktart. Als Biozidprodukte i. S. v. Art. 3 I Buchst. a) VO (EU) Nr. 528/2012 kommen vor- **203** nehmlich solche Produkte in Betracht, die einer der in Anhang V VO (EU) Nr. 528/2012 aufgeführten Produktarten zugehören (s. auch Art. 2 I VO (EU) Nr. 528/2012). Die dort genannten **22 Produktarten** sind in vier Hauptgruppen unterteilt. Dies sind die Gruppen „Desinfektionsmittel" (z. B. Biozidprodukte für die menschliche Hygiene, für die Hygiene im Veterinärbereich und im Lebens- und Futtermittelbereich), „Schutzmittel" (z. B. Holzschutzmittel), „Schädlingsbekämpfungsmittel" (z. B. Insektizide und Repellentien) und „Sonstige Biozid-Produkte" (z. B. Antifouling-Produkte).

---

[639] Vgl. *OLG Hamburg*, NJOZ 2007, 3421, 3424 f.
[640] S. dazu *EuGH*, Urt. v. 1.3.2012 – Rs. C-420/10, PharmR 2012, 208 ff. – Söll; *OLG Hamburg*, NJOZ 2007, 3421 ff.
[641] S. dazu *EuGH*, Urt. v. 1.3.2012 – Rs. C-420/10, PharmR 2012, 208, 211, Rn. 29 ff. – Söll; *OLG Hamm*, GRUR-RR 2010, 389.

204   **e) Keine Biozidprodukte/Anwendungsbereich.** Nach Art. 2 II VO (EU) Nr. 528/2012 gilt diese Verordnung nicht für Biozidprodukte oder behandelte Waren, die in den Geltungsbereich eines anderen Rechtsaktes fallen (Human- und Tierarzneimittel, Medizinprodukte, Pflanzenschutzmittel, kosmetische Mittel etc.)[642]. Art. 3 I Buchst. a) S. 2 VO (EU) Nr. 528/2012 stellt klar, dass behandelte Waren mit einer primären Biozidfunktion als Biozidprodukt gelten. Nach Art. 2 V VO (EU) Nr. 528/2012 gilt die Verordnung ferner nicht für Biozidprodukte, die als Verarbeitungshilfsstoffe verwendet werden sowie für Lebens- und Futtermittel, die als Repellentien oder Lockmittel verwendet werden[643].

205   Keine Biozidprodukte, sondern Arzneimittel sind vor allem die in § 2 I Nr. 4 a. F. geregelten Produkte gegen Krankheitserreger (Bakterien, Viren, Pilze, Protisten, Prionen), Parasiten (Läuse, Flöhe, Milben, Madenwürmer, Bandwürmer) und körperfremde Stoffe (Allergene, Basen, Säuren, Gifte). Diese meist innerlich anzuwendenden Produkte haben den Zweck, die betreffenden Krankheitserreger etc. abzuwehren (Prophylaktika und Virustatika), zu beseitigen (Antibiotika, Antimykotika, Antiparasitika und Brechmittel) oder unschädlich zu machen (Antiallergika und Antitoxine).

206   **2. Abgrenzung Arzneimittel/Biozidprodukte.** Ausgangspunkt für die Abgrenzung der Arzneimittel von den Biozidprodukten (Fallbeispiel: Händedesinfektionsmittel[644]) sind der **Arzneimittelbegriff in § 2** und der **Begriff der Biozidprodukte in Art. 3 I Buchst. a) VO (EU) Nr. 528/2012.** Für die Abgrenzung ist von einem **wertneutralen Ausschlussverhältnis** beider Legaldefinitionen auszugehen. Ein Produkt kann entweder nur Arzneimittel oder nur Biozidprodukt sein, eine Doppelnatur ist ausgeschlossen[645]. Ein Vorrang- oder Regel- und Ausnahmeverhältnis zugunsten einer der beiden Produktkategorien lässt sich dem Gesetz nicht entnehmen[646]. Materiell richtet sich die Abgrenzungsprüfung nach den Parametern aus § 2[647] und Art. 3 I Buchst. a) VO (EU) Nr. 528/2012. Neben den Kriterien des § 2 stehen die Merkmale „Biozidwirkstoffe" und „Zweckbestimmung" nach Art. 3 I Buchst. a) VO (EU) Nr. 528/2012 im Vordergrund. Die beiden weiteren Merkmale („Wirkungsweise" und „Produktart") sind für die Abgrenzung von geringerer Bedeutung. Denn auch Arzneimittel greifen in der Regel auf eine chemisch-biologische Wirkungsweise zurück und die in Anhang V VO (EU) Nr. 528/2012 aufgeführten Produktarten betreffen allein Biozidprodukte, das heißt das potentielle Ergebnis der Prüfung. Bei der wertenden Gesamtbetrachtung aller vorstehenden und aller allgemeinen Faktoren (Produktkonzeption, Wissenschaft, Marktauftritt; s. Rn. 116 ff.) kommt es auf die **überwiegende objektive Zweckbestimmung** des Produktes an[648]. Unter Berücksichtigung der Hauptinhaltsstoffe des Produktes (insbes.: Biozidwirkstoff ja oder nein?) ist zu entscheiden, ob es objektiv überwiegend für **arzneispezifische Zwecke** i. S. v. § 2 I (therapeutisch, prophylaktisch etc.) **oder** für **biozidspezifische Zwecke** i. S. v. Art. 3 I Buchst. a) VO (EU) Nr. 528/2012 (Bekämpfung von Schadorganismen) bestimmt ist. Biozidprodukte werden vornehmlich außerhalb des Körpers angewendet[649], so dass die Annahme eines Arzneimittels gem. § 2 I vor allem dann in Betracht kommt, wenn das betreffende Produkt innerlich angewendet werden soll. Lässt sich nach abschließender Würdigung aller Umstände keine eindeutige Zuordnung des Produktes vornehmen, folgt aus der Sonderregelung des § 2 IIIa die Qualifizierung als Arzneimittel. Auch für den Spezialfall der **Desinfektionsmittel zur Anwendung am** menschlichen oder tierischen **Körper** ist grundsätzlich darauf abzustellen, ob und inwieweit arznei- oder biozidspezifische Zwecke überwiegen. So wird z. B. bei Desinfektionsmitteln für die Hände und Unterarme des Arztes oder für die Haut des Patienten zur Vorbereitung ärztlicher Maßnahmen die wechselseitige Verhütung von bestimmten Krankheiten im Vordergrund stehen – mit der Folge, dass ein Arzneimittel vorliegt[650]. Anders verhält es sich etwa bei Händedesinfektionsmitteln, die nur der allgemeinen Hygiene – z. B. in der Lebensmittelindustrie – dienen, so dass prophylaktische Zwecke in den Hintergrund treten[651].

---

[642] Art. 2 II S. 2 VO (EU) Nr. 528/2012 sieht jedoch zweckbezogene Rückausnahmen vor.

[643] S. auch Erwägungsgründe Nr. 21, 22 der VO (EU) Nr. 528/2012.

[644] S. *VG Köln*, PharmR 2012, 127 ff.; *LG Köln*, PharmR 2011, 108 f.; *Jäkel*, PharmR 2013, 261, 262 ff.; *ders.*, PharmR 2012, 141 ff.; *ders.*, PharmR 2010, 397 ff., 278 ff.; *ders.*, StoffR 2010, 99 ff.; *ders.*, KHR 2009, 43, 44 ff.; *Bruggmann*, StoffR 2012, 156, 158 f.; *ders.*, PharmR 2010, 97 f.; *ders.*, StoffR 2009, 263, 268 f.; *Dettling/Koppe-Zagouras*, PharmR 2010, 152, 161 f.; weitere Beispiele bei *Kloesel/Cyran*, § 2 Anm. 153.

[645] So im Ergebnis auch *Bruggmann/Meyer*, PharmR 2006, 247, 251 f.; anders *Kloepfer*, § 19 Rn. 39.

[646] A. A. *Bruggmann/Meyer*, PharmR 2006, 247, 249, 254.

[647] A. A. *Bruggmann/Meyer*, PharmR 2006, 247, 249, 251.

[648] S. auch *LG Köln*, PharmR 2011, 108 f.; *VG München*, PharmR 2009, 534, 535 und *Bruggmann*, StoffR 2009, 263, 265 f.; ferner *OLG Hamm*, GRUR-RR 2010, 389, 389 f.

[649] S. auch BT-Drucks. 14/7007, S. 27 (zu § 2 II Nr. 4).

[650] S. *LG Köln*, PharmR 2011, 108, 109; *Jäkel*, PharmR 2013, 261, 262 ff., 269; *ders.*, PharmR 2010, 397, 398 f., 278, 281 f.; *ders.*, StoffR 2010, 99, 100 f.; *ders.*, KHR 2009, 43, 44 ff.; *Kloesel/Cyran*, § 2 Anm. 90; restriktiv *Bruggmann*, StoffR 2012, 156, 158 f.; *ders.*, PharmR 2010, 97, 100 f. und StoffR 2009, 263, 268 (Erfordernis einer „therapeutischen Zweckbestimmung"); a. A. wohl *VG Köln*, PharmR 2012, 127, 130 und *Dettling/Koppe-Zagouras*, PharmR 2010, 152, 161 f.

[651] Vgl. *Jäkel*, PharmR 2013, 261, 269; *ders.*, PharmR 2010, 397, 399; *ders.*, KHR 2009, 43, 44.

Dieses Prüfungskonzept steht **mit den Vorgaben der RL 2001/83/EG und der VO (EU)** 207
Nr. 528/2012[652] **im Einklang**[653] (s. grundsätzlich Rn. 157). Dies gilt vor allem für den zweckbezogenen Ansatz der Abgrenzungsprüfung, den Art. 2 II 2 VO (EU) Nr. 528/2012 nahelegt[654].

VI. Futtermittel (Nr. 6)

Bei den Futtermitteln i. S. v. § 3 Nr. 12–16 LFGB handelt es sich um Einzel-, Misch- und Diät- 208
futtermittel sowie um Futtermittelzusatzstoffe und Vormischungen: **Einzelfuttermittel** sind *„Erzeugnisse pflanzlichen oder tierischen Ursprungs, die vorrangig zur Deckung des Ernährungsbedarfs von Tieren dienen …"* (§ 3 Nr. 12 LFGB i. V. m. Art. 3 II Buchst. g) VO (EG) Nr. 767/2009). **Mischfuttermittel** sind *„eine Mischung aus mindestens zwei Einzelfuttermitteln …"* (§ 3 Nr. 13 LFGB i. V. m. Art. 3 II Buchst. h) VO (EG) Nr. 767/2009). **Diätfuttermittel** sind *„Mischfuttermittel, die dazu bestimmt sind, den besonderen Ernährungsbedarf der Tiere zu decken, bei denen insbesondere Verdauungs-, Resorptions- oder Stoffwechselstörungen vorliegen oder zu erwarten sind"* (§ 3 Nr. 14 LFGB). **Futtermittelzusatzstoffe** sind *„Stoffe, Mikroorganismen oder Zubereitungen, die keine Futtermittel-Ausgangserzeugnisse oder Vormischungen sind und bewusst Futtermitteln oder Wasser zugesetzt werden, um … [bestimmte] Funktionen zu erfüllen"* (§ 3 Nr. 15 LFGB i. V. m. Art. 2 II Buchst. a) und Art. 5 III VO (EG) Nr. 1831/2003). **Vormischungen** sind *„Mischungen von Futtermittelzusatzstoffen oder Mischungen aus einem oder mehreren Futtermittelzusatzstoffen mit Futtermittel-Ausgangserzeugnissen oder Wasser als Trägern, die nicht für die direkte Verfütterung an Tiere bestimmt sind"* (§ 3 Nr. 16 LFGB i. V. m. Art. 2 II Buchst. e) VO (EG) Nr. 1831/2003).

Indem § 2 III Nr. 6 direkt auf die speziellen Begrifflichkeiten in § 3 Nr. 12–16 LFGB abhebt, 209
übergeht er den **Oberbegriff der Futtermittel in § 2 IV LFGB.** Hiernach sind Futtermittel *„Stoffe oder Erzeugnisse, auch Zusatzstoffe, verarbeitet, teilweise verarbeitet oder unverarbeitet, die zur oralen Tierfütterung bestimmt sind"* (§ 2 IV LFGB i. V. m. Art. 3 Nr. 4 VO (EG) Nr. 178/2002). Auch wenn dieser Oberbegriff die speziellen Begriffe in § 3 Nr. 12–16 LFGB mit umfasst[655], ist daher für die Abgrenzung der Arzneimittel von den Futtermitteln (Fallbeispiel: „Nährstoff-Bolus" für Rinder[656]) grundsätzlich auf den jeweiligen Futtermittelbegriff in § 3 Nr. 12–16 LFGB abzustellen. Diese **Abgrenzung** richtet sich im Rahmen einer wertenden Gesamtbetrachtung aller Faktoren (Produktkonzeption, Wissenschaft, Marktauftritt; s. Rn. 116 ff.) nach der **überwiegenden objektiven Zweckbestimmung** des Produktes. Unter besonderer Beachtung der Wirkungsweise des Produktes (insbes.: **pharmakologisch oder ernährungsphysiologisch**) ist zu entscheiden, ob es objektiv überwiegend für **arzneispezifische Zwecke** i. S. v. § 2 I (therapeutisch, prophylaktisch etc.) **oder** für **futtermittelspezifische Zwecke** i. S. v. § 3 Nr. 12–16 LFGB (allgemeine oder besondere Tierernährung) bestimmt ist[657]. Speziell für die Abgrenzung der Fütterungsarzneimittel und der Arzneimittel-Vormischungen von den (Misch-)Futtermitteln sowie den Futtermittel-Vormischungen sind hierbei ergänzend die Begriffsbestimmungen in § 4 X und XI zu berücksichtigen[658].

VII. Medizinprodukte und deren Zubehör (Nr. 7)

Nach § 2 III Nr. 7 sind (mit Ausnahmen) Medizinprodukte und deren Zubehör keine Arzneimittel. 210
Nach § 3 Nr. 1 MPG sind Medizinprodukte alle Instrumente, Apparate etc., die vom Hersteller zu einem bestimmten Zweck (Maßnahmen im Zusammenhang mit Krankheiten, Verletzungen oder Behinderungen, dem anatomischen Aufbau oder physiologischen Vorgängen oder der Empfängnisregelung) bestimmt sind und deren Hauptwirkung weder durch pharmakologisch oder immunologisch wirkende Mittel noch durch Metabolismus erreicht wird. Nach § 3 Nr. 9 S. 1 MPG erfasst der Begriff des Zubehörs für Medizinprodukte alle Gegenstände, Stoffe etc., die selbst keine Medizinprodukte nach § 3 Nr. 1 MPG sind, aber vom Hersteller dazu bestimmt sind, mit einem Medizinprodukt verwendet zu werden. Beispiele für Medizinprodukte sind ärztliche Instrumente (z. B. Fertigspritzen[659]), Verbandstoffe, chirurgische Nahtmaterialien, Hör- und Sehhilfen[660], Implantate, Prothesen, Augenspüllösungen[661], Quellmittel zur Gewichtsreduktion[662] etc.

---

[652] S. hierzu auch den zwischen der Europäischen Kommission und den Behörden der Mitgliedstaaten abgestimmten Leitfaden zur Abgrenzung der RL 98/8/EG, 2001/83/EG und 2001/82/EG (s. www.ec.europa.eu). Dieser ist zwar rechtlich nicht verbindlich und betrifft die mit der VO (EU) Nr. 528/2012 aufgehobene RL 98/8/EG, doch bieten Leitfäden dieser Art durchaus gewisse Auslegungshilfen, vgl. *EuGH* (s. o. Fn. 12), Rs. C-308/11 – Chemische Fabrik Kreussler, Rn. 23 ff.

[653] Zweifelnd *Bruggmann/Meyer*, PharmR 2006, 247, 250 ff.

[654] S. auch Art. 3 I Buchst. s) VO (EU) Nr. 528/2012 („Verwendungszweck").

[655] Vgl. auch BT-Drucks. 15/3657, S. 58.

[656] S. *VG Hannover*, PharmR 2009, 84 ff.

[657] S. dazu *VG Hannover*, PharmR 2009, 84, 88 („Zweck und Wirkungsweise").

[658] S. hierzu auch die Sondervorschriften für Tierarzneimittel in §§ 56 ff.

[659] S. *BGH*, GRUR 2010, 169, 170; *OLG Frankfurt/Main*, WRP 2007, 216, 217.

[660] *OLG Nürnberg*, OLG Report 2006, 105, 106.

[661] *OLG Frankfurt/Main*, PharmR 2000, 17, 18.

[662] *OLG Köln*, NJOZ 2001, 1249, 1251; *KG*, PharmR 2000, 339, 340 f.

211   **1. Begriff der Medizinprodukte.** Die Grunddefinition der Medizinprodukte in § 3 Nr. 1 MPG setzt die definitorischen Vorgaben in Art. 1 II Buchst. a) RL 90/385/EWG, 93/42/EWG und 98/79/EG um und wird im wesentlichen durch **drei kumulative Merkmale** geprägt: Er betrifft „Instrumente, Apparate" etc., die gem. dem Hersteller vier unterschiedliche Zweckbestimmungen haben können (Krankheiten, Verletzungen oder Behinderungen, anatomischer Aufbau oder physiologische Vorgänge, Empfängnisregelung) und deren bestimmungsgemäße Hauptwirkung weder durch pharmakologisch oder immunologisch wirkende Mittel noch metabolisch erreicht wird:

212   **a) Instrumente, Apparate etc.** Als Medizinprodukte kommen gem. § 3 Nr. 1 MPG zunächst **„Gegenstände"** in Betracht, wie die beispielhaft genannten Instrumente, Apparate und Vorrichtungen. Sind diese medizinischen Gegenstände elektrotechnischer bzw. elektronischer Art, wie etwa Beatmungsgeräte oder Herzschrittmacher, wird betreffende Software, die den diagnostischen oder therapeutischen Zwecken dient, begrifflich dem jeweiligen Gerät (der Hardware) zugeordnet[663]. Medizinische **„Software"** kann jedoch auch selbst ein Medizinprodukt darstellen (Stand-Alone Software, wie etwa Bildauswertungs- oder Therapieplanungsprogramme)[664]. Zudem können auch **„Stoffe und Zubereitungen aus Stoffen"** Medizinprodukte sein. Anders als das AMG in § 3 und die RL 2001/83/EG in Art. 1 Nr. 3 beinhalten das MPG und die ihm zugrundeliegenden RL 90/385/EWG, 93/42/EWG und 98/79/EG keine entsprechende Legaldefinition. Vor dem Hintergrund des Gesetzeszwecks in § 1 MPG (Sicherheit, Gesundheits- und Verbraucherschutz) sowie der Erwägungsgründe der RL 90/385/EWG, 93/42/EWG und 98/79/EG (hohes Sicherheitsniveau, hochgradiger Gesundheitsschutz)[665], sind die Begriffe „Stoffe" und „Zubereitungen aus Stoffen" grundsätzlich **weit zu verstehen**. Die Regelung erstreckt sich auf alle Stoffe und Stoffzubereitungen unabhängig von ihrer Herkunft (pflanzlich, chemisch, tierisch, menschlich) und ihrem Aggregatzustand (fest, flüssig, gasförmig). Auch ist nicht entscheidend, ob und inwieweit diese einem Be- oder Verarbeitungsprozess unterzogen worden sind und ob es sich um Roh-, Ausgangs- oder Zusatzstoffe handelt (vgl. Rn. 60 ff.). Nach der Eingangsformulierung in § 3 Nr. 1 MPG können die in Rede stehenden Gegenstände, Stoffe und Stoffzubereitungen *„einzeln oder miteinander verbunden verwendet"* werden. Begrifflich handelt es sich nur um ein Medizinprodukt. Zubehör für Medizinprodukte i. S. v. § 3 Nr. 9 MPG wird als eigenständiges Medizinprodukt behandelt (§ 2 I 2 MPG).

213   **b) Zweckbestimmung.** Die Formulierung *„vom Hersteller zur Anwendung für Menschen mittels ihrer Funktionen zum Zwecke … zu dienen bestimmt sind"* bringt zum Ausdruck, dass Medizinprodukte begrifflich **nur beim Menschen** angewendet werden[666] und dass die Zweckbestimmung des jeweiligen Produktes maßgeblich vom Hersteller (i. S. v. § 3 Nr. 15 MPG) ausgeht. Nach § 3 Nr. 10 tritt diese **subjektive Zweckbestimmung des Herstellers** vor allem in der Kennzeichnung, der Gebrauchsanweisung und den Werbematerialien zutage. Sie muss in objektiv nachvollziehbarer Weise und unter Beachtung der begrifflichen Vorgaben des § 3 MPG dargelegt werden[667]. Der Begriff „mittels ihrer Funktionen" verdeutlicht, dass es für die Zweckbestimmung des betreffenden Produktes **primär** auf dessen **Funktionalität** ankommt und nur sekundär auf dessen (Einzel-)Bestandteile und Zusammensetzung.

214   Für ein Medizinprodukt kommen **vier Zweckbestimmungen** in Betracht: § 3 Nr. 1 Buchst. a) MPG betrifft die Anwendung bei **Krankheiten.** Der Begriff der Krankheit lässt sich parallel zur Terminologie des AMG (vgl. § 2 I Nr. 1) definieren als *„jede Störung der normalen Beschaffenheit oder der normalen Tätigkeit des Körpers …, die geheilt, d. h. beseitigt oder gelindert werden kann."*[668] Gleiches gilt für die Begriffe „Verhütung" und „Linderung". Der Begriff der „Erkennung" bezieht sich auf die Diagnose einer Krankheit (vgl. § 2 I Nr. 2 Buchst. b); s. Rn. 101). Der Begriff der „Überwachung" meint das Monitoring einer Krankheit, z. B. durch ein Langzeit-EKG. Der Begriff der „Behandlung" entspricht im wesentlichen der (Heil-)Behandlung bzw. dem „heilen" von Krankheiten i. S. v. § 2 I Nr. 1 (s. Rn. 81). Die Regelung des § 3 Nr. 1 Buchst. b) MPG hat Maßnahmen bei **Verletzungen oder Behinderungen** zum Gegenstand. Der Begriff der „Verletzungen" bezieht sich – anders als der Begriff der Krankheit – nicht auf Störungen der normalen Beschaffenheit oder der normalen Tätigkeit des Körpers, sondern auf vorübergehende bzw. zu behandelnde Schädigungen. Unter Verletzungen sind grundsätzlich alle vorübergehenden, reparablen oder zu behandelnden Schädigungen der normalen Beschaffenheit oder der normalen Tätigkeit des Körpers zu verstehen[669]. Für den Begriff der „Behinderungen" kann

---

[663] Vgl. *Irmer*, MPR 2013, 145, 146; zu Computern als Medizinprodukt *Webel*, S. 327 ff.
[664] Vgl. BR-Drucks. 172/09, S. 38; *Irmer*, MPR 2013, 145, 146; *Dieners/Oeben*, MPR 2009, 121, 121 f.; *Oen*, MPR 2009, 55 ff.
[665] Vgl. die Erwägungsgründe Nr. 1, 3 und 6 der RL 90/385/EWG, die Erwägungsgründe Nr. 2, 3, 5 und 7 der RL 93/42/EWG und die Erwägungsgründe Nr. 2, 5, 6 und 31 der RL 98/79/EG.
[666] Vgl. zu vergleichbaren Produkten zur Anwendung bei *Tieren* insbes. die Regelungen der fiktiven Arzneimittel in § 2 II Nr. 1 a-4, s. Rn. 132 ff.
[667] Vgl. *BGH*, NJW-RR 2014, 46; *OLG Frankfurt/Main*, PharmR 2000, 17, 20; *KG*, PharmR 2000, 339, 340; *Anhalt/Dieners*, in: Anhalt/Dieners, § 2 Rn. 21; *von Czettritz*, PharmR 1997, 212.
[668] *BVerwGE* 37, 209, 214; s. auch *BGHSt* 11, 304, 315 und *BGHZ* 44, 208, 216; ferner *BVerwGE* 119, 265, 268.
[669] S. demgegenüber zum Begriff des *Körperschadens* *BVerfGE* 106, 62, 106.

wegen der rechtssystematischen Unterschiede nur ansatzweise auf die Begrifflichkeiten des Sozialrechts – wie insbes. in § 2 I 1 SGB IX[670] – zurückgegriffen werden[671]. Der Regelung des § 3 Nr. 1 Buchst. b) MPG liegt ein deutlich weiteres Begriffsverständnis zugrunde. Hiernach sind körperliche Behinderungen nicht nur – wie dies bei § 2 I 1 SGB IX der Fall ist – Beeinträchtigungen der Bewegungsfähigkeit, Blindheit oder erhebliche Sehbehinderungen, Gehörlosigkeit oder erhebliche Stimmstörungen[672]. Vielmehr kommen – unabhängig vom Alter – auch deutlich geringere atypische Beeinträchtigungen der körperlichen Funktionen in Betracht, wie etwa Fehlsichtigkeit oder Schwerhörigkeit[673]. Bis auf den Begriff der „Kompensierung" entsprechen die übrigen Begriffe in § 3 Nr. 1 Buchst. b) MPG denen des § 3 Nr. 1 Buchst. a) MPG. Die Kompensierung von Verletzungen und Behinderungen meint den weitgehenden Ausgleich der Schädigungen bzw. atypischen Beeinträchtigungen. § 3 Nr. 1 Buchst. c) MPG betrifft Maßnahmen im Zusammenhang mit dem **anatomischen Aufbau** oder einem **physiologischen Vorgang**. Der Begriff des anatomischen Aufbaus betrifft den Bau des menschlichen Körpers i. S. d. einzelnen Körperteile (Skelett, Organe etc.)[674]. Der Begriff des physiologischen Vorgangs entspricht dem Begriff der „physiologischen Funktionen" in § 2 I Nr. 2 Buchst. a) (s. Rn. 88). Der Begriff der „Untersuchung" meint das Erkennen einzelner körperlicher Zustände und Abläufe (z. B. Röntgen- oder Ultraschallgeräte). Der Begriff der „Ersetzung" erfasst den Austausch einzelner Körperteile (z. B. künstliche Gelenke, Herzklappen, Gefäßprothesen) bzw. Lebensvorgänge (z. B. künstliche Beatmung). Der Begriff der „Veränderung" betrifft eine Modifikation des anatomischen Aufbaus (z. B. Brustimplantate) bzw. eines physiologischen Vorgangs (z. B. künstlicher Darmausgang, Quellmittel[675]). § 3 Nr. 1 Buchst. d) MPG hat Maßnahmen der **Empfängnisregelung** zum Gegenstand, wie etwa Intrauterinpessare[676].

Schon aus dem Begriff „Medizinprodukt" in § 3 Nr. 1 MPG, vor allem aber aus einer Gesamtschau der obigen vier Zweckbestimmungen folgt, dass das jeweilige Produkt eine **medizinische Zweckbestimmung** haben muss[677]. (Grenz-)Produkte mit einer vornehmlich anderen, nicht medizinischen Zweckbestimmung – wie etwa bestimmte Sportartikel (Pulsmesser, Schrittzähler etc.), E-Zigaretten (s. Rn. 194) oder Pigmentiergeräte[678], nicht aber (ärztlich anzuwendende) Zahnbleichmittel[679] – scheiden daher als Medizinprodukte aus.   **215**

c) Bestimmungsgemäße Hauptwirkung. § 3 Nr. 1 MPG konkretisiert die „bestimmungsgemäße   **216** Hauptwirkung" der betreffenden Instrumente, Apparate etc. „*im oder am menschlichen Körper*" (s. Rn. 67 ff.) nicht positiv, sondern negativ. Die Vorschrift stellt darauf ab, dass die auf die obigen Zwecke gerichtete jeweilige Hauptwirkung „*weder durch pharmakologisch oder immunologisch wirkende Mittel noch durch Metabolismus erreicht*" wird (s. zu diesen Begriffen Rn. 92 ff.). Im Gegensatz zu den hiermit angesprochenen – insbes. für Arzneimittel typischen – Wirkungsweisen ist für Medizinprodukte (gesetzlich unausgesprochen) eine **physikalische Wirkungsweise** charakteristisch[680]. Gleichwohl ist diese nicht zwingend. Medizinprodukte können neben oder anstatt einer physikalischen insbes. auch eine chemische Wirkungsweise haben, wie insbes. die In-vitro-Diagnostika[681]. Die physikalische Wirkungs- oder Funktionsweise kann durch pharmakologisch, immunologisch oder metabolisch wirkende Mittel unterstützt werden, ohne dass hierdurch der Status eine Medizinproduktes entfiele (vgl. § 3 Nr. 1 MPG a. E.)[682]. Auch die spätere Verstoffwechselung eines zunächst physikalisch im Körper wirkenden Stoffes steht der Annahme einer physikalischen Hauptwirkung nicht entgegen[683]. Andererseits kann eine physikalische Hauptwirkung trotz der primär physikalischen Wirkung eines Stoffes zu verneinen sein, wenn es im

---

[670] Nach § 2 I 1 SGB IX sind Menschen u. a. behindert sind, „wenn ihre körperliche Funktion … mit hoher Wahrscheinlichkeit länger als sechs Monate von dem für das Lebensalter typischen Zustand abweich[t] und daher ihre Teilhabe am Leben in der Gesellschaft beeinträchtigt ist."; dazu *Schramm/Peick,* in: Sodan, § 10 Rn. 27.

[671] S. auch *OLG Nürnberg*, OLG Report 2006, 105.

[672] Vgl. *Neumann,* in: Neumann/Pahlen/Majerski-Pahlen, § 2 Rn. 9.

[673] S. *OLG Nürnberg*, OLG Report 2006, 105, 106

[674] Vgl. *Pschyrembel*, S. 94.

[675] *KG*, PharmR 2000, 339, 340.

[676] Vgl. *Rehmann,* in: Rehmann/Wagner, § 3 Rn. 4.

[677] S. *BGH*, NJW-RR 2014, 46 (nach Vorlageverfahren: *EuGH*, Urt. v. 22.11.2012 – Rs. C-219/11, EuZW 2013, 117 ff. – Brain Products; *BGH*, GRUR 2011, 544 ff.); *BSGE* 111, 155, 159; *OLG Frankfurt/Main*, WRP 2007, 216, 217; *OLG München*, OLG Report 2002, 146; *Müller*, EuZW 2013, 119, 120; *Rehmann,* in: Rehmann/Wagner, § 3 Rn. 1, 11.

[678] S. *EuGH*, Urt. v. 22.11.2012 – Rs. C-219/11, EuZW 2013, 117 ff., Rn. 31 – Brain Products; *Keßler/Zindel*, MPR 2012, 186, 188; *OLG München*, MedR 2003, 417, 417 f.; *OLG Hamburg*, GRUR-RR 2002, 360, 361.

[679] S. hierzu *OVG Münster*, NJW 2000, 891 (offen gelassen).

[680] Vgl. *BSGE* 111, 155, 159; BT-Drucks. 12/6991, S. 28; *OVG Münster*, ZLR 2006, 302, 314; *Rehmann,* in: Rehmann/Wagner, § 3 Rn. 1; *Anhalt,* in: Anhalt/Dieners, § 3 Rn. 6; *Kage*, S. 41, 43; *von Czettritz*, PharmR 1997, 212; anders *OVG Münster*, PharmR 2012, 493, 493 f.

[681] Vgl. *Dettling*, PharmR 2006, 578, 583 f.; ferner *Rehmann*, in: Rehmann/Wagner, Einf. Rn. 11; *Anhalt,* in: Anhalt/Dieners, § 3 Rn. 6; s. zu den sog. Companion Diagnostics/(therapie-)begleitenden Diagnostika *Wachenhausen*, A&R 2013, 269 ff.

[682] S. *BGH*, PharmR 2010, 338, 339.

[683] S. *BGH*, GRUR 2010, 169, 170.

Einzelfall auf die sekundären Neben- und Folgewirkungen anderer – etwa pharmakologischer – Art ankommt[684].

217   **2. Kategorien von Medizinprodukten.** § 3 MPG enthält neben der Grunddefinition der Medizinprodukte in Nr. 1 eine Reihe ergänzender Begriffsbestimmungen, die den Bereich begrifflich weiter kategorisieren: Nach § 3 Nr. 2 MPG sind Medizinprodukte auch solche Produkte nach Nr. 1, *„die einen Stoff oder eine Zubereitung aus Stoffen enthalten oder auf die solche aufgetragen sind, die bei gesonderter Verwendung als Arzneimittel im Sinne des § 2 Abs. 1 des Arzneimittelgesetzes angesehen werden können und die in Ergänzung zu den Funktionen des Produktes eine Wirkung auf den menschlichen Körper entfalten können"* (z. B. eine mit Hydrocortison beschichtete Elektrode eines Herzschrittmachers[685]). Nach § 3 Nr. 3 MPG sind Medizinprodukte auch solche Produkte nach Nr. 1, *„die als Bestandteil einen Stoff enthalten, der gesondert verwendet als Bestandteil eines Arzneimittels oder [als] Arzneimittel aus menschlichem Blut oder Blutplasma ... betrachtet werden und und in Ergänzung zu dem Produkt eine Wirkung auf den menschlichen Körper entfalten kann"* (z. B. mit einem Derivat aus menschlichem Blut versehene Medizinprodukte). § 3 Nr. 4–6 MPG betrifft die Gruppe der In-vitro-Diagnostika (Reagenzien, Reagenzprodukte, Kalibrier- und Kontrollmaterial etc.). § 3 Nr. 8, 21 und 22 MPG definieren Sonderanfertigungen[686] von Medizinprodukten sowie Medizinprodukte bzw. In-vitro-Diagnostika aus Eigenherstellung. Die von § 3 MPG gebildeten Kategorien der Medizinprodukte sind nicht abschließend. Vor allem werden die aktiven Medizinprodukte, die von einer Strom- oder anderen Energiequelle betrieben werden (z. B. Herzschrittmacher, Defibrillatoren und Infusionssysteme), in § 3 MPG nicht gesondert erwähnt. Begrifflich werden diese jedoch über die Regelungen der Klassifizierung in Anhang IX RL 93/42/EWG, auf die § 13 I 2 MPG verweist, in Bezug genommen[687]. Ferner enthält § 2 III MPG eine Sonderregelung für Produkte, die dazu bestimmt sind, Arzneimittel i. S. d. § 2 I zu verabreichen (Applikationshilfen), wie etwa Medikamentenpumpen[688].

218   **3. Zubehör für Medizinprodukte.** Nach § 3 Nr. 9 S. 1 MPG sind Zubehör für Medizinprodukte alle *„Gegenstände, Stoffe sowie Zubereitungen aus Stoffen, die selbst keine Medizinprodukte nach Nummer 1 sind, aber vom Hersteller dazu bestimmt sind, mit einem Medizinprodukt verwendet zu werden, damit dieses entsprechend der von ihm festgelegten Zweckbestimmung des Medizinproduktes angewendet werden kann."* Zubehör – einschließlich entsprechender Ersatzteile[689] – wird gem. § 2 I 2 MPG jeweils als **eigenständiges Medizinprodukt** behandelt. Beispiele hierfür sind Gel für Ultraschallgeräte, Gesichtsmasken für Beatmungs- und Narkosegeräte oder Elektroden für EKG-Geräte und Defibrillatoren[690]. Nach § 3 Nr. 9 S. 2 MPG gelten *„[i]nvasive, zur Entnahme von Proben aus dem menschlichen Körper zur In-vitro-Untersuchung bestimmte Medizinprodukte sowie Medizinprodukte, die zum Zwecke der Probenahme in unmittelbaren Kontakt mit dem menschlichen Körper kommen, ... nicht als Zubehör für In-vitro-Diagnostika."*

219   **4. Keine Arzneimittel nach § 2 I Nr. 2 Buchst. b).** Mit der Formulierung *„es sei denn, es handelt sich um Arzneimittel im Sinne des § 2 Absatz 1 Nummer 2 Buchstabe b"* stellt § 2 III Nr. 7 klar, dass nur die **In-vitro-Diagnostika** gem. § 3 Nr. 4–6 MPG dem Medizinprodukterecht unterfallen, während die **In-vivo-Diagnostika** nach § 2 I Nr. 2 Buchst. b) nach wie vor dem Arzneimittelrecht unterliegen[691] (s. Rn. 100 ff.). Dementsprechend heißt es auch in den Regelungen zum Anwendungsbereich des MPG, dass dieses nicht für Arzneimittel i. S. d. § 2 I Nr. 2 Buchst. b) gilt (§ 2 V Nr. 1 MPG). § 2 III Nr. 7 wurde in seiner vorherigen Fassung, die auf „§ 2 Abs. 1 Nr. 2" verwies, zum Teil dahingehend missverstanden, dass sich die Ausnahmeregelung („es sei denn ...") auch oder sogar nur auf den Funktionsarzneimittelbegriff in § 2 I Nr. 2 Buchst. a) erstreckt[692]. Gleiches gilt für die hierauf gestützte Annahme, dass sich die Abgrenzung Arzneimittel/Medizinprodukt nur noch nach dem Funktionsarzneimittelbegriff in § 2 I Nr. 2 Buchst. a) und nicht mehr nach dem Präsentationsarzneimittelbegriff in § 2 I Nr. 1 richtet[693]. Da die Ausnahmeregelung den Funktionsarzneimittelbegriff des § 2 I Nr. 2 Buchst. a) gerade nicht meint, wurde § 2 III Nr. 7 mit dem 2. AMG-ÄndG 2012 entsprechend ergänzt und verweist nun explizit allein auf § 2 I Nr. 2 Buchst. b)[694].

---

[684] S. *BGH*, PharmR 2011, 299, 300 f.; NJW-RR 2010, 1705, 1707; *Koyuncu*, jurisPR-MedizinR 1/2011, Anm. 2.

[685] BT-Drucks. 12/6991, S. 32; in Abgrenzung zu den fiktiven Arzneimitteln nach § 2 II Nr. 1 kommt es für die Bejahung eines Medizinproduktes nach § 3 Nr. 2 MPG darauf an, dass das potentielle Arzneimittel im Verhältnis zur Hauptwirkung des zusammengesetzten Produktes eine nur ergänzende bzw. unterstützende Funktion hat (vgl. Rn. 129 ff.).

[686] S. hierzu *BGH*, GRUR 2010, 169, 170; *OLG Frankfurt/Main*, WRP 2007, 216, 218; *Pflüger*, MPR 2010, 37 ff.

[687] S. auch BT-Drucks. 14/6281, S. 28.

[688] Vgl. BT-Drucks. 12/6991, S. 32.

[689] S. *LG Frankfurt/Main*, PharmR 2000, 102, 103.

[690] Vgl. *LG Hamburg*, PharmR 2012, 165, 167 (Infusionsleitung einer Infusionspumpe eigenständiges Medizinprodukt); *Rehmann*, in: Rehmann/Wagner, § 3 Rn. 10.

[691] S. dazu BT-Drucks. 17/9341, S. 47 und BT-Drucks. 13/11021, S. 11.

[692] So *OVG Münster*, PharmR 2010, 471, 474; 342, 343; 289, 290; *Voit*, PharmR 2010, 501, 502 f., 509; *Fulda*, MPJ 2010, 94, 94 f.

[693] In diese Richtung *v. Czettritz/Strelow*, MPR 2010, 1, 2 ff.; *v. Czettritz*, PharmR 2010, 344, 345; 475, 475 f.

[694] S. dazu BT-Drucks. 17/9342, S. 47; *VG Köln*, PharmR 2015, 297, 303; *Fleischfresser*, in: Fuhrmann/Klein/Fleischfresser, § 2 Rn. 158; *Dettling*, PharmR 2010, 39.

5. Abgrenzung Arzneimittel/Medizinprodukte. Begrifflicher Ausgangspunkt der Abgrenzung 220 der Arzneimittel von den Medizinprodukten (Fallbeispiele: Darmreinigungsmittel[695], Fertigspritzen[696], Vaginalkapseln[697]) ist einerseits die Definition der **Arzneimittel** in § 2 und andererseits die Grunddefinition der **Medizinprodukte** in § 3 Nr. 1 MPG. Nach § 2 III Nr. 7 liegt der Abgrenzung ein **wertneutrales Ausschlussverhältnis** zugrunde[698]. Ein Produkt kann jeweils nur einen der beiden Begriffe erfüllen. Diese schließen sich wechselseitig aus[699]. Weder aus § 2 III Nr. 7 noch aus § 3 Nr. 1 MPG a. E. oder § 2 V Nr. 1 MPG lässt sich ein Vorrangverhältnis bzw. ein Verhältnis der Spezialität[700] zugunsten einer der beiden Produktkategorien ableiten[701]. Hierfür fehlt es an normativen Anhaltspunkten. Medizinprodukte sind keine „speziellen Arzneimittel", sondern ein aliud. Die materiellen Parameter der Abgrenzungsprüfung ergeben sich aus § 2 und aus § 3 Nr. 1 MPG, dessen drei Hauptmerkmale die „Instrumente, Apparate …", die Zweckbestimmung sowie die „bestimmungsgemäße Hauptwirkung" sind. Von den beiden ersten Merkmalen wird in der Regel nur eine begrenzte Abgrenzungswirkung ausgehen. Vor allem ist die Zweckbestimmung der Medizinprodukte und die der Arzneimittel (therapeutisch, prophylaktisch, diagnostisch etc.) in den meisten Fällen sehr ähnlich oder sogar identisch[702]. Daher ist die überwiegende Zweckbestimmung – anders als etwa bei der Abgrenzung Arzneimittel/Lebensmittel oder Arzneimittel/kosmetische Mittel – für die Abgrenzungsfrage von deutlich nachrangiger Bedeutung[703]. Neben den Kriterien des § 2 steht die **bestimmungsgemäße Hauptwirkung** des Produktes im Vordergrund. Bei der wertenden Gesamtbetrachtung aller obigen speziellen und aller allgemeinen Faktoren (Produktkonzeption, Wissenschaft, Marktauftritt; s. Rn. 116 ff.) sind dessen Hauptwirkungen maßgeblich, wobei der Begriff der Hauptwirkungen mit den überwiegenden Wirkungen bzw. Wirkungsweisen gleichgesetzt werden kann. Es kommt darauf an, ob das Produkt **überwiegend pharmakologisch,** immunologisch oder metabolisch (das heißt arzneispezifisch gem. § 2 I) **oder** aber **physikalisch** oder chemisch (das heißt medizinproduktespezifisch nach § 3 Nr. 1 MPG) wirkt[704]. Anders als die subjektiv geprägte Zweckbestimmung des Produktes (s. Rn. 213 ff.) ist die Hauptwirkung objektiv-wissenschaftlich zu beurteilen[705]. Lässt sich das Produkt nach abschließender Würdigung aller Umstände nicht eindeutig einordnen (insbes. bezüglich seiner Hauptwirkung), ergibt sich aus der Sonderregelung des § 2 IIIa dessen Einstufung als Arzneimittel.

Die in der Literatur im Kontext von § 2 III Nr. 7 und § 2 IIIa vertretene Auffassung, dass die Kriterien 221 des **Präsentationsarzneimittelbegriffs** gem. § 2 I Nr. 1 bei der Abgrenzung Arzneimittel/Medinzinprodukt auszuklammeren seien[706], da anderenfalls nahezu alle stofflichen Medizinprodukte als Arzneimittel qualifiziert werden müssten[707], geht fehl[708]. Diese Ansicht beruht insbes. auf der Annahme, dass der Arzneimittelbegriff in § 2 I Nr. 1 nur die (subjektive) Präsentation eines Produktes zum Gegenstand hat und sämtliche objektiv-wissenschaftlichen Faktoren allein dem Arzneimittelbegriff in § 2 I Nr. 2 Buchst. a) zugewiesen sind. Da die Zweckbestimmung vieler (stofflicher) Medizinprodukte mit der der Arzneimittel im wesentlichen kongruent ist und damit auch deren jeweilige Präsentation im Markt, wäre daher in der Tat fast jedes stoffliche Medizinprodukt auch ein Präsentationsarzneimittel. Als solches könnte es bei einer unreflektierten Anwendung der Grenzfallregelung in § 2 IIIa per se als Arzneimittel qualifiziert werden. Bei dieser Auffassung wird verkannt, dass der Arzneimittelbegriff des § 2 I einheitlich

---

[695] S. *BGH*, PharmR 2011, 299 ff.; PharmR 2010, 338 ff.; *OLG Köln*, PharmR 2010, 73 ff.

[696] S. *BGH*, GRUR 2010, 169 ff.; *OLG Frankfurt/Main*, WRP 2007, 216 ff.

[697] S. *EuGH* (s. o. Fn. 12), Rs. C-109/12 – Laboratoires Lyocentre; weitere Beispiele bei *Doepner/Hüttebräuker*, in: Dieners/Reese, § 3 Rn. 84 und *Kloesel/Cyran*, § 2 Anm. 160.

[698] So auch *OVG Münster*, PharmR 2008, 83, 84; ferner *OLG Köln*, PharmR 2010, 73, 75.

[699] *KG*, PharmR 2000, 339; *Kloesel/Cyran*, § 2 Anm. 156; s. zur Möglichkeit, die zuständige Bundesoberbehörde um eine Stellungnahme zur Frage der Abgrenzung zu ersuchen § 13 III MPG.

[700] So im Ergebnis *KG*, PharmR 2000, 339, 341; in diese Richtung auch *Meyer-Lüerßen/Will*, PharmR 1995, 34, 35 und *Anhalt/Dieners*, in: Anhalt/Dieners, § 2 Rn. 22.

[701] Vgl. *Kloesel/Cyran*, § 2 Anm. 156.

[702] S. auch *OLG Frankfurt/Main*, WRP 2007, 216, 217; *LG Hamburg*, MPR 2007, 82, 84; *Anhalt*, in: Anhalt/Dieners, § 3 Rn. 5; *Webel*, S. 304.

[703] S. *OLG Frankfurt/Main*, WRP 2007, 216, 217; anders *OLG München*, OLG Report 2002, 146, 146 f.; *OLG Frankfurt/Main*, PharmR 2000, 17, 20.

[704] S. *BSGE* 111, 155, 159; *BGH*, PharmR 2011, 299, 300; NJW-RR 2010, 1705, 1707; PharmR 2010, 338, 339; GRUR 2010, 169, 170; *OVG Münster*, PharmR 2010, 471, 471, 473 f.; PharmR 2008, 83, 83 f.; *OLG Frankfurt/Main*, WRP 2007, 216, 217; *OVG Münster*, ZLR 2006, 302, 314; *KG*, PharmR 2000, 339, 340 f.; *LG Köln*, PharmR 2009, 570, 571 f.; ferner *OLG Köln*, PharmR 2010, 73, 74 f.; *Rehmann*, in: Rehmann/Wagner, § 3 Rn. 1 und Einf. Rn. 11; *Anhalt*, in: Anhalt/Dieners, § 3 Rn. 6; *Webel*, S. 300, 306, 312; *Pannenbecker*, in: Terbille/Clausen/Schroeder-Printzen, § 14 Rn. 267; *Wulff*, PharmR 2015, 52, 56 f.; *Voit*, PharmR 2010, 501, 504, 509; *Dettling*, PharmR 2006, 578, 580 ff., 583 f.; *von Czettritz*, PharmR 1997, 212; BT-Drucks. 17/9341, S. 75; BT-Drucks. 12/6991, S. 28.

[705] S. *BGH*, GRUR 2010, 169, 170; *Webel*, S. 308, 311 f.; *Kage*, S. 51.

[706] Vgl. *Zumdick*, PharmR 2012, 184, 196; *Wudy*, PharmR 2011, 156, 157 f.; *v. Czettritz*, PharmR 2010, 475, 475 f.; 344, 344 f.; *v. Czettritz/Strelow*, MPR 2010, 1, 2 ff.; *Fulda*, MPJ 2010, 94, 98 f.; *Hüttebräuker/Thiele*, MPR 2010, 109, 112.

[707] Vgl. *v. Czettritz/Strelow*, MPR 2010, 1, 3; *Fulda*, MPJ 2010, 94, 99; in diese Richtung auch *Schneider*, PharmR 2010, 291, 292 f. und *Bruggmann*, PharmR 2010, 97, 100.

[708] S. auch *OVG Münster*, PharmR 2010, 471, 474 f.; 342, 344; *VG Köln*, PharmR 2015, 297, 302 f. (dazu *Voit*, PharmR 2015, 425 ff.); MPR 2014, 24, 32; *Dettling*, PharmR 2010, 39.

zu verstehen ist und der Begriff der Präsentationsarzneimittel in § 2 I Nr. 1 keineswegs nur Anscheinsarzneimittel erfasst, sondern den „Normalfall" eines Arzneimittels abbildet (s. Rn. 104 f.). Hierbei wird
das Arzneimittel nicht nur entsprechend seiner medizinischen Zweckbestimmung präsentiert, sondern
verfügt auch tatsächlich über betreffende (pharmakologische) Eigenschaften. Bei der gebotenen Gesamtbetrachtung aller Faktoren eines Produktes im Grenzbereich Arzneimittel/Medizinprodukt ist daher in
jedem Fall auch auf dessen bestimmungsgemäße Hauptwirkung abzustellen.

222   Die oben dargestellte Prüfungssystematik geht **mit den RL 2001/83/EG bzw. 90/385/EWG, 93/
42/EWG und 98/79/EG**[709] nebst der Judikatur des *EuGH*[710] **konform** (s. grundsätzlich Rn. 157). Vor
allem beinhaltet der europäische Begriff der Medizinprodukte gem. Art. 1 II Buchst. a) RL 90/385/
EWG, 93/42/EWG und 98/79/EG keine abweichenden Prüfungsparameter. Die Begriffsmerkmale der
Medizinprodukte nach § 3 MPG entsprechen materiell den Formulierungen in Art. 1 II Buchst. a) RL
90/385/EWG, 93/42/EWG und 98/79/EG. Die vereinzelten Abweichungen (etwa hinsichtlich der
präzisierenden Begriffe „Zubereitungen aus Stoffen" und „mittels ihrer Funktionen" in § 3 Nr. 1 MPG)
sind sprachlicher Art. Auch Art. 1 VI Buchst. a) RL 90/385/EWG und Art. 1 V Buchst. c) RL 93/42/
EWG stellen darauf ab, dass die Abgrenzung Arzneimittel/Medizinprodukt *„insbesondere unter Berücksichtigung der hauptsächlichen Wirkungsweise des Produkts"* erfolgt[711].

VIII. Organe zur Übertragung auf menschliche Empfänger (Nr. 8)

223   § 2 III Nr. 8 wurde durch Art. 2 Nr. 2 des Gewebegesetzes vom 20.7.2007 geändert, das der
Umsetzung der RL 2004/23/EG dient. Hierbei wurde insbes. der Zusatz „und **Augenhornhäute**"
gestrichen, so dass diese nun grundsätzlich dem AMG unterfallen[712]. Die bisherige Formulierung *„zur
Übertragung auf andere Menschen"* wurde durch die Formulierung *„zur Übertragung auf menschliche Empfänger"* ersetzt. Damit werden nicht nur Organe zur Transplantation auf Dritte erfasst (allogene Transplantation), sondern auch solche, die auf den „Spender" zurückübertragen werden (autologe Transplantation)[713].

224   **Organe nach § 1a Nr. 1 TPG** sind *„mit Ausnahme der Haut, alle aus verschiedenen Geweben bestehenden,
differenzierten Teile des menschlichen Körpers, die in Bezug auf Struktur, Blutgefäßversorgung und Fähigkeit zum
Vollzug physiologischer Funktionen eine funktionale Einheit bilden, einschließlich der Organteile und einzelnen
Gewebe eines Organs, die unter Aufrechterhaltung der Anforderungen an Struktur und Blutgefäßversorgung zum
gleichen Zweck wie das ganze Organ im menschlichen Körper verwendet werden können, mit Ausnahme solcher
Gewebe, die zur Herstellung von Arzneimitteln für neuartige Therapien im Sinne des § 4 Absatz 9 des Arznei-
mittelgesetzes bestimmt sind".* Unter Gewebe sind *„alle aus Zellen bestehenden Bestandteile des menschlichen
Körpers [zu verstehen], die keine Organe nach Nummer 1 sind, einschließlich einzelner menschlicher Zellen"* (§ 1a
Nr. 4 TPG). Organe sind **zur Übertragung auf menschliche Empfänger bestimmt**, wenn sie in
oder an einem menschlichen Empfänger verwendet sowie beim Menschen außerhalb des Körpers
angewendet werden sollen (vgl. § 1a Nr. 7 TPG). Beispiele für Organe i. S. v. § 2 III Nr. 8 sind die
vermittlungspflichtigen Organe Herz, Lunge, Leber, Niere, Bauchspeicheldrüse und Darm (vgl. § 1a
Nr. 2 TPG). Ein Beispiel für miterfasste Gewebe bzw. Zellen eines Organs sind Pankreasinselzellen, die
in der Funktion der Bauchspeicheldrüse übernehmen sollen[714].

225   Die von § 2 III Nr. 8 **nicht erfassten menschlichen Organe (u. a. Haut), Organteile sowie
Gewebe(-Zubereitungen) und Zellen** unterfallen grundsätzlich dem Regime des AMG und kommen
als Arzneimittel in Betracht[715]. Gleiches gilt für tierische Organe, Organteile und Gewebe, die auf
Menschen übertragen werden (Xenotransplantation)[716]. Nach der Sonderregelung in § 4 XXX 1 sind
Gewebezubereitungen *„Arzneimittel, die Gewebe im Sinne von § 1a Nr. 4 des Transplantationsgesetzes sind
oder aus solchen Geweben hergestellt worden sind."* Beispiele hierfür sind Arzneimittel aus Zellansammlungen
wie Hautstücke, Herzklappen, Dura Mater, Augenhornhäute, Plazenta, Knochen, Tumorgewebe, Kno-

---

[709] S. hierzu auch den Leitfaden der Europäischen Kommission zur Anwendung der RL 90/385/EWG und 93/42/
EWG (MEDDEV 2.1/3 rev 3, Stand: Dezember 2009; s. www.ec.europa.eu) sowie das Borderline-Manual für
Medizinprodukte (Version 1.16, Stand: Juli 2014; s. www.ec.europa.eu). S. 23 ff.; diese Texte sind zwar naturgemäß
rechtlich nicht verbindlich, geben aber gewisse Auslegungsimpulse, s. *EuGH* (s. o. Fn. 12), Rs. C-308/11 − Chemische
Fabrik Kreussler, Rn. 23 ff.; *BGH*, PharmR 2011, 299, 301; NJW-RR 2011, 49, 50; NJW-RR 2010, 1705, 1707;
OVG Münster, PharmR 2010, 471, 471 f., 473; *OLG Hamburg*, GRUR-RR 2002, 360, 361; *OLG München*, OLG
Report 2002, 146, 147; *LG Köln*, PharmR 2009, 570, 573.
[710] S. *EuGH* (s. o. Fn. 12), Rs. C-109/12 − Laboratoires Lyocentre, Rn. 36 ff.; Rs. C-290/90 − Kommission/
Deutschland I, Rn. 14 ff.
[711] Vgl. *EuGH* (s. o. Fn. 12), Rs. C-109/12 − Laboratoires Lyocentre, Rn. 39, 44. § 2 V Nr. 1 MPG übernimmt
diese Formulierung nun ausdrücklich (s. auch BT-Drucks. 17/9341, S. 75).
[712] S. BT-Drucks. 16/3146, S. 22, 37; *Roth*, A&R 2008, 25, 27.
[713] Vgl. BT-Drucks. 16/3146, S. 23.
[714] BT-Drucks. 16/3146, S. 24; s. dazu auch *Pühler/Middel/Hübner*, MedR 2010, 23 ff.
[715] Kritisch *Heinemann/Löllgen*, PharmR 2004, 183, 187; zu beachten ist allerdings die Sonderregelung für Gewebe
zur Rückübertragung in § 4a S. 1 Nr. 3 (s. § 4a Rn. 14 f.).
[716] Vgl. *König*, in: Schroth/König/Gutmann/Oduncu, § 1 Rn. 10; *Nickel/Schmidt-Preisigke/Sengler*, § 1 Rn. 8; *Straßburger*, MedR 2008, 723 ff.; *Vesting/Müller*, MedR 1996, 203, 205.

chenmark, embryonale und fötale Gewebe, Operations- und Sektionsreste sowie aus einzelnen Zellen, wie insbes. Stammzellen. Menschliche Substanzen wie Urin, Eiter oder Nosoden werden nicht erfasst[717]. § 4 XXX 2 stellt klar, dass „*[m]enschliche Samen- und Eizellen (Keimzellen) sowie imprägnierte Eizellen und Embryonen weder Arzneimittel noch Gewebezubereitungen sind.*" Menschliche Keimzellen werden daher insbes. von den Regelungen in §§ 20b, 20c, 64 und 72b, nicht aber von den §§ 21 und 21a erfasst[718]. Nach § 4 II sind auch Blutzubereitungen Arzneimittel, wobei diese Definition die Blutstammzellen aus peripherem Blut und aus Nabelschnurblut mitumfasst[719].

Die **Abgrenzung** der Arzneimittel von den in Rede stehenden Organen ist im Kern von zwei **226** Faktoren geprägt: Zunächst ist **stoffbezogen** zu entscheiden, ob ein Organ – einschließlich der miterfassten Gewebe und Zellen – i. S. v. § 1a Nr. 1 TPG vorliegt. Sodann kommt es auf dessen **spezifische objektive Zweckbestimmung** („Übertragung auf menschliche Empfänger") an. Fehlt es an einem der beiden Faktoren, liegt in der Regel ein Arzneimittel vor.

Produkte, die im Rahmen des **Tissue Engineering** gewonnen werden (Gewebezüchtungen), wur- **227** den schon bislang überwiegend als Arzneimittel gem. § 2 I eingestuft[720]. Dies ergibt sich nunmehr auch eindeutig aus der VO (EG) Nr. 1394/2007 über **„Arzneimittel für neuartige Therapien",** die für den Bereich der Gentherapeutika, somatischen Zelltherapeutika und biotechnologisch bearbeiteten Gewebeprodukte (Tissue-Engineering-Produkte) einen eigenständigen Rechtsrahmen geschaffen hat (vgl. Art. 1, 2 I VO (EG) Nr. 1394/2007)[721]. Nach Art. 27 Nr. 3 Buchst. a) VO (EG) Nr. 1394/2007 unterfallen die Arzneimittel für neuartige Therapien dem zentralen Zulassungsverfahren gem. der VO (EG) Nr. 726/2004. Dementsprechend nimmt § 1a Nr. 1 TPG „*Gewebe, die zur Herstellung von Arzneimitteln für neuartige Therapien im Sinne des § 4 Absatz 9 des Arzneimittelgesetzes bestimmt sind*" aus dem Begriff der Organe aus[722].

H. Grenzfallregelung (Abs. 3a)

Die mit dem AMG-ÄndG 2009 eingefügte Regelung des § 2 IIIa setzt Art. 2 II RL 2001/83/EG um **228** (s. Rn. 34 ff.). Sie betrifft gemeinsam mit § 2 III die schwierige Einordnung und Abgrenzung ambivalenter Produkte. § 2 IIIa ist eine Sonderregelung für die **rechtliche Behandlung von Grenzfällen** der Produkteinstufung. Sie ist keine „Zweifels- oder Zweifelsfallregelung", sondern eine Grenzfallregelung. Zu Recht hat § 2 IIIa daher die Formulierung aus Art. 2 II RL 2001/83/EG („*In Zweifelsfällen, in denen …*") nicht übernommen[723].

I. Anwendungsbereich

§ 2 IIIa bezieht sich zunächst auf alle Erzeugnisse, die Stoffe oder Stoffzubereitungen sind oder **229** enthalten, die unter eine Begriffsbestimmung des § 2 I fallen und zugleich unter eine Begriffsbestimmung des § 2 III fallen können. Der Begriff der **Erzeugnisse** ist ein neutraler **Sammelbegriff** für alle Stoffe oder Stoffzubereitungen, die ein Arzneimittel oder ein benachbartes Produkt darstellen[724]. Er ist mit dem Begriff der „Mittel" in § 2 IV vergleichbar.

Die Grenzfallregelung gilt einheitlich für die **Präsentations- und Funktionsarzneimittel** des § 2 I[725]. **230** Sie ist nicht lediglich auf die Funktionsarzneimittel in § 2 I Nr. 2 zu beziehen[726]. Hiergegen spricht schon der Wortlaut der Norm, der ohne Einschränkung auf alle „Arzneimittel" abstellt und sich damit

---

[717] S. BT-Drucks. 16/3146, S. 37.

[718] Vgl. BT-Drucks. 16/5443, S. 56.

[719] S. BT-Drucks. 16/3146, S. 37.

[720] Vgl. *Heinemann/Löllgen*, PharmR 2007, 183, 187; *Schickert/Heinemann*, PharmR 2006, 408, 411; *Sonnenschein*, MPR 2004, 29, 30; *Dieners/Sonnenschein*, PharmR 2003, 150, 157; *Dieners/Sonnenschein/Köhler*, PharmR 2002, 325, 329; *König*, in: Schroth/König/Gutmann/Oduncu, § 1 Rn. 11; *Nickel/Schmidt-Preisigke/Sengler*, § 1 Rn. 6.

[721] Vgl. hierzu *Brucklacher/Walles*, PharmR 2010, 581 ff.; *Heinemann/Spranger*, MedR 2007, 209 ff.; *Schickert/Heinemann*, PharmR 2006, 408 ff.; *Hansmann*, MedR 2006, 155 ff.

[722] S. hierzu insbes. die Sondervorschriften in § 4 b.

[723] Gesetzliche Formulierungen wie „im Zweifel" oder „im Zweifelsfall" beziehen sich in der Regel auf widerlegbare Vermutungen zur Verteilung der Darlegungs- und Beweislast (s. *Rüthers/Fischer/Birk*, Rn. 134 und § 292 ZPO). Hierum geht es bei Art. 2 II RL 2001/83/EG gerade nicht, da diese Regelung nur den bewährten Strengegrundsatz des *EuGH* (vgl. *EuGH*, s. o. Fn. 12, Rs. C-319/05 – Kommission/Deutschland III, Rn. 38, 63; Rs. C-211/03 u. a. – HLH Warenvertrieb und Orthica, Rn. 43 ff.; Rs. C-219/91 – Ter Voort, Rn. 19) normiert (s. Rn. 37); *Koyuncu*, in: Deutsch/Lippert, § 2 Rn. 104.

[724] Erfasst werden auch die in § 2 III Nr. 8 geregelten Organe, obwohl es sich bei einem engen Begriffsverständnis nicht um „Erzeugnisse" handelt.

[725] Vgl. *OVG Münster*, PharmR 2010, 471, 474 f.; 342, 344; 289, 290 f.; *VG Köln*, PharmR 2015, 297, 302 f.; MPR 2014, 24, 32; *Kloesel/Cyran*, § 2 Anm. 165; *Knappstein*, S. 260 ff.; *Kaulen*, S. 162 f.; *Jäkel*, PharmR 2010, 278, 280.

[726] So jedoch zu Art. 2 II RL 2001/83/EG *Doepner/Hüttebräuker*, in: Dieners/Reese, § 2 Rn. 23, 69; *Volkmer*, in: Körner/Patzak/Volkmer, Vorb. AMG Rn. 97; *Hüttebräuker/Thiele*, MPR 2010, 109, 112; *Zeinhofer*, S. 151 f.; *Gröning*, WRP 2005, 709, 713; *Doepner/Hüttebräuker*, ZLR 2004, 429, 451 f.; in Bezug auf die Abgrenzung Arzneimittel/Medizinprodukt *Wudy*, PharmR 2011, 156, 157 f.; *v. Czettritz*, PharmR 2010, 475, 475 f.; *v. Czettritz/Strelow*, MPR 2010, 1, 2 ff.

etwa von § 2 III Nr. 7 unterscheidet, der nur die *„Arzneimittel im Sinne des § 2 Absatz 1 Nummer 2 Buchstabe b"* nennt. Zudem verwendet § 2 IIIa den Begriff der „Eigenschaften", der gerade den Präsentationsarzneimittelbegriff des § 2 I Nr. 1 prägt – wie es auch bei Art. 2 II und Art. 1 Nr. 2 Buchst. a) RL 2001/83/EG der Fall ist. Schließlich spricht auch die pauschale Formulierung *„unter eine Begriffsbestimmung des Absatzes 1"* gegen eine Ausklammerung der Präsentationsarzneimittel des § 2 I Nr. 1.

231 Obwohl § 2 IIIa ausdrücklich nur auf § 2 I abstellt, bezieht er sich auch auf die **„vermuteten Arzneimittel"** des § 2 IV[727]. Dies bedeutet, dass § 2 IIIa die formelle Entscheidung „Arzneimittel ja/nein", die mit den beiden gesetzlichen Vermutungen des § 2 IV verbunden ist, materiell nicht durchbricht. Die Grenzfallregelung erfasst hingegen nicht die „fiktiven Arzneimittel" in § 2 II, da diesen die Arzneimitteleigenschaft ersichtlich fehlt und daher nur fingiert wird.

II. Vorrang des Arzneimittelrechts

232 Nach § 2 IIIa sollen Grenzprodukte, die den Arzneimittelbegriff des § 2 I erfüllen (*„unter eine Begriffsbestimmung des Absatzes 1 fallen"*) und zugleich den Begriff des benachbarten Produktes nach § 2 III erfüllen können (*„unter die Begriffsbestimmung eines Erzeugnisses nach Absatz 3 fallen können"*) dem Arzneimittelrecht zugeordnet werden. Da das Regime des Arzneimittelrechts im Vergleich zu den benachbarten Rechtsbereichen strenger ist, geht es darum, diesem für echte Grenzfälle der Produktzuordnung einen Vorrang einzuräumen, um so die öffentliche Gesundheit möglichst weitreichend vor den Gefahren bestimmter Grenzprodukte zu schützen. Ein solcher Vorrang ergibt sich im Ansatz schon daraus, dass „echte" Grenzprodukte im Einzelfall aus Gründen der Arzneimittelsicherheit nach § 1[728] tendenziell dem strengeren Arzneimittelrecht zugerechnet werden. Indem § 2 IIIa diesen Grundsatz normiert, hat er primär deklaratorische Bedeutung[729]. Er stellt keine gesetzliche Vermutung auf und regelt auch nicht die Frage, zu wessen Lasten die mangelnde Beweisbarkeit einzelner Produkteigenschaften geht[730]. Ebenso wie Art. 2 II RL 2001/83/EG ist § 2 IIIa daher **keine Vermutungs- oder Beweislastregelung** und auch **keine Wahrscheinlichkeitsregelung,** sondern eine schlichte Normierung des Vorrangs des Arzneimittelrechts in besonderen Grenzfällen der Produkteinstufung[731].

233 Der in § 2 IIIa zum Ausdruck kommende Vorrang darf **keineswegs absolut,** insbes. im Sinne eines generellen Vorrangs des Arzneimittelrechts vor allen anderen angrenzenden Rechtsmaterien missverstanden werden. § 2 IIIa steht in einem engen systematischen Zusammenhang mit der Abgrenzungsregelung in § 2 III und ist eine Ergänzungsregelung für das Problem der rechtlichen Einordnung von echten Grenzprodukten. Daher macht § 2 IIIa die bisherigen dezidierten Abgrenzungsmaßstäbe gem. § 2 I, III nicht obsolet und bedeutet nicht, dass künftig alle ambivalenten Grenzprodukte automatisch dem Arzneimittelrecht zuzuschlagen sind. Vor allem aus Gründen der Verhältnismäßigkeit ist die Grenzfallregelung des § 2 IIIa vielmehr **restriktiv** dahingehend auszulegen, dass sie **nur echte Grenzfälle** erfasst, das heißt ausschließlich solche Grenzprodukte, die sich nach der gebotenen wertenden Gesamtbetrachtung *„unter Berücksichtigung aller Eigenschaften"* rechtlich nicht sicher einordnen lassen[732]. Dies kann etwa bei der Abgrenzung Arzneimittel/Lebensmittel der Fall sein, wenn sich unter besonderer Berücksichtigung der Wirkungsweise des Produktes (insbes.: pharmakologisch oder ernährungsphysiologisch) abschließend nicht sicher entscheiden lässt, ob es überwiegend für arzneispezifische Zwecke (therapeutisch, prophylaktisch etc.) oder für lebensmittelspezifische Zwecke (allgemeine oder besondere Ernährung) bestimmt ist.

III. Berücksichtigung aller Eigenschaften

234 Die Formulierung *„unter Berücksichtigung aller Eigenschaften"* bringt zum Ausdruck, dass es bei der Abgrenzungsprüfung im Sinne einer Gesamtbewertung auf **alle zur Verfügung stehenden** objektiven und subjektiven **Produktmerkmale** ankommt[733]. Es ginge fehl, einzelne Merkmale, wie etwa das der pharmakologischen Wirkung in § 2 I Nr. 2 Buchst. a) herauszugreifen und – pars pro toto – zum alleinigen Bewertungsmaßstab zu machen. Die in der Summe zu berücksichtigen Eigenschaften bzw. Merkmale ergeben sich zum einen aus dem Arzneimittelbegriff des § 2 I und zum anderen aus den jeweiligen Komplementärbegriffen, die in § 2 III aufgeführt werden[734]. Zusätzliche eigenständige Merkmale für die Abgrenzungsprüfung enthält § 2 IIIa nicht.

---

[727] S. auch BT-Drucks. 16/12 256, S. 41.
[728] S. insbes. *BVerfG*, NJW 2006, 2684, 2685.
[729] Vgl. *Heßhaus*, in: Spickhoff, § 2 AMG Rn. 14; *Volkmer*, in: Körner/Patzak/Volkmer, Vorb. AMG Rn. 96; *a. A. Knappstein*, S. 241 ff.
[730] So aber *OLG Köln*, PharmR 2010, 73, 75 („Verbleibende Zweifel … gehen daher zu Lasten der Beklagten.").
[731] Vgl. *BVerwG*, NVwZ 2015, 749, 751; NVwZ-RR 2015, 425, 428; NVwZ-RR 2015, 420, 424; *Stephan*, in: Fuhrmann/Klein/Fleischfresser, § 2 Rn. 76; *Rehmann*, § 2 Rn. 35; *a. A. Knappstein*, S. 266 ff. (Beweismaßregel).
[732] S. auch *OLG Frankfurt/Main*, PharmR 2008, 550, 553 (Art. 2 II RL 2001/83/EG als „ultima-ratio-Vorschrift"); *VG Köln*, PharmR 2015, 297, 302; MPR 2014, 24, 32; *Zeinhofer*, S. 149 („ultima ratio im Falle einer non-liquet-Situation"); *Heßhaus*, in: Spickhoff, § 2 AMG Rn. 13.
[733] S. *EuGH* (s. o. Fn. 12), Rs. C-140/07 – Hecht-Pharma, Rn. 35 f.
[734] Vgl. *Müller*, in: FS Doepner, S. 267, 276.

Müller

IV. Prüfungsmaßstäbe

Aus der Formulierung „*unter eine Begriffsbestimmung des Absatzes 1 fallen*" ergibt sich, dass die **Arznei-** 235 **mitteleigenschaft** des streitigen Produktes grundsätzlich **positiv festgestellt** werden muss[735]. Dieses Erfordernis kann nicht im Wege einer richtlinienkonformen Auslegung i. S. v. Art. 2 II RL 2001/83/EG (*„unter die Definition von ,Arzneimittel' … fallen kann"*) entkräftet werden. Ungeachtet der gebotenen teleologischen Reduktion des Art. 2 II RL 2001/83/EG (s. Rn. 36) steht einer solchen Auslegung der eindeutige Gesetzeswortlaut in § 2 IIIa (*„fallen"*) als absolute Auslegungsgrenze entgegen[736]. § 2 IIIa darf nicht dahingehend fehlgedeutet werden, dass er das Maß der gebotenen Sachaufklärung modifiziert bzw. reduziert (vgl. auch § 24 I, II VwVfG und § 86 I VwGO)[737] und bei tatsächlichen Zweifeln per se eine Qualifikation als Arzneimittel gestattet[738]. Die positive Feststellung der Arzneimitteleigenschaft verlangt vielmehr eine vollständige Produktprüfung anh. den bewährten Maßstäben der wertenden Gesamtbetrachtung anhand der überwiegenden Zweckbestimmung (s. Rn. 109 ff.). Ein Produkt darf daher nicht etwa unter Hinweis auf den Vorrang des Arzneimittelrechts vorsichtshalber[739] oder auf Verdacht als Arzneimittel klassifiziert werden (**keine Verdachtsarzneimittel**)[740].

§ 2 IIIa verlangt weder nach seinem Wortlaut noch nach seinem Sinn und Zweck, dass die Arznei- 236 mitteleigenschaft stets objektiv-wissenschaftlich, vor allem in Bezug auf die **pharmakologische Wirkung**, nachgewiesen werden muss. Dies ergibt sich bereits daraus, dass § 2 I Nr. 1 auch Anscheinsarzneimittel und solche Arzneimittel erfasst, für die ein entsprechender wissenschaftlicher Nachweis fehlt (z. B. im Bereich der pflanzlichen Arzneimittel; s. Rn. 72). Zudem bezieht sich § 2 IIIa auch auf die „vermuteten Arzneimittel" des § 2 IV, bei denen in vielen Fällen ebenfalls kein hinreichender wissenschaftlicher Nachweis vorliegt. Nur bei dem Funktionsarzneimittelbegriff des § 2 I Nr. 2 Buchst. a) sind wegen dessen tatbestandlicher Weite auch objektiv-wissenschaftliche Nachweise zu fordern (s. Rn. 99). Diese Anforderung darf jedoch nicht dahingehend überhöht werden, insbes. für die Frage der pharmakologischen Wirkung entscheidend auf **klinische Studien** abzustellen[741]. Da solche gerade bei ambivalenten Grenzprodukten regelmäßig nicht vorliegen, könnten diese per se nicht als Arzneimittel qualifiziert werden[742]. Dies ist mit Blick auf die Zeit- und Kostenintensität klinischer Studien und einen effizienten Schutz der öffentlichen Gesundheit nicht sachgerecht[743]. Entsprechendes folgt auch aus den Regelungen für die (traditionellen) pflanzlichen Arzneimittel (vgl. § 22 II 1: *„anderes wissenschaftliches Erkenntnismaterial"*; §§ 39b I 1 Nr. 4, 39c II 1 Nr. 5: Plausibilität der pharmakologischen Wirkungen). Für die Frage der rechtlichen Einordnung eines Grenzproduktes (insbes.: zulassungspflichtiges Arzneimittel gem. § 21 I i. V. m. § 2 ja oder nein?) dürfen die Anforderungen an den wissenschaftlichen Nachweis der pharmakologischen Wirkung nicht mit den (höheren) Anforderungen für ein erfolgreiches Zulassungsverfahren gleichgesetzt werden (s. insbes. § 22 II 1 Nr. 2, 3 und § 25 II 1 Nr. 2). Die Frage der Zulassungspflicht ist vielmehr strikt von der Frage der Zulassungsvoraussetzungen zu unterscheiden. Letztere ist für die rechtliche Einstufung eines Grenzproduktes grundsätzlich unbedeutend[744].

Die Formulierung „*unter die Begriffsbestimmung eines Erzeugnisses nach Absatz 3 fallen können*" besagt, dass 237 die jeweilige **Komplementärdefinition** zum Arzneimittelbegriff in § 2 nicht erfüllt sein muss. Es wäre jedoch nicht sachgerecht, aus dieser Formulierung auch zu folgern, dass § 2 IIIa nicht eingreift, wenn der Wortlaut der Komplementärdefinition aus § 2 III erfüllt *ist*. So wird etwa in den Fällen der Abgrenzung Arzneimittel/Lebensmittel nach § 2 III Nr. 1 der sehr weit formulierte Lebensmittelbegriff in Art. 2 VO 178/2002 häufig erfüllt sein. § 2 IIIa erfasst daher auch solche Fälle, in denen die korrelierende Legaldefinition vom Wortlaut her erfüllt ist[745]. Deshalb können der Grenzfallregelung und damit dem Vorrang

---

[735] Vgl. BVerwG, NVwZ 2015, 749, 751; NVwZ-RR 2015, 425, 428; NVwZ-RR 2015, 420, 424; BGH, PharmR 2011, 299, 300; VGH München, PharmR 2012, 525, 526; OVG Münster, PharmR 2010, 471, 474; BT-Drucks. 16/12 256, S. 41; EuGH (s. o. Fn. 12), Rs. C-140/07 – Hecht-Pharma, Rn. 24; Koyuncu, in: Deutsch/Lippert, § 2 Rn. 103, 105; Delewski, LMuR 2010, 1, 6; a. A. Knappstein, S. 250.

[736] S. EuGH, Urt. v. 4.7.2006 – Rs. C-212/04, NJW 2006, 2465, 2467, Rn. 110 – Konstantinos Adeneler u. a.

[737] Vgl. auch Zipfel/Rathke, Art. 2 BasisVO Rn. 84d; Wehlau, § 2 Rn. 99; Riemer, EuZW 2009, 222, 223; a. A. offenbar OVG Münster, PharmR 2010, 342, 343; 289, 291.

[738] Vgl. auch Gerstberger, S. 136 unter Hinweis auf die strafrechtlichen Konsequenzen (§ 96 Nr. 5) und die Kollision mit dem Grundsatz „in dubio pro reo".

[739] So allerdings VG Potsdam, NVwZ-RR 2009, 240, 241 f. (E-Zigarette als zulassungspflichtiges Arzneimittel).

[740] S. BVerwG, NVwZ 2009, 1038, 1039; VGH Mannheim, PharmR 2011, 92, 93; PharmR 2010, 239, 241; Rehmann, § 2 Rn. 6; Müller, NVwZ 2009, 425, 429.

[741] So BVerwG, NVwZ 2009, 1038, 1040.

[742] Restriktiv auch Zeinhofer, RdM 2008, 80, 83.

[743] S. auch BGH, NJW-RR 2010, 1407, 1408 f. (pharmakologische Wirkung in Abhängigkeit von den normalen Verzehrsgewohnheiten eines Durchschnittsverbrauchers); Stephan, in: Fuhrmann/Klein/Fleischfresser, § 2 Rn. 38, 78; Dettling, A&R 2009, 65, 66, 68 f.

[744] S. in Bezug auf die therapeutische Wirkung BGHSt 43, 336, 339; BVerwGE 97, 132, 138; VGH München, NJW 1998, 845, 845 f.

[745] Der Erwägungsgrund Nr. 7 der RL 2004/27/EG, auf den auch die Gesetzesbegründung zu § 2 IIIa Bezug nimmt (BT-Drucks. 16/12 256, S. 41), ist daher missverständlich. Hier heißt es: „Fällt ein Produkt eindeutig unter die Definition anderer Produktgruppen …, sollte diese Richtlinie nicht gelten."

des strengeren Arzneimittelrechts im Einzelfall auch solche Produkte unterfallen, die isoliert betrachtet ein Komplementärprodukt (Lebensmittel etc.) darstellen.

238   Dass die Formulierung „fallen können" am Ende von § 2 IIIa sowohl die Fälle erfasst, in denen der Tatbestand des Komplementärbegriffs erfüllt sein kann, als auch die, in denen er von seinem Wortlaut her erfüllt *ist*, bedeutet nicht, dass auf die Prüfung der jeweiligen **Begriffe nach § 2 III** verzichtet werden kann. Vielmehr sind diese für eine sachgerechte und ausgewogene Abgrenzungsprüfung vollumfänglich in die Gesamtbetrachtung mit einzubeziehen (s. Rn. 147 ff.)[746].

I. Gesetzliche Vermutung (Abs. 4)

239   § 2 IV enthält zwei **unwiderlegbare Vermutungen** (gilt/gilt nicht als Arzneimittel)[747]. Die Vorschrift dient der **Rechtssicherheit** und dem Bestandsschutz[748]. Es geht darum, etwaigen Zweifeln hinsichtlich des rechtlichen Produktstatus eines Mittels in der Praxis zu begegnen. Der Begriff des „Mittels" ist ein neutraler Oberbegriff für Arzneimittel und andere benachbarte Produkte, da bei § 2 IV in materieller Hinsicht nicht zwingend feststeht, ob ein Arzneimittel vorliegt oder nicht. § 2 IV stellt angesichts der formellen Entscheidung der nach § 77 zuständigen Bundesoberbehörde (Zulassung oder Registrierung bzw. deren Ablehnung) sowie des Bundesministeriums (Freistellung) die gesetzliche Vermutung auf, dass es sich bei dem betreffenden Produkt um ein Arzneimittel (§ 2 IV 1) bzw. um kein Arzneimittel handelt (§ 2 IV 2). Mit dieser Regelung wird die ohnehin bestehende **Tatbestandswirkung** der jeweiligen Zulassungs-, Registrierungs- bzw. Freistellungsentscheidung bekräftigt, die von allen anderen Behörden und Gerichten zu beachten ist[749]. Diese sind an die positive bzw. negative Tatbestandswirkung der betreffenden Entscheidung (Arzneimittel bzw. kein Arzneimittel) gebunden. Die Entscheidung selbst bleibt gerichtlich voll überprüfbar (s. Rn. 243).

I. Arzneimittel (S. 1)

240   Die Vorschrift betrifft sowohl die Arzneimittel nach § 2 I als auch die fiktiven Arzneimittel gem. § 2 II Nr. 1. Die fiktiven Arzneimittel nach § 2 II Nr. 1a–4 sind nicht zulassungspflichtig und unterfallen daher nicht dem Anwendungsbereich des § 2 IV. Ist ein Mittel als Arzneimittel zugelassen (§§ 21 ff.), fiktiv zugelassen (§ 105 I)[750] oder registriert (§§ 38 ff.) oder von der Zulassung oder Registrierung freigestellt (§ 36 I, III und § 39 III: Verordnung über Standardzulassungen bzw. Standardregistrierungen), gilt es über § 2 IV 1 als Arzneimittel **(positive Vermutung)**.

241   Die Tatbestandswirkung endet bei zugelassenen Arzneimitten mit der Rücknahme oder dem Widerruf der Zulassung (§ 30 I, Ia, II), mit der anderweitigen – insbes. gerichtlichen – Aufhebung der Zulassung, durch Zeitablauf bzw. Erlöschen (§ 31 I, § 105 III, Vc) oder durch Erledigung auf andere Weise (vgl. § 43 II VwVfG). Bei einem Ruhen der Zulassung (§ 30 I 4, Ia 3, II 2) besteht die Bindungswirkung demgegenüber fort[751]. Diese Grundsätze gelten bei registrierten Arzneimitteln entsprechend (s. insbes. § 39 IIc, IId und § 39c III). Sind die Arzneimittel durch Rechtsverordnung von der Zulassung oder Registrierung freigestellt worden, endet die Tatbestandswirkung mit einer betreffenden Änderung der Rechtsverordnung (vgl. § 39 III 3) oder deren Aufhebung.

II. Kein Arzneimittel (S. 2)

242   Hat die zuständige Bundesoberbehörde die Zulassung oder Registrierung eines Mittels mangels Arzneimitteleigenschaft abgelehnt, gilt dieses Mittel nach § 2 IV 2 nicht als Arzneimittel **(negative Vermutung)**. Die Tatbestandswirkung greift dauerhaft und endet erst bei einer anderweitigen – gegebenenfalls gerichtlich veranlassten – Entscheidung der Bundesoberbehörde. Eine solche Entschei-

---

[746] Zu Recht führt daher die Gesetzesbegründung aus (BT-Drucks. 16/12 256, S. 41): „Die Anwendung der Zweifelsfallregelung setzt die *positive* Feststellung der Arzneimitteleigenschaft des betreffenden Mittels voraus. Aus diesem Grunde werden im Übrigen die Abgrenzungsregelungen zu anderen Produkten des bisherigen Absatzes 3 beibehalten."; im Ergebnis auch *Köhler*, GRUR 2002, 844, 846; *Schomburg*, S. 30; *Grunwald*, S. 20 f.

[747] Anders als in der Gesetzesbegründung (BT-Drucks. 7/3060, S. 44) und in entsprechenden Stellungnahmen – vgl. *OLG Frankfurt/Main*, NJW 1996, 3090, 3091; *Fuhrmann*, in: Fuhrmann/Klein/Fleischfresser, § 2 Rn. 26; *Sander*, § 2 Erl. 40 – handelt es sich bei § 2 IV um eine positive bzw. negative Fiktion im engeren Sinne. Zwar deutet die Formulierung „gilt" bzw. „gilt nicht" auf eine gesetzliche Fiktion hin. Bei einer solchen liegt der in Bezug genommene Umstand (Arzneimitteleigenschaft) jedoch mit Gewissheit nicht vor (vgl. § 2 II). Dies ist in § 2 IV aber gerade nicht der Fall. Der in Bezug genommene Umstand (Arzneimitteleigenschaft) kann – und wird in den meisten Fällen – tatsächlich gegeben sein; dies ist die Konstellation der gesetzlichen (unwiderlegbaren) Vermutung; vgl. *Rüthers/Fischer/Birk*, Rn. 133 f.; *Zippelius*, Rn. 29 f.

[748] S. BT-Drucks. 16/12 256, S. 41.

[749] S. *BVerwG*, NVwZ 1987, 496, 496; *BVerwGE* 74, 315, 320; 59, 310, 315; *OLG Nürnberg*, NJWE-WettbR 1998, 35, 36; *Koyuncu*, in: Deutsch/Lippert, § 2 Rn. 109; *Köber*, in: MüKo Lauterkeitsrecht, Bd. 2, Anh. D zu §§ 1–7 UWG, AMG Rn. 43 f.

[750] S. in diesem Kontext *OLG Stuttgart*, PharmR 1998, 416, 418 f.

[751] Vgl. auch *Kloesel/Cyran*, § 2 Anm. 168; *Rehmann*, § 2 Rn. 36.

dung kommt auch dann in Betracht, wenn das Produkt in seiner Zusammensetzung im nachhinein verändert wird[752].

J. Sonstiges

Hinsichtlich der Frage, ob es sich bei einem bestimmten Produkt um ein Arzneimittel nach § 2 oder **243** um ein anderes Produkt – etwa ein Lebensmittel – handelt, besteht **kein behördlicher Beurteilungsspielraum.** Dies gilt auch für die Entscheidungen des rechtlichen Produktstatus nach §§ 2 IV und 21 IV. Zwar heißt es in der Rechtsprechung des *EuGH*, dass eine Gemeinschaftsbehörde bei derart komplexen Prüfungen *„über einen weiten Ermessensspielraum [verfügt], dessen Wahrnehmung einer beschränkten gerichtlichen Nachprüfung unterliegt, die nicht einschließt, daß der Gemeinschaftsrichter seine Würdigung des Sachverhalts an die Stelle derjenigen dieser Behörde setzt.“*[753] Anhaltspunkte dafür, dass der deutsche Gesetzgeber den Behörden einen Beurteilungsspielraum (im engeren Sinne) einräumen wollte – wie er in wenigen Ausnahmefällen in Betracht kommt[754] – liegen jedoch nicht vor[755]. Auch wenn die Abgrenzungsprüfung meist sehr komplex ist und einen stark wertenden Charakter hat, lassen die betreffenden Tatbestände nicht erkennen, dass die Behörden eine letztverbindliche Entscheidungsbefugnis haben. Im Hinblick auf die Rechtsschutzgarantie des Art. 19 IV GG kann die Auslegung und Anwendung der in Rede stehenden unbestimmten Rechtsbegriffe in § 2 etc. (gegebenenfalls unter Rückgriff auf Sachverständigengutachten[756]) **gerichtlich voll überprüft** werden[757].

Arzneimittel sind keine Erzeugnisse i. S. v. Art. 1 II Buchst. b) VO (EG) Nr. 834/2007 **(EU-Öko-** **244** **Erzeugnisse-Verordnung),** da sie nicht *„zur Verwendung als Lebensmittel bestimmt sind“*. Deshalb dürfen Arzneimittel gem. § 1 I, II des Öko-Kennzeichengesetzes nicht mit dem Öko-Kennzeichen nach § 1 der Öko-Kennzeichenverordnung, dem sog. Bio-Siegel, in den Verkehr gebracht werden[758].

Der **Arzneimittelbegriff** des AMG ist mit dem des **SGB V** nicht vollends deckungsgleich[759]. Der **245** Arzneimittelbegriff in § 2 ist in Anbetracht der Arzneimittelsicherheit nach § 1 vor allem medizinisch-pharmakologisch geprägt und dient der Produktabgrenzung. Demgegenüber hat der Arzneimittelbegriff des SGB V die Aufgabe, den Leistungsinhalt- und umfang der GKV bei der Krankenbehandlung zu konkretisieren (s. insbes. §§ 27 ff., 31, 34, 35 ff. SGB V)[760]. Ein direkter Konnex zwischen AMG und SGB V besteht aber darin, dass grundsätzlich nur solche Produkte zu Lasten der GKV verordnet werden können, die **arzneimittelrechtlich zugelassen** sind[761].

K. Sanktionen

Die Abgrenzung der Arzneimittel von den benachbarten Produktgruppen ist im Hinblick auf etwaige **246** Sanktionen von zentraler Bedeutung. Wird ein Grenzprodukt als zulassungspflichtiges Arzneimittel qualifiziert, kann dies in verwaltungs-, straf- und wettbewerbsrechtlicher Hinsicht einschneidende Konsequenzen haben. Nach § 69 I 2 Nr. 1 kann insbes. das **Inverkehrbringen** eines solchen „Arzneimittels“

---

[752] Stellt der Unternehmer nicht selbst einen Antrag auf Zulassung (§ 21 III 1), kann die zuständige Landesbehörde die Frage der Zulassungspflicht durch die zuständige Bundesoberbehörde überprüfen lassen (s. § 21 IV; vgl. auch § 13 III MPG); vgl. *BVerwG*, NVwZ-RR 2015, 420, 422; *BGH*, GRUR 2014, 405 f.;*OVG Münster*, PharmR 2015, 142, 142 f.; NVwZ 2013, 1553, 1554; *OVG Lüneburg*, PharmR 2011, 297 ff.; *OVG Münster,* PharmR 2010, 607, 608; 289, 290; kritisch *Meyer*, in: Meyer/Streinz, Art. 2 BasisVO Rn. 114 f.

[753] *EuGH* (s. o. Fn. 12), Rs. C-211/03 u. a. – HLH Warenvertrieb und Orthica, Rn. 75; Urt. v. 21.1.1999 – Rs. C-120/97, Slg. 1999, I-223 ff., Rn. 34 – Upjohn II.

[754] S. *BVerwGE* 94, 307, 309 f.; *Kopp/Schenke*, § 114 Rn. 25 f.

[755] Anders offenbar *Jestaedt/Hiltl*, EuZW 1992, 454, 455.

[756] S. insbes. *BGH*, NJW-RR 2000, 1284, 1285; *OLG Hamburg*, ZLR 2005, 490, 496.

[757] S. auch *BGH*, NJW-RR 2008, 1255, 1258; NVwZ 2008, 1266, 1269; *Kloesel/Cyran*, § 2 Anm. 12; *Schomburg*, S. 32; zur gerichtlichen Praxis in Hauptsache- und Eilverfahren *Klein*, LMuR 1999, 34 ff. und ZLR 1997, 391 ff.

[758] S. *OVG Münster*, PharmR 2013, 463, 463 f. (auch kein firmeneigenes Bio-Siegel); *OVG Bautzen*, PharmR 2009, 404, 407 ff.; dazu *von Czettritz/Strelow*, LMuR 2010, 41 ff.

[759] S. *BSGE* 111, 155, 158; 87, 95, 101 f.; 28, 158, 161 f. Inhaltliche Deckungsgleichheit der Arzneimittelbegriffe besteht allerdings hinsichtlich des Heilmittelwerberechts (wegen des ausdrücklichen Verweises auf § 2 in § 1 I Nr. 1 HWG), des Apothekenrechts (*BVerwG*, NJW 1987, 2951, 2952) und – mit Einschränkungen – des Beihilferechts (*BVerwG*, PharmR 2011, 250; NVwZ-RR 1997, 367; *BAG*, NZA 1999, 1228, 1229; *OVG Berlin-Brandenburg*, PharmR 2015, 405, 407 ff.; *VGH München*, PharmR 2015, 468, 469 f.; *OVG Koblenz*, PharmR 2012, 527, 528 f.; *VGH Mannheim*, PharmR 2010, 300, 302 f.; 307, 308). Zum zolltarifrechtlichen Begriff der „Arzneiwaren“ i. S. d. Positionen 3003 und 3004 in Kapitel 30 des Anhangs I (Kombinierte Nomenklatur) VO (EWG) Nr. 2658/87 s. *EuGH*, Urt. v. 30.4.2014 – Rs. C-267/13, PharmR 2014, 245 ff. – Nutricia; *EuGH*, Beschl. v. 19.1.2005 – Rs. C-206/03, Slg. 2005, I-415 ff. – Commissioners of Customs & Excise/SmithKline Beecham plc.; *BFH*, PharmR 2015, 509 ff. und *Reimer*, LMuR 2004, 33 ff.).

[760] Ausführlich dazu *Wodarz*, in: Sodan, § 27 Rn. 12 ff.

[761] S. *BSGE* 111, 155, 162; 110, 183, 186; 109, 218, 221; 109, 211, 213; 100, 103, 111; 93, 236, 239; 93, 1, 2; 82, 233, 235 ff.; 72, 252, 255, 257; *BGHSt* 57, 312, 323 f.; *BVerwGE* 58, 167, 173; zum Off-Label-Use *BSG*, NZS 2002, 646, 648 f.; *BSGE* 96, 170, 172 ff.; 93, 236, 244 ff.; 89, 184, 186 ff.; *BVerfG*, NJW 2008, 3556 f.; *BVerfGE* 115, 25, 50 f.

behördlich **untersagt** und dessen **Rückruf** angeordnet werden[762]. Gem. § 96 Nr. 5 ist das Inverkehr-
bringen eines Fertigarzneimittels ohne Zulassung (§ 21 I i. V. m. § 2 I) **strafbar**[763]. Bei vorsätzlichem
Handeln droht eine Freiheitsstrafe bis zu einem Jahr oder Geldstrafe, bei fahrlässigem Handeln eine
Geldbuße von bis zu fünfundzwanzigtausend Euro (§ 97 I, III). Nach § 3a 1 HWG ist die Werbung für
ein zulassungspflichtiges (§ 21 I), aber nicht zugelassenes Arzneimittel unzulässig. Dies stellt gem. § 15 I
Nr. 1 HWG eine Ordnungswidrigkeit dar, die mit einer Geldbuße bis zu fünfzigtausend Euro geahndet
werden kann. Zugleich geht es um eine **unlauteres Marktverhalten** i. S. v. § 3 UWG (i. V. m. Nr. 9 des
Anhangs) und § 4 Nr. 11 UWG, dessen **Unterlassen** verlangt werden kann (§ 8 I UWG)[764].

---

[762] S. bspw. *BVerwG*, NVwZ 2009, 1038, 1039 ff.
[763] S. hierzu *BGHSt* 46, 380, 382 ff.; *Vergho*, PharmR 2009, 221 ff.; *Doepner*, ZLR 2005, 679 ff.; *Freund*, in: MüKo
StGB, Bd. 6/I, § 96 AMG Rn. 13 i. V. m. § 2 AMG Rn. 28 ff.
[764] S. *BGH*, PharmR 2015, 403; NJW-RR 2010, 1705, 1707; 1407, 1408; NJW-RR 2008, 1255, 1255 f.; NVwZ
2008, 1266, 1266 f.; *BGHZ* 167, 91, 100 ff., 107 f.; 163, 265, 269 ff., 274; *Köhler*, in: Köhler/Bornkamm, § 4
Rn. 11.135 und Rn. 11.147.

247

248

L. Fälleverzeichnis (Produktabgrenzung)[765]

I. EuGH

Datum	Rs.	Slg.	NVwZ	GRUR	EuZW	PharmR	ZLR	LMuR	LMRR	BeckRS	Bezeichnung	Produkt	Abgrenzung
10.7.2014	C-358/13 u.a.			2014, 893	2014, 742	2014, 347				2014, 81147	D. und G.	Kräutermischungen	AM/**Ausgangsstoff**
3.10.2013	C-109/12				2014, 120 (LS)	2013, 485				2013, 81899	Laboratoires Lyocentre	Vaginalkapseln	**AM**/MP
6.9.2012	C-308/11		2012, 1459	2012, 1167	2012, 783	2012, 442	2013, 76		2012, 31	2012, 81818	Chemische Fabrik Kreussler	Mundspüllösung	**AM**/KM
30.4.2009	C-27/08	2009, I-3785	2009, 967	2009, 790	2009, 545	2009, 334	2009, 483		2009, 28	2009, 70459	BIOS Naturprodukte	Weihrauchextrakt	AM/**NEM**
5.3.2009	C-88/07	2009, I-1353				2009, 227	2009, 321	2009, 151	2009, 26	2009, 70262	Kommission/Spanien	Arzneipflanzen	AM/**NEM**
15.1.2009	C-140/07	2009, I-41	2009, 439	2009, 511	2009, 219	2009, 122	2009, 224	2009, 16	2009, 3	2009, 70030	Hecht-Pharma	Red Rice	AM/**NEM**
15.11.2007	C-319/05	2007, I-9811		2008, 271	2008, 56	2008, 59	2008, 48	2008, 28	2007, 45	2007, 70926	Kommission/Deutschland III	Knoblauchpräparat	AM/**NEM**
9.6.2005	C-211/03 u. a.	2005, I-5141					2005, 435	2005, 132	2005, 2	2005, 70422	HLH Warenvertrieb und Orthica	Lactobact omni FOS u. a.	AM/**NEM**
29.4.2004	C-387/99	2004, I-3751			2004, 375			2004, 65	2004, 17	2004, 76942	Kommission/Deutschland II	Vitamin- und Mineralstoffpräparate	AM/**NEM**
29.4.2004	C-150/00	2004, I-3887					2004, 479		2004, 8	2004, 74457	Kommission/Österreich	Vitamin- und Mineralstoffpräparate	AM/**NEM**
23.9.2003	C-192/01	2003, I-9693					2004, 58	2003, 177	2003, 34	2004, 74834	Kommission/Dänemark	Angereicherte Lebensmittel	**AM**/LM
28.10.1992	C-219/91	1992, I-5485			1993, 736				1992, 54	2004, 75175	Ter Voort	Kräutertee	**AM**/LM
20.5.1992	C-290/90	1992, I-3317	1993, 53			1992, 260			1992, 18	2004, 76042	Kommission/Deutschland I	Augenspüllösung	**AM**/MP

[765] In der Spalte „Abgrenzung" bedeutet AM Arzneimittel, DLM Diätetisches Lebensmittel, GM Genussmittel, KM Kosmetisches Mittel, LM Lebensmittel, MP Medizinprodukt und NEM Nahrungsergänzungsmittel; die Fettsetzungen kennzeichnen die (tendenziell) bejahte Produktgattung.

Datum	Rs.	Slg.	NVwZ	GRUR	EuZW	PharmR	ZLR	LMuR	LMRR	BeckRS	Bezeichnung	Produkt	Abgrenzung
16.4.1991	C-112/89	1991, I-1703							1991, 55	2004, 74146	Upjohn I	Haarwuchsmittel	**AM**/KM
21.3.1991	C-60/89	1991, I-1547								2004, 77613	Monteil und Samanni	Eosin/modifizierter Alkohol	**AM**/KM
21.3.1991	C-369/88	1991, I-1487							1991, 9	2004, 70999	Delattre	Schlankheitsmittel u. a.	**AM**/KM
30.11.1983	227/82	1983, 3883				1984, 272			1983, 50	2004, 72425	Van Bennekom	Vitamin- und Multi-Vitamin-Präparate	**AM**/NEM

249

II. BVerwG

Datum	Az.	BVerwGE	NJW	NVwZ	NVwZ-RR	PharmR	ZLR	LMuR	LMRR	BeckRS	Schlagwort	Abgrenzung
20.11.2014	3 C 25/13			2015, 749		2015, 249				2015, 41469	E-Zigarette	**AM/GM**
20.11.2014	3 C 26/13				2015, 420	2015, 252				2015, 41470	E-Zigarette	**AM/GM**
20.11.2014	3 C 27/13				2015, 425	2015, 259				2015, 41471	E-Zigarette	AM/GM
1.3.2012	3 C 15/11			2012, 1343			2012, 505	2012, 166	2012, 6	2012, 50799	Doppelherz	**AM/NEM**
3.3.2011	3 C 8/10				2011, 430 (LS)	2011, 168				2011, 48981	TCM-Granulate	**AM**/Vorprodukt
26.5.2009	3 C 5/09			2009, 1038		2009, 397		2009, 126	2009, 29	2009, 35096	Red Rice	**AM/NEM**
25.7.2007	3 C 23/06					2008, 78	2007, 772	2008, 47	2007, 35	2007, 27867	Lactobact omni FOS	**AM/NEM**
25.7.2007	3 C 22/06					2008, 73	2008, 80	2008, 42	2007, 36	2007, 27866	E-400	**AM/NEM**
25.7.2007	3 C 21/06			2008, 439		2008, 67	2007, 757	2008, 36		2007, 27865	OPC-85	**AM/NEM**
16.5.2007	3 C 34/06				2007, 771	2007, 513			2007, 42	2007, 25698	Pferdesalbe	AM/**KM**
14.12.2006	3 C 40/05			2007, 591		2007, 211	2007, 368	2007, 56	2006, 64	2007, 21793	Padma 28	**AM/NEM**
18.12.1997	3 C 46/96	106, 90	1998, 3433	1999, 75 (LS)			1998, 226			1997, 30005572	Nagel- u. Hautschutzcreme	AM/**KM**
24.11.1994	3 C 2/93	97, 132		1996, 180 (LS)		1995, 256					Eutersalbe	**AM/KM**
30.5.1985	3 C 53/84	71, 318	1986, 800 (LS)			1985, 148				1985, 30436595	Zahnfüllwerkstoffe	**AM**/fiktive AM
29.11.1984	3 C 6/84	70, 284	1985, 1410			1985, 145					Markierungs-Kits	**AM**/Grundstoff
18.8.1964	1 C 6/61								1964, 12		Hustenbonbons	AM/**LM**

III. BGH (Zivilsachen)

Datum	Az.	BGHZ	NJW	NJW-RR	GRUR	PharmR	ZLR	LMuR	LMRR	BeckRS	Schlagwort	Abgrenzung
8.1.2015	I ZR 141/13				2015, 811	2015, 403				2015, 11028	Mundspüllösung II	AM/**KM**
24.11.2010	I ZR 204/09					2011, 299				2011, 09193	Darmreinigungspräparate	**AM**/MP
5.10.2010	I ZR 90/08			2011, 49	2010, 1140	2010, 641			2010, 75	2010, 26915	Mundspüllösung I	**AM**/KM
1.7.2010	I ZR 19/08			2010, 1407	2010, 942	2010, 522	2010, 612	2010, 150	2010, 43	2010, 19952	Ginkgo-Extrakt	AM/LM
24.6.2010	I ZR 166/08			2010, 1705	2010, 1026	2010, 638				2010, 23259	Photodynamische Therapie	AM/MP
14.1.2010	I ZR 138/07				2010, 259	2010, 117	2010, 211	2010, 52	2010, 9	2010, 02208	Zimtkapseln	AM/**DLM**
14.1.2010	I ZR 67/07					2010, 181		2010, 54	2010, 14	2010, 03459	Zimttabletten	AM/**DLM**
10.12.2009	I ZR 189/07				2010, 754	2010, 338				2010, 13798	Golly Telly	AM/**MP**
9.7.2009	I ZR 193/06				2010, 169	2010, 297				2009, 88766	Hyaluronsäure-Natrium-Fertigspritzen	AM/MP
26.6.2008	I ZR 112/05			2008, 1255	2008, 834	2008, 430	2008, 630	2009, 25	2008, 28	2008, 14734	HMB-Kapseln u. a.	AM/**NEM**
26.6.2008	I ZR 61/05				2008, 830	2008, 425	2008, 619	2008, 119	2008, 13	2008, 14541	L-Carnitin II	AM/**NEM**
30.3.2006	I ZR 24/03		2006, 2630		2006, 513	2006, 329	2006, 411		2006, 8	2006, 05103	Arzneimittelwerbung im Internet	**AM**/**NEM**
13.5.2004	I ZR 261/01				2004, 882		2004, 711	2005, 5	2004, 5	2004, 07296	Honigwein	AM/**NEM**
6.5.2004	I ZR 275/01		2004, 3122 (LS)		2004, 793		2004, 618		2004, 7	2004, 05961	Sportlernahrung II	AM/**NEM**
3.4.2003	I ZR 203/00			2003, 1123	2003, 631	2003, 297	2003, 487	2003, 100	2003, 11	2003, 04313	L-Glutamin	AM/**NEM**
11.7.2002	I ZR 34/01	151, 286	2002, 3469		2002, 910	2002, 400	2002, 638	2003, 31	2002, 11	2002, 30271945	Muskelaufbaupräparate	**AM**/NEM

Datum	Az.	BGHZ	NJW	NJW-RR	GRUR	PharmR	ZLR	LMuR	LMRR	BeckRS	Schlagwort	Abgrenzung
11.7.2002	I ZR 273/99						2002, 660		2002, 70	2002, 30271929	Sportlernahrung I	AM/**NEM**
7.12.2000	I ZR 158/98		2001, 3414 (LS)	2001, 1329	2001, 450	2001, 336	2001, 417		2000, 89	2000, 30148443	Franzbranntwein-Gel	**AM**/KM
10.2.2000	I ZR 97/98			2000, 1284	2000, 528	2000, 184	2000, 375	2001, 18	2000, 10	2000, 30094953	L–Carnitin I	AM/**DLM**
19.1.1995	I ZR 209/92		1995, 1615		1995, 419	1995, 151			1995, 1		Knoblauchkapseln	**AM**/NEM
6.2.1976	I ZR 125/74		1976, 1154		1976, 430				1976, 3		Fencheltee	AM/**LM**

IV. BGH (Strafsachen)

251

Datum	Az.	BGHSt	NJW	NStZ	PharmR	ZLR	LMuR	LMRR	BeckRS	Schlagwort	Abgrenzung
4.9.2014	3 StR 437/12				2015, 264				2014, 18564	Kräutermischungen	AM/**Ausgangsstoff**
23.7.2014	1 StR 47/14				2015, 31				2014, 16274	Kräutermischungen	AM/**Ausgangsstoff**
4.9.2012	1 StR 534/11	57, 312	2012, 3665	2013, 108 (LS)	2013, 41				2012, 20912	Gemzar	**AM**/neues AM
8.12.2009	1 StR 277/09	54, 243	2010, 2528		2010, 30		2010, 78		2010, 00648	Gamma-Butyrolacton	AM/Ausgangsstoff
6.11.2007	1 StR 302/07			2008, 530	2008, 209				2007, 19109	Streckmittel	AM/Zwischen-produkt
25.4.2001	2 StR 374/00	46, 380	2001, 2812	2001, 488		2001, 561	2001, 133	2001, 41	2001, 30176404	Vitaminpräparate	AM/**NEM**
3.12.1997	2 StR 270/97	43, 336	1998, 836	1998, 258					1997, 30003821	Designer-Drogen	**AM**/Zwischen-produkt
11.12.1975	4 StR 462/75		1976, 380					1975, 12		Vital-Aufbau-Tonikum	AM/LM

V. BSG

252

Datum	Az.	BSGE	NJW	NVwZ	NZS	SGb	PharmR	BeckRS	Schlagwort	Abgrenzung
3.7.2012	B 1 KR 23/11 R	111, 155			2013, 62			2012, 72678	Gepan instill	AM/**MP**
28.2.2008	B 1 KR 16/07 R	100, 103	2009, 874		2009, 210	2009, 96	2008, 343	2008, 52406	Lorenzos Öl	**AM/DLM**
4.4.2006	B 1 KR 12/04 R	96, 153			2007, 88	2007, 165		2006, 42899	D-Ribose	**AM**/NEM
5.7.2005	B 1 KR 12/03 R					2005, 517		2005, 30359078	Quick & Dick	AM/**DLM**
28.1.1999	B 8 KN 1/98 KR				1999, 449			1999, 30044681	Pregomin	AM/LM
9.12.1997	1 RK 23/95	81, 240			1998, 477	1999, 135		1997, 30004372	Diätnahrungsmittel	AM/**DLM**

Datum	Az.	BSGE	NJW	NVwZ	NZS	SGb	PharmR	BeckRS	Schlagwort	Abgrenzung
8.6.1993	1 RK 21/91	72, 252	1993, 3018	1994, 936 (LS)	1993, 398				Goldnerz-Aufbau-creme	**AM/KM**
18.5.1978	3 RK 11/77	46, 179							Glutenfreie Kost	AM/**LM**

VI. BFH

Datum	Az.	BFH/NV	PharmR	LMuR	BeckRS	Schlagwort	Abgrenzung
5.5.2015	VII R 10/13	2015, 1449	2015, 509	2015, 164	2015, 95397	Vitaminpräparat	**AM**/DLM
22.4.2008	VII B 128/07	2008, 1557	2009, 535		2008, 25013607	Vitaminpräparat	**AM**/NEM
22.2.2006	VII B 74/05	2006, 1309	2006, 394	2006, 176	2006, 25009786	Vitaminpräparat	AM/**NEM**
22.12.2005	VII B 62/05	2006, 985			2005, 25009597	Vitamin-E-Kapseln/Johanniskraut-Dragees	AM/**NEM**
4.11.2003	VII R 58/02	2004, 454		2004, 39	2003, 24001592	Vitamin- und Mineralstoffpräparat	**AM**/NEM
5.10.1999	VII R 42/98	2000, 404			1999, 24001231	Vitaminpräparat	**AM**/NEM
17.11.1998	VII R 50/97	1999, 688			1998, 30033907	Nachtkerzenölkapseln	AM/**NEM**
28.1.1997	VII R 72/96	1997, 914		1997, 29		Magnesiumpräparat	**AM**/NEM

VII. BVerfG

Datum	Az.	NJW	NJW-RR	GRUR	PharmR	LMuR	LMRR	BeckRS	Schlagwort	Abgrenzung
12.7.2007	1 BvR 99/03		2007, 1680	2007, 1083	2008, 123	2008, 12	2007, 40	2007, 25576	Vitaminpräparate im Internet	**AM**/NEM
16.3.2006	2 BvR 954/02	2006, 2684							2006, 22595	Designerdrogen	AM/Zwischenprodukt

253

254

255

M. Grafik: Struktur und Inhalt des Arzneimittelbegriffs[766]

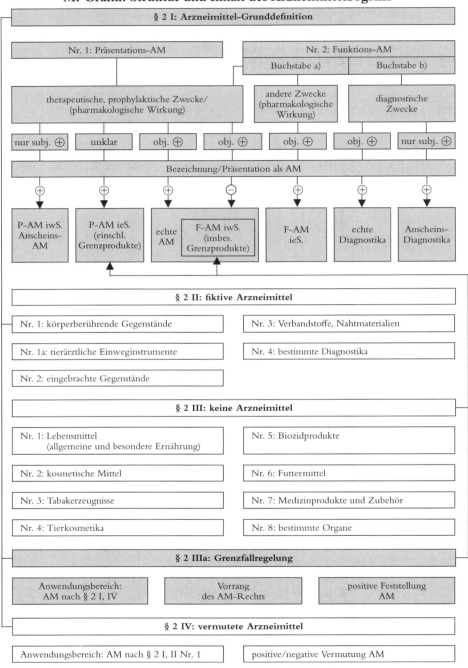

---

[766] In der Grafik kennzeichnet die graue Hinterlegung die Teile des § 2, die eine Vorgabe in Art. 1 Nr. 2, Art. 2 II der RL 2001/83/EG haben.

112   *Müller*

§ 3 Stoffbegriff

Stoffe im Sinne dieses Gesetzes sind

1. chemische Elemente und chemische Verbindungen sowie deren natürlich vorkommende Gemische und Lösungen,
2. Pflanzen, Pflanzenteile, Pflanzenbestandteile, Algen, Pilze und Flechten in bearbeitetem oder unbearbeitetem Zustand,
3. Tierkörper, auch lebender Tiere, sowie Körperteile, -bestandteile und Stoffwechselprodukte von Mensch oder Tier in bearbeitetem oder unbearbeitetem Zustand,
4. Mikroorganismen einschließlich Viren sowie deren Bestandteile oder Stoffwechselprodukte.

Wichtige Änderungen der Vorschrift: Nr. 2 geändert durch Art. 1 Nr. 2 des Vierzehnten Gesetzes zur Änderung des Arzneimittelgesetzes vom 29.8.2005 (BGBl. I S. 2570).

Europarechtliche Vorgaben: Art. 1 Nr. 3 und Nr. 31 RL 2001/83/EG; Art. 1 Nr. 4 RL 2001/82/EG.

Literatur: *Bauer/Lach*, REACH: Praktische Auswirkungen für Arzneimittel und Medizinprodukte, PharmR 2007, 408; *Brixius/Maur*, REACH: Schnittstellen und Handlungsbedarf für die pharmazeutische Industrie – Ein Leitfaden für die Praxis, PharmR 2007, 277; *Dettling*, Anwendungsfähigkeit als Arzneimitteleigenschaft – Ein Beitrag zur Abgrenzung von Ausgangsstoffen und Arzneimitteln, PharmR 2003, 79; *Dettling/Böhnke*, Nützlichkeit oder Gesundheitsförderung als Arzneimittelmerkmal?, PharmR 2014, 342; *Dettling/Böhnke/Niedziolka*, Rohstoffe, Ausgangsstoffe und Arzneimittel, A&R 2013, 147; *Heßhaus*, Rohstoff, Wirkstoff, Arzneimittel – Abgrenzungsfragen in der „dritten Dimension", StoffR 2006, 27; *Knauer*, Die Abgrenzung von Arzneimitteln und Zwischenprodukten – Zur Auslegung von § 2 AMG aus strafrechtlicher Sicht, PharmR 2008, 199; *Krüger*, Wirkstoffe im Sinne des Arzneimittelgesetzes – Abgrenzung zwischen Wirkstoffen und Ausgangsstoffen, PharmInd 2007, 1077, 1187; *Roth*, Vier Begriffe für ein Objekt – die arzneimittelrechtliche Begriffsvielfalt beim „menschlichen Gewebe", A&R 2008, 25; *Wimmer*, Arzneiwirkstoffe und REACH: Unter Umständen doch betroffen?, PharmR 2008, 136.

Übersicht

A. Inhalt

§ 3 definiert den Begriff der „**Stoffe**" i. S. d. AMG. Dieser Begriff wird an einer Vielzahl von Stellen **1** des Gesetzes – häufig im Rahmen der Wendung „Stoffe und/oder Zubereitungen aus Stoffen" – verwandt. Dies gilt z. B. für die Regelungen des Arzneimittelbegriffs in § 2 I, II Nr. 4, III Nr. 4 und IIIa sowie für die Begriffsbestimmungen in § 4 V, VIII, XIX und XXIX[1]. Anders als für den Stoffbegriff hält das Gesetz für den Begriff der „Zubereitungen" keine Legaldefinition bereit.

Der Stoffbegriff des § 3 unterscheidet zwischen **vier unterschiedlichen Stoffgruppen,** namentlich **2** chemischen Stoffen, pflanzlichen Stoffen, tierischen und menschlichen Stoffen sowie Mikroorganismen: § 3 Nr. 1 erklärt chemische Elemente und chemische Verbindungen zu „Stoffen" i. S. d. AMG. Nr. 2 erfasst Pflanzen, Pflanzenteile, Pflanzenbestandteile, Algen, Pilze und Flechten. Nr. 3 betrifft Tierkörper sowie Körperteile, -bestandteile und Stoffwechselprodukte von Mensch und Tier. Schließlich sind gem. Nr. 4 auch Mikroorganismen einschließlich der Viren „Stoffe" i. S. d. Gesetzes. Dass sich die einzelnen Stoffe bzw. Stoffgruppen nach Nr. 1–4 nicht immer trennscharf voneinander abgrenzen lassen (wie etwa im Falle der Körperteile und Körperbestandteile), hat rechtlich keine weiteren Konsequenzen.

B. Zweck

§ 3 dient dazu, den an vielen Stellen des Gesetzes platzierten Begriff der „Stoffe" zu definieren. Wie **3** auch mit der Legaldefinition der Arzneimittel in § 2 und den Begriffsbestimmungen in § 4 wird mit § 3 ein zentraler Begriff „vor die Klammer" gezogen. Dies hat nicht nur den Sinn, die nachfolgenden Vorschriften des AMG gesetzestechnisch zu entlasten. Vielmehr legt § 3 mit den Auflistungen in Nr. 1–4

---

[1] Weitere Beispiele sind §§ 6 I 1; 6a II, III; 13 I 1, II 1 Nr. 3b, IV; 21 II Nr. 1a, IIa 1; 38 I 3 Nr. 1; 48 I 1, II; 59a I, II; 64 I 2, II 3; 67 I 7 und 72 I 1.

abschließend fest („*Stoffe im Sinne dieses Gesetzes sind …*"), welche Stoffe dem AMG und seinem untergesetzlichen Regelwerk unterfallen und gewährleistet ein einheitliches Begriffsverständnis bei der Auslegung und Anwendung dieser Normen.

4   Darüber hinaus kommt dem Stoffbegriff eine besondere Aufgabe im Verhältnis zu dem Arzneimittelbegriff in § 2 zu. Die Grunddefinition des Arzneimittels in § 2 I stellt auf Stoffe oder Zubereitungen aus Stoffen ab. Der Begriff „Stoffe" (bzw. „Zubereitungen aus Stoffen") ist damit ein **Kernelement des Arzneimittelbegriffs** und hat diesbezüglich eine dienende Funktion.

5   Mit der Entscheidung, dass ein bestimmter Stoff bzw. eine bestimmte Stoffzubereitung als Arzneimittel i. S. v. § 2 zu qualifizieren ist, sind zentrale rechtliche Konsequenzen – wie etwa die Zulassungs- bzw. Registrierungspflicht (§§ 21 ff., §§ 38 ff.), die Kennzeichnungs- und Informationspflichten (§§ 10 ff.) und das Eingreifen der Gefährdungshaftung (§§ 84 ff.) – verbunden. Allerdings kann auch schon die Bejahung der Stoffeigenschaft als solche **rechtliche Folgen** haben. Für Stoffe, die zur Arzneimittelherstellung bestimmt sind, bedarf es in näher bezeichneten Fällen z. B. einer Herstellungserlaubnis (§ 13 I 1), einer Einfuhrerlaubnis (§ 72 I 1) und sind Anzeigepflichten zu beachten (§ 67 I 7).

6   Die jetzige Fassung des § 3 entspricht nahezu vollständig § 2 AMG 1961, mit dem der Stoffbegriff eingeführt worden ist. Zur Umsetzung der RL 2001/83/EG in der durch die RL 2004/24/EG geänderten Fassung wurde die 14. AMG-Novelle zwischenzeitlich allein § 3 Nr. 2 um die Begriffe „Algen, Pilze und Flechten" erweitert[2].

C. Stoffe

7   Die Legaldefinition in § 3 unterscheidet in Nr. 1–4 zwischen den vier Stoffgruppen der chemischen Stoffe, der pflanzlichen Stoffe, der tierischen und menschlichen Stoffe sowie der Mikroorganismen. Diese Einteilung geht auf den **Ursprung** der betreffenden Stoffe zurück, wie dies auch bei Art. 1 Nr. 3 RL 2001/83/EG der Fall ist. Hiernach sind Stoffe „*[a]lle Stoffe jeglicher Herkunft, und zwar menschlicher Herkunft …, tierischer Herkunft …, pflanzlicher Herkunft … [und] chemischer Herkunft.*" Ungeachtet ihrer unterschiedlichen Formulierung und Beispieltechnik sind § 3 und Art. 1 Nr. 3 RL 2001/83/EG im Wesentlichen kongruent.

8   Der in § 3 definierte Begriff des Stoffes ist von dem Begriff des **Gegenstandes** abzugrenzen (vgl. etwa § 2 II Nr. 1, 2 und 3), für den eine Legaldefinition fehlt. Gegenstände werden durch ihre bestimmungsgemäße Form und Funktion sowie ihre in der Regel physikalische Wirkung charakterisiert[3]. Im Gegensatz zu den Stoffen, die verbraucht (bzw. verarbeitet) werden, werden Gegenstände (dauerhaft) **gebraucht**[4]. Anders als Stoffe, die in allen drei Aggregatzuständen auftreten können, befinden sich Gegenstände in der Regel in einem festen Aggregatzustand.

9   Weiterhin ist der Stoffbegriff von dem Begriff der **Zubereitung** abzugrenzen, mit dem er zwar häufig gemeinsam verwandt wird (vgl. nur § 2 I, II Nr. 4, III Nr. 4, IIIa und § 59a I, II), den das AMG aber undefiniert lässt. Die Begriffsbestimmungen des BtMG und der VO (EG) Nr. 1907/2006 (REACH-VO) konkretisieren. Nach § 2 I Nr. 2 BtMG ist eine Zubereitung „*ohne Rücksicht auf ihren Aggregatzustand ein Stoffgemisch oder die Lösung eines oder mehrerer Stoffe außer den natürlich vorkommenden Gemischen und Lösungen.*" Art. 3 Nr. 2 VO (EG) Nr. 1907/2006 definiert ein Gemisch als „*Gemenge, Gemische oder Lösungen, die aus zwei oder mehr Stoffen bestehen*". Hebt man darauf ab, dass Zubereitungen i. S. d. AMG regelmäßig einen Bearbeitungsvorgang voraussetzen, lassen sich diese wie folgt definieren: „Zubereitungen sind ungeachtet ihres Aggregatzustandes aus zwei oder mehreren Stoffen bestehende Gemenge, Gemische oder Lösungen, die nicht natürlich vorkommen."

I. Chemische Elemente und Verbindungen (Nr. 1)

10   Die derzeit bekannten 115 **chemischen Elemente** werden durch die Kernladungszahl und die Elektronenkonfiguration ihrer Atome charakterisiert. Im Gegensatz zu einer chemischen Verbindung kann ein chemisches Element mit chemischen Methoden nicht weiter zerlegt werden. Die chemischen Elemente lassen sich in Metalle und Nichtmetalle unterteilen. Beispiele für Metalle sind Eisen, Magnesium und Zink. Beispiele für Nichtmetalle sind Fluor, Jod und Selen.

11   **Chemische Verbindungen** sind einheitliche Stoffe aus zwei oder mehreren chemischen Elementen, die im Unterschied zu chemischen Gemischen und Lösungen in einem festen, gesetzmäßigen Mengenverhältnis zueinander stehen. Mit Hilfe chemischer Methoden kann eine chemische Verbindung in ihre Elemente zerlegt werden. Im Vergleich zu den 115 chemischen Elementen gibt es mehrere Millionen chemische Verbindungen. Diese lassen sich in organische und anorganische Verbindungen unterteilen.

---

[2] Vgl. hierzu den Begriff der „Pflanzlichen Stoffe" in Art. 1 Nr. 31 RL 2001/83/EG sowie BT-Drucks. 15/5316, S. 32.

[3] Vgl. hierzu *BVerwGE* 71, 318, 320 ff.

[4] Vgl. BT-Drucks. 654, S. 17.

Beispiele für organische Verbindungen sind Alkohole, Eiweiße, Fette und Kohlehydrate. Beispiele für anorganische Verbindungen sind Kaliumiodid, Kaliumpermanganat, Natriumchlorid, Siliziumdioxid und Wasserstoffperoxid.

Natürlich vorkommende **Gemische und Lösungen** aus chemischen Elementen und Verbindungen **12** sind Stoffe, die anders als die „chemischen Verbindungen" in keinem bestimmten, feststehenden Mengenverhältnis miteinander verbunden bzw. vermischt sind. Der Begriff der „natürlich vorkommenden Gemische" erfasst in der Natur vorkommende (homogene und heterogene) Gemische aus festen, flüssigen und gasförmigen Stoffen. „Natürlich vorkommende Lösungen" bestehen aus einer Flüssigkeit und mindestens einem darin gelösten festen, flüssigen oder gasförmigen Stoff. Beispiele für natürliche Gemische und Lösungen sind Erden, Schlämme, Sole sowie Meer- und Mineralwasser.

Nicht natürlich vorkommende – das heißt künstlich hergestellte – Gemische und Lösungen aus **13** chemischen Elementen und Verbindungen sind keine „Stoffe" i. S. v. § 3 Nr. 1, sondern Zubereitungen aus Stoffen (vgl. etwa § 2 I, II Nr. 4, III Nr. 4 und III a).

II. Pflanzen, Algen, Pilze und Flechten (Nr. 2)

Pflanzen sind Organismen, die im Wesentlichen aus Wurzeln, Stängel bzw. Stamm und Blattwerk **14** bestehen. Im Gegensatz zu Tieren sind sie in der Lage, ihre Nahrung aus anorganischen Stoffen selbst herzustellen. Fast alle Pflanzen betreiben Photosynthese, indem sie mit Hilfe des Sonnenlichts aus Wasser und Kohlendioxid Glucose herstellen und hierbei Sauerstoff abgeben. In Abgrenzung zu den Pflanzenteilen ist mit dem Begriff der „Pflanze" die unzerteilte Pflanze in ihrer Gesamtheit gemeint.

Pflanzenteile sind sämtliche Teile und Erzeugnisse einer Pflanze. Zu nennen sind alle wesentlichen **15** Teile wie Wurzeln, Stängel, Stamm und Blätter; des weiteren vor allem die Teile, die die Pflanzen zur Fortpflanzung benötigen, wie Blüten, Samen, Pollen, Sporen, Kapseln, Zapfen, Früchte und Nüsse. In Abgrenzung zu den Pflanzenbestandteilen erfasst der Begriff der „Pflanzenteile" nur diese selbst und nicht auch die Stoffe, aus denen diese bestehen.

Pflanzenbestandteile sind die Stoffe, aus denen die Pflanzen bzw. Pflanzenteile bestehen. Dies sind **16** z. B. Cellulose, Glucose, Chlorophyll, Öle, Fette, Wachse und Säfte. Erfasst werden nicht nur Pflanzenbestandteile im engeren Sinne, sondern auch pflanzliche Ausscheidungen, wie etwa Harze. Die betreffenden Bestandteile können durch physikalische und chemische Verfahren, wie z. B. Extraktion oder Destillation gewonnen werden.

Mit der 14. AMG-Novelle wurde § 3 Nr. 2 um die Begriffe „Algen, Pilze und Flechten" erweitert. **17** Die Erweiterung geht auf die Einordnung dieser Stoffe als **„pflanzliche Stoffe"** im Europäischen Arzneibuch und in Art. 1 Nr. 31 RL 2001/83/EG zurück[5]. Dass Algen, Pilze und Flechten in der neueren Wissenschaft überwiegend nicht mehr als einfache Pflanzen eingestuft, sondern einem eigenen Reich zugeordnet werden, ist für die Regelung in § 3 Nr. 2 unerheblich. Diese verwendet den europäischen Oberbegriff der „pflanzlichen Stoffe" selbst nicht, sondern reiht die „Algen, Pilze und Flechten" hinter die „Pflanzen, Pflanzenteile und Pflanzenbestandteile" ein.

Algen sind Organismen, die vornehmlich im Wasser leben, Chlorophyll enthalten und ihre Nahrung **18** durch Photosynthese herstellen; hierbei produzieren sie Phytoplankton. Algen gehören zu dem Reich der Protisten, das sämtliche einzelligen Organismen mit einem Zellkern und weiteren Zellorganen umfasst. Trotz ihres mehrzelligen Aufbaus werden auch Meeresalgen als Protisten eingestuft, da ihre Zellen weitgehend identisch aufgebaut sind. Meeresalgen werden in Grün-, Braun- und Rotalgen unterschieden, von denen insbes. die Braunalgen Tange bilden. Vor allem einzellige Algen gehen häufig Symbiosen – etwa mit Pilzen in den Flechten – ein.

Pilze sind Organismen, die sowohl einzellig als auch mehrzellig vorkommen. In ihrer Zusammenset- **19** zung und ihren Eigenschaften unterscheiden sie sich deutlich von typischen Pflanzen und werden daher überwiegend einem eigenen Reich zugeordnet. Pilze bestehen in der Regel aus einem Geflecht und einzelnen Fäden. Sie enthalten kein Chlorophyll und beziehen ihre Nährstoffe meist mit der Hilfe von Enzymen aus lebenden oder toten organischen Substanzen. Sie lassen sich in niedere und höhere sowie in giftige und ungiftige Pilze einteilen. Eine wichtige Substanz, die von einem Pilz gebildet wird, ist das Antibiotikum Penicillin.

Flechten sind „Doppelorganismen", die aus einer bestimmten Alge und einem bestimmten Pilz **20** bestehen. Diese sind symbiotisch miteinander verbunden und bilden nur so die typische Form und Struktur einer Flechte sowie die charakteristische Flechtensäure. Während die betreffende Alge selbständig überleben kann, ist der jeweilige Pilz auf die Alge existentiell angewiesen. Deshalb werden Flechten auch als eine spezielle Pilzart eingestuft.

Nach dem Wortlaut des § 3 Nr. 2 („in bearbeitetem oder unbearbeitetem Zustand") ist der **Bearbei-** **21** **tungszustand** für die Qualifizierung der obigen Stoffe als „Stoffe" i. S. d. AMG unerheblich. Da die Regelung – anders als bei den Gemischen und Lösungen in Nr. 1 – nicht darauf abstellt, dass die Stoffe

---

[5] Vgl. BT-Drucks. 15/5316, S. 32.

„natürlich vorkommen", ist ebenso wenig entscheidend, ob es sich um natürliche (wild gewachsene), kultivierte (gezüchtete) oder gentechnisch veränderte Stoffe handelt.

III. Tierkörper sowie Körperteile etc. von Mensch und Tier (Nr. 3)

22 **Tierkörper** sind Körper lebender oder toter Tiere. In Abgrenzung zu den Körperteilen ist der tierische Körper in seiner Gesamtheit gemeint. Als lebende Tiere werden im Rahmen der Naturheilkunde z. B. Blutegel eingesetzt[6]. Als tote Tierkörper werden speziell in der Homöopathie z. B. die Honigbiene, die Spanische Fliege und die Rote Waldameise verwandt.

23 **Körperteile** sind alle einzeln abgrenzbaren Teile des Körpers. In Abgrenzung zu den Körperbestandteilen erfasst der Begriff der „Körperteile" nur diese selbst und nicht auch die Stoffe, aus denen diese bestehen. Körperteile sind daher z. B. die einzelnen Organe, nicht aber die Zellen bzw. das Gewebe, aus denen die Organe bestehen. **Organe** sind aus Zellen und Gewebe bestehende Teile des Körpers, die eine selbständige Einheit mit bestimmten Funktionen bilden[7]. Als Organe werden z. B. Drüsen von Rindern und Schweinen – wie etwa die Thymusdrüse[8] und die Bauchspeicheldrüse – verwandt.

24 **Körperbestandteile** sind die Stoffe, aus denen der Körper bzw. die Körperteile bestehen. Zu nennen sind insbes. Zellen[9], Gewebe und Blut[10]. **Zellen** sind die kleinste Bau- und Funktionseinheit der Organismen; sie haben die Fähigkeit zu Stoffwechselleistungen, Reizbeantwortung, Motilität und Reduplikation[11]. **Gewebe** ist ein Verbund von Zellen gleichartiger Differenzierung sowie deren Interzellularsubstanz; unterschieden wird insbes. zwischen Epithel-, Binde-, Stütz-, Muskel- und Nervengewebe[12]. **Blut** ist ein spezielles Gewebe, das aus Blutplasma und korpuskulären Bestandteilen besteht[13].

25 **Stoffwechselprodukte** sind alle Stoffe, die beim Stoffwechsel – als der Gesamtheit aller lebensnotwendigen chemischen Reaktionen in einem Organismus[14] – vor allem mit Hilfe von Enzymen entstehen. Zu nennen sind z. B. Sekrete (wie Moschus), Gifte von Schlangen und Insekten sowie Harnstoff[15].

26 Gem. dem Wortlaut des § 3 Nr. 3 („in bearbeitetem oder unbearbeitetem Zustand") ist der **Bearbeitungszustand** für die Einstufung der obigen Stoffe als „Stoffe" i. S. d. AMG unbedeutend. Wie § 3 Nr. 2 erfasst § 3 Nr. 3 grundsätzlich auch **gentechnisch** veränderte Stoffe, wie sie insbes. bei den Arzneimitteln für **neuartige Therapien** nach § 4 IX i. V. m. Art. 2 I VO (EG) Nr. 1394/2007 eingesetzt werden[16].

IV. Mikroorganismen (Nr. 4)

27 § 3 Nr. 4 erfasst alle Mikroorganismen einschließlich der Viren und – wie auch Nr. 3 – deren Bestandteile und Stoffwechselprodukte.

28 Unter **Mikroorganismen** werden mikroskopisch kleine Organismen verstanden, die überwiegend einzellig aufgebaut sind und sich zumeist von anorganischen Substanzen ernähren. Beispiele für Mikroorganismen sind Bakterien, Viren und Protozoen sowie manche besonders kleine Algen und Pilze.

29 **Bakterien** besitzen keinen echten Zellkern und keine festen Strukturen innerhalb der Zelle (Prokaryoten). Neben vielen nützlichen, insbes. tote Materie zersetzenden Bakterien, gibt es zahlreiche Bakterien, die Krankheiten bei Mensch und Tier verursachen. Nach der Struktur ihrer Zellwand lassen sich die Bakterien in vier Gruppen, namentlich solche mit dünner, fester, ohne feste und mit defekter Zellwand einteilen[17].

---

[6] Vgl. *BVerwG,* Beschl. v. 25.8.2015 – 3 B 67/14 – BeckRS 2015, 51917; *VGH München,* PharmR 2014, 589 ff.; *VG Bayreuth,* PharmR 2010, 294 ff.; *Pschyrembel,* S. 293, 912; *Heuer/Heuer/Saalfrank,* DAZ 2010, 46 ff.; *Kloesel/Cyran,* § 3 Anm. 27a.

[7] *Pschyrembel,* S. 1548; § 1a Nr. 1 TPG definiert den Begriff des Organs als „alle aus verschiedenen Geweben bestehenden, differenzierten Teile des menschlichen Körpers, die in Bezug auf Struktur, Blutgefäßversorgung und Fähigkeit zum Vollzug physiologischer Funktionen eine funktionale Einheit bilden ..."

[8] Vgl. *VG Hamburg,* PharmR 2002, 110, 114.

[9] Speziell zu Stammzellen siehe die Definitionen in § 3 Nr. 1 und 2 StZG; *VG Sigmaringen,* NJOZ 2005, 2820, 2823; *Gassner,* MedR 2001, 553, 558.

[10] Vgl. *BayObLG,* NJW 1998, 3430, 3431.

[11] *Pschyrembel,* S. 2312; in Art. 3 Buchst. a) der RL 2004/23/EG werden Zellen definiert als einzelne menschliche Zellen oder Zellansammlungen, die durch keine Art von Bindegewebe zusammengehalten werden.

[12] Vgl. *Pschyrembel,* S. 775; § 1a Nr. 4 TPG, auf den § 4 XXX verweist, definiert Gewebe als „alle aus Zellen bestehenden Bestandteile des menschlichen Körpers, die keine Organe nach Nummer 1 sind, einschließlich einzelner menschlicher Zellen"; vgl. auch *Roth,* A&R 2008, 25 ff. und speziell zu biotechnologisch bearbeiteten Gewebeprodukten §§ 4b, 4 IX i. V. m. Art. 2 I Buchst. b) VO (EG) Nr. 1394/2007.

[13] *Pschyrembel,* S. 775, 290.

[14] Vg. *Pschyrembel,* S. 2028.

[15] Vgl. *BayObLG,* NJW 1998, 3430, 3431.

[16] Vgl. hierzu auch die Sondervorschriften in § 4b; speziell zur somatischen Gentherapie vgl. *Arndt,* Rn. 546; *Bund-Länder-Arbeitsgruppe „Somatische Gentherapie",* NJW 1998, 2728; *Wagner/Morsey,* NJW 1996, 1565, 1568.

[17] *Pschyrembel,* S. 224 ff.

Protozoen sind tierische Einzeller (Urtierchen), die zwar keine Zellwand, im Gegensatz zu den 30
Bakterien aber einen festen Zellkern besitzen. Die Protozoen lassen sich in vier Gruppen, nämlich die
Geißeltierchen, Wurzelfüßer, Sporentierchen und Wimperntierchen aufteilen[18]. Einige der Protozoen
sind Parasiten, von denen wiederum einige Krankheiten bei Mensch und Tier verursachen können.

Viren, die als Mikroorganismen in § 3 Nr. 4 ausdrücklich aufgeführt werden, bestehen aus Nuklein- 31
säuren (entweder Desoxyribonukleinsäure, DNA, oder Ribonukleinsäure, RNA) und sind für ihr Wachstum und ihre Teilung auf Wirtszellen (von Mensch, Tier oder Pflanze) angewiesen. Manche Viren
benutzen auch Bakterien als Wirte (Bakteriophagen). Viren werden vor allem nach dem Typ der
Nukleinsäure sowie ihrem Bauprinzip klassifiziert[19]. Durch das Eindringen in lebende Zellen und die
hierdurch auftretenden Funktionsstörungen verursachen fast alle Viren Krankheiten.

D. Sonstiges

Der Begriff „Stoff" ist der Oberbegriff für eine Vielzahl weiterer Stoffbegriffe des Arzneimittelrechts. 32
So verwendet das AMG vor allem die Unterbegriffe **„Ausgangsstoff"** (vgl. etwa §§ 12 Ib Nr. 1; 22 VII
3; 24b V 1 und 54 II Nr. 8 AMG; s. auch § 11 Apothekenbetriebsordnung, ApBetrO), **„Hilfsstoff"**
(vgl. § 39b I 4) und **„Wirkstoff"** (vgl. nur §§ 12 III 2; 20a; 21 II Nr. 1c, IIa 5; 25 II 1 Nr. 5a, 6a, III).
Dabei ist allein der Wirkstoffbegriff in § 4 XIX legaldefiniert; hiernach sind Wirkstoffe *„Stoffe, die dazu
bestimmt sind, bei der Herstellung von Arzneimitteln als arzneilich wirksame Bestandteile verwendet zu werden oder
bei ihrer Verwendung in der Arzneimittelherstellung zu arzneilich wirksamen Bestandteilen der Arzneimittel zu
werden."*

Weitere Unterbegriffe finden sich in den sog. **Pharmazeutischen Begriffsbestimmungen** des 33
Ausschusses „Arzneimittel-, Apotheken- und Gefahrstoffwesen der Arbeitsgemeinschaft der Leitenden
Medizinalbeamten der Länder" aus dem Jahre 1992[20], die – allerdings rechtlich unverbindlich – auf ein
einheitliches Begriffsverständnis in der pharmazeutischen Praxis gerichtet sind. Diese Begriffsbestimmungen rekurrieren zum Teil auf die Definitionen des AMG, wie etwa hinsichtlich der „Stoffe" und „Wirkstoffe", halten aber auch eigenständige Definitionen parat: Danach sind **Rohstoffe** alle *„bei der Herstellung
eines Grundstoffes verwendete[n] Stoff[e]."* **Grundstoffe** sind *„Stoffe als Ergebnis einer Synthese oder einer
Naturstoffaufbereitung, wie zum Beispiel Alkaloide, Extrakte, Stärke oder Magnesiumstearat."* **Ausgangsstoffe**
sind alle *„bei der Herstellung eines Arzneimittels verwendete[n] Stoffe, ausgenommen Verpackungsmaterial."* Dem
Begriff der Ausgangsstoffe unterfallen neben den Wirkstoffen die „wirksamen Bestandteile" und die
„Hilfsstoffe". **Wirksame Bestandteile** sind *„Wirkstoffe sowie andere Stoffe, die als solche pharmakologische
Wirkungen zeigen oder die Wirkung anderer Bestandteile des Arzneimittels beeinflussen."* **Hilfsstoffe** sind *„nicht
wirksame Stoffe, die in der im Endprodukt verwendeten Dosierung ohne pharmakologische Bedeutung und lediglich
zur Herstellung einer optimalen Darreichungsform erforderlich sind."*

Nicht nur in begrifflicher Hinsicht, sondern vor allem wegen der erheblichen rechtlichen Konsequen- 34
zen (s. Rn. 5) ist die Abgrenzung zwischen **Ausgangsstoffen** und Arzneimitteln von besonderer Bedeutung[21]. Konkret geht es um die Frage, ab wann ein Stoff nicht mehr als Ausgangsstoff, sondern schon als
Arzneimittel zu qualifizieren ist. Zu dieser Fragestellung liegen in Rechtsprechung und Literatur nur
wenige, uneinheitliche Aussagen vor. Hierbei wird vornehmlich auf das Kriterium der **objektiven
Zweckbestimmung** abgestellt, wie es auch für die Definition des Arzneimittels selbst und dessen
Abgrenzung zu anderen Produkten verwandt wird[22]. Zum Teil wird ergänzend auf weitere Aspekte
abgehoben, wie etwa den Umstand, ob der betreffende Stoff schon als Arzneimittel verwendbar[23] bzw.
unmittelbar anwendbar ist[24]. Bei Stoffen, die sowohl zu pharmazeutischen als auch zu anderen Zwecken
geeignet bzw. bestimmt sind, wird die Arzneimitteleigenschaft einerseits stets bejaht[25] oder stets verneint[26], andererseits ergänzend auf die **subjektive Zweckbestimmung** durch den Hersteller abgestellt[27]. Auch wenn die Übertragung der Grundsätze der objektiven Zweckbestimmung auf die Frage der

---

[18] Vgl. *Pschyrembel*, S. 1747.

[19] Vgl. *Pschyrembel*, S. 2258 ff.

[20] Abgedruckt im Bundesgesundheitsblatt Nr. 3/1992, S. 158; die Arbeitsgemeinschaft der Leitenden Medizinalbeamten der Länder (AGLMB) ist heute die Arbeitsgemeinschaft der obersten Landesgesundheitsbehörden (AOLG).

[21] Speziell zu den mit dem Begriff der Wirkstoffe in § 4 XIX verbundenen Abgrenzungsfragen ausführlich *Heßhaus*,
StoffR 2006, 27 ff., der zu Recht für eine gesetzliche Klarstellung plädiert (31 f.), und *Krüger*, PharmInd 2007, 1077 ff.,
1187 ff.

[22] Vgl. *BVerwG*, PharmR 2011, 168, 169 f.; *BGHSt* 54, 243, 248 ff.; *BVerwGE* 70, 284, 286; *OVG Lüneburg*, ZLR
2003, 371, 379 ff.; *VGH München*, BayVBl. 1984, 692, 693; *VG Hamburg*, PharmR 2002, 110, 114 f.; *Rehmann*, § 2
Rn. 7; *Erdmann*, S. 90 f.

[23] *OVG Lüneburg*, ZLR 2003, 371, 380 f.; *Sander*, § 2 Erl. 4.

[24] *BayVGH*, Beschl. v. 23.8.1982, abgedruckt bei *Sander*, Entscheidungssammlung, § 2 Nr. 7, S. 3 f.; *Heßhaus*, StoffR
2006, 27, 30 und *Dettling*, PharmR 2003, 79, 84, die auf den Begriff „Anwendung" in § 2 I abstellen; *Hasskarl/
Hasskarl/Ostertag*, NJW 2002, 1772, 1773.

[25] *Sander*, § 2 Erl. 4.

[26] *BayVGH*, BayVBl. 1984, 692, 693.

[27] Vgl. *BGHSt* 54, 243, 248 ff.; *VG Hamburg*, PharmR 2002, 110, 115; *Rehmann*, § 2 Rn. 7.

Abgrenzung der Ausgangsstoffe von den Arzneimitteln durchaus nahe liegt, ergeben sich zwei deutliche Schwächen: Zum einen sind diese Grundsätze speziell für die Abgrenzung zweier Endprodukte – wie z. B. der Arzneimittel und der Lebensmittel – entwickelt worden. Sie sind daher schon vom Ansatz her nur beschränkt auf die Abgrenzung eines Ausgangsstoffes von einem Endprodukt übertragbar. Zum anderen hebt die objektive Zweckbestimmung vor allem auf die Sicht eines Durchschnittsverbrauchers ab. Dies erscheint hinsichtlich eines bzw. zweier Endprodukte interessengerecht, da der Verbraucher mit derartigen oder vergleichbaren Produkten alltäglich umgeht. Bezüglich der Ausgangstoffe und der verschiedenen Produktionsstufen für Arzneimittel ist dies aber gerade nicht der Fall.

35   Für eine trennscharfe und praktikable Abgrenzung der Ausgangsstoffe von den Arzneimitteln sollte vornehmlich auf den Aspekt der **Herstellung eines Endproduktes** abgestellt werden: Ausgangspunkt dieses Grundsatzes ist, dass es keine „geborenen" Arzneimittel gibt; Arzneimittel werden hergestellt[28]. Auch wenn manche Stoffe – wie etwa pflanzliche Stoffe[29] – mit relativ geringem Aufwand zu Arzneimitteln verarbeitet werden können, bedarf es in nahezu allen Fällen einer oder mehrerer Herstellungsphasen. Entsprechend weit ist der Begriff des Herstellens in § 4 XIV als „*das Gewinnen, das Anfertigen, das Zubereiten, das Be- oder Verarbeiten, das Umfüllen einschließlich Abfüllen, das Abpacken, das Kennzeichnen und die Freigabe*" gefasst. Schon das Gewinnen von Ausgangsstoffen wird hiermit dem Vorgang des Herstellens zugerechnet. Für die Abgrenzung ist daher von dem Prozess der Herstellung auszugehen. Weiterhin ist zu berücksichtigen, dass es sich bei Arzneimitteln begrifflich um Endprodukte handelt[30]. Dies bedeutet, dass die Grenze zwischen Ausgangsstoffen und Arzneimitteln grundsätzlich dadurch markiert wird, dass der **Herstellungsprozess** im Wesentlichen **abgeschlossen** ist. Denn erst zu diesem Zeitpunkt stehen stoffliche Zusammensetzung, Beschaffenheit und Gestalt des Produktes derart fest, dass von einem Endprodukt – dem Arzneimittel – gesprochen werden kann. Dass dieses – gem. der Terminologie in § 4 XIV – gegebenenfalls noch umgefüllt sowie abgepackt, gekennzeichnet und freigegeben werden muss, ist für die Arzneimitteleigenschaft unerheblich. Die Be- und Verarbeitung der Ausgangsstoffe – und damit vor allem etwaige Änderungen der stofflichen Zusammensetzung – sind in dieser Phase bereits beendet, so dass das Produkt als solches mit den obigen Schritten nicht mehr wesentlich verändert wird. Von dem Grundsatz des im Wesentlichen abgeschlossenen Herstellungsprozesses können im Einzelfall Ausnahmen in Betracht kommen, wenn die Prinzipien der in § 1 verankerten Arzneimittelsicherheit dies gebieten[31]. Entsprechendes gilt für Sonderfälle, in denen Stoffe etwa ausnahmsweise ohne jegliche Be- oder Verarbeitung auch als Arzneimittel verwendet werden können (dual use) oder schon selbst als Arzneimittel anzusehen sind und im nachhinein nur noch unwesentlich verändert werden[32].

36   In Konsequenz dieses Grundsatzes können **Roh- und Grundstoffe** sowie **Wirkstoffe** keine Arzneimittel sein[33]. Mit Blick auf den noch nicht abgeschlossenen Herstellungsprozess lassen sich auch **Zwischenprodukte,** die für eine weitere Bearbeitung durch einen Hersteller bestimmt sind, noch nicht als Arzneimittel qualifizieren (vgl. auch § 4 I 2 und Art. 2 III RL 2001/83/EG)[34]. Anders verhält es sich mit **Bulkware,** die noch in kleinere Einheiten umgefüllt, abgepackt und entsprechend gekennzeichnet werden muss. Da hier der Herstellungsprozess im Wesentlichen abgeschlossen ist, liegt bereits ein Arzneimittel vor[35].

37   Bei der Anwendung des Stoffbegriffs in § 3 sind neben den Sondervorschriften für Arzneimittel für neuartige Therapien in § 4b vor allem die **Ausnahmen vom Anwendungsbereich** des AMG gem. § 4a zu berücksichtigen. Dies gilt zum einen hinsichtlich der Ausnahmeregelung für Keimzellen zur künstlichen Befruchtung bei Tieren in § 4a 1 Nr. 2 und die Sonderregelung für Gewebe zur Rückübertragung in § 4a 1 Nr. 3. Zum anderen erfasst die Ausnahmeregelung für die in § 4a 1 Nr. 1 genannten Arzneimittel gegen Tierseuchen auch deren Ausgangsstoffe. Dies ergibt sich bereits aus der dienenden

---

[28] Entsprechend heißt es in den Pharmazeutischen Begriffsbestimmungen (s. o. Fn. 20), dass Ausgangsstoffe alle „bei der Herstellung eines Arzneimittels verwendete[n] Stoffe" sind; vgl. auch § 12 Ib Nr. 1 AMG und § 11 I 1 ApBetrO, in denen auf Ausgangsstoffe auf die „Herstellung von Arzneimitteln" abgestellt wird.

[29] Hier entstehen häufig Streitfälle, vgl. etwa *OVG Bautzen*, PharmR 2014, 591 ff.; *OVG Lüneburg*, ZLR 2003, 371 ff.; *BayVGH*, BayVBl. 1984, 692 f.

[30] So stellen auch die Pharmazeutischen Begriffsbestimmungen (s. o. Fn. 20) bei der Definition der Hilfsstoffe auf das „Endprodukt" Arzneimittel ab.

[31] Vgl. hierzu auch *BVerwG*, PharmR 2011, 168, 169 f.; *BVerwGE* 70, 284, 287 ff.

[32] Vgl. dazu *BGHSt* 54, 243, 248 ff. (Ausgangsstoff als Arzneimittel); 57, 312, 316 ff. (kein neues Arzneimittel bei nur unwesentlicher Veränderung des Ausgangsarzneimittels, chemische Einwirkung allenfalls Indiz für neues Arzneimittel); *Sander*, § 2 Erl. 4.

[33] Vgl. *VG Hamburg*, PharmR 2014, 148, 149 ff.; anders *Sander*, § 2 Erl. 4.

[34] Vgl. auch *OLG Hamburg*, PharmR 2011, 413, 418, *VGH München*, PharmR 2009, 573, 575 und § 22 VII 3, in dem zwischen Ausgangsstoffen, Zwischenprodukten und Stoffen, die zur Herstellung oder Prüfung von Arzneimitteln verwendet werden, unterschieden wird. Die Definition der Zwischenprodukte in den Pharmazeutischen Begriffsbestimmungen (s. o. Fn. 20) als „teilweise bearbeitete Arzneimittel, die noch weitere Produktionsstufen durchlaufen müssen, bevor sie zur Bulkware werden", ist insofern missverständlich. A. A. im Ergebnis *Rehmann*, § 2 Rn. 7 a. E.; s. aus strafrechtlicher Perspektive *BGH*, PharmR 2008, 209, 210 und *BGHSt* 43, 336, 344 (Zwischenprodukt als Arzneimittel); ablehnend *Knauer*, PharmR 2008, 199 ff.

[35] Entsprechend wird Bulkware in den Pharmazeutischen Begriffsbestimmungen (s. o. Fn. 20) definiert als „Arzneimittel in großen Gebinden, aus denen in die zur Abgabe an Verbraucher bestimmten Packungen abgefüllt und abgepackt wird."; vgl. *OLG Hamburg*, PharmR 2011, 413, 418; *BSGE* 96, 153, 157; *BGHZ* 163, 265, 273.

Funktion, die der Stoffbegriff im Verhältnis zu dem Arzneimittelbegriff hat (s. Rn. 4), und wird auch durch die Systematik des § 4a nahegelegt. Dass § 4a 2 nur für die Ausnahmebestimmung in § 4a 1 Nr. 1 eine Rückausnahme vorsieht, spricht dafür, dass das AMG im übrigen nicht anzuwenden ist, sobald ein Ausnahmetatbestand nach § 4a eingreift[36].

Im Verhältnis zur VO (EG) Nr. 1907/2006 **(REACH-VO)** sind insbes. die Regelungen über deren **38** Anwendungsbereich in Art. 2 V Buchst. a) und Art. 2 VI Buchst. a) zu beachten[37].

§ 4 Sonstige Begriffsbestimmungen

(1) [1]Fertigarzneimittel sind Arzneimittel, die im Voraus hergestellt und in einer zur Abgabe an den Verbraucher bestimmten Packung in den Verkehr gebracht werden oder andere zur Abgabe an Verbraucher bestimmte Arzneimittel, bei deren Zubereitung in sonstiger Weise ein industrielles Verfahren zur Anwendung kommt oder die, ausgenommen in Apotheken, gewerblich hergestellt werden. [2]Fertigarzneimittel sind nicht Zwischenprodukte, die für eine weitere Verarbeitung durch einen Hersteller bestimmt sind.

(2) Blutzubereitungen sind Arzneimittel, die aus Blut gewonnene Blut-, Plasma- oder Serumkonserven, Blutbestandteile oder Zubereitungen aus Blutbestandteilen sind oder als Wirkstoffe enthalten.

(3) [1]Sera sind Arzneimittel im Sinne des § 2 Absatz 1, die Antikörper, Antikörperfragmente oder Fusionsproteine mit einem funktionellen Antikörperbestandteil als Wirkstoff enthalten und wegen dieses Wirkstoffs angewendet werden. [2]Sera gelten nicht als Blutzubereitungen im Sinne des Absatzes 2 oder als Gewebezubereitungen im Sinne des Absatzes 30.

(4) Impfstoffe sind Arzneimittel im Sinne des § 2 Abs. 1, die Antigene oder rekombinante Nukleinsäuren enthalten und die dazu bestimmt sind, bei Mensch oder Tier zur Erzeugung von spezifischen Abwehr- und Schutzstoffen angewendet zu werden und, soweit sie rekombinante Nukleinsäuren enthalten, ausschließlich zur Vorbeugung oder Behandlung von Infektionskrankheiten bestimmt sind.

(5) Allergene sind Arzneimittel im Sinne des § 2 Abs. 1, die Antigene oder Haptene enthalten und dazu bestimmt sind, bei Mensch oder Tier zur Erkennung von spezifischen Abwehr- oder Schutzstoffen angewendet zu werden (Testallergene) oder Stoffe enthalten, die zur antigen-spezifischen Verminderung einer spezifischen immunologischen Überempfindlichkeit angewendet werden (Therapieallergene).

(6) Testsera sind Arzneimittel im Sinne des § 2 Abs. 2 Nr. 4, die aus Blut, Organen, Organteilen oder Organsekreten gesunder, kranker, krank gewesener oder immunisatorisch vorbehandelter Lebewesen gewonnen werden, spezifische Antikörper enthalten und die dazu bestimmt sind, wegen dieser Antikörper verwendet zu werden, sowie die dazu gehörenden Kontrollsera.

(7) Testantigene sind Arzneimittel im Sinne des § 2 Abs. 2 Nr. 4, die Antigene oder Haptene enthalten und die dazu bestimmt sind, als solche verwendet zu werden.

(8) Radioaktive Arzneimittel sind Arzneimittel, die radioaktive Stoffe sind oder enthalten und ionisierende Strahlen spontan aussenden und die dazu bestimmt sind, wegen dieser Eigenschaften angewendet zu werden; als radioaktive Arzneimittel gelten auch für die Radiomarkierung anderer Stoffe vor der Verabreichung hergestellte Radionuklide (Vorstufen) sowie die zur Herstellung von radioaktiven Arzneimitteln bestimmten Systeme mit einem fixierten Mutterradionuklid, das ein Tochterradionuklid bildet (Generatoren).

(9) Arzneimittel für neuartige Therapien sind Gentherapeutika, somatische Zelltherapeutika oder biotechnologisch bearbeitete Gewebeprodukte nach Artikel 2 Absatz 1 Buchstabe a der Verordnung (EG) Nr. 1394/2007 des Europäischen Parlaments und des Rates vom 13. November 2007 über Arzneimittel für neuartige Therapien und zur Änderung der Richtlinie 2001/83/EG und der Verordnung (EG) Nr. 726/2004 (ABl. L 324 vom 10.12.2007, S. 121).

(10) Fütterungsarzneimittel sind Arzneimittel in verfütterungsfertiger Form, die aus Arzneimittel-Vormischungen und Mischfuttermitteln hergestellt werden und die dazu bestimmt sind, zur Anwendung bei Tieren in den Verkehr gebracht zu werden.

(11) [1]Arzneimittel-Vormischungen sind Arzneimittel, die ausschließlich dazu bestimmt sind, zur Herstellung von Fütterungsarzneimitteln verwendet zu werden. [2]Sie gelten als Fertigarzneimittel.

(12) Die Wartezeit ist die Zeit, die bei bestimmungsgemäßer Anwendung des Arzneimittels nach der letzten Anwendung des Arzneimittels bei einem Tier bis zur Gewinnung von

---

[36] So auch *Kloesel/Cyran*, § 3 Anm. 10.
[37] S. dazu *Wimmer*, PharmR 2008, 136 ff.; *Bauer/Lach*, PharmR 2007, 408 ff.; *Brixius/Maur*, PharmR 2007, 277 ff.

Lebensmitteln, die von diesem Tier stammen, zum Schutz der öffentlichen Gesundheit einzuhalten ist und die sicherstellt, dass Rückstände in diesen Lebensmitteln die im Anhang der Verordnung (EU) Nr. 37/2010 der Kommission vom 22. Dezember 2009 über pharmakologisch wirksame Stoffe und ihre Einstufung hinsichtlich der Rückstandshöchstmengen in Lebensmitteln tierischen Ursprungs (ABl. L 15 vom 20.1.2010, S. 1) in der jeweils geltenden Fassung festgelegten zulässigen Höchstmengen für pharmakologisch wirksame Stoffe nicht überschreiten.

(13) [1]Nebenwirkungen sind bei Arzneimitteln, die zur Anwendung bei Menschen bestimmt sind, schädliche und unbeabsichtigte Reaktionen auf das Arzneimittel. [2]Nebenwirkungen sind bei Arzneimitteln, die zur Anwendung bei Tieren bestimmt sind, schädliche und unbeabsichtigte Reaktionen bei bestimmungsgemäßem Gebrauch. [3]Schwerwiegende Nebenwirkungen sind Nebenwirkungen, die tödlich oder lebensbedrohend sind, eine stationäre Behandlung oder Verlängerung einer stationären Behandlung erforderlich machen, zu bleibender oder schwerwiegender Behinderung, Invalidität, kongenitalen Anomalien oder Geburtsfehlern führen. [4]Für Arzneimittel, die zur Anwendung bei Tieren bestimmt sind, sind schwerwiegend auch Nebenwirkungen, die ständig auftretende oder lang anhaltende Symptome hervorrufen. [5]Unerwartete Nebenwirkungen sind Nebenwirkungen, deren Art, Ausmaß oder Ergebnis von der Fachinformation des Arzneimittels abweichen.

(14) Herstellen ist das Gewinnen, das Anfertigen, das Zubereiten, das Be- oder Verarbeiten, das Umfüllen einschließlich Abfüllen, das Abpacken, das Kennzeichnen und die Freigabe; nicht als Herstellen gilt das Mischen von Fertigarzneimitteln mit Futtermitteln durch den Tierhalter zur unmittelbaren Verabreichung an die von ihm gehaltenen Tiere.

(15) Qualität ist die Beschaffenheit eines Arzneimittels, die nach Identität, Gehalt, Reinheit, sonstigen chemischen, physikalischen, biologischen Eigenschaften oder durch das Herstellungsverfahren bestimmt wird.

(16) Eine Charge ist die jeweils aus derselben Ausgangsmenge in einem einheitlichen Herstellungsvorgang oder bei einem kontinuierlichen Herstellungsverfahren in einem bestimmten Zeitraum erzeugte Menge eines Arzneimittels.

(17) Inverkehrbringen ist das Vorrätighalten zum Verkauf oder zu sonstiger Abgabe, das Feilhalten, das Feilbieten und die Abgabe an andere.

(18) [1]Der pharmazeutische Unternehmer ist bei zulassungs- oder registrierungspflichtigen Arzneimitteln der Inhaber der Zulassung oder Registrierung. [2]Pharmazeutischer Unternehmer ist auch, wer Arzneimittel unter seinem Namen in den Verkehr bringt, außer in den Fällen des § 9 Abs. 1 Satz 2.

(19) Wirkstoffe sind Stoffe, die dazu bestimmt sind, bei der Herstellung von Arzneimitteln als arzneilich wirksame Bestandteile verwendet zu werden oder bei ihrer Verwendung in der Arzneimittelherstellung zu arzneilich wirksamen Bestandteilen der Arzneimittel zu werden.

(20) *(aufgehoben)*

(21) Xenogene Arzneimittel sind zur Anwendung im oder am Menschen bestimmte Arzneimittel, die lebende tierische Gewebe oder Zellen sind oder enthalten.

(22) Großhandel mit Arzneimitteln ist jede berufs- oder gewerbsmäßige zum Zwecke des Handeltreibens ausgeübte Tätigkeit, die in der Beschaffung, der Lagerung, der Abgabe oder Ausfuhr von Arzneimitteln besteht, mit Ausnahme der Abgabe von Arzneimitteln an andere Verbraucher als Ärzte, Zahnärzte, Tierärzte oder Krankenhäuser.

(22a) Arzneimittelvermittlung ist jede berufs- oder gewerbsmäßig ausgeübte Tätigkeit von Personen, die, ohne Großhandel zu betreiben, selbstständig und im fremden Namen mit Arzneimitteln im Sinne des § 2 Absatz 1 oder Absatz 2 Nummer 1, die zur Anwendung bei Menschen bestimmt sind, handeln, ohne tatsächliche Verfügungsgewalt über diese Arzneimittel zu erlangen.

(23) [1]Klinische Prüfung bei Menschen ist jede am Menschen durchgeführte Untersuchung, die dazu bestimmt ist, klinische oder pharmakologische Wirkungen von Arzneimitteln zu erforschen oder nachzuweisen oder Nebenwirkungen festzustellen oder die Resorption, die Verteilung, den Stoffwechsel oder die Ausscheidung zu untersuchen, mit dem Ziel, sich von der Unbedenklichkeit oder Wirksamkeit der Arzneimittel zu überzeugen. [2]Satz 1 gilt nicht für eine Untersuchung, die eine nichtinterventionelle Prüfung ist. [3]Nichtinterventionelle Prüfung ist eine Untersuchung, in deren Rahmen Erkenntnisse aus der Behandlung von Personen mit Arzneimitteln anhand epidemiologischer Methoden analysiert werden; dabei folgt die Behandlung einschließlich der Diagnose und Überwachung nicht einem vorab festgelegten Prüfplan, sondern ausschließlich der ärztlichen Praxis; soweit es sich um ein zulassungspflichtiges oder nach § 21a Absatz 1 genehmigungspflichtiges Arzneimittel handelt,

erfolgt dies ferner gemäß den in der Zulassung oder der Genehmigung festgelegten Angaben für seine Anwendung.

(24) Sponsor ist eine natürliche oder juristische Person, die die Verantwortung für die Veranlassung, Organisation und Finanzierung einer klinischen Prüfung bei Menschen übernimmt.

(25) [1] Prüfer ist in der Regel ein für die Durchführung der klinischen Prüfung bei Menschen in einer Prüfstelle verantwortlicher Arzt oder in begründeten Ausnahmefällen eine andere Person, deren Beruf auf Grund seiner wissenschaftlichen Anforderungen und der seine Ausübung voraussetzenden Erfahrungen in der Patientenbetreuung für die Durchführung von Forschungen am Menschen qualifiziert. [2] Wird eine klinische Prüfung in einer Prüfstelle von einer Gruppe von Personen durchgeführt, so ist der Prüfer der für die Durchführung verantwortliche Leiter dieser Gruppe. [3] Wird eine Prüfung in mehreren Prüfstellen durchgeführt, wird vom Sponsor ein Prüfer als Leiter der klinischen Prüfung benannt.

(26) [1] Homöopathisches Arzneimittel ist ein Arzneimittel, das nach einem im Europäischen Arzneibuch oder, in Ermangelung dessen, nach einem in den offiziell gebräuchlichen Pharmakopöen der Mitgliedstaaten der Europäischen Union beschriebenen homöopathischen Zubereitungsverfahren hergestellt worden ist. [2] Ein homöopathisches Arzneimittel kann auch mehrere Wirkstoffe enthalten.

(27) Ein mit der Anwendung des Arzneimittels verbundenes Risiko ist

a) jedes Risiko im Zusammenhang mit der Qualität, Sicherheit oder Wirksamkeit des Arzneimittels für die Gesundheit der Patienten oder die öffentliche Gesundheit, bei zur Anwendung bei Tieren bestimmten Arzneimitteln für die Gesundheit von Mensch oder Tier,

b) jedes Risiko unerwünschter Auswirkungen auf die Umwelt.

(28) Das Nutzen-Risiko-Verhältnis umfasst eine Bewertung der positiven therapeutischen Wirkungen des Arzneimittels im Verhältnis zu dem Risiko nach Absatz 27 Buchstabe a, bei zur Anwendung bei Tieren bestimmten Arzneimitteln auch nach Absatz 27 Buchstabe b.

(29) Pflanzliche Arzneimittel sind Arzneimittel, die als Wirkstoff ausschließlich einen oder mehrere pflanzliche Stoffe oder eine oder mehrere pflanzliche Zubereitungen oder eine oder mehrere pflanzliche Stoffe in Kombination mit einer oder mehreren solcher pflanzlichen Zubereitungen enthalten.

(30) [1] Gewebezubereitungen sind Arzneimittel, die Gewebe im Sinne von § 1a Nr. 4 des Transplantationsgesetzes sind oder aus solchen Geweben hergestellt worden sind. [2] Menschliche Samen- und Eizellen (Keimzellen) sowie imprägnierte Eizellen und Embryonen sind weder Arzneimittel noch Gewebezubereitungen.

(31) Rekonstitution eines Fertigarzneimittels zur Anwendung beim Menschen ist die Überführung in seine anwendungsfähige Form unmittelbar vor seiner Anwendung gemäß den Angaben der Packungsbeilage oder im Rahmen der klinischen Prüfung nach Maßgabe des Prüfplans.

(32) [1] Verbringen ist jede Beförderung in den, durch den oder aus dem Geltungsbereich des Gesetzes. [2] Einfuhr ist die Überführung von unter das Arzneimittelgesetz fallenden Produkten aus Drittstaaten, die nicht Vertragsstaaten des Abkommens über den Europäischen Wirtschaftsraum sind, in den zollrechtlich freien Verkehr. [3] Produkte gemäß Satz 2 gelten als eingeführt, wenn sie entgegen den Zollvorschriften in den Wirtschaftskreislauf überführt wurden. [4] Ausfuhr ist jedes Verbringen in Drittstaaten, die nicht Vertragsstaaten des Abkommens über den Europäischen Wirtschaftsraum sind.

(33) Anthroposophisches Arzneimittel ist ein Arzneimittel, das nach der anthroposophischen Menschen- und Naturerkenntnis entwickelt wurde, nach einem im Europäischen Arzneibuch oder, in Ermangelung dessen, nach einem in den offiziell gebräuchlichen Pharmakopöen der Mitgliedstaaten der Europäischen Union beschriebenen homöopathischen Zubereitungsverfahren oder nach einem besonderen anthroposophischen Zubereitungsverfahren hergestellt worden ist und das bestimmt ist, entsprechend den Grundsätzen der anthroposophischen Menschen- und Naturerkenntnis angewendet zu werden.

(34) Eine Unbedenklichkeitsprüfung bei einem Arzneimittel, das zur Anwendung bei Menschen bestimmt ist, ist jede Prüfung zu einem zugelassenen Arzneimittel, die durchgeführt wird, um ein Sicherheitsrisiko zu ermitteln, zu beschreiben oder zu quantifizieren, das Sicherheitsprofil eines Arzneimittels zu bestätigen oder die Effizienz von Risikomanagement-Maßnahmen zu messen.

(35) Eine Unbedenklichkeitsprüfung bei einem Arzneimittel, das zur Anwendung bei Tieren bestimmt ist, ist eine pharmakoepidemiologische Studie oder klinische Prüfung entspre-

chend den Bedingungen der Zulassung mit dem Ziel, eine Gesundheitsgefahr im Zusammenhang mit einem zugelassenen Tierarzneimittel festzustellen und zu beschreiben.

(36) Das Risikomanagement-System umfasst Tätigkeiten im Bereich der Pharmakovigilanz und Maßnahmen, durch die Risiken im Zusammenhang mit einem Arzneimittel ermittelt, beschrieben, vermieden oder minimiert werden sollen; dazu gehört auch die Bewertung der Wirksamkeit derartiger Tätigkeiten und Maßnahmen.

(37) Der Risikomanagement-Plan ist eine detaillierte Beschreibung des Risikomanagement-Systems.

(38) Das Pharmakovigilanz-System ist ein System, das der Inhaber der Zulassung und die zuständige Bundesoberbehörde anwenden, um insbesondere den im Zehnten Abschnitt aufgeführten Aufgaben und Pflichten nachzukommen, und das der Überwachung der Sicherheit zugelassener Arzneimittel und der Entdeckung sämtlicher Änderungen des Nutzen-Risiko-Verhältnisses dient.

(39) Die Pharmakovigilanz-Stammdokumentation ist eine detaillierte Beschreibung des Pharmakovigilanz-Systems, das der Inhaber der Zulassung auf eines oder mehrere zugelassene Arzneimittel anwendet.

(40) Ein gefälschtes Arzneimittel ist ein Arzneimittel mit falschen Angaben über

1. die Identität, einschließlich seiner Verpackung, seiner Kennzeichnung, seiner Bezeichnung oder seiner Zusammensetzung in Bezug auf einen oder mehrere seiner Bestandteile, einschließlich der Hilfsstoffe und des Gehalts dieser Bestandteile,
2. die Herkunft, einschließlich des Herstellers, das Herstellungsland, das Herkunftsland und den Inhaber der Genehmigung für das Inverkehrbringen oder den Inhaber der Zulassung oder
3. den in Aufzeichnungen und Dokumenten beschriebenen Vertriebsweg.

(41) Ein gefälschter Wirkstoff ist ein Wirkstoff, dessen Kennzeichnung auf dem Behältnis nicht den tatsächlichen Inhalt angibt oder dessen Begleitdokumentation nicht alle beteiligten Hersteller oder nicht den tatsächlichen Vertriebsweg widerspiegelt.

Wichtige Änderungen der Vorschrift: Abs. 1 neu gefasst durch Art. 1 Nr. 3 Buchst. a) des Vierzehnten Gesetzes zur Änderung des Arzneimittelgesetzes vom 29.8.2005 (BGBl. I S. 2570); Abs. 2 geändert durch Art. 1 Nr. 1 des Achten Gesetzes zur Änderung des Arzneimittelgesetzes vom 7.9.1998 (BGBl. I S. 2649) und durch Art. 1 Nr. 3 Buchst. b) des Vierzehnten Gesetzes zur Änderung des Arzneimittelgesetzes vom 29.8.2005 (BGBl. I S. 2570); Abs. 3 neu gefasst durch Art. 1 Nr. 4 Buchst. a) des Gesetzes zur Änderung arzneimittelrechtlicher und anderer Vorschriften vom 17.7.2009 (BGBl. I S. 1990); Abs. 4 neu gefasst durch Art. 1 Nr. 4 Buchst. b) des Gesetzes zur Änderung arzneimittelrechtlicher und anderer Vorschriften vom 17.7.2009 (BGBl. I S. 1990); Abs. 6 geändert durch Art. 1 Nr. 2 des Zwölften Gesetzes zur Änderung des Arzneimittelgesetzes vom 30.7.2004 (BGBl. I S. 2031); Abs. 8 geändert durch Art. 1 Nr. 2 des Zweiten Gesetzes zur Änderung des Arzneimittelgesetzes vom 16.8.1986 (BGBl. I S. 1296) und durch Art. 1 Nr. 1 Buchst. f) des Fünften Gesetzes zur Änderung des Arzneimittelgesetzes vom 9.8.1994 (BGBl. I S. 2071); Abs. 9 neu gefasst durch Art. 1 Nr. 4 Buchst. c) des Gesetzes zur Änderung arzneimittelrechtlicher und anderer Vorschriften vom 17.7.2009 (BGBl. I S. 1990); Abs. 13 neu gefasst durch Art. 1 Nr. 3 Buchst. a) des Zweiten Gesetzes zur Änderung arzneimittelrechtlicher und anderer Vorschriften vom 19.10.2012 (BGBl. I S. 2192) ; Abs. 14 geändert durch Art. 1 Nr. 3 Buchst. e) des Vierzehnten Gesetzes zur Änderung des Arzneimittelgesetzes vom 29.8.2005 (BGBl. I S. 2570) und durch Art. 1 Nr. 2 Buchst. b) des Fünfzehnten Gesetzes zur Änderung des Arzneimittelgesetzes vom 25.5.2011 (BGBl. I S. 946); Abs. 16 neu gefasst durch Art. 1 Nr. 2 Buchst. f) des Zwölften Gesetzes zur Änderung des Arzneimittelgesetzes vom 30.7.2004 (BGBl. I S. 2031); Abs. 18 neu gefasst durch Art. 1 Nr. 3 Buchst. f) des Vierzehnten Gesetzes zur Änderung des Arzneimittelgesetzes vom 29.8.2005 (BGBl. I S. 2570); Abs. 19 neu gefasst durch Art. 1 Nr. 2 des Zwölften Gesetzes zur Änderung des Arzneimittelgesetzes vom 30.7.2004 (BGBl. I S. 2031); Abs. 21 neu gefasst durch Art. 1 Nr. 4 Buchst. e) des Gesetzes zur Änderung arzneimittelrechtlicher und anderer Vorschriften v. 17.7.2009 (BGBl. I S. 1990); Abs. 22a eingefügt durch Art. 1 Nr. 3 Buchst. b)) des Zweiten Gesetzes zur Änderung arzneimittelrechtlicher und anderer Vorschriften vom 19.10.2012 (BGBl. I S. 2192); Abs. 25 Satz 2 und Abs. 30 Satz 2 neu gefasst durch Art. 1 Nr. 3 Buchst. c) und Buchst. d) des Zweiten Gesetzes zur Änderung arzneimittelrechtlicher und anderer Vorschriften vom 19.10.2012 (BGBl. I S. 2192); Abs. 32 Satz 4 angefügt durch Art. 1 Nr. 3 Buchst. e) des Zweiten Gesetzes zur Änderung arzneimittelrechtlicher und anderer Vorschriften vom 19.10.2012 (BGBl. I S. 2192); Absätze 34 bis 41 angefügt durch Art. 1 Nr. 3 Buchst. f) des Zweiten Gesetzes zur Änderung arzneimittelrechtlicher und anderer Vorschriften vom 19.10.2012 (BGBl. I S. 2192).

Europarechtliche Vorgaben: Vgl. die Anmerkungen bei den jeweiligen Kommentierungen der Abs. der Vorschrift.

Literatur: *Burgardt,* Rechtliche Rahmenbedingungen der Arzneimittelforschung, Therapieoptimierungsprüfungen, Der Onkologe 2006, 309; *De la Haye/Herbold,* Anwendungsbeobachtungen, Leitfaden für die praktische Durchführung, 2. Aufl., 2006; *Dietrich/Zierold,* Neue rechtliche Grundlagen für die Anwendungsbeobachtungen –Wandel in der Arzneimittelforschung?, KliFoRe 2007, 103; *Eberhardt/Kori-Lindner/Stammer,* Nicht-interventionelle Untersuchungen (Qualifizierte Anwendungsbeobachtung), PharmInd 2006, 542; *Felder,* Das Erfordernis der zweijährigen Erfahrung in der klinischen Prüfung nach § 40 Abs. 1 S. 3 Nr. 5 AMG, KliFoRe 2008, 103; *Graf von Kielmannsegg,* Der Prüferbegriff bei der klinischen Arzneimittelstudien, MedR 2008, S. 423; *Kori-Lindner/Eberhardt,* Planung und Durchführung von nicht-interventionellen Untersuchungen bzw. Anwendungsbeobachtungen, PharmInd 2007, 1239; *Koyuncu,* Vertragsgestaltung und Ärztevergütung bei Anwendungsbeobachtungen und anderen nichtinterventionellen Studien, DZKF 2009, 54; *Lippert,* Die Eignung des Prüfers bei der Durchführung klinischer Prüfungen mit Arzneimitteln, GesR 2008, 120;

Prinz, Die Herstellung von Rezepturarzneimitteln für Apotheken, PharmR 2008, 364; *ders.,* Die Zulässigkeit der Herstellung patientenindividueller Rezepturarzneimittel durch pharmazeutische Herstellerbetriebe nach der 15. Arzneimittel-Novelle, PharmR 2009, 437; *Pannenbecker/Guttmann,* Rezeptur, Defektur und Fertigarzneimittel, PharmR 2011, 356; *Ruppert,* Nichtinterventionelle Studie (NIS) und Anwendungsbeobachtung (AWB) im Wandel der Zeit, pharmazeutische medizin 2013, 200*Sickmüller/Breitkopf,* „Points to Consider" zu Anwendungsbeobachtungen, Empfehlungen, des Bundesverbands der Pharmazeutischen Industrie zur Durchführung von Anwendungsbeobachtungen, PharmInd 2009, 764; *Stoffregen,* Studienstandort Deutschland: Wieviel Therapieoptimierung macht Sinn? Perspektiven in der Onkologie, 2001; *Sträter/Wachenhausen,* Post-Authorisation Saftey Studies (PASS), Neue Anforderungen an Anwendungsbeobachtungen?, PharmR 2008, 177; *Wesser,* Anwendungsfertige Zytostatika-Lösungen: Fertigarzneimittel?, A&R 2012, 243.

Übersicht

A. Allgemeines

Mit der Regelung in § 4 sollen für das gesamte Arzneimittelrecht – vorbehaltlich spezialgesetzlicher **1** Besonderheiten – verbindlich eine Reihe von Begriffen definiert werden, um so bei der Rechtsanwendung zu einem einheitlichen Verständnis der jeweiligen Vorschriften zu gelangen. Vor diesem Hintergrund dient die Vorschrift des § 4 der **Rechtssicherheit** und der **Gleichbehandlung** der normunterworfenen Personen. Dass gleichwohl durch zahlreiche unbestimmte Rechtsbegriffe in den einzelnen Definitionen Auslegungsbedarf bestehen kann[1], ist auch der Schwierigkeit der Rechtsmaterie geschuldet. Der Gesetzgeber ist insoweit dazu aufgerufen, bei künftigen Novellierungen auch hier für weitere Rechtsklarheit zu sorgen.

B. Einzelne Definitionen

I. Fertigarzneimittel (Abs. 1)

1. Europarechtliche Vorgaben. Der Begriff des Fertigarzneimittels wird in RL 2001/83/EG ebenso **2** wie in RL 2001/82/EG nicht definiert. Art. 1 Nr. 2 RL 2001/83/EG und Art. 1 Nr. 2 RL 2001/82/EG definieren nur den Begriff Arzneimittel bzw. Tierarzneimittel. Im Rückgriff auf diese Definitionen werden in Art. 2 I RL 2001/83/EG bzw. in Art. 2 RL 2001/82/EG die Anwendungsbereiche der jeweiligen RL beschrieben. Art. 2 I RL 2001/83/EG stellt darauf ab, dass die RL auf alle Humanarzneimittel Anwendung findet, die entweder **gewerblich zubereitet** werden oder bei deren Zubereitung ein **industrielles Verfahren** zur Anwendung kommt. Auf entsprechende Arzneimittel sind daher die europarechtlichen Zulassungsregelungen ebenso anzuwenden wie z. B. die kennzeichnungsrechtlichen Bestimmungen. Der nationale Gesetzgeber hat mit der Definition des Fertigarzneimittels und dem Anknüpfen entsprechender Pflichten an die Eigenschaft eines Produktes als Fertigarzneimittel die europarechtlichen Vorgaben weitgehend umgesetzt.

Für Arzneimittel, die einer **zentralen Zulassung** bedürfen, ist zu beachten, dass auf Grund der **3** Verweisung in Art. 2 I VO (EG) Nr. 726/2004 auf Art. 1 RL 2001/83/EG auch Rezepturarzneimittel Arzneimittel i. S. d. VO (EG) Nr. 726/2004 sind. Die VO (EG) Nr. 726/2004 enthält insoweit keine der Regelung des § 21 II AMG entsprechende Einschränkung der Zulassungspflicht[2].

---

[1] Vgl. hierzu die jeweiligen Kommentierungen zu den Begriffsbestimmungen.
[2] Vgl. *OLG Hamburg*, PharmR 2011, 178 (für ausgeteilte Fertigspritzen). A. A. *OLG München*, PharmR 2010, 476; vgl. auch *EuGH*, A&R, 2013, 127 (zur Genehmigungspflicht nach Art. 3 I VO (EG) Nr. 726/2004 bei Befüllung von Fertigspritzen mit Teilmengen unveränderter Arzneimittel) sowie dazu auch *LG Hamburg*, Urt. v. 14.1.2014 – 416 O HK 78/11 – BeckRS 2014, 91455.

4 **2. Definition für Fertigarzneimittel.** Der Begriff des **Fertigarzneimittels** ist im AMG von zentraler Bedeutung. Insbesondere sind mit dem Status als Fertigarzneimittel die Zulassungspflicht (§§ 21 ff.) sowie besondere Kennzeichnungspflichten (§§ 10 ff.) verbunden.

5 **a) Drei Tatbestandsalternativen (S. 1).** Die mit der 14. AMG-Novelle erweiterte **Begriffsdefinition** erfasst alle Arzneimittel, die im Voraus hergestellt und in einer zur Abgabe an den Verbraucher bestimmten Packung in den Verkehr gebracht werden (1. Tatbestandsalternative). Außerdem werden nach der 2. Tatbestandsalternative auch solche Arzneimittel erfasst, die zur Abgabe an den Verbraucher bestimmt sind und bei deren Herstellung ein industrielles Verfahren zur Anwendung kommt. Eine 3. Tatbestandsalternative legt fest, dass Fertigarzneimittel auch alle Arzneimittel sind, die zur Abgabe an den Verbraucher bestimmt sind und gewerblich hergestellt werden. Ausdrücklich ausgenommen ist die gewerbliche Herstellung in Apotheken.

6 **aa) Im Voraus hergestellt.** Das im Rahmen der 1. Tatbestandsalternative [zu Fertigarzneimittel] verwendete Tatbestandsmerkmal **„im Voraus hergestellt"** beinhaltet dem Wortsinn nach ein zeitliches Moment und verweist auf Arzneimittel, die hergestellt werden, bevor die Person des Anwendenden bzw. der Patient bekannt sind. Indem mit dem Tatbestandsmerkmal „im Voraus hergestellt" auf die Herstellung vor dem Bekanntsein des Anwenders bzw. Patienten abgestellt wird, erfolgt eine Abgrenzung zum **Rezepturarzneimittel**, das gerade in Kenntnis von der Person des Anwenders bzw. Patienten hergestellt wird[3]. Die individuelle Rezeptur wird durch die ärztliche Verschreibung bestimmt. Auch wenn die vom Arzt verschriebene Rezeptur mit einem bereits als Fertigarzneimittel verfügbaren Präparat übereinstimmt, handelt es sich um ein Rezepturarzneimittel, wenn das Arzneimittel in der Apotheke für den im Rezept benannten Patienten angefertigt wird[4]. Hierbei ist es unerheblich, ob ein Arzneimittel an individuelle Bedürfnisse des Patienten angepasst werden muss, oder auf Grund der fachlichen Vorgaben immer in derselben Zusammensetzung angefertigt wird[5].

7 Etwaige zeitliche Zusammenhänge z. B. zwischen Herstellung und Bestellung durch den Großhandel o. ä. sind für die Auslegung des Begriffes „im Voraus hergestellt" hingegen nicht relevant[6]. Dass eine Herstellung „im Voraus" voraussetze, dass die Abgabe an eine unbestimmt große Zahl von Verbrauchern erfolgen soll[7], ist dem Wortlaut der Norm nicht zu entnehmen, ergibt sich jedoch aus dem Zweck des präventiven Zulassungsverfahrens, das zugleich der Risikovorsorge und der Abwehr von Gesundheitsgefährdungen dient, die durch unsichere oder wirkungslose Arzneimittel entstehen können[8]. Auch eine einzelne Arzneimittelpackung kann nach diesem Verständnis im Voraus hergestellt werden und Fertigarzneimittel sein, auch wenn sie ersichtlich nicht für eine unbestimmte Zahl von Verbrauchern bestimmt ist[9], sondern nur für einen einzigen, bei Herstellung aber noch nicht bekannten Patienten.

8 Die für einen konkreten Patienten hergestellten Arzneimittel, die – wenn die Herstellung in der Apotheke erfolgt – als Rezepturarzneimittel bezeichnet werden, unterliegen nicht dem Begriff des Fertigarzneimittels[10]. Individuell für einen Patienten **außerhalb der Apotheke hergestellte Arzneimittel** unterliegen wegen der in der Regel wohl gewerblich erfolgenden Herstellung und/oder dem Einsatz eines industriellen Verfahrens der 2. bzw. 3. Tatbestandsalternative, erfahren jedoch in § 21 II Nr. 1a unter den dort normierten Umständen eine Ausnahme von der Zulassungspflicht (s. § 21 Rn. 17 ff.)[11].

9 Bei der Abgrenzung zwischen Rezeptur- und Fertigarzneimitteln sind ausschließlich die **tatsächlichen Umstände** relevant. Etwaige nach außen gerichtete Willensbekundungen, ein Arzneimittel als Rezepturarzneimittel ansehen zu wollen, sind unbeachtlich. Maßgeblich sind im Hinblick auf das Tatbestandsmerkmal des im Voraus Herstellens allein objektive Umstände[12]. Zum Begriff des „Herstellens" und die dadurch erfassten Handlungen vgl. § 4 XIV.

10 Nach der Rechtsprechung soll die Herstellung einer **patientenindividuellen Zytostatikazubereitung** aus einem Fertigarzneimittel keine Rezepturherstellung sein[13]. Diese Auffassung überzeugt nicht,

---

[3] Vgl. *OLG München*, PharmR 2010, 477; so auch *Fleischfresser*, in: Fuhrmann/Klein/Fleischfresser, Arzneimittelrecht, § 2 Rn. 171.

[4] *OLG München*, PharmR 2010, 477 f; a. A. offenbar *Pannenbecker/Guttmann*, PharmR 2011, 356, die unter Berufung die Resolution CM/ResAP(2011)1 des Europarates meinen, eine Rezepturherstellung sei subsidiär nur zulässig, wenn kein zugelassenes Fertigarzneimittel zur Verfügung stehe; diese Auffassung zu Recht ablehnend *Saalfrank/Wesser*, A&R 2012, 152, 154 f.

[5] *OLG München*, PharmR 2010, 478. Vgl. zur entsprechenden Thematik bei Medizinprodukten *BGH*, PharmR 2010, 300, Rn. 19.

[6] *LG Hamburg*, PharmR 2010, 543. nicht eindeutig insoweit *Fleischfresser*, in: Fuhrmann/Klein/Fleischfresser, Arzneimittelrecht, § 2 Rn. 171.

[7] So *Fleischfresser*, in: Fuhrmann/Klein/Fleischfresser, Arzneimittelrecht, § 2 Rn. 171.

[8] Vgl. *LG Hamburg*, PharmR 2010, 544 f.

[9] So wohl auch *Fleischfresser*, in: Fuhrmann/Klein/Fleischfresser, Arzneimittelrecht, § 2 Rn. 171.

[10] *BVerwGE* 70, 284, 288; *OLGR Schleswig* 2002, 75, 76; vgl. zur Abgrenzung zwischen Rezepturarzneimittel und Fertigarzneimittel *BGH*, MD 2005, 1033 ff.

[11] Vgl. dazu umfassend *Prinz*, PharmR 2009, 437.

[12] Ähnlich *Kloesel/Cyran*, § 4 Anm. 3.

[13] So *BGH*, A&R 2012, 272, 274 ff.; a. A. *Kölbel*, JZ 2013, 849, 850 f.; *Wesser*, A&R 2012, 243; offenlassend mit Begründung für die gegenteilige Auffassung *BGH*, PharmR 2015, 121, 122 und *BGH*, PharmR 127, 131.

da anwendungsfertige Zytostatikazubereitungen in aufwendigen Verfahren patientenindividuell herzustellen sind[14]. Nach § 35 VI ApBetrO müssen dabei sämtliche Vorgaben der §§ 6 bis 8 ApBetrO für die Rezeptur- und Defekturherstellung beachtet werden. Außerdem muss eine Plausibilitätsprüfung der ärztlichen Verordnung durch den herstellenden Apotheker erfolgen. Die Herstellung muss auf einer Herstellungsanweisung basieren, die u. a. auch eine Kontrolle der Berechnungen, der Einwaage und der in § 35 VI 2 ApBetrO sog. Ausgangsstoffe entweder durch eine zweite Person oder durch validierte elektronische Verfahren sowie eine Dichtigkeitsprüfung des befüllten Behältnisses vorsieht. Daneben sind die in das Qualitätsmanagementsystem aufzunehmenden Vorgaben nach § 35 I ApBetrO für die Herstellung entsprechender anwendungsfertiger Zytostatikazubereitungen einzuhalten. All dies legt nahe, dass der Schwerpunkt der Herstellung eines für den individuellen Patienten anwendbaren Arzneimittels in der Apotheke liegt und daher eine Rezeptur gegeben ist[15].

Für das Vorliegen eines Fertigarzneimittels ist neben der Herstellung im Voraus das Inverkehrbringen **11** in einer zur Abgabe an den Verbraucher bestimmten Packung erforderlich. Der **Verbraucherbegriff** des § 4 I erfasst Personen, an die ein Arzneimittel zu anderen als gewerblichen Zwecken oder zu Zwecken der selbständigen beruflichen Tätigkeit abgegeben wird (§ 13 BGB)[16]. Damit sind neben den für den Patienten bestimmten Packungen auch Krankenhauspackungen und Packungen, die für die Abgabe an den Arzt bestimmt sind, von der Definition erfasst. Nicht maßgeblich ist, ob die Abgabe an einen inländischen oder ausländischen Verbraucher erfolgen soll, so dass es für das Vorliegen eines Fertigarzneimittels auch nicht darauf ankommt, ob die Kennzeichnung in deutscher Sprache oder einer anderen Sprache gestaltet ist[17].

Hinsichtlich der **Bestimmung zur Abgabe** ist auf den subjektiven Willen des pharmazeutischen **12** Unternehmers abzustellen, das Arzneimittel in einem bestimmten Behältnis an den Verbraucher abzugeben. Dabei ist der Wille des pharmazeutischen Unternehmers anhand objektiver Kriterien zu ermitteln, z. B. Packungsgröße und Kennzeichnung. Es kommt für die Einordnung als Fertigarzneimittel nicht darauf an, ob die Kennzeichnung des Behältnisses den gesetzlichen Vorgaben entspricht (§ 10).

Defekturarzneimittel (§ 21 II Nr. 1 AMG und § 8 I ApBetrO), sind im Unterschied zu Rezeptur- **13** arzneimitteln im Voraus hergestellte Fertigarzneimittel[18], die jedoch im Rahmen des üblichen Apothekenbetriebs in einer Menge von bis zu 100 abgabefertigen Packungen am Tag hergestellt werden[19]. Maßgeblich für die Ausnahme von der Zulassungspflicht ist nur die Anzahl der Packungen, nicht jedoch die Packungsgröße. Die Begrenzung der Packungsanzahl führt damit nur eingeschränkt zu einer Beschränkung des Herstellvolumens, da grundsätzlich beliebig große Packungen hergestellt werden können.

bb) Industrielles Verfahren. Nach der **2. Tatbestandsalternative** sind Fertigarzneimittel auch alle **14** zur Abgabe an den Verbraucher bestimmten Arzneimittel, die mittels eines industriellen Verfahrens hergestellt werden. Ein Fertigarzneimittel liegt auch vor, wenn die industrielle Herstellung nicht im Voraus erfolgt, sondern z. B. auf Einzelbestellung. Nach der Gesetzesbegründung meint industrielles Verfahren eine „breite Herstellung nach einheitlichen Vorschriften"[20]. Auf das Bestehen einheitlicher Vorschriften kann es allein aber nicht ankommen. Maßgeblich kann nur sein, dass eine **automatisierte und standardisierte Herstellung in einem gewissen Umfang** erfolgt[21]. Allein aus der Art der Tätigkeit als solches kann noch nicht abgeleitet werden, ob eine Herstellung nach einem industriellen Verfahren gegeben ist[22]. So sind z. B. die Befüllung von Kapseln und deren Verblisterung Tätigkeiten, die nicht nur in industrieller Vorgehensweise und in industriellem Maßstab erfolgen können, sondern auch manufakturmäßig ohne industrielles Verfahren. Auch führt die Verwendung industriell vorgefertigter Wirkstoffe durch die Apotheke nicht dazu, dass die Anfertigung des ärztlich verordneten Präparats deswegen als industriell einzustufen ist, weil die zur Zubereitung erforderlichen Substanzen auch für in der Apotheke hergestellte Arzneimittel überwiegend industriell vorgefertigt sind[23]. Für die Beurteilung

---

[14] Vgl. dazu umfassend *Mand*, A&R 2012, 99 sowie *Wesser*, A&R 2012, 243.

[15] So wohl auch *Mand*, A&R 2012, 99 sowie *Wesser*, A&R 2012, 243; offenlassend *BGH*, PharmR 2015, 121, 122 und *BGH*, PharmR 127, 131.

[16] Zum Verbraucherbegriff nach § 13 BGB vgl. *Heinrichs*, in: Palandt, § 13 Rn. 1 ff.; wohl nur in der Herleitung anders, im Ergebnis jedoch wohl gleich *Fleischfresser*, in: Fuhrmann/Klein/Fleischfresser, Arzneimittelrecht, § 2 Rn. 175.

[17] *VG Köln*, Beschl. v. 19.2.2015 – 7 L 2088/14 – BeckRS 2015, 43187.

[18] *Fleischfresser*, in: Fuhrmann/Klein/Fleischfresser, Arzneimittelrecht, § 2 Rn. 173; *Saalfrank/Wesser*, A&R 2012, 152, 153.

[19] Vgl. *Blume*, in: Pfeil/Pieck/Blume, § 8 Rn. 1 ff.; *Kuhlen*, APR 2005, 122.

[20] BT-Drucks. 15/5316, S. 33. Vgl. auch *OLG München*, PharmR 2010, 478.

[21] Vgl. auch *Kloesel/Cyran*, § 4 Anm. 8; a. A. offenbar *Rehmann*, § 4 Rn. 1, der ebenso wie die Gesetzesbegründung gerade auf die „breite Herstellung nach einheitlichen Vorschriften" als Kriterium abstellt.

[22] So wohl auch *Prinz*, PharmR 2008, 364, 366, der darauf hinweist, dass bestimmte Umstände typisch für eine industrielle Herstellung seien.

[23] Vgl. *OLG München*, PharmR 2010, 478, anders wohl *VG Köln*, Urt. v. 14.10.2014 – 7 K 368/13 – Rn. 71, 94 ff., BeckRS 2015, 42988.

der Frage, ob eine Herstellung unter Anwendung eines industriellen Verfahrens vorliegt, ist daher auf die jeweiligen konkreten Umstände abzustellen[24].

15   Das Vorliegen einer Herstellungserlaubnis nach § 13 I für eine Apotheke führt allein nicht zu einer industriellen Herstellung, die die Privilegierung des § 21 II Nr. 1 beseitigt. Maßgeblich für die Beurteilung des Vorliegens einer industriellen Herstellung soll sein, ob die durch die Person des Herstellers vermittelte Produktsicherheit die Erlaubnispflicht nach § 21 I entfallen lassen kann[25].

16   **cc) Gewerbliche Herstellung.** Die **gewerbliche Herstellung** ist jede auf eine gewisse Dauer und mit Gewinnerzielungsabsicht angelegte Herstellung. Ausdrücklich ausgenommen ist die gewerbliche Herstellung in **Apotheken.** Die für Apotheken normierte Ausnahme lehnt sich an Art. 3 Nr. 1 und Nr. 2 RL 2001/83/EG bzw. Art. 3 II RL 2001/82/EG an, geht jedoch über diese hinaus, da sich die Beschränkung des Anwendungsbereichs der vorgenannten RL nur auf Rezepturarzneimittel sowie auf solche Arzneimittel bezieht, die in der Apotheke nach Vorschrift einer Pharmakopöe zubereitet werden. Diese Beschränkung auf Arzneimittel, die nach den Vorschriften einer Pharmakopöe in der Apotheke zubereitet werden, ist in Abs. 1 nicht aufgenommen.

17   Keine gewerbliche Herstellung liegt vor, wenn Arzneimittel z. B. zu **wissenschaftlichen Zwecken** von unabhängigen Instituten hergestellt werden. Auch eine Herstellung durch **Behörden** stellt keine gewerbliche Herstellung dar[26].

18   Nach der Erweiterung der Definition im Rahmen der 14. AMG-Novelle sind damit auch solche Arzneimittel Fertigarzneimittel, die auf besondere Anforderung oder **Bestellung** für einzelne Personen z. B. in einem Herstellungsbetrieb entweder mittels eines industriellen Verfahrens oder gewerblich hergestellt werden. Hinsichtlich der Zulassungspflicht in Betracht kommender Arzneimittel normiert § 21 II Nr. 1b entsprechende Ausnahmen[27].

19   Anwendungsfertige Arzneimittel, die in Behältnissen zum Abpacken oder Umfüllen in Verkehr gebracht werden **(Bulkware),** sind Fertigarzneimittel, wenn sie mittels eines industriellen Verfahrens oder gewerblich hergestellt wurden und die Arzneimittel zur Abgabe an den Verbraucher bestimmt sind. Fehlt es an der Bestimmung zur Abgabe an den Verbraucher, liegt ein Fertigarzneimittel auch dann nicht vor, wenn die Herstellung der Bulkware mittels eines industriellen Verfahrens oder einer gewerblichen Herstellung erfolgt[28]. Der Ansatz, dass Bulkware immer Fertigarzneimittel sei, weil sie ausnahmslos in einem industriellen Verfahren hergestellt werde, ist unzutreffend. Bulkware kann auch manufakturmäßig hergestellt werden. Selbst bei Herstellung mittels eines industriellen Verfahrens ist Tatbestandsvoraussetzung für das Vorliegen eines Fertigarzneimittels jedoch immer auch die Bestimmung zur Abgabe an den Verbraucher. Fehlt diese Zweckbestimmung, ist Bulkware kein Fertigarzneimittel[29]. Bulkware soll nach der Rechtsprechung des *BVerwG* dann zum Fertigarzneimittel werden, wenn sie in eine zur Abgabe an den Verbraucher bestimmte Packung abgefüllt und in Verkehr gebracht wird[30].

20   **b) Zwischenprodukte (S. 2).** S. 2 stellt klar, dass **Zwischenprodukte,** die für eine weitere Verarbeitung durch einen Hersteller bestimmt sind, keine Fertigarzneimittel sind. Maßgeblich ist die Zweckbestimmung des Zwischenprodukteherstellers. Diese Zweckbestimmung ist anhand **objektiver Kriterien** zu ermitteln. Unerheblich ist danach, ob ein Produkt auch ohne weitere Verarbeitung als Arzneimittel verwendet werden kann, wenn der Hersteller es zur weiteren Verarbeitung bestimmt hat. Die Auffassung, dass die weitere Herstellung nur eine Herstellung i. S. d. § 13 sein und daher nur durch den Inhaber einer entsprechenden Herstellungserlaubnis erfolgen könne[31], ist zu eng und berücksichtigt nicht, dass ggf. eine Weiterverarbeitung auch zu anderen Produkten als Arzneimitteln möglich ist. So können z. B. Zwischenprodukte für die Herstellung von Medizinprodukten der Klasse III eingesetzt werden oder für sonstige Produkte, die nicht in den Anwendungsbereich des AMG fallen (z. B. Nahrungsergänzungsmittel). Unberücksichtigt bleibt bei der vorgenannten Auffassung auch die Möglichkeit zur Weiterverarbeitung im Rahmen einer erlaubnisbefreiten Herstellung nach § 13 IIb. Maßgeblich ist daher nur, dass die Produkte zur Weiterverarbeitung durch einen Hersteller bestimmt sind. Für die Einstufung als Zwischenprodukt ist unerheblich, ob dieser Hersteller im Besitz einer Erlaubnis nach § 13 ist.

---

[24] So liegt die Herstellung von 23 Arzneimitteln im täglichen Durchschnitt nach Auffassung des *OLG München,* PharmR 2010, 478, noch im Rahmen des üblichen Apothekenbetriebs; vgl. auch *OLG Hamburg,* A&R 2011, 288, bzgl. Gasgemisch und der Erforderlichkeit einer Beurteilung des jeweiligen Einzelfalls.

[25] Vgl. dazu *OLG München,* PharmR 2010, 478 sowie *BGH,* PharmR 2010, 300.

[26] So auch *Prinz,* PharmR 2008, 364, 367.

[27] Vgl. dazu *Prinz,* PharmR 2009, 437.

[28] So wohl auch *Rehmann,* § 4 Rn. 1.

[29] *Fleischfresser,* in: Fuhrmann/Klein/Fleischfresser, Arzneimittelrecht, § 2 Rn. 177; *Rehmann,* § 4 Rn. 1.

[30] *BVerwG,* Buchholz 418.32 AMG Nr. 33, allerdings offen lassend, ob die Transformation zum Fertigarzneimittel nur die jeweils umverpackte und in Verkehr gebrachte Teilmenge oder die Bulkware als solche betreffen soll, vgl. *Schiwy,* § 4 Rn. 1.

[31] So wohl *Kloesel/Cyran,* § 4 Anm. 10a.

II. Blutzubereitungen (Abs. 2)

1. Europarechtliche Vorgaben. Art. 1 Nr. 10 RL 2001/83/EG definiert Arzneimittel aus 21 menschlichem Blut oder Blutplasma als gewerblich von staatlichen oder privaten Einrichtungen zubereitete Arzneimittel, die sich aus Blutbestandteilen zusammensetzen. Danach gehören zu den Arzneimitteln, die sich aus Blut zusammensetzen, insbesondere Albumin, Gerinnungsfaktoren und Immunglobuline menschlichen Ursprungs.

2. Definition für Blutzubereitungen. Abs. 2 bestimmt, dass Blutzubereitungen Arzneimittel sind 22 und damit den Bestimmungen des AMG unterliegen. Die Definition erfasst sowohl Produkte aus menschlichem als auch aus tierischem Blut[32].

Blutzubereitungen sind u. a. Blutkonserven, Plasmakonserven[33], Serumkonserven, Blutbestandteile 23 und Zubereitungen aus Blutbestandteilen[34]. **Blutkonserven** bestehen aus haltbar gemachtem menschlichem Vollblut. **Plasmakonserven** enthalten den haltbar gemachten flüssigen Teil des menschlichen Blutes, aus dem die Zellbestandteile entfernt sind. **Serumkonserven** enthalten die von Blutkörperchen und Fibrin befreiten wässrigen Bestandteile des Blutes. **Blutbestandteile** werden durch Abtrennung einzelner Bestandteile aus Vollblut oder Blutkonserven gewonnen[35]. Möglich ist für bestimmte Blutbestandteile auch eine Gewinnung durch Apherese, einem Verfahren, bei dem das Blut eines Spenders in einem geschlossenen Kreislauf entnommen und bestimmte Bestandteile separiert werden, während das Blut im übrigen in den Körper zurückgeleitet wird[36]. Blutbestandteile sind neben dem Blutplasma die sog. geformten Bestandteile des Blutes. Dazu gehören Erythrozyten, Leukozyten und Thrombozyten. Blutplasma setzt sich neben Albuminen, Globulinen und Fibrinogenen auch aus Wasser, anorganischen Salzen und organischen Bestandteilen, wie z. B. Immunkörpern und Enzymen, zusammen. Neben Blutbestandteilen enthalten Blutzubereitungen weitere Bestandteile.

Als Blutzubereitungen gelten auch solche Arzneimittel, die eine der in Abs. 2 genannten Zubereitun- 24 gen als **Wirkstoff** enthalten. Dass daneben auch andere Wirkstoffe in dem Produkt enthalten sind, ändert an dieser Einordnung nichts. Arzneimittel, die eine oder mehrere der in Abs. 2 genannten Zubereitungen lediglich als sonstigen Bestandteil bzw. Hilfsstoff enthalten, sind nach der Definition keine Blutzubereitung i. S. des Abs. 2[37].

Für Blutzubereitungen normiert das AMG in den §§ 4a S. 2, 13 II 2, IV, 15 III, 29 IIa Nr. 4, 63b I, 64 25 I und 105 IVg **besondere Bestimmungen.** Von besonderer Bedeutung ist die Vertriebswegeregelung nach § 47 I 1 Nr. 2. Die für Blutzubereitungen **zuständige Bundesoberbehörde** ist das PEI (§ 77 II). Die Verwendung eines oder mehrerer der in Abs. 2 genannten Zubereitungen als sonstigen Bestandteil bzw. Hilfsstoff in einem Arzneimittel begründen nicht die Zuständigkeit des PEI[38].

Das **TFG** ist als spezialgesetzliche Regelung in den einschlägigen Bereichen zu beachten. 26

III. Sera (Abs. 3)

1. Vorliegen von Sera (S. 1). Sera sind nach der gesetzlichen Definition Arzneimittel i. S. d. § 2 I. Sie 27 enthalten Antikörper, Antikörperfragmente oder Fusionsproteine mit einem funktionellen Antikörperbestandteil als Wirkstoff. Anders als in der Fassung des Abs. 3 vor der Neufassung durch das AMG-ÄndG 2009 kommt es für die Einordnung eines Produktes als Serum i. S. d. Abs. 3 nicht mehr darauf an, ob das Produkt aus Blut, Organen, Organteilen oder Organsekreten von Menschen oder Tieren gewonnen wurde. Unerheblich ist auch, ob das Serum immunisatorisch von einem unbehandelten Lebewesen gewonnen wurde. Nach der aktuellen Fassung des Abs. 3 können auch biotechnologisch hergestellte Produkte Sera i. S. d. Abs. 3 sein[39]. Durch die Einbeziehung von Antikörperfragmenten werden im Unterschied zur bisherigen Rechtslage auch solche Produkte in die Definition einbezogen, bei denen keine vollständigen Antikörper als Wirkstoff verwendet werden, sondern lediglich Antikörperfragmente[40].

---

[32] *Rehmann*, § 4 Rn. 2.

[33] Vgl. *EuGH*, Urt. v. 13.3.2014 – C-512/12, PharmR 2014, 224, zur Anwendung der RL 2002/98 im Hinblick auf Sicherheitsstandards für die Sammlung und Testung von aus menschlichem Vollblut gewonnenen Plasma, bei dessen Herstellung ein industrielles Verfahren zur Anwendung kommt und zur Anwendung der RL 2001/83/EG auf die Verarbeitung, Lagerung und Verteilung.

[34] Vgl. auch *Kloesel/Cyran*, § 4 Anm. 11 sowie umfassend *Hegert*, in: Fuhrmann/Klein/Fleischfresser, § 32 Rn. 6 ff.

[35] *Rehmann*, § 4 Rn. 2.

[36] Vgl. dazu auch *Hegert*, in: Fuhrmann/Klein/Fleischfresser, § 32 Rn. 13 f.

[37] *Kloesel/Cyran*, § 4 Anm. 11a; *Sander*, § 4 Erl. 5.

[38] Zuständig sind für Humanarzneimittel vielmehr das BfArM und für Veterinärarzneimittel das BVL, vgl. auch *Kloesel/Cyran*, § 4 Anm. 11a; *Sander*, § 4 Erl. 5.

[39] In der Begründung zum Gesetzentwurf zur Änderung des Abs. 3 heißt es ausdrücklich, dass die Neufassung der Definition der Sera in Abs. 3 der wissenschaftlichen Entwicklung Rechnung tragen solle, nach der die als klassisch bezeichnete Herstellungsweisen der polyklonalen Sera zunehmend durch biotechnologische Verfahren ergänzt würden, vgl. BT-Drucks. 16/12 256, S. 42.

[40] Die Einbeziehung von Produkten mit Antikörperfragmenten in die Definition des Serums nach Abs. 3 wird mit der Neuregelung ausweislich der Begründung zur Änderung der Vorschrift ausdrücklich bezweckt, vgl. BT-Drucks. 16/12 256, S. 42.

28   Werden **Fusionsproteine** als Wirkstoff verwendet, handelt es sich bei den Produkten nur dann um Sera, wenn die Aminosäuresequenzhomologie des Fusionsproteins mit dem Antikörper mehr als nur gering ist. Welcher Grad an Übereinstimmung bzw. Ähnlichkeit zu fordern ist, ist eine Frage des Einzelfalls. Darüber hinaus führt eine nur zufällige Übereinstimmung bzw. Ähnlichkeit der Aminosäuresequenzen des Fusionsproteins mit dem Antikörper nicht dazu, dass ein Fusionsprotein-haltiges Produkt als Serum i. S. d. Abs. 3 anzusehen ist[41].

29   Maßgebliches Definitionsmerkmal ist, dass ein Serum **Antikörper, Antikörperfragmente** oder **Fusionsproteine** mit einem funktionellen Antikörperbestandteil als Wirkstoff enthält und wegen dieser Wirkstoffe angewendet werden soll. Neben dem zwingend erforderlichen objektiven Vorhandensein von Antikörpern, Antikörperfragmenten oder bestimmten Fusionsproteinen bedarf es daher einer **Zweckbestimmung,** die darauf gerichtet ist, das Produkt gerade wegen dieser Antikörper, Antikörperfragmente oder Fusionsproteine anzuwenden. Blutzubereitungen, die zwar Antikörper usw. enthalten, aber nicht dazu bestimmt sind, wegen dieser angewendet zu werden, sind daher keine Sera i. S. d. Abs. 3[42]. Die Zweckbestimmung ist anhand objektiver Kriterien, z. B. der Angabe des Verwendungszweckes, zu bestimmen.

30   Produkte, die **keine spezifischen** Antikörper oder Antikörperfragmente enthalten, sondern nur die normalen, einem Lebewesen von Natur aus zukommenden Antikörper usw. aufweisen, werden grundsätzlich nicht wegen dieser Antikörper angewendet. Es handelt sich daher bei diesen Sera nicht um Sera i. S. des Abs. 3[43], sondern ggf. um Blutzubereitungen i. S. d. Abs. 2[44]. Sera, die nicht zur Anwendung im menschlichen Körper, sondern zur **Anwendung in-vitro** bestimmt sind, sind Medizinprodukte (§ 3 Nr. 4 MPG)[45].

31   **2. Keine Sera (S. 2).** Nach S. 2 sind Sera i. S. des Abs. 3 auch dann, wenn sie aus Blut gewonnen werden und unter die Definition des Abs. 2 fallen, **keine Blutzubereitungen.** Die Regelung des S. 2 ist daher im Verhältnis zu § 2 I vorrangig. Darüber hinaus stellt S. 2 klar, dass Sera i. S. des Abs. 3 auch keine **Gewebezubereitungen** i. S. d. Abs. 30 sind.

32   Das AMG normiert für Sera in den §§ 10 III, 11 IIIa, 11a Ia , 13 II 2, 13 IV, 15 III, 25 VIII, 29 IIa Nr. 4 und 64 II 2 **abweichende Regelungen.** Die für Sera **zuständige Bundesoberbehörde** ist das PEI (§ 77 II)[46].

IV. Impfstoffe (Abs. 4)

33   **Impfstoffe** sind Arzneimittel[47] i. S. d. § 2 I. Sie werden angewendet, um durch die Verabreichung der in dem Impfstoff enthaltenen **Antigene** die Ausbildung **spezifischer Antikörper** zu erreichen. Die Ausbildung spezifischer Antikörper als Reaktion auf den Kontakt mit den Antigenen führt zu einer sog. **aktiven Immunisierung.** Diese steht im Unterschied zur sog. **passiven Immunisierung,** deren Prinzip darauf beruht, dass anstelle von Antigenen bereits Antikörper zugeführt werden[48]. Diese passive Immunisierung kann durch Sera i. S. des Abs. 3, die spezifische Antikörper enthalten, erreicht werden.

34   Antigene sind Substanzen, die im Körper zur Bildung spezifischer Antikörper führen. Antigene können aus vermehrungsfähigen, in der Virulenz abgeschwächten Erregern oder aus abgetöteten oder nur in Bruchstücken vorhandenen Erregern bestehen.

35   Der Impfstoff muss dazu bestimmt sein, bei Menschen oder Tieren mit dem Zweck angewendet zu werden, die Bildung spezifischer Abwehr- oder Schutzstoffe zu veranlassen. Produkte, die einer anderen Zweckbestimmung unterliegen, sind keine Impfstoffe i. S. des Abs. 4. Maßgeblich ist die **Zweckbestimmung** durch den pharmazeutischen Unternehmer, die anhand objektiver Kriterien zu ermitteln ist.

36   Soweit ein Produkt **rekombinante Nukleinsäuren** enthält, ist es nur dann ein Impfstoff i. S. d. Abs. 4, wenn neben die Zweckbestimmung zur Erzeugung einer spezifischen Abwehr außerdem die ausschließliche Zweckbestimmung einer Anwendung zur Vorbeugung oder Behandlung von Infektionskrankheiten tritt. Bei einer abweichenden Zweckbestimmung, insbes. bei einer Bestimmung zur Anwendung gegen andere als Infektionskrankheiten, sind Produkte mit rekombinanten Nukleinsäuren keine Impfstoffe i. S. d. Abs. 4. Damit sind **therapeutische und prophylaktische Vakzine gegen Tumorerkrankungen** und andere pathologische Zellveränderungen, die rekombinante Nukleinsäuren enthalten, nicht vom Impfstoffbegriff nach Abs. 4 erfasst.

---

[41] Die Beschränkung der Definition auf den funktionellen Antikörperbestandteil soll nach dem AMG-ÄndG 2009 dazu führen, insbesondere Fusionsproteine vom Serumbegriff auszunehmen, die gleichsam zufällig auf dreimal geringe Aminosäuresequenzhomologie mit dem Antikörper haben, vgl. BT-Drucks. 16/12 256, S. 42. Die Einbeziehung von Produkten mit Antikörperfragmenten in die Definition des Serums nach Abs. 3 wird mit der Neuregelung ausweislich der Gesetzesbegründung ausdrücklich bezweckt, vgl. BT-Drucks. 16/12 256, S. 42.
[42] Vgl. *BVerwG*, NVwZ-RR 2004, 253 und zur Vorinstanz *OVG NRW*, PharmR 2002, 409, 411.
[43] *Kloesel/Cyran*, § 4 Anm. 32; *Rehmann*, § 4 Rn. 2; *Sander*, § 4 Erl. 5a.
[44] *Rehmann*, § 9 Rn. 3.
[45] *Hill/Schmitt*, Kapitel II § 3 Rn. 32 ff.
[46] Vgl. ausführlicher *Ruoff*, in: Fuhrmann/Klein/Fleischfresser, § 31 Rn. 7.
[47] Es gibt keine unmittelbaren europarechtlichen Vorgaben.
[48] Vgl. zu den Unterschieden zwischen Impfstoffen und Sera *Ruoff*, in: Fuhrmann/Klein/Fleischfresser, § 31 Rn. 2 f.

Für Impfstoffe sieht das AMG zum Teil besondere, von den allgemeinen Regelungen **abweichende** 37
Bestimmungen vor, die neben kennzeichnungsrechtlichen Bestimmungen (§§ 10 III, 11 IIIa, 11a Ia),
Besonderheiten bzgl. der Herstellungserlaubnis (§§ 13 II 2, 13 IV, 15 III 1) sowie der Entscheidung über
die Zulassung (§ 25 VIII) und die staatliche Chargenprüfung (§ 32 I) betreffen. Abweichungen bestehen
auch bzgl. der Vertriebswegsregelungen (§ 47 I Nr. 3). Die für Impfstoffe **zuständige Bundesoberbe-**
hörde ist nach § 77 II das PEI.

V. Allergene (Abs. 5)

1. Europarechtliche Vorgaben. Art. 1 Nr. 4 Buchst. b) RL 2001/83/EG definiert den Begriff 38
Allergene und legt hierbei fest, dass Allergene alle Arzneimittel sind, mit denen eine besondere erworbene Veränderung der Immunreaktion auf eine allergische Substanz festgestellt oder hervorgerufen werden
soll.

2. Definition für Allergene. Allergene sind Arzneimittel i. S. d. § 2 I. Zu unterscheiden ist zwi- 39
schen **Testallergenen** und **Therapieallergenen.** Mit der 12. AMG-Novelle wurde zur Anpassung an
wissenschaftliche und technische Entwicklungen die Definition des Abs. 5 um den Begriff der Therapieallergene erweitert. Ursprünglich erfasste die Allergendefinition nur Testallergene.

Testallergene werden insbesondere zu Epicutantests, Intracutantest, Pricktests und Provokationstests 40
angewendet. Sie enthalten Antigene oder Haptene. Sie sind zur Anwendung im oder am menschlichen
oder tierischem Körper zur Erkennung von spezifischen Abwehr- oder Schutzstoffen bestimmt. **Antige-**
ne sind Stoffe, die die Bildung von Antikörpern anregen. Anders als Antigene können die sog. **Haptene**
allein keine Antikörperreaktion hervorrufen. Diese niedermolekularen Stoffe benötigen dazu ein Träger-
protein, an das sie sich binden können.

Therapieallergene sind ebenfalls zur Anwendung im oder am menschlichen oder tierischem Körper 41
bestimmt. Sie dienen der antigen-spezifischen Verminderung einer immunologischen Überempfindlich-
keitsreaktion und damit zur Behandlung allergischer Reaktionen.

Allergene unterliegen grundsätzlich der **Zulassungspflicht.** Ausgenommen sind nach § 21 II Nr. 1g 42
Therapieallergene, die für einzelne Personen aufgrund einer ärztlichen Verordnung – auch gewerblich
oder mittels industrieller Verfahren – hergestellt werden. **Therapieallergene,** die für einzelne Personen
aufgrund einer Rezeptur aus vorgefertigten Gebinden hergestellt werden und die Spezies aus der Familie
Poaceae (Süßgräser) mit Ausnahme von Poa Mays (Mais), Betula sp. (Arten der Gattung Birke), Alnus sp.
(Arten der Gattung Erle), Corylus sp. (Arten der Gattung Hasel), Dermatophagoides sp. (Arten der
Gattung Hausstaubmilbe, Bienen- oder Wespengift) als Allergene enthalten, unterliegen nach der
Therapieallergen-Verordnung **(TAV)**[49] der Zulassungspflicht des AMG sowie der Pflicht zur staatlichen
Chargenprüfung nach § 32. Noch nicht zugelassene, der Zulassungspflicht aber unterliegende Therapie-
allergene dürfen aufgrund der Übergangsbestimmungen in § 3 TAV – sofern eine fristgerechte Anzeige
und Beantragung der Zulassung erfolgt ist – weiter in den Verkehr gebracht werden.

In den §§ 13 II 2, 13 IV, 15 III, 25 VIII, 29 IIa Nr. 4, 64 II 2 bestimmt das AMG für Allergene 43
besondere Regelungen. Die für die Zulassung von Allergenen **zuständige Bundesoberbehörde** ist
nach § 77 II das PEI.

VI. Testsera (Abs. 6)

1. Europarechtliche Vorgaben. Art. 1 Nr. 4 Buchst. a) RL 2001/83/EG definiert, dass Seren – 44
ohne zwischen Testsera und Sera zu unterscheiden – immunologische Arzneimittel sind, und nennt
außerdem Anwendungsbeispiele für Impfstoffe, Toxine und Seren.

2. Definition für Testsera. Abs. 6 verweist darauf, dass **Testsera** Arzneimittel i. S. d. § 2 II Nr. 4 45
sind. Da sich dieRegelung des § 2 II Nr. 4 ausschließlich auf Tierarzneimittel bezieht[50], erfasst Abs. 6 nur
Testsera zur Anwendung im Veterinärbereich[51].

Testsera können aus Blut, Organen, Organteilen oder Organsekreten von Lebewesen gewonnen 46
werden. Auf den Ursprung, z. B. des Blutes oder der Organteile, kommt es nicht an. Sowohl entsprechende menschliche als auch tierische Quellen können zur Gewinnung verwendet werden. Auch der
Gesundheitsstatus des Lebewesens, das zur Gewinnung eines Testserums verwendet wird, ist unerheblich,
da die Definition insoweit umfassend ist. Ein Testserum kann daher auch unter Verwendung eines
immunisatorisch vorbehandelten Lebewesens gewonnen werden, das aufgrund dieser Vorbehandlung
spezifische Antikörper besitzt.

---

[49] Verordnung über die Ausdehnung der Vorschriften über die Zulassung der Arzneimittel auf Therapieallergene, die
für einzelne Personen aufgrund einer Rezeptur hergestellt werden, sowie über die Verfahrensregelungen der staatlichen
Chargenprüfung – Therapieallergene-Verordnung, 7.11.2008 (BGBl. I S. 2177).
[50] *Rehmann*, § 2 Rn. 25.
[51] *Kloesel/Cyran*, § 2 Anm. 101 und 103.

47   Testsera, die dazu bestimmt sind, durch Anwendung außerhalb des menschlichen Körpers Informationen über physiologische oder pathologische Zustände oder angeborene Anomalien beim **Menschen** zu gewinnen, sind nach § 3 Nr. 4 MPG In-vitro-Diagnostika. Dies gilt auch für Testsera, die zur Prüfung der Unbedenklichkeit oder Verträglichkeit bei möglichen Empfängern oder zur Überwachung therapeutischer Maßnahmen bestimmt sind[52].

48   Das AMG bestimmt für Testsera in § 13 II 2 im Hinblick auf die Zulässigkeit der Herstellung ohne Herstellungserlaubnis, in § 15 III in Bezug auf die Sachkunde der sachkundigen Person nach § 14 und in § 29 IIa Nr. 4 hinsichtlich zustimmungsbedürftiger Änderungsanzeigen **abweichende Regelungen**. Für Testsera gilt die grundsätzliche Erlaubnispflichtigkeit der Herstellung(§ 13 I 1) sowie die Erlaubnispflichtigkeit des Großhandels (§ 52a I 1).

49   **Kontrollsera**, die als Referenzseren zur Qualitätskontrolle angewendet werden, sind nach der Legaldefinition Testsera. Testsera unterliegen nicht der **Zulassungspflicht** (§ 21 I 1). Die für Testsera **zuständige Bundesoberbehörde** ist nach § 77 II das PEI.

50   Herstellung (§ 13 I) und Einfuhr (§§ 72, 72a) von Testsera ohne die erforderliche Erlaubnis oder Bestätigung sind nach § 96 Nr. 4 strafbar.

VII. Testantigene (Abs. 7)

51   **Testantigene** sind nach Abs. 7 Arzneimittel i. S. d. § 2 II Nr. 4. Von der Definition werden daher, wie aus dem ausdrücklichen Verweis auf § 2 II Nr. 4 deutlich wird, nur Testantigene zur Anwendung im Veterinärbereich erfasst.

52   Testantigene enthalten **Antigene** (s. Rn. 39) oder **Haptene** (s. Rn. 39) und sind dazu bestimmt, zu Testzwecken außerhalb des tierischen Körpers angewendet zu werden. Sind Antigene oder Haptene zur Anwendung in-vivo oder zu einer anderen Anwendung als Testantigen bestimmt, fallen sie nicht unter die Definition nach Abs. 7.

53   Das Gesetz normiert für Testantigene zum Teil von den allgemeinen Vorgaben abweichende Vorschriften, so z. B. in § 13 II 2 im Hinblick auf die Zulässigkeit der Herstellung ohne Herstellungserlaubnis, in § 15 III in Bezug auf die Sachkunde der sachkundigen Person nach § 14 und in § 29 IIa Nr. 4 hinsichtlich zustimmungsbedürftiger Änderungsanzeigen. Für Testantigene gilt die grundsätzliche Erlaubnispflichtigkeit der Herstellung (§ 13 I 1) sowie die Erlaubnispflichtigkeit des Großhandels (§ 52a I 1).

54   Testantigene i. S. des Abs. 7 unterliegen nicht der **Zulassungspflicht** (§ 21 I 1). Die für Testantigene **zuständige Bundesoberbehörde** ist nach § 77 II das PEI.

55   Herstellung (§ 13 I) und Einfuhr (§§ 72, 72a) von Testantigenen ohne die erforderliche Erlaubnis oder Bestätigung sind nach § 96 Nr. 4 strafbar.

VIII. Radioaktive Arzneimittel (Abs. 8)

56   **1. Europarechtliche Vorgaben.** In Art. 1 Nr. 6 RL 2001/83/EG wird ein radioaktives Arzneimittel definiert als jedes Arzneimittel, das in gebrauchsfertiger Form ein oder mehrere für medizinische Zwecke aufgenommene Radionuklide (radioaktive Isotope) enthält. In Art. 1 Nr. 7 RL 2001/83/EG findet sich die Definition für Radionuklidgeneratoren[53], in Art. 1 Nr. 8 RL 2001/83/EG für Kits[54] und in Art. 1 Nr. 9 RL 2001/83/EG für Radionuklidvorstufen[55].

57   **2. Definition für radioaktive Arzneimittel.** Der deutsche Gesetzgeber hat nicht sämtliche Begriffsbestimmungen aus der RL 2001/83/EG (s. auch § 7 Rn. 3) übernommen. Vielmehr wurde für Zwecke des AMG nur eine **Definition für radioaktive Arzneimittel** aufgenommen. Des Weiteren wurde bestimmt, dass auch Vorstufen sowie die näher definierten Generatoren als radioaktive Arzneimittel gelten, insbesondere also dem grundsätzlichen Verkehrsverbot des § 7 unterliegen.

58   Im Einzelnen erfasst der **erste Halbs.** alle Arzneimittel, die radioaktive Stoffe sind oder enthalten und ionisierende Strahlen spontan aussenden. Dies gilt aber nur dann, wenn die Arzneimittel dazu bestimmt sind wegen dieser Eigenschaften angewendet zu werden. Damit scheiden mangels des definierten Bestimmungszwecks insbesondere solche Arzneimittel aus der Definition aus, die von Natur aus geringe Mengen radioaktiver Stoffe enthalten, nicht aber wegen der Emission ionisierender Strahlen sondern wegen anderer stofflicher Eigenschaften angewendet werden sollen.

59   **Radioaktive Stoffe** sind nach dem AtG Kernbrennstoffe und sonstige radioaktive Stoffe; es handelt sich um Stoffe, die ein Radionuklid oder mehrere Radionuklide (instabile Atomkerne, die spontan zerfallen, wobei sie einen Teil ihrer Kernmasse in Form energetischer Strahlung abgeben) enthalten.

---

[52] *Hill/Schmitt*, § 3 Rn. 35.

[53] „Jedes System mit einem festen Mutterradionuklid, auf dessen Grundlage ein Tochterradionuklid erzeugt wird, das durch Elution oder ein anderes Verfahren herausgelöst und in einem radioaktiven Arzneimittel verwendet wird."

[54] „Jede Zubereitung, die – normalerweise vor ihrer Verabreichung – in den endgültigen radioaktiven Arzneimitteln neu gebildet oder mit Radionukliden verbunden wird."

[55] „Jedes andere für die Radiomarkierung eines anderen Stoffes vor der Verabreichung hergestellte Radionuklid."

Ionisierende Strahlen sind insbesondere Alpha-Strahlen (Heliumkerne), Beta-Strahlen (Elektronen **60** oder Positronen) oder Gammastrahlen (elektromagnetische Wellen)[56].

Der **zweite Halbs.** erfasst als fiktive radioaktive Arzneimittel auch Stoffe, die der Radiomarkierung **61** anderer Stoffe vor deren Verabreichung dienen. Damit sind die zu Diagnosezwecken bestimmten radio-aktiven Markierungen den Sicherheitsvorschriften des Gesetzes unterworfen. Schließlich werden auch die Systeme, mit denen solche **Radiodiagnostika** mit sehr kurzer Halbwertszeit hergestellt werden (Generatoren) erfasst. Damit erstreckt sich die Definition auch auf PET-Diagnostika (Positronen-Emis-sions-Tomographie). Dabei handelt es sich um ein bildgebendes nuklearmedizinisches Verfahren, bei dem die Aktivitätsverteilung inkorporierter Positronenstrahlung emittierender Radiopharmaka compu-tertomographisch aufgezeichnet wird (vgl. Pschyrembel). Keine radioaktiven Arzneimittel sind zur Anwendung bei Menschen bestimmte „geschlossene Quellen", d. h. zu therapeutischen Zwecken be-stimmte fest umschlossene Radionuklide. Diese unterliegen wegen ihrer bestimmungsgemäßen Haupt-wirkung dem MPG. Demgegenüber handelt es sich bei diesen Nukliden, soweit sie zur Anwendung bei Tieren bestimmt sind, um Arzneimittel.

IX. Arzneimittel für neuartige Therapien (Abs. 9)

1. Europarechtliche Vorgaben. Nach **Art. 2 I Buchst. a) VO (EG) Nr. 1394/2007** sind Arznei- **62** mittel für neuartige Therapien Gentherapeutika gem. Anhang I Teil IV RL 2001/83/EG, somatische Zelltherapeutika gem. Anhang I Teil IV RL 2001/83/EG und biotechnologisch bearbeitete Gewebe-produkte gem. Art. 2 I Buchst. b) VO (EG) Nr. 1394/2007.

2. Definition für Arzneimittel für neuartige Therapien. Abs. 9 definiert den Begriff der **Arznei-** **63** **mittel für neuartige Therapien.** Die Definition lehnt sich an Art. 2 VO (EG) Nr. 1394/2007 an. Dieser nimmt zur Definition der Begriffe Gentherapeutika und somatische Zelltherapeutika im Wege der dynamischen Verweisung Bezug auf die Begriffsdefinitionen in Anhang I zur RL 2001/83/EG. Der Begriff **„biotechnologisch bearbeitete Gewebeprodukte"** wird in Art. 2 I Buchst. b) VO (EG) Nr. 1394/2007 gesondert definiert. Der Übernahme der Definition in das AMG im Wege der Ver-weisung auf die vorgenannte VO, die mit dem AMG-ÄndG 2009 erfolgt ist, hätte es eigentlich nicht bedurft, da die VO als solche auch ohne nationalen Umsetzungsakt gilt[57].

Mit den **Gentherapeutika, somatischen Zelltherapeutika** und **biotechnologisch bearbeiteten** **64** **Gewebeprodukten** werden drei Produktgruppen bzw. Produktarten festgelegt, die jeweils Arzneimittel für neuartige Therapien sind.

Annex I der RL 2001/83/EG enthält in Teil IV die Legaldefinitionen für „Gentherapeutika" und **65** „somatische Zelltherapeutika". Die VO (EG) Nr. 1394/2007, auf die Abs. 9 verweist, nimmt ihrerseits für die Legaldefinition der vorgenannten Begriffe auf Teil IV des Annex I zur RL 2001/83/EG Bezug[58]. Teil IV des vorgenannten Annex I bezieht sich auf Arzneimittel für neuartige Therapien und enthält besondere Anforderungen für entsprechende Produkte[59]. Durch die Bezugnahme der VO (EG) Nr. 1394/2007 in Art 2 I Buchst. a) auf die Definitionen im vorgenannten Annex zur RL 2001/83/EG, erlangen diese Verbindlichkeit.

Der Begriff des **Gentherapeutikums** wird in Teil IV des Anhangs I zur RL 2001/83/EG definiert als **66** Arzneimittel, bei dem durch eine Reihe von Verarbeitungsgängen der (in vivo oder ex vivo erfolgenden) Transfer eines prophylaktischen, diagnostischen oder therapeutischen Gens (d. h. eines Stücks Nuklein-säure) in menschliche oder tierische Zellen und dessen anschließende Expression in vivo bewirkt werden sollen. Der Gentransfer erfordert ein Expressionssystem, das in einem Darreichungssystem, einem sog. Vektor, enthalten ist, der viralen aber auch nicht-viralen Ursprungs sein kann. Der Vektor kann auch in einer menschlichen oder tierischen Zelle enthalten sein. Nach der vorliegenden Definition kommt es für das Vorliegen eine Gentherapeutikums nicht darauf an, dass ein Gen in die Zellen des Patienten integriert wird, das dort exprimiert wird. Eine **Änderung** der Definition ist auf europäischer Ebene durch Änderung des Teil IV des Annex I zur RL 2001/83/EG derzeit geplant[60].

---

[56] *Kloesel/Cyran*, § 4 Anm. 37.

[57] Insoweit unklar die Gesetzesbegründung, in der ausgeführt wird, dass die Übernahme der Definitionen aus dieser EG-VO zwingend sei, weil die VO unmittelbar in den Mitgliedstaaten der EU gelte, vgl. BT-Drucks. 16/12 256, S. 42.

[58] Vgl. Erwägungsgrund 3 zu VO (EG) Nr. 1394/2007 sowie Art. 2 I Buchst. a) VO (EG) Nr. 1394/2007.

[59] Vgl. „Einführung und allgemeine Grundlagen" in Anhang I zu RL 2001/83/EG.

[60] Das „Standing Committee on Medicinal Products for Human Use" des Rates hat am 2.3.2009 der Formulierung zur Änderung des Annexes I Teil IV RL 2001/83/EG zugestimmt, die nunmehr folgende Begriffsbestimmung eines Gentherapeutikums enthält:
„2.1. Gene therapy medicinal product
Gene therapy medicinal product means a biological medicinal product which has the following characteristics:
(a) it contains an active substance which contains or consists of a recombinant nucleic acid used in or administered to human beings with a view to regulating, repairing, replacing, adding or deleting a genetic sequence;
(b) its therapeutic, prophylactic or diagnostic effect relates directly to the recombinant nucleic acid sequence it contains, or to the product of genetic expression of this sequence.
Gene therapy medicinal products shall not include vaccines against infectious diseases."

67   **Somatische Zelltherapeutika** sind autologe, allogene oder xenogene lebende Körperzellen zur Anwendung am Menschen, deren biologische Eigenschaften durch Bearbeitung so verändert wurden, dass auf metabolischem, pharmakologischem oder immunologischem Weg eine therapeutische, diagnostische oder präventive Wirkung erzielt wird. Als entsprechende Bearbeitungen werden die Expansion oder Aktivierung von autologen Zellpopulationen ex vivo und die Verwendung allogener und xenogener Zellen in Verbindung mit ex vivo oder auch in vivo eingesetzten Medizinprodukten genannt[61].

68   Die dritte Gruppe der zu den Arzneimitteln für neuartige Therapien gehörenden Produkte sind die **biotechnologisch bearbeitete Gewebeprodukte.** Der Begriff der biotechnologisch bearbeiteten Gewebeprodukte wird in Art. 2 Buchst. b) VO (EG) Nr. 1394/2007 umfassend definiert[62]. Danach ist ein „biotechnologisch bearbeitetes Gewebeprodukt" ein Produkt, das biotechnologisch bearbeitete Zellen oder Gewebe enthält oder aus ihnen besteht und dem Eigenschaften zur Regeneration, Wiederherstellung oder zum Ersatz menschlichen Gewebes zugeschrieben werden oder das zu diesem Zweck verwendet oder Menschen verabreicht wird. Ein biotechnologisch bearbeitetes Gewebeprodukt kann Zellen oder Gewebe menschlichen oder tierischen Ursprungs enthalten. Die Zellen oder Gewebe können lebensfähig oder nicht lebensfähig sein. Es kann außerdem weitere Stoffe enthalten wie Zellprodukte, Biomoleküle, Biomaterial, chemische Stoffe und Zellträger wie Gerüst- oder Bindesubstanzen. Produkte, die **ausschließlich nicht lebensfähige menschliche oder tierische Zellen** und/oder Gewebe enthalten oder aus solchen bestehen und die keine lebensfähigen Zellen oder Gewebe enthalten und nicht hauptsächlich pharmakologisch, immunologisch oder metabolisch wirken, sind **keine biotechnologisch bearbeiteten Gewebeprodukte** (Art. 2 I Buchst. b) S. 5 VO (EG) Nr. 1394/2007). Art. 2 I Buchst. c) VO (EG) Nr. 1394/2007 definiert ergänzend, unter welchen Voraussetzungen Zellen als „biotechnologisch bearbeitet" anzusehen sind.

X. Fütterungsarzneimittel (Abs. 10)

69   **1. Europarechtliche Vorgaben.** Nach **Art. 1 Nr. 6 RL 2001/82/EG** ist ein Fütterungsarzneimittel jede Mischung aus einem oder mehreren Tierarzneimitteln und einem oder mehreren Futtermitteln, die vor dem Inverkehrbringen zubereitet wird und die wegen ihrer vorbeugenden, heilenden oder ihrer anderen Eigenschaften i. S. v. Art. 1 Nr. 2 RL 2001/82/EG (Definition für Tierarzneimittel) ohne Veränderung für die Verwendung bei Tieren bestimmt ist.

70   **2. Definition für Fütterungsarzneimittel. Fütterungsarzneimittel** nehmen im Arzneimittelrecht eine Sonderstellung ein. So enthält zwar der Gemeinschaftskodex für Tierarzneimittel (RL 2001/82/EG) in Art. 1 Nr. 6 eine Definition des Begriffs Fütterungsarzneimittel, an die in Abs. 10 angeknüpft wird. Im Übrigen stellt Art. 3 der RL aber ausdrücklich klar, dass deren Bestimmungen für diese **Sonderform der Tierarzneimittel** nicht anwendbar sind. Vielmehr hat der Rat der Europäischen Gemeinschaften bereits im Jahr 1990 eine spezielle RL zur Festlegung der Bedingungen für die Herstellung, das Inverkehrbringen und die Verwendung von Fütterungsarzneimitteln in der Gemeinschaft erlassen (RL 90/167/EWG). Diese dient dem Schutz der Gesundheit des Menschen gegen etwaige Risiken, die im Zusammenhang mit der Verabreichung von Fütterungsarzneimitteln an solche Tiere bestehen, die der Gewinnung von Lebensmitteln dienen. Auch im nationalen Recht unterliegen Fütterungsarzneimittel aus diesem Grund speziellen Vorschriften[63].

71   Fütterungsarzneimittel sind Arzneimittel, die aus zwei Vorstufen, den **Arzneimittel-Vormischungen** und den **Mischfuttermitteln** hergestellt werden. Dabei sind die Arzneimittel-Vormischungen nach der Regelung in Abs. 11 selbst Fertigarzneimittel.

72   Es handelt sich um Arzneimittel, die vornehmlich in der Bestandsbehandlung eingesetzt und bei der **industriell gefertigte Arzneimittel-Vormischungen** mit den im Zulassungsbescheid aufgeführten Mischfuttermitteln hergestellt werden. Die Herstellung von Fütterungsarzneimitteln erfolgt in der Regel durch **Einmischung, Pelletierung**[64] oder **Aufsprühung.**

---

[61] Das „Standing Committee on Medicinal Products for Human Use" des Rates hat am 2.3.2009 der Formulierung zur Änderung des Annexes I Teil IV RL 2001/83/EG zugestimmt, die folgende Definition eines somatischen Zelltherapeutikums enthält:
„Somatic cell therapy medicinal product means a biological medicinal product which has the following characteristics:
(a) contains or consists of cells or tissues that have been subject to substantial manipulation so that biological characteristics, physiological functions or structural properties relevant for the intended clinical use have been altered, or of cells or tissues that are not intended to be used for the same essential function(s) in the recipient and the donor;
(b) is presented as having properties for, or is used in or administered to human beings with a view to treating, preventing or diagnosing a disease through the pharmacological, immunological or metabolic action of its cells or tissues.
For the purposes of point (a), the manipulations listed in Annex I to Regulation (EC) No 1394/2007, in particular, shall not be considered as substantial manipulations."
[62] Vgl. auch die Darstellung von *Bakhschai*, in: Fuhrmann/Klein/Fleischfresser, § 33 Rn. 10 ff.
[63] Vgl. §§ 14 I Nr. 5a, 15 V, 21 II Nr. 3, 56, 73 Ia.
[64] *Kloesel/Cyran,* § 4 Anm. 44.

Mischfuttermittel sind nach § 3 Nr. 12 LFGB Stoffe in Mischungen, mit Futtermittel-Zusatzstoffen 73
oder ohne Futtermittel-Zusatzstoffe, die dazu bestimmt sind, in unverändertem, zubereitetem, bearbeitetem oder verarbeitetem Zustand **an Tiere verfüttert zu werden;** ausgenommen sind Stoffe, die überwiegend dazu bestimmt sind, zu anderen Zwecken als zur Tierernährung verwendet zu werden. Sofern
Mischfuttermittel der Tierernährung dienen, unterliegen sie ausschließlich dem **Futtermittelrecht
(FuttMV).** Werden sie zur Applikation von Arzneimitteln verwendet, unterfallen sie demgegenüber
auch dem Arzneimittelrecht. In diesem Zusammenhang ist auf § 56 IV zu verweisen. Danach muss die
zu verarbreichende Arzneimitteltagesdosis eine Menge Mischfuttermittel enthalten, welche die tägliche
Futterration der behandelten Tiere mindestens zur Hälfte deckt. Bei **Wiederkäuern** muss zudem der
tägliche Bedarf an Ergänzungsfuttermitteln, ausgenommen Mineralfutter, enthalten sein.

XI. Arzneimittel-Vormischungen (Abs. 11)

Die Vorschrift definiert den Begriff der **Arzneimittel-Vormischung** Die Begriffsbestimmung knüpft 74
an die Definition des **Fütterungsarzneimittels** in Abs. 10 an. Dieses setzt sich aus Arzneimittel-Vormischungen und Mischfuttermitteln i. S. v. § 3 Nr. 14 LFGB zusammen.

Als Arzneimittel sind die Arzneimittel-Vormischungen **Träger der Wirkstoffe** i. S. v. Abs. 19. Auf- 75
grund der im Rahmen der 14. AMG-Novelle aufgenommenen Klarstellung, dass es sich um Fertigarzneimittel handelt, unterliegen sie grundsätzlich der Zulassungspflicht nach §§ 21 ff. Daneben kommt eine
Freistellung von der Zulassungspflicht nach § 36 I in Betracht. Nach § 56 II 1 dürfen im Übrigen
nur zugelassene oder nach § 36 I von der Zulassungspflicht freigestellte Arzneimittel-Vormischungen zur
Herstellung von Fütterungsarzneimitteln verwendet werden.

Im Rahmen der 11. AMG-Novelle hat der Gesetzgeber klargestellt, dass unter den Begriff der Arznei- 76
mittel-Vormischungen „ausschließlich" solche Arzneimittel fallen, die zur **Herstellung von Fütterungsarzneimitteln** bestimmt sind[65]. Damit sollte einerseits eine Anpassung an die Begriffsbestimmung
des **Europäischen Arzneibuchs** erreicht werden. Daneben sollte sichergestellt werden, dass Arzneimittel-Vormischungen ausschließlich zur Herstellung von Fütterungsarzneimitteln gem. deren Zweckbestimmung verwendet werden. Auch sollte der **Bezug von Arzneimittel-Vormischungen** auf
Betriebe beschränkt werden, die **Fütterungsarzneimittel** herstellen[66]. Eine sichere **Beschränkung des
Einsatzes von Arzneimittel-Vormischungen** zu dem gesetzlich vorgesehenen Zweck dürfte durch
die Neufassung der Definition allerdings kaum gewährleistet werden[67].

XII. Wartezeit (Abs. 12)

1. Europarechtliche Vorgaben. Nach **Art. 1 Nr. 9 RL 2001/82/EG** ist unter der Wartezeit die 77
erforderliche Zeit zu verstehen, die nach der letzten Verabreichung des Tierarzneimittels an das Tier
unter normalen Anwendungsbedingungen bis zur Gewinnung von Nahrungsmitteln, die von diesem
Tier stammen, einzuhalten ist, um zu gewährleisten, dass die Rückstände in diesen Nahrungsmitteln die
zulässigen Höchstmengen gem. der jetzigen Verordnung (EG) Nr. 470/2009 nicht überschreiten.

2. Überblick über den Regelungsbereich. Die Vorschrift definiert den Begriff der Wartezeit in 78
Übereinstimmung mit Art. 1 Abs. 9 RL 2001/83/EG. Die **Einhaltung einer Wartezeit** ist für alle
Arzneimittel relevant, welche zur Anwendung bei Tieren bestimmt sind, die der menschlichen Ernährung dienen. Die Länge der Wartezeit ist abhängig von der **Dauer des Abbaus** des oder der pharmakologisch wirksamen Bestandteile im Körper des Tieres. Erst wenn die im **Rahmen von Rückstandsprüfungen** ermittelten Werte für den Menschen unbedenklich sind, darf das Tier für die **Lebensmittelherstellung** verwertet werden. Die insoweit relevanten Höchstmengen sind im Anhang der VO
(EU) Nr. 37/2010 festgelegt. Die Wartezeit muss gem. § 23 I Nr. 1 im Antrag auf Zulassung angegeben
werden. Sie ist zudem gem. § 10 V 1 Nr. 8, § 11 IV Nr. 6 und § 11a Ic 1 Buchst. k) bei der **Arzneimittelkennzeichnung,** der **Packungsbeilage** und der **Fachinformation** anzugeben.

3. Bestimmung von Rückstandshöchstmengen. Die Verabreichung von Arzneimitteln an Tiere, 79
die der menschlichen Ernährung dienen, bedeutet ein **potentielles Risiko für die Gesundheit des
Menschen.** Die in den **Tierarzneimitteln** enthaltenen Wirkstoffe haben regelmäßig eine **biologische
Wirksamkeit,** die sich auch auf die gewonnenen Lebensmittel auswirken kann. Darüber hinaus sind
häufig nicht nur die **pharmakologisch wirksamen Bestandteile,** sondern auch Abbau- und Umwandlungsprodukte längere Zeit nach der Applikation nachweisbar.

Der Gesetzgeber unterstellt, dass der **Ausschluss eines Gesundheitsrisikos** für den Menschen nicht 80
den vollständigen Abbau sämtlicher Arzneimittelrückstände erfordert. Vielmehr soll im Rahmen der
Risikobewertung ausreichend sein, dass im Einzelfall bestimmte Rückstandsgrenzen nicht überschritten
werden. Entsprechende Risikobewertungen werden von der EMA zusammen mit dem **EU-Tierarznei-**

---

[65] *Kloesel/Cyran,* § 4 Anm. 45a.
[66] Vgl. BR-Drucks. 950/01, S. 23.
[67] Zweifelnd auch *Kloesel/Cyran,* § 4 Anm. 45a.

mittelausschuss **CVMP** (Committee for Medicinal Products for Veterinary Use) vorgenommen. Auf der Grundlage entsprechender wissenschaftlicher Studien wird geprüft, welche Rückstandsmengen unter gesundheitlichen Aspekten in der menschlichen Nahrung geduldet werden können.

81　　Derartige Grenzen werden durch die VO (EU) Nr. 37/2010 mit ständig aktualisierten Anhängen amtlich festgelegt. Diese VO, die auf der VO (EG) Nr. 470/2009 basiert, ist an die Stelle der VO (EWG) Nr. 2377/90 getreten, da der europäische Gesetzgeber zu der Erkenntnis gelangt ist, dass die Verfügbarkeit von Tierarzneimitteln für der Lebensmittelgewinnung dienende Tiere verbessert werden sollte. Die VO (EG) Nr. 470/2009 hat daher die Verfahren zur Festsetzung der Rückstandshöchstmengen geändert, ohne aber das System zur Festsetzung derartige Höchstmengen insgesamt abzuschaffen[68]. Ein Arzneimittel, das an der Lebensmittelgewinnung dienende Tiere verabreicht wird, darf nach Art. 16 Abs. 1 der VO (EG) Nr. 470/2009 nur dann appliziert werden, sofern es im Einklang mit der RL 2001/82/EG steht, was letztlich die Einhaltung entsprechender Rückstandshöchstmengen bedeutet. Abweichend von der bisherigen Rechtslage kann die EMA nunmehr auch prüfen, ob eine Rückstandshöchstmenge, die für eine Tierart oder ein Lebensmittel festgesetzt wurde, auch für eine andere Tierart oder ein anderes Lebensmittel angewandt werden kann. Art. 5 VO (EG) Nr. 470/2009 ermöglicht jetzt eine entsprechende Extrapolation bereits vorliegender Erkenntnisse zur Übertragung auf eine andere Tierart. Die zentrale Leitlinie zur Ermittlung von **Rückstandshöchstmengen** (Maximum Residue Limits, MRL) stellt die **Notice to Applicants and Guideline – Veterinary medicinal products, Establishment of maximum residue limits (MRLs) for residues of veterinary medicinal products in foodstuffs of animal origin** (MRL-Guideline) dar[69]. Danach muss der zu untersuchende Stoff zunächst grundsätzlich u. a. auf seine akute und (sub-) chronische Toxizität, seine Reproduktionstoxikologie resp. Teratogenität sowie seine Mutagenität und u. U. seine Kanzerogenität untersucht werden. Daneben sind seine immunologischen, mikrobiologischen und ggf. neurotoxischen Eigenschaften zu ermitteln. Hinzu treten Studien zur Resorption, Verteilung, Exkretion und Biotransformation des untersuchten Stoffs im Zieltier und den aus ihm gewonnenen Lebensmitteln.

82　　Die Festlegung von Rückstandshöchstmengen orientiert sich sodann an dem Prinzip der zulässigen täglichen Aufnahmemenge (**Acceptable Daily Intake, ADI**). Sie entspricht der Menge eines Stoffs, der ohne erkennbares Gesundheitsrisiko täglich ein Leben lang aufgenommen werden kann. Dieser Wert wird in der Regel von der Dosis eines Stoffs abgeleitet, bei der keine feststellbaren pharmakologischen, toxischen oder mikrobiologischen Effekte feststellbar sind (**No–Observed–(Adverse)–Effect–Level, NO(A)EL**). Der so gewonnene **ADI-Wert** sowie die Bestimmung der voraussichtlichen Aufnahme von Rückständen durch den Verbraucher bilden die rechnerische Grundlage bei der **Festlegung der zulässigen Höchstkonzentration** eines Stoffes. Den entscheidenden Parameter stellt hierbei die in Bezug zu nehmende Verzehrsmenge dar. Der in der zitierten MRL-Guideline zu Grunde gelegte Warenkorb umfasst 500g Fleisch, einschließlich Innereien oder 300g Fisch, 1,5 kg Milch, 100g Eier und 20g Honig pro Tag[70].

83　　**4. Bedeutung der Wartezeit.** Die Wartezeit spielt zunächst bei der **Arzneimittelkennzeichnung** eine Rolle. Nach § 10 V 1 Nr. 8 müssen Angaben zur Wartezeit auf den Behältnissen und ggf. den äußeren Umhüllungen gemacht werden. Daneben ist die Wartezeit im Rahmen der Packungsbeilage nach § 11 IV 1 Nr. 6 anzugeben. Das Gleiche gilt nach § 11a Ic 1 Buchst. k) im Rahmen der Fachinformation.

84　　Bei der Zulassung eines Arzneimittels für Lebensmittel liefernde Tiere ist die Wartezeit im **Zulassungsantrag** gem. § 23 I Nr. 1 anzugeben. Dazu ist nach § 24 I 2 Nr. 4 ein entsprechendes Sachverständigengutachten beizufügen. Sollte die angegebene Wartezeit nicht ausreichen, ist nach § 25 II 1 Nr. 6 die Zulassung zu versagen.

85　　Jede **Änderung der Wartezeit** bedarf nach § 29 IIa 1 Nr. 6 der Zustimmung der zuständigen Bundesoberbehörde.

86　　Auch im **Therapienotstand** nach § 56a II 3 muss der Tierarzt die Wartezeit des zu applizierenden Arzneimittels angeben. Die Einzelheiten hierzu regelt § 12a II TÄHAV. Beim Import von Tierarzneimitteln hat der Tierarzt schließlich nach Maßgabe von § 73 V 4 den Tierhalter auf die festgesetzte Wartezeit hinzuweisen.

XIII. Nebenwirkungen (Abs. 13)

87　　**1. Europarechtliche Vorgaben.** Nach **Art. 1 Nr. 11 RL 2001/83/EG** i. d. F. der RL 2010/84/EU ist eine „**Nebenwirkung**" eine Reaktion auf das Arzneimittel, die schädlich und unbeabsichtigt ist. Die frühere Beschränkung auf Reaktionen, die bei Dosierungen auftreten, wie sie normalerweise bei Arzneimittelanwendung verwendet werden[71], wurde durch die RL 2010/84/EU aufgehoben. Unter einer

---

[68] Vgl. Erwägungsgrund 6 der VO (EG) Nr. 470/2009.
[69] Abrufbar unter http://ec.europa.eu.
[70] MRL-Guideline, S. 57.
[71] Vgl. – noch zur alten Fassung – auch *EMEA*, ICH Topic E2A, Clinical Safety Data Management: Definitions and Standards for Expedited Reporting, CPMP/ICH/377/95, Nr. 2.A. 2.

„schwerwiegenden Nebenwirkung" ist nach **Art. 1 Nr. 12 RL 2001/83/EG** eine Nebenwirkung zu verstehen, die tödlich oder lebensbedrohend ist, eine stationäre Behandlung oder Verlängerung einer stationären Behandlung erforderlich macht, zu bleibender oder schwer wiegender Behinderung oder Invalidität führt oder eine kongenitale Anomalie bzw. ein Geburtsfehler ist. Eine **„unerwartete Nebenwirkung"** stellt nach **Art. 1 Nr. 13 RL 2001/83/EG** eine Nebenwirkung dar, deren Art, Ausmaß oder Ergebnis von der Zusammenfassung der Merkmale des Arzneimittels abweicht.

2. Nebenwirkungen (S. 1). Die „Nebenwirkung" (adverse reaction) wird in S. 1 für Humanarznei- **88** mittel legaldefiniert. Mit dem 2. AMG-ÄndG 2012 wurde der Begriff für Nebenwirkungen für Arzneimittel an den Gemeinschaftskodex 2001/83/EG in der Fassung der RL 2010/84/EU angepasst[72]. Nebenwirkungen bei Humanarzneimitteln sind **schädliche und unbeabsichtigte Reaktionen auf das Arzneimittel.** Soweit sie bekannt werden, sind sie nach den dortigen Vorgaben in der Packungsbeilage (§ 11) und Fachinformation (§ 11a) anzugeben[73]. Dies zeigt, dass für ein Arzneimittel – natürlich – eine gewisse Anzahl von Nebenwirkungen im Rahmen eines Nutzen-Risiko-Vergleichs akzeptiert wird[74]. Falls sie ein vertretbares Maß überschreiten, darf das Arzneimittel allerdings nicht in Verkehr gebracht werden (§ 5).

Eine **Reaktion** (lat. re = zurück, actio = Handlung) ist die Antwort eines Organismus auf einen **89** bestimmten Reiz[75]. Eine **Reaktion auf ein Arzneimittel („adverse reaction")** liegt vor, wenn ein kausaler Zusammenhang zwischen der Anwendung des Arzneimittels und der auftretenden Wirkung bei dem Patienten oder einem Dritten besteht.[76] Für den kausalen Zusammenhang ist kein nach dem Stand der wissenschaftlichen Erkenntnis begründeter Verdacht erforderlich (so aber in § 5 für das Inverkehrbringen bedenklicher Arzneimittel, s. § 5 Rn. 21). Stattdessen genügt es, wenn Anhaltspunkte, Hinweise oder Schlüsse zu der Annahme führen, dass das Arzneimittel am Auftreten der Nebenwirkung beteiligt ist. Ausreichend ist, wenn die Reaktion im Zeitpunkt des Auftretens mit dem Arzneimittel in Verbindung gebracht wird, auch wenn ein kausaler Zusammenhang im strengen Sinne nicht bestehen mag[77]. Ein Zusammenhang mit Hilfsstoffen des Arzneimittels ist ausreichend[78]. Von der **Reaktion abzugrenzen** ist das **„unerwünschte Ereignis" („adverse event"),** bei dem ein kausaler Zusammenhang, selbst im vorgenannten, weit verstandenen Sinn, nicht notwendigerweise bestehen muss, sondern schon ein rein zeitlicher Zusammenhang mit der Einnahme eines Arzneimittels ausreicht[79].

Eine **schädliche** Reaktion ist jede für den Gesundheitszustand nachteilige Beeinträchtigung[80].   **90**

Eine Reaktion ist **unbeabsichtigt,** wenn sich Wirkungen zeigen, die außerhalb derer liegen, die den **91** therapeutischen Erfolg herbeiführen sollen[81].

Ist ein Arzneimittel **wirkungslos,** so ist dies nach überwiegender Meinung keine Nebenwirkung, **92** soweit keine unbeabsichtigten oder schädlichen Reaktionen hervorgerufen werden[82]. Eine Meldepflicht besteht in einem derartigen Fall nicht, gleichwohl ist die Wirkungslosigkeit vom pharmazeutischen Unternehmer aufzuzeichnen, und zwar sowohl für „unerwünschte Ereignisse" als auch in der Datenbank für „pharmazeutische Mängel"[83]. Anders ist dies aber im Fall von Impfstoffen, fraktionierten Plasmaprodukten, Blut und Blutkomponenten und gentechnisch hergestellten Gerinnungsfaktorenkonzentraten[84]. Solche Arzneimittel werden gerade im besonderen Vertrauen auf ihre Wirksamkeit eingenommen[85]. Durch ihre Wirkungslosigkeit wird der Krankheitsverlauf nicht verhindert oder gar angestoßen, verlängert oder erschwert[86]. Sind solche Arzneimittel wirkungslos, so ist dies als Nebenwirkung meldepflichtig[87] (zur Haftung bei Unwirksamkeit s. § 84 Rn. 77).

---

[72] Art. 1 Nr. 11 RL 2001/83/EG definiert Nebenwirkung als „Eine Reaktion auf das Arzneimittel, die schädlich und unbeabsichtigt ist".

[73] Entsprechende Standardsätze sind der Gemeinsamen Bekanntmachung des BfArM/PEI v. 3.7.2013, BAnz AT 7.8.2013 B10, zu entnehmen.

[74] *Jones/Kingery,* in: Mann's Pharmacovigilance, S. 319.

[75] Duden, Das Fremdwörterbuch, Bd. 5 (2010), Stichwort „Reaktion".

[76] Vgl. GVP–Annex I (Definitions) „Adverse Reaction" (Stand: 28.4.2014); Erwägungsgrund 5 RL 2010/84/EG; ICH-E2A (Definitions and Standards for expedited Reporting), S. 2; *Kloesel/Cyran,* § 4 Anm. 47.

[77] Vgl. GVP–Annex I (Definitions), (Stand 28.4.2014).

[78] ICH-E2D, Post Approval Safety Data Management, Step 5, Note for Guidance on Definitions and Standards for Expedited Reporting, CPMP/ICH/3945/03, Nr. 2.2.

[79] Vgl. Art. 2 Buchst. m) RL 2001/20/EG; GVP–Annex I (Definitions) „Adverse Event" (Stand: 28.4.2014); ICH-E2A (Definitions and Standards for expedited Reporting), S. 2.

[80] *Kloesel/Cyran,* § 4 Anm. 47.

[81] *Kloesel/Cyran,* § 4 Anm. 47.

[82] *Kloesel/Cyran,* § 4 Anm. 47.

[83] Vgl. GVP-Modul VI. B.6.4. (Stand: 16.9.2014); In beiden Fällen sollte die Chargenbezeichnung neben anderen Informationen nach den Standards des Periodic Safety Update Reports (PSUR) erfasst und ausgewertet werden, um einen möglichen Zusammenhang mit Herstellungsproblemen identifizieren zu können. Vgl. auch ICH-E2B (R2) (Data Elements for Transmission of Individual Case Safety Reports), B.2.i.1.

[84] GVP-Modul VI. B.6.4., C.6.2.3.4. (Stand: 16.9.2014).

[85] Vgl. *Flatten,* MedR 1993, 463, 465.

[86] Vgl. *Flatten,* MedR 1993, 463, 465.

[87] Vgl. GVP-Modul VI. B.6.4., C.6.2.3.4. (Stand: 16.9.2014); *Kullmann,* PharmR 1983, 196, 200.

93 Für alle Arzneimittel gilt: Ist die Wirkungslosigkeit auf einen Qualitätsmangel zurückzuführen, so ist dies im Rahmen des Gemeinschaftsverfahrens der Inspektionen und des Informationsaustausches zu berichten[88].

94 Anders als bei dem früheren Begriff der Nebenwirkung bis zur Umsetzung des 2. AMG-ÄndG 2012 kommt es nun nicht mehr darauf an, ob die Reaktion auf ein Arzneimittel beim **bestimmungsgemäßen Gebrauch** (s. § 84 Rn. 67) auftritt, also das Arzneimittel so angewendet wurde, wie es die **Fachinformation** und die **Gebrauchsinformation** vorschreiben. Eine Nebenwirkung ist damit auch dann gegeben, wenn die Reaktion Folge einer Anwendung außerhalb des bestimmungsgemäßen Gebrauchs ist, also die Folge einer **Überdosierung**, eines off-label-use, eines **Fehlgebrauches**, eines **Missbrauchs**, eines **Medikationsfehlers** oder einer **beruflichen Exposition**[89]. Die GVP definiert die Begriffe wie folgt:

– **Überdosierung:** Die eingenommene Menge des Medikaments überschreitet die empfohlene Einzel- und/oder Tagesdosis[90].
– **Off-label-use:** Das Arzneimittel wird mit Heilungszweck anders eingesetzt, als in der Gebrauchsinformation- und Fachinformation vorgegeben, d. h. insbesondere in einer anderen Indikation, Patientengruppe oder Dosierung.
– **Fehlgebrauch:** Das Arzneimittel wird absichtlich und in unangemessener/ungeeigneter Weise entgegen der zugelassenen Indikation angewendet[91].
– **Medikationsfehler:** Ein Medikationsfehler bezieht sich auf jeden unbeabsichtigten Fehler in der Verschreibung, der Abgabe oder Verabreichung eines Arzneimittels, sowohl unter der Kontrolle des medizinischen Fachpersonals („Health Care Professional") als auch unter der des Verbrauchers[92]. Dazu gehört jedes vermeidbare Ereignis, das zu einem ungeeigneten Arzneimittelgebrauch führt[93]. Letztlich sind auch diese Fälle **off-label-use.** Ein Medikationsfehler liegt schließlich auch vor, wenn das Arzneimittel aufgrund einer Fehldiagnose des Arztes angewendet wird[94].
– **Missbrauch:** Das Arzneimittel wird dauerhaft, zeitweise oder absichtlich so verwendet, dass damit physische oder psychische Schäden verbunden sind[95]; auch hier liegt regelmäßig ein off-label-use vor. Hierunter fällt auch der Einsatz des Arzneimittels zu nicht-medizinischen Zwecken, zum Beispiel als Rauschmittel[96].
– **Berufliche Exposition:** Eine Person – gemeint sind Personen, bei denen das Arzneimittel nicht angewendet wird – kommt von Berufs wegen mit dem Arzneimittel direkt oder indirekt in Kontakt und erleidet dadurch eine Reaktion auf das Arzneimittel[97].

95 Die Anwendung des Arzneimittels innerhalb oder außerhalb des bestimmungsgemäßen Gebrauchs ist allerdings nach wie vor relevant, wenn ein Haftungsfall nach § 84 im Raum steht (s. Rn. 67). Der pharmazeutische Unternehmer haftet nur für den bestimmungsgemäßen Gebrauch.

96 Anders als bisher werden auch **Wechselwirkungen** als Nebenwirkungen angesehen und sind meldepflichtig[98]. Eine Wechselwirkung liegt vor, wenn die pharmakodynamischen oder pharmakokinetischen Eigenschaften eines Arzneimittels durch gleichzeitige oder in engem zeitlichem Zusammenhang stehende Gabe eines anderen Stoffes beeinflusst werden[99]. Hierunter fällt auch die Wirkungslosigkeit eines Arzneimittels, die auf eine Wechselwirkung mit einem anderen Arzneimittel zurückzuführen ist[100]. Ebenso wie alle anderen Nebenwirkungen müssen auch alle Meldungen über Wechselwirkungen regelmäßig daraufhin analysiert werden, ob ihretwegen eine Anpassung der Fach- und Gebrauchsinformation erforderlich ist. Ebenso sind sie in den regelmäßig zu aktualisierenden Unbedenklichkeitsberichten mit einzubeziehen[101].

97 **3. Nebenwirkungen bei Tierarzneimitteln (S. 2, 3 und 4).** Der deutsche Gesetzgeber hat auch Nebenwirkungen bei Tierarzneimitteln in der Legaldefinition erfasst und trägt der nunmehr vorhandenen Differenzierung zwischen diesen und Nebenwirkungen bei Humanarzneimitteln Rechnung[102].

---

[88] EMA, Compilation of Community Procedures on Inspections and Exchange of Information, EMA/385898/2013 Rev. 16, Stand: 27.6.2013; s. auch *Kloesel/Cyran*, § 4 Anm. 47a.
[89] BT-Drucks. 91/12, S. 75; vgl. auch *Dwenger*, BMG, www.bfarm.de, Stand 5.12.2012.
[90] Vgl. GVP–Modul VI. A.2.1.2 (Stand: 16.9.2014).
[91] Vgl. GVP–Modul VI. A.2.1.2 (Stand: 16.9.2014).
[92] Vgl. GVP–Modul VI. B.6.3 (Stand: 16.9.2014).
[93] Vgl. MedDRA Term Selection: Points to consider, ICH-Endorsed Guide for MedDra Users, 3.15.1 (Stand: 1.3.2015), *Patrick Revelle*, MedDRA MSSO, Using MedDRA: Adverse Events and More, 4.5.2012, eingesehen unter www.meddra.org.
[94] *Kloesel/Cyran*, § 4 Anm. 47.
[95] Vgl. GVP–Modul VI. A.2.1.2 (Stand: 16.9.2014).
[96] *Kloesel/Cyran*, § 4 Anm. 47.
[97] Vgl. GVP–Modul VI. A.2.1.2. (Stand: 16.9.2014).
[98] Vgl. auch BT-Drucks. 91/12, S. 75; anders noch zum Entwurf des 2. AMG-ÄndG 2012: *Wudy/Pohl*, WRP 2012, 388, 390.
[99] BfArM/PEI-Bekanntmachung, BAnz. Nr. 16a vom 30.1.2008, Nr. 2.5.
[100] *Kloesel/Cyran*, § 4 Anm. 47a.
[101] *Kloesel/Cyran*, § 4 Anm. 47a.
[102] Vgl. BR-Drucks. 91/12, S. 75.

Eine **Nebenwirkung** bei einem Tierarzneimittel ist eine Reaktion auf das Tierarzneimittel, die **98** schädlich und unbeabsichtigt ist und bei Dosierungen auftritt, wie sie normalerweise bei Tieren zur Prophylaxe, Diagnose oder Therapie von Krankheiten oder für die Wiederherstellung, Korrektur oder Beeinflussung einer physiologischen Funktion verwendet werden[103]. Anders als bei Humanarzneimitteln werden bei Tierarzneimitteln nur Nebenwirkungen erfasst, die im Rahmen des bestimmungsgemäßen Gebrauchs aufgetreten sind **(Abs. 13 S. 2).** Schwerwiegend sind die Nebenwirkungen in den in **Abs. 13 S. 3** genannten Fällen. Bei Tierarzneimitteln kommt aber hinzu, dass Nebenwirkungen auch dann als schwerwiegend eingestuft werden, wenn sie **ständig auftretende** oder **lang anhaltende Symptome** hervorrufen (z. B. Nahrungsverweigerung des Tieres) – **Abs. 13 S. 4.** Der Begriff „lang anhaltend" ist dabei relativ an der zu erwartenden Lebenszeit des Tieres zu messen.

Nebenwirkungen von Tierarzneimitteln sind dann unerwartet, wenn deren Art, Ausmaß oder Ergeb- **99** nis von der Fachinformation des Arzneimittels abweichen **(Abs. 13 S. 5).** Es gelten insoweit die Ausführungen unter Rn. 104 entsprechend.

4. Schwerwiegende Nebenwirkungen (S. 3). Was eine schwerwiegende Nebenwirkung ist, wird **100** in S. 3 legaldefiniert. Schwerwiegende Nebenwirkungen sind Nebenwirkungen, die tödlich oder lebensbedrohend sind, eine stationäre Behandlung oder Verlängerung einer stationären Behandlung erforderlich machen, zu bleibender oder schwerwiegender Behinderung, Invalidität, kongenitalen Anomalien oder Geburtsfehlern führen. Eine Nebenwirkung ist **tödlich,** wenn zwischen dem Tod des Patienten und der Anwendung des Arzneimittels ein unmittelbarer Kausalzusammenhang besteht und mit an Sicherheit grenzender Wahrscheinlichkeit auf der Anwendung des Arzneimittels beruht[104]. Eine Nebenwirkung ist dann nicht tödlich, wenn der Tod des Patienten auch ohne Anwendung des Arzneimittels eingetreten wäre[105]. **Lebensbedrohend** ist eine Nebenwirkung nur, wenn sie für den Patienten bereits zum Zeitpunkt der Reaktion ein tatsächlich tödliches Risiko bedeutet. Nebenwirkungen, die für den Patienten zwar nicht lebensbedrohlich sind, ihn aber **erheblich beeinträchtigen,** oder solche, die ohne Eingreifen zu (ansonsten) schwerwiegenden Nebenwirkungen führen (z. B. allergisches Asthma, allergischer Schock) gelten als schwerwiegend[106]. Eine **stationäre Behandlung** ist erforderlich, wenn aufgrund einer aufgetretenen Nebenwirkung der Patient tatsächlich stationär behandelt werden muss[107]. Dies ist in der Regel ein Krankenhausaufenthalt mit mindestens einer Übernachtung oder die Verlängerung eines Krankenhausaufenthaltes von zumindest einem Tag[108].

Unter welchen Voraussetzungen man von einer Behinderung bzw. einem Menschen mit Behinderung **101** spricht, wird im AMG nicht geregelt. Ebenso gibt es keine einheitliche Definition des Begriffs **Behinderung,** wenngleich bereits Art. 3 III 2 GG klarstellt, dass niemand wegen seiner Behinderung benachteiligt werden darf. Das *BVerfG* hat Behinderung als jede nicht nur vorübergehende Funktionsbeeinträchtigung, die auf einem regelwidrigen körperlichen, geistigen oder seelischen Zustand beruht, definiert[109]. Mit dieser Definition hat es sich auf den Wortlaut des damals gültigen § 3 II SchwbG bezogen[110]. Man wird auch für die Auslegung des Begriffs der Behinderung im vorliegenden Zusammenhang auf die sozialrechtliche Begriffsbestimmung Bezug nehmen können, solange es im europäischen Arzneimittelrecht keine anders lautende Definition gibt. Mit Art. 63 SGB IX – Rehabilitation und Teilhabe behinderter Menschen – wurde das SchwbG mit Wirkung vom 1.7.2001 aufgehoben, sodass auf die Regelungen des SGB IX zurückzugreifen ist. **§ 2 I 1 SGB IX** regelt, dass ein Mensch behindert ist, wenn die körperliche Funktion, geistige Fähigkeit oder seelische Gesundheit mit hoher Wahrscheinlichkeit länger als sechs Monate von dem für das Lebensalter typischen Zustand eines Menschen abweichen und daher dessen Teilhabe am Leben in der Gesellschaft beeinträchtigt ist. Anders als § 2 I 1 SGB IX stellte § 3 I 3 SchwbG a. F. heraus, dass eine Behinderung als nicht nur vorübergehend gilt, wenn der Zustand mehr als sechs Monate andauert. Demnach wird man wohl davon ausgehen können, dass von einer **bleibenden Behinderung** als Folge der Einnahme eines Arzneimittels gesprochen werden kann, wenn die körperliche Beeinträchtigung irreversibel ist. Ab wann eine **schwerwiegende Behinderung** besteht, ist ebenfalls nicht im AMG definiert. Eine Anlehnung an § 2 II SGB IX erscheint aus oben genannten Gründen angemessen. **§ 2 II SGB IX** legt fest, dass Menschen als schwerbehindert gelten, wenn bei Ihnen ein Grad der Behinderung von wenigstens 50 vorliegt. Davon abzugrenzen ist die Frage, wann von **Invalidität** als weitere Form einer schwerwiegenden Nebenwirkung gesprochen wird.

---

[103] Art. 1 Nr. 10 RL 2001/82/EG; vgl. auch EudraVigilance Volume 9B of The Rules Governing Medicinal Products in the European Union: Guidelines on Pharmacovigilance for Medicinal Products for Veterinary Use.
[104] *BGH*, NJW 1989, 1542, 1543.
[105] Vgl. *BGH*, NJW 1989, 1542, 1543.
[106] Vgl. zum gesamten Absatz BfArM/PEI-Bekanntmachung, BAnz. Nr. 16a v. 30.1.2008, Nr. 2.2; vgl. auch ICH-E2A, CPMP/ICH/377/95, Nr. 2.B; EMEA, ICH-E2D, CPMP/ICH/3945/03, Nr. 2.3.
[107] Anders *BSG*, NZS 2014, 24 ff. bei onkologischen Behandlungen und den mit Chemotherapien oder Strahlentherapien wohl unvermeidbaren Nebenwirkungen.
[108] Vgl. auch *Kloesel/Cyran*, § 4 Anm. 48.
[109] *BVerfGE* 96, 288, 301 = NJW 1998, 131; vgl. *Kischel,* in: Epping/Hillgruber, Beck'scher Onlinekommentar Rn. 233.
[110] *BVerfGE* 96, 288, 301 = NJW 1998, 131; vgl. *Kischel,* in: Epping/Hillgruber, Beck'scher Onlinekommentar Rn. 233.

Hier wird auf das Unfallversicherungsrecht und damit auf die sog. Gliedertaxe und dem Maß, wie die körperliche und geistige Leistungsfähigkeit als Folge der Einnahme des Arzneimittels dauerhaft beeinträchtigt ist, zurückzugreifen sein[111].

102   **Kongenitale Anomalien** oder **Geburtsfehler** sind angeborene Unregelmäßigkeiten, bzw. Abweichungen von der Norm und als schwerwiegende Nebenwirkungen zu klassifizieren[112]. Hierzu zählen beispielsweise die nach der Anwendung des Schlafmittels Contergan aufgetretenen Thalidomid-Embryopathien[113]. Es muss freilich ein Kausalzusammenhang (im obigen Sinne) zwischen der Anwendung des Arzneimittels und der eingetretenen schweren Nebenwirkung bestehen.

103   Zur Auslegung kann ergänzend auf das **GVP-Modul VI** in Verbindung mit der ICH-E2A Guideline zu Clinical Safety Data Management: Definitions and Standards for expedited reporting zurückgegriffen werden[114].

104   **5. Unerwartete Nebenwirkungen (S. 5).** Unerwartete Nebenwirkungen werden in S. 5 definiert als Nebenwirkungen, deren **Art**, **Ausmaß** oder **Ergebnis** von der **Fachinformation** des Arzneimittels abweichen. S. 5 in der Fassung des 2. AMG-ÄndG 2012 unterscheidet sich von der früheren Fassung insoweit, dass nun die Fachinformation und nicht wie bisher die Packungsbeilage den Maßstab für das Vorliegen einer unerwarteten Nebenwirkung vorgibt. Der Terminus „unbekannt" wird als Synonym für „unerwartet" verwendet; im Englischen verwendet man die Begriffe „unexpected" oder „unlabelled"[115]. **Unerwartet** sind Nebenwirkungen, die von der Beschreibung der Nebenwirkungen in der Fachinformation abweichen. Sie wurden in den der Arzneimittelzulassung vorausgegangenen klinischen und sonstigen Prüfungen oder späteren Erfahrungen mit dem Arzneimittel bislang nicht beobachtet[116]. Im Rahmen klinischer Prüfungen am Menschen (§ 4 XXIII) sind unerwartete Nebenwirkungen, die nach Art oder Schweregrad nicht mit der vorliegenden Information über das Prüfpräparat übereinstimmen (§ 3 IX GCP-V)[117]. Die Verordnung über die Anwendung der Guten Klinischen Praxis bei der Durchführung von klinischen Prüfungen mit Arzneimitteln zur Anwendung am Menschen (GCP-V) hat in diesem Bereich keine Änderungen durch das 2. AMG-ÄndG 2012 erfahren (zu den Änderungen infolge der VO (EU) Nr. 536/2014 s. Vor § 40 Rn. 1 ff.). Treten unerwartete schwerwiegende Nebenwirkungen auf, so hat der Prüfarzt den Sponsor unverzüglich zu unterrichten (§ 12 IV GCP-V).

105   Unerwartete Nebenwirkungen lösen besondere **Beobachtungs- und Reaktionspflichten** (vgl. § 63h II 1 Nr. 2 Buchst. a), § 97 IIa) aus. Ggf. müssen die Gebrauchs- und Fachinformation nach Anzeige und Zustimmung der zuständigen Bundesoberbehörde (§ 29 IIa) geändert werden. Sie können aber auch eine veränderte Bewertung des Nutzen-Risiko-Verhältnisses begründen[118].

106   **6. Erfassen, Melden und Dokumentieren von Verdachtsfällen einer Nebenwirkung.** Alle Verdachtsfälle von Nebenwirkungen sind einerseits von der jeweils zuständigen Bundesoberbehörde (§ 62 II, III) und andererseits vom Zulassungs- (§§ 63c, 63h) oder Genehmigungsinhaber von Blut- und Gewebezubereitungen und für Gewebe (§ 63i) zu erfassen[119]. (§ 62 Rn. 37 ff.)

107   Anders als in der europäischen Vorgabe bezieht sich der Gesetzgeber in den vorgenannten Regelungen zu den Meldepflichten nicht auf **vermutete Nebenwirkungen („suspected adverse reaction")**, sondern auf den **Verdachtsfall** von Nebenwirkungen (§ 63c II)[120]. Weshalb der deutsche Gesetzgeber eine andere Terminologie als die in der Richtlinie verwendet, ist unklar. Ein „Verdacht" kann im juristischen Sprachgebrauch nicht mit einer „Vermutung" gleichgesetzt werden. Bei einer Vermutung genügt die begründete Möglichkeit eines Kausalzusammenhangs; ein Verdacht verlangt einen höheren Grad an Wahrscheinlichkeit. Es sollen aber gerade alle unerwünschten Wirkungen eines Arzneimittels erfasst werden[121], was eine eher weite Auslegung eines „Verdachts" erfordert. Im Sinne einer richtlinienkonformen Auslegung der o. g. Normen ist ein Verdachtsfall einer Nebenwirkung dann gegeben, wenn zumindest die begründete Möglichkeit besteht, dass ein kausaler Zusammenhang zwischen einem Arzneimittel und der Reaktion gegeben ist[122]. Ein „Verdachtsfall" im Sinne der §§ 62, 63c, 63h und 63i ist also letztendlich eine „vermutete Nebenwirkung" im Sinne der RL 2001/83/EG.

---

[111] Vgl. AUB 88 § 7.

[112] Pschyrembel, Klinisches Wörterbuch, , Stichwort „Anomalie", „kongential"; *Sadler*, Medizinische Embryologie, Die normale menschliche Entwicklung und ihre Fehlbildungen, Kap. 9.1, S. 154.

[113] *Kloesel/Cyran*, § 4 Anm. 48.

[114] Vgl. GVP-Modul VI. A.2.1.1. (Stand: 16.9.2014); ebenso ist auf ICH-E2D (Post Approval Safety Data Management: Definitions and Standards for Expedited Reporting), 2003 zu verweisen.

[115] *Thiele,* in: Fuhrmann/Klein/Fleischfresser, § 26 Rn. 17.

[116] Vgl. *Rehmann,*) § 4 Rn. 12; vgl. auch ICH-A2E Guideline, II. A.3.

[117] ICH-E2A, CPMP/ICH/377/95, Nr. II. C.

[118] Vgl. auch *Rehmann*, § 4 Rn. 12.

[119] Zum Auskunftsanspruch (§ 84a) gegen die Arzneimittelaufsicht zu bekannten Nebenwirkungen vgl. *VG Köln*, Urt. v. 16.4.2013 – 7 K 268/12 – juris; gegen den pharmazeutischen Unternehmer *BGH*, NJW 2013, 2901 ff.

[120] Vgl. RL 2010/84/EG, Erwägungsgrund 5, ABl. L348/74 (31.12.2010).

[121] So auch die Informationen des PEI auf der Website zur UAW-Datenbank www.pei.de, Stand 29.6.2015.

[122] Vgl. Erwägungsgrund Nr. 5 der RL 2010/84/EG.

Insoweit sind nach dem AMG keine strengeren Anforderungen an den Kausalitätsnachweis zu stellen. Jedenfalls sind auch vermutete Nebenwirkungen, deren Kausalitätsnachweis wahrscheinlich ist, von der Meldepflicht erfasst.

Die Vorschriften der **ärztlichen Schweigepflicht** bleiben nach der Richtlinie von den Meldepflich- **108** ten unberührt[123]. Die mit der Meldung von vermuteten Nebenwirkungen verbundenen personenbezogenen Daten sollen vertraulich behandelt werden[124]. Maßstab hierfür ist der im Strafrecht geltende Grundsatz der Vertraulichkeit[125]. Ebenso bleibt die Datenschutzrichtlinie 95/46/EG von den Neuregelungen unberührt[126]. Das heißt, dass Nebenwirkungsmeldungen vom Arzt an den pharmazeutischen Unternehmer oder an die Behörde auf anonymisierter oder pseudonymisierter Basis gemeldet werden. Allenfalls der Arzt kann die personenbezogenen Daten des Patienten ermitteln und auf diese zugreifen (z. B. durch Einsicht in die Patientenakte).

Anders als für die Meldepflicht einer Nebenwirkung bis zur Umsetzung des 2. AMG-ÄndG 2012 **109** kommt es nun nicht mehr darauf an, ob die Reaktion auf ein Arzneimittel von einem Angehörigen der Heilberufe berichtet wird. **Meldungen von Laien** (Patienten, Angehörige, Betreuer, Freunde, Erziehungsberechtigte etc.) sind gleichermaßen zu verarbeiten und an die Behörde zu melden[127]. Die Meldungen eines Laien sollten, soweit möglich, von einem Angehörigen der Heilberufe bestätigt werden; das ist aber nicht zwingend erforderlich[128].

Die Mitgliedstaaten sollen nach dem Auftrag der RL 2010/84/EG allen vermuteten Nebenwirkungen **110** nachgehen, ganz gleich, welcher Ursache diese entstammen mögen[129]. Dazu soll die **EudraVigilance-Datenbank** (s. § 63c Rn. 15), sobald sie funktionsfähig ist, so gestaltet sein, dass die abgegebenen Meldungen über vermutete Nebenwirkungen direkt und ohne zeitliche Verzögerung an die Mitgliedstaaten weitergeleitet werden[130]. Hinzu kommt, dass jeder einzelne Mitgliedstaat eigene nationale Internetportale für die Meldung von Nebenwirkungen von Arzneimitteln durch Verbraucher und Fachkreise einrichten soll[131]. Für Deutschland haben das PEI und BfArM hierzu das Online-Portal *„Meldung von Verdachtsfällen unerwünschter Arzneimittelwirkungen und Impfkomplikationen"* je für Verbraucher und Fachkreise eingerichtet[132]. Die eingehenden Meldungen hat die jeweils zuständige Bundesoberbehörde zur zentralen Erfassung an die EudraVigilance-Datenbank weiterzuleiten (§ 62 II, III). Zu den Einzelheiten der Meldepflichten des Zulassungsinhabers und anderer pharmazeutischer Unternehmer s. §§ 63c, 63h und 63i.

7. Auswirkungen auf die Haftung nach § 84. Die Änderungen des Abs. 13 haben keine Aus- **111** wirkungen auf die in § 84 I 2 geregelte Gefährdungshaftung für Produktfehler[133]. Nach § 84 II 1 Nr. 1 haftet der pharmazeutische Unternehmer nur dann, wenn das Arzneimittel bei bestimmungsgemäßem Gebrauch eine schädliche Wirkung hat, die über ein nach den Erkenntnissen der medizinischen Wissenschaft vertretbares Maß hinausgeht. Den Haftungsrahmen bildet dort weiterhin der **bestimmungsgemäße Gebrauch** und nicht jegliche Anwendung des Arzneimittels. Eine Haftung nach § 84 I 2 Nr. 2 kommt in Frage, wenn der Schaden infolge einer nicht den Erkenntnissen der medizinischen Wissenschaft entsprechenden Kennzeichnung, Fachinformation oder Gebrauchsinformation eingetreten ist. Zwar stellt der Wortlaut des § 84 I 2 Nr. 2 nicht ausdrücklich auf den bestimmungsgemäßen Gebrauch ab. Aus § 84 II 2 ergibt sich jedoch, dass die arzneimittelrechtliche Gefährdungshaftung des § 84 insgesamt von der bestimmungsgemäßen Anwendung des betroffenen Arzneimittels ausgeht (s. § 84 Rn. 67). Die für das Eingreifen der Kausalitätsvermutung in § 84 II 1 erforderliche Eignung im Einzelfall beurteilt sich nach § 84 II 2 – unter anderem – nach der Art und Dauer der bestimmungsgemäßen Anwendung des Arzneimittels.

Für eine wertungsmäßige Übertragung des geänderten Nebenwirkungsbegriffs in Abs. 13 auf die **112** arzneimittelrechtliche Produkthaftung ist kein Raum. Dem steht der eindeutige Wortlaut des § 84 entgegen. Hätte der Gesetzgeber im Zuge der Änderung des Nebenwirkungsbegriffes in Abs. 13 auch die Gefährdungshaftung nach § 84 erweitern wollen, hätte dies einer gleichzeitigen Anpassung des Wortlauts des § 84 bedurft. Dies hat der Gesetzgeber nicht getan. Würde auch die bestimmungswidrige Anwendung unter § 84 subsumiert werden können, wäre die haftungsrechtliche Verantwortlichkeit des pharmazeutischen Unternehmers zudem nicht mehr überschaubar und grenzenlos. Dies spiegelt sich auch durch die Vorgaben in § 11 I 1 Nr. 5 (Packungsbeilage) und § 11a I 1 Nr. 4 Buchst. h) (Fachinformation) wieder, die lediglich die Angabe von Nebenwirkungen verlangen, die im Rahmen des

---

[123] Erwägungsgrund 5 zur RL 2010/84/EG .
[124] Erwägungsgrund 5 zur RL 2010/84/EG.
[125] Erwägungsgrund 5 zur RL 2010/84/EG.
[126] Erwägungsgrund 33 zur RL 2010/84/EG.
[127] GVP-Modul VI. A.2.3. (Stand: 16.9.2014); ICH-E2D (Definitions and Standards for Expedited Reporting, 3.1.1.
[128] GVP-Modul VI. A.2.3. (Stand: 16.9.2014).
[129] Erwägungsgrund 17 zur RL 2010/84/EG.
[130] Erwägungsgrund 19 zur RL 2010/84/EG.
[131] Erwägungsgrund 20 zur RL 2010/84/EG.
[132] Abrufbar unter www.pei.de.
[133] *Zumdick*, PharmR 2012, 184 (186).

bestimmungsgemäßen Gebrauchs auftreten (s. § 11 Rn. 35 ff.)[134]. Überdosierung, off-label-use, Fehlgebrauch, Missbrauch, Medikationsfehler oder Reaktionen aufgrund beruflicher Exposition führen daher nicht zu einer Haftung nach § 84 I AMG, da dieser nur das Auftreten einer schädlichen Wirkung im Rahmen des bestimmungsgemäßen Gebrauchs der Haftung unterstellt. Zur Haftung im Einzelnen s. § 84 Rn. 68 ff., vgl. dort auch zur Haftung bei naheliegendem Fehlgebrauch Rn. 106.

113   **8. Abgrenzung zu § 62 ff.** Die Pharmakovigilanz-Vorschriften in §§ 62 ff. stellen auf den nun weiteren Begriff der Nebenwirkungen ab – anders als § 84, der ausdrücklich einen bestimmungsgemäßen Gebrauch verlangt. Der Grund hierfür ist der unterschiedliche **Zweck der Normen**. Während § 84 repressiv die Zurechnung der Haftung für fehlerhafte Arzneimittel regelt, soll mit Hilfe der §§ 62 ff. eine Gefährdung von Patienten präventiv verhindert werden. Im präventiven Bereich gilt der Grundsatz, dass es in Bezug auf Humanarzneimittel auf einen bestimmungsgemäßen Gebrauch nicht mehr ankommt und auf die weite Definition von Nebenwirkungen des § 4 XIII zurückzugreifen ist.

114   Die Rechtsprechung hatte bereits vor dem 2. AMG-ÄndG 2012 für die Pflichten in dem früheren § 63b einen bestimmungsgemäßen Gebrauch selbst dann angenommen, wenn er zwar außerhalb der zugelassenen Indikation lag, aber wissenschaftlich anerkannten Therapiekriterien entsprach oder auf andere Weise bei den Anwendern verbreitet war, der pharmazeutische Unternehmer diesen Umstand kannte und ihm dennoch nicht begegnete[135]. Der „naheliegende Fehlgebrauch" stellte daher die Zwecke der Meldepflichten i. S. d. Rechtsprechung noch einen „bestimmungsgemäßen Gebrauch" dar[136]. Einer derartig weiten Auslegung des bestimmungsgemäßen Gebrauches bedarf es im Bereich der Pharmakovigilanz in Bezug auf Humanarzneimittel nun nicht mehr, da jeder Verdachtsfall einer Nebenwirkung auf ein Humanarzneimittel erfasst wird.

XIV. Herstellen (Abs. 14)

115   **1. Herstellen.** Abs. 14 benennt die Arbeitsschritte, die aufgrund gesetzlicher Anordnung zum Herstellen zählen. Die Reihenfolge ihrer Benennung gibt den zeitlichen Ablauf des Herstellungsprozesses wieder. Er umfasst sämtliche Tätigkeiten des Produktions- und Verarbeitungsprozesses bis hin zum verkaufsfertig verpackten Arzneimittel[137]. Der *BGH* ging – allerdings in einem strafrechtlichen Verfahren – von einem weiten Herstellungsbegriff aus und begründete dies damit, dass sichergestellt werden müsse, dass die nach dem AMG vorgesehenen Sicherungsmaßnahmen, insbes. die Überwachung der an der Arzneimittelherstellung beteiligten Personen (§ 13), lückenlos bleiben[138].

116   Mit der 15. AMG-Novelle wurde dem bisherigen Abs. 14 ein Satzteil hinzugefügt, wonach als „Herstellen" nicht das Mischen von Fertigarzneimitteln mit Futtermitteln durch den Tierhalter zur unmittelbaren Verabreichung an die von ihm gehaltenen Tiere gilt. Damit soll klargestellt werden, dass der Tierhalter für diese Tätigkeit keine Herstellungserlaubnis (§ 13) benötigt[139].

117   **2. Gewinnen.** Das Gewinnen ist die erste Stufe der Herstellung und meint die Entnahme von Stoffen aus ihrer natürlichen oder künstlich angelegten Umgebung zum Zwecke der Verwendung als Arzneimittel[140]. Noch **kein Gewinnen** liegt im Anbau von Pflanzen, die zu Arzneimitteln verarbeitet werden sollen[141]. Das Gewinnen bedarf einer zeitlichen Verknüpfung zum anschließenden Herstellungsprozess im eigentlichen Sinne und darf zeitlich nicht zu sehr nach vorne verlagert werden. Daher ist das Anpflanzen von **Pflanzen** für die spätere Verwendung in Arzneimitteln ebenso wenig ein „Gewinnen" wie die Aufzucht von **Tieren** zum Zweck der Verwendung von Tierbestandteilen im Rahmen der Herstellung von Arzneimitteln. Ein „Gewinnen" wird man erst in der Ernte der Pflanzen oder der Zerlegung der Tiere mit den genannten Zwecksetzungen sehen können[142].

118   Eine spezialgesetzliche Regelung für die „Gewinnung" von **Gewebe** findet sich in § 20b I 2. Danach ist die Gewinnung von zur Verwendung bei Menschen bestimmtem Gewebe die direkte oder extrakorporale Entnahme von Gewebe einschließlich aller Maßnahmen, die dazu bestimmt sind, das Gewebe in einem be- oder verarbeitungsfähigen Zustand zu erhalten, eindeutig zu identifizieren und zu transportieren (s. § 20b Rn. 7).

119   **3. Anfertigen.** Das Anfertigen bezeichnet das ergebnisgerichtete manuelle oder maschinelle Herstellen eines gebrauchsfertigen Arzneimittels[143]. Als Beispiele sind das Vermischen verschiedener Stoffe oder

---

[134] Kritisch hierzu *Osterloh*, DÄBl. 2012; 109(4): A-134 / B-124 / C-124.

[135] BfArM/PEI-Bekanntmachung, BAnz. Nr. 16a vom 30.1.2008, Nr. 2.1.

[136] Vgl. *BGH*, NJW 1972, 2217, 2221; vgl. auch schon BfArM/PEI-Bekanntmachung, BAnz. Nr. 16a vom 30.1.2008, Nr. 2.1.

[137] *BGH*, NJW 1998, 838. Zur Abgrenzung des Herstellens vom Inverkehrbringen vgl. *Dettling*, A&R 2010, 99 ff.

[138] *BGH*, PharmR 2013, 43, Rn. 24. Ebenso für die Herstellung von zentral zugelassenen Arzneimitteln (Art. 3 I VO (EG) Nr. 726/2004) *OLG München*, PharmR 2011, 178.

[139] Vgl. BT-Drucks. 17/4231, S. 9.

[140] *Kloesel/Cyran*, § 4 Anm. 49a.

[141] *Kloesel/Cyran*, § 4 Anm. 49a.

[142] *Krüger*, in: Fuhrmann/Klein/Fleischfresser, § 13 Rn. 5.

[143] *Kloesel/Cyran*, § 4 Anm. 49b.

Zubereitungen und die chemische Synthese zu nennen[144]. Ein Anfertigen ist auch gegeben, wenn ein für die Herstellung des Arzneimittels notwendiges Zwischenprodukt hergestellt wird[145].

4. Zubereiten. Unter Zubereiten ist die Behandlung eines Stoffes (Mischen, Lösen, Ausziehen, **120** Trocknen, Extraktion, Destillation, Pressung, Fraktionierung, Reinigung, Konzentration, Fermentierung etc.) zu verstehen, wenn der Stoff in der Zubereitung noch ganz oder teilweise enthalten ist, wobei dies auch in einer durch das Herstellungsverfahren erfolgten modifizierten Form geschehen kann[146]. Das vom Körpergewicht des Patienten abhängige Dosieren und Einbringen monoklonaler Antikörper in eine Kochsalzlösung, das vor der Anwendung (Infusion) am Patienten notwendig ist, stellt gleichfalls ein Zubereiten dar[147]. Vom Begriff des Zubereitens wird auch die **Rekonstitution** erfasst[148].

5. Be- oder verarbeiten. Das Be- oder Verarbeiten meint alle Tätigkeiten, die zu dem Endprodukt **121** Arzneimittel führen. Dabei wird man unter einem **Bearbeiten** die mechanische, physikalische oder chemische Behandlung eines Stoffes, einer Stoffkombination oder einer Zubereitung zu verstehen haben, die dazu führt, dass die chemische oder (mikro-)biologische Struktur des Stoffes unverändert bleibt, aber etwa bestimmte chemische oder (mikro-)biologische Strukturen entfernt werden, wie dies bei der Sterilisation durch ionisierende Strahlen oder durch Gase der Fall ist[149]. Hingegen ist das **Verarbeiten** dadurch gekennzeichnet, dass eine Veränderung der Substanz des Stoffes, der Stoffkombination oder der Zubereitung stattfindet.

6. Umfüllen. Unter Umfüllen ist sprachlich das Verbringen eines Arzneimittels aus einem Gefäß oder **122** Behälter in einen anderen zu verstehen. Abfüllen ist das Umfüllen in das zur Abgabe an den Verbraucher bestimmte Behältnis[150]. Es stellt mithin einen Unterfall des Umfüllens dar[151]. Hierzu zählt beispielsweise das patientenindividuelle Verblistern von Tabletten, wobei diese Tätigkeit zugleich auch dem Herstellungsschritt „Bearbeiten" zugeordnet werden kann[152].

Für den Sonderfall der **Auseinzelung von Fertigspritzen,** für die eine zentrale Zulassung nach **123** Art. 3 I VO (EG) Nr. 726/2004 erteilt worden war, hat der *EuGH*[153] entgegen der Rechtsprechung deutscher Gerichte[154] keine Herstellung gesehen, sofern das Abfüllen nicht zu einer Veränderung des Arzneimittels führt und nur auf der Grundlage individueller Verschreibungen erfolgt. Der *EuGH* hat zudem eine Zulassungspflicht nach der VO (EG) Nr. 726/2004 verneint. Er hat aber zudem klargestellt, dass eine solche Tätigkeit der RL 2001/83/EG unterfällt, so dass im Einzelfall zu klären ist, ob die jeweilige Tätigkeit ggf. einer Herstellungserlaubnis bedarf[155].

7. Abpacken. Das Abpacken eines Arzneimittels erfolgt im Anschluss an den eigentlichen Herstel- **124** lungsprozess. Unter dieses Merkmal fällt insbesondere das Einbringen des Arzneimittels in die äußere Umhüllung und das Einlegen der Packungsbeilage[156]. Das Umpacken eines Arzneimittels in eine neue äußere Umverpackung, unabhängig davon, ob das Arzneimittel ursprünglich im Konzern des Handelnden hergestellt worden ist, stellt ein Abpacken dar[157].

8. Kennzeichnen. Kennzeichnen ist das Anbringen bestimmter Angaben auf den äußeren Umhül- **125** lungen von Arzneimitteln i. S. d. § 10[158]. Noch kein Kennzeichnen stellt die Beschriftung des Arzneimittels nur mit dem Namen des pharmazeutischen Unternehmers dar[159]. Für ein Kennzeichnen ist es jedoch nicht erforderlich, dass sämtliche der in § 10 genannten Angaben auf dem Arzneimittel bzw. seiner Umhüllung angebracht werden. Vom Begriff des „Kennzeichnens" werden aber **nicht** alle freiwilligen Angaben in der Beschriftung des Arzneimittels erfasst, wie etwa die PZN. **Weitere Angaben** nach § 10 I 5 oder § 11 I 7 unterfallen hingegen unter Berücksichtigung des Schutzzwecks der Normen dem Begriff des „Kennzeichnens", da für diese zwingende Vorgaben bestehen. Die Angabe des pharmazeutischen Unternehmers auf der äußeren Umhüllung eines **parallel importierten Arzneimittels** stellt gleichfalls ein „Kennzeichnen" dar, da es sich um eine verpflichtende Angabe handelt[160].

---

[144] *Kloesel/Cyran*, § 4 Anm. 49b.

[145] *BGH*, NJW 1998, 838.

[146] *Kloesel/Cyran*, § 4 Anm. 49c und § 2 Anm. 16; *Krüger*, in: Fuhrmann/Klein/Fleischfresser, § 13 Rn. 7.

[147] *LSG Bayern*, Urt. v. 4.12.2013 – L 12 KA 98/12 – BeckRS 2014, 68984.

[148] *LSG Bayern*, Urt. v. 4.12.2013 – L 12 KA 98/12 – BeckRS 2014, 68984.

[149] *Kloesel/Cyran*, § 4 Anm. 49d; *Krüger*, in: Fuhrmann/Klein/Fleischfresser, § 13 Rn. 7; *Dettling/Böhnke/Niedziolka*, A&R 2013, 159.

[150] *Kloesel/Cyran*, § 4 Anm. 49e.

[151] Vgl. *OLG Hamburg*, PharmR 2011, 181 zum Abfüllen von Fertigspritzen in der Apotheke, für die eine zentrale Zulassung nach der VO (EG) Nr. 726/2004 erforderlich ist.

[152] Dafür *Krüger*, in: Fuhrmann/Klein/Fleischfresser, § 13 Rn. 7.

[153] *EuGH*, Urt. v. 11.4.2013 – Rs. C-535/11, A&R m. Anm. *Witthöft*.

[154] Vgl. *OLG Hamburg*, PharmR 2011, 178; *OLG München*, PharmR 2010, 476.

[155] Vgl. *Homberg*, PharmInd 2013, 1622.

[156] *OLG Hamburg*, GRUR 2002, 892; *Kloesel/Cyran*, § 4 Anm. 49 f.

[157] *OLG Hamburg*, GRUR 2002, 892.

[158] *OLG Hamburg*, GRUR 2002, 892.

[159] BT-Drucks. 7/3060, S. 45; *Kloesel/Cyran*, § 4 Anm. 49g.

[160] A. A. *Krüger*, in: Fuhrmann/Klein/Fleischfresser, § 13 Rn. 10.

126   **9. Freigabe.** Aufgrund der im Rahmen der 14. AMG-Novelle erfolgten Gesetzesänderung ist nunmehr auch die Freigabe Teil des Herstellungsprozesses[161] und damit gem. § 13 I grundsätzlich erlaubnispflichtig. Die Freigabe ist Aufgabe der sachkundigen Person nach § 14 und ist detailliert in § 16 AMWHV sowie in Annex 16 des EG-GMP-Leitfadens geregelt (s. auch § 19 Rn. 9).

XV. Qualität (Abs. 15)

127   **1. Europarechtliche Vorgaben.** Eine Definition des Begriffs Qualität findet sich nicht in der RL 2001/83/EG. Der Begriff selbst wird allerdings vielfach in z. T. unterschiedlichem Zusammenhang verwendet; beispielsweise wird der Begriff verwendet als Hinweis auf die pharmazeutische Beschaffenheit oder als Hinweis auf die Eigenschaften eines Produktes.

128   **2. Definition für Qualität.** Der Begriff **Qualität** wird im AMG zunächst wertneutral verwendet[162] und in Abs. 15 definiert als die Beschaffenheit eines Arzneimittels. Die **Beschaffenheit** bestimmt sich durch die Identität, den Gehalt, die Reinheit, die sonstigen chemischen, physikalischen und biologischen Eigenschaften sowie durch das Herstellungsverfahren[163]. Im Zulassungsverfahren ist die pharmazeutische Qualität eines Arzneimittels durch entsprechende analytische Gutachten zu belegen. Weist ein Arzneimittel nicht die anerkannten pharmazeutischen Regeln angemessene Qualität auf, kann die zuständige Bundesoberbehörde die Zulassung versagen (§ 25 II 1 Nr. 3). Sollten sich nach der Zulassungserteilung zeigen, dass ein Arzneimittel nicht die angemessene Qualität aufweist, kann die Behörde die Zulassung aufheben (§ 30 I 1), bzw. zum Ruhen bringen (§ 30 I 4).

129   Wesentliche Vorgaben für das Herstellungsverfahren bei der Herstellung von Arzneimitteln sowie bei der Herstellung bestimmter Wirkstoffe normiert die **AMWHV.** Über die AMWHV findet der **EG-GMP Leitfaden** zur Auslegung der Grundsätze der Guten Herstellungspraxis Anwendung[164]. In den **Arzneimittelprüfrichtlinien,** bei denen es sich um allgemeine Verwaltungsvorschriften handelt, werden für die Zulassungsbehörden bindende Maßstäbe für die Beurteilung von Zulassungsunterlagen und damit auch für die Bewertung der entsprechenden Qualitätsdossiers aufgestellt.

130   Die Qualität eines Arzneimittels wird sichergestellt durch die Einhaltung eines **Qualitätsmanagementsystems,** das nach § 3 AMWHV erforderlich ist. Das Qualitätsmanagementsystem muss gewährleisten, dass Herstellung, Prüfung, Lagerung, Inverkehrbringen bzw. Verbringen, Einfuhr sowie ggf. Ausfuhr von Arzneimitteln den jeweiligen Anforderungen und Vorgaben entsprechen (§ 2 Nr. 4 AMWHV). Das Qualitätsmanagementsystem muss neben der Qualitätssicherung die **Einhaltung der guten Herstellungspraxis** bzw. der **guten fachlichen Praxis** einschließlich entsprechender Qualitätskontrollen und periodischer Qualitätsüberprüfungen beinhalten und sicherstellen (§ 2 Nr. 4 AMWHV).

131   Qualitätskontrollen, die die Qualität sicherstellen sollen, sind nicht nur das Endprodukt durchzuführen, sondern auch für die Ausgangsstoffe und erforderlichenfalls für etwaige Zwischenprodukte sowie (Primär-)Packmittel. Die Qualitätskontrollen sind nach schriftlichen Anweisungen und Verfahrensbeschreibungen, den sog. **Prüfanweisungen,** durchzuführen (§ 14 I AMWHV). Neben der sachkundigen Person, die grundsätzlich die Gesamtverantwortung für die Herstellung eines Arzneimittels trägt, ist für die Einhaltung der Qualitätsanforderungen die **Leitung der Qualitätskontrolle** verantwortlich (§ 12 I 4 AMWHV).

132   Durch die Einhaltung schriftlicher Anweisungen und Verfahrensbeschreibungen für die einzelnen Herstellungsvorgänge wird die Qualität des Arzneimittels bereits während der Herstellung sichergestellt. Diese **Herstellungsanweisungen** müssen in Übereinstimmung mit der guten Herstellungspraxis sowie den anerkannten pharmazeutischen Regeln erfolgen (§ 13 I AMWHV). Verantwortlich für die Einhaltung der Herstellungsanweisungen ist die **Leitung der Herstellung** i. S. d. § 12 I 3 Nr. 1 AMWHV.

133   Ist die Qualität eines Arzneimittels durch Abweichung von den anerkannten pharmazeutischen Regeln nicht nur unerheblich gemindert, so unterliegen entsprechende Arzneimittel einem **Verkehrsverbot** nach § 8 I 1 Nr. 1. Aufgrund der in § 1 zum Ausdruck kommenden Zielsetzung, ist von einer nur unerheblichen Qualitätsminderung auszugehen, wenn aufgrund der Qualitätsminderung entweder die Wirkungen des Arzneimittels in relevanter Weise gemindert sind oder aber unerwünschte Wirkungen auftreten[165].

XVI. Charge (Abs. 16)

134   **1. Europarechtliche Vorgaben.** Gem. **Anhang I Teil 1 Nr. 3.2.2.5 RL 2001/83/EG** ist (bei der Kontrolle des Fertigarzneimittels) unter der Charge eines Fertigarzneimittels die Gesamtheit der Ein-

---

[161] BT-Drucks. 15/5316, S. 33.

[162] So auch *Kloesel/Cyran*, § 4 Anm. 50; *Rehmann*, § 4 Rn. 14.

[163] Vgl. *OVG NRW*, Beschl. v. 21.8.2008 – 13 A 44/06, abrufbar unter www.justiz.nrw.de.

[164] Vgl. Anlage 1 zur Bekanntmachung des Bundesministeriums für Gesundheit zu § 2 Nr. 3 der Arzneimittel- und Wirkstoffherstellungsverordnung vom 27.10.2006 (BAnz. S. 6887) mit diversen Änderungen der Anhänge, abrufbar unter www.bmg.bund.de.

[165] Vgl. dazu *Kloesel/Cyran*, § 8 Anm. 14.

heiten einer Darreichungsform zu verstehen, die aus der gleichen Ausgangsmenge von Material entstehen und der gleichen Abfolge von Herstellungs- und/oder Sterilisierungsabläufen unterzogen werden bzw. im Falle eines kontinuierlichen Herstellungsprozesses die Gesamtheit aller Einheiten, die in einem bestimmten Zeitraum hergestellt werden.

2. Definition für Charge. Die Chargendefinition des § 4 XVI entspricht bis auf sprachliche Anpas- **135** sungen dem gemeinschaftsrechtlichen Verständnis der RL 2001/83/EG und der RL 2001/82/EG in Bezug auf die Kontrolle des Fertigarzneimittels[166]. Diese Definitionen sind zwar als Anhaltspunkt für eine nationale Regelung hilfreich, mangels Allgemeingültigkeit im Hinblick auf den gesamten Herstellungsprozess jedoch nicht bindend.

Wesentliches Merkmal einer Charge ist der einheitliche, d. h. räumlich und zeitlich zusammenhängen- **136** de[167], Herstellungsvorgang[168]. Dieser kann auch mehrere **Herstellungsphasen** umfassen[169], solange diese den erforderlichen Zusammenhang aufweisen. Die Charge setzt sich aus allen Arzneimitteln zusammen, die im Rahmen dieses einheitlichen Herstellungsvorgangs erzeugt wurden, unabhängig davon, ob einzelne oder alle Arzneimittel der Charge Mängel aufweisen[170]. Der Annahme einer Charge aufgrund eines einheitlichen Herstellungsprozesses steht auch nicht entgegen, dass die Arzneimittel der Charge unterschiedlich **etikettiert** werden[171]; maßgeblich ist allein die Feststellung eines räumlich und zeitlich zusammenhängenden Herstellungsprozesses. Wendet der Hersteller ein kontinuierliches Herstellungsverfahren an, ist eine Charge anhand eines bestimmten Zeitraums, den der Hersteller festlegt, zu bestimmen. Anforderungen an die **Menge,** die eine Charge darstellt, insbesondere eine Mindestzahl der Einzelprodukte, sind dem Gesetz nicht zu entnehmen, so dass auch ein einzelnes Endprodukt eine Charge darstellen kann[172].

Die Einteilung der Arzneimittelherstellung in Chargen durchzieht das gesamte Arzneimittelrecht. So **137** ist der Herstellungsprozess chargenbezogen zu dokumentieren (§ 13 VII und VIII AMWHV). Auch die Verantwortlichkeit der sachkundigen Person nach § 14 ist chargenbezogen geregelt: Jede Charge bedarf einer gesonderten Freigabe zum Inverkehrbringen (§ 19 AMG und § 16 AMWHV). Die sachkundige Person nach § 14 hat zudem sicherzustellen, dass Rückstellmuster von jeder Charge eines Fertigarzneimittels gem. den Vorgaben der AMWHV aufbewahrt werden (§ 18 I 1 AMWHV). Das Arzneimittel ist schließlich gem. § 10 I 1 Nr. 4 mit der Chargenbezeichnung zu kennzeichnen.

Aufgrund der Bezugnahme auf den in § 4 XIV legal definierten Herstellungsbegriff sind auch bei neu **138** konfektionierten importierten Originalarzneimitteln (Kennzeichnen, Verpacken, Umverpacken etc.) Chargen zu bestimmen, für die Rückstellmuster gem. den Vorgaben der AMWHV aufzuwahren sind[173]. Zeitlich voneinander abgrenzbare Neukonfektionen bilden dabei jeweils eine neue Charge, insbesondere dann, wenn die Originalarzneimittel separat aus dem Ausland bezogen werden und es sich mithin nicht um „dieselbe Ausgangsmenge" handelt[174].

XVII. Inverkehrbringen (Abs. 17)

Der Begriff des Inverkehrbringens ist im AMG sehr weit gefasst und erfasst bereits Handlungen, die **139** noch weit vor einer physischen Abgabe der Arzneimittel liegen[175].

Vorrätighalten ist jede Art von Besitz, die zum Zwecke des Gebrauchs oder Verbrauchs erfolgt[176]. **140** Besitz zu anderen Zwecken als Ge- oder Verbrauch – z. B. mit Sammelabsicht – ist kein Vorrätighalten. Es kommt nur auf die Verfügungsgewalt an, so dass mittelbarer Besitz (§ 868 BGB) genügt[177]. Das Vorrätighalten kann in der **Absicht des Verkaufs oder sonstigen Abgabe** erfolgen. **Verkauf** meint die entgeltliche Abgabe. Da auch jede **sonstige Abgabe** ausreicht, ist allein das Vorhandensein einer Abgabeabsicht, also der Absicht zur Einräumung der Verfügungsgewalt an Dritte[178], erforderlich. Die Definition beinhaltet keine Beschränkung auf bestimmte Abgabestufen, die Abgabe an bestimmte Personengruppen oder das erstmalige Inverkehrbringen[179]. Erfasst ist vielmehr **jede Abgabe**[180].

---

[166] Vgl. *OLG Hamburg,* PharmR 2008, 300.
[167] *Freund,* in: MüKo StGB, Bd. 6/I, § 4 AMG Rn. 20.
[168] Vgl. hierzu auch *VG Düsseldorf,* Beschl. v. 9.12.2008 – 16 L 1780/08 – BeckRS 2010, 47317.
[169] BT-Drucks. 7/3060, S. 45; *Freund,* in: MüKo StGB, Bd. 6/I, § 4 AMG Rn. 20.
[170] *OLG Hamburg,* PharmR 2008, 300; *Kloesel/Cyran,* § 4 Anm. 51.
[171] *OLG Hamburg,* PharmR 2008, 300.
[172] *OLG Hamburg,* PharmR 2008, 300.
[173] *VGH München,* NVwZ-RR 2007, 24, 25.
[174] *OVG Münster,* PharmR 2009, 254.
[175] Ausweislich der Gesetzesbegründung ist die Definition an die Begriffsbestimmung im Lebensmittelrecht angelehnt, vgl. BT-Drucks. 7/3060, S. 45. Mittlerweile findet sich die Definition des Inverkehrbringens von Lebensmitteln in § 3 Ziff. 1 LFGB, die auf Art. 3 Nr. 8 VO (EG) 178/2002 zurückgeht. Zur Abgrenzung des Inverkehrbringens von der Herstellung vgl. *Dettling,* A&R 2010, 99.
[176] *RGSt* 42, 209, 210; *BGH,* MedR 1999, 270, 271; *Kloesel/Cyran,* § 4 Anm. 53.
[177] *BGH,* MedR 1999, 270, 271.
[178] *Kloesel/Cyran,* § 4 Anm. 57 m. w. N.; *Rehmann,* § 4 Rn. 19; *Pabel,* NJW 1989, 759, 760; *Sander,* § 4 Rn. 21.
[179] Zum Begriff des „erstmaligen Inverkehrbringens" i. S. d. § 5 MPG vgl. *Hill/Schmitt,* Kapitel II § 5.
[180] Vgl. auch *BVerwGE* 131, 1, 6.

141   **Feilhalten** ist ein Vorrätighalten, das dem Kaufinteressenten bemerkbar ist oder mitgeteilt wird. Ausreichend ist das nach außen erkennbare Bestehen einer Verkaufsabsicht seitens des Besitzers der entsprechenden Arzneimittel[181]. **Feilbieten** ist ein Vorrätighalten mit nach außen erkennbarem Bestehen einer Verkaufsabsicht, das mit verkaufsfördernden Maßnahmen begleitet wird[182]. Unter den Begriff des Feilbietens fällt auch das **Anbieten** eines Arzneimittels, wenn dieses vom Anbietenden vorrätig gehalten wird[183]. Ein Anbieten ohne Vorrätighaltung ist noch kein Inverkehrbringen[184]. Daher ist auch die Listung eines Arzneimittels in der Lauer-Taxe noch kein Inverkehrbringen, wenn der pharmazeutische Unternehmer das gelistete Arzneimittel tatsächlich auch im Inverkehrbringen − zumindest mittelbaren − Besitz hat.

142   Die **Anwendung** eines Arzneimittels ist keine Abgabe und damit auch kein Inverkehrbringen[185], da es an der für eine Abgabe erforderlichen Einräumung der Verfügungsgewalt fehlt. Das Vorrätighalten zum Zwecke der Anwendung ist daher ebenfalls kein Inverkehrbringen, da es an der Abgabeabsicht fehlt.

143   Das Aushändigen von **Mustern** durch den Arzt an Patienten ist keine Anwendung, sondern Abgabe[186].

144   Die **Rückgabe** eines Arzneimittels − z. B. durch Apotheker an einen pharmazeutischen Unternehmer wegen Wegfalls der Verkehrsfähigkeit − ist eine Abgabe. Rückgaben sind nach § 30 IV 2 bei entsprechender Kennzeichnung der zurückzugebenden Arzneimittel auch dann zulässig, wenn die Zulassung für das Arzneimittel aufgehoben oder deren Ruhen bestandskräftig angeordnet wurde. Erforderlich ist jedoch eine Kennzeichnung, aus der deutlich wird, dass es sich um eine Rückgabe handelt. Dies kann z. B. mit einer deutlich lesbar angebrachten Aufschrift „Retoure" oder „Rückgabe" erfolgen. Für den Ablauf des Rückrufs von Arzneimitteln und die Arzneimittelrücknahme auf Seiten des Großhandels sind §§ 7a, 7b AMHandelsV sowie § 21 ApBetrO für die Behandlung zurückzugebender Arzneimittel in der Apotheke zu beachten[187].

XVIII. Pharmazeutischer Unternehmer (Abs. 18)

145   **1. Europarechtliche Vorgaben.** Das europäische Recht kennt den Begriff des pharmazeutischen Unternehmers nicht; die im AMG normierten Pflichten des pharmazeutischen Unternehmers obliegen im europäischen Recht grundsätzlich dem Inhaber der Genehmigung für das Inverkehrbringen. Der pharmazeutische Unternehmer ist jedoch nicht identisch mit dem Inhaber der Genehmigung für das Inverkehrbringen, da nach dem nationalen Recht auch der Mitvertreiber pharmazeutischer Unternehmer ist, ohne jedoch Inhaber der Genehmigung für das Inverkehrbringen zu sein.

146   **2. Definition des pharmazeutischen Unternehmers. Pharmazeutischer Unternehmer** ist zum einen der Zulassungsinhaber bzw. der Registrierungsinhaber (§ 4 XVIII 1), zum anderen derjenige, der ein Arzneimittel unter eigenem Namen in Verkehr bringt (§ 4 XVIII 2).

147   **a) Inhaber der Zulassung/Registrierung (S. 1).** Aufgrund der mit der 14. AMG-Novelle eingefügten Erweiterung der Definition ist jeder Zulassungsinhaber und Registrierungsinhaber eines Arzneimittels pharmazeutischer Unternehmer. Die Person des **Zulassungs- oder Registrierungsinhabers** ergibt sich aus dem Zulassungs- bzw. Registrierungsbescheid. Bei fiktiv zugelassenen Arzneimitteln ist Zulassungsinhaber derjenige, der das Arzneimittel angezeigt hat bzw. dem die fiktive Zulassung zwischenzeitlich übertragen wurde. Der Zulassungsinhaber ist kraft gesetzlicher Definition pharmazeutischer Unternehmer, ohne dass es auf ein Inverkehrbringen des Arzneimittels oder eine sonstige Handlung durch ihn ankäme. Mit der Ausweitung der gesetzlichen Definition ist die bis zu der Entscheidung des *BVerwG* streitige Frage obsolet geworden, ob auch ein Zulassungsinhaber, der ein Arzneimittel nicht selbst in Verkehr bringt, pharmazeutischer Unternehmer ist[188]. Diese Frage wird nunmehr durch die gesetzliche Definition beantwortet.

148   **b) Inverkehrbringen unter seinem Namen (S. 2).** Neben dem Zulassungsinhaber ist auch derjenige pharmazeutischer Unternehmer, der **unter seinem Namen** ein Arzneimittel **in Verkehr bringt**. Die nach § 9 allgemein für Arzneimittel und nach § 10 I 1 Nr. 1 für Fertigarzneimittel beim Inverkehrbringen für den pharmazeutischen Unternehmer verpflichtend vorgeschriebene Angabe des Namens bzw. der Firma führt gemeinsam mit einem Inverkehrbringen (s. Rn. 139) zur Qualifizierung als pharmazeutischer Unternehmer.

---

[181] *Kloesel/Cyran*, § 4 Anm. 54.

[182] *Kloesel/Cyran*, § 4 Anm 55; *Rehmann*, § 4 Rn. 18.

[183] *Rehmann*, § 4 Rn. 18; vgl. auch *BGH*, NJW 2014, 326, mit ausdrücklichem Hinweis darauf, dass Feilhalten und Feilbieten eine Lagerhaltung voraussetzen; a. A. *Kloesel/Cyran*, § 4 Anm. 56.

[184] *BGH*, NStZ 2014, 468 f.; *Sander*, § 4 Rn. 21.

[185] *BVerwGE* 94, 341; *OVG NRW*, PharmR 1997, 239, 240 unter ausdrücklicher Aufgabe der gegenteiligen Ansicht in NJW 1989, 792; *Kloesel/Cyran*, § 4 Anm. 58 m. w. N.

[186] *Kloesel/Cyran*, § 4 Anm. 57; unklar *Rehmann*, § 4 Rn. 19.

[187] Vgl. *Schulte-Löbert*, in: Pfeil/Pieck/Blume, § 21 Rn. 44 ff.

[188] Vgl. *BVerwG*, PharmR 2004, 93; *Krüger*, PharmR 2004, 256; *Kozianka*, PharmR 2004, 71; *Dettling*, PharmR 2001, 96.

Der **Sponsor einer klinischen Prüfung,** dessen Name bzw. Firma auf den Prüfpräparaten nach 5 II **149** Nr. 1 GCP-V angegeben werden muss, ist nicht pharmazeutischer Unternehmer der Prüfpräparate, obwohl diese unter dem Namen des Sponsors in Verkehr gebracht werden. Mit dieser Regelung wird vermieden, dass den Sponsor einer klinischen Prüfung die Pflichten eines pharmazeutischen Unternehmers treffen. Die dem Sponsor einer klinischen Prüfung obliegenden Pflichten ergeben sich aus den §§ 40 ff. sowie aus den Vorgaben der GCP-V.

c) **Sonstiges.** Durch das alternative Anknüpfen an das Inverkehrbringen unter einer Namensangabe **150** sowie an die Zulassungsinhaberschaft knüpft die Definition ausschließlich an objektive Kriterien an. Die **subjektive Bereitschaft** zur Übernahme der mit Arzneimitteln verbundenen Risiken oder Verantwortungen ist für die rechtliche Zuordnung ebenso unerheblich wie die Ausübung einer auf das Arzneimittel bezogenen Herstellungshandlung. Die Person des **Herstellers** und des pharmazeutischen Unternehmers müssen nicht identisch sein. Der pharmazeutische Unternehmer muss in keiner Weise an der Herstellung eines Arzneimittels beteiligt sein. Das AMG verzichtet darauf, die Verantwortung für ein Arzneimittel dem Hersteller zuzuweisen.

Das AMG knüpft an die Stellung als pharmazeutischer Unternehmer zahlreiche Pflichten. Zu be- **151** achten ist, dass das Gesetz oftmals ausdrücklich auf den pharmazeutischen Unternehmer abstellt, der nicht nur Zulassungsinhaber ist, sondern ein Arzneimittel außerdem in Verkehr bringt. So ist für die **Gefährdungshaftung** nach § 84 der pharmazeutische Unternehmer Haftungssubjekt. Die Haftung richtet sich jedoch nur gegen den pharmazeutischen Unternehmer, der das schädigende Arzneimittel in Verkehr gebracht hat[189]. Die Gefährdungshaftung trifft daher nicht den Zulassungsinhaber, der ein Arzneimittel nicht selbst unter eigenem Namen in Verkehr gebracht hat[190]. Bringt ein Mitvertreiber (s. § 9 Rn. 17) ein Arzneimittel in Verkehr, haftet nur dieser nach § 84 I 1[191]. Nur dieser ist auch zur Deckungsvorsorge nach § 94 I verpflichtet.

Wird ein Arzneimittel unter Missachtung der Vorgaben der §§ 9, 10 AMG **ohne Namensangabe** in **152** Verkehr gebracht, begründet dies ebenfalls die Stellung als pharmazeutischer Unternehmer nach S. 2. Ein Verstoß gegen arzneimittelrechtliche Kennzeichnungsvorschriften kann nicht zur Umgehung der mit der Stellung als pharmazeutischer Unternehmer verbundenen Verantwortung, u. a. nach § 84, führen[192].

XIX. Wirkstoffe (Abs. 19)

1. Europarechtliche Vorgaben. Für den Begriff der „Wirkstoffe" gibt es im EU-Recht keine **153** unmittelbaren Vorgaben. Allerdings enthält Art. 1 Nr. 30 RL 2001/83/EG für **pflanzliche Arzneimittel** eine **Wirkstoffdefinition.** Danach sind pflanzliche Arzneimittel alle Arzneimittel, die als Wirkstoff(e) ausschließlich einen oder mehrere pflanzliche Stoffe oder eine oder mehrere pflanzliche Zubereitungen oder eine oder mehrere solcher pflanzlichen Stoffe in Kombination mit einer oder mehreren solcher pflanzlichen Zubereitungen enthalten.

2. Definition für Wirkstoffe. Nach der Definition in Abs. 19 sind **Wirkstoffe** zum einen Stoffe, die **154** dazu bestimmt sind, bei der Herstellung von Arzneimitteln **als arzneilich wirksame Bestandteile** verwendet zu werden. Zum anderen sind Wirkstoffe auch Stoffe, die bei der Arzneimittelherstellung **zu arzneilich wirksamen Bestandteilen** werden. Wirkstoffe selbst sind noch keine Arzneimittel i. S. des § 2. Stoffe, die nur als Hilfsstoffe oder Farbstoffe zur Arzneimittelherstellung verwendet werden, sind keine Wirkstoffe.

Die Definition verdeutlicht, dass Wirkstoffe Stoffe i. S. des AMG sind. Dementsprechend ist auf die **155** Legaldefinition des Stoffbegriffes in § 3 zu verweisen. Zum anderen wird aus der Definition des Wirkstoffbegriffes deutlich, dass maßgebliches Kriterium für die Qualifizierung eines Stoffes als Wirkstoff die Zweckbestimmung ist, der ein Stoff unterliegt[193]. Zwei unterschiedliche Bestimmungszwecke kommen nach Abs. 19 für einen Wirkstoff in Betracht. Zum einen handelt es sich um den Bestimmungszweck, bei der Herstellung von Arzneimitteln als arzneilich wirksamer Bestandteil verwendet zu werden. Zum anderen handelt es sich um den Bestimmungszweck, bei der Verwendung des Stoffes in der Arzneimittelherstellung zu einem arzneilich wirksamen Bestandteil der herzustellenden Arzneimittel zu werden[194].

Da ausdrücklich die Zweckbestimmung eines Stoffes für dessen Einordnung als Wirkstoff relevant ist, **156** ist allein die tatsächliche Eignung eines Stoffes, als Wirkstoff verwendet zu werden, nicht maßgeblich für

---

[189] *Handorn,* in: Fuhrmann/Klein/Fleischfresser, § 27 Rn. 9; *Krüger,* PharmR 2004, 256, 258.
[190] *Krüger,* PharmR 2004, 256, 257.
[191] *Handorn,* in: Fuhrmann/Klein/Fleischfresser, § 27 Rn. 9.
[192] *Göben,* S. 74; *Sander,* § 84 Erl. 6; *Handorn,* in: Fuhrmann/Klein/Fleischfresser, § 27 Rn. 11; *Krüger,* PharmR 2004, 256, 257; *Weitnauer,* PharmInd 1978, 425, 428.
[193] Vgl. auch *Kloesel/Cyran,* § 4 Anm. 19.
[194] Der letztgenannte Bestimmungszweck wurde mit der 12. AMG-Novelle in die Definition des Wirkstoffbegriffes aufgenommen (BGBl. I 2004, S. 2031 ff.). Die Gesetzesbegründung bezieht sich auf die Definition in Annex 18 zum EG-GMP-Leitfaden, vgl. Anlage 3 zur Bekanntmachung des Bundesministeriums für Gesundheit zu § 2 Nr. 3 der Arzneimittel- und Wirkstoffherstellungsverordnung vom 27.10.2006 (BAnz. S. 6887), Leitfaden der Guten Herstellungspraxis Teil II, Abschnitt 20, Glossar, Stichwort: Wirkstoff.

die Kategorisierung eines Stoffes[195]. Ebenso wie bei der Kategorisierung eines Produktes als Arzneimittel kommt es bei der Ermittlung des Bestimmungszweckes nicht allein auf die subjektive Zweckbestimmung des Inverkehrbringers, Einführers oder des Anbauenden an. Der Bestimmungszweck richtet sich vielmehr zunächst nach **objektiven Maßstäben**[196]. Im Rahmen der Ermittlung der objektiven Zweckbestimmung wird ermittelt, zu welchen Zwecken ein bestimmtes Mittel bzw. ein bestimmter Stoff nach der allgemeinen Verkehrsauffassung, insbesondere der Ansicht eines beachtlichen Teils der Abnehmer bzw. bei neuartigen Mitteln nach Auffassung der Wissenschaft, zu dienen bestimmt ist[197] (s. aber § 13 Rn. 13).

157   Der grundsätzlich anzuwendende objektivierte Beurteilungsmaßstab bedarf einer Konkretisierung, wenn Stoffe und Stoffzubereitungen zu beurteilen sind, die sowohl einer in Abs. 19 genannten Zweckbestimmung als auch anderen, arzneimittelfremden Zweckbestimmungen unterliegen. Liegen sog. **ambivalente Stoffe** oder Stoffzubereitungen vor, muss die Beurteilung und Qualifizierung nach ergänzenden bzw. abweichenden Kriterien vorgenommen werden. Ob derartige Stoffe oder Stoffzubereitungen Wirkstoffe i. S. d. § 4 XIX oder sonstige Stoffe sind, hängt in diesen Fällen zunächst maßgeblich von der **Zweckbestimmung durch den Hersteller bzw. den Inverkehrbringer** ab[198].

158   Stoffe mit einer anderen als der in Abs. 19 genannten Zweckbestimmung sind keine Wirkstoffe, können aber aufgrund einer **Änderung der Zweckbestimmung** zu Wirkstoffen werden[199].

XX. Xenogene Arzneimittel (Abs. 21)

159   Mit der 12. AMG-Novelle wurde in Abs. 21 zunächst eine Begriffsbestimmung für **xenogene Zelltherapeutika** aufgenommen[200], wobei in der Begründung des Gesetzesentwurfs auf die Definition im „neuen und verbindlichen" Anhang I der RL 2001/83/EG verwiesen wurde. Xenogene Zelltherapeutika stellen nach der Systematik des Anhangs I Teil IV in der zwischenzeitig in Kraft getretenen Fassung der RL 2009/120/EG – ebenso wie bereits nach Anhang I Teil IV i. F. d. RL 2003/63/EG – eine Fallgruppe der Arzneimittel für neuartige Therapien in Form von somatischen Zelltherapeutika dar[201].

160   Im Zuge der AMG-Novelle 2009 wurde Abs. 21 neu gefasst und der Begriff „xenogene Zelltherapeutika" sowie die hieran anknüpfenden besonderen Regelungen in §§ 13 IV, 25 VIII, 42 I 6 und 9, 42 II 3 Nr. 3, II, 64 II 3, 77 II eliminiert. Neu aufgenommen wurde die Definition **xenogene Arzneimittel.** Mit der neuen Definition sollen auch solche Arzneimittel erfasst werden, die aus tierischem Gewebe (nicht nur Zellen) bestehen oder hergestellt sind[202]. Xenogene Arzneimittel sind **zur Anwendung im oder am Menschen bestimmte Arzneimittel.** Unter der Anwendung „am Menschen" ist jedwede extrakorporale Anwendung zu verstehen, so dass z. B. auch Bioreaktoren erfasst sind; xenogene Arzneimittel sind jedwede Humanarzneimittel, nicht nur solche i. S. d. § 2 I oder substantiell bearbeitete Arzneimittel unabhängig davon, ob es sich um Arzneimittel für neuartige Therapien nach der VO (EG) Nr. 1394/2007 handelt[203], **die lebende tierische Gewebe oder Zellen sind oder enthalten.** Keine xenogenen Arzneimittel sind jedoch solche Arzneimittel, die wie Blutegel oder Fliegenlarven als lebende Tiere am menschlichen Körper angewandt werden[204]. Avitale tierische Gewebe oder Zellen sind keine xenogenen Arzneimittel, sondern sie sind bei einer Zweckbestimmung nach § 3 Nr. 1 MPG Medizinprodukte (vgl. § 2 V Nr. 5 MPG; Art. 1 Buchst. g) RL 93/42/EWG und deren Anhang IX Abschnitt 4.5).

161   Das AMG enthält in §§ 13 IIa 1, IIb 2 Nr. 1 und IV 2, 15 IIIa 2 Nr. 3, 25 VIII, 42 I 6, 9 und II, 64 II 3, 77 II besondere Regelungen für xenogene Arzneimittel.

162   **Frischzellen** sind nach § 1 III FrischZV tierische Zellen oder Gemische von tierischen Zellen oder Zellbruchstücken in bearbeitetem oder unbearbeitetem Zustand, die zur Anwendung beim Menschen bestimmt sind. Frischzellen-Therapeutika, die lebende tierische Zellen enthalten und zum Zwecke der „Revitalisierung" injiziert oder im Wege der Infusion verabreicht werden, sind xenogene Arzneimittel

[195] *Niedersächsisches OVG*, ZLR 2003, 371, 382; *Krüger*, PharmInd 2007, 1077, 1078.
[196] Vgl. *Niedersächsisches OVG*, ZLR 2003, 371, 379; *VG Hamburg*, PharmR 2002, 109, 114; *Heßhaus*, StoffR 2006, 27, 28.
[197] Vgl. nur *Kloesel/Cyran*, § 2 Anm. 9.
[198] *VG Hamburg*, PharmR 2002, 110, 115; *VG Hamburg*, PharmR 2014, 148; vgl. *Kloesel/Cyran*, § 4 Anm. 19; *Krüger*, PharmInd 2007, 1077, 1079 f.
[199] Vgl. *OVG Niedersachsen*, ZLR 2003, 371, 382.
[200] Hiernach waren xenogene Zelltherapeutika „zur Anwendung am Menschen bestimmte Arzneimittel i. S. d. § 2 I, die genetisch modifizierte oder durch andere Verfahren in ihren biologischen Eigenschaften veränderte lebende tierische Körperzellen sind oder enthalten." Eine genetische Modifikation der tierischen Körperzellen erfolgt insbes. durch die genetische Veränderung der Spendertiere, mit der Abstoßreaktion des menschlichen Körpers gegen die Zellen einer anderen Spezies entgegengewirkt werden soll, vgl. hierzu und zu weiteren Anforderungen an die Entwicklung und Bewertung xenogener Zelltherapeutika CHMP, Guideline on Xenogenetic Cell-Based Medicinal Products, v. 22.10.2009, EMEA/CPWP/83 508/2009.
[201] Vgl. „Guideline on Cell Based Xenogeneic Medicinal Products" der EMA v. 22.10.2009 (EMEA/CHMP/CPWP/83508/2009.
[202] Vgl. BT-Drucks. 16/12 256, S. 42.
[203] Vgl. BT-Drucks. 16/12 256, S. 42.
[204] Vgl. BT-Drucks. 16/12 256, S. 42.

gem. Abs. 21. Das *BVerfG* hat mit Urteil vom 16.2.2000 entschieden, dass das in § 1 I FrischZV enthaltene Verbot, bei der Herstellung von zur Injektion oder Infusion bestimmten Arzneimitteln Frischzellen zu verwenden, wegen einer Überschreitung der Gesetzgebungskompetenz aus Art. 74 I Nr. 19 GG nichtig ist[205]. Das in § 1 II FrischZV enthaltene Verbot, Arzneimittel in den Verkehr zu bringen, die zur Injektion oder Infusion bestimmt sind und unter Verwendung von Frischzellen hergestellt sind, ist nach wie vor gültig. § 1 II FrischZV steht daher dem Inverkehrbringen von xenogenen Zelltherapeutika entgegen, sofern es sich nicht um zugelassene, registrierte oder fiktiv zugelassene Arzneimittel handelt (§ 1 IV FrischZV). Das Verbot aus § 1 II FrischZV gilt im Übrigen gem. § 1 V FrischZV nicht für Arzneimittel zur Anwendung im Rahmen einer klinischen Prüfung nach § 40. Im Zuge der Föderalismusreform 2006[206] wurde Art. 74 I Nr. 19 GG dahingehend geändert, dass seither Gegenstand der konkurrierenden Gesetzgebung des Bundes nicht nur der „Verkehr mit Arzneien", sondern „das Recht … der Arzneien" ist. Den auf die Gesetzgebungskompetenz des Bundes bezogenen verfassungsrechtlichen Bedenken gegen eine Regelung, die den Einsatz von Frischzellen bei der Herstellung von Arzneimitteln verbietet oder einschränkt, ist damit die Grundlage entzogen worden.[207]

XXI. Großhandel (Abs. 22)

1. Europarechtliche Vorgaben. Art. 1 Nr. 17 RL 2001/83/EG beschreibt den „**Großhandels-** **163** **vertrieb von Arzneimitteln**" als jede Tätigkeit, die in der Beschaffung, der Lagerung, der Lieferung oder der Ausfuhr von Arzneimitteln besteht, mit Ausnahme der Abgabe von Arzneimitteln an die Öffentlichkeit. Diese Tätigkeiten werden im Verhältnis zu Herstellern oder deren Kommissionären, Importeuren oder sonstigen Großhändlern oder aber mit Apothekern und Personen ausgeführt, die in dem betr. Mitgliedstaat zur Abgabe von Arzneimitteln an die Öffentlichkeit ermächtigt oder befugt sind.

2. Definition von Großhandel. Der Begriff des **Großhandels** mit Arzneimitteln bezieht sich auf **164** bestimmte berufs- oder gewerbsmäßige Handelstätigkeiten im Hinblick auf Arzneimittel. Es wird hierdurch die Vertriebsstufe zwischen Hersteller bzw. Importeur und Apotheke bzw. Verbraucher erfasst. Eine Legaldefinition des Großhandel-Begriffs im AMG wurde erforderlich durch die in § 52a eingeführte Erlaubnispflicht für den Großhandel mit Arzneimitteln. Die Erlaubnispflicht nach § 52a ist wiederum bedingt durch die einschlägigen europarechtlichen Regelungen in RL 2001/83/EG und RL 2001/82/EG. Allerdings ist die Definition in Abs. 22 weiter gefasst als in den europarechtlichen Vorgaben, da sie – anders als die Definition in den RL 2001/83/EG und RL 2001/82/EG – den Begriff des Großhandels nicht auf bestimmte Bezugsquellen beschränkt[208]. Dies kann Probleme bereiten, wenn Unternehmen, die im weiten Sinne dieser deutschen Vorschrift Großhandel mit Herstellern, Importeuren, Apotheken oder Verbrauchen mit Sitz in anderen Vertragsstaaten des Europäischen Wirtschaftsraumes betreiben, nach den möglicherweise enger gefassten nationalen Regelungen dort aber nicht als Großhändler betrachtet werden.

Traditionell ist der Großhandel die Zwischenstufe zwischen Hersteller und Apotheke; der Groß- **165** händler ist dann entsprechend der europarechtlichen Definition vorletztes Glied in der Vertriebskette, der mit Wiederverkäufern handelt.[209] Zunehmend kommen allerdings auch **neue Formen des Großhandels** auf: So können Großhändler zugleich als pharmazeutische Unternehmer i. S. v. § 9 Abs. 1 tätig werden;[210] sie beziehen also beispielsweise Arzneimittel von Lohnherstellern und bringen diese unter eigenem Namen in Verkehr. Auch der Direktvertrieb von Arzneimitteln durch Hersteller gegenüber Apotheken und anderen Verbrauchern (z. B. Kliniken und Ärzten) nimmt in der Praxis zu.

Berufsmäßig ist jede auf Dauer angelegte, nicht nur vorübergehende, der Schaffung und Erhaltung **166** einer Lebensgrundlage dienende Tätigkeit, soweit sie nicht gewerbsmäßiger Natur ist[211]. Durch dieses Begriffsmerkmal werden jene Formen des Großhandels erfasst, die nicht gewerbsmäßig erfolgen (z. B. Großhandelsaktivität freiberuflicher Apotheker).[212]

Gewerbsmäßig ist jede Handlung, die im Rahmen einer auf Erwerb gerichteten Tätigkeit ausgeübt **167** wird[213]. Entscheidend ist, dass die Handelstätigkeit eine Einnahmequelle auf unbestimmte Zeit schafft und nicht auf einmalige Vorgänge beschränkt ist.

---

[205] Vgl. *BVerfG*, NJW 2000, 857. Vgl. hierzu *Vesting*, NJW 2001, 871, und *Haage*, NJW 2001, 1771. In Nordrhein-Westfalen wurde auf Grundlage des § 17 IV IfSG eine Landesarzneimittelverordnung (GV NRW 2000, 701) erlassen, die das Herstellen und Anwenden von Arzneimitteln aus tierischem Ausgangsmaterial von Rindern, Schafen und Ziegen im Rahmen der Ausübung der Heilkunde regelt.
[206] Gesetz zur Änderung des Grundgesetzes (Art. 22, 23, 33, 52, 72, 73, 74, 74a, 75, 84, 85, 87c, 91a, 91b, 93, 98, 104a, 104b, 105, 107, 109, 125a, 125b, 125c, 143c) v. 28.8.2006 (BGBl. I S. 2034).
[207] Vgl. auch *Nickel*, § 6 Rn. 25.
[208] *Kloesel/Cyran*, § 4 Anm. 66.
[209] *Kloesel/Cyran*, § 4 Anm. 66 unter Hinweis auf *BGH*, A&R 2011, 136, 138.
[210] *Sander*, § 4 Erl. 26.
[211] *BVerwGE* 1, 54; *Kloesel/Cyran*, § 4 Anm. 67.
[212] *Kloesel/Cyran*, § 4 Anm. 67.
[213] *BayObLG*, DLR 1963, 297; *Kloesel/Cyran*, § 4 Anm. 68.

168   **Handelstätigkeit** mit Arzneimitteln umfasst die Beschaffung, Lagerung, Abgabe und Ausfuhr von Arzneimitteln. Für die Qualifizierung als Großhandel müssen freilich nicht alle diese Tätigkeiten ausgeübt werden. Der Begriff der Handelstätigkeit ist weiter gefasst als der Begriff des Inverkehrbringens in Abs. 17, zumal der Begriff der Handelstätigkeit auch Vorbereitungshandlungen für den Handel umfasst[214]. Dementsprechend sind auch Handlungen wie die Beschaffung von Arzneimitteln zum Zwecke des Großhandels erlaubnispflichtig[215].

169   **Beschaffung** bedeutet die Erlangung der Verfügungsgewalt über Arzneimittel. Eine tatsächliche Sachherrschaft über Arzneimittel ist insoweit nicht erforderlich. Auch reine Arzneimittelkontore ohne physischen Kontakt zu Arzneimitteln sind als Großhandel zu betrachten[216].

170   **Lagerung** ist jede unmittelbare oder mittelbare Besitzausübung über Arzneimittel, die über den reinen Transport hinausgeht. Entscheidend ist insoweit eine Aufbewahrung von Arzneimitteln an einem bestimmten Ort, wobei eine kurze Dauer der Aufbewahrung genügt. Transportunternehmer, die lediglich Arzneimittel ohne Zwischenlagerung von einem Ort zu einem anderen Ort verbringen, sind hingegen keine Großhändler. Nur jeweils im Einzelfall zu entscheiden ist, ob auch die kurzfristige Aufbewahrung im Umschlaglager von Transporteuren als Lagerung im Sinne dieser Vorschrift zu betrachten ist. Kriterien für die Abgrenzung sind insoweit beispielsweise die Frage, ob bei Eintreffen der Arzneimittel im Umschlaglager bereits der Endabnehmer feststeht, ob im Umschlaglager ein Inhaberwechsel stattfindet, sowie die Dauer der Aufbewahrung.

171   **Abgabe** ist die Einräumung körperlicher Verfügungsgewalt an einen anderen durch Überlassung des Arzneimittels[217]. Entscheidend ist hierbei, dass dem Empfänger die Verfügungsgewalt über Arzneimittel verschafft wird. Dagegen ist es unerheblich, ob der Großhändler selbst ursprünglich eine eigene Verfügungsgewalt am Arzneimittel besessen hat.

172   Unter **Ausfuhr** ist die physische Verbringung von Arzneimitteln außerhalb des Geltungsbereichs des Gesetzes zu verstehen.

173   Großhandel bedeutet Handel mit anderen Unternehmern ebenso wie mit Verbrauchern. Von dem Begriff des Großhandels wird allerdings die **Abgabe an andere Verbraucher als Ärzte, Tierärzte oder Krankenhäuser** ausgenommen.[218] Diese Abgabe stellt sich als klassische Apothekentätigkeit bzw. als Einzelhandel dar. Die Abgabe von Arzneimitteln durch Apotheken kann zwar grundsätzlich als Großhandelstätigkeit aufgefasst werden, ist aber im apothekenüblichen Rahmen erlaubnisfrei (s. § 52a Rn. 50 ff.). Allerdings erscheint es zweifelhaft, ob diese Ausnahme mit den europarechtlichen Vorgaben, die grundsätzlich auch entsprechende Großhandelstätigkeiten einer Genehmigungspflicht unterwerfen, vereinbar ist.[219]

XXII. Arzneimittelvermittlung (Abs. 22a)

174   **1. Europarechtliche Vorgaben.** Nach **Art. 1 Nr. 17a RL 2001/83/EG** umfasst die **Arzneimittelvermittlung** sämtliche Tätigkeiten, die im Zusammenhang mit dem Ver- oder Ankauf von Arzneimitteln stehen mit Ausnahme des Großhandelsvertriebs, die **nicht mit physischem Umgang verbunden** sind und die darin bestehen, unabhängig und im Namen einer anderen juristischen oder natürlichen Person zu verhandeln. In RL 2001/82/EG wird der Begriff hingegen nicht definiert; mithin wird die Arzneimittelvermittlung von Tierarzneimitteln europarechtlich nicht geregelt.

175   **2. Definition von Arzneimittelvermittlung.** Der nunmehr in Abs. 22a[220] definierte Begriff der **Arzneimittelvermittlung** bezieht sich auf bestimmte berufs- oder gewerbmäßig ausgeübte Tätigkeiten jenseits des bereits in Abs. 22 bestimmten Begriffs des Großhandels mit Arzneimitteln. Eine Tätigkeit, die sich als Arzneimittelvermittlung darstellt, unterliegt dem Erfordernis eines Sitzes im Inland, in einem Mitgliedstaat der EU oder einem anderen Vertragsstaat des EWR nach § 52c I, sowie einer Anzeige- und Registrierungspflicht nach § 52c II.

176   **Berufsmäßig** wird – ähnlich wie im Zusammenhang mit dem Großhandel mit Arzneimitteln – jede auf Dauer angelegte, nicht nur vorübergehende, der Schaffung und Erhaltung einer Lebensgrundlage dienende Tätigkeit ausgeübt, soweit sie nicht gewerbsmäßiger Natur ist[221]. Hierdurch werden beispielsweise die im Wege freiberuflicher Tätigkeit erfolgenden arzneimittelvermittelnden Tätigkeiten von Apothekern erfasst (s. Rn. 166).

---

[214] Zum Begriff des „Handeltreibens" im betäubungsmittelrechtlichen Kontext *BGH*, NJW 2005, 1589; zum Ganzen auch *Kloesel/Cyran*, § 4 Anm. 68a.

[215] *Rehmann*, § 4 Rn. 24.

[216] *Kloesel/Cyran*, § 4 Anm. 69.

[217] *BVerwG*, NVwZ-RR 2009, 60; *OLG Düsseldorf*, DAZ 1982, 706; *OLG Stuttgart*, DAZ 1967, 443; vgl. auch *Kloesel/Cyran*, § 4 Anm. 57.

[218] Hierzu *BVerwG*, A&R 2015, 129.

[219] *EuGH*, Urt. v. 28.6.2012 – Rs. C-7/11 – BeckRS 2012, 81321.

[220] Die Vorschrift wurde neu eingefügt Art. 1 Nr. 3b) des Zweiten Gesetzes zur Änderung arzneimittelrechtlicher und anderer Vorschriften vom 19.10.2012 (BGBl. I S. 2192).

[221] *BVerwGE* 1, 54; *Kloesel/Cyran*, § 4 Anm. 70c, 67.

Gewerbsmäßig ist jede Handlung, die im Rahmen einer auf Erwerb für unbestimmte Zeit gerichte- **177** ten Tätigkeit ausgeübt wird[222].

Unter den Begriff der Arzneimittelvermittlung fallen nur solche Tätigkeiten, die **kein Betreiben von** **178** **Großhandel** darstellen (hierzu Rn. 163 ff.). Soweit eine Tätigkeit nach Abs. 22 als Großhandel zu qualifizieren ist, unterliegt sie allein den hierfür einschlägigen Regelungen insbesondere in § 52a. Dies gilt auch dann, wenn der Großhändler zwar selbst keine Verfügungsgewalt besitzt, diese aber jedenfalls im Zusammenhang mit der Abgabe von Arzneimitteln einem anderen verschafft (vgl. Rn. 171 sowie Rn. 183).

Selbstständigkeit bedeutet die rechtliche Unabhängigkeit im Sinne einer Nichtidentität mit anderen **179** Akteuren auf dem Arzneimittelmarkt wie etwa Herstellern, Großhändlern, Apothekern; der Arznei- mittelvermittler gibt also im Rahmen seines Handelns eigene Erklärungen i. S. v. § 164 BGB ab und fungiert mithin nicht lediglich als Bote einer anderen Person. Anhaltspunkte für die Selbstständigkeit bieten eine im Wesentlichen frei gestaltete Tätigkeit sowie die freie Bestimmung der eigenen Arbeitszeit (§ 84 Abs. 1 S. 2 HGB). Wenn eine Person unselbstständig im Verhältnis zu einer anderen Person ist, ist dieser das betreffende Handeln als eigenes Handeln zuzurechnen.

Der Arzneimittelvermittler handelt zwar selbstständig, betreibt allerdings als Vertreter i. S. v. § 164 **180** BGB Handel **im fremden Namen**. Dies setzt voraus, dass der Arzneimittelvermittler erkennen lässt, dass er eigene Erklärungen im fremden Namen abgibt[223]. Klassischerweise ist dies beim Handelsvertreter (§ 84 HGB) der Fall. Fraglich ist, ob auch der Handelsmakler (§ 93 HGB) ein Arzneimittelvermittler ist, zumal er zwar die Gelegenheit eines Vertragsabschlusses zwischen einem Verkäufer und einem Käufer herbei- führt, hierbei allerdings im eigenen Namen handelt[224]. Nach der Amtlichen Begründung zur gesetzlichen Definition war die Erfassung von Handelsmaklern durch den Begriff der Arzneimittelvermittlung allerdings nicht gewünscht, so dass das Handeln im fremden Namen als Abgrenzungskriterium zwischen anzeigepflichtiger Arzneimittelvermittlung und einer arzneimittelrechtlich nicht geregelten Arzneimittel- maklerei dienen kann (zur Reichweite der Tätigkeitsbestimmung s. auch Rn. 182)[225].

Der Begriff des Arzneimittelvermittlers wird in sachlicher Hinsicht auf den Handel mit bestimmten **181** Arzneimitteln beschränkt. Hierzu gehören zum einen **Präsentations- und Funktionsarzneimittel** i. S. v. § 2 Abs. 1 und zum anderen **Kontaktarzneimittel** i. S. v. § 2 II Nr. 1[226]. Eine weitere sachliche Einengung des Begriffs ergibt sich entsprechend der europarechtlichen Vorgabe aus der Beschränkung auf **Humanarzneimittel**. Die Arzneivermittlung für Tierarzneimittel ist mithin gesetzlich nicht ge- regelt und unterliegt folglich weder einem Sitzerfordernis noch einer Anzeige- und Registrierungs- pflicht.

Die in der Vorschrift für die Arzneimittelvermittlung definierte Tätigkeit ist der **Handel**, womit wohl **182** – gerade auch in Anbetracht des implizierten Ausschlusses des Handelsmaklers aus der Definition (s. Rn. 180) – der Kauf und Verkauf von Arzneimitteln in Stellvertretung gemeint ist. Die Begriffs- bestimmung ist dementsprechend insbesondere auf den Handelsvertreter (§ 84 HGB) zugeschnitten. Dieser Umstand begründet Zweifel daran, ob die nationale Begriffsbestimmung deckungsgleich mit der europäischen Vorgabe in Art. 1 Nr. 17a RL 2001/83/EG ist (s. Rn. 174)[227], zumal die europäische Definition nicht nur sämtliche Tätigkeiten des Kaufs und Verkaufs von Arzneimitteln, sondern auch solche Tätigkeiten abdeckt, die im Zusammenhang hiermit stehen und die darin bestehen, mit anderen Personen zu verhandeln.

Weitere begriffliche Voraussetzung für die Arzneimittelvermittlung ist, dass der Arzneimittelvermittler **183** seine Tätigkeit ausübt, **ohne Verfügungsgewalt** über die betreffenden Arzneimittel zu erlangen. Durch dieses Begriffsmerkmal wird die Arzneimittelvermittlung noch einmal vom Großhandel abgegrenzt, zumal die Erlangung von Verfügungsgewalt in der Regel der Tätigkeit als Großhandel qualifizieren ließe[228], auch wenn nicht jede Großhandelstätigkeit die Erlangung von Verfügungsgewalt voraussetzt (s. Rn. 171, 178) und ohnehin jede Tätigkeit, die als Großhandel zu qualifizieren ist, bereits begrifflich nicht als Arzneimittelvermittlung zu betrachten ist (s. Rn. 178). Die europäische Definition der Arznei- mittelvermittlung setzt dagegen bereits diesseits der Schwelle der Erlangung von Verfügungsgewalt am reinen physischen Umgang mit Arzneimitteln an. Insofern ist der europäische Begriff der Arzneimittel- vermittlung enger gefasst als der deutsche Begriff.

---

[222] *BayObLG*, DLR 1963, 297; *Kloesel/Cyran*, § 4 Anm. 70c, 68.
[223] *Kloesel/Cyran*, § 4 Anm. 70d.
[224] Dafür wohl *Kloesel/Cyran*, § 4 Anm. 70d.
[225] BT-Drucks. 17/9341, S. 47.
[226] *Kloesel/Cyran*, § 4 Anm. 70b.
[227] Vgl. hierzu auch die Stellungnahme des Bundesrats im Gesetzgebungsverfahren, der eine engere textliche Anlehnung der Definition in Abs. 22a an den Wortlaut des Art. 1 Nr. 17a RL 2001/83/EG gefordert hatte, „um – angesichts der bereits unscharfen Definition in der Richtlinie – den Interpretationsspielraum möglichst klein zu halten", BT-Drucks. 17/9341, S. 78, was in der Gegenäußerung der Bundesregierung als zu unbestimmt abgelehnt wurde, BT-Drucks. 17/9341, S. 101.
[228] BT-Drucks. 17/9341, S. 47.

XXIII. Klinische Prüfung (Abs. 23)

184   **1. Klinische Prüfungen (S. 1).** Mit der 12. AMG-Novelle wurde erstmals eine Legaldefinition in das deutsche AMG für den Begriff der **klinischen Prüfung** eingefügt. Bis dahin war die Einordnung einer klinischen Prüfung lediglich unter Heranziehung der Vorgaben der ICH-GCP-Leitlinie möglich. Art. 2 Buchst. a) RL 2001/20/EG definiert die klinische Prüfung. Die Definition wurde in § 4 XXIII 1 umgesetzt. Eine klinische Prüfung wird im Wesentlichen durch ihre Zielsetzung geprägt. Sie ist dazu bestimmt, klinische oder pharmakologische Wirkungen von Arzneimitteln zu erforschen oder nachzuweisen oder Nebenwirkungen festzustellen oder die Resorption, die Verteilung, den Stoffwechsel oder die Ausscheidung zu untersuchen, mit dem Ziel, sich von der **Unbedenklichkeit oder Wirksamkeit der Arzneimittel** zu überzeugen[229]. In der Praxis werden für Untersuchungen mit Arzneimitteln häufig sehr unterschiedliche Bezeichnungen verwendet. Im Bereich der Onkologie werden Untersuchungen u. a. als Versorgungsforschung oder Therapieoptimierungsprüfung bezeichnet. Wenn allerdings Therapieoptimierungsprüfungen darauf angelegt sind, in einer prospektiven Prüfung Erkenntnisse zu gewinnen, die „über den einzelnen Anwendungsfall" hinaus gehen, sind i. d. R. auch die Voraussetzungen der Legaldefinition der klinischen Prüfung erfüllt[230]. Daher sind Therapieoptimierungsprüfungen aufgrund ihres Designs und ihrer Zielsetzung i. d. R. auch als klinische Prüfung i. S. d. § 4 XXIII S. 1 AMG einzuordnen.

185   **2. Abgrenzung (S. 2).** Der deutsche Gesetzgeber hat sich entschlossen, mit der Legaldefinition der klinischen Prüfung zugleich ein **negatives Abgrenzungsmerkmal** zu verknüpfen. Art. 1 I 2 RL 2001/20/EG legt fest, dass nichtinterventionelle Prüfungen nicht von der RL erfasst werden. Die Definition der klinischen Prüfung wird daher von dem negativen Abgrenzungsmerkmal der nichtinterventionellen Prüfung begleitet. Es kommt nicht allein darauf an, ob die Voraussetzungen einer klinischen Prüfung gem. § 4 XXIII 1 vorliegen, sondern ob die Voraussetzungen einer nichtinterventionellen Prüfung nicht gegeben sind. Nichtinterventionelle Prüfungen unterliegen nicht den Voraussetzungen der §§ 40 ff.

186   **3. Nichtinterventionelle Prüfungen (S. 3, 1. Halbs.).** Entsprechend den Vorgaben des Art. 2 Buchst. c) RL 2001/20/EG definiert § 4 XXIII 3 spiegelbildlich zur klinischen Prüfung die **nichtinterventionelle Prüfung.** Allerdings wurde die europäische Vorgabe nicht wortgetreu in die Begriffsdefinitionen des AMG übernommen. § 4 XXIII 3 verwendet in Orientierung an den europäischen Vorgaben einheitlich den Begriff nichtinterventionelle Prüfung. Aus dieser begrifflichen Festlegung folgt bereits das einer solchen Untersuchung innewohnende **Prinzip der Nichtintervention.** Es handelt sich um eine Untersuchung, in deren Rahmen Erkenntnisse aus der Behandlung von Personen mit Arzneimitteln anhand epidemiologischer Methoden analysiert werden. Eine nichtinterventionelle Prüfung weist daher grundsätzlich einen Bezug zu einem konkreten Arzneimittel auf. Hierdurch unterscheidet sich die nichtinterventionelle Prüfung von einer rein epidemiologischen Forschung, welche i. d. R. keinen Produkt-, sondern einen Krankheitsbezug aufweist.

187   Zur weiteren Klarstellung legt § 4 XXXIII 3 fest, dass die Behandlung einschließlich der Diagnose und Überwachung bei einer nichtinterventionellen Prüfung nicht einem vorab festgelegten Prüfplan, sondern ausschließlich der **ärztlichen Praxis** folgt. Selbstverständlich liegt auch einer nichtinterventionellen Prüfung ein wissenschaftlicher Plan zugrunde.

188   Ein typischer Unterfall der nichtinterventionellen Prüfung ist die **Anwendungsbeobachtung.** § 67 VI enthält spezielle Anzeigepflichten für die Durchführung von Anwendungsbeobachtungen. Typischer Gegenstand von Anwendungsbeobachtungen gem. § 67 VI 1 sind Untersuchungen, die dazu bestimmt sind, Erkenntnisse bei der Anwendung zugelassener oder registrierter Arzneimittel zu sammeln. Im Hinblick darauf ist der Begriff der Anwendungsbeobachtung sehr weit gefasst. Ein weiterer Hinweis auf Anwendungsbeobachtungen ist in § 28 IIIa enthalten, wonach die zuständige Bundesoberbehörde die systematische Sammlung, Dokumentation und Auswertung von Daten nach der Zulassung anordnen kann, wenn dies im Interesse der Arzneimittelsicherheit erforderlich ist. Die Einordnung der Anwendungsbeobachtung als Unterfall einer nichtinterventionellen Prüfung lässt jedoch lediglich eine Aussage darüber zu, dass auf die klinische Prüfung von Arzneimitteln gem. §§ 40 ff. Anwendung finden[231]. Umgekehrt darf jedoch aus dieser Systematik nicht geschlossen werden, dass jede Studie, die nicht unter die Definition einer nichtinterventionellen Studie gefasst werden kann, automatisch eine klinische Prüfung darstellt[232]. Bedeutsam ist die Abgrenzung von Anwendungsbeobachtungen zu klinischen Prüfungen der Phase IV. Der Unterschied zwischen einer Anwendungsbeobachtung und einer

---

[229] Vgl. *VG Berlin,* Urt. v. 1.4.2009 – 14 A 25.07 – BeckRS 2009, 36 703, zur Gebührenerhebung durch eine Ethik-Kommission und Zielsetzung einer klinischen Arzneimittelprüfung.
[230] *Sträter* in: Studienstandort Deutschland: Wieviel Therapieoptimierung macht Sinn?, S. 25; vgl. auch die Bekanntmachung des BfArM, PEI und BMG vom 21.10.2009 zu nicht-kommerziellen klinischen Prüfungen, welche teilweise auch als Therapieoptimierungsprüfungen bezeichnet werden.
[231] *Sträter/Wachenhausen,* PharmR 2008, 180.
[232] Vgl. hierzu auch den zutreffenden Beschluss des *VG Ansbach* vom 6.4.2009 – AN 16 S 08.01 751, zur Durchführung einer Anwendungsbeobachtung mit einem nicht zulassungspflichtigen Arzneimittel (Therapieallergen), welche nicht gem. §§ 40 ff. genehmigungs-, sondern lediglich gem. § 67 VI anzeigepflichtig ist.

klinischen Prüfung der Phase IV besteht darin, dass für den Patienten bei einer Anwendungsbeobachtung über die reguläre therapeutische Praxis hinausgehend keine Risiken entstehen. Es muss grundsätzlich eine Orientierung daran stattfinden, ob die Durchführung der Studie die körperliche Integrität – und sei es auch nur geringfügig – über die reguläre Therapie hinausgehend gefährden kann[233].

Welche Rahmenbedingungen für die Durchführung von Anwendungsbeobachtungen einzuhalten **189** sind, ist gesetzlich nicht geregelt. Einen wichtigen Orientierungspunkt bieten die Gemeinsamen Empfehlungen der Bundesoberbehörden (BfArM/PEI) zur Planung, Durchführung und Auswertung von Anwendungsbeobachtungen vom 7.7.2010[234]. Diese Empfehlungen haben die bisherigen Empfehlungen des BfArM vom 12.11.1998 abgelöst, da eine Anpassung aufgrund der 12. AMG-Novelle erforderlich geworden ist. Auf die Rahmenbedingungen von Anwendungsbeobachtungen wird in der Praxis inzwischen wegen möglicher strafrechtlicher Risiken auch durch Industriekodices eingewirkt[235].

Vor Beginn einer Anwendungsbeobachtung ist ein **Beobachtungsplan** unter Berücksichtigung des **190** Stands der Wissenschaft und Technik sowie biometrischer Anforderungen zu erstellen[236]. Darüber hinaus wird eine Anwendungsbeobachtung regelmäßig von entsprechenden Dokumentationsbögen begleitet, in welche die erhobenen Daten eingetragen werden. Da die arzneimittelrechtlichen Bestimmungen neben den **Anzeigepflichten** in § 67 IV keine weiteren Vorgaben für die Durchführung von Anwendungsbeobachtungen enthalten, sind bei der Planung und Durchführung von Anwendungsbeobachtungen insbesondere berufs- und datenschutzrechtliche Bestimmungen relevant. Daher ist bei einer Anwendungsbeobachtung festzustellen, ob und inwieweit krankheits- und personenbezogene Daten erhoben werden. Bei einer vollständigen Anonymisierung ist die Einwilligung des Patienten nicht notwendig. Ist ein Personenbezug vorgesehen, ist die Einwilligung des Patienten ggf. zusätzlich einzuholen. Gleiches gilt für die Durchführung von bestimmten Monitoringmaßnahmen (Source-Data-Verification). Unübersichtlich ist die Situation hinsichtlich der notwendigen Beteiligung von Ethik-Kommissionen. Die berufsrechtlichen Bestimmungen der einzelnen Bundesländer sind bisher nicht harmonisiert. Es ist zu beobachten, dass immer mehr **Ethik-Kommissionen** die Vorlage des Beobachtungsplans verlangen, um die teilnehmenden Ärzte aus berufsrechtlicher Sicht beraten und absichern zu können. Hierbei handelt es sich nicht um eine zustimmende Bewertung i. S. v. § 42 I, sondern allein um eine berufsrechtliche Beratung. Es ist zu erwarten, dass aufgrund der Aktivitäten der Industrieverbände zukünftig grundsätzlich die Involvierung einer Ethik-Kommission notwendig ist[237].

Zu den typischen aber nicht ausschließlichen Zielsetzungen einer Anwendungsbeobachtung gehört **191** insbesondere das Vertiefen von Erkenntnissen zu bekannten unerwünschten Arzneimittelwirkungen unter routinemäßiger Anwendung, das Gewinnen von Erkenntnissen zu bisher unbekannten, insbesondere seltenen UAW und Wechselwirkungen. Diese sind ins Verhältnis zu setzen zu **Post-Authorisation Safety Studies** (PASS)[238]. Eine PASS kann entweder als nichtinterventionelle Prüfung oder als klinische Prüfung durchgeführt werden. Teil I Kap. 7 des Vol. 9A (Guidelines of Pharmacovigilance for Medicinal Products for Human Use) enthält detaillierte Regelungen zu Company-Sponsored PASS. PASS und Anwendungsbeobachtungen weisen sowohl Schnittstellen als auch Unterschiede auf[239].

In den Kontext der nichtinterventionellen Prüfungen sind schließlich die **rein epidemiologischen** **192** **Studien** einzuordnen. Rein epidemiologische Studien werden gesetzlich nicht definiert. Nach den Leitlinien und Empfehlungen zur Sicherung von Guter Epidemiologischer Praxis (GEP)[240] ist Gegenstand epidemiologischer Studien die Untersuchung der Bedingungen von Gesundheit sowie von Ursachen, Auftreten, Verlauf und Folgen von Erkrankungen in menschlichen Populationen bzw. in definierten Bevölkerungsgruppen. Epidemiologische Untersuchungen haben primär einen beobachtenden Charakter und sind deshalb von randomisierten Interventionsstudien in der klinischen Forschung zu unterscheiden[241]. Rein epidemiologische Studien sind daher anders als Anwendungsbeobachtungen nicht auf ein spezielles Arzneimittel und auf dessen Wirkungen bezogen.

---

[233] *Sträter/Ambrosius*, in: Ambrosius/Bramlage/Claus, S. 17.

[234] Abrufbar unter www.bfarm.de.

[235] S. § 19 des Verhaltenskodexes Freiwillige Selbstkontrolle für die Arzneimittelindustrie e. V. für Fachkreise („FSA-Kodex Fachkreise"), vom 16.2.2004 (bekannt gemacht im Bundesanzeiger vom 22.4.2004, BAnz. Nr. 76, S. 8732), geändert am 2.12.2005 (bekannt gemacht im Bundesanzeiger vom 29.3.2006, BAnz. Nr. 62, S. 2220), geändert am 18.1.2008 (bekannt gemacht im Bundesanzeiger vom 7.5.2008, BAnz. Nr. 68, S. 1636); *Kori-Lindner/Eberhardt*, PharmInd 2007, 1239 ff.; Bericht in: KliFoRe 2007, 53 f.

[236] Mit dem AMG-ÄndG 2009 wurde in § 67 VI eingefügt, dass neben anderen Angaben auch der Beobachtungsplan der Anwendungsbeobachtung vorzulegen ist, um die Überwachung von Anwendungsbeobachtungen zukünftig effektiver zu gestalten.

[237] Vgl. Bericht: VFA setzt neue Standards: Publizität von Anwendungsbeobachtungen nach strengen Regeln, KliFoRe 2007, 54; § 19 FS Arzneimittelindustrie-Kodex. Die Bundesoberbehörden empfehlen die Beratung durch eine Ethik-Kommission dringend, verweisen jedoch auf die berufsrechtlichen Bestimmungen der einzelnen Bundesländer, KliFoRe 2007, 97.

[238] Vgl. hierzu ausführlich *Sträter/Wachenhausen*, PharmR 2008, 177.

[239] *Sträter/Wachenhausen*, PharmR 2008, 180.

[240] Abrufbar unter www.dmgs.de.

[241] Leitlinien und Empfehlungen zur Sicherung von Guter Epidemiologischer Praxis (GEP) der Arbeitsgruppe Epidemiologischer Methoden der Deutschen Arbeitsgemeinschaft für Epidemiologie (DAE), Stand April 2004.

193 **4. Zulassungs- oder genehmigungspflichtige Arzneimittel (S. 3, 2. Halbs.).** Nichtinterventionelle Prüfungen müssen entsprechend einer durch das AMG-ÄndG 2009 eingefügten Klarstellung nach den in der Zulassung oder der Genehmigung festgelegten Angaben durchgeführt werden, soweit es sich um zulassungspflichtige oder nach § 21a I genehmigungspflichtige Arzneimittel (z. B. Gewebezubereitungen) handelt. Diese Klarstellung war erforderlich geworden, da sich die Definition der nichtinterventionellen Prüfung bisher pauschal auf die in der **Zulassung festgelegten Angaben** zur Anwendung bezogen hat, ohne danach zu differenzieren, ob das Arzneimittel überhaupt zulassungs- oder genehmigungspflichtig ist. Aus dem bisherigen Wortlaut wurde von den Behörden teilweise der fälschliche Rückschluss gezogen, dass mit Arzneimitteln, die beispielsweise von der Zulassungspflicht gem. § 21 I freigestellt sind, keine Anwendungsbeobachtung durchgeführt werden könne[242], da in diesem Fall die Tatbestandvoraussetzungen des § 4 XXIII 3 nicht erfüllt seien. Diese starre Betrachtungsweise berücksichtigt jedoch nicht, dass auch nicht zulassungs- oder genehmigungspflichtige Arzneimittel über Angaben zu ihrer Anwendung verfügen und der üblichen ärztlichen Praxis entsprechend angewendet werden. Die gesetzliche Klarstellung stellt nun eine adäquate Auslegung des Begriffs der nichtinterventionellen Prüfung unabhängig vom jeweiligen Zulassungs- oder Genehmigungsstatus sicher.

XXIV. Sponsor (Abs. 24)

194 § 4 XXIIII definiert den Begriff des Sponsors und setzt die europäische Vorgabe aus **Art. 2 Buchst. e) RL 2001/20/EG** in deutsches Recht um. Der Sponsor ist danach eine natürliche oder juristische Person, die die **Verantwortung für die Veranlassung, Organisation und Finanzierung einer klinischen Prüfung** beim Menschen übernimmt. Als Adressat der §§ 40 ff. entscheidet der Sponsor über den Beginn, die Art der Durchführung, den Abbruch und den Zeitpunkt der Beendigung der klinischen Prüfung und trägt damit als zentrale Figur einer klinischen Arzneimittelprüfung die Gesamtverantwortung.

195 Die klinische Prüfung eines Arzneimittels darf nur durchgeführt werden, wenn ein Sponsor oder ein Vertreter des Sponsors vorhanden ist (§ 40 I 3 1). Wegen der Gesamtverantwortung des Sponsors ist auch das Prinzip der **Einheitlichkeit des Sponsors** durchgehend einzuhalten. Das bedeutet, dass für eine klinische Prüfung auch nur ein Sponsor verantwortlich sein darf. Allerdings kann der Sponsor seine prüfbezogenen Verantwortlichkeiten ganz oder teilweise an eine Einzelperson, ein Unternehmen, eine Institution oder eine Einrichtung delegieren (Art. 7 I RL 2005/28/EG). Es ist übliche Praxis, dass der Sponsor vereinzelt Aufgaben oder Pflichten und Funktionen bis hin zum gesamten Aufgabenumfang innerhalb einer klinischen Prüfung an Dritte überträgt[243]. Beispielsweise können die Zusammenstellung der Dokumentation und die Durchführung des Antragsverfahrens bei den Behörden und Ethik-Kommissionen, die Erstellung des Prüfplans, das Monitoring, die Pharmakovigilanz oder andere Detailaufgaben an Dritte übertragen werden[244]. Häufig werden die Aufgaben auf sog. Contract Research Organisations (CRO) übertragen. Die Übertragung kann auch auf einen oder mehrere Dienstleister stattfinden. Der Sponsor kann sich jedoch von seiner Gesamtverantwortung im Rahmen einer Delegation einzelner oder aller Aufgaben an Dritte grundsätzlich nicht befreien. Dies ergibt sich bereits aus Art. 7 I RL 2005/28/EG, wonach auch bei einer Delegation dem Sponsor nach wie vor die Verantwortung obliegt sicherzustellen, dass sowohl die Durchführung der Prüfungen als auch die aus diesen Prüfungen hervorgehenden abschließenden Daten den Anforderungen der RL 2001/20/EG sowie der RL 2005/28/EG entsprechen[245]. Die Person des Sponsors ist strikt zu trennen von der Person des gesetzlichen Vertreters gem. § 40 I 3 1. Der sog. **Legal Representative** ist aus haftungsrechtlichen Gründen entsprechend Art. 19 RL 2001/20/EG neben dem Sponsor verantwortlich, wenn dieser seinen Sitz außerhalb der Mitgliedstaaten der EU hat. Hierbei handelt es sich nicht um die Delegation einer Dienstleistung im Rahmen der klinischen Arzneimittelprüfung, sondern um die Implementierung einer zusätzlich verantwortlichen Person neben dem Sponsor mit Sitz innerhalb der EU-Mitgliedstaaten[246].

196 Da der Sponsor sowohl eine natürliche als auch eine juristische Person sein kann, ist es zulässig, dass der Prüfer selbst die Funktion eines Sponsors übernimmt[247]. Dieser wird auch bezeichnet als **Sponsor-Investigator** und hat insbes. Bedeutung bei der Durchführung von nicht-kommerziellen klinischen Prüfungen bzw. Investigator Initiated Trials (IIT). Handelt es sich bei dem Prüfer um einen in einer medizinischen Einrichtung angestellten Arzt, wird die Funktion des Sponsors häufig von der medizinischen Einrichtung übernommen. Zur Abwicklung von IIT haben viele Universitätskliniken Koordinationszentren (KKS) oder eigenständige Tochtergesellschaften gegründet, welche die Planung und

---

[242] Vgl. hierzu Beschluss des *VG Ansbach* vom 6.4.2009 – AN 16 S 08.01 751 – zu einer Anwendungsbeobachtung mit Therapieallergenen.
[243] Vgl. Vol. 10, Notice to Applicants (NtA), Questions & Answers, Clinical Trial Documents, ENTR/F/2/SF D (2009) 25 252, Version 4.0, Question 8.
[244] Vgl. beispielhafte Aufzählung in Vol. 10, Notice to Applicants (NtA), Questions & Answers, Clinical Trial Documents, SANCO/D/3/SF/cg (2011) 975683, Version 9.0, Question 2.3.
[245] Vgl. zur Delegation an Dritte ausführlich: *Bérézowsky/Wachenhausen*, PharmInd 2008, 1478.
[246] Vgl. auch *Ziegler*, PharmInd 2006, 74.
[247] BT-Drucks. 15/2109, S. 26.

Durchführung einer klinischen Arzneimittelprüfung übernehmen. IIT dürfen von pharmazeutischen Unternehmen finanziell unterstützt werden, ohne dass das pharmazeutische Unternehmen selbst die Rolle als Sponsor übernimmt. Wesentliches Kriterium für die Einordnung des Sponsors ist die Verantwortung für die Initiierung, Organisation und Finanzierung einer klinischen Prüfung.

XXV. Prüfer (Abs. 25)

1. Prüfer (S. 1). Die Definition des Prüfers ist in Umsetzung von **Art. 2 Buchst. f) RL 2001/20/** **197** **EG** in deutsches Recht erfolgt. Durch diese Bestimmung wurde der bisher in Deutschland geltende **Arztvorbehalt** aufgelöst, da **Prüfer** nicht nur ein Arzt, sondern auch eine Person sein darf, die einen Beruf ausübt, der aufgrund seiner wissenschaftlichen Anforderungen und der seine Ausübung voraussetzenden Erfahrungen in der Patientenbetreuung für die Durchführung von Forschungen am Menschen qualifiziert. Im Rahmen des Gesetzgebungsverfahrens war allerdings die Aufhebung des Arztvorbehalts extrem umstritten. Daher ist jetzt vorgesehen, dass der Prüfer in der Regel ein verantwortlicher Arzt sein soll und nur in begründeten Ausnahmefällen eine andere Person als Prüfer tätig werden darf. Die Entscheidung darüber, ob ein solch begründeter Ausnahmefall vorliegt, trifft unter Berücksichtigung der besonderen Gegebenheiten der Studie der Sponsor, der die Gesamtverantwortung für die Studie trägt. Da die Prüferqualifikation auch Gegenstand der zustimmenden Bewertung der Ethik-Kommission gem. § 42 I i. V. m. GCP-V ist, wird die zuständige Ethik-Kommission neben dem Sponsor ebenfalls prüfen, ob ein Ausnahmefall sowie eine entsprechende Qualifikation gem. § 4 XXV 1 vorliegt. Als mögliches Beispiel für einen in Frage kommenden nicht-ärztlichen Beruf kann der des psychologischen Psychotherapeuten genannt werden[248]. Heilpraktiker sind jedoch nicht für die Tätigkeit eines klinischen Prüfers qualifiziert, da sie nicht den in der RL 2001/20/EG geforderten wissenschaftlichen Hintergrund aufweisen. Bei Prüfpräparaten, die ausschließlich oder überwiegend in der Zahnmedizin eingesetzt werden, kann auch ein Zahnarzt Prüfer der klinischen Prüfung sein[249].

Die Anforderungen für die Qualifikation eines Prüfers sind gesetzlich nicht festgelegt[250]. Da die **198** zuständige Ethik-Kommission die **Qualifikation des Prüfers** gem. § 7 III Nr. 6 GCP-V auf der Grundlage der Lebensläufe und anderer geeigneter Qualifikationshinweise feststellen muss, mussten Kriterien entwickelt werden, die ein Prüfer erfüllen muss[251]. In diesem Zusammenhang hat der Vorstand der Bundesärztekammer in seiner Sitzung vom 19.4.2013 auf Empfehlung der Ständigen Konferenz der Geschäftsführungen und der Vorsitzenden der Ethik-Kommissionen der Landesärztekammern und des Arbeitskreises Medizinischer Ethik-Kommissionen in der Bundesrepublik Deutschland e. V. eine Curriculare Fortbildung beschlossen[252]. Allerdings sollte immer eine Orientierung an der konkreten klinischen Prüfung stattfinden, so dass die Kriterien nicht zu formal zu gestalten sind.

2. Leiter der Prüfgruppe (S. 2). Wird eine klinische Prüfung in einer Prüfstelle von einer Gruppe **199** von Personen durchgeführt, so ist der Prüfer der für die Durchführung verantwortliche Leiter dieser Gruppe. Bis zum 2. AMG-ÄndG 2012 war der verantwortliche Leiter mehrerer Prüfer in einer Prüfstelle der sog. Hauptprüfer. Dies hatte zur Folge, dass z. B. gem. § 67 I 5 sämtliche Prüfer namentlich zu benennen waren. In der Praxis führte dies bei einem häufigen Wechsel von Prüfern vor allem bei in Krankenhäusern durchgeführten klinischen Prüfungen und bei Prüfungen mit einer Vielzahl von Prüfzentren zu einem hohen Melde- und Prüfaufwand. Der Aufwand betraf Sponsoren und prüfende Stellen, wie Landesbehörden und Ethik-Kommissionen, gleichermaßen[253]. Mit den Änderungen zur Prüferdefinition in Abs. 25 S. 2 wurde daher das Konzept eines verantwortlichen Prüfers je Prüfstelle umgesetzt. Die Konzentration der Verantwortlichkeiten bei einem Prüfer **vereinfacht und beschleunigt** vor allem das **Verfahren** bei der nachträglichen Einbeziehung eines neuen Mitglieds in die Prüfgruppe. Der Prüfer ist verantwortlicher Leiter der Prüfgruppe einer Prüfstelle, er hat für die Auswahl angemessen qualifizierter Mitglieder der Prüfgruppe (in der Regel Ärzte) zu sorgen, diese anzuleiten, zu informieren und zu überwachen und das Verfahren zu dokumentieren. Die **Qualifikationsanforderungen** für die an der klinischen Prüfung teilnehmenden Ärzte und weiterer Personen der Prüfgruppe werden nicht herabgesetzt[254]. Die Benennung des Leiters der klinischen Prüfung ist damit lediglich als zusätzliche Funktionsbeschreibung einzuordnen.

---

[248] BT-Drucks. 15/2109, S. 26.
[249] BT-Drucks. 15/2109, S. 26.
[250] Vgl. hierzu *Lippert*, GesR 2008, 120; *Felder*, KliFoRe 2008, 103.
[251] Vgl. zur Prüferdefinition und den Kontrollmechanismen ausführlich *Graf von Kielmannsegg*, MedR 2008, 428; Die Bundesärztekammer hat am 28.8.2009 „Empfehlungen zur Bewertung der Qualifikation von Prüfern und Geeignetheit von Prüfstellen durch Ethik-Kommissionen bei klinischen Prüfungen nach dem AMG" beschlossen, DÄBl. 2010, A-48 ff.
[252] „Grundlagenkurs für Prüfer/Stellvertreter und Mitglieder einer Prüfgruppe bei klinischen Prüfungen nach dem Arzneimittelgesetz (AMG) und für Prüfer nach dem Medizinproduktegesetz (MPG)", DÄBl. 2013, A-1212 ff.
[253] Vgl. BR-Drucks. 91/12, S. 76.
[254] Vgl. BR-Drucks. 91/12, S. 76.

200   **3. Leiter der klinischen Prüfung (S. 3).** Der **Leiter der klinischen Prüfung** war vor der 12. AMG-Novelle eine zentrale Figur der klinischen Arzneimittelprüfung. Diese Position ist durch die Einführung der Person des Sponsors abgelöst worden. Darüber hinaus war es vor der 12. AMG-Novelle für den Leiter der klinischen Prüfung nicht erforderlich, dass dieser als Prüfer in einer Prüfstelle tätig ist, so dass der Sponsor häufig eigene ärztliche Mitarbeiter als Leiter der klinischen Prüfung eingesetzt hat. Dies ist gem. § 4 XXV 3 heute nicht mehr möglich, da der Leiter der klinischen Prüfung ebenso wie der Hauptprüfer ein Prüfer in einer Prüfstelle sein muss. Die Benennung eines Leiters der klinischen Prüfung kommt nur dann in Betracht, wenn die klinische Prüfung in mehreren Prüfstellen durchgeführt wird. In diesem Fall handelt es sich um eine **multizentrische klinische Prüfung,** so dass sich die Zuständigkeit der Ethik-Kommission gem. § 42 I 2 nach dem Sitz des Leiters der klinischen Prüfung richtet. Der Leiter der klinischen Prüfung ist Anknüpfungspunkt für die Zuständigkeit der Ethik-Kommission bei multizentrischen klinischen Prüfungen (s. zum Wechsel des Leiters der klinischen Prüfung und dessen Auswirkungen § 42 Rn. 19). Der Leiter der klinischen Prüfung hat häufig neben den Aufgaben des Prüfers auch eine koordinierende Funktion, wenn dieser z. B. an der Organisation und Durchführung der Prüfarzttreffen beteiligt ist. In diesem Fall erbringt der Leiter der klinischen Prüfung zusätzlich zu den typischen Leistungen im Rahmen der klinischen Prüfungen weitere Dienstleistungen für den Sponsor, welche neben dem Prüfarzthonorar gesondert vergütet werden können.

XXVI. Homöopathische Arzneimittel (Abs. 26)

201   **1. Europarechtliche Vorgaben. Art. 1 Nr. 5 RL 2001/83/EG** bestimmt den Begriff des homöopathischen Arzneimittels als jedes Arzneimittel, das sich nach einem im Europäischen Arzneibuch oder, in Ermangelung dessen, nach einem in den derzeit gebräuchlichen Pharmakopöen der Mitgliedstaaten beschriebenen homöopathischen Zubereitungsverfahren aus Substanzen hergestellt worden ist, die homöopathische Ursubstanzen genannt werden. Ein homöopathisches Arzneimittel kann auch mehrere Wirkstoffe enthalten.

202   **2. Definition für homöopathische Arzneimittel.** Zur Begriffsbestimmung für ein **homöopathisches Arzneimittel** wird in den Materialien zur 14. AMG-Novelle lediglich ausgeführt, dass hiermit eine Angleichung an die Terminologie im europäischen Recht gem. Art. 1 Nr. 5 der geänderten RL 2001/83/EG und Art. 1 Nr. 8 der geänderten RL 2001/82/EG vorgenommen werde[255].

203   **a) Herstellung nach homöopathischem Zubereitungsverfahren (S. 1).** Nach S. 1 ist dafür, ob es sich bei einem Arzneimittel um ein homöopathisches Arzneimittel handelt, die **Herstellung nach einem homöopathischen Zubereitungsverfahren** maßgeblich[256]. Damit kann die Auffassung, zur Charakterisierung eines Präparates als homöopathisches Arzneimittel sei (zusätzlich) auf die Art der Anwendung des Präparates abzustellen[257], rechtlich nicht überzeugen. Das homöopathische Zubereitungsverfahren, nach dem das Arzneimittel hergestellt ist, muss im Europäischen Arzneibuch (Ph. Eur.) oder in einem der offiziell gebräuchlichen Pharmakopöen – sprich Arzneibüchern – eines EU-Mitgliedstaates beschrieben sein. Aus dem Wortlaut des Abs. 26 („in Ermangelung dessen") ist ersichtlich, dass die homöopathischen Zubereitungsverfahren in den Arzneibüchern der einzelnen Mitgliedstaaten gegenüber denen der Ph. Eur. nachrangig sind, sobald dort entsprechende homöopathische Zubereitungsverfahren aufgenommen werden. In Deutschland sind die nationalen „homöopathischen Zubereitungsverfahren" im Homöopathischen Arzneibuch (HAB) enthalten, weshalb im Gesetz abgesehen von Abs. 26 von einer „im Homöopathischen Teil des Arzneibuchs beschriebenen Verfahrenstechnik" die Rede ist. Eine gesetzliche Bezugnahme auf eine solche Verfahrenstechnik umfasst auch homöopathische Zubereitungsverfahren der Ph. Eur. und der Arzneibücher der anderen Mitgliedstaaten, soweit vorhanden. Derzeit sind „offizielle" homöopathische Verfahrenstechniken nur im HAB und der Pharmacopée française enthalten (s. hierzu § 39 Rn. 32).

204   Da das rechtliche Kriterium für das Vorliegen eines homöopathischen Arzneimittels dessen Herstellung nach einem in einem offiziellen Arzneibuch enthaltenen homöopathischen Zubereitungsverfahren ist, werden etwa auch sog. **spagyrische bzw. spagirische Arzneimittel** arzneimittelrechtlich zu den homöopathischen Arzneimitteln gezählt. Ebenso sind anthroposophische Arzneimittel, die nach einer im homöopathischen Teil des Arzneibuchs (HAB) enthaltenen Verfahrenstechnik hergestellt werden, arzneimittelrechtlich – abgesehen von der Begründung ihrer Wirksamkeit, die sich nach Grundsätzen der anthroposophischen Menschen- und Naturerkenntnis und damit nach den Besonderheiten dieser Therapierichtung richtet (vgl. hierzu § 39 II Nr. 7a, wonach die fehlende allgemeine Bekanntheit der Anwendung der einzelnen Wirkstoffe „als anthroposophisches Arzneimittel" Versagungsgrund ist sowie

[255] Vgl. BT-Drucks. 15/5316, S. 33.
[256] Vgl. *Kloesel/Cyran*, § 4 Anm. 78 und § 38 Anm. 6.
[257] Vgl. hierzu *OVG Berlin*, abgedruckt bei *Sander*, Entscheidungssammlung zum Arzneimittelrecht § 39 AMG/ Nr. 1, S. 9; *Keller/Greiner/Stockebrand*, Homöopathische Arzneimittel, Materialien zur Bewertung, (Stand: 6. Lieferung 1995), S. 2 f. Differenzierend im Hinblick auf die Methode *Böttger/Kirchner*, in: Fuhrmann/Klein/Fleischfresser, § 4 Rn. 18 und zum Wirksamkeitsbeleg durch „anderes wissenschaftliches Erkenntnismaterial" § 4 Rn. 49.

nachfolgend Rn. 252) – zu den homöopathischen Arzneimitteln zu zählen[258]. Auch für nach einer homöopathischen Verfahrenstechnik hergestellte zulassungspflichtige anthroposophische Humanarzneimittel, die vor dem 1.8.1998 zugelassen worden sind oder als zugelassen galten, sind gem. § 29 V 2 Nr. 1 für Änderungen der Zulassung anstelle der VO (EG) Nr. 1234/2008 die Vorschriften nach § 29 IIa bis III anwendbar.

Bis zum Inkrafttreten der 10. Novelle mussten gem. **§ 105 verkehrsfähige Arzneimittel (sog.**   **205** **Altpräparate),** für die eine Registrierung beantragt wurde, aufgrund der Sonderregelung in § 105 III 2 a. a. F. nicht nach einer im HAB beschriebenen Verfahrenstechnik hergestellt werden, um registriert zu werden. Aufgrund der Übergangsvorschrift in § 136 Ia hatten die Antragsteller solcher Arzneimittel bis zum 1.10.2000 die Gelegenheit, einen Antrag auf Aufnahme der Verfahrenstechnik ins HAB zu stellen.

In Art. 1 Nr. 5 RL 2001/83/EG wird als weiteres Tatbestandsmerkmal eines homöopathischen   **206** Arzneimittels festgehalten, dass es aus „Substanzen", d. h. Stoffen, „hergestellt worden ist, die **homöopathische Ursubstanzen** genannt werden". Hieraus und aus Art. 15 S. 1 RL2001/83/EG wird deutlich, dass die „Ursubstanz" dem Begriff Ausgangsstoff/Ausgangsmaterial[259] entspricht[260]. Dieses weitere Tatbestandsmerkmal ist vor dem Hintergrund von Art. 14 I 3. Gedankenstrich RL 2001/83/EG zu sehen, woraus sich u. a. ergibt, dass Arzneimittel mit einem Verdünnungsgrad (s. hierzu § 38 Rn. 3 und Rn. 26 f.) von mehr als einem Teil pro Zehntausend der „Urtinktur" nicht registriert werden können (zur auffälligen Inkonsistenz der Verwendung der Begriffe „Ursubstanz" in Art. 1 Nr. 5 und Art. 15 1 RL 2001/83/EG einerseits und „Urtinktur" in Art. 14 I 3. Gedankenstrich andererseits s. § 39 Rn. 28). Es ist indessen zu beachten, dass auch nach der RL 2001/83/EG Arzneimittel, die einen tieferen Verdünnungsgrad aufweisen, homöopathische Arzneimittel sind (Art. 16 I und II) und auch als Urtinktur homöopathisches Arzneimittel sein können[261], wenngleich sie nicht dem besonderen vereinfachten Registrierungsverfahren unterliegen. Das in Art. 1 Nr. 5 RL 2001/83/EG zusätzlich enthaltene Tatbestandsmerkmal stellt demnach im Lichte der europäischen Systematik einen regulatorischen Fehlgriff dar. Bislang verkehrsfähige niedrig potenzierte Arzneimittel und als Urtinkturen verkehrsfähige Arzneimittel dürfen zudem auf der Grundlage des einzuräumenden Bestandsschutzes (§ 141 X) weiterhin als homöopathische Arzneimittel in den Verkehr gebracht werden. Der Gesetzgeber hat damit mit Recht das bereits im Rahmen der RL für das Vorliegen eines homöopathischen Arzneimittels nicht konstitutive Tatbestandsmerkmal der Herstellung aus „homöopathischen Ursubstanzen" nicht in Abs. 26 aufgenommen.

Es ist für das Vorliegen eines homöopathischen Arzneimittels nach dem AMG nicht ausschlaggebend,   **207** ob es aus **Stoffen hergestellt wird, die monographisch im Ph. Eur., im HAB oder in einem anderen offiziellen Arzneibuch eines EU-Mitgliedstaats beschrieben** sind. Auch Arzneimittel, die mit einer homöopathischen Verfahrenstechnik unter Verwendung von Stoffen hergestellt werden, die mangels einer Monographie in einem Arzneibuch nur in sog. Firmenmonographien beschrieben werden, sind homöopathische Arzneimittel[262]. Bei der Verwendung von in einem offiziellen Arzneibuch monographierten Stoffen muss die zur Registrierung erforderliche allgemeine Bekanntheit der einzelnen Wirkstoffe i. S. d. § 39 II Nr. 7a bejaht werden.

b) Mehrere Wirkstoffe (S. 2). § 4 XXVI 2 stellt klar, dass auch **Komplexmittel,** die mehrere   **208** Wirkstoffe enthalten, homöopathische Arzneimittel sind. Dem AMG kann damit keine Bevorzugung der einen oder anderen homöopathischen Ausrichtung entnommen werden[263]. Der Gesetzgeber hat den Begriff „Ursubstanz" offenbar als Synonym für „Wirkstoff" betrachtet[264]. Infolge dieser weiten Begriffsbestimmung ist die Ursubstanz Ausgangsstoff (s. Rn. 206) und sie kann bei entsprechender Zweckbestimmung i. S. d. § 4 XIX zugleich Wirkstoff des homöopathischen Arzneimittels sein.

XXVII. Risiko (Abs. 27)

1. Europarechtliche Vorgaben. Nach **Art. 1 Nr. 28 RL 2001/83/EG** ist – für den Bereich der   **209** Humanarzneimittel – ein mit der Verwendung des Arzneimittels verbundenes Risiko jedes Risiko im

---

[258] Vgl. 22. Erwägungsgrund zur RL 2001/83/EG. Sofern dort allerdings postuliert wird, dass ein anthroposophisches Arzneimittel in einer offiziellen Pharmakopöe beschrieben sein müsse, um einem homöopathischen Arzneimittel hinsichtlich der Registrierung gleichzustehen, findet dies im rechtlich maßgeblichen Text der Richtlinie und ihres Anhangs I keine Grundlage; entscheidend ist die Herstellung nach einer homöopathischen Verfahrenstechnik.

[259] Ausgangsstoff ist nach dem 2. Abschnitt, Ziff. 3.2.1.1 Buchst. b) der Arzneimittelprüfrichtlinien i. F. d. Bekanntmachung v. 11.10.2004 jedes Material, aus dem der Wirkstoff hergestellt oder extrahiert wird.

[260] Vgl. *Pannenbecker*, PharmR 2004, 181, 187.

[261] Zweifelnd *Schiefer*, Comparison of the requirement in the registration and marketing authorisation procedure of human homeopathic medicinal products within the EU with regard to specific requirements in Germany, Austria, the Netherlands and Switzerland as a Non-EU-country, Bonn, 2005, S. 13 f.

[262] Vgl. 2. Abschnitt Punkt C. 2. der Allgemeinen Verwaltungsvorschriften zur Registrierung homöopathischer Arzneimittel vom 18.12.1992 (BAnz. S. 9704). Dies gilt nach dem 1. Abschnitt III i. V. m. dem 2. Abschnitt Ziff. 3.2 V der Arzneimittelprüfrichtlinien auch weiterhin.

[263] Vgl. *Pannenbecker*, PharmR 2004, 181, 190 f.

[264] Vgl. § 10 IV 1 Nr. 1 und die Begründung zu § 39 II Nr. 5b in BT-Drucks. 15/5316, S. 41.

Zusammenhang mit der Qualität, Sicherheit oder Wirksamkeit des Arzneimittels für die Gesundheit der Patienten (erster Gedankenstrich) oder die öffentliche Gesundheit oder jedes Risiko unerwünschter Auswirkungen auf die Umwelt (zweiter Gedankenstrich). **Art. 1 Nr. 18 RL 2001/82/EG** definiert für Tierarzneimittel die „Gefahr für die Gesundheit von Mensch und Tier oder für die Umwelt" als „jede Gefahr, die sich auf die Qualität, die Sicherheit und die Wirksamkeit des Tierarzneimittels bezieht".

210 **2. Definition für Risiko.** Mit Abs. 27 wurde im Rahmen der 14. AMG-Novelle die Definition der Formulierung **„mit der Verwendung des Arzneimittels verbundenes Risiko"** neu aufgenommen. Die weitgehend[265] dem Wortlaut des Art. 1 Nr. 28 RL 2001/83/EG entsprechende Definition stellt auf zwei alternative Umstände ab, deren Vorliegen zur Annahme eines mit der Verwendung des Arzneimittels verbundenen Risikos führt.

211 Abs. 27 bestimmt, dass ein mit der Verwendung des Arzneimittels verbundenes Risiko zum einen jedes Risiko für die **Gesundheit der Patienten** oder die **öffentliche Gesundheit** ist, das im Zusammenhang mit der Qualität, Sicherheit oder Wirksamkeit des Arzneimittels steht. Zum anderen wird definiert, dass ein mit der Verwendung des Arzneimittels verbundenes Risiko jedes Risiko **unerwünschter Auswirkungen auf die Umwelt** ist.

212 Der Begriff des Risikos selbst wird weder in Abs. 27 noch an anderer Stelle des AMG definiert. Ein Risiko besteht, wenn die Möglichkeit gegeben ist, dass sich eine bestimmte Gefahr realisiert[266]. Anhaltspunkte für die **erforderliche Risikohöhe** finden sich in Abs. 27 nicht[267]. Anders als im Rahmen der Bestimmung des § 5 II zur Definition bedenklicher Arzneimittel muss das Risiko nach dem Wortlaut nicht begründet sein oder sonst hinsichtlich seiner **Eintrittswahrscheinlichkeit** eine bestimmte Wahrscheinlichkeitsschwelle überschreiten. Nach dem Wortlaut der Bestimmung ist daher jedes Risiko und damit jede Eintrittswahrscheinlichkeit ausreichend, um ein mit der Anwendung des Arzneimittels verbundenes Risiko anzunehmen. Einschränkend ist Abs. 27 jedoch dahingehend auszulegen, dass ein Risiko i. S. der Bestimmung nur vorliegt, wenn eine **plausible wissenschaftliche Annahme** für dessen Vorliegen spricht.

213 Ein Risiko i. S. des Abs. 27 liegt daher vor, wenn aufgrund einer plausiblen wissenschaftlichen Annahme die Möglichkeit besteht, dass aufgrund der Qualität, Sicherheit oder Wirksamkeit eines Arzneimittels negative Auswirkungen auf die Gesundheit der Patienten oder die öffentliche Gesundheit eintreten oder aber unerwünschte Auswirkungen auf die Umwelt eintreten können[268]. Bei **Tierarzneimitteln** bezieht sich der Risikobegriff auf die Möglichkeit negativer Auswirkungen auf die Gesundheit von Mensch oder Tier (Art. 1 Nr. 19 RL 2001/82/EG).

214 Risiken, die nicht mit der **Qualität, Sicherheit** oder **Wirksamkeit** des Arzneimittels in Zusammenhang stehen, sind daher keine Risiken i. S. der Definition[269]. Kein Risiko i. S. d. Abs. 27 ist daher die Möglichkeit, dass ein Patient ein Arzneimittel anstelle eines anderen wirksameren Arzneimittels anwendet[270]. Ein Risiko i. S. d. Abs. 27 liegt vor, wenn ein Arzneimittel aufgrund eines Qualitätsmangels wirkungslos ist, nicht jedoch, wenn ein Arzneimittel wirksamer ist als ein anderes Arzneimittel.

215 Der Begriff des **Risikos für die öffentliche Gesundheit** ist im AMG ebenso wie in der RL 2001/83/EG nicht definiert. Da er in Abgrenzung zu den die Gesundheit des individuellen Patienten betreffenden Risiken verwendet wird, beschreibt er das Vorliegen von Gefahren, die nicht individualisiert sind, sondern die Öffentlichkeit als solche betreffen. Beschrieben werden mithin Risiken für die Bevölkerung oder Teile der Bevölkerung, unabhängig davon, ob es sich bei den von den Risiken Betroffenen um Patienten handelt[271].

216 **Risiken für die Gesundheit** des Patienten als demjenigen, der ein Arzneimittel anwendet bzw. bei dem es angewendet wird, bestehen im Zusammenhang mit der Sicherheit eines Arzneimittels z. B., wenn bei der Herstellung des Arzneimittels nach dem Stand der wissenschaftlichen Erkenntnisse zur Risikoabwehr erforderliche Maßnahmen, z. B. in Bezug auf die Übertragung von Viren bei Blutprodukten, nicht durchgeführt werden.

---

[265] Die RL verwendet die Formulierung „Verwendung eines Arzneimittels", die nationale Regelung stellt hingegen auf die „Anwendung des Arzneimittels" ab; inhaltliche Unterschiede dürften sich daraus nicht ergeben.

[266] Vgl. zum Begriff des Risikos unter Bezugnahme auf Art. 1 Nr. 28 RL 2001/83/EG die CHMP Leitlinien zur Definition einer potenziellen schwerwiegenden Gefahr für die öffentliche Gesundheit im Sinne von Art. 29 Absätze 1 und 2 Richtlinie 2001/83/EG — März 2006 (2006/C 133/05).

[267] So auch *Kloesel/Cyran*, § 4 Anm. 80.

[268] *OVG NRW*, NJOZ 2013, 955, stellt für den Begriff des Risikos ausgehend von § 25 II 1 Nr. 5, jedoch auf den Bereich des AMG insgesamt ausweitend darauf ab, dass ein begründeter Verdacht für das Vorliegen eines Risikos bestehe, wenn ernstzunehmende Erkenntnisse einen entsprechenden Schluss nahelegen; so auch *VG Köln*, Urt. v. 19.8.2014 – 7 K 633/13 – BeckRS 2014, 55832, sowie Urt. v. 20.5.2014 – 7 K 2128/12 – BeckRS 2014, 52464.

[269] So wohl auch *Rehmann*, § 4 Rn. 30.

[270] Vgl. *OVG NRW*, Urt. v. 29.1.2014 – 13 A 2755/12 – BeckRS 2014, 47935, mit Hinweis darauf, dass die Möglichkeit, dass der Verbraucher sich für die Anwendung eines evtl. nicht wirksamen Arzneimittels entscheiden könnte und daher die Anwendung eines wirksamen Arzneimittels unterlässt, allein nicht ausreichend sei für die Annahme eines Risikos.

[271] Vgl. auch *Kloesel/Cyran*, § 4 Anm. 81.

Ein Risiko **unerwünschter Auswirkungen auf die Umwelt** besteht, wenn durch die Anwendung **217** eines Arzneimittels die Möglichkeit negativer Umweltfolgen begründet wird[272]. Dies kann z. B. der Fall sein, wenn der Eintrag eines Arzneimittelinhaltsstoffes in die Umwelt dort zu unbeabsichtigten Folgen führt, die sich nachteilig auf Ökosysteme auswirken. Das Risiko unerwünschter Auswirkungen auf die Umwelt kann nur bestehen, wenn eine gewisse Wahrscheinlichkeit dafür besteht, dass bestimmte Arzneimittelinhaltsstoffe in die Umwelt gelangen. Eine solche Wahrscheinlichkeit besteht z. B., wenn Arzneimittelinhaltsstoffe oder deren Metaboliten in Oberflächen- oder Sickergewässern nachgewiesen werden[273].

XXVIII. Nutzen–Risiko–Verhältnis (Abs. 28)

1. Europarechtliche Vorgaben. Nach **Art. 1 Nr. 28a RL 2001/83/EG** wird das Nutzen-Risiko- **218** Verhältnis bestimmt durch eine Bewertung der positiven therapeutischen Wirkungen des Arzneimittels im Verhältnis zu dem Risiko gem. der Definition in **Art. 1 Nr. 28 RL 2001/83/EG, erster Gedankenstrich.**

2. Definition für das Nutzen-Risiko-Verhältnis. Abs. 28 wurde im Rahmen der 14. AMG- **219** Novelle in das AMG aufgenommen. Die Definition entspricht inhaltlich der Bestimmung des Art. 1 Nr. 28a RL 2001/83/EG. Normiert wird, welche Beurteilungsparameter bei der Bestimmung des Nutzen-Risiko-Verhältnisses zu berücksichtigen sind.

Zum einen sind die **positiven therapeutischen Wirkungen** eines Arzneimittels zu bewerten. **220** Positive therapeutische Wirkungen sind die erwünschten Wirkungen des Arzneimittels im Hinblick auf das Anwendungsgebiet. Sie beschreiben die Wirksamkeit des Arzneimittels. Je nach Indikationsgebiet eines Arzneimittels kann eine differenzierte Betrachtung der Wirksamkeit erforderlich sein. So kann die Wirksamkeit fehlen, wenn zwar kurzfristig therapeutische Wirkungen erreicht werden, jedoch eine lang- bzw. längerfristige Wirkung, die aus medizinischer Sicht als erforderlich angesehen wird, nicht belegt ist[274].

Der gesetzlich verwendete Begriff der therapeutischen Wirkung ist allerdings zu eng, da z. B. zur **221** Vorbeugung angewendete Arzneimittel keine therapeutische, sondern eine **prophylaktische Wirkung** haben und daher vom Wortlaut der Definition nicht erfasst sind. Aufgrund der einschränkenden Formulierung müsste jedoch auch für solche Arzneimittel das Risiko-Nutzen-Verhältnis unter Berücksichtigung der therapeutischen Wirkung bestimmt werden. Bereits in der Gesetzesbegründung wird hierzu ausgeführt, dass die Definition „sinngemäß auch für diagnostische oder prophylaktische Wirkungen" anzuwenden sei"[275]. In Ausweitung des Wortlauts der Bestimmung ist daher für Diagnostika und Prophylaktika das Risiko-Nutzen-Verhältnis nicht unter Berücksichtigung der therapeutischen, sondern der diagnostischen bzw. prophylaktischen Wirkung zu beurteilen.

Den positiven therapeutischen Wirkungen eines Arzneimittels sind bei Bestimmung des Risiko- **222** Nutzen-Verhältnisses die mit der Anwendung des Arzneimittels verbundenen **Risiken** gegenüberzustellen. Abs. 28 verweist insoweit für Humanarzneimittel auf Abs. 27 Buchst. a) und für Veterinärarzneimittel auf Abs. 27 insgesamt. Im Rahmen der Beurteilung des Risiko-Nutzen-Verhältnisses sind daher bei Humanarzneimitteln ausschließlich die in Abs. 27 Buchst. a) und bei Veterinärarzneimitteln die in Abs. 27 aufgeführten Risiken zu berücksichtigen. Andere Risiken finden danach keine Berücksichtigung.

Soweit sowohl für Human- als auch für Tierarzneimittel im Rahmen der Abwägung Gesundheits- **223** risiken zu berücksichtigen sind, sind diese umso beachtlicher, je schwerwiegender ein möglicher Gesundheitsschaden ist und je häufiger mit der Realisierung einer entsprechenden Gefahr zu rechnen ist[276].

Für Tierarzneimittel verweist Abs. 28 darauf, dass die Bewertung des Nutzen-Risiko-Verhältnisses **224** auch die mit der Anwendung eines Arzneimittels verbundenen Risiken **unerwünschter Auswirkungen auf die Umwelt** zu berücksichtigen hat. Dies gilt für Tierarzneimittel daher u. a. auch im Rahmen des Zulassungsverfahrens (§ 25 II 1 Nr. 5). Abs. 28 lässt allerdings offen, wie evtl. bestehende Risiken dem Nutzen eines Arzneimittels gegenüberzustellen sind. Die Rechtsgüter, auf die sich Nutzen und mögliche Risiken auswirken, sind z. T. völlig unterschiedlich. Für die Umwelt bestehende Risiken sind beispielsweise nicht unmittelbar mit dem therapeutischen Nutzen eines Tierarzneimittels vergleichbar. Eine

---

[272] Vgl. EMEA/CHMP/SWP/4447/00 für die Einschätzung möglicher Umweltrisiken durch Humanarzneimittel; EMA/CHMP/SWP/44609/2010 (Questions and answers on the Guideline on the enviromental risk assessment of medicinal products for human use) sowie EMEA/CVMP/ERA/418 282/2005 Rev. 1 für die Einschätzung möglicher Umweltrisiken durch Veterinärarzneimittel.

[273] Vgl. *Ternes/Siegrist/Berthold*, Arzneimittelrückstände: Ein Problem für die nächste Generation?, Arzneimittel in der Umwelt, hrsg. vom Umweltbundesamt, 2005; *Kügel/Guttmann*, PharmR 2009, 490; *Ebert/Conradi/Hein/Amato*, Hintergrund / April 2014 – Arzneimittel in der Umwelt, hrsg. vom Umweltbundesamt, 2014.

[274] *EuGH*, Urt. v. 19.4.2014 – C-221/10 Rn. 101 ff., BeckEuRS 2012, 677290.

[275] BT-Drucks. 15/5316, S. 33.

[276] *Rehmann*, § 4 Rn. 30.

unmittelbare Abwägung kommt daher nicht in Betracht. Erforderlich ist, die Risiken und den Nutzen hinsichtlich ihrer jeweiligen Wertigkeit zu quantifizieren.

XXIX. Pflanzliche Arzneimittel (Abs. 29)

225   **1. Europarechtliche Vorgaben. Art. 1 Nr. 30 RL 2001/83/EG** definiert den Begriff pflanzliches Arzneimittel als Arzneimittel, die als Wirkstoff(e) ausschließlich einen oder mehrere pflanzliche Stoffe oder eine oder mehrere pflanzliche Zubereitungen oder eine oder mehrere solcher pflanzlichen Stoffe in Kombination mit einer oder mehreren solcher pflanzlichen Zubereitungen enthalten.

226   **2. Definition für pflanzliche Arzneimittel.** Durch die 14. AMG-Novelle wurde Abs. 29 eingefügt. Pflanzliche Arzneimittel sind Arzneimittel, die als Wirkstoff ausschließlich einen oder mehrere pflanzliche Stoffe oder einen oder mehrere pflanzliche Zubereitungen oder eine oder mehrere solcher pflanzlichen Stoffe in Kombination mit einer oder mehreren solcher pflanzlichen Zubereitungen enthalten. Diese Definition entspricht weitgehend der mit der RL 2004/24/EG in die RL 2001/83/EG eingefügten Definition des pflanzlichen Arzneimittels.

227   Die Definition stellt darauf ab, dass es sich bei den Wirkstoffen pflanzlicher Arzneimittel um pflanzliche Stoffe, pflanzliche Zubereitungen oder eine Kombination aus pflanzlichen Stoffen und pflanzlichen Zubereitungen handelt.

228   Der Begriff **pflanzliche Stoffe** wird im AMG nicht definiert. Eine Definition wurde mit der RL 2004/24/EG als Art. 1 Nr. 31 in die RL 2001/83/EG eingefügt. Danach sind pflanzliche Stoffe i. S. d. RL alle vorwiegend ganzen, zerkleinerten oder geschnittenen Pflanzen, Pflanzenteile, Algen, Pilze und Flechten in unverarbeitetem Zustand. Außerdem werden bestimmte pflanzliche Ausscheidungen, die keiner speziellen Behandlung unterzogen wurden, als pflanzliche Stoffe definiert (Art. 1 Nr. 31 S. 2 RL 2001/83/EG). Pflanzliche Stoffe sind durch den verwendeten Pflanzenteil und die botanische Bezeichnung nach dem binomialen System (Gattung, Art, Varietät und Autor) genau bestimmt (Art. 1 Nr. 31 RL 2001/83/EG).

229   Die nicht ins nationale Recht umgesetzte Definition führt neben Pflanzen die **Algen, Pilze und Flechten** auf und legt fest, dass es sich bei diesen um pflanzliche Stoffe i. S. d. RL handeln soll. Dies zeigt, dass ohne entsprechende gesetzliche Definition Algen, Pilze und Flechten gerade nicht als Pflanzen i. S. d. RL anzusehen wären. Vielmehr stehen Algen, Pilze und Flechten grundsätzlich als eigene Stoffgruppen neben den pflanzlichen Stoffen und werden erst durch die gesetzliche Definition zu pflanzlichen Stoffen i. S. d. RL. Da der nationale Gesetzgeber die europarechtliche Definition nicht umgesetzt hat und der RL 2001/83/EG keine unmittelbare Geltung im nationalen Recht zukommt, können im nationalen Recht Algen, Pilze und Flechten nicht als pflanzliche Stoffe i. S. des Abs. 29 angesehen werden[277]. Im Übrigen ist Abs. 29 im Rahmen der Wortlautgrenzen und im Lichte der europarechtlichen Definition auszulegen.

230   Auch der im Rahmen der Definition verwendete Begriff der **pflanzlichen Zubereitungen** wird im AMG nicht definiert. Ebenso wie die Definition des Begriffs der pflanzlichen Stoffe wurde in RL 2001/83/EG mit Art. 1 Nr. 32 eine entsprechende Definition pflanzlicher Zubereitungen aufgenommen. Danach handelt es sich um Zubereitungen, die dadurch hergestellt werden, dass pflanzliche Stoffe Behandlungen wie Extraktion, Destillation, Pressung, Fraktionierung, Reinigung, Konzentrierung oder Fermentierung unterzogen werden. Diese umfassen zerriebene oder pulverisierte pflanzliche Stoffe, Tinkturen, Extrakte, ätherische Öle, Presssäfte und verarbeitete Ausscheidungen von Pflanzen. (Art. 1 Nr. 32 RL 2001/83/EG). Diese Definition kann zur Auslegung des in Abs. 29 verwendeten Begriffs der pflanzlichen Zubereitungen herangezogen werden.

231   Nach der bisherigen **Verwaltungspraxis** der zuständigen Bundesoberbehörde sowie der **Rechtsprechung** sind chemisch definierte **Reinsubstanzen** pflanzlichen Ursprungs, wie zum Beispiel Menthol[278], Levomenthol[279], Campher[280] oder Cineol, nicht als pflanzliche Arzneimittel einzustufen. Dieses Vorgehen erscheint im Hinblick auf die Definition in Abs. 29 zumindest zweifelhaft. Sofern Reinsubstanzen durch die in Art. 1 Nr. 32 RL 2001/83/EG aufgeführten oder ähnliche Behandlungen gewonnen werden können, handelt es sich definitionsgemäß um pflanzliche Zubereitungen.

232   Eine **Untergruppe** der pflanzlichen Arzneimittel sind die sog. **traditionellen pflanzlichen Arzneimittel** i. S. d. § 39a, für die mit der 14. AMG-Novelle in Umsetzung europarechtlicher Vorgaben ein Registrierungsverfahren als neue Möglichkeit zum Erhalt einer Genehmigung für das Inverkehrbringen eingeführt wurde[281]. Der Begriff des traditionellen pflanzlichen Arzneimittels wird in Art. 1 Nr. 29

[277] A. A. *VG Köln*, Urt. v. 19.1.2010 – 7 K 2340/09 – BeckRS 2010, 50307.
[278] *VG Köln*, Urt. v. 26.11.2008 – 24 K 7971/04 – BeckRS 2009, 31155, unter Bezug auf die Kommission B6, die in der Monographie „Menthol" (BAnz. Nr. 161 v. 26.8.1994), den Stoff der chemischen Gruppe der Terpene zugeordnet habe; auch die *EMEA* meint, Menthol erfülle nicht die Voraussetzungen eines pflanzlichen Stoffes bzw. einer pflanzlichen Zubereitung, vgl. EMEA/HMPC/108 850/2005.
[279] *VG Köln*, Urt. v. 26.11.2008 – 24 K 7971/04 – BeckRS 2009, 31155.
[280] Vgl. EMEA/HMPC/108 850/2005.
[281] Vgl. *Heßhaus*, PharmR 2006, 158; *Krüger*, PharmR 2006, 572; *Winnands*, A&R 2006, 159 f.

RL 2001/83/EG unter Verweis auf Art. 16a RL 2001/83/EG und die dort normierten Voraussetzungen definiert. Im AMG findet sich keine Definition des traditionellen pflanzlichen Arzneimittels, vielmehr werden in den §§ 39a ff. Voraussetzungen aufgeführt, die ein pflanzliches Arzneimittel neben seiner Eigenschaft als pflanzliches Produkt erfüllen muss, um als traditionelles pflanzliches Arzneimittel registriert werden zu können.

XXX. Gewebezubereitungen (Abs. 30)

1. Definition (S. 1). Der Begriff „Gewebezubereitungen" war bereits mit der 14. AMG-Novelle in **233** § 77 II aufgenommen worden. Erst im Zuge des GewebeG erfolgte in Abs. 30 eine Legaldefinition der **Gewebezubereitungen.** Der Gesetzgeber wollte einschränkend festlegen, dass nur die im TPG definierten Gewebe erfasst werden[282]. Der Hintergrund hierfür liegt darin, dass **Gewebe i. S. d. § 1a Nr. 4 TPG von** dem gegenüber dem Gewebebegriff **vorrangigen Organbegriff des § 1a Nr. 1 TPG abzugrenzen** sind, da Organe, wenn sie zur Übertragung auf Menschen bestimmt sind – worunter nach § 1a Nr. 7 TPG die Verwendung in oder an einem menschlichen Empfänger sowie die Anwendung beim Menschen außerhalb des Körpers zu verstehen ist[283] – gem. § 2 III Nr. 8 keine Arzneimittel sind[284].

Gewebe sind nach § 1a Nr. 4 TPG „alle aus Zellen bestehenden Bestandteile des menschlichen **234** Körpers, die keine Organe nach Nr. 1 sind, einschließlich einzelner menschlicher Zellen"[285]. Wenngleich im Allgemeinen die Definitionen des § 1a TPG ausschließlich für das TPG gelten[286], so ist doch zwischenzeitig anerkannt, dass der Gewebebegriff des TPG auch im AMG gilt[287], da das Gesetz knüpft hieran mehrfach an (§§ 4 XXX, 13 Ia Nr. 1, 20b I 1, 72b I 1). Aufgrund von § 1 III Nr. 2 TPG sind Blut und Blutbestandteile[288] keine Gewebe. Die mit dem GewebeG in § 1a Nr. 1 TPG aufgenommene Definition **„Organe"** wurde mit dem AMG-ÄndG 2009 und erneut mit dem TPG-ÄndG 2012[289] geändert. Nunmehr sind hiernach „Organe", mit Ausnahme der Haut, alle aus verschiedenen Geweben bestehenden, differenzierten Teile des menschlichen Körpers, die in Bezug auf Struktur, Blutgefäßversorgung und Fähigkeit zum Vollzug physiologischer Funktionen eine funktionale Einheit bilden, einschließlich der Organteile und einzelner Gewebe eines Organs, die unter Aufrechterhaltung der Anforderungen an Struktur und Blutgefäßversorgung zum gleichen Zweck wie das ganze Organ im menschlichen Körper verwendet werden können, mit Ausnahme solcher Gewebe, die zur Herstellung von Arzneimitteln für neuartige Therapien i. S. des § 4 Abs. 9 des Arzneimittelgesetzes bestimmt sind". Die Streichung der Wörter „oder Zellen" durch das AMG-ÄndG 2009 resultiert aus der VO (EG) Nr. 1394/2007, wonach für somatische Zelltherapeutika im Hinblick auf deren aufwendige Herstellungsverfahren GMP-Anforderungen anzulegen sind; insbesondere **Pankreasinselzellen** und **Leberzellen,** die substantiell manipuliert werden, um eine Funktion des Pankreas oder der Leber bei den Patienten zu erfüllen, sind wegen des aufwendigen Herstellungsverfahrens grundsätzlich als im zentrali-

---

[282] Vgl. BT-Drucks. 16/3146, S. 37.

[283] Zum Begriff der „Übertragung" vgl. auch *Pannenbecker*, StoffR 2008, 298, 307.

[284] Da vom Ausgangspunkt her menschliche Gewebe und Organe, die zur therapeutischen Verwendung bei einem Menschen bestimmt sind, prinzipiell zu den Arzneimitteln zählen, vgl. BT-Drucks. 13/4355, S. 32; *Nickel/Schmidt-Preisigke/Sengler*, § 21 Rn. 1; *Gutmann*, in: Schroth/König/Gutmann/Oduncu, § 21 Rn. 1; *Czerner*, in: Höfling, § 1a Rn. 11; *Pannenbecker*, in: FS Sander, S. 247, 262; *Bender*, VersR 1999, 419 f.; *Wolfslast/Rosenau*, NJW 1993, 2348 f., ist § 2 III Nr. 8 vonnöten, um die Geltung des AMG für die Organentnahme und -übertragung auszuschließen. Während die Gewebe-RL 2004/23/EG mit dem GewebeG bezüglich der Gewebeentnahme in weiten Teilen im AMG umgesetzt wurde, hat der Gesetzgeber diesen Schritt bezüglich der Organentnahme in Umsetzung der Organ-RL 2010/53/EU (ABl. L 207, S. 14 i. F. d. Berichtigung ABl. L 243, S. 68) zu Recht nicht wiederholt, sondern die erforderlichen Umsetzungsvorschriften mit dem Gesetz zur Änderung des Transplantationsgesetzes v. 21.7.2012 sowie der TPG-OrganV v. 11.2.2013 (BGBl. I S. 188, zuletzt geändert durch VO v. 28.5.2014, BGBl. I S. 601) erlassen. Es besteht letztlich keine sachliche Rechtfertigung für die unterschiedliche Verortung der Entnahmeregelungen und die Einordnung der Gewebeentnahme im AMG ist auch vor diesem Hintergrund als regulatorisch fragwürdig einzustufen. Vgl. hierzu auf der Grundlage des Kommissionsvorschlags v. 8.12.2008 (COM(2008) 818 endg.) *Pannenbecker*, in: Middel/Pühler/Lilie/Vilmar, Novellierungsbedarf des Transplantationsrechts, S. 215, 226.

[285] Mit dem GewebeG wurde der Anwendungsbereich des TPG auf Knochenmark erweitert und dieses als Gewebe i. S. d. § 1a Nr. 4 TPG eingestuft, vgl. BT-Drucks. 16/3146, S. 24 und *Pannenbecker*, Rechtsrahmen für Blutstammzellen, S. 14, 20 f. Entgegen der Systematik des europäischen Rechts (Art. 2 II Buchst. b) RL 2004/23/EG und deren 7. Erwägungsgrund sowie Art. 2 IV RL 2002/98/EG) stellen aus dem Nabelschnurblut oder den peripheren Blut gewonnene Blutstammzellen keine Gewebe i. S. d. § 1a Nr. 4 TPG sondern Blutbestandteile dar, vgl. hierzu BR-Drucks. 688/09, S. 40. Vgl. auch *Pannenbecker*, Rechtsrahmen für Blutstammzellen,, S. 11 f.

[286] Vgl. BT-Drucks. 16/3146, S. 60 (zum auf den Gewebebegriff bezogenen Änderungsantrag Nr. 5).

[287] Vgl. *v. Auer*, Transfus Med Hemother, 2008, 407, 409; *Bock*, Rechtsrahmen. S. 166 f.

[288] Als Blutbestandteile sind nach der Begründung zu § 2 Nr. 1 TFG „Bestandteile des Blutes anzusehen, „die für originäre Funktionen des Blutes bedeutsam sind, z. B. Blutzellen, Gerinnungsfaktoren, Albumin, Immunglobuline" (vgl. BT-Drucks. 13/9594, S. 16). Art. 3 Buchst. b) RL 2002/98/EG, der „Blutbestandteil" definiert als „einen therapeutischen Bestandteil von Blut (Erythrozyten, Leukozyten, Thrombozyten, Plasma), der durch unterschiedliche Methoden gewonnen werden kann" beinhaltet keine abschließende Klammerdefinition, weil diese RL nur eine Mindestharmonisierung beinhaltet (vgl. Art. 4 Abs. 2) und z. B. nicht für periphere Blutstammzellen gilt (vgl. Art. 2 Abs. 4), die indessen im deutschen Recht als Blutbestandteile betrachtet werden (vgl. § 9 TFG).

[289] Gesetz zur Änderung des Transplantationsgesetzes v. 21.7.2012 (BGBl. I S. 1601).

sierten Verfahren zulassungspflichtige Arzneimittel für neuartige Therapien gem. der VO (EG) Nr. 1394/2007 einzuordnen[290]. Durch die Änderung im Jahre 2009 sind mithin aus dem Gewebeverband isolierte Zellen aus dem Organbegriff ausgenommen worden[291]. Durch die zugleich in § 1a Nr. 1 TPG aufgenommene Ergänzung „mit Ausnahme solcher Gewebe, die zur Herstellung von Arzneimitteln für neuartige Therapien im Sinne des § 4 Abs. 9 des AMG bestimmt sind" wird klargestellt, dass Gewebe, die zum gleichen Zweck wie das ganze Organ verwendet werden können nur dann vom Organbegriff ausgeschlossen sind, wenn sie zur Herstellung von Arzneimitteln für neuartige Therapien i. S. d. § 4 IX bestimmt sind[292]. Die mit der TPG-Novelle 2012 aufgenommenen Ergänzungen (Aufnahme des Worts „differenziert" und der Formulierung „unter Aufrechterhaltung der Anforderungen an Struktur und Blutgefäßversorgung") dienen der Umsetzung des Organbegriffs aus Art. 3 Buchst. h) RL 2010/53/EU und hierdurch wird bewirkt, dass einzelne Gewebe eines Organs als Organ anzusehen sind, wenn die Anforderungen an Struktur und Blutgefäßversorgung wie beim ganzen Organ fortbestehen[293]. Dies ist z. B. bei Splitlebern oder Lungenlappen, nicht aber bei Herzklappen der Fall[294]. Erfüllt ein Gewebe nicht sämtliche Tatbestandsmerkmale des § 1a Nr. 1 TPG, wird insbesondere nicht die Struktur und Blutgefäßversorgung des Organs aufrechterhalten, so ist es kein Organ i. S. dieser Norm und es ist unbeachtlich, ob ein solches Gewebe unter medizinischen Gesichtspunkten als Organteil betrachtet werden kann; ein Gewebe i. S. d. § 1a Nr. 4 TPG kann nicht zugleich ein Organ i. S. d. § 1a Nr. 1 TPG sein, was unmittelbar aus der Gewebedefinition folgt („...die keine Organe nach Nr. 1 sind...")[295]. Sog. vascularized composite allografts (z. B., Gesichter oder Extremitäten wie Hände, Unterarme) sind Organe i. S. d. § 1a Nr. 1 TPG[296].

235 Wenn Gewebe zu seiner therapeutischen Verwendung noch weiterer Be- oder Verarbeitung bedarf, wird es noch nicht im oder am menschlichen Körper angewendet oder kann einem Menschen noch nicht zu den in § 2 I Nr. 2 genannten arzneilichen Zwecken verabreicht werden und ist auch noch nicht i. S. d. § 2 I Nr. 1 zur Anwendung am oder im menschlichen Körper bestimmt, so dass es noch nicht als Arzneimittel, sondern ggf. als **Ausgangsmaterial** zur Herstellung eines Arzneimittels einzustufen ist[297]. Jedoch können auch bestimmte Gewebe ebenso wie ein Organ unmittelbar und nicht erst nach weiterer Bearbeitung (ggf. im Anschluss an eine Konservierung, z. B. Augenhornhäute[298]) übertragen werden[299]. Infolge der weiten Fassung der Legaldefinition („... sind Arzneimittel, die Gewebe ... sind"), wird vom Begriff der Gewebezubereitung auch Gewebe erfasst, welches keiner Be- oder Verarbeitung unterzogen wurde, sobald dieses die Tatbestandsmerkmale eines Präsentations- (§ 2 I Nr. 1) oder Funktionsarzneimittels (§ 2 I Nr. 2) erfüllt[300].

---

[290] So bereits im Vorfeld des AMG-ÄndG 2009 *Pannenbecker*, in: FS Sander, S. 247, 263. Vgl. BT-Drucks. 16/12 256, S. 58. In diesem Sinne auch die Antwort der Bundesregierung auf die Kleine Anfrage der Abgeordneten Dr. Terpe u. a., BT-Drucks 16/9988, S. 6. Anders hingegen noch im Gesetzgebungsverfahren zum GewebeG BT-Drucks. 16/3146, S. 24. Vgl. hierzu auch *Pühler/Middel/Hübner*, MedR 2010, 23 ff. Inzwischen hat das CAT in einer wissenschaftlichen Empfehlung nach Art. 17 VO (EG) Nr. 1394/2007 die Ansicht vertreten, dass aus dem Pankreas isolierte Langerhansche Inseln, die wie die Bauchspeicheldrüse zur Insulinproduktion bestimmt sind, kein Arzneimittel für neuartige Therapien seien, da in der Isolierung aus dem Gewebeverband keine substantielle Manipulation liege und der Antragsteller gezeigt habe, dass sich durch diese Bearbeitung nicht die für die klinische Verwendung bedeutsamen biologischen Eigenschaften und physiologischen Funktionen des Gewebes ändern (vgl. wissenschaftliche Empfehlung v. 18.8.2011, EMA/681445/2011). Hieraus kann keine einzelfallübergreifende Ableitung getroffen werden, da es auf das jeweilige Bearbeitungsverfahren ankommt (vgl. Ziff. 2.3.1 des „Reflection paper on classification of advanced therapy medicinal products" v. 21.5.2015 (EMA/CAT/600280/2010 rev. 1). In der neuen Fassung des „Reflection paper" vom Mai 2015 wird unter Ziff. 2.2.4a) ausgeführt, dass der enzymatische Verdau von Gewebe zur Freisetzung von Zellen als substantielle Bearbeitung anzusehen ist, wenn das Ziel die Auflösung des Zellkontakts ist. Nur wenn der Enzymatische Verdau zur Isolierung funktioneller Gewebeeinheiten (z. B. Langerhanssche Inseln) führt, wird das Verfahren nicht als substantielle Bearbeitung betrachtet.

[291] Daher können isolierte Hepatozyten kein Organ i. S. d. § 1a Nr. 1 TPG sein, a. A. *Müller-Terpitz*, in Höfling, TPG, § 8d Rn. 25. Nach Art. 3 Buchst. a) RL 2004/23/EG sind Zellen „einzelne menschliche Zellen oder Zellansammlungen, die durch keine Art von Bindegewebe zusammengehalten werden."

[292] Vgl. BT-Drucks. 16/13428, S. 86.

[293] Vgl. BT-Drucks. 17/7376, S. 17.

[294] Siehe hierzu auch den PEI-Meldebogen gem. § 8d III TPG.

[295] Das wird von *Czerner*, in: Höfling, § 1a Rn. 9 f., Rn. 32 offenbar nicht bedacht.

[296] Vgl. *Gutmann*, MedR 2014, 84 ff.

[297] Vgl. BT-Drucks. 16/3146, S. 42 zu den Meldepflichten aus § 63c III (jetzt § 63i III): „Sie betreffen auch ... Gewebe, die als Ausgangsmaterial noch nicht anwendbare Arzneimittel sind."

[298] Vgl. hierzu *Schroeter/Rieck/Maier/Reinhard*, Transfus Med Hemother 2008, 431 ff.; *Schilling-Leiß/Godehardt/Scherer/Cichutek/Tönjes*, Transfus Med Hemother 2008, 453, 460.

[299] Vgl. BT-Drucks. 16/5443, S. 53. Die in den Fragen und Antworten des BMG auf die 4. Frage „Warum brauchen wir unterschiedliche Bestimmungen für Organe und Gewebeprodukte" mit Stand vom 1.12.2008 getätigte Antwort: „Im Unterschied zu Organen unterliegt jedes Gewebe vor der Anwendung bei Menschen eine Reihe von Verarbeitungsschritten. Es gibt kein Gewebe, das unverarbeitet transplantiert wird. Alle Gewebe durchlaufen Bearbeitungs-, Konservierungs- und Reinigungsschritte ..." ist in dieser Allgemeinheit unzutreffend. Im Übrigen werden auch bei zur Übertragung bestimmten Organen Reinigungs- und Konservierungsschritte vorgenommen (vgl. Art. 2 I, 3 Buchst. l) RL 2010/53/EU).

[300] Vgl. *v. Auer*, Transfus Med Hemother, 2008, 407, 410.

2. Keine Gewebezubereitungen (S. 2). Gem. der **Ausnahmeregelung in Abs. 30 S. 2**, die mit **236** der AMG-Novelle 2012 dergestalt geändert wurde, dass imprägnierte Eizellen nicht mehr unter die Klammerdefinition „**Keimzellen**" fallen, sind menschliche Samen- und Eizellen (Keimzellen), **imprägnierte Eizellen**[301] sowie **Embryonen** weder Arzneimittel noch Gewebezubereitungen. Keimzellen sind jedoch „Gewebe" i. S. d. § 1a Nr. 4 TPG, so dass für sie die §§ 20b, 20c und 72b gelten, indes § 21a nicht anwendbar ist. Nach den Gesetzesmaterialien sollen Embryonen i. S. d. Vorschrift solche nach der Definition des § 8 I ESchG[302] sein[303]. Embryonen als solche sind keine Gewebe[304]. Es wird die Auffassung vertreten, embryonale Stammzellen i. S. d. § 3 Nr. 2 StZG[305] seien keine Gewebe i. S. d. § 1a Nr. 4 TPG, da sie aus extrakorporal erzeugten Embryonen gewonnen werden[306]. Hierzu ist anzumerken, dass auch der extrakorporal erzeugte Embryo ungeachtet des Umstands, dass er nicht der Herbeiführung einer Schwangerschaft dient, als „menschlicher" Körper anzusehen ist und es sich bei embryonalen Stammzellen daher um „Bestandteile des menschlichen Körpers" handelt. Ungeachtet dessen dürfen embryonale Stammzellen in Deutschland nur zu Forschungszwecken verwendet werden (§ 4 StZG), was die Übertragung auf einen Menschen (i. S. d. § 1a Nr. 7 TPG) und die Anwendung des TPG ausschließt (vgl. 1 Abs. 2 TPG). Damit scheidet auch die Anwendung des AMG auf embryonale Stammzellen aus.

3. Arzneimittel für neuartige Therapien. Nach dem Verständnis des Gesetzgebers **umfasst der** **237** **Begriff** der „Gewebezubereitungen" auch **„Arzneimittel für neuartige Therapien"** i. S. d. § 4 IX, **sofern als deren Ausgangsstoff menschliche Gewebe verwendet werden**[307]. Es sind demnach die „einfachen" Gewebezubereitungen von den Spezialdefinitionen der Arzneimittel für neuartige Therapien – den somatischen Zelltherapeutika, biotechnologisch bearbeiteten Gewebeprodukten und Gentherapeutika – abzugrenzen, da bei Überschneidungen mit Spezialdefinitionen diese der Begriffsbestimmung der Gewebezubereitungen vorgehen[308]. Die Abgrenzung zwischen „einfachen" Gewebezubereitungen und Arzneimitteln für neuartige Therapien ist erforderlich, weil nur für letztere die Vorgaben der VO (EG) Nr. 1394/2007 gelten und ggf. § 4b einschlägig sein kann (vgl. hierzu § 4b Rn. 15; § 20c Rn. 4.).

XXXI. Rekonstitution (Abs. 31)

Im Rahmen des AMG-ÄndG 2009 wurde in Abs. 31 die Legaldefinition der Rekonstitution eines **238** Fertigarzneimittels aufgenommen. Der ursprüngliche Gesetzesentwurf[309] wurde aufgrund der Stellungnahme des Bundesrates[310] angepasst[311]. Unter der **Rekonstitution** eines Fertigarzneimittels zur Anwendung beim Menschen ist nunmehr die Überführung in seine anwendungsfähige Form unmittelbar vor seiner Anwendung gem. den Angaben der Packungsbeilage (1. Alt.) oder im Rahmen der klinischen Prüfung nach Maßgabe des Prüfplans (2. Alt.) zu verstehen.

Die Legaldefinition in Abs. 31 verzichtet auf die Darstellung der verschiedenen Möglichkeiten der **239** Überführung des Fertigarzneimittels in seine anwendungsfähige Form. In Übereinstimmung mit der gemeinschaftsrechtlichen Vorlage sieht die Definition ihrem Wortlaut nach bereits vor, dass das Fertigarzneimittel vor der Rekonstitution physisch existent ist. Die Überführung in die anwendungsfähige Form

---

[301] Imprägnierte Eizellen sind befruchtete Eizellen vor dem Zeitpunkt der Kernverschmelzung.

[302] Gesetz zum Schutz von Embryonen (Embryonenschutzgesetz – ESchG) v. 13.12.1990 (BGBl. I S. 2746), zuletzt geändert durch Art. 1 des Präimplantationsdiagnostikgesetzes (PräimpG) v. 21.11.2011 (BGBl. I S. 2228).

[303] Vgl. BT-Drucks. 17/9341, S. 48. Vom Arzneimittelbegriff ausgenommen wären demnach – anders als bei der Zugrundelegung der Embryo-Definition des § 3 Nr. 4 StZG – nur durch in-vitro-Fertilisation oder natürliche Befruchtung erzeugte Embryonen, nicht aber durch Zellkerntransfer oder Splitting erzeugte Embryos (vgl. zu den beiden Definitionen *Müller-Terpitz*, in: Spickhoff, § 8 ESchG Rn. 1, § 3 StZG Rn. 5; *Taupitz*, in: Günther/Taupitz/Kaiser, § 8 Rn. 12; BT-Drucks. 14/8846, S. 11, 13). Eine Beschränkung des Abs. 30 S. 2 auf durch Befruchtung erzeugte Embryonen ist dem Gesetz jedoch nicht zu entnehmen. Die nicht näher begründete Bezugnahme auf die Definition des § 8 I ESchG in den Materialien dürfte wohl damit zusammenhängen, dass die in Abs. 30 S. 2 gesondert genannten imprägnierte Eizellen zwar keine Embryonen i. S. d. § 8 I ESchG (vgl. *Taupitz*, in: Günther/Taupitz/Kaiser, § 8 Rn. 31), aber als totipotente Zellen Embryonen gem. § 3 Nr. 4 StZG sind. Auch nach der Rechtsprechung des *EuGH* zur RL 98/44/EG v. 6.7.1998 über den Schutz biotechnologischer Erfindungen (Abl. L 213, S. 13) ist der Begriff des Embryos dergestalt zu verstehen, dass er auch unbefruchtete totipotente Zellen erfasst (vgl. *EuGH*, Urt. v. 18.12.2014 – Rs. C-364/13, Rn. 27, PharmR 2015, 169). Unter Zugrundelegung dieses weiten Embryonenbegriffs, wie er sich auch in § 3 Nr. 4 StZG wiederfindet, ist die gesonderte Erfassung imprägnierter Eizellen in Abs. 30 S. 2 obsolet. Auch imprägnierte Eizellen sind keine Gewebe i. S. d. § 1a Nr. 4 TPG.

[304] Vgl. BT-Drucks. 16/3146, S. 23. Jedoch kann von Embryonen Gewebe entnommen werden (vgl. §§ 4a, 8c III TPG).

[305] Gesetz zur Sicherstellung des Embryonenschutzes im Zusammenhang mit der Einfuhr und Verwendung menschlicher embryonaler Stammzellen (Stammzellgesetz – StZG) v. 28.6.2002 (BGBl. I S. 2277, zuletzt geändert durch Art. 2 XXIX u. Artikel 4 XVI Bundesgebührengesetz (BGebG) v. 7.8.2013 (BGBl. I S. 3154).

[306] Vgl. *Kloesel/Cyran*, § 4 Anm. 98.

[307] Vgl. BT-Drucks. 16/12 256, S. 44; BT-Drucks. 17/2751, S. 7 (Bericht der Bundesregierung über die Situation der Versorgung der Bevölkerung mit Gewebe und Gewebezubereitungen).

[308] Vgl. BT-Drucks. 16/5443, S. 56 und 16/3146, S. 37.

[309] BT-Drucks. 16/12256, S. 10.

[310] BR-Drucks. 171/09, S. 2 f.

[311] BT-Drucks. 16/12677, S. 18.

muss **unmittelbar vor der Anwendung** geschehen[312]. Außerhalb der klinischen Prüfung ist auf die **Angaben in der Packungsbeilage** abzustellen. Durch die Anknüpfung an die Angaben in der Packungsbeilage wird verdeutlicht, dass nur solche Herstellungstätigkeiten in Betracht kommen können, die auch ein Verbraucher gefahrlos zu leisten in der Lage ist[313]. Dadurch wird sichergestellt, dass Zahnärzte sowie Hebammen, Rettungssanitäter, Krankenschwestern und Krankenpfleger, die nicht unter unmittelbarer ärztlicher Verantwortung gem. § 13 IIb 1 stehen, ebenso wie Personen, die in Altenheimen, Pflegeheimen oder in der häuslichen Pflege berufsmäßig oder gewerbemäßig Humanarzneimittel in eine anwendungsfähige Form bringen, durch Rekonstitution das Fertigarzneimittel Patienten verabreichen können[314].

240   Im Rahmen der klinischen Prüfung muss die Überführung anhand der Maßgaben des Prüfplans erfolgen. Ausweislich der Gesetzesbegründung[315] hat sich der Gesetzgeber an dem damals in der öffentlichen Konsultation befindlichen überarbeiteten **Anhang 13 zum EG-GMP-Leitfaden** orientiert. Danach handelt es sich bei der Rekonstitution **im Rahmen der klinischen Prüfung** um einen einfachen Prozess des Auflösens oder Dispergierens des Arzneimittels für die Anwendung oder des Verdünnens oder Mixens des Arzneimittels mit einem für die Anwendung erforderlichen Hilfsstoff. Der Prozess muss in Übereinstimmung mit dem Prüfplan und so kurz wie möglich vor der Anwendung durchgeführt werden. Das Prüfpräparat muss vor der Rekonstitution existent sein, d. h. es darf nicht erst durch den genannten Prozess hergestellt werden.

241   Der Begriff der Rekonstitution spielt eine maßgebliche Rolle im Rahmen der Herstellungserlaubnis. Für die Rekonstitution eines Arzneimittels, das nicht zur klinischen Prüfung bestimmt ist, gilt das Erfordernis des Bestehens einer **Herstellungserlaubnis nicht** (§ 13 Ia Nr. 4, s. § 13 Rn. 33 f.). Dasselbe gilt gem. § 13 II 1 Nr. 1 für die Rekonstitution durch den Inhaber einer Apotheke im Rahmen des üblichen Apothekenbetriebs bei Arzneimitteln, die zur klinischen Prüfung bestimmt sind, sofern dies dem Prüfplan entspricht und für den Träger eines Krankenhauses, der nach dem ApG Arzneimittel abgeben darf (s. § 13 Rn. 36, 44). Sowohl der Inhaber einer Apotheke als auch der Träger eines Krankenhauses, welches Arzneimittel abgeben darf, sind zudem nach § 13 IIa 2 Nr. 1 und 2 privilegiert (s. § 13 Rn. 61 ff.). Daraus folgt, dass die Rekonstitution grundsätzlich dem **Herstellungsbegriff** gem. § 4 XIV unterfällt[316]. Diese Gesetzesänderung widerspricht der bisherigen Rechtsprechung, die in der Rekonstitution keine Arzneimittelherstellung sah[317]. Kritisch ist zudem anzumerken, dass sich die Definition auf die Rekonstitution eines Fertigarzneimittels beschränkt, wohingegen beispielsweise § 13 Ia Nr. 4 den Begriff der Rekonstitution gebraucht, ohne dass die Vorschrift auf das Vorliegen eines Fertigarzneimittels beschränkt ist.

242   Ferner unterliegt die Rekonstitution, soweit es sich nicht um Arzneimittel handelt, die zur klinischen Prüfung bestimmt sind, nicht der **Überwachung** (§ 64 I 5). Dies hat seinen Grund darin, dass sich die Rekonstitution ausschließlich auf solche Herstellungsakte beschränkt, die das Zulassungsverfahren „durchlaufen" haben und von der Zulassung gedeckt sind[318]. Die Rekonstitution von Fertigarzneimitteln ist auch nicht anzeigepflichtig nach § 67 I 8.

XXXII. Verbringen, Einfuhr und Ausfuhr (Abs. 32)

243   **1. Verbringen (S. 1).** Die insbesondere im Hinblick auf § 73 relevante Definition des Verbringens wurde erst im Rahmen des AMG-ÄndG 2009 in das Gesetz eingefügt (s. auch § 73 Rn. 4, 18, 28). Der Gesetzgeber kam damit einer Forderung des Bundesrates nach, der aus Anlass der Ablösung der PharmBetrV durch die AMWHV verlangt hatte, eine verbindliche Definition der Begriffe „Einfuhr" und „Transit" zu schaffen[319].

244   **Verbringen** meint jede physische Beförderung in den, durch den oder aus dem Geltungsbereich des Gesetzes[320]. In Übereinstimmung mit dem Gesetzwortlaut geht der Gesetzgeber davon aus, dass ein Verbringen nicht voraussetzt, dass der Verbringer im Falle des Verbringens der Ware in den Geltungsbereich des Gesetzes diese selber in Empfang nimmt oder ausgehändigt bekommt[321]. Die **Durchfuhr** einer dem AMG unterfallenden Ware stellt ein Verbringen in den Geltungsbereich des Gesetzes dar[322].

---

[312] Vgl. hierzu *OLG Hamburg*, PharmR 2011, 413.
[313] Vgl. *OVG Berlin-Brandenburg*, A&R 2015, 45 f. (für die Herstellung von sterilen patientenindividuellen parenteralen Arzneimitteln in der Apotheke). Die in der 1. Auflage vertretene Auffassung wird aufgegeben.
[314] *Kloesel/Cyran*, § 13 Anm. 42; *Wesser*, A&R 2012, 246.
[315] BT-Drucks. 16/12256, S. 42.
[316] Vgl. BT-Drucks. 16/12256, S. 42; *BGH*, PharmR 2013, 41, Rn. 26; *OVG Berlin-Brandenburg*, A&R 2015, 45; *Wesser*, A&R 2015, 246. A. A. *OLG München*, Beschl. v. 21.12.2010 – 2 Ws 1090/10 – BeckRS 2011, 05445.
[317] *VG Oldenburg*, Beschl. v. 19.12.2007 – 7 B 3409/07 – BeckRS 2008, 30423.
[318] Vgl. *OVG Berlin-Brandenburg*, A&R 2015, 45.
[319] BR-Drucks. 398/06, S. 3.
[320] BT-Drucks. 16/12256, S. 42.
[321] BT-Drucks. 16/12256, S. 42.
[322] *Kloesel/Cyran*, § 72 Anm. 7.

2. Einfuhr (S. 2). Die **Einfuhr** i. S. d. Abs. 32 S. 2 stellt einen Unterfall des Verbringens gem. Abs. 32 **245**
S. 1 dar. Sie setzt ein endgültiges körperliches Verbringen in den Geltungsbereich des AMG voraus (s.
auch § 73 Rn. 6, 21). Hierzu genügt auch die Weiterverarbeitung des entsprechenden Produktes, sofern
diese im Inland stattfindet[323]. Dementsprechend handelt es sich bei der **Durchfuhr** nicht um eine
Einfuhr i. S. d. Abs. 32 S. 2.

Die Einfuhr beschränkt sich auf die Überführung von unter das AMG fallenden Produkten aus **246**
Drittstaaten in den **zollrechtlich freien Verkehr.** Drittstaaten sind ausweislich der Norm alle Staaten,
die nicht zu den Vertragsstaaten des Abkommens über den Europäischen Wirtschaftsraum (EWR) zählen.
Drittstaaten sind mithin alle Staaten, mit Ausnahme der Mitgliedstaaten der EU sowie Island, Liechtenstein und Norwegen.

3. Gesetzliche Fiktion der Einfuhr (S. 3). Gem. der durch das AMNOG in das Gesetz eingefügten **247**
Vorschrift gelten Produkte, die dem AMG unterfallen, auch dann als eingeführt, wenn sie **entgegen den**
zollrechtlichen Bestimmungen in den Wirtschaftskreislauf überführt wurden. Damit soll verhindert
werden, dass derjenige, der solche Produkte (Arzneimittel, Gewebe, Gewebezubereitungen) unter
Umgehung der Zollvorschriften auf andere Weise in den Wirtschaftskreislauf überführt, straffrei bleibt
(vgl. § 96 Nr. 4, 18a bis 18c). Eine **Überführung in den Wirtschaftskreislauf** liegt vor, wenn die
Produkte so in den Geltungsbereich des Gesetzes verbracht werden, dass sie faktisch ohne weitere
zollamtliche Überwachung oder zollamtliche Maßnahmen frei verwendet werden können. Dies betrifft
insbesondere den Fall des Einfuhrschmuggels[324].

Keine Überführung in den Wirtschaftskreislauf liegt vor, wenn Nichtgemeinschaftswaren in ein **248**
in Art. 4 Nummer 16 Buchst. b) bis f) VO (EWG) Nr. 2913/92 genanntes Zollverfahren (Versand-
verfahren, Zolllagerverfahren, aktive Veredelung, Umwandlungsverfahren, vorübergehende Verwendung) überführt werden und darin ordnungsgemäß verbleiben oder eine der in Art. 4 Nummer 15
Buchst. b) bis e) VO (EWG) Nr. 2913/92 genannten zollrechtlichen Bestimmungen (Verbringen in eine
Freizone oder ein Freilager, Wiederausfuhr aus dem Zollgebiet der EU, Vernichtung oder Zerstörung,
Aufgabe zugunsten der Staatskasse) erhalten. Der Verbringer erklärt mit Wahl dieser Zollverfahren bzw.
zollrechtlichen Bestimmungen, dass er die Produkte zum Zeitpunkt ihres Verbringens noch nicht in den
hiesigen Wirtschaftskreislauf überführen will und deren Endbestimmung somit noch nicht feststeht. Diese
Produkte gehen erst dann in den Wirtschaftskreislauf über, wenn sie zum zollrechtlich freien Verkehr
abgefertigt oder unter Verletzung der zollrechtlichen Bestimmungen aus der zollamtlichen Überwachung
entfernt wurden[325].

4. Ausfuhr (S. 4). Mit der durch das 2. AMG-ÄndG 2012 in das Gesetz aufgenommenen Definition **249**
der Ausfuhr wird klargestellt, dass unter der „Ausfuhr" jedes Verbringen von unter das AMG fallenden
Produkten in Drittstaaten, die **nicht EWR-Vertragsstaaten** sind, zu verstehen ist[326]. Das Verbringen
von Arzneimitteln innerhalb der EWR-Vertragsstaaten stellt weder eine Einfuhr noch eine Ausfuhr dar.

XXXIII. Anthroposophische Arzneimittel (Abs. 33)

Zur Begriffsbestimmung für ein **anthroposophisches Arzneimittel** wird in der Begründung zum **250**
AMG-ÄndG 2009 ausgeführt, dass die Aufnahme der neuen Legaldefinition im Zusammenhang mit
Bestrebungen steht, im europäischen Recht Regelungen für diese Therapierichtung zu verankern[327]. Der
Hintergrund dieser Bestrebungen liegt im sog. **Antroposana-Urteil** des *EuGH*, wonach Anthroposophika Arzneimittel i. S. d. Art. 1 Nr. 2 RL 2001/83/EG sind[328] und solche Arzneimittel in der EU nur
dann in den Verkehr gebracht werden dürfen, wenn für sie zuvor eine Genehmigung für das Inverkehr-
bringen nach den in der RL 2001/83/EG genannten Verfahren erteilt worden ist[329]. Die RL 2001/83/
EG enthält nach der Auffassung des *EuGH* ein abschließendes System von Verfahren zur Registrierung
und zur Genehmigung für das Inverkehrbringen von Arzneimitteln[330], so dass es den Mitgliedstaaten in
Anbetracht der vollständigen Harmonisierung nicht freisteht unter der Erwägung, dass die RL kein
spezielles und adäquates Verfahren für Anthroposophika enthält, dort nicht enthaltene Verfahren zur
Eröffnung des Marktzugangs von Arzneimitten vorzusehen[331]. Eine Anpassung des Verfahrenssystems der

---

[323] *Rehmann*, § 72 Rn. 2.
[324] BT-Drucks. 17/3698, S. 57.
[325] BT-Drucks. 17/3698, S. 57 f.
[326] Vgl. BT-Drucks. 17/9341, S. 75.
[327] Vgl. BT-Drucks. 16/12256, S. 42.
[328] Vgl. *EuGH*, Urt. v. 20.9.2007 – Rs. C-84/06, Rn. 33, EuZW 2007, 647 – Niederlande/Antroposana u. a.
[329] Vgl. *EuGH,* Urt. v. 20.9.2007 – Rs. C-84/06, Rn. 35, EuZW 2007, 647 – Niederlande/Antroposana u. a.; vgl.
zuvor schon *EuGH*, Urt. v. 9.6.2005 – Rs. C-211/03, Rn. 57, LMuR 2005, 132 – Lactobact Omni FS.
[330] Das sind die in Titel III (Inverkehrbringen) der RL 2001/83/EG genannten Verfahren, nämlich die Genehmigung für das Inverkehrbringen (Kap. 1), das besondere vereinfachte Registrierungsverfahren für homöopathische
Arzneimittel (Kap. 2, Art. 14, 15) und das vereinfachte Registrierungsverfahren für traditionelle pflanzliche Arzneimittel
(Kap. 2a).
[331] Vgl. *EuGH*, Urt. v. 20.9.2007 – Rs. C-84/06, Rn. 37 ff., EuZW 2007, 647 – Niederlande/Antroposana
u. a. Vgl. auch Schlussanträge des Generalanwalts *Bot* v. 24.5.2007, C-84/06, Rn. 56 ff., BeckRS 2007, 449 216.

RL 2001/83/EG (deren Notwendigkeit sich etwa bei traditionellen pflanzlichen Arzneimitteln aus der Erkenntnis ergeben hat, dass die Anforderungen des allgemeinen Genehmigungsverfahrens dieser RL hierfür ungeeignet sind) ist nach den Schlussanträgen des Generalanwaltes nur auf Gemeinschaftsebene durchführbar, da der Gemeinschaftsgesetzgeber den Mitgliedstaaten (abgesehen von der Sonderregelung für homöopathische Arzneimittel in Art. 16 II RL 2001/83/EG) nicht ausdrücklich die Befugnis zugestanden hat, besondere Verfahren für besondere Arzneimittel einzuführen[332]. Der *EuGH* hat diese Erwägungen in sein Urteil einbezogen[333]. Die gegenteilige Ansicht der Literatur, wonach die RL 2001/83/EG keinen numerus clausus von Marktzugangsverfahren für Arzneimittel sondern eine insofern unvollständige Harmonisierung beinhalte[334], ist nicht mehr aufrecht zu halten. Diese Rechtsprechung wirkt sich vor allem auf anthroposophische Arzneimittel aus, die nicht nach einer homöopathischen Verfahrenstechnik hergestellt werden und daher nicht gem. §§ 38 f. registriert werden können (s. hierzu Rn. 203)[335], oder deren für eine Registrierung als traditionelles pflanzliches Arzneimittel erforderliche therapeutische Wirksamkeit auf der Grundlage der für diese Arzneimittel geltenden Kriterien nicht gem. § 39b I 1 Nr. 4 plausibel dargestellt werden kann.

251 Die für diese Anthroposophika erforderlichen, in der Gesetzesbegründung angesprochenen Regelungen auf europäischer Ebene werden in dem auf der Grundlage des Art. 16i RL 2001/83/EG veröffentlichten **Bericht der Kommission**[336] diskutiert. Dort beurteilt die Kommission eine mögliche Ausdehnung der Registrierung als traditionelles Arzneimittel auf andere Arten von Arzneimitteln. Sie teilt unter Ziff. 4 des Berichts zwar mit, dass sie bereit sei, die Erweiterung des vereinfachten Registrierungsverfahrens nach Kap. 2a auf andere Arzneimittel mit einer langen und sicheren Verwendung in Betracht zu ziehen, und sie spricht insofern u.a. neben Ayurveda- und traditionellen chinesischen Arzneimitteln auch anthroposophische Arzneimittel an. Zugleich hält sie aber auch fest, dass die RL 2001/83/EG einen produktbezogenen Ansatz verfolge und keinen Rahmen für die Regulierung einer medizinischen Behandlungstradition bereitstelle. Die Existenz der Kap. 2 und 2a der RL 2001/83/EG belegen, dass diese Aussage unzutreffend ist. Der Bericht verdeutlicht, dass die Kommission dem Anliegen, den Nachweis einer plausiblen Wirksamkeit nicht für ein einzelnes Arzneimittel sondern für den Therapieansatz als solchen zu verlangen, aus politischen Gründen ablehnend gegenübersteht und dass sie nicht plant, den Anwendungsbereich des vereinfachten Registrierungsverfahrens über den aktuellen Stand hinausgehend auf ganze traditionelle Medizinsysteme auszuweiten. Die Kommission hat außerdem in mehreren Antworten auf Anfragen von Mitgliedern des EU-Parlaments mitgeteilt, dass sie nicht beabsichtigt, für anthroposophische Arzneimittel eigene Rechtsvorschriften einzuführen[337]. Auf europäischer Ebene besteht damit weiterhin kein adäquater Rechtsrahmen für anthroposophische Arzneimittel.[338]

252 Nach der **Begriffsbestimmung** muss ein anthroposophisches Arzneimittel nach der **anthroposophischen Menschen- und Naturerkenntnis** entwickelt werden. Da sich die Begründung seiner Wirksamkeit folglich nach den Besonderheiten der anthroposophischen Therapierichtung richtet und Arzneimittelprüfsymptomatiken sowie Erstverschlimmerungen nach der Erkenntnis der nach § 25 VII für die Anthroposophie errichteten Kommission C keine für die Anthroposophie spezifischen Risiken sind, rechtfertigen solche Kriterien der für die homöopathischen Therapierichtung keine Dosisreduzierung eines anthroposophischen Arzneimittels.[339] Die Begriffsbestimmung fordert außerdem, dass ein anthroposophisches Arzneimittel nach einem in der Ph. Eur. beschriebenen **homöopathischen Zubereitungsverfahren,** oder, sofern dort ein solches nicht enthalten ist, nach einem in den nachrangigen Arzneibüchern der Mitgliedstaaten beschriebenen homöopathischen Zubereitungsverfahren hergestellt wird (s. Rn. 203). Alternativ ist eine Herstellung nach einem besonderen **anthroposophischen Zubereitungsverfahren** möglich, welches ausweislich des Wortlautes des Abs. 33 nicht in der Ph. Eur. oder einem anderen offiziellen Arzneibuch eines EU-Mitgliedstaates beschrieben sein muss.

253 Zu den Tatbestandsmerkmalen eines anthroposophischen Arzneimittels zählt nach der Definition weiterhin, dass das Arzneimittel dazu **bestimmt** ist, **entsprechend** den Grundsätzen der **anthroposophischen Menschen- und Naturerkenntnis angewendet zu werden.** Der deutsche Gesetzgeber

---

[332] Vgl. Schlussanträge des Generalanwalts *Bot* v. 24.5.2007, C-84/06, Rn. 66 f., BeckRS 2007, 449 216.

[333] Vgl. *EuGH*, Urt. v. 20.9.2007, C-84/06, Rn. 40, EuZW 2007, 647 – Niederlande/Antroposana u. a.

[334] Vgl. *Zuck*, in: FS Sander, S. 425, 431 ff.; *Zuck*, Rn. 260–264. *Zuck* argumentiert u. a. damit, dass sich die unvollständige Harmonisierung aus dem 6. Erwägungsgrund zur RL 2004/24/EG und dem durch diese RL in den Gemeinschaftskodex integrierten Art. 16i ergebe. Dies ist nicht überzeugend, da nach dem 6. Erwägungsgrund der „Geltungsbereich der vereinfachten Regelung" der RL 2004/24/EG zunächst auf traditionelle pflanzliche Arzneimittel beschränkt ist und Art. 16i RL 2001/83/EG sich mit der möglichen zukünftigen Ausdehnung des Registrierungsverfahrens auf andere als traditionelle pflanzliche Arzneimittel befasst. Hieraus lässt sich zum Erfordernis einer Genehmigung zum Inverkehrbringen nach Art. 6 RL 2001/83/EG für Anthroposophika nichts herleiten.

[335] Vgl. *Zuck*, in: FS Sander, S. 425, 430.

[336] Bericht über die Erfahrung mit der Anwendung von Kap. 2a der RL 2001/83/EG i. d. F. der RL 2004/24/EG auf bestimmte für traditionelle pflanzliche Arzneimittel geltende Vorschriften v. 29.9.2008, COM (2008) 584 endg.

[337] Vgl. Abl. 2014/C 263/01, S. 231; 2014/C 426/01, S. 276.

[338] Hier kann nicht der Frage nachgegangen werden, ob dies primärrechtswidrig ist.

[339] Vgl. *VG Köln*, PharmR 2014, 537, 539 ff.

lehnt sich hiermit unausgesprochen an Art. 4 S. 2 Buchst. f) der Schweizerischen KPAV[340] an[341]. Diesem Tatbestandsmerkmal ist kritisch entgegenzuhalten, dass die Anwendung eines Arzneimittels nach den Regeln der anthroposophischen Medizin kein taugliches Abgrenzungskriterium darstellt, da hiermit das anthroposophische Arzneimittel nicht über seinen Gegenstand, sondern über seine tatsächliche, im Zeitpunkt der Herstellung aber ungewisse Verwendung bestimmt wird[342]. Dementsprechend ist auch nach der bislang das Verständnis der Verkehrskreise prägenden Definition im Anthroposophic Pharmaceutical Codex der International Association of Anthroposophic Pharmacists (IAAP) eine Begriffsbestimmung des anthroposophischen Arzneimittels enthalten, wonach die Anwendung nach anthroposophischen Grundsätzen lediglich das Resultat des anthroposophischen Wissens ist[343].

XXXIV. Unbedenklichkeitsprüfung bei Humanarzneimitteln (Abs. 34)

Die Definition zur Unbedenklichkeitsprüfung wurde mit dem 2. AMG-ÄndG 2012 aufgenommen **254** und resultiert aus der Umsetzung der Vorgaben des sog. EU-Pharmapakets (RL 2010/84/EU; VO (EU) Nr. 1235/2010). Die Definition entspricht Art. 1 Nr. 15 RL 2001/83/EG. Dort wird diese als Unbedenklichkeitsstudie nach der Zulassung **(Post-Authorisation Safety Study – PASS)** bezeichnet und leicht abweichend als pharmaepidemiologische Studie oder klinische Prüfung gem. den Bestimmungen in der Zulassung definiert, die das Ziel hat, eine Gesundheitsgefahr im Zusammenhang mit einem zugelassenen Arzneimittel festzustellen oder quantitativ zu beschreiben.

Unter die Begriffsbestimmung für eine Unbedenklichkeitsprüfung fallen sowohl **nichtinterventio-** **255** **nelle Unbedenklichkeitsprüfungen** nach den §§ 63f und 63g als auch **klinische Prüfungen** nach § 4 XXIII 1, die den Anforderungen der §§ 40 ff. genügen müssen[344]. Für die Prüfung, welche arzneimittelrechtlichen Vorgaben für eine klinische Studie mit einem Arzneimittel nach dessen Zulassung anwendbar sind, müssen daher die Abgrenzungskriterien des § 4 XXIII S. 1 für die klinische Prüfung ebenfalls als Maßstab herangezogen werden. Die Unbedenklichkeitsprüfung umfasst daher gleichermaßen Arzneimittelstudien mit interventionellem und mit nichtinterventionellem Design. Charakteristisch für die Unbedenklichkeitsprüfung ist, dass die Zielsetzung der Studie speziell auf Sicherheitsaspekte des betreffenden Arzneimittels ausgerichtet ist. Das BfArM und das PEI haben den Entwurf einer gemeinsamen Bekanntmachung veröffentlicht, die sich sowohl auf die Anzeige von Anwendungsbeobachtungen nach § 67 VI als auch auf die Anzeige von nichtinterventionellen Unbedenklichkeitsprüfungen nach § 63f und 63g bezieht[345]. Der Entwurf der Bekanntmachung hebt zutreffend hervor, dass der Begriff der Unbedenklichkeitsprüfung sich primär daran orientiert, ob die Prüfung in der Hauptsache initiiert wird, um Sicherheitsbedenken zu adressieren[346]. In der Regel werden PASS nach Darstellung der Bundesoberbehörden im **Risikomanagementplan (RMP)** des Arzneimittels als zusätzliche Pharmakovigilanzmaßnahme aufgeführt[347].

Handelt es sich bei der Unbedenklichkeitsprüfung um eine **interventionelle klinische Prüfung**, **256** dürften sich in der Praxis wenig Einordnungsschwierigkeiten ergeben. Anders dürfte sich die Situation jedoch im Hinblick auf eine klare Abgrenzung zwischen der **Anwendungsbeobachtung (AWB)** als

---

[340] VO des Schweizerischen Heilmittelinstituts über die vereinfachte Zulassung von Komplementär- und Phytoarzneimitteln (Komplementär- und Phytoarzneimittelverordnung, KPAV) v. 22.6.2006, Amtliche Sammlung des Bundesrechts 2006 S. 3641, geändert durch VO v. 15.6.2011, Amtliche Sammlung des Bundesrechts 2011 S. 1787.

[341] Die Vorschrift definiert als anthroposophische Arzneimittel „Arzneimittel, deren Wirkstoffe nach einem homöopathischen Herstellungsverfahren, nach einem im HAB oder in der B. Hom.P. beschriebenen anthroposophischen Herstellungsverfahren oder nach einem besonderen anthroposophischen Herstellungsverfahren hergestellt werden und die nach den Prinzipien der anthroposophischen Menschen-, Tier-, Substanz- und Naturerkenntnis zusammengesetzt oder entwickelt und zur Anwendung nach diesen Prinzipien bestimmt sind;".

[342] Vgl. hierzu in Bezug auf Art. 4 S. 2 der Schweizerischen KPAV *Zuck*, in: FS Sander, S. 425, 428 f.; *ders.*, Rn. 251.

[343] APC, 3. Aufl. 2013: „An anthroposophic medicinal product is conceived, developed and produced in accordance with the anthroposophic knowledge of man, nature, substance and pharmaceutical processing.
The application within anthroposophic medicine results from that knowledge.
According to anthroposophic principles, active substances may be starting materials which are used as such or starting materials which have been transformed into active substances by a process of anthroposophic pharmacy, including compositions. An anthroposophic medicinal product can contain one or more active substances …
An anthroposophic medicinal product can fundamentally be employed in every dosage form, including external (topical), internal and parenteral dosage forms …". Mit der gegenüber dem APC vom Juli 2005 in der 2. Aufl. des APC 2007 neu aufgenommenen Ergänzung der Definition um die Wendung „anthroposophic knowledge of … pharmaceutical processing" und die Aufnahme des Zusatzes „The application within anthroposophic medicine results from that knowledge." wird verdeutlicht, dass die anthroposophische Entwicklung und Herstellung des Arzneimittels maßgeblich sind und die Verwendung nach der anthroposophischen Medizin lediglich eine – praktische – Folge darstellt.

[344] Vgl. Referentenentwurf, BR-Drucks. 91/12 vom 17.2.2012, S. 76.

[345] Der Entwurf vom 20.10.2014 ist abrufbar unter www.bfarm.de; Das öffentliche Konsultationsverfahren wurde bereits durchgeführt. Die Bekanntmachung wurde aber noch nicht verabschiedet.

[346] Vgl. Entwurf der Bekanntmachung des BfArM und des PEI vom 20.10.2014, S. 9 (abrufbar unter www.bfarm.de).

[347] Vgl. Entwurf der Bekanntmachung des BfArM und des PEI vom 20.10.2014, S. 9 (abrufbar unter www.bfarm.de).

typischen Unterfall einer nichtinterventionellen Prüfung und der nichtinterventionellen Unbedenklichkeitsprüfung darstellen, die prinzipiell dem gleichen Gedanken der Nichtintervention folgt wie die AWB und lediglich hinsichtlich der Zielsetzung ein Abgrenzungsmerkmal aufweist[348]. Es wird daher bei der Einordnung häufig zu Überschneidungen zwischen der Zielsetzung der nichtinterventionellen Unbedenklichkeitsprüfung und der AWB kommen, solange die AWB und deren Zielsetzung gesetzlich nicht definiert ist. Da die AWB selbst üblicherweise ebenfalls eine starke Ausrichtung auf die Untersuchung von Sicherheitsaspekten bei Arzneimitteln aufweist, ist bei einer Überschneidung der Zielsetzung praktisch nur noch entscheidend, wer für die Planung und Durchführung der nichtinterventionellen Studie verantwortlich ist. Führt der Inhaber der Zulassung die nichtinterventionelle Unbedenklichkeitsprüfung auf eigene Veranlassung oder nach behördlicher Anordnung durch, so finden die §§ 63f bzw. 63g Anwendung. Da § 67 VI allgemein an jeden adressiert ist, der Untersuchungen durchführt, die dazu bestimmt sind, Erkenntnisse bei der Anwendung zugelassener oder registrierter Arzneimittel zu sammeln, finden auf sicherheitsbezogene AWB, die nicht vom Inhaber der Zulassung sondern z. B. von Ärzten oder medizinischen Einrichtungen eigenverantwortlich durchgeführt werden, die Vorgaben des § 67 VI Anwendung. Dementsprechend bestimmt § 67 VI 14, dass die S. 1 bis 13 nicht für Unbedenklichkeitsprüfungen nach § 63f gelten[349]. Um unnötige Kollisionen zu vermeiden, wäre es jedoch sinnvoll gewesen, die nichtinterventionelle Unbedenklichkeitsprüfung auf Veranlassung des Zulassungsinhabers und die AWB zusammenzufassen und einheitlich zu regeln. Die unterschiedliche Behandlung ist allein dem Umstand geschuldet, dass die Anzeigepflichten des § 67 VI keinen reinen Pharmakovigilanzhintergrund haben, sondern überwiegend der Risikominimierung im Bereich der unzulässigen Beeinflussung von ärztlichem Verordnungsverhalten dienen sollen[350].

257   Da die Unbedenklichkeitsprüfung der PASS auf europäischer Ebene entspricht, sind weitere wichtige Vorgaben in den **GVP-Modulen V** (Risikomanagement-System)[351] und **VIII** (PASS)[352] enthalten. Insbesondere Modul VIII stellt wichtige Informationen zu den Anforderungen an das Studienprotokoll, Meldepflichten sowie zu den Studienberichten und zur Veröffentlichung der Studienergebnisse zur Verfügung. Ferner listet Appendix 1 des GVP-Moduls VIII die wichtigsten Studiendesigns für PASS auf und ordnet diese ein.

XXXV. Unbedenklichkeitsprüfung bei Tierarzneimitteln (Abs. 35)

258   Die Vorschrift wurde durch das 2. AMG-ÄndG 2012 in das Gesetz aufgenommen. Im Zuge der Transformation europarechtlicher Vorgaben zur Pharmakovigilanz bei Humanarzneimitteln mit der RL 2010/84/EU und zur Verhinderung des Eindringens von gefälschten Arzneimitteln in die legale Lieferkette[353] sah sich der Gesetzgeber veranlasst, auch für Tierarzneimittel eine Definition der „Unbedenklichkeitsprüfung" vorzusehen. Unbedenklichkeitsprüfungen bei Tierarzneimitteln haben den **Zweck,** Gesundheitsgefahren bei Tier oder Mensch zu erkennen oder zu definieren. Maßstab ist hierbei die zugrunde liegende Zulassung und die dort beschriebenen Wirkungen und Nebenwirkungen des Präparats.

259   Als Mittel, um entsprechende Gesundheitsgefahren festzustellen, nennt das Gesetz einerseits pharmakoepidemiologische Studien, andererseits klinische Prüfungen. Unter **pharmakoepidemiologischen Studien** sind Untersuchungen über die Anwendung und Wirkungen von Tierarzneimitteln bei der Zielpopulation während der Marktphase zu verstehen. Es handelt sich um Beobachtungsstudien[354], bei denen keine Kontrolle über die Verteilung von Risikofaktoren besteht. Demgegenüber ist die klinische Prüfung (Abs. 23) dadurch gekennzeichnet, dass sie gezielt auf Risikofaktoren ausgelegt ist[355].

260   Anders als bei Humanarzneimitteln fehlen bisher entsprechende materiell-rechtliche Regelungen zur Anordnung von Unbedenklichkeitsprüfungen im Gesetz.

XXXVI. Risikomanagement-System (Abs. 36)

261   **1. Europarechtliche Vorgaben.** Die Legaldefinition des Risikomanagement-Systems in Abs. 36 wurde wegen Art. 1 Nr. 28 lit. b) RL 2001/83/EG i. d. F. der RL 2010/84/EG in das AMG auf-

---

[348] Diese Abgrenzungsproblematik ist nicht neu. Bereits das bisherige Volume 9A, welches sich auf die Pharmakovigilanz bei Arzneimitteln bezog und nunmehr durch die GVP-Module abgelöst wurde, hat ein Anforderungsprofil für die PASS beschrieben, das vielfältige Schnittstellen zu AWB aufwies; vgl. hierzu ausführlich: *Sträter/Wachenhausen,* PharmR 2008, S. 177 ff.

[349] Eine gute Übersicht bietet *Ruppert,* pharmazeutische medizin 2013, 200 ff.

[350] Es soll insbesondere verhindert werden, dass das Gesundheitsversorgungssystem mit den Kosten durchgeführter AWB belastet wird; vgl. *Rehmann,* § 67 Rn. 6.

[351] Guideline on good pharmacovigilance practices (GVP) Module V – Risk management systems (Rev 1), 15.4.2014 (EMA/838713/2011 Rev 1).

[352] Guideline on good pharmacovigilance practices (GVP) Module VIII – Post-authorisation safety studies (Rev 1), 19.4.2013 (EMA/813938/2011 Rev 1).

[353] RL 2011/62/EU.

[354] *Kloesel/Cyran,* § 4 Anm. 106 („Fallkontrollstudien").

[355] Vgl. auch *Michels,* in: Rietbrock/Staib/Loew S. 211.

genommen. Nach der europarechtlichen Vorgabe stellt das Risikomanagement-System eine Reihe von Pharmakovigilanz-Tätigkeiten und Maßnahmen dar, durch die Risiken im Zusammenhang mit Arzneimitteln ermittelt, beschrieben, vermieden oder minimiert werden sollen. Dazu gehört nach Art. Nr. 28b der RL 2001/83/EG auch die Bewertung der Wirksamkeit derartiger Tätigkeiten und Maßnahmen. Zur Auslegung sind die durch die EMA erlassenen technischen Vorschriften der **Guideline on Good Pharmacovigilance Practices Modul V (Risk Management Systems)** sowie **GVP-Modul XVI (Risk minimisation measures – Selection of tools and effectiveness indicators)** heranzuziehen.

2. Risikomanagement-System. a) Allgemein. Hauptziel des Risikomanagement-Systems ist die **262** weitest mögliche Kontrolle über das Risiko, das von einem Arzneimittel ausgeht. Das Risikomanagement nach Zulassungserteilung ist erforderlich, weil das Wissen über die Sicherheit des Arzneimittels und die Erfahrungen im Umgang damit begrenzt sind – sowohl in der Entwicklungsphase als auch unmittelbar nach Zulassungserteilung[356]. Die Wirksamkeit und Sicherheit, die das Arzneimittel noch während seiner klinischen Prüfung gezeigt hat, lässt sich nach der Marktzulassung bei weniger „sterilen" und kontrollierten Voraussetzungen nicht unbedingt erreichen. Deshalb kann sich das Nutzen-Risiko-Verhältnis mitunter schnell verändern[357]. Risikomanagement kann als **„Risikovorsorge"** oder die „Steuerung von Risiken" übersetzt werden. Im Kontext der Arzneimittelsicherheit und unter Bezugnahme auf den 10. Abschnitt wird klar, dass insbes. das Risiko der **Nebenwirkungen** beim Menschen Gegenstand des Risikomanagement-Systems ist (§ 63). Anders als das Pharmakovigilanz-System, das allgemein für alle von dem Zulassungsinhaber zugelassene Arzneimittel gilt, bezieht sich das Risikomanagement-System immer auf ein **konkretes Produkt**. Der Zulassungsinhaber muss für jedes seiner Produkte ein solches Risikomanagement-System erstellen[358].

Das Risikomanagement-System umfasst **Tätigkeiten im Bereich der Pharmakovigilanz** und **263** **Maßnahmen**, durch die **Risiken** im **Zusammenhang** mit einem **Arzneimittel ermittelt, beschrieben**, **vermieden** oder **minimiert** werden sollen. Abs. 36 regelt im letzten Halbs., dass dazu auch die Bewertung der Wirksamkeit derartiger Tätigkeiten und Maßnahmen gehört.[359] Es ist also ein System zu etablieren, das darauf gerichtet ist, Risiken der Arzneimittelanwendung zu mindern und entsprechende Maßnahmen im Falle der Verwirklichung eines Risikos zu entwickeln[360]. Die Planung dieser Maßnahmen kann dadurch verbessert werden, dass sie eng an den Phasen vor und nach der Zulassung ausgerichtet wird[361]. Das Risiko eines Arzneimittels ist von der ersten Entwicklungsstufe bis zum Ende seines Lebenszyklus' zu beobachten und zu evaluieren. Dies umfasst auch Qualitätsmängel soweit diese die öffentliche Gesundheit gefährden könnten[362]. Ziel ist es also, sicherzustellen, dass der Nutzen des Arzneimittels die mit seiner Anwendung verbundenen Risiken möglichst weitgehend überwiegt[363]. Anders als noch unter EudraLex Vol. 9a geht es also nicht mehr nur um die Minimierung von Risiken, sondern auch darum, die Risiken im Verhältnis zum Nutzen zu verstehen und das Nutzen-Risiko-Verhältnis insgesamt zu verbessern[364].

Gemäß § 22 II 1 Nr. 5 Buchst. a) ist das Risikomanagement-System, das im Risikomanagement-Plan **264** zu beschreiben ist, ein Teil der von dem Antragsteller einzureichenden Zulassungsunterlagen. (s. § 22 Rn. 66).

b) Inhalt des Risikomanagements. Das GVP-Modul V versteht unter einem Risikomanagement- **265** System eine Zusammenfassung („a set of pharmacovigilance activities and interventions designed to identify, characterise, prevent or minimise risks relating to medicinal products including the assessment of the effectiveness of those activities and interventions") von Pharmakovigilanz-Maßnahmen, die dazu bestimmt sind, Risiken eines Arzneimittels zu ermitteln, zu beschreiben, zu vermeiden oder zu minimieren[365]. Es setzt sich aus drei wesentlichen Schritten, die ineinander übergehen, zusammen[366]:

Das **Ermitteln** von Risiken meint das Erfassen möglicher bekannter oder potentieller Risiken[367]. Das **266** Sicherheitsprofil des Arzneimittels ist einschließlich bekannter und möglicher unbekannter Risiken zu **beschreiben**[368]. Hierdurch können neue Risiken identifiziert und das Wissen über das Sicherheitsprofil des Arzneimittels erweitert werden[369]. So können entsprechende Maßnahmen zur **Risikovermeidung**

[356] *Thiele,* in: Fuhrmann/Klein/Fleischfresser, § 26 Rn. 30.
[357] *Blackburn/Raine,* in: Mann´s Pharmacovigilance, S. 156.
[358] *Thiele,* in: Fuhrmann/Klein/Fleischfresser, § 26 Rn. 30.
[359] *Thiele,* in: Fuhrmann/Klein/Fleischfresser, , § 26 Rn. 26.
[360] Vgl. GVP-Modul V. A. (Stand: 28.4.2014).
[361] *Thiele,* in: Fuhrmann/Klein/Fleischfresser, § 26 Rn. 30.
[362] GVP-Modul V. A. (Stand: 28.4.2014).
[363] GVP-Modul V. B.2. (Stand: 28.4.2014).
[364] GVP-Modul V. A. (Stand: 28.4.2014).
[365] GVP-Modul V. B. I. (Stand: 28.4.2014).
[366] GVP-Modul V. A. (Stand: 28.4.2014).
[367] GVP-Modul V. A. (Stand: 28.4.2014).
[368] GVP-Modul V. A. (Stand: 28.4.2014).
[369] GVP-Modul V. A. (Stand: 28.4.2014).

und **-minimierung** getroffen werden[370]. In Europa wird zwischen „gewöhnlichen" und „zusätzlichen" Maßnahmen zur Risikovermeidung und -minimierung unterschieden. Die gewöhnlichen Maßnahmen sind verpflichtend bei jedem zugelassenen Arzneimittel[371]. Darunter werden beispielsweise verstanden: Änderungen der Fachinformation (SmPC), Packungsbeilage, Beschriftung, Packungsgröße und -design oder auch Erwägungen hinsichtlich der Verschreibungspflicht eines Arzneimittels oder die Erstellung von Materialien, welche die Anwendung des Arzneimittels durch Ärzte und Patienten verbessern sollen (vgl. auch GVP-Modul V)[372]. Zusätzliche Maßnahmen können nacheinander oder gleichzeitig ergriffen werden, wenn der Bedarf hiernach entsteht.[373] Durch Risikominimierung sollen beispielsweise Medikationsfehler und Wechselwirkungen verhindert werden[374]. Zusätzliche Risikominimierungsmaßnahmen, die erforderlich werden, wenn es um die sichere und wirksame Anwendung eines Arzneimittels geht, sind beispielsweise: Schulungsprogramme, Zugangsbeschränkungen (Controlled Access Programms) oder andere Maßnahmen[375]. Diese werden näher in GVP-Modul XVI beschrieben.

267   Die vorgenannten Komponenten des Risikomanagement-Systems spiegeln sich auch in dem aufzustellenden Risiko-Management-Plan wieder, dessen Inhalt und Format aus Art. 30–33 Durchführungsverordnung (EG) Nr. 520/2012 zu entnehmen ist und durch das GVP-Modul V ergänzt wird. Er besteht aus fünf wesentlichen **Teilelementen**: (1) Datensammlung, (2) Auswertung und Analyse, (3) Risiko-Nutzen-Abwägung und Evaluierung von möglichen Maßnahmen, (4) Planen der entsprechenden Maßnahmen und (5) Einsatz und Umsetzung des Risikomanagement-Planes[376]. Diese Teilelemente greifen ineinander über. Zusätzlich kann die **International Conference for Harmonization (ICH) Guideline E2E on Pharmacovigilance Planning** zur Erstellung des Risikomanagement-Systems herangezogen werden.

268   **3. Verantwortlichkeiten. a) Antragssteller/Zulassungsinhaber.** Die **Verantwortlichkeiten** innerhalb des beschriebenen Risikomanagement-Systems **variieren**[377]. Der Antragsteller, bzw. spätere Zulassungsinhaber hat ein Risikomanagement-System einzurichten (§ 63b ff.); der Risikomanagementplan ist mit dem Zulassungsantrag einzureichen (§ 22 Va). Darüber hinaus sind in das Risikomanagement-System auch Patientenorganisationen, Interessenvertretungen, Gesundheitsökonomen, Gesundheitsbehörden, Umweltverantwortliche und andere einzubeziehen[378]. Die wesentlichen Verantwortlichkeiten lassen sich zusammenfassend wie folgt darstellen:

269   Der Zulassungsinhaber hat stetig das Risiko eines Arzneimittels zu überwachen, **weltweit** auf Signale zu achten[379] und die Vereinbarkeit mit dem anwendbaren Recht sicher zu stellen[380]. Die Daten in der EudraVigilance-Datenbank sollen im Verhältnis zur der Häufigkeit der erkannten Risiken überprüft werden[381]. Zudem hat er entsprechende Maßnahmen zur Risikominimierung zu treffen und alles dafür zu tun, den Nutzen des Arzneimittels zu verstärken[382]. Er hat unter anderem Risikomanagement-Pläne für jedes seiner Arzneimittel aufzustellen (§ 63b I 5) und genau definierten Dokumentationspflichten (§§ 63c, 63h–63i) nachzukommen. Zudem hat er Unbedenklichkeitsberichte (§§ 63d–63g) zu erstellen und nicht-interventionelle Unbedenklichkeitsprüfungen (§§ 63f–63g) durchzuführen, soweit sie für die Risikoermittlung im Interesse der Arzneimittelsicherheit erforderlich sind.

270   **b) Zuständige Bundesoberbehörde.** Auch im Rahmen des Risikomanagements hat die jeweils zuständige Bundesoberbehörde bestimmte Aufgaben zu erfüllen. Diese ergeben sich im Wesentlichen aus **GVP-Modul V** (Guideline on good pharmacovigilance practices: Module V – Risk Management Systems) in der Zusammenschau mit **GVP-Modul I** (Guideline on good pharmacovigilance practices: Module I – Pharmacovigilance systems and their quality systems). Im Rahmen des Risikomanagements hat die zuständige Bundesoberbehörde das Nutzen-Risiko-Verhältnis (§ 62 V 3) stetig zu überwachen und kann, wenn ein Verdachtsfall bekannt wird, dem jeweiligen Zulassungsinhaber eine Liste mit von Experten zusammengestellten Fragen diesbezüglich zukommen lassen[383]. Sie hat sicherzustellen, dass die entsprechenden Risikominimierungsmaßnahmen getroffen werden (§ 62 VI)[384]. Ist dies nicht der Fall, muss die Produktinformation oder die Marktzulassung durch die Behörde verändert werden. Das kann auch von dem Pharmaunternehmen veranlasst werden. In jedem Fall ist ein Austausch vor Ergreifen der

---

[370] GVP-Modul V. A. (Stand: 28.4.2014).
[371] *Blackburn/Raine,* in: Mann´s Pharmacovigilance, S. 163.
[372] GVP-Modul XVI.A. (Stand: 28.4.2014).
[373] *Blackburn/Raine,* in: Mann´s Pharmacovigilance, S. 165.
[374] *Blackburn/Raine,* in: Mann´s Pharmacovigilance, S. 161.
[375] GVP-Modul XVI.B.2. (Stand: 28.4.2014).
[376] Vgl. Art. 30 Anhang I Durchführungsverordnung (EG) Nr. 520/2012; GVP-Modul V. A. (Stand: 28.4.2014).
[377] Vgl. GVP-Modul V. A. (Stand: 28.4.2014).
[378] GVP-Modul V. A. (Stand: 28.4.2014).
[379] *Edwards/Johnson/Gandhi,* in: Mann´s Pharmacovigilance, S. 32.
[380] GVP-Modul V. B.3. (Stand: 28.4.2014).
[381] *Edwards/Johnson/Gandhi,* in: Mann´s Pharmacovigilance, S. 32.
[382] GVP-Modul V. B.3.(Stand: 28.4.2014).
[383] *Hagemann/Paeschke,* in: Mann´s Pharmacovigilance, S. 211.
[384] GVP-Modul V. B.3. (Stand: 28.4.2014).

jeweiligen Risikominimierungsmaßnahme mit der jeweils anderen Partei notwendig. Wenn es von dringender Bedeutung für die öffentliche Gesundheit ist, kann die Behörde die Produkte durch Widerruf oder Suspendierung der Zulassung vom Markt nehmen[385]. Zu den Aufgaben der jeweils zuständigen Bundesoberbehörde zählen auch die Beurteilung des Risikomanagement-Systems des Antragstellers (§ 25 Va).

XXXVII. Risikomanagement-Plan (Abs. 37)

1. Europarechtliche Vorgaben. Abs. 37 beruht auf Art. 1 Nr. 28 lit. c) RL 2001/83/EG i. d. F. der **271** RL 2010/84/EG.

2. Risikomanagement-Plan. Das Erfordernis eines Risikomanagement-Planes wurde erstmals 2005 **272** durch die CHMP Guideline on Risk Management Systems for Medicinal Products for Human Use für Humanarzneimittel begründet. Das Gesetz definiert den Risikomanagement-Plan (**Risk Management Plan, RMP**) als eine **detaillierte Beschreibung** des **Risikomanagement-Systems** (§ 4 XXXVI, s. dort Rn. 261). Der Gesetzgeber hat hiermit Art. 1 Nr. 28c der RL 2001/83/EG i. d. F. der RL 2010/84/EG wortgetreu übernommen. Die konkreten Vorgaben an einen Risikomanagement-Plan ergeben sich aus den technischen Vorschriften der **Guideline on Good Pharmacovigilance Practices: GVP)-Modul V (Risk Management Systems)**. Zusätzlich ist die **Durchführungsverordnung (EU) Nr. 520/2012** über die Durchführung der in der VO (EG) Nr. 726/2004 und der RL 2001/83/EG vorgesehenen Pharmakovigilanz-Aktivitäten heranzuziehen. Durch den Risikomanagement-Plan sollen Sicherheitsprobleme frühzeitig erkannt werden[386] Er soll verschiedene Herangehensweisen bereithalten, um die neu aufgetretenen Risiken besser zu verstehen und ihnen besser entgegensteuern zu können[387] Die Risikomanagement-Pläne sind für Arzneimittel mit zentraler Zulassung (Art. 21 VO Nr. (EG) 726/2004 i. V. m. Art. 106 II RL 2001/83/EG) seit dem **2.7.2012** und für Arzneimittel mit nationalen Zulassungen (inkl. dezentralem oder gegenseitigem Anerkennungsverfahren) seit dem **21.7.2012** vorzulegen[388]. Nach § 22 II Nr. 5 Buchst. a) ist der Risikomanagement-Plan mit dem Zulassungsantrag einzureichen. Er wird damit Teil der Zulassung und verpflichtet den Zulassungsinhaber, diesen auch einzuhalten, zu überprüfen und zu aktualisieren. Damit sind auch die einzelnen, im Risikomanagement-Plan beschriebenen Maßnahmen verpflichtend durchzuführen. (Zu behördlichen Sanktionsmöglichkeiten s. § 63b Rn. 40 ff.)[389]. Das wird durch die jeweils zuständige Behörde überwacht[390]. Signifikante Änderungen an den beschriebenen Maßnahmen und den inhaltlichen und zeitlichen Vorgaben ihrer Durchführung stellen eine Zulassungsänderung dar und bedürfen einer Variation nach der VO (EG) Nr. 1234/2008.

Mit dem 2. AMG-ÄndG 2012 wurde neu eingeführt, dass der Zulassungsinhaber nicht nur ein **273** unternehmensspezifisches Pharmakovigilanz-System, sondern auch ein **produktspezifisches** Risikomanagement-System betreiben muss. Der Risikomanagement-Plan soll alle Arzneimittel in jedem Stadium von der Entwicklung bis zum Inverkehrbringen erfassen[391].

Inhaber von nationalen Registrierungen **traditioneller pflanzlicher Arzneimittel** (§ 39a) haben **274** nach deutschem Recht einen RMP aufzustellen (§ 63c IV 1 Nr. 1 i. V. m. § 63b II Nr. 4)[392]. Sie sind aber nicht verpflichtet, den RMP mit einem Registrierungsunterlagen vorzulegen. Für diese gilt § 39b I[393]. Die europäischen Vorgaben[394] verlangen hingegen kein Vorhalten eines RMP.

Inhaber von Registrierungen **homöopathischer** Arzneimittel (§ 38) haben hingegen weder nach **275** deutschen noch nach europäischen Vorgaben einen RMP aufzustellen (§ 63c IV 2 Nr. 1).[395] Anders liegt es dann, wenn es sich um traditionelle oder homöopathische Arzneimittel handelt, die in den Anwendungsbereich des normalen Zulassungsverfahrens fallen[396]. In diesem Fall ist der Risikomanagement-Plan

---

[385] *Bahri/Arlett,* in: Mann´s Pharmacovigilance, S. 181.
[386] *Verpillat/Toumi,* in: Mann´s Pharmacovigilance, S. 150.
[387] *Verpillat/Toumi,* in: Mann´s Pharmacovigilance, S. 150.
[388] Vgl. EMA, Questions and Answers to support the implementation of the Pharmacovigilance legislation – Update, November 2012, Q&A 3. (Stand: 30.11.2012). abrufbar unter www.ema.europa.eu.
[389] Vgl. EMA, Questions and answers on the risk management plan (RMP) summary, EMA/156738/2014 (Stand: 5.5.2014).
[390] *Verpillat/Toumi,* in: Mann´s Pharmacovigilance, S. 150.
[391] GVP-Modul V. A. (Stand: 28.4.2014); *Denhardt/Thurisch,* PharmInd 2015, 170.
[392] Vgl. EMA, Questions and Answers to support the implementation of the Pharmacovigilance legislation – Update, November 2012, Q&A 2.12. (Stand: 30.11.2012). abrufbar unter www.ema.europa.eu.
[393] Vgl. EMA, Questions and answers on practical transitional measures for the implementation of the pharmacovigilance legislation, – Update, November 2012, Q&A 3.6, 3.7 (Stand 30.11.2012).
[394] Vgl. EMA, Questions and answers on practical transitional measures for the implementation of the pharmacovigilance legislation, – Update, November 2012, Q&A 3.6 (Stand 30.11.2012).
[395] Vgl. EMA, Questions and Answers to support the implementation of the Pharmacovigilance legislation – Update, November 2012, Q&A 3.7. (Stand: 30.11.2012). abrufbar unter www.ema.europa.eu.
[396] EMA, Questions and answers on practical transitional measures for the implementation of the pharmacovigilance legislation, – Update, November 2012, Q&A 3.6, 3.7 (Stand 30.11.2012).

bei Anträgen seit dem 2.7.2012 für das zentrale Verfahren und seit dem 21.7.2012 für die nationalen Verfahren einzureichen[397].

276   **3. Inhalt.** Der Risikomanagement-Plan beschreibt das Risikomanagement-System für ein Arzneimittel. Er besteht im Wesentlichen aus den Sicherheitsvorgaben (**„safety specifications"**) und dem Pharmakovigilanz-Plan[398]. Sie sind auch die beiden Teile des Risikomanagement-Planes, die am meisten zur Ermittlung und Beschreibung der Risiken eines Arzneimittels beitragen und ineinandergreifen[399]. Der **Pharmakovigilanz-Plan** gibt an, wie weitere Informationen in Bezug auf das Arzneimittel in Zukunft gesammelt werden[400]. Die Sicherheitsvorgaben sind eine Zusammenfassung aller verfügbaren Daten über die Risiken; sie beschreiben, was zu dem Arzneimittel bereits bekannt ist und was nicht, und wo die möglichen Sicherheitsrisiken liegen[401]. Zusätzlich kam mit der Umsetzung der Richtlinie durch das 2. AMG-ÄndG 2012 hinzu, dass in dem Risikomanagement-Plan auch die Maßnahmen aufzunehmen sind, die getroffen werden sollen, um Risiken für die öffentliche Gesundheit zu minimieren[402].

277   Der Risikomanagement-Plan muss nicht nur produktbezogen und für jedes einzelne Produkt separat erstellt werden, sondern er hat auch **substanzbezogen** zu erfolgen. D. h. er soll ermöglichen, substanzbezogene Risiken zu betrachten, aber gleichzeitig sind diese auch mit den produktbezogenen Risiken (Indikationen, Patientenpopulationen, Dosierungen, Darreichungsformen) in Beziehung zu setzen.

278   Die konkreten Details zur Erstellung des Risikomanagement-Plans lassen sich den Vorgaben des **GVP-Moduls V** (Risk Management-Systems) sowie des Art. 30 und Anhang 1 der Durchführungsverordnung (EU) Nr. 520/2012 entnehmen. Der Risiko-Management-Plan besteht aus **fünf wesentlichen Hauptelementen**: (1) Datensammlung, (2) Auswertung und Analyse, (3) Risiko-Nutzen-Abwägung und Evaluierung von möglichen Maßnahmen, (4) Planen der entsprechenden Maßnahmen und (5) Einsatz und Umsetzung des Risikomanagement-Planes[403]. GVP-Modul V beschreibt unter dem Abschnitt V. B.5. wie auch Art. 30 und Anhang 1 der Durchführungsverordnung (EU) Nr. 520/2012 wie sich die fünf Hauptelemente in weitere 7 Teileelemente untergliedern und wie der Risikomanagement-Plan genau strukturiert sein soll[404]. Der Risikomanagement-Plan ist strukturell nach dem Baukastenprinzip[405] in die folgenden sieben Hauptabschnitte aufzuteilen[406]:

279 | | |
|---|---|
| **Teil I:** | Produktübersicht |
| **Teil II:** | Sicherheitsvorschriften |
| **Modul SI:** | Epidemiologie der Indikation(en) und Zielpopulation(en) |
| **Modul SII:** | Nicht klinischer Teil der Sicherheitsvorschriften |
| **Modul SIII:** | Exposition bei klinischer Prüfung |
| **Modul SIV:** | Populationen außerhalb klinischer Prüfungen |
| **Modul SV:** | Erkenntnisse nach der Zulassung |
| **Modul SVI:** | Zusätzliche EU-Anforderungen an die Sicherheitsvorschriften |
| **Modul SVII:** | Erkannte und mögliche Risiken |
| **Modul SVIII:** | Zusammenfassung der Sicherheitsbedenken |
| **Teil III:** | Pharmakovigilanz-Plan (einschließlich Unbedenklichkeitsprüfungen nach der Zulassung) |
| **Teil IV:** | Pläne für Wirksamkeitsstudien nach der Zulassung |
| **Teil V:** | Maßnahmen zur Risikominimierung (einschließlich der Bewertung ihrer Wirksamkeit) |
| **Teil VI:** | Zusammenfassung des Risikomanagement-Plans |
| **Teil VII:** | Anhänge |

280   Jeder einzelne Teil ist detailliert zu beschreiben. Dazu sollte die von der EMA auf ihrer Website veröffentlichte Vorlage (Guidance on Format of the Risk Management Plan in the EU – integrated format) des Risikomanagement-Planes verwendet werden[407]. Innerhalb der Formatvorlage erhält der Zulassungsinhaber wie auch der Antragssteller detaillierte Informationen darüber, wie der Risikomanagement-Plan zu erstellen ist und welche Angaben enthalten sein müssen. So sind auch Beispiele für

---

[397] EMA, Questions and answers on practical transitional measures for the implementation of the pharmacovigilance legislation, – Update, November 2012, Q&A 3.6, 3.7 (Stand 30.11.2012).
[398] GVP-Modul V. B.3.1. (Stand: 28.4.2014).
[399] *Blackburn/Raine,* in: Mann's Pharmacovigilance, S. 157.
[400] *Blackburn/Raine,* in: Mann's Pharmacovigilance, S. 157.
[401] *Blackburn/Raine,* in: Mann's Pharmacovigilance, S. 157.
[402] GVP-Modul V. B.3.1. (Stand: 28.4.2014).
[403] Vgl. Art. 30, Anhang I VO (EG) Nr. 520/2012; GVP Modul V. A. (Stand: 28.4.2014).
[404] GVP-Modul V. B.5. (Stand: 28.4.2014).
[405] *Edwards/Johnson/Gandhi,* in: Mann's Pharmacovigilance, S. 32.
[406] GVP-Modul V. B.5. (Stand: 28.4.2014). Annex 1 Durchführungsverordnung (EU) Nr. 520/2012 der Kommission.
[407] EMA/465932/2013 in der jeweils gültigen Fassung abrufbar unter www.ema.europa.eu (Stand 6.5.2014).

Maßnahmen zur Risikominimierung wie die Änderung der Packungsgröße, kontrollierte Distribution oder Trainingsprogramme etc. enthalten[408].

Für weitere Einzelheiten und die Anforderungen an die detaillierte Beschreibung kann auf die von der **281** EMA zur Verfügung gestellte Vorlage sowie die entsprechenden **Guidance Dokumente** für die einzelnen Elemente zur Erstellung eines Risikomanagement-Plans auf der Website der EMA (www.ema.europa.eu) als auch auf das **GVP-Modul V** verwiesen werden. Eine Zusammenfassung des Risikomanagement-Planes ist nach Art. 106c RL 2001/83/EG, Art. 26 VO (EG) 726/2004, Art. 31 Durchführungsverordnung (EU) 520/2012 online auf der Website der EMA (EudraVigilance) zu veröffentlichen, um erhöhte Transparenz über die Sicherheit und den Status eines Arzneimittels zu gewährleisten[409]. Zur Zusammenfassung mehrerer Arzneimittel in einem Risikomanagement-System s. § 63b Rn. 25. Zusätzlich veröffentlicht die EMA seit März 2014 (in einem Pilotprojekt) Zusammenfassungen der Risikomanagement-Pläne von neuen, zentral zugelassenen Arzneimitteln; später sollen auch die Zusammenfassungen von Risikomanagement-Plänen von früher (also vor März 2014) zentral zugelassenen Arzneimitteln veröffentlicht werden[410].

4. Zuständigkeit und Zeitrahmen. Die Pflicht zur Erstellung eines Risikomanagement-Plans erfasst **282** uneingeschränkt sowohl den Antragssteller und den Zulassungsinhaber für Human- als auch Tierarzneimittel. Bei der Erstellung des Planes haben die verschiedenen Abteilungen eines Unternehmens zusammenzuarbeiten, wie beispielsweise Toxikologen, klinische Pharmakologen, Ärzte in der klinischen Forschung, Pharmakoepidemiologen, Pharmakovigilance-Experten und Regulatory Affairs; diese sollten nicht nur die Wahl des richtigen Formates (s. Rn. 8, 9), sondern auch die Koordination aller Beteiligten sicher stellen[411].

a) Antragsteller. Der Antragsteller hat mit der Antragstellung nach § 22 II 5 Buchst. a) den Risiko- **283** management-Plan einschließlich einer Zusammenfassung hiervon als Teil der Zulassungsunterlagen vorzulegen. Ändert sich der Inhalt des eingereichten Risikomanagement-Planes beispielsweise aufgrund neuer Daten während des Zulassungsverfahrens, so sind derartige Änderungen der Behörde mitzuteilen. Eine Anzeige im Sinne einer Änderung (Variation) der Zulassung ist aber erst dann erforderlich, wenn die Zulassung erteilt wurde und der Risikomanagement-Plan tatsächlich Teil der erteilten Zulassung ist.

b) Inhaber der Zulassung. Der Inhaber der Zulassung ist verpflichtet, den Risikomanagement-Plan **284** regelmäßig zu aktualisieren. Eine Aktualisierung ist stets notwendig, wenn sich das Nutzen-Risiko-Verhältnis eines Arzneimittels signifikant ändert. Signifikante Veränderungen sind Erweiterungen der Indikation, klinisch wichtige Veränderungen der Produktinformation, das Erreichen eines Pharmakovigilanz- oder Risikominimierungsmeilensteins sowie bestimmte neue Konzentrationen und Rezepturen[412]. Zudem werden Anpassungen dann erforderlich, wenn sich das Nutzen-Risiko-Verhältnis aufgrund neuer Informationen bedeutend verändert, oder die Aktualisierung notwendige Konsequenz einer Risikominimierungsmaßnahme ist[413]. Außer in Ausnahmefällen, wenn die Behörde dies bei Bestehen eines besonderen Risikos zur Bedingung der Zulassung macht, gibt es allerdings keine starren, periodenweise festgelegten Aktualisierungen mehr[414]. Der Zulassungsinhaber hat den aktualisierten Plan der nationalen Behörde oder der EMA zu übermitteln, wenn diese ihn aufgrund eines bestehenden Risikos anfordert, oder wenn sich das Risikomanagement-System und damit auch der Risikomanagement-Plan ändern[415].

5. Überwachung und Bewertung. Innerhalb der EU teilen sich die jeweils zuständige Bundes- **285** oberbehörde (§ 77), die Europäische Kommission und die EMA die Überwachung und Bewertung des Risikomanagement-Plans. Bei zentral zugelassenen Arzneimitteln führt das Pharmacovigilance Risk Assessment Committee (PRAC) der EMA die Erstprüfung und –bewertung hinsichtlich neuer bzw. veränderter Risiken, der Nutzen-Risiko-Abwägung sowie notwendiger Maßnahmen zur Risikominimierung durch; bei national bzw. dezentral zugelassenen Arzneimitteln macht dies die jeweils national zuständige Behörde (§ 62 V Nr. 2). Die konkreten Details der Überwachung, Bewertung und Zusammenarbeit der nationalen und internationalen Behörden beschreiben sowohl die §§ 62 ff. als auch das GVP – Modul V.

---

[408] EMA, Annex 1, Template for EU Risk Management Plan (EU-RMP: Interface between EU-RMP and EudraVigilance), das Nutzerhandbuch kann unter www.eudravigilance.ema.europa.eu in der aktuellsten Version abgerufen werden.

[409] EU-RMP, Annex I of the European Risk-Management Plan, einzureichen unter www.eudravigilance.ema.europa.eu.

[410] EMA, Questions and answers on the risk management plan (RMP) summary, EMA/156738/2014 (Stand: 5.5.2014) und EMA Pressemitteilung vom 11.3.2014, European Medicines Agency publishes first summary of a risk-management plan for a medicine, abrufbar unter www.ema.europa.eu.

[411] Vgl. auch GVP-Modul V. B.3.1. (Stand: 28.4.2014).

[412] GVP-Modul V. C.5. (Stand: 28.4.2014).

[413] GVP-Modul V. C.5. (Stand: 28.4.2014).

[414] GVP-Modul V. C.5. (Stand: 28.4.2014).

[415] GVP-Modul V. C.5. (Stand: 28.4.2014).

XXXVIII. Pharmakovigilanz-System (Abs. 38)

286   **1. Europarechtliche Vorgaben.** Art. 1 Nr. 28 lit. d) RL 2001/83/EG i. d. F. der RL 2010/84/EG definiert das Pharmakovigilanz-System als ein System, das der Inhaber der Genehmigung für das Inverkehrbringen und die Mitgliedstaaten anwenden, um den Aufgaben und Pflichten der Pharmakovigilanz nachzukommen und das der Sicherheitsüberwachung genehmigter Arzneimittel dient sowie Änderungen des Nutzen-Risiko-Verhältnisses aufdecken soll.[416] Die genaue Ausgestaltung des Pharmakovigilanz-Systems wird durch die **Guideline on Good Pharmacovigilance Practices Modul I (Pharmacovigilance Systems and their Quality Systems),** Art. 21 ff. der **VO (EG) Nr. 726/2004** als auch durch die Vorgaben der **Durchführungsverordnung (EU) Nr. 520/2012** konkretisiert. Die Durchführungsverordnung (EU) Nr. 520/2012 beschreibt die zu treffenden Pharmakovigilanz-Tätigkeiten und damit das einzurichtende Sicherheitsmanagement eines Arzneimittels für dessen gesamte Lebensdauer[417].

287   **2. Pharmakovigilanz-System.** Die Legaldefinition des Pharmakovigilanz-Systems in Abs. 38 wurde durch Art. 1 Nr. 3 des 2. AMG-ÄndG 2012 eingeführt. Die Definition entspricht Art. 1 Nr. 28d) RL 2001/83/EG. Die Pflicht ein Pharmakovigilanz-System einzurichten und zu betreiben trifft sowohl den pharmazeutischen Unternehmer als auch den Mitgliedstaat. Dies spiegelt der 10. Abschnitt wider, der die Aufgaben sowie die Pflichten im Zusammenhang mit einem Pharmakovigilanz-System beschreibt. Damit ist die Pharmakovigilanz in **zwei Funktionsbereiche** geteilt: das System der jeweils **zuständigen Bundesoberbehörden** (§ 62 I 4) und das des **Zulassungsinhabers** (§ 63b I). Beide führen jeweils ein Pharmakovigilanz-System, es sei denn, es bieten sich je nach der Arzneimittelgruppe separate Systeme an[418]. Anders als das Risikomanagement-System, welches je Arzneimittel nur von dem Zulassungsinhaber einzurichten und damit arzneimittelbezogen ist, ist das Pharmakovigilanz-System **unternehmens- und nicht produktbezogen.**

288   **3. Zweck des Pharmakovigilanz-Systems.** Die von den jeweils zuständigen Bundesoberbehörden wie auch dem Zulassungsinhaber einzurichtenden Pharmakovigilanz-Systeme dienen **insbesondere** den im **10. Abschnitt** des AMG aufgeführten **Aufgaben und Pflichten** der **Überwachung der Sicherheit zugelassener Arzneimittel** sowie der **Entdeckung sämtlicher Änderungen des Nutzen-Risiko-Verhältnisses.** Aufgrund des Wortlautes der Norm („insbesondere") ist die Aufzählung nicht abschließend. So nennt etwa die RL 2001/83/EG als weitere Aufgabe, „Informationen über die Risiken von Arzneimitteln für die Gesundheit der Patienten oder die öffentliche Gesundheit zusammenzutragen"[419]. Diese Aufgabe befindet sich bereits an der Schnittstelle zum umfassenden Risikomanagement-System des Zulassungsinhabers. Dies kann für den Zulassungsinhaber aber nur in Bezug auf seine eigenen Arzneimittel gemeint sein, während die zuständigen Bundesoberbehörden diese Informationen umfassend zu sammeln haben.

289   **a) Pharmakovigilanz-System der Bundesoberbehörden.** Welche Behörde ein Pharmakovigilanz-System für welche Arzneimittel einzurichten und zu betreiben hat, ergibt sich aus § 77 I: Grundsätzlich ist das Bundesinstitut für Arzneimittel und Medizinprodukte **(BfArM)** zuständig, es sei denn, das Paul-Ehrlich-Institut **(PEI)** oder das Bundesamt für Verbraucherschutz und Lebensmittelsicherheit **(BVL)** sind zuständig. Das PEI ist immer dann zuständig, wenn Sera, Impfstoffe, Blutzubereitungen, Knochenmarkzubereitungen, Gewebezubereitungen, Gewebe, Allergene, Arzneimittel für neuartige Therapien, xenogene Arzneimittel und gentechnisch hergestellte Blutbestandteile betroffen sind (§ 77 II). Geht es um Tierarzneimittel ist das BVL zuständig (§ 77 III).

290   Die im **10. Abschnitt** aufgeführten **Aufgaben und Pflichten** sind für die jeweils zuständige Bundesoberbehörde wie folgt: Zunächst stellt § 62 I 4 nochmals klar, dass nun auch die jeweils zuständige Bundesoberbehörde ein eigenes Pharmakovigilanz-System einzurichten und zu unterhalten hat. Dies umfasst die **Überwachung der Arzneimittelsicherheit und -risiken** (§ 62 I), das **Erfassen aller Verdachtsfälle** von **Nebenwirkungen** (§ 62 II), **Meldepflichten** an die EMA im Hinblick auf schwerwiegende Nebenwirkungen (§ 62 III), **Kontrolle** der Mittel für Tätigkeiten im Zusammenhang mit der Pharmakovigilanz (§ 62 IV), **Anordnung von Maßnahmen** zur Sicherstellung der Pharmakovigilanz (§ 62 V). Weitere Aufgabe des behördlichen Pharmakovigilanz-Systems ist es, das eigene Systeme regelmäßig zu auditieren (§ 62 I) als auch das Pharmakovigilanz-Systems der Zulassungsinhaber zu überwachen (§ 62 VI). Im Einzelnen wird auf die Kommentierungen des 10. Abschnittes verwiesen.

291   Hinzu kommt, dass die jeweils zuständige Bundesoberbehörde von dem Zulassungsinhaber erstellten **Unbedenklichkeitsberichte** an den Ausschuss für Risikobewertung im Bereich Pharmakovigilanz **(PRAC)** der EMA zu übermitteln (§ 63d IV 2) und entsprechend § 63d V darauf hin zu analysieren hat, ob es neue oder veränderte **Risiken** gibt oder sich das **Nutzen-Risiko-Verhältnis** des betreffenden

---

[416] *Thiele,* in: Fuhrmann/Klein/Fleischfresser, § 26 Rn. 26.
[417] Erwägungsgrund 2 Durchführungsverordnung (EU) Nr. 520/2012.
[418] Vgl. GVP-Modul II. B.3. (Stand: 12.4.2013).
[419] Art. 101 Abs. 1 S. 2, Art. 104 Abs. 1 RL 2001/83/EG.

Arzneimittels geändert hat. Ist letzteres der Fall, so hat die zuständige Bundesoberbehörde entsprechende Maßnahmen zu ergreifen (s. § 63d V). Sie kann eine Reihe von Fragen an den Zulassungsinhaber stellen, worauf dieser der Behörde alle notwendigen Informationen zukommen lassen muss[420]. Zu den Maßnahmen gehört auch, dass die jeweils zuständige Bundesoberbehörde nicht-interventionelle Unbedenklichkeitsprüfungen im Wege einer Auflage nach § 28 II, IIIa oder IIIb, §§ 63f, 63g im Interesse der Arzneimittelsicherheit anordnen kann. Schließlich haben die zuständigen Bundesoberbehörden die Daten der **EudraVigilance-Datenbank** fortlaufend zu beobachten, um festzustellen, ob neue Risiken auftreten, ob sich die Risiken geändert haben und ob diese Risiken sich auf das Nutzen-Risiko-Profil des Arzneimittels auswirken[421].

Die jeweils zuständige Bundesoberbehörde hat zudem bei Sicherheitsbedenken das in § 63e **292** i. V. m. Art. 107i – 107k RL 2001/83/EG geregelte **europäische Pharmakovigilanz-Verfahren** einzuleiten. Das europäische Verfahren, auch Dringlichkeitsverfahren genannt, kann durch die zuständige Behörde eines Mitgliedstaates oder die Europäische Kommission eingeleitet werden, wenn sie aufgrund der Bewertung von Daten aus den Pharmakovigilanz-Tätigkeiten ein Handeln für dringend notwendig erachten und Gefahren für die öffentliche Gesundheit bestehen (s. § 63e Rn. 3). Die möglichen Maßnahmen reichen von der Aufhebung oder Nichtverlängerung der Zulassung eines Arzneimittels und dem Erstellen von Risikomanagement-Plänen[422] bis zur Änderung der Fachinformation. (s. § 63e Rn. 5)

Für die Koordinierung von behördlichen Maßnahmen in Deutschland hat die Bundesregierung nach **293** § 63 einen entsprechenden **Stufenplan** aufgestellt. In dem Stufenplan sind die Zuständigkeiten und Meldewege aufgezeichnet, die einzuhalten sind, wenn Arzneimittelrisiken auftreten.[423] Es ist eine nur die zuständigen Behörden verpflichtende Verwaltungsvorschrift[424]. Der Stufenplan regelt die Erfassung von Arzneimittelrisiken durch die zuständige Bundesoberbehörde, die Zusammenarbeit der beteiligten Behörden und Stellen, die Einschaltung der pharmazeutischen Unternehmer und die entsprechenden Informationswege[425] **(s. § 63 Rn. 8 ff.)**.

Von den Pharmakovigilanzpflichten **abzugrenzen** ist die im **11. Abschnitt** geregelte Überwachung **294** (§ 64) durch die zuständigen Landesbehörden als Aufsichtsbehörden. § 64 ist auf die Überwachung von Betrieben oder Einrichtungen ausgerichtet, in denen Arzneimittel hergestellt, geprüft, gelagert, verpackt oder in den Verkehr gebracht werden oder in denen sonst mit ihnen Handel betrieben wird (§ 64 I 1). Anders als im 10. Abschnitt steht hier im Mittelpunkt, ob arzneimittelrechtliche Vorschriften eingehalten werden, also die Vorschriften über Arzneimittel, Wirkstoffe und andere zur Arzneimittelherstellung bestimmte Stoffe, über die Werbung auf dem Gebiete des Heilwesens, des 2. Abschnitts des TFG, der Abschnitte 2, 3 und 3a des TPG und über das Apothekenwesen (§ 64 III 1) als auch die Grundsätze und Leitlinien der Guten Herstellungspraxis und der Guten Vertriebspraxis für Arzneimittel zur Anwendung beim Menschen oder die Grundsätze und Leitlinien der Guten Herstellungspraxis für Arzneimittel zur Anwendung bei Tieren (s. § 64 Rn. 4). Die **Überwachung des Pharmakovigilanz-Systems des Zulassungsinhabers** meint nach § 62 VI hingegen, dass die jeweils zuständige Bundesoberbehörde in Betrieben und Einrichtungen, die Arzneimittel herstellen, in den Verkehr bringen oder klinisch prüfen, die dortige Sammlung und Auswertung von **Arzneimittelrisiken** und die Koordinierung notwendiger Maßnahmen überprüft. Derartige **Pharmakovigilanz-Inspektionen** kann die zuständige Bundesoberbehörde in Betrieben im Inland, der EU oder einem Drittstaat durchführen (s. § 62 Rn. 74 ff.). Die Überwachung des Pharmakovigilanz-Systems eines Zulassungsinhabers ist immer die Aufgabe desjenigen Mitgliedstaats, auf dessen Territorium auch die Pharmakovigilanz-Stammdokumentation geführt wird[426].

b) Pharmakovigilanz-System der EMA. Ebenso wie die zuständigen Bundesoberbehörden hat **295** auch die EMA für zentral zugelassene Arzneimittel ein Pharmakovigilanz-System einzurichten (Art. 21, 22 VO (EG) 726/2004)[427]. Die EMA verrichtet einen Großteil ihrer Arbeit innerhalb ihrer wissenschaftlichen Ausschüsse[428]. Der Ausschuss für Humanarzneimittel **(Committee for Medicinal Products for Human Use – CHMP)** und der Ausschuss für Risikobewertung **(Pharmacovigilance Risk Assessment Committee – PRAC)** der EMA überwachen auf **europäischer Ebene** die Einhaltung des fachlichen Niveaus der Pharmakovigilanz-Maßnahmen[429]. In Bezug auf Arzneimittel, die im dezentralen oder im gegenseitigen Anerkennungsverfahren zugelassen werden, sind die Mitgliedstaaten für die Einrichtung eines Pharmakovigilanz-Systems verantwortlich, in denen das Arzneimittel zugelassen wurde

[420] *Hagemann/Paeschke,* in: Mann's Pharmacovigilance, S. 211.
[421] Erwägungsgrund Nr. 10 Durchführungsverordnung (EU) Nr. 520/2012.
[422] *Hagemann/Paeschke,* in: Mann's Pharmacovigilance, S. 211.
[423] *Rehmann,* AMG, 4. Aufl. 2014, § 63 Rn. 2; *Heßhaus,* in: Spickhoff, § 63 Rn. 1.
[424] *Rehmann,* AMG, § 63 Rn. 1.
[425] *Rehmann,* AMG, § 63 Rn. 2.
[426] Art. 18 VO (EG) Nr. 726/2004, *Thiele,* in: Fuhrmann/Klein/Fleischfresser, § 26 Rn. 31.
[427] Vgl. auch GVP-Modul I. C.2.3. (Stand: 2.7.2012).
[428] *Bahri/Arlett,* in: Mann's Pharmacovigilance, S. 176.
[429] Genauere Details zu den Verantwortlichkeiten und Aufgabenbereich des PRAC lassen sich auf der Website der EMA, insbesondere in dem Rules of Procedure Document EMA/PRAC/567515/2012 (Stand: 3.3.2013) finden.

(Art. 101 VO 2001/83/EG, Art. 22 RL (EG) 726/2004). Die EMA koordiniert in diesem Fall lediglich die Zusammenarbeit zwischen den Ländern, um eine einheitliche Erfassung und Arzneimittelsicherheit sicherstellen zu können[430]. Dies geschieht nicht zuletzt mit der Einrichtung der EudraVigilanz-Datenbank. Ein eigenes Pharmakovigilanz-System betreibt die EMA für diese Arzneimittel aber nicht, da dies von den jeweiligen Mitgliedstaaten übernommen wird. Diese ergreifen auch mögliche behördliche Maßnahmen im Falle von Bedenken hinsichtlich der Risiko-Nutzen Balance eines Arzneimittels[431].

296   **c) Pharmakovigilanz-System des Inhabers der Zulassung.** Der Zulassungsinhaber hat die an ihn gerichteten **Aufgaben und Pflichten** des 10. Abschnittes zu erfüllen. Dazu gehört, dass auch er nach § 63b I ein Pharmakovigilanz-System einzurichten und zu betreiben hat (§ 63b Rn. 3 ff.). In der Regel wird jeder Zulassungsinhaber ein umfassendes Pharmakovigilanz-System für alle seine Arzneimittel betreiben, es sei denn, dass sich aufgrund verschiedener Arzneimittelgruppen separate Systeme anbieten oder erforderlich sind (z. B. bei Impfstoffen oder Produkte, für die es mehrere Zulassungsinhaber gibt)[432]. § 63b konkretisiert diese Verpflichtung und legt den genauen Inhalt des Pharmakovigilanz-Systems fest. So hat der Zulassungsinhaber anhand seines Pharmakovigilanz-Systems sämtliche Informationen wissenschaftlich auszuwerten, Möglichkeiten der Risikominimierung und -vermeidung zu prüfen und erforderlichenfalls zu ergreifen (§ 62 II 1, 4). Das Pharmakovigilanz-System ist regelmäßigen **Audits** zu unterziehen (§ 63b II Nr. 2). Es ist detailliert in der **Pharmakovigilanz-Stammdokumentation** (§ 4 XXXIX) zu beschreiben (§ 63b II 3) wie auch die wichtigsten Ergebnisse des Pharmakovigilanz-Audits (§ 63b II Nr. 2)[433]. Eine zusammenfassende Beschreibung des Pharmakovigilanz-Systems ist den Zulassungsunterlagen beizufügen (§ 22 Nr. 5).

297   Um – wie gefordert – sämtliche **Änderungen des Nutzen-Risiko-Verhältnisses** entdecken zu können, hat der Zulassungsinhaber im Rahmen seines Pharmakovigilanz-Systems bestimmten **Dokumentations- und Meldepflichten** nachzukommen, sobald **Verdachtsfälle von Nebenwirkungen** bekannt werden (§ 63c). Er ist beispielsweise verpflichtet mutmaßliche schwerwiegende Nebenwirkungen innerhalb von 15 Tagen bei den zuständigen Behörden zu bewerten, zu melden und deren Aufforderungen nachzukommen[434]. Er hat außerdem **regelmäßige Unbedenklichkeitsberichte (PSUR)** an die EMA bzw. an die zuständige Bundesoberbehörde zu senden (§ 63d). Weiter hat der Zulassungsinhaber **nicht-interventionelle Unbedenklichkeitsprüfungen** auf **eigene Veranlassung** oder aufgrund **Anordnung** der zuständigen Bundesoberbehörde durchzuführen (§§ 63f–63g). Damit sind die mit dem 2. AMG-ÄndG 2012 eingeführten regelmäßigen Unbedenklichkeitsprüfungen (§§ 63d bis 63g) ein Teil des Pharmakovigilanz-Systems[435].

298   Das Pharmakovigilanz-System ist von dem **Stufenplanbeauftragten** einzurichten, zu führen und zu überwachen (s. § 63a Rn. 32 ff.). Für zentral zugelassene Arzneimittel obliegt diese Aufgabe der **Qualified Person for Pharmacovigilance (QPPV)**[436]. Für weitere Einzelheiten siehe Kommentierung zu § 63a.

299   **Pflichten des Antragstellers.** Die Pharmakovigilanz-Pflichten des Zulassungsinhabers sind von jenen des Antragstellers abzugrenzen. **§ 22 Abs. 2 Nr. 5** verlangt, dass der Antragsteller eine **zusammenfassende Beschreibung des Pharmakovigilanz-Systems (Pharmacovigilance System Master File, PSMF)** mit seinen Antragsunterlagen einzureichen hat. Dies bedeutet für den Antragsteller allerdings nicht, dass er in Bezug auf die noch nicht zugelassenen Arzneimittel allen oben genannten Verpflichtungen des Pharmakovigilanz-Systems bereits vor Zulassung nachzukommen hat. Die vom Antragsteller geforderte Beschreibung des Pharmakovigilanz-Systems hat alle Informationen über das **Pharmakovigilanz-System**, das betrieben wird, sobald der **Antragsteller die Zulassung erhält** und das **Arzneimittel in den Verkehr** gebracht werden soll, zu umfassen[437]. Er muss jedoch für das noch nicht zugelassene Arzneimittel nach § 63c IV 2 Nr. 3 alle Verdachtsfälle von Nebenwirkungen sowie die abgegebenen Mengen dokumentieren, Verdachtsfälle von Nebenwirkungen elektronisch an die EudraVigilance-Datenbank übermitteln und die Dokumentation innerhalb eines Mitgliedstaates der EU an einer zentralen Stelle im Unternehmen oder bei einem Dienstleister bereit halten.

300   Dass der Antragsteller eine zusammenfassende Beschreibung seines Pharmakovigilanz-Systems mit seinem Antrag vorlegen muss, ist nicht neu und wurde mit der **14. AMG-Novelle** (2005) eingeführt (§ 22 II Nr. 5)[438]. Bereits in der Mitteilung des BfArM aus dem Jahr 2007 zur Einreichung von Unterlagen gemäß § 22 II 5 und 6 (Pharmakovigilanz- und Risikomanagement-System; qualifizierte

---

[430] GVP-Modul I. C.2.3.1. (Stand: 2.7.2012).
[431] *Hagemann/Paeschke,* in: Mann's Pharmacovigilance, S. 211.
[432] GVP-Modul II. B.3. (Stand: 12.4.2013).
[433] Vgl. auch GVP-Modul IV.(Stand: 13.12.2012).
[434] *Bahri/Arlett* in: Mann's Pharmacovigilance, S. 177.
[435] Die Etablierung eines Pharmakovigilanz-Systems geht noch auf die RL 75/319/EG zurück. Dort heißt es in Art. 29a S. 1 „having regard to information obtained about adverse reactions to medicinal products under normal conditions of use, the Member States shall establish a pharmacovigilance system".
[436] Vgl. GVP-Modul II. B.3. (Stand: 12.4.2013) und § 63a Rn. 66.
[437] GVP-Modul II. C.1.1. (Stand: 12.4.2013).
[438] 14. AMG-Novelle).

Person für Pharmakovigilanz) wurde vorausgesetzt, dass ein Pharmakovigilanz-System etabliert ist[439]. **§ 22 II 5** konkretisiert den Inhalt der einzureichenden zusammenfassenden Beschreibung (§ 22 II 1 Nr. 6 für Tierarzneimittel): Es ist der Stufenplanbeauftragte (§ 63a) zu benennen, der Ort der Pharmakovigilanz-Stammdatendokumentation anzugeben (§ 22 II 1 Nr. 5 Buchst. b)) und eine Erklärung darüber abzugeben, dass der Antragsteller über ausreichend finanzielle Mittel zur Umsetzung der Aufgaben des 10. Abschnitts verfügt. Der Antragsteller muss das beschriebene Pharmakovigilanz-System, das er bei Zulassung sofort im Sinne von § 63b I zu betreiben hat, bei Antragstellung noch nicht etabliert haben. Denn es treffen den Antragsteller bei Antragstellung lediglich die in § 63c I bis III, § 63c IV 2 Nr. 3 geregelten Pflichten (s. Rn. 14 und § 63c Rn. 33).

d) Verantwortlichkeiten des Zulassungsinhabers für Tierarzneimittel. Auch der Zulassungs- **301** inhaber für Tierarzneimittel hat ein Pharmakovigilanz-System einzurichten und zu betreiben. Dies ergibt sich aus §§ 63b I, 63h und aus der EudraVigilance Volume 9B of The Rules Governing Medicinal Products in the European Union: Guidelines on Pharmacovigilance for Medicinal Products for Veterinary Use. § 63h regelt die **Dokumentations- und Meldepflichten** zu Verdachtsfällen von Nebenwirkungen. Auch hat der Zulassungsinhaber für Tierarzneimittel **regelmäßige Unbedenklichkeitsberichte** (**PSUR,** § 63h V) vorzulegen.

e) Verantwortlichkeiten des Zulassungs- und Genehmigungsinhabers für Blut- und Gewebe- 302 zubereitungen. Blut- und Gewebezubereitungen sind Arzneimittel (s. Abs. 2 und 30) und unterliegen der Zulassungspflicht nach § 21 soweit sie nicht nach § 21a von der Zulassungspflicht befreit sind und lediglich einer Genehmigung bedürfen. Nach dem Wortlaut des § 62b I besteht die Pflicht, ein Pharmakovigilanz-System einzurichten, nur für den Zulassungsinhaber, nicht für einen Genehmigungsinhaber. Beide treffen die in § 63i geregelten Dokumentations- und Meldepflichten, sobald **Verdachtsfälle schwerwiegender Zwischenfälle** oder **schwerwiegender unerwünschter Reaktionen** in den Mitgliedstaaten der EU oder EWR oder in einem Drittland aufgetreten sind (§ 63i). Jeder Verdacht ist der zuständigen Bundesoberbehörde anzuzeigen (§ 63i II 1). Der Zulassungs- oder Genehmigungsinhaber für Blut- und Gewebezubereitungen hat ebenso wie der Zulassungsinhaber für Humanarzneimittel der zuständigen Bundesbehörde aktualisierte **Berichte über die Unbedenklichkeit (PSUR)** nach Aufforderung oder mindestens einmal jährlich vorzulegen (§ 63i IV).

f) Traditionelle Arzneimittel und homöopathische Arzneimittel. Auch für registrierte traditio- **303** nelle Arzneimittel ist ein Pharmakovigilanz-System einzurichten und zu betreiben (§ 63c IV 1 Nr. 1 i. V. m. § 63b I)[440]. Der Registrierungsinhaber hat hier allerdings keine zusammenfassende Beschreibung des Pharmakovigilanz-Systems bei Antragstellung vorzulegen (vgl. § 39b I).

Für registrierte homöopathische Arzneimittel ist hingegen kein Pharmakovigilanz-System einzurich- **304** ten und zu betreiben[441]. Den Registrierungsinhaber treffen allerdings gemäß § 63c IV 2 Nr. 1 die Pflichten nach § 63c I–III.

Anders liegt es dann, wenn es sich um traditionelle oder homöopathische Arzneimittel handelt, die **305** nicht unter das vereinfachte Registrierungsverfahren und damit unter das Zulassungsverfahren nach § 21 fallen[442]. In diesem Fall ist die Beschreibung des Pharmakovigilanz-Systems (Pharmakovigilanz System Master File) mit den Zulassungsanträgen seit dem 2.7.2012 für das zentrale Verfahren und seit dem 21.7.2012 für das nationale Verfahren für neue Zulassungen und ab spätestens dem 21.7.2015 für bereits bestehende Zulassungen einzureichen[443].

4. Delegation an Dritte. Anders als für den Risiko-Management-Plan in § 63c IV 4 sieht § 63b **306** nicht vor, dass der Inhaber der Zulassung die Verpflichtung, ein Pharmakovigilanz-System einzurichten und zu betreiben, auf einen Dritten übertragen kann. Er kann aber einzelne, sich aus den Pharmakovigilanz-Verpflichtungen ergebende Aufgaben auf Dritte übertragen, was sich dann in der Beschreibung des Pharmakovigilanz-Systems widerspiegelt[444]. Solche **externen Dienstleister** (External Provider Pharmacovigilance, EPPV) können vertraglich verpflichtet werden, bestimmte Aufgaben unter der Verantwortung des pharmazeutischen Unternehmens wahrzunehmen[445]. Zu beachten ist allerdings, dass der pharmazeutische Unternehmer weiterhin die Verantwortung dafür trägt, seine Pharmakovigilanz-Verpflichtungen ordnungsgemäß zu erfüllen. Er kann sich also nicht exkulpieren und sich darauf berufen, einen Dritten zur Erfüllung der Aufgaben verpflichtet zu haben (s. § 63b Rn. 35).

---

[439] Abrufbar unter www.bfarm.de.

[440] EMA, Questions and Answers to support the implementation of the Pharmacovigilance legislation – Update, November 2012, Q&A 2.12. abrufbar unter www.ema.europa.eu.

[441] EMA, Questions and Answers to support the implementation of the Pharmacovigilance legislation – Update, November 2012, Q&A 2.13. abrufbar unter www.ema.europa.eu.

[442] EMA, Questions and answers on practical transitional measures for the implementation of the pharmacovigilance legislation, S. 9, 10, abrufbar unter www.ema.europa.eu.

[443] EMA, Questions and answers on practical transitional measures for the implementation of the pharmacovigilance legislation, S. 9, 10, abrufbar unter www.ema.europa.eu.

[444] *Rehmann,* § 63b Rn. 1.

[445] *Henke/Weber-Mangal,* PharmInd 2014, 1574.

XXXIX. Pharmakovigilanz-Stammdokumentation (Abs. 39)

307   **1. Europarechtliche Vorgaben.** Die Legaldefinition der Pharmakovigilanz-Stammdokumentation beruht auf der Umsetzung des Art. 1 Nr. 28 Buchst. e) RL 2001/83/EG i. d. F. der RL 2010/84/EG. Detaillierte Regelungen zur Pharmakovigilanz-Stammdokumentation enthalten die Art. 1 ff. der Durchführungsverordnung (EU) Nr. 520/2012 und das GVP Modul II (Pharmacovigilance system master file).

308   **2. Inhalt. a) Allgemeines.** Die Pharmakovigilanz-Stammdokumentation (das Pharmakovigilanz-System-Master-File – PSMF) ist eine detaillierte Beschreibung des Systems der Pharmakovigilanz, das der Inhaber der Genehmigung für das Inverkehrbringen auf eines oder mehrere genehmigte Arzneimittel anwendet (s. auch Abs. 38). Die Stammdokumentation ist für jedes Arzneimittel zu führen, unabhängig davon, in welchem Verfahren es zugelassen wurde[446].

309   Seit dem 2. AMG-ÄndG 2012 sieht der Gesetzgeber vor, dass ab dem **21.7.2015** von dem bisherigen Detailed Description of the Pharmacovigilance System (DDPS) auf das **Pharmacovigilance System Master File (PSMF)** umgestellt wird. Daher wird im Folgenden bereits auf das PSMF eingegangen. Die Kerndaten des PSMF sind im Zulassungsantrag nach § 22 II Nr. 5 nur zusammenfassend vorzulegen. Das detaillierte PSMF wird im Rahmen des Zulassungsverfahrens nicht mehr verlangt, anders als noch vor dem Inkrafttreten des 2. AMG-ÄndG 2012[447]. Es genügt nunmehr, eine zusammenfassende Beschreibung (**„Summary of Pharmacovigilance System"**) vorzulegen[448]. Nach dem **GVP-Modul II** soll es den Zulassungsbehörden – ausnahmsweise – möglich sein, das detaillierte PSMF nach dem GVP-Modul II zu verlangen, beispielsweise ein neues Pharmakovigilanz-System eingeführt wurde oder Sicherheits- oder Compliance-Bedenken bestehen[449]. Es bestehen allerdings weder nationale noch europarechtliche Grundlagen, aufgrund derer bereits im Rahmen des Zulassungsantrages das detaillierte PSMF verlangt werden könnte. Auch Art. 8 IIIia 2001/83/EG sieht nur die Vorlage der Zusammenfassung des Pharmakovigilanz-Systems des Antragstellers vor.

310   Die für die erforderliche Zusammenfassung des Pharmakovigilanz-Systems muss nach Art. 8 III Buchst. ia RL 2001/83/EG einen Nachweis darüber enthalten, dass der Antragsteller über eine für die Pharmakovigilanz **verantwortliche qualifizierte Person** verfügt. Weiterhin ist erforderlich, dass angegeben wird, in welchen Mitgliedstaaten diese Person ansässig und tätig ist. Es müssen die Kontaktdaten zu dieser qualifizierten Person mitgeteilt werden. Außerdem muss der Antragsteller eine unterzeichnete Erklärung abgeben, er verfüge über die **notwendigen Mittel,** um den in Titel IX der RL 2001/83/EG aufgeführten Aufgaben und Pflichten nachzukommen. Auch die Angabe des **Ortes,** an dem die Pharmakovigilanz-Stammdokumentation für das betreffende Arzneimittel geführt wird, ist erforderlich.

311   Bei Zulassungsanträgen, die vor dem 2.7.2012 (zentrale Zulassungen) bzw. 21.7.2012 (nationale Zulassungen inkl. Zulassungen aus gegenseitigen Anerkennungs- (Mutual Recognition Procedure) und dezentralisierten-Verfahren (Decentralized Procedure) eingereicht wurden, hat der Antragssteller die Möglichkeit, in Absprache mit der EMA bzw. mit der jeweils zuständigen Bundesoberbehörde im laufenden Verfahren das vorher eingereichte DDPS gegen das PMSF **auszutauschen**[450]. Das PSMF muss dann gesetzeskonform erstellt und vorgehalten werden. Für eine bereits erteilte Zulassung ist das PSMF nachzureichen[451].

312   **b) Detaillierte Beschreibung des Systems der Pharmakovigilanz.** Genaue Vorgaben für den Inhalt und die Struktur des detaillierten PSMF ergeben sich aus Art. 1 bis 3, 5 Durchführungsverordnung (EU) Nr. 520/2012 sowie ergänzend die Guideline on Good Pharmacovigilance Practices Modul II (Pharmacovigilance System Master File) sowie ergänzend den Modulen I (Pharmacovigilance Systems and their Quality Systems) und IV (Pharmacovigilance Audits). Entsprechende Hinweise zum Inhalt und der Struktur lassen sich auch auf der Website des BfArM (www.bfarm.de) finden. Die Beschreibung des Pharmakovigilanz-Systems nach Abs. 39 wird durch Abs. 38, Abschnitt 10 und das GVP-Modul II inhaltlich ausgefüllt, sodass zusätzlich auf die entsprechenden Kommentierungen bzw. die GVP verwiesen werden kann.

313   Das **PSMF** besteht aus einem sogenannten Hauptdokument und einem Anhang. Die Mindestbestandteile sind in dem Hauptdokument (Art. 2 Durchführungsverordnung (EU) Nr. 520/2012) und die ergänzenden Angaben in dem Anhang (Art. 3 Durchführungsverordnung (EU) Nr. 520/2012) aufzunehmen. Deren Inhalt lässt sich wie folgt zusammenfassen:

---

[446] Vgl. GVP-Modul II. B. (Stand: 12.4.2013).
[447] GVP-Modul II. B.2.1. (Stand: 12.4.2013).
[448] GVP-Modul II. B.2.1. (Stand: 12.4.2013).
[449] GVP-Modul II. C.2. (Stand: 12.4.2013).
[450] Art. 8 III Buchst.ia RL 2001/83/EG; Mitteilung des BfArM zur Umstellung von DDPS bzw. nationalem Master-File auf PSMF vom 25.7.2012, abrufbar unter www.bfarm.de.
[451] Dies ergibt sich aus der Umsetzung des Art. 8 III Buchst. ia RL 2001/83/EG; s. auch Mitteilung des BfArM zur Umstellung von DDPS bzw. nationalem Master-File auf PSMF vom 25.7.2012, abrufbar unter www.bfarm.de.

Hauptdokument: 314

- Informationen zu der für die Pharmakovigilanz qualifizierten Person (Qualified Person Responsible for Pharmacovigilance – QPPV)
- Beschreibung der Organisationsstruktur des Zulassungsinhabers
- Beschreibung Standort, Funktionalität und operativer Verantwortung für Computersysteme und Datenbanken
- Beschreibung Verfahren und Durchführung der Pharmakovigilanz
- Beschreibung Qualitätssystem
- Beschreibung der Tätigkeiten und Dienstleistungen bei Delegation an Dritte (Unteraufträge)

Anhang:

- Produktliste
- Strategien und Verfahren zur Überwachung des Qualitätssystems (Art. 11 Durchführungsverordnung (EU) Nr. 520/2012)
- Liste der Unteraufträge (Art. 6 Durchführungsverordnung (EU) Nr. 520/2012)
- Aufgabenliste der QPPV
- Liste der geplanten und durchgeführten Audits
- Liste der Leistungsindikatoren (Art. 9 Durchführungsverordnung (EU) Nr. 520/2012)
- Liste der PSMF desselben Zulassungsinhabers
- Logbuch über die delegierten Aufgaben (Art. 3 VIII i. V. m. IV Durchführungsverordnung (EU) Nr. 520/2012)

Der Inhalt des PSMF ist ähnlich dem der früheren detaillierten Beschreibung des Pharmakovigilanz- 315 Systems (Detailed Description of the Pharmacovigilance System- DDPS). Allerdings liegt der Fokus des PSMF durch die zusätzliche Regelung in Art. 104 II RL 2001/83/EG[452] stärker auf dem Qualitätssystem[453].

3. Verantwortlichkeiten. a) Antragsteller und Zulassungsinhaber. Zuständig für die Erstellung 316 der PSMF ist der Antragsteller und Inhaber der Zulassung. Der Zulassungsinhaber ist verpflichtet, für Arzneimittel, die vor dem 26.10.2012 zugelassen wurden, ab dem 21.7.2015 das PSMF zu führen und auf Anfrage vorzulegen (§ 146 VII). Wird die Zulassung vor dem 21.7.2015 verlängert, so ist ab dem Datum, an dem die Zulassung verlängert wird (§ 146 VII 1), das PSMF zu führen. Das gleiche gilt auch für Arzneimittel, für die vor dem 26.10.2012 ein ordnungsgemäßer Zulassungsantrag gestellt worden ist (§ 146 VII 2).

b) Inhaber von Registrierungen. Inhaber von Registrierungen **traditioneller pflanzlicher Arz-** 317 **neimittel** (§ 39a) haben ein PSMF aufzustellen (§ 63c IV 1 Nr. 1 i. V. m. § 63b II Nr. 3)[454]. Sie sind aber nicht verpflichtet, eine Zusammenfassung des detaillierten PSMF mit ihren Registrierungsunterlagen vorzulegen. Für diese gilt § 39b I.

Inhaber von Registrierungen **homöopathischer** Arzneimittel (§ 38) haben hingegen kein PSMF 318 aufzustellen (§ 63c IV 2 Nr. 1)[455]. Demzufolge sind sie auch nicht verpflichtet entsprechende Dokumente mit ihren Registrierungsunterlagen einzureichen (§ 38 II 2). Sie müssen aber den Anforderungen des § 63c I bis III gerecht werden. (s. § 63c Rn. 33 ff.) D. h. alle Verdachtsfälle von Nebenwirkungen sowie Angaben über die abgegebenen Mengen sind zu dokumentieren und zu melden.

c) Dritte. Die Erstellung, Aufbewahrung und stetige Aktualisierung des PSMF kann auf Dritte über- 319 tragen werden. Allerdings ist der Zulassungsinhaber verpflichtet, sicherzustellen, dass das PSMF den gesetzlich vorgeschriebenen Anforderungen entspricht und jederzeit auf Verlangen vorgelegt werden kann[456].

4. Form/Änderungen/Dokumentation. a) Schriftlich oder elektronisch. Die Formvorgaben 320 für die Abfassung der PSMF ergeben sich aus **Art. 5 Durchführungsverordnung (EU) Nr. 520/2012 und GVP-Modul II.** Um die jederzeitige Einsicht und Verständlichkeit für die Behörden zu gewährleisten, sind die PSMF in Englisch abzufassen, es sei denn, das Arzneimittel wurde ausschließlich im nationalen Verfahren zugelassen[457]. In letzterem Fall kann die Landessprache verwendet werden. Die PSMF ist in einem Mitgliedstaat der EU in Papierform oder elektronisch aufzubewahren. Der Inhaber der Zulassung kann zwischen beiden Formen wählen. Wählt er die elektronische Form, muss aber

---

[452] Vgl. Art. 104 II der RL 2001/83/EG.
[453] *Edwards/Johnson/Gandhi,* in: Mann's Pharmacovigilance, S. 31.
[454] Vgl. EMA, Questions and Answers to support the implementation of the Pharmacovigilance legislation – Update, November 2012, Q&A 2.12. (Stand: 30.11.2012). abrufbar unter www.ema.europa.eu.
[455] Vgl. EMA, Questions and Answers to support the implementation of the Pharmacovigilance legislation – Update, November 2012, Q&A 2.13. (Stand: 30.11.2012). abrufbar unter www.ema.europa.eu.
[456] Vgl. GVP-Modul II. (Stand: 12.4.2013).
[457] S. GVP-Modul II. B.6.1 (Stand: 12.4.2013).

sichergestellt werden, dass er jederzeit einen Ausdruck anfertigen kann (Art. 7 III Durchführungsverordnung (EU) Nr. 520/2012).

321 In internen Audit-Reports festgestellte **Mängel** sind in einer Anlage des PSMF festzuhalten und somit grundsätzlich der Behörde bei Anforderung des PSMF zugänglich. Nach dem Abarbeiten der festgelegten Maßnahmen können die Mängel im PSMF wieder gestrichen werden (§ 63b II Nr. 2).

322 **b) Abrufbarkeit und Zugänglichkeit.** Der Inhaber der Zulassung muss das PSMF firmenintern aktualisieren[458] und in der Lage sein, der zuständigen nationalen Behörde oder der EMA[459] innerhalb von **7 Tagen nach Anforderung** eine Kopie des PSMF vorzulegen (§ 63b II 3 i. V. m. § 29 Ia 5)[460]. Diese Vorgabe gilt auch für den **Parallelimporteur** (§ 29 Ia 6). Aufgrund der zahlreichen Details (vor allem in den Anlagen), die i. d. R. nur durch Beiträge anderer Abteilungen vollständig und aktuell gehalten werden können (z. B. klinische Studien, verwendete Dienstleister bei Marktforschungsstudien, laufende Patientenprogramme u. v. m.) empfiehlt es sich, das PSMF und seine Anhänge in festgelegten, regelmäßigen Intervallen (monatlich, viertel- oder halbjährlich) zu überprüfen und zu aktualisieren, damit im Falle einer behördlichen Anforderung kurzfristig nur noch kleine Anpassungen vorgenommen werden müssen[461]. Ein Hauptverantwortlicher (z. B. im Bereich Pharmakovigilance Quality Assurance) sollte benannt werden.

323 **c) Änderungen/Dokumentation.** Ein Wechsel der QPPV sowie Änderung der Kontaktdaten oder des Aufbewahrungsortes der PSMF sind unverzüglich durch den Inhaber der Zulassung an die EMA mittels des XEVMP-Tools zu melden (Art. 4 IV 1. Durchführungsverordnung (EU) Nr. 520/2012). Jegliche inhaltliche Änderungen des PSMF sind aufzuzeichnen und fünf (5) Jahre aufzubewahren (Art. 5 IV i. V. m. § 12 II i. V. m. Art. 16 II Durchführungsverordnung (EU) Nr. 520/2012). Dies kann beispielsweise als „elektronisch gesicherte Versionsverlaufskontrolle" (über Pharmacovigilance Quality Assurance) erfolgen.

324 **5. Überwachung.** Die **zuständige Bundesoberbehörde** bei national zugelassenen Arzneimitteln und die **EMA** bei zentral zugelassenen Arzneimitteln – wobei diese die Aufgabe mit den nationalen Behörden koordiniert – überwachen, dass die Vorgaben der Pharmakovigilanz-Stammdokumentation eingehalten werden[462]. Vorzuhalten ist das PSMF innerhalb der EU, entweder an dem Ort der wichtigsten Pharmakovigilanz-Aktivitäten oder am Wohnsitz der QPPV (Art. 7 der VO 520/2012)[463]. Dieser Ort bestimmt auch die für Pharmakovigilanz-Inspektionen zuständige Behörde.

XI. Gefälschte Arzneimittel (Abs. 40)

325 Die Begriffsbestimmung für **gefälschte Arzneimittel** wurde durch das 2. AMG-ÄndG 2012 als Legaldefinition in Abs. 40 aufgenommen. Eine gesetzliche Definition war zuvor in **§ 8 I Nr. 1a** enthalten; danach waren gefälschte Arzneimittel solche Arzneimittel, die hinsichtlich ihrer Identität und Herkunft falsch gekennzeichnet sind. Die neue Legaldefinition konkretisiert die Elemente falsche Kennzeichnung über Identität und Herkunft und umfasst als neues Element falschen Angaben über den in Aufzeichnungen und Dokumenten beschriebenen Vertriebsweg.

326 Der Gesetzgeber hat sich ausweislich der Gesetzesbegründung an Art. 1 Nr. 33 der RL 2001/83/EG, zuletzt geändert durch die RL 2011/62/EU, orientiert[464]. Nicht übernommen wurde die Formulierung in der Richtlinie, dass sich die Begriffsbestimmung nicht auf **unbeabsichtigte Qualitätsmängel** erstreckt und Verstöße gegen die Rechte des geistigen Eigentums unberührt lässt. Dies wurde vom Bundesrat im Gesetzgebungsverfahren ebenfalls beanstandet. Gleichwohl hat der Gesetzgeber diese Formulierung nicht in Abs. 40 übernommen, weil das subjektive Element „unbeabsichtigt" im objektiven Tatbestand der Fälschung bedingt, dass bereits bei der Frage, ob eine Fälschung vorliegt, subjektive Willenselemente des Handelnden festgestellt werden müssten[465]. Dies hätte Auswirkungen auf die Teilnahmefähigkeit der Tat (Beihilfe und Anstiftung setzt eine vorsätzliche Tat voraus) gehabt. Unstreitig ist, dass derjenige, der ein Arzneimittel mit Qualitätsmängeln in den Verkehr bringt und wenn diese Mängel entweder unbeabsichtigt entstanden sind oder unbeabsichtigt nicht bemerkt worden sind, mangels Vorsatz nicht wegen Inverkehrbringens eines gefälschten Arzneimittels bestraft werden kann. Hier kann ergänzend auch auf den Erwägungsgrund 5 der RL 2011/62/EU verwiesen werden, der hervorhebt, dass Arzneimittel die infolge von Fehlern bei der Herstellung oder beim Vertrieb ungewollt mit Qualitäts-

---

[458] *Thiele* in: Fuhrmann/Klein/Fleischfresser, § 26 Rn. 31.
[459] *Edwards/Johnson/Gandhi,* in: Mann's Pharmacovigilance, S. 31.
[460] Dies entspricht auch GVP-Modul II. C.2. (Stand: 12.4.2013); EMA, Questions and Answers to support the implementation of the Pharmacovigilance legislation – Update, November 2012, 2.1. (Stand: 30.11.2012).
[461] *Waldeyer*, PharmInd 2014, 91.
[462] GVP-Modul II. C.1.2, II. C.1.3. (Stand: 12.4.2013).
[463] GVP-Modul II. B.2.2. (Stand: 12.4.2013).
[464] BT-Drucks. 17/9341, S. 48.
[465] Vgl. auch Gegenäußerung der Bundesregierung zur Stellungnahme des BRat, BT-Drucks. 17/9341, S. 101.

mängeln behaftet sind, nicht mit gefälschten Arzneimitteln verwechselt werden sollen. **Regelungen zum geistigen Eigentum** bleiben ebenfalls unberührt[466].

1. Fälschung hinsichtlich Identität, Kennzeichnung, Bezeichnung, Zusammensetzung **327** **(Nr. 1).** Eine falsche Angabe hinsichtlich der **Identität** des Arzneimittels (Nr. 1) ist zunächst bei Täuschung hinsichtlich der Verpackung (Behältnisse und äußere Umhüllungen, s. § 10 I S. 1 sowie Blistern, s. § 10 VIII), Kennzeichnung oder Bezeichnung (§ 10 I 1 Nr. 2) gegeben. Eine Identitätstäuschung ist auch anzunehmen, wenn auf der gefälschten Verpackung zu einer Originalware das Verfalldatum verlängert wird[467].

Falsche Angaben hinsichtlich der Zusammensetzung in Bezug auf einen oder mehrere seiner Bestand- **328** teile, einschließlich der Hilfsstoffe und des Gehalts dieser Bestandteile können z.B. die Verwendung anderer Hilfs- und Zusatzstoffe oder von Wirkstoffen der gleichen Stoffklasse sein; eine Identitätstäuschung ist auch bei der Verwendung keines Wirkstoffs oder eines abweichend dosierten Wirkstoffs gegeben. Eine gesundheitliche Gefährdung ist für eine Arzneimittelfälschung nicht erforderlich, die Legaldefinition erfasst vielmehr auch gefälschte Arzneimittel, die qualitativ genauso gut wie das Originalprodukt hergestellt sind. Eine Totalfälschung liegt bei einem Arzneimittel vor, das unautorisiert und vollständig von einem Dritten hergestellt wurde, während eine Teilfälschung auf der Originalware basiert, jedoch vom Fälscher verändert wurde (etwa durch Streckung oder gar Entfernung der Wirksubstanz)[468].

2. Fälschung hinsichtlich Herkunft, Herstellungsland, Herkunftsland, Zulassungsinhaber **329** **(Nr. 2).** Eine falsche Kennzeichnung hinsichtlich der **Herkunft** (Nr. 2) liegt insbesondere vor, wenn das (auch mit der Zulassungsnummer gekennzeichnete) Arzneimittel tatsächlich nicht vom Zulassungsinhaber (bei zentral zugelassenen Arzneimitteln vom Inhaber der Genehmigung für das Inverkehrbringen) stammt, also vor allem unter Verwendung von Originalware in gefälschte Sekundär- und/oder Primärverpackung **umverpackt** wurde. Eine Täuschung über die Herkunft liegt auch dann vor, wenn Originalware des Konzerns von anderen beschafft und in eine ebenfalls beschaffte Originalverpackung verpackt wird; wird allerdings fälschlicherweise ein zum Konzernverbund des tatsächlichen Zulassungsinhabers gehörendes Unternehmen als Verantwortlicher für das Inverkehrbringen angegeben, liegt keine Fälschung vor[469]. Im sog. vereinfachten Zulassungsverfahren zugelassene Re- oder Parallelimporte (s. Vor § 72 Rn. 21) sind keine gefälschten Arzneimittel, weil hier durch die Kennzeichnung als Re- oder Parallelimport (Zulassungsinhaber ist der Importeur) keine Täuschung über die Herkunft oder Identität gegeben ist.

3. Fälschung hinsichtlich des Vertriebswegs (Nr. 3). Nach Nr. 3 sind auch falsche Angaben über **330** **Aufzeichnungen und Dokumente** zu dem beschriebenen **Vertriebsweg** als Arzneimittelfälschungen zu qualifizieren. Nach § 17 VI 3 AMWHV und § 6 II 2 AMHandelsV müssen Arzneimittellieferungen ausreichende Unterlagen beigefügt werden, aus denen insbes. das Datum der Auslieferung, die Bezeichnung und Menge des Arzneimittels sowie Namen und Anschrift des Lieferanten und des Empfängers hervorgehen. Damit fallen Fälschungen der Begleitpapiere über den tatsächlichen Vertriebsweg, z.B. über die angebliche Herkunft aus einem EU-Mitgliedstaat, unter die Definition der Fälschung[470]. Die Fälschung von Dokumentationsunterlagen ist ebenfalls vom Begriff „gefälschtes Arzneimittel" erfasst. Dokumentationsverpflichtungen der Herstellerbetriebe regelt § 10 I AMWHV und diejenigen des Großhandels § 7 AMHandelsV. Dies gilt unabhängig davon, ob der Wirkstoff selbst gefälscht ist; erst recht ist irrelevant, ob das jeweilige Arzneimittel einen Gesundheitsschaden hervorrufen könnte. Die vom EU-Gesetzgeber verlangten verfahrensmäßigen Vorgaben, die die Dokumentation, Kontrolle und Rückverfolgbarkeit des Arzneimittels betreffen, bezwecken einen weitgehenden Schutz vor Fälschungen[471].

XLI. Gefälschte Wirkstoffe (Abs. 41)

Die Legaldefinition für **gefälschte Wirkstoffe** wurde wie die Begriffsbestimmung für gefälschte **331** Arzneimittel durch das 2. AMG-ÄndG 2012 als Legaldefinition in Abs. 41 aufgenommen. Eine gesetzliche Definition war zuvor in **§ 8 I Nr. 1a** enthalten. Die neue Legaldefinition konkretisiert die Elemente falsche Kennzeichnung über Identität und Herkunft und umfasst als neues Element falsche Angaben über den tatsächlichen Vertriebsweg. Die Begriffsbestimmung erstreckt sich **nicht** auf **unbeabsichtigte Qualitätsmängel** und lässt Verstöße gegen die Rechte des geistigen Eigentums unberührt (s. Rn. 326).

Die **Kennzeichnung** des außerbetrieblichen Transportbehältnisses eines Wirkstoffs regelt § 7 III 1 **332** i.V.m. II 2 AMWHV. Danach müssen die Behältnisse den Inhalt eindeutig bezeichnen. Eine falsche Kennzeichnung hinsichtlich der **Identität** des Wirkstoffs liegt insbesondere vor, wenn es ein imitierter

---

[466] BT-Drucks. 17/9341, S. 48.
[467] A. A. *Kloesel/Cyran*, § 4 Anm. 113.
[468] *Hauke/Kremer*, PharmR 2013, 213, 214.
[469] *Rehmann*, § 4 Rn. 47.
[470] A. A. wohl *Rehmann*, § 4 Rn. 48, der den Begriff wegen der Bestimmungen über den freien Warenverkehr einschränkend auslegt.
[471] *Stallberg*, GRUR-Prax 2011, 212, 213.

Wirkstoff ist. Aber auch jegliche sonstige Abweichung von der (eindeutigen) Bezeichnung führt zu einer Fälschung.

333   Eine Fälschung liegt ebenfalls vor, wenn die **Begleitdokumentation** nicht alle beteiligten Hersteller oder nicht den tatsächlichen Vertriebsweg widerspiegelt. Anders als die Vorgaben für die Begleitdokumentation für Fertigarzneimittel enthält die AMWHV keine konkreten Vorgaben für die Begleitdokumentation für Wirkstoffe. Wenn die Begleitdokumentation allerdings fasche Angaben zu den beteiligten Herstellern oder Vertriebsweg enthält, liegt eine Fälschung vor. **Unverpackte Wirkstoffe** sind deshalb gefälschte Wirkstoffe, wenn die Begleitdokumentation den Vertriebsweg anders als tatsächlich geschehen darstellt. Für die Freigabe zum Inverkehrbringen von Wirkstoffen sieht § 25 IV 1 Nr. 5 AMWHV vor, dass die Rückverfolgbarkeit bis zum Originalhersteller des Produkts gewährleistet.

§ 4a Ausnahmen vom Anwendungsbereich

[1] **Dieses Gesetz findet keine Anwendung auf**

1. **Arzneimittel, die unter Verwendung von Krankheitserregern oder auf biotechnischem Wege hergestellt werden und zur Verhütung, Erkennung oder Heilung von Tierseuchen bestimmt sind,**
2. **die Gewinnung und das Inverkehrbringen von Keimzellen zur künstlichen Befruchtung bei Tieren,**
3. **Gewebe, die innerhalb eines Behandlungsvorgangs einer Person entnommen werden, um auf diese ohne Änderung ihrer stofflichen Beschaffenheit rückübertragen zu werden.**

[2] **Satz 1 Nr. 1 gilt nicht für § 55.**

Wichtige Änderungen der Vorschrift: S. 1 geändert und S. 3 aufgehoben durch Art. 1 Nr. 5 des Gesetzes zur Änderung arzneimittelrechtlicher und anderer Vorschriften vom 17.7.2009 (BGBl. I S. 1990).

Übersicht

A. Inhalt

1   § 4a regelt die Ausnahmen vom Anwendungsbereich des AMG. § 4a S. 1 bestimmt **drei Ausnahmen,** in denen das AMG keine Anwendung findet: S. 1 Nr. 1 nimmt Arzneimittel aus, die unter Verwendung von Krankheitserregern oder auf biotechnischem Wege hergestellt und gegen Tierseuchen eingesetzt werden. S. 1 Nr. 2 erfasst die Gewinnung und das Inverkehrbringen von Keimzellen zur künstlichen Befruchtung bei Tieren. S. 1 Nr. 3 betrifft Gewebe, die einer Person innerhalb eines Behandlungsvorgangs entnommen und auf diese ohne Änderung ihrer stofflichen Beschaffenheit rückübertragen werden. § 4a S. 2 sieht eine **Rückausnahme** vor; hiernach gilt die Ausnahme für Arzneimittel gegen Tierseuchen in S. 1 Nr. 1 nicht für die Regelungen des Arzneibuches in § 55.

B. Zweck

2   Gemeinsam mit §§ 1, 2 und 4b steckt § 4a den **Anwendungsbereich des AMG** ab. Dieser wird insbes. durch den in § 1 definierten Zweck des AMG und den Arzneimittelbegriff in § 2 konkretisiert[1]. Hiernach gilt das AMG grundsätzlich für den gesamten Verkehr mit Human- und Tierarzneimitteln. Von diesem weit zu verstehenden Anwendungsbereich (s. § 1 Rn. 7) macht § 4a drei Ausnahmen. Zweck dieser Ausnahmen ist es, spezielle Materien und Sonderkonstellationen aus dem Regime des AMG herauszunehmen: Der Verkehr mit Arzneimitteln gegen Tierseuchen (S. 1 Nr. 1) sowie die Gewinnung und das Inverkehrbringen von Keimzellen zur künstlichen Befruchtung bei Tieren (S. 1 Nr. 2) sind mit dem Tiergesundheitsgesetz (TierGesG) und dem Tierzuchtgesetz (TierZG) spezialgesetzlich geregelt. Die Entnahme von Gewebe innerhalb eines Behandlungsvorgangs zur Rückübertragung auf dieselbe Person (S. 1 Nr. 3) ist kein arzneimittelspezifischer Vorgang.

---

[1] Vgl. *BVerwGE* 97, 132, 135 f.

Die jetzige Fassung des § 4a basiert im Wesentlichen auf dem früheren § 80, der aus systematischen **3** Gründen mit der 11. AMG-Novelle in den ersten Abschnitt des AMG überführt wurde[2]. Durch das Gewebegesetz vom 20.7.2007 wurde klargestellt, dass sich S. 1 Nr. 2 allein auf die künstliche Befruchtung bei Tieren bezieht; zudem wurde die Sonderregelung für Gewebe zur Rückübertragung in S. 1 Nr. 3 (zuvor Nr. 4) neu gefasst. Mit dem AMG-ÄndG 2009 wurden der seinerzeitige S. 1 Nr. 3, die Sonderregelung für Arzneimittel aus (ärztlicher) Eigenherstellung, und S. 3, die betreffende Rückausnahme für Arzneimittel zu Dopingzwecken im Sport, aufgehoben. Zudem wurde S. 1 Nr. 3 weiter präzisiert.

C. Ausnahmen (S. 1)

Die in § 4a S. 1 aufgeführten Ausnahmetatbestände knüpfen zum einen an bestimmte Arzneimittel **4** und zum anderen an bestimmte Vorgänge an. S. 1 Nr. 1 erfasst Arzneimittel gegen Tierseuchen. S. 1 Nr. 2 betrifft die Gewinnung und das Inverkehrbringen von bestimmten Keimzellen, S. 1 Nr. 3 einen Sonderfall der (autologen) Transplantation.

I. Arzneimittel gegen Tierseuchen (Nr. 1)

Auch wenn das AMG auf die in § 4a S. 1 Nr. 1 genannten Arzneimittel im Übrigen nicht anwendbar **5** ist, ist für die Prüfung dieses Ausnahmetatbestandes von den Begriffsbestimmungen des AMG – das heißt insbes. dem Arzneimittelbegriff in § 2 und dem Stoffbegriff in § 3 – auszugehen[3]. S. 1 Nr. 1 liegt **kein eigenständiger Arzneimittelbegriff** zugrunde, vielmehr nimmt die Regelung nur bestimmte Arzneimittel aus dem Anwendungsbereich des AMG aus. Dies hat zur Konsequenz, dass auf die betreffenden Arzneimittel nur die Bestimmungen des AMG nicht anzuwenden sind, nicht aber die sonstigen für Arzneimittel geltenden Vorschriften, wie etwa das Heilmittelwerbegesetz (vgl. § 1 I Nr. 1 HWG)[4].

§ 4a S. 1 Nr. 1 korrespondiert mit dem **TierGesG**, das das Tierseuchengesetz (TierSG) zum 1.5.2014 **6** abgelöst hat (s. § 45 I TierGesG). §§ 11 f. TierGesG enthalten Regelungen für das Inverkehrbringen, die Anwendung sowie die Herstellung von immunologischen Tierarzneimitteln und In-vitro-Diagnostika (insbes. Zulassung durch das Paul-Ehrlich-Institut bzw. das Friedrich-Loeffler-Institut/Genehmigung durch Rechtsakt der Europäischen Gemeinschaft oder der Europäischen Union, § 11 I, II TierGesG). § 11 TierGesG entspricht im Kern § 17c TierSG. Die Begriffe „immunologisches Tierarzneimittel" und „In-vitro-Diagnostikum" sind in § 2 Nr. 16, 17 TierGesG legaldefiniert. Zwar nimmt § 4a S. 1 Nr. 1 die Regelungen in §§ 11 f. TierGesG nicht ausdrücklich in Bezug, doch folgt aus dem systematischen Zusammenhang beider Vorschriften, dass § 4a S. 1 Nr. 1 insbes. die in §§ 11 f. TierGesG spezialgesetzlich erfassten Stoffe von der Anwendung des AMG freistellt[5].

Die rechtlichen Rahmenbedingungen des TierGesG werden vor allem durch die **Tierimpfstoffverordnung** (TierImpfStV) ergänzt. § 1 Nr. 1–4 TierImpfStV enthält neben dem Begriff der Mittel (Nr. 1) **7** Legaldefinitionen für die Begriffe Sera, Impfstoffe und Antigene. Gem. § 1 Nr. 1 TierImpfStV sind **Mittel** *„Sera, Impfstoffe und Antigene, die unter Verwendung von Krankheitserregern oder auf biotechnischem Wege hergestellt werden und zur Verhütung, Erkennung oder Heilung von Tierseuchen bestimmt sind"*. Nach § 1 Nr. 2 TierImpfStV sind **Sera** *„Mittel, die aus Blut, Organen, Organteilen oder Organsekreten von Lebewesen gewonnen werden, spezifische Antikörper enthalten und dazu bestimmt sind, bei Tieren wegen dieser Antikörper angewendet zu werden."* **Impfstoffe** sind gem. § 1 Nr. 3 TierImpfStV *„Mittel, die Antigene enthalten und dazu bestimmt sind, bei Tieren zur Erzeugung spezifischer Abwehr- oder Schutzstoffe angewendet zu werden."* Nach § 1 Nr. 4 TierImpfStV sind **Antigene** *„Mittel – ausgenommen Sera und Impfstoffe –, die dazu bestimmt sind, a) außerhalb des tierischen Körpers angewendet zu werden oder b) bei Anwendung am oder im tierischen Körper Reaktionen des Immunsystems auszulösen"*[6].

Für die Konkretisierung des Begriffs der **Krankheitserreger** kann auf die Begriffsbestimmung des **8** Infektionsschutzgesetzes (IfSG) zurückgegriffen werden. Nach § 2 Nr. 1 IfSG ist ein Krankheitserreger *„ein vermehrungsfähiges Agens (Virus, Bakterium, Pilz, Parasit) oder ein sonstiges biologisches transmissibles Agens, das bei Menschen eine Infektion oder übertragbare Krankheit verursachen kann."*

Die Herstellung von Arzneimitteln auf **biotechnischem Wege** betrifft Produktionsprozesse, die die **9** Erkenntnisse der Biotechnologie – verstanden als die interdisziplinäre Wissenschaft von Biologie, Chemie und Verfahrenstechnik – nutzbar machen. Beispiele für biotechnologische Verfahren, die bei der Arznei-

---

[2] Vgl. BT-Drucks. 14/9252, S. 20.
[3] So auch *Sander*, § 4a Erl. 2.
[4] Vgl. *Kloesel/Cyran*, § 4a Anm. 2; *Sander*, § 4a Erl. 2; *Rehmann*, § 4a Rn. 2.
[5] Vgl. auch BT-Drucks. 7/3060, S. 60 (es werden „Rechtsgebiete ausgenommen, die ausschließlich in anderen Gesetzen geregelt werden.").
[6] Vgl. dazu auch die Definitionen in § 4 III, IV. Aufgrund der Ersetzung des TierSG durch das TierGesG und die Einführung der Begriffe „immunologisches Tierarzneimittel" und „In-vitro-Diagnostikum" in § 2 Nr. 16, 17 und §§ 11 f. TierGesG erscheinen noch einige (terminologische) Klarstellungen im Verhältnis zu den Regelungen der TierImpfStV und in § 4a S. 1 Nr. 1 angebracht.

mittelherstellung eingesetzt werden, lassen sich Nr. 1 des Anhangs der VO (EG) Nr. 726/2004 entnehmen. Dort werden als biotechnologische Verfahren die *„Technologie der rekombinierten DNS"*, die *„kontrollierte Expression in Prokaryonten und Eukaryonten, einschließlich transformierter Säugetierzellen, von Genen, die für biologisch aktive Proteine kodieren"* und *„Verfahren auf der Basis von Hybridomen und monoklonalen Antikörpern"* genannt.

10   Nach § 2 Nr. 1 TierGesG handelt es sich bei einer **Tierseuche** um eine *„Infektion oder Krankheit, die von einem Tierseuchenerreger unmittelbar oder mittelbar verursacht wird, bei Tieren auftritt und auf a) Tiere oder b) Menschen (Zoonosen) übertragen werden kann"*[7].

II. Künstliche Befruchtung bei Tieren (Nr. 2)

11   Bis zu seiner Änderung durch das Gewebegesetz vom 20.7.2007, das der Umsetzung der RL 2004/23/EG dient, enthielt § 4a S. 1 Nr. 2 die Formulierung „Sperma zur künstlichen Besamung". Die Neufassung stellt klar, dass sich die Regelung auf die künstliche Befruchtung bei Tieren bezieht. Die Einführung der Begriffe „Befruchtung" und „Keimzellen" verdeutlicht, dass sich die Ausnahme des S. 1 Nr. 2 nicht nur auf Sperma zur künstlichen Besamung, sondern auch auf Eizellen zur künstlichen Befruchtung erstreckt[8].

12   Die Vorschrift nimmt vor allem die im Tierzuchtgesetz (TierZG) spezialgesetzlich geregelte **künstliche Besamung** von den Vorschriften des AMG aus. Das TierZG gilt für die Zucht von Rindern, Büffeln, Schweinen, Schafen, Ziegen, Hauspferden und Hauseseln (§ 1 I) und regelt das Besamungswesen in §§ 12 ff. Da S. 1 Nr. 2 ausdrücklich auf das TierZG Bezug nimmt, ist das AMG auch auf die künstliche Besamung anderer Tiere nicht anzuwenden. Darüber hinaus nimmt S. 1 Nr. 2 auch die Gewinnung und das Inverkehrbringen von Eizellen (und Sperma) zur **künstlichen Befruchtung** bei Tieren aus dem Anwendungsbereich des AMG heraus.

13   Die künstliche Befruchtung beim Menschen ist als Form der *„medizinisch unterstützte[n] Erzeugung menschlichen Lebens"* nach Art. 74 I Nr. 26 GG Gegenstand der konkurrierenden Gesetzgebung[9]. Der Bundesgesetzgeber hat bislang kein eigenständiges Gesetz für die künstliche Befruchtung geschaffen. In diesem Bereich gelten insbes. die Regelungen für den Umgang mit menschlichen Keimzellen (als Gewebe nach § 1a Nr. 4 des Transplantationsgesetzes, TPG) in §§ 20b, 20c, 64 und 72b[10], das Embryonenschutzgesetz (ESchG) und die Präimplantationsdiagnostikverordnung (PIDV) sowie die allgemeinen Vorschriften des Zivil- und Strafrechts[11].

III. Gewebe zur Rückübertragung (Nr. 3)

14   In Parallele zu § 4a S. 1 Nr. 3 schließt auch das TPG *„Gewebe, die innerhalb ein und desselben chirurgischen Eingriffs einer Person entnommen werden, um auf diese rückübertragen zu werden"*, von seinem Anwendungsbereich aus (§ 1 III Nr. 1 TPG). Bis zu seiner Neufassung durch das Gewebegesetz vom 20.7.2007 bezog sich § 4a S. 1 Nr. 3 auf *„menschliche Organe, Organteile und Gewebe, die unter der fachlichen Verantwortung eines Arztes zum Zwecke der Übertragung auf Menschen entnommen werden, wenn diese Menschen unter der fachlichen Verantwortung dieses Arztes behandelt werden."* Diese weitgehende Ausnahmeregelung wurde mit Blick auf eine fehlende Entsprechung in der RL 2004/23/EG aufgehoben und durch die jetzige Regelung ersetzt[12].

15   S. 1 Nr. 3 ist im Kontext der §§ 3 Nr. 3 und 2 I, III Nr. 8 zu lesen: Nach § 3 Nr. 3 unterfallen auch Körperteile und Körperbestandteile dem Begriff des Stoffes i. S. d. AMG. Zu den Körperteilen gehören insbes. Organe, zu den Körperbestandteilen neben Zellen und Blut auch Gewebe (§ 3 Rn. 24). Unter den Voraussetzungen des § 2 sind Organe (bzw. Organteile) und Gewebe daher grundsätzlich als Arzneimittel einzustufen. Davon macht § 2 III Nr. 8 eine erste Ausnahme. Nach dieser Regelung sind *„Organe im Sinne des § 1a Nr. 1 des Transplantationsgesetzes"* keine Arzneimittel, *„wenn sie zur Übertragung auf menschliche Empfänger bestimmt sind."* Insofern nimmt § 2 III Nr. 8 insbes. die vermittlungspflichtigen Organe Herz, Lunge, Leber, Niere, Bauchspeicheldrüse und Darm (vgl. § 1a Nr. 2 TPG) vom Arzneimittelbegriff aus. Eine zweite Ausnahme sieht § 4a S. 1 Nr. 3 vor. Nach dieser Regelung unterfallen *„Gewebe, die innerhalb eines Behandlungsvorgangs einer Person entnommen werden, um auf diese ohne Änderung ihrer stofflichen Beschaffenheit rückübertragen zu werden"*, nicht dem Anwendungsbereich des AMG. Hintergrund beider Ausnahmen ist vor allem der einheitliche Vorgang der Transplantation, der hinsichtlich des Umgangs mit den betreffenden Organen und Geweben keine arzneimittelspezifische Tätigkeit darstellt.

---

[7] S. hierzu auch die Auflistung anzeigepflichtiger Tierseuchen in § 1 TierSAnzV.
[8] Vgl. BT-Drucks. 16/3146, S. 37; 16/5443, S. 56.
[9] Vgl. zu den Erweiterungen des Art. 74 I Nr. 26 GG durch die Föderalismusreform BT-Drucks. 16/813, S. 14; *Degenhart*, in: Sachs, Art. 74 Rn. 109.
[10] Vgl. BT-Drucks. 16/5443, S. 56; 16/3146, S. 23.
[11] Vgl. *Kloesel/Cyran*, § 4a Anm. 4; *Rehmann*, § 4a Rn. 3; für den Bereich der Gesetzlichen Krankenversicherung insbes. § 27a SGB V.
[12] Vgl. BT-Drucks. 16/3146, S. 37.

Der Begriff „**Gewebe**" in § 4a S. 1 Nr. 3 kann in Anlehnung an § 1a Nr. 4 TPG definiert werden als 16 „alle aus Zellen bestehenden Bestandteile des menschlichen Körpers, die keine Organe … sind, einschließlich einzelner menschlicher Zellen". Abzugrenzen ist das menschliche Gewebe *(„einer Person entnommen")* von tierischem sowie von künstlichem Gewebe. Die Formulierung „auf diese" Person stellt klar, dass als Gewebe i. S. d. S. 1 Nr. 3 allein eigene und nicht auch fremde Gewebe in Betracht kommen (**autologe Transplantation**).

Die Transplantation dieser Gewebe unterfällt nicht dem Regime des AMG, wenn Entnahme und 17 Rückübertragung **innerhalb eines Behandlungsvorgangs** vorgenommen werden. Zwar dient S. 1 Nr. 3 der Umsetzung von Art. 2 II Buchst. a) RL 2004/23/EG, doch stellt er nicht – wie § 1 III Nr. 1 TPG – auf die in der Richtlinie verwandte Formulierung *„ein und desselben chirurgischen Eingriffs"* ab, sondern auf einen Behandlungsvorgang. Gemeint ist der einheitliche Vorgang einer chirurgischen Behandlung, die durchaus länger andauern, kurzzeitig unterbrochen und auch von mehreren Ärzten vorgenommen werden kann. Entscheidend ist, dass die einzelnen Schritte der Entnahme und Rückübertragung noch einen Behandlungsvorgang darstellen, das heißt in einem engen fachlichen, medizinisch bedingten Zusammenhang stehen[13]. Beispiele hierfür sind die Entnahme und Rückübertragung einer Vene[14] oder der Schädelkalotte[15].

S. 1 Nr. 3 nimmt den **Gesamtvorgang** dieser spezifischen Transplantation vom Anwendungsbereich 18 des AMG aus. Erfasst werden nicht nur die Entnahme und Rückübertragung des Gewebes selbst, sondern sämtliche hiermit in Zusammenhang stehenden Tätigkeiten, wie insbes. die kurzzeitige Aufbewahrung und die Aufbereitung des Gewebes. Hierbei verdeutlicht die Formulierung *„ohne Änderung ihrer stofflichen Beschaffenheit"*, dass die Gewebe nicht mehr als nur geringfügig aufbereitet werden darf. Die betreffenden Arbeitsschritte müssen allein darauf beschränkt bleiben, das Gewebe anwendungsfähig zu machen und zu halten. Beispiele hierfür sind das Säubern, Spülen und Dehnen des Gewebes sowie das Glätten der Schutzränder[16].

D. Rückausnahme (S. 2)

Nach § 4a S. 2 gilt der Ausnahmetatbestand in S. 1 Nr. 1 nicht für § 55. Auf die von § 4a S. 1 Nr. 1 19 erfassten Arzneimittel gegen Tierseuchen sind daher die Bestimmungen des Arzneibuches nach § 55 anzuwenden.

E. Sonstiges

Nach § 4a S. 1 Nr. 3 a. F. fand das AMG keine Anwendung auf *„Arzneimittel, die ein Arzt … anwendet,* 20 *soweit die Arzneimittel ausschließlich zu diesem Zweck unter der unmittelbaren fachlichen Verantwortung des anwendenden Arztes … hergestellt worden sind"* (Arzneimittel aus **ärztlicher Eigenherstellung**). Diese Regelung hatte kompetenzrechtliche Gründe. Der Kompetenztitel für das AMG, Art. 74 I Nr. 19 GG, enthielt bis zu seiner Änderung im Rahmen der Föderalismusreform I vom 28.8.2006 den Begriff des „*Verkehr*[s] *mit Arzneien*". Zwar wurde dieser Begriff grundsätzlich weit verstanden (s. § 1 Rn. 7). Doch hatte das *BVerfG* in seinem Frischzellen-Urteil[17] entschieden, dass Art. 74 I Nr. 19 GG (a. F.) den Bundesgesetzgeber allein dazu ermächtigt, die Herstellung solcher Arzneien so zu regeln, dass diese bestimmt sind, in den Verkehr – i. S. d. „*Handels*" – gebracht zu werden[18]. Dies schloss eine bundesgesetzliche Regelung für solche Arzneimittel aus, die ein Arzt selbst herstellt und allein bei eigenen Patienten anwendet[19]. Vor diesem Hintergrund wurde mit der 11. AMG-Novelle S. 1 Nr. 3 a. F. in § 4a eingefügt[20]. Im Zuge der Grundgesetzänderung wurde der Kompetenztitel des Art. 74 I Nr. 19 GG jedoch erweitert; statt auf den „*Verkehr mit Arzneien*" stellt dieser nun auf „*das Recht … der Arzneien*" ab. Da Art. 74 I Nr. 19 GG in seiner jetzigen Fassung den gesamten Bereich des Arzneimittelrechts abdeckt[21], konnte § 4a S. 1 Nr. 3 a. F. mit dem AMG-ÄndG 2009 wieder aufgehoben werden. Dies bedeutet, dass das AMG – aus Gründen der Arzneimittelsicherheit nach § 1 – nun auch wieder die Arzneimittel aus ärztlicher Eigenherstellung erfasst[22]. Konsequenz hieraus ist insbes., dass die betreffenden ärztlichen

---

[13] Vgl. BT-Drucks. 16/5443, S. 56; *Faltus/Schulz*, PharmR 2015, 228, 233 f.

[14] BT-Drucks. 16/3146, S. 23 f.

[15] Vgl. BT-Drucks. 16/5443, S. 56.

[16] Vgl. BT-Drucks. 16/12 256, S. 43 unter Betonung des Ausnahmecharakters der Vorschrift; *Brucklacher/Walles*, PharmR 2010, 581, 583 f.

[17] *BVerfGE* 102, 26 ff.

[18] *BVerfGE* 102, 26, 33, 36, 39.

[19] *BVerfGE* 102, 26, 36, 38 f.; kritisch im Hinblick auf andere Kompetenzgrundlagen *Vesting*, NJW 2001, 871, 872 und *Haage*, NJW 2001, 1771, 1772 f.

[20] Vgl. BT-Drucks. 14/9252, S. 20.

[21] Vgl. *Hofmann*, PharmR 2008, 11, 16; *Oeter*, in: v. Mangoldt/Klein/Starck, Art. 74 Rn. 138; *Degenhart*, in: Sachs, Art. 74 Rn. 87; *Seiler*, in: Epping/Hillgruber, Art. 74 Rn. 72.

[22] Vgl. BT-Drucks. 16/12 256, S. 33, 42 f.

Tätigkeiten den Regelungen über die Herstellung von Arzneimitteln in §§ 13 ff. unterfallen (s. insbes. §§ 20b, 20c) und Anzeigepflichten auslösen (§ 67)[23].

21   Nach § 4a S. 3 a. F. galt der Ausnahmetatbestand in S. 1 Nr. 3 a. F. zu den Arzneimitteln aus Eigenherstellung nicht für *„Arzneimittel, die zu Dopingzwecken im Sport hergestellt worden sind."* Diese Rückausnahme war durch das Gesetz zur Verbesserung der Bekämpfung des Dopings im Sport vom 24.10.2007 eingeführt worden. Ziel der Regelung war in erster Linie, auch das **Blutdoping** eindeutig mit dem Regime des AMG zu erfassen – insbes. hinsichtlich des Verbots in § 6a[24]. Mit der Aufhebung von § 4a S. 1 Nr. 3 a. F. wurde diese Rückausnahme entbehrlich und daher ebenfalls mit dem AMG-ÄndG 2009 wieder aufgehoben.

22   Hinsichtlich der Ausnahmen vom Anwendungsbereich des AMG sind auch die Sondervorschriften für die Bereiche **Bundeswehr, Bundespolizei, Bereitschaftspolizei** und **Zivilschutz** in §§ 70 f. zu beachten. Durch § 71 II 1 wird das Bundesministerium ermächtigt, durch Rechtsverordnung Ausnahmen von den Vorschriften des AMG und der auf Grund des AMG erlassenen Rechtsverordnungen für den Bereich der Bundeswehr, der Bundespolizei, der Bereitschaftspolizeien der Länder und des Zivil- und Katastrophenschutzes zuzulassen, soweit dies zur Durchführung der besonderen Aufgaben in diesen Bereichen gerechtfertigt ist und der Schutz der Gesundheit von Mensch und Tier gewahrt bleibt.

23   Nach § 81 bleiben die Vorschriften des **Betäubungsmittelrechts,** des **Atomrechts** und des **Tierschutzgesetzes** unberührt. Die betreffenden Gesetze und Verordnungen finden *neben* den Regelungen des Arzneimittelrechts Anwendung[25].

§ 4b Sondervorschriften für Arzneimittel für neuartige Therapien

(1) [1] **Für Arzneimittel für neuartige Therapien, die im Geltungsbereich dieses Gesetzes**

1. **als individuelle Zubereitung für einen einzelnen Patienten ärztlich verschrieben,**
2. **nach spezifischen Qualitätsnormen nicht routinemäßig hergestellt und**
3. **in einer spezialisierten Einrichtung der Krankenversorgung unter der fachlichen Verantwortung eines Arztes angewendet**

werden, finden der Vierte Abschnitt, mit Ausnahme des § 33, und der Siebte Abschnitt dieses Gesetzes keine Anwendung. [2] Die übrigen Vorschriften des Gesetzes sowie Artikel 14 Absatz 1 und Artikel 15 Absatz 1 bis 6 der Verordnung (EG) Nr. 1394/2007 gelten entsprechend mit der Maßgabe, dass die dort genannten Amtsaufgaben und Befugnisse entsprechend den ihnen nach diesem Gesetz übertragenen Aufgaben von der zuständigen Behörde oder der zuständigen Bundesoberbehörde wahrgenommen werden und an die Stelle des Inhabers der Zulassung im Sinne dieses Gesetzes oder des Inhabers der Genehmigung für das Inverkehrbringen im Sinne der Verordnung (EG) Nr. 1394/2007 der Inhaber der Genehmigung nach Absatz 3 Satz 1 tritt.

(2) **Nicht routinemäßig hergestellt im Sinne von Absatz 1 Satz 1 Nummer 2 werden insbesondere Arzneimittel,**

1. **die in geringem Umfang hergestellt werden, und bei denen auf der Grundlage einer routinemäßigen Herstellung Abweichungen im Verfahren vorgenommen werden, die für einen einzelnen Patienten medizinisch begründet sind, oder**
2. **die noch nicht in ausreichender Anzahl hergestellt worden sind, so dass die notwendigen Erkenntnisse für ihre umfassende Beurteilung noch nicht vorliegen.**

(3) [1] **Arzneimittel nach Absatz 1 Satz 1 dürfen nur an andere abgegeben werden, wenn sie durch die zuständige Bundesoberbehörde genehmigt worden sind. [2] § 21a Absatz 2 bis 8 gilt entsprechend. [3] Die Genehmigung kann befristet werden. [4] Können die erforderlichen Angaben und Unterlagen nach § 21a Absatz 2 Nummer 6 nicht erbracht werden, kann der Antragsteller die Angaben und Unterlagen über die Wirkungsweise, die voraussichtliche Wirkung und mögliche Risiken beifügen. [5] Der Inhaber der Genehmigung hat der zuständigen Bundesoberbehörde in bestimmten Zeitabständen, die die zuständige Bundesoberbehörde durch Anordnung festlegt, über den Umfang der Herstellung und über die Erkenntnisse für die umfassende Beurteilung des Arzneimittels zu berichten. [6] Die Genehmigung ist zurückzunehmen, wenn nachträglich bekannt wird, dass eine der Voraussetzungen von Absatz 1 Satz 1 nicht vorgelegen hat; sie ist zu widerrufen, wenn eine der Voraussetzungen nicht mehr gegeben ist. [7] § 22 Absatz 4 gilt entsprechend.**

---

[23] Vgl. hierzu auch die Übergangsregelungen in § 144 VII und *Broch/Diener/Klümper*, PharmR 2009, 373, 373 f.

[24] Vgl. BT-Drucks. 16/5526, S. 8; *Hofmann*, PharmR 2008,11, 16 (mit Blick auf § 6a II 1).

[25] In Bezug auf das Verhältnis zum Betäubungsmittelrecht *BVerfG*, NJW 2006, 2684, 2685; *BGHSt* 54, 243, 256; 43, 336, 341; *Patzak*, in: Körner/Patzak/Volkmer, § 1 BtMG Rn. 12 (s. auch § 81 Rn. 3).

(4) [1]**Über Anfragen zur Genehmigungspflicht eines Arzneimittels für neuartige Therapien entscheidet die zuständige Behörde im Benehmen mit der zuständigen Bundesoberbehörde.** [2]**§ 21 Absatz 4 gilt entsprechend.**

Europarechtliche Vorgaben: Art. 28 Nr. 2 VO (EG) Nr. 1394/2007, mit der an Art. 3 RL 2001/83/EG eine neue Nr. 7 angefügt wurde.

Literatur: *Bock*, Der Rechtsrahmen für Arzneimittel für neuartige Therapien auf unionaler und nationaler Ebene, Baden-Baden, 2012 ; *Bock*, § 4b als bewusst richtlinienwidrig konzipierte Ausweitung der nationalen Genehmigungsmöglichkeiten für Arzneimittel für neuartige Therapien, MedR 2012, 791; *Dwenger/Straßburger/Schwerdtfeger*, Verordnung (EG) Nr. 1394/2007 über Arzneimittel für neuartige Therapien – Umsetzung in innerstaatliches Recht, Bundesgesundheitsblatt 2010, 14; *Faltus/Schulz*, Die arzneimittelrechtliche Handhabung zellbasierter Therapien in Point-of-Care-Behandlungsmodellen, PharmR 2015, 228; *E. M. Müller*, Die Sonderregelung des § 4b AMG für somatische Zell- und Gentherapeutika sowie Tissue-Engineering-Produkte – Auslegung im Lichte des Unionsrechts, MedR 2011, 698; *Wernscheid*, Tissue Engineering – Rechtliche Grenzen und Voraussetzungen, 2012; *Ziegele/Dahl/Müller*, Das Innovationsbüro am Paul-Ehrlich-Institut, Bundesgesundheitsblatt 2011, 857.

Übersicht

A. Allgemeines

I. Inhalt

Nach Abs. 1 S. 1 finden für die in der Vorschrift näher bezeichneten nicht routinemäßig hergestellten **1** Arzneimittel für neuartige Therapien der Vierte (Zulassung der Arzneimittel) und der Siebte Abschnitt (Abgabe von Arzneimitteln) des AMG keine Anwendung. Für diese Arzneimittel gilt gem. Abs. 1 S. 2 ein modifizierter regulatorischer Rahmen. Abs. 2 regelt näher, in welchen Fällen insbesondere ein nicht routinemäßig hergestelltes Arzneimittel für neuartige Therapien vorliegt. Abs. 3 enthält für die von der Sondervorschrift erfassten Arzneimittel ein vom Grundsatz der zentralen Zulassungspflicht der Arzneimittel für neuartige Therapien (vgl. Art. 3 I VO (EG) Nr. 726/2004 i. V. m. deren Anhang Nr. 1a i. d. F. der VO (EG) Nr. 1394/2007) abweichendes besonderes, an § 21a II–VIII angelehntes Genehmigungsverfahren. Abs. 4 enthält eine Regelung zur Entscheidung auf Anfragen zur Genehmigungspflicht nach § 4b.

II. Zweck

2   Die mit Art. 28 Nr. 2 VO (EG) Nr. 1394/2007[1] als neue Nr. 7 in Art. 3 RL 2001/83/EG aufgenommene Ausnahmevorschrift gehörte zu den Regelungen, die im Rechtsetzungsverfahren in besonderem
Maße kontrovers diskutiert wurden[2]. Nach dem Kommissionsvorschlag der VO v. 16.11.2005[3] sollte
Art. 3 RL 2001/83/EG dahingehend ergänzt werden, dass diese RL nicht gelten sollte für Arzneimittel
für neuartige Therapien, die „gemäß einer ärztlichen Verschreibung für einen einzelnen Patienten in ein
und demselben Krankenhaus vollständig zubereitet und verwendet werden."

3   Aus dem Europäischen Parlament heraus wurden verschiedene Änderungsvorschläge unterschiedlichs-
ter Zielrichtung zu dem vorgesehenen Ausnahmetatbestand unterbreitet[4]. Hintergrund der Diskussionen
im europäischen Rechtsetzungsverfahren war insbesondere, dass die Ausnahmeregelung in ihrer ursprünglichen Fassung (sog. **hospital exception**) als zu eng gefasst betrachtet und gerügt wurde, dass sie
der unterschiedlichen Strukturierung der krankenhausbezogenen Versorgung mit nicht routinemäßig
hergestellten Arzneimitteln für neuartige Therapien in verschiedenen Mitgliedstaaten nicht hinreichend
Rechnung trage. Der Rat einigte sich gegen den Widerstand der spanischen Delegation auf die Fassung
des 1. UAbs. der Nr. 7, wie er in der VO letztlich enthalten ist[5].

4   Aus der Genese der Vorschrift ist ersichtlich, dass der Anwendungsbereich des Art. 3 Nr. 7 RL 2001/
83/EG deutlich ausgeweitet wurde; während nach dem ursprünglichen Vorschlag von der Ausnahmeregelung nur eine Herstellung innerhalb der das Arzneimittel anwendenden Einrichtung (als „Krankenhaus" bezeichnet) möglich gewesen wäre, ist diese Einschränkung entfallen[6]; nach der in Kraft getretenen
Fassung der Vorschrift wird darauf abgestellt, dass das „Krankenhaus" in dem selben Mitgliedstaat liegt, in
dem auch die Herstellung des Arzneimittels erfolgt. Der pharmazeutische Unternehmer und der Hersteller müssen auch im Kontext des § 4b nicht personenidentisch sein, es kommt auch hier die
Herstellung durch einen Lohnhersteller in Betracht[7].

5   Da die VO (EG) Nr. 1394/2007 eine an die RL 2001/83/EG anknüpfende Spezialregelung ist, die
nur dann anwendbar ist, wenn auch diese RL einschlägig ist[8], gilt die VO (EG) Nr. 1394/2007 und
damit das Erfordernis einer zentralen Zulassung nach Art. 27 VO (EG) Nr. 1394/2007 i. V. m. Anhang
Nr. 1a zur VO (EG) Nr. 726/2004 dann nicht, wenn ein Ausnahmetatbestand vom Anwendungsgebiet
der RL 2001/83/EG (dort Art. 3 Nr. 7), eröffnet ist. Gem. Art. 288, 3. UAbs. AEUV (ex Art. 249 III
EG) ist eine RL für jeden Mitgliedstaat, an den sie gerichtet wird, hinsichtlich des zu erreichenden Ziels
verbindlich. Da Richtlinienvorschriften hingegen keine rechtlich verbindliche Wirkung gegenüber den
einzelnen Rechtssubjekten haben, muss Art. 3 Nr. 7 RL 2001/83/EG in nationales Recht umgesetzt
werden, was mit § 4b geschehen ist. § 4b ist an Art. 3 Nr. 7 RL 2001/83/EG orientiert richtlinienkonform auszulegen[9]. Dabei stellt der Wortlaut des Gesetzes die absolute Grenze der richtlinienkonformen
Auslegung dar[10].

III. Perspektive

6   Gem. Art. 25 VO (EG) Nr. 1394/2007 hatte die Kommission bis zum 30.12.2012 einen allgemeinen
Bericht zur VO zu veröffentlichen. In diesem, erst seit dem 28.3.2014 vorliegenden Bericht[11], setzt sich
die Kommission unter Ziff. 4.2. kritisch mit der „Ausnahmeregelung für Krankenhäuser" auseinander.
Sie vertritt die Auffassung, die Ausnahmeregelung diene dazu, Patienten unter kontrollierten Bedingun-

---

[1] VO (EG) Nr. 1394/2007 zuletzt geändert durch VO (EU) Nr. 1235/2010.
[2] Vgl. *Dwenger/Straßburger/Schwerdtfeger*, Bundesgesundheitsblatt 2010, 14 f.
[3] Vorschlag für eine VO, KOM (2005) 567 endg.
[4] Vgl. z.B. Änderungsvorschläge Nr. 57 und 58 aus dem Rechtsausschuss, Draft Report v. 27.6.2006 (PE
374.450v01-00) und Änderungsvorschläge 105 bis 108 aus dem Umwelt- und Gesundheitsausschuss, Draft Report v.
22.6.2006 (PE 3171.745v02-00).
[5] Vgl. Dok. 9756/07 v. 23.5.2007.
[6] Die noch im 6. Erwägungsgrund vorhandene Aussage, dass die Ausnahmeregelung für Arzneimittel für neuartige
Therapien gelten solle, „die in einem Krankenhaus nicht routinemäßig nach spezifischen Qualitätsnormen hergestellt"
werden, beruht auf einem Redaktionsversehen, vgl. *Bock*, Rechtsrahmen, S. 131 f.
[7] Vgl. BT-Drucks. 16/12256, S. 43: „In Abs. 3 S. 1 wird für den, der Arzneimittel nach Abs. 1 S. 1 an andere
abgibt, eine Genehmigung durch die zuständige Bundesoberbehörde (vgl. § 77 Abs. 2) eingeführt. Dies wird in der
Regel der Hersteller sein.".
[8] Vgl. 6. Erwägungsgrund zur VO (EG) Nr. 1394/2007: „Diese Verordnung ist eine ‚lex specialis' durch die die
Richtlinie 2001/83/EG ergänzt wird. Mit dieser Verordnung sollen Arzneimittel für neuartige Therapien geregelt
werden, die für das Inverkehrbringen in Mitgliedstaaten bestimmt sind und entweder industriell zubereitet werden oder
bei deren Herstellung ein industrielles Verfahren zur Anwendung kommt, und zwar innerhalb des allgemeinen
Anwendungsgebietes der Arzneimittelvorschriften der Gemeinschaft gem. Titel II der Richtlinie 2001/83/EG. …"
[9] Vgl. hierzu generell *Schroeder*, Art. 249 EGV Rn. 125; *Nettesheim*, in: Grabitz/Hilf/Nettesheim, Art. 249 EGV,
Rn. 153 und im Besonderen *Bock*, Rechtsrahmen, S. 178 ff.
[10] Vgl. *Schroeder*, in: Streinz, Art. 249 EGV Rn. 128; *Nettesheim*, in: Grabitz/Hilf/Nettesheim, Art. 249 EGV,
Rn. 153; *Bock*, Rechtsrahmen, S. 63. Das wird von *Müller*, MedR 2011, 698, 700 f., nicht berücksichtigt, was *Bock*,
MedR 2012, 791 ff. zu Recht kritisiert.
[11] Bericht der Kommission an das Europäische Parlament und den Rat, COM(2014) 188 final.

gen den Zugang zu Arzneimitteln für neuartige Therapien zu ermöglichen, wenn kein zugelassenes Arzneimittel verfügbar sei. Darüber hinaus erleichtere diese Regelung die Erforschung und Entwicklung neuartiger Therapien durch nicht gewinnorientierte Organisationen (wie Hochschulen und Krankenhäuser). Außerdem könne sie ein nützliches Instrument sein, mit dem vor Beantragung der Zulassung Informationen eingeholt werden können. Es ist hierzu anzumerken, dass Art. 3 Nr. 7 RL 2001/83/EG keine Tatbestandsmerkmale enthält, aus denen sich ergibt, dass die Ausnahmeregelung dann nicht anwendbar wäre, wenn in demselben Indikationsgebiet ein zugelassenes Arzneimittel verfügbar ist. Der Vorschrift ist nicht zu entnehmen, dass sie nur nicht gewinnorientierten Einrichtungen zur Verfügung stünde. Insofern artikuliert die Kommission in dem Bericht ihren politischen Willen, beschreibt aber nicht das geltenden Rechtsrahmen.

Des Weiteren erkennt die Kommission in ihrem Bericht, dass eine zu häufige Anwendung der **7** Ausnahmeregelung wegen der mit der zentralen Zulassung verbundenen Entwicklungskosten zu einem Wettbewerbsnachteil führen könnte und auch negative Auswirkungen auf die öffentliche Gesundheit hätte, weil klinische Prüfungen unterbleiben und Daten zur Sicherheit und Wirksamkeit der Arzneimittel nicht erhoben und Informationen hierzu nicht zwischen den Mitgliedstaaten ausgetauscht würden. Darüber hinaus stünde die Behandlung nicht allen Patienten in der gesamten EU zur Verfügung. Es gelte ein Gleichgewicht zu finden zwischen dem Marktzugang von Arzneimitteln, deren Qualität, Wirksamkeit und Sicherheit nachgewiesen wurden, und dem frühzeitigen Zugang zu neuen Behandlungen bei medizinischem Bedarf. Der von der Kommission aufgezeigte Interessenkonflikt ist nicht von der Hand zu weisen. Jedoch dürfte der bisher nur verhaltene Marktzugang von Arzneimitteln für neuartige Therapien über die zentrale Zulassung zu einem wesentlichen Teil mit daran liegen, dass ein Großteil der in dem Bereich tätigen Entwickler kleine und mittlere Unternehmen, Kliniken oder nicht gewinnorientiert handelnde Einrichtungen sind, für deren auf einen lokalen Raum bezogene Tätigkeit – insbesondere wenn es um das Inverkehrbringen autologer Präparate geht – die zentrale Zulassung nicht den adäquaten regulatorischen Rahmen darstellt[12]. Durch eine Einengung des Anwendungsbereichs des Art. 3 Nr. 7 RL 2001/83/EG wird sich die EU-weite Verfügbarkeit von Arzneimitteln für neuartige Therapien entgegen der aus dem Bericht durchscheinenden Annahme der Kommission wohl nicht verbessern lassen.

Zuletzt thematisiert die Kommission, dass die von den Mitgliedstaaten geforderten Voraussetzungen **8** für die Anwendung der Ausnahmeregelung nicht harmonisiert sind und dass sie in den Mitgliedstaaten sehr unterschiedlich in Anspruch genommen wird. Darüber hält die Kommission es für wünschenswert klarzustellen, in welchem Verhältnis Art. 5 I RL 2001/83/EG und Art. 3 Nr. 7 dieser Richtlinie zueinander stehen und welche Rolle die aus der Verwendung eines Produkts im Rahmen der Ausnahmeregelung generierten Daten im Zusammenhang mit einem Zulassungsantrag haben. Zum Verhältnis von Art. 5 I zu Art. 3 Nr. 7 RL 2001/83/EG soll hier nur angemerkt werden, dass die Tatbestandsmerkmale des Art. 3 Nr. 7 RL 2001/83/EG, insbesondere das Erfordernis der Herstellung und Anwendung in demselben Mitgliedstaat, ausgehöhlt würden, wenn für Arzneimittel für neuartige Therapien die abweichenden Kriterien des Art. 5 I RL 2001/83/EG zur Anwendung kämen. In § 73 III kann eine Umsetzung des Art. 5 I RL 2001/83/EG gesehen werden.[13] Durch die Einzeleinfuhr von in anderen EU-Mitgliedstaaten hergestellten Arzneimitteln für neuartige Therapien würden die tatbestandlichen Grenzen des § 4b (s. Rn. 10) aufgebrochen.

B. Sondervorschriften für Arzneimittel für neuartige Therapien (Abs. 1)

Der Kreis der von den „Sondervorschriften für Arzneimittel für neuartige Therapien" erfassten **9** Arzneimittel ergibt sich aus Abs. 1 S. 1 und der Auslegungsregel des Abs. 2, in der die Tatbestandsmerkmale des Abs. 1 S. 1 Nr. 2 präzisiert werden.

I. Erfasste Arzneimittel (S. 1)

Die in Abs. 1 S. 1 Nr. 1 bis 3 aufgeführten Tatbestandsmerkmale müssen kumulativ erfüllt sein, damit **10** die Sondervorschriften des § 4b einschlägig sind. Sämtliche in Nr. 1 bis 3 aufgeführten Tatbestandsmerkmale müssen im Geltungsbereich des AMG, also in Deutschland vollzogen werden[14]. § 4b stellt **keine Grundlage für eine grenzüberschreitende Verschreibung, Herstellung und Abgabe** von Arzneimitteln dar. Im Einzelnen muss es sich um ein **Arzneimittel für neuartige Therapien i. S. d. § 4 IX** handeln[15], das folgende Kriterien erfüllt:

---

[12] Siehe hierzu bereits *Sickmüller/Wilken*, PharmInd. 2005, 901, 903. Insgesamt positiv hingegen *Wernscheid*, S. 64 f.
[13] Vgl. *EuGH*, Urt. v. 8.11.2007, C-143/06, Rn. 22, EuZW 2008, 30 – „Ludwigs Apotheke/Juers".
[14] Vgl. *Dwenger/Straßburger/Schwerdtfeger*, Bundesgesundheitsblatt 2010, 14, 16.
[15] Arzneimittel für neuartige Therapien sind aufgrund ihrer Verankerung in der RL 2001/83/EG und der VO (EG) Nr. 1394/2007 stets Humanarzneimittel. Es gibt keine Arzneimittel für neuartige Therapien, die Tierarzneimittel sind (so aber wohl *Müller*, MedR 2011, 698 f.).

11   **1. Individuelle Zubereitung auf ärztliche Verschreibung (Nr. 1).** Das Kriterium der „**individu-ellen Zubereitung**" gem. **Abs. 1 S. 1 Nr. 1** ist im Lichte des Wortlautes des Art. 3 Nr. 7 RL 2001/83/EG erfüllt, wenn es sich um ein „eigens für einen einzelnen Patienten angefertigtes Arzneimittel" handelt. Die Frage, ob von einer „individuellen Zubereitung" nur dann die Rede sein könne, wenn es sich um zur autologen Anwendung bestimmte Arzneimittel handele[16], ist zu verneinen. Eine individuelle Zubereitung ist dann gegeben, wenn das Arzneimittel für einen zur Zeit seiner Herstellung bekannten Patienten und damit nicht auf Vorrat hergestellt wird[17]. Da der § 20b unterliegende Vorgang der Gewe-beentnahme Bestandteil des Gesamtherstellungsprozesses ist, liegt auch bei einer gerichteten, für eine bestimmte Person vorgesehenen Gewebespende (s. § 21a Rn. 9) eine individuelle Zubereitung vor.

12   Es ist im Rahmen des **Abs. 1 S. 1 Nr. 1** nicht entscheidend, ob das Arzneimittel verschreibungs-pflichtig ist, da die Verschreibungspflichtigkeit von Arzneimitteln abschließend in § 48 und der auf seiner Grundlage ergangenen AMVV geregelt ist[18]. Entscheidend ist vielmehr, dass das Arzneimittel tatsächlich für einen einzelnen Patienten ärztlich verschrieben ist, es sich also um ein **Rezepturarzneimittel** handelt. Zwar unterliegen im allgemeinen Arzneimittel für neuartige Therapien – auch solche, die zur autologen Anwendung bestimmt sind – der Verschreibungspflicht gem. § 48 I Nr. 1 i. V. m. § 1 AMVV[19]. Dies gilt jedoch nicht für die von § 4b erfassten Arzneimittel, da für diese nach Abs. 1 S. 1 der Siebte Abschnitt des AMG und damit § 48 keine Anwendung findet.

13   **2. Nicht routinemäßige Herstellung nach spezifischen Qualitätsnormen (Nr. 2).** Nach Abs. 1 S. 1 Nr. 2 ist es erforderlich, dass das Arzneimittel nach spezifischen Qualitätsnormen **nicht** routinemäßig hergestellt wird.

14   **a) Herstellung nach spezifischen Qualitätsnormen.** Der Begriff Herstellung nach „**spezifischen Qualitätsnormen**" geht auf die entsprechende Formulierung in Art. 3 Nr. 7 RL 2001/83/EG bzw. in Art. 28 Nr. 2 VO (EG) Nr. 1394/2007 zurück und umfasst ausweislich der Gesetzesmaterialien sowohl Aspekte der Herstellungs- als auch der Produktqualität, insbesondere § 14 I Nr. 6a und den Achten Abschnitt („Sicherung und Kontrolle der Qualität") des AMG; ebenso sind hierunter die spezifischen GMP-Anforderungen für Arzneimittel für neuartige Therapien zu fassen[20].

15   Demgemäß müssen die von § 4b erfassten Arzneimittel für neuartige Therapien in vollem Umfang – wie dies ebenso für solche Präparate gilt, die dem Anwendungsbereich der VO (EG) Nr. 1394/2007 unterliegen (vgl. deren Art. 5) – GMP-konform mit Herstellungserlaubnis nach § 13 hergestellt wer-den[21]. Für die Gewinnung von Gewebe gilt § 20b[22]. Jedoch gelten §§ 20c und 20d, ebenso wie § 13 Ia Nr. 1, 3 nicht für die Herstellung von Arzneimitteln für neuartige Therapien. Der Gegenauffassung (s. hierzu auch § 20c Rn. 4)[23] ist entgegenzuhalten, dass unmittelbar nach der Regelung des 2. Unterabs. des Art. 28 Nr. 2 VO (EG) Nr. 1394/2007, wonach „sicherzustellen ist, dass die einschlägigen gemeinschaftlichen Vorschriften im Hinblick auf Qualität und Sicherheit nicht unterminiert werden") die Mitgliedstaaten sicherzustellen haben, dass die spezifischen Qualitätsnormen für die von dieser Ausnahmeregelung erfassten Arzneimittel denen entsprechen, die auf Gemeinschaftsebene für Arzneimittel für neuartige Therapien gelten, für die eine Genehmigung gem. VO (EG) Nr. 726/2004 erforderlich ist. Das heißt, dass eine GMP-konforme Herstellung auf Grundlage einer Herstellungserlaubnis erforderlich ist (vgl. Art. 6 I 1 VO (EG) Nr. 726/2004 i. V. m. Art. 8 III Buchst. k), Art. 47 RL 2001/83/EG sowie zudem Anhang I, „Einführung und allgemeine Grundlagen" Abs. 6 zur RL 2001/83/EG, wonach beim Herstellungsprozess die Anforde-rungen der RL 91/356/EWG (jetzt RL 2003/94/EG) zur GMP sowie die GMP-Leitlinien der Kommis-sion einzuhalten sind). Es bedarf hierfür keines Rückgriffs auf Art. 5 VO (EG) Nr. 1394/2007 (s. auch § 20c Rn. 3–6). Die Herstellung erfolgt nur dann nach „spezifischen Qualitätsnormen", wenn sie nach dem Stand von Wissenschaft und Technik in Übereinstimmung mit der AMWHV und dem EG-GMP-Leitfaden sowie den für Arzneimittel für neuartige Therapien einschlägigen ergänzenden Guidelines[24]

---

[16] In diesem Sinne hat sich die Bio Deutschland in ihrer Stellungnahme v. 30.4.2009 zu § 4b im Rahmen des Gesetzgebungsverfahrens der AMG-Novelle 2009 geäußert, vgl. Ausschussdrucksache 16 (14) 0514 (32), S. 4.
[17] Ebenso *Bock*, Rechtsrahmen, S. 133, 180; *Müller*, MedR 2011, 698, 700; *Rehmann*, § 4b Rn. 5. Siehe auch *Wernscheid*, S. 52, die nur solche allogenen Produkte ausschließt, die nicht für einen bestimmten Patienten hergestellt werden.
[18] Vgl. entsprechend im Hinblick auf § 21 II Nr. 1 AMG (Zulassungsfreiheit für bestimmte Arzneimittel, die auf „ärztliche Verschreibung hergestellt werden") *OLG München*, GRUR–RR 2006, 343 f. – Gelenkschutzkapseln.
[19] In der Anlage 1 zur AMVV werden als verschreibungspflichtig u. a. aufgelistet: „Gentransfer-Arzneimittel", „Gewebetransplantate, humane allogene und Produkte aus Gewebezüchtungen" sowie „Zellen menschlicher … Herkunft in frischem, gefrorenem oder getrocknetem Zustand, soweit sie zur Injektion oder Infusion bei Menschen bestimmt sind." Autologe (und allogene) biotechnologisch bearbeitete Gewebeprodukte sind „Produkte aus Gewebe-züchtungen". Die Anlage 1 der AMVV bedarf einer Anpassung an die neuen Begrifflichkeiten nach § 4 IX und XXX.
[20] Vgl. BT-Drucks. 16/12 256, S. 43; *Dwenger/Straßburger/Schwerdtfeger*, Bundesgesundheitsblatt 2010, 14, 16.
[21] So auch *Kloesel/Cyran*, § 4b Anm. 12.
[22] Vgl. § 20b Rn. 5.
[23] Vgl. *Bock*, Rechtsrahmen, S. 206 ff.; *Rehmann*, § 4b Rn. 6; § 20c Rn. 1; § 20d Rn. 1.
[24] Vgl u. a.: „Guideline on human cell-based medicinal products" v. 21.5.2008 (EMEA/CHMP/410869/2006); „Guideline on quality, non-clinical and clinical aspects of medicinal products containing genetically modified cells" v.

der EMA durchgeführt wird. Lediglich dann, wenn nach diesen Regelwerken keine oder keine hinreichenden Anforderungen nach dem Stand von Wissenschaft und Technik oder pharmazeutischen Regeln bestehen, kann auf herstellerspezifische Anforderungen zurückgegriffen werden[25].

b) Nicht routinemäßige Herstellung. Auch mit der Wendung **„nicht routinemäßig hergestellt"** **16** wird eine Formulierung in Art. 3 Nr. 7 RL 2001/83/EG bzw. in Art. 28 Nr. 2 der VO (EG) Nr. 1394/ 2007 aufgegriffen, wobei dieser **unbestimmte Begriff in Abs. 2 konkretisiert** wird[26]. Dabei erfolgt die Konkretisierung in Abs. 2 Nr. 1 und Nr. 2 nur anhand von Beispielen („insbesondere"), (vgl. Rn. 23 ff.), so dass auch in Fällen, in denen die Tatbestandsmerkmale dieser Konkretisierungen nicht erfüllt sind, eine nicht routinemäßige Herstellung nicht a priori ausgeschlossen ist.

3. Anwendung in einer spezialisierten Einrichtung der Krankenversorgung unter fachlicher **17** **Verantwortung eines Arztes (Nr. 3).** Nach **Abs. 1 S. 1 Nr. 3** müssen die von § 4b erfassten Arzneimittel „in einer spezialisierten Einrichtung der Krankenversorgung unter der fachlichen Verantwortung eines Arztes angewendet" werden. Der Begriff **„Einrichtung der Krankenversorgung"** ist § 14 II TFG entlehnt[27]. Nach der Klammerdefinition des § 14 II 3 TFG wird als Einrichtung der medizinischen Versorgung verstanden: „Krankenhaus, andere ärztliche Einrichtung, die Personen behandelt". Durch den Terminus „spezialisiert" wird verdeutlicht, dass die Anwendung des Arzneimittels am Patienten auf der Grundlage der hierfür notwendigen Fachqualifikation erfolgen muss, die z. B. durch Schulungen seitens des pharmazeutischen Unternehmers vermittelt werden kann[28]. Ein arzneimittelrechtliches Schulungserfordernis in Bezug auf die Anwendung von Arzneimitteln für neuartige Therapien ist damit nicht verbunden[29]; der pharmazeutische Unternehmer kann hingegen von einer Anwendung in einer spezialisierten Einrichtung ausgehen, wenn der von ihm belieferten Einrichtung ein Arzt zur Verfügung steht, der aufgrund seiner fachärztlichen Qualifikation zu einer fachgerechten Verwendung des Arzneimittels befähigt ist.

In der Literatur wird angenommen, dass § 4b mit Art. 3 Nr. 7 RL 2001/83/EG unvereinbar und **18** richtlinienwidrig sei, weil unter einem „Krankenhaus" ausschließlich eine Einrichtung zu sehen sei, in der Patienten stationär versorgt werden und auch in Art. 15 I bis III VO (EG) Nr. 1394/2007 sowie in Anhang I Teil IV Ziff. 3.1 RL 2001/83/EG zwischen Krankenhäusern einerseits und Einrichtungen oder privaten Praxen andererseits unterschieden wird[30]. Die Einbeziehung nicht nur einer stationären Anwendung in einem Krankenhaus i. S. d. § 2 Nr. 1 KHG, sondern auch in Arztpraxen im ambulanten Bereich ist indes richtlinienkonform, da der Begriff „Krankenhaus" in der RL 2001/83/EG nicht definiert wird und dort keine materiell-rechtliche Unterscheidung zwischen der Anwendung von Arzneimitteln im stationären und ambulanten Bereich erfolgt. Im Übrigen wird man annehmen dürfen, dass der Beschränkung des Art. 3 Nr. 7 RL 2001/83/EG auf eine Verwendung im „Krankenhaus" der Gedanke zugrunde liegt, dass die Anwendung des Arzneimittels unter adäquaten medizinischen Bedingungen erfolgen muss; die Versorgungsstandards und -strukturen sind insofern jedoch in den Mitgliedstaaten der EU sehr unterschiedlich und in Deutschland sind adäquate Versorgungsbedingungen auch im ambulanten Bereich und bei einer Anwendung in Arztpraxen bei entsprechender fachärztlicher Befähigung gegeben[31], wobei die Besonderheiten des jeweiligen Arzneimittels eine differenzierte Betrachtung erfordern.

II. Rechtsrahmen (S. 1 und 2)

1. Keine Geltung der Vorschriften zur Zulassung und zur Abgabe von Arzneimitteln. Der **19** arzneimittelrechtliche Rahmen für die von Abs. 1 S. 1 erfassten Präparate ergibt sich aus Abs. 1. Nach Abs. 1 S. 1 sind der Vierte und der Siebte Abschnitt des AMG auf derartige Arzneimittel nicht anzuwenden, was heißt, dass die Vorschriften zur Zulassung (§§ 21 bis 37) und zur Abgabe von Arzneimitteln (§§ 43 bis 53) nicht gelten (zur Konsequenz für die Verschreibungspflicht s. Rn. 12). Mit der

---

13.4.2012 (EMA/CAT/GTWP/671639/2008); „Guideline on the risk-based approach according to annex I, part IV of Directive 2001/83/EC applied to Advanced therapy medicinal products" v. 11.2.2013 (EMA/CAT/CPWP/686637/ 2011); „Guideline on scientific requirements for the environmental risk assessment of gene therapy medicinal products" v. 30.5.2008 (EMEA/CHMP/GTWP/125491/2006).

[25] Vgl. BT-Drucks. 16/12 256, S. 43.

[26] Vgl. BT-Drucks. 16/12 256, S. 43.

[27] Vgl. BT-Drucks. 16/12 256, S. 43, wobei dort fälschlicherweise auf S. 2 der Vorschrift Bezug genommen wird.

[28] Vgl. BT-Drucks. 16/12 256, S. 43.

[29] Sozialversicherungsrechtlich hat der G-BA hingegen im Rahmen der Bewertung von Untersuchungs- und Behandlungsmethoden nach § 137c SGB V vorgegeben, dass die stationäre autologe Chondrozytenimplantation am Kniegelenk nur dann einer qualitätsgesicherten Versorgung entspricht, wenn das ärztliche Personal bestimmte verbindliche Anforderungen erfüllt, vgl. Anlage 1 zur Bekanntmachung eines Beschlusses des G-BA über Maßnahmen zur Qualitätssicherung bei autologer Chondrozytenimplantation am Kniegelenk v. 19.12.2006, abrufbar unter www.g-ba. de.

[30] Vgl. *Müller*, MedR 2011, 698, 701; *Bock*, Rechtsrahmen, S. 140, 187 und MedR 2012, 791, 793 f., die gegen *Müller* im Übrigen zu Recht darauf hinweist, dass eine Beschränkung des § 4b auf die Anwendung in Krankenhäusern im Wege der richtlinienkonformen Auslegung nicht in Betracht kommt.

[31] Ebenso *Faltus/Schulz*, PharmR 2015, 228, 233 f.

15. AMG-Novelle ist in Abs. 1 S. 1 klargestellt worden, dass § 33 auch für die von § 4b erfassten Arzneimittel gilt[32]. Auch das Genehmigungsverfahren nach Abs. 3 unterliegt den Kostenvorschriften des AMG[33].

20   **2. Anforderungen an Herstellung, klinische Prüfung, Personal des Inverkehrbringers und Kennzeichnung.** Nach **Abs. 1 S. 2** gelten jedoch die übrigen Vorschriften des AMG. Dementsprechend müssen auch die von § 4b erfassten Arzneimittel auf der Grundlage einer **Herstellungserlaubnis** nach § 13 in Übereinstimmung mit den **GMP-Anforderungen** der auf Grundlage des § 54 erlassenen AMWHV, des EG-GMP-Leitfadens und der einschlägigen Guidelines der EMA sowie den einschlägigen Anforderungen der geltenden Arzneibücher (Ph. Eur., DAB) hergestellt werden (s. hierzu auch Rn. 15)[34]. Im Zusammenhang mit der Herstellung wird auf die Übergangsregelung in § 144 I hingewiesen. **Klinische Prüfungen** mit solchen Arzneimitteln sind in Übereinstimmung mit den Vorgaben der §§ 40 ff. und der GCP-V durchzuführen. Der pharmazeutische Unternehmer, der Arzneimittel i. S. d. § 4b in den Verkehr bringt, benötigt einen **Stufenplanbeauftragten** nach § 63a sowie einen **Informationsbeauftragten** gem. § 74a. Die **Kennzeichnung** der von § 4b erfassten Präparate richtet sich nach den Vorgaben, die § 10 VIIIb an die Kennzeichnung von Gewebezubereitungen stellt, da der Begriff der Gewebezubereitungen i. S. d. § 4 XXX auch Arzneimittel für neuartige Therapien umfasst (s. § 4 Rn. 237)[35]. Für Prüfpräparate gilt jedoch § 5 GCP-V. Es besteht kein Werbeverbot für die im Rahmen des § 4b vertriebenen Arzneimittel[36].

21   **3. Pharmakovigilanz.** Des Weiteren bestimmt **Abs. 1 S. 2** in Umsetzung des Art. 3 Nr. 7, 2. UAbs. RL 2001/83/EG, dass für die von § 4b erfassten Präparate Art. 14 I und Art. 15 I – VI VO (EG) Nr. 1394/2007 entsprechend gelten. Art. 14 I VO (EG) Nr. 1394/2007 bestimmt, dass der Antragsteller ergänzend zu den **Pharmakovigilanzvorschriften** in den Art. 21 – 29 VO (EG) Nr. 726/2004 – die demgemäß auch für die von § 4b erfassten Präparate gültig sind[37] – in seinem Antrag auf Genehmigung für das Inverkehrbringen ausführlich die Maßnahmen zu erläutern hat, die er vorgesehen hat, um die Nachbeobachtung der Wirksamkeit und der Nebenwirkungen von Arzneimitteln für neuartige Therapien zu gewährleisten. Für die von § 4b erfassten Arzneimittel tritt an die Stelle des „Antrags auf Genehmigung für das Inverkehrbringen" nach VO (EG) Nr. 1394/2007 der Antrag auf Genehmigung nach Abs. 3. Im Erfahrungsbericht der Bundesregierung zum GewebeG wird die Meinung vertreten, für die von § 4b erfassten Arzneimittel würden die Dokumentations- und Meldepflichten des § 63b (nun § 63c) gelten[38]. Dies ist zu verneinen, da die Regelungen des § 63c I – III ausschließlich an den „Inhaber der Zulassung" adressiert sind. § 63c IV schreibt auch nicht die entsprechende Geltung dieser Absätze für nach § 4b III genehmigte Arzneimittel vor. Der pharmazeutische Unternehmer, der Arzneimittel auf Grundlage einer Genehmigung nach Abs. 3 in den Verkehr bringt ist kein „Inhaber der Zulassung" und die Vorschrift kann nicht in Überdehnung ihres Wortlautes auf den Inhaber einer Genehmigung nach Abs. 3 ausgedehnt werden. Eine Geltung des § 63c I – III für die von § 4b erfassten Präparate kommt auch deshalb nicht in Betracht, weil für diese Arzneimittel in Bezug auf die Pharmakovigilanz gem. § 4b I 2 i. V. m. Art. 14 I VO (EG) Nr. 1394/2007 die Vorgaben der Art. 21–29 VO (EG) Nr. 726/2004 gelten[39]. Damit gelten anstelle des § 63c I – III die **Meldepflichten nach Art. 21 VO (EG) Nr. 726/2004** i. V. m. Art. 104 II, 107 RL 2001/83/EG nach Maßgabe der Regelung in § 63c V 1. Für den Bereich der nach VO (EG) Nr. 726/2004 zentral zugelassenen Arzneimittel stellt § 63c V 1 und 2 dies ausdrücklich klar. Für die von § 4b erfassten Arzneimittel gilt infolge der Verweisungskette gem. § 4b I 2 i. V. m. Art. 14 I VO (EG) Nr. 1394/2007 und Art. 21 VO (EG) Nr. 726/2004 nichts anderes.

22   **4. Rückverfolgbarkeit.** Art. 15 I–VI VO (EG) Nr. 1394/2007 enthalten die Vorgaben zur **Rückverfolgbarkeit** von Arzneimitteln für neuartige Therapien. Der pharmazeutische Unternehmer hat ein System zur Rückverfolgung einzurichten und zu betreiben, das den Anforderungen des Art. 15 I VO

---

[32] BT-Drucks. 17/4231, S. 9.

[33] Vgl. BR-Drucks. 582/10, S. 13.

[34] Vgl. *Dwenger/Straßburger/Schwerdtfeger*, Bundesgesundheitsblatt 2010, 14, 16, 18. *Pühler/Middel/Hübner*, MedR 2010, 23, 26 kann nicht in der Ansicht beigepflichtet werden, dass sich die Herstellung von Arzneimitteln für neuartige Therapien nach § 20c richtet. Auch die von *Pühler/Middel/Hübner*, MedR 2010, 23, 26, angenommene Einschlägigkeit des § 21a kann für diese Arzneimittel nur über § 4b erreicht werden, dessen Anwendbarkeit auf Pankreasinseln *Pühler/Middel/Hübner*, MedR 2010, 23, 25 indes unzutreffend verneinen; vgl. demgegenüber unter Bezugnahme auf Art. 28 Nr. 2 VO (EG) Nr. 1394/2007 die Stellungnahme der Bundesregierung auf die Kleine Anfrage der Faktion Bündnis 90/Die Grünen, BT-Drucks. 16/9988, S. 6.

[35] Vgl. BT- Drucks. 16/12 256, S. 43 und S. 44; BT-Drucks. 17/2751, S. 7 (Bericht der Bundesregierung über die Situation der Versorgung der Bevölkerung mit Gewebe und Gewebezubereitungen).

[36] Für das von *Wernscheid*, S. 53, angenommene Werbeverbot fehlt sowohl im europäischen wie im deutschen Recht die Rechtsgrundlage.

[37] Die nach Art. 21 I VO (EG) Nr. 726/2004 i. V. m. Art. 104 III Buchst. a) erforderliche für die Pharmakovigilanz verantwortliche, entsprechend qualifizierte Person (QPPV) steht dem pharmazeutischen Unternehmer, der Arzneimittel i. S. d. § 4b in den Verkehr bringt, mit dem Stufenplanbeauftragten nach § 63a zur Verfügung.

[38] BR-Drucks. 688/09, S. 30. Ebenso *Dwenger/Straßburger/Schwerdtfeger*, Bundesgesundheitsblatt 2010, 14, 18, die ausführen, dass § 63b neben Art. 14 I VO (EG) Nr. 1394/2007 gelte.

[39] Ebenso *Bock*, Rechtsrahmen, S. 138 f.; *Rehmann*, § 4b, Rn. 11.

(EG) Nr. 1394/2007 genügt. In den Einrichtungen der Krankenversorgung, in denen die Arzneimittel angewendet werden, muss wiederum ein Rückverfolgungssystem bestehen, welches Art. 15 II VO (EG) Nr. 1394/2007 genügt. Gem. Art. 15 III VO (EG) Nr. 1394/2007 müssen beide Systeme, sofern das Arzneimittel als Ausgangsmaterial menschliche Zellen oder Gewebe außer Blutzellen enthält, die Anforderungen nach Art. 8 und 14 RL 2004/23/EG ergänzen und mit ihnen kompatibel sein (Art. 15 III VO (EG) Nr. 1394/2007), welches sich auf nationaler Ebene in § 13c TPG und der TPG-GewV wiederfindet. Enthält das Arzneimittel für neuartige Therapien menschliche Blutzellen, so müssen die Rückverfolgungssysteme des pharmazeutischen Unternehmers und der Einrichtung der Krankenversorgung nach Art. 15 III VO (EG) Nr. 1394/2007 die Anforderungen gem. Art. 14 und 24 der RL 2002/98/EG ergänzen und hiermit vereinbar sein. Diese Anforderungen sind im nationalen Recht in § 19 TFG enthalten. Die Aufbewahrungsdauer der zur Rückverfolgbarkeit dienenden Dokumentation beträgt dreißig Jahre nach dem Verfalldatum des jeweiligen Arzneimittels (Art. 15 IV VO (EG) Nr. 1394/2007) und die Daten zur Rückverfolgung sind, sofern der pharmazeutische Unternehmer nichts Abweichendes vereinbart hat, im Falle der Insolvenz oder Liquidation an die EMA abzugeben. Die Anforderungen an das Rückverfolgungssystem des pharmazeutischen Unternehmers bleiben auch nach der Rücknahme oder dem Widerruf der Genehmigung aufrechterhalten (Art. 15 VI VO (EG) Nr. 1394/2007).

C. Fallbeispiele der nicht routinemäßigen Herstellung (Abs. 2)

Da der Begriff des nicht routinemäßigen Herstellens in erheblichem Maße unbestimmt ist, enthält   23
Abs. 2 folgende nicht abschließende Fallbeispiele („insbesondere")[40] für solche Arzneimittel:

I. Herstellung in geringem Umfang mit medizinisch begründeten Verfahrensabweichungen (Nr. 1)

Gem. **Abs. 2 Nr. 1** werden zum einen Arzneimittel insbesondere dann nicht routinemäßig her-   24
gestellt, wenn sie in geringem Umfang hergestellt werden und bei ihnen auf der Grundlage einer routinemäßigen Herstellung Abweichungen im Verfahren vorgenommen werden, die für einen einzelnen Patienten medizinisch begründet sind.

Wann eine Herstellung **„in geringem Umfang"** gegeben ist, ist dem Gesetz nicht zu entnehmen. In   25
den Materialien wird hierzu ausgeführt, dass dies der Fall ist, wenn eine Herstellung für eine kleine Patientenzahl in einer geringen Menge erfolgt, wobei auch nur eine geringe Häufigkeit gegeben sein darf[41]. Der Herstellung „in geringem Umfang" liegen somit restriktive Vorstellungen des Gesetzgebers zugrunde. Es sind indes keine konkreten mengenmäßigen Beschränkungen in das Gesetz aufgenommen worden, wie dies in §§ 21 II Nr. 1, 38 I 3 der Fall ist.

Zusätzlich zur Herstellung in geringem Umfang ist es im Rahmen des Abs. 2 Nr. 1 vonnöten, dass   26
„auf der Grundlage einer routinemäßigen Herstellung Abweichungen im Verfahren vorgenommen werden, die für einen einzelnen Patienten medizinisch begründet sind." Da von § 4b nur solche Arzneimittel erfasst werden, die nicht routinemäßig hergestellt werden, beziehen sich die „Abweichungen im Verfahren" auf eine unterstellte, hypothetische routinemäßige Herstellung. Die Abweichungen dürfen hingegen nicht die „Herstellung nach spezifischen Qualitätsnormen" beeinträchtigen, so dass auch im Rahmen des Abs. 2 Nr. 1 eine vollständig GMP-konforme Herstellung erforderlich ist.

Es stellt sich jedoch die Frage, ob die **medizinisch begründeten Abweichungen im Herstellungs-**   27
verfahren in einzelnen Fällen der hergestellten Arzneimittel oder aber stets vorliegen müssen, damit ein Präparat in den Anwendungsbereich des Beispielsfalles nach Abs. 2 Nr. 1 fällt. Mangels Anhaltspunkten in den Gesetzesmaterialien, in der VO (EG) Nr. 1394/2007 oder in der RL 2001/83/EG bleibt als Auslegungshilfe ausschließlich der Wortlaut des Gesetzes. Dieser spricht dafür, dass die Merkmale des Abs. 2 Nr. 1 allesamt kumulativ vorliegen müssen, damit ein Fall dieser Regelung gegeben ist. Außerdem ist im Auge zu behalten, dass es sich bei § 4b um einen Ausnahmetatbestand handelt, der Arzneimittel von dem Anwendungsbereich der VO (EG) Nr. 1394/2007 sowie des Vierten und des Siebten Abschnitts des AMG ausnimmt; Ausnahmeregelungen sind jedoch aus rechtssystematischen Gründen eng auszulegen.[42] Demgemäß fällt ein Arzneimittel nur dann in den Anwendungsbereich des Abs. 2 Nr. 1, wenn stets für den einzelnen Patienten medizinisch begründete Abweichungen im Herstellungsverfahren vorgenommen werden und die Herstellung gleichwohl GMP-konform erfolgt[43].

Ungeachtet dessen stellen die in Abs. 2 genannten Fallgruppen lediglich nicht abschließende Bei-   28
spielfälle von nicht routinemäßig hergestellten Arzneimitteln dar. Die in Abs. 2 enthaltenen Fälle geben zwar einen Orientierungspunkt dafür, in welchen Konstellationen eine nicht routinemäßige Herstellung

---

[40] Vgl. *Dwenger/Straßburger/Schwerdtfeger*, Bundesgesundheitsblatt 2010, 14, 17.
[41] Vgl. BT-Drucks. 16/12 256, S. 43.
[42] Vgl. *Dwenger/Straßburger/Schwerdtfeger*, Bundesgesundheitsblatt 2010, 14, 18.
[43] Kritisch hierzu *Bock*, MedR 2012, 791 f., die bemängelt, dass das Merkmal der routinemäßigen Herstellung in Abs. 2 Nr. 1 nicht zur Konkretisierung der nicht routinemäßigen Herstellung im Obersatz des Abs. 2 geeignet sei.

vorliegen kann, sie sind jedoch als bloße Fallbeispiele rechtstechnisch nicht dazu geeignet, mittels eines Umkehrschlusses auszuschließen[44], dass im Einzelfall eine Herstellung mit geringer Häufigkeit, aber ohne patientenspezifische Abweichung im Verfahren kein Fall einer nicht routinemäßigen Herstellung sein könnte[45]. Im Übrigen ist der VO (EG) Nr. 1394/2007 – auch ihrem 6. Erwägungsgrund – wie der RL 2001/83/EG nicht zu entnehmen, wann eine nicht-routinemäßige Herstellung gegeben sein soll. Deshalb kann die Annahme, nach EU-Recht sei eine Herstellung schon allein deshalb zwingend als nicht-routinemäßig einzustufen und der Regelungsbereich der RL 2001/83/EG und der VO (EG) Nr. 1394/2007 verlassen, wenn die Herstellung bezogen auf einen bestimmten Zeitraum mit geringer Häufigkeit erfolgt[46], nicht überzeugen.

II. Herstellung in nicht ausreichender Anzahl mit der Folge des Fehlens notwendiger Erkenntnisse für eine umfassende Beurteilung (Nr. 2)

29   Nach **Abs. 2 Nr. 2** werden solche Arzneimittel nicht routinemäßig hergestellt, die noch nicht in ausreichender Anzahl hergestellt worden sind, so dass die notwendigen Erkenntnisse für ihre umfassende Beurteilung noch nicht vorliegen.

30   Die in der Vorschrift angesprochene „umfassende Beurteilung" bezieht sich auf diejenige, die im Rahmen des Genehmigungsverfahrens für das Inverkehrbringen von Arzneimitteln für neuartige Therapien nach Art. 3 Abs. 1 VO (EG) Nr. 726/2004 i. V. m. Ziff. 1a ihres Anhangs (der sog. zentralen Zulassung) auf der Grundlage von Art. 6 I dieser VO i. V. m. der dort genannten Vorschriften und Anhang I zur Richtlinie 2001/83/EG vorzunehmen ist.

31   Durch die **Wendung „so dass"** wird verdeutlicht, dass das Fehlen der für eine zentrale Zulassung erforderlichen Erkenntnisse für die umfassende Beurteilung eines Arzneimittels darauf beruhen muss, dass dieses bislang noch nicht in ausreichender Anzahl hergestellt worden ist. Mit anderen Worten **muss das Fehlen der für eine zentrale Zulassung notwendigen umfassenden Erkenntnisse Folge der hierzu (objektiv) unzureichenden Anzahl hergestellter Arzneimittel sein.** Diese Verständnis wird durch die Genese des Beispielsfalls nach Nr. 2 im Gesetzgebungsverfahren bestätigt. Nach dem Referentenentwurf zum AMG-ÄndG 2009 mit Stand vom 22.12.2008 sollte die Regelung – die seinerzeit für § 4a II vorgesehen war – dergestalt gefasst werden, dass sie solche Arzneimittel erfassen sollte, „die noch nicht in ausreichender Anzahl hergestellt worden sind, um die notwendigen Erkenntnisse für die umfassende Beurteilung eines Arzneimittels zu besitzen". Mit der Wendung „um zu" wird wie mit der ins Gesetz gelangten Formulierung „so dass" ein Folgeverhältnis umschrieben, wonach das Fehlen der notwendigen Erkenntnisse aus der bisher nicht ausreichenden Anzahl hergestellter Arzneimittel resultiert. Die im Referentenentwurf noch enthaltene Textpassage „zu besitzen" hätte im Übrigen dahingehend interpretiert werden können, es sei für die Anwendbarkeit der Ausnahmeregelung ausreichend, dass die notwendigen Erkenntnisse gerade dem Hersteller nicht zur Verfügung stehen, also eine subjektive Komponente maßgeblich sei. Ein solches Verständnis dürfte bei der ins Gesetz gelangten Fassung des Abs. 2 Nr. 2 nicht in Betracht kommen. Gegen die Annahme, es erschlösse sich nicht, warum auf die Herstellung in ausreichender Anzahl abgestellt wird, weil eine hohe Stückzahl eines stets auf die gleiche Weise hergestellten Produkts keinen zusätzlichen Erkenntnisgewinn über das Produkt selbst gebe[47], ist einzuwenden, dass der Umfang der Anwendung innerhalb aber auch außerhalb von klinischen Prüfungen und damit die Stückzahl eines Arzneimittels maßgeblichen Einfluss darauf haben, ob für eine Zulassung hinreichende Erkenntnisse zur Sicherheit und Wirksamkeit vorliegen.

32   Auch bei Abs. 2 Nr. 2 handelt es sich nur um einen Beispielfall für eine nicht routinemäßige Herstellung. Allein der Umstand, **dass ein autologes biotechnologisch bearbeitetes Gewebeprodukt** bis zum 23.7.2009 auf der Grundlage von § 21 II Nr. 1a **ohne nationale Zulassung in den Verkehr gebracht wurde, hat keine Auswirkungen** darauf, ob das Präparat als „nicht routinemäßig hergestellt" betrachtet werden kann[48]. § 4b ist daher prinzipiell auch als Grundlage für das weitere Inverkehrbringen von Arzneimitteln für neuartige Therapien geeignet, die bereits vor dem Inkrafttreten des AMG-ÄndG 2009 am 23.7.2009 in den Verkehr gebracht wurden[49]. Es mag zwar sein, dass ein solches Produkt „nicht in geringem Umfang" i. S. d. Abs. 2 Nr. 1 hergestellt worden ist, und nach den Umständen des Einzelfalls kann das Präparat bereits „in ausreichender Anzahl" hergestellt worden sein, so dass die für eine umfassende Beurteilung notwendigen Erkenntnisse bereits vorliegen und Abs. 2 Nr. 2 nicht anwendbar ist. Dass ein Arzneimittel schon auf der Grundlage des § 21 II Nr. 1a vertrieben wurde, indiziert jedoch keineswegs, dass es „routinemäßig hergestellt" wird. Selbiges gilt im Hinblick darauf, dass

---

[44] Da in Abs. 2 nur Fallbeispiele enthalten sind, kann aus diesen keine Regelungslücke abgeleitet werden, die der Gesetzgeber bewusst nicht regeln wollte. Mangels eines „beredten" Schweigens ist kein Umkehrschluss geboten, vgl. hierzu *Rüthers/Fischer*, Rn. 899 f.; *Larenz*, S. 390.

[45] A. A. *Bock*, Rechtsrahmen, S. 186, 192 und MedR 2012, 791, 793; *Koyuncu*, in: Deutsch/Lippert, § 4b Rn. 20.

[46] So *Bock*, MedR 2012, 791 f. und Rechtsrahmen, S. 138 f., 192.

[47] Vgl. *Bock*, Rechtsrahmen, S. 182 f. und MedR 2012, 791 f.

[48] Vgl. *Dwenger/Straßburger/Schwerdtfeger*, Bundesgesundheitsblatt 2010, 14, 18.

[49] Vgl. *Ziegele/Dahl/Müller*, Bundesgesundheitsblatt 2011, 857, 864.

autologe biotechnologisch bearbeitete Gewebeprodukte, die am 30.12.2008 gem. § 21 II Nr. 1a legal im Verkehr waren, nach Art. 29 II VO (EG) Nr. 1394/2007 dieser VO seit dem 30.12.2012 entsprechen müssen. Der Aspekt, dass ein biotechnologisch bearbeitetes Gewebeprodukt auf der Grundlage des Art. 29 II VO (EG) Nr. 1394/2007 bis zum 30.12.2012 ohne zentrale Zulassung in den Verkehr gebracht werden durfte, hat nichts damit zu tun, ob ein solches Präparat gem. Art. 28 Nr. 2 VO (EG) Nr. 1394/ 2007 und Art. 3 Nr. 7 RL 2001/83/EG überhaupt einer zentralen Zulassung bedarf. In der Literatur wird hingegen vertreten Abs. 2 Nr. 2 sei richtlinienwidrig, weil das dort enthaltene Kriterium zwar für die Zulassungsfähigkeit des Arzneimittels, nicht aber für die Frage seiner nicht-routinemäßigen Herstellung relevant sei[50].

D. Genehmigungsverfahren für die Präparate nach § 4b (Abs. 3)

I. Genehmigungserfordernis (S. 1)

Abs. 3 S. 1 bestimmt, dass die in den Anwendungsbereich des § 4b fallenden Arzneimittel („Arznei-   33 mittel nach Abs. 1 S. 1") **an andere nur abgegeben** werden dürfen, wenn sie durch die zuständige Bundesoberbehörde genehmigt worden sind. Im Zusammenhang mit dem Genehmigungsverfahren wird auf die Übergangsvorschriften in § 144 II und III hingewiesen.

II. Entsprechende Geltung des § 21a Abs. 2–8 (S. 2)

Für das **Genehmigungsverfahren** gelten nach Abs. 3 S. 2 die Vorgaben des **§ 21a II–VIII ent-   34 sprechend**[51]. Daher gelten für die Genehmigung nach § 4b III auch die Informationspflichten der Bundesoberbehörde nach § 34 (s. § 21a Rn. 37).

1. Versagungsgründe. Die **Versagungsgründe** und damit im Gegenschluss die Anforderungen an   35 einen Genehmigungsantrag, bei deren Erfüllung der Antragsteller einen Anspruch auf Erteilung der Genehmigung nach §§ 4b III 1, 21a hat, ergeben sich – sofern es sich bei dem Arzneimittel um ein den Anforderungen des § 4b I 1 genügendes Präparat handelt – abschließend aus § 21a VI (s. zum Versagungsgrund wegen fehlender Herstellungserlaubnis Rn. 46). Liegt einer der Versagungsgründe vor, so hat das PEI die Genehmigung grundsätzlich zu versagen. Nur im Rahmen der durch §§ 21a V, 28 eingeräumten Auflagenbefugnisse ist es der Bundesoberbehörde gestattet, die Genehmigung mit Auflagen zu verbinden.

2. Genehmigung unter Auflagen. Für die von § 4b erfassten nicht routinemäßig hergestellten   36 Arzneimittel für neuartige Therapien kommt insbesondere eine **Genehmigung unter Auflagen** gem. §§ 21a V, 28 III zur Durchführung weiterer analytischer, pharmakologisch-toxikologischer oder klinischer Prüfungen in Betracht. Dabei ist es für die Erteilung der Genehmigung nach §§ 4b III, 21a nicht maßgeblich, ob das Arzneimittel i. S. d. § 28 III einen „großen therapeutischen Wert" hat, „und deshalb ein öffentliches Interesse an seinem unverzüglichen Inverkehrbringen besteht". Für die Genehmigung eines Arzneimittels nach §§ 4b III 1, 21a ist vielmehr allein ausschlaggebend, ob das Präparat die Kriterien gem. § 4b I 1 erfüllt. Im Übrigen wird der pharmazeutische Unternehmer ein Eigeninteresse an der Durchführung solcher Prüfungen haben, da bei einer Weiterentwicklung des Standes der medizinischen Wissenschaft ein Fortfall der für eine „nicht routinemäßige Herstellung" erforderlichen Kriterien – insbes. bezüglich der für eine umfassende Beurteilung notwendigen Erkenntnisse (§ 4b II Nr. 2) – in Betracht kommt. Bei einer solchen Weiterentwicklung steht die Überführung des jeweiligen Arzneimittels in den Anwendungsbereich der VO (EG) Nr. 1394/2007 und damit ein Widerruf der nach § 4b III 1 erteilten Genehmigung gem. § 4b III 5, 2. Halbs. an.

III. Befristung der Genehmigung (S. 3)

Mit dem 2. AMG-ÄndG 2012 wurde in Abs. 3 aufgenommen, dass die Genehmigung befristet   37 werden „kann". Hierzu heißt es in der Gesetzesbegründung, dass eine Befristung der Genehmigung dem Umstand gerecht wird, dass für die unter § 4b fallenden Arzneimittel keine oder nur wenige Erkenntnisse vorliegen, wenn diese genehmigt werden. Daher kann es je nach Sachlage erforderlich sein, die Genehmigung mit einer Befristung zu versehen.[52] Das PEI ist mithin nicht dazu verpflichtet, die Genehmigung stets zu befristen, sondern es hat nach pflichtgemäßem Ermessen bei der Erteilung der Genehmigung zugleich über die Befristung zu entscheiden.

---

[50] Vgl. *Bock*, Rechtsrahmen S. 182 f. und MedR 2012, 791, 793; *Müller*, MedR 2011, 698, 700.
[51] Auf der Internetseite des PEI (www.pei.de) sind unter der Rubrik „Genehmigung von nicht routinemäßig hergestellten ATMP nach § 4b AMG" instruktive Entscheidungsbäume veröffentlicht. Das PEI hat zudem für Anträge nach § 4b III ein gleichfalls dort veröffentlichtes „Modul 0" erstellt.
[52] Vgl. BT-Drucks. 17/9341, S. 48.

IV. Fehlende Angaben und Unterlagen (S. 4)

38   **Abs. 3 S. 4** ermöglicht es dem Antragsteller **abweichend von § 21a II Nr. 6,** wonach mit dem Antrag eine „Beschreibung der Funktionalität und der Risiken" des Arzneimittels vorzulegen ist, dann, wenn diese Angaben nicht gemacht werden können die **Angaben und Unterlagen über die Wirkungsweise, die voraussichtlichen Wirkungen und möglichen Risiken** dem Antrag beizufügen. In den Gesetzesmaterialien zu § 4b wurde im Übrigen betont, dass die vorzulegenden Unterlagen auch solche zu nichtklinischen Untersuchungen gem. § 21a II 1 Nr. 7 und zur klinischen Anwendung am Menschen umfassen, wobei letztere zu den Unterlagen nach § 21a II 1 Nr. 8 („alle für die Bewertung des Arzneimittels zweckdienlichen Angaben und Unterlagen") gezählt werden[53].

39   Die **Entscheidung** des PEI **über den Genehmigungsantrag** gem. §§ 4b III 1, 21a basiert auf den vom Antragsteller einzureichenden Unterlagen und Angaben. Zwar wird dies in § 21a, anders als in § 25 V 1 nicht explizit festgehalten, dies ergibt sich aber aus § 21a VI Nr. 1, wonach die Genehmigung versagt werden darf, wenn die vorgelegten Unterlagen unvollständig sind, sowie aus den Vorschriften zur Mängelbeseitigung in § 21a IV. Das PEI ist also schlussendlich nicht aufgrund allgemeiner verwaltungsrechtlicher Erwägungen gehalten, durch Amtsermittlungen die positive Bescheidungsreife des Antrags herbeizuführen.

V. Berichtspflicht nach erteilter Genehmigung (S. 5)

40   Nach **Abs. 3 S. 5** hat der Inhaber der Genehmigung dem PEI in bestimmten Zeitabständen, die von der Bundesoberbehörde durch Anordnung festgelegt werden, über den Umfang der Herstellung und über die Erkenntnisse für die umfassende Beurteilung des Arzneimittels zu berichten. Das PEI wird durch diese Vorschrift in die Lage versetzt zu überprüfen, ob der Anwendungsbereich des § 4b in Bezug auf ein bestimmtes Arzneimittel nach wie vor eröffnet ist. Da es sich bei § 4b um eine Ausnahmeregelung handelt, kann die Bundesoberbehörde die pharmazeutischen Unternehmer, denen eine Genehmigung nach § 4b III erteilt wurde, über das Berichtswesen und/oder über Auflagen nach §§ 4b III 2, 21a V 3, 28 III dazu anhalten, analytische, pharmakologisch-toxikologische und insbesondere klinische Prüfungen durchzuführen. An der Durchführung entsprechender Prüfungen dürfte der pharmazeutische Unternehmer im Hinblick auf die zentrale Zulassung nach Art. 3 I VO (EG) Nr. 726/2004 i. V. m. Ziff. 1a ihres Anhangs ein Eigeninteresse haben.

VI. Widerruf/Rücknahme der Genehmigung (S. 6)

41   Nach **Abs. 3 S. 6** ist die Genehmigung zurück zu nehmen, wenn nachträglich bekannt wird, dass eine der Voraussetzungen von Abs. 1 S. 1 nicht vorgelegen hat. Die Genehmigung ist zu widerrufen, wenn eine der Voraussetzungen nicht mehr gegeben ist. Insoweit kann auf die Kommentierung zu § 30 verwiesen werden.

VII. Entsprechende Geltung des § 22 Abs. 4 (S. 7)

42   Der Antragsteller muss gem. §§ 4b III 7, 22 IV 1 nachweisen[54], dass der Hersteller für das Arzneimittel über eine Herstellungserlaubnis nach § 13 verfügt.

E. Anfragen und Anträge zur Genehmigungspflicht (Abs. 4)

I. Anfragen zur Genehmigungspflicht (S. 1)

43   Gem. **Abs. 4 S. 1** entscheidet die zuständige Behörde im Benehmen mit der zuständigen Bundesoberbehörde über Anfragen zur Genehmigungspflicht nach Abs. 3. Die Vorschrift ist § 11 S. 2 der AMGVwV nachgebildet und soll eine bundeseinheitliche Anwendung des § 4b im Bereich des Vollzugs gewährleisten[55]. Eine Entscheidung „im Benehmen" mit der Bundesoberbehörde fordert, anders als eine Entscheidung „im Einvernehmen", dass die Bundesoberbehörde anzuhören ist. Eine Willensübereinstimmung ist nicht erforderlich[56]. Die „zuständige Behörde" ist die nach Landesrecht für den pharmazeutischen Unternehmer zuständige Überwachungsbehörde. Von den in den Kompetenzbereich der Landesüberwachungsbehörde fallenden „Anfragen zur Genehmigungspflicht" gem. Abs. 4 S. 1 sind Anträge auf Genehmigung nach Abs. 3 zu unterscheiden, die unmittelbar beim PEI zu stellen sind.

---

[53] Vgl. BT-Drucks. 16/12 256, S. 43.
[54] Die ausdrückliche Aufnahme des Verweises auf § 22 IV in § 4b III 6 ist überflüssig, da diese Vorschrift bereits gem. §§ 4b III 2, 21a V 2 gilt.
[55] Vgl. BT-Drucks. 16/12 256, S. 43.
[56] Vgl. *BVerwG*, NVwZ 2001, 90 f.

II. Entsprechende Geltung des § 21 Abs. 4 (S. 2)

Nach **Abs. 4 S. 2 gilt § 21 IV entsprechend.** Das heißt, dass das PEI auf Antrag einer zuständigen **44** Landesbehörde unabhängig von einem Genehmigungsantrag nach § 4b III über die Genehmigungspflicht eines Arzneimittels entscheidet. Die Entscheidungsbefugnis der Bundesoberbehörde ist nicht auf die Frage der Genehmigungspflicht beschränkt, etwa im Hinblick auf die Fragestellung, ob eine „Abgabe an andere" vorliegt, sondern sie erfasst auch die Frage, ob es sich um ein Arzneimittel handelt und ob dieses von Abs. 1 S. 1 erfasst ist[57].

---

[57] Vgl. für § 21 IV *VG Köln*, PharmR 2010, 35, 38.

Zweiter Abschnitt. Anforderungen an die Arzneimittel

§ 5 Verbot bedenklicher Arzneimittel

(1) Es ist verboten, bedenkliche Arzneimittel in den Verkehr zu bringen oder bei einem anderen Menschen anzuwenden.

(2) Bedenklich sind Arzneimittel, bei denen nach dem jeweiligen Stand der wissenschaftlichen Erkenntnisse der begründete Verdacht besteht, dass sie bei bestimmungsgemäßem Gebrauch schädliche Wirkungen haben, die über ein nach den Erkenntnissen der medizinischen Wissenschaft vertretbares Maß hinausgehen.

Wichtige Änderungen der Vorschrift: Abs. 1 ergänzt durch Art. 1 Nr. 7 des Gesetzes zur Änderung arzneimittelrechtlicher und anderer Vorschriften vom 17.7.2009 (BGBl. I S. 1990).

Literatur: *Brixius/Maur,* Die Auslegung des Gefahrenbegriffs im Kontext arzneimittelrechtlicher Auflagen, Eine rechtsvergleichende Betrachtung Deutschlands mit Blick auf Österreich und die Schweiz, PharmR 2007, 14; *Dettling,* Arzneimittelrecht als Sicherheitsrecht – Zugleich ein Beitrag zur Rechtfertigung von Freiheitsbeschränkungen, PharmR 2005, 162; *ders.,* Wissenschaftlichkeit im Arzneimittelrecht – Zum Begriff des jeweils gesicherten Standes der wissenschaftlichen Erkenntnisse (Teil 1–3), PharmR 2008, 273, 323, 418; *Di Fabio,* Risikoentscheidungen im Rechtsstaat, Zum Wandel der Dogmatik im öffentlichen Recht, insbesondere am Beispiel der Arzneimittelüberwachung, 1994; *Fuhrmann,* Sicherheitsentscheidungen im Arzneimittelrecht, Eine rechtliche Analyse zum Verbot bedenklicher Arzneimittel nach § 5 AMG und zum Nachmarktkontrollsystem unter Berücksichtigung des Lebensmittelrechts, 2005; *Güdden,* Bedenkliche Rezepturarzneimittel – Zugleich ein Beitrag zur Abgrenzung der Verantwortlichkeiten zwischen Arzt und Apotheker, MedR 1991, 124; *Hansen-Dix,* Die Gefahr im Polizeirecht 1982; *dies.,* Zum Begriff „schädliche Wirkungen" im Arzneimittelrecht – dargestellt am Beschluss des OVG Berlin vom 26.11.1987, PharmR 1989, 8; *Hart,* Die Sicherheit von Blutarzneimitteln, Arzneimittelrecht, Haftungsrecht, Organisationsrecht, Rechtsgutachten für den 3. Untersuchungsausschuss des deutschen Bundestages „HIV-Infektionen durch Blut- und Blutprodukte", BT-Drucks. 12/8591, S. 510; *Hauke/Kremer,* Der Stand der wissenschaftlichen Erkenntnisse, die Erkenntnisse der medizinischen Wissenschaft und die Haftung des Pharmazeutischen Unternehmers, PharmR 2014, 384; *Letzel/Wartensleben,* „Begründeter Verdacht" und „Jeweils gesicherter Stand der wissenschaftlichen Erkenntnisse", PharmR 1989, 2; *Mayer,* Die strafrechtliche Rückrufpflicht des pharmazeutischen Unternehmers, PharmR 2008, 236; *Papier,* Der bestimmungsgemäße Gebrauch der Arzneimittel – die Verantwortung des pharmazeutischen Unternehmers, 1980; *Räpple,* Das Verbot bedenklicher Arzneimittel, 1991; *Ramsauer,* Die staatliche Ordnung der Arzneimittelversorgung 1988; *Scherzberg,* Risiko als Rechtsproblem – Ein neues Paradigma für das technische Sicherheitsrecht –, VerwArch 34 (1993), S. 484; *Scheu,* In Dubio Pro Securitate, Hepatitis-/AIDS-Blutprodukte, Spongioformer Humaner Wahn und kein Ende, 2003; *Wölz,* Bedenkliche Arzneimittel als Rechtsbegriff. Der Begriff der bedenklichen Arzneimittel und das Verbot ihres Inverkehrbringens in den §§ 95 I Nr. 1 i. V. m. 5 AMG, 1988.

Übersicht

A. Allgemeines

I. Inhalt

1   Die Vorschrift verbietet grundsätzlich das **Inverkehrbringen bedenklicher Arzneimittel** oder deren Anwendung bei einem anderen Menschen. Sie steht neben § 8, der Verbote zum Schutz vor Täuschung enthält. § 5 bildet wie § 8 eine grundlegende Verbotsnorm des AMG, die für alle Arzneimittel gilt und sich an jede Person richtet. Sie führt dazu den Begriff der Bedenklichkeit ein, der dadurch definiert wird, dass ein Arzneimittel auf Grund einer näher beschriebenen Verdachtsprognose bei bestimmungsgemäßem Gebrauch schädliche Wirkungen haben kann, die über ein Maß hinausgehen, das nach den Erkenntnissen der medizinischen Wissenschaft vertretbar ist.

II. Zweck

Die Vorschrift soll bewirken, dass kein Arzneimittel in den Verkehr gebracht oder bei einem anderen **2** Menschen angewendet wird, das nach den Erkenntnissen der medizinischen Wissenschaft geeignet ist, unvertretbare Schäden hervorzurufen. Dies gilt unabhängig von den Vorschriften, die wie das Erfordernis der Herstellungserlaubnis oder die Zulassungspflicht die Arzneimittelsicherheit verfahrensbezogen gewährleisten sollen.

B. Grundsätzliches Verkehrs- und Anwendungsverbot (Abs. 1)

Wie die Amtliche Begründung zum Gesetz zur Neuordnung des Arzneimittelrechts (AMNOG 1976) **3** ausführt[1], verbietet § 5 im Interesse eines vorbeugenden Gesundheitsschutzes, „ein Arzneimittel in den Verkehr zu bringen, das unter dem Verdacht steht, bei bestimmungsgemäßem Gebrauch medizinisch nicht vertretbare Gesundheitsschäden hervorzurufen. Der Verdacht muss jedoch nach dem jeweiligen Stand der wissenschaftlichen Erkenntnisse substantiiert sein und im Zeitpunkt des Inverkehrbringens des Arzneimittels bestehen".

„Die Vorschrift bringt … zum Ausdruck, dass bei Arzneimitteln auch schädliche Wirkungen dann in **4** Kauf genommen werden müssen, wenn der therapeutische Wert des Arzneimittels überwiegt. Dieser Abwägungsgesichtspunkt ist dem Begriff der **Unbedenklichkeit** immanent. Die im früheren § 6 (AMG 1961 als Ausnahmeklausel) enthaltenen ‚besonderen Umstände des Einzelfalles‘ sind entfallen, da sie (ohnehin) bei der Abwägung von Nutzen und Risiko eines Arzneimittels berücksichtigt werden müssen"[2].

Die Verbote gelten für alle Arzneimittel, auch für solche, die zur klinischen Prüfung bestimmt sind[3]. **5** Dabei sind die Vorschriften für die klinische Prüfung, insbesondere die zur Beurteilung der ärztlichen Vertretbarkeit in § 40 I 3 Nr. 2 zu beachten, und es ist, wie *Freund*[4] zutreffend fordert, den besonderen Umständen auf Grund der Erfordernisse der klinischen Prüfung Rechnung zu tragen. Die Verbote richten sich an jede Person, gleich ob es sich um pharmazeutische Unternehmer, Hersteller, am Arzneimittelvertrieb beteiligte Personen (Großhändler, Apotheker, andere Einzelhändler) Personen, die die Heilkunde ausüben (Ärzte, Zahnärzte, Tierärzte, Heilpraktiker) oder auch Patienten oder Verbraucher handelt[5].

Das Verbot des **Inverkehrbringens** gilt nicht nur für den **Geltungsbereich des AMG,** sondern auch **6** für Fälle des **Exportes**[6], wie in § 73a I deutlich wird. Diese Vorschrift gestattet unter engen Voraussetzungen, insbesondere der in Kenntnis aller Umstände erteilten Genehmigung der zuständigen Behörde des Bestimmungslandes („informed consent"), Ausnahmen von den §§ 5 und 8 I und setzt damit deren Geltung für den Export voraus. Das Verbot gilt auch dann, wenn Arzneimittel nach § 73 III im Wege des Einzelimports über eine Apotheke aus anderen Staaten in den Geltungsbereich des AMG verbracht werden (s. § 73 Rn. 55), wie aus § 73 IV 2 folgt.

Zum Umfang der Tätigkeiten, die unter den Begriff des Inverkehrbringens fallen s. § 4 XVII. Kein **7** Inverkehrbringen stellt die **Anwendung eines Arzneimittels** dar[7]. Das *OVG Münster,* das ursprünglich in einem Beschluss die Anwendung eines Arzneimittels als intensivste Form des Inverkehrbringens angesehen hatte[8], hat diese Rechtsprechung in einem späteren Urteil aufgegeben[9]. Ärzte oder Heilpraktiker, die ein bedenkliches Arzneimittel bei einem Patienten anwenden, verstießen mithin ggf. gegen strafrechtliche und berufsrechtliche Normen, nicht aber gegen das Verbot des Inverkehrbringens des § 5. Das *OVG Münster*[10] hatte darin eine Regelungslücke gesehen, die ihm so kaum hinnehmbar erschien, weil die Behörde nicht mehr unter Berufung auf das AMG gegen die Anwendung des bedenklichen Arzneimittels einschreiten könne. Zu berücksichtigen war demgegenüber aber, dass das *BVerfG* in seinem später ergangenen **Frischzellenurteil** die Grenzen der bis zur Föderalismusreform I begrenzten Kompetenz nach Art. 74 Nr. 19 GG für den Verkehr mit Arzneien, auf Grund derer das AMG erlassen

[1] BT-Drucks. 7/3060, S. 45.
[2] BT-Drucks. 7/3060, S. 45.
[3] *Kloesel/Cyran,* § 5 Anm. 2; vgl. auch *Freund,* in: MüKo StGB, Bd. 6/I, § 5 AMG Rn. 4 m. Hinweis auf die abweichende Auffassung von *Deutsch,* in: Deutsch/Lippert, § 5 Rn. 1.
[4] *Freund,* in: MüKo StGB, Bd. 6/I, § 5 AMG Rn. 4.
[5] Vgl. *Kloesel/Cyran,* § 5 Anm. 6 f.
[6] Vgl. *Kloesel/Cyran,* § 5 Anm. 11.
[7] *Pabel,* NJW 1989, 759; *BVerwGE* 94, 341.
[8] *OVG Münster,* NJW 1989, 792.
[9] *OVG Münster,* PharmR 1997, 239.
[10] *OVG Münster,* NJW 1989, 792.

worden ist, aufgezeigt hat. Nach diesem Urteil[11] war der Bund nur befugt, die Herstellung solcher Arzneimittel gesetzlich oder im Verordnungsweg zu regeln, die dazu bestimmt sind, in den Verkehr gebracht zu werden. Von dieser Bundeskompetenz war, wie das *BVerfG* erkannt hat, eine Regelung zum Herstellungsverbot von Arzneimitteln, die der Arzt oder Tierarzt selbst herstellt und beim Patienten anwendet, nicht gedeckt. Gleiches musste dann für die Anwendungsregelungen gelten, die somit für solche Arzneimittel von Seiten des Bundes nicht getroffen werden konnten. Die 11. AMG-Novelle hatte daher mit § 4a 1 Nr. 3 diejenigen Arzneimittel ausdrücklich aus dem Anwendungsbereich des AMG ausgeschlossen, die der Arzt oder Tierarzt zur Anwendung bei seinen Patienten selbst herstellt und bei diesen anwendet (s. § 4a Rn. 3, 20).

8   Im Rahmen der Föderalismusreform I[12] ist die konkurrierende Gesetzgebungskompetenz des Bundes auf das Recht der Arzneien erweitert worden. Im Rahmen des AMG-ÄndG 2009 ist dann § 4a S. 1 Nr. 3 aufgehoben und zudem ein Verbot der Anwendung bedenklicher Arzneimittel beim Menschen vorgesehen worden. Für Tierarzneimittel wurde kein Bedarf für eine solche Erweiterung gesehen, weil die Anwendung dieser Arzneimittel ohnehin durch §§ 56a bis 59 detailliert geregelt ist[13].

9   Das Verbot der Abgabe bedenklicher Arzneimittel hat auch Bedeutung für die **Abgabe verschriebener Arzneimittel durch den Apotheker.** Zwar bestimmt § 17 IV ApBetrO, dass Verschreibungen unverzüglich auszuführen sind. Betrifft diese Verschreibung allerdings ein **bedenkliches Arzneimittel,** ist der Apotheker berechtigt und verpflichtet, die Abgabe zu verweigern[14]. Die Überwachungsbehörden der Länder haben sich 1996 auf Grundsätze geeinigt, die bei Abgabe eines verschriebenen Fertig- oder Rezepturarzneimittels angewandt werden sollen, bei dem sich die Frage der Bedenklichkeit stellt. Zusammengefasst beruhen diese darauf und führen aus, dass § 5 dem § 17 IV der ApBetrO vorgeht. **Rezepturen** sind grundsätzlich als bedenklich anzusehen, wenn sie Stoffe enthalten, die entweder auf Grund einer behördlichen Entscheidung im Rahmen eines Zulassungsverfahrens als bedenklich angesehen wurden oder bei denen eine entsprechende gutachtliche Bewertung einer Zulassungsbehörde oder einer sachkundigen Stelle wie der Arzneimittelkommission der Ärzte oder Apotheker vorliegt[15]. Anders stellt sich die Situation aber dar, wenn das Arzneimittel bei bestimmungsgemäßem Gebrauch nicht bedenklich ist, aber vom Arzt ohne medizinische Indikation oder außerhalb der zugelassenen Anwendungsgebiete („Off-label-use") oder bei einem Patienten verordnet wird, der einer durch Gegenanzeige ausgeschlossenen Risikogruppe oder sonst ausgeschlossenen Patientengruppe angehört. Da die ärztliche Therapie in der Verantwortung des Arztes erfolgt, der Apotheker mithin die Erforderlichkeit, Zweckmäßigkeit oder Vertretbarkeit einer Arzneimitteltherapie im konkreten Einzelfall nicht zu beurteilen hat, regelmäßig auch mangels Kenntnis der Diagnose nicht beurteilen kann, liegt bei Abgabe eines Arzneimittels in einem solchen Fall kein Verstoß gegen § 5 vor.

10   Das Verbot des Inverkehrbringens nach § 5 steht neben den Verboten, die ein Inverkehrbringen von einer Zulassung der zuständigen Bundesoberbehörde abhängig machen. Es ist „Ausdruck der **Eigenverantwortung des pharmazeutischen Unternehmers** und bleibt unabhängig davon bestehen, ob das Arzneimittel einer Zulassung durch die zuständige Bundesoberbehörde bedarf," ob es zugelassen ist oder nicht (§ 25 X)[16]. Dies ist insbesondere dann von Bedeutung, wenn ein zugelassenes Arzneimittel auf Grund neuer Erkenntnisse aus dem Bereich der Pharmakovigilanz einer neuen Bewertung des Nutzen-Risiko-Verhältnisses (§ 4 XXVII, XXVIII) unterzogen werden musste. Allerdings kann die Arzneimittelzulassung im Einzelfall ein Strafbarkeitshindernis darstellen, sofern die Zulassungsbehörde im Antragsverfahren und im Rahmen der PSUR zutreffend und vollständig informiert wurde[17]. Unbeschadet dessen entstehen Handlungspflichten der zuständigen Behörden, sofern ein zugelassenes Arzneimittel als bedenklich beurteilt wird[18].

11   Das Anwendungsverbot erfasst aus grundsätzlichen Erwägungen (**erlaubte Selbstgefährdung**) nur Fälle der Anwendung bei anderen Menschen.

C. Begriffsbestimmung der Bedenklichkeit (Abs. 2)

I. Elemente der Bedenklichkeit

12   Der Begriff der Bedenklichkeit stellt einen unbestimmten Rechtsbegriff dar[19]. § 5 II greift für den Begriff der **Bedenklichkeit** auf zwei näher konkretisierte Elemente zurück. Dies sind eine auf schädliche

---

[11] *BVerfGE* 102, 26 ff. = NJW 2000, 857, s. auch § 4a.
[12] In Kraft getreten am 1.9.2006.
[13] Vgl. BT-Drucks. 16/12677, S. 18 (Gegenäußerung der Bundesregierung zur Stellungnahme des Bundesrates, BT-Drucks. 16/12 677, S. 2).
[14] *Güdden*, MedR 1991,124; *Kloesel/Cyran*, § 5 Anm. 8.
[15] Die Grundsätze sind abgedruckt bei *Kloesel/Cyran*, § 5 Anm. 9.
[16] BT-Drucks. 7/3060, S. 45.
[17] Vgl. *Rehmann*, § 5 Rn. 4 unter Bezugnahme auf *Mayer*, MedR 2008, 595.
[18] Vgl. Rn. 43, 44, 45.
[19] *Etmer/Lundt/Schiwy*, § 5 Anm. 2a), aa); *Fuhrmann*, S. 62.

Wirkungen bezogene Verdachtsprognose sowie die Fragestellung, ob die schädlichen Wirkungen über ein nach den Erkenntnissen der medizinischen Wissenschaft vertretbares Maß hinausgehen. Auch wenn das Gesetz in § 5 II anders als in § 4 XXVIII den Begriff „Nutzen" nicht verwendet, ist die Bewertung des Nutzens nach den Erkenntnissen der medizinischen Wissenschaft gedanklich erforderlich, um mit dem anderen Element, den schädlichen Wirkungen des Arzneimittels, das **Nutzen-Risiko-Verhältnis** zu beschreiben. Die Bewertung des Nutzens wird an Hand der positiven therapeutischen Wirkungen vorgenommen, insbesondere der erwünschten Wirkungen im Hinblick auf das Anwendungsgebiet (s. § 4 Rn. 192). Maßgeblich ist dann, ob der begründete Verdacht besteht, dass das Arzneimittel bei bestimmungsgemäßem Gebrauch schädliche Wirkungen hat, und danach, ob diese schädlichen Wirkungen über ein nach den Erkenntnissen der medizinischen Wissenschaft vertretbares Maß hinausgehen. Die Beurteilung erfolgt anhand des jeweiligen Standes der wissenschaftlichen Erkenntnisse. Das Verdikt der Bedenklichkeit ist danach das Resultat eines komplexen Prognose- und Abwägungsvorgangs[20].

Mit der gesetzgeberischen Entscheidung für eine Abwägung von Nutzen und schädlichen Wirkungen **13** als Voraussetzung für die Verkehrsfähigkeit trägt die Vorschrift der Tatsache Rechnung, dass Arzneimittel in der Regel unmittelbar in körperliche Funktionen eingreifen, und demzufolge nahezu kein wirksames Arzneimittel der Schulmedizin frei von potentiellen schädlichen Wirkungen sein kann[21].

II. Schädliche Wirkungen

Der Begriff „Wirkungen" erfasst anders als der Begriff der „Wirksamkeit" alle Reaktionen am **14** menschlichen Körper, die durch ein Arzneimittel ausgelöst werden. Als **schädliche Wirkungen** kommen alle Folgen der Anwendungen eines Arzneimittels in Betracht, die die Gesundheit von Mensch und Tier nachteilig beeinflussen[22]. Nach § 4 XXVII und XXVIII umfassen die schädlichen Wirkungen bei Tierarzneimitteln auch das Risiko unerwünschter Auswirkungen auf die Umwelt. Demgegenüber ist die Wirksamkeit ein wertender Begriff, der auf bestimmte Wirkungen abstellt, die mit der Anwendung des Arzneimittels bezweckt werden. Der Begriff **„Nebenwirkungen"** erfasst seit der Änderung durch das 2. AMG-ÄndG bei Arzneimitteln, die zur Anwendung bei Menschen bestimmt sind, nach § 4 XIII schädliche und unbeabsichtigte Reaktionen auf das Arzneimittel, bei Arzneimitteln, die zur Anwendung bei Tieren bestimmt sind, schädliche und unbeabsichtigte Reaktionen bei **bestimmungsgemäßem Gebrauch.** Die Beurteilung nach § 5 II stellt auch in Bezug auf die Anwendung bei Menschen nur auf die schädlichen Wirkungen bei bestimmungsgemäßem Gebrauch ab, so dass es im Rahmen des § 5 II nur um die Bewertung dieser Nebenwirkungen geht[23].

Das Gesetz enthält in § 5 II **keine Schwelle** für die Bewertung von Wirkungen als schädlich. Auch **15** geringfügige oder reversible Beeinträchtigungen der Gesundheit sind hier als schädlich zu werten[24]. Demgegenüber leiten das *VG Berlin* und das *OVG Berlin*[25] aus der im Allgemeinen Polizeirecht vorzunehmenden Unterscheidung von Schaden und bloßer Belästigung her, dass nicht alle gesundheitlichen Beeinträchtigungen als schädliche Wirkungen anzusehen sind. Die Berücksichtigung aller schädlichen Wirkungen unabhängig von einer Schwelle ist aber sachgerecht, weil auf Grund der nachfolgenden Bewertung, ob diese über ein vertretbares Maß hinausgehen, solche geringfügigen Beeinträchtigungen unbeachtlich sind, deren Inkaufnahme durch den Therapieanspruch des Arzneimittels gerechtfertigt ist. Die im allgemeinen Polizeirecht zu vollziehende Abgrenzung des Schadens von einer bloßen Belästigung wird letztlich aus dem Gesichtspunkt der Zumutbarkeit vorgenommen, die aber in § 5 II von der **Vertretbarkeitsprüfung** erfasst wird[26]. Umgekehrt wird dadurch aber auch sichergestellt, dass derartige geringfügige Beeinträchtigungen in die Wertung eingehen und bei einem Arzneimittel mit geringem Nutzen zu einem Verkehrsverbot führen können. In die Vertretbarkeitsprüfung gehen auch solche schädlichen Wirkungen ein, die Folge besonderer Umstände des Einzelfalles sind. Die anders lautende Bestimmung im § 6 AMG 1961 ist im AMG 1976 bewusst aufgegeben worden, da auch diese schädlichen Wirkungen „bei der Abwägung von Nutzen und Risiko eines Arzneimittels berücksichtigt werden müssen"[27]. Diese Grundsätze gelten auch für ganz selten auftretende schädliche Wirkungen[28], weil auch hier bei Abwägung zwischen Nutzen und Risiko mittels der Vertretbarkeitsprüfung nur die Einbeziehung **aller** schädlichen Wirkungen zu sachgerechten Ergebnissen führt.

[20] *Freund,* in: MüKo StGB, Bd. 6/I, § 5 AMG Rn. 5.
[21] *Kloesel/Cyran,* § 5 Anm. 1 m. w. N.
[22] *Räpple,* S. 57; *Kloesel/Cyran,* § 5 Anm. 15 m. w. N.
[23] Die unter Bezugnahme auf *Hart/Räpple/Hansen-Dix* erfolgenden Ausführungen in: *Kloesel/Cyran,* § 5 Anm. 15, die vom Begriff der Nebenwirkungen auch andere als schädliche Wirkungen erfasst sehen, beziehen sich auf eine frühere Fassung des § 4 XIII.
[24] *Kloesel/Cyran,* § 5 Anm. 16 m. w. N.; *Freund,* in: MüKo StGB, Bd. 6/I, § 5 AMG Rn. 14 m. w. N.; a. A. *Deutsch,* in: Deutsch/Lippert, § 5 Rn. 7.
[25] *OVG Berlin,* PharmR 1988, 57, 58; *VG Berlin,* PharmR 1992, 246, 249.
[26] *Räpple,* S. 55 f.
[27] BT-Drucks. 7/3060, S. 45.
[28] Vgl. *Sander,* § 5 Erl. 4; a. A. *Deutsch,* in: Deutsch/Lippert, § 5 Rn. 8.

16   Mittel, die Körperfunktionen beeinflussen und schädliche Wirkungen haben, ohne einen therapeutischen Nutzen oder eine therapeutische Zielrichtung zu haben, sind keine bedenklichen Arzneimittel;
vielmehr mangelt es ihnen bereits an der Arzneimitteleigenschaft. Die entsprechende bislang strittige
Frage hat der *EuGH*[29] im Jahre 2014 im Rahmen eines Vorabentscheidungsersuchens des *BGH* geklärt.
Gegenstand dieses Vorabentscheidungsverfahrens waren Vorlagebeschlüsse des *BGH*[30], bei denen es
darum ging, ob ein **Inverkehrbringen bedenklicher Arzneimittel** auch dann vorliegen kann, wenn
es sich um Stoffe oder Stoffzusammensetzungen handelt, die die menschlichen physiologischen Funktionen lediglich beeinflussen – also nicht wiederherstellen oder korrigieren – mithin, ob diese Stoffe oder
Stoffzusammensetzungen nur dann als Arzneimittel anzusehen sind, wenn sie einen therapeutischen
Nutzen haben oder jedenfalls eine Beeinflussung der körperlichen Funktionen zum Positiven hin
bewirken können. Dabei ging es um Stoffe oder Stoffzusammensetzungen, die allein wegen ihrer – einen
Rauschzustand hervorrufenden – psychoaktiven Wirkungen konsumiert werden.

17   Der *EuGH*[31] hat mit Urteil vom 10.7.2014 entschieden, dass der Arzneimittelbegriff im Unionsrecht
Stoffe nicht einschließt, die – wie **Kräutermischungen mit synthetischen Cannabinoiden** – in ihrer
Wirkung die physiologischen Funktionen schlicht beeinflussen, ohne geeignet zu sein, der menschlichen
Gesundheit unmittelbar oder mittelbar zuträglich zu sein, die nur konsumiert werden, um einen Rausch-
zustand hervorzurufen, und die dabei gesundheitsschädlich sind. Der *EuGH* hat dabei Art. 1 Nr. 2
Buchst. b) der RL 2001/83, nach deren Wortlaut ein „beeinflussen" der physiologischen Funktionen für
die Arzneimitteleigenschaft ausreichend ist, unter Berücksichtigung des Ziels des Unionsrechts, ein hohes
Niveau des Schutzes der menschlichen Gesundheit zu erreichen und des Kontexts, in dem der Begriff
des Arzneimittel steht, einschränkend ausgelegt. Dabei ging es trotz des offenbar bestehenden Verständ-
nisses dafür, Strafbarkeitslücken zu vermeiden[32] auch darum, ein **Überdehnen des Arzneimittelbegriffs**[33] zu vermeiden. Dementsprechend hat der *BGH* vor dem Urteil des *EuGH* ergangene Urteile
aufgehoben, soweit wegen unerlaubten Inverkehrbringens von Arzneimitteln verurteilt wurde[34].

18   Das *OLG Nürnberg*[35] hatte noch unter Bezugnahme auf den *BGH*[36] die Arzneimitteleigenschaft
solcher Stoffzusammensetzungen bejaht: „Kräutermischungen (zerkleinerte und getrocknete Pflanzenbestandteile), die mit Zusätzen synthetisch hergestellter Cannabinoide – hier die Wirkstoffe JWH-210
bzw. JWH-081 – versehen sind, fallen in den Anwendungsbereich des AMG, wenn sie von einer Vielzahl
an Konsumenten erworben werden, um eine halluzinogene Wirkung zu erzielen" (amtlicher Leitsatz).

III. Bestimmungsgemäßer Gebrauch

19   Die schädlichen Wirkungen sind in § 5 nur dann von Bedeutung, wenn sie bei bestimmungsgemäßem
Gebrauch auftreten. Der bestimmungsgemäße Gebrauch, auf den das AMG an verschiedenen Stellen
abstellt[37], ist grundsätzlich maßgebliches Kriterium für die Schutzvorschriften. Arzneimittel haben häufig
auf Grund ihrer pharmakologischen Wirkungen ein erhebliches Gefahrenpotential. Der pharmazeutische
Unternehmer kann regelmäßig nur dann die Verantwortung für das Inverkehrbringen eines Arzneimittels
tragen und der Gesetzgeber kann nur dann geeignete Schutzmaßnahmen treffen, wenn zwischen
Anwendungs- und Abgabemodalitäten unterschieden wird, bei denen ein Arzneimittel hilfreich ist und
somit sein Inverkehrbringen verantwortet werden kann, und solchen, bei denen nicht gerechtfertigte und
somit unvertretbare Risiken bestehen können. „Mit dem Kriterium des bestimmungsgemäßen Gebrauchs grenzt der Gesetzgeber typisierend die aufeinander stoßenden Risiko- und Verantwortungs-
sphären gegeneinander ab"[38]. In vergleichbarer Weise wird dadurch die staatliche Verantwortung für die
Arzneimittelsicherheit grundsätzlich abgegrenzt gegenüber der Therapiefreiheit und der Eigenverantwortung von Arzt und Patient. Als Einzelmaßnahmen zur Beschreibung des bestimmungsgemäßen Gebrauchs kommen alle Umstände in Betracht, die das Arzneimittel betreffen, insbesondere: Bestimmung
von Darreichungsformen, Anwendungsgebieten, Gegenanzeigen, Dosierungen.

20   Die **Festlegung des bestimmungsgemäßen Gebrauchs** ist zunächst Befugnis und Aufgabe des
pharmazeutischen Unternehmers. Dieser hat grundsätzlich die Möglichkeit – bei zulassungspflichtigen
Arzneimitteln unter dem Vorbehalt behördlicher Genehmigung – den bestimmungsgemäßen Gebrauch
festzulegen. Er ergibt sich aus den Informationen, die in der Packungsbeilage enthalten sind. Nach

---

[29] *EuGH*, Beschl. v. 6.5.2014 – Rs. C-181/14 – BeckRS 2014, 80907 mit einer Entscheidung im beschleunigten
Verfahren.
[30] *BGH*, PharmR 2013, 379.
[31] *EuGH*, Urt. v. 10.7.2014 – verb. Rs. C-358/13 und C-181/14 – Strafverfahren gegen Markus D. und G, „Legal
Highs", PharmR 2014, 347 mit kritischer Anmerkung von *Dettling/Böhnke*, PharmR 2014, 342; *EuGH*, Urt. v. 10.7.2014
– verb. Rs. C-358/13 und C-181/14, A&R 2014, 178 mit kritischer Anmerkung von *Pabel*, A&R 2014, 182.
[32] Vgl. dazu Stellungnahme des Generalanwalts vom 12.6.2014, Rn. 50.
[33] Der Generalanwalt, Stellungnahme vom 12.6.2014, Rn. 50, spricht von einer „Verzerrung" dieses Begriffs.
[34] Vgl. *BGH*, PharmR 2014, 264; *BGH*, NStZ-RR 2014, 312.
[35] *OLG Nürnberg*, PharmR 2013, 94.
[36] *BGH*, PharmR 2010, 30 zu „Gamma-Butyrolacton" (GBL).
[37] So in § 4 XIII 2, §§ 8, 39, 39c, 46, 48, 56a, 69, 84; s. aber auch § 48 II Nr. 2 Buchst. b, bei dem der nicht
bestimmungsgemäße Gebrauch Kriterium für Schutzmaßnahmen ist.
[38] *Papier*, S. 11; so auch *Ramsauer*, VerwArch 34 (1993), 46; *Räpple*, S. 57; *Sander*, § 5 Erl. 5.

Auffassung einiger Autoren[39] ist damit der bestimmungsgemäße Gebrauch abschließend beschrieben. Darüber hinaus ist aber nach Ansicht anderer Autoren[40], denen hier gefolgt wird, im Sinne einer Objektivierung auch der Gebrauch eines Arzneimittels, der nicht in der Packungsbeilage beschrieben ist, jedoch dem Stand der wissenschaftlichen Erkenntnisse in der Medizin entspricht, als bestimmungsgemäßer Gebrauch zu werten. Dies entspricht zunächst dem Wortlaut des Gesetzes. Im Kern ist es Bestimmung eines Arzneimittels, Krankheiten zu heilen, sie zu lindern, sie zu erkennen oder ihnen vorzubeugen (§ 2 I). Somit liegt es nahe, den bestimmungsgemäßen Gebrauch nach dem Stand der medizinischen Wissenschaft an der Erfüllung dieser Bestimmung für eine bestimmte Anwendung (insbesondere eine Indikation) zu messen. Diese Auffassung entspricht aber auch dem Zweck, der mit diesem gesetzlichen Merkmal verfolgt wird. Weil es darum geht, zwischen Anwendungs- und Abgabemodalitäten zu unterscheiden, bei denen ein Arzneimittel hilfreich ist und somit sein Inverkehrbringen verantwortet werden kann, und solchen, bei denen unvertretbare Risiken bestehen, ist sachgerechter Maßstab für diese Entscheidung der **Stand der medizinischen Wissenschaft.** Eine Anwendung, die diesem Maßstab („medizinischer Standard", „state of the art") entspricht, ist dem bestimmungsgemäßen Gebrauch zuzurechnen. Missbrauch und Fehlgebrauch eines Arzneimittels gehören mithin grundsätzlich nicht zum bestimmungsgemäßen Gebrauch. Ausnahmen davon werden allerdings in Rechtsprechung[41] und Literatur[42] in Sonderfällen angenommen. Wenn Fehlgebrauch oder Missbrauch einen so großen Umfang einnehmen, dass von einem weit verbreiteten Gebrauch zu sprechen ist und wenn demzufolge von einer Kenntnis und auch Billigung in den Verkehrskreisen auszugehen ist, könne auch der Fehlgebrauch dem bestimmungsgemäßen Gebrauch zugerechnet werden. Diese Auslegung trifft jedoch im Wortlaut des Gesetzes auf Grenzen, weil sie den Fehlgebrauch oder gar den missbräuchlichen Gebrauch entgegen dem üblichen Sprachgebrauch als bestimmungsgemäß wertet. Zudem verschiebt sie die typisierte Abgrenzung der Risikosphären zu Lasten des pharmazeutischen Unternehmers und zugunsten des Anwenders, der beim Missbrauch stets und beim sonstigen Fehlgebrauch in der Regel bewusst die durch die Packungsbeilage festgelegten Indikationen oder sonstigen Anwendungsbeschränkungen missachtet. Die Wertung eines solchen Gebrauchs als bestimmungsgemäß dürfte tatsächlich nur in besonders gelagerten Ausnahmefällen zulässig sein, in denen sich ein Fehlgebrauch in der Praxis so stark verbreitet hat, dass er einem in bestimmten Verkehrskreisen üblichen Gebrauch entspricht[43] und in denen aus den Umständen geschlossen werden kann, dass der pharmazeutische Unternehmer dies zumindest billigend in Kauf nimmt (s. vor §§ 95–98a Rn. 15, § 95 Rn. 15 mit Hinweisen auf die *BGH*-Rechtsprechung). Einen Ausnahmefall stellt auch die von *Kloesel/Cyran*[44] angeführte Fallkonstellation dar, in der auf Grund der Komplexität der Angaben zu Anwendungsgebieten und Gegenanzeigen, die ein pharmazeutischer Unternehmer macht, für den Anwender ein bestimmungsgemäßer Gebrauch kaum zu ermitteln ist. Unabhängig davon, dass solche Konstellationen auf Grund der behördlichen Prüfung im Rahmen eines Zulassungsverfahrens oder nachfolgender Änderungsanzeigen zu vermeiden sind, ist in einem solchen Fall der Versuch des pharmazeutischen Unternehmers, den bestimmungsgemäßen Gebrauch einzuschränken als fehlgeschlagen zu betrachten. Dies geht zu Lasten des pharmazeutischen Unternehmers. Dieser hat es in der Hand, geeignete Maßnahmen zur Begrenzung zu treffen oder den weitergehenden Gebrauch zu akzeptieren[45].

IV. Begründeter Verdacht

„Von einem Verdacht kann gesprochen werden, wenn eine Vermutung hinsichtlich eines bestehenden **21** Wirkungszusammenhangs geäußert wird, die aus tatsächlichen oder logischen Gründen nicht falsifizierbar ist"[46]. „Das Adjektiv (begründet) verdeutlicht, dass hinsichtlich des Verdachtsanlasses eine gewisse Festigkeit und die Eigenschaft der tatsächlichen Verdachtsgrundlage, Risikomerkmal zu sein, verlangt wird"[47]. Mit dem Abstellen auf den begründeten Verdacht schädlicher Wirkungen trägt das Gesetz dem Erfordernis eines ausreichenden Schutzes des Verbrauchers Rechnung. Das *LG Aachen* hatte in dem grundlegenden **Einstellungsbeschluss im Thalidomid-/Conterganverfahren**[48] ausgeführt, dass ein solcher Verbraucherschutz nicht gewährleistet wäre, wenn der Arzneimittelhersteller erst beim Nachweis

---

[39] *Papier*, S. 53, nach dem die Verantwortlichkeitssphäre des Pharmaherstellers in erster Linie durch seine Richtlinien über Indikationen, Kontraindikationen, Dosierungs- und Anwendungsmodalitäten konstitutiv bestimmt und begrenzt wird; *Samson/Wolz*, MedR 1988, 71, 72; *Rehmann*, § 5 Rn. 3.

[40] *Kloesel/Cyran*, § 5 Anm. 17; *Sander*, § 5 Erl. 5; *Räpple*, S. 63 ff.; *Freund*, in: MüKo StGB, Bd. 6/I, § 5 AMG Rn. 10

[41] *BGH*, MedR 1999, 270.

[42] *Kloesel/Cyran*, § 5 Anm. 17.

[43] Vgl. *BGH*, MedR 1999, 270 zum Missbrauch von Anabol-Tabletten in der Fitnessszene.

[44] *Kloesel/Cyran*, § 5 Anm. 17.

[45] Vgl. *Kloesel/Cyran*, § 5 Anm. 17.

[46] *Di Fabio*, S. 256 unter Bezugnahme auf *Bertelsmann*, Grundzüge der Abwehr von Arzneimittelrisiken, Stufenplanverfahren, S. 133.

[47] *Di Fabio*, S. 257.

[48] Zur Contergan-Katastrophe, der Verursachung schwerer und schwerster Schäden durch das rezeptfreie Beruhigungsmittel (Wirkstoff: Thalidomid) beim Embryo s. *Thomann*, Die trügerische Sicherheit der „harten" Daten, DÄBl. 2007, 2382.

der schädlichen Nebenwirkungen seines Präparates Schutzmaßnahmen ergreift[49]. Dies folge schon daraus, dass der Nachweis einer schädlichen Eigenschaft eines Arzneimittels mitunter erst nach geraumer Zeit, manchmal sogar überhaupt nicht zu führen ist[50]. Ebenso wenig könne angenommen werden, dass der Arzneimittelhersteller erst dann Schutzmaßnahmen zu treffen hat, wenn der gegen sein Präparat erhobene Verdacht schädlicher Wirkungen wissenschaftlich begründet ist. Während dieser Zeit sei das Bestehen der Nebenwirkung in der Schwebe: Es könne sein, dass sich der Verdacht als unbegründet erweise; es sei aber auch möglich, dass das Präparat die behauptete Nebenwirkung hat und entsprechend zu Schäden bei den Verbrauchern führt. In einem derartigen Schwebezustand müsse bei gegensätzlichen Interessen das Risiko naturgemäß auf einer Seite liegen, wenn es sich nur schwer oder gar nicht teilen lässt: Der Arzneimittelhersteller, der den Vertrieb seines Präparates einstelle oder durch Einführung der Rezeptpflicht oder durch Warnhinweise möglicherweise einschränke, gehe für den Fall, dass sich der Verdacht nicht bestätigen sollte, das Risiko eines finanziellen Verlustes ein. Der Verbraucher hingegen, der über die Nebenwirkungen seines Präparates nicht unterrichtet und auch durch eine wirksame Kontrolle des Arztes nicht geschützt ist, riskiere die Schädigung seiner Gesundheit, unter Umständen sogar sein Leben für den Fall, dass sich der Verdacht bestätigen sollte[51].

22   Dieser Aussage ist im Kern zuzustimmen, wenn auch die Abwägung nicht stets und nur zwischen wirtschaftlichen Interessen und Gefährdungen der Gesundheit erfolgt, sondern bei schweren oder gar lebensbedrohlichen Krankheiten und dem Fehlen therapeutischer Alternativen gerade auch der Verzicht auf Heilungschancen in die Abwägung eingestellt werden muss.

23   Die Prognose, wann im Rahmen des § 5 ein begründeter Verdacht schädlicher Wirkungen vorliegt, setzt eine kognitive Aussage und eine normative Wertung voraus[52]. Generell kann der Eintritt eines Schadens gewiss, wahrscheinlich, möglich oder nur nicht ausgeschlossen sein. Welcher Grad an Eintrittswahrscheinlichkeit verlangt wird, hängt davon ab, wie groß die Schadenspotentialität ist, wobei Schadensausmaß und Rang der geschützten Rechtsgüter ausschlaggebend sind. Es gilt der **Grundsatz der gegenläufigen Proportionalität** von Wahrscheinlichkeit und Schadensstufe (**„Je-desto-Formel"**)[53]. „Die Verwendung des Begriffs, begründeter Verdacht' … belegt die Vorverlagerung staatlicher Gefahrenabwehr unter die Wahrscheinlichkeitsschwelle"[54]. Für (den begründeten Verdacht) genügt nicht der vage, auf bloße Vermutungen gestützte Verdacht der Schädlichkeit, vielmehr muss er durch wissenschaftliche Erkenntnisse oder Erfahrungen begründet sein"[55]. Dabei bedarf es keiner durch praktische Erfahrungen untermauerten Annahme und keiner empirischen Erkenntnisse[56]. Vielmehr reicht bereits eine wissenschaftlich-theoretische Begründung schädlicher Schädigungen[57] aus.

24   Das *VG Berlin* hat in seinem **„Clofibrat-Beschluss"** vom 15.1.1979[58] entsprechend den vom *LG Aachen* entwickelten Grundsätzen Feststellungen zum Vorliegen eines begründeten Verdachts getroffen und seiner Entscheidung den Grundsatz der umgekehrten Proportionalität zu Grunde gelegt:

25   Danach liegt ein begründeter Verdacht „bereits dann vor, wenn ernstzunehmende Erkenntnisse irgendwelcher Art den Schluss nahe legen, dass das fragliche Präparat unvertretbare Nebenwirkungen hat". „Bei der Möglichkeit schwerer Schäden genügt auch eine entfernte Möglichkeit des Schadenseintritts, um einen begründeten Verdacht anzunehmen". „Während der wissenschaftlichen Abklärung des Verdachts tritt ein „Schwebezustand" ein, währenddessen das Interesse der Antragstellerin am uneingeschränkten Vertrieb ihrer Präparate hinter dem Interesse der Arzneimittelverbraucher, vor möglichen Schäden bewahrt zu werden, zurücktreten muss".

26   Die Rechtsprechung[59] stellt aber auch darauf ab, dass bei seit langem auf dem Markt befindlichen Arzneimitteln die etwaige theoretische Möglichkeit schädlicher Wirkungen an den praktischen Erfahrungen zu messen ist und ggf. näher belegt werden muss.

V. Nutzen–Risiko–Abwägung

27   Der begründete Verdacht von bei bestimmungsgemäßem Gebrauch schädlichen Wirkungen führt dann zur Bedenklichkeit des Arzneimittels, wenn diese über ein nach den Erkenntnissen der medizinischen Wissenschaft vertretbares Maß hinausgehen.

---

[49] *LG Aachen*, JZ 1971, 507.
[50] Vgl. *LG Aachen*, JZ 1971, 507, 515.
[51] Vgl. *LG Aachen*, JZ 1971, 507, 515.
[52] Vgl. dazu und zu den folgenden Ausführungen *Di Fabio*, S. 67 (Der Kausalnexus als Schadensprognose).
[53] *Di Fabio*, S. 67, 68; *Räpple*, S. 83; *LG Aachen*, JZ 1971, 507, 516.
[54] *Di Fabio*, S. 176 f.
[55] Vgl. *Di Fabio*, S. 176 f. unter Hinweis auf die Bekanntmachung des BGA aus 1978 und *Kloesel/Cyran*, § 5 Anm. 7.
[56] *Kloesel/Cyran*, § 5 Anm. 26 m. w. N.
[57] *Di Fabio*, S. 177.
[58] *VG Berlin*, PharmR 4/79, 1 m. w. N.; *Kloesel/Cyran*, Entscheidungen E 6.
[59] Vgl. *OVG Berlin*, Urt. v. 16.9.1999 – OVG B 34.97; *VG Köln*, Beschl. v. 26.10.2006 – 24 L 592/06 – BeckRS 2007, 26513.

Die Entscheidung über diese Frage setzt eine **Bewertung der schädlichen Wirkungen** voraus, eine 28
Bewertung des therapeutischen (oder prophylaktischen oder diagnostischen) Nutzens und eine Abwägung zwischen diesen beiden Elementen.

Maßstab ist dabei der **jeweilige Stand der wissenschaftlichen Erkenntnisse**[60]. Mit diesem Verweis 29
auf den jeweiligen Stand der wissenschaftlichen Erkenntnisse bringt das Gesetz zum Ausdruck, dass im
Interesse der Arzneimittelsicherheit bei Fortentwicklung dieser Erkenntnisse dieser fortgeschrittene
Erkenntnisstand jeweils den Bewertungen zugrunde zu legen ist[61], dass mithin ein zunächst unbedenkliches Arzneimittel bedenklich werden kann. Aus der Formulierung des Amtlichen Begründung und
dem Fehlen dieses Merkmals in dem ansonsten entsprechend gefassten § 25 II 1 Nr. 5 hat sich die Frage
ergeben, ob etwa in § 5 der Verdacht nach dem jeweiligen Stand der wissenschaftlichen Erkenntnisse
substantiiert sein müsse, demnach in § 5 zur Feststellung der Bedenklichkeit ein strengerer Maßstab
anzulegen sei als bei den Vorschriften über die Zulassung, ihren Widerruf und ihre Rücknahme. Dies
hätte zur Folge, dass die Eingriffsschwelle für das behördliche Handeln niedriger anzusetzen wäre als die
Verpflichtung des pharmazeutischen Unternehmers, eigenverantwortlich die notwendigen Maßnahmen
zur Risikobegrenzung zu treffen. Dem sind *Räpple* und *Kloesel/Cyran* zu Recht entgegengetreten[62]. Es
entspräche nicht der Verantwortlichkeit des pharmazeutischen Unternehmers und der grundsätzlich bei
ihm vorauszusetzenden besten und umfassendsten Kenntnis seines Arzneimittels, wenn er erst zu einem
späteren Zeitpunkt zu Maßnahmen verpflichtet wäre als die Behörde.

Die Frage nach dem jeweiligen Maßstab in § 5 einerseits und § 25 sowie §§ 30, 31 andererseits ist im 30
Übrigen nach der Änderung des § 25 II 1 Nr. 5 im Rahmen der 14. AMG-Novelle nicht gegenstandslos
geworden. Mit dieser Novelle wurden zur weiteren Angleichung an europäisches Recht in § 4 XXVII
und § 4 XXVIII **Definitionen des Risikos und des Nutzen-Risiko-Verhältnisses** in das AMG
übernommen und in § 25 II 1 Nr. 5 die Umschreibung der Bedenklichkeit durch den Bezug auf das
Nutzen-Risiko-Verhältnis ersetzt (s. § 25 Rn. 57). Dies erfolgte, um im Rahmen der europäischen
Zulassungsverfahren gleiche Begrifflichkeiten zu Grunde zu legen und so die Erörterung im Rahmen
von europäischen dezentralen oder Mehr-Staaten-(Zulassungs-)Verfahren zu erleichtern. Dies bedeutet
allerdings nicht, dass der Begriff des Risikos, den § 4 XXVII als solchen voraussetzt[63], abweichend von
dem des begründeten Verdachts zu verstehen wäre. Grundsätzlich wird der Risikobegriff als mehrdimensionale Größe anzusehen sein, in die das Ausmaß der prognostizierten Gefahr, ein von der
Erkenntnisdichte bei der Gefahrenberechnung abhängiger Unsicherheitsfaktor und die möglichen Folgen
einer Fehlprognose einfließen[64]. Der Begriff des begründeten Verdachts zielt auf die gleiche Wertung
und Prognose ab. Es würde einerseits mit der Verwendung des Begriffs „Risiko" nicht zu vereinbaren
sein, weitergehende, d. h. strengere Anforderungen an das Vorliegen des Risikos zu stellen als es beim
begründeten Verdacht schädlicher Wirkungen der Fall ist[65]. Angesichts des Umstandes, dass der begründete Verdacht bereits unterhalb der Wahrscheinlichkeitsschwelle ansetzt und zudem der Grundsatz der
umgekehrten Proportionalität („Je-desto-Formel") Anwendung findet, kommt aber andererseits auch
eine Verlagerung der Schwelle noch weiter ins Vorfeld nicht in Betracht. Ein auf bloße Vermutungen
gestützter Verdacht oder gar nicht auszuschließende Gefährdungen wären kein begründeter Verdacht. Er
würde ohne wissenschaftliche Rechtfertigung auch medizinisch potentiell hilfreiche Arzneimittel der
Therapie entziehen. Im Ergebnis besteht somit keine inhaltliche Abweichung zwischen dem begründeten Verdacht schädlicher Wirkungen und dem mit der Anwendung des Arzneimittels verbundenen
Risiko[66]. In beiden Fällen geht es darum, dass vom Gesetz bereits im näher definierten Verdachtsfall vom
pharmazeutischen Unternehmer und der Behörde ein risikovermeidendes oder risikominimierendes
Handeln gefordert wird.

Bei der **Zulassung hömöopathischer Arzneimittel** erfolgt die Prüfung des Nutzen-Risiko-Ver- 31
hältnisses nach allgemein für die Therapierichtung geltenden Erkenntnissen. Besteht bei der beantragten
– über die Empfehlungen der Kommission D (s. dazu § 25 Rn. 193)[67] hinausgehenden – Dosierung die
Gefahr von spezifischen Nebenwirkungen wie Erstverschlimmerung und Arzneimittelprüfsymptomatik,
ist von Bedenklichkeit auszugehen, sofern nicht auf das konkrete Arzneimittel bezogene Erkenntnisse die
Unbedenklichkeit der beantragten Dosierung belegen[68].

---

[60] Vgl. dazu sowie zu terminologisch unterschiedlichen Verweisen auf den Stand der wissenschaftlichen Erkenntnisse im AMG *Hauke/Kremer*, PharmR 2014, 384.

[61] BT-Drucks. 7/3060, S. 45. („Der Verdacht muss jedoch nach dem jeweiligen Stand der wissenschaftlichen Erkenntnisse substantiiert sein und zum Zeitpunkt des Inverkehrbringens des Arzneimittels bestehen.").

[62] *Räpple*, S. 103; *Kloesel/Cyran*, § 5 Anm. 30.

[63] § 4 XXVII geht von dem Begriff des Risikos aus und definiert das mit der Anwendung des Arzneimittels verbundene Risiko.

[64] *Scherzberg*, VerwArch. 34 (1993), S. 484, 498 m. w. N.

[65] Vgl. die Ausführungen von *Di Fabio*, S. 41 (Die Staatspflicht zur Risikominimierung), S. 53 ff. zum Begriff von Risiken und Gefahren.

[66] Vgl. BT-Drs. 15/5316, S. 38 zur Änderung des § 25 II 1 Nr. 5.

[67] Es handelt sich bei der Kommission D um die für homöopathische Arzneimittel beim BfArM gebildete (Aufbereitungs-)Kommission.

[68] *OVG Münster*, PharmR 2013, 139.

32   Für die **Registrierung homöopathischer Arzneimittel** nach §§ 38, 39 ist in § 39 II Nr. 4 die ursprüngliche früher auch in § 25 II 1 Nr. 5 verwendete Formulierung beibehalten worden. Für die Registrierung traditioneller pflanzlicher Arzneimittel nach §§ 39a bis 39d wird bei der Versagung der Registrierung darauf abgestellt, dass das Arzneimittel bei bestimmungsgemäßem Gebrauch schädlich sein kann. Die unterschiedlichen Begriffe, die teilweise auf der Angleichung an die Terminologie in der RL 2001/83/EG beruhen, führen im Ergebnis nicht zu unterschiedlichen Kriterien für die Bereiche der Zulassung und Registrierung von Arzneimitteln, wenn auch bei registrierungspflichtigen homöopathischen Arzneimitteln kein **behördlich geprüfter** auf ein Anwendungsgebiet bezogener Nutzen in die Bewertung eingehen kann. Stets geht es aber um eine am konkreten Arzneimittel vorzunehmende Bewertung von Nutzen und Risiken unter Berücksichtigung aller relevanten Erkenntnisse.

33   Die **Bewertung schädlicher Wirkungen** im Rahmen der Nutzen-Risiko-Abwägung erfolgt anhand aller relevanten Umstände. Dazu gehören insbesondere die Schwere und die Häufigkeit der schädlichen Wirkungen. Maßgeblich sind aber auch die Fragen, ob sie reversibel sind oder dauerhafte Schäden verursachen und ob sie rechtzeitig erkannt und beherrscht werden können und ob sie nur bei einzelnen Personengruppen auftreten und somit durch die Beachtung entsprechender Gegenanzeigen vermieden werden können[69]. Als nächster Schritt ist der **Nutzen,** d. h. der therapeutische (oder prophylaktische oder diagnostische) Wert des Arzneimittels zu bestimmen. Zu unterscheiden ist insbesondere, ob es sich um ein Arzneimittel mit Anwendungsgebieten handelt, die schwere oder gar lebensbedrohliche Krankheiten betreffen oder bleibende Schäden einer Krankheit vermeiden helfen, oder es nur um die Linderung von Symptomen oder die Behandlung von Befindlichkeitsstörungen geht. Darüber hinaus sind auch verfügbare Behandlungsalternativen und deren Risiken[70] sowie die Folgen einer Nichtbehandlung einzubeziehen[71]. In der abschließenden Bewertung geht es dann um das Verhältnis des bewerteten Nutzens zu den ebenfalls anhand der Prognose des begründeten Verdachts bewerteten schädlichen Wirkungen. Dies kann bedeuten, dass ein hoher Nutzen bei einem hohen Risiko überwiegen kann, während ein geringes Risiko bei einem geringen Nutzen nicht mehr hingenommen werden muss[72].

34   Wie schon aus der Vielzahl der dargestellten Kriterien und Unterkriterien folgt, handelt es sich um eine **normative Entscheidung,** die standardisierten Entscheidungsleitlinien nur bedingt zugänglich sein kann. Dies gilt erst recht aber nicht ausschließlich, wenn wie im Verhältnis der Schulmedizin zu den besonderen Therapierichtungen **Methodenpluralismus** anzutreffen und zu beachten ist. So hat der Bericht des Ausschusses für Jugend, Familie und Gesundheit anlässlich der Beratung des AMNOG 1976[73] festgestellt, dass bei jeder Entscheidung über die Zulassung eines Arzneimittels vor allem bei der erforderlichen Güterabwägung von Risiko und Nutzen höchstpersönliche Wertungen als mitentscheidende Faktoren einfließen.

35   Diese Aussage erfolgte im Zusammenhang mit Ausführungen zur Berücksichtigung der Pluralität medizinischer Lehrmeinungen bei Zulassungsentscheidungen, kann aber der **vollen gerichtlichen Überprüfung** der Bedenklichkeit nicht entgegen stehen.

36   Das *BVerfG* hat im Jahre 2000 ebenso wie der *BGH*[74] bereits im Jahre 1999 verfassungsrechtliche **Zweifel an der Bestimmtheit des Merkmals „bedenklich"** zurückgewiesen. Das Merkmal der Vertretbarkeit sei allerdings ein wertausfüllungsbedürftiger Begriff. Das Bestimmtheitsgebot, wonach ein Strafgesetz Tragweite und Anwendungsbereich möglichst genau in einer für den Bürger vorhersehbaren Weise umschreiben muss (Art. 103 II GG), erlaube jedoch die Verwendung wertausfüllungsbedürftiger Begriffe dann, „wenn die Norm mit Hilfe der üblichen Auslegungsmethoden eine zuverlässige Grundlage für die Auslegung und Anwendung bietet oder wenn sie eine gefestigte Rechtsprechung übernimmt und daraus hinreichende Bestimmtheit gewinnt"[75].

VI. Vorliegen der Bedenklichkeit, absolute und relative Bedenklichkeit

37   Führt die Bewertung zur Feststellung, dass es sich um ein bedenkliches Arzneimittel handelt, so kann dies darauf beruhen, dass das Arzneimittel auf Grund der Nutzen-Risiko-Abwägung den begründeten Verdacht schädlicher Wirkungen hat, die im Verhältnis zum Nutzen **schlechterdings unvertretbar** sind, mithin ein negatives Nutzen-Risiko-Verhältnis[76] aufweist. In diesem Fall spricht man von **absoluter Bedenklichkeit** des Arzneimittels. Demgegenüber ist es aber auch möglich, dass das Arzneimittel bei isolierter Betrachtung ein positives Nutzen-Risiko-Verhältnis aufweist, andere auf dem Markt befindliche

---

[69] Vgl. *Kloesel/Cyran*, § 5 Anm. 33 m. w. N.
[70] Vgl. zu Fragen der vergleichenden Risiko-Nutzenbewertung (Kava-Kava / Benzodiazepine) *VG Köln*, PharmR 2014, 410 mit zust. Anmerkung von *Sträter*.
[71] *OVG Berlin*, B. v. 26.7.1983 – OVG 7 S 312.83, in: Sander, Entscheidungssammlung § 30 Nr. 4a; *Rehmann,* § 5 Rn. 2; *Kloesel/Cyran,* § 5 Anm. 35.
[72] *Di Fabio*, S. 179; *Schönhöfer*, PharmR 1982, 125.
[73] BT-Drucks. 7/5091, S. 7.
[74] *BGH*, MedR 2000, 482.
[75] *BVerfG*, NJW 2000, 3417; *BVerfG*, NStZ 1999, 625.
[76] § 24 II 1 Nr. 5 spricht in Übernahme der europarechtlichen Terminologie von einem ungünstigen Nutzen-Risiko-Verhältnis.

Arzneimittel für das betreffende Anwendungsgebiet hingegen ein noch günstigeres Nutzen-Risiko-Verhältnis haben. In diesem Fall wird von **relativer Bedenklichkeit** gesprochen[77].

Die Unterscheidung von absoluter und relativer Bedenklichkeit führt nicht zu unterschiedlichen **38** Rechtsfolgen. Sie ist aber insoweit von Interesse als sie den im allgemeinen Sprachgebrauch verwendeten Satz, nach dem das Bessere der Feind des Guten ist, auch im Arzneimittelrecht zur Anwendung bringt. Angesichts der Komplexität der Nutzen-Risiko-Beurteilung ist der Vergleich des Nutzen-Risiko-Verhältnisses von im Anwendungsgebiet konkurrierenden Arzneimitteln schwierig. Gleichwohl gibt es Fälle, etwa wenn sich neue Therapien durchsetzen und herkömmliche obsolet werden lassen, in denen die relative Bedenklichkeit zum Verkehrsverbot für das betreffende Arzneimittel führt.

Einen anderen Gegenstand betrifft allerdings die früher rechtspolitisch geführte Diskussion um eine **39** **Bedürfnisprüfung für neue Arzneimittel.** Nach diesem Ansatz sollte für ein neu zuzulassendes Arzneimittel seine Überlegenheit gegenüber den bereits zugelassenen nachgewiesen werden. Unabhängig von damit aufgeworfenen verfassungsrechtlichen Fragen und auch ökonomischen Fragestellungen ist festzustellen, dass das europäische Recht einen solchen Ansatz nicht vorsieht und im Hinblick auf den erreichten Grad der Harmonisierung im Bereich der Arzneimittelzulassung auch keine nationalen Regelungen dieser Art zulässt.

Ebenfalls zu unterscheiden von der Bestimmung des Nutzen-Risiko-Verhältnisses in § 5 ist die **40** **Nutzenbewertung im Sozialrecht.** Zur Bewertung des Nutzens von Arzneimitteln mit neuen Wirkstoffen und zur Kosten-Nutzen-Bewertung sind im Rahmen des AMNOG in den §§ 35a und 35b SGB V Regelungen getroffen worden (s. auch § 78 Rn. 119). Danach bewertet der Gemeinsame Bundesausschuss den Nutzen von Arzneimitteln mit neuen Wirkstoffen. Das Nähere zur Nutzenbewertung hat das BMG in der AM-NutzenV geregelt. Die Bewertung von Nutzen und Zusatznutzen (§ 35a I 2 SGB V) setzt die Verkehrsfähigkeit aller zu bewertenden Arzneimittel nach den Maßstäben des AMG, insbesondere auch nach § 5 voraus.

D. Rechtsfolgen bei Bedenklichkeit/Sanktionen

I. Verbote und Handlungspflichten

Unmittelbare Rechtsfolge bei Vorliegen der (absoluten oder relativen) Bedenklichkeit ist das **Verkehrs-** **41** **verbot nach § 5 I.** Demgegenüber enthält § 5 kein Verbot der Herstellung bedenklicher Arzneimittel. Solche Herstellungsverbote können jedoch durch Rechtsverordnung auf Grund von § 6 I erfolgen.

Befindet sich ein bedenkliches Arzneimittel im Verkehr, zum Beispiel weil eine Nutzen-Risiko- **42** Bewertung auf Grund neuer Tatsachen die Bedenklichkeit ergeben hat, trifft den für das Inverkehrbringen verantwortlichen **pharmazeutischen Unternehmer** die Pflicht, den Vertrieb des betreffenden Präparates in der bisherigen Form und Aufmachung sofort einzustellen[78], sofern erforderlich, auch das Arzneimittel zurückzurufen. Dies ist zwar nicht ausdrücklich im AMG geregelt, folgt aber aus allgemeinen Grundsätzen der Produktverantwortlichkeit[79].

Die zuständigen **Überwachungsbehörden der Länder** treffen nach § 69 I die zur Beseitigung fest- **43** gestellter Verstöße und zur Verhütung künftiger Verstöße notwendigen Anordnungen. Dazu gehören insbesondere die Untersagung des Inverkehrbringens, der Rückruf und die Sicherstellung des Arzneimittels.

Unter den in § 69 I 3 genannten Voraussetzungen kann auch die zuständige **Bundesoberbehörde** **44** (§ 77) den Rückruf eines Arzneimittels anordnen.

Sonderregelungen gelten nach § 69 Ia für in bestimmten **europäischen Verfahren** zugelassene **45** Arzneimittel[80]. In diesen Fällen sind die Eingriffsbefugnisse der deutschen Behörden (wie die Befugnisse aller nationalen Zulassungsbehörden) auf das vorläufige Handeln im Dringlichkeitsfall beschränkt, damit nicht der erreichte Stand der Harmonisierung einer Zulassung bzw. Verkehrsgenehmigung durch isolierte nationale Maßnahmen eingeschränkt oder aufgegeben wird (s. auch § 69 Rn. 47).

Die zuständige Bundesoberbehörde darf ein bedenkliches Arzneimittel **nicht zulassen** (§ 25 II 1 **46** Nr. 5), weil es sich um ein Arzneimittel mit ungünstigem Nutzen-Risiko-Verhältnis handelt. Ist das Arzneimittel bereits zugelassen, so kommen Widerruf, Rücknahme oder Ruhen der Zulassung zur Anwendung (§ 30 I)[81], sofern nicht durch eine Auflage[82] oder Änderung der Zulassung (§ 30 IIa), z. B.

---

[77] Zu absoluter und relativer Bedenklichkeit vgl. *Wolz*, S. 96; *Kloesel/Cyran*, § 5 Anm. 13.

[78] *Räpple*, S. 126.

[79] *Hart*, BT-Drucks. 12/8591, S. 510, 538; *Hielscher*, PharmR 1984, 1; *Mayer*, PharmR 2008, 236.

[80] Dies betrifft insbesondere „zentral zugelassene" Arzneimittel (Arzneimittel, für die eine Genehmigung für das Inverkehrbringen gem. der Verordnung (EG) Nr. 726/2004 erteilt worden ist) und Arzneimittel, die im Verfahren der gegenseitigen Anerkennung zugelassen worden sind.

[81] Vgl. *Kloesel/Cyran*, § 5 Anm. 1; *Deutsch*, in: Deutsch/Lippert, § 5 Rn. 3; *Rehmann*, § 5 Rn 1 zu Handlungspflichten der Zulassungsbehörden insbes. auf Rücknahme, Widerruf oder Ruhen der Zulassung, die bei Verletzung Staatshaftungsansprüche begründen können.

[82] Vgl. zur Darstellung und Bewertung der Rechtsprechung des *OVG Münster* und des *VG Köln Brixius/Maur*, PharmR 2007, 14, 18.

eine Einschränkung der Anwendungsgebiete, die die Bedenklichkeit begründenden Umstände entfallen. Entsprechendes gilt für die Registrierung homöopathischer Arzneimittel (§ 39 II Nr. 4) oder traditioneller pflanzlicher Arzneimittel (§ 39c II 1 Nr. 3).

47   Neben dem Rückruf eines Arzneimittels durch die zuständige Bundesoberbehörde kann auch bei Vorliegen der in § 69 I 3 genannten Voraussetzungen eine **öffentliche Warnung** durch diese Bundesoberbehörde erfolgen (s. § 69 Rn. 57).

II. Sanktionen

48   **1. Strafrecht.** Das Inverkehrbringen eines bedenklichen Arzneimittels oder seine Anwendung bei einem anderen Menschen ist bei **vorsätzlicher** Tatbegehung nach § 95 I Nr. 1 mit Freiheitsstrafe bis zu drei Jahren oder mit Geldstrafe bedroht. Die Strafbarkeit des Versuchs ist nach § 95 II gegeben. In besonders schweren Fällen (§ 95 III) ist der Strafrahmen Freiheitsstrafe von einem Jahr bis zu zehn Jahren. Im Falle **fahrlässiger** Begehung sieht § 95 IV Freiheitsstrafe bis zu einem Jahr oder Geldstrafe vor. Verfassungsrechtliche Zweifel an der Bestimmtheit des Merkmals „bedenklich" hat das *BVerfG* im Jahre 2000 ebenso wie der *BGH* bereits im Jahre 1999 zurückgewiesen (s. Rn. 36). Die Gleichschaltung des Schutzes der menschlichen Gesundheit mit dem bloßen Tierschutz und Eigentumsschutz, sofern dieser Tiere betrifft, die nicht in die Nahrungskette eingehen, wird von *Freund*[83] kritisiert. Dieser Problematik kann derzeit nur im Rahmen der Strafverfolgung und Strafbemessung Rechnung getragen werden.

49   Wird ein bedenkliches Arzneimittel auf Grund einer Verschreibung durch die Apotheke abgegeben, kommt für den Arzt oder Tierarzt Mittäterschaft oder Beteiligung an der verbotswidrigen Abgabe in Betracht.

50   Zur Berechtigung der Abgabe apothekenpflichtiger Arzneimittel s. § 43.

51   Daneben kommen Körperverletzungs- und ggf. auch Tötungsdelikte nach dem *StGB* in Betracht, wenn die Anwendung eines bedenklichen Arzneimittels zu entsprechenden Schäden geführt hat und die sonstigen Voraussetzungen der betreffenden Strafnorm vorliegen.

52   **2. Zivilrecht.** § 84 sieht unter näher geregelten Voraussetzungen einen **Schadensersatzanspruch aus Gefährdungshaftung** gegen den pharmazeutischen Unternehmer vor, wenn infolge der Anwendung eines der Pflicht zur Zulassung unterliegenden oder durch Rechtsverordnung von der Zulassung befreiten Arzneimittels ein Mensch getötet oder der Körper oder die Gesundheit eines Menschen nicht unerheblich verletzt wird. Die Ersatzpflicht setzt insbesondere voraus, dass das Arzneimittel bei bestimmungsgemäßem Gebrauch schädliche Wirkungen hat, die über ein nach den Erkenntnissen der medizinischen Wissenschaft vertretbares Maß hinausgehen (§ 84 I 2 Nr. 1, s. § 84 Rn. 65); sie greift mithin im Fall der Bedenklichkeit des betreffenden Arzneimittels.

53   Für nicht der Pflicht zur Zulassung unterliegende oder durch Rechtsverordnung von der Zulassung freigestellte Arzneimittel, **Rezepturarzneimittel** oder registrierungspflichtige oder von der Pflicht zur Registrierung freigestellte Arzneimittel findet das **ProdHaftG** Anwendung.

54   Daneben kann auch eine Haftung nach dem BGB aus Delikt (§ 823 I oder nach § 823 II wegen Verstoßes gegen ein Schutzgesetz)[84] oder aus (Kauf- oder Behandlungs-)Vertrag gegeben sein. Dies ist insbesondere von Interesse, wenn infolge eines bedenklichen Tierarzneimittels ein Tier zu Schaden kommt.

55   **3. Verwaltungsrecht.** In Betracht kommen im Übrigen Sanktionen wie der Entzug der Apothekenbetriebserlaubnis oder die Untersagung der Ausübung eines sonstigen Gewerbes[85].

§ 6 Ermächtigung zum Schutz der Gesundheit

(1) [1]Das Bundesministerium für Gesundheit (Bundesministerium) wird ermächtigt, durch Rechtsverordnung mit Zustimmung des Bundesrates die Verwendung bestimmter Stoffe, Zubereitungen aus Stoffen oder Gegenstände bei der Herstellung von Arzneimitteln vorzuschreiben, zu beschränken oder zu verbieten, und das Inverkehrbringen und die Anwendung von Arzneimitteln, die nicht nach diesen Vorschriften hergestellt sind, zu untersagen, soweit es zur Risikovorsorge oder zur Abwehr einer unmittelbaren oder mittelbaren Gefährdung der Gesundheit von Mensch oder Tier durch Arzneimittel geboten ist. [2]Die Rechtsverordnung nach Satz 1 wird vom Bundesministerium für Ernährung und Landwirtschaft im Einvernehmen mit dem Bundesministerium erlassen, soweit es sich um Arzneimittel handelt, die zur Anwendung bei Tieren bestimmt sind.

---

[83] *Freund,* in: MüKo StGB, Bd. 6/I, § 5 AMG Rn. 29.

[84] § 5 stellt ein Schutzgesetz dar, vgl. *Sander,* § 5 Erl. 3; *Deutsch,* in: Deutsch/Lippert, § 5 Rn 10; *Rehmann,* § 5 Rn. 4.

[85] Vgl. *OVG Berlin-Brandenburg,* Beschl. v. 2.4.2008 – OVG 5 S 64/07 – BeckRS 2008, 37201 in einem Verfahren nach § 80 V VwGO; *OVG Münster,* Beschl. v. 23.4.2015 – 4 A 955/13 – BeckRS 2015, 46311.

(2) Die Rechtsverordnung nach Absatz 1 ergeht im Einvernehmen mit dem Bundesministerium für Umwelt, Naturschutz, Bau und Reaktorsicherheit, soweit es sich um radioaktive Arzneimittel und um Arzneimittel handelt, bei deren Herstellung ionisierende Strahlen verwendet werden.

Wichtige Änderungen der Vorschrift: Abs. 1 geändert durch Art. 1 des Zwölften Gesetzes zur Änderung des Arzneimittelgesetzes vom 30.7.2004 (BGBl. I S. 2031).

Übersicht

A. Allgemeines

I. Inhalt

Die Vorschrift enthält in Abs. 1 eine Ermächtigungsgrundlage für Rechtsverordnungen des BMG, die **1** zum Schutze der Gesundheit erlassen werden können und durch die die Verwendung bestimmter Stoffe, Zubereitungen aus Stoffen oder Gegenstände bei der Herstellung von Arzneimitteln vorgeschrieben, beschränkt oder verboten werden kann. Voraussetzung solcher Ge- oder Verbote ist, dass sie zur Risikovorsorge oder zur Abwehr einer unmittelbaren oder mittelbaren Gefährdung der Gesundheit von Mensch oder Tier durch Arzneimittel geboten sind. Ebenso können in dieser Rechtsverordnung das Inverkehrbringen und die Anwendung solcher Arzneimittel verboten werden, die nicht nach diesen Vorschriften hergestellt worden sind. Betrifft die Rechtsverordnung Arzneimittel, die zur Anwendung bei Tieren bestimmt sind, wird die Rechtsverordnung vom BMEL erlassen. Die beiden Bundesministerien erlassen eine Rechtsverordnung gemeinsam, wenn sie die Arzneimittel zur Anwendung bei Menschen und Arzneimittel zur Anwendung bei Tieren betrifft. Im Hinblick auf dessen Zuständigkeit für Belange des Strahlenschutzes ist das BMUB nach Abs. 2 Einvernehmensressort, wenn die Rechtsverordnung radioaktive Arzneimittel betrifft oder Arzneimittel, bei deren Herstellung ionisierende Strahlen verwendet werden.

II. Zweck

Zweck der Regelung ist es, dem Verordnungsgeber zur Sicherstellung des **Gesundheitsschutzes** die **2** Möglichkeit einzuräumen, bestimmte Substanzen oder Gegenstände bei der Herstellung von Arzneimitteln im Wege eines abstrakt-generellen Verbotes auszuschließen oder zu beschränken[1]. Die Vorschrift

---

[1] BT-Drucks. 7/3060, S. 46.

stellt anders als § 5 oder die in § 25 normierten Versagungsgründe für einen Zulassungsantrag nicht auf ein einzelnes Arzneimittel sondern auf die allgemeine Gefahrenlage ab, die z. B. wegen der von einer Substanz ausgehenden potentiellen Gefahr bei der Herstellung von Arzneimitteln auszuschließen ist. Sie ist Ermächtigungsgrundlage für Regelungen, die aus Gründen der Gefahrenabwehr oder auch zur Risikovorsorge bestimmte Wirkstoffe oder Hilfsstoffe bei der Arzneimittelherstellung verbieten oder beschränken. Zur Ergänzung und Absicherung dieses Herstellungsverbotes sind auf Grund der Ermächtigung auch ein Verkehrsverbot und ein Anwendungsverbot in Bezug auf solche Arzneimittel möglich, bei denen die Herstellungsverbote und -beschränkungen nicht beachtet worden sind.

B. Verordnungsermächtigung zum Schutz der Gesundheit (Abs. 1)

I. Legaldefinition des Bundesministeriums

3   In Abs. 1 wird der Begriff **„Bundesministerium"** mit Wirkung für das gesamte AMG legaldefiniert. Bundesministerium i. S. d. AMG ist das **Bundesministerium für Gesundheit (BMG)**. Damit wird die Lesbarkeit der nachfolgenden Vorschriften, in denen das Bundesministerium (für Gesundheit) vor allem in Verordnungsermächtigungen Erwähnung findet, erleichtert. Die Bezeichnung des Ministeriums hat sich seit dem Inkrafttreten des AMG auf Grund von Organisationserlassen des Bundeskanzlers bzw. der Bundeskanzlerin mehrfach geändert und kann im AMG entweder durch Änderungsgesetze oder Zuständigkeitsanpassungsverordnungen[2] oder auch bei einer Bekanntmachung der Neufassung des AMG angepasst werden. Das BMG ist innerhalb der Bundesregierung grundsätzlich das für das AMG federführend zuständige Ministerium, denn für den Erlass jeder Rechtsverordnung auf der Grundlage des AMG ist zumindest das Einvernehmen des BMG erforderlich. Das Bundesministerium für Ernährung und Landwirtschaft (BMEL) ist das für die im AMG zum Verkehr mit Tierarzneimitteln enthaltenen Regelungen zuständige Ministerium. Daher ist BMEL nach Abs. 1 S. 2 Verordnungsgeber bei Rechtsverordnungen nach § 6, die Tierarzneimittel betreffen. Diese Aufteilung zwischen den beiden Bundesministerien BMG und BMEL im Hinblick auf die Autorenschaft einer VO gilt für zahlreiche andere Verordnungsermächtigungen im AMG, z. B. §§ 7, 12, 26, 54, 71, 79. Verordnungsgeber für VO nach § 74 II (Mitwirkung der Zollbehörden bei der Einfuhr) ist das BMF und für VO nach § 78 (Arzneimittelpreisregelungen) das BMWi.

II. Verordnungsermächtigung (S. 1)

4   Die Ermächtigung ermöglicht, durch Rechtsverordnung die Verwendung bestimmter Stoffe, Zubereitungen aus Stoffen oder Gegenstände bei der Herstellung von Arzneimitteln vorzuschreiben, zu beschränken oder zu verbieten. Voraussetzung solcher Ge- oder Verbote ist, dass sie zur Risikovorsorge oder zur Abwehr einer unmittelbaren oder mittelbaren Gefährdung der Gesundheit von Mensch oder Tier durch Arzneimittel geboten sind.

5   **1. Formelle Anforderungen für den Erlass einer Verordnung.** Die **Zuständigkeit** für den Erlass von VO ist im AMG durchweg speziell geregelt (s. Rn. 3). Die Rechtsverordnung bedarf der **Zustimmung des Bundesrates.** Wird eine zustimmungsbedürftige Rechtsverordnung ohne Zustimmung des Bundesrates erlassen oder überschreitet der Verordnungsgeber in anderer Weise die Grenzen der Verordnungsermächtigung[3], so führt dies wegen Verstoßes gegen Art. 80 GG zur **Nichtigkeit** der VO[4]. Im Einleitungssatz der Rechtsverordnung ist nach Art. 80 I Nr. 3 GG die Ermächtigungsgrundlage (§ 6) zu **zitieren.** Eine VO, die auf mehreren Ermächtigungsgrundlagen beruht, muss diese vollständig zitieren. Eine Missachtung des Zitiergebots führt zur Nichtigkeit der VO[5].

6   **2. Gefahrenabwehr und Risikovorsorge als Voraussetzung für Verordnung.** Die in der Rechtsverordnung vorgesehenen Maßnahmen müssen zur Risikovorsorge oder zur Abwehr einer unmittelbaren oder mittelbaren Gefahr der Gesundheit von Mensch oder Tier durch Arzneimittel geboten sein.

7   **a) Gefahrenabwehr.** Das AMG ist eine aus dem allgemeinen Ordnungsrecht hervorgegangene Rechtsmaterie und knüpft in § 6 an den klassisch-polizeirechtlichen Begriff der Gefahrenabwehr an. Damit sind an den Gefahrbegriff keine strengeren Anforderungen zu stellen als nach dem allgemeinen Polizei- und Ordnungsrecht. Die für eine Rechtsverordnung erforderliche **abstrakte Gefahr** für die Gesundheit von Mensch oder Tier ist anzunehmen, wenn der **Schadenseintritt hinreichend wahrscheinlich** ist[6]. Maßstab für die Beurteilung ist die Wahrscheinlichkeit, mit der nach der allgemeinen

---

[2] Zuständigkeitsanpassungsverordnungen zur Änderung von Bundesgesetzen können auf Grundlage des § 2 des Zuständigkeitsanpassungsgesetzes vom 16.8.2002 (BGBl. I S. 3165) vorgenommen werden.
[3] Auch der verfassungsrechtlichen Vorgaben für die Bundeskompetenz, vgl. *BVerfG*, NJW 2000, 857, 858.
[4] Vgl. *Maunz*, in: Maunz/Dürig, Art. 80 Rn. 69; *Bauer*, in: Dreier, Art. 80 Rn. 43.
[5] *BVerfG*, NJW 1999, 3253.
[6] *Drews/Wacke/Vogel/Martens*, S. 220; *Pieroth/Schlink/Kniesel*, § 4 Rn. 2.

Erfahrung unter Zugrundelegung eines hypothetischen Geschehensablaufs ein Schaden eintreten wird. Ob die Prognose eine hinreichende Wahrscheinlichkeit ergibt, ist im Wege einer wertenden Abwägung zu bestimmen, in die vornehmlich die Höhe des zu erwartenden Schadens einfließt[7]. Je größer die drohende Schädigung ist, desto geringer sind die Anforderungen an die Wahrscheinlichkeit[8]. Der Eintritt des Schadens braucht weder gewiss zu sein noch unmittelbar bevorzustehen. Für die Annahme der Gefahr reicht die hinreichende oder bloße Wahrscheinlichkeit des Schadenseintrittes aus. Obwohl Abs. 1 – im Gegensatz zu § 5 für das Abgabeverbot bedenklicher Arzneimittel – keine Aussage darüber trifft, auf welcher Grundlage der Verordnungsgeber die Gefährdungseinschätzung vorzunehmen hat, wird letztlich über die Gefahrenlage und damit über die Notwendigkeit der VO auch nur nach dem Maßstab der **wissenschaftlichen Erkenntnisse** entschieden werden können[9].

Abs. 1 gibt dem Verordnungsgeber die Möglichkeit, Maßnahmen zur Abwehr einer unmittelbaren **8** oder mittelbaren Gefahr für die Gesundheit von Mensch oder Tier zu ergreifen. **Unmittelbare** Auswirkungen eines bedenklichen Stoffes bestehen insbesondere für Personen, die den Stoff einnehmen oder verabreicht erhalten. **Mittelbare** Auswirkungen sind solche, die die Gefährdung erst bei Hinzutreten weiterer Umstände verursachen, z.B. ein bei Tieren, die der Lebensmittelgewinnung dienen, verwendeter Stoff, der die menschliche Gesundheit erst durch den Verzehr gefährdet[10].

b) Risikovorsorge. Abs. 1 ermöglicht dem Verordnungsgeber auch, Maßnahmen zum Schutz im **9** Bereich der **Risikovorsorge** zu ergreifen. Unter Risikovorsorge sind vorbeugenden Maßnahmen zum Gesundheitsschutz zu verstehen, die im Rahmen der gesetzlichen Ermächtigungsgrundlage der Verhütung von als möglich erkannten Gefahren dienen und nicht den Zweck des völligen Ausschlusses eines – grundsätzlich tolerierbaren – Restrisikos erfüllen[11]. Ein Tätigwerden des Verordnungsgebers zur Risikovorsorge ist insbesondere angezeigt, wenn sich Anhaltspunkte für die Gefährlichkeit eines Stoffs neuerdings verdichtet haben. Im Gentechnik- und Umweltrecht wird die systematische Trennung von Gefahrenabwehr und Risikovorsorge zunehmend in Frage gestellt[12]. Auch im allgemeinen Polizeirecht werden Maßnahmen der Gefahrenvorbeugung und -vorsorge unter abstrakter Gefahrenabwehr subsumiert und haben in Polizeigesetzen Erwähnung gefunden[13]. Der Gesetzgeber hat mit der 12. AMG-Novelle in Abs. 1 klargestellt, dass die nach dem zuvor geltenden Wortlaut des § 6 bereits erfassten Maßnahmen zur Verhütung einer (auch nur) mittelbaren Gefährdung auch den Schutz im Bereich der Risikovorsorge ermöglichen sollen[14].

3. Verbote und Gebote als mögliche Inhalte der Verordnung. a) Verwendungsge- und -ver- 10 bote für Stoffe, Zubereitungen aus Stoffen und Gegenständen. aa) Stoffe, Zubereitungen aus Stoffen und Gegenständen. Stoffe i.S.d. AMG sind in § 3 definiert. Es sind insbesondere chemische Elemente und Verbindungen, Pflanzen, Körperteile und Stoffwechselprodukte von Mensch oder Tier sowie Mikroorganismen (s. § 3 Rn. 7 ff.). Als Stoffe für Verbotsverordnungen nach § 6 kommen beispielsweise Wirkstoffe, Farbstoffe und sonstige Hilfsstoffe in Betracht. Zu dem Begriff der **Zubereitungen aus Stoffen** s. § 3 Rn. 9. Als **Gegenstände** für Verbotsverordnungen nach § 6 kommen insbesondere die in § 2 II Nr. 1 bis 3 erwähnten Gegenstände, Instrumente sowie Verbandstoffe und chirurgische Nahtmaterialien in Betracht (s. § 2 Rn. 134). Gegenstände i.S.d. § 6 können auch Umverpackungen für Arzneimittel sein, wenn diese eine Gefährdung für Mensch oder Tier darstellen können[15].

bb) Verwendungsverbote und Verwendungsbeschränkungen für die Herstellung von Arznei- 11 mitteln. Die VO kann **Verwendungsverbote** für Stoffe und Gegenstände bei der Herstellung von Arzneimitteln vorsehen. So kann etwa ein generelles Verbot für die Verwendung bestimmter Wirkstoffe, etwa Hormone bei der Arzneimittelherstellung geregelt werden. Das Verwendungsverbot kann nur für die **Herstellung von Arzneimitteln** gelten, nicht aber beispielsweise bereits für die Herstellung von Grundstoffen[16]. Die Verbote können für alle Arzneimittel gelten, unabhängig davon, ob sie der Zulassungspflicht oder Registrierungspflicht unterliegen oder nicht[17].

---

[7] *Scherzberg,* VerwArch. (34) 1993, 484, 490 m. w. N.
[8] *Pieroth/Schlink/Kniesel,* § 4 Rn. 7.
[9] *Kloesel/Cyran,* § 6 Anm. 7.
[10] *Kloesel/Cyran,* § 6 Anm. 7 unter Hinweis auf Diethylstilboestrol (DES), ein Hormon, dessen Anwendung bei der Mutter eine cancerogene Potenz für die Filialgeneration, die Töchter, darstellt; die Verabfolgung von DES an Tiere als Anabolikum zur Verbesserung des Fleischansatzes gefährdet die menschliche Gesundheit zwar nicht unmittelbar aber mittelbar, weil Rückstände und Metaboliten von DES in Lebensmitteln tierischer Herkunft beim Verzehr durch Frauen aufgenommen werden.
[11] *Scherzberg,* VerwArch. (34) 1993, 484, 491 m. w. N., verweist darauf, dass der Gesetzgeber andererseits nicht zu einem vollständigen Ausschluss jeglicher Gefährdung verpflichtet ist.
[12] *Ginzky,* NVwZ 2003, 792, 796 m. w. N.
[13] *Pieroth/Schlink/Kniesel,* § 4 Rn. 13 und 15 m. w. N.
[14] BT-Drucks. 15/2109, S. 26.
[15] *Kloesel/Cyran,* § 6 Anm. 6; a. A. *Sander,* § 6 Erl. 2.
[16] *Kloesel/Cyran,* § 6 Anm. 6.
[17] *Kloesel/Cyran,* § 6 Anm. 9.

12   Ebenso können **Verwendungsbeschränkungen** normiert werden. So kann die Verwendung bestimmter Farbstoffe davon abhängig gemacht werden, dass sie in eine Aufstellung (Positivliste der zulässigen Farbstoffe) aufgenommen worden sind.

13   **cc) Verwendungsgebote für die Herstellung von Arzneimitteln.** Die weitere Alternative, die Verwendung bestimmter Stoffe vorzuschreiben, ist von geringerer praktischer Relevanz. Sie würde es z. B. ermöglichen, die Verwendung bestimmter Warn- oder **Markierungsstoffe** vorzuschreiben. Der Nutzen bzw. die Erforderlichkeit einer solchen Vorschrift ist dabei abzuwägen gegenüber zusätzlichen Risiken, die aus therapeutischen Gründen nicht erforderliche Stoffe insbesondere für Allergiker mit sich bringen können. Dies gilt insbesondere auch für Überlegungen, durch den Zusatz von **Signalstoffen** gefälschte Arzneimittel leichter identifizieren und damit Fälschungen entgegenwirken zu können. Der Zusatz nicht deklarierter Inhaltsstoffe würde im Übrigen gegen § 11 I 1 Nr. 6 Buchst. d) verstoßen, der für die Packungsbeilage die Angabe der vollständigen qualitativen Zusammensetzung des Arzneimittels nach Wirkstoffen und sonstigen Bestandteilen verlangt (s. § 11 Rn. 37).

14   **b) Verkehrsverbote.** Flankierend zu Verwendungsge- oder verboten wird der Verordnungsgeber in der Regel auch von der in Abs. 1 eingeräumten Möglichkeit Gebrauch machen, das **Inverkehrbringen** der verbotswidrig hergestellten Arzneimittel zu untersagen. Inverkehrbringen ist nach der Legaldefinition des § 4 XVII das Vorrätighalten zum Verkauf oder zu sonstiger Abgabe, das Feilhalten, das Feilbieten und die Abgabe an andere (s. § 4 Rn. 121 ff.). Das Verkehrsverbot kann sich grundsätzlich nur auf den Geltungsbereich des AMG erstrecken. Adressaten eines Verkehrsverbots sind alle Personen und Unternehmen, die Arzneimittel in den Verkehr bringen.

15   **c) Anwendungsverbote.** Mit den in Abs. 1 ebenfalls vorgesehenen Anwendungsverboten wird dem Verordnungsgeber eine erweiterte Möglichkeit eingeräumt, Maßnahmen zum Gesundheitsschutz zu veranlassen[18]. Die VO kann im Rahmen der Bundeskompetenz nach Art. 74 I Nr. 19 GG Verbotsregelungen für die Anwendung von Arzneimitteln vorsehen[19]. **Anwendung** umfasst der Verabreichung eines Arzneimittels durch eine Person bei einer anderen Person (oder einem Tier). Eine Anwendung im Körper kann z. B. durch Einnahme oder Injektion des Arzneimittels erfolgen, eine Anwendung am Körper erfolgt beispielsweise durch Auftragen auf die Haut (s. § 6a Rn. 9). Adressaten eines Anwendungsverbots können beispielsweise Angehörige der Heilberufe sein.

16   **d) Sanktionen.** Die Rechtsverordnung nach § 6, die das Inverkehrbringen von Arzneimitteln untersagt, kann für Zuwiderhandlungen nach § 95 I Nr. 2 **Straftatbestände** mit Freiheitsstrafe bis zu drei Jahren oder mit Geldstrafe vorsehen, soweit sie für einen bestimmten Tatbestand auf § 95 I Nr. 2 verweist. Eine Rechtsverordnung nach § 6, die die Verwendung bestimmter Stoffe, Zubereitungen aus Stoffen oder Gegenständen bei der Herstellung von Arzneimitteln vorschreibt, beschränkt oder verbietet, kann unter Verweis auf § 96 Nr. 1 für Zuwiderhandlungen **Straftatbestände** mit Freiheitsstrafe bis zu einem Jahr oder mit Geldstrafe vorsehen. Nach § 97 I handelt **ordnungswidrig**, wer eine der in § 96 bezeichneten Handlungen fahrlässig begeht. Gegenstände, auf die sich eine Straftat nach § 95 oder § 96 oder eine Ordnungswidrigkeit nach § 97 bezieht, können nach § 98 eingezogen werden.

III. Verordnungsermächtigung für Tierarzneimittel (S. 2)

17   **1. Verordnungsgeber und mögliche Regelungen.** Das BMEL ist nach Abs. 1 S. 2 Verordnungsgeber bei Rechtsverordnungen nach § 6, die Tierarzneimittel betreffen (zu Zuständigkeitsabgrenzungen für VO im AMG s. Rn. 3). Zu den Handlungsvoraussetzungen und den möglichen Inhalte einer VO ist auf die Erl. unter Ziff. II. zu verweisen (s. Rn. 4 ff.). Im veterinärmedizinischen Bereich kann beispielsweise vorgeschrieben werden, dass Arzneimittel, die zur Anwendung bei Tieren bestimmt sind, die der Lebensmittelgewinnung dienen, bestimmte Markierungsstoffe enthalten müssen. Ferner kommen Verbote für die Verwendung bestimmter Stoffe zur Herstellung von Tierarzneimitteln in Betracht.

18   **2. Einvernehmensregelung.** Die vom BMEL zu erlassende VO bedarf des Einvernehmens mit dem BMG (Abs. 1 S. 2). Einvernehmensregelungen zugunsten eines Bundesministeriums sind verfassungsrechtlich zulässig[20]. **Einvernehmen** ist die Zustimmung eines anderen Bundesministeriums für den Erlass einer Rechtsverordnung. Wird das Einvernehmen nicht erteilt, so kann die Rechtsverordnung nicht erlassen werden. Die Nichtbeteiligung des in der Verordnungsermächtigung mit Einvernehmensvorbehalt vorgesehenen Bundesministeriums führt zur Nichtigkeit der erlassenen Rechtsverordnung[21]. Ist das Ein-

---

[18] BT-Drucks. 15/2109, S. 26.
[19] Durch Änderung des GG (Förderalismusreform I) ist inzwischen die konkurrierende Gesetzgebungskompetenz des Bundes in Art. 74 I Nr. 19 GG auf das Recht der Arzneien ausgedehnt worden.
[20] *Schmidt-Bleibtreu/Hofmann/Henneke*, Art. 80 Rn. 104.
[21] *Maunz*, in: Maunz/Dürig, Art. 80 Rn. 69; *BVerfGE* 10, 221, 227; einschränkend allerdings für die Anhörung von Verbänden *BVerwGE* 59, 48, 50 f., wonach die Nichtigkeitsfolge von der Schwere des Verstoßes, dem Sinn und Zweck der Mitwirkung und dem Gewicht des jeweiligen Mitwirkungsrechts abhängt.

vernehmensressort beteiligt worden und steht die formale Erteilung des Einvernehmens auf der Grundlage der Gemeinsamen Geschäftsordnung der Bundesregierung (insbesondere dessen § 19 II) in Frage, so wird die Nichtigkeit dann anzunehmen sein, wenn ein evidenter Verstoß gegen dieses Mitwirkungsrecht festzustellen ist[22].

C. Einvernehmensregelung bei Radiopharmaka (Abs. 2)

Abs. 2 sieht für den Erlass einer Rechtsverordnung nach Abs. 1 das **Einvernehmen** des BMUB vor, **19** soweit es sich um radioaktive Arzneimittel und um Arzneimittel handelt, bei deren Herstellung **ionisierende Strahlen** verwendet werden. **Radioaktive Arzneimittel** sind nach der Legaldefinition des § 4 VIII Arzneimittel, die radioaktive Stoffe sind oder enthalten und ionisierende Strahlen spontan aussenden und die dazu bestimmt sind, wegen dieser Eigenschaften angewendet zu werden (s. § 4 Rn. 55). Als radioaktive Arzneimittel gelten auch für die Radiomarkierung anderer Stoffe vor der Verabreichung hergestellte Radionuklide (Vorstufen) sowie die zur Herstellung von radioaktiven Arzneimitteln bestimmten Systeme mit einem fixierten Mutterradionuklid, das ein Tochterradionuklid bildet (Generatoren). Nach § 7 II ist es grundsätzlich verboten, radioaktive Arzneimittel oder Arzneimittel, bei deren Herstellung ionisierende Strahlen verwendet worden sind, in den Verkehr zu bringen, es sei denn, dass dies durch **Rechtsverordnung nach § 7 II** zugelassen ist (s. § 7 Rn. 9). Zur Erteilung des Einvernehmens s. Rn. 14.

D. Erlassene Rechtsverordnungen nach § 6

I. Arzneimittelfarbstoffverordnung

Nach § 1 I der auf § 6 I sowie § 83 I und II gestützten Arzneimittelfarbstoffverordnung vom **20** 17.10.2005 (AMFarbV)[23] dürfen bei der Herstellung von Arzneimitteln i. S. d. § 2 I, die dazu bestimmt sind, in einem Mitgliedstaat der Europäischen Gemeinschaften oder in einem anderen Vertragsstaat des Abkommens über den Europäischen Wirtschaftsraum in den Verkehr gebracht zu werden, zur Färbung nur die in Anhang I der RL 94/36/EG in der jeweils geltenden Fassung aufgeführten Stoffe oder Zubereitungen aus diesen Stoffen verwendet werden. Diese Stoffe sowie deren Zubereitungen müssen den Reinheitskriterien gemäß Anhang der RL 95/45/EG in der jeweils geltenden Fassung entsprechen. Sofern Farbstoffe in Monographien des Europäischen Arzneibuchs beschrieben sind, müssen sie zusätzlich den dort aufgeführten Anforderungen entsprechen. § 1 II dieser VO bestimmt ein Verkehrsverbot für Arzneimittel, die nicht diesen Anforderungen entsprechen, und § 2 dieser VO normiert Straf- und Bußgeldbestimmungen. Die AMFarbV vom 25.8.1982 wurde außer Kraft gesetzt.

II. Verordnung über das Verbot der Verwendung bestimmter Stoffe bei der Herstellung von Arzneimitteln zur Anwendung bei Tieren

Die VO über das Verbot der Verwendung bestimmter Stoffe bei der Herstellung von Arzneimitteln zur **21** Anwendung bei Tieren vom 21.10.1981 wurde durch VO vom 16.3.2009 aufgehoben, da die Inhalte der RL 96/22/EG vollständig durch die VO über Stoffe mit pharmakologischer Wirkung umgesetzt wurden[24].

III. Verordnung über ein Verbot der Verwendung von Ethylenoxid bei Arzneimitteln

Nach § 1 I der auf § 6 I sowie § 83 I und II gestützten EthylenoxidV ist es verboten, bei der **22** Herstellung von Arzneimitteln, die aus Pflanzen oder Pflanzenteilen bestehen, Ethylenoxid zu verwenden. Das Verbot ist dadurch begründet, dass es sich bei Ethylenoxid um einen Stoff mit mutagener und cancerogener Potenz handelt[25]. § 1 II dieser VO bestimmt ein Verkehrsverbot für Arzneimittel, die nicht diesen Anforderungen entsprechen, und § 2 dieser VO normiert Straf- und Bußgeldbestimmungen.

IV. Aflatoxinverbotsverordnung

Nach § 1 I der auf § 6 I sowie § 54 I und II gestützten AflatoxinVerbotsV ist es verboten, bei der **23** Herstellung von Arzneimitteln Stoffe, Zubereitungen aus Stoffen oder Erzeugnisse zu verwenden, bei

---

[22] Vgl. *BVerfG*, NJW 1995, 1537 ff. für die Beschlussfassung einer Rechtsverordnung der Bundesregierung im Umlaufverfahren nach § 20 II GeschOBReg, wonach die Zustimmung aller Mitglieder der Bundesregierung nicht unterstellt oder fingiert werden darf.
[23] BGBl. I S. 3031.
[24] BR-Drucks. 82/09.
[25] *Kloesel/Cyran*, § 6 Anm. 16.

denen die auf mindestens 88 Prozent Trockenmasse berechnete Höchstmenge an Aflatoxin M1 von 0,05 Mikrogramm pro Kilogramm, an Aflatoxin B1 von 2 Mikrogramm pro Kilogramm oder die Gesamtmenge der Aflatoxine B1, B2, G1 und G2 von 4 Mikrogramm pro Kilogramm überschritten wird. Für Enzyme und Enzymzubereitungen gilt dies mit der Maßgabe, dass die Gesamtmenge der Aflatoxine B1, B2, G1 und G2 0,05 Mikrogramm pro Kilogramm nicht überschreiten darf. Abweichend von dieser Verbotsregelung gelten für Fütterungsarzneimittel die futtermittelrechtlich festgesetzten Höchstgehalte an Aflatoxin. § 1 II dieser VO bestimmt ein Verkehrsverbot für Arzneimittel, die nicht diesen Anforderungen entsprechen, und § 2 dieser VO normiert Straf- und Bußgeldbestimmungen.

V. Arzneimittel-TSE Verordnung

24   Die **Arzneimittel-TSE-Verordnung (TSEAMV)** vom 9.5.2001[26] regelt im Hinblick auf die Gefahren, die von dem Erreger der Bovinen spongiformen Enzephalopathie **(BSE)** ausgehen, Verbote der Verwendung von Stoffen, Zubereitungen aus Stoffen oder Gegenständen bei der Herstellung von Arzneimitteln i. S. d. § 2 I, die zum Zwecke der Abgabe an andere erfolgt. § 1 I der VO bestimmt, dass es verboten ist, Stoffe, Zubereitungen aus Stoffen oder Gegenstände, die von im Vereinigten Königreich Großbritannien und Nordirland oder von in der Portugiesischen Republik getöteten Rindern stammen, bei der Herstellung von Arzneimitteln i. S. d. § 2 I, II Nr. 1, die zum Zwecke der Abgabe an andere erfolgt, zu verwenden[27]. Nach § 1 II der VO ist es grundsätzlich verboten, bei der Herstellung von Arzneimitteln bestimmte innere Organe und Körperteile (z. B. Gehirn, Rückenmark, Wirbelsäule, Darm, Milz) von (teilweise nur ab sechs oder in bestimmten Fällen von mehr als zwölf Monate alten) Rindern, Schafen oder Ziegen zu verwenden. Abweichend von diesen Verbotsregelungen dürfen nach § 1 III der VO nicht arzneilich wirksame Bestandteile (Hilfsstoffe) und Produktionshilfsstoffe bei der Herstellung von Arzneimitteln verwendet werden, wenn z. B. ihre Eignung zur Herstellung von Arzneimitteln von dem für die Herstellung Verantwortlichen geprüft, ihr Herstellungsbetrieb von ihm aufgezeichnet ist und sie unter Berücksichtigung der Vorschriften des Europäischen Arzneibuches nach einem Verfahren hergestellt worden sind, das nach dem Stand der Kenntnis gewährleistet, dass mit der Verwendung dieser Hilfsstoffe oder Produktionshilfsstoffe kein Risiko der Übertragung spongiformer Enzephalopathien verbunden ist. Nach § 2 der VO muss für Fertigarzneimittel, die in den Geltungsbereich dieser VO verbracht werden sollen, der für das Verbringen Verantwortliche eine von ihm unterzeichnete Erklärung mit folgendem Wortlaut bereithalten und der zuständigen Behörde auf deren Verlangen unverzüglich vorlegen: „*Das Erzeugnis enthält weder spezifiziertes Risikomaterial im Sinne von § 1 II der Arzneimittel-TSE-Verordnung, noch ist es unter Verwendung von solchem Material hergestellt worden.*" Dies gilt nicht für Fertigarzneimittel, die keine arzneilich wirksamen Bestandteile tierischer Herkunft enthalten und die, sofern sie unter Verwendung von Hilfsstoffen oder Produktionshilfsstoffen hergestellt worden sind, die Voraussetzungen von § 1 V der VO erfüllen. § 3 dieser VO normiert Straf- und Bußgeldbestimmungen.

VI. Frischzellenverordnung

25   Zur Herstellung von **Frischzellentherapeutika** werden Gewebe von geschlachteten Jungtieren, meist Schafsföten, verwendet und die dabei gewonnene Zellsuspension kurz darauf dem Patienten als Injektion oder Infusion verabreicht. Die Applikation artfremden (xenogenen) Gewebes ist grundsätzlich mit dem Risiko von Unverträglichkeitsreaktionen verschiedener Genese und unterschiedlichen Ausmaßes sowie der Übertragung von Krankheitserregern verknüpft. Bei der Frischzellen-Therapie bestand nach Ansicht des Verordnungsgebers ein krasses Missverhältnis zwischen Indikationsanspruch auf der einen und unzureichenden Wirksamkeitsbelegen sowie demgegenüber unverhältnismäßigen **Risiken** auf der anderen Seite. Daher hat das BMG mit §§ 1 I und 2 II der **Frischzellenverordnung** vom 4.3.1997[28] die Herstellung von Arzneimitteln, die zur Injektion oder Infusion bestimmt sind, unter Verwendung von Frischzellen unter Strafandrohung verboten. Das *BVerfG*[29] hat entschieden, dass §§ 1 I und 2 II der Frischzellenverordnung nichtig sind, weil der Bund nach Art. 74 Abs. 1 Nr. 19 GG nicht befugt sei, die Herstellung solcher Arzneimittel zu regeln, die der Arzt zur Anwendung bei eigenen Patienten herstellt[30]. Offen blieb in der Entscheidung, ob ein Verbot der Herstellung von Frischzellen aus Gründen des Gesundheitsschutzes gerechtfertigt ist. Nach der Än-

---

[26] BGBl. I S. 856.
[27] Durch die VO (EG) Nr. 722/2007 sind die Anhänge II, V, VIII, IX und XI der VO (EG) Nr. 999/2001 dahingehend geändert worden, dass folgende drei neue Kategorien festgelegt werden: 1. Länder oder Gebiete mit vernachlässigbarem BSE-Risiko, 2. Länder oder Gebiete mit kontrolliertem BSE-Risiko und 3. Länder oder Gebiete mit unbestimmtem BSE-Risiko; die Kommission hat die VO (EG) Nr. 722/2007 umgesetzt und den Kategorien mit der Entscheidung 2007/453/EG vom 29.6.2007 (ABl. L 172/84 vom 30.6.2007) bestimmte Länder zugewiesen.
[28] BGBl. I S. 432.
[29] *BVerfG*, NJW 2000, 857.
[30] Kritisch hierzu *Haage*, NJW 2001, 1771, der zu Recht auf die Zuständigkeit des Bundes für Transplantation nach Art. 74 I Nr. 26 GG verweist, mit der sich das *BVerfG* indessen nicht befasst hat.

derung des GG ist die konkurrierende Gesetzgebungskompetenz des Bundes in Art. 74 I Nr. 19 GG auf das **Recht der Arzneien** ausgedehnt worden, so dass der Verordnungsgeber nunmehr befugt wäre, auch die Herstellung solcher Arzneimittel zu regeln, die der Arzt zur Anwendung bei eigenen Patienten herstellt.

VII. FCKW-Halon-Verbots-Verordnung nach Chemikaliengesetz

Nach der auf das ChemG (nicht auf § 6 AMG) gestützten FCKW-Halon-Verbots-Verordnung vom **26** 6.5.1991[31] ist es verboten, bestimmte Druckgaspackungen herzustellen oder in den Verkehr zu bringen.

§ 6a Verbot von Arzneimitteln zu Dopingzwecken im Sport, Hinweispflichten

(1) Es ist verboten, Arzneimittel nach Absatz 2 Satz 1 zu Dopingzwecken im Sport in den Verkehr zu bringen, zu verschreiben oder bei anderen anzuwenden, sofern ein Doping bei Menschen erfolgt oder erfolgen soll.

(2) ¹Absatz 1 findet nur Anwendung auf Arzneimittel, die Stoffe der in der jeweils geltenden Fassung des Anhangs des Übereinkommens gegen Doping (Gesetz vom 2. März 1994 zu dem Übereinkommen vom 16. November 1989 gegen Doping, BGBl. 1994 II S. 334) aufgeführten Gruppen von verbotenen Wirkstoffen oder Stoffe enthalten, die zur Verwendung bei den dort aufgeführten verbotenen Methoden bestimmt sind. ²In der Packungsbeilage und in der Fachinformation dieser Arzneimittel ist folgender Warnhinweis anzugeben: „Die Anwendung des Arzneimittels [Bezeichnung des Arzneimittels einsetzen] kann bei Dopingkontrollen zu positiven Ergebnissen führen." ³Kann aus dem Fehlgebrauch des Arzneimittels zu Dopingzwecken eine Gesundheitsgefährdung folgen, ist dies zusätzlich anzugeben. ⁴Satz 2 findet keine Anwendung auf Arzneimittel, die nach einer homöopathischen Verfahrenstechnik hergestellt worden sind.

(2a) ¹Es ist verboten, Arzneimittel oder Wirkstoffe, die im Anhang zu diesem Gesetz genannte Stoffe sind oder enthalten, in nicht geringer Menge zu Dopingzwecken im Sport zu erwerben oder zu besitzen, sofern das Doping bei Menschen erfolgen soll. ²Das Bundesministerium bestimmt im Einvernehmen mit dem Bundesministerium des Innern nach Anhörung von Sachverständigen durch Rechtsverordnung mit Zustimmung des Bundesrates die nicht geringe Menge der in Satz 1 genannten Stoffe. ³Das Bundesministerium wird ermächtigt, im Einvernehmen mit dem Bundesministerium des Innern nach Anhörung von Sachverständigen durch Rechtsverordnung mit Zustimmung des Bundesrates

1. weitere Stoffe in den Anhang dieses Gesetzes aufzunehmen, die zu Dopingzwecken im Sport geeignet sind und deren Anwendung bei nicht therapeutischer Bestimmung gefährlich ist, und

2. die nicht geringe Menge dieser Stoffe zu bestimmen.

⁴Durch Rechtsverordnung nach Satz 3 können Stoffe aus dem Anhang dieses Gesetzes gestrichen werden, wenn die Voraussetzungen des Satzes 3 Nr. 1 nicht mehr vorliegen.

(3) Das Bundesministerium wird ermächtigt, im Einvernehmen mit dem Bundesministerium des Innern durch Rechtsverordnung mit Zustimmung des Bundesrates weitere Stoffe oder Zubereitungen aus Stoffen zu bestimmen, auf die Absatz 1 Anwendung findet, soweit dies geboten ist, um eine unmittelbare oder mittelbare Gefährdung der Gesundheit des Menschen durch Doping im Sport zu verhüten.

Wichtige Änderungen der Vorschrift: Abs. 2 geändert und Abs. 2a eingefügt – sowie durch den Anhang zu § 6a Abs. 2a ergänzt – durch Art. 2 Nr. 3 und 7 des Gesetzes zur Verbesserung der Bekämpfung des Dopings im Sport vom 24.10.2007 (BGBl. I S. 2510). Abs. 2a Sätze 1 und 3 Nr. 1 geändert durch Art. 1 des Dritten Gesetzes zur Änderung arzneimittelrechtlicher und anderer Vorschriften vom 7.8.2013 (BGBl. I S. 3108).

Literatur: *Deutsch*, Doping als pharmarechtliches und zivilrechtliches Problem, VersR 2008, 145; *Feiden/Blasius*, Doping im Sport, Stuttgart 2002; *Heger*, Die Strafbarkeit von Doping nach dem Arzneimittelgesetz, SpuRt 2001, 92; *Hofmann*, Verbesserung der Bekämpfung des Dopings im Sport durch Fortentwicklung des Arzneimittelrechts, PharmR 2008, 11; *Jahn*, Ein neuer Straftatbestand gegen eigenverantwortliches Doping?, SpuRt 2005, 141; *Parzeller*, Verbotene Dopingstoffe – Transparente oder kryptische Regelungen im Arzneimittelgesetz, StoffR 2010, 278 und 2011, 26; *Parzeller/Caldarelli/Heise//Centamore*, Doping im Sport Teil 2, StoffR 2008, 206; *Parzeller/Prittwitz*, Die Würfel sind gefallen!? Der Referentenentwurf des Gesetzes zur Bekämpfung von Doping im Sport, StoffR 2015, 2; *Parzeller/Prittwitz/Prittwitz*, Doping und Dopingbekämpfung in der Bundesrepublik Deutschland, StoffR 2013, 7, 109; *Raschka/Zedler/Parzeller*, Doping im Sport Teil 1, StoffR 2008, 102; *Zuck*, Wider die Kriminalisierung des Sports, NJW 2014, 26; *ders.*, Ist § 6a AMG korrekturbedürftig?, A&R 2014, 73.

---

[31] BGBl. I S. 1090.

Übersicht

A. Allgemeines

I. Inhalt

1   Mit der 8. AMG-Novelle wurde durch die Einfügung des § 6a in das AMG ein spezifisches Verbot von Arzneimitteln zu Dopingzwecken gesetzlich verankert. § 6a verbietet das Inverkehrbringen, Verschreiben oder Anwenden von Arzneimitteln zu Dopingzwecken im Sport; auch die Einfuhr von Dopingmitteln ist verboten (§ 73 IV i. V. m. § 6a). Das Dopingverbot erstreckt sich nach Abs. 2 auf Arzneimittel, die im Anhang des Übereinkommens vom 16.11.1989 gegen Doping aufgeführte Stoffe enthalten. Beispiele für **Dopingmittel** sind vor allem leistungssteigernde Anabolika und Hormone sowie diesen in den Wirkungen gleichstehende Stoffe. Das Übereinkommen ist durch Gesetz vom 2.3.1994 ratifiziert worden[1]; der Anhang wird in der Regel jährlich durch Bekanntmachung des BMI aktualisiert. Die Verbotsregelung gilt nur für Doping bei Menschen. Durch das Gesetz zur Verbesserung der Bekämpfung des Dopings im Sport vom 20.10.2007 wurde in Abs. 2a das **Verbot des Besitzes** nicht geringer Mengen bestimmter Dopingsubstanzen sowie in Abs. 2 die Aufnahme von **Warnhinweisen** für Arzneimittel, die für Doping geeignet sind, normiert. Der **Eigenkonsum** von Dopingmitteln ist − wenn nicht das Besitzverbot des Abs. 2a einschlägig ist − nicht verboten und damit auch bislang straflos. Mit dem AMG-ÄndG 2009 ist das Besitzverbot auf Wirkstoffe erweitert worden.

II. Zweck

2   Zweck der Regelung ist die **Bekämpfung des Dopings** unter Berücksichtigung des Übereinkommens vom 16.11.1989 gegen Doping, dem die Bundesrepublik Deutschland beigetreten ist. Geschütztes Rechtsgut ist die **Gesundheit des Sportlers.** Die Vorschrift bezweckt nicht den Schutz des Menschen vor sich selbst[2]. Vor allem das in Abs. 2a verankerte **Besitzverbot** nicht geringer Mengen bestimmter

---

[1] BGBl. II S. 334.
[2] Die Kritik von *Freund*, in: MüKo StGB, Bd. 5/I, § 6a AMG Rn. 2, überzeugt daher nicht.

Dopingstoffe zielt auf eine wirksamere Eindämmung der **Gefahr einer Verbreitung** von bekanntermaßen gefährlichen und nicht nur im Spitzensport, sondern auch im Breitensport häufig verwendeten Dopingmitteln und dient damit sowohl dem **Gesundheitsschutz** als auch der **Sicherheit des Arzneimittelverkehrs**[3]. Die Gewährleistung sportlicher Fairness ist kein zu schützendes Rechtsgut i. S. d. § 6a[4], denn Schutzzweck des AMG ist nach § 1 die Arzneimittelsicherheit. § 6a schützt im Hinblick auf den in § 1 geregelten Schutzzweck des AMG auch nicht die Vermögensinteressen anderer, z. B. der Sponsoren von Sportveranstaltungen. Die wettbewerbsverfälschende Manipulation des Dopings im Leistungssport ist Anlass für rechtspolitische Überlegungen zur Einführung eines Straftatbestandes „Sportbetrug" im StGB[5]. Insbes. im Fall der Vereinbarung einer vermögenswerten Siegprämie kann eine Strafbarkeit nach § 263 StGB in Betracht kommen[6].

§ 6a soll eingreifen, wenn die beabsichtigte Verwendung des Arzneimittels auf eine **Steigerung der** 3 **Leistung** im Zusammenhang mit sportlichen Aktivitäten abzielt. Abs. 1 setzt damit an den Lieferquellen im Umfeld des dopenden Sportlers an, die unterbunden werden sollen. Solche Arzneimittel, die für medizinische Indikationen zugelassen sind aber auch zu illegalen Dopingzwecken eingesetzt werden, sollen von dem Verbotstatbestand nicht in ihrer Anwendung zu therapeutischen Zwecken beeinträchtigt werden[7].

Zweck des in Abs. 2 S. 2–4 normierten **Warnhinweises** ist es, Sportlerinnen und Sportler von der 4 unbeabsichtigten Einnahme verbotener Dopingmittel abzuhalten. Dem Hinweis kann aber auch im Rahmen der Strafverfolgung Bedeutung zukommen, da er eine mögliche Exkulpation eines Täters mit „Nichtwissen" erschwert[8].

Die rechtspolitische Diskussion[9], ob auch das eigene Anwenden von Dopingmitteln, das vom Tat- 5 bestand § 6a bislang nicht erfasst ist, durch eine **Änderung des § 6a,** oder durch ein eigenständiges **Anti-Doping-Gesetz**[10] verboten werden sollte, hat durch zwei Gesetzentwürfe eine hohe Aktualität erfahren. Der Bundesrat hat 2013 einen Gesetzentwurf zur Verbesserung der strafrechtlichen Dopingbekämpfung (u. a. mit Aufnahme eines Dopingbetrugs im AMG) beschlossen[11] Die Bundesregierung hat 2015 einen Gesetzentwurf zur Bekämpfung von Doping im Sport in das Gesetzgebungsverfahren eingebracht[12]. Der Gesetzentwurf sieht ein eigenständiges Anti-Doping-Gesetz vor, mit dem Doping im Sport, vor allem im Spitzensport, effektiver bekämpft werden soll. Die bisher im AMG geregelten Verbote und Strafbewehrungen werden in folgende Vorschriften des AntiDopingG überführt: § 2 (Unerlaubter Umgang mit Dopingmitteln), § 4 (Strafvorschriften), § 6 (Verordnungsermächtigungen des BMG) und § 7 (Hinweispflichten in Packungsbeilage und Fachinformation). Dabei werden die bisherigen Verbote durch neue Tatbegehungsweisen erweitert, insbes. das Verbot des Handeltreibens und der Herstellung von Dopingmitteln sowie die ausdrückliche Aufnahme von Dopingmethoden. Kernelement des AntiDopingG ist die Einführung einer Strafbarkeit von Leistungssportlern im Falle des Erwerbs und Besitzes von Dopingmitteln auch bei geringer Menge, sofern mit diesen Selbstdoping beabsichtigt ist. Die bisherigen besonders schweren Fälle und deren Ausgestaltung als Verbrechenstatbestände werden zu geeigneten Vortaten für den Geldwäschetatbestand des § 261 StGB. Mit §§ 9 und 10 AntiDopingG werden die Ermächtigungen zur Erhebung, Verarbeitung und Nutzung personenbezogener Daten für die NADA geschaffen. § 11 enthält eine Klarstellung der Zulässigkeit von Schiedsvereinbarungen zwischen den Verbänden und den Sportlern. Durch eine Änderung des § 143 wird die Übergangsvorschrift auf Fälle beschränkt, die noch den Regelungen des § 6a unterfallen. Gegen ein strafrechtliches Verbot der eigenen Anwendung von Dopingmitteln werden verfassungsrechtliche Bedenken insbes. im Hinblick auf Art. 3 I GG und Art. 103 II GG geäußert[13]. Des Weiteren könnte aus einem Beschuldigtenstatus des dopenden Sportlers wegen seines dann bestehenden strafprozessualen Schweigerechts eine

---

[3] BT-Drucks. 16/5526, S. 8, 9.

[4] A. A. *Freund,* in: MüKo StGB Bd. 5/I, § 6a AMG Rn. 2.

[5] Vgl. dazu Abschlussbericht der Rechtskommission des Sports gegen Doping, SpuRt 2005, 235 ff.; *Bannenberg,* SpuRt 2007, 155 ff.; *Fritzweiler,* SpuRt 1998, 235.

[6] *Freund,* in: MüKo StGB, Bd. 5/I, § 6a AMG Rn. 2; *Grotz,* SpuRt 2005, 93 ff.

[7] BT-Drucks. 13/11 020, S. 13.

[8] BT-Drucks. 16/5526, S. 8.

[9] Vgl. in der Literatur vor allem *Prokop,* SpuRt 2006, 192 pro Anti-Doping-Gesetz und *Krähe,* SpuRt 2006, 194 contra Anti-Doping-Gesetz; *Heger,* SpuRt 2007, 153 ff.; *Nolte,* Staatliche Verantwortung im Bereich Sport, S. 468 ff.; *Dury,* SpuRt 2005, 137 ff. und *Jahn,* SpuRt 2005, 141 ff. jeweils m. w. N. in der Literatur, die beide einem Straftatbestand gegen eigenverantwortliches Doping entgegentreten.

[10] Im Koalitionsvertrag zwischen CDU/CSU und SPD vom 16.12.2013 wurde vereinbart, weitergehende strafrechtliche Regelungen beim Kampf gegen Doping und Spielmanipulation zu schaffen.; zur Geltung des schweizerischen Betäubungsmittelrechts beim selbst dopenden Sportler *Schmidt,* SpuRt 2006, 63, 65.

[11] BT-Drucks. 18/294.

[12] BT-Drucks. 18/4898, hierzu *Parzeller/Prittwitz,* StoffR 2015, 2 ff.

[13] *Dury,* SpuRt 2005, 137, 138 f.; *Jahn,* Stellungnahme im Rahmen der öffentlichen Anhörung des Sportausschusses des BT, Ausschussdrs. 18 (5) 108; *Deutscher Anwaltverein, RA Vorouzi,* Stellungnahme im Rahmen der öffentlichen Anhörung des Sportausschusses des BT, Ausschussdrs. 18(5) 116; keine verfassungsrechtlichen Bedenken äußert hingegen insbesondere *Rössner,* Stellungnahme im Rahmen der öffentlichen Anhörung des Sportausschusses des BT, Ausschussdrs. 18(5) 113; kritisch auch *Zuck,* NJW 2014, 276; *ders.,* A&R 2014, 73.

weitere Verschlechterung des Personalbeweises eintreten[14]. In anderen europäischen Staaten und im angelsächsischen Rechtskreis existieren teilweise weitreichende strafbewehrte Dopingregelungen[15].

III. Bezüge zu anderen Normen

6   Nach der Rechtsprechung des *EuGH* unterliegen die im Spitzensport vorgenommenen Dopingkontrollregeln des IOC dem gemeinschaftlichen Wettbewerbsrecht, verstoßen jedoch nicht gegen Art. 101 AEUV, weil sie nicht über das hinaus gehen, was für den ordnungsgemäßen Ablauf sportlicher Wettkämpfe erforderlich ist[16]. Zulassungspflichtige Arzneimittel, die ausschließlich zu Dopingzwecken im Sport bestimmt sind, dürfen nach § 25 II Nr. 7 nicht zugelassen werden, weil das Inverkehrbringen gegen das gesetzliche Verbot des § 6a verstoßen würde. Die legale **Herstellung** einer Substanz, die ausschließlich zu Dopingzwecken – und damit zu illegalen Zwecken – bestimmt ist, ist im Hinblick auf die in §§ 13 ff. geregelte Erlaubnispflicht für die Herstellung von Arzneimitteln grundsätzlich ausgeschlossen. Die Herstellung einer Substanz, die ausschließlich zu Dopingzwecken bestimmt ist, begründet im Hinblick auf § 95 I Nr. 2a i. V. m. § 6a I die **Unzuverlässigkeit** der verantwortlichen Person und damit einen Versagungsgrund (bzw. hinreichenden Grund für Rücknahme oder Widerruf) für die Herstellungserlaubnis nach § 14 I Nr. 3. Zur **Einfuhr** s. Rn. 18.

7   Den **Arzneimittelüberwachungsbehörden** ist es im Zuge der Regelüberwachung oft nicht möglich, verbotene Handlungen aufzudecken, denn die Behörden sind mit einem illegalen, für die Überwachung schwer zugänglichen, Markt (auch Schwarzmarkt) konfrontiert. Die **Zollfahndungsämter** (§ 74 I) sind regelmäßig mit Verfahren befasst, die sich aus Einfuhrverstößen ergeben. Das **Bundeskriminalamt** ist nach § 4 I 1 Nr. 1 BKAG für den ungesetzlichen Handel mit Arzneimitteln zuständig, da Kriminelle beim ungesetzlichen Handel mit Arzneimitteln häufig über Grenzen hinweg agieren. Neben der Zusammenarbeit auf der Ebene von Interpol unterhält die Fachdienststelle des BKA zur Bekämpfung der internationalen Arzneimittelkriminalität enge Kontakte mit spezialisierten ausländischen Ermittlungsbehörden[17]. Der Sportler, der gegen das Besitzverbot des Abs. 2a verstößt, hat im Hinblick auf seinen Beschuldigtenstatus ein strafprozessuales Schweigerecht.

8   Leistungsempfänger der **Bundesförderung** im Rahmen des Leistungssportprogramms des BMI sind zu einer aktiven Mitwirkung bei der Dopingbekämpfung verpflichtet. Verstöße gegen diese Pflichten können zu einer Kürzung oder Einstellung der Bundesförderung führen[18]. Die schriftliche Vereinbarung über die Durchführung einer Dopingprobe begründet ein Schuldverhältnis zwischen dem Sportler und dem durchführenden Verband mit Leistungs- und Rücksichtnahmepflichten[19].

B. Tatbestandliches Dopingverbot (Abs. 1)

I. Doping im Sport

9   Der **Begriff Doping** ist nach Art. 2 I Buchst. a) des Europäischen Übereinkommens gegen Doping definiert als die Verabreichung pharmakologischer Gruppen von Wirkstoffen oder Doping-Methoden an Sportler und Sportlerinnen oder die Anwendung solcher Wirkstoffe oder Methoden durch diese Personen zum Zwecke der Leistungssteigerung, also nicht zur Behandlung von Krankheiten[20]. Als „**Krankheit**" definiert die Rechtsprechung „jede, also auch eine nur unerhebliche oder nur vorübergehende Störung der normalen Beschaffenheit oder der normalen Tätigkeit des Körpers, die geheilt, das heißt beseitigt oder gelindert werden kann"[21] (s. auch § 2 Rn. 74 ff.). Vom Krankheitsbegriff erfasst sind auch **krankhafte Beschwerden,** die als in der Regel kurzfristige Abweichungen von der normalen Beschaffenheit und Funktion des Körpers definiert werden[22] (z. B. vorübergehende Kopfschmerzen oder Abgespanntheit). Nicht erfasst sind solche normal verlaufenden Erscheinungen oder Schwankungen der Funktionen, denen jeder Körper ausgesetzt ist, die seiner Natur oder dem natürlichen Auf und Ab seiner Leistungsfähigkeit entsprechen[23]. Eine Einnahme zur **Leistungssteigerung** liegt insbes. vor, wenn mit dem Arzneimittel die körperlichen Kräfte, die Ausdauer oder auch die Konzentrationsfähigkeit erhöht werden sollen. So wird die Ausdauerleistung eines Sportlers wesentlich von der maximalen Sauerstoff-

---

[14] Ausführlich hierzu *Jahn*, SpuRt 2005, 141, 146.

[15] Vgl. Überblick zur Rechtslage in Italien, Großbritannien, Belgien, Schweden, Dänemark und USA von *Hauptmann/Rübenstahl*, MedR 2007, 271, 274 ff.; Literaturhinweise von *Freund*, in: MüKo StGB, Bd. 5/I, § 6a AMG, Rn. 2.

[16] *EuGH*, Urt. v. 18.7.2006 – Rs. C-519/04 P, EuZW 2006, 593 ff. – David Meca-Medina u. a./Kommission.

[17] BT-Drucks. 16/5526, S. 8.

[18] Leistungssportprogramm des BMI v. 28.9.2005, GMBl 2005, 1270 f.

[19] LG *Köln*, SpuRt 2007, 30 f.

[20] Zum Ursprung des Dopingbegriffs vgl. *Feiden/Blasius*, Doping im Sport, S. 1 ff.

[21] *BGHZ* 44, 208, 216; *BVerwGE* 37, 209, 214.

[22] *Kloesel/Cyran*, § 2 Anm. 46; *Sander*, § 2 Erl. 13, der die Aufführung der krankhaften Beschwerden in § 2 I Nr. 1 als überflüssig einschätzt.

[23] *Kloesel/Cyran*, § 2 Anm. 42; *Sander*, § 2 Erl. 10.

aufnahme und dem Sauerstofftransport zur Muskulatur bestimmt. Zu einer Leistungssteigerung kann auch die euphorisierende Wirkung eines Arzneimittels führen.

Das Dopingverbot gilt nur für den **Sport.** Für den Deutschen Olympischen Sportbund als Dach- **10** organisation des Sports steht vor allem die motorische Aktivität und damit auch der Wettkampf und die Leistungsmessung im Vordergrund. Diese eigenmotorische Aktivität liegt insbes. nicht vor bei Denkwett- bewerben[24], Musikwettbewerben und der Bewältigung eines technischen Gerätes ohne Einbeziehung der Bewegung des Menschen; allerdings ist auch Schach offiziell als Sportart anerkannt. Dem Doping- verbot des AMG unterfallen grundsätzlich alle Sportler, gleichgültig ob sie Leistungssport oder Breiten- sport betreiben. Erfasst ist nicht nur sportliche Wettkämpfe, sondern auch das Training ohne Wett- kampfbezug. Damit unterliegen insbes. Personen, die sich in **Fitness- oder Bodybuildingstudios** körperlich betätigen, dem Tatbestand des Dopingverbots[25]. Nicht erfasst ist das Doping außerhalb des Sports, z. B. von Prüfungskandidaten in Schule, Ausbildung oder Studium, jedenfalls dann, wenn es sich nicht um sportliche Prüfungen handelt[26]. **Sportlernahrung,** die im Rahmen der Nahrungsergänzung der Leistungssteigerung dient, unterfällt grundsätzlich dem Lebensmittelrecht und damit nicht dem Dopingverbot des AMG[27].

Abs. 2 bestimmt, welche Arzneimittel vom Dopingverbot des Abs. 1 erfasst sind. Doping erfolgt **11** insbes. durch die Einnahme leistungssteigernder (zugelassener) Arzneimitteln, beispielsweise des männ- lichen Sexualhormons Testosteron, einem anabolen Steroid. Eine Doping-Methode ist beispielsweise auch **Blutdoping,** das der Steigerung der Anzahl der roten Blutkörperchen (Erythrozyten) dient, die den Sauerstoff aus den Lungenbläschen in die Muskeln transportieren. Beim **Eigenblutdoping** wird einem Menschen eigenes Blut entnommen, das mit den roten Blutkörperchen aufbereitet und dann wieder auf dieselbe Person zurückübertragen wird. Beim **Fremdblutdoping** wird das Blut eines Fremdspenders verwendet; dabei werden oft die Erythrozyten von den restlichen Blutbestandteilen isoliert und dem dopenden Sportler durch Infusion verabreicht[28].

II. Tathandlungen

Tathandlungen sind das Inverkehrbringen, das Verschreiben oder die Anwendung bei anderen. Hinzu **12** kommt auf Grund des in § 73 IV auf § 6a enthaltenen Verweises die Einfuhr. Das **Besitzverbot** bestimmter Dopingmittel in nicht geringen Mengen regelt Abs. 2a (s. hierzu Rn. 43 ff.). Die **Eigen- anwendung** von Dopingmitteln ist – soweit das Besitzverbot nach Abs. 2a nicht greift – nicht von den Verbotstatbeständen des § 6a erfasst.

1. Inverkehrbringen. Inverkehrbringen ist nach der Legaldefinition des § 4 XVII das Vorrätighalten **13** zum Verkauf oder zu sonstiger Abgabe, das Feilhalten, das Feilbieten und die Abgabe an andere. Damit sind auch Handlungen erfasst, die erst einer Vorbereitung der Abgabe dienen. Nicht erfasst sind Tathand- lungen, bei denen kein Besitz nachgewiesen werden kann. Ebenfalls nicht erfasst ist die Herstellung von Dopingmitteln (s. aber Rn. 6).

Als **Abgabe** gilt die Übertragung oder das Einräumen der tatsächlichen Verfügungsgewalt auf oder an **14** einen anderen durch körperliche Überlassung des Arzneimittels (s. auch § 4 Rn. 140). Die Abgabe kann entgeltlich (also im Wege der Veräußerung) oder auch unentgeltlich erfolgen. Typischerweise kommen Hersteller und Händler des Arzneimittels als Täter in Frage. Auch das Vorrätighalten zur Abgabe, z. B. in Fitness- oder Bodybuildingstudios, ist vom Begriff des Inverkehrbringens erfasst. Die Abgabe eines Arzneimittels erfolgt typischerweise auch in einer Apotheke. Bei Zweifeln hinsichtlich der Zweckbestim- mung darf das Arzneimittel nach § 17 V 2 ApBetrO solange nicht abgegeben werden, bis die Unklarheit beispielsweise durch Nachfrage beim Arzt, der das Arzneimittel verordnet hat, beseitigt ist. Gibt das pharmazeutische Personal in Kenntnis der missbräuchlichen Anwendung das Arzneimittels auch bei einer vorgelegten ärztlichen Verschreibung das Dopingmittel ab oder ist es für das pharmazeutische Personal einer Apotheke erkennbar, dass das Arzneimittel zur Abgabe oder Anwendung zu Dopingzwecken im Sport bestimmt ist, wird gegen das gesetzliche Verbot der Abgabe von Dopingmitteln verstoßen[29]. Eine Abgabe durch den Arzt kann in Form sogenannter Ärztemuster erfolgen. Der **Erwerber** eines Doping- mittels, der dieses ausschließlich bei sich selbst anwenden will, bringt es hingegen nicht in Verkehr. Der **Besitz** von im Anhang zu diesem Gesetz genannte Stoffen in nicht geringer Menge zu Dopingzwecken im Sport ist nach Abs. 2a verboten (s. Rn. 43 ff.).

Für das **Feilhalten** genügt es, dass die Verkaufsabsicht in irgendeiner Form nach außen in Erscheinung **15** tritt, so dass die Ware für Interessenten als käuflich erkennbar wird (s. auch § 4 Rn. 141)[30]. Typischer- weise erfolgt dies durch das Ausstellen in Schaufenstern oder an Verkaufsständen. Die Dopingmittel

---

[24] A. A. für „Denksport" *Freund,* in: MüKo StGB, Bd. 5/I, § 6a AMG Rn. 35.
[25] Für „Bodybuilding" auch *BGH,* NStZ 2010, 170.
[26] Zweifelnd für Sportprüfungen auch *Freund,* in: MüKo StGB, Bd. 5/I, § 6a AMG Rn. 32.
[27] *Kloesel/Cyran,* § 6a Anm. 17; *Rehmann,* § 6a Rn. 2.
[28] *Parzeller/Rüdiger,* ZRP 2007, 137, 138.
[29] *Kloesel/Cyran,* § 6a Anm. 27.
[30] *RGSt* 40, 148, 150; *Kloesel/Cyran,* § 4 Anm. 54.

können aber auch an von entsprechenden Kunden frequentierten öffentlichen Plätzen auf einer Bank aufgetürmt und damit feilgehalten werden[31]. **Feilbieten** ist ein Feilhalten, das mit zum Verkauf anregenden Handlungen verbunden wird[32]. Dies erfolgt insbes. durch Ansprechen von möglichen Kunden.

16   **2. Verschreiben.** Verschreiben ist die Ausstellung eines **Rezepts** über ein Arzneimittel durch einen Angehörigen der Heilberufe, insbes. Arzt, Zahnarzt oder Heilpraktiker. Die Zulässigkeit einer ärztlichen Verschreibung richtet sich nach ärztlichem **Berufsrecht.** Unerheblich ist, ob das Arzneimittel der Verschreibungspflicht i. S. d. § 48 unterliegt[33]. Auf Verschreiben dürfen nach § 43 III Arzneimittel i. S. v. § 2 I und II Nr. 1 nur in Apotheken abgegeben werden (zur Abgabe s. Rn. 14). Der Rezeptfälscher, der als Nichtarzt einem anderen ein Dopingmittel „verschreibt", begeht nicht die Tathandlung Verschreiben nach Abs. 1. In Betracht kommt in diesen Fällen eine Bestrafung wegen eines Urkundsdelikts[34].

17   **3. Anwendung bei anderen.** Anwendung umfasst die **Verabreichung** eines Dopingmittels durch eine Person bei einem Sportler. Eine Anwendung im Körper kann z. B. durch Einnahme oder Injektion des Arzneimittels erfolgen, eine Anwendung am Körper erfolgt insbes. durch Auftragen auf die Haut[35]. Dabei ist es für die tatbestandliche Handlung ohne Bedeutung, ob der Sportler auch Kenntnis von der Verabreichung des Dopingmittels hat[36]. Die tatbestandliche Handlung kann neben Ärzten insbes. von Trainern oder Betreuern aber auch von anderen Sportlern begangen werden. Erfasst sind auch solche Fälle, in denen der behandelnde Arzt Arzneimittel **selbst herstellt** oder herstellen lässt und diese dann ohne ein Inverkehrbringen unmittelbar beim Sportler anwendet. Die **Eigenanwendung** von Dopingmitteln ist nicht erfasst. Der Besitz von Dopingmitteln in nicht geringen Mengen ist nach Abs. 2a verboten.

18   **4. Einfuhr.** Die **Einfuhr** von zu Dopingzwecken bestimmten Arzneimitteln ist verboten, da nach § 73 IV 2 die Vorschrift des § 6a für die Einfuhr von Arzneimitteln, die nach § 73 II Nr. 1–3 und 6–10 und § 73 III nach Deutschland verbracht werden, Anwendung findet. Die Tathandlung kann sowohl von einer Person begangen werden, die die Dopingmittel bei der Einreise nach Deutschland zum Zweck der Abgabe an andere mit sich führt (z. B. nach § 73 II Nr. 6 oder 6a) oder auch von pharmazeutischem Personal einer Apotheke im Fall des Einzelimports nach § 73 III 1 Nr. 1 (s. hierzu auch Rn. 14). Kein Verstoß gegen §§ 6a I i. V. m. 73 IV liegt vor, wenn das Doping-Arzneimittel selbst im Ausland erworben wurde und es zum Zweck des Eigengebrauchs bei der Einreise mit sich geführt wird. Zu beachten ist indessen auch im Falle der Einfuhr das Besitzverbot für nicht geringe Mengen von Stoffen nach Abs. 2a. Unabhängig vom Dopingzweck ist die Einfuhr von in Deutschland nicht zugelassenen (zulassungspflichtigen) Arzneimitteln i. S. d. § 2 I oder II Nr. 1 aus Drittstaaten (keine Mitgliedstaaten der EU und EWR) nach § 96 Nr. 4 mit Strafe bedroht. Die Einfuhr von in Deutschland nicht zugelassenen (zulassungspflichtigen) Arzneimitteln aus Mitgliedstaaten der EU und des EWR entgegen § 73 I stellt unabhängig vom Dopingzweck nach § 97 II Nr. 8 eine Ordnungswidrigkeit dar.

C. Erfasste Arzneimittel und Warnhinweis (Abs. 2)

I. Erfasste Arzneimittel (S. 1)

19   **1. Übereinkommen gegen Doping.** Das in Abs. 1 normierte Dopingverbot erstreckt sich auf Arzneimittel, die im Anhang des Übereinkommens gegen Doping aufgeführte Wirkstoffe oder Stoffe enthalten, die zur Verwendung bei den dort aufgeführten verbotenen Methoden bestimmt sind. Das Ratifikationsgesetz vom 2.3.1994[37] zu dem **Übereinkommen gegen Doping** vom 16.11.1989 ist am 1.6.1994 für Deutschland in Kraft getreten. Art. 1 des Übereinkommens verpflichtet die Vertragsparteien, im Hinblick auf die Verringerung und schließlich die endgültige Ausmerzung des Dopings im Sport die für die Anwendung dieses Übereinkommens notwendigen Maßnahmen zu ergreifen. Neben der in Art. 2 I Buchst. a) enthaltenen Definition von Doping im Sport (s. hierzu Rn. 9) enthält das Übereinkommen Regelungen zur Vergabe von Fördermitteln an Sportorganisationen (Art. 4 II) und der Einrichtung von Doping-Kontrolllaboren (Art. 5). Entscheidend für das in § 6a geregelte Dopingverbot ist der **Anhang des Übereinkommens** mit den dort aufgeführten Gruppen von verbotenen Dopingwirkstoffen und Methoden. Der Verweis auf das Übereinkommen begegnet keinen verfassungsrechtlichen Bedenken im Hinblick auf Art. 103 II GG[38]. Der Anhang wird in der Regel einmal jährlich durch eine **Expertenkommission** des Europarates, die in der Regel Empfehlungen der internationalen Welt-

---

[31] *Körner*, Vorb. AMG Rn. 136.
[32] *Kloesel/Cyran*, § 4 Anm. 55.
[33] *Feiden/Blasius*, S. 86.
[34] *Freund*, in: MüKo StGB, Bd. 5/I, § 6a AMG Rn. 24.
[35] *Feiden/Blasius*, S. 87.
[36] *Kloesel/Cyran*, § 6a Anm. 28.
[37] BGBl. II S. 334 ff.
[38] *BGH*, NJW 2014, 325.

Anti-Doping-Agentur **(WADA)** übernimmt, nach Art. 11 I Buchst. b) aktualisiert und durch Bekanntmachung des BMI jährlich im BGBl. II veröffentlicht **(Verbotsliste)**[39]. Mit dem gleitenden Verweis („in der jeweils geltenden Fassung") auf diese veröffentlichte enumerative Liste wird im Hinblick auf die Strafbewehrung in § 95 I Nr. 2a dem Bestimmtheitsgrundsatz des Art. 103 II GG Rechnung getragen[40]. Das *BVerfG* sieht dynamische Verweisungen insbesondere dann als zulässig an, wenn wechselnde und vielfältige Spezifizierungen erforderlich werden können[41]. Die Voraussetzungen der Strafbarkeit sowie Art und Maß der Strafe sind in Abs. 1 hinreichend deutlich festgelegt. Die jährliche Aktualisierung der WADA-Verbotsliste zeigt, dass ein ständiger Anpassungsbedarf im Interesse einer effektiven Dopingbekämpfung besteht. Zudem regelt § 143 II die Bekanntmachung der WADA-Verbotsliste im BGBl., wodurch auch die notwendige Publizität gewährleistet ist. Für die Anwendung einer neuen Bezugsliste und die Durchführung des Verbotes ist nicht der Zeitpunkt des Beschlusses über eine neue Bezugsliste durch die beobachtende Begleitgruppe, sondern die Bekanntmachung des BMI maßgebend.[42] Falls die Handelspackungen kein umfassendes Verzeichnis der Inhaltsstoffe aufweisen, kann es Probleme beim Nachweis der subjektiven Tatseite geben.

2. Liste der verbotenen Arzneimittel und Methoden. Vom Dopingverbot erfasst sind Arzneimittel, die nach dem Anhang des Übereinkommens (Verbotsliste) gegen Doping verbotene Stoffe enthalten, und auf Arzneimittel, die zur Verwendung bei den nach dem Anhang des Übereinkommens gegen Doping verbotenen Methoden bestimmt sind. Stoffe (vgl. § 3) und Zubereitungen aus Stoffen, die zu Dopingzwecken im Sport bestimmt sind, sind als **Arzneimittel** i. S. d. § 2 I einzuordnen. Die **Verbotsliste** enthält die in den nachfolgenden Gliederungspunkten a–k aufgeführten Wirkstoffe sowie die in l–n genannten Methoden (Blutdoping und Gendoping sowie Manipulationen von Proben). Von dem grammatikalisch schwierigen Satzbau des Abs. 2 S. 1 sind sowohl die in der Verbotsliste aufgeführten Stoffe und Wirkstoffe als auch die Methoden[43] erfasst. Vom Verbot umfasst sind sowohl Arzneimittel in der klinischen Erprobung als auch vom Markt zurückgenommene Arzneimittel, mit solchen Wirkstoffen. Ferner gilt das Verbot für nicht zugelassene pharmakologisch wirksame Stoffe (Gliederungspunkt S 0 der Verbotsliste). **20**

a) Anabole Stoffe. Den Stoffen dieser Gruppe ist eine anabole Wirkung, also eine Förderung **21** aufbauender Prozesse (Gegensatz: katabole Wirkung) gemeinsam. Bekanntester Vertreter ist das Testosteron, dessen anabole Wirkung insbes. zu einer Zunahme der Muskelmasse und zu einer Verringerung des Fettanteils am Gesamtkörpergewicht führt[44]. **Anabole Stoffe** (Gliederungspunkt S 1 der Verbotsliste) sind zu allen Zeiten (in und außerhalb von Wettkämpfen) verboten. Zu der Gruppe gehören die anabolandrogene Steroide (AAS). Von den mehr als 50 Stoffen sind in Deutschland nur noch zwei Vertreter im Handel: Testosteron in Arzneimitteln überwiegend zur Substitutionsbehandlung bei männlichem Testosteronmangel und Prasteron, das kombiniert mit Estradiol zur Behandlung klimakterischer Beschwerden zugelassen ist.

Die weitere Gruppe anderer anaboler Stoffe umfasst chemisch heterogene Stoffe. Die Aufzählung ist **22** nicht abschließend, aufgeführt werden Clenbuterol, Selektive Androgen-Rezeptor-Modulatoren (SARMs), Tibolon, Zeranol, Zilpaterol. Im Handel sind Arzneimittel mit Clenbuterol und Tibolon. Clenbuterol wird aufgrund seiner bronchodilatatorischen Wirkung therapeutisch zur Behandlung obstruktiver Lungenerkrankungen (vor allem Asthma) eingesetzt. Bei systemischer Verabreichung in hohen Dosen wirkt es auch anabol. Darauf gründet sich seine missbräuchliche Anwendung zu Dopingzwecken. Nebenwirkungen in Abhängigkeit von der Dosierung sind Steigerung der Herzfrequenz, Muskelzittern, Elektrolytstörungen, in schweren Fällen Arrhythmien, Hypertonie oder Hypotonie. Tibolon, ein Gestagen, hat estrogene, gestagene und androgenartige Partialwirkungen. Es wird therapeutisch zur Behandlung klimakterischer Beschwerden der Frau eingesetzt. An Nebenwirkungen sind bekannt: Risiko für Brustkrebs und Endometriumkarzinom, estrogenabhängige gutartige und bösartige Neoplasien, venöse Thromboembolien, Myokardinfarkt und Schlaganfall[45]. Selektive Androgen-Rezeptor-Modulatoren besitzen vergleichbare Wirkungen wie anabol androgene Steroide, sind jedoch frei von deren androgenen Nebenwirkungen. Dies begründet ihre missbräuchliche Anwendung zur Leistungssteigerung im Sport[46].

Exogene AAS, die vom Körper nicht auf natürlichem Wege produziert werden können, sind: 1- **23** Androstendiol, 1-Androstendion, Bolandiol, Bolasteron, Boldenon, Boldion, Calusteron, Clostebol, Danazol, Dehydrochloromethyltestosteron, Desoxymethyltestosteron, Drostanolon, Ethylestrenol, Fluox-

---

[39] Anhang zuletzt geändert durch Verbotsliste 2011 v. 19.1.2011, BGBl. II S. 78.

[40] Die verfassungsrechtlichen Zweifel von *Parzeller/Rüdiger*, ZRP 2007, 137, 139 und auch *Freund*, JZ 2014, 362, überzeugen nicht.

[41] *BVerfGE* 75, 329, 342.

[42] *Kloesel/Cyran*, § 6a Anm. 38.

[43] Die grammatikalischen Zweifel von *Parzeller/Rüdiger*, ZRP 2007, 137, 139 überzeugen nicht, zumal sich aus der amtl. Begr. (BT-Drucks. 16/5526, S. 8) klar der gesetzgeberische Wille zur Erfassung der Stoffe und Methoden ergibt.

[44] *Feiden/Blasius*, S. 10 f., auch zu den erheblichen Nebenwirkungen.

[45] Zu Nebenwirkungen und gesundheitlichen Risiken der AAS (exogene anabole androgene Steroide) ausführlich *Raschka/Zedler/Parzeller*, StoffR 2008, 102, 107.

[46] BR-Drucks. 672/09.

ymesteron, Formebolon, Furazabol, Gestrinon, 4-Hydroxytestosteron, Mestanolon, Mesterolon, Metenolon, Metandienon, Methandriol, Methasteron, Methyldienolon, Methyl-1-testosteron, Methylnortestosteron, Metribolon , Miboleron, Nandrolon, 19-Norandrostenolon, Norboleton, Norclostebol, Norethandrolon, Oxabolon, Oxandrolon, Oxymesteron, Oxymetholon, Prostanozol, Quinbolon, Stanozolol, Stenbolon, 1-Testosteron, Tetrahydrogestrinon, Trenbolon und andere Wirkstoffe mit ähnlicher chemischer Struktur oder ähnlicher biologischer Wirkung.

24   **Endogene** AAS, die vom Körper auf natürlichem Wege produziert werden können, sind: Androstendiol, Androstendion, Dihydrotestosteron, Prasteron, Testosteron und Metaboliten und Isomere[47].

25   **b) Peptidhormone, Wachstumsfaktoren und verwandte Stoffe.** Die folgenden Stoffe und ihre Releasingfaktoren sind nach Gliederungspunkt S 2 der Verbotsliste verboten:
Erythropoese-stimulierende Stoffe (z. B. Erythropoetin, **(EPO)**, Darbepoetin (dEPO), Hypoxie-induzierbarer-Faktor (HIF)-Stabilisatoren, Methoxy-Polyethylenglycol-Epoetin beta (CERA- Continuous Erythropoiesis Receptor Activator), Peginesatide (Hematide)); Choriongonadotropin (CG) und Luteinisierendes Hormon (LH) bei Männern; Insuline; Corticotropine; Wachstumshormon (GH), insulinähnlicher Wachstumsfaktor 1 (IGF-1), Fibroblasten-Wachstumsfaktoren (FGFs); Hepatozyten-Wachstumsfaktor (HGF), mechanisch induzierte Wachstumsfaktoren (MGFs); Blutplättchen-Wachstumsfaktor (PDGF), vaskulär-endothelialer Wachstumsfaktor (VEGF) sowie alle anderen Wachstumsfaktoren, die in Muskeln und Sehnen oder Bändern die Proteinsynthese/den Proteinaufbau, die Gefäßbildung/-versorgung, die Energieausnutzung, die Regenerationsfähigkeit oder die Umwandlung des Fasertyps beeinflussen und andere Stoffe mit ähnlicher chemischer Struktur oder ähnlichen biologischen Wirkungen. Bekannt ist insbes. EPO, mit dem eine zusätzliche Erhöhung der Erythrozytenmasse und damit eine Verbesserung der Sauerstofftransportkapazität erreicht wird[48]. Im Handel sind Arzneimittel mit rekombinanten humanen EPOs (Epoetin alfa und beta) und biologisch ähnliche chemisch modifizierte Erythropoetine (z. B. dEPO, CERA, siehe o. a.). Nebenwirkungen sind insbes. hypertensive Krisen, Verschlechterung der Fließeigenschaften des Blutes und in der Folge thromboembolische und andere lebensbedrohliche vaskuläre Ereignisse durch Überlastung des Herzens bis hin zu Herz -und Hirninfarkt[49]. Hematide (synon. Peginesatide), das chemisch nicht mit Erythropoetin verwandt ist, dessen Wirkungsweise aber hat, befindet sich in der klinischen Erprobung[50]. Insulin, ein körpereigenes Peptidhormon der Bauchspeicheldrüse, reguliert die Konzentration von Glukose im Blut. Die Gabe von Insulin ist für die Behandlung von Patienten mit insulinpflichtigem Diabetes mellitus lebensnotwendig. Im Handel sind Zubereitungen mit unterschiedlichem Wirkungsspektrum. Für den missbräuchlichen Einsatz zu Dopingzwecken werden unterschiedliche Effekte geltend gemacht. An Nebenwirkungen können Hypoglykämie bis hin zu lebensbedrohlichen Schockzuständen auftreten[51].

26   **c) Beta-2-Agonisten.** Alle **Beta-2-Agonisten** (Gliederungspunkt S 3 der Verbotsliste) einschließlich ihrer D- und L-Isomere sind zu allen Zeiten (in und außerhalb von Wettkämpfen) verboten. Beta-2-Agonisten sind, z. B. Bambuterol, Fenoterol, Formoterol, Reproterol und Terbutalin sowie das der Gruppe anaboler Wirkstoffe zugeordnete Clenbuterol. Ausgenommen sind Salbutamol (höchstens 1600 Mikrogramm über 24 Stunden) und Salmeterol, wenn sie jeweils entsprechend den therapeutischen Empfehlungen des Herstellers inhaliert werden.

27   **d) Hormone und Stoffwechsel-Modulatoren.** Die folgenden Klassen der in der Verbotsliste unter Gliederungspunkt S 4 aufgeführten Stoffe sind zu allen Zeiten (in und außerhalb von Wettkämpfen) verboten: Aromatasehemmer (dazu gehören unter anderem Anastrozol, Aminoglutethimid, Androsta-1,4,6-trien-3,17-dion, (Androstatriendion), 4-Androsten-3,6,17-trion (6-oxo), Exemestan, Formestan, Letrozol, Testolacton)[52]; Selektive Estrogen-Rezeptor-Modulatoren (SERMs), dazu gehören unter anderem Raloxifen, Tamoxifen, Toremifen); andere antiestrogene Stoffe (dazu gehören unter anderem Clomifen, Cyclofenil, Fulvestrant) und Myostatinfunktionen verändernde Stoffe (dazu gehören unter anderem Myostatinhemmer). Myostatin ein körpereigenes Protein, hemmt das Muskelwachstum. Eine Inaktivierung bewirkt ein überschießendes Muskelwachstum; hierauf gründet sich die missbräuchliche Anwendung zur Leistungssteigerung im Sport. Gegenwärtig sind keine zugelassenen Arzneimittel dieser neu in der Verbotsliste nachgetragenen Stoffgruppe am Markt[53].

28   **e) Diuretika und andere Maskierungsmittel.** Die unter Gliederungspunkt S 5 in der Verbotsliste aufgeführten Maskierungsmittel sind zu allen Zeiten (in und außerhalb von Wettkämpfen) verboten. Die

---

[47] Vgl. die aufgeführten Substanzen in der Verbotsliste 2011, BGBl. II S. 78.
[48] *Feiden/Blasius*, S. 17, auch zu den erheblichen unerwünschten Wirkungen.
[49] BT-Drucks. 16/5937, S. 16.
[50] BR-Drucks. 612/10, S. 13.
[51] BT-Drucks. 16/5937, S. 17.
[52] Die mit der Verbotsliste 2010 neu nachgetragenen Vertreter (Androsta-1,4,6-trien-3,17-dion und 4-Androsten-3,6,17-trion (6-oxo)) sind zurzeit in Deutschland nicht legal als Arzneimittel im Verkehr; sie sind nach Angaben der WADA häufig Nahrungsergänzungsmitteln beigefügt, vgl. BR-Drucks. 612/10.
[53] BR-Drucks. 672/09.

Gruppe umfasst Diuretika, Desmopressin, Probenecid, Plasmaexpander (z. B. intravenöse Verabreichung von Albumin, Dextran, Hydroxyethylstärke und Mannitol), Probenecid und andere Stoffe mit ähnlichen biologischen Wirkungen. Zu den Diuretika, die therapeutisch zur Ausschwemmung von Ödemen und zur Behandlung des Bluthochdrucks eingesetzt werden[54], gehören Acetazolamid, Amilorid, Bumetanid, Canrenon, Chlortalidon, Etacrynsäure, Furosemid, Indapamid, Metolazon, Spironolacton, Thiazide (z. B. Bendroflumethiazid, Chlorothiazid, Hydrochlorothiazid), Triamteren und andere Stoffe mit ähnlicher chemischer Struktur oder ähnlicher biologischer Wirkung (ausgenommen Drospirenon, Pamabrom und topisches Dorzolamid und Brinzolamid, die nicht verboten sind). Für die Verwendung in und ggf. außerhalb von Wettkämpfen jegliche Menge eines Stoffes, der Grenzwerten unterliegt (das heißt Salbutamol, Morphin, Cathin, Ephedrin, Methylephedrin und Pseudoephedrin), i. V. m. einem Diuretikum oder einem anderen Maskierungsmittel muss neben der therapeutischen Ausnahmegenehmigung für das Diuretikum oder das andere Maskierungsmittel eine gesonderte medizinische Ausnahmegenehmigung für diesen Stoff vorgelegt werden.

f) Stimulanzien. Stimulanzien (Gliederungspunkt S 6 in der Verbotsliste) werden zu Dopingzwecken **29** wegen ihrer zentral stimulierenden Wirkung eingesetzt, die das Selbstvertrauen und die Konzentrations- und Koordinationsfähigkeit verbessern[55]. Die folgenden Stimulanzien, zu denen ggf. auch deren optische D- und L-Isomere gehören, sind im Wettkampf verboten: Adrafinil, Adrenalin (außer i. V. m. einem Lokalanästhetikum oder bei lokaler Anwendung z. B. an der Nase oder am Auge), Amfepramon, Amiphenazol, Amphetamin, Amphetaminil, Benfluorex, Benzphetamin, Benzylpiperazin, Bromantan, Cathin (wenn seine Konzentration im Urin 5 Mikrogramm/ml übersteigt), Clobenzorex, Cocain, Cropropamid, Crotetamid, Dimethylamphetamin, Ephedrin (ausgenommen wenn seine Konzentration im Urin 10 Mikrogramm/ml übersteigt), Etamivan, Etilamphetamin, Etilefrin, Famprofazon, Fenbutrazat, Fencamfamin, Fencamin, Fenetyllin, Fenfluramin, Fenproporex, Furfenorex, Heptaminol, Isomethepten, Levmetamphetamin, Meclofenoxat, Mefenorex, Mephentermin, Mesocarb, Methamphetamin, Methylamphetamin, p-Methylamphetamin, Methylendioxymethamphetamin, Methylephedrin (ausgenommen, wenn seine Konzentration im Urin 10 Mikrogramm/ml übersteigt), Methylhexanamin (Dimethylpantylamin), Methylphenidat, Modafinil, Nicethamid, Norfenefrin, Norfenfluramin, Octopamin, Oxilofrin, Parahydroxyamphetamin, Pemolin, Pentetrazol, Phendimetrazin, Phenmetrazin, Phenpromethamin, Phentermin, 4-Phenylpirazetam (Carphedon), Prenylamin, Prolintan, Propylhexedrin, Pseudoephedrin (ausgenommen wenn seine Konzentration im Urin 150 Mikrogramm/ml übersteigt), Selegilin, Sibutramin, Strychnin, Tuaminoheptan und andere Wirkstoffe mit ähnlicher chemischer Struktur oder ähnlicher biologischer Wirkung.

g) Narkotika. Die folgenden **Narkotika** sind nach Gliederungspunkt S 7 der Verbotsliste im Wett- **30** kampf verboten: Buprenorphin, Dextromoramid, Diamorphin (Heroin), Fentanyl und seine Derivate, Hydromorphon, Methadon, Morphin, Oxycodon, Oxymorphon, Pentazocin, Pethidin.

h) Cannabinoide. Natürliches (zum Beispiel Cannabis, Haschisch, Marihuana) oder synthetisches **31** Delta-9-Tetrahydrocannabinol (THC) und Cannabinomimetika, zum Beispiel „Spice" (Inhaltsstoffe: JWH018, JWH073, HU—210) sind im Wettkampf verboten. Die Ursache des Verbots resultiert aus der Gefahr einer erhöhten Risikotoleranz und damit einer erhöhten Unfallträchtigkeit, problematisch für den Sportler ist vor allen die euphorisierende Wirkung[56].

i) Glucocorticosteroide. Alle **Glucocorticosteroide** sind verboten, wenn sie oral, rektal, intravenös **32** oder intramuskulär im Wettkampf verabreicht werden. Für ihre Anwendung ist eine Ausnahmegenehmigung zum therapeutischen Gebrauch erforderlich. Für andere Verabreichungswege (intraartikulär, periartikulär, peritendinös, epidural, intradermal oder inhalativ) ist eine Ausnahmegenehmigung zum therapeutischen Gebrauch notwendig. Die Anwendung von Präparaten zur örtlichen Anwendung bei Erkrankungen der Haut, der Mundhöhle, des Ohres, der Nase, der Augen, des Zahnfleisches und des äußeren Afters ist nicht verboten und bedarf auch keiner Ausnahmegenehmigung (s. Gliederungspunkt S 9 der Verbotsliste).

j) Alkohol. Alkohol (Ethanol) ist wegen der Anregung motorischer und psychischer Funktionen[57] in **33** den nachfolgenden Sportarten nur im Wettkampf verboten (der Grenzwert, ab dem ein Dopingverstoß vorliegt, beträgt 0,10g/L): Bogenschießen (FITA), Karate (WKF), Kegeln und Bowling (FIQ), Luftsport (FAI), Motorbootsport (UIM), Motorradsport (FIM), Motorsport (FIA). Die Feststellung erfolgt durch Atem- oder Blutanalyse (s. Gliederungspunkt P 1 der Verbotsliste).

k) Betablocker. Wenn nichts anderes bestimmt ist, sind **Betablocker**, zu denen unter anderem **34** Acebutolol, Alprenolol, Atenolol, Betaxolol, Bisoprolol, Bunolol, Carteolol, Carvedilol, Celiprolol,

---

[54] *Feiden/Blasius*, S. 14.
[55] *Feiden/Blasius*, S. 6.
[56] *Raschka/Zedler/Parzeller*, StoffR 2008, 102, 116.
[57] Vgl. hierzu *Raschka/Zedler/Parzeller*, StoffR 2008, 102, 117.

Esmolol, Labetalol, Levobunolol, Metipranolol, Metoprolol, Nadolol, Oxprenolol, Proprano-
lol, Sotalol, Timolol gehören nach Gliederungspunkt P 2 der Verbotsliste in den folgenden Sportarten
nur im Wettkampf verboten: Billard und Snooker (WCBS); Bob und Skeleton (FIBT); Bogenschießen
(FITA); Boule (CMSB); Bridge (FMB); Curling (WCF); Darts (WDF); Golf (IGF); Kegeln und Bowling
(FIQ); Luftsport (FAI); Moderner Fünfkampf (UIPM) für Disziplinen, bei denen Schießen eingeschlossen
ist; Motorbootsport (UIM); Motorradsport (FIM); Motorsport (FIA); Ringen (FILA); Schießen (ISSF,
IPC) (auch außerhalb von Wettkämpfen verboten); Segeln (ISAF) nur für Steuermänner beim Match
Race (Boot gegen Boot); Skifahren/Snowboarding (FIS), Skispringen, Freistil aerials/halfpipe und
Snowboard halfpipe/big air.

35   **l) Erhöhung des Sauerstofftransfers.** Nach Gliederungspunkt M1 Nr. 1 der Verbotsliste 2009 ist
die Erhöhung des Sauerstofftransfers durch **Blutdoping** einschließlich der Anwendung von autologem,
homologem oder heterologem Blut oder Produkten aus roten Blutkörperchen jeglicher Herkunft verboten. Die künstliche Erhöhung der Aufnahme, des Transports oder der Abgabe von Sauerstoff, unter
anderem durch Perfluorchemikalien, Efaproxiral (RSR 13) und veränderte Hämoglobinprodukte (z. B.
Blutersatzstoffe auf Hämoglobinbasis, mikroverkapselte Hämoglobinprodukte), außer ergänzender Sauerstoff ist ebenfalls verboten. Im Hinblick auf den Stoffbegriff des § 3 Nr. 3, wonach auch Körperteile,
-bestandteile und Stoffwechselprodukte von Menschen (oder Tieren) in bearbeitetem oder unbearbeitetem Zustand Stoffe i. S. d. AMG sind, unterfallen auch diese Produkte dem Arzneimittelbegriff des § 2
I. Da Abs. 2 auch auf die in der Verbotsliste aufgeführten Methoden verweist, ist das Blutdoping vom
Dopingverbot erfasst (zu EPO s. Rn. 25).

36   **m) Chemische und physikalische Manipulation.** Gliederungspunkt M2 der Verbotsliste verbietet
die tatsächliche oder versuchte unzulässige **Einflussnahme auf Proben, um deren Integrität und
Validität** durch Manipulationen zu verändern. Die in Gliederungspunkt M2 genannten unzulässigen
Einflussnahmen auf Proben durch Katheterisierung oder Austausch sind von Abs. 2 nicht erfasst, soweit
dies durch rein physikalische Verfahren erfolgt. Von der Verbotsnorm des Abs. 2 erfasst ist insbes. die
Manipulation einer Blutprobe, z. B. durch Infusion eines Plasmaexpanders zur Verschleierung der EPO-
Wirkung[58].

37   **n) Gendoping.** Gendoping ist nach Gliederungspunkt M3 der Verbotsliste die Übertragung von
Nukleinsäuren oder Nukleinsäuresequenzen, die Anwendung normaler oder genetisch veränderter
Zellen oder die die Anwendung von Stoffen, die sich unmittelbar oder mittelbar auf Funktionen
auswirken, von denen bekannt ist, dass sie die Leistung durch Änderung der Genexpression beeinflussen.
Die Definition ist weit gefasst. Neben dem Verbringen von Genelementen in den menschlichen Körper
sind vom Verbot auch Veränderungen der Genexpression durch z. B. pharmakologische Stoffe umfasst.
Auch diese Stoffe sind als Gentherapeutika in § 4 IX vom AMG erfasst. Da Abs. 2 auch die in der
Verbotsliste aufgeführten Methoden in Bezug nimmt, unterliegt Gendoping dem Dopingverbot.

38   **3. Doping bei Menschen.** Die Verbotsregelung des Abs. 1 gilt nur dann, wenn das Doping bei
Menschen erfolgt oder erfolgen soll. Die Differenzierung zwischen „erfolgt" und „erfolgen soll" erklärt
sich aus den oben unter den Rn. 12–18 erläuterten Tathandlungen. So „erfolgt" im Falle der Anwendung bei anderen bereits das Doping, während beim Inverkehrbringen, beim Verschreiben und bei der
Einfuhr das Doping erst noch erfolgen soll, die Tathandlung aber gleichwohl beendet ist. Das **Doping
von Tieren** unterfällt nicht § 6 a. Nach § 3 Nr. 1b TierSchG ist die Anwendung von Dopingmitteln an
einem Tier bei sportlichen Wettkämpfen oder ähnlichen Veranstaltungen verboten.

II. Warnhinweis (S. 2–4)

39   Vor Einführung der Hinweispflicht haben sich Sportler oft darauf berufen, dass ihnen die Wirkung der
Arzneimittel als Dopingmittel nicht bekannt war. Die Gründe für die Einführung der Dopinghinweis-
pflicht als besonderer Warnhinweis, insbes. der Gedanke der Gesundheitsaufklärung, wirken schwerer als
die Bedenken, die im Hinblick auf einen unerwünschten Anreiz des Hinweises für Sportler und Sportlerinnen angeführt werden[59]. Zum Zweck der Hinweispflicht s. Rn. 4.

40   In **Abs. 2 S. 2–4** wird für alle Arzneimittel, die nach § 11 nur mit einer Packungsbeilage in den
Verkehr gebracht werden dürfen, eine Verpflichtung zur Aufnahme eines Warnhinweises in die Packungsbeilage und Fachinformation normiert, wenn diese Arzneimittel von dem Verbot des Abs. 2 S. 1
erfasst sind. Die Regelung erstreckt sich nur auf nationale Zulassungen. § 11 findet Anwendung auf
Fertigarzneimittel (s. § 4 Rn. 2 ff.), die Arzneimittel i. S. d. § 2 I, II Nr. 1 sind und die nicht zur
klinischen Prüfung oder Rückstandsprüfung bestimmt oder nach § 21 II Nr. 1a oder Nr. 1b von der
Zulassungspflicht freigestellt sind. **Abs. 2 S. 4** bestimmt, dass die Hinweispflicht keine Anwendung auf
Arzneimittel findet, die nach einer **homöopathischen Verfahrenstechnik** hergestellt worden sind, weil

---

[58] *Parzeller/Rüdiger*, ZRP 2007, 137, 139.
[59] BT-Drucks. 16/5526, S. 8.

diese Arzneimittel im Hinblick auf ihre Potenzierung oder Verdünnung keine für Dopingzwecke relevante stoffliche Konzentration haben. Eisenhaltige Arzneimittel unterfallen nicht der Warnhinweispflicht, weil Eisenverbindungen nicht in der WADA-Verbotsliste genannt sind.

In der Packungsbeilage und in der Fachinformation dieser Arzneimittel ist folgender **Warnhinweis** **41** anzugeben: „Die Anwendung des Arzneimittels [Bezeichnung des Arzneimittels einsetzen] kann bei Dopingkontrollen zu positiven Ergebnissen führen." Mit der einzusetzenden „Bezeichnung des Arzneimittels" wird der in § 11 I 1 Nr. 1 Buchst. a) verwendete Begriff aufgegriffen. Die Bezeichnung muss sprachlich vollständig mit derjenigen übereinstimmen, unter der das Fertigarzneimittel zugelassen ist; Abweichungen in Schriftfarbe, -art und -größe sind möglich. Der Begriff „Dopingkontrollen" erfasst alle möglichen Nachweismethoden. Der Hinweis ist als weitere Angabe i. S. d. § 11 I 5 einzuordnen und nach den sonstigen Pflichtangaben aufzuführen. Weitere **Erläuterungen** zu dem Pflichthinweis sind unzulässig, weil der Wortlaut abschließend gesetzlich vorgegeben ist. Dies folgt auch aus § 11 I 2, wonach erläuternde Angaben nur zu den in § 11 I 1 genannten Begriffen zulässig sind. Der gesetzlich angeordnete Warnhinweis steht im **Einklang mit europäischem Recht,** denn es handelt sich bei der Kennzeichnungspflicht um einen besonderen gesundheitsdienlichen Warnhinweis für den Verbraucher, der nach Art. 59 Abs. 1 Buchst. c) RL 2001/83/EG als besonderer Warnhinweis zulässig ist. Für Fachinformationen ist die Durchsetzung der Regelung für Arzneimittel im Verfahren der gegenseitigen Anerkennung, im dezentralisierten Verfahren und zentralen Verfahren regelmäßig abhängig von dem Votum des Co-/Rapporteurs; ein übereinstimmendes Vorgehen im europäischen Rahmen wäre wünschenswert. Im Hinblick auf den Warnhinweis gelten für pharmazeutische Unternehmer und den Groß- und Einzelhandel **Übergangsbestimmungen** nach § 143 (s. § 143 Rn. 3). Verstöße gegen die Warnhinweispflicht sind in § 97 nicht als Ordnungswidrigkeit mit Bußgeld bedroht, können aber in wettbewerbsrechtlichen Verfahren angegriffen werden.

Kann aus dem **Fehlgebrauch** des Arzneimittels zu Dopingzwecken eine Gesundheitsgefährdung **42** folgen, ist dies nach S. 3 zusätzlich anzugeben. Dies erfolgt im Rahmen der Pflichtangaben nach § 11 I 1 Nr. 3 Buchst. d) bzw. § 11a I 2 Nr. 4 Buchst. d).

D. Besitzverbot (Abs. 2a und Anhang zu Abs. 2a)

I. Erwerb und Besitz nicht geringer Mengen von Stoffen

1. Erfasste Stoffe in nicht geringen Mengen. Abs. 2a normiert ein Verbot für den Erwerb und **43** Besitz nicht geringer Mengen bestimmter **Dopingstoffe.** Durch das Erwerbsverbot werden auch Fälle erfasst, in denen der Besitz noch nicht nachgewiesen werden kann. Die Festlegung der Stoffe, deren Besitz unter Strafe gestellt wird, erfolgt im Anhang zum AMG, der auf Vorschlägen von Wissenschaftlern, die im Bereich von Dopingkontrollen tätig sind, im Gesetzgebungsverfahren durch Beschlussempfehlung des federführenden Ausschusses eingestellt wurde[60]. Vom Verbot erfasst werden aktuell Stoffe, die zu folgenden im Anhang der Verbotsliste des Europaratsübereinkommen aufgeführten Gruppen gehören: Anabole Stoffe, Peptidhormone, Wachstumsfaktoren und verwandte Stoffe sowie Hormon-Antagonisten und -Modulatoren. Für diese Stoffe ist eine, missbräuchliche Anwendung bekannt und gefährlich. Diese Gruppen, die in der „WADA-Verbotsliste" als S 1, S 2, S 4 und M3 ausgewiesen sind, werden vorzugsweise im Spitzensport und mit zunehmender Tendenz auch im Freizeitsport zur Leistungssteigerung eingesetzt. Ihre Anwendung zu Dopingzwecken geht mit einer erheblichen Gesundheitsgefährdung einher. Dies gilt zwar auch für die anderen in der „Verbotsliste" aufgeführten Gruppen von Dopingmitteln. Diese, dazu zählen zum Beispiel Diuretika, haben gegenüber den o. a. Gruppen jedoch ein deutlich niedrigeres Missbrauchspotential und es gibt weniger Schwarzmarktaktivitäten. Narkotika (zum Beispiel Morphin), Cannabinoide oder bestimmte Stimulanzien (zum Beispiel Amphetamine), die sowohl ein hohes Missbrauchspotential haben als auch besonders gefährlich sind, wurden gleichwohl nicht aufgenommen, da diese Stoffe als Betäubungsmittel bereits einem weiter gehenden Besitzverbot unterliegen[61].

Das BMG wird ermächtigt, im Einvernehmen mit dem BMI und nach Anhörung von Sachverständi- **44** gen den Anhang zum AMG durch Rechtsverordnung mit Zustimmung des Bundesrates abzuändern. Wesentliches Kriterium ist nach **Abs. 2a S. 3 Nr. 1,** dass die Stoffe zu Dopingzwecken im Sport geeignet sind und deren Anwendung bei nicht therapeutischer Bestimmung gefährlich ist. Die Aufnahme neuer Stoffe ist unter den Voraussetzungen des **Abs. 2a S. 3** möglich; eine Anwendung im erheblichen Umfang ist nicht erforderlich. Die Streichung von Stoffen kann nach **Abs. 2a S. 4** erfolgen, wenn die Voraussetzungen zur Aufnahme der Stoffe in den Anhang nicht mehr vorliegen.

Wer eine **nicht geringe Menge** bestimmter Arzneimittel zu Dopingzwecken im Sport besitzt **45** („Indiz für Handel"), unterliegt dem Verbot. Die nicht geringe Menge dieser Stoffe bestimmt das BMG im Einvernehmen mit dem BMI nach Anhörung von Sachverständigen durch Rechtsverord-

---

[60] BT-Drucks. 16/5937, S. 5.
[61] BT-Drucks. 16/5937, S. 15.

nung mit Zustimmung des Bundesrates[62]. Das Bundesministerium (§ 6 I) hat von dieser Ermächtigung zuletzt mit der 2. Verordnung zur Bestimmung von Dopingmitteln und zur Festlegung der nicht geringen Menge vom 24.6.2013 Gebrauch gemacht[63]. Die in Art. 2 DmMV festgelegten Mengen sind dem Besitzverbot nach **Abs. 2a S. 1** unterliegende nicht geringe Mengen. Die Festlegung der nicht geringen Menge der Stoffe erfolgte nach Anhörung von Sachverständigen unter Zugrundelegung wissenschaftlicher Erkenntnisse zur Gefährlichkeit dieser Stoffe. Dabei wird unterschieden zwischen Stoffen, die zum Doping in etwa in der gleichen Dosierung angewendet werden wie zur therapeutischen Anwendung und Stoffen, die zum Doping in wesentlich niedrigeren Dosen angewendet werden als zur therapeutischen Anwendung bei Kranken (Erythropoietin und Analoga, Insulin und Wachstumshormone). Für die zuerst genannte Gruppe wurde zur Bestimmung der nicht geringen Menge in etwa die zu therapeutischen Zwecken verwendete **Monatsmenge** zugrunde gelegt. Bei der zuletzt genannten Gruppe besteht ein erheblich höheres Gefährlichkeitspotential, würden in diesen Fällen therapeutische Dosen bei Gesunden angewandt. Für diese Gruppe wurde daher eine erheblich niedrigere nicht geringe Menge festgelegt.

46   Nach dem **Anhang zu § 6a IIa**[64] im AMG i. V. m. der DmMV sind folgende Arzneimittel mit den in den Klammerzusätzen benannten Mengenangaben vom Besitzverbot erfasst (die Aufzählung schließt die verschiedenen Salze, Ester, Ether, Isomere, Mischungen von Isomeren, Komplexe oder Derivate mit ein):

(1) **Anabole Stoffe**
   (a) **Anabol-androgene Steroide**
      (aa) **Exogene anabol-androgene Steroide**
         1-Androstendiol (3.000 mg); 1-Androstendion (3.000 mg); Bolandiol (3.000 mg), Bolasteron (Depot-Zubereitungen 100 mg, andere Zubereitungen 150 mg); Boldenon (1.000 mg); Boldion (3.000 mg); Calusteron (Depot-Zubereitungen 100 mg, andere Zubereitungen 150 mg); Clostebol (Depot-Zubereitungen 80 mg, andere Zubereitungen 900 mg); Danazol (3.000 mg), Dehydrochlormethyltestosteron (Depot-Zubereitungen 100 mg, andere Zubereitungen 150 mg); Desoxymethyltestosteron (Depot-Zubereitungen 100 mg, andere Zubereitungen 150 mg); Drostanolon (1.015 mg); Ethylestrenol (450 mg); Fluoxymesteron (Depot-Zubereitungen 100 mg, andere Zubereitungen 150 mg); Formebolon (Depot-Zubereitungen 100 mg, andere Zubereitungen 150 mg); Furazabol (Depot-Zubereitungen 100 mg, andere Zubereitungen 150 mg); Gestrinon (45 mg); 4-Hydroxytestosteron (1.500 mg); Mestanolon (Depot-Zubereitungen 100 mg, andere Zubereitungen 150 mg); Mesterolon (1.500 mg); Metandienon (Depot-Zubereitungen 100 mg, andere Zubereitungen 150 mg), Metenolon (Depot-Zubereitungen 150 mg, andere Zubereitungen 1.500 mg, Methandriol (Depot-Zubereitungen 100 mg, andere Zubereitungen 150 mg); Methasteron (Depot-Zubereitungen 100 mg, andere Zubereitungen 150 mg); Methyldienolon (45 mg); Methyl-1-testosteron (Depot-Zubereitungen 100 mg, andere Zubereitungen 150 mg); Methylnortestosteron (Depot-Zubereitungen 100 mg, andere Zubereitungen 150 mg); Methyltestosteron (Depot-Zubereitungen 100 mg, andere Zubereitungen 150 mg); Metribolon (syn. Methyltrienolon 45 mg); Miboleron (Depot-Zubereitungen 100 mg, andere Zubereitungen 150 mg); Nandrolon (45 mg); 19-Norandrostendion (3.000 mg); Norboleton (450 mg); Norclostebol (1.500 mg), Norethandrolon (450 mg); Oxabolon (75 mg); Oxandrolon (Depot-Zubereitungen 100 mg, andere Zubereitungen 150 mg); Oxymesteron (Depot-Zubereitungen 100 mg, andere Zubereitungen 150 mg); Oxymetholon (Depot-Zubereitungen 100 mg, andere Zubereitungen 150 mg); Prostanozol (1.500 mg); Quinbolon (1.500 mg); Stanozolol (Depot-Zubereitungen 100 mg, andere Zubereitungen 150 mg); Stenbolon (1.500 mg); 1-Testosteron (1.500 mg); Tetrahydrogestrinon (45 mg); Trenbolon (150 mg); Andere mit anabol-androgenen Steroiden verwandte Stoffe (mit 17-Alpha-Struktur Depot-Zubereitungen 100 mg, andere Zubereitungen 150 mg, mit anderen Strukturen 3.000 mg).
      (bb) **Endogene anabol-androgene Steroide**
         Androstendiol (3.000 mg); Androstendion (3.000 mg); Androstanolon, synonym Dihydrotestosteron (1.500 mg); Prasteron, synonym Dehydroepiandrosteron , DHEA (Depotzubereitung 144 mg, andere Zubereitungen 3.000 mg); Testosteron (Depot-Zubereitungen 632 mg, transdermale Zubereitungen 1.500 mg, andere Zubereitungen 3.000 mg).
         Bei Stoffen, die als Ester vorliegen, erfolgt Umrechnung auf die freie Verbindung.
   (b) **Andere anabole Stoffe**
      Clenbuterol (2,1 mg); Selektive Androgen-Rezeptor-Modulatoren, SARMs (90 mg); Tibolon (75 mg); Zeranol (4,5 mg); Zilpaterol (4,5 mg).

---

[62] Kritisch hierzu *Hauptmann/Rübenstahl*, MedR 2007, 271, 277.
[63] BGBl. I S. 1687, die Dopingmittel-Mengen-Verordnung vom 29.11.2010 (BGBl. I S. 1752) ist außer Kraft getreten.
[64] Basis war die Verbotsliste 2008; die Anpassung des Anhangs an die weiteren Verbotslisten erfolgte durch die Verordnung zur Bestimmung von Dopingmitteln und zur Festlegung der nicht geringen Menge vom 29.11.2010 (BGBl. I S. 1752).

(2) **Peptidhormone, Wachstumsfaktoren und verwandte Stoffe**
  (a) **Erythropoese stimulierende Stoffe:**
     Erythropoetin human (EPO): Epoetin alfa, beta, delta, omega, theta, zeta und analoge rekombinante humane Erythropoetine (24.000 IE); Darbepoetin alfa (dEPO) (120 µg); Methoxy-Polyethylenglycol-Epoetin beta, synonym PEG-Epoetin beta, Continuous Erythropoiesis Receptor Activator (CERA) (90 µg);, Peginesatide, synonym Hematid (5 mg).
  (b) **Choriongonadotropin (CG) und Luteinisierendes Hormon (LH):**
     Choriongonadotropin (HCG) (24.000 IE); Choriogonadotropin alfa (250 ug), Lutropin alfa (2.250 IE).
  (c) **Insuline (400 IE).**
  (d) **Corticotropine:**
     Corticotropin (1.200 IE); Tetracosactid (Depotzubereitung 12 mg, andere Zubereitungen 0,25 mg).
  (e) Wachstumshormon, Releasingfaktoren, Releasingpeptide und Wachstumsfaktoren:
     Somatropin, synonym Wachstumshormon human, Growth Hormone (GH) (16 mg); Somatrem, synonym Somatropin (methionyl), human (16 mg); Wachstumshormon-Releasingfaktrion, synonym Growth Hormone Releasing Hormones (GHRH) – Sermorelin und Somatorelin – und Wachstumshormon-Releasingpeptide, synonym Growth Hormone Releasing Peptides (GHRP) (1,5 mg); Mecasermin, synonym Insulin-ähnlicher Wachstumsfaktor 1, Insulin-like Growth Factor-1 (IGF-1) (60 mg); IGF-1-Analoga (3 mg).
(3) **Hormone und Stoffwechsel-Modulatoren**
  (a) **Aromatasehemmer**
     Aminoglutethimid (30.000 mg); Anastrozol (30 mg); Androsta-1,4,6-trien-3,17-dion, synonym Androstatriendion (3.000 mg); 4-Androsten-3,6,17-trion (6-oxo) (6.000 mg); Exemestan (750 mg), Formestan (600 mg); Letrozol (75 mg); Testolacton (6.000 mg).
  (b) **Selektive Estrogen-Rezeptor-Modulatoren (SERMs)**
     Raloxifen (1.680 mg); Tamoxifen (600 mg); Toremifen (1.800 mg).
  (c) **Andere antiestrogen wirkende Stoffe**
     Clomifen (509 mg); Cyclofenil (12.000 mg); Fulvestrant (250 mg).
  (d) **Myostatinfunktionen verändernde Stoffe**
     Myostatinhemmer, Stamulumab (450 mg).
  (e) **Stoffwechsel-Molulatoren**
     Insuline (400 IE)
     PPARδ (Peroxisome Proliferator Activated Receptor Delta)- Agonisten, synonym PPAR-delta-Agonisten
     GW051516, synonym GW 1516 (75 mg)
     AMPK (PPARδ-AMP-activated protein kinase)-Axis-Agonisten (7000 mg)
     AICAR.

47 Zur Bezeichnung des Stoffes sind die internationalen Kurzbezeichnungen der Weltgesundheitsorganisation (INN) oder – wenn nicht vorhanden – gebräuchliche wissenschaftliche Bezeichnungen herangezogen worden. Daraus folgen in wenigen Fällen terminologische Abweichungen zur WADA-Verbotsliste (z. B. Anabole Stoffe, Untergruppe endogen anabol-androgene Steroide: Androstanolon statt Dihydrotestosteron). Der Begriff „Depot-Zubereitung" ist nicht legaldefiniert, allgemein werden darunter Arzneiformen verstanden, deren verzögerte Arzneistofffreisetzung über einen längeren Zeitabschnitt möglichst konstant sowie in therapeutisch brauchbarer Menge geschieht; z. B. Depotinjektion, Depottablette od. -kapsel, Schwimmkapsel; häufig mit Initialdosis und Erhaltungsdosis. Entscheidend im Hinblick auf die Abgrenzung zu der bloßen Art der Anwendung (z. B. intramuskuläre Injektion) ist die Eigenschaft der Darreichungsform, also galenische Besonderheiten, die eine verzögerte Freisetzung im Körper ermöglichen. Vom Begriff der Zubereitung ist auch der Wirkstoff erfasst.

48 **2. Besitz.** Der Begriff des Besitzens ist im AMG wie auch in anderen Gesetzen, z. B. dem BtMG, nicht definiert. Die zum Betäubungsmittelrecht (insbes. zu § 29 I 1 Nr. 3 BtMG) von der Rechtsprechung entwickelten Merkmale und Definitionen können wegen der Vergleichbarkeit der Regelungen herangezogen werden, denn sowohl der durch § 6a II a als auch § 29 I 1 Nr. 3 BtMG[65] normierte unerlaubte Besitz soll der weiteren Verbreitung des Mittels im Interesse des Gesundheitsschutzes eingedämmt werden. Danach muss es sich um ein **tatsächliches Herrschaftsverhältnis** handeln, das die ungehinderte Einwirkungsmöglichkeit auf das Arzneimittel beinhaltet und auf nennenswerte Dauer angelegt ist. Zugleich muss das tatsächliche Herrschaftsverhältnis von einem Herrschaftswillen getragen sein. Die privatrechtliche Eigentumslage ist für den Besitz nicht relevant. Auf die im BGB enthaltenen Regelungen zum Besitz (§§ 854 ff. BGB) kann grundsätzlich zurückgegriffen werden, ohne dass diese aber vollständig für die Erfüllung des Tatbestandes des Abs. 2a erfüllt sein müssen. Erscheinungsformen

---

[65] *Kotz*, in: MüKo StGB, Bd. 5/I, § 29 BtMG Rn. 904 m. w. N.

des tatsächlichen Herrschaftsverhältnisses sind neben der Aufbewahrung oder dem Mitsichführen des Dopingmittels für eigene Zwecke auch das Verstecken oder Hinterlegen (z. B. in einem Behältnis in einer Gepäckaufbewahrung oder Hotelrezeption) von Dopingmitteln. Entscheidend ist in diesen Fällen immer die Sachherrschaft und die **ungehinderte Einwirkungsmöglichkeit** auf das Dopingmittel. Auch wer für einen anderen Dopingmittel transportiert (z. B. während der Etappe einer Radsportveranstaltung) und dabei nicht nur eine ganz kurze Hilfstätigkeit ohne einen Herrschaftswillen – nur über wenige Minuten oder wenige Meter – ausübt, ist Besitzer eines Dopingmittels[66].

49   Erfasst ist nicht nur der Besitz zum Zwecke des Inverkehrbringens sondern auch der **Besitz zum Eigengebrauch.** Die Auffassung, dass Abs. 2a im Hinblick auf die Legaldefinition des Inverkehrbringens in § 4 VII nur den für die Strafbarkeit wegen Inverkehrbringens erforderlichen Nachweis verzichtbar machen soll, dass die Wirkstoffe potentiellen dritten Konsumenten zugänglich sind[67], kann aus dem Wortlaut der Norm nicht abgeleitet werden. Vielmehr hätte dann das Besitzverbot in Abs. 2a zum Zwecke des Dopings bei anderen Menschen beschränkt werden müssen. Entstehungsgeschichte und Zweck der Norm – insbes. der Aspekt des Gesundheitsschutzes – geben auch für eine teleologische Reduktion des Wortlauts keinen Anlass. Abs. 2a ist als Auffangtatbestand anzusehen, der für den Besitz konkreter Mengen bestimmter Arzneimittel ein strafbewehrtes Verbot normiert. Gleichwohl wird der Sportler, der Arzneimittel nur in geringen Mengen zu Dopingzwecken besitzt, nicht von der Verbotsnorm erfasst[68].

II. Dopingzwecke bei Menschen

50   Die Verbotsregelung des Abs. 2a gilt nur dann, wenn das Doping bei **Menschen** erfolgt oder erfolgen soll. Die auf Menschen beschränkte Zweckbestimmung ist Abs. 2 nachgebildet (s. Rn. 38).

E. Erweiterungsmöglichkeit durch Verordnung (Abs. 3)

51   Abs. 3 räumt dem zuständigen BMG (§ 6 I) die Möglichkeit ein, im Einvernehmen mit dem BMI durch **Rechtsverordnung** mit Zustimmung des Bundesrates weitere Stoffe oder Zubereitungen aus Stoffen zu bestimmen, auf die das Dopingverbot nach Abs. 1 Anwendung finden soll. Zum Einvernehmen und zu allgemeinen Fragen des Erlasses von Rechtsverordnungen s. § 6 Rn. 18. Bisher wurde von dieser Rechtsverordnungsermächtigung nicht Gebrauch gemacht. Ein Bedarf kann sich beispielsweise ergeben, wenn vor einer Anpassung des Anhangs des Übereinkommens kurzfristig neue Dopingmittel vom Verbot des § 6a erfasst werden sollen, damit Umgehungsversuchen wirksam begegnet werden kann[69].

F. Sanktionen

52   Verstöße gegen das in **§ 6a I** normierte Dopingverbot unterliegen nach § 95 I Nr. 2a der **Strafbarkeit** (zu weiteren Straf- und Ordnungswidrigkeitstatbeständen im Zusammenhang mit dem Umgang mit Dopingmitteln s. Rn. 18). Der Handelnde muss bei vorsätzlicher Tatbegehung insbes. Kenntnis davon haben, dass das Arzneimittel zum Zwecke des Dopings verwendet werden soll. Im Hinblick auf die in Abs. 2 S. 2 normierten Warnhinweise ist dem behandelnden Arzt oder dem Apotheker die Dopingrelevanz eines Arzneimittels bekannt. Die Kenntnis von der bloßen Möglichkeit, dass das Arzneimittel (auch) zu Dopingzwecken angewendet werden kann, begründet noch nicht den Tatvorwurf.

53   Wer entgegen **§ 6a IIa** Arzneimittel oder einen Wirkstoff in nicht geringer Menge zu Dopingzwecken im Sport **erwirbt** oder **besitzt,** wird nach § 95 I Nr. 2b mit Strafe bedroht. Eine vorsätzliche Tatbegehung setzt Wissen und Wollen der objektiven Tatbestandsmerkmale einschließlich des Herrschaftswillen und dem Dopingzweck voraus. Dabei ist auch der Besitz zum Eigenverbrauch erfasst. Dient der Besitz einer späteren Weitergabe, so ist zu prüfen, ob bereits das Vorrätighalten zum Inverkehrbringen und damit **§ 6a I** tatbestandlich erfüllt ist. Der Herrschafts- und Besitzwille ist darauf gerichtet, für sich die Möglichkeit ungehinderter Einwirkung auf das Dopingmittel herzustellen oder diese zu erhalten. Derjenige, der Dopingmittel an sich nimmt, um sie wegzuwerfen oder sie einem anderen vorzuenthalten (z. B. Eltern, die ihren Kindern Dopingmittel zu ihrem Schutz wegnehmen) haben keinen Besitz- oder Herrschaftswillen[70].

---

[66] Nachweise in der betäubungsmittelrechtlichen Rechtsprechung *Kotz*, in: MüKo StGB, Bd. 5/I, § 29 BtMG Rn. 925.
[67] So *Hauptmann/Rübenstahl*, MedR 2007, 271, 276.
[68] Kritisch hierzu *Bannenberg*, SpuRt 2007, 155, 156, die darauf verweist, dass diese Verbotsregelung zur weiteren Perfektionierung der Umgehungsstrategien führen werde.
[69] BT-Drucks. 13/9996, S. 13.
[70] Nachweise in der betäubungsmittelrechtlichen Rechtsprechung *Kotz*, in: MüKo StGB, Bd. 5/I, § 29 BtMG Rn. 940.

Nach § 70 I 1 StGB kann auch ein Berufsverbot verhängt werden. Dies kann beispielsweise in Betracht **54** kommen, wenn ein Apotheker wegen der unerlaubten Abgabe von verschreibungspflichtigen Arzneimitteln zu Dopingzwecken im Sport verurteilt wird[71].

Auch die **fahrlässige** Zuwiderhandlung gegen das Dopingverbot des § 6a I und IIa ist nach § 95 IV **55** mit Strafe bedroht. Fahrlässig handelt derjenige, der bei in dem jeweiligen Beruf üblichen ordentlicher Sorgfalt den Missbrauch hätte erkennen müssen. Die Fahrlässigkeit bezieht sich insbes. auf die Einschätzung der Eigenschaften des Arzneimittels. So macht sich beispielsweise ein Arzt nach § 95 IV strafbar, der einem Sportler ein Arzneimittel zur Leistungssteigerung verschreibt, bei dem er fahrlässig irrig davon ausgeht, dass es keine verbotenen Dopingsubstanzen enthält. Die Unkenntnis der Anwendung des Arzneimittels (auch) zu Dopingzwecken begründet noch nicht den Tatvorwurf des § 95 IV[72]. Mit der Verschreibung von beispielsweise Anabolika trotz Fehlens einer medizinischen Indikation kann der Arzt gegen die Pflicht zur gewissenhaften Berufsausübung verstoßen, auch wenn ihm die Verschreibung zum Zwecke des Dopings nicht nachzuweisen ist[73]. In einem solchen Fall drohen dem Arzt **berufsrechtliche Sanktionen** bis zum Widerruf der Approbation wegen missbräuchlicher Arzneimittelverordnung[74].

Das Dopen von **Minderjährigen** ist in § 95 III 2 Nr. 2 Buchst. a) als Regelbeispiel eines besonders **56** schweren Falles mit Freiheitsstrafe bis zu zehn Jahren bedroht. Auch das **banden- bzw. gewerbsmäßige** Inverkehrbringen, Verschreiben oder Anwenden wird nach § 95 III 2 Nr. 2 Buchst. b) als besonders schwerer Fall mit einer Freiheitsstrafe von einem Jahr bis zu zehn Jahren geahndet.

Eine Einwilligung des Sportlers kommt aufgrund des Zwecks des in § 6a geregelten Dopingverbots **57** nicht als **Rechtfertigungsgrund** in Betracht. Das ausdrückliche gesetzliche Dopingverbot zur Leistungssteigerung im Sport begrenzt die Dispositionsbefugnis des Sportlers und schließt damit die rechtfertigende Einwilligung des Sportlers aus[75].

Für die **Abgrenzung von Täterschaft und Teilnahme** kommt es gerade bei Transporten von **58** Dopingmitteln darauf an, inwieweit z. B. ein Beifahrer über die Abwicklung des Transports, Auslieferungsziele und Abnehmer informiert ist[76].

Zureichende tatsächliche Anhaltspunkte, die ein Einschreiten der Staatsanwaltschaft gem. § 152 II **59** StPO veranlassen können, dürften auch gegeben sein, wenn mehrere Sportler einer Mannschaft positiv getestet oder eine größere Menge an Doping-Arzneimitteln gefunden wurden. Denn hier besteht die Möglichkeit, dass das nachgewiesene Doping-Arzneimittel z. B. von einem Trainer oder Betreuer an den betroffenen Sportler weitergegeben wurde. In **Ermittlungsverfahren** wegen des Verdachts einer Straftat nach § 95 I Nr. 2a hat der dopende Sportler kein Auskunftsverweigerungsrecht (§ 55 StPO), soweit bei ihm nur geringe Mengen von Dopingmitteln gefunden wurden. Da die nur notwendige Teilnahme des sich selbst dopenden Sportlers am Delikt des § 6a nicht § 60 Nr. 2 StPO unterfällt, kann er auch die Eidesleistung nicht verweigern[77].

Die meisten bekannten Urteile in Doping-Strafverfahren betreffen die Einfuhr von Anabolika vor **60** allem aus Fernost[78]. Das *AG Frankfurt/Main*[79] erkannte für einen vorbestraften Bodybilder wegen unerlaubten Inverkehrbringens von Arzneimitteln zu Dopingzwecken im Sport in 13 Fällen und einem weiteren Fall ohne Dopingzweck (über 2 000 000 Tabletten und Ampullen) auf eine Gesamtfreiheitsstrafe von 2 Jahren. Ein nicht vorbestrafter Flugbegleiter wurde vom *AG Frankfurt/Main*[80] zu einer Gesamtfreiheitsstrafe von einem Jahr und 6 Monaten wegen unerlaubten Inverkehrbringens von Arzneimitteln zu Dopingzwecken im Sport in 20 Fällen (über 500.000 Tabletten) verurteilt. Das *LG Bonn*[81] hat einen Angeklagten wegen des verbotenen Inverkehrbringens von Arzneimitteln zu Dopingzwecken im Sport zu einer Freiheitsstrafe von vier Jahren und sechs Monaten verurteilt. Der *BGH*[82] hat die der Verurteilung zugrundeliegenden Regelungen des § 6a als verfassungsgemäß und vereinbar mit Art. 103 II GG angesehen.

Um eine effektive **Gewinnabschöpfung** bei diesen Straftaten sicherzustellen, sieht § 98a eine **61** Anwendbarkeit des **Erweiterten Verfalls** (§ 73d StGB) für den Fall vor, dass der Täter gewerbsmäßig oder als Mitglied einer Bande handelt, die sich zur fortgesetzten Begehung solcher Taten verbunden hat. Die Regelung entspricht damit den vergleichbaren Vorschriften über die Gewinnabschöpfung bei anderen Straftaten, die einen engen Bezug zur organisierten Kriminalität aufweisen.

---

[71] Im Fall *BGH*, NStZ 2010, 170 hat der *BGH* allerdings ein in der Vorinstanz gegen einen Apotheker verhängtes Berufsverbot von drei Jahren wieder aufgehoben.

[72] *Heger*, SpuRt 2001, 92, 93.

[73] *Bezirksberufsgericht für Ärzte Stuttgart*, MedR 2000, 105 f.

[74] *OVG Saarlouis*, ArztR 2005, 162 ff.

[75] *Heger*, SpuRt 2001, 92, 94; *Parzeller/Caldarelli/Heise//Centamore*, StoffR 2008, 206, 219.

[76] *Körner*, § 95 AMG Rn. 38 m. w. N. zur Rspr.

[77] *Jahn*, SpuRt 2005, 141, 146.

[78] Über weitere Urteile berichtet *Jahn*, SpuRt 2005, 141, 142 f.

[79] *AG Frankfurt/Main*, Urt. v. 11.2.2003, 940 Ls–8920 Js 214163/01–3002.

[80] *AG Frankfurt/Main*, Urt. v. 28.5.2001, 942 Ls-8920 Js 213434/012.

[81] *LG Bonn*, Urt. v. 6.2.2012 – 27 Kls – 920 Js 54/11 – 5/11 – BeckRS 2013, 22499.

[82] *BGH*, NJW 2014, 325.

§ 7 Radioaktive und mit ionisierenden Strahlen behandelte Arzneimittel

(1) **Es ist verboten, radioaktive Arzneimittel oder Arzneimittel, bei deren Herstellung ionisierende Strahlen verwendet worden sind, in den Verkehr zu bringen, es sei denn, dass dies durch Rechtsverordnung nach Absatz 2 zugelassen ist.**

(2) [1]**Das Bundesministerium wird ermächtigt, im Einvernehmen mit dem Bundesministerium für Umwelt, Naturschutz, Bau und Reaktorsicherheit durch Rechtsverordnung mit Zustimmung des Bundesrates das Inverkehrbringen radioaktiver Arzneimittel oder bei der Herstellung von Arzneimitteln die Verwendung ionisierender Strahlen zuzulassen, soweit dies nach dem jeweiligen Stand der wissenschaftlichen Erkenntnisse zu medizinischen Zwecken geboten und für die Gesundheit von Mensch oder Tier unbedenklich ist.** [2]**In der Rechtsverordnung können für die Arzneimittel der Vertriebsweg bestimmt sowie Angaben über die Radioaktivität auf dem Behältnis, der äußeren Umhüllung und der Packungsbeilage vorgeschrieben werden.** [3]**Die Rechtsverordnung wird vom Bundesministerium für Ernährung und Landwirtschaft im Einvernehmen mit dem Bundesministerium und dem Bundesministerium für Umwelt, Naturschutz, Bau und Reaktorsicherheit erlassen, soweit es sich um Arzneimittel handelt, die zur Anwendung bei Tieren bestimmt sind.**

Europarechtliche Vorgaben: Art. 1 Nr. 6–9, Art. 3, Art. 11 Nr. 11 und 12, Art. 66, Art. 67 RL 2001/83/EG.

Literatur: *Schirbel*, Radioaktive Arzneimittel für Diagnostik und Therapie, PZ 2006, 148.

Übersicht

A. Allgemeines

I. Inhalt

1   Nach der Vorschrift gilt für radioaktive Arzneimittel und Arzneimittel, bei deren Herstellung ionisierende Strahlen verwendet worden sind, ein **Verkehrsverbot mit Erlaubnisvorbehalt** zugunsten einer Rechtsverordnung.

II. Zweck

2   Die Vorschrift unterwirft die **radioaktiven oder mit ionisierenden Strahlen behandelten Arzneimittel** unter dem Gesichtspunkt des **Strahlenschutzes** im Hinblick auf die besonderen Gefahren[1] spezifischen Sicherheitsanforderungen. Das dazu statuierte grundsätzliche Verbot mit Erlaubnisvorbehalt erscheint insbesondere vor dem Hintergrund der Historie verständlich, die eine im Wesentlichen unveränderte Übernahme der Vorschrift aus dem AMG 1961[2] aufzeigt. Das *BVerfG*[3] hat die Verfassungskonformität des Verbots mit Erlaubnisvorbehalt nach § 7 AMG 1961 bestätigt. Die Entwicklung medizinischer Therapien hat im Übrigen gezeigt, dass nicht selten die Strahlenbehandlung von Arzneimitteln den moderneren und unter dem Gesichtspunkt der Arzneimittelsicherheit vorzuziehenden Herstellungsschritt von Arzneimitteln darstellt. Aus Gründen des medizinischen Fortschritts und aus Gründen der

---

[1] *Rehmann*, § 7 Rn. 1.
[2] BT-Drucks. 654, 3. Wahlperiode, in der auf die Erforderlichkeit eingehender Forschungsarbeiten vor Zulassung der Behandlung von Arzneimitteln mit ionisierenden Strahlen Bezug genommen wird.
[3] *BVerfGE* 20, 283, 291; NJW 1967, 291.

Beachtung des verfassungsrechtlichen Übermaßverbotes ist es deshalb erforderlich, dass notwendige Änderungen der nach Abs. 2 zu erlassenden Rechtsverordnung zur Einschränkung des Verkehrsverbotes regelmäßig vorgenommen werden.

III. Europarechtliche Regelungen

Spezifische europarechtliche Vorschriften für radioaktive Arzneimittel, die zur Anwendung bei **3** Menschen bestimmt sind, wurden erstmalig durch die RL 89/343/EWG zur Erweiterung des Anwendungsbereichs der RL 65/65/EWG und RL 75/319/EWG und zur Festlegung zusätzlicher Vorschriften für radioaktive Arzneimittel geschaffen. Diese RL ist im Rahmen der Kodifizierung des europäischen Arzneimittelrechts in die **RL 2001/83/EG** überführt worden. Art. 1 Nr. 6–9 dieser RL enthält **Begriffsbestimmungen** für das radioaktive Arzneimittel[4], den Radionuklidgenerator[5], das Kit[6] und die Radionuklidvorstufe[7]. Nach Art. 3 der RL sollen radioaktive Arzneimittel zur Anwendung beim Menschen, mit Ausnahme von Radionukliden in Form geschlossener Quellen, vom Anwendungsbereich der RL ausgeschlossen sein. Hierbei handelt es sich aber um eine offensichtlich unrichtige Übersetzung. Die englische und andere Sprachfassungen[8] bringen zum Ausdruck, dass Radionuklide in Form geschlossener Quellen vom Anwendungsbereich ausgeschlossen sein sollen. Art. 7 bestimmt, dass eine Genehmigung für das Inverkehrbringen für ein radioaktives Arzneimittel dann nicht erforderlich ist, wenn es zurzeit des Verbrauchs durch eine Person oder eine Institution, die in Übereinstimmung mit nationalem Recht zur Verwendung solcher Arzneimittel befugt ist, nach den Anweisungen des Herstellers in einer zugelassenen Einrichtung des Gesundheitswesens ausschließlich auf der Grundlage genehmigter Radionuklidgeneratoren, Kits oder Radionuklidvorstufen zubereitet wird[9]. Art. 11 Nr. 11 und 12 dieser RL fordern für die Zusammenfassung der Produktmerkmale (SmPC[10]) bestimmte Angaben und Anweisungen. Art. 66 dieser RL enthält spezifische Anforderungen für äußere Umhüllung, Behältnis und Packungsbeilage, insbesondere die Kennzeichnung entsprechend den Bestimmungen der Internationalen Atomenergieorganisation sowie Angaben zur Radioaktivität und Erklärungen einer verwendeten Kodierung der Phiolen (Glasgefäße). Art. 67 fordert für radioaktive Arzneimittel, Radionuklidgeneratoren, Radionuklidkits und Vorstufen von Radionukliden radioaktiver Arzneimittel für die Packungsbeilage die Angabe spezifischer Vorsichtsmaßnahmen für den Anwender und die Patienten zur Zubereitung und Verabreichung des Arzneimittels sowie für die Entsorgung des Transportbehälters und seines nicht verwendeten Inhalts.

Bei der Festlegung der Vorschriften der RL 2001/83/EG und der Vorgänger-RL waren **Euratom-** **4** **Richtlinien** zu beachten, die den Strahlenschutz bei ärztlichen Untersuchungen und Behandlungen sowie den Gesundheitsschutz der Bevölkerung und der Arbeitskräfte gegen die Gefahren ionisierender Strahlen betreffen. Nähere Angaben hierzu finden sich im Erwägungsgrund 18 der RL 2001/83/EG. Diese verweist auf die RL 84/466/Euratom des Rates vom 3.9.1984 zur Festlegung der grundlegenden Maßnahmen für den Strahlenschutz bei ärztlichen Untersuchungen und Behandlungen[11], die alle Vorschriften für radioaktive Arzneimittel berücksichtigen müssen. Mit der RL 2013/59/Euratom des Rates vom 5.12.2013[12], gelten neue Vorschriften, die von den Mitgliedstaaten bis zum 6.2.2018 umzusetzen sind. Mit Wirkung vom 6.2.2018 werden die in dem Titel der RL 2013/59 genannten bisher einschlägigen Richtlinien aufgehoben. Bis dahin sind insbesondere die Bestimmungen der RL 96/29/Euratom des Rates vom 13.5.1996 zur Festlegung der grundlegenden Sicherheitsnormen für den Schutz der Gesundheit der Arbeitskräfte und der Bevölkerung gegen die Gefahren durch ionisierende Strahlungen zu berücksichtigen.

Für radioaktive **Arzneimittel, die zur Anwendung bei Tieren bestimmt** sind, regelt Art. 3 Abs. 1 **5** Buchst. c) RL 2001/82/EG, dass die Bestimmungen dieser RL nicht für Tierarzneimittel auf der Basis radioaktiver Isotope gelten.

---

[4] Art. 1 Nr. 6: „Radioaktives Arzneimittel: Jedes Arzneimittel, das in gebrauchsfertiger Form ein oder mehrere für medizinische Zwecke aufgenommene Radionuklide (radioaktive Isotope) enthält".

[5] Art. 1 Nr. 7: „Radionuklidgenerator: Jedes System mit einem festen Mutterradionuklid, auf dessen Grundlage ein Tochterradionuklid erzeugt wird, das durch Elution oder ein anderes Verfahren herausgelöst und in einem radioaktiven Arzneimittel verwendet wird".

[6] Art. 1 Nr. 8: „Kit: Jede Zubereitung, die – normalerweise vor ihrer Verabreichung – in der endgültigen radioaktiven Arzneimittel neu gebildet oder mit Radionukliden verbunden wird".

[7] Art. 1 Nr. 9: „Radionuklidvorstufe: Jedes andere für die Radiomarkierung eines anderen Stoffes vor der Verabreichung hergestellte Radionuklid".

[8] S. z. B. engl. „This Directive shall not apply to: … 5. Any radionuclides in the form of sealed sources." oder entsprechend franz. „5. Aux radionucléides utilisés sous forme scellée."

[9] Diese klarstellende Regelung verdeutlicht, dass in der beschriebenen Fallgestaltung kein Inverkehrbringen gesehen wird.

[10] Summary of Product Characteristics; zugunsten des Supplementary Patent Certificate ist die früher übliche Abkürzung SPC aufgegeben worden.

[11] Aufgehoben mit Wirkung zum 13.5.2000 durch RL 97/43/Euratom.

[12] RL 2013/59/Euratom des Rates vom 5.12.2013 zur Festlegung grundlegender Sicherheitsnormen für den Schutz vor den Gefahren gegenüber einer Exposition ionisierender Strahlung und zur Aufhebung der Richtlinien 89/618/Euratom, 90/641/Euratom, 96/29/Euratom, 97/43/Euratom und 2003/122/Euratom (ABl. L 13 vom 17.1.2014, S. 1).

B. Grundsätzliches Verkehrsverbot mit Erlaubnisvorbehalt (Abs. 1)

I. Vom Verbot erfasste Tatbestände

6   Das Verkehrsverbot erfasst **radioaktive Arzneimittel** und **Arzneimittel, bei deren Herstellung ionisierende Strahlen** verwendet worden sind. Eine Definition der radioaktiven Arzneimittel findet sich in § 4 VIII. Danach werden Arzneimittel erfasst, die radioaktive Stoffe sind oder enthalten und ionisierende Strahlen spontan aussenden. Ferner müssen die Arzneimittel dazu bestimmt sein wegen dieser Eigenschaften angewendet zu werden. Damit scheiden insbesondere solche Arzneimittel aus, die von Natur aus geringe Mengen radioaktiver Stoffe enthalten, nicht aber wegen der Emission ionisierender Strahlen angewendet werden sollen (s. § 4 Rn. 58). Vom Verbot erfasst ist jedes Inverkehrbringen (§ 4 XVII) durch natürliche oder juristische Personen. Kein Inverkehrbringen stellt die Anwendung eines Arzneimittels am Patienten dar (s. § 5 Rn. 7).

7   Die Verwendung ionisierender Strahlen bei der Herstellung erfasst alle denkbaren Verwendungszwecke, wie die **Strahlensterilisierung (Verminderung der Keimzahl)**, die Attenuierung (Abschwächung) von Viren, andere medizinische Zwecke, aber auch schlicht messtechnische Zwecke. Erfasst sind alle Herstellungsschritte des Arzneimittels, nicht aber die Behandlung von Roh- oder Grundstoffen[13] oder des Verpackungsmaterials[14]. Rechtsfolge einer nicht zulässigen Verwendung ionisierender Strahlen bei der Herstellung ist, dass die betreffenden Arzneimittel im Geltungsbereich des AMG nicht in den Verkehr gebracht werden dürfen. Dabei kommt es nicht darauf an, ob die Verwendung ionisierender Strahlen bei der Herstellung in Deutschland oder im Ausland erfolgt[15].

II. Vorrang der VO (EG) Nr. 726/2004

8   Wegen des Vorrangs des europäischen Rechts gilt über den Wortlaut des Gesetzes hinaus das Verkehrsverbot ebenso nicht für „zentral zugelassene Arzneimittel" d.h. solche Arzneimittel, die eine Genehmigung für das Inverkehrbringen auf Grund der VO (EG) Nr. 726/2004[16] erhalten haben[17].

C. Aufhebung des Verkehrsverbotes durch Rechtsverordnung (Abs. 2)

9   Die Aufhebung des Verkehrsverbotes nach § 7 I durch Rechtsverordnung nach § 7 II bewirkt allein die **Aufhebung dieses spezifischen Verkehrsverbotes.** Die anderen Erfordernisse nach dem AMG für das Inverkehrbringen und seine Modalitäten wie das der Herstellungserlaubnis, der Zulassung der Vertriebsbeschränkungen u. a. sind daneben zu beachten.

I. Verfahren der Rechtsverordnung und Voraussetzungen für die Aufhebung des Verkehrsverbotes (S. 1)

10   Das Verkehrsverbot wird, soweit die gesetzlichen Voraussetzungen vorliegen, durch Rechtsverordnung des BMG (s. die Legaldefinition in § 6 I) aufgehoben, die des Einvernehmens des für den Strahlenschutz zuständigen BMUB und der Zustimmung des Bundesrates bedarf (zur Rechtsfolge bei Nichtbeachtung dieser Beteiligungserfordernisse – grundsätzlich Nichtigkeit – s. § 6 Rn. 5 und 18). Voraussetzung für die Aufhebung des Verkehrsverbotes durch Rechtsverordnung ist, dass dies nach dem jeweiligen Stand der wissenschaftlichen Erkenntnisse **zu medizinischen Zwecken geboten** ist und **für die Gesundheit von Mensch oder Tier unbedenklich** ist[18]. Damit fordert das Gesetz ein auf die jeweilige Arzneimittel bezogenes günstiges Nutzen-Risiko-Verhältnis (§ 4 XXVII und XXVIII), mithin eine Anforderung, die im Zulassungsverfahren eines Arzneimittels geprüft wird (§ 25 II 1 Nr. 5). Aus der Forderung des Gesetzes, nach der die Aufhebung „geboten" sein muss, folgt nichts anderes, weil im Rahmen jeder Entscheidung über die Zulassung eines betr. Arzneimittels der aus medizinischer Sicht zu bewertende Nutzen größer sein muss als ein aus der Radioaktivität oder der Strahlenbehandlung resultierendes Risiko.

11   Folgerichtig ist die Rechtsverordnung den Weg gegangen, grundsätzlich die Aufhebung des Verkehrsverbotes von einer Prüfung der Arzneimittel im Zulassungsverfahren abhängig zu machen (s. dazu Rn. 15).

---

[13] Bei diesen handelt es sich noch nicht um Arzneimittel.
[14] *Sander*, § 7 Erl. 2.
[15] *Rehmann*, § 7 Rn. 1; *Freund*, in: MüKo StGB, Bd. 6/I, § 7 AMG Rn. 2.
[16] Diese Verordnung hat die früher geltende Verordnung (EWG) Nr. 2309/93 abgelöst.
[17] *Deutsch*, in: Deutsch/Lippert, § 7 Rn. 3; *Freund*, in: MüKo StGB, Bd. 6/I, § 7 AMG Rn. 2.
[18] Zum Einfluss der Strahlenbehandlung auf Arzneimittel und Hilfsstoffe vgl. die bei *Kloesel/Cyran*, § 7 Anm.10 aufgeführten Literaturstudien.

II. Weitere mögliche Inhalte der Rechtsverordnung (S. 2)

Die Rechtsverordnungsermächtigung ermöglicht, dass der **Vertriebsweg** abweichend vom regulären   **12** bestimmt werden kann und dass **Angaben zur Radioaktivität** auf dem Behältnis, der äußeren Umhüllung und der Packungsbeilage vorgeschrieben werden können. Diese Sonderregelungen sind vor dem Hintergrund medizinisch-technischer Erfordernisse (kurze Transportwege bei möglichst kurzer physikalischer Halbwertszeit[19]) aber auch praktischer Erfordernisse vorgesehen. Sie berücksichtigen insbesondere auch, dass für bestimmte von der Verordnung erfasste Arzneimittel eine **Umgangsgenehmigung nach dem Strahlenschutzrecht** erforderlich ist, die beim regulären Apothekenvertriebsweg sonst für jede Apotheke erforderlich wäre. Hinzuweisen ist hier aber auch auf § 47 I 1 Nr. 2 Buchst. f), nach dem radioaktive Arzneimittel abweichend vom grundsätzlich vorgeschriebenen Vertriebsweg über die Apotheke von pharmazeutischen Unternehmern und Großhändlern auch unmittelbar an Krankenhäuser und Ärzte geliefert werden dürfen.

III. Zuständigkeit, soweit es sich um Tierarzneimittel handelt (S. 3)

Die Rechtsverordnung wird vom Bundesministerium für Ernährung und Landwirtschaft im Einver-   **13** nehmen mit dem BMG und dem BMUB erlassen, soweit es sich um Arzneimittel handelt, die **zur Anwendung bei Tieren bestimmt** sind. S. 3 behandelt nur die Abweichungen zur Autorenschaft und zu den Einvernehmensressorts für die Rechtsverordnung nach diesem Absatz. Das Erfordernis der Zustimmung des Bundesrates und Inhalt, Zweck und Ausmaß der Ermächtigung ergeben sich aus S. 1 und 2.

D. Rechtsverordnungen auf Grund § 7 Abs. 1

I. Konzept und Inhalt der Rechtsverordnung

Die auf Grund des § 7 des AMG 1961 erlassene Rechtsverordnung ist 1987 durch die AMRadV vom   **14** 28.1.1987 abgelöst worden. Die Bekanntmachung der Neufassung vom 19.1.2007 berücksichtigt die bis dahin, auch durch Gesetz, erfolgten Änderungen.

Nach dem Konzept dieser Rechtsverordnung werden die spezifischen Fragen zum Gebotensein des   **15** Inverkehrbringens radioaktiver Arzneimittel oder zur Verwendung ionisierender Strahlen bei der Herstellung von Arzneimitteln ebenso wie die Frage der Unbedenklichkeit im Rahmen eines **Zulassungsverfahrens** geprüft[20]. Deshalb werden auch Arzneimittel, die keine Fertigarzneimittel sind, grundsätzlich der Zulassungspflicht unterstellt. Dies gilt insbesondere für „Nicht-Fertigarzneimittel" und für Arzneimittel, die nach § 21 II Nr. 1 (Apothekenherstellung) keiner Zulassung bedürfen. Demgegenüber werden Arzneimittel, die zur klinischen Prüfung (§ 21 II Nr. 2 und 5) oder zur Rückstandsprüfung bei Tieren (§ 21 II Nr. 5) bestimmt sind, nicht von der Ausdehnung der Zulassungsvorschriften erfasst. Gleiches gilt für Arzneimittel, die im Rahmen eines „compassionate use" unter Beachtung des § 21 II Nr. 6 in den Verkehr gebracht werden. Ausnahmen von der Ausdehnung der Zulassungsvorschriften werden ferner bestimmt für Fälle, in denen bereits ausreichende Erfahrungen vorliegen und somit die strahlenspezifischen Aspekte bei Arzneimitteln, die keine Fertigarzneimittel sind, kein Zulassungsverfahren erfordern.

§ 1 AMRadV regelt die Verkehrsfähigkeit der **mit ionisierenden Strahlen behandelten Arznei-**   **16** **mittel.** Erlaubt ist die Verwendung von Elektronen-, Gamma- oder Röntgenstrahlen für messtechnische Zwecke, zur Verminderung der Keimzahl (Strahlensterilisierung) oder zur Inaktivierung von Blutbestandteilen oder Tumormaterial oder zur Modifizierung von Bestandteilen. Dazu werden Anforderungen an die Art und Energie der Bestrahlung festgelegt und es wird grundsätzlich auch für Arzneimittel, die keine Fertigarzneimittel sind, die Zulassung durch die zuständige Bundesoberbehörde (BfArM, PEI oder BVL) vorgeschrieben.

Ausnahmen vom Erfordernis der Zulassung gelten für bestimmte in § 2 II Nr. 1a, 3 und 4   **17** genannte Geltungsarzneimittel sowie für Collagenmembranen und Erzeugnisse aus Fibrinschaum, die keine Fertigarzneimittel sind, weil bei diesen Gegenständen und Stoffen genügend Erfahrungen vorliegen, um die Verkehrsfähigkeit auch ohne Überprüfung in einem strahlenspezifischen Zulassungsverfahren zu erlauben. Eine Reihe der auf § 2 II AMG bezogenen Ausnahmen hat an Bedeutung verloren,

---

[19] Eine kürzere Halbwertszeit führt zu einer geringeren Strahlenbelastung des Körpers, vgl. Pschyrembel, S. 818: Die physikalische Halbwertszeit eines Radioisotops ist diejenige Zeit, in der eine vorgegebene Anfangsaktivität durch den Spontanzerfall auf die Hälfte dieser radiologischen Aktivität zerfallen ist. Die biologische Halbwertszeit ist diejenige Zeit, in der eine verabfolgte Aktivität eines Nuklids auf natürlichem Wege auf die Hälfte ausgeschieden ist. Aus diesen beiden Faktoren lässt sich die effektive Halbwertszeit berechnen.

[20] Trockensubstanzen (sog. Markierungs-Kits), die in den Verkehr gebracht werden, um in nuklear-medizinischen Instituten und Klinikabteilungen mit einem radioaktiven Soff (Technetium 99m) angereichert und am menschlichen Körper zur szintigraphischen Darstellung von Organen angewandt zu werden, sind zulassungspflichtige Fertigarzneimittel, so *BVerwG*, NJW 1985, 1410.

weil die entsprechenden zur Anwendung bei Menschen bestimmten Gegenstände keine Arzneimittel mehr sind, sondern inzwischen als **Medizinprodukte** vom MPG erfasst werden.

18 § 2 **AMRadV** regelt das Inverkehrbringen **radioaktiver Arzneimittel** und macht dies ebenfalls grundsätzlich vom Bestehen einer Zulassung durch die zuständige Bundesoberbehörde abhängig. **Ausnahmen** von dieser Zulassungspflicht bestehen für radioaktive Arzneimittel, die keine Fertigarzneimittel sind und die von Natur aus nur eine bestimmte Konzentration von Radioaktivität von Stoffen aus der Uran-, Thorium- oder Actiniumreihe enthalten, sofern diese Konzentration nicht erhöht worden ist, sowie für Heilwässer aus natürlichen Quellen, deren Konzentration an radioaktiven Stoffen natürlichen Ursprungs aus der Uran-, Thorium- oder Actiniumreihe nicht erhöht worden ist. Eine spezifische Ausnahme enthält § 2 I 3 Nr. 1 bis 3 für Radiodiagnostika[21]. Diese bedürfen keiner Zulassung, wenn sie in klinischen Einrichtungen auf der Grundlage einer Herstellungserlaubnis nach § 13 „rezepturmäßig", d. h. für nicht mehr als 20 Behandlungsfälle in der Woche hergestellt werden und dort, d. h. in dieser Einrichtung, angewendet werden. Ferner gilt eine Ausnahme für radioaktive Arzneimittel, die in einer Krankenhausapotheke oder krankenhausversorgenden Apotheke ausschließlich auf der Grundlage zugelassener Radionuklidgeneratoren, Radionuklidkits oder Radionuklidvorstufen nach den Anweisungen des jeweiligen pharmazeutischen Unternehmers zubereitet werden.

19 § 3 **AMRadV** enthält spezifische Vorschriften für Kennzeichnung, Packungsbeilage und Fachinformation, die neben den Vorschriften des AMG zu beachten sind.

20 § 4 **AMRadV** bestimmt, dass die Vorschriften der StrlSchV und der RöV unberührt bleiben.

21 § 5 **AMRadV** regelt, dass ordnungswidrig i. S. d. § 97 II Nr. 31 handelt, wer vorsätzlich oder fahrlässig ein radioaktives Arzneimittel entgegen § 3 Nr. 1 S. 1, Nr. 2 oder 4 der VO (d. h. ohne die dort vorgeschriebenen Angaben) in den Verkehr bringt.

22 § 6 **AMRadV** enthält eine Übergangsregelung zu § 3 AMRadV.

II. Anwendung radioaktiver Arzneimittel

23 Die Nuklearmedizin verwendet radioaktive Arzneimittel zu diagnostischen und therapeutischen Zwecken[22].

E. Sanktionen

24 Ein Inverkehrbringen entgegen § 7 I ist nach § 95 I Nr. 3, sofern es **vorsätzlich** erfolgt, mit Freiheitsstrafe bis zu drei Jahren oder mit Geldstrafe bedroht. Der **Versuch** ist nach § 95 II strafbar. Für besonders schwere Fälle gilt die Strafandrohung nach § 95 III (Freiheitsstrafe von einem Jahr bis zu zehn Jahren). Für den Fall der **fahrlässigen** Begehung sieht § 95 IV Freiheitsstrafe bis zu einem Jahr oder Geldstrafe vor.

F. Sonstiges

25 Die Vorschriften der StrlSchV und der RöV sind ebenfalls zu beachten[23].

26 Nach der Strahlenschutzverordnung bedarf es der Rechtfertigung medizinischer Strahlenexpositionen im Rahmen der Heilkunde, Zahnheilkunde oder der medizinischen Forschung[24] und in bestimmten Fällen einer Anzeige oder Genehmigung[25] für den Umgang mit radioaktiven Stoffen oder die Anwendung radioaktiver Stoffe oder radioaktiver Strahlung am Menschen.

§ 8 Verbote zum Schutz vor Täuschung

(1) Es ist verboten, Arzneimittel oder Wirkstoffe herzustellen oder in den Verkehr zu bringen, die

1. **durch Abweichung von den anerkannten pharmazeutischen Regeln in ihrer Qualität nicht unerheblich gemindert sind oder**

1a. (aufgehoben)

2. **mit irreführender Bezeichnung, Angabe oder Aufmachung versehen sind. Eine Irreführung liegt insbesondere dann vor, wenn**

   a) **Arzneimitteln eine therapeutische Wirksamkeit oder Wirkungen oder Wirkstoffen eine Aktivität beigelegt werden, die sie nicht haben,**

---

[21] Vgl. dazu Stellungnahme der Bundesregierung zu der Entschließung des Bundesrates zur Verordnung zur Änderung der Verordnung über radioaktive oder mit ionisierenden Strahlen behandelte Arzneimittel vom 3.4.2009, BR-Drucks. 369/09, in der die Bundesregierung auf entsprechende Bitte des Bundesrates das (grundsätzlich positive) Ergebnis dieser Evaluierung dieser Vorschrift übermittelt hat.
[22] Vgl. *Schirbel*, PZ 2006, 148.
[23] § 81 stellt klar, dass insbesondere auch die Vorschriften des Atomrechts unberührt bleiben.
[24] Vgl. § 4 II StrlSchV.
[25] Vgl. insbes. auch Anl. I der StrlSchV „Genehmigungsfreie Tätigkeiten".

b) fälschlich der Eindruck erweckt wird, dass ein Erfolg mit Sicherheit erwartet werden kann oder dass nach bestimmungsgemäßem oder längerem Gebrauch keine schädlichen Wirkungen eintreten,

c) zur Täuschung über die Qualität geeignete Bezeichnungen, Angaben oder Aufmachungen verwendet werden, die für die Bewertung des Arzneimittels oder Wirkstoffs mitbestimmend sind.

(2) Es ist verboten, gefälschte Arzneimittel oder gefälschte Wirkstoffe herzustellen, in den Verkehr zu bringen oder sonst mit ihnen Handel zu treiben.

(3) Es ist verboten, Arzneimittel, deren Verfalldatum abgelaufen ist, in den Verkehr zu bringen.

Wichtige Änderungen der Vorschrift: Abs. 1 geändert durch Art. 1 des Zwölften Gesetzes zur Änderung des Arzneimittelgesetzes vom 30.7.2004 (BGBl. I S. 2031) und durch Gesetz zur Änderung arzneimittelrechtlicher und anderer Vorschriften vom 17.7.2009 (BGBl. I S. 1990); Abs. 1 g4eändert, Abs. 2 neu gefasst und Abs. 3 angefügt durch Art. 1 des Zweiten Gesetzes zur Änderung arzneimittelrechtlicher und anderer Vorschriften vom 19.10.2012 (BGBl. I S. 2192).

Literatur: *Scholz,* Auswirkungen der Irreführungsgefahr bei Abgrenzungsvereinbarungen im pharmazeutischen Bereich, GRUR 1994, 688; *Tillmanns,* Arzneimittelfälschungen – regulatorische Rahmenbedingungen und Haftungsfragen, PharmR 2009, 66; *Wesser,* Falsche Kennzeichnung von Arzneimitteln – zur Reichweite von § 8 Abs. 1 Nr. 1a AMG, A&R 2011, 210.

Übersicht

A. Allgemeines

I. Inhalt

Die Vorschrift, die auf die Regelung des § 8 AMG 1961 zurückgeht[1], normiert in Abs. 1 das Verbot, **1** Arzneimittel oder Wirkstoffe herzustellen oder in den Verkehr zu bringen, die in ihrer **pharmazeutischen Qualität nicht unerheblich gemindert** sind (Abs. 1 Nr. 1) oder in anderer Weise mit **irreführender** Bezeichnung, Angabe oder Aufmachung versehen sind (Abs. 1 Nr. 2). Abs. 2 regelt das Verbot für die Herstellung, das Inverkehrbringen und das Handeltreiben gefälschter Arzneimittel oder gefälschter Wirkstoffe. Abs. 3 verbietet das Inverkehrbringen von Arzneimitteln, deren **Verfalldatum abgelaufen** ist.

II. Zweck

Zweck der Regelung ist der **Schutz des Verbrauchers** vor qualitativ minderwertigen, unwirksamen, **2** gefälschten, irreführend deklarierten Arzneimitteln und Wirkstoffen oder verfallenen Arzneimitteln[2]. Die Norm hat daher einen abstrakt vorbeugenden Schutzcharakter. Der Schutz des Verbrauchers vor konkret

---

[1] BT-Drucks. 7/3060, S. 46.
[2] *Sander,* § 8 Erl. 1; *Kloesel/Cyran,* § 8 Anm. 1.

gesundheitlich bedenklichen Arzneimitteln wird bereits durch § 5 sichergestellt. § 8 schützt jeden Abnehmer und damit auch den Groß- und Einzelhandel, insbesondere die Apotheken[3]. Die durch die 12. AMG-Novelle in Abs. 1 eingefügte Nr. 1a, die nunmehr in Abs. 2 überführt wurde, normiert einen speziellen Tatbestand zum Verbot der Herstellung, des Inverkehrbringens und des Handeltreibens von Arzneimittelfälschungen. Damit sollen Arzneimittelfälschungen möglichst lückenlos erfasst und verfolgt werden können[4]. Das Gefährdungspotenzial, das von gefälschten Wirkstoffen ausgeht, die zur Arzneimittelherstellung bestimmt sind, ist vergleichbar dem Gefährdungspotenzial gefälschter Arzneimittel selbst[5]. Die Verbote zum Schutz vor Täuschung sind deshalb auch auf Wirkstoffe erstreckt worden.

III. Anwendungsbereich der Norm

3   Die Vorschrift gilt **für alle Arzneimittel** i. S. d. § 2[6] unabhängig davon, ob sie zulassungspflichtig (oder auch registrierungspflichtig) sind oder nicht. Die Verbotstatbestände des § 8 gelten auch für die **Einfuhr,** da § 8 nach § 73 IV 2 und 3 für die Einfuhr von Arzneimitteln, die nach § 73 II Nr. 1–3 und 6–10 und § 73 III 1 und 2 für die Einfuhr von Arzneimitteln, die nach § 73 II Nr. 1–3 und 6–10 und § 73 III 1 und 2 und III a nach Deutschland verbracht werden, Anwendung findet (s. § 73 Rn. 86). Aus § 73a I ergibt sich, dass das in § 8 normierte Verbot auch für zur **Ausfuhr** bestimmte Arzneimittel gilt. § 73a I 2 stellt sicher, dass der Export von Arzneimitteln abweichend von § 8 nur bei ausdrücklicher Genehmigung der zuständigen Behörde des Bestimmungslandes zulässig ist (s. § 73a Rn. 14). Wird ein Arzneimittel im Geltungsbereich des AMG nach §§ 10 I 2; 11 I 3 mit **mehrsprachigen Texten** hergestellt oder in Verkehr gebracht, dann gelten die Verbote des § 8 auch für diese Sprachen[7].

4   **Normadressaten** des in Abs. 1 normierten Herstellungsverbots sind alle, die Arzneimittel jeglicher Art herstellen einschließlich Lohnhersteller und Lohnkonfektionierer. Adressaten des in Abs. 1 und auch Abs. 2 geregelten Inverkehrbringensverbots sind pharmazeutische Unternehmer, Großhändler, Apotheker, Einzelhändler sowie Tierärzte im Hinblick auf die Abgabe im Rahmen des Betriebs der tierärztlichen Hausapotheke. Normadressaten sind – vor allem im Hinblick auf die Abgabe von Ärztemustern (s. § 47 III) – auch Ärzte und Zahnärzte[8]; dies gilt auch für Arzneimittel, die Ärzte oder andere zur Ausübung der Heilkunde befugte Personen selbst herstellen und anwenden, da die konkurrierende Gesetzgebungskompetenz des Bundes (Art. 74 I Nr. 19 GG) auf das Recht der Arzneien ausgedehnt wurde[9]. Zur strafrechtlichen Verantwortung s. Rn. 35. Zum Rechtsschutz s. Rn. 18.

5   Für den Bereich der **Werbung** mit Arzneimitteln verbietet § 3 HWG als lex specialis die Werbung mit irreführenden Angaben, während § 8 I Nr. 2 den nicht werblichen Informationsgehalt eines Arzneimittels vor Irreführung schützt[10].

B. Verbote für die Herstellung oder das Inverkehrbringen (Abs. 1)

6   Abs. 1 normiert das Verbot der Herstellung oder des Inverkehrbringens von Arzneimitteln, die in ihrer **pharmazeutischen Qualität nicht unerheblich gemindert** (Nr. 1), **gefälscht** (Nr. 1a) oder in anderer Weise mit **irreführender** Bezeichnung, Angabe oder Aufmachung versehen sind (Nr. 2). Die Regelung gilt auch für **Wirkstoffe,** die zur Arzneimittelherstellung bestimmt sind (§ 4 XIX). Die Voraussetzungen müssen objektiv gegeben sein, um z. B. ein Einschreiten der Überwachungsbehörden nach § 69 zu ermöglichen; subjektive Elemente, z. B. vorsätzliches oder fahrlässiges Handeln sind im Rahmen der Straf- und Bußgeldvorschriften relevant. **Herstellen** ist nach § 4 XIV das Gewinnen, das Anfertigen, das Zubereiten, das Be- oder Verarbeiten, das Umfüllen einschließlich Abfüllen, das Abpacken, das Kennzeichnen und die Freigabe (s. § 4 Rn. 115 ff.). **Inverkehrbringen** ist nach der Legaldefinition des § 4 XVII das Vorrätighalten zum Verkauf oder zu sonstiger Abgabe, das Feilhalten, das Feilbieten und die Abgabe an andere (s. § 4 Rn. 139 ff.).

I. Minderung der pharmazeutischen Qualität (Nr. 1)

7   Abs. 1 Nr. 1 verbietet die Herstellung oder das Inverkehrbringen von Arzneimitteln oder Wirkstoffen, die durch Abweichung von den anerkannten pharmazeutischen Regeln in ihrer Qualität nicht unerheblich gemindert sind.

---

[3] *Scholz,* GRUR 1994, 688, 699.
[4] BT-Drucks. 15/2109, S. 27.
[5] BT-Drucks. 16/12 256, S. 44.
[6] *Kloesel/Cyran,* § 8 Anm. 4.
[7] Ebenso *Kloesel/Cyran,* § 8 Anm. 4; a. A. *Sander,* § 8 Erl. 5 unter Hinweis auf eine Entscheidung des *VG Darmstadt* vom 24.11.1988, die allerdings im Hinblick auf den 1994 eingefügten § 73a überholt ist.
[8] *Kloesel/Cyran,* § 8 Anm. 2; *Sander,* § 8 Erl. 1.
[9] A. A. unter Hinweis auf die a. F. des Art. 74 I Nr. 19 GG *Wesch,* in: Dieners/Reese, § 16 Rn. 24.
[10] *Scholz,* GRUR 1994, 688, 699.

1. Anerkannte pharmazeutische Regeln zur Qualität. Qualität ist nach der Legaldefinition des **8** § 4 XV die Beschaffenheit eines Arzneimittels, die nach Identität, Gehalt, Reinheit, sonstigen chemischen, physikalischen, biologischen Eigenschaften oder durch das Herstellungsverfahren bestimmt wird (s. § 4 Rn. 128 ff.). Die **anerkannten pharmazeutischen Regeln,** an denen die Qualität zu messen ist, sind im AMG nicht definiert und ergeben sich – wie bereits die Amtliche Begründung des Gesetzentwurfs der Bundesregierung zum AMG 1976 ausführt – insbesondere aus dem in § 55 geregelten Arzneibuch[11]. Das **Arzneibuch** ist nach § 55 I eine vom BfArM bekanntgemachte Sammlung anerkannter pharmazeutischer Regeln über die Qualität, Prüfung (z. B. zur Identität und Reinheit), Lagerung, Abgabe und Bezeichnung von Arzneimitteln und den bei ihrer Herstellung verwendeten Stoffen. Darüber hinaus bestimmen sich die anerkannten pharmazeutischen Regeln, z. B. bei neuen Stoffen, für die keine Arzneibuchmonographie vorliegt, nach dem **allgemeinen Stand der pharmazeutischen Wissenschaft,** der sich aus weltweiten wissenschaftlichen Erkenntnismaterialien, seien es Arzneibücher anderer Länder[12] oder wissenschaftliche Literatur und Abhandlungen ergibt. Bei zulassungspflichtigen Arzneimitteln sind insoweit vor allem die vorgelegten Zulassungsunterlagen zur pharmazeutischen Qualität heranzuziehen[13].

Ferner können Qualitätsmängel auch durch eine **Abweichung vom ordnungsgemäßen Herstel- 9 lungsverfahren** bedingt sein. Maßgeblich sind insoweit die **RL 2003/94/EG** sowie die Leitlinien für die **Gute Herstellungspraxis für Arzneimittel** und Prüfpräparate **(EG-GMP Leitfaden)** nach Art. 47 II RL 2001/83/EG und Art. 51 RL 2001/82/EG.

Die Verminderung der pharmazeutischen Qualität kann sowohl bereits beim Herstellungsvorgang als **10** auch im Anschluss daran bis zum Inverkehrbringen verursacht werden. **Beispiele** sind die Nichtbeimengung quantitativ und qualitativ ausreichender Wirkstoffe oder die Beifügung minderwertiger oder verunreinigter Hilfsstoffe (auch als **Verfälschung** bezeichnet[14]) oder auch chemische oder physikalische durch unsachgemäße Lagerung entstandene Veränderungen (z. B. zerfallene Tabletten, verklumptes Pulver) einschließlich Insekten- oder Schimmelbefall (auch als **verdorbene Arzneimittel** bezeichnet[15]).

2. Nicht unerhebliche Minderung. Die Abweichung von den anerkannten pharmazeutischen **11** Regeln führt nur dann zu einen Verbot nach Abs. 1 Nr. 1, wenn die Qualität **nicht unerheblich gemindert** ist. Eine Minderung der Qualität ist insbesondere dann nicht unerheblich, wenn die Wirksamkeit des Arzneimittels so herabgesetzt ist, dass der Behandlungserfolg bei Beachtung der vorgeschriebenen Art der Anwendung (§ 10 I 1 Nr. 7) nicht erwartet werden kann[16]. Eine erhebliche Qualitätsminderung muss allerdings noch nicht eine Gesundheitsschädlichkeit des Arzneimittels begründen[17]. Eine Abweichung von den durch das Arzneibuch z. B. für den Gehalt an wirksamen Bestandteilen gesetzten Grenzen wird in der Regel als erheblich einzuordnen sein. Eine nicht unerhebliche Qualitätsminderung kann im Einzelfall auch noch gegeben sein, wenn sie zwar die Wirksamkeit des Arzneimittels nicht wesentlich beeinträchtigt aber geeignet ist, beim Verbraucher Ekel zu erregen[18].

Unerheblich in ihrer Qualität geminderte Arzneimittel oder Wirkstoffe sind zwar von der Verbots- **12** regelung des Abs. 1 Nr. 1 nicht betroffen. Allerdings bestimmt § 55 VIII 1, dass Arzneimittel nur hergestellt und zur Abgabe an den Verbraucher im Geltungsbereich des AMG in den Verkehr gebracht werden dürfen, wenn die in ihnen enthaltenen Stoffe und ihre Darreichungsformen den anerkannten pharmazeutischen Regeln entsprechen. Auf eine Erheblichkeit kommt es nach dieser Bestimmung nicht an (s. § 55 Rn. 45).

II. Sonstige irreführende Bezeichnung, Angabe oder Aufmachung (Nr. 2)

Abs. 1 Nr. 2 verbietet die Herstellung oder das Inverkehrbringen von Arzneimitteln oder Wirkstoffen, **13** die in anderer Weise mit irreführender Bezeichnung, Angabe oder Aufmachung versehen sind. S. 1 normiert den allgemeinen **Verbotstatbestand der Irreführung.** S. 2 nennt für diesen Verbotstatbestand der Irreführung **Regelbeispiele,** die im Hinblick auf die Einleitung des Wort *„insbesondere"* **nicht abschließend** sind. Abs. 1 Nr. 2 spielt insbesondere in der Rechtsprechungspraxis der ordentlichen Gerichte vor allem in wettbewerbsrechtlichen Streitverfahren eine wichtige Rolle (s. hierzu auch Rn. 3). Abs. 1 Nr. 2 ist als **Berufsausübungsregelung** i. S. d. Art. 12 I GG einzuordnen. Die mit Abs. 1 Nr. 2 begründeten Verbote entsprechen im Hinblick auf den Schutz vor gesundheitlichen Gefahren einem vernünftigen Grund des Gemeinwohls, der Berufsausübungsbeschränkungen rechtfertigen kann[19].

[11] BT-Drucks. 7/3060, S. 46; ebenso *Kloesel/Cyran,* § 8 Anm. 5; *Sander,* § 8 Erl. 2.
[12] *Sander,* § 8 Erl. 2.
[13] *Kloesel/Cyran,* § 8 Anm. 5.
[14] *Sander,* § 8 Erl. 2.
[15] *Kloesel/Cyran,* § 8 Anm. 7 m. w. N. in der Rechtsprechung zum § 8 AMG 1961.
[16] *Kloesel/Cyran,* § 8 Anm. 6.
[17] *Sander,* § 8 Erl. 3.
[18] *Kloesel/Cyran,* § 8 Anm. 6.
[19] *OVG Münster,* Urt. v. 12.2.2014 – 13 A 1377/13 – juris, Rn. 85 = PharmR 2014, 229 ff.

14   **1. Verbotstatbestand der Irreführung (S. 1).** Gem. § 8 I Nr. 2 S. 1 ist es verboten, Arzneimittel oder Wirkstoffe herzustellen oder in den Verkehr zu bringen, die mit irreführender Bezeichnung, Angabe oder Aufmachung versehen sind. Eine **Irreführung** ist gegeben, wenn bei den Verkehrskreisen unrichtige Vorstellungen über die Art oder über wesentliche Eigenschaften des Arzneimittels oder des Wirkstoffs erweckt werden. Es muss zumindest ein nicht unbeachtlicher Teil der Verkehrskreise getäuscht werden. Abzustellen ist bei dieser Wertung auf den durchschnittlich informierten, verständigen und kritisch prüfenden Durchschnittsverbraucher (insbes. Ärzte, Apotheker, aber auch Patienten und Endverbraucher)[20]. Hierbei sind mit Blick auf die Bedeutung des Rechtsguts Gesundheit und wegen der hohen Werbewirksamkeit gesundheitsbezogener Aussagen besonders strenge Anforderungen an den Ausschluss der Irreführung zu stellen[21].

15   Die **Bezeichnung** eines Arzneimittels wird nach Art. 1 Ziff. 20 RL 2001/83/EG definiert als „entweder ein nicht zu Verwechslungen mit dem gebräuchlichen Namen führender Phantasiename oder ein gebräuchlicher oder wissenschaftlicher Name in Verbindung mit einem Warenzeichen oder dem Namen des Inhabers der Genehmigung für das Inverkehrbringen". Daneben gibt es in der RL 2001/83/EG die erweiterte Bezeichnung des Arzneimittels („Name gem. Art. 54 Buchstabe a"), die aus folgenden Elementen besteht: „Name des Arzneimittels, gefolgt von der Stärke und der Darreichungsform und gegebenenfalls den Hinweis, ob es zur Anwendung für Säuglinge, Kinder oder Erwachsene bestimmt ist."[22]. Bezeichnung kann der ungeschützte wie markenrechtlich geschützte Name eines Arzneimittels sein. Die Marke kann aber auch nur zusammen mit nicht geschützten Namen, Worten, Buchstaben und Zahlen als Teil in die Arzneimittelbezeichnung eingehen. Die Bezeichnung als Teil der Kennzeichnung ist in ihrer Beurteilung nicht einer Werbemaßnahme abhängig[23]. Die Bezeichnung ist nach § 10 I 1 Nr. 2 und VI notwendiger Bestandteil der Kennzeichnung der Behältnisse. Die Bezeichnung gehört nach § 22 I und II zu den Angaben, die der Antragsteller im Zulassungsverfahren seinen Unterlagen beizufügen hat. Der Zulassungsbescheid bezieht sich auf den Antrag; damit wird die Bezeichnung Bestandteil der Zulassung. Nach § 25 III ist die Zulassung für ein Arzneimittel zu versagen, das sich von einem zugelassenen oder bereits im Verkehr befindlichen Arzneimittel gleicher (also identischer) Bezeichnung in der Art oder der Menge der Wirkstoffe unterscheidet; ein Unterschied in der Menge der Wirkstoffe ist unschädlich, wenn sich die Arzneimittel in der Darreichungsform unterscheiden. Die Regelung verhindert Verwechslungs- und Irreführungsgefahren, die sich im konkreten Einzelfall aus einer Teilidentität oder sonstigen Ähnlichkeit von Bezeichnungen ergeben können[24]. Eine Änderung der Arzneimittelbezeichnung ist zu versagen, wenn die Bezeichnung irreführend ist und das Inverkehrbringen des geänderten Arzneimittels gegen das Verbot der Irreführung verstoßen würde. Die Verwendung einer generischen Wirkstoffbezeichnung als Bezeichnungsbestandteil ist als irreführende Bezeichnung einzuordnen, wenn dieser Wirkstoff in dem Arzneimittel gar nicht enthalten ist[25]. Auch die Verwendung einer unrichtigen **Herkunftsbezeichnung** als Bestandteil der Bezeichnung kann irreführend sein[26] (s. aber Spezialregelung in Abs. 1 Nr. 1a, Rn. 8), die Bezeichnung „Japanisches Heilpflanzenöl" wurde jedoch nicht als irreführend angesehen[27]. Zur Frage einer möglichen Irreführung bei **produktbeschreibenden Zusätzen** im Hinblick auf eine Täuschung über therapeutische Wirksamkeit oder Wirkungen s. Rn. 13. Zur möglichen Täuschung über die **Qualität** eines Arzneimittel durch Bezeichnungen z. B. bei Naturheilmitteln s. Rn. 15. Bei **Parallelimporten** (s. hierzu Erl. vor § 72) stellt sich im Hinblick auf die Grundsätze zu Art. 34, 36 AEUV im Falle einer objektiven Zwangslage des Parallelimporteurs auch die Frage einer Markenersetzung, wenn eine Verwechslungsgefahr beim Vertrieb unter der unveränderten im anderen Mitgliedstaat verwendeten Marke besteht (s. hierzu ausführlich Vor § 72 Rn. 129 ff.). Eine Irreführung durch die Verwendung der Bezeichnung TRILOC für das aus Österreich parallelimportierte gleichnamige Arzneimittel wurde nicht angenommen, obwohl eine sprachliche Ähnlichkeit zum deutschen Original-Arzneimittel TRELOC besteht, so dass eine Markenersetzung beim Parallelimport unter Verwendung der deutschen Original-Arzneimittel Bezeichnung TRELOC nicht erforderlich war[28]. Ob die Nutzung einer **Dachmarke** irreführend ist, wenn das Arzneimittel einen anderen Wirkstoff enthält als die unter der Dachmarke bereits vermarkteten Arzneimittel, beurteilt sich nach den **Umständen des Einzelfalls.** Dabei sind die Anwendungsgebiete, die Ähnlichkeit der Wirkstoffe und therapeutischen Wirkungen, das Risikoprofil, die Bekanntheit der Dachmarke und die tatsächlichen Verhältnisse in dem Marktsegment in den Blick zu nehmen[29]. Dachmarken, mit denen ein pharmazeuti-

---

[20] *OVG Münster,* Urt. v. 12.8.2009 – 13 A 2147/06 – BeckRS 2009, 38835 zu einem Verstoß gegen § 8 I Nr. 2 S. 1 wegen der Verwendung der Bezeichnung „Vitamin E 800 I. E. ".

[21] *VG Köln,* PharmR 2013, 469, 471.

[22] Vgl. hierzu Leitlinie des BfArM und PEI zur Bezeichnung von Arzneimitteln, unter www.bfarm.de.

[23] *Scholz,* GRUR 1994, 688, 697.

[24] *BVerwG,* PharmR 2015, 364 ff.

[25] *Heßhaus/Pannenbecker,* PharmR 2001, 382; *Rehmann,* § 8 Rn. 3.

[26] *Sander,* § 8 Erl. 4 m. w. N.

[27] *Kloesel/Cyran,* § 8 Anm. 22.

[28] OLG Hamburg, PharmR 2003, 323.

[29] *OVG Münster,* PharmR 2014, 229 ff.; zum Thema Dachmarkenkonzepte vgl. *Schmidt/Kleintz,* PharmR 2013, 305 ff.

scher Unternehmer identische Hauptbezeichnung für mehrere in Verkehr befindliche Arzneimittel mit Bezeichnungszusätzen versieht, werden von der Rechtsprechung nicht als irreführend angesehen, wenn das Risiko bei einer Verwechslung gering ist (s. auch § 25 Rn. 100 ff.). Bei Dachmarken für Arzneimittel zur Bekämpfung allergischer Reaktionen sowie zur Bekämpfung von Lippenherpes wird die Irreführung bejaht[30]. Bei Ibuprofen und Naproxen wird eine Dachmarke als zulässig angesehen, wenn die Wirkstoff-Angabe in der Bezeichnung ergänzt wird[31]. Auf der Grundlage dieser Rechtsprechung können auch Phantasiebezeichnungen Wirkstoffangaben enthalten.

Mit **Angaben** können auf der Umverpackung oder Umhüllung des Arzneimittels oder in der **16** Packungsbeilage Informationen über wichtige Eigenschaften des Arzneimittels gegeben werden. Grundsätzlich sind strenge Maßstäbe für die Richtigkeit, Eindeutigkeit und Klarheit der Aussagen anzulegen. Die Packungsbeilage eines Arzneimittels wurde nicht als irreführend angesehen, wenn unter **„Anwendungsgebiete"** angegeben ist: „bei Abnutzungserkrankungen des Kniegelenks" und bei **„Stoff- oder Indikationsgruppe"** der Hinweis steht: „zur Behandlung der Arthrose", denn der verständige Durchschnittsverbraucher erkenne, dass die entsprechenden Überschriften der Gebrauchsinformation inhaltlich verschiedene Sachverhalte betreffen und dass Pflichtangaben zu der Rubrik „Indikationsgruppe" (§ 11 I Nr. 1 Buchst. a)) einen weiteren Begriff als speziell die Pflichtangaben zur Rubrik „Anwendungsgebiete" (§ 11 I Nr. 2) eines Arzneimittels erfasst bzw. erfassen kann[32]. Der Aufdruck „Uso i. m. o s. c." auf der **Suspensionsampulle** eines aus Italien importierten Fertigarzneimittels ist geeignet, bei den angesprochenen Verkehrskreisen (insbesondere Ärzten und medizinischem Hilfs- und Pflegepersonal) den – objektiv – unzutreffenden Eindruck hervorzurufen, das Arzneimittel sei auch für eine intramuskuläre Injektion vorgesehen und in Deutschland zugelassen. Einer derartigen Fehlvorstellung wirkt der auf der Umverpackung, der Packungsbeilage und dem Glasfläschchen in deutscher Sprache angebrachte Hinweis, dass das Arzneimittel (nur) subkutan zu injizieren sei, nicht nachhaltig entgegen[33]. Es ist nicht als irreführend i. S. d. § 8 I Nr. 2 zu beanstanden, wenn die Packungsbeilage bei umkonfektionierten **Parallelimporten** neben dem Parallelimporteur zusätzlich auch noch den ursprünglichen pharmazeutischen Unternehmer (bezogen auf das Ursprungsland) angibt[34].

Unter **Aufmachung** versteht man die Art der Verpackung einschließlich ihrer farblichen Gestaltung **17** und darauf angebrachter Abbildungen[35]. Durch Abbildungen können unrichtige Vorstellungen über Herkunft, Gewinnung oder Wirksamkeit des Arzneimittels z. B. durch die bildliche Darstellung einer Heilpflanze erweckt werden, wenn Wirkstoffe aus dieser Pflanze gar nicht oder in einer therapeutisch nicht wirksamen Menge enthalten sind[36]. Eine übergroße äußere Umhüllung ist z. B. dann als irreführend anzusehen, wenn sie durch unnötigen Umfang einen größeren Inhalt vortäuscht (sog. Mogelpackung, vgl. auch § 7 II EichG)[37]. Durch farbliche Gestaltung der äußeren Umhüllung kann einem Arzneimittel (z. B. einem Tee) ein (täuschendes) besonders frisches Aussehen verliehen werden[38].

2. Täuschung über therapeutische Wirksamkeit oder Wirkungen (S. 2 Buchst. a)). Ein **18** gesetzliches Regelbeispiel für eine irreführende Bezeichnung, Angabe oder Aufmachung ist nach Nr. 2 S. 2 Buchst. a) gegeben, wenn Arzneimitteln eine therapeutische Wirksamkeit oder Wirkungen beigelegt werden, die sie nicht haben.

Unter **Wirksamkeit** ist die Summe der erwünschten Wirkungen eines Arzneimittels im Hinblick auf **19** ein bestimmtes Behandlungsziel, insbesondere eine Krankheit oder ein Leiden zu verstehen (s. § 25 Rn. 37 ff.)[39]. Die Wirksamkeit eines zulassungspflichtigen Arzneimittels wird im Rahmen des **Zulassungsantrags** von der Zulassungsbehörde geprüft; der Antrag wird nach § 25 II 1 Nr. 4 versagt, wenn dem Arzneimittel die vom Antragsteller angegebene therapeutische Wirksamkeit fehlt oder diese nach dem jeweils gesicherten Stand der wissenschaftlichen Erkenntnisse vom Antragsteller unzureichend begründet ist. Nach § 25 II 2 darf die Zulassung nicht deshalb versagt werden, weil therapeutische Ergebnisse nur in einer beschränkten Zahl von Fällen erzielt worden sind (s. § 25 Rn. 40 ff.). Die therapeutische Wirksamkeit fehlt, wenn der Antragsteller nicht entsprechend dem jeweils gesicherten Stand der wissenschaftlichen Erkenntnisse nachweist, dass sich mit dem Arzneimittel therapeutische Ergebnisse erzielen lassen. Die medizinischen Erfahrungen der jeweiligen **Therapierichtung** sind zu berücksichtigen (§ 25 II 3 und 4). Dies betrifft beispielsweise anthroposophische Arzneimittel, die im Vergleich zu anderen Arzneimitteln ein anderes Indikationsverständnis haben. Eine Irreführung über die Wirksamkeit ist danach zu bemessen, ob der pharmazeutische Unternehmer eine solche nach den

---

[30] *OVG Münster*, PharmR 2013, 356,
[31] *OVG Münster*, Urt. v. 12.2.2014 – 13 A 1377/13 – juris, Rn. 84 ff. = PharmR 2014, 229 ff.
[32] *OLG Hamburg*, OLGR 2006, 176.
[33] *OLG Köln*, NJWE-WettbR 1998, 6.
[34] *OLG Hamburg*, NJOZ 2002, 1128.
[35] *Kloesel/Cyran*, § 8 Anm. 26.
[36] *Sander*, § 8 Erl. 5.
[37] *Kloesel/Cyran*, § 8 Anm. 26; *Sander*, § 8 Erl. 5.
[38] *Kloesel/Cyran*, § 8 Anm. 26.
[39] *Kloesel/Cyran*, § 25 Anm. 8; *Sander*, § 8 Erl. 6.

dargelegten Grundsätzen belegen kann. Dabei wird der Wirksamkeitsanspruch im Einzelfall an dem konkreten Heilungsanspruch zu messen sein[40].

20   Der Begriff **Wirkungen** wird definiert als jede Beeinflussung des physischen oder psychischen Zustandes (s. § 25 Rn. 42)[41]. Eine Irreführung über die Wirkung liegt vor, wenn der pharmazeutische Unternehmer diese nicht belegen kann. Dabei können im Einzelfall auch belegbare praktische Erfahrungen genügen[42]. So ist die Bezeichnung als **Entlausungsmittel** als irreführend nach Abs. 1 Nr. 2 Buchst. a) angesehen worden, wenn das Arzneimittel die Nissen (Läuseeier) nicht abtötet[43].

21   Die Rechtsprechung hat sich häufig mit der Frage von allgemeinen **produktbeschreibenden Zusätzen** befasst[44]. Durch Zusätze können die Verkehrskreise Fehlvorstellungen über die Indikation des Arzneimittels und damit seine Wirkungen entwickeln. Die Leitlinie des BfArM und PEI zur Bezeichnung von Arzneimitteln bietet eine Arbeits- und Entscheidungshilfe für Antragsteller und Zulassungsinhaber von Humanarzneimitteln bei der Wahl der Bezeichnung und deren Gestaltung und für die Bundesoberbehörden bei der Überprüfung der Bezeichnungsvorschläge auf der Basis der normativen Grundlagen. Die **„Bezeichnung eines Arzneimittels"** kann grundsätzlich auf zweierlei Weise gebildet werden: als „Generika-" oder als „Phantasiebezeichnung". Bezeichnungen können durch Zusätze ergänzt werden, die der jeweiligen „Bezeichnung des Arzneimittels" zugeordnet werden[45]; der Annex I der Leitlinie enthält eine nicht abschließende und ständig aktualisierte **Liste der möglichen Bezeichnungszusätze**. Mögliche Bezeichnungszusätze sind akut, combi, comp, cutan, duo, Elixier, forte, mit Geschmacks- oder Geruchskorrigentien, mite, mono, plus, pure, rektal, retard, sine, Tonikum, TTK (Transdermales Pflaster mit systemischer Wirkung). Die Bezeichnungszusätze haben eine erläuternde oder beschreibende Funktion. Fremdsprachliche Zusätze sind in der Arzneimittelbezeichnung dann möglich, wenn sie allgemein verständlich und nicht irreführend sind. Der Zusatz **„forte"** wird als irreführend eingeordnet, wenn der durchschnittliche Verbraucher dem Arzneimittel dann eine stärkere Wirksamkeit beimisst als einem gleichnamigen Arzneimittel ohne diesen Zusatz[46]. Der Zusatz „forte" kann im Hinblick auf den Grad der Wirksamkeit bei einem homöopathischen Arzneimittel ebenfalls irreführend sein[47]. Nach den Leitlinien des BfArM und PEI steht „forte" für ein „stärker dosiertes Arzneimittel"; Vergleichsmaßstab ist nicht nur die Produktlinie eines Zulassungsinhabers, sondern auch die Stärke des Arzneimittels absolut. „Forte" ist also dann zu akzeptieren, wenn das Mittel **relativ** zu anderen Arzneimitteln des Zulassungsinhabers und **absolut** zum Markt einen höheren Wirkstoffgehalt aufweist[48]. Der Zusatz **„mite"** kann verwendet werden, wenn er im Verhältnis zu Stärken wirkstoffgleicher Arzneimittel niedriger dosiert ist[49]. Der Zusatz **„akut"** darf nur verwendet werden, wenn dem Arzneimittel eine besonders schnelle Wirkung zuzuschreiben ist[50]; eine solche liegt bei Eintritt der Wirksamkeit nach frühestens einer Stunde nicht vor[51].

22   **3. Fälschlicher Eindruck über Erfolg oder schädliche Wirkungen (S. 2 Buchst. b)).** Eine Irreführung liegt als Regelbeispiel ebenfalls dann vor, wenn fälschlich der Eindruck erweckt wird, dass ein **Erfolg** mit Sicherheit erwartet werden kann oder dass nach bestimmungsgemäßem oder längerem Gebrauch keine **schädlichen Wirkungen** eintreten.

23   Hintergrund der Regelung ist die Erkenntnis, dass auf Grund der genetischen Unterschiede bei Menschen (und auch bei Tieren) in aller Regel nicht ausgeschlossen werden kann, dass das Arzneimittel trotz wissenschaftlich belegter Wirksamkeit bei einzelnen Menschen (oder Tieren) nicht den gewünschten Heilerfolg hat oder dass bei diesen Personen mit vorher nicht bekannten Nebenwirkungen gerechnet werden muss[52]. Wird die Sicherheit eines Erfolgseintritts oder ausbleibender schädlicher Wirkungen durch Formulierungen wie beispielsweise „100%ig" oder „immer" zum Ausdruck gebracht, so muss aus entsprechenden Nachweisen hervorgehen, dass die behauptete Wirkung hinreichend gesichert ist.

24   Der **Informationsbeauftragte** ist nach § 74a I 2 insbesondere dafür verantwortlich, dass das Verbot des § 8 I Nr. 2 vor allem in Hinblick auf Nebenwirkungen des Arzneimittels beachtet wird. Die Pflichten des pharmazeutischen Unternehmers oder Zulassungsinhabers zur Sammlung und Meldung von Nebenwirkungen ergeben sich aus den §§ 63 ff.

---

[40] *Kloesel/Cyran,* § 8 Anm. 29.
[41] *Sander,* § 8 Erl. 6.
[42] *Sander,* § 8 Erl. 6.
[43] *OLG Düsseldorf,* GRUR 1985, 73.
[44] *OLG Hamburg,* OLGR 2002, 178 und *OLG Köln,* PharmR 2001, 398, ablehnend für Zusatz „Migräne"; *OLG Karlsruhe,* PharmR 2006, 165 ablehnend für „Extra stark"
[45] Leitlinie des BfArM und PEI zur Bezeichnung von Arzneimitteln; s. unter www.bfarm.de.
[46] *VG Köln,* PharmR 2013, 469, 472.
[47] *OLG Düsseldorf,* Urt. v. 19.9.1991 – 2 U 59/91, abgedruckt bei *Sander,* Entscheidungssammlung, § 8 Nr. 7.
[48] Annex I der Leitlinie des BfArM und PEI zur Bezeichnung von Arzneimitteln; s. unter www.bfarm.de.
[49] *Sander,* § 8 Erl. 6.
[50] *VG Köln,* Urt. v. 5.2.2013, – 7 K 6575/10 – BeckRS 2013, 48770.
[51] *OVG Münster,* MedR 2014, 334.
[52] *Sander,* § 8 Erl. 8.

4. Täuschung über Qualität (S. 2 Buchst. c)). Eine Irreführung liegt als Regelbeispiel schließlich **25** vor, wenn zur Täuschung über die **Qualität** geeignete Bezeichnungen, Angaben oder Aufmachungen verwendet werden, die für die Bewertung des Arzneimittels oder des Wirkstoffs mitbestimmend sind. Zum Begriff der Qualität s. Rn. 8. Die Annahme einer Täuschung über die Qualität kommt in Betracht, wenn die Bezeichnung, Angabe oder Aufmachung geeignet ist, z. B. bei den Verbrauchern oder bei den verschreibenden Ärzten den unzutreffenden, für die Bewertung des Mittels aber wesentlichen Eindruck über die qualitativen Eigenschaften des Arzneimittels zu erwecken. Gleiches gilt für Angaben über die Zusammensetzung des Mittels, die geeignet sind, der Wahrheit zuwider den Anschein der Vollständigkeit hervorzurufen. Beispielsweise verstößt die Nichtdeklarierung feststellbarer Corticoide bei einem **Natur-heilmittel** gegen § 8 I Nr. 2 Buchst. c). Dies gilt insbesondere dann, wenn die unvollständige Aufzählung der Bestandteile die Annahme nahelegt, es handele sich um ein rein pflanzliches Arzneimittel, z. B. durch einen ausdrücklichen Hinweis auf die angebliche Eigenschaft des Präparats als eines „natürlichen Kräutersirups", so dass Ärzten und Verbrauchern die – unzutreffende – Annahme nahegelegt wird, synthetische Wirkstoffe wie etwa Cortison seien in dem Präparat nicht enthalten[53]. Andererseits liegt bei Verwendung der Angabe „pflanzliches Mittel" oder „Mittel aus der Natur" keine Täuschung über die Qualität vor, wenn Alkohol nach einem anerkannten Herstellungsverfahren zugesetzt wurde[54].

Eine Täuschung über die Qualität ist auch anzunehmen, wenn auf der Verpackung oder Packungs- **26** beilage ein **zu langes Verfalldatum** angegeben wird (zu Arzneimittelfälschungen s. Rn. 29). Wird ein Arzneimittel in Tablettenform **mit Bruchrille** angeboten, so erwartet der Verkehr zwar, dass die Tablette dort mechanisch teilbar ist und dass die Galenik das Teilen der Tablette jedenfalls grundsätzlich zulässt. Der Verkehr nimmt verständigerweise aber nicht an, dass es beim Einnehmen gar keinen Unterschied macht, wenn man eine ungeteilte oder eine geteilte Tablette einnimmt. Von einer Irreführung i. S. d. § 8 I Nr. 2 allein durch die Tablettenform mit Bruchrille ist deshalb nicht auszugehen[55].

C. Verbot des Inverkehrbringens, des Herstellens und des Handeltreibens gefälschter Arzneimittel und Wirkstoffe (Abs. 2)

I. Hintergrund zu Arzneimittelfälschungen

Abs. 2 normiert das Verbot der Herstellung, des Inverkehrbringens und des Handeltreibens von **27** **gefälschten Arzneimitteln und Wirkstoffen** (§ 4 XIX), die zur Arzneimittelherstellung bestimmt sind. Der Gesetzgeber sah sich im Hinblick auf Erkenntnisse, die von Seiten der Verkehrsbeteiligten und der zuständigen Behörden (Zoll, Arzneimittelüberwachungs- und Polizeibehörden) mitgeteilt wurden, veranlasst, diese klarstellende Verbotsnorm zu Arzneimittelfälschungen mit der 12. AMG-Novelle ins AMG aufzunehmen[56].

Fälschungen treten vor allem in der illegalen Lieferkette auf, sind aber zunehmend auch ein Problem **28** in der legalen Lieferkette, in der vor allem im Parallelvertrieb Fälschungen aufgetreten sind[57]. Der durch Fälschungen verursachte wirtschaftliche Schaden steigt jährlich an. So wurden 2006 an den Außengrenzen der EU über 2,7 Mio. gefälschte Arzneimittel beschlagnahmt[58]. Gefälscht werden sowohl Originalprodukte als auch Generika. Arzneimittelfälschungen werden auf dem **Schwarzmarkt** angeboten (z. B. auch gefälschte Arzneimittel zu Dopingzwecken, s. auch Erl. zu § 6a) oder gelangen in die gesetzlich vorgegebene **Vertriebskette,** also in den Großhandel und in Apotheken. Hier sind beispielsweise die sog. Spotmarkt-Zukäufe, auf die z. B. Großhändler auch wegen kontingentierter Belieferung durch die Hersteller zurückgreifen, ein möglicher Einfallstor für Arzneimittelfälschungen (zur Erlaubnispflicht des pharmazeutischen Großhandels, s. Erl. zu § 52a). Eine Quelle für gefälschte Arzneimittel ist offensichtlich ebenfalls die Bestellung über das Internet bei dubiosen Arzneimittelversandhändlern. Gefälschte Arzneimittel müssen nach § 21 Nr. 8 ApBetrO bzw. § 5 III 2 AM-HandelsV den Überwachungsbehörden **gemeldet** werden (s. auch die Unterrichtungspflicht des Stufenplanbeauftragten an zuständige Behörden über jeden begründeten Verdacht auf Arzneimittelfälschungen nach § 19 II AMWHV). Minimieren kann man Schwachstellen z. B. durch sichere Lagerung von bedruckten Materialien und Schreddern von Verpackungsabfall[59]. Erörtert werden ferner – teilweise bereits eingeführte – **Sicherheitsmerkmale** an Verpackungen, insbesondere der Einsatz von qualitativ sehr hochwertigen Druckmethoden, die Verwendung von Farben, die ihr Aussehen in Abhängigkeit von der Temperatur

---

[53] *VGH Mannheim,* VGHBW-Ls 1992, Beilage 8, B5.
[54] *KG Berlin,* Urt. v. 14.10.1988 und 22.11.1988, abgedruckt bei *Sander,* Entscheidungssammlung, § 8 Nr. 6.
[55] *OLG Hamburg,* GRUR-RR 2003, 354.
[56] BT-Drucks. 15/2109, S. 27.
[57] DAZ 2014, Nr. 35, S. 18.
[58] EU-Kommission: Public Consultation in Preparation of a legal Proposal to combat Counterfeit Medicines for human use v. 11.3.2008, S. 2.
[59] EG-GMP-Leitfaden Teil 1 (Anlage 2 zur Bekanntmachung des BMG vom 27.10.2006) BAnz. S. 6887, 5.41, 5.43; vgl. auch die Empfehlungen des VfA zum Schutz vor Arzneimittelfälschungen im Einflussbereich des pharmazeutischen Unternehmers bei der Herstellung und Verpackung, abrufbar unter www.vfa.de.

ändern oder andere Farbeffekte hervorrufen, oder anderer Zusatzstoffe in Farben, besondere Prägungen wie z. B. Heißfolienprägungen, Hoch-, Tief- oder Reliefprägung oder Stahlstichprägungen, Hologramme, Stanzungen, Code und Markierung, Transponder-Technik mit Mikrochip. Erkennungszeichen zum Schutz vor Fälschungen könnten durch Rechtsverordnung nach § 12 I Nr. 3 vorgegeben werden[60]. Nach § 73 Ib besteht ein **Verbringungsverbot** für gefälschte Arzneimittel oder gefälschte Wirkstoffe (s. § 73 Rn. 28). Bei gefälschten Arzneimitteln sind auch die Durchfuhr, die Überführung in ein Zolllager oder die Mitnahme zum persönlichen Bedarf im Reiseverkehr, ebenso wie der Einzelbezug über Apotheken nach § 73 III, nicht mehr zulässig (s. § 73 Rn. 28)[61]. Im Hinblick auf eine effektive Überwachungsmöglichkeit des grenzüberschreitenden Postverkehrs, durch den Arzneimittelfälschungen an Endverbraucher nach Deutschland und somit in den Verkehr gelangen, enthält § 74 den Hinweis, dass das Brief- und Postgeheimnis nach Art. 10 GG eingeschränkt wird (s. § 74 Rn. 12). Verdachtsfälle von Arzneimittelfälschungen werden über das „Rapid Alert System" kommuniziert; dabei informiert der Hersteller die für ihn zuständige Landesbehörde und die zuständige Bundesoberbehörde, die die zu ergreifenden Maßnahmen – auch mit den anderen europäischen Behörden – koordiniert.

II. Erfasste Fälschungen

29   Nach der Legaldefinition in § 4 XL ist ein **gefälschtes Arzneimittel** definiert als Arzneimittel, das hinsichtlich seiner Identität, einschließlich seiner Verpackung, seiner Kennzeichnung, seiner Bezeichnung oder seiner Zusammensetzung in Bezug auf einen oder mehrere seiner Bestandteile, einschließlich der Hilfsstoffe und des Gehalts dieser Bestandteile falsch gekennzeichnet ist. Ein gefälschtes Arzneimittel ist ebenfalls ein Arzneimittel mit falschen Angaben über die Herkunft, einschließlich des Herstellers, das Herstellungsland, das Herkunftsland und den Inhaber der Genehmigung für das Inverkehrbringen oder den Inhaber der Zulassung oder den in Aufzeichnungen und Dokumenten beschriebenen Vertriebsweg. Die Legaldefinition entspricht Art. 1 Nr. 33 RL 2001/83 (s. § 4 Rn. 326). Nicht unter die Definition der gefälschten Arzneimittel fallen Qualitätsmängel, die bei der Arzneimittelherstellung in einem dafür berechtigten Betrieb unbeabsichtigt auftreten[62]. Gefälschte **Wirkstoffe** sind nach der Definition in § 4 XLI solche Wirkstoffe, deren Kennzeichnung auf dem Behältnis nicht den tatsächlichen Inhalt angibt oder deren Begleitdokumentation nicht alle beteiligten Hersteller oder nicht den tatsächlichen Vertriebsweg widerspiegelt (s. § 4 Rn. 331). Abs. 2 ist gegenüber Abs. 1 Nr. 2 lex specialis[63]. Eine falsche Kennzeichnung hinsichtlich der **Identität** des Arzneimittels liegt insbes. vor, wenn es ein nicht vom Zulassungsinhaber hergestelltes sondern ein imitiertes Arzneimittel ist, das (in der Regel) auch nicht nach dem in den Zulassungsunterlagen dokumentierten Herstellungsverfahren hergestellt wurde. Abweichungen in der Herstellung können z. B. die Verwendung anderer Hilfs- und Zusatzstoffe oder von Wirkstoffen der gleichen Stoffklasse sein; eine Identitätstäuschung ist auch bei der Verwendung keines Wirkstoffs oder eines abweichend dosierten Wirkstoffs gegeben. Eine falsche Kennzeichnung hinsichtlich der Identität des Wirkstoffs liegt insbes. vor, wenn es ein imitierter Wirkstoff ist. Eine gesundheitliche Gefährdung des Menschen (oder des Tieres) ist für eine Wirkstoff- oder Arzneimittelfälschung nicht erforderlich, die Legaldefinition erfasst vielmehr auch gefälschte Arzneimittel oder Wirkstoffe, die qualitativ genauso gut wie das Originalprodukt hergestellt sind. Eine Identitätstäuschung ist auch anzunehmen, wenn auf der gefälschten Verpackung oder Packungsbeilage zu einer Originalware das Verfalldatum verlängert wird. Eine falsche Kennzeichnung hinsichtlich der **Herkunft** liegt insbesondere vor, wenn das (auch mit der Zulassungsnummer gekennzeichnete) Arzneimittel tatsächlich nicht vom Zulassungsinhaber stammt, also vor allem unter Verwendung von Originalware in gefälschte Sekundär- und/oder Primärverpackung umverpackt wurde. Auch wenn das Arzneimittel, die Primär- und Sekundärverpackung Originalware ist, dem Arzneimittel aber eine gefälschte Packungsbeilage beigefügt ist, liegt eine Fälschung vor. Entsprechendes gilt für umverpackte Wirkstoffe. Eine Täuschung über die Herkunft[64] liegt selbst dann vor, wenn Originalware des Konzerns von anderen beschafft und in ebenfalls beschaffte Originalverpackung umverpackt wird. Im sog. vereinfachten Zulassungsverfahren zugelassene Re- oder Parallelimporte (s. hierzu Erl. Vor § 72) sind keine gefälschten Arzneimittel, weil hierdurch die Kennzeichnung als Re- oder Parallelimport (Zulassungsinhaber ist der Importeur) keine Täuschung über die Herkunft oder Identität gegeben ist.

30   **Typische Fälschungen** sind nach den Erfahrungen des **Bundeskriminalamtes**[65]: Hergestellte gefälschte Arzneimittel ohne jeglichen Wirkstoff; hergestellte gefälschte Arzneimittel mit falschem Wirkstoff, gefälschter Verpackung und gefälschter Packungsbeilage; hergestellte gefälschte Arzneimittel mit gefälschtem Wirkstoff (z. B. der gleichen Stoffklasse), gefälschter Verpackung und gefälschter Packungs-

---

[60] *Kloesel/Cyran,* § 8 Anm. 15.
[61] BT-Drucks. 16/12 256, S. 55.
[62] BT-Drucks. 17/9341, S. 48.
[63] BT-Drucks. 15/2109, S. 27.
[64] Eine falsche Bezeichnung der Herkunft (§ 8 I Nr. 1a AMG a. F.) oder eine falsche Angabe über die Herkunft von Arzneimitteln (§ 8 II i. V. m. § 4 XL Ziff. 2) wird vom Verbot des § 8 nur erfasst, wenn der Herkunftsangabe eine Täuschungseignung zukommt, vgl. *BGH*, PharmR 2015, 132.
[65] Vgl. insbes. DAZ 2001, 28.

beilage; hergestellte gefälschte Arzneimittel mit der falschen Dosierung des identischen Wirkstoffs; beschaffte Original-Bulkware (oder Tabletten bzw. Kapseln) mit gefälschtem Blister, gefälschter Umverpackung und gefälschter Packungsbeilage; beschaffte Original-Fertigarzneimittelware in gefälschter Verpackung mit gefälschter Packungsbeilage; Entnahme der Packungsbeilage aus einer Original-Fertigarzneimittel-Ware und Ersetzung durch eine gefälschte Packungsbeilage; Entnahme der Packungsbeilage aus einer Original-Fertigarzneimittel-Ware und Ersetzung durch eine gefälschte Umverpackung.

Die größten Gefahren für die Gesundheit von Menschen (und Tieren) gehen von gefälschten Arznei- **31** mitteln mit falschem oder ohne Wirkstoff, mit der falschen Dosierung des identischen Wirkstoffs oder von Arzneimitteln aus, die giftige oder andere gesundheitsgefährdende Stoffe enthalten[66]. In diesen Fällen wird auch gegen den Verbotstatbestand des § 5 I verstoßen (mit Strafandrohung nach § 95 I Nr. 1 und III); ferner kommt eine Strafbarkeit nach den Körperverletzungsdelikten gem. §§ 223 ff. StGB oder sogar Tötungsdelikten gem. §§ 211 ff. StGB in Betracht.

III. Tathandlungen

Verboten ist das Inverkehrbringen, das Herstellen und das Handeltreiben mit gefälschten Arzneimitteln **32** und Wirkstoffen. **Inverkehrbringen** ist in § 4 XVII und Herstellen in § 4 XIV legal definiert (s. Rn. 6 und § 4 Rn. 139 ff. und 115 ff.). Der Begriff **Handeltreiben,** der im Hinblick auf Art. 52b I RL 2001/ 83 in Abs. 2 aufgenommen wurde[67], ist im AMG nicht gesetzlich definiert. Wegen des Sachzusammenhangs ist auf die Begrifflichkeit des Betäubungsmittelrechts zurückzugreifen, die bereits seit der Rechtsprechung des Reichsgerichts[68] und dann des Bundesgerichtshofs[69] eine weitgehende Differenzierung und Ausgestaltung erfahren hat. Danach ist unter Handeltreiben jede eigennützige, auf Güterumsatz gerichtete Tätigkeit zu verstehen, selbst wenn es sich nur um eine gelegentliche, einmalige oder vermittelnde Tätigkeit handelt. Typischerweise unterfallen damit die entgeltlichen Verpflichtungsgeschäfte des BGB und des HGB dem Begriff des Handeltreibens, wenn die Tätigkeit auf den gewinnbringenden Absatz von gefälschten Arzneimitteln abzielt. Vollendetes Handeltreiben liegt selbst bei einer aktiven Beteiligung an Verkaufsverhandlungen vor, die Verhandlungen müssen noch nicht abgeschlossen sein, es reicht ein dem Kaufinteressenten ernsthaft zugegangenes Verkaufsangebot[71], unverbindliche Vorgespräche oder Voranfragen sind hingegen nicht erfasst[72].

D. Verbot des Inverkehrbringens von Arzneimitteln mit abgelaufenem Verfalldatum (Abs. 3)

Abs. 3 verbietet das Inverkehrbringen von Arzneimitteln, deren Verfalldatum abgelaufen ist. Die **33** Verbotsnorm erfasst alle **Arzneimittel,** bei denen ein **Verfalldatum angegeben** ist, sei es freiwillig oder auf Grund gesetzlicher Verpflichtung[73]. Diese Angabe beruht insbesondere auf der gesetzlichen Verpflichtung aus § 10 I Nr. 9 für Fertigarzneimittel (§ 4 I), die Arzneimittel i. S. d. § 2 I oder II Nr. 1 und nicht zur klinischen Prüfung bei Menschen bestimmt oder nach § 21 Nr. 1a oder 1b von der Zulassungspflicht freigestellt sind. Darüber hinaus bestimmt § 15 I AMWHV eine Kennzeichnungspflicht u. a. im Hinblick auf die Angabe des Verfalldatums auch für nicht in § 10 I genannte bestimmte Arzneimittel sowie § 5 II 1 Nr. 9 GCP-V eine Kennzeichnungspflicht mit Verfalldatum für Prüfpräparate.

Das **Verfalldatum** trägt nach § 10 I Nr. 9 den Hinweis „verwendbar bis". Das Verfalldatum ist **34** nach § 10 VII mit Monat und Jahr anzugeben. Das Verbot des Inverkehrbringens ist von jedem zu beachten, der Arzneimittel in den Verkehr bringt. Das letzte mögliche Abgabedatum an den Endverbraucher ist damit grundsätzlich der letzte Tag des angegebenen Monats. Allerdings bestimmt § 11 I Nr. 6 Buchst. a) für Humanarzneimittel, dass in der Packungsbeilage (Gebrauchsinformation) ein Hinweis auf das auf der Verpackung angegebene Verfalldatum sowie eine Warnung davor enthalten sein muss, das Arzneimittel nach Ablauf dieses Datums anzuwenden (s. § 11 Rn. 38). Daher ist bei der Abgabe an den **Endverbraucher** bei einem Arzneimittel, das zur längeren Anwendung bestimmt ist, zu beachten, dass das Arzneimittel bei bestimmungsgemäßer Anwendung vor Ablauf des letzten Tages des im Verfalldatum angegebenen Monats verbraucht ist. Das Verbot des Inverkehrbringens von Arzneimitteln, deren Verfalldatum abgelaufen, gilt unabhängig davon, ob das verfallene Arzneimittel im Einzelfall tatsächlich in der Qualität (z. B. Verminderung des Wirkstoffgehalts unter den angegebe-

---

[66] *Kloesel/Cyran*, § 8 Anm. 10.
[67] BT-Drucks. 17/9341, S. 48.
[68] Vgl. *RGSt* 51, 379, 380; 53, 310, 313.
[69] Vgl. erstmalig *BGHSt* 6, 246, 247; dann 25, 290, 291, weitere Nachw. bei *Patzak*, in: Körner, BtMG, § 29 Teil 4 Rn. 30 ff.
[70] *Patzak*, in: Körner, BtMG, § 29 Teil 4, Rn. 45.
[71] Vgl. *Patzak*, in: Körner, BtMG, § 29 Teil 4 Rn. 56.
[72] *Patzak*, in: Körner, § 29 Teil 4 Rn. 53ff m. w. N. in der Rspr.
[73] Ebenso *Kloesel/Cyran*, § 8 Anm. 34; a. A. *Sander*, § 8 Erl. 11, der nur gesetzlich vorgeschriebene Verfalldaten erfasst sieht.

nen Wert) gemindert ist[74]. Die bußgeldbewährte Abgabe von Arzneimitteln mit abgelaufenem Verfalldatum (s. Rn. 39) kann aber insbes. unter den Voraussetzungen des § 79 V (s. § 79 Rn. 21) sowie des allgemeinen Notstands nach § 34 StGB zulässig bzw. gerechtfertigt sein.

E. Sanktionen

I. Strafrecht

35 Nach § 95 I Nr. 3a wird mit Freiheitsstrafe bis zu drei Jahren oder mit Geldstrafe bestraft, wer entgegen § 8 I Nr. 1 oder II, auch i. V. m. § 73 IV oder § 73a, Arzneimittel oder Wirkstoffe herstellt oder in den Verkehr bringt oder sonst mit ihnen Handel treibt.

36 Das **banden- bzw. gewerbsmäßige** Herstellen oder Inverkehrbringen von gefälschten Arzneimitteln oder Wirkstoffen ist als Regelbeispiel eines **besonders schweren Falles** in § 95 III 2 Nr. 3 mit einer Freiheitsstrafe von einem Jahr bis zu zehn Jahren bedroht. Ein besonders schwerer Fall i. S. d. § 95 III liegt z. B. auch vor, wenn die Gesundheit einer großen Zahl von Menschen gefährdet wird (S. 2 Nr. 1 Buchst. a)) oder aus grobem Eigennutz für sich oder einen anderen Vermögensvorteile großen Ausmaßes erlangt werden (S. 2 Nr. 1 Buchst. c)). Mit Freiheitsstrafe bis zu einem Jahr oder mit Geldstrafe ist nach § 96 Nr. 3 bedroht, wer entgegen § 8 I Nr. 2, auch i. V. m. § 73a, Arzneimittel oder Wirkstoffe herstellt oder in den Verkehr bringt. Nach § 96 Nr. 18e wird auch das Verbringen gefälschter Arzneimittel oder gefälschter Wirkstoffe in den Geltungsbereich des Gesetzes unter Strafe bedroht. **Täter** eines verbotenen Herstellens von gefälschten Arzneimitteln oder Wirkstoffen können alle Personen sein, die wissentlich gefälschte Arzneimittel oder Wirkstoffe produzieren oder auch Fälschungen durch Umverpackungen herstellen (s. Rn. 13). Als Täter eines verbotenen Inverkehrbringens nach § 8 I, II oder III kommen pharmazeutische Unternehmer, Großhändler, Apotheker, Einzelhändler sowie im Hinblick auf die Abgabe im Rahmen des Betriebs der tierärztlichen Hausapotheke auch Tierärzte in Betracht, die Arzneimittel in Kenntnis der Fälschung an andere abgeben oder zur Abgabe bereit halten. In einem vom *BGH* entschiedenen Fall hat ein Tierarzt verschreibungspflichtige Arzneimittel – auch durch Überkleben der Umverpackungen mit irreführenden Bezeichnungen – abgegeben, die nicht für die Tierart zugelassen waren, bei der sie angewendet werden sollten[75]. Im Hinblick auf die Abgabe von Ärztemustern (§ 47 III) können auch Ärzte und Zahnärzte Täter eines nach § 8 I, II oder III verbotenen Inverkehrbringens sein.

37 Für die Abgrenzung von Täterschaft und **Teilnahme** kommt es gerade bei Transporten von gefälschten Arzneimitteln darauf an, inwieweit z. B. ein Beifahrer über die Abwicklung des Transports, Auslieferungsziele und Abnehmer informiert ist.

38 Der **Informationsbeauftragte**, der nach § 74a I 2 insbesondere dafür verantwortlich ist, dass das Verbot des § 8 I Nr. 2 vor allem in Hinblick auf Nebenwirkungen des Arzneimittels beachtet wird, kommt als möglicher Täter eines Verstoßes gegen § 8 I Nr. 2 in Betracht.

39 Auch die fahrlässige Zuwiderhandlung gegen § 8 I Nr. 1 oder II ist nach § 95 IV mit Strafe bedroht. **Fahrlässig** handelt derjenige, der bei im jeweiligen Beruf üblicher ordentlicher Sorgfalt z. B. beim Inverkehrbringen die Arzneimittelfälschung hätte erkennen müssen.

40 Nach § 97 II Nr. 1 handelt **ordnungswidrig**, wer entgegen § 8 III Arzneimittel in den Verkehr bringt, deren Verfalldatum abgelaufen ist.

41 Zur wirksamen Durchsetzung des Verbringungsverbotes für gefälschte Arzneimittel und gefälschte Wirkstoffe ist nach § 96 Nr. 18e eine **Strafbewehrung** vorgesehen.

II. Zivilrecht

42 Bei einem Verstoß gegen § 8 kann ein **wettbewerbsrechtlicher Unterlassungsanspruch** aus § 3, bzw. § 4 Nr. 11 und § 5 UWG gegeben sein. Grundsätzlich hat derjenige, der eine Irreführung geltend macht, den Nachweis zu führen, dass die Tatbestandsmerkmale der Verbotsvorschrift gegeben sind[76]. Kommen Personen aufgrund der Anwendung von gefälschten Arzneimitteln zu Schaden und hat der Hersteller keine Sicherheitsmaßnahmen zumindest zur Erschwerung der Herstellung von Fälschungen ergriffen, so kommt eine Haftung insbesondere nach dem ProdHaftG sowie nach den Grundsätzen der Produzentenhaftung (§ 823 I BGB) in Betracht[77]. Zu Fragen des Rechtsschutzes im **Markenrecht** bei Parallelimporten s. Vor § 72 Rn. 127 ff. Eine wettbewerbsrechtliche Beanstandung gegen einen in einer Arzneimittelbezeichnung enthaltenen Zusatz bleibt wegen der Legalisierungswirkung der Zulassungsentscheidung ohne Erfolg, wenn die Zulässigkeit des Bezeichnungszusatzes Gegenstand der behördlichen Prüfung war[78].

---

[74] *Kloesel/Cyran*, § 8 Anm. 34; *Sander*, § 8 Erl. 11.
[75] *BGH*, Urt. v. 3.7.2003 – 1 StR 453/02 – BeckRS 2003, 07432 = NStZ 2004, 457.
[76] *OLG Saarbrücken*, A&R 2014, 276 zu im Einzelfall zulässigem Inverkehrbringen von wirkstoffgleichen Arzneimitteln unter einer gemeinsamen Dachmarke; *Sander*, § 8 Erl. 7.
[77] Hierzu *Tillmanns*, PharmR 2009, 66, 69ff.
[78] *OLG Hamburg*, PharmR 2015, 31 für den Zusatz „kardio".

§ 9 Der Verantwortliche für das Inverkehrbringen

(1) ¹Arzneimittel, die im Geltungsbereich dieses Gesetzes in den Verkehr gebracht werden, müssen den Namen oder die Firma und die Anschrift des pharmazeutischen Unternehmers tragen. ²Dies gilt nicht für Arzneimittel, die zur klinischen Prüfung bei Menschen bestimmt sind.

(2) ¹Arzneimittel dürfen im Geltungsbereich dieses Gesetzes nur durch einen pharmazeutischen Unternehmer in den Verkehr gebracht werden, der seinen Sitz im Geltungsbereich dieses Gesetzes, in einem anderen Mitgliedstaat der Europäischen Union oder in einem anderen Vertragsstaat des Abkommens über den Europäischen Wirtschaftsraum hat. ²Bestellt der pharmazeutische Unternehmer einen örtlichen Vertreter, entbindet ihn dies nicht von seiner rechtlichen Verantwortung.

Wichtige Änderungen der Vorschrift: Abs. 1 S. 2 eingefügt, Abs. 2 S. 1 neu gefasst, Abs. 2 S. 2 eingefügt durch Art. 1 Nr. 4 des Vierzehnten Gesetzes zur Änderung des Arzneimittelgesetzes vom 29.8.2005 (BGBl. I 2005, S. 2572).

Europarechtliche Vorgaben: Art. 6 Ia 2, 8 II, 54 Buchst. k) RL 2001/83/EG.

Literatur: *v. Czettritz/Meier*, Europarechtskonformität des Mitvertriebs von Arzneimitteln, PharmR 2001, 147; *Ehle/Schütze*, in: Dieners/Reese, Handbuch des Pharmarechts, § 10 Rn. 81 ff.; *Dettling/Lenz*, Der pharmazeutische Unternehmer beim Mitvertrieb von Arzneimitteln, PharmR 2002, 96; *Finkelnburg/Arndt*, Arzneimittelrechtliche Zulässigkeit des Mitvertriebs, PharmInd 1995, 824; *Forch*, Anmerkung zum Urteil des Gerichtshofs der Europäischen Gemeinschaften vom 28. Februar 1984, PharmR 1984, 140; *Krüger*, Haftungsrechtliche Auswirkungen der Rechtsprechung des Bundesverwaltungsgerichts zum Mitvertrieb, PharmR 2004, 256.

Übersicht

A. Allgemeines

I. Inhalt

§ 9 normiert die Verpflichtung zur Kennzeichnung eines Arzneimittels mit der Angabe des Namens oder **1** der Firma des pharmazeutischen Unternehmers beim Inverkehrbringen eines Arzneimittels. Außerdem werden bestimmte Anforderungen an den Ort des Sitzes eines pharmazeutischen Unternehmers gestellt.

II. Zweck

Mit der Regelung wird insbesondere bezweckt, die Identifizierung des für das Inverkehrbringen eines **2** Arzneimittels Verantwortlichen zu ermöglichen. Anders als die Überschrift der Regelung nahe legt, wird jedoch durch die Regelung nicht der Verantwortliche für das Inverkehrbringen bestimmt. Vielmehr wird der für das Inverkehrbringen eines Arzneimittels Verantwortliche verpflichtet, seine **Identifizierung** durch bestimmte vorgeschriebene Angaben zu ermöglichen. Um eine effiziente Arzneimittelüberwachung sowie ggf. einen zivil- und strafrechtlichen Zugriff auf den pharmazeutischen Unternehmer eines Arzneimittels zu gewährleisten, werden außerdem Anforderungen an den Ort des Sitzes des Inverkehrbringers gestellt.

B. Kennzeichnungspflicht (Abs. 1)

I. Geltungsbereich

Der **sachliche Geltungsbereich** der Regelung erstreckt sich allgemein auf Human- und Veterinä- **3** rarzneimittel, so dass sämtliche Arzneimittel i. S. d. § 2 erfasst sind. Nach **S. 2** sind für klinische Prüfungen beim Menschen bestimmte Arzneimittel ausgenommen. Auf diese findet § 9 daher keine Anwendung[1]. Der **örtliche Geltungsbereich** umfasst den Geltungsbereich des AMG, d. h. das Gebiet der Bundesrepublik Deutschland[2].

II. Umfang der Kennzeichnungspflicht

4   Die Norm verpflichtet zur Angabe des Namens oder der Firma und der Anschrift des pharmazeutischen Unternehmers bei allen Arzneimitteln, die im Geltungsbereich des AMG in Verkehr gebracht werden. Anknüpfungshandlung ist das **Inverkehrbringen** eines Arzneimittels. Aufgrund der weit formulierten Definition des Inverkehrbringens sind bereits Handlungen erfasst, die lediglich in einer Lagerung mit Abgabeabsicht bestehen (vgl. § 4 Rn. 121 ff.).

5   Der Begriff des **pharmazeutischen Unternehmers** wird in § 4 XVIII definiert. Danach ist pharmazeutischer Unternehmer immer der Zulassungsinhaber eines Arzneimittels sowie ggf. derjenige, der ein Arzneimittel unter seinem Namen in Verkehr bringt, ohne selbst Zulassungsinhaber zu sein **(Mitvertreiber).** Die Erfüllung der mit § 9 zwingend angeordneten Pflicht zur Namens- und Firmenangabe führt daher zur Qualifizierung als pharmazeutischer Unternehmer in den Fällen, in denen diese Pflicht nicht den Zulassungsinhaber selbst trifft. Wird ein Arzneimittel von einem Mitvertreiber in Verkehr gebracht, müssen sowohl der Mitvertreiber als auch der Zulassungsinhaber angegeben werden, da beide nach der Definition des § 4 XVIII pharmazeutische Unternehmer des Arzneimittels sind[3]. Anders als durch § 10 vorgeschrieben, gilt die Kennzeichnungspflicht nicht nur für Fertigarzneimittel, sondern z. B. auch für noch nicht endkonfektionierte und noch nicht für das Inverkehrbringen freigegebene Arzneimittel. Dementsprechend unterliegen auch Arzneimittel während eines arbeitsteiligen Herstellungsprozesses der Kennzeichnungspflicht[4].

6   Nach dem Wortlaut des S. 1 ist die Angabe nur eines pharmazeutischen Unternehmers gefordert. Daraus ist jedoch nicht zu schließen, dass die Angabe mehrerer pharmazeutischer Unternehmer ausgeschlossen ist[5]. Weder das Ziel einer eindeutigen Verantwortungszuweisung noch die Gesetzessystematik vermögen eine solche Auffassung zu stützen. § 4 Abs. XVIII verdeutlicht, dass das Gesetz die Möglichkeit der Existenz zweier pharmazeutischer Unternehmer zumindest für ein Fertigarzneimittel ausdrücklich anerkennt. Die **Angabe des Zulassungsinhabers** ist nach § 9 grundsätzlich immer erforderlich. Wird nur derjenige angegeben, der das Arzneimittel unter seinem Namen in Verkehr bringt ohne Zulassungsinhaber zu sein, liegt ein Verstoß gegen die Kennzeichnungspflicht vor.

7   Wird ein in Verkehr befindliches Arzneimittel durch einen Herstellungsvorgang (§ 4 XIV) **verändert,** ist der ursprüngliche pharmazeutische Unternehmer nicht mehr derjenige, der dieses durch den Herstellungsvorgang veränderte Arzneimittel in Verkehr bringt. Vielmehr führt die Änderung dazu, dass ein neues Arzneimittel vorliegt. Wird es in Verkehr gebracht, müssen die nach S. 1 erforderlichen Angaben gemacht werden. Soll neben demjenigen, der das veränderte Arzneimittel in Verkehr bringt, auch der ursprüngliche pharmazeutische Unternehmer angegeben werden und damit pharmazeutischer Unternehmer bleiben, ist dessen Zustimmung erforderlich[6]. Dies folgt daraus, dass die Stellung als pharmazeutischer Unternehmer eine Verantwortung begründet, deren Übernahme aufgrund der nicht veranlassten und nicht selbst durchgeführten Veränderung des Arzneimittels durch einen Herstellungsschritt nicht ohne dessen Zustimmung auf den ursprünglichen pharmazeutischen Unternehmer übertragen werden kann. Auch der Zulassungsinhaber verliert durch eine entsprechende Änderung seine Eigenschaft als pharmazeutischer Unternehmer, wenn das geänderte Arzneimittel nicht mehr mit dem zugelassenen Arzneimittel übereinstimmt.

8   **Parallelvertreiber** zentral zugelassener Arzneimittel sind nicht nach § 9 AMG kennzeichnungspflichtig, wenn im Ursprungs- und Zielland Sprachidentität besteht und daher eine Anpassung der Kennzeichnung an die Landessprache des Ziellandes nicht erforderlich ist. Zentral zugelassene parallelvertriebene Arzneimittel tragen aufgrund der von der EMA in Übereinstimmung mit den gemeinschaftsrechtlichen Grundlagen vorgegebenen Pflichtkennzeichnungsangaben einen Hinweis auf den Zulassungsinhaber. Bei einer zentralen Zulassung ist das entsprechende Arzneimittel unabhängig von nationalen Regelungen verkehrsfähig, wenn es den kennzeichnungsrechtlichen Vorgaben der VO (EG) Nr. 726/2004 sowie den Vorgaben der Zulassung selbst entspricht. Für weitergehende nationale Kennzeichnungsanforderungen wie z. B. gem. § 9 bleibt aufgrund des abschließenden Charakters der europarechtlich normierten Kennzeichnungsanforderungen im Rahmen der VO (EG) Nr. 726/2004 kein Raum (vgl. dazu auch Art. 12 I, 13 I VO (EG) Nr. 726/2004 i. V. m. Art. 60 RL 2001/83/EG). Nach Art. 13 I VO (EG) Nr. 726/2004 umfasst eine nach der VO erteilte zentrale Zulassung die gleichen

---

[1] Zu den Kennzeichnungsbestimmungen für Arzneimittel zur Durchführung klinischer Prüfungen am Menschen vgl. § 5 GCP-V.
[2] *Kloesel/Cyran*, § 9 Anm. 5.
[3] *Kloesel/Cyran*, § 9 Anm. 3.
[4] *Kloesel/Cyran*, § 9 Anm. 3 f.; *Sander*, § 9 Erl. 1; *Rehmann*, § 9 Rn. 2.
[5] Im Ergebnis ebenso *OLG Stuttgart*, NJW-RR 1989, 1005; *Rehmann*, § 9 Rn. 2; so wohl auch *Sander*, § 9 Erl. 1; a. A. *Kloesel/Cyran*, § 9 Anm. 3.
[6] *Rehmann*, § 9 Rn. 2; *Sander*, § 9 Erl. 1.

Rechte und Pflichten in jedem einzelnen EU-Mitgliedsstaat wie eine nach Art. 6 RL 2001/83/EG erteilte Genehmigung. Daher ist auch Art. 60 RL 2001/83/EG anwendbar für Arzneimittel, die aufgrund einer zentralen Zulassung in Verkehr sind. Die Behörden der EU-Mitgliedsstaaten dürfen deren Inverkehrbringen nicht aus Gründen, die mit der Etikettierung oder der Packungsbeilage zusammenhängen, untersagen oder verhindern, sofern diese mit den Vorschriften der VO (EG) Nr. 726/2004 bzw. des Titels V der RL 2001/83/EG in Übereinstimmung stehen. Die europarechtlichen Vorgaben fordern für die Packmitteltexte keine Angabe einer anderen Person als der des Zulassungsinhabers. Dementsprechend ist eine über die Angabe des Zulassungsinhabers hinausgehende Forderung nach Angabe des Parallelvertreibers eines Arzneimittels, der keinerlei Umkennzeichnung o. ä. vornimmt, **europarechtlich unzulässig,** so dass § 9 AMG insoweit **europarechtskonform einschränkend auszulegen** ist.

III. Kennzeichnungsinhalt

Nach S. 1 sind der Name oder die Firma sowie die **Anschrift** des pharmazeutischen Unternehmers **9** anzugeben. Erforderlich ist eine Angabe, die es ermöglicht, den bzw. die pharmazeutischen Unternehmer eindeutig zu identifizieren. Dazu kann z. B. die Angabe der Rechtsform eines Unternehmens erforderlich sein, wenn unter demselben Namen und anderer Rechtsform ein weiteres Unternehmen existiert[7]. Eine der Vorschrift des § 10 IX vergleichbare Regelung, die es gestattet, die Firma des pharmazeutischen Unternehmers in einer abgekürzten, allgemein erkennbaren Form anzugeben, ist in § 9 nicht vorgesehen. Eine **abgekürzte Angabe** der Firma ist jedoch auch nach § 9 zulässig, wenn der gesetzgeberische Zweck dadurch nicht beeinträchtigt ist. Erforderlich ist daher immer, dass eine eindeutige Identifizierung des pharmazeutischen Unternehmers möglich ist[8].

Die Anschriftenangabe muss eine **Postzustellung** ermöglichen[9]. Die wörtliche Angabe *„pharmazeuti-* **10** *scher Unternehmer"* ist nicht erforderlich, sofern erkennbar ist, dass die angegebene Person die Funktion des pharmazeutischen Unternehmers hat[10].

Für Fertigarzneimittel (§ 4 I) ist die weitgehend inhaltsgleiche Regelung des § 10 I S. 1 Nr. 1 **11** vorrangig, nach der ergänzend die Angabe eines örtlichen Vertreters des pharmazeutischen Unternehmers gefordert wird, wenn ein solcher benannt ist.

IV. Art der Kennzeichnung

Die Art der Kennzeichnung wird im Gesetz nicht näher bestimmt. Da mit der Regelung beabsichtigt **12** ist, eine **Identitätsfeststellung** zu ermöglichen, ist eine deutlich erkennbare und in zumutbarer Weise verlässlich wahrnehmbare Kennzeichnung erforderlich[11]. Die Kennzeichnung muss von einer gewissen Dauerhaftigkeit sein[12]. Sie darf bei einer üblicherweise zu erwartenden normalen Handhabung der gekennzeichneten Packmittel nicht ohne weiteres abreißbar, abwaschbar oder sonst entfernbar sein. Ist eine Kennzeichnung nur von ganz vorübergehender Dauer, genügt sie nicht der Verpflichtung nach Abs. 1. Eine dauerhafte Kennzeichnung, die jede Entfernung ohne Beschädigung des gekennzeichneten Packmittels ausschließt[13], ist nach dem Sinn und Zweck der Vorschrift nicht erforderlich[14].

V. Rechtsfolgen

Die Angabe des Namens oder der Firma des pharmazeutischen Unternehmers nach S. 1 führt für den **13** Mitvertreiber, der nicht Zulassungsinhaber ist, zur Begründung der Stellung als pharmazeutischer Unternehmer. Der Zulassungsinhaber selbst ist bereits Kraft gesetzlicher Anordnung pharmazeutischer Unternehmer, vgl. § 4 XVIII 1. Für den Zulassungsinhaber sind mit der Kennzeichnung nach S. 1 keine Rechtsfolgen verbunden. Der **Mitvertreiber** hingegen wird durch die Kennzeichnungsangabe nach § 4 XVIII 2 zum pharmazeutischen Unternehmer und damit zum Träger entsprechender gesetzlicher Pflichten. Zu beachten ist dabei insbesondere die Arzneimittelgefährdungshaftung nach § 84, der allerdings nur derjenige pharmazeutische Unternehmer unterliegt, der das entsprechende Arzneimittel in den Verkehr gebracht hat. Demnach unterliegt ein Zulassungsinhaber der Gefährdungshaftung nur, wenn er das entsprechende Arzneimittel selbst unter eigenem Namen in Verkehr gebracht hat. Im Falle des Inverkehrbringens durch einen Mitvertreiber unterliegt der Zulassungsinhaber nicht der Gefährdungshaftung[15].

---

[7] *Sander,* § 9 Erl. 1.

[8] So auch *Kloesel/Cyran,* § 9 Anm. 4.

[9] *Sander,* § 9 Erl. 1.

[10] *OLG Hamburg,* MD 2005, 1210; MD 2004, 598.

[11] *Rehmann,* § 9 Rn. 2.

[12] *Kloesel/Cyran,* § 9 Anm. 4 fordert eine Kennzeichnung auf dauerhafte Weise; *Rehmann,* § 9 Rn. 2 hält die Forderung nach einer Kennzeichnung auf dauerhafte Weise für zu weitgehend.

[13] Vgl. hierzu *Kloesel/Cyran,* § 10 Anm. 12.

[14] So auch *Rehmann,* § 9 Rn. 2.

[15] Vgl. *Krüger,* PharmR 2007, 238.

C. Sitzanforderungen (Abs. 2)

14   Nach Abs. 2 dürfen Arzneimittel im Geltungsbereich des AMG nur in Verkehr gebracht werden, wenn der pharmazeutische Unternehmer seinen Sitz in der Bundesrepublik Deutschland, einem anderen EU-Mitgliedstaat oder einem EWR-Vertragsstaat (Island, Norwegen, Liechtenstein) hat. Der Sitz einer natürlichen oder juristischen Person ergibt sich nach den einschlägigen zivil- und gesellschaftsrechtlichen Bestimmungen[16]. Rechtlich unselbständige **Zweigniederlassungen** von Gesellschaften innerhalb der EU, die außerhalb der EU ihren Sitz haben, erfüllen die Anforderungen des Abs. 2 an den Sitz des Unternehmens nicht[17]. Der *VGH Mannheim* sieht in Abs. 2 eine Ausnahme vom Grundsatz, dass die Inhaber einer Erlaubnis nach dem AMG ihren Sitz im Inland haben müssen[18].

15   S. 2 stellt in Umsetzung des Art. 6 Ia RL 2001/83/EG klar, dass die Bestellung eines **örtlichen Vertreters** durch den pharmazeutischen Unternehmer diesen nicht von seiner Verantwortung für das Inverkehrbringen entbindet. Die rechtliche Verantwortung kann daher nicht mit Wirkung gegenüber Dritten auf einen Beauftragten übergeleitet werden, sondern verbleibt stets beim pharmazeutischen Unternehmer.

D. Sanktionen

16   Sowohl ein Verstoß gegen die Kennzeichnungspflicht nach Abs. 1 als auch ein Verstoß gegen das Niederlassungsgebot nach Abs. 2 ist nach § 97 I Nr. 2 bzw. Nr. 3 bußgeldbewehrt. In der Literatur wird darauf hingewiesen, dass ein Verstoß gegen die Kennzeichnungsvorschrift des § 9 zugleich eine falsche Kennzeichnung des entsprechenden Arzneimittels hinsichtlich der Herkunft und damit einen nach § 95 I Nr. 3a strafbaren Verstoß gegen § 8 I Nr. 1a begründe[19].

E. Mitvertrieb

17   **Mitvertrieb** liegt vor, wenn aufgrund einer zivilrechtlichen Gestattung eine andere Person als der Zulassungsinhaber ein zulassungs- oder registrierungspflichtiges Arzneimittel unter eigenem Namen in Verkehr bringt[20]. Grundlage des Mitvertriebs ist eine **zivilrechtliche Vereinbarung** zwischen dem Zulassungsinhaber, der das Recht überträgt, die Zulassung (mit) zu nutzen, und dem Mitvertreiber. Die Einräumung des Mitvertriebsrechts muss der zuständigen Bundesoberbehörde im Wege der **Änderungs-anzeige** mitgeteilt werden. Die Änderungsanzeige ist für die Einräumung des Mitvertriebsrechts nicht konstitutiv, sondern lediglich deklaratorisch. Das Mitvertriebsrecht wird allein aufgrund zivilrechtlicher Gestattung eingeräumt.

18   Der Mitvertreiber, der das Arzneimittel unter eigenem Namen in Verkehr bringt, ist nach § 4 XVIII pharmazeutischer Unternehmer. Dem Mitvertreiber obliegen daher sämtliche Pflichten, die das AMG für pharmazeutische Unternehmer, die ein Arzneimittel in Verkehr bringen, normiert. Einige sich aus dem AMG ergebenden **öffentlich-rechtliche Pflichten** treffen ausschließlich den Mitvertreiber (vgl. §§ 63a I 1; 74a I 1; 84 I 1; 94 I 1)[21]. Andere Pflichten obliegen auch bei Einräumung eines Mitvertriebsrechtes dem Zulassungsinhaber, so z. B. die Pflichten aus § 29 I a–I d. Die Dokumentations- und Meldepflichten treffen ausdrücklich sowohl den Zulassungsinhaber als auch den Mitvertreiber (vgl. § 63b I und VII 2).

19   Da das Gesetz mittlerweile ausdrückliche Regelungen für pharmazeutische Unternehmer trifft, die nicht Zulassungsinhaber sind, und eine Differenzierung zwischen Zulassungsinhaber und pharmazeutischem Unternehmer ohne Zulassung an zahlreichen Stellen im AMG verankert ist, kann an der **Zulässigkeit** des Mitvertriebs neben der nationalen Genehmigungen zum Inverkehrbringen kein Zweifel bestehen[22]. Die Zulässigkeit des Mitvertriebs folgt dabei nicht zuletzt aus dem Umstand, dass eine Zulassung produktbezogen und nicht personenbezogen ist. Gegen die in der Literatur vertretene Auffassung der Personenbezogenheit der Zulassung[23] sprechen allerdings die geringen Anforderungen an eine Zulassungsübertragung. Außerdem werden an den Zulassungsinhaber, anders als z. B. an den Inhaber einer Herstellungserlaubnis oder einer Großhandelserlaubnis, keine Anforderungen gestellt, die in der Person

---

[16] Vgl. im Einzelnen *Kloesel/Cyran*, § 9 Anm. 8; *Rehmann*, § 9 Rn. 3.
[17] *Rehmann*, § 9 Rn. 3.
[18] *VGH Mannheim,* PharmR 2008, 205.
[19] *Wesser*, A&R 2011, 210, 214 f.
[20] Ähnlich *Dettling/Lenz*, PharmR 2002, 97; *Heßhaus*, in: Spickhoff, § 9 AMG Rn. 3.
[21] Vgl. *Krüger*, PharmR 2004, 256, 258 und 259 zur Gefährdungshaftung und Deckungsvorsorge.
[22] So jetzt auch *Kloesel/Cyran*, § 29 Anm. 19; vgl. zur Herleitung der Zulässigkeit des Mitvertriebs ausführlich *Finkelnburg/Arndt*, PharmInd 1995, 824 ff. sowie *v. Czettritz/Meier*, PharmR 2001, 146 ff .
[23] Für die Produktbezogenheit der Zulassung *Rehmann*, § 29 Rn. 5; *Sander*, § 29 Erl. 2.

des Zulassungsinhabers selbst liegen[24]. So ist insbesondere die persönliche Zuverlässigkeit kein relevantes Kriterium für die Erteilung einer Zulassung.

Erst Recht handelt es sich bei einer Zulassung nicht um eine höchstpersönliche Erlaubnis. Grund- **20** sätzlich bestehen für die Einräumung von Mitvertriebsrechten für eine Zulassung keine Beschränkungen, so dass **mehrere pharmazeutische Unternehmer** ein Arzneimittel jeweils unter ihrem Namen in Verkehr bringen können, sofern die erforderliche Gestattung des Zulassungsinhabers vorliegt und die Einräumung des Mitvertriebs der zuständigen Behörde angezeigt wird. Ein Mitvertriebsrecht ermöglicht die (Mit-) Nutzung einer Zulassung. Alle Mitvertreiber müssen das jeweilige Arzneimittel zulassungs- konform, also z.B. insbes. mit derselben Bezeichnung, in Verkehr bringen. Abweichungen vom Zu- lassungsbescheid sind unzulässig. Auf der äußeren Umhüllung sowie in der Packungsbeilage müssen sowohl der jeweilige Mitvertreiber als auch der Zulassungsinhaber angegeben werden[25]. Nicht erforder- lich ist, sämtliche Unternehmen in den Packmitteln anzugeben, für die ein Mitvertriebsrecht bzgl. einer Zulassung besteht. Anzugeben ist nur der Mitvertreiber, der die konkrete Packung des Arzneimittels unter seinem Namen in den Verkehr bringt.

Der Zulassungsinhaber selbst muss ein Arzneimittel, für das er Dritten Mitvertriebsrechte eingeräumt **21** hat, nicht selbst unter eigenem Namen in Verkehr bringen. Vielmehr kann ein Inverkehrbringen auch ausschließlich durch Mitvertreiber erfolgen. Mitvertreiber sind nicht berechtigt, gegenüber der Behörde **Änderungen nach § 29** anzuzeigen. Eine Bevollmächtigung des Mitvertreibers durch den Zulassungs- inhaber, Änderungsanzeigen im Namen des Zulassungsinhabers bei der Behörde einzureichen, ist allerdings nach den einschlägigen Vertretungsregeln möglich.

§ 10[1] Kennzeichnung

(1) [1]Fertigarzneimittel, die Arzneimittel im Sinne des § 2 Abs. 1 oder Abs. 2 Nr. 1 und nicht zur klinischen Prüfung bei Menschen bestimmt oder nach § 21 Abs. 2 Nr. 1a, 1b oder 6 von der Zulassungspflicht freigestellt sind, dürfen im Geltungsbereich dieses Gesetzes nur in den Verkehr gebracht werden, wenn auf den Behältnissen und, soweit verwendet, auf den äußeren Umhüllungen in gut lesbarer Schrift, allgemeinverständlich in deutscher Sprache und auf dauerhafte Weise und in Übereinstimmung mit den Angaben nach § 11a angegeben sind

1. der Name oder die Firma und die Anschrift des pharmazeutischen Unternehmers und, soweit vorhanden, der Name des von ihm benannten örtlichen Vertreters,

2. die Bezeichnung des Arzneimittels, gefolgt von der Angabe der Stärke und der Darrei- chungsform, und soweit zutreffend, dem Hinweis, dass es zur Anwendung für Säuglinge, Kinder oder Erwachsene bestimmt ist, es sei denn, dass diese Angaben bereits in der Bezeichnung enthalten sind; enthält das Arzneimittel bis zu drei Wirkstoffe, muss der internationale Freiname (INN) aufgeführt werden oder, falls dieser nicht existiert, die gebräuchliche Bezeichnung; dies gilt nicht, wenn in der Bezeichnung die Wirkstoff- bezeichnung nach Nummer 8 enthalten ist,

3. die Zulassungsnummer mit der Abkürzung „Zul.-Nr.",

4. die Chargenbezeichnung, soweit das Arzneimittel in Chargen in den Verkehr gebracht wird, mit der Abkürzung „Ch.-B.", soweit es nicht in Chargen in den Verkehr gebracht werden kann, das Herstellungsdatum,

5. die Darreichungsform,

6. der Inhalt nach Gewicht, Rauminhalt oder Stückzahl,

7. die Art der Anwendung,

8. die Wirkstoffe nach Art und Menge und sonstige Bestandteile nach der Art, soweit dies durch Auflage der zuständigen Bundesoberbehörde nach § 28 Abs. 2 Nr. 1 angeordnet oder durch Rechtsverordnung nach § 12 Abs. 1 Nr. 4, auch in Verbindung mit Abs. 2, oder nach § 36 Abs. 1 vorgeschrieben ist; bei Arzneimitteln zur parenteralen oder zur topischen Anwendung, einschließlich der Anwendung am Auge, alle Bestandteile nach der Art,

---

[24] Ebenso *Kügel*, PharmR 2005, 67.

[25] Klargestellt durch Änderung der Definition des § 4 Abs. XVIII mit der 14. AMG-Novelle. Zur Rechtslage vor der 14. AMG-Novelle vgl. *BVerwG*, PharmR 2004, 93 ff.; *Dettling*, PharmR 2001, 96 ff.; *Kozianka*, PharmR 2004, 71 ff.; *Krüger*, PharmR 2004, 256 ff.

[1] *(1c) Bei Arzneimitteln, die zur Anwendung bei Menschen bestimmt sind, sind auf den äußeren Umhüllungen Sicherheits- merkmale sowie eine Vorrichtung zum Erkennen einer möglichen Manipulation der äußeren Umhüllung anzubringen, sofern dies durch Artikel 54a der Richtlinie 2001/83/EG des Europäischen Parlaments und des Rates vom 6. November 2001 zur Schaffung eines Gemeinschaftskodexes für Humanarzneimittel (ABl. L 311 vom 28.11.2001, S. 67), die zuletzt durch die Richtlinie 2011/ 62/EU (ABl. L 174 vom 1.7.2011, S. 74) geändert worden ist, vorgeschrieben oder auf Grund von Artikel 54a der Richtlinie 2001/83/EG festgelegt wird.* Nach der 15. II des 2. AMG-ÄndG 2012 tritt Abs. 1c am ersten Tag des vierten Jahres in Kraft, der auf die Verkündung des delegierten Rechtsaktes der Kommission nach Art. 54a II RL 2001/83/EG im Amtsblatt der EU erfolgt. Das BMG gibt nach Art. 15 X des 2. AMG-ÄndG 2012 das Datum des Inkrafttretens im BGBl. bekannt.

8a. bei gentechnologisch gewonnenen Arzneimitteln der Wirkstoff und die Bezeichnung des bei der Herstellung verwendeten gentechnisch veränderten Mikroorganismus oder die Zellinie,

9. das Verfalldatum mit dem Hinweis „verwendbar bis",

10. bei Arzneimitteln, die nur auf ärztliche, zahnärztliche oder tierärztliche Verschreibung abgegeben werden dürfen, der Hinweis „Verschreibungspflichtig", bei sonstigen Arzneimitteln, die nur in Apotheken an Verbraucher abgegeben werden dürfen, der Hinweis „Apothekenpflichtig",

11. bei Mustern der Hinweis „Unverkäufliches Muster",

12. der Hinweis, dass Arzneimittel unzugänglich für Kinder aufbewahrt werden sollen, es sei denn, es handelt sich um Heilwässer,

13. soweit erforderlich besondere Vorsichtsmaßnahmen für die Beseitigung von nicht verwendeten Arzneimitteln oder sonstige besondere Vorsichtsmaßnahmen, um Gefahren für die Umwelt zu vermeiden,

14. Verwendungszweck bei nicht verschreibungspflichtigen Arzneimitteln. [2] Sofern die Angaben nach Satz 1 zusätzlich in einer anderen Sprache wiedergegeben werden, müssen in dieser Sprache die gleichen Angaben gemacht werden. [3] Ferner ist Raum für die Angabe der verschriebenen Dosierung vorzusehen; dies gilt nicht für die in Absatz 8 Satz 3 genannten Behältnisse und Ampullen und für Arzneimittel, die dazu bestimmt sind, ausschließlich durch Angehörige der Heilberufe angewendet zu werden. [4] Arzneimittel, die nach einer homöopathischen Verfahrenstechnik hergestellt werden und nach § 25 zugelassen sind, sind zusätzlich mit einem Hinweis auf die homöopathische Beschaffenheit zu kennzeichnen. [5] Weitere Angaben, die nicht durch eine Verordnung der Europäischen Gemeinschaft oder der Europäischen Union vorgeschrieben oder bereits nach einer solchen Verordnung zulässig sind, sind zulässig, soweit sie mit der Anwendung des Arzneimittels im Zusammenhang stehen, für die gesundheitliche Aufklärung der Patienten wichtig sind und den Angaben nach § 11a nicht widersprechen.

(1a) *(aufgehoben)*

(1b) [1] Bei Arzneimitteln, die zur Anwendung bei Menschen bestimmt sind, ist die Bezeichnung des Arzneimittels auf den äußeren Umhüllungen auch in Blindenschrift anzugeben. [2] Die in Absatz 1 Satz 1 Nr. 2 genannten sonstigen Angaben zur Darreichungsform und zu der Personengruppe, für die das Arzneimittel bestimmt ist, müssen nicht in Blindenschrift aufgeführt werden; dies gilt auch dann, wenn diese Angaben in der Bezeichnung enthalten sind. [3] Satz 1 gilt nicht für Arzneimittel,

1. die dazu bestimmt sind, ausschließlich durch Angehörige der Heilberufe angewendet zu werden oder

2. die in Behältnissen von nicht mehr als 20 Milliliter Rauminhalt oder einer Inhaltsmenge von nicht mehr als 20 Gramm in Verkehr gebracht werden.

(2) Es sind ferner Warnhinweise, für die Verbraucher bestimmte Aufbewahrungshinweise und für die Fachkreise bestimmte Lagerhinweise anzugeben, soweit dies nach dem jeweiligen Stand der wissenschaftlichen Erkenntnisse erforderlich oder durch Auflagen der zuständigen Bundesoberbehörde nach § 28 Abs. 2 Nr. 1 angeordnet oder durch Rechtsverordnung vorgeschrieben ist.

(3) Bei Sera ist auch die Art des Lebewesens, aus dem sie gewonnen sind, bei Virusimpfstoffen das Wirtssystem, das zur Virusvermehrung gedient hat, anzugeben.

(4) [1] Bei Arzneimitteln, die in das Register für homöopathische Arzneimittel eingetragen sind, sind anstelle der Angaben nach Absatz 1 Satz 1 Nr. 1 bis 14 und außer dem deutlich erkennbaren Hinweis „Homöopathisches Arzneimittel" die folgenden Angaben zu machen:

1. Ursubstanzen nach Art und Menge und der Verdünnungsgrad; dabei sind die Symbole aus den offiziell gebräuchlichen Pharmakopöen zu verwenden; die wissenschaftliche Bezeichnung der Ursubstanz kann durch einen Phantasienamen ergänzt werden,

2. Name und Anschrift des pharmazeutischen Unternehmers und, soweit vorhanden, seines örtlichen Vertreters,

3. Art der Anwendung,

4. Verfalldatum; Absatz 1 Satz 1 Nr. 9 und Absatz 7 finden Anwendung,

5. Darreichungsform,

6. der Inhalt nach Gewicht, Rauminhalt oder Stückzahl,

7. Hinweis, dass Arzneimittel unzugänglich für Kinder aufbewahrt werden sollen, weitere besondere Vorsichtsmaßnahmen für die Aufbewahrung und Warnhinweise, einschließlich weiterer Angaben, soweit diese für eine sichere Anwendung erforderlich oder nach Absatz 2 vorgeschrieben sind,

8. Chargenbezeichnung,
9. Registrierungsnummer mit der Abkürzung „Reg.-Nr." und der Angabe „Registriertes homöopathisches Arzneimittel, daher ohne Angabe einer therapeutischen Indikation",
10. der Hinweis an den Anwender, bei während der Anwendung des Arzneimittels fortdauernden Krankheitssymptomen medizinischen Rat einzuholen,
11. bei Arzneimitteln, die nur in Apotheken an Verbraucher abgegeben werden dürfen, der Hinweis „Apothekenpflichtig",
12. bei Mustern der Hinweis „Unverkäufliches Muster".

[2] Satz 1 gilt entsprechend für Arzneimittel, die nach § 38 Abs. 1 Satz 3 von der Registrierung freigestellt sind; Absatz 1b findet keine Anwendung.

(4a) [1] Bei traditionellen pflanzlichen Arzneimitteln nach § 39a müssen zusätzlich zu den Angaben in Absatz 1 folgende Hinweise aufgenommen werden:

1. Das Arzneimittel ist ein traditionelles Arzneimittel, das ausschließlich auf Grund langjähriger Anwendung für das Anwendungsgebiet registriert ist, und
2. der Anwender sollte bei fortdauernden Krankheitssymptomen oder beim Auftreten anderer als der in der Packungsbeilage erwähnten Nebenwirkungen einen Arzt oder eine andere in einem Heilberuf tätige qualifizierte Person konsultieren.

[2] An die Stelle der Angabe nach Absatz 1 Satz 1 Nr. 3 tritt die Registrierungsnummer mit der Abkürzung „Reg.-Nr.".

(5) [1] Bei Arzneimitteln, die zur Anwendung bei Tieren bestimmt sind, gelten die Absätze 1 und 1a mit der Maßgabe, dass anstelle der Angaben nach Absatz 1 Satz 1 Nummer 1 bis 14 und Absatz 1a die folgenden Angaben zu machen sind:

1. Bezeichnung des Arzneimittels, gefolgt von der Angabe der Stärke, der Darreichungsform und der Tierart, es sei denn, dass diese Angaben bereits in der Bezeichnung enthalten sind; enthält das Arzneimittel nur einen Wirkstoff, muss die internationale Kurzbezeichnung der Weltgesundheitsorganisation angegeben werden oder, soweit eine solche nicht vorhanden ist, die gebräuchliche Bezeichnung, es sei denn, dass die Angabe des Wirkstoffs bereits in der Bezeichnung enthalten ist,
2. die Wirkstoffe nach Art und Menge und sonstige Bestandteile nach der Art, soweit dies durch Auflage der zuständigen Bundesoberbehörde nach § 28 Absatz 2 Nummer 1 angeordnet oder durch Rechtsverordnung nach § 12 Absatz 1 Nummer 4 auch in Verbindung mit Absatz 2 oder nach § 36 Absatz 1 vorgeschrieben ist,
3. die Chargenbezeichnung,
4. die Zulassungsnummer mit der Abkürzung „Zul.-Nr.",
5. der Name oder die Firma und die Anschrift des pharmazeutischen Unternehmers und, soweit vorhanden, der Name des von ihm benannten örtlichen Vertreters,
6. die Tierarten, bei denen das Arzneimittel angewendet werden soll,
7. die Art der Anwendung,
8. die Wartezeit, soweit es sich um Arzneimittel handelt, die zur Anwendung bei Tieren bestimmt sind, die der Gewinnung von Lebensmitteln dienen,
9. das Verfalldatum entsprechend Absatz 7,
10. soweit erforderlich, besondere Vorsichtsmaßnahmen für die Beseitigung von nicht verwendeten Arzneimitteln,
11. der Hinweis, dass Arzneimittel unzugänglich für Kinder aufbewahrt werden sollen, weitere besondere Vorsichtsmaßnahmen für die Aufbewahrung und Warnhinweise, einschließlich weiterer Angaben, soweit diese für eine sichere Anwendung erforderlich oder nach Absatz 2 vorgeschrieben sind,
12. der Hinweis „Für Tiere",
13. die Darreichungsform,
14. der Inhalt nach Gewicht, Rauminhalt oder Stückzahl,
15. bei Arzneimitteln, die nur auf tierärztliche Verschreibung abgegeben werden dürfen, der Hinweis „Verschreibungspflichtig", bei sonstigen Arzneimitteln, die nur in Apotheken an den Verbraucher abgegeben werden dürfen, der Hinweis „Apothekenpflichtig",
16. bei Mustern der Hinweis „Unverkäufliches Muster".

[2] Arzneimittel zur Anwendung bei Tieren, die in das Register für homöopathische Arzneimittel eingetragen sind, sind mit dem deutlich erkennbaren Hinweis „Homöopathisches Arzneimittel" zu versehen; anstelle der Angaben nach Satz 1 Nummer 2 und 4 sind die Angaben nach Absatz 4 Satz 1 Nummer 1, 9 und 10 zu machen. [3] Die Sätze 1 und 2 gelten entsprechend für Arzneimittel, die nach § 38 Absatz 1 Satz 3 oder nach § 60 Absatz 1 von der Registrierung freigestellt sind. [4] Bei traditionellen pflanzlichen Arzneimitteln zur Anwendung bei Tieren ist anstelle der Angabe nach Satz 1 Nummer 4 die Registrierungsnummer mit der

Abkürzung „Reg.-Nr." zu machen; ferner sind die Hinweise nach Absatz 4a Satz 1 Nummer 1 und entsprechend der Anwendung bei Tieren nach Nummer 2 anzugeben. [5] Die Angaben nach Satz 1 Nummer 13 und 14 brauchen, sofern eine äußere Umhüllung vorhanden ist, nur auf der äußeren Umhüllung zu stehen.

(6) Für die Bezeichnung der Bestandteile gilt Folgendes:

1. Zur Bezeichnung der Art sind die internationalen Kurzbezeichnungen der Weltgesundheitsorganisation oder, soweit solche nicht vorhanden sind, gebräuchliche wissenschaftliche Bezeichnungen zu verwenden; das Bundesinstitut für Arzneimittel und Medizinprodukte bestimmt im Einvernehmen mit dem Paul-Ehrlich-Institut und dem Bundesamt für Verbraucherschutz und Lebensmittelsicherheit die zu verwendenden Bezeichnungen und veröffentlicht diese in einer Datenbank nach § 67a;

2. Zur Bezeichnung der Menge sind Maßeinheiten zu verwenden; sind biologische Einheiten oder andere Angaben zur Wertigkeit wissenschaftlich gebräuchlich, so sind diese zu verwenden.

(7) Das Verfalldatum ist mit Monat und Jahr anzugeben.

(8) [1] Durchdrückpackungen sind mit dem Namen oder der Firma des pharmazeutischen Unternehmers, der Bezeichnung des Arzneimittels, der Chargenbezeichnung und dem Verfalldatum zu versehen. [2] Auf die Angabe von Namen und Firma eines Parallelimporteurs kann verzichtet werden. [3] Bei Behältnissen von nicht mehr als 10 Milliliter Nennmenge und bei Ampullen, die nur eine einzige Gebrauchseinheit enthalten, brauchen die Angaben nach den Absätzen 1, 2 bis 5 nur auf den äußeren Umhüllungen gemacht zu werden; jedoch müssen sich auf den Behältnissen und Ampullen mindestens die Angaben nach Absatz 1 Satz 1 Nummer 2 erster Halbsatz, 4, 6, 7, 9 sowie nach den Absätzen 3 und 5 Satz 1 Nummer 1, 3, 7, 9, 12, 14 befinden; es können geeignete Abkürzungen verwendet werden. [4] Satz 3 findet auch auf andere kleine Behältnisse als die dort genannten Anwendung, sofern in Verfahren nach § 25b abweichende Anforderungen an kleine Behältnisse zugrunde gelegt werden.

(8a) [1] Bei Frischplasmazubereitungen und Zubereitungen aus Blutzellen müssen mindestens die Angaben nach Absatz 1 Satz 1 Nummer 1, 2, ohne die Angabe der Stärke, Darreichungsform und der Personengruppe, Nummer 3, 4, 6, 7 und 9 gemacht sowie die Bezeichnung und das Volumen der Antikoagulans- und, soweit vorhanden, der Additivlösung, die Lagertemperatur, die Blutgruppe und bei allogenen Zubereitungen aus roten Blutkörperchen zusätzlich die Rhesusformel, bei Thrombozytenkonzentraten und autologen Zubereitungen aus roten Blutkörperchen zusätzlich der Rhesusfaktor angegeben werden. [2] Bei autologen Blutzubereitungen muss zusätzlich die Angabe „Nur zur Eigenbluttransfusion" gemacht und bei autologen und gerichteten Blutzubereitungen zusätzlich ein Hinweis auf den Empfänger gegeben werden.

(8b) [1] Bei Gewebezubereitungen müssen mindestens die Angaben nach Absatz 1 Satz 1 Nummer 1 und 2 ohne die Angabe der Stärke, der Darreichungsform und der Personengruppe, Nummer 3 oder die Genehmigungsnummer mit der Abkürzung „Gen.-Nr.", Nummer 4, 6 und 9 sowie die Angabe „Biologische Gefahr" im Falle festgestellter Infektiosität gemacht werden. [2] Bei autologen Gewebezubereitungen müssen zusätzlich die Angabe „Nur zur autologen Anwendung" gemacht und bei autologen und gerichteten Gewebezubereitungen zusätzlich ein Hinweis auf den Empfänger gegeben werden.

(9) [1] Bei den Angaben nach den Absätzen 1 bis 5 dürfen im Verkehr mit Arzneimitteln übliche Abkürzungen verwendet werden. [2] Die Firma nach Absatz 1 Nr. 1 darf abgekürzt werden, sofern das Unternehmen aus der Abkürzung allgemein erkennbar ist.

(10) [1] Für Arzneimittel, die zur Anwendung bei Tieren und zur klinischen Prüfung oder zur Rückstandsprüfung bestimmt sind, finden Absatz 5 Satz 1 Nummer 1, 3, 5, 7, 8, 13 und 14 sowie die Absätze 8 und 9, soweit sie sich hierauf beziehen, Anwendung. [2] Diese Arzneimittel sind soweit zutreffend mit dem Hinweis „Zur klinischen Prüfung bestimmt" oder „Zur Rückstandsprüfung bestimmt" zu versehen. [3] Durchdrückpackungen sind mit der Bezeichnung, der Chargenbezeichnung und dem Hinweis nach Satz 2 zu versehen.

(11) [1] Aus Fertigarzneimitteln entnommene Teilmengen, die zur Anwendung bei Menschen bestimmt sind, dürfen nur mit einer Kennzeichnung abgegeben werden, die mindestens den Anforderungen nach Absatz 8 Satz 1 entspricht. [2] Absatz 1b findet keine Anwendung.

Wichtige Änderungen der Vorschrift: Abs. 1 Nr. 8 neu gefasst und Nr. 12 und 13 sowie S. 2 bis 4 an Abs. 1 angefügt, Abs. 2, 4 und 7 neu gefasst und Abs. 5 und 8 modifiziert durch Fünftes Gesetz zur Änderung des Arzneimittelgesetzes vom 9.8.1994 (BGBl. I S. 2071); Abs. 1 geändert, Abs. 1b eingefügt und Abs. 10 eingefügt durch Zwölftes Gesetz zur Änderung des Arzneimittelgesetzes vom 30.7.2004 (BGBl. I S. 2031); Abs. 1b geändert durch Gesetz zur Änderung arzneimittelrechtlicher Vorschriften vom 15.4.2005 (BGBl. I S. 1068); Abs. 1 geändert, Abs. 1a und 4 neu gefasst sowie Abs. 4a eingefügt durch Vierzehntes Gesetz zur Änderung des Arzneimittelgesetzes vom

29.8.2005 (BGBl. I S. 2570); Abs. 11 angefügt durch Gesetz zur Stärkung des Wettbewerbs in der gesetzlichen Krankenversicherung (GKV-Wettbewerbsstärkungsgesetz – GKV-WSG) vom 17.7.2007 (BGBl. I S. 378); Abs. 5 neu gefasst und Abs. 8 S. 3 und 4 neugefasst, sowie die vorher geltenden Sätze 4 bis 6 dieses Absatzes aufgehoben und Abs. 8a und 8b angefügt durch Gesetz zur Änderung arzneimittelrechtlicher und anderer Vorschriften vom 17.7.2009 (BGBl. I 1990); Abs. 1 ergänzt durch das Gesetz zur Neuordnung des Arzneimittelmarktes in der gesetzlichen Krankenversicherung (Arzneimittelmarktneuordnungsgesetz – AMNOG) vom 22.12.2010 (BGBl. I S. 2262). Abs. 1 S. 1 Nr. 2, S. 5 und Abs. 8 S. 3 geändert sowie Abs. 1a aufgehoben durch Zweites Gesetz zur Änderung arzneimittelrechtlicher und anderer Vorschriften vom 19.10.2012 (BGBl. I S. 2192).

Europarechtliche Vorgaben: Art. 54–69 RL 2001/83/EG sowie Art. 58–64 RL 2001/82/EG.

Literatur zu §§ 10, 11: *Baddack/Buchberger/Kroth/Walluf-Blume,* Neue Empfehlungen zur Gestaltung von Packungsbeilagen, PharmInd 2001, 1213; *Beuthien/Schmölz,* Die Geltung des Heilmittelwerbegesetzes für arzneimittelrechtliche Informationen, GRUR 1999, 297; *v. Czettritz,* Patientenfreundliche Packungsbeilage – Einfluss der „Guideline on the Readability of the Label and Package Leaflet of Medicinal Products for Human Use" auf die Gebrauchsinformationstexte für Fertigarzneimittel, PharmR 2001, 42; *v. Czettritz/Thewes,* Zur „Äußeren Umhüllung" eines Arzneimittels und den „darauf angebrachten Angaben" nach § 10 Abs. 1 Satz 1 und 5 AMG, PharmR 2013, 477; *Doepner/Reese,* Produktbezogene Patienteninformation im Internet-Zeitalter – eine kritische Bestandsaufnahme nach deutschem und europäischem Heilmittelwerberecht, Sonderdruck zu PharmR 2001, S. I; *Fuchs/Götze,* Patientengerechte Arzneimittelinformation in Packungsbeilagen, PharmInd 2009, 1094; *Fuchs/Heyer/Hippius/Langenhan,* Influence of Front Sizes on the Readability and Comprehensibility of Package Inserts, PharmInd 2008, 584; *Hiemer/Räuscher/Schaefer,* Regulatorische Anforderungen und allgemeine Erfahrungen in der Umsetzung von Lesbarkeitstests bei Packungsbeilagen, PharmInd 2007, 1248; *Kaeding,* Wettbewerbswidrigkeit unrichtiger Arzneimittelinformationen und ihre Folgen, PharmR 2008, 315; *Meisterernst,* Zum Begriff der Packungsbeilage im Sinne von § 4a HWG, PharmR 2002, 171; *Nitz,* Die Packungsgrößenverordnung nach dem AMNOG, PharmR 2011, 208; *Pannenbecker,* Packmitteltexte von homöopathischen Arzneimitteln – Rechtsgutachten zu den Anforderungen an die Kennzeichnung und Gebrauchsinformation von registrierten oder von der Registrierung freigestellten homöopathischen Arzneimitteln gem. §§ 10, 11 AMG, PharmInd 2006, 714 und 845; *Pannenbecker/Blind,* Eingriffsbefugnisse der Bundesoberbehörden bei Arzneimittelbezeichnungen, PharmR 2011, 272; *Peter/Sander,* Fragen zur Kennzeichnung sowie zur Gebrauchs- und Fachinformation von Arzneimitteln, PharmInd 1999, 616; *Reese,* Möglichkeiten und Grenzen der Verwendung von Dachmarken im Arzneimittelbereich, PharmR 2011, 392; *Runge,* Zugangsbeschränkungen für Arzneimittelinformationen im Internet, PharmR 2014, 560; *Sander,* Zur Verwendung von Dachmarken bei Arzneimitteln, A&R 2011, 248; *Schmidt/Kleintz,* Dachmarkenkonzepte und die neue Leitlinie zur Bezeichnung von Arzneimitteln, PharmR 2013, 305; *Stallberg,* Information und Werbung in und auf Arzneimittelverpackungen – Rechtliche Gestaltungsmöglichkeiten und Grenzen, PharmR 2010, 214; *ders.,* Die Verpackung von Arzneimitteln als Werbeträger?, WRP 2011, 1525; *Thiele/Mayer/Portsner,* Kostenpflicht bei redaktionellen Änderungsanzeigen – Zur Kostenpflichtigkeit von Änderungsanzeigen bei rein redaktionellen Anpassungen von Packungsbeilage und Arzneimittelverpackungen an neue gesetzliche Vorgaben, PharmR 2008, 43; *Wesser,* Kennzeichnung zentral zugelassener Arzneimittel hinsichtlich ihrer Herkunft, A&R 2011, 257; *Winnands,* Die Packungsbeilage im Spannungsfeld des Werberechts, PharmInd 2009, 1358.

Übersicht

A. Allgemeines

I. Inhalt

1   § 10 enthält die Vorgaben an die **Kennzeichnung** von Fertigarzneimitteln (§ 4 I), die Arzneimittel i. S. d. § 2 I oder II Nr. 1 sind und im Inland in den Verkehr gebracht werden. Der Begriff der Kennzeichnung ist nicht legaldefiniert. Er umfasst die gem. § 10 zu machenden Angaben, also die **Etikettierung** des Arzneimittels (Art. 1 Nr. 25 RL 2001/83/EG). Ausnahmsweise gilt § 10 nicht für solche Fertigarzneimittel, die zur klinischen Prüfung bestimmt sind oder die nach § 21 II Nr. 1a oder Nr. 1b von der Zulassungspflicht freigestellt sind. Infolge des AMNOG wurde Abs. 1 S. 1 dahingehend ergänzt, dass auch Arzneimittel, die nach § 21 II Nr. 6 im Rahmen eines sog. compassionate-use Programms in den Verkehr gebracht werden, nicht den Vorgaben des § 10 an die Kennzeichnung unterliegen. Auf der Grundlage der Verordnungsermächtigung des § 12 ist der Anwendungsbereich des § 10 durch die § 14 II, III ApBetrO, § 15 I–III AMWHV, § 4 IV AM-HandelsV und § 10 II TÄHAV über Fertigarzneimittel hinausgehend insbesondere auf Tierarzneimittel erweitert worden, die keine Fertigarzneimittel sind (s. hierzu § 12 Rn. 5 ff.).

§ 10 dürfte zu den unstrukturiertesten Normen des AMG zählen, wenngleich einige systematische **2** Herausforderungen der 14. Novelle durch das AMG-ÄndG 2009 bereinigt wurden. Abs. 1 S. 1 regelt, welche Packmittel in welcher Weise zu kennzeichnen sind. Der Katalog in Abs. 1 S. 1 Nr. 1–14 enthält die in ein Kennzeichnung grundsätzlich zu machenden Pflichtangaben, Abs. 4 S. 1 Nr. 1–12 enthält demgegenüber für registrierte homöopathische Arzneimittel einen besonderen Pflichtangabenkatalog, der auch für standardregistrierte homöopathische Arzneimittel gilt (Abs. 4 S. 2). In Abs. 1 S. 2, 3 und 5 werden Regelungen zur mehrsprachigen Kennzeichnung, zum Platzhalter für die Angabe der verschriebenen Dosierung und zur Zulässigkeit weiterer, über die Pflichtangaben hinausgehender Informationen getroffen. Nach Abs. 1 S. 4 müssen auch zugelassene homöopathische Arzneimittel mit einem Hinweis auf ihre homöopathische Beschaffenheit gekennzeichnet werden. Abs. 3, 4a und 5 treffen über die Pflichtangaben des Abs. 1 S. 1 Nr. 1–12 hinausgehende spezifische Anforderungen an die Kennzeichnung von Sera, von traditionellen pflanzlichen Arzneimitteln nach § 39a bzw. von Tierarzneimitteln. Abs. 8 enthält erleichterte Kennzeichnungsanforderungen für Durchdrückpackungen und kleine Behältnisse. Die mit dem AMG-ÄndG 2009 neu eingefügten Abs. 8a und 8b enthalten besondere Kennzeichnungsvorgaben für Blutzubereitungen bzw. Gewebezubereitungen. Abs. 10 gibt die Anforderungen an die Kennzeichnung von Tierarzneimitteln, die zur klinischen Prüfung oder zur Rückstandsprüfung bestimmt sind, vor. Abs. 11 befasst sich mit der Kennzeichnung von Teilmengen von Fertigarzneimitteln zur Anwendung bei Menschen. In Abs. 1b, 2, 6, 7 und 9 sind verschiedene Detailregelungen zur Kennzeichnung enthalten.

II. Zweck

Aus Gründen des Gesundheitsschutzes erfordert es die Arzneimittelsicherheit, dass Arzneimittel von **3** den Verbrauchern auf der Grundlage vollständiger und verständlicher Informationen ordnungsgem. angewendet werden können[1]. Eine ordnungsgemäße Kennzeichnung von Arzneimitteln ist somit für den **öffentlichen Gesundheitsschutz** – nach herkömmlicher Terminologie für die **Volksgesundheit**[2] – von großer Bedeutung, weshalb die Kennzeichnung ein Herstellungsvorgang ist (§ 4 XIV) und einer Herstellungserlaubnis bedarf (§ 13)[3]. Kommt es aufgrund der unzureichenden Kennzeichnung eines zulassungspflichtigen oder standardzugelassenen Arzneimittels zu einem Personenschaden, so haftet der pharmazeutische Unternehmer nach § 84 AMG. Bei Schäden, die auf einer unzureichenden Kennzeichnung anderer Arzneimitteln beruhen, bietet § 1 ProdHaftG eine Haftungsgrundlage (§ 15 I ProdHaftG). Bei Humanarzneimitteln unterliegen Änderungen der Etikettierung oder der Packungsbeilage, die nicht im Zusammenhang mit Zusammenfassung von Produktmerkmalen stehen, nicht den Verfahren der VO (EG) 1234/2008 über die Prüfung von Zulassungsänderungen. Solche Änderungen sind nach Art. 61 III RL 2001/83/EG den zuständigen Behörden der Mitgliedstaaten vorzulegen[4]. Daher sind Änderungen des Wortlautes der Kennzeichnung zulassungspflichtiger Arzneimittel, die nicht mit der Aufzählung der Zusammenfassung der Merkmale des Arzneimittels nach Art. 11 RL 2001/83/EG (§ 11a) in Zusammenhang stehen, d. h. eine inhaltliche Änderung dieser Angaben bewirken, der zuständigen Bundesoberbehörde vom pharmazeutischen Unternehmer weiterhin gem. §§ 29 I, 22 VII 1 mitzuteilen. Für registrierte homöopathische Arzneimittel gilt dies aufgrund von §§ 39 IIb 1, 38 II 1, 22 VII 1. Das Inverkehrbringen irreführend gekennzeichneter Arzneimittel ist gem. § 8 I Nr. 2 verboten (s. zur Problematik der Anwendbarkeit des HWG § 11 Rn. 99 f.). Für die Übereinstimmung der Kennzeichnung mit der Zulassung bzw. Registrierung ist der Informationsbeauftragte (§ 74a) verantwortlich.

B. Kennzeichnungspflicht (Abs. 1)

I. Kennzeichnungspflichten nach S. 1

1. Kennzeichnungspflichtige Arzneimittel. a) Fertigarzneimittel. Der **originäre Anwen-** **4** **dungsbereich** des § 10 betrifft **Fertigarzneimittel,** die Arzneimittel i. S. d. § 2 I oder § 2 II Nr. 1 sind (zur Erweiterung des Anwendungsbereichs durch Rechtsverordnungen s. § 12 Rn. 3 ff.). Es werden nur

---

[1] Vgl. hierzu 40. Begründungserwägung der RL 2001/83/EG; Ziff. 1.3.1 und 2.1.2 des AMG-Erfahrungsberichts 1993, BT-Drucks. 12/5226, S. 7 und 15 f.
[2] Zur Verankerung dieses Begriffs in der dt. Rechtsordnung vgl. *Heßhaus/Pannenbecker*, PharmR 2001, 382 Fn. 5. Bedenkenschwer hingegen *Frenzel*, DÖV 2007, 243 ff.
[3] Vgl. *BVerwG*, Beschl. v. 9.10.1981 – 3 B 45.81, veröffentlicht in *Kloesel/Cyran*, E 9.
[4] Vgl. „Ausführliche Leitlinien zu den verschiedenen Kategorien von Änderungen, zur Handhabung der in den Kapiteln II, IIa, III und IV der VO (EG) Nr. 1234/2008 … festgelegten Verfahren und zu den gemäß diesen Verfahren einzureichenden Unterlagen" (2013/C 223/01), unter Ziff. 2.

solche Fertigarzneimittel vom Anwendungsbereich des § 10 erfasst, die **für den deutschen Markt bestimmt** sind[5]. Der pharmazeutische Unternehmer hat es nicht in der Hand, durch Erklärungen wie „Keine abgabefertige Packung" oder „Nur für die Rezeptur" der Einstufung eines Präparates als Fertigarzneimittel entgegenzusteuern und damit die Kennzeichnungspflicht zu umgehen[6]. Mit dem GKV-WSG wurde die Überschrift des § 10 auf den Begriff „Kennzeichnung" beschränkt, da der neue Abs. 11 die Kennzeichnung von aus Fertigarzneimitteln ausgeeinzelten Arzneimitteln betrifft. Unter systematischen Gesichtspunkten hätte diese Regelung in § 14 ApBetrO verortet werden müssen.

5   **Vom Anwendungsbereich** des § 10 ist die Kennzeichnung von Arzneimitteln **ausgenommen,** die auf der Grundlage einer sog. **zentralen Zulassung** nach der VO (EG) Nr. 726/2004 in den Verkehr gebracht werden[7]. Diese richtet sich gem. Art. 6 I VO (EG) 726/2004 i. V. m. Art. 8 III Buchst. j) RL 2001/83/EG sowie nach Art. 12 I 2 VO (EG) 726/2004 unmittelbar nach Art. 54 RL 2001/83/EG und den sonstigen einschlägigen Vorschriften des V. Titels dieser RL[8]. Es bedarf aufgrund der umfassenden und unmittelbaren Geltung der VO keiner Umsetzungsmaßnahmen des deutschen Gesetzgebers und solche wären überdies unzulässig[9].

6   Es kommt für die Anwendbarkeit des § 10 nicht darauf an, auf welcher Grundlage ein Fertigarzneimittel in den Verkehr gebracht wird. Daher spielen die Zulassungspflicht oder der Freistellung von dieser im Rahmen des § 10 keine Rolle. Etwas anderes gilt seit der 14. AMG-Novelle gem. § 10 I 1 nur im Hinblick auf solche **Fertigarzneimittel, die nach § 21 II Nr. 1a oder 1b und seit dem AMNOG für solche, die nach § 21 II Nr. 6 von der Zulassungspflicht freigestellt** sind. Die von diesen Normen erfassten Arzneimittel unterliegen, auch wenn es sich um Fertigarzneimittel handelt, keiner Kennzeichnung nach § 10. Vor dem 31.7.2001 waren **fiktiv zugelassene Arzneimittel** gem. § 109 I a. F. nach den Vorgaben des AMG 1961 zu kennzeichnen. Im Zuge der 10. AMG-Novelle wurde § 109 I und II novelliert. Auch bei fiktiv zugelassenen Arzneimitteln richtet sich die Kennzeichnung nunmehr nach § 10 AMG.

7   **b) Prüfpräparate.** Mit der 12. AMG-Novelle wurde die Kennzeichnung von Arzneimitteln, die zur klinischen Prüfung bei Menschen bestimmt sind, **vom Anwendungsbereich des § 10 ausgenommen,** wobei diese Ausnahme erst mit dem Inkrafttreten der **GCP-V** am 14.8.2004 Geltung erlangte. Der Grund hierfür liegt darin, dass nach Art. 14 RL 2001/20/EG für solche Arzneimittel in einem gem. Art. 19a RL 75/319/EWG (nunmehr Art. 47 RL 2001/83/EG) von der EU-Kommission zu erstellenden Leitfaden für die gute Herstellungspraxis (EG-GMP-Leitfaden[10]) besondere Anforderungen an die Kennzeichnung festgelegt werden[11]. Bei der Kennzeichnung von Prüfpräparaten ist es von besonderer Bedeutung, dass der Schutz des Teilnehmers an der klinischen Prüfung und die Rückverfolgbarkeit sichergestellt sind, die Identifizierung des Arzneimittels und der Prüfung ermöglicht und eine ordnungsgemäße Verwendung des Arzneimittels erleichtert werden (Art. 15 RL 2003/94/EG). Diese Vorgaben wurden mit **§ 5 GCP-V** in das nationale Recht umgesetzt, der die für den Rechtsunterworfenen maßgeblichen Anforderungen an die **Kennzeichnung von Prüfpräparaten** enthält (s. im Übrigen Rn. 62 ff.).

8   **2. Adressaten der Kennzeichnungspflicht.** Primärer Adressat der Kennzeichnungspflicht ist der **pharmazeutische Unternehmer** (§ 4 XVIII). Außerdem ist jeder, der im Geltungsbereich des AMG der Kennzeichnungspflicht unterliegende Arzneimittel in den Verkehr bringt (§ 4 XVII), dazu verpflichtet, dass dies in Übereinstimmung mit den Anforderungen des § 10 geschieht[12].

9   Das Inverkehrbringen von Arzneimitteln, deren Kennzeichnung dem § 10 nicht entspricht, stellt eine **Ordnungswidrigkeit** gem. § 97 II Nr. 4 dar. Sofern die Kennzeichnung darüber hinaus gem. § 8 I Nr. 2 irreführend ist, ist der Straftatbestand des § 96 Nr. 3 AMG einschlägig[13]. Steht die Kennzeichnung

---

[5] Vgl. *Kloesel/Cyran*, § 10 Anm. 3.

[6] Vgl. *AG Lüneburg*, Urt. v. 27.1.1978 – 13 OWi 43/77, veröffentlicht in *Sander*, Entscheidungssammlung zum Arzneimittelrecht, § 10 AMG/Nr. 1; *Sander*, § 10 Erl. 2. Dabei ist es nicht maßgeblich, ob der pharmazeutische Unternehmer die Abgabe der Packungen an den Verbraucher beabsichtigt. Es reicht vielmehr aus, dass die Packungen objektiv zur Abgabe an den Verbraucher bestimmt sind, vgl. *BVerwG*, Beschl. v. 9.10.1981 – 3 B 45/81, veröffentlicht in *Kloesel/Cyran*, E 9.

[7] A. A. *OLG Hamburg*, MD 2002, 130, 134 f.; *LG Hamburg*, MD 2002, 1072 (L) – „Genetisch modifiziert".

[8] Ebenso *Wesser*, A&R 2011, 257; Stellungnahme der Kommission vom 5.11.1996, ABl.-EG C 83, S. 26. Für zentral zugelassene Arzneimittel hat die Kommission eine „Guideline on the packaging information of medicinal products for human use authorised by the Community" mit Stand vom Februar 2008 bekanntgemacht (abrufbar unter http://ec.europa.eu). Im Anhang zu dieser Leitlinie sind die Angaben aufgeführt, die von den Mitgliedstaaten auf der Grundlage des Art. 57 RL 2001/83/EG jeweils für erforderlich gehalten werden. Die Guideline ist mittlerweile durch die „Guideline on the packaging information of medicinal products for human use authorised by the Union" vom Juli 2013 ersetzt worden, abrufbar unter http://ec.europa.eu.

[9] Vgl. *EuGH*, Urt. v. 31.1.1978 – Rs. 94/77, Slg. 1978, 99 ff. Rn. 22/27 – „Fratelli"; *Schroeder*, in: Streinz, EUV/EGV, Art. 288 AEUV Rn. 58.

[10] Die Vorgaben zur Kennzeichnung von Prüfpräparaten sind in Nr. 26–33 des Annexes 13 („Investigational medicinal products", v. 3.2.2010, ENTR/F/2/AM/an D(2010) 3374) des EG-GMP-Leitfadens enthalten.

[11] Vgl. BT-Drucks. 15/2109, S. 27.

[12] Vgl. *Kloesel/Cyran*, § 10 Anm. 6.

[13] Vgl. *Kloesel/Cyran*, § 97 Anm. 8.

in inhaltlichem Widerspruch zur Zulassung, ist die vorsätzliche Tat nach § 96 Nr. 5 strafbewehrt. Für den Fall des inhaltlichen Widerspruchs der Kennzeichnung zur Registrierung eines homöopathischen oder traditionellen pflanzlichen Arzneimittels ist bei Vorsatz § 96 Nr. 9 einschlägig. Die fahrlässige Begehung der in § 96 bezeichneten Handlungen stellt gem. § 97 I eine Ordnungswidrigkeit dar.

Eine Verletzung der Kennzeichnungsvorgaben des § 10 beinhaltet regelmäßig einen **Wettbewerbs-** **10** **verstoß** gem. §§ 3, 4 Nr. 11 UWG (s. auch § 11 Rn. 10)[14]. Wenn in der Kennzeichnung außer den vorgeschriebenen Angaben weitere, einen werblichen Überschuss enthaltene oder zum Warenabsatz eingesetzte Angaben aufgeführt werden, sind die Anforderungen des HWG einschlägig[15].

3. Art der Kennzeichnung. a) Kennzeichnungspflichtige Packmittel. Die Kennzeichnung ist **11** auf dem Behältnis und, soweit verwendet, auf der äußeren Umhüllung des Arzneimittels vorzunehmen. Dem Begriff **Behältnis** entspricht im Gemeinschaftskodex der Terminus **Primärverpackung** (Art. 1 Nr. 23 RL 2001/83/EG). Das Behältnis ist somit die unmittelbar mit dem Arzneimittel in Berührung kommende Verpackung[16]. Behältnisse sind z. B. Flaschen, Dosen, Tuben, Sachets (Briefchen), Ampullen, Spritzen, Infusionsbeutel, Teebeutel[17]. Die **äußere Umhüllung** ist die Verpackung, in der das Behältnis enthalten ist (Art. 1 Nr. 24 RL 2001/83/EG), häufig in Form einer Faltschachtel[18]. Aus Art. 55 II RL 2001/83/EG, der Sondervorschriften zur Kennzeichnung von *„Primärverpackungen in Form einer Blisterverpackung"* enthält, ist abzuleiten, dass Durchdrückpackungen (Blister) Behältnisse sind[19], ihre Kennzeichnung richtet sich aber nicht nach Abs. 1 S. 1–4, sondern ausschließlich nach der Sondervorschrift des § 10 VIII 1 und 2[20]. Wie aus Art. 55 II RL 2001/83/EG ersichtlich wird, gilt dies jedoch nur, sofern die Durchdrückpackung Inhalt einer zur Abgabe an den Verbraucher bestimmten, gem. § 10 etikettierten äußeren Umhüllung ist. Werden auf dem Blister über die Regelungsvorgaben von Abs. 8 S. 1 und 2 hinausgehend Angaben getätigt, so müssen diese den Anforderungen an weitere Angaben gem. Abs. 1 S. 5 genügen[21]. Zur Einnahme bestimmte Kapseln sind eine Darreichungsform von Arzneimitteln und keine Behältnisse derselben. Die Kennzeichnungsvorgaben gelten daher nicht für Kapseln.

Der pharmazeutische Unternehmer hat die **Wahl**, ob er ein Arzneimittel nur in einem Behältnis in **12** den Verkehr bringt oder aber **zusätzlich eine äußere Umhüllung** verwendet. Verwendet er außer dem das Arzneimittel unmittelbar umschließenden Behältnis eine äußere Umhüllung, so müssen beide Packmittel jeweils die gem. § 10 erforderlichen Angaben tragen. Es ist jedoch keine gesonderte Kennzeichnung der äußeren Umhüllung erforderlich, wenn es sich hierbei um eine durchsichtige Folienhülle handelt, durch die die Angaben auf dem Behältnis gut lesbar sind[22]. Selbiges muss bei einer **durchsichtigen Folienhülle** um eine äußere Umhüllung (z. B. Faltschachtel) gelten. Werden jedoch mehrere Faltschachteln gebündelt (z. B. durch Klebestreifen oder Folien), so verlieren diese hierdurch nicht die Funktion und Eigenschaft der äußeren Umhüllung, weshalb jede **gebündelte Faltschachtel** entsprechend § 10 gekennzeichnet sein muss[23]. Hierfür ist maßgeblich, dass aus Gründen der Arzneimittelsicherheit jedes eigenständige – nicht zerstörungsfrei trennbare – Packmittel einer § 10 entsprechenden Kennzeichnung bedarf.

b) Form der Kennzeichnung. aa) Sprache. Die Angaben in der Kennzeichnung müssen **all-** **13** **gemeinverständlich** in **deutscher Sprache** gemacht werden. Hierzu zählen auch Fremdwörter, die in der deutschen Sprache verwendet werden[24]. Die Verwendung von Fachtermini ist im Übrigen nicht ausgeschlossen, sofern dies unumgänglich ist[25]. Das ist dann der Fall, wenn eine Übersetzung ins Deutsche die Verständlichkeit für den Verbraucher vermindern würde. Abs. 6 enthält eine Sondervorschrift für die Bezeichnung der Bestandteile des Arzneimittels (s. Rn. 102). Auch **parallelimportierte Arzneimittel** müssen in deutscher Sprache etikettiert werden[26]. Arzneimittel, die von Apotheken als **Einzeleinfuhren** im Rahmen des § 73 III abgegeben werden, bedürfen nach § 73 IV 2 keiner Kennzeichnung gem. § 10 und damit keiner deutschsprachigen Etikettierung.

[14] Vgl. *BGH*, PharmR 2013, 491 f., Rn. 1 – „Voltaren"; *Köhler*, in: Köhler/Bornkamm, § 4 Rn. 11.118 f.
[15] Vgl. *BGH*, GRUR 2008, 1014 f., Rn. 22 – „Amlodipin"; *BGH*, GRUR 2009, 990 f., Rn. 14 – „Metoprolol".
[16] Vgl. *OLG Köln*, PharmR 1995, 21 f.
[17] Vgl. *VG Köln*, PharmR 2014, 164, 167 f., und zwar einschließlich Faden und Griffetikett.
[18] Vgl. *OLG Hamburg*, MD 2002, 144, 146 – „Kennzeichnung von Fertigarzneimitteln".
[19] Anders die Kommentierung der Vorauflage und *OLG Hamburg*, GRUR 2002, 892 f. – „Blisterpackung" unter Bezug auf die damalige Kommentierung *Kloesel/Cyran*, § 10 Anm. 18.
[20] Vgl. *OVG Münster*, PharmR 2014, 219, 222; *VG Köln*, Urt. v. 15.11.2011, 7 K 1819/11 – BeckRS 2011, 56672.
[21] Vgl. *OVG Münster*, PharmR 2014, 219, 222; *VG Köln*, Urt. v. 15.11.2011, 7 K 1819/11 – BeckRS 2011, 56672, jeweils zu parallelimportierten „Antibabypillen".
[22] Vgl. *Kloesel/Cyran*, § 10 Anm. 18a; *Rehmann*, § 10 Rn. 2.
[23] Vgl. *OLG Hamburg*, MD 2002, 144, 146 – „Kennzeichnung von Fertigarzneimitteln".
[24] *Rehmann*, § 10 Rn. 3; *Kloesel/Cyran*, § 10 Anm. 25; *Sander*, § 10 Erl. 5.
[25] Vgl. BT-Drucks. 12/6480, S. 18.
[26] Vgl. *OLG Hamburg*, MD 2002, 144, 147 – „Kennzeichnung von Fertigarzneimitteln"; *LG Wuppertal*, Urt. v. 17.12.1985 – 14 O 107/85, veröffentlicht in *Sander*, Entscheidungssammlung zum Arzneimittelrecht, § 10 AMG/ Nr. 4.

14   **bb) Gute Lesbarkeit, Dauerhaftigkeit.** Die Kennzeichnung muss außerdem **in gut lesbarer Schrift und in dauerhafter Weise** vorgenommen werden. Die gute Lesbarkeit der Schrift hängt von einer Vielzahl von Faktoren ab. Außer der Schriftgröße sind auch die Schriftart, der Schriftfarbe und der Kontrast zum Hintergrund von Bedeutung. So kann bei einer weißen Schrift auf schwarzem Hintergrund die Lesbarkeit drucktechnisch so beeinträchtigt sein, dass die gute Lesbarkeit zu verneinen ist[27]. Auch bei einer Verwendung farbloser Prägestempel wird die gute Lesbarkeit verneint[28]. Es reicht nach der Rechtsprechung für eine gute Lesbarkeit nicht aus, dass der Text ohne besondere Konzentration und Anstrengung lesbar ist. Erforderlich ist vielmehr zudem, dass der Text von einem Leser mit „durchschnittlich" normaler Lesefähigkeit – d. h. von solchen Personen, die in der Lage sind, in Drucktexten (Zeitschriften) übliche Schriftgrößen zu lesen, obwohl sie nicht 100 % sehfähig sind – ohne Mühe lesbar ist[29]. Die Lesbarkeit über eine über den normalen Leseabstand hinausgehende Distanz ist nicht maßgeblich[30]. In der älteren Rechtsprechung wird die Einhaltung einer Schriftgröße von 6 Punkt-Einheiten (Versalhöhe 1,5mm, Unterlänge 0,45mm)[31] als an der unteren Grenze des Vertretbaren liegend bezeichnet[32]. Die Kennzeichnung in dieser Schriftgröße soll zulässig sein, wenn aufgrund einer ansonsten günstigen Gestaltung die gute Lesbarkeit erhalten bleibt[33]. In der „Guideline on the readability of the label and package leaflet of medicinal products for human use" vom 12.1.2009 (ENR/F/2/S/jr (2009)D/869) sind indes aktuellere Anleitungen zur Gestaltung von Kennzeichnungen enthalten. Gem. Kap. 1. Teil B. dieser Leitlinie soll die Etikettierung mindestens in einer Schriftgröße von 7 Punkt-Einheiten erfolgen. Diese Leitlinie ist zwar nicht rechtsverbindlich, stellt jedoch eine Auslegungshilfe dar, unter welchen Bedingungen von einer guten Lesbarkeit ausgegangen werden kann[34]. Die ältere Rechtsprechung wird daher nur noch mit Vorsicht heranzuziehen sein. § 10 enthält **keine Vorgaben zur räumlichen Anordnung** der Angaben auf den Packmitteln[35]. Die Anordnung der Angaben darf jedoch deren gute Lesbarkeit nicht beeinträchtigen[36]. Die Pflichtangaben gem. § 10 I 1 müssen auf den Außenseiten der äußeren Umhüllung so angegeben werden, dass sie schon beim Kauf lesbar sind[37]. Nach Auffassung des *VG Köln* müssen die weiteren Angaben i. S. d. § 10 I 5 nicht beim Kauf lesbar sein, da sie als „freiwillige" Angaben verzichtbar seien[38]. Das kann allenfalls für weitere Angaben gelten, die nicht beauflagt worden sind (s. hierzu Rn. 50). Angaben in **QR-Codes** können die Angaben in den Packmitteltexten nicht ersetzen (s. Rn. 51).

15   **Dauerhaft** ist die Kennzeichnung nur dann, wenn die Angaben nicht ohne Beschädigung des Packmittels entfernt werden können[39]. Die Verwendung von **Aufklebern** ist daher zulässig, wenn sie nicht ohne eine merkliche Beschädigung des Untergrundes abgelöst werden können. Es ist zudem erforderlich, dass die Angaben nicht leicht durch äußere Einflüsse unleserlich werden können[40]. Auch insofern wird man verlangen müssen, dass eine Veränderung des Textes nicht ohne Beeinträchtigung des Packmittels erfolgen kann, anderenfalls nicht von einer „unauslöschlichen" Kennzeichnung (Art. 56 RL 2001/83/ EG) ausgegangen werden kann.

16   **cc) Übereinstimmung mit Fachinformation.** Seit der 14. AMG-Novelle wird in § 10 I 1 ausdrücklich festgehalten, dass die Kennzeichnung mit den Angaben der **Fachinformation** nach § 11a AMG übereinstimmen muss. Bezüglich der in § 10 I 1 aufgezählten Pflichtangaben ist eine inhaltliche Übereinstimmung erforderlich. Weitere Angaben i. S. d. § 10 I 5 müssen den Angaben der Fachinforma-

---

[27] Vgl. *LG Konstanz*, Urt. v. 21.9.1990 – 2 HO 55/90, veröffentlicht in *Sander*, Entscheidungssammlung zum Arzneimittelrecht, § 10 AMG/Nr. 5.

[28] Vgl. *Rehmann*, § 10 Rn. 3; *Sander*, § 10 Erl. 3.

[29] Vgl. für den insofern gleichlautenden § 4 IV HWG *BGH*, GRUR 1988, 68 , 70 – „Lesbarkeit I"; *BGH*, GRUR 1988, 70 f. – „Lesbarkeit II".

[30] Vgl. *OLG Hamburg*, MD 2001, 1274 f. – „Zusammengesetzte Arzneimittelbezeichnung"; *OLG Hamburg*, MD 2002, 270, 272 – „Aspirin Migräne".

[31] Vgl. hierzu *Kloesel/Cyran*, § 10 Anm. 21.

[32] Vgl. *BGH*, WRP 1989, 482 f. – „Lesbarkeit von Pflichtangaben IV".

[33] Vgl. *LG Köln*, GRUR 1989, 140 f. – „Leberpräparat".

[34] Vgl. *Sander*, § 10 Erl. 3; *Sander/Peter*, PharmInd 1999, 695 ff.

[35] Vgl. *Sander*, § 10 Erl. 4. *Menges/Winnands*, in: Fuhrmann/Klein/Fleischfresser, § 19 Rn. 4a. Für Klinikpackungen sind von der Deutschen Krankenhausgesellschaft und der Arbeitsgemeinschaft Deutscher Krankenhausapotheker als „Grundsätze für die Verpackung von Arzneimitteln für den Krankenhausbedarf" unter dem 2.10.1985 gemeinsame Empfehlungen herausgegeben worden, veröffentlicht in *Sander*, Entscheidungssammlung zum Arzneimittelrecht, Anhang II Nr. 8c.

[36] In § 10 I wird – anders als etwa in Art. 19 I VO (EG) Nr. 1223/2009 über kosmetische Mittel – nicht explizit die Forderung aufgestellt, dass die Angaben „deutlich sichtbar" zu machen sind. Nur in § 10 IV 1 wird verlangt, dass der Hinweis „Homöopathisches Arzneimittel" „deutlich erkennbar" zu erfolgen hat. Die deutliche Sichtbarkeit bzw. Erkennbarkeit ist bei der Arzneimittelkennzeichnung Bestandteil der guten Lesbarkeit. Bei der Frage, ob Angaben deutlich sichtbar sind, ist der Gebrauchssituation zu berücksichtigen, vgl. für den Bereich der Kosmetik V a. F. *OLG Köln*, MD 2003, 238, 240 – „Nagellackentferner".

[37] Vgl. *VG Köln*, PharmR 2014, 164, 172.

[38] Vgl. *VG Köln*, PharmR 2014, 164, 172.

[39] Vgl. *OLG Düsseldorf*, PharmR 1995, 280 f.; *OLG Saarbrücken*, NJWE-WettbR 1998, 4 f.

[40] Vgl. *Kloesel/Cyran*, § 10 Anm. 24; *Rehmann*, § 10 Rn. 4.

tion nicht entsprechen, müssen mit diesen also nicht vollständig übereinstimmen, sondern dürfen diesen nicht widersprechen (s. auch Rn. 47 f.).

dd) Raum für Angabe der Dosierung. Nach **Abs. 1 S. 3** ist **Raum für die Angabe der ver-** 17 **schriebenen Dosierung** vorzusehen. Dies gilt nicht für die in Abs. 8 S. 3 genannten Behältnisse und Ampullen und für Arzneimittel, die dazu bestimmt sind, ausschließlich durch Angehörige der Heilberufe angewendet zu werden. Zu dieser, mit der 14. AMG-Novelle in das Gesetz eingefügten Anforderung wird in der Gesetzesbegründung u. a. ausgeführt, dass hiermit die neu in Art. 54 Buchst. e) der geänderten RL 2001/83/EG und in Art. 58 I Buchst. f) der geänderten RL 2001/82/EG vorgesehene Vorschrift aufgegriffen wird[41]. Die Ergänzung des Art. 54 Buchst. e) der RL 2001/83/EG durch die RL 2004/27/EG ist auf einen Vorschlag des Europäischen Parlaments zurückzuführen, wonach „Raum vorzusehen" sein sollte, „damit der Apotheker die den einzelnen Patienten verschriebene Dosierung vermerken kann"[42]. Es handelt sich demnach um einen „Platzhalter", der vom Apotheker bei der Abgabe eines Arzneimittels auf Grundlage der ärztlichen Verschreibung auszufüllen ist. Der für die Angabe erforderliche Raum ist nach der Zweckbestimmung daher auf dem Packmittel vorzusehen, auf das der Apotheker ohne weiteres Zugriff hat, also – sofern vorhanden – auf der äußeren Umhüllung und nur beim Fehlen derselben auf dem Behältnis[43]. Aus dem Wortlaut der RL 2001/83/EG wird dies nur unzureichend deutlich, weil im Zuge der RL 2004/27/EG versäumt wurde, in Art. 55 I RL 2001/83/EG zugleich aufzunehmen, dass die neue Ergänzung des Art. 54 Buchst. e) RL 2001/83/EG nicht für die Primärverpackung gilt, wenn sie in einer äußeren Umhüllung in den Verkehr gebracht wird. Es ist jedoch eine entsprechende teleologische Reduktion des Art. 55 I RL 2001/83/EG möglich. Auf Behältnissen ist der Raum für die Angabe der verschriebenen Dosierung somit nur freizuhalten, wenn diese ohne äußere Umhüllung in den Verkehr gebracht werden und sofern es sich nicht um kleine Behältnisse oder Ampullen i. S. d. Abs. 8 S. 3 handelt.

4. Kennzeichnungspflichten im Einzelnen. In § 10 I 1 Nr. 1–14 werden die für die Kennzeich- 18 nung erforderlichen **Pflichtangaben** aufgeführt. Es ist keine bestimmte Platzierung oder Reihenfolge der Angaben vorgeschrieben. Die Anordnung der Angaben darf jedoch nicht deren gute Lesbarkeit beeinträchtigen (s. Rn. 14).

a) Pharmazeutischer Unternehmer, örtlicher Vertreter (Nr. 1). Es sind der Name oder die 19 Firma und die Anschrift des pharmazeutischen Unternehmers (§ 4 XVIII) und, sofern vorhanden, der Name des von ihm benannten örtlichen Vertreters anzugeben. § 10 AMG verlangt nicht die wörtliche Verwendung der Angabe „pharmazeutischer Unternehmer". Es ist ausreichend, wenn zum Ausdruck gebracht wird, wer für das Inverkehrbringen verantwortlich ist[44]. Eine fremdsprachige Firmierung (z. B. S. A., Ltd.) ist unverändert anzugeben. Die **Firma** (§ 17 I HGB) darf gem. **Abs. 9 S. 2 abgekürzt** werden, sofern das Unternehmen aus der Abkürzung allgemein erkennbar ist. Die Angaben müssen eine eindeutige Identifizierung des pharmazeutischen Unternehmers – sowie ggf. seines örtlichen Vertreters – ermöglichen[45]. Im Falle konzernverbundener Unternehmen reicht deshalb die bloße Angabe eines gemeinsamen Firmenkerns zur Individualisierung des Unternehmens nicht aus. Auch Markenangaben sind unzureichend, sofern diese nicht aus sich heraus den pharmazeutischen Unternehmer erkennen lassen.

Als **Anschrift** ist der Unternehmenssitz anzugeben[46]. Dies ergibt sich aus folgendem: In Überein- 20 stimmung mit § 10 I 1 Nr. 1 verlangt § 11 I 1 Nr. 6 Buchst. f) die Angabe der Anschrift. Nach § 4 I 1 Nr. 1 HWG muss jede Arzneimittelwerbung die Angabe des Sitzes des pharmazeutischen Unternehmers enthalten. Gem. § 4 II HWG muss diese Angabe mit den nach § 11 vorgeschriebenen Angaben übereinstimmen. Die Angabe der Anschrift muss eine postalische Zustellung ermöglichen. Die zusätzliche Angabe einer **Internetadresse** oder eines **E-Mail-Accounts** des pharmazeutischen Unternehmers ist zulässig[47].

Das *BVerwG* vertrat bereits vor der Neufassung des § 4 XVIII im Rahmen der 14. AMG-Novelle die 21 Auffassung, dass der **Zulassungsinhaber** auch im Falle eines ausschließlich oder zusätzlich durch Mitvertriebsnehmer in den Verkehr gebrachten Arzneimittels als pharmazeutischer Unternehmer anzusehen und daher stets in der Kennzeichnung zu benennen sei[48]. Die gegen diese Auffassung vorgebrachte

[41] Vgl. BT-Drucks. 15/5316, S. 34.

[42] Vgl. ABl.-EG v. 11.12.2003 C 300 E, S. 353, 372.

[43] Vgl. auch die Stellungnahme der Kommission zu den Änderungen des Europäischen Parlaments vom 3.4.2003 (KOM (2003) 163 final), S. 25, wonach die vorgeschlagene Änderung nicht akzeptiert werden sollte, weil der Raum, der auf der äußeren Umhüllung zur Verfügung steht, ohnehin äußerst begrenzt ist.

[44] Vgl. *OLG Hamburg*, MD 2005, 1204, 1210; *VG Köln*, Urt. v. 3.8.2005 – 24 K 6498/02 – BeckRS 2006, 25916.

[45] Vgl. *Rehmann*, § 10 Rn. 5.

[46] Vgl. auch *Kleist/Hess/Hoffmann*, § 4 Rn. 31.

[47] Vgl. Antwort der Parlamentarischen Staatssekretärin Christa Nickels auf die schriftliche Frage des Abgeordneten Detlef Parr, BT-Drucks. 14/2661, S. 32 f.; *Sander*, § 10 Erl. 6; *Rehmann*, § 10 Rn. 5. Für die Angabe der Internetadresse ist allerdings eine Einschränkung zu machen, dass auf der angegebenen Seite keine Werbung enthalten sein darf, vgl. *Winnands*, PharmInd 2009, 1358, 1360.

[48] Vgl. *BVerwG*, PharmR 2004, 93 ff.

Kritik[49] hat sich mit der Neufassung des § 4 XVIII erledigt. In der Kennzeichnung ist somit stets der Zulassungsinhaber und im Falle des Mitvertriebs zusätzlich der **Mitvertriebsnehmer** als pharmazeutischer Unternehmer anzugeben. Bei mehreren Mitvertriebsunternehmen ist nach der Rechtsprechung des *VG Köln* nur derjenige Mitvertreiber anzugeben, der am Vertrieb der konkreten Packung beteiligt ist[50].

22　Beim **Parallelimport** (s. hierzu die Anmerkungen vor § 72) übernimmt der Parallelimporteur die Funktion des pharmazeutischen Unternehmers[51]. Im Falle einer **zentralen Zulassung** ist der Parallelvertreiber zusätzlich zum Inhaber der EU-weiten Genehmigung für das Inverkehrbringen pharmazeutischer Unternehmer[52]. Die EMA hat auf ihrer Internetseite FAQ zum Parallelvertrieb veröffentlicht, in denen sie wiedergibt, wie die Angaben zum Parallelvertreiber gestaltet sein sollen[53]. Diese rechtlich unverbindlichen[54] Empfehlungen sehen vor, dass auf der äußeren Umhüllung der Parallelvertreiber anzugeben ist. Dies beruht auf markenrechtlichen Erwägungen und nicht auf Vorgaben der RL 2001/83/EG[55]. In den **sonstigen Fällen**, in denen das parallelimportierte Arzneimittel nicht über eine zentrale Zulassung verfügt, tritt der Parallelimporteur an die Stelle des Zulassungsinhabers des Ausfuhrmitgliedstaates und ist alleiniger pharmazeutischer Unternehmer[56]. Gleichwohl muss die Angabe zum pharmazeutischen Unternehmer des Ausfuhrmitgliedstaates nicht unkenntlich gemacht werden, da für den Verkehr keine Veranlassung zur Annahme besteht, dass dieser Unternehmer der im Inland für das Inverkehrbringen Verantwortliche ist[57]. Gem. **Abs. 8 S. 2** ist die Angabe des Parallelimporteurs − also des pharmazeutischen Unternehmers − auf den Blistern verzichtbar. Diese im Zuge der 10. AMG-Novelle aufgenommene Ergänzung wurde mit einem Abbau von Handelshemmnissen begründet[58], steht jedoch nicht im Einklang mit Art. 55 II RL 2001/83/EG, denn Inhaber der Genehmigung für das Inverkehrbringen dieser Arzneimittel ist allein der Parallelimporteur[59]. Die Rechtsprechung geht darüber hinausgehend davon aus, dass die Entfernung der Angabe des pharmazeutischen Unternehmers des Ausfuhrmitgliedstaates auf Blistern vom Parallelimporteur nicht verlangt werden kann[60].

23　Der Begriff des **„örtlichen Vertreters"** wird im AMG nicht definiert. Es handelt sich entsprechend der mit der RL 2004/27/EG in den Gemeinschaftskodex eingefügten Begriffsbestimmung in Art. 1 Nr. 18a RL 2001/83/EG um eine Person, die vom Zulassungsinhaber benannt wurde, um ihn in dem entsprechenden Mitgliedstaat zu vertreten. Die Angabe der Anschrift des örtlichen Vertreters ist in Übereinstimmung mit Art. 54 Buchst. k) RL 2001/83/EG nicht verpflichtet, jedoch zweckmäßig.

24　**b) Bezeichnung, Stärke und Darreichungsform, Personengruppe, INN (Nr. 2).** Die **Bezeichnung** des Arzneimittels ist der Name (Art. 1 Nr. 20 RL 2001/83/EG), unter dem das Arzneimittel in den Verkehr gebracht wird. Dieser Name muss mit dem in dem Zulassungs- bzw. Registrierungsbescheid Genannten buchstabengetreu übereinstimmen[61]. Die Bezeichnung eines Arzneimittels stellt kein wesentliches Identitätsmerkmal[62], sondern ein Zuordnung- und Unterscheidungsmerkmal[63] dar, welches für die Zulassung wesentlich ist (§ 22 I 1 Nr. 2)[64]. Da die Arzneimittelbezeichnung kein

　　[49] Vgl. *Kozianka*, PharmR 2004, 71 ff.; *Dettling/Lenz*, PharmR 2002, 96 ff.
　　[50] *VG Köln*, Urt. v. 3.8.2005 − 24 K 6498/02 − BeckRS 2006, 25916.
　　[51] *VGH München*, NVwZ-RR 2007, 24; *OLG Hamburg*, MD 2005, 1204, 1210; *OLG Hamburg*, MD 2002, 130, 133; *OLG Hamburg*, GRUR 2002, 890, 892 − „Fertigspritzen-Bündelpackung".
　　[52] Vgl. *Wesser*, A&R 2011, 257, 259; *Rehmann*, § 4 Rn. 20; s. schon vor Inkrafttreten der 14. AMG-Novelle in diese Richtung gehend *OLG Hamburg*, MD 2005, 1204, 1212. Soweit das *OLG Hamburg* (MD 2005, 1211) erwägt, dass nur der Parallelimporteur der „richtige" und der EU-Zulassungsinhaber der „ursprüngliche" pharmazeutische Unternehmer sei (vgl. auch *OLG Hamburg*, MD 2002, 130, 133 f.), kann dies in Anbetracht des neuen § 4 XVIII nicht mehr überzeugen.
　　[53] www.ema.europa.eu unter Human Regulatory, Parallel Distribution, Frage 6 zu „Regulatory Check".
　　[54] Vgl. hierzu *OLG Hamburg*, GRUR-RR 2002, 317 f. − „N3-Gebinde"; *Wesser*, A&R 2011, 257 f.
　　[55] Vgl. hierzu *EuGH*, Urt. v. 26.4.2007 − Rs. C-348/04, GRUR 2007, 586, 591, Rn. 54 − „Boehringer Ingelheim/Swingward II"; *OLG Hamburg*, GRUR 2002, 441 ff. − „Faltschachtel-Aufkleber"; *Rehmann*, § 4 Rn. 20; *Wesser*, A&R 2011, 257 f.
　　[56] Vgl. *OLG Hamburg*, MD 2009, 1053, 1056 − „co-branding"; hiernach geht der Verkehr bei parallelimportierten Arzneimitteln aufgrund der Angabe „pharmazeutischer Unternehmer" nicht davon aus, dass dieser auch Hersteller des Arzneimittels ist, die Angabe „Import, Umpackung, Vertrieb" ist nicht erforderlich. Anders noch *OLG Hamburg*, PharmR 2003, 95, 100 − „Pumpspray".
　　[57] Vgl. *OLG Hamburg*, GRUR 2001, 427, 430 − „PULMICORT"; *OLG Hamburg*, MD 2001, 34, 41 f.; a. A. noch *OLG Hamburg*, PharmR 1999, 347, 352.
　　[58] Vgl. BT-Drucks. 14/3320, S. 15.
　　[59] Zweifelnd auch *Kleist*, PharmInd 2001, 584, 588. A. A. *Rehmann*, § 10 Rn. 29 und *Kloesel/Cyran*, § 10 Anm. 101, wo die Ansicht vertreten wird, dass europäische der Parallelimporteur als Person an, die das Arzneimittel aus eigenem Recht in den Verkehr bringt. Dies kann indes allenfalls für zentral zugelassene Arzneimittel angenommen werden.
　　[60] Vgl. *BGH*, NJW-RR 2003, 1038 f. − „Bricanyl II"; OLG Hamburg, GRUR 2002, 892 ff. − „Blisterpackung".
　　[61] Vgl. *VG Köln*, PharmR 2014, 164, 167−169; *OLG Köln*, PharmR 1995, 21 f.; *Rehmann*, § 10 Rn. 6.
　　[62] Vgl. *VGH München*, Urt. v. 25.7.1984 − 25 B 83 A. 510, veröffentlicht in *Kloesel/Cyran*, E 11a; *BVerwGE* 82, 7 ff.; unter Verweis auf *BVerwGE* 82, 7 ff. auch *OVG Münster* Urt. v. 23.5.2007 − 13 A 3657/04, Rn. 30 − juris und Urt. v. 12.8.2009 − 13 A 2147/06 − Rn. 30, BeckRS, 2009, 38835; *Kloesel/Cyran*, § 10 Anm. 32.
　　[63] Vgl. *Heßhaus/Pannenbecker*, PharmR 2001, 382, 386.
　　[64] Vgl. *BVerwG*, Beschl. v. 27.3.2008 − 3 B 91.07, Rn. 4.

wesentliches Identitätsmerkmal ist, hat die **Identität der Bezeichnung für den Parallelimport keine Bedeutung**[65].

Die **Bezeichnungsänderung** eines national zugelassenen Arzneimittels unterliegt als geringfügige **25** Änderung des Typs IB dem Verfahren nach Art. 13b VO (EG) Nr. 1234/2008; ist das Arzneimittel im Rahmen eines gegenseitigen Anerkennungsverfahrens oder dezentral zugelassen worden (Art. 28 I bzw. II RL 2001/83/EG), so unterliegt die geringfügige Änderung vom Typ IB dem Verfahren nach Art. 9 VO (EG) Nr. 1234/2008 (jeweils Verfahren mit dreißigtägiger Stillhaltefrist um sicherzustellen, dass die Änderung akzeptiert wird)[66]. Sofern es sich um ein Arzneimittel i. S. d. § 29 V 2 Nr. 1 – 3 handelt, liegt weiterhin eine nicht zustimmungspflichtige Änderungsanzeige nach § 29 I vor[67]. Nach Auffassung des *VG Köln* darf diese Änderung erst umgesetzt werden, nachdem der Zulassungsbescheid gem. § 29 II 1 geändert worden ist[68]. Bei nach der VO (EG) Nr. 726/2004 zentral zugelassenen Arzneimitteln richtet sich die Namensänderung nach Art. 14 VO (EG) Nr. 1234/2008, wobei die Mitteilung unverzüglich nach Durchführung der Änderung einzureichen ist[69]. Zentral zugelassene Arzneimittel müssen nach Art. 6 I 3 VO (EG) Nr. 726/2004 abgesehen von markenrechtlich begründeten Ausnahmen EU-weit mit einem einheitlichen Namen in den Verkehr gebracht werden[70].

Der pharmazeutische Unternehmer ist in der **Wahl der Bezeichnung** frei, sofern diese nicht gem. § 8 I **26** Nr. 2 oder nach § 3 HWG irreführend ist[71]. Außerdem ist § 25 III zu beachten, dessen S. 1 bestimmt, dass die Zulassung für ein Arzneimittel zu versagen ist, das sich von einem zugelassenen oder bereits im Verkehr befindlichen Arzneimittel gleicher Bezeichnung in der Art oder Menge der Wirkstoffe unterscheidet. Eine gleiche Bezeichnung i. S. d. § 25 III 1 ist nur gegeben, wenn die Bezeichnungen wortlautidentisch sind, es reicht entgegen der Ansicht des *VG Köln*[72] nicht aus, dass die Hauptbezeichnung der beiden Arzneimittel bei unterschiedlichen Bezeichnungszusätzen übereinstimmt[73]. Das *VG Köln* trat hiermit **Dachmarkenkonzepten** unter dem Gesichtspunkt einer „Formenstrenge" des AMG jedenfalls dann entgegen, wenn unterschiedliche Wirkstoffe unter einer Hauptbezeichnung geführt werden und vertrat die Auffassung, dass die Erwartung im Arzneimittelmarkt darauf gerichtet sei, dass unter einer einheitlichen Hauptbezeichnung ein Wirkstoff zu erhalten sei[74]. Das *OVG Münster* hat das Urteil des VG i. S. „Aktren" aufgehoben und entschieden, dass eine gleiche Bezeichnung i. S. d. § 25 III nur bei vollständig wortlautidentischer Bezeichnung des Arzneimittels ist[75]. Zwar ist die Nutzung einer eingeführten Dachmarke für ein wirkstoffverschiedenes Arzneimittel in der Regel gem. § 8 I Nr. 2 irreführend, die Zulässigkeit der Verwendung einer Dachmarke in der Bezeichnung von Arzneimitteln mit verschiedenen Wirkstoffen ist jedoch nach den Umständen des Einzelfalls unter Berücksichtigung der Unterschiede der Arzneimittel und der Gefahren, die bei einer Verwechslung bestehen, zu beurteilen[76]. Wird die Zulassung eines Arzneimittels mit irreführender Bezeichnung (z. B. **„Blutreinigungstee"**) beantragt, hat die zuständige Bundesoberbehörde dies gem. § 25 II Nr. 7; 8 I Nr. 2 zu versagen und ist sie auf Grund des Verhältnismäßigkeitsprinzips mangels Benennung einer rechtmäßigen Bezeichnungsalternative durch den Antragsteller zur Wahl einer anderen Bezeichnung berechtigt[77]. Die Verwendung eines wissenschaftlich (nicht mehr) gebräuchlichen Bezeich-

---

[65] Vgl. *BGH*, GRUR 1998, 407, 410 – „TIAPRIDAL".

[66] Vgl. „Ausführliche Leitlinien zu den verschiedenen Kategorien von Änderungen, zur Handhabung der in den Kapiteln II, IIa, III und IV der VO (EG) Nr. 1234/2008 … festgelegten Verfahren und zu den gemäß diesen Verfahren einzureichenden Unterlagen" (2013/C 223/01), unter Ziff. 2.2. und Anhang A.2.b).

[67] Vgl. Mitteilung des BfArM „Änderung der Verwaltungspraxis des BfArM zu informellen Vorabanfragen zu Arzneimittelbezeichnungen" vom 11.2.2015 (www.bfarm.de); *OLG Köln*, GRUR-RR 2008, 448 f. –"dolo extra"; *Heßhaus/Pannenbecker*, PharmR 2001, 382, 386 f.

[68] Vgl. *VG Köln*, PharmR 2013, 469, 471.

[69] Vgl. „Ausführliche Leitlinien …" (2013/C 223/01), unter Anhang A.2.a).

[70] Dies war im Rahmen der vorherigen VO (EWG) Nr. 2309/93 noch nicht der Fall, vgl. *EuG*, Urt. v. 10.12.2002, Rs. T-123/00 – „Thomae"; *Rehmann*, PharmR 1995, 351 ff.

[71] Vgl. *BGH*, GRUR 1983, 595 ff. – „Grippewerbung III"; *Heßhaus/Pannenbecker*, PharmR 2001, 382 ff. Der *BGH* hat überdies die Bezeichnung eines Arzneimittels in der Erinnerungswerbung (§ 4 VI HWG) auch an § 12 HWG gemessen, vgl. *BGH*, GRUR 1996, 806 f. – „HerzASS". Vgl. auch *Beuthien/Schmölz*, GRUR 1999, 297, 300 f.

[72] Vgl. *VG Köln*, Urt. v. 9.4.2013 – 7 K 2050/11 – „Aktren", BeckRS 2013, 50227; *VG Köln*, PharmR 2011, 238, 240 – „Fenistil", dieses bestätigt durch *OVG Münster*, PharmR 2013, 356, 358 unter Anwendung von § 8 I Nr. 2 und mit Zweifeln an der Anwendung des § 25 III durch das VG; rechtskräftig nach *BVerwG*, Beschl. v. 4.3.2014 – 3 B 60/13 – BeckRS 2014, 49321.

[73] Vgl. *Pannenbecker/Blind*, PharmR 2011, 272, 276–278; *Reese*, PharmR 2011, 392, 394, 396; *Sander*, A&R 2011, 248, 250 f.; *Schmidt/Kleintz*, PharmR 2013, 305, 308.

[74] Vgl. *VG Köln*, PharmR 2011, 238, 241.

[75] Vgl. *OVG Münster*, PharmR 2014, 229, 231 f.; bestätigt durch *BVerwG*, Beschl. v. 29.4.2015, PharmR 2015, 364.

[76] Vgl. *OVG Münster*, PharmR 2014, 229, 234 unter Bezugnahme auf die Leitlinie des BfArM und des PEI zur Bezeichnung von Arzneimitteln vom 20.3.2013. Das *OVG Münster* stellt darauf ab, dass die Arzneimittel gleiche therapeutische Wirkungen haben, einer Wirkstoffgruppe zuzuordnen sind, das Nebenwirkungsprofil keine erheblichen Unterschiede aufweist, und der Verbraucher bei Arzneimitteln mit gleicher Hauptbezeichnung nicht davon ausgeht, dass die Präparate auch in Wirkstoffmenge, Dosierung und Gegenanzeigen identisch wären; zudem ist es zweifelhaft, ob der Verbraucher mit einem Arzneimittelnamen einen bestimmten Wirkstoff verbindet. Ebenso nun *VG Köln*, PharmR 2015, 577, 580, 585, „Ibu-Grippostad".

[77] Vgl. *OVG Münster*, Urt. v. 23.5.2007 – 13 A 3657/04 – BeckRS 2007, 24613; bestätigt durch *BVerwG*, Beschl. v. 27.3.2008 – 3 B 91.07 – BeckRS 2008, 33997; Vgl. *OVG Münster* – Urt. v. 12.8.2009 – BeckRS 2009, 38835.

nungsbestandteils zur Angabe des Wirkstoffgehaltes (z. B.: „**Vitamin E 800 I. E.**") ist irreführend[78]. Die Aufnahme eines in Anbetracht des Nebenwirkungsprofils irreführenden Bezeichnungszusatzes (**„sanft"**) kann im Wege einer Auflage untersagt werden[79]. Nach Auffassung des *OLG Hamburg* lässt der Bezeichnungszusatz „**forte**" – für ein verschreibungspflichtiges Präparat – aus der Sicht der Fachkreise nicht auf die Existenz eines milderen Basispräparates desselben Anbieters oder auf eine höhere Wirksamkeit, sondern nur auf eine hohe Dosierung des Arzneimittels schließen[80]. Demgegenüber hat das *VG Köln* in Abgrenzung zum *OLG Hamburg* für ein OTC-Arzneimittel entschieden, dass der Verbraucher mit dem Begriff „**forte**" eine schnellere, stärkere und nachhaltigere Wirksamkeit verbindet[81]. Nach Auffassung des *OLG Köln* deutet der Zusatz „**extra**" – für ein nicht verschreibungspflichtiges Arzneimittel – aus der Sicht des Laienpublikums auf die Existenz eines schwächeren Basisproduktes und eine höhere, schnellere oder nachhaltigere Wirksamkeit und nicht nur auf einen höheren Wirkstoffgehalt je Tablette hin[82]. Nach Auffassung des *OLG München* sieht der Durchschnittsverbraucher in dem Bezeichnungszusatz „**akut**" keinen Hinweis auf eine sehr schnelle Wirkung des Arzneimittels sondern dass das Präparat bei akuten Beschwerden in angemessenem Zeitraum wirkt[83]. Auch hierzu hat die Verwaltungsgerichtsbarkeit abweichend entschieden, dass der Begriff vom Verbraucher mit einem schnellen Wirkeintritt verbunden wird[84]. Dem Bezeichnungszusatz „**supra**" entnimmt der Verbraucher eine außergewöhnlich hohe Stärke und Wirksamkeit im Vergleich zu Präparaten mit einer niedrigeren Dosierung, aber auch zu gleich starken Produkten anderer Hersteller, die diesen Zusatz nicht haben[85]. Die Bezeichnung „**Schmerz-Creme**" für eine Creme zur unterstützenden Behandlung rheumatischer Beschwerden und Muskelschmerzen ist nicht irreführend, denn der Verbraucher leitet aus dem abstrakten, bei vielen topischen Arzneimitteln verwendeten Begriff „Schmerz" nicht ab, dass das Arzneimittel eine umfassende Linderung aller Schmerzen bietet[86]. Galenische Angaben in der Arzneimittelbezeichnung müssen mit dem Arzneibuch übereinstimmen, weshalb z. B. eine Creme nicht als Salbe bezeichnet werden darf[87]. § 10 verlangt **keine bestimmte graphische Gestaltung** der Wiedergabe der Bezeichnung[88]. Entwickeln die Verbraucher aufgrund der Gesamtgestaltung der Verpackung eine zutreffende Vorstellung von den Anwendungsgebieten, so liegt keine Irreführung vor unabhängig davon, wie dieses zutreffende Verständnis zustande kommt[89]. Die Bundesoberbehörden haben 2013 eine neue Leitlinie bekannt gemacht, welche unterhalb der gesetzlichen Ebene die Behördenauffassung zu einer täuschungsfreien Bezeichnung wiedergibt[90]. Entscheidet sich der pharmazeutische Unternehmer für einen Phantasienamen, sollte im Lichte des Art. 1 Nr. 20 RL 2001/83/EG eine Bezeichnung gewählt werden, die nicht zu Verwechselungen mit der internationalen Kurzbezeichnung der WHO (INN) führen kann.

27   Seit der 14. AMG-Novelle muss im Anschluss an die Bezeichnung die **Stärke und Darreichungsform** des Arzneimittels angegeben werden, es sei denn, dass diese Angaben bereits in der Bezeichnung enthalten sind. Diese Angaben waren zuvor nur dann erforderlich, wenn das Arzneimittel unter gleicher Bezeichnung in mehreren Darreichungsformen oder Stärken in den Verkehr gebracht wurde. Die Erweiterung beruht auf einer Novellierung des Art. 54 Buchst. a) RL 2001/83/EG durch die RL 2004/27/EG. Da die Bezeichnung eines Arzneimittels nicht nur die Hauptbezeichnung, sondern auch Bezeichnungszusätze (z. B. „forte") umfasst[91], fehlte es oftmals an einer „gleichen Bezeichnung" der Arzneimittel, weshalb Angaben zur Stärke und Darreichungsform entsprechend § 10 I 1 Nr. 2 a. F. dann nicht erforderlich waren. Der Begriff der Darreichungsform[92] ist nicht legaldefiniert und die für die Darreichungsformen zu verwendenden Begriffe sind der Ph. Eur. bzw. dem DAB/HAB zu entnehmen (z. B. Injektionslösung, nicht aber Ampullen)[93]. Die **Stärke** des Arzneimittels ist je nach Darreichungsform der Wirkstoffanteil pro Dosierungs-, Volumen- oder Gewichtseinheit (Art. 1 Nr. 22 RL 2001/83/

[78] Vgl. *OVG Münster*, Urt. v. 12.8.2009 – 13 A 2147/06 – BeckRS 2009, 38835; *VG Köln*, Urt. v. 7.5.2013 – 7 K 2289/11 – BeckRS 2013, 54782.
[79] Vgl. *OVG Münster*, A&R 2008, 142 f.
[80] Vgl. *OLG Hamburg*, GRUR-RR 2008, 100 f. –"ALLERSLIT forte"; das Gericht hält es für unschädlich, dass noch kein Verfahren zur Bestimmung des Wirkstoffgehaltes (Allergengehalts) vorliegt, da dies den Fachkreisen bekannt ist.
[81] Vgl. *VG Köln*, PharmR 2013, 469, 472; *VG Köln*, Urt. v. 28.4.2015 – 7 K 302/13 – BeckRS 2015, 46157.
[82] Vgl. *OLG Köln*, GRUR-RR 2008, 448 – „dolo extra".
[83] Vgl. *OLG München*, PharmR 2010, 233 f.
[84] Vgl. *VG Köln*, Urt. v. 5.2.2013 – 7 K 6575/10 – BeckRS 2013, 48770; bestätigt durch *OVG Münster*, A&R 2013, 252 ff.
[85] Vgl. *VG Köln*, Urt. v. 7.5.2013 – 7 K 2289/11 – BeckRS 2013, 54782.
[86] Vgl. *VG Köln*, Urt. v. 2.9.2014 – 7 K 4739/12 – BeckRS 2015, 40427; bestätigt durch *OVG Münster*, Beschl. v. 11.5.2015 – 13 A 2007/14 – BeckRS 2015, 46567.
[87] Vgl. *VG Köln*, Urt. v. 2.9.2014 – 7 K 4739/12 – BeckRS 2015, 40427.
[88] Vgl. *OLG Hamburg*, MD 2001, 1274 ff. – „Zusammengesetzte Arzneimittelbezeichnung"; *OLG Hamburg*, MD 2002, 270 ff. – „Aspirin Migräne". Vgl. auch *OLG Köln*, PharmR 2001, 398 f. – „Dolormin Migräne".
[89] Vgl. *OLG Hamburg*, MD 2001, 1274 ff. – „Zusammengesetzte Arzneimittelbezeichnung".
[90] Leitlinie des BfArM und des PEI zur Bezeichnung von Arzneimitteln vom 20.3.2013.
[91] Vgl. *BVerwG*, PharmR 2015, 364; *OVG Münster*, PharmR 2014, 229, 231; *Heßhaus/Pannenbecker*, PharmR 2001, 382, 386.
[92] In Art. 54 Buchst. c) RL 2001/83/EG wird, anders als in Art. 54 Buchst. a) der Terminus „pharmazeutische Form" verwendet. „Pharmaceutical Form" ist auch der in der englischen Fassung der RL verwendete Begriff.
[93] Vgl. „List of Standard Terms for pharmaceutical dosage forms, routes of administration, and containers" des EDQM. Vgl. auch *EuGH*, Urt. v. 29.4.2004 – BeckRS 2006, 25914, EuZW 2004, 408 – „Novartis".

EG). Die Angabe der Stärke muss mit den Angaben gem. § 10 I 1 Nr. 8, VI übereinstimmen (s. im Übrigen Rn. 37 und 102 f.)[94].

Weiterhin wird seit der 14. AMG-Novelle ein Hinweis auf bestimmte **Personengruppen (Säuglin- 28 ge, Kinder oder Erwachsene)** verlangt, wenn das Arzneimittel zur Anwendung bei einer solchen Personengruppe bestimmt ist und hierauf bezogene Angaben nicht schon Bestandteil der Bezeichnung sind. In der Literatur wird angenommen, dass eine Benennung anderer Gruppen als der drei Genannten unzulässig sei[95]. Dem kann nicht gefolgt werden, denn es können auch weiter eingegrenzte Anwendergruppen bestehen (z. B. Patientinnen in der Schwangerschaft, Jugendliche ab einem bestimmten Alter); die Norm kann nicht so verstanden werden, dass sie einer weiteren Differenzierung der Personengruppen entgegenstünde[96]. Die Angabe ist dann erforderlich, wenn aus den Gegenanzeigen oder anderen zwingenden Gründen eine eindeutige Beschränkung der Anwendung hervorgeht oder notwendig ist oder das Produkt für verschiedene Personengruppen unter der gleichen oder sehr ähnlichen Bezeichnung vertrieben werden soll[97].

Durch das 2. AMG-ÄndG 2012 wurde der Regelungsgehalt des Abs. 1a zum internationalen Frei- 29 namen (INN) in Abs. 1 S. 1 Nr. 2, 2. Halbs. überführt. Vor der 14. AMG-Novelle musste bei Monopräparaten der Bezeichnung des Arzneimittels der arzneilich wirksame Bestandteil mit seinem INN (Abs. 6 Nr. 1) unter der Angabe „Wirkstoff:" folgen[98]. Seither sind bei Arzneimitteln, die bis zu drei Wirkstoffe enthalten, die WHO-INN der Wirkstoffe oder mangels einer solchen deren gebräuchliche Kurzbezeichnung anzugeben (s. Rn. 102). Eine bestimmte Gestaltung dieser **Wirkstoffangabe** durch die Angabe des Begriffs „Wirkstoff" ist nicht mehr vorgeschrieben. Nunmehr ergibt sich unmittelbar aus der in Übereinstimmung mit Art. 54 Buchst. a) RL 2001/83/EG erfolgten Eingliederung in Abs. 1 S. 1 Nr. 2, dass die Wirkstoffangabe im Anschluss an die Angaben gem. Abs. 1 S. 1 Nr. 2, 1. Halbs. aufzuführen ist[99]. Die Wirkstoffangabe gem. Abs. 1 S. 1 Nr. 2, 2. Halbs. ist verzichtbar, wenn bereits in der Bezeichnung des Arzneimittels die Wirkstoffbezeichnung nach § 10 I 1 Nr. 8 i. V. m. Abs. 6 Nr. 1 enthalten ist.

c) **Zulassungsnummer (Nr. 3).** Bei zugelassenen Arzneimitteln ist die in dem Zulassungsbescheid 30 aufgeführte Zulassungsnummer mit der Abkürzung „Zul.-Nr." anzugeben. Für Arzneimittel, die auf der Grundlage einer **Standardzulassung** vertrieben werden, ergibt sich die Zulassungsnummer aus der Anlage der StandZV. Bei nach § 105 I **fiktiv zugelassenen Arzneimitteln** muss bis zur Verlängerung der Zulassung gem. § 109 I 1 anstelle der Zulassungsnummer die Registernummer des Spezialitätenregisters des AMG 1961 mit der Abkürzung „Reg.-Nr." angegeben werden, sofern sie in dieses Register eingetragen worden sind. Wird die Nachzulassung erteilt, erhält das Arzneimittel eine Zulassungsnummer, die sich von den sonst üblichen Nummern unterscheidet. Nach der Auffassung der Bundesregierung ist dies nicht diskriminierend, da die Nachzulassung seit der 5. AMG-Novelle entsprechend den gemeinschaftsrechtlichen Grundlagen grundsätzlich nach Kriterien erfolgt, die denen der Neuzulassung gleichwertig sind[100]. Für in der **DDR zugelassene Fertigarzneimittel,** die in das Nachzulassungsverfahren überführt wurden (§ 105 Vd i. V. m. § 4 II der EG-Recht-ÜblV), ist die Angabe der DDR-Zulassungsnummer mit dem Zusatz „Reg.-Nr." zulässig[101]. Für parallelimportierte Arzneimittel wird im Verfahren der Formalzulassung (s. hierzu vor § 72 Rn. 21 ff.) eine Zulassungsnummer erteilt. Zentral zugelassene Arzneimittel erhalten eine EU-Zulassungsnummer, die nach Art. 13 I VO (EG) Nr. 726/2004 auf der Verpackung anzugeben ist.

d) **Chargenbezeichnung, Herstellungsdatum (Nr. 4).** Die Bezeichnung der Charge (vgl. § 4 31 Nr. 16) dient der Arzneimittelsicherheit und soll bestimmte, aus der gleichen Ausgangsmenge in einem einheitlichen Herstellungsvorgang oder in einem kontinuierlichen Herstellungsvorgang die in einem bestimmten Zeitraum hergestellten Arzneimittel identifizieren. Der Hersteller ist in der inhaltlichen Gestaltung der **Chargenbezeichnung** – durch Zahlen- oder Buchstabenkombinationen – frei. Die Chargenbezeichnung muss insbesondere keine Angabe des Herstellungsdatums enthalten[102]. Nur sofern ein Arzneimittel nicht in einer Charge i. S. d. § 4 XVI in den Verkehr gebracht wird, ist das Herstellungsdatum anzugeben[103]. Dies hat in der Reihenfolge von Tag, Monat und Jahr zu erfolgen, wobei der Tag der Freigabe maßgeblich ist.

Zwar ist die Angabe der Abkürzung „Ch.-B." vorgeschrieben. Die Angabe dieser in Art. 54 32 Buchst. m) RL 2001/83/EG nicht vorgeschriebenen Abkürzung stellt jedoch eine zum Gesundheits-

---

[94] Vgl. *VG Köln*, Urt. v. 18.4.2006 – 7 K 1543/04 – BeckRS 2006, 25914 und 7 K 7060/04 – BeckRS 2006, 25917.
[95] Vgl. *Kloesel/Cyran*, § 10 Anm. 35; *Menges/Winnands*, § 19 Rn. 7.
[96] Vgl. *VG Köln*, Urt. v. 2.12.2014 – 7 K 3167/13 – BeckRS 2015, 40327.
[97] Vgl. „Wortlaut der für die Packungsbeilage vorgesehenen Angaben (kommentierte Fassung, Januar 2007)".
[98] Vgl. hierzu *OLG Hamburg*, GRUR 2000, 159 ff. – „Bonefos".
[99] Vgl. BT-Drucks. 17/9341, S. 48.
[100] Vgl. Antwort der Parlamentarischen Staatssekretärin Bergmann-Pohl, Anlage 3 zum Plenarprotokoll 13/26 v. 15.3.1995, S. 1853 f.
[101] Vgl. *Rehmann*, § 10 Rn. 7; *Kloesel/Cyran*, § 10 Anm. 37a.
[102] Vgl. *Kloesel/Cyran*, § 10 Anm. 38; *Sander*, § 10 Erl. 9.
[103] Vgl. *OLG Hamburg*, PharmR 2008, 300 f.; eine Charge kann hiernach auch aus einer Packung bestehen.

schutz nicht erforderliche, mit Art. 34 AEUV unvereinbare Maßnahme gleicher Wirkung dar, wenn ein anderer gleichwertiger, Missverständnisse ausschließender Zusatz (z. B. „Lot") verwendet wird[104]. Es ist nicht erforderlich, dass die Chargennummer in unmittelbarem räumlichem Zusammenhang mit der Angabe erfolgt, auch eine Verweisung auf einen Aufdruck an anderer Stelle der Etikettierung ist zulässig[105].

33   **e) Darreichungsform (Nr. 5).** Da seit der 14. AMG-Novelle nach Nr. 2 stets die Darreichungsform anzugeben ist (s. Rn. 27), ist die wiederholte Anforderung der Angabe der Darreichungsform in Nr. 5 nunmehr überflüssig[106].

34   **f) Inhalt (Nr. 6).** Gem. Nr. 6 ist der Inhalt nach Gewicht, Rauminhalt oder Stückzahl anzugeben. Es sind die Masse- oder Volumeneinheiten anzugeben, die sich aus den Bestimmungen der Ph. Eur. bzw. dem DAB/HAB ergeben. Die Angaben sind auf dem Behältnis und – soweit verwendet – der äußeren Umhüllung zu machen (s. Rn. 11 f.). Fertigarzneimittel, die im Voraus hergestellt und in einer zur Abgabe an den Verbraucher bestimmten Packung in den Verkehr gebracht werden, stellen **Fertigpackungen** gem. § 6 EichG dar. Sie müssen so gestaltet und befüllt sein, dass keine größere Füllmenge vorgetäuscht wird (§ 7 II EichG). Fertigarzneimittel in Aerosolform sind gem. § 7 I FertigPackV nach Volumen zu kennzeichnen, wobei das Volumen der Flüssigphase anzugeben ist.

35   **g) Art der Anwendung (Nr. 7).** Mit den Angaben zur Art der Anwendung wird vermittelt, in welcher Weise (z. B. „zum Einnehmen", „zur intravenösen Injektion nach Auflösen") das Arzneimittel zu verwenden ist. Dabei müssen die Angaben mit dem Zulassungsbescheid übereinstimmen, in dem wiederum die Begriffe der Ph. Eur. – „List of standard terms for pharmaceutical dosage forms, routes of administration and containers" – verwendet werden. Allgemeine Angaben wie „innerlich", „äußerlich" oder „zur parenteralen Applikation" reichen nicht aus.

36   **h) Wirkstoffe, weitere Bestandteile (Nr. 8).** Die Wirkstoffe sind nach Art und Menge anzugeben (vgl. Rn. 102 f.). Es ist zwischen **Wirkstoffen** i. S. d. § 4 XIX und weiteren Bestandteilen – **Hilfsstoffen (Arzneiträgerstoffen)** – zu unterscheiden[107]. Abgesehen von Arzneimitteln zur parenteralen oder zur topischen Anwendung, einschließlich der Anwendung am Auge, sind in der Kennzeichnung nur dann die weiteren Bestandteile nach der Art anzugeben, wenn dies durch eine Auflage der zuständigen Bundesoberbehörde nach § 28 II Nr. 1 angeordnet oder durch Rechtsverordnung nach § 12 I Nr. 4, II bzw. bei Standardzulassungen nach § 36 I vorgeschrieben ist. Bei Arzneimitteln zur parenteralen oder topischen Anwendung oder zur Anwendung am Auge sind zusätzlich zu der Angabe der Wirkstoffe nach Art und Menge nach dem 2. Halbs. der Nr. 8 die Hilfsstoffe ohne besondere Anordnung durch Auflage oder Rechtsverordnung nach ihrer Art anzugeben[108]. Der abweichenden Ansicht, bei Arzneimitteln zur parenteralen oder topischen Anwendung seien die Wirkstoffe nur nach der Art anzugeben[109], kann im Lichte des Art. 54 Buchst. b) RL 2001/83/EG nicht gefolgt werden, wonach die qualitative und quantitative Zusammensetzung an Wirkstoffen anzugeben ist. Art. 54 Buchst. d) RL 2001/83/EG erhält für Parenteralia, Topika und Augentropfen keine dahinter inhaltlich zurücktretende Forderung, sondern betrifft nach der Systematik der Vorschrift allein die zusätzliche Angabe von Arzneiträgerstoffen, also Hilfsstoffen. Die Verwendung des Begriffs „Wirkstoffe" in Art. 54 Buchst. d) 2 RL 2001/83/EG beruht auf einer in der RL leider häufiger anzutreffenden mangelnden terminologischen Sorgfalt. Dies wird bei einem Blick auf die anderen Sprachfassungen der Vorschrift deutlich, wo auch im S. 2 des Buchst. d) von Arzneiträgerstoffen die Rede ist[110].

37   **i) Gentechnologische Arzneimittel (Nr. 8a).** Bei gentechnologisch hergestellten Arzneimitteln sind der bei der Herstellung des Wirkstoffs verwendete gentechnisch veränderte Mikroorganismus oder die verwendete Zelllinie anzugeben. Diese Kennzeichnungsanforderungen basieren auf Art. 57, 4. Spiegelstrich RL 2001/83/EG, wonach die Mitgliedstaaten Angaben zur Identifizierung und Echtheit der Arzneimittel vorsehen können[111]. Zudem zählen diese Angaben zur qualitativen und quantitativen Zusammensetzung gem. Art. 54 Buchst. b) RL 2001/83/EG[112].

---

[104] Vgl. *OLG Hamburg*, GRURInt 1984, 106 f. – „Tagamet"; abw. *OLG Düsseldorf*, PharmR 1998, 62 ff.

[105] Vgl. *OLG Düsseldorf*, PharmR 1998, 62 ff.

[106] Ebenso *Menges/Winnands*, § 19 Rn. 10.

[107] Ebenso *Rehmann*, § 10 Rn. 11; a. A. *Kloesel/Cyran*, § 10 Anm. 27 in Fassung der 83. Ergänzungslieferung, wonach auch pharmakologisch relevante Hilfsstoffe als „wirksame Bestandteile" von der auf Wirkstoffe bezogenen Kennzeichnungspflicht erfasst sein sollten. Für eine Dreiteilung der Stoffe in Wirkstoffe (arzneilich wirksame Bestandteile), wirksame Bestandteile und Hilfsstoffe (Arzneiträgerstoffe), gibt jedoch weder § 10 noch Art. 54 RL 2001/83/EG etwas her. Nunmehr haben *Kloesel/Cyran*, § 10 Anm. 44 f. die Dreiteilung in Bezug auf die Etikettierung aufgegeben.

[108] Vgl. *Kloesel/Cyran*, § 10 Anm. 46 f.

[109] Vgl. *Sander*, § 10 Erl. 14; ebenso wohl auch *Rehmann*, § 10 Rn. 11.

[110] Vgl. die anderen Sprachfassungen des Buchst. d) S. 2, z. B. engl. und frz.: „excipients", it.: „eccipienti".

[111] Vgl. Notice to Applicants Volume 2C „Guideline on the Packaging Information of Medicinal Products for Human Use authorised by the Union" Final – Revision 14, abrufbar unter http://ec.europa.eu.

[112] Vgl. *LG Hamburg*, Beschl. v. 22.1.2002 – 312 O 28/02.

j) Verfalldatum (Nr. 9). Das Verfalldatum soll nach Nr. 9 wörtlich mit „verwendbar bis" angegeben **38** werden. Dieser Vorgabe fehlt jedoch eine entsprechende Grundlage in der RL 2001/83/EG. Art. 54 Buchst. h) dieser RL verlangt nur ein „unverschlüsseltes Verfalldatum (Monat/Jahr)". Die Mitgliedstaaten dürfen nach Art. 60 RL 2001/83/EG das Inverkehrbringen von Arzneimitteln in ihrem Hoheitsgebiet nicht aus Gründen untersagen oder verhindern, die mit der Etikettierung oder Packungsbeilage zusammenhängen, sofern diese der RL entsprechen. Daher wird die Verkehrsfähigkeit eines Arzneimittels durch das Fehlen der wörtlichen Angabe „verwendbar bis" in der Etikettierung nicht beeinträchtigt[113]. Es ist vielmehr ungeachtet der Üblichkeit auch eine Abkürzung der Angabe etwa durch „verw. bis" zulässig[114]. Ein unmittelbarer räumlicher Zusammenhang zwischen dem Hinweis und der Wiedergabe des Verfalldatums selbst ist nicht erforderlich, so dass auch auf ein an anderer Stelle der Kennzeichnung aufgedrucktes Verfalldatum verwiesen werden kann (s. im Übrigen Rn. 102 f.)[115].

k) Abgabestatus (Nr. 10). Bei Arzneimitteln, die der Verschreibungspflicht unterliegen (§ 48), ist **39** der Hinweis „*Verschreibungspflichtig*" zu machen. Arzneimittel, die apothekenpflichtig sind (§§ 43 ff.), sind mit dem Hinweis „*Apothekenpflichtig*" zu kennzeichnen. Die Begriffe sind wörtlich zu verwenden. Abgesehen von kleinen Behältnissen (Abs. 8) sind Abkürzungen unzulässig, da sie nicht üblich sind (Abs. 9). Eine kumulative Kennzeichnung mit beiden Angaben kommt nicht in Betracht[116]. Die Kennzeichnungsvorgaben der Nr. 10 sind richtlinienkonform (Art. 57 S. 1, 3. Spiegelstrich RL 2001/83/EG).

l) Muster (Nr. 11). Muster von Fertigarzneimitteln, deren Abgabe sich nach §§ 47 III, 76 II richtet, **40** sind mit dem Hinweis „Unverkäufliches Muster" zu kennzeichnen. Auch diese Angabe ist mangels Üblichkeit einer Abkürzung wörtlich zu verwenden, soweit es sich nicht um kleine Behältnisse i. S. d. Abs. 8 handelt. Für die Art der Angabe gelten keine Besonderheiten, der Hinweis kann daher auch auf einem **Aufkleber** getätigt werden, sofern er nicht ohne eine merkliche Beschädigung des Untergrundes abgelöst werden kann (s. Rn. 15)[117].

m) Kinderwarnhinweis (Nr. 12). Seit der 5. AMG-Novelle ist in der Kennzeichnung in Über- **41** einstimmung mit der nunmehr in Art. 54 Buchst. f) RL 2001/83/EG befindlichen Vorgabe ein Hinweis aufzunehmen, dass Arzneimittel für Kinder unzugänglich aufzubewahren sind. Zuvor war diese Angabe in der Packungsbeilage aufzunehmen. Der Wortlaut der Angabe ist gesetzlich nicht vorgeschrieben. Die Bundesoberbehörde kann jedoch über Auflagen nach § 28 II Nr. 3 einen einheitlichen Wortlaut vorgeben.

n) Vorsichtsmaßnahmen (Nr. 13). Zu Vorsichtsmaßnahmen für die Beseitigung von nicht ver- **42** wendeten Arzneimitteln sind nur dann Angaben erforderlich, wenn es sich um Arzneimittel handelt, die nicht mit dem Hausmüll entsorgt werden sollen[118]. Das ist insbesondere bei **radioaktiven Arzneimitteln** der Fall[119]. Mit der 8. AMG-Novelle wurde die Vorschrift dahingehend ergänzt, dass sonstige besondere Vorsichtsmaßnahmen anzugeben sind, die erforderlich sind, um Gefahren für die Umwelt zu vermeiden. Ob solche Angaben erforderlich sind, richtet sich nach den im Zulassungsverfahren gem. § 22 IIIc vorzulegenden Unterlagen. Gegebenenfalls kann die Zulassungsbehörde auf der Grundlage des § 28 I Auflagen zu entsprechenden Angaben machen.

o) Verwendungszweck (Nr. 14). Seit der 14. AMG-Novelle ist bei nicht verschreibungspflichtigen **43** Arzneimitteln in der Kennzeichnung der Verwendungszweck anzugeben. Hiermit wird Art. 54 Buchst. n) RL 2001/83/EG umgesetzt. Die Angaben – wie Hustensaft oder Rheumapflaster – sollen für Laien eine Orientierungshilfe sein[120].

II. Angaben in einer anderen Sprache (S. 2)

Sofern die Kennzeichnung zusätzlich in einer **anderen Sprache** wiedergegeben wird, müssen nach **44** S. 2 in dieser Sprache die gleichen Angaben wie in deutscher Sprache gemacht werden. Mit dieser Regelung ist Art 63 I 2 RL 2001/83/EG (ex Art. 4 II RL 92/27/EWG) in das nationale Recht umgesetzt worden. Da § 10 nur die Kennzeichnung für im Inland in den Verkehr gebrachte Arzneimittel betrifft, gilt die damit verbundene Forderung nach inhaltlicher Übereinstimmung[121] der Angaben nur für eine freiwillig vorgenommene zusätzliche fremdsprachige, für den inländischen Markt bestimmte Kenn-

---

[113] Ebenso *Rehmann*, § 10 Rn. 13.
[114] A. A. *Kloesel/Cyran*, § 10 Anm. 58; *Menges/Winnands*, § 19 Rn. 14.
[115] Vgl. *OLG Düsseldorf*, PharmR 1998, 62, 64 f.
[116] Vgl. *Sander*, § 10 Erl. 18.
[117] A. A. *Sander*, § 10 Rn. 19; *Kloesel/Cyran*, § 10 Anm. 40.
[118] Nicht verbrauchte Arzneimittel zählen regelmäßig zum Hausmüll. Vgl. § 3 I AVV i. V. m. Ziff. 18 01 08 und 18 01 09. Die Apotheken nehmen nicht verbrauchte Arzneimittel auf freiwilliger Basis zurück, vgl. hierzu BT-Drucks. 12/4821.
[119] Vgl. *Sander*, § 10 Erl. 19b.
[120] Vgl. BT-Drucks. 15/5316, S. 34.
[121] Vgl. *OLG Düsseldorf*, PharmR 1998, 62, 64.

zeichnung[122]. Eine Verpflichtung zur vollständigen Übersetzung der deutschen Angaben in die fremde Sprache besteht bereits nach dem Wortlaut des Abs. 1 S. 2 („sofern") nicht[123].

III. Raum für Angabe der Dosierung (S. 3)

45   Nach **Abs. 1 S. 3** ist **Raum für die Angabe der verschriebenen Dosierung** vorzusehen. Dies gilt nicht für die in Abs. 8 S. 3 genannten Behältnisse und Ampullen und für Arzneimittel, die dazu bestimmt sind, ausschließlich durch Angehörige der Heilberufe angewendet zu werden. Zu dieser, mit der 14. AMG-Novelle in das Gesetz eingefügten Anforderung wird in der Gesetzesbegründung u. a. ausgeführt, dass hiermit die neu in Art. 54 Buchst. e) der geänderten RL 2001/83/EG und in Art. 58 I Buchst. f) der geänderten RL 2001/82/EG vorgesehene Vorschrift aufgegriffen wird[124]. Die Ergänzung des Art. 54 Buchst. e) der RL 2001/83/EG durch die RL 2004/27/EG ist auf einen Vorschlag des Europäischen Parlaments zurückzuführen, wonach „Raum vorzusehen" sein sollte, „damit der Apotheker die dem einzelnen Patienten verschriebene Dosierung vermerken kann"[125]. Es handelt sich demnach um einen „Platzhalter", der vom Apotheker bei der Abgabe eines Arzneimittels auf Grundlage der ärztlichen Verschreibung auszufüllen ist. Der für die Angabe erforderliche Raum ist nach der Zweckbestimmung daher auf dem Packmittel vorzusehen, auf das der Apotheker ohne weiteres Zugriff hat, also – sofern vorhanden – auf der äußeren Umhüllung und nur beim Fehlen derselben auf dem Behältnis[126]. Aus dem Wortlaut der RL 2001/83/EG wird dies nur unzureichend deutlich, weil im Zuge der RL 2004/27/EG versäumt wurde, in Art. 55 I RL 2001/83/EG zugleich aufzunehmen, dass die neue Ergänzung des Art. 54 Buchst. e) RL 2001/83/EG nicht für die Primärverpackung gilt, wenn sie in einer äußeren Umhüllung in den Verkehr gebracht wird. Es ist jedoch eine entsprechende teleologische Reduktion des Art. 55 I RL 2001/83/EG möglich. Auf Behältnissen ist der Raum für die Angabe der verschriebenen Dosierung somit nur freizuhalten, wenn diese ohne äußere Umhüllung in den Verkehr gebracht werden und sofern es sich nicht um kleine Behältnisse oder Ampullen i. S. d. Abs. 8 S. 3 handelt.

IV. Hinweis bei homöopathischen Arzneimitteln (S. 4)

46   Die Kennzeichnung nach § 25 **zugelassener homöopathischer Arzneimittel** richtet sich nach Abs. 1 S. 1 Nr. 1–14, wobei zusätzlich gem. **Abs. 1 S. 4** ein Hinweis auf die homöopathische Beschaffenheit des Arzneimittels aufzunehmen ist. Es ist gesetzlich nicht vorgeschrieben, mit welchem Wortlaut dieser Hinweis zu erfolgen hat. Die Angabe „Homöopathisches Arzneimittel" kann auch für zugelassene Homöopathika verwendet werden, da dem Gesetz nicht entnommen werden kann, dass dieser Begriff (§ 4 XXVI) in der Kennzeichnung registrierten homöopathischen Arzneimitteln vorbehalten ist[127].

V. Weitere Angaben (S. 5)

47   Mit dem AMG-ÄndG 2009 trat Abs. 1 S. 5 an die Stelle des Abs. 1 S. 4 und die Regelung wurde dahingehend klarstellend ergänzt, dass sie nicht die Angabe solcher Informationen – einschließlich von Symbolen[128] – einschränkt, die durch eine EU-Verordnung vorgeschrieben oder zulässig sind. Nach der Vorschrift sind weitere, also über den Pflichtangabenkatalog des § 10 I 1 hinausgehende Angaben in der Kennzeichnung nur **eingeschränkt zulässig.** Derartige Angaben müssen mit der Anwendung des Arzneimittels in Zusammenhang stehen, für die gesundheitliche Aufklärung des Patienten wichtig sein und dürfen den Angaben nach § 11a nicht widersprechen. Hiermit wird Art. 62 RL 2001/83/EG umgesetzt, wonach die äußere Umhüllung und die Packungsbeilage zur Veranschaulichung einiger der in Art. 54 und 59 I RL 2001/83/EG genannten Informationen – also der Pflichtangaben – Zeichen oder Piktogramme sowie weitere mit der Zusammenfassung der Merkmale des Arzneimittels zu vereinbarende Informationen enthalten können, die für den Patienten wichtig sind. **Bildzeichen,** die der unterstützenden Kommunikation von Pflichtangaben dienen, sind daher zulässig. Mit der 14. AMG-Novelle wurde die Textpassage, wonach die weiteren Angaben zulässig sind, wenn sie *„für die gesundheitliche Aufklärung wichtig sind"* um die Wörter *„der Patienten"* ergänzt. Aus dieser, in Anlehnung an den infolge der RL 2004/27/EG modifizierten Wortlaut der Art. 62 RL 2001/83/EG vorgenommenen Ergänzung folgt keine inhaltliche Änderung der Vorschrift[129].

48   Nach Art. 62 RL 2001/83/EG sind außerdem Angaben, die Werbecharakter haben können, nicht zulässig. Als weitere Angaben in der Etikettierung sind nur **gebrauchssichernde Informationen**

---

[122] Vgl. ebenso im Hinblick auf den inhaltsgleichen § 11 I 3 *Sander,* § 11 Erl. 4a.
[123] Vgl. im Übrigen auch BT-Drucks. 12/6480, S. 18.
[124] Vgl. BT-Drucks. 15/5316, S. 34.
[125] Vgl. ABl.-EG v. 11.12.2003 C 300 E, S. 353, 372.
[126] Vgl. auch die Stellungnahme der Kommission zu den Änderungen des Europäischen Parlaments, vom 3.4.2003 (KOM (2003) 163 final), S. 25, wonach die vorgeschlagene Änderung nicht akzeptiert werden sollte, weil der Raum, der auf der äußeren Umhüllung zur Verfügung steht, ohnehin äußerst begrenzt ist.
[127] Ebenso *Sander,* § 10 Erl. 22; *Kloesel/Cyran,* § 10 Anm. 85.
[128] Vgl. BT-Drucks. 16/12 256, S. 44.
[129] Vgl. *VG Köln,* PharmR 2014, 164, 170.

zulässig, die mit den SmPC (Summary of Product Characteristics) übereinstimmen (zum Verbot der Werbung in den Packmitteltexten s. im Übrigen § 11 Rn. 99)[130]. Die für ein freiverkäufliches Arzneimittel gemachte Angabe, dass dieses nur in der Apotheke (apothekenexklusiv) erhältlich ist, ist keine gem. Abs. 1 S. 5 zulässige Information[131]. Eine Etikettierung, die allein Pflichtangaben gem. § 10 I 1 (Art. 54 RL 2001/83/EG) und gem. § 10 I 5 (Art. 62 RL 2001/83/EG) zulässige Angaben enthält, stellt keine Werbung dar[132]. Jedoch führt allein der Umstand, dass eine Angabe nach Art. 59 RL 2001/83/EG für die Gebrauchsinformation vorgesehen ist, nicht dazu, dass ihre Angabe in der Etikettierung keine Werbung darstellt[133]. Die für die Gebrauchsinformation vorgesehene Angabe der Anwendungsgebiete kann als weitere Angabe in die Kennzeichnung aufgenommen werden, wenn das Anwendungsgebiet wiedergegeben wird, wie sich dies aus der Zulassung ergibt; ein differentialdiagnostischer Hinweis kann daher nicht weggelassen werden und die Angabe darf nicht zu weit gefasst sein[134]. Aus § 10 I Nr. 14 AMG ist nicht im Umkehrschluss zu entnehmen, dass bei verschreibungspflichtigen Arzneimitteln die Nennung eines Anwendungsgebietes in der Kennzeichnung keine für die gesundheitliche Aufklärung wichtige Angabe sein kann[135]. Die weiteren Angaben müssen nicht in jeder Hinsicht vollständig sein, müssen jedoch zu einer zutreffenden gesundheitlichen Aufklärung beitragen, dürfen der Fachinformation also nicht widersprechen[136]. Daher können in der Kennzeichnung auch nur einzelne der zugelassenen Anwendungsgebiete angegeben werden[137]. Konsequenterweise sind im Lichte des § 11 VI 1 für die Packungsbeilage vorgeschriebenen Angaben gem. § 10 I 5 als weitere, gebrauchssichernde Angaben zulässig, sofern diese Angaben nicht den SmPC bzw. den Zulassungsunterlagen — und sei es durch selektives Weglassen von Angaben — widersprechen.

Die 18. Kammer des *VG Köln* ist weitergehend der Auffassung, weitere Angaben — konkret ein Öko- **49** Siegel — seien vor dem Hintergrund des Grundrechts der Berufsfreiheit aus Art. 12 I GG zulässig, sofern durch sie die Arzneimittelsicherheit nicht beeinträchtigt werde[138]. Dem ist die sonstige Rechtsprechung zu Recht entgegengetreten[139]. Auch werbliche Angaben wie z.B. „Natürlicher geht's nicht" oder „Seit 50 Jahren für Ihre Gesundheit" auf der Packung eines Arzneitees sind unzulässig[140]. In der Literatur wird die Ansicht vertreten, diese Rechtsprechung sei bei verfassungsrechtlicher Betrachtung zu eng[141]. Diese Kritik ist indes nicht mit dem gegenüber Art. 12 I GG vorrangigen Art. 62 RL 2001/83 nicht zu vereinbaren und daher abzulehnen. Die Etikettierung darf ausschließlich für gebrauchssichernde Informationen als Kommunikationsträger genutzt werden. Daher ist auch die Auffassung des *OLG München* in dessen Urteil vom 5.5.2011[142] abzulehnen, wonach auf der äußeren Umhüllung eines Arzneimittels mittels ablösbarer Klebepunkte fixierte Werbeflyer für ein anderes Arzneimittel angebracht werden dürfen, weil es in diesem Fall an einer auf Dauer angelegten festen Verbindung fehlt. Abs. 1 S. 5 und die europarechtliche Vorgabe des Art. 62 RL 2001/83/EG enthalten kein Tatbestandsmerkmal einer auf „Dauer angelegten festen Verbindung". Das Urteil des *OLG München* ist daher vom *BGH* richtigerweise aufgehoben worden[143] und es kommt auch nicht auf solche Raffinessen an wie die, ob der Werbeflyer mit Klebepunkten an der äußeren Umhüllung fixiert ist, in Form einer Banderole um die Packung gelegt oder mit einem Faden verbunden wird[144]. Die Arzneimittelpackung und ihre Informationsträger sind eben keine werblichen Kommunikationskanäle[145].

Weitere Angaben i.S.d. § 10 I 5 können von der Bundesoberbehörde auch gem. § 28 II Nr. 1 **50** beauflagt werden[146]. Der Wortlaut des Abs. 1 S. 5 („sind zulässig") kann auch dahingehend verstanden

---

[130] Die zu § 11 AMG entwickelten Grundsätze der Rechtsprechung gelten auch für § 10 AMG, vgl. *BGH*, GRUR 2008, 1014 f., Rn. 22 – „Amlodipin".

[131] Vgl. *VG Köln*, PharmR 2014, 164, 171; ebenso zur Angabe „Qualität aus Ihrer Apotheke".

[132] Vgl. *BGH*, GRUR 2008, 1014, 1016, Rn. 26 – „Amlodipin"; *BGH*, GRUR 2009, 990 f., Rn. 14 – „Metoprolol".

[133] Vgl. für die Angabe von Anwendungsgebieten *BGH*, GRUR 2009, 990 f., Rn. 14 – „Metoprolol".

[134] Vgl. *BGH*, GRUR 2009, 990 f., Rn. 17 – „Metoprolol"; *Kloesel/Cyran*, § 10 Anm. 74.

[135] Vgl. *OLG Hamburg*, MD 2007, 1164, 1172 – „Zur Behandlung von Bluthochdruck".

[136] Vgl. *BGH*, GRUR 2009, 990 f., Rn. 21 – „Metoprolol"; vgl. *Stallberg*, PharmR 2010, 214, 218.

[137] Vgl. *BGH*, GRUR 2009, 990 f., Rn. 14 – „Metoprolol".

[138] *VG Köln*, Urt. v. 12.5.2006 – 18 K 9251/03 – BeckRS 2006, 23638.

[139] *OVG Münster*, PharmR 2013, 463 f.; *OVG Bautzen*, PharmR 2009, 404, 407 ff.; *VG Köln*, Urt. v. 11.11.2014 – 7 K 7242/12 – BeckRS 2014, 58813; VG Köln, Urt. v. 30.10.2012 – 7 K 2624/11 – BeckRS 2012, 60311. Die vom *VG Köln* angenommene Einschlägigkeit der Verordnung (EG) Nr. 2092/91 über den ökologischen Landbau und die entsprechende Kennzeichnung der landwirtschaftlichen Erzeugnisse und Lebensmittel verkennt, dass Arzneimittel keine von Art. 1 dieser Verordnung erfasste Erzeugnisse sind. Eine Kennzeichnung von Arzneimitteln mit dem ÖKO-Kennzeichen ist nach § 1 II Nr. 1 ÖkoKennzG verboten. Wohl nur de lege ferenda anderes fordernd *v. Czettritz/Strelow*, LMuR 2010, 41 f.

[140] Vgl. *VG Köln*, PharmR 2014, 164, 169 f., 173.

[141] Vgl. *Rehmann*, § 10 Rn. 3.

[142] *OLG München*, Urt. v. 5.5.2011 – 6 U 3795/10 (nicht rechtskräftig), PharmR 2011, 454 m. Anm. *Kügel/Plaßmann*.

[143] Vgl. *BGH*, PharmR 2013, 491 f. – „Voltaren".

[144] Anders wohl *v. Czettritz/Thewes*, PharmR 2013, 477, 479 f.

[145] A. A. *Stallberg*, WRP 2011, 1525, 1529; *Merx*, GRUR-Prax 2012, 45 f.

[146] Vgl. *OVG Münster*, PharmR 2014, 219, 222 f.

werden, dass weitere – gebrauchssichernde – Angaben nicht nur auf freiwilliger Basis seitens des pharmazeutischen Unternehmers in den Packmitteltext aufgenommen werden dürfen, sondern auch angeordnet werden können (s. auch § 11 Rn. 51 f.). Dabei umfasst die Auflagenbefugnis der Bundesoberbehörde[147] nicht nur Einschränkungen der vom pharmazeutischen Unternehmer vorgesehenen weiteren Angaben[148], sondern auch die Beifügung oder Änderung einer weiteren Angabe entgegen dem Willen des pharmazeutischen Unternehmers[149].

51   Die CmDh der EMA hat im April 2014 ein Positionspapier zur Verwendung von **QR-Codes** in Packmitteltexten von Arzneimitteln veröffentlicht, die im dezentralen Verfahren bzw. im Verfahren der gegenseitigen Anerkennung zugelassen werden[150]. Aus Annex 1 zu diesem Papier ist ersichtlich, dass die Bundesoberbehörden in Deutschland die Bereitstellung der gesetzlich vorgeschriebenen Angaben über das Arzneimittel[151] nach vorheriger Antragstellung sowohl für verschreibungspflichtige wie für apothekenpflichtige Arzneimittel akzeptieren, wobei dies nicht über eine Webseite der Bundesoberbehörden erfolgen muss. Zudem kann für Patienten bestimmtes Material zur Risikominimierung, das im Rahmen eines Risikomanagement-Plans genehmigt wurde, eingestellt werden. Es handelt sich bei der Wiedergabe des QR-Codes auf der äußeren Umhüllung oder dem Behältnis um eine weitere Angabe i. S. d. Abs. 1 S. 5, die zulässig ist, sofern die Tatbestandsmerkmale dieser Norm (vgl. Rn. 48) erfüllt sind.

C. Internationale Kurzbezeichnung – INN (ex Abs. 1a)

52   Mit der 14. AMG-Novelle wurde **Abs. 1a** an den durch die RL 2004/27/EG geänderten Art. 54 Buchst. a) RL 2001/83/EG angepasst. Mit dem 2. AMG-ÄndG 2012 wurde der Regelungsgehalt des Abs. 1a in Abs. 1 S. 1 Nr. 2, 2. Halbsatz überführt.

D. Blindenschrift (Abs. 1b)

I. Bezeichnung des Arzneimittels (S. 1)

53   Im Zuge der 12. AMG-Novelle wurde **Abs. 1b** in das Gesetz eingefügt, wonach bei Humanarzneimitteln die **Arzneimittelbezeichnung** auf der äußeren Umhüllung zusätzlich in **Blindenschrift** (Braille) anzugeben ist. Nach Art. 8 Nr. 2 der 12. AMG-Novelle trat diese Regelung erst am 1.9.2006 in Kraft. § 10 Ib wurde im Vorgriff auf den durch die RL 2004/27/EG in die RL 2001/83/EG eingefügten Art. 56a ins Gesetz aufgenommen. Wird das Arzneimittel ohne äußere Umhüllung ausschließlich in einem Behältnis den Verkehr gebracht, ist die Angabe der Bezeichnung in Blindenschrift gem. Abs. 1b nicht verpflichtend[152], was auch mit den Vorgaben des Art. 56a i. V. m. 54 RL 2001/83/EG vereinbar ist, da unter „Verpackung" i. S. d. Art. 56a infolge des Art. 1 Nr. 24 RL 2001/83/EG nur die äußere Umhüllung zu verstehen ist[153]. *Kloesel/Cyran* weisen zu Recht darauf hin, dass die Übergangsregelung in § 141 I maßgeblich ist[154]. Zwar wurde im Rahmen des Gesetzes zur Änderung arzneimittelrechtlicher Vorschriften vom 15.4.2005 an § 138 mit Abs. 7 eine besondere Übergangsregelung geschaffen, auf deren Grundlage spätestens ab dem 30.10.2007 alle von pharmazeutischen Unternehmen in den Verkehr gebrachten Arzneimittel die Braille-Kennzeichnung tragen sollten[155]. Jedoch ist § 10 Ib erst am 1.9.2006 in Kraft getreten[156] und der am 6.9.2005 in Kraft getretene § 141 I enthält in Abweichung vom älteren § 138 VII eine Übergangsregelung ohne, wie in § 141 I 3 für § 109 geschehen, die Geltung der älteren Übergangsregelung aufrechtzuhalten. Für registrierte homöopathische Arzneimittel gilt Abs. 1b nicht (s. Rn. 79).

---

[147] Vgl. hierzu *VG Köln*, Urt. v. 21.7.2009 – 7 K 3079/07 – BeckRS 2009, 42365, das eine Auflagenkompetenz der Bundesoberbehörde bejaht und die Landesüberwachung zu Recht verneint.

[148] So wohl *VG Köln*, Urt. v. 15.11.2011 – 7 K 1819/11 – BeckRS 2011, 56672; Urt. v. 21.7.2009 – 7 K 4046/08 – BeckRS 2009, 42005.

[149] Vgl. *OVG Münster*, PharmR 2014, 219, 222. Zum gleich strukturierten § 11 I 4 a. F. (nun § 11 I 7) *OVG Münster*, Urt. v. 11.2.2009 – 13 A 2150/06 – BeckRS 2009, 31963; Urt. v. 11.2.2009 – 13 A 976/07, PharmR 2009, 281, 285.

[150] "CMDh position paper on the use of QR codes to provide information about medicinal products" (CMDh/313/2014).

[151] Das Papier verwendet den Terminus „Product Information", der umschrieben wird als „statutory information (as approved by competent authorities)".

[152] Ebenso *Jäkel*, PharmR 2009, 613 f.

[153] Vgl. *Jäkel*, PharmR 2009, 613, 614 f.; Guidance concerning the Braille requirements for labelling and the package leaflet, ENTR/F2 D(2005). Anders *Dörfer/Klein*, PharmR 2008, 89, 93 f.

[154] Vgl. *Kloesel/Cyran*, § 10 Anm. 79.

[155] Vgl. BT-Drucks. 15/4869, S. 5.

[156] Art. 8 Abs. 2 Nr. 2 der 12. AMG-Novelle.

II. Ausnahmen von Abs. 1 S. 1 Nr. 2 (S. 2)

Im Rahmen der sog. **12a-AMG-Novelle** wurde Abs. 1b präzisiert. Die Arzneimittelbezeichnung in **54** Blindenschrift ist um die **Angabe der Stärke** zu ergänzen[157], was im Gesetz (systematisch zweifelhaft) dadurch deutlich werden soll, dass in Abs. 1b S. 2 nur die Angaben zur Darreichungsform und zur Personengruppe gem. Abs. 1 S. 1 Nr. 2 von der Pflicht zur Kennzeichnung in Blindenschrift ausgenommen werden[158]. Angaben zur Darreichungsform und zur Personengruppe sind auch dann verzichtbar, wenn sie Bestandteil der Bezeichnung sind. Bei Arzneimitteln, die nur in einer Wirkstärke in den Verkehr gebracht werden, ist die Angabe der Wirkstärke nach der Empfehlung der Kommission[159] verzichtbar. Es läge auf der Linie dieser Logik, nach der Überführung des Regelungsgehalts des Abs. 1a in Abs. 1 Nr. 2, 2. Halbs. auch die Angabe zum INN in Blindenschrift zu verlangen.

III. Weitere Ausnahmen (S. 3)

Mit der 12 a-Novelle wurden überdies in Abs. 1b S. 3 **Ausnahmen** von der Pflicht zur Angabe der **55** Arzneimittelbezeichnung und der Stärke in Blindenschrift ins Gesetz aufgenommen. Nach **Nr. 1** ist die Kennzeichnung in Blindenschrift dann entbehrlich, wenn es sich um Arzneimittel handelt, deren unmittelbare eigenständige Anwendung durch sehbehinderte Patienten nicht in Betracht kommt, da sie ausschließlich zur Anwendung durch Angehörige der Heilberufe bestimmt sind. Diese Ausnahme beruht auf Art. 63 III RL 2001/83/EG. Gem. **Nr. 2** ist die Kennzeichnung in Blindenschrift nicht für Arzneimittel erforderlich, die in Behältnissen von nicht mehr als 20 ml Rauminhalt oder nicht mehr als 20g Inhaltsmenge vertrieben werden[160].

Nach § 2 der auf der Grundlage des § 12 I 1 Nr. 2 erlassenen **BlindKennzV** müssen bei Fertigarznei- **56** mitteln, die in Kleinstmengen bis zu 7.000 Packungen in einem Jahr in den Verkehr gebracht werden, keine Angaben gem. § 10 Ib gemacht werden, sofern bei der Abgabe durch die Apotheke an Blinde oder Sehbehinderte diese Angaben in Blindenschrift und normaler Schrift auf der Packung angebracht werden oder, falls das nicht möglich ist, separat auf einem Informationsblatt übermittelt werden. Es können geeignete Abkürzungen verwendet werden und die Information in Blindenschrift ist vom pharmazeutischen Unternehmer beizustellen.

E. Sicherheitsmerkmale (Abs. 1c)

Mit dem 2. AMG-ÄndG 2012 wurde Abs. 1c ins Gesetz aufgenommen. Gem. Art. 15 II dieses **57** Gesetzes tritt diese Regelung aber erst am ersten Tag des vierten Jahres in Kraft, der auf die Verkündung des delegierten Rechtsaktes der EU-Kommission nach Art. 54a II RL 2001/83/EG folgt. Nach Art. 15 X des 2. AMG-ÄndG 2012 gibt das BMG den Tag des Inkrafttretens des § 10 Ib im BGBl. bekannt. Erst dem ausstehenden delegierten Rechtsakt wird zu entnehmen sein, welche Sicherheitsmerkmale und welche Vorrichtungen zum Manipulationsschutz erforderlich sein werden.

F. Warnhinweise, Lager- und Aufbewahrungshinweise (Abs. 2)

Abs. 2 regelt die Aufnahme von Warnhinweisen sowie Aufbewahrungs- und Lagerhinweisen in der **58** Kennzeichnung. Der Begriff **„Warnhinweise"** ist nicht legaldefiniert. Unter den gem. § 28 II Nr. 1 Buchst. a) ggf. auch durch eine Auflage anzuordnenden Warnhinweisen werden Angaben verstanden, die erforderlich sind, um bei der Anwendung des Arzneimittels eine unmittelbare oder mittelbare Gefährdung der Gesundheit zu verhüten, wobei Gegenanzeigen keine Warnhinweise i. S. d. § 28 II Nr. 1 Buchst. a) sind[161]. Nach der Rechtsprechung müssen sich Warnhinweise auf Gefahren beziehen, die bei der Anwendung des Arzneimittels selbst entstehen, also durch die Anwendung des Arzneimittels hervorgerufen werden[162]. Warnhinweise sind somit gebrauchssichernde *„weitere Angaben"* i. S. d. Abs. 1 S. 5. Warnhinweise sind auch solche Hinweise, von denen pharmazeutischen Unternehmer angegeben werden, ohne dass eine entsprechende Verpflichtung durch Auflage oder Rechtsverordnung gegeben ist[163]. Sofern angenommen wird, dass **„Gegenanzeigen"** (Kontraindikationen) eine Untergruppe der Warnhinweise darstellen,[164] sind diese keine Warnhinweise, die gem. § 10 II in der Kennzeichnung

---

[157] Vgl. BT-Drucks. 15/4868, S. 4.

[158] Vgl. *Dörfer/Klein*, PharmR 2008, 89, 91.

[159] Guidance concerning the Braille requirements for labelling and the package leaflet, ENTR/F2 D(2005).

[160] Berechtigt kritisch zu dieser Regelung, *Rehmann*, § 10 Rn. 20 und *Dörfer/Klein*, PharmR 2008, 89, 92 f.

[161] Vgl. BVerwG, Urt. v. 21.6.2007 – 3 C 39.06, Rn. 28, NVwZ-RR 2007, 776 f.

[162] Vgl. BVerwG, NJW 2007, 859, Rn. 4; *OVG Münster*, PharmR 2009, 281, 284; *VG Köln*, Urt. v. 8.2.2010 – 24 K 5303/09 – BeckRS 2010, 48253.

[163] Vgl. BT-Drucks. 12/6480, S. 19; BGH, NJW 1989, 1542, 1544.

[164] Vgl. *VG Köln*, PharmR 2003, 390, 393; *VG Köln*, Urt. v. 16.7.2003 – 24 K 8660/99 – BeckRS 2004, 27249; *Sander*, § 28 Erl. 4.

anzugeben sind; vielmehr sind dort nur besondere, über Gegenanzeigen hinausgehende Warnungen aufzunehmen[165].

59   Die Aufnahme von Warnhinweisen in der Kennzeichnung kann beruhen auf (a) **Auflagen** der zuständigen Bundesoberbehörde gem. § 28 II Nr. 1, auf (b) einer **Rechtsverordnung**[166] oder auf (c) dem **eigenverantwortlichen Handeln des pharmazeutischen Unternehmers.** Der pharmazeutische Unternehmer hat dafür Sorge zu tragen, dass die nach dem jeweiligen Stand der wissenschaftlichen Erkenntnisse zur Verhütung von Gesundheitsgefahren erforderlichen Angaben getätigt werden. Ob Warnhinweise in der Kennzeichnung getätigt werden müssen, richtet sich danach, ob die Angabe von solcher Wichtigkeit ist, dass sie bereits in der Kennzeichnung wiederzugeben ist oder ob die Mitteilung in der Packungsbeilage ausreicht. **Auflagen** der Bundesoberbehörde zu Warnhinweisen sind nur dann rechtmäßig, wenn sie nach dem jeweiligen Stand der wissenschaftlichen Erkenntnisse erforderlich sind, um bei der Anwendung des Arzneimittels eine unmittelbare oder mittelbare Gesundheitsgefährdung zu verhüten (§ 28 II Nr. 1 Buchst. a) vgl. dazu die vorstehende Rn. 58). Die Bundesoberbehörde trägt die Darlegungslast, dass konkrete Anhaltspunkte dafür sprechen, dass es bei bestimmungsgemäßem Gebrauch infolge der Anwendung des Arzneimittels in bestimmten Situationen bei bestimmten Personen zu einer Gesundheitsgefährdung kommen kann[167]. Es wird ergänzend auf § 11 Rn. 27 verwiesen.

60   Da die Etikettierung ohne ein Öffnen der Packung des Arzneimittels lesbar ist, ist sie der Ort, an dem für Fachkreise bestimmte **Lager-** bzw. für Verbraucher vorgesehene **Aufbewahrungshinweise** zu machen sind, sofern sie nach dem jeweiligen Stand der wissenschaftlichen Erkenntnisse erforderlich sind. Die Lager- bzw. Aufbewahrungshinweise sollen die Haltbarkeit des Arzneimittels im hierfür auf der Grundlage von Stabilitätstests in Anspruch genommenen Zeitraum sicherstellen. Das CHMP der EMA hat eine „Note for Guidance on Declaration of Storage Conditions"[168] abgefasst, der im Empfehlungen zur Angabe von Lager- bzw. Aufbewahrungshinweisen enthalten sind. Der Inhalt dieser Empfehlung kann von den Bundesoberbehörden durch Auflagen nach § 28 II Nr. 1 Buchst. b) verbindlich gemacht werden.

61   Unterlässt der pharmazeutische Unternehmer Warnhinweise oder Lager- bzw. Aufbewahrungshinweise, obwohl diese nach dem jeweiligen Stand der wissenschaftlichen Erkenntnisse zur Zeit des Inverkehrbringens erforderlich sind und entsteht infolge der Anwendung des Arzneimittels ein Personenschaden, so haftet er – neben der deliktischen Haftung – bei zulassungspflichtigen oder standardzugelassenen Arzneimitteln gem. § 84 und bei sonstigen Arzneimitteln nach § 1 I ProdHaftG auf **Schadenersatz.**

G. Kennzeichnungsinhalt nach anderen Gesetzen/Verordnungen

62   Abgesehen von den in § 10 enthaltenen Anforderungen an die Etikettierung sind weitere Kennzeichnungsvorgaben aufgrund anderer Gesetzes- oder Verordnungsregelungen zu beachten[169].

I. BtMG

63   Für die Kennzeichnung von Arzneimitteln, die **Betäubungsmittel** sind oder enthalten, sind zusätzlich zu den Anforderungen des § 10 die Regelungen des BtMG zu beachten (§ 81)[170]. Nach § 14 I 1 BtMG sind Betäubungsmittel im Verkehr unter Verwendung der in den Anlagen zum BtMG aufgeführten Kurzbezeichnungen (INN) zu kennzeichnen. Wenn für einen Stoff keine INN in den Anlagen aufgeführt wird, können die in Spalte 2 der Anlagen verwendeten Trivialnamen verwendet werden, sofern diese dort fettgedruckt sind. Wird für einen Stoff weder ein INN noch ein fettgedruckter Trivialname angegeben, so ist der in Spalte 3 genannte chemische Name (IUPAC) zu verwenden[171]. § 14 I 2 BtMG, wonach die Kennzeichnung in „*deutlich lesbarer Schrift, in deutscher Sprache und auf dauerhafte Weise zu erfolgen*" hat, enthält gegenüber § 10 AMG keine inhaltlich abweichenden Anforderungen.

64   § 14 II Nr. 2 BtMG enthält Vorgaben für die **Mengenangaben** auf den Behältnissen und – soweit verwendet – den äußeren Umhüllungen. Bei nicht abgeteilten Zubereitungen (z. B. Pulver) ist die enthaltene Gewichtsmenge des Betäubungsmittels, bei abgeteilten Zubereitungen (z. B. Kapseln) ist die Stückzahl anzugeben. Auf kleinen Behältnissen und Ampullen, die zur Abgabe bestimmt sind, müssen die Gewichtsmenge oder die Stückzahl nach dieser Vorschrift nicht angegeben werden. Unter kleinen

---

[165] Vgl. *Kloesel/Cyran*, § 10 Anm. 80; *Rehmann*, § 10 Rn. 22; *Sander*, § 10 Erl. 20.
[166] Auf die auf Grundlage des § 12 I Nr. 3 ergangenen Rechtsverordnungen – insbesondere die AMWarnV – wird in der Kommentierung zu § 12 eingegangen.
[167] Vgl. *OVG Berlin*, Beschl. v. 9.6.2000 – OVG 5 N 3.00, veröffentlicht in *Sander*, § 28/Nr. 1a; *OVG Berlin*, PharmR 2000, 268 f.; *VG Köln*, Urt. v. 16.7.2003 – 24 K 8660/99; *VG Köln*, PharmR 2003, 390, 393 f.; *OVG Münster*, Urt. v. 10.11.2005 – 13 A 4246/03 – Rn. 42 f., BeckRS 2006, 20197, offengelassen von *BVerwG*, NJW 2007, 859, Rn. 4.
[168] CPMP/QWP/609/96/Rev 2 v. 19.11.2007.
[169] Auf die Anforderungen, die sich aus Rechtsverordnungen ergeben, die aufgrund von § 12 erlassen worden sind, wird in der Kommentierung zu § 12 eingegangen.
[170] Vgl. *BGH*, NJW 1998, 836 f.
[171] Vgl. Hinweise vor den Anlagen zum BtMG.

Behältnissen sind in Übereinstimmung mit Abs. 8 S. 3 solche von nicht mehr als 10 ml Rauminhalt zu verstehen. Die Vorgaben des Abs. 8 bleiben jedoch von der Ausnahmeregelung in § 14 II Nr. 2 BtMG unberührt. Auch auf kleinen Behältnissen oder Ampullen von Arzneimitteln, die Betäubungsmittel sind oder enthalten, müssen daher u. a. die Stärke (§ 10 I Nr. 2), der Inhalt nach Gewicht, Rauminhalt oder Stückzahl (§ 10 I Nr. 6) und die Inhaltsstoffe nach Maßgabe des § 10 I Nr. 8 angegeben werden.

II. GCP-V

Die Kennzeichnung von **Prüfpräparaten** richtet sich seit der 12. AMG-Novelle nach § 5 GCP-V. **65** Die in § 5 II Nr. 1–Nr. 16 GCP-V aufgelisteten Kennzeichnungsanforderungen orientieren sich am Annex 13 des EG-GMP-Leitfadens[172], in dessen Nr. 26–33 Anforderungen an die Etikettierung enthalten sind[173]. Im Hinblick auf Prüfpräparate wird unter der Kennzeichnung auch die in **Begleitdokumenten** enthaltene Information verstanden[174]. Sofern indes nach § 5 GCP-V nicht ausdrücklich eine Möglichkeit eröffnet ist, die Angaben in einem Begleitdokument zu tätigen (§ 5 II Nr. 2, 10, 11, 12 GCP-V) müssen die Angaben wie im Rahmen des § 10 auf dem Behältnis und, soweit verwendet, der äußeren Umhüllung gemacht werden.

Bei **Prüfpräparaten, die zugelassene Arzneimittel sind,** kann gem. § 5 VIII 1 GCP-V auf eine **66** Kennzeichnung nach § 5 GCP-V verzichtet werden, wenn diese ohne zusätzliche Herstellungsmaßnahmen zur Verwendung in der klinischen Prüfung bestimmt sind und dies mit dem Konzept der Prüfung vereinbar ist. Solchenfalls sind zugelassene Arzneimittel, die als Prüfpräparate verwendet werden, nach § 10 AMG zu kennzeichnen, was der Verordnungsgeber auf Art. 14 RL 2001/20/EG und deren 14. Begründungserwägung gestützt hat[175]. Die gem. § 5 I GCP-V in Übereinstimmung mit Art. 15 RL 2003/94/EG geforderte Identifizierung und Rückverfolgbarkeit der klinischen Prüfung kann dann auch durch ein Begleitdokument sichergestellt werden (§ 5 VIII 2 GCP-V). Die Verwendung der zugelassenen Bezeichnung des Arzneimittels im Rahmen der klinischen Prüfung ist mit dem Konzept der Prüfung nur vereinbar, wenn es sich um eine nicht verblindete klinische Prüfung handelt (Art. 26 Buchst. b) Annex 13 des EG-GMP-Leitfadens).

§ 5 II 2 GCP-V sieht vor, dass die Kennzeichnung der äußeren Umhüllung ausreichend ist, wenn **67** diese mit dem Behältnis fest verbunden ist. Insofern kommt der Gedanke zum Tragen, dass aus Gründen der Arzneimittelsicherheit jedes eigenständige, nicht zerstörungsfrei trennbare Packmittel einer Kennzeichnung bedarf (s. Rn. 15). Es dürfte im Übrigen dann, wenn das Behältnis und die äußere Umhüllung fest verbunden sind, also nicht zerstörungsfrei getrennt werden können, davon auszugehen sein, dass das Arzneimittel lediglich in einem Behältnis in den Verkehr gebracht wird.

Die gem. § 5 II Nr. 3 vorgesehene Angabe der **Bezeichnung und Stärke des Prüfpräparates** kann **68** nach § 5 II 3 GCP-V bei einer Verblindung entfallen oder auf geeignete Weise verschlüsselt werden. Das ehedem in § 10 X 3 enthaltene Gebot, zugelassene Arzneimittel unter Verzicht auf die zugelassene Bezeichnung mit einer von dieser abweichenden Bezeichnung zu versehen[176], ist entfallen. Es ist § 5 GCP-V nicht zu entnehmen, dass noch nicht zugelassene Arzneimittel im Rahmen der klinischen Prüfung nicht mit der für den Fall der Zulassung vorgesehenen Bezeichnung versehen werden dürfen.

Ein **Datum der Nachtestung** gem. § 5 II Nr. 9 GCP-V kann bei Prüfpräparaten biologischen **69** Ursprungs nicht angegeben werden, da ihre Qualität in besonderem Maße nicht ausschließlich in der Endkontrolle bestimmt werden kann[177].

§ 5 III GCP-V enthält Erleichterungen an die Kennzeichnung des Behältnisses, solange dieses von der **70** äußeren Umhüllung nicht separiert wird[178]. Vor dem Hintergrund der Nr. 29 des Annex 13 wird man davon ausgehen müssen, dass diese Erleichterungen selbst dann gelten, wenn das Prüfpräparat zu einer Aushändigung an die betroffene Person bestimmt ist.

In § 5 IV GCP-V sind für Durchdrückpackungen (Blister) und in § 5 V GCP-V für kleine Behältnisse **71** von nicht mehr als 10 ml Rauminhalt sowie für Ampullen erleichterte Kennzeichnungsvorgaben enthalten. § 5 VI GCP-V regelt in Anlehnung an § 10 I 2 und 4, dass zusätzliche fremdsprachliche Angaben inhaltsgleich sein müssen und die Zulässigkeit weiterer Angaben.

III. PackungsV

Mit der aufgrund des § 31 IV 1 SGB V erlassenen PackungsV werden Einzelheiten zu therapiegerech- **72** ten und wirtschaftlichen Packungsgrößen von Arzneimitteln festgelegt, die zur Versorgung von gesetzlich

---

[172] Vgl. BR-Drucks. 515/04, S. 33. Annex 13 (ENTR/F/2/AM/an D (2010) 3374) wurde zum 3.2.2010 novelliert.
[173] Kritisch zu § 5 II Nr. 1 im Hinblick auf die Forderung der kumulativen Benennung von Sponsor und CRO und zur Angabe der EudraCT-Nummer nach § 5 II Nr. 11 *Dietrich/Kehne*, PharmInd 2005, 271, 276.
[174] Vgl. BR-Drucks. 515/04, S. 33.
[175] Vgl. BR-Drucks. 515/04, S. 33 f.
[176] Vgl. für § 10 X a. F. *OLG Hamburg*, PharmR 2002, 292, 295.
[177] Vgl. BR-Drucks. 515/04, S. 33 f.
[178] Vgl. BR-Drucks. 515/04, S. 34.

Krankenversicherten bestimmt sind. Zu diesem Zwecke bestimmt § 1 I PackungsV, dass Fertigarzneimittel i. S. d. § 4 I, die von einem Vertragsarzt für Versicherte verordnet und zu Lasten der gesetzlichen Krankenversicherung abgegeben werden können, einer **Packungsgrößenkennzeichnung** (kleine Packungen N1, mittlere Packungen N2, große Packungen N3) entsprechend der Anlage zu dieser Verordnung zugeordnet werden. Gem. § 2 V 1 PackungsV i. F. d. 5. ÄndV vom 9.3.2011[179] können pharmazeutische Unternehmer Packungen eines Arzneimittels auf der äußeren Umhüllung nur mit einem Packungsgrößenkennzeichen bedrucken, das nach § 5 PackungsV für dieses Arzneimittel bestimmt ist. Damit ist die Angabe des Packungsgrößenkennzeichens auf den Packmitteln fakultativ[180]. Ist nach § 5 PackungsV kein Packungsgrößenkennzeichen bestimmt, so ist die Kennzeichnung mit dem Packungsgrößenkennzeichen unzulässig (§ 2 V 2 PackungsV).

73   Werden Fertigarzneimittel unter einem einheitlichen Kennzeichen nach § 300 III Nr. 1 SGB V, der sog. **Pharmazentralnummer (PZN)**[181] in einer äußeren Umhüllung in den Verkehr gebracht, in der mindestens zwei Arzneimittel oder auch Arzneimittel in unterschiedlichen Darreichungsformen enthalten sind, handelt es sich gem. § 1 II PackungsV um **Kombinationspackungen.** Für die Kennzeichnung solcher Packungen gelten die Vorgaben des § 1 II 2 bis 4 PackungsV. Danach ist für jedes in der Kombinationspackung enthaltene Arzneimittel oder für jede enthaltene Darreichungsform gesondert ein Packungsgrößenkennzeichen nach § 1 PackungsV zu ermitteln. Sind die enthaltenen Arzneimittel oder Darreichungsformen unterschiedlichen Packungsgrößenkennzeichen zuzuordnen, so ist für die Kennzeichnung der Kombinationspackung das größte gesondert ermittelte Packungsgrößenkennzeichen anzugeben. Sofern nur für eines der Einzelarzneimittel ein Packungsgrößenkennzeichen nach § 5 PackungsV bestimmt ist, ist dieses maßgeblich. Die Angabe eines falschen Packungsgrößenkennzeichens stellt einen Wettbewerbsverstoß dar[182].

74   § 2 VI PackungsV bestimmt, dass Arzneimittel, die „grundsätzlich" – nach Sinn und Zweck der PackungsV ist ausnahmslos gemeint – von der Leistungspflicht der gesetzlichen Krankenversicherung ausgeschlossen sind, nicht mit einem Packungsgrößenkennzeichen nach der PackungsV gekennzeichnet werden dürfen. Von diesem Kennzeichnungsverbot werden sog. **Lifestyle-Arzneimittel** gem. § 34 I 7 SGB V und solche Arzneimittel erfasst, die nach § 34 III SGB V als unwirtschaftliche Arzneimittel von der Versorgung ausgeschlossen sind[183].

H. Sera, Virusimpfstoffe (Abs. 3)

75   In der Kennzeichnung von Sera (§ 4 III) ist zusätzlich die Art des Lebewesens anzugeben, aus der das Arzneimittel gewonnen worden ist. Bei Virusimpfstoffen, die zu den Impfstoffen i. S. d. § 4 IV zählen, ist das Wirtssystem anzugeben, welches zur Virusvermehrung gedient hat. Es handelt sich hierbei um Angaben zur qualitativen Zusammensetzung nach Art. 54 Buchst. b) RL 2001/83/EG.

I. Homöopathische Arzneimittel (Abs. 4)

I. Systematik der Vorschrift

76   Mit der 14. AMG-Novelle wurden die Anforderungen an die **Kennzeichnung homöopathischer Arzneimittel neu strukturiert.** Während bis zum Inkrafttreten der 14. AMG-Novelle registrierte bzw. von der Registrierung freigestellte homöopathische Arzneimittel nach § 10 I Nr. 1–13 a. F. unter Beachtung der zusätzlichen Regelungen des § 10 IV a. F. zu kennzeichnen waren, wollte der Gesetzgeber im neu gefassten Abs. 4 mit Blick auf Art. 69 I RL 2001/83/EG *„abweichend zur bisherigen Systematik"* die Kennzeichnung homöopathischer Arzneimittel, die der Registrierung unterliegen, gesondert regeln[184].

77   **1. Sondervorschrift für registrierte Homöopathika.** Abs. 4 S. 1 enthält eine **besondere Kennzeichnungsvorschrift für registrierte homöopathische Arzneimittel,** welche gem. Abs. 4 S. 2 entsprechend für Arzneimittel gilt, die nach § 38 I 3 von der Registrierung freigestellt sind (sog. **1.000 er-Präparate**). Auch die Kennzeichnung von **standardregistrierten homöopathischen Arzneimitteln** richtet sich gem. § 2 der StandRegV nach § 10. Für eine richtlinienkonforme Umsetzung

[179] BGBl. I S. 384.
[180] Vgl. *Nitz,* PharmR 2011, 208, 211.
[181] Die PZN ist ein bundeseinheitliches Kennzeichen und enthält verschlüsselt Handelsnamen, Hersteller, Darreichungsform, Wirkstoffstärke und Packungsgröße des Arzneimittels (§ 300 III SGB V). Die PZN wird von der Informationsstelle für Arzneispezialitäten GmbH (www.ifaffm.de) vergeben. Zur Einbeziehung in die Versorgung von gesetzlich Versicherten ist der pharmazeutische Unternehmer auf die Erteilung einer PZN angewiesen und zu deren Meldung nach § 131 IV SGB V verpflichtet (vgl. § 2 V 3 PackungsV).
[182] Vgl. *LG Hamburg,* MD 1997, 1150 ff. zu § 1 UWG a. F.
[183] Vgl. *Nitz,* PharmR 2011, 208, 214.
[184] Vgl. BT-Drucks. 15/5316, S. 34.

der Vorgaben zur Kennzeichnung registrierter homöopathischer Arzneimittel ist entgegen der im Gesetzgebungsverfahren zur 14. Novelle artikulierten Annahme keine systematische Verselbständigung der Kennzeichnung solcher Arzneimittel nötig[185]. Die Verselbständigung der Kennzeichnung registrierter homöopathischer Arzneimittel (einschließlich standardregistrierter und 1.000er Präparate) nach Abs. 4 beschränkt sich im Gesetz darauf, dass gem. Abs. 4 S. 1 **an Stelle der Angaben nach Abs. 1 S. 1 Nr. 1–14 die in Abs. 4 S. 1 Nr. 1–12 aufgelisteten Angaben** zu machen sind.

2. Geltung weiterer Absätze des § 10 für registrierte Homöopathika. Abs. 1 S. 1 gilt im **78** Übrigen auch für registrierte oder von der Registrierung freigestellte homöopathische Arzneimittel, denn abgesehen vom Katalog des Abs. 1 S. 1 Nr. 1–14 ist die Geltung des Abs. 1 nicht ausgeschlossen[186]. Auch die von Abs. 4 S. 1 und 2 erfassten registrierten oder von der Registrierung freigestellten homöopathischen Arzneimittel müssen gem. Abs. 1 S. 1 gut lesbar, allgemeinverständlich in deutscher Sprache und auf dauerhafte Weise auf den Behältnissen und, soweit verwendet, der äußeren Umhüllung gekennzeichnet werden. Ebenso gelten die weiteren Absätze des § 10 für registrierte oder von der Registrierung freigestellte homöopathische Arzneimittel, sofern Abs. 4 nicht als Spezialregelung vorrangig ist oder der jeweilige Regelungsbereich diese Arzneimittel nicht betrifft. Daher gelten auch für die von Abs. 4 S. 1 und 2 erfassten Arzneimittel die Regelungen in Abs. 1 S. 2 und 5 sowie in Abs. 2. Außerdem sind die Regelungen in Abs. 7, 8 und 9 auf registrierte oder von der Registrierung freigestellte homöopathische Arzneimittel anwendbar. Unter gesetzessystematischen Gesichtspunkten ist die Erklärung zur Anwendbarkeit des Abs. 7 in Abs. 4 S. 1 Nr. 4 ebenso überflüssig wie die Regelungen in Abs. 4 S. 1 Nr. 7 zu nach Abs. 2 vorgeschriebenen Warnhinweisen und zu weiteren Angaben, soweit diese für eine sichere Anwendung erforderlich sind, womit Abs. 1 S. 5 aufgegriffen wird. Auf der anderen Seite sind im Zuge der 14. AMG-Novelle Regelungslücken aufgetreten, da versäumt wurde, in Abs. 8 S. 3 und Abs. 9 S. 2 den Angabenkatalog aus Abs. 4 S. 1 einzubeziehen[187]. In Abs. 8 S. 3 wurde diese Lücke erst mit dem 2. AMG-ÄndG 2012 geschlossen, in Abs. 9 S. 2 besteht sie weiterhin.

Für die von Abs. 4 S. 1 und 2 erfassten homöopathischen Arzneimittel gilt Abs. 6 nicht, da diese Norm **79** an Abs. 1 S. 1 Nr. 8 anknüpft. Ebenso wenig ist Abs. 1 S. 3 anwendbar, da diese Regelung auf Art. 54 Buchst. e) RL 2001/83/EG basiert und dieser für die Kennzeichnung registrierter oder von der Registrierung freigestellter homöopathischer Arzneimittel nicht einschlägig ist. Es ist bei diesen Arzneimitteln daher in der Etikettierung **kein Raum für die Angabe der verschriebenen Dosierung** erforderlich[188]. Nach Abs. 4 S. 2, 2. Halbs. findet auch Abs. 1b keine Anwendung auf die von Abs. 4 S. 1 erfassten homöopathischen Arzneimittel. In der Kennzeichnung dieser Arzneimittel muss daher **nicht** deren **Bezeichnung in Blindenschrift** aufgenommen werden. Dies ist europarechtskonform, da der an Art. 54 RL 2001/83/EG anknüpfende Art. 56a dieser RL für registrierte homöopathische Arzneimittel nicht gilt.

II. Angaben

Die nach Abs. 4 S. 1 Nr. 1–12 zu machenden Angaben entsprechen zum großen Teil wörtlich oder **80** zumindest inhaltlich den Angaben der Liste gem. Abs. 1 S. 1. Einen demgegenüber eigenständigen Regelungsgehalt haben nur Abs. 4 S. 1 Nr. 1, Nr. 7, sofern es nicht um den Hinweis geht, Arzneimittel für Kinder unzugänglich aufzubewahren, Nr. 9 und Nr. 10[189]. Bezüglich der übrigen Ziffern des Abs. 4 S. 1 kann auf die vorstehende Kommentierung unter B. 4. verwiesen werden.

1. Hinweis „Homöopathisches Arzneimittel" (S. 1). In der Kennzeichnung der von Abs. 4 **81** erfassten Arzneimittel ist die wörtliche Angabe „Homöopathisches Arzneimittel" zu tätigen. Während dieser Hinweis bis zur 14. AMG-Novelle nach § 10 IV 1 a. F. „bei der Bezeichnung" des Arzneimittels aufzunehmen war, enthält das Gesetz nunmehr keine Vorgaben mehr an die räumliche Gestaltung dieses Hinweises, der „deutlich erkennbar" wiedergegeben sein muss. Die deutliche Erkennbarkeit ist gegeben, wenn der Hinweis gut lesbar ist (s. Rn. 14).

2. Ursubstanzen, Phantasiename (Nr. 1). In der Kennzeichnung registrierter und von der Regis- **82** trierung freigestellter homöopathischer Arzneimittel sind die Ursubstanz bzw. die Ursubstanzen anzugeben, die in dem Arzneimittel enthalten sind. Es ist die Art der Ursubstanz sowie entsprechend der Vorgabe des Art. 69 I, 1. Spiegelstrich RL 2001/83/EG deren **Verdünnungsgrad** anzugeben. Des Weiteren ist die Menge der jeweiligen Ursubstanz anzugeben, was erforderlich ist, weil ohne eine solche Angabe die quantitative Zusammensetzung des Arzneimittels nicht ersichtlich ist. Zur Mengenangabe sind gem. § 1 EinhZeitG i. V. m. der EinhV Maßeinheiten in Form von S I-Einheiten zu verwenden.

---

[185] Vgl. *Pannenbecker*, PharmInd 2006, 714, 716 f. Noch im Rahmen der 5. AMG-Novelle ging der Gesetzgeber richtigerweise davon aus, dass die Vorgaben der RL 92/73/EWG mit § 10 IV a. F. umgesetzt werden konnten, eine systematische Trennung der Kennzeichnung registrierter homöopathischer Arzneimittel zu erwägen (vgl. BT-Drucks. 12/6480, S. 19). Die RL 92/73/EWG ist inhaltlich unverändert in die RL 2001/83/EG überführt worden.

[186] Vgl. *Pannenbecker*, PharmInd 2006, 714, 717.

[187] Vgl. *Pannenbecker/Natz*, PharmR 2005, 266 f.

[188] Vgl. *Pannenbecker*, PharmInd 2006, 714, 718.

[189] Vgl. *Pannenbecker*, PharmInd 2006, 714, 718.

Für nicht potenzierte homöopathische Arzneimittel, die im Rahmen des § 141 X in den Verkehr gebracht werden, kann kein Verdünnungsgrad angegeben werden. Die Ursubstanz ist mit der wissenschaftlichen Bezeichnung aus einem offiziell gebräuchlichen Arzneibuch (Ph. Eur., nachrangig dem HAB oder dem französischen Arzneibuch) anzugeben. Für die Angaben des Verdünnungsgrades sind die dort wiedergegebenen Symbole zu verwenden.

83   Gem. Art. 69 I, 1. Spiegelstrich RL 2001/83/EG soll ein **Phantasiename** nur bei registrierten homöopathischen Arzneimitteln zulässig sein, die sich aus mindestens zwei Ursubstanzen zusammensetzen. Demgegenüber ist es nach Abs. 4 S. 1 Nr. 1 auch bei Einzelmitteln zulässig, einen Phantasienamen zu verwenden. Die dem Richtlinientext zu entnehmende Beschränkung der Zulässigkeit von die wissenschaftliche Bezeichnung ergänzenden Phantasienamen dürfte aus Gründen des Gesundheitsschutzes nicht erforderlich und damit mit dem auch im Europarecht geltenden Übermaßverbot unvereinbar sein[190]. Für registrierte oder von der Registrierung freigestellte homöopathische Arzneimittel darf kein Phantasiename gewählt werden, der ein Anwendungsgebiet im Sinne der Prophylaxe, Linderung oder Heilung von Krankheiten nahelegt (s. Rn. 88).

84   **3. Aufbewahrungs-, Warn- und Anwendungshinweise (Nr. 7).** Seit der 14. AMG-Novelle ist auch in der Kennzeichnung registrierter oder von der Registrierung freigestellter homöopathischer Arzneimittel ein Hinweis aufzunehmen, wonach Arzneimittel unzugänglich für Kinder aufbewahrt werden sollen. Dies war zuvor gem. § 10 IV 5 a. F. nicht erforderlich. Zwar wird diese Angabe, anders als in Art. 54 Buchst. f) RL 2001/83/EG nicht ausdrücklich genannt. Sie stellt aber einen Warnhinweis dar, der unter Art. 69 I, 8. Spiegelstrich RL 2001/83/EG subsumiert werden kann.

85   In der Kennzeichnung sind weiterhin *„besondere Vorsichtsmaßnahmen für die Aufbewahrung"* aufzunehmen. Es kann insofern auf die vorstehende Kommentierung unter Rn. 60 verwiesen werden.

86   Mit der Regelung, wonach *„Warnhinweise, einschließlich weiterer Angaben, soweit sie für eine sichere Anwendung erforderlich oder nach Absatz 2 vorgeschrieben sind"* in die Kennzeichnung der von Abs. 4 S. 1 erfassten Arzneimittel aufzunehmen sind, werden unnötigerweise die Inhalte von Abs. 1 S. 5 und Abs. 2 wiederholt (s. Rn. 78). In der Gesetzesbegründung wird zu Abs. 4 S. 1 Nr. 7 ausgeführt, dass die gem. dem bislang geltenden Recht vorgesehenen Risikoangaben nach den Vorgaben der RL 2001/83/EG nicht als Pflichtangaben vorgesehen seien[191]. Gem. Art. 69 I, 8. Spiegelstrich RL 2001/83/EG ist jedoch die Etikettierung von registrierten homöopathischen Arzneimitteln ggf. mit einem besonderen Warnhinweis zu versehen, wobei auch in der RL dieser Begriff nicht definiert wird. Es ist daher nicht nachvollziehbar, weshalb in der Gesetzesbegründung davon ausgegangen wurde, Risikoangaben seien nach der RL nicht als Pflichtangaben ausgewiesen[192].

87   **4. Registrierungsnummer, keine Angaben zu Indikationen (Nr. 9).** In der Kennzeichnung registrierter Arzneimittel ist die „Registrierungsnummer" – also die Registrierungsnummer i. S. d. § 39 I 1 – unter der Angabe „Reg.-Nr." anzugeben. Für standardregistrierte homöopathische Arzneimittel ergibt sich diese Nummer aus der StandRegV. In der Kennzeichnung registrierter oder standardregistrierter Arzneimittel ist wörtlich die Angabe *„Registriertes homöopathisches Arzneimittel, daher ohne Angabe einer therapeutischen Indikation"* anzugeben. Bei homöopathischen Arzneimitteln, die im Rahmen der 1.000er-Regelung (§ 38 I 3) vertrieben werden, muss der Hinweis auf die Registrierung mangels einer solchen entfallen[193].

88   § 10 IV 3 a. F., wonach keine Angaben über Anwendungsgebiete gemacht werden durften, ist gestrichen worden. Ein Verbot entsprechender Angaben ergibt sich nunmehr mittelbar aus § 10 I 5 i. V. m. § 10 IV 1 Nr. 9 und § 38 II 2. Da im Registrierungsverfahren keine Angaben zu Anwendungsgebieten erforderlich sind und die therapeutische Wirksamkeit nicht überprüft wird, stellen **Aussagen über Anwendungsgebiete keine anwendungssichernden weiteren Angaben** gem. § 10 I 5 bzw. § 10 IV 1 Nr. 7 dar, weshalb sie unzulässig sind.

89   **5. Hinweis, medizinischen Rat einzuholen (Nr. 10).** Für homöopathische Humanarzneimittel ist in der Kennzeichnung der **differentialdiagnostische Hinweis** aufzunehmen, dass bei während der Anwendung des Arzneimittels fortdauernden Krankheitssymptomen medizinischer Rat einzuholen ist. Der Gesetzgeber hat bei der Novellierung des Abs. 4 offenbar übersehen, dass im Zuge der der Revision der RL 2001/83/EG durch die RL 2004/27/EG die Textpassage *„während der Anwendung des Arzneimittels"* in Art. 69 I, letzter Spiegelstrich RL 2001/83/EG fortgefallen ist. Unter *„medizinischem Rat"* ist auch der Rat von Personen zu verstehen, die zulässigerweise die Heilkunde ausüben, ohne Arzt zu sein[194]. Daher sind im Hinblick auf die Formulierung des Hinweises auch Heilpraktiker zu berücksichtigen und Auflagen, die nach ihrem Wortlaut eine Einschränkung auf Ärzte vornehmen, unzulässig.

---

[190] Vgl. *Pannenbecker*, PharmInd 2006, 714, 719; kritisch auch *Wagner*, StoffR 2005, 114, 117 Fn. 34.
[191] Vgl. BT-Drucks. 15/5316, S. 34.
[192] Vgl. *Pannenbecker*, PharmInd 2006, 714, 719.
[193] Es muss gleichwohl darauf hingewiesen werden, dass es sich um ein „homöopathisches Arzneimittel ohne Angabe einer therapeutischen Indikation" handelt.
[194] Vgl. *Sander*, § 10 Erl. 22.

J. Traditionelle pflanzliche Arzneimittel (Abs. 4a)

Im Rahmen der 14. AMG-Novelle wurde ein Registrierungsverfahren für **traditionelle pflanzliche** 90
Arzneimittel in §§ 39a – 39d eingefügt. Abs. 4a enthält in Umsetzung des Art. 16g II RL 2001/83/
EG in der durch RL 2004/24/EG ergänzten Fassung über § 10 I hinaus weitere, ergänzende Regelungen für die Etikettierung dieser Arzneimittel.

Es ist nach **Nr. 1** zusätzlich zu den Pflichtangaben des Katalogs in Abs. 1 S. 1 Nr. 1–14 der Hinweis 91
aufzunehmen, dass es sich um ein traditionelles Arzneimittel handelt, welches ausschließlich auf Grund
langjähriger Anwendung für das Anwendungsgebiet registriert ist. Gem. **Nr. 2** ist ein differentialdiagnostischer Warnhinweis zur Einholung medizinischen Rates beim Fortbestehen von Krankheitssymptomen
aufzunehmen. Außerdem tritt an die Stelle der Angabe der Zulassungsnummer die der Registrierungsnummer mit der Abkürzung „Reg.-Nr.".

K. Tierarzneimittel (Abs. 5)

I. Angaben (S. 1)

Abs. 5 ist mit dem AMG-ÄndG 2009 neu gefasst worden. In Abs. 5 werden die Kennzeichnungs- 92
vorschriften für **Tierarzneimittel** vollständig erfasst und separat aufgeführt[195]. Während vor dieser
Novelle bei Tierarzneimitteln zusätzlich zu den Angaben nach Abs. 1 S. 1 Nr. 1–14 die in Abs. 5 S. 1
Nr. 1–4 genannten Angaben zu machen waren, enthält die Vorschrift nunmehr in S. 1 Nr. 1–16 einen
eigenständigen Katalog der in der Kennzeichnung zu machenden Pflichtangaben. Die Reihenfolge der
Auflistung entspricht Art. 58 I RL 2001/82/EG in der durch RL 2004/28/EG modifizierten Fassung.
Die in Abs. 5 S. S. 1 Nr. 1–16 gelisteten Angaben entsprechen teils wörtlich, zumindest aber inhaltlich
den Angaben der Liste gem. Abs. 1 S. 1[196]. Einen gesondert zu kommentierenden Regelungsgehalt
haben Abs. 5 S. 1 Nr. 6, 8 und 12.

Gem. Abs. 5 S. 1 **Nr. 12** ist der **Hinweis „Für Tiere"** anzugeben. Aus dem Zitatmodus ist ersicht- 93
lich, dass der Gesetzgeber von einer Pflicht zur wörtlichen Widergabe dieser Angabe ausgeht. Dies ist
auch richtlinienkonform. Nach Art. 58 I Buchst. l) RL 2001/82/EG in der durch RL 2004/28/EG
modifizierten Fassung ist der Vermerk „ad us. vet" aufzunehmen, wobei dies gem. Art. 58 IV RL 2001/
82/EG in der Sprache des Landes zu erfolgen hat, in dem das Arzneimittel vertrieben wird.

Gem. Abs. 5 S. 1 **Nr. 6** ist außerdem die **Zieltierart**, für die das Arzneimittel bestimmt ist, anzugeben 94
(z. B. „Rinder")[197]. Eine Abbildung der Tierart ist unzureichend, kann jedoch auf der Grundlage des
Abs. 1 S. 5 ergänzend erfolgen. Die separate Aufzählung des Kennzeichnungselements der Tierart in
Nr. 6 ist obsolet, da die Tierart bereits nach Abs. 5 S. 1 Nr. 1 anzugeben ist.

Nach Abs. 5 S. 1 **Nr. 8** ist bei Arzneimitteln, die für **Lebensmittel liefernde Tiere** bestimmt sind, 95
die **Wartezeit** anzugeben. Ist die Einhaltung einer Wartezeit bei Arzneimitteln, die zur Anwendung bei
solchen Tieren bestimmt sind, nicht erforderlich, so ist dies seit dem AMG-ÄndG 2009 nicht mehr
anzugeben, was aus einem Vergleich mit § 10 V 1 Nr. 2 a. F. ersichtlich ist. Durch Einhaltung der
Wartezeit (§ 4 XII) wird zum Zwecke des Verbraucherschutzes sichergestellt, dass Rückstände in den
gewonnenen Lebensmitteln die gem. der VO (EWG) Nr. 2377/90 festgelegten zulässigen Höchstmengen für pharmakologisch wirksame Stoffe nicht überschreiten. Es können je nach zu gewinnendem
Lebensmittel (z. B. Fleisch oder Milch) unterschiedliche Wartezeiten bestehen.

Mit der 14. AMG-Novelle sind § 10 V 1 **Nr. 3 und Nr. 3a a. F.** entfallen. Nach **Nr. 3** war für 96
Tierarzneimittel, die ausschließlich zur Anwendung bei Tieren bestimmt waren, die nicht der Gewinnung von Lebensmitteln dienen der Hinweis aufzunehmen: *„Nicht bei Tieren anwenden, die der Gewinnung
von Lebensmitteln dienen"*. Gem. **Nr. 3a** war bei Tierarzneimitteln, die nach der aufgrund von § 56a III
Nr. 2 erlassenen Rechtsverordnung nur durch den Tierarzt selbst anzuwenden sind, ein entsprechender
Hinweis aufzunehmen. In den Materialien befindet sich keine Begründung für die Streichung von Nr. 3
und Nr. 3a. Zwar werden entsprechende Vorgaben in Art. 58 I RL 2001/82/EG nicht gelistet. **Ent-**

---

[195] Vgl. BT-Drucks. 16/12 256, S. 44.

[196] § 10 V 1 Nr. 1, 1. HS entspricht § 10 I 1 Nr. 2 (vgl. § 10 V 2a. F.), § 10 V S. 1 Nr. 1, 2. HS findet sich – mit
den tierarzneimittelspezifischen Besonderheit der Bezugnahme auf einen anstatt auf bis zu drei Wirkstoffe – in § 10 Ia
wieder (vgl. § 10 V 4 a. F.). § 10 V 1 Nr. 2 entspricht § 10 I 1 Nr. 8, 1. HS; die für Humanarzneimittel bestehende
Sonderregelung für parenteral oder topisch anzuwendende Arzneimittel gilt für Tierarzneimittel nicht (vgl. § 10 V 3
a. F.). § 10 V 1 Nr. 3 entspricht § 10 I 1 Nr. 4, § 10 V 1 Nr. 4 ist identisch mit § 10 I 1 Nr. 3, § 10 V 1 Nr. 5 ist
identisch mit § 10 I 1 Nr. 1, § 10 V 1 Nr. 7 entspricht § 10 I 1 Nr. 6, § 10 V 1 Nr. 9 entspricht § 10 I 1 Nr. 11,
§ 10 V 1 Nr. 10 entspricht § 10 I 1 Nr. 13. § 10 V 1 Nr. 11 ist im Wortlaut identisch mit § 10 IV 1 Nr. 7 und knüpft
inhaltlich an § 10 I 1 Nr. 12 und § 10 II an. § 10 V 1 Nr. 13 ist identisch mit § 10 I 1 Nr. 5 und § 10 V 1 Nr. 14 ist
identisch mit § 10 I 1 Nr. 6. § 10 V 1 Nr. 15 entspricht § 10 I 1 Nr. 14 und § 10 V 1 Nr. 16 bezieht sich auf § 10 I 1
Nr. 11. Für diese Vorschriften wird auf die vorstehende Kommentierung verwiesen.

[197] Die von *Sander*, § 10 Anm. 23 vertretene Auffassung, die Angabe „Für Tiere" könne durch die Angabe der
Zieltierart ersetzt werden, ist weder mit dem Gesetzeswortlaut noch mit Art. 58 RL 2001/82/EG vereinbar.

sprechende Angaben sind jedoch für den **Gesundheitsschutz wichtige Angaben** i. S. d. Art. 58 I Buchst. k), Art. 26 I RL 2001/82/EG. Diese Angaben können als **Warnhinweise** gem. Abs. 5 S. 1 Nr. 11 betrachtet werden. Die vor dem AMG-ÄndG 2009 auf der Grundlage des Abs. 5 S. 1 **Nr. 4 a. F.** bestehende Pflicht zur Angabe **„Arzneimittel-Vormischung"** (§ 4 XI) ist entfallen.

II. Hinweis bei homöopathischen Arzneimitteln (S. 2)

97   Für **registrierte homöopathische Tierarzneimittel** sind gem. **Abs. 5 S. 2** anstelle der Angaben nach Abs. 5 S. 1 Nr. 2 und Nr. 4 die Angaben nach Abs. 4 S. 1 Nr. 1, 9 und 10 zu machen. Im Übrigen gilt für diese Arzneimittel Abs. 5 S. 1.

III. Angaben bei von der Registrierung freigestellten homöopathischen Arzneimitteln (S. 3)

98   Entsprechendes gilt gem. **Abs. 5 S. 3** für homöopathische Tierarzneimittel, die als **1000er-Präparate** oder auf der Grundlage einer **Standardregistrierung** in den Verkehr gebracht werden.

IV. Angaben bei traditionellen pflanzlichen Arzneimitteln (S. 4)

99   **Abs. 5 S. 4** enthält die Kennzeichnungsvorgaben für **traditionelle pflanzliche Arzneimittel zur Anwendung bei Tieren;** bei diesen ist die Registrierungsnummer unter der Angabe „Reg.-Nr." wiederzugeben und es gelten Abs. 4a S. 1 Nr. 1 und 2 entsprechend, d. h., dass der Anwender aufzufordern ist, bei fortdauernden Krankheitssymptomen oder anderen als in der Packungsbeilage erwähnten Nebenwirkungen einen Tierarzt zu konsultieren.

V. Angaben nur auf der äußeren Umhüllung (S. 5)

100   Gem. **Abs. 5 S. 5** müssen in der Kennzeichnung von Tierarzneimitteln die Angaben zur Darreichungsform (Abs. 5 S. 1 Nr. 13) und zum Inhalt (Abs. 5 S. 1 Nr. 14) nur auf der äußeren Umhüllung angegeben werden, wenn das Arzneimittel in einer solchen in den Verkehr gebracht wird. Hiermit wird Art. 58 II RL 2001/82/EG umgesetzt.

L. Bezeichnung der Bestandteile (Abs. 6)

101   Die **Bezeichnung der Art** der Bestandteile richtet sich **nach Abs. 6 S. Nr. 1.** Die Vorschrift wurde durch das AMG-ÄndG 2009 geändert. Hiernach bestimmt das BfArM im Einvernehmen mit dem PEI und dem BVL die zu verwendenden Bezeichnungen und veröffentlicht diese in einer Datenbank nach § 67a AMG. Die Datenbank „Stoffbezeichnungen" wird bei dem DIMDI geführt. Die **AMBezV** ist gegenstandslos geworden[198]. Sofern in der Datenbank keine Vorgaben enthalten sein sollten, ist unmittelbar auf die von der WHO empfohlenen Freinamen (International Nonproprietary Names – INN) oder mangels solcher auf die gebräuchlichen wissenschaftlichen Bezeichnungen zurückzugreifen. Noch nicht empfohlene INN im Stadium des Vorschlagverfahrens sind nicht maßgeblich[199]. Die gebräuchlichen wissenschaftlichen Bezeichnungen können sich aus der Ph. Eur. oder den Arzneibüchern der Mitgliedstaaten, einschließlich dem HAB, ergeben. Darüber hinaus gelten auch Bezeichnungen aus diversen Nomenklaturen als wissenschaftlich gebräuchlich[200].

102   Die **Bezeichnung der Menge** der Bestandteile richtet sich **nach Abs. 6 S. Nr. 2.** Hiernach sind Maßeinheiten zu verwenden; sind biologische Einheiten oder andere Angaben zur Wertigkeit wissenschaftlich gebräuchlich, so sind diese zu verwenden[201]. Maßeinheiten sind entsprechend den Vorgaben des § 1 EinhZeitG i. V. m. der EinhV in einer S I-Einheit anzugeben[202]. Die Mengenangaben haben sich je nach Darreichungsform auf die Dosierungs-, Volumen- oder Gewichtseinheit zu beziehen (z. B. eine Tablette, 1 ml) und müssen für jeden Wirkstoff gemacht werden. Biologische Einheiten sind dann maßgeblich, wenn sich dies aus der Ph. Eur. oder dem Arzneibuch ergibt. Unter anderen Angaben zur Wertigkeit sind Referenzgrößen zu verstehen, mit denen die Stärke von verschiedenen Wirkstoffderi-

---

[198] Vgl. BT-Drucks. 16/12 256, S. 44: „Das bisher vorgeschriebene Verordnungsverfahren ist zur Festlegung der Bezeichnungen der Art der Bestandteile zu aufwendig und zudem nicht erforderlich."

[199] Vgl. *Sander*, § 10 Erl. 15.

[200] Vgl. *Kloesel/Cyran*, § 10 Anm. 94.

[201] Die Verwendung biologischer Einheiten für Vitamin E ist nicht mehr wissenschaftlich gebräuchlich. Vgl. *VG Köln*, Urt. v. 18.4.2006 – 7 K 1543/04 – BeckRS 2006, 25919 und 7 K 7060/04 – BeckRS 2006, 26919; Urt. v. 7.5.2013 – 7 K 2289/11 – BeckRS 2013, 54782; *OVG Münster*, Urt. v. 12.8.2009 – 13 A 2147/06 – BeckRS 2009, 38835.

[202] Vgl. *VG Köln*, Urt. v. 7.5.2013 – 7 K 2289/11 – BeckRS 2013, 54782. S-auch ohne Bezugnahme auf die Rechtsgrundlage die Bekanntmachung des Bundesinstituts für Arzneimittel und Medizinprodukte über die Zulassung, Registrierung und Verlängerung der Zulassung von Arzneimitteln – Humanarzneimittel mit Ausnahme von Blutzubereitungen – (Vollzug des 5. Gesetzes zur Änderung des Arzneimittelgesetzes) vom 18.8.1994, BAnz. S. 10 044.

vaten auf einen Äquivalent berechnet wird[203]. Hiermit wird Transparenz über die therapeutische Wirksamkeit der Derivate erzielt.

M. Verfalldatum (Abs. 7)

In Übereinstimmung mit den Richtlinienvorgaben ist das Verfalldatum nach **Abs. 7** in der **Reihen-** 103 **folge von Monat und Jahr** anzugeben. Die Angabe „Verwendbar bis 04. 02" wird von den hiesigen Verkehrskreisen als eine Verwendbarkeit bis April 2002 interpretiert und ist daher zulässig[204].

Das Verfalldatum gibt den Zeitpunkt an, bis zu dem das Arzneimittel haltbar und damit verwendbar 104 ist. Der Zeitraum der Haltbarkeit ergibt sich aus im Rahmen der Zulassung einzureichenden Ergebnissen von **Haltbarkeitsversuchen** (§ 22 I Nr. 14), den Stabilitätstests. Die Haltbarkeitsdauer ist vom Zeitpunkt der Freigabe an zu berechnen. Als Monat ist derjenige anzugeben, der dem Monat vorausgeht, in dem das Arzneimittel verfällt[205]. Arzneimittel, deren Verfalldatum abgelaufen ist, dürfen nicht mehr in den Verkehr gebracht werden (§ 8 III). Mit dem Ablauf des Verfalldatums endet die Haftung des pharmazeutischen Unternehmers für die Qualität des Arzneimittels. Zwischen der 2. und der 5. AMG-Novelle war bei Humanarzneimitteln nach Abs. 7 als Verfalldatum der 30. Juni oder der 31. Dezember eines Jahres anzugeben, wenn die Haltbarkeit nicht weniger als ein Jahr betrug. Der *EuGH* hat dies als eine mit Art. 28 EGV unvereinbare Maßnahme gleicher Wirkung eingestuft[206]. Es wird der Vollständigkeit halber auf die Übergangsvorschrift in § 127 I hingewiesen, die zwischenzeitig nicht mehr von praktischer Bedeutung ist.

N. Durchdrückpackungen, kleine Behältnisse und Ampullen (Abs. 8)

§ 10 VIII enthält in Umsetzung der Art. 55 II und III RL 2001/83/EG (bzw. Art. 59 RL 2001/82/ 105 EG) eine Sonderregelung für die Kennzeichnung von Durchdrückpackungen (Blistern), kleinen Behältnissen und Ampullen.

I. Durchdrückpackungen (S. 1, S. 2)

Entsprechend Art. 55 II RL 2001/83/EG enthält Abs. 8 S. 1 und 2 für die Kennzeichnung von 106 Durchdrückpackungen (Blistern) ausschließliche Regelungen, wenn diese Inhalt einer zur Abgabe an den Verbraucher bestimmten, gem. § 10 gekennzeichneten Verpackung sind (s. Rn. 11)[207]. Werden auf dem Blister über die Regelungsvorgaben von Abs. 8 S. 1 und 2 hinausgehend Angaben getätigt, so müssen diese den Anforderungen an weitere Angaben gem. Abs. 1 S. 5 genügen[208].

1. Pharmazeutischer Unternehmer. Blister sind mit dem Namen oder der **Firma des pharma-** 107 **zeutischen Unternehmers** zu kennzeichnen. In Anbetracht des Art. 55 II, 3. Spiegelstrich RL 2001/ 83/EG, wonach der Inhaber der Genehmigung für das Inverkehrbringen anzugeben ist, ist bei zulassungs- oder registrierungspflichtigen Arzneimitteln allein der Zulassungs- bzw. Registrierungsinhaber anzugeben, so dass die Regelung nicht richtlinienkonform ist[209]. Da die RL im Hinblick auf die Etikettierung eine Vollharmonisierung enthält (Art. 60 RL 2001/83/EG), ist die Angabe eines Mitvertriebsunternehmers auf dem Blister nicht erforderlich.

2. Bezeichnung des Arzneimittels. Auf Blistern muss weiterhin die Bezeichnung des Arzneimittels 108 wiedergegeben werden. Diese Angabe hat in Übereinstimmung mit der Angabe der Bezeichnung gem. Abs. 1 S. 1 Nr. 2 AMG zu erfolgen. Die Stärke, Darreichungsform und Personengruppe sind auf dem Blister nur anzugeben, wenn sie Bestandteil der Bezeichnung des Arzneimittels sind[210].

3. Chargenbezeichnung, Verfalldatum. Auf dem Blister ist die Chargenbezeichnung anzugeben, 109 wobei die Angabe der Abkürzung „Ch.-B." nicht erforderlich ist. Bei der Angabe des Verfalldatums ist der ursprünglich mit der 5. AMG-Novelle vorgeschriebene Hinweis „verwendbar bis:" seit der 10. AMG-Novelle nicht mehr vonnöten.

---

[203] Vgl. *VG Köln*, Urt. v. 18.4.2006 – 7 K 7060/04 – BeckRS 2006, 25919.
[204] Vgl. *OLG Hamburg*, PharmR 2003, 246, 251.
[205] Vgl. *Sander*, § 10 Erl. 17.
[206] *EuGH*, Urt. v. 1.6.1994 – Rs. C-317/92, PharmR 1994, 264 ff. – „Kommission/Deutschland".
[207] Vgl. *OVG Münster*, PharmR 2014, 219, 222.
[208] Vgl. *OVG Münster*, PharmR 2014, 219, 222; *VG Köln*, Urt. v. 15.11.2011 – 7 K 1819/11 – BeckRS 2011, 56672, jeweils zu parallelimportierten „Antibabypillen".
[209] Vgl. *Rehmann*, § 10 Rn. 29.
[210] Ebenso *Sander*, § 10 Erl. 26. A. A. anscheinend *Kloesel/Cyran*, § 10 Anm. 101.

110   **4. Parallelimportierte Durchdrückpackungen (S. 2).** Gem. Abs. 8 S. 2 kann beim **Parallel-import** darauf verzichtet werden, den Parallelimporteur auf dem Blister als pharmazeutischen Unternehmer anzugeben (s. hierzu Rn. 22).

II. Kleine Behältnisse, Ampullen (S. 3)

111   Aus Abs. 8 S. 3 ergeben sich die Kennzeichnungsanforderungen für kleine Behältnisse und Ampullen, die eine einzige Gebrauchseinheit enthalten. **Kleine Behältnisse** sind solche, die nicht mehr als 10 ml Rauminhalt haben. Eine solche Festlegung ist möglich, da der in Art. 55 III RL 2001/83/EG und in Art. 59 II RL 2001/82/EG verwendete Begriff der „kleinen Primärverpackung" nicht definiert wird. Obwohl die in Art. 59 RL 2001/82/EG enthaltene europarechtliche Grundlage der erleichterten Kennzeichnungsanforderungen für Ampullen nur Tierarzneimittel betrifft und für Humanarzneimittel in der RL 2001/83/EG keine besonderen Vorgaben für Einmalampullen enthalten sind, gelten die Regelungen des Abs. 8 S. l 3 auch für Humanarzneimittel enthaltende Einmalampullen unabhängig ihres Rauminhaltes bzw. ihrer Nennfüllmenge.

112   Bei Humanarzneimitteln in kleinen Behältnissen und Einmalampullen brauchen die Angaben nach Abs. 1, 2 bis 5 nur auf der äußeren Umhüllung gemacht werden. Für Arzneimittel, deren Kennzeichnung sich nach dem Katalog des Abs. 1 S. 1 Nr. 1–14 richtet, regelt Abs. 8 S. 3, 2. Halbs., dass sich auf dem Primärbehältnis in jedem Falle die Angaben gem. Abs. 1 S. 1 Nr. 2 erster Halbs. (Bezeichnung, Stärke, Darreichungsform und Personengruppe), 4 (Chargenbezeichnung), 6 (Inhalt), 7 (Art der Anwendung) und 9 (Verfalldatum) befinden müssen. Weiterhin müssen zwingend für Sera die Angaben gem. Abs. 3 (Art des Lebewesens/Wirtssystem) getätigt werden. Bei Tierarzneimitteln in kleinen Behältnissen und Einmalampullen müssen auf dem Primärbehältnis die Hinweise gem. Abs. 5 S. 1 Nr. 1 (Bezeichnung), 3 (Chargenbezeichnung), 7 (Art der Anwendung), 9 (Verfalldatum), 12 (Hinweis „Für Tiere") und 14 (Inhalt) gemacht werden. Seit dem 2. AMG-ÄndG 2012 regelt Abs. 8 S. 3, 1. Halbs. nunmehr auch, dass auf kleinen Behältnissen und auf Einmalampullen registrierter homöopathischer Arzneimittel die Angaben gem. Abs. 4 nur auf der äußeren Umhüllung gemacht werden müssen. Dazu, welche Angaben aber auf den kleinen Behältnissen bzw. Einmalampullen zu machen sind, schweigt das Gesetz jedoch. Da es unter Gesichtspunkten des Gesundheitsschutzes unvertretbar ist, auf jegliche Kennzeichnung dieser Behältnisse zu verzichten, wird man entsprechend der Regelung zu Arzneimitteln, deren Kennzeichnung sich nach § 10 I 1 Nr. 1–14 richtet, die Angaben gem. § 10 IV Nr. 1 (Ursubstanzen nach Art und Menge und Verdünnungsgrad, ggf. Phantasiename), 3 (Art der Anwendung), 4 (Verfalldatum), 6 (Inhalt) und 8 (Chargenbezeichnung) für erforderlich halten müssen. Das sollte der Gesetzgeber indes regeln.

113   Das *BfArM* hat Abs. 8 S. 3 in Bezug auf in Tiefziehschalen befindliche Spritzen mit einem Pulver zur Herstellung einer Injektionslösung dahingehend angewendet, dass die nach dieser Norm nötigen Angaben nicht auf der Spritze selbst erforderlich, sondern auf der Tiefziehschale ausreichend seien, weil die Schale einen Einfluss auf die Haltbarkeit des Arzneimittels besitze und dieses nach Öffnung der Schale unverzüglich zuzubereiten und zu verabreichen ist. Ungeachtet des Umstands, dass ein entsprechender Verwaltungsakt mit § 10 VIII 3 unvereinbar[211] und damit rechtswidrig ist, entfaltet er Tatbestandswirkung, so dass eine entsprechende Packmittelgestaltung nicht als wettbewerbswidrig angegriffen werden kann[212].

114   Abs. 8 S. 3 lässt gegenüber den allgemeinen Vorschriften keine inhaltlichen Abstriche in der Kennzeichnung zu. Es ist jedoch zulässig *„geeignete Abkürzungen"* zu verwenden. Auf die „Üblichkeit" der Abkürzung kommt es, anders als im Rahmen des Abs. 9, nicht an. Die Geeignetheit der Abkürzung ist jedoch zu verneinen, wenn sie mehrdeutig oder unverständlich ist. Sofern die kleinen Behältnisse oder Einmalampullen in äußeren Umhüllungen in den Verkehr gebracht werden, dürfen die übrigen Angaben nach Abs. 1 sowie die Angaben nach Abs. 2 bis 5 dort wiedergegeben werden. Erfolgt das Inverkehrbringen ohne äußere Umhüllung, müssen auch diese Angaben auf dem Primärpackmittel gemacht werden[213].

III. Andere kleine Behältnisse (S. 4)

115   Abs. 8 S. 4 wurde mit dem AMG-ÄndG 2009 angefügt. Hiernach findet Abs. 8 S. 3 auch auf kleine Behältnisse Anwendung, sofern in Zulassungsverfahren der gegenseitigen Anerkennung oder in dezentralisierten Verfahren nach § 25b abweichende Anforderungen an kleine Behältnisse zugrunde gelegt werden. Die Vorschrift ist erforderlich, da in den RL 2001/83/EG und 2001/82/EG der Begriff der *„kleinen Primärverpackung"* nicht legaldefiniert ist und aus Praktikabilitätsgründen in europäischen Verfahren abweichende Größen als kleine Behältnisse akzeptiert werden sollen[214].

---

[211] Vgl. *LG Hamburg*, PharmR 2012, 272, 276.
[212] Vgl. *LG Hamburg*, PharmR 2014, 253, ff. Behördliche Erklärungen, die keine Regelung enthalten und damit kein Verwaltungsakt sind, entfalten keine Tatbestandswirkung und stehen einem wettbewerbsrechtlichen oder markenrechtlichen Unterlassungsanspruch hingegen nicht entgegen, vgl. *LG Hamburg*, PharmR 2012, 272, 276 f.
[213] Vgl. *Kloesel/Cyran*, § 10 Anm. 102.
[214] Vgl. BT-Drucks. 16/12 256, S. 44.

O. Frischplasmazubereitungen und Zubereitungen aus Blutzellen (Abs. 8a)

I. Angaben (S. 1)

Mit dem AMG-ÄndG 2009 wurden die Vorgaben zur Kennzeichnung von **Frischplasmazuberei-** 116
tungen und **Zubereitungen aus Blutzellen** von Abs. 8 S. 4 nach Abs. 8a überführt. In der Vorschrift
sind – trotz der Verwendung des Wortes *„mindestens"* – abschließende Regelungen für die Kennzeichnung dieser Arzneimittel enthalten[215]. Bei ihnen müssen der pharmazeutische Unternehmer und seine
Anschrift nach Abs. 1 S. 1 Nr. 1 sowie die Bezeichung des Arzneimittels gem. Abs. 1 S. 1 Nr. 2
angegeben werden. Dabei sind die Angaben zur Stärke, Darreichungsform und Personengruppe nicht
erforderlich. Außerdem müssen die Zulassungsnummer (Abs. 1 S. 1 Nr. 3), die Chargenbezeichnung
(Abs. 1 S. 1 Nr. 4) der Inhalt (Abs. 1 S. Nr. 6), die Art der Anwendung (Abs. 1 S. Nr. 7) und das
Verfalldatum (Abs. 1 S. Nr. 9) angegeben werden. Wird die Kennzeichnung auf Blutbeuteln mittels nicht
permeabler Aufkleber aufgebracht, so dürfen diese zur Sicherstellung des Gasaustausches nach DIN-
Vorgaben die Größe von 10 mal 10 cm nicht überschreiten[216]. Bereits seit dem Inkrafttreten des TFG
sind die Blutgruppe, die aufgrund ihrer Bedeutung hervorgehoben anzugeben ist[217], und bei Zubereitungen aus roten Blutkörperchen zusätzlich die Rhesusformel anzugeben. Mit dem AMG-ÄndG 2009
wurde das Erfordernis der Angabe der Rhesusformel auf allogene Zubereitungen aus roten Blutkörperchen beschränkt; bei autologen Zubereitungen aus roten Blutkörperchen ist lediglich der Rhesusfaktor
anzugeben[218].

Mit der 14. AMG-Novelle sind in Anpassung an die weitere fachliche Entwicklung und das 1. TFG- 117
ÄndG die für Blutbestandteile spezifischen Kennzeichnungserfordernisse ergänzt worden. Es sind die
Bezeichnung und das Volumen der Antikoagulanslösung und, soweit vorhanden, der Additivlösung sowie
die Lagertemperatur anzugeben. Bei Thrombozytenkonzentraten ist zusätzlich der Rhesusfaktor anzugeben[219].

II. Weitere Angaben bei autologen Blutzubereitungen (S. 2)

Gem. Abs. 8a S. 2 muss bei autologen Blutzubereitungen die Angabe *„Nur zur Eigenbluttransfusion"* 118
gemacht und bei autologen und gerichteten Blutzubereitungen zusätzlich ein Hinweis auf den Empfänger gegeben werden. Hiermit wird Anhang IV Ziff. 3.2 zur RL 2004/33/EG umgesetzt[220].

P. Gewebezubereitungen (Abs. 8b)

I. Angaben (S. 1)

Die Vorgaben zur Kennzeichnung von **Gewebezubereitungen** i. S. d. § 4 XXX, die mit dem Gewe- 119
begesetz in Abs. 8 S. 5 und 6 aufgenommen wurden, sind im Zuge des AMG-ÄndG 2009 im Abs. 8a
aufgenommen worden. Die Kennzeichnungsvorschriften für Gewebezubereitungen dienen der Umsetzung der wichtigsten Vorgaben der RL 2004/23/EG und der Durchführungsrichtlinien[221]. Es sind in der
Kennzeichnung anzugeben der pharmazeutische Unternehmer (Abs. 1 S. Nr. 1) und die Bezeichnung
des Arzneimittels (Abs. 1 S. Nr. 2), allerdings ohne Angabe der Stärke, der Darreichungsform und der
Personengruppe, die für Gewebezubereitungen unpassend sind[222]. Außerdem sind anzugeben die Zulassungsnummer (Abs. 1 S. Nr. 3) oder bei nach § 21a genehmigten Gewebezubereitungen die Genehmigungsnummer. Zudem sind anzugeben die Chargenbezeichnung (Abs. 1 S. Nr. 4), der Inhalt (Abs. 1
S. Nr. 6), das Verfalldatum (Abs. 1 S. Nr. 9) sowie die Angabe *„Biologische Gefahr"* bei festgestellter
Infektiosität.

Aus den Gesetzesmaterialien des AMG-ÄndG 2009 ist ersichtlich, dass der Gesetzgeber unter den 120
Begriff der Gewebezubereitungen auch Arzneimittel für neuartige Therapien i. S. d. § 4 IX fasst[223] und
dass die Anwendung des § 10 VIIIb auch auf Arzneimittel i. S. d. § 4b in Betracht kommt[224]. **Arznei-**

---

[215] Vgl. BT-Drucks. 13/9594, S. 28: „Die Kennzeichnung auf Blut- und Plasmabeuteln wird auf die unerlässlichen
Angaben eingeschränkt".
[216] Vgl. BT-Drucks. 13/9594, S. 28.
[217] Vgl. BT-Drucks. 13/9594, S. 28.
[218] Vgl. BT-Drucks. 16/12 256, S. 44.
[219] Vgl. hierzu BT-Drucks. 15/4174, S. 14.
[220] Vgl. BT-Drucks. 15/4174, S. 14.
[221] BT-Drucks. 16/3146, S. 38. Die nach Anhang II E. Nr. 1 der RL 2006/86/EG vorgesehenen Vorgaben zur
Kennzeichnung des Primärpackmittels sind in Abs. 8b enthalten.
[222] Vgl. BT-Drucks. 16/3146, S. 38.
[223] Vgl. auch Erfahrungsbericht der Bundesregierung an den Bundesrat zum Gewebegesetz, BR-Drucks. 688/09,
S. 14. Vor der AMG-Novelle 2009 kritisch zu den Begrifflichkeiten *Pannenbecker*, in: FS Sander, S. 247, 264 f.
[224] Vgl. BT-Drucks. 16/12 256, S. 44.

mittel für neuartige Therapien sind nur dann Gewebezubereitungen, wenn sie Gewebe i. S. d. § 1a Nr. 4 TPG sind oder hieraus hergestellt worden sind; das muss bei Gentherapeutika i. s. d. § 4 IX, Art. 2 I a) VO (EG) Nr. 1394/2007 i. V. m. Anhang I Teil IV der RL 2001/83/EG i. F. d. RL 2009/120/EG nicht der Fall sein. Während gewebehaltige Arzneimittel für neuartige Therapien, die auf der Grundlage des § 4b im Verkehr sind, gem. Abs. 8b zu kennzeichnen sind, richtet sich die Kennzeichnung der von der VO (EG) Nr. 1394/2007 erfassten Arzneimittel für neuartige Therapien, die im Rahmen einer zentralen Zulassung in den Verkehr gebracht werden[225], gem. Art. 6 I VO (EG) 726/2004 i. V. m. Art. 8 III Buchst. j) RL 2001/83/EG sowie nach Art. 12 I 2 VO (EG) 726/2004 unmittelbar nach Art. 54 RL 2001/83/EG und den sonstigen einschlägigen Vorschriften des V. Titels dieser RL (s. Rn. 5).

II. Zusätzliche Angaben bei autologen Gewebezubereitungen (S. 2)

121   Bei autologen Gewebezubereitungen ist nach Abs. 8b S. 2 die Angabe *„Nur zur autologen Anwendung"* und bei autologen und gerichteten, also für einen bestimmten Empfänger vorgesehenen Gewebezubereitungen zusätzlich ein Hinweis auf den Empfänger anzugeben.

Q. Abkürzungen (Abs. 9)

I. Angaben nach Abs. 1–5 (S. 1)

122   Nach Abs. 9 S. 1 ist es zulässig, bei den Angaben nach Abs. 1 bis 5 übliche Abkürzungen zu verwenden. Abkürzungen sind jedoch unzulässig, sofern im Gesetz eine durch Anführungszeichen kenntlich gemachte wörtliche Wiedergabe vorgeschrieben ist[226]. Eine solche wörtliche Wiedergabe ist jedoch für die Angabe *„verwendbar bis"* nicht erforderlich (s. Rn. 37). Üblich ist eine Abkürzung, wenn sich im Verkehr mit Arzneimitteln durchgesetzt hat. Die Einschränkung auf *„übliche"* Abkürzungen gilt nicht für die Kennzeichnung von kleinen Behältnissen und Einmalampullen (s. hierzu Rn. 115).

II. Abkürzung bei der Firma (S. 2)

123   Zur Abkürzung der Firma des pharmazeutischen Unternehmers gem. Abs. 9 S. 2 s. Rn. 19.

R. Tierarzneimittel zur klinischen Prüfung oder Rückstandsprüfung (Abs. 10)

I. Angaben (S. 1)

124   Abs. 10 enthält seit der 12. AMG-Novelle eine besondere Vorschrift zur Kennzeichnung von Tierarzneimitteln, die zur klinischen Prüfung oder zur Rückstandsprüfung (§ 59) bestimmt sind. Solche Arzneimittel müssen mit der Bezeichnung des Arzneimittels einschließlich Stärke, Darreichungsform und Tierart und ggf. INN des Einzelwirkstoffs (Abs. 5 S. 1 Nr. 1), mit der Chargenbezeichnung (Abs. 5 S. 1 Nr. 3), der Angabe des pharmazeutischen Unternehmers und seiner Anschrift (Abs. 5 S. 1 Nr. 5), der Art der Anwendung (Abs. 5 S. 1 Nr. 7), ggf. der Wartezeit (Abs. 5 S. 1 Nr. 8), der Darreichungsform (Abs. 5 S. 1 Nr. 13) und dem Inhalt (Abs. 5 S. 1 Nr. 14) gekennzeichnet werden.

II. Hinweise (S. 2)

125   Nach Abs. 10 S. 2 sind der wörtliche Hinweis *„Zur klinischen Prüfung bestimmt"* oder *„Zur Rückstandsprüfung bestimmt"* aufzunehmen. In der Literatur wird die Auffassung vertreten, dass Handelsware ohne eine entsprechende Angabe in der Kennzeichnung in klinischen Prüfungen eingesetzt werden könne, sofern dies mit deren Konzept zu vereinbaren ist[227]. Das lässt sich jedoch nicht mehr vertreten, da gem. Titel I, Teil 4, Kap. II. 2. des Anhang I zur RL 2001/82/EG i. d. F. der RL 2009/9/EG bei einer klinischen Prüfung von Tierarzneimitteln *„in jedem Fall der Hinweis ‚Nur für tiermedizinische Feldversuche' deutlich sichtbar und unauslöschbar auf der Etikettierung anzubringen"* ist. Unter *„Feldversuchen"* i. s. d. Anhangs sind in Abgrenzung zum Begriff *„Laborversuche"* jegliche klinische Prüfungen mit Tierarzneimitteln zu verstehen. Nach § 1 TamPV müssen die nach § 22 bis 24, auch i. V. m. § 38 II einzureichenden Unterlagen und Gutachten u. a. die Anforderungen erfüllen, die in Titel I, II, III und IV Nr. 4 des jeweils aktuellen Anhangs I zur RL 2001/82/EG geregelt sind. Da der Wortlaut der Richtlinienvorgabe *(„Nur für tiermedizinische Feldversuche")* in Deutschland gänzlich unüblich ist, sollte die nach Abs. 10 S. 2 vorgesehene Angabe „Zur klinischen Prüfung bestimmt" verwendet werden.

---

[225] Vgl. Art. 3 I VO (EG) Nr. 726/2004 und Nr. 1a des Anhangs.
[226] Vgl. *Sander,* § 10 Erl. 28.
[227] Vgl. *Sander,* § 10 Erl. 29; *Krempien/Chase,* PharmInd 2005, 1261 f.

III. Durchdrückpackungen (S. 3)

Abs. 8 und 9 sind anwendbar, wobei Abs. 10 S. 3 eine weitergehende Spezialregelung enthält, nach **126** der auf Blistern nur die Bezeichnung des Arzneimittels, die Chargenbezeichnung und der Hinweis nach Abs. 10 S. 2 anzugeben sind.

S. Auseinzelung von Teilmengen (Abs. 11)

I. Kennzeichnung (S. 1)

Der Gesetzgeber verspricht sich im Rahmen des GKV-WSG von der Verordnung von aus Fertigarz- **127** neimitteln entnommenen Teilmengen eine Kostenreduzierung zugunsten der gesetzlichen Krankenversicherung und hat die AMVV und die AMPreisV um spezifische Vorschriften zur Auseinzelung ergänzt (§ 2 I Nr. 4a AMVV, § 1 III 1 Nr. 7 und § 1 III 2 AMPreisV). Flankierend hierzu wurde mit dem GKV-WSG ein neuer § 11 XI ins AMG aufgenommen, der Vorgaben für die Kennzeichnung von aus Fertigarzneimitteln entnommenen Teilmengen enthält. Hiernach dürfen aus Fertigarzneimitteln entnommene Teilmengen, die zur Anwendung beim Menschen bestimmt sind, nur mit einer Kennzeichnung in den Verkehr gebracht werden, die den Anforderungen des Abs. 8 S. 1 genügt. Es sind also der Name oder die Firma des pharmazeutischen Unternehmers, die Arzneimittel- und die Chargenbezeichnung sowie das Verfalldatum anzugeben, jeweils nach Maßgabe der Angaben für das Fertigarzneimittel, aus dem die Teilmenge entnommen wird[228]. Gem. Abs. 9 dürfen übliche Abkürzungen verwendet werden, das Verfalldatum ist entsprechend Abs. 7 anzugeben[229]. Nach § 14 Ia ApBetrO ist zusätzlich der Name und die Anschrift der auseinzelnden Apotheke anzugeben.

II. Blindenschrift (S. 2)

Bei ausgeeinzelten Arzneimitteln ist nach Abs. 11 S. 2 keine Angabe der Bezeichnung in Blinden- **128** schrift gem. Abs. 1b erforderlich.

§ 11 Packungsbeilage

(1) [1]**Fertigarzneimittel, die Arzneimittel im Sinne des § 2 Abs. 1 oder Abs. 2 Nr. 1 sind und die nicht zur klinischen Prüfung oder Rückstandsprüfung bestimmt oder nach § 21 Abs. 2 Nr. 1a, 1b oder 6 von der Zulassungspflicht freigestellt sind, dürfen im Geltungsbereich dieses Gesetzes nur mit einer Packungsbeilage in den Verkehr gebracht werden, die die Überschrift „Gebrauchsinformation" trägt sowie folgende Angaben in der nachstehenden Reihenfolge allgemein verständlich in deutscher Sprache, in gut lesbarer Schrift und in Übereinstimmung mit den Angaben nach § 11a enthalten muss:**

1. **zur Identifizierung des Arzneimittels:**
   a) **die Bezeichnung des Arzneimittels, § 10 Abs. 1 Satz 1 Nr. 2 finden entsprechende Anwendung,**
   b) **die Stoff- oder Indikationsgruppe oder die Wirkungsweise;**
2. **die Anwendungsgebiete;**
3. **eine Aufzählung von Informationen, die vor der Einnahme des Arzneimittels bekannt sein müssen:**
   a) **Gegenanzeigen,**
   b) **entsprechende Vorsichtsmaßnahmen für die Anwendung,**
   c) **Wechselwirkungen mit anderen Arzneimitteln oder anderen Mitteln, soweit sie die Wirkung des Arzneimittels beeinflussen können,**
   d) **Warnhinweise, insbesondere soweit dies durch Auflage der zuständigen Bundesoberbehörde nach § 28 Abs. 2 Nr. 2 angeordnet oder durch Rechtsverordnung nach § 12 Abs. 1 Nr. 3 vorgeschrieben ist;**
4. **die für eine ordnungsgemäße Anwendung erforderlichen Anleitungen über**
   a) **Dosierung,**
   b) **Art der Anwendung,**
   c) **Häufigkeit der Verabreichung, erforderlichenfalls mit Angabe des genauen Zeitpunkts, zu dem das Arzneimittel verabreicht werden kann oder muss, sowie, soweit erforderlich und je nach Art des Arzneimittels,**
   d) **Dauer der Behandlung, falls diese festgelegt werden soll,**

---

[228] Vgl. BT-Drucks. 16/3100, S. 198.
[229] BT-Drucks. 16/3100, S. 198.

   e) Hinweise für den Fall der Überdosierung, der unterlassenen Einnahme oder Hinweise auf die Gefahr von unerwünschten Folgen des Absetzens,

   f) die ausdrückliche Empfehlung, bei Fragen zur Klärung der Anwendung den Arzt oder Apotheker zu befragen;

5. eine Beschreibung der Nebenwirkungen, die bei bestimmungsgemäßem Gebrauch des Arzneimittels eintreten können; bei Nebenwirkungen zu ergreifende Gegenmaßnahmen, soweit dies nach dem jeweiligen Stand der wissenschaftlichen Erkenntnis erforderlich ist; bei allen Arzneimitteln, die zur Anwendung bei Menschen bestimmt sind, ist zusätzlich ein Standardtext aufzunehmen, durch den die Patienten ausdrücklich aufgefordert werden, jeden Verdachtsfall einer Nebenwirkung ihren Ärzten, Apothekern, Angehörigen von Gesundheitsberufen oder unmittelbar der zuständigen Bundesoberbehörde zu melden, wobei die Meldung in jeder Form, insbesondere auch elektronisch, erfolgen kann;

6. einen Hinweis auf das auf der Verpackung angegebene Verfalldatum sowie

   a) Warnung davor, das Arzneimittel nach Ablauf dieses Datums anzuwenden,

   b) soweit erforderlich besondere Vorsichtsmaßnahmen für die Aufbewahrung und die Angabe der Haltbarkeit nach Öffnung des Behältnisses oder nach Herstellung der gebrauchsfertigen Zubereitung durch den Anwender,

   c) soweit erforderlich Warnung vor bestimmten sichtbaren Anzeichen dafür, dass das Arzneimittel nicht mehr zu verwenden ist,

   d) vollständige qualitative Zusammensetzung nach Wirkstoffen und sonstigen Bestandteilen sowie quantitative Zusammensetzung nach Wirkstoffen unter Verwendung gebräuchlicher Bezeichnungen für jede Darreichungsform des Arzneimittels, § 10 Abs. 6 findet Anwendung,

   e) Darreichungsform und Inhalt nach Gewicht, Rauminhalt oder Stückzahl für jede Darreichungsform des Arzneimittels,

   f) Name und Anschrift des pharmazeutischen Unternehmers und, soweit vorhanden, seines örtlichen Vertreters,

   g) Name und Anschrift des Herstellers oder des Einführers, der das Fertigarzneimittel für das Inverkehrbringen freigegeben hat;

7. bei einem Arzneimittel, das unter anderen Bezeichnungen in anderen Mitgliedstaaten der Europäischen Union nach den Artikeln 28 bis 39 der Richtlinie 2001/83/EG für das Inverkehrbringen genehmigt ist, ein Verzeichnis der in den einzelnen Mitgliedstaaten genehmigten Bezeichnungen;

8. das Datum der letzten Überarbeitung der Packungsbeilage.

[2] Für Arzneimittel, die zur Anwendung bei Menschen bestimmt sind und sich auf der Liste gemäß Artikel 23 der Verordnung (EG) Nr. 726/2004 des Europäischen Parlaments und des Rates vom 31. März 2004 zur Festlegung von Gemeinschaftsverfahren für die Genehmigung und Überwachung von Human- und Tierarzneimitteln und zur Errichtung einer Europäischen Arzneimittel-Agentur (ABl. L 136 vom 30.4.2004, S. 1), die zuletzt durch die Verordnung (EU) Nr. 1027/2012 (ABl. L 316 vom 14.11.2012, S. 38) geändert worden ist, befinden, muss ferner folgende Erklärung aufgenommen werden: „Dieses Arzneimittel unterliegt einer zusätzlichen Überwachung." [3] Dieser Erklärung muss ein schwarzes Symbol vorangehen und ein geeigneter standardisierter erläuternder Text nach Artikel 23 Absatz 4 der Verordnung (EG) Nr. 726/2004 folgen. [4] Erläuternde Angaben zu den in Satz 1 genannten Begriffen sind zulässig. [5] Sofern die Angaben nach Satz 1 in der Packungsbeilage zusätzlich in einer anderen Sprache wiedergegeben werden, müssen in dieser Sprache die gleichen Angaben gemacht werden. [6] Satz 1 gilt nicht für Arzneimittel, die nach § 21 Abs. 2 Nr. 1 einer Zulassung nicht bedürfen. [7] Weitere Angaben, die nicht durch eine Verordnung der Europäischen Gemeinschaft oder der Europäischen Union vorgeschrieben oder bereits nach einer solchen Verordnung zulässig sind, sind zulässig, soweit sie mit der Anwendung des Arzneimittels im Zusammenhang stehen, für die gesundheitliche Aufklärung der Patienten wichtig sind und den Angaben nach § 11a nicht widersprechen. [8] Bei den Angaben nach Satz 1 Nr. 3 Buchstabe a bis d ist, soweit dies nach dem jeweiligen Stand der wissenschaftlichen Erkenntnisse erforderlich ist, auf die besondere Situation bestimmter Personengruppen, wie Kinder, Schwangere oder stillende Frauen, ältere Menschen oder Personen mit spezifischen Erkrankungen einzugehen; ferner sind, soweit erforderlich, mögliche Auswirkungen der Anwendung auf die Fahrtüchtigkeit oder die Fähigkeit zur Bedienung bestimmter Maschinen anzugeben. [9] Der Inhaber der Zulassung ist verpflichtet, die Packungsbeilage auf aktuellem wissenschaftlichen Kenntnisstand zu halten, zu dem auch die Schlussfolgerungen aus Bewertungen und die Empfehlungen gehören, die auf dem nach Artikel 26 der Verordnung (EG) Nr. 726/2004 eingerichteten europäischen Internetportal für Arzneimittel veröffentlicht werden.

(1a) Ein Muster der Packungsbeilage und geänderter Fassungen ist der zuständigen Bundesoberbehörde unverzüglich zu übersenden, soweit nicht das Arzneimittel von der Zulassung oder Registrierung freigestellt ist.

(1b) Die nach Absatz 1 Satz 1 Nummer 5 und Satz 3 erforderlichen Standardtexte werden von der zuständigen Bundesoberbehörde im Bundesanzeiger bekannt gemacht.

(2) Es sind ferner in der Packungsbeilage Hinweise auf Bestandteile, deren Kenntnis für eine wirksame und unbedenkliche Anwendung des Arzneimittels erforderlich ist, und für die Verbraucher bestimmte Aufbewahrungshinweise anzugeben, soweit dies nach dem jeweiligen Stand der wissenschaftlichen Erkenntnisse erforderlich oder durch Auflage der zuständigen Bundesoberbehörde nach § 28 Abs. 2 Nr. 2 angeordnet oder durch Rechtsverordnung vorgeschrieben ist.

(2a) Bei radioaktiven Arzneimitteln gilt Absatz 1 entsprechend mit der Maßgabe, dass die Vorsichtsmaßnahmen aufzuführen sind, die der Verwender und der Patient während der Zubereitung und Verabreichung des Arzneimittels zu ergreifen haben, sowie besondere Vorsichtsmaßnahmen für die Entsorgung des Transportbehälters und nicht verwendeter Arzneimittel.

(3) ¹Bei Arzneimitteln, die in das Register für homöopathische Arzneimittel eingetragen sind, gilt Absatz 1 entsprechend mit der Maßgabe, dass die in § 10 Abs. 4 vorgeschriebenen Angaben, ausgenommen die Angabe der Chargenbezeichnung, des Verfalldatums und der bei Mustern vorgeschriebenen Hinweise, zu machen sind sowie der Name und die Anschrift des Herstellers anzugeben sind, der das Fertigarzneimittel für das Inverkehrbringen freigegeben hat, soweit es sich dabei nicht um den pharmazeutischen Unternehmer handelt. ²Satz 1 gilt entsprechend für Arzneimittel, die nach § 38 Abs. 1 Satz 3 von der Registrierung freigestellt sind.

(3a) Bei Sera gilt Absatz 1 entsprechend mit der Maßgabe, dass auch die Art des Lebewesens, aus dem sie gewonnen sind, bei Virusimpfstoffen das Wirtsystem, das zur Virusvermehrung gedient hat, und bei Arzneimitteln aus humanem Blutplasma zur Fraktionierung das Herkunftsland des Blutplasmas anzugeben ist.

(3b) ¹Bei traditionellen pflanzlichen Arzneimitteln nach § 39a gilt Absatz 1 entsprechend mit der Maßgabe, dass bei den Angaben nach Absatz 1 Satz 1 Nr. 2 anzugeben ist, dass das Arzneimittel ein traditionelles Arzneimittel ist, das ausschließlich auf Grund langjähriger Anwendung für das Anwendungsgebiet registriert ist. ²Zusätzlich ist in die Packungsbeilage der Hinweis nach § 10 Abs. 4a Satz 1 Nr. 2 aufzunehmen.

(3c) Der Inhaber der Zulassung hat dafür zu sorgen, dass die Packungsbeilage auf Ersuchen von Patientenorganisationen bei Arzneimitteln, die zur Anwendung bei Menschen bestimmt sind, in Formaten verfügbar ist, die für blinde und sehbehinderte Personen geeignet sind.

(3d) ¹Bei Heilwässern können unbeschadet der Verpflichtungen nach Absatz 2 die Angaben nach Absatz 1 Satz 1 Nr. 3 Buchstabe b, Nr. 4 Buchstabe e und f, Nr. 5, soweit der dort angegebene Hinweis vorgeschrieben ist, und Nr. 6 Buchstabe c entfallen. ²Ferner kann bei Heilwässern von der in Absatz 1 vorgeschriebenen Reihenfolge abgewichen werden.

(4) ¹Bei Arzneimitteln, die zur Anwendung bei Tieren bestimmt sind, gilt Absatz 1 mit der Maßgabe, dass anstelle der Angaben nach Absatz 1 Satz 1 die folgenden Angaben nach Maßgabe von Absatz 1 Satz 2 und 3 in der nachstehenden Reihenfolge allgemein verständlich in deutscher Sprache, in gut lesbarer Schrift und in Übereinstimmung mit den Angaben nach § 11a gemacht werden müssen:

1. Name und Anschrift des pharmazeutischen Unternehmers, soweit vorhanden seines örtlichen Vertreters, und des Herstellers, der das Fertigarzneimittel für das Inverkehrbringen freigegeben hat;
2. Bezeichnung des Arzneimittels, gefolgt von der Angabe der Stärke und Darreichungsform; die gebräuchliche Bezeichnung des Wirkstoffes wird aufgeführt, wenn das Arzneimittel nur einen einzigen Wirkstoff enthält und sein Name ein Phantasiename ist; bei einem Arzneimittel, das unter anderen Bezeichnungen in anderen Mitgliedstaaten der Europäischen Union nach den Artikeln 31 bis 43 der Richtlinie 2001/82/EG des Europäischen Parlaments und des Rates zur Schaffung eines Gemeinschaftskodexes für Tierarzneimittel vom 6. November 2001 (ABl. EG Nr. L 311 S. 1), geändert durch die Richtlinie 2004/28/EG (ABl. EU Nr. L 136 S. 58), für das Inverkehrbringen genehmigt ist, ein Verzeichnis der in den einzelnen Mitgliedstaaten genehmigten Bezeichnungen;
3. Anwendungsgebiete;
4. Gegenanzeigen und Nebenwirkungen, soweit diese Angaben für die Anwendung notwendig sind; können hierzu keine Angaben gemacht werden, so ist der Hinweis „keine bekannt"

zu verwenden; der Hinweis, dass der Anwender oder Tierhalter aufgefordert werden soll, dem Tierarzt oder Apotheker jede Nebenwirkung mitzuteilen, die in der Packungsbeilage nicht aufgeführt ist;

5. Tierarten, für die das Arzneimittel bestimmt ist, Dosierungsanleitung für jede Tierart, Art und Weise der Anwendung, soweit erforderlich Hinweise für die bestimmungsgemäße Anwendung;

6. Wartezeit, soweit es sich um Arzneimittel handelt, die zur Anwendung bei Tieren bestimmt sind, die der Gewinnung von Lebensmitteln dienen; ist die Einhaltung einer Wartezeit nicht erforderlich, so ist dies anzugeben;

7. besondere Vorsichtsmaßnahmen für die Aufbewahrung;

8. besondere Warnhinweise, insbesondere soweit dies durch Auflage der zuständigen Bundesoberbehörde angeordnet oder durch Rechtsverordnung vorgeschrieben ist;

9. soweit dies nach dem jeweiligen Stand der wissenschaftlichen Erkenntnisse erforderlich ist, besondere Vorsichtsmaßnahmen für die Beseitigung von nicht verwendeten Arzneimitteln oder sonstige besondere Vorsichtsmaßnahmen, um Gefahren für die Umwelt zu vermeiden.

[2] Das Datum der letzten Überarbeitung der Packungsbeilage ist anzugeben. [3] Bei Arzneimittel-Vormischungen sind Hinweise für die sachgerechte Herstellung der Fütterungsarzneimittel und Angaben über die Dauer der Haltbarkeit der Fütterungsarzneimittel aufzunehmen. [4] Weitere Angaben sind zulässig, soweit sie mit der Anwendung des Arzneimittels im Zusammenhang stehen, für den Anwender oder Tierhalter wichtig sind und den Angaben nach § 11a nicht widersprechen. [5] Bei Arzneimitteln zur Anwendung bei Tieren, die in das Register für homöopathische Arzneimittel eingetragen oder die nach § 38 Absatz 1 Satz 3 oder nach § 60 Absatz 1 von der Registrierung freigestellt sind, gelten die Sätze 1, 2 und 4 entsprechend mit der Maßgabe, dass die in § 10 Absatz 4 vorgeschriebenen Angaben mit Ausnahme der Angabe der Chargenbezeichnung, des Verfalldatums und des bei Mustern vorgeschriebenen Hinweises zu machen sind. [6] Bei traditionellen pflanzlichen Arzneimitteln zur Anwendung bei Tieren ist zusätzlich zu den Hinweisen nach Absatz 3b Satz 1 ein der Anwendung bei Tieren entsprechender Hinweis nach § 10 Absatz 4a Satz 1 Nummer 2 anzugeben.

(5) [1] Können die nach Absatz 1 Satz 1 Nr. 3 Buchstabe c sowie Nr. 5 vorgeschriebenen Angaben nicht gemacht werden, so ist der Hinweis „keine bekannt" zu verwenden. [2] Werden auf der Packungsbeilage weitere Angaben gemacht, so müssen sie von den Angaben nach den Absätzen 1 bis 4 deutlich abgesetzt und abgegrenzt sein.

(6) [1] Die Packungsbeilage kann entfallen, wenn die nach den Absätzen 1 bis 4 vorgeschriebenen Angaben auf dem Behältnis oder auf der äußeren Umhüllung stehen. [2] Absatz 5 findet entsprechende Anwendung.

(7) [1] Aus Fertigarzneimitteln entnommene Teilmengen, die zur Anwendung bei Menschen bestimmt sind, dürfen nur zusammen mit einer Ausfertigung der für das Fertigarzneimittel vorgeschriebenen Packungsbeilage abgegeben werden. [2] Absatz 6 Satz 1 gilt entsprechend. [3] Abweichend von Satz 1 müssen bei der im Rahmen einer Dauermedikation erfolgenden regelmäßigen Abgabe von aus Fertigarzneimitteln entnommenen Teilmengen in neuen, patientenindividuell zusammengestellten Blistern Ausfertigungen der für die jeweiligen Fertigarzneimittel vorgeschriebenen Packungsbeilagen erst dann erneut beigefügt werden, wenn sich diese gegenüber den zuletzt beigefügten geändert haben.

Wichtige Änderungen der Vorschrift: Abs. 1, 3, 3a, und 4 geändert und neu gefasst sowie Abs. 3b–3d eingefügt durch Vierzehntes Gesetz zur Änderung des Arzneimittelgesetzes vom 29.8.2005 (BGBl. I S. 2570); Abs. 7 angefügt durch Gesetz zur Stärkung des Wettbewerbs in der gesetzlichen Krankenversicherung (GKV-Wettbewerbsstärkungsgesetz – GKV-WSG) vom 17.7.2007 (BGBl. I S. 378); Abs. 1 S. 1 Buchst. a) geändert, Nr. 5 neu gefasst, Nr. 7 geändert, S. 2 und 3 eingefügt, bisherige S. 2 – 6 werden S. 4 – 7, neuer S. 7 geändert, S. 9 angefügt und Abs. 1b eingefügt durch Zweites Gesetz zur Änderung arzneimittelrechtlicher und anderer Vorschriften vom 19.10.2012 (BGBl. I S. 2192); Abs. 1 S. 2 und 3 geändert durch Drittes Gesetz zur Änderung arzneimittelrechtlicher und anderer Vorschriften vom 7.8.2013 (BGBl. I S. 3108).

Europarechtliche Vorgaben: Art. 54–69 RL 2001/83/EG sowie Art. 58–64 RL 2001/82/EG.

Übersicht

A. Allgemeines

I. Inhalt

1   § 11 enthält die Vorgaben an die **Packungsbeilage** von Fertigarzneimitteln (§ 4 I), die Arzneimittel i. S. d. § 2 I oder II Nr. 1 sind und im Inland in den Verkehr gebracht werden. Der **Begriff** der Packungsbeilage ist im AMG nicht definiert. Nach Art. 1 Nr. 26 RL 2001/83/EG ist unter der Packungsbeilage der dem Arzneimittel beigefügte Beipackzettel für den Verbraucher zu verstehen. Es ist daher richtlinienkonform, unter Packungsbeilage jeden Informationsträger zu verstehen, der der Packung beigefügt ist[1]. § 11 gilt nicht für solche Fertigarzneimittel, die zur klinischen Prüfung bestimmt sind oder die nach § 21 II Nr. 1a oder Nr. 1b von der Zulassungspflicht freigestellt sind. Außerdem gilt die Vorschrift nicht für solche Tierarzneimittel, die zur Rückstandsprüfung bestimmt sind. Auf der Basis von § 12 ist der Anwendungsbereich des § 11 durch § 14 III ApBetrO, § 30 II 4 AMWHV, § 4 IV 2 AM-HandelsV, und § 10 II TÄHAV über Fertigarzneimittel hinausgehend auf Tierarzneimittel erweitert worden, die keine Fertigarzneimittel sind.

2   Abs. 1 S. 1 und 2 enthalten Vorgaben für besonders überwachungsbedürftige Humanarzneimittel. Abs. 1 S. 1 bestimmt, in welcher Weise die im Katalog der Nr. 1–8 enthaltenen Pflichtangaben zu tätigen sind. In Abs. 1 S. 4 und 5 werden Regelungen zu erläuternden Angaben und zur mehrsprachigen Kennzeichnung getroffen. Abs. 1 S. 7 regelt die Zulässigkeit weiterer, über die Pflichtangaben hinausgehender Informationen. Abs. 1 S. 8 betrifft die besonderen Informationsbedürfnisse bestimmter Personengruppen. Abs. 1 S. 9 verpflichtet den Zulassungsinhaber, die Gebrauchsinformation auf aktuellem wissenschaftlichen Kenntnisstand zu halten. Abs. 1a verpflichtet den pharmazeutischen Unternehmer zur Übersendung von Mustern der Packungsbeilage und ihrer geänderten Fassungen an die Bundesoberbehörde. Abs. 1b ermächtigt die Bundesoberbehörde zur Bekanntmachung von Standardtexten in Bezug auf die Aufforderung des Patienten zur Meldung von Nebenwirkungen und zu besonders überwachungsbedürftigen Arzneimitteln. Abs. 2 enthält Vorgaben zu ergänzenden Warn- und Aufbewahrungshinweisen, die wegen bestimmter Bestandteile des Arzneimittels erforderlich sind. Die weiteren Absätze enthalten in Ergänzung zu Abs. 1 spezifische Vorgaben für die Packungsbeilage von radioaktiven Arzneimitteln (Abs. 2a), zu registrierten oder von der Registrierung freigestellten homöopathischen Arzneimitteln (Abs. 3), Sera (Abs. 3a), traditionellen pflanzlichen Arzneimitteln (Abs. 3b), Heilwässern (Abs. 3d) und Tierarzneimitteln (Abs. 4). Abs. 3c befasst sich mit der Verfügbarkeit der Packungsbeilage zugelassener Arzneimittel für Blinde und Sehbehinderte. Abs. 5 enthält ergänzende Vorgaben in Bezug auf Gegenanzeigen, Wechselwirkungen und Nebenwirkungen sowie zu den in Abs. 1 S. 5 angesprochenen „weiteren Angaben". Abs. 6 befreit von der Pflicht zur Beifügung einer Packungsbeilage, wenn deren Inhalt in der Kennzeichnung enthalten ist. Abs. 7 enthält Regelungen zur Packungsbeilage im Rahmen der Auseinzelung.

II. Zweck

3   Der Zweck der Gebrauchsinformation entspricht im wesentlichem dem der Kennzeichnung (s. § 10 Rn. 3)[2], sodass die Packungsbeilage für den **öffentlichen Gesundheitsschutz** von großer Bedeutung ist. Das Einfügen der Packungsbeilage in das Primärpackmittel zählt zum Abpacken und damit zum Herstellen (§ 4 XIV)[3], weshalb es hierzu einer Herstellungserlaubnis bedarf (§ 13)[4]. Zur Haftung des pharmazeutischen Unternehmers wegen einer unzureichenden Packungsbeilage und zu Textänderungen der Packungsbeilage wird auf § 10 Rn. 3 verwiesen. Das Inverkehrbringen von Arzneimitteln, denen eine irreführende Packungsbeilage beigegeben ist, ist gem. § 8 I Nr. 2 verboten. Für die Übereinstimmung der Packungsbeilage mit der Zulassung bzw. Registrierung ist der Informationsbeauftragte (§ 74a I 2) verantwortlich[5].

---

[1] Vgl. *BGH*, WRP 2001, 1360 f.; *OLG Schleswig*, WRP 2001, 1359 f.; *OLG Celle*, WRP 2000, 1197 f. Vgl. auch *Meisterernst*, PharmR 2002, 171, 173. Anders *OLG Hamburg*, PharmR 2000, 323 f. und *Stallberg*, PharmR 2010, 214, 218 f., der meint, aus der Verwendung des Singular („der ... Beipackzettel") in Art. 1 Nr. 26 RL 2001/83/EG herleiten zu können, zusätzliche Informationsträger seien keine Packungsbeilage.

[2] Vgl. ergänzend Ziff. 2.1.3.1 des AMG-Erfahrungsberichts 1993, BT-Drucks. 12/5226, S. 16 f.; *VG Köln*, Urt. v. 24.11.2009 – 7 K 5164/07.

[3] Vgl. *Kloesel/Cyran*, § 4 Anm. 49 Buchst f.

[4] Vgl. *BVerwG*, Beschl. v. 9.10.1981 – 3 B 45/81, veröffentlicht bei *Kloesel/Cyran*, E 9.

[5] Vgl. *Kloesel/Cyran*, § 11 Anm. 15.

B. Pflicht zur Packungsbeilage

I. Erfasste Arzneimittel

1. Fertigarzneimittel. Der **originäre Anwendungsbereich** des § 11 betrifft ausschließlich **Fer-** **4** **tigarzneimittel,** die Arzneimittel i. S. d. § 2 I oder § 2 II Nr. 1 sind (zur Erweiterung des Anwendungsbereichs durch Rechtsverordnungen s. § 12 Rn. 3) Es werden nur solche Fertigarzneimittel vom Anwendungsbereich des § 11 erfasst, die **für den deutschen Markt bestimmt** sind[6].

Arzneimittel, die auf der Grundlage einer **zentralen Zulassung** nach der VO (EG) Nr. 726/2004 in **5** den Verkehr gebracht werden, sind vom Anwendungsbereich des § 11 ausgenommen[7]. Die Packungsbeilage dieser Arzneimittel richtet sich gem. Art. 6 I VO (EG) 726/2004 i. V. m. Art. 8 III Buchst. j) RL 2001/83/EG sowie nach Art. 12 I 2 VO (EG) 726/2004 unmittelbar nach Art. 59 RL 2001/83/EG und den sonstigen einschlägigen Vorschriften des V. Titels dieser RL (s. § 10 Rn. 5). Infolge der unmittelbaren Geltung der VO (EG) 726/2004 und der dortigen, unter Einbeziehung der Richtlinienvorgaben umfassenden Regelungen ist § 11 auf zentral zugelassene Arzneimittel nicht anwendbar. § 11 kann für zentral zugelassene Arzneimittel auch nicht als Umsetzungsregelung betrachtet werden, da Maßnahmen des deutschen Gesetzgebers zur Umsetzung einer EU-VO unzulässig wären.

Es kommt für die Anwendbarkeit des § 11 I generell nicht darauf an, welchem **Zulassungsstatus** ein **6** Fertigarzneimittel unterliegt. Die Zulassungspflicht oder die Freistellung von dieser sind jedoch im Hinblick auf solche Fertigarzneimittel **ausnahmsweise** bedeutsam, die nach **§ 21 II Nr. 1, Nr. 1a oder 1b von der Zulassungspflicht freigestellt** sind; gem. Abs. 1 S. 1 sind die von § 21 II Nr. 1a oder Nr. 1b erfasste Arzneimittel vom Anwendungsbereich des Abs. 1 ausgenommen (s. im Übrigen § 10 Rn. 5). Infolge des AMNOG wurde Abs. 1 S. 1 dahingehend ergänzt, dass auch Arzneimittel, die nach § 21 II Nr. 6 im Rahmen eines sog. compassionate use Programms in den Verkehr gebracht werden, nicht den Vorgaben des § 11 an die Gebrauchsinformation unterliegen. Zudem bestimmt § 11 I 6, dass Abs. 1 S. 1 für Arzneimittel nicht gilt, die nach § 21 II Nr. 1 keiner Zulassung bedürfen (vgl. Rn. 50).

2. Prüfpräparate, Arzneimittel zur Rückstandsprüfung. Arzneimittel, die zur klinischen Prüfung **7** oder zur Rückstandsprüfung bestimmt sind, fallen seit jeher gem. Abs. 1 S. 1 nicht in den Anwendungsbereich des § 11. Für solche Arzneimittel ist keine Gebrauchsinformation erforderlich.

II. Adressaten der Pflicht

Der primäre Adressat der Pflicht zum Inverkehrbringen der von § 11 erfassten Fertigarzneimittel mit **8** einer Packungsbeilage ist der pharmazeutische Unternehmer (§ 4 XVIII). Außerdem ist jeder, der im Geltungsbereich des AMG dem Anwendungsbereich des § 11 unterliegende Arzneimittel in den Verkehr bringt (§ 4 XVII), verpflichtet, dafür Sorge zu tragen, dass diesen eine den Anforderungen des § 11 genügende Packungsbeilage beiliegt.

III. Form der Packungsbeilage

1. Überschrift, Reihenfolge. Die Packungsbeilage ist mit der wörtlichen Überschrift „**Ge-** **9** **brauchsinformation**" zu versehen. Bei Arzneimitteln, die ausschließlich von Angehörigen der Heilberufe verabreicht werden, können die für die Fachinformation nach § 11a vorgeschriebenen Angaben in die Gebrauchsinformation integriert werden, die nach **§ 11a IV** dann als **„Gebrauchsinformation und Fachinformation"** zu bezeichnen ist. Die Pflichtangaben des Katalogs des Abs. 1 S. 1 Nr. 1 – Nr. 8 sind in der **Reihenfolge der Auflistung** wiederzugeben. Hiermit wurde im Zuge der 14. AMG-Novelle Art. 59 RL 2001/83/EG in der durch die RL 2004/27/EG geänderten Fassung umgesetzt[8]. Werden die für die Gebrauchsinformation vorgeschriebenen Angaben in die Kennzeichnung aufgenommen, ist gem. Abs. 6 keine Packungsbeilage erforderlich (s. Rn. 91). Solchenfalls ist die Überschrift „Gebrauchsinformation" vor den entsprechenden Angabe zwar rechtlich nicht erforderlich, aber sinnvoll[9]. Wenn die für die Packungsbeilage vorgeschriebenen Informationen in die Kennzeichnung aufgenommen werden, ist es ebenso wenig erforderlich, wenngleich sinnvoll, die in Abs. 1 S. 1 vorgeschriebene Reihenfolge der Angaben einzuhalten.

2. Sprache, Gute Lesbarkeit. Die Angaben müssen **allgemeinverständlich in deutscher Sprache** **10** und in **gut lesbarer Schrift** getätigt werden. Es wird insofern zunächst auf die Kommentierung zu § 10 Rn. 14 verwiesen, die entsprechend gilt.

---

[6] Vgl. *Kloesel/Cyran*, § 11 Anm. 19; *Sander*, § 11 Erl. 2.
[7] Ebenso *Rehmann*, § 11 Rn. 1. A. A. *OLG Hamburg*, MD 2002, 130, 134 f.; *LG Hamburg*, MD 2002, 1072 (L) – „Genetisch modifiziert".
[8] Vgl. BT-Drucks. 15/5316, S. 34.
[9] Vgl. *Rehmann*, § 11 Rn. 25; *Kloesel/Cyran*, § 11 Anm. 111.

11   **3. Packungsbeilage für Produktserien.** Die „Guideline on the readability of the label and package leaflet of medicinal products for human use" vom 12.1.2009[10], die zwar nicht rechtsverbindlich ist, aber eine Auslegungshilfe darstellt[11], enthält in Teil A Regelungen zur guten **Lesbarkeit** von Angaben in der Packungsbeilage. Hiernach sollen unter anderem die Angaben in der Packungsbeilage so groß wie möglich, mindestens aber in einer Schriftgröße von 9 pt, bezogen auf die Schriftart „Times New Roman" wiedergegeben werden[12]. Die weiteren Vorgaben beziehen sich auf Design und Layout, Überschriften, Druckfarbe, Syntax, Sprachstil, Papier etc. Beispielsweise wird empfohlen, auf Blocksatz zu verzichten[13]. Teil A. 9.1. betrifft die **Packungsbeilage für Produktserien („Product ranges").** Hiernach soll grundsätzlich für jedes Arzneimittel unterschiedlicher Darreichungsform und unterschiedlicher Wirkstärke eine separate Packungsbeilage vorliegen. Dabei wird jedoch zugleich anerkannt, dass in gewissen Fällen aus therapeutischen Gründen ein Bedürfnis über Informationen zu anderen Darreichungsformen oder Wirkstärken des Arzneimittels bestehen kann. Bereits im Zuge der 5. AMG-Novelle vertrat der Gesetzgeber die Auffassung, dass für mehrere Handelsformen (Originalpackungen und Klinikpackungen) eine Packungsbeilage verwendet werden kann, sofern alle Angaben außer der des Inhalts gleich sind (s. auch Rn. 40)[14].

12   **4. Empfehlung zur Gestaltung von Packungsbeilagen für Humanarzneimittel.** Das **BfArM** hat mit Datum vom 14.4.2015 neue **Empfehlungen zur Gestaltung von Packungsbeilagen für Humanarzneimittel** bekannt gemacht[15], die eine kommentierte Version sowie die deutschsprachige Übersetzung der Vorlage für Packungsbeilagen (QRD-Templates) einbeziehen.

13   **5. Übereinstimmung mit Fachinformation.** Im Zuge der 14. AMG-Novelle wurde ausdrücklich in Abs. 1 S. 1 die Forderung aufgenommen, dass die **Angaben in der Gebrauchsinformation mit den Angaben in der Fachinformation übereinstimmen müssen.** Hiermit wird Art. 59 I RL 2001/ 83/EG umgesetzt, wonach die Packungsbeilage in Übereinstimmung mit der Zusammenfassung der Merkmale des Arzneimittels (SmPC) – die für Humanarzneimittel in Art. 11 RL 2011/83/EG bzw. für Tierarzneimittel in Art. 14 RL 2001/82/EG aufgelistet sind – erstellt wird.

C. Inhalt der Packungsbeilage von Humanarzneimitteln (Abs. 1)

I. Inhalt (S. 1)

14   In Abs. 1 S. 1 Nr. 1–8 werden die für die Gebrauchsinformation erforderlichen **Pflichtangaben** aufgelistet. Dabei hat der Gesetzgeber in der 14. AMG-Novelle nicht nur die in Art. 59 I RL 2001/83/ EG enthaltene Reihenfolge der Angaben sondern auch dessen systematisch unbefriedigende Nummerierung übernommen. Zur Auslegung kann auf die „Notice to Applicants – Guideline on Summary of Product Characteristics" der Kommission von September 2009[16] zurückgegriffen werden[17].

15   **1. Angaben zur Identifizierung des Arzneimittels (Nr. 1). a) Bezeichnung (Buchst. a)).** Nach **Nr. 1 Buchst. a)** ist zunächst die **Bezeichnung** des Arzneimittels anzugeben, wobei § 10 I 1 Nr. 2 entsprechende Anwendung findet. Im Anschluss an die Bezeichnung sind also Stärke und Darreichungsform anzugeben, es sei denn, diese Angaben sind bereits in der Bezeichnung enthalten. Außerdem ist auf die Personengruppe hinzuweisen, für die das Arzneimittel bestimmt ist. Weiterhin muss bei Arzneimitteln mit bis zu drei Wirkstoffen die INN angegeben werden. Es wird auf die Kommentierung zu § 10 Rn. 24, 27–29 verwiesen.

16   **b) Stoff- oder Indikationsgruppe, Wirkungsweise (Buchst. b)).** **Nr. 1 Buchst. b)** verlangt die Angabe der **Stoff- oder Indikationsgruppe oder** der **Wirkungsweise.** Unter der Rn. 371 der „Erläuterungen zum Antrag auf Zulassung eines Arzneimittels beim Bundesinstitut für Arzneimittel und Medizinprodukte" (3. Aufl. mit Stand vom 31.10.1996)[18] heißt es hierzu: *„Hier handelt es sich um die schlagwortartige Einordnung des Arzneimittels in den Arzneischatz. Die Angabe soll möglichst allgemeinverständlich sein und darf inhaltlich nicht von den angegebenen Anwendungsgebieten abweichen."* Der pharmazeutische Unternehmer hat die Wahl, ob er die Stoff-, die Indikationsgruppe oder die Wirkungsweise angeben möchte[19]. Die Bundesoberbehörde kann daher auch für ein zugelassenes homöopathisches Arzneimittel

[10] Rev. 1, Dok. ENTR/F/2/SF/jr (2009) D/869.
[11] Vgl. *Fuchs/Götze*, PharmInd 2009, 1094 ff.; *v. Czettritz*, PharmR 2001, 42, 47 f.; *Sander/Peter*, PharmInd 1999, 695 ff.
[12] Für Zulassungsanträge bis 1.2.2011 wird eine Schriftgröße von 8 Punkten als Minimum akzeptiert.
[13] Teil A. 2.; zu recht kritisch *Fuchs/Götze*, PharmInd 2009, 1094 f.
[14] Vgl. BT-Drucks. 12/6480, S. 18.
[15] Bekanntmachung von Empfehlungen zur Gestaltung von Packungsbeilagen nach § 11 AMG für Humanarzneimittel und zu den Anforderungen von § 22 VII 2 AMG vom 14.4.2015.
[16] Rev. 2, in Kraft seit 1.5.2010.
[17] Vgl. *VG Köln*, Urt. v. 24.11.2009 – 7 K 5164/07 – BeckRS 2010, 45611.
[18] BAnz. Nr. 44a vom 5.3.1997.
[19] Vgl. *VG Köln*, Urt. v. 21.7.2009 – 7 K 3079/07 – BeckRS 2009, 42365.

nicht die Angabe „Homöopathisches Arzneimittel" beauflagen, zumal es sich hierbei weder um die Beschreibung einer Stoff- oder Indikationsgruppe noch einer Wirkungsweise handelt[20]. Die Stoff- oder Indikationsgruppe („Pharmacotherapeutic Group")[21] ist nach dem ATC-Code[22] zu bestimmen. Vor dem Hintergrund der Regelung in Art. 59 I Buchst. a) ii) RL 2001/83/EG hat die Angabe in einer für den Patienten leicht verständlichen Form zu erfolgen, was ggf. eine für den Laien verständliche Erläuterung der im ATC-Code verwendeten Begriffe erfordert. Die „Indikationsgruppe" dient nur der ersten Orientierung des Patienten[23] und sie kann weiter gefasst sein als die Anwendungsgebiete eines Arzneimittels. Sind die Angaben zur Indikationsgruppe in der Packungsbeilage mit denen zu den Anwendungsgebieten nicht inhaltsgleich, so liegt keine Irreführung vor, wenn der Verbraucher die Information zur Indikationsgruppe infolge einer entsprechenden graphischen Gestaltung nicht isoliert wahrnimmt[24].

2. Anwendungsgebiete (Nr. 2). In der Packungsbeilage sind nach Abs. 1 S. 1 **Nr. 2** die Anwen- **17** dungsgebiete **(Indikationen),** also die therapeutischen oder prophylaktische Zweckbestimmungen des Arzneimittels anzugeben, die infolge klinischer Tests oder aufgrund von anderem wissenschaftlichen Erkenntnismaterial berechtigterweise in Anspruch genommen werden können. Bei zulassungspflichtigen Arzneimitteln dürfen nur die sich aus dem Zulassungsbescheid ergebenden Indikationen angegeben werden[25]. Dabei sollten jedoch möglichst allgemeinverständliche Begriffe verwendet werden, solange die Genauigkeit der Aussage nicht hierunter leidet[26].

Registrierte **homöopathische Arzneimittel,** deren Pflichtangaben in der Packungsbeilage sich aus **18** § 11 III ergeben, dürfen nicht mit einer Indikationsangabe in den Verkehr gebracht werden. Es sind in der Gebrauchsinformation grundsätzlich alle Anwendungsgebiete aufzuführen, für die das Arzneimittel zugelassen ist. Die Zulassungsbehörde kann jedoch gem. § 28 II Nr. 3 anordnen, dass bei verschreibungspflichtigen Arzneimitteln bestimmte Anwendungsgebiete in der Packungsbeilage entfallen, wenn zu befürchten ist, dass durch deren Angabe der therapeutische Zweck gefährdet wird. Das kann etwa bei Zytostatika oder Psychopharmaka der Fall sein[27]. Der pharmazeutische Unternehmer kann bei der Bundesoberbehörde in derartigen Fällen anregen, eine entsprechende Auflage auszusprechen. In der Gebrauchsinformation müssen und dürfen dann entsprechend der Auflage nicht sämtliche Indikationen des Arzneimittels genannt werden.

Bei **traditionell angewendeten Arzneimitteln** gem. § 109a sind differentialdiagnostische Hinweise **19** als Bestandteil der Anwendungsgebiete nicht erforderlich, da § 109a III eine abschließende Regelung darstellt, die die Bundesoberbehörde daran hindert, die in der Traditionsliste festgelegten Anwendungsgebiete durch derartige Hinweise zu modifizieren[28]. Es wird im Übrigen auf Rn. 27 f. verwiesen.

3. Vor der Anwendung des Arzneimittels zu vermittelnde Informationen (Nr. 3). In wörtli- **20** cher Wiederholung des Art. 59 I Buchst. c) RL 2001/83/EG verlangt Abs. 1 S. 1 **Nr. 3** „eine Aufzählung von Informationen, die vor der Einnahme des Arzneimittels bekannt sein müssen." Der Gesetzgeber hat damit im Rahmen der Umsetzung der RL die verfehlte Terminologie der RL übernommen. Eine Beschränkung auf „einzunehmende" Arzneimittel ist nicht gewollt. Es sind vielmehr die Informationen gemeint, die vor einer wie auch immer gearteten Anwendung des Arzneimittels für den Verbraucher relevant sind.

a) Gegenanzeigen (Buchst. a)). Zu diesen Informationen zählen nach **Nr. 3 Buchst. a)** die Ge- **21** genanzeigen. Gegenanzeigen **(Kontraindikationen)** sind Zustände körperlicher oder seelischer Art, welche die Anwendung des Arzneimittels ausschließen oder einschränken[29], also auch Zustände, in denen das Arzneimittel nur unter besonderen Voraussetzungen oder Bedingungen angewendet werden darf[30]. Gem. Abs. 1 S. 6 ist bei der Angabe der Gegenanzeigen, soweit dies nach dem jeweiligen Stand der wissenschaftlichen Erkenntnisse erforderlich ist, auf die besondere Situation bestimmter Personengruppen, wie Kinder, Schwangere oder stillende Frauen, ältere Menschen oder Personen mit spezifischen Erkrankungen einzugehen (s. Rn. 53). Gegenanzeigen stellen eine **besondere Fallgruppe von Warnhinweisen** dar[31].

---

[20] Vgl. *VG Köln,* Urt. v. 21.7.2009 – 7 K 3079/07 – BeckRS 2009, 42365; Urt. v. 20.9.2011 – 7 K 724/08 – BeckRS 2011, 55167.

[21] Vgl. Ziff. 2.1.3 der „Notice to Applicants Volume 2B Module 1: Administrative information application form", Stand vom Mai 2008.

[22] Der amtliche ATC-Code ist verfügbar unter http://wido.de

[23] Vgl. *VG Köln,* Urt. v. 21.7.2009 – 7 K 3079/07 – BeckRS 2009, 42365.

[24] Vgl. *OLG Hamburg,* MD 2005, 1096, 1103 f. – „Arzneimittelrechtliche Pflichtangaben".

[25] Vgl. *OLG Hamburg,* PharmR 2007, 127 f.

[26] Vgl. Rn. 376 der „Erläuterungen zum Antrag auf Zulassung eines Arzneimittels beim Bundesinstitut für Arzneimittel und Medizinprodukte" (3. Aufl. mit Stand vom 31.10.1996), BAnz. Nr. 44a vom 5.3.1997.

[27] Vgl. *Sander,* § 11 Erl. 6.

[28] Vgl. *BVerwG,* NJW 2007, 859, Rn. 5 f.; *OVG Münster,* Urt. v. 10.11.2005 – 13 A 4246/03 – BeckRS 2006, 20147; *VG Köln,* PharmR 2005, 142, 145; *VG Köln,* Urt. v. 27.11.2002 – 24 K 6827/01 – BeckRS 2004, 27247.

[29] Vgl. *Rehmann,* § 11 Rn. 7; *Kloesel/Cyran,* § 11 Anm. 40.

[30] *BVerwG,* PharmR 2007, 472, 475.

[31] Vgl. *VG Köln,* PharmR 2003, 390, 393; *Sander,* § 28 Erl. 4.

22   Eine Gegenanzeige ist dann in die Gebrauchsinformation aufzunehmen, wenn konkrete Anhaltspunkte dafür sprechen, dass ihre Angabe erforderlich ist, um bei der **bestimmungsgemäßen Anwendung** des Arzneimittels eine unmittelbare oder mittelbare Gesundheitsgefährdung zu verhüten[32]. Eine Gegenanzeige, die darauf hinausläuft, die Anwendung des Arzneimittels hinsichtlich bestimmter Indikationen oder Personengruppen zu beschränken, beinhaltet im Hinblick auf einen weitergehenden Zulassungsantrag eine Teilversagung. Solche Gegenanzeigen im Sinne der Nichtanwendbarkeit des Arzneimittels für bestimmte Indikationen oder Personengruppen sind als Teil der Zulassungsentscheidung selbst anzusehen und müssen auf der Zulassungsebene festgesetzt werden[33]. Gegenanzeigen, die eine ganze Personengruppe von der Anwendung des Arzneimittels ausschließen, können deshalb im Wege einer Auflage für die Packungsbeilage nur dann verbindlich gemacht werden, wenn die Gegenanzeige in der Zulassungsentscheidung selbst enthalten ist[34]. § 28 II Nr. 2 Buchst. a) ist auf Gegenanzeigen nicht anwendbar[35]. Auch bei den Vorgaben zu den Gegenanzeigen in § 11 handelt es sich nicht um eigenständige Ermächtigungsgrundlagen für die Festsetzung von Gegenanzeigen sondern lediglich um Folgeregelungen zu einer ggf. durch Gegenanzeigen eingeschränkten Zulassung[36]. Dabei hat die Einschränkung der Zulassung auf der Zulassungsebene zu erfolgen, unterbleibt dies, ist die Zulassung auf der Basis der vom Antragsteller eingereichten Unterlagen erteilt[37]. Es wird im Übrigen auf Abs. 5 hingewiesen (s. Rn. 89).

23   **b) Vorsichtsmaßnahmen für die Anwendung (Buchst. b)).** Nach **Nr. 3 Buchst. b)** sind „entsprechende **Vorsichtsmaßnahmen für die Anwendung**" anzugeben. Auch insofern bestimmt Abs. 1 S. 6, dass, soweit dies nach dem jeweiligen Stand der wissenschaftlichen Erkenntnisse erforderlich ist, auf die besondere Situation der dort genannten Personengruppen einzugehen ist. Weiterhin sind hiernach mögliche Auswirkungen der Anwendung auf die Fahrtüchtigkeit oder die Fähigkeit zur Bedienung bestimmter Maschinen anzugeben, soweit dies erforderlich ist.

24   Die Vorsichtsmaßnahmen für die Anwendung umfassen Hinweise zu notwendigen ärztlichen Kontrollen vor und während der Behandlung, auch im Hinblick auf bedingte Gegenanzeigen sowie Hinweise zur Vermeidung äußerer Einflüsse, wie z. B. der Lichteinwirkung nach Anwendung phototoxischer Arzneimittel[38]. Weiterhin umfassen die Vorsichtsmaßnahmen für die Anwendung **Warnungen vor einer Fehlanwendung**[39] einschließlich der Benennung der daraus resultierenden möglichen Folgen. Hierauf bezogene Angaben sind vonnöten, wenn sich nach dem Stand der wissenschaftlichen Erkenntnisse aufgrund spezifischer Gefahren des Arzneimittels das Bedürfnis für entsprechende Warnungen ergibt[40]. Parameter dafür, ob und welche Vorsichtsmaßnahmen für die Anwendung im Hinblick auf eine Fehlanwendung wiedergegeben werden müssen, sind die Schwere ihrer Folgen sowie die Frage, wie naheliegend eine Fehlanwendung – insbesondere in Anbetracht der Anwendungssituation[41] – ist. Es ist vor (versehentlichen) Fehlanwendungen und deren Folgen zu warnen, mit denen der pharmazeutische Unternehmer aufgrund des wissenschaftlichen Erkenntnisstandes rechnen muss und denen nicht davon ausgegangen werden kann, dass sie dem Verbraucher bekannt sind[42]. Die Vorsichtsmaßnahmen für die Anwendung sind von den sonstigen Warnhinweisen gem. Abs. 1 S. 1 Nr. 3 Buchst. d) häufig nicht deutlich abzugrenzen, weshalb diese Angaben unter der Rubrik „Vorsichtsmaßnahmen für die Anwendung" zusammengefasst werden können[43].

25   Mit der 14. AMG-Novelle wurde – wiederum in Anlehnung an den Text der RL 2001/83/EG – in Nr. 3 Buchst. b) das Wort „entsprechende" in den Gesetzestext aufgenommen. Hiermit wird an Nr. 3 Buchst. a) angeknüpft. Vorsichtsmaßnahmen für die Anwendung können somit aus etwaigen Gegenanzeigen – also bei einer bestimmungsgemäßen Anwendung auftretenden Zuständen – resultieren. Darüber hinaus können sie sich auch aus zu erwartenden Fehlanwendungen ergeben. **Warnungen vor einem Missbrauch** – das ist die beabsichtigte, ständige oder sporadische übermäßige Verwendung von Arzneimitteln mit körperlichen oder psychologischen Schäden als Folge (Art. 1 Nr. 16 RL 2001/83/EG) – sind nur dann erforderlich, wenn das Arzneimittel bestimmungsgemäß von Patienten selbst in dramatischen Situationen verwendet werden soll, so dass mit einem exzessiven Gebrauch zu rechnen ist[44].

---

[32] Vgl. *VG Köln,* PharmR 2003, 390, 394; *VG Köln,* Urt. v. 16.7.2003 – 24 K 8660/99 – BeckRS 2004, 27247; *OVG Münster,* Urt. v. 10.11.2005 – 13 A 4246/03 – BeckRS 2006, 20147, offengelassen von *BVerwG,* NJW 2007, 859, Rn. 4.

[33] Vgl. *BVerwG,* PharmR 2010, 364 f., Rn. 11; *BVerwG,* PharmR 2007, 472, 474 f.; *OVG Münster,* Urt. v. 27.9.2005 – 13 A 4378/03 – BeckRS 2005, 30003; *OVG Münster,* Urt. v. 27.9.2005 – 13 A 4090/03, PharmR 2005, 497.

[34] Vgl. *BVerwG,* PharmR 2007, 472, 474 f.

[35] Vgl. *BVerwG,* PharmR 2007, 472, 475.

[36] Vgl. *OVG Münster,* Urt. v. 27.9.2005 – 13 A 4378/03; *OVG Münster,* PharmR 2005, 497.

[37] Vgl. *BVerwG,* PharmR 2010, 364 f., Rn. 11 f.

[38] Vgl. Rn. 378 der „Erläuterungen zum Antrag auf Zulassung eines Arzneimittels beim BfArM".

[39] Vgl. *Sander,* § 11 Erl. 8.

[40] Vgl. hierzu unter Haftungsgesichtspunkten *BGH,* NJW 1972, 2217, 2220.

[41] Vgl. *BGH,* NJW 1989, 1542, 1544.

[42] Vgl. *BGH,* NJW 1989, 1542, 1544.

[43] Vgl. *Sander,* § 11 Erl. 8; Rn. 378 der „Erläuterungen zum Antrag auf Zulassung eines Arzneimittels beim BfArM".

[44] Vgl. *BGH,* NJW 1989, 1542, 1544.

Solchenfalls handelt es sich um einen Hinweis für den Fall der Überdosierung nach Abs. 1 S. 1 Nr. 4 Buchst. e). In anderen Fällen dürften Warnungen vor einem Missbrauch der Arzneimittelsicherheit abträgliche kontraproduktive Folgen haben und es fehlt an einer Rechtsgrundlage für entsprechende Hinweise; es wird insofern ergänzend auf Rn. 29 hingewiesen.

c) Wechselwirkungen (Buchst. c)). Gem. **Nr. 3 Buchst. c)** sind die **Wechselwirkungen** mit **26** anderen Arzneimitteln oder anderen Mitteln aufzuzählen, soweit sie die Wirkung des Arzneimittels beeinflussen können. Wechselwirkungen sind unerwünschte Interaktionen mit anderen Arzneimitteln oder anderen Mitteln (z. B. Lebensmittel, kosmetische Mittel), die im zeitlichen Zusammenhang mit der Anwendung des Arzneimittels auftreten können. Obwohl nach dem Wortlaut der Vorschrift nur solche Wechselwirkungen anzugeben sind, die die Wirkung des in der Gebrauchsinformation thematisierten Arzneimittels beeinflussen können, sollten auch solche Wechselwirkungen angegeben werden, die von diesem Arzneimittel auf andere Arzneimittel – bezogen auf deren Wirkstoff – ausgehen[45]. Es sind nur klinisch relevante Wechselwirkungen anzugeben[46]. Gem. Abs. 1 S. 6 ist wiederum auf die besondere Situation der dort genannten Personengruppen einzugehen. Im Übrigen wird auf Abs. 5 hingewiesen (s. Rn. 89).

d) Warnhinweise (Buchst. d)). Laut **Nr. 3 Buchst. d)** sind **Warnhinweise** aufzuführen. Es wird **27** zunächst auf die Kommentierung zu § 10 Rn. 58 f. verwiesen. Aufgrund der Änderungen durch Art. 1 Nr. 10 AMG-ÄndG 2009 ist auch im Rahmen der Warnhinweise auf die besondere Situation der in Abs. 1 S. 6 genannten Personengruppen einzugehen, soweit dies nach dem jeweiligen Stand der wissenschaftlichen Erkenntnisse erforderlich ist. Auflagen zu Warnhinweisen in der Packungsbeilage können von der zuständigen Bundesoberbehörde auf § 28 II Nr. 2 gestützt werden. § 11 selbst enthält keine Ermächtigungsgrundlage zur Erteilung von Auflagen; Auflagenbefugnisse zum Inhalt der Packungsbeilage sind nur in § 28 II Nr. 2 und 3 enthalten, wobei § 28 II Nr. 3 keine Befugnis zur Anordnung weiterer, über die Deklarationspflicht nach § 11 – und § 10 – hinausgehender Angaben beinhaltet[47]. Aus § 6a II 2 ergibt sich für Arzneimittel i. S. d. § 6a II 1 das Erfordernis eines **Dopingwarnhinweises** in der Gebrauchsinformation mit dem Wortlaut *„Die Anwendung des Arzneimittels [Bezeichnung des Arzneimittels einsetzen] kann bei Dopingkontrollen zu positiven Ergebnissen führen."* Das gilt nicht für homöopathische Arzneimittel (§ 6a II 4). Eine Gesundheitsgefährdung, die aus dem Fehlgebrauch eines solchen Arzneimittels folgen kann, ist zusätzlich anzugeben (§ 6a II 3).

Sog. **differentialdiagnostische Hinweise** dienen bei Arzneimitteln, die in der Selbstmedikation **28** verwendet werden, vor allem der Abgrenzung von Erkrankungen, die sich durch gleiche oder ähnliche Symptome bemerkbar machen, die aber verschiedene Ursachen haben und nach Art und Schwere unterschiedlich auswirken können. Der Patient soll durch den Hinweis sensibilisiert werden, in bestimmten Situationen ärztlichen Rat in Anspruch zu nehmen (z. B.: *„Bei anhaltenden und wiederholten Verdauungsbeschwerden … sollte ein Arzt aufgesucht werden.").* Die Bundesoberbehörde kann solche Warnhinweise nur dann per Auflage anordnen, wenn sie erforderlich sind, um „bei der Anwendung des Arzneimittels eine unmittelbare oder mittelbare Gefährdung der Gesundheit" zu verhüten (§ 28 II Nr. 1 Buchst. a) und Nr. 2 Buchst. a)[48]. Die Rechtsprechung unterscheidet danach, ob das Arzneimittel krankheitswertige Anwendungsgebiete oder einen heilenden Indikationsanspruch hat. Bei Arzneimitteln ohne krankheitswertigen Indikationsanspruch sind differentialdiagnostische Hinweise, die sich auf Gesundheitsgefahren beziehen, welche nicht durch die bestimmungsgemäße Anwendung des Arzneimittels selbst drohen, zur Verhütung einer Gesundheitsgefährdung nicht erforderlich und können deshalb auch die Anordnung von Warnhinweisen nicht rechtfertigen, denn bei einer nicht krankheitswertigen Indikation geht das Risiko einer fehlerhaften Eigendiagnose nicht von dem Arzneimittel aus[49]. Der Umstand, dass in bei registrierten homöopathischen Arzneimitteln (§ 11 III 1 i. V. m. § 10 IV 1 Nr. 10) und registrierten traditionellen pflanzlichen Arzneimitteln (§ 11 IIIb 2 i. V. m. 10 IVa S. 1 Nr. 2) gesetzlich differentialdiagnostische Hinweise gefordert werden, steht der Beauflagung differentialdiagnostischer Hinweise bei anderen Arzneimitteln nicht entgegen[50]. Auch bei freiverkäuflichen Arzneimitteln, die krankheitswertige Anwendungsgebiete haben, kann eine mittelbare Gesundheitsgefährdung durch die Gefahr einer fehlerhaften Selbstmedikation begründet sein (s. auch Rn. 19 und 21)[51]. Die Anordnung eines differentialdiagnostischen Warnhinweises ist somit dann gerechtfertigt, wenn die Gefahr besteht, dass der Anwender die Grenzen der Selbstmedikation nicht erkennt und deshalb die nötige Heilbehandlung nicht durchgeführt wird. Dies erfordert wiederum, dass die Anwendung des Arzneimittels im Sinne einer äquivalen-

[45] Ebenso *Menges/Winnands*, § 19 Rn. 32; vgl. auch Rn. 382 der „Erläuterungen zum Antrag auf Zulassung eines Arzneimittels beim BfArM".
[46] Vgl. Rn. 382 der „Erläuterungen zum Antrag auf Zulassung eines Arzneimittels beim BfArM".
[47] Vgl. *BVerwG*, PharmR 2010, 364, 366, Rn. 15; *BVerwG*, PharmR 2010, 192 f., Rn. 14; *BVerwG*, NVwZ-RR 2007, 776 f., Rn. 29.
[48] Vgl. *OVG Münster*, PharmR 2009, 281 ff.
[49] Vgl. *VG Köln*, PharmR 2005, 192.
[50] Vgl. *OVG Münster*, Urt. v. 11.2.2009 – 13 A 2150/06 – BeckRS 2009, 31963.
[51] Vgl. *OVG Münster*, PharmR 2009, 281 ff. in Abgrenzung zu traditionell angewendeten Arzneimitteln nach § 109a; *VG Köln*, Urt. v. 17.2.2006 – 18 K 6879/03 – juris.

ten Kausalität die Gefahr verursacht, dass der Patient eine erforderliche andere Heilbehandlung unterlässt. Das ist dann der Fall, wenn die Anwendung des Arzneimittels die Gefahr merkbar[52] erhöht, dass der Patient eine erforderliche Heilbehandlung unterlässt[53].

29   Zu Warnhinweisen, die sich aus Rechtsverordnungen ergeben, die auf Grundlage des § 12 I Nr. 3 erlassen wurden, insbesondere der AMWarnV, kann auf die Kommentierung zu § 12 verwiesen werden. Die AMWarnV bezieht sich nur auf **Alkohol-Warnhinweise** bei bestimmungsgemäßem Gebrauch und steht darüber hinausgehenden, auf § 28 II Nr. 2 und Nr. 1a) gestützten Alkohol-Warnhinweisen, die den bestimmungsgemäßen Gebrauch betreffen, entgegen[54]. Die AMWarnV schließt auf einen Missbrauch bezogene Alkohol-Warnhinweise nicht aus, jedoch müssen hierfür die Voraussetzungen gem. § 28 II Nr. 2 und Nr. 1a) i. V. m. § 11 I S. 1 Nr. 15 a. F. (nunmehr Abs. 1 S. 1 Nr. 4 Buchst. e)) vorliegen; der Warnhinweis muss sich also auf einen Fall der Überdosierung, nicht des Missbrauchs oder Exzesses beziehen[55].

30   **4. Anwendungssichernde Angaben (Nr. 4).** In **Nr. 4** werden die „für eine ordnungsgemäße Anwendung erforderlichen Anleitungen" aufgeführt.

31   **a) Mindestangaben: Dosierung, Art und Häufigkeit der Anwendung (Buchst. a)–c)).** Hierzu zählen in jedem Falle als **Mindestangaben** nach **Nr. 4 Buchst. a)** die Angaben zur **Dosierung**[56], gem. **Nr. 4 Buchst. b)** Angaben zur **Art der Anwendung** und nach **Nr. 4 Buchst. c)** zur **Häufigkeit der Verabreichung.** Es ist also stets anzugeben, in welcher Menge, zu welchem Zeitpunkt und auf welche Weise das Arzneimittel angewendet werden soll. Die Art der Anwendung wird in der Gebrauchsinformation in der Regel detaillierter anzugeben sein als in der Etikettierung (s. hierzu § 10 Rn. 35). Die „Erläuterungen zum Antrag auf Zulassung eines Arzneimittels beim Bundesinstitut für Arzneimittel und Medizinprodukte" (3. Aufl. mit Stand vom 31.10.1996)[57] enthalten unter Rn. 384 ff. nähere Anhaltspunkte zur Ausgestaltung der erforderlichen Angaben. Hiernach sind die Angaben erforderlichenfalls nach Indikationen und den persönlichen Verhältnissen der Patienten zu gliedern. Die vorgesehene Dosierung ist mit Einzel- und Tagesdosen sowie der Anwendungshäufigkeit und der genauen Anwendungszeit anzugeben. Die Anwendungstechnik ist für den Patienten anschaulich zu beschreiben.

32   **b) Nach Art des Arzneimittels erforderliche Angaben: Dauer der Behandlung, Folgenhinweise zur Fehldosierung, Empfehlung zu fachkundigem Rat (Buchst. d)–f)).** Es können zusätzlich zu den Mindestangaben nach Nr. 4 Buchst. a)–c) aufgrund der Besonderheiten der Art des Arzneimittels weitere anwendungssichernde Angaben erforderlich sein: Gem. **Nr. 4 Buchst. d)** ist die **Behandlungsdauer** anzugeben, sofern diese festgelegt – die RL verwendet treffender den Begriff „begrenzt" – werden soll. In diesem Kontext sind ggf. Angaben zur normalen und zur maximalen Therapiedauer sowie zu behandlungsfreien Intervallen aufzunehmen.

33   Nach **Nr. 4 Buchst. e)** sind, soweit erforderlich, **Hinweise zu einer Überdosierung,** zur **unterlassenen Anwendung** und zu den Gefahren von **unerwünschten Folgen des Absetzens** des Arzneimittels aufzunehmen. Bei diesen unerwünschten Folgen des Absetzens handelt es sich vor dem Hintergrund des Art. 59 I Buchst. d) vii RL 2001/83/EG insbesondere um durch das Absetzen ausgelöste Entzugserscheinungen. Erfasst werden hiervon auch Effekte, die bei Ende der Therapie auftreten können. Überdosierungshinweise beziehen sich auf Fälle einer vom bestimmungsgemäßen Gebrauch abweichenden „Mehrdosis". Kritisch ist die Ansicht der Rechtsprechung[58] zu bewerten, wonach auch schädliche Wirkungen erfasst sein sollen, die bei einer versehentlichen oder gar missbräuchlichen erheblichen mengenmäßigen Abweichung von der empfohlenen Dosierung und damit außerhalb des Verwendungszwecks auftreten können, da die Hinweispflicht ansonsten ausufert. Auf die Folgen einer zweckwidrigen Anwendung muss daher nicht hingewiesen werden[59]. Ein exzessiver Fehlgebrauch bzw. Missbrauch stellt keine „Überdosierung" i. S. d. Abs. 1 S. 1 Nr. 4 Buchst. e) dar[60].

34   Gem. **Nr. 4 Buchst. f)** ist außerdem die Empfehlung aufzunehmen, bei Fragen zur Klärung der Anwendung den Arzt oder Apotheker zu befragen; diese Angabe ist stets erforderlich.

35   **5. Nebenwirkungen (Nr. 5). Nr. 5** wurde durch das 2. AMG-ÄndG 2012 neu gefasst und dient der Umsetzung des Art. 59 I UAbs. 1 Buchst. e) sowie des Art. 59 I UAbs. 3 RL 2001/83/EG[61]. Nach dem 1. Halbs. der Vorschrift sind sämtliche **Nebenwirkungen** (§ 4 XIII) anzugeben, die bei bestimmungs-

---

[52] Vgl. zu diesem Merkmal *OVG Münster*, PharmR 2009, 281 ff.; *OVG Münster*, PharmR 2009, 291 ff.
[53] Vgl. *VG Köln*, Urt. v. 18.4.2006 – 7 K 6198/03 – BeckRS 2007, 21973.
[54] Vgl. *VG Berlin*, PharmR 2000, 58, 60.
[55] Vgl. *VG Berlin*, PharmR 2000, 58, 60.
[56] Zu Auflagen zur Dosierung vgl. *BVerwG*, PharmR 2010, 192 ff.; *BVerwG*, PharmR 2010, 481.
[57] BAnz. Nr. 44a vom 5.3.1997.
[58] *VG Köln*, Urt. v. 24.11.2009 – 7 K 5164/07 – BeckRS 2010, 45611.
[59] Vgl. *OVG Berlin*, PharmR 2000, 268; *OVG Berlin*, Beschl. v. 9.6.2000 – OVG 5 N 3.00, veröffentlicht in *Sander*, § 28/Nr. 1 a.
[60] Vgl. *VG Berlin*, PharmR 2000, 58, 60.
[61] Vgl. BT-Drucks. 17/9341, S. 49

gemäßem Gebrauch des Arzneimittels eintreten können[62]. Einleitend sollte kurz mitgeteilt werden, welche Nebenwirkungen am gewichtigsten sind und welche am häufigsten auftreten. Dabei muss der Patient stets erkennen können, mit welcher Wahrscheinlichkeit die genannten Nebenwirkungen auftreten. Es müssen Dramatisierungen ebenso wie Verharmlosungen oder unspezifische Angaben etwa zu einer „allgemein guten Verträglichkeit" vermieden werden[63]. Die Angaben sind im Übrigen nach der einschlägigen Bekanntmachung des BfArM möglichst nach der Häufigkeit ihres Auftretens zu gliedern[64]. Die Häufigkeitsangaben werden in der Bekanntmachung des BfArM in Übereinstimmung mit der „Guideline on Summary of Product Characteristics" von September 2009 gestaffelt[65]. Innerhalb der jeweiligen Häufigkeitsstufe sollen die Nebenwirkungen mit abnehmendem Schweregrad aufgelistet werden[66].

Außerdem sind nach dem 2. Halbs. die bei Nebenwirkungen „zu ergreifenden Gegenmaßnahmen" **36** anzugeben. Insofern ist mitzuteilen, welche Nebenwirkungen nach dem Stand der wissenschaftlichen Erkenntnisse solch schwerwiegende Folgen haben, dass ein Therapieabbruch und das umgehende Aufsuchen eines Arztes erforderlich wird. Darüber hinaus sind nötigenfalls für den Patienten relevante Verhaltensanweisungen zu geben. Der 3. Halbs. regelt, dass bei Humanarzneimitteln zusätzlich ein Standardtext aufzunehmen ist, mit dem Patienten ausdrücklich aufgefordert werden, Nebenwirkungen in jeder Form den in der Vorschrift im einzelnen genannten Adressaten zu melden. Die Bundesoberbehörden haben den Standardtext in ihrer gemeinsamen Bekanntmachung vom 3.7.2013 veröffentlicht[67]. Dieser Standardtext ist nicht nur gem. Abs. 1b im Bundesanzeiger bekannt gemacht worden, sondern auch auf der Internetseite des BfArM (www.bfarm.de) verfügbar.

6. Qualitätssensibilisierende Hinweise, Angaben zu Produktverantwortlichen (Nr. 6). In **37** Nr. 6 werden eine Vielzahl von Informationen aufgelistet, die als **Aufbewahrungshinweise** bzw. weitergehend als Hinweise aufgefasst werden können, die den Verbraucher zur erforderlichen **Qualität des Arzneimittels sensibilisieren** sollen (Nr. 6 Buchst. a) bis e)). Außerdem werden hier die Angaben zu den Produktverantwortlichen, dem pharmazeutischen Unternehmer (Nr. 6 Buchst. f)) und ggf. dem Hersteller bzw. dem Importeur (Nr. 6 Buchst. g)), aufgeführt.

a) Aufbewahrungs- und sonstige qualitätssensibilisierende Hinweise (Buchst. a)–e)). Es ist **38** zunächst nach **Nr. 6 Buchst. a)** auf das in der Kennzeichnung wiedergegebene Verfalldatum (s. hierzu § 10 Rn. 37 und 101) hinzuweisen und davor zu **warnen, das Arzneimittel nach Ablauf des Verfalldatums** anzuwenden. Das Verfalldatum ist nicht in der Gebrauchsinformation selbst anzugeben. Erforderlichenfalls sind nach

Nr. 6 Buchst. b) Vorsichtsmaßnahmen für die Aufbewahrung und **Angaben zur Haltbarkeit 39 nach dem Öffnen des Behältnisses oder der Herstellung der gebrauchsfertigen Zubereitung** durch den Anwender mitzuteilen. Derartige Angaben sind stets dann erforderlich, wenn das Arzneimittel nach dem Öffnen des Behältnisses oder der Herstellung der anwendungsfertigen Zubereitung eine kürzere Haltbarkeit hat, als nach dem Verfalldatum[68].

Nach **Nr. 6 Buchst. c)** ist – sofern dies für das Arzneimittel einschlägig ist – anzugeben, aufgrund **40** welcher für den Verwender sichtbarer Anzeichen davon auszugehen ist, dass dieses nicht mehr verwendbar ist.

Nr. 6 Buchst. d) verlangt die vollständige **Angabe der qualitativen Zusammensetzung nach 41 den Wirkstoffen und den sonstigen Bestandteilen** sowie die der **quantitativen Zusammensetzung nach Wirkstoffen.** Die in einem Arzneimittel enthaltenen Stoffe sind in Wirkstoffe (§ 4 XIX) und Hilfsstoffe (Arzneiträgerstoffe) zu unterscheiden (s. § 10 Rn. 36). Die terminologische Neufassung in Anlehnung an Art. 59 I Buchst. f) iv) RL 2001/83/EG enthält gegenüber der alten Regelung nichts Neues: Es sind die im Arzneimittel enthaltenen **Wirkstoffe nach Art und Menge** und die enthaltenen **Hilfsstoffe nach ihrer Art** anzugeben. Die Bezeichnung der Art der Bestandteile richtet sich nach **§ 10 VI Nr. 1.** Für die **Bezeichnung der Menge** sind nach **§ 10 VI Nr. 2** Maßeinheiten zu verwenden. Es wird auf die Kommentierung zu § 10 Rn. 102 f. verwiesen.

---

[62] Vgl. BT-Drucks. 17/9341, S. 49: „Auf Grund der erweiterten Definition für Nebenwirkungen für Humanarzneimittel muss hier eine Einschränkung auf solche Nebenwirkungen erfolgen, die bei bestimmungsgemäßer Anwendung auftreten können."

[63] Vgl. Ziff. 4.8 der „Guideline on Summary of Product Characteristics", Rev. 2 von September 2009.

[64] Vgl. Bekanntmachung von Empfehlungen zur Gestaltung von Packungsbeilagen nach § 11 AMG für Humanarzneimittel und zu den Anforderungen von § 22 VII 2 AMG vom 14.4.2015.

[65] Sehr häufig: ≥1/10; Häufig: ≥1/100 bis <1/10; Gelegentlich: ≥1/1.000 bis ≤1/100; Selten: ≥1/10.000 bis ≤1/1.000; Sehr selten: ≤1/10.000; Nicht bekannt: Häufigkeit auf Grundlage der verfügbaren Daten nicht abschätzbar.

[66] Vgl. Ziff. 4.8 Buchst. b. der „Guideline on Summary of Product Characteristics", Rev. 2 von September 2009; ebenso Ziff. A. 5. der „Guideline on the readability of the label and package leaflet of medicinal products for human use" vom 12.1.2009.

[67] Gemeinsame Bekanntmachung über die zu verwendenden Standardsätze in der Fachinformation und Packungsbeilage zum Berichten von Nebenwirkungen sowie für Arzneimittel, die einer zusätzlichen Überwachung unterliegen, gem. § 11 Ib und § 11a I 9 AMG vom 3.7.2013.

[68] Vgl. *Sander*, § 11 Erl. 14.

42   Gem. **Nr. 6 Buchst. e)** sind die **Darreichungsform** und der **Inhalt nach Gewicht, Rauminhalt oder Stückzahl** für jede Darreichungsform anzugeben. Ungeachtet des Umstandes, dass die Darreichungsform seit der 14. AMG-Novelle stets im Anschluss an die Bezeichnung des Arzneimittels anzugeben ist, sofern sie nicht ohnehin Bestandteil der Bezeichnung ist, ist im Rahmen der **„qualitätssensibilisierenden Hinweise"** nochmals die Darreichungsform anzugeben. Die zur Angabe der Darreichungsform zu verwendenden Begriffe sind der Ph. Eur. bzw. dem DAB/HAB zu entnehmen (s. § 10 Rn. 27). Aus dem Wortlaut der Vorschrift, wonach der Inhalt für *„jede Darreichungsform"* anzugeben ist, ist zu schließen, dass eine Packungsbeilage für unterschiedliche Darreichungsformen eines Arzneimittels – unter Beachtung der in der „Guideline on the readability of the label and package leaflet of medicinal products for human use" konkretisierten Gesichtspunkt der Arzneimittelsicherheit – zulässig ist (s. Rn. 11). Hinsichtlich der Inhaltsangabe wird auf die Kommentierung zu § 10 Rn. 34 verwiesen.

43   **b) Angaben zu Produktverantwortlichen (Buchst. f)–g)).** Nach **Nr. 6 Buchst. f)** sind Name und Anschrift des **pharmazeutischen Unternehmers** und, soweit vorhanden, des **örtlichen Vertreters** anzugeben. Der pharmazeutische Unternehmer ist als Zulassungsinhaber und/oder derjenige, der das Arzneimittel in eigenem Namen in den Verkehr bringt (§ 4 XVIII), der primär für das Arzneimittel arzneimittel- (§§ 5 I, 8) und haftungsrechtlich (§ 84 oder §§ 1, 15 ProdHaftG sowie §§ 823 ff. BGB) Verantwortliche. Zur erforderlichen Angabe wird auf die Kommentierung zu § 10 Rn. 19–21 verwiesen. In der Packungsbeilage ist zusätzlich die Anschrift des örtlichen Vertreters anzugeben (Art. 59 I Buchst. f) vi) RL 2001/83/EG)[69].

44   Gem. **Nr. 6 Buchst. g)** sind der Name und die Anschrift des **Herstellers oder des Einführers, der das Arzneimittel für das Inverkehrbringen freigegeben hat,** anzugeben. Da diese Freigabe seit der 14. AMG-Novelle nach § 4 XIV ausdrücklich zum Herstellen zählt, eine Freigabe zum Inverkehrbringen (§ 16 AMWHV) durch den Einführer also ein „Herstellen" ist, ist die zusätzliche Erwähnung des Einführers hier überflüssig. Durch die Erweiterung des Herstellens um diese Freigabe hat sich die gerade geführte Auseinandersetzung dazu, ob und in welchem Umfang der „freigebende Hersteller" tatsächlich – über die Freigabe hinaus – an der Herstellung beteiligt sein muss[70], auch unmittelbar auf gesetzlicher Ebene erledigt. Mit dem Wortlaut von Nr. 6 Buchst. g) wird die Rechtslage im Übrigen nur unzureichend wiedergegeben. Der Hersteller oder Importeur, der das Arzneimittel in die EU eingeführt hat und die Freigabe zum Inverkehrbringen erteilt hat, ist – ebenso wie im Rahmen der Sonderregelungen zur Packungsbeilage registrierter homöopathischer Arzneimittel nach Abs. 3 S. 1 – in der Packungsbeilage nur dann als weitere für das Arzneimittel verantwortliche Person anzugeben, wenn er mit dem pharmazeutischen Unternehmer nicht personenidentisch ist[71].

45   **7. Bezeichnungsliste (Nr. 7).** Nach **Nr. 7** ist in Übereinstimmung mit Art. 59 I Buchst. g) RL 2001/83/EG in der durch RL 2004/27/EG geänderten Fassung bei einem Arzneimittel, welches unter verschiedenen Bezeichnungen in Mitgliedstaaten auf der Grundlage einer MR- oder dezentralen Zulassung gem. der RL 2001/83/EG in den Verkehr gebracht wird, eine Liste dieser Bezeichnungen aufzuführen.

46   **8. Überarbeitungsdatum (Nr. 8).** Des Weiteren ist nach **Nr. 8** das Datum der letzten Überarbeitung der Packungsbeilage anzugeben. Mittels dieser Angabe soll der Verbraucher erkennen können, welche Zeit seit der an dem jeweils aktuellen Stand der Wissenschaft auszurichtenden Überarbeitung der Gebrauchsinformation verstrichen ist. Ausreichend ist die Angabe von Monat und Jahr der Druckfreigabe[72].

II. Humanarzneimittel unter zusätzlicher Überwachung (S. 3, 4)

47   Abs. 1 S. 3 und 4 wurden mit dem 2. AMG-ÄndG 2012 in das Gesetz aufgenommen. Dies dient der Umsetzung von Art. 59 I UAbs. 2 RL 2001/83/EG. Nach Art. 23 VO (EG) Nr. 726/2004 erstellt, aktualisiert und veröffentlicht die EMA in Zusammenarbeit mit den Mitgliedstaaten eine Liste der Arzneimittel, die zusätzlich überwacht werden. Diese Liste enthält gem. Art. 23 I die Bezeichnungen der Arzneimittel und Wirkstoffe (a) der in der Union zugelassenen Arzneimittel, die einen neuen Wirkstoff enthalten, welcher am 1.1.2011 in keinem in der Union zugelassenen Arzneimittel enthalten war und (b) der biologischen Arzneimittel, die nicht unter (a) fallen und nach dem 1.1.2011 zugelassen wurden[73]. Auf Veranlassung der Kommission können gem. Art. 23 Ia UAbs. 1 VO (EG) Nr. 726/2004 auch gem. dieser VO unter den Bedingungen nach Art. 9 IV Buchst. c), ca), cb) und cc) oder nach Art. 10a, 14 VII und 8 und Art. 21 II zugelassene Arzneimittel nach Konsultation des Ausschusses für Risikobewertung im Bereich der Pharmakovigilanz in die Liste aufgenommen werden[74]. Überdies

[69] Vgl. auch *Kloesel/Cyran*, § 11 Anm. 73.
[70] Vgl. hierzu *Sträter*, PharmR 1998, 156 ff.; *Sander/Peter*, PharmInd 1999, 616 f.
[71] Vgl. *Kloesel/Cyran*, § 11 Anm. 75; *Sander*, § 11 Anm. 5 d.
[72] Vgl. *Sander*, § 11 Erl. 15; *Rehmann*, § 11 Rn. 12.
[73] Vgl. BT-Drucks. 17/9341, S. 49.
[74] Vgl. hierzu die Durchführungs-VO (EU) Nr. 198/2013 über die Wahl eines Symbols für die Kennzeichnung von Humanarzneimitteln, die einer zusätzlichen Überwachung unterliegen.

kann nach Art. 23 Ia UAbs. 2 dieser VO auch durch die zuständige Bundesoberbehörde veranlasst werden, dass ein zugelassenes Arzneimittel unter die in Art. 21a, 22, 22a und 104a RL 2001/83/EG genannten Bedingungen nach Konsultation des PRAC in die Liste aufgenommen wird[75]. Alle in die Liste aufgenommenen Arzneimittel werden in der Packungsbeilage durch ein schwarzes Symbol (Triangel) und den hieran anschließenden Satz *„Dieses Arzneimittel unterliegt einer zusätzlichen Überwachung"* gekennzeichnet. An diesen Satz muss ein standardisierter erläuternder Text anschließen. Dieser Text ist in der gemeinsamen Bekanntmachung der Bundesoberbehörden vom 3.7.2013 veröffentlicht worden[76].

III. Erläuternde Angaben (S. 4)

Nach Abs. 1 S. 4 kann die Gebrauchsinformation mit **erläuternden Angaben** versehen werden. **48** Diese beziehen sich ausschließlich auf die in S. 1 Nr. 1–8 genannten Begriffe[77]. Sie „erläutern" ohne konkreten Bezug zu dem konkreten Arzneimittel allgemein beispielsweise die Begriffe „unerwünschte Wirkung", „Gegenanzeige" oder „Wechselwirkung mit anderen Mitteln". Da sie ihren Zweck am besten erfüllen, wenn sie in unmittelbarer Nähe zur betreffenden Pflichtangabe nach S. 1 stehen, ist es nicht erforderlich, dass sich diese Erläuterungen drucktechnisch von den Pflichtangaben abheben[78].

IV. Angaben in anderer Sprache (S. 5)

Sofern die Pflichtangaben der Packungsbeilage **zusätzlich in einer anderen Sprache** wiedergegeben **49** werden, müssen auch diese Angaben nach Abs. 1 S. 3 inhaltsgleich sein. Hiermit wird Art. 63 II 2 RL 2001/83 EG umgesetzt.

V. Ausnahme (S. 6)

Abs. 1 S. 6 bestimmt, dass Satz 1 nicht für Arzneimittel gilt, die nach § 21 II Nr. 1 keiner **50** Zulassung bedürfen. Hierdurch werden die von § 21 II Nr. 1 erfassten Arzneimittel ebenso wie diejenigen nach § 21 II Nr. 1a oder Nr. 1b – diese durch Abs. 1 S. 1 – vom Anwendungsbereich des gesamten Abs. 1 ausgenommen. Der jetzige Abs. 1 S. 6 wurde mit der 4. AMG-Novelle ins Gesetz aufgenommen. In der Begründung hierzu wird ausgeführt, dass hiermit Fertigarzneimittel, die als sog. verlängerte Rezepturen in Apotheken hergestellt werden, von einer Packungsbeilage freigestellt werden. In diesem Fall richtet sich die Information nach der ApBetrO[79]. Vor dem 31.7.2001 mussten **fiktiv zugelassene Arzneimittel** gem. § 109 II a. F. erst ein Jahr nach der ersten Verlängerung der Zulassung oder Registrierung mit einer Packungsbeilage gem. § 11 vertrieben werden. Im Zuge der 10. AMG-Novelle wurde § 109 II novelliert. Bei fiktiv zugelassenen Arzneimitteln waren die Texte für eine § 11 entsprechende Packungsbeilage der Bundesoberbehörde spätestens bis zum 31.7.2001 vorzulegen. Seither dürfen fiktiv zugelassene Arzneimittel vom pharmazeutischen Unternehmer nur noch mit einer Packungsbeilage nach § 11 in den Verkehr gebracht werden. Den Vertriebsstufen ist ein Abverkaufsrecht eingeräumt worden.

VI. Weitere Angaben (S. 7)

Von den erläuternden Angaben nach S. 4 zu unterscheiden sind die **weiteren Angaben** i. S. d. S. 7. **51** Diese sind, soweit ihre Zulässigkeit nicht durch eine EU-Verordnung begründet wird, nur zulässig, wenn sie – kumulativ[80] – mit der Anwendung des Arzneimittels im Zusammenhang stehen, für die gesundheitliche Aufklärung der Patienten wichtig sind und den Angaben der Fachinformation (§ 11a) nicht widersprechen. Durch die aufgrund des AMG-ÄndG 2009 vorgenommene Ergänzung wird deklaratorisch klargestellt, dass arzneimittelbezogene EU-VO neben dem AMG zu beachten sind[81]. § 10 I 7 dient der Umsetzung des Art. 62 RL 2011/83/EG und erfasst **gebrauchssichernde Informationen** (s. hierzu § 10 Rn. 47–51). Zulässig sind beispielsweise Ausführungen zu Ursachen und Symptomen eines Vitaminmangels, soweit sie für den Anwender wichtig sind[82]. Es wird ergänzend auf die Kommentierung des wortgleichen § 10 I 5 in § 10 Rn. 47–51 verwiesen.

---

[75] Vgl. BT-Drucks. 17/9341, S. 49.
[76] Gemeinsame Bekanntmachung über die zu verwendenden Standardsätze in der Fachinformation und Packungsbeilage zum Berichten von Nebenwirkungen sowie für Arzneimittel, die einer zusätzlichen Überwachung unterliegen, gem. § 11 Ib und § 11a I 9 AMG vom 3.7.2013.
[77] Vgl. *OLG Hamburg*, GRUR-RR 2004, 274 f. – „Mevinacor".
[78] Vgl. für „weitere Angaben i. S. d. Abs. 1 S. 5" *OVG Münster*, PharmR 2009, 291, 295; anders *OLG Düsseldorf*, GRUR 1993, 846 – „Terfemundin".
[79] Vgl. BT-Drucks. 11/5373, S. 13.
[80] Vgl. *OLG Hamburg*, PharmR 2008, 126, 130; *Winnands*, PharmInd 2009, 1358, 1360.
[81] BT-Drucks. 16/12 256, S. 44.
[82] *VG Köln*, Urt. v. 30.9.2008 – 7 K 2974/05 – BeckRS 2009, 32883.

52　　Die weiteren Angaben sind nach § 11 V 2 **drucktechnisch** eindeutig von den Pflichtangaben nach S. 1 durch Absetzung und Abgrenzung **abzuheben**[83]. Der Arzt, die Apotheken und die Verbraucher müssen erkennen können, welche Informationen Pflichtangaben sind und welche Informationen zusätzlich aufgenommen wurden. Eine Ausnahme hiervon ist in den Fällen zu machen, in denen weitere Angaben in unmittelbarem Zusammenhang mit den Pflichtangaben stehen; diese können zudem auch durch eine Auflage nach § 28 II Nr. 2 angeordnet werden (s. auch § 10 Rn. 50)[84].

53　　Eine Versendung der Packungsbeilage auf konkrete Anfrage stellt auf der Grundlage des § 1 V HWG keine Verwendung zu Werbezwecken dar[85]. Zum Einstellen der Packungsbeilage eines verschreibungspflichtigen Arzneimittels ist eine divergierende instanzgerichtliche Rechtsprechung vor[86]. Der *BGH* hatte dem *EuGH* hierzu eine Frage zur Vorabentscheidung vorgelegt[87]. Der *EuGH* hat ausgeführt, dass alle Informationen, die auf der Umhüllung und in der Packungsbeilage eines Arzneimittels enthalten sind, gem. Art. 61 RL 2001/83/EG bei der Beantragung der Genehmigung für das Inverkehrbringen den zuständigen Behörden vorzulegen sind und von diesen genehmigt werden müssen, weshalb es sich um Informationen handelt, die nicht nur objektiv sind und a priori für den Verbraucher keine Gefahr darstellen, sondern die auch genehmigt wurden und die nach Art. 54 und 59 zwingend auf der Umhüllung und der Packungsbeilage angegeben werden müssen.[88] Da außerdem die Packmitteltexte nach Art. 62 RL 2001/83/EG keine Angaben enthalten dürfen, die Werbecharakter haben können, ist die Verbreitung von Informationen über verschreibungspflichtige Arzneimittel auf der Website des pharmazeutischen Unternehmers, die lediglich aus einer getreuen Wiedergabe der genehmigten Packmitteltexte oder der genehmigten Zusammenfassung der Merkmale des Arzneimittels[89] besteht und keine zusätzlichen Elemente enthält, die für eine Einordnung als Werbung sprechen, nicht als gem. Art. 88 I Buchst. a) RL2001/83/EG verbotene Werbung zu qualifizieren[90]. Außerdem hat der *EuGH* den Werbecharakter dieser Angaben verneint, sofern diese Informationen als „Pull-Dienst" vom Internetnutzer durch einen aktiven Suchschritt abgefragt werden müssen[91]. Der *BGH* hat sodann entschieden, dass es nicht verboten ist, im Internet für verschreibungspflichtige Arzneimittel dem allgemeinen Publikum wortlautgetreu die vollständige Packungsbeilage und Zusammenfassung der Merkmale des Arzneimittels auf Anforderung zugänglich zu machen; zugleich hat das Gericht in Übereinstimmung mit der Begründung des *EuGH* entschieden, dass dem Verbraucher keine nur durch das Werbeziel erklärbaren umgestalteten Informationen zugänglich gemacht werden dürfen[92]. Mit dem 2. AMG-ÄndG 2012 wurde inzwischen § 1 VIII HWG in das Gesetz aufgenommen, wonach das HWG u. a. keine Anwendung findet auf die auf Anforderung einer Person erfolgende Übermittlung der nach §§ 10 bis 11a für Arzneimittel vorgeschriebenen vollständigen Informationen und auf die Bereitstellung dieser Informationen im Internet[93].

VII. Besondere Situation bestimmter Personengruppen (S. 8)

54　　Gem. Abs. 1 S. 8 ist bei den Angaben nach Abs. 1 S. 1 Nr. 3 auf die besondere Situation bestimmter Personengruppen einzugehen, soweit dies nach dem jeweiligen Stand der wissenschaftlichen Erkenntnis erforderlich ist. Mit dem AMG-ÄndG 2009 wurde diese Vorgabe auf die Warnhinweise nach Abs. 1 S. 1 Nr. 3 Buchst. d) erstreckt[94]. Die in Abs. 1 S. 6, **1. Halbs.** aufgezählten Personengruppen sind nicht abschließend. Bei ihnen handelt es sich jedoch um die Personengruppen, die in der Regel eher eines besonderen Schutzes bedürfen. Bei **Schwangeren und stillenden Frauen** ist aufgrund der körperlichen

---

[83] Absetzung und Abgrenzung sind kumulativ erforderlich; das Absetzen kann durch andere Schrift oder farbliche Gestaltung, das Abgrenzen durch einen Strich oder Rahmen erfolgen. Eine besonders deutliche Trennung und Absetzung erfolgt, indem die Abgaben in eine besondere Beilage aufgenommen werden; vgl. *OLG Schleswig*, WRP 2001, 1359 f.

[84] Vgl. *OVG Münster*, PharmR 2009, 281, 286; *OVG Münster*, Urt. v. 11.2.2009, 13 A 2150/06 – BeckRS 2009, 31963.

[85] Vgl. *Winnands*, PharmInd. 2009, 1358 f.

[86] Das *OLG München*, PharmR 2004, 308 f. hält das Einstellen einer § 11 entsprechenden Gebrauchsinformation in den allgemein zugänglichen Internetauftritt für zulässig. Das *OLG Hamburg*, MD 2007, 1200, 1203 f. hält dies für verboten nach § 10 I HWG; insbesondere ändert hiernach die Pull-Situation nichts daran, dass es sich um produktbezogene Absatzwerbung handelt.

[87] Vgl. *BGH*, GRUR 2009, 988 ff. – „Arzneimittelpräsentation im Internet": „Erfasst Art. 88 I a) RL 2001/83/EG auch eine Öffentlichkeitswerbung für verschreibungspflichtige Arzneimittel, wenn sie allein Angaben enthält, die der Zulassungsbehörde im Rahmen des Zulassungsverfahrens vorgelegen haben und jedem, der das Präparat erwirbt, ohnehin zugänglich werden, und wenn die Angaben dem Interessenten nicht unaufgefordert dargeboten werden, sondern nur demjenigen im Internet zugänglich sind, der sich selbst um sie bemüht?" Vgl. hierzu auch *Stallberg*, WRP 2010, 56 ff.

[88] *EuGH*, Urt. v. 5.5.2011 – Rs. C-316/09, PharmR 2011, 282, 287, Rn. 41 – „MSD/Merckle".

[89] Das ist der Inhalt der SmPC nach Art. 11 RL 2001/83/EG bzw. der Fachinformation nach § 11a.

[90] Vgl. *EuGH*, PharmR 2011, 282, 287, Rn. 42 – 43.

[91] Vgl. *EuGH*, PharmR 2011, 282, 287, Rn. 47.

[92] Vgl. *BGH*, GRUR-RR 2012, 259 – „Arzneimittelpräsentation im Internet II".

[93] Vgl. hierzu *Runge*, PharmR 2014, 560 f., 566.

[94] BT-Drucks. 16/12 256, S. 44.

Verbindung oftmals nicht auszuschließen, dass auch der Fötus bzw. das Kleinkind von dem eingenomme-
nen Arzneimittel beeinflusst wird[95].

Die Regelung im **2. Halbs.** verpflichtet zur Angabe besonderer Warnhinweise, sofern mit der Ein- **55**
nahme eines Arzneimittels Beeinträchtigungen des Reaktionsvermögens einhergehen. Abs. 1 S. 8 regelt
den Spezialfall der bereits in Abs. 1 S. 1 Nr. 3 Buchst. c) und d) vorgeschriebenen Vorsichtsmaßnahmen
für die Anwendung und Warnhinweise. Die Notwendigkeit entsprechender Hinweise folgt aus wissenschaftlichen Studien, die ergeben haben, dass unter der Wirkung vieler Arzneimittel Leistungseinbußen
messbar sind, die denen einer Alkoholisierung von mehr als 0,5 Promille entsprechen können[96].

VIII. Aktualisierungspflicht (S. 9)

Mit dem 2. AMG-ÄndG 2012 wurde der neue S. 9 in Abs. 1 eingefügt. Hierdurch wird Art. 23 III **56**
RL 2001/83/EG umgesetzt[97]. Der Zulassungsinhaber wird hiermit verpflichtet, die Packungsbeilage auf
aktuellem wissenschaftlichen Kenntnisstand zu halten. Zu diesem Kenntnisstand zählen auch die Schlussfolgerungen aus Bewertungen und die Empfehlungen gem. Art. 26 I Buchst. j) VO (EG) Nr. 726/2004.
Entspricht die Packungsbeilage nicht den Erkenntnissen der medizinischen Wissenschaft und wird hierdurch ein Schaden verursacht – oder mitverursacht – so kommen im Einzelfall Schadensersatzansprüche
nach § 84 oder wegen der Verletzung einer Warnpflicht aus § 823 I BGB in Betracht[98]. Überdies wird
man § 11 I 9 als Schutzgesetz i. S. d. § 823 II BGB anzusehen haben.

D. Muster (Abs. 1a)

Abs. 1a verfolgt das Ziel, dass sich immer ein aktuelles Muster der Packungsbeilage bei den Zulassungs- **57**
unterlagen der zuständigen Bundesoberbehörde befindet. § 22 VII 3 regelt hierzu ergänzend, dass diese
Behörde ein Muster der Packungsbeilage anfordern kann. Das Muster muss nicht zwangsläufig die Form
der Serienproduktion haben, sondern kann als mock-up vorgelegt werden. Jedenfalls muss der Wortlaut
des Musters mit der in Verkehr befindlichen Gebrauchsinformation übereinstimmen. Eine Änderung des
Wortlauts stellt eine geänderte Fassung dar, die wiederum zur unverzüglichen Übersendung eines entsprechenden Musters an die zuständige Bundesoberbehörde verpflichtet. Unbeachtlich ist, ob Änderungen anzeigepflichtig sind (§ 29) oder nicht, denn die zuständige Bundesoberbehörde soll immer im Besitz
der aktuellen sprachlichen und grafischen Fassung der im Verkehr befindlichen Packungsbeilage sein[99].

E. Bekanntmachung von Standardtexten (Abs. 1b)

Abs. 1b ermächtigt die Bundesoberbehörden, im Bundesanzeiger die nach Abs. 1 S. 1 Nr. 5 und S. 3 **58**
erforderlichen Standardtexte bekannt zu machen. Diese Texte liegen mit der Gemeinsamen Bekanntmachung über die zu verwendenden Standardsätze in der Fachinformation und Packungsbeilage zum
Berichten von Nebenwirkungen sowie für Arzneimittel, die einer zusätzlichen Überwachung unterliegen, gem. § 11 Ib und § 11a I 9 vom 3.7.2013 vor (vgl. auch www.bfarm.de).

F. Anwendungs- und Aufbewahrungshinweise (Abs. 2)

In Ergänzung zu den Vorgaben des Abs. 1 sind Hinweise auf Bestandteile in die Packungsbeilage **59**
aufzunehmen, sofern diese entweder nach dem jeweiligen Stand der wissenschaftlichen Erkenntnis
erforderlich sind oder durch Auflage der zuständigen Bundesoberbehörde nach § 28 II Nr. 2 angeordnet
oder durch Rechtsverordnung insbesondere nach § 12 vorgeschrieben sind. Abs. 2 enthält damit letztlich
einen Auffangtatbestand für die Fälle, in denen die nach Abs. 1 vorgegebenen Angaben nicht ausreichen,
dem Verbraucher eine wirksame und unbedenkliche Anwendung des Arzneimittels zu gewährleisten.
Die bloße Nennung der Bestandteile wird in der Regel nicht genügen, um eine wirksame und unbedenkliche Anwendung des Arzneimittels zu gewährleisten[100].

Soweit Abs. 2 die Angabe der für den Verbraucher bestimmten Aufbewahrungshinweise vorgibt, **60**
ergänzt die Norm Abs. 1 S. 1 Nr. 6 Buchst. b), der Hinweise auf besondere Vorsichtsmaßnahmen für die
Aufbewahrung vorschreibt. Abs. 2 ist im Zusammenhang mit § 10 II zu lesen: Danach sind Arzneimitteln mit für die Verbraucher bestimmten Aufbewahrungs- und für die Fachkreise bestimmten
Lagerhinweisen zu kennzeichnen (s. § 10 Rn. 60). Ziel beider Vorgaben ist es, die **Haltbarkeit des**

---

[95] Vgl. *Kloesel/Cyran*, § 11 Anm. 83a.
[96] *Berghaus/Käferstein/Rothschild*, DÄBl. 2006, A 2104 mit weitergehenden Ausführungen.
[97] Vgl. BT Drucks. 17/9341, S. 50.
[98] Vgl. *Runge*, PharmR 2014, 560, 562.
[99] Vgl. *Kloesel/Cyran*, § 11 Anm. 85.
[100] Vgl. *Kloesel/Cyran*, § 11 Anm. 87.

Arzneimittels sicherzustellen. Da Fachkreise die Verpackung eines Arzneimittels in der Regel nicht öffnen, erübrigt sich ein Lagerhinweis auf der Packungsbeilage. Bei Verbrauchern ist dagegen davon auszugehen, dass sie den Hinweis in der Packungsbeilage zur Kenntnis nehmen.

61   Die in § 10 I 1 Nr. 12 für die Etikettierung vorgeschriebene Angabe, dass Arzneimittel unzugänglich für **Kinder** aufbewahrt werden sollen, entbindet den pharmazeutischen Unternehmer nicht von der Pflicht, einen weiteren besonderen Hinweis in die Packungsbeilage aufzunehmen, wenn dies aufgrund der von dem Arzneimittel ausgehenden besonderen Gefahren notwendig erscheint. Der pharmazeutische Unternehmer kann sich nicht darauf beschränken, Auflagen oder VO umzusetzen. Es gehört vielmehr zu seinen Aufgaben, eigenverantwortlich **alle** notwendigen und geeigneten **Informationen** betreffend die Arzneimittelsicherheit an die Verbraucher zu übermitteln (s. auch § 10 Rn. 61)[101].

G. Radioaktive Arzneimittel (Abs. 2a)

62   Abs. 2a setzt die Vorgaben des Art. 67 RL 2001/83/EG um. Danach sind bei radioaktiven Arzneimitteln (§ 4 VIII) auf der Packungsbeilage neben den Angaben nach Abs. 1 Vorsichtsmaßnahmen aufzuführen, die der Verwender und der Patient während der Zubereitung und Verabreichung des Arzneimittels zu ergreifen haben, sowie besondere Vorsichtsmaßnahmen für die Entsorgung des Transportbehälters und nicht verwendeter Arzneimittel. Die Vorschrift trägt der besonderen Gefährlichkeit dieser Produkte Rechnung. Ergänzende Vorgaben sind § 3 AMRadV zu entnehmen (s. hierzu § 12 Rn. 18).

H. Registrierte homöopathische Arzneimittel (Abs. 3)

I. Angaben (S. 1)

63   Abs. 3 erfasst **registrierte homöopathische Arzneimittel** (S. 1). Auch die Packungsbeilage von **standardregistrierten homöopathischen Arzneimitteln** muss gem. § 2 StandRegV dem Abs. 3 entsprechen.

64   In der Packungsbeilage dieser Arzneimittel sind die nach § 10 IV vorgeschriebenen inhaltlichen Angaben (s. § 10 Rn. 80 – 86)[102] zu wiederholen. Das gilt nicht für die spezifisch nur für die Etikettierung notwendigen Angaben der Chargenbezeichnung, des Verfalldatums und – was erst mit dem AMG-ÄndG 2009 klargestellt wurde[103] – für den bei Mustern erforderlichen Hinweis. Für die allgemeinen Anforderungen (Sprache, Lesbarkeit, erläuternde Angaben etc.) wird in der Vorschrift auf die Regelung in § 11 I verwiesen. Es ist bislang offen, ob sich aus § 11 I auch ergibt, in welcher Reihenfolge die Angaben nach § 10 IV zu tätigen sind[104].

65   Zusätzlich zu den Angaben nach § 10 IV sind der Name und die Anschrift des Herstellers anzugeben, der die Freigabe für das Inverkehrbringen erteilt hat, soweit es sich hierbei nicht um den pharmazeutischen Unternehmer (§ 4 XVIII) handelt. Im Übrigen gelten die Vorgaben aus § 11 Ia, II, V und VI auch für registrierte homöopathische Arzneimittel[105].

66   Vom BfArM und in der Literatur[106] wird die Auffassung vertreten, für die Packungsbeilage der von Abs. 3 erfassten homöopathischen Arzneimittel seien keine Dosierungsangaben vorgesehen; es seien gem. §§ 11 III, 10 IV Nr. 7 allenfalls Angaben zur „Maximaldosierung" geboten, um die Aufnahme toxikologisch relevanter Mengen des Arzneimittels zu unterbinden. Das VG Köln hat sich dem in zwei (nicht rechtskräftigen) Urteilen vom 2.6.2015 angeschlossen[107]. Diese Auffassung kann nicht geteilt werden, da die Dosierung gem. §§ 38 II 1, 22 I 1 Nr. 10 zwingender Gegenstand der Registrierung ist (s. hierzu ergänzend § 38 Rn. 5 und 23 sowie § 39 Rn. 12). Eine Teilversagung[108] der hiernach vom pharmazeutischen Unternehmer zwingend zu beantragenden Dosierung und die Beauflagung der Streichung einer den eingereichten Unterlagen entsprechenden Dosierungsangabe würde sich darüber hinwegsetzen, dass das Fehlen von „die Dosierung" betreffenden Angaben gem. § 39 II Nr. 1 einen Versagungsgrund darstellen würde, der nicht zur Disposition der Bundesoberbehörde steht. Der Inhalt der Registrierung ergibt sich nicht aus dem Katalog der Pflichtangaben gem. § 11 III 1 i. V. m. § 10 IV, sondern aus den im

---

[101] Vgl. *BGH*, NJW 1989, 1542.

[102] Vgl. *Pannenbecker*, PharmInd 2006, 845 ff.

[103] BT-Drucks. 16/12 256, S. 44. Vgl. hierzu zuvor kritisch *Pannenbecker*, PharmInd 2006, 845 f.

[104] So *Pannenbecker*, PharmInd 2006, 845.

[105] Vgl. *Pannenbecker*, PharmInd 2006, 845.

[106] Vgl. *Werner*, Bewertung der Dosierung in nationalen Registrierungsverfahren, BfArM im Dialog v. 4.11.2009, Folie 7; *Tölle*, in: Fuhrmann/Klein/Fleischfresser, 1. Aufl., § 7 Rn. 133; *Kirchner/Werner/Knöss*, A&R 2010, 108, 112.

[107] Vgl. *VG Köln*, Urt. v. 2.6.2015 – 7 K 4834/13 – BeckRS 2015, 47954 und 7 K 4835/13 – BeckRS 2015, 47955.

[108] Das *BVerwG*, PharmR 2010, 192 f., Rn. 14, 3 C 25.09, Rn. 15 und NVwZ-RR 2007, 776 Rn. 23 hat entschieden, dass von der Bundesoberbehörde beabsichtigte Abweichungen von den Antragsunterlagen in Bezug auf die Dosierung in der Entscheidung selbst (als Teilversagung) getroffen werden müssen; zudem kann in einer auf die Packmitteltexte bezogenen Auflage keine konkludente Beschränkung des Verwaltungsaktes gesehen werden.

Registrierungsverfahren vorzulegenden Unterlagen. Zudem können Dosierungsangaben als – auch zu beauflagende – weitere Angaben, die für eine sichere Anwendung erforderlich sind (§ 10 IV 1 Nr. 7), eingestuft werden.

II. Von der Registrierung freigestellte Arzneimittel (S. 2)

Durch die Anordnung der entsprechenden Anwendung des S. 1 in Abs. 3 S. 2 werden von der **67** Regelung auch homöopathische Arzneimittel, die als **sog. 1.000er-Präparate** auf der Grundlage des § 38 I 3 in den Verkehr gebracht werden, erfasst.

I. Sera, Virusimpfstoffe, Arzneimittel aus humanem Blutplasma (Abs. 3a)

Abs. 3a entspricht weitestgehend § 10 III: Bei Sera (§ 4 III) ist zusätzlich zu den Angaben nach Abs. 1 **68** die Art des Lebewesens anzugeben, aus der das Arzneimittel gewonnen worden ist und bei Virusimpfstoffen, die zu den Impfstoffen i. S. d. § 4 IV zählen, ist das Wirtssystem anzugeben, welches zur Virusvermehrung gedient hat. Bei Arzneimitteln aus humanem Blutplasma zur Fraktionierung ist zusätzlich das Herkunftsland des Blutplasmas anzugeben. Ob das Blutplasma tatsächlich eine Fraktionierung durchlaufen hat, ist unbeachtlich, da es ausweislich des Wortlautes allein auf die Zweckbestimmung ankommt[109]. Bei den Angaben nach Abs. 3a handelt es sich jeweils um Angaben zur qualitativen Zusammensetzung nach Art. 59 I Buchst. f) iv) RL 2001/83/EG.

J. Traditionelle pflanzliche Arzneimittel (Abs. 3b)

I. Angaben (S. 1)

Mit dem im Zuge der 14. AMG-Novelle eingefügten Abs. 3b werden in Umsetzung des Art. 16g II **69** RL 2001/83/EG in der durch RL 2004/24/EG ergänzten Fassung über Abs. 1 hinaus weitere, ergänzende Vorgaben zur Packungsbeilage traditioneller pflanzlicher Arzneimittel in das Gesetz aufgenommen. Es gelten die Vorgaben nach Abs. 1, wobei bei den Anwendungsgebieten (Abs. 1 S. 1 Nr. 2) anzugeben ist, dass es sich um ein traditionelles Arzneimittel handelt, das ausschließlich auf Grund langjähriger Anwendung für das Anwendungsgebiet registriert ist.

II. Zusätzlicher Hinweis (S. 2)

Nach S. 2 ist der differentialdiagnostische Hinweis aus § 10 IVa 1 Nr. 2 auch in die Packungsbeilage **70** aufzunehmen. Es wird ergänzend auf § 10 Rn. 92 hingewiesen.

K. Blinde und sehbehinderte Personen (Abs. 3c)

Abs. 3c wurde durch die 14. AMG-Novelle eingeführt und geht auf Art. 56a 2 RL 2001/83/EG in **71** der durch RL 2004/27/EG ergänzten Fassung zurück. Dem Arzneimittel muss demgemäß keine Packungsbeilage in einer für Blinde und sehbehinderte Personen geeigneten Form beigefügt wird. Es genügt vielmehr, wenn der pharmazeutische Unternehmer die Packungsbeilage auf Ersuchen von Patientenorganisationen in einem für diesen Personenkreis geeigneten Format zur Verfügung stellt. Das jeweilige Format steht, soweit geeignet, im Ermessen des pharmazeutischen Unternehmers[110].

L. Heilwässer (Abs. 3d)

I. Entfallende Angaben (S. 1)

Abs. 3d entbindet aufgrund des geringen Gefährdungspotentials von **Heilwässern** teilweise von den **72** Vorgaben des im Übrigen einschlägigen Abs. 1. Die Angabe von Vorsichtsmaßnahmen für die Anwendung, von Hinweisen für den Fall der Überdosierung, die Empfehlung bei Fragen zur Klärung der Anwendung einen Arzt oder Apotheker zu befragen sowie Angaben zu Nebenwirkungen werden nicht als erforderlich betrachtet. Es bleibt aber je nach den stofflichen Besonderheiten des Arzneimittels ggf. die Verpflichtung aus § 11 II bestehen, Hinweise in die Packungsbeilage aufzunehmen, soweit die Arzneimittelsicherheit dies erfordert.

---

[109] Vgl. *Kloesel/Cyran*, § 11 Anm. 94.
[110] So auch *Runge*, PharmR 2014, 560, 562.

II. Abweichungen bei der Reihenfolge (S. 2)

73   Nach S. 2 der Vorschrift ist es erlaubt, von der in § 11 I vorgeschriebenen Reihenfolge abzuweichen.

M. Tierarzneimittel (Abs. 4)

74   Abs. 4 wurde mit der 14. AMG-Novelle neu gefasst. Die Norm trägt dem Umstand Rechnung, dass im europäischen Recht neben der Humanarzneimittel betreffenden RL 2001/83/EG die Tierarzneimittel erfassende RL 2001/82/EG besteht, die zwar vielfach einander entsprechen, in Einzelheiten jedoch häufig voneinander abweichen. Art. 61 II RL 2001/82/EG enthält konkrete Vorgaben an die Packungsbeilage bei Tierarzneimitteln, die nicht identisch mit den Anforderungen nach Art. 59 RL 2001/83/EG sind. Zusätzlich zu spezifischen Regelungsinhalten für Tierarzneimittel enthält Art. 61 II RL 2001/82/EG eine abweichende zwingende Reihenfolge der Angaben. Der Gesetzgeber war daher gehalten, für Tierarzneimittel in Umsetzung dieser Richtlinienvorschrift eine eigenständige Regelung in das AMG aufzunehmen[111].

75   In den Gesetzesmaterialien zum AMG-ÄndG 2009 wird ausgeführt, dass der vorherige Verweis auf die „entsprechende" Geltung des Abs. 1 gestrichen wird, weil alle Absätze des § 11, soweit sie nichts Gegenteiliges bestimmen, für Tier- und Humanarzneimittel gleichermaßen gelten[112]. Zusätzlich zu Abs. 4 sind auf Tierarzneimittel auch die Abs. 1, 1a und 2 anzuwenden, da diese nicht ausschließlich Humanarzneimittel betreffen. Der zuständigen Bundesoberbehörde ist jeweils ein Muster der Packungsbeilage und geänderter Fassungen unverzüglich zu übersenden. Zudem sind Hinweise nach Abs. 2 in die Packungsbeilage mit aufzunehmen, wenn sie für eine wirksame und unbedenkliche Anwendung des Arzneimittels erforderlich sind. Die Regelungen des Abs. 5 S. 2 und Abs. 6 gelten sowohl für Human- als auch für Tierarzneimittel.

I. Form und Inhalt der Packungsbeilage (S. 1)

76   Die formalen Vorgaben des Abs. 4 folgen Art. 61 I RL 2001/82/EG und entsprechen denen für Humanarzneimittel. Die Packungsbeilage für Tierarzneimittel ist gleichfalls allgemein verständlich in deutscher Sprache, in gut lesbarer Schrift und in Übereinstimmung mit den Angaben der Fachinformation zu erstellen (s. Rn. 10). Abs. 1 S. 2 und 3 sind anwendbar. Weitere Angaben sind nach Abs. 4 S. 4 zulässig. Es wird auf die Kommentierung unter Rn. 50 hingewiesen.

77   In **Abs. 4 S. 1 Nr. 1–9** werden die für die Gebrauchsinformation erforderlichen Pflichtangaben aufgelistet; dieser Katalog gilt anstelle des Katalogs in Abs. 1 S. 1 Nr. 1–8. Der Gesetzgeber hat hiermit die Vorgaben des Art. 61 II RL 2001/82/EG umgesetzt. Soweit die einzelnen Vorgaben den Angaben nach Abs. 1 entsprechen, wird auf die jeweilige Kommentierung verwiesen.

78   **1. Angaben zu Produktverantwortlichen (Nr. 1).** Es sind der Name und die Anschrift des pharmazeutischen Unternehmers und ggf. seines örtlichen Vertreters anzugeben. Außerdem ist der das Tierarzneimittel für das Inverkehrbringen freigebende Hersteller anzugeben. Der freigebende Hersteller ist auch in der Gebrauchsinformation von Tierarzneimitteln nur dann gesondert anzugeben, wenn er nicht zugleich der pharmazeutische Unternehmer ist[113].

79   **2. Bezeichnung des Arzneimittels, Bezeichnungsliste (Nr. 2).** Nr. 2, **1. Halbs.** entspricht im Wesentlichen Abs. 1 S. 1 Nr. 1 Buchst. a), verzichtet aber auf den Verweis auf § 10 I 1 Nr. 2, indem dessen Gehalt direkt in die Vorschrift mit aufgenommen wird. Der **2. Halbs.** der Vorschrift geht zurück auf die Vorgabe des Art. 61 II Buchst. b) 2 RL 2001/82/EG. Hinsichtlich der Regelung im **3. Halbs.** kann auf die Kommentierung zu Rn. 45 verwiesen werden.

80   **3. Anwendungsgebiete (Nr. 3).** Hinsichtlich der Angaben zu den Anwendungsgebieten kann auf Rn. 17 verwiesen werden.

81   **4. Gegenanzeigen und Nebenwirkungen (Nr. 4).** Nr. 4, 1. und 3. Halbs. übernehmen in abgekürzter Fassung die Vorgaben nach des Abs. 1 S. 1 Nr. 3 Buchst. a) und Nr. 5. Gegenanzeigen und Nebenwirkungen sind allerdings nur anzugeben, wenn sie **für die Anwendung notwendig** sind, d. h. konkrete Anhaltspunkte dafür sprechen, dass ihre Angabe erforderlich ist, um bei der bestimmungsgemäßen Anwendung des Arzneimittels eine unmittelbare oder mittelbare Gesundheitsgefährdung zu verhüten. Die Angabe von Wechselwirkungen mit anderen Tierarzneimitteln ist nicht erforderlich[114]. Es wird im Übrigen auf die Kommentierung zu Rn. 21 verwiesen. Der 2. Halbs. entspricht Abs. 5 S. 1.

---

[111] Vgl. BT-Drucks. 15/5316, S. 35.
[112] Vgl. BT-Drucks. 16/12256, S. 45.
[113] Vgl. Muster der Packungsbeilage/Gebrauchsinformation Version 3 08/2009, www.bvl.bund.de.
[114] Vgl. *Wolf*, in: Fuhrmann/Klein/Fleischfresser, § 36 Rn. 9.

Soweit zu Gegenanzeigen und Nebenwirkungen keine Angaben gemacht werden können, ist der Hinweis „keine bekannt" aufzunehmen.

5. Anwendungssichernde Angaben (Nr. 5). Nr. 5 enthält anwendungssichernde Angaben, die **82** einer Kombination der Anforderungen nach § 10 V 1 Nr. 1 und § 11 I 1 Nr. 4 entsprechen. Anzugeben ist danach die Zieltierart, für die das Arzneimittel bestimmt ist, die Dosierungsanleitung und die Art der Anwendung.

6. Wartezeit (Nr. 6). Bei Nr. 6 handelt es sich um eine tierarzneimittelspezifische Angabe, die § 10 **83** V 1 Nr. 8 entspricht. Hiernach ist bei Arzneimitteln, die für Lebensmittel liefernde Tiere bestimmt sind, die Wartezeit (§ 4 XII) anzugeben. Ist die Einhaltung einer solchen Wartezeit nicht erforderlich, so ist auch dies – anders als im Rahmen des § 10 V 1 Nr. 8 – mitzuteilen. Durch Einhaltung der Wartezeit wird zum Zwecke des Verbraucherschutzes sichergestellt, dass Rückstände in den gewonnenen Lebensmitteln die nach der VO (EU) Nr. 37/2010 zulässigen Höchstmengen für pharmakologisch wirksame Stoffe nicht überschreiten. Es können je nach zu gewinnendem Lebensmittel (z. B. Fleisch oder Milch) unterschiedliche Wartezeiten bestehen.

7. Besondere Vorsichtsmaßnahmen für die Aufbewahrung (Nr. 7). Hinsichtlich der Angaben **84** zu den besonderen Vorsichtsmaßnahmen für die Aufbewahrung kann auf Rn. 39 verwiesen werden.

8. Warnhinweise (Nr. 8). Nach Nr. 8 sind besondere Warnhinweise aufzunehmen. Es wird zunächst **85** auf die Kommentierung zu § 10 Rn. 58 verwiesen. Art. 61 II Buchst. h) RL 2001/82/EG, welcher der Vorgabe zugrunde liegt, nimmt Bezug auf die Angaben nach Art. 26 II RL 2001/82/EG. Danach kann der pharmazeutische Unternehmer verpflichtet werden, auf der Packungsbeilage wichtige Hinweise für die Sicherheit oder den Gesundheitsschutz zu geben, einschließlich der besonderen Vorsichtsmaßnahmen bei der Verwendung und anderer Warnungen, die sich aus klinischen und pharmakologischen Versuchen oder aus der praktischen Erfahrung mit dem Tierarzneimittel, nachdem es auf dem Markt angeboten wurde, ergeben.

9. Besondere Vorsichtsmaßnahmen für die Beseitigung von Arzneimitteln (Nr. 9). Art. 61 II **86** Buchst. i) RL 2001/82/EG schreibt – ggf. – die Angabe besonderer Vorsichtsmaßnahmen für die Beseitigung des nicht verwendeten Tierarzneimittels oder des Abfalls dieser Tierarzneimittel vor. Die Regelung in Nr. 9 weicht hiervon insoweit ab, als ausdrücklich nur die Beseitigung von nicht verwendeten Arzneimitteln angesprochen wird. Die Beseitigung des Abfalls lässt sich aber unter die Angabe sonstige besonderer Vorsichtsmaßnahmen fassen, deren Angabe angeordnet wird, soweit diese nach dem Stand der jeweiligen wissenschaftlichen Erkenntnis erforderlich ist, um Gefahren für die Umwelt zu vermeiden. Die Berücksichtigung von Umweltgefahren ist insoweit konsequent, als bei Tierarzneimitteln Umweltgesichtspunkte generell eine wichtige Rolle spielen[115]. So ist bereits der notwendige Antrag auf Zulassung gem. § 22 IIIc mit Unterlagen zu versehen, mit denen eine Bewertung möglicher Umweltrisiken vorgenommen wird, und für den Fall, dass die Aufbewahrung des Arzneimittels oder seine Anwendung oder die Beseitigung seiner Abfälle besondere Vorsichts- oder Sicherheitsmaßnahmen erfordert, um Gefahren für die Umwelt oder die Gesundheit von Menschen, Tieren oder Pflanzen zu vermeiden, dies ebenfalls angegeben wird.

II. Angabe des Datums (S. 2)

Nach Abs. 4 S. 2 ist das Datum der letzten Überarbeitung der Packungsbeilage anzugeben (vgl. **87** Rn. 46).

III. Arzneimittel-Vormischungen (S. 3)

Bei Arzneimittel-Vormischungen (§ 4 XI) sind nach Abs. 4 S. 3 Hinweise für die sachgerechte **88** Herstellung der Fütterungsarzneimittel und Angaben über die Dauer deren Haltbarkeit in die Gebrauchsinformation aufzunehmen. Durch das AMG-ÄndG 2009 wurde die Verpflichtung, geeignete Mischfuttermitteltypen und Herstellungsverfahren sowie Wechselwirkungen mit nach Futtermittelrecht zugelassenen Zusatzstoffen anzugeben, gestrichen. Diese Verpflichtungen führten regelmäßig zu Problemen bei der Harmonisierung von Gebrauchsinformationen für Tierarzneimittel, da entsprechende Vorgaben nicht der RL 2001/82/EG und den QRD-Templates/CMDv-Templates[116] zu entnehmen sind und dementsprechend in anderen EU-Mitgliedstaaten nicht verpflichtend waren[117].

---

[115] Zur Problematik Arzneimittel – Umwelt vgl. *Kügel/Guttmann*, PharmR 2009, 490 ff.
[116] Textvorlagen für Gebrauchsinformationen der „Working Group on the Quality Review of Documents (QRD)", eine Arbeitsgruppe der EMEA.
[117] BT-Drucks. 16/12 256, S. 45.

IV. Weitere Angaben (S. 4)

89   Auch in Bereich der Tierarzneimittel sind weitere Angaben zulässig, soweit sie mit der Anwendung des Arzneimittels in Zusammenhang stehen, für den Anwender oder Tierhalter wichtig sind und den Angaben nach § 11a nicht widersprechen (s. hierzu Rn. 51).

V. Homöopathische Tierarzneimittel (S. 5)

90   Abs. 4 S. 5 wurde mit dem AMG-ÄndG 2009 an Abs. 4 angefügt. Die Vorschrift verlangt, dass bei Tierarzneimitteln, die in das Register für homöopathische Arzneimittel eingetragen sind, oder die nach § 38 I 3 oder nach § 60 I von der Registrierung freigestellt sind, Abs. 4 S. 1, 2 und 4 entsprechend mit der Maßgabe gelten, dass die in § 10 IV vorgeschriebenen Angaben mit Ausnahme der Angabe der Chargenbezeichnung, des Verfalldatums und des bei Mustern vorgeschriebenen Hinweises zu machen sind. Die Bestimmung trägt dem Umstand Rechnung, dass die vom Wortlaut her an sich auch auf Tierarzneimittel anwendbaren Vorschriften der Abs. 3 und 3b auf Abs. 1 verweisen, obwohl es in Abs. 4 eine den Vorgaben des Art. 61 II RL 2001/82/EG genügende Sonderregelung für Tierarzneimittel gibt. Inhaltlich kann auf die Kommentierung zu Rn. 64 f. verwiesen werden.

VI. Traditionelle pflanzliche Tierarzneimittel (S. 6)

91   Abs. 4 S. 6 wurde ebenfalls mit dem AMG-ÄndG 2009 angefügt. Bei traditionellen pflanzlichen Arzneimitteln zur Anwendung bei Tieren ist zusätzlich zu den Hinweisen nach Abs. 3b S. 1 ein der Anwendung bei Tieren entsprechender Hinweis nach § 10 Abs. 4a S. 1 Nr. 2 anzugeben.

N. Risikoerkenntnisse (Abs. 5)

I. Hinweis (S. 1)

92   Wenn trotz entsprechender Prüfungen und aufgrund von Mitteilungen Dritter keine Angaben zu Gegenanzeigen (Abs. 1 S. 1 Nr. 3 Buchst. a)), Wechselwirkungen (Abs. 1 S. 1 Nr. 3 Buchst. b)) und Nebenwirkungen (Abs. 1 S. 1 Nr. 5) gemacht werden können, ist der Hinweis „keine bekannt" aufzunehmen. Stellen sich jedoch nach dem Inverkehrbringen Risiken heraus, hat der pharmazeutische Unternehmer diese Informationen in die Packungsbeilage mit aufzunehmen. Nach Abs. 1a hat er der zuständigen Bundesoberbehörde ein Muster der geänderten Fassung zu übersenden.

II. Weitere Angaben (S. 2)

93   Sofern – zulässigerweise – in der Packungsbeilage weitere Angaben gemacht werden (s. Rn. 52), müssen sie von den Angaben nach den Abs. 1–4 deutlich abgesetzt und abgegrenzt gemacht werden. Dies gilt nicht, sofern die weiteren Angaben in unmittelbarem Zusammenhang mit den Pflichtangaben stehen; diese können zudem auch durch eine Auflage nach § 28 II Nr. 2 angeordnet werden (s. auch § 10 Rn. 50)[118].

O. Entfallen der Packungsbeilage (Abs. 6)

I. Angaben nach Abs. 1–4 (S. 1)

94   Die Packungsbeilage kann in Umsetzung der Art. 58 RL 2001/83/EG und Art. 61 I 1 RL 2001/82/EG entfallen, wenn die nach § 11 I–IV vorgeschriebenen Pflichtangaben auf dem Behältnis oder auf der äußeren Umhüllung stehen. Nach dem Wortlaut der Vorschrift ist es unbeachtlich, ob das Behältnis eine äußere Umhüllung hat oder nicht[119]. Die Packungsbeilage kann in jedem Fall durch Pflichtangaben, die sich auf dem Behältnis oder der äußeren Umhüllung befinden, ersetzt werden. Nach dem Zweck des Abs. 6 ist es allein entscheidend, dass bei der Abgabe des Arzneimittels an den Verbraucher dieser mit dem Arzneimittel zusammen die Pflichtangaben erhält[120]. Es kommt nach der Vorschrift nicht darauf an, ob eine äußere Umhüllung des Arzneimittels die Aufnahme einer separaten Packungsbeilage ermöglicht[121].

95   Einschränkend muss verlangt werden, dass die Pflichtangaben auf dem Behältnis oder der äußeren Umhüllung gleichermaßen dauerhaft und gut lesbar sind, wie dies bei einer Packungsbeilage der Fall ist. Unzulässig wäre daher beispielsweise der Aufdruck der Pflichtangaben auf einer äußeren Umhüllung, bei

---

[118] Vgl. *OVG Münster*, PharmR 2009, 281, 286; Urt. v. 11.2.2009 – 13 A 2150/06 – BeckRS 2009, 31963.
[119] Vgl. *Rehmann*, § 11 Rn. 25.
[120] Vgl. *Rehmann*, § 11 Rn. 25.
[121] A. A. *Kloesel/Cyran*, § 11 Anm. 111.

deren Öffnen es zwangsläufig zu einer (teilweisen) Vernichtung oder Unlesbarkeit der Pflichtangaben kommt (s. im Übrigen § 10 Rn. 14).

II. Entsprechende Anwendung von Abs. 5 (S. 2)

Sofern die nach Abs. 1–4 vorgeschriebenen Angaben zulässigerweise auf dem Behältnis oder auf der **96** äußeren Umhüllung stehen, muss auch in diesem Fall Abs. 5 beachtet werden (s. Rn. 92 f.).

P. Auseinzelung von Teilmengen (Abs. 7)

I. Voraussetzung für die Abgabe (S. 1)

Abs. 7 wurde mit dem GKV-WSG in das Gesetz aufgenommen. Nach der Ausgangsregelung in Abs. 7 **97** S. 1 dürfen auch aus einem Human-Fertigarzneimittel entnommene Teilmengen nur mit der für das Arzneimittel vorgesehenen Packungsbeilage abgegeben werden[122].

II. Entsprechende Geltung von Abs. 6 S. 1 (S. 2)

Durch den Verweis auf Abs. 6 S. 1 kann auf die Packungsbeilage allerdings verzichtet werden, wenn **98** das Behältnis oder die äußere Umhüllung, die die Teilmenge umschließen, die Angaben nach Abs. 1–4 enthalten[123].

III. Ausnahme (S. 3)

Abs. 7 S. 3 enthält für den Fall der Abgabe von aus Human-Fertigarzneimitteln entnommenen **99** Teilmengen in patientenindividuell zusammengestellten Blistern für die Dauermedikation (sog. Multidose-Blister)[124] eine Sonderregelung, wonach grundsätzlich nur bei der erstmaligen Abgabe des Blisters an den Patienten für alle darin enthaltenen Fertigarzneimittel Packungsbeilagen beigefügt sein müssen. Einer erneuten Beifügung einer Packungsbeilage bedarf es erst, wenn entweder sich die Packungsbeilage eines in dem Blister befindlichen Fertigarzneimittels geändert hat oder ein Fertigarzneimittel neu in den Blister aufgenommen wurde[125]. Es wird ergänzend auf die Kommentierung in § 10 Rn. 128 hingewiesen.

Q. Sanktionen

I. Im Wettbewerbsrecht

Eine Verletzung der Vorgaben des § 11 beinhaltet regelmäßig einen **Wettbewerbsverstoß** gem. §§ 3, **100** 4 Nr. 11 UWG[126].

Werden von der Zulassung nicht erfasste Anwendungsgebiete in die Gebrauchsinformation aufgenom- **101** men, so liegt hierin ein Verstoß gegen § 8 I Nr. 2 Buchst. a) und tateinheitlich ein Verstoß gegen § 3 HWG sowie gegen § 3a HWG[127].

Nach Art. 62, 2. Unterabs. RL 2001/83 sind Angaben, die Werbecharakter haben können, nicht zulässig. **102** § 4a I HWG verbietet es lediglich, in der Packungsbeilage eines Arzneimittels „für andere Arzneimittel oder andere Mittel zu werben"[128]. § 11 I 5 enthält eine weitergehende Umsetzung des **Werbeverbots** in der Packungsbeilage gem. Art. 62 RL 2001/83/EG („sind zulässig, soweit")[129]. Dieses Werbeverbot bezieht sich nicht auf die arzneimittelrechtlich vorgeschriebenen Pflichtangaben in der Gebrauchsinformation, denn das HWG kann nicht Angaben verbieten, die nach §§ 10, 11 vorgeschrieben[130] oder gesetzlich zulässig[131]

---

[122] Vgl. BT-Drucks. 16/3100, S. 198 f.
[123] Vgl. BT-Drucks. 16/3100, S. 199.
[124] Vgl. *Rehmann*, 11 Rn. 26 und § 21 Rn. 6.
[125] Vgl. BT-Drucks. 16/3100, S. 199.
[126] Vgl. jeweils zu § 1 UWG a. F. *OLG Hamburg*, PharmR 1992, 367 f.; *OLG Hamburg*, MD 2002, 777, 779 f. – „Nebenwirkungshinweise"; *OLG Düsseldorf*, GRUR 1993, 846 f. – „Terfemundin". Zu § 4 Nr. 11 UWG in Bezug auf § 10 vgl. *BGH*, PharmR 2013, 491 f. Rn. 1 – „Voltaren"; vgl. auch *Kaeding*, PharmR 2008, 315, 318; *v. Jagow*, GRUR 2010, 190, 193.
[127] Vgl. *Doepner*, § 3 Rn. 11. Anders *Scholz*, GRUR 1994, 688, 697 f.; a. A. offenbar auch *Sander*, § 8 Anm. 5, der § 3 HWG für die Werbung als lex specialis bezeichnet.
[128] Das von *Stallberg*, PharmR 2010, 214, 216 für zulässig gehaltene Aufmerksammachen auf andere Arzneimittel des Herstellers in einer separaten Beilage scheitert an § 4a I HWG.
[129] Vgl. BT-Drucks. 12/6480, S. 18 unter Bezugnahme auf die vorhergehende RL 92/27/EWG; *Bülow*, in: Bülow/Ring, § 4a Rn. 3.
[130] Vgl. *BGH*, GRUR 2008, 1014 f., Rn. 21 – „Amlodipin"; *BGH*, GRUR 1998, 959 f. – „Neurotrat forte"; *BGH*, GRUR 2001, 176 f. – „Myalgien".
[131] Vgl. *OLG Hamburg*, PharmR 2008, 126, 130; *OLG Hamburg*, MD 2007, 1200, 1204; *Stallberg*, PharmR 2010, 214, 216; *Beuthien/Schmölz*, GRUR 1999, 297, 299.

sind. Da das Recht der Arzneimittelwerbung durch die RL 2001/83/EG vollharmonisiert ist[132], unterliegt die dem Titel V der RL unterfallende Packungsbeilage nicht den Anforderungen des Titels VIII (Werbung) der RL 2001/83/EG (Art. 86 II RL 2001/83/EG) und außerdem darf das Inverkehrbringen eines Arzneimittels nicht aus Gründen, die mit der Etikettierung oder Packungsbeilage zusammenhängen, untersagt oder verhindert werden, sofern diese mit dem Titel V (Etikettierung und Packungsbeilage) der RL 2001/83/EG übereinstimmt (Art. 60 RL 2001/83/EG). Das Werbeverbot greift jedoch, wenn die Packungsbeilage zu Werbezwecken verwendet wird.[133] Eine dem HWG unterliegende Verwendung zur Arzneimittelwerbung ist jedoch nach § 1 VIII HWG u. a. dann nicht gegeben, wenn die nach §§ 10 bis 11a vorgeschriebenen vollständigen Informationen auf die Anforderung einer Person hin übermittelt oder im Internet bereitgestellt werden (s. auch § 11 Rn. 52)[134]. Es kann also nicht mehr davon ausgegangen werden, dass Arzneimittelwerbung vorliegt, wenn die Pflichtangaben aus der arzneimittelrechtlichen Kennzeichnungsform herausgelöst und einer eigenständigen kommunikativen Verwendung zugeführt werden[135], sofern die Information vom Patienten aktiv nachgefragt wird und ihm nicht z. B. in einer Zeitungsanzeige oder einem Banner im Internet vorgehalten wird. Arzneimittelwerbung liegt hingegen vor, wenn die Informationen gem. §§ 11 bis 11a nicht vollständig, sondern umgestaltet präsentiert werden und eine Botschaft mit – über gebrauchssichernde Hinweise hinausgehendem – werblichem Überschuss enthalten[136]. Solchenfalls stellen auch die Pflichtangaben Werbung dar und die Packungsbeilage muss insgesamt den Vorgaben des HWG an eine produktbezogene Absatzwerbung genügen[137]. Ein werblicher Überschuss widerspricht § 10 I 5 und ist nach §§ 3, 4 Nr. 11 UWG wettbewerbswidrig.

103   Eine Versendung der Packungsbeilage auf konkrete Anfrage stellt auf der Grundlage des § 1 V HWG keine Verwendung zu Werbezwecken dar[138]. Zum Einstellen der Packungsbeilage eines verschreibungspflichtigen Arzneimittels im Internet vgl. § 11 Rn. 53.

II. Straftaten/Ordnungswidrigkeiten

104   Das Inverkehrbringen von Arzneimitteln, deren Packungsbeilage diesen Anforderungen nicht genügt, stellt eine **Ordnungswidrigkeit** gem. § 97 II Nr. 5 dar. Sofern die Packungsbeilage darüber hinaus gem. § 8 I Nr. 2 irreführend ist, ist der **Straftatbestand** des § 96 Nr. 3 AMG einschlägig[139]. Widersprechen die Angaben in der Packungsbeilage inhaltlich der Zulassung, ist die vorsätzliche Tat nach § 96 Nr. 5 strafbewehrt. Für den Fall des inhaltlichen Widerspruchs der Packungsbeilage zur Registrierung eines homöopathischen oder traditionellen pflanzlichen Arzneimittels ist bei Vorsatz § 96 Nr. 9 einschlägig. Die fahrlässige Begehung der in § 96 bezeichneten Handlungen ist eine Ordnungswidrigkeit nach § 97 I.

§ 11a Fachinformation

(1) ¹Der pharmazeutische Unternehmer ist verpflichtet, Ärzten, Zahnärzten, Tierärzten, Apothekern und, soweit es sich nicht um verschreibungspflichtige Arzneimittel handelt, anderen Personen, die die Heilkunde oder Zahnheilkunde berufsmäßig ausüben, für Fertigarzneimittel, die der Zulassungspflicht unterliegen oder von der Zulassung freigestellt sind, Arzneimittel im Sinne des § 2 Abs. 1 oder Abs. 2 Nr. 1 und den für den Verkehr außerhalb der Apotheken nicht freigegeben sind, auf Anforderung eine Gebrauchsinformation für Fachkreise (Fachinformation) zur Verfügung zu stellen. ²Diese muss die Überschrift „Fachinformation" tragen und folgende Angaben in gut lesbarer Schrift in Übereinstimmung mit der im Rahmen der Zulassung genehmigten Zusammenfassung der Merkmale des Arzneimittels und in der nachstehenden Reihenfolge enthalten:

1. die Bezeichnung des Arzneimittels, gefolgt von der Stärke und der Darreichungsform;
2. qualitative und quantitative Zusammensetzung nach Wirkstoffen und den sonstigen Bestandteilen, deren Kenntnis für eine zweckgemäße Verabreichung des Mittels erforderlich ist, unter Angabe der gebräuchlichen oder chemischen Bezeichnung; § 10 Abs. 6 findet Anwendung;
3. Darreichungsform;

---

[132] Vgl. *EuGH*, GRUR 2008, 267 f., Rn. 20 – „Gintec".

[133] Nach *BGH*, GRUR 1991, 860, 862 – „Katovit" und *BGH*, GRUR 2001, 176 f. – „Myalgien" ist dies auch im Hinblick auf eine Publikumswerbung der Fall, wenn auf dem Zulassungsbescheid entsprechende fachsprachliche Pflichtangaben nach § 11 auf der Grundlage von § 4 I und II HWG wiedergegeben werden, ohne dass diese allgemeinverständlich erläutert werden (Verstoß gegen § 11 I 1 Nr. 6 HWG). Dies ist nach der Novellierung des HWG durch das 2. AMG-ÄndG 2012 überholt.

[134] Vgl. dazu insbes. *EuGH*, Urt. v. 5.5.2011 – Rs. C-316/09, PharmR 2011, 282 ff. – „MSD/Merckle".

[135] Vgl. *BGH*, GRUR 2009, 988 f., Rn. 9 – „Arzneimittelpräsentation im Internet".

[136] Vgl. *BGH*, GRUR 2009, 990 f., Rn. 14 – „Metoprolol"; *BGH*, GRUR 2008, 1014 f., Rn. 21 – „Amlodipin"; *BGH*, GRUR 2001, 176 f. – „Myalgien"; *Beuthien/Schmölz*, GRUR 1999, 297, 299.

[137] Vgl. *BGH*, GRUR 2001, 176 f. – „Myalgien". Kritisch hierzu *Doepner/Reese*, Sonderdruck zu PharmR 2001, S. I, VII f.

[138] Vgl. *Winnands*, PharmInd. 2009, 1358 f.; *Kloesel/Cyran*, § 11 Anm. 20.

[139] Vgl. *Kloesel/Cyran*, § 97 Anm. 9.

4. klinische Angaben:
   a) Anwendungsgebiete,
   b) Dosierung und Art der Anwendung bei Erwachsenen und, soweit das Arzneimittel zur Anwendung bei Kindern bestimmt ist, bei Kindern,
   c) Gegenanzeigen,
   d) besondere Warn- und Vorsichtshinweise für die Anwendung und bei immunologischen Arzneimitteln alle besonderen Vorsichtsmaßnahmen, die von Personen, die mit immunologischen Arzneimitteln in Berührung kommen und von Personen, die diese Arzneimittel Patienten verabreichen, zu treffen sind, sowie von dem Patienten zu treffenden Vorsichtsmaßnahmen, soweit dies durch Auflagen der zuständigen Bundesoberbehörde nach § 28 Abs. 2 Nr. 1 Buchstabe a angeordnet oder durch Rechtsverordnung vorgeschrieben ist,
   e) Wechselwirkungen mit anderen Arzneimitteln oder anderen Mitteln, soweit sie die Wirkung des Arzneimittels beeinflussen können,
   f) Verwendung bei Schwangerschaft und Stillzeit,
   g) Auswirkungen auf die Fähigkeit zur Bedienung von Maschinen und zum Führen von Kraftfahrzeugen,
   h) Nebenwirkungen bei bestimmungsgemäßem Gebrauch,
   i) Überdosierung: Symptome, Notfallmaßnahmen, Gegenmittel;
5. pharmakologische Eigenschaften:
   a) pharmakodynamische Eigenschaften,
   b) pharmakokinetische Eigenschaften,
   c) vorklinische Sicherheitsdaten;
6. pharmazeutische Angaben:
   a) Liste der sonstigen Bestandteile,
   b) Hauptinkompatibilitäten,
   c) Dauer der Haltbarkeit und, soweit erforderlich, die Haltbarkeit bei Herstellung einer gebrauchsfertigen Zubereitung des Arzneimittels oder bei erstmaliger Öffnung des Behältnisses,
   d) besondere Vorsichtsmaßnahmen für die Aufbewahrung,
   e) Art und Inhalt des Behältnisses,
   f) besondere Vorsichtsmaßnahmen für die Beseitigung von angebrochenen Arzneimitteln oder der davon stammenden Abfallmaterialien, um Gefahren für die Umwelt zu vermeiden;
7. Inhaber der Zulassung;
8. Zulassungsnummer;
9. Datum der Erteilung der Zulassung oder der Verlängerung der Zulassung;
10. Datum der Überarbeitung der Fachinformation.

[3] Bei allen Arzneimitteln, die zur Anwendung bei Menschen bestimmt sind, ist ein Standardtext aufzunehmen, durch den die Angehörigen von Gesundheitsberufen ausdrücklich aufgefordert werden, jeden Verdachtsfall einer Nebenwirkung an die zuständige Bundesoberbehörde zu melden, wobei die Meldung in jeder Form, insbesondere auch elektronisch, erfolgen kann. [4] Für Arzneimittel, die zur Anwendung bei Menschen bestimmt sind und sich auf der Liste gemäß Artikel 23 der Verordnung (EG) Nr. 726/2004 befinden, muss ferner folgende Erklärung aufgenommen werden: „Dieses Arzneimittel unterliegt einer zusätzlichen Überwachung." [5] Dieser Erklärung muss ein schwarzes Symbol vorangehen und ein geeigneter standardisierter erläuternder Text nach Artikel 23 Absatz 4 der Verordnung (EG) Nr. 726/2004 folgen. [6] Weitere Angaben, die nicht durch eine Verordnung der Europäischen Gemeinschaft oder der Europäischen Union vorgeschrieben oder bereits nach dieser Verordnung zulässig sind, sind zulässig, wenn sie mit der Anwendung des Arzneimittels im Zusammenhang stehen und den Angaben nach Satz 2 nicht widersprechen; sie müssen von den Angaben nach Satz 2 deutlich abgesetzt und abgegrenzt sein. [7] Satz 1 gilt nicht für Arzneimittel, die nach § 21 Abs. 2 einer Zulassung nicht bedürfen oder nach einer homöopathischen Verfahrenstechnik hergestellt sind. [8] Der Inhaber der Zulassung ist verpflichtet, die Fachinformation auf dem aktuellen wissenschaftlichen Kenntnisstand zu halten, zu dem auch die Schlussfolgerungen aus Bewertungen und die Empfehlungen gehören, die auf dem nach Artikel 26 der Verordnung (EG) Nr. 726/2004 eingerichteten europäischen Internetportal für Arzneimittel veröffentlicht werden. [9] Die nach den Sätzen 3 und 5 erforderlichen Standardtexte werden von der zuständigen Bundesoberbehörde im Bundesanzeiger bekannt gemacht.

(1a) Bei Sera ist auch die Art des Lebewesens, aus dem sie gewonnen sind, bei Virusimpfstoffen das Wirtssystem, das zu Virusvermehrung gedient hat, und bei Arzneimitteln aus humanem Blutplasma zur Fraktionierung das Herkunftsland des Blutplasmas anzugeben.

(1b) Bei radioaktiven Arzneimitteln sind ferner die Einzelheiten der internen Strahlungsdosimetrie, zusätzliche detaillierte Anweisungen für die extemporane Zubereitung und die Qualitätskontrolle für diese Zubereitung sowie, soweit erforderlich, die Höchstlagerzeit anzugeben, während der eine Zwischenzubereitung wie ein Eluat oder das gebrauchsfertige Arzneimittel seinen Spezifikationen entspricht.

(1c) [1]Bei Arzneimitteln, die zur Anwendung bei Tieren bestimmt sind, muss die Fachinformation unter der Nummer 4 „klinische Angaben" folgende Angaben enthalten:

a) Angabe jeder Zieltierart, bei der das Arzneimittel angewendet werden soll,
b) Angaben zur Anwendung mit besonderem Hinweis auf die Zieltierarten,
c) Gegenanzeigen,
d) besondere Warnhinweise bezüglich jeder Zieltierart,
e) besondere Warnhinweise für den Gebrauch, einschließlich der von der verabreichenden Person zu treffenden besonderen Sicherheitsvorkehrungen,
f) Nebenwirkungen (Häufigkeit und Schwere),
g) Verwendung bei Trächtigkeit, Eier- oder Milcherzeugung,
h) Wechselwirkungen mit anderen Arzneimitteln und andere Wechselwirkungen,
i) Dosierung und Art der Anwendung,
j) Überdosierung: Notfallmaßnahmen, Symptome, Gegenmittel, soweit erforderlich,
k) Wartezeit für sämtliche Lebensmittel, einschließlich jener, für die keine Wartezeit besteht.

[2]Die Angaben nach Absatz 1 Satz 2 Nr. 5 Buchstabe c entfallen.

(1d) Bei Arzneimitteln, die nur auf ärztliche, zahnärztliche oder tierärztliche Verschreibung abgegeben werden dürfen, ist auch der Hinweis „Verschreibungspflichtig", bei Betäubungsmitteln der Hinweis „Betäubungsmittel", bei sonstigen Arzneimitteln, die nur in Apotheken an Verbraucher abgegeben werden dürfen, der Hinweis „Apothekenpflichtig" anzugeben; bei Arzneimitteln, die einen Stoff oder eine Zubereitung nach § 48 Absatz 1 Satz 1 Nummer 3 enthalten, ist eine entsprechende Angabe zu machen.

(1e) Für Zulassungen von Arzneimitteln nach § 24b können Angaben nach Absatz 1 entfallen, die sich auf Anwendungsgebiete, Dosierungen oder andere Gegenstände eines Patents beziehen, die zum Zeitpunkt des Inverkehrbringens noch unter das Patentrecht fallen.

(2) [1]Der pharmazeutische Unternehmer ist verpflichtet, die Änderungen der Fachinformation, die für die Therapie relevant sind, den Fachkreisen in geeigneter Form zugänglich zu machen. [2]Die zuständige Bundesoberbehörde kann, soweit erforderlich, durch Auflage bestimmen, in welcher Form die Änderungen allen oder bestimmten Fachkreisen zugänglich zu machen sind.

(3) Ein Muster der Fachinformation und geänderter Fassungen ist der zuständigen Bundesoberbehörde unverzüglich zu übersenden, soweit nicht das Arzneimittel von der Zulassung freigestellt ist.

(4) [1]Die Verpflichtung nach Absatz 1 Satz 1 kann bei Arzneimitteln, die ausschließlich von Angehörigen der Heilberufe verabreicht werden, auch durch Aufnahme der Angaben nach Absatz 1 Satz 2 in der Packungsbeilage erfüllt werden. [2]Die Packungsbeilage muss mit der Überschrift „Gebrauchsinformation und Fachinformation" versehen werden.

Wichtige Änderungen der Vorschrift: Abs. 1a eingefügt durch das Vierte Gesetz zur Änderung des Arzneimittelgesetzes vom 11.4.1990 (BGBl. I S. 717); Abs. 1b und Abs. 1c eingefügt durch das Fünfte Gesetz zur Änderung des Arzneimittelgesetzes vom 9.8.1994 (BGBl. I S. 2071); Abs. 1 S. 2 und S. 3 geändert und Abs. 1d und 1e eingefügt durch das Vierzehnte Gesetzes zur Änderung des Arzneimittelgesetzes vom 29.8.2005 (BGBl. I S. 2570); Abs. 1 S. 3 geändert durch das Gesetz zur Änderung arzneimittelrechtlicher und anderer Vorschriften vom 17.7.2009 (BGBl. I S. 1990); Abs. 1 S. 2 Nr. 4 Buchst. h) neu gefasst, S. 3–5 eingefügt, bisherige S. 3 und 4 werden S. 6 und 7, neuer S. 6 geändert, S. 8 und 9 angefügt durch Zweites Gesetz zur Änderung arzneimittelrechtlicher und anderer Vorschriften vom 19.10.2012 (BGBl. I S. 2192); Abs. 1 S. 5 geändert durch Drittes Gesetz zur Änderung arzneimittelrechtlicher und anderer Vorschriften vom 7.8.2013 (BGBl. I S. 3108).

Übersicht

A. Allgemeines

I. Inhalt

§ 11a I verpflichtet den pharmazeutischen Unternehmer, für die Angehörigen der in der Vorschrift **1** genannten Fachkreise Fachinformationen zur Verfügung zu stellen, die inhaltlich über die Angaben nach § 11 hinausgehen und den Fachkreisangehörigen eine therapiegerechte Anwendung des Arzneimittels bzw. Beratung hierzu ermöglichen sollen (Abs. 1 S. 1). Die inhaltlichen Anforderungen an diese „Fachinformation" für Humanarzneimittel sind Abs. 1 S. 2 zu entnehmen. Im Gegensatz zur Packungsbeilage orientiert sich die Fachinformation an den Bedürfnissen der Fachkreise und muss dementsprechend nicht allgemeinverständlich formuliert sein. Abs. 1 S. 3 verlangt bei Humanarzneimitteln die Aufnahme eines Standardtextes, mit dem die Angehörigen der Gesundheitsberufe aufgefordert werden, Verdachtsfälle von Nebenwirkungen an die zuständige Bundesoberbehörde zu melden. Abs. 1 S. 4 und 5 enthalten Vorgaben für besonders überwachungsbedürftige Humanarzneimittel. Abs. 1 S. 6 gibt den Rahmen für „weitere Angaben" vor und Abs. 1 S. 7 nimmt bestimmte Arzneimittel von der Pflicht zur Bereithaltung einer Fachinformation aus. Abs. 1 S. 8 verpflichtet zur Aktualisierung der Fachinformation und Abs. 1 S. 9 enthält eine Ermächtigung zur Bekanntmachung der Standardtexte. Die in Abs. 1 S. 2 vorgesehenen Angaben werden durch die Abs. 1a und 1b ergänzt, die den besonderen Anforderungen an Sera, humanes Blutplasma und radioaktive Arzneimittel Rechnung tragen.

Die Fachinformation für Tierarzneimittel entspricht grundsätzlich der Fachinformation nach Abs. 1 **2** S. 2. Für Tierarzneimittel spezifische Anforderungen, die auf Art. 14 RL 2001/82/EG basieren, sind Abs. 1c zu entnehmen. Abs. 1d regelt auf den Abgabestatus bezogene Anforderungen. Für Generika sind in Abs. 1e Sonderregelungen im Hinblick auf Angaben enthalten, die unter das Patentrecht des Originalpräparates fallen.

Abs. 2–4 enthalten verfahrensbezogene Regelungen: Abs. 2 regelt den Fall, dass sich im Nachhinein **3** therapierelevante Änderungen der Fachinformation ergeben. Bei zulassungspflichtigen Arzneimitteln ist der zuständigen Bundesoberbehörde ein Muster der Fachinformation zu übersenden (Abs. 3). Abs. 4 erlaubt es dem pharmazeutischen Unternehmer, die über § 11 hinausgehenden Angaben in eine gemeinsame „Gebrauchs- und Fachinformation" aufzunehmen, wenn das konkrete Arzneimittel ausschließlich durch Heilberufausübende verabreicht wird.

II. Zweck

Eine § 11a entsprechende Regelung und die aus der Vorschrift folgende Pflicht, Angehörigen der **4** Heilberufe eine „Fachinformation" zur Verfügung zu stellen, sind im jeweiligen Gemeinschaftskodex für Human- bzw. Tierarzneimittel nicht enthalten. Der deutsche Gesetzgeber hat sich mit der Aufnahme des § 11a ins AMG im Zuge der 2. AMG-Novelle dafür entschieden, den Fachkreisen eine **weitere Informationsquelle** als nur die Packungsbeilage zur Verfügung zu stellen, um auf diese Weise den

Fachkreisen die für eine sichere Arzneimittelanwendung notwendigen wissenschaftlichen Informationen zu vermitteln[1]. Die zur therapiegerechten Anwendung erforderlichen Warnhinweise und die möglichen Risiken, die den Heilberufausübenden mitgeteilt werden müssen, könnten Patienten unberechtigterweise verängstigen und von einer Anwendung des Arzneimittels abhalten[2]. Dementsprechend wurde eine zweite Informationsquelle geschaffen, die die Packungsbeilage entlastet und es ermöglicht, die Allgemeinverständlichkeit der Gebrauchsinformation beizubehalten[3]. Die inhaltlichen Anforderungen an die Fachinformation sind Art. 11 RL 2001/83/EG bzw. Art. 14 RL 2001/82/EG entnommen, die als Zusammenfassung der Merkmale des Arzneimittels (Summary of Product Characteristics – SmPC) dem Zulassungsantrag beizufügen sind. Da der pharmazeutische Unternehmer diese Unterlagen sowieso zusammenstellen muss, folgt aus § 11a auch keine für ihn unzumutbare Verpflichtung, zumal die zwingende inhaltliche Übereinstimmung von Fachinformation und Zusammenfassung der Produktmerkmale seit der 14. AMG-Novelle explizit vorgesehen ist (§ 11a I 2 und § 22 VII 1)[4].

B. Pflicht zur Fachinformation (Abs. 1)

I. Gebrauchsinformation für Fachkreise (S. 1)

5   **1. Erfasste Arzneimittel.** § 11a erfasst **apothekenpflichtige**[5] **Fertigarzneimittel,** die Arzneimittel i. S. d. § 2 I oder § 2 II Nr. 1 sind und der Zulassungspflicht unterliegen oder die auf der Grundlage einer **Standardzulassung** nach der StandZV in den Verkehr gebracht werden („von der Zulassung freigestellt sind"). Aus § 37 I, wonach die nach der VO (EG) Nr. 726/2004 erteilte Genehmigung für das Inverkehrbringen (sog. zentrale Zulassung) einer nach § 25 erteilten Zulassung gleichsteht, soweit in § 11a auf eine Zulassung abgestellt wird, ist ersichtlich, dass die Pflicht zur Fachinformation auch für **zentral zugelassene Arzneimittel** gelten soll[6]. Zwar ist in der RL 2001/83/EG oder in der VO (EG) 726/2004 keine Norm enthalten, die dem pharmazeutischen Unternehmer/Zulassungsinhaber zur Vorlage der SmPC gegenüber den Fachkreisen verpflichtet, so dass die Anwendbarkeit des § 11a für zentral zugelassene Arzneimittel in Abrede gestellt wird[7]. Aus der **„Guideline on Summary of Product Characteristics (SmPC)"** vom September 2009[8] ist indes ersichtlich, dass die Kommission davon ausgeht, dass die SmPC die Grundlage für die Information der Fachkreise ist und im Hinblick auf eine solche Information erstellt werden soll.

6   Im Gegenschluss ergibt sich aus § 11a I 1, dass **keine Fachinformation für freiverkäufliche Arzneimittel** vonnöten ist.

7   Die Fachinformation muss für jedes Arzneimittel einer bestimmten Stärke und Darreichungsform abgefasst werden (Abs. 1 S. 2 Nr. 1). Das BfArM lässt bislang eine sog. gemeinsame Fachinformation in den Fällen zu, in denen sich die Angaben auf ein wirkstoffgleiches Arzneimittel beziehen, das ein identisches Anwendungsgebiet betreffen, in identischer Darreichungsform und einheitlicher Dosierungsanleitung in Verkehr gebracht werden sollen, sich aber hinsichtlich des Gehalts des Wirkstoffs (Stärke) unterscheiden[9]. Dem steht auch die SmPC-Guideline der EU-Kommission vom September 2009 nicht entgegen[10].

8   **2. Adressat der Pflicht.** Adressat des Abs. 1 ist der pharmazeutische Unternehmer (§ 4 XVIII), personell verantwortlich ist dessen Informationsbeauftragter (§ 74 I 2). Sollte der pharmazeutische Unternehmer seiner Pflicht des Zurverfügungstellens einer Fachinformation an die in der Vorschrift genannten Fachkreise nicht nachkommen, droht ihm mangels entsprechender Vorgaben in §§ 95 ff. weder eine Strafe noch ein Bußgeld. Haftungsrechtliche und wirtschaftliche Erwägungen werden ihn indes regelmäßig veranlassen, seiner gesetzlichen Verpflichtung nachzukommen; zum einen vermittelt die Fachinformation Präsenz des pharmazeutischen Unternehmers beim Verordner, zum anderen droht ihm eine Inanspruchnahme für Arzneimittelschäden nach § 84 I 2 Nr. 2, sollte ein Arzneimittelschaden kausal auf seinem Unterlassen des Zurverfügungstellens einer Fachinformation beruhen[11]; dieses Unterlassen

---

[1] BT-Drucks. 10/5112, S. 16.
[2] BT-Drucks. 12/5226, S. 17.
[3] BT-Drucks. 10/5112, S. 16; BT-Drucks. 12/5226, S. 17.
[4] Vgl. BT-Drucks. 15/5316, S. 35, 37.
[5] Unabhängig davon, ob das Arzneimittel verschreibungspflichtig ist.
[6] Vgl. BT-Drucks. 13/8805, S. 14; ebenso *Runge*, PharmR 2014, 560, 563.
[7] Vgl. *Rehmann*, § 11a Rn. 1.
[8] European Commission, Vol. 2 – Notice to Applicants – A Guideline on Summary of Product Characteristics, Rev. 2, Sept. 2009.
[9] BfArM, Erstellung von gemeinsamen Produktinformationstexten, Stand August 2009, abrufbar unter www.bfarm.de mit Hinweisen auf die weitere Vorgehensweise bei bisher zugelassener gemeinsamer Fachinformation. Vgl. auch *Menges/Winnands*, in: Fuhrmann/Klein/Fleischfresser, § 19 Rn. 50.
[10] Guideline on Summary of Product Characteristics (SmPC), European Commission, Vol. 2 – Notice to Applicants – A Guideline on Summary of Product Characteristics, Rev. 2, Sept. 2009, S. 2: „For the purposes of giving information to prescribers, the SmPCs of different pharmaceutical forms and strengths may be combined for appropriate products within the same range."
[11] Vgl. *Rehmann*, § 11a Rn. 1.

darf rechtlich nicht anders behandelt werden als die in § 84 I 2 Nr. 2 angesprochene, inhaltlich unzureichende oder falsche Fachinformation.

3. Empfänger der Fachinformation. Auf Anforderung ist die Fachinformation eines **verschrei-** **9** **bungspflichtigen,** in den Anwendungsbereich des Abs. 1 S. 1 fallenden Arzneimittels Ärzten, Zahn-ärzten, Tierärzten und Apothekern zur Verfügung zu stellen. Die Fachinformationen **apothekenpflich-tiger** Arzneimittel sind darüber hinaus auch anderen Personen, die die Heilkunde oder Zahnheilkunde berufsmäßig ausüben (also Heilpraktikern und Dentisten), zur Verfügung zu stellen. Der pharmazeutische Unternehmer ist nur dann verpflichtet, der Anforderung nachzukommen, sofern der Anfragende fach-lich-beruflich mit dem konkreten Arzneimittel in Berührung kommt[12] und dementsprechend ein berechtigtes Interesse an der Fachinformation besitzt. Der pharmazeutische Unternehmer ist überdies berechtigt, auch Laien auf deren Anforderung die vollständige Fachinformation auch für verschreibungs-pflichtige Arzneimittel zu übermitteln oder im Internet zur Verfügung zu stellen, denn es handelt sich solchenfalls nicht um Arzneimittelwerbung und gem. § 11 VIII HWG findet dieses Gesetz keine Anwendung(s. hierzu § 11 Rn. 53).

II. Form und Inhalt der Fachinformation (S. 2)

Die formellen Vorgaben an die Fachinformation sind in Abs. 1 S. 2 enthalten. Der Informationsträger **10** muss die Überschrift „Fachinformation" tragen. Sofern es sich um ein Arzneimittel handelt, welches ausschließlich von Angehörigen der Heilberufe verabreicht wird und die für die Fachinformation nach Abs. 1 S. 2 vorgesehenen Angaben in die Gebrauchsinformation integriert werden, ist die Überschrift **„Gebrauchsinformation und Fachinformation"** zu verwenden (Abs. 4 S. 2). Die Angaben müssen in gut lesbarer Schrift (s. § 10 Rn. 14) und in Übereinstimmung mit der im Rahmen der Zulassung genehmigten Zusammenfassung der Merkmale des Arzneimittels (SmPC) in der in Abs. 1 S. 2 aufgeliste-ten Reihenfolge getätigt werden. In Anbetracht des Adressatenkreises ist keine allgemeinverständliche Darstellung erforderlich. Die Angaben müssen in deutscher Sprache gemacht werden, was mittelbar § 22 Ia, 2. Halbs. zu entnehmen ist *(„können … auch in englischer Sprache … vorgelegt werden, soweit es sich nicht um Angaben handelt, die für die … Fachinformation verwendet werden")*.

Aus Abs. 1 S. 2 ergeben sich der Inhalt der Fachinformation und die zwingende Reihenfolge der **11** Angaben. Die Vorschrift orientiert sich an Art. 11 RL 2001/83/EG und übernimmt − mit nur geringen sprachlichen Abweichungen − die dortigen Vorgaben. Zur Auslegung des § 11a ist deshalb auf die Art. 11 RL 2001/83/EG konkretisierende **„Guideline on Summary of Product Characteristics (SmPC)"** von September 2009[13] zurückzugreifen.

Die Fachinformation und die Gebrauchsinformation nach § 11 decken sich in weiten Teilen, zumal **12** die Gebrauchsinformation nicht im Widerspruch zur Fachinformation stehen darf (§ 11 I 1). Beide Informationsträger unterscheiden sich primär im Hinblick auf den Adressatenkreis, weshalb die Fach-information wissenschaftlichen Ansprüchen zu genügen hat. Da sich die Inhalte vielfach jedoch decken, kann grundsätzlich auf die Kommentierung zu § 11 verwiesen werden. Dies betrifft insbesondere die Angaben nach **Abs. 1 S. 2 Nr. 1** (s. § 11 Rn. 15), **Nr. 2** (s. § 11 Rn. 41) und **Nr. 3** (s. § 11 Rn. 42). Folgende Angaben sind **spezifisch** für die Fachinformation:

1. Zusammensetzung (Nr. 2). Erforderlich nach Nr. 2 ist die Angabe der (vollständigen) qualitati- **13** ven und quantitativen Zusammensetzung nach Wirkstoffen und sonstigen Bestandteilen. In Anbetracht des Adressatenkreises der Fachinformation ist es zulässig, anstelle der gebräuchlichen die **chemische Bezeichnung** zu verwenden. Anzugeben sind alle Bestandteile, insbesondere auch diejenigen, bei denen nicht ausgeschlossen werden kann, dass sie bei dem Patienten Wirkungen, insbesondere Unverträglich-keiten, entfalten[14]. Für die Bezeichnung gilt § 10 VI. Im Übrigen wird auf die Kommentierung in § 11 Rn. 41 hingewiesen.

2. Klinische Angaben (Nr. 4). Die nach Abs. 1 S. 2 Nr. 4 erforderlichen klinischen Angaben ent- **14** sprechen weitestgehend den nach Abs. 1 S. 1 Nr. 2–4 anzugebenden Angaben. Im Einzelnen wird verwiesen für die Anwendungsgebiete (Nr. 4 Buchst. a) auf § 11 Rn. 17, für Dosierung und Art der Anwendung (Nr. 4 Buchst. b) auf § 11 Rn. 31, für Gegenanzeigen (Nr. 4 Buchst. c) auf § 11 Rn. 21, für Wechselwirkungen (Nr. 4 Buchst. e) auf § 11 Rn. 26, für Nebenwirkungen (Nr. 4 Buchst. h) auf § 11 Rn. 35 und für die besonderen Angaben zur Verwendung bei Personen in besonderen Situationen (Nr. 4f) und g) auf § 11 Rn. 54. Jedoch geht in Bezug auf die Angabe von Warn- und Vorsichts-hinweisen § 11a I 2 Nr. 4 Buchst. d) über die nach § 11 I 1 Nr. 3 Buchst. b) und d) erforderlichen Angaben (s. § 11 Rn. 23–25 und 27 f.) hinaus und sollen auch erfolgen, wenn Risiken bestehen, die Sicherheitsmaßnahmen bei der Anwendung oder eine Aufklärung der Heilberufausübenden erforderlich

---

[12] Vgl. *Kloesel/Cyran*, § 11a Anm. 9.
[13] European Commission, Vol. 2 – Notice to Applicants – A Guideline on Summary of Product Characteristics, Rev. 2, Sept. 2009.
[14] Vgl. *Rehmann*, § 11a Rn. 3.

machen[15]. Die **Warn- und Vorsichtshinweise** betreffen deshalb auch Risiken, die nur die Fachperson betreffen, die das Arzneimittel an Patienten anwendet. Die Hinweise dürfen derart gestaltet sein, dass sie der fachlichen Qualifikation der in Abs. 1 S. 1 genannten Fachpersonen Rechnung tragen. Besondere Bedeutung kommt aufgrund des hohen Gefährdungspotentials der Handhabung immunologischer Arzneimittel zu. Die Hinweise müssen auch die Maßnahmen nennen, die zur Sicherheit der Personen zu treffen sind, die mit einem solchen Arzneimittel in Kontakt kommen.

15   Über die Angaben der Packungsbeilage hinaus sind in der Fachinformation entsprechend der gemeinschaftsrechtlichen Vorgabe nach Abs. 1 S. 2 Nr. 4 Buchst. i) Angaben zum Fall der **Überdosierung** zu machen. Der Arzt oder der sonstige Heilberufausübende soll in der Lage sein, schnell und präzise auf etwaige Überdosierungen des Arzneimittels reagieren zu können.

16   **3. Pharmakologische Eigenschaften (Nr. 5).** Abs. 1 S. 2 Nr. 5 fordert die Angabe der pharmakologischen Eigenschaften, zu denen die pharmakodynamischen und pharmakokinetischen Eigenschaften sowie die vorklinischen Sicherheitsdaten zählen. Mitzuteilen sind die für die Therapie und Verwendung des Arzneimittels relevanten Angaben, die den Heilberufangehörigen in die Lage versetzen, die **Wirkungsweise des Arzneimittels** nachzuvollziehen. Die Angaben sind regelmäßig zu aktualisieren, wenn neue Erkenntnisse vorliegen[16]. Anzugeben sind beispielsweise die primären pharmakokinetischen Eigenschaften wie Bioverfügbarkeit und Abbau und Plasmahalbwertzeit[17]. An vorklinischen Sicherheitsdaten ist nur das anzugeben, was noch nicht unter anderen Nummern angegeben wurde und aufgrund der vorklinischen Prüfungen angesichts des Sicherheitsprofils des Arzneimittels von Relevanz für den Verschreiber sein kann[18].

17   **4. Pharmazeutische Angaben (Nr. 6).** Die pharmazeutischen Angaben nach Abs. 1 S. 2 Nr. 6 dienen der sicheren und sachgerechten Anwendung und Aufbewahrung des Arzneimittels. Aufzuführen ist eine Liste aller sonstigen Bestandteile des Arzneimittels. Anhaltspunkte hierfür enthält die **Guideline „Excipients in the Label and package Leaflet of Medicinal Products for Human Use"**[19]. Zum anderen ist auf die physikalischen oder chemischen Inkompatibilitäten mit anderen Produkten hinzuweisen, mit denen eine gemeinsame Anwendung wahrscheinlich ist. Auch in Bezug auf die pharmazeutischen Angaben sind in der **„Guideline on Summary of Product Characteristics"** detaillierte Vorgaben enthalten. Bezüglich der besonderen Vorsichtsmaßnahmen für die Aufbewahrung (Abs. 1 S. 2 Nr. 6 Buchst. d) wird auf die Auflagenbefugnis der Bundesoberbehörde gem. § 28 II Nr. 3 hingewiesen. Überdies kann die zuständige Bundesoberbehörde bei Arzneimitteln, die wegen eines großen therapeutischen Wertes unter Auflagen zu weiteren analytischen, pharmakologisch-toxikologischen oder klinischen Prüfungen zugelassen wurden (§ 28 III) gem. § 28 II Nr. 2a Buchst. c) Hinweise auf diese Auflagen in der Fachinformation anordnen.

18   **5. Zulassungsbezogene Angaben und Stand der Fachinformation (Nr. 7–10).** Abs. 1 S. 2 Nr. 7–9 sind die zulassungsbezogenen Angaben zu entnehmen, die die Fachinformation enthalten muss. Dies betrifft zum einen den Inhaber der Zulassung und zur genauen Identifikation des Arzneimittels die erteilte Zulassungsnummer. Zudem muss das Datum der Zulassung bzw. deren letzter Verlängerung angeben werden. Die Angabe des Datums der Überarbeitung der Fachinformation kann durch Angabe von Monat und Jahr der Druckfreigabe erfolgen (s. § 11 Rn. 46).

III. Meldeaufforderung, Humanarzneimittel unter zusätzlicher Überwachung (S. 3–5)

19   Abs. 1 S. 3–5 wurden mit dem 2. AMG-ÄndG 2012 in das Gesetz aufgenommen. Die Regelungen dienen der Umsetzung von Art. 11 UAbs. 3. und 4 RL 2001/83/EG[20]. Der Standardtext zur Meldeaufforderung an die Angehörigen von Gesundheitsberufen sowie der standardisierte erläuternde Text nach Art. 23 IV VO (EG) Nr. 726/2004 sind in der gemeinsamen Bekanntmachung der Bundesoberbehörden vom 3.7.2013 veröffentlicht worden[21].

IV. Weitere Angaben (S. 6)

20   Ebenso wie in der Gebrauchsinformation (§ 11 I 7) sind auch in der Fachinformation weitere Angaben möglich. Sie sind außer in den Fällen, in denen sie durch eine EG-Verordnung vorgeschrieben oder

---

[15] Beispiele notwendiger Hinweise sind der European Commission, Vol. 2 – Notice to Applicants – A Guideline on Summary of Product Characteristics, Rev. 2, Sept. 2009, Ziff. 4.4. zu entnehmen.
[16] Vgl. SmPC-Guideline, Ziff. 5.
[17] Vgl. SmPC-Guideline, Ziff. 5.2.
[18] Vgl. SmPC-Guideline, Ziff. 5.3.
[19] European Commission, Vol. 3B – Notice to Applicants – Excipients in the Label and package Leaflet of Medicinal Products for Human Use, Rev. 1, Juli 2003, ENTR/F2/BL D(2003), abrufbar unter http://www.ema.europa.eu.
[20] Vgl. BT-Drucks. 17/9341, S. 50.
[21] Gemeinsame Bekanntmachung über die zu verwendenden Standardsätze in der Fachinformation und Packungsbeilage zum Berichten von Nebenwirkungen sowie für Arzneimittel, die einer zusätzlichen Überwachung unterliegen, gem. § 11 Ib und § 11a I 9 AMG vom 3.7.2013.

zulässig sind, aus Gründen der Arzneimittelsicherheit zulässig, wenn sie mit der Anwendung des Arzneimittels im Zusammenhang stehen und den Angaben nach Abs. 1 S. 2 nicht widersprechen. **Drucktechnisch** sind sie gem. Abs. 1 S. 6, 2. Halbs. eindeutig von den Angaben nach Abs. 1 S. 2 abzuheben. Eine Ausnahme hiervon ist in den Fällen zu machen, in denen weitere Angaben in unmittelbarem Zusammenhang mit den Pflichtangaben der Fachinformation stehen; diese können zudem auch durch eine Auflage nach § 28 II Nr. 2a angeordnet werden. Es wird auf die Kommentierung in § 11 Rn. 52 verwiesen.

§ 6a II 2 fordert für Arzneimittel i. S. d. § 6a II 1 einen **Dopingwarnhinweis** in der Fachinformation **21** und ggf. einen Hinweis auf Gesundheitsgefährdungen, die aus dem Fehlgebrauch eines solchen Arzneimittels resultieren können (s. § 11 Rn. 27). Gem. Art. 45 I, 2. Unterabs. der VO (EG) Nr. 1901/2006 EG – sog. **Kinderarzneimittel-Verordnung** – kann die zuständige Bundesoberbehörde die SmPC eines in der Gemeinschaft zugelassenen Arzneimittels im Hinblick auf die Ergebnisse von pädiatrischen Studien aktualisieren. In diesem Kontext können sich ergänzende Angaben zu Kindern in der Fachinformation ergeben[22].

V. Ausnahmen (S. 7)

Gem. S. 7 ist keine Fachinformation erforderlich **für Arzneimittel, die nach § 21 II** keiner **22** Zulassung bedürfen und für **homöopathische Arzneimittel**[23]. Da die Herstellung nach einer „offiziellen" homöopathischen Verfahrenstechnik seit der 14. AMG-Novelle begriffsbestimmend für ein homöopathisches Arzneimittel ist (§ 4 XXVI), muss eine Herstellung nach einem homöopathischen Zubereitungsverfahren i. S. d. § 4 XXVI vorliegen. Auf die Übergangsvorschriften in § 128 und § 141 II wird hingewiesen.

VI. Aktualisierungspflicht und Bekanntmachungsbefugnis (S. 8 und 9)

Mit dem 2. AMG-ÄndG 2012 wurden S. 8 und 9 neu in Abs. 1 eingefügt. Abs. 1 S. 8 verpflichtet **23** den Zulassungsinhaber, die Fachinformation auf aktuellem wissenschaftlichen Kenntnisstand zu halten. Der Gesetzgeber orientiert sich damit an Art. 23 III RL 2001/83/EG[24]. Zu diesem Kenntnisstand zählen auch die Schlussfolgerungen aus Bewertungen und die Empfehlungen gem. Art. 26 I Buchst. j) VO (EG) Nr. 726/2004. Entspricht die Fachinformation nicht den Erkenntnissen der medizinischen Wissenschaft und wird hierdurch ein Schaden verursacht – oder mitverursacht – so kommen im Einzelfall Schadensersatzansprüche in Betracht (s. § 11 Rn. 56). Abs. 1 S. 9 ermächtigt die Bundesoberbehörden, im Bundesanzeiger die nach Abs. 1 S. 3 und 5 erforderlichen Standardtexte bekannt zu machen. Diese Texte liegen mit der Gemeinsamen Bekanntmachung über die zu verwendenden Standardsätze in der Fachinformation und Packungsbeilage zum Berichten von Nebenwirkungen sowie für Arzneimittel, die einer zusätzlichen Überwachung unterliegen, gem. § 11 Ib und § 11a I 9 vom 3.7.2013 vor (vgl. auch www.bfarm.de).

C. Ergänzende Vorgaben für Sera, Virusimpfstoffe und Arzneimittel aus humanem Blutplasma (Abs. 1a)

Die bei **Sera** (§ 4 III), bei **Virusimpfstoffen** (eine Gruppe der in § 4 IV definierten Impfstoffe) und **24** bei **Arzneimitteln aus humanem Blutplasma zur Fraktionierung** zu tätigenden, über Abs. 1 S. 2 hinausgehenden zusätzlichen Angaben werden in Abs. 3a wiedergegeben. Diese Angaben entsprechen denen in § 11 IIIa (s. § 11 Rn. 68).

D. Ergänzende Vorgaben für radioaktive Arzneimittel (Abs. 1b)

Für **radioaktive Arzneimittel** (§ 4 VIII) enthält § 11 IIIb zusätzlich zu dem Katalog nach Abs. 1 S. 2 **25** erforderliche Angaben. Diese unterscheiden sich von den in § 11 IIa genannten, da sie primär der Sicherstellung der Wirksamkeit der Präparates und hergestellter Zubereitungen dienen[25]. Über Abs. 1b hinausgehend und in Übereinstimmung mit § 11 IIa sieht die „Guideline on Summary of Product Characteristics" Angaben zur Entsorgung des Transportbehälters und nicht verwendeter Arzneimittel vor[26].

---

[22] Vgl. hierzu *Menges/Winnands*, in: Fuhrmann/Klein/Fleischfresser, § 19 Rn. 51.
[23] Vgl. BT-Drucks. 11/5373, S. 13.
[24] Vgl. BT-Drucks. 17/9341, S. 50.
[25] Vgl. *Rehmann*, § 11a Rn. 9.
[26] SmPC-Guideline, Ziff. 12.

E. Tierarzneimittel (Abs. 1c)

I. Angaben (S. 1)

26   Abweichend von der Gesetzessystematik des § 11 IV regelt Abs. 1c S. 1 für Tierarzneimittel lediglich, welche „klinischen Angaben" anstelle der in Abs. 1 S. 2 Nr. 4 gelisteten klinischen Angaben aufzuführen sind.

27   **1. Angaben gem. Buchst. a)–c), f), h)–k).** Bei Tierarzneimitteln sind in der Fachinformation, mit Ausnahme vorklinischer Sicherheitsdaten (Abs. 1c S. 2), dieselben Angaben zu machen wie bei Humanarzneimitteln. Es kann ergänzend auf die Guideline „Summary of the Product Characteristics" für Tierarzneimittel von Juli 2006[27] zurückgegriffen werden, die eine Auslegungshilfe zu Art. 14 RL 2001/82/EG bietet, an welchen Abs. 1c angelehnt ist. Da die anzugebenden Informationen in weiten Teilen der Vorgabe des § 11 IV entsprechen, wird auf die Kommentierung in § 11 Rn. 74 ff. verwiesen. Für die Fachinformation von Tierarzneimitteln **spezifisch** sind die folgenden Angaben:

28   **2. Warnhinweise (Buchst. d) und e)).** Abs. 1c Buchst. d) und e) schreibt die Aufnahme von Warnhinweisen vor, die einen **effizienten und sicheren Gebrauch des Arzneimittels** gewährleisten sollen[28]. Anzugeben sind alle Informationen, die für einen effektiven Gebrauch des Arzneimittels erforderlich sind, wozu auch der konkrete Umgang mit dem Tier zählt. Die gebrauchsspezifischen Sicherheitsinformationen beziehen sich zum einen auf Risiken für das Tier und zum anderen auf Gefahren, denen der menschliche Anwender beim Gebrauch des Produktes ausgesetzt ist. Auf die Auflagenbefugnis der Bundesoberbehörde gem. § 28 II Nr. 3 Buchst. a) wird hingewiesen.

29   **3. Verwendung unter besonderen Umständen (Buchst. g)).** Nach Abs. 1c Buchst. g) sind Hinweise zum sicheren Gebrauch des Arzneimittels bei trächtigen, milcherzeugenden und eierlegenden Tieren aufzunehmen.

II. Ausnahme (S. 2)

30   Die Angaben nach Abs. 1 S. 2 Nr. 5 Buchst. c) **entfallen** für Arzneimittel, die zur Anwendung bei Tieren bestimmt sind.

F. Angaben zum Abgabestatus (Abs. 1d)

31   Gem. Abs. 1d sind in die Fachinformation Angaben zum **Abgabestatus** aufzunehmen. Es wird zwischen verschreibungspflichtigen (s. § 48) und apothekenpflichtigen (s. § 43) Arzneimitteln sowie Arzneimitteln, die dem BtMG unterliegen, differenziert. Nach Abs. 1d 2. Halbs. ist bei Arzneimitteln i. S. d. § 48 I 1 Nr. 3 mit Stoffen/Zubereitungen mit nicht allgemein bekannten Wirkungen zudem ein Hinweis auf diesen Stoff bzw. diese Zubereitung zu machen. Die sprachliche Änderung, die in Abs. 1d 2. Halbs. im Zuge des AMG-ÄndG 2009 erfolgt ist, stellt klar, dass im Zulassungsverfahren darüber entschieden wird, ob ein Wirkstoff „neu" i. S. d. § 48 I 1 Nr. 3 ist[29]. Der Hinweis i. S. d. § 48 I 1 Nr. 3 soll die Aufmerksamkeit der Heilberufausübenden auf das Arzneimittel lenken und sie veranlassen, auffällige Beobachtungen zu melden[30].

G. Generika (Abs. 1e)

32   In Umsetzung der Art. 11 II RL 2001/83/EG und Art. 14 II RL 2001/82/EG erlaubt die Sonderregelung des Abs. 1e für Arzneimittel nach § 24b – also für Generika – das Weglassen von Angaben nach Abs. 1 S. 2, wenn diese sich auf Gegenstände eines Patents beziehen, die zum Zeitpunkt des Inverkehrbringens des Arzneimittels (§ 4 XVII) noch unter das Patentrecht fallen.

---

[27] European Commission, Vol. 6C – Notice to Applicants Veterinary Medicinal Products – Summary of the Product Characteristics, Rev. 2, July 2006, DG ENTR/F/2/KK D(2006).

[28] European Commission, Vol. 6C – Notice to Applicants Veterinary Medicinal Products – Summary of the Product Characteristics, Rev. 2, July 2006, Ziff. 4.4 und 4.5.

[29] Vgl. BT-Drucks. 16/12256, S. 45.

[30] Vgl. BT-Drucks. 10/5732, S. 31 f.

H. Bekanntgabe von Änderungen (Abs. 2)

I. Informationspflicht des pharmazeutischen Unternehmers (S. 1)

Ausweislich Abs. 2 der Vorschrift hat der pharmazeutische Unternehmer therapierelevante Änderun- 33
gen der Fachinformation den Fachkreisen in geeigneter Form bekanntzugeben. Abs. 2 lässt die Pflicht
zur Änderungsanzeige unberührt[31] Die Form der Bekanntgabe wird bestimmt durch die Dringlichkeit
der Änderung. Therapierelevant sind insbesondere Änderungen der Dosierungsvorschriften, der Art und
Dauer der Anwendung insbesondere in den Fällen, in denen besonders schützenswerte Personengruppen
(z. B. Schwangere) betroffen sind, Änderungen der Nebenwirkungen, Wechselwirkungen und der
Gegenanzeigen[32].

II. Auflage der Bundesoberbehörde (S. 2)

Genügt die vom pharmazeutischen Unternehmer vorgenommene oder vorgesehene Bekanntgabe 34
nicht den Anforderungen an die Dringlichkeit oder gewährleistet sie nicht die konkret erforderliche
Abdeckung der Fachkreise, kann die zuständige Bundesoberbehörde auf der Grundlage von Abs. 2 S. 2
durch Auflagen bestimmen, in welcher Form die Änderung bekanntzugeben ist.

I. Muster (Abs. 3)

§ 11a III ist im Wortlaut identisch mit § 11 Ia, weshalb auf die Kommentierung in § 11 Rn. 57 35
verwiesen wird.

J. Angaben in der Packungsbeilage (Abs. 4)

I. Verabreichung von Arzneimitteln von Angehörigen der Heilberufe (S. 1)

Abs. 4 S. 1 erlaubt es dem pharmazeutischen Unternehmer aufgrund von Zweckmäßigkeitsüber- 36
legungen[33], die im Vergleich zur Gebrauchsinformation zusätzlichen Angaben, die eigentlich der Fachinformation vorbehalten sind, in die Packungsbeilage aufzunehmen, wenn das fragliche Arzneimittel
ausschließlich von Heilberufsausübenden verabreicht wird und deshalb eine patientengerechte Aufklärung nicht erforderlich ist. Es muss aufgrund der Art des konkreten Arzneimittels sichergestellt sein, dass
der Patient das Arzneimittel nicht in die Hände bekommt[34].

II. Überschrift in der Packungsbeilage (S. 2)

Die Packungsbeilage ist im Fall des S. 1 entsprechend zu überschreiben, so dass für die Heilberufsaus- 37
übenden ersichtlich ist, mit der Packungsbeilage alle relevanten Informationen in Händen zu haben (s. im
Übrigen Rn. 10). Sie muss daher nach S. 2 mit der Überschrift „Gebrauchsinformation und Fachinformation" versehen sein.

§ 12 Ermächtigung für die Kennzeichnung, die Packungsbeilage und die Packungsgrößen

(1) Das Bundesministerium wird ermächtigt, im Einvernehmen mit dem Bundesministerium für Wirtschaft und Energie durch Rechtsverordnung mit Zustimmung des Bundesrates
1. die Vorschriften der §§ 10 bis 11a auf andere Arzneimittel und den Umfang der Fachinformation auf weitere Angaben auszudehnen,
2. vorzuschreiben, dass die in den §§ 10 und 11 genannten Angaben dem Verbraucher auf
   andere Weise übermittelt werden,
3. für bestimmte Arzneimittel oder Arzneimittelgruppen vorzuschreiben, dass Warnhinweise,
   Warnzeichen oder Erkennungszeichen auf
   a) den Behältnissen, den äußeren Umhüllungen, der Packungsbeilage oder
   b) der Fachinformation
anzubringen sind,

---

[31] Vgl. BT-Drucks. 11/5373, S. 13.
[32] Vgl. *Rehmann*, § 11a Rn. 14.
[33] Vgl. BT-Drucks. 11/6575, S. 3.
[34] Vgl. BT-Drucks. 10/5732, S. 32.

4. vorzuschreiben, dass bestimmte Bestandteile nach der Art auf den Behältnissen und den äußeren Umhüllungen anzugeben sind oder auf sie in der Packungsbeilage hinzuweisen ist,

soweit es geboten ist, um einen ordnungsgemäßen Umgang mit Arzneimitteln und deren sachgerechte Anwendung im Geltungsbereich dieses Gesetzes sicherzustellen und um eine unmittelbare oder mittelbare Gefährdung der Gesundheit von Mensch oder Tier zu verhüten, die infolge mangelnder Unterrichtung eintreten könnte.

(1a) Das Bundesministerium wird ferner ermächtigt, durch Rechtsverordnung mit Zustimmung des Bundesrates für Stoffe oder Zubereitungen aus Stoffen bei der Angabe auf Behältnissen und äußeren Umhüllungen oder in der Packungsbeilage oder in der Fachinformation zusammenfassende Bezeichnungen zuzulassen, soweit es sich nicht um wirksame Bestandteile handelt und eine unmittelbare oder mittelbare Gefährdung der Gesundheit von Mensch oder Tier infolge mangelnder Unterrichtung nicht zu befürchten ist.

(1b) Das Bundesministerium wird ferner ermächtigt, im Einvernehmen mit dem Bundesministerium für Wirtschaft und Technologie durch Rechtsverordnung mit Zustimmung des Bundesrates

1. die Kennzeichnung von Ausgangsstoffen, die für die Herstellung von Arzneimitteln bestimmt sind, und

2. die Kennzeichnung von Arzneimitteln, die zur klinischen Prüfung bestimmt sind,

zu regeln, soweit es geboten ist, um eine unmittelbare oder mittelbare Gefährdung der Gesundheit von Mensch oder Tier zu verhüten, die infolge mangelnder Kennzeichnung eintreten könnte.

(2) ¹Soweit es sich um Arzneimittel handelt, die zur Anwendung bei Tieren bestimmt sind, tritt in den Fällen des Absatzes 1, 1a, 1b oder 3 an die Stelle des Bundesministeriums das Bundesministerium für Ernährung und Landwirtschaft, das die Rechtsverordnung jeweils im Einvernehmen mit dem Bundesministerium erlässt. ²Die Rechtsverordnung nach Absatz 1, 1a oder 1b ergeht im Einvernehmen mit dem Bundesministerium für Umwelt, Naturschutz, Bau und Reaktorsicherheit, soweit es sich um radioaktive Arzneimittel und um Arzneimittel handelt, bei deren Herstellung ionisierende Strahlen verwendet werden, oder in den Fällen des Absatzes 1 Nr. 3 Warnhinweise, Warnzeichen oder Erkennungszeichen im Hinblick auf Angaben nach § 10 Abs. 1 Satz 1 Nr. 13 oder Absatz 5 Satz 1 Nummer 10, § 11 Abs. 4 Satz 1 Nr. 9 oder § 11a Abs. 1 Satz 2 Nr. 6 Buchstabe f vorgeschrieben werden.

(3) ¹Das Bundesministerium wird ferner ermächtigt, durch Rechtsverordnung ohne Zustimmung des Bundesrates zu bestimmen, dass Arzneimittel nur in bestimmten Packungsgrößen in den Verkehr gebracht werden dürfen und von den pharmazeutischen Unternehmern auf den Behältnissen oder, soweit verwendet, auf den äußeren Umhüllungen entsprechend zu kennzeichnen sind. ²Die Bestimmung dieser Packungsgrößen erfolgt für bestimmte Wirkstoffe und berücksichtigt die Anwendungsgebiete, die Anwendungsdauer und die Darreichungsform. ³Bei der Bestimmung der Packungsgrößen ist grundsätzlich von einer Dreiteilung auszugehen:

1. Packungen für kurze Anwendungsdauer oder Verträglichkeitstests,

2. Packungen für mittlere Anwendungsdauer,

3. Packungen für längere Anwendungsdauer.

Übersicht

A. Allgemeines

I. Inhalt

Die Vorschrift enthält zahlreiche Ermächtigungen zum Erlass von Rechtsverordnungen im Hinblick **1** auf die Kennzeichnung, Packungsbeilage und Fachinformation sowie zu Packungsgrößen.

II. Zweck

Ausweislich des Wortlauts in § 12 I und Ib dient die Norm der Sicherstellung des ordnungsgemäßen **2** **Umgangs** und der sachgerechten **Anwendung** von **Arzneimitteln** sowie der Verhütung von unmittelbaren oder mittelbaren **Gesundheitsgefährdungen**. Da diese Ziele sich in Einzelfällen nicht durch die generellen Vorgaben der §§ 10 ff. realisieren lassen, ist es geboten, der obersten Bundesbehörde die Möglichkeit zu geben, drohenden Gefährdungen entgegenzutreten. § 12 Ia trägt demgegenüber dem Umstand Rechnung, dass nicht alle der in §§ 10–11a genannten Angaben zum Schutz von Mensch und Tier erforderlich sind und lässt dementsprechend **Abweichungen** zu.

B. Ermächtigung zur Sicherstellung eines ordnungsgemäßen Umgangs und einer sachgerechten Anwendung (Abs. 1)

§ 12 I ermächtigt das **BMG** (vgl. § 6 I 1) im Einvernehmen, d. h. mit der Zustimmung des **BMWi 3** durch Rechtsverordnung die Vorgaben der §§ 10–11a zu erweitern. Voraussetzung des Erlasses einer entsprechenden Rechtsverordnung ist neben der Zustimmung des Bundesrates die Gebotenheit im Hinblick auf die mit § 12 I verfolgten Ziele. Der Erlass muss demnach erforderlich sein, um – kumulativ – den ordnungsgemäßen Umgang und die sachgerechte Anwendung von Arzneimitteln sicherzustellen und Gefährdungen der Gesundheit von Mensch oder Tier zu verhüten; die Gefährdung muss auf mangelnder Unterrichtung beruhen, d. h. strengere Vorgaben hinsichtlich der Kennzeichnung, der Packungsbeilage und der Fachinformation müssen diesen Gefährdungen entgegenwirken können.

Bei Ausübung der durch § 12 eingeräumten Ermächtigung hat der Verordnungsgeber bei Humanarz- **4** neimitteln die durch die RL gezogenen Grenzen zu berücksichtigen. Denn nach **Art. 60 RL 2001/83/ EG** dürfen Mitgliedstaaten das Inverkehrbringen nicht aufgrund der Kennzeichnung oder der Packungsbeilage untersagen oder verbieten, sofern diese jeweils mit den Vorgaben der RL 2001/83/EG übereinstimmen.

I. Erstreckung der §§ 10–11a auf andere Arzneimittel (Nr. 1)

Nach § 12 I Nr. 1 können die Vorgaben der §§ 10 ff. auf andere Arzneimittel ausgedehnt werden, **5** d. h. auf Fertigarzneimittel i. S. d. § 4 I, die keine Arzneimittel nach § 2 I oder II Nr. 1 sind oder auf Arzneimittel, die keine Fertigarzneimittel sind. Der Verordnungsgeber kann bestimmen, dass die §§ 10, 11 und 11a in vollem Umfang oder nur in Teilen auf bislang nicht von den entsprechenden Vorschriften umfasste Arzneimittel oder ganze Arzneimittelgruppen Anwendung finden[1]. Von dieser Ermächtigung ist mit § 4 IV **AM-HandelsV**, § 10 II **TÄHAV** und § 15 **AMWHV** Gebrauch gemacht worden.

1. § 15 AMWHV. § 15 AMWHV enthält, gerichtet an Hersteller (§ 1 I Nr. 1–5 AMWHV), Apo- **6** theken, bestimmte Heilberufsausübende und Arzneimittelgroßhandelsbetriebe – soweit diese eine Herstellungserlaubnis oder Einfuhrerlaubnis benötigen (§ 1 II Nr. 1 AMWHV) – sowie an pharmazeutische Unternehmer (§ 1 II Nr. 2 AMWHV), Vorgaben an die Kennzeichnung von Arzneimitteln, die nicht in den Anwendungsbereich des § 10 fallen.

§ 15 I AMWHV trifft allgemeine Festlegungen zur Kennzeichnung von **Arzneimitteln, die keine 7** **Fertigarzneimittel**[2] und keine der GCP-V unterliegende Prüfpräparate (s. § 10 Rn. 65) **sind.** Die Behältnisse und die ggf. verwendete äußere Umhüllung müssen die Angaben nach § 10 I Nr. 1, 2, 4, 6 und 9 enthalten und den formellen Anforderungen des § 10 I 1 an Schrift, Sprache und Dauerhaftigkeit genügen (s. § 10 Rn. 13 f.).

§ 15 II AMWHV befasst sich mit der Kennzeichnung von Fertigarzneimitteln, die Arzneimittel i. S. d. **8** § 2 II Nr. 1a **(tierärztliche Instrumente)**, Nr. 2 **(Gegenstände zur Einbringung in den tierischen**

---

[1] Vgl. *Kloesel/Cyran*, § 12 Anm. 2.
[2] Vgl. BR-Drucks. 398/06, S. 69.

Körper) oder Nr. 3 **(Verbandstoffe und chirurgische Nahtmaterialen für Tiere)** sind und bestimmt, dass auch für diese Arzneimittel unter Beachtung der in der Norm enthaltenen Detailregelungen im Übrigen die Kennzeichnung nach § 10 vorzunehmen ist. **§ 15 III AMWHV** regelt spezifisch und abschließend die Kennzeichnung von Arzneimitteln i. S. d § 2 II Nr. 4 **("in-vitro-Diagnostika" für Tiere)**[3].

9   **§ 15 V AMWHV** regelt die Kennzeichnung auf dem Behältnis und, soweit verwendet, der äußeren Umhüllung von Produkten menschlicher Herkunft i. S. d. § 2 Nr. 1 AMWHV, die keine in den Anwendungsbereich des § 10 fallenden Fertigarzneimittel sind. Nach dieser Definition sind Produkte menschlicher Herkunft für die Arzneimittelherstellung bestimmte Wirkstoffe i. S. d. § 4 XIX, die menschlicher Herkunft sind oder Stoffe i. S. d. § 3 Nr. 3, die menschlicher Herkunft sind und zwar in bearbeitetem oder unbearbeitetem Zustand. Ausgenommen von dem Begriff sind jedoch Blutprodukte i. S. d. § 2 Nr. 3 TFG und andere Blutbestandteile[4]. Nach der ursprünglichen Zielrichtung der AMWHV sollte deren § 15 V auch die Produkte erfassen die in Gewebeeinrichtungen hergestellt werden, wie z. B. Herzklappen oder Knochen.[5] Indes ist mit der AMWHV-ÄndV v. 26.3.2008 § 1 Ia AMWHV in die VO aufgenommen worden, wonach auf Entnahmeeinrichtungen (§ 2 Nr. 11 AMWHV) und Gewebeeinrichtungen (§ 2 Nr. 10 AMWHV) sowie Gewebespenderlabore (§ 2 Nr. 13 AMWHV) der Abschn. 3 der AMWHV und damit auch § 15 AMWHV keine Anwendung findet. Die Kennzeichnung von Gewebespenden zum Zeitpunkt ihrer Entnahme richtet sich nach § 34 VI AMWHV. Für Gewebezubereitungen (§ 4 XXX) richtet sich die Kennzeichnung nach § 10 VIIIb (s. § 10 Rn. 120.). Sofern in den Materialien zur ÄndV der AMWHV ausgeführt wird, dass es für andere Betriebe und Einrichtungen als Entnahme-, Gewebeeinrichtungen (§ 2 Nr. 11 AMWHV), die Produkte menschlicher Herkunft herstellen, bei den Anforderungen des Abschn. 3 – und damit auch bei § 15 V AMWHV – verbleibt[6], stellt sich indes die Frage, welcher Anwendungsbereich für § 15 V AMWHV noch eröffnet sein soll.

10   **2. § 4 Abs. 4 AM-HandelsV.** Adressiert an Betriebe und Einrichtungen, die Großhandel mit Arzneimittel betreiben (§ 1 I 1 AM-HandelsV) bestimmt **§ 4 IV 1 AM-HandelsV,** dass Arzneimittel, die zur Anwendung bei Menschen bestimmt und keine Fertigarzneimittel sind, nur in den Verkehr gebracht werden dürfen, wenn ihre Behältnisse und, soweit verwendet, die äußeren Umhüllungen nach § 10 I 1 Nr. 1, 2, 4, 8 und 9 in gut lesbarer Schrift, in deutscher Sprache und auf dauerhafte Weise gekennzeichnet sind (s. § 10 Rn. 11 f.). Für Tierarzneimittel, die keine Fertigarzneimittel sind, regelt **§ 4 IV 2 AM HandelsV,** dass diese nur in den Verkehr gebracht werden dürfen, wenn die Behältnisse und, soweit verwendet, die äußeren Umhüllungen mit den Angaben nach den §§ 10 und 11 versehen sind.

11   **3. § 10 Abs. 2 TÄHAV. § 10 II 1 TÄHAV** verpflichtet den Tierarzt dazu Behältnisse, in denen Arzneimittel von ihm an den Tierhalter abgegeben werden, auch sofern es sich nicht um Fertigarzneimittel handelt, mit den Angaben nach den §§ 10 und 11 zu kennzeichnen. **§ 10 II 2 TÄHAV** enthält eine Ausnahmeregelung hiervon, wonach vom Tierarzt in unveränderter Form umgefüllte oder abgepackte Arzneimittel abgegeben werden dürfen, soweit die Anforderungen nach § 10 VIII 1 TÄHAV sowie § 11 VII 1 und 2 TÄHAV erfüllt und die Arzneimittel zusätzlich mit dem Namen und der Praxisanschrift des behandelnden Tierarztes sowie der abgegebenen Menge gekennzeichnet sind.

II. Übermittlung der Packmittelinformationen auf andere Weise (Abs. 1 Nr. 2)

12   Mit der **BlindKennzV** hat der Verordnungsgeber von der Ermächtigungsgrundlage des § 12 I Nr. 2 Gebrauch gemacht, wonach vorgeschrieben werden kann, dass die in den §§ 10 und 11 genannten Angaben dem Verbraucher auf andere Weise übermittelt werden (s. § 10 Rn. 53). Gem. **§ 30 II 4 AMWHV** ist es erlaubt bei **Fütterungsarzneimitteln,** die **in Tankwagen** oder ähnlichen Behältnissen befördert werden, die nach den §§ 10 und 11 erforderlichen Angaben nur in mitgeführten, für den Tierhalter bestimmten Begleitpapieren aufzuführen.

III. Anbringung von Warnhinweisen (Abs. 1 Nr. 3)

13   Nach § 12 I Nr. 3 darf das Bundesministerium für bestimmte Arzneimittel oder -gruppen das Anbringen von Warnhinweisen, Warnzeichen oder Erkennungszeichen vorschreiben. Diese Warnhinweise und -zeichen ergänzen die Vorgaben aus §§ 10 II, IV I Nr. 7, V 1 Nr. 11; 11 I 1 Nr. 3 Buchst. d), II, IV 1 Nr. 8 sowie § 11a I 2 Nr. 4 Buchst. d), Ic Buchst. d) und Buchst. e).

---

[3] Vgl. BR-Drucks. 398/06, Rn. 69.
[4] Der Begriff Blutbestandteile ist weder im TFG noch im AMG oder der AMWHV legaldefiniert. Im Lichte des Art. 3 Buchst. a) RL 2002/98/EG sind hierunter Erythrozyten, Leukozyten, Thrombozyten und Plasma zu verstehen. Außerdem erfasst der Begriff nach deutschem Recht in Anbetracht des § 9 TFG (abweichend vom insofern nicht vollharmonisierten Europarecht, vgl. Art. 2 IV RL 2002/98/EG) auch Blutstammzellen aus peripherem Blut oder aus Nabelschnurblut, vgl. BR-Drucks. 398/06, S. 59.
[5] Vgl. BR-Drucks. 398/06 (Beschluss), S. 10.
[6] Vgl. BR-Drucks. 938/07, S. 25.

1. AMWarnV. Noch auf der Grundlage des § 12 I Nr. 1 a. F. erging die **AMWarnV,** die auf § 12 I **14** Nr. 1 und Nr. 3 gestützt ist. Gem. **§ 1 I 1 AMWarnV** erfasst diese VO **bestimmte äthanol- oder tartrazinhaltige Arzneimittel**[7] **i. S. d. § 2 I oder II Nr. 1,** die dazu bestimmt sind, in einer zur Abgabe an den Verbraucher bestimmten Packung in den Verkehr gebracht zu werden (Fertigarzneimittel i. e. S. der 1. Variante des § 4 I 1). Die AMWarnV betrifft nach dieser Vorschrift mithin Arzneimittel, die bereits dem Anwendungsbereich der §§ 10, 11 unterliegen. **§ 1 I 2 AMWarnV** bestimmt, dass § 10 I und II sowie § 11 I und II auch für die Arzneimittel nach § 1 I 1 AMWarnV gelten, die keine Fertigarzneimittel sind. Die AMWarnV gilt nicht für zur klinischen Prüfung bestimmte Arzneimittel (§ 1 II AMWarnV).

§ 2 AMWarnV enthält Anforderungen an Warnhinweise auf den **Behältnissen und äußeren 15 Umhüllungen** der von der VO erfassten Arzneimittel. Bei Arzneimitteln, die in der maximalen Einzelgabe nach der Dosierungsanleitung 0,05g bis 0,5g Äthanol enthalten, muss die Angabe „Enthält … Vol.-% Alkohol." und bei Arzneimitteln, die in der maximalen Einzelgabe nach der Dosierungsanleitung über 0,5g Äthanol enthalten, muss die Angabe „Enthält … Vol.-% Alkohol; Packungsbeilage beachten!" in leicht lesbarer Schrift und auf dauerhafte Weise (s. § 10 Rn. 14) getätigt werden. Tartrazin enthaltende Humanarzneimittel dürfen nur in den Verkehr gebracht werden, wenn die Angabe „Enthält Tartrazin; Packungsbeilage beachten!" in entsprechender Weise gemacht wird.

§ 3 AMWarnV beinhaltet Regelungen zu Warnhinweisen in der **Packungsbeilage** der von der VO **16** erfassten Arzneimittel. § 3 I AMWarnV enthält detaillierte Vorgaben – gestaffelt nach Alkoholgehalt – an Alkoholwarnhinweise für flüssige Zubereitungen zur oralen Einnahme. Nach § 3 II ist in der Packungsbeilage von alkoholhaltigen Injektionslösungen (i. S. d. § 1 I Nr. 1 Buchst. b) AMWarnV) der Warnhinweis „Enthält … Vol.-% Alkohol" aufzunehmen. § 3 III AMWarnV schreibt einen detaillierten Warnhinweis für Tartrazin enthaltende Humanarzneimittel vor. Die Warnhinweise der AMWarnV sind in den jeweiligen Packmitteltexten wörtlich wiederzugeben. **§ 3a AMWarnV** bestimmt, dass die für die Packungsbeilage nach § 3 I, II oder III AMWarnV vorgesehen Warnhinweise auch in der **Fachinformation** anzugeben sind.

Das Inverkehrbringen entgegen der Vorgaben der §§ 2 und 3 AMWarnV stellt nach § 4 AMWarnV **17** i. V. m. § 97 II Nr. 4 bzw. Nr. 5 eine **Ordnungswidrigkeit** dar. § 3a AMWarnV ist sanktionslos.

2. AMRadV. § 3 AMRadV enthält Anforderungen an die Kennzeichnung, Packungsbeilage und **18** Fachinformation von radioaktiven Arzneimitteln i. S. d. § 4 VIII. Die Vorschrift wurde durch die ÄndV vom 22.12.2006[8], die u. a. auf § 12 I Nr. 1 und Nr. 3, Ib und II 2 gestützt wird, neu gefasst. Hierdurch wurden die Anforderungen hinsichtlich der Kennzeichnung grundlegend geändert[9]. Radioaktive Arzneimittel i. S. d. § 4 VIII dürfen nur in den Verkehr gebracht werden, wenn die Behältnisse und äußeren Umhüllungen nach § 68 StrlSchV gekennzeichnet sind und auf dem Behältnis Name und Anschrift des Herstellers angegeben sind **(Nr. 1).** Nach **Nr. 2** sind Angaben zu Kalibrierung[10], zu tätigen. **Nr. 3** regelt, dass die Vorgaben gem. §§ 10, 11, 11a auch für radioaktive Arzneimittel, die Arzneimittel i. S. d. § 2 I oder II Nr. 1 – und die Fertigarzneimittel sind –, entsprechend gelten. Für radioaktive Arzneimittel, die Arzneimittel i. S. d. § 2 I oder II Nr. 1 und Fertigarzneimittel sind, gelten §§ 10, 11, 11a bereits unmittelbar[11]. **Nr. 4** stellt klar, dass für radioaktive Humanarzneimittel, die zur klinischen Prüfung bestimmt sind, zusätzlich zu den Regelungen nach § 3 Nr. 1 – Nr. 2 AMRadV auch die Vorschriften der §§ 5, 6 GCP-V gelten[12]. Da radioaktive Prüfpräparate nicht vom Geltungsbereich der GCP-V ausgeschlossen sind und im Übrigen in § 3 AMRadV auch keine Einschränkung der Geltung dieser VO für Prüfpräparate bestimmt ist, wurde Nr. 4 obsolet. Der vorsätzliche oder fahrlässige Verstoß gegen § 3 Nr. 1 S. 1, Nr. 2 oder Nr. 4 stellt eine **Ordnungswidrigkeit** i. S. d. § 97 II Nr. 31 dar.

IV. Angabe und Hinweis auf bestimmte Bestandteile (Nr. 4)

§ 12 I Nr. 4 ermächtigt das BMG dazu vorzuschreiben, dass bestimmte Bestandteile nach der Art auf den **19** Behältnissen und den äußeren Umhüllungen anzugeben sind oder auf sie in der Packungsbeilage hinzuweisen ist. Diese Ermächtigungsgrundlage ergänzt die Vorgaben des § 10 I Nr. 8. Da die Packungsbeilage gem. § 11 I 1 Nr. 6 Buchst. d) die vollständige qualitative Zusammensetzung nach Wirkstoffen und sonstigen Bestandteilen enthalten muss, kommt der Ermächtigung nur insoweit Bedeutung zu, als sie die Angabe bestimmter Bestandteile auf den Behältnissen und äußeren Umhüllungen vorschreiben kann.

---

[7] Erfasst sind äthanolhaltige Arzneimittel, die zur inneren Anwendung bei Menschen bestimmt sind, sofern sie flüssige Zubereitungen zur oralen Einnahme sind und der Äthanolgehalt in der maximalen Einzelgabe nach der Dosierungsanleitung mindestens 0,05g beträgt sowie Tartrazin enthaltende Arzneimittel, die zur Anwendung beim Menschen bestimmt sind.

[8] Verordnung zur Änderung der Verordnung über radioaktive oder mit ionisierenden Strahlen behandelte Arzneimittel v. 22.12.2006, BGBl. I S. 3462.

[9] Vgl. BR-Drucks. 791/06, S. 11.

[10] Vgl. BR-Drucks. 791/06, S. 11.

[11] Vgl. hierzu § 3 I AMRadV i. d. F. d. VO v. 28.1.1987 und BR-Drucks. 497/86, S. 16 f.

[12] Vgl. BR-Drucks. 791/06, S. 12.

C. Ermächtigung zu zusammenfassenden Bezeichnungen (Abs. 1a)

20   Unter dem Vorbehalt, dass die Arzneimittelsicherheit nicht tangiert wird, kann das BMG durch Rechtsverordnung zusammenfassende Bezeichnungen für bestimmte, nicht wirksame Bestandteile erlauben, die ansonsten grundsätzlich nach §§ 10 I 1 Nr. 8; 11 I 1 Nr. 6 Buchst. d) und § 11a I 2 Nr. 2 ihrer Art nach anzugeben wären. Die Verordnungsermächtigung trägt dem Umstand Rechnung, dass die Angabe aller Bestandteile in der Etikettierung zu **praktischen Schwierigkeiten** führen kann und zugleich eine lückenlose Angabe aller Bestandteile zum Schutz des Verbrauchers teilweise nicht erforderlich ist[13].

21   Unter der Geltung der früheren Fassung des § 12 Ia wurde am 4.10.1991 durch das BMG die VO über die Angabe von Arzneimittelbestandteilen **(AMBtAngV)** erlassen. Nach der Rechtsprechung des *BVerfG*[14] besteht eine VO trotz Fortfalls ihrer Ermächtigungsgrundlage unverändert fort. **§ 1 I AMBtAngV** regelt, dass die in der Anlage der VO genannten Stoffe oder Zubereitungen aus Stoffen nicht der Verpflichtung zur Angabe nach § 11 I 1 Nr. 3 und § 11a I 2 Nr. 3 unterliegen, soweit es sich nicht um wirksame Bestandteile handelt und sie in Arzneimitteln der in der Anlage jeweils genannten Anwendungsbereiche verwendet werden. Da die in der VO genannten gesetzlichen Bezugspunkte entfallen sind, ist diese Regelung überholt. Gem. **§ 1 II AMBtAngV** dürfen Geruchs- und Aromastoffe – sofern es sich nicht um Bergamottöl, Beta-Asaron und Safrol handelt – als „Aromastoff" oder „Geruchsstoff" angegeben werden. Bei Farbstoffen genügt die Bezeichnung „Farbstoff" (**§ 1 III AMBtAngV**) und die Angabe der EWG-Nummer. Bezüglich des Farbstoffs Tartrazin ist jedoch auf die AMWarnV hinzuweisen. Nach **§ 1 IV AMBtAngV** ist es erlaubt, Alkyl-4-hydroxybenzonate (Konservierungsmittel) mit der Bezeichnung „Paraben" oder „Parabene", ebenfalls gefolgt von der jeweiligen EWG-Nummer, anzugeben, soweit es sich um topisch anzuwendende Arzneimittel i. S. d. Nr. 1.1 oder um oral anzuwendende Arzneimittel i. S. d. Nr. 2 der Anlage zur AMBtAngV handelt.

D. Ermächtigung zum Schutz vor mangelnder Kennzeichnung (Abs. 1b)

22   Die von der Kennzeichnungspflicht nach § 10 ausgenommenen Arzneimittel zur klinischen Prüfung und die gleichfalls nicht von § 10 umfassten Ausgangsstoffe können durch Rechtsverordnung der **Kennzeichnungspflicht** unterworfen werden, wenn dies zur Verhütung einer unmittelbaren oder mittelbaren Gefährdung der Gesundheit von Mensch oder Tier, die infolge mangelnder Kennzeichnung eintreten könnte, geboten ist.

I. Ausgangsstoffe (Nr. 1)

23   Ausgangsstoffe sind nur dann von der Verordnungsermächtigung umfasst, wenn sie nach ihrer konkreten Zweckbestimmung zur Herstellung von Arzneimitteln verwendet werden sollen[15]. Das bedeutet, dass von der VO erfasste Ausgangsstoffe, die in einen Betrieb mit einer Herstellungserlaubnis nach § 13 verbracht werden, nur dann nicht zu kennzeichnen wären, wenn in dem Betrieb auch andere Produkte hergestellt werden. Die **Kennzeichnungspflicht** würde greifen, sobald die Bestimmung zur Herstellung von Arzneimitteln getroffen wäre[16]. Ungeachtet der Vorgaben einer etwaigen Rechtsverordnung müssen nach § 3 II AMWHV i. V. m. Kap. 5.32 des EG-GMP-Leitfadens alle im Lagerbereich des Arzneimittelherstellers befindlichen Ausgangsstoffe in geeigneter Weise gekennzeichnet sein.

24   Sofern in der Literatur die Verantwortung für die Einhaltung der Kennzeichnungsvorschriften dem Hersteller der Ausgangsstoffe auferlegt wird[17], kann dem nur gefolgt werden, wenn die Ausgangsstoffe noch im Herrschaftsbereich des Herstellers ihre Zweckbestimmung erhalten. Kann sowohl ein Einsatz zur Herstellung von Arzneimitteln als auch ein Einsatz zur Herstellung anderer Produkte in Betracht kommen, fällt die Verantwortung dem zu, der die **Herrschaftsgewalt im Zeitpunkt der Zweckbestimmung** innehat.

II. Arzneimittel zur klinischen Prüfung (Nr. 2)

25   Zur klinischen Prüfung bei Menschen bestimmte Arzneimittel (**Prüfpräparate** i. S. d. § 3 III GCP-V) fallen nicht in den Anwendungsbereich der §§ 10, 11 und 11a. Die Kennzeichnung dieser Arzneimittel unterliegt den Vorgaben des § 5 GCP-V, die u. a. auf Grundlage des § 12 Ib Nr. 2 erlassen wurde. Es wird auf die Kommentierung in § 10 Rn. 65–71 hingewiesen.

---

[13] Ausschussbericht zur 4. AMG-Novelle zu § 12 Abs. 1a, BT-Drucks. 11/6575.
[14] *BVerfG*, NJW-RR 2001, 1203, NJW 1961, 1395 ff.
[15] Vgl. *Rehmann*, § 12 Rn. 4.
[16] Vgl. *Kloesel/Cyran*, § 12 Anm. 11.
[17] Vgl. *Kloesel/Cyran*, § 12 Anm. 11.

E. Zuständigkeiten (Abs. 2)

§ 12 II regelt abweichende Zuständigkeiten zum Erlass der in den Abs. 1, 1a und 1b aufgeführten **26** Rechtsverordnungen. Soweit es sich um Tierarzneimittel handelt, ist anstelle des BMG das BMEL zuständig, das im Einvernehmen mit dem BMG handelt. Handelt es sich um radioaktive Arzneimittel oder um Arzneimittel, bei deren Herstellung ionisierende Strahlen verwendet werden, bedarf es zusätzlich[18] zum Einvernehmen des BMWi des Einvernehmens des BMU.

F. Ermächtigung zu Packungsgrößen (Abs. 3)

Das Bundesministerium hat bislang von seiner Ermächtigung nach Abs. 3 keinen Gebrauch gemacht. **27** Die Packungsgrößenverordnung (**PackungsV,** s. hierzu § 10 Rn. 72), die aufgrund bestimmter Messzahlen die Kennzeichnung einer Packung mit einer Packungsgröße vorschreibt, wurde aufgrund der Verordnungsermächtigung nach § 31 IV 1 SGB V erlassen. Im Gegensatz zur sozialrechtlichen Ermächtigung ist im Rahmen des § 12 III die Wirtschaftlichkeit kein bei der Bestimmung zu berücksichtigender Aspekt. Soweit eine VO auf § 12 III gestützt werden sollte, hat dies für bestimmte Wirkstoffe unter Berücksichtigung der Anwendungsgebiete, der Anwendungsdauer und der Darreichungsform zu erfolgen.

---

[18] Vgl. *Rehmann*, § 12 Rn. 5.

Dritter Abschnitt. Herstellung von Arzneimitteln

§ 13 Herstellungserlaubnis

(1) [1]Wer

1. Arzneimittel im Sinne des § 2 Absatz 1 oder Absatz 2 Nummer 1,
2. Testsera oder Testantigene,
3. Wirkstoffe, die menschlicher, tierischer oder mikrobieller Herkunft sind oder die auf gentechnischem Wege hergestellt werden, oder
4. andere zur Arzneimittelherstellung bestimmte Stoffe menschlicher Herkunft

gewerbs- oder berufsmäßig herstellt, bedarf einer Erlaubnis der zuständigen Behörde. [2]Das Gleiche gilt für juristische Personen, nicht rechtsfähige Vereine und Gesellschaften bürgerlichen Rechts, die Arzneimittel zum Zwecke der Abgabe an ihre Mitglieder herstellen. [3]Satz 1 findet auf eine Prüfung, auf deren Grundlage die Freigabe des Arzneimittels für das Inverkehrbringen erklärt wird, entsprechende Anwendung. [4]§ 14 Absatz 4 bleibt unberührt.

(1a) Absatz 1 findet keine Anwendung auf

1. Gewebe im Sinne von § 1a Nummer 4 des Transplantationsgesetzes, für die es einer Erlaubnis nach § 20b oder § 20c bedarf,
2. die Gewinnung und die Laboruntersuchung von autologem Blut zur Herstellung von biotechnologisch bearbeiteten Gewebeprodukten, für die es einer Erlaubnis nach § 20b bedarf,
3. Gewebezubereitungen, für die es einer Erlaubnis nach § 20c bedarf,
4. die Rekonstitution, soweit es sich nicht um Arzneimittel handelt, die zur klinischen Prüfung bestimmt sind.

(2) Einer Erlaubnis nach Absatz 1 bedarf nicht

1. der Inhaber einer Apotheke für die Herstellung von Arzneimitteln im Rahmen des üblichen Apothekenbetriebs, für die Rekonstitution oder das Abpacken einschließlich der Kennzeichnung von Arzneimitteln, die zur klinischen Prüfung bestimmt sind, sofern dies dem Prüfplan entspricht,
2. der Träger eines Krankenhauses, soweit er nach dem Gesetz über das Apothekenwesen Arzneimittel abgeben darf, oder für die Rekonstitution oder das Abpacken einschließlich der Kennzeichnung von Arzneimitteln, die zur klinischen Prüfung bestimmt sind, sofern dies dem Prüfplan entspricht,
3. der Tierarzt im Rahmen des Betriebes einer tierärztlichen Hausapotheke für
   a) das Umfüllen, Abpacken oder Kennzeichnen von Arzneimitteln in unveränderter Form,
   b) die Herstellung von Arzneimitteln, die ausschließlich für den Verkehr außerhalb der Apotheken freigegebene Stoffe oder Zubereitungen aus solchen Stoffen enthalten,
   c) die Herstellung von homöopathischen Arzneimitteln, die, soweit sie zur Anwendung bei Tieren bestimmt sind, der Gewinnung von Lebensmitteln dienen, ausschließlich Wirkstoffe enthalten, die im Anhang der Verordnung (EU) Nr. 37/2010 als Stoffe aufgeführt sind, für die eine Festlegung von Höchstmengen nicht erforderlich ist,
   d) das Zubereiten von Arzneimitteln aus einem Fertigarzneimittel und arzneilich nicht wirksamen Bestandteilen,
   e) das Mischen von Fertigarzneimitteln für die Immobilisation von Zoo-, Wild- und Gehegetieren,
   soweit diese Tätigkeiten für die von ihm behandelten Tiere erfolgen,
4. der Großhändler für das Umfüllen, Abpacken oder Kennzeichnen von Arzneimitteln in unveränderter Form, soweit es sich nicht um zur Abgabe an den Verbraucher bestimmte Packungen handelt,
5. der Einzelhändler, der die Sachkenntnis nach § 50 besitzt, für das Umfüllen, Abpacken oder Kennzeichnen von Arzneimitteln zur Abgabe in unveränderter Form unmittelbar an den Verbraucher,
6. der Hersteller von Wirkstoffen, die für die Herstellung von Arzneimitteln bestimmt sind, die nach einer im Homöopathischen Teil des Arzneibuches beschriebenen Verfahrenstechnik hergestellt werden.

(2a) [1]Die Ausnahmen nach Absatz 2 gelten nicht für die Herstellung von Blutzubereitungen, Gewebezubereitungen, Sera, Impfstoffen, Allergenen, Testsera, Testantigenen, Arzneimitteln für neuartige Therapien, xenogenen und radioaktiven Arzneimitteln. [2]Satz 1 findet

Kügel

keine Anwendung auf die in Absatz 2 Nummer 1 oder Nummer 2 genannten Einrichtungen, soweit es sich um

1. das patientenindividuelle Umfüllen in unveränderter Form, das Abpacken oder Kennzeichnen von im Geltungsbereich dieses Gesetzes zugelassenen Sera nicht menschlichen oder tierischen Ursprungs oder
2. die Rekonstitution oder das Umfüllen, das Abpacken oder Kennzeichnen von Arzneimitteln, die zur klinischen Prüfung bestimmt sind, sofern dies dem Prüfplan entspricht, oder
3. die Herstellung von Testallergenen

handelt. [3] Tätigkeiten nach Satz 2 Nummer 1 und 3 sind der zuständigen Behörde anzuzeigen.

(2b) [1] Einer Erlaubnis nach Absatz 1 bedarf ferner nicht eine Person, die Arzt ist oder sonst zur Ausübung der Heilkunde bei Menschen befugt ist, soweit die Arzneimittel unter ihrer unmittelbaren fachlichen Verantwortung zum Zwecke der persönlichen Anwendung bei einem bestimmten Patienten hergestellt werden. [2] Satz 1 findet keine Anwendung auf

1. Arzneimittel für neuartige Therapien und xenogene Arzneimittel sowie
2. Arzneimittel, die zur klinischen Prüfung bestimmt sind, soweit es sich nicht nur um eine Rekonstitution handelt.

(2c) Absatz 2b Satz 1 gilt für Tierärzte im Rahmen des Betriebes einer tierärztlichen Hausapotheke für die Anwendung bei von ihnen behandelten Tieren entsprechend.

(3) Eine nach Absatz 1 für das Umfüllen von verflüssigten medizinischen Gasen in das Lieferbehältnis eines Tankfahrzeuges erteilte Erlaubnis umfasst auch das Umfüllen der verflüssigten medizinischen Gase in unveränderter Form aus dem Lieferbehältnis eines Tankfahrzeuges in Behältnisse, die bei einem Krankenhaus oder anderen Verbrauchern aufgestellt sind.

(4) [1] Die Entscheidung über die Erteilung der Erlaubnis trifft die zuständige Behörde des Landes, in dem die Betriebsstätte liegt oder liegen soll. [2] Bei Blutzubereitungen, Gewebezubereitungen, Sera, Impfstoffen, Allergenen, Arzneimitteln für neuartige Therapien, xenogenen Arzneimitteln, gentechnisch hergestellten Arzneimitteln sowie Wirkstoffen und anderen zur Arzneimittelherstellung bestimmten Stoffen, die menschlicher, tierischer oder mikrobieller Herkunft sind oder die auf gentechnischem Wege hergestellt werden, ergeht die Entscheidung über die Erlaubnis im Benehmen mit der zuständigen Bundesoberbehörde.

Wichtige Änderungen der Vorschrift: Abs. 2 S. 1 Nr. 3 neu gefasst durch Art. 1 Nr. 3 des Elften Gesetzes zur Änderung des Arzneimittelgesetzes vom 21.8.2002 (BGBl. I S. 3348); Abs. 1 S. 1 neu gefasst, Abs. 1a, 2b und 2c eingefügt durch Art. 1 Nr. 13 des Gesetzes zur Änderung arzneimittelrechtlicher und anderer Vorschriften vom 17.7.2009 (BGBl. I S. 1990); Abs. 2 S. 2 wurde zu Abs. 2a und dieser geändert durch Art. 1 Nr. 10a) des Zweiten Gesetzes zur Änderung arzneimittelrechtlicher und anderer Vorschriften vom 19.10.2012 (BGBl. I S. 2192).

Europarechtliche Vorgaben: Art. 40 ff. RL 2001/83/EG; Art. 44 ff. RL 2001/82/EG; Art. 13 RL 2001/20/EG; Art. 9 RL 2005/28/EG.

Literatur: *Dettling/Böhnke/Niedziolka*, Rohstoffe, Ausgangsstoffe und Arzneimittel, A&R 2013, 147; *Fuhrmann/Klein/Fleischfresser* (Hrsg.), Arzneimittelrecht, S. 583; *Grau/Kutlu*, Die patientenindividuelle Neuverblisterung von Fertigarzneimitteln, A&R 2009, 153; *Heßhaus*, Rohstoff, Wirkstoff, Arzneimittel – Abgrenzungsfragen in der „dritten Dimension", StoffR 2006, 27; *Kieser*, Beschränkte Versandmöglichkeit von Defekturarzneimitteln?, PharmR 2008, 413; *Krüger*, Wirkstoffe im Sinne des Arzneimittelgesetzes, PharmInd 2007, 1077, 1187; *Mayer/Porstner*, Herstellung, Freigabe und Auftragsanalytik von Arzneimitteln, PharmInd 2008, 235; *Prinz*, Die Herstellung von Rezepturarzneimitteln für Apotheken, PharmR 2008, 364; *ders.*, Die Good Manufacturing Practice (GMP) und ihre fehlende Verbindlichkeit für Apotheken, PharmR 2012, 16; *Saalfrank/Wesser*, Ist der bundesweite Versand von Defekturarzneimitteln apothekenüblich?, A&R 2008, 168.

Übersicht

A. Allgemeines

I. Inhalt

1   Die Vorschrift schreibt für die Herstellung von Arzneimitteln, einer Reihe von Wirkstoffen und anderen zur Arzneimittelherstellung bestimmte Stoffe menschlicher Herkunft die Erteilung einer Erlaubnis durch die zuständige Behörde vor (Abs. 1). Es gilt insoweit ein Verbot mit Erlaubnisvorbehalt. Für freigaberelevante Prüfungen von Arzneimitteln wird eine Option für die Erteilung einer Herstellungserlaubnis geschaffen (Abs. 1 S. 3). Keine Herstellungserlaubnis nach § 13 benötigen bestimmte Gewebe, Gewebeprodukte, Gewebezubereitungen und die Rekonstitution von Arzneimitteln, die nicht zur klinischen Prüfung vorgesehen sind (Abs. 1a); hierfür gelten Sondervorschriften (§§ 20b bis 20d). Weiter sind bestimmte Personen unter gewissen Voraussetzungen von der Erlaubnispflicht befreit, soweit es sich nicht um die Herstellung von Blutzubereitungen, Gewebezubereitungen, Sera, Impfstoffen, Allergenen, Testsera, Testantigenen und radioaktiven Arzneimitteln handelt (Abs. 2). Eine Ausnahme von der Erlaubnispflicht gilt auch für Ärzte und sonst zur Ausübung der Heilkunde bei Menschen befugte Personen, soweit die Arzneimittel unter ihrer unmittelbaren fachlichen Verantwortung zum Zwecke der persönlichen Anwendung bei einem Patienten hergestellt werden, wobei es hiervon wiederum Rückausnahmen für die Herstellung im Einzelnen geregelter Arzneimittel gibt (Abs. 2b). Die Befreiung von der Erlaubnispflicht gilt auch für Tierärzte für die Herstellung von Arzneimitteln im Rahmen einer tierärztlichen Hausapotheke zur Anwendung bei von ihnen behandelten Tieren (Abs. 2c). Mit dem Umfang der Herstellungserlaubnis für das Umfüllen von verflüssigten medizinischen Gasen in das Tankbehältnis eines Tankfahrzeugs befasst sich Abs. 3 der Vorschrift. Die Zuständigkeit für die Erteilung von Herstellungserlaubnissen liegt bei der jeweiligen Behörde des Landes, in dem die Betriebsstätte liegt oder liegen soll, wobei für bestimmte Arzneimittel, Gewebezubereitungen und Wirkstoffe für die Erteilung der Herstellungserlaubnis das Einvernehmen der zuständigen Bundesoberbehörde einzuholen ist (Abs. 4).

II. Zweck

Das europarechtlich vorgegebene Erfordernis der Erteilung einer Erlaubnis für die Herstellung von **2** Arzneimitteln ist durch das mit der Anwendung von Arzneimitteln einhergehende Gefährdungspotential gerechtfertigt[1]. Durch das Entfallen des Tatbestandsmerkmals der „Abgabe an andere" in dem AMG-ÄndG 2009 ist eine Erweiterung auf **jede Herstellung** in das Gesetz aufgenommen worden, die aus Gründen der Arzneimittelsicherheit geboten ist[2]. Um zu gewährleisten, dass durch das System von Erlaubnissen eine lückenlose Kontrolle erfolgen kann, ist für jede Herstellungstätigkeit (s. hierzu § 4 Rn. 155 ff.), die von unterschiedlichen Personen durchgeführt wird, grundsätzlich eine gesonderte Erlaubnis erforderlich.

III. Sonstige Vorschriften

Die Herstellung von Arzneimitteln hat entsprechend den Grundsätzen und Leitlinien der Guten **3** Herstellungspraxis für Humanarzneimittel und Prüfpräparate bzw. Tierarzneimittel **(EG-GMP-Leitlinien)** zu erfolgen. Die Grundsätze und Leitlinien sind in der RL 2003/94/EG und der RL 91/412/EWG enthalten. Zu deren Auslegung hat die Kommission den Leitfaden für die Gute Herstellungspraxis für Arzneimittel und Prüfpräparate bzw. Tierarzneimittel **(EG-GMP-Leitfaden)** veröffentlicht (Art. 3 II RL 2003/94/EG bzw. Art. 3 II RL 91/412/EWG). Die europarechtlichen Prämissen wurden national in den Vorschriften der §§ 13 ff., vor allem aber durch die AMWHV umgesetzt, die in § 3 II bei der Auslegung der Grundsätze der Guten Herstellungspraxis die Geltung des EG-GMP-Leitfadens vorsieht[3]. Dies bedeutet aber **nicht,** dass der EG-GMP-Leitfaden **zwingend** im nationalen Recht anzuwenden ist (s. auch § 54 Rn. 5).

B. Erlaubnispflicht (Abs. 1)

Abs. 1 ist im Rahmen des AMG-ÄndG 2009 zur besseren Lesbarkeit neu strukturiert worden. Hierbei **4** ist die Erlaubnispflicht auf jede Art der Herstellung von Arzneimitteln und Wirkstoffen erweitert worden, indem das Tatbestandsmerkmal „zur Abgabe an andere" gestrichen wurde[4]. Dies wird mit der Arzneimittelsicherheit und hier beispielhaft mit dem Hinweis auf die Herstellung von Arzneimitteln zur klinischen Prüfung begründet[5]. Zugleich wird Art. 40 RL 2001/83/EG bzw. Art. 44 RL 2001/82/EG Rechnung getragen, die das Tatbestandsmerkmal „zur Abgabe an andere" nicht enthalten. Die Änderung hat zur Folge, dass nunmehr **alle** berufsmäßigen oder gewerblichen **Herstellungstätigkeiten** (§ 4 XIV) erlaubnispflichtig sind, ohne dass es auf die Absicht der Abgabe an andere ankäme (s. § 4 Rn. 140). Eine Herstellungserlaubnis ist damit auch für alle Herstellungsschritte im Rahmen der arbeitsteiligen Herstellung von Arzneimitteln erforderlich.

Die Herstellung von Arzneimitteln, die ausschließlich oder teilweise für den **Export** bestimmt sind, **5** unterliegt gleichfalls der Erlaubnispflicht, wobei bei einer Ausfuhr in EU-Mitgliedstaaten/EWR-Vertragsstaaten die Grundsätze der Guten Herstellungspraxis (GMP) und damit auch die AMWHV bei der Herstellung zu berücksichtigen sind. Ist der Export in Drittländer vorgesehen, muss § 73a I beachtet werden (s. § 73a Rn. 5).

Die Erlaubnispflicht gilt auch für die Herstellung von Arzneimitteln im Auftrag durch Dritte (sog. **6** **Auftragsherstellung**). Im Falle einer Auftragsherstellung bedarf es eines schriftlichen Vertrages zwischen dem Auftraggeber und dem Auftragnehmer, in welchem die Verantwortlichkeiten jeder Seite klar festgelegt sind und in welchem die Einhaltung des EG-GMP-Leitfadens für Arzneimittel (§ 9 I 2 i. V. m. § 3 II AMWHV) und der Standards der guten fachlichen Praxis für Entnahme- und Gewebeeinrichtungen sowie Gewebespenderlabore (§ 9 I 2 i. V. m. § 3 III AMWHV) geregelt sind.

I. Anwendungsbereich (S. 1)

1. Arzneimittel (Nr. 1). Die Erlaubnispflicht erstreckt sich auf Arzneimittel i. S. d. § 2 I und § 2 II **7** Nr. 1 (s. § 2 Rn. 58 ff., 129 ff.) und damit auch auf Prüfpräparate (zu den Ausnahmen s. Rn. 28 ff., 35 ff., 66 ff.)[6]. Durch die **Legaldefinitionen in § 4** für Arzneimittel wird somit die Herstellung von Blut-

---

[1] Vgl. *Kloesel/Cyran*, § 13 Anm. 1.
[2] BT-Drucks. 16/12 256, S. 45.
[3] Zur AMWHV vgl. *Krüger*, GMP bei der Arzneimittel- und Wirkstoffherstellung, Stand: 2013; *Oeser/Sander*, GMP-Kommentar, Stand: Nov. 2009.
[4] Zur alten Rechtslage vgl. *Kloesel/Cyran*, § 13 Anm. 15.
[5] BR-Drucks. 171/09, S. 72.
[6] § 3 III GCP-VO. Vgl. *Kloesel/Cyran*, § 13 Anm. 18.

zubereitungen (§ 4 II)[7], Sera (§ 4 III), Impfstoffen (§ 4 IV), Allergenen (§ 4 V), radioaktiven Arzneimitteln (§ 4 VIII), Arzneimitteln für neuartige Therapien (Gentherapeutika, somatische Zelltherapeutika und biotechnologisch bearbeitete Gewebeprodukte gem. § 4 IX), Fütterungsarzneimitteln (§ 4 X), Arzneimittel-Vormischungen (§ 4 XI), xenogenen Zelltherapeutika (§ 4 XXI), homöopathischen Arzneimitteln (§ 4 XXVI), pflanzlichen Arzneimitteln (§ 4 XXIX) und anthroposophischen Arzneimitteln (§ 4 XXXIII) der Pflicht zur Erteilung einer Herstellungserlaubnis unterstellt. Die Gewinnung – nicht die weitere Bearbeitung – von **Gewebe** unterliegt jedoch der Erlaubnispflicht nach § 20b (s. § 20b Rn. 7). Die weitere Bearbeitung von „klassischen" **Gewebezubereitungen** i. S. d. § 20c, also solchen, die nicht in einem industriellen Verfahren hergestellt werden, ist erlaubnispflichtig nach § 20c (s. § 20c Rn. 6); bei der industriellen Herstellung von Gewebezubereitungen ergibt sich die Erlaubnispflicht wiederum aus § 13[8].

8 Die Erlaubnispflicht nach § 13 I setzt zu dem **Zeitpunkt** ein, in dem eine Verarbeitung von Wirkstoffen und/oder Hilfsstoffen mit dem Ziel erfolgt, ein Arzneimittel entsprechend den Zulassungsunterlagen herzustellen. Dies kann der Zeitpunkt der Einwaage der für die Arzneimittelherstellung benötigten Stoffe sein[9].

9 Die Gewinnung von **Blutstammzellen** aus peripherem Blut und aus Nabelschnurblut sowie deren Aufbereitung bedarf gleichfalls einer Herstellungserlaubnis gem. § 13 I, da Blutstammzellen als Blutbestandteile i. S. d. § 4 II i. V. m. § 9 I TFG anzusehen sind[10]. Ansonsten ergäbe sich die Erlaubnispflicht aus § 13 I 1 Nr. 4. Die Gewinnung von Stammzellen des blutbildenden Systems aus dem Knochenmark ist erlaubnispflichtig nach § 20b, sofern ein Fall der Gewinnung von Gewebe i. S. d. § 1a Nr. 4 TPG vorliegt. Erfolgt die Gewinnung von Knochenmark zur Be- oder Verarbeitung des Gewebes i. S. des § 1a Nr. 4 TPG muss eine Erlaubnis nach § 20c beantragt werden[11].

10 Keine Herstellungserlaubnis nach § 13 I ist für die Gewinnung von **Organen** i. S. d. § 1a Nr. 1 TPG[12] erforderlich, wenn sie zur Übertragung auf menschliche Empfänger bestimmt sind (s. § 2 III Nr. 8 und § 2 Rn. 223 ff.). Wenn das entnommene Organ nicht als Organ übertragen (§ 1a Nr. 7 TPG) werden kann (z. B. wegen medizinischer Untauglichkeit des Herzens als Ganzes), jedoch ein Teil des Organs (z. B. die Herzklappen) verwendet werden kann und soll, ergibt sich die Erlaubnispflicht für die extrakorporale Entnahme des Teils des Organs aus § 20b (s. § 20b Rn. 7). Ein zur Übertragung auf menschliche Empfänger bestimmtes Organ, welches § 2 III Nr. 8 unterfällt, kann folgerichtig auch kein Wirkstoff oder Stoff mit menschlicher Herkunft sein, dessen Herstellung nach § 13 erlaubnispflichtig wäre.

11 **2. Testsera oder Testantigene (Nr. 2).** Die Erlaubnispflicht bezieht sich auch auf die Herstellung von Testsera i. S. d. § 4 VI (s. § 4 Rn. 44) und Testantigene i. S. des § 4 VII (s. § 4 Rn. 51).

12 **3. Wirkstoffe (Nr. 3). a) Wirkstoffe in Abgrenzung von Roh- bzw. Ausgangsstoffen. Wirkstoffe** sind nach der Definition in § 4 XIX Stoffe, die dazu bestimmt sind, bei der Herstellung von Arzneimitteln als arzneilich wirksame Bestandteile verwendet zu werden oder bei ihrer Verwendung in der Arzneimittelherstellung zu arzneilich wirksamen Bestandteilen der Arzneimittel zu werden[13] (s. § 4 Rn. 154). Es wird also auf die subjektive Zweckbestimmung des Herstellers abgestellt. Der Erlaubnispflicht unterliegt nicht die Herstellung chemisch-synthetischer Stoffe im Wege chemischer Synthese sowie die Herstellung bzw. Gewinnung pflanzlicher Stoffe (s. Rn. 15)[14]. Wirkstoffe müssen entsprechend den Grundsätzen der Guten Herstellungspraxis (GMP) hergestellt werden (§ 13 III 1 AMWHV).

13 Wirkstoffe sind von **Rohstoffen** bzw. **Ausgangsstoffen** abzugrenzen, deren Herstellung nicht erlaubnispflichtig ist[15]. Die in der Vergangenheit bestehenden Unsicherheiten bei der Abgrenzung von Wirkstoffen von Roh- bzw. Ausgangsstoffen sind durch den Teil II des Leitfadens der Guten Herstellungspraxis: Grundlegende Anforderungen für Wirkstoffe zur Verwendung als Ausgangsstoffe[16] weitgehend beseitigt worden. Der Teil II des EG-GMP-Leitfadens stellt in Übereinstimmung mit Art. 46 Buchst. f) RL 2001/83/EG bzw. Art. 50 Buchst. f) RL 2001/82/EG klar, dass von den Inhabern von Herstellungserlaubnissen für die Arzneimittelherstellung nur noch Wirkstoffe eingesetzt werden dürfen,

---

[7] Zur Notwendigkeit einer Herstellungserlaubnis für Blutsera s. *OVG Münster*, NJW 1995, 802.
[8] Eine informative Übersicht zur Abgrenzung von bekannten Gewebezubereitungen zu anderen Arzneimitteln menschlicher oder tierischer Herkunft findet sich auf der S. 15 des Erfahrungsberichts der Bundesregierung an den Bundesrat zum Gewebegesetz, BR-Drucks. 688/09.
[9] So *Dettling/Böhnke/Niedziolka*, A&R 2013, 164.
[10] Vgl. *VG Sigmaringen*, Beschl. v. 19.1.2005 – 8 K 2018/04, NJOZ 2005, 2820; *Pannenbecker*, Rechtsrahmen für Blutstammzellen, Rechtsgutachten für DKMS und DGHO, 2008, S. 11. Ebenso (zur alten Rechtslage) *Bender*, PharmR 2002, 244 ff. A. A. (zur alten Rechtslage) *LG Hamburg*, NJW 2002, 3115; *Kloesel/Cyran*, § 13 Anm. 21; *Hasskarl/Osteertag*, NJW 2002, 1773.
[11] Vgl. BR-Drucks. 688/09, S. 41.
[12] Hierbei sind die Anforderungen des TPG zu beachten.
[13] Damit steht die Definition in Übereinstimmung mit dem Wirkstoffbegriff des Teils II des GMP-Leitfadens für die Gute Herstellungspraxis, abrufbar unter www.zlg.de.
[14] Vgl. *Kloesel/Cyran*, § 13 Anm. 21.
[15] Zur Qualitätssicherung von Ausgangsstoffen vgl. *Tawab*, PharmInd 2010, 231, 418.
[16] Anlage zur Bekanntmachung des Bundesministeriums für Gesundheit zu § 2 Nr. 3 AMWHV v. 21.4.2015 (BAnz. AT 27.5.2015 B2), abrufbar unter www.bmg.bund.de.

die im Einklang mit dem EG-GMP-Leitfaden stehen. Der EG-GMP-Leitfaden fordert vom Wirkstoffhersteller, den Punkt, an dem die Produktion eines Wirkstoffs beginnt, festzulegen und zu dokumentieren[17], so dass auch insoweit die **subjektive Zweckbestimmung** ausschlaggebend ist[18]. Dies wird durch die Definition des Wirkstoffs im Abschn. 20 (Glossar) des Teils II des EG-GMP-Leitfadens bestätigt, wo es eingangs heißt, dass *„jede Substanz oder Substanzmischung, die für die Herstellung eines Arzneimittels verwendet werden soll und die bei ihrer Verwendung in der Arzneimittelproduktion ein wirksamer Bestandteil des Arzneimittels wird"* als Wirkstoff anzusehen ist. Damit kann nicht mehr auf die an objektive Merkmale anknüpfende Sichtweise des durchschnittlich informierten, aufmerksamen und verständigen Durchschnittsverbrauchers abgestellt werden[19]. In dem einen vertretenen Sinne hat sich auch das *BVerwG* positioniert, indem es in der „TCM-Granulate"-Entscheidung darauf abgestellt hat, dass die Grenze zu einem bloßen Vorprodukt dann überschritten ist, *„solange für ein Produkt bereits im Zeitpunkt der Herstellung eindeutig feststeht, dass seine künftige Zweckbestimmung ausschließlich darin besteht, durch Anwendung im menschlichen Körper – wenn auch erst im notwendigen Zusammenwirken mit einem anderen Stoff – arzneilichen Zwecken zu dienen"*[20]. Freilich kann dies nicht bedeuten, dass dem jeweiligen Hersteller damit Manipulationsmöglichkeiten eröffnet werden sollen, denn wenn etwa die Gewinnung von Stoffen nur für den Zweck der Herstellung eines Wirkstoffs Sinn macht, muss diese objektive Betrachtungsweise Berücksichtigung finden. Steht beispielsweise von Beginn an fest, dass ein Stoff nur zu dem Zweck gewonnen werden soll, um als Wirkstoff mit arzneilicher Wirkung eingesetzt zu werden oder durch weitere Verarbeitungsschritte zu einem Wirkstoff zu werden, muss von Anfang an vom Vorliegen eines Wirkstoffs ausgegangen werden[21]. Kann aber der Stoff für verschiedene Zwecke eingesetzt werden, zu denen auch ein solcher mit nicht-arzneilicher Wirkung gehört[22], oder steht der endgültige Verwendungszweck noch nicht fest, so kann per se noch kein Wirkstoff vorliegen, da es an der ausschließlichen Herstellung eines Wirkstoffes mit arzneilicher Wirkung fehlt[23]. Ist eine subjektive Zweckbestimmung im Herstellungsprozess noch nicht erfolgt, etwa weil der fragliche Stoff auch im Lebensmittelsektor verwendet werden kann, besteht keine Erlaubnispflicht[24]. Im Ergebnis wird es auf die konkreten **Umstände des Einzelfalls** ankommen.

Die Möglichkeit zur subjektiven Zweckbestimmung wird aber durch die **Tabelle 1 des Teils II des** **14** **EG-GMP-Leitfadens** mit der Darstellung der Anwendbarkeit des EG-GMP-Leitfadens auf die Wirkstoffherstellung **zwingend** begrenzt, indem für den jeweiligen Herstellungstyp die Schritte festgelegt werden, für die der EG-GMP-Leitfaden zur Anwendung kommen muss. Für die dort grau markierten Schritte besteht im Rahmen der Wirkstoffherstellung eine Erlaubnispflicht[25]. Davor liegende Schritte, wie etwa die Gewinnung des Organs, der Flüssigkeit oder des Gewebes bei aus tierischen Quellen stammenden Wirkstoffen, sind hingegen nicht erlaubnispflichtig[26]. Insoweit sind die vom Ausschuss Arzneimittel-, Apotheken- und Gefahrstoffwesen der AGLMB 1992 veröffentlichten Definitionen für die verschiedenen Herstellungsphasen allenfalls noch ergänzend als Auslegungsbehelf tauglich[27]. Es können aber die dortigen Definitionen für Rohstoffe und Grundstoffe herangezogen werden, soweit der Teil II des EG-GMP-Leitfadens im konkreten Einzelfall keine Regelung treffen sollte. Danach ist die Herstellung von **Rohstoffen** und **Grundstoffen** nicht erlaubnispflichtig[28]. Gleiches muss für **Hilfsstoffe** gelten, die aus galenischen Zwecken einem Arzneimittel beigefügt werden und bei denen es sich per definitionem nicht um Wirkstoffe handeln kann.

Die Herstellung von **Wirkstoffen aus Pflanzen,** Pflanzenteilen, Pflanzenbestandteilen, Algen, Pilzen **15** und Flechten, die auch dem Stoffbegriff des § 3 Nr. 2 unterfallen, ist hingegen grundsätzlich nicht

---

[17] Abschn. 1 Einleitung des Teils II des EG-GMP-Leitfadens. Bei synthetischen Prozessen ist dies der Punkt, an dem „Wirkstoff-Startmaterialien" in den Prozess eingeführt werden. Bei anderen Prozessen (z. B. Fermentation, Extraktion, Reinigung etc.) ist der Beginn der Wirkstoffherstellung von Fall zu Fall vorzunehmen.

[18] Anders noch *VG Hamburg*, PharmR 2002, 114. Grundsätzlich für eine Abgrenzung nach der objektiven Zweckbestimmung: *Kloesel/Cyran*, § 13 Anm. 21; *Krüger*, in: Fuhrmann/Klein/Fleischfresser, § 14 Rn. 40; *ders.*, PharmInd 2007, 1078 f.

[19] So noch zur alten Rechtslage *Dettling*, PharmR 2003, 81 f.

[20] *BVerwG*, PharmR 2011, 170. Dem folgend *Sächs. OVG*, A&R 2014, 237, Rn. 33.

[21] In diesem Sinne ist wohl auch die Gesetzesbegründung zur 12. AMG-Novelle zu verstehen, mit welcher § 4 XIX in dem nunmehr gültigen Wortlaut neu gefasst wurde. Dort heißt es in der Gegenäußerung der Bundesregierung zu den Einwänden des Bundesrats, dass die neue Definition nur dann Auswirkungen auf Pflanzen oder Wirkstoffe pflanzlicher Herkunft haben kann, wenn der Bestimmungszweck im Hinblick auf die Arzneimittelherstellung bereits gegeben ist (BT-Drucks. 15/2360, S. 13).

[22] Erfolgt die Herstellung eines ambivalenten Stoffes jedoch im Auftrag eines Arzneimittelherstellers verbleibt kein Raum mehr für eine subjektive Zweckbestimmung im Hinblick auf eine Verwendung außerhalb der Arzneimittelherstellung.

[23] In diesem Sinne auch *VG Hamburg*, PharmR 2015, 148.

[24] So auch *Krüger*, in: Fuhrmann/Klein/Fleischfresser, § 14 Rn. 40. A. A. zur alten Rechtslage *VG Koblenz*, Urt. v. 16.1.1990 – 6 K 90/85, abgedr. bei *Sander*, Entscheidungssammlung, § 7 AMG Nr. 1.

[25] Vgl. hierzu auch *Dettling/Böhnke/Niedziolka*, A&R 2013, 159.

[26] So schon bereits zur alten Rechtslage *VG Hamburg*, PharmR 2002, 110 ff. betr. die Einfuhr von Rinderorganen aus Drittländern.

[27] Vgl. zu den Abgrenzungsfragen Rohstoff/Wirkstoff/Arzneimittel *Heßhaus*, StoffR 2006, 28.

[28] So auch *Rehmann*, § 13 Rn. 1.

erlaubnispflichtig, denn diese ist nicht in der Vorschrift des § 13 I 1 genannt[29]. Für die Prüfung solcher Stoffe kann auch dann nichts anderes gelten, wenn eine Herstellungserlaubnis nach § 13 I 3 beantragt worden ist, denn wenn schon die Herstellung von Wirkstoffen aus Pflanzen nicht erlaubnispflichtig ist, muss dies erst recht für die Prüfung solcher Stoffe gelten. Daher ist es richtig, wenn aus China importierte unbehandelte oder nur grob vorbehandelte getrocknete Pflanzenteile, die in der traditionellen chinesischen Medizin **(TCM)** zu Heilzwecken verwendet werden, aber auch eine andere Zweckbestimmung haben können, noch nicht als Wirkstoffe qualifiziert werden[30]. Etwas anderes ist aber dann anzunehmen, wenn ein pflanzlicher Ausgangsstoff für die Wirkstoffherstellung („API starting material") und nach dem dokumentierten Willen des Herstellers für eine erlaubnispflichtige Arzneimittelherstellung Verwendung finden soll[31]. Granulate aus Heilpflanzen, die zur Anwendung im Rahmen der TCM vorgesehen sind und ausschließlich über Apotheken vertrieben werden, sind Wirkstoffe, wenn sie erst im Zusammenwirken mit anderen Substanzen arzneilichen Zwecken dienen sollen[32].

16   **b) Menschlicher Herkunft.** Für die Frage, woher Wirkstoffe menschlicher Herkunft stammen können, ist auf den **Stoffbegriff** in § 3 Nr. 3 zu rekurrieren[33]. Demnach müssen die Wirkstoffe aus Körperteilen, Körperbestandteilen und Stoffwechselprodukten von Menschen, sei es in bearbeitetem oder unbearbeitetem Zustand, herrühren. Damit scheiden synthetisch hergestellte, evtl. der Natur nachgebildete Stoffe als Herkunftsquelle von Wirkstoffen menschlichen Ursprungs per se aus, während semisynthetische Stoffe, die menschlichen Ursprungs sind und die biologisch, chemisch oder physikalisch bearbeitet wurden, dem Wirkstoffbegriff nach vorstehender Maßgabe unterfallen können[34]. Zu den Wirkstoffen menschlicher Herkunft gehören somit bei Beachtung der in Rn. 12 f. aufgeführten Kriterien auch Blut, Blutbestandteile und Blutprodukte. Die Gewinnung von Blut oder Humanplasma zur Nutzung als Wirkstoff ist daher erlaubnispflichtig (s. Rn. 20).

17   **c) Tierischer Herkunft.** Bei dem Tatbestandsmerkmal der Wirkstoffe tierischer Herkunft ist als Auslegungsbehelf gleichfalls auf § 3 Nr. 3 zurückzugreifen, so dass Wirkstoffe aus Tierkörpern, auch lebender Tiere, Körperteilen, Körperbestandteilen oder Stoffwechselprodukten von Tieren in bearbeitetem oder unbearbeitetem Zustand nach Maßgabe der vorstehenden Rn. stammen können.

18   **d) Mikrobieller Herkunft.** Die Einbeziehung der Wirkstoffe mikrobieller Herkunft in die Erlaubnispflicht ist durch das den anderen Wirkstoffen ähnliche Risikopotenzial gerechtfertigt[35]. Wirkstoffe mikrobieller Herkunft sind gesetzlich nicht definiert. Der Bundesrat hat im Rahmen des Verfahrens zum Erlass der VO zur Ablösung der Betriebsverordnung für pharmazeutische Unternehmer die Bundesregierung gebeten, in § 4 AMG eine Definition für „Wirkstoffe mikrobieller Herkunft" zur Herbeiführung der erforderlichen Rechtssicherheit und Rechtsklarheit aufzunehmen. Als **Definition** hat er folgende Formulierung vorgeschlagen: *„Wirkstoffe mikrobieller Herkunft sind alle Mikroorganismen, deren Bestandteile oder hoch- und niedermolekulare Stoffwechselprodukte, die durch Fermentation gewonnen werden und von der Monographie ‚Fermentationsprodukte' des Europäischen Arzneibuchs erfasst werden."* Ausweislich der Begründung zu diesem Vorschlag sollen andere Wirkstoffe „mikrobieller Herkunft", wie z.B. semisynthetische Wirkstoffe oder durch mikrobielle Stoffumwandlung hergestellte Wirkstoffe, durch die AMWHV nicht erfasst und so eine nicht risikoorientierte Ausweitung der Erlaubnispflicht für die Herstellung von „Wirkstoffen mikrobieller Herkunft" verhindert werden[36]. Dieser Definition ist zuzustimmen[37]. Im Übrigen ist für die Herstellung von Wirkstoffen mit mikrobieller Herkunft die Übergangsvorschrift in **§ 138 I** zu beachten (s. § 138 Rn. 3).

19   **e) Auf gentechnischem Weg hergestellt.** Für die Herstellung von Wirkstoffen auf gentechnischem Weg ist § 3 Nr. 2–3c GenTG maßgeblich. **Beispiele** für gentechnisch hergestellte Arzneimittel sind etwa Humaninsulin, Erythropoietin, Somatotropin und Blutgerinnungsfaktoren[38].

---

[29] Für derartige Stoffe ist auch die AMWHV nicht anwendbar, soweit die Bearbeitung nicht über die Trocknung, erste Zerkleinerung und initiale Extraktion hinausgeht (§ 1 III 1 Nr. 2 AMWHV).

[30] So *OVG Lüneburg*, LMRR 2002, 83.

[31] Tab. 1 des Teils II des GMP-Leitfadens. In diesem Sinne dürfte auch die Gegenäußerung der Bundesregierung zur Stellungnahme des Bundesrats zur 12. AMG-Novelle zu verstehen sein, die besagt, dass die neue Wirkstoffdefinition in § 4 XIX „nur dann Auswirkungen auf Wirkstoffe pflanzlicher Herkunft" haben kann, „wenn der Bestimmungszweck im Hinblick auf die Arzneimittelherstellung bereits gegeben ist", s. BT-Drucks. 15/2360, S. 13. Vgl. zu diesem Themenkreis auch *Krüger*, PharmInd 2007, 1187 f.; *Heßhaus*, StoffR 2006, 31.

[32] A. A. *BVerwG*, PharmR 2011, 170; *VGH München*, PharmR 2009, 574, die den Wirkstoffbegriff einfach übergehen und darin zu Unrecht das Vorliegen eines Arzneimittels angenommen haben. Zur strafrechtlichen Bewertung von Produktionsstufen für den Arzneimittelbegriff vgl. *BGH*, PharmR 2009, 209 ff.

[33] *Kloesel/Cyran*, § 20a Anm. 4.

[34] Vgl. *Kloesel/Cyran*, § 20a Anm. 4.

[35] BT-Drucks. 15/2109, S. 27.

[36] BR-Drucks. 398/06 (Beschluss), S. 2 f. Vgl. auch Abschnitt 18 des GMP-Leitfadens Teil II, der sich mit spezifischen Anleitungen für Wirkstoffe befasst, die mit Hilfe von Zellkulturen/Fermentation hergestellt wurden.

[37] Ebenso *Kloesel/Cyran*, § 20a Anm. 5.

[38] Vgl. *Kloesel/Cyran*, § 2 Anm. 25. Zu Rechtsfragen des GenTG vgl. *Kauch*, Gentechnikrecht; *Winter/Fenger/Schreiber*, Genmedizin und Recht; *Matzke*, PharmInd 2003, 1028 ff., 1223 ff.

4. Andere zur Arzneimittelherstellung bestimmte Stoffe menschlicher Herkunft (Nr. 4). 20
Wird **Blut** oder durch die Plasmapherese Humanplasma entnommen bzw. gewonnen, bedarf dies
gleichfalls einer Herstellungserlaubnis nach § 13 I, sofern dies zur Nutzung als Funktionsarzneimittel
i. S. d. § 2 I Nr. 2 geschieht (zur Nutzung als Wirkstoff s. Rn 12 ff.)[39] Gleiches gilt für die Gewinnung
von Blut oder Humanplasma in einer Blutspendeeinrichtung oder einer Plasmapheresestation. Wird das
Blutplasma nicht unmittelbar beim Menschen angewendet, sondern zur industriellen Weiterverwendung
genutzt, ergibt sich die Erlaubnispflicht nach § 13 für diesen Vorgang aus der Verwendung zum Zwecke
der Herstellung eines Wirkstoffs nach Nr. 3[40]. Auch die **Eigenblutspende** ist erlaubnispflichtig, wenn
kein Fall des Abs. 2b vorliegt (s. Rn. 16, 66 ff.)[41]. Ansonsten stellt die Nr. 4 einen Auffangtatbestand für
zur Arzneimittelherstellung bestimmte Stoffe menschlicher Herkunft dar, die nicht unter vorrangige
Vorschriften des AMG, wie etwa Abs. 1a Nr. 1 für Gewebe oder Abs. 1a Nr. 2 für die Gewinnung und
die Laboruntersuchung von autologem Blut zur Herstellung von biotechnologisch bearbeiteten Gewebeprodukten oder Abs. 1a Nr. 3 für Gewebezubereitungen, fallen. **Synthetisch hergestellte Stoffe**
unterfallen per se nicht dem Tatbestandsmerkmal „menschlicher Herkunft", selbst wenn sie naturiden-
tisch sein sollten. Hingegen besteht für semisynthetische Stoffe, d. h. für Stoffe, die teilweise menschlichen Ursprungs sind und bearbeitet wurden, eine Erlaubnispflicht[42].

5. Gewerbs- oder berufsmäßig. Eine **gewerbsmäßige** Herstellung ist in jeder auf eine fortlaufende 21
Einnahmeerzielung gerichteten Tätigkeit zu sehen. Eine **berufsmäßige** Herstellung von Arzneimitteln
oder Wirkstoffen liegt bei der Herstellung dieser Produkte vor, wenn dies aufgrund einer auf Erwerb
ausgerichteten Beschäftigung zur Schaffung und Erhaltung einer Lebensgrundlage erfolgt, und wenn die
Tätigkeit auf Dauer angelegt bzw. nachhaltig ist, wobei es unerheblich ist, ob die Tätigkeit selbstständig
oder unselbstständig erfolgt[43]. Damit werden vor allem Ärzte, Zahnärzte, Tierärzte und Apotheker
angesprochen (zu den Ausnahmen von der Erlaubnispflicht für diesen Personenkreis s. aber Rn. 35 ff.
und 66 ff.).

II. Entsprechende Geltung der Erlaubnispflicht (S. 2)

Die im Regierungsentwurf zum AMG-ÄndG 2009 nicht mehr enthaltene, im weiteren Gesetz- 22
gebungsverfahren dann doch wieder aufgenommene Erstreckung der Erlaubnispflicht[44] bezieht sich auf
die nicht gewerbs- oder berufsmäßige Herstellung von Arzneimitteln zum Zwecke der Abgabe an die
Mitglieder von **juristischen Personen, nicht rechtsfähigen Vereinen und Gesellschaften bürgerli-**
chen Rechts. Damit soll insoweit weiterhin verhindert werden, dass eine Lücke bei der Erlaubnispflicht
für diesen Personenkreis besteht.

III. Option für Prüfbetriebe (S. 3)

Nach dem Wortlaut des mit dem AMG-ÄndG 2009 in das Gesetz eingefügten S. 3 bedarf jede 23
Prüfung, auf deren Grundlage die Freigabe eines Arzneimittels für das Inverkehrbringen erklärt wird,
gleichfalls der (vorherigen) Erteilung einer Herstellungserlaubnis[45]. Damit soll der fortschreitenden
Globalisierung und Spezialisierung der pharmazeutischen Betriebe Rechnung getragen werden, die dazu
geführt hat, dass die freigaberelevanten Prüfungen von Arzneimitteln in vom Herstellungsbetrieb separaten Betrieben erfolgen können (s. auch § 14 IV Nr. 3). Die Begründung zum AMG-ÄndG 2009 spricht
indes davon, dass es sich bei der Herstellungserlaubnis für freigaberelevante Arzneimittelprüfungen um
eine **Option des Prüfbetriebs** handelt, mit der eine „bessere EU-weite Transparenz", mithin eine
Angleichung der Rechtsbedingungen für Prüfbetriebe im europaweiten Wettbewerb herbeigeführt
werden soll[46]. Die gesetzgeberische Intention, es dem jeweiligen Prüfbetrieb frei zu stellen, ob er eine
Herstellungserlaubnis für die in Rede stehende Tätigkeit beantragt, ist entgegen dem wenig glücklich
formulierten Wortlaut der Vorschrift maßgeblich[47]. Dies gilt umso mehr als der Gesetzgeber keine
anderen Erwägungen, etwa die Arzneimittelsicherheit, i. S. einer zwingenden Ausdehnung der Erlaub-

---

[39] Vgl. auch *VG Ansbach*, Urt. v. 27.8.1985 – AN 16 K 83 A. 124, abgedr. bei *Kloesel/Cyran*, Bd. X, E 37. Zur
Plasmaspherese vgl. *Kloesel/Cyran*, § 13 Anm. 28a. Zu den sich bei Plasma zur Fraktionierung stellenden Fragestellungen vgl. *Hasskarl*, Transfus Med Hemother 2003; 30: 87–97; *Hasskarl/Ziegler*, Infus Ther Transfus Med 2002; 29:
232–236.
[40] Vgl. *Kloesel/Cyran*, § 13 Anm. 18a. Die RL 2002/98/EG regelt die Gewinnung, Testung, Verarbeitung, Lagerung
und Verteilung von menschlichem Blut und Blutbestandteilen unabhängig von deren Verwendungszweck.
[41] Differenzierend *Kloesel/Cyran*, § 13 Anm. 32 a. Vgl. zur alten Rechtslage auch *BVerwG*, NJW 1999, 882; *Bay-
ObLG*, NJW 1998, 3430 zur Herstellung von Eigenblut- und Eigenurinzubereitungen zur Abgabe an den Spender zum
Zwecke der Selbstanwendung.
[42] Vgl. *Kloesel/Cyran*, § 20a Anm. 4.
[43] Vgl. *Jarass/Pieroth*, Art. 12 Rn. 5.
[44] Vgl. BR-Drucks. 171/09, S. 9; BT-Drucks. 16/12677, S. 3; BT-Drucks. 16/13428, S. 128.
[45] Zur alten Rechtslage vgl. *Mayer/Portsner*, PharmInd 2008, 235 ff., die darauf hinweisen, dass die isolierte Chargenprüfung keinen Herstellungsvorgang nach der Definition des § 4 XIV darstellen.
[46] BT-Drucks. 16/12 256, S. 45 und S. 46 (ad § 15).
[47] Vgl. *Kügel/Guttmann*, PharmInd 2010, 459. In diesem Sinne auch *Podpetschnig-Fopp*, PharmInd 2009, 1939.

nisnpflicht für Prüfbetriebe aufgestellt hat. Macht der Prüfbetrieb nicht von der ihm eingeräumten Option nach Abs. 1 S. 2 Gebrauch, muss er gleichwohl eine GMP-gerechte Prüfung gewährleisten können und seine Prüftätigkeit nach § 67 I, IV anzeigen (s. § 67 Rn. 2, 34). Zudem muss der Prüfbetrieb in der Herstellungserlaubnis des Herstellers angegeben sein (Lohnprüfung, s. Rn. 24).

IV. Anwendbarkeit des § 14 IV (S. 4)

24   Durch den Verweis auf § 14 IV soll die Möglichkeit erhalten bleiben, dass Prüfungen teilweise außerhalb der Betriebsstätte des Arzneimittelherstellers in beauftragten Betrieben durchgeführt werden können (s. hierzu § 14 Rn. 34 ff.). Soweit **Prüfbetriebe** eine eigenständige Erlaubnis nach § 13 I beantragen, kann für die sachkundige Person nach § 14 I Nr. 1 der Nachweis über deren praktische Tätigkeit während der Zeit als externer Prüfbetrieb (§ 14 IV) als ausreichend angesehen werden[48].

V. Abnahmeinspektion

25   Die Herstellungserlaubnis kann erst erteilt werden, wenn sich die zuständige Behörde nach Abs. 4 durch eine Besichtigung vergewissert hat, dass die Voraussetzungen nach dem AMG für die Erlaubniserteilung vorliegen (§ 64 III; § 3 I 1 AMGVwV). Externe Herstellungs- und Prüfbetriebe oder entsprechende Einrichtungen können erst dann in die Erlaubnis des Arzneimittelherstellers aufgenommen werden, wenn sich die für sie zuständigen Behörden von ihrer Eignung überzeugt und die für die Erlaubniserteilung zuständige Behörde entsprechend informiert haben. Auch für die Abnahmeinspektion bei externen Herstellungs- und Prüfbetrieben sind die in § 17 I und II festgelegten Fristen einzuhalten (§ 3 I 3 AMGVwV).

VI. Wechsel in der Person des Erlaubnisinhabers

26   Die Herstellungserlaubnis ist **personengebunden,** denn nur der Erlaubnisinhaber erlangt das subjektiv-öffentliche Recht, auf der Grundlage der Herstellungserlaubnis Arzneimittel herzustellen. Mit dem Inkrafttreten des AMG-ÄndG 2009 ist sie nunmehr auch insoweit **höchstpersönlicher Natur,** als der Antragsteller und damit ebenso der Erlaubnisinhaber nach erfolgter Erlaubniserteilung über die erforderliche **Zuverlässigkeit** zur Ausübung der Tätigkeit verfügen muss (s. auch § 14 Rn. 15).

27   Bei einer bloßen **Firmenänderung** (§ 17 HGB) oder **Sitzverlegung** unter Beibehaltung der Betriebsstätte ist die Herstellungserlaubnis umzuschreiben, ohne dass eine neue Herstellungserlaubnis zu beantragen ist[49]. Nicht anders ist der reine **Formwechsel** (etwa von einer GmbH in eine AG) zu beurteilen, wenn die verantwortlichen Personen, auf deren persönliche Zuverlässigkeit abzustellen ist, identisch bleiben (Geschäftsführer bzw. Vorstand) und auch sonst keine Änderungen (etwa bei der sachkundigen Person, beim sonstigen verantwortlichen Personal oder der Betriebsstätte) vorgenommen werden, da eine Rechtsträger- und Vermögensidentität vorliegt[50]. Unter diesen Voraussetzungen gilt nichts anderes für die Umwandlungstatbestände der **Verschmelzung** (§§ 2 ff., 20 UmwG) oder **Spaltung** (§§ 131 f. UmwG). Ergeben sich aber Änderungen beim verantwortlichen Personal (etwa bei den Vertretern der juristischen Person oder der sachkundigen Person) oder den betrieblichen Sachmitteln (Betriebsstätten) oder in die Herstellung einbezogenen Dritten (etwa externen Prüfbetrieben), bedarf es der Erteilung einer neuen Herstellungserlaubnis oder zumindest einer Änderung derselben nach entsprechender Prüfung der geänderten Voraussetzungen durch die zuständige Behörde[51].

C. Stoff- und anwendungsbezogene Ausnahmen von der Erlaubnispflicht (Abs. 1a)

28   Mit dem durch das AMG-ÄndG 2009 in das AMG eingefügten neuen Abs. 1a soll die bisher in § 13 I 4 a. F. mit dem Gewebegesetz[52] aufgenommene Ausnahmeregelung zur besseren Lesbarkeit in einem eigenständigen Abs. geregelt werden.

I. Gewebe (Nr. 1)

29   Für die Gewinnung von Gewebe i. S. d. § 1a Nr. 4 TPG besteht keine Erlaubnispflicht nach § 13. Diese ergibt sich aber aus **§ 20b.** Sofern es sich bei den herzustellenden Gewebezubereitungen um Gewebezubereitungen handelt, die **nicht mit industriellen Verfahren** be- oder verarbeitet werden (s.

---

[48] BR-Drucks. 171/09, S. 72.
[49] Vgl. *Kügel*, PharmR 2005, 82.
[50] Vgl. *Kügel*, PharmR 2005, 72 f.; so nunmehr auch *Kloesel/Cyran*, § 13 Anm. 9.
[51] Vgl. *Krüger*, in: Fuhrmann/Klein/Fleischfresser, § 14 Rn. 78. Zu den hierbei auftauchenden Fragestellungen im Übrigen vgl. *Kügel*, PharmR 2005, 66 ff.
[52] Vom 20.7.2007, BGBl. I S. 1574.

§ 20c Rn. 6), ist eine Erlaubnis nach § 20c zu beantragen. Die Aufbereitung von Keimzellen und Embryonen i. S. d. § 4 XXX 2 ist gleichfalls erlaubnispflichtig nach § 20c, da es sich um die Aufbereitung von Gewebe handelt.

II. Autologes Blut (Nr. 2)

Die **Gewinnung** und die Laboruntersuchung von autologem Blut zur Herstellung von biotechnolo- **30** gisch bearbeiteten Gewebeprodukten unterliegt der **Erlaubnispflicht nach § 20b**. Durch die Einfügung eines neuen Abs. 4 in § 20b sind die erleichterten Anforderungen über die Gewinnung von Gewebe (§ 20b) auch auf die Gewinnung von autologem Blut zur Herstellung von biotechnologisch bearbeiteten Gewebeprodukten i. S. d. § 4 IX und die Laboruntersuchungen des Spenders oder der Spenderin ausgedehnt worden[53] (s. hierzu § 20b Rn. 9). Hingegen ist die weitere **Aufbereitung** von Blut im Herstellungsverfahren für biotechnologisch bearbeitete Gewebeprodukte ebenso wie die Herstellung von biotechnologischen Gewebeprodukten selbst **erlaubnispflichtig nach § 13**[54]. Im Übrigen ist die Übergangsvorschrift aus Anlass des AMG-ÄndG 2009 in **§ 144 V** zu beachten (s. § 144 Rn. 8).

III. Gewebezubereitungen (Nr. 3)

Von der Erlaubnispflicht nach § 13 I sind alle Gewebezubereitungen (§ 4 XXX) ausgenommen, die **31 nicht mit industriellen Verfahren** be- oder verarbeitet werden (s. § 20c Rn. 6). Die Erlaubnispflicht für diese Gewebezubereitungen ergibt sich aus **§ 20c**[55].

Anders stellt sich die Situation für Gewebezubereitungen dar, die **in einem industriellen Verfahren 32** hergestellt werden. Für diese Tätigkeit ist eine Herstellungserlaubnis nach § 13 I zu beantragen. Dies ergibt sich aus dem Erwägungsgrund 6 der RL 2004/23/EG, wonach bei Geweben und Zellen, die für die Nutzung in industriell hergestellten Produkten bestimmt sind, nur die Spende, die Beschaffung und die Testung von der Richtlinie erfasst werden, falls die Verarbeitung, Konservierung, Lagerung und Verteilung durch andere Gemeinschaftsbestimmungen abgedeckt sind. Die weiteren Schritte der industriellen Herstellung sollen dann der RL 2001/83/EG unterliegen. Insoweit ist Deutschland in der EU den Sonderweg gegangen, industriell hergestellte Gewebezubereitungen ausschließlich dem Arzneimittelrecht zu unterstellen.

IV. Rekonstitution (Nr. 4)

Mit dieser auf einen Vorschlag des Bundesrats im Gesetzgebungsprozess des AMG-ÄndG 2009 zurück- **33** gehenden Änderung des AMG wird die Rekonstitution (§ 4 XXXI) von dem Erfordernis der Herstellungserlaubnis ausgenommen, soweit die Arzneimittel **nicht in einer klinischen Prüfung** am Menschen getestet oder als Vergleichspräparate angewendet werden[56]. Hierbei sind die in § 13 II 1 Nr. 1 und 2 für den Inhaber einer Apotheke und für Krankenhausapotheken und die in § 13 IIb 2 Nr. 2 vorgesehenen Rückausnahmen zu beachten. Dies bedeutet, dass auch Apotheken und Krankenhausapotheken die Rekonstitution von Arzneimitteln in der klinischen Prüfung ohne Herstellungserlaubnis durchführen dürfen, wenn dies im Prüfplan entsprechend festgelegt wurde. Keiner Herstellungserlaubnis bedarf auch die Herstellung von Prüfpräparaten durch einen Arzt oder eine sonst zur Ausübung der Heilkunde bei Menschen befugte Person, soweit die Herstellung – und hierzu zählt gem. § 4 XIV auch die Rekonstitution („Zubereiten") – unter deren unmittelbarer fachlicher Verantwortung zum Zwecke der persönlichen Anwendung bei einem bestimmten Patienten erfolgt[57] (s. auch Rn. 69).

Von der Vorschrift werden Zahnärzte, Hebammen, Rettungssanitäter, Krankenschwestern und Kran- **34** kenpfleger und alle Personen erfasst, die in Altenheimen, Pflegeheimen oder in der häuslichen Pflege berufsmäßig oder gewerbsmäßig Humanarzneimittel in eine anwendungsfähige Form bringen, soweit sie **nicht** unter unmittelbarer Verantwortung eines Arztes oder einer sonst zur Ausübung der Heilkunde bei einem Menschen befugten Person i. S. d. Abs. 2b S. 1 tätig werden[58].

D. Personenbezogene Ausnahmen von der Erlaubnispflicht (Abs. 2)

Abs. 2 privilegiert **bestimmte Personenkreise**, indem diese von der grundsätzlichen Erlaubnispflicht **35** für die Herstellung von Arzneimitteln freigestellt werden. Zu diesen gehören grundsätzlich nicht mehr Ärzte und Zahnärzte, da das ärztliche Dispensierrecht entfallen ist (s. aber Rn. 66 ff. zur Ausnahme für

---

[53] BT-Drucks. 16/12256, S. 45.
[54] A. A. offensichtlich *Kloesel/Cyran*, § 13 Anm. 40.
[55] Vgl. BR-Drucks. 688/09, S. 15.
[56] Zur Frage, ob die Zubereitung von Zytostatikalösungen durch Apotheken als erlaubnisfreie Rekonstitution oder als Herstellung eines Rezepturarzneimittels, das nicht Fertigarzneimittel ist, anzusehen ist vgl. *Kieser*, A&R 2009, 260 ff.
[57] Vgl. BT-Drucks. 16/13428, S. 128.
[58] *Kloesel /Cyran*, § 13 Anm. 42.

Ärzte in Abs. 2b und Rn. 75 für Tierärzte in Abs. 2c; zum ärztlichen Besitzstand aufgrund von Überleitungsvorschriften s. die Kommentierungen zu den §§ 100 III, 116). Sollen Arzneimittel hergestellt werden, für die keine Erlaubnis nach § 13 I einzuholen ist, muss dies unter Angabe der Bezeichnung und der Zusammensetzung der Arzneimittel der zuständigen Behörde **angezeigt** werden (s. § 67 Rn. 26).

I. Apotheker (Nr. 1)

36 Mit dem AMG-ÄndG 2009 wurde die bisherige Regelung des Abs. 2a unter sprachlicher Neufassung in die Nr. 1 und 2 des S. 1 des Abs. 2 überführt, wobei die Möglichkeit der erlaubnisfreien Arzneimittelherstellung in Apotheken zusammengefasst wurde[59]. Danach benötigt der Inhaber einer Apotheke nach Abs. 1 keine Herstellungserlaubnis für die Herstellung von Arzneimitteln im Rahmen des üblichen Apothekenbetriebs[60]. Die Ausnahme von der Erlaubnispflicht wird dadurch gerechtfertigt, dass die Apotheker bei der Herstellung von Arzneimitteln im Rahmen des üblichen Apothekenbetriebs bereits der Überwachung auf Grund des ApG und der ApBetrO unterliegen[61]. Es bleibt abzuwarten, ob sich für den Ausnahmetatbestand des Abs. 2 Nr. 1 Auswirkungen aus dem vom *BGH*[62] initiierten Vorabentscheidungsverfahren zur Konformität des § 21 II Nr. 1 mit Art. 3 Nr. 1 und 2 RL 2001/83/EG ergeben[63].

37 Das Kriterium **„Herstellung im Rahmen des üblichen Apothekenbetriebs"** wird von einem Teil der Rechtsprechung und Literatur dahingehend ausgelegt, dass sich die Ausnahme vom Grundsatz der Erlaubnispflicht nur auf die Herstellung für ein regional begrenztes Gebiet, nämlich den üblichen Versorgungs- und Einzugsbereich der Apotheke (unter Einschluss der hierzu gehörigen Filialapotheken[64]), beziehen könne[65]. Das Merkmal „üblicher Apothekenbetrieb" sei nicht normativ, sondern empirisch-traditionell zu bestimmen. Mit der räumlichen Einschränkung solle das Risiko der breiten Streuung potentiell risikobelasteter Arzneimittel überschaubar und einschätzbar gehalten werden, zumal der Vertrieb von nicht im Rahmen des strengen Zulassungsverfahrens geprüfter Arzneimittel potentiell risikobehaftet sei[66]. Die räumlich-eingrenzende Auslegung des Tatbestandsmerkmals „üblicher Apothekenbetrieb" müsse auch für solche Apotheken, die über eine Versandhandelserlaubnis gem. § 11a ApG verfügen, gelten.

38 Dieser Auffassung kann aus mehreren Gründen nicht gefolgt werden[67]. Der Terminus **„üblicher Apothekenbetrieb"** als **unbestimmter Rechtsbegriff** ist zwangsläufig normativ, d. h. anhand der geltenden Gesetze, die für den Betrieb einer Apotheke anwendbar sind, zu bestimmen[68], denn anderenfalls würde es sich um einen außerrechtlichen Tatbestand handeln, was unserer Rechtsordnung fremd ist. In den einschlägigen Vorschriften insbesondere des ApG und der ApBetrO finden sich jeweils entsprechende Regelungen, wenn der räumliche Wirkungskreis der Apotheker beschränkt werden soll[69]. Im Gegensatz hierzu zeigt die **Zulassung des Versandhandels** für Apotheken in § 11a ApG[70], die Möglichkeit des Abschlusses von Verträgen zur Krankenhausversorgung mit Arzneimitteln nach § 14 ApG und die Zulässigkeit der Belieferung von Filialapotheken (§ 2 IV ApG), dass dem Apotheker eine bundesweite Belieferung mit Arzneimitteln ermöglicht wird[71]. Für den Bereich des Versandhandels würde eine regionale Beschränkung gegen § 11a IIIb ApG verstoßen, denn Voraussetzung für die Erteilung einer Versandhandelserlaubnis ist, dass diese alle bestellten Arzneimittel liefert, soweit sie im Geltungsbereich des AMG in den Verkehr gebracht werden dürfen oder verfügbar sind[72]. Wenn man aber schon auf eine „empirisch-traditionelle Komponente" abstellen wollte, zeigt sich, dass sich die

[59] BT-Drucks. 16/12256, S. 45.
[60] Zur Erlaubnispflicht der Herstellung zytostatikahaltiger parenteraler Lösungen vgl. *Saalfrank/Wesser*, A&R 2009, 258. Die Herstellung von 23 Arzneimitteln im täglichen Durchschnitt liegt nach Auffassung des *OLG München,* PharmR 2010, 478, noch im Rahmen des üblichen Apothekenbetriebs.
[61] Vgl. *OVG Lüneburg,* Urt. v. 16.5.2006 – 11 LC 265/05 – BeckRS 2006, 23460; *Rehmann,* § 13 Rn. 6. Zur Kritik an der fehlenden Verbindlichkeit der GMP-Anforderungen für Apotheken vgl. *Prinz,* PharmR 2012, 16.
[62] PharmR 2015, 371.
[63] Vgl. hierzu *Willhöft,* A&R 2015, 117.
[64] Vgl. *Kloesel/Cyran,* § 13 Anm. 44a; *Grau/Kutlu,* A&R 2009, 154.
[65] Vgl. *OLG Hamburg,* MD 2009, 918 ff.; *OLG Hamburg,* Urt. v. 11.10.2007 – 3 U 127/06, NJOZ 2008, 2366; *Kloesel/Cyran,* § 21 Anm. 36. A. A. *OLG München,* Urt. v. 2.7.2009 – 6 U 2328/08 – juris; *LG München,* Urt. 31.1.2008 – 7 O 11 242/07 – juris. Offengelassen von *BGH,* GRUR 2011, 453, 454 – Handlanger.
[66] *OLG Hamburg,* MD 2009, 927; *OLG Hamburg,* Urt. v. 11.10.2007 – 3 U 127/06, NJOZ 2008, 2366; *Kloesel/ Cyran,* § 21 Anm. 36.
[67] Vgl. *BGH,* A&R 2011, 231; *Rehmann,* § 13 Rn. 6.
[68] Vgl. *OVG Lüneburg,* Urt. v. 16.5.2006 – 11 LC 265/05 – BeckRS 2006, 23460; *VG Regensburg,* Beschl. v. 21.4.2004 – RO 5 S 04.646 – juris; *Saalfrank/Wesser,* A&R 2008, 170.
[69] Etwa § 12a ApG für die Heimversorgung und § 14a ApG a. F. für die krankenhausversorgenden Apotheken, vgl. *BGH,* A&R 2011, 232.
[70] Mit der Formulierung „zusätzlich zu dem üblichen Apothekenbetrieb" in § 11a 1 Nr. 1 ApG sollten reine Versandapotheken ohne Offizinbetrieb verhindert werden, nicht jedoch eine Ausfüllung des unbestimmten Rechtsbegriffs „üblicher Apothekenbetrieb" erfolgen, s. *VG Regensburg,* Beschl. v. 21.4.2004 – RO 5 S 04.646 – juris; *Saalfrank/Wesser,* A&R 2008, 175, *Kieser,* PharmR 2008, 415.
[71] Vgl. *Kieser,* PharmR 2008, 415.
[72] Vgl. *Kieser,* PharmR 2008, 416.

Abgabe von Rezeptur- und Defekturarzneimitteln in der Präsenzapotheke hinsichtlich des Kundenkreises **nicht räumlich beschränken** lässt. Es steht allen Kunden, gleich wie weit sie von der Apotheke entfernt wohnen, frei, sich mit Arzneimitteln aus der Präsenzapotheke zu versorgen. Damit werden die abgegebenen Arzneimittel über den „regionalen Einzugsbereich" hinaus gestreut[73]. Der „übliche Versorgungs- und Einzugsbereich" einer Apotheke ist **nicht bestimmbar,** so dass auch verfassungsrechtliche Bedenken (Art. 103 II GG) unter strafrechtlichen Gesichtspunkten (s. § 96 Nr. 4) bestehen[74]. Damit umfasst der Begriff des „üblichen Apothekenbetriebs" alle gesetzlich zulässigen Vertriebsformen von Arzneimitteln. Eine Gefährdung der **Arzneimittelsicherheit gem. § 1** ist nicht zu befürchten, denn durch die Vorgaben insbesondere der §§ 6 ff. ApBetrO sowie die Überwachung der herstellenden Apotheken ist sichergestellt, dass die Herstellung von Arzneimitteln im üblichen Apothekenbetrieb entsprechend den erforderlichen Sicherheitsstandards erfolgt (s. etwa § 11a Nr. 2 ApG und § 17 IIa ApBetrO)[75]. Das *OLG München*[76] hält die Erwägung, dass der Gesetzgeber nur jeweils nicht am Ort der Apotheke lebende auswärtige Patienten vor den möglichen Gefahren der in einer Apotheke hergestellten Arzneimittel schützen, hingegen Ortsansässige diesen Risiken aussetzen wollte, für befremdlich. Es ist offensichtlich, dass es hier kein unterschiedliches Schutzniveau geben kann[77]. Die Einhaltung der Qualitätsanforderungen bei der Herstellung von Arzneimitteln in dem durch die ApBetrO vorgegebenen Umfang hat weder etwas mit der Vertriebsform noch mit der Entfernung des Kunden von der Apotheke zu tun[78]. Der Qualitätsaspekt spielt ungeachtet dessen insoweit eine Rolle als **mengenmäßig** durch die sog. 100-er-Regelung in § 21 II Nr. 1 (s. § 21 Rn. 17) eine breitere Streuung verhindert werden soll, aber nicht regional[79].

Nicht zum apothekenüblichen Betrieb gehört die Herstellung von Arzneimitteln für **andere Apo-** **39** **theken,** es sei denn diese geschieht ausnahmsweise und im Einzelfall aus Gründen der Kollegialität[80]. Die herstellende Apotheke benötigt in diesem Fall eine Herstellungserlaubnis gem. § 13. Mit dem Kriterium des „üblichen Apothekenbetriebs" soll verhindert werden, dass in der Apotheke hergestellte Arzneimittel in den Handel oder an andere Apotheken abgegeben werden[81] und dass sich der Schwerpunkt der Apotheke zu einem pharmazeutischen Betrieb verlagert[82]. Insoweit ist es auch nicht zulässig, wenn der Apotheker, soweit er bei der Herstellung eines Defekturarzneimittels mit dem Hersteller eines Wirk- oder Trägerstoffs des Mittels zusammenarbeitet, lediglich die Stellung eines Handlangers einnimmt[83]. Auch dürfte es nicht zulässig sein, dass Apotheken Arzneimittel als ausgelagerte Produktionsbetriebe von Pharmaunternehmen herstellen, um so ein zeit- und kostenintensives Zulassungsverfahren zu umgehen[84].

Die **Verblisterung von Fertigarzneimitteln,** d. h. die Auseinzelung von Arzneimitteln aus Fer- **40** tigarzneimittelpackungen, die anschließende Zusammenstellung der Tabletten und Kapseln nach den individuellen Bedürfnissen des einzelnen Arzneimittelempfängers und die automatisierte Neuverpackung in folienverschweißte Behältnisse in Apotheken hält sich grundsätzlich im üblichen Apothekenbetrieb, es sei denn die gewerbliche Herstellung von Arzneimittelblistern geschieht im industriellen Maßstab[85] (s. hierzu auch § 21 Rn. 26). Unter einer **industriellen Herstellung** ist eine breite Herstellung nach einheitlichen Vorschriften zu verstehen[86]. Zudem wird man fordern müssen, dass die Herstellung in großem Maßstab und unter Einsatz von entsprechenden Produktionseinrichtungen und -anlagen durchgeführt wird[87] (s. auch § 4 Rn. 115 ff.). Für die Frage, wann die Verblisterung von Fertigarzneimitteln in einer Apotheke den apothekenüblichen Rahmen sprengt, kann nicht die Vorschrift des § 21 II Nr. 1b Buchst. b) herangezogen werden, denn diese verfolgt einen anderen Zweck („Herstellung für Apothe-

---

[73] Vgl. *BGH,* A&R 2011, 232; *Kieser,* PharmR 2008, 416.

[74] Vgl. *Saalfrank/Wesser,* A&R 2008, 175.

[75] In diesem Sinne auch *BGH,* A&R 2011, 233. Im Zusammenhang mit der Einführung der Ausnahme von der Zulassungspflicht für Defekturarzneimittel hat der Gesetzgeber sogar einen Beitrag zur Erhöhung der Arzneimittelsicherheit (z. B. durch Ermöglichung größerer Dosierungsgenauigkeit oder mikrobiologischer Nachprüfungen) gesehen, vgl. Stellungnahme des Bundesrates, Anlage 2 zur BT-Drucks. 7/3060, S. 73.

[76] Urt. v. 2.7.2009 – 6 U 2328/08 – BeckRS 2010, 26452.

[77] So auch *BGH,* A&R 2011, 233.

[78] Vgl. *VG Regensburg,* Beschl. v. 21.4.2004 – RO 5 S 04.646 – juris; *Saalfrank/Wesser,* A&R 2008, 172, 175, die darauf verweisen, dass es keinen Anhaltspunkt dafür gibt, dass der Gesetzgeber je nach räumlicher Entfernung des Kunden zur Apotheke ein unterschiedliches Schutzniveau etablieren wollte.

[79] Vgl. *BGH,* A&R 2011, 233; *OLG München,* Urt. v. 2.7.2009 – 6 U 2328/08 – BeckRS 2010, 26452; *LG München,* Urt. v. 31.1.2008 – 7 O 11242/07 – juris; *Kieser,* PharmR 2008, 416.

[80] Vgl. *OVG Hamburg,* NJW 2000, 2761 L; *Kloesel/Cyran,* § 13 Anm. 32; *Prinz,* PharmR 2008, 368.

[81] Vgl. *Kieser,* PharmR 2008, 417.

[82] Vgl. *VG Regensburg,* Beschl. v. 21.4.2004 – RO 5 S 04.646 – juris.

[83] *BGH,* GRUR 2011, 453 ff. – Handlanger.

[84] Das ist etwa bei bestimmten Kooperationsmodellen zwischen Pharmaunternehmen und Apotheken denkbar, vgl. die Fallkonstellation bei *OLG Hamburg,* MD 2009, 918 ff.

[85] Vgl. *BGH,* GRUR 2005, 779 – Atemtest.

[86] Vgl. BT-Drucks. 15/5316, S. 33; *OVG Lüneburg,* Urt. v. 16.5.2006 – 11 LC 265/05 – BeckRS 2006, 23460. S. aber § 9 ApBetrO, der – unterhalb der Schwelle zur industriellen Herstellung – eine Großherstellung im Rahmen des üblichen Apothekenbetriebs ermöglicht.

[87] *Prinz,* PharmR 2008, 366.

ken")[88]. Damit kann das patientenindividuelle Verblistern Gegenstand eines **Heimversorgungsvertrages** gem. § 12a ApG sein, ohne dass der Inhaber der Apotheke hierfür eine Herstellungserlaubnis benötigt[89]. Der Apotheker darf auf der Grundlage eines Heimversorgungsvertrages Heime auch dann beliefern, wenn die Blister in seinem Auftrag in einem Herstellungsbetrieb mit einer Herstellungserlaubnis gem. § 13 I hergestellt wurden[90]. Hierbei ist es aber nicht zulässig, dass der Apotheker den Vorgang der Verblisterung in die Räumlichkeiten des Heimes auslagert[91]. Zum üblichen Apothekenbetrieb zählt auch die Herstellung von Arzneimitteln für Krankenhäuser, sofern hierfür ein Vertrag gem. § 14 IV ApG mit dem Träger des Krankenhauses abgeschlossen worden ist. Hingegen ist die Belieferung **ambulanter Pflegedienste** mit patientenindividuellen Blistern ohne Herstellungserlaubnis i. S. d. § 13 I unzulässig[92].

41   Bei Einhaltung der Voraussetzungen des § 21 II Nr. 1b („Vorliegen einer Rezeptur", „aus zugelassenen Arzneimitteln", „für Apotheken", „unveränderte Arzneimittel") ist es dem Apotheker bzw. Betrieb mit einer Herstellungserlaubnis aber gestattet, **patientenindividuelle Blister** ohne Zulassung zu fertigen. Auch zeigt die Vorschrift, dass eine Lohnherstellung von patientenindividuellen Blistern im Auftrag von Apotheken zulässig ist, wenn der Lohnhersteller über eine Herstellungserlaubnis verfügt[93].

42   Die Erteilung einer Herstellungserlaubnis für den Inhaber einer Apotheke ist auch für die **Rekonstitution** (§ 4 XXXI) entbehrlich.

43   Erlaubnisfrei ist auch das Abpacken einschließlich der Kennzeichnung von **Prüfpräparaten,** sofern dies dem Prüfplan entspricht. Mit dem AMG-ÄndG 2009 wurde die bisher nur den Krankenhäuser versorgenden Apotheken und den Krankenhausapotheken vorbehaltene Möglichkeit der erlaubnisfreien Herstellung von Prüfpräparaten grundsätzlich auf alle Apotheken ausgeweitet, die dann auch Arztpraxen, die an multizentrischen Studien teilnehmen, mit den Prüfarzneimitteln beliefern können[94]. Die Gesetzesbegründung nennt hier beispielhaft als erlaubnisfreie Herstellungstätigkeiten das Abpacken, z. B. beim Verblinden, und das Umpacken in eine andere Darreichungsform (etwa Tabletten in Kapseln). Einer Herstellungserlaubnis soll indes das Umarbeiten bedürfen, beispielsweise das Zermörsern von Tabletten und das Überführen in eine neue Darreichungsform wie z. B. Kapseln[95].

II. Krankenhausträger (Nr. 2)

44   Der Träger eines Krankenhauses ist von der Erlaubnispflicht zur Herstellung von Arzneimitteln befreit, soweit er zur Abgabe von Arzneimitteln nach dem ApG befugt ist. Die Einzelheiten regelt § 14 ApG. Dort ist u. a. vorgesehen, dass eine Krankenhausapotheke ein anderes Krankenhaus auf der Grundlage eines schriftlichen Vertrages versorgen darf. Für die Herstellung und Prüfung von Arzneimitteln gilt nicht die AMWHV, sondern das ApG[96].

45   Krankenhausapotheken bedürfen entsprechend dem AMG-ÄndG 2009 für die Rekonstitution oder das Abpacken einschließlich der Kennzeichnung von **Prüfpräparaten** keiner Herstellungserlaubnis, sofern dies dem Prüfplan entspricht.

III. Tierärzte (Nr. 3)

46   Tierärzte sind für die in Nr. 3 aufgezählten Herstellungstätigkeiten unter **zwei Voraussetzungen** von der Erlaubnispflicht befreit: Die Herstellung muss im Rahmen des Betriebs einer tierärztlichen Hausapotheke (§ 54 II Nr. 12 i. V. m. Nr. 1) erfolgen und diese Tätigkeiten müssen für die von ihnen behandelten Tiere ausgeübt werden. Gleiches gilt für die tierärztlichen Bildungsstätten gem. § 61 (s. § 61 Rn. 2). Durch die mit der 11. AMG-Novelle in das Gesetz eingeführte Beschränkung der erlaubnisfreien Herstellung von Arzneimitteln durch Tierärzte soll erreicht werden, dass in der Regel zugelassene Fertigarzneimittel bei Tieren angewendet werden, die neben ihrer Bewertung auf Qualität, Wirksamkeit und Unbedenklichkeit auch im Hinblick auf das Rückstandsverhalten geprüft sind. Dies bedeutet insbes. für die Anwendung von Arzneimitteln bei Lebensmittel liefernden Tieren, dass durch die Festsetzung wissenschaftlich begründeter Wartezeiten im Rahmen des Zulassungsverfahrens bei bestimmungsgemäßer Anwendung dieser Arzneimittel eine Verbrauchergefährdung nicht zu befürchten ist[97].

---

[88] Vgl. *OVG Lüneburg,* Urt. v. 16.5.2006 – 11 LC 265/05 – BeckRS 2006, 23460 (zu § 21 II Nr. 1b a. F.); *Wille,* PharmR 2006, 502.

[89] Vgl. *OVG Lüneburg,* Urt. v. 16.5.2006 – 11 LC 265/05 – BeckRS 2006, 23460. So wohl auch *Kloesel/Cyran,* § 13 Anm. 44c.

[90] Vgl. *Grau/Kutlu,* A&R 2009, 154.

[91] *VG Darmstadt,* A&R 2012, 269.

[92] Vgl. *Grau/Kutlu,* A&R 2009, 154.

[93] Vgl. *Grau/Kutlu,* A&R 2009, 155 f.

[94] Damit soll die europarechtliche Vorgabe in Art. 9 II RL 2005/28/EG umgesetzt werden, vgl. BT-Drucks. 16/12556, S. 45.

[95] BT-Drucks. 16/12556, S. 45.

[96] Vgl. *Völler,* PharmInd 2009, 1201.

[97] BT-Drucks. 14/8613, S. 16.

Die Herstellung von **Fütterungsarzneimitteln** ist seit dem 1.1.2006 erlaubnispflichtig (§ 137). **47** Zwingende Vorgaben für die Herstellung ergeben sich aus § 56 II bis IV (s. § 56 Rn. 14 ff.) und § 30 AMWHV. Zudem ist die RL 91/412/EWG zu beachten.

1. Umfüllen, Abpacken oder Kennzeichnen (Buchst. a)). Diese einfachen Herstellungstätigkei- **48** ten (s. § 4 Rn. 122 ff.) sind den Tierärzten ohne eine Erlaubnis nach Abs. 1 unabhängig von einer Verschreibung oder der Apothekenpflichtigkeit der betroffenen Arzneimittel gestattet. Eine materielle Einschränkung für Fertigarzneimittel ergibt sich nicht aus der Regelung in § 21 IIa 3 (oder 4), da diese Vorschriften ersichtlich keinen Bezug zu § 13 haben[98].

2. Freiverkäufliche Stoffe (Buchst. b)). Unter den eingangs genannten Voraussetzungen in Rn. 46 **49** ist die Herstellung von Arzneimitteln, die ausschließlich freiverkäufliche Stoffe oder Stoffzubereitungen enthalten, erlaubnisfrei (zur Freiverkäuflichkeit von Stoffen und Stoffzubereitungen s. die Kommentierungen zu den §§ 44 und 45). Umgekehrt bedarf die Herstellung von Arzneimitteln durch den Tierarzt mit der Verwendung von apothekenpflichtigen Stoffen oder Stoffzubereitungen der Erlaubnis nach Abs. 1.

3. Homöopathische Arzneimittel (Buchst. c)). Die Ausnahme von der Erlaubnispflicht bezieht **50** sich auf die Herstellung von homöopathischen Tierarzneimitteln (zur Definition von homöopathischen Arzneimitteln s. § 4 Rn. 201 ff.), die zur Anwendung bei Tieren bestimmt sind, die der Gewinnung von Lebensmitteln dienen und die ausschließlich Wirkstoffe enthalten, die im Anhang VO (EU) Nr. 37/2010 als Stoffe aufgeführt sind, für die eine Festlegung von Höchstmengen nicht erforderlich ist[99].

4. Arzneimittelzubereitung aus Fertigarzneimitteln (Buchst. d)). Ohne Herstellungserlaubnis **51** kann auch das **Zubereiten** von Arzneimitteln (s. § 4 Rn. 120) aus einem Fertigarzneimittel und arzneilich nicht wirksamen Bestandteilen von Tierärzten vorgenommen werden. Durch die ausdrückliche Anknüpfung an den Herstellungsvorgang des „Zubereitens" wird deutlich, dass alle nicht diesem Vorgang unterfallenden Herstellungsakte – mit Ausnahme des zwingend gebotenen Kennzeichnens (§ 10 TÄ-HAV) – erlaubnispflichtig sind[100].

5. Mischen von Fertigarzneimitteln für die Immobilisation (Buchst. e)). Das Mischen von **52** Fertigarzneimitteln für die Immobilisation von Zoo-, Wild- und Gehegetieren ist erlaubnisfrei, weil für die tierschutzgerechte Distanz-Immobilisation solcher Tiere häufig keine zugelassenen Fertigarzneimittel zur Verfügung stehen[101].

IV. Großhändler (Nr. 4)

Großhändler (§§ 4 XXII, 52a) bedürfen keiner Herstellungserlaubnis für das Umfüllen, Abpacken **53** oder Kennzeichnen von Arzneimitteln (§ 4 XIV), sofern durch die Tätigkeiten das Arzneimittel in seiner **Form** nicht verändert wird und soweit es sich **nicht** um zur Abgabe an den **Verbraucher** bestimmte Packungen handelt. Erlaubnisfreie Tätigkeiten sind demnach etwa das Umpacken von Großgebinden in kleinere, für Apotheken bestimmte Einheiten oder das Abfüllen – als Unterfall des Umfüllens – von Extrakten in apothekengerechte Behälter aus Tanks unter Einschluss der entsprechenden Kennzeichnung (vgl. auch § 4 AM-HandelsV)[102]. Erlaubnispflichtig sind hingegen das Umfüllen aus Ampullen in andere Behältnisse, z.B. Einmalspritzen, das Einbringen von Pulver in Kapseln, da mit diesen Tätigkeiten eine Änderung der Form des Arzneimittels einhergeht[103]. Die vom Großhändler bezogenen Produkte müssen bereits Arzneimittel sein, was voraussetzt, dass sie grundsätzlich von einem Betrieb geliefert wurden, der über eine Herstellungserlaubnis verfügt. Werden die dem Großhändler an sich erlaubnisfrei gestatteten Tätigkeiten dazu genutzt, aus Produkten, deren Status als Lebensmittel oder Arzneimittel beim Bezug noch nicht feststeht, ein Arzneimittel herzustellen, ist dies erlaubnispflichtig[104].

Arzneimittel, die keine Fertigarzneimittel und zur Anwendung bei **Tieren** bestimmt sind, dürfen nach **54** § 21 I 2 an Großhändler nur abgegeben werden, wenn die Arzneimittel zugelassen sind oder wenn der

---

[98] A. A. *Kloesel/Cyran*, § 13 Anm. 52.
[99] Die VO (EWG) Nr. 2377/90 ist mit Wirkung zum 2.7.2009 durch die VO (EG) Nr. 470/2009 i. V. m. der VO (EU) Nr. 37/2010 ersetzt worden (sog. Rückstandshöchstmengenverordnung). Die VO (EU) Nr. 37/2010 enthält in ihrem Anhang die Liste pharmakologisch wirksamer Stoffe und ihre Einstufung hinsichtlich der Rückstandshöchstmengen, und zwar in Tabelle 1 die zulässigen Stoffe und in Tabelle 2 die verbotenen Stoffe. Diese Stoffe waren bislang – je nach Einstufung – im Anhang I, II, III und IV der VO (EWG) Nr. 2377/90 aufgeführt. In den Fällen, in denen Bezugnahmen auf die VO (EWG) Nr. 2377/90 die konkrete Einstufung von Stoffen betreffen, z.B. wie in § 4 die Geltung von Höchstmengen, ist nunmehr auf die jeweilige Einstufung im Anhang der VO (EU) Nr. 37/2010 Bezug zu nehmen, vgl. BT-Drucks. 17/4231, S. 9.
[100] Vgl. *Kloesel/Cyran*, § 13 Anm. 55.
[101] BT-Drucks. 14/8613, S. 17.
[102] Vgl. *Sander*, § 13 Erl. 9.
[103] Vgl. *Kloesel/Cyran*, § 13 Anm. 59.
[104] Vgl. *Rehmann*, § 13 Rn. 9.

Großhändler zugleich pharmazeutischer Unternehmer ist und über eine Herstellungserlaubnis gem. § 13 I verfügt. Damit darf der Chemikaliengroßhandel etwa Stoffe zur Anwendung bei Tieren nur an Großhändler liefern, wenn er selbst eine Zulassung für die Stoffe hat oder wenn der Abnehmer Inhaber einer Herstellungserlaubnis ist[105].

V. Einzelhändler (Nr. 5)

55 Einzelhändler mit Sachkenntnis nach § 50 (s. § 50 Rn. 15 ff.) dürfen ohne Herstellungserlaubnis **freiverkäufliche Arzneimittel** ohne Veränderung der Form (s. Rn. 53) umfüllen, abpacken oder kennzeichnen, wenn sie zur unmittelbaren Abgabe an **Verbraucher** bestimmt sind. Dies betrifft etwa das Abfüllen von Tabletten in für den Verbraucher bestimmte Packungseinheiten oder das Abfüllen von Tee in verbrauchergerechte Tüten einschließlich der Kennzeichnung. Bei diesen Tätigkeiten genügen die Angaben nach § 9, wenn ein Arzneimittel hergestellt wird, ansonsten ist § 10 bei der Kennzeichnung eines Fertigarzneimittels zu beachten.

56 Den Einzelhändlern ist in dem genannten Rahmen auch eine gewisse **Vorratsherstellung** ohne Herstellungserlaubnis gestattet, sofern dies zu dem Zweck erfolgt, den voraussichtlichen Bedarf in einem absehbaren Zeitraum von wenigen Monaten zu decken. Da hierbei Fertigarzneimittel entstehen, sind die hierfür geltenden Vorschriften, insbesondere die §§ 10, 11, 21 ff., 38 f. anzuwenden[106].

VI. Hersteller von Wirkstoffen für Homöopathika (Nr. 6)

57 Mit der Regelung werden Wirkstoffhersteller von der in § 13 I 1 Nr. 3 statuierten Notwendigkeit einer Herstellungserlaubnis ausgenommen, wenn die von ihnen erzeugte Wirkstoffe zur Verwendung bei der Herstellung von Arzneimitteln bestimmt sind, die nach einer im homöopathischen Teil des Arzneibuchs beschriebenen Verfahrenstechnik hergestellt werden **(homöopathische und anthroposophische Arzneimittel)**[107]. Die Ausnahme von der Erlaubnispflicht gilt aber unter Berücksichtigung des europäisches Recht (Art. 1 Nr. 5 RL 2001/83/EG) umsetzenden § 4 XXVI auch für solche Wirkstoffe, die nach einem in den offiziell gebräuchlichen Pharmakopöen der Mitgliedstaaten der EU beschriebenen homöopathischen Zubereitungsverfahren hergestellt werden sollen[108]. Dies setzt allerdings voraus, dass sich dieses Zubereitungsverfahren nicht bereits im Europäischen Arzneibuch wieder findet.

58 Bei **Komplexarzneimitteln**, die mehr als einen Wirkstoff enthalten, müssen die Wirkstoffe einzeln hergestellt werden, um von der Privilegierung des Abs. 2 Nr. 6 profitieren zu können. Werden die Wirkstoffe zu einer Vormischung vermengt, benötigt der Hersteller dann eine Herstellungserlaubnis, wenn dieser Vorgang nicht im Rahmen des üblichen Apothekenbetriebs nach Abs. 2 Nr. 1 erfolgt[109].

E. (Rück-)Ausnahmen für bestimmte Arzneimittelgruppen und Tätigkeiten (Abs. 2a)

59 Mit dem 2. AMG-ÄndG 2012 wurde aus systematischen Gründen die bisher in Abs. 2 S. 2 geregelte Rückausnahme für bestimmte Arzneimittelgruppen in einen eigenen Abs. 2a gefasst[110].

I. Erlaubnispflicht für bestimmte Arzneimittelgruppen (S. 1)

60 Die Ausnahmen von der Erlaubnispflicht nach Abs. 2 gelten nicht für die Herstellung bestimmter Arzneimittelgruppen. Dies betrifft die Herstellung von Blutzubereitungen, Gewebezubereitungen, Sera, Impfstoffen, Allergenen, Testsera, Testantigenen, Arzneimitteln für neuartige Therapien, xenogenen und radioaktiven Arzneimitteln (§ 4 II – IX, XXI, XXX). Auch die Herstellung von Eigenblutnosoden in Apotheken ist erlaubnispflichtig, da es sich um die Herstellung einer Blutzubereitung handelt[111].

II. Rückausnahmen für bestimmte Tätigkeiten (S. 2)

61 Die Änderungen in Abs. 2a S. 2 greifen zum einen den Vorschlag des Bundesrates auf, der im Hinblick auf die Sicherung der Versorgung und zur **Vermeidung eines Versorgungsmangels** bei Arzneimitteln mit monoklonalen Antikörpern Bedarf für weitere Ausnahmen von dem Erfordernis einer Herstellungserlaubnis für öffentliche Apotheken und für Krankenhausapotheken sieht[112]. Daher werden – im Wege

---

[105] Vgl. *Kloesel/Cyran*, § 13 Anm. 61.
[106] *Kloesel/Cyran*, § 13 Anm. 62c.
[107] BT-Drucks. 15/2849, S. 59 f.
[108] A. A. *Kloesel/Cyran*, § 13 Anm. 64.
[109] A. A. *Irmer*, PharmR 2013, 3.
[110] BT-Drucks. 17/10156, S. 87.
[111] Zur Kritik an dieser Regelung in § 13 II 2 a. F. vgl. *Schmidt*, DAZ 2007, 2156.
[112] BT-Drucks. 17/10156, S. 87.

der Ausnahme von der Rückausnahme – durch Abs. 2a S. 2 öffentliche **Apotheken** und **Krankenhausapotheken** für bestimmte Tätigkeiten von dem Erfordernis einer Herstellungserlaubnis nach § 13 I im Wege der Rückausnahme befreit.

1. Patientenindividuelles Umfüllen etc. (Nr. 1). Mit der durch das 2. AMG-ÄndG 2012 erfolgten 62 Änderung wird es den Apothekern im Hinblick auf den vom Bundesrat anderenfalls befürchteten Versorgungsmangel nunmehr auch ermöglicht, das patientenindividuelle Umfüllen, einschließlich Abfüllen, Abpacken oder Kennzeichnen von in Deutschland zugelassenen Sera nicht menschlichen oder tierischen Ursprungs erlaubnisfrei vorzunehmen, soweit es sich um **Arzneimittel mit monoklonalen Antikörpern** handelt. Mit dem Zusatz „in unveränderter Form" wird verdeutlicht, dass die Apotheken dabei sicherstellen müssen, dass sich das Fertigarzneimittel durch das nachträgliche Umfüllen nicht in seiner Qualität negativ verändert[113].

2. Rekonstitution etc. (Nr. 2). Mit der gleichfalls durch das 2. AMG-ÄndG 2012 vorgenommenen 63 Änderung wird die erlaubnisfreie Herstellung über die Rekonstitution hinaus **begrenzt**. Einerseits soll mit der geschaffenen Möglichkeit ein Versorgungsmangel verhindert werden. Andererseits muss berücksichtigt werden, dass solche Herstellungstätigkeiten (anders als die Rekonstitution) nicht von der Zulassung des jeweiligen Fertigarzneimittels erfasst und damit nicht von Seiten der Behörden geprüft und genehmigt werden. Apotheken dürfen erlaubnisfrei sowohl die **Rekonstitution von Prüfpräparaten** als auch das Umfüllen, Abpacken und Kennzeichnen von Prüfpräparaten, auch solche mit monoklonalen Antikörpern, vornehmen. Der Gesetzgeber hält dies für fachlich vertretbar, weil die Vorgaben für die Durchführung einer Rekonstitution Teil des jeweiligen Prüfplans sind und dementsprechend auch Teil der Unterlagen, die der zuständigen Bundesoberbehörde zur Genehmigung der klinischen Studie vorgelegt und behördlich überprüft wurden. Die Ausnahme von der Erlaubnispflicht muss daher nicht auf bestimmte Prüfpräparate beschränkt werden[114].

3. Herstellung von Testallergenen (Nr. 3). Auch die Herstellung von Testallergenen durch öffent- 64 liche Apotheken und Krankenhausapotheken ist von der Erlaubnispflicht nach § 13 I befreit.

III. Anzeigepflicht (S. 3)

Die Tätigkeiten nach Abs. 2a S. 1 Nr. 1 und 3 sind der zuständigen Behörde anzuzeigen. Damit soll 65 den zuständigen (Landes-)Behörden ermöglicht werden, diejenigen öffentlichen Apotheken und Krankenhausapotheken, die Herstellungstätigkeiten mit Sera nicht menschlichen oder tierischen Ursprungs sowie mit Testallergenen vornehmen, zu **überwachen**[115].

F. Ausnahmen für Ärzte und Angehörige der Heilberufe (Abs. 2b)

Mit dem AMG-ÄndG 2009 wurde die bisher in § 4a S. 1 Nr. 3 enthaltene Regelung zur ärztlichen 66 Eigenherstellung aufgehoben und unter teilweiser Neuformulierung in § 13 als Abs. 2b eingefügt[116]. Mit dem 2. AMG-ÄndG 2012 ist zudem eine Klarstellung im Hinblick auf die Erlaubnispflichtigkeit der Herstellung von Arzneimitteln für neuartige Therapien und xenogene Arzneimittel erfolgt[117].

I. Betroffener Personenkreis (S. 1)

Mit der Regelung wird wie bisher sichergestellt, dass eine Person, die Arzt oder Ärztin ist oder sonst 67 zur Ausübung der Heilkunde beim Menschen befugt ist (z. B. Heilpraktiker, psychologischer Psychotherapeut), Arzneimittel ohne Herstellungserlaubnis für ihre eigenen Patienten und Patientinnen herstellen darf (s. auch die Übergangsregelung in **§ 116**). Es muss eine **Personenidentität** zwischen herstellender und anwendender Person bestehen. Die Herstellung ist jedoch nur dann erlaubnisfrei, wenn sie zum Zwecke der persönlichen Anwendung bei einem bestimmten Patienten durch den herstellenden Arzt erfolgt. Der Wortlaut der Vorschrift legt es nahe, dass der Patient bei der Herstellung bereits feststehen muss und nicht erst bestimmbar ist. Auch muss es sich um Patienten des herstellenden Arztes handeln und nicht um solche, die in der Behandlung anderer Ärzte stehen. Nur unter diesen Voraussetzungen ist eine Vorratshaltung möglich[118].

---

[113] BT-Drucks. 17/10156, S. 87.
[114] BT-Drucks. 17/10156, S. 87.
[115] BT-Drucks. 17/10156, S. 87.
[116] Nach der Änderung der konkurrierenden Gesetzgebungszuständigkeit des Bundes in Art. 74 I Nr. 19 GG durch die Föderalismusreform I (Gesetz zur Änderung des GG v. 28.8.2006, BGBl. I S. 2034) kann der Bund Regelungen für Arzneimittel treffen, die von Ärzten oder Tierärzten hergestellt und angewendet werden. Vgl. zur alten Rechtslage *BVerfG*, NJW 2000, 857 ff.
[117] BT-Drucks. 17/9341, S. 50.
[118] Ebenso *Krüger*, in: Fuhrmann/Klein/Fleischfresser, § 14 Rn. 62.

68   Bei der Herstellung von Arzneimitteln darf sich die berechtigte Person von **eigenem Personal** unterstützen lassen[119]. Dies bedeutet, dass es sich bei den beigezogenen Hilfspersonen um weisungsgebundene Personen handeln muss, so dass die beliebige Heranziehung Dritter, etwa in einem Lohnherstellungsbetrieb oder aus anderen Abteilungen von Krankenhäusern, ausscheidet. Unter der Prämisse der Weisungsgebundenheit können auch andere Ärzte in derselben Praxis unterstützend tätig werden[120].

69   Das Kriterium der **unmittelbaren fachlichen Verantwortung** verlangt nicht die ständige persönliche Anwesenheit des Arztes während des Herstellungsvorganges[121]. Durch die Einfügung des Wortes „unmittelbar" mit der 11. AMG-Novelle vom 21.8.2002[122] in das Gesetz wird aber verdeutlicht, dass die Vorschrift eng auszulegen ist. Es muss daher gefordert werden, dass das ggf. beigezogene Hilfspersonal ausreichend von der verantwortlichen Person unterwiesen wird, der für die Herstellung verantwortliche Arzt sich in permanenter räumlicher Nähe zum Herstellungsort in seiner Praxis oder Krankenhausabteilung befindet und diese Person stets so erreichbar ist, dass sie den Herstellungsprozess sogleich unmittelbar begleiten kann („next-door-Prinzip"). Entsprechend den jeweiligen Anforderungen des Herstellungsprozesses wird man zudem fordern müssen, dass der verantwortliche Arzt systematische Kontrollen durchführt, da er anderenfalls den Herstellungsprozess nicht steuern könnte[123]. Die Erfüllung dieser Anforderungen sollte von der herstellenden Person gerade im Hinblick auf die Überwachung dokumentiert werden.

70   Ein Arzt oder zur Ausübung der Heilkunde Befugter ist auch dann **Anwender** i. S. d. Vorschrift, wenn er sich bei der Behandlung der Patienten helfen lässt. Das ist aber nur dann der Fall, wenn er das Arzneimittel in seinem unmittelbaren Einwirkungsbereich – sei es in seinen Praxisräumen, sei es beim Hausbesuch, sei es an der Unfallstelle oder bei ähnlicher Gelegenheit – unter seiner Aufsicht oder unmittelbaren Aufsichtsmöglichkeit durch weisungsgebundene angestellte Ärzte oder Hilfskräfte oder durch den Patienten anwenden lässt. Entscheidend ist die unmittelbare Einwirkungsmöglichkeit[124]. Diese ist dann nicht mehr gegeben, wenn ein anderer Arzt als der für die Herstellung unmittelbar fachlich verantwortliche Arzt das Arzneimittel anwendet[125] oder wenn der herstellende Arzt dem Patienten die Anwendung außerhalb seines unmittelbaren Einwirkungsbereichs überlässt.

71   Zu der erlaubnisfreien Herstellung gehört auch die **Rekonstitution** von Arzneimitteln (§ 4 XXXI)[126]. Zudem ist die Rekonstitution von Arzneimitteln von der Überwachung durch die zuständige Behörde ausgenommen (§ 64 I 5); auch besteht für diese Herstellungstätigkeit keine Anzeigepflicht (§ 67 I 7). Beide Ausnahmen greifen aber dann nicht, wenn es sich um Arzneimittel handelt, die zur klinischen Prüfung bestimmt sind.

72   Durch die Herausnahme der Nr. 3 aus dem bisherigen § 4a S. 1 wird verdeutlicht, dass die erlaubnisfreie Herstellung von Arzneimitteln durch die gem. Abs. 2b berechtigten Personen der behördlichen **Überwachung** nach den §§ 64ff. unterliegt (s. § 64 Rn. 16ff.)[127]. Die beabsichtigte Herstellung der Arzneimittel nach Abs. 2b ist unter Angabe der Bezeichnung und Zusammensetzung der zuständigen Behörde nach § 67 II anzuzeigen (s. § 67 Rn. 26).

II. Rückausnahmen (S. 2)

73   **1. Arzneimittel für neuartige Therapien und xenogene Arzneimittel (Nr. 1).** Die in S. 1 festgelegten Ausnahmen von der Erlaubnispflicht gelten zum einen für den dort genannten Personenkreis nicht, wenn es sich um die Herstellung von Arzneimitteln für **neuartige Therapien** und **xenogene Arzneimittel** handelt. Dies wurde mit den nur begrenzten Erfahrungen in der Herstellung und Anwendung solcher Arzneimittel begründet[128]. Mit der durch das 2. AMG-ÄndG 2012 vorgenommenen Änderung wurde das gesetzgeberische Anliegen weiter verdeutlicht und die Begrenzung mit der **Arzneimittelsicherheit** gerechtfertigt. Die Einschränkung basiert auf erheblichen Sicherheitsbedenken gegen die Herstellung und Anwendung von Frischzellen ohne Erlaubnis und wird auf Zweifel wegen mangelnder Qualitätssicherung bei der Herstellung aufgrund der Inspektionsbefunde der Überwachungsbehörden gestützt. Bei Arzneimitteln für neuartige Therapien und xenogene Arzneimittel besteht ein erhebliches Risikopotential, neben immunologischen Reaktionen auch das Risiko der Übertragung von Krankheitserregern[129].

---

[119] BT-Drucks. 16/12256, S. 46.
[120] So nunmehr auch *Kloesel/Cyran*, § 13 Anm. 72.
[121] So aber *Sander*, § 4a Erl. 4.
[122] BGBl. I S. 3348.
[123] A. A. *Hasskarl/Bakhschai*, Transfus Med Hemother 2008, 415, die eine sporadische körperliche Anwesenheit ausreichen lassen wollen.
[124] Vgl. *BayVGH*, PharmR 1997, 481. Die unmittelbare Einwirkungsmöglichkeit fehlt etwa, wenn dem Patienten Injektionsampullen zur Selbstanwendung mitgegeben werden.
[125] Vgl. *BayVGH*, PharmR 1997, 481.
[126] Vgl. BT-Drucks. 16/12256, S. 46.
[127] Vgl. zur Unzulässigkeit einer vorbeugenden Überwachung zur Feststellung des Vorliegens einer Ausnahme *BVerwG*, NVwZ 2005, 89.
[128] BT-Drucks. 16/12256, S. 46.
[129] BT-Drucks. 17/9341, S. 50.

2. Arzneimittel zur klinischen Prüfung (Nr. 2). Eine zweite Rückausnahme gilt für Arzneimittel, 74
die zur **klinischen Prüfung** – als Testpräparate oder als Vergleichspräparate – bestimmt sind, soweit es
sich **nicht nur um eine Rekonstitution** handelt (Nr. 2). Damit wird die europarechtliche Vorgabe
erfüllt, die eine Erlaubnispflicht für Prüfpräparate vorschreibt[130].

G. Ausnahmen für Tierärzte (Abs. 2c)

Bei der Regelung in Abs. 2c handelt es sich gleichfalls um eine Folge der Änderung des § 4a durch das 75
AMG-ÄndG 2009. Auch eine Tierärztin oder ein Tierarzt darf im Rahmen des Betriebs einer tierärztlichen Hausapotheke ohne Herstellungserlaubnis Arzneimittel herstellen, soweit sie diese bei von ihnen
behandelten Tieren selbst anwenden. Die für den in Abs. 2b genannten Personenkreis maßgeblichen
Vorgaben gelten entsprechend (s. Rn. 66 ff.).

H. Umfang der Erlaubnispflicht beim Umfüllen von verflüssigten medizinischen Gasen (Abs. 3)

Mit der Vorschrift wird festgelegt, dass die nach Abs. 1 für das Umfüllen von verflüssigten medizi- 76
nischen Gasen in das Lieferbehältnis eines Tankfahrzeugs erteilte Herstellungserlaubnis auch das Umfüllen
der verflüssigten medizinischen Gase in unveränderter Form aus dem Lieferbehältnis eines Tankfahrzeugs
in Behältnisse, die bei einem Krankenhaus oder anderen Verbrauchern aufgestellt sind, umfasst[131]. Für das
Umfüllen sind die sich aus dem **Anhang 6 zum EG-GMP-Leitfaden**[132] ergebenden Anforderungen
und die **Guideline on Medicinal Gases** der EMA zu beachten[133].

I. Zuständigkeit (Abs. 4)

I. Für die Betriebsstätte zuständige Landesbehörde (S. 1)

Die sachliche Zuständigkeit für die Erteilung der Herstellungserlaubnis bestimmt sich nach dem 77
jeweiligen Landesrecht. Danach sind die zuständigen Behörden in aller Regel die **Mittelbehörden**
(Regierungspräsidien, Bezirksregierungen)[134] bei den Flächenländern und die obersten Gesundheitsbehörden bei den Stadtstaaten. **Örtlich zuständig** ist die Behörde, in deren Bezirk die Betriebsstätte des
Herstellungsbetriebs liegt oder liegen soll. Es kommt also nicht auf den Sitz oder Wohnsitz des Antragstellers an. Für den Fall, dass eine Herstellungserlaubnis für mehrere Betriebsstätten erteilt werden soll, für
die unterschiedliche Behörden zuständig sind, ist für jede Betriebsstätte entsprechend § 3 I Nr. 2 VwVfG
(bzw. der vergleichbaren Vorschrift des Landesrechts) eine Erlaubnis unter Hinweis auf die den Kom-
petenzkonflikt regelnde Bestimmung des § 3 II VwVfG (bzw. der vergleichbaren Vorschrift des Landesrechts) zu beantragen. Für die Erteilung einer Herstellungserlaubnis, die auch einen beauftragten Betrieb
gem. § 14 IV umfassen soll, ist die nach Landesrecht für den Auftraggeber zu bestimmende Behörde
zuständig, wobei sie die für den Sitz des Auftragsbetriebs zuständige Landesbehörde zu beteiligen hat.

II. Einverständnis der zuständigen Bundesoberbehörde bei bestimmten Arzneimitteln und Stoffen (S. 2)

Bei Blutzubereitungen, Gewebezubereitungen, Sera, Impfstoffen, Allergenen, Arzneimitteln für neu- 78
artige Therapien, xenogenen Arzneimitteln, gentechnisch hergestellten Arzneimitteln sowie Wirkstoffen
und anderen zur Arzneimittelherstellung bestimmten Stoffen, die menschlicher, tierischer oder mikrobieller Herkunft sind oder die auf gentechnischem Wege hergestellt werden, muss die Entscheidung über
die Herstellungserlaubnis im Benehmen mit der zuständigen **Bundesoberbehörde** (§ 77) getroffen
werden. Ungeachtet dessen kann die zuständige Behörde die Herstellungserlaubnis erst dann erteilen,
wenn sie sich durch eine **Besichtigung** davon überzeugt hat, dass die Voraussetzungen für die Erlaubniserteilung vorliegen (§ 64 III 3). Nach § 3 I AMGVwV soll sich die zuständige Behörde mit der
betroffenen Bundesbehörde rechtzeitig zur Terminabsprache für die Abnahmeinspektion nach § 64 III in
Verbindung setzen und ihr ggf. spezifische Fragestellungen übermitteln. Die Besichtigung dient vor allem

---

[130] Art. 13 I RL 2001/20/EG; Art. 9 RL 2005/28/EG.
[131] Zur Bedeutung medizinischer Gase vgl. *Kloesel/Cyran*, § 13 Anm. 79; *Ziegler*, DAZ 2009, 58 ff.
[132] Bekanntmachung des BMG zu § 2 Abs. 3 AMWHV vom 14.9.2011, BAnz. 3414.
[133] Abrufbar unter http://www.ema.europa.eu.
[134] Beispielsweise ist in Baden-Württemberg die sachliche Zuständigkeit für die Erteilung einer Herstellungserlaubnis
nach § 13 beim Regierungspräsidium Tübingen zusammengefasst „gebündelt", auch wenn sich die Betriebsstätte im Bezirk eines anderen
Regierungspräsidiums befinden sollte (§ 2 II Nr. 2 der Pharmazie- und Medizinprodukte-Zuständigkeitsverordnung v.
17.10.2000, GBl. S. 694). Die jeweiligen Regelungen in den Bundesländern sind auf der Website der ZLG unter
https://www.zlg. de abrufbar.

der Überprüfung, ob der Hersteller die personellen, betrieblichen und apparativen Voraussetzungen zur Herstellung und Prüfung der von ihm im Antrag aufgeführten Arzneimittel und Arzneimittelformen erfüllt.

79 Auf **europäischer Ebene** ist der in der Compilation of Community Procedures on Inspections and Exchange of Information (**CoCP**)[135] etablierte Informationsaustausch über die in den EU-Mitgliedstaaten erteilten Herstellungserlaubnisse zu beachten. Die rechtlichen Grundlagen hierfür finden sich in Art. 40 IV; 111 VI RL 2001/83/EG bzw. Art. 44 IV; 80 VI RL 2001/82/EG sowie § 68 III AMG i. V. m. § 3 V AMGVwV (s. § 68 Rn. 23). Die CoCP ist eine Zusammenstellung der Kommission über GMP-Inspektionen und Formblätter zur Erleichterung der administrativen Zusammenarbeit, der Harmonisierung von Inspektionen und dem Austausch von auf die Inspektionen bezogenen Informationen. In diesem Zusammenhang befindet sich die **EudraGMP**, eine Gemeinschaftsdatenbank mit Informationen über alle pharmazeutischen Hersteller im EWR sowie über Hersteller, die durch europäische Arzneimittelüberwachungsbehörden inspiziert worden sind, im Aufbau. Sie gibt insbesondere Auskunft über Herstellungs-/Einfuhrerlaubnisse sowie GMP-Zertifikate der Hersteller[136].

J. Sanktionen

80 Ein Verstoß gegen § 13 I 1 kann als **Straftat** nach § 96 Nr. 4 geahndet werden. Bei Vorliegen von Fahrlässigkeit kann dies als **Ordnungswidrigkeit** nach § 97 I i. V. m. § 96 Nr. 4 sanktioniert werden.

§ 14 Entscheidung über die Herstellungserlaubnis

(1) Die Erlaubnis darf nur versagt werden, wenn

1. nicht mindestens eine Person mit der nach § 15 erforderlichen Sachkenntnis (sachkundige Person nach § 14) vorhanden ist, die für die in § 19 genannte Tätigkeit verantwortlich ist,
2. *(aufgehoben)*
3. die sachkundige Person nach Nummer 1 oder der Antragsteller die zur Ausübung ihrer Tätigkeit erforderliche Zuverlässigkeit nicht besitzt,
4. die sachkundige Person nach Nummer 1 die ihr obliegenden Verpflichtungen nicht ständig erfüllen kann,
5. *(weggefallen)*
5a. in Betrieben, die Fütterungsarzneimittel aus Arzneimittel-Vormischungen herstellen, die Person, der die Beaufsichtigung des technischen Ablaufs der Herstellung übertragen ist, nicht ausreichende Kenntnisse und Erfahrungen auf dem Gebiete der Mischtechnik besitzt,
5b. der Arzt, in dessen Verantwortung eine Vorbehandlung der spendenden Person zur Separation von Blutstammzellen oder anderen Blutbestandteilen durchgeführt wird, nicht die erforderliche Sachkenntnis besitzt,
5c. entgegen § 4 Satz 1 Nr. 2 des Transfusionsgesetzes keine leitende ärztliche Person bestellt worden ist oder diese Person nicht die erforderliche Sachkunde nach dem Stand der medizinischen Wissenschaft besitzt oder entgegen § 4 Satz 1 Nr. 3 des Transfusionsgesetzes bei der Durchführung der Spendeentnahme von einem Menschen keine ärztliche Person vorhanden ist,
6. geeignete Räume und Einrichtungen für die beabsichtigte Herstellung, Prüfung und Lagerung der Arzneimittel nicht vorhanden sind oder
6a. der Hersteller nicht in der Lage ist zu gewährleisten, dass die Herstellung oder Prüfung der Arzneimittel nach dem Stand von Wissenschaft und Technik und bei der Gewinnung von Blut und Blutbestandteilen zusätzlich nach den Vorschriften des Zweiten Abschnitts des Transfusionsgesetzes vorgenommen wird.

(2) *(aufgehoben)*

(2a) Die leitende ärztliche Person nach § 4 Satz 1 Nr. 2 des Transfusionsgesetzes kann zugleich die sachkundige Person nach Absatz 1 Nr. 1 sein.

(2b) *(aufgehoben)*

(3) *(weggefallen)*

(4) Abweichend von Absatz 1 Nr. 6 kann teilweise außerhalb der Betriebsstätte des Arzneimittelherstellers

1. die Herstellung von Arzneimitteln zur klinischen Prüfung am Menschen in einer beauftragten Apotheke,

---

[135] Abrufbar unter www.emea.europa.eu.
[136] Weitere Informationen abrufbar unter http://eudragmp.emea.europa.eu.

2. die **Änderung des Verfalldatums von Arzneimitteln zur klinischen Prüfung am Menschen in einer Prüfstelle durch eine beauftragte Person des Herstellers, sofern diese Arzneimittel ausschließlich zur Anwendung in dieser Prüfstelle bestimmt sind,**
3. die **Prüfung der Arzneimittel in beauftragten Betrieben,**
4. die **Gewinnung oder Prüfung, einschließlich der Laboruntersuchungen der Spenderproben, von zur Arzneimittelherstellung bestimmten Stoffen menschlicher Herkunft, mit Ausnahme von Gewebe, in anderen Betrieben oder Einrichtungen,**

die **keiner eigenen Erlaubnis bedürfen, durchgeführt werden, wenn bei diesen hierfür geeignete Räume und Einrichtungen vorhanden sind und gewährleistet ist, dass die Herstellung und Prüfung nach dem Stand von Wissenschaft und Technik erfolgt und die sachkundige Person nach Absatz 1 Nummer 1 ihre Verantwortung wahrnehmen kann.**

(5) **¹Bei Beanstandungen der vorgelegten Unterlagen ist dem Antragsteller Gelegenheit zu geben, Mängeln innerhalb einer angemessenen Frist abzuhelfen. ²Wird den Mängeln nicht abgeholfen, so ist die Erteilung der Erlaubnis zu versagen.**

Wichtige Änderungen der Vorschrift: Abs. 1 Nr. 1 bis 5 ersetzt durch Abs. 1 Nr. 1–4, Abs. 3 aufgehoben und Abs. 4 neu gefasst durch Art. 1 Nr. 10 des Vierzehnten Gesetzes zur Änderung des Arzneimittelgesetzes vom 29.8.2005 (BGBl. I S. 2570).

Europarechtliche Vorgaben: Art. 40 ff., insbesondere Art. 48–53 RL 2001/83/EG; Art. 44 ff., insbesondere Art. 52–57 RL 2001/82/EG.

Literatur: *Böttcher,* Freigaberelevante Prüfungen von Arzneimitteln durch Auftragslaboratorien, PharmInd 2009, 2010; *Hasskarl/Bakhschai,* Rechtsfragen im Zusammenhang mit der Herstellung und Prüfung von Arzneimitteln im Lohnauftrag, PharmInd 2008, 629; *Heßhaus,* Outsourcing in der Analytik, PharmInd 2015, 874; *Klar,* Verträge im GMP-Umfeld, PharmInd 2010, 626, 809; *Kruse/Diekmann,* Auswirkungen der 15. AMG-Novelle für Prüflaboratorien, PharmInd 2010, 250.

Übersicht

A. Allgemeines

I. Inhalt

Die Vorschrift legt die Kriterien fest, nach denen eine Herstellungserlaubnis versagt werden darf und **1** stellt damit zugleich klar, dass auf die Herstellungserlaubnis grundsätzlich ein Rechtsanspruch besteht. Hierbei kommt dem Vorhandensein einer sachkundigen Person sowie geeigneter Räume und Einrichtungen für die beabsichtigte Herstellung, Prüfung und Lagerung von Arzneimitteln und der Gewährleistung der Einhaltung des Standes von Wissenschaft und Technik bei der Herstellung und Prüfung eine zentrale Bedeutung für die Erlaubniserteilung zu (Abs. 1). Bei Blutspendeeinrichtungen kann die leitende ärztliche Person nach § 4 S. 1 Nr. 2 TFG zugleich sachkundige Person sein (Abs. 2a). Unter gewissen Voraussetzungen darf die Herstellung und Prüfung von Arzneimitteln auch in Drittbetrieben erfolgen (Abs. 4). Dem Antragsteller ist bei Beanstandungen der von ihm im Erlaubnisverfahren vorgelegten Unterlagen die Gelegenheit zur Abhilfe zu geben; erst wenn den Mängeln nicht abgeholfen wurde, muss die Erlaubnis versagt werden (Abs. 5).

II. Zweck

2   Mit der Aufstellung von personenbezogenen und sachbezogenen Anforderungen für die Erteilung der Herstellungserlaubnis soll in einem der zentralen, hochsensiblen Bereiche des Arzneimittelrechts die **Arzneimittelsicherheit i. S. d. § 1** gewährleistet werden. Die Vorschrift setzt hierbei die europarechtlichen Vorgaben der Art. 40 ff. RL 2001/83/EG bzw. Art. 44 ff. RL 2001/82/EG um.

III. Sonstige Vorschriften

3   Für die Auslegung des § 14 sind zahlreiche Vorschriften der **AMWHV** zu beachten, die die doch recht kursorischen Regelungen des AMG mit Leben füllen[1]. Hier sind hinsichtlich der **personenbezogenen Anforderungen** insbesondere § 4 AMWHV mit allgemeinen Vorgaben für das Personal, und die §§ 12–20 AMWHV für das Personal in leitender und verantwortlicher Stellung (sachkundige Person, Leiter der Herstellung, Leiter der Qualitätskontrolle) zu nennen. **Sachbezogene Anforderungen** werden vor allem in den §§ 5–7 AMWHV aufgestellt. Anforderungen für Auftragstätigkeiten sind in § 9 AMWHV geregelt. Entsprechende Bestimmungen für die Herstellung von Wirkstoffen nicht menschlicher Herkunft finden sich in den §§ 21–29 AMWHV. Ergänzende Vorschriften für Fütterungsarzneimittel sind in § 30 AMWHV und für Blutspendeeinrichtungen in § 31 AMWHV enthalten. In den Sondervorschriften für Entnahme- und Gewebeeinrichtungen sowie für Gewebespenderlabore (§§ 32–41 AMWHV) wird sehr ausführlich die Herstellung, Prüfung, Lagerung, Einfuhr und der Transport von Gewebe und Gewebezubereitungen geregelt.

4   Die Notwendigkeit der Anstellung oder Beauftragung einer entsprechend qualifizierten und verantwortlichen sachkundigen Person ergibt sich auch für den Inhaber einer Herstellungs- oder Einfuhrgenehmigung für die Herstellung und Einfuhr von **Prüfpräparaten** (Art. 10 I 1 Buchst. e) RL 2005/28/EG i. V. m. Art. 13 II RL 2001/20/EG).

B. Voraussetzungen für die Erlaubniserteilung (Abs. 1)

5   Die Vorschrift verdeutlicht, dass der Antragsteller einen **Rechtsanspruch** auf Erteilung der Herstellungserlaubnis hat, wenn keiner der in Abs. 1 abschließend aufgezählten Versagungsgründe (numerus clausus) vorliegt. Damit steht auch fest, dass die zuständige Behörde (§ 13 Rn. 77 ff.) keinen Ermessensspielraum hinsichtlich der Erlaubniserteilung hat.

6   Das Vorliegen der Voraussetzungen für die Erteilung der Herstellungserlaubnis bzw. deren Versagung ist durch eine **Abnahmebesichtigung** der zuständigen Behörde (§ 64 III 3 AMG i. V. m. § 3 I 1 AMGVwV[2]), ggf. unter Hinzuziehung der zuständigen Bundesoberbehörde (§ 13 IV 2) oder Beiziehung von Sachverständigen zu prüfen. Die Abnahmebesichtigung hat sich auch auf benannte externe Betriebe i. S. d. Abs. 4 zu erstrecken (§ 3 I 3 AMGVwV, s. auch Rn. 34 ff.)[3].

I. Sachkundige Person (Nr. 1)

7   **1. Anforderungen an die sachkundige Person.** Der Antragsteller muss ständig und ununterbrochen über mindestens eine mit der nach § 15 erforderlichen Sachkenntnis (s. § 15 Rn. 4) ausgestattete Person **(sachkundige Person nach § 14)** verfügen, die für die in § 19 genannten Tätigkeiten verantwortlich ist (s. § 19 Rn. 3 ff.)[4]. Mit dieser in der 14. AMG-Novelle erfolgten Festlegung sind Art. 48 I RL 2001/83/EG bzw. Art. 52 I RL 2001/82/EG umgesetzt und zugleich die bis dahin vorgesehenen Personen des Herstellungsleiters und Kontrollleiters durch die Leitung der Herstellung und die Leitung der Qualitätskontrolle ersetzt worden[5].

---

[1] Vgl. hierzu den Überblick bei *Krüger*, in: Fuhrmann/Klein/Fleischfresser, § 15.
[2] Damit wird Art. 42 I RL 2001/83/EG umgesetzt.
[3] Zum Informationsverfahren s. § 3 V AMGVwV.
[4] Zu den Unterschieden in der Etablierung der sachkundigen Person in der EU vgl. *Renger*, PharmInd 2007, 1319 ff.
[5] Vgl. BT-Drucks. 15/5316, S. 35. Die AMWHV spricht vielfach von der Leitung der Herstellung (z. B. §§ 12 I 1 2 und 3, 13 I 1). Verantwortlich sind aber letztlich Personen in einem Organisationsschema als Bestandteil eines funktionierenden Qualitätsmanagementsystems, so dass richtigerweise von dem Leiter der Herstellung und dem Leiter der Qualitätskontrolle gesprochen werden sollte.

Die **Verantwortlichkeiten der sachkundigen Person** sind im AMG nur kursorisch geregelt. Einzig **8** § 19 bestimmt, dass die sachkundige Person dafür verantwortlich ist, dass jede Charge des Arzneimittels entsprechend den Vorschriften über den Verkehr mit Arzneimitteln hergestellt und geprüft wurde (S. 1); zudem hat sie die Einhaltung der Vorschriften für jede Arzneimittelcharge in einem fortlaufenden Register oder einem vergleichbaren Dokument vor deren Inverkehrbringen zu bescheinigen (S. 2). Wesentlich ausführlichere Regelungen finden sich in der AMWHV. So ist der Verantwortungsbereich der sachkundigen Person nach Maßgabe des § 19 schriftlich festzulegen (§ 12 I 1 AMWHV). Dies hat durch eine entsprechende **Arbeitsplatzbeschreibung** zu erfolgen (§ 4 II 1 AMWHV). Die zentrale Verantwortlichkeit der sachkundigen Person liegt in der **Freigabe** jeder Charge eines Arzneimittels zum Inverkehrbringen gem. § 16 I AMWHV und der Freigabe der Wirkstoffe nicht menschlicher Herkunft gem. § 25 I AMWHV. Eine Zusammenfassung der Aufgaben der sachkundigen Person findet sich zudem in Kap. 2 Ziff. 2.6 sowie in Annex 16 des EG-GMP-Leitfadens (dort insbesondere Ziff. 8.1 bis 8.4)[6]. Im Übrigen s. zu den Verantwortlichkeiten der sachkundigen Person die Kommentierung zu § 19.

Die sachkundige Person ist hinsichtlich der Erfüllung der ihr nach dem AMG, der AMWHV und dem **9** EG-GMP-Leitfaden zugewiesenen Aufgaben **nicht weisungsgebunden.** Dies ergibt sich zwingend aus § 4 II 5 AMWHV, wonach den in § 4 II 1 genannten Mitarbeitern ausreichende Befugnisse einzuräumen sind, damit sie ihrer Verantwortung nachkommen können, aber auch aus dem Umstand, dass sie letztlich Arzneimittel und Wirkstoffe nur für das Inverkehrbringen frei geben kann, wenn alle gesetzlichen Voraussetzungen für die Herstellung und Prüfung eingehalten wurden. Insoweit ist der sachkundigen Person vom Inhaber der Herstellungserlaubnis auch die Befugnis einzuräumen, dem in der Herstellung tätigen Personal fachliche Weisungen zu erteilen. Darüber hinaus kommt der sachkundigen Person ohne entsprechende Delegation durch den Arbeitgeber oder Auftraggeber aber keine Weisungsbefugnis, etwa in arbeitsrechtlicher Hinsicht zu.

Die sachkundige Person kann sowohl ein Angestellter des Inhabers der Herstellungserlaubnis sein als **10** auch ein **externer Dienstleister,** wobei die sachkundige Person unabhängig von ihrem Rechtsverhältnis zum Inhaber der Herstellungserlaubnis alle ihr nach dem AMG, dem AMWHV, dem EG-GMP-Leitfaden und sonstigen maßgeblichen Rechtsvorschriften auferlegten Verpflichtungen einzuhalten hat. Der Vertrag zwischen dem Inhaber der Herstellungserlaubnis und einem externen Dienstleister stellt einen Dienstvertrag (§ 611 BGB) dar, da der externe Dienstleister keinen Erfolg schuldet.

Die sachkundige Person und der Leiter der Herstellung **oder** der Leiter der Qualitätskontrolle können **11** **personenidentisch** sein, obgleich im AMG-ÄndG 2009 der entsprechende Passus in der Nr. 1 gestrichen wurde[7]. Keine Personenidentität darf jedoch zwischen dem Leiter der Herstellung und dem Leiter der Qualitätskontrolle bestehen. Dies ergibt sich aus § 3 II AMWHV i. V. m. Kap. 2 Ziff. 2.5 des Teils I des EG-GMP-Leitfadens sowie § 12 I 5 AMWHV.

Die **Verantwortungsbereiche** der sachkundigen Person sind nach Maßgabe des § 19 (s. § 19 **12** Rn. 3 ff.) schriftlich festzulegen (§ 12 I 1 AMWHV). Nach der **Übergangsvorschrift** des § 141 III gilt eine Person, die die Sachkenntnis nach § 15 nicht hat, aber am 5.9.2005 befugt war, die in § 19 beschriebenen Tätigkeiten einer sachkundigen Person auszuüben, als sachkundige Person nach § 14 (s. § 141 Rn. 6).

2. Anforderungen an den Leiter der Herstellung und den Leiter der Qualitätskontrolle. **13** Weder im AMG noch in der AMWHV oder dem EG-GMP-Leitfaden finden sich Festlegungen zur **fachlichen Qualifikation** des **Leiters der Herstellung** und des **Leiters der Qualitätskontrolle.** Durch das AMG-ÄndG 2009 ist das Vorhandensein der in Abs. 1 Nr. 2 a. F. vorgesehenen Personen des Leiters der Herstellung und der Leiters der Qualitätskontrolle als Voraussetzung für die Erlaubniserteilung gestrichen worden, so dass, wie in anderen Mitgliedstaaten der EU auch, hinsichtlich der personellen Voraussetzungen nach dem AMG nunmehr allein auf die sachkundige Person nach § 14 abzustellen ist. Es bleibt aber dabei, dass der Antragsteller bzw. der Erlaubnisinhaber nach erteilter Herstellungserlaubnis auch über einen **Leiter der Herstellung** und einen **Leiter der Qualitätskontrolle** verfügen muss, wobei deren Aufgaben und Verantwortungsbereiche in der AMWHV (dort insbes. § 12 I 3 und 4) und dem EG-GMP-Leitfaden geregelt sind[8] (s. § 19 Rn. 15, 21). Fehlt ein (ausreichend qualifizierter) Leiter der Herstellung oder Leiter der Qualitätskontrolle stellt dies einen Versagungsgrund nach Abs. 1 Nr. 6a dar, da der Hersteller dann nicht ständig gewährleisten kann, dass die Herstellung und Prüfung der Arzneimittel nach dem Stand von Wissenschaft und Technik erfolgt[9]. Im Übrigen ist die Übergangsregelung in **§ 138 II** zu beachten (s. § 138 Rn. 4).

Der nationale Gesetzgeber hat als Maßgabe jedoch vorgegeben, dass das Personal in verantwortlichen **14** Positionen und insbes. in einer Schlüsselstellung gem. Kap. 2 des Teils I des EG-GMP-Leitfadens

---

[6] Im Entwurf der aktualisierten Fassung des Annex 16 des EG-GMP-Leitfadens ist in Ziff. 3.5 eine wesentlich umfangreichere Beschreibung der Verantwortlichkeiten der sachkundigen Person enthalten.
[7] BT-Drucks. 16/12556, S. 46.
[8] Vgl. BT-Drucks. 16/12256, S. 46. Vgl. auch Kap. 2 und Kap. 6 des Teils I des EG-GMP-Leitfadens.
[9] So auch *Krüger*, in: Fuhrmann/Klein/Fleischfresser, § 14 Rn. 122.

entsprechend qualifiziert sein muss[10]. Die Art der fachlichen Qualifikationen dieser verantwortlichen Personen hat sich nach den für den jeweils im konkreten Fall vorhandenen Herstellungs- und Prüfbetrieb geltenden Anforderungen zu richten, wobei der Gesetzgeber davon ausgeht, dass eine akademische Ausbildung nicht in jedem Fall gefordert werden kann[11]. Es ist auch nicht zwingend, dass diese Personen ihre Tätigkeit in Vollzeit oder hauptberuflich ausüben. Entscheidend ist, dass der Leiter der Herstellung die sich für ihn insbes. aus der AMWHV (s. vor allem §§ 4, 12 I 3, 13) und dem Teil I des EG-GMP-Leitfadens (s. vor allem Kap. 2 Ziff. 2.5, 2.7 und Kap. 5) und der Leiter der Qualitätskontrolle die sich für ihn insbes. aus den §§ 4, 12 I 4, 14 AMWHV sowie Kap. 2 Ziff. 2.5, 2.8 und Kap. 6 des Teils I des EG-GMP-Leitfadens ergebenden Verpflichtungen stets erfüllen kann (s. zu den Verantwortungsbereichen beider Personen § 19 Rn. 15 ff., 21 ff.). Eine gewisse Leitlinie für die **fachliche theoretische Qualifikation** können neben den in § 15 aufgeführten Studiengängen staatlich anerkannte Ausbildungen im pharmazeutischen Bereich bilden (Pharmazeutisch-technische Assistenten, Apothekerassistenten, Pharmazieingenieure, Apothekenassistenten, Pharmazeutische Assistenten, Geprüfte Industriemeister – Fachrichtung Pharmazie, Pharmakanten). Pharmaberater oder Pharmareferenten dürften hingegen wegen ihrer eher auf den Vertrieb von Arzneimitteln ausgerichteten Ausbildung nicht über die erforderliche Qualifikation verfügen[12]. Daneben muss der Leiter der Herstellung und der Leiter der Qualitätskontrolle eine seiner konkreten Aufgabe angemessene **praktische Erfahrung** aufweisen können, wobei eine mindestens zweijährige praktische Tätigkeit, wie sie für die sachkundige Person vorgeschrieben ist, nicht zwingend gefordert werden kann. Bei alledem muss im jeweiligen Einzelfall der Grundsatz der Verhältnismäßigkeit berücksichtigt werden. Im Übrigen ist für den Leiter der Herstellung und den Leiter der Qualitätskontrolle die **Überleitungsvorschrift des § 102** für Herstellungsleiter und Kontrollleiter zu beachten.

II. Zuverlässigkeit (Nr. 3)

15   Die Erteilung der Herstellungserlaubnis setzt voraus, dass die **sachkundige Person** die für die Ausübung ihrer Tätigkeit erforderliche Zuverlässigkeit besitzt. Mit dem AMG-ÄndG 2009 ist zudem ein Nachweis der Zuverlässigkeit auch des **Antragstellers** in das Gesetz mit der Begründung aufgenommen worden, dass der Antragsteller in seiner Funktion als Geschäftsführer oder als Entscheidungsträger im Unternehmen maßgeblichen Einfluss auf die die Arzneimittelqualität bestimmenden Vorgänge nimmt[13]. Hierbei ist entgegen dem Wortlaut des § 14 I Nr. 3 die Zuverlässigkeit sowohl der sachkundigen Person als auch des Antragstellers Voraussetzung für die Erteilung der Herstellungserlaubnis. Bei der Verwendung des Wortes „oder" handelt es sich um ein redaktionelles Versehen. Die Prüfung der Zuverlässigkeit des Antragstellers hat bei dessen vertretungsberechtigten Personen zu erfolgen. So ist bei einer GmbH die Zuverlässigkeit des Geschäftsführers bzw. der Geschäftsführer zu prüfen. Neben der sachkundigen Person und dem Antragsteller muss auch für den **Leiter der Herstellung** und den **Leiter der Qualitätskontrolle** gefordert werden, dass diese über die erforderliche Zuverlässigkeit verfügen. Im Sinne der Gewährleistung der Arzneimittelsicherheit kann hier kein minderer Standard im Vergleich zur sachkundigen Person und dem Antragsteller zugelassen werden.

16   Durch den Bezug auf die „zur Ausübung der Tätigkeit" erforderliche Zuverlässigkeit ist klar gestellt, dass grundsätzlich auf das Verhalten der sachkundigen Person bzw. des Antragstellers in den Bereichen abzustellen ist, die sich mit dem **Umgang mit Arzneimitteln** befassen (u. a. AMG, HWG, BtMG, ApG, ApBetrO, EG-GMP-Leitfaden). Dies kann im Einzelfall bedeuten, dass aufgrund eines nachhaltig unsorgfältigen oder gar rechtswidrigen Verhaltens bei der Ausübung der arzneimittelrechtlichen Verantwortlichkeiten die zu Beginn gegebene Zuverlässigkeit entfallen kann[14]. Auf der anderen Seite können aber auch Straftaten oder Ordnungswidrigkeiten, welche in anderen Bereichen begangen wurden, bei der individuellen Bewertung der Zuverlässigkeit eine Rolle spielen, wenn diese zeigen, dass die fragliche Person nicht die stete Gewähr für die Erfüllung ihrer sich aus dem AMG und dessen Nebengesetzen ergebenden Verpflichtungen bietet. Indizien können hier die Begehung schwerer Straftaten, häufige Verstöße gegen straf- und bußgeldbewehrte Vorschriften, Trunksucht oder Drogenabhängigkeit oder krankheitsbedingte Verhaltensstörungen sein[15]. Verfahrenseinstellungen nach § 153a StPO allein begründen kein Indiz für eine Unzuverlässigkeit. Jedoch ist das Verhalten des Antragstellers bzw. der verantwortlichen Personen, welches dem Verfahren, das zur Verfahrenseinstellung geführt hat, zugrunde liegt, von der zuständigen Behörde zu würdigen und kann ggf. Sanktionen nach sich ziehen[16].

---

[10] BT-Drucks. 15/5316, S. 35.

[11] BR-Drucks. 398/06, S. 66; *Krüger*, in: Fuhrmann/Klein/Fleischfresser, § 14 Rn. 124.

[12] Vgl. *Kloesel/Cyran*, § 14 Anm. 8.

[13] Vgl. BT-Drucks. 16/12677, S. 3.

[14] Vgl. *Krüger*, in: Fuhrmann/Klein/Fleischfresser, § 14 Rn. 79, der in Bezug auf den Antragsteller beispielhaft nennt, dass der Antragsteller den verantwortlichen Personen nicht die erforderlichen Kompetenzen und Entscheidungsbefugnisse einräumt oder keine betriebliche Organisation etabliert, die die ordnungsgemäße Wahrnehmung der Aufgaben durch das verantwortliche Personal ermöglicht.

[15] Vgl. *Rehmann*, § 14 Rn. 6; *Kloesel/Cyran*, § 14 Anm. 9.

[16] So zu Recht *Krüger*, in: Fuhrmann/Klein/Fleischfresser, § 14 Rn. 80a.

Es besteht Einigkeit, dass bloße Verdachtsmomente oder auf Gerüchte gestützte Vermutungen nicht **17** ausreichen, um der in Betracht kommenden sachkundigen Person oder dem Antragsteller die Zuverlässigkeit abzusprechen. Erforderlich ist vielmehr, dass konkrete und bewiesene Tatsachen vorliegen, die belegen, dass die Zuverlässigkeit fehlt. Eine Ablehnung der in Betracht kommenden Person, etwa weil die Behörde zu der Auffassung gelangt, dass die Zuverlässigkeit nicht positiv festgestellt werden kann, ist nicht zulässig. Die Behörde hat die volle **Darlegungs- und Beweislast** für das Fehlen der Zuverlässigkeit. Ihr steht kein gerichtlich nicht nachprüfbarer Beurteilungsspielraum zu[17]. Im Rahmen der Prüfung der Zuverlässigkeit ist in Zweifelsfällen auch eine **Prognose** über das künftige Verhalten der betr. Person anzustellen. Zeigen die in der Vergangenheit festgestellten Tatsachen, dass auch künftig mit weiteren Verstößen gegen die für die Entscheidung über die Zuverlässigkeit maßgeblichen Vorschriften zu rechnen ist, kann dies für die fehlende Zuverlässigkeit sprechen[18]. Es ist stets eine einzelfallbezogene Entscheidung unter Berücksichtigung der Arzneimittelsicherheit auf der einen Seite und der Verhältnismäßigkeit auf der anderen Seite zu treffen.

Der Nachweis der Zuverlässigkeit der sachkundigen Person und des Antragstellers erfolgt grundsätzlich **18** durch die Vorlage eines aktuellen polizeilichen Führungszeugnisses (Beleg-Art O)[19].

III. Ständige Erfüllung der Verpflichtungen (Nr. 4)

Die sachkundige Person muss die ihr obliegenden Verpflichtungen ständig erfüllen können. Damit **19** werden die europarechtlichen Vorgaben des Art. 48 I RL 2001/83/EG bzw. Art. 52 I RL 2001/82/EG umgesetzt, die darin bestehen, dass der Erlaubnisinhaber ständig und ununterbrochen über mindestens eine sachkundige Person verfügen muss[20]. Welche Pflichten sich hieraus für die sachkundige Person ableiten, ist unter Berücksichtigung der **konkreten Umstände des Einzelfalls** zu bestimmen, so dass Generalisierungen unzulässig sind. Die sachkundige Person muss jedenfalls stets in der Lage sein, alle ihr kraft Gesetzes und Vertrages mit dem Erlaubnisinhaber überantworteten Aufgaben gem. § 19 zu erfüllen. Bei kleineren Herstellungsbetrieben, in denen wenige, unkomplizierte Arzneimittel mit erfahrenem, gut geschultem Personal hergestellt werden, ist es durchaus denkbar, dass die sachkundige Person im Nebenberuf oder in Teilzeit ihre Aufgaben wahrnimmt[21] und ggf. für mehrere, räumlich nicht zu weit auseinander liegende Herstellungsbetriebe als sachkundige Person fungiert[22]. Ein Kriterium kann hier auch sein, in welchen Zeiträumen Arzneimittel hergestellt werden. Mit steigenden Anforderungen[23] wird es jedoch unverzichtbar sein, dass die sachkundige Person ihre Tätigkeit in Vollzeit ausübt, wobei auch permanente **körperliche Anwesenheit** gefordert werden kann[24]. Auch hier kommt es darauf an, ob die sachkundige Person im Rahmen eines funktionierenden Qualitätsmanagementsystems mit entsprechenden Delegationen auf den Leiter der Herstellung und den Leiter der Qualitätskontrolle und dem anderen entsprechend geschulten Personal in der Lage ist, trotz üblicher Abwesenheiten (Wochenenden, Urlaub) den gesamten Herstellungsprozess zu überwachen und zu steuern[25]. Die **Erreichbarkeit** der sachkundigen Person durch die Mittel der Telekommunikation muss – mit Ausnahme zulässiger Stellvertretung – im Rahmen der Herstellung stets gegeben sein. Entsprechend den betrieblichen Anforderungen, die sich aus der Herstellung der Arzneimittel ergeben, kann dies auch bedeuten, dass die sachkundige Person kurzfristig persönlich im Betrieb anwesend sein können muss. Wenn die sachkundige Person längere Zeit, etwa wegen Erkrankungen oder bei mehrwöchigen Urlauben, nicht im Herstellungsbetrieb anwesend sein kann[26], ist auch die Erreichbarkeit nicht mehr ausreichend, da eine dauerhafte persönliche Kontrolle der betrieblichen Abläufe und eine aktive Teilnahme am Qualitätsmanagementsystem in Anbetracht der großen Bedeutung der sachkundigen Person bei der Herstellung von Arzneimitteln gefordert werden muss[27]. Mittel zur Kontrolle der ständigen Erfüllung der Verpflichtungen der sachkundigen Person sind u. a. die Vorlage der Arbeitsplatzbeschreibung im Rahmen der behördlichen

---

[17] Vgl. *Krüger*, in: Fuhrmann/Klein/Fleischfresser, § 14 Rn. 111, 113.

[18] Vgl. *Marcks*, in: Landmann/Rohmer, § 35 Rn. 32.

[19] In der Praxis wird gefordert, dass dieses nicht älter als drei Monate ist, vgl. www.zlg.nrw.de.

[20] Kap. 2.6b) des Teils I des EG-GMP-Leitfadens spricht davon, dass die sachkundigen Personen dem Inhaber der Herstellungserlaubnis zur Ausübung ihrer Funktionen ständig und fortlaufend zur Verfügung stehen müssen, um ihren Verpflichtungen nachkommen zu können. Ihre Verpflichtungen können auf andere sachkundige Personen delegiert werden.

[21] A. A. *Kloesel/Cyran*, § 14 Anm. 14. Kap. 2 Ziff. 2.5 des Teils I des EG-GMP-Leitfadens sieht vor, dass „Schlüsselstellungen normalerweise mit Vollzeitbeschäftigten besetzt werden sollten". Dies schließt unter Berücksichtigung des Verhältnismäßigkeitsgrundsatzes aber nicht aus, dass entsprechend den konkreten Einzelfallumständen bei Kleinbetrieben eine sachkundige Person in Teilzeit beschäftigt oder beauftragt wird.

[22] Vgl. *Rehmann*, § 14 Rn. 7; *Sander*, § 14 Erl. 6.

[23] Parameter können hier sein: Größe, Anzahl und Lage der Betriebsstätten; Art und Anzahl der Arzneimittel; Komplexität der Herstellungsprozesse; Anzahl, Qualifikation, Erfahrung und Zuverlässigkeit des Personals; Schulungsgrad und -bedarf des Personals; vorhandene Räume und Einrichtungen.

[24] BT-Drucks. 15/5316, S. 35.

[25] Zur Rolle der sachkundigen Person in pharmazeutischen Qualitätssystemen vgl. *Renger*, PharmInd 2010, 1160 ff.

[26] Die AMWHV stellt insoweit auf die „kurzfristige Verhinderung" ab, ohne einen Anhaltspunkt dafür zu liefern, was unter „kurzfristig" zu verstehen ist (§ 16 VI).

[27] Vgl. *Krüger*, in: Fuhrmann/Klein/Fleischfresser, § 14 Rn. 116 f.; *Sander*, § 14 Erl. 6.

Überwachung, die entsprechende Erklärung des Antragstellers bzw. Erlaubnisinhabers zur ständigen Erfüllung der Verpflichtungen[28] und die Beurteilung bei der Abnahmeinspektion der Betriebsstätte.

20   Für die Situationen der nicht mehr tolerablen Abwesenheiten der sachkundigen Person oder in größeren Herstellungsbetrieben muss der Antragsteller bzw. nach erteilter Herstellungserlaubnis der Inhaber der Erlaubnis einen oder mehrere **Stellvertreter** für die sachkundige Person bestellen, wobei Stellvertreter immer nur eine Person sein kann, die über dieselben Qualifikationen verfügt wie die vertretene sachkundige Person (§ 16 VI, § 25 II 1 i. V. m. § 16 VI AMWHV, Kap. 2 Ziff. 2.6b) des Teils I des EG-GMP-Leitfadens). Die Stellvertretung muss hierbei nicht so lange andauern, bis die sachkundige Person ihre Aufgabe wieder selbst erfüllen kann, da der Stellvertreter gleichfalls alle Anforderungen an eine sachkundige Person erfüllen muss. Ungeachtet dessen muss der oder müssen die Stellvertreter in ein Organisationsschema integriert werden. Der Stellvertreter der sachkundigen Person handelt aber in dieser Eigenschaft **selbst als sachkundige Person,** denn nur so können die Verpflichtungen aus der AMWHV und dem EG-GMP-Leitfaden erfüllt werden.

21   Auch wenn das AMG nicht mehr die Personen des **Leiters der Herstellung** und des **Leiters der Qualitätskontrolle** vorsieht, muss der Antragsteller oder der Erlaubnisinhaber sicherstellen, dass diese verantwortlichen Personen ebenso ständig ihren Verpflichtungen nachkommen (s. insbes. § 12 AMWHV und § 19 Rn. 5 ff., 21 ff.). Wie im Falle der sachkundigen Person wird das Maß des sich hier für diese verantwortlichen Personen ergebenden Aufwandes von den Einzelfallumständen abhängen. Der Leiter der Herstellung und der Leiter der Qualitätskontrolle können grundsätzlich im Nebenberuf oder in Teilzeit und für mehrere Herstellungsbetriebe tätig werden, sofern die sich für sie ergebenden Anforderungen nicht eine Vollzeittätigkeit erfordern[29]. Im Falle von Abwesenheiten und der Stellvertretung gelten die gleichen Kriterien wie für die sachkundige Person (zu den Anzeigepflichten s. § 20 Rn. 3).

22   Der pharmazeutische Unternehmer haftet unter dem Gesichtspunkt des **Organisationsverschuldens,** sofern infolge der nicht ständigen Erfüllung der der sachkundigen Person oder dem Leiter der Herstellung oder dem Leiter der Qualitätskontrolle obliegenden Verpflichtungen ein Schaden bei Dritten entsteht (s. § 19 Rn. 29).

IV. Sachkenntnis bei Fütterungsarzneimitteln (Nr. 5a)

23   In Betrieben, die Fütterungsarzneimittel (§ 4 X) aus Arzneimittel-Vormischungen (§ 4 XI) herstellen, muss die Person, der die Beaufsichtigung des technischen Ablaufs der Herstellung übertragen ist, **ausreichende Kenntnisse und Erfahrungen** auf dem Gebiet der Mischtechnik besitzen[30]. Die Anforderung ist Folge des § 56 II 1, wonach zur Herstellung eines Fütterungsarzneimittels nur eine nach § 25 I zugelassene oder auf Grund des § 36 I von der Pflicht zur Zulassung freigestellte Arzneimittel-Vormischung verwendet werden darf (s. § 56 Rn. 14). Die Notwendigkeit der Sachkenntnis ergibt sich daraus, dass beim Mischvorgang die erforderliche Qualität gewährleistet sein muss. Hierzu gibt § 30 II 2 AMWHV vor, dass die Arzneimittelvormischung in der vorgeschriebenen Menge und in homogener und stabiler Verteilung im Fütterungsarzneimittel enthalten sein muss. Ausreichende Kenntnisse und Erfahrungen auf dem Gebiet der Mischtechnik sind durch entsprechende Tätigkeiten in einem oder mehreren Herstellungsbetrieben nachzuweisen. Die sachkundige Person muss nicht über einschlägige Kenntnisse und Erfahrungen im Rahmen einer praktischen Tätigkeit verfügen (§ 15 V).

V. Sachkenntnis des Arztes bei der Separation von Blutbestandteilen (Nr. 5b)

24   Die Vorschrift verlangt, dass der Arzt, in dessen Verantwortung eine Vorbehandlung der spendenden Person zur Separation von Blutstammzellen oder anderen Blutbestandteilen durchgeführt wird, die erforderliche Sachkenntnis besitzt[31]. Die Anforderungen zur Sachkenntnis sind in § 15 III 4 geregelt (s. § 15 Rn. 32).

VI. Bestellung und Sachkenntnis einer leitenden ärztlichen Person nach dem TFG (Nr. 5c)

25   Mit der gleichfalls durch das TFG (§ 34 Nr. 4) am 7.7.1998 in das AMG eingefügten Vorschrift wird die Erteilung einer Herstellungserlaubnis davon abhängig gemacht, dass entsprechend § 4 I Nr. 2 TFG die **Spendeeinrichtung** (s. § 2 Nr. 2 TFG) oder der Träger der Spendeeinrichtungen eine leitende ärztliche Person bestellt hat, die eine approbierte Ärztin oder ein approbierter Arzt (approbierte ärztliche Person) ist und die die erforderliche Sachkunde nach dem Stand der medizinischen Wissenschaft besitzt. Der Stand der medizinischen Wissenschaft ergibt sich aus den sog. **Hämotherapierichtlinien** der

---

[28] Denkbar ist auch der Nachweis der aktiven Beteiligung der sachkundigen Person an einem Qualitätsmanagementsystem durch entsprechende SOP (z. B. zur Managementbewertung im Rahmen von durchgeführten Qualitätssicherungsmaßnahmen).
[29] Vgl. *Kloesel/Cyran,* § 14 Anm. 14.
[30] Damit wurde Art. 4 I Buchst. b) RL 90/167/EWG umgesetzt.
[31] Die Vorschrift der Nr. 5b wurde durch § 34 Nr. 4 TFG in das AMG eingefügt.

Bundesärztekammer[32], die bei Spendeeinrichtungen mit oder ohne Anbindung an eine Einrichtung der Krankenversorgung die Facharztanerkennung für **Transfusionsmedizin** fordern (Abschn. 1.4.2.1). Sofern es sich nicht um eine Spendeeinrichtung mit ausschließlich autologer Gewinnung handelt, genügt die Qualifikation nach § 15 III (Abschn. 1.4.2.3 i. V. m. Abschn. 2.8.5 der Hämotherapierichtlinien)[33].

Nach § 4 I Nr. 3 TFG muss bei der **Durchführung der Spendeentnahmen** eine approbierte **26** ärztliche Person vorhanden sein. Diese mit Art. 2 Nr. 7a) aa) des Gewebegesetzes in das AMG aufgenommene Anforderung ist essentiell für eine sichere und die Spender schützende Spendeentnahme. Der Gesetzgeber hat es daher für notwendig erachtet, diese Anforderung bei den Versagungsgründen in § 14 I gesondert aufzuführen und damit besonders herauszustellen. Die Anforderung soll allerdings dann nicht gelten, wenn die Entnahme nicht im oder am menschlichen Körper, sondern extrakorporal erfolgt. Das ist insbes. bei der Entnahme von Nabelschnurblut der Fall[34].

VII. Geeignete Räume und Einrichtungen (Nr. 6)

Für die Herstellung müssen im Rahmen der beantragten Erlaubnis (§ 16) geeignete Räume und **27** Einrichtungen für die beabsichtigte Herstellung, Prüfung und Lagerung der Arzneimittel vorhanden sein, wobei es ausreicht, wenn der Antragsteller über entsprechende Nutzungsrechte (Miete, Pacht, Leasing etc.) an den Räumen und Einrichtungen verfügt. Auch nach erteilter Erlaubnis ist die Eignung entsprechend dem jeweiligen Stand von Wissenschaft und Technik (s. Rn. 29) aufrecht zu erhalten. Die Eignung ist durch eine **Abnahmebesichtigung** der zuständigen Behörde zu prüfen (§ 64 III 3 AMG i. V. m. § 3 I 1 AMGVwV).

Für die Eignung der Räume und Einrichtungen gelten zahlreiche **rechtliche Vorgaben**[35]. Hier sind **28** insbesondere die §§ 5 und 7 AMWHV sowie Kap. 3 des Teils I (für die Arzneimittelherstellung) und Abschn. 4 des Teils II (für die erlaubnispflichtige Wirkstoffherstellung) des EG-GMP-Leitfadens zu beachten. Weitere Vorgaben finden sich in den RL 2006/17/EG (für menschliches Gewebe und Zellen), RL 2005/28/EG (Gute klinische Praxis für Prüfpräparate), RL 2004/33/EG (für Blut und Blutbestandteile), RL 2003/94/EG (für zur Anwendung beim Menschen bestimmte Prüfpräparate), RL 91/412/ EWG (Gute Herstellungspraxis für Tierarzneimittel), dem Good Manufacturing Practice Guide for active pharmaceutical ingredients der ICH vom Nov. 2000[36] und bei der PIC.

VIII. Gewährleistung des Standes von Wissenschaft und Technik (Nr. 6a)

Der Hersteller muss gewährleisten können, dass die Herstellung oder Prüfung der Arzneimittel nach **29** dem Stand von Wissenschaft und Technik vorgenommen wird. Da es an einer gesetzlichen **Definition** für den „Stand von Wissenschaft und Technik" fehlt, muss dieser anhand des konkreten Einzelfalls für die jeweilige Arzneimittelherstellung und -prüfung ermittelt werden. Insoweit können etwa Guidelines der EMA oder der EG-GMP-Leitfaden gewichtige Anhaltspunkte liefern. Diesen kommt aber keine Gesetzeskraft für die konkrete Ermittlung des Standes von Wissenschaft und Technik zu[37], so dass es dem Hersteller möglich ist, den Nachweis eines anderen Standes von Wissenschaft und Technik zu erbringen. Die zuständige Behörde kann bei der **Abnahmebesichtigung,** aber auch im Rahmen der fortlaufenden Überwachung die Vorlage der Herstellungs- und Kontrollmethoden bzw. -verfahren verlangen[38], um sich ein Bild von der Einhaltung der gesetzlichen Anforderungen zu machen. Hierbei ist auf den zum Zeitpunkt der Überwachung geltenden Stand von Wissenschaft und Technik abzustellen. Dies bedingt für den Antragsteller bzw. Hersteller die Verpflichtung zu einer **dynamischen Anpassung** an alle für die Herstellung gültigen technischen, pharmazeutischen und rechtlichen Vorschriften im Herstellungsbetrieb. Demzufolge hat eine entsprechende Schulung und Fortbildung des am Herstellungsvorgang beteiligten Personals und eine Erfolgskontrolle im Hinblick auf die Schulung und Fortbildung zu erfolgen (§ 4 I 2, 4 AMWHV)[39]. Das ist entsprechend zu dokumentieren. Insbes. müssen die pharmazeutisch verantwortlichen Personen (sachkundige Person, Leiter der Herstellung, Leiter der Qualitätskontrolle) Kenntnis der jeweils aktuellen Rechtsvorschriften haben, um so die Arzneimittelsicherheit zu gewährleisten. Der pharmazeutische Unternehmer ist insoweit gehalten, im Rahmen der mit den verantwortlichen Personen abgeschlossenen Verträge eine ausreichende Weiterbildung zu ermöglichen (s. § 19 Rn. 6).

---

[32] Richtlinien zur Gewinnung von Blut und Blutbestandteilen und zur Anwendung von Blutprodukten (Hämotherapie) gem. §§ 12 und 18 TFG (Novelle 2005) – aufgestellt von der Bundesärztekammer – v. 19.9.2005 (BAnz. Nr. 209a v. 5.11.2005, S. 1).

[33] Vgl. *Deutsch/Bender/Eckstein/Zimmermann,* Rn. 302, 305.

[34] BR-Drucks. 543/06, S. 87, 98.

[35] Vgl. hierzu ausführlich *Krüger,* in: Fuhrmann/Klein/Fleischfresser, § 14 Rn. 138 ff.

[36] Abrufbar unter www.ich.org.

[37] Ebenso *Krüger,* in: Fuhrmann/Klein/Fleischfresser, § 14 Rn. 172.

[38] Vgl. BT-Drucks. 13/8805, S. 12.

[39] Zu den Anforderungen an Einweisung und Schulung des Personals vgl. *Krüger,* in: Fuhrmann/Klein/Fleischfresser, § 14 Rn. 128 ff.

30   Ist für die sachkundige Person der Nachweis der Sachkenntnis nach den Vorgaben des § 15 geführt worden, darf dies nicht etwa unter Hinweis auf eine fehlende (aktuelle oder spontane) Kenntnis des Standes von Wissenschaft und Technik bei der Herstellung oder der hierbei zu beachtenden Rechtsvorschriften in Zweifel gezogen werden[40]. Sollte sich jedoch bei der Überprüfung der tatsächlichen Kenntnisse der verantwortlichen Personen im konkreten Einzelfall herausstellen, dass die Arzneimittelsicherheit gefährdet ist oder im Rahmen einer begründeten Prognose sein könnte, kann dies u. U. als **fehlende Zuverlässigkeit der sachkundigen Person** mit der Folge der Gefährdung der Herstellungserlaubnis bewertet werden[41]. Allerdings ist in diesem Zusammenhang auch der Grundsatz der Verhältnismäßigkeit zu beachten, so dass i. S. einer ultima ratio eine sofortige Versagung nur in sehr seltenen Ausnahmefällen in Betracht kommen dürfte. Der Verhältnismäßigkeitsgrundsatz gebietet es grundsätzlich, dass die zuständige Behörde durch Auflagen zur Herstellungserlaubnis (Art. 42 II RL 2001/83/EG) die Arzneimittelsicherheit gewährleistet. Denkbar sind hier etwa Auflagen wie die Verpflichtung der verantwortlichen Personen zur spezifischen Fortbildung, die Anschaffung der notwendigen Einrichtungen, die Ertüchtigung der Räume, der Nachweis der Schulung des Personals, Maßnahmen zur Verbesserung des Qualitätsmanagementsystems, ggf. mit zeitlichen Vorgaben für die Erfüllung. Bei Vorliegen der Voraussetzungen ist aber auch nach **§ 18** zu verfahren.

31   Bei zugelassenen Arzneimitteln sind zusätzlich die Anforderungen an die Herstellung und Prüfung aus der jeweiligen **Zulassung** zu berücksichtigen und bei Prüfpräparaten die Anforderungen aus den Genehmigungsunterlagen für die klinische Prüfung[42].

32   Mit dem Gewebegesetz ist in Nr. 6a für Herstellbetriebe zur **Gewinnung von Blut und Blutbestandteilen** der zusätzliche Versagungsgrund aufgenommen worden, dass diese auch die Herstellung entsprechend den Vorschriften des Zweiten Abschnitts des TFG (§§ 3–12) gewährleisten müssen. Damit soll den besonderen Anforderungen an die Qualität und Sicherheit der Zubereitungen aus Blut und Blutbestandteilen und aus Gewebe und Zellen Rechnung getragen werden, wobei in den in Bezug genommenen Vorschriften des TFG die maßgeblichen Regelungen für die Entnahme, Gewinnung und Herstellung von Blutzubereitungen getroffen werden[43].

C. Leitende ärztliche Person (Abs. 2a)

33   Mit der durch § 34 Nr. 5 TFG in § 14 eingeführten Vorschrift wird es der leitenden ärztlichen Person nach § 4 S. 1 Nr. 2 TFG ermöglicht, zugleich als sachkundige Person nach § 14 I Nr. 1 zu agieren (zur Qualifikation und Sachkunde s. Rn. 25).

D. Herstellung und Prüfung außerhalb der Betriebsstätte des Arzneimittelherstellers (Abs. 4)

I. Tatbestände der externen Herstellung und Prüfung (1. Halbs.)

34   **1. Herstellung von Prüfpräparaten in der Apotheke (Nr. 1).** Mit der durch die 12. AMG-Novelle in das Gesetz eingefügten Regelung wird Apotheken, krankenhausversorgenden Apotheken und Krankenhausapotheken die Möglichkeit eingeräumt, unter der Verantwortung der sachkundigen Person des Arzneimittelherstellers Prüfpräparate umzukennzeichnen, umzufüllen, neu zu verpacken und in anderer Weise im Rahmen des apothekenüblichen Betriebs (s. § 13 Rn. 37) herzustellen[44]. Dessen ungeachtet dürfen öffentliche Apotheken und Krankenhausapotheken Prüfpräparate herstellen, soweit die ihnen erteilte Erlaubnis nach § 13 dies zulässt.

35   **2. Änderung des Verfalldatums bei Prüfpräparaten (Nr. 2).** In Umsetzung von Art. 9 II RL 2005/28/EG wird es ermöglicht, das Verfalldatum von Arzneimitteln zur klinischen Prüfung am Menschen in einer Prüfstelle durch eine beauftragte Person des Herstellers (z. B. Monitor) zu ändern, sofern diese Arzneimittel ausschließlich zur Anwendung in dieser Prüfstelle bestimmt sind[45].

36   **3. Prüfung der Arzneimittel in beauftragten Betrieben (Nr. 3).** Die Vorschrift gestattet es dem Arzneimittelhersteller, die Prüfung von Arzneimitteln in von ihm beauftragten Betrieben durchführen zu lassen **(Lohnprüfung)**[46]. Hierbei ist grundsätzlich davon auszugehen, dass die Basis-Analytik und die

---

[40] A. A. *Kloesel/Cyran*, § 14 Anm. 23, wo eine weite Auslegung des Versagungsgrundes des Abs. 1 Nr. 6a befürwortet wird.

[41] Vgl. *Rehmann*, § 14 Rn. 10.

[42] Ziff. 3.3.2.2 der Verfahrensanweisung 15110105 der ZLG, abrufbar unter www. zlg.nrw.de.

[43] Vgl. BT-Drucks. 15/3146, S. 38.

[44] BT-Drucks. 15/2849, S. 60.

[45] BT-Drucks. 15/5728, S. 80.

[46] Zu Rechtsfragen im Zusammenhang mit der Prüfung von Arzneimitteln im Lohnauftrag vgl. *Heßhaus*, PharmInd 2015, 874; *Diekmann*, PharmInd 2013, 432; *Böttcher*, PharmInd 2009, 2010 ff.; *Hasskarl/Bakhschai*, PharmInd 2008, 629 ff.

üblichen Kontrolluntersuchungen (Eingangs-, Inprozess- und Endkontrolle) durch den Arzneimittelhersteller selbst durchgeführt werden (zum Umfang der möglichen Delegation auf externe Betriebe und Einrichtungen s. Rn. 39). Die Betriebsstätte des beauftragten Betriebs ist in die dem Arzneimittelhersteller zu erteilende Erlaubnis nach § 13 aufzunehmen (§ 16 S. 1). Der beauftragte Betrieb hat seine Prüftätigkeit der zuständigen Überwachungsbehörde anzuzeigen (§ 67 I 1).

4. Gewinnung oder Prüfung von Stoffen menschlicher Herkunft (Nr. 4). Mit der durch das **37** Gewebegesetz in das AMG eingefügten Regelung in Nr. 4 wird verdeutlicht, dass nicht nur Entnahmeeinrichtungen (z. B. Krankenhäuser), sondern auch Prüfeinrichtungen und Labors, die Stoffe menschlicher Herkunft wie Blut und Plasma für die Arzneimittelherstellung **prüfen** oder die Testung von Spenderproben durchführen, keine eigene Herstellungserlaubnis benötigen, sondern in die Herstellungserlaubnis der Arzneimittelherstellers einbezogen werden können. Die Vorschrift erfasst auch die **Gewinnung** von Blut bei sog. Außenterminen und von Nabelschnurblut sowie die Entnahme von Plasma zur Fraktionierung in Plasmapheresezentren[47]. Allerdings gilt die Ausnahme nicht für die Entnahme von Gewebe, für die in § 20b eine Spezialregelung getroffen wurde[48].

II. Weitere Voraussetzungen (2. Halbs.)

Die in den Nr. 1 bis 4 genannten Handlungen können in externen Betrieben oder Einrichtungen im **38** Auftrag des Arzneimittelherstellers durchgeführt werden, **ohne** dass sie über eine **eigene Herstellungserlaubnis** verfügen müssen. Vielmehr sind sie in die Herstellungserlaubnis des Arzneimittelherstellers aufzunehmen (§ 16 S. 1)[49]. Voraussetzung ist stets, dass die Inspektion des externen Betriebs bzw. der beauftragten Einrichtung durch die hierfür zuständige Behörde (s. Rn. 40) ergeben hat, dass der Herstellung und Prüfung nach dem **Stand von Wissenschaft und Technik** erfolgt und dass die sachkundige Person nach § 14 I Nr. 1[50] ihre Verantwortung entsprechend § 19 wahrnehmen kann.

Durch das Tatbestandsmerkmal **„teilweise"** ist klargestellt, dass die in den Nr. 1–4 aufgeführten **39** Handlungen nicht vollständig auf beauftragte Betriebe oder Einrichtungen übertragen werden können[51]. Ausgangspunkt für das schwierig zu fassende Merkmal der „teilweisen" externen Herstellung bzw. Prüfung ist das gesetzgeberische Anliegen, dass der Arzneimittelhersteller im Regelfall im eigenen Herstellungsbetrieb die erforderlichen Handlungen vornehmen können muss[52]. Dies betrifft vor allem die Basis-Analytik und die üblichen Kontrollmethoden. Verfügt der Arzneimittelhersteller jedoch nicht über geeignete Räume und Einrichtungen oder Spezialkenntnisse für bestimmte Herstellungs- oder Prüfvorgänge, kann er diese Tätigkeiten einem entsprechend fachlich ausgewiesenen Betrieb übertragen[53]. Entscheidender Gesichtspunkt für die Grenzziehung zwischen unzulässiger Delegation von externe Betriebe und zulässiger Prüfung durch beauftragte Betriebe ist die Verbesserung der Arzneimittelsicherheit durch die Erzielung einer höheren Prüfqualität in auf bestimmte Prüfungen spezialisierten Betrieben und Einrichtungen, die sowohl apparativ als auch personell dem beauftragenden Arzneimittelhersteller überlegen sind[54]. Ist diese Situation im Einzelfall gegeben, können bei Vorliegen der sonstigen Voraussetzungen die über die Basis-Analytik und üblichen Kontrollmethoden hinausgehenden Prüfungen an externe Betriebe vergeben werden. Hierbei hat sich der beauftragende Arzneimittelhersteller zu vergewissern, dass der beauftragte Betrieb die ihm übertragenen Tätigkeiten entsprechend der vorgegebenen Anweisungen (s. auch Rn. 41) durchführen kann (§ 9 II 1 AMWHV).

Der externe Betrieb muss über **geeignete Räume und Einrichtungen,** entsprechende Sachkenntnis **40** und Erfahrung sowie über kompetentes Personal verfügen, um die ihm übertragenen Tätigkeiten ordnungsgemäß ausführen zu können[55]. Dies ist durch die zuständige Behörde im Rahmen einer **Abnahmeinspektion** gem. § 64 III 3 AMG i. V. m. § 3 I 3 AMGVwV zu überprüfen. Erst nach Feststellung der Eignung des externen Betriebs kann dieser in die Erlaubnis des Arzneimittelherstellers aufgenommen werden.

[47] BT-Drucks. 15/5728, S. 81.
[48] BT-Drucks. 16/5443, S. 56.
[49] BT-Drucks. 16/5443, S. 56.
[50] Mit dem 2. AMG-ÄndG 2012 ist das redaktionelle Versehen, wonach zuvor lediglich ein Verweis auf die „Nummer 1" erfolgte, beseitigt worden. Gemeint war stets der Abs. 1 Nr. 1 des § 14, vgl. BT-Drucks. 16/12256, S. 46. Redaktionell verunglückt ist auch die Anfügung des Satzteils „in anderen Betrieben und Einrichtungen" an die Nr. 4. Die Zulassung der teilweisen Herstellung und Prüfung durch externe Betriebe und Einrichtungen betrifft alle vier Ausnahmetatbestände des 1. Halbs. der Vorschrift.
[51] Die noch im Referentenentwurf für die AMG-ÄndG 2009 vorgesehene vollständige Prüfung eines Arzneimittels in vom Herstellungsbetrieb separaten Betrieben ist in § 13 nicht umgesetzt worden, vgl. hierzu *Böttcher*, PharmInd 2009, 2017.
[52] Vgl. *Kloesel/Cyran*, § 14 Anm. 33 unter Hinweis auf die Amtliche Begründung.
[53] Dies wird häufig die Prüfung der mikrobiologischen Qualität oder besondere Analyseverfahren, aber auch Prüfungen im Bereich der neuartigen Therapien oder biotechnologisch hergestellter Präparate betreffen, vgl. *Kruse/Diekmann*, PharmInd 2010, 253.
[54] Vgl. *Müller-Römer/Beckmann*, PharmInd 1999, 597.
[55] Kap. 7 Ziff. 7.9 des Teils I des EG-GMP-Leitfadens.

41   Eine Übertragung der in den Nr. 1–4 aufgelisteten Tätigkeiten auf den externen Betrieb darf nur auf der Grundlage eines **schriftlichen Vertrages** zwischen Auftraggeber und Auftragnehmer erfolgen, in welchem die Verantwortlichkeiten jeder Seite klar festgelegt und insbesondere die Einhaltung der Guten Herstellungspraxis in den Fällen des § 3 II AMWHV oder der Guten fachlichen Praxis in den Fällen des § 3 III AMWHV geregelt sind[56]. Bei diesem Vertrag handelt es sich regelmäßig um einen Werkvertrag, da der Auftragnehmer einen bestimmten Erfolg schuldet. In dem schriftlichen Vertrag sind entsprechend dem jeweiligen Auftragsumfang alle im Zusammenhang mit der Prüfung im Lohnauftrag stehenden technischen Vereinbarungen zu treffen, u. a. Regelungen zur Geltung der im EG-GMP-Leitfaden dargelegten Grundsätze und der Leitlinien der Guten Herstellungspraxis (§ 9 III 2 AMWHV) sowie der vorgegebenen Herstellungsanweisung (§ 13 I AMWHV) und Prüfanweisung (§ 14 I AMWHV), zum Genehmigungsvorbehalt bei Übertragung von Tätigkeiten auf Dritte (§ 9 III 1 AMWHV), zu den Verantwortlichkeiten der am Herstellungs- bzw. Prüfungsprozess beteiligten Personen (Kap. 7 Ziff. 7.4 ff. und 7.9 ff. des Teils I des EG-GMP-Leitfadens), zur Prüfanweisung und zum Prüfprotokoll (§ 14 IV AMWHV), zum Materialeinkauf, zur Prüfung und Freigabe von Materialien, zur Durchführung der Produktion und von Qualitätskontrollen einschließlich der Inprozesskontrollen sowie zu den Probenahmen (Kap. 7 Ziff. 7.15 des Teils I des EG-GMP-Leitfadens), zur Freigabe zum Inverkehrbringen bzw. von Teilherstellungsschritten (§ 16 IV, § 25 II 1 i. V. m. § 16 IV AMWHV), zu Rückstellmustern (§ 18 AMWHV bzw. Anhang 19 zum EG-GMP-Leitfaden), zur Lagerung, Verpackung und Lieferung, zur Besichtigung und Prüfung der Einrichtungen des Auftragnehmers (Kap. 7 Ziff. 7.1 des Teils I des EG-GMP-Leitfadens), zur Auditierung des beauftragten Betriebs durch den Auftraggeber (Kap. 7 Ziff. 7.15 des Teils I des EG-GMP-Leitfadens) und zur Dokumentation (§ 20 AMWHV)[57].

III. Sitz des beauftragten Betriebes

42   Liegt der beauftragte Betrieb innerhalb des **örtlichen Zuständigkeitsbereichs** der für die Entscheidung über die Erlaubnis zuständigen Behörde, überprüft diese die GMP-Konformität des Betriebs durch eine Inspektion. Befindet sich der beauftragte Betrieb außerhalb des örtlichen Zuständigkeitsbereichs der Erlaubnisbehörde, jedoch im Geltungsbereich des AMG bittet die zuständige Behörde im Wege der **Amtshilfe** (§§ 4 bis 8 VwVfG) die für den beauftragten Betrieb zuständige Behörde um die erforderliche Überprüfung. Sollte sich die Betriebsstätte des beauftragten Betriebs außerhalb des Geltungsbereichs des AMG, aber innerhalb des EWR befinden, lässt die für die Erteilung der Herstellungserlaubnis zuständige Behörde über die ZLG bei der zuständigen Behörde des EWR-Vertragstaates unter Verwendung des entsprechenden Formblattes der **Compilation of Community Procedures on Inspections and Exchange of Information**[58] anfragen, ob der für die Beauftragung vorgesehene Betrieb über geeignete Räume und Einrichtungen für die vorgesehene Arzneimittelprüfung bzw. Herstellung nach § 14 IV verfügt und die Herstellung oder Prüfung nach dem Stand von Wissenschaft und Technik erfolgt.

E. Beanstandungen der vorgelegten Unterlagen (Abs. 5)

I. Gelegenheit zur Mängelbehebung (S. 1)

43   Die zuständige Behörde hat dem Antragsteller bei Beanstandungen der von ihm vorgelegten Unterlagen Gelegenheit zu geben, den von der Behörde vorgebrachten Mängeln abzuhelfen. Damit wird dem auch im Verwaltungsverfahren geltenden **Verhältnismäßigkeitsgrundsatz** Rechnung getragen[59]. Die zuständige Behörde hat aber vor einer Abhilfeentscheidung im Rahmen ihres pflichtgemäß auszuübenden Ermessens zu prüfen, ob sie die beantragte Herstellungserlaubnis unter **Nebenbestimmungen** (§ 36 I VwVfG) bereits erlassen kann[60], wobei hier insbesondere an Auflagen (§ 36 I i. V. m. II Nr. 4 VwVfG) verbunden mit einer Fristsetzung zur Erledigung zu denken ist. Art. 42 II RL 2001/83/EG sieht zur Gewährleistung des Vorliegens der Voraussetzungen für die Erteilung der Herstellungserlaubnis ausdrücklich die Anordnung einer Auflage im Wege der Kann-Bestimmung vor. Die Beanstandungen können sich etwa auf fehlende oder unvollständige Unterlagen, unzureichende Angaben in den Antragsunterlagen oder bei der Abnahmeinspektion festgestellte Mängel beziehen.

44   Dem Antragsteller ist von der zuständigen Behörde zur Behebung der mitgeteilten Mängel eine nach pflichtgemäßem Ermessen festzusetzende **Frist** zu setzen. Die Dauer der Frist wird hierbei vom Umfang und dem wahrscheinlichen Zeitbedarf für die Abstellung der Mängel abhängen, wobei unter Wahrung

[56] Vgl. *Böttcher*, PharmInd 2009, 2010 ff.; *Hasskarl/Bakhschai*, PharmInd 2007, 629 ff.
[57] Vgl. hierzu ausführlich *Klar*, PharmInd 2010, 626 ff.; *Hasskarl/Bakschai*, PharmInd 2008, 629 ff.
[58] Abrufbar unter www.emea.europa.eu.
[59] Vgl. *Sachs*, in: Stelkens/Bonk/Sachs, § 40 Rn. 83.
[60] Dies gilt auch bei gebundenen Verwaltungsakten gem. § 36 I VwVfG zur Sicherstellung der Erfüllung der gesetzlichen Voraussetzungen des Verwaltungsaktes, wobei die Beifügung von Nebenbestimmungen im (Verfahrens-) Ermessen der Behörde steht, vgl. *Kopp/Ramsauer*, § 36 Rn. 46a.

des Verhältnismäßigkeitsgrundsatzes ausreichende Fristen einzuräumen sind. Mit der Frist ist weder eine formelle noch eine materielle Präklusion verbunden, so dass auch noch im Widerspruchsverfahren[61] nach erfolgter Ablehnung der Erteilung der Herstellungserlaubnis oder im verwaltungsgerichtlichen Verfahren Mängeln durch den Antragsteller abgeholfen werden kann. Der Antragsteller kann zudem einen Antrag auf **Verlängerung** der ihm zunächst eingeräumten Frist zur Mängelbehebung stellen. Über diesen hat die zuständige Behörde nach pflichtgemäßem Ermessen, wiederum unter Berücksichtigung des Verhältnismäßigkeitsgrundsatzes, zu entscheiden. Die in § 17 I und II statuierten Fristen für die Erteilung der Herstellungserlaubnis werden bis zur Behebung der Mängel durch den Antragsteller oder bis zum Ablauf der nach § 14 V gesetzten Frist gehemmt (§ 17 Rn. 14).

II. Versagung (S. 2)

Sofern der Antragsteller innerhalb der – ggf. verlängerten – Frist die Mängel nicht ausräumt, hat die   **45** zuständige Behörde die Herstellungserlaubnis durch rechtsbehelfsfähigen Verwaltungsakt zu versagen.

III. Rechtsbehelfe

Der Antragsteller kann gegen die Versagung der Herstellungserlaubnis **Widerspruch** (§ 68 VwGO)   **46** einlegen und für den Fall, dass diesem nicht abgeholfen wird, **Verpflichtungsklage** zum zuständigen Verwaltungsgericht erheben. Allerdings kann der Antragsteller nicht gesondert gegen die ihm zugestellte Aufforderung zur Mängelbehebung samt Fristsetzung im Rechtsbehelfswege vorgehen, da es sich insoweit um eine nicht selbständig vollstreckbare behördliche Verfahrenshandlung i. S. d. § 44a VwGO handelt[62].

§ 15 Sachkenntnis

(1) Der Nachweis der erforderlichen Sachkenntnis als sachkundige Person nach § 14 wird erbracht durch

1. die Approbation als Apotheker oder
2. das Zeugnis über eine nach abgeschlossenem Hochschulstudium der Pharmazie, der Chemie, der Chemie, der Biologie, der Human- oder der Veterinärmedizin abgelegte Prüfung

sowie eine mindestens zweijährige praktische Tätigkeit auf dem Gebiet der qualitativen und quantitativen Analyse sowie sonstiger Qualitätsprüfungen von Arzneimitteln.

(2) ¹In den Fällen des Absatzes 1 Nr. 2 muss der zuständigen Behörde nachgewiesen werden, dass das Hochschulstudium theoretischen und praktischen Unterricht in mindestens folgenden Grundfächern umfasst hat und hierin ausreichende Kenntnisse vorhanden sind:

Experimentelle Physik
Allgemeine und anorganische Chemie
Organische Chemie
Analytische Chemie
Pharmazeutische Chemie
Biochemie
Physiologie
Mikrobiologie
Pharmakologie
Pharmazeutische Technologie
Toxikologie
Pharmazeutische Biologie.

²Der theoretische und praktische Unterricht und die ausreichenden Kenntnisse können an einer Hochschule auch nach abgeschlossenem Hochschulstudium im Sinne des Absatzes 1 Nr. 2 erworben und durch Prüfung nachgewiesen werden.

(3) ¹Für die Herstellung und Prüfung von Blutzubereitungen, Sera menschlichen oder tierischen Ursprungs, Impfstoffen, Allergenen, Testsera und Testantigenen findet Absatz 2 keine Anwendung. ²An Stelle der praktischen Tätigkeit nach Absatz 1 muss eine mindestens dreijährige Tätigkeit auf dem Gebiet der medizinischen Serologie oder medizinischen Mikrobiologie nachgewiesen werden. ³Abweichend von Satz 2 müssen anstelle der praktischen Tätigkeit nach Absatz 1

1. für Blutzubereitungen aus Blutplasma zur Fraktionierung eine mindestens dreijährige Tätigkeit in der Herstellung oder Prüfung in plasmaverarbeitenden Betrieben mit Herstel-

---

⁶¹ So auch *Rehmann*, § 14 Rn. 14.
⁶² Vgl. *Kopp/Schenke*, § 44a Rn. 5.

lungserlaubnis und zusätzlich eine mindestens sechsmonatige Erfahrung in der Transfusionsmedizin oder der medizinischen Mikrobiologie, Virologie, Hygiene oder Analytik,
2. für Blutzubereitungen aus Blutzellen, Zubereitungen aus Frischplasma sowie für Wirkstoffe und Blutbestandteile zur Herstellung von Blutzubereitungen eine mindestens zweijährige transfusionsmedizinische Erfahrung, die sich auf alle Bereiche der Herstellung und
Prüfung erstreckt,
3. für autologe Blutzubereitungen eine mindestens sechsmonatige transfusionsmedizinische
Erfahrung oder eine einjährige Tätigkeit in der Herstellung autologer Blutzubereitungen,
4. für Blutstammzellzubereitungen zusätzlich zu ausreichenden Kenntnissen mindestens zwei
Jahre Erfahrungen in dieser Tätigkeit, insbesondere in der zugrunde liegenden Technik,
nachgewiesen werden. [4] Zur Vorbehandlung von Personen zur Separation von Blutstammzellen oder anderen Blutbestandteilen muss die verantwortliche ärztliche Person ausreichende
Kenntnisse und eine mindestens zweijährige Erfahrung in dieser Tätigkeit nachweisen. [5] Für
das Abpacken und Kennzeichnen verbleibt es bei den Voraussetzungen des Absatzes 1.

(3a) [1] Für die Herstellung und Prüfung von Arzneimitteln für neuartige Therapien, xenogenen Arzneimitteln, Gewebezubereitungen, Arzneimitteln zur In-vivo-Diagnostik mittels
Markergenen, radioaktiven Arzneimitteln und Wirkstoffen findet Absatz 2 keine Anwendung.
[2] Anstelle der praktischen Tätigkeit nach Absatz 2 muss
1. für Gentherapeutika und Arzneimittel zur In-vivo-Diagnostik mittels Markergenen eine
mindestens zweijährige Tätigkeit auf einem medizinisch relevanten Gebiet, insbesondere der
Gentechnik, der Mikrobiologie, der Zellbiologie, der Virologie oder der Molekularbiologie,
2. für somatische Zelltherapeutika und biotechnologisch bearbeitete Gewebeprodukte eine
mindestens zweijährige Tätigkeit auf einem medizinisch relevanten Gebiet, insbesondere
der Gentechnik, der Mikrobiologie, der Zellbiologie, der Virologie oder der Molekularbiologie,
3. für xenogene Arzneimittel eine mindestens dreijährige Tätigkeit auf einem medizinisch
relevanten Gebiet, die eine mindestens zweijährige Tätigkeit auf insbesondere einem Gebiet
der in Nummer 1 genannten Gebiete umfasst,
4. für Gewebezubereitungen eine mindestens zweijährige Tätigkeit auf dem Gebiet der Herstellung und Prüfung solcher Arzneimittel in Betrieben und Einrichtungen, die einer
Herstellungserlaubnis nach diesem Gesetz bedürfen oder eine Genehmigung nach dem
Recht der Europäischen Union besitzen,
5. für radioaktive Arzneimittel eine mindestens dreijährige Tätigkeit auf dem Gebiet der
Nuklearmedizin oder der radiopharmazeutischen Chemie und
6. für andere als die unter Absatz 3 Satz 3 Nummer 2 aufgeführten Wirkstoffe eine mindestens zweijährige Tätigkeit in der Herstellung oder Prüfung von Wirkstoffen
nachgewiesen werden.

(4) Die praktische Tätigkeit nach Absatz 1 muss in einem Betrieb abgeleistet werden, für
den eine Erlaubnis zur Herstellung von Arzneimitteln durch einen Mitgliedstaat der Europäischen Union, einen anderen Vertragsstaat des Abkommens über den Europäischen Wirtschaftsraum oder durch einen Staat erteilt worden ist, mit dem eine gegenseitige Anerkennung von Zertifikaten nach § 72a Satz 1 Nr. 1 vereinbart ist.

(5) Die praktische Tätigkeit ist nicht erforderlich für das Herstellen von Fütterungsarzneimitteln aus Arzneimittel-Vormischungen; Absatz 2 findet keine Anwendung.

Wichtige Änderungen der Vorschrift: Abs. 3 S. 2 ersetzt durch S. 2–4 durch § 34 Nr. 6 des Gesetzes zur
Regelung des Transfusionswesens (Transfusionsgesetz) vom 1.7.1998 (BGBl. I S. 1752); Abs. 3a neu gefasst und ergänzt
durch Art. 1 Nr. 15b) des Gesetzes zur Änderung arzneimittelrechtlicher und anderer Vorschriften vom 17.7.2009
(BGBl. I S. 1990).

Europarechtliche Vorgaben: Art. 49 RL 2001/83/EG; Art. 53 RL 2001/82/EG.

Literatur: *Blum*, GMP meets GCP: Herausforderung klinische Prüfung – und was die sachkundige Person darüber
wissen sollte, PharmInd 2010, 1580; *Hasskarl/Ziegler*, Rechtliche Verantwortung und Aufgaben der sachkundigen
Person, PharmR 2005, 15; *Kügel/Guttmann*, Haftung und Verantwortung der sachkundigen Person, PharmInd. 2010,
458, 673.

Übersicht

A. Allgemeines

I. Inhalt

Die Vorschrift regelt im Einzelnen die Anforderungen, die an die Sachkenntnis der sachkundigen **1** Person zu stellen sind und differenziert hierbei nach verschiedenen Arten von Arzneimitteln. In der Grundsatznorm des Abs. 1 wird als Nachweis für die erforderliche Sachkenntnis der sachkundigen Person zum einen entweder die Approbation als Apotheker oder das Zeugnis über eine nach abgeschlossenem Studium der Pharmazie, der Chemie, der Biologie, der Human- oder Veterinärmedizin abgelegte Prüfung und eine mindestens zweijährige praktische Tätigkeit auf dem Gebiet der qualitativen und quantitativen sowie sonstiger Qualitätsprüfungen von Arzneimitteln gefordert. Die sachkundige Person muss zudem, soweit zutreffend, für die zugelassenen Hochschulstudiengänge den Nachweis über ausreichende Kenntnisse in bestimmten Grundfächern führen können (Abs. 2). Für die Herstellung und Prüfung von Blutzubereitungen, Sera, Impfstoffen, Allergenen, Testsera und Testantigenen gelten Sondervorschriften im Hinblick auf die praktische Tätigkeit und Erfahrung (Abs. 3). Für die Herstellung und Prüfung von Arzneimitteln für neuartige Therapien, xenogenen Arzneimitteln, Gewebezubereitungen, Arzneimitteln zur In-vivo-Diagnostik mittels Markergenen, radioaktiven Arzneimitteln und Wirkstoffen werden gleichfalls von der Grundsatznorm des Abs. 1 abweichende Anforderungen an die praktische Tätigkeit gestellt, die den Besonderheiten dieser Arzneimittel Rechnung tragen (Abs. 3a). Die praktische Tätigkeit muss in einem Betrieb abgeleistet worden sein, der über eine Herstellungserlaubnis verfügt, die in einem Mitgliedstaat der EU/des EWR oder durch einen Staat erteilt worden ist, mit dem eine gegenseitige Anerkennung von Zertifikaten nach § 72a Satz 1 Nr. 1 vereinbart ist (Abs. 4). Für das Herstellen von Fütterungsarzneimitteln aus Arzneimittel-Vormischungen ist eine praktische Tätigkeit nicht erforderlich (Abs. 5).

II. Zweck

Im System der Gewährleistung der Wirksamkeit und Unbedenklichkeit von Arzneimitteln kommt der **2** sachkundigen Person nach der Intention des europäischen Gesetzgebers eine zentrale Bedeutung bei der Herstellung und Prüfung von Arzneimitteln zu. Um dieser hohen Anforderung genügen und die vielfältigen, u.a. im AMG und insbesondere in der AMWHV vorgesehenen Aufgaben erfüllen zu können, muss die sachkundige Person über eine dem Rechnung tragende spezifische theoretische und praktische Ausbildung verfügen.

III. Sonstige Vorschriften

3   Für die Sachkenntnis des Leiters der Herstellung und des Leiters der Qualitätskontrolle gibt es keine der Bestimmung in § 15 entsprechenden Vorschriften (s. § 14 Rn. 13). Für diesen Personenkreis ist jedenfalls die Überleitungsvorschrift des **§ 102** zu beachten, die Regelungen zur praktischen Tätigkeit und zum Hochschulstudium enthält. Weiter ist die Übergangsregelung in **§ 141 III** zu berücksichtigen, die eine gesetzliche Fiktion dergestalt enthält, dass als sachkundige Person auch eine Person gilt, die zwar die Sachkenntnis nach § 15 nicht hat, aber am 5.9.2005 befugt war, die in § 19 beschriebenen Tätigkeiten einer sachkundigen Person auszuüben (s. § 141 Rn. 3). Aus Anlass des Inkrafttretens des Gewebegesetzes am 1.8.2007[1] ist Personen, die am 1.8.2007 als sachkundige Personen die Sachkenntnis nach § 15 IIIa in der bis zu diesem Datum geltenden Fassung des AMG besaßen, die weitere Ausübung der Tätigkeit als sachkundige Person gestattet worden (**§ 142 II,** s. § 142 Rn. 4). Eine Person, die am 23.7.2009 als sachkundige Person die Sachkenntnis nach § 15 IIIa in der bis zu diesem Zeitpunkt geltenden Fassung besaß, darf nach der Übergangsvorschrift des **§ 144 IV** die Tätigkeit als sachkundige Person weiter ausüben (s. § 144 Rn. 7).

B. Nachweis der Sachkenntnis (Abs. 1)

4   Der Interessent für die Erteilung einer Herstellungserlaubnis hat mit der Antragstellung den Nachweis zu führen, dass die sachkundige Person – erstens – entweder über eine Approbation als Apotheker verfügt oder das Zeugnis über eine nach abgeschlossenem Hochschulstudium der Pharmazie, der Chemie, der Biologie, der Human- oder Veterinärmedizin abgelegte Prüfung vorlegen kann und dass diese – zweitens – eine mindestens zweijährige praktische Tätigkeit auf dem Gebiet der qualitativen und quantitativen Analyse sowie sonstiger Qualitätsprüfungen von Arzneimitteln[2] ausgeübt hat. Unter den im BQFG genannten Voraussetzungen können auch ausländische Berufsqualifikationen anerkannt werden.

5   Der Nachweis der Sachkenntnis der sachkundigen Person ist von Bedeutung für die Erteilung der Herstellungserlaubnis nach § 13. Sollten im laufenden Herstellungsbetrieb im Rahmen einer Inspektion durch die zuständige Behörde **Zweifel** an der Qualifikation der sachkundigen Person ergeben, ist dem grundsätzlich durch die Anordnung entsprechender Schulungsmaßnahmen für die sachkundige Person Rechnung zu tragen. Unter Berücksichtigung des Verhältnismäßigkeitsgrundsatzes dürften weitergehende Maßnahmen nur gegenüber dem Inhaber der Herstellungserlaubnis gem. § 18 in Betracht kommen.

6   Die zuständige Behörde kann die Geeignetheit oder Ungeeignetheit einer als sachkundige Person angezeigten Person nicht durch einen feststellenden Verwaltungsakt regeln. Die der zuständigen Behörde in § 69 I eingeräumten Ermächtigungen für Anordnungen umfassen nicht die Möglichkeit zur Ablehnung einer als sachkundige Person angezeigten Person aus ungeeignet wegen Nichterfüllung der Voraussetzungen des § 15 I[3].

I. Approbation als Apotheker (Nr. 1)

7   Die erforderliche Sachkenntnis als sachkundige Person kann durch die Approbation als Apotheker nachgewiesen werden. Hierzu ist eine Kopie der **Approbationsurkunde** (s. Anlage 16 zu § 21 S. 1 AAppO) vorzulegen.

8   Wurde die mit dem Apotheker gleichwertige Ausbildung in einem **anderen Mitgliedstaat** der EU oder einem EWR-Vertragsstaat oder einem Vertragsstaat, dem Deutschland und die EU einen entsprechenden Rechtsanspruch eingeräumt haben, abgeschlossen, sind für die Erteilung der Approbation die Vorschriften des § 20 AAppO i. V. m. § 4 BApO einzuhalten[4].

II. Hochschulstudium mit Abschlussprüfung (Nr. 2)

9   Durch die Regelung in Nr. 2 wird der Approbation als Apotheker ein erfolgreicher **Abschluss** eines **Hochschulstudiums** der Pharmazie, der Chemie, der Biologie oder der Human- oder Veterinärmedizin gleich gestellt[5]. Hierfür ist eine Kopie des entsprechenden Zeugnisses mit dem Antrag auf Erteilung der Herstellungserlaubnis vorzulegen. Es besteht Einigkeit, dass unter den Begriff des Hochschulstudiums der Chemie auch ein Hochschulstudium der Lebensmittelchemie und der Biochemie fällt, dass das Hochschulstudium der Mikrobiologie von dem Begriff des Hochschulstudiums der Biologie erfasst wird

---

[1] Art. 8 des Gewebegesetzes v. 20.7.2007, BGBl. I S. 1574.
[2] Damit wird Art. 49 III 1. UAbs. RL 2001/83/EG umgesetzt.
[3] *VG Weimar*, Urt. v. 15.4.2015 – 3 K 411/14 We – BeckRS 2015, 47887, dass dies damit begründet, dass die in § 69 I 1 Nr. 1–7 geregelten Fallkonstellationen die Verhinderung des unzulässigen Inverkehrbringens von Arzneimitteln beträfen.
[4] Die aktuelle Liste der zulässigen Ausbildungsnachweise der in § 4 Ia 1 BApO genannten Mitgliedstaaten findet sich in BGBl. I v. 20.12.2007, S. 2945.
[5] Damit wird Art. 49 II 1. UAbs. RL 2001/83/EG umgesetzt.

und dass der Begriff des Hochschulstudiums der Humanmedizin auch ein Hochschulstudium der Zahn-, Mund- und Kieferheilkunde einschließt[6]. Unter den Begriff der Hochschulen fallen nach § 1 HRG u. a. die Universitäten, die Fachhochschulen und die sonstigen Einrichtungen des Bildungswesens, die nach Landesrecht staatliche Hochschulen sind. In welchen Grundfächern das Hochschulstudium theoretischen und praktischen Unterricht vermittelt haben muss, ist im Einzelnen in Abs. 2 S. 1 geregelt (s. Rn. 15).

III. Praktische Tätigkeit

Über die Hochschulausbildung hinaus muss für die sachkundige Person der Nachweis einer mindestens **10** **zweijährigen** praktischen Tätigkeit auf dem Gebiet der qualitativen und quantitativen Analyse sowie sonstiger **Qualitätsprüfungen von Arzneimitteln** geführt werden. Diese Formulierung wurde als Klarstellung in Anpassung an Art. 49 III RL 2001/83/EG bzw. Art. 53 III RL 2001/82/EG mit dem AMG-ÄndG 2009 in das AMG aufgenommen[7]. Mit ihm wurde der bisher im Gesetz enthaltene Begriff der Arzneimittelprüfung ohne sachlich-inhaltliche Änderung ersetzt. Anhaltspunkte für die Tätigkeiten, die in der Arzneimittelprüfung ausgeführt worden sein müssen, finden sich vor allem im Kap. 6 des Teils I des EG-GMP-Leitfadens. Da dort nicht nur reine Labortätigkeiten genannt sind, kann nicht gefordert werden, dass die fragliche Person ausschließlich im Rahmen der Qualitätskontrolle Laborarbeiten ausgeführt hat[8]. Andererseits kann nicht außer Acht gelassen werden, dass nach Kap. 6 des Teils I des EG-GMP-Leitfadens der Schwerpunkt der Prüfungstätigkeit im Bereich der Kontrolllaboratorien liegt, so dass die praktische Tätigkeit überwiegend dort abgeleistet worden sein muss[9].

Die praktische Tätigkeit muss in einem Betrieb abgeleistet worden sein, der im Tätigkeitszeitraum **11** über eine **Herstellungserlaubnis** verfügte, die durch einen Mitgliedstaat der EU oder durch einen EWR-Vertragsstaat oder durch einen Staat erteilt worden ist, mit dem eine gegenseitige Anerkennung von Zertifikaten nach § 72a S. 1 Nr. 1 vereinbart wurde (Abs. 4, s. auch § 72a Rn. 4). Verfügt ein beauftragtes Prüflabor über eine eigene Herstellungserlaubnis, was nunmehr durch § 13 I 3 ermöglicht wird, ist die dort abgeleistete Tätigkeit im Bereich der Arzneimittelprüfung anzuerkennen[10]. Es ist demgegenüber etwa nicht ausreichend, dass die praktische Tätigkeit in einer Apotheke ausgeübt wurde, die Arzneimittel ohne Erlaubnis nach § 13 II 1 Nr. 1 herstellen darf. Ebenso wenig ist eine praktische Tätigkeit anzuerkennen, die in einem anderen erlaubnisfreien Herstellungsbetrieb nach § 13 II, IIb oder IIc absolviert wurde. Dies wird wohl auch für die Ableistung einer praktischen Tätigkeit in einem beauftragten Prüfbetrieb nach § 14 IV Nr. 3 zu gelten haben, dem keine eigene Herstellungserlaubnis erteilt wurde, da ein solcher Betrieb nicht über eine sachkundige Person verfügt[11].

Es ist **nicht erforderlich,** dass die praktische Tätigkeit sich auf die Prüfung von Arzneimitteln **12** erstreckte, die mit denjenigen identisch oder ähnlich sind, die der Antragsteller herstellen möchte und für die die sachkundige Person verantwortlich sein soll (zu den Besonderheiten bei bestimmten Arzneimittelgruppen s. Rn. 20 ff. und 34 ff.). Auch kann keine Gleichartigkeit zwischen dem Betrieb, in dem die praktische Tätigkeit ausgeübt wurde und dem Betrieb, in dem die betreffende Person als sachkundige Person agieren soll, verlangt werden. Zudem darf die Größe des Praktikumsbetriebs und die Anzahl der dort hergestellten Arzneimittel keine Rolle spielen. Entscheidend ist allein, dass der Betrieb, in dem die angezeigte Person tätig war, über eine Herstellungserlaubnis nach § 13 zum Zeitpunkt seiner Tätigkeit verfügte.

Da nur Tätigkeiten im Bereich der Qualitätsprüfungen akzeptiert werden können, ist klargestellt, dass **13** eine praktische Tätigkeit im Bereich der Herstellung von Arzneimitteln **nicht ausreicht,** um den Sachkundenachweis führen zu können[12]. Eine Tätigkeit ausschließlich im Bereich des Leiters der Herstellung (s. auch Kap. 2.5 des Teils I des EG-GMP-Leitfadens) kann somit nicht anerkannt werden. Gleiches gilt für kaufmännische wissenschaftliche Tätigkeiten oder Tätigkeiten als Pharmaberater[13]. Eine praktische Tätigkeit vor Beginn des Hochschulstudiums kann per se nicht akzeptiert werden, denn hierfür würde es an den für die Ausübung der Prüfungstätigkeiten erforderlichen Kenntnissen, wie sie Art. 49 III RL 2001/83/EG fordert, fehlen[14].

---

[6] Vgl. *Kloesel/Cyran*, § 15 Anm. 5.

[7] Vgl. BT-Drucks. 16/12256, S. 46.

[8] So aber *VG Köln*, Urt. v. 17.12.2007 – 24 K 2342/07 – BeckRS 2008, 32085.

[9] Das *VG Köln*, Urt. v. 17.12.2007 – 24 K 2342/07 – BeckRS 2008, 32085, nennt hier als Tätigkeiten mit labortechnischen Mitteln beispielhaft die Analyse des Durchschnittsgewichts, der Gleichförmigkeit der Masse, der Bruchfestigkeit, des Wassergehalts, des Freisetzungsverhaltens, der Identität, des Gehalts, der Reinheit oder der mikrobiologischen Qualität des Arzneimittels und lehnt zu Recht eine ausschließliche Tätigkeit im Bereich der Umkonfektionierung von Arzneimitteln als nicht ausreichend ab.

[10] BT-Drucks. 16/12556, S. 45. Vgl. *Kügel/Guttmann*, PharmInd 2010, 459.

[11] Vgl. *Kloesel/Cyran*, § 15 Anm. 8.

[12] Bezieht sich die Tätigkeit auf ein rein forschendes, nicht prüfendes Unternehmen gilt nichts anderes, vgl. *Rehmann*, § 15 Rn. 3.

[13] *Kloesel/Cyran*, § 15 Anm. 8, weisen aber zu Recht darauf hin, dass eine Tätigkeit im kaufmännischen Bereich des Herstellungsbetriebs dann unschädlich ist, wenn die Tätigkeit in der qualitativen und quantitativen Analyse die Haupttätigkeit darstellte. Entscheidend dürften die jeweiligen Einzelfallumstände sein.

[14] Vgl. *Kloesel/Cyran*, § 15 Anm. 8.

14   Die Ausübung der praktischen Tätigkeit in dem in Abs. 1, aber auch in den Abs. 3 und 3a genannten Zeiträumen muss nicht zwingend in einer Vollzeitstelle erfolgt sein. Zwar muss im Regelfall von einer **Vollzeitbeschäftigung** ausgegangen werden, jedoch muss im Einzelfall der Nachweis sein, dass während einer **Teilzeitbeschäftigung** die notwendigen Erfahrungen gesammelt wurden. Dies kann etwa dann der Fall sein, wenn die betr. Person besonders intensiv oder ausschließlich in den für das jeweilige Gebiet relevanten Bereichen tätig geworden ist[15]. Eine zeitlich völlig untergeordnete Tätigkeit im Bereich der Arzneimittelprüfung reicht aber auf keinen Fall aus[16].

IV. Sachkenntnis des Leiters der Herstellung und des Leiters der Qualitätskontrolle

15   Zu den Anforderungen an die Sachkenntnis des Leiters der Herstellung und des Leiters der Qualitätskontrolle kann auf die Kommentierung in § 14 Rn. 13 verwiesen werden.

C. Inhalt des Hochschulstudiums (Abs. 2)

16   In Umsetzung von Art. 49 II 4. UAbs. RL 2001/83/EG werden für die in **Abs. 1 Nr. 2** anerkannten Hochschulstudiengänge Anforderungen an den theoretischen und praktischen Unterricht gestellt, die im Wesentlichen durch das Studium der Pharmazie in Deutschland nach der AAppO vermittelt werden (§§ 17, 18 AAppO). Hierbei geht der deutsche Gesetzgeber davon aus, dass das Studium in diesen Grundfächern per se so ausgewogen ist, dass den Betreffenden die Erfüllung der Verpflichtungen nach Art. 51 RL 2001/83/EG ermöglicht wird.

I. Theoretischer und praktischer Unterricht in Grundfächern (S. 1)

17   Für die in Abs. 1 Nr. 2 zugelassenen Hochschulstudiengänge muss der zuständigen Behörde nachgewiesen werden, dass das jeweilige Hochschulstudium theoretischen und praktischen Unterricht in mindestens folgenden **Grundfächern** umfasst hat und hierin ausreichende Kenntnisse vorhanden sind[17]:
– Experimentelle Physik
– Allgemeine und anorganische Chemie
– Organische Chemie
– Analytische Chemie
– Pharmazeutische Chemie
– Biochemie
– Physiologie
– Mikrobiologie
– Pharmakologie
– Pharmazeutische Technologie
– Toxikologie
– Pharmazeutische Biologie

18   Der Nachweis hat durch die Vorlage der Bescheinigungen der jeweiligen Hochschule über die erfolgreiche Teilnahme an den Veranstaltungen für die Grundfächer zu erfolgen. Dies setzt im Regelfall die Ablegung einer erfolgreichen **Prüfung** im jeweiligen Grundfach voraus. Bei evtl. Abweichungen in der Bezeichnung der Grundfächer durch die jeweilige Hochschule sollte eine Orientierung an dem Stoff erfolgen, der in der pharmazeutischen Ausbildung nach der AAppO in dem betr., dort genannten Grundfach vermittelt wird. Kenntnisse in anderen, insoweit sachlich-inhaltlich abweichenden Grundfächern können nicht anerkannt werden. Unter diesen Voraussetzungen ist auch das Studium in Grundfächern im **Ausland** zu akzeptieren, sofern die ausländischen Prüfungen entsprechenden Prüfungen in Deutschland gleich geachtet werden können[18].

II. Erwerb der erforderlichen Kenntnisse nach dem Hochschulstudium (S. 2)

19   Der theoretische und praktische Unterricht und die ausreichenden Kenntnisse können auch nach abgeschlossenem Hochschulstudium i. S. d. Abs. 1 Nr. 2 erworben werden. Dies muss aber an einer **Hochschule** erfolgt sein und durch entsprechende, erfolgreich absolvierte **Prüfungen** nachgewiesen werden. Solches wird insbesondere für die Personen in Betracht kommen, deren Hochschulstudium

---

[15] A. A. *Krüger*, in: Fuhrmann/Klein/Fleischfresser, § 14 Rn. 109, der ein Korrektiv bei Teilzeitbeschäftigungen in einer Verlängerung des Zeitraums für die praktische Tätigkeit sieht.
[16] *VG Weimar*, Urt. v. 15.4.2015 – 3 K 411/14 We – BeckRS 2015, 47887. Im dort entschiedenen Fall hatte die als sachkundige Person angezeigte Apothekerin im Durchschnitt lediglich nur sieben Arbeitstage pro Jahr in der Arzneimittelprüfung gearbeitet.
[17] Die Grundfächer sind zwingend durch Art. 49 II 4. UAbs. RL 2001/83/EG vorgegeben.
[18] Vgl. *Rehmann*, § 15 Rn. 2.

nicht die Kenntnisse in allen Grundfächern vermittelt hat. Anderweitige Fort- bzw. Weiterbildungsmaßnahmen jeglicher Art sind nicht ausreichend.

D. Herstellung und Prüfung von Blutzubereitungen etc. (Abs. 3)

Mit der Regelung in Abs. 3 soll den Besonderheiten der sog. **biologischen Arzneimittel**, d. h. den 20 Blutzubereitungen (§ 4 II), Sera (§ 4 III), Impfstoffen (§ 4 IV), Allergenen (§ 4 V), Testsera (§ 4 VI) und Testantigenen (§ 4 VII) dadurch Rechnung getragen werden, dass auf das erfolgreiche Studium der Grundfächer gem. Abs. 2 verzichtet wird und differenzierte Anforderungen an die praktische Tätigkeit der in Betracht kommenden Person gestellt werden.

Wer die Anforderungen, die in Abs. 3 normiert sind, erfüllt und hierbei zugleich eine mindestens 21 zweijährige praktische Erfahrung in der Arzneimittelprüfung erworben hat, kann auch sachkundige Person nach Abs. 1 für **andere als biologische Arzneimittel** sein, sofern er auch die Kriterien des Abs. 2 erfüllt.

I. Unanwendbarkeit von Abs. 2 (S. 1)

Für die Herstellung und Prüfung von Blutzubereitungen, Sera menschlichen oder tierischen Ur- 22 sprungs, Impfstoffen, Allergenen, Testsera und Testantigenen muss für die vorgesehene sachkundige Person **kein Nachweis** ausreichender Kenntnisse der in Abs. 2 aufgezählten **Grundfächer** erfolgen. Für diesen Personenkreis muss aber der Nachweis über eine Approbation als Apotheker gem. Abs. 1 Nr. 1 oder ein erfolgreiches Hochschulstudium gem. Abs. 1 Nr. 2 geführt werden können.

Durch das 2. AMG-ÄndG 2012 sind die Qualifikationsanforderungen für die sachkundige Person für 23 die Herstellungserlaubnis von **Sera** aufgrund der Erfahrungen der Vollzugsbehörden nach der Erweiterung des Serumbegriffs durch das AMG-ÄndG 2009 präzisiert worden. Für Sera, die **nicht** menschlichen oder tierischen Ursprungs sind, ist eine Sachkunde nach § 15 I und II ausreichend, da sie mit anderen biotechnologisch oder chemisch hergestellten Arzneimitteln vergleichbar sind. Mit der Neuregelung in Abs. 3 S. 1 werden speziell biotechnologisch oder chemisch hergestellte monoklonale Antikörper, auch wenn sie unter Verwendung von Säugetierzellkulturen hergestellt werden, von den besonderen Anforderungen des Abs. 3 ausgenommen. Für **Sera menschlichen oder tierischen Ursprungs** ist hingegen die Sachkenntnis nach § 15 notwendig[19].

II. Nachweis der praktischen Tätigkeit (S. 2)

Anstelle der mindestens zweijährigen praktischen Tätigkeit in der Arzneimittelprüfung gem. Abs. 1, 2. 24 Halbs. muss für die biologischen Arzneimittel gem. § 4 II–VII grundsätzlich eine mindestens **dreijährige Tätigkeit** auf dem Gebiet der medizinischen Serologie oder der medizinischen Mikrobiologie nachgewiesen werden. Die Tätigkeit ist durch entsprechende schriftliche Belege (Zeugnisse, Bestätigungen) der Betriebe und Einrichtungen, bei denen die betr. Person die einschlägigen Erfahrungen gesammelt hat, zu belegen. Aus Sinn und Zweck der Regelung ergibt sich, dass diese Tätigkeit in einem Betrieb abgeleistet worden sein muss, für den eine Herstellungserlaubnis gem. Abs. 4 erteilt wurde. Mit der Regelung in S. 2 soll die Dauer und das Fachgebiet der praktischen Tätigkeit wegen der Besonderheiten der ein spezielles Schutzniveau erfordernden biologischen Arzneimittel gegenüber der Grundsatznorm in Abs. 1 modifiziert, aber nicht von der mit dem Erlaubniszwang einhergehenden staatlichen Kontrolle dispensiert werden[20]. Im Übrigen ergibt sich dies auch aus § 13 II 2a, wonach die Herstellung biologischer Arzneimittel grundsätzlich erlaubnispflichtig ist.

III. Nachweis der praktischen Tätigkeit bei Blutzubereitungen (S. 3)

Für bestimmte Blutzubereitungen gelten je nach Produkt für die praktische Tätigkeit nach Abs. 1 25 wiederum von S. 2 des Abs. 3 abweichende, **differenzierte Sachkenntnisregelungen,** die als lex specialis vorgehen. Im Übrigen ist die Übergangsvorschrift für Herstellungsleiter für die Herstellung von Blutzubereitungen oder Sera aus menschlichem Blut und für Kontrollleiter für die Prüfung von Blutzubereitungen oder Sera aus menschlichem Blut in **§ 134** zu beachten.

1. Blutzubereitungen aus Blutplasma zur Fraktionierung (Nr. 1). Für Blutzubereitungen aus 26 Blutplasma zur Fraktionierung bedarf es einer mindestens **dreijährigen Tätigkeit** in der Herstellung oder Prüfung in plasmaverarbeitenden Betrieben mit Herstellungserlaubnis[21] und zusätzlich einer min-

---

[19] *Kloesel/Cyran,* § 15 Anm. 11a.

[20] So auch *Kloesel/Cyran,* § 15 Anm. 11b; *Deutsch/Bender/Eckstein/Zimmermann,* Rn. 332. A. A. *Rehmann,* § 15 Rn. 4.

[21] Aus der ausdrücklichen Erwähnung, dass die plasmaverarbeitenden Betriebe eine Herstellungserlaubnis haben müssen, kann nicht im Wege des Umkehrschlusses gefolgert werden, dass alle anderen in den Nr. 1–4 genannten Tätigkeiten und Erfahrungen in Betrieben ohne Herstellungserlaubnis geleistet bzw. gewonnen werden dürfen. Hier-

destens **sechsmonatigen Erfahrung** in der Transfusionsmedizin oder der medizinischen Mikrobiologie, Virologie, Hygiene oder Analytik. Die Erfahrung ist in der Regel durch Fortbildung und Praxis zu erwerben[22]. Der **Nachweis** der erforderlichen Tätigkeit und Erfahrungen kann durch schriftliche Zeugnisse oder Bestätigungen des Betriebes, in dem die angezeigte sachkundige Person diese erworben hat, geführt werden[23]. Wenn die Erfahrung in der Transfusionsmedizin oder der medizinischen Mikrobiologie etc. während der dreijährigen Tätigkeit in plasmaverarbeitenden Betrieben gewonnen wurde, ist der dreijährige Tätigkeitszeitraum ausreichend[24].

27   Die sechsmonatigen praktischen Erfahrungen in der Transfusionsmedizin oder der medizinischen Mikrobiologie, Virologie, Hygiene oder Analytik müssen nicht in einem Herstellungsbetrieb mit einer Erlaubnis nach § 13 oder einer Einrichtung ohne eine solche erworben worden sein, da die Erfahrungen nach der Nr. 1 nicht auf dem Gebiet der qualitativen und quantitativen Analyse sowie sonstiger Qualitätsprüfungen von Arzneimitteln gemacht werden mussten[25].

28   **2. Blutzubereitungen aus Blutzellen etc. (Nr. 2).** Die spezifische Sachkenntnis für Blutzubereitungen aus Blutzellen, Zubereitungen aus Frischplasma sowie für Wirkstoffe und Blutbestandteile zur Herstellung von Blutzubereitungen ist durch eine mindestens **zweijährige** transfusionsmedizinische **Erfahrung,** die sich auf alle Bereiche der Herstellung und Prüfung erstreckt, nachzuweisen. Nach der Gesetzesbegründung zum TFG soll es sich um eine Mindestvoraussetzung handeln, die im Einzelnen durch die Richtlinien der Bundesärztekammer[26] konkretisiert werden kann. Die transfusionsmedizinische Erfahrung muss in Betrieben oder Einrichtungen gesammelt worden sein, die über eine Herstellungserlaubnis verfügen, da § 15 III sich nur mit dem Inhalt der praktischen Tätigkeit befasst, jedoch die Anwendbarkeit von § 15 IV unberührt lässt[27].

29   **3. Autologe Blutzubereitungen (Nr. 3).** Der Antragsteller muss für die sachkundige Person für die Herstellung von autologen Blutzubereitungen Belege über eine mindestens **sechsmonatige** transfusionsmedizinische **Erfahrung** oder eine **einjährige Tätigkeit** in der Herstellung autologer Blutzubereitungen vorlegen können. Die sechsmonatige Erfahrung muss alle transfusionsmedizinischen Belange umfassen. Sie wird in der Regel in einer Blutspendeeinrichtung erworben, deren ärztlicher Leiter eine Weiterbildungsermächtigung nach § 8 der Weiterbildungsordnung besitzt[28]. Die mindestens einjährige Tätigkeit in der Herstellung autologer Blutzubereitungen muss in einem Betrieb mit einer entsprechenden Herstellungserlaubnis nach § 13 ausgeübt worden sein[29], da die Herstellung von Blutzubereitungen nach § 13 IIa erlaubnispflichtig ist.

30   **4. Blutstammzellzubereitungen (Nr. 4).** Für Blutstammzellzubereitungen sind zusätzlich zu den ausreichenden Kenntnissen mindestens **zweijährige Erfahrungen** in dieser Tätigkeit, insbesondere in der zugrunde liegenden Technik erforderlich. Die Erfahrungen müssen **nicht** in einem Betrieb oder einer Einrichtung erworben worden sein, der über eine Herstellungserlaubnis nach § 13 verfügt, da insoweit § 15 IV nicht anwendbar ist, der nur Anforderungen an die „praktische Tätigkeit" stellt[30].

31   Für die bisherige Tätigkeit als Herstellungs- oder Kontrollleiter für die Prüfung von Blutstammzellzubereitungen ist die Übergangsvorschrift des **§ 139** zu beachten. Danach kann die bis zum Stichtag 19.2.2005 als Herstellungsleiter tätig gewesene Person danach die Funktion als Leiter der Herstellung ausüben. Entsprechendes gilt für den Kontrollleiter für eine Tätigkeit als Leiter der Qualitätskontrolle nach Ablauf des Stichtags. Als sachkundige Person können bislang als Herstellungs- und Kontrollleiter tätige Personen nur benannt werden, wenn sie die Anforderungen des § 15 I i. V. m. III 3 Nr. 4 erfüllen.

IV. Vorbehandlung von Personen zur Separation von Blutstammzellen (S. 4)

32   Für die schwierige Tätigkeit der Vorbehandlung von Spendern zur Separation von Blutstammzellen oder anderen Blutbestandteilen wird verlangt, dass die verantwortliche ärztliche Person außer ausreichenden Kenntnissen eine mindestens **zweijährige Erfahrung** in dieser Tätigkeit nachweist. Damit wird sichergestellt, dass die Vorbehandlung nicht nur mit den notwendigen Spezialkenntnissen sondern auch

---

gegen spricht bereits § 13 II 2, der die Herstellung von Blutzubereitungen der Erlaubnispflicht unterstellt. Zweifelnd *Deutsch/Bender/Eckstein/Zimmermann,* Rn. 332. A. A. *Krüger,* PharmInd 2007, 1189.

[22] Vgl. BR-Drucks. 851/97, S. 30.
[23] *Kloesel/Cyran,* § 15 Anm. 12; *Krüger,* in: Fuhrmann/Klein/Fleischfresser, § 14 Rn. 100.
[24] A. A. *Kloesel/Cyran,* § 15 Anm. 12.
[25] *Kloesel/Cyran,* § 15 Anm. 12.
[26] Richtlinien zur Gewinnung von Blut und Blutbestandteilen und zur Anwendung von Blutprodukten (Hämotherapie) gem. §§ 12 und 18 TFG (Novelle 2005) – aufgestellt von der Bundesärztekammer – v. 19.9.2005 (BAnz. Nr. 209a v. 5.11.2005, S. 1). Vgl. im Übrigen BR-Drucks. 851/97, S. 30 f.
[27] Vgl. *Krüger,* in: Fuhrmann/Klein/Fleischfresser, § 14 Rn. 101.
[28] Vgl. BR-Drucks. 851/97, S. 31.
[29] *Kloesel/Cyran,* § 15 Anm. 12; *Krüger,* in: Fuhrmann/Klein/Fleischfresser, § 14 Rn. 102.
[30] So zu Recht *Kloesel/Cyran,* § 15 Anm. 12. A. A. *Krüger,* in: Fuhrmann/Klein/Fleischfresser, § 14 Rn. 103.

mit entsprechender Erfahrung durchgeführt wird[31]. Im Übrigen ist für Altfälle die Übergangsvorschrift des § 134 S. 2 zu beachten.

V. Abpacken und Kennzeichnen (S. 5)

Werden die in S. 1 genannten biologischen Arzneimittel lediglich abgepackt oder gekennzeichnet, so **33** ist nur der Nachweis über die in Abs. 1 aufgeführten Voraussetzungen zu führen. Ein Nachweis des erfolgreichen Studiums der in Abs. 2 aufgezählten Grundfächer ist entbehrlich.

E. Herstellung und Prüfung von Arzneimitteln für neuartige Therapien etc. (Abs. 3a)

Mit dem **AMG-ÄndG 2009** wurde Abs. 3a zur besseren Lesbarkeit gegenüber der Fassung nach dem **34** Gewebegesetz[32] nach Nummern gegliedert[33]. Für Herstellungs- und Kontrollleiter findet sich in **§ 135 II** eine Übergangsregelung für die in Abs. 3a genannten Arzneimittel und Wirkstoffe (s. § 135 Rn. 2).

I. Unanwendbarkeit von Abs. 2 (S. 1)

Auch für die Herstellung und Prüfung von Arzneimitteln für neuartige Therapien (§ 4 IX), xenogenen **35** Arzneimitteln, Gewebezubereitungen (§ 4 XXX), Arzneimitteln zur In-vivo-Diagnostik mittels Markergenen, radioaktiven Arzneimitteln (§ 4 VIII) und Wirkstoffen (§ 4 XIX) ist ein Nachweis der in Abs. 2 genannten Grundfächer nicht geboten.

II. Nachweis der praktischen Tätigkeit (S. 2)

Anstelle der in Abs. 1, 2. Halbs. verlangten praktischen Tätigkeit von mindestens zwei Jahren in der **36** Arzneimittelprüfung werden für diese Arzneimittel und Wirkstoffe spezifische Anforderungen an die nachzuweisenden Tätigkeiten gestellt.

1. Gentherapeutika und Arzneimittel zur In-vivo-Diagnostik (Nr. 1). Für Gentherapeutika **37** und Arzneimittel zur In-vivo-Diagnostik mittels Markergenen ist für die sachkundige Person eine mindestens **zweijährige Tätigkeit** auf einem medizinisch relevanten Gebiet, insbesondere der Gentechnik, der Mikrobiologie, der Zellbiologie, der Virologie oder der Molekularbiologie erforderlich. Eine praktische Tätigkeit auf anderen Gebieten ist anzuerkennen, sofern diese auf einem medizinisch relevanten Gebiet mit Bezug zu Gentherapeutika und Arzneimitteln zur In-vivo-Diagnostik mittels Markergenen erworben wurde[34]. Da es um die Ausübung einer praktischen Tätigkeit geht, wird man entsprechend dem Rechtsgedanken des Abs. 4 bei systematischer Auslegung des § 15 fordern müssen, dass diese in einem Betrieb mit einer Herstellungserlaubnis gem. § 13 für derartige Arzneimittel erworben wurde[35].

2. Somatische Zelltherapeutika und biotechnologisch bearbeitete Gewebeprodukte (Nr. 2). **38** Für somatische Zelltherapeutika und biologisch bearbeitete Gewebeprodukte ist ebenso wie für die Produktgruppen in Nr. 1 der Nachweis einer mindestens **zweijährigen Tätigkeit** auf einem medizinisch relevanten Gebiet, insbesondere der Gentechnik, der Mikrobiologie, der Zellbiologie, der Virologie oder der Molekularbiologie zu erbringen. Im Übrigen gelten die in vorstehender Rn. 37 genannten Anforderungen zum relevanten medizinischen Gebiet und der Notwendigkeit einer Herstellungserlaubnis.

3. Xenogene Arzneimittel (Nr. 3). Für xenogene Arzneimittel verlangt Nr. 3 einen Nachweis über **39** eine mindestens **dreijährige Tätigkeit** auf einem medizinisch relevanten Gebiet (s. Rn. 37), die eine mindestens **zweijährige Tätigkeit** auf einem Gebiet der in Nr. 1 genannten Gebiete umfasst. Auch für xenogene Arzneimittel ist auf die in vorstehender Rn. 37 genannten Anforderungen zum relevanten medizinischen Gebiet und zur Notwendigkeit einer Herstellungserlaubnis zu verweisen.

4. Gewebezubereitungen (Nr. 4). Mit dem Gewebegesetz wurde in Anpassung an Art. 17 I **40** Buchst. b) RL 2004/23/EG eine mindestens **zweijährige** praktische Erfahrung für die verantwortliche Person in das AMG aufgenommen. Die **praktische Erfahrung** muss auf den Gebieten der Herstellung und Prüfung und nicht nur der Gewebetransplantation erworben werden. Dies ist fundiert nur in solchen Betrieben und Einrichtungen möglich, die entweder eine Herstellungserlaubnis für diese Tätigkeiten bereits besitzen oder eine solche Erlaubnis beantragen müssen. Damit wurde sichergestellt, dass die

---

[31] Vgl. BR-Drucks. 851/97, S. 31.
[32] Gewebegesetz v. 20.7.2007, BGBl. I S. 1574.
[33] Vgl. BT-Drucks. 16/12256, S. 46.
[34] *Krüger*, in: Fuhrmann/Klein/Fleischfresser, § 14 Rn. 105.
[35] *Kloesel/Cyran*, § 15 Anm. 15 a. A. A. *Krüger*, in: Fuhrmann/Klein/Fleischfresser, § 14 Rn. 105.

Sachkunde auch in solchen Einrichtungen erworben werden konnte, die bis zum Inkrafttreten des Gewebegesetzes erlaubnisfrei arbeiten durften, aber eine Erlaubnis nach dem Inkrafttreten dieses Gesetzes beantragen mussten[36].

41   **5. Radioaktive Arzneimittel (Nr. 5).** Der Antragsteller für die Herstellung radioaktiver Arzneimittel muss für die sachkundige Person den Nachweis führen, dass diese über eine mindestens **dreijährige Tätigkeit** auf dem Gebiet der Nuklearmedizin oder der radiopharmazeutischen Chemie verfügt. Die Tätigkeit muss in einem Betrieb mit einer entsprechenden Herstellungserlaubnis nach § 13 ausgeübt worden sein, da eine lediglich fachärztliche Ausbildung nicht als ausreichend angesehen werden kann[37] (s. im Übrigen Rn. 24).

42   **6. Andere Wirkstoffe (Nr. 6).** Für andere als die unter Abs. 3 S. 3 Nr. 2 aufgeführten Wirkstoffe muss für die sachkundige Person der Nachweis einer mindestens **zweijährigen Tätigkeit** in der Herstellung oder Prüfung von Wirkstoffen geführt werden. Dabei wird man den Begriff des Wirkstoffes auf alle Wirkstoffe zu beziehen haben, für deren Herstellung eine Erlaubnispflicht nach § 13 I 1 Nr. 3 besteht[38].

F. Vorgaben für den Betrieb zur Ableistung der praktischen Tätigkeit (Abs. 4)

43   Die sachkundige Person muss die mindestens zweijährige praktische Tätigkeit nach Abs. 1, 2. Halbs. in einem Betrieb abgeleistet haben, für den eine **Herstellungserlaubnis** durch einen EU-Mitgliedstaat oder EWR-Vertragsstaat oder durch einen Staat erteilt worden ist, mit dem eine gegenseitige Anerkennung von Zertifikaten nach § 72a S. 1 Nr. 1[39] vereinbart war bzw. ist[40]. Eine praktische Tätigkeit etwa in einer Apotheke im Rahmen des üblichen Apothekenbetriebs (§ 13 II 1 Nr. 1)[41], einer Krankenhausapotheke (§ 14 I ApG), einer Arzneimitteluntersuchungsstelle (§ 9 AMGVwV), einer Hochschule oder Forschungseinrichtung, einer Einrichtung des öffentlichen Gesundheitswesens (z. B. BfArM, PEI, RKI, BMG) oder einer Impfanstalt reicht **nicht** aus, denn diese verfügen über keine Herstellungserlaubnis[42].

44   Bei einer Ableistung der praktischen Tätigkeit in einem Betrieb, mit dem eine gegenseitige Anerkennung von Zertifikaten nach § 72a I 1 Nr. 1 vereinbart ist, muss das **WHO–Zertifikatssystem** beachtet werden (s. § 72a Rn. 4 ff.). Für die von der EU mit Australien, Kanada, Japan, Neuseeland und der Schweiz[43] abgeschlossenen **Mutual Recognition Agreements**[44] gilt, dass für jedes Abkommen mit dem einzelnen Staat zu prüfen ist, ob dieses in dem fraglichen Bereich in Kraft getreten ist und ob die Gleichwertigkeit im Hinblick auf die Erteilung einer staatlichen Herstellungserlaubnis, der regelmäßigen Kontrolle des Herstellungsbetriebes durch die Behörden und die Herstellung von Arzneimitteln entsprechend den Anforderungen des EG-GMP-Leitfadens gegeben ist[45]. Wurde in einem solchen Betrieb die praktische Tätigkeit in der Arzneimittelprüfung entsprechend den Anforderungen nach Abs. 1, 2. Halbs. (s. Rn. 10) ausgeübt und kann dies nachgewiesen werden, muss dies als ausreichend angesehen werden.

G. Fütterungsarzneimittel (Abs. 5)

45   Für die Herstellung von Fütterungsarzneimitteln (§ 4 X) aus Arzneimittel-Vormischungen (§ 4 XI) ist weder die praktische Tätigkeit nach Abs. 1, 2. Halbs. noch der Nachweis der ausreichenden Kenntnisse in den in Abs. 2 aufgezählten Grundfächern erforderlich. Für die sachkundige Person ergeben sich spezifische Anforderungen bei der Herstellung von Fütterungsarzneimitteln aus **§ 30 AMWHV**.

46   Allerdings ist für Betriebe, die Fütterungsarzneimittel aus **Arzneimittel-Vormischungen** herstellen zu beachten, dass die Person, der die Beaufsichtigung des technischen Ablaufs der Herstellung übertragen ist, über ausreichende Kenntnisse und Erfahrungen auf dem Gebiet der **Mischtechnik** verfügen muss (§ 14 I Nr. 5a).

---

[36] Vgl. BR-Drucks. 543/06, S. 91.
[37] *Kloesel/Cyran,* § 15 Anm. 15 a. A. A. *Krüger,* in: Fuhrmann/Klein/Fleischfresser, § 14 Rn. 108.
[38] *Kloesel/Cyran,* § 15 Anm. 15a.
[39] Gemeint ist § 72a I 1 Nr. 1.
[40] Damit wird Art. 49 III 1. UAbs. RL 2001/83/EG bzw. Art. 53 III 1. UAbs. RL 2001/82/EG umgesetzt.
[41] Vgl. *OVG Münster,* Urt. v. 3.4.1984 – 13 A 756/83, abgedr. in *Kloesel/Cyran,* E 26.
[42] Vgl. *Kloesel/Cyran,* § 15 Anm. 17.
[43] Der Text der jeweiligen Abkommen ist bei *Kloesel/Cyran,* EU 120 ff. abgedruckt.
[44] Das MRA mit den USA ist nicht in Kraft getreten.
[45] Dies ist beispielsweise nach Ziff. 8.1.5 des MRA mit Kanada der Fall.

H. Rechtsschutz

Die Frage, ob eine sachkundige Person die Voraussetzungen des § 15 I erfüllt, kann durch die **47** Erhebung einer **Feststellungsklage** (§ 43 I VwGO) geklärt werden[46]. Da es der zuständigen Behörde verwehrt ist, das Vorliegen der Sachkunde einer angezeigten Person durch einen verbindlichen feststellenden Verwaltungsakt zu entscheiden, besteht kein Vorrang einer Verpflichtungsklage[47].

§ 16 Begrenzung der Herstellungserlaubnis

¹**Die Erlaubnis wird dem Antragsteller für eine bestimmte Betriebsstätte und für bestimmte Arzneimittel und Darreichungsformen erteilt, in den Fällen des § 14 Abs. 4 auch für eine bestimmte Betriebsstätte des beauftragten oder des anderen Betriebes. ²Soweit die Erlaubnis die Prüfung von Arzneimitteln oder Wirkstoffen umfasst, ist die Art der Prüfung aufzuführen.**

Wichtige Änderungen der Vorschrift: S. 1 geändert und S. 2 angefügt durch Art. 1 Nr. 16 des Gesetzes zur Änderung arzneimittelrechtlicher und anderer Vorschriften vom 17.7.2009 (BGBl. I S. 1990).

Europarechtliche Vorgaben: Art. 42 III RL 2001/83/EG; Art. 46 III RL 2001/82/EG.

Übersicht

A. Allgemeines

I. Inhalt

Die Vorschrift regelt den Umfang der Herstellungserlaubnis. So ist die Erlaubnis für eine bestimmte **1** Betriebsstätte, ggf. auch des beauftragten Betriebes oder des anderen Betriebs und für bestimmte Arzneimittel und Darreichungsformen zu erteilen (S. 1). Soweit sich die Erlaubnis zudem auf die Prüfung von Arzneimitteln oder Wirkstoffen erstreckt, ist auch die Art der Prüfung in der Erlaubnis aufzuführen (S. 2).

II. Zweck

Mit der Begrenzung der Erlaubnis soll **Rechtssicherheit** und Rechtsklarheit hinsichtlich ihres Um- **2** fangs sowohl für den Antragsteller als auch die zuständige Behörde sowie weitere ggf. beizuziehende Behörden auch aus Mitgliedstaaten der EU bzw. Vertragsstaaten des EWR herbeigeführt werden.

B. Inhalt der Herstellungserlaubnis (S. 1)

Die Erlaubnis ist dem Antragsteller für eine bestimmte, im Inland belegene Betriebsstätte und für **3** bestimmte Arzneimittel und Darreichungsformen zu erteilen (1. Halbs.). Durch das AMG-ÄndG 2009 ist der Hersteller als bislang in der Vorschrift genannter Adressat der Erlaubnis durch den **Antragsteller** ersetzt worden. Damit soll eine Klarstellung auf Grund der Erweiterung von § 13 auf bestimmte Prüftätigkeiten in Laboren (s. § 13 Rn. 23) herbeigeführt werden[1].

Unter einer **Betriebsstätte** sind die Räume und Einrichtungen zu verstehen, die von der Herstel- **4** lungserlaubnis erfasst werden sollen. Der Antragsteller ist bei entsprechender Anforderung der zuständigen Behörde gehalten, dieser aussagekräftige Grundriss- und Lagepläne, aus denen sich insbes. die Anordnung und Zweckbestimmung der Gebäude und Räume ergibt, sowie Beschreibungen der Einrichtungen (etwa Pläne zur Lüftungstechnik und Wasserver- und -entsorgung) vorzulegen, um die Behörde in die Lage zu versetzen, den räumlichen und funktionalen Umfang der Betriebsräume und

---

[46] *VG Weimar*, Urt. v. 15.4.2015 – 3 K 411/14 We – BeckRS 2015 47887; *VG Köln*, Urt. v. 17.12.2007 – 24 K 2342/07 – BeckRS 2008, 32085.
[47] *VG Weimar*, Urt. v. 15.4.2015 – 3 K 411/14 We – BeckRS 2015 47887.
[1] BT-Drucks. 16/12256, S. 46.

Einrichtungen und deren Eignung beurteilen zu können. Darüber hinaus kann die Behörde unter Berücksichtigung der konkreten Einzelfallumstände Angaben zu technischen Ausrüstungen und Kontrollmöglichkeiten anfordern, die belegen, dass die Arzneimittelherstellung entsprechend den gesetzlichen Anforderungen erfolgen kann (Art. 41 S. 1 Buchst. b) RL 2001/83/EG bzw. Art. 45 S. 1 Buchst. b) RL 2001/82/EG).

5   In dem Antrag sind zudem Angaben über die **Arzneimittel und Darreichungsformen** zu machen, deren Herstellung der Antragsteller beabsichtigt. Die Bezeichnung der Arzneimittel, auf die sich die Erlaubnis erstreckt, erfolgt durch die Angabe der Darreichungsform, wobei hier die Verfahrensanweisung 15110105 der ZLG als Maßgabe herangezogen werden kann[2]. Eine Auflistung der einzelnen Arzneimittel, z. B. nach Handelsnamen, kann optional erfolgen, ist jedoch nicht zwingend.

6   Die zuständige Behörde (s. § 13 Rn. 77 f.) erteilt die Herstellungserlaubnis erst, nachdem sie sich durch eine **Abnahmebesichtigung** nach der AMGVwV vergewissert hat, dass die Voraussetzungen nach dem AMG vorliegen (s. § 13 Rn. 25). Hierbei sind die in § 17 genannten Fristen zu beachten. Sofern kein Versagungsgrund gegeben ist, hat der Antragsteller einen Rechtsanspruch auf Erteilung der Herstellungserlaubnis (s. § 14 Rn. 5). Sie ist mit einer Rechtsbehelfsbelehrung zu versehen und stellt einen Verwaltungsakt dar. Sollte dieser für den Antragsteller auch Belastungen (beispielsweise durch Versagung der Erlaubnis für einen Teil der beantragten Darreichungsformen) enthalten, kann die Erlaubnis durch Widerspruch und verwaltungsgerichtliche (Anfechtungs- oder Verpflichtungs-) Klage angegriffen werden (s. auch § 14 Rn. 46). Im Übrigen ist die Übergangsvorschrift des **§ 132 IIa** zu berücksichtigen (s. § 132 Rn. 9).

7   Soll die Prüfung der Arzneimittel teilweise außerhalb der Betriebsstätte des Antragstellers in einem **beauftragten oder anderen Betrieb** durchgeführt werden (§ 14 IV), sind auch für diese die notwendigen Nachweise zur Eignung der Räume und Einrichtungen und die Erfüllung der sonstigen gesetzlichen Anforderungen durch den Antragsteller zu erbringen (Art. 41 S. 2 RL 2001/83/EG bzw. Art. 45 S. 2 RL 2001/82/EG, s. § 14 Rn. 34 ff.). Es ist der Name, die Rechtsform und die postalische Anschrift der beauftragten oder anderen Betriebsstätte anzugeben. Externe Herstellungs- und Prüfbetriebe oder entsprechende Einrichtungen können erst dann in die Erlaubnis des Arzneimittelherstellers aufgenommen werden, wenn sich die für sie zuständigen Behörden von ihrer Eignung überzeugt und die für die Erlaubniserteilung zuständige Behörde entsprechend informiert haben (§ 3 I 3 AMGVwV; s. auch § 14 Rn. 40). Beauftragte Betriebe sind in der Anlage zur Herstellungserlaubnis aufzuführen. Für Blut- und Gewebezubereitungen gelten Besonderheiten[3].

8   Für die Erlaubnis ist das von der Kommission in der Sammlung der Gemeinschaftsverfahren für Inspektionen und Informationsaustausch vorgegebene einheitliche Format (Compilation of Community Procedures on Inspections and Exchange of Information – **CoCP**)[4] zu beachten (§ 3 II 1 AMGVwV). Zum Austausch von Informationen im Rahmen der Zusammenarbeit zwischen den Behörden der Mitgliedstaaten der EU bzw. der Vertragsstaaten des EWR soll die zuständige Behörde bei Fragen und Antworten zu Herstellungserlaubnissen auch die in der CoCP vorgesehenen Formblätter verwenden (§ 3 V 1 AMGVwV). Es gelten die in § 68 geregelten Mitteilungs- und Unterrichtungspflichten in Umsetzung von Art. 122 RL 2001/83/EG bzw. Art. 90 RL 2001/82/EG (s. § 68 Rn. 23). Die Daten über die Erteilung, aber auch die Versagung, die Rücknahme oder der Widerruf der Erlaubnis sollen unverzüglich nach der Entscheidung der zuständigen Behörde in die Datenbank nach § 67a eingegeben werden (§ 3 III 1 AMGVwV; s. auch § 67a Rn. 7). Zudem soll die zuständige Behörde die Herstellungserlaubnisse in eine aktuelle Liste eintragen (§ 3 IV AMGVwV).

9   Bei **Änderungen** der antragsrelevanten, in § 20 S. 1 i. V. m. § 14 I genannten Angaben sind diese der zuständigen Behörde vor der Ausführung der jeweiligen Änderung anzuzeigen (s. § 20 Rn. 3 ff.). Hierbei ist zwischen solchen Änderungen zu unterscheiden, die lediglich eine formale Anpassung der vorhandenen Herstellungserlaubnis betreffen, und solchen die eine **Erweiterung/Beschränkung** oder gar **neue Herstellungserlaubnis** erforderlich machen. Sollen neue Arten von Arzneimitteln (z. B. zusätzlich sterile Produkte) oder neue Darreichungsformen (z. B. zusätzlich Suppositorien) hergestellt oder zusätzliche Herstellungstätigkeiten (wie etwa Abpacken) ausgeübt werden oder soll eine erlaubnispflichtige Tätigkeit entfallen, ist nach den jeweiligen Umständen des Einzelfalls eine Erweiterung/Beschränkung oder eine neue Herstellungserlaubnis zu beantragen. Eine bloße Änderungsanzeige § 20 ist nicht ausreichend. Wird etwa die gesamte Lüftungstechnik wegen der Aufnahme neuer Arzneimittelformen in das Produktionsprogramm geändert, kann im Einzelfall eine erneute Abnahmebesichtigung vonnöten sein, nach der über eine Erweiterung der bestehenden Herstellungserlaubnis entschieden wird. Die Abnahmebesichtigung hat sich dann jedoch grundsätzlich auf die vorgenommenen Änderungen zu beschränken und kann nicht zum Anlass für eine vollständige Überprüfung des Vorliegens der Voraussetzungen für die Erteilung der Erlaubnis genommen werden. Erst wenn die Anpassung oder die Erweiterung/Beschränkung durch die zuständige Behörde vorgenommen und dem Inhaber der Her-

---

[2] Abrufbar unter www.zlg.nrw.de.
[3] Vgl. Verfahrensanweisung 15 110 105 der ZLG, abrufbar unter www.zlg.nrw.de.
[4] Abrufbar unter www.emea.europa.eu.

stellungserlaubnis im Wege des Verwaltungsaktes samt Rechtsbehelfsbelehrung zugestellt worden ist, können die Änderungen von dem Erlaubnisinhaber vollzogen werden. Die Erweiterung/Beschränkung der Herstellungserlaubnis erfolgt durch Neuerteilung der Erlaubnis unter Vergabe einer neuen Erlaubnisnummer. Über Anträge auf eine Änderung der Herstellungserlaubnis ist innerhalb der Fristen in § 17 II und III zu entscheiden.

C. Prüfung von Arzneimitteln oder Wirkstoffen (S. 2)

Soweit die Herstellungserlaubnis die Prüfung von Arzneimitteln oder Wirkstoffen umfasst, ist in dieser **10** die **Art der Prüfung** aufzuführen. Nach der Amtlichen Begründung zum AMG-ÄndG 2009 sind diese Tätigkeiten entsprechend den von der Kommission veröffentlichten Verfahren für Inspektionen und Informationsaustausch in der Herstellungserlaubnis (CoCP) zu spezifizieren, mindestens dahingehend, ob es sich um mikrobiologische Testung steriler oder nicht steriler Arzneimittel oder um chemische, physikalische oder biologische Prüfungen handelt[5].

D. Eingabe in die EudraGMP-Datenbank

Nach Art. 40 IV RL 2001/83/EG sind die EU-Mitgliedstaaten verpflichtet, die von ihnen erteilten **11** Herstellungserlaubnisse in die zum Teil öffentlich zugängliche[6], nach Art. 111 VI RL 2001/83/EG eingerichtete **Eudra-GMP-Datenbank** (Eudra-GMDP Database)[7] einzugeben. Die Meldepflicht besteht für die Mitgliedstaaten auch hinsichtlich der von ihnen erteilten GMP-Zertifikate.

§ 17 Fristen für die Erteilung

(1) **Die zuständige Behörde hat eine Entscheidung über den Antrag auf Erteilung der Erlaubnis innerhalb einer Frist von drei Monaten zu treffen.**

(2) ¹**Beantragt ein Erlaubnisinhaber die Änderung der Erlaubnis in Bezug auf die herzustellenden Arzneimittel oder in Bezug auf die Räume und Einrichtungen im Sinne des § 14 Abs. 1 Nr. 6, so hat die Behörde die Entscheidung innerhalb einer Frist von einem Monat zu treffen.** ²**In Ausnahmefällen verlängert sich die Frist um weitere zwei Monate.** ³**Der Antragsteller ist hiervon vor Fristablauf unter Mitteilung der Gründe in Kenntnis zu setzen.**

(3) ¹**Gibt die Behörde dem Antragsteller nach § 14 Abs. 5 Gelegenheit, Mängeln abzuhelfen, so werden die Fristen bis zur Behebung der Mängel oder bis zum Ablauf der nach § 14 Abs. 5 gesetzten Frist gehemmt.** ²**Die Hemmung beginnt mit dem Tage, an dem dem Antragsteller die Aufforderung zur Behebung der Mängel zugestellt wird.**

Wichtige Änderungen der Vorschrift: Bisheriger Abs. 1 S. 2 und 3 gestrichen durch Art. 1 Nr. 17 des Gesetzes zur Änderung arzneimittelrechtlicher und anderer Vorschriften vom 17.7.2009 (BGBl. I S. 1990).

Europarechtliche Vorgaben: Art. 43–45 RL 2001/83/EG; Art. 47 bis 49 RL 2001/82/EG.

Übersicht

---

[5] BT-Drucks. 16/12256, S. 46.
[6] Die Öffentlichkeit hat keinen Zugang zu Betriebs- und Geschäftsgeheimnissen und persönlichen Daten.
[7] Zugang über http://eudragmdp.ema.europa.eu.

A. Allgemeines

I. Inhalt

1   Die Vorschrift regelt die Fristen, die die zuständige Behörde für die Erteilung der Herstellungserlaubnis einzuhalten hat. Grundsätzlich hat sie eine Entscheidung über den Antrag auf Erteilung der Erlaubnis innerhalb von drei Monaten zu treffen (Abs. 1). Bei beantragten Änderungen der Erlaubnis hinsichtlich der herzustellenden Arzneimittel oder der Räume und Einrichtungen i. S. d. § 14 I Nr. 6 beträgt die Entscheidungsfrist nur einen Monat; sie kann in Ausnahmefällen aber auf drei Monate verlängert werden, wobei der Antragsteller hiervon vor Fristablauf unter Mitteilung der Gründe zu informieren ist (Abs. 2). In Abs. 3 werden bestimmte Modalitäten der Hemmung der für die zuständige Behörde geltenden Entscheidungsfrist bei der Einräumung von Abhilfemaßnahmen geregelt.

II. Zweck

2   Mit der Fristenregelung in § 17 soll sichergestellt werden, dass die zuständige Behörde zügig innerhalb von relativ kurzen Fristen über den Antrag auf Erteilung der Herstellungserlaubnis oder über beantragte Änderungen der Erlaubnis entscheidet. Damit soll der grundsätzlich bestehende **Rechtsanspruch** des Antragstellers auf den Erhalt der Erlaubnis gewährleistet und einer zögerlichen Bearbeitung des Antrags durch die zuständige Behörde entgegen gewirkt werden[1].

B. Entscheidungsfrist bei Antrag auf Erteilung der Erlaubnis (Abs. 1)

I. Drei-Monats-Frist

3   Die zuständige Behörde ist verpflichtet, innerhalb von **drei Monaten** nach Zugang des Antrags auf Erteilung der Herstellungserlaubnis eine (Sach-)Entscheidung über den Antrag zu treffen. Damit wird die Vorgabe des Art. 43 RL 2001/83/EG bzw. Art. 47 RL 2001/82/EG umgesetzt. Die Berechnung der Drei-Monats-Frist hat nach § 31 I VwVfG i. V. m. §§ 187 I, 188 II, 1. Alt., III BGB zu erfolgen[2]. Die Nichteinhaltung der Drei-Monats-Frist durch die Behörde ist in jedem Fall rechtswidrig und kann nicht durch besondere Umstände, wie etwa die unzureichende personelle behördliche Ausstattung gerechtfertigt werden[3]. Fällt das Ende der Frist auf einen Sonntag, einen gesetzlichen Feiertag oder einen Sonnabend, so endet die Frist nach § 31 III VwVfG mit dem Ablauf des nächstfolgenden Werktages. Die Drei-Monats-Frist wird nur dann eingehalten, wenn die behördliche Entscheidung dem Antragsteller innerhalb der Frist bekannt gegeben wurde (§ 41 VwVfG). Die Entscheidung der zuständigen Behörde stellt einen rechtsbehelfsfähigen Verwaltungsakt dar, der erst mit der **Bekanntgabe** wirksam wird (§ 43 VwVfG).

4   Stellt die Behörde bei der Prüfung der Antragsunterlagen innerhalb der Drei-Monats-Frist fest, dass diese mangelhaft oder ergänzungsbedürftig sind, hat sie dem Antragsteller nach § 14 V Gelegenheit zur Abhilfe zu geben. In diesem Fall ist die Entscheidungsfrist nach Abs. 3 **gehemmt.**

5   Mit dem AMG-ÄndG 2009 sind die bisherigen, durch die 14. AMG-Novelle in das Gesetz eingefügten S. 2 und 3 wieder **gestrichen** worden. Die Verpflichtung zur Eingabe der Angaben über die Erlaubnis, die auf Art. 40 IV i. V. m. Art. 111 VI und VII RL 2001/83/EG bzw. Art. 44 IV i. V. m. Art. 80 VI und VII RL 2001/82/EG zurückgeht, ist aus Gründen des Sachzusammenhangs in § 64 III geregelt (s. § 64 Rn. 65). Gleichzeitig wird in § 64 III klargestellt, dass nicht nur die Erteilung über eine Erlaubnis nach § 13 in die Datenbank nach § 67a einzugeben ist, sondern auch deren Rücknahme, Widerruf oder Ruhen[4].

II. Rechtsbehelfe

6   Hält die Behörde die zwingend geltende Drei-Monats-Frist nicht ein, kann der Antragsteller sogleich ohne Erhebung eines Widerspruchs nach § 68 VwGO **Untätigkeitsklage** nach § 75 VwGO beim zuständigen Verwaltungsgericht erheben, da die Zulässigkeit der Untätigkeitsklage grundsätzlich ebenso vom Ablauf einer Drei-Monats-Frist seit Antragstellung abhängt. Die Untätigkeitsklage ist als Verpflichtungsklage (Vornahmeklage)[5] zu erheben. Wegen des europarechtlich vorgegebenen zwingenden Charakters der Drei-Monats-Frist kann sich die Behörde für ihre Fristversäumnis nicht auf „zureichende

---

[1] Vgl. auch *Rehmann*, § 17 Rn. 1.
[2] Vgl. *Kopp/Ramsauer*, § 31 Rn. 14 ff.
[3] Vgl. *Krüger*, in Fuhrmann/Klein/Fleischfresser, § 14 Rn. 7.
[4] BT-Drucks. 16/12256, S. 46.
[5] Vgl. *Kopp/Schenke*, § 75 Rn. 4, § 42 Rn. 8.

Gründe" i. S. d. § 75 S. 1 VwGO berufen; damit scheidet auch eine Aussetzung des Verfahrens durch das Verwaltungsgericht nach § 75 S. 3 VwGO aus[6].

III. Amtshaftungsanspruch

Bei schuldhafter Nichteinhaltung der Drei-Monats-Frist kommt für den Antragsteller die Geltendma- **7** chung von **Amtshaftungsansprüchen** nach § 839 BGB i. V. m. Art. 34 GG in Betracht, wobei zunächst das verwaltungsgerichtliche Verfahren abzuschließen ist (§ 839 III BGB; s. auch § 27 Rn. 10 ff.).

C. Entscheidungsfrist bei Änderungen der Erlaubnis (Abs. 2)

I. Ein-Monats-Frist (S. 1)

Für den Fall, dass der Erlaubnisinhaber eine Änderung der Herstellungserlaubnis in Bezug auf die **8** herzustellenden Arzneimittel oder hinsichtlich der Räume und Einrichtungen i. S. d. § 14 I Nr. 6 beantragt, ist die Behörde verpflichtet, eine (Sach-)Entscheidung über den Antrag innerhalb einer Frist von **einem Monat** zu treffen. Die im Vergleich zu Abs. 1 erheblich kürzere Frist ist durch den Umstand gerechtfertigt, dass die Behörde bereits eine Abnahmebesichtigung aus Anlass der erstmaligen Erteilung der Herstellungserlaubnis vorgenommen hat und sich damit auf die Prüfung der geänderten Umstände beschränken kann.

II. Fristverlängerung in Ausnahmefällen (S. 2)

In Ausnahmefällen kann die zuständige Behörde die Entscheidungsfrist bei Änderungsanträgen um **9** **zwei weitere Monate** verlängern. Es handelt sich jedoch nicht um einen gesetzlichen Automatismus; vielmehr muss die Behörde vor Ablauf der Ein-Monats-Frist im Rahmen des ihr eingeräumten pflichtgemäßen Ermessens eine Entscheidung über eine Fristverlängerung treffen[7]. Diese kann auch kürzer sein als zwei Monate. Eine Verlängerung über drei Monate hinaus ist aber wegen des verbindlichen, europarechtlich vorgegebenen Charakters der Drei-Monats-Frist in Abs. 1 unzulässig. Bei der Entscheidung über die Fristverlängerung handelt es sich um eine unselbstständige, also nicht selbstständig vollstreckbare Verfahrenshandlung i. S. d. § 44a S. 1 VwGO, gegen die nur gleichzeitig mit den gegen die Sachentscheidung zulässigen Rechtsbehelfen[8] oder im Rahmen der Untätigkeitsklage vorgegangen werden kann.

Die vom Gesetzgeber angesprochenen **Ausnahmefälle** können – nach den jeweiligen Umständen des **10** Einzelfalles – etwa gegeben sein, wenn der Umfang der vorzunehmenden Prüfungen einen erheblichen Zeitbedarf mit sich bringt, wenn für externe Prüfbetriebe (§ 14 IV) die Stellungnahmen der für diese zuständigen Behörden abzuwarten sind oder wenn Besonderheiten in der zuständigen Behörde (Krankheit der zuständigen Beamten, unvermeidbares Zusammenfallen mehrerer Prüfungen zur selben Zeit) vorliegen[9]. Die dauerhafte Überlastung der zuständigen Behörde kann jedoch nicht als Ausnahmefall akzeptiert werden, weil dann der Ausnahmefall zum Regelfall würde[10].

Beruht die Verzögerung in der Antragsbearbeitung auf Mängeln in den eingereichten Antragsunterla- **11** gen, so ist dem Antragsteller Gelegenheit zur Mängelbehebung nach § 14 V durch Einräumung einer **Abhilfefrist** zu geben (s. § 14 Rn. 43 f.). Dies führt zu einer Hemmung der Bearbeitungsfrist der zuständigen Behörde nach Abs. 3[11].

III. Information des Antragstellers (S. 3)

Die zuständige Behörde ist verpflichtet, den Antragsteller **vor** Ablauf der Ein-Monatsfrist unter **12** Angabe der Gründe für die von ihr in Anspruch genommene Fristverlängerung zu informieren. Diese Verpflichtung gilt auch bei weiteren Fristverlängerungen innerhalb der Drei-Monats-Frist. Aus Gründen der Rechtsklarheit hat die Information des Antragstellers grundsätzlich in Schriftform zu erfolgen. Für die **Begründung** der Fristverlängerung sind die sich aus § 39 I VwVfG ergebenden Anforderungen entsprechend heranzuziehen, so dass die wesentlichen tatsächlichen und rechtlichen Gründe sowie die Ermessenserwägungen, die für die Behörde maßgeblich waren, mitzuteilen sind.

---

[6] So auch *Kloesel/Cyran*, § 17 Anm. 5.
[7] A. A. offensichtlich *Krüger*, in: Fuhrmann/Klein/Fleischfresser, § 14 Rn. 10 mit Fn. 10, der davon ausgeht, dass die Fristverlängerung kraft Gesetzes eintritt.
[8] Vgl. *Kopp/Schenke*, § 44a Rn. 5.
[9] A. A. *Krüger*, in: Fuhrmann/Klein/Fleischfresser, § 14 Rn. 11, der nur Umstände aus dem Bereich des Antragstellers oder Besonderheiten des Antragsgegenstandes für das Vorliegen eines Ausnahmefalls gelten lassen will.
[10] In diesem Sinne auch *Sander*, § 17 Erl. 2.
[11] Vgl. *Sander*, § 17 Erl. 2.

IV. Rechtsbehelfe

13   Trifft die zuständige Behörde nicht innerhalb der Ein-Monats-Frist des S. 1 oder der auf bis zu drei Monaten verlängerten Frist nach S. 2 eine Entscheidung über den Antrag auf Erteilung der Herstellungserlaubnis, kann der Antragsteller ohne Durchführung eines Widerspruchsverfahrens nach § 68 VwGO **Untätigkeitsklage** nach § 75 VwGO in der Form der Verpflichtungsklage (Vornahmeklage) erheben. Die Ein-Monats-Frist des S. 1 stellt einen „besonderen Umstand" nach § 75 S. 2 VwGO mit der Folge dar, dass nach deren Ablauf sofort Untätigkeitsklage eingereicht werden kann[12]. Auch insoweit kann sich die Behörde nicht auf einen „zureichenden Grund" i. S. d. § 75 S. 3 VwGO berufen und so eine Aussetzung des Verfahrens durch das Verwaltungsgericht erreichen. Für die Versäumung der Drei-Monats-Frist gelten die zu Abs. 1 dargestellten Grundsätze (s. Rn. 6 f.).

D. Hemmung (Abs. 3)

I. Hemmung bei Einräumung einer Abhilfefrist (S. 1)

14   Sofern die Behörde dem Antragsteller nach § 14 V die Möglichkeit einräumt, Mängeln in den Antragsunterlagen abzuhelfen (s. § 14 Rn. 43 f.), werden die in den Abs. 1 und 2 genannten Fristen bis zur Behebung der Mängel oder bis zum Ablauf der nach § 14 V gesetzten Frist gehemmt[13]. Dies bedeutet, dass der bis zum Eintritt der Hemmung abgelaufene Zeitraum fortbesteht und nach Beendigung der Hemmung weiterläuft.

II. Beginn der Hemmung (S. 2)

15   Die Hemmung der nach § 14 V zugestandenen Mängelbeseitigungsfrist **beginnt** mit dem Tage, an dem dem Antragsteller die Aufforderung zur Behebung der Mängel zugestellt wird. Für die Zustellung gelten die Verwaltungszustellungsgesetze der Länder[14], da sich die sachliche Zuständigkeit der Erlaubnisbehörden nach Landesrecht richtet (s. § 13 Rn. 77 ff.). Die Hemmung ist **beendet** mit Ablauf des Tages, an dem der Behörde **nach Mitteilung des Antragstellers** die die Mängel beseitigenden Unterlagen und Informationen zugegangen sind. Ein Abstellen auf den Tag des Eingangs der zur Abhilfe bei der Behörde eingereichten Unterlagen, so dass diese keinen Anlass mehr zu Beanstandungen geben[15], würde zu einer nicht hinnehmbaren Rechtsunsicherheit in der Fristenberechnung, einer europarechtlich nicht zu rechtfertigenden Verzögerung des Entscheidungsprozesses sowie einer unzulässigen Intransparenz des Verwaltungsverfahrens führen. Weiter endet die Hemmung mit der Information des Antragstellers durch die Behörde über die Beseitigung der Mängel nach erfolgter Abnahmebesichtigung oder nach dem Ablauf der dem Antragsteller eingeräumten Frist zur Ausräumung der Mängel. Eine Beendigung der Hemmung tritt aber auch in dem Fall ein, in dem der Antragsteller der Behörde mitteilt, dass er nicht bereit ist, den Mängeln abzuhelfen.

§ 18 Rücknahme, Widerruf, Ruhen

(1) ¹**Die Erlaubnis ist zurückzunehmen, wenn nachträglich bekannt wird, dass einer der Versagungsgründe nach § 14 Abs. 1 bei der Erteilung vorgelegen hat. ²Ist einer der Versagungsgründe nachträglich eingetreten, so ist sie zu widerrufen; an Stelle des Widerrufs kann auch das Ruhen der Erlaubnis angeordnet werden. ³§ 13 Abs. 4 findet entsprechende Anwendung.**

(2) ¹**Die zuständige Behörde kann vorläufig anordnen, dass die Herstellung eines Arzneimittels eingestellt wird, wenn der Hersteller die für die Herstellung und Prüfung zu führenden Nachweise nicht vorlegt. ²Die vorläufige Anordnung kann auf eine Charge beschränkt werden.**

Übersicht

---

[12] Vgl. *Kloesel/Cyran*, § 17 Anm. 5; *Kopp/Schenke*, § 75 Rn. 12.
[13] Mit dieser Regelung wird Art. 44 RL 2001/83/EG bzw. Art. 49 RL 2001/82/EG umgesetzt.
[14] Vgl. *Engelhardt/App*, Einf VwZG Rn. 5 ff.
[15] So aber *Kloesel/Cyran*, § 17 Anm. 10.

A. Allgemeines

I. Inhalt

Die Vorschrift befasst sich mit der Rücknahme, dem Widerruf und – anstelle des Widerrufs – dem **1** Ruhen der Herstellungserlaubnis, über die die zuständige Behörde nach § 13 IV zu entscheiden hat (Abs. 1). Nach Abs. 2 kann die zuständige Behörde vorläufig anordnen, dass die Herstellung eines Arzneimittels oder einer Charge eingestellt wird, wenn der Hersteller die für die Herstellung und Prüfung zu führenden Nachweise nicht vorlegt.

II. Zweck

Mit der Vorschrift soll der zuständigen Behörde zur Wahrung der **Arzneimittelsicherheit i. S. des 2 § 1** ermöglicht werden, unter Berücksichtigung des **Verhältnismäßigkeitsgrundsatzes** angemessen darauf zu reagieren, dass nach erteilter Herstellungserlaubnis Umstände auftreten bzw. bekannt werden, die deren Aufhebung oder Beschränkungen der Herstellung von Arzneimitteln erforderlich machen.

B. Rücknahme, Widerruf, Ruhen (Abs. 1)

Die zuständige Behörde (§ 13 IV) ist nach Abs. 1 befugt, die Herstellungserlaubnis nach Vorliegen der **3** jeweiligen Voraussetzungen zurückzunehmen oder zu widerrufen bzw. ruhend zu stellen. Die Vorschrift stellt eine **Spezialregelung** zu den §§ 48, 49 VwVfG dar, die jedoch ergänzend Anwendung finden, soweit § 18 keine abschließende Regelung trifft[1]. Für die Berechtigung zum Erlass dieser belastenden Verwaltungsakte trägt die Behörde die **Beweislast**.

Mit dem AMG-ÄndG 2009 ist auch die fehlende **Zuverlässigkeit des Antragstellers** als Versagungs- **4** grund in § 14 I Nr. 3 aufgenommen worden. Damit sind in § 18 I 1 besondere Untersagungsvorschriften gegeben, die § 35 GewO vorgehen[2].

I. Rücknahme (S. 1)

Die Herstellungserlaubnis ist zwingend zurückzunehmen, wenn der Behörde nachträglich bekannt **5** wird, dass bei der Erteilung einer der Versagungsgründe nach § 14 I (s. § 14 Rn. 5 ff.) vorgelegen hat. Der zuständigen Behörde (§ 13 IV) steht bei ihrer Entscheidung **kein Ermessen** zu. Insoweit ist § 18 I 1 eine abschließende Spezialregelung zu § 48 I 1 VwVfG. Die Rücknahme hat nach Eintritt der Bestandskraft zur Folge, dass die Herstellungserlaubnis – bezogen auf den Zeitpunkt ihrer Erteilung – als nicht erteilt gilt (zu den sich hieran knüpfenden Sanktionen s. Rn. 18 f.). Die Aufhebung erfolgt also mit Wirkung für die Vergangenheit **(ex-tunc)**[3].

Sofern das Vertrauen des Antragstellers in die Rechtmäßigkeit der Herstellungserlaubnis als begüns- **6** tigendem Verwaltungsakt schutzwürdig ist, kommt ein Ausgleich etwaig erlittener Vermögensnachteile in entsprechender Anwendung des § 48 III VwVfG in Betracht[4]. Der Regelung in § 18 I ist insoweit nicht zu entnehmen, dass sie abschließend sein soll. Auch sind keine arzneimittelrechtlichen Besonderheiten ersichtlich, die der Gewährung eines **Ausgleichsanspruchs** entgegenstehen könnten.

II. Widerruf, Ruhen (S. 2)

Stellt sich heraus, dass einer der in § 14 I aufgeführten Versagungsgründe nachträglich eingetreten ist, **7** muss die Behörde entweder die Herstellungserlaubnis widerrufen oder deren Ruhen anordnen. Die Behörde ist bei dieser Entscheidung gehalten, zwischen dem öffentlichen Interesse an der Gewährleistung

---

[1] Zum Verhältnis der §§ 48 ff. VwVfG zu den speziellen Rücknahme- bzw. Widerrufsvorschriften vgl. *Kopp/Ramsauer*, § 48 Rn. 37 ff., § 49 Rn. 17 ff.
[2] Anders noch zur alten Rechtslage *VGH Kassel*, GewArch 2000, 424; *Kloesel/Cyran*, § 18 Anm. 11.
[3] Damit unterscheidet sich § 18 I 1 von § 48 I VwVfG, der eine Rücknahme für die Vergangenheit oder Zukunft zulässt, vgl. *Kopp/Ramsauer*, § 48 Rn. 75.
[4] A. A. *Sander*, § 18 Erl. 2.

der Arzneimittelsicherheit und dem Interesse des Antragstellers an einem geringstmöglichen Eingriff in seinen Gewerbebetrieb bzw. seine berufliche Tätigkeit **abzuwägen**. Insoweit hat sie nach pflichtgemäßem Ermessen zu entscheiden.

8   **1. Widerruf (1. Halbs.).** Wird der zuständigen Behörde (§ 13 IV) bekannt, dass Versagungsgründe i. S. d. § 14 I nach der Erteilung der Herstellungserlaubnis eingetreten sind, muss sie diese widerrufen, wenn nicht die Anordnung des Ruhens in Betracht kommt. Die Aufhebung der Erlaubnis erfolgt mit Wirkung zum Zeitpunkt der Zustellung des Widerrufs beim Antragsteller **(ex-nunc)**. Setzt der Antragsteller seine Herstellungstätigkeit nach der Zustellung des Widerrufs fort, macht er sich strafbar (s. Rn. 18).

9   Die zuständige Behörde hat den Antragsteller für den Vermögensnachteil zu entschädigen, den dieser dadurch erleidet, dass er auf den Bestand der Herstellungserlaubnis vertraut hat, soweit sein Vertrauen schutzwürdig ist (§ 49 VI 1 VwVfG). Für den **Entschädigungsanspruch** gelten die Vorschriften des § 48 III 3–5 VwVfG entsprechend (§ 49 VI 2 VwVfG).

10 **2. Ruhen (2. Halbs.).** Die Behörde kann im Rahmen des ihr zustehenden Ermessens anstelle des Widerrufs der Herstellungserlaubnis auch deren Ruhen anordnen. Dies hat zur Folge, dass der Erlaubnisinhaber die von der Herstellungserlaubnis erfassten Arzneimittel so lange nicht mehr herstellen darf, bis die Ruhensanordnung aufgehoben wurde. Ein Verstoß gegen dieses Verhaltensgebot ist **strafbar** (s. Rn. 18).

11 Die Anordnung des Ruhens der Erlaubnis anstelle des Widerrufs kann sinnvoller Weise nur dann ausgesprochen werden, wenn innerhalb einer von der Behörde festzusetzenden, angemessenen **Frist** mit der Ausräumung des in Rede stehenden Versagungsgrundes durch den Erlaubnisinhaber gerechnet werden kann (etwa durch Benennung einer neuen sachkundigen Person nach § 14 I Nr. 1 mit den erforderlichen Qualifikationen). Ist die Beseitigung des Versagungsgrundes durch den Antragsteller in einer angemessenen Frist vorhersehbar, ist es nach dem **Verhältnismäßigkeitsgrundsatz** geboten, das Ruhen der Erlaubnis anzuordnen, da dies den geringstmöglichen Eingriff darstellt[5]. Gelingt es dem Erlaubnisinhaber nicht, innerhalb der ihm eingeräumten Frist den Versagungsgrund auszuräumen[6] und kommt auch keine Fristverlängerung in Betracht, ist die Behörde gehalten, die Herstellungserlaubnis doch noch zu widerrufen.

III. Entsprechende Anwendung des § 13 Abs. 4 (S. 3)

12 Die Entscheidung über die Rücknahme, den Widerruf oder das Ruhen der Herstellungserlaubnis hat die nach § 13 IV zuständige Behörde zu treffen (§ 13 Rn. 77 ff.). Dies gilt auch für vorläufige Anordnungen nach Abs. 2. Durch den Verweis auf § 13 IV insgesamt ist klargestellt, dass die Entscheidung über die Rücknahme, den Widerruf oder das Ruhen der Herstellungserlaubnis bei den in § 13 IV 2 aufgeführten Arzneimitteln, Wirkstoffen und Stoffen im Benehmen mit der zuständigen Bundesoberbehörde getroffen werden muss[7].

C. Vorläufige Anordnungen (Abs. 2)

I. Einstellung der Herstellung des Arzneimittels (S. 1)

13 In Anwendung des Verhältnismäßigkeitsgrundsatzes steht es im Ermessen der zuständigen Behörde, vorläufig anzuordnen, dass die Herstellung von einem oder mehreren Arzneimitteln[8] eingestellt wird, wenn der Hersteller die für die Herstellung und Prüfung zu führenden Nachweise nicht vorlegt[9]. Bei diesen **Nachweisen** handelt es sich um solche, die im Rahmen der Herstellung zu erstellen und auf Nachfrage der zuständigen Behörde zur Prüfung vorzulegen sind. Dies betrifft insbes. die Nachweise nach der AMWHV (dort §§ 13 ff.). Die zur Überwachung befugten Personen sind berechtigt, alle Unterlagen über die Herstellung, die Prüfung und das Inverkehrbringen von Arzneimitteln einzusehen und Fotokopien anzufertigen (§ 64 IV Nr. 2, s. § 64 Rn. 106). Eine derartige vorläufige Anordnung

---

[5] Ebenso *Kloesel/Cyran*, § 18 Anm. 5; *Krüger*, in: Fuhrmann/Klein/Fleischfresser, § 14 Rn. 14.

[6] Auf ein Verschulden des Erlaubnisinhabers kommt es insoweit nicht an, so dass z. B. der mangelnde Erfolg bei der Aufbringung des erforderlichen Investitionskapitals, etwa für eine Ertüchtigung des Betriebs und seiner Einrichtungen, keine Rolle spielen kann, vgl. *Kloesel/Cyran*, § 18 Anm. 5. Hier wird aber zu berücksichtigen sein, ob dem Erlaubnisinhaber ausreichend Zeit zur Kapitalbeschaffung eingeräumt wurde und inwieweit mit einem Arbeitsplatzabbau im Falle einer kurz bemessenen Frist zu rechnen ist.

[7] Vgl. *Krüger*, in: Fuhrmann/Klein/Fleischfresser, § 14 Rn. 15.

[8] Aus dem eindeutigen Wortlaut folgt, dass die vorläufige Einstellung der Herstellung von Wirkstoffen bei fehlenden Nachweisen nicht auf § 18 II 1 gestützt werden kann, vgl. *Krüger*, in: Fuhrmann/Klein/Fleischfresser, § 14 Rn. 18. Jedoch kann sich hier eine Kompetenz der Behörde aus § 69 I 1 ergeben.

[9] Die Nichtvorlage der erforderlichen Unterlagen und Nachweise durch die sachkundige Person oder das andere verantwortliche Personal des Herstellungsbetriebes sind dem Hersteller zuzurechnen, vgl. *Krüger*, in: Fuhrmann/Klein/Fleischfresser, § 14 Rn. 19.

wird insbes. in Betracht kommen, wenn der Erlaubnisinhaber nicht in der Lage ist, die erforderlichen Unterlagen im Rahmen einer Überwachungsmaßnahme sogleich vorzulegen. Auch hier ist aber unter Berücksichtigung der jeweiligen Einzelfallumstände zu entscheiden, ob dem Inhaber der Herstellungserlaubnis eine angemessene Frist zur Vorlage der entsprechenden Unterlagen und Nachweise einzuräumen ist. Sobald die erforderlichen Nachweise vom Erlaubnisinhaber vorgelegt wurden, ist die vorläufige Anordnung aufzuheben. Durch den Bezug auf *„die zu führenden Nachweise"* ist verdeutlicht, dass der Behörde eine Prüfungskompetenz hinsichtlich der Gesetzesmäßigkeit der Nachweise eingeräumt wird, so dass eine Aufhebung der vorläufigen Anordnung nur bei Vorlage ordnungsgemäßer Nachweise in Betracht kommt[10].

Soweit es zur Verhütung dringender Gefahren für die öffentliche Sicherheit und Ordnung geboten ist, **14** können die mit der Überwachung beauftragten Personen als ultima ratio auch den **Herstellungsbetrieb** oder die in die Herstellung involvierte Einrichtung **vorläufig schließen** (§ 64 IV Nr. 4, s. § 64 Rn. 116).

II. Beschränkung der vorläufigen Anordnung (S. 2)

In Ausübung ihres pflichtgemäßen Ermessens kann die zuständige Behörde auch anordnen, dass die **15** Herstellung einer oder mehrerer **Chargen** eines Arzneimittels eingestellt wird, wenn der Hersteller die Nachweise nach S. 1 nicht vorlegt. Dies setzt voraus, dass die fehlenden Nachweise nur eine oder mehrere Chargen betreffen, nicht jedoch die erlaubte Herstellung eines Arzneimittels insgesamt, etwa weil die für die Produktion benötigte Maschine dauerhafte, für die Freigabe relevante Mängel aufweist bzw. aufgewiesen hat[11].

D. Eingabe von Daten nach § 67a

Die Daten über die Rücknahme oder den Widerruf der Herstellungserlaubnis sollen unverzüglich **16** nach der Entscheidung der Behörde in die Datenbank nach § 67a eingegeben werden (§ 3 III 1 AMGVwV, s. hierzu auch § 67a Rn. 3). In Anbetracht des eindeutigen Wortlauts des § 3 III 1 AMGVwV ist keine Eingabe des Ruhens der Herstellungserlaubnis oder der vorläufigen Anordnungen nach § 18 II geboten.

E. Rechtsschutz

Bei der Rücknahme, dem Widerruf oder der Anordnung des Ruhens der Herstellungserlaubnis nach **17** Abs. 1 handelt es sich ebenso wie bei den vorläufigen Anordnungen nach Abs. 2 um den Erlaubnisinhaber belastende Verwaltungsakte, die mit **Widerspruch** (§ 68 VwGO) und **Anfechtungsklage** (§ 42 I VwGO) angefochten werden können. Sofern, was in der Praxis wegen der Gefährdung der Arzneimittelsicherheit der Regelfall sein dürfte, die sofortige Vollziehung des jeweiligen, die Herstellungserlaubnis aufhebenden oder beschränkenden Verwaltungsaktes angeordnet wurde, muss Widerspruch und in den Bundesländern, in denen die Notwendigkeit der Durchführung von Widerspruchsverfahren durch entsprechende Landesgesetze aufgehoben wurde[12], Anfechtungsklage erhoben und ein Antrag auf Wiederherstellung der aufschiebenden Wirkung des Widerspruchs bzw. der Anfechtungsklage beim zuständigen Verwaltungsgericht gestellt werden (**§ 80 V VwGO**)[13].

F. Sanktionen

Da die Rücknahme der Herstellungserlaubnis ex-tunc wirkt, erfolgte die Herstellung der Arzneimittel **18** ohne Erlaubnis nach § 13 I. Dies erfüllt bei vorsätzlichem Handeln des Antragstellers (Täuschung über das Vorliegen der Erlaubnisvoraussetzungen oder Verschweigen von Versagungsgründen) den **Straftatbestand** des § 96 Nr. 4; bei fahrlässigem Verhalten ist seine **Ordnungswidrigkeit** § 96, 97 I gegeben. Die Herstellung von Arzneimitteln nach der Rücknahme oder dem Widerruf oder der Anordnung des Ruhens der Erlaubnis ist – soweit diese Verwaltungsakte bestandskräftig geworden sind – nach § 96 Nr. 4 **strafbar.**

Handelt der Erlaubnisinhaber vorsätzlich oder fahrlässig einer für sofort vollziehbar erklärten vorläu- **19** figen Anordnung nach Abs. 2 zuwider, so stellt dies eine **Ordnungswidrigkeit** nach § 97 II Nr. 6 dar. Im Falle der Anfechtung der sofortigen Vollziehbarkeit nach § 80 V VwGO, muss der Erlaubnisinhaber

---

[10] A. A. *Krüger*, in: Fuhrmann/Klein/Fleischfresser, § 14 Rn. 21, der eine Sanktion nach § 69 I für zulässig hält.
[11] In diesem Sinne auch *Krüger*, in: Fuhrmann/Klein/Fleischfresser, § 14 Rn. 20.
[12] Vgl. die Übersicht über die landesrechtlichen Regelungen bei *Dolde/Porsch*, in: Schoch/Schneider/Bier, § 68 Rn. 14 f.
[13] Vgl. *Kopp/Schenke*, § 80 Rn. 120 ff.

somit das Risiko abschätzen, ob er bis zur rechtskräftigen Entscheidung über seinen Rechtsbehelf im vorläufigen Rechtsschutz gleichwohl das Arzneimittel (oder die Charge) weiter herstellen will, dessen Produktion die zuständige Behörde vorläufig untersagt hat.

§ 19 Verantwortungsbereiche

[1] Die sachkundige Person nach § 14 ist dafür verantwortlich, dass jede Charge des Arzneimittels entsprechend den Vorschriften über den Verkehr mit Arzneimitteln hergestellt und geprüft wurde. [2] Sie hat die Einhaltung dieser Vorschriften für jede Arzneimittelcharge in einem fortlaufenden Register oder einem vergleichbaren Dokument vor deren Inverkehrbringen zu bescheinigen.

Wichtige Änderungen der Vorschrift: § 19 neu gefasst durch Art. 1 Nr. 13 des Vierzehnten Gesetzes zur Änderung des Arzneimittelgesetzes vom 29.8.2005 (BGBl. I S. 2570).

Europarechtliche Vorgaben: Art. 51 RL 2001/83/EG; Art. 55 RL 2001/82/EG.

Literatur: *Anhalt,* Aufgaben und Verantwortungsbereiche des Informationsbeauftragten, PharmInd 2007, 768; *Böttcher,* Freigaberelevante Prüfungen von Arzneimitteln durch Auftragslaboratorien, PharmInd 2008, 2010; *Janssen,* Delegierung und Differenzierung der Verantwortlichkeiten einer Qualified Person, PharmInd 2007, 1350; *Kozianka/Winnands,* Die persönliche Verantwortung der Sachkundigen Person, PharmInd 2014, 1467; *Kügel/Guttmann,* Haftung und Verantwortung der sachkundigen Person, PharmInd 2010, 458, 673; Manual on Agreements (Verträgehandbuch), Hrsg.: BAH, Bonn, 3. Aufl., 2009; *Mayer, M./Porstner,* Herstellung, Freigabe und Auftragsanalytik von Arzneimitteln, PharmInd 2008, 235; *Mayer, M.,* Strafrechtliche Produktverantwortung bei Arzneimittelschäden, Berlin u. a., 2008; *Renger,* „Falsified Medicines Directive" und die Sachkundige Person, PharmInd 2014, 712; *Wesch,* Haftungsrechtliche Verantwortung der Qualified Person, PharmInd 2008, 239; *ders.,* Überörtliche „Freigabe" von Arzneimitteln und Verpackungsmaterial, PharmInd 2008, 736; *ders.,* Verantwortung und Versicherung der sachkundigen Person, PharmInd 2011, 1276.

Übersicht

A. Allgemeines

I. Inhalt

1   Die Vorschrift regelt die Verantwortlichkeiten der sachkundigen Person nach § 14. Dabei ist – insoweit missverständlich – die Überschrift trotz des Entfallens der ehemals verantwortlichen Personen des Herstellungsleiters, Kontrollleiters und Vertriebsleiters beibehalten worden[1]. Die sachkundige Person ist verantwortlich dafür, dass jede Charge des Arzneimittels entsprechend den Anforderungen des AMG hergestellt und geprüft wurde (S. 1). Zudem ist die sachkundige Person verpflichtet, die Einhaltung dieser Vorschriften für jede Arzneimittelcharge in einem fortlaufenden Register oder einem vergleichbaren Dokument vor deren Inverkehrbringen zu bescheinigen (S. 2).

II. Zweck

2   Mit der Festlegung der Verantwortungsbereiche der sachkundigen Person soll deren zentrale Stellung in der Kontrolle des Herstellungsprozesses verdeutlicht und damit eine den hohen fachlichen Anforderungen Rechnung tragende Arzneimittelherstellung sichergestellt werden. Die Norm dient damit dem Schutz der Volksgesundheit und der Allgemeinheit[2].

---

[1] Richtigerweise müsste die Überschrift lauten: „Verantwortungsbereiche der sachkundigen Person".
[2] Vgl. *Kügel/Guttmann,* PharmInd 2010, 460.

B. Verantwortlichkeit der sachkundigen Person (S. 1)

I. Sachkundige Person

1. Verantwortlichkeit nach dem AMG. Die sachkundige Person ist nach S. 1 der Vorschrift dafür **3** verantwortlich, dass jede Charge des Arzneimittels entsprechend den Vorschriften über den Verkehr mit Arzneimitteln hergestellt und geprüft wurde. Da die sachkundige Person nach den §§ 16, 25 AMWHV[3] auch verpflichtet ist, die Freigabe für das Inverkehrbringen des Arzneimittels bzw. der Wirkstoffe nicht menschlicher Herkunft zu erklären, konzentriert sich mit dem Inkrafttreten der 14. AMG-Novelle die **Endverantwortung** für die gesamte Herstellung und Qualitätskontrolle von Arzneimitteln bzw. von Wirkstoffen nicht menschlicher Herkunft auf die sachkundige Person[4]. Die sachkundige Person kann ihre Verpflichtungen an andere sachkundige Personen delegieren (Kap. 2 Ziff. 2.6b) des Teils I des EG-GMP-Leitfadens, s. Rn. 10).

Hingegen ist die sachkundige Person nicht für die von dem **Informationsbeauftragten** (§ 74a) zu **4** übernehmenden Aufgaben verantwortlich. Dies betrifft insbesondere die Einhaltung des Verbots des § 8 I Nr. 2 und die Übereinstimmung der Kennzeichnung, der Packungsbeilage, der Fachinformation und der Werbung mit dem Inhalt der Zulassung oder Registrierung (s. § 74a Rn. 13 ff.)[5]. Die sachkundige Person ist hingegen gehalten zu überprüfen, ob der Leiter der Herstellung die Verwendung der vom Informationsbeauftragten frei gegebenen Kennzeichnung, Packungsbeilage, Fachinformation und Werbematerialien bestätigt hat (zur Verantwortungsabgrenzung Leiter der Herstellung/Informationsbeauftragter s. auch Rn. 16). Nicht in den Verantwortungsbereich der sachkundigen Person fällt jegliche Art von Werbung, für die der Informationsbeauftragte nicht zuständig ist. Dies betrifft die Werbung, die nicht am Inhalt der Zulassung oder Registrierung zu messen ist. Für diese Werbung ist allein der pharmazeutische Unternehmer verantwortlich[6].

Die sachkundige Person hat die Verantwortung für die Einhaltung der **Vorschriften über den** **5** **Verkehr mit Arzneimitteln** bei der Herstellung und Prüfung derselben. Dies sind alle auf die Herstellung und Prüfung von Arzneimitteln bezogenen gesetzlichen Regelungen und aufgrund gesetzlicher Ermächtigung erlassenen Bestimmungen. Die sachkundige Person hat insbesondere die im Arzneibuch gesammelten anerkannten pharmazeutischen Regeln über die Qualität und Prüfung von Arzneimitteln und den bei ihrer Herstellung verwendeten Stoffen (§§ 55 I 1, 55 VIII), die AMWHV, den EG-GMP-Leitfaden und alle den Stand von Wissenschaft und Technik bei der Herstellung und Prüfung repräsentierenden Regeln zu beachten. Zu den von der sachkundigen Person zu berücksichtigenden Vorschriften wird man auch die Regelungen in den §§ 5, 8 I 1 Nr. 1 und 1a, 10, 11, 11a, 21, 38 bis 39b zählen müssen, wobei sich die Verantwortlichkeit der sachkundigen Person bei den Kennzeichnungsvorschriften in Anbetracht der Zuständigkeiten des Informationsbeauftragten gem. § 74a I 2 auf die formale Prüfung des Vorliegens der Bestätigung des Informationsbeauftragten über die Gesetzeskonformität der Kennzeichnung beschränken kann. Ob eine Bezeichnung oder Angabe sachlich-inhaltlich irreführend ist, muss vom Informationsbeauftragten geprüft und entschieden werden[7].

Die sachkundige Person ist verpflichtet, sich fortlaufend weiter zu bilden, um so jeweils aktuell mit **6** dem Stand der einzuhaltenden Vorschriften vertraut zu sein (Kap. 2 des Teils I und Ziff. 8.3 des Annex 16 des EG-GMP-Leitfadens[8]). Damit korrespondiert die permanente Verpflichtung des Inhabers der Herstellungserlaubnis, die **Fortbildung** der sachkundigen Person, aber auch aller anderen in der Herstellung von Arzneimitteln tätigen Personen zu ermöglichen und zu fördern (§ 16 VII, § 25 II 1 i. V. m. § 16 VII AMWHV).

Die Verantwortlichkeit der sachkundigen Person bezieht sich auf die Herstellung und Prüfung der **7** jeweiligen **Charge** eines Arzneimittels. Die Definition hierfür findet sich in § 4 XVI (s. § 4 Rn. 134)[9]. Die Anknüpfung an Arzneimittel in der Definition einer Charge kann nicht bedeuten, dass die sachkundige Person nicht auch die Verantwortung für Wirkstoffe, die zur Herstellung von Arzneimitteln bestimmt sind, trägt. § 1 I Nr. 1 AMWHV gilt auch für solche Wirkstoffe, die menschlicher oder

---

[3] Die Freigabe zum Inverkehrbringen durch die sachkundige Person ist nach § 25 II 1 AMWHV nur für Wirkstoffe, deren Herstellung oder Einfuhr erlaubnispflichtig ist (§§ 13, 72), vorgesehen.

[4] A. A. zur Rechtslage nach der 12. AMG-Novelle *Hasskarl/Ziegler*, PharmR 2005, 15 ff. Im Übrigen kann die Freigabe auch von einem externen Dienstleister erklärt werden, vgl. *Milsmann/Sibing*, PharmInd 2006, 132 f. Zur Schnittstelle Qualified Person – Arzneimittelzulassung vgl. *Bahr*, PharmInd 2009, 1500 ff.

[5] In diesem Kontext sollte nicht mehr von der Person eines Vertriebsleiters gesprochen werden (§ 19 III a. F.), da das AMG einen solchen nicht mehr kennt und demzufolge auch keine Aufgabenzuweisung mehr enthält.

[6] Vgl. *Anhalt*, PharmInd 2007, 769.

[7] A. A. offensichtlich *Kloesel/Cyran*, § 19 Anm. 2.

[8] Der Annex 16 Certification by a Qualified Person and Batch Release des EG-GMP-Leitfadens befindet sich gerade in der Überarbeitung und wird erhebliche Änderungen bringen. Zur Zulässigkeit der geplanten Erweiterung der persönlichen Verantwortung der sachkundigen Person vgl. *Kozianka/Winnands*, PharmInd 2014, 1467; *Renger*, PharmInd 2014, 712.

[9] Die europarechtliche Vorgabe ist im Anhang I Teil 1 Nr. 3.2.2.5 RL 2001/83/EG enthalten.

tierischer oder mikrobieller Herkunft sind oder die auf gentechnischem Weg hergestellt werden. Für die Herstellung von Wirkstoffen nicht menschlicher Herkunft sind die §§ 21 ff. AMWHV zu beachten. Für die Herstellung oder Einfuhr von Wirkstoffen, die der Erlaubnispflicht nach den §§ 13, 72 unterliegen, gilt § 21 II AMWHV mit der Anordnung der Anwendbarkeit des § 12 I AMWHV. Für die nicht erlaubnispflichtigen Wirkstoffe ist die Qualitätssicherungseinheit verantwortlich, wobei die zur Freigabe von Zwischenprodukten und Wirkstoffen berechtigten Personen entsprechend festzulegen sind (§§ 21 I, III, 25 II 2 AMWHV). Die sachkundige Person wird, soweit sie verantwortlich ist, in der Praxis auf Analysenzertifikate von Wirkstoffherstellern, Wareneingangsprotokolle, Dokumente zur Lieferantenbewertung etc. zurückgreifen können.

8   Für außerhalb der EU hergestellte Arzneimittel muss die sachkundige Person sicherstellen, dass jede **importierte Charge** im Einfuhrland den in Art. 51 I 1 Buchst. b) RL 2001/83/EG aufgeführten Prüfungen unterzogen wurde (§ 17 III, IV AMWHV, Kap. 2 Ziff. 2.6b) des Teils I des EG-GMP-Leitfadens).

9   Die zahlreichen Verantwortlichkeiten der sachkundigen Person bei der Herstellung und Prüfung von Arzneimitteln münden in den zentralen Akt der **Freigabe** des Arzneimittels zum Inverkehrbringen[10]. Damit wird dokumentiert, dass das Arzneimittel an andere abgegeben werden kann (§ 4 XVII), mithin alle zulassungskonformen Eigenschaften aufweist und beim Patienten – bei verschreibungspflichtigen Arzneimitteln im Rahmen der Therapiefreiheit des Arztes – angewendet werden kann. Die Freigabe darf durch die sachkundige Person nur erfolgen (§ 16 II AMWHV)[11], wenn das Herstellungs- und Prüfprotokoll ordnungsgemäß unterzeichnet ist (Nr. 1, s. Rn. 17, 22), zusätzlich zu den analytischen Ergebnissen essenzielle Informationen wie die Herstellungsbedingungen und die Ergebnisse der Inprozesskontrollen berücksichtigt wurden (Nr. 2), die Überprüfung der Herstellungs- und Prüfunterlagen die Übereinstimmung der Produkte mit ihren Spezifikationen, einschließlich der Endverpackung bestätigt hat (Nr. 3) und bei zugelassenen oder registrierten Arzneimitteln die Übereinstimmung mit den Zulassungs- oder Registrierungsunterlagen und bei Prüfpräparaten die Übereinstimmung mit den Unterlagen für die Genehmigung für die klinische Prüfung, in der sie zur Anwendung kommen, vorliegt (Nr. 4). Außerdem müssen zumindest die in Ziff. 8.1 des Annex 16 des EG-GMP-Leitfadens aufgeführten Anforderungen erfüllt sein (sog. Routinepflichten)[12], damit die Freigabe des Arzneimittels durch die sachkundige Person erteilt werden kann.

10   Bei **arbeitsteiligen Herstellungs- und Prüfprozessen,** ggf. auch an unterschiedlichen Orten und bei unterschiedlichen (Lohn-)Herstellern kann die sachkundige Person die von anderen sachkundigen Personen vorgenommenen Bestätigungen über die Teilherstellungsschritte oder -prüfungen innerhalb eines von ihr anerkannten Qualitätssystems auf der Grundlage einer schriftlichen Vereinbarung für ihre Entscheidung über die Freigabe der Fertigproduktcharge[13] heranziehen (Ziff. 4.3 des Annex 16 des EG-GMP-Leitfadens)[14]. Sie ist aber auch in einem derartigen Fall für die Freigabe zum Inverkehrbringen der Fertigproduktcharge insgesamt persönlich verantwortlich (§ 16 IV, § 25 II 1 i. V. m. § 16 IV AMWHV). Die sachkundige Person muss sich nach § 16 V 1 bzw. § 25 II 1 i. V. m. § 16 V 1 AMWHV durch persönliche Kenntnisnahme oder durch Bestätigung anderer ausreichender sachkundiger und geeigneter Personen davon überzeugen, dass der (Lohn-)Hersteller in der Lage ist, GMP-konform zu prüfen und herzustellen. Hat der Inhaber der Herstellungserlaubnis ein externes Prüflabor beauftragt, welches über eine eigene Herstellungserlaubnis nach § 13 verfügt (s. § 13 Rn. 23), kann deren sachkundige Person zwar die Prüfung des Arzneimittels nach Annex 16 des EG-GMP-Leitfadens als Teil der Freigabe zertifizieren, die Freigabe des Arzneimittels zum Inverkehrbringen muss aber von der sachkundigen Person des beauftragenden Inhabers der Herstellungserlaubnis erteilt werden[15]. Anders stellt sich die Situation bei einem externen **Vertriebsunternehmen** dar, welches nicht über eine Herstellungserlaubnis verfügt. In einer derartigen Konstellation kann die Freigabe zum Inverkehrbringen von der sachkundigen Person des Auftragnehmers, der über eine Herstellungserlaubnis verfügt, vorgenommen werden. Sofern Arzneimittel in einem Land, das nicht Mitgliedstaat der EU oder Vertragsstaat des EWR ist **(Drittland),** hergestellt werden, muss die sachkundige Person sich vor einer Freigabe zum Inverkehrbringen vergewissern, dass die jeweilige Charge zumindest entsprechend den Standards der Guten Herstellungspraxis der EU (EG-GMP-Leitlinien und -Leitfaden) hergestellt wurde (§ 16 V 2, § 25 II 1 i. V. m. § 16 V 2 AMWHV). Hierbei kann sich die sachkundige Person nach Maßgabe der Ziff. 6 und 7 des Annex 16 des EG-GMP-Leitfadens auf die Bestätigungen anderer sachkundiger Personen verlassen[16].

---

[10] Zur Freigabe biologischer Produkte vgl. *Janssen,* PharmInd 2009, 144 ff.
[11] Für die Freigabe zum Inverkehrbringen von Wirkstoffen nicht menschlicher Herkunft gilt § 25 AMWHV.
[12] Vgl. *Janssen,* PharmInd 2009, 145.
[13] Im Glossar des Anhangs 16 des EG-GMP-Leitfadens wird der Begriff Fertigproduktcharge definiert.
[14] Zur Freigabe bei der Lohnherstellung und -prüfung von Arzneimitteln vgl. *Hasskarl/Bakhschai,* PharmInd 2008, 632 f.; zur Freigabe bei der Prüfung durch Auftragslaboratorien vgl. *Böttcher,* PharmInd 2009, 2010 ff.; zur Prüfung der Packmaterialien im Rahmen der Freigabe von Arzneimitteln vgl. *Wesch,* PharmInd 2007, 736 ff.; zu den Aufgaben der sachkundigen Person im Rahmen des Annex 16 des EG-GMP-Leitfadens vgl. *Janssen,* PharmInd 2007, 1350 ff.
[15] Vgl. *Böttcher,* PharmInd 2009, 2018.
[16] Vgl. hierzu *Kügel/Guttmann,* PharmInd 2010, 675.

2. Zivilrechtliche Haftung. Eine zivilrechtliche Haftung der sachkundigen Person kommt an sich **11** mangels einer vertraglichen Beziehung zu einem geschädigten Arzneimittelanwender nur nach **Deliktsrecht** (§ 823 BGB) in Frage. Die sachkundige Person unterliegt jedoch auch nicht der deliktsrechtlichen Haftung nach § 823 I BGB oder § 823 II BGB i. V. m. § 19[17]. Ist durch einen schuldhaften Verstoß der sachkundigen Person gegen ihre Pflichten aus § 19 ein Patient zu Schaden gekommen, hängt ihre Schadenersatzpflicht davon ab, ob der eingetretene Schaden unter den Schutzzweck der verletzten Norm des § 19 fällt. Bei dem Schaden muss es sich um Nachteile handeln, die aus dem Bereich der Gefahren stammen, zu deren Abwendung die verletzte Norm erlassen worden ist[18]. Da § 19 der Arzneimittelsicherheit und somit dem Schutz der Allgemeinheit dient (s. Rn. 2) und der Arzneimittelanwender in der Norm weder angesprochen wird noch der sachkundigen Person übertragenen Aufgaben einen unmittelbaren Schutz des Patienten bewirken, ist der Schutz des einzelnen Patienten nicht primäres Ziel der Vorschrift. Die Vorschrift des § 19 hat allein öffentlich-rechtlichen Charakter und bezweckt nicht den Schutz des einzelnen Patienten[19]. Die Annahme einer patientenindividuellen Schutzrichtung wäre auch mit dem arzneimittelrechtlichen Haftungssystem schwerlich vereinbar, das durch die in den §§ 84 ff. verankerte Gefährdungshaftung gekennzeichnet ist. Den geschädigten Patienten steht der pharmazeutische Unternehmer als Haftungssubjekt mit der Absicherung durch die in § 94 vorgesehene Deckungsvorsorge zur Verfügung.

Verletzt die sachkundige Person Pflichten aus dem **Arbeitsverhältnis,** welche vor allem durch die **12** gesetzlich nach § 4 II 1 AMWHV vorgeschriebene Arbeitsplatzbeschreibung konkretisiert werden, drohen ihr arbeitsrechtliche Konsequenzen, sofern der von einem geschädigten Dritten in Anspruch genommene Arbeitgeber Regress nehmen will[20]. In derartigen Fällen gelten die von § 254 BGB abgeleiteten Grundsätze der privilegierten Haftung des Arbeitnehmers gegenüber dem Arbeitgeber, wenn die sachkundige Person betrieblich veranlasste Tätigkeiten ausübt und diese aufgrund eines Arbeitsverhältnisses erbringt[21]. Maßgebliches Kriterium für die Haftung der sachkundigen Person gegenüber ihrem Arbeitgeber ist der Grad des Verschuldens. Bei vorsätzlichem, schadensbegründendem Verhalten haftet die sachkundige Person in vollem Umfang. Die Annahme eines vorsätzlichen Pflichtverstoßes setzt voraus, dass die sachkundige Person den Schaden in seiner konkreten Höhe als möglich vorausgesehen und ihn für den Fall seines Eintritts billigend in Kauf genommen hat[22]. Bei fahrlässigem Verhalten hat eine einzelfallbezogene Abwägung aller Schadensrisiken zu erfolgen. Auf Seiten des Arbeitgebers sind hier u. a. dessen Betriebsrisiko, dessen Organisationsverschulden und der Wert des geschädigten Wirtschaftsgutes sowie die Versicherbarkeit seines Risikos in die Abwägung einzustellen. Auf Seiten der sachkundigen Person sind u. a. der Grad des Verschuldens, die Stellung im Betrieb, die Höhe der Arbeitsvergütung, die Dauer der Betriebszugehörigkeit, das Lebensalter, das bisherige Verhalten im Betrieb, die Familienverhältnisse, die Relation des Schadens zur Arbeitsvergütung und die Gefahrneigung der Arbeit zu berücksichtigen[23]. Bei grober Fahrlässigkeit der sachkundigen Person haftet diese überwiegend, wenn nicht vollständig, wobei ein Korrektiv die Gefährdung ihrer wirtschaftlichen Existenz bei Erfüllung der Schadenersatzpflicht darstellt. Bei mittlerer und leichter Fahrlässigkeit ist der Schaden zwischen der sachkundigen Person und dessen Arbeitgeber nach Maßgabe der vorgenannten Abwägungskriterien aufzuteilen, wobei sich der Haftungsanteil der sachkundigen Person entsprechend dem Fahrlässigkeitsgrad verringert. Bei leichtester Fahrlässigkeit entfällt eine Haftung der sachkundigen Person im Regelfall[24].

Liegt der Tätigkeit der sachkundigen Person kein Arbeitsvertrag, sondern ein **Dienstvertrag** zugrun- **13** de, kommt die für Arbeitnehmer geltende Haftungsprivilegierung nicht in Betracht. Es ist vielmehr zu klären, ob dem Dienstherrn und Inhaber der Herstellungserlaubnis ein die Haftung einschränkendes Mitverschulden (§ 254 BGB) zur Last fällt.

Abhängig von der Betriebsgröße ist die sachkundige Person in Vollzeit oder Teilzeit auf der Grundlage **14** eines **schriftlichen Vertrages** (§ 12 I 1 AMWHV) zu beschäftigen, der im Einzelnen regeln muss, welche Aufgaben die sachkundige Person insbesondere nach der AMWHV und dem EG-GMP-Leitfaden zu übernehmen hat. Denkbar ist aber auch eine freie Mitarbeit. Die schriftliche Festlegung der Aufgaben und Pflichten sollte in einem Arbeitsvertrag oder in einem Dienstleistungsvertrag erfolgen, sofern die sachkundige Person als freier Mitarbeiter tätig werden soll.

---

[17] Zur deliktischen Haftung des pharmazeutischen Unternehmers wegen des Inverkehrbringens gesundheitsschädlicher Arzneimittel vgl. *BGH*, NJW 1991, 2351 f.

[18] Vgl. *Wagner*, in: MüKo BGB, § 823 Rn. 371; *Oetker*, in: MüKo BGB, § 249 Rn. 120 ff.

[19] Vgl. *Rehmann*, § 19 Rn. 2; *Kügel/Guttmann*, PharmInd 2010, 460 f. A. A. offensichtlich *Wesch*, PharmInd 2008, 240.

[20] Vgl. *Kügel/Guttmann*, PharmInd 2010, 462. Zur Versicherbarkeit der haftungsrechtlichen Verantwortung der sachkundigen Person vgl. *Wesch*, PharmInd 2008, 239 ff.

[21] Vgl. *Palandt/Weidenkaff*, § 611 Rn. 157; *Preis*, in: Erfurter Kommentar, § 611 BGB Rn. 12.

[22] Vgl. *Preis*, in: Erfurter Kommentar, § 611 BGB Rn. 14.

[23] Vgl. *Palandt/Weidenkaff*, § 611 Rn. 157.

[24] Vgl. *Palandt/Weidenkaff*, § 611 Rn. 157a; *Preis*, in: Erfurter Kommentar, § 611 BGB Rn. 15 ff.

II. Leiter der Herstellung[25]

15   Zu den schriftlich festzulegenden **Aufgaben** des Leiters der Herstellung (zu dessen Sachkenntnis s. § 15 Rn. 15) gehören nach § 12 I 3 AMWHV insbes. die Sicherstellung, dass die Produkte vorschriftsmäßig hergestellt und gelagert werden (Nr. 1), die Genehmigung der Herstellungsanweisung nach § 13 I AMWHV und Sicherstellung, dass diese eingehalten wird (Nr. 2), die Kontrolle der Wartung, der Räumlichkeiten und der Ausrüstung für die Herstellung (Nr. 3), die Sicherstellung, dass die notwendigen Validierungen der Herstellungsverfahren durchgeführt werden (Nr. 4), und die Sicherstellung der erforderlichen anfänglichen und fortlaufenden Schulung des Personals, das im Bereich der Herstellung tätig ist (Nr. 5). Darüber hinaus hat der Leiter der Herstellung die **Verantwortlichkeiten** nach Kap. 2 Ziff. 2.7 und Ziff. 2.9 des Teils I des EG-GMP-Leitfadens, wobei die in Ziff. 2.9 genannten Aufgaben die Qualität betreffende Verantwortungsbereiche sind, die mit dem Leiter der Qualitätskontrolle gemeinsam wahrgenommen oder untereinander aufgeteilt werden können.

16   Da der Leiter der Herstellung für die ordnungsgemäße Herstellung der Arzneimittel verantwortlich ist, gehört zu seinen Aufgaben auch die Prüfung, ob bei der Herstellung nur die jeweils aktuelle, vom **Informationsbeauftragten** frei gegebene Version der Kennzeichnung (Primärbehältnis und äußere Umhüllung) verwendet wird und die Arzneimittel mit der vom Informationsbeauftragten frei gegebenen Fassung der Gebrauchsinformation versehen sind. Er ist weiter dafür verantwortlich, dass die **Kennzeichnung** vorhanden ist, diese mit den Angaben in den frei gegebenen Unterlagen übereinstimmt und in gut lesbarer Schrift dauerhaft und in deutscher Sprache auf der Primär- und Sekundärverpackung angebracht ist. Das Gleiche gilt für die Gebrauchsinformation[26].

17   Die Herstellungsvorgänge sind mit Ausnahme der Freigabe der Fertigproduktcharge unter Verantwortung des Leiters der Herstellung nach vorher erstellten schriftlichen Anweisungen und Verfahrensbeschreibungen **(Herstellungsanweisung)** in Übereinstimmung mit der Guten Herstellungspraxis sowie den anerkannten pharmazeutischen Regeln durchzuführen (§ 13 I AMWHV). Die Herstellung jeder Charge gem. der Herstellungsanweisung ist vollständig zu protokollieren **(Herstellungsprotokoll),** wobei alle Abweichungen im Prozess und von der Festlegung der Spezifikation zu dokumentieren und gründlich zu untersuchen sind (§ 13 VII AMWHV). Im Übrigen ist der Leiter der Herstellung für die Einhaltung der sonstigen Anforderungen des § 13 AMWHV und des Kap. 5 des Teils I des EG-GMP-Leitfadens verantwortlich. Keine Verantwortung trifft ihn aber für die Herstellung in Lohnherstellungsbetrieben. Für die Herstellung beim **Lohnhersteller** müssen der dortige Leiter der Herstellung und der Inhaber der Herstellungserlaubnis für den Lohnherstellungsbetrieb die Verantwortung übernehmen[27].

18   Der Inhaber der Herstellungserlaubnis muss dem Leiter der Herstellung vertraglich ausreichende Befugnisse zur Wahrnehmung seiner Aufgaben und Verantwortung einräumen (§ 4 II 5 AMWHV). Die Aufgaben sind in **Arbeitsplatzbeschreibungen** festzulegen (§ 4 II 2 AMWHV).

19   Grundsätzlich benötigt ein Herstellungsbetrieb nur einen Leiter der Herstellung, sofern bei dessen **Absenzen** infolge von kürzerer Krankheit oder anderweitiger Verhinderung oder während üblicher Urlaubszeiten gesichert ist, dass die Produktion infolge von Delegationen an entsprechend qualifiziertes Personal ordnungsgemäß weiterlaufen kann. In größeren Herstellungsbetrieben wird es jedoch der Regelfall sein, dass entweder ein zweiter Leiter der Herstellung oder ein stellvertretender Leiter der Herstellung mit der gleichen Qualifikation jeweils mit der notwendigen Verantwortungsabgrenzung vorhanden ist. Bei längerer Abwesenheit des Leiters der Herstellung ist es geboten, einen ausreichend qualifizierten weiteren Leiter der Herstellung (s. § 15 Rn. 15) als Vertreter einzustellen oder zu beauftragen[28].

20   Für die **zivilrechtliche Haftung** des Leiters der Herstellung gilt das in den Rn. 11 ff. für die sachkundige Person Gesagte.

III. Leiter der Qualitätskontrolle

21   Zu den schriftlich festzulegenden **Aufgaben** des Leiters der Qualitätskontrolle[29] (zu dessen Sachkenntnis s. § 15 Rn. 15) gehören nach § 12 I 4 AMWHV die Billigung oder Zurückweisung von Ausgangsstoffen, Verpackungsmaterial und Zwischenprodukten (Nr. 1), die Genehmigung von Spezifikationen, Anweisungen zur Probenahme und von Prüfanweisungen nach § 14 I AMWHV sowie die Sicherstellung, dass diese eingehalten werden (Nr. 2), die Sicherstellung, dass alle erforderlichen Prüfungen durchgeführt wurden (Nr. 3), die Zustimmung zur Beauftragung sowie Überwachung der Analysen-

---

[25] Die AMWHV spricht vielfach von der Leitung der Herstellung (z. B. §§ 12 I 1 2 und 3, 13 I 1). Verantwortlich sind aber letztlich Personen in einem Organisationsschema als Bestandteil eines funktionierenden Qualitätsmanagementsystems, so dass richtigerweise von dem Leiter der Herstellung gesprochen werden sollte.
[26] Vgl. *Anhalt,* PharmInd 2007, 769.
[27] Vgl. *Rehmann,* § 19 Rn. 3.
[28] Vgl. *Kloesel/Cyran,* § 19 Anm. 6; *Rehmann,* § 14 Rn. 3.
[29] Richtigerweise müsste es Leiter der Qualitätskontrolle heißen, s. auch Fn. 24.

labors, die im Auftrag tätig werden (Nr. 4), die Kontrolle der Wartung der Räumlichkeiten und der Ausrüstung für die Durchführung der Prüfungen (Nr. 5), die Sicherstellung, dass die notwendigen Validierungen der Prüfverfahren durchgeführt werden (Nr. 6) und die Sicherstellung der erforderlichen anfänglichen und fortlaufenden Schulung des Personals, das im Bereich der Prüfung tätig ist (Nr. 7). Darüber hinaus hat der Leiter der Qualitätskontrolle die **Verantwortlichkeiten** nach Kap. 2 Ziff. 2.8 und Ziff. 2.9 des Teils I des EG-GMP-Leitfadens, wobei die in Ziff. 2.9 genannten Aufgaben die Qualität betreffende Verantwortungsbereiche sind, die mit dem Leiter der Herstellung gemeinsam wahrgenommen oder untereinander aufgeteilt werden können. Nicht in den Verantwortungsbereich des Leiters der Qualitätskontrolle fallen die Prüfungen für die Ergebnisse nach § 22 II 1 Nr. 2 und 3. Der Leiter der Qualitätskontrolle kann externe Sachverständige beiziehen, wenn er nicht über die erforderlichen Spezialkenntnisse verfügt[30].

Unter der Verantwortung des Leiters der Qualitätskontrolle sind Ausgangsstoffe und Endprodukte **22** sowie erforderlichenfalls Zwischenprodukte nach vorher erstellten schriftlichen Anweisungen und Verfahrensbeschreibungen **(Prüfanweisung)** in Übereinstimmung mit der Guten Herstellungspraxis sowie den anerkannten pharmazeutischen Regeln zu prüfen (§ 14 I AMWHV). Die Prüfung jeder Charge gem. der Prüfanweisung ist vollständig zu protokollieren **(Prüfprotokoll),** wobei alle Abweichungen im Prozess und von der Festlegung der Spezifikation zu dokumentieren und gründlich zu untersuchen sind (§ 14 IV AMWHV). Im Übrigen ist der Leiter der Qualitätskontrolle für die Einhaltung der sonstigen Anforderungen des § 14 AMWHV und des Kap. 6 des Teils I des EG-GMP-Leitfadens verantwortlich.

Für **Abwesenheiten** des Leiters der Qualitätskontrolle und für die Notwendigkeit von Vertretungen **23** oder Benennung eines neuen Leiters der Qualitätskontrolle gilt das zum Leiter der Herstellung Gesagte (s. Rn. 19).

Bei der nach § 14 IV zugelassenen **Prüfung im Lohnauftrag** ist danach zu differenzieren, ob der **24** Auftragsprüfbetrieb über eine eigene Herstellungserlaubnis verfügt, was mit dem Inkrafttreten des AMG-ÄndG 2009 in § 13 I 3 ermöglicht wurde (s. § 13 Rn. 23). Hat der Prüfbetrieb (Auftragnehmer) eine Herstellungserlaubnis, sind grundsätzlich der Leiter der Qualitätskontrolle und die sachkundige Person des Prüfbetriebs für die ordnungsgemäße Prüfung der Arzneimittel verantwortlich, soweit deren Durchführung dem Prüfbetrieb nach § 14 IV übertragen werden konnte („teilweise"). Ist dies nicht der Fall, liegt die Verantwortung für die ordnungsgemäße Durchführung der Qualitätsprüfung bei dem Leiter der Qualitätskontrolle und der sachkundigen Person des Auftraggebers[31] (zu den Anforderungen an den zwischen dem Auftraggeber und dem Prüfbetrieb abzuschließenden Vertrag s. § 14 Rn. 41). In beiden Fallkonstellationen verbleibt es aber bei der Verantwortlichkeit der sachkundigen Person des Auftraggebers für die Freigabe der Fertigproduktcharge gem. §§ 16, 25 AMWHV[32]. Etwas anderes gilt nur für reine Vertriebsunternehmen, die über keine eigene Herstellungserlaubnis verfügen. In diesen Fällen kann die sachkundige Person des beauftragten Lohnherstellers (mit Herstellungserlaubnis) die Arzneimittel für das Inverkehrbringen freigeben.

Für die **zivilrechtliche Haftung** des Leiters der Qualitätskontrolle gilt das unter vorstehender **25** Rn. 11 ff. für die Haftung der sachkundigen Person Gesagte.

IV. Organisationsschema

Die Aufgaben der Mitarbeiter in leitender oder verantwortlicher Stellung, die für die Einhaltung der **26** Guten Herstellungspraxis nach § 3 II AMWHV oder der Guten fachlichen Praxis nach § 3 III AMWHV zuständig sind, müssen in **Arbeitsplatzbeschreibungen** vom Inhaber der Herstellungserlaubnis festgelegt werden. Dies ergibt sich auch aus § 12 I 1 und 2 AMWHV, wobei die Überschrift des § 12 verdeutlicht, dass unter dem Personal in leitender und verantwortlicher Stellung die sachkundige Person und der Leiter der Herstellung und der Leiter der Qualitätskontrolle zu verstehen sind. Das kann aber nicht bedeuten, dass stets nur deren Funktionen festgeschrieben werden. Es bedarf vielmehr – je nach Betriebsgröße und Komplexität des Herstellungsbetriebes – der Festlegung der Verantwortungsbereiche des gesamten qualifizierten Personals, wie Kap. 2 Ziff. 2.1 bis 2.3 des Teils I des EG-GMP-Leitfadens zeigt[33]. Hierbei steht es in der Verantwortung des Inhabers der Herstellungserlaubnis, ob er entsprechend den betrieblichen Erfordernissen mehrere sachkundige Personen oder mehrere Leiter der Herstellung oder Leiter der Qualitätskontrolle anstellt oder beauftragt. Die Festlegung der Verantwortungsbereiche des gesamten qualifizierten Personals empfiehlt sich für den Inhaber der Herstellungserlaubnis auch unter dem Gesichtspunkt der Vermeidung eines ihn etwaig treffenden Organisationsverschuldens (s. Rn. 29). Soweit Fertigarzneimittel in den Verkehr gebracht werden sollen, verlangt § 12 II AMWHV, dass

---

[30] Vgl. *Kloesel/Cyran*, § 19 Anm. 8.
[31] Vgl. *Kloesel/Cyran*, § 19 Anm. 9.
[32] Vgl. *Mayer/Porstner*, PharmInd 2008, 237.
[33] Kap. 2 Ziff. 2.5 des Teils I des EG-GMP-Leitfadens zählt die sachkundige Person, den Leiter der Herstellung und den Leiter der Qualitätskontrolle zum „Personal in Schlüsselstellungen" in Abgrenzung zu Mitarbeitern in verantwortlicher Stellung, deren spezifische Aufgaben in Arbeitsplatzbeschreibungen schriftlich niedergelegt werden sollten.

Kügel 373

zusätzlich die Verantwortungsbereiche von Stufenplanbeauftragten nach Maßgabe des § 63a und von Informationsbeauftragten nach Maßgabe des § 74a festgelegt werden. Wer Arzneimittel oder Produkte menschlicher Herkunft herstellt oder einführt, ohne einer Erlaubnis nach § 13 oder § 72 zu bedürfen, hat Personen festzulegen, die für die Herstellung einschließlich der Freigabe, für die Lagerung und für die Qualitätskontrolle verantwortlich sind (§ 12 III AMWHV).

27   Die hierarchischen Beziehungen der verantwortlichen Personen sind in einem **Organisationsschema** zu beschreiben (§ 4 II 3 AMWHV). Zwischen den Verantwortungsbereichen des mit der Anwendung der Guten Herstellungspraxis befassten Personals dürfen keine Lücken oder unbegründete Überlappungen bestehen (§ 4 II 2 AMWHV bzw. Kap. 2 Ziff. 2.3 des Teils I des EG-GMP-Leitfadens). Die Organisationsschemata und Arbeitsplatzbeschreibungen sind nach betriebsinternen Verfahren zu genehmigen (§ 4 II 4 AMWHV).

V. Qualitätsmanagementsystem

28   Nach § 3 AMWHV müssen der Herstellungsbetrieb und Herstellungseinrichtungen über ein funktionierendes Qualitätsmanagementsystem (QM-System) entsprechend Art und Umfang der durchzuführenden Tätigkeiten verfügen. Das QM-System muss die **Gute Herstellungspraxis** nach § 3 II AMWHV oder die **Gute fachliche Praxis** nach § 3 III AMWHV beinhalten und die aktive Beteiligung der Leitung der Betriebe und Einrichtungen sowie des Personals der einzelnen betroffenen Bereiche vorsehen. Alle Bereiche, die mit der Erstellung, Pflege und Durchführung des QM-Systems befasst sind, müssen angemessen mit kompetentem Personal sowie mit geeigneten und ausreichenden Räumlichkeiten und Ausrüstungen ausgestattet werden. Das QM-System muss vollständig dokumentiert sein und auf seine Funktionstüchtigkeit kontrolliert werden. Weitere Anforderungen an das QM-System ergeben sich u. a. aus Kap. 1 des Teils I des EG-GMP-Leitfadens[34] und den §§ 5–8 sowie § 11 AMWHV. Für die Etablierung des für die Herstellung und Prüfung erforderlichen Qualitätsmanagements ist der **Inhaber der Herstellungserlaubnis** verantwortlich (Kap. 1 Grundsätze des EG-GMP-Leitfadens).

VI. Verantwortlichkeit des Inhabers der Herstellungserlaubnis

29   Die Festlegung der Verantwortungsbereiche der sachkundigen Person, des Leiters der Herstellung, des Leiters der Qualitätskontrolle und des sonstigen verantwortlichen Personals enthebt den Antragsteller bzw. Inhaber der Herstellungserlaubnis nicht von seiner eigenen Verantwortung zur Einhaltung der **gesetzlichen Anforderungen,** wie sie sich insbes. aus § 14 und den einschlägigen Vorschriften der AMWHV sowie dem EG-GMP-Leitfaden ergeben. Der Antragsteller bzw. Inhaber der Herstellungserlaubnis muss dafür Sorge tragen, dass das verantwortliche Personal während der Dauer des Bestandes der Herstellungserlaubnis seine gesetzlichen Verpflichtungen erfüllen kann, wie die Ermöglichung zur **Fortbildung** des Personals entsprechend dem Stand von Wissenschaft und Technik und die Bereitstellung sowie ggf. die Ertüchtigung von geeigneten Räumen und Einrichtungen einschließt. Es liegt auch in der Verantwortung des Inhabers der Herstellungserlaubnis ein funktionierendes Qualitätsmanagementsystem nach § 3 AMWHV zu betreiben und ein § 4 II AMWHV entsprechendes Organisationsschema zu etablieren, da ihn anderenfalls eine Haftung aus Organisationsverschulden treffen kann. Unbeschadet dessen haftet der Inhaber der Herstellungserlaubnis nach den §§ 84 ff., sofern er zugleich pharmazeutischer Unternehmer ist (§ 4 XVIII).

30   Interveniert der Inhaber der Herstellungserlaubnis in rechtswidriger Weise bei der Herstellungs- oder Prüfungstätigkeit, ist er für daraus resultierende **Schäden** verantwortlich. Die verantwortliche Person, in deren Aufgabenbereich, etwa der Inhaber der Herstellungserlaubnis eingreift, muss die Ausführung von rechtswidrigen Tätigkeiten oder die Übernahme der Verantwortung für solche Tätigkeiten verweigern. Tut sie dies nicht, haftet sie neben dem Inhaber der Herstellungserlaubnis (s. Rn. 11 ff. und 33 ff.).[35]

C. Bescheinigung der ordnungsgemäßen Herstellung in einem Register (S. 2)

31   Die sachkundige Person hat die Einhaltung der Vorschriften über den Verkehr mit Arzneimitteln (s. Rn. 5) für jede Arzneimittelcharge in einem fortlaufenden Register oder einem vergleichbaren Dokument **vor** deren Inverkehrbringen zu bescheinigen[36]. Sofern nach dem Inverkehrbringen Chargen zurückgerufen werden, ist dies in dem Register oder einem vergleichbaren Dokument zu vermerken

---

[34] Informationen hierzu sind abrufbar unter www.zlg.nrw.de.
[35] Vgl. *Rehmann*, § 19 Rn. 1.
[36] In das Freigaberegister sind einzutragen: Bezeichnung des Fertigarzneimittels und der Chargenbezeichnung, Bestätigung der GMP-konformen Herstellung, Datum, Uhrzeit (bei mehreren Freigaben pro Tag) und Unterschrift der sachkundigen Person. Unter Beachtung des Annexes 11 des EG-GMP-Leitfadens kann auch ein elektronisches Freigaberegister geführt werden.

(§ 17 V 2 AMWHV). Das **Register** besteht aus der Dokumentation der Aufzeichnungen über die Freigabe für das Inverkehrbringen (§§ 16, 25 AMWHV), wobei auch das Datum des Inverkehrbringens festzuhalten ist. Die formalen Anforderungen für die Dokumentation ergeben sich aus § 10 AMWHV und Kap. 4 des Teils I des EG-GMP-Leitfadens.

Das Register muss nur die finale Freigabe der jeweiligen Arzneimittelchargen dokumentieren. Greift **32** die sachkundige Person des Herstellers bei arbeitsteiliger Herstellung im Rahmen eines von ihr anerkannten Qualitätssystems auf die Freigaben von anderen, für die **Produktionszwischenstufen** verantwortlichen sachkundigen Personen zurück, bedarf nur die Freigabe der Fertigproduktcharge zum Verkauf oder zur Distribution der Eintragung in das Register[37]. Dies ergibt sich ohne Weiteres aus den Definitionen für die Fertigproduktcharge und deren Zertifizierung im Glossar des Annex 16 des EG-GMP-Leitfadens. Auch bedarf die Freigabe von Wirkstoffen keiner Registrierung[38].

D. Sanktionen

Eine **strafrechtliche** Verantwortlichkeit der sachkundigen Person als **Täter** ist für Tötungsdelikte **33** (§§ 211, 212 StGB) oder Körperverletzungsdelikte (§§ 222, 223, 224, 226, 227, 229 StGB) nur denkbar, wenn sie rechtswidrig und schuldhaft den ihr durch § 19 auferlegten Pflichten zuwiderhandelt. Eine Strafbarkeit ist aber grundsätzlich nur in den Grenzen der in § 15 vorgeschriebenen Sachkenntnis möglich, da bereits von Gesetzes wegen nicht erwartet werden kann, dass die sachkundige Person über ein Mehr an Wissen und Sachkenntnis verfügt, als in § 15 vorausgesetzt wird. Zudem muss der Tod oder die Körperverletzung des Patienten der sachkundigen Person zurechenbar sein. Dies wird dann anzunehmen sein, wenn der Tod oder die Körperverletzung kausal durch den Verstoß gegen die der sachkundigen Person nach § 19 auferlegten Pflichten herbeigeführt wurde[39]. Allerdings kommt es darüber hinaus nicht auf den Schutzbereich der Norm des § 19 an, da allein ein Verstoß gegen die in Rede stehenden Straftaten gegen das Leben oder die körperliche Unversehrtheit nach dem StGB maßgeblich ist[40].

Die sachkundige Person kann an den in §§ 95 f. genannten Straftatbestände nur als **Gehilfe** (§ 27 **34** StGB) oder **Anstifter** (§ 26 StGB) des Herstellers, also des Inhabers der Herstellungserlaubnis oder des Inverkehrbringers (§ 4 XVII) teilnehmen[41]. Zwar umfasst der Begriff der Herstellung in § 4 XIV u. a. auch das Zubereiten, Be- und Verarbeiten sowie die Freigabe. Jedoch findet sich im Strafbarkeitskatalog der § 95 f. kein Straftatbestand, der einen Verstoß gegen die Verpflichtungen aus § 19 sanktioniert. Gleiches gilt für die AMWHV, die keine Strafvorschriften enthält, jedoch bestimmte Verstöße gegen die dort geregelten Pflichten der sachkundigen Person als Ordnungswidrigkeit einstuft (§ 42 Nr. 1, 2, 3, 4, 5 und 6 AMWHV). Diese gesetzgeberische Entscheidung zeigt, dass die an das Tatbestandsmerkmal der Herstellung anknüpfenden Einzeltatbestände sich nur an den Inhaber der Herstellungserlaubnis richten sollen. Die sachkundige Person leistet Beihilfe, wenn sie dem Hersteller oder Inverkehrbringer zu dessen vorsätzlich begangener rechtswidriger Tat Hilfe leistet. Sie ist Anstifter, wenn sie den Hersteller oder Inverkehrbringer vorsätzlich zu dessen vorsätzlich begangener rechtswidriger Tat bestimmt, d. h. bei diesem den Entschluss zur Tat hervorruft[42]. Als vorsätzlich begangene rechtswidrige Haupttat des Inverkehrbringers kommen insbes. die Straftatbestände des § 95 I Nr. 1 i. V. m. § 5 I; § 95 I Nr. 3a i. V. m. § 8 I Nr. 1 und 1a; § 96 Nr. 3 i. V. m. § 8 I Nr. 2; § 96 Nr. 5 und als vorsätzlich begangene rechtswidrige Haupttat des Inhabers der Herstellungserlaubnis die Straftatbestände des § 95 I Nr. 3a i. V. m. § 8 I Nr. 1 und 1a; § 96 Nr. 3 i. V. m. § 8 I Nr. 2; § 96 Nr. 4 i. V. m. § 13 I in Betracht.

Aufgrund des § 97 II Nr. 31 begeht eine **Ordnungswidrigkeit,** wer vorsätzlich oder fahrlässig einen **35** der Tatbestände des § 42 AMWHV erfüllt. Für die sachkundige Person sind insbes. folgende Tatbestände, die sie in eigener Person erfüllen kann, zu beachten: Nichteinhaltung der Freigabevorschriften (§ 42 Nr. 1 AMWHV Nr. 1 i. V. m. § 16 I oder § 25 II 1 AMWHV), mangelhafte Aufbewahrung von Rückstellmustern (§ 42 Nr. 3, 1. Alt. AMWHV i. V. m. § 18 I AMWHV)[43], mangelhafte Aufbewahrung von Rückstellmustern von Ausgangsstoffen (§ 42 Nr. 3, 2. Alt. AMWHV i. V. m. § 18 II AMWHV)[44] und mangelhafte Aufbewahrung von Prüfpräparatemustern (§ 42 Nr. 4 AMWHV i. V. m. § 18 III 1 AMWHV).

---

[37] Vgl. *Kerchlango/Wanninger*, PharmInd 2005, 662.
[38] BT-Drucks. 15/5316, S. 36.
[39] Vgl. *Rehmann*, § 19 Rn. 2. Zur Zurechenbarkeit vgl. auch *Hardtung*, in: MüKo StGB, § 222 Rn. 11 ff.; *Sternberg-Lieben*, in: Schönke/Schröder, § 15 Rn. 157.
[40] A. A. *Rehmann*, § 19 Rn. 2.
[41] A. A. *Kloesel/Cyran*, § 19 Anm. 17; *Wesch*, PharmInd 2008, 240.
[42] Vgl. *Kügel/Guttmann*, PharmInd 2010, 461.
[43] Vgl. Ziff. 3.1 Annex 19 EG-GMP-Leitfaden.
[44] Vgl. Ziff. 3.2 Annex 19 EG-GMP-Leitfaden.

§ 20 Anzeigepflichten

[1] Der Inhaber der Erlaubnis hat jede Änderung einer der in § 14 Abs. 1 genannten Angaben unter Vorlage der Nachweise der zuständigen Behörde vorher anzuzeigen. [2] Bei einem unvorhergesehenen Wechsel der sachkundigen Person nach § 14 hat die Anzeige unverzüglich zu erfolgen.

Wichtige Änderungen der Vorschrift: § 20 neu gefasst durch Art. 1 Nr. 13 des Vierzehnten Gesetzes zur Änderung des Arzneimittelgesetzes vom 29.8.2005 (BGBl. I S. 2570).

Europarechtliche Vorgaben: Art. 46 Buchst. c) RL 2001/83/EG; Art. 50 Buchst. c) RL 2001/82/EG.

A. Allgemeines

I. Inhalt

1   Mit der Vorschrift wird der Inhaber der Herstellungserlaubnis verpflichtet, jede Änderung der in § 14 I genannten Angaben der zuständigen Behörde unter Vorlage der Nachweise vorher anzuzeigen (S. 1). Nach S. 2 trifft den Inhaber der Erlaubnis die Pflicht, einen unvorhergesehenen Wechsel der sachkundigen Person nach § 14 unverzüglich anzuzeigen.

II. Zweck

2   Die Vorschrift dient dazu, die **zuständige Behörde** dauerhaft während des Bestandes der Herstellungserlaubnis in die Lage zu versetzen, auf alle beabsichtigten und relevanten Änderungen der der Erlaubnis zugrunde liegenden Voraussetzungen angemessen und zeitnah reagieren zu können (etwa nach den §§ 18, 69 I oder durch die Anordnung von Auflagen oder durch eine Abnahmebesichtigung). Mit der dem Erlaubnisinhaber obliegenden Anzeigepflicht soll die zuständige Behörde im Rahmen der von ihr wahrzunehmenden permanenten **Kontrollfunktion** aktiv **unterstützt** werden. Auf diese Weise wird im Bereich der Herstellung von Arzneimitteln auch nach erteilter Herstellungserlaubnis die Arzneimittelsicherheit i. S. d. § 1 gewährleistet.

B. Anzeigepflicht für jede Änderung der Angaben in § 14 Abs. 1 (S. 1)

3   Der Inhaber der Herstellungserlaubnis muss der zuständigen Behörde jede Änderung der für die Erteilung der Herstellungserlaubnis essentiellen Angaben in § 14 I (s. § 14 Rn. 5 ff.) **vor** der Durchführung der Änderung anzeigen und hierbei die für die Änderung relevanten Nachweise vorlegen. Bei einem vorhersehbaren Wechsel der **sachkundigen Person** sind alle Dokumente vorzulegen, um den Nachweis der erforderlichen Zuverlässigkeit (§ 14 I Nr. 3), der Möglichkeit zur ständigen Erfüllung der ihr obliegenden Verpflichtungen (§ 14 I Nr. 4) und der Sachkenntnis (§ 15) zu führen.

4   Änderungen der **Räume oder Einrichtungen** unterliegen gleichfalls der Anzeigepflicht nach § 20[1]. Sie sind aber nur dann anzeigepflichtig, wenn sie wesentlich sind[2], wobei der Erlaubnisinhaber in Anbetracht der Sanktion in § 97 II Nr. 7 (s. Rn. 9) im Zweifel eher die Behörde von der beabsichtigten Änderung informieren sollte. Wann eine wesentliche Änderung der Räume oder Einrichtungen vorliegt, kann nur unter Berücksichtigung der jeweiligen Umstände des Einzelfalles beurteilt werden. Anzeigepflichtig dürften stets raumbezogene Umbauten, der Bezug von Neubauten, die Erweiterung der Räume oder die Anschaffung neuer Maschinen mit anderer technischer Ausstattung als die bisherige sein (s. auch § 16 Rn. 4 und 9). Keine Anzeigepflicht besteht hinsichtlich aller Änderungen, die keinen Bezug zur Herstellung von Arzneimitteln aufweisen, wie z. B. Änderungen im Bereich der Büroräume oder der Außenanlagen. Ungeachtet dessen hat der Inhaber der Herstellungserlaubnis die **Site Master File** stets auf dem Laufenden zu halten und der zuständigen Behörde auf Anforderung zur Verfügung zu stellen[3].

5   Betreffen die beabsichtigten Änderungen die **Art der herzustellenden Arzneimittel oder Arzneimittelformen** oder den Umfang der Herstellungstätigkeit, ist die Beantragung einer erweiterten oder beschränkten Herstellungserlaubnis oder einer **neuen Herstellungserlaubnis** erforderlich (s. § 16 Rn. 9). Eine bloße Änderungsanzeige ist in derartigen Fällen nicht ausreichend, um die Änderungen durchführen zu können.

---

[1] Ebenso *Rehmann*, § 20 Rn. 3. A. A. *Kloesel/Cyran*, § 20 Anm. 4, die solche Änderungen ausschließlich dem Überwachungssystem nach den §§ 64 ff. unterstellen wollen. Dies ist weder mit dem Wortlaut des § 20 S. 1 noch mit der europarechtlichen Vorgabe in Art. 46 Buchst. c) RL 2001/83/EG und Art. 50 Buchst. c) RL 2001/82/EG vereinbar.

[2] Vgl. *Kloesel/Cyran*, § 20 Anm. 4; *Rehmann*, § 20 Rn. 3.

[3] Vgl. *Kloesel/Cyran*, § 20 Anm. 4.

Die Verpflichtung zur vorherigen Anzeige wirft für die Praxis die Frage auf, ob der Erlaubnisinhaber **6** mit dem Zugang der Anzeige die vorgesehene **Änderung** sogleich **vollziehen** kann, ohne eine Reaktion der Behörde abzuwarten. Dies wird jedoch zu verneinen sein, da die vorherige Anzeigepflicht der zuständigen Behörde gerade ermöglichen soll, die vorgelegten Nachweise zu den Änderungen zu prüfen, über die Notwendigkeit einer Abnahmebesichtigung oder andere Maßnahmen zu entscheiden und ggf. Nachforderungen hinsichtlich der einzureichenden Unterlagen zu stellen. Für die Reaktion der Behörde auf eine Änderungsanzeige können die Fristen des § 17 grundsätzlich nicht entsprechend herangezogen werden, da diesen eine Situation zugrunde liegt, bei der die Behörde über einen vollständigen Neuantrag entscheiden muss, während bei den von § 20 erfassten Änderungsanzeigen lediglich über einzelne Aspekte der Erlaubnisvoraussetzungen nach § 14 I zu beschließen ist. Die zuständige Behörde ist demzufolge gehalten, die angezeigte Änderung zügig binnen weniger Wochen zu prüfen und den Erlaubnisinhaber über das Ergebnis der Prüfung zu informieren[4].

C. Anzeigepflicht bei unvorhergesehenem Wechsel der sachkundigen Person (S. 2)

Bei einem unvorhergesehenen Wechsel der sachkundigen Person nach § 14 muss der Erlaubnisinhaber **7** der zuständigen Behörde die Änderung **unverzüglich**, d. h. ohne schuldhaftes Zögern[5], anzeigen. Der Inhaber der Erlaubnis ist, will er die Herstellungserlaubnis weiterhin nutzen können, stets dann verpflichtet, einen Wechsel der sachkundigen Person anzuzeigen, wenn die von ihm benannte und mit der Erlaubniserteilung gebilligte sachkundige Person die ihr obliegenden Verpflichtungen nicht (mehr) ständig erfüllen kann (s. § 14 Rn. 19). Die Ursachen hierfür können vielfältig sein, etwa Krankheit, unerwartet lange Abwesenheit, Beendigung des zugrunde liegenden Dienstverhältnisses oder Tod.

Die bei einem Wechsel der sachkundigen Person vorgesehenen Anzeigepflichten bestehen **nicht** bei **8** entsprechenden Wechseln in der Person des **Leiters der Herstellung** oder des **Leiters der Qualitätskontrolle**. Es spielt auch keine Rolle, ob ein Wechsel vorhersehbar war oder nicht.

D. Sanktionen

Wird die nach § 20 gebotene Anzeige nicht, nicht richtig, nicht vollständig oder nicht rechtzeitig **9** erstattet, kann dies als eine **Ordnungswidrigkeit** nach § 97 II Nr. 7 geahndet werden.

§ 20a Geltung für Wirkstoffe und andere Stoffe

§ 13 Abs. 2 und 4 und die §§ 14 bis 20 gelten entsprechend für Wirkstoffe und für andere zur Arzneimittelherstellung bestimmte Stoffe menschlicher Herkunft, soweit ihre Herstellung oder Prüfung nach § 13 Abs. 1 einer Erlaubnis bedarf.

Wichtige Änderungen der Vorschrift: Geändert durch Art. 1 Nr. 15a des Zwölften Gesetzes zur Änderung des Arzneimittelgesetzes vom 30.7.2004 (BGBl. I S. 2031) und Art. 1 Nr. 18 des Gesetzes zur Änderung arzneimittelrechtlicher und anderer Vorschriften vom 22.7.2009 (BGBl. I S. 1990).

Europarechtliche Vorgaben: Art. 46 Buchst. f) RL 2001/83/EG.

A. Allgemeines

I. Inhalt

Durch die Vorschrift wird die entsprechende Anwendbarkeit der Vorschriften des § 13 II und IV sowie **1** der §§ 14–20 für die Herstellung oder Prüfung von Wirkstoffen und anderen zur Arzneimittelherstellung bestimmten Stoffe menschlicher Herkunft angeordnet, soweit diese Tätigkeiten nach § 13 I erlaubnispflichtig sind[1].

II. Zweck

Mit den Regelungen des § 20a wird die Grundnorm des § 13 I ergänzt und so für die erfassten **2** Wirkstoffe und anderen zur Arzneimittelherstellung bestimmten Stoffe menschlicher Herkunft ein umfassendes System der Erlaubnispflichtigkeit bei der Herstellung oder Prüfung solcher Stoffe geschaffen.

---

[4] Einen Anhaltspunkt als äußerste Grenze bildet insoweit die Ein-Monatsfrist des § 17 II 1, die für die Entscheidung über einen Antrag auf Änderung der Erlaubnis in Bezug auf die herzustellenden Arzneimittel oder die Räume und Einrichtungen i. S. d. § 14 I Nr. 6 gilt.
[5] Vgl. *Ellenberger*, in: Palandt, § 121 Rn. 3.
[1] Zur Entstehungsgeschichte der Norm vgl. *Kloesel/Cyran*, § 20a Anm. 1.

B. Erlaubnispflicht für Wirkstoffe und andere Stoffe

I. Wirkstoffe

3   Der Begriff der Wirkstoffe ist in § 4 XIX **legaldefiniert.** Danach sind Wirkstoffe Stoffe, die dazu bestimmt sind, bei der Herstellung von Arzneimitteln als arzneilich wirksame Bestandteile verwendet zu werden oder bei ihrer Verwendung in der Arzneimittelherstellung zu arzneilich wirksamen Bestandteilen der Arzneimittel zu werden[2] (s. § 4 Rn. 153). Aus § 13 I 1 ergibt sich eine **Einschränkung** der der Erlaubnispflicht unterliegenden Wirkstoffe, da nur solche Wirkstoffe der Erlaubnispflicht unterworfen werden sollen, die menschlicher (s. § 13 Rn. 16), tierischer (s. § 13 Rn. 17) oder mikrobieller Herkunft (s. § 13 Rn. 18) sind oder auf gentechnischem Weg hergestellt werden (s. § 13 Rn. 19), sog. **MTMG-Wirkstoffe** (zur Abgrenzung der Wirkstoffe von Ausgangsstoffen bzw. Zwischenprodukten s. § 13 Rn. 12 ff.).

II. Andere zur Arzneimittelherstellung bestimmte Stoffe menschlicher Herkunft

4   Die entsprechende Anwendbarkeit des § 13 II und IV sowie der §§ 14–20 gilt auch für andere zur Arzneimittelherstellung bestimmte Stoffe menschlicher Herkunft (s. § 13 Rn. 20), soweit ihre Herstellung oder Prüfung nach § 13 I erlaubnispflichtig ist (s. § 13 Rn. 4, 20, 23).

III. Erlaubnispflicht

5   Die Anforderungen an die Erlaubnispflicht für die Herstellung oder Prüfung von Wirkstoffen und anderen zur Arzneimittelherstellung bestimmten Stoffen menschlicher Herkunft ergibt sich aus § 13 I. Auf die dortige Kommentierung wird verwiesen.

IV. Entsprechende Anwendung des § 13 Abs. 2 und 4 und der §§ 14–20

6   Da sich für die in § 20a geregelten Stoffe keine Besonderheiten ergeben, kann auf die Kommentierungen zu § 13 II und IV (s. § 13 Rn. 35 ff., 77 ff.) und zu §§ 14–20 verwiesen werden.

C. Sanktionen

7   Ein vorsätzlicher oder fahrlässiger Verstoß gegen § 20a ist weder straf- noch ordnungswidrigkeitenrechtlich sanktioniert. Die Vorschrift ordnet die entsprechende Anwendbarkeit des § 13 II und IV sowie der §§ 14–20 an, die von den Straf- und Bußgeldvorschriften der §§ 95–97 **nicht** erfasst werden. Werden **Wirkstoffe** i. S. d. § 13 I 1 Nr. 3 oder andere zur Arzneimittelherstellung bestimmte Stoffe menschlicher Herkunft i. S. d. § 13 I 1 Nr. 4 ohne die nach § 13 I erforderliche Erlaubnis hergestellt, stellt dies bei Vorsatz eine **Straftat** nach § 96 Nr. 4 und bei fahrlässiger Begehung eine **Ordnungswidrigkeit** nach § 97 I i. V. m. § 96 Nr. 4 dar.

§ 20b Erlaubnis für die Gewinnung von Gewebe und die Laboruntersuchungen

(1) [1]Eine Einrichtung, die zur Verwendung bei Menschen bestimmte Gewebe im Sinne von § 1a Nr. 4 des Transplantationsgesetzes gewinnen (Entnahmeeinrichtung) oder die für die Gewinnung erforderlichen Laboruntersuchungen durchführen will, bedarf einer Erlaubnis der zuständigen Behörde. [2]Gewinnung im Sinne von Satz 1 ist die direkte oder extrakorporale Entnahme von Gewebe einschließlich aller Maßnahmen, die dazu bestimmt sind, das Gewebe in einem be- oder verarbeitungsfähigen Zustand zu erhalten, eindeutig zu identifizieren und zu transportieren. [3]Die Erlaubnis darf nur versagt werden, wenn

1. **eine angemessen ausgebildete Person mit der erforderlichen Berufserfahrung nicht vorhanden ist, die, soweit es sich um eine Entnahmeeinrichtung handelt, zugleich die ärztliche Person im Sinne von § 8d Abs. 1 Satz 1 des Transplantationsgesetzes sein kann,**
2. **weiteres mitwirkendes Personal nicht ausreichend qualifiziert ist,**
3. **angemessene Räume für die jeweilige Gewebegewinnung oder für die Laboruntersuchungen nicht vorhanden sind oder**
4. **nicht gewährleistet wird, dass die Gewebegewinnung oder die Laboruntersuchungen nach dem Stand der medizinischen Wissenschaft und Technik und nach den Vorschriften der Abschnitte 2, 3 und 3a des Transplantationsgesetzes vorgenommen werden.**

---

[2] Damit steht die Definition in Übereinstimmung mit dem Wirkstoffbegriff des Teils II des EG-GMP-Leitfadens für die gute Herstellungspraxis, abrufbar unter www.zlg.de.

[4] Von einer Besichtigung im Sinne von § 64 Abs. 3 Satz 2 kann die zuständige Behörde vor Erteilung der Erlaubnis nach dieser Vorschrift absehen. [5] Die Erlaubnis wird der Entnahmeeinrichtung von der zuständigen Behörde für eine bestimmte Betriebsstätte und für bestimmtes Gewebe und dem Labor für eine bestimmte Betriebsstätte und für bestimmte Tätigkeiten erteilt. [6] Dabei kann die zuständige Behörde die zuständige Bundesoberbehörde beteiligen.

(1a) § 20c Absatz 4 Satz 1 und 2 und Absatz 5 gilt entsprechend.

(2) [1] Einer eigenen Erlaubnis nach Absatz 1 bedarf nicht, wer diese Tätigkeiten unter vertraglicher Bindung mit einem Hersteller oder einem Be- oder Verarbeiter ausübt, der eine Erlaubnis nach § 13 oder § 20c für die Be- oder Verarbeitung von Gewebe oder Gewebezubereitungen besitzt. [2] In diesem Fall hat der Hersteller oder der Be- oder Verarbeiter die Entnahmeeinrichtung oder das Labor der für diese jeweils örtlich zuständigen Behörde anzuzeigen und der Anzeige die Angaben und Unterlagen nach Absatz 1 Satz 3 beizufügen. [3] Nach Ablauf von einem Monat nach der Anzeige nach Satz 2 hat der Hersteller oder der Be- oder Verarbeiter die Entnahmeeinrichtung oder das Labor der für ihn zuständigen Behörde anzuzeigen, es sei denn, dass die für die Entnahmeeinrichtung oder das Labor zuständige Behörde widersprochen hat. [4] In Ausnahmefällen verlängert sich die Frist nach Satz 3 um weitere zwei Monate. [5] Der Hersteller oder der Be- oder Verarbeiter ist hiervon vor Fristablauf unter Mitteilung der Gründe in Kenntnis zu setzen. [6] Hat die zuständige Behörde widersprochen, sind die Fristen in Satz 3 und 4 gehemmt, bis der Grund für den Widerspruch behoben ist. [7] Absatz 1 Satz 3 bis 6 gilt entsprechend mit der Maßgabe, dass die Erlaubnis nach Absatz 1 Satz 5 dem Hersteller oder dem Be- oder Verarbeiter erteilt wird.

(3) [1] Die Erlaubnis ist zurückzunehmen, wenn nachträglich bekannt wird, dass einer der Versagungsgründe nach Absatz 1 Satz 3 bei der Erteilung vorgelegen hat. [2] Ist einer dieser Versagungsgründe nachträglich eingetreten, so ist die Erlaubnis zu widerrufen; an Stelle des Widerrufs kann auch das Ruhen der Erlaubnis angeordnet werden. [3] Die zuständige Behörde kann die Gewinnung von Gewebe oder die Laboruntersuchungen vorläufig untersagen, wenn die Entnahmeeinrichtung, das Labor oder der Hersteller oder der Be- oder Verarbeiter die für die Gewebegewinnung oder die Laboruntersuchungen zu führenden Nachweise nicht vorlegt.

(4) Die Absätze 1 bis 3 gelten entsprechend für die Gewinnung und die Laboruntersuchung von autologem Blut für die Herstellung von biotechnologisch bearbeiteten Gewebeprodukten.

(5) [1] Der Inhaber der Erlaubnis hat der zuständigen Behörde jede Änderung der in Absatz 1 Satz 3 genannten Voraussetzungen für die Erlaubnis unter Vorlage der Nachweise vorher anzuzeigen und er darf die Änderung erst vornehmen, wenn die zuständige Behörde eine schriftliche Erlaubnis erteilt hat. [2] Bei einem unvorhergesehenen Wechsel der angemessen ausgebildeten Person nach § 20b hat die Anzeige unverzüglich zu erfolgen.

Wichtige Änderungen der Vorschrift: Abs. 4 angefügt durch Art. 1 Nr. 19 des Gesetzes zur Änderung arzneimittelrechtlicher und anderer Vorschriften vom 17.7.2009 (BGBl. I S. 1990). Abs. 1a und Abs. 5 angefügt durch Art. 1 Nr. 13 des Zweiten Gesetzes zur Änderung arzneimittelrechtlicher und anderer Vorschriften vom 19.10.2012 (BGBl. I S. 2192).

Europarechtliche Vorgaben: Art. 5 RL 2004/23/EG.

Literatur: *v. Auer*, Das GewebeG – Hintergründe und Konsequenzen, Transfus Med Hemother 2008, 407; *Heinemann/Löllgen*, Die Umsetzung der Europäischen Geweberichtlinie durch das deutsche Gewebegesetz, PharmR 2007, 183; *Faltus/Schulz*, Die arzneimittelrechtliche Handhabung zellbasierter Therapien in Point-of-Care-Behandlungsmodellen, PharmR 2015, 228; *Pannenbecker*, Rechtsrahmen für Blutstammzellen – Anforderungen und Probleme des Gewebegesetzes; *ders.,* „Wie ein Gesetz total zerfleischt wird": Die Geweberichtlinie 2004/23/EG und deren Umsetzung durch das Gewebegesetz, in: IURI PHARMACEUTICO, Festschrift für Axel Sander zum 65. Geburtstag, 247; *ders.,* Verhältnis der Richtlinien 2004/23/EG und 2006/17/EG gegenüber abweichenden Anforderungen der §§ 13 ff. AMG und der PharmBetrV/AMWHV für Stellen, die menschliche Gewebe oder Zellen zum Zweck der Arzneimittelherstellung entnehmen, PharmR 2006, 363; *Roth*, Beschränkungen beim Umgang mit menschlichem Gewebe durch arzneimittelrechtliche Genehmigungen, PharmR 2008, 108; *Schmidt*, GMP in Gewebeeinrichtungen, PharmInd 2010, 2130.

Übersicht

A. Allgemeines

I. Inhalt

1   Abs. 1 S. 1 normiert das Erfordernis einer Erlaubnis für die Gewinnung von Gewebe i. S. d. § 1a Nr. 4 TPG und enthält eine Klammerdefinition des Begriffs „Entnahmeeinrichtung". Außerdem ist nach Abs. 1 S. 1 die Durchführung der für die Gewinnung erforderlichen Laboruntersuchungen erlaubnispflichtig. Abs. 1 S. 2 definiert, was unter der nach Abs. 1 S. 1 erlaubnispflichtigen „Gewinnung" zu verstehen ist. Abs. 1 S. 3 enthält abschließend die einer Erlaubniserteilung entgegenstehenden Versagungsgründe. Abs. 1 S. 4 gestattet es der Erlaubnis erteilenden Behörde, von einer Abnahmeinspektion vor Erteilung der Erlaubnis abzusehen. Abs. 1 S. 5 präzisiert den Gegenstand der Erlaubniserteilung und Abs. 1 S. 6 ermöglicht es der Erlaubnis erteilenden Behörde, die zuständige Bundesoberbehörde, das ist gem. § 77 II das PEI, an dem Verfahren zu beteiligen. Durch Abs. 1a sind die Vorschriften zum Mängelbeseitigungsverfahren nach § 20c IV 1 und 2 sowie zur Bescheidungsfrist nach § 20c V im Verfahren nach § 20b I entsprechend anwendbar.

2   Gem. Abs. 2 S. 1 benötigt abweichend von Abs. 1 derjenige keine eigene Erlaubnis für die Gewinnung von Gewebe oder für die Laboruntersuchung, der diese Tätigkeiten unter vertraglicher Bindung mit einem Hersteller oder mit einem Be- oder Verarbeiter ausübt, der eine Erlaubnis nach § 13 oder nach § 20c für die Be- oder Verarbeitung von Gewebe oder Gewebezubereitungen besitzt. Die Erlaubnis wird nach Abs. 2 S. 7 dem Hersteller bzw. dem Be- oder Verarbeiter erteilt, der mit der Entnahmeeinrichtung vertraglich zusammenarbeitet. Abs. 2 S. 2–6 enthalten die für das Verfahren nach Abs. 2 maßgeblichen Regelungen.

3   Abs. 3 enthält Vorschriften zur Rücknahme (S. 1), zum Widerruf bzw. zur Anordnung des Ruhens (S. 2) und zur vorläufigen Untersagung der Gewinnung von Gewebe oder der Laboruntersuchung. Nach Abs. 4 gelten Abs. 1–3 entsprechend für die Gewinnung und Laboruntersuchung von autologem Blut, welches zur Herstellung biotechnologisch bearbeiteter Gewebeprodukte bestimmt ist. Abs. 5 regelt das Verfahren bei nachträglichen Änderungen.

II. Zweck

4   Nach **Art. 5 I i. V. m. Art. 1 RL 2004/23/EG** müssen Gewebe, die zur Verwendung beim Menschen bestimmt sind, von Personen unter Bedingungen beschafft (vgl. Art. 3 Buchst. f) RL 2004/23/

EG) und getestet werden, die behördlich zugelassen, benannt, genehmigt oder lizenziert wurden. Gem. **Art. 5 II 2 RL 2004/23/EG** müssen auch die für Spender vorgeschriebenen Untersuchungen von einem qualifizierten Labor ausgeführt werden, welches behördlich zugelassen, benannt, genehmigt oder lizenziert wurde. Der mit dem GewebeG in das AMG aufgenommene § 20b dient der Umsetzung dieser Richtlinienvorgaben, wobei zu bedenken ist, dass die RL 2004/23/EG ausweislich ihres Art. 4 II lediglich eine Mindestharmonisierung beinhaltet.

Bereits mit der 12. AMG-Novelle hatte der Gesetzgeber den Versuch unternommen, Art. 5 **5** RL 2004/23/EG umzusetzen, indem das gewerbs- oder berufsmäßige Herstellen – und damit auch deren „Gewinnen" (§ 4 XIV) – von zur Arzneimittelherstellung bestimmten Stoffen menschlicher Herkunft der Herstellungserlaubnis nach § 13 I 1 unterstellt wurde[1]. Im Zuge des Gesetzgebungsverfahrens zum GewebeG hat er diesen Regelungsansatz verlassen und in § 20b die „ausschließlich für die Gewinnung von Geweben und die Testung der Spenderproben (Laboruntersuchungen) geltenden Vorschriften konzentriert"[2]. Zugleich hatte er durch den neuen § 13 I 4 und durch die Änderung des § 14 IV Nr. 4 klargestellt, dass die Herstellungserlaubnis für die Gewinnung von Gewebe nicht einschlägig ist. § 13 steht nicht in einem Alternativverhältnis zu §§ 20b[3], sondern die Herstellungserlaubnis nach § 13 I ist für die in § 20b I 2 definierte Gewinnung von Gewebe irrelevant, was sich nun unmittelbar aus § 13 Ia Nr. 1 ergibt (zu den Übergangsvorschriften s. § 144 II und III). Art. 5 i. V. m. Art. 1 RL 2004/23/EG fordern ein behördliches Genehmigungsverfahren für die Gewinnung von jedem Gewebe unabhängig von der Rechtsnatur des „zur Verwendung beim Menschen" bestimmten Gewebes, weshalb die Beschränkung der Erlaubnispflicht auf Gewebe, welches zur Arzneimittelherstellung bestimmt ist, nicht aufrechterhalten bleiben konnte[4]. Auch für die Gewinnung von Gewebe, welches zur Herstellung von Arzneimitteln für neuartige Therapien bestimmt ist, ist entgegen vereinzelter Angaben in der Literatur[5] keine Herstellungserlaubnis nach § 13 sondern eine Erlaubnis nach § 20b erforderlich. Infolge der Verlagerung des Regelungsbereichs der Gewebegewinnung von § 13 in den Anwendungsbereich des § 20b ist eine Übergangsregelung erforderlich, die sich in § 142 II wiederfindet. Zudem wird auf § 142 III hingewiesen.

B. Erlaubnis für die Gewinnung und Laboruntersuchung (Abs. 1)

Abs. 1 S. 1 enthält zwei Erlaubnistatbestände: Zum einen bedarf eine Einrichtung, die zur Verwen- **6** dung beim Menschen bestimmte Gewebe i. S. d. § 1a Nr. 4 TPG gewinnen will, einer Erlaubnis der zuständigen Landesbehörde. Zum anderen benötigt eine Einrichtung, die die für die Gewinnung erforderlichen Laboruntersuchungen durchführen will, eine solche Erlaubnis. Zwar werden im AMG herkömmlicherweise neben der **„Einrichtung"**[6] auch **„Betriebe"**[7] genannt[8]. Indessen besteht zwischen den Begriffen keine trennscharfe Abgrenzung und daraus, dass in § 20b I 1 nur von einer Einrichtung die Rede ist, kann **keine Beschränkung des Kreises der potentiellen Erlaubnisinhaber** auf nicht-gewerblich Handelnde hergeleitet werden[9].

---

[1] Vgl. BT-Drucks. 15/2360, S. 14; vgl. hierzu ergänzend *Pannenbecker*, PharmR 2006, 363 f.; *ders.*, in: FS Sander, S. 247, 266.

[2] Vgl. BT-Drucks. 16/5443, S. 57.

[3] So aber offenbar *Roth*, PharmR 2008, 108, 111; *Roth* vermisst eine Abgrenzung der Regelungsbereiche von § 20b und 13, die indes schon durch § 13 I 4 i. d. F des GewebeG gegeben war, vgl. hierzu BT-Drucks. 16/5443, S. 56. Zwischenzeitig gilt insofern § 13 Ia Nr. 1. Vgl. im Übrigen die Antwort der Bundesregierung auf die Kleine Anfrage der Abgeordneten Dr. Terpe u. a., BT-Drucks. 16/9988, S. 2: „Die Vorschriften des GewebeG regeln die Entnahme und Testung von Gewebe und Zellen, die für die Herstellung der Arzneimittel für neuartige Therapien benötigt werden."

[4] Vgl. *Pannenbecker*, PharmR 2006, 363, 368 f. Die RL 2004/23/EG und 2006/17/EG gelten für die Spende, Beschaffung und Testung von Geweben zur Verwendung beim Menschen unabhängig davon, ob das Gewebe als Arzneimittel oder als Medizinprodukt (in Form von in-vitro-Diagnostika, vgl. 32. Erwägungsgrund und Art. 1 Abs. 4 der RL 98/79/EG) zur Anwendung kommt (vgl. 4. Erwägungsgrund zur RL 2004/23/EG). Als Kosmetikum kann menschliches Gewebe nicht verwendet werden, denn nach Art. 14 I Buchst. a) VO (EG) Nr. 1223/2009 i. V. m. deren Anhang II Nr. 416 dürfen kosmetische Mittel keine Zellen, Gewebe oder Erzeugnisse menschlichen Ursprungs enthalten (vgl. hierzu auch 10. Erwägungsgrund zur RL 2004/23/EG).

[5] So *Feltus/Schulz*, PharmR 2015, 228, 235. Es ist im Übrigen unzutreffend, aus § 13 Ia Nr. 2 abzuleiten, dass bei Anwendbarkeit des § 20d das Erfordernis einer Herstellungserlaubnis „wiederauflebe". § 20d dient nicht dazu, im selben Anwendungsbereich die Anforderungen zu verschärfen und an die Stelle der Erlaubnisse nach §§ 20b, 20c die Herstellungserlaubnis treten zu lassen, vielmehr soll die Tätigkeit erlaubnisfrei sein (vgl. hierzu die Kommentierung zu § 20d).

[6] Hierunter werden im allgemeinen Stellen verstanden, die im Rahmen des Gesundheitswesens am Arzneimittelverkehr beteiligt sind, wobei es werden auch nicht gewerblich tätige Stellen erfasst, vgl. *Sander*, § 64 Erl. 2 und § 67 Erl. 1, und es werden auch nicht gewerblich tätige Stellen erfasst, vgl. *Kloesel/Cyran*, § 64 Anm. 15.

[7] Während *Sander*, § 64 Erl. 2 hierunter alle gewerblichen Niederlassung versteht, setzt der Betriebsbegriff nach *Kloesel/Cyran*, § 64 Anm. 15 nicht zwingend die Gewerbsmäßigkeit voraus.

[8] Vgl. §§ 14 IV Nr. 4, 15 IIIa Nr. 4, 25 V 3, 42 III 2 Nr. 3, 54 I 1, 59a I und II 2, 59c 1, 63b Va 1, 63c II 2, 64 I 1, III 2 und 7 sowie IV Nr. 4, 67 I 1 und 5, 69a, 122, 133.

[9] Dabei ist das Gewebehandelsverbot des § 17 I TPG im Auge zu behalten. Man fragt sich in Anbetracht dieses Verbotes, auf welcher Evidenzbasis die Annahme von *Roth*, PharmR 2008, 108, beruht, wonach der Handel mit Herzklappen ungleich besser floriere, als der mit Organen.

I. Gewinnungserlaubnis (S. 1, 1. Alt. und S. 2)

7   Gem. **Abs. 1 S. 1** ist die Gewinnung von Gewebe i. S. d. § 1a Nr. 4 TPG, welches **zur Verwendung beim Menschen bestimmt** ist, erlaubnispflichtig (s. zum Begriff Gewebe § 4 Rn. 234)[10]. In Anbetracht des Art. 3 Buchst. l) RL 2004/23/EG ist eine Bestimmung zur Verwendung bei Menschen bei jeglichem Einsatz von Gewebe in oder an einem menschlichen Empfänger sowie bei extrakorporalen Anwendungen gegeben. Inhaltlich sind die Bestimmungen zur „Verwendung beim Menschen" und zur „Übertragung" i. S. d. § 1a Nr. 7 TPG[11] somit deckungsgleich[12]. **Abs. 1 S. 2** definiert **„Gewinnung"** i. S. d. Abs. 1 S. 1 als die direkte oder extrakorporale Entnahme von Gewebe einschließlich aller Maßnahmen, die dazu bestimmt sind, das Gewebe in einem be- oder verarbeitungsfähigen Zustand zu erhalten, eindeutig zu identifizieren und zu transportieren. Der Begriff „Gewinnung" umfasst insbesondere die **direkte oder extrakorporale Entnahme** von Gewebe. Unter der extrakorporalen Entnahme ist die Entnahme von Gewebe aus einem Organ i. S. d. § 1a Nr. 1 TPG zu verstehen, das zum Zwecke der Übertragung (§ 1a Nr. 7 TPG) entnommen wurde und von dem sich herausstellt[13], dass es als Organ nicht übertragen werden kann. Während die Entnahme des Organs nicht § 20b unterliegt, ist die Vorschrift auf die Entnahme von Gewebe aus dem entnommenen Organ anwendbar. Werden im Rahmen einer Operation Gewebe(reste) entnommen, welche zur Verwendung bei Menschen bestimmt sind, so handelt es sich um eine erlaubnispflichtige direkte Gewinnung[14]. Weiterhin zählen zur Gewinnung **alle Maßnahmen,** die dazu bestimmt sind, das **Gewebe in einem be- oder verarbeitungsfähigen Zustand** zu erhalten, eindeutig zu **identifizieren** und zu **transportieren.** Der Begriff der „Gewinnung" erfasst somit alle zur Beschaffung (Art. 3 Buchst. f) RL 2004/23/EG) zählenden Tätigkeiten, wozu auf der Grundlage des Art. 2 V 2 RL 2006/17/EG außer der Entnahme auch die Verpackung, Kennzeichnung und Beförderung von Geweben und Zellen zum Ankunftsort in der Gewebebank zählen (dazu, ob eine Entnahmeeinrichtung, die von ihr gewonnene Gewebe an eine Gewebeeinrichtung abgibt, eine Erlaubnis gem. § 20c benötigt, s. § 20c Rn. 13–15). Die RL 2006/17/EG enthält technische Vorschriften für die Beschaffung von Gewebe, die in der TPG-GewV[15] und in § 34 AMWHV umgesetzt wurden.

8   Mit der Klammerdefinition des Begriffs **„Entnahmeeinrichtung"** in Abs. 1 S. 1 stimmt die Definition der „Entnahmeeinrichtung" in § 2 Nr. 11 AMWHV überein. Eine „Entnahmeeinrichtung" i. S. d. Abs. 1 S. 1 ist unter Anwendungsbereich des TPG eine Gewebeeinrichtung gem. § 1a Nr. 8 TPG, denn diese Begriffsbestimmung des TPG umfasst auch Einrichtungen, die Gewebe zum Zwecke der Übertragung entnehmen[16]. Der auch im AMG in § 63i III und V verwendete Begriff der „Gewebeeinrichtung" wird jedoch nicht im AMG, sondern nur in § 2 Nr. 10 AMWHV definiert. Da die Begriffsbestimmungen des § 1a TPG grundsätzlich[17] (zum Gewebebegriff s. auch § 4 Rn. 234) nur für das TPG maßgeblich sind[18], und im Lichte des § 2 Nr. 10 und Nr. 11 AMWHV arzneimittelrechtlich eine Entnahmeeinrichtung nicht zugleich auch eine Gewebeeinrichtung sein muss, ist der transplantationsrechtliche Begriff der Gewebeeinrichtung aus § 1a Nr. 8 TPG für den Anwendungsbereich des AMG nicht verwendbar[19].

II. Erlaubnis für Laboruntersuchungen (S. 1, 2. Alt.)

9   Auch die für die Gewinnung erforderlichen **Laboruntersuchungen** (sog. **Spendertestung**) sind nach Abs. 1 S. 1 erlaubnispflichtig. Dies korrespondiert mit § 8e 1 TPG, wonach die für Gewebespender nach § 8d I 2 Nr. 3 TPG vorgeschriebenen Laboruntersuchungen nur von einem Untersuchungslabor

[10] Entgegen *Heinemann/Löllgen*, PharmR 2007, 183, 185 sind Blutzubereitungen i. S. d. § 4 II kein Gewebe gem. § 1a Nr. 4 TPG, was sich aus § 1 II Nr. 2 TPG ergibt. Vgl. auch BR-Drucks. 688/09, S. 14.
[11] „Übertragung" ist hiernach die Verwendung von Organen oder Gewebe in oder an einem menschlichen Empfänger sowie die Anwendung beim Menschen außerhalb des Körpers.
[12] Anders wohl *Müller-Terpitz*, in: Höfling, § 8d Rn. 11. Zwischen „Verwendung" und „Anwendung" besteht in der Sache kein Unterschied; anders *Czerner*, in: Höfling, § 1a Rn. 67.
[13] Hierbei sind die Vorgaben des § 9 III TPG zum Vorrang der Organspende zu beachten.
[14] Vgl. *v. Auer*, Transfus Med Hemother 2008, 407, 410.
[15] Vgl. BR-Drucks. 939/07, S. 20: „Die Verordnung findet zum einen Anwendung auf Gewebeeinrichtungen, die Gewebe entnehmen (Entnahmeeinrichtungen) oder die die für Gewebespender erforderlichen Laboruntersuchungen durchführen oder durchführen lassen. Dies sind die Gewebeeinrichtungen, die eine Erlaubnis nach § 20b des Arzneimittelgesetzes benötigen."
[16] Der Begriff Entnahmeeinrichtung wird im TPG nicht verwendet, dort ist von einer „Gewebeeinrichtung, die Gewebe entnimmt oder untersucht" (vgl. § 8d Abs. 1 Satz 1 TPG) bzw. von der „gewebeentnehmenden Gewebeeinrichtung" (vgl. § 7 Abs. 2 Nr. 8 TPG) die Rede. Lediglich in § 1 TPG-GewV findet sich eine transplantationsrechtliche Definition des Begriffs „Entnahmeeinrichtung" wieder („Gewebeeinrichtungen i. S. d. § 1a Nr. 8 TPG, die Gewebe i. S. d. § 1a Nr. 4 TPG entnehmen.").
[17] Der Gewebebegriff des § 1a Nr. 4 TPG ist indes auch im AMG maßgeblich, da das AMG hieran mehrfach (§§ 4 XXX, 13a Nr. 1, 20b I 1, 72b I 1) anknüpft.
[18] Vgl. BT-Drucks. 16/3146, S. 60, wonach die Begriffsbestimmungen des § 1a TPG nur für das TPG gelten.
[19] Anders *v. Auer*, Transfus Med Hemother 2008, 407, 409.

vorgenommen werden dürfen, für das eine Erlaubnis nach den Vorschriften des AMG erteilt worden ist[20]. Die für die Gewinnung erforderlichen Laboruntersuchungen[21] ergeben sich aus § 4 TPG-GewV. Die Entnahmeeinrichtung ist für die Bewertung der für Spender vorgeschriebenen Labortests verantwortlich,[22] was aus der Pflicht zu Freigabe des Gewebes für die Aufbereitung, Be- oder Verarbeitung gem. § 34 VII 5 AMWHV, 5 II 2 TPG-GewV ersichtlich ist[23]. Das Untersuchungslabor, welches die für die Gewinnung nötigen Laboruntersuchungen durchführt, wird in § 2 Nr. 13 AMWHV als „**Gewebespenderlabor**" definiert.

III. Voraussetzungen für die Erlaubniserteilung (S. 3)

Die Voraussetzungen für die Erteilung der Gewinnungserlaubnis und der Erlaubnis hierfür erforderlichen Laboruntersuchungen ergeben sich aus Abs. 1 S. 3, wonach die Erlaubnis nur versagt werden darf, wenn eine der dort in Nr. 1–Nr. 4 abschließend aufgelisteten Anforderungen nicht erfüllt wird. Der Antragsteller hat einen **Rechtsanspruch** auf Erteilung einer entsprechenden Erlaubnis, wenn er diese Anforderungen erfüllt. **10**

1. Vorhandensein einer angemessen ausgebildeten und erfahrenen Person sowie eines Arztes mit der nach dem Stand von Wissenschaft und Technik erforderlichen Sachkunde (Nr. 1). Nach Abs. 1 S. 3 Nr. 1 muss der Antragsteller über „**eine angemessen ausgebildete Person mit der erforderlichen Berufserfahrung**" verfügen. Diese Person „kann" in Bezug auf die Entnahmeeinrichtung zugleich die „ärztliche Person" i. S. d. § 8d I 1 TPG – dort als „**Arzt**" bezeichnet – sein. In der Entnahmeeinrichtung muss ein Arzt bestellt worden sein, der die erforderliche Sachkunde nach dem Stand der medizinischen Wissenschaft für die beabsichtigte Gewebeentnahme besitzt[24]. Dies setzt voraus, dass dieser Arzt mit dem Entnahmeverfahren und der Spenderauswahl vertraut ist. Das Fehlen einer ärztlichen Person i. S. d. § 8d I 1 TPG in der Entnahmeeinrichtung stellt zwar nicht gem. § 20b I 3 Nr. 1, wohl aber über § 20b I 3 Nr. 4 i. V. m. dem Abschnitt 3a des TPG einen der Erlaubniserteilung entgegenstehenden Versagungsgrund dar. Für die in einer Entnahmeeinrichtung anfallenden Tätigkeiten, die nicht unmittelbar mit der Entnahme zusammenhängen, kann auch eine Person, die nicht Arzt ist, angemessen ausgebildet und berufserfahren sein. Es ist nicht gesetzlich festgehalten, wann von einer angemessenen Ausbildung und der erforderlichen Berufserfahrung gem. Abs. 1 S. 3 Nr. 1 auszugehen ist. Jedenfalls ist dies bei Personen der Fall, die über die Sachkenntnisse einer verantwortlichen Person gem. § 20c III verfügen und seit mindestens zwei Jahren im Bereich der Entnahme des jeweiligen Gewebes praktisch tätig sind[25]. In einem Gewebespenderlabor richtet sich die angemessene Ausbildung und erforderliche Berufserfahrung der Person gem. Abs. 1 S. 3 Nr. 1 nach den dort durchzuführenden Tests. Im Übrigen kann in einer Entnahmeeinrichtung nicht nur eine einzige Person i. S. d. Abs. 1 S. 3 Nr. 1 oder nur ein einziger Arzt i. S. d. § 8d I 1 TPG bestellt werden. Zwar bestimmt Art. 17 II Buchst. a) RL 2004/23/EG, dass die von der Gewebeeinrichtung benannte verantwortliche Person dafür verantwortlich ist, dass die Gewebe u. a. im Einklang mit der RL und dem Recht des Mitgliedstaates beschafft werden. Diese Vorgaben sind jedoch auch dann erfüllt, sofern klar geregelt ist, welche Entnahmen in den Verantwortungsbereich welcher „verantwortlichen Person" fallen. In diesem Rahmen können z. B. auch mehrere Belegärzte in einer Klinik im Rahmen einer Erlaubnis Gewebe entnehmen, obwohl diese im Hinblick auf die Entnahme von Gewebe bei ihren Patienten nicht gegenüber einem Arzt der Klinik/Entnahmeeinrichtung weisungsunterworfen sind. **11**

2. Ausreichende Qualifikation weiteren mitwirkenden Personals (Nr. 2). Weiteres, bei der Gewinnung oder Laboruntersuchung mitwirkendes Personal muss nach Abs. 1 S. 3 Nr. 2 „ausreichend qualifiziert" sein. Auch diese ausreichende Qualifikation ist nicht legaldefiniert. Nicht nur die Person nach Abs. 1 S. 3 Nr. 1, sondern auch das mitwirkende Personal kann bei entsprechender Qualifikation selbst Gewebe entnehmen[26]. Die wegen Art. 2 II RL 2006/17/EG insofern erforderlichen **Schulungsanforderungen** wurden auf Verordnungsebene durch **§ 34 I 2 und 3 AMWHV** präzisiert[27]. Ob das **12**

---

[20] Für die Laboruntersuchung durch das Untersuchungslabor gelten nicht die Anforderungen des § 8d TPG, sondern es ist allein § 8e TPG maßgeblich, vgl. BT-Drucks. 16/3146, S. 30.

[21] In der transplantationsrechtlichen Terminologie ist von den „für Gewebespender vorgeschriebenen" bzw. „erforderlichen Laboruntersuchungen" – vgl. §§ 8d I 2 Nr. 3, 8e TPG, § 4 TPG-GewV – die Rede.

[22] Vgl. BR-Drucks. 939/07, S. 21: „Soweit die Entnahmeeinrichtung die Laboruntersuchung nicht selbst durchführt, sondern ein spezielles Untersuchungslabor damit beauftragt, bleibt sie dennoch verantwortlich für die Durchführung der Laboruntersuchung."

[23] Art. 2 V Buchst. d) RL 2006/17/EG schreibt für die Entnahme vor, dass SOP für die Überprüfung der Bewertung der für Spender vorgeschriebenen Labortests vorliegen müssen.

[24] Vgl. BT-Drucks. 16/3146, S. 30 zu § 8d.

[25] Vgl. *Müller-Terpitz*, in: Höfling, § 8d Rn. 16 und Rn. 118, unter Verweis auf Art. 17 I Buchst. b) RL 2004/23/EG, der partiell durch § 20c III umgesetzt wurde.

[26] Bei lebenden Spendern muss die Entnahme durch einen Arzt erfolgen (§ 8 I S. 1 Nr. 4 bzw. § 8c I Nr. 3 TPG); bei verstorbenen Spendern kann Gewebe auch durch andere qualifizierte Personen unter Verantwortung und fachlicher Weisung eines Arztes entnommen werden (§ 3 I 2 TPG).

[27] Vgl. ergänzend *Pannenbecker*, Rechtsrahmen für Blutstammzellen, S. 29 f.

mitwirkende Personal ausreichend qualifiziert ist, muss außerdem in Bezug auf dessen jeweilige Tätigkeit (z. B. der „OP-Schwester") unter Beachtung der jeweils einschlägigen berufsrechtlichen Vorgaben ermittelt werden[28].

13   **§ 34 VII 5 AMWHV** sieht vor, dass *„die für die Entnahme verantwortliche Person"* im Entnahmebericht zu bestätigen hat, dass die Entnahme entsprechend der Entnahmeanweisung durchgeführt worden ist und die Gewebe für die Aufbereitung, Be- oder Verarbeitung, Konservierung oder Aufbewahrung i. S. d. § 8d I 1 Nr. 4 TPG freigegeben sind. Hiermit soll Art. 5 RL 2006/17/EG i. V. m. Anhang IV Nr. 1.4.2 Buchst. d) umgesetzt werden[29]. Eine **Freigabe des entnommenen Gewebes** zur weiteren Be- oder Verarbeitung etc., die zwingend von dem die Entnahme durchführenden Arzt vorzunehmen ist, ist jedoch in den RL 2004/23/EG oder 2006/17/EG nicht vorgesehen. Zwar enthalten diese RL nur eine Mindestharmonisierung (Art. 4 II RL 2004/23/EG), strengere nationale Schutzmaßnahmen (vgl. Art. 168 IV Buchst. a) AEUV) sind aber nur dann zulässig, wenn sie mit dem AEUV in Einklang stehen, also zur Sicherstellung eines hohen Gesundheitsschutzniveaus auch unter Beachtung des Verhältnismäßig-keitsprinzips erforderlich sind,[30] wobei den Mitgliedstaaten ein Beurteilungsspielraum zusteht[31]. Jedoch ist für die Beurteilung der Verhältnismäßigkeit einer nationalen Regelung von Bedeutung, welche Regelungsstruktur die Richtlinienvorgaben haben[32]. Die RL 2006/86/EG[33] enthält detaillierte Anforde-rungen an die Genehmigung der Gewebebank (d. h. Gewebeeinrichtung) und fordert in Anhang I A. Nr. 7 ein System unter der Aufsicht der verantwortlichen Person[34], das sicherstellt, dass das Gewebe den Anforderungen an Sicherheit und Qualität für die Freigabe entspricht und sie enthält in Anhang II C. außerdem Regelungen zur *„Freigabe der Produkte"*. Diese Vorgaben gelten nicht für die Entnahme-einrichtung und die von ihr beschafften Gewebe vor ihrer Überlassung an die Gewebeeinrichtung. Auch die Ergänzungen dieser RL durch die RL (EU) 2015/565 verdeutlichen, dass es keiner Freigabe von Gewebe seitens der Entnahmeeinrichtung[35] bedarf. Der einheitliche europäische Code[36] erfasst nach Art. 10 I 1 RL 2006/86/EG Gewebe, das zur Verwendung beim Menschen verteilt wird[37] und Art. 10 I 2 RL 2006/86/EG verlangt für sonstige Gewebe, die *„für den Verkehr freigegeben"* werden, zumindest die Spendenkennungssequenz[38] zu vermerken. Art. 2 Buchst. w) RL 2006/86/EG definiert *„für den Verkehr freigeben"*[39] als die Verteilung zur Verwendung beim Menschen oder die Überlassung an einen anderen Akteur, zum Beispiel zur Weiterverarbeitung mit oder ohne Rückgabe. Aus Art. 10b I Buchst. b) und c) RL 2006/86/EG ist ersichtlich, dass hiermit nicht die Überlassung von Gewebe durch eine Entnahme-einrichtung (Beschaffungsorganisation) an eine Gewebeeinrichtung zu verstehen ist, denn nach Buchst. b) ist erst *„nach der Beschaffung der Gewebe … oder bei Erhalt derselben von einer Beschaffungsorganisation"* eine Spendenkennungssequenz von der Gewebeeinrichtung zuzuteilen und Buchst. c) regelt, dass sie – die Gewebeeinrichtungen – die Spendenkennungssequenz nicht mehr ändern, wenn sie den für den Verkehr freigegebenen Geweben zugeteilt worden ist. Eine zwingend in der Entnahmeeinrichtung verortete Freigabe des Gewebes zur weiteren Be- und Verarbeitung etc. kann in Anbetracht dieser umfassenden Anforderungen an die Freigabe von zur Verteilung bestimmtem Gewebe durch die Gewebeeinrichtung nicht auch an der Schnittstelle zwischen Entnahmeeinrichtung und Gewebeeinrichtung als zur Sicher-stellung eines hohen Gesundheitsschutzniveaus erforderlich angesehen werden. Ein identisches Gesund-heitsschutzniveau besteht auch, wenn die Freigabe zur weiteren Be- oder Verarbeitung bzw. Herstellung

---

[28] Z.B. im Hinblick auf „OP-Schwester/Pfleger" das KrPflG i. V. m. den landesrechtlichen Weiterbildungsordnun-gen zum Operationsdienst und Endoskopiedienst.

[29] Vgl. BR-Drucks. 938/07 (Beschluss), S. 9.

[30] Vgl. Schlussanträge Generalanwalt *Mengozzi* i. S. C-528/13, Rn. 48; *EuGH*, Urt. v. 29.4.2015, C-528/13, Rn. 58 – Léger; *EuGH*, Urt. v. 9.12.2010, C-421/09, Rn. 39 f. – Humanplasma; *Schmidt am Busch*, in: Grabitz/Hilf/Nettes-heim, Art. 168 AEUV, Rn. 46; „Meeting of competent authorities on tissues and cells, 8 February 2007 Summary Report (Dok. SANCO C6/gcs D(2007) 360063, S. 3: „Member States which have decided to apply more stringent requirements than those provided under the Directives could consider necessary for ensuring higher protection of public health to impose certain obligations on their own hospitals, including from whom to obtain tissues and cells. In this case and in order to respect the proportionality principle, a MS may impose on its own hospitals the obligation to receive tissues and cells not only from its own accredited tissue establishments but also from tissue establishments accredited in other MS having standards equivalent to its own 'higher' than those provided by the Directives.".

[31] Vgl. Generalanwalt *Mengozzi*, . S. C-528/13, Rn. 48; *EuGH*, Urt. v. 29.4.2015, C-528/13, Rn. 51 – Léger.

[32] Vgl. *EuGH*, Urt. v. 9.12.2010, C-421/09, Rn. 42 f. – Humanplasma, wo zur Sicherheit von Blutspenden daran angeknüpft wird, dass Art. 21 RL 2002/98/EC i. V. m. Anhang IV eine Testung zu erfolgen hat, weshalb ein nationales Verbot der Erstattung der Blutspendern entstandenen Aufwendungen nicht erforderlich ist, um die Qualität und Sicherheit von Blutbestandteilen zu gewährleisten.

[33] In der Fassung der RL (EU) 2015/565, mit der neue technische Vorschriften für die Kodierung menschlicher Gewebe und Zellen in die RL aufgenommen wurden.

[34] Vgl. Art. 17 RL 2004/23/EG und § 20c II 1 Nr. 1 und III.

[35] In Art. 2 Buchst. i) RL 2006/86/EG ist von „Beschaffungseinrichtung" und in Art. 1 Buchst. h) RL 2006/17/EG von „Entnahmeorganisation" die Rede, im englischen Richtlinientext stets von „procurement organisation".

[36] Vgl. Art. 2 Buchst. k) RL 2006/86/EG; dieser Code besteht aus Spendenkennungssequenz und Produktken-nungssequenz.

[37] Gewebe, welches zur Be- oder Verarbeitung nach § 20c oder zur Herstellung von Arzneimitteln gem. § 13 bestimmt ist, ist kein zur Verwendung beim Menschen verteiltes Gewebe.

[38] Vgl. Art. 2 Buchst. l) RL 2006/86/EG; dieser beinhaltet u. a. den EU-Gewebeeinrichtungs-Code.

[39] In der englischen Fassung ist von „release for circulation" die Rede.

– entgegen der Verwaltungspraxis – nicht zwingend in der Entnahmeeinrichtung, sondern auf der Grundlage eines Verantwortungsabgrenzungsvertrags[40] in der das Gewebe be- oder verarbeitenden Gewebeeinrichtung mit Erlaubnis nach § 20c bzw. beim Hersteller mit Erlaubnis nach § 13 vorgenommen wird.

Es ist im Übrigen umstritten, wer die **„für die Entnahme verantwortliche Person"** i. S. d. § 34 **14** VII 5 AMWHV ist, die zu bestätigen hat, dass die Gewebe für die Aufbereitung, Be- oder Verarbeitung etc. freigegeben sind. Einige Behörden nehmen an, dass dies zwingend die *„angemessen ausgebildete Person mit der erforderlichen Berufserfahrung"* i. S. d § 20b I 3 Nr. 1 oder der nach § 8d I 1 TPG zu bestellende Arzt sei. Dem ist entgegenzuhalten, dass die Verpflichtungen des § 8d I 2 Nr. 4 TPG zur Freigabe des Gewebes für die weitere Be- oder Verarbeitung etc. an die *„Gewebeeinrichtung"*, nicht aber persönlich an den nach § 8d I 1 TPG bestellten Arzt adressiert ist. Das wird durch die das Nähere regelnde TPG-GewV (vgl. § 8d I 3 TPG) bestätigt; die Pflicht gem. § 5 II TPG-GewV[41] zur Übermittlung des Entnahmeberichts einschließlich der Dokumentation der Freigabe nach § 8d I 2 Nr. 4 TPG trifft die *„Entnahmeeinrichtung"*. In der Entwurfsbegründung zu § 34 VII AMWHV wird darauf verwiesen, dass die Gewebeentnahme grundsätzlich von einem Arzt durchgeführt wird, in bestimmten Fällen (nämlich bei der Entnahme von Gewebe bei toten Spendern; § 3 TPG) auch durch andere dafür qualifizierte Personen, die unter der Verantwortung und fachlichen Weisung des Arztes tätig sind[42]. In der Begründung des durch den Bundesratsbeschluss erheblich geänderten § 34 VII AMWHV wurde auf die Vorgaben des Anhangs IV Nr. 1.4.2 RL 2006/17/EG verwiesen. Buchst. d) dieses Anhangs verlangt für den Entnahmebericht lediglich die Angabe der *„Identität der für diese Entnahme zuständigen Person, einschließlich deren Unterschrift"*. Demnach kann der Entnahmebericht von dem Arzt unterschrieben werden, der die Entnahme durchgeführt hat (§§ 8 I 1 Nr. 4, 3 I 1 Nr. 3 TPG), bzw. unter dessen Verantwortung und fachlicher Weisung beim toten Spender das Gewebe entnommen wurde (§ 3 I 2 TPG). Dieser Arzt muss nicht mit dem nach § 8d I 1 TPG bestellten Arzt oder der *„angemessen ausgebildeten Person mit der erforderlichen Berufserfahrung"* i. S. d. § 20b I 3 Nr. 1 AMG personenidentisch sein.

3. Angemessene Räumlichkeiten für die Gewinnung oder Laboruntersuchung (Nr. 3). Nach **15** Abs. 1 S. 3 Nr. 3 muss die Einrichtung über angemessene Räume für die jeweilige Gewebegewinnung oder für die Laboruntersuchung verfügen. Es ist insofern zu beachten, dass gem. § 3 I und III AMWHV für die Gewinnung von Gewebe nicht die im 3. Abschnitt der AMWHV normierten arzneimittelrechtlichen GMP-Standards, sondern die Vorgaben des Abschnitts 5a der AMWHV an die **gute fachliche Praxis** (GFP) gelten[43]. Außerdem ist durch § 1 Ia AMWHV klargestellt worden, dass die GMP-Anforderungen des Abschnitts 3 AMWHV an Arzneimittel und Produkte menschlicher Herkunft[44] nicht für Entnahme- und Gewebeeinrichtungen sowie Gewebespenderlabore gelten[45].

Nach **§ 34 II AMWHV**[46] sind die Anforderungen an Betriebsräume und Ausrüstungen nach § 5 **16** AMWHV und an Hygienemaßnahmen gem. § 6 AMWHV für Entnahmeeinrichtungen mit der Maßgabe anzuwenden, dass die Betriebsräume und Ausrüstungen sowie die Hygienemaßnahmen geeignet sein müssen, die Eigenschaften des Gewebes zu schützen, die für seine Verwendung erforderlich sind und

---

[40] Bestätigung der der Entnahmeanweisung entsprechenden Entnahme durch die Entnahmeeinrichtung, Freigabe des Gewebes im Auftrag der Entnahmeeinrichtung durch die Gewebeeinrichtung/den Hersteller nach Eingang der Laborergebnisse.

[41] § 5 II TPG-GewV ist neben § 34 VII AMWHV obsolet: Im Zuge des Verordnungsverfahrens wurde § 34 VII AMWHV aufgrund Beschlusses des Bundesrats maßgeblich geändert, dass dort unmittelbar die Vorgaben an den Entnahmebericht aufgenommen wurden und der Verweis auf den „Entnahmebericht nach § 5 TPG-GewV" gestrichen wurde. Dies wurde damit begründet, dass eine Regelung des Entnahmeberichts in der AMWHV zu bevorzugen ist, wenn es sich um produktbezogene Nachweise und Dokumentation über technische Vorgänge handelt; da § 34 V AMWHV bereits Dokumentationsvorgaben über die Entnahmeanweisung enthält, sollte die Zusammenführung in der AMWHV erfolgen (vgl. BR-Drucks. 938/07 (Beschluss) S. 9). Im Verordnungsverfahren sind die in dem Entnahmebericht „mindestens" zu machenden Angaben in § 34 VII 2 AMWHV detailliert geregelt worden. Diese Anforderungen gehen über das hinaus, was nach § 5 II TPG-GewV „ausschließlich" im Entnahmebericht enthalten sein soll, denn die nach § 34 VII 2 Nr. 6 und Nr. 7 AMWHV erforderlichen Angaben sind in § 5 II TPG-GewV gar nicht aufgeführt, was aber wegen Anhang IV Nr. 1.4.2 Buchst. f) und g) RL 2006/17/EG erforderlich ist. § 5 II TPG-GewV sollte daher zügig auch formal aufgehoben werden.

[42] Vgl. BR-Drucks. 938/07, S. 32.

[43] Die GFP-Standards, die schon zur Zeit der Verkündung der AMWHV mit der RL 2006/17/EG vorlagen und auf die sich die Entnahmeeinrichtungen seit dem Ablauf der Umsetzungsfrist am 31.10.2006 unmittelbar berufen konnten (vgl. *Pannenbecker*, PharmR 2006, 363, 375), wurden mit der ÄnderungsVO zur AMWHV und der TPG-GewV in deutsches Recht umgesetzt (vgl. BR-Drucks. 938/07, S. 26). Unzutreffend *Schmidt*, PharmInd 2010, 2130, sofern dort angenommen wird, die Gewinnung von Gewebe müsse unter den Kriterien von GMP erfolgen.

[44] Gem. § 2 Nr. 1 AMWHV sind „Produkte menschlicher Herkunft" u. a. für die Arzneimittelherstellung bestimmte Wirkstoffe i. S. d. § 4 Abs. 19 AMG, die menschlicher Herkunft sind, oder Stoffe i. S. d. § 3 Nr. 3 AMG, die menschlicher Herkunft sind, in bearbeitetem oder unbearbeitetem Zustand. Gewebe ist damit ein „Produkt menschlicher Herkunft" gem. § 2 Nr. 1 AMWHV. Blutstammzellen aus peripherem Blut oder aus Nabelschnurblut sind als Blutbestandteile Blutprodukte i. S. d. § 2 Nr. 3 TFG und damit keine Produkte menschlicher Herkunft gem. § 2 Nr. 1 AMWHV.

[45] Vgl. BR-Drucks. 938/07, S. 25.

[46] Mit § 34 AMWHV werden diverse Anforderungen des Anhang IV Nr. 1.3 (Entnahmeverfahren für Gewebe und Zellen) der RL 2006/17/EG in deutsches Recht umgesetzt.

das Risiko einer mikrobiellen Verunreinigung während der Entnahme zu minimieren. Nach **§ 34 II Nr. 1 AMWHV** sind für die Gewebeentnahme sterile Medizinprodukte zu verwenden, die, soweit sie erneut angewendet werden, nach § 4 II MPBetriebV aufbereitet sein müssen. In **§ 34 II Nr. 2 AMWHV** wird festgehalten, dass die Entnahme bei lebenden Spendern in einer Umgebung erfolgen muss, die dem Ausmaß und dem Gefährdungsgrad der Eingriffe angepasst ist. Die Räume gelten hiernach grundsätzlich als geeignet, wenn diese für eine vergleichbare medizinische Behandlung unter Einhaltung der dort üblichen Anforderungen einschließlich der Hygienemaßnahmen eingesetzt werden[47]. Nach **§ 34 II Nr. 3 AMWHV** soll die Entnahme bei verstorbenen Spendern in sauberen Räumen erfolgen, in denen der Entnahmebereich mit sterilen Tüchern abgedeckt ist. Die Anforderungen gem. § 34 II Nr. 1 und Nr. 3 AMWHV gelten entsprechend auch bei der Entnahme durch **mobile Teams** (§ 34 II Nr. 4 AMWHV, s. hierzu im Übrigen Rn. 21).

17   **4. Gewebegewinnung und Laboruntersuchung nach dem Stand der medizinischen Wissenschaft und Technik und den Vorschriften der Abschnitte 2, 3 und 3a TPG (Nr. 4). a) Stand der medizinischen Wissenschaft und Technik.** Nach Abs. 1 S. 3 Nr. 4 ist zu gewährleisten, dass die Gewebegewinnung oder die Laboruntersuchung nach dem „**Stand der medizinischen Wissenschaft und Technik**" vorgenommen werden. Hiermit wird eine auf der Grundlage der herrschenden Auffassung der medizinischen Wissenschaft „bestmögliche Gefahrenabwehr"[48] zum Maßstab für die Erteilung (oder Versagung) einer behördlichen Erlaubnis gemacht[49]. Mit der auf der Grundlage des § 16a TPG erlassenen TPG-GewV wird auf Verordnungsebene der unbestimmte Rechtsbegriff des „Stands von Wissenschaft und Technik" weiter präzisiert. Zudem gelten gem. § 16b TPG ergänzend zu den Vorschriften der TPG-GewV Richtlinien der BÄK, in denen diese im Einvernehmen mit der zuständigen Bundesoberbehörde – das ist nach § 21 TPG das PEI – den allgemein anerkannten Stand der Erkenntnisse der medizinischen Wissenschaft feststellt[50].

18   Die RL 2004/23/EG ist durch den deutschen Gesetzgeber nicht in einem einheitlichen, eigenständigen Gesetz umgesetzt worden, sondern die Richtlinienvorgaben sind im Wesentlichen auf das TPG und das AMG aufgeteilt worden, so dass dieses vielfach kritisierte Konzept[51] auch auf Verordnungsebene durch eine transplantations- (TPG-GewV) und eine arzneimittelrechtliche Rechtsverordnung (AMWHV) mit vielfältigen Schnittstellen und Querverweisen (§§ 33 I 2, 34 III, VII 5, 35 I 2 AMWHV, § 5 II 1 Nr. 5 TPG-GewV) fortzusetzen war. Die Anforderungen der RL 2006/17/EG an die Entnahme von Geweben sind daher – entgegen dem Konzept der Gesetzesbegründung, die von einer „Trennschärfe" zwischen den arzneimittel- und transplantationsrechtlichen Vorgaben ausgeht (Anforderungen an Entnahme und Spenderauswahl in der TPG-GewV/alle anderen Tätigkeiten in der PharmBetrV, an deren Stelle die AMWHV getreten ist)[52] – nicht nur mit der auf § 16a TPG basierenden TPG-GewV umgesetzt worden, sondern sie finden sich auch in Abschnitt 5a der AMWHV wieder.[53] Die Einhaltung des **Stands von Wissenschaft und Technik** wird vermutet, wenn die Vorgaben der AMWHV und der TPG-GewV eingehalten werden.[54]

19   **b) Vorgaben der Abschnitte 2, 3, und 3a TPG.** Gem. Abs. 1 S. 3 Nr. 4 muss die Gewebegewinnung und die Laboruntersuchung weiterhin nach den Vorschriften der **Abschnitte 2, 3 und 3a des TPG** vorgenommen werden. Es sind also die Anforderungen des TPG an die Gewebeentnahme von toten Spendern (Abschnitt 2) bzw. von lebenden Spendern (Abschnitt 3) und die Vorgaben für Gewebeeinrichtungen bzw. Untersuchungslabore (Abschnitt 3a) einzuhalten. Die entsprechenden Vorgaben des TPG werden über § 20b I 3 Nr. 4 zu Anforderungen an die Erlaubniserteilung bzw. bei Nichterfüllung zu ihr entgegenstehenden Versagungsgründen[55]. Die Entnahmeeinrichtung muss insbesondere die besonderen Pflichten einer „Gewebeeinrichtung, die Gewebe entnimmt oder untersucht" i. S. d. § 8d TPG i. V. m. der TPG-GewV erfüllen. Das Untersuchungslabor muss gem. § 8e S. 2 TPG insbesondere eine Qualitätssicherung für die Laboruntersuchungen sicherstellen. Die Vorgaben des § 8d gelten nicht für Untersuchungslabore[56].

---

[47] Vgl. hierzu ergänzend BR-Drucks. 938/07, S. 31; *Pannenbecker*, Rechtsrahmen für Blutstammzellen, S. 32 f.
[48] *BVerfG*, NJW 1979, 359, 362.
[49] Vgl. *Pannenbecker*, Rechtsrahmen für Blutstammzellen, S. 33–36.
[50] Abrufbar unter www.baek.de.
[51] Vgl. hierzu BPI, Stellungnahme vom 27.2.2007 zum Regierungsentwurf des GewebeG, Ausschussdrucks. Nr. 16 (14) 0125 (23), S. 4; DSO, Stellungnahme vom 6.2.2007 zum Regierungsentwurf des GewebeG, Ausschussdrucks. Nr. 16 (14) 0125 (9), S. 1 f. Siehe auch *Müller-Terpitz*, in: Höfling, § 8d Rn. 8.
[52] Vgl. BT-Drucks. 16/3146, S. 30 f.
[53] Zu den von der Entnahmeeinrichtung im Einzelnen zu beachtenden Vorgaben des Abschnitts 5a der AMWHV vgl. *Pannenbecker*, Rechtsrahmen für Blutstammzellen, S. 47–54.
[54] Vgl. ZLG-Verfahrensanweisung 15111601 „Entscheidung über die Erteilung einer Erlaubnis gem. §§ 20b, 20c oder 72b AMG" unter Ziff. 3.3.2.2.
[55] Vgl. im Einzelnen *Pannenbecker*, Rechtsrahmen für Blutstammzellen, S. 37–58.
[56] Vgl. BT-Drucks. 16/3146, S. 30 und vorstehend § 20b Fn. 19.

IV. Absehen von einer Besichtigung (S. 4)

Nach **Abs. 1 S. 4** ist es der für die Entnahmeeinrichtung oder das Untersuchungslabor zuständigen **20** Behörde nach pflichtgemäßem Ermessen möglich, auf eine **Abnahmebesichtigung** vor Erteilung der Erlaubnis zu verzichten. Im Übrigen ergibt sich unmittelbar aus § 64 IIIa 2, dass vor der Erteilung einer Erlaubnis nach § 20b eine Abnahmebesichtigung nicht zwingend vorgeschrieben ist. Die zuständige Behörde prüft und entscheidet in jedem Einzelfall, ob sie eine Abnahmebesichtigung durchführt[57].

V. Erlaubnis für bestimmte Betriebsstätte (S. 5)

Die Gewinnungserlaubnis wird gem. **Abs. 1 S. 5** für bestimmtes Gewebe und eine **bestimmte** **21** **Betriebsstätte** von der für diese nach dem Landesrecht örtlich zuständigen Überwachungsbehörde erteilt. Die Erlaubnis zur Durchführung der für die Gewinnung erforderlichen Laboruntersuchungen bezieht sich auf eine bestimmte Betriebsstätte und bestimmte Tätigkeiten. Der Betriebsstättenbezug der Gewinnungserlaubnis entfällt lediglich in dem in **§ 34 II Nr. 4 AMWHV** umschriebenen Fall der **Gewebeentnahme durch mobile Teams.** Hierzu ist kritisch anzumerken, dass Abs. 1 S. 5 ebenso wie etwa § 16 S. 1 einen klaren Bezug der Erlaubnis auf eine bestimmte Betriebsstätte begründet und auf Gesetzesebene hiervon – anders als etwa in § 14 IV – keine abweichende Regelung enthalten ist[58]. Nach § 34 II Nr. 4 AMWHV ist eine Gewebeentnahme durch von der Entnahmeeinrichtung entsandtes Personal (mobile Teams) nur dann zulässig, wenn sie außerhalb der von der Erlaubnis erfassten Räume erfolgen muss und die Möglichkeit der Entnahme durch mobile Teams grundsätzlich **in der Erlaubnis vorgesehen** ist. Die für die Erlaubniserteilung zuständige Behörde prüft im Rahmen der Erteilung der Erlaubnis nach Abs. 1, ob das QM-System die Entnahme durch mobile Teams beinhaltet; es muss insbesondere eine Verfahrensanweisung vorhanden sein, die die Überprüfung und Bewertung der Eignung der Entnahmeräume durch das mobile Team und die Entnahmelogistik regelt[59]. Es handelt sich bei § 34 II Nr. 4 AMWHV um eine restriktive Regelung für Ausnahmefälle[60]. Die Notwendigkeit einer Gewebeentnahme außerhalb der Betriebsstätte der Entnahmeeinrichtung (**„erfolgen muss"**) besteht dann, wenn der verstorbene Spender in einer Einrichtung belegen ist, die über keine Erlaubnis nach § 20b I verfügt und die auch nicht in die Gewinnungserlaubnis eines mit ihr vertraglich kooperierenden Herstellers oder Be- oder Verarbeiters nach § 20b II einbezogen ist und deren entsprechende Einbeziehung auch nicht mehr im Vorfeld der Gewebeentnahme bewerkstelligt werden kann. Dass eine Entnahme von Geweben bei lebenden Spendern durch mobile Entnahmeteams nicht in Betracht kommt, ergibt sich daraus, dass in § 34 II Nr. 4 AMWHV nur die Vorgaben der § 34 II Nr. 1 und Nr. 3 AMWHV für entsprechend anwendbar erklärt werden, § 34 II Nr. 2 AMWHV (Anforderungen an die Räumlichkeiten bei lebenden Spendern) hingegen nicht einbezogen wird. Die vom mobilen Team für die Entnahme genutzten externen Räume sind der zuständigen Behörde – das ist die Behörde, in deren Zuständigkeitsbereich diese Räume belegen sind – im Voraus oder spätestens unmittelbar nach der Nutzung anzuzeigen[61]; die Rechtsgrundlage hierfür stellt § 67 I 7 AMG i. V. m. § 1 I Nr. 2a AMWHV dar.

VI. Beteiligung der Bundesoberbehörde (S. 6)

Gem. **Abs. 1 S. 6** kann die zuständige Landesbehörde die zuständige Bundesoberbehörde, das ist nach **22** § 77 II das PEI, bei der Erteilung der Erlaubnis beteiligen.

VII. Mängelverfahren, Frist für die Erteilung der Erlaubnis (Abs. 1a)

Gem. Abs. 1a gelten § 20c IV 1 und 2 entsprechend. Hierdurch finden die dortigen Vorschriften zur **23** **Mängelrüge** Anwendung[62] Dies gilt aufgrund der systematischen Stellung des Abs. 1a nur für das Verfahren nach § 20b I und im Verfahren nach Abs. 2 tritt an die Stelle des Mängelverfahrens entsprechend § 20c IV 1 und 2 die Regelung des Abs. 2 S. 6. Abs. 1a bestimmt außerdem, dass § 20c V entsprechend gilt. Demnach ist über einen Antrag nach § 20b I in einer **Frist** von drei Monaten zu entscheiden[63]. Über einen Änderungsantrag (Abs. 5) ist grundsätzlich binnen eines Monats zu entschei-

---

[57] Vgl. BT-Drucks. 16/5443, S. 57.
[58] Die bloße Erwähnung mobiler Teams in der Begründung zu § 20b, vgl. BT-Drucks. 16/5443, S. 57, ist regulatorisch unzureichend, zumal sich aus der Struktur des § 20b hierzu entgegen der Annahme des Erfahrungsberichts der Bundesregierung, BR-Drucks. 688/09, S. 11, nichts ergibt. Dem Bundesrat ist daher darin zuzustimmen, dass die Ausnahmeregelung zur Entnahme durch mobile Teams vom Wortlaut des § 20b I nicht gedeckt und nicht nur in § 34 AMWHV, sondern in § 20b geregelt werden sollte, vgl. BR-Drucks. 688/09 (Beschluss), S. 2 f.
[59] ZLG-Verfahrensanweisung 15111602 „Entscheidung über die Erteilung einer Erlaubnis gem. §§ 20b, 20c oder 72b AMG; Bescheinigungen nach § 72b Abs. 2 AMG" unter Ziff. 3.3.2.
[60] Vgl. BR-Drucks. 938/07, S. 31.
[61] Vgl. BR-Drucks. 938/07, S. 31.
[62] Vgl. BT-Drucks. 17/10156, S. 87.
[63] Vgl. BT-Drucks. 17/10156, S. 87.

den[64]. Sofern keine Entscheidung innerhalb der gesetzlichen Fristen des § 20c V erfolgt, steht dem Antragsteller die Untätigkeitsklage (§ 75 VwGO) zu.

C. Kooperation mit Hersteller oder Be- oder Verarbeiter (Abs. 2)

I. Vertragliche Bindung zwischen Entnahmeeinrichtung bzw. Labor und Hersteller bzw. Be- oder Verarbeiter (Abs. 2 S. 1)

24   **1. Anforderungen an die vertragliche Kooperation.** Eine Entnahmeeinrichtung oder ein Gewebespenderlabor benötigen nicht zwingend eine eigene Erlaubnis nach Abs. 1 S. 1. Es ist vielmehr gem. **Abs. 2 S. 1** alternativ möglich, die nach **Abs. 2 S. 1** erlaubnispflichtigen Tätigkeiten unter **vertraglicher Bindung** mit einem Hersteller, der über eine Herstellungserlaubnis nach § 13 verfügt oder unter vertraglicher Bindung mit einem Be- oder Verarbeiter, der eine Erlaubnis nach § 20c besitzt (zur Abgrenzung der Anwendungsbereiche von § 13 und § 20c in Bezug auf Gewebezubereitungen s. § 20c Rn. 11), auszuüben. Der Vertrag zwischen dem Hersteller bzw. Be- oder Verarbeiter (beide im Folgenden zusammengefasst als Kooperationspartner bezeichnet) als Auftraggeber und der Entnahmeeinrichtung bzw. dem Labor als Auftragnehmer muss den Anforderungen der §§ 9 I, 32 II AMWHV entsprechen und insbesondere eine Verantwortungsabgrenzung bezüglich der in § 20b I 3 Nr. 1–Nr. 4 genannten Anforderungen beinhalten.

25   **2. Verfahren nach Abs. 2 nur bei Kooperationspartner mit deutscher Erlaubnis nach § 13 oder § 20c, Verfahren nach Abs. 1 für EU-Antragsteller.** Der Kooperationspartner der Entnahmeeinrichtung oder des Labors muss über eine von einer deutschen Behörde erteilte Herstellungserlaubnis nach § 13 oder eine Erlaubnis nach § 20c verfügen. Entsprechende Erlaubnisse von Behörden anderer EU-Mitgliedstaaten, die diese nach ihrem nationalen Recht in Umsetzung der Art. 40 RL 2001/83/EG bzw. Art. 5 RL 2004/23/EG erteilt haben, ermöglichen nicht die Nutzung des Verfahrens nach Abs. 2. Für solche Hersteller oder Be- oder Verarbeiter kommt vielmehr eine Erlaubniserteilung nach § 20b I für die z. B. in einem Krankenhaus auf vertraglicher Grundlage begründete Betriebsstätte in Betracht[65]. Der *EuGH* hat bereits 1984 festgestellt, dass es unter Gesichtspunkten des Gesundheitsschutzes nicht gerechtfertigt ist, von einem pharmazeutischen Unternehmer einen Sitz oder eine Niederlassung in Deutschland zu fordern[66]. Außerdem hat der *EuGH* im Jahr 1986 entschieden, dass es eine mit dem EG-Vertrag unvereinbare – weil aus Gründen des Gesundheitsschutzes nicht gerechtfertigte – Maßnahme gleicher Wirkung darstellt, wenn ein Mitgliedstaat von einem Arzneimittellieferanten mit Sitz in einem anderen Mitgliedstaat verlangt, dass dieser in seinem Hoheitsgebiet für seine Kontrollbeamten über jederzeit zugängliche eigene Betriebsräume verfügen muss[67]. Wie der *EuGH* in diesem Urteil festgehalten hat, sind Maßnahmen gleicher Wirkung nur dann gerechtfertigt, wenn feststeht, dass sie zur Erreichung des Schutzes der Gesundheit erforderlich sind und wenn diese Ziele nicht mit Mitteln erreicht werden können, die den Handelsverkehr innerhalb der Gemeinschaft weniger einschränken[68]. Wie bereits im Jahre 1984 hielt der *EuGH* die Statuierung einer Residenzpflicht zum Gesundheitsschutz auch hier nicht für erforderlich. Es ist vor diesem Hintergrund ausgeschlossen, aus § 9 II 1 herzuleiten, in den vom Wortlaut dieser Vorschrift nicht erfassten Fall eines Antrags nach § 20b I sei es europarechtlich legitim, einen Sitz des Antragstellers oder die Begründung einer Tochtergesellschaft oder Zweigniederlassung in Deutschland zu fordern.

II. Anzeige der Entnahmeeinrichtung/des Labors bei der für diese zuständigen Behörde (S. 2)

26   Im Verfahren nach Abs. 2 hat der Kooperationspartner der Entnahmeeinrichtung bzw. des Labors gem. **Abs. 2 S. 2** die Entnahmeeinrichtung oder das Labor **zunächst** der für diese zuständigen Behörde anzuzeigen. Der Anzeige sind die Angaben und Unterlagen nach Abs. 1 S. 3 beizufügen. Hieraus und aus dem Verweis auf Abs. 1 S. 3 in Abs. 2 S. 7 ergibt sich, dass die **Genehmigungsanforderungen** im Verfahren gem. Abs. 2 mit denjenigen des Verfahrens nach Abs. 1 identisch sind[69].

---

[64] Vgl. Kommentierung zu § 20c V.
[65] Vgl. BR-Drucks. 688/09, S. 12.
[66] S. *EuGH*, Urt. v. 28.2.1984, Rs. 247/81, Slg. 1984, 1111, 1122, Rn. 15 – Kommission/Deutschland.
[67] S. *EuGH*, Urt. v. 27.5.1986, verb. Rs. 87 und 88/85, Slg. 1986, 1715, 1719 ff. – Legia.
[68] S. *EuGH*, Urt. v. 27.5.1986, verb. Rs. 87 und 88/85, Rn. 19, Slg. 1986, 1715, 1719 ff. – Legia.
[69] Vgl. ZLG-Verfahrensanweisung 15111602 „Entscheidung über die Erteilung einer Erlaubnis gem. §§ 20b, 20c oder 72b AMG; Bescheinigungen nach § 72b Abs. 2 AMG" unter Ziff. 3.4.1: „Inhaltlich richtet sich dieses Verfahren nach den Vorgaben des § 20b Abs. 1".

III. Anzeige der für den Hersteller/Be- oder Verarbeiter zuständigen Behörde (S. 3)

Nach Ablauf eines Monats nach der Anzeige des Kooperationspartners hat dieser die Entnahme- **27** einrichtung oder das Labor **sodann** der für ihn zuständigen Behörde anzuzeigen. Der Kooperationspartner hat die Entnahmeeinrichtung bzw. das Labor jedoch dann nicht bei der für ihn zuständigen Behörde anzuzeigen, wenn die für die Entnahmeeinrichtung oder das Labor örtlich zuständige Behörde vor Ablauf der einmonatigen oder der auf drei Monate verlängerten Frist widersprochen hat **(Abs. 2 S. 3)**. Es kann dann keine Anzeige gegenüber der für den Kooperationspartner zuständigen Behörde bzw. a priori keine daran anschließende Bescheidung durch diese Behörde erfolgen (s. Rn. 32). Dieser behördliche **Widerspruch** muss vor Ablauf der Frist bei dem anzeigenden Kooperationspartner eingehen und von der Behörde begründet worden sein.

IV. Fristverlängerung (S. 4)

In Ausnahmefällen verlängert sich die Monatsfrist gem. **Abs. 2 S. 4** um weitere zwei Monate.   **28**

V. Mitteilung über die Fristverlängerung (S. 5)

Eine Fristverlängerung gem. Abs. 2 S. 4 tritt gem. **Abs. 2 S. 5** aber nur dann ein, wenn die Behörde **29** vor Ablauf der Widerspruchsfrist gegenüber dem Anzeigenden begründet, weshalb ein solcher Ausnahmefall vorliegt. Eine Überlastung der Behörde kommt zur Begründung eines Ausnahmefalls nicht in Betracht.

VI. Fristenhemmung bei Widerspruch (S. 6)

Hat die für die Entnahmeeinrichtung oder das Labor zuständige Behörde vor Ablauf der Monatsfrist bzw. **30** der Dreimonatsfrist widersprochen, so sind diese Fristen nach **Abs. 2 S. 6** gehemmt, bis der Grund für den Widerspruch behoben ist. Bei einem Widerspruch der für die Entnahmeeinrichtung oder das Labor örtlich zuständigen Behörde kommt das Verfahren also gar nicht zu der für den Kooperationspartner zuständigen Behörde. Der Grund für den Widerspruch der Behörde kann durch eine Mängelbeseitigung seitens des Kooperationspartners behoben werden[70]. Mit Einreichung der Unterlagen zur Beseitigung der gerügten Mängel bei der für die Entnahmeeinrichtung oder das Labor zuständigen Behörde entfällt die Hemmung der Fristen. Hält die Behörde ihren Widerspruch sodann aber aufrecht, so liegt hierin ein negativer feststellender Verwaltungsakt[71] der für die Entnahmeeinrichtung oder das Untersuchungslabor örtlich zuständigen Behörde, gegen den der Kooperationspartner Rechtsmittel einlegen kann[72].

VII. Entsprechende Geltung des Abs. 1 S. 3–6 (S. 7)

Widerspricht die für die Entnahmeeinrichtung oder das Untersuchungslabor örtlich zuständige Behör- **31** de der Anzeige nicht innerhalb der Monatsfrist oder der verlängerten Dreimonatsfrist oder räumt der Kooperationspartner die Bedenken der für die Entnahmeeinrichtung oder das Labor zuständigen Behörde aus und behebt so den Grund für deren Widerspruch, so hat der Kooperationspartner die Entnahmeeinrichtung oder das Labor der für ihn zuständigen Behörde anzuzeigen, die ihm gem. **Abs. 2 S. 7 i. V. m. Abs. 1 S. 5** die Erlaubnis für den Betrieb einer Entnahmeeinrichtung oder eines Labors in einer bestimmten Betriebsstätte zu erteilen hat.

Auch im Verfahren nach Abs. 2 ist es gem. **Abs. 2 S. 7 i. V. m. Abs. 1 S. 4** nicht erforderlich, dass **32** die für die Entnahmeeinrichtung bzw. das Labor örtlich zuständige Behörde vor der Erlaubniserteilung eine Abnahmebesichtigung vornimmt. Die **Erlaubnis** wird auch im Verfahren nach Abs. 2 **durch die für den Kooperationspartner als Antragsteller örtlich zuständige Behörde erteilt**[73]. Es lässt sich § 20b II nicht entnehmen, dass das Schweigen der für die Entnahmeeinrichtung bzw. das Labor zuständigen Behörde eine Genehmigungsfiktion auslöst. Die von der **Bundesregierung** im Erfahrungsbericht zum GewebeG geäußerte Ansicht, wonach die für die Entnahmeeinrichtung bzw. das Labor zuständige Behörde dann, wenn sie die Anzeige des Kooperationspartners nicht innerhalb der Monatsfrist widerspricht, dem Kooperationspartner die Erlaubnis erteilt[74], entspricht nicht der Verwaltungspraxis und

---

[70] Ansprechpartner im Verfahren nach Abs. 2 ist auch für die Behörde, in deren Zuständigkeitsbereich die Entnahmeeinrichtung bzw. das Labor fällt, stets der antragstellende Kooperationspartner, vgl. BR-Drucks. 688/09, S. 9. Siehe auch ZLG-Verfahrensanweisung 15111602, Ziff. 3.4.1.

[71] Es ist insofern zu bedenken, dass bei einem Widerspruch der Behörde das Verfahren nicht zu der für den Kooperationspartner zuständigen Behörde kommt, so dass der Widerspruch der Behörde nicht als Verwaltungsinternum betrachtet werden kann.

[72] Nach § 68 VwGO ist dies zunächst der Widerspruch, da das AMG hierzu nichts Abweichendes bestimmt. Vgl. aber z. B. auch Art. 15 Abs. 2 BayAGVwGO auf dessen Grundlage das Widerspruchsverfahren entfällt.

[73] Vgl. ZLG-Verfahrensanweisung 15111602, Ziff. 3.4.1.

[74] Vgl. BT-Drucks. 688/09, S. 9.

wird vom **Bundesrat** nicht geteilt[75]. Der Auffassung des Bundesrates ist zuzustimmen. Wie dieser zu Recht feststellt, kann nur die für den Hersteller oder Be- oder Verarbeiter örtlich zuständige Behörde für die Erlaubniserteilung zuständig sein, da die Entnahmeeinrichtung oder das Labor im Verfahren nach Abs. 2 keine eigene Erlaubnis erhält. Zudem enthält Abs. 2 keine hinreichend deutliche gesetzliche Ausnahmeregelung von dem Grundsatz, dass eine Erlaubnis auch dann gegenüber dem Antragsteller zu erteilen ist, wenn sich die Betriebsstätte der beauftragten Einrichtung in einem anderen Bundesland befindet (§§ 14 IV und 16 1, 20c II 2)[76]. Die Bundesregierung meint, dass die Anzeige des Kooperationspartners bei der für ihn zuständigen Behörde nach der gesetzgeberischen Intention lediglich deklaratorischer Natur sei[77]. Indessen ist für eine solche Intention aus dem Gesetz nichts zu entnehmen; nach Abs. 2 S. 7 i. V. m. Abs. 1 S. 5 hat die Erteilung der Erlaubnis konstitutive Bedeutung.

VIII. Verfahrenserleichterung als Ziel des Abs. 2 und Prüfkompetenzen der beteiligten Behörden

33   Mit Abs. 2 sollte das Erlaubnisverfahren erheblich erleichtert und von übermäßigen Bürokratievorgaben entlastet werden[78]. Tatsächlich bestehen bislang bei der praktischen Durchführung des Verfahrens nach Abs. 2 jedoch erhebliche Schwierigkeiten[79] und die grundlegend unterschiedliche Interpretation des Abs. 2 durch die Bundesregierung und den Bundesrat verdeutlicht, dass die Vorschrift verbesserungsbedürftig ist.

34   Im Verfahren nach Abs. 2 liegt die Überprüfung der für die Erlaubniserteilung erforderlichen Voraussetzungen nach Abs. 2 S. 7 i. V. m. Abs. 1 S. 3 bei der für die Entnahmeeinrichtung bzw. das Labor zuständigen Behörde; dieser sind nach Abs. 2 S. 2 die erforderlichen Unterlagen vorzulegen und diese hat erforderlichenfalls den Widerspruch nach Abs. 2 S. 3 auszusprechen. Es fehlen in Abs. 2 jegliche Anhaltspunkte dafür, dass die Überprüfung der „vertraglichen Bindung" i. S. d. Abs. 2 S. 1 bei der für den Kooperationspartner zuständigen Behörde und nicht bei der für die Entnahmeeinrichtung zuständigen Behörde liegt[80]; eine solche Aufspaltung der Prüfkompetenz würde die mit der Vorschrift bezweckte erhebliche Erleichterung des Erlaubnisverfahrens geradezu konterkarieren. Es ist nicht nachzuvollziehen, aus welcher Regelung in Abs. 2 sich die in der ZLG-Verfahrensanweisung angenommene erhebliche Prüfkompetenz der für den Kooperationspartner zuständigen Behörde ergeben soll. Die Bundesregierung führt in der Stellungnahme zum GewebeG insofern zu Recht aus, dass die in der ZLG-Verfahrensanweisung beschriebene Prüfung der Entnahmeeinrichtung durch die für den Hersteller oder Be- oder Verarbeiter zuständige Behörde nicht dem in Abs. 2 vorgesehenen Verfahren entspricht[81].

35   Im Rahmen des Verfahrens nach Abs. 2 hat keine erneute Überprüfung der dem Antragsteller bereits erteilten Herstellungserlaubnis oder Erlaubnis gem. § 20c zu erfolgen. Die in der Verfahrensanweisung außerdem genannten „qualitätsrelevanten Arbeitsanweisungen" zählen zu den Unterlagen, die gem. § 20b II 2, I 3 Nr. 4 AMG i. V. m. § 34 III–V AMWHV der für die Entnahmeeinrichtung zuständigen Behörde vorgelegt werden müssen, damit diese beurteilen kann, ob die Gewebegewinnung nach dem Stand der medizinischen Wissenschaft und Technik erfolgt. Selbiges gilt für die in der Verfahrensanweisung erwähnten Transportvorschriften, da gem. Abs. 1 S. 2 zur Gewinnung u. a. auch der Transport zählt. Für den Vertrag zwischen der Entnahmeeinrichtung und dem Kooperationspartner ergibt sich dies aus § 20b I 3 Nr. 4 AMG i. V. m. § 9 I AMWHV. Alle für die Erlaubniserteilung maßgeblichen Unterlagen sind daher der für die Entnahmeeinrichtung zuständigen Behörde vorzulegen und ausschließlich von ihr zu überprüfen.

36   Die für den Kooperationspartner zuständige Behörde hat mangels einer materiellen Prüfkompetenz beim Ausbleiben eines Widerspruchs bzw. gar beim Vorliegen eines Plazet der für die Entnahmeeinrichtung/das Labor zuständigen Behörde die Erlaubnis unverzüglich, also ohne schuldhaftes Zögern zu erteilen. Aus § 75 VwGO, der allgemeine Maßstäbe für den zulässigen Zeitraum einer Verwaltungsentscheidung setzt[82], ist ersichtlich dass – sofern nicht spezialgesetzlich Abweichendes geregelt ist – wegen besonderer Umstände des Falles auch eine Entscheidungsfrist unter drei Monaten geboten sein kann. Hat die für den Be- oder Verarbeiter zuständige Behörde aber keine materielle Prüfkompetenz im Hinblick

---

[75] Vgl. BT-Drucks. 688/09 (Beschluss), S. 1: „Aus Sicht des Bundesrates ist … die für den (zentralen) Hersteller oder Be- oder Verarbeiter örtlich zuständige Behörde für die Erlaubniserteilung zuständig."
[76] Vgl. BT-Drucks. 688/09 (Beschluss), S. 3.
[77] Vgl. BR-Drucks. 688/09, S. 9.
[78] Vgl. BT-Drucks. 16/5443, S. 57. Vgl. auch v. Auer, Transfus Med Hemother 2008, 407, 410.
[79] Vgl. BR-Drucks. 688/09, S. 9.
[80] So aber ZLG-Verfahrensanweisung 15111602, Ziff. 3.5.2: „Die Erlaubnis erteilende Behörde prüft … alle Unterlagen, die mit der Erlaubniserteilung nach § 20c oder § 13 AMG im Zusammenhang stehen. Außerdem prüft diese Behörde auch Unterlagen wie Verträge mit Entnahmeeinrichtungen, Transportvorschriften und andere qualitätsrelevante Arbeitsanweisungen, die für alle Entnahmeeinrichtungen oder Laboratorien nach § 20b II gelten. Die für die Entnahmeeinrichtung oder das Labor zuständige Behörde prüft lediglich die Unterlagen, die ausschließlich für die zu beurteilende Einrichtung erforderlich sind. …".
[81] Vgl. BR-Drucks. 688/09, S. 10.
[82] Vgl. Brenner, in: Sodan/Ziekow, VwGO, 3. Aufl., § 75 Rn. 8.

auf die Erteilung der Genehmigung nach Abs. 2, so sind Aspekte der Sachverhaltsaufklärung und der Rechtsprüfung für die Bemessung des Bearbeitungszeitraums unerheblich. Das Verfahren nach Abs. 2 kann daher als **„falsches Anzeigeverfahren"**[83] bezeichnet werden.

D. Aufhebung/Ruhen der Erlaubnis (Abs. 3)

I. Rücknahme der Erlaubnis (S. 1)

Die Erlaubnis ist (zwingend) nach **Abs. 3 S. 1** zurückzunehmen, wenn nachträglich bekannt wird, 37 dass einer der Versagungsgründe nach Abs. 1 S. 3 bei der Erteilung der Erlaubnis bereits vorgelegen hat. Die Vorschrift lehnt sich damit an § 18 I 1 sowie § 20c VII 1 an.

II. Widerruf/Ruhen der Erlaubnis (S. 2)

Ist einer der Versagungsgründe nach Abs. 2 nachträglich eingetreten, so ist die Erlaubnis zu widerrufen, 38 wobei die zuständige Behörde ein Ermessen hat, ob sie alternativ nach dem 2. Halbs. der Vorschrift anstelle des Widerrufs das Ruhen der Erlaubnis anordnet. Letzteres wird unter Berücksichtigung des Verhältnismäßigkeitsgrundsatzes eher der Regelfall sein, wobei es jedoch stets auf die zugrunde liegenden Einzelfallumstände ankommt.

III. Vorläufige Untersagung (S. 3)

Nach **Abs. 3 S. 3** liegt es im Ermessen („kann") der zuständigen Behörde, ob sie die Gewinnung von 39 Gewebe oder Laboruntersuchungen vorläufig untersagt, wenn die Entnahmeeinrichtung, das Labor oder der Hersteller oder der Be- oder Verarbeiter die für die Gewebegewinnung oder Laboruntersuchungen zu führenden Nachweise nicht vorlegt (s. Rn. 10–19).

E. Geltung des § 20b für autologes Blut (Abs. 4)

Der mit dem AMG-ÄndG 2009 angefügte Abs. 4 bestimmt, dass § 20b I – III auch für die Gewinnung 40 und die Laboruntersuchung von autologem Blut für die Herstellung von biotechnologisch bearbeiteten Gewebeprodukten gelten. Diese Regelung ist in § 20b aufgenommen worden, damit die Entnahmeeinrichtung, in der zusammen mit dem Gewebe auch das zur Gewebezüchtung erforderliche autologe Blut entnommen wird, nicht zusätzlich über eine Herstellungserlaubnis nach § 13 verfügen muss[84]. Hiermit wird der noch im Zuge der 14. AMG-Novelle bedachten Notwendigkeit einer besonderen Regelung für dieses autologe Blut (§ 138 I 2)[85], die im GewebeG außer Acht gelassen worden war[86], Rechnung getragen. Die über die Gewinnung hinausgehende Aufbereitung des für die Herstellung des biotechnologisch bearbeiteten Gewebeprodukts benötigten autologen Blutes hat im Lichte des Art. 5 VO (EG) Nr. 1394/2007 auf der Grundlage einer Herstellungserlaubnis nach § 13 GMP-konform zu erfolgen.

F. Änderungen der Erlaubnis (Abs. 5)

I. Änderung der in Abs. 1 S. 3 genannten Angaben (S. 1)

Im Rahmen der Erstellung des Erfahrungsberichts der Bundesregierung zum GewebeG hatten 41 mehrere Bundesländer die Aufnahme einer Verpflichtung des Erlaubnisinhabers zur Änderungsanzeige, wie dies in § 20c VI oder in § 20 vorgesehen ist, für erforderlich gehalten und die Bundesregierung hatte mitgeteilt, eine Gesetzesänderung zu prüfen[87]. Hieran anknüpfend wurde mit dem 2. AMG-ÄndG 2012 § 20b um Abs. 5 ergänzt[88]. Nach **Abs. 5 S. 1** sind nachträgliche Änderungen der für die Erlaubniserteilung gem. § 20b I 3 erforderlichen Voraussetzungen vor ihrer Umsetzung der zuständigen Behörde anzuzeigen und sie dürfen erst umgesetzt werden, wenn die zuständige Behörde eine schriftliche Erlaubnis erteilt hat. Damit orientiert sich der Gesetzgeber auch für die Beschaffung von Gewebe an

---

[83] Als „falsche Anzeigeverfahren" können solche Verfahren bezeichnet werden, bei denen es sich um ein Genehmigungsverfahren handelt und in denen mit dem Begriff „Anzeige" tatsächlich ein Antrag auf Erteilung einer Erlaubnis gemeint ist (vgl. hierzu *Stelkens*, in: Stelkens/Bonk/Sachs, § 35 Rn. 156). Als ein solches Verfahren kann das des § 20b II eingestuft werden; bei Nichtstun des Anzeigenempfängers – der für die Entnahmeeinrichtung oder das Labor zuständigen Behörde – hat die für den Anzeigenden/Antragsteller zuständige Behörde diesem die Erlaubnis zu erteilen.
[84] Vgl. BT-Drucks. 16/12256, S. 46 f.
[85] Vgl. BT-Drucks. 15/5728, S. 83.
[86] Vgl. hierzu *Pannenbecker*, in: FS Sander, S. 247, 269.
[87] Vgl. BR-Drucks. 688/09, S. 10.
[88] Vgl. BT-Drucks. 17/9341, S. 51.

Art. 6 III RL 2004/23/EG[89], obwohl diese RL zwischen der Beschaffung (Art. 5) und der Testung, Verarbeitung, Konservierung und Verteilung (Art. 6 I und hieran anknüpfend dessen übrige Absätze) unterscheidet. Die „zuständige Behörde" ist im **Verfahren nach § 20b I** die Behörde, die die Erlaubnis erteilt hat. Diese Behörde hat gem. § 20b Ia i. V. m. § 20c V 2 die Entscheidung über die Änderung der Erlaubnis innerhalb eines Monats zu treffen. In Ausnahmefällen verlängert sich diese Frist bei vorheriger behördlicher Mitteilung um weitere zwei Monate (§ 20b Ia i. V. m. § 20c V 3 und 4). Bei einer Mängelrüge durch die Behörde ist der Fristablauf gehemmt (§ 20b Ia i. V. m. § 20c V 5 und 6).

42   Dazu, wie das Verfahren der Änderungsanzeige im **Verfahren nach § 20b II** durchzuführen ist, schweigt das Gesetz. Damit wird die mit Abs. 2 ursprünglich angestrebte erhebliche Verfahrenserleichterung in der Praxis weiter konterkariert. Wegen der bei der für die Entnahmeeinrichtung zuständigen Behörde liegenden Prüfkompetenz (vgl. Rn. 32) wird man davon auszugehen haben, dass die Änderung dann, wenn sie die mit dem Hersteller bzw. Be- oder Verarbeiter kooperierende Entnahmeeinrichtung betrifft, zunächst der für diese Einrichtung zuständigen Behörde anzuzeigen ist. Da für § 20b II Abs. 1a nicht gilt (vgl. Rn. 23), ist auf die in Abs. 2 enthaltenen Verfahrensregelungen zurückzugreifen: Widerspricht die für die kooperierende Entnahmeeinrichtung zuständige Behörde nicht binnen einen Monats (vgl. § 20b II 3), so hat die den Erlaubnisinhaber zuständige Behörde unverzüglich die geänderte schriftliche Erlaubnis zu erteilen. In Ausnahmefällen verlängert sich diese Frist nach vorheriger Mitteilung um weitere zwei Monate (§ 20b II 4, 5) und bei Widerspruch tritt eine Fristenhemmung ein (§ 20b II 6). Auch § 20b II 4 bis 6 dürften entsprechend gelten.

II. Wechsel der Person nach Abs. 1 S. 3 Nr. 1 (S. 2)

43   Abs. 5 S. 2 bestimmt, dass bei einer unvorhergesehenen Änderung der angemessen ausgebildeten Person nach § 20b I 3 Nr. 1 die Anzeige unverzüglich zu erfolgen hat. Ist der Wechsel absehbar, hat die Anzeige zuvor zu erfolgen. In beiden Fällen muss im Lichte des Art. 17 III RL 2004/23/EG keine schriftliche Erlaubnis der Behörde vor der Umsetzung der Maßnahme vorliegen (s. hierzu § 20c Rn. 39). Das Gesetz enthält keine ausdrückliche Regelung zu der *„ärztlichen Person"* i. S. d. § 8d I 1 TPG, deren Fehlen einen Versagungsgrund nach Abs. 1 S. 3 Nr. 4 darstellt. Für den Fall, dass die angemessen ausgebildete Person nach Abs. 1 S. 3 Nr. 1 und der Arzt i. S. d. § 8d I 1 TPG nicht personenidentisch sein sollten, ist es jedoch angezeigt, § 20b V 2 analog anzuwenden, weil nach der Konzeption des Art. 17 RL 2004/23/EG zwischen diesen Personen kein Unterschied besteht.

§ 20c Erlaubnis für die Be- oder Verarbeitung, Konservierung, Prüfung, Lagerung oder das Inverkehrbringen von Gewebe oder Gewebezubereitungen

(1) ¹**Eine Einrichtung, die Gewebe oder Gewebezubereitungen, die nicht mit industriellen Verfahren be- oder verarbeitet werden und deren wesentliche Be- oder Verarbeitungsverfahren in der Europäischen Union hinreichend bekannt sind, be- oder verarbeiten, konservieren, prüfen, lagern oder in den Verkehr bringen will, bedarf abweichend von § 13 Abs. 1 einer Erlaubnis der zuständigen Behörde nach den folgenden Vorschriften. ²Dies gilt auch im Hinblick auf Gewebe oder Gewebezubereitungen, deren Be- oder Verarbeitungsverfahren neu, aber mit einem bekannten Verfahren vergleichbar sind. ³Die Entscheidung über die Erteilung der Erlaubnis trifft die zuständige Behörde des Landes, in dem die Betriebsstätte liegt oder liegen soll, im Benehmen mit der zuständigen Bundesoberbehörde.**

(2) ¹**Die Erlaubnis darf nur versagt werden, wenn**

1. **eine Person mit der erforderlichen Sachkenntnis und Erfahrung nach Absatz 3 (verantwortliche Person nach § 20c) nicht vorhanden ist, die dafür verantwortlich ist, dass die Gewebezubereitungen und Gewebe im Einklang mit den geltenden Rechtsvorschriften be- oder verarbeitet, konserviert, geprüft, gelagert oder in den Verkehr gebracht werden,**
2. **weiteres mitwirkendes Personal nicht ausreichend qualifiziert ist,**
3. **geeignete Räume und Einrichtungen für die beabsichtigten Tätigkeiten nicht vorhanden sind,**
4. **nicht gewährleistet ist, dass die Be- oder Verarbeitung einschließlich der Kennzeichnung, Konservierung und Lagerung sowie die Prüfung nach dem Stand von Wissenschaft und Technik vorgenommen werden, oder**
5. **ein Qualitätsmanagementsystem nach den Grundsätzen der Guten fachlichen Praxis nicht eingerichtet worden ist oder nicht auf dem neuesten Stand gehalten wird.**

²**Abweichend von Satz 1 Nummer 3 kann außerhalb der Betriebsstätte die Prüfung der Gewebe und Gewebezubereitungen in beauftragten Betrieben, die keiner eigenen Erlaubnis bedürfen, durchgeführt werden, wenn bei diesen hierfür geeignete Räume und Einrichtungen**

---

[89] Hiernach darf die Gewebeeinrichtung ohne vorherige schriftliche Zustimmung der zuständigen Behörde keine wesentlichen Änderungen ihrer Tätigkeit vornehmen.

vorhanden sind und gewährleistet ist, dass die Prüfung nach dem Stand von Wissenschaft und Technik erfolgt und die verantwortliche Person nach § 20c ihre Verantwortung wahrnehmen kann.

(3) Der Nachweis der erforderlichen Sachkenntnis der verantwortlichen Person nach § 20c wird erbracht durch das Zeugnis über eine nach abgeschlossenem Hochschulstudium der Humanmedizin, Biologie, Biochemie oder einem als gleichwertig anerkannten Studium abgelegte Prüfung sowie eine mindestens zweijährige praktische Tätigkeit auf dem Gebiet der Be- oder Verarbeitung von Geweben oder Gewebezubereitungen.

(4) ¹Bei Beanstandungen der vorgelegten Unterlagen ist dem Antragsteller Gelegenheit zu geben, Mängeln innerhalb einer angemessenen Frist abzuhelfen. ²Wird den Mängeln nicht abgeholfen, so ist die Erteilung der Erlaubnis zu versagen. ³Die Erlaubnis wird für eine bestimmte Betriebsstätte und für bestimmte Gewebe oder Gewebezubereitungen erteilt.

(5) ¹Die zuständige Behörde hat eine Entscheidung über den Antrag auf Erteilung der Erlaubnis innerhalb einer Frist von drei Monaten zu treffen. ²Beantragt ein Erlaubnisinhaber die Änderung der Erlaubnis, so hat die Behörde die Entscheidung innerhalb einer Frist von einem Monat zu treffen. ³In Ausnahmefällen verlängert sich die Frist um weitere zwei Monate. ⁴Der Antragsteller ist hiervon vor Fristablauf unter Mitteilung der Gründe in Kenntnis zu setzen. ⁵Gibt die Behörde dem Antragsteller nach Absatz 4 Satz 1 Gelegenheit, Mängeln abzuhelfen, so werden die Fristen bis zur Behebung der Mängel oder bis zum Ablauf der nach Absatz 4 Satz 1 gesetzten Frist gehemmt. ⁶Die Hemmung beginnt mit dem Tag, an dem dem Antragsteller die Aufforderung zur Behebung der Mängel zugestellt wird.

(6) ¹Der Inhaber der Erlaubnis hat jede Änderung einer der in Absatz 2 genannten Angaben unter Vorlage der Nachweise der zuständigen Behörde vorher anzuzeigen und darf die Änderung erst vornehmen, wenn die zuständige Behörde eine schriftliche Erlaubnis erteilt hat. ²Bei einem unvorhergesehenen Wechsel der verantwortlichen Person nach § 20c hat die Anzeige unverzüglich zu erfolgen.

(7) ¹Die Erlaubnis ist zurückzunehmen, wenn nachträglich bekannt wird, dass einer der Versagungsgründe nach Absatz 2 bei der Erteilung vorgelegen hat. ²Ist einer dieser Versagungsgründe nachträglich eingetreten, so ist die Erlaubnis zu widerrufen; an Stelle des Widerrufs kann auch das Ruhen der Erlaubnis angeordnet werden. ³Absatz 1 Satz 3 gilt entsprechend. ⁴Die zuständige Behörde kann vorläufig anordnen, dass die Be- oder Verarbeitung von Gewebe oder Gewebezubereitungen eingestellt wird, wenn der Be- oder Verarbeiter die für die Be- oder Verarbeitung zu führenden Nachweise nicht vorlegt. ⁵Wird die Be- oder Verarbeitung von Geweben oder Gewebezubereitungen eingestellt, hat der Be- oder Verarbeiter dafür zu sorgen, dass noch gelagerte Gewebezubereitungen und Gewebe weiter qualitätsgesichert gelagert und auf andere Hersteller, Be- oder Verarbeiter oder Vertreiber mit einer Erlaubnis nach Absatz 1 oder § 13 Abs. 1 übertragen werden. ⁶Das gilt auch für die Daten und Angaben über die Be- oder Verarbeitung, die für die Rückverfolgung dieser Gewebezubereitungen und Gewebe benötigt werden.

Wichtige Änderungen der Vorschrift: Abs. 2 S. 2 angefügt durch Art. 1 Nr. 20 des Gesetzes zur Änderung arzneimittelrechtlicher und anderer Vorschriften vom 17.7.2009 (BGBl. I S. 1990).

Europarechtliche Vorgaben: Art. 6 RL 2004/23/EG.

Literatur: Vgl. die Literaturangaben zu § 20b.

Übersicht

A. Allgemeines

I. Inhalt

1   Nach Abs. 1 S. 1 sind das Be- oder Verarbeiten, Konservieren, Prüfen, Lagern oder in den Verkehr bringen von Gewebe i. S. d. § 1a Nr. 4 TPG oder von Gewebezubereitungen i. S. d. § 4 XXX (zu den Begriffen Gewebe und Gewebezubereitung s. § 4 Rn. 233 ff.), die nicht mit industriellen Verfahren be- oder verarbeitet werden und deren wesentliche Be- oder Verarbeitungsverfahren in der EU hinreichend bekannt sind, erlaubnispflichtig. Nach Abs. 1 S. 2 ist dieser Erlaubnistatbestand auch für Gewebe oder Gewebezubereitungen einschlägig, deren Be- oder Verarbeitungsverfahren neu, aber mit einem bekannten Verfahren vergleichbar sind. Abs. 1 S. 3 regelt die Zuständigkeit der erlaubniserteilenden Behörde und die Einbeziehung der Bundesoberbehörde in das Verfahren. Abs. 2 enthält die der Erlaubniserteilung entgegenstehenden Versagungsgründe und ermöglicht eine externe Prüfung von Gewebe oder Gewebezubereitungen. Abs. 3 normiert die Anforderungen an die gem. Abs. 2 S. 1 Nr. 1 erforderliche verantwortliche Person nach § 20 c. Abs. 4 sowie Abs. 5 beinhalten die für die Erlaubniserteilung einschlägigen Verfahrensvorschriften und Abs. 6 enthält die bei Änderungen zu beachtenden Vorgaben. Abs. 7 enthält Vorschriften zur Rücknahme (S. 1), zum Widerruf bzw. zur Anordnung des Ruhens (S. 2) und zur vorläufigen Einstellung der Be- oder Verarbeitung (S. 3). Außerdem beinhalten Abs. 7 S. 4 und 5 Vorschriften zur Lagerung von Geweben oder Gewebezubereitungen und zur Datensicherung bei Betriebseinstellung.

II. Zweck

2   Nach Art. 6 I RL 2004/23/EG müssen alle Gewebeeinrichtungen (Art. 3 Buchst. o) RL 2004/23/EG), in denen Tätigkeiten im Zusammenhang mit der Testung, Verarbeitung, Konservierung, Lagerung oder Verteilung von zur Verwendung beim Menschen bestimmten Geweben (und Zellen) ausgeführt werden, behördlich zugelassen, benannt, genehmigt oder lizenziert werden. Diese Genehmigung erfordert gem. Art. 6 II und Art. 28 RL 2004/23/EG die vorherige Überprüfung, dass die in der RL 2006/86/EG enthaltenen technischen Anforderungen des Art. 28 eingehalten werden. Gem. Art. 4 II RL 2004/23/EG beinhaltet diese RL lediglich eine Mindestharmonisierung.

3   Während das europäische Geweberecht in Form der RL 2004/23/EG stets für die Spende, Beschaffung und Testung von menschlichen Geweben und Zellen gilt – was sich darin niederschlägt, dass § 20b für jede Gewinnung von Gewebe i. S. d. § 1a Nr. 4 TPG gilt, welches „zur Verwendung bei Menschen" bestimmt ist (s. § 20b Rn. 5, 7) – gilt diese RL für die Verarbeitung, Konservierung, Lagerung und Verteilung von Geweben nur, wenn diese Tätigkeiten nicht durch andere EG-RL erfasst werden. Dies ergibt sich aus Art. 2 I, 2. Unterabs. RL 2004/23/EG sowie aus deren 6. Erwägungsgrund und ist zudem auch aus Art. 1 I Buchst. b) RL 2006/86/EG ersichtlich, wonach diese RL für die Kodierung, Verarbeitung, Konservierung, Lagerung und Verteilung von aus menschlichen Zellen und Geweben hergestellten und zur Verwendung bei Menschen bestimmte Produkte gilt, sofern diese Produkte nicht in den Geltungsbereich anderer RL fallen[1].

Hieraus folgt, dass Gewebezubereitungen, die Arzneimittel i. S. d. Art. 1 Nr. 2 RL 2001/83/EG sind **4** und die GMP-konform hergestellt werden müssen (Art. 40 RL 2001/83/EG und Art. 13 RL 2001/20/EG), und damit auch Arzneimittel für neuartige Therapien[2], dem Anwendungsbereich des § 13 unterliegen[3], wohingegen die von der RL 2004/23/EG erfassten Gewebe und **„klassische" Gewebezubereitungen** unter § 20c fallen[4] und den Anforderungen der **guten fachlichen Praxis (GFP)**[5] unterliegen. Von Teilen der Literatur wird angenommen, dass Arzneimittel für neuartige Therapien gemessen an Art. 103 II GG wegen der Strafbewehrung der Vorschriften dem Anwendungsbereich des § 20c unterfallen müssten, da sie definitorisch auch Gewebezubereitungen sind und der Vorrang der Spezialdefinition (s. hierzu § 4 Rn. 237) nicht explizit normiert wurde[6]. Ungeachtet des Umstands, dass zell- oder gewebehaltige Arzneimittel für neuartige Therapien (somatische Zelltherapeutika oder biotechnologisch bearbeitete Gewebeprodukte) begrifflich-definitorisch eine „Teilmenge" der Gewebezubereitungen sind, erfasst § 20c bereits tatbestandlich nicht solche Arzneimittel für neuartige Therapien, bei denen die Zellen oder Gewebe einer substantiellen Bearbeitung, und damit einem technisch aufwendigen, industriellen Verfahren unterzogen wurden (vgl. Rn. 6). Für somatische Zelltherapeutika und biotechnologisch bearbeitete Gewebeprodukte, die allein infolge der nicht-homologen Zweckbestimmung der enthaltenen Zellen oder Gewebe Arzneimittel für neuartige Therapien sind, ergibt sich die fehlende Anwendbarkeit des § 20c bei einer europarechtskonformen Auslegung, denn Arzneimittel für neuartige Therapien müssen als von der RL 2001/83/EG erfasste Präparate GMP-konform auf der Grundlage einer Herstellungserlaubnis hergestellt werden (s. auch Rn. 3 und § 4b Rn. 15).

B. Erlaubnispflicht (Abs. 1)

I. Erfasste Gewebe und Gewebezubereitungen (S. 1)

Abs. 1 S. 1 erfasst Gewebe sowie Gewebezubereitungen (zu den Begriffen Gewebe und Gewebe- **5** zubereitungen s. § 4 Rn. 233 ff.), die **nicht mit industriellen Verfahren be- oder verarbeitet** werden **und** deren **wesentliche Be- oder Verarbeitungsverfahren in der EU hinreichend** bekannt sind.

1. Keine industriellen Be- oder Verarbeitungsverfahren. In jedem Falle liegt eine Be- oder **6** Verarbeitung mit **industriellen Verfahren** vor, wenn es sich bei dem unter Verwendung von Gewebe hergestellten Arzneimittel um ein **Arzneimittel für neuartige Therapien** i. S. d. § 4 IX handelt (s. Rn. 3, 4). Im Übrigen ist weder der RL 2001/83/EG[7] noch dem AMG zu entnehmen, wann ein industrielles Verfahren vorliegt, so dass dieser unbestimmte Rechtsbegriff in hohem Maße auslegungsbedürftig ist. In der Gesetzesbegründung wird darauf abgestellt, ob bei der Be- oder Verarbeitung von Gewebe **anspruchsvolle technische oder aufwendige maschinelle Verfahren** eingesetzt werden[8].

---

[1] Vgl. *Pannenbecker*, in: FS Sander, S. 247, 251.

[2] Die VO (EG) Nr. 1394/2007 ist eine „lex specialis", durch die die RL 2001/83/EG ergänzt wird (vgl. 6. Erwägungsgrund zu dieser VO). Die von der VO erfassten Arzneimittel für neuartige Therapien müssen GMP-konform hergestellt werden (Art. 5 VO (EG) Nr. 1394/2007).

[3] Vgl. BR-Drucks. 688/09, S. 14.

[4] Vgl. BT-Drucks. 16/5443, S. 57. Dort werden als Beispiele klassischer Gewebezubereitungen Herzklappen, Knochen und Blutgefäße genannt, sofern sie mit einfachen und bekannten traditionellen Verfahren be- oder verarbeitet werden. Im Erfahrungsbericht des Bundesregierung zum GewebeG werden zudem muskuloskelettale Gewebe und Augenhornhäute genannt, vgl. BR-Drucks. 688/09, S. 13. Auch Knochenmark zählt zu den von § 20c erfassten klassischen Gewebezubereitungen, vgl. die Begründung zu § 72b in BT-Drucks. 16/5443, S. 59, sofern es mit einfachen und bekannten traditionellen Verfahren be- oder verarbeitet wird. Als von § 20c erfasste Gewebe, die gem. § 4 XXX 2 nicht zugleich auch Gewebezubereitungen sind, werden im Erfahrungsbericht der Bundesregierung Hoden- und Nebenhodengewebe genannt, solange diese Gewebe ausschließlich i. S. der Reproduktionsmedizin zur Gewinnung von Samenzellen verwendet werden, vgl. BR-Drucks. 688/09, S. 13. Menschliche Keimzellen, die zur Befruchtung durch natürliche Samenübertragung, auch nach vorheriger Hormonmedikation, verwendet werden, sollen – anders als solche, die im Rahmen medizinisch unterstützter Befruchtung u. a. durch instrumentelle Samenübertragung oder intrazytoplasmatische Spermieninjektion verwendet werden – nicht in den Anwendungsbereich des § 20c fallen, vgl. BT-Drucks. 16/5443, S. 57.

[5] Vgl. §§ 1 Ia, 3 III AMWHV. Unzutreffend *Schmidt*, PharmInd 2010, 2130, sofern dort ausgeführt wird, dass Einrichtungen gem. § 20c GMP-Anforderungen unterlägen.

[6] So *Bock*, Rechtsrahmen, S. 206–214. Dabei setzt sich über die ganz herrschende Lehre von der Normspaltung hinweg, nach der eine Rechtsnorm im Straf- und Ordnungswidrigkeitenrecht enger auszulegen ist als im Bereich des Verwaltungsrechts, vgl. *BVerfG*, NJW 2006, 3340 f.

[7] Nach Art. 2 I RL 2001/83/EG stellt die Zubereitung unter Anwendung industrieller Verfahren einen Anknüpfungspunkt für die Anwendung dieser RL dar.

[8] Vgl. BT-Drucks. 16/5443, S. 57. Im Erfahrungsbericht der Bundesregierung wird als Beispiel einer klassischen Gewebezubereitung nach § 20c die zum Ersatz der kompletten Augenhornhaut bestimmte organkultivierte humane

In der Stellungnahme der Bundesregierung auf eine Kleine Anfrage wird ausgeführt, dass auch eine **Herstellung in größerem Umfang oder auf Vorrat für einen nicht bekannten Abnehmerkreis** Indizien für eine industrielle Herstellung sind[9].

7   Die Herstellung in größerem Umfang oder auf Vorrat ist jedoch kein taugliches Abgrenzungskriterium, da auch klassische Gewebezubereitungen (z. B. Hornhäute, Knochen) auf Vorrat für einen noch nicht bekannten Abnehmerkreis bearbeitet werden und gänzlich unbestimmt ist, wann ein „größerer Umfang" vorliegt. Selbiges gilt für **„routinemäßig gleichartige festgelegte Prozesse"**[10], die auch im Rahmen der Be- oder Verarbeitung von Gewebezubereitungen nach § 20c AMG auf der Grundlage der GFP erwartet werden müssen. Ebenso wenig kommt es für die Abgrenzung darauf an, in welcher **Art von Einrichtung** (z. B. Krankenhaus oder pharmazeutisches Unternehmen) die Tätigkeiten durchgeführt werden[11]. Eine im Zuge der Aufbereitung/Herstellung vorgenommene **Behandlung des Gewebes** (insbes. von Knochen) **mit ionisierenden Strahlen** – die gem. § 7 i. V. m. § 1 II 1 Nr. 4 AMRadV zur Folge hat, dass das Arzneimittel nur in den Verkehr gebracht werden darf, wenn es nach § 25 I zugelassen worden ist – stellt nicht von vornherein ein industrielles Verfahren dar und schließt als solche die Einordnung der bestrahlten Gewebezubereitung unter Abs. 1 S. 1 nicht aus[12].

8   **2. Hinreichender Bekanntheitsgrad der wesentlichen Be- oder Verarbeitungsverfahren.** Dazu, wann die **wesentlichen Be- oder Verarbeitungsverfahren in der EU hinreichend bekannt** sind, wird in der Gesetzesbegründung unter Bezugnahme auf § 22 Abs. III Nr. 1 angemerkt, dass hiervon insbesondere auszugehen sei, wenn diese bereits **seit zehn Jahren oder länger** in der EU bekannt sind[13]. Dieses Tatbestandsmerkmal stellt jedoch kein Abgrenzungskriterium des europäischen Arzneimittelrechts (RL 2001/83/EG) vom europäischen Geweberecht (RL 2004/23/EG) dar. Sofern in den Materialien weiter ausgeführt wird, ein hinreichender Bekanntheitsgrad könne auch bei erst **seit wenigen Jahren** bekannten Verfahren erreicht sein, **falls die Verfahren mit bekannten Verfahren vergleichbar sind oder ihr Gefährdungspotential sicher einschätzbar** sei[14], wird deutlich, dass keine klare Abgrenzung zwischen Abs. 1 S. 1 und **Abs. 1 S. 2** vorzunehmen ist, wonach eine Erlaubnis nach § 20c anstelle einer Herstellungserlaubnis nach § 13 auch für solche Gewebezubereitungen einschlägig ist, deren Be- oder Verarbeitungsverfahren neu, aber mit einem bekannten Verfahren vergleichbar sind. Erst dann, wenn die wesentlichen Verfahrensschritte so neu sind, dass die Auswirkungen auf das Produkt nicht hinreichend bekannt sind, muss aus Sicherheitsgründen ein tiefgreifende Bewertung der Herstellungsstätte und des Herstellungsverfahrens in einem Erlaubnisverfahren nach § 13 erfolgen[15]. Die Beurteilung des Bekanntheitsgrades eines Verfahrens ist ein **dynamischer Prozess**, der durch den aktuellen Stand von Wissenschaft und Technik bestimmt wird. Ein Be- oder Verarbeitungsverfahren, das derzeit als neu und nach § 13 erlaubnispflichtig eingestuft wird, kann sich nach einer entsprechenden Erfahrungszeit zu einem hinreichend bekannten Verfahren entwickeln[16]. Diese „Dynamik" ist indes im Hinblick auf das Gewebehandelsverbot gem. § 17 I TPG nicht unproblematisch[17].

9   In den Gesetzesmaterialien wird angenommen, das Problem der Abgrenzung des Anwendungsbereichs des § 20c vom § 13 sei dadurch zu lösen, dass das PEI, mit dem sich die erlaubniserteilende Behörde ins Benehmen zu setzen hat (§ 20c I 3) den Bekanntheitsgrad beurteile[18]. Indessen ist eine solche Beurteilungskompetenz des PEI im Gesetz, anders etwa als in § 21 IV, nicht verankert[19]. Entsprechende Beurteilungen im Rahmen anhängiger Erlaubnisverfahren durch die Landesbehörde oder das PEI sind in vollem Umfang verwaltungsprozessual überprüfbar.

10   **3. Erlaubnispflichtige Tätigkeiten.** Gem. Abs. 1 S. 1 sind das **Be- oder Verarbeiten, Konservieren, Prüfen, Lagern oder in den Verkehr Bringen** erlaubnispflichtig. Hiermit wird Art. 6 I

Augenhornhaut genannt, wohingegen die lamellär präparierte organkultivierte Augenhornhaut, die zum Ersatz einer Schicht der Augenhornhaut bestimmt ist, § 13 zugerechnet wird, vgl. BR-Drucks. 688/09, S. 16.

[9] Vgl. BT-Drucks. 16/9988, S. 5.

[10] Vgl. *Schilling-Leiß/Godehardt/Scherer/Cichutek/Tönjes*, Transfus Med Hemother 2008, 453, 457.

[11] Vgl. BR-Drucks. 688/09, S. 16.

[12] Vgl. *Schilling-Leiß/Godehardt/Scherer/Cichutek/Tönjes*, Transfus Med Hemother 2008, 453, 456 f., aus deren Ausführungen zur Änderung der AMRadV sich ergibt, dass allein die Bestrahlung den Anwendungsbereich des § 21a – und damit vorgelagert des § 20c – nicht ausschließen würde.

[13] Vgl. BT-Drucks. 16/5443, S. 57.

[14] Vgl. BT-Drucks. 16/5443, S. 57.

[15] Vgl. BT-Drucks. 16/5443, S. 57.

[16] Vgl. BR-Drucks. 688/09, S. 17.

[17] Gem. § 17 I 1 TPG ist es u. a. verboten, mit Organen oder Geweben, die der Heilbehandlung eines anderen zu dienen bestimmt sind, Handel zu treiben. Dies gilt nach § 17 I 2 Nr. 2 TPG u. a. nicht für Arzneimittel, die aus oder unter Verwendung von Organen oder Geweben hergestellt sind und den Vorschriften über die Zulassung nach § 21, auch i. V. m. § 37, unterliegen. Zu bedenken ist, dass das Inverkehrbringen einer Gewebezubereitung, die nicht § 20c sondern § 13 unterliegt, nicht von § 21a erfasst sein kann, sondern in den Anwendungsbereich des § 21 fällt und damit nicht dem Gewebehandelsverbot unterliegt.

[18] Vgl. BT-Drucks. 16/5443, S. 57.

[19] Im Erfahrungsbericht der Bundesregierung wird anerkannt, dass die Landesbehörde für die Beurteilung der Be- und Verarbeitungsverfahren zuständig ist und vom PEI lediglich unterstützt wird, vgl. BR-Drucks. 688/09, S. 17.

RL 2004/23/EG umgesetzt, wonach die Testung, Verarbeitung, Konservierung, Lagerung und Verteilung von zur Verwendung beim Menschen bestimmten menschlichen Geweben und Zellen von den Mitgliedstaaten unter eine Genehmigungspflicht zu stellen ist.

a) § 20c als Spezialvorschrift zu § 13. Auf Gewebe oder klassische Gewebezubereitungen, für die **11** es einer Erlaubnis nach § 20c bedarf (s. Rn. 3 ff.), findet die Herstellungserlaubnis gem. § 13 Ia Nr. 1 bzw. Nr. 3 keine Anwendung. Es kommt für die von § 20c erfassten Gewebe oder Gewebezubereitungen also gar nicht vornherein nicht darauf an, ob der Begriff des Herstellens i. S. d. § 4 XIV auch Tätigkeiten umfasst – wie das Umfüllen einschließlich Abfüllen, das Abpacken, das Kennzeichnen und die Freigabe –, die sich im Katalog der nach § 20c I 1 erlaubnispflichtigen Tätigkeiten nicht wiederfinden. Die abweichende Literaturmeinung[20], wonach § 13 auch für Herstellungsschritte gelten soll, die in § 20c nicht erwähnt sind, hat sich jedenfalls durch die mit dem AMG-ÄndG 2009 aufgenommene Regelung in § 13 Ia Nr. 1 und Nr. 3 erledigt und war auch schon auf der Basis des § 13 I 4 a. F. nicht vertretbar.[21]

b) Prüfen. Das **Prüfen** wurde erst mit dem AMG-ÄndG 2009 explizit den nach § 20c erlaubnis- **12** pflichtigen Tätigkeiten zugeordnet. Nach der Gesetzesbegründung sollte hiermit klargestellt werden, dass auch Einrichtungen, die be- oder verarbeitete Gewebe nur prüfen (z. B. Prüflabore) grundsätzlich einer eigenständigen Erlaubnis bedürfen[22]. Das in Abs. 1 S. 1 genannte Prüfen von be- oder verarbeitetem Gewebe, welches zur Verwendung bei Menschen bestimmt ist und das gleichfalls von dieser Vorschrift erfasste Prüfen von Gewebezubereitungen sind von der § 20b unterliegenden, für die Gewinnung erforderlichen Laboruntersuchung (Spendertestung) zu unterscheiden.

c) Inverkehrbringen. aa) Inverkehrbringen auch bei Abgabe von Gewebe durch Entnahme- **13** **einrichtungen an Hersteller (§ 13) oder Be- oder Verarbeiter (§ 20c).** Zu dem nach Abs. 1 S. 1 erlaubnispflichtigen Inverkehrbringen, das in § 4 XVII definiert ist, stellt sich die Frage, ob für die Abgabe von Gewebe, welches von einer Entnahmeeinrichtung auf der Grundlage des § 20b I gewonnen wurde, durch diese Entnahmeeinrichtung an eine andere Einrichtung, die mittels dieses Gewebes auf der Grundlage des § 20c eine klassische Gewebezubereitung oder nach § 13 eine sonstige Gewebezubereitung herstellt, eine Erlaubnis nach § 20c I 1 nötig ist. Die Bundesregierung hält im Erfahrungsbericht zum GewebeG fest, dass § 20c auch Fälle erfasse, in denen eine Einrichtung Gewebe oder Gewebezubereitungen an andere abgibt, ohne diese selbst zu be- oder verarbeiten oder zu prüfen[23].

Dies ist im Hinblick auf das Verfügbarmachen von Gewebe durch eine Entnahmeeinrichtung kritisch **14** zu hinterfragen: Gem. Art. 5 I RL 2004/23/EG, der mit § 20b umgesetzt worden ist, muss die Beschaffung von Gewebe, das zur Verwendung beim Menschen bestimmt ist (Art. 1 RL 2004/23/EG) behördlich genehmigt sein. Unter **Beschaffung** ist nach **Art. 3 Buchst. f) RL 2004/23/EG** ein Prozess zu verstehen, durch den Gewebe oder Zellen verfügbar gemacht werden. Die Beschaffung muss nach Art. 5 II, 28 Buchst. f) RL 2004/23/EG den technischen Anforderungen an Verfahren zur Beschaffung von Geweben und zu ihrer Entgegennahme in den Gewebeeinrichtungen entsprechen, die sich wiederum in der RL 2006/17/EG wiederfinden. Nach Art. 2 V 2 RL 2006/17/EG muss die Entnahmeorganisation über eine SOP u. a. für die Beförderung von Geweben vom Ankunftsort in der Gewebebank verfügen. Aus der Definition „Entnahmeorganisation" in Art. 1 Buchst. h) RL 2006/17/EG[24], ergibt sich, dass eine Entnahmeeinrichtung nicht zugleich als Gewebebank, also als Gewebeeinrichtung genehmigt sein muss, und aus der Definition „Gewebeeinrichtung" in Art. 3 Buchst. o) RL 2004/23/EG[25] ist zu entnehmen, dass zwischen der Verteilung und der Beschaffung von Gewebe zu differenzieren ist. Folglich kann nach der Systematik des europäischen Geweberechts allein der Umstand, dass eine Entnahmeeinrichtung einer Gewebeeinrichtung Gewebe zum Zwecke der weiteren Aufbereitung oder der Herstellung einer Gewebezubereitung beschafft/verfügbar macht, nicht dazu führen, dass eine Verteilung vorliegt, die nach Art. 6 I RL 2004/23/EG eine erlaubnispflichtige Tätigkeit einer Gewebeeinrichtung darstellt.

Berücksichtigt man weiterhin, dass unter **„Verteilung"** gem. **Art. 3 Buchst. k) RL 2004/23/EG** **15** die Beförderung und Abgabe von „zur Verwendung beim Menschen bestimmten" Geweben zu verstehen ist und dass Gewebe, welches von einer Entnahmeeinrichtung an einen Hersteller (§ 13) oder Be-

---

[20] Vgl. *Roth*, PharmR 2008, 108, 112; *ders.*, in: Höfling, Einf. TPG Rn. 26.

[21] Gem. § 13 I 4 i. d. F. des GewebeG fand § 13 I 1 keine Anwendung auf Gewebe i. S. d. § 1a Nr. 4 TPG sowie auf Gewebezubereitungen, für die eine Erlaubnis nach § 20c erteilt wird. Vgl. hierzu BT-Drucks. 16/5443, S. 56.

[22] Vgl. BT-Drucks. 16/12256, S. 47.

[23] Vgl. BR-Drucks. 688/09, S. 18.

[24] „Entnahmeorganisation" (im engl. Text „procurement organisation", vgl. auch Art. 2 Buchst. i) RL 2006/86/EG) ist hiernach eine Einrichtung des Gesundheitswesens … oder andere Stelle, die zur Entnahme menschlicher Gewebe … tätig wird und möglicherweise nicht als Gewebebank akkreditiert, benannt, zugelassen oder lizensiert ist.

[25] „Gewebeeinrichtung" (im engl. Text „tissue establishment") ist hiernach eine Gewebebank … oder eine andere Einrichtung, in der Tätigkeiten im Zusammenhang mit der Verarbeitung, Konservierung, Lagerung oder Verteilung menschlicher Gewebe … ausgeführt werden. Sie kann auch für die Beschaffung oder Testung der Gewebe … zuständig sein.

oder Verarbeiter (§ 20c) abgegeben wird, damit dieser unter dessen Verwendung eine Gewebezubereitung herstellt, als solches noch nicht „zur Verwendung beim Menschen bestimmt" ist, so kann die hier diskutierte Abgabe keine Verteilung und bei richtlinienkonformer Auslegung kein Inverkehrbringen sein. Dies wird auch durch die Definition „Lagerung" in Art. 3 Buchst. j) RL 2004/23/EG bestätigt, wonach hierunter die Aufbewahrung des „Produktes" unter angemessen kontrollierten Bedingungen „bis zur Verteilung" zu verstehen ist. Unterscheidet man richtlinienkonform zwischen der „Beschaffung" (Art. 5 I RL 2004/23/EG, umgesetzt in § 20b) und der „Verteilung" (Art. 6 I RL 2004/23/EG, umgesetzt in § 20c bzw. in § 21a), so ist für die **Abgabe von Gewebe** durch eine Entnahmeeinrichtung an einen Hersteller (§ 13) oder Be- oder Verarbeiter (§ 20c) ebenso wie in den Fällen des § 20b II auch in den Fällen des § 20b I **keine separate Erlaubnis erforderlich.** Eine solche Abgabe ist vielmehr zum Gewinnen i. S. d. § 20b I 2 zu zählen, worunter auch alle Maßnahmen zu verstehen sind, die dazu bestimmt sind, das Gewebe zu transportieren.

16   **bb) Verhältnis von § 20c zu § 21a und zu § 52a in Bezug auf das Inverkehrbringen.** Sowohl in § 20c I 1 als auch in § 21a wird als erlaubnis- bzw. genehmigungspflichtige Tätigkeit das Inverkehrbringen genannt. **§ 20c** regelt die Erlaubnispflicht für Personen (Einrichtungen), die bestimmte Tätigkeiten ausüben und ist mit den arzneimittelrechtlichen **personenbezogenen** Erlaubnissen für das Herstellen oder den Handel (Inverkehrbringen) vergleichbar. Demgegenüber knüpft **§ 21a** an die Gewebezubereitung als solche und damit an die Qualität, Unbedenklichkeit und Funktionalität des Arzneimittels an und ist mit der **produktbezogenen** Zulassung nach § 21 vergleichbar.[26] Für das Inverkehrbringen der in § 4 XXX 2 genannten Keimzellen, imprägnierter Eizellen und Embryonen (s. § 4 Rn. 236), die zwar Gewebe, aber keine Gewebezubereitung sind, ist ausschließlich § 20c einschlägig und keine produktbezogene Genehmigung nach § 21a erforderlich. Andere menschliche Gewebe, die zur Anwendung beim Menschen i. S. d. § 2 I bestimmt sind und die nach § 4 XXX 1 zugleich Gewebezubereitungen sind, können nicht allein auf der Grundlage einer personenbezogenen Erlaubnis nach § 20c in den Verkehr gebracht werden, hierzu ist vielmehr zusätzlich eine produktbezogene Genehmigung nach § 21a erforderlich[27].

17   Im Gegensatz zum Regelungsbereich der Großhandelserlaubnis nach § 52a, gem. dessen Abs. 6 die Herstellungserlaubnis nach § 13 in ihrer Reichweite auch die Großhandelserlaubnis umfasst, ist für die von § 20c erfassten „klassischen" Gewebezubereitungen neben der Erlaubnis für das Be- oder Verarbeiten auch eine Erlaubnis für das Inverkehrbringen erforderlich. Da klassische Gewebezubereitungen keine Arzneimittel i. S. d. Art. 1 Nr. 2 RL 2001/83/EG sind (s. Rn. 4), gelten die Vorgaben des Titels VII dieser RL an den Großhandel nicht für diese Gewebezubereitungen. Stattdessen gelten die Anforderungen der RL 2004/23/EG. In richtlinienkonformer Auslegung des AMG ist davon auszugehen, dass für klassische Gewebezubereitungen § 20c und § 72b gegenüber § 52a **vorrangige Spezialnormen** darstellen und eine Großhandelserlaubnis für den Großhandel (§ 4 XXII) mit Geweben (§ 4 XXX 2) und mit klassischen Gewebezubereitungen **nicht** vonnöten ist (s. auch § 72b Rn. 6). Werden von § 20c erfasste Gewebezubereitungen aus EU/EWR-Staaten nach Deutschland verbracht und hier in den Verkehr gebracht („verteilt" i. S. d. Art. 3 Buchst. k) RL 2004/23/EG), so ist hierfür eine Erlaubnis nach § 20c und keine Großhandelserlaubnis gem. § 52a erforderlich[28].

II. Vergleichbare Be- oder Verarbeitungsverfahren (S. 2)

18   Die Erlaubnispflicht nach Abs. 1 S. 1 gilt auch für Gewebe und Gewebezubereitungen, deren Be- oder Verarbeitungsverfahren neu, aber mit einem bekannten Verfahren vergleichbar sind (s. Rn. 8).

III. Zuständige Behörde (S. 3)

19   Gem. **Abs. 1 S. 3** trifft die zuständige Behörde des Landes, in dem die Betriebsstätte liegt oder liegen soll, die Entscheidung über die Erteilung der Erlaubnis, wobei dies im **Benehmen mit der zuständigen Bundesoberbehörde**[29] – das ist nach § 77 II das PEI – zu erfolgen hat. Gem. § 64 III 3 wird die Erlaubnis nach § 20c von der zuständigen Behörde erst erteilt, wenn sie sich bei einer **Abnahmeinspektion** vom Vorliegen der Voraussetzung für die Erlaubniserteilung überzeugt hat.

---

[26] Vgl. BR-Drucks. 688/09, S. 18 f.
[27] Vgl. *Pannenbecker,* in: FS Sander, S. 247, 270.
[28] A. A. *Kloesel/Cyran,* § 72b Anm. 29.
[29] Das „Benehmen" fordert, anders als eine Entscheidung „im Einvernehmen", keine Übereinstimmung zwischen Landes- und Bundesoberbehörde, sondern deren Beteiligung am Verfahren durch die Landesbehörde. S. hierzu *BVerwG*, NJW 1966, 513 f.

C. Voraussetzungen für die Erlaubniserteilung (Abs. 2)

Die Voraussetzungen für die Erteilung der Erlaubnis nach § 20c sind als **Versagungsgründe in**   20
Abs. 2 abschließend aufgelistet. Erfüllt der Antragsteller diese Anforderungen, so hat er einen **Rechts-anspruch** auf Erteilung der Erlaubnis.

I. Versagungsgründe (S. 1)

1. Verantwortliche Person nach § 20c (Nr. 1). Gem. **Abs. 2 S. 1 Nr. 1** muss eine Person mit der   21
erforderlichen Sachkenntnis und Erfahrung nach Abs. 3 vorhanden sein, die dafür verantwortlich ist, dass
die Gewebezubereitung oder das Gewebe **im Einklang mit den geltenden Rechtsvorschriften be-oder verarbeitet, konserviert, geprüft, gelagert oder in den Verkehr gebracht** werden. Diese
Person wird nach der in der Norm enthaltenen Klammerdefinition als „verantwortliche Person nach
§ 20c" bezeichnet.

Die verantwortliche Person nach § 20c befindet sich in einer der sachkundigen Person nach § 14   22
vergleichbaren Rolle. Sie ist gem. § 38 I AMWHV für die **Freigabe der Gewebe oder Gewebe-zubereitungen** anhand von ihr vorher genehmigter Standardarbeitsanweisungen zuständig. § 38 II
AMWHV spezifiziert die Voraussetzungen für die Freigabe. Sie darf nur erfolgen, wenn die Überprüfung
aller dafür erforderlichen Unterlagen die Übereinstimmung des Gewebes oder der Gewebezubereitung
mit ihren Spezifikationen bestätigt hat und sie bei nach § 21a genehmigungspflichtigen Gewebezube-reitungen mit den Genehmigungsunterlagen übereinstimmt[30]. Bei der Freigabe darf die verantwortliche
Person nach § 20c gem. § 38 III AMWHV nur von solchen Personen vertreten werden, die ihrerseits
über die Sachkenntnisse nach § 20c III verfügen. Eine weitere herausragende Aufgabe der verantwort-lichen Person nach § 20c ist die **Einrichtung und Aufrechterhaltung eines QM-Systems** nach den
Grundsätzen der guten fachlichen Praxis, wie es in § 32 I AMWHV vorgesehen ist. Die verantwortliche
Person nach § 20c ist außerdem gem. § 36 I AMWHV auch dafür verantwortlich, dass das Personal in
der Einrichtung über den rechtlichen und ethischen Zusammenhang seiner Tätigkeit unterrichtet wird.
Abweichend von den Vorgaben des § 14 I Nr. 3 an die sachkundige Person nach § 14 ist für die
verantwortliche Person nach § 20c **kein Zuverlässigkeitsnachweis** zu erbringen[31]. Anders als im
Anwendungsbereich des § 13, wo neben der sachkundigen Person, die zugleich auch Leiter der Quali-tätskontrolle oder alternativ der Herstellung sein kann[32], eine weitere Person die von der sachkundigen
Person nicht übernommene Funktion ausfüllen muss, **kann die verantwortliche Person nach § 20c
stets auch die Rolle der für die Be- oder Verarbeitung verantwortlichen Person i. S. d. § 36 IX
2 AMWHV übernehmen.**

2. Ausreichende Qualifikation weiteren Personals (Nr. 2). Die Erlaubnis darf gem. **Abs. 2 S. 1**   23
Nr. 2 versagt werden, wenn weiteres mitwirkendes Personal nicht ausreichend qualifiziert ist. Es wird –
ebenso wie in § 20b I 3 Nr. 2 – gesetzlich nicht definiert, welche Anforderungen an eine ausreichende
Qualifikation des bei den erlaubnispflichtigen Tätigkeiten mitwirkenden Personals zu stellen sind. Die
ausreichende Qualifikation ist daher unter Berücksichtigung der jeweiligen Tätigkeit des mitwirkenden
Personals unter Beachtung etwaig einschlägiger berufsrechtlicher Vorgaben zu ermitteln.

3. Geeignete Räume und Einrichtungen (Nr. 3). Gem. **Abs. 2 S. 1 Nr. 3** müssen in der   24
Einrichtung geeignete Räume und Einrichtungen für die beabsichtigte Tätigkeit vorhanden sein. Ob-wohl der Wortlaut dieser Vorschrift von § 20b I 3 Nr. 3 abweicht („angemessene Räume") und in
Anlehnung an § 14 I Nr. 6 formuliert ist, wird im Rahmen des § 20c nicht der GMP-Standard
vorgeschrieben (s. Rn. 3 f.). Es gelten vielmehr die Vorgaben der RL 2006/86/EG, die in dem Ab-schnitt 5a der AMWHV umgesetzt wurden[33].

4. Einhaltung des Stands von Wissenschaft und Technik (Nr. 4). Nach **Abs. 2 S. 1 Nr. 4** ist zu   25
gewährleisten, dass die Be- oder Verarbeitung einschließlich Kennzeichnung, Konservierung und Lage-rung sowie die Prüfung nach dem Stand von Wissenschaft und Technik vorgenommen werden. Auch
hiermit wird auf die mit der Änderungsverordnung zur AMWHV normierten Anforderungen der guten

---

[30] In der Begründung des Entwurfs der ÄnderungsVO zur AMWHV, BR-Drucks. 938/07, S. 35, heißt es hierzu:
„Die verantwortliche Person nach § 20c AMG muss sich rückversichern, dass für … die Gewebezubereitung alle
Ergebnisse (der Prüfung, der Laboruntersuchung der spendenden Person, der Be- oder Verarbeitung und der End-prüfung) und auch der Transport und die Lagerung mit der jeweiligen Spezifikation und, soweit zutreffend, den
Genehmigungsunterlagen nach § 21a AMG übereinstimmen. Die Zuweisung dieser Verantwortung entspricht Art. 17
Abs. 2 Buchstabe a) der RL 2004/23/EG."

[31] Vgl. BR-Drucks. 688/09, S. 19.

[32] Vgl. § 12 I 5 AMWHV und Teil I, Kap. 2.3 des EG-GMP-Leitfadens (BAnz Nr. 210 v. 9.11.2006, S. 2523).

[33] Hierzu zählt u. a. die Regelung, dass die Be- oder Verarbeitung nach einer vorher erstellten Standardarbeits-anweisung (Be- oder Verarbeitungsanweisung) in Übereinstimmung mit der guten fachlichen Praxis durchzuführen ist
(§ 36 IV AMWHV) und (in einem Be- oder Verarbeitungsprotokoll) vollständig zu protokollieren ist (§ 36 IX
AMWHV).

fachlichen Praxis in deren Abschnitt 5a verwiesen. Die Einhaltung des Stands von Wissenschaft und Technik wird vermutet, wenn die Vorgaben der AMWHV eingehalten werden[34].

26 **5. QM-System nach GFP-Grundsätzen (Nr. 5).** Zudem muss gem. **Abs. 2 S. 1 Nr. 5** ein QM-System nach den Grundsätzen der guten fachlichen Praxis (GFP) eingerichtet worden sein und auf dem neuesten Stand gehalten werden. Die detaillierten Anforderungen an ein solches QM-System ergeben sich aus § 32 I AMWHV (zur Rolle der verantwortlichen Person nach § 20c im Rahmen des QM-Systems s. Rn. 22). Mit dem QM-System muss u. a. gewährleistet sein, dass alle qualitäts- und sicherheitsrelevanten Arbeitsabläufe in geeigneten Standardarbeitsanweisungen festgelegt, unter kontrollierten Bedingungen durchgeführt und dokumentiert werden (§ 32 I Nr. 1 AMWHV). Von herausragender Bedeutung ist weiterhin, dass das QM-System ausreichende Verfahren zur Rückverfolgbarkeit sowie zur unverzüglichen Meldung schwerwiegender Zwischenfälle, schwerwiegender unerwünschter Reaktionen und zu deren Verdachtsfällen beinhalten muss (§ 32 I Nr. 4 AMWHV).

II. Lohnprüfung (S. 2)

27 Mit dem AMG-ÄndG 2009 wurde an Abs. 2 ein **neuer S. 2** angefügt, wonach abweichend von Abs. 2 Nr. 3 **außerhalb der Betriebsstätte die Prüfung** (s. Rn. 12) der Gewebe und Gewebezubereitungen **in beauftragten Betrieben**, die keiner eigenen Erlaubnis bedürfen, durchgeführt werden kann, wenn bei diesen hierfür geeignete Räume und Einrichtungen vorhanden sind und gewährleistet ist, dass die Prüfung nach dem Stand von Wissenschaft und Technik erfolgt und die verantwortliche Person nach § 20c ihre Verantwortung wahrnehmen kann. Die Notwendigkeit einer solchen Regelung war bereits im Rahmen der ÄnderungsVO von 2008 zur AMWHV thematisiert worden[35], da die Erlaubnis nach § 20c IV 3 – ebenso wie die Herstellungserlaubnis (vgl. § 16 S. 1) für eine bestimmte Betriebsstätte erteilt wird. § 20c II 2 entspricht somit § 14 IV[36].

D. Qualifikation der verantwortlichen Person nach § 20c (Abs. 3)

28 **Abs. 3** bestimmt in Umsetzung des Art. 17 I RL 2004/23/EG, dass der Nachweis der erforderlichen Sachkunde erbracht wird durch das Zeugnis über eine nach abgeschlossenem Hochschulstudium der Humanmedizin, Biologie, Biochemie oder einem anderen gleichwertig anerkannten Studium abgelegte Prüfung sowie eine mindestens zweijährige praktische Tätigkeit auf dem Gebiet der Be- oder Verarbeitung von Geweben oder Gewebezubereitungen. Es ist insofern festzuhalten, dass die praktische Erfahrung nicht in Einrichtungen gesammelt worden sein muss, die über eine Erlaubnis nach § 20c verfügen. Es wird auf die Übergangsvorschrift in § 142 I hingewiesen[37].

E. Mängelbeseitigung und Sachbezogenheit der Erlaubnis (Abs. 4)

I. Mängelbeseitigungen bei Beanstandungen (S. 1)

29 Nach **Abs. 4 S. 1** hat die Behörde dem Antragsteller bei Beanstandungen der vorgelegten Unterlagen die Gelegenheit zur Mängelbeseitigung innerhalb einer angemessenen Frist zu geben. Diese Frist ist von der Behörde in pflichtgemäßem Ermessen unter Berücksichtigung des zur Mängelbeseitigung erforderlichen Zeitaufwands festzusetzen. Abs. 4 enthält keine Höchstfrist, so dass die Frist zur Mängelbeseitigung nicht gesetzlich limitiert ist und der Antragsteller vor Fristablauf eine Fristverlängerung beantragen kann, worüber die Behörde nach pflichtgemäßem Ermessen zu entscheiden hat.

II. Versagung der Erlaubnis (S. 2)

30 Wird den gerügten Mängeln nicht innerhalb der (ggf. verlängerten) Mängelbeseitigungsfrist abgeholfen, so hat die zuständige Behörde gem. **Abs. 4 S. 2** im Benehmen mit dem PEI (Abs. 1 S. 3) die Erteilung der Erlaubnis zu versagen. Die Versagung der Erlaubnis ohne vorherige Durchführung eines Mängelbeseitigungsverfahrens ist rechtswidrig.

---

[34] Vgl. ZLG-Verfahrensanweisung 15111602 „Entscheidung über die Erteilung einer Erlaubnis gem. §§ 20b, 20c oder 72b AMG; Bescheinigung nach § 72b Abs. 2 AMG", Ziff. 3.3.3 Die TPG-GewV gilt nach ihrem § 1 nicht für den Regelungsbereich des § 20c.
[35] Vgl. hierzu BR-Drucks. 938/1/07, S. 12.
[36] Vgl. BT-Drucks. 16/12 256, S. 47.
[37] Vgl. auch ZLG-Verfahrensanweisung 15111602, Ziff. 3.3.1.2.

III. Sachbezogenheit der Erlaubnis (S. 3)

Die Erlaubnis wird gem. **Abs. 4 S. 3** für eine bestimmte Betriebsstätte und für bestimmte Gewebe 31 oder Gewebezubereitungen erteilt. Im Zuge des AMG-ÄndG 2009 wurde in § 20c II 2 in Anlehnung an § 14 IV aufgenommen, dass die Prüfung auch außerhalb der Betriebsstätte des Antragstellers erfolgen kann. Dabei wurde versäumt, in § 20c IV 3 eine mit § 16 S. 1 vergleichbare klarstellende Regelung aufzunehmen, wonach in den Fällen der externen Prüfung auch eine bestimmte Betriebsstätte des beauftragten Betriebs in die Erlaubnis des Antragstellers aufgenommen wird.

F. Fristen für die Erlaubniserteilung (Abs. 5)

I. Drei-Monats-Frist (S. 1)

Gem. **Abs. 5 S. 1** hat die zuständige Behörde eine Entscheidung über den Antrag auf **Erteilung der** 32 **Erlaubnis** innerhalb einer **Frist von drei Monaten** ab Antragstellung zu treffen. Die Möglichkeit der Fristverlängerung gem. Abs. 5 S. 3 bezieht sich ausschließlich auf die Frist zur Änderung der Erlaubnis nach Abs. 5 S. 2[38].

II. Frist bei Änderung der Erlaubnis (S. 2)

Die zuständige Behörde hat über den **Antrag auf Änderung der Erlaubnis** gem. **Abs. 5 S. 2** 33 innerhalb einer **Frist von einem Monat** zu entscheiden.

III. Ausnahmefälle (S. 3)

Gem. **Abs. 5 S. 3** ist in Ausnahmefällen eine **Fristverlängerung um weitere zwei Monate** 34 möglich.

IV. Mitteilung (S. 4)

Der Antragsteller ist nach **Abs. 5 S. 4** vor Fristablauf unter Angabe von Gründen vom Vorliegen eines 35 Ausnahmefalles nach S. 3 zu informieren. Die Behörde hat insofern darzulegen, weshalb im Einzelfall ein die Fristverlängerung rechtfertigender Ausnahmefall vorliegt. Die Arbeitsüberlastung der Behörde stellt keinen hinreichenden Grund dar.

V. Hemmung der Frist bei Gelegenheit zur Mängelbeseitigung (S. 5)

Gem. **Abs. 5 S. 5** wird die Entscheidungsfrist durch die Einleitung des Mängelbeseitigungsverfahren 36 nach Abs. 4 bis zur Behebung der Mängel oder bis zum Ablauf der zur Beseitigung gesetzten Frist gehemmt.

VI. Beginn der Hemmung (S. 6)

Die Hemmung der Frist im Falle der Einräumung der Gelegenheit zur Mängelbeseitigung gem. Abs. 5 37 S. 5 beginnt nach **Abs. 5 S. 6** mit dem Tag der Zustellung der Mängelrüge.

G. Änderungen der Erlaubnis (Abs. 6)

I. Änderungen der in Abs. 2 genannten Angaben (S. 1)

Gem. **Abs. 6 S. 1** hat der Erlaubnisinhaber jede Änderung der in Abs. 2 genannten Angaben der 38 zuständigen Behörde vorher anzuzeigen und dürfen Änderungen erst vorgenommen werden, wenn die zuständige Behörde eine schriftliche Erlaubnis erteilt hat[39].

II. Wechsel bei der verantwortlichen Person nach § 20c (S. 2)

Dies gilt gem. **Abs. 6 S. 2** nicht für einen **Wechsel der verantwortlichen Person nach § 20c**. Bei 39 einem unvorhergesehenen Wechsel hat die Anzeige unverzüglich zu erfolgen, bei einem vorhergesehen Wechsel zuvor, ohne dass indes eine schriftliche Erlaubnis der Behörde vor der Umsetzung der Maß-nahme vorliegen muss. Dies ergibt sich aus Art. 17 III RL 2004/23/EG, wonach in Abweichung zu

---

[38] Vgl. ZLG-Verfahrensanweisung 15111602, Ziff. 3.6.3.2.
[39] Hiermit wird Art. 6 III RL 2004/23/EG umgesetzt, wonach die Gewebeeinrichtung ohne vorherige schriftliche Zustimmung der zuständigen Behörde keine wesentlichen Änderungen ihrer Tätigkeit vornehmen darf.

Art. 6 III dieser RL ein Wechsel der verantwortlichen Person nicht von einer vorherigen behördlichen Zustimmung abhängt. Die Änderungen sind unter Vorlage der Nachweise[40] anzuzeigen.

H. Aufhebung der Erlaubnis und vorläufige Anordnung (Abs. 7)

I. Rücknahme der Erlaubnis (S. 1)

40   **Abs. 7 S. 1** enthält in Anlehnung an § 18 I 1 und 2 und an § 20b III eine Regelung zur zwingenden Rücknahme der Erlaubnis, wenn nachträglich bekannt wird, dass einer der Versagungsgründe nach Abs. 2 bei der Erteilung vorgelegen hat.

II. Widerruf/Ruhen der Erlaubnis (S. 2)

41   Ist einer der Versagungsgründe nach Abs. 2 nachträglich eingetreten, so ist die Erlaubnis zu widerrufen, wobei die zuständige Behörde ein Ermessen hat, ob sie alternativ nach dem 2. Halbs. der Vorschrift anstelle des Widerrufs das Ruhen der Erlaubnis anordnet. Letzteres wird unter Berücksichtigung des Verhältnismäßigkeitsgrundsatzes eher der Regelfall sein, wobei es jedoch stets auf die zugrunde liegenden Einzelfallumstände ankommt.

III. Zuständige Behörde (S. 3)

42   Durch die entsprechende Geltung von Abs. 1 S. 3 wird klargestellt, dass auch für die Anordnungen nach Abs. 7 S. 1 und 2 die Behörde des Landes zuständig ist, in dem die Betriebsstätte liegt, wobei auch hier eine Entscheidung über eine solche Anordnung im Benehmen mit der zuständigen Bundesoberbehörde erfolgen muss (s. im Übrigen Rn. 19).

IV. Vorläufige Einstellung der Be- oder Verarbeitung (S. 4)

43   Nach **Abs. 7 S. 4** liegt es im Ermessen („kann") der zuständigen Behörde, ob sie vorläufig anordnet, dass die Be- oder Verarbeitung von Gewebe oder Gewebezubereitungen eingestellt wird, wenn der Be- oder Verarbeiter die für die Be- oder Verarbeitung zu führenden Nachweise nicht vorlegt.

V. Pflichten bei Einstellung der Be- oder Verarbeitung (S. 5)

44   Stellt der Erlaubnisinhaber seine Tätigkeit nach § 20c ein, so ist er gem. **Abs. 7 S. 5** verpflichtet, dafür zu sorgen, dass von ihm noch gelagerte Gewebe oder Gewebezubereitungen weiter qualitätsgesichert gelagert und auf andere Hersteller mit Herstellungserlaubnis nach § 13 bzw. Be- oder Verarbeiter oder Vertreiber mit Erlaubnis nach § 20c übertragen werden.

VI. Daten und Angaben zur Rückverfolgbarkeit (S. 6)

45   Selbiges gilt nach **Abs. 7 S. 6** für die Daten über die Be- oder Verarbeitung, die für die Rückverfolgung benötigt werden. Mit Abs. 7 S. 4 wird Art. 21 V RL 2004/23/EG in nationales Recht umgesetzt[41]. Abs. 7 S. 5 trägt dem Umstand Rechnung, dass die Daten zur Sicherstellung der Rückverfolgbarkeit gem. Art. 8 IV RL 2004/23/EG mindestens 30 Jahre nach der klinischen Verwendung aufzubewahren sind.

§ 20d Ausnahme von der Erlaubnispflicht für Gewebe und Gewebezubereitungen

[1]Einer Erlaubnis nach § 20b Absatz 1 und § 20c Absatz 1 bedarf nicht eine Person, die Arzt ist oder sonst zur Ausübung der Heilkunde bei Menschen befugt ist und die dort genannten Tätigkeiten mit Ausnahme des Inverkehrbringens ausübt, um das Gewebe oder die Gewebezubereitung persönlich bei ihren Patienten anzuwenden. [2]Dies gilt nicht für Arzneimittel, die zur klinischen Prüfung bestimmt sind.

A. Allgemeines

I. Inhalt

1   S. 1 ist eine Ausnahmeregelung, die Ärzte und andere zur Ausübung der Heilkunde bei Menschen befugte Personen vom Erfordernis einer Erlaubnis nach § 20b I für die Gewinnung von Gewebe und

---

[40] Zu den im Antrags- und Änderungsverfahren nötigen Nachweisen vgl. Anlage II zur ZLG-Verfahrensanweisung 15111602.

[41] Vgl. BR-Drucks. 688/09, S. 19.

nach § 20c für die dort genannten Tätigkeiten (ausschließlich des Inverkehrbringens) freistellt, wenn sie die in den beiden Vorschriften genannten Tätigkeiten ausüben, um das Gewebe oder die Gewebezubereitung persönlich bei ihren Patienten anzuwenden. S. 2 stellt klar, dass die Freistellung von der Erlaubnis nach § 20b I und § 20c nicht für Arzneimittel gilt, die zur klinischen Prüfung bei Menschen bestimmt sind.

II. Zweck

Die Vorschrift wurde mit dem AMG-ÄndG 2009 in das Gesetz aufgenommen und ist eine Folge- **2** regelung zur Streichung des § 4a S. 1 Nr. 3 a. F.[1], mit der in Anlehnung an § 13 II b[2] im durch die Norm gesetzten Rahmen eine erlaubnisfreie Tätigkeit ermöglicht werden soll.

B. Erlaubnisfreie Gewinnung von und Tätigkeit mit Gewebe (S. 1)

Der **Adressatenkreis** der Regelung in S. 1 sind ausschließlich Ärzte oder Personen, die sonst zur **3** Ausübung der Heilkunde bei Menschen befugt sind. Unter den letztgenannten Personen sind ausschließlich Heilpraktiker i. S. d. § 1 III HeilprG zu verstehen.

Das **Gewinnen von Gewebe durch den Arzt** und die Spendertestung durch ihn ist abweichend von **4** § 20b I nicht erlaubnispflichtig, wenn dieser Arzt das Gewebe oder die von ihm unter Verwendung des gewonnenen Gewebes hergestellte Gewebezubereitung persönlich bei seinem Patienten anwendet. In diesem Fall ist auch die Be- oder Verarbeitung, Konservierung, Prüfung und Lagerung abweichend von § 20c nicht erlaubnispflichtig[3]. Der Ausnahmetatbestand differenziert nicht danach, ob das Gewebe oder die hieraus hergestellte Gewebezubereitung dem Spender rücküberbertragen wird, es sich also um eine autologe Anwendung handelt, oder ob Spender und Patient verschiedene Personen sind (allogene Anwendung). Die Herstellung von gewebebasierten Arzneimitteln für neuartige Therapien fällt nicht in den Anwendungsbereich der Vorschrift (s. auch § 20c Rn. 4)[4]. Sofern in der Gesetzesbegründung ausgeführt wird, dass der Arzt sich bei der Be- oder Verarbeitung und Prüfung von seinem Personal helfen lassen darf, die **Anwendung aber persönlich durchführen** muss[5], ist anzumerken, dass der Arzt gegenüber diesem Personal weisungsbefugt und in der Lage sein muss, die Qualität und Unbedenklichkeit des Gewebes oder der Gewebezubereitung selbst zu beurteilen[6]. Bei § 20d handelt es sich um einen personenbezogenen Ausnahmetatbestand; die Vorschrift lässt keinen Raum für Stellvertreterregelungen oder Nachfolgetatbestände in Kliniken[7].

Es ist umstritten, ob der Arzt auch die gem. § 20b I 3 Nr. 4 i. V. m. § 8d I 2 Nr. 3 TPG, § 4 TPG- **5** GewV und deren Anlage 3 erforderlichen serologischen Laboruntersuchungen (Spendertestung) selbst durchführen muss, damit der Ausnahmetatbestand des § 20d einschlägig ist[8]. Der Bundesrat wollte im Rahmen des 2. AMG-ÄndG 2012 den Wortlaut der Norm dahingehend ergänzen, dass der Ausnahmetatbestand greift, wenn die *„Tätigkeiten am Gewebe oder an der Gewebezubereitung"* vom Arzt ausgeübt werden[9]. Die Bundesregierung hat dies abgelehnt und ausgeführt, dass der Grund für die Privilegierung in § 20d nicht vorliege, wenn die in § 20b und § 20c genannten Tätigkeiten teilweise durch einen externen Anbieter durchgeführt werden, weil die zur Ausübung der Heilkunde befugte Person aus persönlichen oder räumlichen Gründen dazu nicht in der Lage ist[10]. Bereits in der Begründung zum

---

[1] Vgl. BT-Drucks. 16/13428, S. 84 und BT-Drucks. 16/12677, S. 19. Gem. § 4a S. 1 Nr. 3 i. d. F. der 11. AMG-Novelle galt, dass das AMG keine Anwendung findet auf „Arzneimittel, die ein Arzt, Tierarzt oder eine andere Person, die zur Ausübung der Heilkunde befugt ist, bei Mensch oder Tier anwendet, soweit die Arzneimittel ausschließlich zu diesem Zweck unter der unmittelbaren fachlichen Verantwortung des anwendenden Arztes, Tierarztes oder der anwendenden Person, die zur Ausübung der Heilkunde befugt ist, hergestellt worden sind." § 4a S. 1 Nr. 3 a. F. war eine Reaktion des Gesetzgebers auf das Frischzellen-Urteil des *BVerfG*, NJW 2000, 857, vgl. BT-Drucks. 14/9252, S. 20.

[2] Vgl. BT-Drucks. 16/12256, S. 47.

[3] Vgl. BT-Drucks. 16/12256, S. 47: „Es wird klargestellt, dass die Gewinnung von Gewebe nur dann erlaubnisrelevant ist, wenn das Gewebe zur Abgabe an andere bestimmt ist. Verbleibt das Gewebe bei dem, der es gewinnt, ist eine Erlaubnis nicht erforderlich, auch dann nicht, wenn ... der Arzt es bei ... seinen ... Patienten nach der Be- oder Verarbeitung anwendet. Die Anwendung muss persönlich erfolgen. Es ist vertretbar, dass ... der Arzt, ... der in dem festgelegten eng begrenzten Rahmen Gewebe be- oder verarbeitet, prüft und anwendet, von der Erlaubnispflicht freigestellt wird."

[4] Vgl. *Scherer/Seitz/Cichutek*, DÄBl. 2013, A 872 f.

[5] Vgl. BT-Drucks. 16/12256, S. 47.

[6] So in Bezug auf § 13 II b, in dem wie in § 4a S. 1 Nr. 3 a. F. von der „unmittelbaren fachlichen Verantwortung" die Rede ist, BT- Drucks. 16/13428, S. 84.

[7] Vgl. *VG Regensburg*, Urt. v. 30.10.2014 – RO 5 K 14.1029 – BeckRS 2015, 40905.

[8] So *Scherer/Seitz/Cichutek*, DÄBl. 2013, A 872 f.

[9] Vgl. BT-Drucks. 17/9341, S. 80 f.: „Es ist gängige Praxis und dient der Qualitätssicherung, dass der Arzt, der Gewebe oder Gewebezubereitungen persönlich anwendet, in der Regel die im TPG für die Gewebespende vorgeschriebenen serologischen Untersuchungen am Spender nicht selbst durchführt, sondern in einem Gewebespenderlabor (unter einem Verantwortungsabgrenzungsvertrag) durchführen lässt. Mit der Änderung soll klargestellt werden, dass durch ein solches Vorgehen nicht die Möglichkeit der Inanspruchnahme des § 20d AMG verwirkt wird."

[10] Vgl. BT-Drucks. 17/9341, S. 102.

AMG-ÄndG 2009 hatte die Bundesregierung ausgeführt, dass es in dem festgelegten engen Rahmen des § 20d vertretbar sei, einen Arzt, der Gewebe u. a. „prüft" von der Erlaubnispflicht freizustellen[11]. Hiergegen ist einzuwenden, dass der Arzt auch unter der Erlaubnisfreiheit nach § 20d keine Tätigkeiten persönlich durchführen muss, auf die sich die Erlaubnis nach § 20b gar nicht beziehen würde, mit anderen Worten muss der Arzt nur solche Tätigkeiten selbst ausführen, die ansonsten von der Erlaubnis umfasst werden und Erlaubnispflicht und Erlaubnisfreiheit greifen ineinander[12]. Da für die Laboruntersuchung durch das Untersuchungslabor nicht die Anforderungen des § 8d TPG gelten, sondern allein § 8e TPG maßgeblich ist[13], zwischen der Erlaubnis für die Gewinnung von Gewebe und der für die Spendertestung zu unterscheiden ist (s. § 20b Rn. 9), und auch im Rahmen des § 20b die Entnahmeeinrichtung die Laboruntersuchung nicht selbst durchführen muss, sondern hiermit ein spezielles Labor beauftragen kann, wobei sie dennoch für die Durchführung der Laboruntersuchung verantwortlich bleibt[14], muss der Arzt auch nicht selbst die Spendertestung durchführen, um gem. § 20d erlaubnisfrei zu handeln[15]. Der im Rahmen des § 20d erlaubnisfrei handelnde Arzt muss jedoch, sofern nicht der Ausnahmetatbestand des § 1 III Nr. 1 TPG greift, dafür Sorge tragen, dass die Spendertestung in einem Gewebespenderlabor mit Erlaubnis nach § 20b I 1 durchgeführt wird, denn die Pflichten aus § 8d TPG – und damit auch nach § 8d I 2 Nr. 3 TPG – gelten auch für den erlaubnisfrei handelnden Arzt[16].

6   Das Gewinnen von Gewebe von lebenden Spendern ist nach § 8 I 1 Nr. 4 TPG nur zulässig, wenn der Eingriff von einem Arzt vorgenommen wird[17]. § 20d enthält keine Befreiung von dieser transplantationsrechtlichen Vorgabe, weshalb **Heilpraktiker Gewebe** nicht in eigener Verantwortung und damit **nicht erlaubnisfrei gewinnen dürfen**. § 20d trifft im Hinblick auf § 20b für Heilpraktiker nicht zu[18]. In der Gegenäußerung der Bundesregierung zur Stellungnahme des Bundesrates zum Entwurf des AMG-ÄndG 2009 meint diese, dass die Ausnahmeregelung des § 20d für Heilpraktiker im Hinblick auf § 20c dennoch einschlägig sei, weil es Praxis sei, dass sie *„sich solche Gewebe beschaffen, be- oder verarbeiten und persönlich anwenden."* Die betroffenen Personen sollten durch § 20d nicht schlechter gestellt werden, als das nach dem vor dem AMG-ÄndG 2009 geltendem Recht der Fall gewesen sei[19]. Diese Ansicht bedenkt jedoch nicht die geschilderten Anforderungen des TPG.

C. Rückausnahme für die klinische Prüfung (S. 2)

7   Nach S. 2 gilt die Ausnahmeregelung S. 1 nicht für Arzneimittel, die zur klinischen Prüfung bestimmt sind. Der Hintergrund hierfür kann in Art. 13 I RL 2001/20/EG i. V. m. Art. 9 I RL 2005/28/EG gesehen werden, wonach die Mitgliedstaaten sicherzustellen haben, dass die Herstellung von Prüfpräparaten genehmigungspflichtig ist, wenngleich die von § 20c erfassten Gewebezubereitungen keine Arzneimittel i. S. d. RL 2001/83/EG sind und die Vorgaben der an diese RL anknüpfenden RL 2001/20/EG und 2005/28/EG für diese Arzneimittel nicht gelten. Der deutsche Gesetzgeber ist jedoch nicht daran gehindert, diese Systematik auch auf die von § 20c erfassten „klassischen" Gewebezubereitungen zu übertragen.

---

[11] Vgl. BT-Drucks. 16/12256, S. 47.
[12] Vgl. *VG Regensburg*, Urt. v. 30.10.2014 – RO 5 K 14.1029 – BeckRS 2015, 40905 (nicht rechtskräftig, das Berufungsverfahren ist beim *VGH München* unter 20 BV 15.21 anhängig).
[13] Vgl. BT-Drucks. 16/3146, S. 30.
[14] Vgl. BR-Drucks. 939/07, S. 21.
[15] Vgl. *VG Regensburg*, Urt. v. 30.10.2014 – RO 5 K 14.1029 – BeckRS 2015, 40905.
[16] Vgl. *VG Regensburg*, Urt. v. 30.10.2014 – RO 5 K 14.1029 – BeckRS 2015, 40905.
[17] Bei toten Spendern ist gem. § 3 I 2 die Entnahme auch durch andere qualifizierte Personen möglich, wenn die Entnahme unter der Verantwortung und fachlichen Weisung eines Arztes erfolgt.
[18] Vgl. hierzu auch BT-Drucks. 16/12677, S. 19.
[19] Vgl. BT-Drucks. 16/12677, S. 19.

Vierter Abschnitt. Zulassung der Arzneimittel

Vorbemerkung zu § 21

Literatur: *Fulda*, Die Compassionate Use-Verordnung – mehr Fragen als Antworten?, PharmR 2010, 517; *Schweim/Behles*, Der Compassionate-Use nach der 15. AMG-Novelle, A&R 2011, 27; *Wartensleben*, Off-Label Use und Compassionate Use, PharmInd 2013, 1630.

Übersicht

A. Entwicklung und Harmonisierung des Zulassungsrechts

I. Die Einführung der vorherigen materiellen Zulassungspflicht

Bis zum Inkrafttreten des auf dem AMNOG 1976 basierenden AMG am 1.1.1978 unterlagen Arznei- **1** mittel keiner materiellen Prüfungs- und Zulassungspflicht. Vielmehr mussten nach dem AMG 1961 industriell hergestellte Arzneimittel lediglich in ein Spezialitätenregister eingetragen werden. Die bloße **Registrierung** war Voraussetzung für das Inverkehrbringen des Arzneimittels. Die Registrierung sollte dem BGA mit Blick auf die Arzneimittelüberwachung einen Überblick über die im Markt befindlichen Arzneimittel ermöglichen[1].

Nicht zuletzt wegen des Anfang der 60er Jahre aufgetretenen Arzneimittelschadensfalles **Contergan** **2** entwickelte sich in den Mitgliedstaaten, bei der Kommission, aber auch bei der Arzneimittelindustrie das Bewusstsein, dass bei Arzneimitteln eine stärkere Vormarktkontrolle notwendig war[2]. Außerdem bildeten die damaligen unterschiedlichen nationalen Regelungen im Arzneimittelsektor ein Hindernis für den freien Warenverkehr zwischen den Mitgliedstaaten. Mit der Verabschiedung der **RL 65/65/EWG** am 26.1.1965 wollte die Gemeinschaft ausweislich der Erwägungsgründe in erster Linie den Schutz der öffentlichen Gesundheit erhöhen und zudem die Unterschiede bei den einzelstaatlichen Vorschriften, die das Funktionieren des Gemeinsamen Marktes am stärksten beeinträchtigen, beseitigen. Zur Verbesserung des Sicherheitsniveaus der in Verkehr zu bringenden Arzneimittel und zum Schutz des Patienten schrieb diese erste pharmazeutische Richtlinie in Art. 3 das Erfordernis einer präventiven Produktkontrolle durch eine **vorherige Zulassung** durch die jeweils zuständige nationale Behörde gemeinschaftsweit vor. Ein Arzneimittel durfte in einem Mitgliedstaat erst dann in Verkehr gebracht werden, wenn die zuständige Behörde dieses Mitgliedstaates die Genehmigung dafür erteilt hat **(Verbot mit Erlaubnisvorbehalt).** Die Zulassungsvoraussetzungen für neue Arzneimittel ergaben sich im Umkehrschluss aus den Versagungsgründen für die Genehmigung in Art. 5 RL[3]. Prüfungsgegenstand waren die nach Art. 4 II Nr. 8 RL 65/65/EWG vorzulegenden Unterlagen zum Nachweis der Qualität, Wirksamkeit und Unbedenklichkeit.

Das AMNOG 1976 setzte die gemeinschaftsrechtliche Vorgabe des vorherigen Zulassungserforder- **3** nisses im AMG in den §§ 21 ff. zum 1.1.1978 um. Die bisherige bloße Registrierungspflicht für Arzneimittel wurde durch eine **materielle Zulassungspflicht** ersetzt. Vor dem Inverkehrbringen musste der

---

[1] Vgl. dazu ausführlich *Sander*, Einführung A I; *Fleischfresser*, in: Fuhrmann/Klein/Fleischfresser, § 1 Rn. 2 ff.; *Rehmann*, Einführung Rn. 2; *Dieners/Heil*, in: Dieners/Reese, § 1 Rn. 19.

[2] Vgl. *Lorenz*, S. 41 f.; *Collatz*, Die neuen europäischen Zulassungsverfahren S. 31; *Collatz*, Handbuch EU-Zulassung, S. 25.

[3] Vgl. zu den sonstigen Regelungen der RL *Collatz*, Die neuen europäischen Zulassungsverfahren für Arzneimittel, 1996, S. 34 ff.; *Collatz*, Handbuch der EU-Zulassung, 1998, S. 26 ff.

Antragsteller in einem Zulassungsverfahren vor dem BGA Qualität, Unbedenklichkeit und Wirksamkeit des Arzneimittels nachweisen. Das Arzneimittel war erst nach erteilter Zulassung verkehrsfähig.

II. Der Weg zum Europäischen Zulassungssystem[4]

4   Die RL 65/65/EWG war lediglich der erste Schritt zur Angleichung der einzelstaatlichen arzneimittelrechtlichen Bestimmungen. Die gemeinschaftsrechtliche **Harmonisierung** des Arzneimittelzulassungsrechts wurde am 20.5.1975 mit der Verabschiedung der RL 75/318/EWG und der RL 75/319/EWG fortgesetzt. Die RL 75/318/EWG legte als sog. Prüfrichtlinie fest, welche Unterlagen dem Zulassungsantrag beizufügen und welche Versuche durchzuführen waren. Mit der RL 75/319/EWG wurde das **Mehrstaatenverfahren** eingeführt, das die Erteilung von Zulassungen von Arzneimitteln in mehreren Mitgliedstaaten erleichtern sollte. Dazu wurde ein aus Vertretern der Mitgliedstaaten und der Kommission bestehender Ausschuss für Arzneispezialitäten **(Committee for Proprietary Medicinal Products, CPMP)** eingerichtet, der eine gemeinsame Haltung der Mitgliedstaaten bei den Zulassungsentscheidungen erleichtern sollte. Die Mitgliedstaaten sollten die Zulassung unter **gebührender Berücksichtigung** einer bereits erteilten Zulassung eines anderen Mitgliedstaates erteilen. Eine automatische, voraussetzungslose gegenseitige Anerkennung war politisch nicht realisierbar. Das Mehrstaatenverfahren ist im Jahre 1983 durch die RL 83/570/EWG geändert und vereinfacht worden. Um das Inverkehrbringen technologisch hochwertiger Arzneimittel auf der Grundlage einheitlicher Entscheidungen in der ganzen Gemeinschaft zu erleichtern, wurde mit der am 22.12.1987 verabschiedeten RL 87/22/EWG das sog. **Konzertierungsverfahren** eingeführt. Die einheitlichen Entscheidungen sollten im Rahmen einer vorherigen Konzertierung der Mitgliedstaaten und der Kommission über ein CPMP-Gutachten herbeigeführt werden.

5   Mehrstaatenverfahren und Konzertierungsverfahren führten auch bei Einschaltung des CPMP zur Klärung unterschiedlicher Auffassungen der Mitgliedstaaten immer nur zum **Erlass nationaler Zulassungen** für ein Arzneimittel. Die einzelnen Zulassungsbehörden der Mitgliedstaaten konnten über die bei ihnen gestellten Zulassungsanträge ohne Bindung an CPMP-Entscheidungen und ohne Berücksichtigung der Zulassungsentscheidungen anderer Zulassungsbehörden entscheiden. Trotz einheitlicher Zulassungskriterien war wegen der unterschiedlichen Rechtsanwendung durch die einzelnen Behörden eine Harmonisierung nicht zu erreichen[5]. Deshalb wurden mit dem Inkrafttreten des **„neuen" europäischen Zulassungssystems** am 1.1.1995 Entscheidungskompetenzen auf die Gemeinschaftsebene verlagert. Im **Verfahren der gegenseitigen Anerkennung,** das mit der RL 93/39/EWG zur Änderung der RL 65/65/EWG, 75/318/EWG und 75/319/EWG eingeführt worden war, konnten die nationalen Zulassungsbehörden nicht mehr unabhängig voneinander über die Erteilung oder Versagung von Zulassungen entscheiden, sondern sie hatten die Zulassungsentscheidungen anderer nationaler Zulassungsbehörden grundsätzlich anzuerkennen. Im Fall von Unstimmigkeiten zwischen den Mitgliedstaaten über die Qualität, Unbedenklichkeit und Wirksamkeit eines Arzneimittels wurde die strittige Frage auf der Grundlage eines Gutachtens des bei der Europäischen Arzneimittelagentur **(European Medicines Evaluation Agency, EMEA)** (nach der Revision des EG-Arzneimittelrechts nur noch **European Medicines Agency, EMA**) angesiedelten CPMP durch eine bindende Gemeinschaftsentscheidung der Kommission oder des Rates geklärt. Die nationale Zulassung war dann von den nationalen Zulassungsbehörden der beteiligten Mitgliedstaaten entsprechend der Gemeinschaftsentscheidung zu erteilen oder zu versagen.

6   Die Entscheidungskompetenz wurde im **zentralisierten Zulassungsverfahren** nach der VO (EG) Nr. 2309/93 von den nationalen Zulassungsbehörden vollständig auf die Gemeinschaftsebene verlagert. Gemeinschaftsorgane treffen aufgrund eigener exekutiver Zuständigkeit Entscheidungen über die Zulassung von Arzneimitteln[6]. Im zentralen Verfahren, das für die in der VO definierten biotechnologischen Arzneimittel **obligatorisch** und für Arzneimittel mit neuen Wirkstoffen **fakultativ** in Betracht kam, entschied die Kommission, ausnahmsweise der Rat, auf der Grundlage einer Empfehlung der EMEA zentral und gemeinschaftsweit über die Verkehrsfähigkeit eines Arzneimittels. Die zentrale Gemeinschaftsentscheidung war für die am Zulassungsverfahren Beteiligten und für alle Mitgliedstaaten bindend, sie hatte also supranationalen Charakter[7].

7   Einen vorläufigen Abschluss fand die Harmonisierung des Arzneimittelzulassungsrechts am 31.3.2004, als nach mehrjähriger Überarbeitung des gesamten gemeinschaftsrechtlichen Arzneimittelrechts zur Vollendung des Binnenmarktes insbes. die RL 2004/24/EG und 2004/27/EG zur Änderung der RL 2001/83/EG sowie die VO (EG) Nr. 726/2004 verabschiedet worden sind. Im Rahmen dieser **Revision der**

---

[4] Vgl. ausführlich zur Harmonisierung des Arzneimittelzulassungsrechts *Lorenz,* S. 49 ff.; *Wagner S.,* Europäisches Zulassungssystem für Arzneimittel und Parallelhandel, 2000, S. 52 ff. und S. 64 ff.; *Collatz,* Die neuen europäischen Zulassungsverfahren, S. 34 ff.; *Fleischfresser,* in: Fuhrmann/Klein/Fleischfresser, § 1 Rn. 5 ff. und § 3 Rn. 1 ff.

[5] *Rehmann,* Vor § 21 Rn. 2.

[6] *Fleischfresser,* in: Fuhrmann/Klein/Fleischfresser, § 3 Rn. 11.

[7] *Rehmann,* Einführung Rn. 8; vgl. ausführlich zum „neuen" Zulassungssystem *Lorenz,* S. 146 ff., S. 266ff; *Wagner, S.,* Europäisches Zulassungssystem für Arzneimittel und Parallelhandel, 2000, S. 169 ff. und S. 233 ff.; außerdem *Collatz,* Die neuen europäischen Zulassungsverfahren, S. 56 ff.; *Collatz,* Handbuch EU-Zulassung, S. 42 ff.

europäischen pharmazeutischen Gesetzgebung sind insbes. auch die Bestimmungen zum zentralisierten Zulassungsverfahren (s. dazu § 37 Rn. 3 ff.) sowie zum dezentralisierten bzw. Anerkennungsverfahren (s. dazu § 25b Rn. 33 ff., 10 ff.) novelliert worden.

III. Die Europäisierung und Zentralisierung des Arzneimittelrechts

Das nationale Arzneimittelrecht und vor allem die Vorschriften über das Inverkehrbringen von Arznei- **8** mitteln sind über die Umsetzung des seit 1965 weiterentwickelten Europarechts in allen Mitgliedstaaten praktisch identisch. Das Europarecht hat entweder in Form der **RL** unmittelbar Eingang in das nationale Recht gefunden oder gilt wie bei den **VO** unmittelbar in der gesamten Gemeinschaft als supranationales Recht. Zwar bestehen neben dem zentralisierten Verfahren noch nationale Zulassungsverfahren, letztere sind aber im Rahmen des Anerkennungsverfahrens und des dezentralisierten Verfahrens „europäisiert". *Rehmann*[8] und *Fleischfresser*[9] sprechen daher zu Recht von einer zunehmenden **Europäisierung des Arzneimittelrechts.** Das materielle Arzneimittelrecht ist ebenso wie das Zulassungsverfahrensrecht vereinheitlicht. Zudem werden mehr und mehr Kompetenzen von nationalen Zulassungsbehörden auf die Gemeinschaftsebene verlagert. Der Geltungsbereich des zentralisierten Zulassungsverfahrens ist mit der VO (EG) Nr. 726/2004 im November 2005 und am 20.5.2008 erheblich ausgeweitet worden (s. dazu § 37 Rn. 4 ff.). Nicht nur die „Europäisierung", sondern sogar die **„Zentralisierung"** wird über die Weiterentwicklung des Gemeinschaftsrechts voranschreiten. Die Gesetzgebungskompetenz des nationalen Gesetzgebers tendiert im Arzneimittelrecht bei allen maßgeblichen Sachverhalten gen Null, die nationalen Behörden verlieren zunehmend die Kompetenz zur Entscheidung über die Zulassung von Arzneimitteln an Gemeinschaftsgremien.

Die Europäisierung des Arzneimittelrechts zeigt sich auch in der zunehmenden Bedeutung der sog. **9** **Leitlinien, auch Guidelines genannt, und anderen außerrechtlichen Erkenntnis- und Konsenspapieren.** Das Europarecht sieht insbes. im Zulassungsrecht häufig vor, dass europäische Gremien, regelmäßig der nach Art. 56 VO (EG) Nr. 726/2004 bei der (damaligen) EMEA errichtete Ausschuss für Humanarzneimittel **(Committee for Medicinal Products for Human Use, CHMP)** und die nach Art. 27 **eingerichtete Koordinierungsgruppe** (s. dazu § 25b Rn. 3) den Stand der wissenschaftlichen Erkenntnisse in Leitlinien und anderen Papieren definieren sollen. Damit haben die im CHMP und in der Koordinierungsgruppe vertretenen Fachleute das **Konkretisierungsprimat**[10]. Mittlerweile gibt es eine kaum noch zu überblickende Anzahl von Leitlinien und anderen außerrechtlichen Erkenntnispapieren zu allen zulassungsrelevanten Fragestellungen[11]. Diese ausschließlich in englischer Sprache vorliegenden Leitlinien und Erkenntnispapiere sind regelmäßig auf der Internetseite der EMA[12] und der Heads of Medicines Agencies[13] einsehbar.

Besondere Relevanz hat im Zulassungsrecht die **Notice to Applicants**[14], die die Kommission gemäß **10** Art. 6 Abs. 4 VO (EG) Nr. 726/2004 als detaillierten Leitfaden über die Form der Zulassungsanträge in Konsultation mit der Agentur, den Mitgliedstaaten und den interessierten Kreisen erstellt. In der ebenfalls ausschließlich englischsprachigen Notice to Applicants gibt die Kommission damit gleichfalls auf ihrer Internetseite[15] die mit der EMA und den Mitgliedstaaten abgestimmte Auffassung zur Interpretation des Europarechts wieder. Dieser Kommissionsleitfaden ist zwar rechtlich nicht bindend, aber dennoch bei der Auslegung des Europarechts und auch des nationalen Arzneimittelrechts von großer Bedeutung, weil er die abgestimmte Meinung der drei Institutionen enthält[16]. Wegen der vorherigen Konsultation mit den Mitgliedstaaten und der darin liegenden quasi-Zustimmung führt die Notice to Applicants nicht nur zu einer Selbstbindung der Kommission, sondern auch zu einer Bindung der Mitgliedstaaten[17].

In einer Guideline vom 11.9.2008[18] sowie in einem Papier vom 18.3.2009[19] beschreibt die EMA **11** wissenschaftliche Leitlinien als **„soft law"**[20] mit „quasi bindendem Charakter". Sie stellten eine **harmonisierte Position der Gemeinschaft dar**, die bei ihrer Beachtung die Bewertung, Genehmi-

---

[8] *Rehmann*, Einführung Rn. 7 und 9.

[9] *Fleischfresser*, in: Fuhrmann/Klein/Fleischfresser, § 3 Rn. 1 ff.

[10] *Gassner*, GRURInt 2004, 983, 992.

[11] *Fleischfresser*, in: Fuhrmann/Klein/Fleischfresser, § 3 Rn. 20 ff.

[12] http://www.ema.europa.eu.

[13] http://www.hma.eu.

[14] Notice to Applicants, Vol. 2 A, Vol. 2 B und Vol. 2 C.

[15] http://ec.europa.eu.

[16] So hat die Kommission den Rechtscharakter der Notice to Applicants zuletzt in der Revision 4 des Vol. 2 A, Kap. 1 (Juni 2013), Abschn. 1.2. beschrieben.

[17] So auch *Wagner*, in: Dieners/Reese, § 6 Rn. 22.

[18] "Status of EMEA scientific guidelines and European pharmacopoeia monographs and chapters in the context of the regulatory framework applicable to medicinal products", abrufbar unter http://www.ema.europa.eu.

[19] Procedure for European Union Guidelines and related documents within the pharmaceutical legislative framework, abrufbar unter http://www.ema.europa.eu.

[20] Diesen Begriff verwendet die Kommission – soweit ersichtlich – erstmals in einem offiziellen Dokument in den Notice to Applicants, Vol. 2 A, Kap. 1 (Nov. 2005), Anhang I.

gung und Kontrolle von Arzneimitteln in der EU erleichtern. Abweichungen seien bei entsprechender Begründung möglich. Nach Auffassung der Kommission[21] geben Guidelines und andere interpretative Dokumente lediglich die Sichtweisen der Autoren wieder. *Fleischfresser*[22] verweist hinsichtlich der Bindungswirkung von Guidelines auf die von deutschen Verwaltungsgerichten vorgenommene Bewertung als „antizipierte Sachverständigengutachten". Guidelines vermittelten mangels Gesetzescharakters zwar keine subjektiv-öffentlichen Rechte, sondern stellten den gegenwärtigen wissenschaftlichen Erkenntnisstand dar.

12   Ergänzend zu diesen Guidelines beschreibt die Koordinierungsgruppe den wissenschaftlichen Erkenntnisstand häufig in Best Practice Guides, Recommendations, Standard Operating Procedures und Question & Answers. Auch diese **außerrechtlichen Erkenntnispapiere** geben den Behörden und Antragstellern ohne rechtliche Bindungswirkung konsistente und nützliche Empfehlungen hinsichtlich der prozeduralen und regulatorischen Fragestellungen. Der wissenschaftliche Erkenntnisstand ist einem ständigen Wandel und fortwährender Weiterentwicklung unterworfen. *Fleischfresser*[23] weist zu Recht darauf hin, dass es bei allen Zulassungsentscheidungen im Interesse der Arzneimittelsicherheit immer auf den aktuellen Erkenntnisstand ankommt und der Antragsteller deshalb stets die Entwicklung des wissenschaftlichen Erkenntnisstandes berücksichtigen muss. Ein Antragsteller kann sich daher nicht auf einen wie auch immer gearteten Bestandsschutz berufen.

B. Rechtsnatur der Zulassung

I. Die Zulassung als Verwaltungsakt bzw. Entscheidung i. S. v. ex–Art. 249 Abs. 4 EGV bzw. Art. 288 AEUV

13   Die Zulassung verleiht dem Antragsteller das Recht, ein Arzneimittel im jeweiligen Geltungsbereich in Verkehr zu bringen und stellt sich daher aus rechtssystematischer Sicht als ein von der Zulassungsbehörde zu erteilender **mitwirkungsbedürftiger**[24] und **begünstigender Verwaltungsakt** i. S. d. § 48 I VwVfG dar[25]. Die Zulassungsentscheidung hat **keine Drittwirkung.** Subjektive Rechte oder rechtlich geschützte Interessen Dritter sind nicht betroffen. Klagen von Konkurrenten gegen eine einem Mitwettbewerber erteilte Zulassung sind daher unzulässig[26]. Lediglich bei der einem Zweitantragsteller unter unberechtigter Verwertung der Unterlagen des Vorantragstellers nach § 24b I erteilten Zulassung besteht für den Vorantragsteller Drittschutz (s. § 24b Rn. 44 ff.).

14   Über die Zulassungsanträge im **zentralisierten Verfahren** entscheidet im Regelfall die Kommission, ausnahmsweise der Rat. Bei diesen Zulassungsentscheidungen auf Gemeinschaftsebene handelt es sich um **Entscheidungen** i. S. d. ex–Art. 249 IV EG = Art. 288 IV AEUV (s. dazu § 37 Rn. 13). Ebenso wie bei nationalen Zulassungsbescheiden sind Konkurrentenklagen gegen die Zulassungsentscheidungen der Gemeinschaftsorgane nur zulässig, wenn Unterlagen des Erstantragstellers verwertet worden sind, ohne dass die Voraussetzungen von Art. 10 RL 2001/83/EG erfüllt waren[27].

II. Personenbezogenheit der Zulassung

15   Nach wie vor ist die rechtsdogmatische Frage umstritten, ob die arzneimittelrechtliche Zulassung **personen- oder produktbezogen** ist. Streitig ist, ob die Zulassung dem jeweiligen Antragsteller bzw. Zulassungsinhaber und nur ihm das Recht verleiht, das Arzneimittel in Verkehr zu bringen, oder ob dieses Recht jedermann insbesondere auch dann zusteht, wenn der Zulassungsinhaber ihm kein entsprechendes Mitvertriebsrecht eingeräumt hat. Die Vertreter der **Personenbezogenheit der Zulassung**[28] leiten ihre Argumente aus der Systematik der §§ 21 ff. ab. Die Zulassung werde auf Antrag nach § 25 dem Antragsteller erteilt, der nachträgliche Änderungen in den Zulassungsunterlagen in Form einer Änderungsanzeige nach § 29 I mitteilen müsse. Auch träfen den Zulassungsinhaber nachträglich angeordnete Auflagen nach § 28. Der Mitvertrieb durch einen weiteren Unternehmer setze die Zustimmung des Zulassungsinhabers voraus, dieser bleibe also Herr und Verfügungsberechtigter der Zulassung[29].

---

[21] http://ec.europa.eu.

[22] *Fleischfresser*, in: Fuhrmann/Klein/Fleischfresser, § 3 Rn. 31 ff.

[23] *Fleischfresser*, in: Fuhrmann/Klein/Fleischfresser, § 3 Rn. 38.

[24] *Fleischfresser*, in: Fuhrmann/Klein/Fleischfresser, § 7 Rn. 7.

[25] *Kloesel/Cyran*, § 25 Anm. 8.

[26] *Rehmann*, Einführung Rn. 12.

[27] So schon *Collatz*, Handbuch EU-Zulassung, S. 261; *Collatz*, PharmR 1994, 66 ff.; vgl. zu den gerichtlichen Rechtsschutzmöglichkeiten im zentralisierten und in den dezentralen Verfahren insbesondere *Lorenz*, S. 397 ff; vor der Revision des EG-Arzneimittelrechts vgl. *Collatz*, Die neuen europäischen Zulassungsverfahren, S. 134 ff.; *Collatz*, Handbuch EU-Zulassung, S. 257 ff.

[28] *Kloesel/Cyran*, § 25 Anm. 16; *Sander*, § 21 Anm. 5; *BGH*, NJW 1990, 2931, 2932; *OLG Köln*, PharmR 1995, 195, 199 ff.; *OLG Köln*, PharmR 1994, 28.

[29] Vgl. die umfangreiche Darstellung mit weiteren Nachweisen von *Wagner, S.*, Europäisches Zulassungssystem für Arzneimittel und Parallelhandel, 2000, S. 95 ff.

Nach der Gegenmeinung[30] folgt die **Produktbezogenheit** aus der historischen Auslegung der Zulassungsvorschriften. Das Zulassungsverfahren diene dem Schutz des Arzneimittelkonsumenten. Die Zulassung werde dem pharmazeutischen Unternehmer aus Zweckmäßigkeitsgründen erteilt, weniger um seiner personenbezogenen Qualifikation als um des Verkehrssicherheit willen.

Zu Recht weist *Wagner*[31] darauf hin, dass Ursache dieses Meinungsstreits nicht die Klärung der rechts-   **16** dogmatischen Frage ist, denn die Diskussion über den Rechtscharakter der Zulassung wird in erster Linie im Zusammenhang mit Importarzneimitteln und der Frage der Zulässigkeit des Mitvertriebs geführt. Dabei geht es um die Frage, ob der **Parallel- oder Reimporteur** einer eigenen Zulassung bedarf oder ob er sich auf die des ursprünglichen Inhabers beziehen kann. Nach dem Abschluss der Nachzulassung und mit dem Auslaufen der sog. fiktiven Arzneimittelzulassungen benötigen Importarzneimittel nach der Behördenpraxis und ständiger Rechtsprechung eine sog. **Formalzulassung**, bei der ausschließlich die Identität des Importarzneimittels mit dem Bezugsarzneimittel geprüft wird (s. dazu Vor § 72 Rn. 7, 21 ff.). Die Feststellung der Identität wird also nicht dem Importeur überlassen, sondern der zuständigen Bundesoberbehörde in einem vereinfachten Zulassungsverfahren überantwortet. Die Arzneimittelzulassung ist somit insofern **personenbezogen,** als zunächst nur der ursprüngliche Inhaber der Zulassung und eben nicht jeder das zugelassene Arzneimittel ohne eigene Zulassung in Verkehr bringen kann. Im Übrigen ergibt sich aus der Systematik der Zulassungsvorschriften, dass die Arzneimittelzulassung auch **produktbezogene Aspekte** hat, weil das Arzneimittel nach seiner Zulassung zusätzlich auch von anderen Unternehmern als eigenes Erzeugnis vertrieben werden kann[32]. Das ist insbes. dann der Fall, wenn ein Zweitantragsteller nach Ablauf der in § 24b I geregelten Schutzfristen unter Bezugnahme auf die Unterlagen eines Vorantragstellers die Zulassung für ein Generikum erhält und dieses in Verkehr bringt. Allerdings muss der Zweitantragsteller in diesem Fall zumindest den Nachweis der pharmazeutischen Qualität und der Bioäquivalenz durch Vorlage eigener Unterlagen erbringen (s. dazu § 24b Rn. 26 und 68 f.). Im Rahmen des konsensualen Zulassungsantrages nach § 24a, bei dem sogar auf die Qualitätsunterlagen des Bezugsarzneimittels verwiesen werden kann, bleibt der ursprüngliche Zulassungsinhaber „Herr und Verfügungsberechtigter der Zulassung", weil er mit der Zustimmung einem Dritten die Verwertung seiner Studienergebnisse für Zulassungs- und Vertriebszwecke jederzeit ermöglichen kann (s. dazu § 24a Rn. 12). *Ehle* und *Schütze*[33] führen zu Recht aus, dass sowohl die produktbezogene als auch die personenbezogene Betrachtung des Mitvertriebs zulässig ist. Zweitantragsteller und Arzneimittelimporteure benötigen also stets eine **eigene Zulassung** und müssen dazu die jeweils notwendigen Unterlagen bei der zuständigen Bundesoberbehörde einreichen. Sie können sich nicht einfach an die Zulassung und an die Zulassungsnummer des ursprünglichen Zulassungsinhabers „anhängen" – die Arzneimittelzulassung ist also **personenbezogen.**

C. Die Zulassung als Vermögensrecht und die Übertragung der Zulassung

Die mit eigenem Aufwand an Geld, Zeit, Forschungskapazitäten und Erfahrungswissen erstellten   **17** Zulassungsunterlagen verkörpern einen konkreten Wert, der zum Geschäftsvermögen des Antragstellers gehört und als Bestandteil des **eingerichteten und ausgeübten Gewerbebetriebes** zu einem vermögenswerten Recht, d. h. zu Eigentum i. S. d. Art. 14 GG erstarkt ist[34]. Die auf der Grundlage dieser Unterlagen erteilte Zulassung ist gleichfalls ein **Vermögensrecht i. S. d. Art. 14 GG,** das sich neben dem Gebrauchmachen durch das Inverkehrbringen des Arzneimittels auch in der Möglichkeit widerspiegelt, die Zulassung zu verkaufen oder einem Dritten ein Mitvertriebsrecht einzuräumen. Der *BGH*[35] weist allerdings zu Recht darauf hin, dass die Arzneimittelzulassung gem. dem auf den Schutz der Allgemeinheit gerichteten Zweck des AMG letztlich nur die verbindliche Unbedenklichkeitsbescheinigung darstellt, dass ein Arzneimittel von einem bestimmten pharmazeutischen Unternehmer und Hersteller in einer festgelegten Form in den Verkehr gebracht werden darf. Dagegen bezweckt die Zulassung nicht den **gewerblichen Schutz** des Herstellers oder Vertreibers von Arzneimitteln. Sie besagt – so der *BGH* weiter – insbes. nichts darüber, ob der Antragsteller privatrechtlich überhaupt befugt ist, das Arzneimittel herzustellen und in den Verkehr zu bringen, ohne fremde Schutzrechte zu verletzen. Wird die Zulassung an einen privatrechtlich Unbefugten erteilt oder übertragen, ist sie für ihn nicht selbstständig verwertbar.

Aus vermögensrechtlicher Sicht ist daher die Arzneimittelzulassung lediglich ein unselbständiges, im   **18** öffentlichen Recht wurzelndes **Hilfsrecht zur Ausübung des privatrechtlichen Herstellungs- und Vertriebsrechts**[36]. Der Verkauf der Zulassung oder die Einräumung eines Mitvertriebsrechts berechtigen

---

[30] *Rehmann*, Einführung Rn. 14 m. w. N.; *Fleischfresser*, in: Fuhrmann/Klein/Fleischfresser, § 7 Rn. 17; *Kügel*, PharmR 2005, 66, 67; *Rehmann*, PharmR 1995, 287 ff.; *Forch*, WRP 1981, 71, 73; *Plagemann*, WRP 1978, 23, 25f; *BGH*, GRUR 1998, 407.
[31] *Wagner, S.*, Europäisches Zulassungssystem für Arzneimittel und Parallelhandel, 2000, S. 99.
[32] *Kloesel/Cyran*, § 25 Anm. 16.
[33] *Ehle/Schütze*, in: Dieners/Reese, § 10 Rn. 91.
[34] *Papier*, NJW 1985, 12, 13; vgl. zum Ganzen auch *v. Graevenitz/Besen*, PharmR 2009, 1 ff.
[35] *BGH*, NJW 1990, 2931, 2932.
[36] *BGH*, NJW 1990, 2931, 2932.

ohne eine entsprechende Vertriebslizenz nicht zum Inverkehrbringen des Arzneimittels. Umgekehrt ist die Erteilung einer Vertriebslizenz ohne die Gestattung des Vertriebs in der Form der Zulassung oder der Einräumung eines Mitvertriebsrechts im Regelfall ohne Wert. Der in der Zulassung verkörperte Vermögenswert kann nur mit dem Zugriff auf die privatrechtliche Herstellungs- und Verfügungsbefugnis erfasst werden[37]. Daher ist die Arzneimittelzulassung als unselbständiges Hilfsrecht zur Ausübung des privatrechtlichen Herstellungs- und Vertriebsrechts **nicht selbständig pfändbar**[38].

19   Ein **zulässiger Arzneimittelvertrieb** setzt also das Vorliegen der öffentlich-rechtlichen Voraussetzung in Form der Zulassung oder des Mitvertriebsrechts und das Vorliegen der zivilrechtlichen Voraussetzung in Form der Herstellungs- und Verfügungsbefugnis voraus. Soweit zwischen Pharmaunternehmen die **Übertragung von „Arzneimittelzulassungen"** angeboten und vereinbart wird, ist ein solcher Vertrag bei verständiger Würdigung so auszulegen, dass neben der Übertragung der öffentlich-rechtlichen Befugnis zum Inverkehrbringen des Arzneimittels gleichzeitig auch die privatrechtliche Befugnis zum Vertrieb des öffentlich-rechtlich zugelassenen Arzneimittels übertragen werden soll. Das Angebot zur Übertragung der „Arzneimittelzulassung" steht dann als umfassende Kurzbezeichnung für das Vorliegen beider – zivil- und öffentlich-rechtlicher – Voraussetzungen des Arzneimittelvertriebs[39].

20   Der Verkauf der nationalen Zulassung und die Einräumung eines Mitvertriebs müssen als Änderung zu der Angabe nach § 22 I Nr. 1 angezeigt werden. Diese **Anzeigepflicht** hat nach § 29 I 2 nach Erteilung der Zulassung der Inhaber der Zulassung zu erfüllen. Dagegen ist die Übertragung einer auf Gemeinschaftsebene im **zentralisierten Verfahren** erteilte Zulassung auf einen neuen Zulassungsinhaber nicht bloß anzeigepflichtig (s. dazu im Einzelnen § 29 Rn. 99 ff.)[40], sondern richtet sich nach dem besonderen Verwaltungsverfahren der VO (EG) Nr. 2141/96[41]. Im Anhang zu dieser Verordnung sind die Unterlagen zusammengestellt, die der EMA vorzulegen sind. Für die privatrechtliche Seite des Rechtsgeschäfts hat diese VO indessen keine Auswirkungen[42].

D. Off-Label-use, Unlicensed Use und Compassionate Use

I. Definitionen

21   Insbes. mit Blick auf den in § 27 I 2 Nr. 2 und § 31 I SGB V normierten **Anspruch des gesetzlich Krankenversicherten** auf Bereitstellung der für die Krankenbehandlung benötigten Arzneimittel werden im Zusammenhang mit der Anwendung von zugelassenen Arzneimitteln außerhalb der zugelassenen Indikationen die Begriffe „Off-Label-Use", „Unlicensed Use" und „Compassionate Use" diskutiert. Hintergrund dieser Diskussion sind Untersuchungen und Schätzungen, dass insbes. im Bereich der allgemeinen Kinderheilkunde, vor allem in der Kinderonkologie, mehr als die Hälfte der angewendeten Arzneimittel weder an Kindern geprüft noch eigens für die Verwendung bei Kindern zugelassen sind. Aber auch in der Erwachsenenonkologie, in der Neurologie und Aids-Behandlung wenden behandelnde Vertragsärzte mangels entsprechend zugelassener Arzneimittel Arzneimittel außerhalb der zugelassenen Indikationen an[43].

II. Off-Label-Use

22   Die Anwendung zugelassener Arzneimittel außerhalb der zugelassenen Anwendungsgebiete wird als **„off-label-use"** bzw. als **zulassungsüberschreitende Anwendung** bezeichnet[44]. Die Zulassung eines Arzneimittels bezieht sich nur auf die gem. § 22 I Nr. 6 im Zulassungsantrag genannten Anwendungsgebiete. Die Zulassung sagt aber nichts darüber aus, ob das betr. Arzneimittel auch bei anderen Indikationen verträglich und angemessen wirksam ist. Nach Auffassung des *BSG*[45] ist der einzelne Vertragsarzt weder arzneimittelrechtlich noch berufsrechtlich gehindert, bei seinen Patienten auf eigene Verantwortung hin, ein auf dem Markt verfügbares Arzneimittel für eine Therapie einzusetzen, für die es nicht zugelassen ist. Wegen der Vorgreiflichkeit der arzneimittelrechtlichen Zulassung – die Anwendung eines gar nicht zugelassenen Arzneimittels zu Lasten der Krankenversicherung ist nach ständiger Rechtsprechung des *BSG*[46] grundsätzlich ausgeschlossen – beschränkt das *BSG* seit dem sog. Sandoglobulin-Urteil vom 19.3.2002 den off-label-use **zu Lasten der Krankenversicherung** auf solche Fälle, in denen

---

[37] *Rehmann*, Vor § 21 Rn. 39; *Kloesel/Cyran*, § 25 Anm. 9.
[38] *BGH*, NJW 1990, 2931, 2932.
[39] *BGH*, NJW 1990, 2931, 2932; *Kloesel/Cyran*, § 29 Anm. 7.
[40] So ausdrücklich Art. 1 der sog. Variations-Verordnung (EG Nr. 1234/2008).
[41] Vgl. dazu *Lorenz*, S. 347 f.; *Friese*, in: Dieners/Reese, § 5 Rn. 148 f.
[42] *Kloesel/Cyran*, § 29 Anm. 7.
[43] Vgl. zu den Erhebungen zum zulassungsüberschreitenden Einsatz von Arzneimitteln *Nahnhauer/Kaesbach*, Die BKK 3/2002, 79, 84; *Gassner*, PharmR 2004, 436; *Dierks/Finn*, in: Dieners/Reese, § 7 Rn. 5 jeweils m. w. N.
[44] *BSG*, NJW 2003, 460; *Kloesel/Cyran*, § 25 Anm. 4; *Krüger*, PharmR 2004, 52; *Niemann*, NZS 2002, 361; *Dierks/Finn*, in: Dieners/Reese, § 7 Rn. 16; *Schnapp/Wigge*, § 19 Rn. 62 ff.
[45] *BSG*, NJW 2003, 460, 461.
[46] Zuletzt *BSG*, NZS 2007, 489, 491; vgl. dazu *Flint*, in Hauck/Noftz, § 31 Rn. 40 ff.

es sich um eine schwerwiegende Erkrankung handelt, keine andere Therapie verfügbar ist und aufgrund der Datenlage begründete Aussicht auf Behandlungserfolge (kurativ oder palliativ) besteht[47]. Dabei ist auf die im Zeitpunkt der Behandlung vorliegenden Erkenntnisse abzustellen[48]. Das Erfordernis der Aussicht auf einen Behandlungserfolg umfasst nicht nur die Qualität und Wirksamkeit eines Arzneimittels, sondern schließt ein, dass mit der Medikation keine unvertretbaren Nebenwirkungen und Risiken verbunden sein dürfen. Die Notwendigkeit der Analyse und Gewichtung evtl. unzuträglicher Nebenwirkungen wird dabei als ein zentrales Element der Überprüfungsstandards im Hinblick auf die Arzneimittelsicherheit angesehen[49]. Soll die Verordnung eines Arzneimittels ausnahmsweise ohne derartige Gewähr der Arzneimittelsicherheit in Betracht kommen, so müssen für den „off-label-use" anderweitig Qualitätsstandards, die dem Einsatz im Rahmen der Zulassungsindikation vergleichbar sind, gewährleistet und hinreichend belegt sein. Dabei muss auch gesichert sein, dass von der Off-Label-Medikation keine unzuträglichen Nebenwirkungen ausgehen; die Patienten sollen vor unkalkulierbaren Risiken geschützt werden[50].

Wesentlichen Einfluss auf die weitere Rechtsprechung zur Leistungspflicht der gesetzlichen Kranken- **23** kassen für Arzneimittel außerhalb der Zulassung hat der sog. **Nikolaus-Beschluss** des *BVerfG* vom 6.12.2005[51]. Das *BVerfG* hat entschieden, dass es mit den Grundrechten aus Art. 2 I GG i. V. m. dem Sozialstaatsprinzip nicht vereinbar ist, einen gesetzlich Krankenversicherten, für dessen lebensbedrohliche oder regelmäßig tödliche Erkrankung eine allgemein anerkannte, medizinischem Standard entsprechende Behandlung nicht zur Verfügung steht, von der Leistung einer von ihm gewählten, ärztlich angewandten Behandlungsmethode auszuschließen, wenn eine nicht ganz entfernt liegende Aussicht auf Heilung oder auf eine spürbare positive Einwirkung auf den Krankheitsverlauf besteht. Das *BSG* hat bereits mit Urteil vom 4.4.2006[52] diese vom *BVerfG* entwickelten Grundsätze auf den Arzneimittelbereich übertragen – es ging um die Leistungspflicht für ein in Deutschland nicht zugelassenes, sondern ein aus Kanada nach § 73 III importiertes Fertigarzneimittel, also nicht um einen „Off-Label-Use" i. e. S. In einer Reihe von nachfolgenden Entscheidungen stellt das *BSG* weitere restriktive Voraussetzungen für eine Leistungspflicht der gesetzlichen Krankenkassen auf[53]. So wird insbes. gefordert, dass eine Aussicht auf eine Heilung der Grunderkrankung selbst oder auf positive Einwirkung auf den Verlauf der Grunderkrankung als solcher besteht[54]. Dieser zunächst vom *BVerfG* im Nikolaus-Beschluss unmittelbar grundrechtlich begründete Anspruch ist seit dem 1.1.2012 durch das GKV-VStG in § 2 Abs. 1a SGB V in positives Recht umgesetzt worden[55], hat aber in der Rechtsprechung der Sozialgerichtsbarkeit noch nicht zu einer versichertenfreundlichen Interpretation geführt[56].

III. Unlicensed Use

Vom „Off-Label-Use" ist begrifflich der sog. **Unlicensed Use** zu unterscheiden. Bei enger Auslegung **24** müsste jedwede Verordnung eines zugelassenen Arzneimittels außerhalb der Parameter, die in der Packungsbeilage bzw. Fachinformation festgehalten werden, als „off-label-use" erachtet werden. Damit wäre auch jede Verordnung außerhalb angegebener Alters- oder Dosierungsgrenzen als nicht zulassungsgemäßer Gebrauch zu werten[57]. Nach *Schroeder-Printzen/Tadayon*[58] ist nur der Einsatz „off-label", wenn das Arzneimittel in einer Form angewendet wird, die dem Grunde nach eine **Zustimmungspflicht nach § 29 IIa** verursacht oder in denen **eine Zulassung nach § 29 III** beantragt werden muss. Diejenigen Verordnungen, die nicht in diesen Bereich des § 29 IIa und III fallen, bezeichnen sie als „Unlicensed Use". Der „Unlicensed Use" sei unter Berücksichtigung der geltenden Rechtsprechung im Hinblick auf die Sozialgesetzgebung und das Arzneimittelrecht unproblematisch. *Dierks*[59] und ihm

---

[47] *BSG*, Urt. v. 13.10.2010 – B 6 KA 47/09 R, Rn. 16 – BeckRS 2011, 68 192; *BSG*, NJW 2003, 460, 462 f.; vgl. zu diesem Urteil und zum „kontrollierten" off-label-use *Hauck*, A&R 2006, 147 ff.; *Kozianka/Millarg*, PharmR 2006, 457 ff., 487 ff.; *Krüger*, PharmR 2004, 52 ff.; *Freund*, PharmR 2004, 275 ff; *Goecke*, NZS 2002, 620 ff; *Niemann*, NZS 2002, 361 ff.; *Noftz*, in: Hauck/Noftz, § 2 Rn. 67d; *Flint*, in: Hauck/Noftz, § 35c Rn. 29 ff.; *Dierks/Finn*, in: Dieners/Reese, § 7 Rn. 103 ff.

[48] *BSG*, Urt. v. 13.10.2010 – B 6 KA 47/09 R, Rn. 16 – BeckRS 2011, 68192; *BSG*, NZS 2009, 154, Rn. 21.

[49] *BSG*, Urt. v. 13.10.2010 – B 6 KA 47/09 R, Rn. 16 – BeckRS 2011, 68192.

[50] *BSG*, Urt. v. 13.10.2010 – B 6 KA 47/09 R, Rn. 16 – BeckRS 2011, 68192 m. w. N.

[51] *BVerfG*, NZS 2006, 84.

[52] *BSG*, NZS 2007, 144.

[53] *BSG*, Urt. v. 13.10.2010 – B 6 KA 47/09 R, Rn. 25 ff. – BeckRS 2011, 68192; *BSG*, NZS 2007, 144, 146 f.; vgl. dazu und zu weiteren BSG-Urteilen *Noftz*, in: Hauck/Noftz, § 2 Rz. 67c; *Pade*, NZS 2007, 352, 354 f.; *Kozianka/ Hußmann*, PharmR 2006, 457 ff., 487 ff.; *Goecke*, NZS 2006, 291 ff.; *Dierks/Finn*, in: Dieners/Reese, § 7 Rn. 111 ff., 140ff; *Pelzer/Klein*, in: Fuhrmann/Klein/Fleischfresser, § 46 Rn. 32 ff.

[54] *BSG*, Urt. v. 13.10.2010 – B 6 KA 47/09 R, Rn. 28 – BeckRS 2011, 68192. Aus der Rechtsprechung zum „Off-Label-Use" kann im Übrigen kein Abwehranspruch eines Pharmunternehmens gegen die Übernahme der Kosten durch die Krankenkassen oder gegen die Verordnung eines Arzneimittels durch den Vertragsarzt hergeleitet werden, vgl. *LSG Nordrhein-Westfalen*, MedR 2009, 247.

[55] *Flint*, in: Hauck/Noftz, § 35c Rn. 7a.

[56] *Pelzer/Klein*, in: Fuhrmann/Klein/Fleischfresser, § 46 Rn. 33.

[57] *Freund*, PharmR 2004, 275, 278.

[58] *Schroeder-Printzen/Tadayon*, SGb 12/2002, 664.

[59] *Dierks*, in: Glaeske/Dierks, S. 54 ff.; wohl anders *Dierks/Finn*, in: Dieners/Reese, § 7 Rn. 19.

folgend *Freund*[60] und wohl auch *von Harder*[61] definieren nur die zulassungsüberschreitende Anwendung, die einer **Neuzulassung nach § 29 III** bedarf, als „off-label-use". Alle Verordnungen, die nur der **Anzeige- oder Genehmigungspflicht** unterliegen, wären dann als „Unlicensed Use" zu Lasten der Krankenkassen möglich. *Dierks* weist zu Recht darauf hin, dass besondere Körpergröße oder ein veränderter Stoffwechsel zu einer höheren als der zugelassenen Dosierung zwingen können und dass eine andere Applikationsart aus physiologischen Erwägungen dringend erforderlich sein kann. Dieser zu folgenden Differenzierung deckt sich mit der Definition von *Niemann*[62], der den „Unlicensed Use" als die Anwendung eines Präparates in der zugelassenen Indikation, aber nicht in geprüften Dosierungen, Applikationswegen oder dem empfohlenen Altersbereich bezeichnet.

IV. Compassionate Use

25   In engem Zusammenhang mit dieser Thematik steht auch der Begriff **„Compassionate Use"**, der mit der 14. AMG-Novelle mit der Regelung in § 21 II Nr. 6 Eingang in das AMG gefunden hat. § 21 II Nr. 6 greift die in Art. 83 VO (EG) Nr. 726/2004 vorgesehenen Sonderregelungen zur vorzeitig geduldeten Anwendung eines noch nicht zugelassenen Arzneimittels aus humanitären Erwägungen („Compassionate Use", wörtlich übersetzt „mitleidiger Gebrauch") auf. Der „Compassionate Use" betrifft die Anwendung eines nicht zugelassenen Arzneimittels, welches der Zulassungspflicht unterliegt, während beim „Off-Label-Use" ein bereits zugelassenes Arzneimittel zulassungsüberschreitend eingesetzt wird. § 21 II Nr. 6 schafft die rechtlichen Voraussetzungen zur Bereitstellung von Arzneimitteln für schwer kranke Patienten, die mit einem zugelassenen Arzneimittel bislang nicht zufriedenstellend behandelt werden konnten (s. zum Compassionate Use im Einzelnen § 21 Rn. 65 ff.)[63]. Bislang wurde die Anwendung nicht zugelassener Arzneimittel im Krankenversicherungsrecht unter dem Begriff **„individueller Heilversuch"** diskutiert, der nur unter sehr eng begrenzten Ausnahmen zu Lasten der Krankenversicherung zugelassen wurde[64].

V. Politische Maßnahmen zur Regulierung des Off-Label-Use

26   Der deutsche und der europäische Gesetzgeber haben Maßnahmen erlassen, um den „Off-Label-Use" von Arzneimitteln zu regulieren und zu reduzieren. Nach § 35c I SGB V (bis zum Inkrafttreten des AMNOG in § 35b III SGB V geregelt) hat das BMG **Expertengruppen** beim BfArM berufen[65], die Bewertungen zum Stand der wissenschaftlichen Erkenntnisse über die Anwendung von zugelassenen Arzneimitteln für Indikationen und Indikationsbereiche, für die man dem AMG nicht zugelassen sind, abgeben. Diese Bewertungen werden nach § 35c I 6 dem G-BA als fachliche Grundlage für die entsprechende Beschlussfassung zugeleitet und haben Empfehlungscharakter[66]. Dadurch werden die Voraussetzungen für den Anspruch von Versicherten auf Arzneimittel bei Anwendung außerhalb von nach dem AMG zugelassenen Anwendungsgebieten getroffen. § 30 i. V. m. Anlage VI Teil A der am 1.4.2009 in Kraft getretenen Arzneimittelrichtlinie[67] bestimmen die Arzneimittel, die unter Beachtung der dazu gegebenen Anwendungshinweise in näher bezeichneten nicht zugelassenen Anwendungsgebieten verordnungsfähig sind. Arzneimittel, die nach einer entsprechenden Bewertung der Expertengruppen nicht dem Stand der wissenschaftlichen Erkenntnis entsprechen, medizinisch nicht notwendig oder unwirtschaftlich sind und daher in zulassungsüberschreitenden Anwendungen nicht verordnungsfähig sind, sind in der Anlage VI Teil B indikationsbezogen aufgeführt. § 35c II SGB V sowie die §§ 31 ff. der Arzneimittelrichtlinie regeln den Anspruch der Versicherten auf zulassungsüberschreitende Versorgung mit Arzneimitteln in klinischen Studien[68]. Außerdem ist gem. § 25 VIIa zur Verbesserung der Arzneimittelsicherheit für Kinder und Jugendliche beim BfArM eine Kommission für Arzneimittel für Kinder und Jugendliche (KAKJ) gebildet worden (s. dazu § 25 Rn. 209 ff.)[69].

27   Das Europäische Parlament und der Rat haben am 12.12.2006 die VO (EG) Nr. 1901/2006 über **Kinderarzneimittel** verabschiedet, die am 26.1.2007 in Kraft getreten ist. Übergeordnetes politisches Ziel dieser VO ist es, die Erforschung, Entwicklung und Zulassung von Arzneimitteln zur Verwendung bei Kindern zu intensivieren[70]. Die VO sieht Auflagen, Anreize und Förderungsmaßnahmen vor, die der

---

[60] *Freund*, PharmR 2004, 275, 295 ff.

[61] *v. Harder*, A&R 2007, 99, 100.

[62] *Niemann*, NZS 2002, 361 Fn. 4.

[63] Vgl. *Rehmann*, Vor § 21 Fn. 35; *Kloesel/Cyran*, § 21 Anm. 50; *Dierks/Finn*, in: Dieners/Reese, § 7 Rn. 20, 160 ff.; *Pelzer/Klein*, in: Fuhrmann/Klein/Fleischfresser, § 46 Rn. 37 ff.; *Schweim/Behles*, A&R, 2011, 27 ff.; *Kraft*, A&R 2007, 252 ff.; *Schreiber/Schaefer*, A&R 2006, 117 ff.

[64] *Noftz*, in: Hauck/Noftz, § 2 Rz. 67a.

[65] Derzeit hat das BMG durch Erlass für die Fachbereiche Onkologie, Infektologie mit Schwerpunkt HIV/AIDS, Neurologie/Psychiatrie sowie Ophthalmologie Expertengruppen eingerichtet.

[66] *Flint*, in: Hauck/Noftz, § 35c Rz. 26, 29.

[67] BAnz. Nr. 49a v. 31.3.2009, zuletzt geändert am 16.10.2014, BAnz. AT v. 27.11.2014 B4.

[68] Vgl. dazu *Flint*, in: Hauck/Noftz, § 35c Rn. 37 ff.

[69] Vgl. *Kloesel/Cyran*, § 25 Anm. 166 ff.; Rehmann, § 25 Fn. 22.

[70] *Rehmann*, Vor § 21 Fn. 36; *Kloesel/Cyran*, § 21 Anm. 110 ff.; *Lehmann,* in: Fuhrmann/Klein/Fleischfresser, § 7 Rn. 24 ff.

verstärkten Entwicklung und Zulassung von Kinderarzneimitteln dienen. U. a. werden deshalb zur Behandlung von Kindern eingesetzte Arzneimittel eigens für die pädiatrische Verwendung zugelassen, ohne dass Kinder unnötigen klinischen Prüfungen unterzogen werden. Durch diese VO ist ein Pädiatrieausschuss bei der EMA eingerichtet worden. Die VO enthält zulassungs- und verfahrensspezifische Maßnahmen z. B. mit der Zulassung für die pädiatrische Verwendung (**Paediatric Use Marketing Authorisation, „PUMA")** sowie inzentive, jenseits des Patentschutzes vorgesehene Schutzmodi des Europäischen Gemeinschaftsrechts[71].

§ 21 Zulassungspflicht

(1) [1]Fertigarzneimittel, die Arzneimittel im Sinne des § 2 Abs. 1 oder Abs. 2 Nr. 1 sind, dürfen im Geltungsbereich dieses Gesetzes nur in den Verkehr gebracht werden, wenn sie durch die zuständige Bundesoberbehörde zugelassen sind oder wenn für sie die Europäische Gemeinschaft oder die Europäische Union eine Genehmigung für das Inverkehrbringen gemäß Artikel 3 Abs. 1 oder 2 der Verordnung (EG) Nr. 726/2004 auch in Verbindung mit der Verordnung (EG) Nr. 1901/2006 des Europäischen Parlaments und des Rates vom 12. Dezember 2006 über Kinderarzneimittel und zur Änderung der Verordnung (EWG) Nr. 1768/92, der Richtlinien 2001/20/ EG und 2001/83/EG sowie der Verordnung (EG) Nr. 726/2004 (ABl. L 378 vom 27.12.2006, S. 1) oder der Verordnung (EG) Nr. 1394/2007 erteilt hat. [2]Das gilt auch für Arzneimittel, die keine Fertigarzneimittel und zur Anwendung bei Tieren bestimmt sind, sofern sie an pharmazeutische Unternehmer abgegeben werden sollen, die eine Erlaubnis zur Herstellung von Arzneimitteln besitzen.

(2) Einer Zulassung bedarf es nicht für Arzneimittel, die

1. zur Anwendung bei Menschen bestimmt sind und auf Grund nachweislich häufiger ärztlicher oder zahnärztlicher Verschreibung in den wesentlichen Herstellungsschritten in einer Apotheke in einer Menge bis zu hundert abgabefertigen Packungen an einem Tag im Rahmen des üblichen Apothekenbetriebs hergestellt werden und zur Abgabe im Rahmen der bestehenden Apothekenbetriebserlaubnis bestimmt sind,

1a. Arzneimittel sind, bei deren Herstellung Stoffe menschlicher Herkunft eingesetzt werden und die entweder zur autologen oder gerichteten, für eine bestimmte Person vorgesehene Anwendung bestimmt sind oder auf Grund einer Rezeptur für einzelne Personen hergestellt werden, es sei denn, es handelt sich um Arzneimittel im Sinne von § 4 Absatz 4,

1b. andere als die in Nummer 1a genannten Arzneimittel sind und für Apotheken, denen für einen Patienten eine Verschreibung vorliegt, aus im Geltungsbereich dieses Gesetzes zugelassenen Arzneimitteln

    a) als Zytostatikazubereitung oder für die parenterale Ernährung sowie in anderen medizinisch begründeten besonderen Bedarfsfällen, sofern es für die ausreichende Versorgung des Patienten erforderlich ist und kein zugelassenes Arzneimittel zur Verfügung steht, hergestellt werden oder

    b) als Blister aus unveränderten Arzneimitteln hergestellt werden oder

    c) in unveränderter Form abgefüllt werden,

1c. zur Anwendung bei Menschen bestimmt sind, antivirale oder antibakterielle Wirksamkeit haben und zur Behandlung einer bedrohlichen übertragbaren Krankheit, deren Ausbreitung eine sofortige und das übliche Maß erheblich überschreitende Bereitstellung von spezifischen Arzneimitteln erforderlich macht, aus Wirkstoffen hergestellt werden, die von den Gesundheitsbehörden des Bundes oder der Länder oder von diesen benannten Stellen für diese Zwecke bevorratet wurden, soweit ihre Herstellung in einer Apotheke zur Abgabe im Rahmen der bestehenden Apothekenbetriebserlaubnis oder zur Abgabe an andere Apotheken erfolgt,

1d. Gewebezubereitungen sind, die der Pflicht zur Genehmigung nach den Vorschriften des § 21a Abs. 1 unterliegen,

1e. Heilwässer, Bademoore oder andere Peloide sind, die nicht im Voraus hergestellt und nicht in einer zur Abgabe an den Verbraucher bestimmten Packung in den Verkehr gebracht werden, oder die ausschließlich zur äußeren Anwendung oder zur Inhalation vor Ort bestimmt sind,

1f. medizinische Gase sind und die für einzelne Personen aus im Geltungsbereich dieses Gesetzes zugelassenen Arzneimitteln durch Abfüllen und Kennzeichnen in Unternehmen, die nach § 50 zum Einzelhandel mit Arzneimitteln außerhalb von Apotheken befugt sind, hergestellt werden,

1g. als Therapieallergene für einzelne Patienten auf Grund einer Rezeptur hergestellt werden,

---

[71] Vgl. dazu im Einzelnen *Heinemann/Tieben*, A&R 2007, 53 ff.; *Nahnhauer*, Die BKK 2005, 403 ff.; *Gassner*, PharmR 2004, 436 ff.; *Lehmann*, in: Fuhrmann/Klein/Fleischfresser, § 7 Rn. 83 f.; *Kloesel/Cyran*, § 21 Anm. 123 ff.

2. zur klinischen Prüfung bei Menschen bestimmt sind,
3. Fütterungsarzneimittel sind, die bestimmungsgemäß aus Arzneimittel-Vormischungen hergestellt sind, für die eine Zulassung nach § 25 erteilt ist,
4. für Einzeltiere oder Tiere eines bestimmten Bestandes in Apotheken oder in tierärztlichen Hausapotheken unter den Voraussetzungen des Absatzes 2a hergestellt werden,
5. zur klinischen Prüfung bei Tieren oder zur Rückstandsprüfung bestimmt sind oder
6. unter den in Artikel 83 der Verordnung (EG) Nr. 726/2004 genannten Voraussetzungen kostenlos für eine Anwendung bei Patienten zur Verfügung gestellt werden, die an einer zu einer schweren Behinderung führenden Erkrankung leiden oder deren Krankheit lebensbedrohend ist, und die mit einem zugelassenen Arzneimittel nicht zufrieden stellend behandelt werden können; dies gilt auch für die nicht den Kategorien des Artikels 3 Absatz 1 oder 2 der Verordnung (EG) Nr. 726/2004 zugehörigen Arzneimitteln; Verfahrensregelungen werden in einer Rechtsverordnung nach § 80 bestimmt.

(2a) [1]Arzneimittel, die für den Verkehr außerhalb von Apotheken nicht freigegebene Stoffe und Zubereitungen aus Stoffen enthalten, dürfen nach Absatz 2 Nr. 4 nur hergestellt werden, wenn für die Behandlung ein zugelassenes Arzneimittel für die betreffende Tierart oder das betreffende Anwendungsgebiet nicht zur Verfügung steht, die notwendige arzneiliche Versorgung der Tiere ernstlich gefährdet wäre und eine unmittelbare oder mittelbare Gefährdung der Gesundheit von Mensch und Tier nicht zu befürchten ist. [2]Die Herstellung von Arzneimitteln gemäß Satz 1 ist nur in Apotheken zulässig. [3]Satz 2 gilt nicht für das Zubereiten von Arzneimitteln aus einem Fertigarzneimittel und arzneilich nicht wirksamen Bestandteilen sowie für das Mischen von Fertigarzneimitteln zum Zwecke der Immobilisation von Zoo-, Wild- und Gehegetieren. [4]Als Herstellen im Sinne des Satzes 1 gilt nicht das Umfüllen, Abpacken oder Kennzeichnen von Arzneimitteln in unveränderter Form, soweit
1. keine Fertigarzneimittel in für den Einzelfall geeigneten Packungsgrößen im Handel verfügbar sind oder
2. in sonstigen Fällen das Behältnis oder jede andere Form der Arzneimittelverpackung, die unmittelbar mit dem Arzneimittel in Berührung kommt, nicht beschädigt wird.
[5]Die Sätze 1 bis 4 gelten nicht für registrierte oder von der Registrierung freigestellte homöopathische Arzneimittel, die, soweit sie zur Anwendung bei Tieren bestimmt sind, die der Gewinnung von Lebensmitteln dienen, ausschließlich Wirkstoffe enthalten, die im Anhang der Verordnung (EU) Nr. 37/2010 als Stoffe aufgeführt sind, für die eine Festlegung von Höchstmengen nicht erforderlich ist.

(3) [1]Die Zulassung ist vom pharmazeutischen Unternehmer zu beantragen. [2]Für ein Fertigarzneimittel, das in Apotheken oder sonstigen Einzelhandelsbetrieben auf Grund einheitlicher Vorschriften hergestellt und unter einer einheitlichen Bezeichnung an Verbraucher abgegeben wird, ist die Zulassung vom Herausgeber der Herstellungsvorschrift zu beantragen. [3]Wird ein Fertigarzneimittel für mehrere Apotheken oder sonstige Einzelhandelsbetriebe hergestellt und soll es unter deren Namen und unter einer einheitlichen Bezeichnung an Verbraucher abgegeben werden, so hat der Hersteller die Zulassung zu beantragen.

(4) [1]Die zuständige Bundesoberbehörde entscheidet ferner, unabhängig von einem Zulassungsantrag nach Absatz 3 oder von einem Genehmigungsantrag nach § 21a Absatz 1 oder § 42 Absatz 2, auf Antrag einer zuständigen Landesbehörde über die Zulassungspflicht eines Arzneimittels, die Genehmigungspflicht einer Gewebezubereitung oder über die Genehmigungspflicht einer klinischen Prüfung. [2]Dem Antrag hat die zuständige Landesbehörde eine begründete Stellungnahme zur Einstufung des Arzneimittels oder der klinischen Prüfung beizufügen.

Wichtige Änderungen der Vorschrift: Abs. 2 Nr. 1a–1c und 6 eingefügt, Abs. 2a S. 5 angefügt durch Art. 1 Nr. 14 des Vierzehnten Gesetzes zur Änderung des Arzneimittelgesetzes vom 29.8.2005 (BGBl. I S. 2570); Abs. 2 Nr. 1d eingefügt durch Art. 2 Nr. 12 des Gesetzes über Qualität und Sicherheit von menschlichen Geweben und Zellen vom 20.7.2007 (BGBl. I S. 1547); Abs. 2 Nr. 1a und 1b neu gefasst, Abs. 2 Nr. 1e–1g eingefügt durch Art. 1 Nr. 22 des Gesetzes zur Änderung arzneimittelrechtlicher und anderer Vorschriften vom 17.7.2009 (BGBl. I S. 1990); Abs. 1 S. 1 und Abs. 4 geändert durch Art. 1 Nr. 14 des Zweiten Gesetzes zur Änderung arzneimittelrechtlicher und anderer Vorschriften vom 19.10.2012 (BGBl. I S. 2192).

Europarechtliche Vorgaben: Art. 2, 3, 6, 8 I und II RL 2001/83/EG; Art. 6, 83 VO (EG) Nr. 726/2004.

Literatur: *v. Czettritz*, Auslegung der Vorschriften für das Inverkehrbringen von Humanarzneimitteln, Anm. zum Urteil des *EuGH* v. 11.4.2013, C-535/11, PharmR 2013,367; *Fulda*, Die Compassionate Use-Verordnung – mehr Fragen als Antworten?, PharmR 2010, 517; *Jäkel*, Hemmnisse durch den Compassionate Use durch die 15. AMG-Novelle, PharmR 2009, 323; *Prinz*, Die Zulässigkeit der Herstellung patientenindividueller Rezepturarzneimittel durch pharmazeutische Herstellerbetriebe nach der 15. AMG-Novelle, PharmR 2009, 437; *Schweim/Behles*, Der Compassionate-Use nach der 15. AMG-Novelle, A&R 2011, 27; *Voit*, Haftungsrechtliche Fragen der Auseinzelung und Neuverblisterung zulassungspflichtiger Fertigarzneimittel, PharmR 2007, 1; *Wesser*, Anwendungsfertige Zytostatika-Lösungen: Fertigarzneimittel?, Anmerkung zum Urteil des Bundesgerichtshofs vom 4. September 2012, Az.: 1 StR 534/11, A&R 2012, 24; *Willhöft/Dienemann*, Die Arzneimittel-Härtefallverordnung als Konkretisierung des Compassionate Use, A&R 2010, 201; *Willhöft*, Die Verkehrsfähigkeit von Defekturarzneimitteln auf dem europäischen Prüfstand, A&R 2015, 117.

Übersicht

A. Allgemeines

I. Inhalt

1   § 21 stellt eine der zentralen Vorschriften des Gesetzes dar. Mit ihr wird in Abs. 1 festgelegt, dass für das Inverkehrbringen von Fertigarzneimitteln im Inland eine Zulassung erforderlich ist. Abs. 2 enthält Ausnahmen von diesem Grundsatz, während in Abs. 2a besondere Bestimmungen für Tierarzneimittel, die Belangen des Verbraucherschutzes in diesem Segment genügen sollen, festgelegt werden. In Abs. 3 werden die Personen beschrieben, die als Antragsteller für eine Zulassung in Frage kommen. Abs. 4 normiert die Befugnis der zuständigen Bundesoberbehörde, auch ohne einen Zulassungsantrag die Zulassungspflicht eines Arzneimittels, die Genehmigungspflicht einer Gewebezubereitung oder einer klinischen Prüfung festzustellen.

II. Zweck

2   Ziel der Kernregelung in Abs. 1, die rechtlich ein **Verbot mit Erlaubnisvorbehalt** darstellt, ist die Sicherheit des Verkehrs mit Arzneimitteln und damit in erster Linie der **Patienten- und Verbraucher-schutz**. Nach dieser Vorschrift dürfen Fertigarzneimittel erst dann vermarktet werden, wenn sie vorher in einem standardisierten Verfahren, dem Zulassungsverfahren, von einer staatlichen Behörde auf ihre Unbedenklichkeit, Wirksamkeit und Qualität geprüft worden sind und ihr Inverkehrbringen genehmigt worden ist. Vor Einführung des generellen Zulassungspflicht durch das AMNOG 1976 gab es im AMG 1961 nur eine Registrierungspflicht für Arzneispezialitäten, die allerdings keine materiellrechtliche Prüfung des Arzneimittels vor seiner Vermarktung beinhaltete. Mit Umsetzung der ersten europäischen pharmazeutischen Richtlinie, der RL 65/65/EWG, ist ein materielles Genehmigungsverfahren, welches in seinen Grundzügen in den §§ 22 ff. geregelt wird, als Kernstück der Arzneimittelgesetzgebung in nationales Recht umgesetzt worden. Dabei ist darauf hinzuweisen, dass der in den einschlägigen europäischen Rechtsakten (u. a. Art. 6 RL 2001/83/EG) verwandte Begriff „Genehmigung für das Inverkehrbringen" mit dem im deutschen Recht verwandten Begriff „Zulassung" identisch ist. Der Begriff der Zulassung ist im deutschen Recht noch abzugrenzen gegen den der Registrierung nach § 38 für homöopathische Arzneimittel und nach § 39a für traditionelle pflanzliche Arzneimittel, bei denen es sich um unter verschiedenen Aspekten **vereinfachte Genehmigungsverfahren** handelt.

B. Notwendigkeit einer Zulassung (Abs. 1)

I. Zulassungspflicht (S. 1)

3   **1. Fertigarzneimittel.** Die Zulassungspflicht knüpft an den Fertigarzneimittelbegriff an, der in § 4 I definiert ist. Sie gilt nicht für Rezepturarzneimittel (sog. formula magistralis), die in Apotheken nach ärztlicher Verschreibung für einen bestimmten Patienten hergestellt werden (zur Begriffsbestimmung s. § 4 Rn. 6). Allerdings werden von der Zulassungspflicht nach Abs. 1 S. 1 nur solche Fertigarzneimittel erfasst, die Arzneimittel i. S. d. § 2 I oder II Nr. 1 sind. Damit werden Teile der Geltungsarzneimittel nach § 2 II, die bei der Behandlung von Tieren eingesetzt werden, z. B. tierärztliche Instrumente (§ 2 II Nr. 1a), Verbandstoffe und chirurgische Nahtmaterialien zur Anwendung bei Tieren (§ 2 II Nr. 3) von der Zulassungspflicht ausgenommen.

4   **2. Inverkehrbringen im Geltungsbereich des AMG.** Der Begriff des Inverkehrbringens ist in § 4 XVII definiert und erfasst neben dem Vorrätighalten zum Verkauf oder zur sonstigen Abgabe an andere auch bereits diesen Aktivitäten zeitlich vorgelagerte Handlungen, wie das Feilhalten und Feilbieten (zur Begriffsbestimmung s. § 4 Rn. 141). Die Zulassungspflicht gilt allerdings nur für solche Fertigarzneimittel, die im **Inland** in den Verkehr gebracht werden. Damit besteht keine Zulassungspflicht für Fertigarzneimittel, die in Deutschland hergestellt, aber ausschließlich zum **Export** bestimmt sind. Dies gilt jedoch nur dann, wenn der Besitzwechsel vom Hersteller zum Exporteur erst im Exportland stattfindet. Findet dieser bereits in Deutschland statt, zieht dies die Zulassungspflicht für das Fertigarzneimittel nach sich, da sie dann in Deutschland in den Verkehr gebracht werden[1].

---

[1] *Rehmann*, § 21 Rn. 1.

3. Zulassung von Exportware. Von diesem Sachverhalt zu unterscheiden, ist die Frage, ob ein **5** Zulassungsantrag für Fertigarzneimittel, die ausschließlich zum Export bestimmt sind, gestellt werden kann und beschieden werden muss. Grundsätzlich besteht kein Anspruch auf eine Zulassung für ein Arzneimittel, das nicht im Inland in den Verkehr gebracht werden soll. Ein berechtigtes Interesse kann aber glaubhaft gemacht werden, wenn z. B. die Einfuhr im Exportland von einer deutschen Zulassung abhängig gemacht wird. In solchen Fällen stellt die zuständige Zulassungsbehörde auf Antrag Exportzertifikate über die erteilte Zulassung in Deutschland entsprechend dem Zertifikatssystem der WHO aus (s. § 73a Rn. 19 ff.)[2].

4. Zuständige Behörden. Die für die Zulassungserteilung zuständigen Behörden sind in § 77 **6** genannt (s. § 77 Rn. 5 ff.).

5. Zentrale Zulassung. Neben einer von der zuständigen deutschen Behörde erteilten Zulassung **7** berechtigt eine Zulassung, die auf der Basis der VO (EG) Nr. 726/2004 im sog. zentralen Zulassungs- verfahren von der Europäischen Gemeinschaft oder der Europäischen Union erteilt wurde, zum Inver- kehrbringen im Inland. Solche zentralen Zulassungen sind in sämtlichen Mitgliedstaaten der EU gültig. Diese Gleichstellung wurde in § 21 im Jahr 1998 mit der 7. AMG-Novelle in Umsetzung der ent- sprechenden europäischen Rechtsakte vollzogen. Mit dem AMG-ÄndG 2009 wurden auch Zulassungen für Kinderarzneimittel nach den Vorschriften der VO (EG) Nr. 1901/2006 zur Klarstellung ausdrücklich als gleichgestellt einbezogen. Weitere Gleichstellungsvorschriften enthält § 37.

Da die VO (EG) Nr. 726/2004 keine der Regelung des § 21 II entsprechende Freistellung von der **8** Zulassungspflicht enthält, scheidet für Arzneimittel, die der Pflicht zur zentralen Zulassung nach dieser VO (s. Rn. 72 ff.) unterliegen, eine Berufung auf die nationalen Ausnahmetatbestände in § 21 II aus[3]. Wird jedoch ein zentral zugelassenes Arzneimittel aus der Originaldurchstechflasche in Fertigspritzen für eine einzelne Injektion auf Bestellung von Apotheken, denen eine patientenindividuelle ärztliche Ver- ordnung vorliegt, ohne Veränderung abgefüllt und in den Verkehr gebracht, so bedarf es keiner neuen zentralen Zulassung, da diese Tätigkeit nicht einem neuen Inverkehrbringen eines der Verpflichtung zu einer zentralen Zulassung unterliegenden Arzneimittels gleichzustellen ist[4].

II. Erweiterung bei Tierarzneimitteln (S. 2)

Abs. 1 S. 2 enthält eine Erweiterung der Zulassungspflicht für Tierarzneimittel, auch wenn sie keine **9** Fertigarzneimittel nach § 4 I sind. Damit gilt die Zulassungspflicht auch für Tierarzneimittel, die noch nicht in verbraucherabgabefertigen Packungen, sondern als **Bulkware** (zur Begriffsbestimmung s. § 4 Rn. 18) vorliegen und für solche, die weder industriell noch gewerblich hergestellt werden.

Von dieser erweiterten Zulassungspflicht für Tierarzneimittel ausgenommen sind nach Abs. 1 S. 2 **10** allerdings solche Tierarzneimittel, die an einen pharmazeutischen Unternehmer nach § 4 XVIII mit einer Herstellungserlaubnis nach § 13 geliefert werden. Eine Zulassungspflicht besteht demnach z. B. nicht für **Bulkware** eines Tierarzneimittels, welche von einem Vertreiber/Hersteller an einen pharma- zeutischen Unternehmer, der eine Herstellungserlaubnis nach § 13 besitzt, abgegeben wird.

C. Ausnahmen von der Zulassungspflicht (Abs. 2)

I. Einführung

Obwohl die Zulassungspflicht nach Abs. 1 auch im Wortlaut ausdrücklich an den Fertigarzneimittel- **11** begriff anknüpft, wird im Obersatz zu den verschiedenen Ausnahmen in Abs. 2 der **Begriff „Arznei- mittel"** verwendet. Dabei kann es sich nur um eine redaktionelle Ungenauigkeit handeln. Würde man dieser Abweichung eine inhaltliche Bedeutung beimessen, würden die in Abs. 2 genannten Arzneimittel, ohne Fertigarzneimittel nach § 4 I zu sein, also auch in nicht für den Verbraucher bestimmten Packungen und auch ohne industrielle oder gewerbliche Herstellung zunächst der Zulassungspflicht unterliegen. Diese Rechtsfolge muss auch unter Berücksichtigung der europäischen Vorgaben als nicht gewollt bewertet werden.

Das **europäische Recht** kennt die Unterscheidung zwischen Arzneimittel und Fertigarzneimittel **12** nicht. Die ursprünglich im europäischen Recht vorhandene Differenzierung von Arzneimittel und Arzneispezialitäten, die vergleichbare Unterscheidungsaspekte aufwies, wurde im Zuge der Konsolidie- rung der verschiedenen pharmazeutischen RL im Jahr 2001 sogar fallen gelassen. Dennoch widerspricht

---

[2] Vgl. *Kloesel/Cyran*, § 21 Anm. 13.
[3] *EuGH*, Urt. v. 11.4.2013 – Rs. C-535/11, GRUR 2013, 854 – Novartis Pharma ./. Apozyt. Allerdings bewertet das vorlegende *OLG Hamburg*, Urt. v. 14.1.2014 – 416 HKO 78/11 – BeckRS 2014, 01455, die im konkreten Sachverhalt vorgenommene Abfüllung in Fertigspritzen als eine Veränderung des Fertigarzneimittels, die einer Neu- zulassung bedarf.
[4] *EuGH*, Urt. v. 11.4.2013 – Rs. C-535/11 – BeckRS 2013, 80746 – Novartis Pharma ./. Apozyt. Ausdrücklich hat der *EuGH* aber die Vorschriften der RL 2001/83/EG ansonsten für anwendbar erklärt. Ausführlich zum Begriff „unverändert", *v. Czettritz*, PharmR 2013, 367, 378; a. A. noch *OLG Hamburg*, PharmR 2011, 178.

die im AMG vorhandene Differenzierung nicht der RL 2001/83/EG. Denn in diesem wird in Art. 1 Nr. 2 der Arzneimittelbegriff und in Art. 2 Abs. 1 und Art. 3 der Anwendungsbereich der RL geregelt, aus dem sich der Fertigarzneimittelbegriff des deutschen Rechtes herleiten lässt und in dem die Ausnahmen nach Abs. 2 ihre grundsätzliche Basis finden. Dennoch wäre es zur Klarstellung angezeigt, wenn der deutsche Gesetzgeber, der den Fertigarzneimittelbegriff beibehalten hat, hier im Zuge eines nächsten Änderungsgesetzes redaktionell die Begrifflichkeiten anpassen würde. Eventuell ist er auch gezwungen, je nach Ausgang des Vorlageverfahrens beim *EuGH* (s. Rn. 17), Anpassungen aufgrund fehlender Vereinbarkeit mit den europarechtlichen Bestimmungen vorzunehmen.

13   Abs. 2 wurde im Rahmen der 14. AMG-Novelle vor dem Hintergrund der Erweiterung des Fertigarzneimittelbegriffs in § 4 I erheblich geändert. Auch das AMG-ÄndG 2009[5] enthält Ergänzungen und Nachbesserungen. Die einzelnen Ziffern wurden durch diese gesetzlichen Änderungen um ein kompliziertes Geflecht von Ausnahmen und Rückausnahmen erweitert. Der enumerative Ausnahmekatalog des Abs. 2 führt aufgrund seiner komplexen Struktur und der Verwendung unbestimmter Rechtsbegriffe und der Regelungen für innovative Therapien, die rechtsdogmatisch noch nicht ausreichend konkretisiert sind, zu einer Vielzahl praktischer **Auslegungsprobleme,** die immer wieder die Gerichte beschäftigten und beschäftigen werden, und den Gesetzgeber bereits im Rahmen des AMG-ÄndG 2009 zu Nachbesserungen veranlasst haben. Abs. 2 sieht insgesamt 13 bzw. 16 Ausnahmen vom Grundsatz der Zulassungspflicht nach Abs. 1 vor.

14   Neben den in Abs. 2 genannten Ausnahmen sind an dieser Stelle auch andere Arzneimittelgruppen zu erwähnen, für deren Inverkehrbringen es keiner Zulassung i. S. d. §§ 21 ff. bedarf, sondern die aufgrund **anderer gesetzlicher bzw. behördlicher Genehmigungstatbestände** verkehrsfähig sind.

15   Dies sind in chronologischer Reihenfolge ihrer gesetzlichen Grundlagen:

– Fertigarzneimittel, die auf der Basis einer Standardzulassung nach § 36 in den Verkehr gebracht werden dürfen;

– homöopathische Fertigarzneimittel, die nach den §§ 38 f. registriert sind oder auf der Grundlage des § 38 I 3 (sog. 1000 er-Regelung) ohne Registrierung in den Verkehr gebracht werden dürfen;

– homöopathische Fertigarzneimittel, die auf der Basis einer Standardregistrierung nach § 39 III Nr. 2 vermarktet werden dürfen und

– traditionelle pflanzliche Fertigarzneimittel, für die § 39a ein vereinfachtes Registrierungsverfahren vorsieht.

16   Die oben genannten Ausnahmen unterscheiden sich von den in Abs. 2 genannten dadurch, dass für ihre Verkehrsfähigkeit eine einer Zulassung gleichgestellte Verkehrsgenehmigung existiert, während die Arzneimittel nach Abs. 2, obwohl sie Fertigarzneimittel sind, ohne jegliche Verkehrsgenehmigung in den Verkehr gebracht werden dürfen. Ihr Inverkehrbringen unterliegt lediglich einer Marktüberwachung durch die Vollzugsbehörden nach § 64. Aus dieser Systematik folgt eine restriktive Anwendung der Ausnahmetatbestände im Interesse des Verbraucherschutzes und der Arzneimittelsicherheit.

II. Apothekenherstellung (Nr. 1)

17   **1. Zweck. Abs. 2 Nr. 1** sieht eine Ausnahme von der Zulassungspflicht für Fertigarzneimittel im Rahmen der **verlängerten Rezeptur (Defektur)** vor. Damit besteht für Arzneimittel, auch wenn sie in Apotheken auf Vorrat hergestellt werden und deshalb Fertigarzneimittel nach § 4 I sind, unter den engen Voraussetzungen der Nr. 1 keine Zulassungspflicht. Hintergrund für diese Regelung ist es, durch die Mehrfachherstellung die Einhaltung der pharmazeutischen Qualitätsstandards besser zu gewährleisten, als dies bei einer Einzelherstellung möglich ist und den Apotheken eine ökonomisch sinnvolle gewerbliche Herstellung zu ermöglichen[6]. Die Voraussetzungen der Ausnahmeregelung nach dieser Nr., die sich partiell überschneiden, müssen kumulativ vorliegen. Sie machen deutlich, dass der Gesetzgeber in jedem Fall ein zulassungsfreies Inverkehrbringen von industriell hergestellten Fertigarzneimitteln über den üblichen Apothekenbetrieb hinaus verhindern will. Von daher ist die Vorschrift eng auszulegen. Umfangreiche weitere Vorgaben für die Herstellung, Prüfung und auch Dokumentation von Defekturarzneimitteln enthält § 8 ApBetrO. Diese Ausnahmevorschrift befindet sich aufgrund eines **Vorlagebeschlusses des BGH** vom 16.4.2015[7] auf dem europäischen Prüfstand. Konkret geht es um ihre Vereinbarkeit mit Art. 3 Nr. 1 und 2 der RL 2001/83/EG, der den Anwendungsbereich der Richtlinie definiert und sog. formula magistralis und formula officinalis von diesem und damit auch von der Zulassungspflicht ausnimmt. Der *EuGH* soll im Rahmen dieses Vorlageverfahrens prüfen, ob die Voraussetzungen für die Zulassungsbefreiung für Defekturarzneimittel nach Nr. 1 im Einklang mit diesen Regelungen stehen. Allerdings hat der *EuGH* in einem anderen Vorlageverfahren eines schwedischen Gerichts mittlerweile zu Art. 3 Nr. 1 RL 2001/83/EG entschieden[8], dass Arzneimittel nur dann unter die dort geregelte

---

[5] BGBl. I S. 1990.

[6] *Kloesel/Cyran*, § 21 Anm. 33.

[7] I ZR 130/13, PharmR 2015, 371.

[8] Urt. v. 16.7.2015 – C-544/13, Rn. 71, BeckEuRS 2015, 436717.

Ausnahme fallen können, wenn ihre Zubereitung speziell für einen vorher bekannten Patienten gem. einer ärztlichen Verschreibung erfolgt, die vor der Zubereitung ausgestellt wurde, so dass ganz erhebliche Bedenken gegen die Europarechtskonformität des § 21 II Nr. 1 bestehen. Zudem hat der *EuGH* zu Art. 3 Nr. 2 RL 2001/83/EG festgestellt, dass von der Ausnahmevorschrift nur dann Gebrauch gemacht werden kann, wenn die Arzneimittel von der Apotheke, von der sie zubereitet worden sind, an die Patienten abgegeben werden, die Kunden dieser Apotheke sind. Auch insoweit wird sich Änderungs-bedarf für die Ausnahmetatbestände des § 21 II Nr. 1 und 1a ergeben.

2. Voraussetzungen. Die Ausnahme gilt nur für Humanarzneimittel. Für das Vorliegen der Aus- **18** nahmebestimmung müssen sämtliche der fünf nachfolgenden Voraussetzungen erfüllt sein, wobei derjenige, der sich auf die Ausnahmevorschrift beruft, in wettbewerbsrechtlichen Verfahren die Darlegungs- und Beweislast für das kumulative Vorliegen der Voraussetzungen trägt[9].

a) Häufige Verschreibung. Der Apothekenherstellung im Rahmen einer Defektur, muss auch für **19** nicht verschreibungspflichtige apothekenpflichtige und für freiverkäufliche Arzneimittel, eine **häufige ärztliche oder zahnärztliche Verschreibung** zugrunde liegen. Die Verschreibung eines Heilpraktikers oder Tierarztes genügt nicht.

Dies bedeutet aber nicht, dass nicht verschreibungspflichtige Arzneimittel, die im Rahmen einer **20** Defektur hergestellt wurden, an einen Patienten nur gegen Vorlage einer ärztlichen Verordnung abgegeben werden dürfen[10]. Eine solche Auslegung würde dazu führen, dass der Abgabestatus für Defektur-arzneimittel nicht, wie für zulassungspflichtige Fertigarzneimittel, durch die §§ 43 ff. festgelegt werden würde, sondern allein aufgrund der Tatsache, dass sie im Rahmen einer Defektur hergestellt werden. In der Konsequenz wären also alle verschreibungspflichtig und dies auch, wenn identische Fertigarzneimittel nach den §§ 43 ff. lediglich apothekenpflichtig wären. Der Regelungszweck der Nr. 1a liegt aber nicht in einer von den sonstigen allgemeinen Regelungen abweichenden Regelung zum Abgabestatus, sondern in der Normierung enger Voraussetzungen für die Befreiung von der Zulassungspflicht für ansonsten zulassungspflichtige Arzneimittel[11].

Zum Tatbestandsmerkmal **„häufig"** enthält das Gesetz keine konkretisierenden Hinweise. In der **21** Kommentarliteratur wird eine Verschreibung als häufig qualifiziert, wenn sie mindestens täglich oder bei komplizierten Rezepturen einmal wöchentlich. erfolgt[12]. Das *OLG München* lässt 20 Verschreibungen pro Monat ausreichen[13]. Die Häufigkeit kann durch die gem. § 8 ApBetrO vorgeschriebene Dokumentation belegt werden.

b) Wesentliche Herstellungsschritte. Dieses Tatbestandsmerkmal wurde durch die 4. AMG-Novel- **22** le eingeführt, um einem Missbrauch der zulassungsfreien Defektur entgegenzuwirken. Durch diese Ergänzung soll verhindert werden, dass Arzneimittel, die weitgehend industriell gefertigt und in der Apotheke lediglich abgefüllt und/oder gekennzeichnet werden, ohne Zulassung in den Verkehr gebracht werden. Die Konkretisierung dieses Tatbestandsmerkmals war Streitgegenstand in mehreren Gerichts-verfahren.

Zusammenfassend kommt die **Rechtsprechung** übereinstimmend zu der Auffassung, dass als wesent- **23** licher Herstellungsschritt ein Abpacken und/oder Kennzeichnen nicht ausreichend ist, soweit für diese Fertigungsschritte kein pharmazeutisches Fachwissen und keine fachlich fundierte Kontrolle erforderlich ist[14]. Es kommt im Besonderen darauf an, dass alle außerhalb der Apotheke durchgeführten Herstellungs-schritte im Verhältnis zu denen in der Apotheke vollzogenen von untergeordneter Bedeutung sind.

Der *BGH* geht davon aus, dass der Gesetzgeber mit der Regelung des § 21 II Nr. 1 solche Fertigarz- **24** neimittel von der Zulassung freistellen wollte, die im Wesentlichen in der Apotheke selbst und nicht durch einen industriellen Hersteller produziert wurden. Die Frage, ob dies zutrifft, erfordert eine Prüfung des jeweiligen Einzelfalls, wobei im Rahmen der gebotenen Gesamtbetrachtung die Art und Anzahl der jeweiligen Herstellungsschritte des Mittels zu berücksichtigen sind. Zu berücksichtigen sind auch diejenigen für das Fertigarzneimittel erforderlichen Herstellungsschritte, die aus technischen Gründen von vornherein nicht in einer Apotheke, sondern industriell erfolgen müssen. Zu prüfen ist insgesamt, welcher Stellenwert der nicht in der Apotheke erfolgenden Herstellung im Verhältnis zu den vom Apotheker zur Herstellung des Präparats bei der Defektur ausgeführten weiteren Arbeitsschritten zu-kommt[15]. Die Rechtsprechung, die die Herstellung des Wirkstoffes für erforderlich hält und dessen Verkapselung für nicht ausreichend bewertet[16], hat aufgrund der im Rahmen der 12. AMG-Novelle in

---

[9] *BGH*, GRUR 2011, 453 ff.
[10] Vgl. *OLG München*, GRUR-RR 2006, 343 – Gelenkschutzkapseln.
[11] Vgl. *OLG München*, GRUR-RR 2006, 343.
[12] *Kloesel/Cyran*, § 21 Anm. 34; *Rehmann*, § 21 Rn. 4.
[13] *OLG München*, GRUR-RR 2006, 343 – Gelenkschutzkapseln, das zudem darauf verweist, dass es für die Erfüllung des Tatbestandsmerkmals „häufige Verschreibung" ausreicht, wenn diese so oft erfolgt, dass eine Herstellung des Arznei-mittels auf Vorrat gerechtfertigt erscheint.
[14] *BGH*, NJW 2005, 2705, 2706 f. – Atemtest, m. w. N.; *BVerwG*, Buchholz 418.32 AMG Nr. 32.
[15] *BGH*, NJW 2005, 2705, 2706 – Atemtest.
[16] *OLG Hamburg*, PharmR 2002, 441.

§ 4 XIX aufgenommenen Wirkstoffdefinition und der getrennten Regelungen für die Arzneimittel-herstellung einerseits und die Wirkstoffherstellung andererseits in der AMWHV keine Basis mehr. Die **Herstellung des Wirkstoffes** kann daher grundsätzlich keine Arzneimittelherstellung mehr sein und von daher auch nicht mehr als wesentlicher Herstellungsschritt gefordert werden[17]. Dagegen spricht auch nicht die Definition des Herstellens in § 4 XIV, in der bereits das Gewinnen als Herstellungsschritt beschrieben wird. Denn diese Legaldefinition ist nicht beschränkt auf die Arzneimittelherstellung, sondern erfasst sämtliche Herstellungsschritte, für die das AMG Regelungen vorsieht, wozu gemäß §§ 13 und 20a auch die erlaubnispflichtige oder -freie Herstellung von Wirkstoffen und anderen zur Arznei-mittelherstellung bestimmten Stoffen gehört[18].

25   **c) Mengenbeschränkung.** Darüber hinaus gilt für zulassungsfreie Defekturarzneimittel eine Men-genbeschränkung von bis zu **hundert abgabefertige Packungen an einem Tag.** Durch diese Be-grenzung der Chargengröße soll neben den weiteren einschränkenden Voraussetzungen sichergestellt werden, dass keine über einen längeren Zeitraum reichende Vorratsherstellung von Fertigarzneimitteln ohne Zulassung in der Apotheke vorgenommen wird. Als abgabefertige Packungen sind die zur Abgabe an den Verbraucher bestimmten Packungsgrößen anzusehen. Die Herstellung von **Klinikpackungen** fällt nicht darunter.

26   **d) Herstellung im üblichen Apothekenbetrieb.** Die Herstellung der Arzneimittel muss im Rah-men des üblichen Apothekenbetriebs erfolgen (§ 13 Rn. 37). Damit wird nochmals verdeutlicht, dass der Gesetzgeber keine Apothekenherstellung im industriellen Umfang privilegieren will. Für eine Auftragsherstellung außerhalb der Apotheke kann dieser Befreiungstatbestand von der Zulassungspflicht damit in jedem Fall nicht in Anspruch genommen werden.

27   **e) Abgabe im Rahmen der Apothekenbetriebserlaubnis.** Des Weiteren dürfen die Defektur-arzneimittel ausschließlich zur Abgabe im Rahmen der bestehenden Apothekenbetriebserlaubnis be-stimmt sein. Durch die 14. AMG-Novelle wurde die bis zu diesem Zeitpunkt geltende Regelung, die eine Abgabe nur in der herstellenden Apotheke vorsah, durch diese Formulierung ersetzt. Hintergrund für die Änderung ist die durch Art. 20 GMG erfolgte Änderung von § 1 II ApG, wonach eine Apothekenbetriebserlaubnis der (Haupt)apotheke bis zu drei Filialapotheken umfassen kann. Diesem Umstand trägt die Neuregelung Rechnung. In der Konsequenz können die im Rahmen der Defektur hergestellten Fertigarzneimittel in allen in einer Apothekenbetriebserlaubnis eingeschlossenen Apotheken (maximal vier) abgegeben werden.

28   Die vom *OLG Hamburg*[19] vertretene Ansicht, nach der aus diesem Tatbestandsmerkmal zu folgern sei, dass ein **Versand von Defekturarzneimitteln** auch nur regional begrenzt, nämlich im Rahmen der bestehenden Betriebserlaubnis, zulässig sei, hat der *BGH* abgelehnt. Der *BGH* hat klargestellt, dass die Erlaubnis zum Versand von apothekenpflichtigen Arzneimitteln nach § 11 ApG (s. dazu ausführlich § 13 Rn. 38) auch den bundesweiten Versand von in dieser Apotheke rechtmäßig hergestellten Defektur-arzneimitteln abdeckt[20].

III. Arzneimittel aus Stoffen menschlicher Herkunft (Nr. 1a)

29   **1. Hintergrund. Abs. 2 Nr. 1a** wurde durch die 14. AMG-Novelle in Abs. 2 eingefügt. Aufgrund der Erweiterung des Fertigarzneimittelbegriffs in Rahmen dieses Änderungsgesetzes unterfallen autologe oder gerichtete Zubereitungen, bei deren Herstellung Stoffe menschlicher Herkunft eingesetzt und soweit sie industriell gefertigt werden, dem Fertigarzneimittelbegriff und würden ohne Rückausnahme in Nr. 1a auch der Zulassungspflicht unterliegen. Nach der Begründung zu diesem Änderungsgesetz sind jedoch diese Produktgruppen aufgrund ihrer Verschiedenartigkeit und der vorgesehenen Zuordnung zu bestimmten Personen nicht standardisierbar. Von daher sei eine Prüfung in einem Zulassungsverfahren nicht sachgerecht[21].

30   **2. Voraussetzungen. a) Stoffe menschlicher Herkunft.** Die Ausnahme nach Nr. 1a betrifft aus-schließlich Arzneimittel, bei deren Herstellung Stoffe menschlicher Herkunft eingesetzt werden. Als Stoffe menschlicher Herkunft kommen vor allem Blut, Zellen, Gewebe, aber auch andere menschliche Substanzen, in Frage. Kein Stoff menschlicher Herkunft sondern Stoffe mikrobieller Herkunft (zur Begriffsbestimmung s. § 3 Rn. 27 ff.) und damit der Zulassungspflicht unterliegend sind die aus mensch-lichen Stuhlproben isolierten Bakterien[22]. Die Stoffe menschlicher Herkunft müssen nicht notwendiger-

---

[17] *OLG München*, PharmR 2010, 476, 478; *OLG München*, GRUR-RR 2006, 343 – Gelenkschutzkapseln; vgl. im Ergebnis auch *Kloesel/Cyran*, § 21 Anm. 35. A. A. *VG Köln*, PharmR 2015, 315.
[18] A. A. *VG Köln*, PharmR 2015, 315.
[19] *OLG Hamburg*, PharmR 2008, 448.
[20] *BGH*, GRUR 2011, 1165.
[21] BT-Drucks. 15/5316, S. 36; BT-Drucks. 15/5728, S. 81.
[22] *OVG NRW*, PharmR 2013, 526 m. Anm. *Sander/Irmer*.

weise Wirkstoffe des Fertigarzneimittels sein, sondern es reicht, wenn sie bei der Herstellung eingesetzt werden.

b) Patientengruppe. Weitere Voraussetzung ist, dass sie **autolog** angewendet werden, d. h. dem 31 Menschen, dem sie entnommen wurden (Spender), nach industrieller oder gewerblich außerhalb der Apotheke erfolgter Bearbeitung als Fertigarzneimittel appliziert werden. Ausreichend ist auch, wenn sie für eine **gerichtete Anwendung** vorgesehen sind. Eine solche ist dann gegeben, wenn bereits bei der Entnahme der Patient, der nicht mit dem Spender identisch ist, feststeht. Freigestellt sind aber auch solche Einzelrezepturen, die von Krankenhäusern nur für einen kleinen Kreis von Patienten bestellt werden, der aber bei der Herstellung noch nicht feststeht[23]. Nur unter diesen Voraussetzungen ist trotz industrieller oder gewerblicher Herstellung die Freistellung von der Überprüfung in einem standardisierten behördlichen dem Inverkehrbringen vorgeschalteten Genehmigungsverfahren zu rechtfertigen.

c) Ausnahmen. Nachdem bis 2009 neben Impfstoffen (§ 4 IV) auch Gentransferarzneimittel (§ 4 IX) 32 und somatische Zelltherapeutika (§ 4 XX), auch solche, die zur autologen oder gerichteten Anwendung bestimmt sind, ausgenommen waren, beschränkte das AMG-ÄndG 2009 die Ausnahme auf Impfstoffe, bei deren Herstellung menschliche Stoffe eingesetzt werden und trug damit insbes. der VO (EG) Nr. 1394/2007 über Arzneimittel für neuartige Therapien (zur Begriffsbestimmung s. § 4 Rn. 62 ff.) Rechnung.

IV. Industriell oder gewerblich hergestellte Einzelrezepturen (Nr. 1b)

1. Regelungsstruktur. Als Konsequenz aus der Erweiterung des Fertigarzneimittelbegriffs im Rah- 33 men der 14. AMG-Novelle wurde Abs. 2 Nr. 1b in das AMG aufgenommen. Diese Vorschrift regelt in Ergänzung zu Abs. 2 Nr. 1a nach Änderung durch das AMG-ÄndG 2009 nunmehr **drei Ausnahmen** von der Zulassungspflicht für im Einzelfall für Patienten nicht in der Apotheke, sondern außerhalb dieser industriell oder gewerblich hergestellte Arzneimittel, die nach der Definition gemäß § 4 I deshalb grundsätzlich Fertigarzneimittel sind und ohne diese Ausnahmevorschrift zulassungspflichtig wären. Die patientenindividuelle Herstellung von Rezepturarzneimitteln durch pharmazeutische Herstellerbetriebe im Lohnauftrag von Apotheken verstößt nicht grundsätzlich gegen Unionsrecht, denn Art. 5 I RL 2001/83/EG erlaubt es den Mitgliedstaaten, unter den dort aufgeführten Voraussetzungen Arzneimittel vom Anwendungsbereich der RL auszunehmen. Die Vorschrift ist jedoch restriktiv anzuwenden. Ein besonderer Bedarfsfall im Sinne dieser Vorschrift liegt nach der Rechtsprechung des *EuGH* dann vor, wenn ein Arzt nach einer konkreten Untersuchung seiner Patienten aus rein therapeutischen Erwägungen ein Arzneimittel verschreibt, das in der EU nicht über eine gültige Zulassung verfügt und für das es auf dem jeweiligen nationalen Markt kein oder nur ein nicht verfügbares Äquivalent gibt[24]. Vor dem Hintergrund dieser Rechtsprechung und dem in Art. 2 und 3 RL 2001/83/EG definierten produktbezogenen Anwendungsbereich für die Zulassungspflicht lässt sich die EU-Rechtskonformität der Ausnahmevorschriften nach Nr. 1b durchaus kritisch hinterfragen.

a) Abgrenzung zu Nr. 1a. Erste vor die Klammer gezogene Voraussetzung ist, dass es sich nicht um 34 Produkte handelt, die bereits von Nr. 1a von der Zulassungspflicht ausgenommen oder wieder in die Zulassungspflicht zurückgeführt wurden. Da Nr. 1a jedoch nur Arzneimittel erfasst, bei deren Herstellung **Stoffe menschlicher Herkunft** zum Einsatz kommen, kann die Überschneidung nur solche Arzneimittel betreffen.

b) Für Apotheken. Darüber hinaus müssen die beschriebenen Arzneimittel für Apotheken hergestellt 35 werden. Dieser Begriff setzt eine bestellende Apotheke und einen herstellenden Betrieb voraus, ohne dass dieses Tatbestandsmerkmal jedoch ein Lohnherstellungsverhältnis zwischen diesen nach § 9 AMWHV mit den daran geknüpften Voraussetzungen begründet und der Apotheker als Auftraggeber zwangsweise pharmazeutischer Unternehmer gem. § 4 XVIII (zur Begriffsbestimmung s. § 4 Rn. 145 ff.) des Fertigarzneimittels wird. Dieses Merkmal soll lediglich eine Auftragsvergabe und eine Abgabe des Fertigarzneimittels durch den Apotheker und nicht durch den herstellenden Betrieb unter Umgehung des Apothekers unmittelbar z. B. im Auftrag des Arztes sicherstellen.

c) Ärztliche Verschreibung. Weitere Voraussetzung ist, dass der bestellenden Apotheke eine Ver- 36 schreibung, also eine ärztliche Verordnung vorliegt. Dieser Begriff ist nur im Hinblick auf die in Abs. 2 Nr. 1b Buchst. b) beschriebene Ausnahme der **Neuverblisterung** problematisch (Rn. 48).

d) Zugelassene unveränderte Arzneimittel. Weitere Voraussetzung ist, dass die Verordnung nur für 37 den Geltungsbereich des AMG zugelassene Arzneimittel umfasst. Nur die Zulassung der verordneten (Ursprungs)arzneimittel legitimiert die Zulassungsbefreiung der durch die weitere gewerbliche oder industrielle Herstellung neu entstehenden Fertigarzneimittel.

---

[23] BT-Drucks. 15/5728, S. 81.
[24] *EuGH*, Urt. v. 11.4.2013 – Rs. C-535/11,– GRUR 2013, 854 – Novartis Pharma ./. Apozyt; *EuGH*, Urt. v. 29.3.2012 – Rs. C-185/10, PharmR 2012, 203 – Europäische Kommission ./. Republik Polen.

38 **2. Zytostatikazubereitungen, parenterale Ernährung und andere medizinische Bedarfsfälle (Buchst. a)).** Die Ausnahmevorschrift wurde mit dem AMG-ÄndG 2009 eingeführt und dient ausweislich der Begründung der Klarstellung[25]. Mit dieser neuen Vorschrift, wird zunächst eine zulassungsbefreite Herstellung außerhalb der Apotheke in Herstellbetrieben von **patientenindividuellen Zytostatikazubereitungen**[26], und **Zubereitungen für die parenterale Ernährung** ermöglicht, wenn die vor die Klammer gezogenen Voraussetzungen vorliegen.

39 Darüber hinaus gilt diese Ausnahmevorschrift auch für **andere medizinisch begründete Bedarfsfälle.** Voraussetzung ist, dass das Arzneimittel erforderlich ist, um eine ausreichende Versorgung der Patienten zu gewährleisten und dass eine therapeutische Lücke besteht, die mit zugelassenen Arzneimitteln nicht geschlossen werden kann[27]. Nach der Gesetzesbegründung soll diese dritte Variante auf Lösungen zur Anwendung in der **Onkologie** beschränkt sein, z. B. sollen Zytostatika andere als spezifisch zytostatisch wirksame Arzneimittel beigemischt werden können[28]. Auch wenn dies der häufigste Anwendungsfall dieser Regelung in der Praxis sein dürfte, lässt der Wortlaut eine solche Einschränkung nicht erkennen[29]. Im Lichte der Rechtsprechung des *EuGH* (s. Rn. 33) ist diese Vorschrift in jedem Fall **eng auszulegen.** Mit dieser Neufassung der Ausnahmevorschrift ist den bisherigen Streitigkeiten um die Zulassungspflicht von Zytostatikazubereitungen, die außerhalb der Apotheke (fertig) hergestellt werden, zumindest auf nationaler Ebene ein Ende gesetzt.

40 **3. Neuverblisterung (Buchst. b)). a) Regelungshintergrund.** Die Ausnahmeregelung in **Abs. 2 Nr. 1b Buchst. b)** betrifft sog. Patientenblister (Multi-Dose-Blister), in denen die für die Dauermedikation von chronisch kranken und häufig auch multimorbiden Patienten bestimmten Arzneimittel einnahmegerecht zusammengefasst werden. Sie wurde durch die 14. AMG-Novelle eingeführt und durch das AMG-ÄndG 2009 nachgebessert, um sicherzustellen, dass die zu dieser patientenindividuellen Arzneimittelversorgung neu verblisterten Arzneimittel nicht verändert werden. Der Regelungszweck und Anwendungsbereich dieser Vorschrift in ihrer ursprünglichen Fassung lässt sich nur anhand der Begründung ermitteln, in der dazu Folgendes ausgeführt wird: *„Hiervon [Anm.: von der Zulassungspflicht] ausgenommen werden soll insbesondere eine therapiegerechte Versorgung mit individuell durch Einzelverblistern verpackten Arzneimitteln für den angepassten Bedarf eines Patienten. Im Rahmen der individuellen Versorgung von Heimbewohnern gibt es dazu einen Modellversuch; die vorgeschlagene Regelung zur Ausnahme der Zulassungspflicht soll diese Form der Versorgung nicht behindern. Es ist aber sicherzustellen, dass die für diese Art der Arzneimittelversorgung benötigten Arzneimittel in Deutschland zugelassen sind.“*[30] Hintergrund für diese Freistellung war, wie bereits in der Begründung erwähnt, ein zum Zeitpunkt der parlamentarischen Diskussion über die 14. AMG-Novelle im Jahr 2005 laufender **Modellversuch**[31]. Im Rahmen dieses Modellversuchs wurden für Bewohner eines Seniorenheimes die dem einzelnen Heimbewohner vom Arzt verordneten verschiedenen Fertigarzneimittel in Tages- bzw. Wochenrationen neuverblistert. Diese Neuverblisterung soll zum einen das Pflegepersonal entlasten, zum anderen aber auch die Anwendungssicherheit erhöhen.

41 Diese **patientenindividuelle Verblisterung** hatte nach dem Inkrafttreten dieser Neuregelung durch die 14. AMG-Novelle im Jahr 2005 an Relevanz auch über die Heimversorgung hinaus gewonnen. Teilweise haben Apotheken die patientenindividuelle Verblisterung mit eigens dafür angeschafften Maschinen selbst durchgeführt oder durch neu entstandene **Verblisterungsunternehmen** durchführen lassen[32]. Rechtliche aber auch tatsächliche, praktische mit diesem Versorgungsmodell verbundene Probleme konnten dabei jedoch nicht zufriedenstellend gelöst werden, so dass sich diese patientenindividuelle Arzneimittelversorgung im Markt bisher nicht in großem Maße durchsetzen konnte.[33]

42 **b) Voraussetzungen.** Rechtlich stellen sich in diesem Zusammenhang mehrere Fragen. Diese betreffen den Bereich der Herstellung, der Haftung und nicht zuletzt den der Zulassung. Die Entnahme und industrielle Neuverblisterung von Tagesrationen aus (Handels)packungen unterschiedlicher in Deutschland zugelassener Arzneimittel ist als Herstellung eines neuen Fertigarzneimittels zu bewerten. Diese Beurteilung wäre auch ohne die Erweiterung des Fertigarzneimittelbegriffes im Rahmen der 14. AMG-Novelle zutreffend, denn hier handelt es sich um die Herstellung einer neuen verbraucherabgabefertigen Packung, an die die Definition des Fertigarzneimittels bis zur 14. AMG-Novelle ausschließlich geknüpft war.

43 Wie in den anderen Fallgruppen der Nr. 1b handelt es sich hier auch um **individuell,** für bestimmte Personen hergestellte Arzneimittel.

---

[25] BT-Drucks. 16/12 256, S. 47.
[26] *BGH*, A&R, 2012, 272 zur Fertigarzneimitteleigenschaft von in der Apotheke hergestellten anwendungsfertigen Zytostatikazubereitungen; kritisch dazu *Wesser*, A&R 2012, 243.
[27] BT-Drucks. 16/13 428, S. 129.
[28] BT-Drucks. 16/12 256, S. 47.
[29] *Prinz*, PharmR 2009, 437, 439.
[30] BT-Drucks. 15/5728, S. 81.
[31] DAZ v. 23.6.2005, S. 3674, und v. 22.9.2005, S. 2.
[32] Blistermarkt gerät in Bewegung, apotheke adhoc v. 8.5.2009, http://www.apotheke-adhoc.de/Nachrichten/Markt/6297.html m. w. N.
[33] Kritisch zur Neuverblisterung insgesamt *Kloesel/Cyran*, § 21 Anm. 43 m. w. N.

aa) Für Apotheken. Mit der Neustrukturierung der Nr. 1b durch das AMG-ÄndG 2009 ist der **44** ursprünglich auch auf diese Nr. bezogene Begriff der „Rezeptur", dessen Verwendung in diesem Zusammenhang unklar und problematisch war, fallengelassen worden. Nunmehr müssen lediglich folgende Voraussetzungen erfüllt sein: Die Verblisterung nach Nr. 1b muss patientenindividuell für Apotheken erfolgen.

Der Wortlaut **„für Apotheken"** lässt verschiedene Fallkonstellationen zu. Erfasster Regelfall dürfte **45** sein, dass der Apotheker einen Verblisterungsauftrag als von ihm angebotene Dienstleistung an einen externen Verblisterer vergibt und damit zwischen dem Apotheker und dem eingeschaltetem Verblisterer ein Lohnherstellungsverhältnis besteht, so dass der Apotheker zum pharmazeutischen Unternehmer gem. § 4 XVIII wird. Daneben sind aber auch Fallkonstellationen denkbar, in denen der Apotheker dies nicht als von ihm angebotene Dienstleistung in Auftrag gibt, sondern diese aufgrund einer entsprechenden ärztlichen Verordnung bei einem Verblisterer bestellt, solange sichergestellt ist, dass die Abgabe über die Apotheke erfolgt. In einer solchen Fallgestaltung wird der Verblisterer pharmazeutischer Unternehmer des neuen von der Zulassungspflicht befreiten Fertigarzneimittels.

Obwohl vom Wortlaut „für" gedeckt, dürfte auch die **Verblisterung in der Apotheke** selbst, **46** in den Bereich dieser Zulassungsbefreiung fallen.

Verschuldensunabhängig **haftet** im Falle einer Patientenschädigung für die eingesetzten zugelassenen **47** und unverändert gebliebenen Fertigarzneimittel der jeweilige pharmazeutische Unternehmer/Zulassungsinhaber (zur Begriffsbestimmung s. § 4 Rn. 145 ff.) nach § 84 ff. und entweder der Apotheker für die ordnungsgemäße Neuverblisterung oder das Verblisterungsunternehmen. Die beiden Letztgenannten haften jedoch nicht nach den Regelungen der §§ 84 ff. AMG, da diese nur für zulassungspflichtige Arzneimittel gelten und eine freiwillige Abdeckung des Haftungsrisikos durch eine Pharmahaftpflicht aufgrund der aktuellen Versicherungsbedingungen nicht möglich ist. Sie haften vielmehr entsprechend allgemeinem **Produkthaftungsrecht**[34].

bb) Verschreibung des Arztes. Es stellt sich die Frage, ob der Apotheker eine Neuverblisterung nur **48** auf ausdrückliche Verordnung einer solchen durch den Arzt vornehmen kann oder auch auf Wunsch des Patienten oder des Heimes, ohne dass der Arzt diese verordnet hat. Der Wortlaut ist unklar. Allerdings ist den Materialien des AMG-ÄndG 2009, mit dem diese Voraussetzung vor die Klammer der Ausnahmen nach Abs. 2 Nr. 1b gezogen wurde, nichts zu entnehmen, dass der Gesetzgeber eine Einschränkung der bisher üblichen Praxis vorgesehen hat. In der Praxis waren Verblisterungen auch ohne entsprechende Verordnung des Arztes, vor allem auf Wunsch von Pflegeheimen aber auch aufgrund von Patientenwünschen durchaus üblich. Von daher liegt die Annahme nahe, dass das **Tatbestandsmerkmal der Verschreibung** auf die in dem neuen Blister enthaltenen, in der Regel verschreibungspflichtigen Arzneimittel, zu beschränken ist und keine ausdrückliche ärztliche Verordnung einer patientenindividuellen Verblisterung vorliegen muss. Allerdings ist hier sicher die Frage angebracht, inwieweit eine solche nicht vom Arzt verordnete Neuverblisterung von den Krankenkassen zukünftig erstattet werden kann und ob nicht sowohl erstattungsrechtlich als auch unter Berücksichtigung der Auslegung des Unionsrechts durch den *EuGH* (s. Rn. 33) eine Verordnung des Arztes vorliegen muss.

cc) Zugelassene unveränderte Arzneimittel. Weitere Voraussetzung ist, dass zur Neuverblisterung **49** nur **in Deutschland zugelassene Arzneimittel** verwandt werden. Hier kann davon ausgegangen werden, dass bei ordnungsgemäßer Abfüllung eines zugelassenen Arzneimittels in unveränderter Form die Qualität des zugelassenen und geprüften Arzneimittels nicht beeinträchtigt wird[35]. Damit ist eine Verwendung von geeigneter Auslandsware, wenn für sie nicht zumindest eine Parallelimportzulassung vorliegt, ausgeschlossen. Der Einsatz von noch nicht entsprechend für den Verkehr in Deutschland zugelassener Bulkware ist aufgrund dieses Tatbestandsmerkmals ebenfalls nicht zulässig, es sei denn diese oder andere geeignete Großgebinde sind in die Zulassung integriert.

Die eingesetzten Arzneimittel dürfen nicht verändert werden. Eine Teilung, Zermörserung, Neu- **50** verkapselung etc. scheidet aus. Dies hat der Gesetzgeber im Rahmen des AMG-ÄndG 2009 ausdrücklich klargestellt[36].

4. Abfüllung in unveränderter Form (Buchst. c)). Die nach dem AMG-ÄndG 2009 als dritte **51** Variante der zulassungsfreien Herstellung außerhalb von Apotheken eingeführte Variante umfasst nur einen Herstellungsschritt, nämlich die Abfüllung von zugelassenen Arzneimitteln in jedwedem Herstellungsbetrieb, die aber aufgrund der vor die Klammer gezogenen Voraussetzungen nur für zugelassene Arzneimittel, auf Bestellung eines Apothekers und aufgrund entsprechender Verschreibung möglich ist. Außerdem dürfen die so neu abgefüllten Arzneimittel nicht verändert werden[37].

---

[34] Zum Thema Haftung bei Auseinzelung und Neuverblisterung, *Voit*, PharmR 2007, 1, 3 ff.
[35] BT-Drucks. 16/13428, S. 129.
[36] BT-Drucks. 16/12256, S. 47.
[37] *LG Hamburg*, Urt. v. 14.1.2014 – 416 HKO 78/11 – BeckRS 2014, 01455 (unter Bezug auf *EuGH*, Urt. v. 11.4.2013 – Rs.: C-535/11, PharmR 2013, 367 – Novartis Pharma ./. Apozyt) sieht eine richtlinienkonforme

V. Arzneimittel zur Bekämpfung von Pandemien (Nr. 1c)

52 **Abs. 2 Nr. 1c** sieht eine Erweiterung der 100 er-Regelung nach Abs. 2 Nr. 1 vor. Sie ist im Zusammenhang mit weiteren Regelungen der 14. AMG-Novelle zu sehen, die Ausnahmen von den restriktiven Regelungen des Gesetzes, insbes. auch für den Vertriebsweg, von Arzneimitteln vorsehen, die zur Bekämpfung von Pandemien eingesetzt werden (§ 47 IIIb, IIIc)[38]. Grundsätzlich bieten die Regelungen des **IfSG** einen ausreichenden Rechtsrahmen für Maßnahmen zur Bekämpfung von Pandemien, der im AMG durch die **AMG–Zivilschutzausnahmeverordnung** nach § 71 und durch die neuen Vorschriften in den §§ 21 und 47 ergänzt wird. Konkretisierungen dazu enthält der **Nationale Influenza-pandemieplan**[39].

53 Voraussetzung für die Ausnahme von der Zulassungspflicht ist, dass es sich um **Humanarzneimittel mit antiviraler oder antibakterieller Wirkung** handelt. In der Regel sind dies **Virostatika** und **Antibiotika**. Sie müssen zur Behandlung einer bedrohlichen übertragbaren Krankheit gedacht sein. Bedrohliche übertragbare Erkrankung ist die Influenza durch ein Virus, der völlig neu ist oder zuvor jahrzehntelang nicht in der menschlichen Bevölkerung zirkulierte. Die Ausbreitung der Krankheit auf die Bevölkerung muss eine sofortige und das übliche Maß erheblich überschreitende Bereitstellung spezifischer Arzneimittel notwendig machen. Die Konkretisierung dieser Tatbestandsmerkmale und der Zuständigkeiten ergibt sich aus den vorgenannten Rechtsgrundlagen.

54 Die Herstellung dieser spezifischen Arzneimittel muss aus Wirkstoffen erfolgen, für die die Gesundheitsbehörden des Bundes oder der Länder oder die von diesen benannten Stellen einen **Vorrat** für den Fall einer Pandemie angelegt haben. Die Herstellung der Arzneimittel muss in einer Apotheke zur Abgabe im Rahmen der bestehenden Apothekenbetriebserlaubnis oder zur Abgabe an andere Apotheken erfolgen. Im Gegensatz zur 100er-Regelung nach Abs. 2 Nr. 1 ist dabei nicht vorausgesetzt, dass die wesentlichen Herstellungsschritte in der Apotheke erfolgen. Es kann also auch eine Herstellung in wesentlichen Teilen in einem anderen Herstellungsbetrieb, den die Apotheke beauftragt hat, erfolgen[40]. Eine Mengenbeschränkung auf 100 Stück pro Tag ist ebenfalls nicht vorgesehen.

VI. Gewebezubereitungen (Nr. 1d)

55 Diese Vorschrift ist eine redaktionelle Folgeänderung des Art. 2 GewebeG, welches der Umsetzung der RL 2004/23/EG (Geweberichtlinie) diente. Durch das GewebeG ist u. a. § 21a in das AMG aufgenommen worden. § 21a sieht für bestimmte Gewebezubereitungen ein besonderes Genehmigungsverfahren vor, so dass diese nicht mehr der Zulassungspflicht nach § 21 unterliegen und von daher nach Abs. 2 Nr. 1d ausgenommen sind (s. § 21a Rn. 1 ff.).

VII. Heilwässer, Bademoore und andere Peloide (Nr. 1e)

56 Die Ausnahme in **Abs. 2 Nr. 1e** privilegiert bestimmte gewerblich hergestellte Fertigarzneimittel, die ein geringes Risikopotential haben.

57 Die Vorschrift betrifft Heilwässer, Bademoore und Produkte aus anderen Peloiden. Darunter fallen z. B. die in der **Thermotherapie** eingesetzten Packungen aus Tuff (Fango), Ton, Lehm u. Schlick. Diese sind dann von der Zulassung befreit, wenn ihre gewerbliche Herstellung nicht im Voraus und nicht in verbraucherabgabefertigen Packungen erfolgt oder wenn diese am Ort der Herstellung, in den Verkehr gebracht werden oder für die äußerliche Anwendung oder zur Inhalation bestimmt sind. Die Ausnahmevorschrift erfasst die sog. **ortsgebundenen Heilmittel** aus dem enumerativ aufgezählten Stoffen, die in Kurorten und ihren Einrichtungen hergestellt und dort auch in den Verkehr gebracht werden.

VIII. Medizinische Gase (Nr. 1f)

58 Die vor dem AMG-ÄndG 2009 geltende Fassung nahm freiverkäufliche Fertigarzneimittel, die in Unternehmen hergestellt werden, die befugt sind, nach § 50 **Einzelhandel** mit diesen zu betreiben und medizinische Gase von der Zulassungspflicht aus. Das AMG-ÄndG 2009 beschränkte diese Ausnahme dann auf medizinische Gase.

59 Die auf medizinische Gase beschränkte Ausnahme findet nur dann Anwendung, wenn es sich wie bei den unter Abs. 2 Nr. 1b gelisteten Ausnahmen um eine **patientenindividuelle Zubereitung** handelt und sich der Herstellvorgang im sachkundigen Einzelhandel nach § 50 auf ein Abfüllen und Kennzeichnen von in Deutschland zugelassenen medizinischen Gasen beschränkt. Weitere Ausnahmerege-

---

Auslegung dieser Ausnahmevorschrift nur dann für gegeben, wenn außerhalb der Apotheke vorgenommene Abfülltätigkeiten nicht erfasst werden.
[38] BR-Drucks. 237/05 (Beschluss), S. 12.
[39] Abrufbar unter http://www.rki.de.
[40] BT-Drucks. 15/5728, S. 81.

lungen für medizinische Gase existieren auch hinsichtlich ihrer Herstellung (§ 13 II 1, III) und ihres Vertriebs (§ 47 Ie).

IX. Therapieallergene (Nr. 1g)

Die in Abs. 2 Nr. 1g geregelte Gruppe betrifft auf Grund einer Rezeptur individuell, für einzelne **60** Personen hergestellte Therapieallergene. Ausweislich der Begründung ist diese Befreiung aus Gründen der Patientenversorgung zur Behandlung seltener allergischer Erkrankungen erforderlich[41]. Der Begriff der Therapieallergene ist in § 4 V definiert (§ 4 Rn. 38 ff.). Eingeschränkt wird diese Befreiung jedoch durch die **TAV**. Nach dieser sind patientenindividuell hergestellte Therapieallergene, die aus vorgefertigten Gebinden hergestellt werden oder Allergene enthalten, die im Anhang der TAV (z. B. Bienengift) gelistet sind, zulassungspflichtig und unterliegen darüber hinaus der staatlichen Chargenprüfung[42].

X. Klinische Prüfmuster (Nr. 2)

Abs. 2 Nr. 2 enthält eine Ausnahme von der Zulassungspflicht für klinische Prüfmuster. Der Begriff **61** der klinischen Prüfung ist in § 4 XXIII definiert (s. § 4 Rn. 156 ff.). Klinische Prüfungen der Phase 1–3 dienen in der Regel der Erreichung der Zulassung. Von daher ist es folgerichtig, dass die Prüfarzneimittel von der Zulassungspflicht ausgenommen sind. Nach der in § 3 III GCP-V vorhandenen Legaldefinition sind klinische Prüfpräparate Wirkstoffe oder Placebos (Präparate ohne Wirkstoff), die in einer klinischen Prüfung getestet oder als Vergleichspräparat verwendet oder zum Erzeugen bestimmter Reaktionen eingesetzt werden. Diese Legaldefinition entspricht bis auf die Einbeziehung der 3. Präparategruppe auch der in Art. 2f) der am 16.6.2014 in Kraft getretenen VO (EU) 536/2014 über klinische Prüfungen, die allerdings frühestens 2016 Anwendung finden wird (s. hierzu Vor § 40 Rn. 1 ff.).

XI. Fütterungsarzneimittel (Nr. 3)

Abs. 2 Nr. 3 betrifft **Fütterungsarzneimittel,** die aus solchen Arzneimittel-Vormischungen her- **62** gestellt sind, die bereits nach § 25 zugelassen sind. Der Einsatz der Arzneimittel-Vormischung muss bestimmungsgemäß erfolgen. Eine Definition des Begriffs Fütterungsarzneimittel enthält § 4 X (s. § 4 Rn. 69 ff.). Der Begriff der Arzneimittel-Vormischung ist in § 4 XI (§ 4 Rn. 74 ff.) definiert. Im Zuge der 14. AMG-Novelle wurde klargestellt, dass diese bereits als Fertigarzneimittel gelten und von daher zulassungspflichtig sind. Eine Zulassungspflicht des Endproduktes, des Fütterungsarzneimittels, ist von daher entbehrlich.

XII. Herstellung für Einzeltiere (Nr. 4)

Abs. 2 Nr. 4 betrifft eine Ausnahme von der Zulassungspflicht für Tierarzneimittel, die für Einzeltiere **63** oder Tiere eines von vornherein festgelegten Bestandes hergestellt werden, wenn die Herstellung in Apotheken oder in tierärztlichen Hausapotheken unter Berücksichtigung der engen Verbraucherschutzbestimmungen nach Abs. 2a erfolgt. Diese Ausnahmeregelung wird durch Abs. 2a ergänzt (Rn. 84 ff.).

XIII. Tierarzneimittel zur klinischen Prüfung oder Rückstandsprüfung (Nr. 5)

Abs. 2 Nr. 5 nimmt in Entsprechung zu Abs. 2 Nr. 2a auch Arzneimittel zur klinischen Prüfung bei **64** Tieren oder zur Rückstandsprüfung von der Zulassungspflicht aus[43]. Die Rückstandsprüfung ist als Bestandteil der Zulassungsunterlagen für Arzneimittel, die zur Anwendung bei Tieren bestimmt sind, die der Lebensmittelgewinnung dienen, verpflichtend gemäß § 23 I Nr. 1 zur Bestimmung der Wartezeit (zur Begriffsbestimmung s. § 4 Rn. 77 ff.) vorgesehen.

XIV. Compassionate Use (Nr. 6)

1. Regelungshintergrund. Die Regelung in **Abs. 2 Nr. 6**, die ebenfalls durch die 14. AMG- **65** Novelle eingeführt und durch das AMG-ÄndG 2009 überarbeitet wurde, beschreibt eine Ausnahme von der Zulassungspflicht für sog. Compassionate Use-Arzneimittel. Im deutschen Recht wird dafür der Begriff **„Inverkehrbringen in Härtefällen"** verwandt. Zur Bestimmung des Anwendungsbereichs und Regelungsinhalts wird zum einen auf die europäische Basisbestimmung in Art. 83 VO (EG) Nr. 726/2004 verwiesen, und zum anderen werden deren wesentliche Voraussetzungen auch im Wortlaut wiedergegeben. Ein weiterer Verweis erfolgt auf die Ermächtigungsgrundlage für eine Verordnung zur näheren Ausgestaltung dieses Regelungsbereichs in § 80 S. 1 Nr. 3a. Von dieser Ermächtigungsgrundlage für die Rechtsverordnung hat der Verordnungsgeber durch die **AMHV vom 14.7.2010** Gebrauch

---

[41] BT-Drucks. 15/5728, S. 81.

[42] Vgl. insbes. zum rechtssystematischen Verhältnis von § 21 und TAV *Kloesel/Cyran*, § 21 Anm. 45c.

[43] Der Begriff „klinische Prüfung" ist hier missverständlich, da er ausweislich der Legaldefinition in § 4 XII nur Prüfungen am Menschen erfasst.

gemacht[44]. Die AMHV gilt nur für Härtefall-Programme, d. h. für Programme, die zur Behandlung von Gruppen von Patienten intendiert sind. Die Behandlung eines individuellen Einzelfalls ist nicht Gegenstand der AMHV und des damit verbundenen Anzeigeverfahrens bei den Bundesoberbehörden (§ 1 II AMHV). Das BfArM gibt als zuständige Bundesoberbehörde auf seiner Homepage allgemeine Hinweise (insbes. Entscheidungsdiagramm) und verweist auf die einschlägigen europäischen Dokumente, u. a. die EMA-Guideline. Außerdem findet sich dort eine Liste der aktuell angezeigten Härtefallprogramme[45].

66   Ohne diese Sonderregelung standen neue Arzneimittel bis zur Erteilung ihrer Zulassung den Patienten nur im Rahmen von klinischen Prüfungen, oder unter den Voraussetzungen des rechtfertigenden Notstandes oder eines ärztlichen Heilversuchs zur Verfügung. So konnten nach Beendigung einer klinischen Studie die Prüfungsteilnehmer nicht mehr mit den Prüfpräparaten behandelt werden, auch wenn die Weiterbehandlung die einzige Therapieoption darstellte. Diese **Lücke** soll die Regelung zur vorzeitig geduldeten Anwendung eines noch nicht zugelassenen Arzneimittels aus humanitären Erwägungen (Compassionate Use) **schließen**[46].

67   **2. Voraussetzungen.** Der Compassionate Use ist an folgende Voraussetzungen geknüpft:

68   **a) Therapeutischer Anwendungsbereich.** Die Patienten müssen an einer **zu einer schweren Behinderung führenden** oder lebensbedrohlichen **Krankheit** leiden. Insoweit ist der deutsche Text mit dem Text in Art. 83 II VO (EG) Nr. 726/2004 identisch. Sollte es im Einzelfall schwierig sein festzustellen, ob es sich um eine schwere Behinderung oder lebensbedrohliche Krankheit handelt, kann auf die Erläuterung dieser Tatbestandsmerkmale im Zusammenhang mit der Definition von schwerwiegenden Nebenwirkungen in § 4 XIII 3 (zur Begriffsbestimmung s. § 4 Rn. 100 f.) zurückgegriffen werden.

69   Darüber hinaus muss die Krankheit mit zugelassenen Arzneimitteln **nicht zufriedenstellend behandelt** werden können. Dieses Tatbestandsmerkmal setzt eine erwartete Verbesserung der Therapie mit dem noch nicht zugelassenen Arzneimittel im Vergleich zu der mit zugelassenen Arzneimitteln voraus. Die Verbesserung kann in erster Linie in der Wirksamkeit des Arzneimittels aber auch in dessen geringerem oder insgesamt verbessertem Risikoprofil liegen. Es kann sich auch um ein Arzneimittel handeln, von dem keine Heilung oder Linderung der Grunderkrankung erwartet werden kann, aber eine Linderung der mit der Grunderkrankung verbundenen weiteren Beschwerden. Der Compassionate Use setzt nicht voraus, dass der Patient vorher mit zugelassenen Arzneimitteln behandelt wurde und insoweit „austherapiert" ist.

70   **b) Verweis auf EG-Verordnung.** Neben diesen Voraussetzungen, die den therapeutischen Einsatz des noch nicht zugelassenen Arzneimittels konkretisieren, enthält der Wortlaut der Nr. 6 keine weiteren Voraussetzungen, sondern verweist insoweit auf Art. 83 VO (EG) Nr. 726/2004, dessen zusätzliche Voraussetzungen auch vor Anwendung der deutschen Ausnahmeregelung zu prüfen sind und vorliegen müssen. Der Verweis erledigt sich inhaltlich auch nicht durch die AMHV, da diese im Wesentlichen Einzelheiten zum Verfahren bei der zuständigen Behörde und den Verantwortlichkeiten der beteiligten Personen im Zusammenhang mit den mit dieser Verordnung geregelten Härtefallprogrammen regelt.

71   **c) Erfasste Arzneimittel.** Für die Bestimmung der weiteren Voraussetzungen ist deshalb der Wortlaut der EG-Verordnung heranzuziehen, die unmittelbar geltendes Recht darstellt. Für einen Compassionate Use kommen nach **Art. 83 I VO (EG) Nr. 726/2004** solche Arzneimittel in Betracht, die unter die Kategorien des Art. 3 I und II der VO fallen.

72   Art. 3 I VO (EG) Nr. 726/2004 beschreibt die Arzneimittel, für die eine zentrale Zulassung beantragt werden muss und unter Bezug auf den Anhang zu dieser Verordnung, in dem die Arzneimittel aufgeführt sind. Im Anhang zur VO (EG) Nr. 726/2004 werden folgende Arzneimittel genannt[47]:

73   – Arzneimittel, die mit Hilfe eines der folgenden biotechnologischen Verfahren hergestellt werden:
    – Technologie der rekombinierten DNS;
    – kontrollierte Expression in Prokaryonten und Eukaryonten, einschließlich transfomierter Säugetierzellen, von Genen, die für biologisch aktive Proteine kodieren;
    – Verfahren auf der Basis von Hybridomen und monoklonalen Antikörpern.

74   – Arzneimittel für neuartige Therapien gem. Art. 2 VO (EG) Nr. 1394/2007.

75   – Tierarzneimittel, die vorwiegend zur Anwendung als Leistungssteigerungsmittel zur Förderung des Wachstums oder zur Erhöhung der Ertragsleistung von behandelten Tieren vorgesehen sind.

76   – Humanarzneimittel, die einen neuen Wirkstoff enthalten, der bei Inkrafttreten der VO (EG) Nr. 726/2004 noch nicht in der Gemeinschaft genehmigt war und dessen therapeutische Indikation die Behandlung der folgenden Erkrankungen ist:
    – erworbenes Immundefizienz-Syndrom;

---

[44] Vgl. hierzu *Schweim/Behles*, A&R 2011, 27 ff.; *Willhöft/Dienemann*, A&R 2010, 201. Zur Kritik an der AMHV vgl. *Fulda*, PharmR 2010, 517 ff.

[45] Abrufbar unter http://www.bfarm.de.

[46] BT-Drucks. 15/5316, S. 36.

[47] Vgl. hierzu die Hinweise der EMA zu „Compassionate Use" und die „Fragen- und Antworten"-Liste der EMA zu „Compassionate Use"-Programmen, abrufbar unter www.bfarm.de.

– Krebs;
– neurodegenerative Erkrankungen;
– Diabetes
und mit Wirkung vom 20.5.2008
– Autoimmunerkrankungen und andere Immunschwächen
– Viruserkrankungen.

– Arzneimittel, die als Arzneimittel für seltene Leiden gemäß der VO (EG) Nr. 141/2000 ausgewiesen **77** sind[48].

Art. 3 II VO (EG) Nr. 726/2004 sieht das zentrale Zulassungsverfahren darüber hinaus optional für **78** zwei Gruppen von Humanarzneimitteln und eine Gruppe von Tierarzneimitteln vor. Danach kann eine zentrale Zulassung für Arzneimittel erteilt werden, wenn

– das Arzneimittel einen neuen Wirkstoff enthält, der beim Inkrafttreten von Art. 3 am 20.11.2005 noch nicht in der EU genehmigt war,
– der Antragsteller nachweist, dass das Arzneimittel eine bedeutende Innovation in therapeutischer, wissenschaftlicher oder technischer Hinsicht darstellt oder dass die Erteilung einer Genehmigung gem. der VO auf Gemeinschaftsebene im Interesse der Patienten oder der Tiergesundheit ist,
– das Arzneimittel ein immunologisches Tierarzneimittel zur Behandlung von Tierkrankheiten ist, die gemeinschaftlichen Prophylaxenmaßnahmen unterliegen.

Darüber hinaus muss gem. Art. 83 II 3 VO (EG) Nr. 726/2004 für das Arzneimittel ein Antrag auf **79** zentrale Zulassung nach Art. 6 der VO gestellt worden, oder das Arzneimittel muss Gegenstand einer noch nicht abgeschlossenen klinischen Prüfung sein. Dazu führt die Begründung aus, dass die Vorschrift nach ihrem Reglungszweck auf solche Arzneimittel beschränkt sei, für die die klinische Prüfung bereits soweit fortgeschritten sei, dass dem Hersteller ausreichende Unterlagen zur Dokumentation der Wirksamkeit, Sicherheit und Qualität des Arzneimittels vorliegen[49].

Mit dem AMG-ÄndG 2009 wird klargestellt, dass auch Arzneimittel, die einem nationalen Zulas- **80** sungsverfahren unterliegen, für eine Abgabe im Wege des Compassionate Use in Frage kommen, wie dies bereits in der Ermächtigungsgrundlage für die Rechtsverordnung in § 80 S. 4 ausgeführt wird.

d) Kostenlose Abgabe. Darüber hinaus wurde mit dem AMG-ÄndG 2009 vorgeschrieben, dass die **81** Abgabe von Arzneimitteln im Compassionate Use kostenlos zu erfolgen hat[50]. Dies wird u. a. auch mit der Vermeidung von Umgehungen der Zulassungspflicht begründet[51].

D. Voraussetzungen für die zulassungsfreie Herstellung von Tierarzneimitteln (Abs. 2a)

Abs. 2a ist in Ergänzung zu der Ausnahme von der Zulassungspflicht für bestimmte Tierarzneimittel **82** nach Abs. 2 Nr. 4 zu sehen und beschreibt die Voraussetzungen, unter denen diese Privilegierung in Anspruch genommen werden kann. Dabei handelt es sich um Voraussetzungen, die einerseits den Anwendungsbereich der Ausnahmeregelung und andererseits die Herstellungsmodalitäten im Interesse einer Verbesserung des Verbraucherschutzes tangieren. Vor dem Hintergrund einer Umgehung der Zulassungsvorschriften unter Nutzung der Ausnahmeregelung in Abs. 2 Nr. 4 für Tierarzneimittel und damit eines nicht gewährleisteten Verbraucherschutzes wurde Abs. 2a erstmalig mit der 4. AMG-Novelle eingefügt und jeweils mit der 5., 8. und der 11. AMG-Novelle verschärft. Abs. 2a S. 1 und 2 engt die Befreiung nach Abs. 2 Nr. 4 ein, während die S. 3 und 4 des Abs. 2a diese Restriktionen für bestimmte einfache Herstellungsvorgänge aushebeln und in Abs. 2a S. 5 die Nichtanwendbarkeit aller Regelungen dieses Abs. auf bestimmte homöopathische Arzneimittel geregelt wird. Insgesamt stellt der Absatz ein schwer durchschaubares Geflecht von Ausnahmen zu der Befreiung nach Abs. 2 Nr. 4 und Rückausnahmen dar, das sich nur aus den zeitlich aufeinander folgenden häufigen singulären Änderungen dieser Vorschrift aufgrund von Notwendigkeiten in der Praxis erklären lässt.

I. Voraussetzungen für apothekenpflichtige Stoffe (S. 1)

Abs. 2a S. 1 legt fest, dass die besonderen auch in den weiteren Sätzen des Abs. 2a formulierten **83** Beschränkungen ausschließlich für **Tierarzneimittel** gelten, die **apothekenpflichtige Stoffe** enthalten. In S. 1 ist als weitere Voraussetzung für diese zulassungsfreie Arzneimittelherstellung das Vorliegen einer **Versorgungslücke** formuliert. Diese liegt dann vor, wenn ein zugelassenes Arzneimittel für die betreffende Tierart oder für das betr. Anwendungsgebiet nicht zur Verfügung steht. Die weiteren in S. 1

---

[48] Zum Verfahren nach der VO (EG) Nr. 141/2000 vgl. *EuG*, PharmR 2010, 595 ff.; *EuG*, Urt. v. 9.9.2010 – Rs. T-74/08 – BeckRS 2010, 91081.
[49] BT-Drucks. 15/5316, S. 16 f.
[50] Zur Kritik an der kostenlosen Abgabe vgl. *Jäkel*, PharmR 2009, 323 ff.
[51] BT-Drucks. 16/12256.

formulierten Voraussetzungen stellen auf eine **Risikoabwägung** ab. Gegeneinander abzuwägen sind die ernstliche Gefährdung der notwendigen arzneilichen Versorgung der Tiere ohne Verwendung des zulassungsfrei hergestellten Arzneimittels und die von einer Behandlung mit einem nicht in einem Zulassungsverfahren überprüften Tierarzneimittel ausgehende unmittelbare und mittelbare ernstliche Gesundheitsgefährdung von Mensch und Tier. Bereits diese in S. 1 genannten Voraussetzungen machen deutlich, wie eng der Rahmen für eine zulassungsfreie Herstellung von Tierarzneimitteln als Einzelrezepturen vom Gesetzgeber gesehen wird.

II. Herstellungsort (S. 2 und 3)

84   **Abs. 2a S. 2,** der die Herstellung in der Apotheke fordert, stellt in Bezug auf apothekenpflichtige Tierarzneimittel eine Einschränkung zu der in Abs. 2 Nr. 4 vorgesehenen Alternative der Herstellung in einer **tierärztlichen Hausapotheke** dar. Das Gebot der Apothekenherstellung apothekenpflichtiger Tierarzneimittel nach S. 2 gilt allerdings nicht für die zwei in **Abs. 2a S. 3** genannten Sachverhalte. So kann ein apothekenpflichtiges Tierarzneimittel zulassungsfrei außerhalb der Apotheke, z. B. vom Tierarzt, hergestellt werden, wenn die Herstellung des neuen Arzneimittels durch die Zubereitung eines Fertigarzneimittels und anderer nicht arzneilich wirksamer Bestandteile erfolgt. Ein solcher Anwendungsfall liegt z. B. vor, wenn zum Zwecke einer einfacheren Applikation ein Fertigarzneimittel mit anderen Hilfsstoffen vermischt wird. Die Einschränkung gilt ebenfalls nicht, wenn verschiedene Fertigarzneimittel vermischt werden und diese neue Mischung zur Immobilisation von Zoo-, Wild- und Gehegetieren angewendet werden.

III. Ausgenommene Herstellungsvorgänge (S. 4)

85   **Abs. 2a S. 4** nimmt verschiedene Herstellungsvorgänge unter den Voraussetzungen der dort enthaltenen Nr. 1 und 2 als einen für die Anwendung von S. 1 relevanten Herstellungsvorgang aus. Die ausgenommenen Herstellungsvorgänge entsprechen im Wesentlichen den in § 13 II Nr. 4 und 5 genannten erlaubnisfreien Herstellungsprozessen beim Groß- und Einzelhändler (s. dazu § 13 Rn. 53 ff.). Es sind dies das Umfüllen, Abpacken oder Kennzeichnen von Arzneimitteln in unveränderter Form. Weitere Voraussetzungen sind in Nr. 1 und 2 enthalten. Die Herstellungsvorgänge sind nur insoweit von den Anforderungen des Abs. 2a S. 1 befreit, als keine für den Handel geeignete Packungsgröße vorliegt **(Nr. 1)** oder der jeweilige Herstellungsvorgang nicht zu einer Beschädigung der mit dem Arzneimittel unmittelbar in Berührung kommenden Verpackung führt **(Nr. 2).**

IV. Homöopathische Tierarzneimittel (S. 5)

86   **Abs. 2a S. 5** enthält eine Freistellung von den Einschränkungen nach Abs. 2a für homöopathische registrierte Arzneimittel nach § 38 oder auf der Basis von Standardregistrierungen nach § 39 in den Verkehr gebrachte homöopathische Tierarzneimittel. Soweit es sich bei diesen um Arzneimittel handelt, die bei Tieren angewendet werden, die der Gewinnung von Lebensmitteltieren dienen, ist die Befreiung unter stofflichen Aspekten eingeschränkt. Bis zur 14. AMG-Novelle galt diese Befreiung nur für solche Arzneimittel, die als Verdünnungsgrad die sechste Dezimalpotenz nicht unterschritten. Nach der 14. AMG-Novelle gilt die Befreiung demgegenüber ausschließlich für Arzneimittel, die nur solche im Anhang der VO (EU) Nr. 37/2010 gelisteten Wirkstoffe enthalten, die dort als Stoffe aufgeführt sind, für die eine Festlegung von Höchstmengen nicht erforderlich ist. Damit ist eine Angleichung an das europäische Tierarzneimittelrecht, hier Art. 16 IV RL 2001/82 vollzogen worden, die auch in § 56a Abs. II 5 zum Tragen kommt.

E. Antragsberechtigung (Abs. 3)

87   Abs. 3 enthält Regelungen zur Antragsberechtigung. Damit wird an dieser Stelle im Gesetz zum ersten Mal erwähnt, dass die Zulassung eines Arzneimittels auf Antrag zu erfolgen hat. Damit wird klargestellt, dass ohne Antrag keine Zulassung zu erteilen ist, eine antragslose Zwangszulassung also ohne ausdrückliche andere Regelungen im AMG nicht vorgesehen ist und der Antrag auch den Umfang der Zulassung begrenzt, insbesondere keine Anwendungsgebiete erteilt werden, die nicht beantragt wurden.

I. Pharmazeutischer Unternehmer (S. 1)

88   **1. Voraussetzungen.** Nach **Abs. 3 S. 1** ist der pharmazeutische Unternehmer antragsberechtigt. Pharmazeutischer Unternehmer ist nach § 4 XVIII der Zulassungsinhaber und derjenige, der Arzneimittel unter seinem Namen in den Verkehr bringt, ohne Zulassungsinhaber zu sein (s. auch § 4 Rn. 145 ff.). Somit knüpft die Antragsberechtigung an ein Merkmal bzw. eine Tätigkeit an, welche erst nach der Erteilung einer Zulassung vorliegt bzw. an eine Tätigkeit, die erst nach der Zulassung recht-

mäßig erfolgen kann. In Bezug auf das zur Zulassung beantragte Arzneimittel wird vom Antragsteller damit zum Zeitpunkt der Antragsstellung das Vorliegen einer objektiv nicht erfüllbaren Voraussetzung verlangt. In diesen Fällen dürfte es in der Regel ausreichen, dass der Antragsteller seine Eigenschaft als pharmazeutischer Unternehmer für das Inverkehrbringens anderer Arzneimittel darlegt. Sollte jedoch der Antragsteller bisher noch kein pharmazeutischer Unternehmer sein, sondern zum ersten Mal als Antragsteller in einem Zulassungsverfahren auftreten, ist diese Voraussetzung schlechterdings unerfüllbar.

Die Zulassungsbehörden fordern in diesen eher seltenen Fällen in der Regel eine **Erklärung** des **89** Antragstellers, dass er beabsichtigt, die Zulassung als pharmazeutischer Unternehmer zu nutzen. Auch wenn aus der Praxis der Zulassungsbehörden bisher kein Fall bekannt geworden ist, in dem ein Antrag wegen fehlender Antragsberechtigung als pharmazeutischer Unternehmer zurückgewiesen wurde, erscheint diese Forderung dennoch überzogen[52].

Als **Antragsteller** kommen natürliche und juristische Personen, sowie die Gesellschaften des HGB, **90** die Träger eigener Rechte und Pflichten sein können, in Betracht. Bei einer BGB-Gesellschaft, die keine eigene Rechtspersönlichkeit hat, ist der Antrag von allen Gesellschaftern gemeinsam bzw. vom geschäftsführenden Gesellschafter zu stellen.

Bereits für den antragstellenden pharmazeutischen Unternehmer gilt **§ 9 II,** wonach dieser seinen Sitz **91** in einem EU-Mitgliedstaat oder in einem EWR-Vertragsstaat haben muss (Residenzpflicht).

2. Mehrere Antragsteller. Das Gesetz geht sowohl in § 21 III als auch in § 4 XVIII davon aus, dass **92** nur eine natürliche oder juristische Person als Antragsteller und späterer Zulassungsinhaber fungieren kann. Daraus folgert die Literatur[53], dass als Antragsteller **nicht mehrere natürliche oder juristische Personen auftreten können.** Diese Bewertung ist nicht zwingend. Allerdings scheint es in der Praxis keinen großen Bedarf für die Antragstellung durch mehrere Personen zu geben. Wirken mehrere natürliche oder juristische Personen an der Entwicklung und/oder Herstellung eines Arzneimittels mit, existieren verschiedene rechtliche Möglichkeiten, sie am Vertrieb als Zulassungsinhaber und/oder pharmazeutischer Unternehmer zu beteiligen. Es können von den verschiedenen Personen verschiedene Zulassungsanträge gestellt werden; ein Antragsteller kann Dublettenanträge stellen und die Zulassung später übertragen, oder es werden Mitvertriebsrechte eingeräumt. Eventuelle Vertriebsbeschränkungen, die sich aus dem Umfang der Beteiligung im Rahmen der vor der Zulassungserteilung liegenden Tätigkeiten ergeben können, sollten und müssen zivilrechtlich vereinbart werden. Sie lassen sich im zulassungsrechtlichen Umfeld in der Regel nicht abbilden. Allenfalls sind bei weiteren Zulassungsanträgen Limitierungen auf bestimmte Anwendungsgebiete oder Packungsgrößen möglich, um dem unterschiedlichen Beteiligungsumfang Rechnung zu tragen.

II. Sog. STADA-Regelung (S. 2)

Abs. 3 S. 2 sieht die Antragsstellung vom Herausgeber der Herstellungsvorschrift vor. **Voraussetzung** **93** ist, dass auf Basis dieser identische Fertigarzneimittel in Apotheken oder anderen berechtigten Einzelhandelsbetrieben hergestellt und unter identischer Bezeichnung in den Verkehr gebracht werden. Diese Regelung ist als sogenannte STADA-Regelung bekannt geworden. Bei der STADA AG handelte es sich ursprünglich um eine Apothekengenossenschaft. Die Arzneimittel wurden in den Mitgliederapotheken nach einer einheitlichen Herstellungsvorschrift hergestellt und von den Apotheken unter einer einheitlichen Bezeichnung in den Verkehr gebracht. Antragsteller und späterer Zulassungsinhaber war der Herausgeber der Herstellungsvorschrift, also die STADA-Genossenschaft. Mittlerweile ist die Bedeutung der Vorschrift im Kernbereich gering, da die STADA mittlerweile als Aktiengesellschaft zu den Generikaanbietern gehört und eigene Fertigarzneimittel vertreibt. Auch für den sachkundigen Einzelhandel ist die Bedeutung dieser Vorschrift nicht groß.

III. Unechte Hausspezialitäten (S. 3)

Abs. 3 S. 3 erfasst die sog. unechten Hausspezialitäten. Im Gegensatz zu Abs. 3 S. 2 findet die **94** **Herstellung** nicht in den Apotheken oder befugten Einzelhandelsbetrieben statt, sondern **zentral bei einem Hersteller.** Aber die zentral hergestellten Arzneimittel unterscheiden sich, da als pharmazeutischer Unternehmer die jeweils beauftragende Apotheke bzw. der Einzelhandelsbetrieb gekennzeichnet wird, während die Arzneimittelbezeichnung identisch bleiben muss. Ohne die Sondervorschrift des S. 3 wäre eine Antragstellung jedes einzelnen Auftraggebers erforderlich, oder es müssten zumindest an bestehenden Zulassungen Mitvertriebsrechte eingeräumt werden. Diese Rechtsfolge wird vermieden, indem als Antragsteller der Hersteller fungiert. Sollen unterschiedliche Bezeichnungen verwandt werden, so sind verschiedene Zulassungen erforderlich, die von den jeweiligen (zukünftigen) pharmazeutischen Unternehmern beantragt werden müssen. Auch diese Vorschrift hat in den letzten Jahrzehnten an praktischer Bedeutung eingebüßt.

---

[52] *Kloesel/Cyran,* § 21 Anm. 60.
[53] *Kloesel/Cyran,* § 21 Anm. 60; *Schraitle,* in: Fuhrmann/Klein/Fleischfresser, § 6 Rn. 70

95   Als **echte Hausspezialitäten** dagegen werden solche Fertigarzneimittel bezeichnet, die in der Apotheke oder im Einzelhandelsbetrieb auch hergestellt werden und die diese Betriebe unter ihrem Namen in den Verkehr bringen. Werden sie nicht von den Ausnahmeregelungen des Abs. 2 erfasst, unterliegen sie der Zulassungspflicht und Antragsteller ist der jeweilige Betrieb. Bei den Begriffen der echten und unechten Hauspezialität handelt es sich nicht im engeren Sinne um arzneimittelrechtlich geprägte Begriffe, sondern sie stammen aus dem Apothekenrecht und dort auch aus Zeiten, als eine Apothekenherstellung und das oben erläutere STADA-Verfahren in der Praxis noch regelmäßig vorkamen.

F. Antragsungebundene Entscheidungsbefugnis der Behörden (Abs. 4)

I. Regelungsinhalt

96   Abs. 4 räumt der zuständigen Bundesoberbehörde unabhängig von der Bescheidung eines konkreten Zulassungsantrages die Kompetenz ein, auf Antrag einer zuständigen Landesbehörde (§ 64) über die Zulassungspflicht eines Arzneimittels oder Genehmigungspflicht einer Gewebezubereitung nach § 21a oder klinischen Prüfung nach § 42 II zu entscheiden. Die Entscheidungsbefugnis der Bundeoberbehörde hinsichtlich der Genehmigungspflicht einer Gewebezubereitung und klinischen Prüfung wurde mit dem 2. AMG-ÄndG 2012 eingeführt. Mit der Regelung soll insgesamt zur Herbeiführung der Rechtsklarheit ein einheitlicher Vollzug des AMG bei den einzelnen Landes-Vollzugsbehörden in diesen Grundsatzfragen gewährleistet und damit sich widersprechende Entscheidungen der Landesbehörden für identische Sachverhalte vermieden werden[54]. Die Feststellung soll aber auch dazu dienen, Rechtsklarheit gegenüber den Herstellern oder Vertreibern pharmazeutischer Produkte zu schaffen, denn ohne eine verbindliche Klärung des Produktstatus würden diese sich der Gefahr der Begehung einer Straftat (§ 96 Nr. 5) aussetzen und damit rechnen müssen, ordnungsbehördlich nach § 69 in Anspruch genommen zu werden[55]. Neben der Entscheidung über die Zulassungspflicht räumt diese Regelung der zuständigen Bundesoberbehörde regelungsimmanent die Kompetenz ein, über den rechtlichen Status des Produktes, welches Gegenstand des Antrags ist, zu entscheiden[56]. Die Bundesoberbehörden haben damit mittelbar auch eine Entscheidungskompetenz darüber, ob es sich bei dem Produkt um ein (zulassungspflichtiges) Arzneimittel handelt, oder ob ein Nicht-Arzneimittel, z. B. ein Lebensmittel, Kosmetikum oder Medizinprodukt vorliegt (s. auch § 2 IV 2)[57]. Diese Entscheidung wird trotz der hier vorgesehenen Möglichkeit in der Praxis zumeist auf Vollzugsebene, wenn nicht sogar auf Wettbewerbsebene getroffen, wobei die Bundesoberbehörden allenfalls als Sachverständige in den Gerichtsverfahren fungieren.

II. Rechtsmittel

97   Die Entscheidung der **zuständigen Bundesoberbehörde** über die Zulassungs- und Genehmigungspflicht stellt einen rechtsbehelfsfähigen Verwaltungsakt für den Hersteller, Vertreiber des von der Entscheidung betroffenen Präparats und den Sponsor der klinischen Prüfung dar[58]. Gegen die Entscheidung kann mit Widerspruch und Anfechtungsklage vorgegangen werden. Andererseits entfaltet die Entscheidung der zuständigen Bundesoberbehörde Bindungswirkung für die Landesbehörden mit der Folge, dass in dem Verfahren gegen die von der zuständigen Landesbehörde im Anschluss an die Feststellung der zuständigen Bundesoberbehörde nach § 21 IV getroffene Verwaltungsentscheidung, z. B. eine Untersagungsverfügung nach § 69 I 1 Nr. 1, **keine** nach der Zustellung des Feststellungsbescheids gem. § 21 IV nachträglich entstandenen oder vorgebrachten Erkenntnisse, z. B. über die (fehlende) Arzneimitteleigenschaft überwunden werden können. Der betroffene Hersteller oder Vertreiber ist in einem solchen Fall darauf angewiesen, entweder die Wiedereinsetzung in den vorigen Stand (§ 32 VwVfG) oder ein Wiederaufgreifen des Verfahrens (§ 51 VwVfG) zu beantragen[59]. Voraussetzung ist stets, dass der Feststellungsbescheid der zuständigen Bundesoberbehörde dem Hersteller bzw. Vertreiber bekannt gegeben worden ist (§ 43 I VwVfG).

98   Zudem kann gegen die von der **zuständigen Landesbehörde** auf der Basis der Entscheidung nach § 21 IV getroffene Verfügung, z. B. eine Untersagungsverfügung gem. § 69 I 1 Nr. 1 im Wege des Widerspruchs und der Anfechtungsklage vorgegangen werden. Wenn die zuständige Landesbehörde die Untersagungsverfügung nicht mit der Anordnung eines Sofortvollzuges versehen hat, haben Widerspruch und Klage aufschiebende Wirkung und das Produkt bleibt formal verkehrsfähig bzw. die Studie darf ohne Genehmigung begonnen oder fortgesetzt werden. Vor dem Hintergrund der Strafbewehrun-

---

[54] BT-Drucks. 13/9996, S. 21; BT-Drucks. 13/8805, S. 18, 22.
[55] *OVG Münster*, PharmR 2010, 607, 608. Zur möglichen Amtspflichtverletzung wegen einer Entscheidung der zuständigen Bundesoberbehörde nach § 21 IV vgl. *OLG Köln*, Urt. v. 19.7.2012 – 7 U 1/12 – BeckRS 2012, 24730.
[56] Vgl. *OVG Münster*, PharmR 2015, 142.
[57] Vgl. *OVG Lüneburg*, PharmR 2011, 297, 298.
[58] *OVG Münster*, PharmR 2010, 607 ff.; *OVG Lüneburg*, PharmR 2011, 297, 298; *Rehmann*, § 21 Rn. 16; *Kloesel/ Cyran*, § 21 Anm. 74; zweifelnd *VG Köln*, PharmR 2010, 35, 37.
[59] *OVG Lüneburg*, PharmR 2011, 297, 298.

gen nach § 96 Nr. 5, 5a, 11 ist eine solche Entscheidung jedoch sorgfältig abzuwägen. Dies gilt vor allem auch deshalb, da die Entscheidung der zuständigen Landesbehörde wegen der vorerwähnten Bindungswirkung der Entscheidung der zuständigen Bundesoberbehörde nach § 21 IV nur beschränkt anfechtbar ist.

G. Übergangsfrist

§ 141 IV enthält für solche Fertigarzneimittel, die durch Erweiterung des Fertigarzneimittelbegriffs in **99** § 4 I im Zuge der 14. AMG-Novelle erstmals als zulassungspflichtige Fertigarzneimittel bewertet werden, eine Bestandsschutzregelung (s. § 141 Rn. 10).

H. Sanktionen

Das Inverkehrbringen von zulassungspflichtigen Arzneimitteln ohne Zulassung ist gemäß § 96 Nr. 5 **100** **strafbewehrt.** Vor dem Hintergrund des unübersichtlichen Regelungsgeflechts aus Ausnahmen, Rückausnahmen und Spezialvorschriften ist die Zulassungspflicht in Grenzfällen nicht einfach und eindeutig festzustellen. Verbleibende Zweifel hinsichtlich der Zulassungspflicht eines Arzneimittels gehen zu Lasten desjenigen, der sich auf die Zulassungsfreiheit beruft.[60] Ob dies vor dem Hintergrund der komplizierten Rechtsfragen, die sich durch die diversen Neuregelungen der letzten Jahre verschärft haben, weiterhin generell gilt, darf bezweifelt werden.

Erfolgt das gegen § 21 verstoßende Inverkehrbringen ohne Zulassung **fahrlässig,** kann dies als **101** **Ordnungswidrigkeit** gem. § 97 I i. V. m. § 96 Nr. geahndet werden.

§ 21a Genehmigung von Gewebezubereitungen

(1) [1]**Gewebezubereitungen, die nicht mit industriellen Verfahren be- oder verarbeitet werden und deren wesentliche Be- oder Verarbeitungsverfahren in der Europäischen Union hinreichend bekannt und deren Wirkungen und Nebenwirkungen aus dem wissenschaftlichen Erkenntnismaterial ersichtlich sind, dürfen im Geltungsbereich dieses Gesetzes nur in den Verkehr gebracht werden, wenn sie abweichend von der Zulassungspflicht nach § 21 Abs. 1 von der zuständigen Bundesoberbehörde genehmigt worden sind. [2]Dies gilt auch im Hinblick auf Gewebezubereitungen, deren Be- oder Verarbeitungsverfahren neu, aber mit einem bekannten Verfahren vergleichbar sind. [3]Satz 1 gilt entsprechend für Blutstammzellzubereitungen, die zur autologen oder gerichteten, für eine bestimmte Person vorgesehenen Anwendung bestimmt sind. [4]Die Genehmigung umfasst die Verfahren für die Gewinnung, Verarbeitung und Prüfung, die Spenderauswahl und die Dokumentation für jeden Verfahrensschritt sowie die quantitativen und qualitativen Kriterien für Gewebezubereitungen. [5]Insbesondere sind die kritischen Verarbeitungsverfahren daraufhin zu bewerten, dass die Verfahren die Gewebe nicht klinisch unwirksam oder schädlich für die Patienten machen.**

(1a) **Einer Genehmigung nach Absatz 1 bedarf es nicht für Gewebezubereitungen, die zur klinischen Prüfung bei Menschen bestimmt sind.**

(2) [1]**Dem Antrag auf Genehmigung sind vom Antragsteller folgende Angaben und Unterlagen beizufügen:**

1. **der Name oder die Firma und die Anschrift des Verarbeiters,**
2. **die Bezeichnung der Gewebezubereitung,**
3. **die Anwendungsgebiete sowie die Art der Anwendung und bei Gewebezubereitungen, die nur begrenzte Zeit angewendet werden sollen, die Dauer der Anwendung,**
4. **Angaben über die Gewinnung und Laboruntersuchung der Gewebe sowie über die Be- oder Verarbeitung, Konservierung, Prüfung und Lagerung der Gewebezubereitung,**
5. **die Art der Haltbarmachung, die Dauer der Haltbarkeit und die Art der Aufbewahrung,**
6. **eine Beschreibung der Funktionalität und der Risiken der Gewebezubereitung,**
7. **Unterlagen über die Ergebnisse von mikrobiologischen, chemischen und physikalischen Prüfungen sowie die zur Ermittlung angewandten Methoden, soweit diese Unterlagen erforderlich sind, sowie**
8. **alle für die Bewertung des Arzneimittels zweckdienlichen Angaben und Unterlagen.**

[2]**§ 22 Absatz 4 gilt entsprechend.**

---

[60] *BGH*, NJW 2005, 2705.

(3) ¹Für die Angaben nach Absatz 2 Nr. 3 kann wissenschaftliches Erkenntnismaterial eingereicht werden, das auch in nach wissenschaftlichen Methoden aufbereitetem medizinischen Erfahrungsmaterial bestehen kann. ²Hierfür kommen Studien des Herstellers der Gewebezubereitung, Daten aus Veröffentlichungen oder nachträgliche Bewertungen der klinischen Ergebnisse der hergestellten Gewebezubereitungen in Betracht.

(4) ¹Die zuständige Bundesoberbehörde hat eine Entscheidung über den Antrag auf Genehmigung innerhalb einer Frist von fünf Monaten zu treffen. ²Wird dem Antragsteller Gelegenheit gegeben, Mängeln abzuhelfen, so werden die Fristen bis zur Behebung der Mängel oder bis zum Ablauf der für die Behebung gesetzten Frist gehemmt. ³Die Hemmung beginnt mit dem Tag, an dem dem Antragsteller die Aufforderung zur Behebung der Mängel zugestellt wird.

(5) ¹Die zuständige Bundesoberbehörde erteilt die Genehmigung schriftlich unter Zuteilung einer Genehmigungsnummer. ²Sie kann die Genehmigung mit Auflagen verbinden. ³§ 28 und § 34 finden entsprechende Anwendung.

(6) Die zuständige Bundesoberbehörde darf die Genehmigung nur versagen, wenn

1. die vorgelegten Unterlagen unvollständig sind,
2. die Gewebezubereitung nicht dem Stand der wissenschaftlichen Erkenntnisse entspricht oder
3. die Gewebezubereitung nicht die vorgesehene Funktion erfüllt oder das Nutzen-Risiko-Verhältnis ungünstig ist.

(7) ¹Der Antragsteller oder nach der Genehmigung der Inhaber der Genehmigung hat der zuständigen Bundesoberbehörde unter Beifügung entsprechender Unterlagen unverzüglich Anzeige zu erstatten, wenn sich Änderungen in den Angaben und Unterlagen nach Absatz 2 und 3 ergeben. ²Im Falle einer Änderung in den Unterlagen nach Absatz 3 darf die Änderung erst vollzogen werden, wenn die zuständige Bundesoberbehörde zugestimmt hat.

(8) ¹Die Genehmigung ist zurückzunehmen, wenn nachträglich bekannt wird, dass einer der Versagungsgründe nach Absatz 6 Nr. 2 und 3 vorgelegen hat. ²Sie ist zu widerrufen, wenn einer dieser Versagungsgründe nachträglich eingetreten ist. ³In beiden Fällen kann auch das Ruhen der Genehmigung befristet angeordnet werden. ⁴Vor einer Entscheidung nach den Sätzen 1 bis 3 ist der Inhaber der Genehmigung zu hören, es sei denn, dass Gefahr im Verzuge ist. ⁵Ist die Genehmigung zurückgenommen oder widerrufen oder ruht die Genehmigung, so darf die Gewebezubereitung nicht in den Verkehr gebracht und nicht in den Geltungsbereich dieses Gesetzes verbracht werden.

(9) ¹Abweichend von Absatz 1 bedürfen Gewebezubereitungen, die in einem Mitgliedstaat der Europäischen Union oder in einem anderen Vertragsstaat des Abkommens über den Europäischen Wirtschaftsraum in den Verkehr gebracht werden dürfen, bei ihrem erstmaligen Verbringen zum Zweck ihrer Anwendung in den Geltungsbereich dieses Gesetzes einer Bescheinigung der zuständigen Bundesoberbehörde. ²Vor der Erteilung der Bescheinigung hat die zuständige Bundesoberbehörde zu prüfen, ob die Be- oder Verarbeitung der Gewebezubereitungen den Anforderungen an die Entnahme- und Verarbeitungsverfahren, einschließlich der Spenderauswahlverfahren und der Laboruntersuchungen, sowie die quantitativen und qualitativen Kriterien für die Gewebezubereitungen den Anforderungen dieses Gesetzes und seiner Verordnungen entsprechen. ³Die zuständige Bundesoberbehörde hat die Bescheinigung zu erteilen, wenn sich die Gleichwertigkeit der Anforderungen nach Satz 2 aus der Genehmigungsbescheinigung oder einer anderen Bescheinigung der zuständigen Behörde des Herkunftslandes ergibt und der Nachweis über die Genehmigung in dem Mitgliedstaat der Europäischen Union oder dem anderen Vertragsstaat des Abkommens über den Europäischen Wirtschaftsraum vorgelegt wird. ⁴Eine Änderung in den Anforderungen nach Satz 2 ist der zuständigen Bundesoberbehörde rechtzeitig vor einem weiteren Verbringen in den Geltungsbereich dieses Gesetzes anzuzeigen. ⁵Die Bescheinigung ist zurückzunehmen, wenn eine der Voraussetzungen nach Satz 2 nicht vorgelegen hat; sie ist zu widerrufen, wenn eine der Voraussetzungen nach Satz 2 nachträglich weggefallen ist.

Wichtige Änderungen der Vorschrift: Abs. 1a und Abs. 2 S. 2 eingefügt, Abs. 2 S. 1 Nr. 4 und Abs. 5 S. 1 und 2 neu gefasst durch Art. 1 Nr. 23 des Gesetzes zur Änderung arzneimittelrechtlicher und anderer Vorschriften vom 17.7.2009 (BGBl. I S. 1990); Abs. 5 S. 3 und Abs. 9 S. 1 geändert durch Art. 1 Nr. 15 des Zweiten Gesetzes zur Änderung arzneimittelrechtlicher und anderer Vorschriften vom 19.10.2012 (BGBl. I S. 2192).

Europarechtliche Vorgaben: Art. 6 RL 2004/23/EG.

Literatur: S. die Literatur zu § 20b sowie *Schilling-Leiß/Godehardt/Scherer/Cichutek/Tönjes*, Genehmigungsverfahren für klassische Gewebezubereitungen gemäß § 21a Arzneimittelgesetz (AMG), Transfus Med Hemother 2008, 453; *Wiesneth/Pannenbecker*, Gesetzliche Vorgaben, Verordnungen und Richtlinien für die Gewinnung und Herstellung von peripheren Blutstammzellen, Transfus Med Hemother 2013, 369.

Übersicht

A. Allgemeines

I. Inhalt

Abs. 1 S. 1 und 2 normieren ein Genehmigungsverfahren für das Inverkehrbringen sog. klassischer **1** bzw. mit diesen vergleichbarer Gewebezubereitungen – dies betrifft Gewebezubereitungen, die von § 20c erfasst sind – und beinhaltet eine gegenüber der Zulassungspflicht nach § 21 I **vorrangige Spezialregelung,** was sich aus § 21 II Nr. 1d ergibt. Dieses Genehmigungsverfahren gilt gem. Abs. 1 S. 3 entsprechend auch für autologe oder gerichtete Blutstammzellzubereitungen. Abs. 1 S. 4 und 5 regeln die im Genehmigungsverfahren zu überprüfenden Tätigkeiten. Durch Abs. 1a wird klargestellt, dass keine Genehmigung nach § 21a für das Inverkehrbringen von Gewebezubereitungen nötig ist, die zur Verwendung in klinischen Studien bestimmt sind. Abs. 2 und 3 enthalten die Anforderungen an die dem Antrag beizufügenden Angaben und Unterlagen. Abs. 4 und Abs. 5 beinhalten Verfahrensregelungen. Abs. 6 normiert die der Genehmigung entgegenstehenden Versagungsgründe und Abs. 7 regelt das Verfahren bei Änderungen der Antragsunterlagen. Abs. 8 befasst sich mit der Rücknahme und dem Widerruf sowie der Anordnung des Ruhens der Genehmigung. Abs. 9 enthält schließlich ein Bescheinigungsverfahren für das erstmalige Verbringen klassischer Gewebezubereitungen, die in einem EU-Mitgliedstaat oder EWR-Vertragsstaat verkehrsfähig sind, nach Deutschland.

II. Zweck

2   Es wird zunächst auf die Kommentierung in § 20c Rn. 2 verwiesen. Der deutsche Gesetzgeber hat zur Umsetzung der Vorgaben des Art. 6 RL 2004/23/EG[1] nicht nur eine personenbezogene Erlaubnis gem. § 20c, sondern zudem eine **produktbezogene Genehmigung für das Inverkehrbringen** klassischer und vergleichbarer Gewebezubereitungen in das Gesetz aufgenommen (s. § 20c Rn. 16), mit der vor allem eine Beurteilung der endgültigen quantitativen und qualitativen Kriterien der Gewebe(zubereitung) nach Anhang II zur RL 2006/86/EG erfolgt.

B. Genehmigungspflicht (Abs. 1)

I. Gewebezubereitungen nach § 20c (S. 1 und 2)

3   **1. Erfasste Zubereitungen. Abs. 1 S. 1** enthält ein Genehmigungsverfahren für die in § 20c I 1 genannten „klassischen" Gewebezubereitungen, wohingegen **Abs. 1 S. 2** die mit diesen vergleichbaren Gewebezubereitungen i. S. d. § 20c I 2 erfasst (zu den Tatbestandsmerkmalen der Be- oder Verarbeitung mit in der EU hinreichend bekannten, nicht industriellen Verfahren s. § 20c Rn. 5–8); zur Abgrenzung des Genehmigungsverfahrens nach § 21a kommt es wie bei § 20c auf die Unterscheidung zwischen nicht industriellem und industriellem Verfahren sowie auf den Einsatz hinreichend bekannter oder vergleichbarer Be- oder Verarbeitungsverfahren an[2]. Wenn die **wesentlichen Be- oder Verarbeitungsverfahren** so **neuartig** sind, dass die Auswirkungen auf die Gewebezubereitung nicht hinreichend bekannt sind, soll aus Sicherheitsgründen nicht nur die Aufbereitung der Herstellungserlaubnis nach § 13 unterliegen, sondern das Produkt vor dem Inverkehrbringen auch dem **Zulassungsverfahren nach § 21** unterworfen sein, in dem auch klinische Studien von der Zulassungsbehörde verlangt werden können[3]. Gewebezubereitungen, zu deren Herstellung eine Herstellungserlaubnis nach § 13 erforderlich ist, fallen nicht in den Anwendungsbereich des § 21a. Ebenso wenig fallen Gewebe, die keine Gewebezubereitungen sind, unter § 21a (s. § 20c Rn. 16).

4   Dem Genehmigungsverfahren unterliegen Gewebezubereitungen, deren **Wirkungen und Nebenwirkungen aus dem wissenschaftlichen Erkenntnismaterial ersichtlich** sind. Für das Genehmigungsverfahren nach § 21a ist zu beachten, dass die Anforderungen der RL 2004/23/EG und 2006/86/EG an die Abgabe von zur Verwendung beim Menschen bestimmte menschliche Gewebe an die **Validität des Verarbeitungsverfahrens,** nicht aber an die stoffliche Zusammensetzung des Präparates nach Art und Menge seiner Bestandteile sowie an das Vorliegen von klinischen Daten mit einem dem Ergebnissen klinischer Prüfungen entsprechenden Evidenzmaßstab anknüpfen[4]. Dies wird aus Abs. 2 S. 1 Nr. 6 und Abs. 6 Nr. 3 deutlich, wo auf die **„Funktionalität" bzw. „Funktion" der Gewebezubereitung** abgestellt wird[5], denn nach der RL 2006/86/EG ist es erforderlich, dass die zu validierenden kritischen Verarbeitungsverfahren die Gewebe oder Zellen „nicht klinisch unwirksam oder schädlich für den Empfänger werden lassen", wobei das „etablierten Verarbeitungsverfahren" eine nachträgliche Bewertung[6] der klinischen Ergebnisse ausreichend ist[7]. Demgemäß wird in den Gesetzesmaterialien festgehalten, dass im Rahmen des Genehmigungsverfahrens nach § 21a die Vorlage des Ergebnisses klinischer Prüfungen zum Beleg der Wirksamkeit regelmäßig nicht nötig ist[8]. Die Regelungen in **Abs. 1 S. 4 und 5 und Abs. 3** sind vor diesem Hintergrund zu sehen. Ergeben sich die Wirkungen und Nebenwirkungen nicht aus dem wissenschaftlichen Erkenntnismaterial, so kommt keine Genehmigung nach § 21a in Betracht; zugleich ist auch keine Zulassung nach § 21 möglich, da deren Evidenzmaßstab höher ist.

5   **2. Genehmigungspflichtiges Inverkehrbringen.** Erlaubnispflichtig ist nach Abs. 1 S. 1 das **in den Verkehr bringen.** Das Inverkehrbringen ist in **§ 4 XVII** gesetzlich bestimmt und umfasst u. a. die „Abgabe an andere." Bis zum AMG-ÄndG 2009 war für die Herstellungserlaubnis in § 13 I 3 definiert

---

[1] Vgl. BR-Drucks. 688/09, S. 29.
[2] Vgl. BR-Drucks. 688/09, S. 22.
[3] Vgl. BT-Drucks. 16/5443, S. 57 f.
[4] Art. 6 II RL 2004/23/EG sowie Art. 4 RL 2006/86/EG und deren Anhang II verlangen anders als dies für eine Arzneimittelzulassung vom Ausgangspunkt her nötig ist, für die von §§ 20c, 21a erfassten „etablierten Verarbeitungsverfahren" keinen positiven Nachweis der therapeutischen Wirksamkeit entsprechend dem Evidenzmaßstab prospektiver, placebokontrollierter und randomisierter klinischer Prüfungen, dass sich mit dem Präparat die in Anspruch genommenen therapeutischen Ergebnisse erzielen lassen. Ebenso wenig wird nach den RL verlangt, dass der Antragsteller die in Anspruch genommene therapeutische Wirksamkeit mit einem solchen Evidenzmaßstab ausreichend begründet.
[5] Vgl. *Kloesel/Cyran,* § 21a Anm. 8, wo zu Recht darauf hingewiesen wird, dass im Rahmen des § 21a anstelle von „Wirkung" von „Funktionalität" oder „Funktion" die Rede sein sollte.
[6] In der englischen Fassung als „retrospective evaluation" bezeichnet.
[7] Vgl. ergänzend *Pannenbecker,* Rechtsrahmen für Blutstammzellen, S. 85–87.
[8] Vgl. BT-Drucks. 16/5443, S. 58: „Von umfangreichen pharmakologisch-toxikologischen und klinischen Untersuchungen kann regelmäßig abgesehen werden."

worden, dass eine Abgabe an andere dann vorliegt, wenn die Person, die das Arzneimittel herstellt, eine andere ist als die, die es anwendet[9]. Eine Abgabe an andere lag hiernach also dann vor, wenn zwischen dem Hersteller und dem Anwender keine Personenidentität bestand. Die Bundesregierung hält im Erfahrungsbericht zum GewebeG fest, dass dies nicht für das Inverkehrbringen gem. § 4 XVII maßgeblich ist[10] und verweist darauf[11], dass eine Abgabe an andere i. S. d. § 4 XVII nach der Rechtsprechung vorliegt, wenn die tatsächliche Verfügungsgewalt wechselt[12], wobei unter Verfügungsgewalt die **Verfügungsberechtigung** gemeint sei[13]. Weiterhin führt sie zum Begriff des Inverkehrbringens aus, dass für die Beurteilung, wer die Verfügungsgewalt innehat, die Organisation der Herstellung und Anwendung der Gewebezubereitung im Krankenhaus und die Ausgestaltung der Erlaubnis nach § 20c maßgeblich seien. Bei einem Wechsel der Gewebezubereitung von der herstellenden Betriebsstätte an die in der Erlaubnis nicht genannte anwendende Abteilung liegt es nahe, einen Wechsel der Verfügungsgewalt anzunehmen. Wechselt die Gewebezubereitung von der herstellenden Abteilung an eine andere Abteilung oder gar in ein anderes Krankenhaus desselben Trägers, so liegt regelmäßig ein Wechsel der Verfügungsgewalt und damit eine nach § 21a genehmigungspflichtige Abgabe an andere vor[14].

Demgegenüber, so die Auffassung der Bundesregierung, könne die Verfügungsgewalt noch gegeben **6** sein, wenn der Leiter der Abteilung eines Krankenhauses unmittelbar für die Herstellung der Gewebezubereitung in seiner Abteilung zuständig ist und sie – wenn auch unter Zuhilfenahme der ihm unterstellten Ärzte – in seiner Abteilung anwendet[15]. Diese Position muss jedoch kritisch hinterfragt werden:

Nach der Rechtsprechung des *BVerwG* ist unter der in **§ 4 XVII** genannten **Abgabe an andere** die **7** **„Besitzeinräumung i. S. einer Übertragung der tatsächlichen Verfügungsgewalt"** zu verstehen[16]. Das *BVerfG* hat in seinem sog. Frischzellen-Urteil v. 16.2.2000 – in dem es um die Reichweite der damals auf den „Verkehr mit Arzneien" beschränkten Gesetzgebungskompetenz des Bundes und um die Nichtigkeit des in der FrischzellenVO enthaltenen Herstellungsverbots ging – festgehalten, dass die Verfügungsgewalt über das Arzneimittel wechselt, wenn Ärzte das Arzneimittel an Patienten oder andere Ärzte weitergeben[17]. Zwar kann bei der Einbeziehung von weisungsgebundenem Hilfspersonal in die Anwendung unter zumindest unmittelbarer Aufsichtsmöglichkeit durch den Arzt (hier den Leiter einer Krankenhausabteilung) angenommen werden, dass dieser keine Verfügungsgewalt an andere abgibt[18]. Das gilt aber dann nicht, wenn ein anderer Arzt als der Leiter der Abteilung das Präparat eigenverantwortlich anwendet, denn dann geht die Verfügungsgewalt auf den anwendenden Arzt über und es wird ein Arzneimittel in Form der „Abgabe an andere" in den Verkehr gebracht. Übernimmt ein Arzt die Verantwortung für die Anwendung des Arzneimittels, so liegt keine Hilfstätigkeit unter der therapeutischen Verantwortung eines anderen Arztes mehr vor. Dies gilt auch für die Anwendung durch Klinikärzte[19]. Der Arzt, der eigenverantwortlich das Arzneimittel anwendet und die therapeutische Verantwortung hierfür trägt, ist im Besitz des Arzneimittels und hat hierüber die tatsächliche Verfügungsgewalt und zugleich auch die Verfügungsberechtigung[20]. Hat der Arzt das Arzneimittel zuvor von einer anderen natürlichen oder juristischen Person erhalten, so hat eine „Abgabe an andere" – nämlich an den anwendenden Arzt – und damit auch ein Inverkehrbringen nach § 4 XVIII stattgefunden, denn mit der ärztlichen Therapiefreiheit korrespondiert die Verfügungsgewalt des Arztes[21].

---

[9] Diese Regelung war seit dem AMNOG 1976 im AMG enthalten und sollte der Klarstellung in Anlehnung an das zuvor geltende Recht dienen, vgl. BT-Drucks. 7/5091, S. 13. Nach § 12 III Nr. 2 AMG 1961 benötigten Ärzte im Rahmen ihres landesrechtlichen Dispensierrechts (Abgabe von Arzneimitteln an Patienten) keine Herstellungserlaubnis. Die Anwendung des Arzneimittels am Patienten durch den Arzt stellte keinen Fall des Dispensierrechts dar, vgl. Ziff. 9 der Amtlichen Begründung zu § 12 AMG 1961, wiedergegeben bei *Kloesel/Cyran*, S. 167.

[10] Es ist insofern im Auge zu behalten, dass bei einer Abgabe durch den Lohnhersteller an den pharmazeutischen Unternehmer kein die Zulassungspflicht auslösendes Inverkehrbringen nach § 4 XVII vorliegt.

[11] Vgl. BR-Drucks. 688/09, S. 26.

[12] Vgl. *BVerwG*, NVwZ 2008, 1238 f.

[13] Vgl. *Kloesel/Cyran*, § 4 Anm. 57.

[14] Vgl. BR-Drucks. 688/09, S. 26. *Hasskarl/Bakhschai*, Transfus Med Hemother 2008, 414, 417 meinen demgegenüber, dass auch in solchen Fällen ein Inverkehrbringen noch verneint werden könne.

[15] Vgl. BR-Drucks. 688/09, S. 26. Vgl. auch *v. Auer*, Transfus Med Hemother 2008, 407, 411.

[16] Vgl.. *BVerwGE* 131, 1, 3, Rn. 16.

[17] Vgl. *BVerfG*, NJW 2000, 857 f.

[18] Vgl. *VGH München*, PharmR 1997, 479, 481.

[19] Vgl. *VGH München*, PharmR 1997, 479, 481.

[20] Im Übrigen stellt das *BVerwG* zur Bejahung der Abgabe an andere im Rahmen des § 4 XVII auf die Besitzeinräumung i. S. einer Übertragung der tatsächlichen Verfügungsgewalt ab, vgl. *BVerwGE* 131, 1, 3 Rn. 16, und thematisiert nicht die von *Hasskarl/Bakhschai*, Transfus Med Hemother, 2008, 414, 417, betonte „rechtliche Verfügungsbefugnis".

[21] Vgl. *OVG Münster*, NJW 1995, 802 f. unter Buchst. a): „Therapiefreiheit bedeutet Verfügungsgewalt über das in Hand des Arztes befindliche Arzneimittel." und unter Buchst. b): „Aus den vorstehenden Ausführungen ergibt sich, dass die Abgabe ... an ihre angestellten Ärzte ... gleichzeitig ein Inverkehrbringen i. S. v. § 4 XVII ist."

II. Autologe oder gerichtete Blutstammzellzubereitungen (S. 3)

8   Nach europäischem Recht stellen Blutstammzellen unabhängig davon, ob sie durch Punktion des Beckenkamms aus dem Knochenmark, im Wege der Apherese aus dem peripheren Blut oder aber aus Nabelschnurblut gewonnen werden, Gewebe und keine Blutbestandteile dar. Dies wird aus Art. 3 Buchst. b) und Art. 2 IV RL 2002/98/EG einerseits sowie aus Art. 2 II Buchst. b) RL 2004/23/EG und deren 7. und 8. Erwägungsgrund deutlich. Der deutsche Gesetzgeber hat sich indes entschlossen, Blutstammzellen aus peripherem Blut und aus Nabelschnurblut als Blutbestandteile einzuordnen[22], was aus dem Wortlaut des § 9 I TFG[23] und der Überschrift dieser Norm[24] deutlich wird.

9   Um gleichwohl für das Inverkehrbringen von Blutstammzellzubereitungen, die zur autologen (also für den Spender selbst bestimmten) oder zur gerichteten, für eine bestimmte Person vorgesehenen Anwendung bestimmt sind, anstelle des Zulassungsverfahrens nach § 21 das Genehmigungsverfahren nach § 21a zu eröffnen, ist **Abs. 1 S. 3** in das Gesetz aufgenommen worden. Hiernach gilt für diese Blutstammzellzubereitungen Abs. 1 S. 1 entsprechend. D. h., dass auch die Blutstammzellzubereitungen i. S. d. Abs. 1 S. 3 nur dann nach § 21a genehmigungsfähig sind, wenn ihre Wirkungen und Nebenwirkungen aus dem wissenschaftlichen Erkenntnismaterial ersichtlich sind. Ebenso wie für die von § 21 I 1 und 2 erfassten Gewebezubereitungen (s. Rn. 3) stellt § 21a auch für die Blutstammzellzubereitungen i. S. d. **§ 21a I 3** eine **gegenüber § 21 vorrangige Spezialregelung dar**, denn diese Blutstammzellzubereitungen unterliegen der Ausnahmeregelung des § 21 II Nr. 1a[25]. Von einer „gerichteten, für eine bestimmte Person vorgesehenen Anwendung" kann nur dann die Rede sein, wenn bereits zum Zeitpunkt des Gewinnens (§ 4 XIV) des peripheren Blutes oder des Nabelschnurblutes – also zum Zeitpunkt der Entnahme der Spende i. S. d. § 2 Nr. 1 TFG – bekannt ist, für welche Person die Blutstammzellzubereitung bestimmt ist[26]. Unter Blutstammzellzubereitungen i. S. d. AMG sind nur solche zu verstehen, die aus dem peripheren Blut oder aus Nabelschnurblut stammen. Die Herstellung von Blutstammzellzubereitungen aus peripherem Blut oder aus Nabelschnurblut unterliegt der Herstellungserlaubnis nach § 13[27] (s. auch § 13 Rn. 9); die §§ 20b und 20c sind hierfür nicht einschlägig[28]. Insgesamt ist die unterschiedliche regulatorische Behandlung von zur Hämatopoese bestimmten Blutstammzellen aus dem peripheren Blut (Blutzubereitungen) und von Blutstammzellen aus dem Knochenmark (Gewebezubereitungen) ungeachtet der Notwendigkeit besonderer Regelungen bezüglich der Vorbehandlung des Spenders vor der Apherese und einer Differenzierung hinsichtlich des mit der spezifischen Spende verbundenen Risikopotentials des körperlichen Eingriffs verfehlt und eine gemeinsame regulatorische Einordnung geboten[29]. Die bisherige Aufspaltung in Gewebe- und Blutzubereitungen hat dazu geführt, dass der Gesetzgeber Regelungsbedarf übersehen hat und entweder nachgebessert hat[30], oder aber mangels korrigierender gesetzgeberischer Tätigkeit keine hinreichenden Regelungen vorhanden sind. Es ist bezeichnend, dass das PEI schlichtweg aus Gründen der Praktikabilität die Meldung für zur hämatopoetischen Rekonstitution bestimmte Knochenmarkzubereitungen entgegen § 8d III TPG dem Meldewesen nach § 21 TFG zugeordnet hat.

III. Sonderfall: Bestrahlte Zubereitungen

10   Gem. § 7 I ist es verboten, radioaktive Arzneimittel oder Arzneimittel, bei deren Herstellung ionisierende Strahlen verwendet worden sind, in den Verkehr zu bringen, es sei denn, dass dies durch Rechtsverordnung nach § 7 II – das ist die AMRadV – zugelassen ist. Mit ionisierenden Strahlen behandelte Arzneimittel sind verkehrsfähig, soweit die Vorgaben des § 1 AMRadV eingehalten werden. Für Gewebe- oder Blutstammzellzubereitungen ist § 1 II AMRadV bedeutsam; das Verkehrsverbot des § 7 I gilt hiernach u. a. nicht für Arzneimittel i. S. d. § 2 I, bei deren Herstellung Elektronen-, Gamma- oder Röntgenstrahlen zur Verminderung der Keimzahl oder zur Inaktivierung von Blutbestandteilen verwendet worden sind, wenn die technischen Anforderungen nach § 1 II 1 Nr. 1 – Nr. 3 AMRadV

---

[22] Vgl. BT-Drucks. 16/3146, S. 37: „Es wird eine Definition für den Begriff ‚Gewebezubereitungen' aufgenommen, … Darunter fallen Arzneimittel aus Zellansammlungen wie Knochenmark, … Für Blutzubereitungen ist eine gesonderte Definition in § 4 II enthalten, die auch die Blutstammzellen aus peripherem Blut und aus Nabelschnurblut umfasst."
[23] "Die für die Separation von Blutstammzellen und anderen Blutbestandteilen …".
[24] "Blutstammzellen und andere Blutbestandteile".
[25] Vgl. BR-Drucks. 688/09, S. 45; *Pannenbecker*, Rechtsrahmen für Blutstammzellen, S. 84.
[26] Vgl. Ziff. 1.3 der Richtlinien der Bundesärztekammer zur Transplantation von Stammzellen aus Nabelschnurblut v. 14.5.1999.
[27] Vgl. *Wiesneth/Pannenbecker*, Transfus Med Hemother 2013, 369, 371.
[28] Vgl. BR-Drucks. 688/09, S. 40; *Pannenbecker*, Rechtsrahmen für Blutstammzellen, S. 65.
[29] Vgl. *Wiesneth/Pannenbecker*, Transfus Med Hemother 2013, 369, 373.
[30] Vgl. das TPG-ÄndG v. 21.7.2012 (BGBl. I S. 1601), mit dessen Art. 2 Nr. 2 in § 27 Ia 1 SGB V geregelt wurde, dass Organ- oder Gewebespender (wie z. B. Spender von Knochenmark) bei einer nach §§ 8, 8a TPG erfolgenden Spende von Organen oder Geweben zum Zwecke der Übertragung auf Versicherte Anspruch auf Leistungen der Krankenbehandlung haben. Erst mit Art. 1 Nr. 6 des GKV-VSG v. 16.7.2015 (BGBl. I S. 1211) wurde bestimmt, dass dieser Anspruch auch Spendern von Blut zur Separation von Blutstammzellen oder anderen Blutbestandteilen i. S. d. § 9 TFG zum Zweck der Übertragung auf Versicherte zusteht (vgl. BT-Drucks. 18/4095, S. 73).

eingehalten sind und zudem (§ 1 II 1 Nr. 4 AMRadV) „die Arzneimittel durch die zuständige Bundes-oberbehörde im Hinblick auf die Behandlung mit ionisierenden Strahlen zur Verminderung der Keim-zahl oder zur Inaktivierung von Blutbestandteilen … nach § 25 I … zugelassen worden sind oder nach § 21 II Nr. 1a, 1b, 1c, 2, 5 oder 6 … ohne Zulassung in den Verkehr gebracht werden dürfen."

1. Bestrahlte Blutstammzellzubereitungen. Da Arzneimittel, die nach § 21 II Nr. 1a ohne Zu- **11** lassung in den Verkehr gebracht werden dürfen, gem. § 1 II 1 Nr. 4 AMRadV keine Zulassung benötigen, dürfen **Blutstammzellzubereitungen** i. S. d. § 21a I 3, auch wenn sie bestrahlt sind, auf der Grundlage einer Genehmigung nach § 21a in den Verkehr gebracht werden. Erforderlich ist jedoch, dass die Bestrahlung den technischen Vorgaben nach § 1 II 1 Nr. 1–Nr. 3 AMRadV genügt, anderenfalls das Arzneimittel gem. § 7 I nicht verkehrsfähig wäre.

2. Bestrahlte Gewebezubereitungen. Für **Gewebezubereitungen,** die nach § 21 II Nr. 1d nicht **12** zulassungspflichtig sind,[31] enthält § 1 II 1 Nr. 4 AMRadV mangels einer Bezugnahme auf diese Vor-schrift keine Ausnahme von der Zulassungspflicht. Werden diese Gewebezubereitungen bestrahlt, so benötigen sie eine Zulassung. Vertreter des PEI weisen in einer Publikation darauf hin, dass mit ionisierenden Strahlen behandelte Arzneimittel einer Zulassung nach § 21 I bedürfen und das Verkehrs-verbot des § 7 I durch eine Genehmigung nach § 21a infolge der unterbliebenen Einbeziehung dieses Genehmigungstatbestandes in § 1 II 1 Nr. 4 AMRadV nicht aufgehoben wird[32]. Der Vorschlag des PEI, die AMRadV so zu ändern, dass auch eine Genehmigung nach § 21a das Verkehrsverbot nach § 7 I aufheben kann[33], ist vom Verordnungsgeber noch nicht aufgegriffen worden[34]. Eine Gewebezubereitung ist allein dadurch, dass sie zum Zwecke der Verminderung der Keimzahl mit ionisierenden Strahlen bestrahlt wird, nicht als mit industriellen Verfahren be- oder verarbeitet zu betrachten und ihre Be- oder Verarbeitung etc. kann in den Anwendungsbereich des § 20c fallen (s. § 20c Rn. 7).

Bestrahlte Gewebezubereitungen benötigen gem. § 1 II 1 Nr. 4 AMRadV „im Hinblick auf die **13** Behandlung mit ionisierenden Strahlen zur Verminderung der Keimzahl"** einer Zulassung. Hieraus ergibt sich, dass die Arzneimittel, die nur infolge der Bestrahlung der Zulassungspflicht unterliegen, das Zulassungsverfahren auf die durch die Behandlung mit ionisierenden Strahlen ergeben-den Aspekte beschränkt ist[35]. Dementsprechend wird in den Erläuterungen zum Antrag auf Zulassung von Arzneimitteln, die zur Verminderung der Keimzahl mit ionisierenden Strahlen behandelt worden sind, zwischen Arzneimitteln, die der Zulassungspflicht nach § 21 unterliegen und Arzneimitteln, die nicht gem. § 21 zulassungspflichtig sind, differenziert[36]. Aus diesen Erläuterungen sowie aus § 1 II 1 Nr. 4 AMRadV selbst ist ersichtlich, dass die wegen der Bestrahlung eine Zulassung in einem gesonder-ten Verfahren benötigenden Arzneimittel von den nach § 21 I zulassungspflichtigen Arzneimitteln zu unterscheiden sind. Für Gewebezubereitungen, die der Genehmigungspflicht nach § 21a I unterliegen, ist dann, wenn sie bestrahlt werden, nicht das Zulassungsverfahren nach § 21 einschlägig[37]. Für solche Gewebezubereitungen muss vielmehr ausschließlich „im Hinblick auf die Behandlung mit ionisierenden Strahlen zur Verminderung der Keimzahl" das besondere Zulassungsverfahren nach § 1 II 1 Nr. 4 AMRadV betrieben werden, wohingegen im Übrigen eine Genehmigung nach § 21a zu beantragen ist.

Das hat Auswirkungen auf die Kommerzialisierbarkeit dieser Gewebezubereitungen, denn nach § 17 I **14** 2 Nr. 2 TPG unterliegen nur solche, zur allogenen Verwendung bestimmte Arzneimittel nicht dem **Gewebehandelsverbot,** die den Vorschriften über die Zulassung nach § 21 unterliegen. Die Ausnahme vom Gewebehandelsverbot nach § 17 I 2 Nr. 2 TPG gilt nicht für Gewebezubereitungen, die der Genehmigungspflicht nach § 21a unterliegen[38]. Eine allogene Gewebezubereitung, die auf der Grund-lage einer Genehmigung nach § 21a i. V. m. einer besonderen Zulassung nach § 1 II 1 Nr. 4 AMRadV im Hinblick auf die Bestrahlung in den Verkehr gebracht wird, unterliegt daher dem Gewebehandels-verbot.

---

[31] Für Gewebezubereitungen, die der Genehmigungspflicht nach § 21a unterliegen, stellt § 21 II Nr. 1d eine Anwendbarkeit des § 21 II Nr. 1a ausschließende Spezialregelung dar.
[32] Vgl. *Schilling-Leiß/Godehardt/Scherer/Cichutek/Tönjes*, Transfus Med Hemother 2008, 543, 457.
[33] Vgl. *Schilling-Leiß/Godehardt/Scherer/Cichutek/Tönjes*, Transfus Med Hemother 2008, 543, 457.
[34] Vgl. BR-Drucks. 688/09, S. 28.
[35] Vgl. die Begründung zu § 1 AMRadV in BR-Drucks. 497/86, auch wiedergegeben bei *Sander,* Anh. I/7.
[36] Vgl. Anhang 7 Ziff. 926 f. der Erläuterungen zum Antrag auf Zulassung eines Arzneimittels beim BfArM mit Stand vom 31.10.1996, wiedergegeben bei *Sander,* Anh. I/21, Bl. 141, wo ausgeführt wird: „Zum Verfahren dieser Zulassung gibt das BfArM im Rahmen seiner Zuständigkeit für die Arzneimittelzulassung folgende Hinweise:
1. Die besondere Zulassung im Hinblick auf die Bestrahlung mit ionisierenden Strahlen erfolgt
a) bei zugelassen geltenden Arzneimittel sowie bei Arzneimitteln, die nicht nach § 21 Abs. 1 AMG zulassungspflichtig sind (§ 1 Abs. 3 AMRadV) in einem gesonderten Verfahren,
b) bei nach § 21 Abs. 1 AMG zulassungspflichtigen Arzneimitteln, deren Zulassung beantragt wird, im Rahmen des (generellen) Zulassungsverfahrens. …".
[37] So aber die Bundesregierung im Erfahrungsbericht zum GewebeG, BR-Drucks. 688/09, S. 22 f.
[38] Vgl. BT-Drucks. 16/5443, S. 55.

IV. Prüfgegenstand des Genehmigungsverfahrens (Abs. 1 S. 4 und 5)

15 Wie bereits vorstehend ausgeführt, handelt es sich bei dem Verfahren nach Abs. 1 um ein produktbezogenes Verfahren zur Genehmigung des Inverkehrbringens, in dem anders als im Zulassungsverfahren nicht die stoffliche Zusammensetzung des Arzneimittels nach Art und Menge seiner Bestandteile sowie das Vorliegen von klinischen Daten mit einem den Ergebnissen klinischer Prüfungen entsprechenden Evidenzmaßstab geprüft wird. Vielmehr wird die Validität des Verarbeitungsverfahrens im Hinblick darauf geprüft, ob die intendierte Funktion der Gewebezubereitung erfüllt werden kann und ob von ihr keine unvertretbaren Risiken für die Gesundheit des Patienten ausgehen (s. Rn. 2 und 4). Dementsprechend bestimmt **Abs. 1 S. 4,** dass die **Genehmigung die Verfahren** für die Gewinnung, Verarbeitung und Prüfung, die Spenderauswahl und die Dokumentation für jeden Verfahrensschritt **sowie die quantitativen und qualitativen Kriterien** für die Gewebezubereitungen **umfasst.**

16 Hieran anknüpfend regelt **Abs. 1 S. 5,** dass insbes. die **kritischen Verarbeitungsverfahren** daraufhin zu bewerten sind, dass die Verfahren die **Gewebe nicht klinisch unwirksam oder schädlich für die Patienten** machen. Im Lichte der Definition des Begriffs „kritisch" in Art. 2 Buchst. h) RL 2006/86/EG sind unter kritischen Verarbeitungsverfahren − konsequent wäre auch hier der Einsatz der Wendung „Be- oder Verarbeitungsverfahren" gewesen − die Verfahren gemeint, die möglicherweise einen Einfluss auf die Qualität oder Sicherheit haben oder mit dem Gewebe in Berührung kommen.

C. Keine Genehmigungspflicht für Prüfpräparate (Abs. 1a)

17 Nach Abs. 1a, der mit dem AMG-ÄndG 2009 in das Gesetz aufgenommen wurde, bedarf es keiner Genehmigung zum Inverkehrbringen für Gewebezubereitungen, die zur klinischen Prüfung bei Menschen bestimmt sind. Die Vorschrift wird in der Gesetzesbegründung als „Klarstellung" bezeichnet und ist an § 21 II Nr. 2 angelehnt[39]. Eine „Klarstellung" in Bezug auf die Blutstammzubereitungen i. S. d. § 21a I 3 ist offenbar vergessen worden[40]. Es kann nicht angenommen werden, dass für Blutstammzellzubereitungen i. S. d. Abs. 1 S. 3, die zur klinischen Prüfung bei Menschen bestimmt sind, die Ausnahmeregelung nach § 21 II Nr. 2 anzuwenden ist. Ebenso wie für die der Genehmigungspflicht nach § 21a I unterliegenden Gewebezubereitungen gem. § 21 II Nr. 1d keine Zulassung erforderlich ist, wird auch für die von § 21a I 3 erfassten Blutstammzellzubereitungen nach § 21 II Nr. 1a keine Zulassung benötigt, so dass ein Rückgriff auf § 21 II Nr. 2 nicht in Betracht kommt. Der bislang untätige Gesetzgeber sollte die planwidrige Regelungslücke in § 21 II Nr. 1a zügig schließen.

D. Vorzulegende Angaben und Unterlagen (Abs. 2)

18 Abs. 2 legt fest, welche Angaben und Unterlagen dem Antrag auf Genehmigung beizufügen sind. Das **PEI** hat als **zuständige Bundesoberbehörde** (§ 77 II), bei der die Genehmigung zu beantragen ist (Abs. 1 S. 1), als Hilfestellung für den Antragsteller einen neu am CTD-Format orientierten Antragsformularsatz für Gewebezubereitungen − Genehmigungs-CTD (G-CTD)[41] − sowie einen separaten Formularsatz für Blutstammzellzubereitungen i. S. d. Abs. 1 S. 3 und Knochenmarkzubereitungen, welche zur hämatopoetischen Rekonstitution bestimmt sind, veröffentlicht[42]. Der Antragsteller ist nicht rechtlich dazu verpflichtet, die Formularsätze zu verwenden und elektronische Unterlagen aufgrund der AMG-EV einzureichen[43], wenngleich deren Verwendung tunlich ist.

I. Inhalt der Vorlagepflicht (S. 1)

19 **1. Daten des Verarbeiters (Nr. 1).** Nach **Nr. 1** sind der **Name oder die Firma und die Anschrift des Verarbeiters** anzugeben. Der Verarbeiter − konsequent wäre die Verwendung des Begriffs „Be- oder Verarbeiter" (§ 20b II 1) − muss mit dem Antragsteller nicht identisch sein[44]. Für Blutstammzellzubereitungen i. S. d. Abs. 1 S. 3 ist die Verwendung des Begriffs „Verarbeiter" ungenau, weil deren Herstellung § 13 unterliegt (s. Rn. 9). Dementsprechend sind die entsprechenden Daten des Herstellers der Blutstammzellzubereitung anzugeben[45].

---

[39] Vgl. BT-Drucks. 16/12 256, S. 48.

[40] Bereits im Rahmen des GewebeG war die Notwendigkeit von Übergangsregelung für die Blutstammzellzubereitungen i. S. d. § 21a I 3 in § 142 übersehen worden, vgl. hierzu *Pannenbecker,* Rechtsrahmen für Blutstammzellen, S. 109 f.

[41] Vgl. BAnz. Nr. 242 v. 29.12.2007, S. 8419.

[42] Abrufbar unter www.pei. de. Vgl. hierzu detailliert *Schilling-Leiß/Godehardt/Scherer/Cichutek/Tönjes*, Transfus Med Hemother 2008, 453, 458−460.

[43] Vgl. *Kloesel/Cyran,* § 21a Anm. 16.

[44] Vgl. *Rehmann,* § 21a Rn. 2.

[45] Vgl. *Kloesel/Cyran,* § 21a Anm. 22.

2. Bezeichnung des Arzneimittels (Nr. 2). Gem. Nr. 2 ist die **Bezeichnung der Gewebezube-**   20
reitung mitzuteilen. Die vom Antragsteller gewählte Bezeichnung darf nicht irreführend sein und muss
sich von der Bezeichnung anderer Arzneimittel unterscheiden[46]. Die Bezeichnung soll Hinweise auf die
Herkunft, die Art des Gewebes und dessen Spezifikation enthalten, um eine Abgrenzung zu anderen
Arzneimitteln mit ähnlichen Charakteristika sicherzustellen[47]. Für jede Zubereitung – bezogen auf die
Produktbezeichnung – muss ein eigener Antrag gestellt werden[48], wobei Zubereitungen aus verschiede-
nen Geweben vom PEI dann, wenn sie gleiche Verfahren der Vorbereitung, Be- oder Verarbeitung,
vergleichbare Kriterien der Qualitätsbeurteilung sowie gleiche Indikationen haben, in einer Gruppe (z. B.
Herzklappen) zusammengefasst werden und in Abstimmung mit der Bundesoberbehörde Gegenstand
eines Genehmigungsantrags sein können[49]. Zu den Blutstammzellzubereitungen i. S. d. § 21a I 3 hat der
Gesetzgeber keine ausdrückliche Regelung getroffen; die Vorschrift wird entsprechend anzuwenden sein.

3. Anwendungsgebiete, Art und ggf. Dauer der Anwendung (Nr. 3). Nr. 3 verlangt die   21
Angabe der **Anwendungsgebiete** sowie die **Art der Anwendung** der Blutstammzell- oder Gewe-
bezubereitung und bei Gewebezubereitungen, die nur begrenzte Zeit angewendet werden sollen, die
Dauer der Anwendung. Mit der Dauer der Anwendung ist der Zeitraum gemeint, über den die
Gewebezubereitung im oder am menschlichen Körper verbleibt.

4. Angaben zu den Tätigkeiten nach §§ 20b und 20c (Nr. 4). Nr. 4 wurde durch das AMG-   22
ÄndG 2009 neu gefasst. Es sind Angaben über die **Gewinnung und Laboruntersuchung der Gewebe**
sowie über die **Be- oder Verarbeitung, Konservierung, Prüfung und Lagerung der Gewe-**
zubereitung zu machen. In der Gesetzesbegründung wird angemerkt, dass es sich um eine redaktionelle
Klarstellung auf der Grundlage der §§ 20b, 20c sowie hinsichtlich der „Prüfung" um eine Folgeregelung
zum gleichfalls mit dieser Novelle ergänzten § 20c handelt.[50] Der nunmehrige Terminus der „Laboruntersuchung der Gewebe" entspricht ohne inhaltliche Änderung dem bisherigen hier verwendeten
Begriff „Spendertestung" (s. § 20b Rn. 9).

Mit dem Genehmigungsantrag sind somit die Abläufe der Gewebegewinnung und der Spendertestung   23
sowie der von § 20c erfassten Tätigkeiten darzustellen. In Anbetracht der Genehmigungskriterien gem.
Abs. 1 S. 5 müssen es die vorgelegten Unterlagen dem PEI ermöglichen, die kritischen (Be- oder)
Verarbeitungsverfahren daraufhin zu bewerten, dass die Verfahren die Gewebe nicht klinisch unwirksam
oder für den Patienten schädlich machen. Die nach § 36 IV AMWHV erforderliche Be- oder Verarbeitungsanweisung muss gem. § 36 V AMWHV den Unterlagen der Genehmigung nach § 21a
entsprechen.[51]

Zu den **Blutstammzellzubereitungen i. S. d. Abs. 1 S. 3** enthält Abs. 2 S. 1 Nr. 4 lückenhaft   24
keine Vorgaben. Da die Gewinnung von Blutstammzellen aus dem peripheren Blut und dem Nabelschnurblut und deren weitere Herstellung dem § 13 unterliegen (s. Rn. 9), ist auf die Angaben zur
Herstellung abzustellen. Eine gesetzliche Regelung zur Vorlage der entsprechenden Unterlagen im
Genehmigungsverfahren nach § 21a ist vonnöten.

5. Art der Haltbarmachung, Haltbarkeit und Aufbewahrung (Nr. 5). Nach **Nr. 5** ist die **Art**   25
der Haltbarmachung, die **Dauer der Haltbarkeit** und die **Art der Aufbewahrung** anzugeben.
Hiermit werden für Gewebezubereitungen die Vorgaben des Anhangs II C. 1 zur RL 2006/86/EG
aufgegriffen (§ 36 X 1 und 2 AMWHV).

6. Funktionalität und Risiken des Arzneimittels (Nr. 6). Nr. 6 verlangt eine **Beschreibung der**   26
Funktionalität und der **Risiken der Gewebezubereitung.** Aus einem Vergleich mit § 4b III 3 wird
deutlich, dass die im Verfahren nach § 21a geforderten Angaben über Angaben zur Wirkungsweise, zu
voraussichtlichen Wirkungen und zu möglichen Risiken hinausgehen. Es müssen vielmehr die Funktionalität bzw. Funktion (Abs. 6 Nr. 3) der Gewebezubereitung – also deren Wirkungen und Nebenwirkungen – aus dem vorgelegten wissenschaftlichen Erkenntnismaterial ersichtlich sein (s. Rn. 4).

Auch in Nr. 6 sind keine Regelungen zu den **Blutstammzellzubereitungen i. S. d. Abs. 1 S. 3**   27
enthalten. Hieraus ergibt sich indes, dass bei diesen Blutstammzellzubereitungen die therapeutische
Wirksamkeit i. S. d. § 25 II 1 Nr. 4 zu begründen wäre.[52] Für diese Blutstammzellzubereitungen, die
nach europäischem Recht Gewebe darstellen (s. Rn. 8), sollen die gegenüber dem Zulassungsverfahren
nach § 21 erleichterten Anforderungen des § 21a gelten. Zugleich gilt der im Zulassungsverfahren an
wissenschaftliches Erkenntnismaterial anzulegende Evidenzmaßstab, welcher in etwa den Ergebnissen
klinischer Prüfungen entsprechen muss[53] und nicht den Maßstab der therapeutischen Wirksamkeit

[46] Vgl. generell *Heßhaus/Pannenbecker,* PharmR 2001, 382 ff.; *Blind/Pannenbecker,* PharmR 2011, 272 ff.
[47] Vgl. *Schilling-Leiß/Godehardt/Scherer/Cichutek/Tönjes,* Transfus Med Hemother 2008, 453, 458.
[48] Vgl. die Erläuterungen unter www.pei.de.
[49] Vgl. *Schilling-Leiß/Godehardt/Scherer/Cichutek/Tönjes,* Transfus Med Hemother 2008, 453, 455, 458.
[50] Vgl. BT-Drucks. 16/12256, S. 48.
[51] Vgl. hierzu *Kloesel/Cyran,* § 21a Anm. 26.
[52] So aber *Kloesel/Cyran,* § 21a Anm. 29.
[53] Vgl. *OVG Münster,* Urt. v. 23.5.2007 – 13 A 328/04 – BeckRS 2007, 26027.

betrifft, sondern nur das dem Zulassungsantrag beizufügende Erkenntnismaterial[54], im Rahmen des § 21a auch in Bezug auf die von der Norm erfassten Blutstammzellzubereitungen nicht. Es besteht insofern kein Unterschied zwischen zur Hämatopoese bestimmten Knochenmarkzubereitungen und Zubereitungen aus peripherem Blut oder Nabelschnurblut. Der Gesetzgeber ist aufgerufen, auch in Nr. 6 eine ergänzende Regelung für die von § 21a erfassten Blutstammzellzubereitungen aufzunehmen.

28   **7. Unterlagen zur Qualitätskontrolle (Nr. 7).** Nach **Nr. 7** sind Unterlagen vorzulegen über die **Ergebnisse von mikrobiologischen, chemischen und physikalischen Prüfungen** sowie die **zur Ermittlung angewandten Methoden,** soweit diese Unterlagen erforderlich sind. Diese Unterlagen sind mit den für zulassungspflichtige Arzneimittel relevanten Kontrollmethoden (§§ 22 I 1 Nr. 15; 24 I 1 Nr. 1) vergleichbar[55]. Durch den Zusatz, dass die Unterlagen „soweit erforderlich" vorzulegen sind, wird dem PEI ein fachlich begründeter Ermessensspielraum für die einzureichenden Unterlagen eingeräumt. Die nach § 37 I AMWHV zu erstellende Prüfanweisung muss gem. § 37 II AMWHV den Genehmigungsunterlagen entsprechen. Die für das Inverkehrbringen der Gewebezubereitung erforderliche Freigabe (§ 39 I AMWHV) darf nur erfolgen, wenn die Gewebezubereitung spezifikationsgemäß ist und mit den Genehmigungsunterlagen übereinstimmt (§ 38 II AMWHV).

29   **8. Sonstige zweckdienliche Angaben (Nr. 8).** Nr. 8 verlangt die Vorlage **aller für die Bewertung des Arzneimittels zweckdienlichen Angaben und Unterlagen.** Diese „Öffnungsklausel" ist problembehaftet, weil die Vorlage unvollständiger Unterlagen gem. Abs. 6 Nr. 1 einen Versagungsgrund darstellt. Nr. 8 ist dahingehend auszulegen, dass nur die Vorlage solcher Unterlagen verlangt werden kann, deren Erforderlichkeit sich aus dem europäischen Geweberecht, den RL 2004/23/EG, 2006/17/EG und 2006/86/EG, herleiten lässt. Von umfangreichen pharmakologisch-toxikologischen Untersuchungen kann regelmäßig abgesehen werden[56].

II. Angaben zur Herstellungserlaubnis oder zu den Erlaubnissen nach §§ 20b, 20c (S. 2)

30   Mit dem AMG-ÄndG 2009 wurde **Abs. 2 S. 2** neu eingefügt und die entsprechende Geltung des § 22 IV normiert. In den Gesetzesmaterialien heißt es hierzu lapidar, dass der Verweis auf § 22 IV den Erfordernissen der Genehmigungspraxis entspräche[57]. Wird die Genehmigung zum Inverkehrbringen einer in Deutschland hergestellten Blutstammzellzubereitung nach § 21a I 3 beantragt, deren Herstellung § 13 unterliegt (s. Rn. 9), so hat der Antragsteller entsprechend § 22 IV 1 den Nachweis zu erbringen, dass der Hersteller berechtigt ist, das Arzneimittel herzustellen. Im Übrigen wird man annehmen müssen, dass der Gesetzgeber den Anwendungsbereich des Abs. 2 S. 2 nicht auf Blutstammzellzubereitungen beschränken wollte, wo er diese Präparategruppe bei einer Vielzahl von Detailregelungen doch nicht „gewürdigt" hat. Vielmehr ist davon auszugehen, dass auch der Antragsteller einer Gewebezubereitung, deren Gewebe in Deutschland gewonnen wird (§ 20b) und die in Deutschland be- oder verarbeitet wird (§ 20c), auf der Grundlage des § 21a II 2 entsprechend § 22 IV 1 nachzuweisen hat, dass die nach § 20b bzw. § 20c erlaubnispflichtigen Tätigkeiten auf der Grundlage einer jeweiligen Erlaubnis vorgenommen werden. Dies wird durch den Erfahrungsbericht zum GewebeG im Hinblick auf § 20c bestätigt[58].

E. Medizinisches Erfahrungsmaterial (Abs. 3)

31   **Abs. 3** regelt die Anforderungen an das wissenschaftliche Erkenntnismaterial für die Angaben nach Abs. 2 S. 1 Nr. 3. Das zum Beleg der beanspruchten Anwendungsgebiete einzureichende wissenschaftliche Erkenntnismaterial kann nach **Abs. 3 S. 1** auch aus nach wissenschaftlichen Methoden aufbereitetem **medizinischem Erfahrungsmaterial** bestehen. **Abs. 3 S. 2** präzisiert dies dergestalt, dass als wissenschaftliches Erkenntnismaterial Studien des Herstellers – präziser des Be- oder Verarbeiters – der Gewebezubereitung, Daten aus Veröffentlichungen oder nachträgliche Bewertungen der klinischen Ergebnisse der Gewebezubereitungen in Betracht kommen. Der an das wissenschaftliche Erkenntnismaterial anzulegende Evidenzmaßstab ist also geringer als der Evidenzmaßstab im Zulassungsverfahren (s. Rn. 4, 15 und 26).

---

[54] Vgl. *BVerwG*, NJW 1994, 2433 f.
[55] Vgl. *Rehmann*, § 21a Rn. 2.
[56] Vgl. BT-Drucks. 16/5443, S. 58.
[57] Vgl. BT-Drucks. 16/12 256, S. 48.
[58] Vgl. BR-Drucks. 688/09, S. 28: „Des Weiteren wird seitens des PEI … angeregt, entsprechend § 22 IV eine Vorlage der Erlaubnis nach § 20c für das Genehmigungsverfahren nach § 21a vorzusehen. Im Rahmen der 15. AMG-Novelle wurde eine entsprechende Vorschrift in § 21a II 2 zur Vorlage der Erlaubnis nach § 20c ergänzt."

F. Entscheidungsfrist (Abs. 4)

I. Frist (S. 1)

Nach **Abs. 4 S. 1** hat das PEI innerhalb einer **Entscheidungsfrist** von fünf Monaten ab Antrag- **32**
stellung über den Genehmigungsantrag zu entscheiden.

II. Hemmung der Frist (S. 2)

Diese Frist wird nach **Abs. 4 S. 2** durch eine **Mängelrüge** der Bundesoberbehörde gehemmt. Erfolgt **33**
keine Mängelbeseitigung innerhalb der – ggf. auf Antrag vor Fristablauf zu verlängernden – Frist, so hat
die Bundesoberbehörde die Erteilung der Genehmigung zu versagen. Das Genehmigungsverfahren gem.
§ 21a enthält anders als das Zulassungsverfahren in § 25 IV 4 keine Präklusionsregelung[59], so dass die
Mängelbeseitigung auch noch im gegen den Versagungsbescheid eröffneten Widerspruchsverfahren nach
§ 68 II VwGO[60] oder im hieran anschließenden verwaltungsgerichtlichen Klageverfahren möglich ist.

III. Beginn der Hemmung (S. 3)

Nach **Abs. 4 S. 3** beginnt die Hemmung mit dem Tag der Zustellung der Mängelrüge. Eine Ver- **34**
sagung der Genehmigung ohne Durchführung eines Mängelbeseitigungsverfahrens ist rechtswidrig.

G. Schriftliche Genehmigung (Abs. 5)

I. Genehmigung und Genehmigungsnummer (S. 1)

Mit dem im Rahmen des AMG-ÄndG 2009 neu eingefügten **Abs. 5 S. 1** wird klargestellt, dass die **35**
Genehmigung vom PEI schriftlich unter Zuteilung einer Genehmigungsnummer erteilt wird. Die Erteilung einer Genehmigungsnummer ist Voraussetzung für die Erfüllung der Vorgaben des § 10 VIIIb 1 an
die Kennzeichnung von Gewebezubereitungen mit der Angabe „Gen.Nr." (s. auch § 10 Rn. 119)[61]. Die
gesetzliche Festlegung auf eine schriftliche Genehmigung ist vor dem Hintergrund zu sehen, dass das
Verwaltungsverfahren ohne eine entsprechende Rechtsvorschrift nach § 10 1 VwVfG formlos durchzuführen ist.

II. Auflagenbefugnis (S. 2 und 3)

Nach **Abs. 5 S. 2** kann das PEI die Genehmigung mit Auflagen verbinden und nach **Abs. 5 S. 3** **36**
findet § 28 entsprechende Anwendung. Eine gesetzlich nicht konkretisierte umfassende **Auflagenbefugnis** kann aus § 28 I nicht abgeleitet werden, denn die Genehmigung nach § 21a stellt eine
gebundene Verwaltungsentscheidung dar, die nur bei Vorliegen eines der Gründe des § 21a VI versagt
werden kann[62]. In nach § 28 I 4 nachträglich angeordneten Auflagen sind nur die Inhalte zulässig, die
auch gleichzeitig mit dem Verwaltungsakt angeordnet werden können[63]. § 28 II Nr. 3 zielt auf eine
Übereinstimmung des Inhaltes des Packmitteltexte mit den vorgelegten Unterlagen – ggf. unter Beachtung der mit Änderungsanzeigen vorgelegten Unterlagen – ab. Eine generelle Auflagenbefugnis betr.
die Packmitteltexte unter dem Gesichtspunkt der Arzneimittelsicherheit oder der Transparenz ist mit der
Vorschrift hingegen nicht verbunden[64]. Die Auflagenbefugnis nach § 28 II dient allein dazu, eine Übereinstimmung der Angaben der Packmitteltexte mit dem zugelassenen bzw. dem nach § 21a genehmigten
Arzneimittel zu gewährleisten[65]. Von der Bundesoberbehörde beabsichtigte Abweichungen von den
Antragsunterlagen müssen in der Entscheidung selbst (als Teilversagung) getroffen werden und in einer
auf die Packmitteltexte bezogenen Auflage kann keine konkludente Beschränkung des Verwaltungsaktes
gesehen werden[66]. Die Rechtmäßigkeit einer Teilversagung ist nach den gleichen Vorgaben zu beur-

---

[59] Eine materielle Präklusionsregelung muss ausdrücklich gesetzlich normiert werden, vgl. *BVerwG*, NJW 1981,
359 f.; *VG Berlin*, Urt. v. 11.1.2006 – VG 14 A 252.98 – juris.
    [60] Das PEI ist Bundesoberbehörde, nicht aber „oberste Bundesbehörde" i. S. d. § 68 I 2 Nr. 1 VwGO; diese ist das
BMG.
    [61] Vgl. BT-Drucks. 16/12 256, S. 48, wo irrtümlich auf § 10 VIIIa Bezug genommen wird.
    [62] Vgl. für die Zulassung *BVerwG*, PharmR 2010, 192, 194, Rn. 20; *BVerwG*, NVwZ-RR 2007, 776 f., Rn. 26. Für
die Verlängerung der Zulassung vgl. *VG Köln*, Urt. v. 18.11.2008 – 7 K 8670/99 – juris.
    [63] Vgl. *Kloesel/Cyran*, § 28 Anm. 18.
    [64] Vgl. *BVerwG*, NVwZ-RR 2007, 776 f. Rn. 29; vgl. auch *BVerwG*, PharmR 2010, 192, 194, Rn. 19 und *BVerwG*,
PharmR 2010, 481, 483, Rn. 15.
    [65] Vgl. für die Zulassung *BVerwG*, PharmR 2010, 481, 483, Rn. 15; *BVerwG*, PharmR 2010, 192, 194, Rn. 19.
    [66] Vgl. für die Zulassung *BVerwG*, PharmR 2010, 192 f., Rn. 14, und *BVerwG*, PharmR 2010, 481, 483, Rn. 15
unter Aufgreifen von *BVerwG*, NVwZ-RR 2007, 776, Rn. 23.

teilen, wie eine vollständige Versagung[67] und auch vor der Teilversagung ist ein Mängelbeseitigungs-verfahren durchzuführen[68].

III. Transparenz (S. 3)

37   Mit dem 2. AMG-ÄndG 2012 wurden die Genehmigungen nach § 21a V für Gewebe- und Blut-stammzellzubereitungen und infolge des Verweises in § 4b 3 II auch die Genehmigungen nach § 4b III in die Informationspflichten der Bundesoberbehörde nach § 34 einbezogen[69].

H. Voraussetzungen für die Erteilung der Genehmigung (Abs. 6)

38   Die Voraussetzungen für die Erteilung der Genehmigung gem. § 21a sind als **Versagungsgründe in Abs. 6** der Vorschrift abschließend aufgelistet. Erfüllt der Antragsteller diese Anforderungen, so hat er einen Anspruch auf Erteilung der Genehmigung.

39   Die Entscheidung des PEI über den Genehmigungsantrag basiert auf den vom Antragsteller ein-zureichenden Unterlagen und Angaben. Zwar wird dies in § 21a, anders als in § 25 V 1 nicht explizit festgehalten. Dies ergibt sich aber aus Abs. 6 Nr. 1, wonach die Genehmigung versagt werden darf, wenn die vorgelegten Unterlagen unvollständig sind, sowie aus den Vorschriften zur Mängelbeseitigung in Abs. 4. Das PEI ist also nicht aufgrund allgemeiner verwaltungsrechtlicher Erwägungen gehalten, durch Amtsermittlungen die positive Entscheidungsreife des Antrags herbeizuführen. Liegt einer der Ver-sagungsgründe des Abs. 6 vor, so hat das PEI die Genehmigung grundsätzlich zu versagen oder teilweise zu versagen. Nur im Rahmen der durch §§ 21a V, 28 eingeräumten Auflagenbefugnisse ist es der Bundesoberbehörde gestattet, die Genehmigung mit Auflagen zu verbinden (s. auch Rn. 36)[70].

I. Vorlage vollständiger Genehmigungsunterlagen (Nr. 1)

40   Nach **Abs. 6 Nr. 1** ist es erforderlich, dass die in § 21a II genannten Unterlagen vollständig sind (zu der mit Abs. 2 Nr. 8 verbundenen Problematik s. Rn. 29).

II. Einhaltung des Stands von Wissenschaft und Technik (Nr. 2)

41   Gem. **Abs. 6 Nr. 2** muss die Gewebezubereitung dem Stand der wissenschaftlichen Erkenntnisse entsprechen. Mit diesem Versagungsgrund wird die Qualität der Gewebezubereitung, also ihre durch das Herstellungsverfahren bestimmte Beschaffenheit (§ 4 XV) angesprochen. Für die **Blutstammzellzube-reitungen i. S. d. Abs. 1 S. 3** hat der Gesetzgeber lückenhaft keinen entsprechenden Versagungsgrund normiert. Für diese Blutstammzellzubereitungen sind für den Stand von Wissenschaft und Technik die Vorgaben der **Hämotherapierichtlinien**[71] maßgeblich. Außerdem ist für Knochenmark- und Blut-stammzellzubereitungen die **Richtlinie zur Herstellung und Anwendung von hämatopoetischen Stammzellzubereitungen** v. 18.8.2014[72] beachtlich. Der Umstand, dass diese Richtlinie trotz Her-stellung des Einvernehmens mit dem PEI bislang noch nicht gem. § 16b I 3 TPG, §§ 12a I 3, 18 I 3 TFG vom PEI als Bundesoberbehörde im Bundesanzeiger veröffentlicht wurde, ändert nichts daran, dass sie berufsrechtlich gegenüber Ärzten auf der Grundlage der Berufsordnung der jeweiligen Landesärzte-kammer verbindlich ist[73]. Die Richtlinien zur Transplantation peripherer Blutstammzellen[74], die Richt-linien zur Transplantation von Stammzellen aus Nabelschnurblut (CB = Cord Blood)[75] und die Richt-linien für die allogene Knochenmarktransplantation mit nichtverwandten Spendern[76] aus den 1990-er Jahren geben nicht mehr den allgemein anerkannten Stand der medizinischen Wissenschaft und Technik wieder.

III. Funktionserfüllung und günstiges Nutzen-Risiko-Verhältnis (Nr. 3)

42   Nach Abs. 6 **Nr. 3** ist die Genehmigung zu versagen, wenn die Gewebezubereitung nicht die vorgesehene Funktion erfüllt oder das Nutzen-Risiko-Verhältnis ungünstig ist. Unter der **„vorgesehe-nen Funktion"** ist die die Verwendung beim Menschen rechtfertigende Zweckbestimmung gemeint.

---

[67] Vgl. *VG Köln*, Urt. v. 26.8.2008 – 7 K 238/06 – juris; *VG Köln*, Urt. v. 13.5.2008, 7 K 360/05 – juris.
[68] Vgl. *OVG Münster*, Beschl. v. 17.6.2009 – 13 A 2710/08 – BeckRS 2009, 35260.
[69] Vgl. BT-Drucks. 17/9341, S. 51.
[70] Für die insofern strukturell gleichen Regelungen der Zulassung vgl. *Rehmann*, § 25 Rn. 3.
[71] Richtlinien zur Gewinnung von Blut und Blutbestandteilen und zur Anwendung von Blutprodukten (Hämo-therapie) – aufgestellt von der BÄK im Einvernehmen mit dem PEI – Gesamtnovelle 2005, BAnz. Nr. 209a v. 5.11.2005.
[72] DÄBl. 2014, A 1436 mit Verweis auf die Fundstelle unter www.bundesaerztekammer.de.
[73] Vgl. *Ratzel*, in: Ratzel/Lippert, MBO, 4. Aufl., § 11 Rn. 6.
[74] DÄBl. 1997, A-1584.
[75] DÄBl. 1999, A-1297.
[76] DÄBl. 1994, A-761.

Aus dem Wortlaut der Vorschrift („nicht … erfüllt") ist ersichtlich, dass die objektive Darlegungs- und Beweislast für das Nichterfüllen der vorgesehenen Funktion bei der Bundesoberbehörde liegt. Es ist insofern im Auge zu behalten, dass im Rahmen des § 21a eine dem § 25 II 3 vergleichbare Vorschrift fehlt. Erst aufgrund dieser Regelung geht jedoch im Zulassungsverfahren die nach dem Wortlaut des § 25 II 1 Nr. 4, 1. Alt. bei der Bundesoberbehörde liegende objektive Darlegungs- und Beweislast auf den Antragsteller über[77].

Bei dem Erfordernis, dass das **Nutzen-Risiko-Verhältnis** (§ 4 XXVIII) nicht ungünstig ist, handelt **43** es sich inhaltlich darum, dass kein begründeter Verdacht vorliegt, dass das Präparat bei bestimmungsgemäßem Gebrauch schädliche Wirkungen hat, die über ein nach den Erkenntnissen der medizinischen Wissenschaft vertretbares Maß hinausgehen[78]. Ein ungünstiges Nutzen-Risiko-Verhältnis kann demgemäß nur dann bejaht werden, wenn die Zubereitung gem. § 5 II bedenklich ist[79]. Es müssen mithin wissenschaftliche Erkenntnisse vorliegen, die einen Verdacht auf schädliche Wirkungen bei bestimmungsgemäßem Gebrauch begründet erscheinen lassen. Dabei genügt der nach sorgfältiger Überprüfung aller von der Wissenschaft gewonnener Erkenntnisse begründete Verdacht[80].

I. Änderungsanzeigen (Abs. 7)

I. Änderungen in den Angaben nach Abs. 2 und 3 (S. 1)

Gem. **Abs. 7 S. 1** hat der Antragsteller oder nach der Erteilung der Genehmigung der Inhaber der **44** Genehmigung dem PEI unter Beifügung entsprechender Unterlagen unverzüglich Anzeige zu erstatten, wenn sich Änderungen in den Angaben und Unterlagen nach Abs. 2 und 3 ergeben. Diese Vorschrift orientiert sich an der Regelung zur Zulassung in § 29 I 1.

II. Zustimmungspflicht (S. 2)

Abs. 7 S. 2 bestimmt, dass im Falle einer Änderung in den Unterlagen nach Abs. 3 die Änderung erst **45** vollzogen werden darf, wenn das PEI zugestimmt hat. Eine hiernach **zustimmungspflichtige Änderungsanzeige** liegt nicht nur bei einer Änderung des wissenschaftlichen Erkenntnismaterials vor, sondern ist in Anbetracht der Verknüpfung des Abs. 2 mit Abs. 2 Nr. 3 auch dann gegeben, wenn Änderungen der Anwendungsgebiete, der Art der Anwendung oder – sofern eine Gewebezubereitung nur beschränkte Zeit im oder am menschlichen Körper verbleiben soll – der Dauer der Anwendung vorgenommen werden sollen.

Anders als in § 29 IIa 3 enthält das Gesetz in Abs. 7 keine Regelung, wonach die Zustimmung zu **46** einer zustimmungspflichtigen Änderungsanzeige als erteilt gilt, wenn die zuständige Bundesoberbehörde der Änderung nicht innerhalb einer Frist von drei Monaten widersprochen hat. Da in Abs. 7 auch nicht geregelt ist, dass das PEI die Zustimmung binnen einer bestimmten Frist zu erteilen oder der Änderung zu widersprechen hat, kommt der allgemeine Grundsatz aus § 75 S. 2 VwGO zum Tragen, wonach eine Untätigkeitsklage gegen die Bundesoberbehörde jedenfalls dann zulässig ist, wenn diese nicht innerhalb von drei Monaten seit dem Antrag auf Änderung des Arzneimittels – der Änderungsanzeige[81] – hierüber entschieden hat[82]. Das PEI kann die Zustimmung zur angezeigten Änderung nur dann ablehnen, wenn einer der Versagungsgründe des Abs. 7 der Änderung entgegensteht[83].

---

[77] Vgl. *BVerwG*, NJW 1980, 656, 658 (vitorgan-Beschluss); *BVerwG*, NJW 1994, 2433 f.: „Es kann nach dem Wortlaut des § 25 II kein Zweifel sein, dass das BGA die Darlegungslast und damit auch die materielle Beweislast für das Vorliegen der Versagungsgründe des § 25 II 1 Nr. 4, 2. Alt. nicht identisch mit dem Nachweis der therapeutischen Unwirksamkeit; insofern bedarf der Vitorgan-Beschluss der Korrektur. Während die 1. Alternative des § 25 II 1 Nr. 4 in der Tat den Erweis einer „negativen" Tatsache verlangt, dass nämlich dem Arzneimittel die vom Antragsteller angegebene therapeutische Wirksamkeit fehlt, genügt für die 2. Alternative die Tatsache einer unzureichenden therapeutischen Wirksamkeit …"; *BVerwG*, NVwZ-RR 2004, 180 f.: „Dem steht auch nicht entgegen, dass der Gesetzgeber … den Versagungsgrund der 1. Alternative des § 25 II Nr. 4 (Fehlen der therapeutischen Wirksamkeit) dadurch wesentlich verändert hat, dass er in § 25 II 2 die Beweislast für das Vorhandensein der therapeutischen Wirksamkeit durch das 5. Änderungsgesetz zum AMG v. 9.8.1994 … dem Antragsteller auferlegt hat."

[78] Vgl. BT-Drucks. 15/5316, S. 38 zur terminologischen Änderung des § 25 II 1 Nr. 5 im Rahmen der 14. AMG-Novelle.

[79] Vgl. *Sander*, § 25 Erl. 9, § 5 Erl. 2.

[80] Vgl. *Sander*, § 25 Erl. 9, § 5 Erl. 2.

[81] Die zustimmungspflichtige Änderungsanzeige hat die Funktion eines Änderungsantrags und bildet die Grundlage für die materielle Prüfung durch die zuständige Bundesoberbehörde, die bei Zustimmung mit einem begünstigenden Verwaltungsakt abgeschlossen wird, vgl. für § 29 IIa *VG Köln*, Urt. v. 25.7.2006 – 7 K 3093/04 – juris.

[82] Vgl. hierzu *Kopp/Schenke*, § 75 Rn. 8 f.

[83] Vgl. für § 29 IIa *VG Köln*, Urt. v. 7.12.2007 – 18 K 4523/05, Rn. 41 – www.justiz-nrw.de; *VG Köln*, Urt. v. 9.1.2007 – 7 K 5746/03 – juris; *Kösling/Wolf*, in: Fuhrmann/Klein/Fleischfresser, § 11 Rn. 23.

J. Rücknahme, Widerruf und Anordnung des Ruhens der Genehmigung (Abs. 8)

47   **Abs. 8** enthält in Anlehnung an § 30 I 1 Vorschriften zur Rücknahme der Erlaubnis **(Abs. 8 S. 1)** und zu ihrem Widerruf **(Abs. 8 S. 2).** In Anlehnung an § 30 I 4 enthält **Abs. 8 S. 3** eine Regelung zur befristeten Anordnung des Ruhens der Genehmigung. Nach **Abs. 8 S. 4** ist der Genehmigungsinhaber vor einer Rücknahme, einem Widerruf oder der Anordnung des Ruhens der Genehmigung anzuhören, es sei denn, dass Gefahr im Verzug ist; diese Regelung entspricht § 30 III 1. **Abs. 8 S. 5** stellt in Anlehnung an § 30 IV 1 klar, dass die Gewebezubereitung nicht in den Verkehr gebracht und nicht nach Deutschland verbracht (§ 4 XXXII) werden darf, solange die Rücknahme, der Widerruf oder das Ruhen der Genehmigung angeordnet worden ist. Auch hier hat der Gesetzgeber lückenhaft keine Regelung für **Blutstammzellzubereitungen i. S. d. Abs. 1 S. 3** vorgesehen. Ebenso hat der Gesetzgeber es versäumt, in Abs. 8 Regelungen entsprechend § 30 IV 2 und 3 aufzunehmen.

K. Bescheinigungsverfahren (Abs. 9)

I. Erstmaliges Verbringen in den Geltungsbereich des Gesetzes (S. 1)

48   Gem. **Abs. 9 S. 1** bedürfen abweichend von Abs. 1 **Gewebezubereitungen, die in einem Mitgliedstaat der EU oder einem Vertragsstaat des EWR in den Verkehr gebracht werden** dürfen, bei ihrem erstmaligen Verbringen zum Zwecke ihrer Anwendung nach Deutschland einer Bescheinigung des PEI. Mit dieser Regelung soll sichergestellt werden, dass nur gleichwertige Produkte aus dem Raum der EU/des EWR ins Inland verbracht werden, womit der hohe Gesundheitsschutz der Bevölkerung insbes. im Hinblick auf die Testverfahren, die von unterschiedlicher Wertigkeit sein können, gewahrt werden soll[84]. Durch die mit dem 2. AMG-ÄndG 2012 aufgenommenen Worte „Zum Zweck ihrer Anwendung" soll eine Behinderung des Transits dieser Produkte durch Deutschland verhindert werden[85]. Abs. 9 **gilt ausschließlich für Gewebezubereitungen i. S. d. Abs. 1,** aber **nicht für Blutstammzellzubereitungen i. S. d. Abs. 1 S. 3**[86]. Solche Blutstammzellzubereitungen können mithin aus dem Raum der EU/des EWR ohne eine Überprüfung durch das PEI nach Deutschland verbracht werden, ihr weiteres Inverkehrbringen unterliegt aber Abs. 1. Die Einfuhr von Gewebezubereitungen oder Blutstammzellzubereitungen aus Drittstaaten unterliegt der Einfuhrerlaubnis (s. dazu § 72b).

II. Prüfungsumfang (S. 2)

49   Nach **Abs. 9 S. 2** hat das PEI vor der Erteilung der Bescheinigung zu prüfen, ob die Be- oder Verarbeitung der Gewebezubereitung den Anforderungen an die Entnahme- und Verarbeitungsverfahren, einschließlich der Spenderauswahlverfahren und der Laboruntersuchungen, sowie die quantitativen und qualitativen Kriterien für die Gewebezubereitung den Anforderungen des AMG und seiner Verordnungen entsprechen, also hiermit **gleichwertig** sind. Infolge der auf das AMG und seine Verordnungen beschränkten Bezugnahme sind die Anforderungen der auf § 16a TPG beruhenden TPG-GewV an die Entnahme von Geweben (§ 2 TPG-GewV), an die ärztliche Beurteilung der Spendereignung (§ 3 TPG-GewV), an die Laboruntersuchungen und Untersuchungsverfahren (§ 4 TPG-GewV) und an die Spenderakte und den Entnahmebericht (§ 5 TPG-GewV) im Rahmen des Bescheinigungsverfahren nach Abs. 9 nicht maßgeblich. Fehlt es an der Gleichwertigkeit i. S. d. Abs. 9 S. 2, so ist für das Inverkehrbringen eine Genehmigung nach Abs. 1 erforderlich[87].

III. Pflicht zur Erteilung der Bescheinigung (S. 3)

50   **Abs. 9 S. 3** bestimmt, dass das PEI die Bescheinigung zu erteilen hat, wenn sich die Gleichwertigkeit der Anforderungen nach Abs. 9 S. 2 aus der Genehmigungsbescheinigung oder einer anderen Bescheinigung der zuständigen Behörde des Herkunftslandes ergibt und der Nachweis über die Genehmigung in dem EU-/EWR-Herkunftsland vorgelegt wird. Demnach hat das PEI eine vollumfängliche materielle Prüfkompetenz darüber, ob eine im Raum der EU/des EWR verkehrsfähige Gewebezubereitung den deutschen arzneimittelrechtlichen Vorgaben entspricht. Die Vorschrift enthält mithin einen materiellen Genehmigungstatbestand für klassische und vergleichbare Gewebezubereitungen (Abs. 1 S. 1 und 2), die in der EU/dem EWR auf der Grundlage der in dem Herkunftsland geltenden Rechtsvorschrift in den

[84] Vgl. BT-Drucks. 16/5443, S. 58.
[85] Vgl. BT-Drucks. 17/9341, S. 51.
[86] Vgl. *Pannenbecker*, Rechtsrahmen für Blutstammzellen, S. 91.
[87] Vgl. BR-Drucks. 688/09, S. 23.

Verkehr gebracht werden dürfen. Das Bescheinigungsverfahren ist auf die erstmalige Verbringung der Gewebezubereitung nach Deutschland beschränkt[88].

Abs. 9 gilt nicht für Gewebe, welches vor seiner therapeutischen Applikation im Inland noch einer **51** gem. § 20c I erlaubnispflichtigen Be- oder Verarbeitung unterzogen werden muss und daher vor dem Inverkehrbringen als Gewebezubereitung eine Erlaubnis nach § 20c I und eine Genehmigung nach § 21a I benötigt. Dies wird nunmehr auch dadurch verdeutlicht, dass das Verfahren gem. Abs. 9 seit dem 2. AMG-ÄndG 2012 ausdrücklich nur solche Gewebezubereitungen erfasst, die zum Zweck ihrer Anwendung ins Inland verbracht werden.

IV. Anzeigepflicht (S. 4)

Soweit sich Änderungen in den Anforderungen nach Abs. 9 S. 2 ergeben, ist dies nach **Abs. 9 S. 4** **52** der zuständigen Bundesoberbehörde rechtzeitig vor einem weiteren Verbringen in das Inland anzuzeigen.

V. Rücknahme der Bescheinigung (S. 5)

Abs. 9 S. 5, 1. Halbs. gibt der zuständigen Bundesoberbehörde in Anlehnung an § 30 I 1, 1. Alt. die **53** Befugnis, die Bescheinigung zurückzunehmen, wenn eine der Voraussetzungen nach Abs. 9 S. 2 nicht vorgelegen hat. In Entsprechung zu § 30 I 1, 2. Alt. sieht **Abs. 9 S. 5, 2. Halbs.** vor, dass die Bescheinigung zu widerrufen ist, wenn eine der Voraussetzungen nach Abs. 9 S. 2 nachträglich weggefallen ist.

L. Sanktionen

Das Inverkehrbringen von Gewebezubereitungen ohne eine Genehmigung nach § 21a I 1 stellt bei **54** Vorsatz eine **Straftat** nach § 96 Nr. 5a dar. Diese Strafandrohung gibt es jedoch nicht für das Inverkehrbringen von Blutstammzellzubereitungen, die zur autologen oder gerichteten, für eine bestimmte Person vorgesehenen Anwendung bestimmt ist, ohne eine entsprechende Genehmigung (§ 21a I 3). Mit dem 2. AMG-ÄndG 2012 wurde § 96 Nr. 5b neu in das Gesetz aufgenommen. Hiermit wird das erstmalige Verbringen einer Gewebezubereitung ohne Bescheinigung nach § 21 IX 1 unter Strafe gestellt.

Erfolgt das Inverkehrbringen ohne eine Genehmigung nach § 21a I 1 oder das erstmalige Verbringen **55** ohne Bescheinigung nach § 21a IX 1 fahrlässig, liegt eine **Ordnungswidrigkeit** nach § 97 I i. V. m. § 96 Nr. 5a bzw. Nr. 5b vor. Weitere Ordnungswidrigkeitstatbestände sind in § 97 II Nr. 7 Buchst. b) für Verstöße gegen § 21a VII enthalten.

§ 22 Zulassungsunterlagen

(1) Dem Antrag auf Zulassung müssen vom Antragsteller folgende Angaben beigefügt werden:

1. **der Name oder die Firma und die Anschrift des Antragstellers und des Herstellers,**
2. **die Bezeichnung des Arzneimittels,**
3. **die Bestandteile des Arzneimittels nach Art und Menge; § 10 Abs. 6 findet Anwendung,**
4. **die Darreichungsform,**
5. **die Wirkungen,**
6. **die Anwendungsgebiete,**
7. **die Gegenanzeigen,**
8. **die Nebenwirkungen,**
9. **die Wechselwirkungen mit anderen Mitteln,**
10. **die Dosierung,**
11. **zur Herstellungsweise des Arzneimittels,**
12. **die Art der Anwendung und bei Arzneimitteln, die nur begrenzte Zeit angewendet werden sollen, die Dauer der Anwendung,**
13. **die Packungsgrößen,**
14. **die Art der Haltbarmachung, die Dauer der Haltbarkeit, die Art der Aufbewahrung, die Ergebnisse von Haltbarkeitsversuchen,**
15. **die Methoden zur Kontrolle der Qualität (Kontrollmethoden).**

(1a) Die Angaben nach Absatz 1 Nummer 1 bis 10 müssen in deutscher, die übrigen Angaben in deutscher oder englischer Sprache beigefügt werden; andere Angaben oder Unterlagen können im Zulassungsverfahren statt in deutscher auch in englischer Sprache gemacht oder vorgelegt werden, soweit es sich nicht um Angaben handelt, die für die Kennzeichnung, die Packungsbeilage oder die Fachinformation verwendet werden.

---

[88] Vgl. BR-Drucks. 688/09, S. 23.

(2) [1] Es sind ferner vorzulegen:

1. die Ergebnisse physikalischer, chemischer, biologischer oder mikrobiologischer Versuche und die zu ihrer Ermittlung angewandten Methoden (analytische Prüfung),
2. die Ergebnisse der pharmakologischen und toxikologischen Versuche,
3. die Ergebnisse der klinischen Prüfungen oder sonstigen ärztlichen, zahnärztlichen oder tierärztlichen Erprobung,
4. eine Erklärung, dass außerhalb der Europäischen Union durchgeführte klinische Prüfungen unter ethischen Bedingungen durchgeführt wurden, die mit den ethischen Bedingungen der Richtlinie 2001/20/EG des Parlaments und des Rates vom 4. April 2001 zur Angleichung der Rechts- und Verwaltungsvorschriften der Mitgliedstaaten über die Anwendung der guten klinischen Praxis bei der Durchführung von klinischen Prüfungen mit Humanarzneimitteln (ABl. EG Nr. L 121 vom 1.5.2001, S. 34) gleichwertig sind,
5. bei Arzneimitteln, die zur Anwendung bei Menschen bestimmt sind, eine zusammenfassende Beschreibung des Pharmakovigilanz-Systems des Antragstellers, die Folgendes umfassen muss:
   a) den Nachweis, dass der Antragsteller über eine qualifizierte Person nach § 63a verfügt, und die Angabe der Mitgliedstaaten, in denen diese Person ansässig und tätig ist, sowie die Kontaktangaben zu dieser Person,
   b) die Angabe des Ortes, an dem die Pharmakovigilanz-Stammdokumentation für das betreffende Arzneimittel geführt wird, und
   c) eine vom Antragsteller unterzeichnete Erklärung, dass er über die notwendigen Mittel verfügt, um den im Zehnten Abschnitt aufgeführten Aufgaben und Pflichten nachzukommen,
5a. bei Arzneimitteln, die zur Anwendung bei Menschen bestimmt sind, den Risikomanagement-Plan mit einer Beschreibung des Risikomanagement-Systems, das der Antragsteller für das betreffende Arzneimittel einführen wird, verbunden mit einer Zusammenfassung,
6. bei Arzneimitteln, die zur Anwendung bei Tieren bestimmt sind, eine detaillierte Beschreibung des Pharmakovigilanz-Systems des Antragstellers, den Nachweis, dass der Antragsteller über eine qualifizierte Person nach § 63a verfügt und, soweit erforderlich, des Risikomanagement-Systems, das der Antragsteller einführen wird, sowie den Nachweis über die notwendige Infrastruktur zur Meldung aller Verdachtsfälle von Nebenwirkungen gemäß § 63h,
7. eine Kopie jeder Ausweisung des Arzneimittels als Arzneimittel für seltene Leiden gemäß der Verordnung (EG) Nr. 141/2000 des Europäischen Parlaments und des Rates vom 16. Dezember 1999 über Arzneimittel für seltene Leiden (ABl. EG Nr. L 18 S. 1),
8. bei Arzneimitteln, die zur Anwendung bei Menschen bestimmt sind, eine Bestätigung des Arzneimittelherstellers, dass er oder eine von ihm vertraglich beauftragte Person sich von der Einhaltung der Guten Herstellungspraxis bei der Wirkstoffherstellung durch eine Überprüfung vor Ort überzeugt hat; die Bestätigung muss auch das Datum des Audits beinhalten.

[2] Die Ergebnisse nach Satz 1 Nr. 1 bis 3 sind durch Unterlagen so zu belegen, dass aus diesen Art, Umfang und Zeitpunkt der Prüfungen hervorgehen. [3] Dem Antrag sind alle für die Bewertung des Arzneimittels zweckdienlichen Angaben und Unterlagen, ob günstig oder ungünstig, beizufügen. [4] Dies gilt auch für unvollständige oder abgebrochene toxikologische oder pharmakologische Versuche oder klinische Prüfungen zu dem Arzneimittel.

(3) [1] An Stelle der Ergebnisse nach Absatz 2 Nr. 2 und 3 kann anderes wissenschaftliches Erkenntnismaterial vorgelegt werden, und zwar

1. bei einem Arzneimittel, dessen Wirkstoffe seit mindestens zehn Jahren in der Europäischen Union allgemein medizinisch oder tiermedizinisch verwendet wurden, deren Wirkungen und Nebenwirkungen bekannt und aus dem wissenschaftlichen Erkenntnismaterial ersichtlich sind,
2. bei einem Arzneimittel, das in seiner Zusammensetzung bereits einem Arzneimittel nach Nummer 1 vergleichbar ist,
3. bei einem Arzneimittel, das eine neue Kombination bekannter Bestandteile ist, für diese Bestandteile; es kann jedoch auch für die Kombination als solche anderes wissenschaftliches Erkenntnismaterial vorgelegt werden, wenn die Wirksamkeit und Unbedenklichkeit des Arzneimittels nach Zusammensetzung, Dosierung, Darreichungsform und Anwendungsgebieten auf Grund dieser Unterlagen bestimmbar sind.

[2] Zu berücksichtigen sind ferner die medizinischen Erfahrungen der jeweiligen Therapierichtungen.

(3a) Enthält das Arzneimittel mehr als einen Wirkstoff, so ist zu begründen, dass jeder Wirkstoff einen Beitrag zur positiven Beurteilung des Arzneimittels leistet.

(3b) Bei radioaktiven Arzneimitteln, die Generatoren sind, sind ferner eine allgemeine Beschreibung des Systems mit einer detaillierten Beschreibung der Bestandteile des Systems, die die Zusammensetzung oder Qualität der Tochterradionuklidzubereitung beeinflussen können, und qualitative und quantitative Besonderheiten des Eluats oder Sublimats anzugeben.

(3c) [1] Ferner sind Unterlagen vorzulegen, mit denen eine Bewertung möglicher Umweltrisiken vorgenommen wird, und für den Fall, dass die Aufbewahrung des Arzneimittels oder seine Anwendung oder die Beseitigung seiner Abfälle besondere Vorsichts- oder Sicherheitsmaßnahmen erfordert, um Gefahren für die Umwelt oder die Gesundheit von Menschen, Tieren oder Pflanzen zu vermeiden, dies ebenfalls angegeben wird. [2] Angaben zur Verminderung dieser Gefahren sind beizufügen und zu begründen. [3] Für Arzneimittel, die für die Anwendung bei Tieren bestimmt sind, sind auch die Ergebnisse der Prüfungen zur Bewertung möglicher Umweltrisiken vorzulegen; Absatz 2 Satz 2 bis 4 findet entsprechend Anwendung.

(4) [1] Wird die Zulassung für ein im Geltungsbereich dieses Gesetzes hergestelltes Arzneimittel beantragt, so muss der Nachweis erbracht werden, dass der Hersteller berechtigt ist, das Arzneimittel herzustellen. [2] Dies gilt nicht für einen Antrag nach § 21 Abs. 3 Satz 2.

(5) Wird die Zulassung für ein außerhalb des Geltungsbereiches dieses Gesetzes hergestelltes Arzneimittel beantragt, so ist der Nachweis zu erbringen, dass der Hersteller nach den gesetzlichen Bestimmungen des Herstellungslandes berechtigt ist, Arzneimittel herzustellen, und im Falle des Verbringens aus einem Land, das nicht Mitgliedstaat der Europäischen Union oder anderer Vertragsstaat des Abkommens über den Europäischen Wirtschaftsraum ist, dass der Einführer eine Erlaubnis besitzt, die zum Verbringen des Arzneimittels in den Geltungsbereich dieses Gesetzes berechtigt.

(6) [1] Soweit eine Zulassung im Ausland erteilt worden ist, ist eine Kopie dieser Zulassung und, soweit es sich um Arzneimittel handelt, die zur Anwendung bei Menschen bestimmt sind, eine Kopie der Zusammenfassung der Unbedenklichkeitsdaten einschließlich der Daten aus den regelmäßig aktualisierten Unbedenklichkeitsberichten, soweit verfügbar, und der Berichte über Verdachtsfälle von Nebenwirkungen beizufügen. [2] Ist eine Zulassung ganz oder teilweise versagt worden, sind die Einzelheiten dieser Entscheidung unter Darlegung ihrer Gründe mitzuteilen. [3] Wird ein Antrag auf Zulassung in einem Mitgliedstaat oder in mehreren Mitgliedstaaten der Europäischen Union geprüft, ist dies anzugeben. [4] Kopien der von den zuständigen Behörden der Mitgliedstaaten genehmigten Zusammenfassungen der Produktmerkmale und der Packungsbeilage oder, soweit diese Unterlagen noch nicht vorhanden sind, der vom Antragsteller in einem Verfahren nach Satz 3 vorgeschlagenen Fassungen dieser Unterlagen sind ebenfalls beizufügen. [5] Ferner sind, sofern die Anerkennung der Zulassung eines anderen Mitgliedstaates beantragt wird, die in Artikel 28 der Richtlinie 2001/83/EG oder in Artikel 32 der Richtlinie 2001/82/EG vorgeschriebenen Erklärungen abzugeben sowie die sonstigen dort vorgeschriebenen Angaben zu machen. [6] Satz 5 findet keine Anwendung auf Arzneimittel, die nach einer homöopathischen Verfahrenstechnik hergestellt worden sind.

(7) [1] Dem Antrag ist der Wortlaut der für das Behältnis, die äußere Umhüllung und die Packungsbeilage vorgesehenen Angaben sowie der Entwurf einer Zusammenfassung der Produktmerkmale beizufügen, bei der es sich zugleich um die Fachinformation nach § 11a Absatz 1 Satz 2 handelt, soweit eine solche vorgeschrieben ist. [2] Der zuständigen Bundesoberbehörde sind bei Arzneimitteln, die zur Anwendung bei Menschen bestimmt sind, außerdem die Ergebnisse von Bewertungen der Packungsbeilage vorzulegen, die in Zusammenarbeit mit Patienten-Zielgruppen durchgeführt wurden. [3] Die zuständige Bundesoberbehörde kann verlangen, dass ihr ein oder mehrere Muster oder Verkaufsmodelle des Arzneimittels einschließlich der Packungsbeilagen sowie Ausgangsstoffe, Zwischenprodukte und Stoffe, die zur Herstellung oder Prüfung des Arzneimittels verwendet werden, in einer für die Untersuchung ausreichenden Menge und in einem für die Untersuchung geeigneten Zustand vorgelegt werden.

Wichtige Änderungen der Vorschrift: Abs. 3a eingefügt durch Art. 1 Nr. 10 des Zweiten Gesetzes zur Änderung des Arzneimittelgesetzes vom 16.8.1986 (BGBl. I S. 1296); Abs. 3b eingefügt und Abs. 5 und 6 neu gefasst durch Art. 1 Nr. 11 des Fünften Gesetzes zur Änderung des Arzneimittelgesetzes vom 9.8.1994 (BGBl. I S. 2071); Abs. 2 S. 3 und 4 angefügt, Abs. 3c eingefügt und Abs. 6 neu gefasst durch Art. 1 Nr. 4 des Siebten Gesetzes zur Änderung des Arzneimittelgesetzes vom 25.2.1998 (BGBl. I S. 374); Abs. 2 S. 1 geändert, Abs. 3 S. 1 Nr. und Abs. 3c S. 1 neu gefasst und Abs. 7 geändert durch Art. 1 Nr. 15 des Vierzehnten Gesetzes zur Änderung des Arzneimittelgesetzes vom 29.8.2005 (BGBl. I S. 2570); Abs. 1a eingefügt, Abs. 2 S. 1 Nr. 4 neu gefasst und Abs. 3c S. 3 eingefügt durch Gesetz zur Änderung arzneimittelrechtlicher und anderer Vorschriften vom 17.7.2009 (BGBl. I S. 1990); Abs. 2 Nr. 5, 5a, 6 und 8 eingefügt sowie Ergänzung von Abs. 6 S. 1 durch Art. 1 Nr. 16 des Zweiten Gesetzes zur Änderung arzneimittelrechtlicher und anderer Vorschriften vom 19.10.2012 (BGBl. I S. 2192).

Europarechtliche Vorgaben: Art. 8, 9, 10a, 10b, und 12 RL 2001/83/EG.

Übersicht

A. Allgemeines

I. Inhalt und Entstehungsgeschichte

Die Vorschrift des § 22 enthält eine Aufzählung der Angaben und Unterlagen, die der Antragsteller im **1** nationalen Zulassungsverfahren bei der zuständigen Bundesoberbehörde einreichen muss. Die geforderten Kernangaben finden sich in den Abs. 1, 1a und 2. Nach Abs. 3 kann insbes. für bekannte oder vergleichbare Wirkstoffe anderes wissenschaftliches Erkenntnismaterial eingereicht werden. Für Kombinationspräparate schreibt Abs. 3a vor, dass für jeden Wirkstoff eine Begründung zur Kombination vorgelegt werden muss. Für radioaktive Arzneimittel fordert Abs. 3b die Einreichung weiterer Unterlagen. Ferner sind nach Abs. 3c Unterlagen zu den Umweltrisiken vorzulegen. Nach Abs. 4 muss der Nachweis des Vorliegens einer inländischen Herstellungserlaubnis für den Hersteller erbracht werden. Erfolgt die Herstellung im Ausland, wird durch die Regelung in Abs. 5 der Nachweis einer in der EU bzw. im EWR gültigen Herstellungserlaubnis oder bei der Herstellung in einem Drittstaat das Bestehen einer Einfuhrerlaubnis verlangt. Soweit eine Zulassung in einem oder mehreren anderen Staaten erteilt wurde, sind eine Kopie der betr. Zulassung sowie weitere Unterlagen bei der nationalen Zulassungsbehörde einzureichen. Schließlich schreibt Abs. 7 vor, dass die geplanten Ausstattungs- und Untersuchungsmaterialien vorzulegen sind.

Die Vorschrift wird durch § 24 und den dort zu bestimmten Aspekten der Angaben und Unterlagen **2** erforderlichen Sachverständigengutachten ergänzt. Für den Tierarzneimittelbereich wird diese Aufzählung ergänzt durch § 23. Besonderheiten der für Generika erforderlichen Zulassungsunterlagen enthalten die §§ 24a ff. In den §§ 39 ff. werden parallele Regelungen für die Registrierungsunterlagen für homöopathische Arzneimittel und traditionelle pflanzliche Arzneimittel getroffen. In diesem System stellt § 22 eine Art **Basisvorschrift** dar, die die Angaben und Unterlagen für eine Zulassung auf einer eigenen vollständigen Dokumentation, einem Dossier, beschreibt und im europäischen Kontext auch als **stand-alone application** bezeichnet wird.

§ 22 geht auf die erste pharmazeutische RL 65/65/EWG zurück und wurde inhaltlich überwiegend **3** aufgrund von Änderungen im EU-Recht mehrfach ergänzt und präzisiert. Wesentliche Änderungen betrafen u.a. die Themen bibliographische Zulassung gem. Abs. 3, Kombinationsbegründung nach Abs. 3a und Umweltunterlagen nach Abs. 3c. Mit der Änderung im Jahr 2012 wurde dann in Umsetzung der RL 2010/84/EU die umfangreiche Vorlageverpflichtung für Unterlagen zur Pharmakovigilanz eingeführt.

II. Zweck und ergänzende Bestimmungen

Zweck der Regelung ist eine rechts**verbindliche Beschreibung der Angaben** und Unterlagen, **4** aus denen ein Zulassungsantrag besteht bzw. die ihm beigefügt werden müssen. Die Angaben bzw. Unterlagen betreffen im Wesentlichen zwei Ebenen. Zum einen werden das Arzneimittel beschreibende Pflichtangaben aufgezählt, und zum anderen besteht die Verpflichtung, Unterlagen vorzulegen, die die angegebene Qualität (Abs. 2 S. 1 Nr. 1), Unbedenklichkeit (Abs. 2 S. 1 Nr. 2) und Wirksamkeit (Abs. 2 S. 1 Nr. 3), die Parameter für die Zulassungsentscheidung sind, belegen. Die Zulassungsunterlagen gliedern sich von daher in einen eher **formalen strukturellen** und in einen **materiellen Teil.**

Die in dieser Vorschrift gelisteten Angaben und Unterlagen werden umfangreich konkretisiert und **5** ergänzt durch

– nationale Regelungen, allen voran die Arzneimittelprüfrichtlinien nach § 26, in deren Anlage die formalen und inhaltlich wissenschaftlichen Anforderungen an die nach Abs. 2 vorzulegenden Unterlagen genannt und insoweit wortgleich Anhang I der RL 2001/83/EG nachgebildet sind. Für den Tierarzneimittelbereich liegen diese als Verordnung vor, während sie für den Humanarzneimittelbereich noch den Status einer Allgemeinen Verwaltungsvorschrift besitzen;

– die AMG-Einreichungsverordnung (AMG-EV), in der das Einreichen bestimmter Unterlagen in elektronischer Form geregelt ist;

– das Deutsche Arzneibuch nach § 55, das pharmazeutische Regeln und Beschreibungen u.a. über die Qualität, Herstellung, Lagerung, Prüfung von Arzneimitteln und deren Behältnissen etc. enthält;

– Bekanntmachungen und Hinweise der Zulassungsbehörden, in erster Linie des BfArM, wie z.B. Erläuterungen zum Antrag auf Zulassung eines Arzneimittels beim BfArM vom 31.10.1996[1] und

– auf europäischer Ebene das Europäische Arzneibuch (EuAB) und Guidelines, allen voran die **Notice to Applicants, Volume 2**[2] des europäischen pharmazeutischen Regelwerks, die regulatorische Hinweise zu den verschiedenen Zulassungsverfahren und den einzureichenden Unterlagen im Humanarz-

---

[1] BAnz. Nr. 44a v. 5.3.1997.
[2] Abrufbar unter http://ec.europa.eu.

neimittelbereich gibt und **Volume 3**[3], welches Empfehlungen zu den Zulassungsunterlagen auf wissenschaftlicher Ebene enthält. Beide Dokumente konkretisieren den Anhang I der RL 2001/83/ EG.

6   Dies sind nur die wichtigsten ergänzenden Dokumente, die regelmäßig, insbes. auf europäischer Ebene, um Papiere zu bestimmten regulatorischen Aspekten oder für besondere Arzneimittelgruppen ergänzt und novelliert werden. Darüber hinaus enthält § 80 S. 1 Nr. 1 eine umfangreiche Ermächtigungsgrundlage für eine Rechtsverordnung, in der weitere Einzelheiten detailliert vorgeschrieben werden können (s. § 80 Rn. 4 ff.).

7   Während die nationalen VO für den Antragsteller verbindliches Recht darstellen, sind die für den Humanarzneimittelbereich lediglich als Allgemeine Verwaltungsvorschrift existierenden **Arzneimittelprüfrichtlinien** formal nur bindend für die Zulassungsbehörden.

8   Auch die **europäischen Guidelines** haben nur empfehlenden Charakter. Erst wenn die Arzneimittelprüfrichtlinien für den Humanarzneimittelbereich auch als Verordnung ausgestaltet sind, führen die in diesen enthaltenen Verweise auf die wissenschaftlichen Leitlinien für Qualität, Unbedenklichkeit und Wirksamkeit von Arzneimitteln zur Anwendung am Menschen, die vom Ausschuss Humanarzneimittel (CHMP) und dem Ausschuss für pflanzliche Arzneimittel (HMPC) verabschiedet und von der EMA veröffentlicht wurden und weitere Leitlinien der EU im Arzneimittelbereich, die die Kommission im europäischen pharmazeutischen Regelwerk publiziert hat, zu deren Rechtsverbindlichkeit und sind zwingend vom Antragsteller zu berücksichtigen. Aber bereits ohne diese förmliche Verbindlichkeit entfalten diese Dokumente eine faktische Bindungswirkung, da sie die auf europäischer Ebene abgestimmte Auffassung der Zulassungsexperten und damit die **harmonisierte Position der Union** (s. Vor § 21 Rn. 10 ff.) darstellen und für die Behördenpraxis maßgeblich sind.

9   **Bekanntmachungen von Behörden** sind nicht rechtsverbindlich, aber auch diese entfalten eine Bindungswirkung als zu beachtende **antizipierte Sachverständigengutachten,** wenn nicht besondere Umstände vorliegen, die Ausnahmen rechtfertigen[4]. Die Gesamtheit all dieser Regelungen soll eine nicht nur auf nationaler Ebene, sondern auch auf europäischer und – zunehmend auch darüber hinausgehend auf internationaler Ebene – Verfahrensvereinheitlichung herbeiführen, mit der auch kontinuierlich die materiellen Anforderungen an die wissenschaftlichen Unterlagen harmonisiert werden sollen.

10   Auf der Homepage des BfArM (www.bfarm.de) sind im Bereich Arzneimittel die zulassungsrelevanten Bekanntmachungen und Hinweise, in denen Links zu den europäischen Regelungen enthalten sind, verfügbar.

11   Die Vielzahl der offensichtlich erforderlichen konkretisierenden und ergänzenden Dokumente wirft die Frage auf, inwieweit § 22, in dem teilweise lediglich formale Aspekte des Zulassungsantrages gelistet werden, die ohne die ergänzenden Dokumente jedoch keinerlei Aussagekraft besitzen, noch zeitgemäß ist. Eine **Bereinigung dieser Vorschrift** um diese Angaben und eine Reduzierung auf die tatsächlich entscheidungsrelevanten übergeordneten Aspekte des Zulassungsantrages wäre wünschenswert. Dies gilt auch deshalb, da die konkretisierenden Dokumente, insbes. die Arzneimittelprüfrichtlinien und die europäischen Formulare und Guidelines, auf die auch in nationalen Zulassungsverfahren zurückgegriffen wird, mittlerweile einer anderen Struktur folgen und auch partiell darüber hinaus gehende weitere Angaben und Unterlagen fordern. Ihr Verhältnis zu dieser Basisvorschrift wird von daher immer unklarer und die Bedeutung, insbes. die der Aufzählung in Abs. 1, für die Praxis schwindet zunehmend.

III. Vor der Antragstellung

12   Vor der Antragstellung kann sich der Antragsteller von der zuständigen Bundesoberbehörde in einem dem Zulassungsverfahren vorgeschalteten **Beratungsverfahren** (Pre-Submission Meeting) gem. §§ 27 und 71c VwVfG beraten lassen. Vor dem Hintergrund der für ein Zulassungsverfahren erforderlichen umfangreichen Unterlagen, über deren Formate und Inhalte trotz aller Bemühungen um Vereinheitlichung aufgrund der Komplexität des Themas, der unterschiedlichen zur Beantragung kommenden Arzneimittel, der Wissenschaftspluralität und der Vielzahl von unbestimmten Rechtsbegriffen und konkretisierenden Regelungen, Unklarheit bestehen kann, ist ein Gespräch im Vorfeld eine Möglichkeit, um solche offenen Punkte zu klären. In den zentralen und anderen europäischen Zulassungsverfahren ist ein solches Beratungsverfahren obligatorisch, im nationalen Umfeld optional, aber von steigender Bedeutung. Erläuterungen dazu sind von den Zulassungsbehörden publiziert worden und auf der BfArM Homepage verfügbar[5]. Beratungsverfahren **(Scientific Advice)** sind auch im Hinblick auf andere im Zusammenhang mit der Zulassung von Arzneimitteln stehende Themenstellungen, z. B. hinsichtlich Planung und Durchführung klinischer Studien, möglich.

---

[3] Abrufbar unter http://ec.europa.eu.
[4] *Kloesel/Cyran*, § 22 Anm. 10.
[5] Abrufbar unter http://www.bfarm.de.

B. Zulassungsantrag (Abs. 1)

I. Antragstellung

1. Antragsteller. Als Antragsteller kommt unter Berücksichtigung der Regelung in § 21 III 1 nur ein 13 pharmazeutischer Unternehmer gem. § 4 XVIII in Betracht (s. § 21 Rn. 88 ff.). Dabei ist darauf hinzuweisen, dass der antragstellende pharmazeutische Unternehmer und spätere Zulassungsinhaber gem. § 9 II, der auf Art. 8 II 2 RL 2001/83/EG basiert, seinen Sitz in Deutschland oder in einem anderen EU- oder EWR-Staat haben muss **(Residenzpflicht).**

2. Formulare und Formate. Um ein einheitliches Verfahren auf der Basis gleichermaßen formal 14 aufbereiteter Unterlagen zu gewährleisten und insbes. auch den Zulassungsbehörden die Prüfung der Zulassungsanträge zu erleichtern und somit dazu beizutragen, dass die in § 27 genannten Fristen eingehalten werden können, sind bei der Beantragung festgelegte Prozesse einzuhalten und einheitliche Formulare und Formate zu verwenden.

Zu diesen im nationalen Zulassungsverfahren zu beachtenden Vorgaben enthalten die auf der BfArM- 15 Homepage veröffentlichten **„Hinweise zum Einreichen von Zulassungsanträgen beim Bundesinstitut für Arzneimittel und Medizinprodukte"** ausführliche Erläuterungen[6]. So ist z. B. vor der Antragstellung unter Nennung der Bezeichnung des Arzneimittels und seiner Darreichungsform eine Eingangsnummer bei der zuständigen Zulassungsbehörde zu beantragen. Für den zu verwendenden Formularsatz wird auf den europäischen Formularsatz, der in Volume. 2 des veröffentlichen pharmazeutischen Unionsrechts, der **Notice to Applicants**, zur Verfügung steht, verwiesen[7]. Einen eigenen nationalen Formularsatz, in dem die seit 2005 geltenden neuen Vorgaben berücksichtigt sind, haben die Zulassungsbehörden bisher nicht entwickelt. Vor dem Hintergrund zunehmender Harmonisierung scheint ein nationaler Formularsatz auch wenig sinnvoll.

Die **„Hinweise zum Einreichen von Zulassungsanträgen"** beziehen sich hinsichtlich weiterer 16 Anforderungen an den Zulassungsantrag und der diesem beigefügten Unterlagen und ihrer formalen Zusammenstellung auf nationale Vorgaben in den einschlägigen Bekanntmachungen aber zunehmend auch auf die in Betracht kommenden europäischen Dokumente. Sie enthalten darüber hinaus auch Vorgaben zum Erfordernis der Schriftform aber auch zur elektronischen Einreichung in festgelegten Formaten.

II. Antragsangaben (S. 1 Nr. 1 bis 15)

Die in S. 1 Nr. 1 bis 15 genannten Angaben stimmen aufgrund der zunehmenden Europäisierung und 17 Internationalisierung des Zulassungssystems nicht vollständig überein mit den in Anhang I der **Arzneimittelprüfrichtlinien** für das Modul 1 genannten administrativen Angaben. Sie befinden sich von daher auch nicht 1:1 auf dem auch für einen nationalen Zulassungsantrag zu verwendenden europäischen Formular[8]. Einerseits fehlen in der Aufzählung des § 22 formale Angaben, wie Art der beantragten Zulassung, z. B. generische Zulassung, Zulassung für ein Kinderarzneimittel etc. Andererseits sind insbes. die aufgelisteten Risikoangaben nicht Teil des Moduls I sondern bereits Teil des Moduls II und der Module III–V. Die Aufzählung hat von daher kaum noch praktischen Wert und ist in dieser Form dringend novellierungsbedürftig. Teilweise entsprechen die in Abs. 1 gelisteten Angaben lediglich denen für die Gebrauchsinformation nach § 11 (s. dazu § 11 Rn. 14 ff.) und/oder für die Fachinformation nach § 11a (s. dazu § 11a Rn. 10 ff.).

Nach den maßgeblichen Arzneimittelprüfrichtlinien (s. § 26 Rn. 6), deren Anlage Anhang I der RL 18 2001/83/EG entspricht, sind die Angaben und Unterlagen für einen Zulassungsantrag in fünf Modulen vorzulegen. Das Format wird als **Common Technical Document (CTD)** bezeichnet.

Modul 1 enthält administrative Daten, wie u. a. Arzneimittelbezeichnung, Wirkstoff/e, Darreichungs- 19 form, Packungsgröße, Antragsteller, Hersteller, Angaben zur Antragsart, Entwurf der Zusammenfassung der Produktmerkmale, Etikettierung und Packungsbeilage.

Während die Angaben in Modul 1 je nach Staat, in dem der Zulassungsantrag für ein Arzneimittel 20 gestellt wird, differieren, sind die Angaben in den Modulen 2–5 staatenübergreifend identisch.

Modul 2 besteht aus den Zusammenfassungen zur pharmazeutischen Qualität, Unbedenklichkeit 21 (Präklinische Übersicht) und Wirksamkeit (Klinische Übersicht).

Modul 3 enthält ausführliche Angaben zur pharmazeutischen Qualität, u. a. Angaben zum Wirkstoff, 22 Hersteller, Herstellungs- und Kontrollverfahren einschließlich der technischen Angaben zu den Behältnissen.

---

[6] Abrufbar unter http://www.bfarm.de.
[7] Abrufbar unter http://ec.europa.eu.
[8] Abrufbar unter http://ec.europa.eu.

23   In **Modul 4** sind sämtliche Angaben und Unterlagen zur Pharmakologie, Toxikologie und Pharmakokinetik dokumentiert und erläutert, während **Modul 5** aus den Angaben zur Klinik, insbes. aus
Berichten über die durchgeführten klinischen Studien besteht.

24   Diese Struktur und Inhalte wurden in erster Linie für Zulassungsanträge von Arzneimitteln mit neuen
chemisch synthetischen Wirkstoffen entwickelt. Für andere Arzneimittelgruppen, z. B. mit bekannten
Stoffen, Kombinationspräparate, pflanzliche Arzneimittel oder Arzneimittel für neuartige Therapien
gelten ergänzend oder anstelle dieser allgemeinen Vorgaben spezifische Anforderungen, die im Dritten
und Vierten Abschnitt der Anlage zu den **Arzneimittelprüfrichtlinien** beschrieben werden.

25   **1. Antragsteller und Hersteller (Nr. 1).** Sowohl Antragsteller als auch Hersteller müssen mit
Namen, der **Firma** und der **Anschrift** angegeben werden. Sind an der Herstellung des Arzneimittels
mehrere Hersteller beteiligt (zum Begriff „herstellen" s. § 4 Rn. 115 ff.), was heute aufgrund der
Komplexität der Herstellungsprozesse und des dafür unterschiedlichen Know-Hows und der Produkti-
onsmittel häufig der Fall ist, müssen sämtliche Hersteller angegeben werden. Die Angabe von mehreren
Herstellern „quasi auf Vorrat" kann auch deshalb sinnvoll sein, um auf Produktionsengpässe eines
Herstellers durch einen Wechsel flexibel reagieren zu können, ohne die ansonsten vorher gegenüber der
zuständigen Zulassungsbehörde anzuzeigende Änderung nach der seit dem 4.8.2013 auch für rein
national zugelassene Arzneimittel geltenden **VO (EG) Nr. 1234/2008** vornehmen zu müssen.

26   **2. Arzneimittelbezeichnung (Nr. 2).** Es ist eine Bezeichnung für das Arzneimittel anzugeben. Dies
ist der später für die Vermarktung vorgesehene Name, der dann auch in den Ausstattungsmaterialien
zeichengetreu zu übernehmen ist. Dabei kann es sich um einen Phantasienamen handeln, aber auch um
eine wissenschaftliche oder gebräuchliche Bezeichnung. Nach § 25 III sind verwechselungsfähige Bezeichnungen versagungsrelevant. Eine solche liegt vor, wenn die Arzneimittelbezeichnung mit derjenigen
für ein anderes Arzneimittel in unterschiedlicher Zusammensetzung aber gleicher Darreichungsform
identisch ist (s. dazu ausführlich § 25 Rn. 97 ff.). Darüber hinausgehende Fallgruppen, die sicherheitsrelevante Verwechselungsgefahren begründen können, können als irreführend gem. § 8 I 1 Nr. 2 zu
bewerten sein. Eine irreführende Bezeichnung verstößt gegen ein gesetzliches Verbot, und dies führt
gem. § 25 II 1 Nr. 7 zur Versagung der Zulassung. Aber auch solche irreführenden Bezeichnungen, die
keine Sicherheits- oder Anwendungsrisiken begründen, können wegen Irreführung eine Versagung
rechtfertigen. Hinweise zu irreführenden und/oder verwechselungsfähigen Arzneimittelbezeichnungen
enthält die „Leitlinie zur Bezeichnung von Arzneimitteln"[9], die vom BfArM und PEI im November
2013 veröffentlicht wurde und die Bekanntmachung über **„Hinweise und Empfehlungen zur Vermeidung von irreführenden Arzneimittelbezeichnungen" vom 9./22.8.1991** abgelöst hat, aber
auch die überarbeitete **„Guideline on the acceptability of names for human medicinal products
processed through the centralised procedure**, die am 1.1.2015 in Kraft **getreten ist** und die **die**
Guideline vom Dezember 2007 ablöst[10]. Deren Anwendungsbereich ist zwar auf europäische Zulassungsverfahren beschränkt, aber inhaltlich referenziert die deutsche Leitlinie auf die dort niedergelegten
Grundsätze.

27   **3. Zusammensetzung (Nr. 3).** Es müssen im Zulassungsantrag sämtliche Bestandteile, Wirkstoffe
(§ 4 XIX) und Hilfsstoffe qualitativ und quantitativ angegeben werden. Allerdings bezieht sich diese
Deklarationspflicht nur auf solche, die im Fertigprodukt noch vorhanden sind. Zu ihrer Bezeichnung
verweist die Vorschrift auf **§ 10 VI,** der seinerseits auf die vom BfArM, dem PEI und dem BVL gem.
§ 67a durch DIMDI veröffentlichten Stoffbezeichnungen verweist[11].

28   Bei **pflanzlichen Arzneimitteln** gehören zur Angabe der Bestandteile auch die verwandten Lösungs-
mittel, auch wenn sie im Fertigarzneimittel nicht mehr vorhanden sind, da sie für die Wirksamkeit und
Unbedenklichkeit von Bedeutung sein können[12]. Besonderheiten gelten auch für Gentherapeutika,
Arzneimittel menschlichen oder tierischen Ursprungs, u. a. Einzelheiten dazu enthalten die Anlagen der
Arzneimittelprüfrichtlinien im Dritten und Vierten Abschnitt oder die für die jeweilige Arzneimittel-
gruppe einschlägigen europäischen Guidelines.

29   **4. Darreichungsform (Nr. 4).** Die Angabe der Darreichungsform muss so eindeutig wie möglich
erfolgen. Heranzuziehen ist dabei die vom European Directorate for the Quality of Medicines (EDQM)
publizierte Liste **„List of Standard Terms",** in der die Bezeichnungen für die existierenden Darreichungsformen in sämtlichen Sprachen der EU-Mitgliedstaaten aufgeführt sind und die kostenpflichtig
online verfügbar ist[13].

30   **5. Wirkungen (Nr. 5).** Unter den im Zulassungsantrag anzugebenden Wirkungen ist jede Beeinflussung des physischen oder psychischen Zustandes zu verstehen, die im Rahmen von Studien und

---

[9] Abrufbar unter http://bfarm.de.
[10] Abrufbar unter http://www.ema.eu.
[11] Abrufbar unter http:/ www.dimdi.de.
[12] *Kloesel/Cyran* § 22 Anm. 28.
[13] Abrufbar unter http://www.edqm.eu.

anderen Unterlagen belegt werden kann. Wirkungen sind nicht mit der **Wirksamkeit** des Arzneimittels in einem bestimmten Indikationsgebiet zu verwechseln. Vielfach reicht es aus, die pharmakologische therapeutische Klasse anzugeben, z. B. Antibiotika, Analgetika, Hypnotika etc. Nach den Vorgaben für die Struktur und den Inhalt eines Zulassungsantrages in der § 22 konkretisierenden Anlage der Arzneimittelprüfrichtlinien gehört die Beschreibung der Wirkungen nicht zum Modul 1 mit den administrativen Angaben, sondern befindet sich in Modul 2 „Zusammenfassungen" und ausführlich wird dazu in Modul 4 „Präklinische Berichte" Stellung genommen. An dieser Stelle, wie auch in den unter Nr. 7–9 geforderten Angaben wird deutlich, dass die Aufzählung in § 22 I für den Zulassungsantrag, wie er heute bei den Behörden einzureichen ist, nur noch in Teilen von praktischer Relevanz ist.

6. Indikationen (Nr. 6). Als Anwendungsgebiete oder Indikationen sind die Zustände – in der Regel 31 Krankheiten oder krankhafte Beschwerden – aufzuführen, deren Beseitigung, Linderung oder Vorbeugung das Arzneimittel dienen soll. Diese sind durch die Unterlagen im klinischen Dossier gem. **Abs. 2 S. 1 Nr. 3** zu belegen. Es besteht jedoch keine Verpflichtung, sämtliche klinisch belegten Indikationen zur Zulassung des Arzneimittels zu beantragen. Der Antragsteller ist insoweit frei und kann selektieren. Ein Zwang zu einer Beantragung sämtlicher belegter wissenschaftlicher Indikationen (Zwangszulassung) existiert im deutschen und europäischen Recht nicht. Die Zulassungsbehörden sind bei ihrer Entscheidung über den Zulassungsantrag an den Umfang der Antragstellung gebunden. So kann zwar die Zulassung von beantragten Indikationen (teil)versagt werden, aber die Zulassungsbehörde kann den Antragsteller nicht verpflichten, bestimmte Indikationen aufzunehmen, wenn er diese nicht beantragt hat.

7. Gegenanzeigen (Nr. 7). Als Gegenanzeigen sind Umstände anzugeben, bei denen das Arznei- 32 mittel nicht angewendet werden darf. Gegenanzeigen können sich auf die Nicht-Anwendbarkeit des Arzneimittels von bestimmten Personengruppen, z. B. bei Kindern, älteren Menschen, Schwangeren, Stillenden oder auf bestimmte Krankheiten beziehen. Eine Gegenanzeige liegt dann vor, wenn die Einnahme des Arzneimittels bei diesen Personengruppen oder bei Vorliegen dieser Erkrankungen mit einem den **Nutzen** überwiegendem größeren **Risiko** verbunden ist[14].

Vom Zulassungsantrag abweichende Gegenanzeigen oder Anwendungsausschlüsse dürfen nur dann im 33 Wege einer Auflage für die Informationstexte (Packungsbeilage, Fachinformation) verbindlich gemacht werden, wenn sie in der Zulassungsentscheidung selbst enthalten sind. Die über den Antrag hinausgehende Verpflichtung zur Angabe von Gegenanzeigen stellt somit eine Teilversagung dar[15].

8. Nebenwirkungen (Nr. 8). Der Begriff der Nebenwirkungen ist in § 4 XIII definiert (s. § 4 34 Rn. 87 ff.). Anzugeben sind damit sämtliche bei der Anwendung des Arzneimittels am Menschen auftretende schädliche und unbeabsichtigte Reaktionen, die im pharmakologisch-toxikologischen und klinischen Dossier beschrieben und erläutert werden. Erst bei der Angabe dieser in der Packungsbeilage und der Fachinformation erfolgt eine Einschränkung auf die Nebenwirkungen, die bei bestimmungsgemäßem Gebrauch auftreten können (s. § 11 Rn. 35 f. und § 11a Rn. 14).

9. Wechselwirkungen (Nr. 9). Unter Wechselwirkungen des zur Zulassung beantragten Arznei- 35 mittels mit anderen Mitteln sind die Veränderungen der Wirkungsweise des Arzneimittels anzugeben, die bei der vorherigen, gleichzeitigen oder späteren Verabreichung von anderen Arzneimitteln, Lebensmitteln, Genussmitteln etc. auftreten können. Dabei kann es sich um Wirkungsverstärkungen, -abschwächungen oder um unerwünschte Begleiterscheinungen in Form von Nebenwirkungen handeln. Es sind die bekannten oder naheliegenden Interaktionen anzugeben und darüber Belege vorzulegen[16].

10. Dosierung (Nr. 10). Die Dosierung nach Tages- und Einzeldosen ist anzugeben. Differieren die 36 wissenschaftlich belegten Dosierungen für einzelne Personengruppen, Altersklassen oder auch indikationsabhängig, so sind diese unterschiedlichen Werte anzugeben.

11. Angaben zur Herstellungsweise (Nr. 11). Im Rahmen des 2. AMG-ÄndG 2012 wurde in 37 Anpassung an die Formulierung in der europäischen Basisvorschrift in Art. 8 III Buchst. d) RL 2001/83/ EG, der seinerseits zur Konkretisierung auf Anhang I verweist, anstelle des bisher verwandten Begriffs „Herstellung" der der „Herstellungsweise" eingeführt. Damit ist klargestellt, dass zu den Angaben der Herstellungsweise insbes. die Beschreibung des Herstellungsprozesses, der Inprozesskontrollen, die Kontrollen kritischer Herstellungsschritte und Zwischenprodukte sowie die Prozessvalidierung bzw. Prozessbewertung gehört[17]. Ausführliche Erläuterungen enthält die Anlage der **Arzneimittelprüfrichtlinien**

---

[14] Zur Anordnung von Gegenanzeigen, die ganze Personengruppen von der Anwendung des Arzneimittels ausschließen sollen, vgl. *BVerwG*, PharmR 2007, 472 ff.; *OVG NRW*, PharmR 2009, 400 ff.

[15] *OVG NRW*, Urt. v. 13.6.2012 – 13 A 789/09 – BeckRS 2012, 52420 in Fortführung von *BVerwG*, PharmR 2010, 364.

[16] Vgl. EMA „Note for Guidance on the Investigation of Drug Interactions" v. 21.6.2012, abrufbar unter http:// www.ema.europa.eu.

[17] BR-Drucks. 91/12, S. 83.

im Zweiten Abschnitt, der die zur pharmazeutischen Qualität (Modul 3) im Zulassungsantrag zu machenden Angaben konkretisiert.

38   Mit der Neufassung ist auch eine Rechtsgrundlage im AMG für die nach den Arzneimittelprüfrichtlinien erforderlichen Angaben zur Wirkstoffherstellung geschaffen worden, so dass die in diesem Punkt fehlende **Kongruenz** zwischen den im AMG und durch die Arzneimittelprüfrichtlinien geforderten Angaben hergestellt wurde[18].

39   **12. Art und Dauer der Anwendung (Nr. 12).** Unter der Art und Dauer der Anwendung sind zwei unterschiedliche Informationen aufzuführen. Zum einen muss die Frage nach dem „Wie" und zum anderen die nach dem „Wie lange" beantwortet werden.

40   Die **Anwendungsart** muss exakt angegeben werden. Allgemeine Aussagen, wie „innerlich" oder „äußerlich" reichen nicht. Der Verabreichungsweg muss so genau wie möglich beschrieben werden, welches auch die vorbereitenden Maßnahmen, z. B. das Auflösen von Tabletten und Einnahmezeitpunkte, z. B. vor oder nach dem Essen einschließt. Solche detaillierten Angaben sind selbstverständlich nur dann erforderlich, wenn die Wirksamkeit oder Verträglichkeit des Arzneimittels abhängig von ihnen differiert.

41   Die Angabe der **Anwendungsdauer** ist bei einer Begrenzung dieser oder einer Anwendung in bestimmten Behandlungsintervallen ebenfalls aufzuführen (s. § 11 Rn. 32).

42   **13. Packungsgrößen (Nr. 13).** Unter Packungsgröße versteht man die in einer Verkaufsverpackung zusammengefasste Menge des Arzneimittels nach Stückzahl, Gewicht oder Rauminhalt. Es sind sämtliche Packungsgrößen, in denen das Arzneimittel in den Verkehr gebracht werden soll, anzugeben. Dies schließt auch die Angabe von Klinikpackungen (Anstaltspackungen) und unverkäuflichen Mustern nach § 47 III inkl., bei denen es sich grundsätzlich um die kleinste zugelassene Packung handeln muss.

43   Die Wahl der Packungsgröße ist auf der Basis der Therapiegerechtigkeit zu begründen. Hinsichtlich der Erstattungsfähigkeit von Arzneimitteln zu Lasten der gesetzlichen Krankenversicherung ist die **PackungsV** maßgeblich.

44   **14. Haltbarkeitsangaben (Nr. 14).** Diese Angaben umfassen zunächst Informationen zur Art der **Haltbarmachung**, z. B. durch bestimmte Herstellungsverfahren (Sterilisation, Stabilisierung) oder durch den Zusatz von bestimmten Stoffen (Konservierungsstoffen, Antioxidantien) oder durch bestimmte Arten der Verpackung.

45   Darüber hinaus ist die **Dauer der Haltbarkeit,** die durch geeignete Haltbarkeitsversuche belegt werden muss, anzugeben Die belegte Dauer der Haltbarkeit ist Ausgangspunkt für die Angabe des Verfalldatums nach § 10 I 1 Nr. 9.

46   Für solche Arzneimittel, deren Stabilität und damit Wirksamkeit oder gar Sicherheit durch eine Aufbewahrung unter normaler Raumtemperatur und ansonsten üblichen Bedingungen beeinträchtigt wird, sind darüber hinaus **Lagerhinweise** für den Handel und **Aufbewahrungshinweise** für den Verbraucher anzugeben. Diese besonderen Bedingungen und die daraus abzuleitenden Hinweise resultieren in der Regel aus den Ergebnissen der Haltbarkeitsversuche.

47   Sämtliche Angaben zur Haltbarkeit sind durch entsprechende Untersuchungen zu belegen, deren Ergebnisse ebenfalls eingereicht werden müssen. Die Anforderungen an diese Stabilitätsuntersuchungen ergeben sich aus der Anlage zu den **Arzneimittelprüfrichtlinien** nach § 26 Zweiter Abschnitt (Modul 3) und den einschlägigen europäischen Guidelines.

48   **15. Kontrollmethoden (Nr. 15).** Die erforderlichen Angaben zur Qualitätskontrolle müssen Informationen über die angewandten Kontrollmethoden der Ausgangsstoffe, erforderlichenfalls auch Zwischenprodukte und Fertigprodukte enthalten und in Übereinstimmung mit den in den Arzneimittelprüfrichtlinien beschriebenen Methoden durchgeführt und validiert sein.

C. Sprache in den Antragsunterlagen (Abs. 1a)

49   Durch die 15. AMG-Novelle wurde die Möglichkeit eingeführt, bestimmte Unterlagen im Zulassungsverfahren in **englischer Sprache** einzureichen. Diese Vorschrift kommt damit einem in der Verwaltungspraxis des BfArM bereits gelebtem Bedürfnis nach. Zunehmend sind die mit dem Zulassungsantrag als Nachweise eingereichten wissenschaftlichen Unterlagen, Berichte aus klinischen Prüfungen, das für einen bibliographischen Antrag verwendete publizierte Material und die Sachverständigengutachten in englischer Sprache abgefasst, so dass diese Neuregelung als eine tatsächliche Verfahrensvereinfachung zu bewerten ist.

50   Die Pflicht zur Verwendung der deutschen Sprache besteht im Rahmen des Zulassungsverfahrens nach der Neuregelung nur noch für die Angaben nach Abs. 1 Nr. 1–10 und für die nach Abs. 7 vorzulegen-

---

[18] *Kloesel/Cyran,* § 22 Anm. 44.

den Entwürfe für die Kennzeichnung, Gebrauchsinformation und Fachinformation. Die übrigen Unterlagen können in englischer Sprache abgefasst sein.

D. Weitere Antragsunterlagen (Abs. 2)

I. Inhalt der Unterlagen (S. 1)

Abs. 2 enthält die Vorlageverpflichtung für die Unterlagen, die das Kernstück des Zulassungsantrags **51** bilden, auf dem die materielle Entscheidung der Zulassungsbehörde beruht. Die Unterlagen enthalten die ausführliche wissenschaftliche Beschreibung und die Nachweise zum Beleg der im Zulassungsantrag gemachten Angaben und beanspruchten Indikationen, wie sie sich in der Auflistung nach Abs. 1 widerspiegeln. Ihre Struktur und ihre Inhalte ergeben sich aus den Arzneimittelprüfrichtlinien nach § 26 und den diese ergänzenden nationalen und europäischen Erläuterungen, insbes. der Notice to Applicants[19] und den entsprechenden wissenschaftlichen Guidelines[20]. Ergänzt werden diese durch umfangreiche Unterlagen zur Pharmakovigilanz und Angaben zur Wirkstoffherstellung.

1. Qualitätsunterlagen (Nr. 1). Nach **Nr. 1** sind Ergebnisse aus Untersuchungen und Versuchen **52** vorzulegen, mit denen der Nachweis einer angemessenen pharmazeutischen Qualität des Arzneimittels, erbracht werden kann. Darunter versteht man gem. **§ 4 XV** „die Beschaffenheit des Arzneimittels, die nach Identität, Gehalt, Reinheit, sonstigen chemischen, physikalischen, biologischen Eigenschaften oder durch das Herstellungsverfahren bestimmt wird" (s. auch § 4 Rn. 128 ff.).

Ausführliche Erläuterungen enthält die Anlage der Arzneimittelprüfrichtlinien im Zweiten Abschnitt **53** (Modul 3) und zu besonderen Produktgruppen, wie z. B. pflanzlichen Arzneimitteln, enthält der Vierte Abschnitt ergänzende Ausführungen.

2. Unterlagen zur Pharmakologie-Toxikologie (Nr. 2). Ziel dieser im Zulassungsverfahren vor- **54** zulegenden Dokumentation ist der Beleg der **Unbedenklichkeit** des Arzneimittels anhand der Ergebnisse aus pharmakologischen und toxikologischen Untersuchungen **(Nr. 2)**. In diesen werden die möglichen Wirkungsweisen, erwünschte und unerwünschte, des Wirkstoffes untersucht, um damit die sichere Anwendung des Arzneimittels und deren Voraussetzungen festzustellen. Dazu gehören heute selbstverständlich auch Studien zur Mutagenität (Erbgutveränderung) und Kanzerogenität (Krebserregung). Im Wesentlichen finden diese Versuche an Tieren statt. Vor dem Hintergrund der Regelungen im TierSchG und den dazu existierenden internationalen Übereinkommen werden zunehmend in geeigneten Fällen alternative In-vitro-Untersuchungen durchgeführt.

Insbes. im Hinblick auf die Ergebnisse aus alternativen Untersuchungsmethoden ist deren Geeignetheit **55** und Vergleichbarkeit mit konservativen Methoden zu belegen. Entsprechende Regeln zur Qualifikation, Organisation und Durchführung solcher Versuche enthält Anhang 1 zu § 19a I ChemG. Diese international anerkannten Grundsätze zur **Guten Laborpraxis (GLP)** gelten auch für Arzneimittel, auch im Hinblick auf deren Auswirkungen auf die Umwelt. Die zuständigen Überwachungsbehörden stellen entsprechende Zertifikate aus, die mit dem Zulassungsantrag vorgelegt werden müssen.

Ausführliche Hinweise zu Inhalt und Format dieser Dokumentation enthält die Anlage der **Arznei-** **56** **mittelprüfrichtlinien** im Zweiten Abschnitt (Modul 4).

3. Klinische Unterlagen (Nr. 3). Die Vorschrift der **Nr. 3** verlangt als Unterlagen, mit denen die **57** **therapeutische Wirksamkeit** des zur Zulassung beantragten Arzneimittels belegt werden soll, in erster Linie die Ergebnisse aus klinischen Prüfungen. Dieser Begriff ist in **§ 4 XXIII** definiert. Die Voraussetzungen für eine klinische Prüfung ergeben sich aus den **§§ 40 ff.** und der **GCP-V.** Daneben sind jedoch auch Ergebnisse aus sonstiger ärztlicher, zahn- oder tierärztlicher Erprobung zum Beleg der Wirksamkeit geeignet. Darunter sind z. B. Anwendungen von bereits zugelassenen Arzneimitteln in nicht zugelassenen Indikationen (**off-label-use**, s. dazu Vor § 21 Rn. 21 ff.) zu verstehen, die dann als Beleg für die neue Indikation in einem ggf. erforderlichen Neuzulassungsverfahren eingereicht werden können.

Ausführliche Erläuterungen enthält die Anlage der **Arzneimittelprüfrichtlinien** im Zweiten Ab- **58** schnitt (Modul 5) sowie der Dritte und Vierte Abschnitt für besondere Zulassungsanträge und Arzneimittelstoffgruppen. Diese Konkretisierungen werden durch weitere europäische Guidelines für bestimmte Stoffgruppen, Indikationen ergänzt, wie z. B. für Dermatika etc.[21]

4. Erklärung der Gleichwertigkeit (Nr. 4). Werden Ergebnisse aus klinischen Studien, die in **59** **Drittstaaten** durchgeführt wurden, im Rahmen des klinischen Dossiers nach Nr. 3 eingereicht, muss eine Erklärung vorgelegt werden, in der bestätigt wird, dass diese unter solchen ethischen Bedingungen durchgeführt wurden, die den europäischen Standards der guten klinischen Praxis (GCP) nach der RL 2001/20/EG entsprechen. Die Vorschrift dient zum einen der Sicherstellung, dass Zulassungen in

---

[19] Abrufbar unter http://ec.europa.eu.
[20] Abrufbar unter http://ec.europa.eu.
[21] Abrufbar unter: http://www.ema.europa.eu.

der EU nur auf der Basis solcher Ergebnisse erteilt werden, die mit Methoden generiert wurden, die mit den in Europa harmonisierten wissenschaftlichen Standards vergleichbar sind. Zum anderen sollen aber auch nur solche Studien in europäischen Zulassungsverfahren verwendet werden können, die den europäischen ethischen Standards genügen.

60   **5. Zusammenfassende Beschreibung des Pharmakovigilanz-Systems (Nr. 5).** Erstmals mit der 14. AMG-Novelle wurde in § 22 eine Verpflichtung zur Vorlage von Unterlagen eingeführt, die Auskunft über die für die zukünftige Vermarktung des Arzneimittels installierten Sicherheitssysteme geben sollte. Diese Vorschrift wurde auf der Basis der RL 2010/84/EU (Pharmakovigilanzrichtlinie) mit dem 2. AMG-ÄndG 2012 neu strukturiert, indem zwischen Vorlage von Unterlagen zur Pharmakovigilanz (Nr. 5) und Risikomanagement (Nr. 5a) differenziert wird und der Umfang der jeweils vorzulegenden Unterlagen erweitert wurde. Diese Neuregelungen stehen im Zusammenhang mit den ebenfalls neuen Legaldefinitionen in § 4 XXXVI–XXXIX sowie den umfassend überarbeiteten §§ 63b–63d. Zur Überprüfung der Angaben kann die zuständige Bundesoberbehörde. gem. § 62 VI **Pharmakovigilanz-inspektionen** durchführen. Mit diesen Vorschriften werden Zulassung und Arzneimittelsicherheit bei der Vermarktung eng miteinander verzahnt. Bereits im behördlichen Markzutrittsverfahren müssen die in Nrn. 5 – 6 genannten erst für die Vermarktung relevanten Unterlagen vorgelegt werden und werden damit zum Gegenstand der behördlichen Prüfung. Die in Deutschland im Arzneimittelbereich bis zu diesen Neuregelungen deutliche Trennung von Marktzugang einerseits und Marktüberwachung andererseits, die u. a. auch in unterschiedlichen behördlichen Zuständigkeiten (§§ 64 und 77) zum Ausdruck kommt, wird dadurch zunehmend verwischt.

61   **Nr. 5** fordert bei Zulassungsanträgen für Humanarzneimittel eine zusammenfassende Beschreibung des **Pharmakovigilanz-Systems**, welche die in den **Buchst. a) bis c)** genannten Einzelheiten umfassen muss. Der Begriff des Pharmakovigilanz-Systems ist in § 4 XXXVIII definiert (s. § 4 Rn. 287 ff.). In Bezug auf den Zulassungsinhaber umfasst es ein System, welches es dem Zulassungsinhaber ermöglicht, seinen Pharmakogivilanzpflichten nach §§ 63a ff. nachzukommen. Es dient der Kontrolle der Sicherheit von zugelassenen Arzneimitteln und der systematischen Erfassung von Arzneimittelrisiken und den damit möglicherweise verbundenen Änderungen des Nutzen-Risiko-Profils von Arzneimitteln. Die Verpflichtung zur Einrichtung und zum Betreiben eines Pharmakovigilanz-Systems ist in § 63b I 1 vorgesehen. Konkretisierungen zu Format und Inhalten des Pharmakovigilanz-Systems enthält die unmittelbar in Deutschland geltende Durchführungsverordnung (EU) Nr. 520/2012 der Kommission vom 19. Juni 2012 und weitere Details werden in den unter dem Titel Good Pharmacovigilance Practises (GVP) modulartig erarbeiteten Guidelines der EU festgelegt. Vorgaben für das Pharmakovigilanz-System enthalten Modul I und II (s. § 4 Rn. 288 ff.).

62   **a) Nachweis eines Pharmakovigilanzbeauftragten (Buchst. a)).** Bestandteil der Beschreibung des Pharmakovigilanz-Systems ist der vom Antragsteller zu führende Nachweis, dass er über eine qualifizierte für die Arzneimittelsicherheit zuständige Person nach § 63a **(Stufenplanbeauftragter)** verfügt. Teil dieses Nachweises sind Informationen zu dessen Sitz und Tätigkeitsgebiet in der EU sowie dessen Kontaktdaten. Vorzulegen sind insoweit die Qualifikationsnachweise, die Stellenbeschreibung und Informationen zu dessen Einbindung in das beschriebene Pharmakovigilanzsystem.

63   **b) Ort der Pharmakovigilanzstammdokumentation (Buchst. b)).** Der Begriff der PharmakovigilanzstammDokumentation ist in § 4 XXXIX definiert (s. § 4 Rn. 308 ff.); Details zu ihrer Gestaltung finden sich in der auch in Deutschland geltenden Durchführungsverordnung (EU) Nr. 520/2012 der Kommission vom 19. Juni 2012. Im Rahmen des Zulassungsverfahrens muss der Ort, an dem sich diese Dokumentation für das zur Zulassung beantragte Arzneimittel befindet, angegeben werden.

64   **c) Erklärung des Antragstellers (Buchst. c)).** Der Antragsteller muss eine von ihm unterzeichnete Erklärung abgeben, dass er über die notwendigen Mittel verfügt, um seinen Pharmakovigilanzpflichten nach §§ 63a – 63c nachzukommen.

65   Die Beschreibung des Pharmakovigilanzsystems wird zum **Einreichungszeitpunkt** verlangt. Häufig wird diese Beschreibung jedoch in einem separaten Prozess zwischen dem Antragsteller und der zuständigen Abteilung der Zulassungsbehörde bis zur Zulassungsreife **erarbeitet.** Möglich ist auch eine Anordnung zur Vorlage dieser Daten bei Zulassungserteilung durch eine Auflage gem. § 28 IIIa Nr. 5.

66   **6. Angaben zum Risikomanagement-Plan und -System (Nr. 5a).** Nach Nr. 5a sind unter dem Gesichtspunkt Arzneimittelsicherheit über die in Nr. 5 vorgesehenen Angaben hinaus im Rahmen eines Zulassungsantrages für ein Humanarzneimittel Informationen zum Risikomanagement vorgeschrieben. Konkret muss der Risikomanagement-Plan (RMP) zusammen mit einer Beschreibung des Risikomanagement-Systems, welches der Antragsteller für das betroffene Humanarzneimittel einführen will, einschließlich einer Zusammenfassung der gesamten Informationen vorgelegt werden. Legaldefinitionen zu den Begriffen Risikomanagement-Plan und -System enthält § 4 XXXVI (s. § 4 Rn. 261 ff.) und XXXVII (s. § 4 Rn. 271 ff.). Inhaltlich im Detail konkretisiert werden diese ebenfalls durch die Durchführungsverordnung (EU) Nr. 520/2012 der Kommission vom 19. Juni 2012 und die unter dem Titel

Good Pharmacovigilance Practises (GVP) modulartig erarbeiteten Guidelines der EU. Einschlägig für das Thema Risikomanagement ist Modul V (s. § 4 Rn. 265 ff.).

Die Angaben und Unterlagen zum Risikomanagement werden wie auch die zur Pharmakovigilanz **67** zum **Einreichungszeitpunkt** verlangt. Diese Unterlagen werden jedoch ebenfalls häufig in einem separaten Prozess zwischen dem Antragsteller und der zuständigen Abteilung der Zulassungsbehörde bis zur Zulassungsreife **erarbeitet**. Möglich ist auch eine Anordnung zur Vorlage dieser Daten bei und nach Zulassungserteilung durch Auflage gem. § 28 IIIa Nr. 1, IIIb Nr. 1.

7. Unterlagen zur Arzneimittelsicherheit bei Tierarzneimitteln (Nr. 6). Bei Zulassungsanträgen **68** für Tierarzneimittel ist gem. Nr. 6 der **Umfang** der zum Thema Arzneimittelsicherheit vorzulegenden Dokumente im Vergleich zu Anträgen für Humanarzneimittel **reduziert**. Im Einzelnen müssen eine detaillierte Beschreibung des Pharmakovigilanz-Systems, der Nachweis über die Existenz eines geeigneten Stufenplanbeauftragten und soweit erforderlich, wenn Anhaltspunkte für entsprechende Risiken vorliegen, eine Beschreibung des Risikomanagement-Systems sowie der Nachweis über das Vorhandensein einer geeigneten Struktur zur Meldung von Nebenwirkungen gem. § 63h vorgelegt werden.

8. Arzneimittel für seltene Leiden (Nr. 7). Nach **Nr. 7** ist eine Kopie der Ausweisung des Arznei- **69** mittels für seltene Leiden (Orphan Drug) vorzulegen. Diese Verpflichtung besteht selbstverständlich nur dann, wenn ein nach der VO (EG) Nr. 141/2000 beschriebener Antrag auf Zulassung nach dieser Verordnung gestellt werden soll. Mit dieser VO soll ein europaweit einheitliches vereinfachtes Verfahren zur Zulassung von Orphan Drugs etabliert werden, welches neben Verfahrenserleichterungen auch durch Forschungs- und Entwicklungsanreize, z. B. längere Marktexklusivität, Forschungshilfen, flankiert wird[22].

9. Bestätigung zur Wirkstoffherstellung (Nr. 8). Diese mit dem 2. AMG-ÄndG 2012 eingeführte **70** Vorlageverpflichtung, soll sicherstellen, dass bei der Herstellung von zur Zulassung beantragten Humanarzneimitteln nur solche Wirkstoffe (s. zur Begriffsbestimmung § 4 Rn. 153 ff.) eingesetzt werden, die GMP-gerecht hergestellt wurden. Eine GMP-gerechte Wirkstoffherstellung liegt dann vor, wenn die Vorschriften der **AMWHV** und ergänzend die Vorgaben von **Teil II des EG-GMP-Leitfadens,** auf die in § 3 II 2 AMWHV verwiesen wird, eingehalten werden[23]. Diese Vorschrift dient der Umsetzung von Art. 8 III Buchst. ha) RL 2001/83/EG, der insoweit auf Art. 46 Buchst. f) der RL verweist.

Konkret muss der Arzneimittelhersteller, der nicht identisch mit dem Antragsteller sein muss, unter **71** Angabe des Zeitpunkts bestätigen, dass er oder eine von ihm vertraglich beauftragte Person beim Wirkstoffhersteller vor Ort ein **Audit** durchgeführt hat und sich dabei von der GMP-Konformität bei der Herstellung des Wirkstoffes überzeugt hat. Beauftragt der Arzneimittelhersteller mit der Auditierung einen geeigneten **Dritten**, so bedarf es einer vertraglichen Regelung. Der beauftragende Arzneimittelhersteller hat sich von der Eignung des Dritten zu überzeugen, und bei ihm verbleibt die Letztverantwortung für die tatsächliche GMP-Konformität der zur Arzneimittelherstellung eingesetzten Wirkstoffe[24].

II. Art, Umfang und Zeitpunkt der Prüfung (S. 2)

Die im Rahmen der pharmazeutischen, pharmakologisch-toxikologischen und klinischen Dokumen- **72** tation eingereichten Versuchsergebnisse sind mit bibliographischen Angaben zu Art, Umfang und Zeitpunkt zu versehen. Dabei handelt es sich um eine wissenschaftliche Selbstverständlichkeit, deren ausdrückliche Erwähnung im Gesetz vor dem Hintergrund der detaillierten konkretisierenden untergesetzlichen Normen, die zur Interpretation der Vorschrift heranzuziehen sind, heute überflüssig erscheint.

III. Vorlage aller für die Bewertung zweckdienlichen Angaben (S. 3)

Das **Gebot der Vollständigkeit** dagegen, welches in den S. 3 und auch in S. 4 normiert wird, hat **73** vor dem Hintergrund des dazu korrespondierenden Versagungsgrundes nach § 25 II 1 Nr. 1 mehr als nur formale Bedeutung. Es müssen sämtliche Angaben und Unterlagen vorgelegt werden, die für die Bewertung des Arzneimittels geeignet sind, unabhängig davon, ob sie für die Bewertung des Arzneimittels positive oder negative Informationen enthalten **(Abs. 2 S. 3)**.

IV. Abgebrochene Versuche und klinische Prüfungen (S. 4)

Die Pflicht zur vollständigen Vorlage bezieht sich nach **Abs. 2 S. 4** auch auf unvollständige oder nicht **74** beendete, abgebrochene toxikologisch-pharmakologische Versuche und klinische Prüfungen zu dem zulassungspflichtigen Arzneimittel. Diese Vorlageverpflichtung kann sich selbstverständlich nur auf solche Angaben und Unterlagen beziehen, die dem Antragsteller bekannt sind oder bekannt sein müssen.

---

[22] Vgl. zum Zeitpunkt der notwendigen Antragstellung für einen Antrag auf Ausweisung als „Arzneimittel für seltene Leiden" *EuG*, Urt. v. 9.9.2010 – Rs. T-264/07, PharmR 2010, 595 ff.

[23] Im Unionsrecht zusammengefasst als Volume. 4 Part II, abrufbar unter: http://ec.europa.eu.

[24] *Kloesel/Cyran*, § 22 Anm. 82a.

E. Bibliographischer Zulassungsantrag (Abs. 3)

75 Abs. 3 enthält Ausnahmen von den in Abs. 2 S. 1 Nr. 2 und 3 beschriebenen Vorlageverpflichtungen. Liegen die in den Abs. 3 S. 1 Nr. 1–3 beschriebenen Voraussetzungen vor, sind keine Ergebnisse eigener toxikologisch-pharmakologischer Untersuchungen oder klinischer Prüfungen vorzulegen, um die Unbedenklichkeit und Wirksamkeit des zur Zulassung beantragten Arzneimittels zu belegen. Die in Abs. 2 S. 1 Nr. 2 und 3 beschriebene Dokumentation besteht dann nicht oder nicht nur aus solchen Untersuchungsergebnissen und deren Bewertung, sondern aus anderem wissenschaftlichem Erkenntnismaterial. Es werden vollständige Unterlagen vorgelegt, aber ihr Inhalt besteht ganz oder teilweise aus bibliographischem Material und nicht aus selbst generierten Daten. Diese Art der Zulassung stellt einen Unterfall der **stand alone Application** dar und wird vielfach als bibliographische Zulassung bezeichnet. Aufgrund der europäischen Regeln, die in das AMG hier Eingang gefunden haben, wird auch als technische Kurzbezeichnung der Begriff **well-established-medicinal-use Zulassung** verwandt. Auch der Begriff **abridged application** (abgekürztes Verfahren) wird in diesem Zusammenhang gebraucht[25]. Dieser erscheint allerdings im Bereich der generischen Zulassung nach §§ 24a ff. zutreffender, da in diesen Verfahren wirklich eine „verkürzte" Dokumentation aufgrund der Bezugnahmemöglichkeit auf bereits schon bei den Zulassungsbehörden vorhandene Unterlagen vorgelegt wird, während im Verfahren nach § 22 III eine vollständige Dokumentation nur aus anderen wissenschaftlichen Belegen bestehend vorgelegt werden muss.

76 Der **Zweck** der Regelung besteht darin, aus ethischen Gründen unnötige Tierversuche und klinische Prüfungen zu vermeiden und dem auch für das Verwaltungsrecht geltenden Übermaßverbot als Aspekt des Verhältnismäßigkeitsgrundsatzes Rechnung zu tragen.

I. Anderes wissenschaftliches Erkenntnismaterial (S. 1)

77 Ein zentraler Begriff dieser Vorschrift, den es auszufüllen gilt und der bereits in der Vergangenheit zu einer Vielzahl von Konflikten mit den Zulassungsbehörden geführt hat, ist der des anderen wissenschaftlichen Erkenntnismaterials. Im AMG selbst ist dazu keine Begriffsbestimmung enthalten. In der Basisbestimmung des Art. 10a S. 2 RL 2001/83/EG heißt es dazu „In diesem Fall werden die Ergebnisse dieser Versuche durch einschlägige wissenschaftliche Dokumentation ersetzt". In den Arzneimittelprüfrichtlinien, Dritter Abschnitt der dem Anhang I, Teil II der RL 2001/83/EG entspricht, wird ausgeführt, dass die Dokumentation sämtliche Aspekte der Unbedenklichkeits- und Wirksamkeitsbewertung abdecken muss und einen Überblick über die einschlägigen Veröffentlichungen umfassen muss. Zu berücksichtigen sind dabei vor und nach dem Inverkehrbringen durchgeführte Untersuchungen oder **epidemiologische Studien,** deren Heranziehung vom Antragsteller erläutert und begründet werden muss. **Europäische Monographien,** insbes. die zu pflanzlichen Arzneimitteln, die vom Ausschuss der EMA für pflanzliche Arzneimittel (HMPC) gem. Art. 16h RL 2001/83/EG erarbeitet werden, dürften dem Anspruch an anderes wissenschaftliches Erkenntnismaterial ebenfalls genügen und sind auch als solches Erkenntnismaterial zu bewerten, wenn in ihnen der **well-established-medicinal-use** für die Pflanze und ihre Zubereitungen beschrieben ist.

78 In der Amtlichen Begründung zum AMNOG 1976[26] sind als weitere Unterlagen zu § 22 III wissenschaftliche Veröffentlichungen, nicht veröffentlichte Gutachten, nach wissenschaftlichen Methoden aufbereitetes medizinisches Erkenntnismaterial genannt. Im Bericht des Bundestagsausschusses[27] werden zusätzlich Gutachten von wissenschaftlichen Ärztegesellschaften erwähnt. Inwieweit solche Unterlagen aktuellen Anforderungen an die wissenschaftliche Belegbarkeit noch standhalten, ist eine Frage des **Einzelfalls.** Ältere Publikationen, die nicht mehr heutigen Standards entsprechen, sind kritisch zu sehen und zu aktualisieren oder unbrauchbar. Dies gilt auch für die die im Rahmen der Nachzulassung erarbeiteten Aufbereitungsmonographien nach § 25 VII i. d. F. der 4. AMG-Novelle.

79 Denkbar sind nach der Anlage zu den **Arzneimittelprüfrichtlinien** im Dritten Abschnitt unter 7. auch, dass sich die Unterlagen aus bibliographischen Unterlagen und Ergebnissen aus eigenen Untersuchungen zusammensetzen und in dieser Kombination ein vollständiges Bild über die Unbedenklichkeit und Wirksamkeit des Arzneimittels abgeben (gemischte Zulassungsanträge – **mixed application**)[28]. In der Verwaltungspraxis des BfArM werden solche Anträge unabhängig von der Bedeutung der Daten aus eigenen Untersuchungen für den Beleg von Unbedenklichkeit und/oder Wirksamkeit grundsätzlich als Anträge nach § 22 II und nicht als bibliographische Zulassungsanträge eingeordnet.

---

[25] *Kloesel/Cyran,* § 22 Anm. 86.

[26] Abgedruckt bei *Kloesel/Cyran,* § 22.

[27] Abgedruckt bei *Kloesel/Cyran,* § 22.

[28] Vgl. *OVG NRW,* Urt. v. 4.7.2013 – 13 A 2788/10 – BeckRS 2013/53817 und 13 A 2801/10 – BeckRS 2013/53818 zu den Voraussetzungen der drittschützenden Wirkung zugunsten des Inhabers der Originalzulassung bei einer mixed application bestehend aus bibliographischem Material und aus aufgrund von Informationsfreiheitsgesetzen erlangten, vom Originalzulassungsinhaber generierten Studienergebnissen.

Die **Rechtsprechung** geht davon aus, dass das nach Abs. 3 vorzulegende andere wissenschaftliche **80** Erkenntnismaterial nach dem Sinn und Zweck der Vorschrift und nach Art. 10a S. 2 RL 2001/83/EG so beschaffen sein muss, dass es in etwa den Ergebnissen nach Abs. 2 S. 1 Nr. 2 und 3 entspricht[29]. Zum „wissenschaftlichen Erkenntnismaterial" gehört auch medizinisches Erfahrungsmaterial, das allerdings gem. § 26 II 2 nach wissenschaftlichen Methoden aufbereitet sein muss[30]. Die Vorlage der Zusammenfassung der Produktmerkmale gem. Abs. 7 S. 1 (Summary of Product Characteristics – SPC) eines bereits zugelassenen vergleichbaren Arzneimittels reicht nicht aus, um den erforderlichen bibliographischen Nachweis zu führen; sie kann die nach § 24 I vorgeschriebenen Gutachten ersetzen[31].

Das *BVerwG* lässt grundsätzlich auch **Anwendungsbeobachtungen** als ein Unterfall der nichtinter- **81** ventionellen Studien (s. § 4 Rn. 185 ff.) zu, wenn sie nach wissenschaftlichen Methoden geplant, durchgeführt und ausgewertet wurden[32]. Hier spielen in der Praxis die „Empfehlungen des BfArM und des PEI zur Planung, Durchführung und Auswertung von Anwendungsbeobachtungen" vom 7.7.2010[33] trotz ihres fehlenden Normcharakters eine bedeutsame Rolle. Allein reichen Anwendungsbeobachtungen als Beleg für Unbedenklichkeit und/oder Wirksamkeit jedoch **nicht** aus[34].

1. Allgemein medizinisch verwendete Wirkstoffe (Nr. 1). Die Vorlageverpflichtung nach den **82** § 22 II 1 Nr. 2 und 3 entfällt nur für bekannte Arzneimittel oder präziser, **Arzneimittel aus bekannten Wirkstoffen.** Im Zuge der Novellierung des europäischen Arzneimittelrechtes im Jahr 2004 und in dessen Folge durch die 14. AMG-Novelle wurde der **Nr. 1** in dieser Formulierung eingeführt und so der bisher unbestimmte Begriff der **Bekanntheit eines Arzneimittels** definiert. Dieser besteht aus zwei Aspekten. Er setzt eine **zehnjährige Verwendung** des oder der Wirkstoffe in der EU voraus. Bei dieser Verwendung muss es sich um eine allgemein (tier)medizinische Verwendung handeln. Des Weiteren müssen die **Wirkungen und Nebenwirkungen bekannt** sein und sich aus dem vorgelegten Erkenntnismaterial ergeben.

Ausführliche Erläuterungen, welche Aspekte durch das bibliographische Material zu belegen sind, **83** enthält die Anlage der **Arzneimittelprüfrichtlinien** Dritter Abschnitt und Volume.2, die **Notice to Applicants,** des europäischen pharmazeutischen Rechts[35].

Als maßgebliche Faktoren für die allgemeine medizinische Verwendung nennen die **Arzneimittel-** **84** **prüfrichtlinien** u. a. den Verwendungszeitraum, Verwendungsmenge, das Ausmaß des wissenschaftlichen Interesses und die Einheitlichkeit der wissenschaftlichen Beurteilung[36]. In der **Notice to Applicants** wird ausgeführt, dass der Beleg für eine allgemeine medizinische Verwendung nicht zwingend den Einsatz eines zugelassenen Arzneimittels verlangt, sondern auch beim Fehlen eines zugelassenen Arzneimittels erbracht werden kann, wobei Daten aus klinischen Prüfungen oder Compassionate Use nicht ausreichen.

Das *OVG Münster* bewertet diese Vorschrift als **Ausnahmevorschrift,** die restriktiv anzuwenden ist. **85** Nach Meinung des Gerichts setzt eine allgemeine medizinische Verwendung die Verwendung des Wirkstoffes in einem (anderen) zugelassenen Arzneimittel voraus. Dies ist nicht dargelegt, wenn das zur Zulassung anstehende Arzneimittel das einzige ist, welches den Wirkstoff enthält und dieses auf der Basis einer fiktiven Zulassung nach § 105 im Verkehr ist. Für das Gericht setzt die Anwendung dieser Vorschrift voraus, dass das Referenzpräparat ein anderes ist, als das was zur Zulassung ansteht und für dieses zugelassene Arzneimittel „verlässliche" Ergebnisse vorliegen[37].

2. Vergleichbares Arzneimittel (Nr. 2). Eine bibliographische Zulassung kommt auch dann in **86** Frage, wenn als Referenzpräparat nicht ein identisches, sondern ein vergleichbares Arzneimittel herangezogen wird. Dieses muss dann die Voraussetzungen nach Nr. 1 erfüllen; seine Wirkstoffe müssen seit zehn Jahren in der EU allgemein medizinisch verwendet worden sein **(Abs. 3 S. 1 Nr. 2).**

Zur Interpretation des **Begriffs der Vergleichbarkeit** gibt das Gesetz keine Auslegungshilfe. Insoweit **87** ist auch wieder auf die **Arzneimittelprüfrichtlinien** zurückzugreifen. Im Dritten Abschnitt der Anlage wird gefordert, dass aus den präklinischen und/oder klinischen Übersichten hervorgehen muss, inwieweit die vorgelegten Daten, soweit sie ein anderes Arzneimittel betreffen, für das zur Zulassung beantragte Arzneimittel relevant sind. Weiterhin ist zu beurteilen, inwieweit trotz bestehender Unterschiede die Arzneimittel als gleich betrachtet werden können. Die dann in den Arzneimittelprüfrichtlinien weiterhin unter 2. gemachten Ausführungen zu Arzneimitteln, die im Wesentlichen einem bereits zugelassenen Arzneimittel gleichen, betreffen nicht-**well-established-medicinal-use Zulassungen,** sondern gene-

[29] *OVG NRW,* Beschl. v. 9.6.2009 – 13 A 1270/0 – BeckRS 2012, 51368; *OVG NRW,* Beschl. v. 9.6.2009 – 13 A 1364/08 – BeckRS 2009, 35517; *OVG NRW,* Beschl. v. 19.3.2009 – 13 A 1022/08 – BeckRS 2009, 32860; *OVG NRW,* Urt. v. 23.5.2007 – 13 A 328/04 – BeckRS 2007, 26027.
[30] *OVG Berlin,* Urt. 18.2.2005 – OVG 5 B 7.03 – juris.
[31] *OVG Lüneburg,* PharmR 2013, 383.
[32] *BVerwG,* PharmR 2010, 481, Rn. 21.
[33] Abrufbar unter http://www.bfarm.de oder http://www.pei.de.
[34] *OVG NRW,* Beschl. v. 9.2.2011 – 14 A 2079/09 – BeckRS 2011, 4157.
[35] Abrufbar unter http://ec.europa.eu.
[36] Vgl. *Kloesel/Cyran,* § 22 Anm. 88 f. m. w. N.
[37] *OVG NRW,* Beschl. v. 9.6.2009 – 13 A 1270/08 u. 1364/08 – BeckRS 2012/51368.

rische Zulassungen nach § 24a oder § 24b und sind daher hier nur bedingt als Auslegungshilfe heranzuziehen[38]; dies schon allein deshalb, weil bei well-established-medicinal-use Zulassungen nicht auf die Zusammensetzung des Arzneimittels insgesamt, wie bei generischen Arzneimitteln abgestellt wird, sondern lediglich auf die Wirkstoffe.

88   **3. Neue Kombination bekannter Bestandteile (Nr. 3). Abs. 3 S. 1 Nr. 3** enthält auch eine Erleichterung der Vorlageverpflichtung für solche neuen Kombinationsarzneimittel, die aus bekannten Wirkstoffen bestehen. Für die einzelnen Kombinationspartner, bei denen es sich um bekannte Wirkstoffe nach Nr. 1 oder 2 handeln muss, kann ebenfalls anderes wissenschaftliches Erkenntnismaterial vorgelegt werden.

89   Für die neue Kombination sind in der Regel eigene Unterlagen nach Abs. 2 S. 1 Nr. 2 und 3 vorzulegen, um deren Wirksamkeit und Unbedenklichkeit darzulegen, denn da diese neu ist, gibt es auch kein unmittelbar diese Kombination belegendes Erkenntnismaterial. Die in der Vorschrift von diesem Grundsatz beschriebene Ausnahme greift deshalb nur dann ein, wenn es geeignetes wissenschaftliches Erkenntnismaterial zu einer Kombination gibt, anhand dessen sich auch die Zulassungsparameter Unbedenklichkeit und Wirksamkeit sowie die gewählte Dosierung, Darreichungsform und die beanspruchten Anwendungsgebiete der neuen Kombination belegen lassen (sog. **Analogkombination**)[39].

II. Andere Therapierichtungen (S. 2)

90   **Abs. 3 S. 2** soll gewährleisten, dass das vorzulegende Erkenntnismaterial die Besonderheiten der jeweiligen Therapierichtungen und auch die medizinischen Erfahrungen berücksichtigt[40]. Bei den an das wissenschaftliche Erkenntnismaterial zu stellenden Anforderungen sind die üblicherweise in den Therapierichtungen geltenden wissenschaftlichen Anforderungen zugrunde zu legen, die erheblich differieren können.

F. Kombinationsbegründung (Abs. 3a)

I. Hintergrund und Entstehungsgeschichte

91   Abs. 3a wurde mit der 2. AMG-Novelle in das Gesetz aufgenommen. Hintergrund für diese besondere Begründungspflicht ist, dass jeder in einem Arzneimittel aufgenommene Wirkstoff tendenziell die **Gefahr zusätzlicher unerwünschter Wirkungen** und nicht nur additiver positiver Effekte mit sich bringt. Von daher ist es aus dem Gesichtspunkt der Arzneimittelsicherheit angemessen, eine besondere wissenschaftliche Begründung, mit der belegt werden kann, dass der Nutzen der Kombination ihre Risiken übersteigt, zu fordern.

92   Erst mit der 4. AMG-Novelle wurde spiegelbildlich dazu in § 25 II 1 Nr. 5a ein entsprechender Zulassungsversagungsgrund eingeführt (s. dazu § 25 Rn. 67 ff.).

II. Anwendungsbereich

93   Der Anwendungsbereich der Vorschrift bezieht sich auf fixe Kombinationen, also solche Arzneimittel, die in einer abgabefähigen Einzeldosis mehrere Wirkstoffe enthalten.

94   Entscheidendes Dokument für die Beurteilung und Begründung von Kombinationsarzneimitteln, auch wenn formal rechtlich nicht bindend[41], ist die seit 2013 unter Revision befindliche EMA „**Guideline on clinical development of fixed combination medicinal products**" (Stand Februar 2009)[42] und für fixe Kombinationen aus pflanzlichen Wirkstoffen die ergänzend zu berücksichtigende HMPC „**Guideline on the Clinical Assessment of Fixed Combinations of Herbal Substances/Herbal Preparations**" (Stand Januar 2006)[43]. Neben den oben zitierten europäischen Dokumenten gibt es auch Empfehlungen bzw. Beurteilungskriterien des BGA aus den Jahren 1989, 1997, die aber vor dem Hintergrund der europäischen Dokumente aktuell nur noch für einzelne Aspekte regulatorische Relevanz besitzen. Dabei handelt es sich um folgende Dokumente:

---

[38] Zumindest unklar *Kloesel/Cyran*, § 22 Anm. 91.

[39] *Rehmann*, § 22 Rn. 26; *Kloesel/Cyran*, § 22 Anm. 95.

[40] Insoweit können auch die Ergebnisse von Anwendungsbeobachtungen vorgelegt werden, vgl. *BVerwG*, PharmR 2010, 481, 484.

[41] *OVG NRW*, Urt. v. 5.7.2012 – 13 A 1637/10 – BeckRS 2012, 53776; *OVG NRW*, Urt. v. 5.7.2012 – 13 A 1638/10 – BeckRS 2012, 53777.

[42] Der in der derzeit noch geltenden Fassung dieser Guideline vertretene Standpunkt, dass auch Kombinationspackungen, in denen unter einer Arzneimittelbezeichnung mehr als ein Arzneimittel oder mehrere Darreichungsformen des gleichen Arzneimittels zur aufeinander bezogenen Anwendung in den Verkehr gebracht werden, auch als fixe Arzneimittelkombination zu qualifizieren sind, wird mit dem Konzeptpapier zur Revision dieser Guideline (Stand: Februar 2013) offensichtlich aufgegeben, abrufbar unter http://www.ema.europa.eu.

[43] Abrufbar unter http://www.ema.europa.eu.

– Richtlinie zur Bewertung fixer Kombinationen aus chemisch definierten Stoffen, die in einem definierten Mengenverhältnis miteinander kombiniert sind[44]
– Erläuterung zur Beurteilung von Arzneimitteln aus chemisch definierten Stoffen, die in einem definierten Mengenverhältnis miteinander kombiniert sind[45]
– Beurteilungskriterien für fixe Arzneimittelkombinationen bei Tierarzneimitteln als Teil der Bekanntmachung des BGA vom 4.2.1987[46] und
– Bekanntmachung des BfArM über die Zulassung von Arzneimitteln und die Verlängerung von Zulassungen nach § 105 AMG (Bewertungskriterien der Kommission D nach § 25 Abs. 6 und Abs. 7 des Arzneimittelgesetzes für fixe Kombinationen homöopathischer Einzelmittel vom 24.4.1997[47]).

Diese verschiedenen Dokumente belegen, dass die Anforderungen an die Kombinationsbegründung **95** **produktgruppenbezogen** variieren und nicht verallgemeinert werden können. Der Aufwand der Kombinationsbegründung richtet sich darüber hinaus auch danach, inwieweit es sich um eine neue Kombination handelt und ob, auch neue Wirkstoffe eingesetzt werden.

Das *BVerwG*[48] führt in Fortführung seiner Rechtsprechung zu den **Anforderungen an eine Kom- 96 binationsbegründung** aus, dass zur Begründung des positiven Beitrags der Wirkstoffe eines Kombinationsarzneimittels gehört, dass jeder einzelne Wirkstoff entweder die Wirksamkeit in der beanspruchten Indikation erhöht oder unerwünschten Effekten entgegenwirkt. Dafür sei es ausreichend, dass der therapeutisch erwünschte Wirkungseintritt früher erreicht, verstärkt oder verlängert werde oder der gewünschte Heilungserfolg mit einer geringeren Menge des Arzneimittels erreicht werden könne. Darüber hinaus sei es erforderlich, dass durch die Unterlagen die Zweckmäßigkeit der gewählten Dosierung für den einzelnen Wirkstoff belegt werde. Insofern gelte im Hinblick auf die Dosierung der einzelnen Wirkstoffe nichts anderes als für die des Gesamtpräparates. Erfülle ein Wirkstoff die ihm zugedachte Wirkung in einer geringeren Menge gleich gut, sei die Verabreichung einer höheren Dosierung nicht gerechtfertigt, da eine solche tendenziell auch das Risiko unerwünschter Wirkungen erhöhe und rechtfertige von daher eine Zulassungsversagung. Für **bibliographische Zulassungen von Kombinationsarzneimitteln** gelte inhaltlich der gleiche Beurteilungsmaßstab. Abstriche an der Kombinationsbegründung seien nicht deshalb gerechtfertigt, weil Arzneimittel mit identischer Wirkstoffkombination bereits zugelassen und auf dem Markt etabliert sind. Für eine Freistellung von der Kombinationsbegründung biete auch § 22 III AMG keinen Ansatzpunkt.

G. Radioaktive Arzneimittel (Abs. 3b)

Die Sonderregelung für radioaktive Arzneimittel in Abs. 3b ist durch die 5. AMG-Novelle in **97** Umsetzung von Art. 9 RL 2001/83/EG in das AMG aufgenommen worden. Welche Anforderungen in Abweichung und Ergänzung zu den allgemeinen Anforderungen bei Zulassungsanträgen für diese Produktgruppe erfüllt werden müssen, beschreibt die Anlage der **Arzneimittelprüfrichtlinien** im Vierten Abschnitt, 2.

H. Umweltrisiken (Abs. 3c)

I. Überblick

Mit der 7. AMG-Novelle wurde das bis dahin nur für den Tierarzneimittelbereich in § 23 III **98** gesetzlich behandelte Thema der Umweltverträglichkeit auch für den Humanarzneimittelbereich aufgegriffen und in Art. 8 III Buchst. ca) RL 2001/83/EG umgesetzt. Mit der 15. AMG-Novelle wurde die für den Tierarzneimittelbereich bis dahin in § 23 I 1 Nr. 3 angesiedelte Vorschrift in § 22 IIIc überführt, so dass in dieser Vorschrift die Regelungen zur Umweltverträglichkeit von Arzneimitteln insgesamt geregelt werden.

Unter dem Begriff der **Umweltverträglichkeit** versteht man die Auswirkungen von Arzneimitteln **99** auf Böden, Gewässer[49] und Luft, die durch deren Verwendung, Lagerung und/oder Entsorgung entstehen können.

II. Regelungen für Humanarzneimittel (S. 1 und 2)

Die Vorschrift, die auf Art. 8 III Buchst. ca) RL 2001/83 beruht und mit der 14. AMG-Novelle ins **100** AMG aufgenommen wurde, legt fest, dass im Zulassungsverfahren für Humanarzneimittel grundsätzlich

---

[44] Bundesgesundheitsblatt 3/89, S. 125.
[45] Bundesgesundheitsblatt 2/92, S. 108.
[46] BAnz. S. 1378.
[47] BAnz. S. 6224.
[48] *BVerwG*, PharmR 2014, 437.
[49] Zu Gefährdungen des Schutzgutes Wasser durch Arzneimittel vgl. *Kügel/Guttmann*, PharmR 2009, 490 ff.

Unterlagen vorgelegt werden müssen, mit denen die vom Einsatz, Lagerung und/oder Entsorgung des Arzneimittels ausgehenden Umweltrisiken bewertet werden können. Umfangreiche Hinweise zu Inhalt, Umfang, Evaluierungsmethoden und Bewertungsparametern der Umweltunterlagen enthält die EMA „**Guideline on the environmental risk assessment of medicinal products for human use**" (Stand Juni 2006)[50]. Nach dieser sind solche Unterlagen u. a. nicht erforderlich für Vitamine, Elektrolyte, Aminosäuren, Vakzine, pflanzliche Arzneimittel. Für Arzneimittel, die genetisch veränderte Organismen enthalten, existiert eine gesonderte EMA Guideline[51].

101   Als Konsequenz des sich aus der Umweltbewertung möglicherweise ergebenden Risikos sind Vorschläge für besondere Vorsichtmaßnahmen im Hinblick auf die Aufbewahrung und/oder Entsorgung und begründete Angaben zur Risikominimierung zu machen (**Abs. 3c S. 2**).

III. Regelungen für Tierarzneimittel (S. 3)

102   Die Umweltverträglichkeit ist im Tierarzneimittelbereich seit geraumer Zeit aufgrund bekannter umweltschädlicher Auswirkungen durch die Ausscheidung von Tierarzneimitteln von größerer Relevanz als im Bereich der Humanarzneimittel. Im Focus dieser Diskussion stehen insbes. Antibiotika und Hormone. Deshalb sind für jeden Zulassungsantrag eines Tierarzneimittels auch Umweltunterlagen, in denen Ergebnisse von durchgeführten Umweltprüfungen enthalten sind, vorzulegen.

103   Ausführliche Erläuterungen enthalten dazu der nach der TamPV verbindlich geltende Anhang I zur RL 2001/82/EG und spezielle Guidelines der EMA[52].

I. Nachweis der legalen Herstellung im Inland (Abs. 4)

I. Grundsatz (S. 1)

104   Soll das zur Zulassung beantragte Arzneimittel im Inland hergestellt werden, sind nach **Abs. 4 S. 1** die **Herstellungserlaubnisse** des/r Hersteller/s gem. § 16, der/die nicht mit dem Antragsteller identisch sein muss/müssen, ebenfalls einzureichen.

105   Bedarf der Hersteller aufgrund einer Ausnahmeregelung, z. B. nach § 13 II, keiner Herstellungserlaubnis, entfällt diese Verpflichtung. Anstelle der Herstellungserlaubnis sind dann andere Nachweise, die eine Berechtigung zur Herstellung des Arzneimittels belegen, einzureichen.

II. Ausnahme (S. 2)

106   **Abs. 4 S. 2** sieht eine Ausnahme von dieser Vorlageverpflichtung vor und verweist insofern auf § 21 III 2. Von der Verpflichtung zur Vorlage einer Herstellungserlaubnis befreit sind Zulassungsanträge, die Arzneimittel betreffen, deren Herstellung nach einheitlichen Vorschriften in Apotheken oder sonstigen Einzelhandelsbetrieben erfolgt (§ 21 III 2) und solche, die für mehrere Apotheken oder andere Einzelhandelsbetriebe hergestellt werden (§ 21 III 3).

J. Nachweis der legalen Herstellung im Ausland (Abs. 5)

107   **Abs. 5** unterscheidet bei der Herstellung im Ausland naturgemäß zwischen einer Herstellung in einem EU-Mitgliedstaat oder einem EWR-Vertragsstaat und in einem Drittstaat. Hat der Hersteller seinen Sitz in einem **EU-Mitgliedstaat bzw. Vertragsstaat des EWR,** reicht als Beleg eine Erlaubnis i. s. d. Art. 42 RL 2001/83/EG aus. Die Kommission hat dafür ein einheitliches Format publiziert[53]. In der Regel ist es üblich, dass von fremdsprachigen Urkunden beglaubigte Übersetzungen vorgelegt werden. Weitere Auskünfte können von den zuständigen Gesundheitsbehörden der Mitgliedstaaten eingeholt werden.

108   Findet die Herstellung in **Drittstaaten** statt, muss ebenfalls ein Nachweis über die legale Herstellung erbracht werden. Darüber hinaus muss der Einführer des Arzneimittels aber nachweisen, dass er eine **Einfuhrerlaubnis** nach § 72 besitzt, für die die Regeln zur Erlangung der Herstellungserlaubnis nach §§ 13 ff. analog gelten (s. § 72 Rn. 10 ff.).

109   Die für eine Einfuhr von Arzneimitteln aus Drittstaaten notwendigen **Zertifikate nach § 72a** sind nicht Bestandteil des Zulassungsantrages, sondern müssen erst bei der Einfuhr vorliegen, da sie auf die konkret eingeführten Arzneimittel erteilt werden, also zum Zeitpunkt vor der Antragstellung auch noch gar nicht vorliegen können.

---

[50] Abrufbar unter http://www.ema.europa.eu.
[51] Guideline on the environmental risk assessment for human medicinal products containing, or consisting of, genetically modified organisms (GMOs) (Stand Januar 1995), abrufbar unter http:// ww. ema.europa.eu.
[52] Vgl. *Kloesel/Cyran*, § 22 Anm. 100, § 23 Anm. 22.
[53] "Compilation of Community Procedures on Inspections and Exchange of Information", EMA/385898/2013 Rev 16, v. 27.6.2013, abrufbar unter http://www.ema.europa.eu.

K. Zulassungen und Zulassungsverfahren im Ausland (Abs. 6)

Die Regelung in Abs. 6 soll gewährleisten, dass die nationalen Zulassungsbehörden Informationen **110** über das Arzneimittel unter Einschluss von beantragten, erteilten oder versagten Zulassungen in ihre Prüfung einbeziehen und ggf. gezielt Auskunft bei den involvierten ausländische Behörden einholen können.

I. Zulassungsentscheidungen in anderen Staaten (S. 1 und 2)

Existieren Zulassungen für das antragsrelevante Arzneimittel in einem oder in mehreren anderen **111** Staaten (EU-Mitgliedstaaten, EWR-Vertragsstaaten oder Drittstaaten), sind Kopien dieser Zulassung/en dem nationalen Antrag beizufügen **(Abs. 6 S. 1)**. Anträgen für die Zulassung von Humanarzneimitteln sind zusätzlich eine Kopie der Zusammenfassung der Unbedenklichkeitsdaten einschließlich der aktuellen Unbedenklichkeitsberichte und soweit vorhanden Berichte über Verdachtsfälle über Nebenwirkungen beizufügen. Diese Ergänzung wurde mit dem 2. AMG-ÄndG 2012 eingeführt. Darüber hinaus sind Kopien von Versagungen und Teilversagungen, wobei in diesen Fällen auch die Gründe für die Versagung anzugeben sind, beizufügen **(Abs. 6 S. 2)**.

II. Zulassungsverfahren in anderen EU-Mitgliedstaaten (S. 3–6)

Abs. 6 S. 3–5 enthalten ausschließlich Regelungen für Zulassungsanträge oder erteilte Zulassungen in **112** Mitgliedstaaten der EU und den EWR-Vertragsstaaten.
Nach **Abs. 6 S. 3** muss der Antragsteller die Zulassungsbehörde informieren, wenn ein Zulassungs- **113** antrag in einem oder mehreren Mitgliedstaaten gestellt worden ist.
Liegen Zulassungen in der EU vor oder wurden solche versagt, oder sind Verfahren anhängig, ist der **114** Antragsteller darüber hinaus dazu verpflichtet, jeweils die genehmigten oder vorgeschlagenen SPC (Summary of Product Characteristics – Zusammenfassung der Produktmerkmale), die der deutschen Fachinformation nach § 11a entsprechen, vorzulegen **(Abs. 6 S. 4)**.
Handelt es sich bei dem Zulassungsantrag um einen Antrag auf Anerkennung einer bereits erteilten **115** Zulassung eines EU-Mitgliedstaats verweist **Abs. 6 S. 5** auf die erweiterten Vorlageverpflichtungen in Art. 28 RL 2001/83/EG bzw. für den Bereich der Tierarzneimittel auf die korrespondierende Vorschrift in Art. 32 RL 2001/82/EG.
Ausgenommen von diesen Vorlageverpflichtungen sind Zulassungsanträge, die Arzneimittel, die nach **116** einer homöopathischen Verfahrenstechnik hergestellt sind, betreffen **(Abs. 6 S. 6)**.

L. Vorlage der geplanten Ausstattungs- und Untersuchungsmaterialien (Abs. 7)

Mit dieser Vorschrift wird sichergestellt, dass die Zulassungsbehörde im Rahmen des Zulassungs- **117** verfahrens auch Kenntnis von den Ausstattungsmaterialien, also der Kennzeichnung für das Behältnis und die äußere Umhüllung, der Fachinformation und der Packungsbeilage erhält. Die Zulassung erstreckt sich dann auch auf die für diese Ausstattungsmaterialien von der Zulassungsbehörde genehmigten Texte.

I. Entwürfe für Kennzeichnung, Packungsbeilage und Fachinformation (S. 1)

Nach **Abs. 7 S. 1** hat der Antragsteller seine Entwürfe für die Ausstattungsmaterialien vorzulegen. **118** Hinweise zur Erstellung dieser Ausstattungsmaterialien ergeben sich aus den §§ 10–11a und den dazu existierenden konkretisierenden Regelungen auf nationaler und europäischer Ebene (§ 11 Rn. 11 f.).

II. Ergebnisse von Lesbarkeitstests (S. 2)

Im Rahmen der 14. AMG-Novelle wurden die europäischen Regelungen zum Thema „Lesbarkeits- **119** tests" gem. Art. 59 III, 61 I RL 2001/83/EG in deutsches Recht transformiert. Für alle Neuzulassungs-verfahren, die nach dem Inkrafttreten dieser Novelle (6.9.2005) begonnen wurden, sind Lesbarkeitstests zu den Packungsbeilagen vorzulegen. Das Thema der Lesbarkeit der **Packungsbeilagen** ist ein Thema, das von den Zulassungsbehörden und der betroffenen Industrie, aber auch anderen beteiligten Verkehrs-kreisen schon seit Jahrzehnten diskutiert wird. Es hat seinen Abschluss auf europäischer und nationaler Ebene durch die Lesbarkeitstests, die nun zwingend im Zulassungsverfahren vorzulegen sind und nach denen dann auch eine Bewertung der vorgeschlagenen Packungsbeilagen erfolgt, gefunden. Ausführliche Hinweise zu Inhalt, Umfang, Methoden sowie auch Hinweise zu Ausnahmen von der Verpflichtung zur Durchführung von Lesbarkeitstests finden sich auf der BfArM-Homepage unter dem Stichwort „Packungsbeilagenprüfung"[54], wo auch auf die entsprechenden Dokumente aus der EU, insbes. auf den Annex der „**Guideline on the Readability of the labeling and the package leaflet of medicinal products**" (Stand Januar 2009)[55] verwiesen wird. Da die Lesbarkeitstests mit den Zulassungsunterlagen eingereicht werden müssen, muss der Test zwangsläufig mit dem noch nicht von der Behörde genehmigten Entwurf der Packungsbeilage durchgeführt werden. Mögliche Veränderungen aufgrund der Prüfung der Behörde sind deshalb nicht zu vermeiden, bedingen aber nicht generell eine erneute Durchführung eines Lesbarkeitstests[56].

III. Vorlage von Mustern und Untersuchungsmaterialien (S. 3)

120   Nach **Abs. 7 S. 3** hat die Bundesoberbehörde einen Anspruch auf die Vorlage von mehreren Mustern oder Verkaufsmodellen des Arzneimittels einschließlich der Packungsbeilage, aber auch der Ausgangsstoffe, Zwischenprodukte und Stoffe, die zur Herstellung oder Prüfung des Arzneimittels verwendet werden. Die Menge orientiert sich an dem für eine Untersuchung ausreichenden Umfang. Ein für eine Untersuchung geeigneter Zustand ist selbstverständlich.

121   Nach dieser Vorschrift hat die Behörde keinen Anspruch auf endkonfektionierte Ware, sondern es reichen Entwürfe aus, um anhand dieser beurteilen zu können, ob die Anordnung und Verteilung der vorgeschriebenen Angaben, Schrift und Schriftgröße den gesetzlichen Vorstellungen entsprechen.

M. Übergangsfrist

122   Gem. § 146 V gilt die Verpflichtung zur Vorlage des Risikomanagements-Plans mit einer Beschreibung des Risikomanagement-Systems nach Abs. 2 Nr. 5a nicht für Zulassungen, die vor dem 26.10.2012 beantragt oder erteilt worden sind (s. § 146 Rn. 11 f.).

N. Sanktionen

123   Unvollständige oder unrichtige Angaben nach § 22 I, wie die zur Zusammensetzung (Nr. 3), zu den Wirkungen (Nr. 5), Anwendungsgebieten (Nr. 6), Gegenanzeigen (Nr. 7), Nebenwirkungen (Nr. 8), Wechselwirkungen (Nr. 9), zur Herstellungsweise (Nr. 11), Art und Dauer der Anwendung (Nr. 12), Art und Dauer der Haltbarmachung, Aufbewahrung (Nr. 14), oder zu Kontrollmethoden (Nr. 15), Angaben zu radioaktiven Arzneimitteln (Abs. 3b) oder zu Umweltrisiken (Abs. 3c S. 1) oder die unvollständige oder unrichtige Vorlage von Unterlagen gem. § 22 II oder III sind bei vorsätzlicher Begehung mit einer Freiheitsstrafe von bis zu einem Jahr oder mit Geldstrafe gem. § 96 Nr. 6 **strafbewehrt** und können bei fahrlässiger Begehung mit einem Bußgeld bis 25.000 € gem. § 97 I und III als **Ordnungswidrigkeit** geahndet werden.

§ 23 Besondere Unterlagen bei Arzneimitteln für Tiere

(1) ¹Bei Arzneimitteln, die zur Anwendung bei Tieren bestimmt sind, die der Gewinnung von Lebensmitteln dienen, ist über § 22 hinaus

1. die Wartezeit anzugeben und mit Unterlagen über die Ergebnisse der Rückstandsprüfung, insbesondere über den Verbleib der pharmakologisch wirksamen Bestandteile und deren Umwandlungsprodukte im Tierkörper und über die Beeinflussung der Lebensmittel tierischer Herkunft, soweit diese für die Beurteilung von Wartezeiten unter Berücksichtigung festgesetzter Höchstmengen erforderlich sind, zu begründen und

2. bei einem Arzneimittel, dessen pharmakologisch wirksamer Bestandteil in Tabelle 1 des Anhangs der Verordnung (EU) Nr. 37/2010 nicht aufgeführt ist, eine Bescheinigung vorzulegen, durch die bestätigt wird, dass bei der Europäischen Arzneimittel-Agentur mindestens sechs Monate vor dem Zulassungsantrag ein Antrag nach Artikel 3 der Verordnung (EG) Nr. 470/2009 des Europäischen Parlaments und des Rates vom 6. Mai 2009 über die Schaffung eines Gemeinschaftsverfahrens für die Festsetzung von Höchstmengen für Rückstände pharmakologisch wirksamer Stoffe in Lebensmitteln tierischen Ursprungs, zur Aufhebung der Verordnung (EWG) Nr. 2377/90 des Rates und zur Änderung der Richtlinie 2001/82/EG des Europäischen Parlaments und des Rates und der Verordnung (EG) Nr. 726/2004 des Europäischen Parlaments und des Rates (ABl. L 152 vom 16.6.2009, S. 11) in der jeweils geltenden Fassung gestellt worden ist.

²Satz 1 Nr. 2 gilt nicht, soweit § 25 Abs. 2 Satz 5 Anwendung findet.

---

[54] Abrufbar unter http://www.bfarm.de.
[55] Abrufbar unter ec.europa.eu.
[56] Ausführlich *Schraitle*, in: Fuhrmann/Klein/Fleischfresser, § 6 Rn. 154 ff.

(2) [1]Bei Arzneimittel-Vormischungen ist das als Trägerstoff bestimmte Mischfuttermittel unter Bezeichnung des Futtermitteltyps anzugeben. [2]Es ist außerdem zu begründen und durch Unterlagen zu belegen, dass sich die Arzneimittel-Vormischungen für die bestimmungsgemäße Herstellung der Fütterungsarzneimittel eignen, insbesondere dass sie unter Berücksichtigung der bei der Mischfuttermittelherstellung zur Anwendung kommenden Herstellungsverfahren eine homogene und stabile Verteilung der wirksamen Bestandteile in den Fütterungsarzneimitteln erlauben; ferner ist zu begründen und durch Unterlagen zu belegen, für welche Zeitdauer die Fütterungsarzneimittel haltbar sind. [3]Darüber hinaus ist eine routinemäßig durchführbare Kontrollmethode, die zum qualitativen und quantitativen Nachweis der wirksamen Bestandteile in den Fütterungsarzneimitteln geeignet ist, zu beschreiben und durch Unterlagen über Prüfungsergebnisse zu belegen.

(3) [1]Aus den Unterlagen über die Ergebnisse der Rückstandprüfung und über das Rückstandsnachweisverfahren nach Absatz 1 sowie aus den Nachweisen über die Eignung der Arzneimittel-Vormischungen für die bestimmungsgemäße Herstellung der Fütterungsarzneimittel und den Prüfungsergebnissen über die Kontrollmethoden nach Absatz 2 müssen Art, Umfang und Zeitpunkt der Prüfungen hervorgehen. [2]An Stelle der Unterlagen, Nachweise und Prüfungsergebnisse nach Satz 1 kann anderes wissenschaftliches Erkenntnismaterial vorgelegt werden.

Wichtige Änderungen der Vorschrift: Abs. 1 S. 1 Nr. 2 neu gefasst durch Art. 1 Nr. 6 des Fünfzehnten Gesetzes zur Änderung des Arzneimittelgesetzes vom 25.5.2011 (BGBl. I S. 946).

Europarechtliche Vorgaben: Art. 12 III Buchst. j) und p) RL 2001/82/EG; RL 2004/28/EG.

Übersicht

A. Allgemeines

Soweit die zur Anwendung bei Tieren bestimmten Arzneimittel der Zulassungspflicht unterliegen, **1** müssen dem **Antrag auf Zulassung** grundsätzlich die gleichen Unterlagen beigefügt werden wie den Zulassungsanträgen für Humanarzneimittel (§ 22). Da die Vorschriften zur Herstellung und zum Vertrieb von Tierarzneimitteln aber nicht nur der Gesundheit und dem Wohlergehen der Tiere, sondern auch der **öffentlichen Gesundheit** dienen,[1] bedarf es ergänzender Regelungen zum Nachweis etwaiger Arzneimittelrückstände bei den Tieren, die zum menschlichen Verzehr bestimmt sind (Abs. 1). Dabei hat der Antragsteller die anzugebende Wartezeit i. S. v. § 4 XII durch die **Ergebnisse der Rückstandsprüfung** zu belegen (Abs. 1 S. 1 Nr. 1) und den Nachweis zu führen, dass rechtzeitig ein Antrag nach Art. 3 VO (EG) Nr. 470/2009 für den Fall gestellt wurde, dass in dem Tierarzneimittel ein pharmakologisch wirksamer Bestandteil enthalten ist, der nicht in der Tabelle 1 des Anhangs der VO (EU)Nr. 37/2010 aufgeführt ist. Seit dem Inkrafttreten des AMG-ÄndG 2009 sind die Ergebnisse der **Tests zur Bewertung etwaiger Umweltrisiken** nach § 22 IIIc 3 vorzulegen; der bisherige § 23 I 1 Nr. 3 ist dadurch weggefallen[2]. Damit wurden die entsprechenden Anforderungen aus Art. 12 III 2 Buchst. j) RL 2001/82/EG i. d. F. der RL 2004/28/EG in nationales Recht transformiert.

Daneben sieht die Vorschrift den Nachweis der Eignung von Arzneimittel-Vormischungen für die **2** bestimmungsgemäße Herstellung von Fütterungsarzneimitteln (Abs. 2) sowie den **Beleg der Validität der Kontrollmethoden** zum Nachweis der wirksamen Bestandteile in Fütterungsarzneimitteln vor (Abs. 3).

---

[1] So auch der 4. Erwägungsgrund des Gemeinsamen Standpunkts (EG) Nr. 62/2003, vom Rat festgelegt am 29.9.2003, ABl. EU Nr. C 297 E v. 9.12.2003, S. 72.
[2] BT-Drucks. 16/12256, S. 48.

B. Zusätzliche Angaben bei Tierarzneimitteln (Abs. 1)

I. Inhalt der Angaben (S. 1)

3   **1. Angabe der Wartezeit und Rückstandsprüfung (Nr. 1).** Die Vorschrift stellt zunächst klar, dass zusätzliche, über die Anforderungen des § 22 hinausgehende Unterlagen nur für solche Arzneimittel vorzulegen sind, die für Tiere bestimmt sind, die der **Gewinnung von Nahrungsmitteln** dienen. Vom Regelungsbereich sind alle die Tiere erfasst, die unmittelbar oder mittelbar Grundlage der menschlichen Ernährung sein können, also insbes. in Form von Fleisch, Fisch, Milch, Eiern oder etwa auch Honig. Nur bei diesen Tieren besteht mit Blick auf etwaige Arzneimittelrückstände ein Risiko für die menschliche Gesundheit. **Ausnahmen** gelten für die **sog. Equiden** i. S. d. Entscheidung 93/623/EG[3] und des Art. 6 III RL 2001/82/EG i. d. F. der RL 2004/28/EG (s. hierzu § 56a Rn. 37 ff.).

4   In dem Antrag auf Zulassung ist bei diesen Arzneimitteln die einzuhaltende Wartezeit anzugeben. Nach der Legaldefinition in § 4 XII ist damit der Zeitraum gemeint, der nach der **letzten bestimmungsgemäßen Applikation des Arzneimittels** einzuhalten ist, um sicherzustellen, dass die in der VO (EU) Nr. 37/2010 festgelegten Höchstmengen für Rückstände pharmakologisch wirksamer Stoffe eingehalten werden (s. auch § 4 Rn. 81). Der Antragsteller hat die von ihm angegebene Wartezeit durch umfassende Unterlagen zu den Resultaten der durchzuführenden Rückstandsprüfung zu begründen[4].

5   Das Gesetz gibt im Einzelnen nicht vor, welche Parameter im Rahmen der Rückstandsprüfung zu untersuchen sind. Immerhin wird ein Aspekt besonders hervorgehoben: Der Antragsteller hat in jedem Fall den **Verbleib der pharmakologisch wirksamen Bestandteile** des Arzneimittels sowie etwaiger Umwandlungsprodukte im Tierkörper nachzuweisen[5].

6   Der Begriff der **pharmakologisch wirksamen Bestandteile** ist im Rahmen der 13. AMG-Novelle in das Gesetz aufgenommen worden. Er ersetzt den Begriff „wirksamer Bestandteil". Der Terminus der „pharmakologisch wirksamen Bestandteile" ist gesetzlich nicht definiert. Er wird auch in Art. 1 Nr. 2 Buchst. b) RL 2001/83/EG nur erwähnt, aber nicht näher erklärt[6]. Im **naturwissenschaftlichen Sinn** versteht man unter „pharmakologisch" bzw. „Pharmakologie" die **Lehre von den Wechselwirkungen** zwischen Arzneistoffen und Organismus[7]. Der Begriff Pharmakon wird als körperfremder oder körpereigener Stoff (chemisches Element oder Verbindung) definiert, der nach Aufnahme im Körper oder an dessen Oberfläche erwünschte (nützliche Arzneimittel) oder schädliche (Gifte) Wirkungen hervorruft[8]. Bereits diese sehr weiten Definitionen verdeutlichen, dass ein naturwissenschaftliches Verständnis kaum geeignet ist, den Begriff **„pharmakologisch"** in rechtlichen Abgrenzungsfragen sicher zu handhaben. Letztlich bedeutet der Begriff „pharmakologisch" nichts anderes als „arzneilich". Er ist damit gerade in Abgrenzungsfragen nicht mehr als **bloße Tautologie,** die unter rechtlichen Gesichtspunkten weitgehend untauglich ist[9].

7   Immerhin kann aber festgehalten werden, dass der Begriff der „pharmakologisch wirksamen Bestandteile" i. S. d. Vorschrift abzugrenzen ist von den Stoffen mit immunologischer Wirkung. **Stoffe mit immunologischer Wirkung** werden von dieser Vorschrift nicht erfasst[10].

8   Ein weiterer, durch Unterlagen zu belegender Aspekt ist die etwaige **Beeinflussung der Lebensmittel tierischer Herkunft** durch die pharmakologisch wirksamen Bestandteile.

9   Sämtliche in diesem Zusammenhang vorzulegenden Unterlagen müssen einen **Bezug zur Beurteilung der Wartezeit** haben und diese entsprechend begründen.

10   **2. Aufnahme des Wirkstoffs in die VO (EU) Nr. 37/2010 (Nr. 2).** Sofern im Arzneimittel der pharmakologisch wirksame Bestandteil nicht in der Tabelle 1 des Anhangs der VO (EU) Nr. 37/2010 aufgeführt ist, hat der Antragsteller einen **Antrag** gem. Art. 3 VO (EG) Nr. 470/2009 auf Aufnahme des entsprechenden Stoffs in die Liste zur Festsetzung von Höchstmengen für Rückstände pharmakologisch wirksamer Stoffe in Lebensmitteln tierischen Ursprungs vorzulegen. Die Regelung hat im Zuge der 15. AMG-Novelle die ursprüngliche Verweisung auf die zwischenzeitlich aufgehobene VO (EWG) Nr. 2377/90 ersetzt.

11   Danach kann ein Zulassungsantrag für Tierarzneimittel mit in der Rückstandshöchstmengenverordnung (VO (EG) Nr. 470/2009) nicht aufgeführten pharmakologisch wirksamen Bestandteilen nur dann gestellt werden, wenn nachgewiesen wird, dass wenigstens **sechs Monate** zuvor ein Antrag bei der EMA auf Festsetzung von Rückstandsfestmengen für den oder die Stoffe gestellt worden ist.

---

[3] Entscheidung der Kommission vom 20.10.1993 über das Dokument zur Identifizierung eingetragener Equiden (Equidenpass), ABl. L 298 v. 3.12.1993, S. 45.
[4] Vgl. auch *Rehmann*, § 23 Rn. 1.
[5] Zur Rechtslage bis zur 14. AMG-Novelle vgl. *Rehmann*, § 23 Rn. 3.
[6] So auch *Pfortner*, PharmR 2004, 388, 393.
[7] *Humius*, Stichwort: Pharmakologie.
[8] *Humius*, Stichwort: Pharmakon.
[9] *Hahn/Hagenmeyer*, ZLR 2003, 777 f.
[10] So auch *Kloesel/Cyran*, § 23 Anm. 7.

Die in Bezug genommene **VO (EG) Nr. 470/2009** zur Schaffung eines Gemeinschaftsverfahrens für **12** die Festsetzung von Höchstmengen für Tierarzneimittelrückstände in Nahrungsmitteln tierischen Ursprungs enthält in dem zitierten Anhang pharmakologisch wirksame Stoffe, deren Rückstandshöchstmengen festgesetzt wurden. Sofern daher in einem Arzneimittel pharmakologisch wirksame Bestandteile enthalten sind, die in diesem ständig aktualisierten Anhang nicht aufgeführt sind, muss zumindest ein Antrag auf Festsetzung einer Rückstandshöchstmenge gestellt worden sein.

Durch die **VO (EG) Nr. 470/2009,** welche die Grundlage für die VO (EU) Nr. 37/2010 bildet, **13** sollen **neue Erkenntnisse** bei der Feststellung von **Rückstandshöchstmengen** berücksichtigt werden und Maßnahmen bei den Nachweisen von Rückständen von Lebensmitteln vereinheitlicht werden. Schwerpunkte der neuen VO sind die Novellierung der Verfahren zur Festsetzung von Rückstandshöchstmengen sowie von Referenzwerten für Stoffe mit pharmakologischer Wirkung. Gleichzeitig soll damit eine Anpassung an internationale Standards **(Codex Alimentarius)** erreicht werden. Eingeführt wird auch eine Extrapolationsprüfung bei der Festlegung von Rückstandshöchstmengen mit dem Ziel, die Verfügbarkeit von Tierarzneimitteln zu verbessern.

II. Vorrang des § 25 Abs. 2 S. 5 (S. 2)

Die Vorlage einer entsprechenden Bescheinigung, dass ein Antrag auf Festsetzung von Rückstands- **14** höchstmengen gestellt wurde, entfällt, wenn es sich um ein Arzneimittel handelt, das zur Behandlung einzelner Einhufer bestimmt ist und diese Tiere aufgrund der Eintragungen im **Equidenpass** nicht zur Schlachtung für den menschlichen Verkehr bestimmt sind. Einzelheiten ergeben sich aus § 25 II 5 (s. § 25 Rn. 95).

C. Arzneimittel-Vormischungen (Abs. 2)

I. Angabe des Mischfuttermittels (S. 1)

Arzneimittel-Vormischungen sind nach § 4 XI Fertigarzneimittel, die ausschließlich dazu bestimmt **15** sind, zur **Herstellung von Fütterungsarzneimitteln** verwendet zu werden (s. § 4 Rn. 74 ff.). In Kombination mit Mischfuttermitteln ergeben sie ein Fütterungsarzneimittel i. S. d. § 4 X (s. § 4 Rn. 70). Da es sich bei Arzneimittel-Vormischungen selbst um Fertigarzneimittel handelt (§ 4 XI 2), sind sie grundsätzlich nach Maßgabe der §§ 21 ff. zulassungspflichtig. Der **Zulassungsantrag** für derartige Arzneimittel-Vormischungen muss das als Trägerstoff bestimmte Mischfuttermittel unter **konkreter Bezeichnung des Futtermitteltyps** enthalten.[11]

II. Begründungspflicht (S. 2)

Über die Mitteilungspflicht des Abs. 2 S. 1 hinaus ist zu begründen und durch Unterlagen zu belegen, **16** dass es sich um eine geeignete Arzneimittel-Vormischung zur Herstellung eines Fütterungsarzneimittels handelt **(Abs. 2 S. 2).** Da Fütterungsarzneimittel aus einer **Kombination von Arzneimittel-Vormischungen** und Mischfuttermittel entstehen, ist bei ihnen auf eine gleichmäßige Verteilung der Wirkstoffe zu achten. In jedem Fall ist eine **unbeabsichtigte Konzentration der Wirkstoffe** zu vermeiden. Aus diesem Grund fordert S. 2 den Nachweis einer **homogenen und stabilen Verteilung** der wirksamen Bestandteile in dem Fütterungsarzneimittel. Weitere Nachweise betreffen die **Haltbarkeit** des Fütterungsarzneimittels.

III. Routinemäßig durchführbare Kontrollmethode (S. 3)

Nach **Abs. 2 S. 3** ist der Nachweis einer routinemäßig durchführbaren Kontrollmethode zur Über- **17** prüfung der qualitativen und quantitativen Zusammensetzung der wirksamen Bestandteile im Fütterungsarzneimittel zu führen. Hierzu sind auch entsprechende **Unterlagen über Prüfungsergebnisse** vorzulegen.

D. Rückstandsprüfungen (Abs. 3)

I. Anforderungen an die Rückstandsprüfung (S. 1)

Im Rahmen des Nachweises der angemessenen Wartezeit nach Abs. 1 S. 1 Nr. 1 müssen Art, Umfang **18** und Zeitpunkt der erforderlichen Prüfungen nachgewiesen werden **(Abs. 3 S. 1).** Soweit das Gesetz darüber hinaus auch entsprechende Anforderungen an das **Rückstandsnachweisverfahren** stellt, wurde offenbar übersehen, dass entsprechende Rückstandsnachweisverfahren im Rahmen der Novellierung von

---

[11] Vgl. auch *Wolf,* in: Fuhrmann/Klein/Fleischfresser, § 37 Rn. 11.

Abs. 1 S. 1 Nr. 2 nicht mehr gefordert sind[12]. Die Einzelheiten der Prüfungen nach Art, Umfang und Zeitpunkt müssen auch hinsichtlich der generellen Eignung der Arzneimittel-Vormischungen für die **bestimmungsgemäße Herstellung des Fütterungsarzneimittels** nachgewiesen werden.

II. Anderes wissenschaftliches Erkenntnismaterial (S. 2)

19 Die Regelung in **Abs. 3 S. 2** ermöglicht es, anstelle konkreter Unterlagen, Nachweise und Prüfungsergebnisse auch **sonstiges wissenschaftliches Erkenntnismaterial** vorzulegen. Der Begriff des „sonstigen wissenschaftlichen Erkenntnismaterials" entspricht der Regelung in § 22 III (s. § 22 Rn. 77 ff.).

E. Sanktionen

20 Unvollständige oder unrichtige Angaben im Sinne dieser Vorschrift können bei Vorliegen von Vorsatz zur **Strafbarkeit** nach § 96 Nr. 6 und 20 führen. Erfolgt der Verstoß fahrlässig, kann dies nach § 97 I Nr. 2 i. V. m. § 96 Nr. 6 bzw. 20 als **Ordnungswidrigkeit** geahndet werden.

§ 24 Sachverständigengutachten

(1) [1]**Den nach § 22 Abs. 1 Nr. 15, Abs. 2 und 3 und § 23 erforderlichen Unterlagen sind Gutachten von Sachverständigen beizufügen, in denen die Kontrollmethoden, Prüfungsergebnisse und Rückstandsnachweisverfahren zusammengefasst und bewertet werden.** [2]**Im Einzelnen muss aus den Gutachten insbesondere hervorgehen:**

1. **aus dem analytischen Gutachten, ob das Arzneimittel die nach den anerkannten pharmazeutischen Regeln angemessene Qualität aufweist, ob die vorgeschlagenen Kontrollmethoden dem jeweiligen Stand der wissenschaftlichen Erkenntnisse entsprechen und zur Beurteilung der Qualität geeignet sind,**
2. **aus dem pharmakologisch-toxikologischen Gutachten, welche toxischen Wirkungen und welche pharmakologischen Eigenschaften das Arzneimittel hat,**
3. **aus dem klinischen Gutachten, ob das Arzneimittel bei den angegebenen Anwendungsgebieten angemessen wirksam ist, ob es verträglich ist, ob die vorgesehene Dosierung zweckmäßig ist und welche Gegenanzeigen und Nebenwirkungen bestehen,**
4. **aus dem Gutachten über die Rückstandsprüfung, ob und wie lange nach der Anwendung des Arzneimittels Rückstände in den von den behandelten Tieren gewonnenen Lebensmitteln auftreten, wie diese Rückstände zu beurteilen sind und ob die vorgesehene Wartezeit ausreicht.**

[3]**Aus dem Gutachten muss ferner hervorgehen, dass die nach Ablauf der angegebenen Wartezeit vorhandenen Rückstände nach Art und Menge die im Anhang der Verordnung (EU) Nr. 37/2010 festgesetzten Höchstmengen unterschreiten.**

(2) **Soweit wissenschaftliches Erkenntnismaterial nach § 22 Abs. 3 und § 23 Abs. 3 Satz 2 vorgelegt wird, muss aus den Gutachten hervorgehen, dass das wissenschaftliche Erkenntnismaterial in sinngemäßer Anwendung der Arzneimittelprüfrichtlinien erarbeitet wurde.**

(3) [1]**Den Gutachten müssen Angaben über den Namen, die Ausbildung und die Berufstätigkeit der Sachverständigen sowie seine berufliche Beziehung zum Antragsteller beigefügt werden.** [2]**Die Sachverständigen haben mit Unterschrift unter Angabe des Datums zu bestätigen, dass das Gutachten von ihnen erstellt worden ist.**

Europarechtliche Vorgaben: Art. 8 III, 10a, 12 I und II RL 2001/83/EG; Art. 12 III, Art. 13a, 15 I und II RL 2001/82/EG.

Übersicht

---

[12] So auch *Anker*, in: Deutsch/Lippert, § 23 Rn. 15.

A. Allgemeines

I. Inhalt

Die Norm regelt die Sachverständigengutachten, auf deren Grundlage die Zulassungsbehörde u. a. **1** über den Zulassungsantrag befindet (§ 25 I 1). Abs. 1 benennt die Gutachten von Sachverständigen, die dem Zulassungsantrag beizufügen sind. Im Einzelnen sind dies das analytische, das pharmakologisch-toxikologische und das klinische Gutachten sowie im Falle eines Tierarzneimittels auch das Gutachten über die Rückstandprüfung. Hierbei werden die Aspekte angeführt, zu denen sich das jeweilige Gutachten äußern muss. Abs. 2 betrifft den Sonderfall, dass wissenschaftliches Erkenntnismaterial nach § 22 III und § 23 III 2 anstelle eines vorbenannten Gutachtens vorgelegt wird. Die formellen Anforderungen an das Gutachten sind schließlich Abs. 3 zu entnehmen.

II. Zweck

Die in § 24 genannten Sachverständigengutachten sind Teil der Zulassungsunterlagen. Die Gutachten **2** sollen die wesentlichen Ergebnisse der im Gesetz genannten Prüfungen und Untersuchungen zusammenfassen und beurteilen. Die Behörde soll sich einen Überblick über die Eigenschaften, die Qualität, die Unbedenklichkeit und die Wirksamkeit, anders gesagt die Vorzüge und Nachteile des Arzneimittels, machen können. Auf diese Weise soll die Prüfung der Zulassungsunterlagen für die zuständige Bundesoberbehörde erleichtert und das **Zulassungsverfahren beschleunigt** werden. Die Benennung der Anforderungen an die unterschiedlichen Gutachten stellt dabei sicher, dass das jeweilige Gutachten seinen Zweck erfüllen kann und die zuständige Bundesoberbehörde die für sie wesentlichen Daten zusammengefasst und bewertet übermittelt bekommt. Die in Abs. 3 genannten formellen Anforderungen ermöglichen es der Zulassungsbehörde, die vom Sachverständigen vorgenommene Bewertung der gesetzlich vorgeschriebenen Unterlagen im Hinblick auf die Person und Erfahrung des Sachverständigen einzuschätzen. Außerdem dient die Vorschrift der Eigenkontrolle des Antragstellers im Hinblick auf die Vollständigkeit und Schlüssigkeit der von ihm einzureichenden Unterlagen[1].

B. Sachverständigengutachten (Abs. 1)

I. Vorlagepflicht (S. 1)

1. Inhalt der Verpflichtung. Abs. 1 S. 1 gibt dem Antragsteller auf, in den gesetzlich genannten **3** Fällen dem Zulassungsantrag Gutachten von Sachverständigen beizufügen. Betroffen sind die Kontrollmethoden gem. § 22 I Nr. 15, die in § 22 II 1 Nr. 1–3 genannten Prüfungen sowie das in § 22 III angeführte andere wissenschaftliche Erkenntnismaterial, wenn es anstelle der Prüfungen nach § 22 II 1 Nr. 2 und 3 vorgelegt wird. Bei Tierarzneimitteln bedarf es zudem eines Gutachtens über die Rückstandprüfung gem. § 23.

Im Rahmen der Gutachten sind die Kontrollmethoden, Prüfungsergebnisse und das Rückstandsnach- **4** weisverfahren zusammenzufassen und zu bewerten. Die Sachverständigen müssen die einzelnen Untersuchungsergebnisse zusammenfassen, in ihrer Einzelbedeutung gewichten und ihre Bewertung so aufbereiten, dass die Zulassungsbehörde anhand der aufbereiteten Endergebnisse die Qualität des Arzneimittels, das Nutzen-Risiko-Verhältnis und die vorgeschlagene Wartezeit beurteilen kann[2].

2. Bewertungsmaßstab. Die dem Sachverständigen auferlegte Bewertung der genannten Unterlagen **5** erfolgt anhand der **Arzneimittelprüfrichtlinien** bzw. der **Tierarzneimittelprüfrichtlinien** (TamPV)[3].

---

[1] *Kloesel/Cyran*, § 24 Anm. 1.
[2] *Kloesel/Cyran*, § 24 Anm. 11.
[3] *Kloesel/Cyran*, § 24 Anm. 2.

Der Gesetzeswortlaut stellt klar, dass sich das Gutachten nicht darauf beschränken darf, eine Zusammenfassung der Unterlagen darzustellen. Der Sachverständige hat vielmehr kritisch die Unterlagen zu prüfen[4]. Es obliegt ihm, die Planung, die Durchführung und die Ergebnisse der Versuche kritisch zu hinterfragen[5] und eigenständig zu bewerten.

6   **3. Gemeinschaftsrechtliche und verwaltungsrechtliche Vorgaben.** Über die konkreten inhaltlichen Vorgaben des Abs. 1 S. 2 und S. 3 hinaus sind weitergehende Anforderungen an die inhaltliche Ausgestaltung des Gutachtens betr. **Humanarzneimittel** der Anlage zu den Arzneimittelprüfrichtlinien zu entnehmen. Die Anlage gibt wortwörtlich Anhang 1 der RL 2001/83/EG wieder, was insbes. dadurch ersichtlich ist, dass der zweite Abschn. der Anlage unverändert auf „Art. 12" (der RL 2001/83/EG) verweist. Zur Auslegung der Anlage zu den Arzneimittelprüfrichtlinien kann mithin auf die RL 2001/83/EG zurückgegriffen werden.

7   Ausweislich des **Anhangs I der RL 2001/83/EG** wird von den Sachverständigen verlangt, dass sie sich mit den kritischen Fragen hinsichtlich der Qualität des Arzneimittels und der an Tieren und Menschen durchgeführten Untersuchungen befassen und alle Daten aufzeigen, die für die Bewertung sachdienlich sind[6]. Das unter Ziff. 2 zum zweiten Abschn. des Anhangs I der RL 2001/83/EG genannte „Modul 2: Zusammenfassungen" bezieht sich auf die gem. Art. 12 RL 2001/83/EG vorzulegenden Berichte/Übersichten. Es benennt die wesentlichen Grundsätze und Anforderungen, die bei Erstellung der Sachverständigengutachten einzuhalten sind. Dem Modul 2 sind die Anforderungen an die Zusammenfassung der pharmazeutischen Qualität (Ziff. 2.3.), die präklinische Übersicht (Ziff. 2.4.) und die klinische Übersicht (Ziff. 2.5.) zu entnehmen.

8   Bei **Tierarzneimitteln** ergeben sich weitergehende Anforderungen an das Sachverständigengutachten aus Anhang I der RL 2001/82/EG. Der Sachverständigenbericht besteht danach aus einer kritischen Bewertung der verschiedenen Versuche und/oder Prüfungen und enthält alle für die Bewertung zweckdienlichen Angaben. Der Sachverständige muss dazu Stellung nehmen, ob genügend Garantien für die Qualität, Unbedenklichkeit und Wirksamkeit des betreffenden Erzeugnisses gegeben werden. Ein Bericht über den reinen Sachverhalt ist nicht ausreichend[7].

9   **4. Anforderungen an Sachverständige.** Konkrete Anforderungen an den Sachverständigen sind § 24 nicht zu entnehmen. Die zugrunde liegenden RL verlangen in Art. 12 I RL 2001/83/EG und Art. 15 I RL 2001/82/EG lediglich, dass die Sachverständigen über die erforderlichen fachlichen oder beruflichen Qualifikationen verfügen. Als Sachverständiger kann mithin jede Person benannt werden, die aufgrund ihrer **fachlichen Ausbildung** und ihrer **beruflichen Qualifikation** in der Lage ist, die in Abs. 1 S. 1 genannten Unterlagen zusammenzufassen und gem. der Vorgabe des Abs. 1 S. 2 zu bewerten. Der Nachweis hierüber ist mittels der dem Gutachten gem. Abs. 3 S. 1 beizufügenden Darstellung der Ausbildung und Berufstätigkeit des Sachverständigen zu liefern.

10   **Sachverständige** können bei entsprechender Ausbildung und Qualifikation beispielsweise Hochschullehrer, Wissenschaftler, die bei der Prüfung des zuzulassenden Arzneimittels mitgewirkt haben, Angehörige von Forschungs- und Auftragsinstituten und von den IHK amtlich bestellte Sachverständige sein. Auch können die von den zuständigen Landesbehörden anerkannten Sachverständigen für die Untersuchung von Gegenproben als Sachverständige i. S. d. § 24 agieren[8]. Allerdings ist diese Aufzählung nicht abschließend. Entscheidend ist stets eine für die Erstattung des jeweiligen Gutachtens ausreichende fachliche und berufliche Qualifikation (Art. 12 I RL 2001/83/EG)[9].

11   Eine Objektivität oder Neutralität des Sachverständigen ist nicht vorgeschrieben und letztlich auch nicht möglich. Da der Antragsteller für die Erstellung der Gutachten zu sorgen hat und sie auf seine Kosten erfolgt, er sowohl für die Auswahl des Gutachters als auch dessen finanzielle Entschädigung verantwortlich ist, kann nicht stets erwartet werden, dass der Gutachter gänzlich unbeeinflusst und unabhängig das Gutachten erstattet wird. Insoweit unterscheiden sich der Sachverständige nach § 24 und der Gegensachverständige nach § 25 V voneinander. Während der Gegensachverständige in keinerlei Abhängigkeit zum Antragsteller stehen darf und sogar der bloße Anschein einer Beauftragung entgegen steht (s. § 25 Rn. 154), kommen als Sachverständige nach § 24 auch im Betrieb des Antragstellers tätige Personen in Betracht[10].

12   **5. Verantwortung des Sachverständigen.** Der Sachverständige hat gem. Abs. 3 S. 2 das Gutachten zu unterschreiben und übernimmt dadurch die persönliche Verantwortung für die Richtigkeit der im Gutachten gemachten eigenen Ausführungen[11]. Der Gutachter ist allerdings nicht verantwortlich für die

---

[4] Vgl. Anhang I, Teil I, Ziff. 1.4 der RL 2001/83/EG bzw. Anhang I, Titel I, Teil 1, C. der RL 2001/82/EG.
[5] *Kloesel/Cyran*, § 24 Anm. 2.
[6] Vgl. Anhang I, Teil I, Ziff. 1.4 der RL 2001/83/EG. Vgl. hierzu auch *Schraitle*, in: Fuhrmann/Klein/Fleischfresser, § 6 Rn. 123 f.
[7] Vgl. Anhang I, Titel I, Teil 1, C. der RL 2001/82/EG.
[8] *Kloesel/Cyran*, § 24 Anm. 8.
[9] Vgl. *Schraitle*, in: Fuhrmann/Klein/Fleischfresser, § 6 Rn. 126.
[10] So auch *Schraitle*, in: Fuhrmann/Klein/Fleischfresser, § 6 Rn. 126.
[11] *Kloesel/Cyran*, § 24 Anm. 12.

Vollständigkeit und Korrektheit der ihm vom pharmazeutischen Unternehmer zur Verfügung gestellten Unterlagen. Entsprechende Zweifel und Lücken muss der Sachverständige jedoch in seinem Gutachten aufdecken[12].

6. Einreichen der Gutachten. Die Sachverständigengutachten nach § 24 sind aufgrund von § 2 I **13** Nr. 2 AMG-EV auf elektronischen Speichermedien einzureichen. Insoweit wird verwiesen auf die Erläuterungen zum Vollzug der AMG-EV[13].

7. Abgrenzung zum Beurteilungsbericht. Die Sachverständigengutachten nach § 24 sind un- **14** abhängig und abzugrenzen vom Beurteilungsbericht i. S. d. § 25 V a. Der Beurteilungsbericht wird von der zuständigen Bundesoberbehörde erstellt und nimmt gleichsam Stellung zu den eingereichten Unterlagen betr. die Qualität, Unbedenklichkeit und Wirksamkeit des Arzneimittels sowie bei Tierarzneimitteln zur Rückstandsprüfung (s. § 25 Rn. 168). Eine Verbindung zwischen dem Beurteilungsbericht und den Sachverständigengutachten nach § 24 besteht aufgrund von **§ 34 Ia Nr. 2,** da der Beurteilungsbericht mit einer Stellungnahme in Bezug auf die Ergebnisse von pharmazeutischen, pharmakologisch-toxikologischen und klinischen Versuchen sowie bei Tierarzneimitteln zur Rückstandsuntersuchung versehen sein muss.

8. Falsche oder unvollständige Angaben. Falsche oder unvollständige Angaben in den Gutachten **15** berechtigen die Zulassungsbehörde bei Vorliegen der Voraussetzungen des jeweiligen Tatbestands des § 25 II zur Versagung der Zulassung oder zur Rücknahme der erteilten Zulassung nach § 30 II 1 Nr. 1. Ein Widerruf der erteilten Zulassung nach § 30 II 1 Nr. 2 kommt in diesen Fällen in Betracht, wenn die falsche oder unvollständige Angabe zur Erfüllung der Tatbestandsmerkmale des § 25 II 1 Nr. 2, 6a oder 6b bzw. des § 28 führt. Alternativ zur Rücknahme der Zulassung oder dem Widerruf kann das Ruhen der Zulassung nach Maßgabe der jeweiligen Einzelfallumstände angeordnet werden. Bei alledem kommt es nicht auf die Kenntnis des Antragstellers an, da sich dieser das Verhalten der von ihm beauftragten Sachverständigen zurechnen lassen muss[14].

II. Inhalt der Gutachten (S. 2)

Der Inhalt der Gutachten für Humanarzneimittel ist primär den Anforderungen nach Abs. 1 S. 2 **16** Nr. 1–3 zu entnehmen. Eine Konkretisierung erfolgt durch die Vorgaben der Arzneimittelprüfricht-linien. Hier ist insbes. auf das Modul 2 des Zweiten Abschn. der **Arzneimittelprüfrichtlinien** zu verweisen, welches in Ziff. 2. verlangt, dass die chemischen, pharmazeutischen und biologischen Daten sowie die präklinischen und klinischen Daten, die jeweils Gegenstand der Module 3–5 sind, zusammen-gefasst werden. Zudem ist ein Inhaltsverzeichnis der in den Modulen 2–5 vorgelegten wissenschaftlichen Unterlagen nach Ziff. 2.1 des Moduls 2 zu erstellen. Bei Divergenzen zwischen den Arzneimittelprüf-richtlinien und § 24 haben die Vorgaben von Abs. 1 S. 2 **Vorrang,** da es sich hierbei um das höher-rangige Recht handelt und die RL 2001/83/EG keine unmittelbare Rechtswirkung gegenüber dem Antragsteller entfaltet.

Die im Rahmen des Zulassungsantrags für **Tierarzneimittel** vorzulegenden Gutachten müssen den **17** Anforderungen gem. Abs. 1 S. 2 Nr. 1–4 und S. 3 genügen. Eine Konkretisierung dieser Anforderun-gen, insbes. im Hinblick auf Rückstandsversuche, ist Anhang I, Titel I der RL 2001/82/EG zu entneh-men.

1. Analytisches Gutachten (Nr. 1). Das analytische Gutachten muss gem. **Nr. 1** Auskunft darüber **18** geben, ob das Arzneimittel nach den anerkannten pharmazeutischen Regeln eine angemessene Qualität i. S. d. § 4 XV aufweist und die Kontrollmethoden zu deren Beurteilung geeignet sind. Das Gutachten muss zudem dazu Stellung nehmen, ob die Kontrollmethoden dem jeweiligen Stand der wissenschaftli-chen Erkenntnisse entsprechen. Dieser setzt eine breite wissenschaftliche Anerkennung voraus, wobei zur Konkretisierung auf die Arzneimittelprüfrichtlinien zurückgegriffen werden kann, die von Gesetzes wegen (§ 26 I 2) ständig an den jeweiligen Stand der wissenschaftliche Erkenntnisse anzupassen sind (s. dazu § 26 Rn. 26).

Die Verwendung des Wortes „angemessen" in Bezug auf die Qualität des Arzneimittels impliziert **19** bereits, dass eine absolute Qualität vom Gesetz nicht gefordert wird. Nach dem Willen des Gesetzgebers sollen die Anforderungen an die Qualität in einem der Bedeutung des Anwendungsgebietes individuell angepassten Verhältnis stehen. Unangemessen strenge, schematische oder dogmatische Maßstäbe sollen vermieden werden[15].

---

[12] *Kloesel/Cyran,* § 24 Anm. 12.
[13] BfArM, Erläuterungen zum Vollzug der AMG-EV, Version 5.0, Stand 1.7.2007, abrufbar http://www.bfarm.de. Die AMG-EV ist durch § 3 II AMGBefugV außer Kraft getreten. Die AMG-EV ist jedoch in ihrer bis zum 18.5.2015 geltenden Fassung so lange weiter anzuwenden, soweit Regelungen nach § 1 AMGBefugV nicht in Kraft sind. Vgl. auch *Linse/Porstner/Weidner,* PharmR 2005, 452 ff.
[14] *Kloesel/Cyran,* § 24 Anm. 5.
[15] BT-Drucks. 7/5091, S. 14.

20   Das analytische Gutachten muss die einzelnen Aussagen in den vorgelegten Unterlagen zur Qualität zusammenfassen. Dies erfolgt in Formblättern, die von der zuständigen Bundesoberbehörde herausgegeben und im BAnz. bekannt gemacht werden. Es bedarf zudem einer Bewertung der Kontrollmethoden und Prüfungsergebnisse unter Berücksichtigung der Arzneimittelprüfrichtlinien.

21   Ziff. 2.3 des zweiten Abschn. der Anlage zu den Arzneimittelprüfrichtlinien bestätigt diese Anforderungen und verlangt für Humanarzneimittel eine Übersicht über die Informationen hinsichtlich der chemischen, pharmazeutischen und biologischen Daten in Form einer Zusammenfassung der pharmazeutischen Qualität. Auf entscheidende kritische Parameter und Fragen hinsichtlich qualitätsbezogener Aspekte ist dabei ebenso hinzuweisen wie auf die Begründung, falls von den einschlägigen Leitlinien abgewichen wurde.

22   **2. Pharmakologisch-toxikologisches Gutachten (Nr. 2).** Aus dem pharmakologisch-toxikologischen Gutachten nach **Nr. 2** müssen sich die toxischen Wirkungen und die pharmakologischen Eigenschaften des Arzneimittels ergeben. Es bedarf dafür einer Zusammenfassung der pharmakologischen, pharmakokinetischen und toxikologischen Studien, die an Tieren oder in vitro durchgeführt wurden[16].

23   **Ziff. 2.4 des zweiten Abschn. der Anlage zu den Arzneimittelprüfrichtlinien** nennt weitere Anforderungen an das pharmakologisch-toxikologische Gutachten. So bedarf es einer integrierten kritischen Einschätzung der vorgenommenen präklinischen Bewertung des Arzneimittels, die eine Erörterung und Begründung der Prüfstrategie und etwaiger Abweichung von den einschlägigen Leitlinien umfasst. Außer bei biologischen Arzneimitteln gehört hierzu auch die Beurteilung der Verunreinigungen und Abbauprodukte sowie ihrer möglichen pharmakologischen und toxikologischen Wirkungen. Dabei bedarf es für jeden neuartigen Hilfsstoff einer eigenen Sicherheitsbewertung.

24   **3. Klinisches Gutachten (Nr. 3).** Das klinische Gutachten nach **Nr. 3** muss Auskunft darüber geben, ob das Arzneimittel bei den vom Antragsteller angegebenen Anwendungsgebieten angemessen wirksam ist. Eine absolute **Wirksamkeit** ist nicht verlangt, es genügt, wenn die Wirksamkeit im Verhältnis zur Bedeutung des Anwendungsgebietes steht[17]. Das Gutachten muss Stellung nehmen zur Verträglichkeit des Arzneimittels und zur Zweckmäßigkeit der vorgesehenen Dosierung. Die Ausführungen im Gutachten müssen dabei den Schluss auf die angemessene Wirksamkeit und die zweckmäßige Dosierung zulassen[18]. Hierfür ist es Voraussetzung, dass das Gutachten selbst die therapeutische Wirksamkeit hinreichend begründet. Dies erfordert zur Begründung der Wirksamkeit eine unmittelbare Verknüpfung zwischen dem Arzneimittel und den im Zulassungsantrag angegebenen Anwendungsgebieten[19]. Das Gutachten muss schließlich die **Gegenanzeigen** und **Nebenwirkungen** des Arzneimittels benennen.

25   Weitergehende Anforderungen sind **Ziff. 2.5 des zweiten Abschn. der Anlage zu den Arzneimittelprüfrichtlinien** zu entnehmen. So bedarf es einer kritischen Analyse der in der klinischen Zusammenfassung und in **Modul 5** enthaltenen klinischen Daten. Es ist der Ansatz für die klinische Entwicklung des Arzneimittels einschließlich des kritischen Studiendesigns, der studienbezogenen Entscheidungen und der Studiendurchführung anzugeben. Das Gutachten soll einen kurzen Überblick über die klinischen Ergebnisse einschließlich wichtiger Einschränkungen sowie einer Nutzen-Risiko-Bewertung anhand der Ergebnisse der klinischen Studien geben. Das Gutachten soll interpretieren, inwiefern die Erkenntnisse hinsichtlich der Wirksamkeit und Unbedenklichkeit die vorgeschlagene Dosis und die Zielindikationen untermauern, und es soll bewerten, wie die Zusammenfassung der Merkmale des Arzneimittels und andere Vorgehensweisen es ermöglichen, den Nutzen zu optimieren und die Risiken zu kontrollieren.

26   **4. Gutachten über die Rückstandsprüfung (Nr. 4).** Das in **Nr. 4** genannte Gutachten über die Rückstandsprüfung ist nur relevant bei der Zulassung von **Tierarzneimitteln.** Das Gutachten muss ausweislich des Gesetzes Auskunft darüber geben, ob und wie lange Rückstände nach Anwendung des Arzneimittels in den von den behandelten Tieren gewonnenen Lebensmitteln auftreten. **„Rückstände"** sind alle Wirkstoffe oder deren Metaboliten, die im Fleisch oder anderen Lebensmitteln enthalten sind, die von Tieren gewonnen wurden, denen das betreffende Arzneimittel verabreicht wurde[20]. Das Gutachten muss diese Rückstände beurteilen und Auskunft darüber geben, ob die vom Antragsteller vorgesehene Wartezeit den Anforderungen des § 4 XXII genügt. Die **Rückstandsversuche** sind im Anhang I Titel I Teil 3 B. zur RL 2001/82/EG ausführlich geregelt.

III. Höchstmengen (S. 3)

27   Ausweislich **Abs. 1 S. 3** muss aus „dem Gutachten" hervorgehen, dass die nach Ablauf der vom Antragsteller angegebenen **Wartezeit** vorhandenen Rückstände nach Art und Menge die im Anhang der

---

[16] Vgl. Ziff. 2.6 des zweiten Abschn. der Anlage zu den Arzneimittelprüfrichtlinien.
[17] BT-Drucks. 7/5091, S. 14.
[18] *VG Köln*, Urt. v. 24.1.2006 – 7 K 6804/03, Rn. 43 – BeckRS 2006, 24067.
[19] *VG Köln*, Urt. v. 24.1.2006 – 7 K 6804/03, Rn. 43 – BeckRS 2006, 24067.
[20] Anhang I, Titel I, Teil 3, Kap. I, Ziff. 1 der RL 2001/82/EG.

VO (EU) Nr. 37/2010 festgesetzten Höchstmengen unterschreiten[21]. Die Vorgabe bezieht sich auf das in Abs. 1 S. 2 Nr. 4 genannte Gutachten über die Rückstandsprüfung. „**Höchstmengen von Rückständen**" sind nach der durch die VO (EG) Nr. 470/2009 aufgehobenen VO (EWG) Nr. 2377/90 die Höchstkonzentration von Rückständen aus der Verwendung von Tierarzneimitteln, bei der die Gemeinschaft akzeptieren kann, dass sie legal zugelassen wird, oder sie als eine in oder auf einem Nahrungsmittel annehmbare Konzentration anerkannt wird (Art. 1 I Buchst. b) VO (EWG) Nr. 2377/90)[22]. Die VO (EU) Nr. 37/2010 enthält ein Verzeichnis der pharmakologisch wirksamen Stoffe und ihre Einstufung hinsichtlich der Rückstandshöchstmengen in Lebensmitteln tierischen Ursprungs.

C. Wissenschaftliches Erkenntnismaterial (Abs. 2)

Abs. 2 setzt Art. 12 II RL 2001/83/EG und Art. 15 II RL 2001/82/EG um, die Bezug nehmen auf **28** die Art. 10a RL 2001/83/EG und Art. 13a I RL 2001/82/EG. Diese Vorschriften, die mit § 22 III und § 23 III umgesetzt wurden, erlauben es dem Antragsteller, die Ergebnisse der erforderlichen Versuche durch **anderes wissenschaftliches Erkenntnismaterial** zu ersetzen. Macht der Antragsteller von dieser Möglichkeit Gebrauch, muss aus den in Abs. 1 S. 2 genannten Gutachten hervorgehen, dass das wissenschaftliche Erkenntnismaterial den Anforderungen der Arzneimittelprüfrichtlinien genügt. Als wissenschaftliches Erkenntnismaterial gilt auch das gem. § 26 II 2 nach wissenschaftlichen Methoden aufbereitete **medizinische Erfahrungsmaterial**[23].

D. Formelle Voraussetzungen (Abs. 3)

I. Angaben zum Sachverständigen (S. 1)

Um der Zulassungsbehörde die **Verlässlichkeit des Gutachtens** und eine **Bewertung seiner** **29** **fachlichen Qualität** zu ermöglichen, schreibt **Abs. 3 S. 1** vor, dass den Gutachten der Name, die Ausbildung und die Berufstätigkeit des Sachverständigen beigefügt werden müssen. Der Schilderung der Ausbildung[24] und der Beschreibung der Berufstätigkeit muss die Behörde entnehmen können, ob und inwieweit der Sachverständige befähigt ist, die Ergebnisse der in Abs. 1 S. 2 genannten Versuche kritisch zu bewerten[25]. Die Daten, die letztlich anzugeben sind, sind abhängig von der jeweiligen Person des Sachverständigen. Im Zweifel sollte die Darstellung ausführlicher gestaltet werden, um zu verhindern, dass die Zulassungsbehörde den Sachverständigen als nicht ausreichend befähig betrachtet, ein Gutachten nach Abs. 1 S. 2 zu erstatten. In diesem Falle wäre das Gutachten als nicht erheblich und damit als nicht vorgelegt zu betrachten. Die Zulassung wäre wegen Unvollständigkeit der Unterlagen nach § 25 II 1 Nr. 1 zu versagen (s. dazu § 25 Rn. 12 ff.)[26].

Die Angaben zur **beruflichen Beziehung des Sachverständigen zum Antragsteller** sind notwen- **30** dig, um der Zulassungsbehörde eine Einschätzung zu erlauben, ob und inwieweit das Gutachten durch die Beziehung zwischen den beiden beeinflusst ist. Dies schließt es jedoch nicht aus, dass die Gutachten von Angehörigen des den Zulassungsantrag stellenden pharmazeutischen Unternehmers erstattet werden[27]. Welche Konsequenzen die Zulassungsbehörde aus der beruflichen Beziehung zwischen dem Sachverständigen und dem Antragsteller zieht, ist im jeweiligen Einzelfall zu entscheiden. Generell lässt sich nicht sagen, dass ein intern erstelltes Gutachten, das sich kritisch und mit der gebotenen Sachlichkeit mit den Versuchen und ihren Ergebnissen auseinandersetzt, als weniger überzeugend anzusehen ist, als ein durch einen Externen erstelltes Gutachten, da auch für dieses der Gutachter eine finanzielle Erstattung vom Antragsteller erhält. Letztlich muss die fachliche Qualität des erstatteten Gutachtens entscheiden.

[21] Der Bezug auf den Anhang der VO (EU) Nr. 37/2010 wurde mit der 15. AMG-Novelle in Anpassung an das EU-Recht in das Gesetz aufgenommen, vgl. BT-Drucks. 17/4231, S. 9.
[22] In der VO (EG) Nr. 470/2009 findet sich keine entsprechende Definition.
[23] Vgl. *OVG Berlin*, Urt. v. 18.2.2005 – OVG 5 B 7.03 – juris.
[24] Dazu zählen auch Weiterbildungen und Fortbildungen, vgl. *Kloesel/Cyran*, § 24 Anm. 28. Außerdem können alle berufsqualifizierenden Maßnahmen und Erfahrungen auch im Ausland erworben worden sein, wobei dann die entsprechenden Nachweise, etwa durch Vorlage von Hochschulabschlüssen, Diplomen etc. vorzulegen sind. Diese müssen nach Dauer und Ausbildungstiefe in etwa dem entsprechen, was in der EU für die jeweilige Ausbildung als Standard gelten kann.
[25] *Kloesel/Cyran*, § 24 Anm. 28, nennt in Betracht kommende Personengruppen als Sachverständige für die Erstellung des analytischen, pharmakologisch-toxikologischen oder klinischen Gutachtens.
[26] *Kloesel/Cyran*, § 24 Anm. 28.
[27] *Kloesel/Cyran*, § 24 Anm. 7.

II. Unterschrift (S. 2)

31   Die Unterschrift des Sachverständigen unter Angabe des Datums dokumentiert die **Verantwortung des Sachverständigen** für das Gutachten[28]. Er bestätigt, das Gutachten selbst erstellt zu haben. Dadurch übernimmt der Sachverständige auch die Verantwortung für eine Bewertung der ihm vorliegenden Unterlagen nach bestem Wissen und Gewissen. Der Sachverständige erklärt inzident, alle ihm vorgelegten Daten verwendet und berücksichtigt und keine Lücken oder Mängel verschleiert zu haben.

32   Die in § 2 II i. V. m. I Nr. 2 AMG-EV vorgesehene qualifizierte **elektronische Signatur** des Sachverständigen nach dem SiG für das Gutachten ist von der gesetzlichen Grundlage des Abs. 3 S. 2 nicht gedeckt[29] und kann daher von der Zulassungsbehörde im Zweifel nicht zum Anlass von Beanstandungen gemacht werden, solange der Gesetzgeber Abs. 3 S. 2 nicht entsprechend geändert hat.

E. Sanktionen

33   Falsche Angaben des Sachverständigen im Hinblick auf die in Abs. 3 S. 1 genannten Informationen (Name, Ausbildung, Berufstätigkeit, berufliche Beziehung zum Antragsteller) sind nicht mit Strafe bewehrt[30]. Falsche Angaben im Gutachten können jedoch dafür ursächlich sein, dass der Antragsteller die Zulassung für ein Arzneimittel erhält, welches bedenklich i. S. d. § 5 II ist, so dass dessen Zulassung die zuständige Bundesoberbehörde gem. § 25 II 1 hätte versagen müssen. Sofern der Antragsteller vorsätzlich ein derartiges bedenkliches Arzneimittel in den Verkehr bringt oder bei einem anderen Menschen anwendet und dadurch den Tatbestand des § 95 I Nr. 1 erfüllt, kommt eine **Beihilfe des Sachverständigen** hierzu in Betracht[31].

34   Der Sachverständige, der durch sein Gutachten Lücken oder unrichtige Angaben in den gesetzlich genannten Unterlagen vorsätzlich verschleiert, kann sich wegen **Beteiligung** an einer Straftat des Antragstellers nach § 96 Nr. 6 strafbar machen[32]. Der **Antragsteller** wird allerdings dann wohl nicht strafrechtlich haftbar gemacht werden können, wenn er nicht über eine ausreichende Sachkenntnis der von dem Sachverständigen eingereichten Gutachten verfügt[33].

§ 24a Verwendung von Unterlagen eines Vorantragstellers

[1] **Der Antragsteller kann auf Unterlagen nach § 22 Abs. 2, 3, 3c und § 23 Abs. 1 einschließlich der Sachverständigengutachten nach § 24 Abs. 1 Satz 2 eines früheren Antragstellers (Vorantragsteller) Bezug nehmen, sofern er die schriftliche Zustimmung des Vorantragstellers einschließlich dessen Bestätigung vorlegt, dass die Unterlagen, auf die Bezug genommen wird, die Anforderungen der Arzneimittelprüfrichtlinien nach § 26 erfüllen.** [2] **Der Vorantragsteller hat sich auf eine Anfrage auf Zustimmung innerhalb einer Frist von drei Monaten zu äußern.** [3] **Eine teilweise Bezugnahme ist nicht zulässig.**

Wichtige Änderungen der Vorschrift: § 24a neu gefasst durch Art. 1 Nr. 18 des Vierzehnten Gesetzes zur Änderung des Arzneimittelgesetzes vom 29.8.2005 (BGBl. I S. 2570); S. 3 angefügt durch Art. 1 Nr. 27 des Gesetzes zur Änderung arzneimittelrechtlicher und anderer Vorschriften vom 17.7.2009 (BGBl. I S. 1990).

Europarechtliche Vorgaben: Art. 10c RL 2001/83/EG; Art. 13c RL 2001/82/EG.

Übersicht

---

[28] *Kloesel/Cyran*, § 24 Anm. 29.
[29] *Kloesel/Cyran*, § 24 Anm. 15; s. im Übrigen Fn. 13.
[30] *Kloesel/Cyran*, § 24 Anm. 5.
[31] *Kloesel/Cyran*, § 24 Anm. 5.
[32] *Kloesel/Cyran*, § 24 Anm. 12.
[33] *Kloesel/Cyran*, § 24 Anm. 12.

A. Allgemeines

I. Inhalt

Diese Vorschrift enthält ebenso wie § 24b eine Ausnahme von dem Grundsatz, dass der Antragsteller **1** nach § 22 II alle Unterlagen zum Nachweis von Qualität, Unbedenklichkeit und Wirksamkeit des Arzneimittels der zuständigen Bundesoberbehörde zur Prüfung vorlegen muss. § 24a bestimmt die Zulässigkeit und den Umfang der Bezugnahme eines Nachantragstellers (**Zweitantragsteller**) auf die Zulassungsunterlagen eines **Vorantragstellers** mit dessen Zustimmung.

II. Zweck

Bis zur Einführung des § 24a a. F. sah das AMG keine Möglichkeit vor, dass ein Antragsteller auf **2** bestimmte Unterlagen eines bereits zugelassenen Arzneimittels Bezug nehmen kann. Das Gesetz verpflichtete den Antragsteller ausnahmslos, alle für die Prüfung des Zulassungsantrages erforderlichen Unterlagen **einschließlich der Unterlagen nach § 22 II** bei der Bundesoberbehörde einzureichen. Das galt auch für Zulassungsanträge für solche Arzneimittel, die im Wesentlichen einem bereits zugelassenen Arzneimittel glichen. Es war gleichwohl seit Einführung der materiellen Zulassungspflicht im Jahre 1978 heftig umstritten, ob und in welchem Umfang bei im **Wesentlichen gleichen Arzneimitteln** die Zulassungsunterlagen eines Vorantragstellers ohne dessen Zustimmung nach Bezugnahme eines Zweitantragstellers verwertet werden konnten. Der Streit ging im Wesentlichen darum, ob ein grundrechtsrelevantes Interesse des Erstantragstellers am Schutz seiner Unterlagen die Verwertung dieser Unterlagen durch die Zulassungsbehörde verbietet (s. zu dieser Zweitanmeldeproblematik im Einzelnen § 24b Rn. 3 ff.).

Zur Klärung dieser auch in anderen Mitgliedstaaten umstrittenen Frage des **Unterlagenschutzes** hat **3** der Rat der Europäischen Gemeinschaften am 22.12.1986 die RL 87/21/EWG erlassen. Mit dieser RL sind in Art. 4 II Nr. 8 Buchst. a) i) und iii) RL 65/65/EWG zwei Arten von sog. **abgekürzten oder Bezug nehmenden Zulassungsverfahren** eingeführt worden: Die Verwendung von Zulassungsunterlagen des Vorantragstellers mit dessen Zustimmung (**konsensualer Zulassungsantrag**) und die Verwertung von Zulassungsunterlagen des Erstantragstellers ohne dessen Zustimmung nach Ablauf einer bestimmten Schutzfrist (**generischer Zulassungsantrag**). Beide abgekürzten Zulassungsverfahren wurden mit der 2. AMG-Novelle zunächst in einer Vorschrift in § 24a umgesetzt. Wegen der besonderen ökonomischen Bedeutung und wegen des Bedürfnisses, möglichst rasch Rechtssicherheit in der Zweitanmelderfrage herzustellen, trat § 24a vor den übrigen Regelungen des Änderungsgesetzes bereits am Tage nach der Verkündung, nämlich am 22.8.1986 in Kraft.

Die unterschiedlichen Anforderungen an die beiden Antragsarten und insbes. die im Rahmen der **4** Novellierung der RL 2001/83/EG erfolgte Erweiterung und Konkretisierung der Bestimmungen zu den generischen Zulassungsanträgen haben den Gesetzgeber bewogen, mit der **14. AMG-Novelle** die beiden abgekürzten Zulassungsverfahren in getrennten Regelungen darzustellen. § 24a regelt die Bezug nehmende Zulassung **mit Zustimmung** des Vorantragstellers. In § 24b werden die Voraussetzungen für generische Zulassungsanträge **ohne Zustimmung** des Vorantragstellers neu gefasst. Damit folgt der deutsche Gesetzgeber der klaren Systematik des Gemeinschaftsrechts.

Materiell-rechtlich sind die Bestimmungen zum konsensualen Zulassungsantrag bis auf die Ausweitung **5** der Bezugnahmemöglichkeit auch auf die Unterlagen zur pharmazeutischen Qualität (s. dazu Rn. 2) unverändert geblieben. Bis zur 14. AMG-Novelle galt allerdings die entsprechende Regelung in § 24a I 1 a. F. formal nur für solche Arzneimittel, die der sog. **automatischen Verschreibungspflicht** nach § 49 unterliegen oder unterlegen haben. Allerdings war das Kriterium der Verschreibungspflicht in der Vergangenheit auch in der Praxis ausschließlich bei der Bezug nehmenden Zulassung ohne Zustimmung des Erstantragstellers relevant (s. dazu § 24b Rn. 17 ff.). Mit der 14. AMG-Novelle ist die Anknüpfung an die automatische Verschreibungspflicht für beide Antragsarten beseitigt worden.

Die Vorschrift des § 24a soll nicht vor jedweder Konkurrenz schützen, sondern verhindern, dass ein **6** durch die eigene Leistung des Zulassungsinhabers und Originalherstellers gebildeter Wert in Form der kostenaufwendigen Schaffung der Zulassungsvoraussetzungen durch einen behördlichen Akt auf einen Konkurrenten, der sich entsprechende Aufwendungen durch die bloße Bezugnahme auf diese Unterlagen, gleichsam „transferiert" und dadurch ökonomisch entwertet wird[1].

---

[1] *VG Köln*, Urt. v. 27.8.2003 – 24 K 5634/00 – juris.

B. Voraussetzungen des konsensualen Zulassungsantrages (S. 1)

I. Schriftliche Zustimmung des Vorantragstellers

7   Die Bezugnahme auf die Unterlagen des Vorantragstellers ist nach S. 1 nur dann zulässig, wenn der Zweitantragsteller der Bundesoberbehörde eine entsprechende schriftliche **Zustimmung des Vorantragstellers** einschließlich dessen Bestätigung zur Konformität der Unterlagen mit den Arzneimittelprüfrichtlinien vorlegt. Der Vorantragsteller muss dem Zweitantragsteller sein Einverständnis zur Verwendung der von ihm der Bundesoberbehörde im ersten Verfahren vorgelegten Unterlagen **schriftlich** erklären. Die schriftliche Zustimmung zur Unterlagenverwertung muss konkret für die Prüfung des **zweiten** Zulassungsantrages erteilt werden. Sie ist für die Bundesoberbehörde eine formale Voraussetzung für die Verwertung der Unterlagen des Vorantragstellers. Daher muss der Zweitantragsteller die schriftliche Zustimmung zusammen mit dem Zulassungsantrag vorlegen. Ein späterer Widerruf oder eine spätere Rücknahme der Zustimmung ist zumindest dann unschädlich, wenn die Bundesoberbehörde zu diesem Zeitpunkt die Zulassung für das Zweitarzneimittel bereits erteilt hat[2]. Die Wirksamkeit der Zustimmungserklärung und des Zulassungsantrages ist unabhängig von den sonstigen Lizenz-, Lohnherstellungs- und Pharmakovigilanzvereinbarungen zwischen Vor- und Zweitantragsteller (s. zu diesen zusätzlichen Vereinbarungen Rn. 21).

8   Mit dem Zulassungsantrag muss der Zweitantragsteller auch eine **Bestätigung des Vorantragstellers** zu § 26 vorlegen. Der Vorantragsteller muss dem Zweitantragsteller bestätigen, dass die Unterlagen, auf die der Zweitantragsteller Bezug nimmt, den Anforderungen der Arzneimittelprüfrichtlinien und damit dem aktuellen Stand der wissenschaftlichen Erkenntnisse hinsichtlich der analytischen, pharmakologisch-toxikologischen und klinischen Prüfung entsprechen. Diese Erklärung bestätigt lediglich, dass der Zweitantragsteller auf den voll dokumentierten Zulassungsantrag des Erstarzneimittels Bezug genommen hat. Die Bestätigung betrifft also nur einen formalen Aspekt, der insbesondere keine Gewähr für die inhaltliche Ordnungsmäßigkeit der vom Vorantragsteller vorgelegten Unterlagen bietet[3]. *Ambrosius*[4] fordert daher zu Recht, die Verpflichtung zur Vorlage der Bestätigung im Gesetz zu streichen, zumal auch das Unionsrecht diese Bestätigung des Vorantragstellers nicht vorsieht.

II. Bezugnahme auf ein zugelassenes Arzneimittel

9   Das Arzneimittel, auf dessen Unterlagen der Zweitantragsteller Bezug nimmt, muss nach § 25 I zugelassen sein. Die zugrundeliegende gemeinschaftsrechtliche Norm in Art. 10c RL 2001/83/EG bestimmt, dass „**nach** Erteilung der Genehmigung für das Inverkehrbringen der Inhaber dieser Genehmigung darin einwilligen (kann), dass zur Prüfung **nachfolgender Anträge** für andere Arzneimittel" auf bestimmte Unterlagen des Dossiers zurückgegriffen werden kann. Es ist also nicht möglich, einen konsensualen Zulassungsantrag parallel und zeitgleich mit dem Antrag auf Zulassung des Bezugsarzneimittels zu stellen. Das Bezugsarzneimittel muss **zum Zeitpunkt der Antragstellung zugelassen** sein[5]. Im theoretisch denkbaren Falle, dass die Erstzulassung nach der Zweitantragstellung z. B. aufgrund einer entsprechenden Verzichtserklärung des Vorantragstellers erlischt, kann die Bundesoberbehörde gleichwohl die Zweitzulassung erteilen. Die Erteilung der Zweitzulassung ist allerdings zumindest dann ausgeschlossen, wenn die Erstzulassung auch ohne den Verzicht ohnehin zurückgenommen oder widerrufen werden müsste.

10   Die Zulassung für das Bezugsarzneimittel muss auf der Grundlage eines **vollständigen Dossiers** nach § 22 erteilt worden sein. Die Bezugnahme auf ein seinerseits bereits nach § 24a oder § 24b im abgekürzten Verfahren zugelassenes Arzneimittel ist nicht möglich. Das ergibt sich schon aus der Angabe von § 22 II in der Liste der bezugnahmefähigen Unterlagen in S. 1. Die Bundesoberbehörde muss auf der Grundlage der für das Bezugsarzneimittel bereits vorliegenden Unterlagen und der ggf. für das Zweitarzneimittel zusätzlich eingereichten Unterlagen alle Fragen zum Nachweis der Qualität, Unbedenklichkeit und Wirksamkeit beurteilen können. In diesem Zusammenhang ist zu beachten, dass auch diejenigen Dossiers, in denen **anderes wissenschaftliches Erkenntnismaterial** i. S. v. § 22 III vorgelegt wird, alle für die Zulassung relevanten Unterlagen enthalten und damit im Rahmen einer Bezug nehmenden Zulassung verwertet werden können. Das folgt bereits aus der Auflistung von § 22 III im Katalog derjenigen Unterlagen, auf die nach § 24a S. 1 Bezug genommen werden kann[6].

---

[2] Notice to Applicants, Vol. 2 A, Kapitel 1 Juni 2013), Abschnitt 5.6; vgl. im Übrigen zur Unabhängigkeit der Zustimmung *Kloesel/Cyran*, § 24a Anm. 7.
[3] *Kloesel/Cyran*, § 24a Anm. 8.
[4] *Ambrosius*, in: Fuhrmann/Klein/Fleischfresser, § 6 Rn. 183.
[5] Notice to Applicants, Vol. 2 A, Kap. 1 (Juni 2013), Abschn. 5.6; CMD(h) Recommendations on informed consent applications in the mutual recognition and decentralised procedures, Abschn. II. 1 und 2, abrufbar unter http://www.hma.eu.
[6] So auch *Ambrosius*, in: Fuhrmann/Fleischfresser, § 6 Rn. 176 ff.

III. Wesentliche Gleichheit zwischen Bezugsarzneimittel und Zweitarzneimittel

Die Zulässigkeit und der Umfang der Bezugnahme auf Zulassungsunterlagen eines Vorantragstellers **11** richten sich danach, inwieweit das zuzulassende Zweitarzneimittel und das bereits zugelassene Bezugsarzneimittel identisch sind[7]. Nach der ersten gemeinschaftsrechtlichen Bestimmung zum konsensualen Zulassungsantrag in Art. 4 II Nr. 8 Buchst. a) i) der RL 65/65/EWG setzte die Zulässigkeit der Bezugnahme auf die Unterlagen des Vorantragstellers voraus, dass das Zweitarzneimittel „im Wesentlichen einem Erzeugnis gleicht, das in dem Land, in dem der Antrag gestellt ist, bereits zugelassen ist". Der *EuGH* hat am 3.12.1998 im sog. Generics-Urteil[8] den Terminus **im Wesentlichen gleich** im Hinblick auf generische Zulassungen nach Art. 4 II Nr. 8 Buchst. a) iii) RL 65/65/EWG konkretisiert. Danach sind Arzneimittel im Wesentlichen gleich, wenn sie die Kriterien der gleichen qualitativen und quantitativen Zusammensetzung an Wirkstoffen, der gleichen Darreichungsform und der Bioäquivalenz erfüllen (s. § 24b Rn. 65 ff.). Basierend auf dieser *EuGH*-Entscheidung hat der Gemeinschaftsgesetzgeber in Art. 10c RL 2001/83/EG bestimmt, dass ein Rückgriff auf Zulassungsunterlagen des Vorantragstellers möglich ist, wenn das Bezugsarzneimittel und das Zweitarzneimittel dieselbe **qualitative** und **quantitative Wirkstoffzusammensetzung** und **dieselbe Darreichungsform** haben. Diese gemeinschaftsrechtliche Vorgabe ist auch für die Bestimmung der Identität zwischen Bezugsarzneimittel und Zweitarzneimittel im Rahmen von § 24a, der insoweit keine ausdrückliche Regelung enthält, heranzuziehen. Unter den in Art. 10c RL 2001/83/EG normierten Voraussetzungen zur wesentlichen Gleichheit zwischen Bezugsarzneimittel und Zweitarzneimittel ist ein Bezug nehmender, konsensualer Zulassungsantrag zulässig. Die Frage, ob das zuzulassende Arzneimittel mit dem Präparat des Vorantragstellers „wesentlich gleich" ist, ist objektiv-rechtlicher Natur und muss durch die zuständige Bundesoberbehörde geklärt werden[9].

IV. Umfang und Form der Bezugnahme

1. Bezugnahmefähige Unterlagen. Nach § 24a S. 1 kann der Zweitantragsteller auf die vom **12** Vorantragsteller eingereichten Unterlagen nach § 22 II, III, IIIc und § 23 I einschließlich der Sachverständigengutachten nach § 24 I 2 Bezug nehmen. Die 14. AMG-Novelle hat den **Umfang der Unterlagen,** auf die Bezug genommen werden kann, ausgeweitet. Unverändert blieb die Möglichkeit, auf die Unterlagen zur Bewertung möglicher Umweltrisiken (§ 22 IIIc) und auf die Ergebnisse der Rückstandsprüfungen (§ 23 I) des Vorantragstellers zu verweisen. Gegenstand der Bezugnahme können aber seit Inkrafttreten der 14. AMG-Novelle auch die Unterlagen und Sachverständigengutachten zur **pharmazeutischen Qualität** sowie das sonstige wissenschaftliche Erkenntnismaterial nach § 22 III sein. Während insofern zuvor nach § 24a S. 1 a. F. lediglich die Unterlagen nach § 22 II 1 Nr. 2 und 3 zur pharmakologisch-toxikologischen sowie klinischen Prüfung und die dazugehörenden Sachverständigengutachten (§ 24 I 2 Nr. 2–4) bezugnahmefähig waren, verweist nunmehr § 24a S. 1 pauschal auf die Unterlagen nach § 22 II und III sowie auf die Sachverständigengutachten nach § 24 I 2. Der Zweitantragsteller kann somit auch auf die zur analytischen Prüfung des Bezugsarzneimittels vom Vorantragsteller vorgelegten Unterlagen sowie auf das entsprechende Sachverständigengutachten (§ 24 I 2 Nr. 1) Bezug nehmen. Der innere Grund, bei einem konsensualen Antrag auch auf die Qualitätsunterlagen verweisen zu können, liegt in der – eigentlich selbstverständlichen[10] – Möglichkeit eines Erstantragstellers, mit der Zustimmung einem Dritten die Verwertung seiner Studienergebnisse für Zulassungszwecke zu ermöglichen.

Von der Bezugnahme ausgeschlossen bleiben die **zur Identifizierung des Arzneimittels** notwendi- **13** gen Angaben nach § 22 I. Diese hat der Zweitantragsteller selbst zu erarbeiten und der Bundesoberbehörde vorzulegen. Dies ist schon deshalb zwingend, weil das Zweitarzneimittel eine andere Bezeichnung als das Bezugsarzneimittel haben muss. Üblicherweise werden auch Vorantragsteller und Zweitantragsteller personenverschieden sein. Das ist insbesondere dann der Fall, wenn ein Originalanbieter einem Generikahersteller vor Ablauf der Patentlaufzeit oder vor Ablauf der in § 24b geregelten Schutzfristen die Zustimmung zur Verwertung seiner Unterlagen erteilt. Dadurch erhält der betreffende Generikahersteller für den Zeitraum zwischen der Erteilung der Zulassung für das Zweitarzneimittel und dem Ablauf der Patentlaufzeit bzw. der Schutzfristen die Möglichkeit zur exklusiven generischen Vermarktung des Arzneimittels (sog. **early entry**). Andere Zweitanmelder können erst nach Patentablauf bzw. nach Ablauf der Schutzfristen generische Zulassungsanträge stellen.

Umstritten ist allerdings, ob trotz der Nichtaufnahme von § 22 I in den Verweisungskatalog auf die in **14** Modul 3 der Arzneimittelprüfrichtlinien genannten **herstellungsbezogenen Unterlagen** zur Beschreibung des Herstellungsprozesses und der Prozesskontrollen einschließlich der Stabilitätsstudien Bezug

---

[7] *Rehmann*, § 24a Rn. 6.
[8] *EuGH*, Urt. v. 3.12.1998 – Rs. C-368/96, Slg. 1998 I-07 967, PharmR 1999, 2 – Generics.
[9] *VG Köln*, Urt. v. 27.8.2003 – 24 K 5634/00 – juris.
[10] So *Gassner*, GRURInt 2004, 983, 985.

genommen werden kann – diese herstellungsbezogenen Unterlagen werden als Arzneimittel identifizierende Angaben insbesondere in § 22 I Nr. 11, 14 und 15 gefordert. Aus den Notice to Applicants, Vol. 2 A, Kapitel 1 (Juni 2013, schon aber auch die Fassung vom Nov. 2005), Abschn. 5.6.folgt, dass unter den pharmazeutischen Unterlagen (alle) im Modul 3 genannten Angaben zu verstehen sind. Mithin müssen für einen konsensualen Zulassungsantrag nur die in Modul 1 genannten Unterlagen beigebracht werden[11].

15   **2. Vollständige Bezugnahme.** Die vollständige Bezugnahme auf die Qualitätsunterlagen einschließlich der Ergebnisse der analytischen Prüfung des Erstantragstellers wird in der Praxis regelmäßig voraussetzen, dass das Erst- und das Zweitarzneimittel nicht nur „**im Wesentlichen gleich**", sondern identisch sind und vom selben Hersteller nach denselben Vorschriften und Anforderungen hergestellt werden. Regelmäßig wird nur der Hersteller des Erstarzneimittels über die notwendigen Informationen und Nachweise über die Beschaffenheit und über die ordnungsgemäße Herstellung des Arzneimittels verfügen. Gleiches gilt für die Kontrollen der Ausgangsstoffe und für die Qualitätskontrollen.

16   Daher forderte das BfArM noch zur alten Rechtslage in den am 22.3.2002 erstellten und am 25.6.2010 aktualisierten Hinweisen zur Einreichung von nationalen identischen Zulassungsanträgen zu bereits zugelassenen Arzneimitteln[12] die Identität von (Zweit-) Antragsteller und Zulassungsinhaber, die Identität des Herstellers beider Arzneimittel, die Identität aller Bestandteile nach Art und Menge sowie die Identität der Anwendungsgebiete. Diese **vollständige Identität** zwischen Erst- und Zweitarzneimittel ist aber nur für die Extremform der Bezug nehmenden Zulassung von sogenannten **Dubletten** erforderlich. In der Anlage zu § 1 AMG-KostV wird eine Dublette definiert als „vollständige Bezugnahme eines Antragstellers auf ein identisches Arzneimittel desselben Antragstellers, dessen Zulassung zum Zeitpunkt der Antragstellung nicht länger als fünf Jahre zurückliegt". Abgesehen von dieser Dublettenzulassung ist ein konsensualer Zulassungsantrag aber bereits unter den in Art. 10c RL 2001/83/EG normierten Voraussetzungen (s. Rn. 11)[13] zulässig. Insbesondere können Vor- und Zweitantragsteller auch personenverschieden sein[14].

17   **3. Form und Zeitpunkt der Bezugnahme.** § 24a sieht für die Bezugnahme kein Formerfordernis vor. Bei dem Zulassungsverfahren nach den §§ 21 ff. handelt es um ein durch Rechtsvorschriften vorgeschriebenes förmliches Verwaltungsverfahren nach § 63 I VwVfG, so dass im Zulassungsverfahren Anträge schriftlich oder zur Niederschrift bei der Behörde zu stellen sind. Angesichts der Fülle und Komplexität der Zulassungsanforderungen und -unterlagen ist jedoch davon auszugehen, dass das AMG die Niederschrift bei der Behörde ausschließt[15]. Daher ist auch die Bezugnahmeerklärung **schriftlich** vorzulegen.

18   Die **Bezugnahmeerklärung** kann und wird entsprechend der Antrags- und Behördenpraxis regelmäßig gleichzeitig mit der Vorlage des Zulassungsantrages und der schriftlichen Zustimmung des Vorantragstellers abgegeben werden. Die Bezugnahme aber auch nach der Antragstellung erfolgen, wenn z. B. eine Mängelrüge der Bundesoberbehörde eine Ergänzung der Zulassungsunterlagen notwendig macht[16]. Umgekehrt kann der Zweitantragsteller dann, wenn die Bundesoberbehörde Bedenken gegen die Bezugnahme geltend macht, statt der Bezugnahme innerhalb der Mängelbeseitigungsfrist die fehlenden Unterlagen nachreichen[17].

V. Rechtsfolgen der Bezugnahme

19   Die Bestimmungen des § 24a entbinden den Zweitantragsteller von der Verpflichtung zur Vorlage der in Bezug genommenen Zulassungsunterlagen. Eine Versagung der Zulassung nach § 25 II 1 Nr. 1 wegen Unvollständigkeit der Unterlagen ist bei zulässiger Bezugnahme nicht möglich[18]. Die Bundesoberbehörde hat **von Amts wegen** und nach **pflichtgemäßem Ermessen** über den Zulassungsantrag und über die Zulässigkeit der Bezugnahme auf die Unterlagen des Vorantragstellers zu entscheiden. Dabei muss die Zulassungsbehörde die formalen und inhaltlichen Voraussetzungen der Bezugnahme prüfen. Die Prüfung hat sich auch darauf zu erstrecken, ob und welche der in Bezug genommenen Unterlagen des Erstdossiers noch dem aktuellen wissenschaftlichen Erkenntnisstand entsprechen. Sind Teile des Erstdossiers aufgrund neuer wissenschaftlicher Erkenntnisse unzureichend geworden, erlässt die Bundesoberbehörde einen entsprechenden **Mängelbescheid** nach § 25 IV und gibt dem Zweitantragsteller Gelegenheit, innerhalb einer angemessenen Frist die gerügten Mängel durch Vorlage der fehlenden Unterlagen z. B. durch eigene Studienergebnisse zu beseitigen[19]. Im Falle der Nichtabhilfe der gerügten

---

[11] Wie hier *Ambrosius*, in: Fuhrmann/Klein/Fleischfresser, § 6 Rn. 178 f.

[12] Abrufbar unter http://www.bfarm.de.

[13] Wie hier auch *Ambrosius*, in: Fuhrmann/Klein/Fleischfresser, § 6 Rn. 175.

[14] Vgl. dazu CMD(h) Recommendations on informed consent applications in the mutual recognition and decentralised procedures, Abschn. II. 2, abrufbar unter http://www.hma.eu.

[15] *Kloesel/Cyran* (bis zur 108. Ergänzungslieferung), § 24a Anm. 10.

[16] *Kloesel/Cyran* (bis zur 108. Ergänzungslieferung), § 24a Anm. 12.

[17] *Rehmann*, § 24a Rn. 6.

[18] *Kloesel/Cyran*, § 24a Anm. 3.

[19] *Rehmann*, § 24a Rn. 6.

Mängel wird der Zulassungsantrag **zurückgewiesen.** Der Zweitantragsteller kann den Versagungsbescheid nach den allgemeinen Regeln mit Widerspruch und Anfechtungsklage angreifen. Sind die Voraussetzungen für die Bezug nehmende Zulassung erfüllt, hat die Bundesoberbehörde für das Zweitarzneimittel gem. § 25 I die **Zulassung zu erteilen.**

Ambrosius[20] weist zu Recht darauf hin, dass die auf der Grundlage von § 24a erteilte Zulassung eine **20** **vollwertige Zulassung** ist, bei der keine Verknüpfung mehr mit der Zulassung des Bezugsarzneimittels besteht. Die Zweitzulassung kann also wie jede andere arzneimittelrechtliche Zulassung nachträglich in dem dafür vorgesehenen Rahmen geändert oder erweitert werden.

Trotz der Bezugnahme auf Unterlagen des Vorantragstellers ist der Zweitantragsteller für die Richtig **21** keit seines Antrags verantwortlich. Den Zweitantragsteller trifft als pharmazeutischer Unternehmer auch die **zivil- und strafrechtliche Verantwortlichkeit** entsprechend § 25 X sowie die **Gefährdungshaftung** nach den §§ 84 ff. Ebenso hat er die umfangreichen **Anzeige- und Meldepflichten** von Arzneimittelrisiken neben der Verpflichtung zur Vorlage der Berichte über die Unbedenklichkeit des Arzneimittels gem. § 63b zu erfüllen. Regelmäßig verfügt der vom Vorantragsteller personenverschiedene Zweitantragsteller aber nicht über alle Detailkenntnisse des Erstdossiers, so dass er ohne vollständige wissenschaftliche Beurteilung des Nutzens und der Risiken des Arzneimittels kaum ohne Hilfestellung des Vorantragstellers vornehmen kann. Der Zweitantragsteller muss permanenten Zugang zu den (produkt- und herstellungsbezogenen) Unterlagen haben, damit er diesen Verantwortlichkeiten nachkommen kann[21]. Daher ist es aus Gründen der Produktverantwortung notwendig, dass sich Vor- und Zweitantragsteller zumindest zur wechselseitigen und unverzüglichen Mitteilung aller Verdachtsfälle von Nebenwirkungen einschließlich der entsprechenden Nutzen-Risiko-Beurteilung verpflichten[22]. Will der Zweitantragsteller selbst herstellen oder einen Lohnhersteller mit der Herstellung des Arzneimittels beauftragen, benötigt er zwangsläufig Zugang zu den herstellungsbezogenen Unterlagen[23]. Diese zusätzlichen Vereinbarungen sind aber unabhängig von der schriftlichen Bezugnahme- und Zustimmungserklärung und dem Zulassungsantrag, d. h. diese Vereinbarungen müssen der Bundesoberbehörde nicht vorgelegt werden[24].

C. Frist zur Zustimmung (S. 2)

Gem. **S. 2** hat sich der Vorantragsteller auf eine Anfrage auf Zustimmung innerhalb einer Frist von **22** drei Monaten gegenüber dem Zweitantragsteller zu äußern. Ein Schweigen auf eine entsprechende Anfrage ist im Regelfall als Weigerung, die Zustimmung zu erteilen, zu werten[25]. Die **Dreimonatsfrist** ist im Interesse der Verfahrensökonomie mit der 5. AMG-Novelle zum 1.1.1995 eingeführt worden. Nach der Amtlichen Begründung[26] sollte damit dem berechtigten Interesse des Nachantragstellers, eine Äußerung des Vorantragstellers in einer angemessenen Frist zu erhalten, entsprochen werden. Mit der Einführung des Zustimmungserfordernisses und der Dreimonatsfrist ist das ursprünglich in § 24a II a. F. begründete Recht des Vorantragstellers, der Verwertung seiner Unterlagen zu widersprechen und damit ausschließen zu können, entfallen. Allerdings kann der Vorantragsteller bei unberechtigter, d. h. ohne seine Zustimmung erfolgter Verwertung seiner Unterlagen gegen die Zweitzulassung Drittwiderspruch bzw. Anfechtungsklage einlegen bzw. erheben[27] (s. zum Drittschutz für den Vorantragsteller ausführlich § 24b Rn. 44 ff.).

D. Unzulässigkeit der teilweisen Bezugnahme (S. 3)

Bis zum Inkrafttreten der 15. AMG-Novelle konnte der Antragsteller den konkreten Umfang der **23** Bezugnahme auf die Unterlagen des Vorantragstellers im Zulassungsantrag bestimmen. Der Antragsteller konnte pauschal auf alle in § 24a S. 1 erwähnten Unterlagen Bezug nehmen. Er konnte die Bezugnahme aber auch auf bestimmte Unterlagen oder einzelne Nachweise beschränken[28]. Aus der in § 24a vorgesehenen Möglichkeit der Bezugnahme auf Unterlagen des Erstantragstellers ergab sich kein Verbot zur Vorlage eigener Unterlagen. Der *EuGH* hat noch zur alten Rechtslage diese Option des Zweitantragstellers bestätigt[29]. Danach konnte auch im konsensualen Zulassungsverfahren der Zweitantragsteller eigene

[20] *Ambrosius*, in: Fuhrmann/Klein/Fleischfresser, § 6 Rn. 184.
[21] Notice to Applicants, Vol. 2 A, Kap. 1 (Juni 2013), Abschn. 5.6.
[22] *Ambrosius*, in: Fuhrmann/Klein/Fleischfresser, § 6 Rn. 181 ff.; *Kloesel/Cyran* (bis zur 108. Ergänzungslieferung), § 24a Anm. 17.
[23] *Ambrosius*, in: Fuhrmann/Klein/Fleischfresser, § 6 Rn. 182.
[24] Nach den Notice to Applicants, Vol. 2 A, Kap. 1 (Juni 2013), Abschn. 5.6. soll zumindest die Vereinbarung über den Zugang zum Active Substance Master File dem Zulassungsantrag beigefügt werden.
[25] *Rehmann*, § 24a Rn. 6; *Wagner*, in: Dieners/Reese, § 6 Rn. 61; wohl a. A. *Kloesel/Cyran*, § 24a Anm. 10.
[26] BT-Drucks. 12/6480, S. 20.
[27] *Rehmann*, § 24a Rn. 6.
[28] *Rehmann*, § 24a Rn. 6.
[29] *EuGH*, Urt. v. 29.4.2004 – Rs. C-106/01, Slg. 2004 I-04403, EuZW 2004, 13 Rn. 43 ff. – Novartis.

Unterlagen vorlegen. Diesen Mittelweg zwischen abgekürzten und selbständigen Verfahren nennt der *EuGH* **hybrides abgekürztes Verfahren.**

24   Mit der Begründung, es handele sich um eine klarstellende Regelung entsprechend dem europäischen Recht, ist nach dem mit der 15. AMG-Novelle eingeführten S. 3 eine teilweise Bezugnahme nicht mehr zulässig. Nach den Notice to Applicants[30] und den CMD(h)-Empfehlungen vom 2.7.2006[31] ist Voraussetzung für den konsensualen Zulassungsantrag, dass die Zustimmung des Vorantragstellers **alle Module** einschließlich der pharmazeutischen, vorklinischen und klinischen Daten erfasst. Es sei im Rahmen eines konsensualen Zulassungsantrages nicht möglich, dass der Antragsteller eigene Studienergebnisse zur pharmazeutischen Qualität vorlegt und der Vorantragsteller die Zustimmung auf die Unterlagen zur pharmakologisch-toxikologischen und klinischen Prüfung beschränkt. Ein solcher Zulassungsantrag sei auf der Basis von Art. 8 III RL 2001/83/EG und damit auf der Grundlage eines Volldossiers zu stellen.

25   Diese rechtsformal begründete Auffassung und Gesetzesänderung sind abzulehnen. Dass – wie es die Notice to Applicants und die CMD(h)-Empfehlungen fordern – die Zustimmung des Vorantragstellers auch seine Daten zur pharmazeutischen Qualität erfassen muss, bedeutet nicht im Umkehrschluss automatisch ein Verbot für den Zweitantragsteller, eigene Daten zur Qualität vorzulegen[32]. Im Übrigen würde **ohne die Möglichkeit einer teilweisen Bezugnahme** § 24a weitgehend **ins Leere laufen.** Eine vollständige Bezugnahme ist allenfalls bei Dubletten denkbar (s. Rn. 16). In der überwiegenden Zahl der praktischen Fälle wird der Zweitantragsteller eigene Unterlagen zumindest zum Nachweis der pharmazeutischen Qualität vorlegen müssen. Auch bei einer Änderung und Weiterentwicklung des wissenschaftlichen Erkenntnisstandes wird er das Erstdossier durch Vorlage eigener Studienergebnisse ergänzen müssen. Im Übrigen hat der *EuGH* noch zur alten Rechtslage die Möglichkeit des hybriden abgekürzten Verfahrens ausdrücklich bestätigt[33]. *Rehmann*[34] führt ergänzend zu Recht aus, dass § 24b (und auch das zugrundeliegende Europarecht) die Beibringung ergänzenden Erkenntnismaterials und damit eine nur teilweise Bezugnahme zulässt. Es ist nicht einzusehen, warum nur bei der generischen Zulassung hybride Zulassungsanträge möglich sein sollen.

§ 24b Zulassung eines Generikums, Unterlagenschutz

(1) [1]**Bei einem Generikum im Sinne des Absatzes 2 kann ohne Zustimmung des Vorantragstellers auf die Unterlagen nach § 22 Abs. 2 Satz 1 Nr. 2 und 3 und § 23 Abs. 1 einschließlich der Sachverständigengutachten nach § 24 Abs. 1 Satz 2 Nr. 2 bis 4 des Arzneimittels des Vorantragstellers (Referenzarzneimittel) Bezug genommen werden, sofern das Referenzarzneimittel seit mindestens acht Jahren zugelassen ist oder vor mindestens acht Jahren zugelassen wurde; dies gilt auch für eine Zulassung in einem anderen Mitgliedstaat der Europäischen Union. [2]Ein Generikum, das gemäß dieser Bestimmung zugelassen wurde, darf frühestens nach Ablauf von zehn Jahren nach Erteilung der ersten Genehmigung für das Referenzarzneimittel in den Verkehr gebracht werden. [3]Der in Satz 2 genannte Zeitraum wird auf höchstens elf Jahre verlängert, wenn der Inhaber der Zulassung innerhalb von acht Jahren seit der Zulassung die Erweiterung der Zulassung um eines oder mehrere neue Anwendungsgebiete erwirkt, die bei der wissenschaftlichen Bewertung vor ihrer Zulassung durch die zuständige Bundesoberbehörde als von bedeutendem klinischem Nutzen im Vergleich zu bestehenden Therapien beurteilt werden.**

(2) [1]**Die Zulassung als Generikum nach Absatz 1 erfordert, dass das betreffende Arzneimittel die gleiche Zusammensetzung der Wirkstoffe nach Art und Menge und die gleiche Darreichungsform wie das Referenzarzneimittel aufweist und die Bioäquivalenz durch Bioverfügbarkeitsstudien nachgewiesen wurde. [2]Die verschiedenen Salze, Ester, Ether, Isomere, Mischungen von Isomeren, Komplexe oder Derivate eines Wirkstoffes gelten als ein und derselbe Wirkstoff, es sei denn, ihre Eigenschaften unterscheiden sich erheblich hinsichtlich der Unbedenklichkeit oder der Wirksamkeit. [3]In diesem Fall müssen vom Antragsteller ergänzende Unterlagen vorgelegt werden, die die Unbedenklichkeit oder Wirksamkeit der verschiedenen Salze, Ester, Ether, Isomere, Mischungen von Isomeren, Komplexe oder Derivate des Wirkstoffes belegen. [4]Die verschiedenen oralen Darreichungsformen mit sofortiger Wirkstofffreigabe gelten als ein und dieselbe Darreichungsform. [5]Der Antragsteller ist nicht verpflichtet, Bioverfügbarkeitsstudien vorzulegen, wenn er auf sonstige Weise nachweist, dass das Generikum die nach dem Stand der Wissenschaft für die Bioäquivalenz relevanten Krite-**

---

[30] Notice to Applicants, Vol. 2 A, Kap. 1 (Nov. 2005), Abschn. 5.6.; die überarbeitete Fassung vom Juni 2013 ist hier gleichlautend.

[31] Vgl. dazu CMD(h) Recommendations on informed consent applications in the mutual recognition and decentralised procedures, Abschn. 2, abrufbar unter http://www.hma.eu.

[32] Nach *Kloesel/Cyran*, § 24a Anm. 11 schließt die Zulässigkeit einer umfassenden Bezugnahme eine teilweise Bezugnahme mit ein.

[33] *EuGH*, Urt. v. 29.4.2004 – Rs. C-106/01, Slg. 2004 I-04 403, EuZW 2004, 13 Rn. 43 ff. – Novartis.

[34] *Rehmann*, § 24a Rn. 6.

rien erfüllt. [6] In den Fällen, in denen das Arzneimittel nicht die Anforderungen eines Generikums erfüllt oder in denen die Bioäquivalenz nicht durch Bioäquivalenzstudien nachgewiesen werden kann oder bei einer Änderung des Wirkstoffes, des Anwendungsgebietes, der Stärke, der Darreichungsform oder des Verabreichungsweges gegenüber dem Referenzarzneimittel sind die Ergebnisse der geeigneten vorklinischen oder klinischen Versuche vorzulegen. [7] Bei Arzneimitteln, die zur Anwendung bei Tieren bestimmt sind, sind die entsprechenden Unbedenklichkeitsuntersuchungen, bei Arzneimitteln, die zur Anwendung bei Tieren bestimmt sind, die der Lebensmittelgewinnung dienen, auch die Ergebnisse der entsprechenden Rückstandsversuche vorzulegen.

(3) [1] Sofern das Referenzarzneimittel nicht von der zuständigen Bundesoberbehörde, sondern der zuständigen Behörde eines anderen Mitgliedstaates zugelassen wurde, hat der Antragsteller im Antragsformular den Mitgliedstaat anzugeben, in dem das Referenzarzneimittel genehmigt wurde oder ist. [2] Die zuständige Bundesoberbehörde ersucht in diesem Fall die zuständige Behörde des anderen Mitgliedstaates, binnen eines Monats eine Bestätigung darüber zu übermitteln, dass das Referenzarzneimittel genehmigt ist oder wurde, sowie die vollständige Zusammensetzung des Referenzarzneimittels und andere Unterlagen, sofern diese für die Zulassung des Generikums erforderlich sind. [3] Im Falle der Genehmigung des Referenzarzneimittels durch die Europäische Arzneimittel-Agentur ersucht die zuständige Bundesoberbehörde diese um die in Satz 2 genannten Angaben und Unterlagen.

(4) Sofern die zuständige Behörde eines anderen Mitgliedstaates, in dem ein Antrag eingereicht wird, die zuständige Bundesoberbehörde um Übermittlung der in Absatz 3 Satz 2 genannten Angaben oder Unterlagen ersucht, hat die zuständige Bundesoberbehörde diesem Ersuchen binnen eines Monats zu entsprechen, sofern mindestens acht Jahre nach Erteilung der ersten Genehmigung für das Referenzarzneimittel vergangen sind.

(5) [1] Erfüllt ein biologisches Arzneimittel, das einem biologischen Referenzarzneimittel ähnlich ist, die für Generika geltenden Anforderungen nach Absatz 2 nicht, weil insbesondere die Ausgangsstoffe oder der Herstellungsprozess des biologischen Arzneimittels sich von dem des biologischen Referenzarzneimittels unterscheiden, so sind die Ergebnisse geeigneter vorklinischer oder klinischer Versuche hinsichtlich dieser Abweichungen vorzulegen. [2] Die Art und Anzahl der vorzulegenden zusätzlichen Unterlagen müssen den nach dem Stand der Wissenschaft relevanten Kriterien entsprechen. [3] Die Ergebnisse anderer Versuche aus den Zulassungsunterlagen des Referenzarzneimittels sind nicht vorzulegen.

(6) Zusätzlich zu den Bestimmungen des Absatzes 1 wird, wenn es sich um einen Antrag für ein neues Anwendungsgebiet eines bekannten Wirkstoffes handelt, der seit mindestens zehn Jahren in der Europäischen Union allgemein medizinisch verwendet wird, eine nicht kumulierbare Ausschließlichkeitsfrist von einem Jahr für die Daten gewährt, die auf Grund bedeutender vorklinischer oder klinischer Studien im Zusammenhang mit dem neuen Anwendungsgebiet gewonnen wurden.

(7) [1] Absatz 1 Satz 3 und Absatz 6 finden keine Anwendung auf Generika, die zur Anwendung bei Tieren bestimmt sind. [2] Der in Absatz 1 Satz 2 genannte Zeitraum verlängert sich

1. bei Arzneimitteln, die zur Anwendung bei Fischen oder Bienen bestimmt sind, auf dreizehn Jahre,
2. bei Arzneimitteln, die zur Anwendung bei einer oder mehreren Tierarten, die der Gewinnung von Lebensmitteln dienen, bestimmt sind und die einen neuen Wirkstoff enthalten, der am 30. April 2004 noch nicht in der Gemeinschaft zugelassen war, bei jeder Erweiterung der Zulassung auf eine weitere Tierart, die der Gewinnung von Lebensmitteln dient, die innerhalb von fünf Jahren seit der Zulassung erteilt worden ist, um ein Jahr. Dieser Zeitraum darf jedoch bei einer Zulassung für vier oder mehr Tierarten, die der Gewinnung von Lebensmitteln dienen, insgesamt dreizehn Jahre nicht übersteigen.

[3] Die Verlängerung des Zehnjahreszeitraums für ein Arzneimittel für eine Tierart, die der Lebensmittelgewinnung dient, auf elf, zwölf oder dreizehn Jahre erfolgt unter der Voraussetzung, dass der Inhaber der Zulassung ursprünglich auch die Festsetzung der Rückstandshöchstmengen für die von der Zulassung betroffenen Tierarten beantragt hat.

(8) Handelt es sich um die Erweiterung einer Zulassung für ein nach § 22 Abs. 3 zugelassenes Arzneimittel auf eine Zieltierart, die der Lebensmittelgewinnung dient, die unter Vorlage neuer Rückstandsversuche und neuer klinischer Versuche erwirkt worden ist, wird eine Ausschließlichkeitsfrist von drei Jahren nach der Erteilung der Zulassung für die Daten gewährt, für die die genannten Versuche durchgeführt wurden.

Wichtige Änderungen der Vorschrift: § 24b eingefügt und neu gefasst durch Art. 1 Nr. 19 des Vierzehnten Gesetzes zur Änderung des Arzneimittelgesetzes vom 29.8.2005 (BGBl. I S. 2570)

Europarechtliche Vorgaben: Art. 10 RL 2001/83/EG; Art. 13 und Art. 13a RL 2001/82/EG.

Literatur: *Friese/Jentges/Muazzam*, Guide to Drug Regulatory Affairs, 2007, Part A, Chapter 4.2.4; *Gassner*, Unterlagenschutz im Europäischen Arzneimittelrecht, GRURInt 2004, 983; *Jäkel*, Generika-Zulassung und Unterlagenschutz von Arzneimitteln, A&R 2012, 57; *Kortland*, Die Zulassung von Generika und der Unterlagenschutz nach § 24b i. d. F. der 14. AMG-Novelle, in FS für Sander, 2008, S. 155 ff.; *Lorenz*, Das gemeinschaftliche Arzneimittel-zulassungsrecht, 2006, S. 186 ff.; *Rehmann*, Rechtliche Rahmenbedingungen für einen effizienten Marktzugang für Generika, A&R 2008, 147.

Übersicht

A. Allgemeines

I. Inhalt

Die Vorschrift regelt in Umsetzung der entsprechenden gemeinschaftsrechtlichen Bestimmungen **1** umfassend den Schutz der Zulassungsunterlagen des Vorantragstellers (**Unterlagenschutz**). Sie beschreibt in Abs. 1 zunächst die Voraussetzungen für die Zulassung eines **Generikums** und bestimmt, dass auf die Zulassungsunterlagen des Erstantragstellers ohne dessen Zustimmung erst nach Ablauf einer Schutzfrist von acht Jahren nach Erteilung der Erstzulassung Bezug genommen werden kann (**Verwertungsschutz**). Zudem ordnet sie einen zweijährigen **Vermarktungsschutz** an, d. h. das Generikum darf frühestens nach Ablauf von zehn Jahren nach Erteilung der Erstzulassung in Verkehr gebracht werden. Nach Abs. 1 S. 3 wird der Vermarktungsschutz unter bestimmten Voraussetzungen um ein Jahr auf elf Jahre verlängert. Abs. 1 beinhaltet damit die sog. **8+2+1-Regelung,** die im europäischen Gesetzgebungsverfahren erst im letzten Moment als Kompromiss zwischen Kommission, Ministerrat und Europäischem Parlament ausgehandelt worden ist. Gem. § 141 V gelten diese „8+2+1"-Schutzzeiträume nicht für die Referenzarzneimittel, deren Zulassung vor dem 30.10.2005 beantragt wurde.

Abs. 2 enthält eine im Wesentlichen auf die Rechtsprechung des *EuGH* zurückgehende Definition des **2** Begriffes **Generikum.** Die Abs. 3 und 4 beschreiben die Verpflichtungen der Behörden und die Abläufe der Zulassungsverfahren für sog. **Eurogenerika** auf der Grundlage eines europäischen Referenzarzneimittels. Abs. 5 enthält Sonderregelungen für die sog. **Biosimilars.** Bei bekannten Wirkstoffen räumt Abs. 6 für die Daten, die aufgrund bedeutender vorklinischer oder klinischer Studien im Zusammenhang mit einem neuen Anwendungsgebiet gewonnen werden, einen einjährigen Verwertungsschutz ein. Die Abs. 7 und 8 sehen Sonderbestimmungen für Tierarzneimittel vor.

II. Zweck

1. Rechtliche Ausgangsdiskussion um die Verwertung der Unterlagen des Vorantragstellers. 3 Bereits mit der Verabschiedung des AMNOG 1976 und der Einführung der materiellen Zulassungspflicht entbrannte eine zivil-, verwaltungs-, verfassungs- und europarechtliche Diskussion, ob und unter welchen Voraussetzungen ein späterer Antragsteller im Rahmen eines Zulassungsverfahrens für ein gleichartiges Arzneimittel auf die Zulassungsunterlagen eines Vorantragstellers ohne dessen Zustimmung Bezug nehmen kann[1]. Die Problematik hat dadurch an praktischer Bedeutung gewonnen, dass das damals für die Erteilung von Arzneimittelzulassungen zuständige BGA entsprechend einer Bekanntmachung vom 30.5.1979[2] in ständiger Verwaltungspraxis die **Verwertung der Zulassungsunterlagen des Vorantragstellers** in gewissem Umfang zuließ. Nach dieser Bekanntmachung brauchte der Nachweis von Wirksamkeit und Unbedenklichkeit durch Vorlage von Prüfungsergebnissen oder Erkenntnismaterial nicht geführt zu werden, soweit sich ein Arzneimittel, für das die Zulassung beantragt wurde, innerhalb des Rahmens einer erteilten Zulassung hielt. Das BGA war der Auffassung, dass es nicht nur zur Verwertung der Zulassungsunterlagen des Vorantragstellers berechtigt, sondern nach allgemeinen verwaltungsrechtlichen Grundsätzen verpflichtet war, sämtliche zur Verfügung stehende Erkenntnisquellen auszuschöpfen.

Für eine Verwertung der Zulassungsunterlagen des Vorantragstellers ohne dessen Zustimmung **4** wurden der für die öffentliche Verwaltung geltende Untersuchungsgrundsatz, dass das Verwaltungshandeln beherrschende Verhältnismäßigkeitsprinzip, das Gebot des geringstmöglichen Eingriffs sowie das Verbot unnötiger Tierversuche herangezogen[3]. Demgegenüber sahen die **Gegner der Verwertung** in den Zulassungsunterlagen Geschäfts- und Betriebsgeheimnisse, die dem Eigentumsschutz des Art. 14 GG, der Berufs- und Gewerbefreiheit des Art. 12 I GG sowie der Wettbewerbsfreiheit, Wettbewerbs-

---

[1] Vgl. zu dieser Zweitanmeldeproblematik mit umfangreichen Literaturhinweisen *Böttcher,* GRUR 1987, 19 ff.; *Bullinger,* NJW 1978, 2121 ff. und 2173 ff. und *Kloesel/Cyran,* § 24b Anm. 1.

[2] BAnz. Nr. 106 vom 9.6.1979.

[3] Vgl. nur *Schefold,* in: bga Berichte, 2/1983, 27 ff.

gleichheit und Wettbewerbsgerechtigkeit gem. Art. 12 i. V. m. Art. 3 I GG unterfallen[4]. Insbes. beanstandeten die Gegner wegen der fehlenden gesetzlichen Grundlage auch die vom BGA aufgrund der Bekanntmachung vom 30.5.1979 vorgenommene Verwaltungspraxis der kompensationslosen Verwertung der Erstanmelderunterlagen. Übereinstimmung herrschte dagegen darüber, dass de lege ferenda das gesetzgeberische Gestaltungsermessen eine Regelung zuließ, die über eine **Verwertungssperre** und/oder eine Entschädigung die Wettbewerbsgleichheit zwischen den Beteiligten wieder herzustellen versuchte[5].

5   Die Rechtsprechung hat die Verwaltungspraxis des BGA zunächst nicht beanstandet[6]. Mit Beschluss vom 1.6.1988 hat das *OVG Berlin*[7] allerdings entschieden, dass die kompensationslose Verwertung der Erstanmelderunterlagen auf der Grundlage der Bekanntmachung vom 30.5.1979 wegen fehlender gesetzlicher Grundlage nicht zulässig ist. Das *OVG Berlin* sah in der ungenehmigten Verwertung der Erstanmelderunterlagen einen hoheitlichen Eingriff in dessen Grundrechte aus Art. 14 GG und in das Grundrecht auf Gewährung gleicher Wettbewerbsfreiheit (Art. 12 I; 3 I GG). Diese Grundrechtseingriffe hätten einer **gesetzlichen Grundlage** bedurft, die Bekanntmachung vom 30.5.1979 stelle lediglich eine Verwaltungsvorschrift dar.

6   **2. Erste nationale und gemeinschaftsrechtliche Regelungen.** Mit Blick auf eine sich abzeichnende gemeinschaftsrechtliche Regelung der Zweitanmelderfrage hat die 2. AMG-Novelle in § 24a die gesetzlichen Grundlagen für **bezugnehmende Zulassungsanträge** geschaffen (s. § 24a Rn. 3). § 24a a. F. sah die Verwendung bestimmter Zulassungsunterlagen des Vorantragstellers von einem mit und zum anderen ohne dessen Zustimmung nach Ablauf einer zehnjährigen Schutzfrist vor. Die ursprüngliche Regelung in § 24a hatte ihre gemeinschaftsrechtliche Grundlage in Art. 4 II Nr. 8 Buchst. a) iii) RL 65/65/EWG i. d. F. d. RL 87/21/EWG. Danach war der Antragsteller nicht verpflichtet, die Ergebnisse der pharmakologischen und toxikologischen Versuche oder die Ergebnisse der ärztlichen oder klinischen Versuche vorzulegen, wenn er nachweisen konnte, dass das Arzneimittel im **Wesentlichen einem Erzeugnis gleicht,** das seit mindestens **sechs Jahren** in der Gemeinschaft mit den Gemeinschaftsvorschriften zugelassen ist und in dem Mitgliedstaat, in dem der Antrag gestellt wurde, in Verkehr gebracht wurde. Bei technologisch hochwertigen und biotechnologischen Arzneimitteln wurde der Zeitraum auf **zehn Jahre** festgesetzt. Außerdem konnten die Mitgliedstaaten die sechsjährige Schutzperiode auf zehn Jahre verlängern, wenn dies im Interesse der öffentlichen Gesundheit erforderlich war. Von dieser Möglichkeit haben von den Mitgliedstaaten der EU Belgien, Deutschland, Frankreich, Italien, die Niederlande, Schweden, Großbritannien und Luxemburg Gebrauch gemacht.

7   Die RL 87/21/EWG definierte das Tatbestandsmerkmal „im Wesentlichen einem Erzeugnis gleicht" nicht näher, obwohl die **wesentliche Gleichheit** zwischen Erst- und Zweitarzneimittel eine essentielle Voraussetzung für die Bezugnahme auf das Erstdossier gewesen ist. § 24a a. F. griff noch nicht einmal dieses Tatbestandsmerkmal auf. Mangels Definition dieses Tatbestandsmerkmals stellte sich in der Praxis bei Änderungen der Erstzulassung häufig die Frage, ob es sich noch um dasselbe Arzneimittel handelte, oder ob das Arzneimittel in der Zwischenzeit ganz oder teilweise eine neue Identität erhalten hatte, so dass eine neue Schutzfrist zu laufen begonnen hatte. Im sog. **Generics-Urteil** vom 3.12.1998[8] hat der *EuGH* entschieden, dass ein Arzneimittel im Wesentlichen einem originalen Arzneimittel gleicht, wenn es die Kriterien der gleichen qualitativen und quantitativen Zusammensetzung an Wirkstoffen, der gleichen Darreichungsform und der Bioäquivalenz erfüllt. Das Generics-Urteil und weitere danach ergangene Urteile des *EuGH* haben den europäischen Gesetzgeber veranlasst, die gemeinschaftsrechtlichen Bestimmungen zum Unterlagenschutz mit der am 31.3.2004 verabschiedeten RL 2004/27/EG in Art. 10 RL 2001/83/EG umfassend neu zu regeln. Flankiert werden diese unionsrechtlichen Bestimmungen durch die sog. **Notice to Applicants,** in der die Kommission die mit der Europäischen Arzneimittelagentur (EMA) und den Mitgliedstaaten abgestimmte gemeinsame Auffassung zur Interpretation des Unionsrechts wiedergibt, sowie durch eine Vielzahl europäischer **Leitlinien (Guidelines)** und sonstiger Erkenntnis- und Konsenspapiere wie Best Practice Guides, Recommendations, Standard Operating Procedures etc. (vgl. zu diesem nicht rechtsverbindlichen „soft law" im Einzelnen Vor § 21 Rn. 9 ff.).

8   **3. Patentschutz, ergänzendes Schutzzertifikat und Bolar-Klausel**[9]**.** Die Frage, ob das Referenzarzneimittel noch unter **Patentschutz** steht, ist nicht Prüfungsgegenstand eines generischen Zulassungsverfahrens. Art. 10 I RL 2001/83/EG bestimmt, dass der Zweitantragsteller „unbeschadet des Rechts über den Schutz des gewerblichen und kommerziellen Eigentums" nicht zur Vorlage vorklinischer oder

---

[4] Vgl. statt vieler *Papier*, NJW 1985, 12 ff.; *Denninger*, GRUR 1984, 627 ff., jeweils mit umfangreichen Literaturhinweisen.

[5] *Böttcher* GRUR 1987, 19, 20; *Papier*, NJW 1985, 12, 17.

[6] Vgl. dazu die Fundstellen in *Kloesel/Cyran*, § 24b Anm. 1.

[7] *OVG Berlin*, PharmR 1988, 144 ff.

[8] *EuGH*, Urt. v. 3.12.1998 – Rs. C-368/96, Slg. 1998 I-07967, PharmR 1999, 2 – Generics.

[9] Vgl. dazu ausführlich *Noeske-Jungblut und Markgraf,* in: Fuhrmann/Klein/Fleischfresser, § 30 Rn. 102 ff.; *Hufnagel,* in: Dieners/Reese, § 14; *Kloesel/-Cyran*, § 24b Anm. 4 ff.; *Rehmann*, § 24b Rn. 17 ff.; *Lorenz*, S. 186 ff.

klinischer Versuche verpflichtet ist. Die arzneimittelrechtlichen Bestimmungen zum Unterlagenschutz und das Patentrecht bestehen unabhängig nebeneinander. Der Unterlagenschutz kommt erst dann zum Tragen, wenn der Patentschutz als das umfassendste gewerbliche Schutzrecht nicht oder nicht mehr besteht. Der Patentschutz räumt dem Originalhersteller bis zum Ende der Schutzdauer das Monopol auf den Vertrieb der patentgeschützten Substanz ein. Der Unterlagenschutz versperrt lediglich die Verwertung der Zulassungsunterlagen des Erstantragstellers innerhalb der Schutzfrist.

Die 20-jährige Schutzdauer des Patents nach dem PatG hat mit dem **ergänzenden Schutz-** **9** **zertifikat** für den Arzneimittelbereich eine spezifische Ergänzung erfahren, weil die effektive Laufzeit des Patents zwischen der Patentanmeldung und dem Zeitpunkt der arzneimittelrechtlichen Zulassung wegen der Generierung der dafür erforderlichen Studien und wegen der Dauer der Zulassungsverfahren erheblich reduziert wird. Mit der VO (EWG) Nr. 1768/92 hat der Rat am 18.6.1992 das ergänzende Schutzzertifikat geschaffen, das eine Verlängerung des Patentschutzes um maximal fünf Jahre vorsieht und dieselben Rechte wie das Grundpatent gewährt[10]. Diese VO ist seit ihrem Inkrafttreten mehrfach geändert worden. Aus Gründen der Übersichtlichkeit und Klarheit ist sie daher mit der im Juli 2009 in Kraft getretenen VO (EG) Nr. 469/2009 vom 6.5.2009 neu kodifiziert worden. An der maximalen Laufzeit des ergänzenden Schutzzertifikats von fünf Jahren ist aber festgehalten worden.

In Umsetzung von Art. 10 VI RL 2001/83/EG hat Art. 3 der 14. AMG-Novelle in § 11 Nr. 2b **10** PatG die sog. **Bolar-Klausel** eingeführt. Danach stellen Studien und Versuche und die sich daraus ergebenden praktischen Anforderungen, die für die Erlangung einer arzneimittelrechtlichen Zulassung in der EU oder in den Mitgliedstaaten der EU oder in Drittstaaten erforderlich sind, keine Patentverletzung dar. Damit können **zulassungsvorbereitende** Entwicklungsschritte, Tests und Experimente, der Import des Wirkstoffs und die Produktion von Mustern während der Patentlaufzeit auch in der EU durchgeführt werden; zudem ist die Entwicklung von Generika für Drittstaaten in Deutschland zulässig[11].

B. Voraussetzungen für die Zulassung und Vermarktung eines Generikums (Abs. 1)

I. Gemeinschaftsrechtliches Motiv für die „8+2+1"-Regelung

Dauer und Ausgestaltung des Unterlagenschutzes gehörten zu den umstrittensten Fragen des europäi- **11** schen Gesetzgebungsverfahrens zur Revision des EG-Arzneimittelrechts. Erst unmittelbar vor der 2. Lesung des Gesetzespakets im Europäischen Parlament am 17.12.2003 konnte zur Vermeidung eines Vermittlungsverfahrens in dieser Frage zwischen Rat, Parlament und Kommission mit der sog. **8+2+1-** **Regelung** in Art. 10 I RL 2001/83/EG ein Kompromiss gefunden werden. Die zuvor diskutierten Lösungen sahen alle denkbaren Zeiträume zwischen vier und elfeinhalb Jahren vor, vor allem aber die „6/10"-, „10+1"- und „8+2+1"-Lösungen[12]. Die „8+2+1"-Lösung war Ergebnis der verschiedenen Interessen und Intentionen der am Gesetzgebungsverfahren Beteiligten und der Arzneimittelindustrie. Einerseits sollte der forschenden Arzneimittelindustrie ausreichende **wirtschaftliche Anreize** für die Entwicklung neuer Produkte und für die Forschung auf dem Gebiet neuer Indikationen gegeben werden. Andererseits sollte das Entstehen eines Marktes für Generika zur finanziellen Entlastung der nationalen Gesundheitssysteme nicht behindert werden. Nach dem 14. Erwägungsgrund der RL 2004/27/EG soll der Zugang von Generika, die einen bedeutenden Anteil am Arzneimittelmarkt ausmachen, zum Gemeinschaftsmarkt auf der Grundlage der gewonnenen Erfahrungen vereinfacht werden. Darüber hinaus sollte der bis dahin in den Mitgliedstaaten unterschiedliche Zeitraum, in dem die Daten über vorklinische und klinische Versuche geschützt sind, für alle Zulassungsverfahren einschließlich des zentralisierten Verfahrens harmonisiert werden. Daher ist mit der gleichfalls am 31.3.2004 erlassenen VO (EG) Nr. 726/2004 in Art. 14 XI dieser VO die „8+2+1"-Regelung auch für die **zentral zugelassenen Referenzarzneimittel** eingeführt worden.

II. Voraussetzungen für die Verwertung der Unterlagen des Vorantragstellers (S. 1)

1. Anforderungen an das Referenzarzneimittel. a) Zulassung des Referenzarzneimittels auf **12** **der Grundlage eines Volldossiers.** In der zugrundeliegenden gemeinschaftsrechtlichen Vorschrift wird auf Initiative der Kommission das ursprünglich für die Zulässigkeit generischer Zulassungsanträge herangezogene Tatbestandsmerkmal der **wesentlichen Gleichheit,** womit Generika gemeint sind, gestrichen. Stattdessen erfolgt zur Angleichung an die allgemein übliche Terminologie eine Definition des Generi-

[10] Vgl. zum Schutzzertifikat *Markgraf,* in: Fuhrmann/Klein/Fleischfresser, § 30 Rn. 141 ff.; *Hufnagel,* in: Dieners/Reese, § 14 Rn. 165 ff.; *Hufnagel,* PharmR 2003, 267 ff.; *Kellner,* GRUR 1999, 805 ff.
[11] BT-Drucks. 15/5316, S. 48; vgl. zur Bolar-Klausel *Gassner,* GRURInt 2004, 989 ff.; *Epping/Gerstberger,* PharmR 2003, 257 ff.; *Hufnagel,* in: Dieners/Reese, § 14 Rn. 137 ff.
[12] Vgl. im Einzelnen dazu und zur Genese der Bestimmung *Gassner,* GRURInt 2004, 988 f.

kums und eine Definition des Referenzarzneimittels für das Generikum[13]. Dem folgt das AMG mit der Legaldefinition des Generikums in § 24b II (s. Rn. 63 ff.). Das AMG beschreibt als Referenzarzneimittel das Arzneimittel des Vorantragstellers, ohne näher auf die unionsrechtliche Legaldefinition einzugehen. Gem. Art. 10 II Buchst. a) RL 2001/83/EG ist ein Referenzarzneimittel „ein gem. Art. 6 in Übereinstimmung mit Art. 8 genehmigtes Arzneimittel". Gem. Art. 8 III Buchst. i) RL 2001/83/EG sind – ebenso wie nach § 22 II – dem Zulassungsantrag die Ergebnisse von pharmazeutischen, vorklinischen (toxikologischen und pharmakologischen) und klinischen Versuchen beizufügen. Dem generischen Zulassungsverfahren als abgekürztes Verfahren ist es immanent, dass die Zulassung für das Referenzarzneimittel auf der Grundlage der vom Vorantragsteller nach Art. 8 III Buchst. i) RL 2001/83/EG bzw. § 22 II **vollständig eingereichten Unterlagen** zum Nachweis von Qualität, Unbedenklichkeit und Wirksamkeit erteilt worden ist. Die Bezugnahme auf ein seinerseits nach § 24a oder § 24b im abgekürzten Verfahren zugelassenes Arzneimittel ist nicht möglich.

13 Nach Auffassung der Kommission[14] kann der Zweitantragsteller allerdings auch auf solche **Referenzarzneimittel** Bezug nehmen, für die eine Zulassung nach Art. 10a, 10b, 10c und 10 III RL 2001/83/EG erteilt worden ist, die also auf der Basis von § 22 III (bibliographische Zulassung), § 24a (konsensuale Zulassung) und § 24b Abs. 2 S. 6 (generische Hybridzulassung) zugelassen worden sind. Diese Auffassung widerspricht der unionsrechtlichen Legaldefinition des Referenzarzneimittels, weil diese Arzneimittel eben nicht auf der Basis und damit in Übereinstimmung mit Art. 8 RL 2001/83/EG zugelassen worden sind[15]. Zudem ist die Auslegung der Kommission auch nicht konsistent, da auch nach Auffassung der Kommission die nach Art. 10 I RL 2001/83/EG im „normalen" generischen Verfahren zugelassenen Arzneimittel nicht Referenzarzneimittel sein können, wohl aber die generische Hybridzulassung.

14 Richtigerweise kann im generischen Zulassungsverfahren eine Bezugnahme nur auf ein solches Referenzarzneimittel erfolgen, dessen Zulassungsunterlagen der zuständigen Bundesoberbehörde auch tatsächlich und vollständig vorliegen und deshalb aus sich heraus bearbeitbar sind, es sei denn, der Gesetzgeber ordnet wie bei der Eurogenerika bzw. dem Europäischen Referenzarzneimittel in Art. 10 I UAbs., 3 RL 2001/83/EG und § 24b III eine Ausnahme von diesem Grundsatz an (s. dazu Rn. 81). **Entscheidend** ist daher, dass das in Bezug genommene Originaldossier alle für die Bearbeitung der zulassungsrechtlichen Fragen des Generikums notwendigen Unterlagen enthält[16]. Das trifft neben den auf der Basis eines Volldossiers nach § 22 II zugelassenen Arzneimitteln auch für die Arzneimittel zu, für die anstelle der Ergebnisse der pharmakologisch-toxikologischen sowie klinischen Prüfung nach § 22 III anderes wissenschaftliches Erkenntnismaterial vorgelegt worden ist. Die auf § 22 III basierenden Zulassungsanträge enthalten alle für die Bearbeitung der zulassungsrelevanten Fragen notwendigen Unterlagen[17]. Ausdrücklich gestützt wird diese Auffassung durch den *EuGH* in seinem sogenannten **Olainfarm-Urteil**[18], der zusätzlich anführt, dass das in Art. 10a RL 2001/83/EG (§ 22 III) geregelte bibliographische Zulassungsverfahren in keiner Weise die Anforderungen an Sicherheit und Wirksamkeit abschwächten, weil eben alle zulassungsrelevanten Angaben und Unterlagen für das Referenzarzneimittel der zuständigen Behörde zur Verfügung stünden. Warum aber nach Auffassung der Kommission die generische Hybridzulassung, nicht aber die klassische Generikazulassung Referenzarzneimittel sein soll, ist nicht nachvollziehbar. Bei der Hybridzulassung nach § 24b II 6 legt der Zweitantragsteller nur hinsichtlich der therapeutisch relevanten Unterschiede zum Referenzarzneimittel eigene Brückenstudien vor, im Übrigen nimmt er aber auf die Zulassungsunterlagen des Vorantragstellers Bezug (s. dazu Rn. 76 ff.). Der Bundesoberbehörde liegen damit eben alle zulassungsrelevanten Unterlagen vor.

15 Allerdings wird hinsichtlich der **bibliographischen Dokumentation kein Unterlagenschutz** gewährt. Zwar kann unter Umständen auch die Zusammenstellung solchen Erkenntnismaterials erhebliche wirtschaftliche Aufwendungen erfordern. Das gilt insbes. für die sog. **bibliographischen Zulassungsanträge** nach § 22 III 1 Nr. 1, bei denen der Nachweis der Unbedenklichkeit und Wirksamkeit durch eine einschlägige Dokumentation der wissenschaftlichen Veröffentlichungen erbracht werden kann. Gleichwohl wird das anstelle eigener Studienergebnisse vorgelegte wissenschaftliche Erkenntnismaterial nicht in den zeitlich befristeten Unterlagenschutz nach § 24b einbezogen[19]. Im **Olainfarmafall** hat der

---

[13] Vgl. die Begründung zum Vorschlag für eine Richtlinie des Europäischen Parlaments und des Rates zur Änderung der Richtlinie 2001/83/EG zur Schaffung eines Gemeinschaftskodexes für Humanarzneimittel vom 26.11.2001, KOM (2001) 404 endg. S. 89 (Abschn. III. B).

[14] Notice to Applicants, Vol. 2 A, Kap. 1 (Juni 2013), Abschn. 5.3.1.1.

[15] Vgl. die formal andere Herleitung des *EuGH*, Urt. v. 23.10.2014 – Rs. C-104/13, PharmR 2014, 570 Rn. 25 f. – Olainfarm AS: Art. 10a RL 2001/83/EG befreie nur von bestimmten Vorlageverpflichtungen des Art. 8, dessen Verpflichtungen im Übrigen aber erfüllt würden.

[16] So ausdrücklich die vorletzte Fassung der Notice to Applicants Vol. 2 A, Kap. 1 (Nov. 2005), Abschn. 5.3.1.

[17] Im Ergebnis wie hier *Kloesel/Cyran*, § 24b Anm. 23; a. A. *Ambrosius*, in: Fuhrmann/Klein/Fleischfresser, § 6 Rn. 200 mit der Begründung, dass § 24b I1 anders als § 24a S. 1 hinsichtlich der bezugnahmefähigen Unterlagen nicht auf § 22 III verweist.

[18] *EuGH*, Urt. v. 23.10.2014 – Rs. C-104/13, PharmR 2014, 570, Rn. 25 f. – Olainfarm. Vgl. hierzu *von Czettritz/Strelow*, PharmR 2015, 96.

[19] *Kloesel/Cyran*, § 24b Anm. 23; a. A. *OVG Münster*, PharmR 2015, 366; *VG Köln*, PharmR 2015, 137, 141 (Vorinstanz).

Generalanwalt in seinen Schlussanträgen[20] zumindest bezweifelt, ob es angesichts des geringeren Innovationsgrades und des geringeren innovativen Einsatzes für ein allgemein verwendetes Arzneimittel nach Art. 10a RL 2001/83/EG gerechtfertigt ist, diesen Arzneimitteln die gleiche Schutzfrist wie auf der Basis von Volldossiers nach Art. 8 III RL 2001/83/EG zugelassenen Referenzarzneimitteln zu gewähren[21]. Der *EuGH* selbst hat hierzu keine Unterscheidung vorgenommen.

Die insbesondere vom *OVG Münster* vertretene abweichende Meinung lässt zum einen den Wortlaut **16** von § 22 III außer Acht, der ebenso wie die zugrundeliegende unionsrechtliche Ausgangsnorm des Art. 10a RL 2001/83/EG keinen zusätzlichen Unterlagenschutz vorsieht. Zum anderen besteht keine planwidrige Regelungslücke. Die Möglichkeit der bibliographischen Zulassung nach § 22 III setzt zwingend voraus, dass sich für das seit mindestens zehn Jahren mit diesem Wirkstoff zugelassene Arzneimittel dessen allgemeine medizinische Verwendung, Wirksamkeit und Unbedenklichkeit aus dem vorgelegten anderen wissenschaftlichen Erkenntnismaterial ergeben. Es ist gewissermaßen ein circulus vitiosus, für das grundsätzlich bereits bekannte Arzneimittel nochmals für bestimmte Studien (welche Studien wozu eigentlich?) nochmals einen weiteren Unterlagenschutz zu gewähren. Damit könnte ein pharmazeutischer Unternehmer, der nicht der Inverkehrbringer des ersten Arzneimittels mit diesem Wirkstoff ist, auch nach Ablauf der generischen Unterlagenschutzfrist von zehn Jahren für ergänzende Studien Unterlagenschutz erhalten und diesen über die Zehn-Jahresfrist hinaus ggf. sogar mehrfach perpetuieren.

Gegenstand mehrerer Rechtsstreitigkeiten war die Frage, ob Arzneimittel, für die allein **fiktive 17 Zulassungen** nach § 105 I bestehen, Referenzarzneimittel i. S. v. Abs. 1 S. 1 sein können. Ein pharmazeutischer Unternehmer war seit 1978 im Besitz einer fiktiven Zulassung für ein Arzneimittel. Nachdem er im Jahre 2002 für ein wirkstoffgleiches Arzneimittel eine zentrale europäische Zulassung erhalten hatte, verzichtete er auf die fiktive Zulassung. Unter Bezugnahme auf die für das fiktiv zugelassene Arzneimittel vorliegenden Unterlagen erteilte die zuständige Bundesoberbehörde im Februar 2007 einem Generikahersteller generische Zulassungen nach § 24b.

Das *VG Köln*[22] und mit Beschluss vom 26.6.2008 das *OVG Münster*[23] halten die generischen Zu- **18** lassungen für rechtswidrig, weil fiktiv zugelassene Arzneimittel keine Referenzarzneimittel sein können. Zu Recht weisen beide Gerichte darauf hin, dass eine Bezugnahme auch nach dem Zweck der Regelung in § 24b nur dann gerechtfertigt ist, wenn für das Referenzarzneimittel tatsächlich eine **Vollprüfung nach Maßgabe gemeinschaftsrechtlicher Regelungen** erfolgt ist. Einer fiktiven Zulassung geht aber keine inhaltliche Prüfung der Zulassungsvoraussetzungen voraus, solange nicht abschließend nach § 105 III positiv über die Nachzulassung entschieden worden ist. Für den Beginn der Schutzfristen ist damit auf die erste nach den Gemeinschaftsvorschriften erteilte acquis-konforme Zulassung abzustellen[24]. Gestützt wird diese Auffassung auch durch den *EuGH*, der im sogenannten **Nivalin-Verfahren**[25] entschieden hat, dass ein Arzneimittel, für dessen Inverkehrbringen keine dem Gemeinschaftsrecht entsprechende Genehmigung erteilt wurde, nicht als Referenzarzneimittel angesehen werden kann. Entscheidend sei, dass der zuständigen Behörde alle Angaben und Unterlagen für das Referenzarzneimittel noch zur Verfügung stünden. Das schlichte – selbst über mehrere Jahre erfolgte – Inverkehrbringen eines nicht gemeinschaftsrechtskonform zugelassenen Arzneimittels könne eine Genehmigung (Zulassung) nicht ersetzen.

b) Einheitliche umfassende Referenzzulassung. In Umsetzung von Art. 6 I UAbs. 2 RL 2001/ **19** 83/EG bestimmt § 25 IX S. 3, dass für generische Zulassungen nach § 24b I die Einzelzulassungen für verschiedene Stärken, Darreichungsformen, Verabreichungswege oder Ausbietungen eines Referenzarzneimittels als **einheitliche umfassende Zulassung** gelten. Diese Einzelzulassungen gelten mit Blick auf die Zulässigkeit generischer Zulassungsanträge als Bestandteil derselben umfassenden Globalzulassung. Das bedeutet, dass für den Beginn der Verwertungs- und Vermarktungsschutzfristen in § 24b I der Zeitpunkt der **erstmaligen gemeinschaftskonformen Zulassung** des Referenzarzneimittels entscheidend ist. Nachträglich zugelassene Stärken, Darreichungsformen, Verabreichungswege, Ausbietungen, Änderungen oder Erweiterungen lösen keine eigenständige Schutzfristen aus bzw. verlängern diese nicht[26]. Jede der in die einheitliche umfassende Zulassung fallende Einzelzulassung kann nach Ablauf der Schutzfrist als Referenzzulassung gewählt werden[27]. Letztlich hat der Gesetzgeber in § 25 IX lediglich die Rechtsprechung des *EuGH* umgesetzt, nach der die Zulassungsunterlagen, die im Laufe der Weiter-

---

[20] Schlussanträge vom 20.4.2014 in der Rs. C-104/13, Rn. 53 ff.

[21] Ebenso *Gassner*, EuZW 2015, 31 und *Schmidt-Wudy*, PharmR 2014, 576, 577 in Anmerkungen zum Olainfarm-Urteil.

[22] *VG Köln*, Beschl. v. 13.2.2008 – 18 L 1656/07 – BeckRS 2008, 33328; ebenso in einem späteren Urt. v. 21.4.2010 – 24 K 2381/09, PharmR 2010, 490.

[23] *OVG Münster*, PharmR 2008, 498.

[24] So auch *Ambrosius*, in: Fuhrmann/Klein/Fleischfresser, § 6 Rn. 197 ff.; *Kloesel/Cyran*, § 24b Anm. 12a und 26a; offensichtlich a. A. *Schneider*, PharmInd 2008, 374, 378 und PharmR 2010, 493, 496.

[25] *EuGH*, Urt. v. 18.6.2009 – Rs. C-527/07, Slg. 2009 I-05259, Rn. 24 ff. – Generics/Licensing Authority.

[26] *Kloesel/Cyran*, § 24b Anm. 50 ff.; *Ambrosius*, in: Fuhrmann/Klein/Fleischfresser, § 6 Rn. 212 ff.

[27] Notice to Applicants Vol. 2 A, Kap. 1 (Juni 2013), Abschn. 5.3.1.1 und Abschn. 6.1.4.

entwicklung des Referenzarzneimittels vorgelegt werden, keiner neuen und eigenständigen Schutzfrist unterliegen[28] (s. Rn. 65).

20   Das *OVG Münster* hat mit Beschluss vom 11.10.2013[29] und schon zuvor das *VG Köln* mit Urteil vom 30.10.2012[30] das Institut der **Globalzulassung** mit Blick auf „verbundene Unternehmen" zu Recht restriktiv ausgelegt. Das Prinzip der Globalzulassung solle Bestrebungen des Erstzulassungsinhabers entgegentreten, mit geänderten bzw. geringfügig abweichenden Zulassungen den Marktzugang von Generika hinauszuzögern und zu erschweren. Die Globalzulassung rechtfertige es aber nicht, das Referenzarzneimittel fiktiv einem Arzneimittel abweichender Wirkstoffstärke zuzuordnen, das einem anderen pharmazeutischen Unternehmer gegenüber zugelassen worden sei. Dies könne auch nicht von der Rechtsauffassung der Kommission[31] hergeleitet werden, Unternehmen, die zu derselben Muttergesellschaft oder Unternehmensgruppe gehören oder die Lizenzvereinbarungen getroffen hätten, seien als eine Einheit im Hinblick Zulassungen zu betrachten.

21   **2. Bezugnahmefähige Unterlagen.** Nach S. 1 kann der Zweitantragsteller **ohne Zustimmung** des Vorantragstellers auf dessen Unterlagen nach § 22 II 1 Nr. 2 und 3 sowie § 23 I einschließlich der Sachverständigengutachten nach § 24 I 2 Nr. 2–4 des Referenzarzneimittels Bezug nehmen. Der Zweitantragsteller kann also auf die Unterlagen zu den pharmakologischen und toxikologischen Versuchen (§ 22 II 1 Nr. 2) sowie auf die Unterlagen zur klinischen Prüfung (§ 22 II 1 Nr. 3), die dazugehörenden Sachverständigengutachten (§ 24 I 2 Nr. 2–4) und auf die Ergebnisse der Rückstandsprüfungen (§ 23 I) des Vorantragstellers verweisen. Ebenso kann er auf das im Rahmen eines bibliographischen Antrages nach § 22 III vorgelegte wissenschaftliche Erkenntnismaterial Bezug nehmen, obwohl § 22 III nicht im Verweisungskatalog des S. 1 aufgenommen ist (s. dazu Rn. 14).

22   Durch das **AMG-ÄndG 2009** ist in S. 1 die Möglichkeit zur Bezugnahme auf die **Unterlagen zur Umweltrisikobewertung** in § 22 IIIc gestrichen worden. Die Amtliche Begründung[32] rechtfertigt diese Streichung mit einer Klarstellung durch europäische Behörden, dass eine Bezugnahmemöglichkeit auf Unterlagen zur Umweltprüfung nach dem geltenden europäischen Recht auch nach Ablauf der Schutzfristen nicht gegeben ist. Für Humanarzneimittel ist das richtig, weil der Bezugnahmekatalog der entsprechenden europarechtlichen Vorgabenorm, Art. 10 I RL 2001/83/EG, in der Tat nur Art. 8 III Buchst. i), nicht aber Art. 8 III Buchst. ca) der RL, der die Vorlage von Umweltbewertungsunterlagen vorsieht, enthält. Indes verweist für die generische Zulassung von Tierarzneimitteln Art. 13c I 1 RL 2001/82/EG auf Art. 12 III Buchst. j), der im 4. Spiegelstrich für das Referenzarzneimittel die Vorlage von Tests zur Bewertung von Umweltrisiken fordert. Der Gesetzgeber hätte also bei Tierarzneimitteln an der Bezugnahmemöglichkeit auf Unterlagen zur Umweltrisikobewertung festhalten können. Im Übrigen ist darauf hinzuweisen, dass ein wesentlicher Teil der Umweltprüfung wirkstoff- und nicht arzneimittelbezogen erfolgt und diese Ergebnisse daher auch bei der Bewertung wirkstoffgleicher Arzneimittel herangezogen werden könnten. Eine differenzierte Regelung wäre daher angezeigt.

23   In der Literatur und Rechtsprechung bestand Streit darüber, ob der nach Art. 13 III VO (EG) Nr. 726/2004 bei zentral zugelassenen Arzneimitteln von der EMA zu veröffentlichende **European Public Assessment Report** („EPAR") oder dessen US-amerikanisches Pendant, die **Summary Basics of Approval** („SAB") zu den nach Abs. 1 S. 1 geschützten Unterlagen gehören. Die gleiche Fragestellung ergibt sich auch beim Beurteilungsbericht nach § 34 Ia Nr. 2 sowie bei den Fach- und Gebrauchsinformationen, die ebenfalls öffentlich zugängliche Dokumente sind. Im konkreten Ausgangsfall hatte ein Zweitantragsteller neben der Vorlage einer Bioäquivalenzstudie auf den „EPAR" und die „SAB" des Referenzarzneimittels sowie auf weiteres wissenschaftliches Erkenntnismaterial Bezug genommen. Die Anträge basierten somit unstreitig nicht vollständig auf selbständig entwickelten Daten zur Präklinik und Klinik. Die zuständige Bundesoberbehörde erteilte im Mai 2008 – unstreitig vor Ablauf der zehnjährigen Schutzfrist – dem Zweitantragsteller die beantragten Zulassungen. Das im Rahmen des einstweiligen Rechtsschutzes angerufene *VG Köln* ordnete in seinen gleichlautenden Beschlüssen vom 25.7.2008[33] und vom 5.8.2008[34] die sofortige Vollziehung der dem Zweitantragsteller erteilten Zulassungen an. Nach Auffassung des *VG Köln* handelt es sich nicht um generische Zulassungen, da EPAR und SAB nicht Gegenstand des Zulassungsdossiers des Vorantragstellers seien. Wegen des – unstreitigen – Ablaufs der zehnjährigen Schutzfrist lehnte das Gericht auch unter dem Aspekt der bibliographischen Zulassung nach § 22 III 1 Nr. 1 Drittschutz ab.

24   Zwar wies das *OVG Münster* mit Beschlüssen vom 26.9.2008[35] die Beschwerden des Vorantragstellers zurück. Ebenso wie schon die Vorauflage (s. § 25 Rn. 25) und *Fulda*[36] hat nunmehr auch das *OVG*

---

[28] So auch *OVG Münster*, PharmR 2015, 76.
[29] PharmR 2014, 66, 67
[30] – 7 K /214810 – BeckRS 2012, 59961
[31] Mitteilung der Kommission 98/C-229/03, Kap. E. 3.; vgl. dazu auch *Ambrosius*, in : Fuhrmann/Klein/Fleischfresser, § 6 Rn. 215.
[32] BR-Drucks. 171/09, S. 78.
[33] *VG Köln*, PharmR 2008, 619; *VG Köln*, Beschl. v. 25.7.2008 – 7 L 1009/08 – BeckRS 2008, 37910.
[34] *VG Köln*, PharmR 2009, 93.
[35] *OVG Münster*, PharmR 2008, 603.
[36] PharmR 2008, 589, 590.

Münster in der Hauptsache mit Urteil vom 4.7.2013[37] EPAR und SAB als öffentlich zugängliche Dokumente in den Schutzbereich von § 24b I 1 einbezogen. Der Inhaber einer **zentral erteilten Erstzulassung** habe für zehn Jahre ein Recht auf Schutz vor Zweitzulassungen, die auf den Nachweis der wesentlichen Gleichheit mit dem erstzugelassenen Arzneimittel gestützt seien. Dieser Schutz bestehe nicht nur gegenüber solchen Anträgen, die als generische Anträge bezeichnet seien oder ausschließlich generische Bezugnahmen auf das Originalpräparat enthielten. Selbst wenn der Zweitantragsteller in einem sog. **gemischt-bibliographischen** Antrag überwiegend wissenschaftliches Erkenntnismaterial vorgelegt habe, führe das nicht zu einer Immunisierung gegenüber den Vorschriften des Unterlagenschutzes. Bei EPAR und SAB handele es sich im Übrigen nicht um wissenschaftliche Veröffentlichungen i. S. v. bibliographischen Zulassungsanträgen, sondern um Unterlagen zum Nachweis der wesentlichen Gleichheit. Der Unterlagenschutz beschränke sich im Übrigen nicht auf innerhalb der EU eingereichte Dokumente. Weder aus dem Wortlaut noch aus dem Sinn und Zweck oder dem Kontext der zugrundeliegenden Vorschriften ergäbe sich eine solche räumliche Beschränkung.

Die **Kommission** hat bereits in der Sitzung des **Pharmazeutischen Ausschusses** vom 16.3.2009[38]   **25** **klargestellt,** dass weder in generischen noch in bibliographischen Zulassungsverfahren zum Nachweis der Unbedenklichkeit und Wirksamkeit auf noch unter Unterlagenschutz stehende vorklinische oder klinische Daten eines Originalarzneimittels auch dann nicht Bezug genommen werden kann, wenn diese Daten durch die Nutzung von Informationsfreiheitsgesetzen erlangt worden sind. Ansonsten würden die gemeinschaftsrechtlichen Bestimmungen des Unterlagenschutzes umgangen werden. Dabei spiele es keine Rolle, ob die Unterlagen aufgrund der Informationsfreiheitsgesetze innerhalb oder außerhalb der EU generiert worden seien.

Im Gegensatz zum konsensualen Zulassungsantrag ist bei der generischen Zulassung eine Bezugnahme   **26** auf die zur analytischen Prüfung des Referenzarzneimittels vom Vorantragsteller vorgelegten Unterlagen (§ 22 II 1 Nr. 1) ausgeschlossen[39]. Der innere Grund, bei einem konsensualen Antrag auch auf die **Qualitätsunterlagen** verweisen zu können, liegt in der – eigentlich selbstverständlichen[40] – Möglichkeit des Erstantragstellers, mit der Zustimmung einem Dritten die Verwertung seiner Studienergebnisse für Zulassungszwecke zu ermöglichen. An dieser Zustimmung fehlt es bei der generischen Zulassung. Ebenso wie beim konsensualen Zulassungsverfahren bleiben auch beim generischen Zulassungsantrag die zur Identifizierung des Arzneimittels notwendigen Angaben nach § 22 I von der Bezugnahme ausgeschlossen (s. § 24a Rn. 13).

3. Umfang, Form und Zeitpunkt der Bezugnahme. Den konkreten Umfang der Bezugnahme   **27** auf die Unterlagen des Vorantragstellers bestimmt der Zweitantragsteller im Zulassungsantrag. Der Antragsteller kann pauschal auf alle in Abs. 1 S. 1 erwähnten Unterlagen Bezug nehmen. Er kann die Bezugnahme aber auch auf bestimmte Unterlagen oder Nachweise beschränken und ergänzend auch eigene Unterlagen einreichen. Unter den Voraussetzungen von Abs. 2 S. 6 ist er sogar verpflichtet, eigene vorklinische oder klinische Prüfungsergebnisse zum Nachweis der Unbedenklichkeit oder Wirksamkeit des Zweitarzneimittels vorzulegen (s. Rn. 76 ff.). Allerdings kann der Antragsteller aus ethischen und rechtlichen Gründen gehindert sein, Versuche an Menschen oder Tieren zu wiederholen[41]. Die **Bezugnahmeerklärung** ist schriftlich vorzulegen und kann entweder gleichzeitig mit der Vorlage des generischen Zulassungsantrages oder aber auch nach der Antragstellung erfolgen (s. § 24a Rn. 8 f.)[42]. Es entspricht allerdings der Antrags- und Behördenpraxis, dass der Antragsteller bereits im Antragsformular die Bezugnahme auf die Unterlagen des Vorantragstellers erklärt.

4. Ablauf des achtjährigen Verwertungsschutzes. Die Bezugnahme eines Zweitantragstellers auf   **28** die Unterlagen des Referenzarzneimittels setzt voraus, dass das Referenzarzneimittel seit mindestens acht Jahren im Geltungsbereich des AMG oder in einem Mitgliedstaat der EU zugelassen ist oder vor mindestens acht Jahren zugelassen wurde. Diese **Achtjahresfrist** gilt ebenso wie die in Abs. 1 S. 2 und 3 normierten Zeiträume für den Vermarktungsschutz auch für § 141 V nicht für die Referenzarzneimittel, deren Zulassung **vor dem 30.10.2005** beantragt wurde. Für diese Referenzarzneimittel gelten die Schutzfristen des § 24a a. F. (s. dazu im Einzelnen Rn. 62 f.)

Abs. 1 S. 1 greift mit dem Tatbestandsmerkmal „zugelassen ist oder zugelassen wurde" unmittelbar die   **29** gemeinschaftsrechtliche Formulierung „genehmigt ist oder wurde" in Art. 10 I UAbs. 1 RL 2001/83/ EG auf. Die Zulässigkeit der Bezugnahme knüpft insofern ausschließlich daran an, dass für das Referenzarzneimittel eine Zulassung i. S. einer Verkehrsgenehmigung erteilt worden ist. Es ist nicht erforderlich, dass die Zulassung für das Referenzarzneimittel zum Zeitpunkt der Zweitantragstellung noch besteht.

---

[37] *OVG Münster*, Urt. v. 4.7.2013 – 13 A 2801/10 – BeckRS 2013, 53818
[38] Abrufbar unter http://ec.europa.eu.
[39] *Kloesel/Cyran*, § 24b Anm. 20.
[40] *Gassner*, GRURInt 2004, 985.
[41] *Kloesel/Cyran*, § 24b Anm. 16.
[42] *Kloesel/Cyran*, § 24b Anm. 17.

30 **a) Gemeinschaftsrechtliches Motiv für die Anknüpfung an eine einmal erteilte Zulassung.** Das Tatbestandsmerkmal „genehmigt wurde" wurde im europäischen Gesetzgebungsverfahren erst im letzten Stadium in die gemeinschaftsrechtliche Vorschrift aufgenommen. Der Kommissionsvorschlag vom 26.11.2001[43] stellte in Art. 10 I RL 2001/83/EG noch darauf ab, dass das Referenzarzneimittel seit mindestens zehn Jahren „zugelassen ist". Erst der Gemeinsame Standpunkt des Rates vom 29.9.2003[44] enthält auch die Imperfektwendung **„genehmigt wurde".** Die Ergänzung um die Imperfektwendung ist maßgeblich auf die Diskussionen im sog. AstraZeneca/Generics-Verfahren[45] zurückzuführen, das seit Juni 2001 beim *EuGH* anhängig gewesen ist. Gegenstand dieses Verfahrens war im Wesentlichen die Frage, welcher Zeitpunkt der Zulassung für das Referenzarzneimittel für die Zweitantragstellung maßgeblich und ob eine effektive Vermarktung des Referenzarzneimittels Voraussetzung für die Erteilung der generischen Zulassung ist.

31 Nach Auffassung des *EuGH* kommt es für die Zulässigkeit einer generischen Zulassung darauf an, dass alle Angaben und Unterlagen für das Referenzarzneimittel der zuständigen Behörde, bei der der Antrag gestellt worden ist, noch zur Verfügung stehen, und nicht der Umstand, dass das Referenzarzneimittel tatsächlich in Verkehr gebracht worden ist[46]. Auch die Kommission hatte mit der von ihr vorgeschlagenen Neufassung der Bestimmungen zum Unterlagenschutz die Absicht, für das Referenzarzneimittel nicht mehr die effektive Vermarktung, sondern nur noch die **erteilte Genehmigung** zum Inverkehrbringen vorzuschreiben. Dadurch würden die Chancen für eine Markteinführung von Generika verbessert[47]. Entsprechend den Schlussanträgen des Generalanwalts hat der *EuGH* entschieden, dass es notwendig, aber auch ausreichend ist, dass die Zulassung für das Referenzarzneimittel zum Zeitpunkt der Stellung des Antrags auf Zulassung für das Generikum noch gültig ist[48]. Der Gemeinschaftsgesetzgeber habe durch die Verwendung des Indikativs Präsens verlangen wollen, dass die Zulassung für das Referenzarzneimittel zumindest zum **Zeitpunkt der Zweitantragstellung** noch gültig sei. Der *EuGH* wies aber ebenso wie der Generalanwalt auf die Konsequenz hin, dass der Hersteller eines Markenerzeugnisses den Hersteller eines Generikums an der Benutzung des abgekürzten Verfahrens hindern kann, indem er das Referenzarzneimittel vom Markt nimmt.

32 Um diese Möglichkeit abzuschneiden, hat der Rat im Gemeinsamen Standpunkt vom 29.9.2003 den Indikativ Imperfekt „genehmigt wurde" zusätzlich in die Bestimmung aufgenommen. Diese Imperfektwendung fand Eingang in die endgültige Bestimmung. Damit wird der Praxis von Originalherstellern, nach Zulassung einer sog. line extension das Erstprodukt durch Zulassungsverzicht aus dem Markt zu nehmen, um damit die Generikazulassung zu torpedieren, der Boden entzogen[49]. Für die Bezugnahme eines Zweitantragstellers auf die Zulassungsunterlagen des Vorantragstellers reicht es aus, dass das Referenzarzneimittel irgendwann einmal in der Gemeinschaft zugelassen worden ist.

33 Eine Änderung der Bezeichnung des Referenzarzneimittels oder ein Wechsel des pharmazeutischen Unternehmers lassen den materiellen Gehalt der Zulassung und damit die Identität des Referenzarzneimittels unberührt. Trotz dieser Änderungen handelt es sich weiterhin materiell um das erstmalig zugelassene Arzneimittel[50].

34 **b) Zulassung des Referenzarzneimittels in der EU und in den EWR-Vertragsstaaten.** Die Bezugnahme auf die Unterlagen des Vorantragstellers ist zulässig, wenn das Referenzarzneimittel seit mindestens acht Jahren im Geltungsbereich des AMG oder in einem anderen Mitgliedstaat der EUZ **(S. 1, 2. Halbs.)** zugelassen ist oder vor mindestens acht Jahren zugelassen wurde. Ist das Referenzarzneimittel im Rahmen des **zentralisierten Verfahrens** gem. der VO (EG) Nr. 726/2004 von der Gemeinschaft zugelassen worden, kann auch das entsprechende Generikum grundsätzlich nur zentral von der Gemeinschaft zugelassen werden. Nur unter den in Art. 3 III VO (EG) Nr. 726/2004 definierten Voraussetzungen können die zuständigen Behörden der Mitgliedstaaten das Generikum eines zentral zugelassenen Arzneimittels auf nationaler Ebene zulassen (s. § 37 Rn. 8).

35 **Abs. 1 S. 1, 2. Halbs.** stellt hinsichtlich der Zulassung des Referenzarzneimittels auf die Mitgliedstaaten der EU ab, so dass vom Wortlaut Zulassungen in den **Vertragsstaaten des EWR-Abkommens** irrelevant sind. Für diese Auslegung spricht auch die Formulierung in § 9 II, die hinsichtlich des pharmazeutischen Unternehmers ausdrücklich zwischen der EU und den Vertragsstaaten des EWR-Abkommens differenziert. Mit dem EWR-Abkommen haben die beigetretenen EFTA-Staaten das

---

[43] Vgl. Begründung zum Vorschlag für eine Richtlinie des Europäischen Parlaments und des Rates zur Änderung der Richtlinie 2001/83/EG zur Schaffung eines Gemeinschaftskodexes für Humanarzneimittel vom 26.11.2001, KOM (2001) 404 endg., S. 89 (Abschn. III. B).

[44] ABl.-EU Nr. C 297 E/02 v. 9.9.2003, S. 41.

[45] *EuGH*, Urt. v. 16.10.2003 – Rs. C-223/01, Slg. 2003 I-11809 – AstraZeneca/Generics; vgl. dazu *Lorenz*, S. 193 ff.

[46] *EuGH*, Urt. v. 16.10.2003 – Rs. C-223/01, Slg. 2003 I-11809, Rn. 26 ff. – AstraZeneca/Generics.

[47] Begründung zum Vorschlag für eine Richtlinie des Europäischen Parlaments und des Rates zur Änderung der Richtlinie 2001/83/EG zur Schaffung eines Gemeinschaftskodexes für Humanarzneimittel vom 26.11.2001, KOM (2001) 404 endg., S. 89 (Abschnitt III. B).

[48] *EuGH*, Urt. v. 16.10.2003 – Rs. C-223/01, Slg. 2003 I-11809, Rn. 48 ff. – AstraZeneca/Generics.

[49] *Gassner*, GRURInt 2004, 993; *Kloesel/Cyran*, § 24b Anm. 14, 26; vgl. auch *Lorenz*, S. 213 f.

[50] *Kloesel/Cyran*, § 24b Anm. 15.

gesamte Gemeinschaftsrecht, den sog. **Acquis Communautaire** übernommen. Kap. XIII des Anhangs II des EWR-Abkommens nimmt auf die RL 2001/83/EG Bezug. Nach den Notice to Applicants[51] schließt daher der Terminus „Mitgliedstaaten der Gemeinschaft" bzw. „Gemeinschaft" auch die drei dem EWR-Abkommen beigetretenen EFTA-Staaten Island, Liechtenstein und Norwegen mit ein. Dieser Auslegung ist zu folgen. Damit sind auch die in Island, Liechtenstein und Norwegen erteilten Zulassungen für die Schutzfristen erheblich. Zudem gibt es bilaterale Abkommen über die automatische Anerkennung von Arzneimittelzulassungen zwischen Österreich und Liechtenstein sowie Frankreich und Monaco[52].

Zulassungen in der **Schweiz,** die nicht dem EWR-Abkommen beigetreten ist, sind aber in jedem **36** Falle unbeachtlich. Zwar hat der *EuGH* am 21.4.2005[53] entschieden, dass eine Arzneimittelzulassung, die von den schweizerischen Behörden erteilt worden ist und in Liechtenstein im Rahmen seiner Zollunion mit der Schweiz automatisch anerkannt wird, als eine erste Genehmigung für das Inverkehrbringen in der Gemeinschaft i. S. v. Art. 13 I VO (EWG) Nr. 1768/92 über das ergänzende Schutzzertifikat anzusehen ist. Danach ist es für den Beginn der Laufzeit eines **ergänzenden Schutzzertifikats** maßgebend, dass ein Arzneimittel in einem Teil des EWR-Gebiets zugelassen ist, auch wenn die Zulassung in dem EWR-Vertragsstaat auf der Grundlage der automatischen Anerkennung einer von einem Drittstaat erteilten Zulassung erfolgt. Diese Rechtsprechung kann aber nicht für die Fristen des Unterlagenschutzes herangezogen werden. Unverzichtbare Voraussetzung für jede Bezugnahme des Zweitantragstellers ist, dass die in Bezug genommenen Zulassungsunterlagen zumindest bei einer zuständigen Behörde der Mitgliedstaaten der EU oder der Vertragsstaaten des EWR vorliegen. Das ist bei schweizerischen Arzneimittelzulassungen, die aufgrund der Zollunion automatisch in Liechtenstein gelten, nicht der Fall.

Arzneimittel, die in den am 1.5.2004, 1.1.2007 und 1.7.2013 der EU **beigetretenen Ländern** vor **37** dem Beitritt zugelassen worden sind, können als Referenzarzneimittel fungieren, sofern sie in Übereinstimmung mit dem Acquis Communautaire überprüft und nachzulassen sind. Insofern sieht der Beitrittsvertrag für Litauen, Malta, Polen, Slowenien und Zypern unterschiedliche **Übergangsfristen** vor, innerhalb derer die national zugelassenen Arzneimittel in Übereinstimmung mit dem Acquis spätestens zugelassen sein müssen[54]. Erst mit der auf der Grundlage des Acquis erteilten Zulassung können diese Arzneimittel Referenzarzneimittel sein.

Für den Fall, dass auf die Zulassungsunterlagen eines von der zuständigen Behörde eines anderen **38** Mitgliedstaates der EU oder der drei beigetretenen EFTA-Staaten oder von der Gemeinschaft zugelassenen Referenzarzneimittels Bezug genommen wird, hat die Bundesoberbehörde die in Abs. 3 beschriebenen Schritte einzuleiten (s. Rn. 80 ff.).

c) Beginn der Achtjahresfrist. Die **Achtjahresfrist** rechnet sich vom Zeitpunkt der erstmaligen **39** Zulassung des Referenzarzneimittels an, also vom Zeitpunkt des Zugangs des Zulassungsbescheides. Der Zweitantragsteller muss darlegen bzw. **nachweisen,** dass zum Zeitpunkt der Bezugnahme auf die Unterlagen des Vorantragstellers das Referenzarzneimittel seit mindestens acht Jahren zugelassen ist bzw. vor mindestens acht Jahren zugelassen wurde.

Daraus folgt – worauf *Fulda*[55] zu Recht hinweist –, dass ein Antrag erst nach Ablauf der achtjährigen **40** Schutzfrist bzw. bei Arzneimitteln, deren Zulassung vor dem 30.10.2005 beantragt wurde (s. dazu Rn. 62 f.), nach Ablauf der zehnjährigen Schutzfrist gestellt werden kann, eine Antragstellung **vor Ablauf der Schutzfrist** mithin unzulässig ist. Ein solcher Nachweis kann denklogisch erst mit Ablauf der Schutzfrist geführt werden. Das *OVG Münster*[56] vertritt hingegen die Auffassung, dass dem Wortlaut des § 24a a. F. ein Verbot der Antragstellung und -bearbeitung vor Ablauf der Schutzfrist nicht zu entnehmen sei, ein Antrag vor Ablauf der Frist im Ergebnis also zulässig ist. Aus der Entstehungsgeschichte der zugrundeliegenden Gemeinschaftsnormen in Art. 4 II Nr. 8 Buchst. a) iii) RL 65/65/EG und Art. 10 I RL 2001/83/EG ergibt sich – wie Fulda darlegt –, dass ein bezugnehmender generischer Antrag **erst nach Ablauf der Schutzfrist** gestellt und bearbeitet werden darf. Ansonsten könnte ein Zweitantragsteller praktisch unmittelbar nach der Zulassung des Referenzarzneimittels seinen bezugnehmenden Antrag stellen und ihn „reifen" lassen. *Kloesel/Cyran*[57] führt richtigerweise ergänzend aus, dass Abs. 1 S. 2, wonach das Generikum erst nach frühestens zehn Jahren in den Verkehr gebracht werden darf, in Verbindung mit der passivischen Formulierung in Abs. 1 S. 1 („kann Bezug genommen werden, sofern …") so zu verstehen ist, dass das Gesetz eine Antragstellung vor Ablauf von acht Jahren nicht zulässt[58]. Das Gesetz regelt für den Zulassungsantrag **einen Zeitpunkt „post quem".**

---

[51] Notice to Applicants, Vol. 2 A, Kap. 1 (Juni 2013), Abschn. 2.
[52] Vgl. dazu Notice to Applicants, Vol. 2 A, Kap. 1 (Juni 2013), Abschn. 2
[53] *EuGH*, Urt. v. 21.4.2005 – Rs. C-207/03 und C-252/03, Slg. 2005 I-03209 – Novartis.
[54] Vgl. *Friese/Jentge/Muazzam*, Part A, Chapter 4.2.4.1.1.
[55] *Fulda*, PharmR 2008, 589, 591.
[56] *OVG Münster*, PharmR 2008, 603, 605.
[57] *Kloesel/Cyran*, § 24b Anm. 28.
[58] Im Ergebnis ebenso *Lorenz*, S. 212 und *Friese/Jentges/Muazzam*, Part A, Chapter 4.2.4.3.2; *Ambrosius,* in: Fuhrmann/Klein/Fleischfresser, § 6 Rn. 211; *Sträter/Burgardt/Bickmann*, S. 30 f..

41 Das Referenzarzneimittel muss als **Humanarzneimittel** zugelassen sein, eine Zulassung als Tier-arzneimittel ist irrelevant. Zwar hat der *EuGH*[59] entschieden, dass es bei der Frage nach einem **ergän-zenden Schutzzertifikat** für Arzneimittel gem. der VO (EWG) Nr. 1768/92 auf die erste Zulassung als Arzneimittel, unabhängig davon, ob es sich um eine Zulassung als Human- oder Tierarzneimittel handelt, ankommt. Diese Rechtsprechung kann aber nicht auf die Vorschriften zum Unterlagenschutz übertragen werden. Zum einen hängt nach Art. 3 VO (EWG) Nr. 1768/92 die Erteilung des Zertifikats u. a. davon ab, dass für das Erzeugnis eine Zulassung als Humanarzneimittel **oder** als Tierarzneimittel erteilt wurde. Zum anderen sind die Rechtssätze für Human- und für Tierarzneimittel auf Gemeinschaftsebene in zwei Gesetzeswerken, nämlich für Tierarzneimittel in der RL 2001/82/EG und für Humanarzneimittel in der RL 2001/83/EG kodifiziert. Art. 2 I RL 2001/83/EG bestimmt zudem ausdrücklich, dass diese RL nur für Humanarzneimittel gilt. Dass das AMG auch auf Tierarzneimittel Anwendung findet, ist für die Frage, ob auch ein Tierarzneimittel als Referenzarzneimittel eines Humangenerikums dienen kann, irrelevant.

42 **5. Rechtsfolgen der Bezugnahme.** Die Rechtsfolgen der Bezugnahme des Zweitantragstellers auf die Unterlagen des Erstantragstellers sind grundsätzlich dieselben wie die der Bezugnahme mit Zustim-mung des Vorantragstellers gem. § 24a. Insofern wird auf die Ausführungen zum konsensualen Zu-lassungsantrag verwiesen (s. § 24a Rn. 19 f.). Die Bundesoberbehörde hat von Amts wegen und nach **pflichtgemäßem Ermessen** zu prüfen, ob die formalen und inhaltlichen Voraussetzungen der Bezug-nahme vorliegen. Insbes. dann, wenn die Referenzzulassung schon im Zeitpunkt der Antragstellung nicht mehr besteht und der Erstzulassungsinhaber somit seit dem Erlöschen der Erstzulassung den umfang-reichen Anzeige- und Meldepflichten von Arzneimittelrisiken gem. § 63b nicht mehr nachkommen muss, hat die Behörde zu prüfen, ob das Erstdossier vor allem mit Blick auf die **Nutzen-Risiko-Bewertung** noch dem aktuellen Erkenntnisstand entspricht. Sie kann ggf. einen **Mängelbescheid** erlassen und im Falle der Nichtabhilfe der gerügten Mängel die Erteilung der Zulassung ablehnen. Sind die Voraussetzungen für die Bezugnahme erfüllt, hat die Bundesoberbehörde für das Generikum die **Zulassung** gem. § 25 I zu **erteilen.** Ist im **Anerkennungsverfahren** ein generischer Zulassungsantrag gestellt worden, hat sich die Prüfung des betreffenden Mitgliedstaates darauf zu beschränken, ob eine Gefahr für die öffentliche Gesundheit im Sinne von § 25b II 1 besteht (s. § 25b Rn. 18 f.).

43 Den Inhaber der generischen Zulassung trifft die zivilrechtliche Verantwortung nach § 25 X sowie die Gefährdungshaftung nach den §§ 84 ff.[60]. Letztere allerdings erst nach dem Ende des Vermarktungs-schutzes mit dem Inverkehrbringen des Generikums.

44 **6. Drittschützende Wirkung von § 24b Abs. 1 S. 1 für den Vorantragsteller.** Unstreitig[61] und ständige Rechtsprechung[62] ist es, dass Abs. 1 S. 1 für den Vorantragsteller einen **Drittschutz** in der Weise bewirkt, dass er gegen eine unter unberechtigter Verwertung seiner Unterlagen erteilte Zulassung Drittwiderspruch einlegen und ggf. Anfechtungsklage erheben kann. Die Drittanfechtung der für das Generikum erteilten Zulassung konnte aber nur mit dem formalen Einwand begründet werden, durch die Generikazulassung würden die Schutzfristen nach Abs. 1 S. 1 bis 3 verletzt. Weder nationales noch europäisches Recht gewährten dem Erstantragsteller über den Unterlagenschutz hinaus ein eigenes einklagbares Recht gegen die einem Zweitantragsteller erteilte Arzneimittelzulassung. Art. 12 GG und Art. 14 GG vermittelten weder ein Recht auf konkurrenzlosen Vertrieb des Referenzarzneimittels noch gestünden sie das Recht zu, die einem Konkurrenten unter Verstoß gegen die objektiv-rechtlichen Vorschriften des AMG erteilte Zulassung anzufechten. Der Vorantragsteller konnte somit den **Dritt-widerspruch** insbes. nicht damit begründen, dass das Zweitarzneimittel z. B. nicht die für Generika geltenden Anforderungen nach Abs. 2 erfüllt oder dass der Zweitantragsteller die Bioäquivalenz nicht hinreichend durch eigene Bioverfügbarkeitsstudien nachgewiesen hat. Diese im generischen Zulassungs-verfahren zu beachtenden Vorschriften dienten in erster Linie der Arzneimittelsicherheit und damit der Allgemeinheit, nicht jedoch der Begründung von Individualansprüchen Dritter oder der Sicherung wettbewerbsrechtlicher Interessen pharmazeutischer Unternehmer[63].

45 Mit der **Olainfarm-Entscheidung** vom 23.10.2014[64] hat der *EuGH* den Drittschutz des Erstantrag-stellers erheblich erweitert. Der lettische Arzneimittelhersteller Olainfarm erhielt im Jahre 2008 eine bibliographische Zulassung gemäß Art. 10a RL 2001/83/EG. Unter Bezugnahme auf diese Olainfarm-Zulassung erhielt im Jahre 2011 ein Zweitantragsteller eine Zulassung als Generikum. Gegen diese Generikazulassung erhob Olainfarm eine Anfechtungsklage mit der Begründung, dass ein für mindestens zehn Jahre allgemein medizinisch verwendetes Arzneimittel nach Art. 10a RL 2001/83/EG kein taug-liches Referenzarzneimittel nach Art. 10 II Buchst. a) RL 2001/83/EG sei. Die zuständigen lettischen Behörden lehnten die Aufhebung der Generikazulassung mit der Begründung ab, dass Olainfarm kein

---

[59] *EuGH*, Urt. v. 19.10.2004 – Rs. C-31/03, Slg. 2004 I-10001, GRUR 2005, 2 – Pharmacia Italia SpA.
[60] *Kloesel/Cyran*, § 24b Anm. 25.
[61] vgl. nur *Kloesel/Cyran*, § 24b Anm. 29; *Rehmann*, § 24b Rn. 16.
[62] OVG Münster, PharmR 2008, 498, 499; VG Köln, PharmR 2006, 34, 37; VG Köln, PharmR 2001, 68, 70; schon vorher OVG Berlin, PharmR 1997, 14; OVG Berlin, PharmR 1995, 20; VG Berlin, PharmR 1997, 8, 11.
[63] OVG Berlin, PharmR 1995, 20.
[64] *EuGH*, Urt. v. 23.10.2014 – Rs. C-104/13, insbes. Rn. 33 ff., PharmR 2014, 570.

subjektives Recht zur Anfechtung der Generikazulassung habe. Der lettische Oberste Gerichtshof legte dem *EuGH* u. a. die Frage des subjektiven Rechtsschutzes des Erstantragstellers zur Vorabentscheidung vor.

Der *EuGH* leitet den subjektiven (Dritt-) Rechtsschutz des Erstantragstellers aus **Art 47 der Charta**   46 **der Grundrechte** der Europäischen Union her. Danach hat jede Person, deren durch das Unionsrecht garantierte Rechte verletzt worden sind, das Recht, bei einem Gericht einen wirksamen Rechtsbehelf einzulegen. Vor diesem Hintergrund lege Art. 10 RL 2001/83/EG die Voraussetzungen fest, unter denen es der Erstantragsteller tolerieren müsse, dass sich der Hersteller eines anderen Arzneimittels auf die Ergebnisse der vorklinischen und klinischen Versuche beziehen könne, um eine Genehmigung für das Inverkehrbringen dieses anderen Arzneimittels zu erhalten. Daraus ergebe sich, dass Art. 10 RL 2001/ 83/EG dem Erstantragsteller das Recht verleihe, die Beachtung der Rechte zu verlangen, die sich ihn betreffend aus diesen Voraussetzungen ergäben. Der Erstantragsteller könne deshalb nicht nur die Einhaltung der Schutzfristen, sondern auch verlangen, dass sein eigenes Arzneimittel nicht als taugliches Referenzarzneimittel im Sinne des Art. 10 II Buchst. a) RL 2001/83/EG angesehen werden kann oder dass die sich aus Art. 10 II Buchst. b) RL 2001/83/EG ergebenden Voraussetzungen der Gleichartigkeit der Wirkstoffzusammensetzung und der Darreichungsform nicht erfüllt sind.

Der *EuGH* bestätigt mit dem Olainfarm-Urteil einerseits den **Drittschutz hinsichtlich der forma-**   47 **len Voraussetzungen** zur Einhaltung der Schutzfristen und weitet andererseits den Drittschutz hinsichtlich der in Art. 10 II RL 2001/83/EG bzw. § 24b II aufgeführten **materiellen Voraussetzungen** zum Status als Referenzarzneimittel sowie die Gleichartigkeit der Wirkstoffzusammensetzung und der Darreichungsform aus. Der *EuGH* lässt aber offen bzw. macht nicht hinreichend deutlich, ob die von ihm aufgezählten Rechtsschutzmöglichkeiten für einen Zulassungsinhaber eines Referenzarzneimittels enumerativ oder lediglich beispielhaft zu verstehen sind[65]. Allerdings leitet der *EuGH* seine Ausführungen zum Rechtsschutz mit der Feststellung ein, dass Art. 10 RL 2001/83/EG – also nicht differenziert nach Abs. 1, 2 oder 3 – dem Inhaber der Referenzzulassung Rechte verleiht, Rechtsbehelfe gegen eine Generikazulassung einzulegen[66]. Deshalb spricht – wie *Gassner*[67] sowie *Uwer* und *Tschammler*[68] zu Recht feststellen –, vieles dafür, dem Inhaber der Referenzzulassung ein subjektives Drittrecht einzuräumen, mit dem er die Generikazulassung nicht nur aus den formalen und den vom *EuGH* angesprochenen materiell-rechtlichen Voraussetzungen anfechten kann, sondern auch mit den weiteren bzw. allen in Art. 10 RL 2001/83/EG bzw. § 24b angeführten materiellen Voraussetzungen[69].

Begehrt der Zweitantragsteller Auskunft über das Bestehen von Unterlagenschutz von der zuständigen   48 Bundesoberbehörde, stellt diese im Zweifel mangels Regelung keinen rechtsbehelfsfähigen Verwaltungsakt dar. Die Prüfung, ob Unterlagenschutz nach Abs. 1 S. 1 besteht, findet im Rahmen des nach den §§ 21 ff. durchzuführenden Zulassungsverfahrens statt, nicht jedoch außerhalb eines solchen Verfahrens[70].

III. Zweijähriger Vermarktungsschutz für das Referenzarzneimittel (S. 2)

Nach **Abs. 1 S. 2** darf ein nach Abs. 1 S. 1 zugelassenes Generikum frühestens nach Ablauf von zehn   49 Jahren nach Erteilung der Erstzulassung für das Referenzarzneimittel im Geltungsbereich des AMG in Verkehr gebracht werden. Das Referenzarzneimittel muss vor mindestens zehn Jahren in einem Mitgliedstaat der EU, einem EWR-Vertragsstaat oder von der Gemeinschaft im zentralisierten Verfahren zugelassen worden sein. Die Zehnjahresfrist knüpft an die Erteilung der ersten **einheitlichen umfassenden Zulassung** für das Referenzarzneimittel an.

IV. Verlängerter Vermarktungsschutz (S. 3)

1. Erweiterung der Zulassung um ein neues Anwendungsgebiet innerhalb der ersten acht   50 **Jahre.** Nach **Abs. 1 S. 3** wird unter bestimmten Voraussetzungen der **Vermarktungsschutz** für das Referenzarzneimittel auf **höchstens elf Jahre** verlängert. Dazu muss der Inhaber der Erstzulassung für das Referenzarzneimittel die Zulassung für ein oder mehrere neue Anwendungsgebiete innerhalb von **acht Jahren** seit der Erstzulassung erwirken, d. h. die Zulassung für das neue Anwendungsgebiet muss innerhalb der ersten acht Jahre erteilt worden sein[71]. Der entsprechende Zulassungsbescheid muss dem Inhaber der Referenzzulassung in der Achtjahresfrist zugegangen sein. Die Beschränkung des verlängerten Vermarktungsschutzes auf die innerhalb der ersten acht Jahre neu zugelassenen Anwendungsgebiete hat bereits die Kommission im Jahre 2001 vorgeschlagen, um das Entstehen eines Marktes für Generika nicht zu behindern. Es müsse das notwendige Gleichgewicht zwischen einer Förderung derartiger

---

[65] *Schmidt-Wudy*, PharmR 2014, 576, 577

[66] *EuGH*, Urt. v. 23.10.2014 – Rs. C-104/13, Rn. 37, PharmR 2014, 570.

[67] *Gassner*, EuZW 2015, 31

[68] *Uwer/Tschammler*, PharmR 2015, 209, 21?

[69] A. A. *v. Czettritz/Strelow*, PharmR 2015, 96, 98 f., die auch die Auffassung vertreten, dass das materielle Anfechtungsrecht zeitlich beschränkt nur während der Schutzfristen geltend gemacht werden kann.

[70] *OVG Münster*, PharmR 2010, 534 ff.

[71] A. A. *Kloesel/Cyran*, § 24b Anm. 36.

Innovationen und der Notwendigkeit einer Begünstigung der Produktion von Generika erhalten bleiben. Daher dürfe das zusätzliche Jahr nur gewährt werden, wenn die neue Indikation während der ersten acht Jahre genehmigt wurde[72]. Dadurch sollen die forschenden Unternehmen angehalten werden, neue Untersuchungen verstärkt zu Beginn des Lebenszyklus des Arzneimittels durchzuführen. Wegen der Begrenzung auf elf Jahre kann der verlängerte Vermarktungsschutz **nur einmal** für die **einheitliche umfassende Referenzzulassung** gewährt werden.

51 2. „Therapeutischer Mehrwert" des neuen Anwendungsgebietes. Entscheidende Voraussetzung für die Gewährung eines um ein Jahr verlängerten Vermarktungsschutzes ist die Erweiterung der Erstzulassung um eine oder mehrere neue Anwendungsgebiete mit bedeutendem klinischen Nutzen gegenüber bestehenden Therapien. Nach der **Amtlichen Begründung**[73] ist von einem entsprechenden **Mehrwert** auszugehen, „wenn es für das neue Anwendungsgebiet bislang keine anerkannte Therapie gibt oder die neue Therapie ein vergleichsweise günstigeres Nutzen-Risiko-Verhältnis aufweist. Dies gilt insbes. auch für den Nachweis der Wirksamkeit bei bislang nicht von der Zulassung erfassten (neuen) Personengruppen oder speziellen Unterformen einer Erkrankung. Das Ausmaß der erzielten Effekte muss dabei in jedem Fall klinisch bedeutsam sein. Der im Gesetz in Anpassung an die Richtlinien verwendete Begriff ‚Therapie' ist sinngemäß auf eine **prophylaktische** oder **diagnostische Anwendung** anzuwenden." Nach Auffassung der Kommission ist für die Gewährung des verlängerten Vermarktungsschutzes erforderlich, dass die neuen therapeutischen Indikationen einen erheblichen klinischen Nutzen darstellen und zugleich eine Verbesserung des Wohlergehens und der Lebensqualität der Patienten mit sich bringen[74].

52 Eine **Kommissionsleitlinie** vom November 2007[75] definiert die Termini **neues Anwendungsgebiet** und **bedeutender klinischer Nutzen** im Vergleich zu bestehenden Therapien näher und enthält zudem Verfahrensvorschriften[76]. Die Leitlinie empfiehlt, dass der Inhaber der Referenzzulassung bereits vor der Antragstellung für das neue Anwendungsgebiet sich an die EMA oder die zuständige nationale Behörde wendet und dabei durch Studienergebnisse und Literaturhinweise die relevanten Informationen zur Beurteilung des bedeutenden klinischen Nutzens der neuen Indikation zur Verfügung stellt. Die zuständigen Behörden sollen den therapeutischen Mehrwert des neuen Anwendungsgebietes **fallspezifisch parallel** zur Prüfung der Qualität, Unbedenklichkeit und Wirksamkeit des betreffenden Arzneimittels beurteilen, also im Rahmen des normalen Zulassungsverfahrens.

53 Im Leitlinienentwurf vom Dezember 2005 stellte die Kommission zur Definition einer neuen Indikation auf eine **„new target disease"** entsprechend der ersten Klassifikationsebene der International Classification of Diseases (ICD 10) ab[77]. Insbes. die Mitgliedstaaten und die Arzneimittelindustrie kritisierten diese Vorgehensweise als zu restriktiv. Weitgehend in Übereinstimmung mit der Amtlichen Begründung[78] stellt die Leitlinie nunmehr klar, dass sich die **neue therapeutische Indikation** auf die Diagnose, Vorbeugung oder Behandlung von Krankheiten beziehen kann. Die Leitlinie nennt folgende Beispiele für eine neue Indikation:

54 – Eine neue und von den bisher beanspruchten Anwendungsgebieten unabhängige Indikation („new target disease")
– Verschiedene Stadien oder Schweregrade einer Krankheit
– Einbeziehen weiterer Personengruppen, z. B. weiterer Altersgruppen
– Wechsel von first line- zu second line-Therapie und umgekehrt
– Wechsel von einer Kombinations- zu einer Monotherapie
– Wechsel von der Behandlung einer Erkrankung zur Prävention oder Diagnose
– Wechsel von der Therapie zur Prävention des Fortschreitens oder Wiederauftretens einer Erkrankung
– Wechsel von Kurzzeit- zur Langzeitbehandlung chronischer Erkrankungen.

55 Nach der Leitlinie ist ein bedeutender klinischer Nutzen im Vergleich zu bestehenden Therapien grundsätzlich durch **klinische Vergleichsstudien** nachzuweisen. Wissenschaftliche Literatur, unveröffentlichte Studien oder Expertenmeinungen könnten nur unterstützend herangezogen werden. Der bedeutende klinische Nutzen kann sich nach der Leitlinie grundsätzlich auf eine Verbesserung der

---

[72] Begründung zum Vorschlag für eine Richtlinie des Europäischen Parlaments und des Rates zur Änderung der Richtlinie 2001/83/EG zur Schaffung eines Gemeinschaftskodexes für Humanarzneimittel vom 26.11.2001, KOM (2001) 404 endg., S. 90 (Abschn. III, B).

[73] BT-Drucks. 15/5316, S. 38.

[74] Begründung zum Vorschlag für eine Richtlinie des Europäischen Parlaments und des Rates zur Änderung der Richtlinie 2001/83/EG zur Schaffung eines Gemeinschaftskodexes für Humanarzneimittel vom 26.11.2001, KOM (2001) 404 endg., S. 90 (Abschn. III. B).

[75] "Guidance on elements required to support the significant clinical benefit in comparison with existing therapies of a new therapeutic indication in order to benefit from an extended (11 years) marketing protection period", abrufbar unter http://ec.europa.eu.

[76] Vgl. dazu auch *Kloesel/Cyran*, § 24b Anm. 39 ff.

[77] Vgl. dazu *Kloesel/Cyran*, § 24b Anm. 38 ff.; *Friese/Jentges/Muazzam*, Part A, Chapter 4.2.4.3.3.

[78] BT-Drucks. 15/5316, S. 38.

Wirksamkeit, des Sicherheitsprofils oder der Patientenversorgung beziehen. Die Leitlinie spezifiziert dazu im Einzelnen die Anforderungen an den Nachweis der Überlegenheit des betreffenden Arzneimittels.

Eine weitere Konkretisierung der für den „therapeutischen Mehrwert" relevanten Merkmale insbes. **56** mit Beispielen wird erst die **Entscheidungspraxis** der Bundesoberbehörden, der Zulassungsbehörden der Mitgliedstaaten und der EMA über die Gewährung des verlängerten Vermarktungsschutzes bringen. Da die neuen Schutzfristen nach § 24b I gem. der Übergangsbestimmung in § 141 V nur für diejenigen Referenzarzneimittel gelten, deren Zulassung nach dem 29.10.2005 beantragt worden sind, sind die Bestimmungen zur Schutzfristverlängerung erst nunmehr praxisrelevant geworden – eine hinreichende Spruchpraxis liegt noch nicht vor. Ebenso bleibt abzuwarten, welchen Einfluss und welche Auswirkungen die Entscheidungspraxis des **G-BA** und des am 1.6.2004 gem. § 139a SGB V errichteten **Instituts für Qualität und Wirtschaftlichkeit im Gesundheitswesen** haben werden. Der G-BA hat seit dem am 1.1.2011 in Kraft getretenen Arzneimittelmarktneuordnungsgesetz (AMNOG) nach § 35a SGB V den **medizinischen Zusatznutzen** von unterlagengeschützten Arzneimitteln mit neuen Wirkstoffen zu bewerten. Dabei wird auch die Anzahl der Patienten und Patientengruppen festgestellt, für die ein therapeutisch bedeutsamer Zusatznutzen besteht (§ 35a I 3 Nr. 4 SGB V). Nach § 2 III AMNutzenV vom 28.12.2010 ist der Nutzen eines Arzneimittels der patientenrelevante therapeutische Effekt insbes. hinsichtlich der Verbesserung des Gesundheitszustandes, der Verkürzung der Krankheitsdauer, der Verlängerung des Überlebens, der Verringerung von Nebenwirkungen oder einer Verbesserung der Lebensqualität. Dabei kann der G-BA auch das IQWiG mit der Nutzenbewertung beauftragen. Zudem hat das IQWiG nach entsprechender Beauftragung durch den G-BA nach § 35b SGB V das Kosten-Nutzen-Verhältnis von Arzneimitteln zu bewerten.

3. Entscheidung über den verlängerten Vermarktungsschutz als Verwaltungsakt mit Doppel- 57 wirkung. Nach **Abs. 1 S. 3** wird unter den dort genannten Voraussetzungen die zehnjährige Schutzfrist um ein Jahr auf höchstens **elf Jahre** verlängert. Die Bundesoberbehörde hat **von Amts wegen** zu prüfen, ob die Voraussetzungen für den verlängerten Vermarktungsschutz vorliegen[79]. Zwar ist für die Zulassung des neuen Anwendungsgebietes ein Antrag des Inhabers der Referenzzulassung erforderlich, nicht jedoch für die Verlängerung der Schutzfrist. Die Bundesoberbehörde muss dann, wenn nach ihrer Auffassung der therapeutische Mehrwert belegt ist, mit der Zulassung des neuen Anwendungsgebietes die Schutzfrist verlängern. Die Entscheidung über die Verlängerung der Schutzfrist sollte zeitgleich mit der Zulassungsentscheidung ergehen und auch zeitgleich mit dieser gem. § 34 I 1 Nr. 9 im BAnz. bekannt gemacht werden.

Die Verlängerung der Schutzfrist verleiht dem Vorantragsteller das Recht, dem Zweitantragsteller bis **58** zum Ablauf der Elfjahresfrist das Inverkehrbringen des Generikums wettbewerbsrechtlich zu untersagen. Gleichzeitig verbietet diese Entscheidung dem Zweitantragsteller, das Generikum auch mit der ursprünglichen Indikation des Referenzarzneimittels vor Ablauf der Elfjahresfrist in Verkehr zu bringen. Die Entscheidung über die Verlängerung der Schutzfrist ist somit als **Verwaltungsakt mit Doppelwirkung** i. S. v. § 80a VwGO zu qualifizieren.

Abs. 1 S. 3 bewirkt zugunsten des Zweitantragstellers insofern **Drittschutz,** als dieser gegen die **59** unberechtigte Verlängerung der Schutzfrist Drittwiderspruch und ggf. Anfechtungsklage erheben kann. Die drittschützende Wirkung folgt aus dem Zweck der Vorschriften zum Unterlagenschutz, die die Zulässigkeit und den Umfang der Bezugnahme auf Zulassungsunterlagen eines früheren Antragstellers sowie einen **materiellen Interessenausgleich** zwischen Vor- und Nachantragsteller regeln[80]. Der Drittschutz für den Zweitantragsteller als das Spiegelbild zur drittschützenden Wirkung von Abs. 1 S. 1 für den Vorantragsteller, der gegen eine unter unberechtigter Verwertung seiner Unterlagen erteilte Zulassung Drittwiderspruch einlegen kann (s. Rn. 46 ff.). Der Zweitantragsteller kann Drittwiderspruch und Drittanfechtung aber nur damit begründen, dass die Bundesoberbehörde zu Unrecht vom therapeutischen Mehrwert der Indikationserweiterung für das Referenzarzneimittel ausgegangen ist und daher die Verlängerung der Schutzfrist nicht hätte gewährt werden dürfen. Die Erteilung der Zulassung für das neue Anwendungsgebiet für das Referenzarzneimittel selbst kann der Zweitantragsteller indessen nicht angreifen.

Die **gerichtliche Überprüfung** der Verlängerungsentscheidung der Bundesoberbehörden wird al- **60** lerdings erhebliche materiell-rechtliche und verfahrensrechtliche **Probleme aufwerfen**. Das zuständige Verwaltungsgericht muss insbes. auf der Grundlage der für das neue Anwendungsgebiet eingereichten pharmakologisch-toxikologischen und klinischen Unterlagen prüfen, ob der therapeutische Mehrwert gegeben ist. Damit werden diese Zulassungsunterlagen, die dem Zweitantragsteller nicht zur Kenntnis gebracht werden dürfen, Prüfungsgegenstand eines Verfahrens über die Rechtmäßigkeit einer Verlängerungsentscheidung. Ob der nach § 34 Ia Nr. 2 der Öffentlichkeit zur Verfügung zu stellende **Beurteilungsbericht** für die Überprüfung der Rechtmäßigkeit der Verlängerungsentscheidung ausreichend ist, ist fraglich.

---

[79] *Rehmann*, § 24b Rn. 12.
[80] BT-Drucks. 10/5112, S. 17; vgl. die Begründung zum Vorschlag für eine Richtlinie des Europäischen Parlaments und des Rates zur Änderung der Richtlinie 2001/83/EG zur Schaffung eines Gemeinschaftskodexes für Humanarzneimittel vom 26.11.2001, KOM (2001) 404 endg., S. 90 (Abschn. III. B).

V. Hintergrund und Auswirkungen der Übergangsbestimmungen in § 141 Abs. 5

61   Gem. § 141 V gelten die neuen Schutzzeiträume nicht für die Referenzarzneimittel, deren Zulassung **vor dem 30.10.2005** beantragt wurde. Diese Übergangsbestimmung geht auf Art. 2 2004/27/EG zurück, der gleichsam in letzter Minute des Gesetzgebungsverfahrens am 17.12.2003 in 2. Lesung vom Europäischen Parlament verabschiedet wurde[81]. Der entsprechenden Abänderung lag keine Begründung zugrunde, eine Aussprache fand nicht statt. Diese Abänderung ist Ergebnis der **informellen Kompromissverhandlungen** zwischen der damaligen Ratspräsidentschaft, den führenden Vertretern der Kommission und des Parlaments und erstmals in einem Schreiben der Ratspräsidentschaft vom 10.12.2003 als gemeinsamer Kompromiss definiert worden. Wie *Gassner*[82] zu Recht ausführt, hat der Gemeinschaftsgesetzgeber mit dieser Bestimmung vor allem auf den starken **Widerstand der zehn Beitrittsländer** gegen die drohende Aufhebung der in den Beitrittsverträgen zugesicherten Option für einen lediglich sechsjährigen Unterlagenschutz reagiert. Der Gemeinschaftsgesetzgeber ist ihnen dadurch entgegen gekommen, dass die Rückwirkung der verlängerten Fristen ausgeschlossen wurde. Die neuen Schutzfristen gelten somit erst für die Referenzarzneimittel, deren Zulassung am 30.10.2005 oder später beantragt wird. Gem. Art. 89 i. V. m. Art. 90 II VO (EG) 726/2004 gelten die in Art. 14 XI der VO auch für das **zentralisierte Verfahren** normierten „8+2+1"-Schutzzeiträume nur für diejenigen Referenzarzneimittel, deren Zulassung nach dem 19.11.2005 beantragt wird.

62   Gem. § 141 V, 2. Halbs. gilt für die Referenzarzneimittel, deren Zulassung vor dem 30.10.2005 beantragt wurde, die **zehnjährige Schutzfrist** nach der Vorgängerbestimmung in § 24a[83]. Damit kann in diesen Fällen ein bezugnehmender Zulassungsantrag für ein Generikum in Deutschland erst dann gestellt werden, wenn das Referenzarzneimittel mindestens zehn Jahren im Geltungsbereich des AMG oder in einem Mitgliedstaat der EU einschließlich einem EWR-Vertragsstaat oder von der Gemeinschaft zugelassen ist. Die Zulassung des Generikums im **Anerkennungsverfahren** oder im **dezentralisierten Verfahren** nach § 25b ist nicht vor Ablauf der Zehnjahresfrist möglich, selbst wenn im Referenzmitgliedstaat die sechsjährige Schutzperiode für das Referenzarzneimittel bereits abgelaufen ist[84]. Wegen der Übergangsbestimmung kommen die neuen „8+2+1"-Schutzfristen im praktischen Ergebnis erst seit Mitte 2014 zum Tragen. Die Anwendung der zehnjährigen Schutzfrist kann sogar bis 2018 reichen[85]. Im Übrigen gelten aber seit dem Inkrafttreten der 14. AMG-Novelle die neuen Bestimmungen in § 24b.

C. Definition für das Generikum (Abs. 2)

63   Abs. 2 enthält in Umsetzung der gemeinschaftlichen Bestimmungen aus Art. 10 II Buchst. b) und Art. 10 III RL 2001/83/EG die Legaldefinition von Generikum. Die erstmalige und umfassende **Legaldefinition** ist im Wesentlichen auf die jüngere Rechtsprechung des *EuGH* zurückzuführen.

I. Die drei Hauptkriterien (S. 1)

64   **1. EuGH-Rechtsprechung als Ausgangspunkt.** Essentielle Voraussetzung für die Zulassung des Generikums auf der Grundlage der Zulassungsunterlagen des Vorantragstellers ist gem. Abs. 2 S. 1, dass das Generikum die gleiche Zusammensetzung der Wirkstoffe nach Art und Menge und die gleiche Darreichungsform wie das Referenzarzneimittel aufweist und die Bioäquivalenz durch Bioverfügbarkeitsstudien nachgewiesen wurde. Damit sind die vom *EuGH* im sog. Generics-Urteil[86] entwickelten Elementarkriterien für die Gleichheit zwischen Referenzarzneimittel und Generikum in Gesetzesrang erhoben worden. Unter Bezugnahme auf das Protokoll der Ratstagung vom Dezember 1986, in der die RL 87/21/EWG erlassen wurde, hat der *EuGH* entschieden, dass das Tatbestandsmerkmal der wesentlichen Gleichheit gegeben ist, wenn die beiden Arzneimittel die Kriterien der gleichen qualitativen und quantitativen Zusammensetzung an Wirkstoffen, der gleichen Darreichungsform und der Bioäquivalenz erfüllen. Nach Auffassung des *EuGH* beziehen sich die Schutzfristen nur auf das Arzneimittel als solches und nicht auf dessen einzelne therapeutische Anwendungsgebiete. Daher könne einem Zweitantragsteller die Zulassung für das Generikum mit allen therapeutischen Indikationen des Referenzarzneimittels erteilt werden. Erweiterungen der therapeutischen Indikationen des Referenzarzneimittels könne keine eigenständige Schutzfrist eingeräumt werden, es komme auf die Erstzulassung des Referenzarzneimittels an[87].

---

[81] EP P5 TA-PROV (2003) 0577, Abänderung 62.
[82] *Gassner*, GRUR Int 2004, 993.
[83] Zu den Schutzfristen bei früheren Anträgen in anderen Mitgliedstaaten *Kloesel/Cyran*, § 24b Anm. 31.
[84] Notice to Applicants, Vol. 2 A, Kap. 1 (Juni 2013) Abschn. 6.1.3.
[85] Vgl. dazu *Fulda*, PharmR 2008, 589, 592.
[86] *EuGH*, Urt. v. 3.12.1998 – Rs. C-368/96, Slg. 1998 I-07967, PharmR 1999, 2, Rn. 25 ff., 39 ff. – Generics.
[87] Vgl. zu diesem *EuGH*-Urteil *Kloesel/Cyran*, § 24b Anm. 34; *Rehmann*, § 24b Rn. 4; *Lorenz*, S. 197 ff.; *Wagner*, in: Dieners/Reese, § 6 Rn. 68.

Nach der vom Gesetzgeber umgesetzten Rechtsprechung des *EuGH* sind somit für die Gleichheit **65** zwischen dem Generikum und dem Referenzarzneimittel ausschließlich die **stofflichen bzw. pharmazeutischen Eigenschaften** der Arzneimittel ausschlaggebend, während die konkreten **Anwendungsgebiete irrelevant** sind. Der Zweitantragsteller braucht für keine der Anwendungsgebiete, auf die sich die Unterlagen des Referenzarzneimittels beziehen, einschließlich der seit weniger als acht Jahren zugelassenen Anwendungsgebiete, die Ergebnisse der pharmakologisch-toxikologischen oder klinischen Versuche vorzulegen. Die in der Literatur an dieser Rechtsprechung geübte Kritik[88] ist mit der Umsetzung der *EuGH*-Kriterien im Gemeinschaftsrecht und in § 24b Abs. 2 gegenstandslos geworden. Die vom Vorantragsteller für die Zulassung eines neuen Anwendungsgebietes für das bereits zugelassene Referenzarzneimittel vorgelegten Unterlagen unterliegen **keiner eigenständigen Schutzfrist.**

2. Identität der Wirkstoffe und der Darreichungsform. Der Nachweis der Identität der **Wirk- 66 stoffe nach Art und Menge** (§ 10 I 1 Nr. 8) lässt sich regelmäßig nach den gesetzlichen Bezeichnungsvorgaben in § 10 VI und den in der Datenbank nach § 67a veröffentlichten Bezeichnungen erbringen. Entscheidend ist, dass das Generikum und das Referenzarzneimittel hinsichtlich der **arzneilich wirksamen Bestandteile** (§ 4 XIX) identisch zusammengesetzt sind. Unterschiede bei den weiteren Bestandteilen, insbes. bei den Arzneiträger- bzw. Hilfsstoffen sind grundsätzlich irrelevant. Allerdings dürfen sich gem. Abs. 2 S. 2, 2. Halbs. und S. 3 die Eigenschaften der dort genannten verschiedenen Erzeugnisformen nicht erheblich hinsichtlich der Unbedenklichkeit und Wirksamkeit unterscheiden (s. Rn. 71 ff.).

Die Bezeichnung der **Darreichungsformen** richtet sich nach den **Standardbegriffen,** die von der **67** Europäischen Arzneibuch-Kommission beim Europarat in der Liste „Standard Terms, Pharmaceutical dosage forms, Routes of administration, Containers[89], erarbeitet worden sind. Für die Bestimmung der Darreichungsform eines Arzneimittels ist nach Auffassung des *EuGH*[90] auf die Form, in der das Arzneimittel vom Hersteller aufgemacht wird, und die Form, in der es eingenommen wird, einschließlich der physikalischen Form abzustellen. Danach haben Arzneimittel, die als eine für die Verabreichung an den Patienten mit einem Getränk zu verdünnende Lösung angeboten werden und nach Verdünnung eine Makroemulsion, eine Mikroemulsion oder eine Nanodispersion bilden, dieselbe Darreichungsform, sofern die Unterschiede bei der Einnahmeform wissenschaftlich nicht erheblich sind.

3. Nachweis der Bioäquivalenz (S. 1 und S. 5). Die Bioäquivalenz der beiden Arzneimittel muss **68** zudem durch Bioverfügbarkeitsstudien nachgewiesen werden. Die **Bioverfügbarkeit** beschreibt, wie schnell und in welchem Umfang ein Arzneimittel resorbiert wird und am Wirkort zur Verfügung steht. Der Zweitantragsteller muss insofern nachweisen, dass die Bioverfügbarkeit des Generikums der des Referenzarzneimittels äquivalent ist. Nr. 2 Buchst. b) vor Teil II der nach § 26 als Rechtsverordnung erlassenen **Arzneimittelprüfrichtlinien,** die den Aufbau und Inhalt der Zulassungsdokumentation beschreiben und die mit den Bestimmungen des Anhangs I der RL 2001/83/EG übereinstimmen, verlangen insoweit, dass die generischen Zulassungsanträge u. a. die Angaben enthalten müssen, die die Bioverfügbarkeit und Bioäquivalenz zu dem Originalarzneimittel belegen. Ferner wird eine **Bewertung der Bioäquivalenzstudien** gefordert bzw. eine Begründung, falls keine Studien entsprechend der einschlägigen Leitlinie[91] durchgeführt wurden. In der Bekanntmachung vom 18.12.2002[92], die der genannten EG-Leitlinie entspricht bzw. auf diese verweist, hat das BfArM die Anforderungen an den Nachweis der ausreichenden biologischen Verfügbarkeit und der Bioäquivalenz gegenüber einem Referenzarzneimittel festgelegt.

Nach **Abs. 2 S. 5** braucht der Zweitantragsteller keine Bioverfügbarkeitsstudien vorzulegen, wenn er **69** auf sonstige Weise nachweist, dass das Generikum entsprechend der BfArM-Bekanntmachung vom 18.12.2002 und der EG-Leitlinie zur Bioverfügbarkeit und Bioäquivalenz die nach dem Stand der Wissenschaft für die Bioäquivalenz relevanten Kriterien erfüllt. Der Nachweis der Bioäquivalenz bereitet – darauf weist *Ambrosius*[93] zu Recht hin – in der Zulassungspraxis erhebliche Schwierigkeiten. Der überwiegende Teil der Schiedsverfahren nach Art. 29 RL 2001/83/EG betreffend Generika haben diese Problematik zum Gegenstand.

II. Fiktion der Wirkstoffidentität verschiedener Erzeugnisformen (S. 2 und 3)

1. Gemeinschaftsrechtlicher Hintergrund der Fiktion. Nach **Abs. 2 S. 2** gelten die verschiede- **70** nen Salze, Ester, Ether, Isomere, Mischungen von Isomeren, Komplexe oder Derivate eines Wirkstoffs als **ein und derselbe Wirkstoff,** es sei denn, die Eigenschaften der verschiedenen Formen unterscheiden

---

[88] *Gassner*, GRURInt 2004, 986; *Hiltl*, PharmR 1999, 42 ff.
[89] Herausgegeben vom European Directorate for the Quality of Medicines, abrufbar unter http://www.edqm.eu.
[90] *EuGH*, Urt. v. 29.4.2004 – Rs. C-106/01, Slg. 2004 I-04403, EuZW 2004, 13, Rn. 41 f. – Novartis; vgl. dazu *Lorenz*, S. 200 ff.
[91] „„Guideline on the investigation of bioequivalence", 20.1.2010, abrufbar unter http://www.ema.europa.eu.
[92] BAnz. Nr. 58 vom 25.3.2003.
[93] *Ambrosius*, in: Fuhrmann/Klein/Fleischfresser, § 6 Rn. 208.

sich erheblich hinsichtlich der Unbedenklichkeit oder der Wirksamkeit[94]. Mit der dieser Bestimmung zugrundeliegenden Vorschrift in Art. 10 II Buchst. b) S. 2 RL 2001/83/EG hat der Gemeinschaftsgesetzgeber die ursprünglich für den Bereich der ergänzenden Schutzzertifikate unter dem Stichwort „Salzproblem"[95] kontrovers diskutierte Frage, ob die verschiedenen Erzeugnisformen eines Wirkstoffs als ein und derselbe Wirkstoff gelten, entschieden. Das Europäische Parlament hatte noch in der 1. Lesung am 23.10.2002 eine Klarstellung gefordert, dass ein „echtes" Generikum eine chemisch identische Kopie des Originalarzneimittels ist und daher eine neue Salzform als ein neues Arzneimittel angesehen werden sollte[96]. Unter Berufung auf die Notice to Applicants[97] hat die Kommission im geänderten Vorschlag vom 3.4.2003[98] die Bestimmung aufgenommen, die in Art. 10 II Buchst. b) S. 2 RL 2001/83/EG übernommen und nahezu wortidentisch in § 24b II 2 eingestellt worden ist. Diese Bestimmungen decken sich mit dem Regelungsinhalt der Vorschriften des bereits durch die RL 2003/63/EG geänderten Anhangs I der RL 2001/83/EG.

71   **2. Vorlage ergänzender Unterlagen bei relevanten Unterschieden (S. 2, 2. Halbs. und S. 3). a) Vorliegen sicherheits- oder wirksamkeitsrelevanter Unterschiede.** Nach **Abs. 2 S. 2, 2. Halbs. i. V. m. S. 3** muss der Zweitantragsteller dann, wenn sich die Eigenschaften der verschiedenen Erzeugnisformen erheblich hinsichtlich der Unbedenklichkeit oder der Wirksamkeit unterscheiden, ergänzende Unterlagen zum Beleg der Unbedenklichkeit oder Wirksamkeit der verschiedenen Erzeugnisformen vorlegen. Weder der europäische noch der deutsche Gesetzgeber haben das generalklauselartige Tatbestandsmerkmal der **erheblichen Unterschiedlichkeit** hinsichtlich der Unbedenklichkeit oder der Wirksamkeit definiert. Das Tatbestandsmerkmal hat erstmals der *EuGH* im Generics-Urteil[99] verwendet. Unter Berufung auf eine entsprechende Kommissionserklärung ist es nach Auffassung des Gerichtshofs nicht ausgeschlossen, dass ein Arzneimittel, das die drei Hauptkriterien der wesentlichen Gleichheit erfüllt, im Zusammenhang mit den in ihm enthaltenen Trägerstoffen Sicherheitsprobleme hervorruft. Daher hat das Gericht den drei Hauptkriterien das **Negativkriterium** hinzugefügt, dass die wesentliche Gleichheit nicht gegeben ist, wenn das Zweitarzneimittel gegenüber dem Originalarzneimittel in Bezug auf Sicherheit und Wirksamkeit erhebliche Unterschiede aufweist. Der *EuGH* hat allerdings die erhebliche Unterschiedlichkeit auch nicht näher konkretisiert.

72   Die Bundesoberbehörden haben daher **von Fall zu Fall** zu prüfen, ob eine Auswechselung der Erzeugnisform beim Zweitarzneimittel gegenüber dem Referenzzeugnis zu irgendwelchen erheblichen Unterschieden hinsichtlich Unbedenklichkeit und Wirksamkeit führt. Lediglich der *EuGH* hat – allerdings noch zur alten Rechtslage – über die **Vergleichbarkeit verschiedener Salze** entschieden[100]. Nach Auffassung des *EuGH* muss zwischen dem therapeutisch wirksamen (positiven) Teil eines Salzes und dem sog. inerten (negativen) Teil des Salzes, der lediglich der Herstellung des Arzneimittels in Tablettenform ermöglicht, unterschieden werden. Die therapeutisch nicht wirksamen inerten Teile eines Salzes können ausgetauscht werden, wenn sich bei der Einnahme des Arzneimittels die beiden Teile des Salzes trennen und nur der therapeutisch wirksame Teil des Salzes absorbiert, während der inerte Teil des Salzes ohne irgendeine Wirkung auf den Körper lediglich ausgeschieden wird. In diesem Fall sind dann, wenn die beiden Arzneimittel nur hinsichtlich der therapeutisch nicht relevanten inerten Teile verschieden sind, die Unterschiede hinsichtlich der Unbedenklichkeit und Wirksamkeit irrelevant. Als relevante Unterschiede kommen z. B. die Verbesserung oder Reduzierung der Absorption und Bioverfügbarkeit, das toxische Potential und die Stabilität des Arzneimittels in Betracht. *Ambrosius*[101] resümiert insoweit, dass es darauf ankommt, ob sich die im Referenzarzneimittel und Generikum verwendeten pharmazeutischen Alternativen eines Wirkstoffs in den stofflichen Eigenschaften derart voneinander unterscheiden, dass dies Auswirkungen auf die Wirksamkeit oder Unbedenklichkeit des Arzneimittels haben könnte. Entscheidend für die Gleichheit zwischen Generikum und dem Referenzarzneimittel sind also – wie hier bereits in Rn. 65 ausgeführt – die **stofflichen bzw. pharmazeutischen Eigenschaften der Arzneimittel.**

73   **b) Ermessensspielraum der Bundesoberbehörde.** Diese *EuGH*-Entscheidung ist Maßstab für die Prüfung der Bundesoberbehörde, ob eine Auswechselung der Erzeugnisform beim Zweitarzneimittel zu einem sicherheits- oder wirksamkeitsrelevanten Unterschied führt. Nur wenn die Bundesoberbehörde zu dem Schluss kommt, dass sich die Eigenschaften der verschiedenen Erzeugnisformen hinsichtlich der Unbedenklichkeit oder der Wirksamkeit erheblich unterscheiden, muss der Zweitantragsteller Unterlagen zum Beleg der Unbedenklichkeit oder Wirksamkeit der anderen Erzeugnisform vorlegen. Der Gesetzgeber hat gegenüber der alten Rechtslage in Nr. 2 Buchst. b), 5. Spiegelstrich des Teils II der

[94] Vgl. dazu auch *Kloesel/Cyran*, § 24b Anm. 48; *Rehmann*, § 24b Rn. 5.
[95] *Hufnagel*, PharmR 2003, 267 ff.; *Bopp/Lux*, PharmR 2000, 2 ff.
[96] P5 TA-PROV (2002) 0505, Abänderung 156.
[97] Notice to Applicants, Vol. 2 A, Kap. 1 (Nov. 2002), Abschn. 4.2 Nr. 6.
[98] KOM (2003) 163 endg., S. 20.
[99] *EuGH*, Urt. v. 3.12.1998 – Rs. C-368/96, Slg. 1998 I-07967, PharmR 1999, 2, Rn. 35 f. – Generics.
[100] *EuGH*, Urt. v. 20.1.2005 – Rs. C-74/03, Slg. 2005 I-00595, Rn. 31 ff. – SmithKline Beecham.
[101] *Ambrosius*, in: Fuhrmann/Klein/Fleischfresser, § 6 Rn. 204.

Arzneimittelprüfrichtlinien, nach der der Zweitantragsteller bereits mit der Antragstellung die ergänzenden Daten über die Gleichwertigkeit der verschiedenen Erzeugnisformen vorlegen musste, die **Darlegungslast umgekehrt** und diese der Bundesoberbehörde überbürdet[102]. *Gassner*[103] bezeichnet es als nicht sachadäquat, der Bundesoberbehörde einen derart weiten Ermessensspielraum einzuräumen. Die Bundesoberbehörde wird ihre Entscheidung, dass die Auswechselung der Erzeugnisform beim Zweitarzneimittel zu einem sicherheits- oder wirksamkeitsrelevanten Unterschied führt, im **Mängelbeseitigungsschreiben** begründen und dem Zweitantragsteller eine angemessene Frist zur Vorlage der fehlenden Unterlagen zum Nachweis der Unbedenklichkeit oder Wirksamkeit der verschiedenen Erzeugnisformen einräumen.

c) **Vorzulegende Unterlagen.** Hinsichtlich der vorzulegenden Unterlagen hat der Zweitantragsteller **74** die Anforderungen der **Arzneimittelprüfrichtlinien,** insbes. Nr. 3 von Teil II zu beachten. Danach muss der Zweitantragsteller anhand von Belegen nachweisen, dass es aufgrund der unterschiedlichen Erzeugnisform zu keiner Änderung in der Pharmakokinetik der therapeutisch wirksamen Komponente, der Pharmakodynamik und/oder der Toxizität kommt, die zur Änderung des Unbedenklichkeits-/Wirksamkeitsprofils führen könnte.

III. Fiktion identischer Darreichungsformen bei schnell freisetzenden oralen Darreichungsformen (S. 4)

Nach **Abs. 2 S. 4** gelten die verschiedenen **oralen Darreichungsformen mit sofortiger Wirk-** **75** **stofffreigabe** als ein und dieselbe Darreichungsform. Die Aufnahme dieser Fiktion in das Gemeinschaftsrecht und in das AMG ist auf die inhaltsgleiche wissenschaftliche Definition in den damals geltenden Notice to Applicants[104] zurückzuführen. Die Bezeichnung der Darreichungsformen richtet sich nach den von der Europäischen Arzneibuch-Kommission erarbeiteten **Standardbegriffen** (s. Rn. 68). Das Europäische Arzneibuch enthält im Abschnitt „Monographien zu Darreichungsformen" im Unterabschnitt „Glossar" Definitionen und Erklärungen zu Darreichungsformen mit unterschiedlichen Wirkstofffreisetzungscharakteristiken. Dort werden schnell freisetzende Darreichungsformen als solche mit unveränderter bzw. unmittelbarer Wirkstofffreisetzung bezeichnet. Damit fallen die Formen mit modifizierter Wirkstofffreisetzung, d. h. die **retardierten Formen** und die **magensaftresistenten Arzneiformen** nicht unter die schnell freisetzenden oralen Darreichungsformen mit der Folge, dass geeignete vorklinische und klinische Versuche für die dann unterschiedlichen Darreichungsformen vorgelegt werden müssen[105].

IV. Vorlage eigener Unterlagen bei relevanten Unterschieden (S. 6)

Nach **Abs. 2 S. 6** muss der Zweitantragsteller in den in dieser Bestimmung genannten Fällen, in **76** denen sich das zur Zulassung gestellte Zweitarzneimittel therapeutisch relevant von dem Referenzarzneimittel unterscheidet, die entsprechenden Ergebnisse der geeigneten vorklinischen (dieser Begriff ist ein Synonym für pharmakologisch-toxikologisch i. S. v. § 22 II 1 Nr. 2) oder klinischen Versuche vorlegen. Der Zweitantragsteller muss hinsichtlich des **relevanten Unterschieds,** der sich auf sehr viele und sehr unterschiedliche Sachverhalte beziehen kann, durch Vorlage eigener Unterlagen die Unbedenklichkeit und Wirksamkeit des Zweitarzneimittels **nachweisen.** Dabei handelt es sich um sog. **Brückenstudien,** die den zuständigen Behörden ermöglichen sollen, unter Berücksichtigung der für das Referenzarzneimittel vorgelegten vorklinischen und klinischen Daten und den Daten, die vom Antragsteller für den Hybridantrag vorgelegt worden sind, die Wirksamkeit und Unbedenklichkeit dieses Arzneimittels abschließend zu beurteilen[106]. Im Übrigen kann der Zweitantragsteller aber auf die Zulassungsunterlagen des Vorantragstellers Bezug nehmen. Mit Blick auf die dem Zweitantragsteller auferlegte Darlegungslast handelt es sich um einen Mittelweg zwischen dem abgekürzten und dem selbständigen Verfahren[107]. Der *EuGH*[108] bezeichnet dieses Verfahren als **hybrides abgekürztes Verfahren.** Die Abs. 2 S. 6 zugrundeliegende Richtlinienbestimmung nennt er **Vorbehaltsklausel.**

Abs. 2 S. 6 setzt Art. 10 III RL 2001/83/EG um. Der *EuGH* hat bereits die gemeinschaftsrechtliche **77** **Vorgängerbestimmung** des Art. 10 I Buchst. a) iii) UAbs. 2 RL 2001/83/EG **weit ausgelegt** und entschieden, dass derjenige, der im hybriden abgekürzten Verfahren die Zulassung des Arzneimittels C beantragt, auf die pharmakologischen und toxikologischen sowie klinischen Unterlagen zum Arzneimittel B, das vor Ablauf der Verwertungsschutzfrist aus dem Referenzarzneimittel A entwickelt und zugelassen wurde, Bezug nehmen kann, auch wenn A und B nicht bioäquivalent sind oder sich hinsicht-

---

[102] So auch *Kloesel/Cyran,* § 24b Anm. 49.
[103] GURInt 2004, 988.
[104] Notice to Applicants, Vol. 2 A, Kap. 1 (Nov. 2002), Abschn. 4.2 Nr. 6.
[105] Vgl. *Kloesel/Cyran,* § 24b Anm. 55; *Rehmann,* § 24b Rn. 6; *Wagner,* in: Dieners/Reese, § 6 Rn. 74.
[106] *Ambrosius,* in: Fuhrmann/Klein/Fleischfresser, § 6 Rn. 222.
[107] *Gassner,* GRURInt 2004, 987.
[108] *EuGH,* Urt. v. 29.4.2004 – Rs. C-106/01, Slg. 2004 I-04403, EuZW 2004, 13, Rn. 14, 43 ff. – Novartis.

lich des Verabreichungswegs oder der Dosierung unterscheiden[109]. Voraussetzung für die Verwertung der Unterlagen ist, so der *EuGH*, dass diese Unterlagen aus den Ergebnissen klinischer Versuche bestehen, mit denen belegt wurde, dass B sicher ist, auch wenn es eine höhere Bioverfügbarkeit als A hat. Der Gerichtshof hat diese Rechtsprechung auch auf den Fall übertragen, dass das Referenzarzneimittel und die Variante sich nur durch ihre unterschiedlichen Darreichungsformen unterscheiden[110].

78   Der *EuGH* hat die von ihm im Generics-Urteil für das Tatbestandsmerkmal der wesentlichen Gleichheit entwickelten **drei Kriterien modifiziert** bzw. von den Kriterien der Bioäquivalenz und der Identität der Darreichungsform Abstand genommen. Der Gemeinschaftsgesetzgeber hat diese *EuGH*-Rechtsprechung aufgegriffen und auf die in Abs. 2 S. 6 genannten Fälle ausgeweitet. Damit bleibt – wie *Gassner*[111] zu Recht feststellt – nur das erste Kriterium des vom *EuGH* in der Generics-Entscheidung dreigliedrig verstandenen Begriffs der wesentlichen Gleichheit als Voraussetzung der Bezugnahme auf die Zulassungsunterlagen des Erstantragstellers bestehen. Ist der Wirkstoff des Generikums mit dem des Originals identisch, unterliegen Zulassungsunterlagen, die im Laufe der **Weiterentwicklung des Referenzarzneimittels** vorgelegt werden, **keiner neuen und eigenständigen Schutzfrist**.

V. Besonderheit bei Tierarzneimitteln (S. 7)

79   **Abs. 2 S. 7** bezieht sich auf die Vorbehaltsklausel in S. 6 und bestimmt für **Tierarzneimittel,** dass bei therapeutisch relevanten Unterschieden zwischen dem Zweitarzneimittel und dem Referenzarzneimittel der Zweitantragsteller insoweit auch die Ergebnisse der entsprechenden Unbedenklichkeits- und Rückstandsversuche vorlegen muss (s. § 23 Rn. 18 ff.)[112]. Abs. 2 S. 7 setzt Art. 13 III RL 2001/82/EG um.

D. Verpflichtungen der Bundesoberbehörde bei sog. Eurogenerika (Abs. 3)

I. Gemeinschaftsrechtlicher Hintergrund

80   Abs. 3 und 4 bestimmen die Verpflichtungen der Bundesoberbehörde bzw. der zuständigen Behörden anderer Mitgliedstaaten und des Zweitantragstellers in den Fällen, in denen das Referenzarzneimittel in dem Mitgliedstaat, in dem die Zulassung des Generikums beantragt wird, nicht zugelassen ist. Bis zum Inkrafttreten des geänderten Gemeinschaftsrechts und der 14. AMG-Novelle war für jede Bezugnahme unverzichtbare Voraussetzung, dass die Zulassungsunterlagen, auf die Bezug genommen werden soll, **der entscheidenden Behörde vorliegen**. Eine Bezugnahme auf Unterlagen, die bei der zuständigen Behörde eines anderen Mitgliedstaates liegen, war nicht zulässig.

81   Die gemeinschaftsrechtliche Bestimmung in Art. 10 I UAbs. 3 RL 2001/83/EG geht auf eine in der 1. Lesung am 23.10.2002 vom Europäischen Parlament beschlossene Änderung[113] zurück. Diese Änderung wurde u. a. damit begründet, dass es zur Vermeidung von Marktzugangsproblemen von Generika wichtig ist, dass ein in einem anderen Mitgliedstaat vorhandenes Referenzarzneimittel bei einem neuen Antrag für ein Generikum als Referenzarzneimittel dienen kann. Die Kommission und der Rat haben diesen Ansatz aufgegriffen, allerdings verfeinert. Der Rat hat im Gemeinsamen Standpunkt vom 29.9.2003 die endgültige Bestimmung festgelegt und die gegenüber dem Parlamentsantrag zusätzlich aufgenommenen Tatbestandsmerkmale damit begründet, dass sie für die Beurteilung des potentiellen Generikums wesentlich sind[114]. Die auf der Grundlage dieser Bestimmung zuzulassenden Generika werden Eurogenerika, das Bezugsarzneimittel Europäisches Referenzarzneimittel genannt.

82   Die allgemeinen Voraussetzungen für die Zulassung eines Generikums aus Abs. 1 und 2 gelten auch für die Eurogenerika, d. h. insbes. müssen die Schutzfristen abgelaufen sein. Das Referenzarzneimittel muss in einem Mitgliedstaat der EU bzw. einem EWR-Vertragsstaat (s. dazu Rn. 36 ff.) oder zentral von der Gemeinschaft seit oder vor mindestens acht Jahren zugelassen sein. Zu beachten ist, dass für Referenzarzneimittel, deren Zulassung **vor dem 30.10.2005** beantragt worden ist, noch die alten sechs- bzw. zehnjährigen Verwertungsschutzzeiträume in den jeweiligen Mitgliedstaaten gelten. Die Zulassung des Eurogenerikums kann erst beantragt werden, wenn für das Referenzarzneimittel in dem Mitgliedstaat, der das Referenzarzneimittel zugelassen hat, der Unterlagenschutz nicht mehr besteht[115]. Da für die Zulassung des Eurogenerikums aber nur die Unterlagen dieses Mitgliedstaates herangezogen werden,

---

[109] *EuGH*, Urt. v. 29.4.2004 – Rs. C-106/01, Slg. 2004 I-04403, EuZW 2004, 13, Rn. 56 ff. – Novartis; vgl. dazu *Lorenz*, S. 200 ff.
[110] *EuGH*, Urt. v. 9.12.2004 – Rs. C-36/03, Slg. 2004 I-11583, EuZW 2005, 2, Rn. 26 ff. – Eli Lilly; vgl. dazu *Lorenz*, S. 202 ff.
[111] GRURInt 2004, 987.
[112] Vgl. dazu umfassend *Kloesel/Cyran*, § 24b Anm. 58.
[113] P5 TA-PROV (2002)0505, Abänderung 36.
[114] ABl. EU Nr. C 297 E/02 v. 9.12.2003, Begründung V. 4.
[115] Notice to Applicants, Vol. 2 A, Kap. 1 (Juni 2013), Abschn. 5.3.1.2 und 6.1.4.

kommt es für die Zulassung des Eurogenerikums nicht auf die gesetzlichen Schutzfristen der Mitgliedstaaten an, in denen der Antrag für das Generikum eingereicht wird.

II. Bezeichnung des betreffenden Mitgliedstaates durch Zweitantragsteller (S. 1)

Diese Bestimmung verpflichtet den Zweitantragsteller in den Fällen, in denen das Referenzarznei- **83** mittel nicht von der zuständigen Bundesoberbehörde, sondern von der zuständigen Behörde eines anderen Mitgliedstaats zugelassen wurde, im Antragsformular diesen Mitgliedstaat anzugeben. Ist das Referenzarzneimittel in mehreren Mitgliedstaaten zugelassen, kann der Zweitantragsteller zwischen den Mitgliedstaaten **wählen** und den Mitgliedstaat, der die aus seiner Sicht günstigste Zulassung erteilt hat, angeben.

III. Informationsersuchen der Bundesoberbehörde (S. 2 und 3)

Nach **Abs. 3 S. 2** ersucht die Bundesoberbehörde die zuständige Behörde des vom Zweitantragsteller **84** benannten Mitgliedstaats, binnen eines Monats eine Bestätigung darüber, dass das Referenzarzneimittel genehmigt ist oder wurde, sowie die vollständige Zusammensetzung des Referenzarzneimittels und andere für die Prüfung des Zulassungsantrags erforderlichen Unterlagen zu übermitteln. Zu den zu übersendenden Unterlagen gehört zunächst die Fachinformation als ein Kernelement der Zulassungsunterlagen. Daneben muss die benannte Behörde auch die **vollständige Zusammensetzung** i. S. d. quantitativen und qualitativen Zusammensetzung der Wirkstoffe einschließlich der Hilfsstoffe mitteilen. Die Bundesoberbehörde benötigt diese Informationen, um prüfen zu können, ob das zur Zulassung beantragte Zweitarzneimittel als potentielles Generikum dem Referenzarzneimittel entspricht. Die Mitgliedstaaten haben in einem überarbeiteten Arbeitspapier[116] vom Juni 2010 die von den benannten Behörden vorzulegenden Unterlagen und Informationen zum europäischen Referenzarzneimittel festgelegt[117].

Darüber hinaus kann die Bundesoberbehörde von der Referenzbehörde die Übersendung **weiterer** **85** **Unterlagen** einfordern, die sie für die Prüfung des generischen Zulassungsantrags für erforderlich hält. Dabei wird es sich regelmäßig um den **Beurteilungsbericht** nach § 25 Va handeln. Die Bundesoberbehörde kann weitere Informationen und Unterlagen anfordern, z. B. die Sachverständigengutachten nach § 24 I 2 Nr. 2–4. Wenn auch die Bestimmungen in § 24b III die bisherige Regel, dass die Zulassungsunterlagen für das Referenzarzneimittel der entscheidenden Behörde vorliegen müssen, abschaffen, kann die Bundesoberbehörde auch die **vollständigen** für das Referenzarzneimittel eingereichten Unterlagen anfordern. Das wird insbes. dann der Fall sein können, wenn die Referenzzulassung zum Zeitpunkt der Antragstellung nicht mehr besteht und der Erstzulassungsinhaber seit dem Erlöschen der Erstzulassung den umfangreichen Anzeige- und Meldepflichten von Arzneimittelrisiken nicht mehr nachkommen muss. Die Bundesoberbehörde muss prüfen, ob das Erstdossier vor allem mit Blick auf die **Nutzen-Risiko-Bewertung** noch dem aktuellen Erkenntnisstand entspricht.

Das Verfahren zur Zulassung der Eurogenerika weist insofern Parallelen zum Anerkennungsverfahren **86** nach § 25b auf, in dem den Zulassungsbehörden aller beteiligten Mitgliedstaaten vollständige Dossiers vorgelegt werden. Die Bundesoberbehörde kann dann, wenn die Zulassung des Referenzarzneimittels eine schwerwiegende Gefahr für die öffentliche Gesundheit bedeutet, die Zulassung versagen (s. dazu und den verfahrensrechtlichen Konsequenzen § 25b Rn. 18 ff.).

Gem. **Abs. 3 S. 3** ersucht die Bundesoberbehörde im Falle der Zulassung des Referenzarzneimittels **87** durch die Gemeinschaft die EMEA um die Übersendung der in S. 2 genannten Unterlagen.

E. Verpflichtungen der Bundesoberbehörde als Referenzbehörde (Abs. 4)

Abs. 4 regelt spiegelbildlich zu Abs. 3 die Verpflichtungen der zuständigen Bundesbehörde, die das **88** Referenzarzneimittel zugelassen hat, gegenüber den zuständigen Behörden anderer Mitgliedstaaten, in denen die Zulassung für das Eurogenerikum beantragt wird. Die Bundesoberbehörde hat innerhalb eines Monats dem Informationsersuchen der Behörden der anderen Mitgliedstaaten zu entsprechen, sofern mindestens acht Jahre nach Erteilung der ersten Zulassung für das Referenzarzneimittel vergangen sind. Nach der Übergangsbestimmung in § 141 V beträgt für Referenzarzneimittel, deren Zulassung vor dem 30.10.2005 beantragt wurde, der Zeitraum in § 24b IV zehn Jahre. Die Bundesoberbehörde darf in diesen Fällen die angeforderten Informationen und Unterlagen erst dann den Zulassungsbehörden anderer Mitgliedstaaten übersenden, wenn das Referenzarzneimittel seit mindestens zehn Jahren zugelassen ist. Ist das nicht der Fall, wird die antragende Behörde kurzfristig darüber in Kenntnis gesetzt[118].

---

[116] "CMD(h) Working Document – Information to be submitted by the Member State of the European Reference Medicinal Product", abrufbar unter http://hma.eu.
[117] Vgl. dazu *Friese/Jentges/Muazzam*, Part A, Chapter 4.2.4.2.
[118] *Kloesel/Cyran*, § 24b Anm. 60.

F. Besonderheiten bei sog. Biosimilars bzw. Biogenerika (Abs. 5)

I. Definition von biologischen Arzneimitteln und Rationale für die Bestimmung

89 **Abs. 5** regelt die besonderen Voraussetzungen für die Zulassung eines sog. Biogenerikums, d. h. eines biologischen Arzneimittels, das einem biologischen Referenzarzneimittel ähnlich ist[119]. Der Begriff des **biologischen Arzneimittels** ist weder im Gemeinschaftsrecht noch im AMG definiert. Zwar verweist die Amtliche Begründung[120] hinsichtlich der Begriffsbestimmungen auf Teil III Nr. 1 der Arzneimittelprüfrichtlinien nach § 26. Dort werden aber lediglich unter der Überschrift „Biologische Arzneimittel" die Prüfanforderungen für aus Plasma gewonnene Arzneimittel und für Vakzine festgelegt. § 28 IIIc regelt die Auflagenbefugnis für Arzneimittel biologischer Herkunft und für biotechnisch hergestellte Arzneimittel, definiert diese aber nicht. Zwar sind Blutzubereitungen (§ 4 II) und Sera (§ 4 III) ebenso wie Impfstoffe (§ 4 IV), Testallergene (§ 4 V), Testsera (§ 4 VI) und Testantigene (§ 4 VII) biologische Arzneimittel, eine Definition ist damit aber nicht gegeben[121]. *Gassner*[122] bezeichnet Biopharmazeutika als solche Arzneimittel, deren Wirkstoffe mit Hilfe biotechnologischer Verfahren aus meist **rekombinanten Zellkulturen** gewonnen werden. Im Anhang der VO (EG) Nr. 726/2004 zum **zentralisierten Verfahren** werden die mit Hilfe von biotechnologischen Verfahren hergestellten Arzneimittel aufgezählt, ohne aber biotechnologische Arzneimittel abschließend zu definieren.

90 In den einleitenden Anmerkungen im Anhang I der VO (EG) Nr. 1084/2003 der Kommission vom 3.6.2003 über die Prüfung von Änderungen einer Zulassung für Human- und Tierarzneimittel („alte" **Variations-Verordnung,** s. dazu § 29 Rn. 95) sowie in Anhang I Teil I Nr. 3.2.1.1. Buchst. b) der RL 2001/83/EG werden solche Arzneimittel als biologische Arzneimittel bezeichnet, deren Wirkstoffe einen biologischen Stoff enthalten. Ein **biologischer Stoff** ist – so die Anmerkungen ergänzend – ein Stoff, der aus einer biologischen Quelle erzeugt oder gewonnen wird und zu dessen Charakterisierung und Qualitätsbestimmung eine Kombination aus physikalisch-chemisch-biologischer Prüfverfahren, dem Produktionsverfahren und seiner Kontrolle erforderlich sind. In Anlehnung an diese Anmerkungen und an die vom CHMP in der Leitlinie zu ähnlichen biologischen Arzneimitteln, die der CHMP im September 2005 beschlossen und mit Wirkung zum 30.4.2015 bereits wieder überarbeitet hat[123], enthaltenen Umschreibungen können **biologische Arzneimittel** als Arzneimittel bezeichnet werden, deren Wirkstoffe sich von biologischem Gewebe oder von lebenden Zellen oder Organismen ableiten. Die **Molekülstruktur** ist im Gegensatz zu den regelmäßig kleinen Molekülen chemischer Wirkstoffe komplex und wegen der großen Unterschiede der in Betracht kommenden Arzneimittel sehr heterogen[124]. Nicht zu den biologischen Arzneimitteln gehören Arzneimittel für neuartige Therapien i. S. v. § 4 IX[125].

91 Diese **Komplexität und Heterogenität** der Moleküle und vor allem die Besonderheit, dass die Ausgangsstoffe von **lebenden Zellen** oder Organismen entstammen und damit regelmäßig biologisch unterschiedlich sind, bewirken, dass bereits geringfügige Unterschiede bei den Ausgangsstoffen oder im Herstellungsverfahren zu Unterschieden im Wirkmolekül führen können. Das wiederum kann die Unbedenklichkeit oder Wirksamkeit des betr. biologischen Arzneimittels tangieren[126]. Die Leitlinie zu ähnlichen biologischen Arzneimitteln führt insofern aus, dass der bisherige generische Ansatz wegen der Komplexität der biologischen/biotechnologischen Arzneimittel für diese Arzneimittel unzureichend ist und daher durch einen **biogenerischen Ansatz ergänzt** werden muss. Biotechnologisch hergestellte Arzneimittel können nicht – wie das bei chemischen Arzneimittel grundsätzlich der Fall ist – identisch kopiert werden. Deshalb ist der Terminus **Biosimilars treffender** als der Begriff Biogenerika.

92 Gerade vor dem Hintergrund der **Verschiedenartigkeit der biologischen Arzneimittel** hat der Gemeinschaftsgesetzgeber die Voraussetzungen für die Zulassung eines Biosimilars auf der Grundlage der Bezugnahme auf Unterlagen eines ähnlichen biologischen Referenzarzneimittels in einer eigenen Bestimmung in Art. 10 IV RL 2001/83/EG geregelt. § 24b Abs. 5 ist mit dieser Bestimmung nahezu wortidentisch. Zwar ging die gemeinschaftsrechtliche Bestimmung auf eine Initiative des Europäischen Parlaments zurück[127]. Der Gemeinschaftsgesetzgeber hat aber bereits mit der **RL 2003/63/EG,** mit dem Anhang I der RL 2001/83/EG ersetzt worden ist, dort in Teil II Nr. 4 und Teil III Nr. 1 spezifische Regelungen zu biologischen Arzneimittel getroffen, allerdings auch ohne diese Arzneimittel zu definieren[128].

---

[119] Zur Sicherheit von Biosimilars vgl. *Blank/Netzer/Hildebrandt/Vogt-Eisele/Kaszkin-Bettag*, PharmInd 2014. 40.
[120] BT-Drucks. 15/5316, S. 38.
[121] So auch *Kloesel/Cyran*, § 24b Anm. 61.
[122] GRURInt 2004, 992.
[123] "Guideline on similar biological medicinal products", CHMP/437/04 bzw. CHMP/437/04 Rev. 1, abrufbar unter http://www.ema.europa.eu.
[124] Vgl. dazu die Definition von *Heinemann/Harney*, PharmR 2007, 265.
[125] *Kloesel/Cyran*, § 24b Anm. 61.
[126] *Heinemann/Harney*, PharmR 2007, 265, 266.
[127] P5 TA-PROV (2002) 0505, Abänderungen 167 und 168.
[128] Vgl. zum Ganzen auch *Ambrosius*, in: Fuhrmann/Klein/Fleischfresser, § 6 Rn. 224; *Wagner*, in: Dieners/Reese, § 6 Rn. 81 f.

Politische Brisanz erhielt die Diskussion um Biosimilars vor allem dadurch, dass die Europäische 93
Kommission trotz positiven Votums des CPMP vom 26.6.2003[129] die Zulassung für ein mit Hilfe der
Technologie der rekombinierten DNS entwickeltes Wachstumshormon, für das der Antragsteller einen
auf Art. 10 Abs. 1 Buchst. a) ii) der RL 2001/83/EG a. F. gestützten bibliographischen Antrag gestellt
hat, abgelehnt hat. Basierend auf den zwischenzeitlich erlassenen Richtlinienbestimmungen und Leitlinien zu Biosimilars hat die Kommission am 12.4.2006 auf der Grundlage eines vom CHMP am
27.1.2006 erstellten positiven Votums die Zulassung für das Wachstumshormon erteilt[130].

II. Hybrides abgekürztes Verfahren mit ausgeprägter Pflicht zur Vorlage eigener Unterlagen (S. 1 und S. 3)

1. Vorlage eigener vorklinischer und klinischer Unterlagen bei relevanten Abweichungen. 94
Nach Abs. 5 S. 1 hat der Zweitantragsteller dann, wenn das biologische Zweitarzneimittel nicht als
Generikum i. S. v. Abs. 2 qualifiziert werden kann, weil sich insbes. die Ausgangsstoffe oder der Her-
stellungsprozess des Zweitarzneimittels von dem des biologischen Referenzarzneimittels unterscheiden,
hinsichtlich dieser Abweichungen die Ergebnisse geeigneter vorklinischer oder klinischer Versuche vor-
zulegen. Der Gesetzgeber trägt damit dem Umstand Rechnung, dass biologische Arzneimittel wegen der
Ausgangsstoffe und wegen des Herstellungsprozesses regelmäßig verschiedenartig sind. Die im Gesetz als
Abweichungen genannten beiden Regelbeispiele sind **nicht abschließend;** es können auch andere in
Abs. 2 definierte Eigenschaften die Verpflichtung zur Vorlage eigener Unterlagen auslösen.

Teil II Nr. 4 der **Arzneimittelprüfrichtlinien konkretisiert** die Voraussetzungen für die Vorlage der 95
Ergebnisse geeigneter vorklinischer oder klinischer Versuche. Danach dürfen sich bei einer bezugneh-
menden Zulassung auf die Zulassungsunterlagen eines biologischen Referenzarzneimittels die vom
Zweitantragsteller zusätzlich einzureichenden Unterlagen nicht auf die Module 1, 2 und 3 beschränken –
diese Unterlagen beziehen sich auf die Angaben zur Identifizierung des Zweitarzneimittels sowie auf die
Qualität. Vielmehr **müssen** die vom Zweitantragsteller bereitzustellenden Angaben durch Daten zur
Bioäquivalenz und Bioverfügbarkeit ergänzt werden. Wegen der Verschiedenartigkeit der biologischen
Arzneimittel ist von der Bundesoberbehörde unter Berücksichtigung der **spezifischen Merkmale** jedes
einzelnen Arzneimittels festzulegen, welche der in den **Modulen 4 und 5** mit den präklinischen und
klinischen Berichten vorzusehen Studien erforderlich sind. Hat das zugelassene Referenzarzneimittel
mehr als eine Indikation, so hat der Zweitantragsteller Wirksamkeit und Unbedenklichkeit des Biogenerikums zu begründen oder, falls erforderlich, jede der behaupteten Indikationen einzeln nachzuweisen.

Nach den Arzneimittelprüfrichtlinien ist der Zweitantragsteller somit auf jeden Fall verpflichtet, über 96
die Unterlagen zur Qualität und zur Identifizierung des Biosimilars hinaus auch die Ergebnisse geeigneter
vorklinischer oder klinischer Versuche hinsichtlich der Abweichungen zum biologischen Referenzarzneimittel vorzulegen. Der Bundesoberbehörde wird lediglich bei der Frage, **welche** präklinischen oder
klinischen Unterlagen der Zweitantragsteller angesichts der spezifischen Merkmale des zu prüfenden
Biosimilars zusätzlich einzureichen hat, ein **Ermessensspielraum** eingeräumt. Beim Zulassungsverfahren für Biosimilars handelt es sich somit um ein **hybrides abgekürztes Verfahren,** bei dem die
Merkmale des selbständigen Verfahrens sehr ausgeprägt sind und vom Zweitantragsteller – abhängig vom
Einzelfall – ein **erheblicher Studien- und Prüfungsaufwand** gefordert wird. Zu Recht weist *Gassner*[131] darauf hin, dass es mit einer Bioäquivalenzstudie und einigen Überbrückungsdaten nicht getan ist
und dass stricto sensu nicht mehr vom abgekürzten Verfahren gesprochen werden kann. Der Antragsteller
hat daher auch für das erste als Biosimilar zugelassene Arzneimittel eigene Studien vorgelegt, die hinsichtlich der Qualität, Unbedenklichkeit und Wirksamkeit eine Vergleichbarkeit mit dem biologischen
Referenzarzneimittel belegen[132]. Insofern kommt **Abs. 5 S. 3,** wonach die Ergebnisse anderer Versuche
aus den Zulassungsunterlagen des Referenzarzneimittels nicht vorzulegen sind, nur klarstellende Bedeutung zu.

2. Zeitpunkt der Vorlage eigener Unterlagen. Wegen der im Gesetz und in den Arzneimittelprüf- 97
richtlinien herausgestellten Verschiedenartigkeit biologischer Arzneimittel wird der Zweitantragsteller
schon aus eigenem Interesse bereits **bei Vorlage des Zulassungsantrages** und der Bezugnahmeerklärung diejenigen vorklinischen und klinischen Unterlagen einreichen, die aus seiner Sicht zum Nachweis
der Unbedenklichkeit und Wirksamkeit des vom Referenzarzneimittel abweichenden Biosimilars notwendig sind. Er wird insbes. darlegen und nachweisen müssen, dass trotz bestehender Unterschiede bei
den Ausgangsstoffen oder im Herstellungsprozess das Biosimilar unbedenklich und wirksam ist. Kommt
die Bundesoberbehörde bei der Prüfung der für das Biosimilar vorgelegten und in Bezug genommenen
Unterlagen zum Schluss, dass Unbedenklichkeit oder Wirksamkeit des Biosimilars nicht ausreichend

---

[129] CPMP/3184/03, abrufbar unter http://www.ema.europa.eu.
[130] Vgl. dazu und weiterer Zulassungen von Biosimilars *Heinemann/Harney*, PharmR 2007, 265, 270.
[131] GRURInt 2004, 993.
[132] Vgl. die Pressemitteilung des CHMP vom 27.1.2006, abrufbar unter http://www.ema.europa.eu.

belegt sind, hat sie dies im **Mängelbeseitigungsschreiben** zu begründen und dem Zweitantragsteller eine angemessene Frist zur Vorlage der fehlenden Unterlagen einzuräumen.

III. Art und Anzahl der vorzulegenden Unterlagen (S. 2)

98   Nach **Abs. 5 S. 2,** der den Ermessensspielraum der Bundesoberbehörde zur Bestimmung der vom Zweitantragsteller ergänzend vorzulegenden Unterlagen konkretisiert, müssen Art und Anzahl der vom Zweitantragsteller vorzulegenden zusätzlichen Unterlagen den nach dem Stand der Wissenschaft relevanten Kriterien entsprechen. Der Stand der relevanten Kriterien ist insbes. in den **Arzneimittelprüfrichtlinien** und in den vom CHMP bzw. dessen Vorgänger CPMP erarbeiteten **spezifischen Leitlinien,** auf die Art. 10 IV RL 2001/83 ausdrücklich hinweist, definiert. Damit haben die im CHMP versammelten Fachleute das **Konkretisierungsprimat**[133]. Hervorzuheben sind die zuletzt am 22. 2. und 18.12.2014 vom CHMP verabschiedeten **Leitlinien**[134] über ähnliche biologische Arzneimittel, die biotechnologisch gewonnene Proteine als wirksame Bestandteile enthalten. . Diese Leitlinien regeln u. a., wie die biologische Ähnlichkeit eines Stoffes in Bezug auf ein Referenzarzneimittel festgestellt werden kann.

G. Einjähriger Verwertungsschutz bei neuen Indikationen bekannter Wirkstoffe (Abs. 6)

I. Keine Akzessorietät zu den „8+2+1"-Schutzregelungen

99   **Abs. 6** räumt den aufgrund bedeutender vorklinischer oder klinischer Studien gewonnenen Daten für ein neues Anwendungsgebiet eines bekannten Wirkstoffs eine **nicht kumulierbare Ausschließlichkeitsfrist** von einem Jahr ein. Trotz der Textpassage „zusätzlich zu den Bestimmungen des Absatzes 1" setzt dieser Verwertungsschutz nicht voraus, dass das betreffende Arzneimittel mit dem bekannten Wirkstoff zuvor den „8+2+1"-Unterlagenschutz nach Abs. 1 in Anspruch genommen hat. Eine Auslegung, wonach nur originale Referenzarzneimittel nach Inanspruchnahme der Schutzregelungen nach Abs. 1 und nicht Generika vom zusätzlichen Verwertungsschutz nach Abs. 6 profitieren können, widerspricht der Intention des Gemeinschaftsgesetzgebers. Die erst auf heftige Initiative des Europäischen Parlaments[135] in Art. 10 V RL 2001/83/EG aufgenommene Bestimmung soll die wissenschaftliche **Forschung an bekannten Stoffen** fördern. Der gesamten pharmazeutischen Industrie, insbes. aber den zahlreichen kleinen und mittelgroßen Unternehmen sollen Anreize zu solchen Forschungstätigkeiten gegeben werden.

100   Die Bestimmung und Intention des Gesetzgebers gingen ins Leere, wenn nur die mit erheblichem, von kleinen und mittelständischen Unternehmen im Regelfall nicht aufzubringendem finanziellen Aufwand zu entwickelnden Originalarzneimittel von der Vorschrift in Abs. 6 erfasst würden. Im Übrigen hat die Kommission im geänderten Vorschlag vom 3.4.2003[136] die Abänderungen des Parlaments zum zusätzlichen Unterlagenschutz zunächst mit der Begründung abgelehnt, dass diese für die Referenzarzneimittel zu einer unverhältnismäßigen Verlängerung des Datenschutzzeitraumes führen würden. Würde aber nur den originalen Referenzarzneimitteln der zusätzliche Unterlagenschutz gewährt werden, träte genau die von der Kommission befürchtete Disharmonie zwischen Generika und Referenzarzneimitteln ein. Die Passage „zusätzlich zu den Bestimmungen des Absatzes 1" bedeutet lediglich, dass auch Referenzarzneimitteln nach Inanspruchnahme der Schutzregelungen des Abs. 1 zusätzlich der Unterlagenschutz nach Abs. 6 eingeräumt werden kann[137]. Die Amtliche Begründung stellt insofern ausdrücklich klar, dass die einjährige Schutzfrist nach Abs. 6 mit den „8+2+1"-Schutzfristen kumulierbar ist[138]. Allerdings darf es sich nicht um dieselbe Indikation handeln, die schon nach Abs. 1 S. 3 geschützt worden ist[139].

II. Therapeutischer Mehrwert des neuen Anwendungsgebietes eines bekannten Wirkstoffes

101   Entscheidende Voraussetzung für die Gewährung des einjährigen Verwertungsschutzes ist die aufgrund bedeutender vorklinischer oder klinischer Studien erfolgte Zulassung eines neuen Anwendungsgebietes eines bekannten Wirkstoffes. Zur Konkretisierung der gemeinschaftsrechtlichen Tatbestandsvoraussetzungen beschreibt eine **Kommissionsleitlinie** vom November 2007[140] die Verfahrensgrundsätze und all-

---

[133] *Gassner,* GRURInt 2004, 992.
[134] *EMA,* „Guideline on similar biological medicinal products containing biotechnology-derived proteins as active substance: Quality issues (revision 1)", EMA/CHMP/BWP/247713//2012 und zu non-clinical and clinical issues, EMEA/CHMP/BMWP/42832/2005 Rev1, abrufbar unter http://www.ema.europa.eu.
[135] P5 TA-PROV (2002) 0505, Abänderung 40 und EP P5 TA-PROV (2003) 0577, Abänderung 68.
[136] KOM (2003) 163 endg., S. 23.
[137] Wie hier auch *Ambrosius,* in: Fuhrmann/Klein/Fleischfresser, § 6 Rn. 218 ff.
[138] BT-Drucks. 15/5316, S. 38.
[139] *Gassner,* GRURInt 2004, 992.
[140] „Guidance on a new therapeutic indication for a well-established substance", abrufbar unter http://ec.europa.eu.

gemeinen Hinweise zur Erstellung bzw. zum **Inhalt des Berichts,** der die Signifikanz der vorklinischen oder klinischen Studien begründen soll. Dieser Bericht, der in Modul 1 des Zulassungsantrages für die neue Indikation enthalten sein soll, gibt alle relevanten Informationen wieder, damit die EMA, der Referenzmitgliedstaat oder aber bei rein national zugelassenen Arzneimitteln die nationalen Behörden die Signifikanz der Studien **fallbezogen beurteilen** können. Das neue Anwendungsgebiet kann sich auf die Diagnose, Vorbeugung oder Behandlung von Krankheiten beziehen. Die Leitlinie nennt als Beispiele für neue Anwendungsgebiete exakt diejenigen, die auch in der Kommissionsleitlinie zum verlängerten Vermarktungsschutz nach Abs. 1 S. 3 aufgezählt sind (s. Rn. 52 ff.). Nach der Leitlinie sind zum Nachweis der Signifikanz der Studien zumindest eine konfirmatorische klinische Studie gegenüber einem geeigneten Vergleichspräparat erforderlich. Weitere vorklinische, klinische und konfirmatorische klinische Studien könnten allerdings eingefordert werden. Außerdem seien Studien dann signifikant, wenn sie für die Erlangung der Zulassung des neuen Anwendungsgebietes notwendig gewesen sind.

Diese Leitlinie definiert die Voraussetzungen für den einjährigen Vermarktungsschutz **adäquat.** Bei **102** der Auslegung ist allerdings immer der **spezifische Normzweck,** die Forschung an bekannten Wirkstoffen zu belohnen, zu berücksichtigen. Viele Arzneimittel mit bekannten Wirkstoffen werden, wenn diese seit mindestens zehn Jahren allgemein medizinisch verwendet werden, nicht verschreibungspflichtig sein. Daher muss auch für ein nicht verschreibungspflichtiges Arzneimittel, für das aufgrund bedeutender vorklinischer oder klinischer Studien eine neue Indikation belegt und zugelassen wird, der einjährige Verwertungsschutz hinsichtlich dieser Unterlagen gewährt werden können.

Der Gesetzgeber hat das in Art. 10 V RL 2001/83/EG verwendete Tatbestandsmerkmal „bereits gut **103** etablierter Wirkstoff" in Abs. 6 dahingehend konkretisiert, dass der Wirkstoff seit **mindestens zehn Jahren** in der EU allgemein medizinisch verwendet wird. Er hat damit an den in § 22 III 1 Nr. 1 bzw. Art. 10a RL 2001/83/EG genannten Zeitraum angeknüpft.

III. Einjähriger, nicht kumulierbarer Verwertungsschutz für die Daten

Abs. 6 schützt die Teile der vorklinischen oder klinischen Studien, die der Erstantragsteller für die **104** Zulassung des neuen Anwendungsgebietes bei der Bundesoberbehörde eingereicht hat. Nur der Daten der Indikationserweiterung, nicht die übrigen Zulassungsunterlagen des Erstarzneimittels werden geschützt[141]. Die Bestimmung gewährt einen einjährigen Verwertungsschutz, d. h. ein Zweitantragsteller kann erst ein Jahr nach der Zulassung des neuen Anwendungsgebietes für das Erstarzneimittel auf die geschützten vorklinischen oder klinischen Daten des Erstantragstellers Bezug nehmen. Damit erhält das Erstarzneimittel eine einjährige Exklusivstellung (Anm.: Die Dauer des Antragsverfahrens für das Zweitarzneimittel muss noch hinzugerechnet werden) hinsichtlich dieses Anwendungsgebietes.

Die einjährige Ausschließlichkeitsfrist ist **nicht kumulierbar.** Nach der Amtlichen Begründung[142] **105** kann die Schutzfrist für ein bestimmtes Arzneimittel nur einmal gewährt werden. Allerdings schützt Abs. 6 ausschließlich das neue Anwendungsgebiet als solches bzw. die dafür vorgelegten vorklinischen oder klinischen Studien[143]. Daher ist es nicht ausgeschlossen, dass ein bestimmtes Arzneimittel **mehrmals den zusätzlichen Verwertungsschutz erhält,** sofern es sich um jeweils unterschiedliche neue Indikationen handelt. Die engen Tatbestandsvoraussetzungen des Abs. 6, nämlich die neue Indikation und die Signifikanz der vorklinischen oder klinischen Studien, verhindern eine unverhältnismäßige, intentionswidrige Ausdehnung des Unterlagenschutzes. Diese Auslegung folgt aus dem Normzweck, die wissenschaftliche Forschung an bekannten Wirkstoffen zu fördern. Für **ein** neues Anwendungsgebiet eines Wirkstoffes kann aber **nur einmal** ein zusätzlicher Unterlagenschutz gewährt werden[144].

IV. Entscheidung über die Gewährung des Verwertungsschutzes als Verwaltungsakt mit Doppelwirkung

Die Entscheidung über die Gewährung einer Schutzfrist nach § 24b VI, die gem. § 34 I 1 Nr. 9 im **106** BAnz. bekannt gemacht werden muss, verleiht ausschließlich dem Begünstigten das Recht, das Arzneimittel mit dem neuen Anwendungsgebiet in Verkehr zu bringen. Gleichzeitig verbietet diese Entscheidung allen anderen Antragstellern, vor Ablauf der einjährigen Schutzfrist auf die entsprechenden Zulassungsunterlagen des begünstigten Erstantragstellers Bezug zu nehmen. Die Entscheidung über die Gewährung der Schutzfrist ist ebenso wie die Entscheidung über die Verlängerung der Schutzfrist nach Abs. 1 S. 3 als **Verwaltungsakt mit Doppelwirkung** i. S. v. § 80a VwGO zu qualifizieren. Abs. 6 bewirkt für andere Antragsteller insofern auch **Drittschutz,** als diese gegen die unberechtigte Gewährung der Schutzfrist Drittwiderspruch und ggf. Anfechtungsklage erheben können. Insofern kann auf die Ausführungen zu Abs. 1 S. 3 verwiesen werden (s. Rn. 50 ff.).

---

[141] *Kloesel/Cyran,* § 24b Anm. 62; *Rehmann,* § 24b Rn. 13.
[142] BT-Drucks. 15/5316, S. 38.
[143] *Gassner,* GRURInt 2004, 992.
[144] Ebenso *Rehmann,* § 24b Rn. 13; a. A. *Kloesel/Cyran,* § 24b Anm. 63.

H. Sondervorschriften für Tierarzneimittel (Abs. 7)

I. Besonderheiten für Tierarzneimitteln (S. 1)

107　Nach der Einleitungsbestimmung in **Abs. 7 S. 1** finden lediglich die Regelungen über die Verlängerung des Vermarktungsschutzes (Abs. 1 S. 3) und die Regelungen über die Gewährung des zusätzlichen Verwertungsschutzes (Abs. 6) um jeweils ein Jahr keine Anwendung auf Generika, die zur Anwendung bei Tieren bestimmt sind. Insoweit enthalten die Abs. 7 und 8, die Art. 13 und Art. 13a der RL 2001/82/EG umsetzen, **Sondervorschriften.** Die Entscheidungen der Bundesoberbehörde zur Verlängerung einer Schutzfrist nach Abs. 7 oder zur Gewährung einer Schutzfrist nach Abs. 8 sind gem. § 34 I 1 Nr. 9 im BAnz. bekannt zu machen. Gem. § 141 V, 1. Halbs. gelten die Zeiträume für den Unterlagenschutz nach den Abs. 7 und 8 nicht für Referenzarzneimittel, deren Zulassung **vor dem 30.10.2005** beantragt wurde. Für diese Arzneimittel gelten die Schutzfristen der Vorgängerbestimmung in § 24a (s. Rn. 63).

108　Im Übrigen verbleibt es auch für den Veterinärbereich beim achtjährigen Verwertungsschutz nach Abs. 1 S. 1 und beim zweijährigen Vermarktungsschutz nach Abs. 1 S. 2. Ein **generisches Tierarzneimittel,** für das nach Ablauf der Achtjahresfrist im abgekürzten Verfahren eine Zulassung erteilt worden ist, darf erst nach Ablauf von zehn Jahren nach der Erstzulassung des Referenzarzneimittels in Verkehr gebracht werden.

II. Verlängerung des Verwertungsschutzes für bestimmte Tierarzneimittel (S. 2)

109　**1. Regelungen für Tierarzneimittel für Fische und Bienen (Nr. 1).** Nach dieser Bestimmung verlängert sich der in Abs. 1 S. 2 vorgesehene Zehnjahreszeitraum bei Arzneimitteln, die zur Anwendung bei Fischen oder Bienen bestimmt sind, auf **dreizehn Jahre.** Die generischen Tierarzneimittel für Fische oder Bienen dürfen somit erst nach Ablauf von 13 Jahren nach der Erstzulassung des Referenzarzneimittels in Verkehr gebracht werden. Die Kommission begründet die gemeinschaftsrechtliche Vorgabe in Art. 13 I UAbs. 4 RL 2001/82/EG zur Ausweitung der Schutzfrist auf 13 Jahre mit den Besonderheiten dieser Tiere, den speziellen Behandlungsmodalitäten und den dafür erforderlichen besonderen Entwicklungen seitens der Industrie[145].

110　**2. Regelungen für zur Lebensmittelgewinnung genutzte Tierarten (Nr. 2).** Diese Vorschrift enthält Detailregelungen für Arzneimittel, die zur Anwendung bei zur **Lebensmittelgewinnung dienenden Tierarten** bestimmt sind und die einen neuen Wirkstoff enthalten, der am 30.4.2004 noch nicht in der Gemeinschaft zugelassen war. Danach wird für jede Erweiterung der Zulassung auf eine weitere zur Lebensmittelgewinnung dienende Tierart der Vermarktungsschutz um jeweils ein Jahr verlängert, allerdings unter der Voraussetzung, dass die Erweiterungen der Zulassung innerhalb der ersten fünf Jahre seit der Erstzulassung erteilt worden sind. Der Zeitraum für den Vermarktungsschutz darf **insgesamt dreizehn Jahre** nicht übersteigen.

III. Voraussetzung für die Verlängerung (S. 3)

111　Die Verlängerung des Vermarktungsschutzes auf elf, zwölf oder dreizehn Jahre wird nach **Abs. 7 S. 3** nur dann gewährt, wenn der Zulassungsinhaber ursprünglich auch die Festlegung der **Rückstandshöchstmengen** für die anderen Tierarten beantragt hat. Mit dieser Bestimmung sollen Hersteller, wenn sie ein neues Arzneimittel für eine Tierart entwickelt haben, die ein tragendes Marktsegment repräsentiert, angeregt werden, die Zulassung für dieses Arzneimittel sehr schnell auf andere Arten auszudehnen, die einen geringeren Marktanteil haben[146].

I. Verwertungsschutz bei Tierarzneimitteln mit bekannten Wirkstoffen (Abs. 8)

112　**Abs. 8** betrifft den Schutz für bestimmte Unterlagen für den Fall, dass für ein bekanntes Tierarzneimittel mit neuen Rückstandsstudien oder neuen klinischen Versuchen die Erweiterung der Zulassung für eine weitere **Lebensmittel liefernde Tierart** erlangt worden ist. Diese Vorschrift knüpft an die Erweiterung einer Zulassung für ein nach § 22 III zugelassenes Arzneimittel an. Richtigerweise muss das Arzneimittel aber nach § 22 III 1 Nr. 1 im Rahmen eines **bibliographischen Verfahrens** zugelassen worden sein. Abs. 8 setzt Art. 13a III RL 2001/82/EG um, der die in § 22 III 1 Nr. 1 geregelten

---

[145] Begründung zum Vorschlag für eine Richtlinie des Europäischen Parlaments und des Rates zur Änderung der Richtlinie 2001/82/EG zur Schaffung eines Gemeinschaftskodexes für Tierarzneimittel vom 26.11.2001, KOM (2002) 404, endg., S. 152 (Abschn. C. 3.).
[146] So die Kommissionsbegründung KOM (2002), 404, endg. S. 152 (Abschn. C. 3).

Voraussetzungen der bibliographischen Zulassung solcher Arzneimittel regelt, deren Wirkstoffe seit mindestens zehn Jahren in der EU allgemein (tier-)medizinisch verwendet wurden.

Hat der Inhaber des nach § 22 III Nr. 1 zugelassenen Arzneimittels aufgrund von ihm vorgelegter **113** neuer Rückstandsversuche und neuer klinischer Versuche die Erweiterung der Zulassung auf eine andere zur Lebensmittelgewinnung dienenden Tierart erwirkt, wird für die entsprechenden Daten eine **Ausschließlichkeitsfrist von drei Jahren** gewährt. Ein Dritter kann somit während eines Zeitraums von drei Jahren nach der Erweiterung der Zulassung auf die dafür vorgelegten Studien nicht zurückgreifen.

§ 24c Nachforderungen

[1] **Müssen von mehreren Zulassungsinhabern inhaltlich gleiche Unterlagen nachgefordert werden, so teilt die zuständige Bundesoberbehörde jedem Inhaber der Zulassung mit, welche Unterlagen für die weitere Beurteilung erforderlich sind, sowie Namen und Anschrift der übrigen beteiligten Zulassungsinhaber.** [2] **Die zuständige Bundesoberbehörde gibt den beteiligten Inhabern der Zulassung Gelegenheit, sich innerhalb einer von ihr zu bestimmenden Frist zu einigen, wer die Unterlagen vorlegt.** [3] **Kommt eine Einigung nicht zustande, so entscheidet die zuständige Bundesoberbehörde und unterrichtet hiervon unverzüglich alle Beteiligten.** [4] **Diese sind, sofern sie nicht auf die Zulassung ihres Arzneimittels verzichten, verpflichtet, sich jeweils mit einem der Zahl der beteiligten Inhaber der Zulassung entsprechenden Bruchteil an den Aufwendungen für die Erstellung der Unterlagen zu beteiligen; sie haften als Gesamtschuldner.** [5] **Die Sätze 1 bis 4 gelten entsprechend für die Nutzer von Standardzulassungen sowie, wenn inhaltlich gleiche Unterlagen von mehreren Antragstellern in laufenden Zulassungsverfahren gefordert werden.**

A. Inhalt und Zweck

Diese Bestimmung über **Nachforderungen** beschreibt das **koordinierte Verfahren** in den Fällen, in **1** denen die zuständige Bundesoberbehörde für mehrere gleichartige, bereits zugelassene, standardzugelassene sowie noch zuzulassende Arzneimittel (S. 5) von mehreren Zulassungsinhabern z. B. wegen neuer wissenschaftlicher Erkenntnisse weitere inhaltlich gleiche Unterlagen nachfordern muss. Einigen sich die beteiligten Zulassungsinhaber nicht auf einen Zulassungsinhaber, der die nachverlangten Unterlagen vorlegen soll, bestimmt die Bundesoberbehörde den vorlageverpflichteten Zulassungsinhaber. Durch die Generierung und Vorlage der notwendigen wissenschaftlichen Erkenntnisse und Informationen im koordinierten Verfahren sollen Tierversuche und klinische Prüfungen auf das unerlässliche Maß beschränkt werden[1].

B. Mitteilung (S. 1)

Es ergeben sich insbes. im Zusammenhang mit oder im Anschluss an Stufenplanverfahren nach den **2** §§ 62 ff. häufig neue wissenschaftliche Erkenntnisse, die die Unbedenklichkeit und Wirksamkeit bereits zugelassener Arzneimittel tangieren. Diese wissenschaftlichen Erkenntnisse und Fragen betreffen oftmals nicht nur ein einzelnes Arzneimittel, sondern mehrere gleich oder ähnlich zusammengesetzte Arzneimittel verschiedener Zulassungsinhaber. Ohne die **Steuerungsmöglichkeit nach § 24c** müsste die Bundesoberbehörde von allen betroffenen Zulassungsinhabern jeweils inhaltlich gleiche Unterlagen nachfordern mit der möglichen Folge, dass identische Tierversuche und klinische Prüfungen mehrfach durchgeführt werden. Zur Einleitung des koordinierten Verfahrens hat die Bundesoberbehörde mit **S. 1** allen Zulassungsinhabern unter Angabe von Namen und Anschrift der übrigen beteiligten Zulassungsinhaber mitzuteilen und zu begründen, welche Unterlagen für die weitere Beurteilung erforderlich und welche weiteren Zulassungsinhaber beteiligt sind. Die Bundesoberbehörde kann die Mitteilung gem. § 34 II im **BAnz. bekannt machen,** wenn mehr als 50 Adressaten davon betroffen sind.

C. Gelegenheit zur Einigung (S. 2)

Nach **S. 2** gibt die Bundesoberbehörde den beteiligten Zulassungsinhabern Gelegenheit, sich inner- **3** halb einer bestimmten **Frist zu einigen,** wer die nachverlangten Unterlagen vorlegt. Die beteiligten Zulassungsinhaber sind in ihrer Wahl frei, können aber nur einen der Zulassungsinhaber, nicht aber einen Dritten, z. B. ein Forschungsinstitut als Vorlagepflichtigen bestimmen. Gleichwohl können sie ein Forschungsinstitut oder einen einzelnen Wissenschaftler mit der Erarbeitung der Unterlagen betrauen. Alle Zulassungsinhaber müssen die von dem Vorlagepflichtigen vorgelegten Unterlagen gegen sich gelten

---

[1] BT-Drucks. 10/5112, S. 18.

lassen und können nicht einwenden, dass die vorgelegten Unterlagen bzw. die darin dokumentierten Studien nicht sorgfältig erstellt worden sind[2].

D. Ersatzvornahme (S. 3)

4   Einigen sich die beteiligten Zulassungsinhaber nicht innerhalb der gesetzten Frist, kann die Bundesoberbehörde nach **S. 3** durch Ersatzvornahme unmittelbar einen Beteiligten als Vorlagepflichtigen bestimmen; hiervon muss sie die übrigen Beteiligten unterrichten. Bei der Auswahl des Vorlagepflichtigen hat sie einen weiten **Ermessensspielraum.**

E. Kostenfolgen (S. 4)

5   Sofern die Zulassungsinhaber nicht auf die Zulassung der Arzneimittel **verzichten,** sind sie nach **S. 4** verpflichtet, anteilig die Aufwendungen für die Erstellung der Unterlagen zu tragen. Dabei handelt es sich um ein **gesetzlich angeordnetes Gesamtschuldverhältnis,** in dem die Zulassungsinhaber im Innenverhältnis nach § 426 I 1 BGB zu gleichen Anteilen haften. Der Kostenbeitrag richtet sich nach den tatsächlichen, vom untersuchungsführenden Zulassungsinhaber nachzuweisenden Gesamtkosten und der Anzahl der beteiligten Zulassungsinhaber; unterschiedliche Umsatzhöhen sind irrelevant[3]. Ausgleichspflichtige Zulassungsinhaber können nur den Ausgleich solcher Kosten verweigern, die nicht mit der Erstellung der nachgeforderten Unterlagen zusammenhängen.

F. Entsprechende Geltung der S. 1–4 bei Standardzulassungen und laufenden Zulassungsverfahren (S. 5)

6   Für die Nutzer von Standardzulassungen und für laufende Zulassungsverfahren, in denen inhaltlich gleiche Unterlagen von mehreren Antragstellern gefordert werden, gelten die S. 1–4 entsprechend.

G. Rechtsmittel

7   Welche Rechtsmittel gegen die behördlichen Maßnahmen nach S. 1 und nach S. 3 zulässig sind, ist in der Kommentarliteratur umstritten. Nach Auffassung von *Kloesel/Cyran*[4] ist nur die Mitteilung nach S. 1, nicht aber die Ersatzvornahme nach S. 3 ein mit Widerspruch und Anfechtungsklage angreifbarer Verwaltungsakt. Demgegenüber vertritt *Rehmann*[5] zu Recht die Meinung, dass nur die **Ersatzvornahme** nach S. 3 konkrete Verpflichtungen der Zulassungsinhaber begründet und daher als **Verwaltungsakt** zu qualifizieren ist. Dafür sprechen schon die im Gesetz verwendeten Begriffe „mitteilen" und „entscheiden". Erst mit der Entscheidung ist der Betroffene zur Vorlage der Unterlagen stellvertretend für die übrigen Zulassungsinhaber verpflichtet; gleiches gilt für die Kostentragung. Durch die **Entscheidung** nach S. 3 werden alle Zulassungsinhaber, die Adressat dieser Entscheidung sind, individuell und unmittelbar in ihren Rechten betroffen, so dass sie gegen diesen Verwaltungsakt Rechtsmittel einlegen können. Hinsichtlich der Mitteilung nach S. 1 kann ein Zulassungsinhaber im Wege der **negativen Feststellungsklage** feststellen lassen, dass er nicht zur Vorlage von Unterlagen verpflichtet ist.

§ 24d Allgemeine Verwertungsbefugnis

Die zuständige Bundesoberbehörde kann bei Erfüllung ihrer Aufgaben nach diesem Gesetz ihr vorliegende Unterlagen mit Ausnahme der Unterlagen nach § 22 Abs. 1 Nr. 11, 14 und 15 sowie Abs. 2 Nr. 1 und des Gutachtens nach § 24 Abs. 1 Satz 2 Nr. 1 verwerten, sofern die erstmalige Zulassung des Arzneimittels in einem Mitgliedstaat der Europäischen Union länger als acht Jahre zurückliegt oder ein Verfahren nach § 24c noch nicht abgeschlossen ist oder soweit nicht die §§ 24a und 24b speziellere Vorschriften für die Bezugnahme auf Unterlagen eines Vorantragstellers enthalten.

Änderungen der Vorschrift: Geändert durch Art. 1 Nr. 29 des Gesetzes zur Änderung arzneimittelrechtlicher und anderer Vorschriften vom 17.7.2009 (BGBl. I S. 1990).

---

[2] *Kloesel/Cyran*, § 24c Anm. 3.
[3] *Kloesel/Cyran*, § 24c Anm. 6.
[4] *Kloesel/Cyran*, § 24c Anm. 2 und 5.
[5] *Rehmann*, § 24c Rn. 4.

A. Inhalt und Zweck

Diese mit der 4. AMG-Novelle am 20.4.1990 in Kraft getretene Vorschrift regelt die **allgemeine** **1** **Verwertungsbefugnis** der Bundesoberbehörden für diesen vorliegende Unterlagen mit Ausnahme der Unterlagen zur pharmazeutischen Qualität. Das allgemeine Verwertungsrecht wird durch die Vorschriften über die Verwertung von Unterlagen in den §§ 24a und 24b und durch die Regelungen nach § 24c begrenzt.

B. Regelungsinhalt

Nach dieser Bestimmung kann die Bundesoberbehörde bei Erfüllung ihrer Aufgaben nach dem AMG **2** ihr vorliegende Unterlagen und die daraus gewonnenen Erkenntnisse grundsätzlich verwerten. Für die Ermächtigung zur Verwertung bereits vorliegender Unterlagen durch die Bundesoberbehörden z. B. in späteren Zulassungsverfahren reicht der in § 24 VwVfG verankerte allgemeine Untersuchungsgrundsatz nicht aus. § 24 VwVfG erteilt keine Eingriffsermächtigung in Rechte Privater, insbesondere nicht in die vom Erstanmelder vorgelegten Zulassungsunterlagen, die ein durch Art. 14 GG geschütztes vermögenswertes Recht darstellen. Dazu bedurfte es mit § 24d einer speziellen Eingriffsermächtigung, die insofern auch **drittschützenden Charakter** hat (s. auch Vor § 21 Rn. 14)[1].

Die Verwertungsbefugnis gilt umfassend und insbesondere für das gesamte Zulassungs- und Regis- **3** trierungsverfahren, der Verschreibungspflicht, dem Vertriebsweg und für die Risikobewertung nach den §§ 62ff[2]. Ausgenommen von dieser allgemeinen Verwertungsbefugnis sind die **qualitäts- und herstellungsbezogenen** Angaben und Unterlagen (§§ 22 I Nr. 11, 14 und 15, II 1 Nr. 1 und § 24 I 2 Nr. 1), die stets von dem jeweiligen Antragsteller vorzulegen sind. Bei diesen Angaben und Unterlagen handelt es sich um solche, die ein Betriebs- und Geschäftsgeheimnis des jeweiligen Antragstellers darstellen und die deshalb nicht verwertet werden dürfen[3].Ob die Bundesoberbehörde ihr vorliegende Unterlagen verwertet, liegt in ihrem pflichtgemäßen **Ermessen**[4].

Solche von einem früheren Antragsteller vorgelegte Unterlagen darf die Behörde erst dann verwerten, **4** wenn die **achtjährige Verwertungssperre** nach § 24b I 1 abgelaufen ist, d. h. wenn die erstmalige Zulassung des Arzneimittels in einem Mitgliedstaat der EU länger als acht Jahre zurückliegt. Die allgemeine Verwertungsbefugnis der Bundesoberbehörden kann aber nicht weiter reichen als die Befugnis, im Rahmen eines generischen Zulassungsantrages nach § 24b die Unterlagen eines Vorantragstellers zu verwerten. Dort gilt aber wegen der Übergangsbestimmung in § 141 V die achtjährige Verwertungssperre nur für solche Referenzarzneimittel, deren Zulassung nach dem 30.10.2005 beantragt wurde (s. § 24b Rn. 62). Daher besteht auch im Rahmen der allgemeinen Verwertungsbefugnis hinsichtlich der Arzneimittel, deren Zulassung vor dem 30.10.2005 beantragt worden ist, die **zehnjährige Verwertungssperre** gem. § 24c a. F.

Der mit der 15. AMG-Novelle angefügte letzte Halbs. stellt klar, dass die für die Möglichkeit zur **5** Bezugnahme und zur Verwertungsbefugnis geltenden Bestimmungen in den §§ 24a und b auch die Grenzen der allgemeinen Verwertungsbefugnis der Bundesoberbehörde darstellen. Deshalb kann die Bundesoberbehörde dann, wenn für das betr. Bezugsarzneimittel der zweijährige Vermarktungsschutz nach § 24b I 2 bzw. der verlängerte Vermarktungsschutz nach § 24b I 3 besteht (s. § 24b Rn. 50 ff.), die Unterlagen auch dann nicht verwerten, wenn die achtjährige Verwertungssperre bereits ausgelaufen ist[5].

Ferner kann die Bundesoberbehörde auch nicht von Amts wegen die Unterlagen eines anderen **6** Zulassungsinhabers oder Antragstellers zugunsten Dritter verwerten, sofern in einem noch laufenden **koordinierten Verfahren nach § 24c** von mehreren Zulassungsinhabern inhaltlich gleiche Unterlagen nachgefordert werden.

§ 25 Entscheidung über die Zulassung

(1) [1]**Die zuständige Bundesoberbehörde erteilt die Zulassung schriftlich unter Zuteilung einer Zulassungsnummer.** [2]**Die Zulassung gilt nur für das im Zulassungsbescheid aufgeführte Arzneimittel und bei Arzneimitteln, die nach einer homöopathischen Verfahrenstechnik hergestellt sind, auch für die in einem nach § 25 Abs. 7 Satz 1 in der vor dem 17. August 1994 geltenden Fassung bekannt gemachten Ergebnis genannten und im Zulassungsbescheid aufgeführten Verdünnungsgrade.**

---

[1] *Kloesel/Cyran*, § 24d Anm. 1; vgl. zur Grundrechtsproblematik der Verwertung von Zulassungsunterlagen § 24b Rn. 3 ff.
[2] *Kloesel/Cyran*, § 24d Anm. 2 ff.
[3] *Ambrosius*, in: Fuhrmann/Klein/Fleischfresser, § 6 Rn. 227.
[4] *Kloesel/Cyran*, § 24d Anm. 5.
[5] So bereits *Kloesel/Cyran*, § 24d Anm. 11.

(2) [1]Die zuständige Bundesoberbehörde darf die Zulassung nur versagen, wenn

1. die vorgelegten Unterlagen, einschließlich solcher Unterlagen, die auf Grund einer Verordnung der Europäischen Gemeinschaft oder der Europäischen Union vorzulegen sind, unvollständig sind,
2. das Arzneimittel nicht nach dem jeweils gesicherten Stand der wissenschaftlichen Erkenntnisse ausreichend geprüft worden ist oder das andere wissenschaftliche Erkenntnismaterial nach § 22 Abs. 3 nicht dem jeweils gesicherten Stand der wissenschaftlichen Erkenntnisse entspricht,
3. das Arzneimittel nicht nach den anerkannten pharmazeutischen Regeln hergestellt wird oder nicht die angemessene Qualität aufweist,
4. dem Arzneimittel die vom Antragsteller angegebene therapeutische Wirksamkeit fehlt oder diese nach dem jeweils gesicherten Stand der wissenschaftlichen Erkenntnisse vom Antragsteller unzureichend begründet ist,
5. das Nutzen-Risiko-Verhältnis ungünstig ist,
5a. bei einem Arzneimittel, das mehr als einen Wirkstoff enthält, eine ausreichende Begründung fehlt, dass jeder Wirkstoff einen Beitrag zur positiven Beurteilung des Arzneimittels leistet, wobei die Besonderheiten der jeweiligen Arzneimittel in einer risikogestuften Bewertung zu berücksichtigen sind,
6. die angegebene Wartezeit nicht ausreicht,
6a. bei Arzneimittel-Vormischungen die zum qualitativen und quantitativen Nachweis der Wirkstoffe in den Fütterungsarzneimitteln angewendeten Kontrollmethoden nicht routinemäßig durchführbar sind,
6b. das Arzneimittel zur Anwendung bei Tieren bestimmt ist, die der Gewinnung von Lebensmitteln dienen, und einen pharmakologisch wirksamen Bestandteil enthält, der nicht in Tabelle 1 des Anhangs der Verordnung (EU) Nr. 37/2010 enthalten ist,
7. das Inverkehrbringen des Arzneimittels oder seine Anwendung bei Tieren gegen gesetzliche Vorschriften oder gegen eine Verordnung oder eine Richtlinie oder eine Entscheidung oder einen Beschluss der Europäischen Gemeinschaft oder der Europäischen Union verstoßen würde.

[2]Die Zulassung darf nach Satz 1 Nr. 4 nicht deshalb versagt werden, weil therapeutische Ergebnisse nur in einer beschränkten Zahl von Fällen erzielt worden sind. [3]Die therapeutische Wirksamkeit fehlt, wenn der Antragsteller nicht entsprechend dem jeweils gesicherten Stand der wissenschaftlichen Erkenntnisse nachweist, dass sich mit dem Arzneimittel therapeutische Ergebnisse erzielen lassen. [4]Die medizinischen Erfahrungen der jeweiligen Therapierichtung sind zu berücksichtigen. [5]Die Zulassung darf nach Satz 1 Nr. 6b nicht versagt werden, wenn das Arzneimittel zur Behandlung einzelner Einhufer bestimmt ist, bei denen die in Artikel 6 Abs. 3 der Richtlinie 2001/82/EG genannten Voraussetzungen vorliegen, und es die übrigen Voraussetzungen des Artikels 6 Abs. 3 der Richtlinie 2001/82/EG erfüllt.

(3) [1]Die Zulassung ist für ein Arzneimittel zu versagen, das sich von einem zugelassenen oder bereits im Verkehr befindlichen Arzneimittel gleicher Bezeichnung in der Art oder der Menge der Wirkstoffe unterscheidet. [2]Abweichend von Satz 1 ist ein Unterschied in der Menge der Wirkstoffe unschädlich, wenn sich die Arzneimittel in der Darreichungsform unterscheiden.

(4) [1]Ist die zuständige Bundesoberbehörde der Auffassung, dass eine Zulassung auf Grund der vorgelegten Unterlagen nicht erteilt werden kann, teilt sie dies dem Antragsteller unter Angabe von Gründen mit. [2]Dem Antragsteller ist dabei Gelegenheit zu geben, Mängeln innerhalb einer angemessenen Frist, jedoch höchstens innerhalb von sechs Monaten abzuhelfen. [3]Wird den Mängeln nicht innerhalb dieser Frist abgeholfen, so ist die Zulassung zu versagen. [4]Nach einer Entscheidung über die Versagung der Zulassung ist das Einreichen von Unterlagen zur Mängelbeseitigung ausgeschlossen.

(5) [1]Die Zulassung ist auf Grund der Prüfung der eingereichten Unterlagen und auf der Grundlage der Sachverständigengutachten zu erteilen. [2]Zur Beurteilung der Unterlagen kann die zuständige Bundesoberbehörde eigene wissenschaftliche Ergebnisse verwerten, Sachverständige beiziehen oder Gutachten anfordern. [3]Die zuständige Bundesoberbehörde kann in Betrieben und Einrichtungen, die Arzneimittel entwickeln, herstellen, prüfen oder klinisch prüfen, zulassungsbezogene Angaben und Unterlagen, auch im Zusammenhang mit einer Genehmigung für das Inverkehrbringen gemäß Artikel 3 Abs. 1 oder 2 der Verordnung (EG) Nr. 726/2004 überprüfen. [4]Zu diesem Zweck können Beauftragte der zuständigen Bundesoberbehörde im Benehmen mit der zuständigen Behörde Betriebs- und Geschäftsräume zu den üblichen Geschäftszeiten betreten, Unterlagen einsehen sowie Auskünfte verlangen. [5]Die zuständige Bundesoberbehörde kann ferner die Beurteilung der Unterlagen durch unabhängi-

ge Gegensachverständige durchführen lassen und legt deren Beurteilung der Zulassungsentscheidung und, soweit es sich um Arzneimittel handelt, die der Verschreibungspflicht nach § 48 Abs. 2 Nr. 1 unterliegen, dem der Zulassungskommission nach Absatz 6 Satz 1 vorzulegenden Entwurf der Zulassungsentscheidung zugrunde. [6] Als Gegensachverständiger nach Satz 5 kann von der zuständigen Bundesoberbehörde beauftragt werden, wer die erforderliche Sachkenntnis und die zur Ausübung der Tätigkeit als Gegensachverständiger erforderliche Zuverlässigkeit besitzt. [7] Dem Antragsteller ist auf Antrag Einsicht in die Gutachten zu gewähren. [8] Verlangt der Antragsteller, von ihm gestellte Sachverständige beizuziehen, so sind auch diese zu hören. [9] Für die Berufung als Sachverständiger, Gegensachverständiger und Gutachter gilt Absatz 6 Satz 5 und 6 entsprechend.

(5a) [1] Die zuständige Bundesoberbehörde erstellt ferner einen Beurteilungsbericht über die eingereichten Unterlagen zur Qualität, Unbedenklichkeit und Wirksamkeit und gibt darin eine Stellungnahme hinsichtlich der Ergebnisse von pharmazeutischen und vorklinischen Versuchen sowie klinischen Prüfungen sowie bei Arzneimitteln, die zur Anwendung bei Menschen bestimmt sind, auch zum Risikomanagement- und zum Pharmakovigilanz-System ab; bei Arzneimitteln, die zur Anwendung bei Tieren bestimmt sind, die der Gewinnung von Lebensmitteln dienen, bezieht sich der Beurteilungsbericht auch auf die Ergebnisse der Rückstandsprüfung. [2] Der Beurteilungsbericht ist zu aktualisieren, wenn hierzu neue Informationen verfügbar werden.

(5b) Absatz 5a findet keine Anwendung auf Arzneimittel, die nach einer homöopathischen Verfahrenstechnik hergestellt werden, sofern diese Arzneimittel dem Artikel 16 Abs. 2 der Richtlinie 2001/83/EG oder dem Artikel 19 Abs. 2 der Richtlinie 2001/82/EG unterliegen.

(6) [1] Vor der Entscheidung über die Zulassung eines Arzneimittels, das den Therapierichtungen Phytotherapie, Homöopathie oder Anthroposophie und das der Verschreibungspflicht nach § 48 Abs. 2 Nr. 1 unterliegt, ist eine Zulassungskommission zu hören. [2] Die Anhörung erstreckt sich auf den Inhalt der eingereichten Unterlagen, der Sachverständigengutachten, der angeforderten Gutachten, die Stellungnahmen der beigezogenen Sachverständigen, das Prüfungsergebnis und die Gründe, die für die Entscheidung über die Zulassung wesentlich sind, oder die Beurteilung durch die Gegensachverständigen. [3] Weicht die Bundesoberbehörde bei der Entscheidung über den Antrag von dem Ergebnis der Anhörung ab, so hat sie die Gründe für die abweichende Entscheidung darzulegen. [4] Das Bundesministerium beruft, soweit es sich um zur Anwendung bei Tieren bestimmte Arzneimittel handelt im Einvernehmen mit dem Bundesministerium für Ernährung und Landwirtschaft, die Mitglieder der Zulassungskommission unter Berücksichtigung von Vorschlägen der Kammern der Heilberufe, der Fachgesellschaften der Ärzte, Zahnärzte, Tierärzte, Apotheker, Heilpraktiker sowie der für die Wahrnehmung ihrer Interessen gebildeten maßgeblichen Spitzenverbände der pharmazeutischen Unternehmer, Patienten und Verbraucher. [5] Bei der Berufung sind die jeweiligen Besonderheiten der Arzneimittel zu berücksichtigen. [6] In die Zulassungskommissionen werden Sachverständige berufen, die auf den jeweiligen Anwendungsgebieten und in der jeweiligen Therapierichtung (Phytotherapie, Homöopathie, Anthroposophie) über wissenschaftliche Kenntnisse verfügen und praktische Erfahrungen gesammelt haben.

(7) [1] Für Arzneimittel, die nicht der Verschreibungspflicht nach § 48 Abs. 2 Nr. 1 unterliegen, werden bei der zuständigen Bundesoberbehörde Kommissionen für bestimmte Anwendungsgebiete oder Therapierichtungen gebildet. [2] Absatz 6 Satz 4 bis 6 findet entsprechende Anwendung. [3] Die zuständige Bundesoberbehörde kann zur Vorbereitung der Entscheidung über die Verlängerung von Zulassungen nach § 105 Abs. 3 Satz 1 die zuständige Kommission beteiligen. [4] Betrifft die Entscheidung nach Satz 3 Arzneimittel einer bestimmten Therapierichtung (Phytotherapie, Homöopathie, Anthroposophie), ist die zuständige Kommission zu beteiligen, sofern eine vollständige Versagung der Verlängerung nach § 105 Abs. 3 Satz 1 beabsichtigt oder die Entscheidung von grundsätzlicher Bedeutung ist; sie hat innerhalb von zwei Monaten Gelegenheit zur Stellungnahme. [5] Soweit die Bundesoberbehörde bei der Entscheidung nach Satz 4 die Stellungnahme der Kommission nicht berücksichtigt, legt sie die Gründe dar.

(7a) [1] Zur Verbesserung der Arzneimittelsicherheit für Kinder und Jugendliche wird beim Bundesinstitut für Arzneimittel und Medizinprodukte eine Kommission für Arzneimittel für Kinder und Jugendliche gebildet. [2] Absatz 6 Satz 4 bis 6 findet entsprechende Anwendung. [3] Zur Vorbereitung der Entscheidung über den Antrag auf Zulassung eines Arzneimittels, das auch zur Anwendung bei Kindern oder Jugendlichen bestimmt ist, beteiligt die zuständige Bundesoberbehörde die Kommission. [4] Die zuständige Bundesoberbehörde kann ferner zur Vorbereitung der Entscheidung über den Antrag auf Zulassung eines anderen als in Satz 3 genannten Arzneimittels, bei dem eine Anwendung bei Kindern oder Jugendlichen in Betracht kommt, die Kommission beteiligen. [5] Die Kommission hat Gelegenheit zur Stellungnahme. [6] Soweit die Bundesoberbehörde bei der Entscheidung die Stellungnahme der Kommission nicht berücksichtigt, legt sie die Gründe dar. [7] Die Kommission kann ferner zu Arzneimitteln, die nicht für die Anwendung bei Kindern oder Jugendlichen zugelassen sind, den anerkannten Stand der Wissenschaft dafür feststellen, unter welchen Voraussetzungen diese Arzneimittel bei Kindern oder Jugendlichen angewendet werden können. [8] Für die Arzneimittel der Phytotherapie, Homöopathie und anthroposophischen Medizin werden die Aufgaben und Befugnisse nach den Sätzen 3 bis 7 von den Kommissionen nach Absatz 7 Satz 4 wahrgenommen.

(8) [1] Bei Sera, Impfstoffen, Blutzubereitungen, Gewebezubereitungen, Allergenen, xenogenen Arzneimitteln, die keine Arzneimittel nach § 4 Absatz 9 sind, erteilt die zuständige Bundesoberbehörde die Zulassung entweder auf Grund der Prüfung der eingereichten Unterlagen oder auf Grund eigener Untersuchungen oder auf Grund der Beobachtung der Prüfungen des Herstellers. [2] Dabei können Beauftragte der zuständigen Bundesoberbehörde im Benehmen mit der zuständigen Behörde Betriebs- und Geschäftsräume zu den üblichen Geschäftszeiten betreten und in diesen sowie in den dem Betrieb dienenden Beförderungsmitteln Besichtigungen vornehmen. [3] Auf Verlangen der zuständigen Bundesoberbehörde hat der Antragsteller das Herstellungsverfahren mitzuteilen. [4] Bei diesen Arzneimitteln finden die Absätze 6, 7 und 7a keine Anwendung.

(8a) Absatz 8 Satz 1 bis 3 findet entsprechende Anwendung auf Kontrollmethoden nach § 23 Abs. 2 Satz 3.

(9) [1] Werden verschiedene Stärken, Darreichungsformen, Verabreichungswege oder Ausbietungen eines Arzneimittels beantragt, so können diese auf Antrag des Antragstellers Gegenstand einer einheitlichen umfassenden Zulassung sein; dies gilt auch für nachträgliche Änderungen und Erweiterungen. [2] Dabei ist eine einheitliche Zulassungsnummer zu verwenden, der weitere Kennzeichen zur Unterscheidung der Darreichungsformen oder Konzentrationen hinzugefügt werden müssen. [3] Für Zulassungen nach § 24b Abs. 1 gelten Einzelzulassungen eines Referenzarzneimittels als einheitliche umfassende Zulassung.

(10) Die Zulassung lässt die zivil- und strafrechtliche Verantwortlichkeit des pharmazeutischen Unternehmers unberührt.

Wichtige Änderungen der Vorschrift: Abs. 5 neu gefasst durch Art. 1 Nr. 13 des Vierten Gesetzes zur Änderung des Arzneimittelgesetzes vom 11.4.1990 (BGBl. I S. 717); Abs. 7 neu gefasst durch Art 1 Nr. 17 des Fünften Gesetzes zur Änderung des Arzneimittelgesetzes vom 9.8.1994 (BGBl. I S. 2071); Abs. 4 neu gefasst durch Art. 1 Nr. 1 des Zehnten Gesetzes zur Änderung des Arzneimittelgesetzes vom 4.7.2000 (BGBl. I S. 1002); Abs. 5a S. 1 neu gefasst durch Art. 1 Nr. 17 des Zweiten Gesetzes zur Änderung arzneimittelrechtlicher und anderer Vorschriften vom 19.10:2012 (BGBl. I S. 2192).

Europarechtliche Vorgaben: Art. 25 und 26 RL 2001/83/EG; Art. 29 und 30 RL 2001/82/EG.

Literatur: *Dettling,* Wissenschaftlichkeit im Arzneimittelrecht – Zum Begriff des jeweils gesicherten Standes der wissenschaftlichen Erkenntnisse, PharmR 2008, 273, 323, 418; *Deutsch,* Deregulierung und Patientenschutz im Arzneimittelrecht, VersR 2004, 937; *Ehlers,* Die Fristsetzung nach § 25 Abs. 4 AMG, PharmR 1992, 98; *Fleischfresser/ Fuhrmann,* Grundlagen und Charakter der arzneimittelrechtlichen Zulassungsentscheidung, A&R 2015, 99; *Forstmann/ Collatz,* Rechtsschutz gegen versagene Zulassungsbescheide, Festbeträge und Positivliste – Sind die geplanten verwirklichten Einschränkungen verfassungsgemäß? Verstoß gegen EU-Recht?, PharmR 2000, 106; *Ghazarian/Koenig,* Nachweis und Begründung der Zweckmäßigkeit einer Arzneimitteldosierung im Nachzulassungsverfahren des AMG, PharmR 2014, 181; *Henning,* Der Nachweis der Wirksamkeit von Arzneimitteln, NJW 1978, 1671; *Lau,* Die Versagung der Zulassung und Registrierung von Arzneimitteln, A&R 2014, 51; *Meier/v. Czettritz,* Verfassungswidrigkeit der Präklusionsregelungen § 25 IV 3 AMG und § 105 V 3 AMG, PharmR 2003, 333; *Räpple,* Rechtswirksamkeit von mangelhaften Anträgen im Rahmen der Zulassung, Nachzulassung und Zulassungsverlängerung von Arzneimitteln, PharmR 1991, 263; *Reese,* Möglichkeiten und Grenzen der Verwendung von Dachmarken im Arzneimittelbereich, PharmR 2011, 392; *Sander,* Arzneimittelbezeichnung und Dachmarke, PharmR 2011, 153; *ders.,* Zur Verwendung von Dachmarken bei Arzneimitteln, A&R 2011, 248; *Schmidt/Kleintz,* Dachmarkenkonzepte und die neue Leitlinie zur Bezeichnung von Arzneimitteln, PharmR 2013, 305; *Wagner,* Die Beauflagbarkeit von Versagungsgründen des § 25 Absatz 2 AMG nach § 36 VwVfG, PharmR 2003, 306; *Wagner,* (Un-)Zulässigkeit des hoheitlichen Totalaustausches einer irreführenden Arzneimittelbezeichnung?, A&R 2005, 61; *Zindel/Vorländer,* Die Zulässigkeit von Arzneimittelbezeichnungen unter Verwendung von Dachmarken und das Verbraucherleitbild bei der arzneimittelrechtlichen Irreführung, PharmR 2015, 59.

Übersicht

Kügel

A. Allgemeines

I. Inhalt

1   Abs. 1 befasst sich mit dem Inhalt und dem Umfang der Zulassung für ein Arzneimittel sowie der Zuständigkeit für deren Erteilung. In Abs. 2 werden die Voraussetzungen aufgezählt, unter denen die Zulassung für Arzneimittel versagt werden muss. Abs. 3 regelt den Spezialfall der Versagung einer Zulassung wegen des Vorliegens einer Verwechselungsgefahr bei Arzneimitteln mit gleicher Bezeichnung. Sind die Unterlagen nicht ausreichend für eine Erteilung der Zulassung, ist dem Antragsteller Gelegenheit zu geben, innerhalb einer bestimmten Frist den Mängeln abzuhelfen, wobei nach einer Versagung der Zulassung keine Unterlagen zur Mängelbeseitigung mehr eingereicht werden können (Abs. 4). In Abs. 5 wird detailliert geregelt, anhand welcher Unterlagen und Sachverständigengutachten über die Zulassung zu entscheiden ist und unter welchen Umständen Gegensachverständige beigezogen werden können. Bei Tierarzneimitteln hat die zuständige Bundesoberbehörde einen Beurteilungsbericht über die eingereichten Unterlagen zur Qualität, Wirksamkeit und Unbedenklichkeit zu erstellen (Abs. 5a). Allerdings gilt dies nicht bei bestimmten homöopathischen Tierarzneimitteln (Abs. 5b). Für Arzneimittel, die den Therapierichtungen Phytotherapie, Homöopathie oder Anthroposophie zuzurechnen sind, ist vor der Entscheidung über die Zulassung eine Zulassungskommission zu hören, deren Mitglieder über entsprechende wissenschaftliche Kenntnisse und praktische Erfahrungen in der jeweiligen Therapierichtung verfügen müssen (Abs. 6). Für nicht verschreibungspflichtige Arzneimittel sind bei der zuständigen Bundesoberbehörde Kommissionen für bestimmte Anwendungsgebiete oder Therapierichtungen zu bilden, die ggf. vor der Entscheidung über die Zulassung zu beteiligen sind (Abs. 7). Für pädiatrische

Arzneimittel sieht Abs. 7a vor, dass beim BfArM eine Kommission für Arzneimittel für Kinder und Jugendliche zu bilden ist, die im Zulassungsverfahren für derartige Arzneimittel zu beteiligen ist. Eine Sonderregelung wird für Sera, Impfstoffe, Blutzubereitungen, Gewebezubereitungen, Allergene und xenogene Arzneimittel, die keine Arzneimittel für neuartige Therapien sind, in Abs. 8 getroffen. Die zuständige Bundesoberbehörde kann für diese Arzneimittel die Zulassung entweder auf Grund der Prüfung der eingereichten Unterlagen oder auf Grund eigener Untersuchungen oder auf Grund der Beobachtung der Prüfungen des Herstellers erteilen. Für Kontrollmethoden nach § 23 II 3 wird in Abs. 8a der Vorschrift die entsprechende Anwendbarkeit des Abs. 8 S. 1–3 angeordnet. Abs. 9 lässt es zu, dass bei der Beantragung von verschiedenen Stärken, Darreichungsformen, Verabreichungswegen oder Ausbietungen eine einheitliche umfassende Zulassung erteilt wird. Abs. 10 stellt klar, dass die Zulassung die zivil- und strafrechtliche Verantwortlichkeit des pharmazeutischen Unternehmers unberührt lässt.

II. Zweck

Durch das Zulassungserfordernis in § 21 wird im Interesse der Arzneimittelsicherheit ein Verbot mit **2** Erlaubnisvorbehalt statuiert[1]. Erst wenn ein Arzneimittel in einem streng reglementierten Verfahren auf seine Unbedenklichkeit, Wirksamkeit und Qualität von der zuständigen Bundesoberbehörde geprüft und für das Inverkehrbringen (§ 4 XVII) zugelassen wurde, kann dieses vom pharmazeutischen Unternehmer in den Markt gebracht werden. Die ausführlichen und differenzierten Regelungen in § 25 schaffen ein rechtsstaatliches Verfahren zur Gewährleistung der **Arzneimittelsicherheit**. Der Schutz der Patienten wird vor allem durch die Forderung sichergestellt, dass die Arzneimittel, für die eine Zulassung beantragt wird, hinsichtlich Qualität, Wirksamkeit und Unbedenklichkeit dem jeweils gesicherten Stand der wissenschaftlichen Erkenntnisse entsprechen müssen. Rechtssystematisch wird durch die in § 25 aufgestellten Kriterien und Verfahrensabläufe sowohl der Bereich der Gefahrenabwehr als auch der Risikovorsorge abgedeckt[2].

Zugleich gewährleistet das in § 25 vorgesehene Verfahren für die Antragsteller **Rechtssicherheit**, **3** indem ihnen aufgezeigt wird, welches die maßgeblichen Kriterien zum Erhalt der Zulassung sind. Die Vorschriften dienen insoweit auch der **Transparenz** für alle Beteiligten und schaffen so **gleiche Wettbewerbsbedingungen** für die pharmazeutischen Unternehmen beim Marktzugang für Arzneimittel.

B. Erteilung der Zulassung (Abs. 1)

I. Schriftliche Zulassung (S. 1)

Die Zulassung wird durch die zuständige Bundesoberbehörde (§ 77) schriftlich erteilt und hat eine **4** Rechtsbehelfsbelehrung zu enthalten (§ 59 VwGO). Sie ist ein begünstigender rechtsgestaltender **Verwaltungsakt,** da sie dem künftigen Zulassungsinhaber das Recht verleiht, ein Arzneimittel im Geltungsbereich des AMG in den Verkehr zu bringen (zur Standardzulassung s. § 36 Rn. 2 ff.)[3]. Der Zulassungsbescheid wird als Verwaltungsakt nach § 43 I 1 VwVfG in dem Zeitpunkt wirksam, in dem er dem Antragsteller bekannt gegeben (§ 41 VwVfG) wird. Dementsprechend dürfen Arzneimittel auch erst nach Bekanntgabe des Zulassungsbescheids in den Verkehr gebracht werden. Der Zeitpunkt der Bekanntgabe ist zudem wichtig zur Bestimmung der Widerspruchsfrist sowie der in §§ 24b, 31 I genannten Fristen. Die Bekanntmachung der Erteilung der Zulassung gem. § 34 I 1 Nr. 1 im BAnz. (s. § 34 Rn. 2 ff.) ist für den Eintritt der Wirksamkeit ohne Bedeutung, sondern dient allein dazu, die Öffentlichkeit über das Bestehen der Zulassung zu informieren.

Der Zulassungsbescheid bestimmt das zugelassene Arzneimittel und nennt dessen **Zulassungsnum-** **5** **mer** sowie ggf. die mit der Zulassung verbundenen Auflagen (§ 28). Die Zulassungsnummer ist unter der Abkürzung „Zul.-Nr." gem. § 10 I 1 Nr. 3 auf dem Behältnis und ggf. auf der äußeren Umhüllung anzugeben (s. § 10 Rn. 30).

II. Umfang der Zulassung (S. 2)

Ausweislich S. 2 handelt es sich bei der Zulassung um eine **Einzelzulassung,** d. h. die Zulassung gilt **6** nur für das im Bescheid aufgeführte Arzneimittel. Ein nach Bestandteilen, Darreichungsform und Indikation gleiches Arzneimittel desselben Antragstellers bedarf einer eigenen Zulassung, wenn es unter einer anderen Bezeichnung in den Verkehr gebracht werden soll[4]. Eine **Ausnahme** vom Grundsatz der Einzelzulassung wird nur für homöopathische Arzneimittel gemacht, bei denen die Zulassung auch die in

---

[1] Vgl. hierzu ausführlich *Fleischfresser/Fuhrmann,* in: Fuhrmann/Klein/Fleischfresser, § 7 Rn. 10 ff.

[2] Vgl. *LG Hamburg,* PharmR 2010, 544; *Fleischfresser/Fuhrmann,* in: Fuhrmann/Klein/Fleischfresser, § 7 Rn. 12.

[3] *Fleischfresser/Fuhrmann,* in: Fuhrmann/Klein/Fleischfresser, § 7 Rn. 4, sprechen zu Recht davon, dass die Standardzulassung die Ersetzung einer Zulassung durch eine Rechtsverordnung darstellt.

[4] *Kloesel/Cyran,* § 25 Anm. 13; *Sander,* § 25 Erl. 1.

einer Aufbereitungsmonographie und im Bescheid aufgeführten Verdünnungsgrade umfasst[5]. Hierbei werden nur Aufbereitungsmonographien erfasst, die gem. Abs. 7 S. 1 i. d. F. vor dem 17.8.1994 bekannt gemacht wurden.

III. Sachbezogenheit der Zulassung

7   Die Zulassung ist sachbezogen und nicht personenbezogen. Maßgeblich hierfür ist, dass bei der Erteilung der Arzneimittelzulassung nicht auf die Eigenschaften einer Person, insbesondere nicht auf deren **Zuverlässigkeit** wie bei §§ 14 I Nr. 3, 52a IV Nr. 2 abgestellt wird, sondern auf die Eigenschaften des Arzneimittels (§§ 22, 25)[6]. Die Sachbezogenheit der Zulassung wird auch durch die Pflichten im Zusammenhang mit **Änderungsanzeigen** nach § 29 I verdeutlicht. So hat der Antragsteller im Verfahren vor Erteilung der Zulassung etwaige Änderungen der zulassungsrelevanten Angaben und Unterlagen mitzuteilen, während diese Verpflichtung nach erteilter Zulassung den jeweiligen Zulassungsinhaber trifft[7]. Da es sich um eine nicht zustimmungspflichtige Änderungsanzeige gem. § 29 I handelt, zeigt sich auch hier, dass der Personenbezug nicht relevant für die öffentlich-rechtliche Gestattung ist. Zudem sind Arzneimittelzulassungen nach zutreffender Auffassung des *BGH* als reine Sachkonzessionen ohne weiteres **übergangsfähig**[8] (s. auch Vor § 21 Rn. 15 ff.), was den weithin verbreiteten Mitvertrieb von Arzneimitteln erst ermöglicht (zum Mitvertrieb s. § 29 Rn. 10).

C. Versagungsgründe (Abs. 2)

I. Einzelne Versagungstatbestände (S. 1)

8   Abs. 2 normiert die Versagungsgründe, auf die die zuständige Bundesoberbehörde die Versagung der Zulassung stützen kann. Die Aufzählung ist abschließend. Liegt keiner der aufgeführten Gründe vor, hat der Antragsteller – dies folgt bereits aus dem Wortlaut von Abs. 5 S. 1 – einen **Rechtsanspruch** auf Erteilung der beantragten Zulassung[9]. Der zuständigen Bundesoberbehörde steht ein **Ermessen** zu, ob sie bei Vorliegen eines oder mehrerer Versagungsgründe die Zulassung versagt oder sie diese – ggf. unter Auflagen (§ 28)[10] – erteilt[11]. Dies wird durch die Regelung des § 28 III bestätigt, die eine Zulassung unter **Auflagen** vorsieht, obwohl erforderliche Angaben zur umfassenden Beurteilung des Arzneimittels fehlen und daher eine Versagung der Zulassung nach Abs. 2 S. 1 Nr. 1 gerechtfertigt wäre. Die Zulassung unter Auflagen wird regelmäßig in Anwendung des Verhältnismäßigkeitsgrundsatzes als milderes Mittel vorzuziehen sein, sofern die Arzneimittelsicherheit einer auflagenbewehrten Zulassung nicht entgegensteht. Letztlich kommt es hier auf die jeweilige Einzelfallumstände an.

9   Die zuständige Bundesoberbehörde trägt grundsätzlich die **Darlegungslast** und materielle **Beweislast** für das Vorliegen eines Versagungsgrundes[12]. Allerdings enthalten bestimmte Versagungsgründe Erleichterungen für die Zulassungsbehörde (s. hierzu im Einzelnen bei der Kommentierung der jeweiligen Versagungsgründe)[13].

10   Ein Antrag auf Zulassung eines Arzneimittels, der nicht entsprechend den formalen Anforderungen der **AMZulRegAV** oder der **AMG-EV** eingereicht wird, ist als unzulässig unter Aufforderung der Einhaltung dieser VO an den Antragsteller zurückzuweisen. Die Gegenmeinung, nach der ausgeführt, dass ein nicht der AMZulRegAV bzw. AMG-EV entsprechender Antrag gar nicht zu bearbeiten sei[14], ist abzulehnen, denn durch die Einreichung des Antrags ist ein Verwaltungsverfahren i. S. d. § 9 VwVfG eröffnet, in dem der Antragsteller einen Anspruch auf eine Prüfung seines Antrags zumindest in formaler Hinsicht hat[15]. Dasselbe gilt für einen Zulassungsantrag für ein Produkt, welches nach entsprechender Prüfung durch die zuständige Bundesoberbehörde als Nicht-Arzneimittel eingestuft wird.

---

[5] Zu Fragen der Verordnung eines zulassungspflichtigen Arzneimittels in der gesetzlichen Krankenversicherung vgl. *Kloesel/Cyran*, § 25 Anm. 3.
[6] Ebenso *Fleischfresser/Fuhrmann*, in: Fuhrmann/Klein/Fleischfresser, § 7 Rn. 17; *Rehmann*, Einf. Rn. 14 und § 25 Rn. 1; *Kügel*, PharmR 2005, 67. A. A. *Kloesel/Cyran*, § 25 Anm. 16; *Sander*, § 25 Erl. 1.
[7] Vgl. *Fleischfresser/Fuhrmann*, in: Fuhrmann/Klein/Fleischfresser, § 7 Rn. 17.
[8] *BGH*, NJW 1990, 2931 ff. Vgl. dazu auch *Kügel*, PharmR 2005, 75; *Sedelmeier*, PharmR 1994, 3 f.; *Bauer*, PharmR 1994, 378 f.
[9] BT-Drucks. 7/3060, S. 5; *BVerwG*, NVwZ-RR 2004, 180 ff.; *Räpple*, PharmR 1991, 263, 266.
[10] Vgl. *Wagner*, PharmR 2003, 306 ff.
[11] *Kloesel/Cyran*, § 25 Anm. 20; a. A. *Sander*, § 25 Erl. 2, nach dem die Zulassung bei Vorliegen eines Versagungsgrundes immer zu versagen ist.
[12] *BVerwG*, PharmR 2010, 481, 483 f.; NJW 1994, 2433.
[13] *BVerwG*, PharmR 2010, 481, 483 f.
[14] So *Kloesel/Cyran*, § 25 Anm. 19.
[15] Im Ergebnis ebenso *Menges*, in: Fuhrmann/Klein/Fleischfresser, § 10 Rn. 100 unter Hinweis auf *EuGH*, Urt. v. 16.10.2008 – Rs. C-452/06, PharmR 2008, 614 – Synthon. Die AMG-EV und AMGZulRegAV sind durch § 3 II AMGBefugV außer Kraft getreten. Sie sind jedoch in ihrer bis zum 18.5.2015 geltenden Fassung so lange weiter anzuwenden, soweit Regelungen nach § 1 AMGBefugV nicht in Kraft sind.

Wird die Zulassung wegen unvollständiger Unterlagen versagt, beginnt die Widerspruchsfrist von **11** einem Monat mit dem Zeitpunkt der Bekanntgabe der Versagung gegenüber dem Antragsteller zu laufen (§ 70 VwGO). Sofern eine schriftliche Widerspruchsbelehrung nicht erteilt wird, ist innerhalb eines Jahres nach Zustellung bzw. Bekanntgabe der Zulassung **Widerspruch** einzulegen (§ 58 II VwGO).

1. Unvollständigkeit der Unterlagen (Nr. 1). a) Unvollständigkeit. Die Unvollständigkeit der **12** vom Gesetz geforderten Unterlagen (§§ 22–24) begründet einen Versagungsgrund. Hierbei hat der Antragsteller alle Unterlagen einzureichen, die nach den Arzneimittelprüfrichtlinien gefordert werden können (s. hierzu § 26 Rn. 25 ff.), also ggf. auch für den Zulassungsantrag ungünstige Daten[16]. Durch das AMG-ÄndG 2009 wurde klargestellt, dass zu den Unterlagen nicht nur die in den §§ 22 ff. aufgeführten Unterlagen sondern auch die Unterlagen zählen, die aufgrund einer **EU-VO** vorgeschrieben sind[17]. Die Vollständigkeit der Unterlagen kann anhand der „Hinweise zum Einreichen von Zulassungsanträgen beim Bundesinstitut für Arzneimittel und Medizinprodukte" des BfArM[18] überprüft werden. Eine weitere Vorgabe für die Vollständigkeitsprüfung ergibt sich aus der **„Notice to Applicants"**, Volume 2B, die im nationalen Verfahren entsprechend herangezogen wird[19].

Fehlt es an einer **klinischen Prüfung,** die hinreichend sicher erkennen lässt, dass das Arzneimittel in **13** den angegebenen Anwendungsgebieten angemessen wirksam ist, sind nach Ansicht des *OVG Berlin* die Zulassungsunterlagen unvollständig[20]. Nach Auffassung des BfArM sind die Unterlagen mit Erlass der VO (EG) Nr. 1901/2006 über Kinderarzneimittel unvollständig, wenn nicht bei der Neuzulassung eines Arzneimittels ein **pädiatrisches Prüfkonzept** mit eingereicht wird[21].

b) Vorprüfung nach § 25a. Die Zulassungsbehörde kann nach § 25a eine Vorprüfung des Zulas- **14** sungsantrags durchführen lassen. Im Rahmen der Vorprüfung wird der Zulassungsantrag durch unabhängige Sachverständige auf **Vollständigkeit** und darauf geprüft, ob das Arzneimittel nach dem jeweils gesicherten Stand der wissenschaftlichen Erkenntnis ausreichend geprüft worden ist. Der Zweck der Vorprüfung liegt darin, der Zulassungsbehörde die zügige Bearbeitung des eingereichten Zulassungsantrags ohne Verzögerungen durch eine später notwendig werdende Nachreichung von Unterlagen zu ermöglichen[22] (zur Vorprüfung s. auch § 25a Rn. 3 ff.).

c) Untersuchungsgrundsatz. Der allgemein im Verwaltungsverfahren anzuwendende Unter- **15** suchungsgrundsatz, wonach die Behörde den Sachverhalt von Amts wegen zu ermitteln hat und Art und Umfang der Ermittlungen bestimmt (§ 24 VwVfG), wird durch § 25 eingeschränkt[23]. Deutlich wird dies bereits durch den Versagungsgrund nach **Nr. 1,** dessen Tatbestand und Rechtsfolge bei Vorliegen des Amtsermittlungsgrundsatzes keine Berechtigung hätte. Die Aufhebung des Untersuchungsgrundsatzes trägt dem Umstand Rechnung, dass es der Antragsteller ist, der aufgrund der von ihm betriebenen Forschung und veranlassten Prüfungen besondere Kenntnis über das zuzulassende Arzneimittel besitzt (s. im Übrigen Rn. 130).

d) Mängelbeseitigung. Stellt die Zulassungsbehörde im Rahmen der Vorprüfung nach § 25a oder **16** im Laufe des sich anschließenden Prüfungsverfahrens fest, dass notwendige Unterlagen fehlen, liegt ein Mangel nach Abs. 4 vor, der für die zuständige Bundesoberbehörde Anlass sein muss, dem Antragsteller eine angemessene Frist zur Mängelbeseitigung von längstens sechs Monaten einzuräumen (s. Rn. 117)[24].

e) Nachträglich festgestellte Unvollständigkeit der Unterlagen. Stellt die zuständige Bundes- **17** oberbehörde erst nach der Erteilung der Zulassung fest, dass Unterlagen gefehlt haben, liegt es im **Ermessen** der Behörde, ob sie in Anwendung des § 30 II die Zulassung zurücknimmt (§ 30 II 1 Nr. 1) oder widerruft (§ 30 II 1 Nr. 3) oder befristet das Ruhen der Zulassung anordnet (§ 30 II 2). Die zuständige Bundesoberbehörde hat jedoch in einem derartigen Fall dem Zulassungsinhaber in entsprechender Anwendung des § 25 II 1 Nr. 1 Gelegenheit zur Mängelbeseitigung zu geben, da dieser nicht schlechter gestellt werden darf wie im Verfahren zur Erteilung der Zulassung. Dies gilt nicht, wenn außer der Unvollständigkeit andere Gründe für ein Vorgehen nach § 30 vorlägen[25].

2. Keine ausreichende Prüfung/Anderes wissenschaftliches Erkenntnismaterial (Nr. 2). 18 a) Erste Alternative: Keine ausreichende Prüfung. Die Zulassung kann versagt werden, wenn das Arzneimittel **nicht** nach dem **jeweils gesicherten Stand der wissenschaftlichen Erkenntnisse ausreichend geprüft** worden ist. Insoweit wird Bezug genommen auf die in §§ 22 II 1 Nr. 2–3; 23 I 1

---

[16] Vgl. *Kloesel/Cyran,* § 25 Anm. 21.
[17] BT-Drucks. 16/12 256, S. 48.
[18] Abrufbar unter http://www.bfarm.de.
[19] Zu den für die Vollständigkeitsprüfung anzuwendenden Kriterien vgl. ausführlich *Menges,* in: Fuhrmann/Klein/Fleischfresser, § 10 Rn. 101 ff.
[20] *OVG Berlin,* Urt. v. 25.11.1999 – 5 B 11.98 – juris.
[21] http://www.bfarm.de mit dem Link „EU-Kinderverordnung"
[22] *Rehmann,* § 25a Rn. 1.
[23] Vgl. *Kloesel/Cyran,* § 25 Anm. 22; *Räpple,* PharmR 1991, 263, 266.
[24] Vgl. *Kloesel/Cyran,* § 25 Anm. 23.
[25] Vgl. *Kloesel/Cyran,* § 25 Anm. 24.

Nr. 3 geforderten Prüfungen, wobei deren Ergebnis für eine Versagung nach Nr. 2 aber unbeachtlich ist, da der Versagungsgrund allein darauf abstellt, ob die durchgeführten Prüfungen dem jeweils gesicherten Stand der wissenschaftlichen Erkenntnisse entsprechen[26]. Genügt die Prüfung nicht diesen Anforderungen werden regelmäßig weitere Versagungsgründe i. S. d. Abs. 2 S. 1 Nr. 4 und 5 vorliegen[27]. Der **Umfang** der vorzunehmenden Prüfungen („ausreichend") bestimmt sich nach dem jeweils im Einzelfall gegebenen Stand der gesicherten wissenschaftlichen Erkenntnisse[28].

19 Für einen Sonderfall hat das *BVerwG* in diesem Zusammenhang entschieden, dass bei der Nachzulassung eines **homöopathischen Kombinationspräparats**, für dessen Wirkstoffe sämtliche Aufbereitungsmonografien vorlagen und das insgesamt den Kriterien der Kommission D für die Nachzulassung solcher Präparate genügte, eine Teilversagung betr. die Anwendung des Produkts bei Kindern nicht darauf gestützt werden darf, dass nicht ausreichende Prüfungen gem. Abs. 2 S. 1 Nr. 2 vorlägen[29].

20 **b) Zweite Alternative: Nicht entsprechendes anderes wissenschaftliches Erkenntnismaterial.** Der zweite in Nr. 2 aufgeführte Versagungsgrund nimmt Bezug auf anderes **wissenschaftliches Erkenntnismaterial** nach § 22 III. Dieses kann an Stelle der Ergebnisse von Versuchen und Prüfungen nach § 22 II Nr. 2 und Nr. 3 vorgelegt werden (s. § 22 Rn. 75 ff.). Auch dieses Erkenntnismaterial muss dem jeweils gesicherten Stand der wissenschaftlichen Erkenntnisse entsprechen. Sofern dies nicht der Fall ist, kann gleichfalls die Zulassung versagt werden. „Anderes wissenschaftliches Erkenntnismaterial" kann entsprechend den u. a. heranziehbaren Arzneimittelprüfrichtlinien[30] PMS-Studien, epidemiologische Studien und Studien mit ähnlichen Produkten erfassen, wobei auch ungünstige Ergebnisse vorzulegen sind[31].

21 **c) Jeweils gesicherter Stand der wissenschaftlichen Erkenntnisse.** Eine Definition des unbestimmten Rechtsbegriffs des jeweils gesicherten Stands der wissenschaftlichen Erkenntnisse findet sich nicht im Gesetz[32]. Der Begriff musste für den Gesetzgeber entweder offensichtlich verständlich oder unmöglich zu definieren sein. Für Letzteres spricht die Gesetzesbegründung, wonach durch die Formulierung „jeweils gesicherter Stand der wissenschaftlichen Erkenntnisse" die **„Pluralität therapeutischer Richtungen und wissenschaftlicher Denkansätze"** respektiert werden soll[33]. Ein wissenschaftlicher Streit soll nicht durch die Zulassungsbehörde entschieden werden. Sie soll für ihre Entscheidung über die Zulassung vielmehr nur den gesicherten „Kernbereich" der wissenschaftlichen Erkenntnisse als Maßstab anlegen[34]. Der Behörde wird **kein Beurteilungsspielraum** eingeräumt. Sie hat den Stand der wissenschaftlichen Erkenntnisse objektiv festzustellen, dementsprechend ist der von der Behörde ihrer Entscheidung zugrunde gelegte wissenschaftliche Bestand vom Gericht in vollem Umfang zu überprüfen[35].

22 Wissenschaftliche Extremmeinungen und nur von einer Minderheit vertretene Ansichten geben nicht den gesicherten Stand wieder. Der jeweils gesicherte Stand der wissenschaftlichen Erkenntnisse bedarf vielmehr einer **breiten wissenschaftlichen Anerkennung**[36], wenngleich er keine 100 %-ige Übereinstimmung aller wissenschaftlichen Stimmen erfordert. Zu kurz gegriffen wäre es daher, den gesicherten Stand schlichtweg als Schnittmenge aller vertretenen wissenschaftlichen Meinungen zu bezeichnen. Die Behörde darf ihrer Entscheidung nur das zugrunde legen, was als Meinung nicht vereinzelt geblieben ist, sondern ein gewisse Festigung und Achtung im wissenschaftlichen Diskurs erfahren hat[37].

23 Sowohl die Zulassungsbehörde als auch die Gerichte können zur Konkretisierung auf die **Arzneibücher**, die gem. § 55 I 1 eine Sammlung pharmazeutischer Regeln über die Prüfung von Arzneimitteln und der bei ihrer Herstellung verwendeten Stoffe enthalten und die aufgrund von § 26 erlassenen **Arzneimittelprüfrichtlinien** zurückgreifen[38] (s. hierzu auch § 26 Rn. 28 ff.), die als **„antizipierte Sachverständigengutachten"**[39] laufend an den jeweils gesicherten Stand der wissenschaftlichen Erkenntnisse angepasst werden. Solange daher nicht deutliche Anhaltspunkte für eine Regelungslücke oder neue, bessere wissenschaftliche Erkenntnisse, die eine andere Beurteilung erforderlich machen, vorliegen, sind sie der behördlichen und der gerichtlichen Entscheidung als der jeweils gesicherte Stand der

---

[26] Vgl. *OVG Münster*, PharmR 2011, 59 f.; *Kloesel/Cyran*, § 25 Anm. 25; *Rehmann*, § 25 Rn. 5.
[27] Vgl. *OVG Münster*, PharmR 2011, 60.
[28] Zu den einzuhaltenden Prüfungsstandards vgl. *Kloesel/Cyran*, § 25 Anm. 39.
[29] *BVerwG*, PharmR 2007, 472.
[30] *OVG Münster*, PharmR 2011, 483.
[31] Vgl. *Menges*, in: Fuhrmann/Klein/Fleischfresser, § 10 Rn. 125 ff.
[32] Einen Versuch der Definition bzw. Konkretisierung hat *Dettling*, PharmR 2008, 273 ff. unternommen.
[33] BT-Drucks. 15/5316, S. 38.
[34] BT-Drucks. 15/5316, S. 38 unter Bezugnahme auf den Ausschussbericht zum Gesetz zur Neuordnung des Arzneimittelrechts vom 24.8.1976, BT-Drucks. 7/5091.
[35] *OVG Münster*, PharmR 2011, 59; *OVG Berlin*, Urt. v. 25.11.1999 – 5 B 11.98 – juris.
[36] *Kloesel/Cyran*, § 25 Anm. 28.
[37] Vgl. *OVG Münster*, PharmR 2011, 59.
[38] *OVG Münster*, PharmR 2011, 60; *OVG Berlin*, Urt. v. 25.11.1999 – 5 B 11.98 – juris; *VG Köln*, Urt. v. 22.3.2007 – 13 K 325/05 – BeckRS 2008, 39503.
[39] *OVG Münster*, PharmR 2011, 483; PharmR 2010, 26; PharmR 2009, 297; *OVG Berlin*, Urt. v. 25.11.1999 – 5 B 11.98 – juris.

wissenschaftlichen Erkenntnisse zugrunde zu legen[40]. Sie können gerichtlich nur mit dem substantiierten Vorbringen angegriffen werden, dass sie nicht (mehr) dem gesicherten Stand der wissenschaftlichen Erkenntnisse entsprechen[41]. Daraus folgt, dass in Bezug genommene Studien in der Regel auf der Basis einer guten klinischen Praxis placebo-kontrolliert, doppelt verblindet und randomisiert sein müssen[42].

Neben den Arzneimittelprüfrichtlinien nach § 26, die auf dem Anhang I zur RL 2001/83/EG **24** beruhen, sind die **Leitlinien des Ausschusses für Humanarzneimittel der EMA** („Scientific Guidelines for Human Medicinal Products") bzw. alle anderen in Betracht zu ziehenden Leitlinien der EMA (Guidelines oder Notes for Guidance) zur Bestimmung des jeweils gesicherten Stands der wissenschaftlichen Erkenntnisse heranzuziehen[43]. Auch diese werden von der Rechtsprechung als „antizipierte Sachverständigengutachten" eingestuft, weil sie regelmäßig widerspiegeln, was auf europäischer Ebene dem gegenwärtigen wissenschaftlichen Erkenntnisstand entspricht[44]. Soweit erforderlich kann auch auf Empfehlungen der wissenschaftlichen Fachgesellschaften oder Leitlinien der FDA oder WHO zurückgegriffen werden[45]. Gleiches gilt für Tierarzneimittel für die **VICH** (International Cooperation on Harmonization of Technical Requirements for Registration of Veterinary Medicinal Products)[46].

Die vom Antragsteller vorgelegten Unterlagen müssen einer **wissenschaftlichen Bewertung** zu- **25** gänglich sein, so dass etwa bloße Kongressberichte oder Berichte über offene unkontrollierte Studien ebenso wie Wirksamkeitsaussagen einzelner Patienten wissenschaftlich nicht evaluiert werden können[47].

Kriterien für die Ermittlung des Standes der wissenschaftlichen Erkenntnisse sollten die Reproduzier- **26** barkeit der Ergebnisse[48], die Akzeptanz in der maßgeblichen Fachöffentlichkeit und die Plausibilität und Konkordanz mit dem Wissensstand in der EU sein[49].

Die Zulassungsbehörde genügt der sie treffenden **Darlegungs- und Beweislast,** wenn sie den Nach- **27** weis führen kann, dass das von dem Antragsteller vorgelegte wissenschaftliche Erkenntnismaterial gem. § 22 III nicht dem jeweils gesicherten Stand der wissenschaftlichen Erkenntnisse entspricht[50].

d) Stand der eingereichten Unterlagen. Die eingereichten Unterlagen müssen dem aktuellen Stand **28** der wissenschaftlichen Erkenntnisse im **Zeitpunkt der Einreichung der Unterlagen** entsprechen. Schreitet die wissenschaftliche Erkenntnis im Laufe des Zulassungsverfahrens voran, rechtfertigt dies allein keine Versagung der Zulassung. Die Zulassung kann nur dann nach Nr. 2 versagt werden, wenn sich aufgrund nachträglicher Tatsachen oder Erkenntnisse und im Hinblick auf die Arzneimittelsicherheit die Notwendigkeit ergibt, das Arzneimittel in bestimmter Hinsicht weiteren Prüfungen zu unterwerfen[51].

e) Gerichtliche Überprüfbarkeit. Der jeweils gesicherte Stand der wissenschaftlichen Erkenntnisse **29** ist objektiv festzustellen und von daher gerichtlich **voll überprüfbar**[52]. Der maßgebliche Zeitpunkt für die Beurteilung des gesicherten Standes wissenschaftlicher Erkenntnisse im verwaltungsgerichtlichen Verfahren ist der Zeitpunkt der letzten mündlichen Verhandlung[53]. Die Voraussetzungen des Zulassungsanspruches müssen im Zeitpunkt der Gerichtsentscheidung vorliegen. Mit dem Ziel des Gesetzes, die Arzneimittelsicherheit zu gewährleisten, wäre es nicht vereinbar, wenn es auf die Sach- und Rechtslage bei der Antragstellung oder bei der Behördenentscheidung ankäme, sich zwischenzeitlich nach den wissenschaftlichen Erkenntnissen jedoch die Gefährlichkeit des Stoffes gezeigt hätte[54]. Dies bedeutet aber auch, dass der Antragsteller bis zum Zeitpunkt der letzten mündlichen Verhandlung neues wissenschaftliches Erkenntnismaterial vorlegen – auch zur Widerlegung der Anforderungen der Arzneimittelprüfrichtlinien – darf.

---

[40] *OVG Münster,* A&R 2013, 139; *OVG Berlin,* Urt. v. 18.2.2005 – OVG 5 B 7.03 – juris; Urt. v. 25.11.1999 – 5 B 11.98 – juris; *VG Berlin,* Urt. v. 28.10.1999 – 14 A 502.95 – juris.

[41] *OVG Münster,* A&R 2013, 139; Beschl. v. 9.2.2011 – 13 A 2790/09 – BeckRS 2011, 47159.

[42] Vgl. *OVG Münster,* A&R 2013, 139 unter Hinweis auf den Vierten Abschn., Buchst. B und F der Arzneimittelprüfrichtlinien.

[43] Vgl. *OVG Münster,* PharmR 2011, 59; PharmR 2009, 297; *VG Köln,* PharmR 2013, 507. Vgl. auch *OVG Münster,* PharmR 2009, 178, 179; *Menges,* in: Fuhrmann/Klein/Fleischfresser, § 10 Rn. 123 f.

[44] Vgl. *OVG Münster,* PharmR 2011, 59; PharmR 2009, 297 m. w. N.

[45] *Menges,* in: Fuhrmann/Klein/Fleischfresser, § 10 Rn. 133; *Lau,* A&R 2014, 52.

[46] Abrufbar unter http://www.vichsec.org, vgl. *VG Braunschweig,* Urt. v. 23.11.2011 – 5 A 55/10 – BeckRS 2011, 56504.

[47] So zu Recht *Menges,* in: Fuhrmann/Klein/Fleischfresser, § 10 Rn. 131 f.

[48] Ein zwingender Beweis der Wirksamkeit eines Arzneimittels im Sinne eines jederzeit reproduzierbaren Ergebnisses eines nach einheitlichen Methoden ausgerichteten naturwissenschaftlichen Experiments kann indes nicht verlangt werden.

[49] *Kloesel/Cyran,* § 25 Anm. 54.

[50] Vgl. *BVerwG,* PharmR 2010, 481, 484.

[51] *VG Köln,* PharmR 2005, 186.

[52] *OVG Berlin,* Urt. v. 25.11.1999 – 5 B 11.98 – juris.

[53] *OVG Berlin,* Urt. v. 25.11.1999 – 5 B 11.98 – juris; *VG Köln,* Urt. v. 22.3.2007 – 13 K 325/05 – BeckRS 2008, 39503; *Kloesel/Cyran,* § 25 Anm. 42; a. A. offensichtlich *Rehmann,* § 25 Rn. 5.

[54] *OVG Berlin,* Urt. v. 25.11.1999 – 5 B 11.98 – juris.

30   **3. Unzureichende Herstellung und Qualität (Nr. 3).** Der in **Nr. 3** angeführte Versagungsgrund stellt zum einen auf die nicht nach den anerkannten pharmazeutischen Regeln erfolgte **Herstellung** und zum anderen auf die nicht angemessene **Qualität eines Arzneimittels** ab.

31   Der erste Versagungsgrund einer **nicht nach den anerkannten pharmazeutischen Regeln erfolgten Herstellung** ist durch das 2. AMG-ÄndG in das Gesetz aufgenommen worden. Mit ihm soll es der Bundesoberbehörde erlaubt werden, auch dann einen Widerruf oder ein Ruhen der Zulassung anzuordnen, wenn der Herstellungsprozess nicht den anerkannten Regeln der pharmazeutischen Wissenschaft entspricht[55]. Hierbei sind im Zulassungsverfahren die nach § 22 I Nr. 11 vorzulegenden Unterlagen zur Herstellungsweise des Arzneimittels heranzuziehen (s. § 22 Rn. 37), die im Teil I Modul 3 der Arzneimittelprüfrichtlinien beschrieben sind[56]. Für die Prüfung der GMP-gerechten Herstellung sind die in der AMWHV geregelten Anforderungen, insbesondere der EG-GMP-Leitfaden, welcher gem. § 3 II 1 AMWHV bei der Auslegung der Grundsätze der Guten Herstellungspraxis gilt, maßgeblich (s. auch Einführung Rn. 40 f.).

32   Der zweite in der Nr. 3 zugelassene Versagungsgrund stellt auf die **nicht angemessene Qualität des Arzneimittels** ab, die in § 4 XV legal definiert ist. Sie ist die Beschaffenheit eines Arzneimittels, die nach Identität, Gehalt, Reinheit, sonstigen chemischen, physikalischen, biologischen Eigenschaften oder durch das Herstellungsverfahren bestimmt wird. Die Qualität des Arzneimittels wird anhand der Ergebnisse der analytischen Prüfung (§ 22 II Nr. 1), den analytischen Gutachten (§ 24 I Nr. 1), den Angaben über die Herstellung des Arzneimittels (§ 22 I Nr. 11), den Angaben über die Art der Haltbarmachung, der Dauer der Haltbarkeit des Arzneimittels (§ 22 I Nr. 14) und der Kontrollmethoden (§ 22 I Nr. 15) bestimmt[57]. Europarechtliche Vorgaben finden sich im Anhang I zur RL 2001/83/EG, wo im Vordergrund der Nachweis steht, dass das Arzneimittel tatsächlich die Zusammensetzung nach Art und Menge entsprechend dem Zulassungsantrag aufweist.

33   **Anerkannte pharmazeutische Regeln** stellen die wissenschaftlichen Leitlinien des CHMP und das Deutsche Arzneibuch (§ 55), das Europäische Arzneibuch und ggf. weitere einschlägige wissenschaftliche Empfehlungen dar, wobei das Europäische Arzneibuch im Zweifel dem Deutschen Arzneibuch vorgeht[58]. Nach § 55 VIII dürfen bei der Herstellung von Arzneimitteln nur Stoffe, Behältnisse und Umhüllungen, soweit sie mit Arzneimitteln in Berührung kommen, verwendet und nur Darreichungsformen angefertigt werden, die den anerkannten pharmazeutischen Regeln entsprechen (s. § 55 Rn. 42).

34   Die **angemessene Qualität des Arzneimittels** ist anhand des vom Antragsteller einzureichenden Qualitätsdossiers zu prüfen. Maßstab für die durchzuführenden chemischen, pharmazeutischen und biologischen Versuche und Verfahren sowie Testmethoden sind die im Abschn. 2 der Arzneimittelprüfrichtlinien festgelegten Standardanforderungen, wobei auf den jeweiligen Einzelfall abzustellen ist. Es ist eine Plausibilitätskontrolle daraufhin vorzunehmen, ob im Zulassungsdossier die Sicherung und Prüfung gleich bleibender Qualität des Arzneimittels ausreichend beschrieben wird[59].

35   Die Prüfung, ob das nach den anerkannten pharmazeutischen Regeln angemessene Qualität aufweist, macht es in der Regel erforderlich, vor Ort durch **Inspektionen** in Erfahrung zu bringen, ob die im Zulassungsantrag beschriebenen Verfahren und Methoden auch tatsächlich ordnungsgemäß praktiziert werden und ob alle Daten und Dokumente hierzu vorliegen[60].

36   Bei Sera, Impfstoffen, Blutzubereitungen, Gewebezubereitungen, Allergenen und xenogenen Arzneimitteln, die keine Arzneimittel i. S. d. § 4 IX sind, kann die zuständige Bundesoberbehörde gem. **Abs. 8** die Qualität selbst durch eigene Untersuchungen überprüfen oder hierfür die Prüfungen des Herstellers heranziehen (s. Rn. 217 ff.).

37   **4. Fehlende therapeutische Wirksamkeit/Unzureichende Begründung (Nr. 4). a) Zwei Versagungsgründe.** Auch die **Nr. 4** enthält **zwei Versagungsgründe:** Die Zulassung darf zum einen versagt werden, wenn dem Arzneimittel die vom Antragsteller angegebene therapeutische Wirksamkeit fehlt. Zum anderen ist die Versagung gerechtfertigt, wenn die therapeutische Wirksamkeit nach dem jeweils gesicherten Stand der wissenschaftlichen Erkenntnisse vom Antragsteller unzureichend begründet ist. Beide Versagungsalternativen stehen gleichberechtigt nebeneinander. Im Zusammenhang mit den in Nr. 4 genannten Versagungsgründen sind S. 2–4 des Abs. 2 zu berücksichtigen, die im Hinblick auf die Versagungsgründe klarstellende Hinweise enthalten (s. Rn. 91).

38   Die Versagungsgründe in Nr. 4 stützen sich auf die Gefahr, die mit dem Inverkehrbringen unwirksamer Arzneimittel verbunden ist. Unwirksame Arzneimittel beeinträchtigen zwar nicht unmittelbar die Gesundheit des jeweiligen Patienten. Sie sind jedoch gleichfalls nachteilig, weil dem Patienten ein

---

[55] BT-Drucks. 17/9341, S. 52.
[56] Vgl. *Kloesel/Cyran*, § 25 Anm. 44.
[57] *Kloesel/Cyran*, § 25 Anm. 45; *Rehmann*, § 25 Rn. 6.
[58] *Kloesel/Cyran*, § 25 Anm. 45.
[59] Vgl. *Menges*, in: Fuhrmann/Klein/Fleischfresser, § 10 Rn. 142.
[60] Vgl. *Menges*, in: Fuhrmann/Klein/Fleischfresser, § 10 Rn. 144 mit Beispielen zur Nicht-Einhaltung der GMP-Regeln.

anderes wirksames Arzneimittel vorenthalten bleibt und damit seine Heilung möglicherweise verschleppt oder unmöglich wird[61].

Die **Prüfungsreihenfolge der Versagungsgründe** der Nr. 4 ist durch den Wortlaut der Vorschrift **39** vorgegeben. In einem ersten Schritt ist zu prüfen, ob und in welchem Umfang positive therapeutische Wirkungen des Arzneimittels, mithin dessen Nutzen, dargelegt sind. In einem zweiten Schritt sind sodann die Risiken der Verwendung des Arzneimittels zu bewerten. Schließlich ist in einem dritten Schritt eine Abwägung zwischen dem Nutzen und dem Risiko der Verwendung des Arzneimittels vorzunehmen. Bei der erstmaligen Zulassung eines Arzneimittels führt die Feststellung, dass die therapeutischen Wirkungen des Arzneimittels nicht hinreichend belegt sind, zwangsläufig zu einer Versagung der Zulassung nach § 25 II 1 Nr. 4. Eine Prüfung der Risiken ist in diesem Fall entbehrlich, denn in einem solchen Fall ist das Nutzen-Risiko-Verhältnis immer ungünstig. Anders stellt sich die Situation im Fall der Verlängerung der Zulassung nach § 31 dar. Hier kann eine unzureichende Begründung der Wirksamkeit nicht zur Versagung der Zulassung führen, da § 25 II 1 Nr. 4 in § 31 III nicht erwähnt wird und nur die nachgewiesene Unwirksamkeit zu berücksichtigen ist (§ 31 III 1 i. V. m. § 30 I 2, s. § 31 Rn. 50)[62]. Jedoch verlangt die bei der Entscheidung über die Verlängerung nach § 31 vorzunehmende Nutzen-Risiko-Abwägung, dass die positiven therapeutischen Wirkungen des Arzneimittels im Verhältnis zu dem Risiko anhand der Erkenntnisse, die sich in den fünf Jahren seit der erstmaligen Zulassung ergeben haben, erneut bewertet werden. Nach Art. 24 II, UAbs. 1 RL 2001/83/EG ist eine „Neubeurteilung des Nutzen-Risiko-Verhältnisses" erforderlich. Dabei sind nicht nur neue wissenschaftliche oder medizinische Daten oder Informationen einzubeziehen, sondern auch Weiterentwicklungen von Beurteilungskriterien sowie Neubewertungen von Erkenntnissen, die schon bei der erstmaligen Zulassung existierten[63] (s. auch Rn. 199).

aa) Versagungsgrund der fehlenden therapeutischen Wirksamkeit. Der erste Versagungsgrund **40** setzt voraus, dass die vom Antragsteller angegebene therapeutische Wirksamkeit fehlt. Ausweislich **Abs. 2 S. 3** ist dies der Fall, wenn der Antragsteller nicht entsprechend dem jeweiligen gesicherten Stand der wissenschaftlichen Erkenntnisse nachweist, dass sich mit dem Arzneimittel therapeutische Ergebnisse erzielen lassen. **Abs. 2 S. 2** stellt jedoch zugleich klar, dass die Zulassung nicht deshalb versagt werden darf, weil therapeutische Ergebnisse nur in einer beschränkten Zahl von Fällen erzielt worden sind. Gleichwohl bedarf es eines plausiblen medizinischen Grundes für die beschränkte Zahl erfolgreicher Behandlungsversuche, beispielsweise der Seltenheit der Krankheit, die nur eine begrenzte Zahl an Probanden zuließ[64]. Indem die erste Alternative auf die fehlende therapeutische Wirksamkeit Bezug nimmt, ist es für sie erforderlich, dass ein „gesicherter Kenntnisstand"[65] existiert.

Der Begriff der **„therapeutischen Wirksamkeit"** ist im AMG nur insoweit definiert, als sie fehlt, **41** wenn sich mit dem Arzneimittel therapeutische Ergebnisse erzielen lassen (§ 25 II 3 und § 30 I 3). Die Wirksamkeit ist daher ergebnisbezogen, d. h. es bedarf konkreter positiver Auswirkungen auf den menschlichen oder tierischen Körper im Hinblick auf die Anwendungsgebiete, für die es in den Verkehr gebracht wird (§ 22 I Nr. 6). Die Wirksamkeit ist damit indikationsbezogen[66]. Es darf kein *„zwingender Beweis der Wirksamkeit eines Arzneimittels i. S. eines jederzeit reproduzierbaren Ergebnisses eines nach einheitlichen Methoden ausgerichteten naturwissenschaftlichen Experiments"* verlangt werden[67]. Bei der Behauptung, ein Arzneimittel sei wirksam, handelt sich um eine **Wahrscheinlichkeitsaussage,** denn es kann als ausgeschlossen gelten, dass ein Arzneimittel mit Sicherheit den Heilerfolg herbeiführt. Die Rechtsprechung behilft sich hier mit **Indizien** als objektivierbare Prüfparameter für eine Wahrscheinlichkeitsaussage über die therapeutische Wirksamkeit. Hierbei werden Tatsachen zu Indizien, wenn sie allein oder in Verbindung mit anderen Tatsachen den Schluss auf die Haupttatsache, die ihrerseits dem gesetzlichen Tatbestandsmerkmal entspricht, zulassen. Handelt es ich nur um ein Indiz, das nur in Verbindung mit weiteren Tatsachen den Schluss auf die Haupttatsache zulässt, so kann aus ihm allein eine Rechtsfolgerung nicht gezogen werden. Das einzelne therapeutische Ergebnis lässt den Schluss auf die therapeutische Wirksamkeit des angewendeten Arzneimittels nicht zu, solange damit gerechnet werden muss, dass es auf einer Spontanheilung oder einem Placebo-Effekt beruht. Erst wenn die Anwendung des Arzneimittels zu einer größeren Zahl an therapeutischen Erfolgen führt als seine Nichtanwendung, ist der

---

[61] *BVerwG*, NJW 1994, 2434; *OVG Münster*, Beschl. v. 29.1.2014 – 13 A 2730/12 – BeckRS 2014, 47934.

[62] *VG Köln*, Urt. v. 23.10.2012 – 7 K 211/11 – BeckRS 2012, 59484.

[63] *OVG Münster*, Urt. v. 29.1.2014 – 13 A 2730/12 – BeckRS 2014, 47934, wobei dies im entschiedenen Fall nicht zu einer Versagung der Verlängerung der Zulassung führte, weil den spezifischen Risiken homöopathischer Arzneimittel wie Erstverschlimmerung und Arzneimittelprüfsymptomatik durch eine Reduzierung der Dosis Rechnung getragen werden konnte.

[64] *Henning*, NJW 1978, 1671, 1676.

[65] *BVerwG*, PharmR 1994, 77, 81 f.

[66] Vgl. *OVG Berlin*, Urt. v. 18.2.2005 – OVG 5 B 7.03; *Kloesel/Cyran*, § 25 Anm. 48; *Rehmann*, § 25 Rn. 7. In diesem Sinne auch *Fuhrmann/Tehrani*, in: Fuhrmann/Klein/Fleischfresser, § 10 Rn. 154, die den Begriff der „therapeutischen Wirksamkeit" als nachgewiesene Eignung zur Erzielung von konkreten Behandlungseffekten, die sich nach den Angaben zum Anwendungsgebiet (Indikation) als beabsichtigte, erwünschte Folge positiv auf das beanspruchte Krankheitsbild auswirkt, definieren.

[67] Vgl. BT-Drucks. 7/5091, S. 15.

Schluss gerechtfertigt, dass diese Differenz weder auf Spontanheilungen noch auf Placebo-Effekte, sondern auf die Wirkungen des Arzneimittels zurückzuführen ist[68].

42   Die therapeutische Wirksamkeit unterscheidet sich aber von den in § 22 I Nr. 5 genannten „**Wirkungen**". Wirkungen sind alle wesentlichen Effekte eines Arzneimittels am oder im menschlichen oder tierischen Körper[69]. Zu diesen Effekten zählen neben den beabsichtigten (positiven) Einflüssen des Arzneimittels auf den Körper auch die mit dem Einsatz des Arzneimittels verbundenen Nebenwirkungen. Diese Nebenwirkungen sind nicht Teil der therapeutischen Wirksamkeit, die sich auf die positiven Effekte beschränkt: Die Wirksamkeit des Arzneimittels bezeichnet den gewünschten Erfolg bei den Anwendungsgebieten.

43   Die therapeutische Wirksamkeit ist durch die Ergebnisse der **klinischen Prüfungen** (§§ 40 ff.)[70] oder durch sonstige ärztliche, zahnärztliche oder tierärztliche Erprobung (§ 22 II 1 Nr. 3) nachzuweisen. In den Ausnahmefällen des § 22 III kann auch anderes wissenschaftliches Erkenntnismaterial zum Nachweis der therapeutischen Wirksamkeit vorgelegt werden (s. § 22 Rn. 75 ff.)[71]. Aus den Sachverständigengutachten nach § 24 muss hervorgehen, ob das Arzneimittel bei den angegebenen Anwendungsgebieten angemessen wirksam ist (§ 24 I 2 Nr. 3).

44   Bei **traditionellen pflanzlichen Arzneimitteln** bedarf es keines Wirksamkeitsnachweises i. S. d. Abs. 2 S. 1 Nr. 4. Für diese ist im Rahmen des Registrierungsverfahrens nach den §§ 39a ff. insoweit ausreichend, wenn bibliographische Angaben über die traditionelle Anwendung oder Berichte von Sachverständigen vorgelegt werden, aus denen sich ergibt, dass das zur Registrierung beantragte Arzneimittel oder ein entsprechendes Arzneimittel zum Zeitpunkt der Antragstellung seit mindestens 30 Jahren, davon mindestens 15 Jahre in der EU, medizinisch verwendet wird, das Arzneimittel unschädlich ist und dass die Wirksamkeit des Arzneimittels aufgrund langjähriger Anwendung und Erfahrung plausibel ist (§ 39b I 1 Nr. 4). Es kann aber auch auf eine gemeinschaftliche Pflanzenmonografie gem. Art. 16d I Buchst. a) i. V. m. Art. 16h III RL 2001/83/EG Bezug genommen werden.

45   bb) **Versagungsgrund der unzureichenden Begründung.** Eine unzureichende Begründung liegt nach ständiger Rechtsprechung des *BVerwG*[72] vor, wenn die vom Antragsteller eingereichten Unterlagen nach dem jeweils gesicherten Stand der wissenschaftlichen Erkenntnisse den geforderten Schluss nicht zulassen, wenn sie **sachlich unvollständig** sind – etwa zu bestimmten Forschungsergebnissen oder klinischen Erprobungen keine Stellung nehmen, die gegen die therapeutische Wirksamkeit sprechen – oder wenn sie schließlich **inhaltlich unrichtig** sind. Die Darlegung der unzureichenden Begründung geschieht dadurch, dass die zuständige Bundesoberbehörde die fehlende oder die fehlerhafte Schlussfolgerung in der Begründung des Antragstellers aufzeigt, das Forschungsergebnis benennt, zu dem sich der Antragsteller nicht geäußert hat oder die inhaltliche Unrichtigkeit einer – wesentlichen – Unterlage nachweist. Die therapeutische Wirksamkeit ist nach der ganz herrschenden Auffassung in der Rechtsprechung jedenfalls dann **unzureichend begründet**, wenn sich aus dem vorgelegten Material nach dem jeweils gesicherten Stand der wissenschaftlichen Erkenntnisse nicht ergibt, dass die Anwendung des Arzneimittels zu einer größeren Zahl an therapeutischen Erfolgen führt als seine Nichtanwendung[73]. Dieser Maßstab gilt auch, wenn der Nachweis durch anderes wissenschaftliches Erkenntnismaterial i. S. d. § 22 III 1 Nr. 1 erbracht wird[74]. Die Vorschrift setzt nicht den Maßstab für die Begründung der therapeutischen Wirksamkeit herab, sondern betrifft nur die Art des dem Zulassungsantrag beizufügenden Erkenntnismaterials[75]. Die therapeutische Wirksamkeit des Arzneimittels lässt sich nur dartun, wenn ausgeschlossen wird, dass die den Unterlagen zu entnehmenden therapeutischen Ergebnisse auf Spontanheilungen oder wirkstoffunabhängige Effekte zurückzuführen sind. Kann die Anwendung des Arzneimittels hinweggedacht oder durch die Anwendung eines Scheinmedikaments – eines Placebos – ersetzt werden, ohne dass der Heilungserfolg entfällt, dann darf die therapeutische Wirksamkeit dem zur Zulassung beantragten Arzneimittel nicht zugesprochen werden[76]. Die nach der zweiten Alternative erforderliche Begründung der therapeutischen Wirksamkeit muss sich dementsprechend auf die **Ursächlichkeit** zwischen der Anwendung des Arzneimittels und dem therapeutischen Ergebnis beziehen, d. h. die Anwendung des Arzneimittels muss Grund für den Heilungserfolg sein.

46   Das im Rahmen eines **bibliografischen Zulassungsantrags** eingereichte Erkenntnismaterial (etwa für homöopathische Arzneimittel) muss dabei nach Sinn und Zweck des § 22 III unter Berücksichtigung

[68] *BVerwG*, NJW 1994, 2435; *OVG Münster*, Beschl. v. 29.1.2014 – 13 A 2730/12 – BeckRS 2014, 47934; PharmR 2013, 440; PharmR 2011, 97 f.; PharmR 2010, 83.

[69] *Kloesel/Cyran*, § 25 Anm. 46.

[70] Vgl. hierzu ausführlich *Schraitle*, in: Fuhrmann/Klein/Fleischfresser, § 6 Rn. 122 ff.

[71] Vgl. hierzu ausführlich *Schraitle*, in: Fuhrmann/Klein/Fleischfresser, § 10 Rn. 131 ff.

[72] *BVerwG*, NVwZ-RR 2004, 180; PharmR 1994, 77, 80 f.; *OVG Münster*, PharmR 2011, 97 f.; PharmR 2010, 539.

[73] *BVerwG*, PharmR 2010, 26; PharmR 1994, 77, 81; *OVG Münster*, PharmR 2010, 83 (betr. vaskuläre Demenz und Alzheimer-Demenz); Beschl. v. 26.8.2009 – 13 A 455/06 – BeckRS 2009, 38593; Beschl. v. 16.12.2008 – 13 A 2085/07 – BeckRS 2009, 30055; *OVG Berlin*, Urt. v. 18.2.2005 – OVG 5 B 7.03 – juris.

[74] *OVG Münster*, PharmR 2011, 482; *VG Köln*, PharmR 2013, 506 f.

[75] *BVerwG*, NJW 1994, 2434; *VG Köln*, PharmR 2013, 507.

[76] *OVG Münster*, Urt. v. 22.11.2013 – 13 A 692/10 – BeckRS 2013, 59531.

des Art. 10a II RL 2001/83 ein Gewicht haben, das in etwa dem der Ergebnisse nach § 22 II 1 Nr. 2 und 3 entspricht[77]. Der Gesetzgeber hat für diese Mittel, soweit es um die Zulassung geht, das Anforderungsniveau an die Begründung der Wirksamkeit nicht abgesenkt, sondern lediglich eine Prüfung an den Maßstäben der **eigenen Therapierichtung** vorgesehen. Er ist davon ausgegangen, dass bei einem Teil der homöopathischen Arzneimittel ein Wirksamkeitsnachweis kaum zu führen ist. Er hat deshalb neben einer Zulassung die Möglichkeit einer Registrierung nach den §§ 38, 39 vorgesehen. Im Falle der Erbringung des Wirksamkeitsnachweises sollte ein solches Arzneimittel von der Bundesoberbehörde zuzulassen sein[78]. Der Gesetzgeber wollte sich nicht auf bestimmte Therapierichtungen festlegen und i. S. eines „Wissenschaftsplurismus" den Wettstreit der miteinander konkurrierenden Therapierichtungen nicht allgemein verbindlich entscheiden. Gleichwohl hielt er es aus gesundheitspolitischen Gründen für erforderlich, dem Hersteller eine – nach der konkreten Indikation abgestufte – Nachweispflicht für die für ein bestimmtes Anwendungsgebiet behauptete Wirksamkeit aufzuerlegen, weil auch die Abgabe von unwirksamen Arzneimitteln die Volksgesundheit gefährden kann. Zugleich wollte er erreichen, dass das jahrhundertealte Erfahrungswissen der besonderen Heilverfahren anerkannt wird[79]. Aus diesem Grund wurden besondere Zulassungskommissionen für die besonderen Therapierichtungen eingeführt. Der Gesetzgeber wollte aber hinsichtlich der besonderen Therapierichtungen keine qualitativ geringeren, sondern auf die besondere Therapierichtung bezogene Anforderungen begründen[80].

Die Annahme einer ausreichenden Begründung der therapeutischen Wirksamkeit muss auch hinrei- **47** chende Darlegungen zur Zweckmäßigkeit der angegebenen **Dosierung** enthalten[81]. Als Bindeglied zwischen der Wirksamkeit und der Unbedenklichkeit ist die Dosierung untrennbar mit der Zulassung des Arzneimittels verknüpft und muss in der Zulassungsentscheidung festgelegt werden. Auch die Arzneimittelprüfrichtlinien erfordern eine Begründung der Dosierung (§ 26 AMG i. V. m. Teil I Nr. 5.2.4 der Arzneimittelprüfrichtlinien). Dies schließt Darlegungen zur Dosis-Wirkungsbeziehung und ggf. die Vorlage von Dosisfindungsstudien oder anderem wissenschaftlichem Erkenntnismaterial mit ein (Teil I Nr. 5.2.4 der Arzneimittelprüfrichtlinien)[82]. Dies folgt auch aus § 24 I 2 Nr. 3 und aus den Arzneimittelprüfrichtlinien (Abschn. 2, Nr. 5.2.4), wonach aus dem klinischen Gutachten die Zweckmäßigkeit der vorgesehenen Dosierung hervorgehen muss[83]. Dadurch wird dem Umstand Rechnung getragen, dass die gewählte Dosierung einerseits geeignet sein muss, die beanspruchten therapeutischen Erfolge zu erzielen, sie aber andererseits wegen der mit der Anwendung von Arzneimitteln potentiell verbundenen Risiken nicht über das erforderliche Maß hinausgehen darf.[84]

Hinsichtlich des Merkmals des **Stands der wissenschaftlichen Erkenntnisse** und dem maßgeb- **48** lichen Zeitpunkt seiner Beurteilung wird auf die Kommentierung zu Nr. 2 unter Rn. 21, 27 verwiesen.

b) Feststellungs- und Beweislast. aa) Fehlen der therapeutischen Wirksamkeit. Im Verwal- **49** tungsverfahren gilt der Amtsermittlungsgrundsatz (§ 24 VwVfG), so dass die Grundsätze der Beweislastverteilung keine Anwendung finden. Bei unaufklärbarem Sachverhalt ist aber entscheidend, wer die sog. Feststellungslast trägt. Ob der Antragsteller oder die Zulassungsbehörde mit der Feststellungslast beschwert sind, ist dem materiellen Recht zu entnehmen.

In seinem Beschluss vom 2.7.1979 hat das *BVerwG* dazu ausgeführt, dass die Behörde den Mangel der **50** therapeutischen Wirksamkeit feststellen bzw. dartun müsse, dass die vom Antragsteller vorgebrachte Begründung für die therapeutische Wirksamkeit des Arzneimittels unzureichend ist[85]. In seinem Urteil vom 14.10.1993 hat der 3. Senat des *BVerwG* diesen Beschluss insoweit bestätigt, als er dem BGA generell die **Darlegungs-** und materielle **Beweislast** auferlegt hat; das BGA müsse hinsichtlich der ersten Alternative den Beweis einer „negativen" Tatsache erbringen[86]. Diese Zuweisung des *BVerwG* wird jedoch durch die gesetzliche Regelung in **Abs. 2 S. 3** korrigiert: Es wird dem Antragsteller der Nachweis auferlegt, dass sich mit dem Arzneimittel therapeutische Ergebnisse erzielen lassen[87] (s. Rn. 40), wobei keine zu hohen Anforderungen an diesen Nachweis gestellt werden dürfen[88]. Die Darlegungslast der Zulassungsbehörde beschränkt sich insofern darauf darzulegen, weshalb der Antragsteller den ihm obliegenden Nachweis nicht erbracht hat.

---

[77] *BVerwG*, PharmR 2010, 26; *OVG Münster*, PharmR 2011, 98; Beschl. v. 26.8.2009 – 13 A 455/06 – BeckRS 2009, 38593; Urt. v. 23.5.2007 – 13 A 328/04 – juris; in diesem Sinne auch schon *EuGH*, Urt. v. 5.10.1995 – Rs. C-440/93, Slg. 1995 I-2851.

[78] Vgl. BT-Drucks. 7/3060, S. 52 f.

[79] BT-Drucks. 7/5091, S. 6.

[80] *BVerwG*, Urt. v. 16.10.2008 – 3 C 23.07, Rn. 15 – BeckRS 2008, 41342; Urt. v. 16.10.2008 – 3 C 24.07, Rn. 15 – BeckRS 2008, 41343; *OVG Münster*, Beschl. v. 26.8.2009 – 13 A 4556/06 – BeckRS 2009, 38593.

[81] *BVerwG*, PharmR 2015, 118, Rn. 5; PharmR 2010, 484, Rn. 21 f.

[82] *BVerwG*, PharmR 2015, 118, Rn. 5; PharmR 2014, 437, Rn. 8.

[83] *BVerwG*, PharmR 2010, 26; *OVG Münster*, Urt. v. 22.11.2013 – 13 A 692/10 – BeckRS 2013, 59531; MedR 2009, 660 ; *Ghazarian/Koenig*, PharmR 2014, 181.

[84] *OVG Münster*, Urt. v. 22.11.2013 – 13 A 692/10 – BeckRS 2013, 59531.

[85] *BVerwG*, NJW 1980, 656.

[86] *BVerwG*, PharmR 1994, 77, 80.

[87] Vgl. die Ausführungen des *OVG Berlin*, Urt. v. 12.7.2001 – 5 B 6.99 – juris.

[88] *OVG Berlin*, Urt. v. 31.1.1991 – 5 B 23.86 – juris.

51   Nach ständiger Rechtsprechung kann auf die Darlegung der therapeutischen Wirksamkeit auch dann nicht verzichtet werden, wenn es sich bei dem betroffenen Arzneimittel um ein solches i. S. d. **§ 22 III 1 Nr. 1** handelt, d. h. wenn die Wirkstoffe seit langer Zeit verwendet werden sowie Wirkungen und Nebenwirkungen bekannt und aus dem wissenschaftlichen Erkenntnismaterial ersichtlich sind. § 22 III 1 Nr. 1 erlaubt nicht den Verzicht auf die Begründung der therapeutischen Wirksamkeit sondern lässt lediglich zu, dass an die Stelle der Ergebnisse der pharmakologisch-toxikologischen und der klinischen Prüfungen **anderes wissenschaftliches Erkenntnismaterial** tritt[89]. Es wird hier gefordert, dass das Erkenntnismaterial nach Sinn und Zweck des § 22 III sowie nach Art. 10a S. 2 RL 2001/83/EG so beschaffen sein muss, dass es in etwa den Ergebnissen nach § 22 II 1 Nr. 2 und 3 entspricht[90].

52   **bb) Unzureichende Begründung.** Hinsichtlich der zweiten Alt. hat der 3. Senat des *BVerwG* in einem Urteil vom 14.10.1993[91] den Beschluss des *BVerwG* vom 2.7.1979[92] korrigiert. Für die Annahme des Versagungsgrundes genügt es nach seiner Ansicht, die Tatsache einer unzureichenden Begründung der therapeutischen Wirksamkeit zu belegen. Es bedürfe nicht des Nachweises der therapeutischen Unwirksamkeit, weshalb die Tatsache einer gescheiterten Begründung sehr viel leichter darzulegen und zu beweisen sei als die in der ersten Alt. genannte fehlende therapeutische Wirksamkeit[93].

53   Nach der Rechtsprechung des *BVerwG* geschieht die Darlegung der unzureichenden Begründung dadurch, dass die Zulassungsbehörde die fehlende oder fehlerhafte Schlussfolgerung in der Begründung des Antragstellers aufzeigt, das Forschungsergebnis benennt, zu dem sich der Antragsteller nicht geäußert hat oder die inhaltliche Unrichtigkeit einer – wesentlichen – Unterlage nachweist[94]. Damit genügt die zuständige Bundesoberbehörde der sie treffenden **Darlegungs- und Beweislast**[95]. Ein *„zwingender Beweis der Wirksamkeit eines Arzneimittels im Sinne eines jederzeit reproduzierbaren Ergebnisses eines nach einheitlichen Methoden ausgerichteten naturwissenschaftlichen Experiments"* könne jedoch nicht verlangt werden[96]. Die Behauptung der therapeutischen Wirksamkeit sei eine Wahrscheinlichkeitsaussage, deren Richtigkeit mit Hilfe von Indizien belegt werden könne. Es sei gleichwohl nicht ausreichend, wenn diese Indizien eine Spontanheilung oder einen Placebo-Effekt nicht ausschlössen[97].

54   Die zuständige Bundesoberbehörde ist **nicht** verpflichtet, von sich aus weitere Untersuchungen oder Nachforschungen im Hinblick darauf anzustellen, ob sich die Wirksamkeit auf andere Weise begründen lässt, wenn sie zu dem Ergebnis gelangt, dass der Antragsteller die therapeutische Wirksamkeit unzureichend begründet hat[98]. Dies folgt im Umkehrschluss aus Abs. 5 S. 2. Danach kann – nicht „muss" – die zuständige Bundesoberbehörde eigene wissenschaftliche Ergebnisse zur Beurteilung der vorgelegten Zulassungsunterlagen verwerten, Sachverständige beiziehen oder Gutachten anfordern (s. Rn. 131).

55   Die **Verwaltungsgerichte** gehen regelmäßig davon aus, dass sie die im Zulassungsverfahren eingereichten Unterlagen und die dazu gemachten Ausführungen der fachkundigen Beteiligten (Behördenvertreter, Sachverständige) ohne Hinzuziehung weiterer **fachwissenschaftlichen Sachverstands** beurteilen können und sehen sich ausnahmsweise nur dann veranlasst, im Rahmen des für den Verwaltungsprozess geltenden Untersuchungsgrundsatzes (§ 86 VwGO) Sachverständige beizuziehen, wenn sich dies aufdrängt[99]. Dieses Vorgehen kann im Einzelfall bedenklich sein.

56   **c) Teilversagung.** Soweit ein Arzneimittel auf mehrere Indikationen Anwendung finden soll, für einzelne Indikationen der Wirksamkeitsnachweis aber nicht erbracht werden kann, darf die Zulassung nur für diese Teilindikationen versagt werden, für die der Wirksamkeitsnachweis nicht erbracht wurde[100]. Vor dem Ausspruch der Teilversagung ist dem Antragsteller jedoch nach Abs. 4 Gelegenheit zu geben, die Versagungsgründe des Abs. 2 S. 1 Nr. 4 auszuräumen, denn die Möglichkeit der Mängelbeseitigung bezieht sich unter Berücksichtigung des Verhältnismäßigkeitsgrundsatzes nicht nur auf die Versagung der Zulassung insgesamt[101]. Dieser Verwaltungsakt, der eine Zulassungserteilung sowie eine teilweise Zulassungsversagung enthält, stellt sich für den Antragsteller als teilweise begünstigender und teilweise belastender Verwaltungsakt dar, der von dem Antragsteller insoweit angefochten werden kann, wie er ihn belastet, d. h. soweit die Zulassung versagt wurde[102].

[89] *BVerwG*, PharmR 1994, 77, 82; *OVG Münster*, Beschl. v. 16.12.2008 – 13 A 2085/07 – BeckRS 2009, 30055.
[90] Vgl. *OVG Münster*, PharmR 2010, 541; Urt. v. 23.5.2007 – 13 A 328/04 – BeckRS 2007, 26027.
[91] *BVerwG*, PharmR 1994, 77 ff.; *OVG Münster*, Beschl. v. 9.6.2009 – 13 A 1270/08 – juris; Beschl. v. 9.6.2009 – 13 A 1364/08 – BeckRS 2009, 35517; Beschl. v. 19.3.2009 – 13 A 1022/08 – BeckRS 2009, 32860; Urt. v. 23.5.2007 – 13 A 328/04 – BeckRS 2007, 26027.
[92] *BVerwG*, NJW 1980, 656 ff.
[93] *BVerwG*, PharmR 1994, 77, 80; *OVG Münster*, Urt. v. 22.11.2013 – 13 A 692/10 – BeckRS 2013, 59531.
[94] *BVerwG*, PharmR 2010, 484; NVwZ-RR 2004, 180; PharmR 1994, 77, 81.
[95] *BVerwG*, PharmR 2010, 484.
[96] BT-Drucks. 7/5091, S. 15; *OVG Münster*, PharmR 2011, 98; PharmR 2010, 83; PharmR 2010, 26.
[97] *BVerwG*, PharmR 1994, 77, 82; *OVG Münster*, PharmR 2013, 440; PharmR 2010, 83; PharmR 2010, 26.
[98] Vgl. *Kloesel/Cyran*, § 25 Anm. 22, 52.
[99] Vgl. *OVG Münster*, PharmR 2010, 540, 542.
[100] Zur Teilversagung s. *VG Köln*, PharmR 2004, 225 ff.
[101] Ebenso *Kloesel/Cyran*, § 25 Anm. 62.
[102] *Rehmann*, § 25 Rn. 7.

5. Ungünstiges Nutzen-Risiko-Verhältnis (Nr. 5). Nach **Nr. 5** ist die Zulassung zu versagen, **57** wenn das Nutzen-Risiko-Verhältnis ungünstig ist. Das Nutzen-Risiko-Verhältnis ist in § 4 **XXVIII** legal definiert. Es umfasst eine Bewertung der positiven therapeutischen Wirkungen des Arzneimittels im Verhältnis zu dem mit ihm einhergehenden Risiko (s. § 4 Rn. 218 ff.)[103]. Das mit der Anwendung eines Arzneimittels verbundene Risiko ist wiederum für Humanarzneimittel in § 4 XXVII beschrieben. Danach ist darunter jedes Risiko[104] im Zusammenhang mit der Qualität, Sicherheit oder Wirksamkeit des Arzneimittels für die Gesundheit der Patienten oder die öffentliche Gesundheit[105] (Buchst. a), 1. Alt.) bzw. jedes Risiko unerwünschter Auswirkungen auf die Umwelt (Buchst. b)) zu verstehen. Bei zur Anwendung bei Tieren bestimmten Arzneimitteln bezieht sich das Risiko auf die Gesundheit von Mensch oder Tier (Buchst. a), 2. Alt.).

Der Versagungsgrund nach Nr. 5 hat durch die 14. AMG-Novelle in Umsetzung von Art. 26 I **58** Buchst. a) RL 2001/83/EG eine **Änderung des Wortlauts** erfahren. Ausweislich der Gesetzesbegründung sollte mit dieser Änderung jedoch keine inhaltliche Abweichung gegenüber der bislang geltenden Bestimmung, wonach die Zulassung versagt werden darf, wenn der begründete Verdacht besteht, dass das Arzneimittel bei bestimmungsgemäßen Gebrauch[106] schädliche Wirkungen hat, die über ein nach den Erkenntnissen der medizinischen Wissenschaft vertretbares Maß hinausgehen, bewirkt werden[107]. Diese Formulierung entspricht im Übrigen § 5 II, der unverändert gilt. Nach der Rechtsprechung des *BVerwG* verlangte der Versagungsgrund des § 25 II 1 Nr. 5 a. F. zweierlei: Die Feststellung des begründeten Verdachts schädlicher Wirkungen sowie ein Überwiegen der damit verbundenen Risiken gegenüber dem therapeutischen Nutzen[108].

Der **Verdacht möglicher schädlicher Wirkungen**[109] ist begründet, wenn „ernstzunehmende **59** Erkenntnisse", d. h. tragfähige Anhaltspunkte für einen **möglichen Kausalzusammenhang** zwischen dem Arzneimittel und der schädlichen Wirkung bei bestimmungsgemäßem Gebrauch[110], vorliegen[111]. Wenn die Schwelle des begründeten Verdachts erreicht ist, muss abgewogen werden, ob die drohenden Nebenwirkungen im Vergleich mit dem therapeutischen Nutzen des Arzneimittels vertretbar sind[112]. Die früher von den – mittlerweile nicht mehr zuständigen – Berliner Verwaltungsgerichten vertretene Auffassung[113], wonach „nicht schon jede unerwünschte Nebenwirkung oder reine Befindlichkeitsstörung, sondern nur eine Nebenwirkung von gewissem Gewicht im Sinne einer Gefährdung der Gesundheit" als schädliche Wirkung angesehen werden kann, unterliegt durchgreifenden Bedenken[114], denn nach Art. 1 RL 28a RL 2001/83/EG ist „jedes" Risiko im Rahmen der Bestimmung des Nutzen-Risiko-Verhältnisses zu berücksichtigen[115]. In diesem Zusammenhang kann nicht zwischen „Nebenwirkungen" und „schädlichen Wirkungen" unterschieden werden, denn Nebenwirkungen sind per definitionem schädlich (§ 4 XIII 1, Art. 1 Nr. 11 RL 2001/83/EG)[116].

Erst wenn der Verdacht schädlicher Wirkungen, also ein **Risiko** gegeben ist, ist festzustellen, ob die **60** Risiken gegenüber dem therapeutischen Nutzen überwiegen[117]. Der Begriff des Risikos umfasst dabei vor allem pharmakologisch-toxikologische Wirkungen. Schwerwiegend sind dabei Nebenwirkungen, die tödlich oder lebensbedrohend sind, eine stationäre Behandlung oder Verlängerung einer stationären Behandlung erfordern, zu bleibender oder schwerwiegender Behinderung, Invalidität, kongenitalen Anomalien oder Geburtsfehlern führen. Für das Vorliegen eines Risikos ist nicht erforderlich, dass die sichere Erwartung gegeben ist, dass schädliche Nebenwirkungen vorkommen werden, es reicht vielmehr

---

[103] Damit wurde Art. 1 Nr. 28a RL 2001/83/EG umgesetzt.

[104] Zum Risikobegriff vgl. auch *Fuhrmann*, in: Fuhrmann/Klein/Fleischfresser, § 10 Rn. 210 ff.

[105] Zur Gefahr für die öffentliche Gesundheit i. S. d. § 105 IVc vgl. *OVG Münster*, Urt. v. 9.6.2011 – 13 A 306/08, Rn. 48 ff. – juris. Danach ist auf die „Guideline on the Definition of a Potential Serious Risk to Public Health in the Context of Art. 29 (1) and (2) of Directive 2001/83/EC – March 2006" abzustellen (abrufbar unter http://www.ec.europa.eu).

[106] Zu europarechtlichen Bedenken gegen die unveränderte Berücksichtigung des „bestimmungsgemäßen Gebrauchs" bei Humanarzneimitteln vgl. *Kloesel/Cyran*, § 25 Anm. 78.

[107] BT-Drucks. 15/5316, S. 38. Vgl. auch *VG Köln*, Urt. v. 7.10.2008 – 7 K 5076/05 – juris.

[108] *BVerwG*, NVwZ-RR 2007, 774; *OVG Münster*, Urt. v. 25.2.2015 – 13 A 1371/14 – BeckRS 2015, 42132; *VG Köln*, Urt. v. 7.10.2008 – 7 K 5076/05 – juris; Urt. v. 3.4.2008 – 13 K 5437/05 – juris.

[109] Unter „Wirkungen" i. S. d. § 22 I 1 Nr. 5 sind sämtliche Effekte zu verstehen sein, „die messbar, fühlbar oder in sonstiger erkennbarer Weise durch ein Arzneimittel bei Mensch oder Tier in vivo oder in vitro ausgelöst werden", vgl. *Füllgraf*, in: Lewandowski/Schnieders; *Fuhrmann*, in: Fuhrmann/Klein/Fleischfresser, § 10 Rn. 182 ff..

[110] Zum „bestimmungsgemäßen Gebrauch" vgl. ausführlich *Fuhrmann*, in: Fuhrmann/Klein/Fleischfresser, § 10 Rn. 192 ff.

[111] *BVerwG*, PharmR 2010, 484; NVwZ-RR 2007, 774.

[112] Vgl. *OVG Berlin*, Urt. v. 16.9.1999 – 5 B 34.97 – juris; *VG Köln*, PharmR 2014, 410; *VG Köln*, Urt. v. 7.10.2008 – 7 K 5076/05 – juris.

[113] *OVG Berlin*, Beschl. v. 16.5.1989 – 5 S 124/89 – juris; PharmR 1989, 161; PharmR 1988, 58; *VG Berlin*, PharmR 1992, 249 f.

[114] Kritisch auch *Kloesel/Cyran*, § 25 Anm. 73 ff.

[115] So nunmehr auch *BVerwG*, PharmR 2010, 192 unter Hinweis auf die Definition für Nebenwirkungen in § 4 XIII.

[116] Dies wird von *Fuhrmann*, in: Fuhrmann/Klein/Fleischfresser, § 10 Rn. 185 übersehen.

[117] *VG Köln*, PharmR 2014, 412 m. w. N.

der **begründete Verdacht**, es könnte vermehrt zu solchen Nebenwirkungen kommen, aus. Ein solcher Verdacht besteht bereits dann, wenn ernstzunehmende Erkenntnisse einen solchen Schluss nahelegen[118]. Im Interesse der Arzneimittelsicherheit dürfen die Anforderungen an den Grad des Verdachts einer Nebenwirkung nicht überspannt werden. Der Schutz des menschlichen Lebens und der menschlichen Gesundheit verlangt einen niedrigeren Maßstab an die Eintrittswahrscheinlichkeit eines Schadens als dies bei anderen Rechtsgütern der Fall wäre.

61   Das **Nutzen-Risiko-Verhältnis ist ungünstig,** wenn bei dem Arzneimittel der begründete Verdacht besteht, dass es bei bestimmungsgemäßem Gebrauch schädliche Wirkungen hat, die über ein nach den Erkenntnissen der medizinischen Wissenschaft vertretbares Maß hinausgehen. Ein solcher Verdacht liegt vor, wenn ernstzunehmende Erkenntnisse den Schluss nahelegen, dass das Arzneimittel unvertretbare Nebenwirkungen hat. Hierfür ist es nicht erforderlich, dass es zu dem Präparat oder zu vergleichbaren Arzneimittelzubereitungen verlässliche Daten zur Schädlichkeit gibt. Bei der Beurteilung des Risikos bzw. der schädlichen Wirkung ist davon auszugehen, dass **kein positiver Nachweis** einer kausalen Beziehung zwischen der Anwendung des Arzneimittels und den aufgetretenen Nebenwirkungen verlangt werden kann, da dies dem Gebot der Arzneimittelsicherheit widersprechen würde[119]. Dabei sind umso geringere Anforderungen an die Wahrscheinlichkeit des Eintritts der unerwünschten Arzneimittelwirkung zu stellen, je schwerer der zu befürchtende Nachteil wiegt[120]. Nach ständiger Rechtsprechung der Instanzengerichte sind insbes. bei der **Gefahr sehr schwerer Schäden** an die Wahrscheinlichkeit keine allzu hohen Anforderungen zu stellen. Wenn schwere Gesundheitsgefahren in Rede stehen, reicht es aus, wenn die entfernte Möglichkeit einer Risikoverwirklichung besteht[121]. Dies soll umso mehr gelten, wenn neben dem infrage stehenden Arzneimittel noch andere Therapiemöglichkeiten bestehen[122]. Bei fiktiv zugelassenen Arzneimitteln, die sich schon seit langem auf dem Markt befinden, muss die theoretische Möglichkeit schädlicher Wirkungen in der Regel auch an den praktischen Erfahrungen, die u. a. mit dem konkreten Präparat gemacht wurden, gemessen werden[123]. Bloße Hypothesen oder nicht verifizierbare Vermutungen, insbes. zur Kausalität der Einnahme eines Arzneimittels für eine Nebenwirkung, sind aber **nicht ausreichend** für die Annahme eines Risikos[124].

62   Andererseits ist das **Nutzen-Risiko-Verhältnis nicht** schon immer dann **ungünstig,** wenn die Wirksamkeit nicht festgestellt werden kann. In diesem Fall muss die darlegungs- und beweisbelastete Bundesoberbehörde konkrete Risiken aufzeigen, die aus der Anwendung des Arzneimittels folgen. Die Erschütterung der Annahme der Wirksamkeit begründet noch kein ungünstiges Nutzen-Risiko-Verhältnis. Erst wenn der Verdacht schädlicher Wirkungen besteht, ist festzustellen, ob die Risiken gegenüber dem therapeutischen Nutzen überwiegen[125]. Die Möglichkeit, dass der Patient sich für ein möglicherweise unwirksames Arzneimittel entscheidet und deshalb die Anwendung eines wirksamen Arzneimittels unterlässt, reicht für sich nicht aus, um ein Risiko und ein darauf gestütztes ungünstiges Nutzen-Risiko-Verhältnis anzunehmen[126].

63   Es gibt **keine allgemein gültigen Bewertungsmaßstäbe** dafür, wenn ein günstiges Nutzen-Risiko-Verhältnis bei einem Arzneimittel vorliegt. Dies kann nur anhand der jeweiligen Einzelfallumstände im Rahmen einer Prognose entschieden werden[127]. Einigkeit dürfte aber insoweit bestehen, dass die Wirksamkeit höher zu bewerten sein muss als die potenziellen Risiken[128]. Maßgebliche Gesichtspunkte für die **Bewertung des therapeutischen Nutzens** sind u. a.: Indikation, Schwere der zu behandelnden Krankheit bzw. Beschwerden, Behandlungsnotwendigkeit, Chancen eines Behandlungserfolgs, anderweitige Therapiemöglichkeiten[129], Möglichkeit der Lebenszeitverlängerung, Abmilderung der Krankheitssymptome, geringere Toxizität oder allergenes Potenzial, weniger unerwünschte Nebenwirkungen, größere therapeutische Breite, höhere Lebensqualität[130]. Für das zu evaluierende **Risiko** sind u. a. zu berücksichtigen: Schwere und Häufigkeit der unerwünschten Wirkung, Rückbildungswahrscheinlich-

---

[118] *BVerwG,* PharmR 2010, 196; *VG Köln,* PharmR 2014, 412.

[119] Vgl. *BVerwG,* PharmR 2007, 427; *OVG Münster,* Urt. v. 25.2.2015 – 13 A 1371/14 – BeckRS 2015, 42132; PharmR 2010, 85; *VG Köln,* PharmR 2014, 412, wobei die These des *VG Köln,* dass es nicht stets erforderlich ist, dass es zu dem fraglichen Arzneimittel verlässliche Daten zur Schädlichkeit gibt, zu weitgehend ist.

[120] Vgl. *OVG Münster,* PharmR 2010, 85; *VG Köln,* Urt. v. 7.10.2008 – 7 K 5076/05 – juris; Urt. v. 10.1.2008 – 13 K 3789/05 – juris; *Kloesel/Cyran,* § 25 Anm. 76.

[121] *OVG Münster,* Urt. v. 25.2.2015 – 13 A 1371/14 – BeckRS 2015, 42132.

[122] *VG Köln,* Urt. v. 10.1.2008 – 13 K 3789/05 – juris; *Kloesel/Cyran,* § 25 Anm. 76.

[123] *OVG Berlin,* Urt. v. 16.9.1999 – 5 B 34/97 – juris; *VG Köln,* Urt. v. 7.10.2008 – 7 K 5076/05 – juris.

[124] So zu Recht *VG Köln,* PharmR 2014, 412.

[125] *OVG Münster,* Urt. v. 29.1.2014 – 13 A 2730/12 – BeckRS 2014, 47934; Beschl. v. 23.7.2013 – 13 A 3021/11 – BeckRS 2014, 46762.

[126] *OVG Münster,* Beschl. v. 29.1.2014 – 13 A 2730/12 – BeckRS 2014, 47934; Beschl. v. 23.7.2013 – 13 A 3021/11 – BeckRS 2014, 46762.

[127] *VG Köln,* PharmR 2014, 412 f.. Zu Beispielsfällen vgl. *Fuhrmann,* in: Fuhrmann/Klein/Fleischfresser, § 10 Rn. 219 ff.

[128] *BVerwG,* NVwZ-RR 2004, 181.

[129] Instruktiv *OVG Münster,* PharmR 2010, 86.

[130] *Kloesel/Cyran,* § 25 Anm. 77, der zu Recht darauf hinweist, dass bei Arzneimitteln mit Bagatellindikationen die Anforderungen an die Unbedenklichkeit besonders hoch sein müssen.

keit, mögliche Gegenmaßnahmen, mutmaßlicher Spontanverlauf ohne Behandlung, Erkennbarkeit durch Arzt und Patient, allergische oder toxische Reaktionen, Dauerschäden (etwa Sterilität, Organschäden, Krebsrisiko, Suchtpotenzial)[131].

Das *VG Köln* hatte sich auch mit der Frage auseinanderzusetzen, ob die spezifischen mit **homöo-** **64** **pathischen Arzneimitteln** verbundenen Risiken der Erstverschlimmerung und der Arzneimittelprüfsymptomatik unter den Begriff des Risikos fallen und damit ein ungünstiges Nutzen-Risiko-Verhältnis begründen können. Das Gericht hat dies mit dem Hinweis darauf verneint, dass unter den Begriff des Risikos bzw. der Gesundheitsgefahr nur pharmakologisch-toxikologische Risiken fallen[132]. Dem ist das *BVerwG* in einem Urteil vom 19.11.2009 nachdrücklich entgegengetreten (s. Rn. 93)[133]. Die Zulassung eines homöopathischen Arzneimittels darf wegen eines ungünstigen Nutzen-Risiko-Verhältnisses auch mit der Begründung versagt werden, dass nach allgemein für die Therapierichtung geltenden Erkenntnissen bei der beantragten Dosierung die Gefahr von spezifischen Nebenwirkungen wie Erstverschlimmerung und Arzneimittelprüfsymptomatik besteht[134]. Ein ungünstiges Nutzen-Risiko-Verhältnis kann für eine höhere Dosierung auch dann bestehen, wenn gemäß den Erfahrungen und dem Selbstverständnis der Homöopathie durch eine Reduzierung der Dosierung die Gefahr eines Auftretens von Nebenwirkungen generell gemindert werden kann[135]. Für das Verlängerungsverfahren nach § 31 III vertritt das *OVG Münster* allerdings die Auffassung, dass die anlässlich der Verlängerungsentscheidung anstehende Nutzen-Risiko-Abwägung nicht schon immer dann als ungünstig angesehen werden kann, wenn die therapeutische Wirksamkeit zweifelhaft geworden ist[136] (s. § 31 Rn. 48 ff.).

Die **Darlegungs- und Beweislast** für das Vorliegen eines ungünstigen Nutzen-Risiko-Verhältnisses **65** liegt bei der Zulassungsbehörde, so dass verbleibende Zweifel zu ihren Lasten gehen und sie das Risiko der Unaufklärbarkeit des Sachverhalts trägt[137]. Allerdings soll die zuständige Bundesoberbehörde ihrer Darlegungs- und materiellen Beweislast genügen, wenn sie den begründeten Verdacht vorbringen kann, dass es durch das Arzneimittel vermehrt zu Nebenwirkungen kommen kann, wobei ein solcher Verdacht schon dann besteht, wenn ernstzunehmende Erkenntnisse einen solchen Schluss, etwa wegen unvertretbarer Nebenwirkungen[138], nahelegen[139].

Die Bewertung der Frage, ob das Nutzen-Risiko-Verhältnis ungünstig ist, unterliegt der **vollständi-** **66** **gen gerichtlichen Überprüfung.** Der Behörde steht insoweit kein eigenständiger Beurteilungsspielraum zu. Es handelt sich vielmehr um die Auslegung eines unbestimmten Rechtsbegriffs mit wertenden Elementen.

6. Unzureichende Begründung für Kombinationspräparate (Nr. 5a). Der Versagungsgrund **67** nach **Nr. 5a** ist eine spezielle Ausprägung der Versagungsgründe der fehlenden oder unzureichend begründeten therapeutischen Wirksamkeit nach Nr. 4 und des Verdachts einer schädlichen Wirkung des Arzneimittels nach Nr. 5; er entspricht daher den Vorgaben des Art. 26 I Buchst a) und b) RL 2001/83/ EG und ist somit gemeinschaftsrechtskonform[140]. Der Versagungsgrund weist zudem einen unmittelbaren Bezug zu **§ 22 IIIa** auf, wonach bei einem Arzneimittel, das mehr als einen Wirkstoff enthält, zu begründen ist, dass jeder Wirkstoff einen Beitrag zur positiven Beurteilung des Arzneimittels leistet. Im Rahmen der Einfügung des § 22 IIIa hat der Gesetzgeber ausgeführt, dass jeder in ein Arzneimittel aufgenommene Wirkstoff tendenziell die Gefahr zusätzlicher unerwünschter Wirkungen erhöhe, weshalb unter dem Gesichtspunkt der Arzneimittelsicherheit zu fordern sei, dass dieser potentiellen Gefahrerhöhung ein positiver Beitrag jedes arzneilich wirksamen Bestandteils gegenüber stehe[141].

Das AMG enthält keine explizite Definition des **Begriffs „Kombinationsarzneimittel".** Die **68** Formulierung in Abs. 2 S. 1 Nr. 5a zeigt jedoch zweifelsfrei, dass es sich um ein Arzneimittel handeln muss, das mehr als einen Wirkstoff[142] enthält. Vorbehaltlich abweichender Besonderheiten des Einzelfalls ist davon auszugehen, dass ein Kombinationsarzneimittel auch dann vorliegt, wenn[143]

---

[131] *OVG Münster*, Urt. v. 25.2.2015 – 13 A 1371/14 – BeckRS 2015, 42132; *Kloesel/Cyran*, § 25 Anm. 77.
[132] *VG Köln*, Urt. v. 20.1.2009 – 7 K 5813/07 – BeckRS 2009, 31432. A. A. *Fuhrmann*, in: Fuhrmann/Klein/Fleischfresser, § 10 Rn. 189 ff.
[133] *BVerwG*, PharmR 2010, 192.
[134] *OVG Münster*, PharmR 2013, 139.
[135] *BVerwG*, Beschl. v. 12.6.2012 – 3 B 88/11, Rn. 3 – BeckRS 2012, 53154.
[136] Beschl. v. 29.1.2014 – 13 A 2730/12 – BeckRS 2014, 47934.
[137] *OVG Münster*, Urt. v. 25.2.2015 – 13 A 1371/14 – BeckRS 2015, 42132.
[138] Vgl. *OVG Münster*, PharmR 2010, 85.
[139] Vgl. *BVerwG*, PharmR 2010, 484; PharmR 2007, 427.
[140] *OVG Münster*, Beschl. v. 23.7.2013 – 13 A 3021/11 – BeckRS 2014, 46762; *BVerwG*, NVwZ-RR 2004, 181 f.; *OVG Münster*, Urt. v. 29.4.2008 – 13 A 4996/04 – BeckRS 2008, 34634. Ebenso *Fuhrmann* I Teil II Ziff. 5 zur RL 2001/83/EG bzw. Anhang I Ziff. 5.2h) zur RL 2003/63/EG verlangen für Anträge auf Zulassung solcher Arzneimittel die Einreichung eines vollständigen Dossiers (Modul 1 bis 5).
[141] BT-Drucks. 10/5112, S. 17; vgl. *BVerwG*, NVwZ-RR 2004, 181; *VG Köln*, Urt. v. 24.9.2007 – 24 K 2271/04 – BeckRS 2007, 27424.
[142] Die Wirkstoffdefinition in § 4 XIX verlangt insoweit das Vorhandensein eines arzneilich wirksamen Bestandteils.
[143] Vgl. ausführlich *Fleischfresser/Fuhrmann*, in: Fuhrmann/Klein/Fleischfresser, § 10 Rn. 238 ff.

– zwei selbstständige Arzneimittel mit identischen Wirkstoffen, aber voneinander abweichender Darreichungsform, in einem äußeren Behältnis in den Verkehr gebracht werden sollen,
– zwei selbstständige Arzneimittel mit gleichem Wirkstoff in einem gemeinsamen Blisterstreifen verbunden werden, um vom Patienten in unterschiedlicher Reihenfolge appliziert zu werden[144],
– bei pflanzlichen Arzneimitteln Bestandteile unterschiedlicher Pflanzen verwendet werden[145],
– ein sog. Prodrug[146] zusammen mit einem anderen Wirkstoff Bestandteil eines Arzneimittels ist.

69   Der Versagungsgrund nach Nr. 5a erfordert, dass bei einem Kombinationsarzneimittel eine ausreichende Begründung dafür fehlt, dass jeder Wirkstoff (§ 4 XIX) einen **Beitrag zur positiven Beurteilung** des Arzneimittels leistet. An den Beleg eines positiven Beitrags arzneilich wirksamer Bestandteils eines Kombinationsarzneimittels dürfen keine geringeren Anforderungen gestellt werden als an die Begründung und Wirksamkeit und Unbedenklichkeit des Arzneimittels selbst[147]. Dabei wird der Antragsteller durch § 22 III nicht davon freigestellt zu begründen, dass jeder Wirkstoff einen Beitrag zur positiven Beurteilung des Arzneimittels leistet[148]. Die Besonderheiten der jeweiligen Arzneimittel sind in einer **risikogestuften Bewertung** zu berücksichtigen. Ein Beitrag zur positiven Beurteilung des Arzneimittels kann ausweislich der Gesetzesbegründung zu § 22 IIIa darin bestehen, dass der therapeutisch erwünschte Wirkungseintritt früher erreicht, verstärkt oder verlängert wird oder der erstrebte Heilerfolg mit einer geringeren Menge des Arzneimittels erreicht werden kann oder der arzneilich wirksame Bestandteil unerwünschten Effekten entgegenwirkt[149]. Es ist allgemein anerkannt, dass ein positiver Beitrag bereits dann anzunehmen ist, wenn der Wirkungseintritt, soweit therapeutisch erwünscht, früher erreicht, verstärkt, verlängert oder der erstrebte Heilerfolg mit geringerer Menge der Wirksubstanz erreicht wird[150].

70   Erfüllt ein Wirkstoff die ihm zugedachte Aufgabe bei der Verwendung des Kombinationsarzneimittels ebenso gut mit einer **geringeren Dosis,** ist die Verabreichung der höheren Dosis nicht gerechtfertigt, denn wie jeder in einem Arzneimittel aufgenommene Wirkstoff tendenziell die Gefahr zusätzlicher unerwünschter Wirkungen erhöht, birgt auch die Zunahme der aufgenommenen Wirkstoffmenge ein erhöhtes Risiko nachteiliger Effekte. Nicht nachvollziehbare Mengenverhältnisse der arzneilich wirksamen Bestandteile des Kombinationspräparats können daher die Versagung der Zulassung rechtfertigen[151].

71   Sofern der Antragsteller auf die Zulassung eines identischen Kombinationsarzneimittels mit identischen Wirkstoffen in einem EU-Mitgliedstaat verweisen kann, ist ihm nur der Weg über das **Verfahren der gegenseitigen Anerkennung nach § 25b II, IV** eröffnet. § 25b II hat keine (positiven) Auswirkungen auf ein Neuzulassungsverfahren in Deutschland[152].

72   Das Merkmal des **Fehlens einer ausreichenden Begründung** orientiert sich am Merkmal der unzureichenden Begründung der therapeutischen Wirksamkeit gem. Nr. 4[153]. Nach ständiger Rechtsprechung des *BVerwG* fehlt eine ausreichende Begründung für den positiven Beitrag jedes Bestandteils eines Kombinationspräparates, *„wenn die vom Antragsteller eingereichten Unterlagen nach dem jeweils gesicherten Stand der wissenschaftlichen Erkenntnisse den geforderten Schluss nicht zulassen, wenn sie sachlich unvollständig sind – etwa zu bestimmten Forschungsergebnissen oder klinischen Erprobungen keine Stellung nehmen, die gegen die therapeutische Wirksamkeit sprechen – oder wenn sie schließlich inhaltlich unrichtig sind. Die der Behörde obliegende Darlegung der unzureichenden Begründung geschieht dadurch, dass das Bundesinstitut die fehlende oder fehlerhafte Schlussfolgerung in der Begründung des Antragstellers aufzeigt, das Forschungsergebnis benennt, zu dem sich der Antragsteller nicht geäußert hat, oder die inhaltliche Unrichtigkeit einer wesentlichen Unterlage nachweist"*[154].

73   Diese Kriterien gelten auch für **homöopathische Arzneimittel,** denn im Rahmen des Zulassungsverfahrens ist auch für diese die Sinnhaftigkeit der Kombination nach den Maßstäben der Therapierichtung wissenschaftlich zu unterlegen, wobei sich die in § 22 III vorgesehenen Erleichterungen nur auf die Art des dem Antrag beizufügenden Erkenntnismaterials beziehen, mit dem die therapeutische Wirksamkeit oder Sinnhaftigkeit[155] der Wirkstoffkombination belegt werden soll. Der Gesetzgeber hat für

---

[144] *VG Berlin,* Urt. v. 20.1.1993 – 14 A 77.89 – juris.
[145] *VG Köln,* Urt. v. 15.5.2009 – 18 K 4947/06 – BeckRS 2009, 35117; Urt. v. 15.5.2009 – 18 K 4965/06 – BeckRS 2009, 35118. Das *VG Köln* begründet dies damit, dass jeder in ein Arzneimittel aufgenommene Wirkstoff tendenziell die Gefahr zusätzlicher unerwünschter Wirkungen erhöht, so dass unter dem Gesichtspunkt der Arzneimittelsicherheit (§ 1) zu fordern ist, dass diese potenziellen Gefahrerhöhung ein positiver Beitrag gegenübersteht.
[146] Unter einem Prodrug ist ein Arzneistoff zu verstehen, der als Vorstufe bzw. Derivat appliziert und im Organismus meist enzymatisch zur Wirkform umgewandelt (aktiviert) wird, vgl. *Pschyrembel,* S. 1679.
[147] *BVerwG,* PharmR 2014, 437, Rn. 7; PharmR 2007, 160; NVwZ-RR 2004, 181.
[148] *BVerwG,* PharmR 2014, 437, Rn. 13.
[149] BT-Drucks. 10/5112, S. 17; *BVerwG,* PharmR 2014, 437, Rn. 8; *OVG Münster,* PharmR 2009, 468; Urt. v. 29.4.2008 – 13 A 4996/04 – BeckRS 2008, 35031.
[150] *BVerwG,* NVwZ-RR 2004, 180; *OVG Münster,* PharmR 2009, 468; Urt. v. 29.4.2008 – 13 A 4996/04 – BeckRS 2008, 35031; *VG Köln,* Urt. v. 24.9.2007 – 24 K 2271/04 – BeckRS 2007, 27424.
[151] *BVerwG,* PharmR 2014, 437, Rn. 9; NVwZ-RR 2004, 180.
[152] *BVerwG,* PharmR 2014, 11.
[153] Vgl. *BVerwG,* NVwZ-RR 2004, 180; *Fleischfresser/Fuhrmann,* in: Fuhrmann/Klein/Fleischfresser, § 10 Rn. 263.
[154] *BVerwG,* Urt. v. 16.10.2008 – 3 C 23/07, Rn. 14 – BeckRS 2008, 41342; PharmR 2007, 160.
[155] Zur Kritik an diesem Terminus vgl. *Fleischfresser/Fuhrmann,* in: Fuhrmann/Klein/Fleischfresser, § 10 Rn. 247.

diese Präparate, soweit es um die Zulassung für bestimmte Anwendungsgebiete geht, das Anforderungsniveau an die Begründung der Wirksamkeit und Sinnhaftigkeit der Wirkstoffkombination nicht abgesenkt, sondern eine Prüfung an den Maßstäben der eigenen Therapierichtung vorgesehen[156]. Diese Anforderungen gelten sinngemäß auch für **pflanzliche Kombinationspräparate**[157].

Der Gesetzgeber ist davon ausgegangen, dass bei einem Teil der **homöopathischen Arzneimittel** 74 ein Wirksamkeitsnachweis für ein bestimmtes Anwendungsgebiet kaum zu führen ist. Deshalb hat er neben der Zulassung die Möglichkeit der Registrierung nach den §§ 38, 39 vorgesehen. Der Beitrag des arzneilich wirksamen Bestandteils zur positiven Beurteilung des Arzneimittels kann darin bestehen, dass dieser Bestandteil zur Wirksamkeit des Präparats in der vorgegebenen Indikation beiträgt oder unerwünschten Effekten entgegenwirkt[158]. Die von der Kommission D[159] und E aufgestellten Kriterien[160] spiegeln insoweit – als antizipierte Sachverständigengutachten – den Stand der wissenschaftlichen Erkenntnisse in Bezug auf die Prüfung homöopathischer Kombinationsarzneimittel wider und bilden als gleichsam vorgefertigte Sachverständigengutachten die Entscheidungsgrundlage für die Nachprüfung der Zulassungsentscheidung[161]. Bekannte Kombinationen sind unter Verwertung der Monografien der Einzelstoffe zu beurteilen. Wenn die Wirksamkeit und Unbedenklichkeit danach nicht bestimmbar ist, muss zusätzliches wissenschaftliches Erkenntnismaterial vorgelegt werden. Zudem dürfen die Arzneimittel nicht so zusammengesetzt sein, dass sie Einzelmittel enthalten, die nach den Erfahrungen der Homöopathie unverträglich sind, es sei denn, dass der positive Beitrag solcher Bestandteile präparatespezifisch durch wissenschaftliches Erkenntnismaterial belegt wird[162].

Nr. 5a verlangt eine **„ausreichende"** Begründung der therapeutischen Wirksamkeit. Das *OVG Berlin* 75 spricht insoweit von einer „Wahrscheinlichkeitsaussage"[163]. Durch die Bezugnahme auf eine „ausreichende" Begründung sollte die Schwelle zur Begründbarkeit nicht zu hoch angesetzt werden[164]. Dies kann sich aber nur auf das von der Rechtsprechung des *BVerwG* entwickelte Kriterium beziehen, wonach die eingereichten Unterlagen nach dem jeweiligen Stand der wissenschaftlichen Erkenntnisse den beanspruchten Schluss auf die Wirksamkeit zulassen müssen[165]. Insoweit reicht die plausible Darlegung eines positiven Beitrags eines jeden Bestandteils des Kombinationspräparats nicht aus[166]. Vielmehr muss sich aus den eingereichten Unterlagen entsprechend Abs. 2 S. 1 Nr. 4 ergeben, dass für jeden Wirkstoff die therapeutische Wirksamkeit gegeben ist. Das *BVerwG* verlangt insoweit, dass sich die Frage der therapeutischen Wirksamkeit für jeden der Bestandteile nicht anders als bei einem Monopräparat stellt, wenn in einem Kombinationspräparat mit verschiedenen Wirkstoffen unterschiedlichen Symptomen einer Krankheit begegnet werden soll[167]. Es begründet dies u. a. damit, dass die Bürger davor geschützt werden müssten, arzneilich wirksame Bestandteile ohne therapeutischen Sinn verabreicht zu bekommen. Die Unwirksamkeit eines Bestandteils könne dazu führen, dass der Erkrankte an der Einnahme eines wirksamen Präparates gehindert werde[168]. Indes kann dem *BVerwG* nicht darin gefolgt werden, dass eine ausreichende Begründung dann fehlt, wenn der zusätzliche Bestandteil nur die Wirksamkeit eines anderen Bestandteils beschleunigen oder erhöhen soll, denn diese Wirkungen unterfallen gleichfalls dem Begriff der Wirksamkeit.

Soweit nach Nr. 5a die Besonderheiten der jeweiligen Arzneimittel in einer **risikogestuften Bewer-** 76 **tung** zu berücksichtigen sind, orientieren sich die Anforderungen an die Begründung am Risiko des zu beurteilenden Kombinationsbestandteils. Das erforderliche Gewicht des positiven Beitrags jedes beteiligten Stoffes hängt vom Maß der vom Präparat insgesamt und seinen Bestandteilen ausgehenden Risiken ab[169]. Dies bedeutet, dass je riskanter der jeweils zu beurteilende Kombinationsbestandteil ist, umso eingehender und intensiver wird dessen Beitrag zur positiven Beurteilung des Arzneimittels zu begründen sein[170].

Einer Begründung für Kombinationspräparate bedarf es nach Ansicht des *OVG Berlin* auch in den 77 Fällen, in denen zwar die Kombination an sich bekannt ist, sich aber die **Zusammensetzung wesentlich anders präsentiert**. Eine wesentlich andere Zusammensetzung ist u. a. dann anzunehmen, wenn

---

[156] *BVerwG*, Urt. v. 16.10.2008 – 3 C 23/07, Rn. 15 – BeckRS 2008, 41342.
[157] *BVerwG*, PharmR 2014, 437, Rn. 7.
[158] *BVerwG*, NVwZ-RR 2004, 180 f.; *OVG Münster*, PharmR 2010, 254 (zum Anwendungsgebiet „Lymphatische Diathese").
[159] Bewertungskriterien für fixe Kombinationen homöopathischer Arzneimittel der Kommission D vom 24.4.1997 (BAnz. S. 6224).
[160] BAnz. Nr. 100 v. 5.6.1997, S. 6724.
[161] *BVerwG*, PharmR 2014, 437, Rn. 19 m. w. N.
[162] *BVerwG*, Urt. v. 16.10.2008 – 3 C 23/07, Rn. 13–16 – BeckRS 2998, 41342; *OVG Münster*, PharmR 2009, 467 f.; *VG Köln*, Urt. v. 3.2.1010 – 24 K 754/01 – BeckRS 2010, 48187.
[163] *OVG Berlin*, Urt. v. 12.7.2001 – 5 B 6.99 – juris.
[164] BT-Drucks. 12/5226, S. 33.
[165] Vgl. *BVerwG*, Urt. v. 16.10.2008 – 3 C 23/07, Rn. 14 – BeckRS 1008, 41342; PharmR 2007, 160.
[166] *BVerwG*, PharmR 2004, 181.
[167] *BVerwG*, PharmR 2004, 181; *VG Köln*, Urt. v. 15.6.2010 – 7 K 2978/07 – BeckRS 2010, 51871.
[168] *BVerwG*, PharmR 2004, 182.
[169] *BVerwG*, NVwZ-RR 2004, 181.
[170] *Kloesel/Cyran*, § 25 Anm. 85.

die Zusammensetzung der arzneilich wirksamen Bestandteile nach ihrer Menge oder ihrer Darreichungsform geändert wird, soweit es sich nicht um eine mit der zugelassenen Darreichungsform vergleichbare
handelt[171].

78   Bei der Frage, ob die **Qualität, Unbedenklichkeit und Wirksamkeit** für die Kombination oder für
jeden einzelnen Wirkstoff **nachgewiesen** werden muss, ist zunächst § 22 II zu beachten, der u. a. die
Vorlage der Ergebnisse von pharmakologisch-toxikologischen Versuchen (Nr. 2) und der Ergebnisse von
klinischen Prüfungen (Nr. 3) verlangt. Anstelle der Ergebnisse nach § 22 II 1 Nr. 2 und 3 kann aber nach
§ 22 III 1 Nr. 1 und 3 anderes wissenschaftliches Erkenntnismaterial bei Vorliegen der dort genannten
Voraussetzungen eingereicht werden[172], das aber eine Aussagekraft haben muss, die in etwa den Ergebnissen nach § 22 II 1 Nr. 2 und 3 entspricht[173], so dass eine vollständige Dokumentation vorzulegen
ist[174]. Allerdings sind für eine neue Kombination bekannter Bestandteile, die bisher noch nicht zu
therapeutischen Zwecken miteinander kombiniert worden sind, nach Art. 10b RL 2001/83/EG die
Ergebnisse neuer vorklinischer oder neuer klinischer Versuche zu dieser Kombination gem. Art. 8 III
Buchst. i) RL 2001/83/EG vorzulegen, ohne dass zu jedem einzelnen Wirkstoff wissenschaftliche
Referenzen angegeben werden müssen. Maßgeblich sind die Arzneimittelprüfrichtlinien, die für eine fixe
Kombination mehrerer Wirkstoffe die Vorlage eines vollständigen Dossiers verlangen. Weitere Vorgaben
hierzu finden sich in der „Guideline on fixed combination medicinal products" des CHMP vom
21.2.2008[175]. Entscheidend ist, ob und in welchem Umfang eine neue Kombination von Wirkstoffen
oder eine Kombination zur Antragstellung eingereicht wird, die neue Wirkstoffe enthält. Ist dies der Fall,
kann auf die Präsentation der Ergebnisse von klinischen Prüfungen anhand von Vergleichsgruppen nicht
verzichtet werden[176]. Hingegen ergeben sich für bekannte Kombinationen bekannter Wirkstoffe Erleichterungen aus § 22 III 1 Nr. 1.

79   Für **fixe Kombinationen von pflanzlichen Arzneimitteln** hat das Committee on Herbal Medicinal Products (HMPC) am 11.1.2006 eine „Guideline on the clinical assessment of fixed combinations of
herbal substances/herbal preparations" veröffentlicht[177], die den Besonderheiten dieser Gruppe von
Arzneimitteln Rechnung trägt.

80   Für Tierarzneimittel ist die vom Committee for medicinal products for veterinary use (CVMP) am
18.12.2006 veröffentlichte „Guideline on pharmaceutical fixed combination medicinal products"[178] zu
berücksichtigen.

81   **7. Wartezeit (Nr. 6).** Der Versagungsgrund nach **Nr. 6** beschränkt sich auf Arzneimittel bei Tieren,
die der Gewinnung von Lebensmitteln dienen. Bei diesen ist zum einen gem. § 23 I 1 Nr. 1 die
Wartezeit anzugeben und zum anderen gem. § 24 I 2 Nr. 4 ein Gutachten von Sachverständigen
beizufügen, aus dem hervorgehen muss, ob die vorgesehene Wartezeit ausreicht[179]. Die **Wartezeit** ist
nach § 4 XII die Zeit, die bei bestimmungsgemäßer Anwendung des Arzneimittels nach der letzten
Anwendung des Arzneimittels bei einem Tier bis zur Gewinnung von Lebensmitteln, die von diesem
Tier stammen, zum Schutz der öffentlichen Gesundheit einzuhalten ist. Sie soll sicherstellen, dass etwaige
Rückstände in diesen Lebensmitteln die festgelegten zulässigen Höchstmengen für pharmakologisch
wirksame Stoffe nicht überschreiten. Die **Wartezeit** ist damit die Zeitspanne zwischen der letztmaligen
Verabreichung des Arzneimittels und dem Zeitpunkt der Gewinnung von Lebensmitteln, beispielsweise
durch Schlachtung oder Melken. Die Wartezeit muss bezogen auf das jeweilige Tier nicht einheitlich
sein. Es können unterschiedliche Zeitpunkte für die Rückstandsfreiheit einzelner Teile des Tierkörpers
festgelegt werden, wenn diese separat für die Lebensmittelgewinnung verwendet werden sollen[180].
Anhand des Gutachtens über die Rückstandsprüfung hat die zuständige Bundesoberbehörde zu prüfen,
inwieweit die in den Antragsunterlagen vorgesehene Wartezeit ausreicht.

82   **8. Arzneimittel-Vormischungen (Nr. 6a).** Der Versagungsgrund nach **Nr. 6a** bezieht sich auf
Fütterungsarzneimittel. **Fütterungsarzneimittel** sind nach § 4 X Arzneimittel in verfütterungsfertiger
Form, die aus Arzneimittel-Vormischungen und Mischfuttermitteln hergestellt werden. Arzneimittel-
Vormischungen sind wiederum Arzneimittel, die ausschließlich dazu bestimmt sind, zur Herstellung von

---

[171] *OVG Berlin*, Urt. v. 12.7.2001 – 5 B 6.99 – juris.
[172] Vgl. *Kloesel/Cyran*, § 25 Anm. 81.
[173] *OVG Münster*, Beschl. v. 17.2.2010 – 13 A 561/09 – BeckRS 2010, 46807; Beschl. v. 29.7.2009 – 13 A 1639/07
– BeckRS 2009, 36761; Beschl. 6.7.2009 – 13 A 2988/07 – juris; *VG Köln*, Urt. v. 7.7.2010 – 24 K 678/06 –
BeckRS 2010, 51870; *VG Köln*, Urt. v. 15.6.1010 – 7 K 2978/07 – BeckRS 2010, 51871.
[174] *BVerwG*, PharmR 2014, 437, Rn. 15.
[175] Doc. Ref. CPMP/EWP/240/95 Rev. 1, abrufbar unter http://www.ema.europa.eu.
[176] Ebenso *Kloesel/Cyran*, § 25 Anm. 83; *Fleischfresser/Fuhrmann*, in: Fuhrmann/Klein/Fleischfresser, § 10 Rn. 261.
[177] Doc. Ref. EMEA/HMPC/166 326/2005, abrufbar unter http://www.ema.europa. eu. Vgl. hierzu *Kloesel/Cyran*,
§ 25 Anm. 88.
[178] Doc. Ref. EMEA/CVMP/83 804/2005, abrufbar unter http://www.ema.europa. eu. Vgl. hierzu *Kloesel/Cyran*,
§ 25 Anm. 89.
[179] Die Notwendigkeit der Angabe der Wartezeit ergibt sich auch nach §§ 10 V Nr. 8; 11 IV 1 Nr. 6; 11a I c 1
Buchst. k).
[180] Ebenso *Kloesel/Cyran*, § 25 Anm. 91.

Fütterungsarzneimitteln verwendet zu werden. Sie gelten als Fertigarzneimittel (§ 4 XI). Dem Zulassungsantrag für Arzneimittel-Vormischungen ist eine Beschreibung über eine routinemäßig durchführbare Kontrollmethode, die zum qualitativen und quantitativen Nachweis der wirksamen Bestandteile in den Fütterungsarzneimitteln geeignet ist, beizufügen. Zudem ist die Eignung der routinemäßig durchführbaren Kontrollmethode durch Unterlagen über Prüfungsergebnisse zu belegen (§ 23 II 3).

An die Anforderungen des **§ 23 II 3** knüpft der Versagungsgrund nach Nr. 6a an. Wenn die angewendeten Kontrollmethoden nicht routinemäßig durchführbar sind, darf die Zulassung versagt werden. Über den Wortlaut hinaus erlaubt Nr. 6a die **Versagung** der Zulassung in **zwei weiteren Fällen:** Zum einen darf die Zulassung versagt werden, wenn die routinemäßige Durchführbarkeit nicht hinreichend belegt ist. Zum anderen kann der Zulassung entgegengehalten werden, dass die Kontrollmethode an sich bereits nicht geeignet ist, die Anforderungen des § 23 II 3 zu erfüllen, d. h. die Kontrollmethode einen Nachweis der wirksamen Bestandteile im Fütterungsarzneimittel in qualitativer und quantitativer Hinsicht nicht ermöglicht. Denn ein Verfahren, das nicht den Anforderungen des § 23 II 3 genügt, ist auch nicht routinemäßig durchführbar[181].

Die Kontrollmethoden sollen dazu dienen, die ordnungsgemäße Verteilung der Vormischung im Fütterungsarzneimittel zu überprüfen. Hingegen dienen die **Rückstandsnachweisverfahren** gem. § 23 I 1 Nr. 2 der Feststellung, ob in den zum menschlichen Verzehr bestimmten Lebensmitteln tierischen Ursprungs Arzneimittelrückstände in unzulässigen Mengen vorhanden sind (s. § 23 Rn. 10 ff.).

9. Tiere zur Lebensmittelgewinnung (Nr. 6b). Nr. 6b erlaubt die Versagung der Zulassung für Arzneimittel zur Anwendung bei Tieren, die der Gewinnung von Lebensmitteln dienen, wenn diese einen pharmakologisch wirksamen Bestandteil enthalten, der nicht in Tabelle 1 des Anhangs der VO (EU) Nr. 37/2010 aufgeführt ist[182]. Gegenstand der VO (EU) Nr. 37/2010 ist die Festsetzung von Höchstmengen für Tierarzneimittelrückstände in Nahrungsmitteln tierischen Ursprungs. Die VO enthält in ihrem Anhang die Liste pharmakologisch wirksamer Stoffe und ihre Einstufung hinsichtlich der Rückstandshöchstmengen, und zwar in Tabelle 1 die zulässigen Stoffe (teilweise mit Angaben zu den zulässigen Rückstandshöchstmengen) und in Tabelle 2 die verbotenen Stoffe. Wird gegen die in den Tabellen enthaltenen Verbote verstoßen, kann für Tierarzneimittel, die einen entsprechenden pharmakologisch wirksamen Bestandteil enthalten, keine Zulassung erteilt werden. Das Ermessen der zuständigen Bundesoberbehörde im Hinblick auf eine Versagung der Zulassung ist auf Null reduziert. Zur Sonderregelung in Abs. 2 S. 5 s. Rn. 95.

10. Verstoß gegen gesetzliche Vorschriften (Nr. 7). Der Versagungsgrund nach **Nr. 7** ermächtigt die zuständige Bundesoberbehörde, die Zulassung zu versagen, wenn entweder das Inverkehrbringen des Arzneimittels oder seine Anwendung bei Tieren gegen gesetzliche Vorschriften oder gegen eine VO oder eine RL oder eine Entscheidung des Rates oder der Kommission verstoßen würde. Nr. 7 stellt damit eine **Generalklausel** dar, die bei Verstößen des Arzneimittels gegen gesetzliche Vorschriften Anwendung findet, sofern nicht einer der Tatbestände der vorhergehenden Nr. einschlägig ist. Durch Art. 1 Nr. 13 der 4. AMG-Novelle wurde in den Versagungsgrund der Verstoß gegen EG-Recht aufgenommen. Damit wird es möglich, die Versagung der Zulassung auch mit entgegenstehenden Vorschriften einer RL der Gemeinschaft zu begründen, die grundsätzlich nur für die Mitgliedgliedstaaten, nicht aber für den einzelnen Bürger verbindlich ist.

Gesetzliche Vorschriften i. S. d. Vorschrift sind zunächst alle verwaltungsrechtlichen Bestimmungen, sei es in Gesetzen oder in Verordnungen, die an den Akt des Inverkehrbringens eines Arzneimittels anknüpfen. Darüber hinaus werden von diesem Tatbestandsmerkmal alle Vorschriften erfasst, die der Arzneimittelsicherheit dienen, ohne auf den Akt des Inverkehrbringens expressis verbis abzustellen. In diesen Fällen würde der Rechtsverstoß durch das Inverkehrbringen dokumentiert, was durch die Versagung der Zulassung verhindert werden muss. Der Versagungsgrund der Nr. 7 ist etwa auch einschlägig, wenn die Zulassung für ein freiverkäufliches Arzneimittel beantragt wird, jedoch Anwendungsgebiete beansprucht werden, die der Apothekenpflicht unterliegen[183]. Zu den gesetzlichen Vorschriften i. S. d. Nr. 7 zählen u. a. die §§ 6–8[184] sowie § 56 II–IV betr. die Einhaltung futtermittelrechtlicher Vorschriften. Gleichfalls einen Versagungsgrund bieten Vorstöße gegen das BtMG sowie gegen § 53 LFGB i. V. m. § 1 PharmStV. Neben diesen Vorschriften sind die Vorgaben der ChemOzonSchichtV, der EthylenoxidV, FCKW-HalonVerbV sowie der Aflatoxin VerbotsV zu beachten. Auf europäischer Ebene ist vor allem die Tabelle 2 des Anhangs der VO (EU) Nr. 37/2010 relevant. Danach ist die Verwendung der in der Tabelle

---

[181] *Kloesel/Cyran*, § 25 Anm. 92.

[182] Der Bezug auf die VO (EU) Nr. 37/2010 ist mit der 15. AMG-Novelle in Umsetzung europäischen Rechts in das AMG aufgenommen worden, vgl. BT-Drucks. 17/4231, S. 9.

[183] Vgl. *OVG Berlin*, PharmR 2007, 54; *Kloesel/Cyran*, § 25 Anm. 94.

[184] Vgl. *OVG Münster*, Urt. v. 12.8.2009 – 13 A 2147/06 – BeckRS 2009, 38835 (zu einem Verstoß gegen § 8 I Nr. 2 S. 1 – „Vitamin E 800 I. E."); *VG Köln*, PharmR 2013, 469 (zu einem Verstoß gegen § 8 I Nr. 2 – „Forte"); *VG Köln*, PharmR 2004, 225 ff. (zu einem Verstoß gegen § 8 I Nr. 2 S. 1 – „Herz-Kreislauf-Beruhigungstee Nr. 15"); *Wagner*, A&R 2005, 61 ff.

2 der VO aufgeführten Stoffe in Tierarzneimitteln, die Tieren verabreicht werden, die zur Nahrungsmittelerzeugung genutzt werden, in der EU per se verboten.

88   Im Hinblick auf Verstöße gegen gemeinschaftsrechtliche Vorschriften ist **Art. 12 II VO (EG) Nr. 726/2004** von Bedeutung. Danach führt die Versagung einer Gemeinschaftsgenehmigung für das Inverkehrbringen zu einem Verbot des Inverkehrbringens des betr. Arzneimittels in der gesamten EU. Dies bezieht sich auf solche, im Anhang zur VO aufgeführte Arzneimittel, deren Zulassung zwingend im zentralen Verfahren zu erfolgen hat (Art. 3 I VO (EG) Nr. 726/2004). Dasselbe gilt, wenn eine Versagung durch die Kommission für ein Arzneimittel ausgesprochen wird, für das die Voraussetzungen einer optionalen zentralen Zulassung nach Art. 3 II VO (EG) Nr. 726/2004 vorliegen.

89   Generell ist bei der Anwendung der Nr. 7 zu beachten, dass die Zulassung nicht mit einem Verstoß gegen Vorschriften einer RL begründet werden kann, wenn die entsprechende Vorschrift der RL bereits in einem der **Versagungsgründe nach Nr. 1–6b** umgesetzt wurde. In diesem Fall bestimmt sich die Versagung der Zulassung nach der jeweiligen Ausgestaltung des entsprechenden Versagungsgrundes nach nationalem Recht. Die zuständige Bundesoberbehörde kann daher nicht mittels des Versagungsgrundes nach Nr. 7 die Tatbestandsvoraussetzungen der Versagungsgründe nach Nr. 1–6b umgehen.

90   Wenn das Inverkehrbringen des Arzneimittels lediglich gegen **privatrechtliche Vorschriften** verstoßen würde, die Anlass für Unterlassungs- oder Schadenersatzansprüche geben könnten, steht dies der Erteilung einer Zulassung des Arzneimittels nicht entgegen[185]. Das ergibt sich schon ohne weiteres aus Abs. 10. Der Versagungsgrund in Nr. 7 verweist auf diejenigen bundes- und europarechtlichen Vorschriften, die der Arzneimittelsicherheit und den Belangen des vorbeugenden Gesundheitsschutzes zu dienen bestimmt sind[186].

II. Kein Versagungsgrund nach S. 1 Nr. 4 (S. 2)

91   Nach **Abs. 2 S. 2** darf die Zulassung nicht nach Abs. 2 S. 1 Nr. 4 deshalb versagt werden, weil therapeutische Ergebnisse nur in einer beschränkten Zahl von Fällen erzielt worden sind. Dies kann nicht als ein Absehen von dem in Abs. 2 S. 1 Nr. 4, 1. Alt. vorgesehenen Nachweis der therapeutischen Wirksamkeit interpretiert werden. *Kloesel/Cyran* weist zu Recht darauf hin, dass die Wirksamkeit eines Arzneimittels nicht schon dann erwiesen ist, wenn in einigen Fällen therapeutische Erfolge nachgewiesen werden konnten[187]. Die Vorschrift bezieht sich auf solche **Konstellationen,** in denen sich aufgrund anderer Daten und Unterlagen hinreichende Belege für die Wirksamkeit ergeben. Dies betrifft vor allem Indikationen, die selten vorkommen oder bei denen die herkömmlichen Prüfmethoden wenig geeignet sind, die Wirksamkeit experimentell nachzuweisen[188].

III. Fehlende therapeutische Wirksamkeit (S. 3)

92   Bereits nach Abs. 2 S. 1 Nr. 4 ist eine Zulassung zu versagen, wenn die therapeutische Wirksamkeit des Arzneimittels nach dem jeweils gesicherten Stand der wissenschaftlichen Erkenntnisse vom Antragsteller unzureichend begründet ist. Vor diesem Hintergrund stellt die Vorschrift des **Abs. 2 S. 3** eine **Wiederholung** der gesetzgeberischen Intention dar. Der Zweck der Vorschrift erschöpft sich darin zu verdeutlichen, dass die Darlegungs- und Beweislast für den Nachweis der therapeutischen Wirksamkeit i. S. d. 2. Alt. des Abs. 2 S. 1 Nr. 4 ausschließlich beim Antragsteller liegt[189].

IV. Berücksichtigung der medizinischen Erfahrungen der jeweiligen Therapierichtung (S. 4)

93   Bei der Prüfung des Vorliegens von Versagungsgründen nach dem Prüfungskatalog des Abs. 2 S. 1 Nr. 1–7 sind die medizinischen Erfahrungen der jeweiligen Therapierichtung zu berücksichtigen. Dies schließt die Möglichkeit zur Vorlage von Anwendungsbeobachtungen ein[190], wobei allerdings allein Anwendungsbeobachtungen zur Begründung der therapeutischen Wirksamkeit regelmäßig nicht ausreichen sollen[191]. Für den Versagungsgrund des Vorliegens eines **ungünstigen Nutzen-Risiko-Verhältnisses** gem. Abs. 2 S. 1 Nr. 5[192] sind bei homöopathischen Arzneimitteln wie bei allopathischen Arzneimitteln nicht nur die pharmakologisch-toxikologischen Risiken zu berücksichtigen. In die insoweit

---

[185] Ebenso *Kloesel/Cyran*, § 25 Anm. 94; *Sander*, § 25 Erl. 11.
[186] Vgl. *VG Berlin*, Urt. v. 30.8.2006 – 24 K 1803/06 – juris (zur Unbeachtlichkeit von artenschutzrechtlichen Vorschriften im Zulassungsverfahren); Urt. v. 10.12.1996 – VG 14 A 468.95 – juris (zur Unbeachtlichkeit patentrechtlicher Einwendungen).
[187] § 25 Anm. 97.
[188] *Kloesel/Cyran*, § 25 Anm. 97.
[189] Vgl. *Kloesel/Cyran*, § 25 Anm. 99 mit ausführlicher Darstellung des historischen Hintergrunds der Vorschrift.
[190] *BVerwG*, PharmR 2010, 481, 484.
[191] *OVG Münster*, Beschl. v. 29.1.2014 – 13 A 2730/12 – BeckRS 2014, 47934. Unklar insoweit *OVG Münster*, PharmR 2011, 484, wonach Anwendungsbeobachtungen bei bezugnehmenden Anträgen nach § 22 III grundsätzlich anerkanntes wissenschaftliches Erkenntnismaterial darstellen sollen.
[192] Der Versagungsgrund ist auch im Rahmen der Nachzulassung zu beachten (§ 105 IVf a).

vorzunehmende Abwägung ist nach der aktuellen Rechtsprechung des *BVerwG* jedwede unerwünschte Folge einschließlich der Erstverschlimmerungen und des Auftretens einer Arzneimittelprüfsymptomatik einzustellen. Die Pflicht zur Berücksichtigung der Besonderheiten und Erfahrungen der Homöopathie schließt ein, dass auch ihre spezifischen Risiken zu berücksichtigen sind. Dies ergibt sich bereits aus der Definition für Nebenwirkungen in § 4 XIII 1, die sämtliche beim bestimmungsgemäßen Gebrauch eines Arzneimittels auftretenden schädlichen unbeabsichtigten Reaktionen erfasst (s. § 4 Rn. 88 ff.) und der Definition für das Risiko, welches im Rahmen der Bewertung des Nutzen-Risiko-Verhältnisses gem. Abs. 2 S. 1 Nr. 5 in die Abwägung einzustellen ist[193]. Als Risiko bezeichnet § 4 XXVII Buchst. a) jedes Risiko im Zusammenhang mit der Qualität, Sicherheit und Wirksamkeit des Arzneimittels für die Gesundheit des Patienten. Darunter fallen auch die unerwünschten schädlichen Folgen homöopathischer Arzneimittel[194].

Es ist daher bei **homöopathischen Arzneimitteln** zulässig, die Risiken der Erstverschlimmerung **94** und des Auftretens einer Prüfsymptomatik als relevante Risiken in die Nutzen-Risiko-Abwägung einzustellen. Die bis zum Urteil des *BVerwG* vom 19.11.2009 in der Rechtsprechung vertretene Gegenauffassung verwies darauf, dass die Risiken bei solchen Präparaten nicht messbar seien und weder von der Wahrscheinlichkeit des Auftretens noch der Schwere der Wirkungen abgeschätzt werden könnten[195]. Eine Einbeziehung von nicht messbaren Risiken in die Dosierung von homöopathischen Arzneimitteln sei nicht zum Schutz von Patienten in der Selbstmedikation erforderlich. Die Arzneimittelsicherheit könne hier dadurch gewährleistet werden, dass in die Packungsbeilage ein Hinweis auf die Gefahr der Erstverschlimmerung und die Empfehlung, das Medikament abzusetzen, gemacht wird[196]. Dem hat das *BVerwG* nun mit zutreffender Begründung widersprochen.

V. Kein Versagungsgrund nach S. 1 Nr. 6b (S. 5)

Abs. 2 S. 5 enthält eine **Sonderregelung,** die es der zuständigen Bundesoberbehörde verwehrt, sich **95** bei Arzneimitteln zur Behandlung einzelner Einhufer auf den Versagungsgrund nach Nr. 6b zu berufen. Die Sonderregelung betrifft insbes. Pferde, die entsprechend der Vorgabe des Art. 6 III RL 2001/82/EG als nicht zur Schlachtung für den menschlichen Verzehr bestimmt erklärt wurden.

D. Verwechslungsgefahr (Abs. 3)

I. Versagungsgrund (S. 1)

Abs. 3 enthält einen weiteren, neben die Versagungsgründe des Abs. 2 tretenden Versagungsgrund. **96** Danach ist die Zulassung zu versagen, wenn sie für ein Arzneimittel beantragt wird, das hinsichtlich seiner **Bezeichnung** einem bereits zugelassenen Arzneimittel entspricht, sich in der Art oder der Menge der Wirkstoffe (§ 4 XIX) aber unterscheidet. Die Regelung des Abs. 3 weicht jedoch insofern von den Versagungsgründen nach Abs. 2 ab, als nach **Abs. 3 S. 1 zwingend die Zulassung zu versagen** ist.

Der Versagungsgrund nach Abs. 3 soll sicherstellen, dass die Verkehrskreise nicht über die Zusammen- **97** setzung eines Arzneimittels getäuscht werden. Insoweit verfolgt die Vorschrift den **Zweck,** Verwechselungen vorzubeugen und damit die Arzneimittelsicherheit zu stärken[197]. Dies gilt unabhängig davon, ob sich die Frage der Bezeichnung im Rahmen eines (Erst-)Zulassungsverfahrens, eines Nachzulassungsverfahrens, eines Verfahrens auf Verlängerung der erteilten Zulassung oder im Rahmen der Änderung einer Zulassung nach einer Anzeige nach § 29 II stellt[198]. Nach Ansicht des Gesetzgebers soll die Vorschrift zur Übersichtlichkeit über die im Verkehr befindlichen Arzneimittel beitragen, indem sie verhindert, dass ein pharmazeutischer Unternehmer Arzneimittel in den Verkehr bringt, die die gleiche Bezeichnung haben, die jedoch eine unterschiedliche Zusammensetzung aufweisen[199], bzw. erwarten Ärzte, Apotheker und Verbraucher, dass Arzneimittel mit einheitlicher Bezeichnung aus den gleichen Wirkstoffen zusammengesetzt sind[200]. Dieses Vertrauen soll geschützt werden. Der Versagungsgrund steht damit in engem Zusammenhang mit **§ 8 I 1 Nr. 2 S. 1,** wonach es verboten ist, Arzneimittel herzustellen oder in den Verkehr zu bringen, die mit irreführender Bezeichnung versehen sind.

---

[193] Vgl. *BVerwG*, PharmR 2010, 192.
[194] *BVerwG*, PharmR 2010, 196.
[195] So *OVG Münster*, PharmR 2009, 289 f.; *VG Köln*, Urt. v. 20.1.2009 – 7 K 5813/07 – BeckRS 2009, 31432; Urt. v. 26.8.2008 – 7 K 238/05 – BeckRS 2008, 39906; Urt. v. 29.1.2008 – 7 K 4227/04 – BeckRS 2008, 34194.
[196] Vgl. *OVG Münster*, PharmR 2009, 289 f.; *VG Köln*, Urt. v. 26.8.2008 – 7 K 238/05 – BeckRS 2008, 39906.
[197] Für die Zulassung im zentralen Verfahren nach der VO (EG) Nr. 726/2004 ist auf die „Guideline on the acceptability of names for human use medicinal products processed through the centralised procedure" vom 22.5.2014, EMA/CHMP/287710/2014 – Rev. 6, zu verweisen, abrufbar unter http://ema.europa.eu. Vgl. hierzu *Menges*, in: Fuhrmann/Klein/Fleischfresser, § 10 Rn. 284.
[198] Vgl. *VG Köln*, Urt. v. 12.4.2011 – 7 K 4284/09 – BeckRS 2011, 50095. Vgl. auch *OVG Münster*, Urt. v. 23.5.2007 – 13 A 3657/04 – BeckRS 2007, 24613.
[199] Vgl. BT-Drucks. 7/3060, S. 50.
[200] Vgl. BT-Drucks. 10/5112, S. 18.

98   Das AMG enthält keine Definition für den **Begriff der Bezeichnung**. Jedoch wird man auf die gemeinschaftsrechtliche Definition in Art. 1 Nr. 20 RL 2001/83/EG zurückgreifen können. Danach ist der Name eines Arzneimittels der Name, der entweder ein nicht zu Verwechselungen mit dem gebräuchlichen Namen führender Phantasiename oder ein gebräuchlicher oder wissenschaftlicher Name i. V. m. einem Warenzeichen oder dem Namen des Inhabers der Genehmigung für das Inverkehrbringen sein kann[201]. Zudem ist in Art. 54 Buchst. a) RL 2001/83/EG die sog. erweiterte Bezeichnung eines Arzneimittels definiert als *„Name des Arzneimittels, gefolgt von der Stärke und der Darreichungsform, und gegebenenfalls dem Hinweis, ob es zur Anwendung für Säuglinge, Kinder oder Erwachsene bestimmt ist"*. Der „Leitlinie des BfArM und PEI zur Bezeichnung von Arzneimitteln" vom 19.3.2013[202] kommt kein normativer Charakter zu[203]. Sie hat in der aktuellen Rechtsprechung im Ergebnis keine Rolle gespielt.

99   Unter einer **„gleichen Bezeichnung"** wird man nur im Wortlaut identische Bezeichnungen zu verstehen haben[204], denn anders erschließt sich das Verständnis des Begriffs der Gleichheit nicht. Entweder etwas ist gleich, also identisch oder es ist ungleich, weil eine Abweichung von der Ausgangsbezeichnung vorliegt. Eine solche Abweichung kann sich jedoch nur aus einem anderen Wortlaut ergeben. Hätte der Gesetzgeber das Verständnis gehabt, dass unter einer „gleichen Bezeichnung" eine „identische Bezeichnung" zu verstehen ist[205], hätte er dies in Abs. 3 S. 1 entsprechend normieren können. Der Verbotstatbestand des Abs. 3 S. 1 greift daher **nicht** ein, wenn bei einer identischen Hauptbezeichnung mit dem Vergleichspräparat unterscheidende Bezeichnungszusätze gemacht werden. Die Vorschrift des Abs. 3 S. 1 kennt insoweit nur den Terminus „gleiche Bezeichnung" und differenziert nicht zwischen einer „gleichen Hauptbezeichnung" und „Bezeichnungszusätzen"[206]. Unter der „gleichen Bezeichnung" ist die Gesamtbezeichnung eines Arzneimittels, also die, soweit vorhanden, Hauptbezeichnung samt Bezeichnungszusätzen zu verstehen[207]. Alles andere wäre eine nicht mit dem Wortlaut des Abs. 3 S. 1 zu vereinbarende „Rosinenpickerei".

100   Nachdem die Rechtsprechung sich nunmehr einheitlich dafür ausgesprochen hat, dass der Versagungstatbestand des § 25 III nicht eingreifen kann, wenn unter einer **Dachmarke**[208] als Hauptbezeichnung unterschiedliche Bezeichnungszusätze verwendet werden[209], kommt es entscheidend darauf an, ob ungeachtet dessen eine **Irreführung des Verbrauchers** durch die Bezeichnung des Arzneimittels zu befürchten ist. Dies muss anhand der Anforderungen des **§ 8 I 1 Nr. 2 S. 1** geprüft werden (s. hierzu § 8 Rn. 13 ff.). Ob die Bezeichnung eines Arzneimittels geeignet ist, bei dem durchschnittlich informierten, aufmerksamen und verständigen Verbraucher Fehlvorstellungen über die Qualität, die therapeutische Wirksamkeit, die Wirkungen, die Wirkstoffe, die Unbedenklichkeit oder sonstige wesentliche Merkmale des Arzneimittels zu wecken und deshalb als irreführend i. S. des § 8 I 1 Nr. 2 S. 1 anzusehen ist, muss nach den konkreten Umständen des **Einzelfalls** beurteilt werden, wobei dies auch hinsichtlich der Verwendung einer **Dachmarke** als Hauptbestandteil einer Arzneimittelbezeichnung gilt[210]. Der gleichzeitige Vertrieb von Arzneimitteln unter einer Dachmarke als solcher reicht nicht aus, um eine Irreführung zu begründen. § 8 I Nr. 2 steht nicht per se dem unternehmerischen Bemühen entgegen, das positive Image einer Marke auf weitere Arzneimittel zu transferieren oder eine solche Dachmarke aufoder auszubauen[211].

101   Die Rechtsprechung geht für die sich aus **§ 8 I 1 Nr. 2 S. 1** ergebenden Vorgaben vom sog. **Strengeprinzip** aus. Angesichts der Bedeutung des Rechtsguts Gesundheit und der mit falschen Erwartungen an Arzneimittel verbundenen Gesundheitsrisiken seien an die Wahrheit, Eindeutigkeit und Klarheit der Bezeichnung eines Arzneimittels erhöhte Anforderungen zu stellen. Die Bezeichnung eines

---

[201] Vgl. *VG Köln*, PharmR 2011, 238, 240. Eine Definition, allerdings ohne rechtsverbindlichen Charakter, findet sich auch in Ziff. 2 der Bekanntmachung des BGA und des PEI über Hinweise und Empfehlungen zur Vermeidung von irreführenden Arzneimittelbezeichnungen vom 9./22.8.1991.

[202] Abrufbar unter http://www.bfarm.de.

[203] Vgl. hierzu *Schmidt/Kleintz*, PharmR 2013, 305.

[204] A. A. *VG Köln*, PharmR 2011, 238, 240. Kritisch hierzu *Reese*, PharmR 2011, 392.

[205] So zu Unrecht *VG Köln*, PharmR 2011, 238, 240.

[206] Ebenso *Weidner/Karle*, PharmR 2011, 243.

[207] Mittlerweile ganz h. M., vgl. *BVerwG*, Beschl. v. 29.4.2015 – 3 B 29.14 – BeckRS 2015, 46295 („Aktren"); *OVG Münster*, Beschl. v. 3.6.2015 – 13 A 2215/14 – BeckRS 2015, 46867 („Grippostad"); Beschl. v. 11.5.2015 – 13 A 2007/14 – BeckRS 2015, 46567 („proff Schmerz-Creme"); PharmR 2014, 229 („Aktren"); *OLG Saarbrücken*, PharmR 2014, 598 f. („proff Schmerz"). Vgl. auch *Reese*, PharmR 2014,392; *Pannenbecker/Blind*, PharmR 2011, 272; *Sander*, A&R 2011, 248.

[208] Dachmarken sind nach der Definition des Markenverbandes Kennzeichen, die – ergänzt mit unterschiedlichen Bezeichnungszusätzen – gleichzeitig für unterschiedliche Produkte verwendet werden, die sich entweder in ihrer Zweckbestimmung oder in ihrer Zusammensetzung nach Art der Bestandteile voneinander unterscheiden, vgl. B. 1. des Leitfadens für Dachmarken-Konzepte für Arzneimittel, Lebensmittel, Nahrungsergänzungsmittel, Kosmetika, Medizinprodukte vom 8.10.2002.

[209] Noch zweifelnd, aber im Ergebnis offenlassend *OVG Münster*, PharmR 2013, 358 („Fenistil").

[210] St. Rspr., vgl. *BVerwG*, Beschl. v. 29.4.2015 – 3 B 29.14 – BeckRS 2015, 46295 („Aktren"); *OVG Münster*, Beschl. v. 3.6.2015 – 13 A 2215/14 – BeckRS 2015, 46867 („Grippostad"); Beschl. v. 11.5.2015 – 13 A 2007/14 – BeckRS 2015, 46567 („proff Schmerz-Creme"); PharmR 2014, 232 f. („Aktren"); *OLG Saarbrücken*, PharmR 2014, 600 („proff Schmerz").

[211] Vgl. *OVG Münster*, PharmR 2014, 237 („Aktren"); *OLG Saarbrücken*, PharmR 2014, 598 („proff Schmerz").

Arzneimittels sei insbes. für die Information der Verbraucher wichtig, die typischerweise nicht über qualifizierte medizinische Kenntnisse verfügen. Bei der Ermittlung der durch die Bezeichnung eines Arzneimittels ausgelösten Vorstellungen des Verbrauchers ist auf einen durchschnittlich informierten, aufmerksamen und verständigen Verbraucher abzustellen, der davon ausgeht, dass das Gesundheitswesen einschließlich der Arzneimittelwirtschaft staatlicherseits reguliert und überwacht wird. Er soll darauf vertrauen können, dass die zugelassene Bezeichnung so eindeutig ist, dass sie keine Fehlvorstellungen bzw. Missverständnisse über das Arzneimittel auslöst. Welche Verbrauchervorstellungen im konkreten Fall vorhanden sind, wollen die Gerichte aus eigener Sachkunde feststellen können, da die Richterinnen und Richter sich zu den durchschnittlich informierten, aufmerksamen und verständigen Verbrauchern zählen[212]. Die Anwendung des sog. Strengeprinzips widerspricht jedoch dem **europäischen Verbraucherleitbild,** wonach es auf den durchschnittlich informierten, aufmerksamen und verständigen Durchschnittsverbraucher und nicht darauf ankommt, ob ein nicht völlig unerheblicher Teil des Verkehrs getäuscht werden könnte. Dieses ist als Bewertungsmaßstab für die Frage des Vorliegens einer Irreführung gem. § 8 I 1 Nr. 2 S. 1 vorrangig gegenüber der Anwendung des sog. Strengeprinzips[213].

Mit dem Irreführungsverbot des **§ 8 I 1 Nr. 2** S. 1 steht ein ausreichendes Korrektiv zur Gewähr-   **102** leistung der Vermeidung der Verwechselungsgefahr und damit der Arzneimittelsicherheit zur Verfügung[214]. Indem die Rechtsprechung jedoch auf die jeweiligen Einzelfallumstände abstellt und noch keine überzeugenden Kriterien erarbeitet hat, die hier maßgeblich sein können bzw. müssen, besteht für die Praxis noch eine erhebliche Rechtsunsicherheit. Erste Ansätze für mehr Rechtsklarheit finden sich immerhin in der „Akten"-Entscheidung des *OVG Münster* (s. auch § 8 Rn. 15 f.). Danach soll die Irreführungsgefahr umso geringer sein, je weniger eine Marke bzw. eine Verbrauchererwartung dahingehend gibt, dass Arzneimittel, deren mehrteiliger Name eine Wirkstoffbezeichnung beinhaltet, stets zwei Wirkstoffe enthält[215]. Ob der maßgebliche Verbraucher deswegen nicht irregeführt werden kann, weil er sich über das Internet die erforderlichen Informationen über ein Arzneimittel verschaffen kann, wird als Kriterium abgelehnt[216]. Ob dies in Anbetracht der heutigen Zeit, in der das Internet umfänglich von weiten Verbraucherkreisen genutzt wird, noch haltbar ist, erscheint zweifelhaft.

Eine Änderung der Zusammensetzung des Arzneimittels hinsichtlich der Art oder Menge der Wirk-   **103** stoffe zwingt den Hersteller gem. **§ 29 III Nr. 1,** eine neue Zulassung zu beantragen. Sofern sich die Änderung nicht lediglich auf die Menge der Wirkstoffe beschränkt und nicht zugleich eine andere Darreichungsform gewählt wird, bedarf das geänderte Arzneimittel einer neuen Bezeichnung. Diese neue Bezeichnung ist selbst dann erforderlich, wenn das ursprüngliche Arzneimittel nicht weiter in den Verkehr gebracht werden soll. Es ist sehr wahrscheinlich, dass die Verkehrskreise aufgrund unveränderter Bezeichnung eines Erzeugnisses davon ausgehen, dass auch die inhaltliche Zusammensetzung unverändert geblieben ist (Erinnerungseffekt).

II. Ausnahme (S. 2)

Nach **Abs. 3 S. 2** gilt das Verbot des S. 1 der Vorschrift nicht, wenn sich die Arzneimittel trotz eines   **104** Unterschieds in der **Menge** der Wirkstoffe in der Darreichungsform unterscheiden. Die Ausnahme bezieht sich aber nicht auf einen Unterschied in der **Art** der Wirkstoffe.

E. Mängelbeseitigung (Abs. 4)

I. Mitteilung von Mängeln (S. 1)

1. Zweck der Regelung. Die Regelung in Abs. 4[217] trägt sowohl dem Interesse des Antragstellers als   **105** auch dem Interesse der über die Zulassung entscheidenden zuständigen Bundesoberbehörde Rechnung. Mit dem in Abs. 4 vorgesehenen Verfahren sollen die **Interessen** des Antragstellers und der Allgemeinheit in der Weise zum **Ausgleich** gebracht werden, dass dem Antragsteller eine letzte Chance zur Ausräumung von Beanstandungen der Behörde eingeräumt wird, um eine Zurückweisung des Zulassungsantrags zu vermeiden. Diese Chance ist indes zeitlich begrenzt und lässt bei ihrem nutzlosen Verstreichen ein Nachschieben von Unterlagen und Daten nicht mehr zu[218]. Ein Zulassungsantrag soll nicht wegen Beanstandungen zurückgewiesen werden, denen der Antragsteller in angemessener Zeit

---

[212] Vgl. *OVG Münster*, PharmR 2014, 233 („Akten"); PharmR 2013, 358 („Fenistil"); *VG Köln*, 25.3.2014 -7 K 6408/12 – BeckRS 2014, 50673. A. A. *Sander*, A&R 2011, 253, der repräsentative Verbraucherumfragen für erforderlich hält.

[213] So zu Recht *Zindel/Vorländer*, PharmR 2015, 59.

[214] A. A. noch *VG Köln*, PharmR 2011, 238 ff.

[215] *OVG Münster*, PharmR 2014, 235 f. („Akten").

[216] *OVG Münster*, Beschl. v. 11.5.2015 – 13 A 2007/14 – BeckRS 2015, 46567 („proff Schmerz").

[217] Die Vorschrift findet gem. §§ 39 I 2, 39c I 2, entsprechende Anwendung im Registrierungsverfahren.

[218] Vgl. *Ost*, in: Fuhrmann/Klein/Fleischfresser, § 10 Rn. 311.

abhelfen kann (sog. Nachbesserungsmöglichkeit). Weder der Antragsteller noch die Zulassungsbehörde sollen sich mit dem Aufwand und den Kosten eines neuen Zulassungsantrags belasten müssen, wenn dies vermeidbar ist[219]. Aus diesem Grund **muss**[220] die Zulassungsbehörde, sofern sie der Auffassung ist, dass eine Zulassung aufgrund der bislang vorgelegten Unterlagen nicht erteilt werden kann, dies dem Antragsteller mitteilen.

106 **2. Wirksamer Antrag.** Voraussetzung einer Mängelbeseitigung nach Abs. 4 ist, dass überhaupt ein **wirksamer Antrag** auf Zulassung eines Arzneimittels gestellt wurde. Dies bedingt, dass zumindest die Person des Antragstellers, das betroffene Arzneimittel sowie die Zielrichtung des Antrags angegeben werden, um ermessen zu können, welche Voraussetzungen an eine positive Bescheidung zu stellen sind[221].

107 **3. Beanstandungsschreiben.** Im Rahmen der 14. AMG-Novelle wurde klargestellt, dass die von der Zulassungsbehörde festgestellten Mängel dem Antragsteller konkret zu benennen sind („unter Angabe von Gründen"), so dass er in die Lage versetzt wird zu erkennen, was von ihm in der gesetzten Frist noch zu leisten ist[222]. Dies setzt zugleich voraus, dass die Behörde dem Antragsteller den **konkreten Versagungsgrund nennt,** auf den sie im Fall einer ausbleibenden Mangelbeseitigung die Versagung der Zulassung stützen wird[223]. In jedem Fall ist die Behörde wegen der im Falle des Eintritts der Präklusionswirkung auf den Antragsteller zukommenden Belastung gehalten, Beanstandungen des Zulassungsdossiers als solche eindeutig unter Hinweis auf § 25 IV zu kennzeichnen[224]. Das Beanstandungsschreiben selbst stellt nach der Rechtsprechung keinen Verwaltungsakt dar, so dass zwar wegen der ausdrücklichen Anordnung in S. 4 der Versagungsgrund, aber nicht die Dauer der eingeräumten Mängelbeseitigungsfrist zu begründen ist[225]. Gleichwohl gebietet ein faires Verwaltungsverfahren die Mitteilung der Gründe für die festgelegte Fristdauer.

108 Bei der Abfassung des Beanstandungsschreibens hat die Behörde **§ 25 I 1 VwVfG** zu beachten, wobei es auf die konkreten Einzelfallumstände ankommt, inwieweit die Behörde fehlende Unterlagen im Einzelnen zu benennen und Fehler der eingereichten Unterlagen zu beschreiben hat. Maßgabe sollte hier sein, dass dem Antragsteller möglichst genau die Mängel des Zulassungsdossiers und das, was die Behörde zur Behebung der Mängel erwartet, zu beschreiben sind. Dies folgt ohne weiteres aus dem Rechtsstaatsprinzip, dem das Verwaltungsverfahren prägenden Kooperationsprinzip und dem europarechtlichen Grundsatz der „guten Verwaltung"[226].

109 Das *OVG Münster* hat für die vergleichbare Situation der Nachzulassung (§ 105 V) festgestellt, dass **mehrere Mängelmitteilungen** betr. denselben Mangel unzulässig sind[227]. Dementsprechend kann die Behörde die von ihr gesetzte Frist nicht eine erneute Mängelmitteilung zugunsten des Antragstellers umgehen. Die Behörde ist durch den Erlass einer Mängelmitteilung aber nicht gehindert, wegen anderer Fehler, die nicht Teil der ersten Mängelmitteilung waren, erneut eine Mängelmitteilung zu machen[228].

110 **4. Entscheidung der Behörde bei Mängeln. a) Nicht fristgerecht behebbare Mängel.** Sofern die Zulassungsbehörde der Auffassung ist, dass Mängel des Antrags **offensichtlich** auch nicht innerhalb der in Abs. 4 S. 4 vorgesehenen Mängelbeseitigungsfrist durch Vorlage neuer Unterlagen oder Daten behoben werden können, darf sie den **Zulassungsantrag** ohne das in Abs. 4 vorgesehene Verfahren sogleich **zurückweisen**[229]. Eine derartige Entscheidung der zuständigen Bundesoberbehörde ist zu begründen. Sie ist gerichtlich voll nachprüfbar.

111 **b) Art der Mängel.** Abgesehen hiervon darf die Zulassungsbehörde selbst bei **besonders gravierenden Mängeln** nicht auf die Durchführung des Beanstandungsverfahrens nach Abs. 4 verzichten[230]. Auch ist es nicht zulässig, den Unterlagenbegriff in Abs. 4 S. 1 darauf zu reduzieren, dass lediglich solche Unterlagen Anlass für die Durchführung eines Beanstandungsverfahrens geben dürfen, die eine zeitaufwendige Prüfung erfordern. Vielmehr müssen auch mit geringem Aufwand zu prüfende Unterlagen die Behörde zur Durchführung eines Mängelbeseitigungsverfahrens veranlassen[231]. Dies gebietet der Verhältnismäßigkeitsgrundsatz.

---

[219] Vgl. *Ehlers*, PharmR 1992, 98 f.
[220] *Sander,* § 25 Erl. 12 a.
[221] *Ehlers*, PharmR 1992, 99 m. w. N.
[222] *VG Köln,* Urt. 24.1.2006 – 7 K 6804/03, Rn. 64 – juris.
[223] *VG Köln,* Urt. v. 26.8.2008 – 7 K 238/06 – BeckRS 2008, 39906.
[224] Vgl. *OVG Münster,* Beschl. v. 29.5.2007 – 13 A 5160/05 – BeckRS 2007, 24108 (zu § 105 V).
[225] Vgl. *VG Köln,* Urt. v. 17.2.2006 – 18 K 6077/03, Rn. 47 – juris.
[226] Vgl. *Kopp/Ramsauer*, § 25 Rn. 2. Bedenklich daher *OVG Münster,* PharmR 2007, 200.
[227] *OVG Münster,* PharmR 2009, 179; Urt. v. 29.4.2008 – 13 A 4996/04 – BeckRS 2008, 35031.
[228] *OVG Münster,* PharmR 2009, 179; Urt. v. 18.12.2008 – 13 A 1833/06 – BeckRS 2009, 30363.
[229] Ebenso *Ost*, in: Fuhrmann/Klein/Fleischfresser, § 10 Rn. 313 ff.
[230] Vgl. *OVG Münster,* PharmR 2009, 462; A&R 2007, 187 (beide zu § 105); *Ost*, in: Fuhrmann/Klein/Fleischfresser, § 10 Rn. 315.
[231] Vgl. *Ost*, in: Fuhrmann/Klein/Fleischfresser, § 10 Rn. 317.

c) Fehlende Unterlagen. Sofern **Unterlagen,** deren Vorliegen nach Auffassung der Zulassungs- 112
behörde für eine Zulassung erforderlich sind, **fehlen,** also die vorgelegten Unterlagen nicht vollständig
sind, muss gleichfalls eine Mängelmitteilung von Seiten der Behörde gegenüber dem Antragsteller
erfolgen[232]. Der teilweise in der Literatur vertretenen Ansicht, Abs. 4 finde auf diesen Fall keine direkte
Anwendung, da er Mängel der vorgelegten Unterlagen voraussetze[233], kann nicht gefolgt werden. Abs. 4
setzt lediglich voraus, dass eine Zulassung aufgrund der bislang vorgelegten Unterlagen nicht erteilt
werden kann. Dies betrifft gleichermaßen inhaltliche Mängel als auch unvollständige Unterlagen. Das
OVG *Münster* hat gleichfalls Abs. 4 S. 4 ohne weitere Begründung auf einen solchen Sachverhalt
angewandt[234].

d) Auflagenbefugnis. Für das in Abs. 4 vorgesehene Beanstandungsverfahren stellt sich die Frage, ob 113
nicht vorrangig etwaigen Mängeln durch die Erteilung der Zulassung mit **Auflagen** Rechnung getragen
werden muss. Eine derartige Möglichkeit ist in § 25 IV 4 im Gegensatz zu § 105 V 4 i. V. m. Va 1 und 2
(für das Nachzulassungsverfahren) nicht vorgesehen. Hieraus kann indes nicht geschlossen werden, dass
Mängeln des Zulassungsdossiers des Antragstellers nicht durch Auflagen in der Zulassung Rechnung
getragen werden kann und ggf. muss. Gegen die Ablehnung der Zulassungserteilung unter Auflagen
spricht schon der eindeutige Wortlaut des § 28, der in verschiedenen Varianten die Erteilung der
Zulassung mit Auflagen ermöglicht. § 28 ist im Rahmen des Zulassungsverfahrens zwingend zu beachten. Die Behörde hat insoweit ein pflichtgemäß auszuübendes **Ermessen,** ob sie den Weg über das
Beanstandungsverfahren nach § 25 IV 4 oder über die Erteilung der Zulassung unter Auflagen gem. § 28
wählt. Ermessensleitend muss hierbei der Gesichtspunkt der Verhältnismäßigkeit sein, wonach die Erteilung der Zulassung den geringeren Eingriff in die Rechte des Antragstellers darstellt[235].
Eine andere Frage ist, ob über die in § 28 enthaltenen Tatbestände hinaus aufgrund des **§ 36 I 2. Alt.** 114
VwVfG von der zuständigen Bundesoberbehörde stets zu prüfen ist, ob die Zulassung mit Auflagen
anstelle des Beanstandungsverfahrens nach § 25 IV 4 möglich ist. Die Meinungen hierzu gehen weit
auseinander (s. ausführlich zum Meinungsstand § 28 Rn. 10 ff.). In der Diskussion ist die europarechtliche Vorgabe in **Art. 22 S. 1 RL 2001/83/EG** entsprechend zu berücksichtigen. Danach kann die
Genehmigung für das Inverkehrbringen des Arzneimittels in Ausnahmefällen und nach Konsultation des
Antragstellers vorbehaltlich der Verpflichtung des Antragstellers erteilt werden, die Bedingungen zu
erfüllen, die insbesondere die Sicherheit des Arzneimittels betreffen. Da nahezu alle arzneimittelrecht-
lichen Vorschriften der Arzneimittelsicherheit dienen, bedeutet dies, dass auch über § 28 hinaus die
Zulassung mit Auflagen erteilt werden kann, wenn dies der Arzneimittelsicherheit dient (a. A. die
Kommentierung in § 28 Rn. 11 ff.)[236].

e) Absehen von der Durchführung des Beanstandungsverfahrens. Sofern die Zulassungsbehörde 115
unter Verstoß gegen Abs. 4 S. 1[237] von der Durchführung eines Beanstandungsverfahrens Abstand
genommen hat, sich jedoch im gerichtlichen Verfahren herausstellt, dass auch bei Durchführung des
Verfahrens nach Abs. 4 S. 1 eine Mängelbeseitigung offensichtlich nicht möglich gewesen wäre, ist unter
Berücksichtigung von § 46 VwVfG eine auf Erteilung der Zulassung gerichtete Klage jedenfalls insoweit
abzuweisen[238]. Nichts anderes gilt, wenn Mängel objektiv nicht behoben werden können, die Behörde
an sich präkludierte Unterlagen oder Daten berücksichtigt hat, ohne – in rechtmäßiger Weise – zu einem
anderen Ergebnis in der Sache zu gelangen oder der Antragsteller sich im vorgerichtlichen Verfahren
weigert, die von der Behörde eingewendeten Mängel zu beseitigen[239].

f) Mitteilung von Mängeln im Gerichtsverfahren. Wenn die Zulassungsbehörde neue Beanstan- 116
dungen erst im **Gerichtsverfahren** erhebt, steht dem, wenn der Antragsteller, wie im Regelfall, eine
Verpflichtungsklage erhoben hat, der Grundsatz der reformatio in peius entgegen[240]. Auch ist ein Nachschieben von Gründen bei einer gebundenen Entscheidung wie der Zulassung von Arzneimitteln im
Falle der Erhebung einer Verpflichtungsklage nicht zulässig[241].

---

[232] Vgl. *Räpple*, PharmR 1991, 266.
[233] Vgl. *Sander*, § 25 Erl. 12 a.
[234] *OVG Münster*, PharmR 2007, 200 f.
[235] *Ost*, in: Fuhrmann/Klein/Fleischfresser, § 10 Rn. 315, spricht hier vom „milderen Mittel", das in der Erteilung
der Zulassung unter Auflagen zu sehen ist.
[236] A. A. *Kloesel/Cyran*, § 25 Anm. 110.
[237] Dies betrifft den Fall eines rechtswidrig unterlassenen Verfahrens und den Fall der Einräumung einer zu kurzen
Mängelbeseitigungsfrist.
[238] Vgl. *OVG Münster*, Urt. 11.2.2009 – 13 A 2150/06 – BeckRS 2009, 31963; Beschl. v. 29.5.2007 – 13 A 5160/
05 – BeckRS 2007, 24108; *Ost*, in: Fuhrmann/Klein/Fleischfresser, § 10 Rn. 326.
[239] Vgl. *Ost*, in: Fuhrmann/Klein/Fleischfresser, § 10 Rn. 326 m. w. N.
[240] Vgl. *Kopp/Schenke*, § 88 Rn. 6 ff.
[241] Vgl. *Kopp/Schenke*, § 113 Rn. 232. A. A. *VG Köln*, Urt. v. 29.3.2006 – 24 K 5695/02 – juris, das in diesem Fall
ein Bescheidungsurteil nach § 113 V VwGO mit der Maßgabe der Durchführung des Beanstandungsverfahrens nach
§ 25 IV 4 erlassen hat.

II. Mängelbeseitigungsfrist (S. 2)

117   Die Zulassungsbehörde hat dem Antragsteller Gelegenheit zu geben, Mängel innerhalb einer **angemessenen Frist**[242] zu beheben. Welche Frist im Einzelfall angemessen ist, wird durch den vom Antragsteller zu leistenden Aufwand bestimmt, der objektiv mit der Mängelbeseitigung verbunden ist. Demzufolge ist eine umso längere Mängelbeseitigungsfrist einzuräumen, je stärker der Zulassungsantrag mängelbehaftet ist[243]. Eine Frist, die der Antragsteller selbst zur Mängelbeseitigung mitteilt, wird dabei regelmäßig als angemessen anzusehen sein[244].

118   Durch die 10. AMG-Novelle wurde die Frist auf **höchstens sechs Monate** begrenzt. Hierdurch sollte verhindert werden, dass sich die Zulassungsbehörde nach Ablauf einer längeren Mängelbeseitigungsfrist erneut mit der Materie befassen muss. Zugleich soll die Höchstfrist von sechs Monaten verhindern, dass der Fortschritt des wissenschaftlichen Erkenntnisstandes Änderungen des Zulassungsantrags bedingt[245]. Ist eine eingeräumte, angemessene Frist nutzlos verstrichen, tritt die Präklusionswirkung des Abs. 4 S. 4 ein.

119   Die Fristsetzung nach S. 2 schließt es nicht aus, dass die dem Antragsteller gesetzte **Frist** gem. § 31 VII VwVfG **verlängert** wird. Dies steht im pflichtgemäßen Ermessen der Behörde. Durch eine Fristverlängerung darf die Frist insgesamt aber einen Zeitraum von sechs Monaten nicht überschreiten[246]. Vom Antragsteller wird erwartet, dass er entscheidungsreife Zulassungsanträge stellt. Die Frist zur Mängelbeseitigung soll es ihm ermöglichen, Mängel seines Zulassungsdossiers, von denen erwartet werden kann, dass er sie in dem 6-Monats-Zeitraum beheben kann, zu beseitigen.

120   Eine **Wiedereinsetzung in den vorigen Stand** hinsichtlich der 6-Monats-Frist des S. 2 kann nicht in Betracht kommen, da es sich um eine materielle Präklusionsfrist handelt und weil weder in Abs. 4 noch sonst im AMG die Wiedereinsetzung zugelassen wird[247].

121   Die Fristsetzung und eine eventuelle Nachfristsetzung stellen Verfahrenshandlungen dar, die nach § 44a VwGO der gerichtlichen Nachprüfung nur im Zusammenhang mit der Sachentscheidung unterliegen[248]. Wird im Anschluss an eine unangemessene Frist die Zulassung versagt, fehlt es der Versagung an der erforderlichen Rechtsgrundlage, so dass sie rechtswidrig ist[249]. Eine Versagung ist zudem rechtswidrig, wenn die Behörde eine fristgebundene Nachbesserung durch den Antragsteller in rechtswidriger Weise als unmöglich erachtet und deshalb ohne Fristsetzung die Zulassung versagt[250].

III. Versagung der Zulassung (S. 3)

122   Nach Ablauf der dem Antragsteller gesetzten Frist hat die Zulassungsbehörde über die Zulassung zu entscheiden. Sofern den in der Mitteilung gegenüber dem Antragsteller enthaltenen Mängeln nicht abgeholfen werden konnte, ist **zu unterscheiden:** Die Zulassung nach S. 3 ist zwingend zu versagen, d. h. der Zulassungsbehörde steht insoweit – im Gegensatz zu den Versagungsgründen nach Abs. 2 – kein Ermessensspielraum zu, wenn die eingeräumte Mängelbeseitigungsfrist identisch mit der sechsmonatigen Frist des Abs. 4 S. 2 ist. Unterschreitet die zugestandene Frist zur Behebung der Beanstandungen des Zulassungsdossiers die gesetzliche Ausschlussfrist des Abs. 4 S. 4 steht es im pflichtgemäßen Ermessen der Behörde, ob sie eine weitere Beanstandungsfrist bis max. zur Höchstdauer von sechs Monaten einräumt. Die gegenteilige Auffassung des *OVG Münster*[251] verkennt, dass die mit dem Fristablauf verbundene Ausschlusswirkung, die zur zwingenden Versagung führen muss, erst mit dem Eintritt der materiellen Präklusion durchgreifen kann. So wäre beispielsweise zu berücksichtigen, dass sich aus den eingereichten Unterlagen zur Mängelbeseitigung noch Anhaltspunkte dafür ergeben können, dass innerhalb kurzer Zeit noch fehlende Unterlagen zur Herbeiführung der Zulassungsreife vor Ablauf der 6-Monatsfrist vorgelegt werden können[252]. Hat die Behörde allerdings über die Versagung der **Entscheidung** über die Versagung getroffen, sind vom Antragsteller eingereichte Unterlagen nach Fristablauf nicht mehr zu berücksichtigen[253]. Hierbei spielt es keine Rolle, ob es sich um den Ablauf der gesetzlichen Höchstfrist oder um eine zeitlich davor liegende behördliche Frist handelt. Die Behörde kann allerdings auch von der Möglichkeit

---

[242] Zur Fristbemessung vgl. *Ehlers*, PharmR 1992, 102 ff.
[243] Vgl. (zu § 105 V) *OVG Münster*, Urt. v. 18.12.2008 – 13 A 1833/06 – BeckRS 2009, 30363; A&R 2007, 188.
[244] *VG Köln*, Urt. v. 24.1.2006 – 7 K 6804/03 – BeckRS 2006, 24 067.
[245] BR-Drucks. 565/99, S. 11.
[246] *OVG Münster*, Urt. v. 29.4.2008 – 13 A 4996/04 – BeckRS 2008, 35031.
[247] Vgl. *BVerwG*, NJW 1997, 2968; *Kopp/Ramsauer*, § 32 Rn. 6. Offengelassen von *OVG Münster*, A&R 2007, 186; *Ost*, in: Fuhrmann/Klein/Fleischfresser, § 10 Rn. 320.
[248] *Sander*, § 25 Erl. 12a; *Kloesel/Cyran*, § 25 Anm. 104; *Ehlers*, PharmR 1992, 104 f.
[249] *Ehlers*, PharmR 1992, 104.
[250] Anders *Ehlers*, PharmR 1992, 99, der es der Behörde in seltenen Ausnahmefällen erlauben will, auf eine Mängelbeseitigung zu verzichten.
[251] Urt. 29.4.2008 – 14 A 4996/04 – BeckRS 2008, 35 031. Vgl. auch *Ost*, in: Fuhrmann/Klein/Fleischfresser, § 10 Rn. 322 m. w. N. zur Rechtsprechung.
[252] A. A. *Kloesel/Cyran*, § 25 Anm. 105.
[253] Die Formulierung des Gesetzes ist verunglückt, denn der Antragsteller kann selbstverständlich Unterlagen einreichen. Die Frage ist, ob diese von der Behörde noch berücksichtigt werden müssen oder dürfen.

der Anordnung einer Auflage (§ 28) als milderes Mittel Gebrauch machen, wenn sich dies im Hinblick auf die Mängel unter Berücksichtigung der Arzneimittelsicherheit anbietet (s. Rn. 113).

Richtigerweise sind nach Ablauf der von der Behörde gesetzten angemessenen Frist zur Mängelbehe- **123** bung vom Antragsteller eingereichte Unterlagen bei der Entscheidung über den Zulassungsantrag zu berücksichtigen, wenn die Einreichung **vor** Ablauf der 6-Monats-Ausschlussfrist geschieht. Dies folgt schon aus der Formulierung des S. 4, der darauf abstellt, dass nach einer Entscheidung über die Versagung der Zulassung die Einreichung von Unterlagen zur Mängelbeseitigung ausgeschlossen ist[254].

Vom Antragsteller kann im Zulassungsverfahren **nicht** verlangt werden, dass er den Mängelbericht der **124** Behörde in **einem Schreiben** beantwortet. Wenn der Gesetzgeber diese für die Nachzulassung geltende Anforderung (§ 105 V 1, 2. Halbs.) auch für das Zulassungsverfahren hätte vorschreiben wollen, hätte er dies im Rahmen der zahlreichen Novellierungen des AMG in das Gesetz aufgenommen[255].

Sofern die Behörde **mehrere Mängelmitteilungen** erlassen hat und hinsichtlich einer die dem **125** Antragsteller gesetzte Frist abgelaufen ist, ohne dass der Antragsteller den Mangel beseitigt hat, ist die Zulassungsbehörde zur Versagung der Zulassung verpflichtet, wenn dem Mangel nicht durch Anordnung einer Auflage begegnet werden kann. Sofern eine Auflage in Betracht kommt, muss die Behörde mit ihrer Entscheidung das Ablaufen der weiteren Fristen zur Mängelbeseitigung sowie deren Ergebnis abwarten, da sie bei bestehenden Mängeln noch keine Zulassung unter Auflagen erteilen kann und darf.

Sollte es dem Antragsteller nicht gelingen, die aufgezeigten Mängel in der gesetzten Frist zu beseitigen, **126** empfiehlt es sich für ihn, den Zulassungsantrag zurückzunehmen. In diesem Fall ermäßigt sich die anfallende **Gebühr** um mindestens ein Viertel (§ 2 AMGKostV).

IV. Präklusion (S. 4)

Die Regelung in S. 4, neu eingeführt im Rahmen der 10. AMG-Novelle, soll verhindern, dass der **127** Antragsteller im Rechtsmittelverfahren gegen die Versagung der Zulassung den Zulassungsantrag durch Nachreichung von Unterlagen entscheidungsreif macht[256]. Das Verfahren soll gestrafft und es der Behörde erspart werden, sich über einen langen Zeitraum hinweg mit laufenden Verfahren auseinandersetzen zu müssen. Dem Antragsteller verbleibt lediglich die Möglichkeit darzulegen, dass die von ihm ursprünglich oder zur Mängelbeseitigung nachgereichten Unterlagen zur Begründung des Zulassungsantrages ausgereicht haben. Den aufgeworfenen Zweifeln[257] an der **Verfassungsmäßigkeit der Präklusionsregelung** ist das *OVG Münster* nicht gefolgt[258]. Es hat vielmehr wiederholt die Verfassungsmäßigkeit bejaht[259]. Das *OVG Münster* verweist hierbei auf die verfassungsrechtlichen Grenzen, denen jegliche Präklusionsregelungen unterliegen, nämlich dass der gerichtliche Rechtsschutz durch diese nicht unzumutbar erschwert werden darf, der Gesetzgeber mit einer solchen Regelung legitime Ziele verfolgen muss und dass ein derartiger Eingriff geeignet, angemessen und verhältnismäßig sein muss. In verfahrensrechtlicher Hinsicht muss die Präklusionsregelung hinreichend klar und das Verwaltungsverfahren im Hinblick auf die Präklusion adäquat ausgestaltet sein[260]. Diesen Anforderungen genügt die Präklusionsregelung in Abs. 4 S. 4 nach ständiger Rechtsprechung des *OVG Münster*, da mit der Vorschrift verfassungsrechtlich legitime Ziele verfolgt werden. Die Vorschrift soll der Vereinfachung und Beschleunigung des arzneimittelrechtlichen Zulassungsverfahrens in einem doppelten Sinne dienen: Zum einen wird durch die Regelung das Antragsverfahren selbst vereinfacht und beschleunigt, zum anderen werden die pharmazeutischen Unternehmer durch die Vorschrift angehalten, von Anfang an entscheidungsreife Unterlagen einzureichen. Diese Sichtweise sei auch deswegen gerechtfertigt, weil das Arzneimittelzulassungsverfahren hochkomplex ist und eine ausgedehnte Beschäftigung der Behörde in einem einzelnen Zulassungsverfahren bei begrenzter Personalkapazität die gebotene zügige Bearbeitung anderer Zulassungsanträge beeinträchtigen würde[261]. Eine unzumutbare Verkürzung des Rechtsschutzes des Antragstellers liege nicht vor, weil die Präklusion erst dann eingreifen kann, wenn dieser an die Pflicht zur Vorlage weiterer Unterlagen durch das Mängelschreiben der Behörde „erinnert" worden sei und die gesetzte, angemessene Frist nutzlos verstreichen ließ[262]. Dem ist das *BVerwG* nunmehr in st. Rspr. gefolgt[263].

Der Wortlaut des S. 4 schließt es nicht aus, dass der Antragsteller im **Rechtsmittelverfahren**[264] **128** Unterlagen nachreicht, die seinen Zulassungsantrag entscheidungsreif machen, sofern sich diese Unterla-

---

[254] *Ost*, in: Fuhrmann/Klein/Fleischfresser, § 10 Rn. 322.

[255] A. A. offensichtlich *Ost*, in: Fuhrmann/Klein/Fleischfresser, § 10 Rn. 321, der „aus pragmatischen Gründen" die Darlegung in einem Schriftsatz empfiehlt.

[256] BR-Drucks. 565/99, S. 12.

[257] *Meier/v. Czettritz*, PharmR 2003, 333 ff.

[258] Vgl. ausführlich *OVG Münster*, PharmR 2010, 24 ff. (zu § 105 V); PharmR 2007, 200 f. (zu § 25 IV 4).

[259] Vgl. *OVG Münster*, Urt. v. 29.4.2008 – 13 A 4996/04 – BeckRS 35031.

[260] Vgl. etwa *BVerfG*, NJW 2005, 1768; *BVerfGE* 92, 262; *BVerfG*, NJW 1982, 1453.

[261] Vgl. *OVG Münster*, PharmR 2010, 29; Urt. v. 29.4.2008 – 134 A 4996/04 – BeckRS 35031; PharmR 2007, 201.

[262] *OVG Münster*, PharmR 2007, 201.

[263] *BVerwG*, PharmR 2014, 437, Rn. 25; PharmR 2014, 161, Rn. 13 (zu § 105 V 3).

[264] Zum Rechtsschutzverfahren bei arzneimittelrechtlichen Zulassungsverfahren vgl. ausführlich *Ost*, in: Fuhrmann/Klein/Fleischfresser, § 10 Rn. 328 ff.

gen auf Mängel beziehen, die im Versagungsbescheid der Zulassungsbehörde nicht aufgeführt waren. Es ist auch zulässig, die bis zum Ablauf der Mängelbeseitigungsfrist eingereichten Unterlagen im verwaltungsgerichtlichen Verfahren weiter zu **erläutern**[265]. Die fordert schon die verfassungsrechtlich geforderte Waffengleichheit der Beteiligten im Prozess, die mit der Präklusionsregelung nicht in Frage zu stellen ist[266].

V. Hemmung der Frist für die Erteilung der Zulassung

129   Wenn die zuständige Bundesoberbehörde dem Antragsteller nach § 25 IV Gelegenheit gibt, Mängeln des Zulassungsdossiers abzuhelfen, werden die in § 27 I genannten Fristen für die Erteilung der Zulassung bis zur Behebung der Mängel oder bis zum Ablauf der nach § 25 IV gesetzten Frist gehemmt (s. § 27 Rn. 15 f.).

F. Entscheidung über die Zulassung (Abs. 5)

I. Erteilung der Zulassung (S. 1)

130   Die Grundlage der Zulassungsentscheidung bilden die vom Antragsteller eingereichten Unterlagen sowie die Sachverständigengutachten nach § 24[267]. Letztere wurden durch die 4. AMG-Novelle in das AMG aufgenommen und als Entscheidungsgrundlage einbezogen. Infolge dieser Beschränkung wird der Amtsermittlungsgrundsatz nach § 24 I VwVfG erheblich eingeschränkt[268]. Die Zulassungsbehörde ist bis auf die Sonderregelung in Abs. 8 nicht verpflichtet, eigene Untersuchungen anzustellen, um eine Entscheidung für die Zulassung eines Arzneimittels zu treffen. Stattdessen ergeht die Zulassungsentscheidung aufgrund der vorgelegten Unterlagen, wobei die Behörde nach S. 2 eigene wissenschaftliche Ergebnisse verwerten kann (s. Rn. 131). Unvollständige Unterlagen rechtfertigen die Versagung der Zulassung. Es obliegt daher dem Antragsteller, ausreichende und schlüssige Unterlagen der Zulassungsbehörde zur Entscheidung vorzulegen. Letztlich ist die **Einschränkung des Amtsermittlungsgrundsatzes** im Hinblick auf die Arzneimittelsicherheit zwingend geboten. Die Zulassungsbehörde ist nicht in der Lage, sich das besondere Wissen um das zuzulassende Arzneimittel, welches der Antragsteller besitzt, zu verschaffen. Selbst wenn sie finanziell und personell ausreichend ausgestattet wäre, würden die dann aufgrund der Amtsermittlung unter Umständen durchzuführenden Untersuchungen und Prüfungen eine so lange Zeit in Anspruch nehmen, dass es wohl auch aus Sicht des Antragstellers besser ist, wenn dieser der Behörde die erforderlichen Unterlagen und Untersuchungs- und Prüfergebnisse vorlegt.

II. Beurteilung der Unterlagen (S. 2)

131   **1. Beurteilungsmaßstäbe.** Der Zulassungsbehörde obliegt die Beurteilung der eingereichten Unterlagen des Antragstellers. Sie erfordert eine wissenschaftliche Auseinandersetzung mit den Unterlagen, in deren Rahmen die zuständige Bundesoberbehörde auf **eigene wissenschaftliche Ergebnisse** von Untersuchungen und Prüfungen im Rahmen des ihr zustehenden **Ermessens** zurückgreifen kann (zu den Begrenzungen aus § 24d s. Rn. 137). Diese können sowohl aus eigenen wissenschaftlichen Untersuchungen der Zulassungsbehörde resultieren, als auch aus der wissenschaftlichen Auseinandersetzung mit Zulassungsunterlagen für andere Arzneimittel. Des Weiteren kann die zuständige Bundesoberbehörde auf **externe Sachverständige** zurückgreifen und diese beiziehen oder entsprechende Gutachten anfordern. Die hierdurch entstehenden Kosten können dem Antragsteller zusätzlich zur Zulassungsgebühr auferlegt werden (§ 4 AMGKostV).

132   Inwiefern die zuständige Bundesoberbehörde eigene wissenschaftliche Ergebnisse verwertet, Sachverständige beizieht oder Gutachten anfordert, steht in ihrem **Ermessen**. Letztlich hat sich die zuständige Bundesoberbehörde an den Umständen des Einzelfalls zu orientieren und eine sachgerechte Entscheidung zu treffen, wie die Beurteilung der Unterlagen des Antragstellers am effizientesten erreicht werden kann.

133   **2. Zweitanwenderproblematik.** Es ist umstritten, inwieweit eine Bezugnahme auf die von (anderen) Antragstellern für identische oder vergleichbare Arzneimittel vorgelegten Unterlagen zulässig ist (sog. Zweitanwenderproblematik). Hinsichtlich der rechtlichen Behandlung der Zweitanwenderproblematik ist zwischen deren einzelnen Erscheinungsformen einer möglichen Bezugnahme bzw. Verwertung zu differenzieren:

---

[265] Vgl. *VG Köln*, Urt. v. 15.6.2010 – 7 K 2978/07 – BeckRS 2010, 51871; Urt. v. 17.3.2009 – 7 K 4317/05 – BeckRS 2009, 34729.
[266] *BVerwG*, PharmR 2014, 161, Rn. 15.
[267] Vgl. *VG Köln*, Urt. v. 15.6.2010 – 7 K 2978/07 – BeckRS zur Vorlage einer Kombinationsbegründung.
[268] Vgl. *Räpple*, PharmR 1991, 266.

a) Unterlagen des Antragstellers. Selbstverständlich kann sich der Antragsteller auf früher von ihm 134 eingereichte Unterlagen und Gutachten berufen, wobei sich dann natürlich die Frage stellt, warum der Antragsteller diese Unterlagen seinem Zulassungsantrag nicht erneut beifügt. Sind die Unterlagen bei der Zulassungsbehörde nicht mehr verfügbar, ist der Antragsteller zur Neuvorlage verpflichtet.

b) Erkenntnismaterial aus früheren Zulassungsverfahren. Der Zulassungsbehörde ist es nicht 135 verwehrt, eigenes wissenschaftliches Erkenntnismaterial, das durch frühere Zulassungsanträge erlangt wurde, auch im Rahmen des nun zu entscheidenden Zulassungsverfahrens einzusetzen. Es findet kein Rückgriff im engeren Sinne auf Unterlagen anderer Antragsteller statt.

c) Zustimmung eines früheren Antragstellers. Über diese beiden Aspekte hinausgehend hat der 136 Gesetzgeber in den §§ 24a und 24b ausführliche Regelungen getroffen, die sich mit der Zweitanwender-problematik befassen. Danach kann gem. § 24a auf Unterlagen eines früheren Antragstellers Bezug genommen werden, wenn dessen schriftliche **Zustimmung** sowie dessen Bestätigung vorliegt, dass die Unterlagen, auf die Bezug genommen wird, die Anforderungen der Arzneimittelprüfrichtlinien nach § 26 erfüllen (s. dazu die Kommentierung zu § 24a im Einzelnen). Die explizite Regelung in § 24a zeigt, dass die Bezugnahme auf Unterlagen eines anderen Antragstellers unzulässig ist, sofern nicht zumindest dessen schriftliche Zustimmung vorliegt. Sofern die Zulassungsbehörde von sich aus auf frühere Unterlagen eines anderen Antragstellers zugreift, kann dieser Verstoß allerdings nicht dem Antragsteller zugerechnet werden. Im Übrigen kann auf die Kommentierung zu § 24b hinsichtlich der möglichen Bezugnahme auf Unterlagen Dritter **ohne** die **Zustimmung** des Zulassungsinhabers ver-wiesen werden.

d) Allgemeine Verwertungsbefugnis. Schließlich sind die Vorgaben des § 24d zu beachten. Danach 137 kann die zuständige Bundesoberbehörde u. a. in Zulassungsverfahren ihr vorliegende Unterlagen mit Ausnahme der Unterlagen nach § 22 I Nr. 1, 11, 14 und 15 sowie II Nr. 1 und des Gutachtens nach § 24 I 2 Nr. 1 verwerten, sofern die erstmalige Zulassung des Arzneimittels in einem Mitgliedstaat der EU länger als acht Jahre zurückliegt oder eine Verfahren nach § 24c noch nicht abgeschlossen ist oder soweit nicht die §§ 24a oder 24b speziellere Vorschriften für die Bezugnahme auf Unterlagen des Vorantragstellers enthalten (s. die Kommentierung zu § 24d).

3. Parallelimport. Unter Parallelimport ist der Import von in einem EU-Mitgliedstaat oder EWR- 138 Vertragsstaat hergestellten und zugelassenen Arzneimitteln zu verstehen, die von einem Dritten, dem Parallelimporteur, außerhalb des von den Herstellern oder Erstlieferanten für ihre Erzeugnisse in einem Mitgliedstaat bzw. Vertragsstaat aufgebauten Vertriebsnetzes in einen anderen EU-Mitgliedstaat oder EWR-Vertragsstaat (das Inland) eingeführt werden und die dort zugelassen oder registriert sind. Zum Parallelimport wird auf die ausführliche Kommentierung Vor § 72 Rn. 6 ff. verwiesen. Die Zulassung eines parallelimportierten Arzneimittels erfolgt im sog. **vereinfachten Verfahren** von der nationalen Zulassungsbehörde. Diese erteilt eine Formalzulassung, wenn (1) für das Bezugsarzneimittel im Einfuhr-mitgliedstaat eine Zulassung besteht, (2) das Importarzneimittel von der Zulassungsbehörde im Ausfuhr-mitgliedstaat zugelassen wurde und (3) **Produktidentität** zwischen dem Importarzneimittel und dem schon zugelassenen inländischen (Bezugs-)Arzneimittel vorliegt, d. h. die beiden Arzneimittel „im We-sentlichen gleich"[269] sind. Um feststellen zu können, ob eine Produktidentität besteht, hat die Zu-lassungsbehörde des Einfuhrmitgliedstaats zu prüfen, ob die beiden Arzneimittel (1) nach der gleichen Formel und (2) unter Verwendung des gleichen Wirkstoffs hergestellt wurden, so dass das Importarznei-mittel (3) die **gleichen therapeutischen Wirkungen** wie das Bezugsarzneimittel hat **(Wirkstoffiden-tität)**[270]. Verfügt der Parallelimporteur nicht über alle Informationen, die er zum Nachweis der „wesent-lichen Gleichheit" benötigt, stellt sich für die Zulassungsbehörde die Frage, ob sie auf die Zulassungs-unterlagen für das Bezugsarzneimittel sowie die Zulassungsunterlagen für das Importarzneimittel bei der Zulassungsbehörde des Ausfuhrmitgliedstaats zurückgreifen kann. Der *EuGH* hat dies in einem Urteil vom 1.4.2004 bejaht: Verfügt der Parallelimporteur nicht über alle Informationen zur „wesentlichen Gleichheit", ist die Zulassungsbehörde gehalten, ihre Entscheidung über die Formalzulassung auf der Grundlage von möglichst vollständigen Informationen zu treffen. Hierzu gehören neben den vom Parallelimporteur eingereichten Unterlagen, die – soweit ihm dies möglich ist – ergänzt werden müssen, auch die Zulassungsunterlagen für das Bezugsarzneimittel. Im Zweifel hat sich die nationale Zulassungs-behörde insoweit auch mit der Zulassungsbehörde des Ausfuhrmitgliedstaats, welche die Zulassung für das Importarzneimittel erteilt hat, in Verbindung zu setzen[271]. Die **„wesentliche Gleichheit"** von Importarzneimittel und Bezugsarzneimittel wird man annehmen können, wenn (1) beide qualitativ und quantitativ dieselben Wirkstoffe enthalten, (2) sie dieselbe pharmazeutische Form haben, (3) sie bioäqui-valent sind und (4) unter Einbeziehung wissenschaftlicher Erkenntnisse offenbar keine wesentlichen

[269] *EuGH*, Urt. v. 16.12.1999 – Rs. C-94/98, Rn. 28, WRP 2000, 161 – Rhône-Poulenc Rorer; Urt. v. 12.11.1996 – Rs. C-201/94, Rn. 26, PharmR 1997, 92 – Smith & Nephew und Primecrown.
[270] *EuGH*, Urt. v. 12.11.1996 – Rs. C-201/94, Rn. 26, PharmR 1997, 92 – Smith & Nephew und Primecrown.
[271] *EuGH*, Urt. v. 1.4.2004 – Rs. C-112/02, EuZW 2004, 530 ff. – Kohlpharma.

Unterschiede hinsichtlich ihrer Sicherheit und Wirksamkeit aufweisen[272]. Sofern Import- und Bezugs-arzneimittel die Voraussetzungen (1), (2) und (4) erfüllen, wird man von der erforderlichen Bioäquivalenz ausgehen können. Damit ist das Kriterium der **therapeutischen Vergleichbarkeit** um das Kriterium der **(vergleichbaren) Arzneimittelsicherheit** ergänzt worden[273].

III. Auditierung (S. 3)

139   Die S. 3 und 4 befassen sich mit der sog. Validitätsüberprüfung und erlauben es der Zulassungsbehörde, die Angaben in den Zulassungsunterlagen zu überprüfen und deren Aussagekraft zu validieren. Hinter-grund der Validitätsüberprüfung sind die Mutual-Recognition-Abkommen (MRA – s. hierzu § 72a Rn. 19) zwischen der EU und ihren Vertragspartnern, die für die Zulassung von Arzneimitteln eine Validitätsüberprüfung schriftlicher Unterlagen voraussetzen. Die Validitätsüberprüfung ist der Zulassungs-behörde nicht vorgeschrieben, ihre Durchführung liegt im pflichtgemäßen **Ermessen** der Zulassungs-behörde.

140   Der Ausschussbericht zur 8. AMG-Novelle[274] nennt beispielhaft („insbesondere") folgende Gründe, die eine **Validitätsüberprüfung** erforderlich machen können:
– neue Stoffe gem. § 49,
– Bioverfügbarkeits-/Bioäquivalenzstudien,
– für den Export bestimmte Arzneimittel,
– unglaubwürdige, Verdacht erregende Unterlagen.

141   **Gegenstand der Überprüfung** können ausweislich des Wortlauts des S. 3 alle zulassungsbezogenen Angaben und Unterlagen, auch im Zusammenhang mit einer zentralen Zulassung gem. Art. 3 I und II VO (EG) Nr. 726/2004, sein und zwar in Betrieben und Einrichtungen, die Arzneimittel herstellen, prüfen oder klinisch prüfen. Bilanzen, Kalkulationen und vergleichbare Unterlagen, die keinen spezi-fischen Bezug zur Entscheidung über die Zulassung haben, sind von der Überprüfung ausgeschlossen[275]. Damit scheidet auch eine Überprüfung daraufhin aus, ob der zu auditierende Betrieb über die Voraus-setzungen verfügt, das zur Zulassung beantragte Arzneimittel GMP-konform herstellen zu können. Dies hat durch die zuständige Landesüberwachungsbehörde im Rahmen der Erteilung der Herstellungserlaub-nis gem. § 13 zu erfolgen (s. § 13 Rn. 25)[276].

IV. Betretungs-, Einsichts- und Auskunftsrechte (S. 4)

142   Nach **Abs. 5 S. 4 kann** die Zulassungsbehörde durch ihre Beauftragten zum Zweck der Überprüfung der Unterlagen und Angaben im Zulassungsdossier Betriebs- und Geschäftsräume zu den üblichen Geschäftszeiten betreten, Unterlagen einsehen und Auskünfte verlangen. Diese Aufzählung ist abschlie-ßend. Jede behördliche Maßnahme gegenüber dem Antragsteller besitzt Eingriffsqualität und bedarf daher der gesetzlichen Legitimierung, die für weitergehende Rechte in diesem Zusammenhang fehlt.

143   Die in S. 4 genannten Maßnahmen sind auf die **„üblichen Geschäftszeiten"** begrenzt. Sinn und Zweck des S. 4 erfordern es, zu den „Betriebs- und Geschäftsräumen" auch die Betriebs- und Geschäfts-räume eines beauftragten Betriebs oder einer beauftragten Einrichtung zu zählen (sog. Lohnhersteller oder Lohnprüfer), wenn diese mit der Entwicklung, Herstellung oder Prüfung eines zuzulassenden Arzneimittels beauftragt sind. In diesem Fall sollte der Auftragnehmer auf die Berechtigung der Zu-lassungsbehörde in dem nach § 9 AMWHV abzuschließenden Vertrag hingewiesen werden.

144   Der **Zeitpunkt der Überprüfung** liegt im Ermessen der Zulassungsbehörde. Ihren Zweck erfüllt die Überprüfung in der Regel nur, wenn sie vor der Erteilung der jeweils beantragten Zulassung durch-geführt wird. Für eine Begrenzung der Überprüfungsbefugnis auf den Zeitpunkt vor der Zulassung spricht, dass die gesetzliche Befugnis allein dem Zweck dient sicherzustellen, dass die von dem Antrag-steller eingereichten Unterlagen ordnungsgemäß und richtig wiedergegeben sind. Im Einzelfall kann es jedoch zulässig sein, wenn sich die Zulassungsbehörde nach Erteilung der Zulassung für eine Über-prüfung des vormaligen Antragstellers entscheidet, insbes. dann, wenn durch die Überprüfung im Nach-hinein sichergestellt werden soll, dass die zulassungsbezogenen Angaben und Unterlagen ordnungsgemäß waren und der Antragsteller die Zulassung nicht durch falsche Angaben und Unterlagen unrechtmäßig erlangt hat (s. auch § 64 Rn. 80)[277].

---

[272] *EuGH*, Urt. v. 29.4.2004 – Rs. C-106/01, Rn. 35, Slg. 2004, I – 4403 – Novartis (zur Vorgängervorschrift des Art. 10 I RL 2001/83/EG); Urt. v. 3.12.1998 – Rs. C-368/96, Rn. 36, Slg. 1998, I – 7967 – Generics; Schlussanträge des Generalanwalts *Tizzano* v. 11.9.2003 i. d. Rs. C-112/02 Rn. 51, 73; vgl. dazu *Wagner, M.*, MedR 2005, 489, 492.
[273] *EuGH*, Urt. v. 1.4.2004 – Rs. C-112/02, Rn. 19, EuZW 2004, 530 – Kohlpharma. So schon *EuGH*, Urt. v. 16.12.1999 – Rs. C-94/98, Rn. 45, WRP 2000, 161 – Rhône-Poulenc Rorer.
[274] BT-Drucks. 13/11020, S. 25.
[275] So auch *Kloesel/Cyran*, § 25 Anm. 130.
[276] Vgl. *Kloesel/Cyran*, § 25 Anm. 129.
[277] *Kloesel/Cyran*, § 25 Anm. 131, der zu Recht darauf hinweist, dass alternativ auch eine Post-Approval-Inspection nach § 64 III durch die zuständige Landes-Überwachungsbehörde im Benehmen mit den Beauftragten der Zulassungs-behörde möglich wäre.

Soweit S. 4 das **Benehmen der zuständigen Behörde** voraussetzt, handelt es sich um die nach § 64 **145** zuständige Überwachungsbehörde nach Landesrecht. Eine Zustimmung der nach Landesrecht zuständigen Überwachungsbehörde zur Art und zum Zeitpunkt der Überprüfung ist nicht erforderlich.[278] Sofern sich die zuständige Überwachungsbehörde an der Überprüfung beteiligt, liegt die Federführung und Verantwortlichkeit für die ordnungsgemäße Durchführung der Überprüfung bei der Zulassungsbehörde. Die Zulassungsbehörde und die Überwachungsbehörde besitzen jeweils eigene Ermächtigungen zur Vornahme bestimmter Maßnahmen, d. h. eine Behörde kann sich nicht auf die Ermächtigung der jeweils anderen Behörde berufen.

Das AMG sieht keine Befugnis zur Auditierung von im **Ausland** ansässigen Betrieben und Einrichtungen im Zusammenhang mit der Überprüfung von zulassungsrelevanten Unterlagen und Angaben. **146** Insoweit ist auf die MRA und das gem. § 68 sowie nach Art. 122 RL 2001/83/EG zu bildende Informationsnetzwerk zurückzugreifen.

V. Beiziehung von Gegensachverständigen (S. 5)

1. Zweck der Vorschrift. Mit der 4. AMG-Novelle wurde die Befugnis der zuständigen Bundes- **147** oberbehörde in Abs. 5 aufgenommen, die Beurteilung der Antragsunterlagen durch unabhängige Gegensachverständige durchführen zu lassen. Ausweislich der Gesetzesbegründung soll diese Möglichkeit der Nutzung externen Sachverstandes der **Beschleunigung des Zulassungsverfahrens** dienen und die **Zulassungsbehörde** in vertretbarem Umfang **entlasten**[279]. Zu diesem Zweck lässt es **Abs. 5 S. 2** der Zulassungsbehörde bereits zu, Sachverständige bei zu ziehen und sich deren wissenschaftlichen Sachverstandes zu bedienen (s. Rn. 131). Mit der Beauftragung eines Gegensachverständigen geht die Zulassungsbehörde noch einen Schritt weiter, indem die Behörde die Zulassungsentscheidung nach außen verlagert und auf den Gegensachverständigen überträgt, der – bis auf die Entscheidung an sich – die Aufgaben der Zulassungsbehörde übernimmt, d. h. eigenverantwortlich und abschließend über das Vorliegen der Zulassungsvoraussetzungen entscheidet[280]. Es liegt im **Ermessen** der Behörde, in welchem Zulassungsverfahren sie unabhängige Gegensachverständige beauftragt, und in welchem Verfahren sie sich für eine eigene Prüfung der Zulassung entscheidet[281].

2. Nicht verschreibungspflichtige Arzneimittel. Bei Arzneimitteln, die **nicht der Verschrei- 148 bungspflicht** nach § 48 II Nr. 1 **unterliegen**, d. h. Arzneimittel mit allgemein bekannten Wirkungen, legt die Zulassungsbehörde der Zulassungsentscheidung allein die Beurteilung des Gegensachverständigen zugrunde, ohne dass die Behörde selbst die eingereichten Unterlagen prüft. Die Zulassungsbehörde beschränkt sich darauf, die Plausibilität der Beurteilung des Gegensachverständigen zu kontrollieren[282]. Diese gewichtige Stellung des Gegensachverständigen im Rahmen der Zulassung von Arzneimitteln mit allgemein bekannten Wirkungen wird durch die Kompetenz und Neutralität des Gegensachverständigen gerechtfertigt. Es besteht allerdings keine verpflichtende Bindung der Zulassungsbehörde an das Votum des Gegensachverständigen. Vielmehr ist die Zulassungsbehörde gehalten, Zweifeln an den Gutachten des Gegensachverständigen nachzugehen[283].

3. Der Verschreibungspflicht unterliegende Arzneimittel. Bei Arzneimitteln, die der **Verschrei- 149 bungspflicht** gem. § 48 II Nr. 1 unterliegen, legt die Zulassungsbehörde das Gutachten des Gegensachverständigen dem der jeweiligen Zulassungskommission (s. Rn. 175 ff.) vorzulegenden Entwurf der Zulassungsentscheidung zugrunde. Auch hier verzichtet die Zulassungsbehörde auf eine Prüfung der Unterlagen des Antragstellers und bedient sich allein des Gutachtens des Gegensachverständigen. Die Zulassungsbehörde ist im Anschluss an die Anhörung der Zulassungskommission frei, von dem Ergebnis dieser Anhörung abzuweichen. Sie kann allerdings nicht unbegründet von der Beurteilung des Gegensachverständigen abweichen, da sie diesem ihre Prüfungskompetenz übertragen hat.

4. Unabhängigkeit des Gegensachverständigen. Die eigenverantwortliche und abschließende Ent- **150** scheidung des Gegensachverständigen über das Vorliegen der Zulassungsvoraussetzungen erfordert es, dass der Gegensachverständige objektiv und unbeeinflusst in seinen Entscheidungen, d. h. **unabhängig** ist. Der Begriff der Unabhängigkeit ist dabei weit auszulegen. Aufgrund der Entscheidungsgewalt des Gegensachverständigen und zum Schutze der Arzneimittelsicherheit muss bereits der Anschein unzureichender Neutralität vermieden werden[284]. Es genügt nicht, den Gegensachverständigen erst bei nachgewiesener Befangenheit von einer Gutachtertätigkeit im konkreten Einzelfall auszuschließen. Aufgrund der zahlreichen Verflechtungen zwischen pharmazeutischen Unternehmen und der zum Teil unüber-

---

[278] *Kloesel/Cyran*, § 25 Anm. 132.
[279] BR-Drucks. 375/89.
[280] *OVG Berlin*, Urt. v. 24.9.1992 – 5 B 51.91 – juris; *VG Köln*, Urt. v. 8.8.2006 – 7 K 285/05 – BeckRS 2007, 22115.
[281] *Kloesel/Cyran*, § 25 Anm. 134.
[282] *Kloesel/Cyran*, § 25 Anm. 140.
[283] *Kloesel/Cyran*, § 25 Anm. 140.
[284] *VG Köln*, Urt. v. 30.11.2007 – 18 K 936/07 – juris.

sichtlichen Konkurrenzverhältnisse auf dem Pharmamarkt würde der Nachweis der Befangenheit umfangreiche Ermittlungen voraussetzen, deren Aufwand nicht mehr vertretbar wäre und dem Zweck, die Zulassungsbehörde zu entlasten, zuwider liefe[285].

151 Es steht der gebotenen **Neutralität** entgegen, wenn der Gegensachverständige direkt oder indirekt von pharmazeutischen Unternehmen wirtschaftlich abhängig ist. Wissenschaftler, die in einem Anstellungsverhältnis zu einem Unternehmen der pharmazeutischen Industrie stehen, erfüllen daher nicht das Erfordernis der Unabhängigkeit[286]. Eine **indirekte Abhängigkeit** des Gegensachverständigen liegt vor, wenn er von einem Unternehmen wirtschaftlich abhängig oder mit diesem verbunden ist, das laufend für pharmazeutische Unternehmer tätig wird[287]. Für die Problematik einer familiären Verbundenheit des Gegensachverständigen zum Antragsteller bzw. dessen gesetzlichen Vertretern ist § 20 VwVfG maßgeblich.

152 Eine **wirtschaftliche Abhängigkeit** des Gegensachverständigen ist nur relevant, wenn sie zum **Zeitpunkt der Beauftragung** durch die Zulassungsbehörde besteht; eine frühere wirtschaftliche Abhängigkeit steht der Unabhängigkeit des Gegensachverständigen grundsätzlich nicht entgegen. Sachlich begrenzte Gutachteraufträge von Seiten eines pharmazeutischen Unternehmens, denen weder ein Angestelltenverhältnis noch ein Beratervertrag zugrunde liegt, begründen keine wirtschaftliche Abhängigkeit des Gegensachverständigen[288]. Anders wäre dies nur dann zu bewerten, wenn die Vielzahl einzelner Gutachteraufträge den Schluss zuließe, dass eine wirtschaftliche Abhängigkeit des Gegensachverständigen besteht, die sich lediglich nicht in einem Beratervertrag oder Angestelltenverhältnis ausdrückt.

153 Der Gegensachverständige hat der Zulassungsbehörde vor seiner Beauftragung die Umstände, die seiner Unabhängigkeit entgegenstehen können, **offen zu legen,** um es der Zulassungsbehörde zu ermöglichen, die Unabhängigkeit zu prüfen[289]. Der Gegensachverständige muss sich bei seiner Bestellung verpflichten, der Zulassungsbehörde Änderungen seiner Verhältnisse, die Einfluss auf seine Unabhängigkeit haben können, unverzüglich anzuzeigen[290].

VI. Qualifikation der Gegensachverständigen (S. 6)

154 Das Gesetz nennt **drei Voraussetzungen,** die die Person des Gegensachverständigen erfüllen muss. Der Gegensachverständige muss nach S. 5 unabhängig sein (s. Rn. 150), die erforderliche Sachkenntnis und die zur Ausübung der Tätigkeit als Gegensachverständiger erforderliche Zuverlässigkeit besitzen. Zudem darf der Gegensachverständige nicht zum Kreis der nach § 20 VwVfG ausgeschlossenen Personen gehören.

155 **1. Sachkenntnis und Zuverlässigkeit.** Die in S. 6 für die Bestellung zum Gegensachverständigen vorausgesetzte erforderliche Sachkenntnis und Zuverlässigkeit ist im Gesetz nicht definiert. Das *OVG Berlin* hat in einem Urteil vom 24.9.1992 von dem wissenschaftlichen und beruflichen Hintergrund des Klägers, der jahrelang Angestellter eines großen pharmazeutischen Unternehmens, außerplanmäßiger Professor für Pharmazie sowie Mitglied in verschiedenen wissenschaftlichen Ausschüssen war, auf dessen Sachkenntnis und persönliche Zuverlässigkeit geschlossen[291].

156 Die persönliche **Zuverlässigkeit** eines Gegensachverständigen muss mangels anderer Anknüpfungspunkte anhand des beruflichen und privaten Werdegangs des Gegensachverständigen beurteilt werden. Hierzu hat die als Gegensachverständiger in Betracht gezogene Person ein aktuelles polizeiliches Führungszeugnis vorzulegen. Grundsätzlich ist von der persönlichen Zuverlässigkeit eines Gegensachverständigen auszugehen, wenn nicht Anhaltspunkte für eine Unzuverlässigkeit, z. B. eine einschlägige Verurteilung (beispielsweise nach § 203 StGB wegen Geheimnisverrats), bestehen. Hierbei wird man auch auf die zu § 14 geltenden Grundsätze zurückgreifen können (s. § 14 Rn. 15 ff.).

157 Die erforderliche **Sachkenntnis** des Gegensachverständigen orientiert sich an der ihm zu übertragenden Aufgabe, die u. a. durch die mit der Zulassung beanspruchten Indikationen des Arzneimittels geprägt ist. Da es ihm obliegt, das Vorliegen der Zulassungsvoraussetzungen für ein Arzneimittel zu prüfen und er sich in diesem Zusammenhang mit den Ergebnissen der von Seiten oder im Auftrag des Antragstellers durchgeführten Prüfungen auseinandersetzen muss, ist es zwingend erforderlich, dass der Gegensachverständige ausreichende eigene Leistungen in der Beurteilung von Prüfungsergebnissen nachweisen kann. Er muss bereits hinreichende praktische Erfahrung in der Beurteilung von Prüfungsergebnissen gesammelt haben, was etwa durch Bestätigungen des Arbeitgebers oder Auftraggebers für solche Leistungen nachgewiesen werden kann. Zudem ist es erforderlich, dass der Gegensachverständige einen Studiengang abgeschlossen hat, der ihm das notwendige theoretische Fachwissen verschafft. Insoweit sind

---

[285] Vgl. *VG Köln*, Urt. v. 8.8.2006 – 7 K 285/05 – BeckRS 2007, 22115.
[286] *OVG Berlin*, Urt. v. 24.9.1992 – 5 B 51.91 – juris; *Kloesel/Cyran*, § 25 Anm. 136.
[287] *VG Köln*, Urt. v. 8.8.2006 – 7 K 285/05 – BeckRS 2007, 22115.
[288] Vgl. *Kloesel/Cyran*, § 25 Anm. 136, der als Beispiel sachlich begrenzte Gutachteraufträge zur Untersuchung eines bestimmten Stoffes oder eines Stoffes in einer bestimmten Darreichungsform, die abgeschlossen sind, nennt.
[289] *Rehmann*, § 25 Rn. 16.
[290] *Kloesel/Cyran*, § 25 Anm. 136.
[291] Vgl. *OVG Berlin*, Urt. v. 24.9.1992 – 5 B 51.91 – juris.

ein Studium der Pharmazie, der Humanmedizin und der Veterinärmedizin anzuerkennen[292]. Die erforderliche Sachkenntnis besitzt der Gegensachverständige nach allgemeiner Ansicht zudem dann, wenn er den Voraussetzungen des § 15 genügt[293].

2. Ausgeschlossene Personen. Vor der Bestellung des Gegensachverständigen ist sicherzustellen, dass **158** dieser nicht zu den nach **§ 20 VwVfG** ausgeschlossenen Personen gehört, die in einem Verwaltungsverfahren für eine Behörde nicht tätig werden dürfen. Sollte die Vorgabe des § 20 VwVfG bei der Bestellung des Gegensachverständigen übersehen worden sein, führt dies nach § 44 III Nr. 2 VwVfG aber nicht zwangsläufig zur Nichtigkeit der Zulassungsentscheidung[294].

3. Bestellung. Die Bestellung zum Gegensachverständigen ist ein begünstigender **Verwaltungsakt,** **159** auf den die Vorschriften des VwVfG Anwendung finden. Die Benennung zum Gegensachverständigen kann daher sowohl zurückgenommen (§ 48 VwVfG)[295] als auch widerrufen (§ 49 VwVfG)[296] werden.

Ein Anspruch auf konkrete Bestellung im jeweiligen Einzelfall besteht nicht. Art. 12 GG ist insoweit **160** durch Art. 33 II GG eingeschränkt, weil es in die Organisationskompetenz der Zulassungsbehörde fällt, autonom zu bestimmen, ob und inwieweit sie bei Arzneimittelzulassungen unabhängige Gegensachverständige einschaltet. Es besteht aber ein **Anspruch auf chancengleiche Auswahl** unter Beachtung des Gleichbehandlungsgebots[297]. Das *OVG Berlin* hat es offen gelassen, ob dieser Anspruch auf chancengleiche Auswahl als Verpflichtungsklage oder als allgemeine Leistungsklage geltend zu machen ist[298].

4. Entschädigung. Das dem Gegensachverständigen zu entrichtende Honorar bestimmt sich in ent- **161** sprechender Anwendung des JVEG[299].

5. Verschwiegenheitspflicht. Der Gegensachverständige ist zur Verschwiegenheit verpflichtet. Von **162** dieser Pflicht umfasst sind alle Informationen, die der Gegensachverständige in seiner Position als Gegensachverständiger erhält. Bei einer Verletzung seiner Verschwiegenheitspflicht droht dem Gegensachverständigen nach § 203 II StGB eine Freiheitsstrafe bis zu einem Jahr oder eine Geldstrafe. Dabei kann die Frage offen bleiben, ob der Gegensachverständige Amtsträger i. S. d. § 11 I Nr. 2 StGB ist, da er zumindest ein für den öffentlichen Dienst besonders Verpflichteter nach § 11 I Nr. 4 StGB ist, dessen Verletzung der Verschwiegenheitsverpflichtung nach § 203 II Nr. 2 StGB strafbar ist. Sofern der Gegensachverständige unbefugt ihm bekannt gewordene fremde Betriebs- oder Geschäftsgeheimnisse verwertet, kann er mit Freiheitsstrafe bis zu zwei Jahren oder mit Geldstrafe bestraft werden (§ 204 I StGB).

VII. Einsichtsrecht des Antragstellers (S. 7)

S. 7 gewährt dem Antragsteller ein Recht auf Einsicht in das Gutachten des Gegensachverständigen. **163** Dieses Akteneinsichtsrecht ist für den Antragsteller leichter durchzusetzen als das allgemeine Akteneinsichtsrecht des Beteiligten nach § 29 I VwVfG, da es **nicht** der Darlegung bedarf, dass die Akteneinsicht zur Geltendmachung oder Verteidigung eines **rechtlichen Interesses** erforderlich ist.

Das Recht auf Einsichtnahme in die Akten wird auf **Antrag** gewährt. Anforderungen an den Antrag **164** stellt das Gesetz nicht. Ebenso wenig geregelt ist eine etwaige Ablehnung des Antrags durch die Zulassungsbehörde. Insoweit kann ergänzend auf § 29 II VwVfG zurückgegriffen werden. Von den dort genannten Ablehnungsgründen kommt allerdings nur der erste Grund in Betracht, wonach die Akteneinsicht verweigert werden kann, wenn durch sie die ordnungsgemäße Erfüllung der Aufgaben der Behörde beeinträchtigt wird. Dies wird höchst selten der Fall sein. Die Ablehnung ist von Seiten der Zulassungsbehörde so zu begründen und darf nicht dazu führen, dass dem Antragsteller sein Recht auf Akteneinsicht generell verweigert wird. Eine Störung des Geschäftsablaufs der Behörde stellt keinen Ablehnungsgrund für die beantragte Akteneinsicht dar[300]. Das Recht auf Akteneinsicht ist wesentlicher Teil der im Rechtsstaat grundsätzlich unverzichtbaren Mitwirkungsmöglichkeiten der Beteiligten eines Verwaltungsverfahrens und Ausfluss der in Art. 1 I GG garantierten Menschenwürde; es dient insoweit auch der „Waffengleichheit" zwischen der Behörde und dem Antragsteller[301]. Dementsprechend hat sich die Zulassungsbehörde stets auf die Gewährung von Akteneinsicht einzustellen.

Das Recht auf Akteneinsicht setzt voraus, dass der Antragsteller Kenntnis von der Beauftragung eines **165** Gegensachverständigen hat. Da das Gesetz nicht vorsieht, dass die Zulassungsbehörde den Antragsteller über die Beauftragung eines Gegensachverständigen informiert, steht dem Antragsteller ein dem Akten-

---

[292] *Kloesel/Cyran,* § 25 Anm. 141.
[293] *Kloesel/Cyran,* § 25 Anm. 141.
[294] Vgl. *Kopp/Ramsauer,* § 20 Rn. 66 b.
[295] Vgl. *VG Köln,* Urt. v. 8.8.2006 – 7 K 285/05 – BeckRS 2007, 22115.
[296] Vgl. *VG Köln,* Urt. v. 30.11.2007 – 18 K 936/07 – juris.
[297] *OVG Berlin,* Urt. v. 24.9.1992 – 5 B 51.91 – juris.
[298] *OVG Berlin,* Urt. v. 24.9.1992 – 5 B 51.91 – juris.
[299] *Kloesel/Cyran,* § 25 Anm. 135.
[300] A. A. *Kloesel/Cyran,* § 25 Anm. 142.
[301] Vgl. *Kopp/Ramsauer,* § 29 Rn. 2 m. w. N.

einsichtsrecht vorgelagertes **Recht auf Auskunft** darüber zu, ob in seinem Zulassungsverfahren ein Gegensachverständiger beauftragt worden ist[302].

VIII. Anhörung von Sachverständigen des Antragstellers (S. 8)

166   **Abs. 5 S. 8** gewährt dem Antragsteller ein Anhörungsrecht für von ihm gestellte Sachverständige. Für die Behörde besteht die **Pflicht,** diese zu hören. Ablehnungsgründe sind im Gesetz nicht vorgesehen und, da es lediglich um eine Anhörung geht, auch nicht ersichtlich. Die Ausgestaltung der Anhörung liegt im Ermessen der Behörde. Sie kann sich darauf beschränken, den Sachverständigen die Möglichkeit der schriftlichen Stellungnahme zu geben. Die Behörde kann den Sachverständigen hierfür eine angemessene **Frist** setzen[303]. Da die Anhörung auf Veranlassung des Antragstellers geschieht und das Zulassungsverfahren verzögert, **hemmt** die von der Behörde gesetzte Frist die ihr nach § 27 I 1 auferlegte Frist von sieben Monaten, innerhalb derer sie über den Antrag auf Zulassung zu entscheiden hat.

IX. Berufung von Sachverständigen, Gegensachverständigen und Gutachtern (S. 9)

167   Es wird auf die Kommentierung zu Abs. 6 S. 5 und 6 verwiesen, s. Rn. 190 f.

G. Beurteilungsbericht (Abs. 5a)

168   Abs. 5a statuiert eine Pflicht der zuständigen Bundesoberbehörde, einen Beurteilungsbericht über die eingereichten Unterlagen zur Qualität, Unbedenklichkeit und Wirksamkeit des zuzulassenden Arzneimittels zu erstellen **(1. Halbs.)**. Durch das 2. AMG-ÄndG ist die Verpflichtung dahingehend erweitert worden, dass die zuständige Bundesoberbehörde darin eine Stellungnahme hinsichtlich der Ergebnisse von pharmazeutischen und vorklinischen Versuchen sowie klinischen Prüfungen sowie bei Humanarzneimitteln auch zum Risikomanagement- und zum Pharmakovigilanz-System abzugeben hat[304].

169   Bei Arzneimitteln, die zur Anwendung bei **Tieren** bestimmt sind, müssen in den Beurteilungsbericht zudem die Ergebnisse der Rückstandsprüfung aufgenommen werden **(2. Halbs.)**.

170   Der Beurteilungsbericht stellt keinen Verwaltungsakt i. S. d. § 35 S. 1 VwVfG dar, da mit ihm nicht i. S. der Regelung eines Einzelfalls eine Rechtsfolge gesetzt wird[305]. Dem Beurteilungsbericht kommt vor allem im **Verfahren der gegenseitigen Anerkennung sowie im dezentralisierten Verfahren** Bedeutung zu. Im Rahmen dieser Verfahren soll durch die Beurteilungsberichte unnötige Doppelarbeit bei der Prüfung von Anträgen auf Genehmigung von Arzneimitteln vermieden werden[306]. Zu diesen Verfahren sowie zur dortigen Bedeutung des Beurteilungsberichtes s. die Kommentierung zu § 25b.

171   Gem. **§ 34 Ia 1 Nr. 2** stellt die zuständige Bundesoberbehörde der Öffentlichkeit den Beurteilungsbericht zur Verfügung (s. § 34 Rn. 8).

I. Inhalt (S. 1)

172   Im Gegensatz zum Gesetzeswortlaut des **Abs. 5a S. 1** geht die arzneimittelrechtliche Literatur davon aus, dass der Beurteilungsbericht vom Antragsteller beantragt werden muss[307]. Abs. 5a sieht aber kein Antragserfordernis vor und entspricht damit den ihm zugrunde liegenden **Art. 21 IV RL 2001/83/EG** und Art. 25 IV RL 2001/82/EG; danach wird die Zulassungsbehörde verpflichtet, in jedem Zulassungsverfahren einen Beurteilungsbericht zu erstellen. Die Erwägungsgründe zu den RL 2001/82/EG und 2001/83/EG gehen in diesem Sinne von einer „systematischen" Erstellung von Beurteilungsberichten aus[308]. Auf die Erstellung eines Beurteilungsberichts kann daher nur verzichtet werden, wenn bereits ein anderer Mitgliedstaat einen Beurteilungsbericht erstellt hat[309].

II. Aktualisierung (S. 2)

173   **Abs. 5a S. 2** verpflichtet die zuständige Bundesoberbehörde, den von ihr erstellten Beurteilungsbericht zu aktualisieren, wenn hierzu neue Informationen verfügbar werden. Inwieweit eine Aktualisierung erforderlich ist, entscheidet die Zulassungsbehörde nach Prüfung der vorgelegten Unterlagen nach pflichtgemäßem **Ermessen.** Dem Antragsteller ist das Recht einzuräumen, eine Aktualisierung des Beurteilungsberichtes zu **beantragen.** In diesem Fall hat die Zulassungsbehörde sich zum Antrag zu

---

[302] *Kloesel/Cyran,* § 25 Anm. 142.
[303] *Kloesel/Cyran,* § 25 Anm. 143.
[304] Damit wird die Vorgabe des Art. 21 IV 1 RL 2001/83/EG umgesetzt. Außerdem soll der Differenzierung zwischen Human- und Tierarzneimitteln Rechnung getragen werden, BT-Drucks. 17/9341, S. 52 f.
[305] Ebenso *Kloesel/Cyran,* § 25 Anm. 145.
[306] Erwägungsgrund Nr. 15 zur RL 2001/83/EG sowie Erwägungsgrund Nr. 20 zur RL 2001/82/EG.
[307] *Rehmann,* § 25 Rn. 18; *Kloesel/Cyran,* § 25 Anm. 145; *Sander,* § 25 Erl. 14 b.
[308] Erwägungsgrund Nr. 15 zur RL 2001/83/EG sowie Erwägungsgrund Nr. 20 zur RL 2001/82/EG.
[309] *Kloesel/Cyran,* § 25 Anm. 145.

äußern und ihre Entscheidung zu begründen. Das Antragsrecht folgt aus § 27 I 3, der vorsieht, dass der Beurteilungsbericht innerhalb einer Frist von drei Monaten zu erstellen ist, aber keine Vorgaben macht, zu welchen Zeitpunkten eine Aktualisierung erforderlich oder deren Erforderlichkeit von der Zulassungsbehörde zu prüfen ist.

H. Ausnahme von Abs. 5a für homöopathische Arzneimittel (Abs. 5b)

Die Ausnahmeregelung in Abs. 5b, wonach für Arzneimittel, die nach einer homöopathischen Verfahrenstechnik hergestellt werden[310], kein Beurteilungsbericht zu erstellen ist, sofern diese Arzneimittel Art. 16 II RL 2001/83/EG oder Art. 19 II RL 2001/82/EG unterliegen, wird durch § 25b VI gerechtfertigt (s. hierzu § 25b Rn. 33 ff.), da das Verfahren der gegenseitigen Anerkennung sowie das dezentralisierte Verfahren auf diese Arzneimittel keine Anwendung findet. Die Erstellung eines Beurteilungsberichts ist in einem **Registrierungsverfahren** nach den §§ 38, 39 nicht vorgesehen. Der deutsche Gesetzgeber hat entsprechend Art. 16 II RL 2001/83/EG für homöopathische Arzneimittel **Sonderregelungen** im Zulassungsverfahren in § 25 II 1 Nr. 5a, II 4 und VI 5 und 6 geschaffen[311]. **174**

I. Zulassungskommissionen (Abs. 6)

I. Einbeziehung von Zulassungskommissionen (S. 1)

Nach **Abs. 6 S. 1** ist vor der Entscheidung über die Zulassung eines Arzneimittels eine Zulassungskommission zu hören, wenn das zur Zulassung beantragte Arzneimittel den **Therapierichtungen Phytotherapie, Homöopathie oder Anthroposophie** zuzurechnen ist und der Verschreibungspflicht nach § 48 II Nr. 1 unterliegt, d. h. dessen Wirkungen nicht allgemein bekannt sind. S. 1 hat durch das AMG-ÄndG 2009 insoweit eine Einschränkung erfahren, als nur noch Arzneimittel der genannten Therapierichtungen der Anhörung einer Zulassungskommission bedürfen[312]. Der Gesetzgeber begründet dies damit, dass für die Zulassungen von Arzneimitteln aus neuen Stoffen weitestgehend und im Wesentlichen die zentralen europäischen Verfahren in Anspruch genommen werden. Dementsprechend soll aus praktischen Erfordernissen die Zuständigkeit der deutschen Zulassungskommissionen auf die Arzneimittel der genannten Therapierichtungen beschränkt werden[313]. **175**

Mit der Einführung der notwendigen Anhörung einer Zulassungskommission sollte nach dem Willen des Gesetzgebers externer Sachverstand bei der Entscheidung über die Zulassung eines nach § 48 II Nr. 1 verschreibungspflichtigen Arzneimittels berücksichtigt werden. Durch die Anhörung sollte zum einen sichergestellt sein, dass der Zulassungsbehörde die verfassungsrechtlich gebotene letzte Entscheidung verbleibt. Andererseits sollte durch den externen Sachverstand, „der theoretisches Wissen und praktische Erfahrungen in sich vereinigt", eine faktische Bindung der Zulassungsbehörde an das Votum der Sachverständigen erreicht werden[314]. Durch eine mehrköpfige Zulassungskommission, die sich aus Vertretern verschiedener Interessengruppen zusammensetzt, wird zugleich die **Pluralität der wissenschaftlichen Auffassungen** in das Zulassungsverfahren einbezogen[315]. **176**

Wird eine der genannten Kommissionen fälschlicherweise nicht am Zulassungsverfahren beteiligt, zieht dies die **Anfechtbarkeit** der Zulassung nach sich[316]. **177**

II. Umfang der Anhörung (S. 2)

Abs. 6 S. 2 bestimmt von Gesetzes wegen den Umfang der Anhörung. Diese muss sich auf den Inhalt der eingereichten Unterlagen, der Sachverständigengutachten, der angeforderten Gegengutachten, die Stellungnahmen der beigezogenen Sachverständigen, das Prüfungsergebnis und die Gründe, die für die Entscheidung wesentlich sind, oder, sofern unabhängige Gegensachverständige nach Abs. 5 S. 5 eingeschaltet wurden, die Beurteilung durch die Gegensachverständigen erstrecken. Letztlich umfasst die Anhörung alles, was für die Entscheidung über die Zulassung relevant ist, d. h. in den Worten des Gesetzes „wesentlich" ist. Im Hinblick auf § 1 kommt es auf die Qualität, Wirksamkeit und Unbedenklichkeit des Arzneimittels an; alle insoweit relevanten Unterlagen unterliegen der Anhörung. Hierzu gehört insbes. die Bewertung der Zulassungsbehörde und deren Entscheidungsvorschlag[317]. **178**

---

[310] Dies gilt nach dem 22. Erwägungsgrund zur RL 2001/83/EG auch für anthroposophische Arzneimittel, die in einer offiziellen Pharmakopöe beschrieben und nach einem homöopathischen Verfahren zubereitet werden.
[311] Vgl. *Kloesel/Cyran*, § 25 Anm. 147.
[312] Zur Rechtslage vor dem Inkrafttreten des AMG-ÄndG 2009 vgl. *Kloesel/Cyran*, § 25 Anm. 148.
[313] BT-Drucks. 16/12256, S. 48.
[314] Ausschussbericht zum Gesetz zur Neuordnung des Arzneimittelrechts vom 24.8.1976, BT-Drucks. 7/5091.
[315] Vgl. *VG Köln*, Urt. v. 2.7.2008 – 24 K 1239/07 – juris; *Kloesel/Cyran*, § 25 Anm. 148.
[316] *Rehmann*, § 25 Rn. 20.
[317] Vgl. *Kloesel/Cyran*, § 25 Anm. 160.

III. Abweichende Entscheidung der Bundesoberbehörde (S. 3)

179 Die Zulassungskommission bildet sich unter Begutachtung aller für die Zulassung relevanten Unterlagen ein Urteil über die Zulassungsfähigkeit des in Rede stehenden Arzneimittels und gibt eine abschließende Stellungnahme zum Zulassungsantrag ab. Allerdings **bindet das Votum** der Zulassungskommission die Zulassungsbehörde **nicht**[318]. Begrifflich ist die Zulassungskommission auf eine „Anhörung" beschränkt. Die Zulassungsbehörde entscheidet in eigener Verantwortung unter Berücksichtigung des Votums der Zulassungskommission. Dem Votum kommt jedoch eine erhebliche Bindungswirkung deshalb zu, weil sich erstens die Kommission aus Sachverständigen zusammensetzt, die in den jeweiligen Therapierichtungen besondere theoretische und praktische Erfahrung haben. Zweitens wird die Zulassungsbehörde nach **Abs. 6 S. 3** verpflichtet, sofern sie von dem Votum der Zulassungskommission abweicht, die Gründe für ihre abweichende Entscheidung darzulegen. S. 3 setzt damit voraus, dass die Zulassungsbehörde begründeten Anlass hat, eine abweichende Entscheidung zu treffen.

180 Die **Begründung der abweichenden Entscheidung** nach S. 3 erfolgt gegenüber der Zulassungskommission und nicht gegenüber dem Antragsteller. Die Begründung betrifft das interne Verhältnis zwischen der Zulassungskommission und der Zulassungsbehörde. Da sowohl das Votum der Zulassungskommission als auch die Begründung der Zulassungsbehörde für eine abweichende Entscheidung Teil des Verwaltungsverfahrens sind und damit in den das Zulassungsverfahren beendenden Verwaltungsakt aufgenommen werden, kann der Antragsteller als Beteiligter des Verwaltungsverfahrens Einsicht in diese nehmen[319].

IV. Besetzung der Kommissionen (S. 4)

181 S. 6 impliziert bereits, dass mehrere Zulassungskommissionen existieren, die für jeweils eine der genannten Therapierichtungen verantwortlich sind. Durch das AMG-ÄndG 2009 ist die Zulassungskommission humanmedizinischer Bereich weggefallen. Es existieren derzeit insgesamt **fünf Kommissionen:** Für den anthroposophischen Bereich (Kommission C), jeweils homöopathischen Bereich (Kommission D), phytotherapeutischen Bereich (Kommission E), humanmedizinischen Bereich sowie für den veterinärmedizinischen Bereich (Kommission F). Zudem existiert eine nach Abs. 7a geschaffene Kommission für Arzneimittel für Kinder und Jugendliche beim BfArM.

182 Die Besetzung der Kommissionen erfolgt unter Berücksichtigung von Vorschlägen der in **S. 4 genannten Gremien und Institutionen.** Dies sind die Kammern der Heilberufe, die Fachgesellschaften der Ärzte, Zahnärzte, Tierärzte, Apotheker, Heilpraktiker sowie die für die Wahrnehmung ihrer Interessen gebildeten maßgeblichen Spitzenverbände der pharmazeutischen Unternehmer, Patienten und Verbraucher. Den in S. 4 Genannten steht ein Vorschlagsrecht zu. Das Bundesministerium (§ 6 I) hat bei der Berufung der Mitglieder der Zulassungskommission die Vorschläge der Gremien und Institutionen zu berücksichtigen. Daraus folgt jedoch nicht, dass das Bundesministerium die Berufung nur anhand der Vorschläge vornehmen kann[320]. Das Bundesministerium kann vielmehr Mitglieder auch dann berufen, wenn ein entsprechender Vorschlag nicht eingereicht worden ist[321]. Die Berufung von Mitgliedern der Zulassungskommission für den **veterinärmedizinischen Bereich** setzt das Einvernehmen des BMEL voraus.

183 Das Bundesministerium hat bei der Auswahl der Mitglieder einen **sehr weiten Ermessensspielraum.** Ebenso steht dem Bundesministerium ein weites Ermessen in der Hinsicht zu, mit wieviel Kommissionsmitgliedern sie die jeweilige Kommission ausstattet[322]. Nach Ansicht des *OVG Berlin* ist es sogar zulässig, wenn die Vorschläge der Vorschlagsberechtigten auf Anregungen und Vorschläge der Kommissionen selbst zurückgehen[323].

184 Der Unabhängigkeit der Kommission steht nicht entgegen, dass das Vorschlagsrecht bestimmter Gruppen zu einer Interessenvertretung dieser Gruppe in der Kommission führt. Eine derartige Zusammensetzung der Kommission ist gesetzlich gerade gewollt (zur Rechtmäßigkeit dieses Besetzungsverfahrens s. Rn. 183) und kann deswegen nicht zu einer Befangenheit der Mitglieder i. S. d. **§ 21 VwVfG** führen[324].

185 Der Ausschuss im Rahmen der Neuordnung des Arzneimittelrechts hat in seinem Bericht erwartet, dass sich die Mitglieder der einzelnen Kommissionen eine eigene Geschäftsordnung geben werden[325].

---

[318] *Rehmann*, § 25 Rn. 20.
[319] *Kloesel/Cyran*, § 25 Anm. 161.
[320] In diesem Sinne *Kloesel/Cyran*, § 25 Anm. 162; *VG Köln*, Urt. v. 2.7.2008 – 24 K 1239/07 – juris.
[321] BT-Drucks. 15/2109, S. 28.
[322] *OVG Berlin*, Beschl. v. 4.2.1988 – 5 S 68.87 – juris; widersprüchlich *Kloesel/Cyran*, § 25 Anm. 162.
[323] *OVG Berlin*, Beschl. v. 4.2.1988 – 5 S 68.87 – juris.
[324] *OVG Berlin*, Beschl. v. 4.2.1988 – 5 S 68.87 – juris, das sich bei Vorliegen der Voraussetzungen für eine entsprechende Anwendbarkeit des § 21 VwVfG ausspricht.
[325] Ausschussbericht zum Gesetz zur Neuordnung des Arzneimittelrechts vom 24.8.1976, BT-Drucks. 7/5091.

Die Kommissionen haben sich in der Folge eine **Geschäftsordnung** gegeben[326], die gem. § 77a II öffentlich bekannt gemacht wird. Nach § 5 Abs. 5 der Geschäftsordnung vom 2.2.2009 sind der Antragsteller oder von ihm beauftragte Gutachter zum mündlichen Vortrag vor der jeweiligen Kommission berechtigt, wenn das BfArM dies zugelassen hat.

Für die Tätigkeit der Kommissionsmitglieder gelten die **§§ 81 ff. VwVfG** über die ehrenamtliche **186** Tätigkeit und Ausschüsse. Danach haben die Kommissionsmitglieder ihre Tätigkeit gewissenhaft und unparteiisch auszuüben (§ 83 VwVfG); sie sind zudem zur Verschwiegenheit nach § 84 VwVfG verpflichtet. Im Rahmen ihrer Tätigkeit als Kommissionsmitglied haben sie die **strafrechtlichen Verbote** nach den §§ 201 III; 203 II, IV, V; 204; 331; 332 und 353b StGB zu beachten[327]. Die Kommissionsmitglieder unterliegen des Weiteren der Aufsicht durch die zuständige Bundesoberbehörde nach **§ 77a** zur Gewährleistung ihrer Unabhängigkeit und der Transparenz für die Öffentlichkeit. Die Kommissionsmitglieder dürfen keine finanziellen oder sonstigen Interessen in der pharmazeutischen Industrie haben, die ihre Neutralität beeinflussen könnten. Hierzu haben sie nach § 77a I 2 jährlich eine Erklärung abzugeben (s. § 77a Rn. 13).

Soweit ein Kommissionsmitglied nicht in der erforderlichen Objektivität und Neutralität über einen **187** Zulassungsantrag entscheiden kann, hat es seine Befangenheit dem Vorsitzenden der Zulassungskommission mitzuteilen. Nach § 7 I der Geschäftsordnung vom 2.2.2009 findet **§ 20 VwVfG** Anwendung, wonach Personen von der Teilnahme am Verfahren wegen Besorgnis der Befangenheit ausgeschlossen werden können. Ausgeschlossen werden kann insbes.

– der betroffene pharmazeutische Unternehmer sowie seine Angehörigen, gesetzlichen Vertreter und Bevollmächtigten sowie Angehörige des Bevollmächtigten,
– gegen Entgelt beim betroffenen pharmazeutischen Unternehmer Beschäftigte sowie Mitglieder des Vorstandes, Aufsichtsrates oder gleichartigen Organs,
– wer im Zusammenhang mit dem Arzneimittel außerhalb der Tätigkeit für die Kommission ein Gutachten erstellt hat oder sonst tätig geworden ist,
– wer einen Beratervertrag mit dem pharmazeutischen Unternehmer hat,
– sowie jeder, der durch die Tätigkeit oder Entscheidung einen unmittelbaren Vorteil oder Nachteil erlangen könnte.

Anlässlich der Verabschiedung des AMNOG 1976 hat der Deutsche Bundestag die Bundesregierung **188** aufgefordert, vier Jahre nach Inkrafttreten des Gesetzes Erfahrungsberichte zu einzelnen Punkten der Regelung vorzulegen. Im Rahmen dieses **Erfahrungsberichtes** hat sich die **Bundesregierung** auch zu den Kommissionen nach § 25 VI und VII geäußert. Nach den Erfahrungen der Bundesregierung hat das BGA nur in Einzelfällen von dem Votum der Kommission abweichende Entscheidungen getroffen. In keinem Fall habe das BGA bei positivem Votum der Kommission die Zulassung versagt. Insgesamt gesehen habe sich die Beteiligung des in der Kommission versammelten Sachverstandes positiv auf das Zulassungsverfahren ausgewirkt[328].

Die Kommissionen sind nicht kraft Gesetzes bei der **Rücknahme,** dem Widerruf oder der Anord- **189** nung des Ruhens der **Zulassung** gem. § 30 anzuhören. Indes steht es im pflichtgemäßen Ermessen der Zulassungsbehörde, ob sie bei einer dieser Entscheidungen die in Betracht kommende Kommission anhört[329]. Dieses wird regelmäßig dahingehend auszuüben sein, die in Betracht kommende Zulassungskommission anzuhören, wenn die zu treffende Entscheidung der Zulassungsbehörde Gesichtspunkte zu berücksichtigen hat, die in die durch Abs. 6 vermittelte Kompetenz der Kommissionen gehören.

V. Berücksichtigung der Besonderheiten der Arzneimittel (S. 5)

Abs. 6 S. 5 gibt vor, dass bei der Berufung der Mitglieder der Zulassungskommissionen die jeweiligen **190** Besonderheiten der Arzneimittel zu berücksichtigen sind. Dies hat zwingend zur Folge, dass das Vorschlagsrecht nur die Fachgesellschaften haben, die sich mit der jeweiligen Therapierichtung befassen. Es soll sichergestellt sein, dass lediglich solche Sachverständigen in die jeweilige Kommission berufen werden, die sowohl über spezielle wissenschaftliche Kenntnisse als auch über praktische Erfahrungen in der **jeweiligen Therapierichtung** verfügen[330].

---

[326] Geschäftsordnung der nach § 25 Abs. 6, Abs. 7 und Abs. 7a S. 8 des AMG zu hörenden Kommissionen für den humanmedizinischen Bereich, anthroposophische, homöopathische und phytotherapeutische Therapierichtung (Kommission C, D und E) beim BfArM vom 2.2.2009 sowie Geschäftsordnung der Kommission für „Arzneimittel für Kinder und Jugendliche" beim BfArM vom 27.11.2007, jeweils abrufbar unter http://www.bfarm.de.
[327] Vgl. ausführlich *Kloesel/Cyran*, § 25 Anm. 153 ff.
[328] Bericht über Erfahrungen mit dem Arzneimittelgesetz, BT-Drucks. 9/1355, S. 17 ff.
[329] Vgl. *Kloesel/Cyran*, § 25 Anm. 159 mit weiteren Hinweisen zur notwendigen Einbeziehung der Kommissionen nach Abs. 6 und 7 im Rahmen von Stufenplanverfahren gem. der Allgemeinen Verwaltungsvorschrift zur Beobachtung, Sammlung und Auswertung von Arzneimittelrisiken (Stufenplan) nach § 63 AMG vom 9.2.2005, abrufbar unter http://www.verwaltungsvorschriften-im-internet.de. Die Ausschusstätigkeit von Sachverständigengruppen im Rahmen des zentralisierten Verfahrens ist in Art. 56 ff. VO (EG) Nr. 726/2004 geregelt.
[330] Ausschussbericht zum Gesetz zur Neuordnung des Arzneimittelrechts vom 24.8.1976, BT-Drucks. 7/5091.

VI. Qualifikation der Kommissionsmitglieder (S. 6)

191 **Abs. 6 S. 6** setzt voraus, dass die Mitglieder der jeweiligen Kommission in den jeweiligen **Anwendungsgebieten** und in der jeweiligen **Therapierichtung** (Phytotherapie, Homöopathie, Anthroposophie) über wissenschaftliche Kenntnisse verfügen und praktische Erfahrungen gesammelt haben. Erstere werden durch ein fachlich einschlägiges Hochschulstudium erworben und letzteres durch die Ausübung des Berufes gesammelt. In diesem Zusammenhang kann es nicht darauf ankommen, ob die Mitglieder der Kommission durch wissenschaftliche Veröffentlichungen belegte eigene Erfahrungen gerade mit dem Wirkstoff haben, der in dem Arzneimittel enthalten ist[331]. Unverzichtbar sind aber in Anbetracht des Gesetzeswortlauts die wissenschaftlichen Kenntnisse und praktischen Erfahrungen in den zulassungsrelevanten Anwendungsgebieten.

J. Kommissionen für bestimmte Anwendungsgebiete oder Therapierichtungen (Abs. 7)

I. (Aufbereitungs-)Kommissionen (S. 1)

192 Abs. 7 befasst sich mit den sog. Aufbereitungskommissionen, deren Bezeichnung aus dem aktuellen Gesetzeswortlaut nicht ersichtlich ist und sich nur mit der historischen Entwicklung erklärt. Bis zur 5. AMG-Novelle oblag diesen Kommissionen die Aufbereitung des vorhandenen wissenschaftlichen Erkenntnismaterials i. S. d. § 22 III und dessen Dokumentation in **Monographien**, mit deren Hilfe die Wirksamkeit und Unbedenklichkeit der erfassten Stoffe im Rahmen der sog. **Nachzulassung** von gem. § 105 I fiktiv zugelassenen Arzneimitteln beurteilt werden sollte. Der Gesetzgeber hat die Aufbereitung in der ursprünglichen Form beendet, weil nach seiner Ansicht der für die Aufbereitung des bislang nicht bearbeiteten Bereiches erforderliche Aufwand so erheblich einzuschätzen sei, dass ein zügiger Abschluss der Nachzulassung auf diesem Wege nicht erwartet werden könne[332]. Die Aufgaben der Kommissionen haben sich nunmehr insoweit geändert, als sie lediglich im Verfahren zur Entscheidung über die Verlängerung von Zulassungen nach § 105 III 1 beteiligt werden können (S. 3) bzw. müssen (S. 4)[333].

193 Beim BfArM sind derzeit die Kommission C für anthroposophische Arzneimittel, die Kommission D für homöopathische Arzneimittel und die Kommission E für phytotherapeutische Arzneimittel gebildet worden[334]. Die Kommissionen sind nach ständiger Rechtsprechung des *BVerwG* sachverständig besetzte Gremien, deren Äußerungen den jeweiligen Erkenntnisstand auf dem Gebiet der fraglichen Therapierichtung wiedergeben. Den von den Kommissionen aufgestellten Kriterien und Empfehlungen liegt besonderes Erfahrungswissen zugrunde, so dass ihnen die Qualität **antizipierter Sachverständigengutachten** zukommt[335]. Die Stellungnahmen der Kommissionen zählen zu dem anderen wissenschaftlichen Erkenntnismaterial i. S. d. § 22 III[336]. Dies gilt sowohl für die früheren Aufbereitungskommissionen vor Inkrafttreten der 5. AMG-Novelle als auch für die danach tätigen Zulassungskommissionen[337]. Das *BVerwG* hält eine über Abs. 7 hinausgehende normative Legitimation der Kommissionstätigkeit nicht für erforderlich, da deren Beschlüsse, Stellungnahmen und Empfehlungen nicht in die Rechtspositionen der Antragsteller eingreifen. Die Kommissionen entscheiden nicht über Zulassungsanträge, sondern bieten lediglich Entscheidungshilfen für die zuständige Bundesoberbehörde, die an die Stellungnahme der Kommission nicht gebunden ist (Abs. 7 S. 4). Die Erkenntnisse der Kommissionen sind auch im verwaltungsgerichtlichen Verfahren einer inhaltlichen Kontrolle nicht entzogen[338]. Die nach der 5. AMG-Novelle gebildeten Kommissionen können bei besserer Erkenntnis von früheren Stellungnahmen, insbes. von Aufbereitungsmonografien abweichen[339]. Eine Bindung an die in der jeweiligen Monographie getroffene Aussage besteht weder für die Zulassungsbehörde noch die Gerichte, aber auch nicht für die Kommission selbst. Die Monographien sind wissenschaftliche Erkenntnisquellen, die einer Neubewertung zugänglich sind und nicht zwangsläufig den aktuellen Stand der Wissenschaft repräsentieren[340]. Die

---

[331] *OVG Berlin*, Beschl. v. 4.2.1988 – 5 S 68.87 – juris.
[332] Vgl. BT-Drucks. 12/7572, S. 5.
[333] Die Frage der Zulässigkeit der Einrichtung weiterer Kommissionen (vgl. hierzu *VG Köln*, Urt. v. 28.3.1990 – 9 K 1611/88, abgedruckt bei *Sander*, Entscheidungssammlung § 25/Nr. 4) stellt sich in Anbetracht des eindeutigen Wortlauts der Abs. 6 und 7 nicht mehr, vgl. *Kloesel/Cyran*, § 25 Anm. 165a.
[334] Die Geschäftsordnung, Liste der Mitglieder und Ergebnisprotokolle der Sitzungen der Kommissionen sind abrufbar unter http://www.bfarm.de.
[335] *BVerwG*, PharmR 2014, 161, Rn. 6; PharmR 2010, 194 f., Rn. 25; Urt. v. 16.10.2008 – 3 C 23.07, Rn. 16 – BeckRS 2008, 41342; *OVG Münster*, Urt. v. 25.2.2015 – 13 A 1371/14 – BeckRS 2015, 42132.
[336] St. Rspr., vgl. *BVerwG*, PharmR 2014, 437, Rn. 19.
[337] *BVerwG*, PharmR 2010, 194 f., Rn. 25; Urt. v. 16.10.2008 – 3 C 23.07, Rn. 16 – BeckRS 2008, 41342.
[338] *BVerwG*, PharmR 2010, 195, Rn. 27; Urt. v. 16.10.2008 – 3 C 23.07, Rn. 29, 32 – BeckRS 2008, 41342.
[339] *BVerwG*, PharmR 2010, 195, Rn. 27; *OVG Münster*, A&R 2014, 140.
[340] *VG Köln*, Urt. v. 2.7.2008 – 24 K 1239/07 – BeckRS 2008, 40664.

Antragsteller können im Zulassungsverfahren die Einschätzungen der Kommissionen durch anderslautende wissenschaftliche Erkenntnisse in Zweifel ziehen oder widerlegen[341].

Derzeit in der Rechtsprechung noch nicht endgültig entschieden ist die Frage, ob die Kommissionen **194** nach Abs. 7 nach Beendigung ihrer Aufbereitungstätigkeit durch die 5. AMG-Novelle weiterhin allgemeingültige **Monografien** in der jeweiligen Therapierichtung erlassen können. Als Argument dafür ließe sich die Regelung in S. 4 anführen, nach der die Kommission zwingend zu beteiligen ist, wenn eine Entscheidung von grundsätzlicher Bedeutung ansteht. Gegen eine derartige **Befugnis** der jeweiligen Kommission spricht jedoch, dass sie nur im Einzelfall in das Verfahren der Entscheidung einbezogen wird und sich ihr Mitwirken allein auf das Nachzulassungsverfahren nach § 105 beschränkt, eine Beteiligung der Kommissionen im Rahmen einer Neuzulassung jedoch nicht vorgesehen ist[342]. Von daher kann eine allgemeine Aussage einer Kommission zwar als sachverständige Äußerung[343], jedoch nicht als zwingende Vorgabe angesehen werden.

II. Die Berufung der Kommissionsmitglieder (S. 2)

Hinsichtlich der Zusammensetzung bzw. Berufung der Mitglieder der Kommission verweist **Abs. 7** **195** **S. 2** auf die Regelungen in Abs. 6 S. 4–6 (s. hierzu im Einzelnen Rn. 181 ff.).

Die im Abs. 6 S. 4–6 genannten Regelungen genügen den Anforderungen an ein ordnungsgemäßes **196** Besetzungsverfahren. Einer detaillierteren gesetzlichen Regelung bedarf es nach Ansicht des *VG Köln* nicht. Die Kommissionen seien nur der Entscheidung über die Zulassung vorangestellt, so dass die Kommissionen nicht unmittelbar in grundrechtlich geschützte Belange der pharmazeutischen Unternehmer im Nachzulassungsverfahren eingriffen[344].

III. Beteiligung der zuständigen Kommission (S. 3)

Es steht im **Ermessen** der zuständigen Bundesoberbehörde („kann"), ob sie im Verfahren der Ent- **197** scheidung über die Verlängerung von Zulassungen nach § 105 III 1 die in Betracht kommende Kommission beteiligt. Im Fall der in das Ermessen der Zulassungsbehörde gestellten Beteiligung der Kommission nach Abs. 7, kommt der Kommission lediglich eine **beratende Funktion** zu, die die Zulassungsbehörde nicht notwendig in Anspruch nehmen muss. Es ist vielmehr der Zulassungsbehörde überlassen, wie weit sie auf den in der Kommission repräsentierten Sachverstand hinsichtlich des jeweiligen Anwendungsgebiets oder der jeweiligen Therapierichtung zurückgreift oder sich selbst für ausreichend fachkundig und fachlich beraten erachtet. Gleichfalls im Ermessen der Zulassungsbehörde liegt es, wie weit sie die von ihr zu treffende Entscheidung als von grundsätzlicher Bedeutung betrachtet mit der Folge, dass eine Beteiligung der zuständigen Kommission zwingend wird.

IV. Besondere Therapierichtungen (S. 4)

Nach **Abs. 7 S. 4** ist eine Beteiligung der zuständigen Kommission bei Arzneimitteln einer bestimm- **198** ten Therapierichtung (Phythotherapie, Homöopathie, Anthroposophie) zwingend, wenn die vollständige Versagung der Verlängerung nach **§ 105 III 1** beabsichtigt ist oder der Entscheidung grundsätzliche Bedeutung zukommt (1. Halbs.). In diesen Fällen ist der Kommission eine Frist von zwei Monaten zur Stellungnahme gegeben (2. Halbs.).

In der **Rechtsprechung** ist anerkannt, dass die Kommissionen zu den in S. 4 genannten Therapie- **199** richtungen auch weiterhin als sachverständige Gremien anzusehen sind, die den wissenschaftlichen Erkenntnisstand auf dem Gebiet der jeweiligen Therapierichtung wiedergeben und daher bei einer Weiterentwicklung der wissenschaftlichen Erkenntnisse sachverständige Stellungnahmen abgeben können[345].

Durch den eindeutigen Bezug auf Nachzulassungsverfahren gem. § 105 liegt es nahe, dass bei Neu- **200** zulassungsverfahren gem. §§ 21 ff. oder Verfahren zur Verlängerung einer (Neu-)Zulassung gem. § 31 die Kommissionen C, D und E grundsätzlich nicht zu beteiligen sind[346]. Indes ist aber zu berücksichtigen, dass die jeweilige Kommission als Zulassungskommission nach Abs. 6 S. 1 zwingend anzuhören ist, wenn es sich um ein Arzneimittel handelt, das der **Verschreibungspflicht** nach § 48 II Nr. 1 unterliegt. Ist Gegenstand des Zulassungsverfahrens ein **nicht verschreibungspflichtiges Arzneimittel** i. S. d. § 48 II Nr. 1 darf die jeweilige Kommission aber in der Tat nicht beteiligt werden, da es an einer gesetzlichen Grundlage hierfür fehlt.

[341] *OVG Münster*, Urt. v. 25.2.2015 – 13 A 1371/14 – BeckRS 2015, 42132; A&R 2014, 140.
[342] Vgl. hierzu *VG Köln*, Urt. v. 26.8.2008 – 7 K 238/06 – BeckRS 2008, 39906.
[343] Vgl. *BVerwG*, PharmR 2007, 161; *OVG Münster*, Urt. v. 25.2.2015 – 13 A 1371/14 – BeckRS 2015, 42132.
[344] *VG Köln*, Urt. v. 18.10.2006 – 24 K 8133/04 – BeckRS 2007, 28416.
[345] *OVG Münster*, Urt. v. 29.4.2008 – 13 A 4996/04 – BeckRS 2008, 35031; *VG Köln*, Urt. v. 3.2.2010 – 24 K 754/01, BeckRS 48187; Urt. v. 26.8.2008 – 7 K 238/06 – BeckRS 2008, 39906; Urt. v. 11.6.2008 – 24 K 1239/07 – BeckRS 2008, 40664.
[346] In diesem Sinne *VG Köln*, Urt. v. 20.1.2009 – 7 K 5831/07 – BeckRS 2009, 31432.

201 Wenn die zuständige Bundesoberbehörde die jeweilige Kommission nach Abs. 7 S. 1 zu beteiligen hat, ist sie nicht an die Empfehlungen und Stellungnahmen der Kommissionen gebunden. Vielmehr trägt sie allein die Verantwortung für die Zulassungsentscheidung. Diese hat das Vorliegen eines Versagungsgrundes darzutun und im Zweifel auch zu beweisen[347].

202 Die Stellungnahmen und Empfehlungen der Kommissionen stellen **antizipierte Sachverständigengutachten** dar (s. Rn. 193), auf die sich die Zulassungsbehörde stützen kann, es sei denn der Antragsteller kann in substantiierter Weise die Stellungnahmen und Empfehlungen der in Betracht kommenden Kommission in Zweifel ziehen. Dabei sind die Anforderungen an die **Substantiierung von Zweifeln** umso geringer, je weniger die Einschätzung durch die jeweilige Kommission selbst nachvollziehbar begründet ist. Wenn eine Begründung fehlt, ist es bereits ausreichend, dass anderslautende wissenschaftliche Erkenntnisse vorgebracht werden. Im gleichen Maße intensiviert sich die Pflicht der Zulassungsbehörde, eine fehlende oder unzureichende Begründung selbst zu ergänzen, will sie denn Zweifel an der Zulassungsfähigkeit des Antrags aufrechterhalten[348].

203 Die jeweilige Kommission hat innerhalb von **zwei Monaten** nach dem Beteiligungsverlangen der zuständigen Bundesoberbehörde Gelegenheit zur Stellungnahme in den beiden im Gesetz genannten Fallkonstellationen.

V. Abweichungen von der Stellungnahme der Kommission (S. 5)

204 Die zuständige Bundesoberbehörde ist gehalten, bei der Entscheidung über die Verlängerung der Zulassung nach § 105 III 1 eine gesonderte **Begründung** gegenüber der Kommission abzugeben, sofern sie die Stellungnahme der Kommission nicht berücksichtigt[349]. Der Antragsteller kann sich insoweit Kenntnis durch die in § 29 VwVfG vorgesehene Akteneinsicht verschaffen[350].

K. Pädiatrische Arzneimittel (Abs. 7a)

205 Pädiatrische Arzneimittel, d. h. Arzneimittel für Personen bis zum Alter von 18 Jahren (Art. 2 Ziff. 1 VO (EG) Nr. 1901/2006), weisen die Problematik auf, dass sie nicht oder kaum an der für sie maßgeblichen Patientengruppe geprüft wurden. Etwa die Hälfte aller derzeit bei Kindern eingesetzten Arzneimittel wurde weder an Kindern geprüft noch für eine entsprechende Anwendung zugelassen[351]. Die rechtlichen und ethischen Probleme einer **Prüfung an Kindern und Jugendlichen** führen dazu, dass oftmals Arzneimittel eingesetzt werden, die nur an Erwachsenen geprüft wurden, so dass die geeignete, d. h. zugleich wirksame und sichere Dosierung häufig nicht bekannt ist oder allenfalls aufgrund bisheriger Erfahrungen des anwendenden Arztes vermutet werden kann[352].

206 Das Europäische Parlament und der Rat haben am 12.12.2006 die **VO (EG) Nr. 1901/2006** mit dem Ziel erlassen, die Entwicklung und die Zugänglichkeit von Arzneimitteln zur Verwendung bei der pädiatrischen Bevölkerungsgruppe zu erleichtern und zu gewährleisten, dass die zur Behandlung der pädiatrischen Bevölkerungsgruppe verwendeten Arzneimittel im Rahmen ethisch vertretbarer und qualitativ hochwertiger Forschungsarbeiten entwickelt und eigens für die pädiatrische Verwendung genehmigt werden. Weitere Beweggründe waren, die über die Verwendung von Arzneimitteln bei den verschiedenen pädiatrischen Bevölkerungsgruppen verfügbaren Informationen zu verbessern, ohne die pädiatrische Bevölkerungsgruppe unnötigen klinischen Prüfungen zu unterziehen und ohne die Genehmigung eines Arzneimittels für andere Altersgruppen zu verzögern. Die VO (EG) Nr. 1901/2006 verlangt – mit Ausnahmen – u. a. bei jedem neu zuzulassenden Arzneimittel ungeachtet des angestrebten Zulassungsverfahrens ein **pädiatrisches Prüfkonzept,** in dem das geplante Entwicklungsprogramm für eine Anwendung dieses Arzneimittels bei Kindern beschrieben wird[353]. Ohne ein derartiges Prüfkonzept wird der Zulassungsantrag von der Zulassungsbehörde nach Abs. 2 S. 1 Nr. 1 als unvollständig zurückgewiesen werden[354]. Von den allgemeinen Genehmigungsanforderungen nach Art. 7 und 8 VO (EG) Nr. 1901/2006 sind jedoch Generika gem. Art. 10 RL 2001/83/EG[355], Arzneimittel mit bekannten Stoffen gem. Art. 10a RL 2001/83/EG, homöopathische Arzneimittel gem. Art. 13–16 RL 2001/83/EG und traditionelle pflanzliche Arzneimittel gem. Art. 16a–16i RL 2001/83/EG nach Art. 9 VO (EG) Nr. 1901/2006 freigestellt.

---

[347] Vgl. *BVerwG*, PharmR 2010, 195, Rn. 29.
[348] Vgl. *BVerwG*, PharmR 2010, 195, Rn. 29.
[349] Vgl. hierzu *OVG Münster*, PharmR 2011, 60 f.; *VG Köln*, Urt. v. 3.2.2010 – 24 K 754/01 – BeckRS 2010, 48187.
[350] *Kloesel/Cyran*, § 25 Anm. 165 f.
[351] Vgl. die Mitteilung des BfArM vom 11.6.2008 zur VO (EG) Nr. 1901/2006, abrufbar unter www.bfarm.de.
[352] Zur Problematik von Kinderarzneimitteln vgl. die umfangreichen Erwägungsgründe zur VO (EG) Nr. 1901/2006.
[353] Vgl. hierzu sowie zur Zulassung von Kinderarzneimitteln ausführlich *Lehmann*, in: Fuhrmann/Klein/Fleischfresser, § 7 Rn. 35 ff., 61 ff.
[354] Mitteilung des BfArM vom 11.6.2008 zur VO (EG) Nr. 1901/2006, abrufbar unter http://www.bfarm.de.
[355] Die Umsetzung in nationales Recht erfolgte durch § 24b II.

I. Kommission für Arzneimittel für Kinder und Jugendliche (S. 1)

Mit der 12. AMG-Novelle wurde in Abs. 7a die Rechtsgrundlage für die Errichtung der **Kommis- 207 sion für Arzneimittel für Kinder und Jugendliche (KAKJ)** beim BfArM geschaffen. Nach der Gesetzesbegründung soll mit dieser Kommission dem vom Deutschen Bundestag und von den Fachkreisen festgestellten Bedarf, die Arzneimittelsicherheit für Kinder und Jugendliche zu verbessern, Rechnung getragen werden[356]. Dieses Ziel der Einrichtung der Kommission wurde in S. 1 gesetzlich niedergelegt. Mit Erlass vom 1.11.2006[357] hat das BMG die Errichtung einer entsprechenden Kommission beim BfArM angeordnet.

Die KAKJ hat seit ihrer Konstituierung bislang bei der Vorbereitung von 60 nationalen bzw. europäi- 208 schen Zulassungsanträgen betr. Arzneimittel, die auch zur Anwendung bei Kindern bestimmt sind, mitgewirkt[358].

II. Berufung der Kommissionsmitglieder (S. 2)

Abs. 7a S. 2 verweist auf die Regelungen des Abs. 6 S. 4–6 hinsichtlich der Zulassungskommis- 209 sionen; insoweit kann auf die Kommentierung in Rn. 181 ff. verwiesen werden. Im Hinblick auf die Vorgabe des Abs. 6 S. 5, wonach bei der Berufung die jeweiligen Besonderheiten der Arzneimittel zu berücksichtigen sind, ist zu verlangen, dass die berufenen Sachverständigen spezifischen **pädiatrischen Sachverstand** vorweisen können.

Ausweislich § 2 Nr. 1 des Erlasses des Bundesministeriums für Gesundheit vom 1.11.2006 besteht die 210 Kommission aus acht Mitgliedern, die alle **Experten** auf den Gebieten Kinder- und Jugendheilkunde, Kinder- und Jugendpsychiatrie sowie Biometrie sind. Die aktuellen Mitglieder der KAKJ sind im Internet über die Homepage des BfArM einsehbar.

III. Zwingende Beteiligung (S. 3)

Die Zulassungsbehörde hat die KAKJ **zwingend** bei dem Zulassungsverfahren zu beteiligen, wenn es 211 um die Zulassung eines Arzneimittels geht, das auch zur Anwendung bei Kindern oder Jugendlichen bestimmt ist. Die Beteiligung der Kommission hängt damit von der Indikation des zuzulassenden Arzneimittels ab. Wird die Kommission entgegen der Vorgabe nach **Abs. 7a S. 3** nicht beteiligt, ist eine etwaige Versagung der Zulassung des Arzneimittels **anfechtbar**.

IV. Fakultative Beteiligung (S. 4)

Ausweislich **Abs. 7a S. 4** ist eine Mitwirkung der KAKJ nicht auf Arzneimittel beschränkt, die zur 212 Anwendung bei Kindern oder Jugendlichen bestimmt sind. Die Zulassungsbehörde kann auch bei anderen Arzneimitteln die Kommission zur Vorbereitung der Entscheidung über den Antrag auf Zulassung beteiligen, wenn das Arzneimittel zur Anwendung bei Kindern oder Jugendlichen **in Betracht kommt**. Letzteres setzt voraus, dass die Anwendung des Arzneimittels bei Kindern vernünftigerweise denkbar ist[359]. Die Entscheidung über die Beteiligung der Kommission steht im pflichtgemäßen **Ermessen** der Zulassungsbehörde. Das Ermessen ist reduziert, wenn eine Anwendung des zuzulassenden Arzneimittels bei Kindern aufgrund bisheriger Erfahrungen mit diesem oder einem ähnlichen Wirkstoff überwiegend wahrscheinlich ist.

V. Stellungnahme der Kommission (S. 5)

Nach **Abs. 7a S. 5** ist die Beteiligung der Kommission auf eine Stellungnahme begrenzt. Es liegt im 213 **Ermessen** der Kommission, ob sie eine Stellungnahme abgeben will („kann").

VI. Abweichungen von der Stellungnahme der Kommission (S. 6)

Gewicht erhält die Beteiligung der Kommission jedoch dadurch, dass die Zulassungsbehörde es zu 214 **begründen** hat, wenn sie bei ihrer Entscheidung die Stellungnahme der Kommission nicht berücksichtigt, d. h. ihr nicht folgt. Eine etwaige Begründung erfolgt intern gegenüber der Kommission[360]. Der Antragsteller erfährt von der Beteiligung der Kommission sowie deren Stellungnahme und einer etwaigen Begründung der Zulassungsbehörde nur durch sein **Akteneinsichtsrecht** im Rahmen des Verwaltungsverfahrens (§ 29 VwVfG).

---

[356] BT-Drucks. 15/2109, S. 28.
[357] Abrufbar unter http://www.bfarm.de. Dort ist auch die Geschäftsordnung der Kommission abrufbar.
[358] Mitteilung des BfArM vom 6.3.2009, abrufbar unter http://www.bfarm.de.
[359] Vgl. *Kloesel/Cyran*, § 25 Anm. 170.
[360] *Kloesel/Cyran*, § 25 Anm. 171.

VII. Weitere Aufgaben (S. 7)

215   Zur generellen Förderung der Arzneimittelsicherheit sieht **Abs. 7a S. 7** weitere Aufgaben der KAKJ
vor. Ihr obliegt es entweder aufgrund eigener Initiative oder infolge einer Anfrage durch Dritte festzustellen, unter welchen Voraussetzungen Arzneimittel, die für die Anwendung bei Kindern oder
Jugendlichen zugelassen sind, nach dem anerkannten Stand der Wissenschaft bei diesen angewendet
werden können[361]. Hintergrund dieser gesetzlichen Regelung dürfte gewesen sein, dass sich in der
Kommission **pädiatrischer Sachverstand konzentriert** und die Kommission am ehesten einen Überblick über Arzneimittel zur Anwendung bei Kindern und Jugendlichen erlangen dürfte.

VIII. Besondere Therapierichtungen (S. 8)

216   Für die Arzneimittel der besonderen Therapierichtungen Phytotherapie, Homöopathie und anthroposophische Medizin übernehmen die Kommissionen nach Abs. 7 S. 4 die Aufgaben der KAKJ. Die
Besonderheiten der genannten Therapierichtungen erlauben es nicht, dass eine allgemeine Kommission,
die nicht den erforderlichen, auf die jeweilige Therapierichtung bezogenen Sachverstand aufweist, im
Zulassungsverfahren beteiligt wird.

L. Zulassung bei Sera, Impfstoffen, Blutzubereitungen, Gewebezubereitungen, Allergenen und xenogenen Arzneimitteln (Abs. 8)

I. Zulassungsentscheidung (S. 1)

217   Abs. 8 enthält eine Sonderregelung für die in S. 1 genannten Sera, Impfstoffe, Blutzubereitungen,
Gewebezubereitungen, Allergene sowie xenogenen Arzneimittel, die keine Arzneimittel nach § 4 IX
sind. Im Rahmen des AMG-ÄndG 2009[362] wurden Gentransfer-Arzneimittel, somatische Zelltherapeutika und xenogene Zelltherapeutika, die keine Arzneimittel i. S. d. § 4 IX sind, aus dem Anwendungsbereich des Abs. 8 gestrichen. Bei diesen handelt es sich um **Arzneimittel für neuartige Therapien,**
die nach Art. 27 VO (EG) Nr. 1394/2007 in der EU zentral zugelassen werden. Dementsprechend findet
das nationale Zulassungsverfahren für diese Arzneimittel keine Anwendung mehr. Soweit es sich um
xenogene Arzneimittel handelt, die keine Arzneimittel für neuartige Therapien sind, unterliegen diese
der Zulassung durch die Mitgliedstaaten. Insoweit ist durch das AMG-ÄndG 2009 eine Anpassung an die
VO (EG) Nr. 1394/2007 und die mit dem AMG-ÄndG 2009 erfolgte Neuformulierung des § 4 XXI
erfolgt[363].

218   Bei der in S. 1 genannten zuständigen Bundesoberbehörde handelt es sich um das **Paul-Ehrlich-
Institut (PEI),** welches gem. § 77 II für die genannten Produkte zuständig ist. Das PEI erteilt die
Zulassung entweder aufgrund der Prüfung der eingereichten Unterlagen oder aufgrund eigener Untersuchungen oder aufgrund der Beobachtung der Prüfungen des Herstellers. Der Vergleich mit Abs. 5 S. 1
zeigt, dass dem PEI weiter reichende Befugnisse zugestanden werden[364]. Aus Abs. 8 S. 1 folgt bereits, dass
das PEI zu eigenen Untersuchungen bzw. zur Beobachtung der Prüfungen des Herstellers befugt ist.
Besondere Bedeutung kommt der Freigabe der Charge eines Serums, eines Impfstoffs oder eines Allergens durch das PEI nach einer entsprechenden **staatlichen Chargenprüfung** gem. § 32 zu, für deren
Durchführung § 32 III auf die entsprechende Anwendung der §§ 25 VIII; 22 VII 3 verweist (s. hierzu
§ 32 Rn. 18)[365].

II. Betretungs- und Besichtigungsrechte (S. 2)

219   **Abs. 8 S. 2** gewährt dem PEI Sonderbefugnisse, die über die Befugnisse des BfArM hinausgehen. So
ist es Beauftragten des PEI gestattet, im Benehmen mit der zuständigen Behörde (§ 64) Betriebs- und
Geschäftsräume des Herstellers – und damit zwangsläufig dessen Grundstücke – zu den üblichen
Geschäftszeiten zu betreten. Die Beauftragten dürfen in diesen sowie in den dem Betrieb dienenden
Beförderungsmitteln Besichtigungen vornehmen. Die Sonderstellung der in S. 1 genannten Produkte
und die einschlägigen arzneimittelrechtlichen Sondervorschriften rechtfertigen diese Befugnisse. Als
Sonderregelungen sind insbesondere zu nennen die §§ 10 III; 13 IV 2; 15 III und III a; 32; 64 II.

220   Soweit aus S. 2 die Befugnis zum Betreten und zur Besichtigung von Betriebs- und Geschäftsräumen
des Herstellers folgt, gilt diese Befugnis selbstverständlich auch in den Fällen, in denen ein **Lohnhersteller oder Lohnprüfer** eingeschaltet ist. In dem entsprechenden Lohnherstellungsvertrag sollte der

---

[361] Zum Verfahren der Abgabe einer Stellungnahme der KAKJ vgl. *Kloesel/Cyran*, § 25 Anm. 172.
[362] Vgl. BT-Drucks. 16/12256, S. 48.
[363] BT-Drucks. 16/12256, S. 48.
[364] Zum Zulassungsverfahren für Impfstoffe und Sera vgl. *Ruoff*, in: Fuhrmann/Klein/Fleischfresser, § 31 Rn. 9 ff.;
Kloesel/Cyran, § 25 Anm. 177 ff.
[365] Vgl. dazu ausführlich *Ruoff*, in: Fuhrmann/Klein/Fleischfresser, § 31 Rn. 20 ff.

Lohnhersteller auf das Betretungs- und Besichtigungsrecht des PEI hingewiesen werden. Den Beauftragten des PEI ist es nicht gestattet, Wohnräume zu besichtigen. Hierfür bedarf es eines gerichtlichen Durchsuchungsbefehls.

III. Mitteilung des Herstellungsverfahrens (S. 3)

Um dem PEI eine vollständige Überprüfung und Untersuchung zu ermöglichen, folgt aus **Abs. 8** 221
S. 3 das Recht des PEI, vom Antragsteller die Offenlegung des Herstellungsverfahrens zu verlangen. Die Vorlagepflicht ist nicht auf den Herstellungsprozess des Fertigarzneimittels beschränkt, sondern kann sich auch auf den Herstellungsprozess etwaiger Wirkstoffe erstrecken[366].

IV. Ausnahmen (S. 4)

Abs. 8 stellt eine abschließende Regelung für die Zulassungsentscheidung des PEI dar. Dementspre- 222
chend finden die Abs. 6, 7 und 7a, die die Beteiligung einer Kommission vorsehen, keine Anwendung. Im Rahmen der 14. AMG-Novelle hat der Gesetzgeber im Hinblick auf eine Beteiligung der Kommission für Arzneimittel für Kinder und Jugendliche (KAKJ) nach Abs. 7a deren Beteiligung für entbehrlich angesehen. Der bei der Zulassungsbehörde vorhandene Sachverstand sei so weitgehend, dass die zwingende Einziehung externer Expertisen nicht erforderlich sei und das Zulassungsverfahren insoweit entlastet werden könne[367].

M. Kontrollmethoden (Abs. 8a)

Abs. 8a bezieht sich mit seinem Hinweis auf Kontrollmethoden i. S. d. **§ 23 II 3** auf das dort genannte 223
Rückstandsnachweisverfahren bei Tierarzneimitteln. Durch die entsprechende Anwendung von Abs. 8 S. 1–3 werden dem BVL als zuständiger Bundesoberbehörde nach § 77 III im Hinblick auf das Rückstandsnachweisverfahren die Befugnisse des PEI übertragen. Diesem soll es ermöglicht werden, das Rückstandsnachweisverfahren auch aufgrund der Beobachtung der Prüfungen des pharmazeutischen Unternehmers zu beurteilen[368].

N. Einheitliche Zulassung (Abs. 9)

I. Inhalt (S. 1)

Abs. 9 wurde zuletzt im Rahmen der 14. AMG-Novelle geändert und an den aktuellen Wortlaut von 224
Art. 6 RL 2001/83/EG bzw. Art. 5 RL 2001/82/EG angepasst (zur Frage, wann ein „gleiches Arzneimittel" im Rahmen der Arzneimittelhaftung vorliegt s. § 88 Rn. 15). Beide RL sehen eine einheitliche umfassende Zulassung für ein Arzneimittel vor, für das verschiedene Stärken, Darreichungsformen, Verabreichungswege oder Verabreichungsformen beantragt werden. Die Vorschrift dient der **Transparenz** des Arzneimittelmarktes, in dem für ein Arzneimittel, das lediglich in verschiedenen Stärken, Darreichungsformen oder für verschiedene Verabreichungswege oder Verabreichungsformen auf dem Markt ist, eine einheitliche Zulassung existiert. Eine einheitliche umfassende Zulassung kann auf Antrag des Antragstellers nicht nur im Rahmen der Arzneimittelzulassung beantragt werden, sondern gem. S. 1, 2. Halbs. auch bei **nachträglichen Änderungen und Erweiterungen.**

Die Regelung des Abs. 9 ist streng von der Regelung in Abs. 3, wonach die Zulassung für ein 225
Arzneimittel zu versagen ist, das sich von einem zugelassenen oder bereits im Verkehr befindlichen Arzneimittel gleicher Bezeichnung in der Art oder der Menge der Wirkstoffe unterscheidet, zu trennen. Abs. 9 behandelt den Fall, dass die Zulassung für ein Arzneimittel beantragt wird, das nicht in Konflikt zu einem bereits zugelassenen oder in Verkehr befindlichen Arzneimittel steht.

Der im AMG verwendete Begriff der **Ausbietung** eines Arzneimittels ist im Hinblick auf Art. 6 226
RL 2001/83/EG bzw. Art. 5 RL 2001/82/EG als Verabreichungsform zu verstehen, d. h. die Verkaufsform wie beispielsweise Packungsgrößen, Glasflaschen, Beutel oder Infusionslösungen[369].

II. Einheitliche Zulassungsnummer (S. 2)

Um eine Differenzierung und damit eine wirksame Überwachung des Marktes zu gewährleisten, ist 227
nach **Abs. 9 S. 2** eine einheitliche Zulassungsnummer zu verwenden, der weitere Kennzeichen zur Unterscheidung der Darreichungsformen oder Konzentrationen hinzugefügt werden müssen.

---

[366] *Kloesel/Cyran*, § 25 Anm. 184.
[367] BT-Drucks. 15/5316, S. 39.
[368] BT-Drucks. 9/1598, S. 14.
[369] *Rehmann*, § 25 Rn. 25.

III. Zulassungen nach § 24b Abs. 1 (S. 3)

228   Für Zulassungen nach § 24b I gelten Einzelzulassungen eines Referenzarzneimittels als einheitliche umfassende Zulassung. Hierbei ist unter dem **Referenzarzneimittel** nach § 24b I 1 das Arzneimittel des Vorantragstellers zu verstehen. Dies schließt es aus, die verschiedenen Zulassungsinhabern erteilten Einzelzulassungen als einheitliche Zulassung i. S. d. § 25 IX 3 aufzufassen[370]. Etwas anderes dürfte in Anbetracht der ratio legis der Vorschrift gelten, wenn zwischen den verschiedenen Zulassungsinhabern, denen Einzelzulassungen erteilt wurden, entsprechende Nutzungsverträge, wie dies innerhalb von Konzernen häufig der Fall ist, abgeschlossen wurden, da das Prinzip der Globalzulassung („Global Marketing Authorisation") den Bestrebungen des Erstzulassungsinhabers entgegentreten soll, mit geänderten bzw. geringfügig abweichenden Zulassungen den Marktzugang von Generika hinauszuzögern und damit im Ergebnis zu erschweren (s. auch § 24b Rn. 11 ff.)[371].

O. Haftung (Abs. 10)

229   Abs. 10 hat nur klarstellende Funktion, da sich die zivilrechtliche Verantwortung des pharmazeutischen Unternehmers nach **§ 84 AMG** sowie **§ 823 I BGB oder § 823 II BGB i. V. m. einem Schutzgesetz** bestimmt. Die Vorschrift wiederholt fast wörtlich die Vorgaben der Art. 25 RL 2001/83/ EG und Art. 29 RL 2001/82/EG.

230   Es kann nicht ausgeschlossen werden, dass der Bund im Rahmen einer **Amtshaftung** für Schäden haftet, die durch Arzneimittel verursacht wurden, die nicht hätten zugelassen werden dürfen. Im Rahmen eines solchen Amtshaftungsanspruches stellt sich zum einen die Frage, ob die verletzte Amtspflicht – Zulassung eines nicht zulassungsfähigen Arzneimittels – drittschützenden Charakter hat, d. h. die Amtspflicht zumindest auch den Zweck hat, gerade das Interesse des Dritten zu sichern[372]. Dies kann angesichts des mit dem AMG verfolgten Zwecks, im Interesse der Anwender für die Unbedenklichkeit von Arzneimitteln zu sorgen, kaum verneint werden; das AMG dient nicht nur abstrakt dem Wohl der Allgemeinheit[373]. Problematisch ist zum anderen, inwieweit die Zulassungsbehörde im Einzelfall ein Verschulden trifft, da es im Rahmen des Zulassungsverfahrens und der Bewertung des Risiko-Nutzen-Verhältnisses primär um Wahrscheinlichkeitsurteile geht[374]. Der Gesetzgeber bezweckte dementsprechend mit dem AMG auch keine absolute, sondern nur eine optimale Arzneimittelsicherheit[375]. Von daher wird ein Amtshaftungsanspruch nur in den Fällen in Betracht kommen, in denen es offensichtlich ist, dass eine Zulassung nicht oder nicht auf der Grundlage der durchgeführten Prüfungen hätte erteilt werden dürfen.

§ 25a Vorprüfung

(1) ¹Die zuständige Bundesoberbehörde kann den Zulassungsantrag durch unabhängige Sachverständige auf Vollständigkeit und daraufhin prüfen lassen, ob das Arzneimittel nach dem jeweils gesicherten Stand der wissenschaftlichen Erkenntnisse ausreichend geprüft worden ist. ²§ 25 Abs. 6 Satz 5 findet entsprechende Anwendung.

(2) Bei Beanstandungen im Sinne des Absatzes 1 hat der Sachverständige dem Antragsteller Gelegenheit zu geben, Mängeln innerhalb von drei Monaten abzuhelfen.

(3) ¹Ist der Zulassungsantrag nach Ablauf der Frist unter Zugrundelegung der abschließenden Stellungnahme des Sachverständigen weiterhin unvollständig oder mangelhaft im Sinne des § 25 Abs. 2 Nr. 2, so ist die Zulassung zu versagen. ²§ 25 Abs. 4 und 6 findet auf die Vorprüfung keine Anwendung.

(4) Stellt die zuständige Bundesoberbehörde fest, dass ein gleich lautender Zulassungsantrag in einem anderen Mitgliedstaat der Europäischen Union geprüft wird, lehnt sie den Antrag ab und setzt den Antragsteller in Kenntnis, dass ein Verfahren nach § 25b Anwendung findet.

(5) Wird die zuständige Bundesoberbehörde nach § 22 unterrichtet, dass sich ein Antrag auf ein in einem anderen Mitgliedstaat der Europäischen Union bereits zugelassenes Arzneimittel bezieht, lehnt sie den Antrag ab, es sei denn, er wurde nach § 25b eingereicht.

---

[370] *OVG Münster*, PharmR 2014, 67.
[371] Im konkreten Fall offen gelassen durch *OVG Münster*, PharmR 2014, 67.
[372] Vgl. *BGH*, NJW 1995, 1828.
[373] Vgl. *BGH*, NJW 1995, 1828 f.
[374] Vgl. *Kloesel/Cyran*, § 25 Anm. 189.
[375] BT-Drucks. 7/3060, S. 43.

Wichtige Änderungen der Vorschrift: Abs. 4 und 5 angefügt durch Art. 1 Nr. 23 des Vierzehnten Gesetzes zur Änderung des Arzneimittelgesetzes vom 29.8.2005 (BGBl. I S. 2570).

Europarechtliche Vorgaben: Art. 17 II, 18 RL 2001/83/EG; Art. 21 II, 22 RL 2001/82/EG.

Übersicht

A. Allgemeines

I. Inhalt

Die Vorschrift eröffnet in Abs. 1 der zuständigen Bundesoberbehörde die Möglichkeit, den Zulas- **1** sungsantrag im Vorfeld der eigentlichen Zulassungsprüfung durch unabhängige Sachverständige einer Kontrolle auf Vollständigkeit und ausreichende Prüfung des Arzneimittels nach dem jeweils gesicherten Stand der wissenschaftlichen Erkenntnisse zu unterziehen. Treten hierbei Beanstandungen auf, denen der Antragsteller nicht innerhalb der nach Abs. 2 zu setzenden Frist von drei Monaten abhelfen kann, versagt die zuständige Bundesoberbehörde gem. Abs. 3 die Zulassung. Die Abs. 4 und 5 beziehen sich auf das dezentrale Zulassungsverfahren, welches in § 25b seine nationale Umsetzung erfahren hat, und regeln das Vorgehen im Fall eines parallelen Zulassungsverfahrens bzw. einer bereits erteilten Zulassung in einem anderen Mitgliedstaat der EU.

II. Zweck

Die zuständige Bundesoberbehörde soll insbes. bei umfangreichen und schwierig gelagerten Zulas- **2** sungsfällen der eigentlichen Zulassungsprüfung eine **Vorprüfung** voranstellen können. Diese soll sicherstellen, dass die zuständige Behörde den Zulassungsantrag **ohne Verzögerung durch Nachbesserungen bearbeiten** kann[1]. Die Vorschrift dient im Übrigen der Umsetzung der gemeinschaftsrechtlichen Vorgaben und gewährleistet, dass das **dezentrale Zulassungsverfahren** formell ordnungsgemäß abläuft.

B. Vorprüfung (Abs. 1)

I. Inhalt der Prüfung (S. 1)

Die zuständige Bundesoberbehörde **kann** den Zulassungsantrag[2] einer Vorprüfung durch unabhängige **3** Sachverständige unterziehen lassen. Durch die mit dem 2. AMG-ÄndG 2012 erfolgte Änderung des Wortes „soll" in „kann" wird die Einbeziehung von unabhängigen Sachverständigen bei der Vorprüfung des Zulassungsantrags in das Ermessen der zuständigen Behörde gestellt. Mit der Änderung soll den strikten Fristen im Rahmen des Zulassungsverfahrens Rechnung getragen werden, die eine obligatorische Vorprüfung durch externe Sachverständige in der Regel nicht erlauben[3]. Insbes. bei einfach gelagerten Zulassungsanträgen wird eine Vorprüfung nicht in Betracht kommen[4]. Der Antragsteller hat **keinen Rechtsanspruch** auf Durchführung einer Vorprüfung[5], jedoch einen Anspruch auf fehlerfreie Ermessensausübung über seinen Antrag. Der Unterschied zur Beiziehung von Gegensachverständigen gem. § 25 V 5 liegt darin, dass nach dieser Vorschrift der zuständigen Bundesoberbehörde stets ein Ermessen zukommt (s. § 25 Rn. 147). Die Vorprüfung beschränkt sich darauf, zum einen die **Voll-**

---

[1] *Kloesel/Cyran*, § 25a Anm. 1; *Rehmann*, § 25a Rn. 1.
[2] Darunter sind Zulassungsanträge gem. § 21 ebenso wie Anträge gem. § 25b im dezentralen Verfahren und Verfahren der gegenseitigen Anerkennung sowie Verlängerungen und Änderungsanzeigen zu verstehen, vgl. *Kloesel/Cyran*, § 25a Anm. 3.
[3] BT-Drucks. 17/9341, S. 52.
[4] Vgl. *Rehmann*, § 25a Rn. 1.
[5] Ebenso *Kloesel/Cyran*, § 25a Anm. 4.

ständigkeit der Antragsunterlagen zu prüfen und zum anderen zu untersuchen, ob das Arzneimittel **nach dem jeweils gesicherten Stand der wissenschaftlichen Erkenntnisse** (s. dazu § 25 Rn. 21 ff.) **ausreichend geprüft** worden ist[6]. Die Vorprüfung beschränkt sich mithin auf die Prüfung der Versagungsgründe gem. § 25 II 1 Nr. 1 und 2 (s. dazu § 25 Rn. 12 ff. und 18 ff.). Weiter ist zu prüfen, ob nicht ein Fall nach Abs. 4 oder 5 vorliegt[7].

4   Die Vorprüfung des Zulassungsantrags ist Bestandteil des Zulassungsverfahrens und führt daher nicht zu einer Verlängerung der in § 27 I 1 vorgesehenen **Sieben-Monatsfrist** zur Bearbeitung des Zulassungsantrags[8].

II. Entsprechende Geltung des § 25 Abs. 6 S. 5 (S. 2)

5   Die Vorprüfung erfolgt durch unabhängige, zur Verschwiegenheit verpflichtete Sachverständige (zur Unabhängigkeit s. § 25 Rn. 150 ff.), deren berufliche Qualifikationen für die Durchführung der Vorprüfung nachweislich vorhanden sein müssen. Insoweit wird man auf Art. 12 I RL 2001/83/EG zurückgreifen können. Aufgrund des Verweises in Abs. 1 S. 2 auf § 25 VI 5 sind bei deren Bestellung die **jeweiligen Besonderheiten der Arzneimittel** zu berücksichtigen, d. h. insbes. bei einem Arzneimittel, das den Therapierichtungen Phytotherapie, Homöopathie oder Anthroposophie zuzurechnen ist, muss der Sachverständige besondere Fachkunde hinsichtlich der jeweiligen Therapierichtung aufweisen.

C. Mängelbehebung (Abs. 2)

6   Ergeben sich aufgrund der Vorprüfung Beanstandungen des Zulassungsantrags i. S. d. Abs. 1, muss der Sachverständige dem Antragsteller Gelegenheit zur Mängelbeseitigung geben. Von der in Abs. 2 genannten **Drei-Monatsfrist** kann hierbei nicht abgewichen werden. Die Einräumung der Möglichkeit zur Mängelbehebung erfolgt unabhängig von der zuständigen Bundesoberbehörde.

7   Durch die Einräumung der dreimonatigen Mängelbehebungsfrist in Abs. 2 wird die Frist zur Entscheidung über den Zulassungsantrag nach § 27 I 1 nicht entsprechend § 27 II **gehemmt.** Hiergegen spricht der eindeutige Wortlaut des § 27 II 1, der eine Hemmung nur für den Fall der Mängelbeseitigung nach § 25 IV vorsieht. In Anbetracht des eindeutigen Wortlauts des § 27 II 1 besteht auch kein Raum für eine analoge Anwendung[9]. Es fehlt an der planwidrigen Regelungslücke, die nur der Gesetzgeber schließen kann.

D. Zulassungsversagung (Abs. 3)

I. Versagung (S. 1)

8   Nach Ablauf der Dreimonatsfrist gem. Abs. 2 erstellt der Sachverständige eine **abschließende Stellungnahme,** in der er sich zur Vollständigkeit des Zulassungsantrags und zur ausreichenden Prüfung des Arzneimittels nach dem jeweils gesicherten Stand der wissenschaftlichen Erkenntnisse äußert. Aufgrund dieser abschließenden Stellungnahme entscheidet die zuständige Bundesoberbehörde, inwieweit der Zulassungsantrag unvollständig oder mangelhaft i. S. d. § 25 II 1 Nr. 2 ist. Ist dies zu bejahen, ist sie im Rahmen der gebundenen Verwaltung nach **Abs. 3 S. 1** verpflichtet, die Zulassung zu **versagen.**

II. Unanwendbarkeit des § 25 Abs. 4 und 6 (S. 2)

9   **Abs. 3 S. 2** stellt klar, dass die zuständige Bundesoberbehörde im Rahmen der Vorprüfung keine Mängelmitteilung gem. § 25 IV erstellt, die dem Antragsteller Gelegenheit gibt, den Mängeln abzuhelfen. Damit scheidet in Anbetracht des eindeutigen Wortlauts eine Nachfristsetzung aus[10]. Ebenfalls keine Anwendung findet § 25 VI, so dass vor der Entscheidung über die Versagung der Zulassung eines Arzneimittels, das den Therapierichtungen Phytotherapie, Homöopathie oder Anthroposophie zuzurechnen ist, keine Zulassungskommission zu hören ist.

E. Dezentralisiertes Verfahren (Abs. 4)

10   Die Abs. 4 und 5 betreffen das dezentralisierte Zulassungsverfahren, in dem der Antragsteller eine Zulassung für mehrere EU-Mitgliedstaaten anstrebt. Insoweit hat der Antragsteller nach § 22 VI 3 im Zulassungsantrag anzugeben, ob ein Antrag auf Zulassung in einem oder mehreren Mitgliedstaaten der

---

[6] Zum Umfang der vorzunehmenden Prüfung vgl. *Kloesel/Cyran*, § 25a Rn. 9.
[7] Zum Prüfungsumfang im Übrigen vgl. *Kloesel/Cyran*, § 25a Anm. 9.
[8] *Kloesel/Cyran*, § 25a Anm. 8.
[9] A. A. *Kloesel/Cyran*, § 25a Anm. 13.
[10] Ebenso *Kloesel/Cyran*, § 25a Anm. 15.

EU geprüft wird. Verfügt der Antragsteller noch nicht über eine Zulassung für das betr. Arzneimittel in einem EU-Mitgliedstaat, findet das dezentralisierte Verfahren (Decentralized Procedure, DCP, s. dazu Einf. Rn. 32, 34) Anwendung. Der pharmazeutische Unternehmer hat einen EU-Mitgliedstaat als das verfahrensführende Land (Reference Member State, RMS) zu bestimmen, dem die Bewertung des Zulassungsantrags unterliegt. **Abs. 4** betrifft den Fall, dass der pharmazeutische Unternehmer offensichtlich keinen Reference Member State bestimmt hat. Er wird darüber in Kenntnis gesetzt, dass das Verfahren nach § 25b Anwendung findet und aufgrund dessen Nichteinhaltung der von ihm eingereichte Zulassungsantrag abzulehnen ist.

F. Verfahren der gegenseitigen Anerkennung (Abs. 5)

Abs. 5 bezieht sich auf das Anwendungsverfahren. Im Unterschied zur Situation des Abs. 4 ist das **11** Arzneimittel, auf das sich der Zulassungsantrag bezieht, bereits in einem anderen Mitgliedstaat der EU zugelassen. Das Unionsrecht sieht für diesen Fall das sog. Verfahren der gegenseitigen Anerkennung (Mutual Recognition Procedure, MRP) vor (s. dazu Einf. Rn. 31 ff.). Der EU-Mitgliedstaat, der die Zulassung erteilt hat, fungiert als Reference Member State, der einen Bewertungsbericht auf der Basis der bereits erteilten Zulassung zu erstellen hat. Die zuständige Bundesoberbehörde lehnt aufgrund der Nichteinhaltung des in § 25b geregelten Verfahrens der gegenseitigen Anerkennung den eingereichten Zulassungsantrag ab.

§ 25b Verfahren der gegenseitigen Anerkennung und dezentralisiertes Verfahren

(1) **Für die Erteilung einer Zulassung oder Genehmigung in mehr als einem Mitgliedstaat der Europäischen Union hat der Antragsteller einen auf identischen Unterlagen beruhenden Antrag in diesen Mitgliedstaaten einzureichen; dies kann in englischer Sprache erfolgen.**

(2) **[1] Ist das Arzneimittel zum Zeitpunkt der Antragstellung bereits in einem anderen Mitgliedstaat der Europäischen Union genehmigt oder zugelassen worden, ist diese Zulassung auf der Grundlage des von diesem Staat übermittelten Beurteilungsberichtes anzuerkennen, es sei denn, dass Anlass zu der Annahme besteht, dass die Zulassung des Arzneimittels eine schwerwiegende Gefahr für die öffentliche Gesundheit, bei Arzneimitteln zur Anwendung bei Tieren eine schwerwiegende Gefahr für die Gesundheit von Mensch oder Tier oder für die Umwelt darstellt. [2] In diesem Fall hat die zuständige Bundesoberbehörde nach Maßgabe des Artikels 29 der Richtlinie 2001/83/EG oder des Artikels 33 der Richtlinie 2001/82/EG zu verfahren.**

(3) **[1] Ist das Arzneimittel zum Zeitpunkt der Antragstellung noch nicht zugelassen, hat die zuständige Bundesoberbehörde, soweit sie Referenzmitgliedstaat im Sinne des Artikels 28 der Richtlinie 2001/83/EG oder des Artikels 32 der Richtlinie 2001/82/EG ist, Entwürfe des Beurteilungsberichtes, der Zusammenfassung der Merkmale des Arzneimittels und der Kennzeichnung und der Packungsbeilage zu erstellen und den zuständigen Mitgliedstaaten und dem Antragsteller zu übermitteln. [2] § 25 Absatz 5 Satz 5 gilt entsprechend.**

(4) **Für die Anerkennung der Zulassung eines anderen Mitgliedstaates finden Kapitel 4 der Richtlinie 2001/83/EG und Kapitel 4 der Richtlinie 2001/82/EG Anwendung.**

(5) **[1] Bei einer abweichenden Entscheidung bezüglich der Zulassung, ihrer Aussetzung oder Rücknahme finden die Artikel 30, 32, 33 und 34 der Richtlinie 2001/83/EG und die Artikel 34, 36, 37 und 38 der Richtlinie 2001/82/EG Anwendung. [2] Im Falle einer Entscheidung nach Artikel 34 der Richtlinie 2001/83/EG oder nach Artikel 38 der Richtlinie 2001/82/EG ist über die Zulassung nach Maßgabe der nach diesen Artikeln getroffenen Entscheidung oder des nach diesen Artikeln getroffenen Beschlusses der Europäischen Gemeinschaft oder der Europäischen Union zu entscheiden. [3] Ein Vorverfahren nach § 68 der Verwaltungsgerichtsordnung findet bei Rechtsmitteln gegen Entscheidungen der zuständigen Bundesoberbehörden nach Satz 2 nicht statt. [4] Ferner findet § 25 Abs. 6 keine Anwendung.**

(6) **Die Absätze 1 bis 5 finden keine Anwendung auf Arzneimittel, die nach einer homöopathischen Verfahrenstechnik hergestellt worden sind, sofern diese Arzneimittel dem Artikel 16 Abs. 2 der Richtlinie 2001/83/EG oder dem Artikel 19 Abs. 2 der Richtlinie 2001/82/EG unterliegen.**

Wichtige Änderungen der Vorschrift: Abs. 3 S. 2 angefügt durch Art. 1 Nr. 31 des Gesetzes zur Änderung arzneimittelrechtlicher und anderer Vorschriften vom 17.7.2009 (BGBl. I S. 1990), zuletzt durch Art. 1 Nr. 19 des Zweiten Gesetzes zur Änderung arzneimittelrechtlicher und anderer Vorschriften vom 19.10.2012 (BGBl. I. S. 2192) angepasst an die mit dem Vertrag von Lissabon neu geschaffene Terminologie der Europäischen Union

Europarechtliche Vorgaben: Titel III Kapitel 4 RL 2001/83/EG und 2001/82/EG.

Literatur: *Bachmann*, Europäische Verfahren der gegenseitigen Anerkennung im Bereich der Humanarzneimittel, Bundesgesundheitsblatt, 2008, 722 ff.; *Friese/Jentges/Muazzam*, Guide to Drug Regulatory Affairs, 2007, Part A, Chapter 5; *Lorenz*, Das gemeinschaftliche Arzneimittelzulassungsrecht, 2006, S. 294 ff.; noch zur Rechtslage vor der am 31.3.2004 erfolgten Revision der europäischen pharmazeutischen Gesetzgebung: *Collatz*, Die neuen europäischen Zulassungsverfahren für Arzneimittel, 1996; *dies.*, Handbuch der EU-Zulassung, 1998; *Wagner*, Europäisches Zulassungssystem für Arzneimittel und Parallelhandel, 2000.

Übersicht

A. Allgemeines

I. Inhalt

1   Die mit der 14. AMG-Novelle eingeführten Bestimmungen in § 25b setzen die am 31.3.2004 verabschiedeten gemeinschaftsrechtlichen Neuregelungen zu dem Verfahren der **gegenseitigen Anerkennung** und dem **dezentralisierten Verfahren** um. Abs. 1 bestimmt als Einweisungsnorm, dass der Antragsteller zur Erlangung einer Zulassung in mehr als einem Mitgliedstaat der EU einen auf identischen Unterlagen beruhenden Antrag in den betreffenden Mitgliedstaaten einreichen muss. Abs. 2 regelt das Verfahren der gegenseitigen Anerkennung bei einer bereits bestehenden Zulassung. Abs. 3 enthält die Vorschriften für das dezentralisierte Verfahren bei noch nicht vorliegender Zulassung. In Abs. 4 wird auf die für die Anerkennung insgesamt anzuwendenden Verfahrensvorschriften der RL 2001/83/EG und 2001/82/EG verwiesen. Abs. 5 regelt die verfahrensrechtliche Lösung des Falles, dass abweichende Zulassungsentscheidungen der Zulassungsbehörden der Mitgliedstaaten vorliegen. Abs. 6 nimmt Homöopathika generell aus dem Anwendungsbereich von § 25b aus.

II. Zweck

2   Die Regelungen in § 25b verankern das im Europarecht enthaltene Prinzip der gegenseitigen Anerkennung von Zulassungsentscheidungen anderer Mitgliedstaaten und das koordinierte Verfahren zur Erlangung einer Zulassung für ein noch nicht in der Gemeinschaft zugelassenes Arzneimittel im Rahmen des dezentralisierten Verfahrens. Zusätzlich wird bestimmt, dass im Falle von Unstimmigkeiten zwischen den Mitgliedstaaten oder bei abweichenden Zulassungsentscheidungen der Mitgliedstaaten die im **Schiedsverfahren** getroffene Entscheidung der Kommission in eine entsprechende nationale Entscheidung über die Zulassung umzusetzen ist.

3   Die Neuregelungen in § 25b lösen die in § 25 Va bis e bis zur 14. AMG-Novelle geltenden Bestimmungen ab, die mit der 4. und 7. AMG-Novelle zur Umsetzung des am 1.1.1995 geschaffenen

„neuen" europäischen Zulassungssystems eingeführt worden sind (s. zur Entwicklung des europäischen Zulassungssystems Vor § 21 Rn. 4 ff.). § 25b hat seine europarechtlichen Vorgaben in den am 31.3.2004 nach mehrjähriger Überarbeitung des gesamten EU-Arzneimittelrechts verabschiedeten RL 2004/27/EG zur Änderung der RL 2001/83/EG für Humanarzneimittel bzw. für Tierarzneimittel in der RL 2004/28/EG zur Änderung der RL 2001/82/EG. Diese Änderungsrichtlinien sehen neben der grundsätzlichen Beibehaltung des bereits 1995 etablierten Verfahrens der gegenseitigen Anerkennung die Einführung eines neuen dezentralisierten Verfahrens für solche Arzneimittel vor, die noch nicht in der Gemeinschaft zugelassen sind. Außerdem wird die aus Vertretern der Mitgliedstaaten bestehende informelle Arbeitsgruppe „**Mutual recognition facilitation group**" (MRFG) nach Art. 27 RL 2001/83/EG formell als sog. **Koordinierungsgruppe (Co-ordination Group for Mutual Recognition and Decentralised Procedure – Human, CMD(h)** eingerichtet. Die Koordinierungsgruppe soll vor Einleitung des Schiedsverfahrens bei der **Europäischen Arzneimittel-Agentur (European Medicines Agency, EMA)** zur Klärung von Meinungsverschiedenheiten zwischen den Mitgliedstaaten hinzugezogen werden. Die Änderungsrichtlinien bestimmen zudem, dass die Anerkennung und die Zulassungsentscheidung im dezentralisierten Verfahren auf der Grundlage des Beurteilungsberichts, der Zusammenfassung der Merkmale des Arzneimittels – diese entspricht der Fachinformation nach § 11a – und der Kennzeichnung sowie der Packungsbeilage bzw. den entsprechenden Entwürfen erfolgen[1].

Aufgrund der **dynamischen Verweisung** in § 25b IV auf Titel III Kapitel 4 der RL 2001/83/EG **4** und 2001/82/EG kommen die Verfahrensregelungen dieser RL sowohl für die Anerkennung bereits bestehender Zulassungen als auch für die Entscheidungen im dezentralisierten Verfahren zur Anwendung. § 25b IV, der die Verweisung lediglich für die Anerkennung der Zulassung vorsieht, ist insofern unvollständig, zumindest aber missverständlich. Die nachfolgende Kommentierung nimmt, falls nicht anders erforderlich, nur auf die Bestimmungen der RL 2001/83/EG Bezug.

B. Zulassung in mehr als einem Mitgliedstaat (Abs. 1)

I. Anwendungsbereich der beiden Verfahren[2]

Anerkennungsverfahren und dezentralisiertes Verfahren finden Anwendung, wenn der Antragsteller **5** die Zulassung für ein zulassungspflichtiges Arzneimittel in **mehr als einem Mitgliedstaat** der EU begehrt. Nur dann, wenn ein Arzneimittel nur in einem Mitgliedstaat vermarktet werden soll, kann die nationale Zulassungsbehörde in einem rein nationalen Verfahren über die Zulassung entscheiden. Bei Paralleleinreichung nationaler Zulassungsanträge für dasselbe Arzneimittel in zwei Mitgliedstaaten oder bei Einreichung eines nationalen Antrages für ein bereits in einem Mitgliedstaat zugelassenes Arzneimittel wird automatisch das Verfahren der gegenseitigen Anerkennung eingeleitet (Art. 17 II und Art. 18 RL 2001/83/EG).

Ausgenommen vom Anwendungsbereich der beiden Verfahren sind solche Arzneimittel, die gem. **6** Art. 3 I i. V. m. dem Anhang der VO (EG) Nr. 726/2004 nur im **zentralisierten Verfahren** von der Gemeinschaft zugelassen werden können (s. dazu § 37 Rn. 4 ff.). Gleichfalls sind diejenigen Arzneimittel ausgenommen, für die der Antragsteller gem. Art. 3 II und III VO (EG) Nr. 726/2004 fakultativ eine zentrale Zulassung beantragt hat (s. dazu § 37 Rn. 7 f.). Demgegenüber findet § 25b gem. § 39d II 1 entsprechende Anwendung für diejenigen **traditionellen pflanzlichen Arzneimittel**, für die entweder eine gemeinschaftliche Pflanzenmonographie gem. Art. 16d III RL 2001/83/EG erstellt worden ist oder die aus den nach Art. 16f RL 2001/83/EG gelisteten pflanzlichen Stoffen, Zubereitungen oder Kombinationen bestehen. § 25b gilt aber **nicht** für die übrigen nach den §§ 39a–39d registrierten traditionellen pflanzlichen Arzneimittel. Gem. § 39d II 2 ist für diese traditionellen pflanzlichen Arzneimittel die **Registrierung** eines anderen Mitgliedstaates **gebührend zu berücksichtigen**. Der Gesetzgeber hat mit dieser Vorschrift auf die im früheren Mehrstaatenverfahren geltenden Grundsätze zurückgegriffen (s. dazu Vor § 21 Rn. 4). Diejenigen Arzneimittel, für deren Zulassung in Übereinstimmung mit dem **Acquis Communautaire** der Beitrittsvertrag mit Litauen, Malta, Polen, Slowenien und Zypern Übergangsfristen vorsieht, können erst mit der entsprechenden Zulassung Gegenstand eines Anerkennungsverfahrens sein. Die Anwendung auf **homöopathische Arzneimittel** regelt Abs. 6 (s. Rn. 48).

II. Einreichung eines identischen Zulassungsdossiers in den Mitgliedstaaten

1. Inhalt des Dossiers. Im Hinblick auf die Erteilung einer Zulassung in mehr als einem Mitgliedstaat **7** der EU hat der Antragsteller einen auf einem identischen Dossier beruhenden Antrag einzureichen. Der Antrag kann gem. **Abs. 1, 2. Halbs.** entsprechend den verfahrenspraktischen Erfordernissen auch in

---

[1] Vgl. zu den Änderungen insgesamt *Lorenz*, Das gemeinschaftliche Arzneimittelzulassungsrecht, 2006; *Friese*, PharmR 2002, 161 ff.

[2] Vgl. zum Anwendungsbereich der Verfahren Notice to Applicants, Vol. 2 A, Kap. 2 (Febr. 2007), Abschn. 2.3; *Lorenz*, S. 294 ff.; *Friese/Jentge/Muazzam*, Part A, Chapter 5; *Friese*, in: Dieners/Reese, § 5 Rn. 156 ff.; *Kloesel/Cyran*, § 25b Anm. 3.

englischer Sprache eingereicht werden. Dem Antrag müssen grundsätzlich die in § 22 vorgesehenen Zulassungsunterlagen einschließlich der nach § 24 erforderlichen Sachverständigengutachten beigefügt werden[3]. Bei **konsensualen** und **generischen Zulassungsanträgen** müssen die in § 24a bzw. § 24b definierten Unterlagen (s. dazu § 24a Rn. 7; § 24b Rn. 21 ff.) eingereicht werden. Insbes. muss der Antragsteller nachweisen, dass das Generikum mit dem Referenzarzneimittel bioäquivalent ist. Gem. § 22 VI 3 ist der zuständigen Bundesoberbehörde mitzuteilen, ob ein Zulassungsantrag in einem oder in mehreren Mitgliedstaaten der EU bereits geprüft wird. Nach § 22 VI 4 hat der Antragsteller zudem die Kopien der von den zuständigen Behörden der Mitgliedstaaten genehmigten Zusammenfassungen der Produktmerkmale und der Packungsbeilagen bzw. die entsprechenden Entwurfsfassungen dem Zulassungsantrag beizufügen. § 22 VI 5 bestimmt, dass der Antragsteller dann, wenn die Anerkennung der Zulassung eines anderen Mitgliedstaates beantragt wird, die in Art. 28 RL 2001/83/EG vorgeschriebenen Erklärungen abgeben sowie die sonstigen dort vorgeschriebenen Angaben machen muss. Danach muss der Antragsteller insbesondere **bestätigen,** dass das Dossier einschließlich der Zusammenfassung der Produktmerkmale, der Kennzeichnung und der Packungsbeilage identisch ist mit dem vom Referenzmitgliedstaat angenommenen Dossier und dass alle bei den betroffenen Mitgliedstaaten eingereichten Dossiers identisch sind[4]. Etwaige Ergänzungen oder Änderungen, die zur Anpassung an den Stand von Wissenschaft und Technik insbes. bei schon länger zurückliegenden Referenzzulassungen notwendig gewesen sind, muss er kenntlich machen. Diese Erklärungen und Angaben sah Art. 28 II RL 2001/83/EG a. F. ausdrücklich vor[5]. Nach Art. 28 I UAbs. 2 der geänderten RL 2001/83/EG muss der Antragsteller einen Mitgliedstaat ersuchen, als **Referenzmitgliedstaat** zu fungieren und einen Beurteilungsbericht über das Arzneimittel zu erstellen (s. dazu im Einzelnen Rn. 14 ff.).

8   Der Antrag muss zudem das europäische Antragsformular Modul 1.2 enthalten[6]. Generelle Informationen über die Anforderungen der bei den betroffenen Mitgliedstaaten einzureichenden Unterlagen, z. B. wie viel Dossiers und in welchen Sprachen sie eingereicht werden müssen, die Höhe der zu entrichtenden Gebühren etc. enthalten die Notice to Applicants[7].

9   **2. repeat-use-Verfahren.** Das Anerkennungsverfahren kann für dasselbe Arzneimittel auch mehrfach nacheinander genutzt werden (sog. **repeat use**)[8]. In den Mitgliedstaaten, in denen der Antragsteller den Zulassungsantrag im dezentralisierten Verfahren oder im Anerkennungsverfahren zurückgezogen hat, kann er zu einem späteren Zeitpunkt ein **zweites Anerkennungsverfahren** initiieren. Jedes nachfolgende Verfahren ist als neues Anerkennungsverfahren zu betrachten. Beim repeat use besteht das Dossier aus dem u. U. ergänzten und aktualisierten Originaldossier, den von allen Mitgliedstaaten des ersten Verfahrens akzeptierten Daten sowie den Vorschlägen für die Zusammenfassung der Merkmale des Arzneimittels, der Kennzeichnung und der Packungsbeilage des aktuell zugelassenen Arzneimittels. Die von einem repeat-use-Verfahren betroffenen Mitgliedstaaten müssen grundsätzlich die im Erstverfahren erteilte **Zulassung anerkennen.** Allerdings können sie unter Berufung auf schwerwiegende Gefahren für die öffentliche Gesundheit die Koordinierungsgruppe und nachfolgend auch den CHMP mit der Klärung der streitigen Fragen befassen (s. dazu im Einzelnen Rn. 18 ff.).

C. Das Verfahren der gegenseitigen Anerkennung (Abs. 2 i. V. m. Abs. 4)

I. Anerkennungsanspruch (Abs. 2 S. 1)

10   Nach **Abs. 2 S. 1** hat der Antragsteller einen Rechtsanspruch darauf, dass die zuständige Bundesoberbehörde für den Fall, dass das Arzneimittel zum Zeitpunkt der Antragstellung **bereits** in einem anderen Mitgliedstaat der EU **zugelassen ist,** diese Zulassung auf der Grundlage des von diesem Staat übermittelten Beurteilungsberichts anerkennt. Die Bundesoberbehörde hat zwar ein **eigenständiges Prüfungsrecht.** Entscheidungsgrundlage sind aber nicht die eingereichten Zulassungsunterlagen, sondern primär die Zulassungsentscheidung des anderen Mitgliedstaates und dessen Beurteilungsbericht[9].

11   Unter Berufung auf die in dem 12. und 14. Erwägungsgrund der RL 2001/83/EG festgehaltenen Ziele, alle Hemmnisse für den freien Verkehr mit Arzneimitteln in der Gemeinschaft zu beseitigen, hat der *EuGH* in seinem sog. Synthon-Urteil vom 16.10.2008[10] zu Recht festgestellt, dass ein mit einem Anerkennungsantrag befasster Mitgliedstaat nur einen **sehr begrenzten Ermessensspielraum** hat. Insbesondere müssten die betroffenen Mitgliedstaaten sich auf die Beurteilungen und die wissenschaftliche Bewertung des Referenzmitgliedstaates verlassen. Unabhängig von der Art des Zulassungsverfahrens

---

[3] *Kloesel/Cyran,* § 25b Anm. 11 f.
[4] Notice to Applicants, Vol. 2 A, Kap. 2 (Febr. 2007), Abschn. 3.2.2.4.
[5] Vgl. dazu auch *Rehmann,* Vor § 21 Rn. 17.
[6] Notice to Applicants, Vol. 2 B, 1 A (Mai 2008).
[7] Vol. 2 A in Kap. 7 (Juli 2008).
[8] Notice to Applicants, Vol. 2 A, Kap. 2 (Febr. 2007), Abschn. 2.2; *Kloesel/Cyran* § 25b Anm. 19.
[9] *Kloesel/Cyran,* § 25b Anm. 13 ff.; *Rehmann,* Vor 21 Rn. 18.
[10] *EuGH,* Urt. v. 16.10.2008 – Rs. C-452/06, PharmR 2008, 614, Rn. 25 ff., 41 ff. – Synthon BV.

müssten die betroffenen Mitgliedstaaten innerhalb von 90 Tagen nach Erhalt des Antrags und des Beurteilungsberichts des Referenzmitgliedstaates dessen Zulassung anerkennen. Nur das Bestehen einer **Gefahr für die öffentliche Gesundheit** bilde den einzigen Grund, auf den sich ein Mitgliedstaat berufen dürfe, eine Anerkennung einer von einem anderen Mitgliedstaat erteilten Zulassung zu versagen. Insbes. könnten die Mitgliedstaaten nicht die Beurteilung, ob sich die betreffenden Arzneimittel im Wesentlichen gleichen – das Urteil betrifft einen Sachverhalt aus der Zeit vor der Revision des EU-Arzneimittelrechts im Jahre 2004 – in Frage stellen. Jede andere Auslegung der gemeinschaftsrechtlichen Bestimmungen nähme diesen ihre praktische Wirksamkeit und gefährdete das mit der RL 2001/83/EG verfolgte Ziel des freien Verkehrs mit Arzneimitteln im Binnenmarkt ernsthaft.

Der *EuGH* hat in diesem Urteil in eindrucksvoller Klarheit herausgearbeitet, dass nur dann, wenn **12** **aufgrund schwerwiegender Sicherheitsbedenken** i. S. v. **Abs. 2 S. 1, 2. Halbs.** ernsthafte Zweifel an der Vertretbarkeit der Anerkennung bestehen, die **Anerkennung versagt werden kann**[11]. Nach **Abs. 2 S. 2** hat dann die Bundesoberbehörde das sog. **Schiedsverfahren** nach Maßgabe des Art. 29 RL 2001/83/EG bzw. Art. 33 RL 2001/82/EG einzuleiten. Die Anerkennung und der nachfolgende Abstimmungsprozess zwischen den beteiligten Mitgliedstaaten richten sich wegen der dynamischen Verweisung in **Abs. 4** nach den Vorschriften der Art. 27 ff. RL 2001/83/EG bzw. den Art. 31 ff. RL 2001/82/EG.

Diese unionsrechtlichen und nationalen Bestimmungen werden flankiert durch die sog. **Notice to** **13** **Applicants,** in denen die Kommission auf ihrer Internetseite[12] die mit der EMA und den Mitgliedstaaten abgestimmte Auffassung zur Interpretation des Gemeinschaftsrechts wiedergibt. Außerdem haben die MRFG und die CMD(h) zur Umsetzung und Interpretation der neuen Gesetzgebung seit Anfang 2005 eine Vielzahl von Dokumenten in Form von „Best Practice Guides", „Standard Operating Procedures", „Recommendations", „Questions and Answers-Papers" etc. erstellt oder aktualisiert und ausschließlich im Internet[13] veröffentlicht. Auch darin zeigt sich die **„Europäisierung"** (s. dazu Vor § 21 Rn. 8 ff.) vor allem des Arzneimittelzulassungsrechts bzw. -verfahrens.

II. Gang des Verfahrens (Abs. 4 i. V. m. Art. 27 ff. RL 2001/83/EG)

1. Anerkennungsantrag. Der Antragsteller hat mit der Einreichung des Zulassungsdossiers in den **14** betreffenden Mitgliedstaaten, in denen er um eine Zulassung nachsucht (dies sind die sog. **Concerned** **Member States, CMS),** die Anerkennung der von dem Referenzmitgliedstaat **(Reference Member** **State, RMS)** erteilten Erstzulassung zu beantragen. Vor der Antragstellung sollte der Antragsteller dem Referenzmitgliedstaat mitteilen, dass ein Anerkennungsantrag gestellt wird[14]. Dies ist schon deshalb unerlässlich, damit der Antragsteller in Abstimmung mit dem Referenzmitgliedstaat das Dossier erforderlichenfalls entsprechend dem Stand von Wissenschaft und Technik aktualisieren kann. Außerdem sollte sich der Antragsteller schon aus eigenem Interesse vor Antragstellung mit der Referenzbehörde über die Zusammenfassung der Merkmale des Arzneimittels, Kennzeichnung und Packungsbeilage – diese Informationstexte sind Gegenstand der Anerkennung (Art. 28 IV RL 2001/83/EG) – ins Benehmen setzen. Die **Notice to Applicants**[15] beschreiben detailliert, über welche weiteren Fragen sich Antragsteller und Referenzbehörde in der Dialogphase vor der Antragstellung auf Anerkennung der Referenzzulassung geeinigt haben sollten. Von dieser einem Anerkennungsantrag vorgelagerten Dialogphase ist die Konstellation zu unterscheiden, in der das betr. Arzneimittel noch nicht in der EU zugelassen ist, der Antragsteller der zuständigen Bundesoberbehörde aber bereits bei Antragstellung mitteilt, die Zulassung in weiteren Mitgliedstaaten anzustreben. In diesem Fall ist ein dezentralisiertes Verfahren gem. Art. 28 III RL 2001/83/EG einzuleiten.

In diese **vorgelagerte Dialogphase** fällt auch das Ersuchen des Antragstellers an den Referenzmit- **15** gliedstaat, gem. Art. 28 II 2 RL 2001/83/EG entweder einen **Beurteilungsbericht** über das Arzneimittel zu erstellen oder, falls erforderlich, einen bereits bestehenden **Beurteilungsbericht zu aktualisieren.** Der Beurteilungsbericht stellt eine Zusammenfassung der für die Zulassungsentscheidung wesentlichen Kriterien dar und ist dazu bestimmt, den Behörden der betroffenen Mitgliedstaaten die Anerkennung der bereits erteilten Zulassung zu ermöglichen[16]. Der Referenzmitgliedstaat hat nach Art. 28 II 3 RL 2001/83/EG den Beurteilungsbericht innerhalb von 90 Tagen nach Erhalt eines gültigen Antrags zu erstellen oder zu aktualisieren. Sodann hat nach Art. 28 II 4 RL 2001/83/EG der Referenzmitgliedstaat den Beurteilungsbericht und die gebilligte Zusammenfassung der Merkmale des Arzneimittels sowie die Kennzeichnung und Packungsbeilage den betroffenen Mitgliedstaaten und dem Antrag-

---

[11] Das *BVerwG* hat mit Urt. v. 19.9.2013, NVwZ 2014, 457, für eine Tierarzneimittelzulassung bestätigt, dass eine darüber hinausgehende Rechtmäßigkeitskontrolle der Referenzzulassung nicht zulässig ist.
[12] http://ec.europa.eu.
[13] http://www.hma.eu.
[14] Notice to Applicants, Vol. 2 A, Kap. 2 (Febr. 2007), Abschn. 3.2.2.1 und Abschn. 3.2.2.2; Art. 28 I RL 2001/83/EG a. F. sah sogar eine entsprechende Mitteilungspflicht vor.
[15] Vol. 2 A, Kap. 2 (Febr. 2007), Abschn. 3.2.2.3; vgl. auch *Kloesel/Cyran*, § 25b Anm. 27; *Friese*, in: Dieners/Reese, § 5 Rn. 165 ff.
[16] So zustimmend *OVG Lüneburg*, PharmR 2012, 372.

steller zu übersenden. Diese Unterlagen sind **Gegenstand der Anerkennung.** Mit Eingang und Validierung dieser Unterlagen sowie des vom Antragsteller einzureichenden Zulassungsdossiers startet der Referenzmitgliedstaat das Anerkennungsverfahren und setzt die Frist gem. Art. 28 IV RL 2001/83/EG in Gang.

16   **2. Verpflichtung zur Anerkennung und Erteilung nationaler Zulassungen.** Spiegelbildlich zum Anerkennungsanspruch des Antragstellers haben gem. Art. 28 IV RL 2001/83/EG die vom Anerkennungsantrag betroffenen Mitgliedstaaten **innerhalb von 90 Tagen** nach Eingang und Validierung der in Art. 28 II 2 RL 2001/83/EG genannten Unterlagen den Beurteilungsbericht, die Zusammenfassung der Merkmale des Arzneimittels sowie die Kennzeichnung und die Packungsbeilage **anzuerkennen** und den Referenzmitgliedstaat davon in Kenntnis zu setzen. Der Referenzmitgliedstaat stellt das Einverständnis aller Parteien fest, schließt das Verfahren und informiert den Antragsteller. Nach Art. 28 V RL 2001/83/EG haben die betroffenen Mitgliedstaaten innerhalb von 30 Tagen nach Feststellung des Einverständnisses eine **nationale Zulassung in Übereinstimmung** mit dem Beurteilungsbericht, der Zusammenfassung der Merkmale des Arzneimittels, der Kennzeichnung und der Packungsbeilage in ihrer genehmigten Form zu erteilen.

17   Die Mitgliedstaaten haben für das Anerkennungsverfahren vor allem mit Blick darauf, dass die 90-Tage-Frist nicht unterbrochen werden kann, in der MRFG bereits im Oktober 1996 in einem „**Best Practice Guide for Mutual Recognition Procedure**" Verhaltensempfehlungen erarbeitet. Diese von der CMD(h) zuletzt im April 2013 **aktualisierten** und inzwischen auch das dezentralisierte Verfahren miterfassenden **Verhaltensempfehlungen**[17] sehen detailliert vor, wann welcher Verfahrensbeteiligter welche Unterlagen und Erklärungen beibringen soll. So sollen z. B. die betroffenen Mitgliedstaaten dann, wenn nach ihrer Auffassung Anlass zu der Annahme von potenziellen schwerwiegenden Gefahren für die öffentliche Gesundheit besteht, dies mit detaillierter Begründung bis spätestens zum Tag 50 der Referenzbehörde und dem Antragsteller gemeldet haben. Der Best Practice Guide enthält ebenso wie die Notice to Applicants[18] auch ein Ablaufdiagramm mit den einzelnen Verfahrensschritten (sog. **Flow Chart**)[19].

18   **3. Verfahren bei Ablehnung der Anerkennung (Abs. 2 S. 2 i. V. m. Art. 27 ff. RL 2001/83/EG). a) Vorliegen einer schwerwiegenden Gefahr für die öffentliche Gesundheit.** Kann ein Mitgliedstaat aus Gründen einer potenziellen **schwerwiegenden Gefahr für die öffentliche Gesundheit** innerhalb der 90-Tage-Frist den Beurteilungsbericht, die Zusammenfassung der Merkmale des Arzneimittels, Kennzeichnung und Packungsbeilage nicht anerkennen, so hat er nach Art. 29 I RL 2001/83/EG den anderen Verfahrensbeteiligten einschließlich des Antragstellers dazu eine ausführliche Begründung zu übermitteln. Ferner hat er die zu einem Vertreter je Mitgliedstaat zusammengesetzte **CMD(h)** unverzüglich über die streitigen Punkte zu informieren.

19   Der Begriff „**Gefahr für die öffentliche Gesundheit**" (**risk to public health**) war bis zur Revision des EU-Arzneimittelrechts nicht definiert. Lediglich eine Fußnote zur Vorgängerregelung bestimmte, dass sich der Begriff „auf die Qualität, die Sicherheit und die Wirksamkeit des betreffenden Arzneimittels" (bezieht). Zwar konnten nicht bloße Verfahrensfehler und nur geringe Abweichungen einen Versagungsgrund darstellen. Kommission und Pharmaindustrie bemängelten indessen, dass die Mitgliedstaaten den unbestimmten Rechtsbegriff in einer Weise auslegten, dass die Idee der gegenseitigen Anerkennung regelmäßig zum Nachteil der Arzneimittel-Hersteller unterlaufen wurde[20]. Um diese unklare Rechtslage zu beseitigen, hat die Kommission gem. Art. 29 II RL 2001/83/EG in **Leitlinien** festgelegt, was unter einer potenziellen schwerwiegenden Gefahr für die öffentliche Gesundheit zu verstehen ist. Diese von der Kommission im März 2006 verabschiedeten Leitlinien[21] definieren zunächst hinsichtlich der Kriterien Wirksamkeit, Unbedenklichkeit, Qualität, Nutzen-Risiko-Verhältnis und Produktinformation, wann jeweils eine schwerwiegende Gefahr für die öffentliche Gesundheit vorliegt. Der Begriff der schwerwiegenden Gefahr für die öffentliche Gesundheit sei so zu verstehen, dass er sich auf das **gesamte Nutzen-Risiko-Verhältnis** des Arzneimittels beziehe und die positiven therapeutischen Wirkungen des Arzneimittels im Verhältnis zu den Risiken berücksichtige. Im Anhang zu diesen Leitlinien, der in den Notice to Applicants[22] veröffentlicht ist, werden in einer **Negativliste** zu den fünf Kriterien Beispiele genannt, die nicht als schwerwiegende Gefahren betrachtet werden können. Zudem beschreiben die Leitlinien die konkreten Anforderungen an die von dem Mitgliedstaat vorzulegende ausführliche Begründung[23].

---

[17] Abrufbar unter http://www.hma.eu.

[18] Notice to Applicants, Vol. 2 A, Kap. 2 (Febr. 2007), Abschn. 3.3 und Annex I.

[19] Vgl. dazu auch *Kloesel/Cyran,* § 25b Anm. 26 ff.

[20] Vgl. auch *Friese,* PharmR 2002, 161, 163.

[21] Leitlinien zur Definition einer potenziellen schwerwiegenden Gefahr für die öffentliche Gesundheit im Sinne von Art. 29 I und II der RL 2001/83/EG, ABl.-EU Nr. C 133 v. 8.6.2006, S. 5. Vgl. auch *BVerwG,* Urt. v. 15.12.2011 – 3 C 2.11, Rn. 30 – BeckRS 2012, 50043.

[22] Notice to Applicants, Vol. 2 C.

[23] Vgl. zu diesen Leitlinien auch *Kloesel/Cyran,* § 25b Anm. 20; *Fleischfresser,* in: Fuhrmann/Klein/Fleischfresser, § 6 Rn. 51 ff.; *Friese/Jentges/Muazzam,* Part A, Chapter 5.6.2.8; *OVG Münster,* PharmR 2011, 9, 13 ff.

b) Rücknahme des Anerkennungsantrages. Zulassungsanträge und Anträge auf Anerkennung von **20** Zulassungen können auch nach dem EU-Verwaltungsrecht in jeder Verfahrenslage zurückgenommen werden. Nach Auffassung der Kommission[24] und der Koordinierungsgruppe[25] müssen aber dann, wenn einmal in einem Mitgliedstaat innerhalb der 90-Tagesfrist gem. Art. 29 I RL 2001/83/EG eine potenzielle schwerwiegende Gefahr für die öffentliche Gesundheit reklamiert worden ist, die Koordinierungsgruppe und u. U. nachfolgend auch der CHMP das einmal eingeleitete Verfahren automatisch **zu Ende führen.** Der Antragsteller könne also ein Koordinierungs- und Schiedsverfahren dann nicht mehr verhindern, es sei denn, er nehme **alle Anerkennungsanträge** und bestehenden Zulassungen für das betr. Arzneimittel in allen Mitgliedstaaten zurück. Dieser Auffassung ist zuzustimmen[26]. *Collatz*[27] weist zu Recht darauf hin, dass auch für das EU-Verwaltungsrecht im Bereich des Arzneimittelrechts der **Antragsgrundsatz** gilt. Wenn daher der Antragsteller als „Herr des Verfahrens" alle Anträge und Zulassungen zurücknimmt, entfallen diese und damit auch das Befassungsrecht der Koordinierungsgruppe und des CHMP. Es besteht für die Mitgliedstaaten und die Kommission dann lediglich die Möglichkeit, unter Berufung auf einen besonderen Fall von Gemeinschaftsinteresse gem. Art. 31 RL 2001/83/EG den CHMP zu befassen. Zur Rechtslage vor der Revision des EU-Arzneimittelrechts war unstreitig[28], dass der Antragsteller zumindest bis zur Verweisung der Angelegenheit an den CHMP durch Rücknahme des Antrags in den Mitgliedstaaten, in denen die Anträge negativ beurteilt wurden, das Schiedsverfahren vermeiden konnte. Der deutsche Gesetzgeber hat in der 7. AMG-Novelle zur Einführung von § 30 Ia in der Amtlichen Begründung[29] klargestellt, dass entsprechend geltenden verwaltungsrechtlichen Grundsätzen ein ggf. eingeleitetes Vermittlungsverfahren dann beendet ist, wenn das Unternehmen einen Antrag auf Anerkennung zurückzieht.

c) Koordinierungsverfahren[30]. Nach Art. 29 III RL 2001/83/EG bemühen sich die von dem **21** Anerkennungsantrag betroffenen Mitgliedstaaten in der CMD(h) – die nicht von dem Antrag betroffenen Mitgliedstaaten können an der Diskussion lediglich teilnehmen – nach Kräften, **innerhalb von 60 Tagen** nach Mitteilung der streitigen Punkte eine Einigung über die zu treffenden Maßnahmen zu erzielen. Dieses Verfahren, in dem der Antragsteller seine Ansicht zu den streitigen Punkten mündlich oder schriftlich vortragen kann, hat die Koordinierungsgruppe in einer zuletzt im April 2013 überarbeiteten **Standardverfahrensanweisung**[31] beschrieben. Erzielen die betroffenen Mitgliedstaaten einschließlich der Mitgliedstaaten, in denen der Anerkennungsantrag zurückgenommen worden ist, über die streitigen Punkte eine **Einigung,** stellt der Referenzmitgliedstaat das Einverständnis fest, schließt das Verfahren und setzt den Antragsteller davon in Kenntnis. Nachfolgend müssen die betroffenen Mitgliedstaaten nach Art. 29 III 4 i. V. m Art. 28 V RL 2001/83/EG innerhalb von weiteren 30 Tagen in Übereinstimmung mit dem gefundenen Konsens eine **nationale Zulassungsentscheidung** erteilen. In denjenigen Mitgliedstaaten, in denen der Antragsteller den Anerkennungsantrag zurückgenommen hat, kann eine Zulassung nur über ein sog. repeat-use-Verfahren erlangt werden (s. Rn. 9).

Erzielen die betroffenen Mitgliedstaaten innerhalb der 60-Tage-Frist **keine Einigung** über die **22** streitigen Punkte, wird gem. Art. 29 IV RL 2001/83/EG die EMA im Hinblick auf die Durchführung eines Schiedsverfahrens nach den Art. 32, 33 und 34 der RL mit den streitigen Punkten befasst. Dazu werden der EMA unverzüglich eine detaillierte Darstellung der streitigen Punkte sowie die Gründe für die unterschiedlichen Auffassungen übermittelt. Nach Art. 29 V RL 2001/83/EG muss der Antragsteller sodann der EMA unverzüglich eine Kopie des Zulassungsdossiers zur Verfügung stellen.

Nach Art. 29 VI RL 2001/83/EG können die betroffenen Mitgliedstaaten, die im gescheiterten **23** Koordinierungsverfahren dem Beurteilungsbericht und den Informationstexten zugestimmt haben, auf Antrag des Antragstellers auch vor Durchführung des Schiedsverfahrens die nationalen Zulassungen erteilen. Diese Mitgliedstaaten müssen allerdings für den Fall, dass im Schiedsverfahren Änderungen beschlossen werden, diese Änderungen national umsetzen. Durch diese Möglichkeit der **Zulassungserteilung vor der Durchführung des Schiedsverfahrens** soll die Akzeptanz des Schiedsverfahrens bei den Arzneimittelherstellern erhöht und das Inverkehrbringen von Arzneimitteln in denjenigen Mitgliedstaaten, die im Koordinierungsverfahren anerkennen wollen, erleichtert werden[32]. Vor der Revision des Gemeinschaftsrechts war es für die Antragsteller vorteilhafter, zunächst den Anerkennungsantrag in den

---

[24] Notice to Applicants, Vol. 2 A, Kap. 2 (Febr. 2007), Abschn. 3.3.4.

[25] CMDh Standard Operating procedure, Disagreement in Procedures – Referral to CMDh, Abschn. 3, abrufbar unter http://www.hma.eu/26.html.

[26] So auch *Kloesel/Cyran*, § 25b Anm. 36

[27] *Collatz*, Handbuch EU–Zulassung, S. 89.

[28] So die Notice to Applicants, Vol. 2 A, Kap. 3 (Febr. 2004), Abschn. 1.

[29] BR-Drucks. 632/97, S. 25.

[30] Vgl. auch *Kloesel/Cyran*, § 25b Anm. 40 ff.; *Friese/Jentges/Muazzam*, Part A, Chapter 5.6.4; *Bachmann*, Bundesgesundheitsblatt 2008, 727 f.; *Friese*, in: Dieners/Reese, § 5 Rn. 179 ff.

[31] CMD(h) Standard Operating Procedure, Disagreement in Procedures – Referral to CMD(h), Abschnitt 4, abrufbar unter http://www.hma.eu.

[32] Vgl. die Begründung zum Vorschlag für eine Richtlinie des Europäischen Parlaments und des Rates zur Änderung der RL 2001/83/EG zur Schaffung eines Gemeinschaftskodexes für Humanarzneimittel v. 26.11.2001, KOM (2001) 404 endg., S. 92, (Abschn. III. D).

„renitenten" Mitgliedstaaten zurückzunehmen und sodann in einem repeat-use-Verfahren in diesen Mitgliedstaaten die Zulassung zu beantragen[33].

24   **d) Schiedsverfahren beim CHMP**[34]. Gem. Art. 32 I RL 2001/83/EG hat der CHMP innerhalb von **60 Tagen,** nachdem er nach dem gescheiterten Koordinierungsverfahren nach Art. 29 IV RL 2001/83/EG mit der Klärung der Angelegenheit befasst wurde, ein **begründetes Gutachten** über die Erfüllung der Zulassungskriterien abzugeben. Anrufungsgegenstand ist zwar die von einem Mitgliedstaat reklamierte potenzielle schwerwiegende Gefahr für die öffentliche Gesundheit und die dazu vom Referenzmitgliedstaat der EMA übersandte detaillierte Darstellung der streitigen Punkte. Der CHMP hat aber insgesamt zu prüfen, ob der Anerkennungsantrag die **Kriterien für eine Zulassung** erfüllt (Art. 32 IV UAbs. 1 Buchst. a) RL 2001/83/EG). Daher kann der CHMP alle die Qualität, Unbedenklichkeit und Wirksamkeit des Arzneimittels betreffenden Aspekte betrachten und prüfen, die für die Erstellung der Zusammenfassung der Merkmale des Arzneimittels notwendig sind (Art. 32 V UAbs. 2 Buchst. a) RL 2001/83/EG)[35].

25   Zur Prüfung der Angelegenheit bestellt der CHMP nach Art. 32 II RL 2001/83/EG eines seiner Mitglieder als Berichterstatter **(Rapporteur)**. Er kann auch einen Zweitberichterstatter **(Co-Rapporteur)** bestellen und unabhängige Sachverständige zur Beratung heranziehen. Gem. Art. 32 III RL 2001/83/EG muss der CHMP dem Antragsteller die Möglichkeit einräumen, sich innerhalb einer bestimmten Frist schriftlich oder mündlich zu äußern. Der CHMP kann die 60-Tage-Frist zur Erstellung des Gutachtens hemmen, um dem Antragsteller zur Vorbereitung seiner Erklärungen ausreichend Zeit zu geben. Kommt der CHMP zu der Auffassung, dass der Antrag die Kriterien für eine Zulassung nicht oder nur unter bestimmten Bedingungen erfüllt **(negatives Gutachten),** informiert die EMA den Antragsteller nach Art. 32 IV RL 2001/83/EG unverzüglich. Der Antragsteller kann sodann innerhalb von **15 Tagen** nach Erhalt des CHMP-Gutachtens durch Einlegung eines **Widerspruchs,** den er nach weiteren **45 Tagen** begründen muss, die Überprüfung des Gutachtens beantragen. Innerhalb von **60 Tagen** nach Erhalt der Begründung erstellt der CHMP das **endgültige Gutachten,** das die EMA nach Art. 32 V RL 2001/83/EG innerhalb von **15 Tagen** nach seiner Verabschiedung den Mitgliedstaaten, der Kommission und dem Antragsteller zusammen mit dem Beurteilungsbericht übermittelt. Dem **positiven Gutachten** sind u. a. die Entwurfsfassungen der Zusammenfassung der Merkmale des Arzneimittels, der Kennzeichnung und der Packungsbeilage beizufügen. Gem. Art. 33 RL 2001/83/EG erstellt die Kommission innerhalb von **15 Tagen** nach Erhalt des Gutachtens auf dessen Grundlage einen Entscheidungsentwurf, der den Mitgliedstaaten und dem Antragsteller übermittelt wird. Weicht der Kommissionsentwurf ausnahmsweise[36] von dem CHMP-Gutachten ab, so ist der Grund der Abweichung eingehend zu begründen. Die **Notice to Applicants**[37] enthalten für alle Schritte des gesamten Schiedsverfahrens einen genauen zeitlichen Ablaufplan (Timetable mit sog. clockstops).

26   **e) Bindende Gemeinschaftsentscheidung**[38]. Gem. Art. 34 I RL 2001/83/EG erlässt die Kommission eine endgültige Entscheidung **15 Tage** nach Abschluss des in Art. 121 III der RL genannten Verwaltungsverfahrens. Dabei erstellt zunächst nach Art. 34 II der RL der mit Art. 121 I der RL eingesetzte **Ständige Ausschuss** im sog. **Verwaltungsverfahren** nach den Art. 4 und 7 des Ratsbeschlusses vom 28.6.1999 zur Festlegung der Modalitäten für die Ausübung der der Kommission übertragenen Durchführungsbefugnisse (1999/468/EG; sog. **Komitologiebeschluss**)[39] eine Stellungnahme. Im Falle einer positiven Stellungnahme des Ausschusses erlässt die Kommission die endgültige Entscheidung. Auch bei einer negativen Stellungnahme kann die Kommission die Entscheidung unmittelbar oder nach Ablauf einer Wartezeit von einem Monat (Art. 121 III UAbs. 2 RL 2001/83/EG i. V. m. Art. 4 III des Komitologiebeschlusses 1999/468/EG) treffen. Allerdings kann dann der Rat gem. Art. 4 IV des Ratsbeschlusses innerhalb eines Monats mit qualifizierter Mehrheit einen anderslautenden Beschluss fassen[40].

27   Regelmäßig wird also nach Durchführung des Verwaltungsverfahrens die **Kommission** und nur **ausnahmsweise der Rat** die endgültige Entscheidung i. S. d. Umsetzung und Ratifizierung des CHMP-Gutachtens treffen. Die Entscheidungsfindung im Verwaltungsverfahren ist mit der Revision der EU-Gesetzgebung zum 30.10.2005 eingeführt worden, weil das bis dahin geltende sog. **Regelungsausschussverfahren** dem Rat theoretisch die Möglichkeit gab, Kommissionsentscheidungen zu blockieren[41]. Die endgültige Kommissionsentscheidung einschließlich der Anlagen wird den Mitgliedstaaten

---

[33] So auch *Friese,* PharmR 2002, 161, 163.
[34] Vgl. dazu insgesamt *Kloesel/Cyran,* § 25b Anm. 43 ff.; *Lorenz,* S. 303 ff.; *Friese/Jentges/Muazzam,* Part A, Chapter 5.7; *Friese,* in: Dieners/Reese, § 5 Rn. 184 ff.
[35] Notice to Applicants, Vol. 2 A, Kap. 3 (Sept. 2007), Abschn. 2.4.
[36] So ausdrücklich Art. 33 III RL 2001/83/EG.
[37] Notice to Applicants, Vol. 2 A, Kap. 3 (Sept. 2007), Abschn. 7.3, 7.4 und 7.5.
[38] Vgl. dazu *Kloesel/Cyran,* § 25b Anm. 49 ff.
[39] ABl. Nr. L 184 v. 17.7.1999, S. 23.
[40] Vgl. zum Verfahren zum Erlass einer bindenden Gemeinschaftsentscheidung Notice to Applicants, Vol. 2 A, Kap. 6 (Nov. 2005), insbesondere Abschn. 2.2.
[41] Vgl. zur Blockademöglichkeit insbes. *Collatz,* Handbuch EU-Zulassung, S. 53 ff.; *Koenig/Müller,* PharmR 2000, 148, 152 f.; *Spranger,* PharmR 1999, 332 ff.; *Kleist,* PharmR 1998, 192, 193.

über deren Ständige Vertretungen **notifiziert.** Zudem erhalten die Mitglieder des Ständigen Ausschusses, die EMA, die EWR-Vertragsstaaten und der Antragsteller die Entscheidung mit Anlagen in elektronischer Form. Die Entscheidung tritt mit dem Datum der Notifizierung in Kraft. Die Daten der Kommissionsentscheidung und der Notifizierung werden im Amtsblatt mitgeteilt[42]. Diejenigen Arzneimittel, die das Anerkennungsverfahren oder das dezentralisierte Verfahren durchlaufen haben, werden mit den wichtigsten Informationen und Angaben zum jeweiligen Arzneimittel seit 1999 im sog. **European Product Index** geführt. Dieser Produktindex ist auf der gemeinsamen Webseite der nationalen Zulassungsbehörden[43] verfügbar.

f) Nationale Umsetzung der Gemeinschaftsentscheidung. Nach Art. 34 III RL 2001/83/EG ist **28** die Kommissionsentscheidung nicht mehr nur wie in der Vorgängerbestimmung „an die von der Angelegenheit betroffenen Mitgliedstaaten", sondern an **alle Mitgliedstaaten** zu richten, dem Antragsteller wird sie lediglich **zur Kenntnisnahme** übermittelt. Nach ex-Art. 249 IV EG bzw. jetzt Art. 288 IV AEUV ist eine Entscheidung der Kommission in allen ihren Teilen für diejenigen verbindlich, die sie bezeichnet. Infolgedessen sieht Art. 34 III 2 RL 2001/83/EG vor, dass die betroffenen **Mitgliedstaaten** und der **Referenzmitgliedstaat** innerhalb von **30 Tagen** nach der Bekanntmachung der Entscheidung die Zulassung entweder erteilen oder widerrufen oder alle Änderungen vornehmen müssen, die zur Umsetzung der Entscheidung erforderlich sind. Die betroffenen Mitgliedstaaten müssen ihre nationalen Zulassungsentscheidungen folglich so erlassen, wie die Kommissionsentscheidung dies vorsieht. Auch bereits vorab erteilte Zulassungen müssen bei einer negativen Kommissionsentscheidung einheitlich zurückgenommen werden. Die Kommissionsentscheidung hat damit auch eine **negative Rückwirkung** auf die Referenzzulassung[44]. Damit ist die jeweils zuständige Bundesoberbehörde an die Kommissionsentscheidung gebunden, sie kann nicht davon abweichen[45].

Im Übrigen richtet sich die nationale Zulassungsentscheidung der Bundesoberbehörden nach deut- **29** schem Recht, beispielsweise hinsichtlich des Wirksamwerdens und der Bekanntmachung im BAnz. Ebenso wie in **Abs. 5 S. 3 und 4** für die Umsetzung von Gemeinschaftsentscheidungen bei abweichenden Zulassungsentscheidung ausdrücklich vorgesehen, findet auch gegen Entscheidungen der Bundesoberbehörden zur Umsetzung der im Schiedsverfahren getroffenen Gemeinschaftsentscheidungen **kein Vorverfahren** nach § 68 VwGO statt, und die **Zulassungskommission** ist nicht zu beteiligen (s. Rn. 42)[46].

Auch für die von dem konkreten Anerkennungsantrag **nicht betroffenen Mitgliedstaaten** ist die **30** Kommissionsentscheidung verbindlich. Mangels eines bei ihnen gestellten Anerkennungsantrages können sie zwar keine nationalen Zulassungen erteilen. Wird bei ihnen aber in einem **Repeat-use-Verfahren** später ein Anerkennungsantrag gestellt, sind sie an die Kommissionsentscheidung gebunden. Sie können dann allerdings beispielsweise bei Vorliegen neuer Erkenntnisse unter Berufung auf schwerwiegende Gefahren für die öffentliche Gesundheit das Koordinierungs- und Schiedsverfahren einleiten.

Hinsichtlich der **Rechtsschutzmöglichkeiten** gegen eine Zulassung versagende, aussetzende oder **31** zurücknehmende Kommissionsentscheidung kann der betroffene Antragsteller bzw. Zulassungsinhaber unmittelbar Klage beim EuG erheben. Er ist nicht darauf verwiesen, die einzelnen belastenden nationalen Entscheidungen anzufechten[47]. Allerdings erfordert – wie *Rehmann*[48] zu Recht ausführt – ein Vorgehen gegen die Versagung einer Zulassung aufgrund einer entsprechenden Kommissionsentscheidung die Einleitung von zwei Verfahren: Zum einen müssen gegen die Versagung zur Fristunterbrechung bei der nationalen Behörde Widerspruch und ggf. Verpflichtungsklage erhoben werden. Zum anderen ist eine Klage gegen die Kommissionsentscheidung beim EuG erforderlich. Zweckmäßigerweise wird die nationale Zulassungsbehörde ihre Entscheidung aussetzen, bis der EuG entschieden hat, weil dessen Entscheidung insoweit vorgreiflich ist.

g) Unterschiedliche Arzneimittelbezeichnungen. Im Anerkennungsverfahren werden ebenso wie **32** im dezentralisierten Verfahren die Zusammenfassung der Merkmale des Arzneimittels, Kennzeichnung und Packungsbeilage harmonisiert, d. h. es existieren hinsichtlich aller Bestandteile Texte identische Angaben. Da auch die Bezeichnung des Arzneimittels Bestandteil dieser Texte ist, müsste sie also gleichfalls **einheitlich** sein. Die Kommission hat aber bereits in ihrer Mitteilung über die gemeinschaftlichen Zulassungsverfahren für Arzneimittel (98/C 229/03)[49] darauf hingewiesen, dass die Bezeichnung des Arzneimittels nicht identisch sein muss, weil die Bezeichnung ein formales und kein wesentliches Element der Identität eines Arzneimittels darstellt. Der Antragsteller solle sich aber bewusst sein, dass normalerweise eine identische Bezeichnung für ein identisches Arzneimittel gewählt werden sollte, es sei

---

[42] Vgl. zur Notifizierung und Bekanntmachung Notice to Applicants, Vol. 2 A, Kap. 6 (Nov. 2005), Abschn. 2.3.
[43] http://www.hma.eu.
[44] *Collatz*, Handbuch EU-Zulassung, S. 88; *Koenig/Müller*, PharmR 2000, 148, 156.
[45] *Rehmann*, Vor § 21 Rn. 19; *Kloesel/Cyran*, § 25b Anm. 59.
[46] Ebenso *Rehmann*, Vor § 21 Rn. 20; *Kloesel/Cyran*, § 25b Anm. 60 f.
[47] *Friese*, in: Dieners/Reese, § 5 Rn. 188; *Rehmann*, Vor § 21 Rn. 21.
[48] *Rehmann*, Vor § 21 Rn. 21.
[49] ABl.-EG Nr. C 229 v. 22.7.1998, S. 4, Kap. E. 4. b).

denn, **zwingende Gründe** sprächen dagegen. Die Kommission hat diese Auffassung in den Notice to Applicants[50] nochmals bekräftigt. Im Anerkennungsverfahren und auch im dezentralisierten Verfahren können daher grundsätzlich unterschiedliche Arzneimittelbezeichnungen verwendet werden[51].

D. Dezentralisiertes Verfahren (Abs. 3 i. V. m Abs. 4)[52]

33   **Abs. 3** regelt zusammen mit den aufgrund der dynamischen Verweisung in **Abs. 4** anzuwendenden gemeinschaftsrechtlichen Bestimmungen der Art. 27 ff. RL 2001/83/EG, wie im dezentralisierten Verfahren für ein **noch nicht zugelassenes Arzneimittel** in mehreren Mitgliedstaaten eine Zulassung erlangt werden kann. Der Antragsteller startet das dezentralisierte Verfahren, indem er gem. Abs. 1 einen auf einem identischen Dossier beruhenden Zulassungsantrag in den betr. Mitgliedstaaten stellt (s. zu den Anforderungen an Antrag und Zulassungsdossier Rn. 7 ff.). Er muss zudem gem. Art. 28 I UAbs. 2 und III 1 RL 2001/83/EG einen Mitgliedstaat ersuchen, als **„Referenzmitgliedstaat"** zu fungieren und Entwürfe des Beurteilungsberichtes, der Zusammenfassung der Merkmale des Arzneimittels, der Kennzeichnung und der Packungsbeilage zu erstellen. Ebenso wie beim Anerkennungsverfahren sollte der Antragsteller auch im dezentralisierten Verfahren schon aus eigenem Interesse vor der Antragstellung mit dem Referenzmitgliedstaat zur Verfahrensvorbereitung und -optimierung in einen engen Dialog treten[53].

34   In der **ersten Beurteilungsphase** hat der Referenzmitgliedstaat gem. Art. 28 III 2 RL 2001/83/EG innerhalb **von 120 Tagen** nach Erhalt eines von allen betroffenen Mitgliedstaaten validierten Zulassungsantrages die Entwürfe des Beurteilungsberichts und der Informationstexte auszuarbeiten und den betroffenen Mitgliedstaaten und dem Antragsteller zu übermitteln. § 25b III setzt ebenso wie § 25 Va a. F. diese Verpflichtung der zuständigen Bundesoberbehörden als Referenzbehörde nicht vollständig um, weil die 120-Tage-Frist für die Erstellung und Übermittlung der Entwürfe in § 25b III nicht enthalten ist.

35   Ebenso wie im Anerkennungsverfahren haben sich die Mitgliedstaaten auch für das dezentralisierte Verfahren in einem ersten Schritt im Juli 2005 **in einem Best Practice Guide** auf bestimmte strukturierte Abläufe und Verfahrensweisen verständigt. Diese vom CMD(h) zuletzt im April 2014 aktualisierten Verhaltensempfehlungen[54] sehen mit einem Ablaufschema **(Flow Chart)** detailliert vor, wann welcher Verfahrensbeteiligte welche Unterlagen und Erklärungen beizubringen hat. Diese Empfehlungen sind auch in die Notice to Applicants[55] aufgenommen worden. So soll z. B. der Referenzmitgliedstaat zur Vorbereitung des Entwurfs des Beurteilungsberichts einen ersten, **vorläufigen Beurteilungsbericht** bis zum **Tag 70** den betroffenen Mitgliedstaaten und dem Antragsteller übermitteln. Die betroffenen Mitgliedstaaten sollen, sofern sie bei dem Arzneimittel schwerwiegende Gesundheitsgefahren sehen, dies spätestens bis zum **Tag 100** dem Referenzmitgliedstaat mitteilen. Können sich alle beteiligten Mitgliedstaaten schon auf der Grundlage der Entwurfstexte bis zum **Tag 120** einigen, stellt der Referenzmitgliedstaat das Einverständnis aller Parteien fest, schließt das Verfahren und informiert den Antragsteller. Sodann müssen die betroffenen Mitgliedstaaten nach Art. 28 V RL 2001/83/EG innerhalb von **30 Tagen** nach Feststellung des Einverständnisses mit den Entwurfstexten übereinstimmende **nationale Zulassungsentscheidungen** treffen.

36   Andernfalls schließt sich die **zweite Beurteilungsphase** an, in der nach Art. 28 IV RL 2001/83/EG die betroffenen Mitgliedstaaten innerhalb von **90 Tagen** nach Eingang der Entwurfstexte diese entsprechend dem im Ablaufdiagramm empfohlenen Verfahrensschritten billigen sollen. Die betroffenen Mitgliedstaaten müssen sodann gem. Art. 28 V RL 2001/83/EG innerhalb von **30 Tagen** nach Feststellung des Einverständnisses und Schließung des Verfahrens durch den Referenzmitgliedstaat **nationale Zulassungsentscheidungen** in Übereinstimmung mit den konsentierten Texten treffen. Kann ein Mitgliedstaat innerhalb der **90-Tage-Frist** aus Gründen einer schwerwiegenden Gefahr für die öffentliche Gesundheit den Beurteilungsbericht und die Informationstexte nicht anerkennen, schließt sich wie beim Anerkennungsverfahren das **Koordinierungsverfahren** und ggf. auch das **Schiedsverfahren** an (s. dazu Rn. 21 ff.). Der Antragsteller kann dann ebenso wie im Anerkennungsverfahren das Koordinierungs- und Schiedsverfahren nur noch verhindern, indem er in allen betroffenen Mitgliedstaaten den Antrag zurücknimmt[56]. Auch am Ende des dezentralisierten Verfahrens steht gem. Art. 34 III RL 2001/83/EG eine verbindliche, von den betroffenen Mitgliedstaaten umzusetzende Kommissionsentscheidung (s. dazu Rn. 26 ff.).

37   Mit dem mit dem AMG-ÄndG 2009 angefügten **Abs. 3 S. 2,** der die entsprechende Geltung von § 25 V 5 anordnet, wird die Möglichkeit geschaffen, auch in dezentralisierten Verfahren auf externe

---

[50] Notice to Applicants, Vol. 2 A, Kap. 3 (Mai 2014), Abschn. 3.4.
[51] So auch *Rehmann*, Vor § 21 Rn. 17; *Wagner*, S., S. 255.
[52] Vgl. dazu *Kloesel/Cyran*, § 25b Anm. 31 ff.; *Friese/Jentges/Muazzam*, Part A, Chapter 5.6.3; *Bachmann*, Bundesgesundheitsblatt 2008, 724 ff.; *Friese*, in: Dieners/Reese, § 5 Rn. 174 ff.
[53] Notice to Applicants, Vol. 2 A, Kap. 2 (Febr. 2007), Abschn. 4.2.2.1 und 4.2.2.2.
[54] Abrufbar unter http://www.hma.eu.
[55] Notice to Applicants, Vol. 2 A, Kap. 2 (Febr. 2007), Abschn. 4.3 und Annex II.
[56] Notice to Applicants, Vol. 2 A, Kap. 2 (Febr. 2007), Abschn. 4.3.4; S. auch Rn. 20.

Gegensachverständige zurückzugreifen. Das führt – so die Amtliche Begründung[57] – dazu, die deutsche Zulassungsbehörde besser in die Lage zu versetzen, Aufgaben im Bereich dieser Verfahren termingerecht wahrzunehmen.

E. Schiedsverfahren bei abweichenden Zulassungsentscheidungen (Abs. 5)[58]

I. Bindende Gemeinschaftsentscheidung

Abs. 5 regelt über eine **dynamische Verweisung** auf Art. 30, 32, 33 und 34 RL 2001/83/EG und **38** auf die entsprechenden Bestimmungen der RL 2001/82/EG, dass bei **abweichenden Entscheidungen** der Mitgliedstaaten über die Zulassung eines bestimmten Arzneimittels auf Gemeinschaftsebene eine einheitliche, von den betroffenen Mitgliedstaaten umzusetzende Entscheidung zu treffen ist. Die Mitgliedstaaten, die Kommission, der Antragsteller oder der Zulassungsinhaber können in diesen Fällen die Angelegenheit an den CHMP verweisen und damit das Schiedsverfahren der Art. 32 ff. RL 2001/83/EG einleiten.

Zwei oder mehrere Mitgliedstaaten müssen hinsichtlich eines bestimmten Arzneimittels abweichende **39** Entscheidungen über die Zulassung, ihre Aussetzung[59] oder ihre Rücknahme getroffen haben. Es werden sowohl die in rein nationalen Verfahren getroffenen Zulassungsentscheidungen als auch diejenigen nationalen Entscheidungen, die im Anerkennungsverfahren oder im dezentralisierten Verfahren ergangen sind, von diesen Vorschriften erfasst[60]. Die abweichenden Entscheidungen müssen **dasselbe Arzneimittel** betreffen. Nach Auffassung der Kommission[61] bezeichnet der im Gemeinschaftsrecht dafür verwendete Wortlaut „das betreffende Arzneimittel" jedes Arzneimittel, das dieselbe qualitative und quantitative Zusammensetzung an Wirkstoffen (d. h. dieselbe Wirkstärke) und dieselbe Darreichungsform wie das Arzneimittel aufweist, für das eine Zulassung beantragt wird.

In der vorletzten Fassung der Notice to Applicants[62] nannte die Kommission **einige Fallbeispiele** für **40** abweichende und damit über das Verfahren nach Art. 30 RL 2001/83/EG zu harmonisierende Entscheidungen wie z.B. dass dasselbe Arzneimittel in mehreren oder allen Mitgliedstaaten zugelassen ist und die Zulassung in einigen, aber nicht allen Mitgliedstaaten aus Gründen der Qualität, Unbedenklichkeit und Wirtschaftlichkeit ausgesetzt oder zurückgenommen worden ist. Anrufungsgegenstand ist zwar die gerügte Abweichung bei nationalen Zulassungsentscheidungen. Ebenso wie im Anerkennungsverfahren hat der CHMP auch im Falle der Anrufung wegen Abweichungen eine Zusammenfassung der Merkmale des Arzneimittels zu erstellen und kann daher alle die Qualität, Unbedenklichkeit und Wirksamkeit des Arzneimittels betreffenden Aspekte betrachten[63].

Nach der Verweisung der Angelegenheit an den CHMP läuft das Verfahren wie im Schiedsverfahren **41** ab. Die Gemeinschaftsentscheidung ist nach Art. 34 III RL 2001/83/EG von den betroffenen Mitgliedstaaten **umzusetzen. Abs. 5 S. 2** sieht zwar nochmals vor, dass die zuständige Bundesoberbehörde über die Zulassung nach Maßgabe der Gemeinschaftsentscheidung zu entscheiden hat. Da aber auch Art. 34 RL 2001/83/EG im Verweisungskatalog des Abs. 5 S. 1 enthalten ist, ist Abs. 5 S. 1 insofern überflüssig.

Wegen der im Gemeinschaftsrecht vorgesehen Umsetzungsfrist von 30 Tagen nach Bekanntmachung **42** der Gemeinschaftsentscheidung findet gem. **Abs. 5 S. 3** ein **Vorverfahren** nach § 68 VwGO bei Rechtsmitteln gegen Entscheidungen der zuständigen Bundesoberbehörde nicht statt. Aus dem gleichen Grund ist nach **Abs. 5 S. 4** die in § 25 VI vorgesehene **Zulassungskommission nicht** an dem Verfahren zu beteiligen.

II. Bedenkliche Ausweitung der Gemeinschaftszuständigkeiten

1. Der sog. Anorektikafall. Mit der Revision des EU-Arzneimittelrechts am 31.3.2004 sind die **43** rechtlichen Möglichkeiten der Kommission, die Zulassungsentscheidungen der Mitgliedstaaten auch in rein nationalen Verfahren der Zuständigkeit der Gemeinschaft zu unterwerfen, in bedenklicher Weise ausgeweitet worden. Art. 30 und Art. 31 RL 2001/83/EG in der vor der Revision geltenden Fassung sahen vor, dass bei abweichenden Zulassungsentscheidungen bzw. in besonderen Fällen von Gemeinschaftsinteresse der Ausschuss (CPMP) mit der Anwendung des **Verfahrens nach Art. 32 RL 2001/ 83/EG** befasst wird. Diese Bestimmungen verwiesen **nicht** auf die Art. 33 und 34 RL 2001/83/EG, die die nationale Umsetzung des bindenden Ausschussgutachtens vorschreiben. Im sog. **Anorektika-Ver-**

---

[57] BR-Drucks. 171/09, S. 79.
[58] Vgl. auch *Kloesel/Cyran*, § 25b Anm. 55 ff.
[59] Unter Aussetzung ist das Ruhen der Zulassung nach § 30 I 4 zu verstehen.
[60] Notice to Applicants, Vol. 2 A, Kap. 3 (Mai 2014), Abschnitt 3.1.
[61] Mitteilung über die gemeinschaftlichen Zulassungsverfahren für Arzneimittel (98/C-229/03, ABl.-EG Nr. C 229 v. 22.7.1998, S. 4, Kap. E. 3); Notice to Applicants, Vol. 2A, Kap. 1 (Nov. 2005), Abschn. 2.1.
[62] Notice to Applicants, Vol. 2 A, Kap. 3 (Sept. 2007), Abschn. 3.1.
[63] So auch die Notice to Applicants, Vol. 2 A, Kap. 3 (Mai 2014), Abschn. 3.4.

fahren hatte die Kommission am 9.3.2000 nach Durchführung eines auf Art. 15a RL 75/319/EWG[64] durchgeführten CHPMP-Verfahrens die betroffenen Mitgliedstaaten nach den Art. 13 und 14 dieser RL[65] aufgrund eines negativen Nutzen-Risiko-Verhältnisses verpflichtet, die in **rein nationalen Verfahren** erteilten Zulassungen für Amfepramon-haltige Anorektika innerhalb von 30 Tagen zurückzunehmen. Die zuständige Bundesoberbehörde setzte diese Kommissionsentscheidung mit Bescheid vom 11.4.2000 um.

44   Gegen diese Kommissionsentscheidung erhoben betroffene Arzneimittelhersteller Klage beim *EuG* und beantragten gleichzeitig, den Vollzug der Kommissionsentscheidung im einstweiligen Rechtsschutz auszusetzen[66]. Das *EuG* hat im Rahmen des einstweiligen Rechtsschutzes mit Beschluss vom 28.6.2000[67] den Vollzug der Kommissionsentscheidung über die Rücknahme der Zulassung ausgesetzt und durch das Urteil vom 26.11.2002[68] für **nichtig erklärt**. Das Gericht hat in diesem Urteil in Rn. 121 festgestellt, dass Art. 15a RL 75/319/EWG nur für solche Zulassungen gilt, die gem. den Bestimmungen über das Verfahren der gegenseitigen Anerkennung erteilt worden sind, also nicht für rein nationale Zulassungen. Zu Art. 11 und 12 RL 75/319/EWG, die Art. 30 und 31 RL 2001/83/EG entsprechen, führt das Gericht in den Rn. 140 ff. aus, dass diese Artikel „im residualen Bereich der ausschließlichen Zuständigkeit der Mitgliedstaaten bei der Erteilung der ersten Genehmigung für das Inverkehrbringen eines Arzneimittels durch den Referenzmitgliedstaat anzuwenden sind und nicht dahin ausgelegt werden können, dass die Kommission implizit ermächtigt ist, eine bindende Entscheidung … zu erlassen". Art. 11 und Art. 12 RL 75/319/EWG sähen nur die **konsultative Befassung des Ausschusses** vor. Der *EuGH* hat mit dem Plenarurteil vom 24.7.2003[69] das Rechtsmittel der Kommission zurückgewiesen. Das *EuG* bekräftigt mit Urteil vom 31.1.2006[70] diese Rechtsprechung und stellt zu Art. 30 RL 2001/83/EG a. F. fest, dass dieser für den Fall **abweichender Entscheidungen** einen Mechanismus vorsieht, der den Erlass gemeinsamer Entscheidungen der Mitgliedstaaten im Bereich ihrer ausschließlichen Zuständigkeit für rein nationale Genehmigungen erleichtern soll. Art. 30 der RL könne mangels entsprechender Bestimmungen **nicht** dahin ausgelegt werden, dass die Kommission implizit ermächtigt wird, in diesen Fällen eine **bindende Entscheidung** zu erlassen. Die wegen der (kompetenz-)rechtswidrigen Rücknahme der Zulassung vom pharmazeutischen Unternehmer erhobene Schadensersatzklage hat der *EuGH* mit Urteil vom 19.4.2012[71] zurückgewiesen. Der Kommission könne die formal rechtsfehlerhafte Rücknahme der Zulassung nicht vorgeworfen werden, weil die Rücknahme aus anderen materiell-rechtlichen Gründen, nämlich einem negativen Nutzen-Risiko-Verhältnis, zu Recht angeordnet worden sei.

45   **2. Politisch gewollte Harmonisierung auch rein nationaler Zulassungsentscheidungen.** Die Kommission hat aus dem Anorektikafall schon im geänderten Vorschlag vom 3.4.2003 für eine RL des Europäischen Parlaments und des Rates zur Änderung der RL 2001/83/EG zur Schaffung eines Gemeinschaftskodexes für Humanarzneimittel[72] die Konsequenzen gezogen und zu Art. 29, 30 und 31 RL 2001/83/EG vorgeschlagen, auch die Art. 33 und 34 RL 2001/83/EG über die **Verbindlichkeit der Kommissionsentscheidungen** in den Verweisungskatalog dieser Bestimmungen aufzunehmen – was denn auch schlussendlich erfolgte. Die Kommission begründet ihren geänderten Vorschlag damit, dass die Befassung des Ausschusses zu einer wissenschaftlichen Stellungnahme führen muss, an die sich eine verbindliche Kommissionsentscheidung anschließt.

46   Letztlich räumen Art. 30 und 31 RL 2001/83/EG insbesondere der Kommission die Möglichkeit ein, auch in **rein nationalen Zulassungsverfahren** unter Berufung auf abweichende, nicht ausreichend harmonisierte Zulassungsentscheidungen oder unter Berufung auf besondere Fälle von Gemeinschaftsinteresse diese der Zuständigkeit der Gemeinschaft zu unterwerfen und über das Befassungsverfahren zu harmonisieren. Damit wird die **ausschließliche Restzuständigkeit** der Mitgliedstaaten für rein nationale Zulassungen untergraben[73]. Allerdings ist schon mit der 7. AMG-Novelle in § 30 Ia der Grundsatz des **Vorrangs des Gemeinschaftsrechts** bei einer entsprechenden Gemeinschaftsentscheidung festgeschrieben worden. Danach ist eine Zulassung ganz oder teilweise zurückzunehmen oder zu widerrufen, soweit dies zur Umsetzung einer Gemeinschaftsentscheidung nach Art. 34 RL 2001/83/EG erforderlich ist (s. § 30 Rn. 22 ff.). Damit sind schon nach § 30 Ia Gemeinschaftsentscheidungen für die Bundesoberbehörden verbindlich.

---

[64] Diese Bestimmung entspricht Art. 36 RL 2001/83/EG.

[65] Diese Bestimmungen entsprechen Art. 32, 33 und 34 RL 2001/83/EG.

[66] Vgl. dazu *Rädler*, PharmR 2000, 298 ff.

[67] *EuG*, Beschl. v. 28.6.2000 – Rs. T-74/00 R, Slg. 2000 II-02583, PharmR 2000, 10 – Artedogan.

[68] *EuG*, Urt. v. 26.11.2002 – verb. Rs. T-74/00, T-76/00, T-83/00 bis T-85/00, T-132/00, T-137/00 und T-141/00, Slg. 2002 II-04945 – Artedogan.

[69] *EuGH*, Urt. v. 24.7.2003 – Rs. C-39/03 P, Slg. 2003 I-07885, PharmR 2003, 9 – Artedogan; vgl. dazu *Ambrosius*, PharmR 2003, 341 ff.

[70] *EuG*, Urt. v. 31.1.2006 – Rs. T-273/03, Slg. 2006 II-00141, Rn. 81 ff. – Merck Sharp & Dohme u. a.

[71] *EuGH*, Urt. v. 19.4.2012 – Rs. C-221/10 P, Slg. 2012 – Artegodan.

[72] KOM (2003) 163 endg., S. 14.

[73] *EuG*, Urt. v. 31.1.2006 – Rs. T-273/03, Slg. 2006 II-00141 Rn. 97 – Merck Sharp & Dohme u. a.

Um den politisch gewollten Prozess der Harmonisierung der in der Gemeinschaft zugelassenen **47** Arzneimittel zu fördern, ist bei der Revision des EU-Arzneimittelrechts in Art. 30 II RL 2001/83/EG überdies die Verpflichtung der Mitgliedstaaten, jährlich ein Verzeichnis der Arzneimittel, für die eine **harmonisierte Zusammenfassungen der Merkmale des Arzneimittels** ausgearbeitet werden sollte, festgeschrieben worden. Basierend auf dem von der Koordinierungsgruppe erstellten Gesamtverzeichnis können die Kommission oder die Mitgliedstaaten bei festgestellten Abweichungen das Befassungsverfahren einleiten und damit eine **Harmonisierung der voneinander abweichenden Zulassungsentscheidungen** der Mitgliedstaaten erzielen.

F. Homöopathische Arzneimittel (Abs. 6)

Gem. **Abs. 6** finden die Abs. 1–5 keine Anwendung auf homöopathische Arzneimittel, für die ein **48** Mitgliedstaat nach Art. 16 II RL 2001/83/EG entsprechend den dortigen Grundsätzen und besonderen Merkmalen der homöopathischen Medizin besondere Vorschriften für die vorklinischen und klinischen Versuche eingeführt oder beibehalten hat. Abs. 6 setzt Art. 39 II RL 2001/83/EG um. Nach § 39 IIa finden allerdings für die **Anerkennung der Registrierung** eines anderen Mitgliedstaates die Vorschriften des 4. Kap. der RL 2001/83/EG bis auf diejenigen über die CHMP-Befassung entsprechende Anwendung. Nur diejenigen homöopathischen Arzneimittel, die nicht einem vereinfachten Registrierungsverfahren gem. § 38 bzw. Art. 14 I RL 2001/83/EG unterliegen, können Gegenstand von Anerkennungsverfahren und von dezentralisierten Verfahren sein[74].

§ 25c Maßnahmen der zuständigen Bundesoberbehörde zu Entscheidungen oder Beschlüssen der Europäischen Gemeinschaft oder der Europäischen Union

Die zuständige Bundesoberbehörde trifft die zur Durchführung von Entscheidungen oder Beschlüssen der Europäischen Gemeinschaft oder der Europäischen Union nach Artikel 127a der Richtlinie 2001/83/EG oder nach Artikel 95b der Richtlinie 2001/82/EG erforderlichen Maßnahmen.

Diese Vorschrift ist mit dem 15. Änderungsgesetz vom 17.7.2009 eingeführt worden, zuletzt durch Art. 1 Nr. 20 des Zweiten Gesetzes zur Änderung arzneimittelrechtlicher und anderer Vorschriften vom 19.10.2012 (BGBl. I. S. 2192) angepasst an die mit dem Vertrag von Lissabon neu eingeführte Terminologie der Europäischen Union.

Europarechtliche Vorgaben: Art. 127a RL 2001/83/EG; Art. 95b RL 2001/82/EG.

A. Inhalt und Zweck

Diese Vorschrift schafft für die zuständige Bundesoberbehörde eine **Ermächtigungsgrundlage** zur **1** Umsetzung von sicherheits- oder wirksamkeitsbezogenen Nebenentscheidungen der europäischen Organe im Rahmen zentraler Zulassungen. Art. 32 V UAbs. 2 Buchst. b) RL 2001/83/EG gestattet es den europäischen Organen seit jeher, auch bei den in einzelnen Mitgliedstaaten zugelassenen Arzneimitteln im Ausschussverfahren Empfehlungen für Bedingungen oder Beschränkungen für eine sichere und wirksame Verwendung der Arzneimittel abzugeben. Art. 127a RL 2001/83/EG, der während des Gesetzgebungsverfahrens zur Revision des Europarechts erstmals im Gemeinsamen Standpunkt des Rates vom 29.9.2003[1] eingefügt wurde, sieht vor, dass auch für die im zentralisierten Verfahren zugelassenen Arzneimittel im Wege des Ausschussverfahrens solche Beschlüsse an die Mitgliedstaaten ergehen können.

B. Regelungsinhalt

Die Handlungsbefugnisse der Bundesoberbehörde nach den §§ 21 ff. sind grundsätzlich nicht auf **2** die im zentralisierten Verfahren zugelassenen Arzneimittel anwendbar. Deshalb enthält § 25c die Verpflichtung[2] der zuständigen Bundesoberbehörde zur Umsetzung der von den europäischen Organen im Rahmen einer zentralen arzneimittelrechtlichen Zulassung den Mitgliedstaaten aufgegebenen Bedingungen oder Beschränkungen zur sicheren und wirksamen Verwendung des jeweiligen Arzneimittels.

---

[74] *Kloesel/Cyran*, § 25b Anm. 62; *Rehmann*, § 25b Rn. 2.
[1] ABl. EU Nr. C 297 E/02 v. 9.12.2003, S. 62.
[2] Die Amtliche Begründung spricht nur von einer Befugnis, vgl. BR-Drucks. 171/09, S. 79.

§ 26 Arzneimittelprüfrichtlinien

(1) [1]Das Bundesministerium wird ermächtigt, durch Rechtsverordnung mit Zustimmung des Bundesrates Anforderungen an die in den §§ 22 bis 24, auch in Verbindung mit § 38 Absatz 2 und § 39b Absatz 1 bezeichneten Angaben, Unterlagen und Gutachten sowie deren Prüfung durch die zuständige Bundesoberbehörde zu regeln. [2]Die Vorschriften müssen dem jeweils gesicherten Stand der wissenschaftlichen Erkenntnisse entsprechen und sind laufend an diesen anzupassen, insbesondere sind Tierversuche durch andere Prüfverfahren zu ersetzen, wenn dies nach dem Stand der wissenschaftlichen Erkenntnisse im Hinblick auf den Prüfungszweck vertretbar ist. [3]Die Rechtsverordnung ergeht, soweit es sich um radioaktive Arzneimittel und um Arzneimittel handelt, bei deren Herstellung ionisierende Strahlen verwendet werden und soweit es sich um Prüfungen zur Ökotoxizität handelt, im Einvernehmen mit dem Bundesministerium für Umwelt, Naturschutz, Bau und Reaktorsicherheit und, soweit es sich um Arzneimittel handelt, die zur Anwendung bei Tieren bestimmt sind, im Einvernehmen mit dem Bundesministerium für Ernährung und Landwirtschaft. [4]Auf die Berufung der Sachverständigen findet § 25 Abs. 6 Satz 4 und 5 entsprechende Anwendung.

(2) [1]Die zuständige Bundesoberbehörde und die Kommissionen nach § 25 Abs. 7 haben die Arzneimittelprüfrichtlinien sinngemäß auf das wissenschaftliche Erkenntnismaterial nach § 22 Abs. 3 und § 23 Abs. 3 Satz 2 anzuwenden, wobei die Besonderheiten der jeweiligen Arzneimittel zu berücksichtigen sind. [2]Als wissenschaftliches Erkenntnismaterial gilt auch das nach wissenschaftlichen Methoden aufbereitete medizinische Erfahrungsmaterial.

Wichtige Änderungen der Vorschrift: Abs. 1 S. 1 geändert durch Art 1 Nr. 1 des Gesetzes zur Änderung arzneimittelrechtlicher Vorschriften vom 15.4.2005 (BGBl. 2005 I S. 1068); Abs. 3 gestrichen durch Art. 1 Nr. 25 des Vierzehnten Gesetz zur Änderung des Arzneimittelgesetzes vom 29.8.2005 (BGBl. 2005 I S. 2570).

Europarechtliche Vorgaben: RL 2001/83/EG; RL 2003/63/EG.

Literatur: *Feiden,* Neue Arzneimittelprüfrichtlinien, PharmR 1995, 150; *Hauke/Kremer,* Der Stand der wissenschaftlichen Erkenntnisse, die Erkenntnisse der medizinischen Wissenschaft und die Haftung des Pharmazeutischen Unternehmers, PharmR 2014, 384

Übersicht

A. Allgemeines

I. Inhalt

1   Voraussetzung für die Erlangung einer Zulassung ist die Vorlage eines Antragsdossiers, das alle Angaben und Unterlagen in Bezug auf die Ergebnisse der mit diesem Arzneimittel durchgeführten Prüfungen und Versuche beinhaltet. § 26 enthält die **Ermächtigungsverordnung für die Arzneimittelprüfrichtlinien.** Diese bilden die Grundlage dafür, wie die zuständige Bundesoberbehörde (§ 77) Zulassungsanträge bearbeitet. Sie enthalten die Maßstäbe, die an die Zulassungsunterlagen zu stellen sind, insbes. die Anforderungen an die Unterlagen über die analytische, pharmakologisch-toxikologische und klinische

Prüfung. Sie sind daher zum einen die Richtschnur für pharmazeutische Unternehmer bei der Erstellung der Zulassungsdokumentation, zum anderen Orientierungshilfe bei der gerichtlichen Überprüfung von Zulassungsentscheidungen. Die Vorschriften müssen dem jeweils **gesicherten Stand der wissenschaftlichen Erkenntnisse** entsprechen und sind laufend an diese anzupassen. Der in den Richtlinien konkretisierte Erkenntnisstand gibt die herrschende Auffassung der Experten der pharmazeutischen und medizinischen Wissenschaft und Praxis als Ausdruck der gegenwärtigen Sicht der Fachwelt wieder.

Die **Entscheidungskriterien über die Zulassung** eines Arzneimittels selbst sind hingegen ab- **2** schließend in **§ 25** festgelegt. Die Zulassungsbehörden und die Aufbereitungskommission nach § 25 VII haben die Arzneimittelprüfrichtlinien sinngemäß auf das wissenschaftliche Erkenntnismaterial nach § 22 III und § 23 III 2 anzuwenden. Bei der Anwendung der Arzneimittelprüfrichtlinien werden die Zulassungsbehörden von den jeweils zuständigen Zulassungskommissionen beraten. Die Konzeption geht davon aus, dass diese Arzneimittelprüfrichtlinien prinzipiell auch für die Zulassung von Arzneimitteln der besonderen Therapierichtungen gelten, wobei die Besonderheiten angemessen zu berücksichtigen sind.

II. Zweck

Zur **Vermeidung von Gesundheitsschäden** kommt es entscheidend darauf an, dass ein Arznei- **3** mittel, bevor es in den Verkehr gebracht wird, ausreichend nach dem jeweiligen Stand der wissenschaftlichen Erkenntnisse geprüft wird, um das mit ihm verbundene Gefahrenrisiko ermitteln und abwägen zu können. Es ist daher notwendig, dass der jeweilige **Stand der wissenschaftlichen Erkenntnisse** allen Beteiligten in besonderen Prüfrichtlinien zur Kenntnis gebracht wird. Im Hinblick auf § 25 II Nr. 2 ist es geboten, diese Voraussetzung, soweit dies wissenschaftlich möglich ist, zu **objektivieren.**

Als **Vorläufer** für die Arzneimittelprüfrichtlinien ist die vom Bundesminister mit Bekanntmachung **4** vom 11.6.1971[1] erlassene RL über die Prüfung von Arzneimitteln anzusehen. Sie wurde unter Berücksichtigung des Entwurfes einer EG-Prüfrichtlinie an die neue Rechtssituation angepasst, auf den letzten Stand gebracht und einen analytischen Teil erweitert bevor sie als Arzneimittelprüfrichtlinie i. S. des § 24 (jetzt § 26) veröffentlicht wurde.

Die **Prüfrichtlinie für Arzneimittel,** die zur Anwendung bei **Tieren** bestimmt sind, enthält vor **5** allem Einzelheiten über die Rückstandsprüfung. Die Ausgestaltung dieser veterinärmedizinischen Prüfrichtlinie soll konform mit der Entwicklung auf der EU-Ebene gehen.

III. Europarechtliche Vorgaben

1. Europäische Harmonisierung. Eine wesentliche **Grundlage der Arzneimittelprüfrichtlinien 6** ist die **RL 2003/63/EG** für Humanarzneimittel der Kommission vom 25.6.2003 zur Änderung der RL 2001/83/EG und 2001/82/EG für Tierarzneimittel. Sie macht detaillierte Vorgaben zum Inhalt und zur Form der Unterlagen, die ein Antragsteller mit dem Antrag auf Zulassung eines Arzneimittels oder auf Registrierung eines homöopathischen Arzneimittels bei den zuständigen Behörden einzureichen hat. Die „Zweite Allgemeine Verwaltungsvorschrift zur Änderung der Allgemeinen Verwaltungsvorschrift zur Anwendung der Arzneimittelprüfrichtlinien" vom 11.10.2004[2] dient der Umsetzung der RL 2003/63/ EG, mit der der Anhang I der RL 2001/83/EG geändert wurde. Damit wurde auch die Forderung nach dem für die EU, USA und Japan einheitlichen sog. **CTD-Format** („Common Technical Document") in deutsches Recht umgesetzt. In dem Anhang I sind die **europaweit einheitlichen Anforderungen an den Antrag** eines pharmazeutischen Unternehmers auf Zulassung eines Arzneimittels geregelt. Die Umsetzung in die Prüfrichtlinien erfolgt im Wesentlichen durch Verweis auf die Teile I – IV des Anhangs I zur RL 2001/83/EG (in der geänderten Fassung)[3]. Der neue Anhang I entspricht dem Anhang der früheren RL 75/318/EWG, der ebenfalls in Form der Arzneimittelprüfrichtlinien in deutsches Recht umgesetzt wurde.

Durch die Einführung **europaweit einheitlicher Vorschriften und Nachweise** soll es den Zu- **7** lassungsbehörden im zentralen und dezentralen Zulassungsverfahren ermöglicht werden, nach Maßgabe gemeinsamer Kriterien zu entscheiden, um so möglichst unterschiedliche Beurteilungen vermeiden zu

---

[1] BAnz. Nr. 113 vom 11.6.1971.
[2] BAnz. Nr. 197 vom 16.10.2004.
[3] Neben der Anpassung an die RL 2003/63/EG wurden Folgeänderungen der Allgemeinen Verwaltungsvorschrift zur Anwendung der Tierarzneimittelprüfrichtlinie vorgenommen. Durch die Änderungen findet eine fachliche Anpassung an den Stand der wissenschaftlichen Erkenntnis auf der Ebene der EU statt. Gleichzeitig wird der Anwendungsbereich der Arzneimittelprüfrichtlinien auf die Registrierung homöopathischer Arzneimittel nach § 38 ausgedehnt. Die Vorgaben der umzusetzenden RL bezüglich der Form und des Aufbaus von Anträgen auf Zulassung und Registrierung von Arzneimitteln bedingen eine Änderung des Aufbaus von Anträgen und der Inhalte der Arzneimittelprüfrichtlinien. Regelungen des bisherigen Ersten und Fünften Abschnitts der Arzneimittelprüfrichtlinie, die insbesondere die Berücksichtigung der Arzneimittel der besonderen Therapierichtungen gewährleisten, werden, soweit sie neben den Vorgaben der RL 2003/63/EG vereinbart sind oder nach Art. 16 II RL 2001/83/EG neben den Vorgaben der RL 2003/63/EG bestehen können, in §§ 1 und 2 der Allgemeinen Verwaltungsvorschrift zur Anwendung der Arzneimittelprüfrichtlinien und in den neu gefassten Ersten Abschnitt der Arzneimittelprüfrichtlinie überführt.

können. Im zentralen Zulassungsverfahren nach VO (EG) Nr. 726/2004 finden die Prüfrichtlinien für Humanarzneimittel und für Tierarzneimittel als Maßstab für die Vollständigkeit der Unterlagen unmittelbare Anwendung.

8   Für Tierarzneimittel gilt Anhang I der RL 2001/82/EG als EG-Prüfrichtlinie, zuletzt geändert durch die RL 2004/28/EG.

9   Zusätzliche Empfehlungen zu den Registrierungsunterlagen gibt der CHMP und der CVMP in Form von Hinweisen (Notes for Guidance), die im zentralen wie im dezentralen Zulassungsverfahren zu berücksichtigen sind[4].

10   Als Folge der europäischen Harmonisierung und gegenseitigen Anerkennung ist es im Übrigen irrelevant, welche Staatsangehörigkeit die Sachverständigen besitzen, die die Versuche durchführen, und in welchem Land die Versuche vorgenommen werden.

11   **2. Aufbau der RL 2003/63/EG.** Die RL 2003/63/EG beinhaltet die folgenden vier Teile, die unverändert in die Abschn. 2–5 der aktuellen Allgemeinen Verwaltungsvorschrift übernommen worden sind:

12   **Teil I** schreibt neben den Anforderungen an das Antragsformular, die Zusammenfassung der Merkmale des Arzneimittels (Summary of Product Characteristics – SmPC), Beschriftungsentwürfe und die Packungsbeilage auch die Anforderungen an das Zulassungsdossier entsprechend CTD fest **(Standardanforderungen an einen Zulassungsantrag).**

13   **Teil II** regelt **die spezifischen Anforderungen** an vereinfachte Anträge[5] („simplified applications") für bestimmte Produkte („Well Established Use", „Essentially Similar", „Line Extensions", fixe Kombinationen, „Exceptional Circumstances" einschließlich „Orphan Medicinal Products"), bibliographische und gemischte Anträge sowie als neu aufgenommenes Kapitel „vergleichbare biologische Arzneimittel" **(Spezifische Zulassungsanträge und Anforderungen).**

14   **Teil III** beinhaltet spezielle Anforderungen an die Zulassungsunterlagen für biologische[6] („Plasma Master File" und „Vaccine Antigen Master File"[7]), homöopathische und pflanzliche[8] Arzneimittel sowie für Radiopharmaka **(Besondere Arzneimittel).**

15   **Teil IV** definiert Produkte zur somatischen und xenogenen Zelltherapie und legt spezifische Anforderungen an die Zulassungsunterlagen für diese Arzneimittelgruppe fest **(Arzneimittel für neuartige Therapien[9]).**

IV. Internationale Zusammenhänge

16   Die Arzneimittelprüfrichtlinien sollen den Stand von Wissenschaft und Technik beschreiben. Sie berücksichtigen neben dem EU-Recht auch andere **internationale RL,** die für die Beurteilung von pharmazeutischer Qualität, Unbedenklichkeit und Wirksamkeit herangezogen werden müssen. Auch die EU-Vorgaben, insbes. das CTD-Format wurden durch den Prozess der **Internationalen Harmonisierungskonferenz (ICH)** verabschiedet, so dass dies den **internationalen Stand von Wissenschaft und Technik** wiedergibt. Im Rahmen der ICH wurde im Jahr 2000 eine Einigung über die Bereitstellung eines harmonisierten Formats und einer einheitlichen Terminologie für das Gemeinsame Technische

---

[4] Allgemein zu europäischen Leitlinien, vgl. „Procedure for European Union Guidelines and related documents within the pharmaceutical legislative framework" EMEA/P/24 143/2004 Rev. 1.

[5] Einige Arzneimittel weisen so spezifische Merkmale auf, dass nicht alle Anforderungen eingehalten werden können. Um dieser besonderen Sachlage Rechnung zu tragen, ist eine vereinfachte Form der Vorlage der Unterlagen vorgesehen.

[6] Die Unbedenklichkeit biologischer Arzneimittel ist von der Strenge der Kontrollen ihrer Ausgangsstoffe abhängig. Welche Anforderungen bei der Prüfung der Eignung von Spendern und bei der Testung gespendeten Ausgangsmaterials für das aus Plasma gewonnene Arzneimittel zu erfüllen sind, ist in der RL 2002/98/EG festgelegt.

[7] Um die bestehenden Verfahren zur Beurteilung von Humanimpfstoffen zu vereinfachen, ist ein neues System eingeführt worden, das auf dem Konzept einer Impfantigen-Stammdokumentation basiert. Dies gilt sowohl für die Erteilung einer Erstzulassung wie für spätere Änderungen, die aufgrund von Änderungen im Herstellungsprozess und bei der Prüfung einzelner in einem bestimmten Impfstoffen enthaltenen Antigenen ergeben. Durch die Impfantigen-Stammdokumentation wird es möglich, das in den Mitgliedstaaten vorhandene Fachwissen zu vereinigen und mittels Koordinierung durch die EMA zu einer einzigen Bewertung des betreffenden Impfantigens zu kommen. Die Impfantigen-Stammdokumentation bildet einen eigenständigen Teil des Dossiers des Zulassungsantrags, der alle einschlägigen Angaben zu den biologischen und chemischen Merkmalen eines bestimmten Antigens umfasst, das als Wirkstoff in einem oder mehreren kombinierten Impfstoffen enthalten ist.

[8] Pflanzliche Arzneimittel unterscheiden sich erheblich von konventionellen Arzneimitteln, da automatisch ein Zusammenhang mit der speziellen Beschaffenheit von pflanzlichen Stoffen und Zubereitungen hergestellt wird. Daher gelten auch für diese Produkte spezifische Anforderungen im Hinblick auf die einheitlichen Anforderungen für die Zulassung.

[9] Zu den neuartigen Therapieansätzen, die auf der Entwicklung von biotechnologischen Verfahren beruhen, gehört auch die Anwendung von Arzneimitteln für neuartige Therapieverfahren, bei denen verschiedene mittels Gentransfer erzeugte Biomoleküle (Gentherapeutika) und manipulierte oder verarbeitete Zellen (Zelltherapeutika) als Wirkstoffe eine zentrale Rolle spielen. Diese bedeuten komplexen Therapeutika stellen eine neue Kategorie biologischer Arzneimittel i. S. d. Art. 1 und 2 RL 2001/83/EG dar, für die ebenfalls spezifische Anforderungen im Hinblick auf die einheitlichen Anforderungen für die Zulassung festgelegt werden.

Dokument erzielt und damit ein homogener Aufbau und eine einheitliche Gestaltung des Dossiers des Zulassungsantrags für Humanarzneimittel erreicht. So sollten einheitliche Anforderungen an das Dossier des Zulassungsantrags eingeführt werden, um das Gemeinsame Technische Dokument unverzüglich umsetzen zu können. Die einheitlichen Anforderungen an das Dossier des Zulassungsantrags (harmonisiertes Format) sollten unabhängig vom Verfahren der Zulassung für jede Art von Humanarzneimittel gelten. Auch inhaltlich hat die WHO auf internationaler Ebene einige Leitlinien veröffentlicht, insbesondere zur klinischen Prüfung und zur Arzneimittelentwicklung.

B. Gesetzliche Grundlage für den Erlass einer Rechtsverordnung (Abs. 1)

I. Ermächtigungsgrundlage (S. 1)

Nach § 26 wird das Bundesministerium (BMG) ermächtigt, durch Rechtsverordnung Anforderungen **17** an die Zulassungsunterlagen sowie deren Prüfung durch die zuständige Bundesoberbehörde zu regeln. Die derzeit in Deutschland geltenden Arzneimittelprüfrichtlinien sind noch als allgemeine Verwaltungsvorschrift nach § 26 a. F. erlassen worden. Sie wurden jedoch grundsätzlich im Rahmen der sog. kleinen AMG-Novelle vom 15.4.2005 (sog. 12a. AMG-Novelle) nunmehr auf Verordnungsebene angehoben, wofür in Abs. 1 S. 1 die entsprechende **Ermächtigungsgrundlage** geschaffen worden ist.

Der Grund, warum der Gesetzgeber ursprünglich nach § 26 a. F. die Arzneimittelprüfrichtlinien als **18** allgemeine Verwaltungsvorschriften und nicht in der Form von Rechtsverordnungen erlassen wollte, lag darin, dass die Anforderungen an die Arzneimittelprüfungen ohne zeitliche Verzögerungen laufend an den jeweils gesicherten Stand der wissenschaftlichen Erkenntnisse angepasst werden sollten. In dieser Gestalt **als allgemeine Verwaltungsvorschriften gelten die Prüfrichtlinien als vorgefertigte antizipierte Sachverständigengutachten**[10], die den jeweils gesicherten Stand der Wissenschaft konkretisieren, für die Sachverständigenkommissionen und den Antragsteller jedoch mangels Außenwirkung rechtlich nicht verbindlich sind. Gleichwohl sind sie auch im Rahmen einer gerichtlichen Nachprüfung zu berücksichtigen, da ihnen auf Beweisebene im Rahmen der Sachverhaltsermittlung erhebliche Bedeutung zukommt. D. h. so lange nicht deutliche Anhaltspunkte für die Unrichtigkeit, der in ihnen festgestellten Tatsachen bestehen, sind sie der behördlichen und der gerichtlichen Entscheidung als der jeweils gesicherte Stand der wissenschaftlichen Erkenntnisse zugrunde zu legen[11].

Die RL der EU, die die Anforderungen an Zulassungs- und Registrierungsunterlagen vorgeben **19** (RL 2001/83/EG und RL 2001/82/EG) sind jedoch so beschaffen, dass sich ihre Umsetzung in nationales Recht nicht auf Anweisungen an die Zulassungsbehörde zur Prüfung der eingereichten Unterlagen beschränken lässt, sondern Vorschriften erfordern, die sich auch unmittelbar an den Antragsteller richten. Für die entsprechenden nationalen Regelungen, also die Arzneimittelprüfrichtlinien, ist daher eine **Verordnungsermächtigung** geschaffen und somit die Rechtsgrundlage an europäisches Recht angeglichen worden. Die **Verbindlichkeit der Arzneimittelprüfrichtlinien auch für die Antragsteller** ist hergestellt und dient daher der Rechtsklarheit nachdem nach den Entscheidungen des *EuGH* zur TA-Luft[12] die Rechtsform der Verwaltungsvorschrift rechtlichen Bedenken ausgesetzt war[13]. Ihnen kommt in der Zukunft – bei Erlass als Rechtsverordnung – unmittelbare normative Wirkung zu. Abweichungen hiervon und die Bindung der Verwaltungsgerichte an die Arzneimittelprüfrichtlinien sind somit klar geregelt. Zugleich wird es aber dem pharmazeutischen Unternehmer damit erschwert, Sachverhalte, die sich nicht in den Prüfrichtlinien wiederfinden, gleichfalls als Teil des gesicherten Stands der wissenschaftlichen Erkenntnisse darzustellen.

Der Erlass einer solchen Rechtsverordnung steht jedoch noch aus, so dass die Allgemeine Verwaltungs- **20** vorschrift zur Anwendung der Arzneimittelprüfrichtlinien vom 11.10.2004 die aktuelle Rechtslage darstellt und die Arzneimittelprüfrichtlinien in der jetzigen Form noch an die zuständigen Zulassungsbehörden gerichtet sind[14]. Allerdings stellt der Inhalt der Prüfrichtlinien für die Antragsteller wegen der voraussichtlichen Erfolgsaussichten des Antrags praktisch eine verbindliche Interpretation der gesetzlichen Anforderungen an die Arzneimittelprüfungen dar[15]. Letztlich werden die zugrunde liegenden ICH-Leitlinien zwar nicht über den Weg (der derzeit noch fehlenden) Rechtsverordnung verbindlich, wohl

---

[10] Vgl. ausdrücklich zu den Arzneimittelprüfrichtlinien *OVG Berlin*, Urt. v. 25.11.1999 – 5 B 11/98 – juris; *OVG Münster*, A&R 2009, 278; *OVG Münster*, PharmR 2011, 55; *OVG Münster*, Beschl. v. 9.2.2011 – 13 A 2790/09 – BeckRS 2011, 47159; vgl. auch *BVerwGE* 55, 250, 256 ff.

[11] *OVG Berlin*, Urt. v. 25.11.1999 – 5 B 11/98 – juris, bestätigt durch das *BVerwG*, Beschl. v. 6.2.2001 – 3 B 58.00.

[12] Vgl. *EuGH*, Urt. 30.5.1991 – Rs. C-361/88, EuZW 1991, 440 ff. – Kommission/Bundesrepublik Deutschland.

[13] Zur Umsetzung von Gemeinschaftsrecht durch Verwaltungsvorschriften vgl. *v. Danwitz*, VerwArch. Bd. 84 (1993), 73 ff.

[14] Lediglich für Tierarzneimittel ist dies seit dem 18.2.2010 umgesetzt, vgl. die VO zur Anwendung der Arzneimittelprüfrichtlinien, soweit es sich um Arzneimittel handelt, die zur Anwendung bei Tieren bestimmt sind, und zur Ablösung der Allgemeinen Verwaltungsvorschrift zur Anwendung der Tierarzneimittelprüfrichtlinien (TamPV).

[15] Zum Problem der Rechtswirkungen arzneimittelrechtlicher Verwaltungsvorschriften vgl. *Di Fabio*, S. 354 ff.

aber über eine richtlinienkonforme Auslegung der Zulassungstatbestände, da Anhang I der RL 2001/83/EG mit den Prüfrichtlinien übereinstimmt[16].

21   **1. Sachverständigenanhörung.** Das Erfordernis der Anhörung von Sachverständigen ist durch das Zweite Gesetzes zur Änderung arzneimittelrechtlicher und anderer Vorschriften vom 19.10.2012 (BGBl. I S. 2192) gestrichen worden. Vor Erlass der Rechtsverordnung musste das Bundesministerium **Sachverständige** aus der medizinischen und pharmazeutischen Wissenschaft und Praxis **anhören.** Damit sollten die besonderen Sachkenntnisse dieser Personen genutzt und den beteiligten Kreisen Gelegenheit gegeben werden, ihre Interessen einzubringen[17]. Diese bisherige Regelung ist mittlerweile allerdings obsolet und eine Dopplung des Verfahrens. Das Verordnungsgebungsverfahren konnte daher vereinfacht werden. Die Anhörung von Sachverständigen sollte zu einem Zeitpunkt den Stand der Wissenschaft absichern, als die Prüfrichtlinie noch ohne gesetzliche Verankerung durch das Gesundheitsministerium erlassen wurde. Die Arzneimittelprüfrichtlinien werden nunmehr als Rechtsverordnung erlassen, womit der Entwurf – wie für jede Rechtsverordnung vorgesehen – ohnehin den betroffenen Fachkreisen und damit deren Sachverständigen zur Stellungnahme zugeleitet wird, bevor eine Zuleitung an den Bundesrat erfolgt.

22   Die Arzneimittelprüfrichtlinien beziehen sich auch auf die Registrierungsunterlagen für **traditionell pflanzliche Arzneimittel.** Dies wird durch den Verweis auf § 39b I klargestellt. Die Klarstellung entspricht den europäischen Vorgaben in Art. 16c I 2 RL 2001/83/EG.

23   Der Umfang und das Verfahren der vorherigen **Anhörung** richtet sich daher nach den allgemeinen verwaltungsverfahrensrechtlichen Grundsätzen. Wie stets im Umwelt- und Technikrecht und besonders im Arzneimittelsicherheitsrecht sind komplexe Verwaltungsentscheidungen aber auch in Zukunft ohne Einschaltung wissenschaftlichen Sachverstandes nahezu unmöglich, wobei wissenschaftliche Ausschüsse eine bedeutende Rolle spielen[18]. Für die Sachverständigenanhörung im Rahmen der Arzneimittelprüfrichtlinien ist im Ergebnis aber festzuhalten, dass auch bei der allgemeinen Sachverständigenanhörung im Rahmen des Verordnungserlasses der Verordnungsgeber zumindest die Gründe darlegen muss, wenn er vom Votum der Sachverständigen abweichen will. Das Recht zur Letztentscheidung gibt der Bundesminister damit aber nicht aus der Hand[19].

24   **2. Zustimmung des Bundesrats.** Schließlich ist die Zustimmung des Bundesrats zur Rechtsverordnung vorgesehen, um die Entscheidung über den Inhalt der Prüfrichtlinie auf eine möglichst breite Grundlage zu stellen. Die Veröffentlichung der Prüfrichtlinien als Verwaltungsvorschrift erfolgte stets im **BAnz.** Der zukünftige Erlass als Rechtsverordnung wird dann im BGBl. publiziert.

25   **3. Anwendungsbereich der Arzneimittelprüfrichtlinien.** Die Arzneimittelprüfrichtlinien finden Anwendung auf **Arzneimittel,** die **zur Anwendung am Menschen oder an Tieren** bestimmt sind. Jedoch finden sie keine Anwendung auf radioaktive Arzneimittel mit einer physikalischen Halbwertzeit von weniger als zwei Stunden. Für diese Arzneimittelgruppen werden spezielle Prüfrichtlinien zu einem späteren Zeitpunkt vorbereitet.

26   **Spezielle Arzneimittelprüfrichtlinien** finden Anwendung auf **homöopathische Arzneimittel,** die nach § 38 der Registrierungspflicht unterliegen, sowie auf Tierarzneimittel. Für homöopathische Arzneimittel gilt derzeit die Allgemeine Verwaltungsvorschrift zur Registrierung homöopathischer Arzneimittel vom 18.12.1992[20] geändert durch Art. 4 der Zweiten Allgemeinen Verwaltungsvorschrift zur Änderung der Allgemeinen Verwaltungsvorschrift zur Anwendung der Arzneimittelprüfrichtlinien vom 11.10.2004[21]. Bei der Formulierung dieser besonderen Vorgaben wurden die allgemeinen Arzneimittelprüfrichtlinien zugrunde gelegt unter Weglassen aller bei der Registrierung von homöopathischen Arzneimitteln nicht vorkommenden Punkte. Oberstes Anliegen war dabei, dass bei der pharmazeutischen Qualität für homöopathische Arzneimittel in Zulassung und Registrierung absolut identische Forderungen zu gelten haben. Die Arzneimittelprüfrichtlinien für **homöopathische Arzneimittel** sind aber so gestaltet, dass die **Besonderheiten** der nach einer homöopathischen Verfahrenstechnik hergestellten Arzneimittel angemessen **berücksichtigt** werden können. Nach den allgemeinen Anforderungen sind Art und Umfang der Prüfungen, die als Voraussetzungen für die Registrierung von der zuständigen Bundesoberbehörde verlangt werden, auf das unerlässliche Maß zu beschränken. Zu Angaben und Unterlagen nach § 38 II muss eine Übersicht über alle bei der Entwicklung des Arzneimittels durchgeführten Untersuchungen und deren Ergebnisse vorgelegt werden. Die angewandten Methoden und Verfahren müssen grundsätzlich validiert sein. Anerkannte Richtlinien für die Durchführung der Versuche und Verfahren zum Nachweis der Qualität müssen berücksichtigt sein. Zusätzliche Unterlagen

---

[16] Näher zur dogmatischen Herleitung der Bindungswirkung der Arzneimittelprüfrichtlinien *Engelke*, MedR 2010, 619, 621.
[17] Vgl. *Maurer*, § 13 Rn. 11.
[18] Vgl. *Knipschild*, ZLR 2000, 693 ff.
[19] Eingehender zum Problem der faktischen Bindung an Sachverständigenvoten *Blattner*, S. 152 ff.
[20] BAnz. Nr. 244 v. 30.12.1992, S. 9704.
[21] BAnz. Nr. 197 v. 16.10.2004, S. 22037.

über Untersuchungen können gefordert werden, wenn die vorgelegten Unterlagen wegen der Besonderheiten des Arzneimittels für eine Beurteilung nicht ausreichen. Das Verlangen, zusätzliche Unterlagen vorzulegen, ist jedoch zu begründen.

Die TamPV zur Anwendung der **Tierarzneimittelprüfrichtlinien**[22] berücksichtigt die Besonderhei- **27** ten der am Tier anzuwendenden Arzneimittel und der für sie einzureichenden Zulassungsunterlagen. Weitere Hinweise veröffentlicht der Veterinär-Ausschuss der EMA (CVMP)[23].

II. Maßstab für die Arzneimittelprüfrichtlinien (S. 2)

1. Stand der wissenschaftlichen Erkenntnisse (1. Halbs.). Die für den Bundesminister über den **28** eigentlichen Erlass der Rechtsverordnung hinausgehende Pflicht besteht darin, diese stets im Interesse der Arzneimittelsicherheit dem jeweils **gesicherten Stand der wissenschaftlichen Erkenntnisse**[24] **anzupassen.** Da die Prüfrichtlinien im Wesentlichen der Umsetzung eines mittlerweile einheitlichen europäischen Standards dienen, ist der Stand der wissenschaftlichen Erkenntnisse auf europäischer Ebene zu definieren[25].

Mit diesem **unbestimmten Rechtsbegriff** verweist der Gesetzgeber auf außerrechtliche Erkennt- **29** nisquellen. Der Stand selbst ist objektiv feststellbar und ist dann in die Prüfrichtlinien zu integrieren. Damit man vom gesicherten Stand der wissenschaftlichen Erkenntnisse sprechen kann, muss sich eine bestimmte vorherrschende Expertenmeinung als Ausdruck der gegenwärtigen Sicht der Fachwelt angesehen werden. Dies ist nicht immer leicht festzustellen. Die Erkenntnis bedarf jedenfalls einer breiteren wissenschaftlichen Anerkennung und muss sich in der wissenschaftlichen Diskussion als stichhaltig erwiesen haben. Die Wissenschaftler aus allen EU-Mitgliedstaaten haben daher die Aufgabe, den Stand von Wissenschaft und Technik auf dem Gebiete der Pharmazie und Medizin auf europäischer Ebene zu diskutieren, transparent zu machen und zu formulieren, um ihn bei Veränderungen jeweils fortzuschreiben. Aus dem Wortlaut „**gesicherter" Stand** ist aber jedenfalls zu entnehmen, dass der Entscheidungsfindung ein gewisser Diskussionsprozess vorangegangen sein muss, der eine breite Basis hatte. Eine wissenschaftliche Einzelmeinung oder die Ansicht einer Behörde ist sicher nicht geeignet, einen gesicherten Stand der Wissenschaft zu begründen. Der deutsche Verordnungsgeber hat den auf diese Weise gefundenen Stand von Wissenschaft und Technik dann nachzuvollziehen und seiner Anpassungspflicht Genüge zu tun.

Auf die **Altfassung der Prüfrichtlinie** können sich Antragsteller grundsätzlich **nicht berufen,** weil **30** den gerichtlichen Entscheidungen die Arzneimittelprüfrichtlinien in der jeweils aktuellen Fassung zugrunde zu legen sind. **Maßgeblicher Zeitpunkt** für die Beurteilung des gesicherten Standes wissenschaftlicher Erkenntnisse und für das verwaltungsgerichtliche Verfahren der Überprüfung einer Versagung der Arzneimittelzulassung ist nicht der Zeitpunkt der Antragstellung oder der erstinstanzlichen Entscheidung, sondern nach der **Rechtsprechung des** *OVG Berlin* der **Zeitpunkt der letzten mündlichen Verhandlung** der jeweiligen Tatsacheninstanz[26]. Für die Antragsteller spreche zwar, dass die Arzneimittelprüfrichtlinien mit den neuen Erfordernissen bei Antragstellung noch nicht existierten. Dennoch hat das Gericht die Arzneimittelprüfrichtlinien in der aktuellen Fassung zum Zeitpunkt der letzten mündlichen Verhandlung des Gerichts zugrunde gelegt. Denn das maßgebliche materielle Recht enthalte keine Anhaltspunkte dafür, dass es auf die Sachlage zu einem früheren Zeitpunkt ankommen solle, so dass der bei Verpflichtungsklagen geltende Grundsatz gelte, wonach die Sach- und Rechtslage zum Zeitpunkt der letzten mündlichen Verhandlung der Tatsacheninstanz maßgeblich ist[27]. Der pharmazeutische Unternehmer mache einen Zulassungsanspruch geltend, dessen Voraussetzungen nach materiellem Recht im Zeitpunkt der Gerichtsentscheidung vorliegen müssen. Das AMG sehe keine Rückbeziehung der Sachverhaltsbeurteilung auf einen früheren Zeitpunkt vor. Zwar sei die Zulassungsprüfung gemäß § 25 V 1 im Wesentlichen eine Unterlagenprüfung, d. h., sie erfolgt auf der Grundlage der vom Antragsteller eingereichten Unterlagen. Das schließe aber die Anpassung der Unterlagen nicht aus, wie bereits das Nachforderungsrecht der Behörde in § 25 IV zeige. Dies ergebe sich auch aus der Anknüpfung der Zulassungsvoraussetzungen an den jeweils gesicherten Stand der wissenschaftlichen Erkenntnisse, d. h. an den aktuellen Stand. Weiterhin führt das *OVG Berlin* aus, dass es mit dem Ziel des AMG, die Arzneimittelsicherheit zu gewährleisten (§ 1), nicht vereinbar sei, wenn es auf die Sach- und Rechtslage bei Antragstellung oder bei Behördenentscheidung ankäme, auch wenn sich inzwischen nach den wissenschaftlichen Erkenntnissen die Gefährlichkeit eines Stoffes gezeigt hätte. Bei erteilter Zulassung könne aus diesem Grund sogar nachträglich die Zulassung widerrufen werden (§ 30 I).

---

[22] Allgemeine Verwaltungsvorschrift zur Anwendung der Arzneimittelprüfrichtlinien vom 30.3.1995.
[23] Vgl. „The Rules governing Medicinal products in the European Union (Volume VII) – Guidelines for the Testing of veterinary medicinal products", abrufbar unter www.ec.europa.eu.
[24] Eine aktuelle Auseinandersetzung mit dem Begriff liefern *Hauke/Kremer*, PharmR, 2014, 384.
[25] So auch *Rehmann*, § 26 Rn. 3; *Feiden*, PharmR 1995, 150. Differenzierter sehen dies dagegen *Hauke/Kremer*, PharmR, 2014, 384, 387: Eine Einschränkung auf den Wissensstand in der EU sei dem deutschen Recht fremd, und ob dieser Wissensstand nur durch Diskussion auf europäischer Ebene zu erreichen ist, sei ebenfalls fraglich.
[26] Vgl. *OVG Berlin*, Urt. v. 25.11.1999 – 5 B 11/98a – juris; *OVG Berlin*, Urt. v. 18.2.2005 – 5 B 7.03 – juris.
[27] Vgl. *BVerwGE* 84, 157, 160; *BVerwGE* 74, 115, 118.

31   Trotz der Geltung dieses Grundsatzes ist dennoch denkbar, dass hiervon in bestimmten Situationen auch **Ausnahmen möglich** sind; wenn etwa nur Formvorschriften betroffen sind, die die Arzneimittelsicherheit nicht berühren oder aus sonstigen Verhältnismäßigkeitsgesichtspunkten eine Bezugnahme auf eine ältere Version der Arzneimittelprüfrichtlinien zuzulassen ist. Die Frage, ob allein aufgrund des veralteten Standes der Zulassungsunterlagen die Zulassung versagt werden kann, spielte im Rahmen der Nachzulassung eine besondere Rolle.

32   **2. Verringerung von Tierversuchen (2. Halbs.).** Die sog. **alternativen Testverfahren** wurden mit der 2. AMG-Novelle eingefügt. Sobald dies vertretbar ist, d. h. wenn durch ihren Einsatz kein höheres Risiko für den Menschen eingegangen wird, sollen **Tierversuche** durch andere Testverfahren ersetzt werden, wenn diese ohne die Verwendung von Tieren zu wissenschaftlich gleichermaßen vertretbaren Resultaten gelangen können[28]. Bis zum erstmaligen Erlass der Arzneimittelprüfrichtlinien waren Tierversuche zum Zwecke der Erarbeitung von Zulassungsunterlagen genehmigungspflichtig[29]. Da Tierversuche in den Prüfrichtlinien jedoch nunmehr ausdrücklich vorgesehen sind, hat dies zur Folge, dass Tierversuche, die im Rahmen der Zulassung von Arzneimitteln gefordert werden, nur noch anzeigepflichtig gem. § 8a TierSchG sind[30].

33   Soweit solche alternativen Testverfahren nicht zur Verfügung stehen, jedoch auf Tierversuche nicht verzichtet werden kann, berücksichtigen die Arzneimittelprüfrichtlinien **§ 7 II und III TierSchG** in der Neufassung vom 25.5.1998[31], zuletzt geändert durch Art. 152 der Achten Zuständigkeitsanpassungsverordnung vom 25.11.2003[32]. Danach dürfen **Tierversuche** insbes. **nur dann gefordert** werden, wenn

– sie unerlässlich sind,
– ihnen der Stand der wissenschaftlichen Erkenntnisse zugrunde liegt,
– der verfolgte Zweck nicht durch andere Methoden erreicht werden kann, und
– sie im Hinblick auf den Versuchszweck ethisch vertretbar sind[33].

III. Einvernehmen anderer Ministerien (S. 3)

34   Soweit es sich um **radioaktive Arzneimittel** und um Arzneimittel handelt, bei deren Herstellung ionisierende Strahlen verwendet werden und soweit es sich um Prüfungen zur Ökotoxizität handelt, ergeht die Rechtsverordnung im Einvernehmen mit dem BMU und, soweit es sich um Arzneimittel handelt, die zur **Anwendung bei Tieren** bestimmt sind, im Einvernehmen mit dem BMEL.

35   Die Erweiterung der Einvernehmensregelung in Abs. 1 S. 3 erfolgte im Hinblick auf die Zuständigkeit des BMU bei Festlegung von Prüfanforderungen und Prüfrichtlinien zum Schutz der Umwelt.

C. Anwendung auf wissenschaftliches Erkenntnismaterial (Abs. 2)

I. Anwendung der Arzneimittelprüfrichtlinien (S. 1)

36   In Abs. 2 wird statuiert, dass das nach § 22 III und § 23 III 2 vorzulegende **wissenschaftliche Erkenntnismaterial den Arzneimittelprüfrichtlinien sinngemäß zu entsprechen** hat. Das bedeutet jedoch nicht, dass sich dieses Erkenntnismaterial mit den Prüfrichtlinien voll decken muss. Die Vorschrift ermöglicht es der zuständigen Bundesoberbehörde, durch eine sinnvolle und flexible Handhabung und ohne Preisgabe der nötigen Sicherheitsanforderungen angemessene Entscheidungen zu

---

[28] Eine Lösung, um Tierversuche zu verringern, sind derzeit Computersimulationen. Diese helfen vor allem dadurch, dass sie die genaue Zahl der benötigten Tiere berechnen, d. h. die geringste Anzahl, ohne dass die Zuverlässigkeit vermindert wird. Allerdings setzen diese Simulationen voraus, dass die Tiere unter optimalen Bedingungen gehalten werden und einen ausgezeichneten Gesundheitszustand aufweisen. Im Jahre 2002 wurde diese Art der Computersimulationen in ganz Europa zugelassen, allerdings vorerst nur für die Impfstoffkontrollen. Allerdings werden dadurch alleine in Deutschland jährlich 5.000 Tiere weniger benötigt. Der wissenschaftliche beratende Ausschuss des europäischen Zentrums zur Validierung alternativer Methoden (ECVAM) hat am 21.3.2006 sechs neue alternative Testverfahren genehmigt. Bei den neuen Verfahren werden Zellkulturen anstelle von Tieren eingesetzt, um etwa die Toxizität von Krebsmedikamenten festzustellen. Nach Aussage der Kommission würden so nicht nur weniger Tierversuche benötigt, sondern gleichzeitig deren Genauigkeit verbessert und damit eine größere Produktsicherheit gewährleistet. Der ECVAM, der der gemeinsamen Forschungsstelle der Kommission angegliedert ist, hat zur Aufgabe, die für Kosmetika, Medikamente und Chemikalien vorgenommen Tierversuche zu ersetzen, zu optimieren oder zu verringern; vgl. zum unerlässlichen Maß an Tierversuchen *Fink-Anthe*, PharmInd 2006, 1017 ff.
[29] *BVerwG*, PharmInd 1987, 806.
[30] Unberührt bleibt hiervon die Befugnis der für den Vollzug des TierSchG zuständigen Behörde zu überprüfen, ob der geforderte Tierversuch im Einklang mit den allgemeinen Anforderungen an Tierversuche (§ 7 II und III TierSchG) erfolgt (§ 8a V TierSchG).
[31] BGBl. I S. 1094.
[32] BGBl. I S. 2304.
[33] Zu den vorgeschriebenen Tierversuchen (ca. 86 %) gehören solche, die Teil der Qualitätsprüfung, der Wirksamkeit und der Unbedenklichkeit des Wirkstoffes sind. Die Arzneimittelprüfrichtlinien fordern deswegen neben analytischen und klinischen Versuchen auch pharmakologisch-toxikologische Versuche.

treffen[34]. Ihr wird hierdurch ein **Ermessensspielraum** zugebilligt, den sie nach den allgemeinen Grundsätzen auszuschöpfen hat. Dabei sind zum einen Sinn und Zweck der Möglichkeit des Vorlegens sonstigen wissenschaftlichen Erkenntnismaterials, zum anderen der **ratio** der Prüfrichtlinien zu beachten. Die Nachweiserleichterungen für den pharmazeutischen Unternehmer sind mit den unabdingbaren Grundsätzen zur Arzneimittelsicherheit in Einklang zu bringen. Ein striktes Festhalten an den Kriterien der Arzneimittelprüfrichtlinien ist jedenfalls verfahrensfehlerhaft. Die Bundesoberbehörde und die Kommissionen nach § 25 VII sind verpflichtet, bei der sinngemäßen Anwendung der Prüfrichtlinien auch die Methoden und **wissenschaftlichen Denkansätze der besonderen Therapierichtungen** zu berücksichtigen.

Die Aufbereitung des medizinischen Erfahrungsmaterials ist Aufgabe der Aufbereitungskommissionen   **37** (§ 25 VII). Im Hinblick auf § 22 II und III sollte eine klinische Prüfung nur bei den Arzneimitteln gefordert werden soll, die neu in die Therapie eingeführt werden. Bei anderen Arzneimitteln soll die klinische Prüfung nach dem Willen des Gesetzgebers nur gefordert werden, wenn dies aus Gründen der Arzneimittelsicherheit unerlässlich ist (s. hierzu § 25 Rn. 18).

II. Medizinische Erfahrungsmaterial (S. 2)

Bei Arzneimitteln, deren Wirkungen und Nebenwirkungen bereits bekannt sind, kann gem.   **38** 3. Abschn. Nr. 1 anstelle der Ergebnisse der pharmakologisch-toxikologischen und der klinischen Prüfung anderes wissenschaftliches Erkenntnismaterial vorgelegt werden. Hierzu zählen auch das nach wissenschaftlichen Methoden aufbereitete **medizinische Erfahrungsmaterial** (Abs. 2 S. 2) wie z. B.

– Studien und die Sammlung von Einzelberichten, die eine wissenschaftliche Auswertung ermöglichen,
– wissenschaftliche Fachliteratur,
– Gutachten von Fachgesellschaften und
– Erkenntnisse bei der Anwendung zugelassener und registrierter Arzneimittel (§ 67 VI).

Darüber hinaus erlauben insbes. die über die Jahrzehnte während und dokumentierte **Erfahrung in**   **39** **der therapeutischen Praxis** eine Bewertung der Wirksamkeit. Auch diese Belege sind grundsätzlich als Erkenntnismaterial anzuerkennen. Dies wird dann bedeutsam, wenn sich ein Arzneimittel über Jahrzehnte im Verkehr bewährt und in der therapeutischen Praxis eine angemessene Wirksamkeit gezeigt hat (s. zum wissenschaftlichen Erkenntnismaterial auch § 25 Rn. 20 ff.).

D. Bioverfügbarkeitsuntersuchungen (Abs. 3 – weggefallen)

Abs. 3 wurde durch Art. 2 Nr. 1 der 3. AMG-Novelle eingefügt und im Rahmen der 14. AMG-   **40** Novelle wieder gestrichen. § 26 III a. F. lautete: „Die zuständige Bundesoberbehörde veröffentlicht im Bundesanzeiger eine Liste der Arzneimittel, für die Bioverfügbarkeitsuntersuchungen erforderlich sind. Sie aktualisiert die Liste nach dem Stand der wissenschaftlichen Erkenntnisse.“ Mit der Streichung wurde der Tatsache Rechnung getragen, dass inzwischen die Vorlage von Bioverfügbarkeitsstudien anhand von Europäischen Leitlinien geregelt wird[35]. Diese verschaffen dem Antragsteller hinreichend Klarheit darüber, in welchen Fällen Untersuchungen zur Bioverfügbarkeit von der Zulassungsbehörde verlangt werden. Die mit der 3. Novelle des Arzneimittelgesetzes eingeführte Verpflichtung, nach bestimmten Maßgaben der zuständigen Bundesoberbehörde bei der Zulassung von Arzneimitteln Bioverfügbarkeitsuntersuchungen nachzuweisen, ist somit nicht hinfällig geworden, vielmehr werden die Anforderungen nunmehr von der EMA und nicht mehr vom BfArM vorgegeben.

E. Anwendung der Arzneimittelprüfrichtlinien im Rahmen der Nachzulassung

Im Rahmen der Nachzulassungsverfahren stützte das BfArM die Versagung der Nachzulassung häufig   **41** maßgeblich auf die Begründung, das Arzneimittel sei nicht ausreichend geprüft worden. Insbes. die Wirksamkeit sei nach dem jeweils gesicherten Stand der Wissenschaft unzureichend begründet (Versagungsgrund nach § 25 II Nr. 2). Aus fachlicher Sicht war und ist oft streitig, ob die vorgelegten Unterlagen, insbes. frühere Studien – gemessen an jüngsten Kriterien – die Wirksamkeit ausreichend belegen. Als Referenz hinsichtlich der Ablehnung bezog sich das BfArM dabei regelmäßig auf die aktuell gültigen deutschen und europäischen Leitlinien, wie z. B. auf die „Note for Guidance on the clinical requirements for locally applied, locally acting products containing known constituents" (CPMP/EWP/ 239/95) oder die „Note for Guidance on fixed combination medicinal products" (CPMP/EWP/240/

---

[34] *Sander*, § 26 Erl. 4.
[35] Vgl. CPMP: Note for Guidance on the Investigation of Bioavailability and Bioequivalence (July 2001); abrufbar unter www.ema.europa.eu.

95), soweit Kombinationspräparate betroffen waren. Das BfArM wählte damit für die Bewertung der Wirksamkeit ein Orientierungssystem, das einer rechtlichen Überprüfung nicht ohne weiteres Stand hält, da es allein auf den gegenwärtigen wissenschaftlichen Erkenntnisstand abstellt. Richtig ist dabei, dass unter dem Gesichtspunkt der Arzneimittelsicherheit keine Abstriche gemacht werden dürfen und insofern die jeweils aktuellen Erkenntnisse Anwendung finden müssen. Soweit aber nur methodische Mängel oder die Veraltung der Methodik aktuellen Grundsätzen nicht mehr genügt, ist allein deswegen eine Versagung nicht gerechtfertigt[36].

§ 27 Fristen für die Erteilung

(1) [1]Die zuständige Bundesoberbehörde hat eine Entscheidung über den Antrag auf Zulassung innerhalb einer Frist von sieben Monaten zu treffen. [2]Die Entscheidung über die Anerkennung einer Zulassung ist innerhalb einer Frist von drei Monaten nach Erhalt des Beurteilungsberichtes zu treffen. [3]Ein Beurteilungsbericht ist innerhalb einer Frist von drei Monaten zu erstellen.

(2) [1]Gibt die zuständige Bundesoberbehörde dem Antragsteller nach § 25 Abs. 4 Gelegenheit, Mängeln abzuhelfen, so werden die Fristen bis zur Behebung der Mängel oder bis zum Ablauf der nach § 25 Abs. 4 gesetzten Frist gehemmt. [2]Die Hemmung beginnt mit dem Tage, an dem dem Antragsteller die Aufforderung zur Behebung der Mängel zugestellt wird. [3]Das Gleiche gilt für die Frist, die dem Antragsteller auf sein Verlangen hin eingeräumt wird, auch unter Beiziehung von Sachverständigen, Stellung zu nehmen.

(3) Bei Verfahren nach § 25b Abs. 3 verlängert sich die Frist zum Abschluss des Verfahrens entsprechend den Vorschriften in Artikel 28 der Richtlinie 2001/83/EG und Artikel 32 der Richtlinie 2001/82/EG um drei Monate.

Wichtige Änderungen der Vorschrift: Abs. 1 neu gefasst durch Art. 1 Nr. 18 des Fünften Gesetzes zur Änderung des Arzneimittelgesetzes vom 9.8.1994 (BGBl I 1994 S. 2076); Abs. 1 S. 2 und 3 eingefügt, Abs. 2 S. 3 ergänzt durch Art. 1 Nr. 7 des Siebten Gesetzes zur Änderung des Arzneimittelgesetzes vom 25.2.1998 (BGBl I S. 375); Abs. 2 S. 3 geändert, Abs. 3 eingefügt durch Art. 1 Nr. 26 des Vierzehnten Gesetzes zur Änderung des Arzneimittelgesetzes vom 29.8.2005 (BGBl I S. 2584).

Europarechtliche Vorgaben: Art. 17 I 1 RL 2001/83/EG; Art. 28 III RL 2001/83/EG; Art. 32 III RL 2001/82/EG.

Literatur: *Hiltl,* Die gerichtliche Durchsetzung der Fristen zur Entscheidung über Arzneimittel-Zulassungsanträge, PharmR 1991, 112; *Müller, St.,* Die Haftung für die verzögerte Zulassung von Arzneimitteln, PharmR 1991, 226; *Tomaschut,* Rechtsgutachten zur Frage der Bearbeitungsfristen für die Zulassung von Arzneimitteln, PharmR 1992, 322.

Übersicht

A. Allgemeines

I. Inhalt

1   Die Vorschrift normiert für die Zulassungsbehörden bindende Fristen für die Bearbeitung von Zulassungsanträgen. Die Bearbeitungsfrist wird grundsätzlich mit sieben Monaten festgelegt (Abs. 1). Bei Durchführung eines Mängelbeseitigungsverfahrens nach § 25 IV wird die Bearbeitungsfrist gehemmt (Abs. 2). Im Verfahren der gegenseitigen Anerkennung wird in Abweichung zur Siebenmonatsfrist nach Abs. 1 eine um drei Monate längere Bearbeitungsfrist festgelegt (Abs. 3).

---

[36] Vgl. *VG Köln*, PharmR 2005, 186.

II. Zweck

Mit den für die Behörden verbindlichen Bearbeitungsfristen wird zum einen bezweckt, durch zeitliche **2** Vorgaben Zulassungsverfahren in einem überschaubaren und für den Antragsteller planbaren Zeitraum abzuschließen.

B. Entscheidungsfrist (Abs. 1)

I. Zulassungsentscheidung (S. 1)

Der Antragsteller hat nach § 25 I 1 einen **Anspruch auf Zulassungserteilung**, wenn die erforderli- **3** chen Unterlagen vorgelegt wurden und keiner der in § 25 II und III normierten Versagungsgründe vorliegt. Die Zulassungsbehörde ist beim Vorliegen der Zulassungsvoraussetzungen in der Entscheidung gebunden und zur Zulassungserteilung verpflichtet. Ein Ermessen steht ihr nicht zu. Ergänzend zum Anspruch auf Zulassungserteilung konkretisiert Abs. 1 S. 1 diesen Anspruch in zeitlicher Hinsicht. Die Zulassungsbehörde muss binnen **maximal sieben Monaten** eine Entscheidung über den Zulassungsantrag treffen. Der Antragsteller hat insoweit ein subjektiv öffentliches Recht auf fristgerechte Entscheidung[1].

Grundsätzlich ist dem Antragsteller im Verwaltungsverfahren nach Ablauf einer angemessenen Frist, **4** nicht jedoch vor Ablauf von drei Monaten nach Antragstellung, gem. § 75 VwGO die Möglichkeit der **Untätigkeitsklage** gegen die zur Entscheidung berufene Behörde gegeben[2]. Dies ermöglicht dem Antragsteller einen materiellen Anspruch auf Erteilung einer Erlaubnis bzw. Genehmigung gegen die Untätigkeit einer Behörde gerichtlich durchzusetzen. Eine Überschreitung der in § 75 VwGO als Regelmaßstab für eine angemessene Frist normierten Dreimonatsfrist ist nur zulässig, wenn für die Verzögerung ein zureichender Grund besteht oder aber spezialgesetzliche Sonderregelungen für die behördliche Entscheidung eine längere Frist vorsehen. Ein zureichender Grund für die Überschreitung der Regelfrist kann beim Vorliegen besonderer Umstände gegeben sein, wie z. B. der kurzzeitigen Überlastung der Behörde infolge einer erheblichen und kurzfristig erfolgten Gesetzesänderung[3]. Kein zureichender Grund ist jedoch eine länger andauernde bzw. dauerhafte Überlastung der Behörde, da in diesen Fällen seitens der Verwaltung für entsprechenden Ausgleich zu sorgen ist und der Sache nach die verzögerte Bearbeitung auf einer unzureichenden Organisation beruht[4].

Für die Entscheidung über einen Zulassungsantrag legt das AMG in Abweichung von der Dreimonats- **5** frist des § 75 VwGO eine siebenmonatige Frist als angemessene Frist fest. Anders als bei der Dreimonatsfrist des § 75 VwGO handelt es sich bei der Frist nach Abs. 1 nicht um einen Regelmaßstab zur Bestimmung der Angemessenheit einer Bearbeitungsfrist. Es handelt sich vielmehr um eine **gesetzliche Höchstfrist**[5]. Deren Überschreitung ist nach dem eindeutigen Wortlaut des Abs. 1 in jedem Falle unzulässig und daher auch grundsätzlich nicht durch besondere Umstände gerechtfertigt[6]. Eine Rechtfertigung für eine Überschreitung ergibt sich auch nicht aus einer u. U. mangelhaften personellen oder sonstigen Ausstattung der zur Entscheidung berufenen Behörde[7]. Mit dem Einwand der Unmöglichkeit einer fristgerechten Entscheidung kann die zuständige Behörde daher nicht durchdringen[8].

Die Siebenmonatsfrist gilt auch für Zulassungen für **parallelimportierte Arzneimittel**. Eine Über- **6** tragung der kurzen Frist des S. 2 auf Zulassungen für Parallelimporte ist nicht möglich, da S. 2 nach seinem Wortlaut ausdrücklich auf die Anerkennung von Zulassungen beschränkt ist. Die Erteilung einer Zulassung für ein Parallelimportarzneimittel geht jedoch über die bloße Anerkennung einer Zulassung hinaus[9], so dass zwischen beiden Situationen erhebliche Unterschiede bestehen, die einer entsprechenden Anwendung des S. 2 entgegenstehen. Eine kürzere Frist für die Erteilung von Parallelimportzulassungen ergibt sich auch nicht aus einer Mitteilung der Kommission[10] an den Rat über Parallelimporte von Arzneimitteln, in der mitgeteilt wird, dass eine Parallelimportzulassung in nicht mehr als 45 Tagen erteilt werden soll. Diese Mitteilung der Kommission ist jedoch rechtlich nicht bindend, da ihr als bloße Mitteilung keine Rechtswirkung bzw. Rechtsqualität zukommt und damit weder den nationalen Gesetzgeber binden noch die Auslegung nationaler Gesetze beeinflussen kann[11].

---

[1] *OVG Berlin*, Urt. v. 23.2.1990 – 5 B 71.89 – BeckRS 2014, 49753; *Kloesel/Cyran*, § 27 Anm. 3 m. w. N.
[2] *VG Köln*, Urt. v. 6.1.2012 – 7 K 6101/11 – BeckRS 2012, 46816; *Kloesel/Cyran*, § 27 Anm. 9.
[3] *OVG Lüneburg*, MDR 1964, 625.
[4] *KG Berlin*, PharmR 2001, 410, 413; *VG Düsseldorf*, NVwZ 1994, 811; *OVG Hamburg*, NJW 1990, 1379; *VG Köln*, Urt. v. 6.1.2012 – 7 K 6101/11 – BeckRS 2012, 46816.
[5] So im Ergebnis auch *BVerwG*, PharmR 1991, 327, 329 und wohl auch *Hiltl*, PharmR 1991, 112, 118.
[6] *OVG Berlin*, Urt. v. 23.2.1990 – 5 B 71.89 – BeckRS 2014, 49753; *Tomuschat*, PharmR 1992, 322, 330.
[7] *BVerwG*, PharmR 1991, 327, 329; nach *KG*, PharmR 2001, 410, liegt bei mangelhafter Ausstattung mit Personal- und Sachmitteln ein Organisationsverschulden vor; so auch *Müller*, PharmR 1991, 226, 228.
[8] So auch *Rehmann*, § 27 Rn. 2; *Tomuschat*, PharmR 1992, 322, 332.
[9] Eine entsprechende Anwendung von *Rehmann*, § 27 Rn. 1, vorgeschlagen.
[10] Vgl. ABl. EG (EU) Nr. C 115 v. 6.5.1982, S. 5.
[11] So auch *Rehmann*, § 27 Rn. 1.

II. Dezentrales Verfahren (S. 2)

7   Im **dezentralen Zulassungsverfahren** sieht Abs. 1 S. 2 eine **dreimonatige Frist** für die Entscheidung über die Anerkennung vor, die mit dem Erhalt des Beurteilungsberichts beginnt. Die Frist entspricht weitestgehend den Vorgaben des Art. 32 RL 2001/83/EG. Marginale Unterschiede ergeben sich aus dem Umstand, dass S. 2 eine Dreimonatsfrist bestimmt während Art. 32 RL 2001/83/EG eine nach Tagen bemessene Frist festlegt.

8   Bei der Frist nach S. 2 handelt es sich um eine **gesetzliche Höchstfrist,** die nicht überschritten werden darf. Hinsichtlich etwaiger Bearbeitungsengpässe gilt das oben Ausgeführte (s. Rn. 5). Die Überschreitung dieser Frist durch die Behörde ist rechtswidrig.

III. Beurteilungsbericht (S. 3)

9   Drei Monate beträgt nach Abs. 1 S. 3 auch die Frist für die Erstellung des Beurteilungsberichtes, der notwendige Grundlage für die Durchführung des dezentralen Zulassungsverfahrens ist.

IV. Rechtsschutz

10   Bei einem Verstoß gegen die Pflicht zur Entscheidung innerhalb der gesetzlichen Frist hat der Antragsteller die Möglichkeit des gerichtlichen Vorgehens im Wege der sog. **Untätigkeitsklage** (§ 75 VwGO)[12]. Die Untätigkeitsklage ist grundsätzlich zu richten auf Verurteilung zum Erlass einer Sachentscheidung im Sinne der Antragstellung, also auf Erlass einer positiven Zulassungsentscheidung. Aufgrund der Komplexität der fachlichen Bewertung ist in aller Regel ein Bescheidungsantrag, gerichtet auf Entscheidung unter Berücksichtigung der Rechtsauffassung des Gerichtes, zulässig[13]. Erlässt die Behörde nach Einreichung der Untätigkeitsklage eine positive Zulassungsentscheidung, kann der Antragsteller den Rechtsstreit in der Hauptsache für erledigt erklären. Die Kosten des Rechtsstreites hat in diesem Fall die Behörde zu tragen[14].

11   Versagt die Behörde nach Einreichung der Untätigkeitsklage die beantragte Zulassung, kann unter Einbeziehung der ergangenen Versagungsentscheidung ohne Nachholung des Widerspruchsverfahrens gegen die Versagungsentscheidung die Klage fortgeführt werden[15]. War bei Klageerhebung die gesetzliche Höchstfrist abgelaufen, bedarf es keines Vorverfahrens. Der Antragsteller kann jedoch trotz anhängiger Klage ein Widerspruchsverfahren gegen die Versagungsentscheidung durchführen, da ihm die gesetzlich vorgesehene verwaltungsinterne Kontrolle nicht verwehrt werden darf[16]. Hat das Widerspruchsverfahren Erfolg, kann die anhängige Untätigkeitsklage für erledigt erklärt werden. Die Bundesrepublik Deutschland hat in diesem Fall als Klagegegner die Kosten des Rechtsstreits zu tragen.

V. Amtshaftungsansprüche

12   Die Versäumung der Fristen nach Abs. 1 kann beim Anspruchsteller **Schadensersatzansprüche** wegen **Amtspflichtverletzung** auslösen, da Abs. 1 dem Anspruchsteller ein subjektives Recht auf fristgebundene Entscheidung gewährt[17]. Eine verspätete Entscheidung ist eine Verletzung der bestehenden Amtspflicht, das Antragsverfahren in der gesetzlich vorgesehenen Frist durchzuführen[18].

13   Der Antragsteller muss zunächst Untätigkeitsklage erheben, da andernfalls ein Anspruch auf Schadensersatz wegen des Vorrangs der Inanspruchnahme primären Rechtsschutzes nach §§ 839 III, 252 BGB entfällt. Der Umfang des Anspruchs richtet sich nach allgemeinen Erwägungen und erfasst insbesondere entgangenen Gewinn[19]. Nur dann, wenn die Voraussetzungen für eine Zulassungserteilung vorliegen und damit eine Vermarktung des Arzneimittels durch die verspätete behördliche Entscheidung verzögert wird, kann ein Schaden eintreten.

14   Amtshaftungsansprüche sind in erster Instanz ausschließlich bei den Landgerichten geltend zu machen (§ 71 II Nr. 2 GVG).

---

[12] *VG Köln*, Urt. v. 6.1.2012 – 7 K 6101/11 – BeckRS 2012, 46816.
[13] *VG Köln*, Urt. v. 6.1.2012 – 7 K 6101/11 – BeckRS 2012, 46816; *Kloesel/Cyran*, § 27 Anm. 11.
[14] *BVerwG*, PharmR 1991, 327 ff.
[15] Vgl. *BVerwGE* 66, 342, 344.
[16] Vgl. *BVerwG*, NVwZ 1992, 180.
[17] *BVerwG*, PharmR 1991, 327, 330; *Hiltl*, PharmR 1991, 112, 116; *Tomuschat*, PharmR 1992, 322, 329; *Kloesel/Cyran*, § 27 Anm. 3.
[18] Vgl. *BGH*, NVwZ 1993, 299 ff., zur verspäteten positiven Bescheidung einer Bauvoranfrage.
[19] *KG*, PharmR 2001, 410, 414.

C. Fristhemmung (Abs. 2)

Kommt die Zulassungsbehörde aufgrund der vorgelegten Unterlagen zu dem Ergebnis, dass die 15 Zulassung nicht erteilt werden kann, hat sie dem Antragsteller dies unter Angabe der Gründe mitzuteilen und ihm eine Frist zu setzen, innerhalb derer die Mängel beseitigt werden können (§ 25 IV). Für die Dauer der **Mängelbeseitigungsfrist** ist der Ablauf der Frist nach Abs. 1 gehemmt. Voraussetzung für die **Hemmung** ist die ordnungsgemäße Zustellung des Mängelberichts und eine rechtmäßige Fristsetzung. Eine rechtswidrig zu kurz verfügte Frist kann keinerlei Rechtsfolgen auslösen und daher auch nicht zur Fristhemmung nach Abs. 1 führen. Die Frist nach Abs. 1 beginnt mit der Mängelbeseitigung bzw. mit Ablauf der Mängelbeseitigungsfrist wieder zu laufen. Auch die Fristsetzung nach § 28 IV 4 führt zur **Hemmung** des Fristablaufs nach Abs. 1.

Die Voraussetzungen des Abs. 2 führen nicht zum Neubeginn der Frist nach Abs. 1, sondern lediglich 16 zur Fristhemmung, so dass mit **Wegfall der Hemmung** die Frist weiterläuft.

D. Fristen im Verfahren gegenseitiger Anerkennung (Abs. 3)

Die Regelung normiert im **Verfahren der gegenseitigen Anerkennung** nach Art. 28 III RL 2001/ 17 83/EG und Art. 32 III RL 2001/82/E bei noch nicht vorliegender Zulassung, wenn die deutsche Behörde als Referenzmitgliedstaat die in § 25b III vorgeschriebenen Unterlagen zu erstellen hat, eine Frist von 120 Tagen für die Erstellung eines Beurteilungsberichts, des Entwurf der Zusammenfassung der Merkmale des Arzneimittels und des Entwurfs der Etikettierung und der Packungsbeilage. Für die Billigung der vom Referenzmitgliedsstaat erstellten Unterlagen stehen den beteiligten Mitgliedstaaten 90 Tage zur Verfügung. Der Referenzmitgliedstaat stellt anschließend das Bestehen des Einverständnisses fest. Innerhalb von 30 Tagen nach dieser Feststellung müssen die beteiligten Mitgliedstaaten eine Zulassungsentscheidung treffen.

Die Überschreitung der Frist nach Abs. 3 ist rechtswidrig und kann ggf. Schadensersatzansprüche des 18 Antragstellers gegen die Zulassungsbehörde auslösen.

§ 28 Auflagenbefugnis

(1) [1]Die zuständige Bundesoberbehörde kann die Zulassung mit Auflagen verbinden. [2]Bei Auflagen nach den Absätzen 2 bis 3d zum Schutz der Umwelt entscheidet die zuständige Bundesoberbehörde im Einvernehmen mit dem Umweltbundesamt, soweit Auswirkungen auf die Umwelt zu bewerten sind. [3]Hierzu übermittelt die zuständige Bundesoberbehörde dem Umweltbundesamt die zur Beurteilung der Auswirkungen auf die Umwelt erforderlichen Angaben und Unterlagen. [4]Auflagen können auch nachträglich angeordnet werden.

(2) Auflagen nach Absatz 1 können angeordnet werden, um sicherzustellen, dass

1. die Kennzeichnung der Behältnisse und äußeren Umhüllungen den Vorschriften des § 10 entspricht; dabei kann angeordnet werden, dass angegeben werden müssen
   a) Hinweise oder Warnhinweise, soweit sie erforderlich sind, um bei der Anwendung des Arzneimittels eine unmittelbare oder mittelbare Gefährdung der Gesundheit von Mensch oder Tier zu verhüten,
   b) Aufbewahrungshinweise für den Verbraucher und Lagerhinweise für die Fachkreise, soweit sie geboten sind, um die erforderliche Qualität des Arzneimittels zu erhalten,
2. die Packungsbeilage den Vorschriften des § 11 entspricht; dabei kann angeordnet werden, dass angegeben werden müssen
   a) die in der Nummer 1 Buchstabe a genannten Hinweise oder Warnhinweise,
   b) die Aufbewahrungshinweise für den Verbraucher, soweit sie geboten sind, um die erforderliche Qualität des Arzneimittels zu erhalten,
2a. die Fachinformation den Vorschriften des § 11a entspricht; dabei kann angeordnet werden, dass angegeben werden müssen
   a) die in Nummer 1 Buchstabe a genannten Hinweise oder Warnhinweise,
   b) besondere Lager- und Aufbewahrungshinweise, soweit sie geboten sind, um die erforderliche Qualität des Arzneimittels zu erhalten,
   c) Hinweise auf Auflagen nach Absatz 3,
3. die Angaben nach den §§ 10, 11 und 11a den für die Zulassung eingereichten Unterlagen entsprechen und dabei einheitliche und allgemein verständliche Begriffe und ein einheitlicher Wortlaut, auch entsprechend den Empfehlungen und Stellungnahmen der Ausschüsse der Europäischen Arzneimittel-Agentur, verwendet werden, wobei die Angabe weiterer Gegenanzeigen, Nebenwirkungen und Wechselwirkungen zulässig bleibt; von dieser Be-

fugnis kann die zuständige Bundesoberbehörde allgemein aus Gründen der Arzneimittelsicherheit, der Transparenz oder der rationellen Arbeitsweise Gebrauch machen; dabei
kann angeordnet werden, dass bei verschreibungspflichtigen Arzneimitteln bestimmte
Anwendungsgebiete entfallen, wenn zu befürchten ist, dass durch deren Angabe der
therapeutische Zweck gefährdet wird,

4. das Arzneimittel in Packungsgrößen in den Verkehr gebracht wird, die den Anwendungsgebieten und der vorgesehenen Dauer der Anwendung angemessen sind,
5. das Arzneimittel in einem Behältnis mit bestimmter Form, bestimmtem Verschluss oder
   sonstiger Sicherheitsvorkehrung in den Verkehr gebracht wird, soweit es geboten ist, um
   die Einhaltung der Dosierungsanleitung zu gewährleisten oder um die Gefahr des Missbrauchs durch Kinder zu verhüten.

(2a) Warnhinweise nach Absatz 2 können auch angeordnet werden, um sicherzustellen, dass
das Arzneimittel nur von Ärzten bestimmter Fachgebiete verschrieben und unter deren
Kontrolle oder nur in Kliniken oder Spezialkliniken oder in Zusammenarbeit mit solchen
Einrichtungen angewendet werden darf, wenn dies erforderlich ist, um bei der Anwendung
eine unmittelbare oder mittelbare Gefährdung der Gesundheit von Menschen zu verhüten,
insbesondere, wenn die Anwendung des Arzneimittels nur bei Vorhandensein besonderer
Fachkunde oder besonderer therapeutischer Einrichtungen unbedenklich erscheint.

(3) ¹Die zuständige Bundesoberbehörde kann durch Auflagen ferner anordnen, dass weitere analytische, pharmakologisch-toxikologische oder klinische Prüfungen durchgeführt
werden und über die Ergebnisse berichtet wird, wenn hinreichende Anhaltspunkte dafür
vorliegen, dass das Arzneimittel einen großen therapeutischen Wert haben kann und deshalb
ein öffentliches Interesse an seinem unverzüglichen Inverkehrbringen besteht, jedoch für die
umfassende Beurteilung des Arzneimittels weitere wichtige Angaben erforderlich sind. ²Die
zuständige Bundesoberbehörde überprüft jährlich die Ergebnisse dieser Prüfungen. ³Satz 1
gilt entsprechend für Unterlagen über das Rückstandsnachweisverfahren nach § 23 Abs. 1
Nr. 2.

(3a) Die zuständige Bundesoberbehörde kann bei Arzneimitteln, die zur Anwendung bei
Menschen bestimmt sind, bei Erteilung der Zulassung durch Auflagen ferner anordnen,

1. bestimmte im Risikomanagement-System enthaltene Maßnahmen zur Gewährleistung der
   sicheren Anwendung des Arzneimittels zu ergreifen, wenn dies im Interesse der Arzneimittelsicherheit erforderlich ist,
2. Unbedenklichkeitsprüfungen durchzuführen, wenn dies im Interesse der Arzneimittelsicherheit erforderlich ist,
3. Verpflichtungen im Hinblick auf die Erfassung oder Meldung von Verdachtsfällen von
   Nebenwirkungen, die über jene des Zehnten Abschnitts hinausgehen, einzuhalten, wenn
   dies im Interesse der Arzneimittelsicherheit erforderlich ist,
4. sonstige erforderliche Maßnahmen hinsichtlich der sicheren und wirksamen Anwendung
   des Arzneimittels zu ergreifen, wenn dies im Interesse der Arzneimittelsicherheit erforderlich ist,
5. ein angemessenes Pharmakovigilanz-System einzuführen, wenn dies im Interesse der Arzneimittelsicherheit erforderlich ist,
6. soweit Bedenken bezüglich einzelner Aspekte der Wirksamkeit des Arzneimittels bestehen,
   die erst nach seinem Inverkehrbringen beseitigt werden können, Wirksamkeitsprüfungen
   nach der Zulassung durchzuführen, die den Vorgaben in Artikel 21a Satz 1 Buchstabe f der
   Richtlinie 2001/83/EG entsprechen.

(3b) ¹Die zuständige Bundesoberbehörde kann bei Arzneimitteln, die zur Anwendung bei
Menschen bestimmt sind, nach Erteilung der Zulassung ferner durch Auflagen anordnen,

1. ein Risikomanagement-System und einen Risikomanagement-Plan einzuführen, wenn dies
   im Interesse der Arzneimittelsicherheit erforderlich ist,
2. Unbedenklichkeitsprüfungen durchzuführen, wenn dies im Interesse der Arzneimittelsicherheit erforderlich ist,
3. eine Wirksamkeitsprüfung durchzuführen, wenn Erkenntnisse über die Krankheit oder die
   klinische Methodik darauf hindeuten, dass frühere Bewertungen der Wirksamkeit erheblich
   korrigiert werden müssen; die Verpflichtung, diese Wirksamkeitsprüfung nach der Zulassung durchzuführen, muss den Vorgaben nach Artikel 22a Absatz 1 Buchstabe b Satz 2 der
   Richtlinie 2001/83/EG entsprechen.

²Liegen die Voraussetzungen für eine Auflage nach Satz 1 Nummer 2 für mehr als ein Arzneimittel vor und sind dies Arzneimittel, die in mehreren Mitgliedstaaten zugelassen sind,
empfiehlt die zuständige Bundesoberbehörde nach Befassung des Ausschusses für Risikobewertung im Bereich der Pharmakovigilanz nach Artikel 56 Absatz 1 Doppelbuchstabe aa

der Verordnung (EG) Nr. 726/2004 den betroffenen Inhabern der Zulassung, eine gemeinsame Unbedenklichkeitsprüfung nach der Zulassung durchzuführen.

(3c) [1] Die zuständige Bundesoberbehörde kann durch Auflage ferner anordnen, dass bei der Herstellung und Kontrolle solcher Arzneimittel und ihrer Ausgangsstoffe, die biologischer Herkunft sind oder auf biotechnischem Wege hergestellt werden,

1. bestimmte Anforderungen eingehalten und bestimmte Maßnahmen und Verfahren angewendet werden,
2. Unterlagen vorgelegt werden, die die Eignung bestimmter Maßnahmen und Verfahren begründen, einschließlich von Unterlagen über die Validierung,
3. die Einführung oder Änderung bestimmter Anforderungen, Maßnahmen und Verfahren der vorherigen Zustimmung der zuständigen Bundesoberbehörde bedarf,

soweit es zur Gewährleistung angemessener Qualität oder zur Risikovorsorge geboten ist. [2] Die angeordneten Auflagen sind sofort vollziehbar. [3] Widerspruch und Anfechtungsklage haben keine aufschiebende Wirkung.

(3d) [1] Bei Arzneimitteln, die zur Anwendung bei Tieren bestimmt sind, kann die zuständige Bundesoberbehörde in begründeten Einzelfällen ferner anordnen, dass weitere Unterlagen, mit denen eine Bewertung möglicher Umweltrisiken vorgenommen wird, und weitere Ergebnisse von Prüfungen zur Bewertung möglicher Umweltrisiken vorgelegt werden, sofern dies für die umfassende Beurteilung der Auswirkungen des Arzneimittels auf die Umwelt erforderlich ist. [2] Die zuständige Bundesoberbehörde überprüft die Erfüllung einer Auflage nach Satz 1 unverzüglich nach Ablauf der Vorlagefrist. [3] Absatz 1 Satz 2 und 3 findet entsprechende Anwendung.

(3e) Die zuständige Bundesoberbehörde kann, wenn dies im Interesse der Arzneimittelsicherheit erforderlich ist, bei Arzneimitteln, die zur Anwendung beim Tier bestimmt sind, durch Auflage ferner anordnen, dass nach der Zulassung ein Risikomanagement-System eingeführt wird, das die Zusammenstellung von Tätigkeiten und Maßnahmen im Bereich der Pharmakovigilanz beschreibt, einschließlich der Bewertung der Effizienz derartiger Maßnahmen, und dass nach der Zulassung Erkenntnisse bei der Anwendung des Arzneimittels systematisch gesammelt, dokumentiert und ausgewertet werden und ihr über die Ergebnisse dieser Untersuchung innerhalb einer bestimmten Frist berichtet wird.

(3f) [1] Bei Auflagen nach den Absätzen 3, 3a, 3b und 3e kann die zuständige Bundesoberbehörde Art, Umfang und Zeitrahmen der Studien oder Prüfungen sowie Tätigkeiten, Maßnahmen und Bewertungen im Rahmen des Risikomanagement-Systems bestimmen. [2] Die Ergebnisse sind durch Unterlagen so zu belegen, dass aus diesen Art, Umfang und Zeitpunkt der Studien oder Prüfungen hervorgehen.

(3g) [1] Der Inhaber der Zulassung eines Arzneimittels, das zur Anwendung bei Menschen bestimmt ist, hat alle Auflagen nach den Absätzen 3, 3a und 3b in sein Risikomanagement-System aufzunehmen. [2] Die zuständige Bundesoberbehörde unterrichtet die Europäische Arzneimittel-Agentur über die Zulassungen, die unter den Auflagen nach den Absätzen 3, 3a und 3b erteilt wurden.

(3h) Die zuständige Bundesoberbehörde kann bei biologischen Arzneimitteln, die zur Anwendung bei Menschen bestimmt sind, geeignete Maßnahmen zur besseren Identifizierbarkeit von Nebenwirkungsmeldungen anordnen.

(4) [1] Soll die Zulassung mit einer Auflage verbunden werden, so wird die in § 27 Abs. 1 vorgesehene Frist bis zum Ablauf einer dem Antragsteller gewährten Frist zur Stellungnahme gehemmt. [2] § 27 Abs. 2 findet entsprechende Anwendung.

Wichtige Änderungen der Vorschrift: Abs. 2a eingefügt, Abs. 3 geändert, Abs. 3a und 3b eingefügt durch Art. 1 Nr. 16 des Vierten Gesetzes zur Änderung des Arzneimittelgesetzes vom 11.4.1990 (BGBl I S. 720); Abs. 2 Nr. 1 Buchst. a), Nr. 2 Buchst. a), Nr. 2a Buchst. a), Abs. 2 Nr. 1 Buchst. b) geändert durch Art. 1 Nr. 19 des Fünften Gesetzes zur Änderung des Arzneimittelgesetzes vom 9.8.1994 (BGBl I S. 2076); Abs. 1 Satz 2 und 3 eingefügt durch Art. 1 Nr. 15 des Achten Gesetzes zur Änderung des Arzneimittelgesetzes vom 7.9.1998 (BGBl I S. 2651); Abs. 1 S. 1 und Abs. 3d eingefügt durch Art. 1 Nr. 33 des Gesetzes zur Änderung arzneimittelrechtlicher und anderer Vorschriften vom 17.7.2009 (BGBl I S. 1990); Abs. 2 Nr. 3 und Abs. 3 Satz 1geändert, Abs. 3a und 3b neu gefasst, Abs. 3e bis 3h eingefügt durch Art. 1 Nr. 28 des Zweiten Gesetzes zur Änderung arzneimittelrechtlicher und anderer Vorschriften vom 19.10.2012 (BGBl. I S. 2192)

Europarechtliche Vorgaben: Art. 23 Abs. 2 und 4, Art. 107c Abs. 4 Uabs. 3, Art. 107c Abs. 6 Uabs. 2 und Abs. 7 Uabs. 2 der Richtlinie 2001/83/EG; Verordnung (EG) Nr. 1234/2008 der Kommission vom 24. November 2008 über die Prüfung von Änderungen der Zulassung von Human- und Tierarzneimitteln.

Literatur: *Abelmann,* Kindergesicherte Verpackungen für pharmazeutische Produkte, Pharmind 2008, 934; *v. Czettritz/Meier,* Auflagen im arzneimittelrechtlichen Zulassungsbescheid – Rechtsmittel, Rechtsfolgen und Konsequenzen, PharmR 2006, 101; *Denninger,* Grenzen der Auflagenbefugnis im arzneimittelrechtlichen Zulassungsverfahren, PharmR

2009, 327; *Fleischfresser/Fuhrmann*, Grundlagen und Charakter der arzneimittelrechtlichen Zulassungsentscheidung, A&R 2015, 99; *Lehmann,* Zulassung unter Auflagen in der Praxis, PharmInd 2013, 788; *Wagner*, Die Beauflagung von Versagungsgründen des § 25 Abs. 2 AMG nach § 36 VwVfG, PharmR 2003, 306.

Übersicht

A. Allgemeines

I. Inhalt

Die Regelung ermöglicht die Anordnung von Auflagen im Zulassungsverfahren (Abs. 1), wobei **1** Auflagen zum Schutz der Umwelt im Einvernehmen mit dem Umweltbundesamt zu erlassen sind (Abs. 1 S. 2 und 3). Mit der Zulassung wird dem Antragsteller das Recht eingeräumt, ein Arzneimittel unter genau bezeichneten Umständen (Bezeichnung, Anwendungsgebiet, Packungsgröße usw.) in Verkehr zu bringen. Nach Abs. 1 zulässige Auflagen werden im Einzelnen in Abs. 2 geregelt. Nach Abs. 2a können bestimmte Warnhinweise in die Zulassungsentscheidung aufgenommen werden. Abs. 3 ermöglicht es der Zulassungsbehörde im Wege der Auflage weitere analytische, pharmakologisch-toxikologische oder klinische Prüfungen zu verlangen. Weiterer Inhalt von Auflagen im Zusammenhang mit der Zulassungserteilung für Humanarzneimittel können nach Abs. 3a in der 2012 geänderten Fassung die Anordnung bestimmter im Risikomanagementsystem vorgesehener Maßnahmen (Nr. 1), die Anordnung von Unbedenklichkeitsprüfungen (Nr. 2) und Wirksamkeitsprüfungen (Nr. 6) sowie Maßnahmen zur Pharmakovigilanz (Nr. 4 und Nr. 5) sein. Abs. 3b ermöglicht für Humanarzneimittel nach Zulassungserteilung die Anordnung von Auflagen zur Einführung eines Risikomanagement-Systems und eines Risikomanagement-Plans (Nr. 1) sowie zur Durchführung von Unbedenklichkeits- (Nr. 2) und Wirksamkeitsprüfungen (Nr. 3). Besonderheiten für Auflagen für Arzneimittel biologischer Herkunft oder von Arzneimitteln, die auf biotechnischem Wege hergestellt werden, sind in Abs. 3c geregelt. Abs. 3d befasst sich mit der Auflagenbefugnis der zuständigen Bundesoberbehörde bei Tierarzneimitteln im Hinblick auf mögliche Umweltrisiken. Auflagen zur Einführung eines Risikomanagement-Systems für Tierarzneimittel betreffende Zulassungen sind nach Abs. 3e nach Zulassungserteilung möglich. Abs. 3f beschreibt, in welchem Umfang die Behörde Vorgaben für die nach Abs. 3, 3a, 3b und 3e beauflagten Studien und Prüfungen machen darf. Für biologische Humanarzneimittel sieht Abs. 3h die Möglichkeit von Auflagen vor, die eine bessere Identifizierbarkeit von Nebenwirkungsmeldungen ermöglichen. Wenn die Zulassung mit einer Auflage verbunden werden soll, so wird die in § 27 I vorgesehene Frist zur Erteilung der Zulassung bis zum Ablauf der ein einem derartigen Fall dem Antragsteller zu gewährenden Frist zur Stellungnahme gehemmt (Abs. 4).

II. Zweck

Auflagen, die im Rahmen einer Zulassungsentscheidung verfügt werden, verpflichten den Antrags- **2** steller zu einem bestimmten Tun[1], Dulden oder Unterlassen im Zusammenhang mit der Zulassung. Die Auflage steht zur Zulassung als Sachregelung der eigentlichen Zulassungsentscheidung in einem engen Bezug[2]. Es handelt sich bei der Auflage um eine Nebenregelung bzw. Nebenbestimmung zur eigentlichen Hauptregelung, die in der Erteilung der beantragten Zulassung (oder Nachzulassung) liegt[3]. Mit der Regelung in § 28 wird eine gesetzliche Regelung i. S. d. § 36 I VwVfG getroffen, mit der sichergestellt werden soll, dass die gesetzlichen Voraussetzungen der Zulassung als begünstigendem Verwaltungsakt erfüllt werden (zum Verhältnis der Auflagenbefugnis nach § 28 zu § 36 VwVfG s. Rn. 10 ff.). Hierbei steht die Sicherstellung der **Arzneimittelsicherheit** (§ 1) im Vordergrund. Auf der anderen Seite soll mit der in § 28 enthaltenen Auflagenbefugnis in Anwendung des Verhältnismäßigkeitsgrundsatzes ein Ausgleich zwischen der Arzneimittelsicherheit und dem durch Art. 12 I GG verbürgten **Interesse des Antragstellers** gefunden werden, die Zulassung zu erhalten und so die Arzneimittelversorgung der Bevölkerung sicherzustellen[4].

B. Auflagen bei Zulassungsentscheidungen (Abs. 1)

I. Auflagenbefugnis (S. 1)

1. Ermessen. Es steht im Ermessen der zuständigen Bundesoberbehörde (§ 77), zur Sicherstellung der **3** gesetzlichen Voraussetzungen der Zulassung Auflagen in die Zulassungsentscheidung aufzunehmen.

2. Inhaltsänderungen – Modifizierte Auflagen. Von der Auflage zu unterscheiden sind Entschei- **4** dungen über die beantragte Zulassung und deren Umfang. So sind z. B. Teilindikationsversagungen ebenso wie Anwendungsausschlüsse für bestimmte Personengruppen unabhängig von ihrer Bezeichnung durch die Behörde keine Auflagen i. S. d. § 28 und des § 36 VwVfG, sondern Teilversagungen[5]. Ihre

---

[1] Vgl. *BVerwG*, NVwZ-RR 2007, 776.
[2] *BVerwG*, NJW 1978, 1020.
[3] *Fuhrmann*, in: Fuhrmann/Klein/Fleischfresser, § 8 Rn. 1.
[4] *Wagner*, PharmR 2003, 308.
[5] *BVerwG*, Urt. v. 19.11.2009 – 3 C 10.09 – BeckRS 2010, 45410; *BVerwG*, Urt. v. 18.5.2010 – 3 C 25.09 – BeckRS 2010, 50190; *VG Köln*, Urt. v. 16.9.2014 – 7 K 6339/11 – BeckRS 2015, 40428.

Anordnung ist nicht nach § 28 zulässig[6]. Entsprechende Verfügungen werden z. T. als sog. modifizierende Auflagen bezeichnet[7]. Entsprechende Verfügungen im Zusammenhang mit der Grundentscheidung über die Zulassung sind allerdings keine Auflagen, sondern – vielmehr modifizierte Genehmigungen, die der Antragsteller in der verfügten Form nicht beantragt hat[8].

5   Wird beispielsweise eine im Hinblick auf die Personengruppen unbeschränkt beantragte Zulassung mit der Auflage erteilt, unter der Rubrik Gegenanzeigen in der Packungsbeilage aufzunehmen, dass das Arzneimittel wegen nicht ausreichender Untersuchungen bei Kindern unter 2 Jahren[9] oder bei Schwangeren[10] nicht angewendet werden soll, liegt darin eine Teilversagung des Zulassungsantrages[11]. Die Teilversagung besteht darin, dass eine oder mehrere bestimmte Personengruppen von der Anwendung des Arzneimittels ausgenommen werden, obwohl der Zulassungsantrag insoweit unbeschränkt gestellt wurde[12]. Diese Teilversagung muss als solche ausgesprochen und begründet und darf nicht in Gestalt einer Auflage ausgesprochen werden. Eine Teilversagung kann nicht auf § 28 gestützt werden, da § 28 nur eine Auflagenbefugnis normiert, Teilversagungen jedoch den eigentlichen Kern der Zulassungsentscheidung berühren und damit keine Auflagen sind. Wird eine Teilversagung im Auflagenwege verfügt, z. B. durch eine entsprechend formulierte Gegenanzeige oder einen Warnhinweis, nach dem das Arzneimittel bei bestimmten Personengruppen nicht anzuwenden ist[13], fehlt daher die für Auflagen erforderliche Ermächtigungsgrundlage[14].

6   **3. Wirkung und Zweck der Auflage.** Die mit einer Auflage erlassene Zulassungsentscheidung wird ohne Rücksicht auf die Auflagenerfüllung rechtswirksam. Auflagen sind verpflichtend und können grundsätzlich zwangsweise durchgesetzt werden. Das AMG sieht allerdings abweichend von diesem Grundsatz bei Nichterfüllung einer Auflage nicht deren zwangsweise Durchsetzung, sondern vielmehr die Aufhebung der Zulassungsentscheidung bzw. die Anordnung des Ruhens der Zulassung vor (vgl. § 30 II 1 Nr. 2). Der Zulassungsinhaber kann daher z. B. nicht gezwungen werden, eine im Auflagenwege verfügte Stabilitätsuntersuchung durchzuführen und vorzulegen[15]. Die Behörde kann aber bei Nichterfüllung der entsprechenden Auflage die **Aufhebung der Zulassung bzw. deren Ruhen** anordnen.

7   Zweck der Auflage ist, durch die an den Antragsteller bzw. Zulassungsinhaber gerichtete Verfügung sicherheitsrelevanter Anforderungen neben der eigentlichen Zulassungsentscheidung die Voraussetzung für die Erteilung einer Zulassung zu schaffen. Besteht die Möglichkeit, im Auflagenwege einen Zulassungsantrag in den Stand der Zulassungsfähigkeit zu versetzen, indem z. B. Auflagen zur Qualität des Arzneimittels verfügt werden, hat die Behörde von dieser Möglichkeit nach **pflichtgemäßem Ermessen** Gebrauch zu machen[16]. Eine anstelle der möglichen Zulassungserteilung unter Auflagen ausgesprochene Zulassungsversagung ist wegen fehlerhafter Ermessensausübung bzw. ggf. auch wegen Ermessensnichtgebrauch rechtswidrig[17].

8   **4. Folgen der Nichterfüllung.** Werden mit einer Zulassungsentscheidung verbundene Auflagen nicht erfüllt, ist dies zunächst ohne unmittelbare Rechtswirkung[18]. Die Nichterfüllung einer Auflage eröffnet der zuständigen Behörde die Möglichkeit des Widerrufs der Zulassungsentscheidung nach § 30 II 1 Nr. 2 (s. dazu § 30 Rn. 29 ff.). Der Widerruf ist eine selbständig überprüf- und anfechtbare Verwaltungsentscheidung. Dem Widerruf muss die Einräumung einer angemessenen Frist zur Auflagenerfüllung vorausgehen[19]. Die Nichterfüllung führt allerdings nicht zwangsläufig zum Widerruf der Zulassungsentscheidung. Der Widerruf ist vielmehr in das pflichtgemäße Ermessen der Behörde gestellt. Anstelle des Widerrufs kann, ebenfalls nach pflichtgemäßem Ermessen, nach § 30 II 2 auch das Ruhen der Zulassung angeordnet werden. Regelmäßig wird die Ruhensanordnung als das mildere Mittel einer Widerrufsentscheidung vorgehen. Zu beachten ist aber dass der Behörde im Falle der Nichterfüllung

[6] S. *BVerwG*, NVwZ-RR 2007, 776.

[7] *v. Czettritz/Meier*, PharmR 2006, 101 f.; *Rehmann*, § 28 Rn. 19.

[8] Vgl. *Denninger*, PharmR 2009, 327, 328.

[9] Vgl. *OVG Münster*, Beschl. v. 11.5.2009 – 13 A 678/08 – BeckRS 2009, 34583.

[10] Vgl. dazu *VG Köln*, Urt. v. 16.9.2014 – 7 K 6339/11 – BeckRS 2015, 40428.

[11] *BVerwG*, Urt. v. 21.6.2007 – 3 C 39.06 – BeckRS 2007, 25699; *OVG Münster*, Urt. v. 27.9.2005 – 13 A 4090/03 – BeckRS 2005, 30002; *OVG Münster*, Urt. v. 27.9.2005 – 13 A 4378/03 – BeckRS 2005, 30003; *OVG Münster*, Beschl. v. 11.5.2009 – 13 A 678/08 – BeckRS 2009, 34583; *VG Köln*, Urt. v. 16.9.2014 – 7 K 6339/11 – BeckRS 2015, 40428.

[12] *BVerwG*, NVwZ-RR 2007, 776, mit welcher die Entscheidung des *OVG Münster*, Urt. v. 27.9.2005 – 13 A 4378/03 – BeckRS 2005, 30 003, bestätigt wurde.

[13] Vgl. *BVerwG*, NVwZ-RR 2007, 776 zur Auslegung der Formulierung „soll nicht angewendet werden" im Bereich einer Gegenanzeige als absoluter Anwendungsausschluss.

[14] *BVerwG*, NVwZ-RR 2007, 776; *Denninger*, PharmR 2009, 327, 332.

[15] So wohl auch *Kloesel/Cyran*, § 28 Anm. 7 und Anm. 14; a. A. *Fuhrmann*, in: Fuhrmann/Klein/Fleischfresser, § 8 Rn. 59; *Rehmann*, § 28 Rn. 3.

[16] *Sander*, § 28 Erl. 1.

[17] So wohl auch *Rehmann*, § 28 Rn. 1.

[18] *Kloesel/Cyran*, § 28 Anm. 14.

[19] *Fuhrmann*, in: Fuhrmann/Klein/Fleischfresser, § 8 Rn. 45; *Kloesel/Cyran*, § 28 Anm. 14.

einer nach Abs. 3 verfügten Auflage kein Ermessen zusteht, sondern eine Aufhebung der Zulassung verfügt werden muss (Abs. 3 i. V. m. § 30 I 2 Nr. 2)[20].

5. Allgemeinverfügung. Auflagen nach § 28 können auch im Wege einer sog. Allgemeinverfügung **9** erlassen werden[21]. Allgemeinverfügungen sind Verwaltungsakte, die sich an einen nach allgemeinen Merkmalen bestimmten oder bestimmbaren Personenkreis richten oder die öffentlich-rechtliche Eigenschaften einer Sache oder deren Nutzung durch die Allgemeinheit betreffen (§ 35 S. 2 VwVfG). Als Allgemeinverfügungen können beispielsweise Anordnungen auf Ausstattung von Arzneimitteln mit bestimmten Inhaltsstoffen mit kindergesicherten Packmitteln verfügt werden[22].

6. Anwendbarkeit des § 36 VwVfG. Es ist umstritten, ob die zulässigen Auflageninhalte in **10** Abs. 2–Abs. 3c abschließend aufgeführt sind[23]. Die Rechtsprechung ist insoweit uneinheitlich und auch in der Literatur werden unterschiedliche Ansichten geäußert[24]. Es wird vertreten, dass die allgemeine Auflagenbefugnis nach § 36 VwVfG auch Auflagen anderen Inhalts ermöglicht. Die Anwendbarkeit der allgemeinen Auflagenbefugnis des § 36 VwVfG ist abhängig von der Anwendbarkeit des VwVfG im Bereich der Auflagenerteilung nach dem AMG. Das VwVfG ist nur insoweit anwendbar, als das AMG die Auflagenbefugnis nicht abschließend regelt[25]. Nur wenn das AMG keine abschließende Regelung trifft, bleibt das VwVfG im Übrigen anwendbar (§ 1 II 1 VwVfG).

Der umfangreiche und detaillierte Katalog möglicher Auflagen in § 28 spricht grundsätzlich für eine **11** **abschließende Regelung,** die eine Anwendung des § 36 VwVfG ausschließt[26]. Für eine abschließende Regelung spricht außerdem, dass § 105 Va 2 und 3 die Auflagenbefugnis nicht nur auf die in Abs. 2 aufgeführten Fälle beschränkt, sondern darüber hinaus auch Auflagen zur Gewährleistung des Ausschlusses der in § 25 II Nr. 3, 4 und 5 normierten Versagungsgründe anordnet. Wäre § 28 nicht abschließend, bedürfte es der ausdrücklichen Erweiterung der Auflagenbefugnis in § 105 Va 2 und 3 nicht, da sich diese bereits nach § 36 VwVfG ergebe[27].

Dass § 28 hinsichtlich der Auflagenbefugnis nicht abschließend ist, lässt sich auch nicht mit Verweis **12** darauf begründen, dass die Auflagenbefugnis einem Ausgleich zwischen dem Interesse der Arzneimittelsicherheit und den Interessen der pharmazeutischen Unternehmer an der Erteilung bzw. dem Erhalt einer Zulassung dienen soll, eine Auflage zur Vermeidung einer Versagungsentscheidung immer diesem Ausgleich diene und damit dem Sinn und Zweck des § 28 entspreche[28]. Die Einschränkung der Beauflagungsmöglichkeiten dient gerade der Arzneimittelsicherheit, hinter der die Interessen des Antragstellers zurücktreten müssen. Durch die eingeschränkten Auflagenmöglichkeiten wird klargestellt, dass beim Erfordernis anderer Auflageninhalte zur Erreichung der Zulassungsfähigkeit eines Antrages Gründe der Arzneimittelsicherheit entsprechende Auflagenanhalte verbieten. Der Gesetzgeber hat daher im Interesse der Arzneimittelsicherheit durch § 28 als lex specialis die möglichen Auflageninhalte und damit die Auflagenbefugnis der Behörden beschränkt[29]. Damit ist zusammenfassend festzuhalten, dass die Auflagenbefugnis der Behörde in § 28 für das AMG abschließend normiert ist, sofern nicht durch speziellere Regelungen (§ 105 Va), andere Auflageninhalte ergänzt werden. Aus **§ 36 VwVfG** ergibt sich **keine erweiterte Auflagenbefugnis.**

II. Auflagen zum Schutz der Umwelt (S. 2)

Bei Auflagen nach den Abs. 2–3d, die zum Schutz der Umwelt erlassen werden, hat die zuständige **13** Bundesoberbehörde (§ 77) im Einvernehmen mit dem **Umweltbundesamt** nach **Abs. 1 S. 2** zu entscheiden, soweit Auswirkungen auf die Umwelt zu bewerten sind (s. hierzu Rn. 78 ff.)[30].

---

[20] *Fuhrmann*, in: Fuhrmann/Klein/Fleischfresser, § 8 Rn. 55.

[21] Vgl. *VG Berlin*, Urt. v. 1.2.1982 – 14 A 348/80, abgedruckt bei *Kloesel/Cyran,* Entscheidungen, E 21; *Fuhrmann*, in: Fuhrmann/Klein/Fleischfresser, § 8 Rn. 5; *Kloesel/Cyran*, § 28 Anm. 12.

[22] Vgl. BAnz. Nr. 81 vom 28.4.1979, S. 12, geändert durch BAnz. Nr. 76 vom 22.4.1980, S. 4; BAnz. Nr. 36 vom 23.2.1982, S. 1; BAnz. Nr. 178 vom 20.9.1984, S. 1068, geändert durch BAnz. Nr. 57 vom 22.3.1985, S. 2865.

[23] Dazu eingehend *Wagner*, PharmR 2003, 306 ff.

[24] So wohl *OVG Münster*, PharmR 2005, 497, 505; offen lassend *BVerwG,* NVwZ-RR 2007, 776; *Kloesel/Cyran*, § 28 Anm. 2, geht von der Anwendbarkeit des § 36 I 2. Alt. VwVfG und damit offenbar von einer nicht abschließenden Aufzählung aus; *VG Köln*, Urt. v. 16.7.2003 – 24 K 8660/99 – juris, geht wohl von einer abschließenden Aufzählung aus, lässt diese Frage im Ergebnis jedoch offen; *OVG Berlin*, Beschl. v. 30.7.1990 – 5 S 39/90, geht von einer Anwendbarkeit des § 36 I 2. Alt. VwVfG und damit von einer nicht abschließenden Aufzählung aus; *Wagner*, PharmR 2003, 306 ff. und *Pannenbecker*, PharmR 2004, 41, halten § 28 nicht für abschließend und einen Rückgriff auf § 36 VwVfG im Einzelfall für zulässig; wohl ebenfalls für einen abschließenden Charakter des § 28 *Rehmann*, § 28 Rn. 4; *Sander*, § 28 Erl. 4, hält § 28 für abschließend; auch *Denninger*, PharmR 2009, 327, 330 und 333, geht von einer abschließenden Regelung durch § 28 aus, der § 36 VwVfG als lex specialis verdrängt; *Fuhrmann,* in: Fuhrmann/Klein/Fleischfresser, § 8 Rn. 40 ff., geht ebenfalls vom abschließenden Charakter des § 28 aus.

[25] Vgl. *BVerwGE* 105, 215, 216; *BVerwG,* NVwZ 1987, 488.

[26] So auch *VG Köln*, Urt. v. 16.7.2003 – 24 K 8660/99 – juris.

[27] Zustimmend *Rehmann*, § 28 Rn. 4; so nun auch *Fuhrmann*, in: Fuhrmann/Klein/Fleischfresser, § 8 Rn. 40 ff.

[28] So aber wohl *Wagner*, PharmR 2003, 306, 310.

[29] So wohl auch *Fuhrmann,* in: Fuhrmann/Klein/Fleischfresser, § 8 Rn. 43.

[30] Zu Gefährdungen des Schutzgutes Wasser durch Arzneimittel vgl. *Kügel/Guttmann*, PharmR 2010, 490 ff.

III. Übermittlung von Unterlagen an das Umweltbundesamt (S. 3)

14   Im Rahmen der Herbeiführung des Einvernehmens nach Abs. 1 S. 2 hat die zuständige Bundesoberbehörde dem Umweltbundesamt die zur Beurteilung der Auswirkungen auf die Umwelt erforderlichen Angaben und Unterlagen zu übermitteln **(Abs. 1 S. 3)**.

IV. Nachträgliche Anordnung von Auflagen (S. 4)

15   Auflagen können unmittelbar mit der Hauptregelung verbunden werden. Sie können, soweit dies gesetzlich vorgesehen ist, auch nachträglich erlassen werden. Für den Bereich des § 28 ist die Möglichkeit der nachträglichen Auflagenerteilung in **Abs. 1 S. 4** ausdrücklich normiert[31]. Darüber hinaus erfasst die Auflagenermächtigung nach Abs. 3b ausdrücklich die nachträgliche Anordnung von Auflagen, während Abs. 3a ausdrücklich nur eine Auflagenermächtigung mit Zulassungserteilung gewährt. Die Auflagenermächtigung nach Abs. 3c bis Abs. 3d stellt hingegen nicht einschränkend auf einen Zeitpunkt ab, zu dem die Auflagen angeordnet werden können. Da Abs. 1 S. 4 pauschal die Möglichkeit einer nachträglichen Auflagenanordnung vorsieht, gilt dies für **alle in § 28 aufgeführten Auflagen,** sofern nicht ausdrücklich, wie in Abs. 3a, etwas anderes angeordnet ist.

C. Auflagen zur Sicherstellung von Qualität und Unbedenklichkeit (Abs. 2)

16   Die nach Abs. 1 grundsätzlich eingeräumte Auflagenbefugnis wird durch Abs. 2 dahingehend eingeschränkt, dass die Auflagenbefugnis nach Abs. 1 nur Auflagen mit den in Abs. 2 bis Abs. 3f sowie Abs. 3h aufgeführten Inhalten erfasst[32].

I. Angaben auf Behältnis und äußerer Umhüllung (Nr. 1)

17   Die Auflagenbefugnis nach Nr. 1 ermöglicht Auflagen zur Sicherstellung der Einhaltung der Kennzeichnungsvorgaben des § 10. Aufgrund dieser Auflagenbefugnis kann z. B. die Unvollständigkeit der nach § 10 erforderlichen Angaben auf Behältnis oder äußerer Umhüllung im Auflagenwege beseitigt werden. Die Auflagenbefugnis erfasst dabei nicht nur die Sicherstellung der Übereinstimmung der Kennzeichnungstexte mit den Vorgaben für Pflichtkennzeichnungsangaben, sondern auch die Einhaltung der Vorgaben für sog. weitere Angaben nach § 10 I S. 5 und § 11 I S. 7[33].

18   **1. Hinweise oder Warnhinweise.** Nach **Nr. 1 Buchst. a)** ist auch die Anordnung von Hinweisen oder Warnhinweisen im Auflagenwege zulässig. Voraussetzung ist allerdings, dass diese erforderlich sind, um bei der Anwendung des Arzneimittels eine **unmittelbare oder mittelbare Gefährdung der Gesundheit** von Mensch oder Tier zu verhüten[34]. Die Erforderlichkeit fehlt, wenn eine entsprechende Gefahr auch durch andere Maßnahmen verhütet werden kann. Ist ein Hinweis nicht geeignet, eine entsprechende Gefahr zu vermeiden, ist er wegen mangelnder Eignung ebenfalls nicht erforderlich und damit unzulässig.

19   Zur Begründung einer Auflage nach Nr. 1 ist nicht grundsätzlich jede **Gefahr** ausreichend. Vielmehr muss es sich um eine aus der bestimmungsgemäßen Anwendung des Arzneimittels resultierende Gefahr handeln[35]. Ob der Grad der Gefahr ausreichend ist, um über einen Warnhinweis zu verfügen, beurteilt sich zum einen nach der Möglichkeit, dass die Gefahr eintritt, und zum anderen nach der Intensität der gesundheitlichen Beeinträchtigung, die mit dem Eintritt der Gefahr verbunden ist[36]. Eine bloß abstrakte Möglichkeit eines Schadenseintritts rechtfertigt einen Hinweis oder Warnhinweis jedoch noch nicht[37]. Ausreichend präparatebezogen und damit einen Warnhinweis rechtfertigend kann nach dem Wortlaut eine **mittelbare Gefährdung** sein, zu deren Realisierung noch weitere Umstände hinzutreten müssen[38].

---

[31] *Kloesel/Cyran,* § 28 Anm. 18.

[32] A. A. offenbar *OVG Münster,* PharmR 2005, 497, 505; wie hier wohl auch *Denninger,* PharmR 2009, 327, 331 und 333 sowie *Fuhrmann,* in: Fuhrmann/Klein/Fleischfresser, § 8 Rn. 7.

[33] *OVG Münster,* Urt. v. 22.11.2013 – 13 A 2895/11 – BeckRS 2014, 47796.

[34] *Kloesel/Cyran,* § 28 Anm. 22.

[35] So wohl auch *OVG Münster,* Urt. v. 10.11.2005 – 13 A 4246/03 – BeckRS 2006, 20197; *OVG Berlin,* PharmR 2000, 268 f.; *Sander,* § 28 Erl. 4; *Fuhrmann,* in: Fuhrmann/Klein/Fleischfresser, § 8 Rn. 21; offen gelassen von *BVerwG,* PharmR 2007, 110.

[36] *VG Köln,* Urt. v. 16.9.2014 – 7 K 6339/11 – BeckRS 2015, 40428, für als „entfernte, vage Möglichkeit" bezeichnete Gefahr des Auftretens einer nicht heilbaren und nur symptomatisch zu behandelnden Autoimmunerkrankung bei Anwendung von Arzneimitteln mit einem bestimmten Wirkstoff; in dem streitigen Warnhinweis wurde deutlich, dass das Auftreten der Autoimmunerkrankung als Gefahr, vor der gewarnt wurde, während des streitgegenständlichen Arzneimittel beobachtet worden ist, dass entsprechende Fälle nur als Einzelfälle beobachtet wurden und dass der kausale Zusammenhang unklar ist.

[37] Vgl. *VG Köln,* Urt. v. 8.2.2010 – 24 K 5303/09 – BeckRS 2010, 48253, für einen als unzulässig beurteilten allgemeinen Hinweis zu Wechselwirkungen.

[38] *OVG Münster,* Urt. v. 11.2.2009 – 13 A 976/07 – BeckRS 2009, 31967; *VG Köln,* Urt. v. 8.2.2010 – 24 K 5303/09 – BeckRS 2010, 48253

Nicht ausreichend ist das Bestehen von Gefahren, die unabhängig von der Anwendung des Arzneimittels bestehen. Verfügt die Behörde einen Hinweis nach Nr. 1, hat sie klarzustellen, ob es sich um einen Hinweis oder Warnhinweis handelt.

Umstritten ist, ob die Möglichkeit, dass ein Patient im Vertrauen auf die Wirksamkeit eines **ohne** 20 **ärztliche Verordnung erhältlichen Arzneimittels** auf eine andere angemessene Therapie verzichtet, eine entsprechende Gefahr begründet[39]. Die Gefahr, dass der Patient im Vertrauen auf die Anwendung eines freiverkäuflichen Arzneimittels trotz Vorliegens einer schwerwiegenden und evtl. von ihm unerkannten Erkrankung keinen Arzt aufsucht, begründet aus der Sicht des *OVG Münster* für die Behörde die Befugnis, einen Hinweis bzw. Warnhinweis zu verfügen, nach dem beim Fortbestehen eines bestimmten Beschwerdebildes über einen längeren Zeitraum ein Arzt aufzusuchen ist (sog. **differential-diagnostischer Hinweis**)[40,41]. Das *OVG Münster* sieht hier eine mittelbare Gesundheitsgefahr, die von dem angewendeten Arzneimittel ausgeht[42]. Tatsächlich handelt es sich bei dem beschriebenen Risiko aber weder um eine unmittelbare noch mittelbare Gefährdung, die durch die Anwendung des Arzneimittels entsteht. Vielmehr resultiert die Gefahr des Unterlassens einer wirksamen Behandlung oder einer erforderlichen Untersuchung aus dem eigenverantwortlichen Handeln des Patienten. Das *BVerwG* bezeichnet es als fern liegend anzunehmen, ein Patient werde im Vertrauen auf die Heilkraft eines freiverkäuflichen Arzneimittels – und stellt dabei ausschließlich auf die Freiverkäuflichkeit als Argument ab[43] – von einer wirksamen Behandlung seiner Erkrankung abgehalten[44]. Die Entscheidung des Patienten, keinen Arzt aufzusuchen, folgt gerade nicht aus der Anwendung eines Arzneimittels. Dies gilt umso mehr, wenn der Patient trotz einer längeren erfolglosen Anwendungsphase ein Arzneimittel eigenverantwortlich weiter anwendet, obwohl eine Besserung bestehender Beschwerden nicht eintritt[45]. Etwas anderes kann aber auch nicht für **apothekenpflichtige Arzneimittel** gelten. Zwar mag der Patient diese für potenter halten. Tritt jedoch keine Besserung unter Anwendung eines apothekenpflichtigen Arzneimittels ein, wird der Patient ebenso wie bei freiverkäuflichen Arzneimitteln nicht allein durch das Arzneimittel von der wirksamen Behandlung abgehalten oder davon abgehalten, einen Arzt aufzusuchen.

2. Aufbewahrungs- und Lagerungshinweise. Nach **Abs. 2 Nr. 1 Buchst. b)** kann die Behörde 21 die Angabe von Aufbewahrungshinweisen für den Verbraucher und die Angabe von Lagerungshinweisen für die Fachkreise verfügen, sofern entsprechende Hinweise geboten sind, um die erforderliche Qualität des Arzneimittels während der **genehmigten Dauer der Haltbarkeit** zu erhalten. Die an die Verbraucher gerichteten Hinweise beziehen sich auf die Aufbewahrung des Arzneimittels durch den Patienten[46]. Die Qualität eines Arzneimittels unterliegt bei jeder Art der Lagerung und Aufbewahrung Beeinträchtigungen, weshalb die Haltbarkeit und damit die maximale Aufbewahrungs- und Lagerungsdauer grundsätzlich beschränkt sind. Auflagen zur Aufbewahrung müssen erforderlich sein, um die Qualität und damit die Haltbarkeit des Arzneimittels während der Haltbarkeitsdauer zu gewährleisten. Unzweckmäßige Aufbewahrungshinweise oder solche, die die Qualität des Arzneimittels nicht beeinflussen bzw. gewährleisten können, sind unzulässig.

Dies gilt auch für die an **Fachkreise** gerichteten Lagerungshinweise. Diese sind ebenfalls nur zulässig, 22 wenn sie zur Wahrung der Qualität des Arzneimittels erforderlich und geeignet sind. Unzweckmäßige oder ungeeignete Lagerungshinweise sind nicht erforderlich und daher unzulässig.

---

[39] Ausdrücklich verneinend für freiverkäufliche, nach § 109a zugelassene Arzneimittel *BVerwG*, PharmR 2007, 303; für nach § 105 zugelassene Arzneimittel abweichend *OVG Münster*, Urt. v. 11.2.2009 – 13 A 2150/06, 13 A 2446/06, 13 A 385/07, 13 A 976/07 sowie *Kloesel/Cyran*, § 28 Anm. 22a sowie *Fuhrmann*, in: Fuhrmann/Klein/Fleischfresser, § 8 Rn. 18 ff.

[40] *OVG Münster*, Urt. v. 11.2.2009 – 13 A 2150/06 – BeckRS 2009, 31963; *OVG Münster*, PharmR 2009, 291; *OVG Münster*, PharmR 2009, 288; *OVG Münster*, PharmR 2009, 281.

[41] Der Gesetzgeber hat für registrierte homöopathische Arzneimittel in § 11 III 1 i. V. m § 10 IV 1 Nr. 10 und für traditionelle pflanzliche Arzneimittel nach § 39a in § 11 IIIb 2 i. V. m § 10 IVa 1 Nr. 2 ausdrücklich die Angabe eines differentialdiagnostischen Hinweises angeordnet; *Kloesel/Cyran*, § 28 Anm. 22a, weist wohl zutreffend darauf hin, dass die besondere gesetzliche Anordnung kein Argument dafür ist, dass ein differentialdiagnostischer Hinweis in anderen Fällen unzulässig ist.

[42] *OVG Münster*, Urt. v. 11.2.2009 – 13 A 2150/06 – BeckRS 2009, 31963; *OVG Münster*, Urt. v. 11.2.2009 – 13 A 977/07 – BeckRS 2009, 31969; *OVG Münster*, PharmR 2009, 291; *OVG Münster*, PharmR 2009, 288; *OVG Münster*, PharmR 2009, 281.

[43] Dies verkennend *OVG Münster*, Urt. v. 11.2.2009 – 13 A 2150/06 – BeckRS 2009, 31963; *OVG Münster*, PharmR 2009, 291; *OVG Münster*, PharmR 2009, 288; *OVG Münster*, PharmR 2009, 281; das *OVG Münster* meint, dass der Beschl. des *BVerwG* v. 20.12.2006 – 3 B 17.06, PharmR 2007, 303, darauf beruhe, dass dort ein nach § 109a zugelassenes Arzneimittel zur Beurteilung anstand. Tatsächlich begründet das *BVerwG* seine vorgenannte Entscheidung mit selbständig nebeneinander stehenden Argumenten, die jedes für sich genommen der Rechtmäßigkeit einer entsprechenden Auflage entgegenstehen; eines dieser Argumente ist die Freiverkäuflichkeit als solche, unabhängig vom Zulassungsstatus oder Zulassungsverfahren; wie *OVG Münster* auch *Schlenker/Seifert*, in: Fuhrmann/Klein/Fleischfresser, § 8 Rn. 18 ff.

[44] *BVerwG*, PharmR 2007, 303.

[45] S. *BVerwG*, PharmR 2007, 303; a. A. *VG Köln*, Urt. v. 17.2.2006 – 18 K 6879/03 sowie *OVG Münster*, Urt. v. 11.2.2009 – 13 A 2150/06 – BeckRS 2009, 31963; *OVG Münster*, PharmR 2009, 291; *OVG Münster*, PharmR 2009, 288; *OVG Münster*, PharmR 2009, 281.

[46] *Fuhrmann*, in: Fuhrmann/Klein/Fleischfresser, § 8 Rn. 23; *Sander*, § 11 Erl. 17.

23   In einer sog. **Note for Guidance** der EMA werden für Arzneimittel mit bestimmten Eigenschaften Formulierungsvorschläge für Lagerungshinweise gemacht[47]. Das zuständige Bundesministerium hat außerdem eine **Empfehlung über Lagerungshinweise** für Fertigarzneimittel vom 1.3.1989 bekanntgemacht[48]. Diese Empfehlung sieht bestimmte Temperaturgrenzen vor und ordnet außerdem an, dass Lagerungshinweise an gut sichtbarer Stelle auf dem Behältnis bzw. der äußeren Umhüllung anzubringen sind. Nach der Leitlinie für die gute Vertriebspraxis von Humanarzneimitteln[49], dort Kapitel 6.3 (ii), ist davon auszugehen, dass die Lagerungsbedingungen für Arzneimittel durchgehend zu beachten und einzuhalten sind und dass auch kurzzeitige Abweichungen z. B. während des Transportes, grundsätzlich zu vermeiden sind[50].

II. Auflagen zum Inhalt der Packungsbeilage (Nr. 2)

24   Auflagen können ferner gem. **Abs. 2 Nr. 2** zur Änderung des Inhalts der Packungsbeilage angeordnet werden. Zulässig sind danach die in Abs. 2 Nr. 1 Buchst. a) genannten Hinweise und Warnhinweise. Darüber hinaus sind unter den in Abs. 2 Nr. 1 Buchst. b) genannten Bedingungen Aufbewahrungshinweise für den Verbraucher zulässig.

III. Auflagen zum Inhalt der Fachinformation (Nr. 2a)

25   Nach **Abs. 2 Nr. 2a** können im Wege der Auflage die in Abs. 2 Nr. 1 Buchst. a) angegebenen Hinweise und Warnhinweise sowie zur Erhaltung der erforderlichen Qualität gebotene Lager- und Aufbewahrungshinweise verfügt werden. Außerdem kann die Behörde die Aufnahme eines Hinweises in die Fachinformation verfügen, der die Fachkreise darüber informiert, dass nach Abs. 3 vom Zulassungsinhaber weitere analytische, pharmakologisch-toxikologische oder klinische Prüfungen durchzuführen sind.

IV. Auflagen zur Anpassung der Informationstexte (Nr. 3)

26   Nach **Abs. 2 Nr. 3** ist die Behörde ermächtigt, Auflagen zu verfügen, mit denen die Übereinstimmung der nach dem AMG verbindlichen Kennzeichnungsangaben mit den Antragsunterlagen gewährleistet wird[51]. Die Auflagenbefugnis berechtigt die Behörde nicht, aufgrund der vom Antragsteller eingereichten Unterlagen nicht belegte Anwendungsgebiete oder Personengruppen im Auflagenwege auszuschließen. Es handelt sich dabei um Teilversagungen, die entsprechend ausgesprochen werden müssen[52]. Nur wenn eine Teilversagung, z. B. für ein Anwendungsgebiet ausgesprochen wird, kann zusätzlich im Wege der Auflage nach Nr. 3 eine Anpassung der Texte nach den §§ 10, 11 und 11a verfügt werden[53].

27   Außerdem sind nach Nr. 3 Auflagen zulässig, um die **Verwendung einheitlicher und allgemeinverständlicher Begriffe** zu verfügen. Mit allgemeinverständlichen Begriffen können die Informationstexte für den medizinischen Laien verständlich formuliert werden. Die zulässige Vereinheitlichung kann u. U. bis zur vollständigen Vorgabe der Kennzeichnungstexte reichen. So verfügt das BfArM regelmäßig, dass Kennzeichnungstexte an bereits veröffentlichte Mustertexte anzupassen sind. Klargestellt wird nunmehr, dass die Bundesoberbehörden die auf europäischer Ebene vorgeschlagenen Texte zur Formulierungen in Gebrauchs- und Fachinformation für die Vereinheitlichung heranziehen können[54]. Die Bundesoberbehörden dürfen textliche Vorgaben im Auflagenwege nach Nr. 3 nur aus Gründen der Arzneimittelsicherheit, der Transparenz oder der rationellen Arbeitsweise machen. Andere Gründe sind von der Auflagenbefugnis nicht erfasst[55]. Die Vereinheitlichung und Anpassung an das allgemeine Verständnis darf allerdings nicht zu inhaltlichen Veränderungen der Angaben führen, da sich die Auflagenbefugnis auf eine rein formale Änderung beschränkt und keine inhaltlichen Änderungen erfasst.[56]

28   Dem Antragsteller bleibt unbenommen, neben den von der Behörde verfügten Texten weitere **Gegenanzeigen, Neben- und Wechselwirkungen** anzugeben. Dies ist schon deshalb möglich, da der

---

[47] Vgl. CPMP/QWP/609/96/Rev 2; in deutscher Übersetzung teilweise abgedruckt bei *Fuhrmann*, in: Fuhrmann/Klein/Fleischfresser, § 8 Rn. 24 (zu Lagerungshinweisen).

[48] BAnz. Nr. 48 vom 9.3.1989.

[49] Leitlinien vom 5. November 2013 für die gute Vertriebspraxis von Humanarzneimitteln (2013/C 343/01).

[50] Nach *Kloesel/Cyran*, § 28 Anm. 24, soll hingegen eine Abweichung von den Lagerungsbedingungen während einer kurzzeitigen Unterbrechung, als die beispielhaft der Transport genannt wird, möglich sein, sofern es sich nicht um kühlkettenpflichtige Arzneimittel handelt.

[51] S. zu den Grenzen einer Auflage nach Nr. 3 *OVG Münster*, Urt. v. 10.11.2005 – 13 A 4246/03 – BeckRS 2006, 20197.

[52] *BVerwG*, PharmR 2010, 364 ff.; *BVerwG*, PharmR 2007, 472 ff.; *OVG Münster*, PharmR 2009, 400 ff.

[53] S. *BVerwG*, PharmR 2007, 303.

[54] Vgl. BT-Drucks. 17/9341, S. 53.

[55] *Fuhrmann*, in: Fuhrmann/Klein/Fleischfresser, § 8 Rn. 28, *Kloesel/Cyran*, § 29 Anm. 29, 29a.

[56] *Fuhrmann*, in: Fuhrmann/Klein/Fleischfresser, § 8 Rn. 28.

pharmazeutische Unternehmer für den Inhalt der Informationstexte nach § 84 I 2 Nr. 2 AMG haftungsrechtlich verantwortlich ist.

Ist der pharmazeutische Unternehmer der Ansicht, dass die von der Behörde verfügten Texte nicht **29** dem Stand der wissenschaftlichen Erkenntnisse entsprechen, muss er im Wege des Widerspruchs bzw. der Klage gegen die entsprechende Auflage vorgehen. Der pharmazeutische Unternehmer ist auch für **Schäden** verantwortlich, die durch eine im Auflagenwege verfügte, sachlich unzutreffende Information verursacht werden. Mit dem Einwand, dass ein Informationsfehler auf eine behördlich verfügte Auflage zurückzuführen ist, kann der pharmazeutische Unternehmer im Falle einer haftungsrechtlichen Inanspruchnahme durch Dritte nicht durchdringen[57].

Die Behörde kann außerdem verfügen, dass bestimmte zugelassene Anwendungsgebiete in den Kenn- **30** zeichnungsangaben **nicht** aufgeführt werden, wenn durch deren Angabe der therapeutische Zweck des Arzneimittels gefährdet werden könnte. Die Auflagenbefugnis erstreckt sich aufgrund des auf den Patientenschutz gerichteten Zwecks allein auf die dem Patienten zugänglichen Kennzeichnungsangaben. Die Angaben in der Fachinformation sind daher in der Regel nicht betroffen.

V. Auflagen zur Packungsgröße (Nr. 4)

Die Behörde kann durch Auflage bestimmte Packungsgrößen verfügen, um zu erreichen, dass die **31** Packungsgröße eines Arzneimittels mit dem Anwendungsgebiet und der vorgesehenen Dauer der Anwendung übereinstimmt. So kann eine **Packungsgrößenreduktion** angeordnet werden, wenn die Anzahl der in einer Packung enthaltenen Tabletten eine Anwendungsdauer ermöglicht, die über die zugelassene Anwendungsdauer hinausgeht.

Indem auf die Angemessenheit der Packungsgröße abgestellt wird, wird dem Zulassungsinhaber **32** insoweit ein gewisser **Einschätzungsspielraum** zugemessen[58]. Diesen Entscheidungsspielraum haben die Behörden zu beachten, solange eine Gefahr für die Arzneimittelsicherheit im Zusammenhang mit der vom Zulassungsinhaber beanspruchten Packungsgröße nicht ersichtlich ist[59]. Maßgeblich für die Beurteilung der Packungsgrößen sind die zugelassenen Anwendungsgebiete sowie die zugelassene Anwendungsdauer eines Arzneimittels. Angemessen ist danach jedenfalls immer eine Packungsgröße, die eine hinreichende Menge in der niedrigsten zugelassenen Dosierung für den längsten zugelassenen Anwendungszeitraum beinhaltet. Ist die Anwendungsdauer in der Selbstmedikation beschränkt, jedoch nach Rücksprache mit dem Arzt auch länger zugelassen, ist dies zu berücksichtigen und eine Reduzierung der Packungsgröße nur dann zulässig, wenn eine ärztlich verordnete Anwendung über einen längeren Zeitraum, der von der Packungsgröße abgedeckt wird, zu unvertretbaren Risiken führt[60]. Packungsgrößen, in denen nach Abschluss einer bestimmungsgemäß durchgeführten Behandlung Restmengen verbleiben, die im Falle einer erneuten bestimmungsgemäßen Anwendung sinnvoll verwendet werden können, können in Abhängigkeit von den zugelassenen Anwendungsgebieten zulässig sein[61].

Eine Packungsgröße muss unter Berücksichtigung der zugelassenen Anwendungsgebiete und der **33** zugelassenen Dosierung jedenfalls immer den Abschluss einer sinnvollen Behandlung ermöglichen. **Zu geringe Packungsgrößen** können ein erhebliches Risiko für die Arzneimittelsicherheit und die Patientengesundheit bedingen (z.B. Antibiotika mit einer Packungsgröße, die nicht ausreichend ist, um einen Behandlungszyklus abzuschließen)[62].

Die Auflagenbefugnis nach **Abs. 2 Nr. 4** rechtfertigt keine Auflagen, mit denen Packungsgrößen an **34** die Vorgaben der PackungsV[63] angepasst werden. Die PackungsV, die auf der Grundlage des § 31 IV 1 SGB V erlassen wurde, berücksichtigt ausschließlich sozialrechtliche Belange. Die Auflagenbefugnis nach Nr. 4 ist jedoch bereits nach dem Wortlaut ausdrücklich beschränkt auf Fälle, in denen sich aus dem Anwendungsgebiet bzw. der Anwendungsdauer ein entsprechendes Auflagenerfordernis ergibt. Sozialrechtliche Erwägungen rechtfertigen weder eine Auflage nach Nr. 4 noch eine Beeinflussung des Auflageninhaltes[64].

---

[57] *Sander*, § 28 Erl. 7 insoweit zweifelnd.
[58] *VG Köln* Urt. v. 14.4.2015 – 7 K 6358/13 – BeckRS 2015, 45380.
[59] *VG Köln* Urt. v. 14.4.2015 – 7 K 6358/13 – BeckRS 2015, 45380; *Fleischfresser*, in: Fuhrmann/Klein/Fleischfresser, § 28 Rn. 11 f.; ähnlich schon *VG Köln*, Urt. v. 22.11.2005 – 7 K 5513/03.
[60] *VG Köln* Urt. v. 14.4.2015 – 7 K 6358/13 – BeckRS 2015, 45380.
[61] *VG Köln* Urt. v. 14.4.2015 – 7 K 6358/13 – BeckRS 2015, 45380.
[62] *Fuhrmann*, in: Fuhrmann/Klein/Fleischfresser, § 8 Rn. 28.
[63] BGBl. I S. 1318, geändert durch Art. 9a, 10 AMNOG (BGBl. I 2010 S. 2262, 2275).
[64] So auch *Fleischfresser*, in: Fuhrmann/Klein/Fleischfresser, § 20 Rn. 12; nach *Kloesel/Cyran*, § 28 Anm. 32, ist es zwar nicht Zweck des AMG, sozialrechtliche Vorgaben durchzusetzen; allerdings soll nicht ohne Grund von der sozialrechtlichen PackungsV abgewichen werden. Dies überzeugt nicht. Sozialrechtliche Erwägungen müssen als sachfremde Erwägungen unberücksichtigt bleiben. Relevant sind ausschließlich arzneimittelrechtliche Erwägungen. Auch die von *Fuhrmann*, in: Fuhrmann/Klein/Fleischfresser, § 8 Rn. 29 geäußerte Ansicht, dass die Vorgaben der PackungsV für die Entscheidung nach Nr. 4 wichtige Anhaltspunkte böten, vermag jedenfalls nach Umstellung der PackungsV auf eine Spannbreiten- bzw. Reichdauerorientierung nicht zu überzeugen.

VI. Auflagen zur Gestaltung und Ausstattung des Behältnisses (Nr. 5)

35   Nach Abs. 2 Nr. 5 kann die Behörde Auflagen zur Gestaltung und Ausstattung des Behältnisses verfügen. Zulässig ist dies, um durch eine bestimmte Ausstattung die Einhaltung einer Dosierungsanleitung und damit die bestimmungsgemäße Anwendung zu gewährleisten[65]. Die Auflagenbefugnis erfasst allerdings keine Kennzeichnungsmaßnahmen[66]; Auflagen zur Kennzeichnung sind nach Nr. 1 bis Nr. 3 anzuordnen.

36   Danach kann die Behörde z. B. die Ausstattung eines Arzneimittels mit einer **Dosiervorrichtung** verfügen, wenn die Beifügung einer Dosiervorrichtung erforderlich ist, um die Dosierungsvorgaben einzuhalten[67]. Sind verschiedene Dosierungsvorrichtungen geeignet, darf die Behörde nicht die Ausstattung mit einer bestimmten Dosierungsvorrichtung verfügen, sondern muss diese Entscheidung dem Antragsteller überlassen.

37   Außerdem kann die Ausstattung des Behältnisses mit einem **kindersicheren Verschluss** gefordert werden, sofern dies geboten ist, um die Gefahr des Missbrauchs durch Kinder zu verhüten. Durch das Abstellen auf das Gebotensein stellt das Gesetz klar, dass eine entsprechende Auflage zur Vermeidung eines Missbrauchs erforderlich sein muss. Voraussetzung ist danach das Bestehen einer Missbrauchsgefahr. Dass der Gesetzgeber in Nr. 5 die Möglichkeit einräumt, im Auflagenwege kindersichere Packmittel zu fordern, zeigt, dass nicht bereits das grundsätzlich von jedem Arzneimittel ausgehende Missbrauchsrisiko ausreichend ist, um das Gebotensein i. S. d. Nr. 5 anzunehmen. Nach der Systematik des Gesetzes ist davon auszugehen, dass die Ausstattung eines Arzneimittels mit kindersicheren Packmitteln nur **ausnahmsweise** erforderlich ist. Die Erforderlichkeit kann sich aus geschmacklichen, geruchlichen oder äußeren Eigenschaften eines Arzneimittels ergeben, so z. B. wenn ein Arzneimittel aufgrund seiner Eigenschaften im besonderen Maße geeignet ist, einen missbräuchlichen Verzehr durch Kinder zu veranlassen. Die Erforderlichkeit kann sich außerdem aus einer besonderen Gefährlichkeit eines Arzneimittels ergeben. Arzneimittel, die auch bei Missbrauch durch Kinder gänzlich ungefährlich sind, bedürfen auch bei gesteigerter Missbrauchsgefahr keiner kindersicheren Ausstattung, so dass eine entsprechende Auflage rechtswidrig wäre.

38   Die **Nachweispflicht** für das Vorliegen der Voraussetzungen nach Nr. 5 obliegt der Behörde. Die Behörde muss daher darlegen, dass eine bestimmte Ausstattung des Behältnisses zur Einhaltung der Dosierungsanleitung und einer bestimmungsgemäßen Anwendung erforderlich ist. Soll die Ausstattung des Arzneimittels mit einem kindersicheren Verschluss verfügt werden, obliegt der Behörde der Nachweis einer Missbrauchsgefahr. Außerdem hat die Behörde darzulegen, dass ein kindersicherer Verschluss erforderlich ist, um einer bestehenden Missbrauchsgefahr wirksam begegnen zu können.

D. Auflagen zur Anwendung durch Fachärzte (Abs. 2a)

39   Eine besondere Befugnis zur Verfügung eines **Warnhinweises** normiert Abs. 2a. Für Arzneimittel, mit deren Anwendung eine unmittelbare oder mittelbare Gesundheitsgefährdung verbunden ist, z. B. weil die Anwendung eine besondere Fachkunde des anwendenden Arztes oder besondere therapeutische Einrichtungen erfordert, können entsprechende Warnhinweise gefordert werden. Der Warnhinweis kann die Verordnung und Anwendung auf bestimmte Ärzte oder auf bestimmte Kliniken und Spezialkliniken beschränken. Warnhinweise nach Abs. 2a können für alle in Abs. 2 aufgeführten Informationstextträger angeordnet werden[68].

40   Ein entsprechender Warnhinweis hat für den Arzt lediglich **Hinweisfunktion.** Er führt nicht dazu, dass die Verordnung oder Anwendung durch einen nicht der im Warnhinweis genannten Fachgruppe angehörenden Arzt unzulässig ist. Auch eine Verordnungseinschränkung ist mit einem entsprechenden Hinweis nicht verbunden. Die Verordnung eines Arzneimittels durch einen nicht der entsprechenden Fachgruppe angehörenden Arzt ist ordnungsgemäß und vom Apotheker entsprechend zu bedienen[69]. Das Risiko einer Fehlanwendung bzw. einer Schädigung trägt der Arzt, der das Arzneimittel dem Warnhinweis zuwiderhandelnd verordnet und anwendet[70].

41   Bei einer Anwendung durch Ärzte ohne die im Warnhinweis geforderte Sachkunde liegt eine bestimmungswidrige Anwendung vor, die die Haftung des pharmazeutischen Unternehmers nach § 84 I 2 Nr. 1 ausschließt.

---

[65] *OVG Münster*, Urt. v. 22.11.2013 – 13 A 2895/11 – BeckRS 2014, 47796.
[66] *OVG Münster*, Urt. v. 22.11.2013 – 13 A 2895/11 – BeckRS 2014, 47796.
[67] *VG Köln*, Urt. v. 27.8.2003 – 24 K 6074/01 – juris.
[68] Die Anordnung kann sowohl Etikett als auch äußere Umhüllung, Gebrauchs- und Fachinformation erfassen, vgl. *Fuhrmann*, in: Fuhrmann/Klein/Fleischfresser, § 8 Rn. 34; *Sander*, § 28 Erl. 10a. Die Behörde hat bei Beauflagung zu prüfen, ob der Warnhinweis nur in der Fachinformation erfolgen soll oder ggf. auch in der Gebrauchsinformation und der äußeren Umhüllung bzw. dem Behältnis. Dies steht im Ermessen der Behörde.
[69] *Kloesel/Cyran*, § 28 Anm. 38.
[70] *Rehmann*, § 28 Rn. 11; *Sander*, § 28 Erl. 10.

E. Auflagen zur Durchführung von Studien (Abs. 3)

I. Auflagen bei öffentlichem Interesse an unverzüglichem Inverkehrbringen (S. 1)

Arzneimittel können ausnahmsweise zugelassen werden, wenn noch nicht alle für eine Risiko- **42** Nutzen-Bewertung erforderlichen Unterlagen verfügbar sind. Da Abs. 3 schon dem Wortlaut nach nicht beschränkt ist auf Arzneimittel mit neuen Wirkstoffen und auch nach dem Sinn und Zweck der Regelung eine solche Beschränkung nicht in Betracht kommt, betrifft die Auflagenmöglichkeit sowohl Arzneimittel mit neuen Wirkstoffen als auch Arzneimittel mit bereits bekannten Wirkstoffen in neuen Indikationen[71]. Voraussetzung nach **Abs. 3 S. 1** ist, dass Anhaltspunkte dafür vorliegen, dass das jeweilige Arzneimittel einen großen therapeutischen Nutzen hat und aus diesem Grunde ein öffentliches Interesse an dem unverzüglichen Inverkehrbringen besteht. Die Risiko-Nutzen-Bewertung, die vor der Zulassungserteilung grundsätzlich vorauszugehen hat, wird durch Abs. 3 ausnahmsweise auf der Grundlage noch unvollständiger Daten vorläufig ermöglicht. Diese Ausnahmeregelung ist durch das Interesse an einem effektiven Gesundheitsschutz begründet, hinter das eine umfassende Risiko-Nutzen-Bewertung im Vorfeld einer Zulassungserteilung zurücktritt, wenn die mit einem Arzneimittel wahrscheinlich zu erreichenden positiven Wirkungen mögliche noch unentdeckte Risiken übersteigen. Es ist grundsätzlich eine **Abwägung** zwischen den Risiken einer Risiko-Nutzen-Bewertung auf unvollständiger Datenbasis und den Nachteilen und Risiken einer verzögerten Zulassung vorzunehmen. Dabei sind auch Therapiealternativen zu berücksichtigen[72].

Die Voraussetzungen der Anordnung einer Auflage nach Abs. 3 liegen dann nicht vor, wenn keine **43** hinreichenden Anhaltspunkte für einen **großen therapeutischen Wert** des entsprechenden Arzneimittels vorliegen oder aber wenn das **öffentliche Interesse** an dem **unverzüglichen Inverkehrbringen des Arzneimittels** nicht gegeben ist. Entsprechende Anhaltspunkte für das Vorhandensein eines großen therapeutischen Wertes fehlen jedenfalls dann, wenn in klinischen Studien keine Anhaltspunkte für die Wirksamkeit des entsprechenden Arzneimittels bestätigt wurden[73] oder wenn keine klinischen Studien vorliegen[74]. Liegen klinische Studien vor, die aber z. B. aufgrund ihres Designs oder der Zahl der Probanden nicht als hinreichend aussagekräftig zur Beurteilung der Wirksamkeit des Arzneimittels angesehen werden, können diese gleichwohl als hinreichende Anhaltspunkte für einen großen therapeutischen Wert des Arzneimittels anzusehen sein. Das ebenfalls erforderliche öffentliche Interesse an einem unverzüglichen Inverkehrbringen des noch nicht vollständig prüfbaren Arzneimittels fehlt wohl jedenfalls dann, wenn eine Therapiealternative zur Verfügung steht, die dem – vermuteten – therapeutischen Wert des relevanten Arzneimittels nicht erheblich nachsteht.

S. 1 ermöglicht lediglich eine Zulassungserteilung auf der Grundlage ergänzungsbedürftiger Unterla- **44** gen, nicht jedoch eine Zulassungserteilung ohne die nach § 22 II vorgesehenen Unterlagen[75]. Nach Abs. 3 kann die Zulassungsbehörde die **Durchführung klinischer Studien** sowie **analytischer und pharmakologisch-toxikologischer Studien** verfügen. Entsprechende Auflagen sind nur zulässig, wenn die bereits eingereichten Unterlagen zum Nachweis der Wirksamkeit und Unbedenklichkeit nicht ausreichend sind. Die Erfüllung von Auflagen nach Abs. 3 und Abs. 3a ist nach § 30 II 1 Nr. 2 jährlich zu überprüfen.

II. Jährliche behördliche Überprüfung (S. 2)

Die nach S. 1 angeordneten Prüfungen sind nach S. 2 jährlich von der zuständigen Bundesoberbehör- **45** de (§ 77) zu überprüfen. Die Überprüfungspflicht bezieht sich auf die Prüfungen als solche, nicht auf die Auflage nach Abs. 3. Die Verpflichtung zur Überprüfung der Auflage ergibt sich vielmehr aus § 30 II 1 Nr. 2, nach der Auflagen nach Abs. 3 **jährlich** zu überprüfen sind. Die Verpflichtung zur Überprüfung der nach S. 1 angeordneten Prüfungen dient der Sicherstellung der **Arzneimittelsicherheit**. Sie ermöglicht ein behördliches Eingreifen für den Fall, dass die Ergebnisse der nach S. 1 angeordneten Prüfungen die Nutzen-Risiko-Bewertung beeinflussen. Ergibt die Überprüfung, dass der therapeutische Wert des Arzneimittels nicht mehr hinreichend begründet ist, ist die Zulassung nach § 30 I 2 Nr. 2 aufzuheben (s. § 30 Rn. 13).

---

[71] *Kloesel/Cyran*, § 29 Anm. 43.
[72] Dass das Bestehen von Therapiealternativen einer Anwendung des Abs. 3 entgegenstehe, wie dies *Fuhrmann*, in: Fuhrmann/Klein/Fleischfresser, § 8 Rn. 34, ausführt, überzeugt nicht; bestehende Therapiealternativen sind vor dem Hintergrund der mit diesen verbundenen Risiken und deren Nutzen bei der Frage zu berücksichtigen, ob ein hinreichend großes öffentliches Interesse an der schnelleren Verfügbarkeit des ggf. zu beauflagenden Arzneimittels besteht.
[73] *Fuhrmann*, in: Fuhrmann/Klein/Fleischfresser, § 8 Rn. 34.
[74] *Fuhrmann*, in: Fuhrmann/Klein/Fleischfresser, § 8 Rn. 34.
[75] *Sander*, § 28 Erl. 11.

III. Rückstandsnachweisverfahren (S. 3)

46   S. 2 ordnet die entsprechende Anwendung des S. 1 für Unterlagen über das Rückstandsnachweisverfahren bei Tierarzneimitteln an. Anders als die Prüfungen nach S. 1 sind die Unterlagen nach S. 3 nicht zwingend in einem jährlichen Turnus zu prüfen[76]. Auch hier besteht allerdings eine behördliche Prüfungspflicht. Der Turnus der Überprüfung hat sich dabei an dem jeweiligen Arzneimittel und daran zu orientieren, welche Unterlagen zur Rückstandsnachweisprüfung vorzulegen sind und wie der Fortschritt bei deren Erstellung anzunehmen ist.

IV. Vergleichbare Regelung im Europarecht

47   Nicht unähnlich der Auflagenbefugnis nach Abs. 3 und zumindest vergleichbar sind die mit VO (EG) Nr. 507/2006 auf europäischer Ebene eingeführten Regelungen für sog. bedingte Zulassungen. Unter bestimmten Voraussetzungen kann danach in Abweichung von den Vorgaben der VO (EG) Nr. 726/2004 eine Zulassung erteilt werden. Voraussetzung ist danach, dass auf Grundlage der vorhandenen Daten ein positives Nutzen-Risiko-Verhältnis gegeben ist, dass der Antragsteller voraussichtlich in der Lage sein wird, umfassende klinische Daten nachzuliefern, dass mit dem relevanten Arzneimittel eine medizinische Versorgungslücke geschlossen werden kann und dass der Nutzen einer sofortigen Verfügbarkeit des Arzneimittels für die öffentliche Gesundheit die Gefahren überwiegt, die sich aus dem Fehlen weiterer Daten ergeben (Art. 4 VO (EG) Nr. 507/2006).

F. Weitere Auflagen bei Zulassungserteilung für Humanarzneimittel (Abs. 3a)

48   Die Auflagenbefugnis nach Abs. 3a ist nach dem eindeutigen Wortlaut beschränkt auf Zulassungen für Humanarzneimittel[77]. Außerdem ist Abs. 3a nur **Ermächtigungsgrundlage** für die Auflagenerteilung **bei Zulassungserteilung.** Für eine Auflagenanordnung nach Zulassungserteilung kann nicht auf Abs. 3a als Ermächtigungsgrundlage zurückgegriffen werden[78].

I. Maßnahmen nach dem Risikomanagement-System (Nr. 1)

49   Nr. 1 ermächtigt die zuständige Behörde (§ 77) im Auflagenwege anzuordnen, dass der Zulassungsinhaber bestimmte im Risikomanagement-System bereits vorgesehene Maßnahmen umsetzt. Die Auflagenermächtigung ist nach dem Wortlaut beschränkt auf Maßnahmen, die zur Gewährleistung der sicheren Arzneimittelanwendung im Interesse der **Arzneimittelsicherheit** erforderlich sind. Fehlt es an dieser Erforderlichkeit, ist eine auf Nr. 1 gestützte Auflage rechtswidrig.

50   Nach § 22 II 1 Nr. 5a sind mit dem Zulassungsantrag für Humanarzneimittel u. a. der Risikomanagement-Plan mit einer Beschreibung des Risikomanagement-Systems vorzulegen. Das Risikomanagement-System erfasst Tätigkeiten im Bereich der Pharmakovigilanz und Maßnahmen, durch die Risiken im Zusammenhang mit einem Arzneimittel ermittelt, beschrieben, vermieden oder minimiert werden sollen (§ 4 XXXVI)[79]. Nach Abs. 3a kann die Behörde die Umsetzung der jeweiligen Maßnahmen anordnen. Die Auflagenbefugnis ist dem Wortlaut nach darauf beschränkt, solche Maßnahmen anzuordnen, die im Risikomanagement-System des jeweiligen Arzneimittels bereits vorgesehen sind[80].

II. Unbedenklichkeitsprüfungen (Nr. 2)

51   Nr. 2 ermöglicht mit Zulassungserteilung die Anordnung der Durchführung von Unbedenklichkeitsprüfungen. Eine Unbedenklichkeitsprüfung ist jede Prüfung zu einem zugelassenen Humanarzneimittel, die durchgeführt wird, um ein Sicherheitsrisiko zu ermitteln, zu beschreiben oder zu quantifizieren, das Sicherheitsprofil eines Arzneimittels zu bestätigen oder die Effizienz von Risikomanagement-Maßnahmen zu messen (§ 4 XXXIV). Unbedenklichkeitsprüfungen können sowohl **interventionelle** wie auch **nichtinterventionelle Prüfungen**[81] sein[82].

---

[76] Nach *Kloesel/Cyran*, § 29 Anm. 47, soll es sich bei der fehlenden Erstreckung der jährlichen Überprüfung auf die Unterlagen nach S. 3 um ein Redaktionsversehen handeln. Tatsächlich dürfte näherliegen, dass der Gesetzgeber in Abhängigkeit von den jeweiligen Unterlagen eine flexiblere Überprüfungsmöglichkeit anstrebte, die ggf. im Interesse der Arzneimittelsicherheit auch häufiger erforderlich sein kann.

[77] *Kloesel/Cyran*, § 29 Anm. 48.

[78] *Kloesel/Cyran*, § 29 Anm. 48.

[79] Vgl. dazu *Schraitle*, in: Fuhrmann/Klein/Fleischfresser, § 6 Rn. 114.

[80] Unklar *Koesel/Cyran*; § 29 Anm. 50; dort wird ausgeführt, dass nach Nr. 1 die Auflagenbefugnis auf solche Maßnahmen beschränkt sei, die in der gesetzlichen Definition des Risikomanagement-Systems aufgeführt seien; tatsächlich verweist der Wortlaut der Nr. 1 aber auf die im Risikomanagement-System vorgesehenen Maßnahmen und nimmt damit auf ein konkretes, für das von der Auflage betroffene Arzneimittel bzw. dessen Zulassung Bezug.

[81] Zu nichtinterventionellen Unbedenklichkeitsprüfungen vgl. *Meier*, in: Meier/v. Czettritz/Kaufmann, Pharmarecht, 2. Teil, Rn 89 ff.

[82] *Rehmann*, § 4 Rn. 41.

Eine Unbedenklichkeitsprüfung kann gestützt auf Nr. 2 nur angeordnet werden, wenn dies im 52
Interesse der **Arzneimittelsicherheit** erforderlich ist. Die Erforderlichkeit setzt voraus, dass im Moment
der Zulassungserteilung aufgrund konkreter Umstände die weitere Ermittlung eines bestimmten Sicherheitsrisikos oder des Sicherheitsprofils oder aber die Überprüfung der Effizienz von Risikomanagement-
Maßnahmen geboten ist. Allein der Umstand, dass eine neue Zulassung erteilt wurde, rechtfertigt die
Anordnung nach Nr. 2 nicht. Auch der Umstand, dass bei einer Neuzulassung die Erkenntnisse über das
Sicherheitsprofil des konkreten Arzneimittels auf einer beschränkten Datenlage basiert, rechtfertigt eine
Auflage nach Nr. 2 nicht. Dies gilt auch dann, wenn sich die Zulassung auf ein Arzneimittel mit einem
neuen Wirkstoff bezieht. Nur wenn Anhaltspunkte dafür vorliegen, dass die vorhandene Datenbasis noch
keine hinreichende Bewertung des Sicherheitsprofils zulässt und Anhaltspunkte für zu erwartende neue
Erkenntnisse durch eine Maßnahme nach Nr. 2 vorliegen, ist eine entsprechende Auflage erforderlich.
Bei Abwägung der Erforderlichkeit ist auch zu berücksichtigen, dass nach Markteinführung durch das
ohnehin zu unterhaltende Pharmakovigilanz-System Erkenntnisse zum Sicherheitsprofil des Arzneimittels
gesammelt werden. Eine nach Nr. 2 angeordnete Maßnahme muss daher gerade auch vor dem Hintergrund der ohnehin bestehenden Datenerfassung zur Pharmakovigilanz weitergehende Erkenntnisse
erwarten lassen, um erforderlich zu sein.

III. Erfassung und Meldung von Nebenwirkungen (Nr. 3)

Nr. 3 ermöglicht Auflagen im Hinblick auf die Erfassung und Meldung von Verdachtsfällen von 53
Nebenwirkungen. Nach **§ 63c** unterliegt der Zulassungsinhaber bestimmten Dokumentations- und
Meldepflichten im Hinblick auf Verdachtsfälle von Nebenwirkungen. Diese Pflichten können nach Nr. 3
modifiziert werden. Dabei ist allerdings nur die Anordnung strengerer Pflichten zulässig, nicht jedoch die
Aufweichung der bestehenden Pflichten. Dies ergibt sich daraus, dass nach Nr. 3 im Auflagenwege
Verpflichtungen angeordnet werden können, die über die bestehenden Pflichten hinausgehen. Auflagen
nach Nr. 3 sind dabei nicht beschränkt auf die Pflichten nach § 63c. Allerdings sind sie nur zulässig,
soweit sie sich auf die Erfassung und Meldung von **Nebenwirkungsverdachtsfälle** beziehen. So kann
z. B. eine Verkürzung der Vorlageintervalle für regelmäßig aktualisierte Unbedenklichkeitsberichte
(§ 63d) nicht auf Nr. 3 gestützt werden, da dies nicht die Erfassung oder Meldung von Nebenwirkungs-
verdachtsfällen berührt.

Auflagen nach Nr. 3 sind nur zulässig, wenn sie im Interesse der Arzneimittelsicherheit erforderlich 54
sind. Dies ist nur dann der Fall, wenn durch die angeordneten Pflichten Erkenntnisse im Hinblick auf die
Arzneimittelsicherheit möglich sind, die allein unter Umsetzung der ohnehin bestehenden Pharmakovi-
gilanzpflichten nach §§ 63a ff. nicht erlangt werden können. Ob eine evtl. schnelle Informationserlangung die Erforderlichkeit zu begründen vermag, ist im Einzelfall zu beurteilen.

IV. Einführung eines Pharmakovigilanz-Systems (Nr. 4)

Nach Nr. 4 können Zulassungsinhaber mit Zulassungserteilung verpflichtet werden, ein angemessenes 55
Pharmakovigilanz-System einzuführen, wenn dies im Interesse der Arzneimittelsicherheit erforderlich ist.
Die Auflagenermächtigung nach Nr. 4 ist – wie Abs. 3a insgesamt – auf den Erlass von Auflagen im
Zeitpunkt der Zulassungserteilung beschränkt. Daher kann Nr. 4 nicht als Auflagenermächtigung für die
Beauflagung eines Pharmakovigilanz-Systems für eine bereits erteilte Zulassung dienen.

Nr. 4 eröffnet die Möglichkeit, auf Basis der im Zulassungsverfahren nach § 22 II 1 Nr. 5 ein- 56
zureichenden Unterlagen den Inhalt des nach **§ 63b I** verpflichtend erforderlichen Pharmakovigilanz-
Systems zu modifizieren.

Auflagen nach Nr. 4 müssen im Interesse der Arzneimittelsicherheit erforderlich sein. Maßnahmen, 57
die wirkungslos sind, sowie Maßnahmen, die nicht der Arzneimittelsicherheit dienen, können daher nach
Nr. 4 nicht beauflagt werden.

V. Wirksamkeitsprüfungen (Nr. 5)

Nr. 5 ermöglicht in eng umgrenzten Fällen mit Zulassungserteilung die Anordnung von Wirksam- 58
keitsprüfungen. Zulässig ist die Anordnung nur, wenn Bedenken hinsichtlich **einzelner Aspekte** der
Wirksamkeit bestehen. Bei **umfassenden Bedenken** im Hinblick auf die Wirksamkeit kann eine Wirk-
samkeitsstudie nicht auf Nr. 5 gestützt werden.

Eine Auflage nach Nr. 5 ist außerdem **nur** zulässig, wenn die Bedenken bzgl. der jeweiligen Aspekte 59
der Wirksamkeit erst **nach dem Inverkehrbringen** des Arzneimittels beseitigt werden können. Dies ist
nur der Fall, wenn die Beseitigung der Bedenken **vor Zulassungserteilung** durch durchzuführende
Prüfungen **nicht möglich** ist.

Nr. 5 verweist für die anzuordnenden Wirksamkeitsprüfungen darauf, dass diese Art. 21a 1 Buchst. f) 60
RL 2001/83/EG zu entsprechen haben. Die Verpflichtung zur Durchführung von Wirksamkeitsprüfun-
gen hat auf den gem. Art. 22b RL 2001/83/EG erlassenen bzw. noch zu erlassenden **delegierten
Rechtsakten** aufzubauen. Außerdem wird angeordnet, dass den **Leitlinien nach Art. 108a RL 2001/**

83/EG Rechnung zu tragen ist. Mit der dynamischen Verweisung auf Richtlinienvorgaben, die ihrerseits auf delegierte Rechtsakte und wissenschaftliche Leitlinien Bezug nehmen, wird der Kern der Auflagen-befugnis **bedenklich unscharf.** Über eine Änderung der delegierten Rechtsakte sowie der relevanten Leitlinien können die Inhalte der zulässigen Auflagen nach Nr. 5 modifiziert werden, ohne dass ein legitimierender Akt des Gesetzgebers erfolgte.

61   Die delegierten Rechtsakte nach Art. 21a 1 Buchst. f) und Art. 22a RL 2001/83/EG sehen vor, dass **Wirksamkeitsstudien** grundsätzlich nur in folgenden Fällen angeordnet werden sollen[83]:

a) eine auf Surrogat-Endpunkten beruhende erste Wirksamkeitsbewertung bedarf der Überprüfung der Auswirkung der Maßnahme auf klinische Ergebnisse oder auf den Krankheitsverlauf oder aber der Bestätigung früherer Wirksamkeitsvermutungen;

b) bei Arzneimitteln, die mit anderen Arzneimitteln kombiniert werden, sind weitere Wirksamkeitsdaten erforderlich, um Unsicherheiten zu klären, die bei Zulassung des Arzneimittels nicht geklärt waren;

c) es bestehen Unsicherheiten in Bezug auf die Wirksamkeit eines Arzneimittels bei bestimmten Sub-populationen, die vor der Zulassung nicht beseitigt werden konnten und weiterer klinischer Nach-weise bedürfen;

d) es besteht langfristig die Möglichkeit eines Wirksamkeitsverlustes, was Bedenken in Bezug auf die Aufrechterhaltung einer positiven Nutzen-Risiko-Bilanz des Arzneimittels verursacht;

e) der in klinischen Prüfungen nachgewiesene Nutzen eines Arzneimittels wird durch seine Verwendung unter tatsächlichen Bedingungen erheblich beeinträchtigt oder – im Falle von Impfstoffen – es waren keine Studien über die Schutzwirkung möglich;

f) ein geändertes Verständnis der Standardversorgung einer Krankheit oder der Pharmakologie eines Arzneimittels erfordert weitere Belege für dessen Wirksamkeit;

g) es gibt neue konkrete und objektive wissenschaftliche Gesichtspunkte, die Anlass zu der Erkenntnis geben könnten, dass frühere Wirksamkeitsbewertungen erheblich überarbeitet werden müssen.

62   Außerdem werden in dem delegierten Rechtsakt, auf den Nr. 5 verweist, weitere Fälle aufgeführt, in denen Wirksamkeitsstudien angeordnet werden können (Art. 2 III Delegierte VO (EU) Nr. 357/2014).

63   Aufgrund der nach dem Wortlaut eindeutigen Beschränkung sind die Vorgaben des delegierten Aktes dahingehend einschränkend auszulegen, dass Auflagen nach Nr. 5 nur zulässig sein können, wenn die Bedenken bzgl. der relevanten Aspekte der Wirksamkeit erst **nach der Zulassung** beseitigt werden können. In den o. g. Fällen unter Buchst. c) bis e) erscheint dies nachvollziehbar. In den übrigen Fällen ist zweifelhaft, aus welchen Gründen eine Klärung etwaiger Zweifel nicht vor Zulassungserteilung möglich sein soll.

G. Weitere Auflagen nach Zulassungserteilung für Humanarzneimittel (Abs. 3b)

64   Nach Abs. 3b können nach Zulassungserteilung Auflagen verfügt werden. Abs. 3b ist keine Auflagen-ermächtigung für Auflagen, die mit Zulassungserteilung verfügt werden.

I. Auflageninhalte (S. 1)

65   Die Inhalte der von der Ermächtigungsgrundlage nach S. 1 erfassten Auflagen beziehen sich auf das Risikomanagement-System und den Risikomanagement-Plan, Unbedenklichkeits- und Wirksamkeits-prüfungen.

66   **1. Risikomanagement-System und Risikomanagement-Plan (Nr. 1).** Nach Nr. 1 kann nach Erteilung der Zulassung angeordnet werden, ein Risikomanagement-System und einen Risikomanage-ment-Plan einzuführen. Nach **§ 22 II 1 Nr. 5a** sind mit dem Zulassungsantrag für Humanarzneimittel u. a. der Risikomanagement-Plan mit einer Beschreibung des Risikomanagement-Systems vorzulegen. Für neu zuzulassende Arzneimittel ist Nr. 1 daher bedeutungslos, da die Verpflichtung ohnehin besteht und die Einhaltung der Verpflichtung bei Prüfung der Zulassungsunterlagen zu prüfen ist.

67   Für Arzneimittel, auf die die Verpflichtung zur Einrichtung eines Risikomanagement-Plans und Risikomanagement-Systems bei Zulassungserteilung noch nicht galt, kann nach Nr. 1 die Einführung angeordnet werden. Dies ist allerdings nur zulässig, wenn die Einführung des Risikomanagement-Plans und Risikomanagement-Systems im Interesse der Arzneimittelsicherheit erforderlich ist. Bei Prüfung der Erforderlichkeit sind die bestehenden Pharmakovigilanzpflichten zu beachten. Nur wenn diese nicht ausreichend sein sollten, um die Arzneimittelsicherheit zu gewährleisten, kommt eine Auflage nach Nr. 1 in Betracht, weil ansonsten die Erforderlichkeit der Auflage fehlt.

---

[83] Vgl. Art. 1 II Delegierte Verordnung (EU) Nr. 357/2014 v. 3.2.2014 (L 107/1).

2. Unbedenklichkeitsprüfungen (Nr. 2). Nach Nr. 2 können nach Zulassungserteilung Unbe- **68** denklichkeitsprüfungen angeordnet werden. Insoweit ist auf die obigen Ausführungen zu Abs. 3a Nr. 2 zu verweisen (vgl. Rn. 51 f.).

3. Wirksamkeitsprüfungen (Nr. 3). Die nach Nr. 3 zulässige nachträgliche Anordnung von Wirk- **69** samkeitsprüfungen setzt voraus, dass die Bewertung der Wirksamkeit bei Zulassungserteilung erheblich korrigiert werden muss. Grund für die Korrektur der Beurteilung müssen Erkenntnisse über die zu behandelnde Krankheit oder die klinische Methodik zur Beurteilung der Wirksamkeit sein.

Die Auflagen sollen den Vorgaben des Art. 22a I Buchst. b) S. 2 2001/83/EG entsprechen. Die **70** Regelung verweist auf die Einhaltung der durch delegierte Rechtsakte nach Art. 22b RL 2001/83/EG und der Leitlinien nach Art. 108a RL 2001/83/EG normierten Vorgaben. Insoweit ist auf die Ausführungen oben zu Abs. 3b Nr. 5 (Rn. 58 ff.) zu verweisen.

II. Empfehlung der gemeinsamen Auflagenerfüllung nach S. 1 Nr. 2 (S. 2)

Wenn die Voraussetzungen für die nachträgliche Anordnung der Durchführung einer Unbedenklich- **71** keitsstudie nach S. 1 Nr. 2 für mehrere Zulassungen vorliegen, die in verschiedenen Mitgliedstaaten erteilt wurden, empfiehlt die Bundesoberbehörde (§ 77) den jeweiligen Zulassungsinhabern die gemeinsame Durchführung der Unbedenklichkeitsprüfung. Zuvor ist der Ausschuss für Risikobewertung nach Art. 56 I Buchst. aa) VO (EG) Nr. 726/2004 zu befassen.

Die Behörde spricht nach S. 2 lediglich eine Empfehlung aus. Die Zulassungsinhaber sind frei darin, **72** der Empfehlung zu folgen. Die Behörde kann auf Grundlage des S. 2 die gemeinsame Durchführung einer Unbedenklichkeitsstudie nicht beauflagen.

H. Erweiterte Auflagenbefugnis bei biologischen bzw. biotechnisch hergestellten Arzneimitteln (Abs. 3c)

I. Auflagenbefugnis (S. 1)

In Abs. 3c ist eine ergänzende Auflagenermächtigung für Arzneimittel und Ausgangsstoffe, die biolo- **73** gischer Herkunft sind oder auf biotechnischem Wege hergestellt werden, enthalten. Die Auflagenermächtigung ergänzt die Vorgaben der Abs. 1–3b.

Arzneimittel biologischer Herkunft oder **auf biotechnischem Wege hergestellte Arzneimittel 74** sind z. B. Blutzubereitungen und Sera, aber auch pflanzliche Arzneimittel. Die Besonderheit dieser Arzneimittel liegt darin, dass Arzneimittel nach **Abs. 3c S. 1** aus Ausgangsstoffen bestehen, die natürlichen Schwankungen nicht nur im Hinblick auf die Qualität, sondern auch im Hinblick auf mögliche Verunreinigungen bzw. Verseuchungen oder Belastungen unterliegen. Bei Arzneimitteln nach S. 1 ist die Unbedenklichkeit zum einen sowohl von der Beschaffenheit der Ausgangsprodukte als zum anderen auch von deren Behandlung im Verlauf des Produktionsprozesses abhängig. Die Vorschrift ermöglicht Auflagen, die zur Gewährleistung einer angemessenen Qualität oder zur Risikovorsorge geboten sind.

Verfügt werden dürfen nur Maßnahmen, die **geboten** sind. Die Behörde muss nachweisen, dass die im **75** Einzelfall verfügte Maßnahme erforderlich ist, um die Arzneimittelqualität oder die Arzneimittelsicherheit im konkreten Fall sicherzustellen. Auch wenn S. 1 darauf abstellt, dass die jeweiligen Maßnahmen zur Gewährleistung angemessener Qualität oder zur Risikovorsorge geboten sein muss, kann daraus nicht gefolgert werden, dass jede Maßnahme einer abstrakten Gefahrenabwehr erforderlich ist. Auch Maßnahmen der **Risikovorsorge** müssen unter Berücksichtigung des konkreten Arzneimittels, seiner Eigenschaften und Herstellung erforderlich sein, um möglichen Risiken vorzubeugen[84].

II. Sofortige Vollziehbarkeit (S. 2)

Auflagen nach Abs. 3c S. 1 sind nach **Abs. 3c S. 2** sofort vollziehbar.   **76**

III. Entfallen des Suspensiveffekts (S. 3)

Abs. 3c S. 3 ordnet an, dass Widerspruch und Anfechtungsklage gegen Auflagen nach Abs. 3c S. 1 **77** keine aufschiebende Wirkung haben. Der Antragsteller kann gegen sofort vollziehbare Auflagen nach S. 1 einen Antrag auf Anordnung der aufschiebenden Wirkung nach § 80 V 1 VwGO beim zuständigen Verwaltungsgericht stellen.

---

[84] Anders *Kloesel/Cyran*, § 28 Anm. 65; danach sollen offenbar Risikovorsorgemaßnahmen zur Abwehr jedweder abstrakten Gefahr zulässig sein.

I. Unterlagen zu Umweltrisiken (Abs. 3d)

I. Auflagenbefugnis (S. 1)

78   Die im Jahre 2009 neu eingeführte Auflagenbefugnis ermöglicht es der zuständigen Bundesoberbehörde, für **Tierarzneimittel** weitere Unterlagen anzufordern, die eine Bewertung möglicher Umweltrisiken zulässt **(Abs. 3d S. 1).** Zu beachten ist, dass nach § 22 IIIc 3 bei der Beantragung einer Zulassung für Tierarzneimittel die Ergebnisse von Prüfungen zur Bewertung möglicher Umweltrisiken der Behörde mit dem Zulassungsantrag vorzulegen sind (s. § 22 Rn. 98 ff.). Die Beauflagung der Vorlage weiterer Unterlagen zur Bewertung möglicher Umweltrisiken ist nach Abs. 3d daher nicht grundsätzlich, sondern nur in begründeten Einzelfällen zulässig. Voraussetzung für die Erteilung einer Auflage nach Abs. 3d ist daher, dass Anhaltspunkte dafür vorliegen, dass auf der Grundlage der nach § 22 IIIc 3 vorgelegten Unterlagen eine hinreichende Bewertung eventueller **Umweltrisiken** nicht möglich ist. Dass entsprechende Anhaltspunkte vorliegen, ist durch die zuständige Bundesoberbehörde zu belegen.

79   Die zuständige Bundesoberbehörde kann darüber hinaus die Vorlage weiterer Ergebnisse von Prüfungen zur Bewertung möglicher Umweltrisiken fordern, wenn die vorgenannten Voraussetzungen gegeben sind.

II. Überprüfung der Erfüllung der Auflage (S. 2)

80   Aus **Abs. 3d S. 2** folgt, dass die Behörde für die Erfüllung einer Auflage nach Abs. 3d S. 1 eine **Frist** verfügen muss. Die Frist muss so bemessen sein, dass der Antragsteller in der Lage ist, dem Auflageninhalt nachzukommen und zu entsprechen. Insbes. im Falle der Anordnung zur Vorlage weiterer Prüfungsergebnisse wird ggf. eine längere Frist gesetzt werden müssen. Dies ist in Abhängigkeit von den Umständen des jeweiligen Einzelfalls zu beurteilen. Die Behörde hat insoweit eine **Ermessensentscheidung** zu treffen.

III. Entsprechende Geltung des Abs. 1 S. 2 und 3 (S. 3)

81   Die zuständige Behörde (BVL) hat nach **Abs. 3d S. 3,** der auf Abs. 1 S. 2 und 3 verweist und diese für entsprechend anwendbar erklärt, im Einvernehmen mit dem Umweltbundesamt zu entscheiden. Da die Verfügung einer Auflage nach Abs. 3d mögliche Umweltrisiken zum Gegenstand hat, ist das Umweltbundesamt nach Abs. 1 S. 2 bei jeder Auflagenverfügung nach Abs. 3d in die Entscheidung mit einzubeziehen. Der in Abs. 1 S. 2 aufgenommenen Einschränkung hinsichtlich des herzustellenden Einvernehmens kommt insoweit keine Bedeutung zu, da in jedem Falle einer Auflage nach Abs. 3d Auswirkungen auf die Umwelt zu bewerten sind.[85]

82   Das BVL als zuständige Bundesoberbehörde ist verpflichtet, dem Umweltbundesamt die zur Beurteilung der Auswirkungen auf die Umwelt erforderlichen Angaben und Unterlagen zu übermitteln (Abs. 1 S. 3).

J. Risikomanagement-System und Anwendungsbeobachtung bei Tierarzneimitteln (Abs. 3e)

83   Die zuständige Behörde (§ 77 III) kann nach dem im Jahre 2012[86] eingeführten Abs. 3e per Auflage anordnen, dass nach Zulassungserteilung ein Risikomanagement-System (§ 4 XXXVI) eingerichtet wird.

84   Außerdem kann die Behörde die **systematische Sammlung, Dokumentation und Auswertung** von Erkenntnissen bei Anwendung eines Tierarzneimittels anordnen. Die Auflage zur Anordnung bzgl. entsprechender Erkenntnisse kann mit einer bestimmten Vorlagefrist verbunden werden. Der Inhalt der Anordnung sowie die Bestimmung der Vorlagefrist stehen im **Ermessen** der Behörde. Zu beachten ist, dass die Maßnahmen im Interesse der Arzneimittelsicherheit erforderlich sein müssen.

K. Umfang von Studien bzw. Anwendungsbeobachtungen (Abs. 3f)

I. Auflagenbefugnis (S. 1)

85   Die Regelung des **Abs. 3b S. 1** beinhaltet keine eigene Auflagenbefugnis, sondern konkretisiert und erweitert die in Abs. 3, Abs. 3a, Abs. 3b und Abs. 3e eingeräumte Auflagenbefugnis. Danach kann die Behörde Art und Umfang der nach Abs. 3, Abs. 3a, Abs. 3b und Abs. 3e verlangten Studien und

---

[85] Vgl. auch *Kloesel/Cyran*, § 28 Anm. 58.
[86] Zweites Gesetz zur Änderung arzneimittelrechtlicher und anderer Vorschriften v. 19.10.2012 (BGBl. I S. 2192).

Prüfungen bestimmen. Die Behörde darf z. B. das Studiendesign festlegen, ist dabei allerdings an den **Verhältnismäßigkeitsgrundsatz** gebunden. Die Verfügung eines bestimmten Studiendesigns ist daher rechtswidrig, wenn eine solchermaßen angelegte Studie nicht geeignet ist, einen bestimmten angestrebten Nachweis zu führen. Dies gilt auch für den Umfang einer Studie. Wird dieser von der Behörde mit einer nicht erforderlichen Zahl von Probanden bestimmt, die höher als erforderlich ist, erweist sich die Auflage als unverhältnismäßig und damit rechtswidrig.

Darüber hinaus kann die Behörde Tätigkeiten, Maßnahmen und Bewertungen im Rahmen des 86 **Risikomanagementsystems, das nach Abs. 3a und Abs. 3b** angeordnet werden kann, vorgeben. Die Behörde hat damit erheblichen Einfluss auf die genaue Ausgestaltung des Risikomanagement-Systems.

II. Nachweis der Ergebnisse (S. 2)

Die Ergebnisse der im Wege der Auflage nach Abs. 3b S. 1 angeordneten Untersuchungen, Prüfungen 87 oder Tätigkeiten sind nach **Abs. 3b S. 2** durch Unterlagen so zu belegen, dass aus diesen Art, Umfang und Zeitpunkt der Untersuchung, Prüfung oder Tätigkeit hervorgehen. Die Behörde kann die Vorlage entsprechender Unterlagen zum Gegenstand der jeweiligen Auflage machen.

L. Pflicht zur Aufnahme von Auflagen in das Risikomanagement-System und Meldepflicht (Abs. 3g)

S. 1 normiert, dass der Zulassungsinhaber alle Auflagen nach Abs. 3, Abs. 3a und Abs. 3b in sein 88 Risikomanagement-System aufnehmen muss. Die Aufnahme muss durch die Behörde nicht gesondert angeordnet werden. Die Pflicht zur Aufnahme gilt vielmehr kraft Gesetzes. **S. 2** verpflichtet die Zulassungsbehörde, die Europäische Arzneimittel Agentur über die Zulassungen, die unter Auflagen nach Abs. 3, 3a und 3b erteilt werden, zu informieren.

M. Nebenwirkungsmeldungen bei biologischen Arzneimitteln (Abs. 3h)

Abs. 3h ist die Ermächtigungsgrundlage für die Zulassungsbehörden, bei biologischen Humanarznei- 89 mitteln geeignete Maßnahmen anzuordnen, die zur **besseren Identifizierbarkeit** von Nebenwirkungs-meldungen führen. Nebenwirkungsmeldungen für biologische Arzneimittel sollen jedenfalls nach der Arzneimittel- und Chargenbezeichnung identifizierbar sein[87]. Die für biologische Arzneimittel in anderen Bereichen getroffenen Anordnungen zur Identifizierbarkeit und Rückverfolgbarkeit bleiben von Abs. 3h unberührt[88].

N. Anhörungsverfahren (Abs. 4)

I. Fristhemmung (S. 1)

Vor Erlass einer Auflage ist ein Anhörungsverfahren durchzuführen und dem Antragssteller Gelegen- 90 heit zur Stellungnahme zu geben (§ 28 Abs. 1 VwVfG). Während der Dauer der behördlich gesetzten Frist zur Stellungnahme des Antragstellers sind nach **Abs. 4 S. 1** die von der Behörde zu beachtenden Fristen nach § 27 I gehemmt.

II. Entsprechende Geltung des § 27 Abs. 2 (S. 2)

Für die Hemmung der Frist erklärt **Abs. 4 S. 2** die Regelung des § 27 II für anwendbar (s. § 27 Rn. 15). 91

O. Rechtsschutz gegen Auflagen

I. Im Zulassungsverfahren

Gegen Auflagen, die neben die Gewährung der Zulassung treten und ein selbständiges Leistungsgebot 92 an den Adressaten des Bescheides richten, besteht Rechtsschutz in Form des Widerspruchs bzw. der Anfechtungsklage[89]. Auflagen können isoliert angefochten werden[90]. Dies gilt auch für solche Ver-

---

[87] BT-Drucks. 17/9341, S. 53.
[88] BT-Drucks. 17/9341, S. 53; *Fuhrmann*, in: Fuhrmann/Klein/Fleischfresser, § 8 Rn. 39d.
[89] Die Zulässigkeit der Anfechtungsklage gegen eine als Auflage bezeichnete Teilversagung hat das *BVerwG*, NVwZ-RR 2007, 776, ausdrücklich bestätigt.
[90] S. *BVerwGE* 81, 185, 186; 85, 24, 26; 88, 348, 349.

fügungen, die von der Behörde – rechtsirrig – als Auflage bezeichnet werden, bei denen es sich jedoch tatsächlich um Teilversagungen ö. ä. handelt[91]. Eine **isolierte Anfechtung** führt dazu, dass die Grundentscheidung über die Zulassungserteilung bestehen bleibt und bestandskräftig wird, die Auflage jedoch nicht in Bestandskraft erwächst. Sie muss für die Dauer der gesetzlich angeordneten aufschiebenden Wirkung daher nicht umgesetzt werden. Von der Zulassung kann im nicht angegriffenen Umfang Gebrauch gemacht werden[92].

93   Ausnahmsweise ist die **isolierte Anfechtbarkeit** einer Auflage ausgeschlossen, wenn die Zulassungsentscheidung als Grundentscheidung ohne die verfügte Auflage rechtswidrig wäre[93].

94   Erteilt die Behörde die Zulassung in einer anderen als der ursprünglich beantragten Form, indem sie die Zulassungsentscheidung mit einer im Auflagenwege verfügten Einschränkung z. B. des Anwendungsgebietes oder des Anwenderkreises verbindet, kann der Antragsteller nach erfolglosem Widerspruchsverfahren eine **Verpflichtungsklage** einreichen[94]. In diesen Fällen der auch als modifizierte Auflage bezeichneten Teilversagung ist die Verpflichtungsklage zu richten auf Erlass der Zulassung im beantragten Umfang bzw. auf Neubescheidung des Zulassungsantrags unter Berücksichtigung der Rechtsauffassung des Gerichtes. Aufgrund der Komplexität der Sachentscheidung kommt regelmäßig nur die Verpflichtungsklage in Form der **Bescheidungsklage** in Betracht.

95   Gegen sog. **modifizierende Auflagen** ist grundsätzlich auch die Möglichkeit der Anfechtung gegeben[95]. Voraussetzung einer isolierten Anfechtung ist jedoch, dass nach Aufhebung der im Auflagenwege verfügten Modifikation die verbleibende Zulassungsentscheidung rechtmäßig ist.

II. Im Nachzulassungsverfahren

96   Nach § 105 Va 1 kann die Zulassungsbehörde auch Nachzulassungsentscheidungen mit Auflagen versehen. Die Rechtsschutzmöglichkeiten gegen Auflagen im Nachzulassungsverfahren entsprechen denen im Zulassungsverfahren. Auch Auflagen im Nachzulassungsbescheid können isoliert angefochten werden. Da ein Widerspruchsverfahren gegen Nachzulassungsentscheidungen nach § 105 Vb 1 ausgeschlossen ist, ist unmittelbar Klage zu erheben. Ein Widerspruch ist nicht statthaft.

97   Gegen modifizierende Auflagen bzw. gegen eine im Verhältnis zum Antrag modifizierte Genehmigung ist – ohne vorheriges Widerspruchsverfahren – die **Verpflichtungsklage** zulässig[96].

98   Die fristgerechte Erhebung einer Anfechtungsklage bei Auflagen bzw. einer Verpflichtungsklage bei modifizierenden Auflagen führt dazu, dass die bis zum Erlass der Zulassungsentscheidung bestehende fiktive Zulassung fortbesteht und weiter genutzt werden kann[97]. Die Auflagen müssen zunächst nicht umgesetzt werden. Der pharmazeutische Unternehmer darf daher von der fiktiven Zulassung weiter Gebrauch machen. Da die fiktive Zulassung bis zu einer rechtskräftigen Entscheidung über deren Bestehen bzw. Umfang fortbesteht, kommt es für deren weitere Nutzung nicht auf das Bestehen einer aufschiebenden Wirkung des Rechtsmittels an. Auch im Falle der Verpflichtungsklage kann daher die fiktive Zulassung bis zum Erlass einer rechtskräftigen Entscheidung genutzt werden. Es bedarf auch in der zweiten Instanz keines Antrags nach § 80b VwGO auf Anordnung der Fortdauer der aufschiebenden Wirkung[98].

P. Sanktionen

99   Wer eine durch vollziehbare Anordnung nach § 28 III, IIIa, IIIb oder IIIc 1 Nr. 2 geforderte Unterlage nicht vollständig oder mit nicht richtigem Inhalt vorlegt, macht sich nach § 96 Nr. 6 **strafbar.** Erfolgt die Tathandlung fahrlässig, kann dies als **Ordnungswidrigkeit** nach § 97 I i. V. m. § 96 Nr. 6 geahndet werden.

---

[91] *BVerwG*, NVwZ-RR 2007, 776.
[92] *v. Czettritz/Meier*, PharmR 2006, 101, 104.
[93] *BVerwGE* 81, 186; *BVerwG*, NVwZ 1984, 366; *Kopp/Schenke*, § 42 Rn. 24 m. w. N. in Fn. 41.
[94] *BVerwG*, DÖV 1974, 380; *Weyreuther*, DVBl. 1984, 365, 369.
[95] Die Rechtsschutzmöglichkeiten gegen modifizierende Auflagen sind in Rechtsprechung und Literatur umstritten; das *BVerwG* hat die Zulässigkeit der Anfechtungsklage gegen eine als Auflage bezeichnete Teilversagung im Rahmen einer Nachzulassungsentscheidung in seinem Urt. v. 21.6.2007 – 3 C 39.06, NVwZ-RR 2007, 776, ausdrücklich bestätigt, gleichzeitig jedoch nicht ausdrücklich die Zulässigkeit einer Verpflichtungsklage ausgeschlossen. In der Praxis empfiehlt sich wohl eine Anfechtungsklage verbunden mit einem hilfsweise gestellten Verpflichtungs- bzw. Bescheidungsantrag.
[96] So auch *v. Czettritz/Meier*, PharmR 2006, 101, 103.
[97] *OVG Münster*, PharmR 2006, 122 ff.; *v. Czettritz/Meier*, PharmR 2006, 101, 103 f.
[98] *OVG Münster*, PharmR 2006, 122, 124 f., das im Falle der Verpflichtungsklage einen Antrag nach § 80b VwGO als nicht statthaft beurteilt.

§ 29 Anzeigepflicht, Neuzulassung

(1) [1] Der Antragsteller hat der zuständigen Bundesoberbehörde unter Beifügung entsprechender Unterlagen unverzüglich Anzeige zu erstatten, wenn sich Änderungen in den Angaben und Unterlagen nach den §§ 22 bis 24a und 25b ergeben. [2] Die Verpflichtung nach Satz 1 hat nach Erteilung der Zulassung der Inhaber der Zulassung zu erfüllen.

(1a) [1] Der Inhaber der Zulassung hat der zuständigen Bundesoberbehörde unverzüglich alle Verbote oder Beschränkungen durch die zuständigen Behörden jedes Landes, in dem das betreffende Arzneimittel in Verkehr gebracht wird, sowie alle anderen neuen Informationen mitzuteilen, die die Beurteilung des Nutzens und der Risiken des betreffenden Arzneimittels beeinflussen könnten. [2] Zu diesen Informationen gehören bei Arzneimitteln, die zur Anwendung bei Menschen bestimmt sind, sowohl positive als auch negative Ergebnisse von klinischen Prüfungen oder anderen Studien, die sich nicht nur auf die in der Zulassung genannten, sondern auf alle Indikationen und Bevölkerungsgruppen beziehen können, sowie Angaben über eine Anwendung des Arzneimittels, die über die Bestimmungen der Zulassung hinausgeht. [3] Er hat auf Verlangen der zuständigen Bundesoberbehörde auch alle Angaben und Unterlagen vorzulegen, die belegen, dass das Nutzen-Risiko-Verhältnis weiterhin günstig zu bewerten ist. [4] Die zuständige Bundesoberbehörde kann bei Arzneimitteln, die zur Anwendung bei Menschen bestimmt sind, jederzeit die Vorlage einer Kopie der Pharmakovigilanz-Stammdokumentation verlangen. [5] Diese hat der Inhaber der Zulassung spätestens sieben Tage nach Zugang der Aufforderung vorzulegen. [6] Die Sätze 1 bis 3 gelten nicht für den Parallelimporteur.

(1b) Der Inhaber der Zulassung hat der zuständigen Bundesoberbehörde den Zeitpunkt für das Inverkehrbringen des Arzneimittels unter Berücksichtigung der unterschiedlichen zugelassenen Darreichungsformen und Stärken unverzüglich mitzuteilen.

(1c) [1] Der Inhaber der Zulassung hat der zuständigen Bundesoberbehörde nach Maßgabe des Satzes 2 anzuzeigen, wenn das Inverkehrbringen des Arzneimittels vorübergehend oder endgültig eingestellt wird. [2] Die Anzeige hat spätestens zwei Monate vor der Einstellung des Inverkehrbringens zu erfolgen. [3] Dies gilt nicht, wenn Umstände vorliegen, die der Inhaber der Zulassung nicht zu vertreten hat.

(1d) Der Inhaber der Zulassung hat der zuständigen Bundesoberbehörde alle Daten im Zusammenhang mit der Absatzmenge des Arzneimittels sowie alle ihm vorliegenden Daten im Zusammenhang mit dem Verschreibungsvolumen mitzuteilen, sofern die zuständige Bundesoberbehörde dies aus Gründen der Arzneimittelsicherheit fordert.

(1e) [1] Der Inhaber der Zulassung hat der zuständigen Bundesoberbehörde die in dem Verfahren nach Artikel 107c Absatz 4, 5 oder 6 der Richtlinie 2001/83/EG geänderten Stichtage oder Intervalle für die Vorlage von regelmäßigen aktualisierten Unbedenklichkeitsberichten anzuzeigen. [2] Etwaige Änderungen des in der Zulassung angegebenen Stichtags oder des Intervalls auf Grund von Satz 1 werden sechs Monate nach ihrer Veröffentlichung über das europäische Internetportal wirksam.

(1f) Der Inhaber der Zulassung ist bei Arzneimitteln, die zur Anwendung beim Menschen bestimmt sind, verpflichtet, die zuständige Bundesoberbehörde und die Europäische Arzneimittel-Agentur zu informieren, falls neue oder veränderte Risiken bestehen oder sich das Nutzen-Risiko-Verhältnis von Arzneimitteln geändert hat.

(1g) [1] Der Inhaber der Zulassung eines Arzneimittels, das zur Anwendung bei Menschen bestimmt ist, hat der zuständigen Bundesoberbehörde unverzüglich die Gründe für das vorübergehende oder endgültige Einstellen des Inverkehrbringens, den Rückruf, den Verzicht auf die Zulassung oder die Nichtbeantragung der Verlängerung der Zulassung mitzuteilen. [2] Er hat insbesondere zu erklären, ob die Maßnahme nach Satz 1 auf einem der Gründe des § 25 Absatz 2 Satz 1 Nummer 3, 4 oder Nummer 5, § 30 Absatz 2 Satz 1 Nummer 1 oder § 69 Absatz 1 Satz 2 Nummer 4 oder Nummer 5 beruht. [3] Die Mitteilung nach Satz 1 hat auch dann zu erfolgen, wenn die Maßnahme in einem Drittland getroffen wird und auf einem der in Satz 2 genannten Gründe beruht. [4] Beruht eine Maßnahme nach Satz 1 oder Satz 3 auf einem der in Satz 2 genannten Gründe, hat der Inhaber der Zulassung dies darüber hinaus der Europäischen Arzneimittel-Agentur mitzuteilen.

(2) [1] Bei einer Änderung der Bezeichnung des Arzneimittels ist der Zulassungsbescheid entsprechend zu ändern. [2] Das Arzneimittel darf unter der alten Bezeichnung vom pharmazeutischen Unternehmer noch ein Jahr, von den Groß- und Einzelhändlern noch zwei Jahre, beginnend mit dem auf die Bekanntmachung der Änderung im Bundesanzeiger folgenden 1. Januar oder 1. Juli, in den Verkehr gebracht werden.

(2a) [1] Eine Änderung

1. der Angaben nach den §§ 10, 11 und 11a über die Dosierung, die Art oder die Dauer der Anwendung, die Anwendungsgebiete, soweit es sich nicht um die Zufügung einer oder Veränderung in eine Indikation handelt, die einem anderen Therapiegebiet zuzuordnen ist, eine Einschränkung der Gegenanzeigen, Nebenwirkungen oder Wechselwirkungen mit anderen Mitteln,
2. der wirksamen Bestandteile, ausgenommen der arzneilich wirksamen Bestandteile,
3. in eine mit der zugelassenen vergleichbaren Darreichungsform,
3a. in der Behandlung mit ionisierenden Strahlen,
4. im Zusammenhang mit erheblichen Änderungen des Herstellungsverfahrens, der Darreichungsform, der Spezifikation oder des Verunreinigungsprofils des Wirkstoffs oder des Arzneimittels, die sich deutlich auf die Qualität, Unbedenklichkeit oder Wirksamkeit des Arzneimittels auswirken können, sowie jede Änderung gentechnologischer Herstellungsverfahren; bei Sera, Impfstoffen, Blutzubereitungen, Allergenen, Testsera und Testantigenen jede Änderung des Herstellungs- oder Prüfverfahrens oder die Angabe einer längeren Haltbarkeitsdauer,
5. der Packungsgröße und
6. der Wartezeit eines zur Anwendung bei Tieren bestimmten Arzneimittels

darf erst vollzogen werden, wenn die zuständige Bundesoberbehörde zugestimmt hat. [2] Satz 1 Nr. 1 gilt auch für eine Erweiterung der Zieltierarten bei Arzneimitteln, die nicht zur Anwendung bei Tieren bestimmt sind, die der Gewinnung von Lebensmitteln dienen. [3] Die Zustimmung gilt als erteilt, wenn der Änderung nicht innerhalb einer Frist von drei Monaten widersprochen worden ist.

(2b) Abweichend von Absatz 1 kann

1. der Wegfall eines Standortes für die Herstellung des Arzneimittels oder seines Wirkstoffs oder für die Verpackung oder die Chargenfreigabe,
2. eine geringfügige Änderung eines genehmigten physikalisch-chemischen Prüfverfahrens, wenn durch entsprechende Validierungsstudien nachgewiesen werden kann, dass das aktualisierte Prüfverfahren mindestens gleichwertig ist,
3. eine Änderung der Spezifikation eines Wirkstoffs oder anderen Stoffs zur Arzneimittelherstellung zwecks Anpassung an eine Monografie des Arzneibuchs, wenn die Änderung ausschließlich zur Übereinstimmung mit dem Arzneibuch vorgenommen wird und die Spezifikationen in Bezug auf produktspezifische Eigenschaften unverändert bleiben,
4. eine Änderung des Verpackungsmaterials, wenn dieses mit dem Arzneimittel nicht in Berührung kommt und die Abgabe, Verabreichung, Unbedenklichkeit oder Haltbarkeit des Arzneimittels nachweislich nicht beeinträchtigt wird, oder
5. eine Änderung im Zusammenhang mit der Verschärfung der Spezifikationsgrenzwerte, wenn die Änderung nur Folge einer Verpflichtung auf Grund früherer Beurteilungen zur Überprüfung der Spezifikationsgrenzwerte ist und nicht auf unerwartete Ereignisse im Verlauf der Herstellung zurückgeht,

innerhalb von zwölf Monaten nach ihrer Einführung der zuständigen Bundesoberbehörde angezeigt werden.

(3) [1] Eine neue Zulassung ist in folgenden Fällen zu beantragen:

1. bei einer Änderung der Zusammensetzung der Wirkstoffe nach Art oder Menge,
2. bei einer Änderung der Darreichungsform, soweit es sich nicht um eine Änderung nach Absatz 2a Nr. 3 handelt,
3. bei einer Erweiterung der Anwendungsgebiete, soweit es sich nicht um eine Änderung nach Absatz 2a Nr. 1 handelt, und
3a. bei der Einführung gentechnologischer Herstellungsverfahren.
4. (weggefallen)
5. (aufgehoben)

[2] Über die Zulassungspflicht nach Satz 1 entscheidet die zuständige Bundesoberbehörde.

(4) [1] Die Absätze 1, 1a Satz 4 und 5, die Absätze 1e bis 1g, 2, 2a bis 3 finden keine Anwendung auf Arzneimittel, für die von der Europäischen Gemeinschaft oder der Europäischen Union eine Genehmigung für das Inverkehrbringen erteilt worden ist. [2] Für diese Arzneimittel gelten die Verpflichtungen des pharmazeutischen Unternehmers nach der Verordnung (EG) Nr. 726/2004 mit der Maßgabe, dass im Geltungsbereich des Gesetzes die Verpflichtung zur Mitteilung an die Mitgliedstaaten oder zur Unterrichtung der Mitgliedstaaten gegenüber der jeweils zuständigen Bundesoberbehörde besteht.

(5) [1] Die Absätze 2a bis 3 finden keine Anwendung für Arzneimittel, die der Verordnung (EG) Nr. 1234/2008 der Kommission vom 24. November 2008 über die Prüfung von Änderungen der Zulassungen von Human- und Tierarzneimitteln (ABl. L 334 vom 12.12.2008, S. 7) in der jeweils geltenden Fassung unterliegen. [2] Die Absätze 2a bis 3 gelten

1. für zulassungspflichtige homöopathische Arzneimittel, die zur Anwendung am Menschen bestimmt sind und die vor dem 1. Januar 1998 zugelassen worden sind oder als zugelassen galten,

2. für die in Artikel 3 Nummer 6 der Richtlinie 2001/83/EG genannten Blutzubereitungen und

3. für nach § 21 zugelassene Gewebezubereitungen, es sei denn, es kommt bei ihrer Herstellung ein industrielles Verfahren zur Anwendung.

Wichtige Änderungen der Vorschrift: Abs. 1 S. 3 bis 5 eingefügt, Abs. 2a neu gefasst, Abs. 3 Nr. 1 und Nr. 2 geändert, Abs. 3 Nr. 3a eingefügt durch Art. 1 Nr. 17 des Vierten Gesetzes zur Änderung des Arzneimittelgesetzes vom 11.4.1990 (BGBl. I S. 720); Abs. 1 S. 2–5 neu gefasst, Abs. 1 S. 6 bis 8 eingefügt, Abs. 3 S. 1 Nr. 4 geändert und Abs. 3 S. 2 angefügt durch Art. 1 Nr. 20 des Fünften Gesetzes zur Änderung des Arzneimittelgesetzes vom 9.8.1994 (BGBl. I S. 2076); § 29 Abs. 4 und 5 angefügt durch Art. 1 Nr. 9 des Siebten Gesetzes zur Änderung des Arzneimittelgesetzes vom 25.2.1998 (BGBl. I S. 376); Abs. 2a S. 1 Nr. 1 neu gefasst durch Art. 1 Nr. 1a des Zehnten Gesetzes zur Änderung des Arzneimittelgesetzes vom 4.7.2000 (BGBl. I S. 1002); Abs. 1 neu gefasst, § 29 Abs. 1a–1d und Abs. 2a S. 2 eingefügt durch Art. 1 Nr. 28 des Vierzehnten Gesetzes zur Änderung des Arzneimittelgesetzes vom 29.8.2005 (BGBl. I S. 2584 f.); Abs. 2a S. 1 Nr. 6 und Abs. 5 geändert durch Art. 1 Nr. 10 des Fünfzehnten Gesetzes zur Änderung des Arzneimittelgesetzes vom 25.5.2011 (BGBl. I S. 946); Abs. 1a, Abs. 2a S. 1 Nr. 4 und Nr. 6 sowie Abs. 5 neu gefasst, Abs. 1e, 1f und 2b eingefügt, Abs. 3 Satz 1 Nr. 5 aufgehoben durch Art. 1 Nr. 23 des Zweiten Gesetzes zur Änderung arzneimittelrechtlicher und anderer Vorschriften vom 19.10.2012 (BGBl. I S. 2192); Abs. 1g eingefügt durch Art. 1 Nr. 6 des Dritten Gesetzes zur Änderung arzneimittelrechtlicher und anderer Vorschriften vom 7.8.2013 (BGBl. I S. 3108).

Europarechtliche Vorgaben: § 107c RL 2001/83/EG (geändert durch RL 2010/84/EG), § 123 Abs. 2, 2a, 2b RL 2001/83/EG (geändert durch RL 2012/26/EU).

S. hierzu im Übrigen den Anhang zu § 29.

Übersicht

A. Allgemeines

I. Inhalt

§ 29 normiert umfassende Anzeige- und Meldepflichten für den Zulassungsinhaber bzw. den Antrag- **1**
steller im Zulassungsverfahren. Der Zulassungsinhaber ist danach verpflichtet, gegenüber der zuständigen
Behörde sämtliche Änderungen des Inhaltes der Zulassungsunterlagen (§§ 22–24a; 25b) anzuzeigen
(Abs. 1). § 29 differenziert dabei drei Kategorien von Änderungen. Zum einen handelt es sich um
Änderungen, die gegenüber der Behörde nur anzuzeigen sind. Von den Anzeigepflichten sind nicht nur
die Änderungen nach Abs. 1 erfasst, sondern u. a. risikorelevanten Informationen zum betr. Arzneimittel
(Abs. 1a), der Zeitpunkt des Inverkehrbringens des Arzneimittels (Abs. 1b), die zur der Einstellung des
Inverkehrbringens (Abs. 1c) und die Meldung zu Absatz- und Verschreibungsmengen (Abs. 1d). Neue
Pflichten wurden normiert in Abs. 1e hinsichtlich der Anzeige von geänderten Stichtagen oder Intervallen für die Unbedenklichkeitsprüfung und in Abs. 1f hinsichtlich der Information der Behörden über
neue oder veränderte Risiken (beide eingefügt durch das 2. AMG-ÄndG 2012). Durch das 3. AMG-
ÄndG 2013 wurde Abs. 1g eingefügt, in dem eine Mitteilungspflicht über die Gründe u. a. für das
vorübergehende oder endgültige Einstellen des Inverkehrbringens normiert ist. Änderungen, die lediglich anzeigepflichtig sind, können ohne Genehmigung sofort vollzogen werden. Bei einer Änderung der
Bezeichnung des Arzneimittels in der Zulassungsbescheid nach Abs. 2 entsprechend zu ändern, wobei
das Arzneimittel in diesem Fall noch für bestimmte Zeiträume unter der alten Bezeichnung in den
Verkehr gebracht werden darf. Eine zweite Kategorie betrifft Änderungen, die der zuständigen Behörde
angezeigt und vor ihrer Umsetzung von der Behörde genehmigt werden müssen. Entsprechende
Änderungen sind in Abs. 2a abschließend aufgeführt. Die dritte Kategorie betrifft Änderungen, die zur
Neuzulassungspflicht führen (Abs. 3). Diese Änderungen dürfen erst umgesetzt werden, wenn die
zuständige Behörde aufgrund eines Neuzulassungsantrages eine Zulassung erteilt hat. Für zentral zugelas-
sene Arzneimittel gelten die Regelungen für Änderungsanzeigen in den Abs. 1, 2, 2a und 3 nicht; hier ist
die VO (EG) Nr. 726/2004 anzuwenden (Abs. 4). Für dezentral zugelassene Arzneimittel kommen die
Abs. 2a und 3 nicht zur Anwendung, soweit für diese Arzneimittel die VO (EG) Nr. 1234/2008
Anwendung findet. Abs. 2b wurde durch das 2. AMG-ÄndG 2012 eingefügt und sieht (wie VO (EG)
Nr. 1234/2008) auch im nationalen Änderungsverfahren Erleichterungen im Falle von geringfügigen
Änderungen vor. Abs. 5 wurde mit dem 2. AMG-ÄndG 2012neu gefasst und soll den Regelungsbereich
der Verfahren für nationale Zulassungsänderungen klarstellen.

II. Zweck

Zweck der Anzeigepflichten ist es, die Behörde über den Zustand und den Inhalt der Zulassungs- **2**
unterlagen fortlaufend unterrichtet zu halten. Dadurch soll die Behörde in die Lage versetzt werden, die
Verkehrsfähigkeit eines Arzneimittels ständig zu beurteilen. Das abgestufte System der Änderungsanzeigen ermöglicht dem Zulassungsinhaber in einem gewissen Rahmen die Anpassung der Zulassung
an aktuelle Erfordernisse, ohne in jedem Falle ein Neuzulassungsverfahren durchführen zu müssen.

III. Verhältnis nationales Recht und Variations-Verordnung

Der Anwendungsbereich des § 29 als nationale Bestimmung ist durch europarechtliche Vorgaben **3**
beschränkt. Soweit die Regelungen des § 29 die Änderung bestehender Zulassungen betrifft, erfasst der
Anwendungsbereich nicht die zentral zugelassenen Arzneimittel[1]. Für die pharmazeutischen Unternehmer zentral zugelassener Arzneimittel gelten aber die Anzeigepflichten, die in den Abs. 1a – mit Ausnahme des Abs. 1a S. 4 und S. 5 – bis 1d normiert werden[2].

In dem Umfang, in dem die auch als Variation-Verordnung bezeichnete VO (EG) Nr. 1234/2008 **4**
Anwendung findet, ist nach Abs. 4 und Abs. 5 der Anwendungsbereich des § 29 grundsätzlich nicht
eröffnet (s. dazu unten Rn. 101 ff.).

B. Änderungsanzeigen (Abs. 1)

I. Anzeigepflicht (S. 1)

1. Gegenstand der Änderungsanzeigen. Der **Antragsteller** und nach Zulassungserteilung der **5**
Zulassungsinhaber sind verpflichtet, der Behörde Änderungen in den **Zulassungsunterlagen** anzuzeigen. Anzeigepflichtig sind danach alle Änderungen in den nach §§ 22–24a und § 25b im Zulassungsverfahren einzureichenden Unterlagen. §§ 22–24 führen abschließend die vom Antragsteller im

---

[1] *Kloesel/Cyran*, § 29 Anm. 1; *Rehmann*, § 29 Rn. 23.
[2] *Kloesel/Cyran*, § 29 Anm. 1; *Rehmann*, § 29 Rn. 23.

Zulassungsverfahren vorzulegenden Unterlagen auf. Weitere Unterlagen müssen vom Antragsteller nicht vorgelegt und dürfen von der Zulassungsbehörde nicht gefordert werden. Anzuzeigen sind danach Änderungen der in § 22 I Nr. 1–Nr. 15 aufgeführten Angaben. Bei **Tierarzneimitteln** sind darüber hinaus die Angaben nach § 23 zu berücksichtigen und Änderungen entsprechender Angaben anzuzeigen. Anzeigepflichtige Änderungen der Unterlagen können sich auf die Unterlagen nach §§ 22 II – VII; 23 II, III und § 24 beziehen. Es handelt sich dabei um die Unterlagen über die analytischen, pharmakologischen, toxikologischen und klinischen Prüfungen sowie Unterlagen zur Wartezeit, zum Rückstandsnachweisverfahren sowie den in § 24 aufgeführten analytischen Gutachten, pharmakologisch-toxikologischen Gutachten, klinischen Gutachten und Gutachten zur Rückstandsprüfung.

6   Die Anzeigepflicht nach Abs. 1 gilt dem Wortlaut nach für alle Arzneimittel. Ein Anwendungsausschluss für Arzneimittel, die von der Variations-Verordnung erfasst werden, ist in § 29 nur für zentral zugelassene Arzneimittel normiert (Abs. 4 S. 1). Weitere Anwendungsausschlüsse finden sich nicht. Soweit die Anzeigepflicht vor Zulassungserteilung den Antragsteller trifft, ist eine Kollision mit der Variations-Verordnung nicht ersichtlich, da diese nur für bereits erteilte Zulassungen Anwendung findet (Art. 1 Abs. IX VO (EG) Nr. 1234/2008)[3]. Unklar ist, ob nach erteilter Zulassung eine Anzeigepflicht auch dann besteht, wenn die Zulassung in den Anwendungsbereich der Variations-Verordnung fällt[4]. Dies ist jedenfalls dann der Fall, wenn Änderungen betroffen sind, die durch die Variations-Verordnung nicht erfasst werden[5].

7   **a) Änderung des Zulassungsinhabers. aa) Übertragungsanzeige.** Nach Abs. 1 S. 1 ist die Änderung des Zulassungsinhabers anzeigepflichtig. Wird die Zulassung auf einen neuen Zulassungsinhaber übertragen, muss dies der Behörde mitgeteilt werden. Die Anzeige der Zulassungsübertragung ist für den Übertragungsvorgang als solchen kein konstitutives Element. Sie erfolgt lediglich **deklaratorisch** und in Erfüllung der entsprechenden arzneimittelrechtlichen Anzeigepflicht. Die Anzeigepflicht im Hinblick auf die Zulassungsübertragung wird von der Variations-Verordnung nicht berührt, da deren Anwendungsbereich ausdrücklich nicht die Übertragung einer Zulassung auf einen anderen Inhaber erfasst (Art. 1 II VO (EG) Nr. 1234/2008)[6]. Keine Übertragung i. S. des Abs. 1 S. 1 ist die Namensänderung des Zulassungsinhabers durch Umfirmierung[7]. Eine solche Namensänderung unterliegt der Variations-Verordnung[8].

8   **bb) Übertragung.** Die eigentliche Zulassungsübertragung erfolgt durch zivilrechtliche Einigung zwischen dem ursprünglichen Inhaber und dem neuen Zulassungsinhaber[9]. Ein zivilrechtlicher Vertrag, der auf die Übertragung einer Zulassung gerichtet ist, verpflichtet den ursprünglichen Zulassungsinhaber auch dann zur Anzeige des Wechsels des Zulassungsinhabers gegenüber der Behörde, wenn eine solche Verpflichtung nicht ausdrücklich vertraglich bestimmt ist. Die Verpflichtung, den neuen Zulassungsinhaber als solchen gegenüber der Behörde anzuzeigen, ist eine dem ursprünglichen Zulassungsinhaber obliegende vertragliche Nebenpflicht.

9   **cc) Kennzeichnung.** Wird die Zulassung übertragen und der neue Inhaber gegenüber der Behörde angezeigt, muss dies bei der Kennzeichnung des Arzneimittels berücksichtigt werden. Anzugeben ist auf der äußeren Umhüllung sowie auf dem Behältnis und der Packungsbeilage der **pharmazeutische Unternehmer.** Pharmazeutischer Unternehmer ist nach § 4 XVIII grundsätzlich immer der Zulassungsinhaber (s. § 4 Rn. 147). Neben dem Zulassungsinhaber ist pharmazeutischer Unternehmer auch derjenige, der ein Arzneimittel unter seinem Namen in den Verkehr bringt ohne Zulassungsinhaber zu sein **(Mitvertreiber).** Die Übertragung der Zulassung führt dazu, dass der neue Zulassungsinhaber als pharmazeutischer Unternehmer zu kennzeichnen ist. Arzneimittelbestände, die den ursprünglichen Zulassungsinhaber als pharmazeutischen Unternehmer angeben, können von diesem nur dann zulässig weiter in Verkehr gebracht werden, wenn für den ursprünglichen Zulassungsinhaber ein Mitvertriebsrecht besteht und die Kennzeichnung durch Umetikettierung im Hinblick auf den neuen Zulassungsinhaber angepasst wird. Arzneimittel, die in ihrem Kennzeichnungsstand noch den Zustand vor der Zulassungsübertragung wiedergeben, dürfen von den Handelsstufen jedoch weiter abgegeben werden, da sie zum Zeitpunkt des (erstmaligen) Inverkehrbringens zulässig abgegeben wurden. Dementsprechend können z. B. Großhändler und Apotheker entsprechend gekennzeichnete Arzneimittel weiter abgeben[10].

---

[3] *Kloesel/Cyran,* § 29 Anm. 6.
[4] Vgl. dazu *Kloesel/Cyran,* § 29 Anm. 6.
[5] *Kloesel/Cyran,* § 29 Anm. 6; *Kösling/Wolf,* in: Fuhrmann/Klein/Fleischfresser, § 11 Rn. 47.
[6] *Kösling/Wolf,* in: Fuhrmann/Klein/Fleischfresser, § 11 Rn. 47; *Rehmann,* § 29 Rn. 5.
[7] *Kösling/Wolf,* in: Fuhrmann/Klein/Fleischfresser.
[8] Vgl. Anhang II Nr. 1a) der VO (EG) Nr. 1234/2008.
[9] Vgl. *BGH,* NJW 1990, 2931, 2932; *Sander,* § 29, Erl. 2; *Kloesel/Cyran,* § 29 Anm. 20; *Kortland,* in: Fuhrmann/Klein/Fleischfresser, Vorbem. zu § 21 Rn. 14 ff.; a. A. *Sedelmeier,* PharmR 1994, 3, 4.
[10] So auch *Kloesel/Cyran,* § 29 Anm. 20 unter Bezugnahme auf eine analoge Anwendung des § 29 II 2; die weitere Abgabe soll danach zeitlich nur nach Maßgabe der Beschränkungen des § 29 II 2 zulässig sein. Richtig dürfte sein, dass § 29 II 2 zeigt, dass ein einmal rechtmäßig in Verkehr gebrachtes Arzneimittel auch dann weiter abgegeben werden darf, wenn die Zulassung geändert wurde. Für den Fall der Übertragung kann dies ebenfalls gelten, da insoweit keine andere Interessenslage gegeben ist. § 29 II 2 hingegen ist auf den Fall der Übertragung nicht anwendbar, da dort eine

b) Mitvertriebsrecht. Ein Mitvertriebsrecht ist die zivilrechtliche Gestattung, von einer bestehenden **10** Zulassung Gebrauch zu machen. Diese Gestattung wird vom Zulassungsinhaber Dritten eingeräumt. Das Mitvertriebsrecht sieht vor, dass das Arzneimittel unter dem Namen des Mitvertreibers von diesem in Verkehr gebracht werden darf. Das Mitvertriebsrecht ist allein auf Nutzung der bestehenden Zulassung beschränkt. Das Mitvertriebsrecht befugt den Mitvertreiber nicht, Änderungen der Zulassung vorzunehmen oder Änderungen anzuzeigen. Die früher geäußerte Ansicht, dass die Einräumung eines Mitvertriebsrechtes unzulässig sei und eine Umgehung der in § 21 III normierten Antragspflicht darstelle[11], ist aufgrund zahlreicher gesetzlicher Regelungen, die ausschließlich den Mitvertreiber betreffen, nicht mehr aufrecht zu erhalten. Das Gesetz hat den Mitvertrieb mittlerweile als zulässig anerkannt (s. § 9 Rn. 17).

c) Herstellungsverfahren. Änderungen des Herstellungsverfahrens sind der Behörde ebenfalls an- **11** zuzeigen. Entsprechende Änderungen können sich beispielsweise auf einzelne Herstellungsgänge beziehen. Im Rahmen der Änderungsanzeige sind die jeweiligen Herstellungsgänge zu bezeichnen und die wesentlichen Produktionsschritte darzustellen. Änderungen des Herstellungsverfahrens sind ausnahmsweise in Abhängigkeit der Art der herzustellenden Arzneimittel nach Abs. 2a 1 Nr. 4 zustimmungspflichtig. Dies ist der Fall, wenn die Herstellung von Sera, Impfstoffen, Blutzubereitungen, Allergenen, Test-Sera oder Test-Antigenen betroffen ist. Auch die Änderung eines gentechnologischen Herstellungsverfahrens unterliegt der Zustimmungspflicht nach Abs. 2a (s. dazu Rn. 67). Dies gilt aber nur dann, wenn für die entsprechenden Arzneimittel der Anwendungsbereich des Abs. 2a nach Maßgabe des Abs. 5 S. 1, S. 2 und Art. 1 IX VO (EG) Nr. 1234/2008 eröffnet ist.

d) Nebenwirkungen, Wechselwirkungen, Warnhinweise, sonstige Bestandteile. Lediglich an- **12** zeigepflichtig sind Änderungen, die **nicht wirksame Bestandteile** betreffen sowie die Aufnahme **zusätzlicher** Nebenwirkungen, Warnhinweise, Wechselwirkungen und Gegenanzeigen. Etwaige Einschränkungen von Nebenwirkungen, Warnhinweisen, Wechselwirkungen und Gegenanzeigen sind nicht nur anzeigepflichtig, sondern seit den im Jahre 2009[12] eingeführten Änderungen sowohl bei verschreibungspflichtigen und apothekenpflichtigen als auch bei freiverkäuflichen Arzneimitteln nach Abs. 2a **zustimmungspflichtig.**

e) Haltbarmachung und Aufbereitung. Änderungen der **Art der Haltbarmachung,** also bei- **13** spielsweise die Verwendung von Konservierungsstoffen oder eine Änderung der Aufbereitungsmethode, sind grundsätzlich ebenfalls nur anzeigepflichtig. Dies gilt nicht bei Änderung oder Einführung gentechnischer Aufbereitungsverfahren. Die Einführung solcher Verfahren führt zur Neuzulassungspflicht (Abs. 3 Nr. 3a). Die Änderung eines gentechnologischen Herstellungsverfahrens ist nach Abs. 2a Nr. 4 zustimmungspflichtig. Die Bedeutung dieser Regelung vor dem Hintergrund des nach Abs. 5 beschränkten Anwendungsbereichs dürfte allerdings bestenfalls noch gering sein. Auch Änderungen zur Angabe der **Dauer der Haltbarkeit** müssen nur angezeigt werden. Einer Zustimmung der Behörde bedarf nach Abs. 2a jedoch die Angabe einer längeren Haltbarkeitsdauer für Sera, Impfstoffe, Blutzubereitungen, Allergene, Test-Sera oder Test-Antigene.

f) Lagerhinweise. Änderungen von Lagerhinweisen sind der Behörde lediglich anzuzeigen und können **14** unmittelbar umgesetzt werden. Lagerhinweise können sich auf die Lagerung durch Fachkreise, sog. **Lagerungshinweise,** und auf die Lagerung durch Verbraucher, sog. **Aufbewahrungshinweise,** beziehen.

2. Bedeutung der Änderungsanzeige. Anzeigen nach Abs. 1 sind **deklaratorisch.** Ihr Eingang **15** wird von der zuständigen Behörde bestätigt. Mit der Bestätigung wird dem Zulassungsinhaber regelmäßig mitgeteilt, dass eine Prüfung und Entscheidung über die Zulässigkeit der angezeigten Änderungen sowie die Verkehrsfähigkeit des betroffenen Arzneimittels nicht erfolgt und mit der Eingangsbestätigung nicht verbunden ist. Die Zulassungsbehörde unterrichtet die zuständige Landesbehörde über die angezeigte Änderung.

3. Zeitpunkt der Änderungsanzeige. Änderungen nach Abs. 1 sind **unverzüglich** anzuzeigen. **16** Unverzüglich ist eine Änderungsanzeige, wenn sie ohne schuldhaftes Zögern (§ 121 I BGB) erfolgt[13].

Einschränkung von dem Grundsatz normiert wird, dass ein rechtmäßig in Verkehr gebrachtes Arzneimittel grundsätzlich auch dann weiter abgegeben werden darf, wenn sich die Zulassung ändert. Eine analoge Anwendung des § 29 II 2 kommt hier schon deshalb nicht in Betracht, weil die für eine Analogie erforderliche planwidrige Regelungslücke fehlt. Der Gesetzgeber hat gerade für den Fall der Bezeichnungsänderung mit § 29 II 2 eine Sonderregelung einführen wollen, diese aber willentlich auf Bezeichnungsänderungen beschränkt. Durch eine Analogie würde diese bewusste Beschränkung der Regelung des § 29 II 2 entgegen dem gesetzgeberischen Willen zu Unrecht ausgeweitet werden. Darüber hinaus besteht im Falle des Wechsels des Zulassungsinhabers keinerlei Bedürfnis, die Abgabemöglichkeiten der bereits zulässig vor dem Wechsel in Verkehr gebrachten Arzneimittel zeitlich zu beschränken. Eine zeitliche Beschränkung ergibt sich allein aus dem Verfalldatum der letzten in den Verkehr gebrachten Charge.

[11] Die früher geäußerten Bedenken gegen die Zulässigkeit des Mitvertriebs werden von *Kloesel/Cyran* nicht aufrecht erhalten, vgl. *Kloesel/Cyran,* § 29 Anm. 19; vgl. dazu auch *Rehmann,* § 29 Rn. 5.

[12] Vgl. BT-Drucks. 16/12256, S. 49 zur Begründung der Ausweitung der Zustimmungspflicht bei entsprechenden Änderungen bei freiverkäuflichen Arzneimitteln.

[13] *Kloesel/Cyran,* § 29 Anm. 17; *Rehmann,* § 29 Rn. 3.

Sobald eine anzeigepflichtige Änderung durchgeführt wird, muss diese daher der zuständigen Behörde mitgeteilt werden. Eine Beurteilungs- oder Überlegungsfrist dahingehend, ob eine Anzeige zu erfolgen hat, bedarf es insoweit nicht. Soweit in der juristischen Literatur vertreten wurde, dem Zulassungsinhaber stünde eine **Überlegensfrist** zu, wenn die Rechtspflicht zur Anzeige nicht offenkundig sei, ist dies missverständlich. Da jede Änderung im Hinblick auf die Angaben und Unterlagen nach den in Abs. 1 genannten Vorschriften anzuzeigen ist, besteht kein Bedürfnis für eine Überlegungsfrist. Eine Überlegungsfrist kann auch nicht mit Verweis auf die Verpflichtung zur Aufnahme weiterer Nebenwirkungen oder Wechselwirkungen begründet werden, da die Verpflichtung zur Umsetzung neuer Erkenntnisse im Bereich Neben- und Wechselwirkungen eine aus der allgemeinen Verkehrssicherungspflicht erwachsende Rechtspflicht des Zulassungsinhabers ist. Muss im Rahmen dieser Verpflichtung eine Änderung der Zulassungsunterlagen und insbes. der Angaben nach § 22 I vorgenommen werden, ist diese Änderung jedenfalls spätestens mit ihrer Vornahme anzuzeigen[14]. Eine Überlegungsfrist steht dem Zulassungsinhaber nur insoweit zu, als es um die Bewertung neuer Erkenntnisse geht, die im Rahmen der allgemeinen Verkehrssicherungspflicht zu überprüfen und zu bewerten sind und ggf. zur Aufnahme zusätzlicher Hinweise führen. Hat der Zulassungsinhaber entschieden, entsprechende Änderungen umzusetzen, muss er diese Änderungen unverzüglich anzeigen.

II. Verpflichteter (S. 2)

17 Nach Abs. 1 S. 2 ist der Antragsteller zur Mitteilung von Änderungen gegenüber der Behörde verpflichtet. Das Abstellen auf den Antragsteller zeigt, dass die Anzeigepflicht bereits mit Stellung des Zulassungsantrags und schon vor Erteilung der Zulassung besteht. S. 2 stellt klar, dass die Anzeigepflicht nach Zulassungserteilung dem Zulassungsinhaber obliegt.

18 Antragsteller und Zulassungsinhaber können sich gegenüber der Behörde vertreten lassen und durch Bevollmächtigte Anzeigen einreichen lassen. Die öffentlich-rechtliche Verantwortung wird durch **Bevollmächtigung** eines Dritten jedoch nicht berührt, sondern obliegt weiterhin dem Antragsteller bzw. Zulassungsinhaber.

C. Risikorelevante Informationen (Abs. 1a)

19 Abs. 1a normiert für den Zulassungsinhaber neben den Verpflichtungen nach Abs. 1 und § 63c (für Humanarzneimittel) bzw. § 63h (für Tierarzneimittel) eine Meldepflicht, nach der der zuständigen Bundesoberbehörde risikorelevante Informationen mitzuteilen sind. Es sind danach alle Verbote oder Beschränkungen durch die zuständigen Behörden eines anderen Landes, in dem das betroffene Arzneimittel in Verkehr gebracht wird, mitzuteilen. Außerdem ist der Zulassungsinhaber verpflichtet, der Zulassungsbehörde alle anderen neuen Informationen mitzuteilen, die für die Beurteilung des Nutzens und der mit der Anwendung des betr. Arzneimittels verbundenen Risiken maßgeblich sein könnten. Die Einführung dieser Verpflichtung im Rahmen der 14. AMG-Novelle geht zurück auf die Änderung des Art. 23 RL 2001/83/EG durch RL 2004/27/EG.

I. Maßnahmen ausländischer Behörden (S. 1)

20 Nach **Abs. 1a S. 1** muss der Zulassungsinhaber der nationalen Behörde Maßnahmen ausländischer Behörden melden, wenn es sich um Verbote oder Beschränkungen handelt, die das auch in Deutschland zugelassene Arzneimittel betreffen. Meldepflichtig sind grundsätzlich nur Maßnahmen der zuständigen Behörden. Maßnahmen unzuständiger Behörden müssen demnach nicht gemeldet werden.

21 **1. Verbote und Beschränkungen. Meldepflichtige Verbote oder Beschränkungen** sind z.B. Verbote für das Inverkehrbringen von Arzneimitteln oder die Herausnahme bestimmter Personengruppen aus dem Anwendungsbereich einer Zulassung. Meldepflichtig ist die Maßnahme einer ausländischen Behörde nur, wenn in Deutschland das identische Arzneimittel in Verkehr gebracht wird. Dies ergibt sich daraus, dass S. 1 ausdrücklich darauf abstellt, dass das betr. Arzneimittel im jeweiligen Land in Verkehr gebracht wird. Weicht das in Deutschland zugelassene und in Verkehr gebrachte Arzneimittel von dem im Ausland zugelassenen und in Verkehr gebrachten Arzneimittel ab, handelt es sich nicht um das betr. Arzneimittel i.S. des S. 1. Eine Meldeverpflichtung für etwaige Verbote oder Beschränkungen der Zulassung ähnlicher Arzneimittel durch die zuständigen ausländischen Behörden besteht nicht[15].

22 **2. Neue Informationen.** Nach Abs. 1a S. 1 obliegt dem Zulassungsinhaber eine Mitteilungspflicht hinsichtlich solcher neuen Informationen, die die Beurteilung des **Nutzens** und der **Risiken des betr. Arzneimittels** beeinflussen könnten. Aufgrund der weiten und offenen Formulierungen ist die Verpflichtung sehr unbestimmt. Dies ist gerade im Hinblick auf den Umstand, dass ein Verstoß gegen die

---

[14] Ähnlich wohl *Kloesel/Cyran*, § 29 Anm. 17.
[15] So auch *Kösling/Wolf*, in: Fuhrmann/Klein/Fleischfresser, § 11 Rn. 63.

Meldeverpflichtung nach § 97 II Nr. 7 eine Ordnungswidrigkeit darstellt, bedenklich. Die Verpflichtung betrifft jedenfalls nur neue Informationen, d. h. solche Informationen, die der zuständigen Behörde nicht bereits z. B. im Rahmen des Zulassungsantrages oder eines Verlängerungsantrages zur Verfügung gestellt wurden[16]. Die Meldepflicht besteht nur, wenn die Informationen Einfluss auf die Beurteilung des Nutzens bzw. der Risiken des Arzneimittels haben könnten. Nicht erforderlich ist, dass zum Zeitpunkt der Meldung feststeht, dass die Informationen tatsächlich Einfluss auf die Risiko-Nutzen-Beurteilung haben. Die Meldeverpflichtung wird allein durch die Möglichkeit eines entsprechenden Einflusses ausgelöst. Die Meldeverpflichtung wird jedoch nicht durch jede noch so geringe Wahrscheinlichkeit eines Einflusses auf die genannte Beurteilung ausgelöst. Vielmehr muss im Zeitpunkt der Meldung eine gewisse Plausibilität dafür bestehen, dass die Nutzen- bzw. Risikobeurteilung des Arzneimittels durch die Information betroffen wird.

Mögliche Risiken können sich im Zusammenhang mit der Qualität, der Sicherheit oder Wirk- **23** samkeit des Arzneimittels ergeben. Erlangt der Zulassungsinhaber daher die Qualität, Sicherheit oder Wirksamkeit des Arzneimittels betr. Informationen, muss er diese an die zuständige Behörde weiterleiten, sofern diese Informationen der Behörde nicht bereits vorliegen. Gelangt der Zulassungsinhaber zu dem Ergebnis, dass die neuen Informationen keinen Einfluss auf die Beurteilung der Risiken des Arzneimittels haben können, besteht keine Meldeverpflichtung. Dies kann der Fall sein, wenn der Zulassungsinhaber Informationen über angebliche Nebenwirkungen des Arzneimittels erhält, aufgrund der Unterlagen ein Kausalzusammenhang zwischen der Arzneimittelanwendung und den beobachteten vermeintlichen Nebenwirkungen jedoch ausgeschlossen ist. Sind der Behörde die Informationen bereits bekannt, besteht auch dann keine Verpflichtung zur Meldung, wenn sie Einfluss auf die Beurteilung der Risiken bzw. Nutzens haben könnten. Unerheblich ist dabei, auf welche Weise die Behörde die Informationen erlangt hat. Es kommt nicht darauf an, dass die Informationen der Behörde durch den Zulassungsinhaber vorgelegt wurden.

Meldepflichtig sind auch solche Informationen, die sich auf das **Risiko unerwünschter Arznei-** **24** **mittelauswirkungen auf die Umwelt** beziehen[17]. Entsprechende Auswirkungen auf die Umwelt können sich beispielsweise daraus ergeben, dass Arzneimittelinhaltsstoffe in die Umwelt eingetragen werden und dort unbeabsichtigte Folgen haben. Für hormonaktive Substanzen, die in das Oberflächen- beziehungsweise Grundwasser eingetragen werden, konnten entsprechende schädliche Auswirkungen bereits experimentell bestätigt werden[18]. Nach § 22 IIIc müssen im Rahmen des Neuzulassungsver- fahrens für ein Arzneimittel Unterlagen zur Bewertung möglicher Umweltrisiken vorgelegt werden (s. § 22 Rn. 98 ff.)[19]. Für bereits zugelassene Arzneimittel müssen entsprechende Unterlagen nicht nach- gereicht werden. Aufgrund der Meldeverpflichtung nach Abs. 1a müssen jedoch sämtliche Erkenntnisse über mögliche Risiken für die Umwelt auch dann gemeldet werden, wenn sie bereits zugelassene Arzneimittel betreffen. Aufgrund der sehr weiten Formulierung des Abs. 1a, nach dem bereits die Möglichkeit der Beeinflussung der Risikobeurteilung zur Begründung der Meldeverpflichtung ausrei- chend ist und aufgrund der Definition des § 4 XXVII Buchst. b), nach der jedes mit der Anwendung eines Arzneimittels verbundene Risiko auch jedes Risiko einer unerwünschten Auswirkung auf die Umwelt ist, ergibt sich eine sehr weitreichende Meldeverpflichtung. Art und Umfang der im Einzelfall zu meldenden Informationen und Angaben hinsichtlich möglicher Umweltrisiken sind nur im Einzelfall zu bestimmen. Welcher Art entsprechende Risiken und daher auch die meldepflichtige Information sein können, hängt maßgeblich von den Inhaltsstoffen des jeweiligen Arzneimittels ab.

Da der Nutzen eines Arzneimittels durch die positiven therapeutischen Wirkungen des Arzneimittels **25** im Verhältnis zu den möglichen mit der Anwendung verbundenen Risiken bestimmt wird, bezieht sich die Pflicht zur Informationsweiterleitung auch auf Informationen, die die **therapeutische Wirkung** **eines Arzneimittels** betreffen. Zu berücksichtigen sind auch dabei nur solche Informationen, die der zuständigen Behörde noch nicht vorliegen. Da die Nutzenbewertung eines Arzneimittels ohne Berück- sichtigung der dem Arzneimittel immanenten Risiken nicht möglich ist, erfasst die Meldeverpflichtung für solche Informationen, die die Beurteilung des Nutzens beeinflussen könnten, auch Informationen zu Arzneimittelrisiken. Der ausdrücklichen Anordnung der Meldeverpflichtung für Informationen, die die Risikobewertung beeinflussen, hätte es daher nicht bedurft.

II. Explizite Meldepflicht für Erkenntnisse aus Prüfungen und Studien (S. 2)

S. 2 stellt klar, dass zu den Informationen, die Einfluss auf die Beurteilung des Nutzens und der **26** Risiken eines Arzneimittels haben können, auch Informationen aus klinischen Studien und anderen

---

[16] So auch *Kloesel/Cyran*, § 29 Anm. 31.
[17] Sich dieser Auffassung anschließend *Kloesel/Cyran*, § 29 Anm. 31.
[18] Vgl. hierzu *Grommelt/Schönauer*, Hormonaktive Substanzen im Wasser – Gefahr für Gewässer und Mensch, 2001, Bund (Hrsg.), S. 4 und S. 11 ff.; *Kügel/Guttmann*, PharmR 2009, 490 ff.; vgl. auch das Positionspapier „Arzneistoffe in der Umwelt" des VFA, Stand 12/2007, abrufbar unter www.vfa.de.
[19] Vgl. Guideline on the environmental risk assessment of medicinal products for human use (EMEA/CHMP/SWP/ 4447/00) und Revised Guideline on environmental impact assessment for veterinary medicinal products in support of the VICH Guideline GL6 and GL38 (EMEA/CVMP/ERA/41 8282/2005 – Rev.1).

Prüfungen gehören. Ausdrücklich werden negative und positive Ergebnisse als mögliche Informationen aufgeführt. Die Meldepflicht erstreckt sich dabei nicht nur auf Erkenntnisse, die sich auf eine Anwendung im Rahmen der Zulassung beschränken. Vielmehr sind ausdrücklich auch solche Erkenntnisse zu berücksichtigen, die eine Anwendung außerhalb der zugelassenen Anwendungsgebiete und außerhalb der Personengruppen, für deren Anwendung das Arzneimittel bestimmt ist, betreffen.

27   Neben den Erkenntnissen aus Studien und zulassungsüberschreitenden Studien sind nach S. 2 auch alle sonstigen **Erkenntnisse** einer **zulassungsüberschreitenden Anwendung** bei der Frage zu berücksichtigen, ob eine Meldepflicht nach S. 1 besteht. Dies gilt unabhängig davon, in welchem Rahmen die nicht der Zulassung entsprechende Anwendung erfolgte. Daher sind auch Informationen erfasst, die sich bei einer außerhalb der Zulassung erfolgenden Anwendung z. B. im Rahmen eines Heilversuches oder auch einer nicht ärztlich begleiteten Anwendung ergeben und dem Zulassungsinhaber bekannt werden.

III. Nutzen–Risiko-Verhältnis (S. 3)

28   **Abs. 1a S. 2** normiert die Verpflichtung, der zuständigen Behörde auf deren Verlangen alle Unterlagen und Angaben vorzulegen, die das Fortbestehen eines positiven Nutzen-Risiko-Verhältnisses belegen. Das Fortbestehen des positiven Nutzen-Risiko-Verhältnisses kann beispielsweise dadurch belegt werden, dass eine **gutachterliche Bestätigung** vorgelegt wird, nach der sich die für die Nutzen-Risiko-Bewertung maßgeblichen Umstände seit der Zulassungserteilung bzw. der letzten Nutzen-Risiko-Bewertung nicht verändert haben. Sind keinerlei neuen Erkenntnisse vorhanden, ist eine entsprechende Bestätigung ausreichend, um die günstige Bewertung des Nutzen-Risiko-Verhältnisses zu belegen. Beim Vorliegen neuer Erkenntnisse zum jeweiligen Arzneimittel oder zu einem im jeweiligen Arzneimittel enthaltenen Inhaltsstoff muss sich die gutachterliche Stellungnahme ggf. mit diesen Erkenntnissen auseinandersetzen.

29   Auch Unterlagen über die **Absatzmenge** bzw. das **Verschreibungsvolumen** eines Arzneimittels können das Fortbestehen der positiven Risiko-Nutzen-Bewertung belegen bzw. für die Bewertung relevante Informationen liefern. Die Verschreibungs- und Absatzmenge lässt Rückschlüsse auf die Anwendungshäufigkeit eines Arzneimittels zu. Diese Anwendungshäufigkeit kann in Beziehung gesetzt werden zur Häufigkeit etwaiger Nebenwirkungen. Eine – insbes. über längere Zeit erfolgende – Beobachtung des Verhältnisses von Anwendungshäufigkeit und dem Auftreten bestimmter Nebenwirkungen ermöglicht eine Risikobewertung. Die sich daraus ergebenden Erkenntnisse können z. B. Einfluss auf die Angabe der Auftretenswahrscheinlichkeit von Nebenwirkungen im Rahmen der Informationstexte haben.

30   Unterlagen zur Bestätigung des Fortbestehens der positiven Risiko-Nutzen-Bewertung müssen nur auf ausdrückliches **Verlangen der zuständigen Behörde** vorgelegt werden. Dem Zulassungsinhaber ist seitens der Behörde eine angemessene Frist zur Vorlage entsprechender Unterlagen einzuräumen.

IV. Pharmakovigilanz-Stammdokumentation (S. 4 und S. 5)

31   Für **Humanarzneimittel** kann die zuständige Bundesoberbehörde auch jederzeit die Vorlage einer **Kopie der Pharmakovigilanz-Stammdokumentation** verlangen. Die **Pharmakovigilanz-Stammdokumentation** ist nach § 4 XXXIX eine detaillierte Beschreibung des Pharmakovigilanz-Systems, das der Zulassungsinhaber auf eines oder mehrere zugelassene Arzneimittel anwendet. Die Pflicht zur Führung der Pharmakovigilanz-Stammdokumentation folgt aus § 63b II Nr. 3 (s. § 63b Rn. 22). Ausdrücklich beschränkt ist die Vorlagepflicht auf eine Kopie. Eine darüber hinausgehende Verpflichtung besteht nicht. Nach S. 5 muss die **Vorlage** der Kopie spätestens innerhalb von **sieben Tagen** nach Zugang der Aufforderung zur Vorlage erfolgen. Die Siebentagefrist kann vom Zulassungsinhaber vollständig ausgeschöpft werden. Eine behördlich verfügte Vorlagefrist, die die Siebentagefrist nach S. 5 unterschreitet, ist grundsätzlich nicht zulässig.

V. Keine Geltung für Parallelimporteure (S. 6)

32   **Abs. 1 S. 3** stellt klar, dass die Verpflichtungen nach S. 1 bis S. 3 für Parallelimporteure nicht gelten. Parallelimporteure müssen die zuständige Behörde daher nicht über etwaige Verbote oder Beschränkungen durch ausländische Behörden informieren. Auch die Weiterleitung neuer Informationen durch den Parallelimporteur, die die Beurteilung des Nutzens und der Risiken eines Arzneimittels beeinflussen könnten, ist nicht erforderlich. Der zuständigen Bundesoberbehörde fehlt aufgrund der Regelung in S. 6 außerdem die Ermächtigung zur Anforderung von Angaben und Unterlagen von Parallelimporteuren zum Beleg dafür, dass das Nutzen-Risiko-Verhältnis eines Arzneimittels weiterhin als günstig zu bewerten ist.

33   Da S. 6 **Parallelimporteure** lediglich von den Pflichten nach S. 1 bis S. 3 ausnimmt, kann die Bundesoberbehörde nach S. 4 Parallelimporteure zur Vorlage einer Kopie der **Pharmakovigilanz-Stammdokumentation** innerhalb der Frist nach S. 5 auffordern. Da auch Parallelimporteure Inhaber einer Zulassung sind, unterliegen sie grundsätzlich der Verpflichtung, ein Pharmakovigilanz-System und

eine Pharmakovigilanz-Stammdokumentation zu unterhalten (§ 22 II 1 Nr. 5 Buchst. c). Es ist daher nicht gerechtfertigt, die S. 4 und 5 nicht auf Parallelimporteure anzuwenden[20].

D. Meldung des Inverkehrbringens (Abs. 1b)

I. Meldung

Nach Abs. 1b ist der Zulassungsinhaber verpflichtet, der zuständigen Behörde den Zeitpunkt des **34** Inverkehrbringens eines Arzneimittels unverzüglich mitzuteilen. Die Meldung hat dabei zwischen den verschiedenen zugelassenen Darreichungsformen und Stärken des Arzneimittels zu differenzieren. Nicht gemeldet werden muss nach Abs. 1b das Inverkehrbringen weiterer bereits zugelassener Packungsgrößen. Unverzüglich ist eine Meldung jedenfalls dann, wenn sie im Zeitpunkt des erstmaligen bzw. erneuten Inverkehrbringens eines Arzneimittels gegenüber der Behörde gemacht wird. Die Forderung, die Meldung bereits in dem Zeitpunkt zu machen, in dem unternehmensintern der zukünftige Zeitpunkt des Inverkehrbringens festgelegt wird, ist zu weitgehend[21]. Zu beachten ist, dass das Inverkehrbringen u. a. bereits das Vorrätighalten mit Abgabeabsicht erfasst (§ 4 XVII). Daher kann das Inverkehrbringen bereits dann gegeben und mithin zu melden sein, wenn ein Arzneimittel für das Inverkehrbringen freigegeben ist und zur Abgabe an andere vorrätig gehalten wird[22].

Die Meldeverpflichtung über den Zeitpunkt des Inverkehrbringens wurde mit der 14. AMG-Novelle **35** eingeführt. Sie steht im Zusammenhang mit dem ebenfalls im Rahmen der 14. AMG-Novelle eingeführten Erlöschenstatbestand des § 31 I 1 Nr. 1, der sog. **sunset clause**[23]. Danach erlischt eine Zulassung, wenn ein Arzneimittel innerhalb von drei Jahren nach Erteilung der Zulassung nicht in den Verkehr gebracht wird oder sich ein zugelassenes Arzneimittel in drei aufeinander folgenden Jahren nicht mehr im Verkehr befindet. Die Meldeverpflichtung nach Abs. 1b ermöglicht der zuständigen Behörde die Überwachung und Nachvollziehung des Erlöschens nach § 31 I 1 Nr. 1.

II. Meldeverfahren

Die Meldung des Inverkehrbringens erfolgt gegenüber der Behörde über ein **Online-Formular.** Die **36** Nutzung des Online-Verfahrens setzt eine vorherige Registrierung des Zulassungsinhabers voraus. Nach entsprechender Registrierung kann der Zulassungsinhaber mit einer für das Unternehmen vergebenen Unternehmer-Nummer (PNR) und einem entsprechenden Passwort Meldungen nach Abs. 1b vornehmen. Erläuterungen zu dem Anzeigeverfahren hat das BfArM auf seiner Homepage veröffentlicht[24].

E. Meldung zur Einstellung des Inverkehrbringens (Abs. 1c)

I. Anzeige (S. 1)

Vor dem Hintergrund des Erlöschens des Tatbestandes des § 31 I 1 Nr. 1, der sog. **sunset clause,** **37** normiert **Abs. 1c S. 1** für den Zulassungsinhaber die Verpflichtung, das endgültige oder vorübergehende Einstellen des Inverkehrbringens eines Arzneimittels anzuzeigen. Durch die Anzeige wird die zuständige Behörde in die Lage versetzt, das Erlöschen nach § 31 I S. 1 Nr. 1 zu überwachen. Die Meldeverpflichtung greift nur ein, wenn das Inverkehrbringen des Arzneimittels entweder vorübergehend oder endgültig eingestellt wird. Vorausgesetzt ist daher, dass zumindest vorübergehend keine der in § 4 XVII aufgeführten Handlungen vorgenommen wird.

II. Zeitpunkt der Anzeige (S. 2)

Die Anzeige über die Einstellung des Inverkehrbringens hat nach **Abs. 1c S. 2** spätestens zwei Monate **38** vor der tatsächlichen Einstellung des Inverkehrbringens zu erfolgen.

III. Entbehrlichkeit der Anzeige (S. 3)

Abs. 1c S. 3 stellt klar, dass die Anzeigeverpflichtung nicht eingehalten werden muss, wenn das **39** Inverkehrbringen aufgrund von Umständen eingestellt wird, die der Zulassungsinhaber nicht zu vertreten hat. Gelangt ein Zulassungsinhaber z. B. aufgrund neuer wissenschaftlicher Erkenntnisse zu dem Ergebnis, dass aus Gründen der Arzneimittelsicherheit das weitere Inverkehrbringen eines Arzneimittels von

---

[20] A. A. wohl *Kloesel/Cyran*, § 29 Anm. 35.

[21] So auch *Kloesel/Cyran*, § 29 Anm. 36.

[22] *Kloesel/Cyran*, § 29 Anm. 36, meinen, dass das erste Inverkehrbringen mit der Abgabe an den Großhandel oder die Apotheken erfolge; dies dürfte nach § 4 XVII aber nicht zutreffend sein.

[23] *Kösling/Wolf*, in: Fuhrmann/Klein/Fleischfresser, § 11 Rn. 45.

[24] Abrufbar unter www.bfarm.de.

weiteren Untersuchungen abhängig gemacht werden muss und stellt das Inverkehrbringen daher vorübergehend aus Sicherheitsgründen ein, muss die 2-Monats-Frist nicht eingehalten werden.

40   Die 2-Monats-Frist muss auch dann nicht eingehalten werden, wenn der Zulassungsinhaber sich kurzfristig entscheidet, ein Arzneimittel, z. B. aus **wirtschaftlichen Gründen,** zunächst nicht weiter in Verkehr zu bringen. Der Zulassungsinhaber ist durch die Frist nach S. 2 nicht gehindert, entsprechende Entscheidungen kurzfristig zu treffen. Es obliegt seiner unternehmerischen Freiheit, ggf. auch kurzfristig das Inverkehrbringen eines Arzneimittels einzustellen. Ein verspätetes Anzeigen der Einstellung liegt in diesen Fällen bei einer ursprünglichen Meldung nicht vor. Eine andere Auslegung führte zu dem Ergebnis, dass der pharmazeutische Unternehmer das Inverkehrbringen eines Arzneimittels zumindest solange aufrechterhalten müsste, dass die Einhaltung der 2-Monats-Frist nach S. 2 gewährleistet ist. Dies führte jedoch zu einer dem AMG fremden, dem Zulassungsinhaber obliegenden Verpflichtung zum weiteren Inverkehrbringen eines Arzneimittels. Außerdem ist schon nach dem Sinn und Zweck der Meldepflicht, die auf die effektive Überwachung des Erlöschens von Zulassungen gerichtet ist, eine aus der 2-Monats-Frist resultierende Verpflichtung zum – wenn auch nur vorübergehenden – weiteren Inverkehrbringen unverhältnismäßig. Die Vorschrift ist daher entgegen dem Wortlaut, der ein Abweichen nur bei fehlendem Vertretenmüssen und damit bei nicht schuldhaftem Handeln des Zulassungsinhabers zulässt, dahingehend einschränkend auszulegen, dass die 2-Monats-Frist nur zu beachten ist, wenn dem Zulassungsinhaber bereits zwei Monate vor Einstellung des Inverkehrbringens bekannt ist, dass die Einstellung erfolgen wird[25].

F. Meldung zu Absatz- und Verschreibungsmengen (Abs. d)

I. Absatz- und Verschreibungsmengen

41   Nach **Abs. 1d** ist der Zulassungsinhaber verpflichtet, alle Daten im Zusammenhang mit der Absatzmenge sowie ggf. das Verschreibungsvolumen eines Arzneimittels der Behörde auf Anforderung mitzuteilen. Abs. 1d ist daher die erforderliche Ermächtigungsgrundlage für die zuständige Bundesoberbehörde, um dem Zulassungsinhaber die Mitteilung von Absatzmengen aufzugeben[26]. Aus dieser Mitteilungspflicht resultiert die Obliegenheit des Zulassungsinhabers, entsprechende Daten vorzuhalten, um ggf. auf Anforderung der Mitteilungspflicht nachkommen zu können. Grundsätzlich können Absatzmengen bereits Informationen i. S. des Abs. 1 S. 1 sein, da die Absatzmenge in Zusammenhang mit der Häufigkeit des Auftretens von Nebenwirkungen Erkenntnisse zum Risiko-Nutzen-Verhältnis zulässt. Abs. 1d normiert eine eigenständige Mitteilungspflicht des Zulassungsinhabers, die neben die Pflicht nach Abs. 1 S. 1 tritt.

42   **1. Absatzvolumen.** Daten im Zusammenhang mit der Absatzmenge des Arzneimittels i. S. d. Abs. 1d sind die **Abverkaufszahlen** des Zulassungsinhabers. Dabei handelt es sich um die Zahl der an den Großhandel bzw. an Apotheken oder an sonstige Dritte abgegebenen Packungen eines Arzneimittels, differenziert nach den jeweiligen Packungsgrößen. Die Anzahl der verkauften Arzneimittelpackungen lässt einen Rückschluss auf die Anwendungshäufigkeit des Arzneimittels zu. Unter Berücksichtigung der Zahl etwaiger Nebenwirkungsmeldungen bzw. Meldungen unerwünschter Ereignisse ergibt sich aus diesen Zahlen ein Indiz für die Unbedenklichkeit eines Arzneimittels[27].

43   **2. Verschreibungsvolumen.** Ergänzend zu Angaben über die Absatzmenge eines Arzneimittels hat der Zulassungsinhaber alle ihm zur Verfügung stehenden Daten im Zusammenhang mit dem Verschreibungsvolumen eines Arzneimittels mitzuteilen. Mitzuteilen sind grundsätzlich nur solche Daten, die dem Zulassungsinhaber bereits vorliegen. Eine **Beschaffungspflicht** für entsprechende Daten besteht nicht. Der Zulassungsinhaber kann über das Verschreibungsvolumen grundsätzlich im Zusammenhang mit den Zwangsrabatten nach § 130a SGB V Kenntnis erlangen. Im Rahmen der Abrechnung der Zwangsrabatte wird dem Zulassungsinhaber zumindest das Verschreibungsvolumen bekannt, das im Rahmen der Verordnung des Arzneimittels zulasten der Gesetzlichen Krankenversicherer entstanden ist. Verfügt der Zulassungsinhaber über weitere Daten zum Verschreibungsvolumen, hat er auch diese der zuständigen Behörde auf Anforderung mitzuteilen.

44   Die Mitteilungspflicht erstreckt sich nur auf Absatzmengen und Daten im Zusammenhang mit dem Verschreibungsvolumen, nicht jedoch z. B. auf Abgabepreise.

---

[25] Dieser Ansicht offenbar folgend *Kösling/Wolf,* in: Fuhrmann/Klein/Fleischfresser, § 11 Rn. 71; a. A. *Kloesel/Cyran,* § 29 Anm. 41.

[26] *Kösling/Wolf,* in: Fuhrmann/Klein/Fleischfresser, § 11 Rn. 76.

[27] S. *VG Köln,* Urt. v. 13.12.2005 – 7 K 10399/02 – juris; *Kösling/Wolf,* in: Fuhrmann/Klein/Fleischfresser, § 11 Rn. 76.

II. Behördliche Anforderung

Die zuständige Behörde darf die Mitteilung entsprechender Angaben nur aus Gründen der **Arznei-** 45
mittelsicherheit anfordern. Die Behörde hat ggf. bei Anforderung der Unterlagen darzulegen, aus welchen Gründen die Anforderung erfolgt. Erfolgt die Anforderung aus anderen Gründen als der Arzneimittelsicherheit, besteht für den Zulassungsinhaber keine Mitteilungspflicht[28]. Abs. 1d normiert keinen **Vorlagezeitpunkt** für die behördlich angeforderten Mitteilungen. Die Behörde hat dem Zulassungsinhaber daher eine angemessene Frist für den Eingang entsprechender Mitteilungen zu setzen[29].

G. Bekanntgabe geänderter Stichtage oder Intervalle für die PSUR-Vorlage (Abs. 1e)

Die in der Zulassung festgelegten Termine für die Vorlage aktualisierter Unbedenklichkeitsberichte, 46
auch als PSURs bezeichnet (§ 63d III 1), können harmonisiert werden (Art. 107c RL 2001/83/EG). Eine solche Harmonisierung kann der Zulassungsinhaber beantragen[30]. Wenn z. B. durch eine solche Harmonisierung eine Änderung der Stichtage oder Intervalle für die PSUR-Vorlage für ein Humanarzneimittel erfolgt[31], ist dies der zuständigen Bundesoberbehörde mitzuteilen.

H. Meldung bezüglich Risiken bzw. Nutzen-Risiko-Verhältnis (Abs. 1f)

Nach Abs. 1f obliegt dem Zulassungsinhaber eines **Humanarzneimittels** eine **Meldepflicht** für 47
neue sowie für **veränderte Risiken.** Neue Risiken sind bis dahin nicht bekannte Risiken, also z. B. neu auftretende Nebenwirkungen oder neu bekannt werdende Wechselwirkungen. Veränderte Risiken liegen z. B. vor, wenn die Auftretenswahrscheinlichkeit einer Nebenwirkung aufgrund neuer oder weiterer Erkenntnisse als größer oder auch geringer als bislang angenommen erscheint. Zu melden ist auch eine **Änderung des Risiko-Nutzen-Verhältnisses,** also der Bewertung der von einem Arzneimittel ausgehenden Risiken im Verhältnis zu dem therapeutischen Nutzen des Arzneimittels.

Die Regelung des Abs. 1f ergänzt damit die Regelung des Abs. 1 a. Abs. 1a S. 1 normiert die Pflicht 48
zur Informationsweiterleitung. Abs. 1f hingegen normiert die Verpflichtung, die sich auch aus den nach Abs. 1a mitzuteilenden Informationen ergebenden Schlussfolgerungen im Hinblick auf Risiko und Nutzen sowie im Hinblick auf das Verhältnis der beiden zueinander der Behörde zu melden.

I. Mitteilung über Einstellung des Inverkehrbringens, Rückrufs, Zulassungsverzicht, der Nichtverlängerung (Abs. 1g)

I. Begründungspflicht für bestimmte Maßnahmen (S. 1)

Dem Zulassungsinhaber eines Humanarzneimittels obliegt nach S. 1 im Falle der endgültigen oder 49
auch nur vorübergehenden Einstellung des Inverkehrbringens gegenüber der zuständigen Bundesoberbehörde (§ 77) eine Begründungspflicht. Der Behörde müssen die Gründe für die Einstellung des Inverkehrbringens mitgeteilt werden. Ebenfalls mitzuteilen sind die Gründe für einen Rückruf, einen Zulassungsverzicht sowie die Nichtbeantragung einer erforderlichen Zulassungsverlängerung.

II. Besonders mitzuteilende Gründe (S. 2)

S. 2 bestimmt, dass der Zulassungsinhaber zu erklären hat, ob eine Einstellung des Inverkehrbringens, 50
ein Rückruf, ein Zulassungsverzicht oder die Nichtbeantragung der Zulassungsverlängerung nach S. 1 aus bestimmten, im Einzelnen genannten Gründen erfolgt. Danach ist vor allem mitzuteilen, ob die entsprechende Maßnahme durchgeführt wird, weil das Arzneimittel nicht nach den anerkannten pharmazeutischen Regeln hergestellt wird oder nicht die angemessene Qualität aufweist (§ 22 I 1 Nr. 3), dem Arzneimittel die angegebene therapeutische Wirksamkeit fehlt oder diese nach dem jeweils gesicherten Stand der wissenschaftlichen Erkenntnisse vom Antragsteller unzureichend begründet ist (§ 22 I 1 Nr. 4) oder weil ein ungünstiges Risiko-Nutzen-Verhältnis besteht (22 II 1 Nr. 5). Außerdem ist mitzuteilen, ob die Maßnahme nach S. 1 darauf basiert, dass ein Aufhebungsgrund nach § 30 II 1 Nr. 1 oder § 69 I 1 besteht.

---

[28] *Kloesel/Cyran,* § 29 Anm. 44.
[29] *Kloesel/Cyran,* § 29 Anm. 44.
[30] *Kloese/Cyran,* § 39 Anm. 47.
[31] Zur Beschränkung auf Humanarzneimittel auch *Kloesel/Cyran,* § 29 Anm. 47.

51   Die in S. 2 aufgeführten Gründe für Maßnahmen nach S. 1 sind lediglich beispielhaft. Werden entsprechende Maßnahmen nach S. 1 aus anderen Gründen getroffen, ist dies ebenfalls zu melden. Im Hinblick auf die Verpflichtung nach S. 1 ist die **Aufzählung** in S. 2 daher nur **beispielhaft.** Im Verhältnis zur **Meldepflicht** gegenüber der **EMA** nach S. 4 ist die Aufzählung in S. 2 **abschließend.** Nur bei Vorliegen einer der in S. 2 genannten Gründe besteht eine Meldepflicht nach S. 4 auch gegenüber der EMA.

III. Mitteilungspflicht bei Drittlandsbezug (S. 3)

52   Die Mitteilungspflichten bestehen nach S. 3 ausdrücklich nicht nur, wenn die Maßnahme nach S. 1 im Inland erfolgt, sondern auch bei entsprechenden Maßnahmen im Ausland. Voraussetzung ist aber, dass die Maßnahme ein Arzneimittel betrifft, das so auch in Deutschland vertrieben wird. Meldepflichten im Hinblick auf im Ausland getroffene Maßnahmen nach S. 1 bestehen nicht, wenn das von der Maßnahme betroffene Arzneimittel im Ausland nicht im Inland vertrieben wird.

IV. Mitteilung an die EMA (S. 4)

53   Beruht eine Maßnahme nach Abs. 1g S. 1 oder 3 auf einem der in Abs. 1g S. 2 genannten Gründe, hat der Zulassungsinhaber dies darüber hinaus der EMA zu melden.

J. Bezeichnungsänderung (Abs. 2)

I. Inhalt der Verpflichtung (S. 1)

54   Die Änderung der Arzneimittelbezeichnung ist in Abs. 2 gesondert geregelt. Die Bezeichnungsänderung erfolgt ebenso wie die Änderungen nach Abs. 1 im Wege der **Änderungsanzeige.** Nach einer Bezeichnungsänderung muss die zuständige Behörde jedoch, anders als bei Änderungen nach Abs. 1, den Zulassungsbescheid ändern und einen **Zulassungsbescheid** mit der neu angezeigten Bezeichnung erlassen.

55   Umstritten ist der **Zeitpunkt,** zu dem eine angezeigte Bezeichnungsänderung umgesetzt werden darf. Zum Teil wird vertreten, dass die Änderung der Bezeichnung unmittelbar nach Anzeige bei der Behörde umgesetzt werden darf[32]. Eine andere Ansicht geht davon aus, dass das Arzneimittel unter der geänderten Bezeichnung erst nach Änderung des Zulassungsbescheides durch die zuständige Behörde in Verkehr gebracht werden darf[33]. Dass die Verkehrsfähigkeit des Arzneimittels unter der neu angezeigten Bezeichnung erst mit Zugang des von der Behörde geänderten Zulassungsbescheides eintritt, wird damit begründet, dass der Behörde hinsichtlich der Bezeichnung ein Prüfungsrecht zukomme. Es wird darauf verwiesen, dass nach § 25 III 1 eine Zulassung für ein Arzneimittel zu versagen ist, wenn sich die Bezeichnung des Arzneimittels von einem zugelassenen oder bereits im Verkehr befindlichen Arzneimittel gleicher Bezeichnung hinsichtlich der Art oder der Menge der Wirkstoffe unterscheidet[34]. Dieser Auffassung kann jedoch nicht gefolgt werden. Abs. 2 selbst sieht nicht ausdrücklich vor, dass die Bezeichnungsänderung erst nach Änderung des Zulassungsbescheides durchgeführt werden darf. Die Systematik des § 29 spricht dafür, dass eine **Bezeichnungsänderung** bereits **mit der Anzeige der Änderung zulässig** ist[35]. Sämtliche Änderungen, die erst nach Zustimmung der zuständigen Behörde umgesetzt werden dürfen, sind in Abs. 2a aufgeführt. Die Bezeichnungsänderung wird dort nicht genannt. Nach der Systematik des § 29 handelt es sich bei der Bezeichnungsänderung nach Abs. 2 daher nicht um eine zustimmungspflichtige Änderungsanzeige. . Ob der Zulassungsänderung durch die Behörde nach erfolgter Bezeichnungsänderung konstitutive oder nur **deklaratorische Wirkung** zukommt, ist in diesem Zusammenhang unerheblich, da der Zeitpunkt der Zulässigkeit der Umsetzung einer Bezeichnungsänderung davon nicht berührt wird[36]. Sofern die angezeigte Bezeichnung nicht rechtswidrig ist, kann der Zulassungsinhaber die Bezeichnung unmittelbar nach Anzeige nutzen. Der Zulassungsinhaber trägt dabei aber das Risiko, dass die Behörde die Bezeichnung als rechtswidrig bewertet und die Zulassungsänderung ablehnt[37]. Ist die angezeigte Bezeichnung rechtswidrig, muss die Behörde den geänderten Bescheid nicht ausstellen. Der Zulassungsinhaber müsste ggf. gegen die Feststellung der

---

[32] *Sander,* § 29 Erl. 4; *Pannenbecker/Blind,* PharmR 2011, 272, 274; so auch *Kloesel/Cyran,* § 29 Anm. 55, unter ausdrücklicher Aufgabe der bisher vertretenen gegenteiligen Ansicht. Offengelassen von *VG Köln,* PharmR 2011, 238, 239.
[33] *Rehmann,* § 29 Rn. 10; *Wagner,* in: Dieners/Reese, § 6 Rn. 134.
[34] *Rehmann,* § 29 Rn. 10.
[35] So auch *Kloesel/Cyran,* § 29 Anm. 54; *Kösling/Wolf,* in: Fuhrmann/Klein/Fleischfresser, § 11 Rn. 20.
[36] *BVerwG,* Urt. v. 4.3.2014 – 3 B 60.13 – BeckRS 2014, 49321, weist darauf hin, dass auf der Hand liege, dass eine Änderung der Zulassung nach § 29 II ein Verwaltungsakt sei und dass dies auch für die Ablehnung einer Bezeichnungsänderung gelte; danach kommt nach Auffassung des *BVerwG* der Zulassungsänderung nach § 29 II eine konstitutive Wirkung zu.
[37] *Kloesel/Cyran,* § 29 Anm. 54.

Rechtswidrigkeit – nach Durchführung eines Widerspruchsverfahrens – gerichtliche Hilfe durch Erhebung einer Verpflichtungsklage in Anspruch nehmen[38].

Unter dem 1.8.2010 hat das BfArM eine Bekanntmachung zur Änderung der Verwaltungspraxis bei **56** der Bearbeitung von nationalen Anzeigen zur Änderung der Arzneimittelbezeichnung nach § 29 II 1 AMG veröffentlicht[39]. Danach wird das BfArM innerhalb von 30 Tagen eine angezeigte Bezeichnungsänderung prüfen und – sofern diese nicht für unzulässig gehalten wird – einen entsprechenden Änderungsbescheid zum Zulassungsbescheid erlassen. Ausdrücklich weist die Behörde in der Bekanntmachung darauf hin, dass die Änderung der Verwaltungspraxis erfolge, um die in Abs. 2 S. 1 normierte Verpflichtung zur Änderung des Zulassungsbescheides nunmehr zu berücksichtigen. BfArM und PEI haben im März 2013 eine gemeinsame Leitlinie zu Arzneimittelbezeichnungen veröffentlicht, die einen Leitfaden für die Beurteilung der Zulässigkeit von Arzneimittelbezeichnungen bieten soll[40].

Die Zulassungsbehörde kann gegen unzulässige Bezeichnungsänderungen allerdings auf Grund eines **57** **materiellen Prüfungsrechts** vorgehen[41]. Verstößt die Verwendung einer Arzneimittelbezeichnung beispielsweise gegen das Irreführungsverbot des § 8 Nr. 2 (s. § 8 Rn. 13 ff. und § 25 Rn. 100)[42], kann die Zulassungsbehörde nach § 30 I 1 i. V. m. § 25 II Nr. 7 i. V. m. § 8 I Nr. 2 die Zulassung widerrufen bzw. das befristete Ruhen der Zulassung anordnen[43].

Bei **fiktiv zugelassenen Arzneimitteln,** die bislang noch nicht nachzugelassen sind, kann eine **58** Bezeichnungsänderung ebenfalls nach Abs. 2 angezeigt werden[44]. Da für lediglich fiktiv zugelassene Arzneimittel kein Zulassungsbescheid existiert, bedarf es zunächst keines behördlichen Tätigwerdens. In der juristischen Literatur herrscht insoweit Übereinstimmung, als die Vornahme der Bezeichnungsänderung bei fiktiv zugelassenen Arzneimitteln unmittelbar mit der Änderungsanzeige umgesetzt werden darf[45]. Die Änderung der Arzneimittelbezeichnung ist von der zuständigen Behörde nach § 34 I 1 Nr. 7 im BAnz. bekanntzumachen. Die **Bekanntmachung** der Änderungsanzeige im BAnz. ist rein **deklaratorisch.** Die Zulässigkeit der Umsetzung der angezeigten Bezeichnungsänderung ist von der Veröffentlichung im BAnz. unabhängig.

II. Verwendung der alten Bezeichnung (S. 2)

Der Zeitpunkt der Veröffentlichung im BAnz. ist jedoch maßgeblich für die Berechnung der Frist, **59** innerhalb derer ausnahmsweise die Verwendung der alten und der neuen Arzneimittelbezeichnungen nach **Abs. 2 S. 2** nebeneinander möglich ist. Diese **Übergangsfrist** beginnt mit dem auf die Bekanntmachung der Änderung im BAnz. folgenden 1. Januar beziehungsweise 1. Juli. Ab dem jeweiligen 1. Januar bzw. 1. Juli darf der pharmazeutische Unternehmer das Arzneimittel unter der alten Bezeichnung noch ein Jahr lang in Verkehr bringen. Der Groß- und Einzelhandel darf das Arzneimittel ab dem entsprechenden 1. Januar bzw. 1. Juli noch zwei Jahre unter der alten Bezeichnung in Verkehr bringen. Wird eine Bezeichnungsänderung beispielsweise am 20.10.2000 im BAnz. bekannt gemacht, beginnt die 1- beziehungsweise 2-jährige Übergangsfrist am 1.1.2001.

K. Zustimmungsbedürftige Änderungen (Abs. 2a)

Abs. 2a führt abschließend diejenigen Änderungen auf, die vor ihrer Umsetzung der Zustimmung der **60** zuständigen Behörde bedürfen. Andere als die in Abs. 2a genannten Änderungen sind nicht zustimmungspflichtig. Will die Behörde die Zustimmung versagen, ist sie für das Vorliegen von Ablehnungsgründen darlegungs- und beweispflichtig[46]. Die Zustimmung der Behörde zu einer Änderungsanzeige ist

[38] *Pannenbecker/Blind*, PharmR 272, 274; *Kösling*, in: Fuhrmann/Klein/Fleischfresser, § 10 Rn. 86 f.
[39] Abrufbar unter www.bfarm.de. Die geänderte Verwaltungspraxis gilt seit dem 15.9.2010.
[40] Abrufbar unter www.bfarm.de; vgl. auch *Lau*, in: Fuhrmann/Klein/Fleischfresser, § 10 Rn. 296.
[41] *BVerwG*, Beschl. v. 4.3.2014 – 3 B 60/13 – BeckRS 2014, 49321; *OVG Münster*, Urt. v. 17.6.2013 – 13 A 1113/11 – BeckRS 2013, 52807; *OVG Münster*, Beschl. v. 19.7.2013 – 13 A 719/13 – BeckRS 2013, 53938; *OVG Münster*, Urt. v. 23.5.2007 – 13 A 3657/04 – BeckRS 2007, 24613; *VG Köln*, Urt. v. 28.4.2015 – 7 K 302/13 – BeckRS 2015,046157; zu Arzneimittelbezeichnungen im Allgemeinen siehe *Lau*, in: Fuhrmann/Klein/Fleischfresser, § 10 Rn. 281 ff.
[42] Zur Sonderproblematik der Verwendung von Dachmarken als Bezeichnungsbestandteil und daraus evtl. resultierender Irreführungsrisiken vgl. *BVerwG*, Beschl. v. 29.4.2015 – 3 B 29.14 – BeckRS 2015, 46295; Beschl. v. 4.3.2014 – 3 B 60/13 – BeckRS 2014, 49321; *OVG Münster*, Beschl. v. 3.6.2015 – 13 A 2215/14 – BeckRS 2015, 46867; Urt. v. 12.2.2014 – 13 A 1377/13 – BeckRS 2014, 48473; *OLG Saarbrücken*, Urt. v. 15.10.2014 – 1 U 24/14 – BeckRS 2014, 20470; *VG Köln*, PharmR 2014, 577; Urt. v. 16.9.2014 – 7 K 4821/12 – BeckRS 57305; *Reese*, PharmR 2011, 392; *Sander*, A&R 2011, 248; *Schmidt/Kleinitz*, PharmR 2013, 305; *Schraitle*, in: Fuhrmann/Klein/Fleischfresser, § 6 Rn. 73 ff.; *Zindel/Vorländer*, PharmR 2015, 59.
[43] Vgl. zur Zulässigkeit der Änderung einer Arzneimittelbezeichnung im Auflagenwege bei Nachzulassungsbescheiden *Wagner*, A&R 2005, 61 ff.
[44] *Rehmann*, § 29 Rn. 13.
[45] So ausdrücklich *Rehmann*, § 29 Rn. 6; *Kloesel/Cyran*, § 29 Anm. 27; *Sander*, § 29 Erl. 4.
[46] *BVerwG*, Urt. v. 19.11.2009 – 3 C 10.09 – juris; *BVerwG*, Urt. v. 18.5.2010 – C 25.09 – juris; *OVG Münster*, Beschl. v. 5.8.2013 – 13 A 2816/10 – BeckRS 2013, 54181.

ein begünstigender **Verwaltungsakt**[47]. Der Widerspruch der Behörde gegen eine nach Abs. 2a angezeigte Änderung ist ein belastender Verwaltungsakt[48].

I. Inhalt der zustimmungsbedürftigen Änderungen (S. 1)

61   **1. Änderung der Kennzeichnungsangaben (Nr. 1).** Nach Nr. 1 sind die dort abschließend aufgeführten Änderungen der Angaben nach den §§ 10, 11 und 11a für die Kennzeichnung eines Arzneimittels zustimmungspflichtig. Der Zustimmungspflicht unterliegen Änderungen im Hinblick auf die Dosierung und die Art sowie die Dauer der Anwendung des Arzneimittels. Änderungen der Angaben zum Anwendungsgebiet sind zustimmungsbedürftig, soweit es sich nicht um die Hinzufügung einer neuen Indikation oder die Änderung des Anwendungsgebietes in eine andere Indikation handelt. Die Hinzufügung einer Indikation bzw. die Veränderung der Indikation führt zur Neuzulassungspflicht nach Abs. 3[49]. Auch die Umstellung von einer Heiltherapie auf eine adjuvante, also nur unterstützende Therapie, und die damit einhergehende Änderung des Indikationsanspruchs von einem Arzneimittel zur alleinigen Behandlung in ein Arzneimittel zur unterstützenden Behandlung ist eine die Anwendungsgebiete betreffende Änderung.[50] Einschränkungen der Gegenanzeigen, Nebenwirkungen oder Wechselwirkungen sind nur dann zustimmungspflichtig, wenn sich die Änderungen nicht auf frei verkäufliche Arzneimittel beziehen. Nach der Streichung einer entsprechenden Ausnahmeregelung in Abs. 2a im Rahmen des AMG-ÄndG 2009 sind Änderungen der Angaben zu Gegenanzeigen, Nebenwirkungen und Wechselwirkungen nunmehr auch für freiverkäufliche Arzneimittel nicht mehr ohne Zustimmung der Behörde zulässig[51].

62   **2. Wirksame Bestandteile (Nr. 2).** Änderungen der wirksamen Bestandteile sind ebenfalls nach Nr. 2 zustimmungspflichtig. Der Begriff der wirksamen Bestandteile wird im AMG nicht definiert. Die wirksamen Bestandteile gehören zu den **sonstigen Bestandteilen,** die von den Wirkstoffen abgrenzen sind. Nach der Wirkstoff-Definition in § 4 XIX ist ein Wirkstoff der arzneilich wirksame Bestandteil. Die sonstigen Bestandteile (§ 11a I 2 Nr. 2) teilen sich auf in wirksame Bestandteile und nicht wirksame Bestandteile. Die wirksamen Bestandteile beeinflussen die Wirkung des Arzneimittels. Die Zustimmungspflicht beschränkt sich auf die Änderung wirksamer Bestandteile und kann nicht auf nicht wirksame Bestandteile übertragen werden[52]. Konservierungsstoffe sind keine arzneilich wirksamen Bestandteile, so dass Nr. 2 auf Konservierungsstoffe keine Anwendung findet[53]. Während die Änderung wirksamer Bestandteile lediglich der Zustimmung der Behörde bedarf, führen Änderungen der Zusammensetzung der arzneilich wirksamen Bestandteile nach Art oder Menge zur **Neuzulassungspflicht** nach Abs. 3.

63   **3. Darreichungsform (Nr. 3).** Die Änderung der Darreichungsform, also der galenischen Form, in der das Arzneimittel angewendet wird, führt grundsätzlich zur **Neuzulassungspflicht** nach Abs. 3. Nur wenn die neue Darreichungsform mit der bereits zugelassenen Darreichungsform vergleichbar ist, ist eine Änderung nach Zustimmung der Behörde ohne Neuzulassung zulässig. Welche Darreichungsformen vergleichbar i. S. d. Nr. 3 sind, ergibt sich aus einer **Bekanntmachung des BGA**[54]. Danach sind jeweils folgende Darreichungsformen untereinander vergleichbar:

– alle oralen nicht redatierten Darreichungsformen,
– alle oralen redatierten Darreichungsformen,
– alle vokalen und sublingualen Darreichungsformen,
– alle rektalen Darreichungsformen,
– alle vaginalen Darreichungsformen, diese jedoch in Abhängigkeit vom jeweiligen galenischen Wirkstoffträger und sich daraus u. a. ergebenden biologischen Verfügbarkeit am Erfolgsorgan,
– im eingeschränkten Umfang alle topisch anzuwendenden Darreichungsformen,

---

[47] *Sander*, § 29 Erl. 5.

[48] *Kloesel/Cyran*, § 29 Anm. 33; *Rehmann*, § 29 Rn. 11; *Sander*, § 29 Erl. 5.

[49] Nach der Rechtsprechung des *OVG Münster* liegt bei der Änderung eines rein vorbeugenden Anwendungsgebietes in ein therapeutisches Anwendungsgebiet bzw. bei der Änderung von einer krankheitswertigen Indikation zu einer prophylaktischen Anwendung eine Erweiterung des Anwendungsgebietes vor, s. *OVG Münster*, Beschl. v. 20.11.2008 – 13 A 3567/06 – BeckRS 2008, 41179; *OVG Münster*, PharmR 2009, 92 ff.; *OVG Münster*, PharmR 2009, 186 ff.

[50] Auf die Frage, ob das Therapiegebiet verlassen wird, kommt es nach dem *BVerwG* dann gar nicht mehr an. Die Inanspruchnahme einer bloß unterstützenden Wirkung mache eine andere Nutzen-Risiko-Bewertung erforderlich als die von einem Medikament allein erwartete heilende Wirkung. Außerdem seien bei einer bloß unterstützenden Wirkung auch die Verträglichkeit oder mögliche Wechselwirkungen mit dem Hauptmittel in den Blick zu nehmen, vgl. *BVerwG*, Urt. v. 21.3.2013 – 3 C 10.12 – BeckRS 2013, 51597.

[51] BT-Drucks. 16/12 256, S. 49; in der Begründung zur Änderung des Abs. 2a Nr. 1 wird ausdrücklich darauf verwiesen, dass die Ausweitung der Anzeigepflicht auf andere als apothekenpflichtige Arzneimittel wegen der Sicherheitsrelevanz entsprechender Änderungen unabhängig von dem Vertriebsstatus aufgrund entsprechender Erfahrungen als erforderlich angesehen wird.

[52] *Kösling/Wolf*, in: Fuhrmann/Klein/Fleischfresser, § 11 Rn 58.

[53] *Kloesel/Cyran*, § 29 Anm. 67; *Kösling/Wolf*, in: Fuhrmann/Klein/Fleischfresser, § 11 Rn. 58 unter Verweis auf *VG Köln*, Urt. v. 7.12.2007 – 18 K 4532/05.

[54] BAnz. Nr. 139 v. 29.7.1988, S. 3367; vgl. dazu auch umfassend *Kloesel/Cyran*, § 29 Anm. 68.

– alle zur Inhalation bestimmten Darreichungsformen,
– alle redatierten Injektionslösungen in Abhängigkeit von der jeweiligen Anwendungsart,
– alle Infusionslösungen.

Die Ausführungen in der Bekanntmachung des BGA sind nicht unmittelbar rechtsverbindlich, geben **64** jedoch einen Hinweis darauf, in welchen Fällen eine Vergleichbarkeit der Darreichungsform gegeben ist. Allerdings ist in jedem **Einzelfall** zu prüfen, ob tatsächlich Vergleichbarkeit gegeben ist. Dabei sind insbes. Einflüsse und Änderungen der Darreichungsform auf die Bioverfügbarkeit sowie auf die Verfügbarkeit des Wirkstoffes am Zielorgan zu berücksichtigen. Hinweise auf entsprechende Unterschiede können unterschiedliche Freisetzungsverhalten geben. Eine pauschalierte Darstellung der Vergleichbarkeit verschiedener Darreichungsformen verbietet sich jedoch aufgrund der Besonderheiten der Arzneimittel im jeweiligen Einzelfall weitestgehend[55].

4. Ionisierende Strahlen (Nr. 3a). Änderungen in der Behandlung eines Arzneimittels mit ionisie- **65** renden Strahlen unterliegen ebenfalls der Zustimmungspflicht (Nr. 3a)[56].

5. Erhebliche Änderungen (Nr. 4). Die im Jahre 2012 geänderte Regelung ist inhaltlich an Typ II- **66** Änderungen nach Anhang II Nr. 2 Variation-Verordnung angepasst worden. Änderungen im Zusammenhang mit erheblichen Änderungen des Herstellungsverfahrens, der Darreichungsform, der Spezifikation sowie des Verunreinigungsprofils des Wirkstoffs oder des Arzneimittels, sind danach zustimmungspflichtig. Dies gilt jedoch nur, wenn die Änderungen erheblich sind und sich deutlich auf Qualität, Unbedenklichkeit oder Wirksamkeit des Arzneimittels auswirken können. Aufgrund des Regelungszwecks der Vorschrift ist davon auszugehen, dass dem Begriff der Erheblichkeit der Änderung im Hinblick auf die Möglichkeit der deutlichen Beeinflussung Qualität, Unbedenklichkeit oder Wirksamkeit keine eigenständige Bedeutung zukommt. Vielmehr wird man davon ausgehen müssen, dass jede Änderung, die sich deutlich auf Qualität, Unbedenklichkeit oder Wirksamkeit auswirken kann, zugleich auch erheblich ist.

Anders als bei anderen Herstellungsverfahren sind unabhängig von der Erheblichkeit der Änderung **67** sowie unabhängig von der Deutlichkeit der möglichen Auswirkungen auf Qualität, Unbedenklichkeit oder Wirksamkeit Änderungen gentechnologischer Herstellungsverfahren stets zustimmungspflichtig.

Bei den weiter in Nr. 4 abschließend aufgeführten Arzneimitteln sind Änderungen des Herstellungs- **68** sowie des Prüfverfahrens zustimmungspflichtig. Betroffen sind Änderungen des Herstellungs- und Prüfverfahrens bei Sera, Impfstoffen, Blutzubereitung, Allergenen, Testsera und Testantigenen. Bei diesen Arzneimitteln ist die Zustimmung auch dann erforderlich, wenn die Änderung zu einer längeren Haltbarkeitsdauer führt. Die Angabe einer kürzeren Haltbarkeitsdauer ist nicht zustimmungspflichtig.

6. Packungsgröße (Nr. 5). Änderungen der Packungsgröße unterliegen der Zustimmungspflicht der **69** Behörde. Dies gilt sowohl für die Vergrößerung als auch für die Verkleinerung der Packungsgröße. Zustimmungsfähig ist eine Packungsgrößenänderung nur dann, wenn die neu angezeigte Packungsgröße den Anwendungsgebieten und der vorgesehenen Dauer der Anwendung angemessen ist, (§ 28 II Nr. 4)[57]. Das Nichtvertreiben einer zugelassenen Packungsgröße bedarf ebenso wenig einer zustimmungsbedürftige Änderungsanzeige wie die spätere (Wieder-)Aufnahme des Vertriebs einer zugelassenen Packungsgröße[58].

7. Wartezeit (Nr. 6). Die Verkürzung der Wartezeit bei Tierarzneimitteln führt nach Abs. 3 grund- **70** sätzlich zur **Neuzulassungspflicht.** Ausnahmsweise ist eine Veränderung der Wartezeit, also sowohl eine Verlängerung als auch eine Verkürzung, in Form einer zustimmungspflichtigen Änderungsanzeige nach Nr. 6 möglich. Lediglich zustimmungsbedürftig sind Wartezeitänderungen in den Fällen, in denen die Wartezeit auf der Festlegung oder Änderung einer Rückstandshöchstmenge nach der VO (EG) Nr. 470/2009 beruht[59] oder der die Wartezeit bedingende Bestandteil einer fixen Kombination im Arzneimittel nicht mehr enthalten ist.

II. Erweiterung der Zieltierarten (S. 2)

Nach **Abs. 2a S. 2** ist auch eine Erweiterung der Zieltierarten für ein Tierarzneimittel zustimmungs- **71** pflichtig, wenn das Arzneimittel nicht zur Anwendung bei Tieren bestimmt ist, die der Gewinnung von Lebensmitteln dienen.

---

[55] Die Guideline on the categorisation of extension applications (EA) versus Variations Applications (V) ist nach dem *VG Köln*, Urt. v. 14.6.2007 – 13 K 4808/05 – juris, auf das nationale Verfahren zur Änderung von Zulassungen nicht anwendbar und daher auch für die Frage der Vergleichbarkeit von Darreichungsformen nicht ohne Weiteres anwendbar.
[56] Vgl. zu weiteren Einzelheiten *Kloesel/Cyran*, § 29 Anm. 70.
[57] Vgl. dazu *VG Köln*, Urt. v. 14.4.2015 – 7 K 6358/13 – BeckRS 2015, 45380.
[58] *OVG Münster*, Urt. v. 13.6.2006 – 13 A 1532/04 – BeckRS 2006, 25089; *Zirkel*, PharmR 2006, 407 f.
[59] In Anpassung an das novellierte EU-Recht ist auf die VO (EG) Nr. 470/2009 abzustellen, weil auf den Vorgang der Festlegung oder Änderung von Rückstandshöchstmengen Bezug genommen wird, vgl. BT-Drucks. 17/4231, S. 9.

III. Zustimmungsfiktion (S. 3)

72   Nach **Abs. 2a S. 3** gilt die für Änderungen nach Abs. 2a erforderliche Zustimmung der zuständigen Behörde als erteilt, wenn die Behörde nicht innerhalb einer Frist von **3 Monaten** der angezeigten Änderung widerspricht. Die 3-Monatsfrist beginnt mit dem Eingang der Änderungsanzeige bei der zuständigen Behörde. Bis zum Ablauf der Widerspruchsfrist kann die Behörde der angezeigten Änderung widersprechen. Die Behörde kann die gesetzliche Frist voll ausschöpfen, so dass ein Widerspruch auch dann noch fristgerecht ist, wenn er am letzten Tag der Widerspruchsfrist gefertigt und zur Post gegeben wird. Nicht erforderlich ist, dass der Widerspruch innerhalb der 3-Monatsfrist dem Antragsteller zugeht.

73   Voraussetzung für den Eintritt der Zustimmungsfiktion ist, dass der Behörde eine Änderungsanzeige vorliegt, die die formalen Voraussetzungen erfüllt und der Behörde eine Sachentscheidung ermöglicht. Ist die Änderungsanzeige aus ihrem Inhalt heraus einer Prüfung durch die Behörde zugänglich, tritt die Zustimmungsfiktion auch dann ein, wenn die Behörde nach dem Gesetzeszweck der angezeigten Änderung nicht zustimmen dürfte[60].

IV. Rechtsschutz

74   Der Widerspruch der Behörde gegen Anzeige einer Änderung nach Abs. 2a ist als selbständiger Verwaltungsakt anfechtbar. Der Zulassungsinhaber bzw. Antragsteller kann gegen die Verweigerung der Zustimmung Widerspruch einlegen. Wird dem Widerspruch nicht abgeholfen, kann Klage beim zuständigen Verwaltungsgericht eingereicht werden. Die Klage ist auf Erteilung der Zustimmung bzw. auf Aufhebung der Widerspruchsverfügung und Neubescheidung zu richten. Die angezeigte Änderung darf während des laufenden Widerspruchs- bzw. Klageverfahrens noch nicht umgesetzt werden.

L. Sonderregelungen für geringfügige Änderungen (Abs. 2b)

75   Abs. 2b normiert Abweichungen von den Anzeigepflichten nach Abs. 1. Der Anwendungsbereich des Abs. 2b beschränkt sich auf die in Abs. 5 S. 2 aufgeführten Arzneimittel. Damit ist die Regelung nur anwendbar auf zulassungspflichtige homöopathische Arzneimittel, die vor dem 1.1.1998 zugelassen wurden oder als zugelassen gelten, auf Blutzubereitungen nach Art. 3 Nr. 6 RL 2001/83/EG und auf nach § 21 zugelassene Gewebezubereitungen, soweit für deren Herstellung kein industrielles Verfahren angewendet wurde. Für andere Arzneimittel sind die Regelungen der VO (EG) Nr. 1234/2008 maßgeblich.

76   Die in Abs. 2b aufgeführten Änderungen sind der Art nach eher **geringfügig**. Die Änderungen nach Abs. 2b haben ihrer Art nach keine oder jedenfalls nur geringe Folgen für die Unbedenklichkeit, Wirksamkeit und Qualität der betroffenen Arzneimittel. Abs. 2b orientiert sich an den in der Variations-Verordnung aufgeführten geringfügigen Änderungen des Typs I A[61]. Die Änderungen können abweichend von Abs. 1 innerhalb von zwölf Monaten nach ihrer jeweiligen Einführung angezeigt werden. Es ist daher nicht erforderlich, sie der Behörde im Vorfeld oder unverzüglich anzuzeigen. Wann der Zulassungsinhaber im Rahmen der Zwölf-Monats-Frist meldet, ist unerheblich und steht in dessen Belieben[62].

I. Wegfall eines Standortes (Nr. 1)

77   Wird ein Standort für die Herstellung eines Arzneimittels oder des Wirkstoffes eines Arzneimittels aufgegeben, kann der Zulassungsinhaber dies ebenso wie die Aufgabe eines Standortes für die Verpackung sowie für die Chargenfreigabe innerhalb von **zwölf Monaten** nach der Aufgabe anzeigen. Nr. 1 umfasst damit ausschließlich Standorte, die von der Herstellungserlaubnis des jeweiligen Herstellers erfasst sein müssen, da dort jeweils Herstellungshandlungen nach § 13 I ausgeübt werden[63]. Bei dem Hersteller muss es sich nicht um den Zulassungsinhaber handeln.

78   Anzeigepflichtig ist nur der Wegfall eines Standortes und damit nicht eine nur **vorübergehende Nichtnutzung**[64]. Wird ein Standort vorübergehend nicht genutzt, liegt darin noch kein Wegfall. Die vorübergehende Nichtnutzung ist daher kein anzeigepflichtiger Umstand[65].

---

[60] *VG Berlin*, PharmR 1992, 190, 192.
[61] *Kloesel/Cyran*, § 29 Anm. 89.
[62] Vgl. auch *Rehmann*, § 29 Rn. 15.
[63] Vgl zum Begriff des Herstellens *Krüger*, in: Fuhrmann/Klein/Fleischfresser, § 13 Rn. 1 ff.
[64] *Kloesel/Cyran*, § 29 Anm. 91.
[65] *Kloesel/Cyran*, § 29 Anm. 91.

II. Geringfügige Änderung eines genehmigten physikalisch-chemischen Prüfverfahrens

Geringfügige Änderungen nach Nr. 2 sind solche Änderungen, die ein bereits behördlich genehmigtes **79** physikalisch-chemisches Prüfverfahren betreffen. Die Änderung dürfen das Prüfverfahren nicht in einem erheblichen Umfang ändern. **Geringfügig** kann eine Änderung nur sein, wenn die Gleichwertigkeit des geänderten und genehmigten Verfahrens durch entsprechende Untersuchungen belegt ist[66]. Nr. 2 ermöglicht nicht die Einführung eines völlig neuen Prüfverfahrens.

III. Anpassung an Arzneibuchmonographie (Nr. 3)

Passt der Zulassungsinhaber eine Stoff- oder Wirkstoffspezifikation an eine Arzneibuchmonographie **80** (§ 55) an, kann nach Nr. 3 die Anzeige in Abweichung von Abs. 1 innerhalb der Zwölf-Monats-Frist erfolgen. Erforderlich ist, dass die Änderung allein mit dem Zweck durchgeführt wird, eine Monographieanpassung zu erreichen und dass die produktspezifischen Eigenschaften, wie sie durch die bestehenden Spezifikationen beschrieben werden, sich durch die Anpassung nicht ändern.

IV. Änderung Verpackungsmaterial (Nr. 4)

Für Änderungen des Verpackungsmaterials sieht Nr. 4 ebenfalls Erleichterung hinsichtlich des Melde- **81** zeitpunkts vor. Dies bezieht sich **nur** auf Verpackungsmaterial, das mit dem Arzneimittel selbst nicht in Berührung kommt, also z. B. Änderungen der Faltschachtel oder eines Flaschenetiketts. Die Änderungen dürfen außerdem die Abgabe, die Verabreichung, die Unbedenklichkeit und die Haltbarkeit des Arzneimittels nachweislich nicht beeinträchtigen. Die Forderung nach einer nachweislichen Nichtbeeinträchtigung ist auch dann erfüllt, wenn zwar kein präparatespezifischer Beleg einer Nichtbeeinträchtigung vorliegt, wohl aber nach dem Stand der wissenschaftlichen Erkenntnisse eine Beeinflussung ausgeschlossen ist. Wird beispielsweise das Faltschachtelmaterial geändert, muss nicht durch Stabilitätsdaten belegt werden, dass die Änderung keinen Einfluss auf die Haltbarkeit hat.

V. Einengung von Spezifikationswerten (Nr. 5)

Verschärft der Zulassungsinhaber Spezifikationsgrenzwerte, führt dies nach Nr. 5 ebenfalls zur An- **82** wendbarkeit des Abs. 2b. Allerdings darf die Spezifikationsgrenzwertänderung **nicht** die Umsetzung einer Verpflichtung sein, der der Zulassungsinhaber nach einer vorangegangenen Überprüfung dieser Spezifikationsgrenzwerte aufgrund entsprechender Anordnung durch die Behörde unterliegt. Außerdem darf die Änderung **nicht** dadurch veranlasst sein, dass sich im Herstellungsverfahren unerwartete Ereignisse ergeben haben, die eine Anpassung der Werte erfordern oder zweckmäßig erscheinen lassen.

M. Neuzulassungspflicht (Abs. 3)

Abs. 3 führt diejenigen Änderungen auf, die eine Neuzulassungspflicht begründen. Die Aufzählung in **83** Abs. 3 ist ebenso wie die Aufzählung in Abs. 2a und Abs. 2b abschließend[67]. Die Vornahme einer der in Abs. 3 aufgeführten Änderungen führt dazu, dass der Antragsteller bei der Behörde einen vollständigen Neuzulassungsantrag einreichen muss.

I. Inhalt der Verpflichtung (S. 1)

1. Änderungen der Zusammensetzung der Wirkstoffe (Nr. 1). Eine Änderung der Zusammen- **84** setzung der Wirkstoffe eines Arzneimittels nach Art oder Menge führt nach Nr. 1 zur Neuzulassungspflicht. Der Begriff des Wirkstoffs ist in § 4 XIX definiert (s. § 4 Rn. 153 ff.). Danach sind Wirkstoffe solche Stoffe, die dazu bestimmt sind, bei der Herstellung von Arzneimitteln als arzneilich wirksame Bestandteile verwendet zu werden oder bei ihrer Verwendung in der Arzneimittelherstellung zu arznei- lich wirksamen Bestandteilen der Arzneimittel zu werden[68]. Wird ein arzneilich wirksamer Bestandteil in einen wirksamen Bestandteil umdeklariert, löst die die Neuzulassungspflicht aus, da eine Änderung der Zusammensetzung der Wirkstoffe vorliegt[69]. Die Änderung anderer Inhaltsstoffe, die nicht Wirkstoffe sind, ist nach Abs. 2a zustimmungspflichtig, sofern es sich um wirksame Bestandteile handelt[70]. Die Änderung von Inhaltsstoffen, die keine wirksamen Bestandteile und auch keine arzneilich wirksamen Bestandteile sind, unterliegt lediglich der Anzeigepflicht nach Abs. 1.

---

[66] *Kloesel/Cyran*, § 29 Anm. 91.
[67] *Kloesel/Cyran*, § 29 Anm. 97; *Rehmann*, § 29 Rn. 16.
[68] Vgl. *Krüger*, PharmInd 2007, 1077 ff., 1187, zur Abgrenzung von Wirkstoffen und Ausgangsstoffen.
[69] *OVG Münster*, Urt. v. 27.8.2009 – 13 A 1668/07 – BeckRS 2009, 38903.
[70] *Rehmann*, § 29 Rn. 17; a. A. *Kloesel/Cyran*, § 29 Anm. 99.

85   **2. Änderungen der Darreichungsform (Nr. 2).** Die Änderung der Darreichungsform eines Arzneimittels kann sowohl die Wirksamkeit eines Arzneimittels als auch die Risiko-Nutzen-Bewertung eines Arzneimittels verändern. Eine Änderung der Darreichungsform führt daher grundsätzlich zur Neuzulassungspflicht. Ausnahmsweise ist eine Änderung der Darreichungsform lediglich zustimmungspflichtig, wenn die Voraussetzungen nach Abs. 2a vorliegen oder es sich um eine vergleichbare Darreichungsform handelt.

86   **3. Erweiterung der Anwendungsgebiete (Nr. 3).** Eine Erweiterung der zugelassenen Anwendungsgebiete erfordert eine Nutzen-Risiko-Abwägung und bedarf daher grundsätzlich einer Neuzulassung. Ausnahmsweise ist eine Neuzulassung nicht erforderlich, wenn es sich um eine Änderung nach Abs. 2a handelt. Die Einschränkung des Anwendungsgebietes, also die Streichung von Teilindikationen, führt hingegen nicht zur Neuzulassungspflicht. Sie ist auch nicht zustimmungspflichtig, sondern bedarf lediglich der Änderungsanzeige nach Abs. 1.

87   **4. Einführung gentechnologischer Herstellungsverfahren (Nr. 3a).** Wird das Verfahren zur Herstellung eines Arzneimittels dahingehend geändert, dass zukünftig ein gentechnologisches Verfahren angewandt wird, ist nach Nr. 3a die Beantragung einer Neuzulassung erforderlich.

88   **5. Verkürzung der Wartezeit (Nr. 5).** Die Verkürzung der Wartezeit bei der Anwendung von Tierarzneimitteln führt grundsätzlich zur Neuzulassungspflicht nach Nr. 5. Die Wartezeit stellt sicher, dass die bei einem zur Lebensmittelerzeugung dienenden Tier angewendeten Arzneimittel vor dessen Verwendung für die Lebensmittelherstellung abgebaut und gesundheitlich nicht mehr bedenklich sind. Die Wartezeit ist im Zulassungsantrag anzugeben. Nach § 23 I 1 Nr. 1 müssen dem Zulassungsantrag für ein Tierarzneimittel Unterlagen über die Ergebnisse der Rückstandsprüfung beigefügt werden. Auf der Grundlage dieser Ergebnisse wird die Zulassung, zu deren Bestandteilen die Wartezeit gehört, erteilt. Eine Verkürzung der Wartezeit führt dazu, dass ein mit Arzneimitteln behandeltes Tier zeitlich früher für die Lebensmittelerzeugung genutzt werden kann. Dies begründet die Gefahr, dass durch die Arzneimittelanwendung noch gesundheitlich bedenkliche Rückstände enthalten sind. Daher bedarf eine Verkürzung der Wartezeit der Vorlage neuer Rückstandsuntersuchungen, um den Schutz der öffentlichen Gesundheit zu gewährleisten.

89   Eine Verkürzung der Wartezeit führt ausnahmsweise nicht zur Neuzulassungspflicht, wenn es sich um eine Änderung nach Abs. 2a handelt.

II. Entscheidung über Neuzulassung (S. 2)

90   Nach **Abs. 3 S. 2** entscheidet die zuständige Bundesoberbehörde, ob eine Änderung zur Neuzulassung nach S. 1 führt. Die Entscheidung über die Neuzulassungspflicht ist als feststellenden **Verwaltungsakt** selbständig anfechtbar.

N. Anwendungsausschluss für zentral zugelassene Arzneimittel (Abs. 4)

91   Abs. 4 stellt klar[71], dass – vereinfacht gesagt – die nationalen Änderungsvorschriften auf Zulassungen, die im zentralen Zulassungsverfahren nach VO (EG) Nr. 726/2004 erteilt wurden, keine Anwendung finden. Die Änderungen zentraler Zulassungen richten sich nach VO (EG) Nr. 1234/2008 in der jeweils zum Zeitpunkt der Änderung aktuellen Fassung.

O. Anwendungsbereich der Anzeige- und Meldepflichten (Abs. 5)

I. Keine Geltung der Abs. 2a bis 3 (S. 1)

92   Abs. 5 stellt klar, dass die Regelungen nach Abs. 2a bis Abs. 3 nur eingeschränkt Anwendung finden. In S. 1 wird klargestellt, dass die vorgenannten Regelungen keine Anwendung auf Zulassungen finden, deren Änderung in den Anwendungsbereich der VO (EG) Nr. 1234/2008 fällt.

93   Außerdem stellt Abs. 5 klar, dass die in Abs. 2a bis Abs. 3 normierten Regelungen über Zulassungsänderungen keine Anwendung finden auf Zulassungen, die in den Anwendungsbereich der VO (EG) Nr. 1234/2008 fallen[72]. Dazu gehören Zulassungen, die nach dem Verfahren der RL 87/22/EWG[73] erteilt wurden[74]. Außerdem handelt es sich um Zulassungen, im Verfahren der gegenseitigen

---

[71] Auf den nur deklaratorischen Charakter verweisen auch *Kloesel/Cyran*, § 29 Anm. 109.
[72] VO (EG) Nr. 1234/2008 hat VO (EG) Nr. 1084/2003 und VO (EG) Nr. 1085/2003 abgelöst; RL 2009/53/EG wurde als Rechtsgrundlage für die Ausweitung VO (EG) Nr. 1234/2008 auch auf nationale Zulassungen eingeführt. VO (EU) Nr. 712/2012 ändert VO (EG) Nr. 1234/2008 und weitet den Anwendungsbereich durch Änderung des Art. 1 I VO (EG) Nr. 1234/2008 auf alle nach VO (EG) Nr. 726/2004, RL 2001/83/EG, RL 2001/82/EG sowie RL 87/22/EWG erteilten Zulassungen aus.
[73] RL 87/22/EWG wurde mit Wirkung zum 1.1.1995 durch RL 93/41/EWG aufgehoben.
[74] *Kloesel/Cyran*, § 29 Anm. 1; *Rehmann*, § 29 Rn. 23.

Anerkennung oder im dezentralisierten Verfahren nach Kap. 4 RL 2001/83/EG bzw. nach Kap. 4 RL 2001/82/EG erteilt wurden, vgl. Art. 1 II Buchst. b) VO (EG) Nr. 1234/2008. Nach Art. 1 I VO (EG) Nr. 1234/2008 in der durch Art. 1 Buchst. a) VO (EU) Nr. 712/2012 geänderten Fassung findet die Verordnung auch auf alle rein nationalen Zulassungen[75] sowohl im Human- als auch im Veterinärbereich Anwendung, so dass nach Abs. 5 S. 1 die Regelungen zur Änderungen von Zulassungen nach Abs. 2a bis Abs. 3 grundsätzlich keine Anwendung auf entsprechende Zulassungen mehr finden.

II. Geltung der Abs. 2a bis 3 (S. 2)

Den Anwendungsbereich des § 29 beschreibt Abs. 5 S. 2 abschließend. Danach sind die Änderungs- **94** regelungen ausschließlich anwendbar auf zulassungspflichtige homöopathische Arzneimittel, die vor dem 1.1.1998 zugelassen wurden oder zugelassen geltend (Abs. 5 S. 2 Nr. 1). Außerdem finden die Änderungsregelungen Anwendung auf Vollblut, Plasma und Blutzellen menschlichen Ursprungs; dies gilt jedoch nicht für Plasma, das in einem industriellen Verfahren hergestellt wird (Abs. 5 S. 2 Nr. 2 i. V. m. Art. 3 VI RL 2001/83/EG). Außerdem sind die Änderungsregelungen in Abs. 2a bis 3 anwendbar auf Gewebezubereitungen, die nach § 21 zugelassen sind; dies gilt jedoch nicht, wenn bei der Herstellung der Gewebezubereitungen ein industrielles Verfahren angewendet wird (Abs. 5 S. 2 Nr. 3).

P. Änderungen nach der VO (EG) Nr. 1234/2008 (Variations-Verordnung)

I. Hintergrund und Zielsetzung der Variations-Verordnung

Das „alte" Variationssystem der beiden VO (EG) Nr. 1084/und 1085/2003 war insbes. aus der Warte **95** des § 29 betrachtet sehr bürokratisch, unflexibel und schwerfällig, sowohl für die Antragsteller als auch für die Behörden. Deshalb soll das neue System als Ausfluss des umfangreichen, bereits im Oktober 2006 gestarteten Projekts „bessere Rechtsetzung" (better regulation) einen einfachen, präzisen und flexibleren Rechtsrahmen bieten, ohne dabei Abstriche beim Schutz der öffentlichen Gesundheit und der Tiergesundheit zu machen[76]. Die „neue" Variations-Verordnung (EG) Nr. 1234/2008 der Kommission über die Prüfung von Änderungen der Zulassungen von Human- und Tierarzneimitteln vom 24.11.2008 ist am 1.1.2010 in Kraft getreten. Sie galt zunächst nur für Änderungen von Zulassungen aus europäischen Verfahren.

Zumindest aus Sicht der deutschen Arzneimittelhersteller ist es aber problematisch, dass der Rat und **96** das Europäische Parlament auf Vorschlag der Kommission mit der am 18.6.2009 zur Änderung der RL 2001/83/EG erlassenen RL 2009/53/EG das neue europäische Variations-System auch auf die von den Behörden der Mitgliedstaaten auf nationaler Ebene in einem **rein nationalen Verfahren erteilten Zulassungen** ausgedehnt hat. Mit der RL 2009/53/EG wird die Kommission ermächtigt, den Anwendungsbereich der neuen VO (EG) Nr. 1234/2008 im Ausschussverfahren zu ändern. Dadurch sollte sichergestellt werden, dass – ursprünglich schon bis Ende 2011 – für alle auf dem Gemeinschaftsmarkt bereit gestellten Arzneimittel, einschließlich derer mit rein nationaler Zulassung, dieselben Kriterien für die Genehmigung und die verwaltungstechnische Bearbeitung von Änderungen gelten. Das System der Änderungsanzeigen bzw. Variations sollte bis Ende 2011 **vollständig harmonisiert** werden. Die auf dieser Basis von der Kommission am 3.8.2012 erlassene VO (EU) Nr. 712/2012 erweitert in Art. 1 I i. V. m. dem neuen Kapitel IIa der VO (EG) Nr. 1234/2008 deren Anwendungsbereich grundsätzlich auf alle Änderungen rein nationaler Zulassungen. Die europäische Variations-VO findet daher gem. Art. 3 Abs. 2 VO (EU) Nr. 712/2012 seit dem 4.8.2013 grundsätzlich Anwendung auch auf rein nationale Zulassungen.

Allerdings ist die neue Variations-VO trotz einiger Verbesserungen (hier vor allem das do and tell- **97** Verfahren für Typ IA-Änderungen und den neuen Verfahren zur Gruppenbildung und Arbeitsteilung) immer noch bürokratischer, unflexibler und schwerfälliger als das Änderungssystem in § 29. Die Kommission geht davon aus, dass über 80 % der in der EU erteilten Zulassungen rein nationale Zulassungen sind. Nach repräsentativen Umfragen der Herstellerverbände sind ca. 75 bis 80 % der in Deutschland zugelassenen Arzneimittel ausschließlich in Deutschland zugelassen. Sie würden von einer Harmonisierung der nationalen Änderungssysteme nicht profitieren. Die Ausweitung des europäischen Änderungssystems auf diese rein nationalen Zulassungen wird vielmehr eine erhebliche Mehrbelastung für die betreffenden Unternehmen bedeuten.

---

[75] Der Begriff der rein nationalen Zulassung wird in Art. 2 IX VO (EG) Nr. 1234/2008 definiert und erfasst danach alle Zulassungen, die durch einen Mitgliedstaat gemäß EU-Recht erteilt wurden, jedoch nicht im Verfahren der gegenseitigen Anerkennung oder im dezentralisierten Verfahren und die auch nicht im Wege des Befassungsverfahrens vollständig harmonisiert wurde.

[76] Vgl. den 1. Erwägungsgrund zur VO (EG) Nr. 1234/2008.

II. Geltungsbereich

98   Die VO (EG) Nr. 1234/2008 gilt nach Art. 1 I für Zulassungen, die im zentralisierten Verfahren der VO (EG) Nr. 726/2004, im gegenseitigen Anerkennungsverfahren, im dezentralisierten Verfahren sowie in rein nationalen Verfahren der RL 2001/83/EG erteilt worden sind. Außerdem gilt sie für Zulassungen im Exkonzertierungsverfahren der RL 87/22/EWG. Nicht in den Geltungsbereich der VO (EG) Nr. 1234/1008 fallen aus Gründen der Verhältnismäßigkeit homöopathische und traditionelle pflanzliche Arzneimittel, die einem vereinfachten Registrierungsverfahren unterliegen[77]. Der bundesdeutsche Gesetzgeber hat im 2. AMG-ÄndG 2012 von der Ermächtigung in Art. 23b IV RL 2001/83/EG Gebrauch gemacht, für bestimmte Arzneimittel weiterhin die nationalen Änderungsvorschriften anzuwenden. Gem. § 29 V sind dies zulassungspflichtige homöopathische Arzneimittel, die vor dem 1.1.1998 zugelassen worden sind oder als zugelassen galten, Blut- sowie Gewebezubereitungen (s. im einzelnen Rn. 4).

99   Art. 1 II VO (EG) Nr. 1234/2008 bestimmt zudem, dass die VO keine Anwendung findet auf die **Übertragung einer Zulassung** auf einen neuen Zulassungsinhaber. Bei den im zentralisierten Verfahren zugelassenen Arzneimitteln richtet sich die Zulassungsübertragung nach der VO (EG) Nr. 2141/96, bei den im Anerkennungsverfahren oder im dezentralisierten Verfahren national zugelassenen Arzneimitteln nach dem jeweiligen nationalen Recht; in Deutschland ist die Zulassungsübertragung nach § 29 I anzeigepflichtig (s. Vor § 21 Rn. 20).

III. Übersicht über die Änderungskategorien

100   Art. 2 Nr. 2–5 i. V. m. Anhang I und II der VO (EG) Nr. 1234/2008 definieren die verschiedenen Kategorien von Zulassungsänderungen. Wie bisher gibt es
- geringfügige Änderungen des Typs IA und IB
- größere Änderungen des Typs II und
- Zulassungserweiterungen.

101   **Geringfügige Änderung des Typs IA** ist eine Änderung, die gar keine oder nur minimale Folgen für die Qualität, Unbedenklichkeit oder Wirksamkeit des betreffenden Arzneimittels hat. Demgegenüber ist eine **größere Änderung des Typs II** eine Änderung, bei der es sich (noch) nicht um eine Erweiterung handelt und die umfangreiche Folgen für die Qualität, Unbedenklichkeit oder Wirksamkeit des betreffenden Arzneimittels haben kann. **Zulassungserweiterungen** sind abschließend im Anhang I der VO definiert. Die **geringfügige Änderung des Typs IB** ist ein Auffangtatbestand und erfasst Änderungen, die weder eine geringfügige Änderung des Typs IA noch eine Änderung des Typs II noch eine Zulassungserweiterung sind. Art. 3 II VO (EG) Nr. 1234/2008 bestimmt ergänzend, dass eine Änderung, deren Einstufung unklar ist, **standardmäßig** als geringfügige Änderung des Typs IB gilt. Allerdings kann nach Art. 3 III VO (EG) Nr. 1234/2008 auf Verlangen des Antragstellers oder dann, wenn nach Auffassung der beurteilenden Behörde die Änderung umfangreiche Folgen für die Qualität, Unbedenklichkeit oder Wirksamkeit des betreffenden Arzneimittels haben kann, eine Höherkategorisierung von Typ IB in Typ II erfolgen (sog. **Typ IB by default**). Nach dem alten Variationssystem waren unklare oder unvorhergesehene Änderungen stets als Typ II einzustufen mit der Folge, dass auch für die Arzneimittelsicherheit unbedeutende Änderungen das Genehmigungsverfahren für Typ II-Änderungen durchlaufen mussten. Die Möglichkeit zur Höherstufung wurde im Gesetzgebungsverfahren insbes. von der Arzneimittelindustrie kritisiert, weil die Antragsteller an dem Prozess der Höherstufung nicht beteiligt sind und damit u. U. völlig unvorhergesehen in ein Genehmigungsverfahren gezogen werden können.

102   Die Kommission hat zunächst gem. Art. 4 I Buchst. a) der noch nicht geänderten VO (EG) Nr. 1234/2008 am 22.1.2010 ausführliche **Leitlinien für die verschiedenen Änderungskategorien** veröffentlicht[78]. Diese Leitlinien enthalten unter Berücksichtigung des Risikogrades nähere Angaben zur Einstufung der Änderungen, die jeweils zu erfüllenden Bedingungen und dabei einzureichenden Unterlagen. Unter Berücksichtigung des wissenschaftlichen und technischen Fortschritts hat die Kommission auf der Grundlage von Art. 4 I VO (EG) Nr. 1234/2008 diese erste Kategorisierungsleitlinie zusammen mit der sog. Verfahrensleitlinie (s. dazu Rn. 103) im August 2013 in den ausführlichen Leitlinien zu den verschiedenen Kategorien von Änderungen, zur Handhabung der Änderungsverfahren und der einzureichenden Unterlagen[79] zusammengefasst. Flankierend dazu hat insbes. die Koordinierungsgruppe für Änderungen im Anerkennungsverfahren und im dezentralisierten Verfahren Best Practice Guides[80] ver-

---

[77] So der 2. Erwägungsgrund zur VO (EG) Nr. 1234/2008.
[78] ABl.-EU Nr. C vom 22.1.2010, S. 1.
[79] ABl.-EU Nr. C 223 vom 2.8.2013, S. 1.
[80] Abrufbar unter http://www.hma.eu.

öffentlich. Weitere aktuelle Dokumente zum europäischen Variationssystem sind auf der Homepage der Heads of Medicines Agencies[81] vorhanden[82].

IV. Übersicht über die Änderungsverfahren

Die VO (EG) Nr. 1234/2008 beschreibt in den Kap. II, IIa, III und IV lediglich die Grundzüge der **103** Verfahren für die verschiedenen Änderungskategorien. Die in Rn. 102 genannten ausführlichen Leitlinien geben genauen Aufschluss über den Ablauf dieser Verfahren und erfassen alle Schritte von der Einreichung eines Antrages bis hin zum Abschluss des Verfahrens und enthalten die Fristen und Verfahrensschritte für u. U. erforderliche Anpassungen der Zulassungen durch die zuständigen Behörden. Folgende Änderungsverfahren sind vorgesehen[83]:

1. Typ IA – do and tell. Da die Typ IA-Änderungen nur rein administrative Änderungen und eben **104** nicht die zulassungsgemäße Qualität, Unbedenklichkeit oder Wirksamkeit des Arzneimittels betreffen, ist dazu gem. Art. 8, 13a und 14 VO (EG) Nr. 1234/2008 i. V. m. den Leitlinien ein **vereinfachtes Mitteilungsverfahren** vorgesehen. Dazu hat der Zulassungsinhaber die entsprechende Mitteilung innerhalb von zwölf Monaten nach Durchführung der Änderung bei allen maßgeblichen Behörden einzureichen. Das **jährliche Berichtssystem,** durch das die Gesamtzahl der Änderungen gesenkt und eine Konzentrierung auf schwerwiegende Änderungen ermöglicht werden soll, gilt allerdings nicht bei Änderungen, die zur ständigen Überwachung des Arzneimittels eine unverzügliche Mitteilung erfordern[84]. Die jeweils zuständige Behörde überprüft die Mitteilung innerhalb von 30 Tagen nach deren Erhalt. Bei einem positiven Abschluss sind die im Abschnitt 2.1. der Leitlinien vorgesehenen Maßnahmen zu ergreifen und die entsprechenden Zulassungen zu aktualisieren.

2. Typ IB – tell, wait and do. Art. 9, 13b und 15 VO (EG) Nr. 1234/2008 sehen bei geringfügigen **105** Änderungen des Typs IB eine **behördliche Bewertung** der vorgelegten Unterlagen vor. Haben die Referenzbehörde bzw. die EMA nicht innerhalb von 30 Tagen nach Bestätigung des Eingangs einer gültigen Mitteilung dem Antragsteller einen negativen Bescheid übermittelt, gilt die Mitteilung als angenommen. Insofern gilt in diesem Verfahren mit Stillhaltefrist die Regel „tell, wait and do". Wird dem Zulassungsinhaber allerdings innerhalb der 30 Tage ein ablehnender Bescheid mitgeteilt, so kann dieser innerhalb von 30 Tagen nach Eingang des Ablehnungsbescheids eine geänderte Mitteilung einreichen. Unterlässt der Zulassungsinhaber eine Anpassung, gilt die Mitteilung als abgelehnt. Die jeweiligen Auswirkungen auf die bestehenden Zulassungen sind im Abschnitt 2.2 der Leitlinien beschrieben.

3. Typ II – tell and wait prior approval. Im sog. **Vorabgenehmigungsverfahren** für größere **106** Änderungen des Typs II haben gem. Art. 10, 13c und 16 VO (EG) Nr. 1234/2008 der Referenzmitgliedstaat bzw. die EMA innerhalb von 60 bzw. 90 Tagen nach Einleitung des Verfahrens einen **Beurteilungsbericht** mit Entscheidungsentwurf zu erstellen. Eine Stellungnahme zu erstellen. Innerhalb von 30 Tagen nach Übermittlung dieser Unterlagen müssen die betroffenen Mitgliedstaaten den Bericht und die Entscheidung anerkennen. Verweigert ein Mitgliedstaat unter Berufung auf eine potenzielle schwerwiegende Gefahr für die öffentliche Gesundheit die Anerkennung, wird nach Art. 13 I der VO die Koordinierungsgruppe mit der strittigen Angelegenheit befasst[85].

4. Sonderverfahren. Kap. IV der VO (EG) Nr. 1234/2008 regelt eine Reihe von Sonderverfahren. **107** Nach Art. 19 ist ein Antrag auf **Zulassungserweiterung** nach demselben Verfahren zu beurteilen wie der Antrag auf die ursprüngliche Zulassung, auf die sie sich bezieht. Dementsprechend wird die Zulassungserweiterung nach demselben Verfahren wie die Ursprungszulassung erteilt[86].

Art. 20 VO (EG) Nr. 1234/2008 ermöglicht i. V. m. Abschn. 3. der Leitlinien zur Vermeidung von **108** Doppelarbeit ein **Verfahren der Arbeitsteilung** für geringfügige Änderungen des Typs IB und größere Änderungen des Typs II für mehrere Zulassungen ein und desselben Zulassungsinhabers. Im Verfahren der Arbeitsteilung untersucht eine unter den Behörden der Mitgliedstaaten und der EMA ausgewählte Referenzbehörde die Änderung im Auftrag der übrigen betroffenen Behörden. Die Referenzbehörde erstellt innerhalb von 60 bzw. 90 Tagen einen Beurteilungsbericht, den die anderen betroffenen Mitgliedstaaten innerhalb von 30 Tagen anerkennen.

Das Verfahren der Arbeitsteilung kann mit der in Art. 7 VO (EG) Nr. 1234/2008 vorgesehenen **109** Zusammenfassung von Änderungen **(Gruppenbildung)** kombiniert werden. Zwar soll gem. Art. 7 I und dem 6. Erwägungsgrund der VO jede Änderung grundsätzlich getrennt eingereicht werden. Zur

---

[81] Abrufbar unter http://www.hma.eu.
[82] Vgl. zu den ausführlichen Leitlinien und zu den Änderungskategorien im einzelnen *Kösling/Wolf*, in: Fuhrmann/Klein/Fleischfresser, § 11 Rn. 10 f., 18 ff.
[83] Vgl. dazu insgesamt auch *Kösling/Wolf*, in: Fuhrmann/Klein/Fleischfresser, § 11 Rn. 18 ff.
[84] Art. 8 I UAbs. 2 und Art. 14 I UAbs. 2 und 5. Erwägungsgrund der VO (EG) Nr. 1234/2008.
[85] Näheres dazu im Abschnitt 2.3 der Leitlinien.
[86] Näheres dazu im Abschnitt 2.4 der Leitlinien.

Verfahrensvereinfachung und zur Reduzierung des Verwaltungsaufwandes ist es unter bestimmten Voraussetzungen aber möglich, die Änderungen mehrerer Zulassungen ein und desselben Zulassungsinhabers zusammenzufassen. Es muss sich allerdings um dieselbe Gruppe von Änderungen handeln. Anhang III der VO beinhaltet Beispiele für die Anwendungsfälle der Gruppenbildung[87].

110   Die VO (EG) Nr. 1234/2008 sieht in Art. 12 und 18 modifizierte Vorgehensweisen für Änderungen der Zulassungen von **Grippeimpfstoffen** für Menschen sowie in Art. 22 besondere **Notfallmaßnahmen** (sog. Urgent Safety Restrictions) i. S. v. Art. 2 Nr. 8 vor, die der Zulassungsinhaber im Fall einer Gefährdung der öffentlichen Gesundheit ergreift.

111   Bislang haben die in der VO (EG) Nr. 1234/2008 enthaltenen Neuregelungen insbesondere zur Arbeitsteilung und zur Gruppenbildung noch nicht zu einer nennenswerten Entlastung für Zulassungsbehörden und Zulassungsinhaber geführt. In diesem Zusammenhang weisen EMA und BfArM darauf hin, dass diese Sonderverfahren rechtzeitig der jeweils zuständigen Behörde angekündigt werden sollen, damit abgeklärt werden kann, ob sie im konkreten Fall sinnvoll sind[88].

V. Änderungsarten im Einzelnen

112   **1. Geringfügige Änderungen des Typs IA.** Geringfügige Änderungen des Typs IA sind nach Art. 2 Nr. 2 VO (EG) Nr. 1234/2008 solche Änderungen, die gar keine oder nur minimale Folgen für die Qualität, Unbedenklichkeit oder Wirksamkeit des betr. Arzneimittels haben. Im **Anhang II Ziff. 1 zur VO (EG) Nr. 1234/2008** werden Änderungstatbestände aufgeführt, die als geringfügige Änderungen des Typs IA einzustufen sind. Genannt werden dort Änderungen rein administrativer Art im Zusammenhang mit der Identität und den Kontaktdaten des Zulassungsinhabers sowie des Herstellers oder Lieferanten eines Ausgangsstoffes, Reagenz', ein bei der Herstellung eines Wirkstoffs verwendeten Zwischenerzeugnisses oder eines Fertigerzeugnisses. Auch Änderungen durch die Streichung eines Herstellungsstandortes sind geringfügige Änderungen des Typs IA. Dies gilt auch dann, wenn sich die Streichung auf den Standort zur Herstellung eines Wirkstoffes, eines Zwischen- und Fertigerzeugnisses, hier von Packmitteln oder eines Standortes des für die Chargenfreigabe Verantwortlichen oder des für die Chargenkontrolle Zuständigen bezieht.

113   **a) Änderungen genehmigter physikalisch-chemischer Prüfverfahren.** Nach Anhang II Ziff. 1 Buchst. c) zur VO (EG) Nr. 1234/2008 sind Änderungen aufgrund geringfügiger Änderungen betr. genehmigte physikalisch-chemische Prüfverfahren ebenfalls als geringfügige Änderungen des Typs IA einzustufen werden, sofern nachgewiesen wird, dass das geänderte Verfahren dem ursprünglichen Prüfverfahren mindestens gleichwertig ist. Entsprechende Validierungsstudien müssen durchgeführt worden sein und deren Ergebnisse belegen, dass zwischen dem geänderten Prüfverfahren und dem ursprünglichen Prüfverfahren mindestens Gleichwertigkeit gegeben ist.

114   **b) Wirkstoff-/Hilfsstoffspezifikation zur Monographieanpassung.** Nach Anhang II Ziffer 1 Buchst. d) der VO (EG) Nr. 1234/2008 sind Änderungen von Spezifikationen sowohl des Wirkstoffes als auch von Hilfsstoffen als geringfügige Änderung des Typs IA einzustufen, wenn diese Anpassung zum Zwecke der Anpassung an eine Aktualisierung einer entsprechenden Monographie des Europäischen Arzneibuches oder des Arzneibuches eines EU-Mitgliedstaates vorgenommen wird. Die Kategorisierung dieser Änderung als geringfügige Änderung des Typs IA ist allerdings nur gegeben, wenn die Änderung ausschließlich zum Zwecke der Anpassung und Herstellung der Übereinstimmung mit dem europäischen bzw. dem jeweiligen Arzneibuch eines Mitgliedstaates vorgenommen wird und darüber hinaus die Spezifikationen produktspezifische Eigenschaften unverändert bleiben.

115   **c) Sekundärpackmittel.** Das Verpackungsmaterial betr. Änderungen sind nach Anhang II Ziff. 1 Buchst. e) der VO (EG) Nr. 1234/2008 ebenfalls geringfügige Änderungen des Typs IA, sofern das Verpackungsmaterial mit dem Arzneimittel selbst nicht in Berührung kommt und die Änderung darüber hinaus weder die Abgabe noch die Verabreichung, Unbedenklichkeit oder Haltbarkeit des Arzneimittels beeinträchtigt.

116   **d) Verschärfung von Spezifikationsgrenzwerten.** Änderungen, die zu einer Verschärfung von Spezifikationsgrenzwerten führen, sind nach Anhang II Ziff. 1 Buchst. f) der VO (EG) Nr. 1234/2008 gleichfalls als geringfügige Änderungen des Typs IA einzustufen. Voraussetzung ist, dass die Änderung nicht auf unerwartete Ereignisse im Rahmen der Arzneimittelherstellung zurückgeht. Außerdem darf die Änderung nicht auf eine entsprechende Verpflichtung zurückzuführen sein, die aufgrund einer früheren Beurteilung zur Überprüfung der Spezifikationsgrenzwerte besteht.

117   **2. Geringfügige Änderungen des Typs IB.** Geringfügige Änderungen des Typs IB sind nach Art. 2 Nr. 5 VO (EG) Nr. 1234/2008 alle Änderungen, bei denen es sich weder um geringfügige Änderungen des Typs IA noch um einen größere Änderung des Typs II oder um eine Zulassungserweiterung bzw.

---

[87] Vgl. dazu *Kösling/Wolf*, in: Fuhrmann/Klein/Fleischfresser, § 11 Rn. 38 ff.
[88] *Kösling/Wolf*, in: Fuhrmann/Klein/Fleischfresser, § 11 Rn. 41.

Erweiterung i. S. d. Art. 2 Nr. 4 VO (EG) Nr. 1234/2008 handelt. Die Kategorie der geringfügigen Änderung des Typs IB ist damit als **Auffangtatbestand** zu kategorisieren[89]. In den eng umschriebenen Grenzen des Art. 3 Abs. 3 VO (EG) Nr. 1234/2008 besteht die Möglichkeit, dass auf Antrag des Zulassungsinhabers eine Änderung als größere Änderung des Typs II angesehen wird. Dies kann allerdings nur unter der Voraussetzung erfolgen, dass es sich bei der konkreten Änderung nicht um einen Erweiterung i. S. d. Art. 2 Nr. 4 VO (EG) Nr. 1234/2008 handelt und dass die Einstufung der Art der Änderung unter Anwendung der Vorgaben der vorgenannten Verordnung unklar ist. Eine Höherstufung des Änderungstyps auf Antrag des Zulassungsinhabers ist daher nicht möglich, wenn nach den Vorgaben der VO (EG) Nr. 1234/2008 die Änderung als geringfügige Änderung des Typs IA zweifelsfrei feststeht.

3. Größere Änderungen des Typs II. Eine größere Änderung des Typs II ist in Art. 2 Nr. 3 VO **118** (EG) Nr. 1234/2008 definiert als eine Änderung, bei der es sich nicht um eine Erweiterung i. S. d. Nr. 4 handelt und die umfangreiche Folgen für die Qualität, Unbedenklichkeit oder Wirksamkeit des betr. Arzneimittels haben kann. In **Anhang II** zur vorgenannten VO sind Änderungen ausgeführt, die als größere Änderungen des Typs II einzustufen sind.

a) Indikationsänderungen/Indikationserweiterung. Eine größere Änderung des Typs II ist jede **119** Änderung, die im Zusammenhang steht mit dem Hinzufügen einer neuen therapeutischen Indikation oder der Änderung einer bereits bestehenden Indikation (Anhang II Ziff. 2 Buchst. a) der VO (EG) Nr. 1234/2008). Im Vergleich zu den bisherigen nationalen Regelungen nach § 29 stellt dies eine **erhebliche Änderung** dar, da die Zufügung einer oder die Veränderung in eine Indikation, die einem anderen Therapiegebiet zuzuordnen ist, bislang nach § 29 III 1 Nr. 3, IIa 1 Nr. 1 zur Neuzulassungspflicht führt.

b) Änderungen der Zusammenfassung der Produktmerkmale. Änderungen der Zusammenfas- **120** sung der Produktmerkmale (Fachinformation) sind nach Anhang II Ziff. 2 Buchst. b) der VO (EG) Nr. 1234/2008 größere Änderungen des Typs II, sofern es sich um erhebliche Änderungen handelt. Dies ist insbes. der Fall, wenn neue Erkenntnisse zu Qualität, vorklinischen und klinischen Studien und nach der Pharmakovigilanz zu den Änderungen führen.

c) Änderung der Grenzwert- und Akzeptanzwerte und Akzeptanzkriterien. Änderungen, die **121** im Zusammenhang mit Grenzwerten oder Akzeptanzkriterien stehen, sind ebenfalls größere Änderungen des Typs II (Anhang II Ziff. 2 Buchst. c) der VO (EG) Nr. 1234/2008).

d) Herstellungsverfahren und Zusammensetzung. Jegliche Änderungen des Herstellungsverfah- **122** rens sowie der Zusammensetzung, der Spezifikation sowie des Verunreinigungsprofils des Wirkstoffes und des Fertigarzneimittels, die sich auf die Qualität, Unbedenklichkeit oder Wirksamkeit des Arzneimittels deutlich auswirken können, sind nach Anhang II Ziff. 2 Buchst. d) der VO (EG) Nr. 1234/2008 als größere Änderungen des Typs II zu beurteilen. Dies gilt aber nur für erhebliche Änderungen, die sich deutlich auf die Qualität, Unbedenklichkeit oder Wirksamkeit des Arzneimittels auswirken können. Lediglich ganz unerhebliche Änderungen z. B. des Herstellungsverfahrens, die sich darüber hinaus nicht deutlich auf Qualität, Unbedenklichkeit oder Wirksamkeit auswirken können, sind nicht als Änderungen des Typs II anzusehen.

e) Biologische Arzneimittel. Sofern Herstellungsverfahren und Herstellungsstandorte für den Wirk- **123** stoff eines biologischen Arzneimittels geändert werden, handelt es sich um größere Änderungen des Typs II (Anhang II Ziff. 2 Buchst. e) der VO (EG) Nr. 1234/2008).

f) Design Space. Als größere Änderungen des Typs II werden in Anhang II Ziff. 2 Buchst. f) der VO **124** (EG) Nr. 1234/2008 auch die Einführung eines neuen oder die Erweiterung eines genehmigten Design Space bezeichnet. Voraussetzung ist, dass dieser sog. Design Space den einschlägigen europäischen und internationalen wissenschaftlichen Leitlinien entsprechend entwickelt wurde. **Design Space** beschreibt die Kombination und Interaktion verschiedener Variablen und Prozessparameter, für die gezeigt wurde, dass deren Einhaltung nachweislich die Arzneimittelqualität gewährleistet[90].

g) Änderung/Hinzufügung Zieltierart. Alle Änderungen, die durch eine geänderte oder hin- **125** zugefügte Zieltierart bedingt sind, sind als größere Änderungen des Typs II einzustufen (Anhang II Ziff. 2 Buchst. g) der VO (EG) Nr. 1234/2008). Dies gilt dann, wenn es sich bei der geänderten oder hinzugefügten Zieltierart um eine solche handelt, die nicht zur Lebensmittelerzeugung genutzt wird.

h) Bestimmte Tierimpfstoffe. Bestimmte Änderungen bei Tierimpfstoffen gegen die Aviäre Influ- **126** enza, die Maul- und Klauenseuche sowie die Blauzungenkrankheit sind im Anhang II Ziff. 2 Buchst. h) der VO (EG) Nr. 1234/2008 als größere Änderung des Typs II definiert. Es muss sich dabei um solche

---

[89] Vgl. *Koesling/Wolf*, in: Fuhrmann/Klein/Fleischfresser, § 11 Rn. 55.
[90] Vgl. die Definition zum Begriff „Design Space" in ICH-Guideline Pharmaceutical Development Q8 (R2), August 2009, dort S. 16.

Änderungen handeln, die sich durch den Austausch oder die Hinzufügung eines Serotyps eines Stammes, eines Antigens oder einer Kombination von Serotypen, Stämmen oder Antigenen ergeben.

127   **i) Tierimpfstoff gegen Pferdeinfluenza.** Alle Änderungen, die Folge des Austauschs eines Stammes bei einem Tierimpfstoff gegen die Pferdeinfluenza sind, werden nach Anhang II Ziff. 2 Buchst. i) der VO (EG) Nr. 1234/2008 als größere Änderung des Typs II definiert.

128   **j) Grippeimpfstoff (human).** Sämtliche Änderungen im Zusammenhang mit der Änderung des Wirkstoffs eines saisonalen, präpandemischen oder pandemischen Grippeimpfstoffes für die Anwendung beim Menschen sind als größere Änderungen des Typs II definiert (Anhang II Ziff. 2 Buchst. j) der VO (EG) Nr. 1234/2008).

129   **k) Wartezeit bei Tierarzneimitteln.** Alle Änderungen im Zusammenhang mit der Wartezeit eines Tierarzneimittels sind größere Änderungen des Typs II (Anhang II Ziff. 2 Buchst. k) der VO (EG) Nr. 1234/2008).

130   **4. Zulassungserweiterung.** Nach Art. 2 Nr. 4 VO (EG) Nr. 1234/2008 ist eine Zulassungserweiterung bzw. Erweiterung jede Änderung, die im Anhang I zur vorgenannten VO aufgeführt ist und die dort normierten Voraussetzungen erfüllt.

131   In **Anhang I** finden sich drei Gruppen von Änderungen, die als Zulassungserweiterungen definiert werden. Es handelt sich um Änderungen hinsichtlich der Wirkstoffe, um Änderungen der Stärke, Darreichungsform und der Art der Anwendung sowie um Änderungen der Zieltierart bzw. Hinzufügen einer neuen Zieltierart bei bestimmten Tierarzneimitteln.

132   **a) Änderungen bei den Wirkstoffen.** Sofern keine signifikant unterschiedlichen Wirksamkeits- und Unbedenklichkeitsmerkmale resultieren, werden nach **Anhang I der VO (EG) Nr. 1234/2008** das Ersetzen eines chemischen Wirkstoffes durch einen anderen Salz/Ester-Komplex oder ein anderes Salz/Ester-Derivat mit derselben Wirkungskomponente sowie das Ersetzen durch ein anderes Isomer oder eine andere Isomermischung bzw. das Ersetzen einer Mischung durch ein isoliertes Isomer als Zulassungserweiterung verstanden[91]. Das Ersetzen eines biologischen Wirkstoffes durch einen Wirkstoff mit einer lediglich geringfügig anderen Molekularstruktur ist ebenfalls als Zulassungserweiterung definiert, sofern keinen signifikant unterschiedlichen Wirksamkeits- und Unbedenklichkeitsmerkmale resultieren[92]. Da im **Anhang II der VO (EG) Nr. 1234/2008** bestimmte Änderungen im Hinblick auf einen biologischen Wirkstoff als größere Änderungen des Typs II und gerade nicht als Zulassungserweiterung definiert wurden, werden im Anhang I die folgenden Änderungen vom Begriff der Zulassungserweiterung ausgenommen:

– Änderung am Wirkstoff eines saisonalen, präpandemischen oder pandemischen Grippeimpfstoffs für den Menschen; bei einer solchen Änderung handelt es sich um eine größere Änderung des Typs II[93].
– Austausch oder Hinzufügung eines Serotyps, eines Stammes, eines Antigens oder einer Kombination von Serotypen, Stämmen oder Antigenen bei einem Tierimpfstoff gegen die Aviäre Influenza, die Maul- und Klauenseuche oder die Blauzungenkrankheit; bei einer solchen Änderung handelt es sich um eine wesentliche Änderung des Typs II[94].
– Austausch eines Stamms bei einem Tierimpfstoff gegen die Pferdeinfluenza[95].

133   Wird bei Herstellung eines Antigen- oder Ursprungsmaterials der verwendete Vektor geändert – erfasst davon ist auch die Verwendung einer neuen Stammzellbank aus einer anderen Quelle – handelt es sich um eine Zulassungserweiterung, sofern keine signifikanten unterschiedlichen Wirksamkeits- und Unbedenklichkeitsmerkmale resultieren.

134   Erfasst die Änderung eines radioaktiven Arzneimittels einen neuen Ligand bzw. Kopplungsmechanismus, so liegt ebenfalls eine Zulassungserweiterung vor, sofern keine signifikant unterschiedlichen Wirksamkeits- und Unbedenklichkeitsmerkmale resultieren (Anhang I Ziff. 1 Buchst. e) der VO (EG) Nr. 1234/2008).

135   Wird das für eine Extraktion verwendete Lösungsmittel geändert oder wird das Verhältnis des pflanzlichen Stoffes geändert, liegt nach Anhang I Ziff. 1 Buchst. f) der VO (EG) Nr. 1234/2008 eine Zulassungserweiterung vor, wenn keine signifikant unterschiedlichen Wirksamkeits- und Unbedenklichkeitsmerkmale aus den Änderungen resultieren.

136   **b) Änderung der Stärke, Darreichungsform, Art der Anwendung.** Die Änderung der Bioverfügbarkeit sowie pharmakokinetische Änderungen wie z.B. die Änderung der Freigabedosis und die Änderung bzw. das Hinzufügen einer neuen Stärke bzw. Potenz sind als Zulassungserweiterung definiert. Darüber hinaus sind als Zulassungserweiterung definiert die Änderung der Darreichungsform oder das

---

[91] Vgl. Anhang I Ziffer 1 Buchst. a) VO (EG) Nr. 1234/2008.
[92] Vgl. Anhang I Ziffer 1 Buchst. c) VO (EG) Nr. 1234/2008.
[93] Vgl. Anhang II Ziffer 2 Buchst. j) VO (EG) Nr. 1234/2008.
[94] Vgl. Anhang II Ziffer 2 Buchst. h) VO (EG) Nr. 1234/2008.
[95] Vgl. Anhang II Ziffer 2 Buchst. i) VO (EG) Nr. 1234/2008.

Hinzufügen einer neuen Darreichungsform sowie das Hinzufügen einer neuen Art der Anwendung. Erläuternd wird in Fn. 1 zum Anhang 1 Ziff. 2 Buchst. e) der VO (EG) Nr. 1234/2008 darauf hingewiesen, dass bei parenteralen Anwendungen zwischen intraarterieller, intravenöser, intramuskulärer, subkutaner und anderer Verabreichung unterschieden werden muss. An gleicher Stelle wird darauf verwiesen, dass bei der Verabreichung an Geflügel die resperatorische, orale und okulare Impfung als gleichwertige Verabreichungswege betrachtet werden.

c) Änderung Zieltierart/Hinzufügung Zieltierart. Wenn bei einem Tierarzneimittel, das zur 137 Verabreichung an Lebensmittel liefernde Tiere bestimmt ist, Zieltierarten geändert oder neue Zieltierarten hinzugefügt werden, handelt es sich nach Anhang I Ziff. 3 der VO (EG) Nr. 1234/2008 auch um eine Zulassungserweiterung. Änderungen hinsichtlich der Zieltierart bei Tierarzneimitteln, die nicht zur Verabreichung an Lebensmittel liefernde Tiere bestimmt sind, sind keine Zulassungserweiterung, sondern eine größere Änderung des Typs II (Anhang II Ziff. 2 Buchst. g) der VO (EG) Nr. 1234/2008).

VI. Änderungsverfahren

Die VO (EG) Nr. 1234/2008 sieht verschiedene Änderungsverfahren in Abhängigkeit von der Art der 138 Änderung vor. Für geringfügige Änderungen des Typs IA ist ein **Mitteilungsverfahren** nach Art. 8 der VO vorgesehen. Danach sind entsprechende Änderungen grundsätzlich innerhalb von **zwölf Monaten** nach der Durchführung der Änderung der Behörde anzuzeigen und entsprechende Unterlagen einzureichen. Die Einführung dieses Mitteilungsverfahrens mit der Möglichkeit, binnen zwölf Monaten nach Durchführung der Änderung entsprechende Mitteilungen bei der Behörde einzureichen, verfolgen den **Zweck,** die Gesamtzahl der bei den Behörden anhängigen Verfahren im Zusammenhang mit Zulassungsänderungen zu senken und dadurch bei den Behörden Kapazitäten für solche Änderungen freizusetzen, die tatsächlich Folgen für die Qualität, Unbedenklichkeit oder Wirksamkeit eines Arzneimittels haben können[96]. Anders als jedoch in den Erwägungsgründen[97] erwähnt, ist kein jährliches Berichtsystem für Änderungen eingefügt worden. Vielmehr muss jede Änderung binnen zwölf Monaten nach Änderungsdurchführung angezeigt werden. Bei einem jährlichen System wäre vorzusehen gewesen, sämtliche z. B. während eines Kalenderjahrs durchgeführten geringfügigen Änderungen des Typs IA der Behörde mitzuteilen. Ein solches jährliches Berichtsverfahren ist jedoch nicht in die VO (EG) Nr. 1234/2008 implementiert worden.

Unter bestimmten Voraussetzungen sind auch geringfügige Änderungen des Typs IA der zuständigen 139 Behörde unverzüglich mitzuteilen. Nach Art. 8 I 3 VO (EG) Nr. 1234/2008 müssen der Behörde unverzüglich – also ohne schuldhaftes Zögern – nach Durchführung solche Änderungen angezeigt werden, die zur ständigen Überwachung des betr. Arzneimittels eine unverzügliche Mitteilung erfordern. In der juristischen Literatur werden hier z. B. die Anpassung der Fachinformation bzw. der Gebrauchsinformation und der Kennzeichnung eines Arzneimittels genannt[98].

Das in Art. 9 VO (EG) Nr. 1234/2008 normierte Mitteilungsverfahren für geringfügige Änderungen 140 des Typs IB sieht vor, dass entsprechende Änderungen der zuständigen Behörde mitgeteilt werden und diese ein **Prüfungs- und Ablehnungsrecht** hat. Reagiert die Behörde innerhalb von 30 Tagen nach Bestätigung des Eingangs der entsprechenden Anzeige zur Änderung nicht, gilt – ähnlich wie bei § 29 IIa 3 – die Zustimmung der Behörde zur Änderung als erteilt.

Für größere Änderungen des Typs II wird in Art. 10 VO (EG) Nr. 1234/2008 ein Verfahren der 141 Vorabgenehmigung implementiert. Dies sieht eine Antragstellung unter Einreichung der in Anhang IV zur VO (EG) Nr. 1234/2008 aufgeführten Unterlagen vor. Eine viel größere Änderung des Typs II darf erst nach entsprechender behördlicher Genehmigung umgesetzt werden.

Q. Sanktionen

Wird eine nach § 29 I erforderliche Änderungsanzeige nicht, nicht richtig, nicht vollständig oder nicht 142 rechtzeitig gegenüber der Behörde erstattet, handelt es sich um eine bußgeldbewehrte **Ordnungswidrigkeit** nach § 97 II Nr. 7. Die Verkehrsfähigkeit des Arzneimittels wird durch eine nicht oder zu spät bzw. unvollständig erstattete Änderungsanzeige nicht berührt[99]. Die Nachholung einer verspäteten Änderungsanzeige ist grundsätzlich immer möglich und muss vorgenommen werden. Der Tatbestand der Ordnungswidrigkeit durch die nicht rechtzeitige Anzeige entfällt durch eine Nachholung jedoch nicht.

Die nicht richtige, nicht rechtzeitige, nicht vollständige oder die völlig unterlassene Anzeige nach § 29 143 Ib stellt nach § 97 II Nr. 7a eine **Ordnungswidrigkeit** dar. Eine Ordnungswidrigkeit nach § 97 II Nr. 7a liegt vor, wenn eine nach § 29 Ib erforderliche Meldung nicht, nicht richtig, nicht vollständig oder nicht rechtzeitig gemacht wird.

---

[96] Vgl. 5. Erwägungsgrund zur VO (EG) Nr. 1234/2008.
[97] Vgl. 5. Erwägungsgrund zur VO (EG) Nr. 1234/2008.
[98] Vgl. *Koesling/Wolf,* in: Fuhrmann/Klein/Fleischfresser, § 11 Rn. 57, dort Fn. 117.
[99] *Rehmann,* § 29 Rn. 3.

144   Die nicht richtige, nicht rechtzeitige, nicht vollständige oder die völlig unterlassene Anzeige nach § 29 Ic ist nach § 97 II Nr. 7 eine **Ordnungswidrigkeit**. Eine Ordnungswidrigkeit nach § 97 II Nr. 7 liegt vor, wenn eine nach § 29 Ic erforderliche Meldung nicht, nicht richtig, nicht vollständig oder nicht rechtzeitig gemacht wird.

145   Die nicht richtige, nicht rechtzeitige sowie die nicht vollständige Mitteilung nach § 29 Id ist ebenso wie das völlige Unterlassen entsprechender Mitteilungen nach § 97 II Nr. 7a eine **Ordnungswidrigkeit.**

§ 30 Rücknahme, Widerruf, Ruhen

(1) ¹Die Zulassung ist zurückzunehmen, wenn nachträglich bekannt wird, dass einer der Versagungsgründe des § 25 Abs. 2 Nr. 2, 3, 5, 5a, 6 oder 7 bei der Erteilung vorgelegen hat; sie ist zu widerrufen, wenn einer der Versagungsgründe des § 25 Abs. 2 Nr. 3, 5, 5a, 6 oder 7 nachträglich eingetreten ist. ²Die Zulassung ist ferner zurückzunehmen oder zu widerrufen, wenn

1. sich herausstellt, dass dem Arzneimittel die therapeutische Wirksamkeit fehlt,
2. in den Fällen des § 28 Abs. 3 die therapeutische Wirksamkeit nach dem jeweiligen Stand der wissenschaftlichen Erkenntnisse unzureichend begründet ist.

³Die therapeutische Wirksamkeit fehlt, wenn feststeht, dass sich mit dem Arzneimittel keine therapeutischen Ergebnisse erzielen lassen. ⁴In den Fällen des Satzes 1 kann auch das Ruhen der Zulassung befristet angeordnet werden.

(1a) ¹Die Zulassung ist ferner ganz oder teilweise zurückzunehmen oder zu widerrufen, soweit dies erforderlich ist, um einer Entscheidung oder einem Beschluss der Europäischen Gemeinschaft oder der Europäischen Union nach Artikel 34 der Richtlinie 2001/83/EG oder nach Artikel 38 der Richtlinie 2001/82/EG zu entsprechen. ²Ein Vorverfahren nach § 68 der Verwaltungsgerichtsordnung findet bei Rechtsmitteln gegen Entscheidungen der zuständigen Bundesoberbehörde nach Satz 1 nicht statt. ³In den Fällen des Satzes 1 kann auch das Ruhen der Zulassung befristet angeordnet werden.

(2) ¹Die zuständige Bundesoberbehörde kann die Zulassung

1. zurücknehmen, wenn in den Unterlagen nach den §§ 22, 23 oder 24 unrichtige oder unvollständige Angaben gemacht worden sind oder wenn einer der Versagungsgründe des § 25 Abs. 2 Nr. 6a oder 6b bei der Erteilung vorgelegen hat,
2. widerrufen, wenn einer der Versagungsgründe des § 25 Abs. 2 Nr. 2, 6a oder 6b nachträglich eingetreten ist oder wenn eine der nach § 28 angeordneten Auflagen nicht eingehalten und diesem Mangel nicht innerhalb einer von der zuständigen Bundesoberbehörde zu setzenden angemessenen Frist abgeholfen worden ist; dabei sind Auflagen nach § 28 Abs. 3 und 3a jährlich zu überprüfen,
3. im Benehmen mit der zuständigen Behörde widerrufen, wenn die für das Arzneimittel vorgeschriebenen Prüfungen der Qualität nicht oder nicht ausreichend durchgeführt worden sind,
4. im Benehmen mit der zuständigen Behörde widerrufen, wenn sich herausstellt, dass das Arzneimittel nicht nach den anerkannten pharmazeutischen Regeln hergestellt worden ist.

²In diesen Fällen kann auch das Ruhen der Zulassung befristet angeordnet werden.

(2a) ¹In den Fällen der Absätze 1 und 1a ist die Zulassung zu ändern, wenn dadurch der in Absatz 1 genannte betreffende Versagungsgrund entfällt oder der in Absatz 1a genannten Entscheidung entsprochen wird. ²In den Fällen des Absatzes 2 kann die Zulassung durch Auflage geändert werden, wenn dies ausreichend ist, um den Belangen der Arzneimittelsicherheit zu entsprechen.

(3) ¹Vor einer Entscheidung nach den Absätzen 1 bis 2a muss der Inhaber der Zulassung gehört werden, es sei denn, dass Gefahr im Verzuge ist. ²Das gilt auch, wenn eine Entscheidung der zuständigen Bundesoberbehörde über die Änderung der Zulassung, Auflagen zur Zulassung, den Widerruf, die Rücknahme oder das Ruhen der Zulassung auf einer Einigung der Koordinierungsgruppe nach Artikel 107g, 107k oder Artikel 107q der Richtlinie 2001/83/EG beruht. ³Ein Vorverfahren nach § 68 der Verwaltungsgerichtsordnung findet in den Fällen des Satzes 2 nicht statt. ⁴In den Fällen des § 25 Abs. 2 Nr. 5 ist die Entscheidung sofort vollziehbar. ⁵Widerspruch und Anfechtungsklage haben keine aufschiebende Wirkung.

(4) ¹Ist die Zulassung für ein Arzneimittel zurückgenommen oder widerrufen oder ruht die Zulassung, so darf es

1. nicht in den Verkehr gebracht und
2. nicht in den Geltungsbereich dieses Gesetzes verbracht werden.

²Die Rückgabe des Arzneimittels an den pharmazeutischen Unternehmer ist unter entsprechender Kenntlichmachung zulässig. ³Die Rückgabe kann von der zuständigen Behörde angeordnet werden.

Wichtige Änderungen der Vorschrift: Abs. 1 neu gefasst durch Art. 1 Nr. 18 des Vierten Gesetzes zur Änderung des Arzneimittelgesetzes vom 11.4.1990 (BGBl. I S. 720); Abs. 1 S. 3 eingefügt durch Art. 1 Nr. 21 des Fünften Gesetzes zur Änderung des Arzneimittelgesetzes vom 9.8.1994 (BGBl. I S. 2077); Abs. 1a eingefügt durch Art. 1 Nr. 10 des Siebten Gesetzes zur Änderung des Arzneimittelgesetzes vom 25.2.1998 (BGBl. I S. 376); Abs. 2a eingefügt durch Art. 1 Nr. 29 des Vierzehnten Gesetzes zur Änderung des Arzneimittelgesetzes vom 29.8.2005 (BGBl. I S. 2585); Abs. 1 S. 1 geändert, Abs. 2 S. 1 Nr. 4 eingefügt, Abs. 2a S. 1 geändert und Abs. 3 S. 2 und S. 3 eingefügt durch Art. 1 Nr. 24 des Zweiten Gesetzes zur Änderung arzneimittelrechtlicher und anderer Vorschriften vom 19.10.2012 (BGBl. I 2012, 2192).

Europarechtliche Vorgaben: Art. 116, 117 RL 2001/83/EG, Art. 83, 84 RL 2001/82/EG.

Übersicht

A. Allgemeines

I. Inhalt

Mit § 30 werden im AMG in Ergänzung zu den allgemeinen Vorgaben des VwVfG spezifische **1** Regelungen zur Aufhebung von Zulassungsentscheidungen sowie zur Anordnung des Ruhens von Zulassungen normiert. Nach Abs. 1 S. 1, 1. Halbs. ist bei nachträglichem Bekanntwerden bestimmter Versagungsgründe die Zulassung zurückzunehmen; tritt einer der in Abs. 1 S. 1, 2. Halbs. genannten Versagungsgründe nachträglich ein, ist die Zulassung zu widerrufen. Die Zulassung ist auch dann zurückzunehmen oder zu widerrufen, wenn sich herausstellt, dass dem Arzneimittel die therapeutische Wirksamkeit oder wenn diese in den Fällen des § 28 III unzureichend begründet ist (Abs. 1 S. 2). Nach Erforderlichkeit ist die Zulassung zurückzunehmen oder zu widerrufen oder an deren Stelle das Ruhen der Zulassung anzuordnen, um einer Entscheidung der Kommission oder des Rates nach Art. Art. 34 RL 2001/83/EG oder Art. 38 RL 2001/82/EG zu entsprechen (Abs. 1a). Abs. 2 sieht unter den dort genannten Voraussetzungen in das Ermessen der zuständigen Bundesoberbehörde gestellte Möglichkeiten zur Rücknahme, dem Widerruf oder einer Ruhensanordnung vor. Abs. 2a räumt der zuständigen Bundesoberbehörde Auflagenbefugnisse zum Erhalt der Zulassung ein. Der Zulassungsinhaber ist vor einer Entscheidung über die Aufhebung der Zulassung oder deren Ruhen gem. Abs. 3 anzuhören. Folge der Aufhebung der Zulassung oder deren Ruhen ist ein Verkehrsverbot, wobei in diesen Fällen die Rückgabe des Arzneimittels an den pharmazeutischen Unternehmer zulässig ist oder von der Behörde angeordnet werden kann (Abs. 4).

II. Zweck

2   Die Vorschrift des § 30 verschafft der zuständigen Bundesoberbehörde (§ 77) im Interesse der **Arzneimittelsicherheit** die notwendigen verwaltungsverfahrensrechtlichen Instrumente, um die Verkehrsfähigkeit eines zugelassenen Arzneimittels zu beseitigen oder zu beschränken. Insoweit dient die Vorschrift auch der Rechtssicherheit aller Beteiligten[1].

III. Bestandskraft

3   Grundsätzlich ist ein Verwaltungsakt zwar bereits mit seinem Erlass verbindlich. Erst mit Unanfechtbarkeit wird diese Verbindlichkeit aber durch den Wegfall des Vorbehalts einer erfolgreichen Anfechtung verfestigt. Als Verwaltungsakte erlangen Zulassungsbescheide nach Ablauf von Widerspruchs- und Klagefristen Bestandskraft. Mit dem Eintritt der Unanfechtbarkeit erlangt der Zulassungsbescheid **formelle Bestandskraft.** Diese tritt unabhängig davon ein, ob der Zulassungsbescheid rechtmäßig oder rechtswidrig ist, soweit er nicht gem. § 44 VwVfG nichtig ist. Sie ist Ausdruck des Gebots der Rechtssicherheit und des Rechtsfriedens und damit Folge des Rechtsstaatsprinzips[2]. Mit Eintritt der Bestandskraft des Verwaltungsakts sind sowohl die Beteiligten als auch die Behörde an die mit dem Verwaltungsakt getroffene Regelung gebunden; eine Aufhebung oder Änderung der Zulassung kann nicht mehr im Wege normaler Rechtsbehelfe erfolgen, sondern nur nach Maßgabe der Sonderregelungen des § 30 **(materielle Bestandskraft)**[3].

IV. Aufhebungstatbestände

4   Die Aufhebung eines bestandskräftigen Verwaltungsaktes ist u. a. aus Gründen des Vertrauensschutzes nur unter bestimmten Voraussetzungen möglich. Zu unterscheiden ist zwischen den Aufhebungstatbeständen der **Rücknahme** und des **Widerrufs.** Rücknahme und Widerruf sind Unterfälle der Aufhebung. Sowohl Rücknahme als auch Widerruf bezeichnen die Aufhebung einer Verwaltungsentscheidung im behördlichen Verfahren. In der gängigen Terminologie des VwVfG bezeichnet die Rücknahme die Aufhebung eines ursprünglich **rechtswidrigen** Verwaltungsaktes (§ 48 VwVfG) und die Rücknahme die Aufhebung eines ursprünglich **rechtmäßigen** Verwaltungsaktes (§ 49 VwVfG).

V. Zeitliche Wirkung der Aufhebung

5   Hinsichtlich der Wirkung einer Aufhebungsentscheidung ist nach den Vorgaben des VwVfG zu unterscheiden zwischen Rücknahme und Widerruf. Das AMG selbst trifft für den Zeitpunkt des Wirksamwerdens bzw. die **zeitlichen Wirkungen** von Aufhebungsentscheidungen keine Regelung, so dass insoweit die allgemeinen Regeln Anwendung finden. Nach § 49 VwVfG wirkt der **Widerruf** nur in die Zukunft gerichtet[4]. Die **Rücknahme** hingegen kann auch mit Wirkung für die Vergangenheit ausgesprochen werden[5]. Wird eine Zulassung entweder durch Rücknahme oder Widerruf aufgehoben, besteht für das Inverkehrbringen des zulassungsgegenständlichen Arzneimittels keine rechtliche Grundlage mehr. Nach Eintritt der Bestandskraft einer Aufhebungsentscheidung ist das weitere Inverkehrbringen des entsprechenden Arzneimittels unzulässig.

VI. Ruhen der Zulassung

6   Ergänzend zu den Aufhebungsmöglichkeiten in Form von Widerruf oder Rücknahme eröffnet § 30 der zuständigen Bundesoberbehörde die Möglichkeit, das **Ruhen der Zulassung** anzuordnen. Das

---

[1] *Anker,* in: Deutsch/Lippert, § 30 Rn. 1.
[2] *Kopp/Ramsauer,* § 43 Rn. 29.
[3] Vgl. hierzu *Kopp/Ramsauer,* § 43 Rn. 31.
[4] *Kloesel/Cyran,* § 30 Anm. 3; *Rehmann,* § 30 Rn. 1
[5] *Kloesel/Cyran,* § 30 Anm. 3; *Rehmann,* § 30 Rn. 1, geht hingegen davon aus, dass die Rücknahme grundsätzlich auf den Zeitpunkt der Zulassungserteilung zurückwirkt; ebenso offenbar *Sander,* § 30 Erl. 2.

Ruhen kann in den vom Gesetz normierten Fällen in Anwendung des Verhältnismäßigkeitsgrundsatzes als milderes Mittel im Vergleich zur Aufhebung der Zulassung angeordnet werden.

Das Ruhen der Zulassung ist in die Zukunft gerichtet und kann nicht mit Wirkung für die Ver- **7** gangenheit angeordnet werden. Auf der Grundlage einer bestandskräftig ruhenden Zulassung darf ein Arzneimittel nicht in den Verkehr gebracht werden. Mit Bestandskraft der Ruhensanordnung darf ein Arzneimittel erst wieder in Verkehr gebracht werden, wenn die Ruhensanordnung aufgehoben wird. Anders als im Falle der Aufhebung einer Zulassung kann eine zum Ruhen gebrachte Zulassung wieder aktiviert und Grundlage für das rechtmäßige Inverkehrbringen eines Arzneimittels werden.

B. Unbedingte Aufhebungs- und Ruhensgründe bei nationalen Zulassungen (Abs. 1)

I. Rücknahme oder Widerruf bei Vorliegen bestimmter Versagungsgründe (S. 1)

1. Rücknahme (1. Halbs.). Abs. 1 S. 1, 1. Halbs. ordnet an, dass eine **Zulassung zurück- 8 zunehmen** ist, wenn sich im Nachhinein herausstellt, dass im Zeitpunkt der Zulassungserteilung einer der Versagungsgründe in § 25 II Nr. 2, 3, 5, 5a, 6 oder 7 vorliegt. Die Versagungsgründe werden damit gleichsam zu **Rücknahmegründen.**

Die Zulassung ist danach zurückzunehmen, wenn im Zeitpunkt der Zulassungserteilung das Arznei- **9** mittel nicht nach dem gesicherten Stand der wissenschaftliche Erkenntnisse **ausreichend geprüft** war oder das Erkenntnismaterial nach § 22 III nicht dem jeweils gesicherten **Stand der wissenschaftlichen Erkenntnisse** entsprach. Entsprach das vorgelegte Erkenntnismaterial im Zeitpunkt der Zulassungsertei- lung dem Stand der wissenschaftlichen Erkenntnisse, kann eine Rücknahme nicht auf § 30 I 1, 1. Halbs. i. V. m. § 25 II 1 Nr. 2 gestützt werden. Die Zulassung ist außerdem beim **Fehlen der erforderlichen Qualität** i. S. d. § 25 II 1 Nr. 3 des Arzneimittels im Zeitpunkt der Zulassungsentscheidung zurück- zunehmen. Wies ein Arzneimittel im Zeitpunkt der Zulassungsentscheidung ein **ungünstiges Nutzen- Risiko-Verhältnis** auf[6], ist die Zulassung ebenso zurückzunehmen (§ 25 II 1 Nr. 5) wie beim **Fehlen einer ausreichenden Kombinationsbegründung** nach § 25 II 1 Nr. 5a[7]. Die Zulassung für Tier- arzneimittel kann zurückgenommen werden, wenn die bei Zulassung angegebene **Wartezeit** i. S. d. § 4 XII nicht ausreichend ist (§ 25 II 1 Nr. 6). Verstößt das Inverkehrbringen eines Arzneimittels oder dessen Anwendung bei Tieren im Zeitpunkt der Zulassungserteilung gegen nationales oder europäisches Recht, ist die Zulassung ebenfalls zurückzunehmen (§ 25 II 1 Nr. 7).

2. Widerruf (2. Halbs.). Nach **Abs. 1 S. 1, 2. Halbs.** ist eine Zulassung zu **widerrufen,** wenn die **10** ausdrücklich aufgeführten Widerrufsgründe vorliegen. Widerrufsgründe sind der nachträgliche Eintritt der folgenden Tatbestände: Das Fehlen der erforderlichen Qualität i. S. d. § 25 II Nr. 3, ein ungünstiges Nutzen-Risiko-Verhältnis des Arzneimittels i. S. d. § 25 II 1 Nr. 5 i. V. m. § 4 XXVIII[8], eine den Anforderungen des § 25 II 1 Nr. 5a nicht mehr genügende Kombinationsbegründung, die Angabe einer nicht ausreichenden Wartezeit (§ 25 II 1 Nr. 6) und das Inverkehrbringen des Arzneimittels oder dessen Anwendung bei Tieren unter Verstoß gegen nationales oder europäisches Recht (§ 25 II 1 Nr. 7).

Ein Widerruf ist nur in den Fällen das richtige Aufhebungsinstrument für die Zulassungsentscheidung, **11** in denen die eben genannten Aufhebungsgründe **nach Entscheidung über die Zulassungserteilung eingetreten** sind. Maßgeblicher **Beurteilungszeitpunkt** ist daher der Zeitpunkt der Widerrufsent- scheidung bzw. der letzten mündlichen Verhandlung über die Widerrufsentscheidung[9]. Lagen die Auf- hebungsgründe schon im Zeitpunkt der Zulassungsentscheidung vor, ist die Zulassung zurückzunehmen. Ein Widerruf kommt dann nicht in Betracht. Die **Beweislast** für das Vorliegen der Rücknahmevoraus- setzungen liegt bei der Behörde[10].

II. Rücknahme oder Widerruf bei Fehlen/unzureichender Begründung der therapeutischen Wirksamkeit (S. 2)

Die Zulassung ist außerdem zurückzunehmen oder zu widerrufen, wenn im Zeitpunkt der Zulas- **12** sungsentscheidung die **therapeutische Wirksamkeit fehlte (Abs. 1 S. 2 Nr. 1).** Dies ist nach S. 3 der

---

[6] Vgl. *BVerwG*, PharmR 2007, 423 zur Anwendung des § 30 i. V. m. § 25 II Nr. 5 i. d. F. vor der 14. AMG-Novelle.

[7] Vgl. zu den Anforderungen an die Kombinationsbegründung *BVerwG*, NVwZ-RR 2004, 180 ff.; *BVerwG*, NVwZ-RR 2009, 240.

[8] Zum Widerruf nach § 30 I 1 i. V. m. § 25 II 1 Nr. 5 *OVG Berlin*, Urt. v. 16.9.1999 – 5 B 34.97 – juris, m. w. N. aus der Rspr. Zum Widerruf einer Zulassung nach Art. 31 RL 2001/83/EG durch die Kommission vgl. *EuG*, Urt. v. 11.12.2014 – T-189/13 – BeckRS 2014, 82604 – „Tolpiseron".

[9] *OVG Münster*, Urt. v. 25.2.2015 – 13 A 1371/14 – BeckRS 2015, 42132.

[10] So zur Beweislast im Hinblick auf Versagungsgründe *BVerwG*, Urt. v. 18.5.2010 – 3 C 25.09 – BeckRS 2010, 50190; *BVerwG*, Urt. v. 14.10.1993 – 3 C 21/91, Beck LSK 1994, 370193; zur Beweislast im Hinblick auf Versagungs- gründe als Voraussetzung für einen Widerruf *OVG Münster,* Urt. v. 25.2.2015 – 13 A 1371/14 – BeckRS 2015, 42132.

Fall, wenn feststeht, dass mit dem entsprechenden Arzneimittel keine therapeutischen Wirkungen im Rahmen der zugelassenen Indikation erreicht werden können (s. Rn. 15).

13 Nach **Abs. 1 S. 2 Nr. 2** ist die Zulassung zurückzunehmen, wenn in den Fällen des § 28 III die **therapeutische Wirksamkeit** im Zeitpunkt des Zulassungsantrags **unzureichend begründet** ist. § 28 III ermöglicht ausnahmsweise die Zulassung eines Arzneimittels zu einem Zeitpunkt, in dem noch nicht alle für eine Risiko-Nutzen-Bewertung erforderlichen Unterlagen verfügbar sind. Voraussetzung ist, dass das jeweilige Arzneimittel einen erheblichen therapeutischen Nutzen hat und aus diesem Grunde ein öffentliches Interesse an dem unverzüglichen Inverkehrbringen besteht (s. § 28 Rn. 40 ff.). Stellt sich heraus, dass der therapeutische Nutzen entgegen der ursprünglichen Annahme tatsächlich nur unzureichend begründet und daher nicht bzw. nicht mehr anzunehmen ist, entfällt die Voraussetzung für den Ausnahmetatbestand des § 28 III und die Zulassung ist aufzuheben[11].

14 **Beurteilungszeitpunkt** für alle Rücknahmeentscheidungen ist der Zeitpunkt der Zulassungsentscheidung, nicht der Zeitpunkt der Entscheidung über die Aufhebung. Die **Beweislast** für das Vorliegen der Rücknahmevoraussetzungen liegt bei der Behörde[12].

III. Fehlen der therapeutischen Wirksamkeit (S. 3)

15 In **Abs. 1 S. 3** ist eine gesetzliche Definition für das Fehlen der therapeutischen Wirksamkeit als Voraussetzung für eine Rücknahme oder den Widerruf der Zulassung bzw. die Anordnung von deren Ruhen enthalten. Danach fehlt die therapeutische Wirksamkeit, wenn feststeht, dass sich mit dem Arzneimittel keine therapeutischen Ergebnisse erzielen lassen. Bloße Zweifel an der therapeutischen Wirksamkeit genügen nicht. Es muss vielmehr feststehen, dass therapeutische Wirkungen nicht erzielt werden können[13].

IV. Befristete Ruhensanordnung (S. 4)

16 In den Fällen des Abs. 1 S. 1 kann die Zulassungsbehörde für einen befristeten Zeitraum das **Ruhen der Zulassung** anordnen. Entgegen dem eindeutig auf eine gebundene Entscheidung abstellenden Wortlaut des S. 1 steht der Behörde beim Vorliegen der Aufhebungsgründe des Abs. 1 S. 1 nach S. 4 des Abs. 1 ein **Auswahlermessen** zu[14]. Dennoch werden die Aufhebungsgründe nach Abs. 1 regelmäßig als „zwingende" Aufhebungsgründe bezeichnet[15]. Die Behörde kann nach pflichtgemäßem Ermessen entscheiden, ob sie die Rücknahme bzw. den Widerruf einer Zulassung oder deren Ruhen anordnet. Die Behörde hat beim Vorliegen der Aufhebungsgründe im Rahmen der Ermessensausübung abzuwägen, ob eine Aufhebungsentscheidung oder das befristete Ruhen angemessen ist. Tritt die Behörde nicht in eine Abwägungsentscheidung ein, liegt ein **Ermessensnichtgebrauch** vor, so dass die Aufhebungsentscheidung rechtswidrig ist. Lässt sich die Behörde bei der Entscheidung zwischen Aufhebung und Ruhen von sachfremden Erwägungen leiten, liegt ein **Ermessensfehler** vor, der ebenfalls zur Rechtswidrigkeit der Entscheidung führt. Die Ruhensanordnung ist nach § 34 I Nr. 4, Id 2 unter Hinweis auf die noch fehlende Bestandskraft bereits mit Erlass der Entscheidung zu veröffentlichen.

17 Das Ruhen kann nur **befristet** angeordnet werden. Es muss daher bereits mit der Ruhensanordnung ein Zeitpunkt angegeben werden, in dem das Ruhen der Zulassung endet. Die Anordnung eines unbefristeten Ruhens der Zulassung ist eine Ermessensüberschreitung und damit rechtswidrig.

18 Liegen die Voraussetzungen nach **Abs. 2 S. 2** vor, ist die Zulassung aufzuheben. Fehlt dem Arzneimittel die therapeutische Wirksamkeit oder ist in den Fällen des § 28 III die therapeutische Wirksamkeit nur unzureichend begründet, steht der Behörde **kein Ermessen** hinsichtlich einer evtl. Anordnung des Ruhens der Zulassung zu. Ordnet die Behörde dennoch das Ruhen der Zulassung an, handelt sie rechtswidrig.

V. Rechtsschutz

19 **Rechtsschutz** gegen die Aufhebungs- bzw. Ruhensentscheidung ist für den Zulassungsinhaber in Form des Widerspruchs und der anschließenden Anfechtungsklage eröffnet. Widerspruch und Anfechtungsklage haben aufschiebende Wirkung, so dass die Wirkung einer Aufhebungs- bzw. Ruhensentscheidung durch Widerspruch bzw. Anfechtungsklage zunächst suspendiert wird. Wird fristgerecht Widerspruch bzw. gegen einen Widerspruchsbescheid fristgerecht Klage eingereicht, darf das entsprechende Arzneimittel trotz Aufhebung der Zulassung bzw. Ruhensanordnung zunächst weiter in Verkehr

---

[11] Nach *OVG Münster*, Beschl. v. 23.9.2009 – 13 A 987/09 – BeckRS 2009, 39489, ist § 28 III im Nachzulassungsverfahren nicht anwendbar.

[12] *Rehmann*, § 30 Rn. 2; *Sander*, § 30 Erl. 2.

[13] *OVG Münster*, Urt. v. 25.2.2015 – 13 A 1371/14 – BeckRS 2015, 42132; *Rehmann*, § 30 Rn. 2.

[14] *Rehmann*, § 30 Rn. 2; a. A. offenbar *Kloesel/Cyran*, § 30 Anm. 9.

[15] Vgl. z. B. *OVG Münster*, Beschl. v. 14.3.2013 – 13 A 2568/12 – BeckRS 2013, 48405; *VG Köln*, Urt. v. 3.12.2012 – 7 K 432/11 – Beck RS 2012, 60755; Urt. v. 9.10.2012 – 7 K 4069/11 – BeckRS 2012, 58759.

gebracht werden. Die **aufschiebende Wirkung** der Anfechtungsklage endet drei Monate nach Ablauf der gesetzlichen Begründungsfrist des gegen die abweisende Entscheidung gegebenen Rechtsmittels.

Erklärt die Behörde eine entsprechende Entscheidung für **sofort vollziehbar,** kann der Zulassungs- **20** inhaber beim Verwaltungsgericht der Hauptsache die Anordnung der Wiederherstellung der aufschiebenden Wirkung nach § 80 V VwGO beantragen, wenn zuvor die Aussetzung der Vollziehung bei von der Behörde abgelehnt wurde (zur sofortigen Vollziehbarkeit in den Fällen des § 25 II 1 Nr. 5 s. Rn. 43).

Patientenrechte werden durch die Aufhebung einer Zulassung oder der Anordnung ihres Ruhens **21** nicht berührt. Dies gilt auch für Patienten, die mit dem betroffenen Arzneimittel behandelt wurden. Da sie nicht in eigenen Rechten verletzt sind, steht ihnen keine Widerspruchs- und Klagebefugnis gegen entsprechende behördliche Entscheidungen zu[16].

C. Aufhebungs- und Ruhensgründe bei gemeinschaftsrechtlichen Zulassungen (Abs. 1a)

I. Rücknahme oder Widerruf (S. 1)

Die Regelung des **Abs. 1a S. 1** dient der Umsetzung und Ausgestaltung des Vorrangs des **Gemein- 22 schaftsrechts.** Sie ordnet an, dass die Aufhebung einer Zulassung oder deren Ruhen zu verfügen ist, wenn dies zur Umsetzung einer Entscheidung der Kommission oder das Rates nach Art. 34 RL 2001/ 83/EG oder Art. 38 RL 2001/82/EG erforderlich ist. Ergeht eine entsprechende **Kommissionsentscheidung,** ist die Behörde allerdings nicht zwingend zur Aufhebung entsprechender Zulassungen verpflichtet. Grundsätzlich müssen die Aufhebung bzw. das Ruhen nur angeordnet werden, wenn dies zur Umsetzung der Kommissionsentscheidung **erforderlich** ist. Kann die Umsetzung auch auf anderem, für den Zulassungsinhaber weniger belastenden Wege erreicht werden, fehlt es an der tatbestandlich vorausgesetzten Erforderlichkeit. Sowohl eine Aufhebungs- als auch eine Ruhensentscheidung sind in diesen Fällen wegen fehlender Erforderlichkeit rechtswidrig. Ist eine Kommissionsentscheidung nur durch Aufhebung oder Ruhensanordnung umzusetzen, muss die Behörde eine entsprechende Verfügung erlassen. Die Behörde hat daher zunächst zu prüfen, ob es zur Umsetzung einer Kommissionsentscheidung überhaupt einer Aufhebungs- oder Ruhensanordnung bedarf. Ist dies der Fall, steht der Behörde ein **Auswahlermessen** im Hinblick auf die Frage zu, ob alternativ zur Aufhebungsentscheidung ein Ruhen der Zulassung angeordnet wird.

Im Übrigen sind Rücknahme, Widerruf und Aussetzung – entsprechend dem Ruhen – von MRP- **23** und DCP-Zulassungen nur aufgrund eines zwischen den Mitgliedstaaten durchzuführenden Abstimmungsverfahrens zu erreichen (Art. 36 RL 2001/83/EG). Dadurch wird die Einheitlichkeit des Vorgehens der Mitgliedstaaten gewährleistet. Sofern allerdings ein Mitgliedstaat unverzügliche Maßnahmen aus dringenden Gründen des Gesundheitsschutzes für erforderlich hält, besteht die Möglichkeit der Aussetzung der Zulassung – also der Anordnung des Ruhens der Zulassung – im jeweiligen Mitgliedstaat (Art. 36 II RL 2001/83/EG).

II. Entfallen des Vorverfahrens (S. 2)

Für den **Rechtsschutz** gegen Entscheidungen nach Abs. 1a S. 1 ist zu beachten, dass **Abs. 1a S. 2 24** anordnet, dass kein Vorverfahren gegen Entscheidungen der Behörde nach S. 1 stattfindet. Gegen Entscheidungen der Behörde nach S. 1 ist daher unmittelbar **Anfechtungsklage** beim zuständigen Gericht zu erheben. Ein Widerspruch ist nicht statthaft und vermag auch nicht den Eintritt der Bestandskraft der Aufhebungsentscheidung nach S. 1 zu hindern. Die Anfechtungsklage hat aufschiebende Wirkung, so dass die Aufhebungsentscheidung zunächst nicht bestandskräftig wird. Die Behörde hat grundsätzlich die Möglichkeit, die sofortige Vollziehung der Aufhebungsentscheidung anzuordnen. Gegen diese Anordnung steht dem Zulassungsinhaber die Möglichkeit eines Antrags auf Wiederherstellung der aufschiebenden Wirkung nach § 80 V VwGO zu. Dieser Antrag ist bei dem für die Anfechtungsklage zuständigen Verwaltungsgericht zu stellen.

Gegen die der Aufhebungsentscheidung der nationalen Behörde zugrunde liegende Kommissions- **25** entscheidung kann **Klage zum EuG** erhoben werden[17]. Außerdem kann die Aussetzung des Vollzugs der Kommissionsentscheidung im einstweiligen Rechtsschutz beantragt werden[18].

III. Befristete Ruhensanordnung (S. 3)

In den Fällen des Abs. 1a S. 1 kann nach Abs. 1a S. 3 auch das Ruhen der Zulassung befristet **26** angeordnet werden. Insoweit steht der Behörde ein Auswahlermessen zu (s. Rn. 22).

---

[16] *BVerwG,* NJW 1993, 3002.
[17] *EuG,* Beschl. v. 28.6.2000 – Rs. T-74/00 R, PharmR 2000, 302 ff. sowie *EuGH,* Beschl. v. 14.2.2002 – Rs. C-440/01 P(R) – BeckRS 2004, 77273.
[18] *v. Czettritz,* PharmR 2000, 202, 203; *Rädler,* PharmR 2000, 298 f.

D. Ermessensgebundene Aufhebungs- und Ruhensgründe (Abs. 2)

I. Aufhebungsanordnung (S. 1)

27 Ebenso wie in Abs. 1 werden in **Abs. 2 S. 1 Aufhebungsgründe** enumerativ aufgeführt. Anders als in Abs. 1 ist die Behörde beim Vorliegen der Aufhebungsgründe in Abs. 2 nicht verpflichtet, eine Aufhebens- oder Ruhensentscheidung anzuordnen. Liegen die Voraussetzungen des Abs. 2 vor, steht der Behörde hinsichtlich der Anordnung einer Aufhebens- oder Ruhensentscheidung vielmehr ein Ermessen zu. Während in den Fällen des Abs. 1 lediglich ein Auswahlermessen hinsichtlich der konkreten Maßnahmen besteht, ist in den Fällen des Abs. 2 ein **Entschließungsermessen** gegeben. Es obliegt daher der Behörde zunächst zu entscheiden, ob überhaupt eine Maßnahme eingeleitet wird. Hat die Behörde ihr Ermessen insoweit ausgeübt und kommt sie zu dem Ergebnis, dass ein Tätigwerden erforderlich ist, steht ihr hinsichtlich der anzuordnenden Maßnahme ein **Auswahlermessen** zu. Liegen die Voraussetzungen des Abs. 2 vor und gelangt die Behörde im Rahmen der Ermessensausübung zu dem Ergebnis, dass weitere Maßnahmen erforderlich sind, hat die Behörde die Aufhebung oder das Ruhen der Zulassung verfügen.

28 **1. Rücknahmegründe (Nr. 1).** Die Behörde hat die Möglichkeit zur Rücknahme der Zulassung beim Vorliegen der in der Nr. 1 aufgeführten Voraussetzungen, wenn in den Unterlagen nach den §§ 22, 23 oder 24 im Rahmen des Zulassungsverfahrens **unrichtige oder unvollständige Angaben** gemacht worden sind oder wenn einer der Versagungsgründe nach § 25 II 1 Nr. 6a oder 6b bei der Erteilung der Zulassung vorgelegen hat.

29 **2. Widerrufsgründe (Nr. 2).** Die Behörde kann nach Nr. 2 den Widerruf einer Zulassung anordnen, wenn die Versagungsgründe des § 25 II 1 Nr. 2, 6a oder 6b nach **Erteilung der Zulassung** eingetreten sind. Außerdem ist ein Widerruf möglich, wenn nach § 28 angeordnete **Auflagen nicht beachtet** werden[19]. Ein Widerruf wegen nicht erfüllter Auflagen nach § 28 setzt voraus, dass dem Zulassungsinhaber die Gelegenheit gegeben wird, die Erfüllung der Auflagen nachzuholen. Es muss vor Erlass des Widerrufs eine angemessene Frist zur Auflagenerfüllung gesetzt werden. Wird keine Frist gesetzt oder ist diese Frist nicht angemessen, gehen von ihr keinerlei Rechtswirkungen aus und eine entsprechende Widerrufsverfügung ist rechtswidrig[20].

30 In Umsetzung von Art. 22 RL 2001/83/EG und Art. 26 Abs. 3 RL 2001/82/EG wurde die Nr. 2 dahingehend ergänzt, dass Auflagen nach § 28 III und IIIa jährlich zu überprüfen sind. Diese Ergänzung betrifft nicht die Voraussetzungen des Widerrufs und gehört systematisch zu § 28.

31 **3. Widerruf im Zusammenhang mit Qualitätsprüfungen (Nr. 3).** Ein Widerruf der Zulassung ist nach Nr. 3 außerdem möglich, wenn die zuständigen **Landesüberwachungsbehörden** (§ 64) feststellen, dass die erforderlichen **Qualitätsprüfungen** nicht oder nicht ausreichend durchgeführt werden. Welche Qualitätsprüfungen im Einzelfall erforderlich sind, ergibt sich aus den nach § 22 I 1 Nr. 15 im Zulassungsverfahren eingereichten Unterlagen. Nach Feststellung und Meldung entsprechender Defizite durch die Überwachungsbehörde muss die Zulassungsbehörde im **Benehmen** mit der Überwachungsbehörde über einen Widerruf der Zulassung entscheiden. Trotz des erforderlichen Benehmens liegt die alleinige Entscheidung über den Widerruf der Zulassung bei der zuständigen Bundesoberbehörde (§ 77) als Zulassungsbehörde[21]. Die Zustimmung der Landesüberwachungsbehörde zu der von der Zulassungsbehörde erwogenen Maßnahme ist nicht erforderlich. Die Zulassungsbehörde kann eine Entscheidung auch gegen die ausdrückliche Empfehlung der Landesüberwachungsbehörde treffen.

32 Der **Vorschlag der Überwachungsbehörde** zu einer möglichen Widerrufsentscheidung im Rahmen des erforderlichen Benehmens hat als solches keine unmittelbare Rechtswirkung. Als **Verwaltungsinternum** kann dieser vom Zulassungsinhaber nicht isoliert angefochten werden.

33 **4. Widerruf wegen Herstellungsmängeln (Nr. 4).** Die im Jahre 2012[22] eingeführte Widerrufsregelung ermöglicht den Widerruf einer Zulassung wenn festgestellt wird, dass die Herstellung eines Arzneimittels **nicht nach den anerkannten pharmazeutischen Regeln erfolgt** ist. Der Widerruf setzt schon dem Wortlaut nach voraus, dass die positive Feststellung einer nicht den anerkannten pharmazeutischen Regeln erfolgten Herstellung gegeben ist. Ein bloßer Verdacht ist daher nicht hinreichend. Die Regelung stellt außerdem auf einen bereits abgeschlossenen Sachverhalt ab, nämlich auf eine beendete Herstellung mit entsprechenden Herstellungsmängeln[23]. Erfasst wird sowohl die Herstellung,

---

[19] Nach Auffassung des *VG Braunschweig*, PharmR 2012, 42, ist § 30 IIa auch im Hinblick auf im Nachzulassungsverfahren nach § 105 Va angeordnete Auflagen anzuwenden.
[20] Vgl. *VG Köln*, PharmR 2003, 237, 238; *Schwerdtfeger*, PharmR 2003, 272, 273 f.
[21] *Kloesel/Cyran*, § 30 Anm. 20.
[22] Art. 1 Nr. 24 Buchst. c) Zweites Gesetz zur Änderung arzneimittelrechtlicher und anderer Vorschriften vom 19.10.2012 (BGBl. I S. 2192).
[23] *Kloesel/Cyran*, § 30 Anm. 26.

die mit den Zulassungsunterlagen übereinstimmt, als auch die nicht mit den Zulassungsunterlagen übereinstimmende Herstellung.

Der Widerruf nach Nr. 4 kann von der Bundesoberbehörde nur **im Benehmen mit der zuständi- 34 gen Behörde** angeordnet werden. Zuständige Behörde ist die für die Herstellung zuständige Überwachungsbehörde. Eine Zustimmung der Überwachungsbehörde bzw. ein Einvernehmen sind nicht erforderlich. Dass die Entscheidung im Benehmen mit der zuständigen Landesüberwachungsbehörde erfolgen muss, bedeutet nicht, dass die Überwachungsbehörde den Erlass des Widerrufs durch Versagung ihrer Zustimmung verhindern könnte. Die Bundesoberbehörde muss die Überwachungsbehörde jedoch anhören und deren Vorbringen berücksichtigen. Sie ist aber befugt, z. B. auch gegen eine Empfehlung der Überwachungsbehörde zu entscheiden, wenn dies fachlich gerechtfertigt ist.

II. Befristete Ruhensanordnung (S. 2)

Anstelle eines Widerrufs kann die Behörde das befristete Ruhen der Zulassung anordnen. Die Ent- 35 scheidung zwischen Widerruf der Zulassung und Ruhensanordnung steht im **Ermessen der Behörde.** Werden die erforderlichen Prüfungen der Qualität nicht oder nicht ausreichend durchgeführt, hat die Behörde abzuwägen, ob aufgrund dieses Mangels ein Widerruf gerechtfertigt ist. Lässt sich der Mangel durch entsprechende Maßnahmen des Zulassungsinhabers in absehbarer Zeit beseitigen, besteht in der Regel keine Veranlassung für einen Widerruf der Zulassung. In diesen Fällen hat die Behörde ihr Ermessen dahingehend auszuüben, dass anstelle eines Widerrufs das befristete Ruhen der Zulassung angeordnet wird. Wird der Grund für die Ruhensanordnung vom Zulassungsinhaber nicht innerhalb der **Ruhensfrist** beseitigt, hat die Behörde erneut Maßnahmen nach Nr. 3 zu prüfen. Ggf. kann nach vorheriger Anordnung des Ruhens der Zulassung, während deren Dauer der Anordnungsgrund nicht beseitigt wurde, ein Widerruf der Zulassung angemessen sein. Dies ist im jeweiligen **Einzelfall** von der Behörde zu prüfen und im Rahmen einer Widerrufsverfügung zu begründen.

E. Änderungs- und Auflagenvorrang (Abs. 2a)

I. In den Fällen des Abs. 1 und 1a (S. 1)

Abs. 2a S. 1 normiert für die Zulassungsbehörde die **Befugnis zur Änderung der Zulassung 36 ohne Antrag des Zulassungsinhabers**[24]. Liegen die Voraussetzungen für eine Aufhebungs- oder Ruhensentscheidung nach Abs. 1 oder 1a vor, hat die Behörde anstelle dieser Entscheidung eine Änderung der Zulassung zu verfügen. Voraussetzung ist, dass durch die Änderung der Versagungsgrund nach Abs. 1 beseitigt bzw. der Kommissionsentscheidung nach Abs. 1a entsprochen wird. Ist dies der Fall, ordnet das Gesetz den **Vorrang der Zulassungsänderung** an[25], ohne dass der Behörde insoweit ein Ermessen zukommt[26]. Verfügt die Behörde anstelle der Zulassungsänderung eine Aufhebung oder ein Ruhen der Zulassung, ist diese Verfügung rechtswidrig.

II. In den Fällen des Abs. 2 (S. 2)

Liegen die Voraussetzungen des Abs. 2 vor, räumt **Abs. 2a S. 2** der Behörde ein **Ermessen** ein[27]. 37 Danach kann die Behörde anstelle der Maßnahmen nach Abs. 2 die Zulassung durch Auflagen ändern, um den Belangen der Arzneimittelsicherheit zu genügen. Eine entsprechende Auflage ist allerdings nur zulässig, wenn durch sie bzw. ihre Umsetzung die Arzneimittelsicherheit gewährleistet wird.

III. Rechtsschutz

Rechtsschutz gegen Auflagen nach Abs. 2a steht dem Zulassungsinhaber in Form des Widerspruchs 38 und der anschließenden Anfechtungsklage zu. Beide haben aufschiebende Wirkung.

---

[24] Mit Art 1 Nr. 24 Buchst. b) des Zweiten Gesetzes zur Änderung arzneimittelrechtlicher und anderer Vorschriften vom 19.10.2012 (BGBl. I S. 2192) wurde der Wortlaut des Abs. 2a S. 1 geändert und der Hinweis, die Zulassung im Falle des Satzes 1 solle durch Auflagen geändert werden, gestrichen. Stattdessen wird nun von einer Änderung der Zulassung gesprochen, weil der Gesetzgeber meinte, eine solche Änderung sei eine Teilversagung und damit jedenfalls keine Auflage, vgl. BT-Drucks. 17/9341, S. 54.
[25] *OVG Münster,* Urt. v. 25.2.2015 – 13 A 1371/14 – BeckRS 2015, 42132.
[26] So auch *Rehmann,* § 30 Rn. 10.
[27] So auch *Rehmann,* § 30 Rn. 10.

F. Anhörung des Zulassungsinhabers (Abs. 3)

I. Anhörungspflicht (S. 1)

39   Das in **Abs. 3 S. 1** normierte **Anhörungsgebot** ist eine spezialgesetzliche Ausprägung des in § 28 VwVfG insoweit bereits konkretisierten **Rechtsstaatsprinzips.** Die Anhörung vor Erlass einer belastenden Verwaltungsmaßnahme dient dem Schutz der von einer Verwaltungsentscheidung betroffenen Personen und deren Grundrechten. Das Anhörungsverfahren ist ein wichtiges Mittel zur Sachverhaltsaufklärung. Dies ist im Bereich des § 30 besonders bedeutsam, da Ermessenentscheidungen zu treffen sind und eine ordnungsgemäße Ermessensausübung die Kenntnis aller relevanten Umstände erfordert[28]. Im Ergebnis soll das Anhörungsverfahren den Erlass einer sachlich richtigen Entscheidung fördern[29].

40   Aufgrund der besonderen Bedeutung des Anhörungsverfahrens im Hinblick auf die Rechte des Betroffenen, kann die Anhörung des Betroffenen vor Erlass einer belastenden Maßnahme nur ausnahmsweise entfallen. S. 1 sieht dementsprechend vor, dass die Anhörung des Betroffenen entfallen kann, wenn **Gefahr in Verzug** ist. Das Vorliegen der Voraussetzung „Gefahr in Verzug" ist gerichtlich nachprüfbar. Ein Beurteilungsspielraum steht der Zulassungsbehörde insoweit nicht zu. Gefahr ist im Verzug, wenn eine **konkrete Gefahr** besteht. Eine konkrete Gefahr liegt vor, wenn der Eintritt eines unmittelbar bevorstehenden Schadens für wichtige Rechtsgüter droht. Im Bereich des Abs. 3 kommen insbes. die körperliche Unversehrtheit und das Leben als besonders wichtige Schutzgüter in Betracht. Angesichts der unmittelbaren Bedrohung wichtiger Rechtsgüter tritt das Recht des Betroffenen auf Anhörung vor Erlass einer belastenden Maßnahme zurück.

II. Anhörungspflicht auch bei Umsetzung von Empfehlungen der Koordinierungsgruppe (S. 2)

41   Nach Art. 27 I RL 2001/83/EG wird bei der EMA eine Koordinierungsgruppe eingesetzt zur Prüfung von Fragen im Zusammenhang mit der **Pharmakovigilanz** von Arzneimitteln, die national zugelassen sind. Die Koordinierungsgruppe beschließt nach Maßgabe der Regelungen der Art. 107c, 107e, 107g, 107k und 107q RL 2001/83/EG Maßnahmen unter Berücksichtigung aktueller Pharmakovigilanz bezogener Erkenntnisse. Die Umsetzung dieser Maßnahmen in Form von Aufhebungen oder Ruhensanordnungen durch die zuständige Bundesoberbehörde erfordert nach S. 2 eine vorherige **Anhörung des Zulassungsinhabers.**

III. Ausschluss des Widerspruchsverfahrens (S. 3)

42   Sofern die Bundesoberbehörde gestützt auf eine Empfehlung der Koordinierungsgruppe nach Art. 28 I RL 2001/83/EG eine Aufhebung einer Zulassung oder deren Ruhen anordnet, findet gegen diese Entscheidung nach S. 3 kein Widerspruchsverfahren statt. Vielmehr ist unmittelbar die Möglichkeit der **Anfechtungsklage** gegen die Entscheidung gegeben.

IV. Sofortige Vollziehbarkeit in den Fällen des § 25 Abs. 2 S. 1 Nr. 5 (S. 4)

43   Aufhebungs- und Ruhensentscheidungen, die darauf basieren, dass der Versagungsgrund des § 25 II 1 Nr. 5 vorliegt, sind **sofort vollziehbar.** Wenn das Vorliegen eines Versagungsgrundes nach § 25 II 1 Nr. 5 zur Aufhebungs- oder Ruhensentscheidung führt, ist nach **Abs. 3 S. 2** diese Entscheidung aufgrund gesetzlicher Anordnung sofort vollziehbar.

V. Entfallen des Suspensiveffekts (S. 5)

44   Widerspruch und Anfechtungsklage haben in den Fällen des § 25 II 1 Nr. 5 keine aufschiebende Wirkung. Dies ist in Anbetracht der schwerwiegenden Folgen, die bei einer Entdeckung eines ungünstigen Nutzen-Risiko-Verhältnisses für ein im Verkehr befindliches Arzneimittel zu befürchten sind, gerechtfertigt. Der Zulassungsinhaber hat jedoch in diesen Fällen die Möglichkeit, beim zuständigen Gericht einen Antrag auf Anordnung der aufschiebenden Wirkung nach § 80 V 1 VwGO zu stellen[30].

---

[28] Vgl. *BVerfGE* 58, 67.
[29] *BGH,* DVBl. 1993, 1290.
[30] Vgl. *OVG Münster, Beschl. v.* 9.1.2014 – 13 B 1342/13 – BeckRS 2014, 45978.

G. Rechtsfolgen der Aufhebungs- bzw. Ruhensanordnung (Abs. 4)

I. Rechtsfolgen (S. 1)

Folge der Aufhebung einer Zulassung oder der Anordnung ihres Ruhens ist, dass das betreffende **45** Arzneimittel nach **Abs. 4 S. 1 Nr. 1** nicht mehr in Verkehr gebracht werden darf. Das **Verbot des Inverkehrbringens** bezieht sich lediglich auf den Zulassungsinhaber, sondern auf **sämtliche Handelsstufen.** Daher dürfen auch der Großhandel sowie die Apotheke solche Arzneimittel, deren Zulassung aufgehoben oder zum Ruhen gebracht wurde, nicht weiter abgeben[31].

Die Einfuhr entsprechender Arzneimittel in die Bundesrepublik Deutschland nach § 73 III ist jedoch **46** nicht unzulässig[32]. Das Einfuhrverbot nach **Abs. 4 S. 1 Nr. 2** geht der Regelung des **§ 73 III** nicht vor. Ein solcher z. T. postulierter Anwendungsvorrang ist nicht begründet. Nach der Systematik des § 73, insbes. nach § 73 III, IV, dürfen in Deutschland nicht zugelassene Arzneimittel unter den in § 73 III normierten Voraussetzungen eingeführt werden (s. § 73 Rn. 48 ff.). Weitere Beschränkungen hält der Gesetzgeber zum Schutz der Gesundheit und der Patienten offensichtlich nicht für erforderlich. Der erforderliche Schutz wird dadurch bewirkt, dass das Arzneimittel im Herkunftsland rechtmäßig und damit bei Arzneimitteln aus EU-Mitgliedstaaten nach den Vorgaben des harmonisierten Gemeinschaftsrechts im Verkehr sind und die Bestellung und mithin die spätere Abgabe über eine Apotheke erfolgt[33]. Nach dem Wortlaut des § 73 IV finden die Vorschriften des AMG auf Importe nach § 73 III neben den von den dort erwähnten Ausnahmen keine Anwendung. Die Regelung des Abs. 4 wird dort nicht aufgeführt und ist mithin nicht anwendbar[34]. Dementsprechend berührt das Verkehrsverbot die Einfuhr eines im Ausland zugelassenen Arzneimittels nach § 73 III nicht. Dieses Ergebnis ist aus mehreren Gründen angemessen. Der Umstand, dass eine Zulassung versagt, aufgehoben oder zum Ruhen gebracht wurde, kann nicht dazu führen, dass § 73 III keine Anwendung findet. Versagung, Aufhebung und Ruhensanordnung können aus formalen Gründen erfolgen, z. B. weil Unterlagen nicht oder nicht rechtzeitig vorgelegt wurden. Entsprechende Anordnungen treffen keine Aussage zur Qualität, Sicherheit und Unbedenklichkeit der aus dem Ausland eingeführten Arzneimittel, die sich im Ausland rechtmäßig in Verkehr befinden müssen. Zum anderen bezieht sich das Verkehrsverbot des Abs. 4 ausschließlich auf das von der Aufhebungs- bzw. Ruhensentscheidung betroffene Produkt. Im Ausland nach nationalen Bestimmungen zugelassene Arzneimittel, die mit dem im Inland von der Aufhebungs- bzw. Ruhensentscheidung hinsichtlich der Zusammensetzung u. U. identisch sind, sind jedoch von Abs. 4 bereits deshalb nicht betroffen, da deren Zulassung von der Aufhebungs- bzw. Ruhensentscheidung nicht berührt wird. Die Zulassung besteht vielmehr fort. Dies kann u. a. seine Begründung darin finden, dass im Ausland andere Unterlagen z. B. zum Nachweis der Qualität, Wirksamkeit und Unbedenklichkeit eingereicht wurden als im Inland und daher die dort zuständigen Behörden zu einer anderen Entscheidung hinsichtlich des Fortbestandes der Zulassung kommen.

Dementsprechend kommt es für die Zulässigkeit der Einfuhr neben den in § 73 III normierten **47** Voraussetzungen nach **§ 73 IV** lediglich darauf an, dass das zu importierende Arzneimittel nicht bedenklich i. S. d. § 5 oder zur Täuschung geeignet i. S. d. § 8 ist.

II. Rückgabe des Arzneimittels (S. 2)

Da nach § 4 XVII jede Abgabe an andere ein Inverkehrbringen ist, ist auch die **Rückgabe von** **48** **Arzneimitteln,** deren Zulassung aufgehoben oder zum Ruhen gebracht wurde, an den Zulassungsinhaber ein Inverkehrbringen und damit vom Verkehrsverbot nach S. 1 erfasst. Als Ausnahme vom Verkehrsverbot normiert **Abs. 4 S. 2** die **Zulässigkeit der Rückgabe** entsprechender Arzneimittel an den pharmazeutischen Unternehmer.

Bei der Rückgabe sind die einschlägigen Vorschriften, insbesondere § 7b II AMHandelsV, zu berück- **49** sichtigen. Erforderlich ist grundsätzlich eine **ausreichende Kennzeichnung** der betroffenen Arzneimittel als nicht verkehrsfähig und nicht zur weiteren Abgabe bestimmt. Sind zur Rückgabe bestimmte Arzneimittel nicht ordnungsgemäß gekennzeichnet, kann ein Verstoß gegen das Verbot des Inverkehrbringens nicht (mehr) zugelassener Arzneimittel vorliegen, der strafrechtlich nach § 96 Nr. 7 geahndet werden kann.

---

[31] Zu beachten ist dabei, dass der Zulassungsinhaber nach dem AMG nicht verpflichtet ist, die Handelsstufen über Aufhebungs- oder Ruhensentscheidungen zu informieren. Den Handelsstufen obliegt es vielmehr, die entsprechenden amtlichen Veröffentlichungen nach § 34 im BAnz. zu verfolgen.

[32] So auch *Kieser*, A&R 2005, 147, 148 f.; *Lietz*, in: Fuhrmann/Klein/Fleischfresser, § 9 Rn. 13; a. A. *BSG*, A&R 2005, 129; *Kloesel/Cyran*, § 30 Anm. 33; unklar *Rehmann*, § 30 Rn. 12, der allgemein darauf verweist, dass nach Anordnung der Aufhebung oder des Ruhens ein Arzneimittel nicht mehr eingeführt werden dürfe, dabei aber nicht ausdrücklich auf die Sonderregelung des § 73 III abstellt.

[33] So auch *Kieser*, A&R 2005, 147, 149.

[34] A. A. *BSG*, A&R 2005, 129; *Kloesel/Cyran*, § 30 Anm. 25.

III. Anordnung der Rückgabe (S. 3)

50   Nach **Abs. 4 S. 3** kann die zuständige Überwachungsbehörde die **Rückgabe von Arzneimitteln** anordnen, deren Zulassung aufgehoben oder zum Ruhen gebracht wurde. Die Anordnung ist in das **Ermessen** der Behörde gestellt und unterliegt als Ermessensentscheidung einer gerichtlichen Nachprüfung. Gegen die Anordnung zur Rückgabe kann Widerspruch und Anfechtungsklage eingereicht werden. Da von der Anordnung zur Rückgabe nicht der Zulassungsinhaber, sondern der jeweilige Besitzer der Arzneimittel betroffen ist, kann nur dieser gegen eine entsprechende Anordnung vorgehen. Eine arzneimittelrechtliche Verpflichtung zur Rücknahme entsprechender Arzneimittel seitens des pharmazeutischen Unternehmers setzt die behördliche Anordnung voraus. Ohne ausdrückliche Anordnung besteht keine Rücknahmeverpflichtung und auch keine Rückrufverpflichtung des pharmazeutischen Unternehmers nach dem AMG.

H. Sanktionen

51   Der vorsätzliche Verstoß gegen das Verbot des Inverkehrbringens nach § 30 IV 1 Nr. 1 ist **strafbar** nach § 96 Nr. 7. Ein fahrlässiger Verstoß wird nach § 97 i. V. m. § 96 Nr. 7 als **Ordnungswidrigkeit** geahndet. Die Einfuhr von Arzneimitteln entgegen dem Verbot des § 30 IV 1 Nr. 2 ist nach § 97 II Nr. 8 eine **Ordnungswidrigkeit** und mit einem Bußgeld bewehrt.

§ 31 Erlöschen, Verlängerung

(1) [1]Die Zulassung erlischt

1. wenn das zugelassene Arzneimittel innerhalb von drei Jahren nach Erteilung der Zulassung nicht in den Verkehr gebracht wird oder wenn sich das zugelassene Arzneimittel, das nach der Zulassung in den Verkehr gebracht wurde, in drei aufeinander folgenden Jahren nicht mehr im Verkehr befindet,
2. durch schriftlichen Verzicht,
3. nach Ablauf von fünf Jahren seit ihrer Erteilung, es sei denn, dass
   a) bei Arzneimitteln, die zur Anwendung bei Menschen bestimmt sind, spätestens neun Monate,
   b) bei Arzneimitteln, die zur Anwendung bei Tieren bestimmt sind, spätestens sechs Monate
   vor Ablauf der Frist ein Antrag auf Verlängerung gestellt wird,
3a. bei einem Arzneimittel, das zur Anwendung bei Tieren bestimmt ist, die der Gewinnung von Lebensmitteln dienen und das einen pharmakologisch wirksamen Bestandteil enthält, der in die Tabelle 2 des Anhangs der Verordnung (EU) Nr. 37/2010 aufgenommen wurde, nach Ablauf einer Frist von 60 Tagen nach Veröffentlichung im Amtsblatt der Europäischen Union, sofern nicht innerhalb dieser Frist auf die Anwendungsgebiete bei Tieren, die der Gewinnung von Lebensmitteln dienen, nach § 29 Abs. 1 verzichtet worden ist; im Falle einer Änderungsanzeige nach § 29 Abs. 2a, die die Herausnahme des betreffenden pharmakologisch wirksamen Bestandteils bezweckt, ist die 60-Tage-Frist bis zur Entscheidung der zuständigen Bundesoberbehörde oder bis zum Ablauf der Frist nach § 29 Abs. 2a Satz 2 gehemmt und es ruht die Zulassung nach Ablauf der 60-Tage-Frist während dieses Zeitraums; die Halbsätze 1 und 2 gelten entsprechend, soweit für die Änderung des Arzneimittels die Verordnung (EG) Nr. 1234/2008 Anwendung findet,
4. wenn die Verlängerung der Zulassung versagt wird.
[2]In den Fällen des Satzes 1 Nr. 1 kann die zuständige Bundesoberbehörde Ausnahmen gestatten, sofern dies aus Gründen des Gesundheitsschutzes für Mensch oder Tier erforderlich ist.

(1a) Eine Zulassung, die verlängert wird, gilt ohne zeitliche Begrenzung, es sei denn, dass die zuständige Bundesoberbehörde bei der Verlängerung nach Absatz 1 Satz 1 Nr. 3 eine weitere Verlängerung um fünf Jahre nach Maßgabe der Vorschriften in Absatz 1 Satz 1 Nr. 3 in Verbindung mit Absatz 2 auch unter Berücksichtigung einer zu geringen Anzahl von Patienten, bei denen das betreffende Arzneimittel, das zur Anwendung bei Menschen bestimmt ist, angewendet wurde, als erforderlich beurteilt und angeordnet hat, um das sichere Inverkehrbringen des Arzneimittels weiterhin zu gewährleisten.

(2) [1]Der Antrag auf Verlängerung ist durch einen Bericht zu ergänzen, der Angaben darüber enthält, ob und in welchem Umfang sich die Beurteilungsmerkmale für das Arzneimittel innerhalb der letzten fünf Jahre geändert haben. [2]Der Inhaber der Zulassung hat der zuständigen Bundesoberbehörde dazu eine überarbeitete Fassung der Unterlagen in Bezug

auf die Qualität, Unbedenklichkeit und Wirksamkeit vorzulegen, in der alle seit der Erteilung der Zulassung vorgenommenen Änderungen berücksichtigt sind; bei Arzneimitteln, die zur Anwendung bei Tieren bestimmt sind, ist anstelle der überarbeiteten Fassung eine konsolidierte Liste der Änderungen vorzulegen. [3] Bei Arzneimitteln, die zur Anwendung bei Tieren bestimmt sind, die der Gewinnung von Lebensmitteln dienen, kann die zuständige Bundesoberbehörde ferner verlangen, dass der Bericht Angaben über Erfahrungen mit dem Rückstandsnachweisverfahren enthält.

(3) [1] Die Zulassung ist in den Fällen des Absatzes 1 Satz 1 Nr. 3 oder des Absatzes 1a auf Antrag nach Absatz 2 Satz 1 innerhalb von sechs Monaten vor ihrem Erlöschen um fünf Jahre zu verlängern, wenn kein Versagungsgrund nach § 25 Abs. 2 Nr. 3, 5, 5a, 6, 6a oder 6b, 7 vorliegt oder die Zulassung nicht nach § 30 Abs. 1 Satz 2 zurückzunehmen oder zu widerrufen ist oder wenn von der Möglichkeit der Rücknahme nach § 30 Abs. 2 Nr. 1 oder des Widerrufs nach § 30 Abs. 2 Nr. 2 kein Gebrauch gemacht werden soll. [2] § 25 Abs. 5 Satz 5 und Abs. 5a gilt entsprechend. [3] Bei der Entscheidung über die Verlängerung ist auch zu überprüfen, ob Erkenntnisse vorliegen, die Auswirkungen auf die Unterstellung unter die Verschreibungspflicht haben.

(4) [1] Erlischt die Zulassung nach Absatz 1 Nr. 2 oder 3, so darf das Arzneimittel noch zwei Jahre, beginnend mit dem auf die Bekanntmachung des Erlöschens nach § 34 folgenden 1. Januar oder 1. Juli, in den Verkehr gebracht werden. [2] Das gilt nicht, wenn die zuständige Bundesoberbehörde feststellt, dass eine Voraussetzung für die Rücknahme oder den Widerruf nach § 30 vorgelegen hat; § 30 Abs. 4 findet Anwendung.

Wichtige Änderungen der Vorschrift: Abs. 1 Nr. 3a neu gefasst und Abs. 3 S. 2 eingefügt durch Art. 1 Nr. 11 des Siebten Gesetzes zur Änderung des Arzneimittelgesetzes vom 25.2.1998 (BGBl. I S. 376); Abs. 1 Nr. 1 neu gefasst, Abs. 1 S. 1 Nr. 3, Abs. 1 S. 2 und Abs. 1a eingefügt, Abs. 2 S. 2 geändert, Abs. 3 S. 1 geändert, Abs. 3 S. 3 neu gefasst durch Art. 1 Nr. 30 des Vierzehnten Gesetzes zur Änderung des Arzneimittelgesetzes vom 29.8.2005 (BGBl. I S. 2585); Abs. 1 S. 1 Nr. 3a geändert durch Art. 1 Nr. 11 des Fünfzehnten Gesetzes zur Änderung des Arzneimittelgesetzes vom 25.5.2011 (BGBl. I S. 946); Abs. 1 Satz 1 Nr. 3 und Abs. 2 geändert durch Art. 1 Nr. 25 Buchst. a) und b) des Zweiten Gesetzes zur Änderung arzneimittelrechtlicher und anderer Vorschriften vom 19.10.2012 (BGBl. I S. 2912).

Europarechtliche Vorgaben: Art. 24 RL 2001/83/EG; Art. 28 RL 2001/82/EG.

Literatur: *Jäkel,* Arzneimittelabverkauf nach Bezeichnungsänderung, Zulassungsverzicht oder Zulassungsübertragung, PharmR 2002, 101; *Linse/Porstner,* Auslegungsfragen des „Inverkehrbringens" von Arzneimitteln im Rahmen der „Sunset Clause", PharmR 2005, 428; *Pannenbecker,* Die Bedeutung der Erklärung zur pharmazeutischen Qualität im Rahmen der Verlängerung der Zulassung nach § 31 AMG – insbesondere im Hinblick auf Stabilitätsprüfungen, PharmR 2004, 37; *Sickmüller/Knauer/Sander,* Die „Sunset Clause" im Arzneimittelgesetz, Auslegungsfragen zum Inverkehrbringen von Arzneimitteln unter besonderer Berücksichtigung regulatorischer Strategien in der EU, PharmR 2009, 60.

Übersicht

Krüger

A. Allgemeines

I. Inhalt

1   § 31 normiert Regelungen zum **Erlöschen** und zur **Verlängerung von Zulassungen.** Das Regelungssystem wurde im Rahmen der 14. AMG-Novelle vollständig geändert.

2   Bis zur 14. AMG-Novelle war die zeitliche Geltung einer Zulassung auf die Dauer von fünf Jahren befristet. Nach Ablauf ist die Zulassung kraft Gesetzes erloschen. Ein konstitutiver behördlicher Akt, gerichtet auf das Erlöschen, war nicht erforderlich. Um das Erlöschen zu verhindern, mussten zu bestimmten festgesetzten Zeitpunkten Anträge auf Verlängerung der Zulassung gestellt werden. Die rechtzeitige Antragstellung führte zum Fortbestehen der Zulassung. Eine behördliche Entscheidung über den Verlängerungsantrag war dazu nicht erforderlich. Mit der 14. AMG-Novelle wurde dieses System geändert. Zwar ist eine erstmalig erteilte Zulassung wie auch bisher auf fünf Jahre befristet. Für Humanarzneimittel muss neun Monate vor Ablauf dieser Frist, für Tierarzneimittel sechs Monate vor Ablauf dieser Frist ein Verlängerungsantrag gestellt werden (Abs. 1 S. 1 Nr. 3). Nach der ersten Zulassungsverlängerung ist die Zulassung aber nun in Abweichung zur früheren Rechtslage zeitlich unbefristet gültig (Abs. 1a). Die Zulassung als Dauerverwaltungsakt unterliegt damit nur noch eingeschränkt einer gesetzlich angeordneten zeitlichen Befristung.

3   Die Zulassung erlischt unbeschadet dessen, wenn nach der sog. Sunset Clause das zugelassene Arzneimittel nicht innerhalb von drei Jahren nach Erteilung der Zulassung in den Verkehr gebracht wird (Abs. 1 S. 1 Nr. 1, 1. Alt.) bzw. wenn sich das zugelassene Arzneimittel in drei aufeinander folgenden Jahren nicht im Verkehr befindet (Abs. 1 S. 1 Nr. 1, 2. Alt.), auf die Zulassung schriftlich verzichtet (Abs. 1 S. 1 Nr. 2) oder die Verlängerung der Zulassung rechtskräftig versagt wird (Abs. 1 S. 1 Nr. 4).

4   Nach Abs. 2 ist dem Verlängerungsantrag ein Beurteilungsbericht beizufügen, in dem alle seit der erstmaligen Erteilung der Zulassung vorgenommenen Änderungen in Bezug auf Qualität, Wirksamkeit und Unbedenklichkeit berücksichtigt werden soll. Abs. 3 befasst sich mit den Kautelen der Zulassungsverlängerung. Sofern die Zulassung nach Abs. 1 S. 1 Nr. 2 oder 3 erloschen ist, darf das Arzneimittel grundsätzlich noch zwei Jahre in den Verkehr gebracht werden (Abs. 4).

II. Zweck

5   Die Vorschrift des § 31 dient der Rechtsklarheit und Rechtssicherheit. In Umsetzung der europarechtlichen Vorgaben wird das Erlöschen der Zulassung und die Möglichkeiten einer Verlängerung der Zulassung präzise geregelt, wobei die unbefristete Gültigkeit der Zulassung nach einer erstmaligen Verlängerung eine nicht unerhebliche Entlastung für die Zulassungsbehörden und die Zulassungsinhaber bedeutet[1].

B. Erlöschen der Zulassung (Abs. 1)

I. Erlöschenstatbestände (S. 1)

6   **1. Fehlendes Inverkehrbringen oder Inverkehrbefinden (Nr. 1).** Mit der 14. AMG-Novelle wurden die **Erlöschenstatbestände** erweitert. Anders als bisher führt allein der Umstand, dass ein Arzneimittel für einen bestimmten Zeitraum nicht in Verkehr gebracht wird, zum Erlöschen der Zulassung (sog. **Sunset Clause**). Mit (Wieder-)Einführung dieses Erlöschenstatbestandes unterliegt die Zulassung einer gesetzlich angeordneten auflösenden Bedingung[2].

7   Ein Erlöschen der Zulassung tritt ein, wenn ein Arzneimittel für die Dauer von **drei Jahren** nach Zulassungserteilung nicht in Verkehr gebracht wird oder wenn ein nach der Zulassung zunächst in Verkehr gebrachtes Arzneimittel in drei aufeinander folgenden Jahren nicht in Verkehr befindet. Das Erlöschen knüpft ausschließlich an den objektiven Umstand des Inverkehrbringens bzw. des Inverkehrbefindens an. **Beide Erlöschenstatbestände** stehen nebeneinander und können alternativ eingreifen.

---

[1] *Anker,* in: Deutsch/Lippert, § 31 Rn. 1.
[2] Bis zur 5. AMG-Novelle normierte Nr. 1 den Erlöschenstatbestand des zweijährigen Nichtgebrauchmachens. Dieser Erlöschenstatbestand ist am 17.8.1994 wegen Verstoßes gegen europäisches Recht außer Kraft getreten, vgl. *EuGH,* Urt. v 7.12.1993 – Rs. C-83/92, BeckEuRS 1993, 19811. Mit der Änderung des europäischen Rechts und Einführung des jetzigen Art. 24 IV RL 2001/83/EG bzw. Art. 28 RL 2001/82/EG wurde das fehlende Inverkehrbringen als Erlöschensgrund in das europäische Recht aufgenommen, so dass eine (Wieder-)Einführung zur Umsetzung auch im nationalen Recht erforderlich wurde.

Dabei ist jede Zulassung isoliert zu betrachten, so dass verschiedene Zulassungen für unterschiedliche Stärken oder Darreichungsformen eines Arzneimittels zu berücksichtigen sind.

a) Inverkehrbringen. Die **erste** zum Erlöschen der Zulassung führende **Alt.** stellt auf das Inverkehr- **8** bringen eines Arzneimittels ab. Ob ein Arzneimittel in Verkehr gebracht wird, ist nach der Definition des § 4 XVII zu beurteilen. Von dem sehr weit gefassten Begriff des Inverkehrbringens sind bereits Handlungen erfasst, die noch vor einer physischen Abgabe der Arzneimittel liegen (s. § 4 Rn. 122)[3]. Um ein Arzneimittel i. S. d. § 4 XVII in Verkehr zu bringen, muss das Arzneimittel **physisch vorhanden** sein. Das bloße Anbieten eines Arzneimittels, z. B. in Preislisten oder ähnlichem, ist noch kein Inverkehrbringen. Es fehlt für ein Inverkehrbringen an dem nach außen erkennbaren Vorrätighalten des Arzneimittels. Dieses Vorrätighalten ist Voraussetzung aller in § 4 XVII aufgeführten Handlungen für ein Inverkehrbringen. Ist ein Arzneimittel physisch nicht vorhanden und wird es gegenüber Dritten beworben oder in Preislisten geführt, liegt darin kein Inverkehrbringen, so dass beim Vorliegen der zeitlichen Voraussetzungen der Erlöschenstatbestand nach Nr. 1 eingreift[4].

Die **bloße Lagerung** eines Arzneimittels ist noch **kein Inverkehrbringen** und damit nicht geeignet, **9** das Erlöschen einer Zulassung nach Nr. 1 zu verhindern, da die gesetzliche Definition des Inverkehrbringens darauf abstellt, dass das Vorrätighalten eines Arzneimittels zum Zwecke der Abgabe erfolgen muss. Ein Vorrätighalten zu anderen Zwecken ist nach § 4 XVII kein Inverkehrbringen. Hinzutreten muss die **Absicht der Abgabe** an andere[5].

Unerheblich ist, ob das Arzneimittel im Inland in Verkehr gebracht wird. Auch ein **Export** von **10** Arzneimitteln oder Verbringen der Arzneimittel aus dem Geltungsbereich des AMG ist ein Inverkehrbringen. Das Erlöschen der Zulassung nach Nr. 1 tritt daher nicht ein, wenn ein Arzneimittel innerhalb des in der Nr. 1 vorgesehenen Zeitraums exportiert wird[6].

b) Dauer und Umfang des Inverkehrbringens. Der Wortlaut des Gesetzes stellt ausdrücklich nur **11** darauf ab, dass das Arzneimittel in den ersten drei Jahren in Verkehr gebracht werden muss, um das Erlöschen nach Nr. 1 zu verhindern. Die **Dauer** des Inverkehrbringens ist danach ebenso unerheblich wie dessen **Umfang**. Es ist daher nach dem Wortlaut ausreichend, wenn ein Arzneimittel in einem nur geringen Umfang und nur für eine kurze Zeit i. S. d. § 4 XVII in Verkehr gebracht wird.

Eine **Ausweitung des Erlöschenstatbestandes** auf ein Inverkehrbringen in geringer Menge und für **12** kurze Dauer ist nicht möglich. Da ein entsprechender Erlöschenstatbestand im Gesetz nicht vorgesehen ist, käme ein Erlöschen nur nach einer Analogie zu Nr. 1 in Betracht. Die Voraussetzungen für eine Analogie liegen jedoch nicht vor. Zwischen dem gänzlichen Fehlen des Inverkehrbringens und einem Inverkehrbringen in nur geringem Umfang fehlt die für eine Analogie erforderliche Regelungslücke[7]. Dem Gesetzgeber war im Zeitpunkt der Einführung des Erlöschenstatbestandes nach Nr. 1 bekannt, dass Arzneimittel z. T. nur in geringen Mengen und z. T. nur für kurze Zeit in Verkehr gebracht werden. Dass diese Umstände nicht ebenfalls zur Grundlage eines Erlöschens gemacht wurden, ist daher gesetzgeberische Absicht. Das Fehlen eines entsprechenden Erlöschenstatbestandes ist daher eine vom Gesetzgeber gewollte „Unvollständigkeit", die nur durch den Gesetzgeber geändert werden könnte.

c) Inverkehrbefinden. Die **zweite** zum Erlöschen einer Zulassung führende **Alt.** knüpft daran an, **13** dass ein Arzneimittel zwar nach Erteilung der Zulassung zunächst in Verkehr gebracht wurde, sich in der Folge aber für drei aufeinander folgende Jahre **nicht mehr in Verkehr befindet.** Anders als das in der ersten Variante des Erlöschenstatbestandes relevante Inverkehrbringen ist das Inverkehrbefinden gesetzlich nicht definiert. Voraussetzung für ein **rechtmäßiges Inverkehrbefinden** i. S. d. Nr. 1 ist das vorherige Inverkehrbringen. Darüber hinaus ist erforderlich, dass das Arzneimittel verkehrsfähig ist. Dies folgt daraus, dass sich aus einem rechtswidrigen Inverkehrbringen, z. B. unter Verstoß gegen § 8 II, keine positiven Rechtsfolgen ergeben können. Das Erlöschen nach Nr. 1 wird daher durch ein rechtswidriges Inverkehrbringen nicht gehindert. Die Verkehrsfähigkeit als zeitliche Grenze des Inverkehrbefindens ergibt sich daraus, dass mit Ablauf der Verkehrsfähigkeit, z. B. beim Erreichen des Verfalldatums, keine Möglichkeit einer rechtmäßigen Abgabe oder Anwendung mehr besteht. Das **Inverkehrbefinden endet** daher in dem Zeitpunkt, in dem das Verfalldatum der letzten in Verkehr gebrachten Charge erreicht ist. Zu diesem Zeitpunkt beginnt die Dreijahresfrist der zweiten Erlöschensalternative nach Nr. 1.

---

[3] Ausweislich der Gesetzesbegründung ist die Definition an die Begriffsbestimmung im Lebensmittelrecht angelehnt, vgl. BT-Drucks. 7/3060, S. 45. Mittlerweile findet sich die Definition des Inverkehrbringens von Lebensmitteln in § 3 Ziff. 1 LFGB, die auf Art. 3 Ziff. 8 VO (EG) 178/2002 zurückgeht.

[4] So wohl auch *Sander*, in: FS für Doepner, „Die „Sunset Clause" im Arzneimittelgesetz – Vermeidungsstrategien", S. 3, 5.

[5] *Linse/Portsner*, PharmR 2005, 420, 422.

[6] *Linse/Portsner*, PharmR 2005, 420, 427.

[7] Für die analoge Anwendung einer Regelung auf einen Sachverhalt ist erforderlich, dass eine system- und planwidrige Regelungslücke vorliegt und der gesetzlich geregelte Tatbestand und der nicht geregelte Tatbestand gleich zu bewerten sind, vgl. *Bydlinski*, S. 473; *Canaris/Larenz*, S. 202.

14   **d) Fristberechnung.** Die Dreijahresfrist beginnt frühestens mit dem Tag des Inkrafttretens des Erlöschenstatbestandes nach Nr. 1. Befand sich ein Arzneimittel zum Zeitpunkt des Inkrafttretens dieser Bestimmung nicht in Verkehr, errechnet sich die **Dreijahresfrist** ab dem Inkrafttreten des Gesetzes. Mit der Freigabe der sog. 3. Ausbaustufe des Online-Portals zur Sunset-Clause[8] haben die pharmazeutischen Unternehmer die Möglichkeit erhalten, den errechneten Zeitpunkt des Erreichens der Dreijahresfrist für Zulassungen, die gem. § 77 in den Zuständigkeitsbereich des BfArM und des BVL fallen, Tag genau zu recherchieren. Mit dieser Möglichkeit ist die bis zum 30.9.2012 geübte Verwaltungspraxis des BfArM und des BVL eingestellt worden, die Zulassungsinhaber über die zur Löschung anstehenden Zulassungen zu informieren[9].

15   **e) Meldepflicht.** Die gesetzliche Anordnung des Erlöschens der Zulassung nach Nr. 1 wird ergänzt durch die in § 29 Ic normierte **Meldepflicht.** Danach obliegt dem Zulassungsinhaber, der Zulassungsbehörde das vorübergehende oder endgültige Einstellen des Inverkehrbringens eines Arzneimittels anzuzeigen[10]. Die Meldepflicht trifft ausdrücklich nur den Zulassungsinhaber. Das Einstellen des Inverkehrbringens eines Arzneimittels, für das eine **Standardzulassung** verwendet wird, ist daher vom pharmazeutischen Unternehmer nicht anzuzeigen, da für Standardzulassungen kein Zulassungsinhaber existiert[11]. Die Meldepflicht gilt für fiktiv zugelassene Arzneimittel[12] nach § 105 I und auch für registrierte Arzneimittel (vgl. § 39 IIb) sowie registrierte traditionelle pflanzliche Arzneimittel (vgl. § 39c III).

16   **2. Verzicht (Nr. 2).** Der Zulassungsinhaber hat die Möglichkeit, auf die Zulassung als Erlaubnis für das Inverkehrbringen eines Arzneimittels zu **verzichten.** Nach **Abs. 1 S. 1 Nr. 2** erlischt die Zulassung im Zeitpunkt der gegenüber der Zulassungsbehörde auszusprechenden Verzichtserklärung. Der Zulassungsinhaber hat damit die Möglichkeit, die zeitliche Wirksamkeit einer Zulassung zu beschränken bzw. zu beenden. Dies gilt sowohl für Zulassungen, die der zeitlichen Befristung nach Nr. 3 unterliegen, als auch für Zulassungen, die nach Abs. 1a ohne zeitliche Beschränkungen gelten.

17   Der Verzicht ist gegenüber der Zulassungsbehörde **schriftlich anzuzeigen.** Aus der Erklärung muss hervorgehen, welche Zulassung betroffen ist. Es besteht die Möglichkeit, den Verzicht auf eine Zulassung zu einem bestimmten Termin anzuzeigen. Der Verzicht wird erst mit diesem Termin wirksam. Trotz des mit dem Verzicht verbundenen Erlöschens darf das Arzneimittel auf allen Handelsstufen nach Abs. 4 unter den dort genannten Voraussetzungen weiter in Verkehr gebracht werden (s. Rn. 53 f.).

18   Das mit einem Verzicht verbundene Erlöschen der Zulassung lässt einen bestehenden Parallelimport zunächst unberührt (s. Vor § 72 Rn. 30)[13].

19   **3. Zeitablauf (Nr. 3).** Eine Zulassung erlischt nach Ablauf der ersten fünf Jahre nach Zulassungserteilung. Der Zulassungsinhaber kann durch einen **Verlängerungsantrag** das Erlöschen verhindern. Der Verlängerungsantrag muss spätestens sechs Monate vor Ablauf der fünfjährigen Geltungsdauer der Zulassung bei der Zulassungsbehörde zugegangen sein **(Abs. 1 S. 1 Nr. 3).** Ein verspäteter Zugang hindert das Erlöschen der Zulassung grundsätzlich nicht.

20   Die **Einreichungsfrist** für den Verlängerungsantrages wurde zunächst mit der 14. AMG-Novelle von drei Monaten auf sechs Monate verlängert. Mit der Gesetzesänderung im Jahre 2012[14] wurde die Antragsfrist für Humanarzneimittel in Anpassung an Art. 24 II 2 RL 2001/83/EG auf neun Monate vor Ablauf der fünfjährigen Geltungsdauer geändert. Die Frist für Veterinärarzneimittel bleibt bei sechs Monaten.

21   In den mit § 141 VI festgelegten **Übergangsbestimmungen** wird normiert, dass für Arzneimittel, deren Zulassungsverlängerung vor dem 1.1.2001 dem Zulassungsinhaber zugegangen ist, weiterhin die Dreimonatsfrist nach Nr. 3 in der Fassung vor der 14. AMG-Novelle gilt. Für Zulassungen, deren fünfjährige Geltungsdauer bis zum 1.7.2006 endete, gilt ebenfalls die Dreimonatsfrist der Nr. 3 a. F. (s. § 141 Rn. 18). Nach der **Übergangsregelung** des § 146 IV gilt für Zulassungen und Registrierungen mit einer bis zum 26.10.2013 endenden fünfjährige Geltungsdauer die Sechsmonatsfrist des Abs. 1 S. 1 Nr. 3 (s. § 146 Rn. 10).

22   **a) Wiedereinsetzung.** Bei Versäumnis der Sechsmonatsfrist kann ein Antrag auf **Wiedereinsetzung** in den vorherigen Stand gestellt werden (§ 32 VwVfG). Voraussetzung ist allerdings, dass die Zulassung

---

[8] Abrufbar unter https://sunset-clause.dimdi.de/ssc/index.html.

[9] Vgl. Gemeinsame Bekanntmachung des BfArM und des BVL über die Änderung der Verwaltungspraxis in Bezug auf das Erlöschen von Zulassungen nach § 31 Abs. 1 Satz 1 Nr. 1 AMG, abrufbar unter http://bfarm.de.

[10] Das Verfahren ist auf der Website des BfArM unter www.bfarm.de abrufbar.

[11] Eine Standardzulassung stellt bestimmte Arzneimittel oder Arzneimittelgruppen im Wege der Rechtsverordnung von der Pflicht zur Zulassung frei. Es handelt sich daher bei Standardzulassungen gerade nicht um eine Zulassung für das Inverkehrbringen, sondern um die Aufhebung der Zulassungspflicht für die von der VO erfassten Arzneimittel.

[12] In § 105 IIIa sind Ausnahmen von der Anwendbarkeit der Vorschriften des § 29 für fiktiv zugelassene Arzneimittel normiert. Ein Verweis auf die Bestimmungen des § 29 Ib und Ic erfolgt nicht, so dass diese Bestimmungen auch auf fiktiv zugelassene Arzneimittel anwendbar sind.

[13] *Rehmann*, § 31 Rn. 5; *Wagner*, PharmR 2001, 174, 178; a. A. *Kloesel/Cyran*, § 31 Anm. 14.

[14] Art. 1 Nr. 25 Buchst. a) Zweites Gesetz zur Änderung arzneimittelrechtlicher und anderer Vorschriften (BGBl. I S. 2192).

noch nicht erloschen, die Fünfjahresfrist also noch nicht abgelaufen ist. Die Neun- bzw. Sechsmonatsfrist nach Nr. 3 ist keine materiell-rechtliche Ausschlussfrist[15]. Lediglich die Fünfjahresfrist nach Nr. 3 ist eine materiell-rechtliche Ausschlussfrist, da ihr Ablauf aufgrund des Erlöschens der Zulassung mit dem Verlust des materiellen Rechts kraft Gesetzes verbunden ist[16]. In besonderen Fällen kann trotz schuldhafter Fristversäumnis eine Wiedereinsetzung in den vorherigen Stand zu gewähren sein[17]. Dies ist unter Berücksichtigung des verfassungsrechtlich geforderten Fairnessgebotes, das auch im Verwaltungsverfahren Anwendung findet, jedenfalls dann der Fall, wenn die Behörde aufgrund eigenen schuldhaften Verhaltens die Einhaltung einer Frist für den Antragsteller unzumutbar macht bzw. das Verschulden des Antragstellers in den Hintergrund treten lässt[18].

b) Verlängerungserfordernis. Verlängerungsanträge sind grundsätzlich **nicht erforderlich,** wenn 23 eine Zulassungsverlängerung nach dem 1.1.2001 erteilt wurde (§ 141 VI 1, s. dazu § 141 Rn. 16 ff.). Dies gilt auch für die Nachzulassungserteilung bei fiktiv zugelassenen Arzneimitteln (§ 141 VI 5, s. dazu § 141 Rn. 22). Ausnahmsweise soll ein weiterer Verlängerungsantrag für nach dem 1.1.2001 verlängerte Nachzulassungen erforderlich sein, wenn diese Verlängerung erteilt wurde, ohne dass die sog. **ex-ante-Unterlagen** nach § 105 IVa 1 vorlagen. Wird in diesen Fällen nicht fristgerecht ein Verlängerungsantrag gestellt, soll die Zulassung erlöschen. Dies soll sich aus § 141 VI 7 i. V. m. § 136 I ergeben[19]. Gegen dieses von Behörde und Verwaltungsgerichtsbarkeit angenommene Verständnis spricht zwar der Umstand, dass weder § 141 VI noch § 136 I das Erfordernis einer Antragspflicht normieren, sondern dass § 136 I lediglich eine Vorlagepflicht für Unterlagen normiert und dass nur zur Festlegung des spätesten Vorlagezeitpunkts auf den Zeitpunkt eines Verlängerungsantrags verwiesen wird. Außerdem normieren weder § 146 noch § 139 die Rechtsfolge des Erlöschens der Zulassung für den Fall, dass ein Verlängerungsantrag nicht gestellt wird. Gleichwohl dürfte sich die Rechtsprechung in diesem Bereich nicht ändern, zumal das *OVG Münster* als Berufungsinstanz Berufungen zu dieser Frage nicht mehr zulässt und damit eine Befassung des *BVerwG* mit dieser Frage ausgeschlossen scheint[20].

Eines weiteren Verlängerungsantrags bedarf es nicht in den Fällen, in denen gegen **Auflagen** in 24 Zulassungsbescheiden Widerspruch eingelegt bzw. geklagt wurde. Das BfArM ist der Ansicht, dass Abs. 1a gemäß § 141 VI eine **rechtskräftige Zulassungsentscheidung** voraussetze[21]. § 141 VI fordert allerdings nicht einen bestandskräftigen Bescheid, sondern stellt allein auf den Erlass einer Verlängerungsentscheidung ab. Außerdem richten sich ein isolierter Widerspruch oder eine isolierte Klage gegen Auflagen im Zulassungsbescheid nicht gegen die Grundentscheidung der Zulassungsverlängerung. Eine nicht angefochtene Zulassungsentscheidung erlangt Bestandskraft unabhängig davon, ob Auflagen zur Zulassungsentscheidung angefochten werden. Lediglich im angefochtenen Umfang, d. h. für einzelne Auflagen erlangt der Zulassungsbescheid keine Bestandskraft. Liegt daher eine bestandskräftige Zulassungsentscheidung aus der Zeit nach dem 1.1.2001 vor, bedarf es auch in den Fällen, in denen gegen Auflagen Widerspruch oder Klage erhoben wurde, keines weiteren Verlängerungsantrages[22].

Ist ein **weiterer Verlängerungsantrag** erforderlich, findet Nr. 3 Anwendung[23]. Handelt es sich um 25 eine erforderliche Verlängerung nach Abs. 1a, findet Nr. 3 in der aktuellen Fassung Anwendung. Handelt es sich um eine Verlängerung, die aufgrund der Übergangsbestimmung des § 141 VI 1 erforderlich ist, findet Nr. 3 in der bis zum 5.9.2005 geltenden Fassung Anwendung. Die Frist für den Ablauf der Fünfjahresfrist und damit für den Zeitpunkt der Einreichung des Verlängerungsantrages berechnet sich ab dem Zeitpunkt der Zustellung der letzten Verlängerungsentscheidung[24]. Ist eine Zulassung noch nicht verlängert worden, errechnet sich der Zeitpunkt des Verlängerungsantrages nach dem Zustelldatum des Zulassungsbescheides[25].

4. Tierarzneimittelrückstände (Nr. 3a). Mit **Abs. 1 S. 1 Nr. 3a** werden die Vorgaben der VO 26 (EU) Nr. 37/2010 und der VO (EG) Nr. 470/2009 über **Tierarzneimittelrückstände** umgesetzt[26]. Kann für die Rückstände eines in Tierarzneimitteln verwendeten pharmakologisch wirksamen Stoffes

---

[15] *OVG Münster*, LRE 49, 320, 321; *Kloesel/Cyran*, § 31 Anm. 19; *Rehmann*, § 31 Rn. 6; *Sander*, § 31 Erl. 7.

[16] Vgl. *BVerwGE* 21, 258, 261.

[17] *OVG Münster*, LRE 49, 320 ff.

[18] *OVG Münster*, LRE 49, 320, 321 f.; vgl. auch *BVerfG*, LRE 49, 67, 70.

[19] So die Verwaltungspraxis des BfArM, bestätigt u. a. durch *VG Köln*, Urt. v. 3.4.2012 – 7 K 604/10 – BeckRS 2013, 48254; *VG Köln*, Urt. v. 3.6.2009 – 24 K 2996/08 – BeckRS 2009, 35 492, bestätigt durch *OVG Münster*, Beschl. v. 7.7.2010 – 13 A 1674/09 – BeckRS 2010, 50949; so wohl auch *Sander*, § 141 Erl. 14; *Lietz*, in: Fuhrmann/Klein/Fleischfresser, § 9 Rn. 90.

[20] Vgl. *OVG Münster*, Beschl. v. 7.7.2010 – 13 A 1674/09 – BeckRS 2010, 50949.

[21] Vgl. *BfArM*, www.bfarm.de.

[22] Auf die Situation nach §§ 141 VI, 136 I und die entsprechende Rechtsprechung, die ein Antragserfordernis sieht, sei hingewiesen, vgl. *VG Köln*, Urt. v. 3.6.2009 – 24 K 2996/08 – BeckRS 2009, 35492, bestätigt durch *OVG Münster*, Beschl. v. 7.7.2010 – 13 A 1674/09 – BeckRS 2010, 50949.

[23] *BVerwG*, A&R 2005, 133, 134; *Sander*, § 31 Erl. 6.

[24] *BVerwG*, A&R 2005, 133, 134 f.; *Rehmann*, § 31 Rn. 9.

[25] *BVerwG*, A&R 2005, 133, 134; *Sander*, § 31 Erl. 6.

[26] Die Anpassung der Vorschrift an aktuelles EU-Recht erfolgte mit der 15. AMG-Novelle, vgl. BT-Drucks. 17/4231, S. 9.

keine Höchstmenge festgesetzt werden, weil entsprechende Rückstände in Lebensmitteln in jeder Konzentration eine Gesundheitsgefahr für den Verbraucher darstellen, wird dieser Stoff in die Tabelle 2 der VO (EU) Nr. 37/2010 aufgenommen. Die Verwendung von in der Tabelle 2 aufgeführten Stoffen an Tieren, die zur Nahrungsmittelerzeugung genutzt werden, ist in den EU-Mitgliedstaaten verboten. Wird ein Stoff in die Tabelle 2 der VO (EU) Nr. 37/2010 aufgenommen, erlischt die Zulassung für entsprechende Arzneimittel, wenn nicht innerhalb einer Frist von **sechzig Tagen** nach Veröffentlichung der Aufnahme des Stoffes in der Tabelle 2 der VO der Zulassungsinhaber auf die Anwendungsgebiete des Arzneimittels bei Tieren **verzichtet,** die der Lebensmittelgewinnung dienen. Ein solcher Verzicht ist nach § 29 I der Behörde anzuzeigen.

27   Anstelle eines Verzichts auf die genannten Anwendungsgebiete kann der Zulassungsinhaber im Wege der **Änderungsanzeige** nach § 29 IIa die Eliminierung des in der Tabelle 2 der VO (EU) Nr. 37/2010 aufgeführten Stoffes gegenüber der Behörde anzeigen. Nach Ablauf der 60-Tagefrist nach Veröffentlichung der Aufnahme des Stoffes in die Tabelle 2 der genannten VO ruht die Zulassung bis zu einer behördlichen Entscheidung über die Änderungsanzeige. Das Ruhen endet mit Zustimmung der Behörde zur angezeigten Änderung bzw. mit Eintritt der Zustimmungsfiktion nach § 29 IIa 3.

28   **5. Verlängerungsversagung (Nr. 4).** Die Zulassung erlischt außerdem bei einer **Versagung der Verlängerung.** Ein Erlöschen kann nur eintreten, wenn die Versagung sich auf einen nach Abs. 1 S. 1 Nr. 3 bzw. Abs. 1a erforderlichen Verlängerungsantrag bezieht. Stellt ein Zulassungsinhaber irrtümlich einen Verlängerungsantrag, der nach den gesetzlichen Vorgaben nicht erforderlich ist und versagt die Behörde diesen Antrag, führt dies nicht zum Erlöschen der Zulassung, da keiner der gesetzlichen Erlöschenstatbestände vorliegt.

29   Gegen die Versagung der Verlängerung steht dem Zulassungsinhaber die Möglichkeit des **Widerspruchs** und der **Anfechtungsklage** zur Verfügung. Beide haben aufschiebende Wirkung, so dass bis zu einer Entscheidung in der ersten Instanz das Arzneimittel grundsätzlich weiter in Verkehr gebracht werden darf. Wird die Versagungsentscheidung in der ersten Instanz bestätigt, besteht die Möglichkeit eines Antrags nach § 80b II VwGO, nach dem das Oberverwaltungsgericht die Fortdauer der aufschiebenden Wirkung anordnen kann. Auf das Verfahren finden §§ 80 V–VIII, 80a VwGO entsprechende Anwendung. Eines vorherigen Antrags bei der Zulassungsbehörde auf Anordnung der aufschiebenden Wirkung nach § 80 VI VwGO bedarf es in diesen Fällen nicht.

30   Erklärt die Behörde eine Verlängerungsversagung für **sofort vollziehbar,** kann der Zulassungsinhaber im Wege des einstweiligen Rechtsschutzes einen Antrag auf Wiederherstellung der aufschiebenden Wirkung des Widerspruchs bzw. der Anfechtungsklage nach § 80 V VwGO stellen. § 80 VI VwGO ist zu beachten.

31   **6. Bekanntgabe der Löschung.** Die zuständige Bundesoberbehörde hat nach § 34 I 1 Nr. 5 das Erlöschen der Zulassung im Bundesanzeiger bekannt zu machen (s. § 34 Rn. 2).

II. Ausnahme (S. 2)

32   **Abs. 1 S. 2** eröffnet der Zulassungsbehörde in Umsetzung der Vorgaben des Art. 24 VI RL 2001/ 83/EG die Möglichkeit, in Fällen des Abs. 1 S. 1 Nr. 1 **Ausnahmen** vom Erlöschen zuzulassen.

33   Die Regelung ist unklar. Da Nr. 1 Erlöschen der Zulassung als auflösende Bedingung formuliert, tritt ein Erlöschen kraft Gesetzes ein, ohne dass es eines behördlichen Handelns bedarf. Eine einmal erloschene Zulassung kann nicht durch behördlichen Akt wieder aufleben. Möglich ist lediglich eine Neuzulassung unter Berücksichtigung der gesetzlichen Vorgaben.

34   Die Ausnahmeregelung nach Abs. 1 S. 2 sieht allerdings vor, dass die Behörde Ausnahmen vom Erlöschen „gestatten" könne. Die Behörde kann daher durch feststellenden Bescheid verfügen, dass das Erlöschen nach Nr. 1 trotz eigentlichen Vorliegens der Erlöschensvoraussetzungen nicht eintreten wird. Der Behörde ist daher die Möglichkeit eingeräumt, durch feststellenden Verwaltungsakt ein **Erlöschen** nach Nr. 1 **zu verhindern.** Eine solche Feststellung muss vor Eintritt der Erlöschensvoraussetzungen nach Nr. 1 dem Zulassungsinhaber zugehen, da andernfalls das Erlöschen kraft Gesetzes eintritt. S. 2 räumt der Behörde damit nicht das Recht ein, die Weiterverwendung nach Nr. 1 erloschener Zulassungen zu gestatten, sondern gewährt die Befugnis, die Erlöschenswirkung nach Nr. 1 im Einzelfall für die Zukunft außer Kraft zu setzen.

35   Eine Gestattung nach S. 2 muss aus Gründen des **Gesundheitsschutzes** erforderlich sein. Andere Gründe als der Gesundheitsschutz sind für die behördliche Ermessensentscheidung nach S. 2 nicht zu berücksichtigen. Finden diese dennoch Berücksichtigung, stützt die Behörde ihre Entscheidung auf sachfremde Erwägungen. Dies führt zur Rechtswidrigkeit der Feststellungsentscheidung.

36   **Erforderlich** i. S. d. S. 2 ist eine Ausnahme vom Erlöschen nach Nr. 1 nur, wenn keine anderen gleich effektiven Maßnahmen zur Gewährleistung des Gesundheitsschutzes zur Verfügung stehen. Dies kann z. B. der Fall sein, wenn ein zugelassener Impfstoff nur im – selten eintretenden – Bedarfsfall in Verkehr gebracht wird.

C. Unbefristete Zulassung (Abs. 1a)

In Umsetzung der Vorgaben des Art. 24 III RL 2001/83/EG ist mit der 14. AMG-Novelle Abs. 1a **37** eingefügt worden. Damit wird bestimmt, dass Zulassungen, die einmal verlängert wurden, **zeitlich unbeschränkt gültig** sind. Weiterer Verlängerungen bedarf es nicht. Zulassungen, die nach Abs. 1a unbefristet gültig sind, können **nicht** nach Abs. 1 S. 1 Nr. 1 oder Nr. 4 erlöschen. Ein Erlöschen durch Verzicht seitens des Zulassungsinhabers ist jederzeit möglich. Auch die Aufhebung nach § 30 ist grundsätzlich möglich.

Ausnahmsweise führt die Verlängerung nicht zur unbefristeten Zulassung, wenn die Zulassungsbehör- **38** de eine **weitere Verlängerung um fünf Jahre anordnet**, um das sichere Inverkehrbringen des Arzneimittels zu gewährleisten. Für diese weitere Verlängerung ist wiederum Abs. 1 S. 1 Nr. 3 und Abs. 2 maßgebend, sofern nach Ablauf des zweiten Fünf-Jahreszeitraums eine unbefristete Verlängerung angestrebt wird[27]. Bei dieser Entscheidung handelt es sich um einen Verwaltungsakt, der gegenüber dem Zulassungsinhaber bekannt zu geben und schriftlich zu begründen ist. Die Begründung muss die im ersten Verlängerungsverfahren vorgelegten Unterlagen berücksichtigen und darlegen, aus welchen Gründen die Erforderlichkeit eines zweiten Verlängerungsverfahrens resultiert.

Die Behörde muss die Entscheidung, dass eine weitere Zulassungsverlängerung erforderlich ist, zu- **39** sammen mit der Verlängerungsentscheidung nach Abs. 1 S. 1 Nr. 3 mitteilen. Zu einem anderen Zeitpunkt ist eine entsprechende Verfügung unzulässig. Inhalt der Entscheidung kann nur die Feststellung sein, dass ein zweites Verlängerungsverfahren erforderlich ist. Weitere Verlängerungen dürfen nicht angeordnet werden.

Die Anordnung einer **zweiten Verlängerung** kann nur angeordnet werden, um das sichere Inver- **40** kehrbringen des betroffenen Arzneimittels zu gewährleisten. Andere Zwecke sind nicht geeignet, die Anordnung eines zweiten Verlängerungsverfahrens zu begründen. Das Ziel des sicheren Inverkehrbringens muss durch die angeordnete zweite Verlängerung erreichbar sein. Kann dieses Ziel durch das zweite Verlängerungsverfahren nicht erreicht werden, ist dessen Anordnung unverhältnismäßig und rechtswidrig. Ob ein zweites Verlängerungsverfahren zum sicheren Inverkehrbringen eines Arzneimittels beiträgt, ist im **Einzelfall** zu beurteilen. Maßstab sind die Erkenntnismöglichkeiten, die sich aus einem weiteren Verlängerungsverfahren ergeben. Diese beurteilen sich nach den im Verlängerungsverfahren vorzulegenden Unterlagen, deren Art und Umfang in Abs. 2 festgelegt wird. Eine **geringe Zahl** mit einem Arzneimittel **behandelter Patienten** nach Zulassungserteilung kann Abs. 1a die Anordnung einer zweiten Verlängerung rechtfertigen. Hintergrund der in Umsetzung des Art 24 III RL 2001/83/EG in Abs. 1a aufgenommenen Klarstellung ist[28], dass bei einer **geringen Anwendungshäufigkeit** während der ersten Vermarktungsjahre nur beschränkt aussagekräftige Pharmakovigilanzdaten gewonnen werden können.

Die behördliche Anordnung eines zweiten Verlängerungsverfahrens kann im Wege des **Widerspruchs** **41** bzw. einer **Anfechtungsklage** überprüft werden.

Abs. 1a gilt – auch rückwirkend – für alle Arzneimittel, deren Zulassungsverlängerung nach dem **42** 1.1.2001 erteilt wurde (§ 141 VI 1, s. dazu § 141 Rn. 17). Auf Arzneimittel, deren Verlängerung vor dem genannten Stichtag erteilt wurde, ist Abs. 1a noch nicht anwendbar. Sie bedürfen einer weiteren Verlängerung, nach deren Erteilung Abs. 1a anwendbar und die Zulassung zeitlich unbefristet ist. Als Verlängerung i. S. d. Abs. 1a gilt auch die Nachzulassungsentscheidung für zuvor nach § 105 fiktiv zugelassene Arzneimittel (§ 141 VI 6, s. dazu § 141 Rn. 22).

D. Beurteilungsbericht (Abs. 2)

I. Inhalt (S. 1)

Abs. 2 S. 1 bestimmt, dass dem **Zulassungsverlängerungsantrag** bestimmte Unterlagen beizufü- **43** gen sind. Der Behörde ist im Rahmen eines **Beurteilungsberichts** mitzuteilen, ob und in welchem Umfang sich die Beurteilungsmerkmale für das Arzneimittel seit der Zulassung bzw. der letzten Verlängerung geändert haben.

Eines Nachweises, dass sich das Arzneimittel zum Zeitpunkt des Verlängerungsantrags im Verkehr **44** befindet, bedarf es nicht[29]. Die Behörde ist aufgrund der **Meldeverpflichtung** nach § 29 Ib und Ic darüber unterrichtet, ob ein Arzneimittel sich in Verkehr gebracht wird. Eine weitergehende Meldung ist nicht erforderlich. Darüber hinaus ist der Umstand, ob sich ein Arzneimittel in Verkehr befindet, für die Verlängerungsentscheidung unerheblich. Die Verlängerung ist zu erteilen, wenn keiner der in Abs. 3

---

[27] Vgl. dazu auch *BVerwG*, A&R 2005, 133, 134.
[28] Eingefügt durch Art. 1 Nr. 25 Buchst. b Zweites Gesetz zur Änderung arzneimittelrechtlicher und anderer Vorschriften (BGBl. I S. 2192).
[29] *Rehmann*, § 31 Rn. 9.

abschließend aufgeführten Versagungsgründe vorliegt. Das fehlende Inverkehrbringen eines Arzneimittels ist kein Versagungsgrund nach Abs. 3[30]. Auf den Umstand, dass ein Arzneimittel nicht in Verkehr gebracht wird, kann eine Verlängerungsversagung daher nicht gestützt werden. Dass ein Arzneimittel nicht in Verkehr gebracht wird, ist allein im Hinblick auf ein etwaiges Erlöschen nach Abs. 1 S. 1 Nr. 1 relevant.

II. Überarbeitete aktualisierte Fassung (S. 2)

45   Nach **Abs. 2 S. 2** sind maßgebliche Beurteilungskriterien die Qualität, Unbedenklichkeit und Wirksamkeit des Arzneimittels[31]. Der Zulassungsinhaber muss eine im Hinblick auf diese Kriterien überarbeitete Fassung der Zulassungsunterlagen bei der Behörde einreichen. Diese Unterlagen müssen die nach § 29 angezeigten Änderungen des ablaufenden Fünfjahreszeitraums berücksichtigen (**1. Halbs.**).

46   Bei **Tierarzneimitteln** müssen überarbeitete Unterlagen nicht vorgelegt werden. Ausreichend ist die Vorlage einer **konsolidierten Liste** der Änderungen des ablaufenden Fünfjahreszeitraums (**2. Halbs.**).

III. Rückstandsnachweisverfahren bei Tierarzneimitteln (S. 3)

47   Auf Verlangen der Behörde muss für Tierarzneimittel, die für die Anwendung bei zur Lebensmittelgewinnung dienenden Tieren bestimmt sind, ein Bericht mit Angaben über Erfahrungen mit dem Rückstandsnachweisverfahren vorgelegt werden.

E. Anspruch auf Zulassungsverlängerung (Abs. 3)

I. Antrag und Prüfungsumfang (S. 1)

48   Der Zulassungsinhaber hat nach **Abs. 3 S. 1 Anspruch auf Verlängerung der Zulassung,** wenn keiner der in Abs. 3 abschließend aufgeführten Versagungsgründe vorliegt[32]. Die Verlängerungsentscheidung steht nicht im Ermessen der Behörde, die innerhalb einer Frist von neun Monaten vor Ablauf der Fünfjahresfrist nach Abs. 1 S. 1 Nr. 3 über den Verlängerungsantrag zu entscheiden hat. Hält die Zulassungsbehörde die zwingend vorgegebene 6-Monats-Frist[33] nicht ein, darf das Arzneimittel bis zu einer rechtskräftigen Versagung der Verlängerung der Zulassung in Verkehr gebracht werden[34].

49   Die in Abs. 3 S. 1 angegebenen **Versagungsgründe** sind abschließend. Auf andere Versagungsgründe darf eine Versagungsentscheidung nicht gestützt werden. Eine Versagung ist danach nur zulässig, wenn das Arzneimittel Qualitätsmängel aufweist (§ 25 II 1 Nr. 3), das Risiko-Nutzen-Verhältnis ungünstig ist (§ 25 II 1 Nr. 5), eine ausreichende Kombinationsbegründung fehlt (§ 25 II 1 Nr. 5a), die angegebene Wartezeit nicht ausreicht ((§ 25 II 1 Nr. 6), Kontrollmethoden bei Arzneimittel-Vormischungen für Tierarzneimittel nicht routinemäßig durchführbar sind (§ 25 II 1 Nr. 6a), das Arzneimittel einen pharmakologisch wirksamen Bestandteil enthält, der nicht in der Tabelle 1 des Anhangs der VO (EU) Nr. 37/2010 aufgeführt ist (§ 25 II 1 Nr. 6b) oder das Inverkehrbringen gegen gesetzliche Vorschriften verstößt (§ 25 II 1 Nr. 7). Außerdem kann die Versagung ausgesprochen werden, wenn die Zulassung wegen des Fehlens der therapeutischen Wirksamkeit oder deren unzureichender Begründung zurückzunehmen oder zu widerrufen ist (§ 30 I 2)[35]. Die **Darlegungs- und Beweislast** für das Vorliegen der Versagungsgründe liegt bei der Behörde[36].

50   Nicht aufgeführt als Versagungsgrund ist § 25 II S. 1 Nr. 4, der auf die fehlende therapeutische Wirksamkeit bzw. deren fehlenden Nachweis abstellt. Eine unzureichend belegte oder **fehlende Wirksamkeit** ist gleichwohl als Versagungsgrund beachtlich[37], da die Wirksamkeit nach § 4 XXVIII bei Beurteilung des Nutzen-Risiko-Verhältnisses zu berücksichtigen ist. Die Wirksamkeit bzw. die Wirkungen eines Arzneimittels sind im Moment der Verlängerungsentscheidung auf der Basis der nach Abs. 2 S. 2 vorzulegenden überarbeiteten Unterlagen zu Qualität, Unbedenklichkeit und Wirksamkeit vor-

---

[30] Auch Art. 24 RL 2001/83/EG verlangt nicht den Nachweis des Inverkehrbefindens.

[31] Nach Abs. 2 a. F. musste lediglich ein Bericht über etwaige Änderungen, jedoch kein weiteres Material vorgelegt werden, vgl. *VG Köln*, PharmR 2005, 185.

[32] Zur Nachweispflicht der Zulassungsbehörde im Hinblick auf Versagungsgründe im Verlängerungsverfahren vgl. *VG Köln*, Urt. v. 18.11.2008 – 7 K 8670/99 – juris.

[33] A. A. zum zwingenden Charakter offensichtlich *VG Köln*, Urt. v. 3.9.2007 – 25 K 8570/04 – BeckRS 2007, 32086.

[34] *Kloesel/Cyran*, § 31 Anm. 33.

[35] Vgl. dazu *VG Köln*, PharmR 2005, 186.

[36] *BVerwG*, Urt. v. 19.11.2009 – 3 C 10/09 – BeckRS 2010, 45410; *VG Köln*, 23.10.2012 – 7 K 211/11 – BeckRS 2012, 59484.

[37] Anders noch zur Rechtslage vor Umstellung der Systematik des Verlängerungsverfahrens auf eine einmalige Verlängerung mit anschließender unbeschränkter Gültigkeit *VG Köln*, Urt. v. 9.3.2005 – 24 K 5808/01; *VG Köln*, Urt. v. 9.3.2005 – 24 K 9977/01; *VG Köln*, Urt. v. 11.2.2004 – 24 K 4227/00 – BeckRS 2004, 27407; ebenfalls anders zur Rechtlage vor Umstellung der Verlängerungssystematik des Art. 24 RL 2001/83/EG durch RL 204/27/EG *EuG*, Urt. v. 26.11.2002 – T-74/00 – BeckRS 2012, 263792.

zunehmen[38]. Dabei sind nicht nur neue Erkenntnisse aus Studien und anderen Quellen zu berücksichtigen, sondern auch Änderungen der wissenschaftlichen Kriterien für die Beurteilung der Wirksamkeit[39]. Daher kann eine Änderung der Wirksamkeitsbeurteilung auch schon dann gerechtfertigt sein, wenn sich die Beurteilungskriterien für die Wirksamkeit nach der Zulassungsentscheidung geändert haben[40].

II. Entsprechende Geltung des § 25 Abs. 5 S. 5 und Abs. 5a (S. 2)

Im Verfahren der Prüfung des Vorliegens von Versagungsgründen kann die zuständige Bundesoberbe- 51 hörde in entsprechender Anwendung des § 25 V 5 Gegensachverständige mit der Erstellung von Gutachten beauftragen. Zudem hat sie bei Arzneimitteln für der Lebensmittelgewinnung dienende Tiere entsprechend § 25 Va einen Beurteilungsbericht zu erstellen (s. § 25 Rn. 154 ff.).

III. Prüfung auf Verschreibungspflicht (S. 3)

Die Zulassungsbehörde hat bei einer Entscheidung über die Verlängerung der Zulassung die einge- 52 reichten Unterlagen zu bewerten und zu berücksichtigen. Dabei hat die Behörde nach **Abs. 3 S. 3** auch zu prüfen, ob sich aus den Unterlagen Auswirkungen auf die Unterstellung unter die Verschreibungspflicht ergeben.

F. Abverkaufsfrist (Abs. 4)

I. Grundsatz (S. 1)

Verzichtet der Zulassungsinhaber nach Abs. 1 S. 1 Nr. 2 schriftlich auf die Zulassung oder erlischt die 53 Zulassung nach Abs. 1 S. 1 Nr. 3, weil ein Verlängerungsantrag nicht fristgerecht gestellt wurde, ist nach **Abs. 4 S. 1** das Arzneimittel **für die Dauer von zwei Jahren weiterhin verkehrsfähig.** Trotz des Erlöschens der Zulassung darf das Arzneimittel während der Frist nach Abs. 4 S. 1 sowohl vom Zulassungsinhaber als auch von den Handelsstufen in Verkehr gebracht werden[41]. Auch die weitere Herstellung des Arzneimittels ist für die Dauer der nach Abs. 4 S. 1 angeordneten Verkehrsfähigkeit zulässig.

Voraussetzung des Beginns der Zweijahresfrist ist die **Veröffentlichung** des Erlöschens durch die 54 Behörde im **BAnz.** Die Frist beginnt mit dem auf diese Veröffentlichung folgenden 1. Januar bzw. 1. Juli. Da es das Ziel des Abs. 4 S. 1 ist, einen Abverkauf zu ermöglichen und Rückrufaktionen zu vermeiden, besteht die Verkehrsfähigkeit auch bereits vor der Veröffentlichung im BAnz. Versäumt die Behörde die Veröffentlichung des Erlöschens im BAnz., besteht die Verkehrsfähigkeit nach Abs. 4 S. 1 fort.

II. Ausnahme (S. 2)

Die **Verkehrsfähigkeit** nach Abs. 4 besteht nicht, wenn die Behörde feststellt, dass im Zeitpunkt des 55 Erlöschens nach Abs. 1 S. 1 Nr. 2 oder Nr. 3 die Voraussetzungen für eine Aufhebung der Zulassung nach § 30 vorlagen **(Abs. 4 S. 2, 1. Halbs.).** Die Verkehrsfähigkeit entfällt nur, wenn die Behörde gegenüber dem Zulassungsinhaber einen entsprechenden **Feststellungsbescheid** erlässt. Ein Feststellungsbescheid ist zu erlassen, wenn ein sog. zwingender Aufhebungsgrund (s. dazu § 30 Rn. 16) nach Abs. 1 vorliegt. Beim Vorliegen zwingender Aufhebungsgründe ist die Behörde nach § 30 I aus Gründen der Arzneimittelsicherheit verpflichtet, die Zulassung aufzuheben bzw. zum Ruhen zu bringen (s. § 30 Rn. 8 ff.). Daher ist der Behörde auch kein Ermessensspielraum hinsichtlich der Frage einzuräumen, ob eine Feststellung nach S. 2 erfolgt.[42] Ob eine Feststellung nach S. 2 erfolgt, wenn Aufhebungsgründe nach § 30 II vorliegen, steht im Ermessen der Behörde.[43]

Die Feststellung des Vorliegens von Aufhebungsgründen ist als Verwaltungsakt durch den Zulassungs- 56 inhaber im Wege des **Widerspruchs** und der **Anfechtungsklage** anfechtbar. Widerspruch und Anfechtungsklage haben aufschiebende Wirkung, so dass für die Dauer des Widerspruchs- bzw. erstinstanzlichen Klageverfahrens (§ 80b I VwGO) die Verkehrsfähigkeit nach Abs. 4 S. 1 fortbesteht.

---

[38] Vgl. Art. 24 II RL 2001/83/EG, nach dem eine konsolidierte Fassung der Unterlagen in Bezug auf die Qualität, Sicherheit und Wirksamkeit vorzulegen sind, die Basis für die von der Behörde vorzunehmende Neubeurteilung des Nutzen-Risiko-Verhältnisses sind.

[39] Vgl. *EuGH*, Urt. v. 19.4.2012 – C-221/10, BeckEuRS 2012, 679782; *VG Köln*, Urt. v. 23.10.2012 – 7 K 210/11 – BeckRS 2012, 59483; *VG Köln*, Urt. v. 23.10.2012 – 7 K 211/11 – BeckRS 2012, 59484.

[40] Vgl. *EuGH*, Urt. v. 19.4.2012 – C-221/10 – BeckEuRS 2012, 679782.

[41] *Rehmann*, § 31 Rn. 12.

[42] So unter Verweis auf systematische und teleologische Erwägungen *OVG Münster*, Beschl. v. 14.3.2013 – 13 A 2568/12 – BeckRS 2013, 48405.

[43] Offenlassend *OVG Münster*, Beschl. v. 14.3.2013 – 13 A 2568/12 – BeckRS 2013, 48405.

57   Wird ein Feststellungsbescheid nach Abs. 4 S. 2 **bestandskräftig**, darf das Arzneimittel weder weiter in Verkehr gebracht noch in den Geltungsbereich des AMG verbracht werden. Die Rückgabe des Arzneimittels an den pharmazeutischen Unternehmer ist durch die in **Abs. 4 S. 2, 2. Halbs.** angeordnete Anwendbarkeit des § 30 IV ausdrücklich zulässig (s. § 30 Rn 44 ff.). Die Behörde ist außerdem gegenüber den Handelsstufen befugt, die **Rückgabe der Arzneimittel** an den pharmazeutischen Unternehmer anzuordnen. Das AMG verpflichtet den pharmazeutischen Unternehmer nicht zum Rückruf. Die zuständige Überwachungsbehörde kann nach Maßgabe des § 69 I einen **Rückruf** anordnen. Eine solche Anordnung kann als Verwaltungsakte durch Widerspruch und Anfechtungsklage mit aufschiebender Wirkung zur Überprüfung gestellt werden. Die aufschiebende Wirkung entfällt allerdings in den Fällen des § 69 I 3, (vgl. § 69 I 4).

§ 32 Staatliche Chargenprüfung

(1) ¹**Die Charge eines Serums, eines Impfstoffes oder eines Allergens darf unbeschadet der Zulassung nur in den Verkehr gebracht werden, wenn sie von der zuständigen Bundesoberbehörde freigegeben ist.** ²**Die Charge ist freizugeben, wenn eine Prüfung (staatliche Chargenprüfung) ergeben hat, dass die Charge nach Herstellungs- und Kontrollmethoden, die dem jeweiligen Stand der wissenschaftlichen Erkenntnisse entsprechen, hergestellt und geprüft worden ist und dass sie die erforderliche Qualität, Wirksamkeit und Unbedenklichkeit aufweist.** ³**Die Charge ist auch dann freizugeben, soweit die zuständige Behörde eines anderen Mitgliedstaates der Europäischen Union nach einer experimentellen Untersuchung festgestellt hat, dass die in Satz 2 genannten Voraussetzungen vorliegen.**

(1a) ¹**Die zuständige Bundesoberbehörde hat eine Entscheidung nach Absatz 1 innerhalb einer Frist von zwei Monaten nach Eingang der zu prüfenden Chargenprobe zu treffen.** ²**§ 27 Abs. 2 findet entsprechende Anwendung.**

(2) ¹**Das Bundesministerium erlässt nach Anhörung von Sachverständigen aus der medizinischen und pharmazeutischen Wissenschaft und Praxis allgemeine Verwaltungsvorschriften über die von der Bundesoberbehörde an die Herstellungs- und Kontrollmethoden nach Absatz 1 zu stellenden Anforderungen und macht diese als Arzneimittelprüfrichtlinien im Bundesanzeiger bekannt.** ²**Die Vorschriften müssen dem jeweiligen Stand der wissenschaftlichen Erkenntnisse entsprechen und sind laufend an diesen anzupassen.**

(3) Auf die Durchführung der staatlichen Chargenprüfung finden § 25 Abs. 8 und § 22 Abs. 7 Satz 3 entsprechende Anwendung.

(4) Der Freigabe nach Absatz 1 Satz 1 bedarf es nicht, soweit die dort bezeichneten Arzneimittel durch Rechtsverordnung nach § 35 Abs. 1 Nr. 4 oder von der zuständigen Bundesoberbehörde freigestellt sind; die zuständige Bundesoberbehörde soll freistellen, wenn die Herstellungs- und Kontrollmethoden des Herstellers einen Entwicklungsstand erreicht haben, bei dem die erforderliche Qualität, Wirksamkeit und Unbedenklichkeit gewährleistet sind.

(5) Die Freigabe nach Absatz 1 oder die Freistellung durch die zuständige Bundesoberbehörde nach Absatz 4 ist zurückzunehmen, wenn eine ihrer Voraussetzungen nicht vorgelegen hat; sie ist zu widerrufen, wenn eine der Voraussetzungen nachträglich weggefallen ist.

Wichtige Änderungen der Vorschrift: Abs. 1 S. 3 angefügt und Abs. 1a eingefügt durch Art. 1 Nr. 23 des Fünften Gesetzes zur Änderung des Arzneimittelgesetzes vom 9.8.1994 (BGBl. I S. 2077); § 32 neu gefasst durch Bekanntmachung der Neufassung des Arzneimittelgesetzes vom 12.12.2005 (BGBl. I S. 3394); Abs. 3 geändert durch Art. 1 Nr. 35 des Gesetzes zur Änderung arzneimittelrechtlicher und anderer Vorschriften vom 17.7.2009 (BGBl. I S. 1990).

Europarechtliche Vorgaben: Art. 114 RL 2001/83/EG.

Literatur: *Winnands/Dietel*, Chargenfreigabe nach § 32 AMG und europaweite Verkehrsfähigkeit, A&R 2011, 113.

Übersicht

A. Allgemeines

I. Inhalt

Abs. 1 verlangt für die besonders sensiblen Arzneimittel Sera, Impfstoffe und Allergene vor einem **1** Inverkehrbringen eine staatliche Chargenprüfung mit anschließender Freigabe, um sicher zu stellen, dass die jeweilige Charge entsprechende dem jeweiligen Stand der wissenschaftlichen Erkenntnisse hergestellt wurde. Die Entscheidung über die Freigabe hat innerhalb von zwei Monaten nach Eingang der zu prüfenden Chargenprobe zu erfolgen (Abs. 2). Abs. 3 sieht den Erlass von Arzneimittelprüfrichtlinien vor, mit denen die an die Herstellungs- und Kontrollmethoden zu stellenden Anforderungen für die Chargenprüfung festzulegen sind. für die Durchführung der Chargenprüfung gelten die §§ 25 VIII, 22 VII 3 entsprechend (Abs. 3). Für bestimmte Arzneimittel kann die obligatorische staatliche Chargenprüfung und Freigabe nach Maßgabe des Abs. 4 entfallen. In Abs. 5 wird festgelegt, unter welchen Voraussetzungen eine Freigabe nach Abs. 1 oder eine Freistellung nach Abs. 4 wieder aufgehoben werden kann.

II. Zweck

Sera und Impfstoffen kommt eine große Bedeutung bei der Bekämpfung von übertragbaren Krank- **2** heiten und Seuchen zu. Es kommt hinzu, dass diese Produkte ebenso wie Allergene als biologische Erzeugnisse wegen ihrer naturgemäß schwankenden Konsistenz von gleichbleibender Qualität sein müssen, ehe sie in den Verkehr gebracht werden können[1]. Die Vorschrift des § 32 bezweckt daher im Interesse der **Arzneimittelsicherheit** den besonderen Schutz der Patienten durch eine dem Inverkehrbringen vorgeschaltete Prüfung dieser hochsensiblen Präparate auf Qualität, Wirksamkeit und Unbedenklichkeit.

III. Europarechtliche Vorgabe

Art. 114 RL 2011/83/EG gestattet den Mitgliedstaaten im Interesse der öffentlichen Gesundheit die **3** Anordnung amtlicher Chargenprüfungen bei bestimmten Arten von Arzneimitteln. Entsprechende Anordnungen sind jedoch unzulässig, wenn die Charge in einem anderen EU-Mitgliedstaat hergestellt und von den Behörden dieses Mitgliedstaates nach Prüfung als spezifikationskonform beurteilt wird (Art. 114 I 1 RL 2001/83/EG). Nach § 32 I 3 sind zwar als spezifikationskonform in anderen EU-Mitgliedstaaten geprüfte und dort hergestellte Chargen durch die zuständigen nationalen Behörden freizugeben. Gleichwohl ist nach dem AMG eine – wenn auch gebundene – Freigabeentscheidung erforderlich. Ein entsprechendes Freigabeerfordernis ist in Art. 114 RL 2001/83/EG nicht ausdrücklich vorgesehen; auch das in § 32 I aufgestellte Erfordernis nach Durchführung experimenteller Untersuchungen ist in Art. 114 RL 2001/83/EG nicht enthalten, so dass die nationale Umsetzung über die europarechtlichen Vorgaben hinausgeht[2]. Ggf. ist daher eine europarechtskonforme einschränkende Auslegung des § 32 I 3 vorzunehmen.

B. Chargenprüfung und Chargenfreigabe (Abs. 1)

I. Freigabe durch die zuständige Bundesoberbehörde (S. 1)

Chargen eines Serums (§ 4 III), Impfstoffs (§ 4 IV) oder eines Allergens (§ 4 V) dürfen trotz erteilter **4** Zulassung erst nach einer chargenspezifischen Freigabe durch die zuständige Behörde (§ 77) in Verkehr gebracht werden (zu den in S. 1 genannten Arzneimitteln s. § 4 Rn. 26 ff.). Durch die Anknüpfung an das Tatbestandsmerkmal „Charge" wird klargestellt, dass sich andere Unternehmen auf die einmal erteilte Chargenfreigabe berufen können, ohne für dieselbe Charge erneut eine für gültige Freigabe beantragen zu müssen. Mithin ist die Chargenfreigabe chargenbezogen und nicht unternehmensbezogen[3]. Nach § 35 I Nr. 3 kann durch Rechtsverordnung eine Ausweitung der Pflicht zur staatlichen **Chargenprüfung** auf andere als in S. 1 genannte Arzneimittel angeordnet werden. Von dieser Möglichkeit wurde

[1] *Kloesel/Cyran*, § 32 Anm. 1.
[2] So auch *Rehmann*, § 32 Rn. 1; a. A. wohl *Kloesel/Cyran*, § 32 Anm. 21a.
[3] *Winnands/Dietzel*, A&R 2011, 113 ff.

Gebrauch gemacht. Neben den in S. 1 genannten Arzneimitteln unterliegen nach der Verordnung zur Ausdehnung der Vorschriften über die staatliche Chargenprüfung auf Blutzubereitungen[4] auch Blutzubereitungen (§ 4 II), nach der § 1 IVD-AMG-V[5] die dort aufgeführten Testsera und Testantigene sowie Therapieallergene nach der Therapieallergene-Verordnung[6] und Tierimpfstoffe nach der Tierimpfstoff-Verordnung[7] der staatlichen Chargenprüfung.

5   Ohne die Chargenfreigabe durch die zuständige Behörde sind die Arzneimittel dieser Charge nicht verkehrsfähig. Die Chargenfreigabe ist ein selbständiger, von der Zulassung unabhängiger Verwaltungsakt. Als solcher ist er isoliert anfechtbar.

II. Voraussetzungen für die Freigabe (S. 2)

6   Ein Anspruch auf **Chargenfreigabe** besteht, wenn die in **Abs. 1 S. 2** normierten Voraussetzungen erfüllt sind und das Arzneimittel der Verpflichtung zur stattlichen Chargenprüfung unterliegt. Sind diese Voraussetzungen gegeben, hat die Behörde die Freigabe zu erteilen. Ihr steht insoweit kein Ermessen zu. Die Voraussetzungen zur Freigabe sind gegeben, wenn die Behörde im Rahmen der Chargenprüfung feststellt, dass die jeweilige Charge die erforderliche Qualität, Wirksamkeit und Unbedenklichkeit aufweist. Es muss außerdem festgestellt werden, dass die Charge nach Herstellungs- und Kontrollmethoden hergestellt und geprüft wurde, die dem jeweiligen Stand der wissenschaftlichen Erkenntnisse entsprechen.

7   Für die **Durchführung der Chargenprüfung** ordnet Abs. 3 die entsprechende Anwendung des § 25 VIII und des § 22 VII 2 an (s. Rn. 1 f.). Die Untersuchung kann daher sowohl auf der Grundlage der der Behörde eingereichten Unterlagen als auch aufgrund der Beobachtung des Prüfverfahrens beim Hersteller erfolgen. Das Recht zur Beobachtung des Prüfverfahrens schließt ein **Betretungsrecht** der Behörde für die Betriebsgrundstücke und Betriebsräume des Herstellers im erforderlichen Umfang ein. Auch die Durchführung eigener Laboruntersuchungen durch die Behörde bzw. im Auftrag der Behörde ist möglich[8].

III. Freigabe durch Behörde eines EU-Mitgliedstaates (S. 3)

8   **Abs. 1 S. 3** normiert einen Anspruch auf Chargenfreigabe außerdem für den Fall, dass die zuständige Behörde eines anderen **EU-Mitgliedstaates** nach experimentellen Untersuchungen festgestellt hat, dass die Charge nach Herstellungs- und Kontrollmethoden, die dem jeweiligen Stand der wissenschaftlichen Erkenntnisse entsprechen, hergestellt und geprüft worden ist und dass sie die erforderliche Qualität, Wirksamkeit und Unbedenklichkeit aufweist. Wie durch experimentelle Untersuchungen z. B. die Durchführung einer dem Stand der wissenschaftlichen Erkenntnisse entsprechenden Prüfung festgestellt werden kann, ist zumindest fraglich. Gemeint ist wohl, dass die zuständige Behörde des anderen EU-Mitgliedstaates festgestellt haben muss, dass die vorgesehenen Herstellungs- und Kontrollmethode dem Stand der wissenschaftlichen Erkenntnisse entsprechen. Diese Vorgaben sind europarechtlich zumindest zweifelhaft.

9   Die Regelung zur staatlichen Chargenprüfung orientiert sich an der mittlerweile in RL 2001/83/EG überführten RL 89/342/EWG, die in Art. 4 III vorsah, dass eine bei bestimmten Arzneimitteln grundsätzlich zulässige Chargenprüfung nicht verlangt werden dürfe, wenn die entsprechende Charge in einem anderen Mitgliedstaat hergestellt und von der dort zuständigen Behörde geprüft und als mit den genehmigten Spezifikationen konform erklärt wurde. Diese Bestimmung ist in Art. 114 II RL 2001/83/EG übernommen worden. Nach Art. 114 II RL 2001/83/EG ist eine Chargenprüfung ausgeschlossen, wenn bereits die zuständige Behörde eines EU-Mitgliedstaates eine entsprechende Prüfung durchgeführt hat. Vorausgesetzt ist dabei entgegen S. 3 nicht eine experimentelle Untersuchung durch die Behörde des EU-Mitgliedstaates. Art. 114 II RL 2001/83/EG stellt keine Anforderungen an die Art der behördlichen Untersuchungen, so dass die Einschränkung auf experimentelle Untersuchungen in S. 3 den **europarechtlichen Vorgaben nicht entspricht**[9]. Auch die Forderung nach einer formellen Freigabe einer bereits durch Behörden anderer EU-Mitgliedstaaten geprüften Charge durch die nationale Behörde steht im Widerspruch zu Art. 114 II, III RL 2001/83/EG[10], da dort bereits die Verpflichtung zur Vorlage von Proben zum Zwecke der Untersuchung davon abhängig gemacht wird, dass nicht bereits eine entsprechende Konformitätserklärung vorliegt. Eine europarechtskonforme einschränkende Auslegung des S. 3 führt daher dazu, dass die nationale Behörde im Falle eines in einem EU-Mitgliedstaates hergestellten und von der dort zuständigen Behörde geprüften Arzneimittels die Chargenfreigabe nicht von der vorherigen Durchführung weiterer experimenteller Untersuchungen abhängig machen darf. Die

---

[4] Verordnung vom 15.7.1994 (BGBl. I S. 1614).
[5] In-vitro-Diagnostika-Verordnung nach dem Arzneimittelgesetz vom 24.5.2000 (BGBl. I S. 746).
[6] Therapieallergene-Verordnung vom 7.11.2008 (BGBl. I S. 2177).
[7] Tierimpfstoff-Verordnung vom 24.10.2006 (BGBl. I S. 2355).
[8] *Ruoff*, in: Fuhrmann/Klein/Fleischfresser, § 31 Rn. 22.
[9] A. A. *Kloesel/Cyran*, § 32 Anm. 21a.
[10] Vgl. auch *Rehmann*, § 32 Rn. 1.

Prüfungsbefugnis der Behörde beschränkt sich in diesem Fall vielmehr auf die Feststellung des Vorliegens einer Konformitätserklärung der Behörde des anderen EU-Mitgliedstaates sowie darauf, ob das Arzneimittel in diesem Mitgliedstaat hergestellt wurde.

Liegen die in Abs. 1 genannten Voraussetzungen unter Berücksichtigung der vorgenannten europarechtlichen Implikationen vor, sind weitere Untersuchungen durch die nationale Behörde nicht vorgesehen[11]. Die Behörde muss vielmehr die Freigabe erklären, so dass ihr nur ein eingeschränktes **Prüfungsrecht** zukommt, das **beschränkt** ist auf die Feststellung des Vorliegens der Voraussetzungen der S. 2 und 3. **10**

C. Entscheidungsfrist (Abs. 1a)

I. Zwei-Monats-Frist (S. 1)

Für eine Entscheidung im Rahmen der staatlichen Chargenprüfung steht der zuständigen Behörde nach Abs. 1a S. 1 eine **gesetzliche Frist von zwei Monaten** zur Verfügung. Die Frist beginnt mit dem Eingang der der zu prüfenden Chargenprobe. In Fällen des Abs. 1 S. 3, in denen eine experimentelle Prüfung der Charge weder erforderlich noch zulässig ist, beginnt die Frist bereits mit Zugang der zu prüfenden Unterlagen. Innerhalb von zwei Monaten muss eine Entscheidung über die Freigabe erfolgt sein. **11**

Ein Verstoß gegen die Pflicht zur Entscheidung innerhalb zweier Monate ist eine Amtspflichtverletzung, die **Amtshaftungsansprüche** des Zulassungsinhabers auslösen kann (s. § 27 Rn. 12 ff.). In der Praxis werden die zeitlichen Vorgaben aber wohl in aller Regel eingehalten und sogar unterschritten[12]. **12**

II. Entsprechende Geltung des § 27 Abs. 2 (S. 2)

Aufgrund der mit **Abs. 1a S. 2** erklärten entsprechenden Anwendbarkeit des § 27 II wird die Frist nach Abs. 1a S. 1 gehemmt, wenn die Behörde vom Zulassungsinhaber weitere Unterlagen zur Mängelbeseitigung anfordert. Die **Hemmung der Frist** endet mit dem Zugang der Unterlagen bei der Behörde. **13**

D. Arzneimittelprüfrichtlinien (Abs. 2)

I. Verfahren des Erlasses (S. 1)

Abs. 2 S. 1 ist eine **Ermächtigungsnorm zum Erlass allgemeiner Verwaltungsvorschriften**, mit denen die Anforderungen an die nach Abs. 1 zu prüfenden Herstellungs- und Kontrollmethoden festgelegt werden. Diese Verwaltungsvorschriften werden im BAnz. bekannt gemacht. Die Ermächtigung wurde genutzt, um die Allgemeinen Verwaltungsvorschriften zur Anwendung der Arzneimittelprüfrichtlinien auf Sera, Impfstoffe und Testallergene auszuwerten[13]. Neben den Arzneimittelprüfrichtlinien sind die Bestimmungen der AMWHV zu berücksichtigen[14]. **14**

Verwaltungsvorschriften binden als verwaltungsinterne Regelungen unmittelbar nur die Behörde. Diese hat nach den Vorgaben der Arzneimittelprüfrichtlinien die Herstellungs- und Kontrollmethoden zu untersuchen. Die Außenwirkung gegenüber dem Zulassungsinhaber erreichen die **Verwaltungsvorschriften** dadurch, dass sich die Verwaltung mit diesen Vorschriften selbst bindet und in jedem Fall anzuwenden hat. Wendet die Behörde in einem Fall die Verwaltungsvorschriften nicht an, kann darin ein Verstoß gegen den Gleichheitsgrundsatz (Art. 3 I GG) liegen. **15**

Rechtsschutz ist unmittelbar gegen Verwaltungsvorschriften nicht gegeben. Die Überprüfung der Verwaltungsvorschriften kann nur im Rahmen der Überprüfung des auf Grundlage der Verwaltungsvorschriften erlassenen Verwaltungsaktes erfolgen. Im Rahmen einer solchen inzidenten Überprüfung kann z. B. die Übereinstimmung der Verwaltungsvorschriften mit dem aktuellen Stand der wissenschaftlichen Erkenntnisse geprüft werden. **16**

II. Anforderungen an die Arzneimittelprüfrichtlinien (S. 2)

Abs. 2 S. 2 verpflichtet das Bundesministerium als ermächtigte Behörde, die Verwaltungsvorschriften laufend an den jeweiligen Stand der wissenschaftlichen Erkenntnisse anzupassen. **17**

---

[11] Ebenso *Winnands/Dietzel*, A&R 2011, 113 ff.
[12] *Ruoff*, in: Fuhrmann/Klein/Fleischfresser, § 31 Rn. 28.
[13] BAnz. 1994, S. 12569.
[14] *Rehmann*, § 32 Rn. 3; *Kloesel/Cyran*, § 32 Anm. 24.

E. Durchführung der Chargenprüfung (Abs. 3)

18 Abs. 3 erklärt die §§ 25 VIII, 22 VII 3 im Verfahren der staatlichen Chargenprüfung für entsprechend anwendbar[15]. Die zuständige Behörde kann danach die Übergabe von Mustern der relevanten Charge sowie von Ausgangsstoffen, Zwischenprodukten und Stoffen, die zur Herstellung oder Prüfung der relevanten Charge verwendet wurden, verlangen. An diesen Mustern kann die Behörde eigene Untersuchungen durchführen bzw. durchführen lassen[16]. Die Berechtigung zur Anforderung der genannten Materialien ist auf die zu überprüfende Charge des Arzneimittels beschränkt.

F. Freistellung von der Chargenprüfung (Abs. 4)

19 Das Bundesministerium (§ 6 I) kann nach § 35 I Nr. 4 Arzneimittel von der staatlichen Chargenprüfung im Wege der **Rechtsverordnung** freistellen. Eine **Freistellung** kann auch durch einen entsprechenden **Verwaltungsakt** der zuständigen Behörde erfolgen. Die Freistellung bewirkt, dass bis zur Aufhebung der Freistellung das entsprechende Arzneimittel ohne vorherige staatliche Chargenprüfung in Verkehr gebracht werden darf.

20 **Voraussetzung für die Freistellung** von der staatlichen Chargenprüfung ist, dass die Herstellungs- und Kontrollmethoden des Herstellers einen Entwicklungsstand erreicht haben, der die erforderliche Qualität, Wirksamkeit und Unbedenklichkeit gewährleistet. Ob diese Voraussetzungen vorliegen, ist im Einzelfall zu entscheiden. Liegen die Voraussetzungen vor, soll die Behörde nach dem 2. Halbs. eine entsprechende Freistellung verfügen. Die Ausgestaltung als „Soll-Vorschrift" führt dazu, dass die Behörde aufgrund des intendierten Ermessens die Freistellung beim Vorliegen der normierten Voraussetzungen verfügen muss, wenn nicht ausnahmsweise eine atypische Situation vorliegt[17], die es rechtfertigt, trotz Erfüllung dieser Voraussetzungen an der staatlichen Chargenprüfung festzuhalten[18]. Liegen die gesetzlichen Voraussetzungen vor und entlässt die Behörde das Arzneimittel aus der staatlichen Chargenprüfung, bedarf diese Entscheidung keiner weiteren Begründung[19].

21 Die Entscheidung über die Freistellung von der staatlichen Chargenprüfung ist als Verwaltungsakt der gerichtlichen Kontrolle unterworfen und kann daher im Wege des Widerspruchs angefochten werde. Bestätigt die Behörde die Verweigerung der Chargenfreigabe auch im **Widerspruchsverfahren,** kann **Verpflichtungsklage** erhoben werden. Im Einzelfall ist zu prüfen, ob die Verpflichtung auf die Freigabe der Charge oder auf Neubescheidung des Antrags auf Chargenfreigabe zu richten ist. Verweigert die Behörde die Freigabe einer Charge, obwohl die Voraussetzungen nach Abs. 1 S. 3 vorliegen, kann unmittelbar die Verpflichtung zur Freigabeerteilung beantragt werden. Da der Behörde beim Vorliegen der Voraussetzungen des Abs. 1 S. 3 keine Ermessen zukommt, sondern sie zur Chargenfreigabe verpflichtet ist, ist die Sache insoweit spruchreif i. S. d. § 113 I 1 VwGO. Verweigert die Behörde die Chargenfreigabe z. B. wegen mangelnder Qualität oder Wirksamkeit, muss u. U. eine Verpflichtung zur Neubescheidung unter Berücksichtigung der Rechtsauffassung des Gerichtes beantragt werden, da in diesen Fällen wegen der Komplexität des Sachverhaltes die Spruchreife i. S. d. § 113 I 1 VwGO fehlen kann.

G. Aufhebung der Chargenfreigabe (Abs. 5)

22 Sofern bei der Erteilung der Chargenfreigabe nach Abs. 1 oder der Freistellung nach Abs. 4 die entsprechenden Voraussetzungen nicht vorlagen, ist die zuständige Behörde zur **Rücknahme** der entsprechenden Freigabe- bzw. Freistellungsverfügung verpflichtet. Sind die Voraussetzungen erst nachträglich entfallen, muss die Behörde die Freigabe- bzw. Freistellungsverfügung widerrufen. Ein Widerruf ist in der Regel durchzuführen, wenn nachträglich Produktmängel bekannt werden, die zum Zeitpunkt der Freigabe weder dem pharmazeutischen Unternehmen noch der Behörde erkennbar waren[20]. Rücknahme und Widerruf der Chargenfreigabe sind selbständige Verwaltungsakte[21], gegen die Rechtsbehelfe zulässig sind.

23 Der Rücknahme bzw. dem Widerruf der Chargenfreigabe muss eine Anhörung des Betroffenen vorausgehen (§ 28 VwVfG). Einer **vorherigen Anhörung** bedarf es nicht, wenn Gefahr in Verzug ist.

---

[15] Im Rahmen der 14. AMG-Novelle wurde ein neuer S. 2 in § 22 VII eingefügt, dabei jedoch die Anpassung der Verweisung in Abs. 3 versehentlich versäumt. Diese Anpassung erfolgte mit dem AMG-ÄndG 2009.
[16] *Ruoff,* in: Fuhrmann/Klein/Fleischfresser, § 31 Rn. 22.
[17] *Kloesel/Cyran,* § 31 Anm. 30, verweisen auf das Bestehen eines „gewissen" Ermessensspielraums; *Sander,* § 31 Erl. 3, geht von einem weiteren Ermessensspielraum aus.
[18] Vgl. zur Bedeutung von Soll-Vorschriften *BVerwGE* 64, 318, 323; *BVerwGE,* 90, 88, 93.
[19] Vgl. *BVerwGE* 72, 1, 6.
[20] *Ruoff,* in: Fuhrmann/Klein/Fleischfresser, § 31 Rn. 29 mit Beispielen.
[21] Vgl. zur Aufhebung der Chargenfreigabe umfassend *Ruoff,* in: Fuhrmann/Klein/Fleischfresser, § 31 Rn. 29 ff.

Das Unterlassen einer Anhörung, ohne dass Gefahr in Verzug vorliegt, führt grundsätzlich zur Rechtswidrigkeit der Aufhebungsentscheidung. Durch nachträgliche Anhörung kann dieser Fehler im Verwaltungsverfahren geheilt werden. Die **Nachholung des Anhörungsverfahrens** ist bis zum Abschluss des verwaltungsgerichtlichen Verfahrens möglich (§ 45 II VwVfG).

Rücknahme und **Widerruf** sind im Wege des Widerspruchs bzw. der Anfechtungsklage überprüfbar. 24 Sofern die Behörde nicht die sofortige Vollziehung anordnet, haben Widerspruch und Anfechtungsklage aufschiebende Wirkung. Gegen die Anordnung der sofortigen Vollziehung besteht die Möglichkeit eines **Antrags auf Wiederherstellung der aufschiebenden Wirkung** nach § 80 V VwGO.

Die Aufhebung einer Chargenfreigabe ist nach § 34 I 1 Nr. 8 im BAnz. zu veröffentlichen. Die 25 **Veröffentlichung im BAnz.** hat keine konstitutive Wirkung. Die Aufhebung ist auch ohne Veröffentlichung wirksam. Die Veröffentlichung im Bundesanzeiger führt dazu, dass Großhandel und Apotheken über die Aufhebungsentscheidung informiert sind.

Die Aufhebung der Chargenfreigabe lässt die **Verkehrsfähigkeit** der betroffenen Arzneimittelcharge 26 entfallen. Eine Verpflichtung des pharmazeutischen Unternehmers zum Rückruf solcher Chargen, deren behördliche Freigabe nach Abs. 5 aufgehoben wurde, wird im AMG nicht normiert und kann sich auf vertraglicher Grundlage oder aus Deliktsrecht ergeben[22]. Die zuständige Bundesoberbehörde kann einen Rückruf außerdem anordnen (§ 69 I 2 Nr. 4; 3).

H. Sanktionen

Die Abgabe von Arzneimitteln ohne Freigabe nach § 32 I 1 oder nach Aufhebung der Chargen- 27 freigabe ist unzulässig und nach § 96 Nr. 8 **strafbar**. Erfolgt die rechtswidrige Freigabe der Charge fahrlässig, stellt dies eine **Ordnungswidrigkeit** gem. § 97 I i. V. m. § 96 Nr. 8 dar.

§ 33 Gebühren und Auslagen

(1) **Die zuständige Bundesoberbehörde erhebt für die Entscheidungen über die Zulassung, über die Genehmigung von Gewebezubereitungen, über die Genehmigung von Arzneimitteln für neuartige Therapien, über die Freigabe von Chargen, für die Bearbeitung von Anträgen, für die Tätigkeit im Rahmen des Sammlung und Bewertung von Arzneimittelrisiken, für das Widerspruchsverfahren gegen einen auf Grund dieses Gesetzes erlassenen Verwaltungsakt oder gegen die auf Grund einer Rechtsverordnung nach Absatz 2 Satz 1 oder § 39 Absatz 3 Satz 1 Nummer 2 oder § 39d Absatz 9 erfolgte Festsetzung von Gebühren und Auslagen sowie für andere individuell zurechenbare öffentliche Leistungen einschließlich selbständiger Beratungen und selbständiger Auskünfte, soweit es sich nicht um mündliche und einfache schriftliche Auskünfte im Sinne des § 7 Nummer 1 des Bundesgebührengesetzes handelt, nach diesem Gesetz und nach der Verordnung (EG) Nr. 1234/2008 Gebühren und Auslagen.**

(2) **¹Das Bundesministerium wird ermächtigt, im Einvernehmen mit dem Bundesministerium für Wirtschaft und Energie, und soweit es sich um zur Anwendung bei Tieren bestimmte Arzneimittel handelt, auch mit dem Bundesministerium für Ernährung und Landwirtschaft durch Rechtsverordnung, die der Zustimmung des Bundesrates nicht bedarf, die gebührenpflichtigen Tatbestände näher zu bestimmen und dabei feste Sätze oder Rahmensätze sowie die Erstattung von Auslagen auch abweichend von den Regelungen des Verwaltungskostengesetzes vorzusehen. ²Die Höhe der Gebühren für die Entscheidung über die Zulassung, über die Genehmigung von Gewebezubereitungen, über die Genehmigung von Arzneimitteln für neuartige Therapien, über die Freigabe von Chargen sowie für andere individuell zurechenbare öffentliche Leistungen bestimmt sich jeweils nach dem Personal- und Sachaufwand, zu dem insbesondere der Aufwand für das Zulassungsverfahren, bei Sera, Impfstoffen und Allergenen auch der Aufwand für die Prüfungen und für die Entwicklung geeigneter Prüfungsverfahren gehört. ³Die Höhe der Gebühren für die Entscheidung über die Freigabe einer Charge bestimmt sich nach dem durchschnittlichen Personal- und Sachaufwand; daneben ist die Bedeutung, der wirtschaftliche Wert oder der sonstige Nutzen der Freigabe für den Gebührenschuldner angemessen zu berücksichtigen.**

(3) **Abweichend von § 18 Absatz 1 Satz 1 des Bundesgebührengesetzes verjährt der Anspruch auf Zahlung von Gebühren und Auslagen, die nach § 33 Absatz 1 in Verbindung mit der Therapieallergene-Verordnung zu erheben sind, drei Jahre nach der Bekanntgabe der abschließenden Entscheidung über die Zulassung.**

(4) **Soweit ein Widerspruch nach Absatz 1 erfolgreich ist, werden notwendige Aufwendungen im Sinne von § 80 Abs. 1 des Verwaltungsverfahrensgesetzes bis zur Höhe der in einer Rechtsverordnung nach Absatz 2 Satz 1 oder § 39 Abs. 3 Satz 1 oder § 39d Absatz 9 für die**

---

[22] A. A. ohne weitere Begründung *Rehmann*, § 32 Rn. 5.

Zurückweisung eines entsprechenden Widerspruchs vorgesehenen Gebühren, bei Rahmengebühren bis zu deren Mittelwert, erstattet.

(5) [1]Für die Nutzung von Monographien für Arzneimittel, die nach § 36 von der Pflicht zur Zulassung freigestellt sind, verlangt das Bundesinstitut für Arzneimittel und Medizinprodukte Entgelte. [2]Dabei können pauschale Entgeltvereinbarungen mit den Verbänden, denen die Nutzer angehören, getroffen werden. [3]Für die Bemessung der Entgelte findet Absatz 2 Satz 3 entsprechende Anwendung.

(6) Die zuständige Behörde des Landes hat der zuständigen Bundesoberbehörde die dieser im Rahmen der Mitwirkungshandlungen nach diesem Gesetz entstehenden Kosten zu erstatten, soweit diese Kosten vom Verursacher getragen werden.

Wichtige Änderungen der Vorschrift:. Abs. 1 und Abs. 4 neu gefasst durch Art. 1 Nr. 32 des Vierzehnten Gesetzes zur Änderung des Arzneimittelgesetzes vom 29.8.2005 (BGBl. I S. 2586); Abs. 3 S. 2 und Abs. 5 angefügt durch Art. 1 Nr. 36 des Gesetzes zur Änderung arzneimittelrechtlicher und anderer Vorschriften vom 19.7.2009 (BGBl. I S. 1991); Abs. 1 S. 1, Abs. 2 S. 2 geändert durch Art. 1 Nr. 12 des Fünfzehnte Gesetzes zur Änderung des Arzneimittelgesetzes vom 25.5.2011 (BGBl. I S. 946); Abs. 6 eingefügt durch Art. 1 Nr. 26 Buchst. b des Zweiten Gesetzes zur Änderung arzneimittelrechtlicher und anderer Vorschriften vom 19.10.2012 (BGBl. I S. 2192); Abs. 1 und Abs. 4 geändert durch Art. 1 Nr. 7 des Dritten Gesetzes zur Änderung arzneimittelrechtlicher und anderer Vorschriften v. 7.8.2013 (BGBl. I S. 3108); Abs. 1, Abs. 2 S. 2, Abs. 3 geändert durch Art. 2 Abs. 24 Buchst. d des Gesetzes zur Strukturreform des Gebührenrechtes des Bundes vom 7.8.2013 (BGBl. I S. 3164); § 33 neu gefasst (Inkrafttreten am 14.8.2018) durch Art. 4 Abs. 11 Nr. 2 des Gesetzes zur Strukturreform des Gebührenrechtes des Bundes vom 7.8.2013 (BGBl. I S. 3154), Abs. 2 S. 1 geändert durch Art. 52 ZustAnpV v. 31.8.2015 (BGBl. I S. 1474).

Übersicht

A. Allgemeines

1   Mit dem Gesetz zur Strukturreform des Gebührenrechts des Bundes vom 13.8.2013 wurde § 33 umfassend geändert[1]. Ziel der Gebührenrechtsreform ist eine einheitlichere Ausrichtung des Bundesgebührenrechts, eine Stärkung des Kostendeckungsprinzips und eine Kostenermittlung nach betriebswirtschaftlichen Grundsätzen, die weitgehende Trennung des Gebührenrechts von Bund und Ländern und eine Rechtsvereinfachung durch eine angestrebte Anpassung an das Abgabenrecht[2]. Im Zuge der Gebührenrechtsreform wurde auch das **BGebG** eingeführt, das das VwKostG ablöst.

2   Eine für den Bereich des Arzneimittelrechts wesentliche Änderung im Bereich des Kostenrechts mit Einführung des BGebG ist die Abschaffung der persönlichen Gebührenbefreiung der Gebietskörperschaften für Amtshandlungen bzw. für individuell zurechenbare öffentliche Leistungen des BfArM und des PEI (vgl. § 8 Abs. 4 Nr. 10 und 11 Gesetz zur Strukturreform des Gebührenrechtes des Bundes). Damit entfällt z. B. auch die Gebührenbefreiung für Universitäten[3]. Die persönliche Kostenbefreiung gilt

---

[1] Vgl. BT-Drucks. 17/10422, S. 59.
[2] Vgl. Gesetzesbegründung zum BGebG, BT-Drucks. 17/10422, S. 78 f.
[3] Zu den Gründen vgl. Gesetzesbegründung zum Gesetz zur Strukturreform des Gebührenrechtes des Bundes, BT-Drucks. 17/10422, S. 101; der Bundesrat wurde im Gesetzgebungsverfahren nicht mit der Einwendung gehört (vgl.

nicht mehr für individuelle zurechenbare öffentliche Leistungen des PEI (Nr. 10) und des BfArM (Nr. 11). Damit entfällt z. B. die Gebührenbefreiung für Länder (Abgrenzungsanfragen wegen Zulassungspflicht, § 21 IV), aber auch für Universitäten (Klinische Studien) usw.

Mit dem BGebG wurden auch die Kostenverordnung für die Registrierung homöopathischer Arzneimittel durch das BfArM und das BVL[4] sowie die AMG-Kostenverordnung[5] geändert. Die Änderungen der Kostenverordnungen und des BGebG traten grundsätzlich am 15.8.2013 in Kraft. Die durch Art. 2 XXIV Gesetz zur Strukturreform des Gebührenrechtes des Bundes normierte Neufassung des § 33 gilt ebenfalls seit dem 15.8.2013. Diese Fassung wird mit Wirkung zum 14.8.2018 und durch die mit Art. 4 XI Gesetz zur Strukturreform des Gebührenrechtes des Bundes normierte Fassung ersetzt[6]. Vorliegend erfolgt die Wiedergabe und Kommentierung der derzeit und **bis zum 15.8.2015 gültigen** Fassung der Norm, wie sie durch Art. 2 XXIV Gesetz zur Strukturreform des Gebührenrechtes des Bundes bestimmt wurde.   **3**

Nach Abs. 1 erhebt die zuständige Bundesoberbehörde für Zulassungen und eine Reihe von weiteren Tätigkeiten und individuell zurechenbaren Leistungen Gebühren und Auslagen. Hierzu wird dem BMG in Abs. 2 zur Festlegung der gebührenpflichtigen Tatbestände in Rechtsverordnungsermächtigung eingeräumt, wobei dieses sich bei der Festlegung der Gebühren an dem Personal- und Sachaufwand, dem wirtschaftliche Wert oder dem sonstigen Nutzen für den Gebührenschuldner zu orientieren hat. Abs. 3 normiert von den Vorgaben des BGebG abweichende Verjährungsregelungen für Leistungen nach der Therapieallergen-Verordnung. In Abs. 4 ist eine Kostenerstattung für den Fall der erfolgreichen Durchführung eines Widerspruchsverfahrens durch den Kostenschuldner vorgesehen, wobei nur die in der Rechtsverordnung vorgesehenen Gebühren erstattet werden. Für die Nutzung von Monographien im Rahmen von Standardzulassungen verlangt das BfArM nach Abs. 5 Entgelte. Abs. 6 normiert die Gebührenpflicht der Landesbehörden für Mitwirkungshandlungen der Bundesoberbehörden nach dem AMG.   **4**

I. Entstehung der Gebührenschuld und des Auslagenerstattungsanspruchs

Das BGebG bestimmt, dass die **Gebührenschuld** im Zeitpunkt der Beendigung einer individuell zurechenbaren öffentlichen Leistung **entsteht** (§ 4 I 1 BGebG). Wenn eine solche Leistung einer Zustellung oder sonstigen Bekanntgabe bedarf, ist jedoch der **Zeitpunkt der Zustellung** bzw. der Bekanntgabe nach § 4 I 2 BGebG der Zeitpunkt der **Entstehung der Gebührenschuld**. Anders als nach den Regelungen des VwKostG ist daher bei behördlichen Handlungen, die nur auf Antrag vorgenommen werden, der Zeitpunkt der Antragstellung für die Entstehung der Gebührenschuld maßgeblich. Dies wirkt sich insbesondere auf die Entstehung der Gebührenschuld für die Erteilung von Zulassungen und sonstigen auf Antrag erteilten Genehmigungen nach dem AMG aus. Die Gebührenschuld entsteht z. B. bei Zulassungsentscheidungen im Zeitpunkt der Zustellung des Zulassungsbescheids (vgl. § 4 I 2 BGebG).   **5**

Wird ein Antrag **zurückgenommen** oder **erledigt** sich ein Antrag auf andere Weise, bevor die Behörde über den Antrag entscheidet und diese Entscheidung zustellt oder bekanntgibt, entsteht die Gebührenschuld im **Zeitpunkt der Antragsrücknahme bzw. der sonstigen Erledigung** (vgl. § 4 II Nr. 1 BGebG). Maßgeblich ist der Zeitpunkt des Zugangs der Rücknahmeerklärung bei der Behörde. Wenn eine von der Behörde zu erbringende individuell zurechenbare Leistung nicht zu einem vereinbarten Zeitpunkt erbracht werden kann oder aber abgebrochen werden muss und die Gründe dafür beim Betroffenen liegen, entsteht die für die abgebrochene bzw. nicht erbrachte Leistung ggf. anfallende Gebührenschuld im Zeitpunkt des für die Leistungserbringung vereinbarten Termins bzw. im Zeitpunkt des Abbruchs der Leistung (§ 4 II Nr. 2 BGebG).   **6**

Der **Anspruch auf Kostenerstattung** entsteht gleichlaufend mit der Gebührenschuld in dem Moment der Beendigung der individuell zurechenbaren Leistung, bei deren Erbringung die Auslagen getätigt wurden, oder – sofern diese Leistung die Zustellung oder Bekanntgabe erfordert – im Zeitpunkt dieser Zustellung oder Bekanntgabe. Dies ergibt sich aus der Anordnung der Geltung des § 4 BGebG, der die Entstehung des Gebührenanspruchs regelt, auch für den Bereich Auslagen (§ 12 III BGebG). Anders als nach dem VwKostG gilt nach dem BGebG damit der Grundsatz, dass die Gebührenschuld und der **Anspruch auf Auslagenerstattung** im selben Zeitpunkt entstehen. Nach § 10 II VwKostG entstand der Anspruch auf Auslagenerstattung im Zeitpunkt der erstattungspflichtigen Aufwendung und nur in den Fällen des § 10 I Nr. 5 und Nr. 7 VwKostG entstand die Auslagenerstattungspflicht im Zeitpunkt der Beendigung der kostenpflichtigen Amtshandlung.   **7**

BT-Drucks. 17/10422, S. 221), dass die Gesetzesbegründung (Drucksache17/10422, S. 101), nach der den genannten Bundesbehörden bei der Beurteilung der persönlichen Gebührenfreiheit ein erheblicher Prüfungsaufwand entstünde, dessen Kosten außer Verhältnis zu den letztlich gewährten Gebührenbefreiungen stehe, zumindest im Hinblick auf Länder und Gemeinden beziehungsweise Gemeindeverbände, nicht zutreffe.

[4] Vgl. Art. 2 Abs. 25 Gesetz zur Strukturreform des Gebührenrechtes des Bundes; BGBl. I S. 3164.
[5] Vgl. Art. 2 Abs. 26 Gesetz zur Strukturreform des Gebührenrechtes des Bundes, BGBl. I S. 3164.
[6] Vgl. BGBl. I S. 3211.

8   Für das **Nachzulassungsverfahren** sind die Gebühren im Zeitpunkt des Antrags nach § 105 III 1 entstanden[7]. Die Höhe der jeweiligen Kostenschuld sowie die Anwendbarkeit etwaiger Reduzierungstatbestände ergeben sich aus der im Zeitpunkt der Anspruchsentstehung jeweils geltenden Kostenverordnung. Die nachträgliche Änderung der Kostenverordnung beeinflusst bereits entstandene Forderungen nicht.[8]

II. Festsetzung, Fälligkeit und Verjährung der Gebührenschuld und des Auslagenerstattungsanspruchs nach BGebG

9   § 13 BGebG normiert, dass Gebühren **von Amts** wegen **festzusetzen** sind. Grundsätzlich soll die Gebührenfestsetzung zusammen mit der Sachentscheidung erfolgen (§ 13 I 2 BGebG). Die Festsetzung der Gebühr kann schriftlich oder elektronisch erfolgen. Die **elektronische Festsetzung** ist auch durch einfache E-Mail möglich; einer elektronischen Signatur bedarf es nicht (vgl. § 3a VwVfG).

10 Für die Festsetzung der Gebühren besteht eine **Festsetzungsfrist**, die **vier Jahre** beträgt. Die Frist beginnt mit Ablauf des Kalenderjahres, in dem der Gebührenanspruch entstanden ist. Nach Ablauf der Festsetzungsfrist ist die Gebührenfestsetzung ebenso unzulässig wie die Aufhebung oder Änderung einer erfolgten Gebührenfestsetzung (§ 13 III BGebG). Nach § 13 III 3 BGebG läuft die Festsetzungsfrist jedoch nicht ab, solange über einen vor ihrem Ablauf gestellten Antrag auf Aufhebung oder Änderung der Festsetzung oder über einen gegen die Festsetzung eingelegten Widerspruch nicht unanfechtbar entschieden wurde. Für den Fall, dass der festgesetzte Anspruch während der letzten sechs Monate der Festsetzungsfrist wegen höherer Gewalt nicht verfolgt werden kann, läuft die Festsetzungsfrist ebenfalls nicht ab.

11 Die Bekanntgabe der Gebührenfestsetzung gegenüber dem Gebührenschuldner ist für den Eintritt der **Fälligkeit** der Gebührenschuld von Bedeutung, da nach § 14 BGebG die Fälligkeit zehn Tage nach der Bekanntgabe der Gebührenfestsetzung erfolgt. Die Behörde kann allerdings von dieser Regelung abweichend einen anderen Zeitpunkt für den Eintritt der Fälligkeit bestimmen (§ 14 BGebG). Insoweit steht der Behörde Ermessen zu. Die Behörde kann den Fälligkeitszeitpunkt nicht unter Abweichung von der Zehntagesfrist des § 14 GebG – berechnet ab Bekanntgabe – vorverlegen.

12 Neben der an das Ende des Kalenderjahres der Anspruchsentstehung anknüpfenden **vierjährigen Festsetzungsverjährung** normiert das BGebG eine **fünfjährige Zahlungsverjährung**. Nach § 18 I BGebG verjährt der Anspruch auf Zahlung einer festgesetzten Gebühr fünf Jahre nach dem Ende des Kalenderjahres, in dem die Gebühr erstmals fällig geworden ist. Da die Fälligkeit in der Regel zehn Tage nach der Bekanntgabe der festgesetzten Gebührenschuld eintritt, ausnahmsweise die Behörde jedoch eine abweichende Fälligkeit festlegen kann, ist der Zeitpunkt der Fälligkeit der Gebühr für die Berechnung der Verjährung bedeutsam. Bei Bekanntgabe der Gebührenschuldfestsetzung gegen Jahresende ist zu prüfen, ob die Fälligkeit noch im Bekanntgabejahr oder erst im Folgejahr eintritt, um den Beginn der Frist für die Jahresendverjährung zu bestimmen.

13 Für die **Festsetzung** von **Auslagen**, die **Festsetzungsfrist**, die **Fälligkeit** des Auslagenerstattungsanspruchs und die **Verjährung des Zahlungsanspruchs** wegen festgesetzter Auslagen gelten die beschriebenen Regelungen für Gebühren aufgrund der Regelung des § 12 III BGebG entsprechend, so dass auf die obigen Ausführungen verwiesen werden kann (s. Rn. 12) und insoweit abweichend von den Regelungen des VwKostG nunmehr ein Gleichlauf zwischen Gebühren und Auslagen besteht.

14 Für die im **Nachzulassungsverfahren** entstandenen Kostenerstattungsansprüche ist aufgrund der Rechtsprechung des *BVerwG* mittlerweile abschließend festgestellt, dass diese im Zeitpunkt des Zugangs des sog. Kurzantrags nach § 105 III 1 entstanden und damit nach Ablauf von vier Jahren nach Antragstellung hinsichtlich der Gebühren verjährt und erloschen sind[9]. Soweit Antragsteller aufgrund von Gebührenbescheiden der Zulassungsbehörden Gebühren gezahlt haben, die zum Zeitpunkt des Zugangs des Gebührenbescheids bereits erloschen waren, können diese Gebühren zurückgefordert werden, sofern die Gebührenbescheide nicht bestandskräftig und unanfechtbar sind.

III. Vorschusskostenbescheide

15 Die Behörde kann gem. § 15 BGebG für auf Antrag zu erbringende individuell zurechenbare öffentliche Leistungen die Zahlung eines **Vorschusses** bzw. **Sicherheitsleistung** bis zur Höhe der voraussichtlich entstehenden Gebühren und Auslagen verlangen. Es handelt sich um eine **Ermessensentscheidung** der Behörde, die zum einen darauf gerichtet ist, ob überhaupt die Erbringung der individuell zurechenbaren öffentlichen Leistung von der Zahlung eines Vorschusses bzw. einer Sicherheitsleistung abhängig gemacht wird, und zum anderen auf die Höhe dieses Vorschusses. Die Höhe der festzusetzenden Beträge bzw. der Sicherheiten darf allerdings die voraussichtlich entstehenden Gebühren und anfallenden Auslagen nicht überschreiten. Etwaige Gebührenermäßigungstatbestände sind ggf. auch

---

[7] *BVerwG*, Urt. v. 24.2.2005 – 3 C 38/04 – BeckRS 2005, 26485.
[8] *BVerwG*, Beschl. v. 7.9.2010 – 3 B 46.10 – BeckRS 2010, 54541.
[9] *BVerwG*, Urt. v. 24.2.2005 – 3 C 38/04 – BeckRS 2005, 26485.

bereits bei der Entscheidung über die Höhe eines Vorschusses bzw. einer Sicherheitsleistung im Rahmen der Ermessensausübung zu berücksichtigen. Macht die Behörde die Erbringung einer individuell zurechenbaren öffentlichen Leistung von der Zahlung eines Vorschusses oder einer Sicherheitsleistung abhängig, muss sie dem Antragsteller eine Frist für die Zahlung bzw. Sicherheitsleistung setzen (§ 15 II BGebG). Diese Frist muss auch unter Berücksichtigung der Höhe der zu erwartenden Gebühren und Auslagen angemessen sein.

B. Gebühren und Auslagen im Zusammenhang mit individuell zurechenbaren Leistungen (Abs. 1)

I. Gebühren und Auslagen

§ 33 normiert Regelungen zu **Gebühren und Auslagen** und deren Erhebung für bestimmte **16** individuell zurechenbare Leistungen der Zulassungsbehörden. § 33 findet keine Anwendung auf die Tätigkeit der Überwachungsbehörden. Insoweit sind die entsprechenden Landeskostengesetze anzuwenden[10]. Individuell zurechenbare Leistungen sind nach der Definition in § 3 I BGebG in Ausübung hoheitlicher Befugnisse erbrachte Handlungen, die Ermöglichung der Inanspruchnahme von vom Bund oder von bundesunmittelbaren Körperschaften, Anstalten und Stiftungen unterhaltenen Einrichtungen und Anlagen sowie von Bundeswasserstraßen, soweit die Ermöglichung der Inanspruchnahme öffentlich-rechtlich geregelt ist, Überwachungsmaßnahmen, Prüfungen und Untersuchungen und außerdem sonstige Handlungen, die im Rahmen einer öffentlich-rechtlichen Verwaltungstätigkeit erbracht werden. Voraussetzung für das Vorliegen einer individuell zurechenbaren Leistung ist, dass dieser Außenwirkung zukommt. Eine Leistung ist dann individuell zurechenbar, wenn sie beantragt oder sonst willentlich in Anspruch genommen wird, wenn sie zugunsten des von der Leistung Betroffenen erbracht wird, wenn sie durch den von der Leistung Betroffenen veranlasst wurde oder wenn ein Anknüpfungspunkt im Pflichtenkreis des von der Leistung Betroffenen rechtlich begründet ist (§ 3 II BGebG).

Gebühren sind nach § 3 IV BGebG öffentlich-rechtliche Geldleistungen, die der Gebührengläubiger **17** vom Gebührenschuldner für individuell zurechenbare öffentliche Leistungen erhebt.

Der Begriff der **Auslagen** wird in § 3 V BGebG definiert und grenzt die Auslagen vom Begriff der **18** **Kosten** ab, die wiederum Maßstab für die Festsetzung der **Gebühren** sind. Auslagen sind danach alle nicht von der Gebühr umfassten Kosten, die eine Behörde für individuell zurechenbare öffentliche Leistungen im Einzelfall nach § 12 I, II BGebG erhebt. Der Kostenbegriff erfasst die nach betriebswirtschaftlichen Grundsätzen als **Einzel- und Gemeinkosten** ansatzfähigen Kosten (§ 3 III BGebG). Dazu gehören nach der gesetzlichen Definition ausdrücklich u. a. Personal- und Sachkosten sowie kalkulatorische Kosten. Zu den Gemeinkosten zählen auch die Kosten der Rechts- und Fachaufsicht. Nach § 9 I 2 BGebG sind regelmäßig mit einer Leistung verbundene Auslagen in die Gebühr einzubeziehen.

Zu den Auslagen können Kosten für Sachverständige sowie Dolmetscher und Übersetzer gehören, **19** aber auch Aufwendungen für behördliche Dienstreisen sowie für Zustellungen und öffentliche Bekanntmachungen. Auch Kosten für Ausfertigungen und Kopien, die auf besonderen Antrag erstellt werden, sind Kosten i. S. des § 3 III BGebG (§ 12 I BGebG). Die **Erstattung von Auslagen** muss die Behörde auch dann fordern, wenn für eine Amtshandlung Gebührenfreiheit besteht oder von der Gebührenerhebung abgesehen wird. Anders als vor der Einführung des BGebG steht die Geltendmachung der Kosten **nicht** mehr im behördlichen **Ermessen**. Vielmehr ist die Behörde zur Geltendmachung verpflichtet (§ 12 I 2 BGebG). Ausnahmsweise kann auf die Geltendmachung von Auslagen verzichtet werden, wenn dies durch eine nach § 22 I, II, IV BGebG erlassene Kostenverordnung vorgesehen ist.

II. Gebührenpflichtige individuell zurechenbare Leistungen im Einzelnen

Kostenpflichtige individuell zurechenbare Leistungen sind nach Abs. 1 Entscheidungen über die **20** **Zulassung**, Genehmigungen von **Arzneimitteln für neuartige Therapien**, Entscheidungen über die **Freigabe von Chargen**, die **Bearbeitung von Anträgen**[11], das Tätigwerden der Behörde bei **Sammlung und Bewertung von Arzneimittelrisiken**, das **Widerspruchsverfahren** gegen Entscheidungen nach dem AMG, das Widerspruchsverfahren gegen die Kostenfestsetzung sowie **andere individuell zurechenbare Leistungen**. Die bis in der Vorversion des § 33 III vorgesehenen Sonderregelungen für Maßnahmen im Rahmen der Chargenprüfung und -freigabe nach § 32 sind entfallen; die entsprechenden Maßnahmen sind als individuell zurechenbare öffentliche Leistungen von den normalen Regelungen erfasst.

Als **andere individuell zurechenbare Leistungen** werden in Abs. 1 ausdrücklich die selbstständige **21** Beratung und die selbstständigen Auskünfte genannt. Auskünfte und Beratungen sind selbstständig i. S. d. Abs. 1, wenn sie nicht im Zusammenhang mit einem Verfahren nach dem AMG stehen, z. B. einem

---

[10] *OVG Lüneburg*, Urt. v. 27.5.2004 – 11 LC 115/02 – juris.
[11] Vgl. *VG Köln*, PharmR 2005, 281 ff.

Zulassungs- oder Registrierungsverfahren[12]. Andere kostenpflichtige individuell zurechenbare öffentliche Leistungen können auch in einem Verwaltungshandeln ohne Regelungscharakter zu sehen sein[13].

22   **Andere kostenpflichtige individuell zurechenbare Leistungen** des BfArM und des BVL sind in der Anlage zu § 1 AMGKostV[14], dort Ziff. 24, normiert. Aufgeführt werden dort wissenschaftliche Stellungnahmen zur Qualität, therapeutischen Wirksamkeit oder Unbedenklichkeit eines Arzneimittels, die Bearbeitung eines Antrags auf Wiedereinsetzung in den vorigen Stand nach § 32 VwVfG, die Bearbeitung eines Antrags auf Wiederaufgreifen des Verfahrens nach § 51 VwVfG, nicht einfache schriftliche Auskünfte sowie die Einsichtnahme in Zulassungsakten außerhalb eines anhängigen Verwaltungsverfahrens, die Beratung eines Antragstellers sowie die Ausstellung eines Zertifikates nach § 73a II und die Ausstellung von Bescheinigungen (sofern nicht in Ziff. 24.7 der Anlage aufgeführt) und Beglaubigungen.

23   In der für das **PEI** anwendbaren **Kostenverordnung** (PEhrlInstKostV 1996)[15] sind andere kostenpflichtige individuell zurechenbaren Leistungen, die auf Antrag vorgenommen werden, im Einzelnen aufgeführt. Dort werden in § 8 PEhrlInstKostV 1996 genannt wissenschaftliche Stellungnahmen zum Herstellungsverfahren, zur Qualität, zur therapeutischen Wirksamkeit oder Unbedenklichkeit eines Arzneimittels, selbständige Beratungen und deren Vor- und Nachbereitung, nicht einfache schriftliche Auskünfte, Bescheinigungen, Zweitschriften und Beglaubigungen, Zertifizierung einer Chargenprüfung für Chargen, die nicht nach § 32 I 1 freigegeben sind, Zertifikate für Chargen, die nach § 32 I 1 freigegeben worden sind, Testung eines Plasmapools und die Wiedereinsetzung in den vorigen Stand gemäß § 32 VwVfG. Andere Amtshandlungen i. S. d. Abs. 1 sind nur kostenpflichtig, wenn sie auf Antrag vorgenommen werden. Ohne Antrag vorgenommene Leistungen unterliegen nicht der Kostenpflicht nach der PEhrlInstKostV 1996.

24   Gebühren und Auslagen werden auch für individuell zurechenbare Leistungen erhoben, die von der Behörde auf Grundlage der VO (EG) Nr. 1234/2008 vorgenommen werden.

C. Kostenverordnungen und Gebührensätze (Abs. 2)

I. Verordnungsermächtigung (S. 1)

25   Aufgrund der **Verordnungsermächtigung** nach **Abs. 2 S. 1** ist das zuständige Bundesministerium (§ 6 I) befugt, die einzelnen gebührenpflichtigen Tatbestände zu bestimmen und **Gebührensätze** festzulegen. Die Rechtsverordnung ist stets im Einvernehmen mit dem BMWi und zusätzlich im Einvernehmen mit dem BMEL zu erlassen, wenn Tierarzneimittel betroffen sind. Einer Zustimmung des Bundesrates bedarf es nicht. Die Ermächtigung zur Festsetzung von Gebührensätzen umfasst neben der Verordnung fester Gebührensätze auch die Festsetzung von Rahmengebühren.

II. Grundsätze der Gebührenfestsetzung (S. 2)

26   **Abs. 2 S. 2** normiert Grundsätze für die **Gebührenfestsetzung.** Diese **Grundsätze** sind beim Erlass der Gebührenverordnungen durch das Bundesministerium (§ 6 I) zu beachten. Sie beziehen sich auf die Gebührenfestsetzung für Zulassungsentscheidungen, Entscheidungen über Genehmigungen von Gewerbezubereitungen und Chargenfreigabe sowie für sonstige Amtshandlungen. Danach müssen sich die Gebühren an dem **Personal- und Sachaufwand** orientieren, der für die jeweilige Amtshandlung erforderlich ist. Es gilt danach grundsätzlich das **Kostendeckungsprinzip**, das auch bereits in § 9 I BGebG niedergelegt und ein wesentlicher Grundsatz des Gebührenrechts ist[16], der in Abs. 2 S. 2 präzisiert wird. Mit dem Abstellen auf die Erforderlichkeit des Personal- und Sachaufwands werden die Gebührenschuldner vor einem unangemessenem Mitteleinsatz geschützt. Darüber hinaus greifen der in § 9 III BGebG normierte Grundsatz der Verhältnismäßigkeit sowie das in Ansätzen in § 9 II BGebG zum Ausdruck kommende **Äquivalenzprinzip** ein. Das Äquivalenzprinzip verlangt, dass das Interesse der Allgemeinheit auf Kostenerstattung für staatliche Leistungen auch dem wirtschaftlichen Wert oder dem sonstigen Nutzen, den der Leistungsempfänger erhält, gegenübergestellt und in ein angemessenes Verhältnis gebracht wird. Kerngedanke des Äquivalenzprinzips ist, dass Leistung und Gegenleistung nicht in einem groben Missverhältnis zueinander stehen dürfen[17]. Dies wird in Abs. 2 S. 3, 2. Halbs. noch einmal ausdrücklich normiert. Danach darf kein Missverhältnis zwischen dem Wert der behördlichen

---

[12] *Kloesel/Cyran*, § 33 Anm. 3.

[13] *OVG Münster*, Beschl. v. 13.3.2013 – 9 A 752/10 – BeckRS 2013, 48659.

[14] AMGKostV v. 10.12.2003 (BGBl. I S. 2510), zuletzt durch Art. 1 der Verordnung vom 3.3.2015 (BGBl. I S. 195) geändert; aufgehoben mit Wirkung zum 14.8.2018 durch Art. 4 XIII Gesetz zur Strukturreform des Gebührenrechtes des Bundes (BGBl. I S. 3201).

[15] Zuletzt durch Art. 2 XV des Gesetzes v. 7.8.2013 (BGBl. I S. 3154); aufgehoben mit Wirkung zum 14.8.2018 durch Art. 4 II Gesetz zur Strukturreform des Gebührenrechtes des Bundes (BGBl. I S. 3200).

[16] Vgl. BT-Drucks. 17/10422, S. 102 ff.

[17] Vgl. BT-Drucks. 17/10422, S. 105.

Leistung aus Sicht des Leistungsempfängers und der Höhe der jeweiligen Gebühr bestehen[18]. Daneben gilt nach Abs. 2 S. 2, S. 3, dass die Gebühren nur zur Deckung der Kosten erhoben werden, so dass ein **Kostenüberschreitungsverbot** besteht[19].

Abs. 2 S. 2 normiert ferner, dass der Aufwand für **Prüfungen** und für die **Entwicklung geeigneter**　27 **Prüfverfahren** nur bei bestimmten Arzneimitteln, nämlich Sera, Impfstoffen und Allergenen, zu berücksichtigen ist.

III. Kostenverordnung BfArM und BVL

In der für den **Geschäftsbereich des BfArM** auf Grundlage des Abs. 2 erlassenen AMGKostV　28 werden in der Anlage Gebührenziffern für die gebührenpflichtigen Amtshandlungen aufgeführt. Außerdem werden allgemeine Grundsätze bestimmt, die bei Gebührenerhebung zu berücksichtigen sind. Nach § 2 AMGKostV ist bei Ablehnung eines Antrags auf Vornahme einer individuell zurechenbaren öffentlichen Leistung oder der Rücknahme eines Antrags nach Beginn der sachlichen Bearbeitung lediglich eine Gebühr in Höhe von 75 % der für die Leistung festgesetzten Gebühr zu erheben. Die Festsetzung einer höheren Gebühr ist unzulässig. Nach Billigkeitsabwägungen kann die Gebühr auf 25 % der für die Amtshandlung festgesetzten Gebühr reduziert oder von der Gebührenerhebung vollständig abgesehen werden. In § 3 AMGKostV sind weitere Ermäßigungstatbestände normiert. Zu beachten ist dabei insbesondere § 3 II AMGKostV. Dieser normiert als Maßstab für die Kostenhöhe nicht nur den behördlichen Aufwand. Vielmehr ist danach auch zu berücksichtigen, ob der Antragsteller einen den Entwicklungs- und Zulassungskosten angemessenen wirtschaftlichen Nutzen erwarten kann. Ist dies nicht der Fall, kann auf Antrag die Gebühr bis auf 25 % der vorgesehenen Gebühr reduziert werden, wenn an dem Inverkehrbringen des Arzneimittels wegen seines Anwendungsgebiets ein öffentliches Interesse besteht oder die Anwendungsfälle selten oder die Zielgruppe für das Arzneimittel klein sind. Damit wird eine **Öffnung vom Prinzip der Kostendeckung** normiert.

IV. Kostenverordnung PEI

In der für den **Geschäftsbereich des PEI** auf Grundlage des Abs. 2 erlassenen PEhrlInstKostV 1996[20]　29 sind die einzelnen Gebührentatbestände und Gebühren der Höhe nach festgesetzt. § 1 II der genannten VO verweist für die Fälle der Gebührenfestsetzung nach Ablehnung sowie Zurücknahme auf Vornahme einer individuell zurechenbaren Leistung auf § 15 VwKostG in der bis zum 14.8.2013 geltenden Fassung, so dass bei Ablehnung eines Antrags wegen Unzuständigkeit keine und bei Ablehnung eines Antrags aus anderen Gründen um 25 % reduzierte Gebühren erhoben werden. Es ist in das Ermessen der Behörde gestellt, die Gebühr bis auf 25 % zu reduzieren. Nach Billigkeitserwägungen kann auf Gebühren verzichtet werden. Darüber hinaus werden **Gebührenerhöhungs- und Ermäßigungstatbestände** normiert. So ordnet § 2 IV, V PEhrlInstKostV 1996 Gebührenerhöhungen bzw. -ermäßigungen in Abhängigkeit von dem mit einer Zulassungserteilung verbundenen Aufwand an. § 6 PEhrlInst 1996 eröffnet der Behörde die Möglichkeit einer Ermäßigung der Gebühren nach §§ 2 bis 5 der VO um bis zu 75 % in Abhängigkeit von der Bedeutung, dem **wirtschaftlichen Wert oder dem sonstigen Nutzen der individuell zurechenbaren Leistung für den Gebührenschuldner** und dessen wirtschaftlichen Verhältnissen. Es handelt sich bei der Entscheidung nach § 6 PEhrlInst 1996 um eine Ermessensentscheidung, die nicht antragsgebunden ist. Daher ist grundsätzlich in jedem Fall der Gebührenerhebung nach §§ 2 bis 5 PEhrlInst 1996 von Amts wegen zu prüfen, ob eine Gebührenermäßigung nach § 6 PEhrlInst 1996 in Betracht kommt. Auf Antrag des Gebührenschuldners kann nach § 7 der VO eine Gebührenermäßigung um 75 % erfolgen, wenn an dem Inverkehrbringen des jeweiligen Arzneimittels aufgrund des **Anwendungsgebietes ein öffentliches Interesse** besteht und der Antragsteller infolge der Seltenheit der Anwendungsfälle einen diesen Gebühren und dem **Entwicklungsaufwand** angemessenen wirtschaftlichen Nutzen nicht erwarten kann. Ausnahmsweise kann eine **Gebührenreduzierung auf Null** erfolgen, wenn der zu erwartende wirtschaftliche Nutzen für den Antragsteller im Verhältnis zu den Entwicklungskosten besonders gering ist (§ 7 S. 2 PEhrlInstV).

D. Abweichende Zahlungsverjährung bei Leistungen nach der Therapieallergen-Verordnung (Abs. 3)

Nach Abs. 3 gelten für individuell zurechenbare Leistungen nach der Therapieallergen-Verordnung　30 nicht die Verjährungsregelungen des BGebG. Nach dem BGebG beginnt die Verjährung des Gebühren-

---

[18] Vgl. *BVerwGE* 109, 272.

[19] *OVG Münster*, Beschl. v. 13.3.2013 – 9 A 752/10 – BeckRS 2013, 48659, mit Hinweis darauf, dass ein auf die kalkulierten Kosten erhobener allgemeiner „Risikozuschlag" gegen das Kostenüberschreitungsverbot verstößt und damit zur Nichtigkeit der Gebührenregelung in der entsprechenden Kostenverordnung führt, so dass diese als Ermächtigungsgrundlage für eine Gebührenfestsetzung entfällt.

[20] Zuletzt geändert durch Art. 2 XV des Gesetzes v. 7.8.2013 (BGBl. I S. 3154).

zahlungsanspruchs mit dem Ablauf des Kalenderjahres, in dem der Anspruch erstmals fällig geworden ist und tritt nach fünf Jahren ein. Abweichend von dieser Regelung legt Abs. 3 fest, dass die Verjährung des Gebührenzahlungsanspruchs für individuell zurechenbare Leistungen nach der Therapieallergene-Verordnung bereits **drei Jahre** nach der Bekanntgabe einer abschließenden Entscheidung über die Zulassung eintritt. Durch die Anknüpfung an den Zeitpunkt der Bekanntgabe der Zulassungsentscheidung normiert Abs. 3 abweichend von dem dem BGebG zugrunde liegenden Prinzip der Jahresendverjährung den Grundsatz der **taggenauen Verjährung.** Außerdem ist in Abweichung von der fünfjährigen Verjährungsfrist des BGebG die **Verjährungsfrist** mit **drei Jahren** festgelegt.

31   Da Abs. 3 ausschließlich auf die Zulassungsentscheidung abstellt, betrifft die Sonderregelung zur Verjährung nicht etwaige Kosten für die staatliche Chargenfreigabe nach § 2 TAV i. V. m. § 32.

E. Kosten des Widerspruchsverfahrens (Abs. 4)

32   Ursprünglich waren nach Abs. 4 **Widerspruchsverfahren** kostenfrei. Auch Auslagen des Widerspruchsführers wurden nicht erstattet. Mit der 14. AMG-Novelle wurde Abs. 4 geändert und die **Kostenfreiheit** der Widerspruchsverfahren gestrichen. Entscheidungen in Widerspruchsverfahren unterliegen als individuell zurechenbare öffentliche Leistungen nach Abs. 1 der Kostenpflicht.

33   Abs. 4 normiert korrespondierend zur Kostenpflichtigkeit des Widerspruchsverfahrens den Anspruch des Widerspruchsführers auf **Aufwendungserstattung.** Der Erstattungsanspruch besteht nur für **notwendige Aufwendungen.**

34   Abs. 4 begrenzt den Umfang der als notwendig anzusehenden Kosten. Die Begrenzung orientiert sich an den Gebührensätzen der Rechtsverordnungen nach Abs. 2 sowie §§ 39 III 1 Nr. 2, 39d IX. Ist für die Zurückweisung eines entsprechenden Widerspruchs eine feste Gebühr vorgesehen, ist der Erstattungsanspruch auf die Höhe dieser Gebühr begrenzt. Ist für die Zurückweisung eine Rahmengebühr vorgesehen, ist der Erstattungsanspruch auf den Mittelwert der Rahmengebühr begrenzt.

F. Entgelte bei Standardzulassungen (Abs. 5)

I. Entgeltpflicht (S. 1)

35   Im Jahre 2009 wurden mit § 36 V Monographien als Grundlage für den Erlass der Rechtsverordnungen zur Freistellung bestimmter Arzneimittel nach § 36 I von der Zulassungspflicht eingeführt. Der Rechtsverordnung nach § 36 I sollen entsprechende Monographien – zu bestimmten Wirkstoffen in bestimmten Darreichungsformen zu bestimmten Anwendungen usw. – zugrunde liegen (§ 36 V 1). Mit **Abs. 5 S. 1** wird in Ergänzung zur Einführung dieser Monographien als Grundlage für die Freistellung von der Zulassungspflicht ein neuer Gebührentatbestand für die Nutzung entsprechender Monographien eingeführt, die nach § 36 von der Zulassungspflicht freigestellt sind (sog. **Standardzulassungen**). Die als Entgelte bezeichneten Kosten sollen vom BfArM erhoben werden.

36   Die Regelung ist bestenfalls unklar. Ein pharmazeutischer Unternehmer kann auf der Grundlage der Rechtsverordnung nach § 36 I ein Arzneimittel ohne Zulassung in Verkehr bringen. Eine Nutzung von Monographien erfolgt in diesem Falle nicht. Vielmehr basiert das Inverkehrbringen auf der Rechtsverordnung als solcher. Dementsprechend ist bereits fraglich, ob das Inverkehrbringen eines nach § 36 von der Zulassungspflicht freigestellten Arzneimittels nach Abs. 5 eine Gebührenpflicht auslöst, da rechtstechnisch eine Monographie jedenfalls nicht genutzt wird.

37   In der seit dem 7.3.2015 geltenden Fassung der AMGKostV normiert Anlage 1 Ziff. 16 Gebührentatbestände im Zusammenhang mit **Standardzulassungen.** Danach fallen für die Prüfung von Anzeigen nach § 67 V, mit denen die Nutzung von Standardzulassungen, die Änderung entsprechender Anzeigen sowie die Beendigung des Inverkehrbringens eines Arzneimittels auf Basis einer Standardzulassung der Behörde angezeigt wird, jeweils € 100,00 Gebühren an. Eine allein an die Nutzung der Standardzulassungen anknüpfende Gebühr ist hingegen in der Gebührenordnung nicht vorgesehen.

II. Pauschale Entgeltvereinbarungen (S. 2)

38   **Abs. 5 S. 2** legt fest, dass u. U. pauschale Entgelte zwischen dem BfArM und Industrieverbänden vereinbart werden können. Die Mitglieder der Verbände sollen sich auf entsprechende Vereinbarungen berufen können. Unklar ist jedoch, welche Entgelte gegenüber Nichtmitgliedern entsprechender Verbände erhoben werden. Eine abweichende Entgeltfestsetzung für Nichtmitglieder ist nicht gerechtfertigt, da die Verbandsmitgliedschaft ein unsachliches Anknüpfungskriterium ist, das keine Unterschiede in der Entgeltfestsetzung rechtfertigen kann.

III. Entsprechende Geltung des Abs. 2 S. 3 (S. 3)

Für die Bemessung der Höhe des für die Nutzung der Monographien zu zahlenden Entgeltes wird **39** nach **Abs. 5 S. 3** ausdrücklich die entsprechende Anwendbarkeit des Abs. 2 S. 3 angeordnet. Abs. 2 S. 3 nennt als maßgebliche Kriterien für die Bemessung der Entgelte für die Entscheidung über die Chargenfreigabe den durchschnittlichen Personal- und Sachaufwand. Daneben sind die Bedeutung, der wirtschaftliche Wert oder auch der Nutzen der Freigabe für den Gebührenschuldner zu berücksichtigen. In entsprechender Anwendung des Abs. 2 S. 3 muss daher zunächst der durchschnittliche Personal- und Sachaufwand herangezogen werden. Fraglich ist allerdings, ob dabei auf den Aufwand abzustellen ist, der durch die Nutzung der Standardzulassung ausgelöst wird oder auf den Aufwand, der für die Erstellung der Standardzulassung aufgewendet wird. Dass neben dem konkret benannten Aufwand nach Abs. 2 S. 3 auch die Bedeutung, der wirtschaftliche Wert sowie ein sonstiger Nutzen berücksichtigt werden können, spricht dafür, dass die Personal- und Sachkosten auf den durch die Nutzung der Standardzulassung ausgelösten Aufwand zu beziehen sind. Die Vorgaben für die Entgeltbemessung sind auch bei den nach Abs. 5 S. 2 möglichen Pauschalvereinbarungen zwischen Verbänden und BfArM zu berücksichtigen.

G. Kostenerstattungsanspruch gegen Landesbehörden (Abs. 6)

Die Regelung des Abs. 6 wurde eingeführt, um eine spezialgesetzliche Grundlage für die Geltendma- **40** chung von Reise- und Personalkosten der Bundesoberbehörden gegenüber den Landesbehörden zu schaffen[21]. Weder nach dem VwKostG noch nach dem BGebG ist ein behördeninterner Ausgleich entsprechender Kosten vorgesehen, so dass es ohne Abs. 6 an einer gesetzlichen Grundlage für den Ausgleich fehlte. Ausdrücklich abgestellt wird im Rahmen der Gesetzesbegründung auf entsprechende Kosten, die bei der Beteiligung von Mitarbeitern von Bundesoberbehörden bei Inspektionen entstehen[22]. Der Anspruch auf Kostenerstattung besteht seitens der Bundesoberbehörden allerdings nur, wenn die entsprechenden Kosten vom Verursacher getragen werden. Kommt es aufgrund Insolvenz oder sonstiger Zahlungsverweigerung des Verursachers – also z.B. des zu inspizierenden Unternehmens – nicht zu Zahlungen des Verursachers zu Gunsten der Landesbehörden, sind die Landesbehörden nicht zur Kostenerstattung an die Bundesoberbehörde verpflichtet. Das Risiko des Zahlungsausfalls tragen die Landes- und Bundesoberbehörde jeweils im Umfang der bei ihnen angefallenen Kosten.

H. Rechtsschutz

Die Festsetzung von Gebühren und Auslagen durch die Behörde kann im Wege des **Widerspruchs 41** und der **Anfechtungsklage** angefochten werden. Dies gilt auch für Vorschusskostenbescheide. Die Kostenfestsetzung kann sowohl isoliert als auch mit der Sachentscheidung, z.B. bei einem Zulassungsantrag, angefochten werden. Nach § 20 I 2 BGebG erstreckt sich ein Rechtsbehelf gegen eine Sachentscheidung immer auch auf die Gebührenfestsetzung. Wird gegen die Sachentscheidung mit einem Rechtsbehelf vorgegangen, liegt nach der vorgenannten Bestimmung damit immer auch ein Rechtsbehelf gegen die Gebührenfestsetzung vor.

Gegen die Festsetzung von Gebühren und Auslagen ist grundsätzlich das **Widerspruchsverfahren 42** eröffnet. Dies gilt auch in Fällen, in denen das Widerspruchsverfahren gegen die Sachentscheidung gesetzlich ausgeschlossen ist. Widerspruch und Anfechtungsklage gegen Gebühren- und Vorschusskostenbescheide haben keine aufschiebende Wirkung (§ 80 II Nr. 1 VwGO). Der Kostenschuldner kann bei dem für die Anfechtung des Gebührenbescheides zuständigen Gericht die Anordnung der aufschiebenden Wirkung beantragen (§ 80 V 1 VwGO).

§ 34 Information der Öffentlichkeit

(1) [1]Die zuständige Bundesoberbehörde hat im Bundesanzeiger bekannt zu machen:

1. die Erteilung und Verlängerung einer Zulassung,
2. die Rücknahme einer Zulassung,
3. den Widerruf einer Zulassung,
4. das Ruhen einer Zulassung,
5. das Erlöschen einer Zulassung,
6. die Feststellung nach § 31 Abs. 4 Satz 2,
7. die Änderung der Bezeichnung nach § 29 Abs. 2,

---

[21] Vgl. BT-Drucks. 17/9341, S. 54.
[22] Vgl. BT-Drucks. 17/9341, S. 54.

8. die Rücknahme oder den Widerruf der Freigabe einer Charge nach § 32 Abs. 5,
9. eine Entscheidung zur Verlängerung einer Schutzfrist nach § 24b Abs. 1 Satz 3 oder Abs. 7 oder zur Gewährung einer Schutzfrist nach § 24b Abs. 6 oder 8. [2]Satz 1 Nr. 1 bis 5 und Nr. 7 gilt entsprechend für Entscheidungen oder Beschlüsse der Europäischen Gemeinschaft oder der Europäischen Union.

(1a) [1]Für Arzneimittel, die zur Anwendung bei Menschen bestimmt sind, stellt die zuständige Bundesoberbehörde der Öffentlichkeit über ein Internetportal und erforderlichenfalls auch auf andere Weise folgende Informationen unverzüglich zur Verfügung:
1. Informationen über die Erteilung der Zulassung zusammen mit der Packungsbeilage und der Fachinformation in der jeweils aktuell genehmigten Fassung,
2. den öffentlichen Beurteilungsbericht, der Informationen nach § 25 Absatz 5a für jedes beantragte Anwendungsgebiet sowie eine allgemeinverständlich formulierte Zusammenfassung mit einem Abschnitt über die Bedingungen der Anwendung des Arzneimittels enthält,
3. Zusammenfassungen von Risikomanagement-Plänen,
4. Informationen über Auflagen zusammen mit Fristen und Zeitpunkten für die Erfüllung,
5. Bedenken aus dem Pharmakovigilanz-Bereich.
[2]Bei den Informationen nach Satz 1 Nummer 2 und 5 sind Betriebs- und Geschäftsgeheimnisse und personenbezogene Daten zu streichen, es sei denn, ihre Offenlegung ist für den Schutz der öffentlichen Gesundheit erforderlich. [3]Betreffen die Pharmakovigilanz-Bedenken nach Satz 1 Nummer 5 Arzneimittel, die in mehreren Mitgliedstaaten zugelassen wurden, so erfolgt die Veröffentlichung in Abstimmung mit der Europäischen Arzneimittel-Agentur. [4]Bei Arzneimitteln, die zur Anwendung bei Tieren bestimmt sind, stellt die zuständige Bundesoberbehörde der Öffentlichkeit Informationen über die Erteilung der Zulassung zusammen mit der Fachinformation, den Beurteilungsbericht nach Satz 1 Nummer 2 und, wenn sich das Anwendungsgebiet des Arzneimittels auf Tiere bezieht, die der Gewinnung von Lebensmitteln dienen, auch von Rückstandsuntersuchungen unter Streichung von Betriebs- und Geschäftsgeheimnissen, unverzüglich zur Verfügung. [5]Die Sätze 1 und 4 betreffen auch Änderungen der genannten Informationen.

(1b) [1]Für Arzneimittel, die zur Anwendung bei Menschen bestimmt sind, sind die Rücknahme eines Zulassungsantrags sowie die Versagung der Zulassung und die Gründe hierfür öffentlich zugänglich zu machen. [2]Ferner sind Entscheidungen über den Widerruf, die Rücknahme oder das Ruhen einer Zulassung öffentlich zugänglich zu machen. [3]Die Bundesoberbehörde ist befugt, bei Arzneimitteln, die zur Anwendung bei Menschen bestimmt sind, auf Antrag Auskunft über den Eingang eines ordnungsgemäßen Zulassungsantrags, den Eingang eines ordnungsgemäßen Antrags auf Genehmigung einer konfirmatorischen klinischen Prüfung sowie über die Genehmigung oder die Versagung einer konfirmatorischen klinischen Prüfung zu geben.

(1c) Die Absätze 1a und 1b Satz 1 und 2 finden keine Anwendung auf Arzneimittel, die nach der Verordnung (EG) Nr. 726/2004 genehmigt sind.

(1d) [1]Die zuständige Bundesoberbehörde stellt die Informationen nach den Absätzen 1a und 1b elektronisch zur Verfügung. [2]Die zuständige Bundesoberbehörde stellt die Informationen nach den Absätzen 1 und 1b mit Erlass der Entscheidung unter Hinweis auf die fehlende Bestandskraft zur Verfügung.

(1e) Die zuständige Bundesoberbehörde hat über das Internetportal für Arzneimittel nach § 67a Absatz 2 zusätzlich zu den Informationen in Absatz 1a Satz 1 Nummer 1 bis 4 und Absatz 1a Satz 2 mindestens folgende weitere Informationen zu veröffentlichen:
1. die Liste der Arzneimittel nach Artikel 23 der Verordnung (EG) Nr. 726/2004,
2. Informationen über die Meldewege für Verdachtsfälle von Nebenwirkungen von Arzneimitteln an die zuständige Bundesoberbehörde durch Angehörige der Gesundheitsberufe und Patienten, einschließlich der von der zuständigen Bundesoberbehörde bereitgestellten Internet-Formulare.

(2) [1]Die zuständige Bundesoberbehörde kann einen Verwaltungsakt, der auf Grund dieses Gesetzes ergeht, im Bundesanzeiger öffentlich bekannt machen, wenn von dem Verwaltungsakt mehr als 50 Adressaten betroffen sind. [2]Dieser Verwaltungsakt gilt zwei Wochen nach dem Erscheinen des Bundesanzeigers als bekannt gegeben. [3]Sonstige Mitteilungen der zuständigen Bundesoberbehörde einschließlich der Schreiben, mit denen den Beteiligten Gelegenheit zur Äußerung nach § 28 Abs. 1 des Verwaltungsverfahrensgesetzes gegeben wird, können gleichfalls im Bundesanzeiger bekannt gemacht werden, wenn mehr als 50 Adressaten davon betroffen sind. [4]Satz 2 gilt entsprechend.

Wichtige Änderungen der Vorschrift: § 34 umnummeriert, Abs. 2 eingefügt durch Art. 1 Nr. 21 des Vierten Gesetzes zur Änderung des Arzneimittelgesetzes vom 4.11.1990 (BGBl. I 1990, 721); Abs. 1 S. 2 eingefügt durch Art. 1 Nr. 13 des Siebten Gesetzes zur Änderung des Arzneimittelgesetzes vom 25.2.1998 (BGBl. I 1998, 376); Abs. 1 S. 1 Nr. 8 geändert, Abs. 1 S. 1 Nr. 9 und Abs. 1a–1d eingefügt durch Art. 1 Nr. 33 des Vierzehnten Gesetzes zur Änderung des Arzneimittelgesetzes vom 29.8.2005 (BGBl I 2005, 2586); Abs. 1 S. 2 geändert, Abs. 1a neu gefasst, Art. 1b geändert, Abs. 1c und 1d geändert und Abs. 1e eingefügt durch Art. 1 Nr. 27 des Zweiten Gesetzes zur Änderung arzneimittelrechtlicher und anderer Vorschriften vom 19.10.2012 (BGBl. I 2012, 2192).

Europarechtliche Vorgaben: Art. 21 III, IV; 102 Buchst. d); 106; 106a II, III, IV; 125 RL 2001/83/EG.

Übersicht

A. Allgemeines

Den Zulassungsbehörden obliegen **Veröffentlichungs- und Informationspflichten** gegenüber der   **1** Öffentlichkeit. Diese werden in § 34 für den Bereich des AMG normiert. Neben den Informationspflichten nach § 34 und daraus resultierenden Informationsansprüchen bestehen Informationsansprüche nach dem IFG[1] und Auskunftsansprüche nach § 84a.

B. Veröffentlichungspflichtige Entscheidungen und Umstände (Abs. 1)

I. Veröffentlichungspflicht für nationale Entscheidungen (S. 1)

Abs. 1 S. 1 zählt abschließend auf, über welche Umstände und Entscheidungen die jeweils zuständige   **2** Bundesoberbehörde durch **Veröffentlichung im BAnz.** informieren muss. Eine Veröffentlichungspflicht besteht für die Erteilung und Verlängerung (Nr. 1), die Aufhebung (Rücknahme und Widerruf, Nr. 2 und 3) und das Ruhen (Nr. 4) sowie das Erlöschen von Zulassungen (Nr. 5). Im BAnz. ist außerdem die behördliche Feststellung nach § 31 IV S. 2 (Nr. 6) sowie die Änderung einer Arzneimittelbezeichnung nach § 29 II (Nr. 7) und die Aufhebung von Chargenfreigaben (Nr. 8) zu veröffentlichen.

---

[1] A. A. *Kloesel/Cyran*, § 34 Anm. 17, wonach die Regelung des § 34 als spezialgesetzliche Regelung den allgemeinen Bestimmungen des IFG vorgehe und diese ausschließe. Zu beachten ist aber, dass jedenfalls weitergehende Ansprüche nach § 84a bestehen können; § 84a II 3 stellt klar, dass Informationsansprüche nach dem IFG von den Regelungen eines arzneimittelrechtlichen Auskunftsanspruch unberührt bleiben. Damit steht fest, dass neben den Auskunftsansprüchen nach § 84a AMG auch Informationsansprüche nach dem IFG bestehen; vgl. auch *Moelle*, in: *Dieners/Reese*, § 13 Rn. 125.

Außerdem sind Entscheidungen über die Schutzfristverlängerung nach § 24b I 3 und § 24b VII sowie die Schutzfristgewährung nach § 24b VI oder § 24b VIII zu veröffentlichen (Nr. 9).

3   Die Veröffentlichung insbes. der Informationen nach Nr. 1–6 und Nr. 7 ermöglicht den beteiligten Verkehrskreisen **Feststellungen zur Verkehrsfähigkeit** eines Arzneimittels bzw. der Charge eines Arzneimittels. Aufgrund der Kraft Berufsrecht sowie evtl. vertraglicher Regelungen bestehenden Verpflichtung zur Abgabe ausschließlich verkehrsfähiger Arzneimittel obliegt es daher z. B. Apotheken, die Veröffentlichungen im BAnz. zu beachten[2].

4   Die Veröffentlichung nach Abs. 1 hat **keine konstitutiven Wirkungen,** sondern ist rein deklaratorisch[3].

II. Veröffentlichungspflicht für Entscheidungen der Kommission oder des Rates (S. 2)

5   Nach **Abs. 1 S. 2** besteht eine **Veröffentlichungspflicht** auch für die Erteilung und Verlängerung, die Aufhebung und das Ruhen sowie das Erlöschen einer Zulassung und der Änderung einer Arzneimittelbezeichnung, wenn es sich um **Entscheidungen der Kommission** oder **des Rates der EU** handelt.

C. Inhalt der Informationspflicht (Abs. 1a)

I. Inhalt der zur Verfügung zu stellenden Informationen (S. 1)

6   Die bereits mit der 14. AMG-Novelle eingefügten Abs. 1a–1d verpflichten die Zulassungsbehörde, der Öffentlichkeit auf **elektronischem Wege** Informationen **unverzüglich,** also ohne schuldhaftes Zögern, über zugelassene Humanarzneimittel zur Verfügung zu stellen.

7   **1. Informationen zur Zulassung/Packungsbeilage/Fachinformation (Nr. 1).** Der Umfang der Informationspflicht nach **Abs. 1a** wurde mit den Änderungen durch das Zweite Gesetz zur Änderung arzneimittelrechtlicher und anderer Vorschriften erweitert und erstreckt sich auf den Umstand der Zulassungserteilung als solchen, auf die Packungsbeilage nach § 11 und die Fachinformation nach § 11a in der jeweils genehmigten Fassung **(Abs. 1a S. 1 Nr. 1).** Durch das Abstellen auf die jeweils genehmigte Fassung ergibt sich für die Behörde die Verpflichtung zur fortlaufenden Aktualisierung.

8   **2. Beurteilungsbericht (Nr. 2).** Außerdem muss gem. **Abs. 1a S. 1 Nr. 2** der für die Zulassungserteilung zu fertigende **Beurteilungsbericht** mit einer Stellungnahme zu den Ergebnissen pharmazeutischer, pharmakologisch-toxikologischer und klinischer Versuche veröffentlicht werden. Der Bericht und die genannten Stellungnahmen müssen sich auf jedes beantragte Anwendungsgebiet beziehen. Der Beurteilungsbericht muss außerdem eine allgemeinverständlich formulierte Zusammenfassung beinhalten, die jedenfalls auch einen Abschnitt über die Bedingungen der Anwendung des Arzneimittels beinhalten muss[4].

9   **3. Zusammenfassungen von Risikomanagement-Plänen (Nr. 3).** Nach **Abs. 1a S. 1 Nr. 3** ist außerdem eine **Zusammenfassung von Risikomanagement-Plänen** (vgl. § 4 XXXVII) zu veröffentlichen.

10   **4. Auflagen (Nr. 4).** Ferner müssen **Informationen über Auflagen** veröffentlicht werden. Diese Informationen müssen den Inhalt der Auflagen sowie die für die Auflagenerfüllung gesetzten Fristen und den Zeitpunkt der tatsächlichen Auflagenerfüllung durch den Zulassungsinhaber beinhalten **(Abs. 1a S. 1 Nr. 4)**[5]; sie sind daher fortlaufend zu aktualisieren. Die Veröffentlichungspflicht erfasst auch solche Auflagen, die nach Zulassungserteilung angeordnet werden[6].

11   **5. Bedenken aus dem Pharmakovigilanzbereich (Nr. 5).** In Umsetzung des Art. 104 Buchst. c) RL 2001/83/EG sind von der Behörde außerdem **Bedenken** aus dem **Pharmakovigilanz-Bereich** zu veröffentlichen **(Abs. 1a S. 1 Nr. 5).** Die Behörde ist nach Art. 106 II RL 2001/83/EG gehalten, die EMA sowie die Kommission mindestens 24 Stunden vor einer öffentlichen Mitteilung im Hinblick auf Pharmakovigilanz-Bedenken zu informieren. Diese Frist ist unbeachtlich, wenn der Gesundheitsschutz eine dringende Veröffentlichung erfordert[7].

---

[2] Vgl. *BVerfG*, PharmR 1992, 275 ff.; *Kloesel/Cyran*, § 34 Anm. 7; *Sander*, § 34 Erl. 1.

[3] *Kloesel/Cyran*, § 34 Anm. 6; *Rehmann*, § 34 Rn. 1.

[4] Art. 21 IV 6 RL 2001/83/EG verweist darauf, dass die Zusammenfassung des Beurteilungsberichts „insbesondere" einen Abschnitt über die Bedingungen der Anwendung des Arzneimittels enthalten muss.

[5] *Kloesel/Cyran*, § 34 Anm. 14.

[6] Unklar *Kloesel/Cyran*, § 34 Anm. 14, wo es heißt, dass Informationen über Auflagen zu erteilen seien, die mit der Zulassung angeordnet wurden.

[7] Vgl. Art. 106 II 2 RL 2001/83/EG.

II. Streichung von Betriebs- und Geschäftsgeheimnissen (S. 2)

Nach Abs. 1a S. 2 sind aus dem Beurteilungsbericht vor dessen Veröffentlichung nach Abs. 1a S. 1 **12** Nr. 2 sowie aus den nach Abs. 1a S. 1 Nr. 5 zu veröffentlichenden Informationen zu Pharmakovigilanz-Bedenken **Betriebs- und Geschäftsgeheimnisse**[8] des Zulassungsinhabers sowie **personenbezogene Daten** zu streichen. Nur wenn diese Informationen für den Schutz der öffentlichen Gesundheit erforderlich sind, unterbleibt die Streichung[9]. Die Erforderlichkeit der Veröffentlichung entsprechend geschützter Informationen ist in jedem Einzelfall durch die Behörde zu prüfen. Dabei ist auch zu prüfen, ob der Schutz der öffentlichen Gesundheit auch auf andere Weise als durch Preisgabe der geschützten Informationen gleich effektiv gewährleistet werden kann. Eine Anhörung des Zulassungsinhabers vor der Veröffentlichung ist zwar nicht ausdrücklich vorgesehen, aufgrund der Intensität des Eingriffs in die Rechte des Zulassungsinhabers aber erforderlich[10].

III. Bedenken für Arzneimittel mit Zulassung in mehreren Mitgliedstaaten (S. 3)

Vor der Veröffentlichung von Bedenken aus dem Pharmakovigilanz-Bereich (Abs. 1a S. 1 Nr. 5) ist **13** bei in mehreren EU-Mitgliedstaaten zugelassenen Arzneimitteln nach **Abs. 1a S. 3** die Veröffentlichung in Abstimmung mit der EMA vorzunehmen. Die Regelung setzt Art. 106 II, III 1, S. 2 RL 2001/83/EG um, nach der die EMA für die Koordinierung von „Sicherheitsmitteilungen", also von Mitteilungen bzgl. Pharmakovigilanz-Bedenken, zuständig ist, wenn diese Mitteilungen Wirkstoffe von Arzneimitteln betreffen, die in mehreren Mitgliedstaaten zugelassen sind. Nach Art. 106a III 1 RL 2001/83/EG erstellt die EMA auch Zeitpläne für die Veröffentlichung entsprechender Mitteilungen. Diese können für die nationalen Behörden allerdings nicht verbindlich sein. Vielmehr hat jede nationale Behörde zu prüfen, ob nach den ihr vorliegenden Informationen die Veröffentlichung über Bedenken aus dem Pharmakovigilanz-Bereich unverzüglich oder jedenfalls unter Abweichung von etwaigen Zeitplänen der EMA erfolgen muss, um die Arzneimittelsicherheit zu gewährleisten. Werden Informationen zwar in Übereinstimmung mit von der EMA vorgesehenen Zeitplänen veröffentlicht, jedoch vor dem Hintergrund des Schutzes der öffentlichen Gesundheit objektiv zu spät, kann dies Amtshaftungsansprüche begründen.

IV. Informationen betr. Tierarzneimittel (S. 4)

Für **Tierarzneimittel** sind **abweichende Veröffentlichungspflichten** vorgesehen. Zu veröffent- **14** lichen ist der Umstand der Erteilung der Zulassung sowie die Fachinformation (§ 11a) sowie der öffentliche Beurteilungsbericht **(Abs. 1a S. 4)**. Die Ergebnisse von Rückstandsuntersuchungen sind ebenfalls zu veröffentlichen, wenn sich das Anwendungsgebiet des jeweiligen Arzneimittels auf solche Tiere bezieht, die der **Lebensmittelgewinnung** dienen. Betriebs- und Geschäftsgeheimnisse sind dabei vor der Veröffentlichung immer zu streichen. Eine ausnahmsweise zulässige Veröffentlichung von **Betriebs- und Geschäftsgeheimnissen** ist für die auf Veterinärarzneimittel bezogenen Veröffentlichungspflichten anders als bei Veröffentlichungspflichten im Hinblick auf Humanarzneimittel nicht vorgesehen. Die Informationen müssen **unverzüglich**, d. h. ohne schuldhaftes Zögern, elektronisch der Öffentlichkeit zur Verfügung gestellt werden.

V. Änderungen der Informationen (S. 5)

Nach Abs. 1a S. 5 gelten die S. 1 bis 4 des Abs. 1a auch Änderungen der dort genannten Informatio- **15** nen.

VI. Übergangsvorschrift

Die Pflicht zur Veröffentlichung der in den Abs. 1a genannten Informationen betrifft nur Arznei- **16** mittel, für die ein Zulassungsantrag nach dem 6.9.2005 gestellt wurde (**§ 141 IX**).

D. Informationspflichten über die Aufhebung/das Ruhen der Zulassung (Abs. 1b)

I. Informationen über Rücknahme/Versagung der Zulassung (S. 1)

Abs. 1b verpflichtet die Behörde, öffentlich darüber zu informieren, wenn Zulassungsanträge für **17** Humanarzneimittel zurückgenommen werden. Werden Zulassungen für Humanarzneimittel versagt, ist darüber ebenfalls öffentlich zu informieren. In Anlehnung an die Regelung für zentrale Zulassungen in

---

[8] Vgl. zum Begriff der Betriebs- und Geschäftsgeheimnisse *Dexel*, in: Fuhrmann/Klein/Fleischfresser, § 44 Rn. 42.
[9] Vgl. Art. 106a IV RL 2001/83/EG.
[10] Ähnlich *Kloesel/Cyran*, § 35 Anm. 15.

Art. 12 III VO (EG) Nr. 726/2004 sind nach Satz 1 die Gründe für eine Zulassungsversagung zu veröffentlichen.

II. Informationen über Widerruf/Rücknahme/Ruhen der Zulassung (S. 2)

18   Entscheidungen, die die Aufhebung von Zulassungen betreffen, sowie Entscheidungen über das Ruhen von Zulassungen sind ebenfalls zu veröffentlichen (**Abs. 1b S. 2**).

III. Auskunftsbefugnis (S. 3)

19   Soweit Humanarzneimittel betroffen sind, kann die Behörde auf Antrag eines Dritten Auskunft geben über den Eingang eines ordnungsgemäßen Zulassungsantrages sowie über die Genehmigung oder Versagung einer konfirmatorischen klinischen Prüfung (s. zum Begriff der konfirmatorischen klinischen Prüfung § 42b Rn. 7), **Abs. 1b S. 3**. Die Ermächtigungsgrundlage ist unabhängig von der Person des Auskunftersuchenden, so dass spiegelbildlich von einem Auskunftsanspruch für jedermann auszugehen ist.

20   Die Behörde ist nicht zur Veröffentlichung der in Abs. 1b S. 3 genannten Informationen befugt, sondern lediglich zur zielgerichteten Auskunftserteilung. Eine allgemeine Veröffentlichung oder Bekanntgabe ohne vorangegangenen Antrag ist durch die Ermächtigungsgrundlage des Abs. 1b S. 3 nicht gedeckt.

E. Ausnahme (Abs. 1c)

21   Die Veröffentlichungspflicht gilt nach **Abs. 1c** nicht für Arzneimittel, die nach VO (EG) Nr. 726/2004 genehmigt sind. Für diese ist Art. 13 II und III VO (EG) Nr. 726/2004 maßgeblich. Danach sind die erteilten Genehmigungen unter Angabe des Genehmigungsdatums und der Registriernummer des Europäischen Arzneimittelregisters sowie des internationalen Freinamens (INN) des Wirkstoffs des Arzneimittels, seiner Darreichungsform und des anatomisch-therapeutisch-chemischen Codes (ATC-Code) im Amtsblatt der EU zu veröffentlichen. Zudem muss der Beurteilungsbericht und die Gründe für das Gutachten zugunsten der Erteilung der Genehmigung von der EMA veröffentlicht werden.

F. Art und Zeitpunkt der Informationsveröffentlichung (Abs. 1d)

I. Elektronische Zurverfügungstellung der Informationen (S. 1)

22   **Abs. 1d** S. 1 schreibt vor, dass die zuständige Bundesoberbehörde die Informationen nach Abs. 1a und 1b der Öffentlichkeit **elektronisch** zur Verfügung zu stellen hat. Außerdem ist in Abs. 1d S. 2 normiert, dass die im Bundesanzeiger bekanntzumachenden Informationen nach Abs. 1 sowie die elektronisch zur Verfügung zu stellenden Informationen nach Abs. 1b bereits im **Zeitpunkt des Erlasses** zu veröffentlichen sind bzw. im Falle des Abs. 1b S. 3 entsprechende Auskünfte erteilt werden können. Trotz der fehlenden Bestandskraft sieht der Gesetzgeber die Information bzw. Auskunftserteilung als gerechtfertigt an, weil sowohl Zulassungsentscheidungen als auch Entscheidungen über klinische Prüfungen für interessierte Kreise[11] von großer Bedeutung seien. Außerdem sieht der Gesetzgeber eine erhebliche Entwertung der Auskunftsansprüche bzw. Informationspflichten, wenn die Information bzw. Auskunft erst nach Eintritt der Bestands- bzw. Rechtskraft erfolgen könne[12].

II. Hinweis auf fehlende Bestandskraft (S. 2)

23   Als ausgleichendes **Korrektiv** für den Umstand, dass Informationen zu noch nicht bestandskräftigen Informationen veröffentlicht bzw. zum Gegenstand von Auskünften gemacht werden, ist verpflichtend vorgesehen, dass bei der Informationsveröffentlichung bzw. der Auskunftserteilung **verpflichtend** ein **Hinweis auf die fehlende Bestandskraft** zu geben ist (Abs. 1d S. 2).

G. Ergänzende Onlineveröffentlichungspflichten (Abs. 1e)

24   Neben den nach Abs. 1a S. 1 Nr. 1 bis Nr. 4 und Abs. 1a S. 2 zu veröffentlichenden Informationen muss die Behörde weitere Informationen durch Einstellung in Datenbanken zugänglich machen, die über ein Onlineinformationsportal zugänglich sind (Abs. 1e).

---

[11] In der Gesetzesbegründung wird hier insbesondere auf die Bedeutung der Informationen für Patienten, Ärzte sowie für die „in der Sozialversicherung tätigen Institutionen" verwiesen, vgl. BT-Drucks. 17/9341, S. 55.
[12] BT-Drucks. 17/9341, S. 55.

I. Liste der Arzneimittel nach Art. 23 VO (EG) Nr. 726/2004 (Nr. 1)

Zu den weiteren von der Behörde über den vorgenannten Weg zu veröffentlichenden Informationen 25
gehört zum einen die Arzneimittelliste nach Art. 23 VO (EG) Nr. 726/2004. Dabei handelt es sich um
die Liste der Arzneimittel, die einer zusätzlichen Überwachung unterliegen. Es handelt sich dabei um die
Arzneimittel, die nach Art. 23 IV VO (EG) Nr. 726/2004 den Hinweis „Dieses Arzneimittel unterliegt
einer zusätzlichen Überwachung." in den Informationstexten und das auf der Spitze stehende schwarze
Dreieck als Symbol i. S. der vorgenannten Regelung tragen (**Abs. 1e Nr. 1**).

II. Information über Meldewege für Verdachtsfälle von Nebenwirkungen (Nr. 2)

Darüber hinaus veröffentlicht die Behörde Meldewege über Nebenwirkungsverdachtsfälle sowohl für 26
Meldungen durch Fachkreise als auch durch Patienten. Insbesondere sind auch die von den zuständigen
Bundesoberbehörden bereitgestellten Meldeformulare für Verdachtsfälle von Nebenwirkungen zu ver-
öffentlichen (**Abs. 1e Nr. 2**).

H. Öffentliche Bekanntmachung von Verwaltungsakten (Abs. 2)

I. Öffentliche Bekanntgabe eines Verwaltungsakts (S. 1)

Abs. 2 S. 1 ermöglicht der Behörde die **Bekanntgabe** eines aufgrund des AMG ergehenden Ver- 27
waltungsaktes durch **öffentliche Bekanntgabe** im BAnz. Voraussetzung für das Abweichen vom
Regelerfordernis der **individuellen Bekanntgabe** ist, dass sich der zu veröffentlichende Verwaltungsakt
an mehr als fünfzig Adressaten richtet. Die Vorschrift dient der Vereinfachung des Verwaltungsverfahrens
und ist in Anlehnung an die Regelungen des § 41 III 1 VwVfG und § 56a VwGO formuliert. Sind
weniger als 50 Adressaten betroffen und erfolgt dennoch eine öffentliche Bekanntgabe, ist der Verwaltungsakt nicht ordnungsgemäß bekannt gegeben und damit nicht wirksam.

II. Bekanntgabefiktion (S. 2)

Sind die Voraussetzungen des Abs. 2 S. 1 erfüllt, greift die gesetzliche Fiktion des **Abs. 2 S. 2** ein. 28
Danach gilt der Verwaltungsakt zwei Wochen nach seiner Veröffentlichung im BAnz. als bekannt
gegeben. Aufgrund der gesetzlichen **Bekanntgabefiktion** kommt es nicht darauf an, ob die Adressaten
die Veröffentlichung zur Kenntnis genommen haben oder auch nur haben zur Kenntnis nehmen
können.

III. Sonstige Mitteilungen (S. 3)

Abs. 2 S. 3 erweitert die für Verwaltungsakte bestehende Befugnis zur öffentlichen Bekanntgabe nach 29
Abs. 2 S. 1 auf sonstige Mitteilungen der Zulassungsbehörden, die keine Verwaltungsakte sind, z. B.
Anhörungsverfahren nach § 28 I VwVfG. Diese können im BAnz. veröffentlicht werden, wenn mehr als
50 Adressaten betroffen sind[13].

IV. Entsprechende Geltung von S. 2 (S. 4)

Abs. 2 S. 4 ordnet die entsprechende Anwendung des Abs. 2 S. 2 an und erweitert damit die 30
gesetzliche Bekanntgabefiktion auf sonstige Mitteilungen i. S. d. Abs. 2 S. 3. Sonstige Mitteilungen nach
S. 3 gelten danach dem Adressaten zwei Wochen nach Veröffentlichung der Mitteilung im BAnz. als
bekannt gegeben.

Etwaige Fristen, z. B. Widerspruchs- und Anhörungsfristen, beginnen mit Eintritt der Bekanntgabe- 31
fiktion zwei Wochen nach Veröffentlichung des Verwaltungsaktes bzw. der sonstigen Mitteilung im
BAnz. zu laufen.

§ 35 Ermächtigungen zur Zulassung und Freistellung

**(1) Das Bundesministerium wird ermächtigt, durch Rechtsverordnung mit Zustimmung
des Bundesrates**

1. (weggefallen)
**2. die Vorschriften über die Zulassung auf Arzneimittel, die nicht der Zulassungspflicht nach
§ 21 Absatz 1 unterliegen, sowie auf Arzneimittel, die nach § 21 Absatz 2 Nummer 1g von
der Zulassung freigestellt sind, auszudehnen, soweit es geboten ist, um eine unmittelbare
oder mittelbare Gefährdung der Gesundheit von Mensch und Tier zu verhüten,**

---

[13] *Kloesel/Cyran*, § 34 Anm. 24.

3. die Vorschriften über die Freigabe einer Charge und die staatliche Chargenprüfung auf andere Arzneimittel, die in ihrer Zusammensetzung oder in ihrem Wirkstoffgehalt Schwankungen unterworfen sind, auszudehnen, soweit es geboten ist, um eine unmittelbare oder mittelbare Gefährdung der Gesundheit von Mensch oder Tier zu verhüten,
4. bestimmte Arzneimittel von der staatlichen Chargenprüfung freizustellen, wenn das Herstellungsverfahren und das Prüfungsverfahren des Herstellers einen Entwicklungsstand erreicht haben, bei dem die Qualität, Wirksamkeit und Unbedenklichkeit gewährleistet sind.

(2) Die Rechtsverordnungen nach Absatz 1 Nr. 2 bis 4 ergehen im Einvernehmen mit dem Bundesministerium für Wirtschaft und Energie und, soweit es sich um radioaktive Arzneimittel und um Arzneimittel handelt, bei deren Herstellung ionisierende Strahlen verwendet werden, im Einvernehmen mit dem Bundesministerium für Umwelt, Naturschutz, Bau und Reaktorsicherheit und, soweit es sich um Arzneimittel handelt, die zur Anwendung bei Tieren bestimmt sind, im Einvernehmen mit dem Bundesministerium für Ernährung und Landwirtschaft.

Wichtige Änderungen der Vorschrift: Abs. 2 geändert durch Art 1 Nr. 2 der Dritten Zuständigkeitsanpassungs-Verordnung vom 26.11.1986 (BGBl. I S. 2089); Abs. 1 und Abs. 2 geändert durch Art. 1 Nr. 55 des Fünften Gesetzes zur Änderung des Arzneimittelgesetzes vom 9.8.1994 (BGBl. I S. 2082); Abs. 1 Nr. 1 geändert durch Art. 1 Nr. 19 des Achten Gesetzes zur Änderung des Arzneimittelgesetzes vom 7.9.1998 (BGBl. I S. 2651); Abs. 1 Nr. 2 geändert durch Art. 1 Nr. 28 des Zweiten Gesetzes zur Änderung arzneimittelrechtlicher und anderer Vorschriften vom 19.10.2012 (BGBl. I S. 2192), Abs. 2 geändert durch Art. 52 Nr. 7 Zehnte ZustAnpV vom 31.8.2015 (BGBl. I S. 1474).

Übersicht

A. Allgemeines

1   Abs. 1 räumt dem BMG als zuständigem Bundesministerium die Ermächtigung zum Erlass von Rechtsverordnungen zur Ausweitung der Vorschriften über die Zulassung und die Chargenfreigabe sowie die staatliche Chargenprüfung ein. Abs. 2 regelt, für welche Rechtsverordnungen nach Abs. 1 das Einvernehmen anderer Bundesministerien einzuholen ist.

B. Verordnungsermächtigung zur Ausweitung der Zulassungsvorschriften (Abs. 1)

2   Abs. 1 ermächtigt das zuständige Bundesministerium (§ 6 I) zum Erlass von **Rechtsverordnungen** für unterschiedliche Regelungsbereiche des AMG. Die Rechtsverordnungen bedürfen der Zustimmung des Bundesrates und ergehen nach Vorgabe des Abs. 2 in bestimmten Fällen im Einvernehmen mit anderen Ministerien.

I. Ermächtigung für Verfahrensregelungen (Nr. 1)

3   Nr. 1 wurde mit dem 12. AMG-Änderungsgesetz aufgehoben und in § 80 neu geregelt (s. dazu die dortige Kommentierung).

II. Ermächtigung zur Ausweitung der Zulassungsregelungen (Nr. 2)

4   **1. Allgemein. Abs. 1 Nr. 2** ermächtigt das Bundesministerium (§ 6 I) die **Zulassungsvorschriften** auf andere Arzneimittel auszudehnen. Zulassungspflichtig sind nach § 21 I 1 nur Fertigarzneimittel i. S. d. § 2 I und § 2 II Nr. 1 sowie Tierarzneimittel i. S. d. § 21 I 2. Auf der Grundlage der Verordnungsermächtigung nach Nr. 2 kann die **Zulassungspflicht** auf andere Arzneimittel ausgedehnt werden. Die Ausdehnung kann sich zum einen auf andere als Fertigarzneimittel, z. B. Bulkware[1], zum anderen auf

---

[1] Vgl. dazu *Kloesel/Cyran*, § 35 Anm. 4 f.; *Rehmann*, § 71 Rn. 1.

Arzneimittel nach § 2 II Nr. 1a–Nr. 4 beziehen. Die Ausdehnung der Vorschriften auf andere als Fertigarzneimittel führt allerdings nicht zur Anwendbarkeit solcher Vorschriften, die ausdrücklich nur für Fertigarzneimittel gelten.

Mit Änderung des Abs. 1 Nr. 2 im Jahre 2012 wurde der Hinweis aufgenommen, dass die **5** Ermächtigung zur Ausdehnung der Zulassungsvorschriften auch für solche Arzneimittel gilt, die über die Ausnahmeregelung des § 21 II Nr. 1g zunächst von der Zulassungspflicht ausdrücklich freigestellt sind[2]. Auch für diese Arzneimittel will der Gesetzgeber dem Ministerium die Möglichkeit einräumen, die Anwendbarkeit der Zulassungsregelungen im Verordnungswege anzuordnen. Erklärtes Ziel des Gesetzesänderung ist ausweislich der Gesetzesbegründung die vermeintliche Klarstellung, dass die Regelungen der Therapieallergen-Verordnung und die darin getroffene Anordnung der Geltung von Zulassungsregelungen durch die Ermächtigungsgrundlage des Abs. 1 Nr. 2 erfasst sind (s. dazu unten Rn 8)[3].

Voraussetzung für eine Ausweitung des Anwendungsbereichs der Zulassungsvorschriften ist, dass die **6** Ausweitung zur **Verhütung einer unmittelbaren oder mittelbaren Gesundheitsgefährdung** von Mensch oder Tier geboten ist. Geboten ist eine solche Ausweitung nur, wenn sich nicht mit anderen Mitteln die Gefährdung verhüten lässt. Die Ausweitung ist nur zulässig, wenn die Gefährdung durch die Ausweitung verhütet werden kann. Ist die Ausweitung der Zulassungspflicht ungeeignet, die Gefährdung zu verhüten, ist sie als solches nicht geboten und daher unzulässig.

2. In-vitro-Diagnostik-Verordnung. Von der Verordnungsermächtigung nach Nr. 2 wurde im **7** Rahmen der Ausdehnung der Vorschriften über die Zulassung und der staatlichen Chargenprüfung auf Tests zur **In-vitro-Diagnostik** nach dem AMG (IVD-AMG-V) Gebrauch gemacht. Durch die VO wurde der Anwendungsbereich der Vorschriften nach den §§ 21, 22, 24 bis 34 über die Zulassung und die staatliche Chargenprüfung ausgedehnt auf Testsera und Testantigene, die dazu bestimmt sind, beim Menschen die Erreger der in § 1 IVD-AMG-V aufgeführten Krankheiten sowie die durch sie hervorgerufenen Antikörper zu erkennen. Nach § 2 IVD-AMG-V ist zuständige Behörde das PEI.

3. Therapieallergen-Verordnung. Auf der Grundlage der Verordnungsermächtigung nach Nr. 2 **8** und Nr. 3 sowie des § 80 wurde darüber hinaus die Therapieallergene-Verordnung (TAV) eingeführt. Mit ihr wird unter Normierung bestimmter Übergangsfristen die Zulassungspflicht für Therapieallergene, die für einzelne Personen auf Grund einer Verschreibung hergestellt wurden und bestimmte im Anhang zur VO aufgeführte Allergene enthalten, eingeführt (§ 1 TAV). Darüber hinaus werden auf die der Zulassungspflicht unterstellten Therapieallergene die Vorschriften über die staatliche Chargenprüfung für entsprechend anwendbar erklärt (§ 2 TAV).

III. Ermächtigung zur Ausweitung der Chargenfreigaberegelungen (Nr. 3)

Abs. 1 Nr. 3 normiert die Ermächtigung zur Ausweitung der Vorschriften über die **Chargenfreiga-** **9** be und **Chargenprüfung** auf andere Arzneimittel. Danach können die Vorgaben des § 32 auf andere als die in § 32 I genannten Arzneimittel ausgeweitet werden. Voraussetzung ist, dass die betroffenen Arzneimittel in ihrer Zusammensetzung oder ihrem Wirkstoffgehalt Schwankungen unterworfen sind. Darüber hinaus ist die Ausweitung der Anwendbarkeit der Vorschriften über die Chargenfreigabe und Chargenprüfung nur zulässig, wenn sie zur Verhütung einer unmittelbaren oder mittelbaren Gefährdung der Gesundheit von Mensch oder Tier geboten ist. Ist die Ausweitung zur Erreichung dieses Ziels nicht erforderlich oder ungeeignet, ist sie unzulässig.

Mit der VO zur Ausdehnung der Vorschriften über die staatliche Chargenprüfung (BlutZV) hat das **10** BMG von der Verordnungsermächtigung nach Nummer 3 Gebrauch gemacht. Mit der BlutZV werden die Vorschriften über die staatliche Chargenprüfung auf **Blutzubereitungen** ausgedehnt, die aus Mischungen von humanem **Blutplasma** hergestellt werden und die **Blutbestandteile** als arzneilich wirksame Bestandteile enthalten, da für diese Produkte die Gefahr einer umfassenden Verbreitung von Gesundheitserregern gesehen wird[4]. § 2 BlutZV normiert für die Behörde die Verpflichtung, eine Entscheidung über die Chargenprüfung innerhalb einer Frist von zwei Monaten nach Eingang der zu prüfenden Chargenprobe zu treffen. § 3 BlutZV trifft außerdem eine Regelung, wie sie inhaltsgleich in § 32 I 3 normiert wurde.

Nr. 3 ist neben Nr. 2 auch Grundlage für den Erlass der IVD-AMG-V und der TAV. **11**

IV. Ermächtigung zur Freistellung von der Chargenprüfung (Nr. 4)

Abs. 1 Nr. 4 ermächtigt das zuständige Bundesministerium (§ 77), durch Rechtsverordnung be- **12** stimmte Arzneimittel von der Verpflichtung zur **staatlichen Chargenprüfung** nach § 32 freizustellen.

---

[2] BT-Drucks. 17/9341, S. 55.
[3] BT-Drucks. 17/9341, S. 55.
[4] *Hergert*, in: Fuhrmann/Klein/Fleischfresser, § 32 Rn. 39.

Voraussetzung ist, dass die Herstellungs- und Prüfungsverfahren des Herstellers einen Entwicklungsstand erreicht haben, die Qualität, Wirksamkeit und Unbedenklichkeit des Arzneimittels gewährleisten. Ein **Anspruch auf Freistellung** im Wege der Rechtsverordnung nach Nr. 4 besteht nicht. Dies gilt auch, wenn die für eine Freistellung normierten Voraussetzungen vorliegen. Liegen die Freistellungsvoraussetzungen vor, hat der Zulassungsinhaber einen Freistellungsanspruch nach § 32 IV gegen die zuständige Bundesoberbehörde.

C. Verordnungszuständigkeit (Abs. 2)

13   Die Rechtsverordnungen nach Abs. 1 müssen gem. Abs. 2 im Einvernehmen mit dem BMWi ergehen. Bei Rechtsverordnungen, die radioaktive oder unter Verwendung ionisierender Strahlen hergestellte Arzneimittel betreffen, müssen diese im Einvernehmen mit dem BMU erlassen werden. Rechtsverordnungen, die Tierarzneimittel betreffen, sind im Einvernehmen mit dem BMEL zu erlassen. Erforderlich ist außerdem in allen Fällen die Zustimmung des Bundesrates.

§ 36 Ermächtigung für Standardzulassungen

(1) [1]Das Bundesministerium wird ermächtigt, nach Anhörung von Sachverständigen durch Rechtsverordnung mit Zustimmung des Bundesrates bestimmte Arzneimittel oder Arzneimittelgruppen oder Arzneimittel in bestimmten Abgabeformen von der Pflicht zur Zulassung freizustellen, soweit eine unmittelbare oder mittelbare Gefährdung der Gesundheit von Mensch oder Tier nicht zu befürchten ist, weil die Anforderungen an die erforderliche Qualität, Wirksamkeit und Unbedenklichkeit erwiesen sind. [2]Die Freistellung kann zum Schutz der Gesundheit von Mensch oder Tier von einer bestimmten Herstellung, Zusammensetzung, Kennzeichnung, Packungsbeilage, Fachinformation oder Darreichungsform abhängig gemacht sowie auf bestimmte Anwendungsarten, Anwendungsgebiete oder Anwendungsbereiche beschränkt werden. [3]Die Angabe weiterer Gegenanzeigen, Nebenwirkungen und Wechselwirkungen durch den pharmazeutischen Unternehmer ist zulässig.

(2) [1]Bei der Auswahl der Arzneimittel, die von der Pflicht zur Zulassung freigestellt werden, muss den berechtigten Interessen der Arzneimittelverbraucher, der Heilberufe und der pharmazeutischen Industrie Rechnung getragen werden. [2]In der Wahl der Bezeichnung des Arzneimittels ist der pharmazeutische Unternehmer frei.

(3) Die Rechtsverordnung nach Absatz 1 ergeht im Einvernehmen mit dem Bundesministerium für Wirtschaft und Energie und, soweit es sich um radioaktive Arzneimittel und um Arzneimittel handelt, bei deren Herstellung ionisierende Strahlen verwendet werden, im Einvernehmen mit dem Bundesministerium für Umwelt, Naturschutz, Bau und Reaktorsicherheit und, soweit es sich um Arzneimittel handelt, die zur Anwendung bei Tieren bestimmt sind, im Einvernehmen mit dem Bundesministerium für Ernährung und Landwirtschaft.

(4) [1]Vor Erlass der Rechtsverordnung nach Absatz 1 bedarf es nicht der Anhörung von Sachverständigen und der Zustimmung des Bundesrates, soweit dies erforderlich ist, um Angaben zu Gegenanzeigen, Nebenwirkungen, Wechselwirkungen, Dosierungen, Packungsgrößen und Vorsichtsmaßnahmen für die Anwendung unverzüglich zu ändern und die Geltungsdauer der Rechtsverordnung auf längstens ein Jahr befristet ist. [2]Die Frist kann bis zu einem weiteren Jahr einmal verlängert werden, wenn das Verfahren nach Absatz 1 innerhalb der Jahresfrist nicht abgeschlossen werden kann.

(5) [1]Die der Rechtsverordnung nach Absatz 1 zugrunde liegenden Monographien sind von der zuständigen Bundesoberbehörde regelmäßig zu überprüfen und soweit erforderlich, an den jeweils gesicherten Stand der Wissenschaft und Technik anzupassen. [2]Dabei sind die Monographien daraufhin zu prüfen, ob die Anforderungen an die erforderliche Qualität, Wirksamkeit und Unbedenklichkeit einschließlich eines positiven Nutzen-Risiko-Verhältnisses, für die von der Pflicht zur Zulassung freigestellten Arzneimittel, weiterhin als erwiesen gelten können.

Wichtige Änderungen der Vorschrift: Abs. 3 geändert durch Art. 10 Nr. 3 der Fünften Zuständigkeitsanpassungs-Verordnung vom 26.2.1993 (BGBl. I S. 279); Abs. 1 S. 1 und Abs. 3 geändert durch Art. 1 Nr. 55 des Fünften Gesetzes zur Änderung des Arzneimittelgesetzes vom 9.8.1994 (BGBl. I S. 2082); Abs. 5 eingefügt durch Art. 1 Nr. 37 des Gesetzes zur Änderung der arzneimittelrechtlichen Vorschriften vom 19.7.2009 (BGBl. I S. 1991); Abs. 4 S. 1 geändert durch Art. 1 Nr. 29 des Zweiten Gesetzes zur Änderung arzneimittelrechtlicher und anderer Vorschriften vom 19.10.2012 (BGBl. I S. 2192), Abs. 3 geändert durch Art. 52 Nr. 7 Zehnte ZustAnpV vom 31.8.2015 (BGBl. I S. 1474).

A. Allgemeines

Abs. 1 ermächtigt das Bundesministerium, unter bestimmten Voraussetzungen Arzneimittel von der **1** Zulassungspflicht durch Rechtsverordnung mit Zustimmung des Bundesrats freizustellen (sog. Standardzulassungen). Dabei ist den Interessen der Verbraucher, der Heilberufe und der pharmazeutischen Industrie Rechnung zu tragen (Abs. 2). Für bestimmte Arzneimittel ist für den Verordnungserlass das Einvernehmen des betroffenen Bundesministeriums einzuholen (Abs. 3). Unter gewissen Voraussetzungen kann von der Anhörung von Sachverständigen und der Zustimmung des Bundesrats vor dem Erlass der Rechtsverordnung abgesehen werden (Abs. 4). Nach Abs. 5 sind die der Rechtsverordnung zugrunde liegenden Monographien von der zuständigen Bundesoberbehörde regelmäßig zu überprüfen und nach Erforderlichkeit dem jeweiligen gesicherten Stand der Wissenschaft und Technik anzupassen.

B. Ermächtigungsgrundlage für Standardzulassungen (Abs. 1)

I. Allgemein

Im Rahmen der Neuordnung des Arzneimittelrechts wurde die Zulassungspflicht für Fertigarznei- **2** mittel eingeführt und damit das bis dahin bestehende Registrierungsverfahren abgelöst. Das Inverkehrbringen von Fertigarzneimitteln wurde von der Erteilung einer vorherigen behördlichen Erlaubnis abhängig gemacht. Gleichzeitig wurde die Ermächtigung zur Freistellung bestimmter Arzneimittel von der **Zulassungspflicht** durch Rechtsverordnung eingeführt. Damit sollte eine Entlastung der Zulassungsbehörde von vermeidbarer Mehrarbeit erreicht werden, die die Einreichung einer Vielzahl von Anträgen für gleichartige Arzneimittel verschiedener Antragsteller eingetreten wäre.

Die Möglichkeit der **Befreiung** von der Pflicht zur Zulassung durch **Rechtsverordnung** entspricht **3** dem mit der Neuordnung des Arzneimittelrechts eingeführten Prinzip der **präventiven Arzneimittelkontrolle.** Das Inverkehrbringen von Arzneimitteln steht grundsätzlich unter dem Vorbehalt der behördlichen Genehmigung, die erst nach Prüfung präparatespezifischer Unterlagen auf Qualität, Wirksamkeit und Unbedenklichkeit erteilt wird. Im Rahmen des Erlasses der Rechtsverordnung nach § 36 kann für eine Vielzahl gleichartiger Arzneimittel eine Präventivkontrolle durchgeführt werden, ohne dass es einer Einzelfallentscheidung bedarf.

Durch die § 36 geschaffene Möglichkeit der Befreiung von der Zulassungspflicht wird das Prinzip **4** der präventiven Kontrolle grundsätzlich aufrechterhalten. Die Kontrolle erfolgt allerdings ausnahmsweise nicht präparatespezifisch, sondern für eine **Gruppe gleichartiger Arzneimittel.**

Auf Grundlage der Verordnungsermächtigung nach Abs. 1 sind ca. 260 verschiedene Arzneimittel von **5** der Pflicht zur Zulassung freigestellt. Es handelt sich um ca. 17 Tierarzneimittel und ca. 245 Humanarzneimittel. Die Zahl der apothekenpflichtigen Humanarzneimittel entspricht in etwa der Zahl der freiverkäuflichen Humanarzneimittel. Die Freistellungen werden von pharmazeutischen Unternehmern genutzt, um ca. 4.500 verschiedene Präparate in Verkehr zu bringen[1].

Nach § 67 V besteht für pharmazeutische Unternehmer die Verpflichtung, das Inverkehrbringen eines **6** apothekenpflichtigen Arzneimittels unverzüglich der zuständigen Bundesoberbehörde anzuzeigen. Der Inhalt der Anzeige ist in § 67 V 2 festgelegt. Danach sind mit der Anzeige die Bezeichnung des Arzneimittels sowie dessen nicht wirksame Bestandteile anzugeben, soweit diese nicht in der VO nach § 36 festgelegt sind. Darüber hinaus ist der Hersteller anzuzeigen.

---

[1] Angaben des BfArM abrufbar unter www.bfarm.de, die jedoch z. T. durch Streichungen sog. Standardzulassungen überholt sind.

7 Arzneimittel, die durch VO nach § 36 von der Zulassungspflicht freigestellt sind, unterliegen nach § 84 I 1 der **Gefährdungshaftung**². Nach § 94 I 1 besteht für den pharmazeutischen Unternehmer die Pflicht zur Deckungsvorsorge³.

8 Für Arzneimittel, die von der Zulassungspflicht aufgrund einer VO nach § 36 befreit sind, konnten bis zu der im Jahre 2009 vorgenommenen Streichung des § 25 II 1 Nr. 8 keine Individualzulassungen beantragt werden. Das Bestehen einer Freistellung von der Zulassungspflicht war als Versagungsgrund für eine Individualzulassung normiert. Nach der Streichung dieses Zulassungsversagungsgrundes ist das Bestehen einer Freistellung von der Zulassungspflicht kein Hindernis mehr für die Beantragung einer Individualzulassung⁴. Diese soll ausweislich der Begründung zum Gesetzesentwurf ausdrücklich mit der Streichung des entsprechenden Versagungsgrundes vielmehr ausdrücklich ermöglicht werden⁵.

9 Bei Beantragung einer Individualzulassung für ein Arzneimittel, das von der Verpflichtung zur Zulassung nach § 36 freigestellt ist, müssen grundsätzlich die nach § 22 erforderlichen Unterlagen eingereicht werden. Bei Beurteilung der eingereichten Unterlassungsunterlagen sind allerdings die Inhalte der VO zur Freistellung von der Zulassungspflicht bzw. die Inhalte der entsprechenden Monographien zu berücksichtigen. Die inhaltlichen Feststellungen im Rahmen einer Standardzulassung sind – da sie im Wege der Rechtsverordnung bekannt gemacht werden – zumindest hinsichtlich der getroffenen Bewertungen verbindlich und auch bei der Entscheidung über beantragte Individualzulassungen zu beachten.⁶ Sprechen neue wissenschaftliche Erkenntnisse aus behördlicher Sicht gegen die Anwendung der bei Erlass der Standardzulassung getroffenen Bewertungen, kann dies nicht allein bei der zu bewertenden Individualzulassung berücksichtigt werden, sondern muss zur Anpassung der entsprechenden Standardzulassung führen⁷.

II. Verordnungsermächtigung

10 Für die **Verordnung zur Freistellung von der Zulassungspflicht** ist Abs. 1 die erforderliche **Verordnungsermächtigung.** Danach wird das BMG zum Erlass einer entsprechenden Rechtsverordnung ermächtigt. Die Rechtsverordnung bedarf der Zustimmung des Bundesrates. Vorauszugehen hat der die Anhörung von Sachverständigen.

III. Sachverständigenausschuss

11 Die anzuhörenden Sachverständigen sind Mitglieder eines Ausschusses, der nach Vorgabe des § 53 I errichtet wird (s. dazu § 53 Rn. 6). Die Errichtung erfolgt durch das BMG im Wege der Rechtsverordnung, die einer Zustimmung des Bundesrates nicht bedarf (§ 53 I 1). Mit der **VO zur Errichtung von Sachverständigen-Ausschüssen für Standardzulassungen, Apothekenpflicht und Verschreibungspflicht von Arzneimitteln** (AMSachvV) ist der nach Abs. 1 S. 1 vor Erlass der Standardzulassungen zu hörende Ausschuss errichtet worden. Aufgabe des Sachverständigenausschusses ist die Beratung des Verordnungsgebers insbes. im Hinblick auf das Vorliegen der Voraussetzungen nach S. 1 und der Erfordernisse nach S. 2. Außerdem soll der Ausschuss den Verordnungsgeber zur Beachtung der Interessen nach Abs. 2 beraten.

12 Während der Ausschuss bis zur Einführung des § 5 III AMSachvV nach der **Geschäftsordnung** der Ausschüsse für Standardzulassungen, Apothekenpflicht und Verschreibungspflicht (AMSachvGO) arbeitete, die als Anlage zur AMSachvV veröffentlicht wurde und damit den Normcharakter der Verordnung teilte, gibt sich der Ausschuss eine eigene Geschäftsordnung, die vom BfArM auf dessen Internetseite mit Genehmigung des BMEL veröffentlicht wird. Die bisherige Geschäftsordnung ist so lange weiter zu verwenden, bis die neue Geschäftsordnung bekanntgemacht wurde, vgl. § 6 AMSachvV. Soweit ersichtlich, ist eine neue Geschäftsordnung bislang nicht bekanntgemacht worden. Die daher noch geltende Geschäftsordnung, die am 19.3.2013 in Kraft war, sieht vor, dass der Ausschuss in nicht öffentlicher Sitzung unter Leitung des Vorsitzenden tagt. Vorsitzender ist nach § 5 I AMSachvV der Direktor des BfArM. Der Ausschuss entscheidet über die Empfehlung an das BMG mit der Mehrheit der abgegebenen Stimmen. Gem. § 2 I 2 AMSachvGO ist der Ausschuss beschlussfähig, wenn seine Mitglieder geladen und die Hälfte der Mitglieder anwesend sind. In dringenden Fällen sieht § 2 I 3 AMSachvGO die Möglichkeit der schriftlichen Umfrage vor. Den Mitgliedern des Ausschusses soll zwei Wochen vor der Ausschusssitzung eine schriftliche Ausarbeitung zu den medizinischen und pharmazeutischen Aspekten der zur Beratung stehenden Arzneimittel zugeleitet werden (§ 3 AMSachvGO). Für dringende Fälle sieht die Geschäftsordnung eine Beratung auf der Grundlage einer erst zur jeweiligen Ausschusssitzung vorgelegten Ausarbeitung vor.

---

² *Fleischfresser*, in: Fuhrmann/Klein/Fleischfresser, § 6 Rn. 16.
³ *Kloesel/Cyran*, § 36 Anm. 6.
⁴ *Fleischfresser*, in: Fuhrmann/Klein/Fleischfresser, § 6 Rn. 15.
⁵ BT-Drucks. 16/12256, S. 49.
⁶ Vgl. *OVG Münster*, Urt. v. 11.2.2009 – 13 A 2150/06 – BeckRS 2009, 31963; *Fleischfresser*, in: Fuhrmann/Klein/Fleischfresser, § 6 Rn. 17.
⁷ *Fleischfresser*, in: Fuhrmann/Klein/Fleischfresser, § 6 Rn. 17.

IV. Monographie

Die Qualität, Wirksamkeit und Unbedenklichkeit der von der Rechtsverordnung nach **Abs. 1 S. 1** **13** erfassten Arzneimittel wird durch die Festlegung bestimmter **Anforderungen an die jeweiligen Arzneimittel** gewährleistet. Festgelegt werden in entsprechenden **Monographien** auf der Grundlage von **Abs. 1 S. 2** u. a. die Bezeichnung, die Zusammensetzung, die Herstellungsvorschrift, die Art des Behältnisses, die Qualitätsprüfung, die Dauer der Haltbarkeit, die Zulassungsnummer, die Kennzeichnungsangaben, die Darreichungsform, Anwendungsarten, Anwendungsgebiete, und Anwendungsbereiche[8]. Außerdem kann die Ausstattung mit einer Fachinformation angeordnet werden. Die Festsetzungen erfolgen auf Grundlage der wissenschaftlichen Erkenntnisse zu den jeweiligen Arzneimitteln.

Der pharmazeutische Unternehmer kann neben den durch die VO angeordneten Gegenanzeigen, **14** Nebenwirkungen und Wechselwirkungen **weitere Angaben** aufnehmen. Die durch **Abs. 1 S. 3** eingeräumte Möglichkeit der Aufnahme weiterer Angaben korrespondiert mit der Verantwortung des pharmazeutischen Unternehmers für die auf Grundlage einer VO nach Abs. 1 S. 1 in Verkehr gebrachten Arzneimittel. Aus dieser Verantwortung resultiert bei entsprechender neuer Erkenntnislage ggf. auch eine Verpflichtung des pharmazeutischen Unternehmers zur Aufnahme ergänzender Hinweise.[9]

Im Jahre 2009 wurde die **Kostenpflichtigkeit** der „Nutzung von Standardzulassungsmonographien" **15** eingeführt (§ 33 V, s. dazu § 33 Rn. 35 ff.). Danach ist für die Nutzung der Standardzulassungen bzw. der Monographien nach Abs. 5 ein Entgelt zu entrichten. Ab dem 7.3.2015 sind aufgrund der Änderungen durch die 3. Änderungsverordnung der AMG-Kostenverordnung[10] nach Anlage 1 Ziffer 16 Gebühren für Anzeigen nach § 67 zu entrichten. Dies betrifft die Anzeige der Nutzung von Standardzulassungen, der Änderung von genutzten Standardzulassungen und der Beendigung der Nutzung von Standardzulassungen.

C. Interessenausgleich und Bezeichnung (Abs. 2)

I. Interessenausgleich (S. 1)

Abs. 2 S. 1 fordert bei Auswahl der Arzneimittel, die nach Abs. 1 von der Zulassungspflicht frei- **16** gestellt werden, die Vornahme eines Interessenausgleichs. Dieser **Interessenausgleich** hat neben den Interessen der Arzneimittelverbraucher auch die Interessen der Heilberufe und der pharmazeutischen Industrie zu berücksichtigen. Neben dem vorrangigen Interesse an der **Sicherheit und Unbedenklichkeit** von Arzneimitteln sind daher auch **wirtschaftliche Interessen** der Industrie zu beachten. Die Interessen der Arzneimittelverbraucher an sicheren und unbedenklichen Arzneimitteln erfordert insbes. die Festlegung angemessener Herstellungsvorschriften und Qualitätsprüfungen. Die Interessen der Industrie sind vor allem durch Wahrung berechtigter Geheimhaltungsinteressen zu berücksichtigen[11].

Der Interessenausgleich gem. Abs. 2 S. 1 ist vom Verordnungsgeber vorzunehmen. Dabei kann er sich **17** auf die Beratung durch den nach Abs. 1 S. 1 anzuhörenden **Sachverständigenausschuss** stützen. Diesem gehören nach § 2 I AMSachV auch Vertreter der pharmazeutischen Industrie, der Apothekerschaft, der Reformwarenhersteller und des Einzelhandels an. Daneben sind u. a. auch Vertreter der Verbraucher und der Gewerkschaften sowie der Sozialversicherungsträger beteiligt.

II. Bezeichnung (S. 2)

Abs. 2 S. 2 gestattet dem pharmazeutischen Unternehmer, die **Bezeichnung** eines von der Zu- **18** lassungspflicht freigestellten Arzneimittels frei zu wählen. Werden auf Grundlage der Freistellungsverordnung mehrere gleichartige Arzneimittel von verschiedenen pharmazeutischen Unternehmern in Verkehr gebracht, können diese ausnahmsweise trotz identischer Zulassungsnummer mit **unterschiedlichen Bezeichnungen** in Verkehr gebracht werden.

Die Grenze für die Wahl der Bezeichnung ist das **Irreführungsgebot** in § 8 I[12]. Eine irreführende **19** Bezeichnung liegt vor, wenn die Bezeichnung geeignet ist, bei den angesprochenen Verkehrskreisen eine unrichtige Vorstellung über die **Eigenschaften des Arzneimittels** hervorzurufen[13]. Unzulässig sind danach auch Bezeichnungen, die bei den angesprochenen Verkehrskreisen zu der unrichtigen Annahme führen, dass Arzneimittel sei zur Anwendung im Rahmen bestimmter Indikationen von der Zulassungspflicht freigestellt, obwohl die VO nach Abs. 1 eine entsprechende Indikation nicht erfasst.

---

[8] Vgl. *Kloesel/Cyran,* § 36 Anm. 3.
[9] *Fleischfresser,* in: Fuhrmann/Klein/Fleischfresser, § 6 Rn. 16; *Kloesel/Cyran,* § 36 Anm. 5.
[10] Vgl. Art. 1 der Verordnung v. 3.3.2015 (BGBl. I S. 195).
[11] Vgl. *Rehmann,* § 36 Rn. 6.
[12] *Rehmann,* § 36 Rn. 7.
[13] Zu irreführenden Arzneimittelbezeichnungen vgl. *OVG Münster,* Urt. v. 12.2.2014 – 13 A 1377/13 – BeckRS 2014, 229, bestätigt durch *BVerwG,* PharmR 2015, 364; dazu umfassend auch *Lau,* in: Fuhrmann/Klein/Fleischfresser, § 10 Rn. 295 ff.; *Heßhaus/Pannenbecker,* PharmR 2001, 382 ff.

D. Verordnungszuständigkeit und Verfahren (Abs. 3)

20   Verordnungen nach Abs. 1 müssen grundsätzlich im Einvernehmen mit dem BMWi erlassen werden. Vor Erlass einer VO zur Freistellung eines **radioaktiven Arzneimittels** oder bei der Herstellung mit **ionisierenden Strahlen behandelten Arzneimittels** von der Zulassungspflicht ist Einvernehmen mit dem BMU herzustellen. Bei Freistellung von Tierarzneimitteln muss außerdem Einvernehmen mit dem BMEL hergestellt werden.

E. Befristete Änderungsverordnungen (Abs. 4)

I. Ausnahme von Abs. 1 (S. 1)

21   **Ausnahmsweise** und abweichend von den Vorgaben nach Abs. 1 kann das BMG als zuständiges Bundesministerium eine Rechtsverordnung nach Abs. 1 auch **ohne** vorherige **Sachverständigenanhörung** und **ohne Zustimmung des Bundesrates** erlassen. Zulässig ist dies, wenn die unverzügliche Änderung von Gegenanzeigen, Nebenwirkungen oder Wechselwirkungen erforderlich ist **(Abs. 4 S. 1).** Seit der Änderung des Abs. 4 S. 1 im Jahre 2012[14] ist eine entsprechende Änderung ohne Sachverständigenanhörung und ohne Zustimmung des Bundesrates auch möglich bei einer Änderung der Angaben zu **Dosierungen, Packungsgrößen** und **Vorsichtsmaßnahmen** für die Anwendung. Dieses Erfordernis ist nur anzunehmen, wenn Arzneimittelrisiken bekannt werden, denen mit der entsprechenden Änderung begegnet werden kann, und wenn der durch das Anhörungs- und Zustimmungsverfahren eintretende zeitliche Verzug aus Gründen der Arzneimittelsicherheit nicht hinzunehmen ist.

22   Die zeitliche Geltung einer nach Abs. 4 S. 1 erlassenen Rechtsverordnung bzw. Änderungsverordnung ist auf ein Jahr beschränkt. Die **zeitliche Beschränkung** dient als Korrektiv für den Verzicht auf das grundsätzlich erforderliche Anhörungs- und Zustimmungsverfahren. Während der beschränkten Geltungsdauer sind das Anhörungs- und das Zustimmungsverfahren nachzuholen.

II. Verlängerung der Frist (S. 2)

23   Sollten die Verfahren nicht innerhalb der nach Abs. 4 S. 1 befristeten Geltungsdauer abgeschlossen sein, kann die Geltungsdauer um maximal ein weiteres Jahr verlängert werden. Voraussetzung für die **Verlängerung der befristeten Geltungsdauer** nach **Abs. 4 S. 2** ist, dass Anhörungs- und Zustimmungsverfahren eingeleitet wurden. Wurden die Verfahren während der nach Abs. 4 S. 1 befristeten Geltungsdauer nicht eingeleitet, ist eine Verlängerung der Befristung nach Abs. 4 S. 2 ausgeschlossen. Eine weitere Verlängerung ist unzulässig.

F. Prüfung und Anpassung von Monographien (Abs. 5)

24   Abs. 5 verpflichtet die zuständige Bundesoberbehörde zur regelmäßigen **Überprüfung** der Standardzulassungsmonographien, um die Arzneimittelsicherheit entsprechender Produkte zu gewährleisten[15]. Die Überprüfung muss auf die Übereinstimmung der **Monographieinhalte** mit dem Stand der Wissenschaft und Technik gerichtet sein **(Abs. 5 S. 1).** Nach **Abs. 5 S. 2** ist zu prüfen, ob die Anforderungen an die erforderliche Qualität, Wirksamkeit und Unbedenklichkeit einschließlich eines positiven Nutzen-Risiko-Verhältnisses für das jeweils monographierte Produkt weiterhin als erwiesen gelten können.

25   Stellt die Behörde fest, dass die Monographie nicht mehr dem Stand der Wissenschaft und Technik entspricht, muss der Inhalt **angepasst** werden. Ist eine Angleichung an den Stand der Wissenschaft und Technik im Einzelfall nicht möglich, muss u. U. eine **Aufhebung** der Monographie erfolgen.

26   Bei der Überprüfung ist ein **objektiver Maßstab** heranzuziehen. Ausweislich der Gesetzesbegründung sollen bei der Überprüfung der Monographien keine geringeren Anforderungen gestellt werden als an eine Zulassung nach § 21[16]. Aus dem Sinn und Zweck des Abs. 5, die Arzneimittelsicherheit zu gewährleisten, ergibt sich, dass auch keine strengeren Anforderungen als an eine Zulassung nach § 21 gestellt werden dürfen, da die dort normierten Kriterien nach der Wertung des Gesetzgebers zur Sicherstellung der Arzneimittelsicherheit ausreichend sind[17]. Die Überprüfung ist darauf gerichtet, ob die im Einzelnen in Abs. 5 aufgeführten Anforderungen als erwiesen gelten können. Nicht erforderlich ist danach der positive Nachweis, dass die Anforderungen erfüllt sind.

---

[14] Vgl. Art. 1 Nr. 29 des Zweiten Gesetzes zur Änderung arzneimittelrechtlicher und anderer Vorschriften (BGBl. I S. 2200).
[15] BT-Drucks. 16/12256, S. 50.
[16] BT-Drucks. 16/12256, S. 50.
[17] Ähnlich auch *Kloesel/Cyran*, § 36 Anm. 4.

Für die Nutzer der Monographien besteht **kein Anspruch** auf Änderung bzw. Anpassung der Mono- 27
graphien nach Abs. 5[18].

§ 37 Genehmigung der Europäischen Gemeinschaft oder der Europäischen Union für das Inverkehrbringen, Zulassungen von Arzneimitteln aus anderen Staaten

(1) [1]Die von der Europäischen Gemeinschaft oder der Europäischen Union gemäß der Verordnung (EG) Nr. 726/2004 auch in Verbindung mit der Verordnung (EG) Nr. 1901/2006 oder der Verordnung (EG) Nr. 1394/2007 erteilte Genehmigung für das Inverkehrbringen steht, soweit in den §§ 11a, 13 Abs. 2a, § 21 Abs. 2 und 2a, §§ 40, 56, 56a, 58, 59, 67, 69, 73, 84 oder 94 auf eine Zulassung abgestellt wird, einer nach § 25 erteilten Zulassung gleich. [2]Als Zulassung im Sinne des § 21 gilt auch die von einem anderen Staat für ein Arzneimittel erteilte Zulassung, soweit dies durch Rechtsverordnung des Bundesministeriums bestimmt wird.

(2) [1]Das Bundesministerium wird ermächtigt, eine Rechtsverordnung nach Absatz 1, die nicht der Zustimmung des Bundesrates bedarf, zu erlassen, um eine Richtlinie des Rates durchzuführen oder soweit in internationalen Verträgen die Zulassung von Arzneimitteln gegenseitig als gleichwertig anerkannt wird. [2]Die Rechtsverordnung ergeht im Einvernehmen mit dem Bundesministerium für Ernährung und Landwirtschaft, soweit es sich um Arzneimittel handelt, die zur Anwendung bei Tieren bestimmt sind.

Änderungen der Vorschrift: Abs. 1 S. 1 geändert durch Art. 1 Nr. 38 des Gesetzes zur Änderung arzneimittelrechtlicher und anderer Vorschriften vom 17.7.2009 (BGBl. I S. 1990); Abs. 1 S. 1 geändert durch Art. 1 Nr. 30 des Zweiten Gesetzes zur Änderung arzneimittelrechtlicher und anderer Vorschriften vom 19. Oktober 2012 (BGBl. I. S. 2192).

Europarechtliche Vorgaben: VO (EG) Nr. 726/2004.

A. Inhalt und Zweck (Abs. 1 und 2)

Der mit der 7. AMG-Novelle eingeführte **Abs. 1 S. 1** bestimmt, dass die im **zentralisierten Ver-** 1
fahren nach der VO (EG) Nr. 726/2004 von der Kommission oder vom Rat erteilten Zulassungen einer nach § 25 von der zuständigen Bundesoberbehörde erteilten nationalen Zulassung gleichstehen. Mit der **15. AMG-Novelle** wurde verdeutlicht, dass diese Gleichstellung auch für die im zentralisierten Verfahren erteilten Zulassungen für Kinderarzneimittel nach der VO (EG) Nr. 1901/2006 und für Arzneimittel für neuartige Therapien der VO (EG) Nr. 1394/2007 gilt. Im Übrigen können sonstige von einem anderen Staat erteilte Zulassungen gem. **Abs. 1 S. 2** nur durch **Rechtsverordnung** des Bundesministeriums den nationalen Zulassungen gleichgestellt werden.

Nach **Abs. 2** soll die entsprechende Rechtsverordnung, die nicht der Zustimmung des Bundesrates 2
bedarf, insbes. der Umsetzung einer in internationalen Verträgen geregelten gegenseitigen Anerkennung von Zulassungen dienen. Derartige Verträge hat die Bundesrepublik Deutschland indessen noch nicht geschlossen. Angesichts der voranschreitenden Harmonisierung innerhalb der EU und insbes. wegen der europäischen Zulassungsverfahren wird diese Bestimmung weitgehend ohne praktische Bedeutung bleiben[1].

B. Das zentralisierte Zulassungsverfahren[2]

Nach Art. 90 I ist Titel IV der VO (EG) Nr. 726/2004 mit den Bestimmungen über die Zuständigkeit 3
und die Struktur der EMEA (nunmehr EMA) am 20.5.2004 in Kraft getreten. Die übrigen Vorschriften der VO finden seit dem 20.11.2005 Anwendung. Mit Art. 88 der VO wurde die VO (EWG) Nr. 2309/93, die bis dahin die Bestimmungen zum zentralisierten Verfahren und zur EMEA enthalten hatte, aufgehoben (s. dazu und zur Entwicklung des Europäischen Zulassungssystems Vor § 21 Rn. 4 ff.). Gem. Art. 90 III ist die VO in allen ihren Teilen verbindlich und gilt unmittelbar in jedem Mitgliedstaat. Die neue VO hat das zentralisierte Verfahren als solches nicht grundlegend geändert, aber den Anwendungsbereich erheblich ausgeweitet.

---

[18] *Fleischfresser*, in: Fuhrmann/Klein/Fleischfresser, § 6 Rn. 17.
[1] *Rehmann*, § 37 Rn. 2; *Fleischfresser*, in: Fuhrmann/Klein/Fleischfresser, § 6 Rn. 45.
[2] Vgl. ausführlich zum zentralisierten Zulassungsverfahren *Lorenz*, S. 146 ff.; *Friese*, in: Dieners/Reese, § 5 Rn. 67 ff.; *Friese/Jentges/Muazzam*, Part A, Chapter 6.1; *Kloesel/Cyran*, § 21 Anm. 78 ff.

I. Anwendungsbereich

4   Nach Art. 3 Abs. 1 VO (EG) Nr. 726/2004 darf ein unter den **Anhang** fallendes Arzneimittel innerhalb der Gemeinschaft nur in den Verkehr gebracht werden, wenn die Zulassung von der Gemeinschaft
nach der VO erteilt worden ist. Für die im Anhang genannten Arzneimittel ist das zentralisierte Verfahren
zwingend vorgeschrieben, nationale Zulassungsbehörden sind für die Zulassung dieser Arzneimittel
unzuständig.

5   Nach Nr. 1 des Anhangs, der Teil A des Anhangs der Vorgängerverordnung entspricht, findet das
zentralisierte Verfahren **zwingend Anwendung** auf **biotechnologisch hergestellte Arzneimittel**, bei
deren Herstellung ein im Anhang beschriebenes Verfahren verwendet wird. Die mit der VO (EG)
Nr. 1394/2007 eingeführte Nr. 1a weitet den obligatorischen Anwendungsbereich auf **Arzneimittel
für neuartige Therapien** aus. Nr. 2 enthält eine Regelung für Tierarzneimittel. Gem. Nr. 3 des
Anhangs ist das zentralisierte Verfahren zudem obligatorisch für diejenigen Humanarzneimittel, die einen
neuen Wirkstoff[3] enthalten, der bei Inkrafttreten der VO noch nicht in der Gemeinschaft zugelassen
war und dessen Indikation die Behandlung des erworbenen Immundefizienz-Syndroms, von Krebs,
neurodegenerativen Erkrankungen wie beispielsweise die Parkinson- oder Alzheimer-Erkrankung oder
von Diabetes ist. Mit Wirkung vom 20.5.2008 ist die zwingende Anwendung des zentralisierten Verfahrens auf Humanarzneimittel mit neuen Wirkstoffen zur Behandlung von Autoimmunerkrankungen
und anderen Immunschwächen sowie von Viruserkrankungen ausgeweitet worden. Ebenso ist das Verfahren nach Nr. 4 des Anhangs verpflichtend für die gem. der VO (EG) Nr. 141/2000 ausgewiesenen
Arzneimittel für seltene Leiden (sog. **Orphan Drugs**). Die Notice to Applicants[4] und insbesondere ein
am 13.12.2007 vom CHMP verabschiedetes **Dokument**[5] enthalten detaillierte Definitionen der im
Anhang der VO genannten und damit ausschließlich zentral zuzulassenden Arzneimitteln bzw. Indikationen.

6   Mit der in Nr. 3 letzter Abs. des Anhangs der Kommission eingeräumten Möglichkeit, nach dem
20.5.2008 dem Rat geeignete Vorschläge für eine Ausweitung des zentralen Verfahrens auf neue Arzneimittel zur Behandlung weiterer Erkrankungen zu unterbreiten, wird die **„Zentralisierung"** des Zulassungsrechts voranschreiten. Nationale Behörden verlieren zunehmend die Kompetenz zur Zulassung
vor allem neuer Arzneimittel an Gemeinschaftsgremien (s. Vor § 21 Rn. 8)[6].

7   Gem. Art. 3 II VO (EG) Nr. 726/2004 können auf Antrag des Antragstellers Arzneimittel mit neuen
Wirkstoffen sowie Arzneimittel mit bedeutenden therapeutischen, wissenschaftlichen oder technischen
Innovationen und Arzneimittel mit besonderem Interesse für die Patienten **fakultativ zentral** zugelassen
werden. Grundvoraussetzung für den fakultativen Zugang von Arzneimitteln zum zentralen Verfahren ist
ausweislich des 9. Erwägungsgrundes der VO, dass die Anwendung eines einheitlichen Verfahrens einen
Mehrwert für den Patienten erbringt. Eine seit Dezember 2005 als Entwurf vorliegende **Kommissionsleitlinie**[7] konkretisiert diese Voraussetzung und enthält zudem die entsprechenden Verfahrensvorschriften[8]. Im fakultativen Anwendungsbereich des zentralisierten Verfahrens hat der Antragsteller die Wahl,
ob er für das Arzneimittel die Zulassung im zentralisierten Verfahren oder aber in nationalen Verfahren
(einzelstaatlich, gegenseitige Anerkennung oder dezentralisiertes Verfahren) beantragt. Ist aber für das
betreffende Arzneimittel eine Unionszulassung erteilt worden, kann dieses Arzneimittel nicht mehr
Gegenstand einer späteren (oder früheren) nationalen (einschließlich der beiden dezentralen) Zulassung
sein[9].

8   **Generika** von zentral zugelassenen Referenzarzneimitteln können gleichfalls im zentralisierten Verfahren und unter den Voraussetzungen des Art. 3 III der VO wahlweise auch von nationalen Zulassungsbehörden zugelassen werden. Letzteres setzt insbesondere voraus, dass die Fachinformation des Generikums in allen einschlägigen Punkten dem von der Gemeinschaft genehmigten Arzneimittel entspricht
und dass das Generikum in allen Mitgliedstaaten, in denen der Antrag gestellt wurde, unter derselben
Bezeichnung zugelassen wird. Soweit also die Harmonisierung auf Gemeinschaftsebene erhalten bleibt,
haben die **Generikahersteller die Wahl** zwischen dem zentralisierten und dem dezentralisierten Verfahren, um eine Zulassung für das Generikum zu erhalten. Soll aber das Generikum unter mehreren
Phantasiebezeichnungen in Verkehr gebracht werden, müssen unter den besonderen Voraussetzungen des

---

[3] Anhang I der Notice to Applicants, Vol. 2 A, Kapitel 1 (Juni 2013) enthält eine Legaldefiniton eines neuen
Wirkstoffs.
[4] Notice to Applicants, Vol. 2 A, Kap. 4 (April 2006), Abschn. 1.1, 1.2. und 1.3.
[5] Scientific aspects and working definitions for the mandatory scope of the centralised procedure, abrufbar unter
http://www.ema.europa.eu.
[6] Vgl. *Lorenz*, S. 151; *Fleischfresser*, in: Fuhrmann/Klein/Fleischfresser, § Rn. 40; *Friese*, in: Dieners/Reese, § 5
Rn. 74.
[7] „Guideline concerning the optional scope of the centralised procedure in accordance with Article 3 (2) (b) of
Regulation (EC) No 726/2004", abrufbar unter http://ec.europa.eu.
[8] Vgl. auch *Lorenz*, S. 153; *Friese/Jentges/Muazzam*, Part A, Chapter 6.1.4.
[9] Notice to Applicants, Vol. 2 A, Kap. 1 (Juni 2013), Abschn. 2.2.; Mitteilung der Kommission (98/C 229/03) vom
22.7.1998, Kapitel A. 2.

Art. 82 VO (EG) Nr. 726/2004 mehrere Zulassungen beantragt werden[10]. Indessen können **Biogenerika,** die mit Hilfe eines der in Nr. 1 des Anhangs genannten biotechnologischen Verfahren hergestellt werden, nur im zentralisierten Verfahren zugelassen werden[11].

II. Das Verfahren und die Unionsentscheidung[12]

Seit der Einführung des zentralisierten Verfahrens im Jahre 1995 hat die EMA ein umfassendes, nicht **9** rechtsverbindliches Regelwerk und Hinweise zu allen relevanten Fragestellungen des gesamten Verfahrens erstellt. Diese Hinweise und Regeln sind regelmäßig in der Art von Antworten zu sog. frequently asked questions aufgebaut und sind auf der Website der EMA im Detail als Pre-authorisation bzw. Pre-submission-Guidance abrufbar[13]. Es empfiehlt sich für die Antragsteller sehr, diese Hinweise und Guidance zu berücksichtigen.

Der Antragsteller hat gem. Art. 4 I VO (EG) Nr. 726/2004 den Antrag auf Zulassung eines Arznei- **10** mittels unter Beifügung der in Art. 6 genannten Unterlagen bei der **EMA** einzureichen. Der Antragsteller sollte spätestens sieben Monate vor der Antragstellung der EMA die Intention, einen Antrag im zentralisierten Verfahren zu stellen, anzeigen und die relevanten Unterlagen und ergänzenden Informationen beibringen. In diese **vorgelagerte Dialogphase** fällt auch die Auswahl des Berichterstatters **(Rapporteur)** und des Zweitberichterstatters **(Co-Rapporteur)** sowie die Bestellung des EMA-Produkt-Teams, das die Verfahrensschritte und die jeweiligen Aktivitäten zwischen der EMA und dem Antragsteller koordiniert[14]. Die wissenschaftliche Beurteilung des Zulassungsantrags erfolgt gem. Art. 5 II VO (EG) Nr. 726/2004 durch den CHMP, der nach Art. 6 III der VO innerhalb von 210 Tagen[15] nach Eingang eines gültigen Antrags in einem Gutachten Stellung bezogen haben muss, ob die Voraussetzungen für die Erteilung einer Zulassung erfüllt sind oder nicht. Die einzelnen Verfahrensschritte einschließlich der Erarbeitung der Informationstexte in allen Amtssprachen sind mit einem entsprechenden Ablaufdiagramm in den Notice to Applicants[16] beschrieben.

Nach Art. 10 VO (EG) Nr. 726/2004 hat die Kommission innerhalb von 15 Tagen nach Erhalt des **11** Gutachtens einen Entscheidungsentwurf zu erstellen. Die Kommission erlässt sodann gem. Art. 10 II der VO innerhalb von 15 Tagen nach Abschluss des in Art. 87 III der VO genannten Verwaltungsverfahrens, das mit dem im Anerkennungsverfahren bzw. im dezentralisierten Verfahren identisch ist (s. dazu § 25b Rn. 26 f.), eine **endgültige Entscheidung.** Die Versagung einer Gemeinschaftszulassung stellt nach Art. 12 II der VO ein Verbot für das Inverkehrbringen des betr. Arzneimittels in der gesamten EU einschließlich der EWR-Vertragsstaaten Island, Liechtenstein und Norwegen[17] dar (s. auch § 24b Rn. 37). Umgekehrt ist nach Art. 13 I der VO eine im zentralisierten Verfahren erteilte Zulassung für die gesamte EU gültig. Sie umfasst die gleichen Rechte und Pflichten in jedem einzelnen Mitgliedstaat wie eine nationale Zulassung. § 37 I 1 stellt daher die zentrale Zulassung einer nationalen Zulassung gleich.

Art. 14 der VO enthält die dem nationalen Recht in § 31 weitestgehend entsprechenden Vor- **12** schriften über die **zeitliche Geltung der zentralen Zulassung.** Die zentrale Zulassung ist gem. Art. 14 I der VO für fünf Jahre gültig. Nach Art. 14 II der VO kann sie nach fünf Jahren auf der Grundlage einer von der EMA vorgenommenen Neubeurteilung des Nutzen-Risiko-Verhältnisses verlängert werden[18]. Die einmal verlängerte Zulassung gilt grundsätzlich ohne zeitliche Begrenzung (Art. 14 III der VO). Nach Abs. 4 und 5 des Art. 14 der VO wird eine zentrale Zulassung ungültig, wenn das betr. Arzneimittel innerhalb von drei Jahren nach Zulassungserteilung oder drei aufeinander folgende Jahre nicht tatsächlich in der Gemeinschaft in den Verkehr gebracht wird[19]. Nach Art. 14 VII der VO kann die Zulassung vorbehaltlich **besonderer Bedingungen** für ein Jahr erteilt werden[20]. Eine Zulassung kann ferner gem. Art. 14 VIII der VO **in Ausnahmefällen** vorbehaltlich der Verpflichtung des Antragstellers erteilt werden, besondere die Sicherheit des Arzneimittels betr. Maßnahmen und Verfahren zu schaffen.

Die Gemeinschaftsentscheidung über die Zulassung ist eine Entscheidung i. S. d. ex-Art. 249 IV EG **13** bzw. ein Beschluss i. S. v. Art. 288 IV AEUV; sie ist in allen ihren Teilen für diejenigen verbindlich, die sie

---

[10] Kloesel/Cyran, § 21 Anm. 89.
[11] Notice to Applicants, Vol. 2 A, Kap. 4 (April 2006), Abschn. 1.5.
[12] Vgl. zum Verfahren Lorenz, S. 266 ff.; Friese, in: Dieners/Reese, § 5 Rn. 80 ff.; Kloesel/Cyran, § 21 Anm. 91 ff.; Rehmann, Vor § 21 Rn. 4 ff.
[13] Abrufbar unter http://www.ema.europa.eu.
[14] Vgl. zu den verschiedenen Maßnahmen in dieser vorgelagerten Dialogphase Notice to Applicants, Vol. 2 A, Kap. 4 (April 2006), Abschn. 4.1.
[15] Im sog. beschleunigten Verfahren beträgt diese Frist nach Art. 14 IX der VO 150 Tage.
[16] Notice to Applicants, Vol. 2 A, Kap. 4 (April 2006), Abschn. 4; s. a. Friese, in: Dieners/Reese, § 5 Rn. 118.
[17] Vgl. Notice to Applicants, Vol. 2A, Kap. 4 (April 2006), Abschn. 1.
[18] Vgl. dazu die CHMP-"Guideline on the processing of renewals in the centralised procedure" v. 22.6.2012, abrufbar unter http://ec.europa.eu.
[19] Vgl. dazu die entsprechenden EMA-Question and Answer-Papers v. 23.2.2006, abrufbar unter http://www.ema.europa.eu.
[20] Vgl. dazu die VO (EG) Nr. 507/2006.

bezeichnen, also für den Antragsteller. Gegen die Zulassungsversagung kann der Antragsteller gem. Art. 263 AEUV **Nichtigkeitsklage** innerhalb von zwei Monaten nach Bekanntgabe der Entscheidung beim EuG erheben[21].

14   Zentral zugelassene Arzneimittel unterliegen gem. Art. 14 XI VO (EG) Nr. 726/2004 einem Unterlagenschutz mit den sog. **8+2+1-Schutzfristen** (s. § 24b Rn. 11)**.** Die Übertragung einer zentralen Zulassung richtet sich nach der VO (EG) Nr. 2141/96 (s. dazu Vor § 21 Rn. 17).

---

[21] *Rehmann,* Vor § 21 Rn. 10; *Kloesel/Cyran,* § 21 Anm. 104; *v. Czettritz,* PharmR 2000, 202; vgl. insgesamt zu den Rechtsschutzmöglichkeiten einschließlich des einstweiligen Rechtsschutzes *Lorenz,* S. 397 ff.; *Collatz,* Die neuen europäischen Zulassungsverfahren, S. 134 ff. (noch zur Vorgänger-VO).

Fünfter Abschnitt. Registrierung von Arzneimitteln

§ 38 Registrierung homöopathischer Arzneimittel

(1) [1]Fertigarzneimittel, die Arzneimittel im Sinne des § 2 Abs. 1 oder Abs. 2 Nr. 1 sind, dürfen als homöopathische Arzneimittel im Geltungsbereich dieses Gesetzes nur in den Verkehr gebracht werden, wenn sie in ein bei der zuständigen Bundesoberbehörde zu führendes Register für homöopathische Arzneimittel eingetragen sind (Registrierung). [2]Einer Zulassung bedarf es nicht; § 21 Abs. 1 Satz 2 und Abs. 3 findet entsprechende Anwendung. [3]Einer Registrierung bedarf es nicht für Arzneimittel, die von einem pharmazeutischen Unternehmer in Mengen bis zu 1 000 Packungen in einem Jahr in den Verkehr gebracht werden, es sei denn, es handelt sich um Arzneimittel,

1. die Zubereitungen aus Stoffen gemäß § 3 Nr. 3 oder 4 enthalten,
2. die mehr als den hundertsten Teil der in nicht homöopathischen, der Verschreibungspflicht nach § 48 unterliegenden Arzneimitteln verwendeten kleinsten Dosis enthalten oder
3. bei denen die Tatbestände des § 39 Abs. 2 Nr. 3, 4, 5, 6, 7 oder 9 vorliegen.

(2) [1]Dem Antrag auf Registrierung sind die in den §§ 22 bis 24 bezeichneten Angaben, Unterlagen und Gutachten beizufügen. [2]Das gilt nicht für die Angaben über die Wirkungen und Anwendungsgebiete, für die Unterlagen und Gutachten über die klinische Prüfung sowie für Angaben nach § 22 Absatz 2 Nummer 5 und 5a und Absatz 7 Satz 2. [3]Die Unterlagen über die pharmakologisch-toxikologische Prüfung sind vorzulegen, soweit sich die Unbedenklichkeit des Arzneimittels nicht anderweitig, insbesondere durch einen angemessen hohen Verdünnungsgrad ergibt. [4]§ 22 Absatz 1a gilt entsprechend.

Wichtige Änderungen der Vorschrift: Abs. 2 S. 2 geändert und S. 3 eingefügt durch Art. 1 Nr. 2 des Gesetzes zur Änderung arzneimittelrechtlicher Vorschriften vom 15.4.2005 (BGBl. I S. 1068); Abs. 2 S. 1 und 2 geändert und S. 4 angefügt durch Art. 1 Nr. 39 des Gesetzes zur Änderung arzneimittelrechtlicher und anderer Vorschriften vom 17.7.2009 (BGBl. I S. 1990).

Europarechtliche Vorgaben: Art. 13, 14 RL 2001/83/EG; Art. 16, 17 RL 2001/82/EG.

Literatur: *Keller/Greiner/Stockebrand*, Homöopathische Arzneimittel, Materialien zur Bewertung, 1995; *Kirchner/Werner/Knöss*, Wirksamkeit, Unbedenklichkeit und Qualität homöopathischer Arzneimittel, A&R 2010, 108; *Müller/Buck*, Vorerst keine vereinfachte Registrierung von Anthroposophika, StoffR 2008, 45; *Pannenbecker*, Die allgemeine Bekanntheit der Anwendung als homöopathisches Arzneimittel i. S. d. § 39 Abs. 2 Nr. 7a AMG als K. O.-Kriterium bei der Registrierung?, PharmR 2004, 181; *Pannenbecker/Natz*, Defizite der 14. AMG-Novelle im Hinblick auf homöopathische Humanarzneimittel, PharmR 2005, 266; *Zuck*, Homöopathie und Verfassungsrecht, 2004.

Übersicht

A. Allgemeines

I. Inhalt

1   Abs. 1 S. 1 eröffnet für homöopathische Arzneimittel (§ 4 XXVI) alternativ zum Zulassungsverfahren ein **Registrierungsverfahren.** Aufgrund der sog. 1.000er-Regelung ist für bestimmte Arzneimittel keine Registrierung erforderlich, wenn der pharmazeutische Unternehmer jährlich nicht mehr als 1.000 Packungen in den Verkehr bringt (Abs. 1 S. 3).

2   Abs. 2 bestimmt unter Verweis auf die Zulassungsvorschriften, welche Unterlagen dem Antrag auf Registrierung beizufügen sind. Es bedarf anders als im Zulassungsverfahren keines Nachweises der therapeutischen Wirksamkeit.

II. Zweck

3   Die Homöopathie stellt eine kontrovers diskutierte[1] **besondere Therapierichtung** dar, die ihren Ursprung in den Lehren ihres Begründers Samuel Hahnemann[2] hat und die sich zwischenzeitig in unterschiedliche Richtungen ausdifferenziert hat[3]. In der sog. klassischen Homöopathie werden Einzelmittel anhand von Arzneimittelbildern nach dem Grundsatz **simila similibus curentur** – Ähnliches werde durch Ähnliches Geheilt – angewendet. Dabei wird davon ausgegangen, dass Krankheiten mit Mitteln therapiert werden können, die beim Gesunden ein der Krankheit ähnliches Symptombild hervorrufen. Zur Vermeidung unerwünschter Wirkungen in Anbetracht der mitunter bestehenden Toxizität der Stoffe im unverdünnten Zustand und – aus Sicht der Therapierichtung – zum Zwecke der Erhöhung ihres Wirkpotentials werden diese nach bestimmten Verfahren stufenweise verdünnt („potenziert")[4], wobei zwischen stark verdünnten Hochpotenzen (ab D30), bei denen Moleküle des Stoffes regelmäßig chemisch nicht mehr nachweisbar sind, mittleren Potenzen und geringer verdünnten Tiefpotenzen (bis D6) unterschieden wird.

4   Für viele homöopathische Arzneimittel kann vom Antragsteller entsprechend dem gesicherten Stand der wissenschaftlichen Erkenntnisse nicht nachgewiesen werden, dass sich mit dem Arzneimittel therapeutische Ergebnisse erzielen lassen, weshalb das **Zulassungskriterium der therapeutischen Wirksamkeit** (§ 25 II 1 Nr. 4 und II 3) nicht erfüllt werden kann. Im Gesetzgebungsverfahren des AMNOG 1976 hat der Gesetzgeber deshalb vom Nachweis objektiv nachprüfbarer Wirkungen abgesehen und für nach den Regeln der Homöopathie hergestellte Arzneimittel als Alternative zum Zulassungsverfahren das Registrierungsverfahren eröffnet[5]. Aufgrund des fehlenden Wirksamkeitsnachweises registrierter homöopathischer Arzneimittel ist in der Kennzeichnung gem. § 10 IV 1 Nr. 9 die Angabe „Registriertes homöopathisches Arzneimittel, daher ohne Angabe einer Indikation" aufzunehmen. Zudem darf nach § 5 HWG für registrierte oder von der Registrierung freigestellte Arzneimittel nicht mit der Angabe von Anwendungsgebieten geworben werden[6].

B. Registrierungspflicht (Abs. 1)

I. Registrierungsfähige Arzneimittel (S. 1)

5   Für zur Anwendung bei Menschen bestimmte homöopathische Fertigarzneimittel und infolge des Verweises auf § 21 I 2 auch für homöopathische Tierarzneimittel, die nicht an einen pharmazeutischen Unternehmer mit Herstellungserlaubnis abgegeben werden sollen, bedarf es einer behördlichen Genehmigung, bevor diese in den Verkehr gebracht werden dürfen. Diese Genehmigung kann in Form einer Registrierung erfolgen, die nach der „Klammerdefinition" des Abs. 1 S. 1 darin besteht, dass es in ein bei der zuständigen Bundesoberbehörde – bei Humanarzneimitteln dem BfArM (§ 77 I), bei Tierarzneimitteln dem BVL (§ 77 III) – zu führendes **Register für homöopathische Arzneimittel** eingetragen

---

[1] Vgl. befürwortend z. Beschl. *Zuck*, Homöopathie und Verfassungsrecht, Rn. 3 ff. Ablehnend z. Beschl. *Hopff*, Homöopathie kritisch betrachtet, 1991, S. 5 ff., 17 ff.; *Shang* et al., The Lancet, 27.8.2005, Vol. 366, S. 726 ff.
[2] Vgl. hierzu m. w. N. *Wegener*, in: Genneper/Wegener, S. 5 ff., 43.
[3] Einen Überblick bieten *Böttger/Kirchner*, in: Fuhrmann/Klein/Fleischfresser, § 4 Rn. 10 ff.
[4] Durch Potenzieren nach der homöopathischen Verfahrenstechnik werden aus konzentrierten Zubereitungen Verdünnungen und Verreibungen hergestellt. Jeweils eine Potenzierungsstufe wird im Dezimal- (1 Teil konzentrierte Zubereitung und 9 Teile Arzneiträger) oder Centisimal-Verhältnis (1 Teil konzentrierte Zubereitung und 99 Teile Arzneiträger) hergestellt. Dabei wird die Potenzierungsstufe im Dezimalverfahren mit „D" (in Deutschland infolge HAB-Terminologie weitgehend üblich), „DH" oder „X" und im Centisimalsystem mit „C" oder „CH" angegeben. Die Anzahl der Potenzierungsstufen werden durch Ziffern angegeben, vgl. Ph. Eur. Ziff. 4.04/1038. D 4 bedeutet demnach eine Verdünnung von 1 : 10.000. Neben den D- und C-Potenzen werden im HAB (Vorschrift 17) noch LM-Potenzen genannt.
[5] BT-Drucks. 7/3060, S. 52 f.
[6] Vgl. hierzu *BGH*, PharmR 2012, 211, Rn. 15 ff. – „Injectio"; *OLG Stuttgart*, WRP 2014, 731 f. Rn. 24 ff. – „Historische Anwendungsgebiete"; *OLG Hamm*, PharmR 2013, 173, 175 – „sanfte Begleiter in der Schwangerschaft".

ist. Da es sich bei der Registrierung um einen **begünstigenden Verwaltungsakt** handelt, bedarf er zum Wirksamwerden nach § 43 I VwVfG einer Bekanntmachung gegenüber dem Antragsteller. Der Antragsteller hat einen Anspruch auf die Registrierung, sofern das Arzneimittel ein nach Absatz 1 „registrierungsfähiges" Arzneimittel ist und kein Versagungsgrund gem. § 39 II vorliegt. Zwar wird § 25 V 1 in § 39 I 2 nicht ausdrücklich in das Registrierungsverfahren einbezogen, gleichwohl ergibt sich der Gegenstand der Registrierung aus den vom Antragsteller eingereichten Unterlagen[7], denn nach § 39 II Nr. 1 wird dem Antragsteller die Registrierung versagt, wenn die von ihm vorgelegten Unterlagen unvollständig sind. Die Behörde ermittelt den für das Verwaltungsverfahren maßgeblichen Sachverhalt nicht von Amts wegen, sondern zieht zur Entscheidung über den Antrag ausschließlich die vom Antragsteller vorgelegten Unterlagen heran. Dies gilt im Registrierungsverfahren aufgrund des § 39 II Nr. 1 ebenso wie im Zulassungsverfahren infolge des § 25 II 1 Nr. 1 AMG. Auch der Gegenstand der Registrierung ergibt sich mithin aus den nach §§ 38 Abs. 2, 22 Abs. 1 S. 1 AMG einzureichenden Antragsunterlagen[8] (s. hierzu auch Rn. 23 und § 39 Rn. 12).

Die Registrierung kann nach Abs. 1 S. 1 zum einen für **Fertigarzneimittel**, die Arzneimittel i. S. d. **6** § 2 I oder II Nr. 1 sind, beantragt werden. Zudem kann die Registrierung infolge des in S. 2 enthaltenen Verweises auf § 21 I 2 auch für **Tierarzneimittel** beantragt werden, die keine Fertigarzneimittel sind. Für Tierarzneimittel gilt demnach das dem Inverkehrbringen vorgeschaltete präventive Verbot mit Erlaubnisvorbehalt unabhängig davon, ob es sich um Fertigarzneimittel handelt. Es ist stets erforderlich, dass es sich bei dem Arzneimittel um ein homöopathisches Arzneimittel i. S. d. § 4 XXVI handelt. Sowohl Einzelmittel als auch mehrere Wirkstoffe enthaltende Komplexmittel sind unter den gleichen Bedingungen registrierungsfähig[9].

In § 39 II Nr. 4a, 5a, 5b und Nr. 6 sind **„absolute" Versagungsgründe** enthalten, die die Regis- **7** trierung unabhängig davon ausschließen, ob der Antragsteller für ein Arzneimittel im Einzelfall die Qualität und Unbedenklichkeit belegen kann. Dies hat für homöopathische Humanarzneimittel zur Folge, dass Arzneimittel, die nicht zur Einnahme oder zur äußerlichen Anwendung bestimmt sind (Nr. 5a), Arzneimittel, die der Verschreibungspflicht unterliegen (Nr. 6) und Arzneimittel, die eine tiefere Potenzierung als D4 oder mehr als den einhundertsten Teil der in nicht homöopathischen Arzneimitteln der Verschreibungspflicht unterliegenden Wirkstoffdosis enthalten (Nr. 5b) von vornherein nicht registrierungsfähig sind.

II. Verhältnis zur Zulassung (S. 2)

Nach **Abs. 1 S. 2, 2. Halbs.** gelten die Regelungen zur **Person des Antragstellers** in § 21 III **8** entsprechend. Demnach ist die Registrierung vom pharmazeutischen Unternehmer zu beantragen. Für Fertigarzneimittel, die in Apotheken auf Grund einheitlicher Vorschriften hergestellt und unter einheitlicher Bezeichnung an den Verbraucher abgegeben werden, ist die Registrierung vom Herausgeber der Herstellungsvorschrift zu beantragen. Wird ein Fertigarzneimittel für mehrere Apotheken hergestellt und soll es unter deren Namen und unter einer einheitlichen Bezeichnung an Verbraucher abgegeben werden, so hat der Hersteller die Registrierung zu beantragen.

Mit **Abs. 1 S. 2, 1. Halbs.,** wonach es keiner Zulassung bedarf, wird klargestellt, dass dem Antrag- **9** steller nach seiner Wahl für registrierungsfähige Arzneimittel **das Registrierungs- oder das Zulassungsverfahren alternativ** zur Verfügung stehen[10]. Aufgrund des § 39 II Nr. 8 können zugelassene Arzneimittel nicht registriert werden. Daraus lässt sich jedoch nicht umgekehrt entnehmen, dass für registrierte Arzneimittel keine Zulassung beantragt werden könnte[11]. Der Ausschluss der Zulassung für „homöopathische Arzneimittel" ergibt sich nicht aus dem Wortlaut des § 38 I 1 („dürfen als homöopathische Arzneimittel … nur in den Verkehr gebracht werden, wenn sie in ein … Register für homöopathische Arzneimittel eingetragen sind."). Es ist insofern zu beachten, dass der Bezeichnung „homöopathisches Arzneimittel" infolge der mit der 14. AMG-Novelle zum 6.9.2005 in das Gesetz aufgenommenen Legaldefinition in § 4 XXVI nicht mehr registrierten homöopathischen Arzneimitteln vorbehalten ist. Registrierung und Zulassung stehen in einem **Stufenverhältnis** zueinander: Da bei der Registrierung auf den Nachweis der therapeutischen Wirksamkeit verzichtet wird und dem Antrag ansonsten im wesentlichen die ebenso in einem Zulassungsverfahren vorzulegenden Unterlagen und Gutachten beizufügen sind, kann es für den Antragsteller erstrebenswert sein, für ein bereits im Verkehr befindliches registriertes Arzneimittel die weitergehende Zulassung zu beantragen, um dieses sodann mit der Angabe von Indikationen in den Verkehr bringen zu können. Da für registrierungsfähige homöopathische Arzneimittel das Zulassungsverfahren und das Registrierungsverfahren alternativ zur Verfügung

---

[7] Dies ist auch aus der einleitenden Textpassage des Registrierungsbescheides ersichtlich („Auf der Grundlage der eingereichten Unterlagen und der Angaben des Antragstellers …").

[8] A. A. *VG Köln*, Urt. v. 2.6.2015 – 7 K 4834/13, Rn. 89 – BeckRS 2015, 47954. Dieses Urteil sowie das Urteil im Parallelverfahren 7 K 4835/12 sind nicht rechtskräftig.

[9] Vgl. *Pannenbecker*, PharmR 2004, 181, 190 f.; *Zuck*, Homöopathie und Verfassungsrecht, Rn. 33.

[10] Vgl. *Rehmann*, § 38 Rn. 1 und nunmehr auch *Kloesel/Cyran*, § 38 Anm. 13.

[11] Ebenso *Sander*, § 38 Erl. 5.

stehen (sie sind registrierungsfähig, aber nicht registrierungspflichtig), können diese Arzneimittel im Rahmen eines der Ausnahmetatbestände des § 21 II ohne Zulassung – und auch ohne Registrierung – in den Verkehr gebracht werden[12]. Die Gegenauffassung bedenkt nicht, dass ansonsten für homöopathische Arzneimittel, die in einer klinischen Prüfung verwendet werden, eine Registrierung verlangt werden müsste. Auch homöopathische Prüfpräparate benötigen aber nach § 21 II Nr. 2 keine Zulassung und es ist auch keine Registrierung für diese Arzneimittel erforderlich.

III. Folgen der Registrierung

10   Ab der schriftlichen Bekanntgabe des Registrierungsbescheids (§ 39 I 1) ist der pharmazeutische Unternehmer berechtigt, das registrierte Arzneimittel **in Deutschland in den Verkehr zu bringen.** Auf der Grundlage der deutschen Registrierung kann er die Registrierung in einem anderen Mitgliedstaat der EU oder Vertragsstaat des EWR im Rahmen eines modifizierten Verfahrens der gegenseitigen Anerkennung (MRP) beantragen (Art. 13 I 2, 28, 29 I–III RL 2001/83/EG und § 39 II a). Registrierte homöopathische Arzneimittel unterliegen nicht der Gefährdungshaftung gem. § 84, jedoch ist neben der allgemeinen deliktischen Haftung das **ProdHaftG** einschlägig (§ 15 ProdHaftG).

11   Mit dem **GKV-Modernisierungsgesetz** (GMG) hat der Gesetzgeber in § 34 I 1 SGB V aufgenommen, dass nicht verschreibungspflichtige Arzneimittel von der Versorgung nach § 31 SGB V ausgenommen sind.[13] Da **registrierte homöopathische Arzneimittel** nicht verschreibungspflichtig sind, sind sie **regelmäßig nicht zu Lasten der GKV verordnungsfähig**[14]. Abweichendes gilt gem. § 34 I 5 SGB V für Kinder bis zum vollendeten 12. Lebensjahr und für Jugendliche bis zum vollendeten 18. Lebensjahr mit Entwicklungsstörungen. Überdies ist die Verordnung nicht verschreibungspflichtiger Arzneimittel nach § 34 I 2 SGB V ausnahmsweise zulässig, wenn diese bei der Behandlung als Therapiestandard gelten, was der Gemeinsame Bundesausschuss in den Richtlinien nach § 92 I 2 Nr. 6 SGB V – den Arzneimittel-Richtlinien (AM-RL)[15] – festzulegen hat. Nach § 34 I 3 SGB V ist dabei der therapeutischen Vielfalt Rechnung zu tragen. § 12 AM-RL enthält die näheren Vorgaben zu § 34 I 2 und 3 SGB V. **§ 12 III AM-**RL regelt, wann eine **„schwerwiegende Krankheit"** vorliegt und **§ 12 IV AM-**RL definiert den **„Therapiestandard".** Nach **§ 12 VI 1 AM-RL** kann der behandelnde Arzt für die in der Anlage I aufgeführten Indikationsgebiete bei schwerwiegenden Erkrankungen auch Arzneimittel der Anthroposophie und Homöopathie verordnen, sofern die Anwendung dieser Arzneimittel für diese Indikationsgebiete nach dem Erkenntnisstand als Therapiestandard in der jeweiligen Therapierichtung angezeigt ist. Das *LSG Essen* hat zu den AMR von 1994 i. d. F. v. 17.8.2004 entschieden, dass durch die Definition des Therapiestandards in Nr. 16.3 (identisch mit § 12 IV AM-RL) durch die Sonderregelung der Nr. 16.5 (entspricht § 12 VI AM-RL) verdrängt werde und es nicht auf den allgemein anerkannten Stand der medizinischen Erkenntnisse ankomme. Aus Nr. 16.5 AMR a. F. bzw. § 12 VI AM-RL folge, dass der Therapiestandard für die Arzneimittel der Anthroposophie und Homöopathie durch die Anerkennung auf diesen Gebieten als ausreichend aber auch notwendig angesehen werde[16]. Indem in Nr. 16.5 AMR a. F. (§ 12 VI AM-RL) durch das Einfügen der in Abschnitt F Nr. 16.4.1 ff. (nunmehr Anlage I) aufgeführten Anwendungsgebiete[17] letztlich doch wieder auf Nr. 16.3 AMR (nunmehr § 12 IV AM-RL) und damit den allgemein anerkannten Stand der medizinischen Erkenntnisse Bezug genommen wird, zeige sich, dass der G-BA den Normbefehl des § 34 I 2 SGB V hinsichtlich anthroposophischer und homöopathischer Arzneimittel nur unvollständig umgesetzt habe[18]. Aufgrund des § 34 I 3 SGB V, wonach der therapeutischen Vielfalt Rechnung zu tragen ist[19], sei es rechtswidrig die Verordnungsfähigkeit eines homöopathischen Arzneimittels i. S. einer strengen Akzessorietät an den Therapiestandard der allopathischen oder phytotherapeutischen Medikation schwerwiegender Erkrankungen anzuknüpfen[20]. Das *BSG* ist dieser Argumentation jedoch nicht gefolgt, sondern es ist zu der Erkenntnis gekommen, dass nur im Rahmen der Vorgaben des § 34 I 2 SGB V die therapeutische Vielfalt nach § 34 I 3 SGB V zu berücksichtigen ist und hat in Anbetracht dieses Normenverhältnisses festgehalten, dass der G-BA im Rahmen der anthroposophischen und homöopathischen Therapierichtung Arzneimittel im Hinblick auf die Feststellung der Verordnungsfähigkeit gegenüber allopathischen Präparaten nicht bevorzugen muss[21].

---

[12] A. A. *Kloesel/Cyran*, § 38 Anm. 13: „Die Ausnahmevorschriften des § 21 II finden keine entsprechende Anwendung."

[13] Vgl. hierzu *BSG,* Urt. v. 22.3.2005 – B 1 A 1/03 R, Rn. 44 – juris; *BSG,* Urt. v. 22.10.2014 – B 6 KA 34/13 R, Rn. 29 – 31 – BeckRS 2015, 66844.

[14] Dies gilt ebenso für die Vielzahl zugelassener, nicht verschreibungspflichtiger homöopathischer Arzneimittel.

[15] Abrufbar unter www.g-ba. de.

[16] Vgl. *LSG Essen,* Urt. v. 11.11.2009 – L 11 KA 101/06 unter II. 2. a) bb) – juris.

[17] Z. B. „Nr. 32 Mistel-Präparate, parenteral, auf Mistellektin normiert, nur in der palliativen Therapie von malignen Tumoren zur Verbesserung der Lebensqualität". Hierdurch sind anthroposophische Arzneimittel – da nicht auf Mistellektin normiert – und in der kurativen bzw. adjuvanten Therapie eingesetzt, nicht erfasst.

[18] Vgl. *LSG Essen,* Urt. v. 11.11.2009 – L 11 KA 101/06 – BeckRS 2010, 65058.

[19] Hiermit soll sichergestellt werden, dass Arzneimittel der Homöopathie berücksichtigt werden, vgl. BT-Drucks. 15/1525, S. 86.

[20] Vgl. *LSG Essen,* Urt. v. 11.11.2009 – L 11 KA 101/06 – BeckRS 2010, 65058..

[21] Vgl. *BSG,* Urt. v. 11.5.2011 – B 6 KA 25/10 R, Rn. 37, 41 – BeckRS 2011, 76089.

In einem weiteren Urteil zu der neuen AM-RL hat das *BSG* dies bestätigt und weiter ausgeführt, dass § 12 VI AM-RL nicht bestimmt, unter welchen Voraussetzungen ein Arzneimittel in die OTC-Übersicht aufgenommen wird, sondern nur unter welchen Voraussetzungen dies durch den behandelnden Arzt verordnet werden kann. Die in § 12 IV AM-RL normierten Voraussetzungen gelten grundsätzlich auch für Arzneimittel der besonderen Therapierichtungen und aus § 34 I 3 SGB V kann nicht abgeleitet werden, dass ein homöopathisches Arzneimittel nicht die Voraussetzungen des § 34 I 2 SGB V erfüllen muss, noch grundsätzlich andere Maßstäbe gelten müssten als im Falle allopathischer Arzneimittel[22]. Diese Kriterien gelten unabhängig davon, ob es sich um ein zugelassenes oder registriertes homöopathisches Arzneimittel handelt.

IV. 1.000er-Regelung (S. 3)

1. Ausnahme von der Registrierungspflicht. § 38 I 3 beinhaltet seit der 4. AMG-Novelle eine **12** **Ausnahme** von der **Registrierungspflicht** (zur weiteren Ausnahme aufgrund der Verordnung über Standardregistrierungen s. § 39 Rn. 53) für den Fall, dass homöopathische Arzneimittel vom pharmazeutischen Unternehmer in Mengen bis zu 1.000 Packungen in einem Jahr in den Verkehr gebracht werden. Auf der Grundlage des Wortlauts („in einem Jahr") ist das Kalenderjahr der Bemessungszeitraum[23]. Die Bemessungsgröße ist die einzelne Packung. § 38 stellt keine Anforderungen an die Packungsgröße und es können auch unterschiedlich große Packungen eines Arzneimittels im Rahmen der Regelung abgegeben werden, höchstens jedoch insgesamt 1.000 Stück pro Kalenderjahr. Es sind jedoch die Vorgaben der PackungsV zu beachten (s. hierzu § 10 Rn. 72). Die Regelung knüpft nicht an das Herstellen, sondern an das Inverkehrbringen an. Die Ausnahmeregelung steht der Herstellung von mehr als 1.000 Packungen im Kalenderjahr daher nicht entgegen. Es ist aber zu beachten, dass das Inverkehrbringen in § 4 XVII weit gefasst wird. Daher stellt bereits das Lagern von nach § 16 AMWHV freigegebener Ware im Auslieferungslager als Vorrätighalten zum Verkauf oder zur sonstigen Abgabe ein Inverkehrbringen dar. Unter das 1.000er-Limit fallen auch Abgaben von Mustern nach § 47 IV und Arzneimittel, die zur Ausfuhr bestimmt sind.

Die **europarechtliche Rechtfertigung** der im Rahmen der 1.000-er Regelung ohne Registrierung **13** vertriebenen, als „verlängerte Rezepturen" bezeichneten Arzneimittel wird in einer analogen Anwendung von Art. 3 Nr. 1 und Nr. 2 und Art. 13 RL 2001/83/EG gesehen[24].

2. Rückausnahmen. Die 1.000er-Regelung kann nicht genutzt werden, wenn eine der **Rückaus- 14 nahmen** („es sei denn") der Nr. 1–3 vorliegt. Deren Aufnahme in das Gesetz ist im Zuge der 8. AMG-Novelle aus Gründen der Arzneimittelsicherheit erfolgt[25]. Es wird in diesem Kontext auf § 135 III hingewiesen.

a) Stoffe tierischer oder menschlicher Herkunft, Mikroorganismen (Nr. 1). Nach **Abs. 1 S. 3 15 Nr. 1** können Arzneimittel, die **Zubereitungen aus** den in § 3 Nr. 3 aufgelisteten **Stoffen tierischer oder menschlicher Herkunft oder** aus § 3 Nr. 4 genannten **Mikroorganismen, unter Einschluss von deren Bestandteilen oder Stoffwechselprodukten** enthalten, nicht ohne Registrierung aufgrund der 1.000er-Regelung in den Verkehr gebracht werden. Eine Zubereitung aus Stoffen liegt dann vor, wenn die durch ein physikalisches Verfahren verarbeiteten Stoffe in dem Arzneimittel ganz oder teilweise enthalten sind[26]. Demnach ist nicht maßgeblich, ob solche Stoffe (z. B. Hefe) bei der Herstellung des Arzneimittels verwendet werden. Ausschlaggebend ist vielmehr, ob diese Stoffe in der Zubereitung enthalten sind[27]. Es erscheint vor dem Hintergrund des in der Erhöhung der Arzneimittelsicherheit liegenden Zwecks der Rückausnahme inkonsequent, dass Nr. 1 nach seinem Wortlaut entgegen der Intention des Gesetzgebers[28] nicht daran anknüpft, ob in dem Arzneimittel ein entsprechender Stoff enthalten ist. Regelmäßig dürfte die vom Gesetzgeber gewählte Anknüpfung an die Zubereitung jedoch genügen, da infolge der Mazeration, Destillation, Fermentation oder anderer Verfahren bei der Herstellung der Urtinktur und der Potenzierung Zubereitungen aus Stoffen vorliegen und nach § 4 XXVI die Bejahung der Eigenschaft eines homöopathischen Arzneimittels dessen Herstellung nach einer offiziellen homöopathischen Verfahrenstechnik erfordert.

Bei **Hochpotenzen** kann das Vorhandensein eines Stoffs chemisch-analytisch häufig nicht nachgewie- **16** sen werden. Handelt es sich bei dem jeweiligen Stoff gem. § 3 Nr. 3 oder Nr. 4 um einen Wirkstoff, so liegt gleichwohl nach dem insofern entscheidenden Selbstverständnis der Therapierichtung – die bei

[22] Vgl. *BSG*, Urt. v. 22.10.2014 – B 6 KA 34/13 R, Rn. 54 – 56 – BeckRS 2015, 66844.

[23] Vgl. *Sander*, § 38 Erl. 5.

[24] Vgl. *Kloesel/Cyran*, § 38 Anm. 16. Kritisch *Anker*, in: Deutsch/Lippert, § 38 Rn. 9. In diesem Zusammenhang sollte beobachtet werden, zu welchem Ergebnis der *EuGH* auf den Vorlagebeschluss des *BGH* (PharmR 2015, 371 ff. – „Weihrauch-Extrakt-Kapseln") betr. die Vereinbarkeit des § 21 II Nr. 1 mit Art. 3 Nr. 1 und Nr. 2 RL 2001/83/EG kommt.

[25] Vgl. BT-Drucks. 13/9996, S. 15.

[26] Vgl. *Kloesel/Cyran*, § 2 Anm. 16; *Sander*, § 2 Erl. 6; *Rehmann*, § 2 Rn. 8.

[27] Vgl. *Sander*, § 38 Erl. 5a unter Verweis auf ein Schreiben des BMG vom 8.7.1998.

[28] Vgl. BT-Drucks. 13/9996, S. 15.

Hochpotenzen von einer besonders intensiven Wirkung ausgeht – eine Zubereitung aus den entsprechenden Stoffen vor. Mit anderen Worten kommt es nicht darauf an, ob der Stoff i. S. d. § 3 Nr. 3 oder Nr. 4 im Arzneimittel analytisch nachweisbar ist, sondern es ist maßgeblich, ob der Stoff in der Urtinktur enthalten ist[29]. Wird der jeweilige Stoff nicht als Wirkstoff verwendet und ist er auch nicht analytisch nachweisbar, so ist Nr. 1 **nicht einschlägig.** Das BMG hat vor diesem Hintergrund in einem Schreiben vom 8.7.1998[30] die Auffassung vertreten, dass die nach den Vorschriften 25 bis 31 sowie 50 HAB unter Verwendung von Mikroorganismen (Hefe) als Hilfsstoff hergestellten Arzneimittel keine Zubereitungen aus Stoffen gem. § 3 Nr. 3 darstellen.

17   **b) Dosis verschreibungspflichtiger Stoffe (Nr. 2). Abs. 1 S. 3 Nr. 2** schließt solche Arzneimittel vom Anwendungsbereich der 1.000er-Regelung aus, die **mehr als den einhundertsten Teil der in nicht homöopathischen, der Verschreibungspflicht nach § 48 unterliegenden Arzneimitteln verwendeten kleinsten Dosis enthalten.** Hiermit ist für Arzneimittel „mit einem zu geringen Verdünnungsgrad" die Einhaltung eines Abstands von der in verschreibungspflichtigen Arzneimitteln enthaltenen Wirkstoffmenge beabsichtigt[31]. Seit der 14. AMG-Novelle ist gem. der 2. Alt. des § 39 II Nr. 5b dieses Ausschlusskriterium von der 1.000er-Regelung zugleich auch für Humanarzneimittel ein der Registrierung entgegenstehender Versagungsgrund.

18   **c) Vorliegen von Versagungsgründen (Nr. 3).** Es kann nach **Abs. 1 S. 3 Nr. 3** von der 1.000er-Regelung schließlich kein Gebrauch gemacht werden, wenn **einer der Versagungsgründe des § 39 II Nr. 3, 4, 5, 6, 7 oder 9 vorliegt.** Die Versagungsgründe gem. § 39 II Nr. 1, 2, 4a, 5a, 5b, 7a und 8 werden nicht aufgeführt[32].

19   **§ 39 II Nr. 1** ist nicht einzubeziehen, weil gegenüber der Bundesoberbehörde **keine Anzeigepflicht** oder gar die Pflicht zur Vorlage von Unterlagen vor dem Inverkehrbringen eines Arzneimittels auf Grundlage der 1.000er-Regelung besteht. Einem auf eine entsprechende Anzeigepflicht gerichteten Vorschlag des Bundesrats im Zuge der 8. AMG-Novelle[33] trat die Bundesregierung mit dem Hinweis entgegen, dass eine Anzeigepflicht gegenüber der Landesüberwachungsbehörde nach § 67 vorgesehen werden könne[34]. Eine entsprechende Regelung ist in das Gesetz aber nicht aufgenommen worden. Da auch die im Rahmen der 1.000er-Regelung vertriebenen Arzneimittel vom pharmazeutischen Unternehmer nur auf der Grundlage einer Herstellungserlaubnis hergestellt werden dürfen, besteht gegenüber der Landesaufsicht gem. § 67 IV keine Anzeigepflicht vor dem Inverkehrbringen. Die Einhaltung der Anforderungen der 1.000er-Regelung kann der Landesüberwachungsbehörde somit nur im Rahmen der allgemeinen Überwachung nach § 64 durch Überprüfung der nach §§ 10, 20 I AMWHV zu führenden Dokumentation kontrolliert werden.

20   Ein unter der 1.000er-Regelung in den Verkehr gebrachtes Arzneimittel muss nicht wie ein registriertes homöopathisches Arzneimittel gem. **§ 39 II Nr. 2** einer nach dem jeweils gesicherten Stand der wissenschaftlichen Erkenntnisse ausreichenden analytischen Prüfung unterzogen worden sein. Die in § 39 II Nr. 2 angesprochene analytische Prüfung betrifft die nach den Arzneimittelprüfrichtlinien vorzunehmende Entwicklungsprüfung eines Arzneimittels, die nicht mit der Prüfung eines Arzneimittels auf die angemessene Qualität (§ 39 II Nr. 3) verwechselt werden darf, welche auch im Rahmen der 1.000er-Regelung vorzunehmen ist. Der pharmazeutische Unternehmer hat nach § 14 I Nr. 6a zu gewährleisten, dass die Herstellung oder Prüfung der Arzneimittel nach dem Stand von Wissenschaft und Technik vorgenommen wird. Zudem sind nach § 14 I AMWHV Ausgangsstoffe und Arzneimittel nach anerkannten pharmazeutischen Regeln auf die erforderliche Qualität zu prüfen.

21   Im Rahmen der 1.000er-Regelung können mangels einer Bezugnahme auf **§ 39 II Nr. 5a** andere als zur äußerlichen Anwendung bestimmte Einnahme bestimmten Darreichungsformen, also insbesondere auch **Injektabilia,** vertrieben werden[35]. Ebenso wenig gilt die 1. Alt. des § 39 II Nr. 5b, so dass auch **Tiefpotenzen unter D 4** im jährlichen 1.000er-Limit verkehrsfähig sind. Hingegen gilt die 2. Alt. des § 39 II Nr. 5b über § 38 I 3 Nr. 2 auch für die 1.000 er-Regelung (s. Rn. 17).

22   Das Erfordernis der allgemeinen Bekanntheit der Anwendung der einzelnen Wirkstoffe als homöopathisches oder anthroposophisches Arzneimittel **(§ 39 II Nr. 7a)** gilt nicht im Bereich der 1.000 er-Regelung. Wenn in einem im 1.000er-Limit vertriebenen homöopathischen Arzneimittel Wirkstoffe enthalten sind, deren Anwendung in der Homöopathie oder Anthroposophie nicht allgemein bekannt ist, so kann jedoch § 39 II Nr. 4 und damit auch § 38 I 3 Nr. 3 einschlägig sein.

---

[29] Vgl. *VG Regensburg,* PharmR 2014, 524, 533.
[30] Wiedergegeben bei *Sander,* § 38 Erl. 5 a.
[31] Vgl. BT-Drucks. 13/9996, S. 15.
[32] Kritisch *Tölle,* in: Fuhrmann/Klein/Fleischfresser, 1. Aufl., § 7 Rn. 99.
[33] Vgl. BT-Drucks. 13/9996, S. 23.
[34] Vgl. BT-Drucks. 13/10 122, S. 2.
[35] Ebenso *Zuck,* Homöopathie und Verfassungsrecht, Rn. 289.

C. Registrierungsunterlagen (Abs. 2)

I. Gesetzliche Ausgangslage

1. Grundsätzlicher Verweis auf Unterlagen des Zulassungsverfahrens (S. 1). In Abs. 2 S. 1 wird **23** unter Verweis auf die im Zulassungsverfahren geltenden §§ 22–24 geregelt, dass die dort bezeichneten Unterlagen und Gutachten dem Registrierungsantrag beizufügen sind. Nach §§ 38 II 1, 22 I 1 Nr. 10 sind dem Registrierungsantrag „die **Dosierung**" betreffende Angaben beizufügen. Das *VG Köln* hat für ein in der sog. Nachregistrierung nach § 105 IV d befindliches Arzneimittel festgehalten, dass sich die genehmigten Merkmale aus den vom Antragsteller zwingend vorzulegenden Unterlagen ergeben[36]. Da nach § 140 X i. V. m. §§ 105 IV d, 22 I 1 Nr. 10 in der bis zum 29.4.2005 geltenden Fassung auch „die Dosierung" betreffende Angaben zu machen sind, darf ein unter diese Übergangsbestimmungen fallendes Arzneimittel nicht ohne „Dosierungsanleitung" registriert werden und die Dosierung ist ein „integraler Bestandteil" der Registrierung[37]. Die Vorlage von die Dosierung betreffenden Angaben ist indessen nicht nur für „Altarzneimittel" sondern auch für Neuregistrierungen gem. §§ 38 II 1, 22 I 1 Nr. 10 zwingend erforderlich; das Fehlen entsprechender Angaben führt zur Versagung gem. § 39 II Nr. 1. Die Dosierung ist demnach ein integraler Bestandteil auch der Neuregistrierung eines homöopathischen Arzneimittels. Die abweichenden obiter dicta der instanzgerichtlichen Rechtsprechung, wonach der – angebliche – „Wegfall der Dosierungsanleitung in der Neuregelung für registrierte homöopathische Arzneimittel (§§ 11 III, 10 IV und Art. 69 RL 2001/83/EG)" verdeutliche, dass der Gesetzgeber ab einer bestimmten Verdünnungsstufe keine Risiken mehr sehe, die durch die Dosierung beeinflusst werden könnten[38], lässt die gesetzlichen Vorgaben nach §§ 38 II 1, 22 I 1 Nr. 10 außer acht. Wäre es ausgeschlossen, die Dosierung eines registrierten homöopathischen Arzneimittels gem. §§ 11 III, 10 IV 1 Nr. 7 bzw. § 11 III, I 5 als „gebrauchssichernde Angabe" in der Packungsbeilage anzugeben, so bestünde ein nicht zu rechtfertigender Widerspruch zwischen der Ausgestaltung des Registrierungsverfahrens und den Vorschriften zur Gestaltung der Packmitteltexte. Es könnte dann nicht begründet werden, weshalb der Gesetzgeber der Dosierung auch im Registrierungsverfahren entscheidende, beim Fehlen die Versagung gem. § 39 II Nr. 1 auslösende Bedeutung beimisst. Da die Packmitteltexte letztlich dazu dienen, dem Patienten diejenigen Informationen zu dem Arzneimittel zukommen zu lassen, die es infolge der behördlichen Entscheidung über den Marktzugang (in Form der Zulassung oder in Form der Registrierung) aufweist, sind die Vorschriften zu den Packmitteltexten gem. §§ 10 und 11 AMG sozusagen akzessorisch gegenüber den das Marktzugangsverfahren betreffenden Regelungen. Zudem ist zu beachten, dass registrierte homöopathische Arzneimittel in der Selbstmedikation zur Verfügung stehen, da sie nicht verschreibungspflichtig sind (§ 39 II Nr. 6). Hiermit hat der Gesetzgeber von Art. 14 Abs. 1, 3. Unterabs. RL 2001/83/EG Gebrauch gemacht. Nach dem 21. Erwägungsgrund zur RL 2001/83/EG müssen registrierte homöopathische Arzneimittel zudem in einer Dosierung, die kein Risiko für den Patienten darstellt, in den Verkehr gebracht werden (s. auch § 11 Rn. 65). Demgegenüber hat das VG Köln mit Urteilen vom 2.6.2015 entschieden, dass bei einer Neuregistrierung kein Anspruch auf eine Registrierung mit Dosierung bestünde, weil das Inverkehrbringen eines registrierten homöopathischen Arzneimittels mit Dosierungsregelung gegen § 39 I 1 AMG verstoßen wurde und daher der Versagungsgrund des § 39 II Nr. 9 greife[39] (s. hierzu auch Rn. 5 und § 39 Rn. 12). Hierzu gelangt das Gericht, weil es unter Ausblendung des § 39 II Nr. 1 annimmt, dass die Registrierung nicht aufgrund der eingereichten Unterlagen erteilt wird[40], und die vorgelegten Unterlagen mithin den Inhalt der Registrierung, sondern sich der Inhalt der Registrierungsentscheidung aus dem nach §§ 11 III i. V. m. 10 IV vorgeschriebenen Inhalt der Packungsbeilage ergebe[41]. Das VG distanziert sich damit unausgesprochen von seiner Rechtsprechung zur „Nachregistrierung", wo es festgestellt hatte, dass die Merkmale des Arzneimittels sich aus den zwingend vorzulegenden Unterlagen ergeben, dass zur Anwendung eines registrierten Arzneimittels auch die Dosierung gehört, da die Therapieerfahrung, die Grundlage einer sinnvollen therapeutischen Anwendung ohne Indikationsangabe ist, auf einer konkreten Anwendung des Arzneimittels beruht, die wiederum die Dosierung einschließt und zudem auch auf die Aufbereitungsmonographien der Kommission D abgestellt hat[42]. Im Übrigen ist § 141 X in Bezug auf §§ 10, 11 keine gegenüber § 141 I vorrangige Sondervorschrift[43] (s. § 141 Rn. 35). Eine

---

[36] Vgl. *VG Köln*, Urt. v. 29.1.2008 – 7 K 4227/04 – BeckRS 2008, 34194.
[37] Vgl. *VG Köln*, Urt. v. 29.1.2008 – 7 K 4227/04 – BeckRS 2008, 34194.
[38] Vgl. *OVG Münster*, PharmR 2009, 288 f.; ebenso *OVG Münster*, Beschl. v. 17.6.2009 – 13 A 2710/08 – BeckRS 2009, 35260; *VG Köln*, Urt. v. 20.1.2009 – 7 K 5813/07 – BeckRS 2009, 35260 *VG Köln*, Urt. v. 26.8.2008 – 7 K 238/06 – BeckRS 2008, 34194; *VG Köln*, Urt. v. 29.1.2008 – 7 K 4227/04 – BeckRS 2008, 34194..
[39] Vgl. *VG Köln*, Urt. v. 2.6.2015 – 7 K 4834/13, Rn. 89 – BeckRS 2015, 47954. Ebenso die Argumentation im Parallelverfahren 7 K 4835/13 – BeckRS 2015, 47955. Die Urteile sind nicht rechtskräftig.
[40] Vgl. a. a. O., Rn. 89.
[41] A. a. O., Rn. 83 f.
[42] Vgl. *VG Köln*, Urt. v. 29.1.2008 – 7 K 4227/04 – BeckRS 2008, 34194.
[43] Vgl. auch „Fragen und Antworten" zur Veranstaltung BfArM im Dialog am 30.3.2006 (Stand 26.6.2006) auf S. 9 (verfügbar unter www.bfarm.de): „Für die Kennzeichnung nach § 10 und 11 gelten die speziellen Regelungen des

unterschiedliche Behandlung der Packmitteltexte eines „nachregistrierten" und eines nach dem Inkrafttreten der 14. AMG-Novelle neu registrierten homöopathischen Arzneimittels ist daher gem. § 141 I 1 nicht möglich.

24 **2. Keine Angaben zu Wirkungen und Anwendungsgebieten (S. 2).** Aufgrund von § 38 II 2 sind **keine Angaben über die Wirkungen und Anwendungsgebiete** (§ 22 I 1 Nr. 5 und 6) zu tätigen und es ist kein Gutachten über die klinische Prüfung (§§ 22 II 1 Nr. 3; 24 I 2 Nr. 3) vorzulegen. Dies entspricht Art. 14 II RL 2001/83/EG. Außerdem sind **keine Ergebnisse der Bewertungen der Packungsbeilage,** die nach § 22 VII 2 für zuzulassende Arzneimittel in Zusammenarbeit mit Patienten-Zielgruppen vor der Antragstellung durchzuführen sind, einzureichen. Diese Ausnahme ist darauf zurückzuführen, dass die entsprechende Vorgabe des Art. 61 I RL 2001/83/EG nur für die „Beantragung der Genehmigung für das Inverkehrbringen", übertragen in die Terminologie des AMG also für das Zulassungsverfahren, gilt. Außerdem ist in Abweichung von § 22 II 1 Nr. 5 **keine detaillierte Beschreibung des Pharmakovigilanz- und eines etwaigen Risikomanagement-Systems** erforderlich. Mit dieser im Zuge des AMG-ÄndG 2009 aufgenommenen klarstellenden Regelung wird dem Umstand Rechnung getragen, dass nach Art. 16 III RL 2001/83/EG die Bestimmungen des Titels IX („Pharmakovigilanz") dieser RL nicht für homöopathische Arzneimittel i. S. d. Art. 14 I RL 2001/83/ EG, also nicht für registrierte homöopathische Arzneimittel gelten. Mit dem 2. AMG-ÄndG 2012 wurde schließlich in S. 2 auch geregelt, dass abweichend von § 22 II Nr. 5a kein Risikomanagement-Plan mit einer Beschreibung des Risikomanagement-Systems vorzulegen ist. Damit wird der Sache nach die in Art. 16 III RL 2001/83/EG enthaltene Ausnahmeregelung aufgegriffen, aus der sich ergibt, dass für registrierte homöopathische Arzneimittel die Bestimmungen des Titels IX zur Pharmakovigilanz keine Anwendung finden.

25 **3. Pharmakologisch-toxikologische Prüfung (S. 3). Abs. 2 S. 3** bestimmt, dass Unterlagen über die pharmakologisch-toxikologische Prüfung (§§ 22 II 1 Nr. 2; 24 I 2 Nr. 2) vorzulegen sind, **soweit** sich die Unbedenklichkeit des Arzneimittels **nicht anderweitig,** insbesondere durch einen angemessen hohen Verdünnungsgrad ergibt. Die Aufnahme dieser Regelung erfolgte aus Gründen der Arzneimittelsicherheit, wobei in der Begründung des Gesetzesentwurfs der Bundesregierung der 4. Abschnitt der Arzneimittelprüfrichtlinien herangezogen wurde. Nach der Begründung ist dort für die Registrierung homöopathischer Arzneimittel zur Anwendung am Menschen kein genereller Verzicht auf die Vorlage von Unterlagen zur Pharmakologie-Toxikologie vorgesehen. Es bestehe vielmehr die Möglichkeit des Verzichts auf pharmakologisch-toxikologische Untersuchungen unter dem Vorbehalt einer Begründung, warum die Unbedenklichkeit des homöopathischen Arzneimittels auch ohne die jeweilige Untersuchung angenommen werden kann[44]. Nach dem 4. Abschnitt Ziff. 3 der Arzneimittelprüfrichtlinien i. d. F. vom 11.10.2004[45] gelten die Bestimmungen von Modul 4 – das die Anforderungen an präklinische Berichte enthält – für zu registrierende homöopathische Arzneimittel mit der Besonderheit, dass das Fehlen von Informationen zu begründen ist. Als Beispielsfall wird dort aufgeführt, dass darzulegen ist, weshalb ein annehmbarer Unbedenklichkeitsgrad angenommen werden kann. Es kann dem Wortlaut der Vorschrift entnommen werden, dass der Antragsteller grundsätzlich Unterlagen über die pharmakologisch-toxikologische Prüfung vorzulegen hat, wenn er nicht die Unbedenklichkeit des Arzneimittels auf andere Weise nachweisen kann. Damit trägt der Antragsteller die **Beweislast** für die Unbedenklichkeit,[46] jedoch nur, sofern die Bundesoberbehörde diese substantiiert in Abrede gestellt hat[47].

26 Im Gesetzgebungsverfahren der sog. 12 a-AMG-Novelle wurde zunächst darauf hingewiesen, dass sich die **Unbedenklichkeit aus anderem wissenschaftlichen Erkenntnismaterial** oder aber aus einem „sehr hohen Verdünnungsgrad" ergeben könne[48]. In der Folge wurde Abs. 2 S. 3 jedoch dahingehend präzisiert, dass sich die Unbedenklichkeit insbesondere durch einen **angemessen hohen Verdünnungsgrad** ergeben kann. Hierzu wurde im Bericht des Ausschusses für Gesundheit und Soziale Sicherung die Auffassung vertreten, dass dies in vielen Fällen bei einem Verdünnungsgrad von mindestens D4 gegeben sei. Allerdings bedürfe es bei bestimmten Stoffen wie etwa bei Opium oder Digitalis einer höheren Potenzierung[49]. Ein vom Bundesrat eingebrachter Änderungsvorschlag, nach dem bei homöopathischen Tierarzneimitteln entsprechend Art. 17 I RL 2001/82/EG von der Unbedenklichkeit auszugehen sei, wenn diese nicht mehr als einen Teil pro Zehntausend der Urtinktur enthalten (D4), wurde seitens der Bundesregierung abgelehnt, weil es nach dem Gemeinschaftsrecht nicht mehr möglich sei, ab einem bestimmten Verdünnungsgrad generell auf die Vorlage der pharmakologisch-toxikologischen Unterlagen

---

§ 141 I. Die Vorschriften des § 141 X bestimmen die allgemeinen Regeln beim Übergang der zum Zeitpunkt des Inkrafttretens der 14. AMG-Novelle bestehenden Registrierungen."

[44] Vgl. BT-Drucks. 15/4294, S. 6. Der 4. Abschnitt der neuen Arzneimittelprüfrichtlinien vom 11.10.2004 ist mit dem Wortlaut des Teils III des Anhangs I zur RL 2001/83/EG in der Fassung der RL 2003/63/EG identisch.
[45] BAnz. Nr. 197 v. 16.10.2004 S. 22 037.
[46] Vgl. *Kloesel/Cyran,* § 38 Anm. 30.
[47] Vgl. *VG Köln,* Urt. v. 23.10.2012 – 7 K 210/11, Rn. 103 (zitiert nach www.justiz.nrw.de).
[48] Vgl. BT-Drucks. 15/4294, S. 6.
[49] Vgl. BT-Drucks. 15/4869, S. 5.

zu verzichten. Insbesondere für mutagenes, karzinogenes und allergenes Potential könne kein Schwellenwert festgelegt werden[50].

Nach Art. 14 I 3. Gedankenstrich RL 2001/83/EG und Art. 17 I Buchst. c) RL 2001/82/EG müssen zu registrierende Arzneimittel einen **Verdünnungsgrad** haben, **der ihre Unbedenklichkeit garantiert.** In diesen Artikeln wird dieser Verdünnungsgrad dahingehend präzisiert, dass das Arzneimittel „vor allem" weder mehr als einen Teil pro Zehntausend (D4) der Urtinktur noch mehr als ein Hundertstel der in allopathischen Arzneimitteln verschreibungspflichtigen Wirkstoffdosis enthalten darf. Hieraus ist geschlossen worden, dass die Unbedenklichkeit eines Arzneimittels – außer durch die Art der Anwendung (Art. 14 I 1. Gedankenstrich RL 2001/83/EG bzw. Art. 17 I Buchst. a) RL 2001/82/EG) – durch die Einhaltung des in der RL genannten Verdünnungsgrads abschließend geregelt werde[51]. Auf Art. 14 I 3. Gedankenstich RL 2001/83/EG und Art. 17 I lit. c) RL 2001/82/EG kann jedoch nicht die Annahme gestützt werden, dass mit der Einhaltung der dort genannten Verdünnungsgrade auch stets die Unbedenklichkeit des Arzneimittels garantiert ist. Vielmehr spricht der Wortlaut („vor allem", engl.: „in particular", frz.: „en particulier") dafür, dass es sich bei den aufgeführten Verdünnungsgraden um Mindestanforderungen handelt[52]. Es darf zudem nicht übersehen werden, dass durch die RL 2003/63/EG, mit der der Anhang I zur RL 2001/83/EG geändert wurde, die Anforderungen an die Registrierung homöopathischer Humanarzneimittel verschärft wurden. Mit der RL 2003/63/EG wurde der Anwendungsbereich des Anhangs I auf das besondere vereinfachte Registrierungsverfahren von homöopathischen Arzneimitteln i. S. d. Art. 14 I RL 2001/83/EG ausgedehnt und damit auch für das Registrierungsverfahren nach § 38 zur Vorgabe[53]. Somit fehlen (derzeit) klare Kriterien dafür, wann ein zwingen „angemessen hohen Verdünnungsgrad" auszugehen ist, das die Durchführung einer pharmakologisch-toxikologischen Prüfung obsolet macht. Die bei den Heads of Medicines Agencies (HMA) eingerichtete Homeopathic Medicinal Products Working Group (HMPWG) hat bislang lediglich eine Struktur der EU-Liste sicherer Verdünnungen für homöopathische Arzneimittel, eine Einführung, die generelle Erwägungen beinhaltet, sowie die Vorlage eines Bewertungsbogens erstellt[54]. Die auf dieser Grundlage zu erstellende EU-Liste sicherer Verdünnungen für homöopathische Arzneimittel (**List of First Safe Dilutions**) wird lediglich zur Anwendung am Menschen bestimmte Einzelmittel erfassen.

4. Sprachfassung (S. 4). Mit dem AMG-ÄndG 2009 wurde Abs. 2 S. 4 an die Vorschrift neu **28** angefügt. Sie verweist auf den gleichfalls neu geschaffenen § 22 Ia, dessen inhaltliche Aussage zuvor im Wesentlichen § 22 I zu entnehmen war. Der Verweis auf § 22 Ia sieht nunmehr – aus praktischen Gründen – auch für das Registrierungsverfahren die Möglichkeit vor, Angaben und Unterlagen in englischer Sprache zu machen bzw. vorzulegen.[55]

II. Präzisierung durch Rechtsverordnung

Auf Grundlage des § 1 AMZulRegAV ist ein Antrag auf Registrierung nach § 38 II auf Antrags- **29** formularen zu stellen, die von der zuständigen Bundesoberbehörde herausgegeben und im Bundesanzeiger bekanntgemacht werden[56]. Das BfArM hat letztmalig mit der Bekanntmachung über die Zulassung, Verlängerung der Zulassung und Registrierung von Arzneimitteln vom 2.1.1990[57] ein Antragsformular für den Antrag auf Registrierung von Humanarzneimitteln veröffentlicht. In seinen Hinweisen über die Einreichung von Registrierungsanträgen nach § 38 vom 1.9.2007[58] hat das BfArM allerdings klargestellt, dass die Verwendung der alten Formulare nicht weiter akzeptiert wird. Es verweist auf das europäische Formular „Notice to Applicants, Vol. 2 B, Module 1: Administrative information –

---

[50] Vgl. BT-Drucks. 15/4644, S. 2.

[51] Vgl. Stellungnahme der Kommission (JURM (2004) 8040) in der Rs. C-444/03, Rn. 52, 70; unklare Bezugnahme hierauf im Urt. des *EuGH* v. 12.5.2005, Rs. C-444/03, PharmR 2005, 274 – meta Fackler, Rn. 21. Vgl. überdies *Anker*, in: Deutsch/Lippert, § 39 Rn. 11.

[52] Ebenso *Kirchner/Werner/Knöss*, A&R 2010, 108, 112.

[53] Die Ausdehnung auf die Registrierung ergibt sich dabei jedoch allein aus den entsprechenden Hinweisen zu Modul 3 und 4 in Teil III Ziff. 3 des Anhangs I und muss insbesondere in Anbetracht des Wortlautes des Art. 14 RL 2001/83/EG, der Regelung in Art. 16 I RL 2001/83/EG und in Ziff. 1 der Einführung des Anhangs I als systemwidrig bezeichnet werden.

[54] Vgl. „Structure of the List of First Safe Dilution", „Introduction to the List of First Safe Dilutions" und „Assessment Report Template First Safe Dilution", von der HMA jeweils am 10.5.2010 angenommen. Die ausstehende Liste basiert auf den „Points to Consider on Non-Clinical Safety of Homeopathic Medicinal Products of Botanical, Mineral and Chemical Origin" (2007). Abrufbar unter www.hma.eu.

[55] BT-Drucks. 16/12 256, S. 50.

[56] Die AMZulRegAV ist auf der Grundlage des § 35 I Nr. 1 erlassen worden, die mit der 12. AMG-Novelle gestrichen wurde und sich nunmehr in § 80 Nr. 1–3 wiederfindet. § 35 I Nr. 1 ermächtigte unter anderem dazu, „die weiteren Einzelheiten über das Verfahren bei der Zulassung" zu regeln. Da das Registrierungsverfahren enthielt die Vorschrift keine Ermächtigungsgrundlage, weshalb die AMZulRegAV insofern die Grenzen der in Anspruch genommenen Ermächtigungsgrundlage überschreitet. Es dürfte gleichwohl kein Vertrauensschutz dahingehend in Anspruch genommen werden, dass Registrierungsanträge formlos gestellt werden könnten, da die Regelung in § 1 AMZulRegAV sachgerecht ist und vor bei Bedenken formeller Art entgegenstehen, vgl. zur Thematik BVerfGE 22, 330, 348.

[57] BAnz. Nr. 77a vom 24.4.1990.

[58] Abrufbar unter www.bfarm.de.

Application form"[59]. Eine überarbeitete Fassung findet sich auf der Homepage der Homeopathic Medicinal Working Group (HMPWG), die zudem eine Leitlinie für die Angaben nach Modul 3 für homöopathische Arzneimittel erarbeitet hat[60], auf die das BfArM gleichfalls verweist[61]. Bei der Registrierung homöopathischer Tierarzneimittel richtet sich das Verwaltungshandeln des BVL nach der Allgemeinen Verwaltungsvorschrift zur Registrierung homöopathischer Arzneimittel zur Anwendung bei Tieren vom 18.12.1992[62]. Das BVL schreibt zudem die Verwendung des auf seiner Homepage bereitgestellten Antragformulars zur Registrierung vor[63].

§ 39 Entscheidung über die Registrierung homöopathischer Arzneimittel, Verfahrensvorschriften

(1) [1] Die zuständige Bundesoberbehörde hat das homöopathische Arzneimittel zu registrieren und dem Antragsteller die Registrierungsnummer schriftlich zuzuteilen. [2] § 25 Abs. 4 und 5 Satz 5 findet entsprechende Anwendung. [3] Die Registrierung gilt nur für das im Bescheid aufgeführte homöopathische Arzneimittel und seine Verdünnungsgrade. [4] Die zuständige Bundesoberbehörde kann den Bescheid über die Registrierung mit Auflagen verbinden. [5] Auflagen können auch nachträglich angeordnet werden. [6] § 28 Abs. 2 und 4 findet Anwendung.

(2) Die zuständige Bundesoberbehörde hat die Registrierung zu versagen, wenn

1. die vorgelegten Unterlagen unvollständig sind,
2. das Arzneimittel nicht nach dem jeweils gesicherten Stand der wissenschaftlichen Erkenntnisse ausreichend analytisch geprüft worden ist,
3. das Arzneimittel nicht die nach den anerkannten pharmazeutischen Regeln angemessene Qualität aufweist,
4. bei dem Arzneimittel der begründete Verdacht besteht, dass es bei bestimmungsgemäßem Gebrauch schädliche Wirkungen hat, die über ein nach den Erkenntnissen der medizinischen Wissenschaft vertretbares Maß hinausgehen,
4a. das Arzneimittel zur Anwendung bei Tieren bestimmt ist, die der Gewinnung von Lebensmitteln dienen, und es einen pharmakologisch wirksamen Bestandteil enthält, der nicht im Anhang der Verordnung (EU) Nr. 37/2010 als Stoff aufgeführt ist, für den eine Festlegung von Höchstmengen nicht erforderlich ist,
5. die angegebene Wartezeit nicht ausreicht,
5a. das Arzneimittel, sofern es zur Anwendung bei Menschen bestimmt ist, nicht zur Einnahme und nicht zur äußerlichen Anwendung bestimmt ist,
5b. das Arzneimittel mehr als einen Teil pro Zehntausend der Ursubstanz oder bei Arzneimitteln, die zur Anwendung bei Menschen bestimmt sind, mehr als den hundertsten Teil der in allopathischen der Verschreibungspflicht nach § 48 unterliegenden Arzneimitteln verwendeten kleinsten Dosis enthält,
6. das Arzneimittel der Verschreibungspflicht unterliegt; es sei denn, dass es ausschließlich Stoffe enthält, die im Anhang der Verordnung (EU) Nr. 37/2010 als Stoffe aufgeführt sind, für die eine Festlegung von Höchstmengen nicht erforderlich ist,
7. das Arzneimittel nicht nach einer im Homöopathischen Teil des Arzneibuches beschriebenen Verfahrenstechnik hergestellt ist,
7a. wenn die Anwendung der einzelnen Wirkstoffe als homöopathisches oder anthroposophisches Arzneimittel nicht allgemein bekannt ist,
8. für das Arzneimittel eine Zulassung erteilt ist,
9. das Inverkehrbringen des Arzneimittels oder seine Anwendung bei Tieren gegen gesetzliche Vorschriften verstoßen würde.

(2a) [1] Ist das Arzneimittel bereits in einem anderen Mitgliedstaat der Europäischen Union oder in einem anderen Vertragsstaat des Abkommens über den Europäischen Wirtschaftsraum registriert worden, ist die Registrierung auf der Grundlage dieser Entscheidung zu erteilen, es sei denn, dass ein Versagungsgrund nach Absatz 2 vorliegt. [2] Für die Anerkennung der Registrierung eines anderen Mitgliedstaates findet Kapitel 4 der Richtlinie 2001/83/EG und für Arzneimittel, die zur Anwendung bei Tieren bestimmt sind, Kapitel 4 der Richtlinie

---

[59] Vgl. auch BfArM, Fragen und Antworten zur Veranstaltung BfArM im Dialog am 30.3.2006 (Stand 26.6.2006).
[60] Die Dokumente „Module 1.2 Homeopathic application form" und „Guidance on module 3" vom November 2007 sind abrufbar über die Homepage der HMA, http://www.hma.eu/hmpwg.html.
[61] *BfArM*, Hinweise zur Einreichung von Registrierungsanträgen nach § 38 AMG vom 1.9.2007, abrufbar unter www.bfarm.de.
[62] BAnz. 1992, S. 9704.
[63] BVL, Registrierung homöopathischer Arzneimittel nach den §§ 38 und 39 AMG, abrufbar unter www.bvl.bund.de.

2001/82/EG entsprechende Anwendung; Artikel 29 Abs. 4, 5 und 6 und die Artikel 30 bis 34 der Richtlinie 2001/83/EG sowie Artikel 33 Abs. 4, 5 und 6 und die Artikel 34 bis 38 der Richtlinie 2001/82/EG finden keine Anwendung.

(2b) [1]Der Antragsteller hat der zuständigen Bundesoberbehörde unter Beifügung entsprechender Unterlagen unverzüglich Anzeige zu erstatten, wenn sich Änderungen in den Angaben und Unterlagen nach § 38 Absatz 2 Satz 1 ergeben. [2]§ 29 Absatz 1a, 1e, 1f und 2 bis 2b gilt entsprechend. [3]Die Verpflichtung nach Satz 1 hat nach Erteilung der Registrierung der Inhaber der Registrierung zu erfüllen. [4]Eine neue Registrierung ist in folgenden Fällen zu beantragen:

1. bei einer Änderung der Zusammensetzung der Wirkstoffe nach Art oder Menge, einschließlich einer Änderung der Potenzstufe,
2. bei einer Änderung der Darreichungsform, soweit es sich nicht um eine Änderung nach § 29 Absatz 2a Satz 1 Nummer 3 handelt.

(2c) [1]Die Registrierung erlischt nach Ablauf von fünf Jahren seit ihrer Erteilung, es sei denn, dass spätestens neun Monate vor Ablauf der Frist ein Antrag auf Verlängerung gestellt wird. [2]Für das Erlöschen und die Verlängerung der Registrierung gilt § 31 entsprechend mit der Maßgabe, dass die Versagungsgründe nach Absatz 2 Nr. 3 bis 9 Anwendung finden.

(2d) Für Rücknahme, Widerruf und Ruhen der Registrierung gilt § 30 Absatz 1 Satz 1, Absatz 2, 2a, 3 und 4 entsprechend mit der Maßgabe, dass die Versagungsgründe nach Absatz 2 Nummer 2 bis 9 Anwendung finden.

(2e) § 34 Absatz 1 Satz 1 Nummer 1 bis 7, Absatz 1a Satz 1 Nummer 1, 4 und 5, Absatz 1a Satz 4, Absatz 1b und 1d gilt entsprechend.

(3) [1]Das Bundesministerium wird ermächtigt, für homöopathische Arzneimittel entsprechend den Vorschriften über die Zulassung durch Rechtsverordnung ohne Zustimmung des Bundesrates Vorschriften über die Gebühren und Auslagen und die Freistellung von der Registrierung zu erlassen. [2]Die Rechtsverordnung ergeht im Einvernehmen mit dem Bundesministerium für Ernährung und Landwirtschaft, soweit es sich um Arzneimittel handelt, die zur Anwendung bei Tieren bestimmt sind. [3]§ 36 Abs. 4 gilt für die Änderung einer Rechtsverordnung über die Freistellung von der Registrierung entsprechend.

Wichtige Änderungen der Vorschrift: Abs. 2b geändert und Abs. 3 S. 1 neu gefasst durch Art. 1 Nr. 25 des Zwölften Gesetzes zur Änderung des Arzneimittelgesetzes vom 30.7.2003 (BGBl. I S. 2031); Abs. 1 S. 2, Abs. 2 Nr. 4a, Nr. 6, Nr. 7a und Nr. 9, Abs. 2b geändert, Nr. 5b und Abs. 2a S. 2 eingefügt durch Art. 1 Nr. 37 des Vierzehnten Gesetzes zur Änderung des Arzneimittelgesetzes vom 29.8.2005 (BGBl. I S. 2570); neue Abs. 2b, 2d und 2e eingefügt sowie Abs. 3 geändert durch das Gesetz zur Änderung arzneimittelrechtlicher und anderer Vorschriften vom 17.7.2009 (BGBl. I S. 1990). Abs. 2b S. 2 und 4 Nr. 2 geändert und Nr. 3 aufgehoben, Abs. 2c S. 1 und Abs. 2e geändert durch Art. 1 Nr. 32 des Zweiten Gesetzes zur Änderung arzneimittelrechtlicher und anderer Vorschriften vom 19.10.2012 (BGBl. I S. 2192).

Europarechtliche Vorgaben: Art. 14, 15 RL 2001/83/EG; Art. 17, 18 RL 2001/82/EG.

Literatur: S. die Angaben zu § 38.

Übersicht

A. Allgemeines

I. Inhalt

1   Abs. 1 enthält nähere Regelungen zum **Registrierungsbescheid.** Durch den Verweis auf § 25 IV gilt auch im Registrierungsverfahren, dass Beanstandungen der Unterlagen innerhalb einer Frist von maximal sechs Monaten abzuhelfen ist, anderenfalls die Registrierung versagt wird. Nach Abs. 1 S. 3 werden auch die Verdünnungsgrade eines homöopathischen Arzneimittels von dessen Registrierung umfasst. Nach der Systematik des AMG (§ 132 IV 2) betrifft diese Regelung nur Einzelmittel. Der Registrierungsbescheid kann von der zuständigen Bundesoberbehörde mit Auflagen versehen werden, die auch nachträglich angeordnet werden können. Dabei sind § 28 II und IV anwendbar.

2   Der Antragsteller hat einen Anspruch auf Registrierung eines homöopathischen Arzneimittels (§ 4 XXVI), wenn keiner der Versagungsgründe des Abs. 2 vorliegt[1]. Nach Abs. 2a ist auf der Grundlage einer Registrierung des Arzneimittels in einem anderen EU-Mitgliedstaat eine Registrierung zu erteilen, sofern kein Versagungsgrund nach Abs. 2 vorliegt. Für dieses Verfahren wird auf die Regelungen zum Verfahren der gegenseitigen Anerkennung und zum dezentralen Verfahren in dem Gemeinschaftskodices für Human- (RL 2001/83/EG) bzw. Tierarzneimittel (RL 2001/82/EG) verwiesen, die für registrierte homöopathische Arzneimittel nur in modifizierter Form gelten.

3   Abs. 2b befasst sich mit der Änderungsanzeige. Der Vorschrift ist auch zu entnehmen, welche Änderungen eine Neuregistrierung erfordern. Die Regelungen zur Verlängerung der Registrierung und zu deren Erlöschen befinden sich in Abs. 2c, der auf § 31 verweist. Abs. 2d und Abs. 2e betreffen die Rücknahme, den Widerruf und das Ruhen der Registrierung sowie die Vorschriften über die Veröffentlichung dieser Entscheidungen. Abs. 3 enthält eine an das Bundesministerium gerichtete Verordnungsermächtigung für die Freistellung von der Registrierung, also zur Standardregistrierung und im Hinblick auf Vorschriften über Kosten. Die weitergehende Ermächtigung durch Rechtsverordnung Vorschriften über die Anzeigepflicht, Neuregistrierung, die Löschung und Bekanntmachung zu erlassen, ist durch die Ergänzung des § 39 um Verfahrensvorschriften im Zuge des AMG-ÄndG 2009 obsolet geworden.

II. Zweck

4   Das Registrierungsverfahren ist im AMG systematisch als **vom Zulassungsverfahren unabhängiges, eigenständiges Verwaltungsverfahren** ausgestaltet worden (s. auch Rn. 9). Die das Zulassungsverfahren betreffenden Vorschriften des 4. Abschnitts des AMG sind nur dann anzuwenden, wenn sich dies aus §§ 38, 39 ergibt. § 39 enthält, vergleichbar mit § 25 I, II und § 31, gesetzliche Vorgaben zum Registrierungs- und Verlängerungsverfahren.

---

[1] Vgl. *Wagner*, in: Dieners/Reese, § 6 Rn. 192.

B. Registrierungsbescheid (Abs. 1)

I. Registrierung und Registrierungsnummer (S. 1)

Das BfArM ist nach § 77 I die für die Registrierung von homöopathischen Humanarzneimitteln **5** **zuständige Bundesoberbehörde.** Die Registrierung homöopathischer Tierarzneimittel fällt in den Zuständigkeitsbereich des BVL (§ 77 III). Der Registrierungsbescheid stellt einen **begünstigenden Verwaltungsakt** dar, der nach Abs. 1 S. 1 abweichend vom Grundsatz der Formfreiheit des Verwaltungsaktes (§ 37 II VwVfG) **in Schriftform unter Zuteilung einer Registrierungsnummer** zu erlassen ist. Der Registrierungsbescheid wird mit seinem Zugang beim Antragsteller wirksam. In der Verwaltungspraxis erfolgt die Bekanntgabe durch förmliche Zustellung. Ab dem Zeitpunkt der Zustellung ist der Antragsteller zum Inverkehrbringen des registrierten Arzneimittels berechtigt.

II. Entsprechende Geltung des § 25 Abs. 4 und Abs. 5 S. 5 (S. 2)

1. Mängelbeseitigung und Präklusion. Seit der mit der 14. AMG-Novelle vorgenommenen **6** Ergänzung des Abs. 1 S. 2 ist gesetzlich ausdrücklich geregelt, dass **§ 25 IV** auch im Registrierungsverfahren gilt. Demnach hat die Bundesoberbehörde, wenn sie der Auffassung ist, dass eine Registrierung auf Grund der vorgelegten Unterlagen nicht erteilt werden kann, dies dem Antragsteller unter der Angabe von Gründen mitzuteilen. Dabei ist ihm **Gelegenheit** zu geben, den **mitgeteilten Mängeln** innerhalb einer angemessenen gesetzlichen Frist von höchstens sechs Monaten **abzuhelfen.** Eine Versagung oder Teilversagung der Registrierung ohne vorherige Durchführung eines ordnungsgemäßen Mängelbeseitigungsverfahrens ist rechtswidrig[2]. Es können nur solche Mängel zur Versagung oder Teilversagung führen, die zuvor beanstandet worden sind und denen nicht fristgerecht abgeholfen worden ist; dafür reicht es aus, dass die Bundesoberbehörde den Mangel bezeichnet, Gründe benennt, die ihn belegen sollen und – soweit Abhilfe möglich ist – einen Weg aufzeichnet, wie der geltend gemacht Mangel ausgeräumt werden kann[3]. Welche Frist im Einzelfall **„angemessen"** ist, wird allein durch den vom Antragsteller zu leistenden Aufwand bestimmt, der objektiv zur Mängelbeseitigung erforderlich ist. Auch bei gravierenden Mängeln ist ein Beanstandungsverfahren erforderlich und das Verfahren darf nicht durch zu knappe Fristen zur Förmelei werden[4]. Allenfalls dann, wenn offensichtlich ist, dass das Mängelbeseitigungsverfahren zu einer negativen Entscheidung führen muss, ist es entsprechend § 46 VwVfG verzichtbar.[5] Die objektive Darlegungs- und Beweislast hierfür liegt bei der Bundesoberbehörde.

Nach dem Ablauf der **gesetzlichen Höchstfrist** von sechs Monaten ist das Einreichen von Unterla- **7** gen zur Mängelbeseitigung gem. § 25 IV 3 mit Wirkung auch für ein nachfolgendes gerichtliches Verfahren ausgeschlossen und der Antrag zu versagen[6]. Die gesetzliche Höchstfrist konnte in § 25 IV mit sechs Monaten geringer als in § 105 V bemessen werden, da im Rahmen eines Neuantrags keine Erwägungen des Bestandsschutzes zum Tragen kommen und erwartet werden kann, dass der Antragsteller einen bescheidungsfähigen Antrag einreicht. Ebenso wie der wortgleiche § 105 V 3 hat auch der gleichlautende § 25 IV 4 hinsichtlich der Präklusion nach Ablauf der gesetzlichen Höchstfrist keine eigenständige Bedeutung[7]. Die Bedeutung von § 25 IV 4 (wie die des § 105 V 3) erschöpft sich darin, dass ein Nachschieben von Unterlagen nach Ablauf der gesetzlichen Höchstfrist zur Mängelbeseitigung wegen der Möglichkeit einer auch rückwirkend gewährten Fristverlängerung nach § 31 VII VwVfG möglich ist; hat die Bundesoberbehörde nicht die Höchstfrist zur Mängelbeseitigung gewährt, so tritt die Präklusion erst mit der Entscheidung der Zulassungsbehörde ein[8]. Die Präklusion begegnet keinen verfassungsrechtlichen Bedenken[9]. Bereits vor dem Inkrafttreten der 14. Novelle galt § 25 IV und damit die im dortigen S. 3 enthaltene **Präklusionsvorschrift** über die Verweisungskette §§ 39 I 6, 28 IV 2, 27

---

[2] Vgl. jeweils zum mit § 25 IV vergleichbar strukturierten § 105 V: *OVG Münster*, Beschl. v. 17.6.2009 – 13 A 2710/08, Rn. 45; *VG Köln*, Urt. v. 13.5.2008, 7 K 360/05, Rn. 52 – juris.

[3] Vgl. ebenfalls zu § 105 V *BVerwG*, BVerwG 2010, 481, Rn. 17. Strenger noch *OVG Münster*, Beschl. v. 29.5.2007 – 13 A 5160/05, Rn. 19 – juris, wonach die Kennzeichnung des Mängelschreibens als Beanstandungsschreiben erforderlich ist, da nur so eine Abgrenzung zur Anhörung nach § 28 VwVfG möglich ist. Nach *VG Köln*, Urt. v. 27.2.2007 – 7 K 2703/04, Rn. 22 – juris, liegt bei Ankündigung einer Entscheidung nach Aktenlage kein Mängelschreiben vor.

[4] Vgl. zu § 105 V *OVG Münster*, PharmR 2009, 460.

[5] Vgl. zu § 105 V *OVG Münster*, Urt. v. 11.2.2009 – 13 A 2150/06 – BeckRS 2009, 31963; *OVG Münster*, Beschl. v. 29.5.2007 – 13 A 5160/05 – BeckRS 2007, 24108.

[6] Vgl. in Abgrenzung zu § 25 IV in der bis zur 10. AMG-Novelle geltenden Fassung *OVG Münster*, Urt. v. 29.4.2008 – 13 A 4996/04 – BeckRS 2008, 35031.

[7] Vgl. *OVG Münster*, Urt. v. 29.4.2008 – 13 A 4996/04, Rn. 149–160 – juris. Urteil bestätigt durch *BVerwG*, Beschl. v. 15.10.2008 – 3 B 71.08 – juris.

[8] Vgl. *OVG Münster*, Urt. v. 29.4.2008 – 13 A 4996/04 – BeckRS 2008, 35031.

[9] Vgl. *OVG Münster*, Urt. v. 29.4.2008 – 13 A 4996/04 – BeckRS 2008, 35031. Anders *Meier/v. Czettritz*, PharmR 2003 333, 340.

II auch im Registrierungsverfahren. Die Ergänzung des § 39 I 2 konnte in der Gesetzesbegründung damit zu Recht als „Folgeänderung" zur Änderung in § 25 IV bezeichnet werden[10].

8   **2. Beurteilung durch Gegensachverständige.** Die zuständige Bundesoberbehörde kann infolge des Verweises auf § **25 V 5** im Registrierungsverfahren die Beurteilung der Unterlagen durch unabhängige Gegensachverständige durchführen lassen. Tut sie dies, so hat sie deren Beurteilung der Entscheidung über den Registrierungsantrag zugrunde zu legen. Sofern die Beurteilung des Gegensachverständigen keine Plausibilitätsfehler enthält oder nicht von einer früheren Entscheidungspraxis der Registrierungsbehörde abweicht, kommt eine von der sachverständigen Beurteilung abweichende eigene Bewertung der Unterlagen durch die zuständige Bundesoberbehörde nicht in Betracht[11].

III. Geltung der Registrierung (S. 3)

9   Nach Abs. 1 S. 3 gilt die Registrierung nur für das im Bescheid aufgeführte homöopathische Arzneimittel und seine Verdünnungsgrade. Damit **umfasst ein Registrierungsbescheid auch die Potenzerhöhung** des Arzneimittels.[12] Es ist dem Gesetz nicht zu entnehmen, dass in dem Registrierungsbescheid auch die Verdünnungsgrade ausdrücklich aufgeführt werden müssen[13]. In der Begründung des AMNOG 1976 heißt es vielmehr, dass „die Registrierung auch für alle Verdünnungsgrade des im Registrierungsbescheid aufgeführten homöopathischen Mittels gilt"[14]. Die Erleichterung des Abs. 1 S. 3 soll indes nicht für die Erhöhung des Verdünnungsgrades von mehreren Wirkstoffen enthaltenen Komplexmitteln gelten[15]. Diese Sichtweise kann auf § 132 IV 2 und zudem auf § 39 II b 4 Nr. 1[16] gestützt werden. Jedoch ist diese Differenzierung zwischen Einzel- und Komplexmitteln nicht mit der RL 2001/ 83/EG zu vereinbaren, nach deren Art. 15 S. 1 sich der Antrag für das Besondere vereinfachte Registrierungsverfahren auf eine Serie von Arzneimitteln erstrecken kann, die „aus derselben bzw. denselben homöopathischen Ursubstanz bzw. **Ursubstanzen** gewonnen worden sind." Demnach muss sich das Registrierungsverfahren nicht nur bei Einzelmitteln, sondern auch bei Komplexmitteln auf eine Serie – im Sinne eines höheren Verdünnungsgrades der enthaltenen Ausgangsmaterialien/Ursubstanzen – erstrecken können. Es ist insofern zu beachten, dass die RL 2001/83/EG ein abschließendes System von Verfahren zur Registrierung und zur Genehmigung für das Inverkehrbringen von Arzneimitteln enthält[17]. *Kloesel/Cyran*[18] ist zwar zuzugeben, dass Art. 15 S. 2, 1. Spiegelstrich RL 2001/83/EG verlangt, dass dem Registrierungsantrag die „Bezeichnung der homöopathischen Ursubstanz(en) mit Angabe der verschiedenen zu registrierenden ... Verdünnungen" beizufügen ist. Das ist indessen nicht der kritische Punkt, weil ausgehend von den im Registrierungsbescheid genannten Verdünnungen der Ursubstanzen (z. B. als Komplexmittel „Arnica montana D10, Aurum iodatum D10" ... etc.) die hierüber hinausgehenden Potenzerhöhungen der Ursubstanzen als „Serie", auf die sich der Antrag gem. Art 15 S. 1 RL 2001/83/EG erstreckt, mitregistriert sind. Diese Richtlinienvorgabe verbietet es also nicht, dass der Registrierungsbescheid alle Potenzerhöhungen einer im Registrierungsbescheid genannten Verdünnung mit einschließt[19]. Im Übrigen ist Art. 16 II 1. UAbs. RL 2001/83/EG nicht geeignet, eine unterschiedliche Behandlung der Registrierung von Einzel- und Komplexmittel zu rechtfertigen[20], weil die dort den Mitgliedstaaten eingeräumte Befugnis, besondere Vorschriften einzuführen oder beizubehalten, nur für homöopathische Arzneimittel gilt, die nicht den Bestimmungen des Art. 14 I RL 2001/83/EG unterliegen. Sie gilt damit nicht für registrierte homöopathische Arzneimittel.

IV. Auflagen (S. 4)

10   Nach Abs. 1 S. 4 kann die zuständige Bundesoberbehörde den Registrierungsbescheid mit **Auflagen** versehen. Es ist umstritten, ob der potentielle Inhalt einer Auflage, mit der ein Zulassungs- oder rechtlich gleichlaufend ein Registrierungsbescheid verbunden werden kann, in § **28 AMG** abschließend normiert ist.

---

[10] Vgl. BT-Drucks. 15/5316, S. 41.

[11] Vgl. *Kloesel/Cyran*, § 25 Anm. 140.

[12] Vgl. *Tölle*, in: Fuhrmann/Klein/Fleischfresser, 1. Aufl., § 7 Rn. 110.

[13] Ebenso *Kloesel/Cyran*, § 39 Anm. 8. Anders *Anker*, in: Deutsch/Lippert, § 39 Rn. 2.

[14] Vgl. BT-Drucks. 7/3060, S. 53.

[15] Vgl. *Kloesel/Cyran*, § 39 Anm. 8: „Für Mischungen homöopathischer Arzneimittel (Komplexmitteln) ist jeweils eine gesonderte Registrierung erforderlich."; *Zuck*, Homöopathie und Verfassungsrecht, 2004, Rn. 13.

[16] Vgl. § 2 Nr. 1 der Verordnung über homöopathische Arzneimittel, BGBl. 1978, I S. 401, die mit Art. 6 AMG-ÄndG 2009 aufgehoben wurde.

[17] Vgl. *EuGH*, Urt. v. 20.9.2007, Rs. C-84/06 – Antroposana, Rn. 37 ff., PharmR 2008, 120.

[18] A. a. O., § 39 Anm. 8.

[19] *Kloesel/Cyran* halten es a. a. O. hingegen für zweifelhaft, ob Art. 15 nicht von vornherein verbietet, dass der Registrierungsbescheid alle Potenzstufen einer homöopathischen Ursubstanz mit einschließt. Es muss jedoch zwischen der Ursubstanz und dem im Registrierungsbescheid genannten Verdünnungsgrad unterschieden werden. Von diesem Verdünnungsgrad ausgehend sind Potenzerhöhungen mitregistriert, wohingegen Potenzreduzierungen nicht mitregistriert sind.

[20] So aber wohl *Kloesel/Cyran*, § 39 Anm. 8.

Während das *OVG Berlin*[21] und größere Teile der Literatur[22] davon ausgehen, dass der Inhalt einer **11** Auflage in § 28 nicht abschließend aufgeführt ist, wird von anderen Stimmen die Auffassung vertreten, dass die in § 28 II und IV aufgezählten Auflagen abschließend sind[23]. Für die erstgenannte Position spricht, dass § 36 I VwVfG auf der Grundlage des § 1 I VwVfG mangels inhaltsgleicher oder entgegenstehender Regelungen im AMG neben § 28 anwendbar ist und der in § 28 II normierte Auflageninhalt nur die 1. Alt. des § 36 I VwVfG, nicht aber dessen 2. Alt. abdeckt. Das *OVG Münster*[24] vertritt die Auffassung, dass dem Rechtsgedanken des § 36 I 2. Alt. VwVfG im Rahmen des § 28 I 1 – dem § 39 I 3 inhaltlich entspricht – Rechnung zu tragen sei. Hiergegen bestehen indessen Bedenken, weil sich § 28 I 1 bzw. § 39 I 3 nicht zum potentiellen Inhalt einer Auflage äußern und § 28 I 1 (und auch § 39 I 3) keine umfassende, gesetzlich nicht konkretisierte Auflagenbefugnis beinhalten[25].

Das *BVerwG* hat jedoch kürzlich betont, dass die Frage nach der Zulässigkeit eines Rückgriffs auf § 36 **12** I, 2. Alt. VwVfG unentschieden bleiben kann, sofern es um Regelungsinhalte geht, die als wesentliche (Zulassungs-)Voraussetzungen in dem Verwaltungsakt der Zulassung selbst geregelt werden müssen. Jedenfalls insoweit scheidet § 36 I VwVfG als Grundlage für eine Auflage aus[26]. Dies gilt ebenso für die Registrierung, da zwischen den beiden Verwaltungsakten insofern systematisch keine Unterschiede bestehen. Da der Antragsteller bei Vorliegen der im AMG normierten Voraussetzungen auf die Registrierung einen Anspruch hat, ist eine mit der Registrierung verbundene oder nachträglich angeordnete Auflage nach § 36 I VwVfG nur zulässig, wenn sie durch Rechtsvorschrift zugelassen ist, also in den Fällen des § 28 II. Soll hingegen sichergestellt werden, dass die gesetzlichen Voraussetzungen der Registrierung erfüllt sind, so ist dies im Verwaltungsakt selbst zu regeln, denn § 28 II Nr. 1–3 ermächtigt nicht zu inhaltlichen Zulassungsbeschränkungen, sondern nur zur Anpassung der Informationstexte an das zugelassene Arzneimittel[27], so dass erforderlichenfalls eine Teilversagung auszusprechen ist. Hierfür spricht auch, dass auch § 36 I, 2. Alt. VwVfG keinen Anspruch auf Erlass eines Verwaltungsaktes unter Auflagen zur Sicherstellung seiner Tatbestandsvoraussetzungen einräumt[28]. Die Bundesoberbehörde trägt die **Darlegungslast** für die Voraussetzungen der Auflagenerteilung[29]. Auch in Bezug auf die Registrierung eines homöopathischen Arzneimittels ermächtigt § 28 II nicht zu inhaltlichen Registrierungsbeschränkungen, sondern ausschließlich zu einer Anpassung der gegenüber der Registrierungsentscheidung akzessorischen Informationstexte an das registrierte Arzneimittel. Das *VG Köln* ist hingegen der Auffassung, dass sich der Inhalt der Registrierungsentscheidung nicht aus den gem. § 39 II vorzulegenden Unterlagen ergebe, sondern mittelbar aus dem Inhalt der Packungsbeilage gem. §§ 11 III, 10 IV abzuleiten sei[30] (s. hierzu auch § 38 Rn. 5 und Rn. 23.). Der Umstand, dass die Bundesoberbehörde befugt ist, den Inhalt der Packungsbeilage durch Auflage zu regeln führt jedoch nicht dazu, dass aus dieser Auflagenbefugnis der Inhalt der Registrierung mittelbar abzuleiten wäre, denn nach § 39 II Nr. 1 ist die Registrierung bei Unvollständigkeit der Unterlagen gem. § 39 II zu versagen. Der behördliche Prüfungsumfang und materielle Regelungsgehalt der Registrierung ergibt sich damit aus den gem. § 38 II vorzulegenden Unterlagen und nicht aus dem (vermeintlichen) Inhalt der Packmitteltexte.

V. Nachträgliche Auflage (S. 5)

Die nachträgliche Beifügung einer Auflage erfordert eine gesetzliche Ermächtigungsgrundlage[31]. die in **13** Abs. 1 S. 5 enthalten ist. Auf der Linie der vorstehend unter Rn. 12 wiedergegebenen Rechtsprechung des *BVerwG* dürfte die Annahme nahe liegen, dass nur die im Katalog des § 28 II enthaltenen Auflagen gem. § 39 I 5 nachträglich angeordnet werden können. Zwar kann die nachträgliche Anordnung einer Auflage unter dem Gesichtspunkt des Übermaßverbotes immer dann als zulässig angesehen werden, wenn die Voraussetzungen eines Widerrufs des Verwaltungsaktes vorliegen, denn die nachträgliche Auflage, mit der erreicht wird, dass die gesetzlichen Voraussetzungen der Registrierung weiterhin vorliegen, stellt demgegenüber einen weniger belastenden Eingriff dar[32]. Jedoch ist als angemessene Maßnahme auch der Teilwiderruf möglich.

---

[21] *OVG Berlin*, OVG 5 S 39.90, veröffentlicht in *Sander*, Entscheidungssammlung zum Arzneimittelrecht, § 28 AMG/Nr. 4, S. 5.

[22] So auch *Kloesel/Cyran*, § 28 Anm. 2; *Wagner*, PharmR 2003, 306, 310; *Pannenbecker*, PharmR 2004, 37, 41; offengelassen von *Rehmann*, § 28 Rn. 4.

[23] So *Krüger*, § 28 Rn. 11; *Sander*, § 28 Erl. 4. Tendenziell auch *VG Köln*, PharmR 2003, 390, 396 f.

[24] PharmR 2005, 497 und Urt. v. 27.9.2005 – 13 A 4378/03, Rn. 58 – BeckRS 2005, 30003.

[25] Vgl. *BVerwG*, NVwZ-RR 2007, 776 f., Rn. 26; *BVerwG*, PharmR 2010, 192, 194, Rn. 20.

[26] Vgl. *BVerwG*, PharmR 2010, 192, 194, Rn. 22.

[27] Vgl. *BVerwG*, PharmR 2010, 481, Rn. 15; *BVerwG*, PharmR 2010, 364.

[28] Vgl. *Stelkens*, in: Stelkens/Bonk/Sachs, § 36 Rn. 130.

[29] Vgl. *VG Köln*, PharmR 2003, 390, 393.

[30] Vgl. *VG Köln*, Urt. v. 2.6.2015, 7 K 4834/13, Rn. 83 – 89 – juris. Das Urteil ist nicht rechtskräftig. Im Verfahren 7 K 4227/04 hatte das VG zur Nachregistrierung noch entschieden, dass Gegenstand der Entscheidung das Arzneimittel in der Form ist, die durch die vorzulegenden Unterlagen bestimmt wird und sich die genehmigten Merkmale aus den zwingend vorzulegenden Unterlagen ergeben (BeckRS 2008, 34194).

[31] Vgl. *Stelkens*, in: Stelkens/Bonk/Sachs, § 36 Rn. 38 f.; *Kopp/Ramsauer*, § 36 Rn. 9c.

[32] Vgl. *Kopp/Ramsauer*, § 36 Rn. 50, 53; *Henneke*, in: Knack/Hennecke, § 36 Rn. 31.

VI. Geltung des § 28 Abs. 2 und 4 (S. 6)

14   In Abs. 1 S. 6 wird die direkte Anwendbarkeit des § 28 II und IV angeordnet. Es kann auf die vorstehenden Ausführungen in den Rn. 10 ff. verwiesen werden. Über § 39 I 6, § 28 II Nr. 4 kann für registrierte homöopathische Arzneimittel eine der Arzneimittelsicherheit dienende Packungsgröße beauflagt werden. Dabei ist mangels eines zugelassenen Anwendungsgebietes auf die bei dem Arzneimittel regelmäßig zu erwartende Therapiedauer unter Berücksichtigung der Anbruchstabilität und des im Registrierungsbescheid vorgegebenen Dosierungsschemas abzustellen[33]. Aus der Einbeziehung des § 28 IV in das Registrierungsverfahren ergibt sich, dass dem Antragsteller vor der Erteilung von Auflagen eine angemessene **Frist zur Stellungnahme** zu gewähren ist. Unterbleibt eine solche Anhörung, so hat dies regelmäßig keine nachteiligen Folgen für die materielle Rechtmäßigkeit der Auflage, da die Anhörung im Widerspruchsverfahren (§ 45 I Nr. 3 VwVfG) und noch im Verwaltungsprozess bis zum Abschluss der letzten Tatsacheninstanz (§ 45 II VwVfG) nachgeholt werden kann. Die Nachholung der Anhörung erfordert allerdings, dass ihre Funktion für den Entscheidungsprozess der Behörde uneingeschränkt erreicht wird; bloße Äußerungen und Stellungnahmen der Behörde im Gerichtsverfahren sind unzureichend.[34] Die Anhörung dient dazu, dass der Adressat des Verwaltungsakts durch seine Stellungnahme auf das Verfahren Einfluss nehmen kann und sein Standpunkt bei der Entscheidung berücksichtigt wird; dies kann indes nur bei entsprechender behördlicher Würdigung auch im Rahmen des Gerichtsverfahrens geschehen[35]. Durch die Bezugnahme auf § 28 IV gilt weiterhin § 27 I 1. Demnach hat die zuständige Bundesoberbehörde auch die **Entscheidung über den Registrierungsantrag innerhalb von sieben Monaten** zu treffen. Dem Antragsteller wird mit dieser Entscheidungsfrist eine grundrechtssichernde, materiell-rechtliche Position mit Anspruchscharakter eingeräumt[36]. Gem. § 28 IV 2 gelten die Regelungen der Fristenhemmung in § 27 II für den Fall der Mängelmitteilung durch die zuständige Bundesoberbehörde entsprechend. Dies ist konsequent, da § 25 IV auch im Registrierungsverfahren gilt (s. Rn. 8).

VII. Rechtsbehelf

15   Nach der nunmehr herrschenden Auffassung sind in Auflagen grundsätzlich **keine konkludenten Teilversagungen** enthalten. Sie sind daher **selbstständig anfechtbar**[37]. Daher suspendiert die Anfechtung von Auflagen deren Vollziehbarkeit, nicht aber diejenige des Registrierungsbescheids. Die isolierte Anfechtung einer oder mehrerer Auflagen steht daher dem Inverkehrbringen des Arzneimittels auf der Grundlage des Registrierungsbescheids nicht entgegen, wobei die angefochtenen Auflagen bis zum Eintritt ihrer Bestandskraft nicht umzusetzen sind. Abweichendes gilt für den Fall der Anordnung des Sofortvollzugs der Auflage.

C. Versagungsgründe (Abs. 2)

I. Folgen des Vorliegens eines Versagungsgrundes

16   In Abs. 2 werden abschließend die einer Registrierung entgegenstehenden Versagungsgründe aufgezählt. Nach dem Wortlaut („hat ... zu versagen"), hat das Vorliegen eines Versagungsgrundes zur Folge, dass die zuständige Bundesoberbehörde die Registrierung versagen muss. Im Umkehrschluss ist die Registrierung zu erteilen, wenn keiner der enumerativ aufgelisteten Versagungsgründe vorliegt. Liegt ein Versagungsgrund vor, so hat die Bundesoberbehörde zu prüfen, ob dieser durch eine Teilversagung ausgeräumt werden kann. Dabei muss die Arzneimittelsicherheit in Ausprägung der Qualität und Unbedenklichkeit des Arzneimittels gewährleistet sein. Primär ist dem Antragsteller vor der Entscheidung über den Registrierungsantrag – in Form einer etwaigen Teilversagung – im Rahmen der Mängelbeseitigung die Gelegenheit zu geben, Versagungsgründe auszuräumen.

---

[33] Vgl. *VG Köln*, Urt. v. 15.11.2010 – 24 K 1781/09 – BeckRS 2011, 49201.

[34] Vgl. *BVerwG*, NVwZ 2011. 115, 119, Rn. 37.

[35] Vgl. *VG Regensburg*, PharmR 2014, 524, 528.

[36] Vgl. *BVerwG*, PharmR 1991, 327, 329 f.; *OVG Berlin*, veröffentlicht in: *Sander*, Entscheidungssammlung zum Arzneimittelrecht, § 27 AMG/Nr. 3, S. 9.

[37] Vgl. *BVerwG*, PharmR 2010, 481; *BVerwG*, PharmR 2010, 364; *BVerwG*, PharmR 2010, 192 f., Rn. 12, 14; *BVerwG*, NVwZ-RR 2007, 776 Rn. 20. Die abweichende Rechtsprechung der 7. Kammer des *VG Köln* und des *OVG Münster*, die indes nicht explizit vor Urt. v. 21.6.2007 – 3 C 39.06, NVwZ-RR 2007, 776, abgesetzt hatten, vgl. *VG Köln*, Urt. v. 13.5.2008 – 7 K 360/05, Rn. 47 – BeckRS 2008, 36090, und Urt. v. 15.1.2008 – 7 K 3115/04, Rn. 29 – BeckRS 2008, 22895, sowie *OVG Münster*, PharmR 2009, 400, wird nach der jüngsten Rechtsprechung des *BVerwG* nicht mehr aufrecht zu erhalten sein.

II. Die einzelnen Versagungsgründe

1. Unvollständig vorgelegte Unterlagen (Nr. 1). Es stellt nach **Nr. 1** einen Versagungsgrund dar, **17** wenn die **vorgelegten Unterlagen unvollständig** sind. Welche Unterlagen vorzulegen sind, ergibt sich aus § 38 II. Die Anforderungen an die dem Antrag auf Registrierung beizufügenden Unterlagen werden für Humanarzneimittel in den Arzneimittelprüfrichtlinien festgelegt. Die mit der Allgemeinen Verwaltungsvorschrift zur Registrierung homöopathischer Arzneimittel vom 18.12.1992[38] bekanntgemachten Arzneimittelprüfrichtlinien für die Registrierung homöopathischer Arzneimittel galten seitdem nur noch für homöopathische Tierarzneimittel. Zum 27.2.2010 ist die **TamPV** in Kraft getreten, die als Rechtsverordnung auf der Grundlage des § 26 I erlassen wurde. Nach deren § 1 müssen die nach §§ 22–24, auch i. V. m. § 38 II bei der zuständigen Bundesoberbehörde einzureichenden Angaben, Unterlagen und Gutachten die Anforderungen erfüllen, die in Anhang I Titel I, III und IV Nr. 2 der RL 2001/82/EG in der jeweils geltenden Fassung geregelt sind. Die bisherigen Allgemeinen Verwaltungsvorschriften zu den Prüfrichtlinien für Tierarzneimittel[39] sind gegenstandslos geworden. Für den Bereich der Humanarzneimittel steht die auf der Grundlage des § 26 I zu erlassende Rechtsverordnung noch aus, die jedoch erforderlich ist, um für den Antragsteller rechtlich verpflichtend die Vorgaben an die Arzneimittelprüfung vorzuschreiben[40].

2. Unzureichende analytische Prüfung (Nr. 2). Der Versagungsgrund in **Nr. 2** bezieht sich aus- **18** schließlich auf eine nach dem jeweils gesicherten Stand der wissenschaftlichen Erkenntnisse **unzureichende analytische Prüfung** und bezieht – anders als § 25 II Nr. 2 – die pharmakologisch-toxikologische Prüfung nicht mit ein. Bei der analytischen Prüfung handelt es sich um die nach dem 2. Abschnitt, Modul 3 der Arzneimittelprüfrichtlinien[41] vorzunehmende Entwicklungsprüfung des Arzneimittels. Die Anforderungen an die analytische Prüfung ergeben sich im Einzelnen aus der Ph. Eur. und subsidiär aus dem HAB[42]. Die geltenden Arzneimittelprüfrichtlinien und Monographien dieser Arzneibücher haben als gesicherter Stand der wissenschaftlichen Erkenntnisse zu gelten, wenn nicht die zuständige Bundesoberbehörde nachweist, dass die dortigen Vorgaben in Anbetracht neuerer wissenschaftlicher Erkenntnisse nicht mehr als gesichert anzusehen sind. Für den Versagungsgrund ist nicht das Ergebnis der analytischen Prüfung maßgeblich, sondern allein, ob die durchgeführten Prüfungen dem gesicherten Stand der wissenschaftlichen Erkenntnisse entsprechen[43], wie dieser insbesondere in den Arzneimittelprüfrichtlinien und den Arzneibuchmonographien festgehalten ist (s. auch § 25 Rn. 23).

3. Fehlen der angemessenen Qualität (Nr. 3). Nach **Nr. 3** muss das Arzneimittel die **nach den** **19** **anerkannten pharmazeutischen Regeln angemessene Qualität** aufweisen. Der Begriff „Qualität" ist in § 4 XV gesetzlich definiert. Die Qualität ist den Unterlagen über die analytische Prüfung (§§ 38 II 1, 22 II 1 Nr. 1), dem analytischen Gutachten (§ 24 I 2 Nr. 1), den Angaben über die Herstellung des Arzneimittels (§ 22 I Nr. 11), den Angaben über die Art der Haltbarmachung und der Dauer der Haltbarkeit (§ 22 I Nr. 14) und den Kontrollmethoden (§ 22 I Nr. 15) zu entnehmen[44]. Die zu erfüllenden Anforderungen werden im 2. Abschnitt, Modul 3 nach Maßgabe des 4. Abschnitts Ziff. 3 der Arzneimittelprüfrichtlinien wiedergegeben (s. Rn. 17). Die Qualität eines homöopathischen Arzneimittels wird nicht allein dadurch beeinträchtigt, dass es mit Arzneiträgern und Hilfsstoffen hergestellt wird, die nicht im HAB aufgeführt werden. Bei der Verwendung von nicht im HAB gelisteten Arzneiträgern und Hilfsstoffen hat der Antragsteller zu belegen, dass diese für die Herstellung homöopathischer Zubereitungen geeignet sind. Außerdem enthält die dem HAB vorgehende Ph. Eur. keinen numerus clausus von Darreichungsformen homöopathischer Zubereitungen[45].

4. Begründeter Verdacht schädlicher Wirkungen (Nr. 4). Nr. 4 schließt ein Arzneimittel von **20** der Registrierung aus, bei dem der **begründete Verdacht besteht, dass es bei bestimmungsgemäßem Gebrauch schädliche Wirkungen** hat, die über ein nach den Erkenntnissen der medizinischen Wissenschaft vertretbares Maß hinausgehen. Mit diesem Versagungsgrund wird die erforderliche **Unbedenklichkeit** eines zu registrierenden Arzneimittels angesprochen. Diese wird im allgemeinen zu bejahen sein, wenn es sich um ein zur Einnahme oder äußerlichen Anwendung bestimmtes Arzneimittel handelt (Abs. 2 Nr. 5a), die aus Abs. 2 Nr. 5b ersichtlichen Verdünnungsgrade eingehalten werden (s. auch Rn. 7 und 27) und wenn es außerdem keine Stoffe enthält, von denen in dem jeweiligen Ver-

---

[38] BAnz. 1992, S. 9704.
[39] Vgl. Art. 5 Zweite Allgemeine Verwaltungsvorschrift zur Änderung der Allgemeinen Verwaltungsvorschrift zur Anwendung der Arzneimittelprüfrichtlinien v. 11.10.2004 und Allgemeine Verwaltungsvorschrift zur Registrierung homöopathischer Arzneimittel zur Anwendung bei Tieren.
[40] Vgl. BT-Drucks. 15/4294, S. 6.
[41] Vgl. 2. Abschnitt, Modul 3 i. V. m. 4. Abschnitt Ziff. 3.
[42] Vgl. 2. Abschnitt Ziff. 3.2. V der Arzneimittelprüfrichtlinien.
[43] Vgl. zur insofern inhaltlich entsprechenden Regelung in § 25 II Nr. 2 *Rehmann*, § 25 Rn. 5; *Kloesel/Cyran*, § 25 Anm. 40.
[44] Vgl. *Kloesel/Cyran*, § 25 Anm. 43.
[45] Vgl. *VG Köln*, Urt. v. 26.8.2008 – 7 K 401/06 – BeckRS 2008, 39525, und 7 K 402/06 – BeckRS 2008, 39526.

dünnungsgrad ein Schädigungsrisiko etwa im Hinblick auf eine lokale Unverträglichkeit bekannt ist. Im Hinblick auf das letztgenannte Kriterium kann auf die nach § 38 II 3 grundsätzlich vorzulegenden Unterlagen über die pharmakologisch-toxikologische Prüfung bzw. auf das alternativ einzureichende sonstige Erkenntnismaterial zur Unbedenklichkeit zurückgegriffen werden (s. Rn. 25 ff.). Bei einem **„angemessen hohen Verdünnungsgrad"** ist ohne Vorlage von Unterlagen zur Toxikologie von der Unbedenklichkeit auszugehen (§ 38 II 3). Es sind jedoch tatsächliche Feststellungen dazu erforderlich, ob das jeweilige Arzneimittel einen angemessen hohen Verdünnungsgrad aufweist, um als unbedenklich zu gelten[46]. Solange keine **List of First Safe Dilutions** vorliegt, kann der angemessen hohe Verdünnungsgrad nicht allein aufgrund der bloßen Einhaltung der Vorgaben des Abs. 2 Nr. 5b festgestellt werden, sondern dies stellt lediglich einen Anhaltspunkt bzw. eine Indiz für die Unbedenklichkeit dar. Abweichungen von der aus diesen Vorgaben folgenden Annahme der Unbedenklichkeit eines entsprechenden Verdünnungsgrads hat die Bundesoberbehörde ausreichend zu begründen[47].

21 Ein begründeter Verdacht für schädliche Wirkungen bei bestimmungsgemäßem Gebrauch liegt vor, wenn ernstzunehmende Erkenntnisse im Sinne tragfähiger Anhaltspunkte nahelegen, dass das Arzneimittel unvertretbare Nebenwirkungen hat[48]. Eines positiven Nachweises der Kausalität zwischen der Anwendung des Arzneimittels und des Schadeneintritts bedarf es nicht[49]. Für das Vorliegen des Versagungsgrundes trägt die Bundesoberbehörde die Darlegungs- und materielle Beweislast[50]. Die **instanzgerichtliche Rechtsprechung** hat – bezogen auf die Zulassung homöopathischer Arzneimittel – die Auffassung vertreten, dass Erstverschlimmerungen und das Auftreten einer Arzneimittelprüfsymptomatik nicht unter den Begriff der „Bedenklichkeit" oder der „schädlichen Wirkungen" i. S. d. § 5 I und II gefasst werden könnten und bei der Bemessung des Nutzen-Risiko-Verhältnisses i. R. d. § 25 II 1 Nr. 5 nicht zu berücksichtigen seien; dies wird auf § 38 II 3 gestützt, wonach sich die Unbedenklichkeit insbesondere aus einem angemessen hohen Verdünnungsgrad ergeben kann[51]. Da durch die Verdünnung nur toxische Risiken verringert werden, spezifische Risiken homöopathischer Arzneimittel wie Erstverschlimmerung oder Arzneimittelprüfsymptomatik indes von der Verdünnung nicht abhängig sind, würden diese mit dem Begriff der Unbedenklichkeit nicht gemeint. Demgegenüber hat das *BVerwG* **abweichend entschieden,** dass die **Gefahr von Erstverschlimmerungen** und des Auftretens einer **Arzneimittelprüfsymptomatik** im Zulassungsverfahren bezüglich der Bewertung der Unbedenklichkeit des Arzneimittels keinesfalls irrelevant sind und dass bei Arzneimitteln, bei denen der begründete Verdacht besteht, dass sie bei bestimmungsgemäßem Gebrauch schädliche Wirkungen haben, die über ein nach den Erkenntnissen der medizinischen Wissenschaft vertretbares Maß hinausgehen (§ 5) zugleich der Versagungsgrund des § 25 II 1 Nr. 5 vorliegt[52]. Die seit der 14. AMG-Novelle von § 39 II Nr. 4 abweichende Sprachfassung des § 25 II 1 Nr. 5 hat keine inhaltliche Änderung bewirkt, denn auch beim Kriterium des „Nutzen-Risiko-Verhältnisses" wird darauf abgestellt, dass bei Arzneimittel bei bestimmungsgemäßem Gebrauch der begründete Verdacht schädlicher Wirkungen besteht, die über ein nach den Erkenntnissen der medizinisches Wissenschaft vertretbares Maß hinausgehen[53]. Die Zielrichtung von § 39 II Nr. 4 und § 25 II 1 Nr. 5 ist demnach gleichgelagert.[54] Beide Vorschriften dienen dazu, bedenkliche Arzneimittel i. S. d. § 5 vom Markt auszuschließen. Sie erfassen **jede Art von Nebenwirkungen,** worunter die beim bestimmungsgemäßen Gebrauch auftretenden unbeabsichtigten Reaktionen (§ 4 XIII) zu verstehen sind, also nicht nur pharmakologisch-toxikologische Wirkungen, sondern jedwede unerwünschte Folge[55].

22 Sofern in der Literatur vertreten wird, dass das Nutzen-Risiko-Verhältnis bei zu registrierenden homöopathischen Arzneimitteln keine Rolle spiele, da die für die Frage der Vertretbarkeit von Nebenwirkungen bedeutsame therapeutische Wirksamkeit des Arzneimittels im Rahmen der Registrierung bedeutungslos sei[56], ist anzumerken, dass auch ohne belegte therapeutische Wirksamkeit eine Nutzen-Risiko-Bewertung durchzuführen ist, denn es ist ungeachtet einer Indikation auf den „bestimmungs-

---

[46] Vgl. hierzu *BVerwG*, PharmR 2010, 192, 196, Rn. 34.

[47] Vgl. *VG Köln*, Urt. v. 23.10.2012 – 7 K 210/11, Rn. 103 – juris; bestätigt von *OVG Münster*, Urt. v. 29.1.2014 – 13 A 2730/12, Rn. 39 – juris.

[48] Vgl. *BVerwG*, PharmR 2010, 192, 196 Rn. 35; *VG Köln*, Urt. v. 23.10.2012 – 7 K 210/11, Rn. 98 – juris; *OVG Berlin*, veröffentlicht bei *Sander*, Entscheidungssammlung zum Arzneimittelrecht, § 30/Nr. 5a, S. 11; *VG Berlin*, veröffentlicht bei *Sander*, Entscheidungssammlung zum Arzneimittelrecht § 30 AMG/Nr. 1, S. 3; *VG Köln*, Urt. v. 29.1.2008 – 7 K 4227/04 Rn. 62 – BeckRS 2008, 34 194.

[49] Vgl. *OVG Münster*, Beschl. v. 10.9.2009 – 13 A 803/07, Rn. 7 – BeckRS 2009, 39001.

[50] Vgl. *OVG Münster*, Beschl. v. 10.9.2009 – 13 A 803/07, Rn. 7 – BeckRS 2009, 39001; *VG Köln*, Urt. v. 23.10.2012 – 7 K 210/11, Rn. 103 – juris.

[51] Vgl. *OVG Münster*, PharmR 2009, 288; ebenso *OVG Münster*, Beschl. v. 17.6.2009 – 13 A 2710/08, Rn. 52 – BeckRS 2009, 35260; *VG Köln*, Urt. v. 29.1.2008 – 7 K 4227/04, Rn. 71 – BeckRS 2008, 34194.

[52] Vgl. *BVerwG*, PharmR 2010, 192, 195 f., Rn. 32.

[53] Vgl. BT-Drucks. 15/5316, S. 38.

[54] Vgl. hierzu *VG Köln*, Urt. v. 6.12.2006 – 24 K 1421/03, Rn. 28 – BeckRS 2008, 39509.

[55] Vgl. zu § 25 II 1 Nr. 5 *BVerwG*, PharmR 2010, 192, 195 f., Rn. 32. Für anthroposophische Arzneimittel sind Erstverschlimmerung und Arzneimittelprüfsymptomatik als spezifische Risiken der homöopathischen Therapierichtung nach dem Erkenntnisstand der anthroposophischen Therapierichtung jedoch irrelevant, vgl. *VG Köln*, PharmR 2014, 537, 539 – 541.

[56] Vgl. *Anker*, in: Deutsch/Lippert, § 39 Rn. 11.

gemäßen Gebrauch" abzustellen[57]. Der nicht auf ein belegtes Anwendungsgebiet bezogene „bestimmungsgemäße Gebrauch" rechtfertigt bei registrierten homöopathischen Arzneimitteln jedoch tendenziell nur Nebenwirkungen geringerer Intensität und Häufigkeit. Daher gehen die schädlichen Wirkungen nach Auffassung des *VG Köln* dann über das vertretbare Maß hinaus, wenn sie sich durch eine höhere Potenzierung vermeiden lassen[58]. Das kann indes nur stoffbezogene, insbesondere toxikologische Risiken, nicht aber die nicht stoffbezogenen Aspekte der Erstverschlimmerung und der Arzneimittelprüfsymptomatik betreffen.

5. Numerus clausus der Wirkstoffe aus dem Anhang der Verordnung (EU) Nr. 37/2010 23
(Nr. 4a). Nr. 4a enthält einen Versagungsgrund für **homöopathische Tierarzneimittel, die bei zur Lebensmittelgewinnung bestimmten Tieren angewendet werden sollen.** Es stellt hiernach einen Versagungsgrund dar, wenn ein solches Arzneimittel „einen pharmakologisch wirksamen Bestandteil" enthält, der nicht im Anhang der VO (EG) Nr. 37/2010 über die Festsetzung von Rückstandshöchstmengen für Tierarzneimittelrückstände in Nahrungsmitteln tierischen Ursprungs als Stoff aufgeführt ist, für den eine Festlegung von Höchstmengen nicht erforderlich ist. Der Begriff „pharmakologisch wirksamer Bestandteil" ist ein in Anlehnung an die Terminologie der VO (EWG) Nr. 2377/90 („pharmakologisch wirksamer Stoff") in das AMG geratener Begriff, der dem Begriff „arzneilich wirksamer Bestandteil" und damit dem Begriff „Wirkstoff" (§ 21 II a 5) inhaltlich entspricht. Bis zum Inkrafttreten der 14. AMG-Novelle konnten für solche Tiere bestimmte Arzneimittel a priori nicht registriert werden, weil Art. 17 I, 1. Gedankenstrich RL 2001/82/EG dem entgegenstand. Mit der RL 2004/28/EG zur Änderung des Gemeinschaftskodexes für Tierarzneimittel wurde Art. 17 I RL 2001/82/EG jedoch dahingehend modifiziert, dass die Zulässigkeit der Registrierung eines solchen homöopathischen Tierarzneimittels unter Einhaltung („unbeschadet") der dem Verbraucherschutz dienenden Bestimmungen der VO (EWG) Nr. 2377/90 zulässig ist. Der Gesetzgeber ging anscheinend davon aus, dass diese Änderung des europäischen Rechts durch eine Regelung umgesetzt werden könne, mit der die Registrierung solcher homöopathischer Arzneimittel auf die Fälle beschränkt wird, in denen ausschließlich die in Anhang II zur VO (EWG) Nr. 2377/90 aufgeführten Wirkstoffe enthalten sind. Anhang II der VO (EWG) 2377/90 enthielt ein Verzeichnis der pharmakologisch wirksamen Stoffe für die sich nach einer Prüfung herausgestellt hat, dass es im Interesse des Schutzes der öffentlichen Gesundheit nicht notwendig ist, eine Höchstmenge für Rückstände festzusetzen (Art. 3 VO (EWG) Nr. 2377/90).

Durch Art. 29 1. UAbs. VO (EG) Nr. 470/2009 ist die VO (EWG) Nr. 2377/90 aufgehoben worden 24 und an die Stelle der Anhänge I bis III dieser VO ist die Tabelle 1 des Anhang zur VO (EU) Nr. 37/2010 und an die Stelle des alten Anhangs IV die Tabelle 2 („Verbotene Stoffe") des Anhangs der VO (EG) Nr. 37/2010 getreten[59].

Der Gesetzgeber hatte zu kurz gegriffen, wenn er bislang nur solche „Lebensmitteltierarzneimittel" als 25 registrierungsfähig erachtete, die ausschließlich im fortgefallenen Anhang II der VO (EWG) Nr. 2377/90 genannte pharmakologisch wirksame Bestandteile enthielten. Unter dem Gesichtspunkt der Unbedenklichkeit der aus oder von den behandelten Tieren gewonnenen Lebensmittel ist nach der mit der RL 2004/28/EG geänderten Regelung in Art. 17 I RL 2001/82/EG die Registrierung eines solchen Arzneimittels vielmehr zu ermöglichen, wenn die Vorgaben der VO (EWG) Nr. 2377/90 bzw. nun der VO (EG) Nr. 470/2009 und ihrer Anhänge eingehalten werden. Das ist jedoch auch dann der Fall, wenn das zu registrierende Tierarzneimittel arzneilich wirksame Bestandteile enthält, die in Anhang I (Verzeichnis der Stoffe, für die Höchstmengen für Rückstände festgelegt sind) oder Anhang III (Verzeichnis der Stoffe, für die vorläufige Höchstmengen für Rückstände festgelegt sind) der VO (EWG) Nr. 2377/90 aufgelistet gewesen sind und die sich nunmehr in Tabelle 1 des Anhangs zur VO (EU) Nr. 37/2010 wiederfinden. Lediglich die **Verwendung der ehedem in Anhang IV** aufgeführten Stoffe, für die unter Risikogesichtspunkten keine Höchstmengen festgelegt werden können, war in sog. Lebensmitteltierarzneimitteln gem. Art. 5 VO (EWG) Nr. 2377/90 **verboten.** Eine Beschränkung des Registrierungsverfahrens für „Lebensmitteltierarzneimittel" auf in ehemals Anhang II gelistete arzneilich wirksame Bestandteile ist Art. 17 I RL 2001/82/EG in der durch RL 2004/28/EG geänderten Fassung nicht zu entnehmen und daher europarechtswidrig. Im Übrigen führt eine wortgetreue Anwendung der Nr. 4a dazu, dass der Versagungsgrund aus Nr. 5 weiterhin obsolet bleibt (s. Rn. 26). Im Zuge der 15. AMG-Novelle ist Abs. 2 Nr. 4a korrigiert worden, indem die Bezugnahme auf den Anhang II der VO (EWG) Nr. 2377/90 entfallen ist. Mit dieser Regelung werden jedoch abermals in Abweichung von den den Gesetzgeber bindenden europäischen Vorgaben solche Arzneimittel für Lebensmittel liefernde Tiere als nicht registrierungsfähig eingestuft, für deren Wirkstoffe Rückstandshöchstwerte[60] festgelegt wurden (ex

---

[57] Ebenso *Rehmann*, § 39 Rn. 6.
[58] Vgl. *VG Köln*, Urt. v. 6.12.2006 – 24 K 1421/03 – BeckRS 2008, 39509; *VG Köln*, Urt. v. 26.1.2007 – 18 K 9981/03 – BeckRS 2007, 28413. Bestätigt durch *OVG Münster*, Beschl. v. 10.9.2009 – 13 A 803/07, Rn. 22 – BeckRS 2009, 39 001.
[59] Vgl. BT-Drucks. 17/4231, S. 9.
[60] Vorläufige Rückstandshöchstmengen werden in die VO (EU) Nr. 37/2010 ausweislich ihres 5. Erwägungsgrundes nicht mehr aufgenommen.

Anhang I). Eine europarechtskonforme Gesetzesauslegung entgegen dem eindeutigen Wortlaut einer Gesetzesnorm kommt nur dann in Betracht, wenn dies mit den Methoden richterlicher Rechtsfortbildung nach nationalem Recht möglich ist[61]. Nr. 4a sollte im Wege der teleologischen Reduktion dahingehend angewendet werden, dass hiernach die Registrierung solcher „Lebensmitteltierarzneimittel" nicht ausgeschlossen ist, für die in Tabelle 1 des Anhangs zur VO (EU) Nr. 37/2010 Rückstandshöchstmengen festgelegt wurden. Hierfür spricht auch der Versagungsgrund der Nr. 5, der anderenfalls keinen Anwendungsbereich hätte[62]. Es wird im Übrigen auf die Übergangsvorschrift in § 132 IV hingewiesen.

26   **6. Unzureichende Wartezeit (Nr. 5).** Nach **Nr. 5** können Tierarzneimittel nicht registriert werden, wenn deren angegebene **Wartezeit** (§§ 38 II 1, 23 I 1 Nr. 1) nicht ausreicht. Die Wartezeit (§ 4 XII) ist für Tiere relevant, die zur Lebensmittelgewinnung bestimmt sind. Durch Einhaltung der Wartezeit wird sichergestellt, dass Rückstände in den gewonnenen Lebensmitteln die gem. der VO (EU) Nr. 37/2010 festgelegten zulässigen Höchstmengen für pharmakologisch wirksame Stoffe nicht überschreiten. Hielte man sich strikt an den Wortlaut der Nr. 4, so dürften in zu registrierenden homöopathischen Arzneimitteln nur solche pharmakologisch wirksamen Bestandteile enthalten sein, für die nach Tabelle 1 des Anhangs zu dieser Verordnung keine Rückstandshöchstmengen gelten. Nr. 4a hätte dann **keinen Anwendungsbereich**[63]. Dies ist indes europarechtswidrig.

27   **7. Unzulässige Anwendungsart (Nr. 5a).** Aufgrund der **Nr. 5a** können Humanarzneimittel nur registriert werden, wenn sie zur Einnahme und – richtigerweise müsste es „oder" heißen – zur äußerlichen Anwendung bestimmt sind[64]. Dies ist auf die nunmehr in Art. 14 I 1. Gedankenstrich RL 2001/83/EG enthaltene Vorgabe zurückzuführen. Es wird auf die Übergangsregelung in § 132 IV hingewiesen.

28   **8. Unzureichende Verdünnungsgrade (Nr. 5b).** Der mit der 14. AMG-Novelle eingefügte **Nr. 5b** enthält zwei Versagungsgründe, wobei die Übergangsvorschrift in § 141 X zu beachten ist. Zum einen kann ein Arzneimittel nicht registriert werden, wenn es **mehr als einen Teil pro Zehntausend der Ursubstanz enthält.** Hiermit werden die 1. Alt. des Art. 14 I, 3. Gedankenstrich RL 2001/83/EG bzw. die Regelung in Art. 17 I lit. c) RL 2001/82/EG in der durch RL 2004/28/EG geänderten Fassung aufgegriffen, wo als Bezugsgröße anstelle der „Ursubstanz" jedoch jeweils die „Urtinktur" genannt wird. In der Gesetzesbegründung heißt es hierzu: *„Dabei wird die 1:10.000-Bedingung, die in den Richtlinien zur Beschreibung eines ausreichenden Verdünnungsgrades herangezogen wird, auf die Endkonzentration des Wirkstoffs (Ursubstanz) bezogen, um den homöopathischen Arzneimittelregeln besser Rechnung zu tragen; dies gilt insbesondere für den Umstand, dass auch die Urtinktur bereits eine ‚Verdünnung' darstellt"*[65]. Die Anknüpfung des Verdünnungsgrades an die „Urtinktur" in Art. 14 I, 3. Gedankenstrich RL 2001/83/EG ist in der Tat systemwidrig. Die Urtinktur soll nach der Ph. Eur.[66] das Ausgangsmaterial pflanzlichen, tierischen oder menschlichen Ursprungs darstellen, wohingegen das Ausgangsmaterial chemischen oder mineralischen Ursprungs die Substanz selbst sei. Art. 14 I 3. Gedankenstrich RL 2001/83/EG und Art. 17 I lit. c) RL 2001/82/EG können indes nicht als lückenhafte Vorschriften betrachtet werden, die den einzuhaltenden Verdünnungsgrad nur für homöopathische Arzneimittel pflanzlichen, tierischen oder menschlichen Ursprungs festlegen. Die Bezugnahme auf die Ursubstanz in Nr. 5b ist daher europarechtskonform.

29   Im Übrigen ist darauf hinzuweisen, dass die diesem Versagungsgrund zugrundeliegende Richtlinienforderung im Wege eines Kompromisses gefunden wurde, dessen Ergebnis zu Recht als willkürlich bezeichnet wurde[67]. Es ist arbiträr, in Art. 14 I, 3. Gedankenstrich RL 2001/83/EG das Kriterium des Mindestverdünnungsgrades an die Potenzierung der Urtinktur und nicht des Stoffes als solchem anzuknüpfen, weil sich die homöopathischen Herstellungsvorschriften für Urtinkturen aus frischen Pflanzen des gleichrangigen französischen und deutschen Arzneibuchs maßgeblich mit der Folge unterscheiden, dass sich bei französischen Urtinkturen ein höherer Wirkstoffgehalt der Potenzen ergibt[68]. Die

---

[61] Vgl. *BGH*, PharmR 2015, 371, 374, Rn. 26 – „Weihrauch-Extrakt-Kapseln"); *Schroeder*, in: Streinz, Art. 288 AEUV Rn. 128.

[62] Das BVL erläutert auf seiner Internetseite (www.bvl.bund.de): „ Die Registrierung von Tierarzneimitteln, die zur Anwendung bei Tieren bestimmt sind, die der Gewinnung von Lebensmitteln dienen, ist nur möglich, wenn die verwendeten pharmakologisch wirksamen Stoffe in Tabelle 1 des Anhangs der VO (EU) Nr. 37/2010 aufgeführt werden und unter den dort angegebenen Anwendungsbedingungen. Ob eine Festsetzung von Höchstmengen gemäß der VO (EG) Nr. 470/2009 erfolgen muss, ist im Einzelfall bei der EMA prüfen zu lassen. Für in homöopathischen Tierarzneimitteln verwendete pharmakologisch wirksame Stoffe sind keine Rückstandshöchstmengen erforderlich, wenn ihre Konzentration ein Zehntausendstel nicht übersteigt."

[63] Vgl. *Rehmann*, § 39 Rn. 8.

[64] Vgl. hierzu *Tolle*, in: Fuhrmann/Klein/Fleischfresser, 1. Aufl., § 7 Rn. 120.

[65] Vgl. BT-Drucks. 15/5316, S. 41.

[66] Vgl. Ph. Eur. Band 4.1., Ziff. 4.04/1038 („Homöopathische Zubereitungen").

[67] Vgl. Entschließung des Europäischen Parlaments zu dem Bericht der Kommission über die Durchführung der Richtlinien 92/73/EG und 92/74/EG über homöopathische Arzneimittel, ABl. EG C 359 vom 23.11.1998, S. 94 f. unter Punkt L.

[68] Vgl. *Dellmour*, Documenta Homeopathica, Band 14, Wien 1994, S. 261 ff. unter Ziff. 2.1.

Anknüpfung an die Verdünnung 1:10.000 der Urtinktur (D4) ist zu einer validen Aussage zur Unbedenklichkeit des zu registrierenden Arzneimittels ungeeignet. Die Lösung des Problems auf europäischer Ebene über eine Liste sicherer Verdünnungen für homöopathische Arzneimittel steht noch aus und wird auch für Komplexmittel nicht weiterführen (s. dazu Rn. 27). Nach der instanzgerichtlichen Rechtsprechung indiziert die Nr. 5a die Unbedenklichkeit des Arzneimittels und Abweichungen von der hieraus folgenden Annahme der Unbedenklichkeit eines entsprechenden Verdünnungsgrads sind von der Bundesoberbehörde ausreichend zu begründen[69].

Auf der Grundlage des „holperig" formulierten zweiten Versagungsgrunds in **Nr. 5b** ist ein Huma- **30** narzneimittel außerdem dann nicht registrierungsfähig, wenn es Wirkstoffe in einer Dosis von **mehr als dem hundertsten Teil der in allopathischen Arzneimitteln der Verschreibungspflicht nach § 48 unterfallenden kleinsten Dosis enthält.** Dieser Versagungsgrund, der bis zur 14. Novelle lückenhaft nur für im Rahmen der 1.000 er-Regelung vertriebene Präparate galt (§ 38 I 3 Nr. 2), beruht auf einer Umsetzung der 2. Variante des Art. 14 I, 3. Gedankenstrich RL 2001/83/EG.

9. Verschreibungspflicht (Nr. 6). Nach **Nr. 6** können **verschreibungspflichtige Arzneimittel** **31** nicht registriert werden. Aufgrund der Regelung in **§ 5 AMVV** sind solche homöopathischen Arzneimittel von der Verschreibungspflicht ausgenommen, die aus den in der Anlage 1 zu dieser Verordnung genannten Stoffen und Zubereitungen als Stoffen nach einer homöopathischen Verfahrenstechnik, insbesondere nach HAB, hergestellt sind oder die aus Mischungen solcher Stoffe oder Zubereitungen aus Stoffen bestehen, wenn die Endkonzentration dieser Arzneimittel im Fertigprodukt die vierte Dezimalpotenz nicht übersteigt. Die an sich verschreibungspflichtigen Stoffe dürfen in dem Arzneimittel demnach keine Endkonzentration von mehr als D4 aufweisen, anderenfalls sie verschreibungspflichtig sind[70]. Diese Forderung an zu registrierende homöopathische Arzneimittel ist indes seit der 14. AMG-Novelle unabhängig vom Verschreibungsstatus des Stoffs oder der Zubereitung bereits in Nr. 5b enthalten, weshalb der Versagungsgrund aus Nr. 6 nunmehr obsolet ist, sofern sich die Verschreibungspflicht aus § 5 AMVV ergibt. Dies gilt gleichermaßen für Human- wie für Tierarzneimittel. Einen eigenständigen Anwendungsbereich hat Nr. 6 noch im Hinblick auf homöopathische Arzneimittel mit einem Verdünnungsgrad über D4, die in der Anlage III zum BtMG gelistete Betäubungsmittel enthalten, welche keine ausgenommenen Zubereitungen sind und daher der Verschreibungspflicht gem. § 13 BtMG unterliegen[71]. Mit der 14. AMG-Novelle wurde Nr. 6 dahingehend ergänzt, dass die Verschreibungspflicht der Registrierung nicht entgegensteht, wenn das Arzneimittel ausschließlich Stoffe enthält, die in Anhang II der VO (EWG) Nr. 2377/90 aufgeführt sind. Da dieser Anhang II mittlerweile in der Tabelle 1 des Anhangs der VO (EU) Nr. 37/2010 aufgegangen ist (s. dazu Rn. 24 f.), ist mit der 15. AMG-Novelle der Verweis auf diesen Anhang entfallen und geregelt worden, dass die Verschreibungspflicht der Registrierungsfähigkeit nicht entgegensteht, wenn das Tierarzneimittel ausschließlich Stoffe enthält, die „im Anhang der VO (EU) Nr. 37/2010 als Stoffe aufgeführt sind, für die eine Festlegung von Höchstmengen nicht erforderlich ist."[72]

10. Homöopathische Verfahrenstechnik (Nr. 7). Nach **Nr. 7** kann ein Arzneimittel nicht regis- **32** triert werden, wenn es nicht **nach einer im** Homöopathischen Teil des Arzneibuchs **(HAB) beschriebenen Verfahrenstechnik hergestellt** ist. Dieser Versagungsgrund betrifft das ein homöopathisches Arzneimittel nach § 4 XXVI charakterisierende Tatbestandsmerkmal. Über den Wortlaut der Nr. 7 hinaus kann die Herstellung auch nach in die Ph. Eur. aufgenommenen homöopathischen Zubereitungsverfahren erfolgen, da diese gegenüber den Verfahrenstechniken des HAB – und anderer Arzneibücher – vorrangig sind[73] (s. auch § 4 Rn. 203). Außerdem reicht es im Rahmen der Nr. 7 wegen der Vorgabe des Art. 1 Nr. 5 RL 2001/83 und des § 4 XXVI auch aus, dass das Arzneimittel nach einer homöopathischen Verfahrenstechnik hergestellt wird, die in einem geltenden Arzneibuch eines anderen Mitgliedstaates enthalten ist[74] (s. § 4 Rn. 203). Es wird auf die Übergangsregelung für Arzneimittel nach § 105 III 1 in § 136 I a hingewiesen.

11. Allgemeine Bekanntheit des einzelnen Wirkstoffs (Nr. 7a). Der Versagungsgrund der **Nr. 7a** **33** wurde im Zuge der 14. AMG-Novelle[75] neu gefasst, da der Versagungsgrund in seiner ursprünglichen, mit der 4. Novelle eingeführten Fassung[76] mit Art. 14 und 15 RL 2001/83/EG unvereinbar war[77].

---

[69] Vgl. *VG Köln*, Urt. v. 23.10.2012, – 7 K 210/11, Rn. 103 – juris; bestätigt von *OVG Münster*, Urt. v. 29.1.2014 – 13 A 2730/12, Rn. 39 – juris.

[70] Vgl. *Kloesel/Cyran*, Anm. 1 zu § 5 AMVV.

[71] Z. B. Opium, welches nach Anlage III erst dann von der Verschreibungspflicht nach § 13 BtMG ausgeschlossen ist, wenn die Endkonzentration die sechste Dezimalpotenz nicht übersteigt.

[72] Vgl. BR-Drucks. 582/10, S. 3 f.

[73] Vgl. *VG Köln*, Urt. v. 26.8.2008 – 7 K 401/06, Rn. 21 – BeckRS 2008, 39525; *VG Köln*, Urt. v. 26.8.2008 – 7 K 402/06, Rn. 24 – BeckRS 2008, 39526.

[74] Vgl. *Rehmann*, § 39 Rn. 12; *Kloesel/Cyran*, § 39 Anm. 24.

[75] Vgl. BT-Drucks. 15/5728, S. 44.

[76] „wenn die Anwendung als homöopathisches oder anthroposophisches Arzneimittel nicht allgemein bekannt ist".

[77] Vgl. *EuGH*, Urt. v. 12.5.2005, Rs. C-444/03, PharmR 2005, 274 – meta Fackler; *Sander*, § 39 Erl. 10a; *Anker*, in: Deutsch/Lippert, § 39 Rn. 18; *Pannenbecker*, PharmR 2004, 181 ff.

Nunmehr kommt es nicht mehr darauf an, ob ein Komplexmittel als solches in der Homöopathie oder Anthroposophie als Arzneimittel allgemein bekannt ist. Entscheidend ist vielmehr nach der neuen Fassung der Nr. 7a, dass die **einzelnen Wirkstoffe in der jeweiligen Therapierichtung allgemein bekannt** sind[78]. Nach Art. 15, 2. Gedankenstrich RL 2001/83/EG ist hingegen die homöopathische Verwendung der Ursubstanz bzw. der Ursubstanzen, also letztlich des Ausgangsmaterials maßgeblich (s. auch § 4 Rn. 206)[79]. Vor diesem Hintergrund ist der Versagungsgrund der Nr. 7a richtlinienkonform auszulegen. Deshalb kommt es nicht darauf an, ob der Verdünnungsgrad des einzelnen Wirkstoffs, wie er im Arzneimittel zur Anwendung kommen soll, in der Homöopathie oder Anthroposophie allgemein bekannt ist[80]. Der Verdünnungsgrad ist als Versagungsgrund ausschließlich im Rahmen des Abs. 2 Nr. 5b relevant. Des Weiteren sind auch nicht die Darreichungsform des Wirkstoffs oder die Anwendungsart[81] des Arzneimittels, die im Rahmen des Abs. 2 Nr. 5a maßgeblich sind, bei Nr. 7a von Bedeutung. Es lässt sich ebenso wenig in Nr. 7a hineininterpretieren, dass ein Arzneimittel nach homöopathischen Grundsätzen und nicht in der Selbstmedikation angewendet werden müsse, anderenfalls dieser Versagungsgrund einschlägig sei[82]. Ein Wirkstoff ist jedenfalls dann allgemein bekannt i. S. d. Nr. 7a, wenn er in der Ph. Eur. oder in dem homöopathischen Arzneibuch eines Mitgliedstaates monographiert ist. Der Umstand, dass in einem Komplexmittel Einzelmittel enthalten sind, die in unterschiedlichen offiziellen Arzneibüchern (Ph. Eur., HAB, PF) beschrieben sind, steht der Registrierung nicht entgegen[83]. Darüber hinaus kann sich die allgemeine Bekanntheit auch aus bibliographischen Unterlagen wie z. B. materiae medicae ergeben. Für die allgemeine Bekanntheit ist nicht allein die Bekanntheit im Inland erforderlich[84], sondern darüber hinaus in Anbetracht des Anerkennungsverfahrens gem. Abs. 2a auch die Bekanntheit in sonstigen EU-Mitgliedstaaten ausreichend.

34 **12. Vorrangigkeit einer erteilten Zulassung (Nr. 8).** Für ein homöopathisches Arzneimittel steht dem Antragsteller wahlweise die Zulassung oder Registrierung zur Verfügung, wobei ein **Stufenverhältnis** zwischen diesen beiden Verfahren besteht (s. Rn. 9). Zwar kann für ein registriertes homöopathisches Arzneimittel die weitergehende Zulassung beantragt werden, aufgrund der **Nr. 8** kann jedoch ein bereits zugelassenes Arzneimittel nicht registriert werden. Das gilt auch, wenn das Arzneimittel von der Zulassungspflicht infolge einer Standardzulassung freigestellt ist[85].

35 **13. Gesetzesverstoß (Nr. 9). Nr. 9** stellt eine „Generalklausel" dar, mit der über die Versagungsgründe des § 39 II hinaus bezweckt wird, dass ein Arzneimittel nicht registriert wird, dessen Inverkehrbringen oder dessen Anwendung bei Tieren gegen gesetzliche Vorschriften verstoßen würde. Gesetzliche Vorschriften i. S. d. Nr. 9 sind **Normen öffentlich-rechtlichen Inhalts**[86], die durch europäische Verordnung, förmliches Gesetz oder Rechtsverordnung festgelegt sind[87]. Allgemeine Verwaltungsvorschriften sind keine gesetzlichen Vorschriften[88], weshalb auf den Inhalt von Bekanntmachungen der Bundesoberbehörden keine Versagung gem. Nr. 9 gestützt werden kann. Als Versagungsgrund gem. Nr. 9 kommt z. B. ein Verstoß gegen §§ 6, 6a, 7 oder § 8 I Nr. 2 in Betracht. Dieser Versagungsgrund erfasst ebenso Fälle, in denen im zu registrierenden Arzneimittel nach der Anlage I zum BtMG nicht verkehrsfähige (z. B. Cannabis nicht ausgenommener Zubereitung) oder nach der Anlage II nicht verschreibungsfähige Betäubungsmittel enthalten. Außerdem scheidet über Nr. 9 die Registrierung eines „Lebensmitteltierarzneimittels" aus, welches einen in der Tabelle 2 des Anhangs zur VO (EG) Nr. 37/2010 aufgeführten verbotenen Stoff enthält (s. Rn. 25).

---

[78] Vgl. BT-Drucks. 15/5728, S. 82.

[79] Vgl. *EuGH*, Urt. v. 12.5.2005, Rs. C-444/03, Rn. 20, PharmR 2005, 274 – meta Fackler; *Pannenbecker*, PharmR 2004, 181, 187.

[80] So für Nr. 7a a. F. *Keller/Greiner/Stockebrand*, S. 12.

[81] Diese Aspekte sollten für die allgemeine Bekanntheit gem. Nr. 7a a. F. erheblich sein; vgl. Stellungnahme der Bundesregierung BT-Drucks. 12/8256, S. 48; *Keller/Greiner/Stockebrand*, S. 12; *VG Köln*, Urt. v. 29.1.2008 – 7 K 4227/04, Rn. 73 – juris. Sofern das *VG Köln*, a. a. O., meint, im Rahmen des § 141 X auf den Versagungsgrund des § 39 II Nr. 7 a. F. abstellen zu können, verkennt es, dass diese Vorschrift nach dem „meta-Fackler-Urteil" des EuGH gegen die RL 2001/83/EG verstößt.

[82] So für Nr. 7a a. F. *OVG Berlin*, veröffentlicht bei *Sander*, Entscheidungssammlung zum Arzneimittelrecht, § 39 AMG/Nr. 1, S. 9.

[83] Kritisch hierzu *Kloesel/Cyran*, § 38 Anm. 18 und § 39 Anm. 27.

[84] So noch *OVG Berlin*, veröffentlicht bei *Sander*, Entscheidungssammlung zum Arzneimittelrecht, § 39 AMG/Nr. 1, S. 10, 6 f.

[85] Ebenso *Kloesel/Cyran*, § 39 Anm. 17.

[86] Ebenso *Anker*, in: Deutsch/Lippert, § 39 Rn. 20.

[87] Da auf Satzungen nur im Rahmen der Zuständigkeit von Selbstverwaltungsträgern zurückgegriffen werden kann (vgl. *Bönker*, DVBl. 1992, 804, 810), kommt eine Satzung als gesetzliche Vorschrift im Bereich der Nr. 9 nicht in Betracht.

[88] Vgl. hierzu *EuGH*, Urt. v. 30.5.1991, Rs. C-361/88, NVwZ 1991, 866, 868 – Kommission/Bundesrepublik Deutschland; *Bönker*, DVBl. 1992, 804, 808 f.

D. Gegenseitiges Anerkennungsverfahren und dezentrales Verfahren (Abs. 2a)

I. Registrierung in anderem EU-Mitgliedstaat/EWR-Vertragsstaat (S. 1)

Mit Abs. 2a wird in Anlehnung an die entsprechende Regelung im Zulassungsverfahren (nunmehr **36** § 25b II) ein **gegenseitiges Anerkennungsverfahren** (MRP) bzw. über den Wortlaut der Vorschrift („ist das Arzneimittel bereits … registriert worden") hinausgehend (s. nachfolgende Rn. 37) ein **dezentrales Verfahren** (DCP) auch für zu registrierende homöopathische Arzneimittel im AMG implementiert. In der Gesetzesbegründung zur 5. AMG-Novelle hieß es hierzu, dass *„eine gleichwertige Registrierung in anderen Mitgliedstaaten oder EWR-Vertragsstaaten gebührend berücksichtigt wird"*[89]. Diese relativierende Aussage ist vor dem Hintergrund zu sehen, dass seinerzeit nach Art. 13 I 2 RL 2001/83/EG bzw. gem. Art. 16 I 2 RL 2001/82/EG jeder Mitgliedstaat nur *„in angemessener Weise die bereits von einem anderen Mitgliedstaat erteilten Registrierungen"* berücksichtigen sollte. Es bestand danach zunächst keine Verpflichtung zur gegenseitigen Anerkennung von Registrierungen homöopathischer Arzneimittel[90]. Erst mit der RL 2004/27/EG wurde Art. 13 I 2 RL 2001/83/EG dahingehend geändert, dass im Fall von Registrierungen Art. 28 und 29 I–III RL 2001/83/EG gelten[91]. Die einschlägigen Vorgaben der RL 2001/83/EG und RL 2001/82/EG sind mit der 14. Novelle im neuen Abs. 2a S. 2 in das Gesetz aufgenommen worden und gelten damit unmittelbar. Mit dieser Gesetzesergänzung sollten Verfahrensvorschriften für die Anerkennung der Registrierung in anderen Mitgliedstaaten nach Art. 39 der geänderten RL 2001/83/EG und Art. 43 der geänderten RL 2001/82/EG berücksichtigt werden[92]. Da das EMA-Ausschussverfahren nach Vorgaben der Art. 29 IV, V und VI sowie die Art. 30–34 der RL 2001/83/EG bzw. die entsprechenden Regelungen der RL 2001/82/EG nicht anzuwenden ist, gilt das MRP bzw. DCP für registrierte homöopathische Arzneimittel nur in modifizierter Form.

Abs. 2a S. 1 greift im Übrigen insofern zu kurz, als dass dort nur auf das Verfahren der Anerkennung **37** einer bereits erteilten Registrierung (Art. 28 II RL 2001/83/EG), nicht aber auf das dezentralisierte Verfahren (Art. 28 III RL 2001/83/EG) eingegangen wird. Auch dieses Verfahren[93] ist von den Mitgliedstaaten jedoch nach Art. 13 I 2 RL 2001/83/EG bzw. Art. 16 I 2 RL 2001/82/EG zur Verfügung zu stellen[94].

II. Anwendbarkeit europarechtlicher Vorschriften (S. 2)

Beim sog. Review der RL 2001/83/EG und 2001/82/EG durch die RL 2004/27 bzw. 2004/28/ **38** EG wurden nicht nur Verfahrensvorschriften für die gegenseitige Anerkennung einer Registrierung homöopathischer Arzneimittel in die Richtlinien implementiert, sondern auch materiell-rechtlich geregelt, welche Kriterien für die Anerkennung einer in einem anderen Mitgliedstaat bereits erteilten Registrierung maßgeblich sind. Nach Art. 13 I 2 i. V. m. Art. 29 I und II RL 2001/83/EG, die nach Abs. 2a S. 2 entsprechend anzuwenden sind, ist die zuständige Bundesoberbehörde verpflichtet, eine Registrierung aufgrund einer bereits erteilten Registrierung eines EU-Mitgliedstaates oder Staates des EWR zu erteilen, wenn dem nicht Gründe einer potentiell schwerwiegenden Gefahr für die öffentliche Gesundheit i. S. d. Art. 29 I und II RL 2001/83/EG entgegenstehen[95]. Damit ist die aus der Zeit der 5. AMG-Novelle stammende Bezugnahme auf die Versagungsgründe in § 39 II in Abs. 2a Satz 1 unvereinbar[96] und zugleich wegen der jüngeren, Art. 29 I und II RL 2001/83/EG einbeziehenden Regelung in Abs. 2a S. 2 obsolet. Wie dies in § 25b II Eingang gefunden hat, so ist auch im Rahmen des § 39 II a die in einem anderen EU-Mitgliedstaat oder in einem EWR-Vertragsstaat erteilte Registrierung auf der Grundlage eines von diesem Staat übermittelten Beurteilungsberichts anzuerkennen, es sei denn, dass Anlass zu der Annahme besteht, dass die Registrierung des Arzneimittels eine schwerwiegende Gefahr für die öffentliche Gesundheit oder bei Arzneimitteln, die zur Anwendung bei Tieren bestimmt sind, einer schwerwiegende Gefahr für die Gesundheit von Mensch oder Tier oder für die Umwelt darstellt.

---

[89] Vgl. BT-Drucks. 12/6480, S. 21.
[90] Vgl. Entschließung des Europäischen Parlaments zu dem Bericht der Kommission über die Durchführung der Richtlinien 92/73/EG und 92/74/EG über homöopathische Arzneimittel, ABl.-EG C 359 vom 23.11.1998, S. 94 f. unter Punkt I und S. 96 unter Ziff. 4.
[91] Mit der RL 2004/28/EG wurden entsprechende Änderungen in Art. 16 I 2 RL 2001/82/EG für Tierarzneimittel vorgenommen.
[92] Vgl. BT-Drucks. 15/5316, S. 41.
[93] Für Tierarzneimittel in Art. 32 III RL 2001/82/EG verankert.
[94] Ebenso *Rehmann*, § 39 Rn. 16.
[95] In Art. 33 der modifizierten RL 2001/82/EG wird für Tierarzneimittel auf eine potentielle schwerwiegende Gefahr für die Gesundheit von Mensch oder Tier oder für die Umwelt Bezug genommen.
[96] Ebenso *Rehmann*, § 39 Rn. 16.

E. Änderungsanzeige und Neuregistrierung (Abs. 2b)

I. Allgemeines

39   Abs. II b wurde neu eingefügt im Rahmen des AMG-ÄndG 2009 mit der zugleich die bisherige VO
über homöopathische Arzneimittel, die zuvor Regelungen zur Änderung registrierter homöopathischer
Arzneimittel **(AMVHomöp)** enthielt, aufgehoben wurde. Die Aufnahme bezweckt eine Rechtsvereinfachung, durch Aufgabe der Aufspaltung der entsprechenden Regelungen im AMG und in einer
Rechtsverordnung[97].

II. Änderungen (S. 1)

40   Die nunmehr in **Abs. 2b S. 1** normierte Anzeigepflicht im Falle einer Änderung in den Angaben
und Unterlagen nach § 38 II 1 ist wortwörtlich § 1 I AMVHomöp entnommen. Die Änderungsanzeige
betrifft die dem Antrag auf Registrierung beizulegenden, in den §§ 22–24 bezeichneten Angaben und
Unterlagen. Nicht angesprochen werden die in § 38 II 1 genannten Gutachten.

III. Entsprechende Geltung des § 29 Abs. 2 und 2a (S. 2)

41   Für die Änderungsanzeige gelten die Vorgaben der § 29 II (Änderung der Bezeichnung) und II a
(zustimmungspflichtige Änderungen), die gem. § 39 II b 2 entsprechend gelten. Mit dem 2. AMG-
ÄndG 2012 wurde zudem aufgenommen, dass auch § 29 I a (Verbote oder Beschränkungen anderer
Länder und Informationen, die die Beurteilung des Nutzens und des Risikos beeinflussen können), I e
(Stichtage oder Intervalle von regelmäßig aktualisierten Unbedenklichkeitsberichten), I f (neue oder
veränderte Risiken oder geändertes Nutzen-Risiko-Verhältnis) und II b (binnen zwölf Monaten nach
Einführung anzuzeigende Änderungen) entsprechend gelten. Die erst mit der Beschlussempfehlung
aufgenommene entsprechende Geltung von § 29 I a, I e und I f wird in der Begründung lapidar als
Anpassung des Verweises an die erweiterten Anzeigepflichten bezeichnet[98]. Es ist bezüglich § 29 I e
darauf hinzuweisen, dass Art. 107c RL 2001/83/EG für registrierte homöopathische Arzneimittel aufgrund des Art. 16 III nicht gilt und auch § 63d nicht an den Registrierungsinhaber adressiert ist. Der
Verweis auf Abs. 1e führt daher ins Leere.

IV. Verpflichtung des Registrierungsinhabers (S. 3)

42   Adressat der Pflicht zur Anzeige von Änderungen ist gem. **Abs. 2b S. 3** nach Erteilung der Registrierung der Inhaber der Registrierung; zuvor obliegt die Pflicht dem Antragsteller.

V. Neuregistrierung (S. 4)

43   Abs. 2b S. 4 regelt, in welchen Fällen einer Änderung eine neue Registrierung erforderlich ist. Die
Fallgruppen sind § 2 AMVHomöp entnommen, im Gesetz aber näher konkretisiert worden. Die Neuregistrierung unterliegt den Vorgaben des § 38 und ist Voraussetzung für das Inverkehrbringen eines gem.
§ 39 II b 4 geänderten homöopathischen Arzneimittels.

44   **1. Änderung der Zusammensetzung der Wirkstoffe (Nr. 1).** Anders als noch nach dem überkommenen § 2 Nr. 1 AMVHomöp vorgesehen, erfordert gem. **Nr. 1** nicht mehr jedwede Änderung
der Zusammensetzung der Bestandteile eine Neuregistrierung, sondern lediglich eine **Änderung der
Zusammensetzung der Wirkstoffe nach Art oder Menge, einschließlich einer Änderung der
Potenzstufe.** Die Erhöhung der Potenz der Wirkstoffe eines Komplexmittels (z. B. Sepia D 4 und
Arnica montana D 3 wird zu Sepia D 6 und Arnica montana D 4) stellt eine Änderung der arzneilich
wirksamen Bestandteile nach der Art und nicht nach der Menge dar[99], und erfordert eine neue Regis-
trierung. Vor dem Hintergrund des § 39 I 3, wonach die Registrierung für das im Bescheid aufgeführte
homöopathische Arzneimittel einschließlich seiner Verdünnungsgrade gilt, kann die Erhöhung der
Potenz eines Einzelmittels (z. B. nach Bescheid registrierte D 6 Arnica montana wird zu D 8) keine
Neuregistrierungspflicht auslösen, was auch durch den Wortlaut der Nr. 1 deutlich wird, denn dort ist
von „Wirkstoffe", nicht von „Wirkstoff" die Rede. In der Verwaltungspraxis wird der Verzicht auf
Potenzen eines Einzelmittels als Teilverzicht betrachtet. Im Übrigen ist zu bezweifeln, ob die der
Systematik des AMG zu entnehmende Differenzierung zwischen Komplexmitteln und Einzelmitteln
(§§ 39 II b S. 4 Nr. 1, 132 IV 2 einerseits und § 39 I 3 andererseits) mit Art. 15 S. 1 RL 2001/83/EG in
Einklang steht (s. Rn. 9).

---

[97] BT-Drucks. 16/12 256, S. 50.
[98] Vgl. BT-Drucks. 17/10156, S. 88.
[99] Vgl. *OVG Münster*, Beschl. v. 26.8.2009 – 13 A 4556/06 – BeckRS 2009, 38593. Danach ist die Potenzerhöhung
– im konkreten Fall eines Komplexmittels – nicht unter § 105 III a S. 2 Nr. 1 zu fassen.

2. Änderung der Darreichungsform (Nr. 2). Eine Neuregistrierung ist nach **Nr. 2** erforderlich, **45** wenn die Darreichungsform geändert wird, es sei denn, es handelt sich um eine mit der registrierten Arzneimittel vergleichbare Darreichungsform i. S. d. § 29 II a 1 Nr. 3.

F. Erlöschen und Verlängerung der Registrierung (Abs. 2c)

I. Erlöschen/Verlängerung (S. 1)

Mit dem durch die 5. AMG-Novelle eingefügten Abs. 2b, nunmehr Abs. 2c, wurde entsprechend **46** dem Gemeinschaftsrecht[100] das Erfordernis einer Verlängerung der Registrierung in das AMG implementiert. Die zunächst vom Verfahren der Verlängerung der Zulassung abweichende Antragsfrist von drei bis sechs Monaten vor Ablauf der Frist wurde mit der 12. AMG-Novelle an die damals für die Verlängerung der Zulassung noch geltende dreimonatige Frist angepasst[101], um sodann mit der 14. AMG-Novelle abermals entsprechend der durch die RL 2004/27/EG in Art. 24 RL 2001/83/EG auf sechs Monaten verkürzten Antragsfrist adaptiert zu werden. Es wird insofern auf § 141 VI 5 hingewiesen. Nunmehr ist mit dem 2. AMG-ÄndG 2012 die Frist entsprechend Art. 24 II 2. UAbs. RL 2001/83/EG auf neun Monate verkürzt worden[102]. Es wird hierzu auf die Übergangsregelung in § 146 IV aufmerksam gemacht.

II. Entsprechende Geltung des § 31 (S. 2)

Durch den Verweis auf § 31 sind die dortigen Regelungen entsprechend auch für die Verlängerung der **47** Registrierung maßgeblich. Demnach erlischt die Registrierung in den Fällen des § 31 I Nr. 1–4. Gem. § 31 I a gilt die verlängerte Registrierung grundsätzlich ohne zeitliche Beschränkung und der Verlängerungsantrag ist durch den Bericht nach § 31 II 1 und die überarbeitete Fassung der Unterlagen in Bezug auf Qualität und Unbedenklichkeit zu ergänzen. Gem. Abs. 2c S. 2 i. V. m. §§ 31 III ist die Registrierung auf fristgerechten Antrag innerhalb von sechs Monaten vor ihrem Erlöschen um fünf Jahre zu verlängern, wenn kein **Versagungsgrund nach § 39 II Nr. 3–9** vorliegt. Der in § 31 III enthaltene Verweis auf § 30 I 2 ist für registrierte homöopathische Arzneimittel bedeutungslos. Für die Praxis wird auf die 3. Bekanntmachung über die Verlängerung der Zulassung von Arzneimitteln gem. § 31 III, über die Verlängerung der Registrierung von homöopathischen Arzneimitteln nach § 39 II b (seit dem AMG-ÄndG 2009: § 39 II c) und über die Verlängerung der Registrierung traditioneller pflanzlicher Arzneimittel gem. § 39c III des BfArM vom 21.11.2013[103] verwiesen. Die Fünfjahresfrist richtet sich nach ihrer Bekanntmachung im Lichte der Rechtsprechung nach dem Datum der Zustellung des (Registrierungs)bescheides bzw. des letzten Verlängerungsbescheides[104]. Das Verlängerungsverfahren ist infolge der 14. AMG-Novelle an das Marktzugangsverfahren angenähert worden[105]. In Umsetzung des gem. Art. 14 II RL 2001/83/EG entsprechend auch für die Registrierung geltenden Art. 24 RL 2001/83/EG wird die Registrierung nur noch einmal verlängert und der Antragsteller hat gem. § 31 II 2 zur Verlängerung eine überarbeitete Fassung der Unterlagen in Bezug auf Qualität und Unbedenklichkeit vorzulegen.

G. Rücknahme, Widerruf und Ruhen (Abs. 2d)

Im Zuge des AMG-ÄndG 2009 wurden im neu eingefügten Abs. 2d Regelungen zur Rücknahme, **48** zum Widerruf und zum Ruhen der Registrierung aufgenommen. Die Vorschrift verweist auf die allgemeinen zulassungsrechtlichen Vorgaben des § 30, dessen Anwendung sich bislang lediglich über die Verweisungskette §§ 39 II c, 31 III 1, 30 II ergab. Die wirksamkeitsspezifischen Rücknahme- und Widerrufsgründe (§ 30 I 2) werden nicht übernommen. Anstelle der in § 30 genannten Versagungsgründe finden die Versagungsgründe nach § 39 II Nr. 2–9 Anwendung.

H. Information der Öffentlichkeit (Abs. 2e)

Nach Abs. 2e gelten im Hinblick auf die Vorgaben für Informationen an die Öffentlichkeit § 34 I 1 **49** Nr. 1–Nr. 7, I a S. 1 Nr. 1, 4 und 5, I a S. 4, I b und I d entsprechend. Sofern auf § 34 I a Nr. 1 verwiesen wird, ist zu bedenken, dass für registrierte homöopathische Arzneimittel aufgrund des Art. 16 I RL 2001/83/EG keine Zusammenfassung der Produktmerkmale (SmPC) nach Art. 11 RL 2001/83/

---

[100] Nunmehr Art. 14 II, 24 RL 2001/83/EG bzw. Art. 17 II, 28 RL 2001/82/EG.
[101] Vgl. BT-Drucks. 15/2109, S. 29.
[102] Vgl. BT-Drucks. 17/9341, S. 55.
[103] Abrufbar unter www.bfarm.de.
[104] Vgl. *BVerwG*, NVwZ-RR 2006, 125 f.
[105] Vgl. für das Zulassungsverfahren *VG Köln*, Urt. v. 23.10.2012 – 7 K 210/11 – BeckRS 2012, 59483 in Abkehr von der früheren Rechtsprechung.

EG und daher auch keine Fachinformation nach § 11a vorzulegen ist (s. dazu § 11a Rn. 22). Daher ist nach §§ 39 II e, 34 I a Nr. 1 lediglich über die Erteilung der Registrierung zu informieren.

I. Verordnungsermächtigung (Abs. 3)

50   Abs. 3 enthält die gesetzliche Ermächtigung des BMG (§ 6 I 1), für homöopathische Arzneimittel durch Rechtsverordnung entsprechend den Vorschriften über die Zulassung Vorschriften über die Kosten sowie die Freistellung von der Zulassung zu regeln.

I. Kostenverordnung (S. 1)

51   Auf der Grundlage des **Abs. 3 S. 1** ist die **Kostenverordnung für die Registrierung homöopathischer Arzneimittel** durch das BfArM und das BVL (BGAHomAMKostV) erlassen worden. Gebühren und Auslagen für die Registrierung homöopathischer Arzneimittel oder für auf solche Arzneimittel bezogene Amtshandlungen können ausschließlich auf der Grundlage dieser Verordnung erhoben werden. Es wird auf die Übergangsvorschrift in § 5 II AMG-KostV hingewiesen. Darüber hinaus ist das BGebG nach dessen § 2 I anwendbar. Das Fehlen einer § 33 III 1 entsprechenden deklaratorischen Regelung im 5. Abschnitt des AMG ist unschädlich.

II. Einvernehmen bei Tierarzneimitteln (S. 2)

52   Die Rechtsverordnung nach S. 1 hat im Einvernehmen mit dem BMEL zu ergehen, soweit es sich um Arzneimittel handelt, die zur Anwendung bei Tieren bestimmt sind.

III. Verordnung über Standardregistrierungen (S. 3)

53   Des Weiteren ist **Abs. 3 S. 3** die Grundlage der **StandRegV**. Nach § 1 dieser VO sind homöopathische Arzneimittel von der Pflicht zur Einzelregistrierung nach § 38 I 1 freigestellt, wenn sie im HAB monographisch beschrieben und in der Anlage zu dieser VO aufgeführt sind, zudem den Anforderungen des HAB und dieser Anlage entsprechen und außerdem für sie keine Zulassung erteilt ist. Ein homöopathisches Arzneimittel kann nur auf der Grundlage dieser VO in den Verkehr gebracht werden, solange es vollständig und vollständig mit den jeweiligen Vorgaben der Anlage übereinstimmt. Entsprechend § 39 I gilt die Standardregistrierung für alle Verdünnungsgrade eines in der Anlage aufgeführten homöopathischen Arzneimittels, sofern das Arzneimittel HAB-konform hergestellt ist und nach der Anlage keine Konzentrationsbeschränkungen vorgesehen sind[106]. Die Standardregistrierung kann als richtlinienkonform eingestuft werden[107]; es ist jedoch dafür Sorge zu tragen, dass die Monographien der Anlage zur StandRegV ebenso wie die der Standardzulassung zugrunde liegenden Monographien regelmäßig dem Stand der Wissenschaft und Technik angepasst werden, denn es können keine geringeren Anforderungen gestellt werden als an Registrierungen nach §§ 38, 39[108].

54   Obwohl in § 39 III nicht explizit auf die Geltung von § 36 I und II verwiesen wird, gelten die dortigen Wertungen entsprechend auch im Rahmen des § 39 III, da diese Norm zum Erlass von Regelungen entsprechend den Vorschriften über die Zulassung ermächtigt[109]. Entsprechend § 36 II 2 ist der pharmazeutische Unternehmer nicht verpflichtet, ein im Rahmen einer Standardregistrierung vertriebenes Arzneimittel unter der aus der Anlage jeweils ersichtlichen Bezeichnung in den Verkehr zu bringen. Er kann vielmehr einen Phantasienamen wählen (§ 10 IV 1 Nr. 1).

§ 39a Registrierung traditioneller pflanzlicher Arzneimittel

[1]**Fertigarzneimittel, die pflanzliche Arzneimittel und Arzneimittel im Sinne des § 2 Abs. 1 sind, dürfen als traditionelle pflanzliche Arzneimittel nur in den Verkehr gebracht werden, wenn sie durch die zuständige Bundesoberbehörde registriert sind.** [2]**Dies gilt auch für pflanzliche Arzneimittel, die Vitamine oder Mineralstoffe enthalten, sofern die Vitamine oder Mineralstoffe die Wirkung der traditionellen pflanzlichen Arzneimittel im Hinblick auf das Anwendungsgebiet oder die Anwendungsgebiete ergänzen.**

Europarechtliche Vorgaben: RL 2004/24/EG.

Literatur: *Association Européenne des Spécialités Pharmaceutiques Grand Public (AESGP)*, Pflanzliche Arzneimittel in der Europäischen Union, Abschlussbericht einer Untersuchung im Auftrag der Europäischen Kommission, ETD/97/501.336, November 1998, abrufbar unter http://pharmacos.eudra.org; *Heßhaus*, Die Registrierung traditioneller pflanzlicher Arzneimittel – Zwischen Bestandsschutz und Neuentwicklung, PharmR 2006, 158; *Krüger*, Registrierung

---

[106] Vgl. Begründung der Zweiten Änderungs-VO in BR-Drucks. 778/92, S. 3.
[107] Vgl. *Kloesel/Cyran*, § 39 Anm. 49; zur Standardzulassung vgl. *Denninger*, A&R 2008, 126.
[108] Vgl. im Hinblick auf Standardzulassungen BT-Drucks. 16/12 256, S. 49 f.
[109] Vgl. BR-Drucks. 778/92, S. 2 für die Freistellungskriterien gem. § 36 I.

traditioneller pflanzlicher Arzneimittelchancen und Möglichkeiten, PharmR 2006, 572; *Stolte*, Pflanzliche und traditionelle Arzneimittel – Erste Erfahrungen mit der Registrierung nach §§ 39a ff. AMG, PharmR 2008, 133; *Winnands*, Traditionelle pflanzliche Arzneimittel zwischen Nachzulassung und Registrierung, A&R 2006, 159.

Übersicht

A. Allgemeines

I. Inhalt

Die Regelung in § 39a definiert den Anwendungsbereich des Registrierungsverfahrens für traditionelle pflanzliche Arzneimittel. Sie stellt in S. 1 klar, dass das Inverkehrbringen eines pflanzlichen Fertigarzneimittels als **traditionelles pflanzliches Arzneimittel** nur nach vorheriger Registrierung durch die zuständige Bundesoberbehörde zulässig ist. Anders als die zugrundeliegende RL 2004/24/EG, welche lediglich die RL 2001/83/EG ergänzt, ist das Registrierungsverfahren nicht auf Humanarzneimittel beschränkt, sondern erfasst auch Tierarzneimittel. Daneben erweitert S. 2 der Vorschrift den Anwendungsbereich des Registrierungsverfahrens für traditionelle pflanzliche Arzneimittel auf solche Präparate, denen zur Ergänzung ihrer Wirkungen im Indikationsbereich Vitamine oder Mineralstoffe zugefügt werden (s. Rn. 13 f.). **1**

II. Europarechtlicher Hintergrund

Heilpflanzen und aus Pflanzen gewonnene Arzneimittel werden in allen Mitgliedstaaten der **EU** von alters her zu therapeutischen Zwecken verwendet. Nicht zuletzt aufgrund entsprechender **kultureller Prägungen** und **Traditionen** werden diese Präparate jedoch von Mitgliedstaat zu Mitgliedstaat unterschiedlich häufig und zudem in oftmals abweichenden Anwendungsbereichen angewendet. Darüber hinaus wurden oder werden sie in einigen Ländern in großem Ausmaß ärztlich verschrieben, während sie in anderen Ländern fast ausschließlich als nicht verschreibungspflichtige Präparate oder teilweise als Lebensmittel **(Nahrungsergänzungsmittel)**[1] bzw. als eigene Produktkategorie[2] im Verkehr sind oder waren. Vor diesem Hintergrund verwundert es nicht, wenn pflanzliche Arzneimittel zum Teil erheblich divergierenden nationalen Anforderungen an die **Verkehrsfähigkeit** unterliegen. **2**

Das betrifft nicht nur die grundsätzliche Frage der **Zulassungspflicht.** Auch dort, wo eine Zulassungspflicht grundsätzlich besteht, sehen die einzelstaatlichen **Zulassungsbestimmungen** trotz einer oft jahrzehntelangen **Anwendungserfahrung** nur vereinzelt Erleichterungen für den Nachweis der Wirksamkeit bzw. der Unbedenklichkeit entsprechender Präparate vor[3]. Da die fortschreitende **Harmonisierung des Arzneimittelrechts** in der EU neben der Vollendung des Binnenmarktes aber gerade auch der Angleichung der nationalen Zulassungsvorschriften dienen soll, hat das Europäische Parlament bereits im Jahre 1987 eine Annäherung der **nationalen Zulassungsbestimmungen** auch für pflanzliche Arzneimittel gefordert[4]. **3**

In der Erkenntnis, dass pflanzliche Arzneimittel für die **öffentliche Gesundheit** zunehmend eine wichtige Rolle spielen, hat der Rat der EU die Kommission in seiner Entschließung vom 20.12.1995 zudem gebeten, u. a. die Frage zu prüfen, ob die bestehenden gemeinschaftlichen Arzneimittelvorschriften für die Verkehrsfähigkeit von **Zubereitungen auf heilpflanzlicher Basis** spezifische Schwierigkeiten aufwerfen[5]. Auch das Europäische Parlament hat in einer weiteren Entschließung Erleichterungen für die Vermarktung von pflanzlichen Arzneimitteln in der Gemeinschaft angemahnt[6]. **4**

---

[1] Z. B. Sennesfrüchte in Belgien.
[2] Z. B. Therapieergänzungsmittel in Österreich.
[3] Im Überblick dazu: AESGP, Pflanzliche Arzneimittel in der Europäischen Union, S. 77.
[4] Entschließung zur Regelung für die Produktion und den Verbrauch von Heilpflanzen und deren Zubereitungen vom 16.10.1987, ABl. EG Nr. C 305/166 vom 16.11.1987, S. 166 f.
[5] Entschließung über Zubereitungen auf heilpflanzlicher Basis vom 20.12.1995, ABl. EG Nr. C 350 vom 30.12.1996, S. 6.
[6] Entschließung zur Mitteilung der Kommission an den Rat und das Europäische Parlament über die Leitlinien einer Industriepolitik für den Arzneimittelsektor in der Europäischen Gemeinschaft vom 16.4.1996, ABl. EG Nr. C 141 vom 13.5.1996, S. 63 ff.

5   Diesen Stellungnahmen liegt die Erkenntnis zugrunde, dass die in nationales Recht zu transformieren-
den **Zulassungsvoraussetzungen** des europäischen Richtlinienrechts den Besonderheiten der **Phytotherapie** nicht hinreichend Rechnung tragen. Ein Arzneimittel darf hiernach grundsätzlich nur dann in
den Verkehr gebracht werden, wenn es eine Zulassung nach Maßgabe der RL 65/65/EWG bzw. jetzt
RL 2001/83/EG hat. Dem **Antrag auf Zulassung** eines Arzneimittels sind Unterlagen beizufügen,
welche vor allem die Ergebnisse physikalisch-chemischer, biologischer oder mikrobiologischer sowie
pharmakologischer und toxikologischer Tests und klinischer Prüfungen enthalten, die mit dem Präparat
selbst durchgeführt wurden. Aufgrund dieser Unterlagen hat der Antragsteller die erforderliche **Qualität,
Unbedenklichkeit** und **Wirksamkeit** des Arzneimittels nachzuweisen.

6   Die Durchführung entsprechender Tests und Prüfungen ist regelmäßig mit einem erheblichen zeitlichen und finanziellen Aufwand verbunden, der angesichts der jahrelangen Verwendung und der daraus
resultierenden Kenntnisse zur **Wirksamkeit** und **Unbedenklichkeit** der Wirkstoffe unverhältnismäßig
erscheint[7]. Aber auch die Möglichkeit eines bibliographischen Nachweises gem. Art. 10a RL 2001/83/
EG durch Verweise auf veröffentlichte wissenschaftliche Literatur ist nicht bei allen pflanzlichen Arzneimitteln möglich. Angesichts der teilweise quantitativ wie qualitativ unzureichenden **wissenschaftlichen
Publikationen** kann eine allgemeine medizinische Verwendung, eine anerkannte Wirksamkeit oder eine
annehmbare Sicherheit dann nicht nachgewiesen werden[8].

7   Die **Kommission** hat daher im Jahr 2002 einen Vorschlag für ein neues, in die bestehende RL 2001/
83/EG zu integrierendes Registrierungsverfahren für pflanzliche Arzneimittel vorgelegt[9]. Die hierauf
erlassene RL 2004/24/EG verpflichtete die Mitgliedstaaten zur Transformation der Vorschriften bis zum
30.10.2005. Der deutsche Gesetzgeber ist dem u. a. durch die Einfügung der §§ 39a–39 im Rahmen der
14. AMG-Novelle nachgekommen. Die nach diesen Vorschriften registrierten Arzneimittel sind als
solche verkehrsfähig, sie unterfallen jedoch nicht dem besonderen Haftungsregime für zulassungspflichtige Arzneimittel gemäß §§ 84 ff. AMG.[10]

B. Registrierungspflicht für traditionelle pflanzliche Arzneimittel (S. 1)

I. Vorliegen eines Fertigarzneimittels

8   Das **Registrierungsverfahren** für traditionelle pflanzliche Arzneimittel ist beschränkt auf **Fertigarzneimittel** i. S. v. § 4 I. Es werden damit nur industriell oder gewerblich hergestellte pflanzliche Arzneimittel erfasst. Ausgeschlossen von dem **Registrierungsverfahren** sind aufgrund der durch die 14.
AMG-Novelle neu gefassten Definition des Fertigarzneimittels insbes. die in Apotheken hergestellten
Präparate, auch wenn ihre Herstellung gewerblich, aber nicht industriell, erfolgt. Diese Einschränkung ist
der RL 2001/83/EG, insbes. den das Registrierungsverfahren regelnden Art. 16a bis 16i nicht zu
entnehmen. Art. 3 Nr. 1 und 2 RL 2001/83/EG nehmen lediglich Arzneimittel, die in einer Apotheke
nach ärztlicher Verschreibung für einen bestimmten Patienten zubereitet werden **(sog. formula magistralis)** oder die nach Vorschrift einer **Pharmakopöe** zubereitet werden und für die unmittelbare Abgabe
an die Patienten bestimmt sind, die Kunden dieser Apotheke sind **(sog. formula officinalis)**, vom
Anwendungsbereich der RL aus[11]. Einen generellen Ausschluss von in Apotheken gewerblich hergestellten Arzneimitteln sieht das europäische Recht nicht vor. Aus diesem Grund haben das *OLG Hamburg*[12]
und das *OLG Köln*[13] mit Blick auf § 4 I a. F. eine Ausnahme von der Zulassungspflicht gem. § 21 nur
dann angenommen, wenn ein Arzneimittel in der Apotheke aufgrund einer **Einzelrezeptur** zubereitet
wird. Der nicht für einen bestimmten Patienten bestimmte „Nachbau" von Arzneimitteln lässt nach
dieser Ansicht die Zulassungspflicht nicht entfallen[14].

9   Fraglich ist, ob diese Sichtweise auch auf das **Registrierungsverfahren** für traditionelle pflanzliche
Arzneimittel übertragbar ist[15]. Hierbei ist zunächst zu berücksichtigen, dass nach der Neuformulierung

---

[7] So auch die Begründung der Kommission zu dem Vorschlag für eine Richtlinie des Europäischen Parlaments und
des Rates zur Änderung der Richtlinie 2001/83/EG im Hinblick auf traditionelle pflanzliche Arzneimittel vom
17.1.2002, KOM (2002) 1–2002/0008 (COD), insoweit nicht abgedruckt in der im ABl.-EG Nr. C 126 E vom
28.5.2002, S. 263 ff. veröffentlichten Fassung.
[8] Vgl. auch die Begründung der Kommission zu dem Vorschlag für eine Richtlinie des Europäischen Parlaments und
des Rates zur Änderung der Richtlinie 2001/83/EG im Hinblick auf traditionelle pflanzliche Arzneimittel vom
17.1.2002, KOM (2002) 1–2002/0008 (COD).
[9] Vorschlag für eine Richtlinie des Europäischen Parlaments und des Rates zur Änderung der Richtlinie 2001/83/
EG im Hinblick auf traditionelle pflanzliche Arzneimittel vom 17.1.2002, ABl.-EG Nr. C 126 E vom 28.5.2002,
S. 263 ff.
[10] *Handorn*, in: Fuhrmann/Klein/Fleischfresser, § 27 Rn. 36.
[11] Vgl. hierzu *EuGH*, Urt. v. 16.7.2015 – C-544/13, Rn. 71, BeckEuRS 2015, 436717, der klar am Wortlaut der
Vorschriften festhält, so dass ganz erhebliche Bedenken gegen die Europarechtskonformität des § 21 II Nr. 1 bestehen.
[12] *OLG Hamburg*, PharmR 2003, 46, 51 ff.
[13] *OLG Köln*, Urt. v. 21.3.2003 – 6 U 160/02 – juris.
[14] Zustimmend *Eisenblätter/Meinberg*, PharmR, 2003, 425, 426 ff.
[15] Vgl. dazu auch *Heßhaus*, PharmR 2006, 158, 159.

des **Fertigarzneimittelbegriffs,** der auch die durch Apotheker „industriell" hergestellten Präparate umfasst, diese Frage generell an Brisanz verloren haben dürfte. Der Gesetzgeber versteht unter einer „**industriellen Herstellung**" eine „breite Herstellung nach einheitlichen Vorschriften"[16]. Diese Art der Herstellung erfasst damit grundsätzlich auch die „**Nachbau-Fälle**," wenn sie einen größeren Umfang haben. Darüber hinaus muss im Einzelfall geprüft werden, ob tatsächlich eine „Herstellung" des Arzneimittels in der Apotheke erfolgt. Das setzt voraus, dass alle „wesentlichen" Herstellungsschritte dort stattfinden müssen[17] (s. auch § 21 Rn. 22). Soweit das nicht der Fall ist, handelt es sich nicht um ein in der Apotheke hergestelltes Präparat. Damit dürften in der **Praxis des Registrierungsverfahrens** kaum Widersprüche zwischen dem europäischen und dem nationalen Recht auftreten.

II. Pflanzliche Arzneimittel

Bei den registrierungsfähigen Fertigarzneimitteln muss es sich zudem um Arzneimittel i. S. v. § 2 I **10** sowie um **pflanzliche Arzneimittel** gem. § 4 XXIX handeln. Von der **Registrierung** als traditionelles pflanzliches Arzneimittel sind damit Präparate, die ihre Arzneimitteleigenschaft lediglich von der Regelung in § 2 II (**„fiktive Arzneimittel**") ableiten, ausgenommen. Das könnte etwa Produkte wie ein mit Kräutern gefülltes Kissen als Einschlafhilfe betreffen[18].

III. Inverkehrbringen als traditionelles pflanzliches Arzneimittel

Der Gesetzgeber hat bereits in der Eingangsnorm zu den Regelungen des **Registrierungsverfahrens 11** klargestellt, dass dieses „vereinfachte"[19] Verfahren nicht für alle **pflanzlichen Arzneimittel** Anwendung findet, sondern nur für solche, die „als" traditionelle pflanzliche Arzneimittel in den Verkehr gebracht werden. Daneben bleibt die Möglichkeit einer Zulassung weiterhin bestehen. Die Registrierung ist nach § 39c II 1 Nr. 9 allerdings **subsidiär** gegenüber einer **Zulassung** für das oder ein entsprechendes Präparat. Für Arzneimittel, deren Zulassung nach § 105 i. V. m. § 109a unter Bezugnahme auf eine **Listenposition** der Aufstellung der Anwendungsgebiete für Stoffe oder Stoffkombinationen (**sog. Traditionsliste**) verlängert wurde (s. § 109a Rn. 14 ff.), sieht allerdings § 141 XIV eine Übergangsregelung vor. Diese Präparate konnten noch bis **30.4.2011** als traditionelle pflanzliche Arzneimittel in den Verkehr gebracht werden (s. § 141 Rn. 42).

IV. Registrierung durch die zuständige Bundesoberbehörde

Die **Registrierung** als Voraussetzung für das **Inverkehrbringen** traditioneller pflanzlicher Arznei- **12** mittel stellt sich gesetzestechnisch als **Verbot mit Erlaubnisvorbehalt** dar. Der Gesetzgeber will damit den Verkehr mit diesen Präparaten nicht generell untersagen, sondern einer vorherigen **behördlichen Prüfung** unterziehen. Im Fall einer positiven Beurteilung der **Registrierungsvoraussetzungen** steht dem Antragsteller nach § 39c I 1 ein **Anspruch** auf Erteilung der Registrierung, also ein begünstigender Verwaltungsakt, zu. Die für die Registrierung zuständige Behörde ist gem. § 77 I das **BfArM** für alle Humanarzneimittel, während für Tierarzneimittel gem. § 77 III das **BVL** zuständig ist.

C. Anreicherungen mit Vitaminen und Mineralstoffen (S. 2)

Der ursprüngliche Entwurf der **Kommission** für die RL 2004/24/EG sah eine Beschränkung auf **13** pflanzliche Arzneimittel vor. Anreicherungen mit sonstigen Stoffen waren danach generell von der **Registrierung** ausgenommen[20]. In der **Stellungnahme des Wirtschafts- und Sozialausschusses** zu diesem Entwurf wurde die Erweiterung der Kombinationen von pflanzlichen Wirkstoffen mit Inhaltsstoffen nichtpflanzlichen Ursprungs befürwortet[21]. Im weiteren Verfahren wurde diese umfassende Ausdehnung im Rahmen des vom Rat festgelegten Gemeinsamen Standpunktes nicht befürwortet. Der Begriff der **„nichtpflanzlichen Inhaltsstoffe**" sei zu vage und berge die Gefahr einer Aufweichung des gesamten **Registrierungskonzepts** für traditionelle pflanzliche Arzneimittel. Daher wurde eine Beschränkung auf **Kombinationen mit Vitaminen und Mineralstoffen** bevorzugt. Diese nichtpflanzlichen Stoffe sollen zudem in ihrer Wirkung lediglich Ergänzung für die beanspruchten Indikationen sein[22].

---

[16] BT-Drucks. 15/5316, S. 33.
[17] *BVerwG*, Urt. vom 9.3.1999 – 3 C 32/98 – juris, unter Hinweis auf die Gesetzesbegründung in BT-Drucks. 11/5373, S. 13.
[18] Dazu *VG Münster*, Urt. v. 6.11.1985 – 6 K 2001/84, veröffentlicht in *Sander*, Entscheidungssammlung, Nr. 12 zu § 2.
[19] So die Diktion in Art. 16a I RL 2001/83/EG.
[20] Vorschlag für eine Richtlinie des Europäischen Parlaments und des Rates zur Änderung der Richtlinie 2001/83/EG im Hinblick auf traditionelle pflanzliche Arzneimittel vom 17.1.2002, ABl. EG Nr. C 126 E vom 28.5.2002, S. 263 ff.
[21] ABl. EU Nr. C 61 vom 14.3.2003, S. 9.
[22] ABl. EU Nr. C 305 E vom 16.12.2003, S. 52, 59.

14   Der Richtliniengeber ist diesem **Gemeinsamen Standpunkt** gefolgt und hat weitere Inhaltsstoffe, die nicht **Vitamine und Mineralstoffe** sind und zudem keine bloße Ergänzungsfunktion besitzen, ausgeschlossen[23]. Die Regelung in **S. 2** entspricht dieser europarechtlichen Vorgabe. Angesprochen sind hier Kombinationen wie **Weißdorn** und **Magnesium** mit einer entsprechenden **Herzindikation**, da beide Stoffe seit langem in diesem Anwendungsbereich Verwendung finden. Eine Ergänzung in diesem Sinne ist ausgeschlossen, wenn sich das beanspruchte Anwendungsgebiet allein von dem zugesetzten Vitamin oder Mineralstoff ableiten würde, da dann dem pflanzlichen Wirkstoff lediglich eine **Zusatzfunktion** zukommen würde[24].

§ 39b Registrierungsunterlagen für traditionelle pflanzliche Arzneimittel

(1) [1]Dem Antrag auf Registrierung müssen vom Antragsteller folgende Angaben und Unterlagen beigefügt werden:

1. die in § 22 Abs. 1, 3c, 4, 5 und 7 und § 24 Abs. 1 Nr. 1 genannten Angaben und Unterlagen,
2. die in § 22 Abs. 2 Satz 1 Nr. 1 genannten Ergebnisse der analytischen Prüfung,
3. die Zusammenfassung der Merkmale des Arzneimittels mit den in § 11a Abs. 1 genannten Angaben unter Berücksichtigung, dass es sich um ein traditionelles pflanzliches Arzneimittel handelt,
4. bibliographische Angaben über die traditionelle Anwendung oder Berichte von Sachverständigen, aus denen hervorgeht, dass das betreffende oder ein entsprechendes Arzneimittel zum Zeitpunkt der Antragstellung seit mindestens 30 Jahren, davon mindestens 15 Jahre in der Europäischen Union, medizinisch oder tiermedizinisch verwendet wird, das Arzneimittel unter den angegebenen Anwendungsbedingungen unschädlich ist und dass die pharmakologischen Wirkungen oder die Wirksamkeit des Arzneimittels auf Grund langjähriger Anwendung und Erfahrung plausibel sind,
5. bibliographischer Überblick betreffend die Angaben zur Unbedenklichkeit zusammen mit einem Sachverständigengutachten gemäß § 24 und, soweit zur Beurteilung der Unbedenklichkeit des Arzneimittels erforderlich, die dazu notwendigen weiteren Angaben und Unterlagen,
6. Registrierungen oder Zulassungen, die der Antragsteller in einem anderen Mitgliedstaat oder in einem Drittland für das Inverkehrbringen des Arzneimittels erhalten hat, sowie Einzelheiten etwaiger ablehnender Entscheidungen über eine Registrierung oder Zulassung und die Gründe für diese Entscheidungen.

[2]Der Nachweis der Verwendung über einen Zeitraum von 30 Jahren gemäß Satz 1 Nr. 4 kann auch dann erbracht werden, wenn für das Inverkehrbringen keine spezielle Genehmigung für ein Arzneimittel erteilt wurde. [3]Er ist auch dann erbracht, wenn die Anzahl oder Menge der Wirkstoffe des Arzneimittels während dieses Zeitraums herabgesetzt wurde. [4]Ein Arzneimittel ist ein entsprechendes Arzneimittel im Sinne des Satzes 1 Nr. 4, wenn es ungeachtet der verwendeten Hilfsstoffe dieselben oder vergleichbare Wirkstoffe, denselben oder einen ähnlichen Verwendungszweck, eine äquivalente Stärke und Dosierung und denselben oder einen ähnlichen Verabreichungsweg wie das Arzneimittel hat, für das der Antrag auf Registrierung gestellt wird.

(1a) Die Angaben nach § 22 Absatz 1 Satz 1 Nummer 1 bis 10 müssen in deutscher, die übrigen Angaben in deutscher oder englischer Sprache beigefügt werden; andere Angaben oder Unterlagen können im Registrierungsverfahren statt in deutscher auch in englischer Sprache gemacht oder vorgelegt werden, soweit es sich nicht um Angaben handelt, die für die Kennzeichnung, die Packungsbeilage oder die Fachinformation verwendet werden.

(2) Anstelle der Vorlage der Angaben und Unterlagen nach Absatz 1 Satz 1 Nr. 4 und 5 kann bei Arzneimitteln zur Anwendung am Menschen auch Bezug genommen werden auf eine gemeinschaftliche oder unionsrechtliche Pflanzenmonographie nach Artikel 16h Abs. 3 der Richtlinie 2001/83/EG oder eine Listenposition nach Artikel 16f der Richtlinie 2001/83/EG.

(3) [1]Enthält das Arzneimittel mehr als einen pflanzlichen Wirkstoff oder Stoff nach § 39a Satz 2, sind die in Absatz 1 Satz 1 Nr. 4 genannten Angaben für die Kombination vorzulegen. [2]Sind die einzelnen Wirkstoffe nicht hinreichend bekannt, so sind auch Angaben zu den einzelnen Wirkstoffen zu machen.

Wichtige Änderungen der Vorschrift: Abs. 1a eingefügt durch Art. 1 Nr. 41 Buchst. b) des Gesetzes zur Änderung arzneimittelrechtlicher und anderer Vorschriften vom 17.7.2009 (BGBl. I S. 1990).

---

[23] Vgl. *Gerstberger/Greifeneder*, PharmR 2005, 297, 306.
[24] Vgl. auch *Heßhaus*, PharmR 2006, 158, 159.

Europarechtliche Vorgaben: RL 2004/24/EG.

Literatur: *Heßhaus*, Die Registrierung traditioneller pflanzlicher Arzneimittel – Zwischen Bestandschutz und Neuentwicklung, PharmR 2006, 158; *Schneider*, Legislativ zulässige Änderungen von Arzneimitteln im Spiegel des Traditionsnachweises nach § 39b AMG, PharmInd 2008, 623, 730; *Stolte*, Pflanzliche und traditionelle Arzneimittel – erste Erfahrungen mit der Registrierung nach §§ 39a ff. AMG, PharmR 2008, 133.

Übersicht

A. Allgemeines

I. Inhalt

Dem Antrag auf **Registrierung** eines traditionellen pflanzlichen Arzneimittels sind verschiedene **1** Angaben und Unterlagen beizufügen, die insbes. eine Prüfung auf die **Qualität**, die **Wirksamkeit** und die **Unbedenklichkeit** des Präparats zulassen. Das Gesetz verweist dazu einerseits auf einzelne Vorschriften des arzneimittelrechtlichen Zulassungsverfahrens, andererseits fordert es die Vorlage von Unterlagen, aus denen sich die **traditionelle Verwendung** des konkreten oder eines entsprechenden Arzneimittels ergibt.

Die Vorschrift enthält in diesem Zusammenhang wichtige **Klarstellungen** zu dem erforderlichen **2** **Traditionsbeleg.** Der Nachweis der **traditionellen Anwendung** kann danach nicht nur für das zu registrierende Präparat, sondern auch für ein „entsprechendes" Arzneimittel erbracht werden. Darüber hinaus können in bestimmtem Umfang Änderungen an dem Arzneimittel vorgenommen worden sein, ohne dass der **Traditionsbeleg** entfallen würde.

II. Zweck

Die Vorschrift dient der Umsetzung der europarechtlichen Vorgaben der RL 2004/24/EG, mit der die **3** RL 2001/83/EG hinsichtlich traditioneller pflanzlicher Arzneimittel ergänzt wurde. In Anbetracht der besonderen Merkmale dieser Arzneimittel, insbes. ihrer langen Tradition wurde es als wünschenswert erachtet, ein **spezielles vereinfachtes Registrierungsverfahren für bestimmte traditionelle Arzneimittel** zu schaffen[1], für das keine klinischen Tests verlangt werden sollen, wenn aufgrund der Informationen über die traditionelle Anwendung des Arzneimittels unter festgelegten Anwendungsbedingungen nachweislich keine Bedenken im Hinblick auf die Schädlichkeit des Präparats bestehen. Andererseits soll der Qualitätsaspekt von der traditionellen Anwendung des Arzneimittels unabhängig

---

[1] Vgl. den 4. Erwägungsgrund zur RL 2004/24/EG.

sein, so dass hinsichtlich der erforderlichen physikalisch-chemischen, biologischen und mikrobiologischen Tests keine Ausnahmen gewährt werden sollen[2].

B. Einzureichende Registrierungsunterlagen (Abs. 1)

I. Angaben und Unterlagen im Einzelnen (S. 1)

4   **1. Allgemeines zum Antrag.** Die **Registrierung** eines traditionellen pflanzlichen Arzneimittels ist ein **mitwirkungsbedürftiger Verwaltungsakt** i. S. v. § 35 VwVfG, der einen Antrag voraussetzt. Der Antrag auf Registrierung ist, wie sich aus § 39a S. 1 ergibt, bei der zuständigen Bundesoberbehörde zu stellen. Nach § 72 I ist für Humanarzneimittel die **BfArM** die zuständige Registrierungsbehörde, für Tierarzneimittel ist gem. § 72 III das **BVL** zuständig. Die Vorschrift selbst schreibt nicht ausdrücklich vor, in welcher **Form** der Antrag zu stellen ist. Die **Verpflichtung zur Vorlage bestimmter Angaben und Unterlagen** ist nur in schriftlicher oder in elektronischer Form möglich. Die Einzelheiten der Antragstellung sind aber derzeit und solange gesetzlich nicht befriedigend geregelt, bis der Gesetzgeber nicht die bereits bestehenden Regelungen für die Antragstellung in Zulassungs- und anderen Registrierungsverfahren erweitert oder neue Regeln schafft[3]. Immerhin hat der Gesetzgeber im Zuge des AMG-ÄndG 2009 durch die Einfügung von Abs. 1a klargestellt, dass die überwiegende Anzahl der Angaben oder Unterlagen nicht nur in deutscher, sondern auch **in englischer Sprache** gemacht werden kann (s. Rn. 32).

5   **2. Basisangaben (Nr. 1).** Dem Registrierungsantrag sind zunächst bestimmte **Basisangaben** zu dem Arzneimittel beizufügen. Das Gesetz verweist auf entsprechende Vorschriften des Zulassungsrechts (§ 22 I, IIIc, IV, V und VII und § 24 I 1 Nr. 1), auf deren jeweilige Kommentierung Bezug genommen werden kann. Demnach sind folgende Angaben zu machen: **Name oder Firma** und die **Anschrift** des Antragstellers sowie des Herstellers, die **Bezeichnung** des Arzneimittels, die **Bestandteile** des Arzneimittels nach Art und Menge (unter Beachtung der Regelung in § 10 VI), die **Darreichungsformen,** die **Wirkungen,** die **Anwendungsgebiete,** die **Gegenanzeigen,** die **Nebenwirkungen,** die **Wechselwirkungen** mit anderen Mitteln, die **Dosierung,** Angaben über die **Herstellung** des Arzneimittels, die **Art der Anwendung** und bei Arzneimitteln, die nur begrenzte Zeit angewendet werden sollen, die Dauer der Anwendung, die **Packungsgrößen,** die **Art der Haltbarmachung,** die Dauer der **Haltbarkeit,** die Art der **Aufbewahrung,** die Ergebnisse von **Haltbarkeitsversuchen** sowie die Methoden zur Kontrolle der Qualität (Kontrollmethoden). Daneben sind Unterlagen vorzulegen, mit denen einzelne Bewertungen möglicher Umweltrisiken vorgenommen werden können. Weiter ist der Nachweis zu erbringen, dass der Hersteller berechtigt ist, das Arzneimittel herzustellen. Schließlich sind Entwürfe für die **Arzneimittelkennzeichnung** sowie die Packungsbeilagen und das analytische Gutachten vorzulegen.

6   **3. Ergebnisse der analytischen Prüfung (Nr. 2).** Dem Antrag auf Registrierung sind lediglich die Ergebnisse der **analytischen Prüfung** nach § 22 II 1 Nr. 1 beizufügen. Nicht vorgelegt werden müssen demnach die in § 22 II 1 Nr. 2 aufgeführten Ergebnisse pharmakologischer und toxikologischer Versuche. Demgegenüber verlangt die RL in genau umgekehrter Weise die Vorlage der Ergebnisse von Versuchen toxikologischer und pharmakologischer Art, nicht aber die Ergebnisse von Versuchen physikalisch-chemischer, biologischer oder mikrobiologischer Art[4]. Dennoch ist die zusätzliche Anforderung des AMG richtlinienkonform. Dies lässt sich schon aus der Präambel der Änderungs-RL folgern, wonach „hinsichtlich der erforderlichen physikalisch-chemischen, biologischen und mikrobiologischen Tests keine Ausnahmen gewährt werden sollten"[5]. Die von der RL geforderte Vorlage der Ergebnisse von Versuchen toxikologischer und pharmakologischer Art kann über den Wortlaut des AMG hinaus aber nicht verlangt werden, da sich staatliche Stellen im Falle mangelhafter Richtlinienumsetzung nicht zu Lasten des Bürgers auf Richtlinienvorschriften berufen dürfen[6]. Wegen der weiteren Einzelheiten kann auf die Kommentierungen zu § 22 verwiesen werden (s. § 22 Rn. 52).

7   **4. Zusammenfassung der Arzneimittelmerkmale (Nr. 3).** Eine Zusammenfassung der Arzneimittelmerkmale mit den Angaben, die nach § 11a I in der **Fachinformation** grundsätzlich enthalten sein müssen, ist gem. § 39b I 1 Nr. 3 beizufügen. Dabei ist allerdings zu berücksichtigen, dass es sich um ein traditionelles pflanzliches Arzneimittel handelt. Diese Formulierung lässt offen, welche Angaben

---

[2] So der 5. Erwägungsgrund zur RL 2004/24/EG.

[3] Vgl. *Heßhaus*, PharmR 2006, 158, 160.

[4] Vgl. Art. 16c I Buchst. a) i) i. V. m. Art. 8 III Buchst. i), zweiter Gedankenstrich RL 2001/83/EG. Beim Verweis auf den zweiten Gedankenstrich könnte es sich allerdings um ein Versehen handeln, da sich die in Art. 16c I Buchst. a) ii) der RL angesprochenen „pharmazeutischen Versuche" im ersten Gedankenstrich des Art. 8 III Buchst. i) RL 2001/83/EG befinden.

[5] So der 5. Erwägungsgrund zur RL 2004/24/EG.

[6] *EuGH*, Urt. v. 8.10.1987 – Rs. 80/86, Slg. 1987, 3969, Rn. 9 – *Kolpinghuis Nijmegen; EuGH*, Urt. v. 12.5.1987 – verb. Rs. 372–374/85, Slg. 1987, 2141, Rn. 24 – Oscar Traen u. a.

tatsächlich gemacht werden müssen. Den Vorgaben der RL 2001/83/EG folgend, wird man zumindest auf klinische Angaben verzichten dürfen (Art. 16c I Buchst. a) iii) i. V. m. Art. 11 IV RL 2001/83/EG).

5. Traditionsnachweis (Nr. 4). a) Allgemeines zum Traditionsbeleg. Der Antragsteller hat **8** nachzuweisen, dass das zu registrierende Präparat oder ein diesem entsprechendes Arzneimittel **traditio- nell,** also über einen **längeren Zeitraum** verwendet wird[7]. Erforderlich ist eine Anwendung über einen Zeitraum von 30 Jahren, davon 15 Jahren in einem Mitgliedstaat der EU. Das Gesetz stellt klar, dass dieser Nachweis sich auf eine *medizinische Verwendung* beziehen muss. Damit werden vor allem solche Produkte vom **Registrierungsverfahren** ausgeschlossen, die während des Traditionszeitraums aus- schließlich aus sonstigen Gründen, insbes. zur Ernährung verwendet wurden.

Die geforderte **Marktpräsenz** allein reicht allerdings nicht aus, um ein Arzneimittel nach §§ 39a ff. zu **9** registrieren. Der Antragsteller hat zusätzlich zu belegen, dass es unschädlich ist und die pharmakologi- schen Wirkungen sowie die Wirksamkeit des Präparats aufgrund des langen **Anwendungszeitraums** und der mit dem Arzneimittel gewonnenen Erfahrungen plausibel ist.

b) Langjährige Anwendungserfahrung. Dem Registrierungsantrag sind Angaben beizufügen, aus **10** denen sich die **traditionelle Verwendung** des Arzneimittels ergibt. Dieser Nachweis der langen **Anwendungserfahrung** stellt die zentrale Erleichterung im Gegensatz zu einem Zulassungsverfahren nach §§ 21 ff. dar. Der Antragsteller muss die **Unbedenklichkeit** und die **Wirksamkeit** des zu regis- trierenden Arzneimittels nicht durch entsprechende präparatespezifische Tests bzw. durch bibliographi- sche Unterlagen nachweisen, er kann sich vielmehr auf die Wirksamkeits- und Unbedenklichkeits- plausibilität einer jahrzehntelangen Anwendung berufen.

Eine **Registrierung** als traditionelles pflanzliches Arzneimittel setzt eine mindestens dreißigjährige **11** **medizinische Verwendung** voraus, davon wenigstens 15 Jahre in einem Mitgliedstaat der EU. Diese Regelung entspricht Art. 16c I 1 Buchst. c) RL 2001/83/EG. In der **Begründung zum Entwurf** der RL 2004/24/EG hatte die Kommission darauf hingewiesen, dass bei einer **dreißigjährigen Verwen- dung** eines Arzneimittels dessen **Wirksamkeit** und **Unbedenklichkeit** grundsätzlich plausibel erschei- ne[8]. Umstritten war im Verfahren bis zum Erlass dieser RL jedoch, ob und in welchem Umfang die medizinische Anwendung in der EU nachgewiesen werden muss. So regte der Ausschuss für Umwelt- fragen, Volksgesundheit und Verbraucherpolitik des Europäischen Parlaments an, den Zeitraum der Verwendung in der Gemeinschaft auf zehn Jahre zu beschränken[9].

Letztlich wurde die Dauer der Anwendung innerhalb der EU aber auf fünfzehn Jahre festgelegt. Damit **12** unterfällt unter anderem auch die Anwendung in französischen Überseedepartements diesem „europäi- schen" **Anwendungszeitraum.**

c) Nachweis der medizinischen oder tiermedizinischen Verwendung. Der Nachweis der lang- **13** jährigen Erfahrung hat durch **bibliographische Angaben** oder durch **Berichte von Sachverständi- gen** zu erfolgen. Aus diesem Grund muss sich eine medizinische Anwendung beim Menschen oder beim Tier ergeben. Dabei muss es sich nicht um eine ausschließlich medizinische Verwendung handeln. Mit Blick auf die Zielsetzung der **Registrierungsvorschriften,** auch und gerade für solche Produkte, die bisher in den Mitgliedstaaten divergierenden Rechtsvorschriften unterlagen, einen einheitlichen Rechts- rahmen zu schaffen, dürfte eine **zu enge Auslegung nicht zulässig sein.** Es reicht daher aus, wenn ein Produkt während des Traditionszeitraums **zumindest auch zu medizinischen Zwecken** Verwendung gefunden hat.

Der Begriff der „medizinischen Verwendung" entspricht der Terminologie in § 22 III 1 Nr. 1 und **14** § 24b VI zum sog. **well-established-use** seit Inkrafttreten der 14. AMG-Novelle. Er entstammt dem europäischen Richtlinienrecht, nicht den überkommenen Begrifflichkeiten des nationalen Arzneimittel- rechts. Er fordert eine gesundheitsbezogene Verwendung eines Produkts, ohne dass eine Anwendung als Arzneimittel zwingend vorliegen muss. Diese Auslegung wird zudem durch Abs. 1 S. 2 bestärkt, der für den **Traditionsbeleg** nicht den Nachweis einer speziellen Genehmigung „als Arzneimittel" fordert. Damit können auch solche Produkte eine „medizinische Verwendung" haben, die (bisher) einem **anderen Rechtsregime** unterfielen. Es ist allerdings nachzuweisen, dass auch diese Präparate zur Vor- beugung, Therapie oder einem sonstigen arzneimittelähnlichen Zweck während des Traditionszeitraums eingesetzt wurden.

d) Bibliografische Angaben oder Sachverständigenberichte. Den Materialien zur 14. AMG- **15** Novelle und zur RL 2004/24/EG ist nicht zu entnehmen, anhand welcher Unterlagen der Traditions- nachweis im Einzelnen zu erbringen ist. Das Gesetz spricht vage von **bibliographischen Angaben** sowie von Berichten von Sachverständigen. Bisher ist weitgehend unklar, wie tiefgehend die entspre-

---

[7] Vgl. dazu *Heßhaus,* PharmR 2006, 158, 160 ff.
[8] Vorschlag für eine RL zur Änderung der RL 2011/83/EG im Hinblick auf traditionelle pflanzliche Arzneimittel der Kommission vom 17.1.2002, KOM (2002) 1 endg., 2002/0008 (COD), S. 4.
[9] Bericht vom 5.11.2002, Sitzungsdokument A5–0365/2002, S. 12 f.; s. aber auch die Stellungnahme des Wirt- schafts- und Sozialausschusses vom 18.9.2002, ABl. EU Nr. C 61 vom 14.3.2003, S. 9, 12, wo eine insgesamt nur zwanzigjährige Anwendungsdauer, davon zehn Jahre in der EU, befürwortet wurde.

chenden Unterlagen beschaffen sein müssen. Das BfArM verlangt „aussagekräftige Unterlagen zum Beleg der Tradition" und weist insoweit auf die „Kreativität der Antragsteller" hin[10]. Die bloße Bezugnahme auf eine Listenposition nach § 109a ist im Übrigen nicht ausreichend. Die entsprechende Liste ist rein stoffbezogen und enthält grundsätzlich keine Angaben zur Menge und Dosierung der Wirkstoffe[11].

16   **6. Nachweis der Unschädlichkeit, Unbedenklichkeit und der Wirksamkeit (Nr. 5).** Die langjährige medizinische Verwendung eines Arzneimittels reicht allein nicht aus, um eine Registrierung zu erreichen. Vielmehr hat der Antragsteller zusätzlich zu belegen, dass die pharmakologischen Wirkungen oder die Wirksamkeit mit Blick auf die jahrzehntelange Anwendung plausibel sind und das Produkt im Rahmen der Indikation sowie der Dosierung **unschädlich** ist. Das Gesetz fordert damit **keinen Nachweis der Wirksamkeit** des zu registrierenden Präparats bzw. dessen pharmakologischer Wirkungen, diese müssen lediglich aufgrund der eingereichten Unterlagen nachvollziehbar sein.

17   Aus den bibliographischen Angaben bzw. Sachverständigenberichten muss ferner hervorgehen, dass das Arzneimittel unter den **angegebenen Anwendungsbedingungen unschädlich** ist. Nach Abs. 1 S. 1 Nr. 5 muss dem Registrierungsantrag ein bibliographischer Überblick betreffend die Angaben zur Unbedenklichkeit zusammen mit einem Sachverständigengutachten gem. § 24 beigefügt werden.

18   Fraglich ist, was unter **Unschädlichkeit** und **Unbedenklichkeit** zu verstehen ist und in welchem Verhältnis der Begriff der Unschädlichkeit zu dem der Unbedenklichkeit steht. Zur Klärung der Begrifflichkeiten kann die in § 5 II enthaltene Legaldefinition eines bedenklichen Arzneimittels aufgrund des europarechtlichen Hintergrundes der Registrierungsregelungen wohl nicht ohne weiteres herangezogen werden. Im Übrigen werden die Begriffe der (Un)bedenklichkeit und der (Un)schädlichkeit im Gesetz nicht erläutert. Aufgrund der Verwendung der Begriffe in der RL 2001/83/EG und den entsprechenden Regelungen des AMG dürfte die geforderte Unbedenklichkeit dann vorliegen, wenn das Arzneimittel **nicht schädlich ist** und unter den normalen Anwendungsbedingungen auch nicht **schädlich sein kann.** Was allerdings unter den Begriff der Schädlichkeit fällt, war schon im Zusammenhang mit der Formulierung des § 25 II 1 Nr. 5 in der bis zur 14. AMG-Novelle geltenden Fassung streitig. Insbes. war problematisch, ob der Begriff der Schädlichkeit **jede unerwünschte Befindlichkeitsstörung** oder nur solche unbeabsichtigten Wirkungen erfasst, die von einigem Gewicht sind und zu einer Gesundheitsgefährdung führen[12] (s. dazu § 25 Rn. 58 f.). Diese Frage stellt sich nunmehr auch im Rahmen der §§ 39a ff.

19   Mit Blick auf die Neuformulierung des § 25 II 1 Nr. 5 **(ungünstiges Nutzen–Risiko-Verhältnis)** wird man auch im Rahmen der Auslegung der Registrierungsvorschriften nicht jede noch so belanglose Befindlichkeitsbeeinträchtigung als „schädlich" ansehen können. Vielmehr müssen die von dem Begriff der „Schädlichkeit" erfassten Umstände zumindest von nennenswertem Gewicht sein[13] (s. dazu im Einzelnen § 25 Rn. 57).

20   Darüber hinaus stellt sich die Frage, wie die **Unschädlichkeit** und die **Unbedenklichkeit** nachgewiesen werden müssen. Aus dem Wortlaut des § 39b I 1 Nr. 4 geht hervor, dass die Unschädlichkeit, im Gegensatz zur Wirksamkeit, sicher nachgewiesen und nicht lediglich plausibel sein muss. Dies ergibt sich auch aus der Regelung des § 39c II 1 Nr. 3, nach dem eine Registrierung zwingend zu versagen ist, wenn das Präparat schädlich sein könnte. Das Erfordernis eines sicheren Nachweises der Unschädlichkeit ist richtlinienkonform (Art. 16a I Buchst. e), 16e I Buchst. c) RL 2004/24/EG). Im Vergleich zum Zulassungsverfahren ist der **Unschädlichkeitsnachweis** insofern deutlich erleichtert, als er nicht anhand von Test- und Prüfungsergebnissen geführt werden muss, sondern gem. § 39b I 1 Nr. 4 lediglich aus den bibliographischen Angaben, bzw. den Sachverständigenberichten, hervorgehen muss. Auch die Unbedenklichkeit muss sicher nachgewiesen sein und nicht – wie die Wirksamkeit – lediglich plausibel erscheinen. Dies folgt schon aus dem Erfordernis des § 39b I 1 Nr. 5, alle zur Beurteilung der Unbedenklichkeit des Arzneimittels erforderlichen Angaben und Unterlagen vorzulegen. Hintergrund und Ziel der RL 2004/24/EG, wie sie in den Erwägungsgründen zur RL und der Begründung der Kommission dargelegt wurden, stehen dem nicht entgegen. Zwar sollte nach der Begründung der Kommission durch die RL die vereinfachte Registrierung gerade in den Fällen ermöglicht werden, in denen die traditionelle Verwendung des Arzneimittels **zuverlässige Schlussfolgerungen** über seine Unbedenklichkeit und Wirksamkeit zulässt und daher die Zulassungsanforderungen nach der RL 2001/83/EG nur schwer zu rechtfertigen wären[14]. Damit wird jedoch grundsätzlich nicht der **Nachweisgrad,** sondern das **Nachweismittel** angesprochen. Motiv des vereinfachten Registrierungsverfahrens war es, Angaben und Unterlagen über Tests und Prüfungen zur Unbedenklichkeit und Wirksamkeit entbehrlich zu machen[15].

---

[10] Vgl. dazu BfArM im Dialog, Veranstaltung vom 16.2.2006, abrufbar unter www.bfarm.de.
[11] Vgl. aber *VG Köln*, PharmR 2006, 168, 171 ff.
[12] Vgl. dazu *Kloesel/Cyran*, § 25 Anm. 73 m. w. N.
[13] In diesem Sinne auch *Rehmann*, § 39b Rn 6.
[14] Vorschlag der Kommission zur Änderung der RL 2001/83/EG im Hinblick auf traditionelle pflanzliche Arzneimittel vom 17.1.2002, KOM (2002) 1 endg., 2002/0008 (COD), S. 2.; vgl. auch den 4. Erwägungsgrund zur RL 2004/24/EG.
[15] Vorschlag der Kommission zur Änderung der RL 2001/83/EG im Hinblick auf traditionelle pflanzliche Arzneimittel vom 17.1.2002, KOM (2002) 1 endgültig, 2002/0008 (COD), S. 3, 4.

Bedenken hinsichtlich der **Sicherheit des Arzneimittels** sollten jedoch ausgeschlossen sein[16]. Dementsprechend sieht die RL vor, dass in Bezug auf die Unbedenklichkeit dem Registrierungsantrag ein bibliographischer Überblick, ein Sachverständigenbericht sowie weitere notwendige Angaben beigefügt werden müssen (Art. 16c I Buchst. d) RL 2001/83/EG). Über die Anforderungen der RL hinaus wird jedoch nach § 39b I 1 Nr. 5 ein Sachverständigengutachten „gemäß § 24 AMG" verlangt. Hierbei ist unklar, ob der Gesetzgeber sich wie in § 39b I 1 Nr. 1 auf ein analytisches Gutachten beschränken will, oder ob er zudem ein pharmakologisch-toxikologisches und ein klinisches Gutachten, sowie ein Gutachten über die Rückstandsprüfung fordert. Die Vorlage derartiger Gutachten dürfte mit Art. 16c I Buchst. d) RL 2001/83/EG nur vereinbar sein, wenn **sie zur Beurteilung der Unbedenklichkeit** des Arzneimittels **notwendig** sein sollte. Zudem muss in **richtlinienkonformer Auslegung** der Verweis auf § 24 so verstanden werden, dass zum Zwecke der Begutachtung zusätzliche Tests und Prüfungen nicht durchgeführt werden müssen[17].

7. Anderweitige Registrierungen und Zulassungen (Nr. 6). Nach Abs. 1 S. 1 Nr. 6 sind dem **21** Registrierungsantrag schließlich die Registrierungen oder Zulassungen aus anderen Mitgliedstaaten oder Drittländern beizufügen. Wurden die Registrierung oder die Zulassung in anderen Ländern abgelehnt, sind die Einzelheiten und die Gründe dieser Entscheidungen vorzulegen.

II. Fehlende arzneimittelrechtliche Genehmigung (S. 2)

Die geforderte **traditionelle Verwendung** eines Präparats ist nicht auf arzneimittelrechtlich zugelasse- **22** ne Produkte beschränkt. Die **Registrierung** traditioneller pflanzlicher Arzneimittel dient vor allem einer Vereinheitlichung des rechtlichen Standards dieser Präparate, die in den Mitgliedstaaten oftmals ganz unterschiedlichen Regelungen unterliegen. Daher ist der ausdrückliche Verzicht auf eine bestehende arzneimittelrechtliche Zulassung konsequent, um auch solche Arzneimittel zu erfassen, die während des **Traditionszeitraumes** nicht als Arzneimittel im Verkehr waren, obwohl sie (heute) dem Arzneimittelrechtsregime unterfallen. Vom **Wortlaut der Norm** sind darüber hinaus auch die Fälle erfasst, in denen eine ursprünglich bestehende arzneimittelrechtliche Zulassung zwischenzeitlich erloschen ist. Das dürfte vor allem Präparate betreffen, die während des Nachzulassungsverfahrens unzulässig geändert wurden. Obwohl die **fiktive Zulassung** mit Eingang der entsprechenden Änderungsanzeige bei der Bundesoberbehörde erloschen ist, waren zahlreiche Präparate gleichwohl weiterhin im Verkehr. Auch für diese Arzneimittel ist der Weg der Registrierung grundsätzlich eröffnet.

III. Verminderung der Anzahl oder Menge der Wirkstoffe (S. 3)

Wurde das Arzneimittel während der vergangenen 30 Jahre geändert, stellt sich die Frage, ob diese **23** Änderung Auswirkungen auf den zu erbringenden **Traditionsbeleg** hat. Der Gesetzgeber geht davon aus, dass eine Verringerung der **Anzahl oder der Menge der Wirkstoffe** einer Registrierung nicht entgegensteht. Die entsprechende Änderung stellt damit keine relevante **Zäsur** in dem dreißigjährigen Traditionszeitraum dar, so dass der Nachweis der traditionellen Verwendung nicht gefährdet ist. Etwas anderes soll ausweislich des Gesetzeswortlauts offenbar in den Fällen gelten, in denen die Änderung zu einer Erhöhung der Anzahl oder, in der Praxis wohl wesentlich häufiger anzutreffen, der Menge der Wirkstoffe geführt hat. Eine solche Änderung soll, in Übereinstimmung mit Art. 16c III 2 RL 2001/83/EG, die **zeitliche Kontinuität** zerschneiden. In diesen Fällen kann eine **traditionelle Anwendung** auf dieser Grundlage nicht nachgewiesen werden.

Der **Ausschluss** entsprechend geänderter Präparate von der Registrierung ist **nicht sachgerecht.** In **24** vielen Fällen handelt es sich um Arzneimittel, die vor Jahrzehnten als Vielstoffpräparate im Verkehr waren und deren Wirkstoffanzahl im Rahmen der **Nachzulassung** reduziert wurde. So sah Art. 3 § 7 IIIa 2 Nr. 4 AMNOG ausdrücklich die Möglichkeit vor, ein fiktiv zugelassenes Präparat durch Verringerung der Anzahl der Wirkstoffe bei gleichzeitiger Erhöhung der Menge des verbliebenen Wirkstoffs zu ändern. Entsprechendes galt bei einer Anpassung an ein bekannt gemachtes Ergebnis nach § 25 VII. Auch hier konnte unter Anpassung an eine Monographie bzw. ein Muster auch die Menge des oder der Wirkstoffe erhöht werden. Das war in zahlreichen Fällen nicht zuletzt deshalb geboten, da nach dem Verzicht auf einzelne Bestandteile die Präparate unterdosiert waren. Um ihre **Wirksamkeit im bisherigen Anwendungsbereich** zu erhalten, war daher eine Erhöhung der Wirkstoffmenge erforderlich. Obwohl diese Präparate damit rechtlich zulässig geändert wurden, soll ihnen der Weg der Registrierung als traditionelles pflanzliches Arzneimittel versperrt bleiben. Mit Blick auf die Übergangsregelung in § 141 XIV dürfte bei einer Vielzahl dieser Präparate, sofern sie als traditionelle Arzneimittel nach §§ 105, 109a nachgelassen wurden, die Verkehrsfähigkeit am 30.4.2011 erlöschen, wenn bis dahin keine entsprechende gemeinschaftliche Pflanzenmonographie oder eine Position in der **Traditionsliste** nach Art. 16f RL 2001/83/

---

[16] Vgl. den 5. Erwägungsgrund zur RL 2004/24/EG.
[17] So auch *Heßhaus*, PharmR 2006, 158, 162 f.

EG geschaffen wird. Auf diese könnte gem. Abs. 2 Bezug genommen werden, ohne dass es eines eigenen **Traditionsbelegs** bedarf.

IV. Entsprechende Arzneimittel (S. 4)

25 **1. Kriterien für die Arzneimittelidentität.** Der erforderliche **Traditionsbeleg** ist nach Abs. 1 S. 1 Nr. 4 zunächst mit dem Arzneimittel zu führen, dessen Registrierung beantragt wird. Das erscheint auf den ersten Blick nahe zu liegen, da die erforderlichen **Anwendungserfahrungen** mit einem konkreten Präparat gemacht werden müssen. Der europäische Richtliniengeber hat sich in Art. 16a ff. RL 2001/83/EG bewusst gegen eine abstrakte Bezugnahme auf die **traditionelle Verwendung** von Wirkstoffen oder Wirkstoffkombinationen und für einen **produktbezogenen Traditionsnachweis** entschieden[18].

26 Diese Lösung ist nicht unproblematisch, da zahlreiche Präparate während ihrer **jahrzehntelangen Marktpräsenz** verändert wurden. Hier stellt sich dann die Frage, durch welche Merkmale die **Identität** eines **Arzneimittels** bestimmt wird. Das AMG gibt durch die Regelung in Abs. 1 S. 3 insoweit Anhaltspunkte, als eine Reduzierung der Wirkstoffanzahl für den **Registrierungsantrag** unschädlich sein soll. Das bedurfte nur deshalb einer ausdrücklichen Erwähnung, weil der **Wirkstoffzusammensetzung** eines Arzneimittels unter dem Gesichtspunkt der Produktidentität nach dem Willen des Gesetzgebers offenbar eine wesentliche Bedeutung zukommt. Darüber hinaus lässt sich aus Abs. 1 S. 4 ableiten, dass auch die **Hilfsstoffzusammensetzung**, der **Verwendungszweck**, die **Stärke**, die **Dosierung** sowie der **Applikationsweg** eines Arzneimittels relevant sind. Wurde einer dieser Parameter geändert, handelt es sich nicht mehr um das gleiche, sondern um ein anderes Arzneimittel. Dabei ist unerheblich, ob diese Änderungen zulässig waren oder nicht.

27 **2. Kriterien für entsprechende Arzneimittel. a) Allgemeine Bedeutung.** Welche Folgen eine **Arzneimitteländerung** für den Registrierungsantrag hat, ist damit jedoch noch nicht beantwortet. Während Abs. 1 Satz 3 die **Verringerung** von **Anzahl** oder **Menge** des oder der Wirkstoffe für insoweit unbeachtlich erklärt, lässt Abs. 1 S. 1 Nr. 4 den Traditionsbeleg auch über ein „entsprechendes Arzneimittel" zu. Hierdurch wird auch solchen Arzneimitteln, die selbst über keine oder keine hinreichend lange Marktpräsenz verfügen, der Weg zur Registrierung eröffnet. Der Begriff des „entsprechenden Arzneimittels" wird in Abs. 1 S. 4 legal definiert.

28 **b) Wirkstoffidentität und -vergleichbarkeit.** Das AMG fordert zunächst eine Übereinstimmung oder zumindest „Vergleichbarkeit" der Wirkstoffe. Die Hilfsstoffzusammensetzung ist hierbei unerheblich. Nach ständiger **Rechtsprechung** der **Verwaltungsgerichte** wird der Wirkstoff eines pflanzlichen Arzneimittels durch den Herstellungsvorgang bestimmt[19]. Das bedeutet etwa, dass die Verwendung unterschiedlicher **Extraktionsverfahren** oder **Extraktionsmittel** in der Arzneimittelherstellung trotz gleicher Ausgangsdrogen zu unterschiedlichen Wirkstoffen führen. Damit ist eine Identität nur dann gegeben, wenn die Wirkstoffe des zu registrierenden Präparats und des Referenzarzneimittels in der gleichen Weise hergestellt wurden. Ist das nicht der Fall, kommt nur ein **„vergleichbarer" Wirkstoff** in Betracht. Das Gesetz gibt selbst keinen Hinweis darauf, wann von einer „Vergleichbarkeit" ausgegangen werden kann. Aus naturwissenschaftlicher Sicht wird man daher im Regelfall auf folgende Kriterien abstellen müssen: Es muss sich um die **identische Stammpflanze** sowie den entsprechenden Pflanzenteil handeln. Ferner müssen das eingesetzte Extraktionsmittel und dessen Konzentration (z. B. bei Wasser-Alkohol-Mischungen) einander entsprechen. Ferner wird man auch nahe beieinander liegende Droge-Extrakt-Verhältnisse fordern müssen[20].

29 **c) Verwendungszweck.** Neben der Identität oder Vergleichbarkeit der Wirkstoffe muss das zu registrierende Arzneimittel einem dem Referenzarzneimittel **entsprechenden Verwendungszweck** haben. Der Begriff des Verwendungszwecks findet sich in § 10 I 1 Nr. 14 und ist nicht mit den Begriffen Anwendungsgebiet, Anwendungsbereich oder Indikation zu verwechseln. Der Begriff des Verwendungszwecks ist vielmehr in einem weiten Sinne zu verstehen und soll einer ersten Orientierung im Rahmen der Selbstmedikation durch Laien dienen[21]. Es ist also ausreichend, wenn das entsprechende Arzneimittel ebenfalls beispielsweise als „Hustenmittel" oder ähnliches im Verkehr ist.

30 **d) Äquivalente Stärke und Dosierung.** Als drittes Entsprechungskriterium nennt die Norm eine **äquivalente Stärke und Dosierung.** Dadurch soll sichergestellt werden, dass die arzneilichen Wirkungen in vergleichbarer Zeit und entsprechendem Umfang bei den Patienten eintreten.

---

[18] Anders das Votum des Ausschusses für Umweltfragen, Volksgesundheit und Verbraucherpolitik des Europäischen Parlaments vom 5.11.2002, Sitzungsdokument A5–0365/2002, S. 12 f., in dem die traditionelle Verwendung von Wirkstoffen, nicht aber konkreter Produkte befürwortet wurde.

[19] Vgl. *OVG Berlin*, Urt. v. 31.10.2002 – 5 B 24.00 und 5 B 25.00 – juris; *VG Köln*, Urt. v. 28.10.2004 – 24 K 6545/01 – juris.

[20] Ähnlich *Kloesel/Cyran*, § 39b Anm. 12, 18.

[21] *Kloesel/Cyran*, § 10 Anm. 71.

e) Verabreichungsweg. Schließlich müssen das zu registrierende Arzneimittel und das Referenzarz- **31** neimittel denselben oder einen ähnlichen **Verabreichungsweg** haben. Der Begriff des Verabreichungs- weges ist gesetzlich nicht definiert. Allgemein wird unter dem Begriff der Verabreichungs- oder Applikationsform die Art und Weise bezeichnet, in der ein Arzneimittel verabreicht wird. Hier ist zu beachten, dass nach § 39c II 1 Nr. 7 für traditionelle pflanzliche Arzneimittel ausschließlich orale oder äußerliche Anwendungen oder Inhalationen in Betracht kommen. Unzulässig wäre daher nicht zur eine in § 39c I 1 Nr. 7 nicht genannte Applikationsform, sondern beispielsweise auch der Wechsel von einer oralen zu einer äußerlichen Anwendung[22].

C. Sprache für die Angaben (Abs. 1a)

Gem. **§ 23 I VwVfG** ist die Amtssprache deutsch. Nach dieser verwaltungsverfahrensrechtlichen **32** Grundregel müssten nicht nur der Registrierungsantrag, sondern auch sämtliche der zuständigen Bundes- oberbehörde vorzulegenden Angaben und Unterlagen in deutscher Sprache eingereicht werden. Das würde für die Antragsteller einen erheblichen Aufwand bedeuten, da zahlreiche **registrierungsrelevan- te Angaben,** insbes. bibliografische Angaben ausschließlich in englischer Sprache veröffentlicht sind. Der Gesetzgeber hat daher im Rahmen des AMG-ÄndG 2009 und in Anlehnung an die Neuregelung in § 22 Ia neu geschaffenen § 39b Abs. 1a die Möglichkeit eingeräumt, bestimmte Zulassungsunterla- gen nur noch in englischer Sprache vorzulegen[23]. Umfasst von dieser Erleichterung sind sämtliche Angaben und Unterlagen mit Ausnahme der Angaben nach § 22 I 1 Nr. 1 bis 10. Letztgenannte Angaben müssen in deutscher Sprache vorgelegt werden.

D. Bezugnahme auf Pflanzenmonographien oder Listenpositionen (Abs. 2)

Die Vorschrift wurde durch das 2. AMG-ÄndG 2012 an die Terminologie des Vertrages von Lissabon **33** angepasst, indem neben der bisherigen „gemeinschaftlichen" nunmehr auch „unionsrechtliche" Pflan- zenmonographie erwähnt wird.[24] Der Traditionsnachweis nach Abs. 1 S. 1 Nr. 4 und 5 zur Unschädlich- keit, Wirksamkeit und Unbedenklichkeit kann durch die Bezugnahme auf eine **gemeinschaftliche Pflanzenmonographie** gem. Art. 16h III RL 2001/83/EG oder auf eine Listenposition nach Art. 16f RL 2001/83/EG ersetzt werden. Für die Erstellung einer entsprechenden **Pflanzenmonographie** ist nach Art. 16h I 1 Buchst. a), 4. Spiegelstrich RL 2001/83/EG der Ausschuss für pflanzliche Arzneimittel **(Committee for Herbal Medicinal Products, HMPC)** zuständig. Dieser erstellt nach Art. 16h I 1 Buchst. a), 3. Spiegelstrich RL 2001/83/EG einen Entwurf für eine Liste pflanzlicher Stoffe, Zuberei- tungen und Kombinationen, die von der Kommission nach Maßgabe von Art. 121 RL 2001/83/EG i. V. m. dem Beschluss 1999/468/EG[25] verabschiedet wird.

Zwischenzeitlich wurde im HMPC eine sogenannte **Working Party on Community Monographs** **34** **and Community List (MLWP)** geschaffen, welche insoweit die Aufgabe der dem Ausschuss zugewie- senen Agenden übernommen hat. Der aktuelle Bearbeitungsstand der Monographien und Listen kann im Internet abgerufen werden[26].

E. Kombinationsbegründung (Abs. 3)

Bei **Mehrstoffpräparaten** muss der Traditionsbeleg für die Kombination der enthaltenen Wirkstoffe **35** sowie die ggf. vorhandenen Vitamine und Mineralstoffe erbracht werden. Der Nachweis der traditionel- len Verwendung der Einzelstoffe reicht nicht aus. Damit versperrt das Gesetz den Weg der Registrierung für solche Präparate, bei denen zwar für die Anwendung einzelner Komponenten auf hinreichend lange Erfahrungen zurückgegriffen werden kann, nicht aber bezogen auf die konkrete Zusammensetzung. Unschädlich ist in diesem Zusammenhang aber die Eliminierung eines oder mehrerer Wirkstoffe während des Traditionszeitraumes. Dies ergibt sich bereits aus Abs. 1 S. 3.

Sollten im Einzelfall einzelne Wirkstoffe nicht hinreichend bekannt sein, müssen zu diesen zusätzli- **36** che Angaben gemacht werden. Diese Forderung entspricht Art. 16c I 1 Buchst. a) iv) des RL 2001/ 83/EG.

---

[22] Kritisch zu der Beschränkung auf die gesetzlich genannten Verabreichungswege *Krüger,* PharmR 2006, 572, 574.
[23] Vgl. BT-Drucks. 16/12 256, S. 37.
[24] Gesetz vom 19.10.2012 (BGBl. I S. 2192) siehe auch BRDrucks. 16/12 256, S. 90, 91/12.
[25] ABl. EG Nr. L 184 vom 17.7.1999, S. 23.
[26] Unter www.ema.europa.eu.

§ 39c Entscheidung über die Registrierung traditioneller pflanzlicher Arzneimittel

(1) [1]Die zuständige Bundesoberbehörde hat das traditionelle pflanzliche Arzneimittel zu registrieren und dem Antragsteller die Registrierungsnummer schriftlich mitzuteilen. [2]§ 25 Abs. 4 sowie 5 Satz 5 findet entsprechende Anwendung. [3]Die Registrierung gilt nur für das im Bescheid aufgeführte traditionelle pflanzliche Arzneimittel. [4]Die zuständige Bundesoberbehörde kann den Bescheid über die Registrierung mit Auflagen verbinden. [5]Auflagen können auch nachträglich angeordnet werden. [6]§ 28 Abs. 2 und 4 findet entsprechende Anwendung.

(2) [1]Die zuständige Bundesoberbehörde hat die Registrierung zu versagen, wenn der Antrag nicht die in § 39b vorgeschriebenen Angaben und Unterlagen enthält oder

1. die qualitative oder quantitative Zusammensetzung nicht den Angaben nach § 39b Abs. 1 entspricht oder sonst die pharmazeutische Qualität nicht angemessen ist,
2. die Anwendungsgebiete nicht ausschließlich denen traditioneller pflanzlicher Arzneimittel entsprechen, die nach ihrer Zusammensetzung und dem Zweck ihrer Anwendung dazu bestimmt sind, am Menschen angewandt zu werden, ohne dass es der ärztlichen Aufsicht im Hinblick auf die Stellung einer Diagnose, die Verschreibung oder die Überwachung der Behandlung bedarf,
3. das Arzneimittel bei bestimmungsgemäßem Gebrauch schädlich sein kann,
4. die Unbedenklichkeit von Vitaminen oder Mineralstoffen, die in dem Arzneimittel enthalten sind, nicht nachgewiesen ist,
5. die Angaben über die traditionelle Anwendung unzureichend sind, insbesondere die pharmakologischen Wirkungen oder die Wirksamkeit auf der Grundlage der langjährigen Anwendung und Erfahrung nicht plausibel sind,
6. das Arzneimittel nicht ausschließlich in einer bestimmten Stärke und Dosierung zu verabreichen ist,
7. das Arzneimittel nicht ausschließlich zur oralen oder äußerlichen Anwendung oder zur Inhalation bestimmt ist,
8. die nach § 39b Abs. 1 Satz 1 Nr. 4 erforderliche zeitliche Vorgabe nicht erfüllt ist,
9. für das traditionelle pflanzliche Arzneimittel oder ein entsprechendes Arzneimittel eine Zulassung gemäß § 25 oder eine Registrierung nach § 39 erteilt wurde,
10. das Inverkehrbringen des Arzneimittels oder seine Anwendung bei Tieren gegen gesetzliche Vorschriften verstoßen würde.

[2]Für Arzneimittel, die zur Anwendung bei Tieren bestimmt sind, gilt Satz 1 entsprechend.

(3) [1]Die Registrierung erlischt nach Ablauf von fünf Jahren seit ihrer Erteilung, es sei denn, dass spätestens neun Monate vor Ablauf der Frist ein Antrag auf Verlängerung gestellt wird. [2]Für das Erlöschen und die Verlängerung der Registrierung gilt § 31 entsprechend mit der Maßgabe, dass die Versagungsgründe nach Absatz 2 Anwendung finden.

Wichtige Änderungen der Vorschrift: Abs. 2 S. 1 Nr. 10 eingefügt durch Art. 1 Nr. 34a des Zweiten Gesetzes zur Änderung arzneimittelrechtlicher und anderer Vorschriften vom 19.10.2012 (BGBl I. S. 2192).

Europarechtliche Vorgaben: Art. 16e RL 2001/83/EG i. d. F. der RL 2004/24/EG.

Literatur: *Association Européenne des Spécialités Pharmaceutiques Grand Public (AESGP),* Pflanzliche Arzneimittel in der Europäischen Union, Abschlussbericht einer Untersuchung im Auftrag der Europäischen Kommission, ETD/97/501.336, November 1998, abrufbar unter http://pharmacos.eudra.org/F2/pharmacos/docs/doc99/herbal; *Heßhaus,* Die Registrierung traditioneller pflanzlicher Arzneimittel – Zwischen Bestandsschutz und Neuentwicklung, PharmR 2006, 158; *Krüger,* Registrierung traditioneller pflanzlicher Arzneimittelchancen und Möglichkeiten, PharmR 2006, 572; *Stolte,* Pflanzliche und traditionelle Arzneimittel- Erste Erfahrungen mit der Registrierung nach §§ 39a ff. AMG, PharmR 2008, 1333; *Winnands,* Traditionelle pflanzliche Arzneimittel zwischen Nachzulassung und Registrierung, A&R 2006, 159.

Übersicht

A. Inhalt und Zweck

Die Vorschrift enthält in Abs. 1 die Verpflichtung der zuständigen Bundesoberbehörde zur Regis- **1** trierung traditioneller pflanzlicher Arzneimittel. Wie bei der arzneimittelrechtlichen Zulassung korrespondiert diese behördliche Pflicht mit einem **Anspruch des Antragstellers** auf Erteilung des beantragten Bescheides, wenn kein Versagungsgrund vorliegt. Die Versagungsgründe sind enumerativ in Abs. 2 aufgeführt. Daneben enthält Abs. 3 eine Vorschrift zur Verlängerung der Registrierung, die an § 31 angelehnt ist. Danach wird auch die Registrierung zunächst für fünf Jahre befristet erteilt. Sie erlischt, wenn nicht sechs Monate vor Ablauf der Frist ein Verlängerungsantrag gestellt wurde.

Die Vorschrift knüpft an § 39b an und dient im Wege des Verbots mit Erlaubnisvorbehalt entsprechend **2** dem Zulassungsverfahren dazu, die **Arzneimittelsicherheit** durch den Schutz der Patienten zu gewährleisten (s. auch § 21 Rn. 2).

B. Die Erteilung der Registrierung (Abs. 1)

I. Registrierungsanspruch (S. 1)

1. Subjektiv-öffentliches Recht des Antragstellers. Die zuständige Bundesoberbehörde ist ver- **3** pflichtet, das traditionelle pflanzliche Arzneimittel zu registrieren, wenn kein Versagungsgrund nach Abs. 2 vorliegt. Das Gesetz stellt in Anlehnung an die Formulierung in § 25 I klar, dass der zuständigen Bundesoberbehörde bei ihrer Entscheidung kein Ermessen zukommt, da es sich um eine gebundene Verwaltungsentscheidung handelt („hat … zu registrieren"). Der behördlichen Verpflichtung einerseits entspricht andererseits ein Anspruch im Sinne eines **subjektiv öffentlichen Rechts [zu Registrierung von traditionellen pflanzlichen Arzneimitteln]** des Antragstellers auf Registrierung des Arzneimittels. Das ist vor allem mit Blick auf die Rechtsschutzmöglichkeiten gegen eine ablehnende Entscheidung von Bedeutung. Der Antragsteller kann die behördliche Entscheidung gerichtlich überprüfen lassen. Die erforderliche Rechtsverletzung i. S. d. §§ 42 II, 113 I 1 VwGO liegt in der Versagung der Registrierung[1].

2. Mitwirkungsbedürftigkeit der Registrierung und Mitwirkungsobliegenheiten des Antrag- 4 stellers. Die Registrierung eines traditionellen pflanzlichen Arzneimittels stellt einen **mitwirkungsbedürftigen begünstigenden Verwaltungsakt** i. S. v. § 35 VwVfG dar. Das bedeutet aus verfahrensrechtlicher Sicht, dass die Registrierung einen Antrag voraussetzt. Eine Registrierung ohne entsprechenden Antrag stellte einen Verfahrensfehler dar, der jedoch nach § 45 I Nr. 1 VwVfG geheilt werden kann. Materiell-rechtlich kommen dem Antragsteller weitreichende **Mitwirkungsobliegenheiten** zu. Das betrifft vor allem die Vorlage der Angaben und Unterlagen nach § 39b I, aber auch die Obliegenheit zur Beseitigung etwaiger Antragsmängel nach Abs. 1 S. 2 i. V. m. § 25 IV. Die allgemeine verwaltungsverfahrensrechtliche Verpflichtung der Bundesoberbehörde, den Sachverhalt gem. § 24 VwVfG von Amts wegen zu erforschen, wird durch diese Mitwirkungsverpflichtungen eingeschränkt. Das bedeutet insbes., dass die Behörde nicht verpflichtet ist, die Voraussetzungen für die Registrierung durch eigene Ermittlungen oder Recherchen zu schaffen. Die Darlegung der Registrierungsvoraussetzungen ist Aufgabe des

---

[1] Zur Bedeutung des subjektiv-öffentlichen Rechts instruktiv *Henke*, DÖV 1980, 621 ff.; *Wahl*, DVBl. 1996, 641 ff.

Antragstellers. Die Prüfungspflicht der Behörde beschränkt sich mithin auf die vorgelegten Unterlagen und Angaben. Normativ ist diese beschränkte Amtsermittlung in § 25 IV 1 verortet („… dass eine Zulassung **aufgrund der vorgelegten Unterlagen** nicht erteilt werden kann, …), der durch den Verweis in Abs. 1 S. 2 auch im Registrierungsverfahren Anwendung findet (s. auch § 25 Rn. 130).

5   **3. Entscheidungsfrist der Bundesoberbehörde.** Die zuständige Bundesoberbehörde hat über Anträge auf Zulassung eines Arzneimittels gem. § 27 I 1 binnen sieben Monaten zu entscheiden. Eine entsprechende Verpflichtung fehlt in §§ 39a ff. für das Registrierungsverfahren. Das Gesetz sieht insbes. keinen Verweis auf § 27 vor. Demgegenüber erklärt Art. 16g I RL 2001/83/EG u. a. auch Art. 17 I RL 2001/83/EG im Registrierungsverfahren für anwendbar. Dort ist die Verpflichtung der jeweils zuständigen Behörde zur Entscheidung binnen einer Frist von 210 Tagen festgelegt. Die Registrierungsvorschriften sind daher auch im nationalen Recht **richtlinienkonform** so auszulegen, dass über Anträge nach Maßgabe von § 27 zu entscheiden ist. Sollte die zuständige Bundesoberbehörde den Antrag nicht innerhalb der gesetzlichen Frist bescheiden, kommt eine **Untätigkeitsklage** gem. § 75 VwGO beim zuständigen Verwaltungsgericht in Betracht[2]. Daneben kann eine nicht fristgerechte Registrierung zu **Amtshaftungsansprüchen** gegenüber der Bundesrepublik Deutschland führen.

6   **4. Schriftform der Entscheidung.** In Anlehnung an die Entscheidung über die arzneimittelrechtliche Zulassung in § 25 I 1 hat auch die Registrierungsentscheidung in Schriftform zu erfolgen. So ist nach dem Wortlaut des Gesetzes die **Registrierungsnummer** schriftlich gegenüber dem Antragsteller bekannt zu machen, so dass sich daraus zwingend die Schriftlichkeit der Registrierungsentscheidung ergibt.

II. Entsprechende Anwendung des § 25 Abs. 4 und Abs. 5 S. 5 (S. 2)

7   Die Vorschrift verweist in Abs. 1 S. 2 auf § 25 IV. Danach hat die zuständige Bundesoberbehörde in allen Fällen, in denen aufgrund der eingereichten Unterlagen eine Registrierung nicht erteilt werden kann, dem Antragsteller Gelegenheit zur Mängelbeseitigung zu geben (s. § 25 Rn. 105 ff.). Die **Mängelbeseitigungsfrist** beträgt höchstens sechs Monate. Die Registrierung ist zwingend zu versagen, wenn den mitgeteilten Mängeln nicht fristgerecht abgeholfen wird[3]. Zudem schließt die Präklusionsvorschrift in § 25 IV 4 eine Mängelbeseitigung im Rechtsmittelverfahren aus (s. § 25 Rn. 127).

8   Durch den Verweis auf § 25 V 5 kann die zuständige Bundesoberbehörde im Rahmen des Registrierungsverfahrens **Gegensachverständige** i. S. v. § 25 V 6 einschalten. Diese prüfen als externe Sachverständige im Auftrag der Behörde die eingereichten Unterlagen (s. hierzu ausführlich § 25 Rn. 147 ff.).

III. Beschränkung der Registrierung auf ein Arzneimittel (S. 3)

9   Die Registrierung ist gem. Abs. 1 S. 3 auf das im Registrierungsbescheid genannte traditionelle pflanzliche Arzneimittel beschränkt.

IV. Behördliche Auflagenbefugnis (S. 4)

10   Die Registrierung eines traditionellen pflanzlichen Arzneimittels folgt nicht dem „Alles-oder-nichts-Prinzip", wonach eine Registrierung entweder zu erteilen oder zu versagen wäre. Entsprechend den zulassungsrechtlichen Regelungen kann die zuständige Bundesoberbehörde auch den Registrierungsbescheid mit **Auflagen** verbinden.[4]

V. Nachträgliche Auflagen (S. 5)

11   Abs. 1 S. 5 sieht entsprechend der Regelung in § 28 I 4 vor, dass Auflagen zum Registrierungsbescheid auch nachträglich angeordnet werden können (s. § 28 Rn. 15).

VI. Entsprechende Anwendung des § 28 Abs. 2 und 4 (S. 6)

12   In Entsprechung zu den Anforderungen im Zulassungsverfahren sieht das Gesetz vor, dass § 28 II und IV im Registrierungsverfahren entsprechend anzuwenden sind (s. § 28 Rn. 16 ff., 90 ff.).

---

[2] Vgl. *BVerwG*, PharmR 1991, 327.
[3] *VG Köln*, Urt. v. 30.9.2013 – 7 K 1510/11 – BeckRS 2013, 52601.
[4] *VG Köln*, PharmR 2014, 164.

C. Versagungsgründe (Abs. 2)

I. Versagungsgründe bei Humanarzneimitteln (S. 1)

Der Antrag auf Registrierung eines traditionellen pflanzlichen Arzneimittels ist zu versagen, wenn **13** einer der in Abs. 2 abschließend genannten **Versagungsgründe [zu Registrierung von traditionellen pflanzlichen Arzneimitteln]** vorliegt. Darüber hinaus ist die zuständige Bundesoberbehörde nicht berechtigt, eine Versagung auszusprechen. So wäre es etwa unzulässig, einen entsprechenden Antrag unter dem alleinigen Hinweis auf ein fehlendes (therapeutisches) Bedürfnis zurückzuweisen.

Die Regelungen zur Registrierung sind erkennbar an die Systematik der Vorschriften über die arznei- **14** mittelrechtliche Zulassung in § 25 angelehnt. In beiden Fällen verpflichtet der jeweilige Abs. 1 die zuständige Behörde zur Vornahme einer Handlung (Zulassung bzw. Registrierung), während in Abs. 2 die entgegenstehenden Versagungsgründe enthalten sind. Dabei fällt auf, dass die Formulierungen in beiden Versagungsregelungen unterschiedlich sind. Nach § 25 II 1 „darf" die zuständige Bundesoberbehörde die Zulassung nur versagen, wenn einer der dort genannten Versagungsgründe vorliegt. Demgegenüber „hat" sie die Registrierung zu versagen, wenn ein entsprechender Versagungsgrund gegeben ist. Hier stellt sich die Frage, ob angesichts der unterschiedlichen Formulierung auch eine andere, möglicherweise engere Regelung beabsichtigt ist. In der Kommentarliteratur zu § 25 II ist darauf hingewiesen worden, dass die dortige Wortwahl die Möglichkeit der Zulassung trotz vorliegender Versagungsgründe unter Beifügung entsprechender Auflagen eröffnen soll[5].

Angesichts der abweichenden Gesetzesfassung ist im Rahmen des Registrierungsrechts aber davon **15** auszugehen, dass der Bundesoberbehörde bei Vorliegen von **Versagungsgründen** kein Ermessen eingeräumt ist und die Registrierung daher zwingend zu versagen ist.

1. Unvollständige Unterlagen (1. Halbs.). Die zuständige Bundesoberbehörde hat die Registrie- **16** rung nach dem 1. Halbs. des S. 1 dann zu versagen, wenn der Antrag nicht die in § 39b vorgeschriebenen Angaben und Unterlagen enthält. Insoweit wird man auf die zu § 25 II 1 Nr. 1 geltenden Grundsätze zur Unvollständigkeit zurückgreifen können (s. § 25 Rn. 12).

2. Katalog von Versagungsgründen (2. Halbs.). Der 2. Halbs. zählt enumerativ eine Reihe von **17** weiteren Versagungsgründen auf, die sich vor allem auf die Spezifika dieser Gruppe von Präparaten beziehen.

a) Unzureichende Angaben/Unterlagen und mangelhafte Qualität (Nr. 1). Die Registrierung **18** eines traditionellen pflanzlichen Arzneimittels ist nach der **ersten Tatbestandsalternative** zu versagen, wenn die in § 39b I genannten Angaben und Unterlagen unzureichend sind, d. h. den sachlich-inhaltlichen Anforderungen der nach § 39b I vorzulegenden Unterlagen nicht entspricht. Würde auch die Unvollständigkeit unter die in dieser Alternative genannten Tatbestandsmerkmale fallen, wäre der Versagungsgrund im ersten Halbsatz nicht erklärbar, da nicht anzunehmen ist, dass der Gesetzgeber in einem Satz zweimal denselben Versagungsgrund festschreiben wollte. Da den Antragsteller bei der Registrierung **Mitwirkungsobliegenheiten** treffen, ist die zuständige Bundesoberbehörde grundsätzlich nicht verpflichtet, Ermittlungen zur Registrierungsfähigkeit von Amts wegen anzustellen. Allerdings besteht aufgrund des Verweises in Abs. 1 S. 2 auf § 25 IV die behördliche Pflicht, die **Vollständigkeit** und **Validität** der eingereichten Unterlagen zu prüfen und dem Antragsteller etwaig bestehende Mängel mitzuteilen. Nur wenn diese Mängel nicht innerhalb der gesetzten Frist von höchstens sechs Monaten beseitigt werden, ist die Registrierung zwingend zu versagen.

Fehlt dem Arzneimittel die erforderliche **pharmazeutische Qualität [zu Registrierung von** **19** **traditionellen pflanzlichen Arzneimitteln]**, darf es nicht in den Verkehr gebracht werden und die Registrierung ist folgerichtig zu versagen. Der Begriff der Qualität ist in § 4 XV legal definiert. Die hinreichende Qualität ist durch die nach § 39b I mit dem Registrierungsantrag vorzulegenden Angaben und Unterlagen, vor allem durch die Ergebnisse der analytischen Prüfung (§ 22 II Nr. 1), das analytische Gutachten (§ 24 I 1 Nr. 1) sowie die Angaben zur Herstellung (§ 22 I Nr. 11), der Art der Haltbarmachung (§ 22 I Nr. 14) sowie zu den Methoden der Qualitätskontrolle (§ 22 I Nr. 15) nachzuweisen.

Das Gesetz stellt daneben klar, dass die Registrierung nach der **zweiten Tatbestandsalternative** **20** unter **Qualitätsgesichtspunkten** auch dann nicht erteilt werden darf, wenn die Angaben zur Zusammensetzung im Antrag unrichtig sind. Es bedarf keiner weiteren Vertiefung, dass falsche Angaben zur qualitativen oder quantitativen Zusammensetzung eines Arzneimittels grundsätzlich dessen Verkehrsfähigkeit ausschließen. Allerdings dürfte im Einzelfall zu prüfen sein, ob die fehlerhaften Angaben im Antrag korrigiert werden können. Die zuständige Bundesoberbehörde ist auch hier verpflichtet, etwaige Un-

---

[5] So *Kloesel/Cyran*, § 25 Anm. 20; a. A. *Sander*, § 25 Erl. 2, der bei Vorliegen eines Versagungsgrundes die Behörde zur Zurückweisung des Zulassungsantrages verpflichtet sieht.

stimmigkeiten in den Registrierungsunterlagen zu rügen und dem Antragsteller im Rahmen eines **Mängelschreibens** aufzugeben, diese abzustellen.

21   **b) Traditionelle Selbstmedikation (Nr. 2).** Die registrierungsfähigen traditionellen pflanzlichen Arzneimittel sollen **ausschließlich der Selbstmedikation** dienen. Eine ärztliche Diagnose, Verschreibung oder Überwachung der Behandlung schließt die Registrierung aus. Den vom Gesetz vorgesehenen Maßstab, ob eine ärztliche Beaufsichtigung erforderlich erscheint, bildet hierbei das beanspruchte arzneiliche Anwendungsgebiet. Es ist daher im Einzelfall zu prüfen, ob die beanspruchte Indikation ausschließlich solchen traditionellen pflanzlichen Arzneimitteln entspricht, die nach Zusammensetzung und Anwendungszweck im Wege der Selbstmedikation angewendet werden. Die Zulassungsbehörde hat daher zu untersuchen, ob im beantragten Indikationsbereich eine ärztliche Aufsicht mit Blick auf die **Stellung einer Diagnose**, die Verschreibung oder die Überwachung der Behandlung bedarf. Das ist beispielsweise bei Indikationen, die unspezifisch auf die „verminderte Belastbarkeit" des Herzens Bezug nehmen, nicht der Fall. Da sich das beanspruchte Anwendungsgebiet nicht auf die rein unterstützende Wirkungen beschränkt, können bei damit weit gefassten Erkrankungen auch klinisch bedeutsame Zustände erfasst sein, die der ärztlichen Behandlung bedürfen.[6]

22   **c) Schädlichkeit des Arzneimittels (Nr. 3). Schädliche Arzneimittel** sind nicht registrierungsfähig. Dieser Versagungsgrund ist naheliegend, verbietet doch bereits § 5 I das in den Verkehr bringen von bedenklichen Arzneimittel. Allerdings geht der Versagungsgrund weiter als dieses gesetzliche Verbot. Während § 5 II mit der Definition des bedenklichen Arzneimittels eine Abwägung zwischen dem **Arzneimittelrisiko** einerseits und dem **Arzneimittelnutzen** andererseits fordert („über die nach den Erkenntnissen der medizinischen Wissenschaft vertretbares Maß hinaus"), ist eine solche Gewichtung in der Nr. 3 nicht vorgesehen.

23   Das belegt auch ein Vergleich mit der entsprechenden Vorschrift des Zulassungsrechts in § 25 II 1 Nr. 5. Das Gesetz spricht dort seit der 14. AMG-Novelle von einem Nutzen-Risiko-Verhältnis und verlangt damit eine Abwägungsentscheidung der zuständigen Bundesoberbehörde (s. § 25 Rn. 57 ff.). Angesichts der nur eingeschränkten Überprüfungsmöglichkeit der Wirksamkeit und Unbedenklichkeit allein auf der Grundlage bibliographischer Angaben des Antragstellers ist eine solche Abwägung bei traditionellen pflanzlichen Arzneimitteln jedoch nur sehr eingeschränkt möglich. Im Übrigen handelt es sich ausschließlich um Präparate zur Selbstmedikation, so dass etwaige **schädliche Wirkungen bei bestimmungsgemäßem Gebrauch** so weit wie möglich ausgeschlossen werden müssen.

24   Der Begriff der **„Schädlichkeit"** wird im Gesetz nicht erläutert. Er wird aber vor allem im Zusammenhang mit der Definition der Nebenwirkungen in § 4 XIII sowie in der behördlichen Ermächtigungsgrundlage (§ 69 I 2 Nr. 4), den Regelungen zur Gefährdungshaftung (§ 84 I 2 Nr. 1) und den Strafvorschriften (§ 95 I Nr. 1) gebraucht. Im Zusammenhang mit der Formulierung des 25 II Nr. 5 in der bis zur 14. AMG-Novelle geltenden Fassung war strittig, ob der Begriff der Schädlichkeit jede unerwünschte Befindlichkeitsstörung oder nur solche unbeabsichtigten Wirkungen erfasst, die von einigem Gewicht sind und zu einer Gesundheitsgefährdung führen[7].

25   Wie im Rahmen des § 39b I 1 Nr. 4 wird man aber auch hier nicht jede völlig irrelevante Beeinträchtigung als zwingenden Versagungsgrund ansehen können. Vielmehr bedarf es einer spürbaren Störung des Gesundheitszustandes, um von einer **„Schädlichkeit"** sprechen zu können (anders § 25 Rn. 59).

26   **d) Bedenklichkeit von Vitaminen und Mineralstoffen (Nr. 4).** Einer Registrierung als traditionelles pflanzliches Arzneimittel steht nach § 39a 2 das Vorhandensein von Vitaminen oder Mineralstoffen nicht entgegen. Wie alle andere Stoffe dürfen aber auch die zur Ergänzung der Wirkung im Indikationsbereich enthaltenen Vitamine oder Mineralstoffe keine schädlichen Wirkungen haben. Der Antragsteller hat die Unbedenklichkeit dieser Stoffe im Rahmen der Unterlagen nach § 39b I 1 Nr. 5 nachzuweisen. Gelingt dieser Nachweis nicht, ist die Registrierung zu versagen.

27   **e) Unzureichende Angaben zur traditionellen Anwendung (Nr. 5).** Die traditionelle Anwendung eines Arzneimittels nach Maßgabe von § 39b lässt eine arzneiliche Wirksamkeit vermuten (s. § 39b Rn. 8 ff.). Lassen die vorgelegten Unterlagen, mit denen die traditionelle Anwendung belegt werden soll, einen solchen Rückschluss nicht zu, ist die Registrierung zu versagen.

28   **f) Bestimmte Stärke und Dosierung (Nr. 6).** Traditionelle pflanzliche Arzneimittel können ausschließlich als Selbstmedikationspräparate registriert werden. Bereits aus Gründen der Arzneimittelsicherheit, vor allem der Anwendungssicherheit dürfen diese Arzneimittel ausschließlich in einer bestimmten Stärke und Dosierung appliziert werden.

---

[6] *VG Köln*, Urt. vom 30.4.2013 – 7 K 1510/10 – BeckRS 2013, 52601.
[7] Vgl. dazu *Kloesel/Cyran*, § 25 Anm. 73 m. w. N.

g) Art der Anwendung (Nr. 7). Der Verabreichungsweg beschränkt auf orale oder äußerliche **29** Anwendungen sowie zur Inhalation. Arzneimittel, die diese Anforderungen nicht erfüllen, können nicht registriert werden.

h) Mangelhafter Traditionsbeleg (Nr. 8). Die Registrierung als traditionelles pflanzliches Arznei- **30** mittel setzt einen ausreichenden Traditionsnachweis nach § 39b I 1 Nr. 4 voraus. Das betreffende oder ein entsprechendes Arzneimittel muss seit wenigstens 30 Jahren medizinisch verwendet werden, davon mindestens 15 Jahre in der EU. Gelingt dieser Nachweis nicht, ist die Registrierung zu versagen. Etwas anderes gilt nur, wenn die Voraussetzungen des § 39d IV erfüllt sind (s. § 39d Rn. 11 ff.). Wenn das Arzneimittel weniger als 15 Jahren in der EU im Verkehr ist, im Übrigen aber alle Voraussetzungen einer Registrierung als traditionelles pflanzliches Arzneimittel gegeben sind, ist die zuständige Bundesoberbe-hörde verpflichtet, die Entscheidung an den Ausschuss für pflanzliche Arzneimittel (CHMP) zu ver-weisen. Sie darf daher die Registrierung dann nicht allein mit der Begründung versagen, das Präparat sei erst kürzer als 15 Jahre in der EU im Verkehr.

i) Subsidiarität der Registrierung (Nr. 9). Gem. Art. 16a III RL 2001/83/EG kommt eine Regis- **31** trierung als traditionelles pflanzliches Arzneimittel nicht in Betracht, wenn nach dem Urteil der zuständi-gen Behörden eine Genehmigung gem. Art. 6 RL 2001/83/EG oder eine Registrierung gem. Art. 14 RL 2001/83/EG für das betr. Arzneimittel möglich ist. Der deutsche Gesetzgeber hat die europäische Vorgabe für eine **Subsidiaritätsklausel** enger gefasst. Er stellt nicht auf die bloße Möglichkeit einer arzneimittelrechtlichen Zulassung oder einer homöopathischen Registrierung ab. Vielmehr kommt es darauf an, ob ein solches anderweitiges Marktzugangsrecht tatsächlich bereits erteilt wurde. Die zuständi-ge Bundesoberbehörde ist damit nicht verpflichtet, in jedem Einzelfall zu prüfen, ob die Voraussetzungen einer Zulassung oder einer homöopathischen Registrierung vorliegen. Das entlastet einerseits den Prüf-auftrag der Bundesoberbehörde, versperrt ihr aber zugleich den Weg, eine Registrierung nach §§ 39a ff. unter Hinweis auf die generelle Zulassungsfähigkeit des Präparats zu verweigern.

Die Subsidiaritätsregel verdeutlicht den **Ausnahmecharakter der Registrierung** traditioneller **32** pflanzlicher Arzneimittel im Verhältnis zu Zulassungen und homöopathischen Registrierungen. Der europäische Richtliniengeber wollte mit der RL 2004/24/EG auf die besondere Situation solcher pflanzlicher Arzneimittel reagieren, welche die Anforderungen des bisher bestehenden Zulassungsregimes nicht erfüllen können (s. § 39a Rn. 2 ff.). Vor diesem Hintergrund erscheint es konsequent, solchen Arzneimitteln, die bereits über eine arzneimittelrechtliche Zulassung oder Registrierung als homöo-pathisches Präparat verfügen, die Registrierung zu versagen.

Während das Vorliegen einer vorhergehenden Zulassung oder Registrierung konkret für das betr. **33** Arzneimittel grundsätzlich ohne größere Schwierigkeiten feststellbar sein dürfte, wird in der Praxis der Frage nach einer bereits bestehenden Zulassung oder Registrierung für ein **„entsprechendes Arznei-mittel"** erhebliche Bedeutung zukommen. Der Begriff des „entsprechenden" Arzneimittels ist in § 39b I 4 legal definiert (s. § 39b Rn. 25 ff.). Die dortige Begriffsbestimmung bezieht sich nach dem Wortlaut der Vorschrift zunächst zwar nur auf die in § 39b I 1 Nr. 4 erwähnten „entsprechenden Arzneimittel", es ist jedoch kein Grund ersichtlich, die Definition über diesen engen Bereich hinaus nicht auch für § 39c II 1 Nr. 9 heranzuziehen. Im Gegenteil spricht gerade der **enge systematische Zusammenhang** zwischen den Vorschriften über die Registrierung traditioneller pflanzlicher Arzneimittel dafür, gleich lautende Tatbestandsmerkmale auch im gleichen Sinne auszulegen.

Diese Erweiterung der **Subsidiaritätsklausel** erscheint sachgerecht. Der Gesetzgeber hat die europa- **34** rechtliche Vorgabe des Art. 16a III RL 2001/83/EG pragmatisch und handhabbar in das nationale Recht transferiert und den Ausschluss der Registrierung von der bereits erfolgten Zulassung oder homöo-pathischen Registrierung des Arzneimittels abhängig gemacht. Hätte sich das Gesetz allerdings darauf beschränkt, wäre zweifelhaft gewesen, ob das europäische Recht vollständig umgesetzt wurde. Immerhin ist die dortige Subsidiaritätsregelung erheblich weiter gefasst. Indem das deutsche Recht auch in erteilten Zulassungen und Registrierungen entsprechender Präparate einen Versagungsgrund erblickt, nähert es sich dem europäischen Richtlinienrecht wieder an. Wenn ein Arzneimittel zugelassen ist oder als homöo-pathisches Präparat registriert ist, wird in vielen Fällen ein diesem entsprechendes Produkt ebenfalls zulassungs- oder registrierungsfähig sein. Damit ist ein Umsetzungsdefizit nicht zu erkennen.

Nicht geklärt ist mit der nationalen Lösung aber das Problem des **„Zulassungswettlaufs".** Während **35** nach der europäischen Vorgabe eine Registrierung immer dann zu versagen ist, wenn eine andere Marktzugangsberechtigung erteilt werden könnte, kommt es nach deutschem Recht allein darauf an, ob eine anderweitige Zulassung oder Registrierung tatsächlich bereits erteilt worden ist. Das kann dazu führen, dass die Versagung einer Registrierung als traditionelles pflanzliches Arzneimittel allein aufgrund einer zeitlich früher erteilten arzneimittelrechtlichen Zulassung zu versagen ist. Diese – mitunter allein auf zeitlichen Imponderabilien beruhende – Unwägbarkeit ist aber angesichts des insoweit eindeutigen Gesetzeswortlauts hinzunehmen.

j) Verstoß gegen gesetzliche Vorschriften (Nr. 10). Mit dem 2. AMG-ÄndG 2012 wurde der **36** Kanon der Versagungsgründe entsprechend § 25 II Nr. 7 (s. § 25 Rn. 86) dahingehend erweitert, dass auch der Verstoß gegen sonstige gesetzliche Vorschriften, beispielsweise gegen § 8, einen Versagungsgrund bei der Registrierung traditioneller pflanzlicher Arzneimittel darstellt[8].

II. Erweiterung auf Tierarzneimittel (S. 2)

37   Für Tierarzneimittel gelten nach Abs. 2 S. 2 die vorgenannten Versagungsgründe entsprechend.

D. Erlöschen und Verlängerung der Registrierung (Abs. 3)

I. Erlöschen (S. 1)

38   Eine Registrierung für ein traditionelles pflanzliches Arzneimittel wird zunächst zeitlich **befristet für die Dauer von fünf Jahren** erteilt. Sie erlischt kraft Gesetzes, wenn nicht rechtzeitig, also spätestens neun Monate vor Ablauf der Fünfjahresfrist ein Antrag auf Verlängerung der Registrierung gestellt wird. Die Vorschrift wurde im Zuge des 2. AMG-ÄndG 2012 an die Vorschriften über die Zulassungsverlängerung angepasst und die Frist dementsprechend auf neun Monate verlängert. Es gelten die allgemeinen verwaltungsverfahrensrechtlichen Vorschriften zur Fristberechnung nach § 31 VwVfG. Die Frist beginnt mit der Bekanntgabe des Registrierungsbescheides gegenüber dem Antragsteller. Sie endet nach fünf Jahren gem. § 31 I VwVfG i. V. m. § 188 II BGB mit Ablauf des Tages, der nach seiner Bezeichnung dem Tag der Bekanntgabe entspricht (z. B. 15. April). Handelt es sich dabei um einen Samstag, Sonntag oder um einen gesetzlichen Feiertag, endet die Frist mit Ablauf des nächsten Werktages. Da es sich um eine gesetzliche Frist handelt, kann sie von der zuständigen Bundesoberbehörde nicht verlängert werden[9].

39   Auch der Zeitpunkt zur Einreichung des Verlängerungsantrages steht nicht zur Disposition der Behörde. Dieser muss zwingend neun Monate vor **Ablauf der Fünfjahresfrist** bei der zuständigen Bundesoberbehörde eingehen. Hier ist also der rechtzeitige Zugang bei der Behörde entscheidend, nicht der Zeitpunkt der Versendung oder der Aufgabe bei der Post. Wird dieser Zeitpunkt versäumt, kommt eine **Wiedereinsetzung in den vorigen Stand** unter den engen Voraussetzungen des § 32 VwVfG nur dann in Betracht, wenn die Registrierung noch nicht erloschen ist. Das bedeutet, dass ein Antrag auf Wiedereinsetzung in den vorigen Stand, sofern dessen Voraussetzungen im Übrigen vorliegen, nur dann Aussicht auf Erfolg haben kann, wenn er vor Ablauf von fünf Jahren seit Bekanntgabe der Registrierung gestellt wird. Da nach Ablauf dieser Fünfjahresfrist die Registrierung kraft Gesetzes erlischt, kommt eine Wiedereinsetzung nicht in Betracht[10].

II. Entsprechende Geltung des § 31 (S. 2)

40   Die Vorschrift ist im Übrigen an den die **Zulassungsverlängerung regelnden § 31** angelehnt, der durch den Verweis in Abs. 3 S. 2 entsprechend gilt. An die Stelle der in § 31 III genannten Versagungsgründe treten die Versagungstatbestände in § 39c II. Wie auch die arzneimittelrechtliche Zulassung bedarf die Registrierung grundsätzlich nur einer Verlängerung, wenn nicht die zuständige Bundesoberbehörde unter den Voraussetzungen des § 31 Ia eine weitere Verlängerung als erforderlich beurteilt und anordnet. Wegen der weiteren Voraussetzungen des Verlängerungsverfahrens kann auf die Kommentierung zu § 31 verwiesen werden.

E. Rechtsschutz

41   Die Entscheidung über einen Registrierungsantrag stellt einen **Verwaltungsakt** i. S. v. § 35 VwVfG dar. Wird der Antrag abgelehnt, kann gegen die mit einer ordnungsgemäßen Rechtsbehelfsbelehrung versehene Entscheidung binnen Frist von einem Monat Widerspruch bei der zuständigen Bundesoberbehörde erhoben werden. Fehlt eine Rechtsbehelfsbelehrung oder ist diese unrichtig, beträgt die Frist gem. § 58 II VwGO ein Jahr.

42   Wird dem Widerspruch nicht abgeholfen, kann gegen den Versagungsbescheid in Gestalt des Widerspruchsbescheides Klage bei dem für die Bundesoberbehörde zuständigen Verwaltungsgericht erhoben werden. In arzneimittelrechtlichen Zulassungsverfahren geht die verwaltungsgerichtliche Judikatur in ständiger Rechtsprechung davon aus, dass aufgrund der Komplexität der Zulassungsvoraussetzungen die erforderliche Spruchreife durch das angerufene Gericht nicht hergestellt werden kann[11]. Diese Recht-

---

[8] BT-Drucks. 17/9341, S. 56.
[9] Vgl. *P. Stelkens/Kallerhoff*, in: Stelkens/Bonk/Sachs, § 31 Rn. 9 f.
[10] Vgl. *OVG Berlin*, Urt. v. 8.6.1990 – 5 B 1.89 –, abgedr. bei *Sander*, Arzneimittelrecht, Entscheidungssammlung, § 31 Rn. 1.
[11] *VG Berlin*, Urt. v. 20.7.1992 – 14 A 133.92.

sprechung dürfte trotz der reduzierten Nachweispflichten auf das Registrierungsverfahren übertragbar sein. Der Klageantrag sollte daher auf eine Neubescheidung des Registrierungsantrages unter Aufhebung des angefochtenen Versagungsbescheides gerichtet werden.

§ 39d Sonstige Verfahrensvorschriften für traditionelle pflanzliche Arzneimittel

(1) Die zuständige Bundesoberbehörde teilt dem Antragsteller, sowie bei Arzneimitteln, die zur Anwendung am Menschen bestimmt sind, der Europäischen Kommission und der zuständigen Behörde eines Mitgliedstaates der Europäischen Union auf Anforderung eine von ihr getroffene ablehnende Entscheidung über die Registrierung als traditionelles Arzneimittel und die Gründe hierfür mit.

(2) ¹Für Arzneimittel, die Artikel 16d Abs. 1 der Richtlinie 2001/83/EG entsprechen, gilt § 25b entsprechend. ²Für die in Artikel 16d Abs. 2 der Richtlinie 2001/83/EG genannten Arzneimittel ist eine Registrierung eines anderen Mitgliedstaates gebührend zu berücksichtigen.

(3) Die zuständige Bundesoberbehörde kann den nach Artikel 16h der Richtlinie 2001/83/EG eingesetzten Ausschuss für pflanzliche Arzneimittel auf Antrag um eine Stellungnahme zum Nachweis der traditionellen Anwendung ersuchen, wenn Zweifel über das Vorliegen der Voraussetzungen nach § 39b Abs. 1 Satz 1 Nr. 4 bestehen.

(4) Wenn ein Arzneimittel zur Anwendung bei Menschen seit weniger als 15 Jahren innerhalb der Europäischen Union angewendet worden ist, aber ansonsten die Voraussetzungen einer Registrierung nach den §§ 39a bis 39c vorliegen, hat die zuständige Bundesoberbehörde das nach Artikel 16c Abs. 4 der Richtlinie 2001/83/EG vorgesehene Verfahren unter Beteiligung des Ausschusses für pflanzliche Arzneimittel einzuleiten.

(5) Wird ein pflanzlicher Stoff, eine pflanzliche Zubereitung oder eine Kombination davon in der Liste nach Artikel 16f der Richtlinie 2001/83/EG gestrichen, so sind Registrierungen, die diesen Stoff enthaltende traditionelle pflanzliche zur Anwendung bei Menschen bestimmte Arzneimittel betreffen und die unter Bezugnahme auf § 39b Abs. 2 vorgenommen wurden, zu widerrufen, sofern nicht innerhalb von drei Monaten die in § 39b Abs. 1 genannten Angaben und Unterlagen vorgelegt werden.

(6) § 34 Absatz 1 Satz 1 Nummer 1 bis 7, Absatz 1a Satz 1 Nummer 1, 4 und 5, Absatz 1a Satz 4, Absatz 1b und 1d gilt entsprechend.

(7) ¹Der Antragsteller hat der zuständigen Bundesoberbehörde unter Beifügung entsprechender Unterlagen unverzüglich Anzeige zu erstatten, wenn sich Änderungen in den Angaben und Unterlagen nach § 39b Absatz 1 Satz 1 in Verbindung mit Absatz 2 ergeben. ²§ 29 Absatz 1a, 1e, 1f und 2 bis 2b gilt entsprechend. ³Die Verpflichtung nach Satz 1 hat nach Erteilung der Registrierung der Inhaber der Registrierung zu erfüllen. ⁴Eine neue Registrierung ist in folgenden Fällen zu beantragen:

1. bei einer Änderung der Anwendungsgebiete, soweit es sich nicht um eine Änderung nach § 29 Absatz 2a Satz 1 Nummer 1 handelt,
2. bei einer Änderung der Zusammensetzung der Wirkstoffe nach Art oder Menge,
3. bei einer Änderung der Darreichungsform, soweit es sich nicht um eine Änderung nach § 29 Absatz 2a Satz 1 Nummer 3 handelt.

(8) Für Rücknahme, Widerruf und Ruhen der Registrierung gilt § 30 Absatz 1 Satz 1, Absatz 2, 2a, 3 und 4 entsprechend mit der Maßgabe, dass die Versagungsgründe nach § 39c Absatz 2 Anwendung finden.

(9) ¹Das Bundesministerium wird ermächtigt, für traditionelle pflanzliche Arzneimittel entsprechend den Vorschriften der Zulassung durch Rechtsverordnung ohne Zustimmung des Bundesrates Vorschriften über die Gebühren und Auslagen der Registrierung zu erlassen. ²Die Rechtsverordnung ergeht im Einvernehmen mit dem Bundesministerium für Ernährung und Landwirtschaft, soweit es sich um Arzneimittel handelt, die zur Anwendung bei Tieren bestimmt sind.

Wichtige Änderungen der Vorschrift: Abs. 6–8 eingefügt durch Art. 1 Nr. 42 des Gesetzes zur Änderung arzneimittelrechtlicher und anderer Vorschriften vom 17.7.2009 (BGBl. I S. 1990). Abs. 1, 4, 6 und 7 geändert durch Art. 1 Nr. 35 des Zweiten Gesetzes zur Änderung arzneimittelrechtlicher und anderer Vorschriften vom 19.10.2012 (BGBl I S. 2192).

Europarechtliche Vorgaben: RL 2004/24/EG.

Literatur: *Heßhaus*, Die Registrierung traditioneller pflanzlicher Arzneimittel – Zwischen Bestandschutz und Neuentwicklung, PharmR 2006, 158; *Stolte*, Pflanzliche und traditionelle Arzneimittel – erste Erfahrungen mit der Registrierung nach §§ 39a ff. AMG, PharmR 2008, 133.

A. Inhalt und Zweck

1   Die Vorschrift enthält verschiedene weitere Regelungen zu den traditionellen pflanzlichen Arznei-mitteln, die thematisch keiner anderen Vorschrift zugeordnet werden konnten. Es handelt sich damit um ein **Auffangbecken** für ganz unterschiedliche Vorschriften, so dass zwischen den einzelnen Absätzen der Norm kein systematischer Zusammenhang besteht. Im Rahmen des ersten AMG-ÄndG wurden im Jahr 2009 in den neu eingefügten Abs. 6–8 zahlreiche Verweisungen auf entsprechend anzuwendende Regelungen des Zulassungsrechts eingefügt[1]. Diese Ergänzungen waren dringend erforderlich, da die Registrierungsvorschriften ursprünglich keine Regelungen etwa zu **Rücknahme, Widerruf und Ruhen** der Registrierung enthielten und daher allenfalls auf allgemeine Vorschriften des VwVfG hätte zurückgegriffen werden können. Ebenfalls neu sind Regelungen zur **Änderung registrierter Arznei-mittel**. Im Zuge des zweiten AMG-ÄndG wurden die Verweise auf das Zulassungsrecht erweitert bzw. aktualisiert. Insbesondere ist in Art. 7 Satz 4 die bisherige Regelung in Nr. 4 entfallen. Da im Fall der Verkürzung der Wartezeit (vgl. 14 XII) bei lebensmittelliefernden Tieren generell keine Neuzulassungs-pflicht nach § 29 III mehre besteht, hat der Gesetzgeber auch die Neuregistrierung in diesem Fall ausgeschlossen.

2   Weiterhin nicht geregelt ist die europarechtlich geforderte Einhaltung einer **Entscheidungsfrist von 210 Tagen**. Hier sollte im Rahmen einer Novellierung eine Klarstellung und Überprüfung erfolgen, vor allem um die von Art. 16 I RL 2001/83/EG geforderte Frist in das Gesetz aufzunehmen[2].

B. Mitteilung ablehnender Entscheidungen (Abs. 1)

3   Wird eine beantragte Registrierung versagt, hat die zuständige Bundesoberbehörde **Mitteilungs-pflichten** nach Abs. 1. Diese bestehen gegenüber dem Antragsteller und bei Humanarzneimitteln zusätzlich gegenüber der Kommission sowie der zuständigen Behörde eines ggf. betroffenen Mitglied-staates der EU. Bei Tierarzneimitteln bestehen gegenüber den genannten Stellen dagegen keine Informa-tionsverpflichtungen, da die RL 2001/82/EG eine Registrierung traditioneller pflanzlicher Arzneimittel nicht vorsieht.

4   Die Formulierung der Vorschrift ist im Übrigen alles andere als klar. Bei wortlautnaher Auslegung könnte man annehmen, dass in allen Fällen eine Mitteilung ablehnender Entscheidungen nur auf entsprechenden Antrag („Anforderung") erfolgen muss. Das kann gegenüber dem Antragsteller schon deshalb nicht zutreffen, da dieser einen Anspruch auf Bescheidung seines Registrierungsantrages hat. **Die ablehnende Entscheidung** stellt wie die Registrierung einen **Verwaltungsakt** gem. § 35 VwVfG dar, der nach § 43 I 1 VwVfG mit Bekanntgabe wirksam wird. Daher ist dem Antragsteller in jedem Fall, also

---

[1] Mit den Verfahrensregelungen in den neu in das Gesetz eingefügten Abs. 6–8 sollte das für § 39 mit dem AMG-ÄndG 2009 eingeführte Regelungskonzept auch für die in § 39d geregelten Verfahrensnormen für traditionelle pflanzliche Arzneimittel übernommen werden, vgl. BT-Drucks. 16/12 256, S. 50.
[2] Dazu bereits *Heßhaus*, PharmR 2006, 158, 163.

auch ohne entsprechenden Antrag, die Versagung „mitzuteilen". Mit Zugang der Entscheidung beginnen die allgemeinen verwaltungsrechtlichen **Rechtsmittelfristen** zu laufen.

Die zuständige Bundesoberbehörde hat ihre ablehnende Entscheidung über die Registrierung **zu** 5 **begründen.** Die Anforderung entspricht dem allgemeinen Begründungserfordernis gem. § 39 VwVfG.

C. Verfahren gegenseitiger Anerkennung und dezentrales Verfahren, Berücksichtigung von Registrierungen anderer Mitgliedstaaten (Abs. 2)

I. Entsprechende Geltung des § 25b (S. 1)

Eine **gegenseitige Anerkennung** von Registrierungsentscheidungen nationaler Behörden ist für 6 traditionelle pflanzliche Arzneimittel in der RL 2001/83/EG nicht vorgesehen. Davon wird in S. 1 in den Fällen eine Ausnahme gemacht, in denen eine Registrierung aufgrund einer gemeinsamen Pflanzenmonographie erteilt worden ist. Auf derartige, von Art. 16d I RL 2001/83/EG erfasste Arzneimittel findet § 25b, welcher das **Verfahren der gegenseitigen Anerkennung** regelt, entsprechende Anwendung. Damit bindet die Entscheidung der Registrierungsbehörde eines anderen Mitgliedstaates die deutsche Bundesoberbehörde.

II. Arzneimittel gem. Art. 16d Abs. 2 RL 2001/83/EG (S. 2)

Im Übrigen, wenn mithin entsprechende **Pflanzenmonographien** nicht existieren, sind divergieren- 7 de Entscheidungen der Mitgliedstaaten über einen Registrierungsantrag möglich. In diesen Fällen schreibt S. 2 lediglich vor, dass Registrierungen eines anderen Mitgliedstaates „gebührend zu berücksichtigen" sind. Will daher die zuständige Bundesoberbehörde von der Entscheidung eines anderen Mitgliedstaates abweichen, trifft sie insofern eine **besondere Begründungspflicht,** in der sie darlegen muss, dass sie die abweichende Registrierungsentscheidung zur Kenntnis genommen hat. Zudem wird die zuständige Bundesoberbehörde begründen müssen, aus welchen Gründen sie von der Vorentscheidung abgewichen ist.

D. Stellungnahme des Ausschusses für pflanzliche Arzneimittel (Abs. 3)

Dem Antrag auf Registrierung als traditionelles pflanzliches Arzneimittel muss der Antragsteller gem. 8 § 39b I 1 Nr. 4 den Nachweis der medizinischen oder tiermedizinischen Verwendung über einen Zeitraum von mindestens 30 Jahren beifügen. In den Fällen, in denen dieser Nachweis aus Sicht der zuständigen Bundesoberbehörde nicht zweifelsfrei erfolgt, kann nach Abs. 3 der **Ausschuss für pflanzliche Arzneimittel (Committee on Herbal Medicinal Products – HMPC)** bei der **EMA** angerufen werden.

Dieser Ausschuss ist im September 2004 eingerichtet worden, um nach Maßgabe von Art. 16h 9 RL 2001/83/EG die Mitgliedstaaten und europäischen Einrichtungen u. a. im Rahmen der Registrierungsverfahren für traditionelle pflanzliche Arzneimittel zu unterstützen. Insofern stellt die Konsultation des Ausschusses verfahrensrechtlich lediglich einen verwaltungsinternen Vorgang i. S. v. § 44a VwGO dar, der nicht selbständig anfechtbar ist. Die verfahrensabschließende Sachentscheidung trifft allein die zuständige Bundesoberbehörde.

Die Anrufung des Ausschusses für pflanzliche Arzneimittel (HMPC) erfolgt auf Antrag des Antragstel- 10 lers und liegt im **pflichtgemäßen Ermessen** der Bundesoberbehörde. Der Antragsteller hat daher lediglich einen Anspruch auf ermessensfehlerfreie Entscheidung über seinen Antrag, den Ausschuss für pflanzliche Arzneimittel anzurufen.

E. Kein ausreichender Anwendungsnachweis in der EU (Abs. 4)

Eine Registrierung als traditionelles pflanzliches Arzneimittel setzt den **Nachweis hinreichender** 11 **Erfahrungen** mit dem betreffenden oder einem entsprechenden Arzneimittel voraus. Das Gesetz nimmt an, dass bei einer dreißigjährigen Anwendung die Wirksamkeit und die Unbedenklichkeit eines Präparats angenommen werden könne. Der Antragsteller hat nach § 39b I 1 Nr. 4 die hierzu erforderlichen Angaben zu machen. Gelingt ihm der Nachweis nicht, ist die Registrierung gem. § 39c II 1 Nr. 8 zwingend zu versagen.

Das Gesetz beschränkt sich aber nicht auf den erwähnten dreißigjährigen Zeitraum als **alleinigen** 12 **Plausibilitätsnachweis** der hinreichenden Unbedenklichkeit und Wirksamkeit eines Arzneimittels. Abgesehen von den ebenfalls einzureichenden zusätzlichen Angaben zur Unschädlichkeit sowie zu den pharmakologischen Wirkungen bzw. der Wirksamkeit des Präparats muss das Arzneimittel mindestens seit **15 Jahren in der EU** medizinisch verwendet worden sein. Dahinter steht die grundsätzliche Überlegung, dass Informationen über die Verwendung außerhalb der EU nicht ohne weiteres eine verlässliche Basis liefern können, um über die Wirksamkeit und Unbedenklichkeit eines Präparats zu entscheiden. Sofern sich jedoch eine fünfzehnjährige Anwendung in der EU belegen lässt, soll das den Schluss zulassen, dass der dreißigjährige Traditionsnachweis auch durch eine medizinische Anwendung außerhalb der Mitgliedstaaten erbracht werden kann[3].

13   Im Verfahren zum Erlass der **RL 2004/24/EG** wurde angeregt, den Verwendungsnachweis innerhalb der EU nicht zu einem unüberwindbaren Versagungsgrund zu gestalten. Vielmehr sollte eine Registrierung als traditionelles pflanzliches Arzneimittel auch dann möglich sein, wenn der Ausschuss für pflanzliche Arzneimittel (HMPC) i. S. v. Art. 16h RL 2001/83/EG ein Registrierungsverfahren auch für solche Präparate für möglich hält und daher den betr. Soff oder die Stoffkombination in eine **gemein-schaftliche Pflanzenmonographie** aufnimmt[4]. Dementsprechend sieht Art. 16c IV RL 2001/83/EG ein Verfahren zur Erstellung einer gemeinschaftlichen Pflanzenmonographie vor.

14   Hierauf verweist Abs. 4. Er verpflichtet die zuständige Bundesoberbehörde in den Fällen, in denen alle Voraussetzungen für eine Registrierung mit Ausnahme der fünfzehnjährigen Verwendung in einem Mitgliedstaat der Union vorliegen, das Verfahren zunächst an den **Ausschuss für pflanzliche Arznei-mittel** weiterzuleiten. Dieser hat nach Art. 16h I Buchst. a), erster Gedankenstrich 3 RL 2001/83/EG zunächst ebenfalls das Vorliegen der übrigen Registrierungsvoraussetzungen und das Fehlen von Versagungsgründen zu prüfen. Darüber hinaus hat er zu untersuchen, ob eine Aufnahme des Wirkstoffs oder der Stoffkombination in eine **gemeinschaftliche Pflanzenmonographie** möglich erscheint. Wird diese Frage von dem Ausschuss bejaht, erstellt er diese nach Maßgabe von Art. 16h I Buchst. a), vierter Gedankenstrich i. V. m. III RL 2001/83/EG.

15   Die Entscheidung über die Registrierung trifft die zuständige Bundesoberbehörde. Diese ist nicht zwingend an das Votum des Ausschusses für pflanzliche Arzneimittel (HCMP) gebunden, sie muss gem. Art. 16c IV 4 RL 2001/83/EG lediglich eine **gemeinschaftliche Pflanzenmonographie berück-sichtigen.** Das bedeutet, dass die Bundesoberbehörde bei der Abweichung von einer Pflanzenmono-graphie eine Begründungspflicht trifft, aus welchen Gründen sie eine divergierende Entscheidung getroffen hat.

F. Streichung einer Position in der Stoffliste nach Art. 16f RL 2001/83/EG (Abs. 5)

16   Die Bezugnahme auf eine Position in der Traditionsliste gem. Art. 16f I RL 2001/83/EG enthebt den Antragsteller einer Registrierung nach § 39b II von der Vorlage des Traditionsbelegs nach § 39b I 1 Nr. 4 sowie des Unbedenklichkeitsnachweises nach § 39b I 1 Nr. 5. Wird die betreffende **Listen-position nachträglich gestrichen**, ist der Antragsteller jedoch verpflichtet, die in § 39b I genannten und im Registrierungsverfahren bisher nicht vorgelegten Unterlagen nachzureichen. Hierzu sieht das Gesetz eine Frist von drei Monaten vor, die mit dem Zeitpunkt der Streichung der Listenposition beginnt. Nach erfolglosem Ablauf dieser Frist ist **die Registrierung zwingend zu widerrufen.** Gegen die (beabsichtigte) Streichung einer Listenposition kommt als unmittelbarer Rechtsschutz gegenüber der Rechtshandlung die Nichtigkeitsklage gem. Art. 263 i. V. m. Art. 256 AEUV zum EuG in Betracht[5].

G. Information der Öffentlichkeit (Abs. 6)

17   Nach dem im Zuge des AMG-ÄndG 2009 neu eingefügten Abs. 6 werden auch für das Registrie-rungsverfahren traditioneller pflanzlicher Arzneimittel einzelne **Informationspflichten** der zuständigen Bundesoberbehörde gem. § 34 für anwendbar erklärt. Die zuständige Bundesoberbehörde hat im Bundesanzeiger die Erteilung, Verlängerung, die Rücknahme, den Widerruf, das Ruhen sowie das Erlöschen einer Registrierung sowie den Ausschluss der Abverkaufsfrist gem. § 31 IV 2 und eine Bezeichnungsänderung bekannt zu machen. Darüber hinaus muss die Bundesoberbehörde die Öffent-lichkeit über die Erteilung einer Zulassung unter Einschluss der Zusammenfassung der Produktmerkmale und bei Human-Arzneimitteln etwaige Auflagen mit den einzuhaltenden Fristen und dem Zeitpunkt der Erfüllung zu informieren. Schließlich sind Entscheidungen über den Widerruf, die Rücknahme oder das Ruhen einer Registrierung öffentlich zugänglich zu machen.

---

[3] So die Begründung des Vorschlags der Kommission für eine Richtlinie zur Änderung der Richtlinie 2001/83/EG im Hinblick auf traditionelle pflanzliche Arzneimittel vom 17.1.2002, KOM (2002) endg., 2002/0008 (COD), S. 4.
[4] Vgl. den geänderten Vorschlag der Kommission für eine Richtlinie zur Änderung der Richtlinie 2001/83/EG im Hinblick auf traditionelle pflanzliche Arzneimittel vom 9.4.2003, KOM (2003) 161 endg., 2002/0008 (COD), S. 5 f.
[5] Zu den Einzelheiten der Rechtsschutzmöglichkeiten von Gemeinschaftsorganen durch natürliche oder juristische Personen vgl. *Delewski*, LMuR 2009, 80, 81 ff.

Hinsichtlich der Einzelheiten der für entsprechend anwendbar erklärten Vorschriften kann auf die **18**
jeweiligen Kommentierungen des § 34 I 1 Nr. 1–7, Ia 1 Nr. 1, 4 und 5, Ia 4, Ib und Id verwiesen
werden.

H. Änderungen in den Angaben und Unterlagen (Abs. 7)

I. Anzeige- und zustimmungspflichtige Änderungen (S. 1)

Der ebenfalls im Rahmen des AMG-ÄndG 2009 neu eingefügte Abs. 7 enthält Vorschriften zur **19**
Änderung eines registrierten traditionellen pflanzlichen Arzneimittels. In Anlehnung an § 29 I
hat der Antragsteller der zuständigen Bundesoberbehörde Änderungen an den eingereichten Angaben
und Unterlagen gem. § 39b I 1 und II unverzüglich anzuzeigen. Mit dieser Regelung soll sichergestellt
werden, dass die zuständige Bundesoberbehörde über **aktuelle Registrierungsunterlagen** verfügt, um
ggf. Maßnahmen nach § 39d VIII i. V. m. § 30 zu ergreifen.

Die Anzeigepflicht trifft den **Antragsteller** im Rahmen des Registrierungsverfahrens. Der Anzeige- **20**
pflichtige hat sich nach der entsprechenden Änderung des Arzneimittels im Rahmen einer Änderungsanzeige unverzüglich, also ohne schuldhaftes Zögern (§ 121 BGB), an die Registrierungsbehörde zu
wenden. Der Anzeigepflichtige muss mithin nach Kenntnis einer anzeigepflichtigen Veränderung der
Angaben oder Unterlagen tätig werden, wobei ihm im Einzelfall **ein angemessener Prüfungszeit-
raum** zuzubilligen ist.

II. Entsprechende Geltung des § 29 Abs. 1a, 1e, 1f, 2 bis 2b (S. 2)

Durch die Regelung in Abs. 7 S. 2 werden die Änderungsmöglichkeiten in § 29 Ia, Ie, If und II bis **21**
IIb auch im Registrierungsverfahren entsprechend herangezogen, auf deren Kommentierung verwiesen
werden kann.

III. Anzeigepflicht nach Registrierung (S. 3)

Nach Erteilung der Registrierung trifft den Inhaber der Registrierung die Pflicht, Änderungen gem. **22**
S. 1 der Vorschrift bei der zuständigen Bundesoberbehörde anzuzeigen.

IV. Änderungen mit der Verpflichtung zur Neuregistrierung (S. 4)

In S. 4 werden schließlich parallel zu den Neuzulassungsgründen in § 29 III vier Änderungstatbestände **23**
genannt, die eine **Neuregistrierung** nach sich ziehen. Das bedeutet, dass im Fall entsprechender
Änderungen die bisherige Registrierung erlischt.

1. Änderung der Anwendungsgebiete (Nr. 1). Eine Neuregistrierung ist zunächst bei einer **Än- 24
derung der Indikation** zu beantragen. Die Regelung weicht insoweit von § 29 III 1 Nr. 3 ab, als hier
jede Änderung der Anwendungsgebiete (also nicht nur deren Erweiterung) grundsätzlich zur Neuregistrierungspflicht führt. Allerdings schränkt S. 4 Nr. 1 diese Rechtsfolge insofern ein, als Änderungen nach
§ 29 IIa 1 Nr. 1 lediglich zustimmungspflichtige Änderungen darstellen, die nicht zum Erlöschen der
Registrierung führen. Das bedeutet nur, dass die **Hinzufügung einer weiteren Indikation** bzw. die
Veränderung einer Indikation, die einem anderen Therapiegebiet zuzurechnen ist, eine Neuregistrierung erfordern. Eine bloße Umformulierung des Anwendungsgebietes stellt eine lediglich zustimmungspflichtige Änderung dar. Ebenfalls nicht zu einer Neuregistrierung führt die bloße **Beschränkung
der Anwendungsgebiete,** da es sich insoweit um eine anzeigepflichtige Änderung handelt[6].

2. Änderung der Zusammensetzung der Wirkstoffe (Nr. 2). Eine neue Registrierung ist auch **25**
im Fall der Änderung der **Zusammensetzung der Wirkstoffe** nach Art oder Menge erforderlich. Der
Begriff des Wirkstoffs ist in § 4 XIX legal definiert. Es handelt sich um Stoffe, die dazu bestimmt sind,
bei der Herstellung von Arzneimitteln als arzneilich wirksame Bestandteile verwendet zu werden oder
bei ihrer Verwendung in der Arzneimittelherstellung zu arzneilich wirksamen Bestandteilen der Arzneimittel zu werden. Daher führt eine Änderung der Zusammensetzung **lediglich der Hilfsstoffe** nicht
zur Neuregistrierung des Arzneimittels.

3. Änderung der Darreichungsform (Nr. 3). Eine **Änderung der Darreichungsform** führt **26**
ebenfalls zum Erlöschen der bestehenden Registrierung, falls die geänderte Darreichungsform nicht mit
der ursprünglich registrierten vergleichbar ist. Der Begriff der **vergleichbaren Darreichungsform** ist
im Gesetz nicht definiert. Das damalige BGA hat mit Bekanntmachung vom 20.7.1988[7] Gruppen von
Darreichungsformen zusammengefasst, bei denen von einer Vergleichbarkeit ausgegangen werden kann.

---

[6] *Rehmann*, § 29 Rn. 5.
[7] BAnz. S. 3367.

Dabei sollte aus Sicht des damaligen Bundesgesundheitsamtes eine Einzelfallprüfung bei der Änderung von einer Darreichungsform in eine andere jedoch nicht ausgeschlossen werden, was auch in der Konkretisierung in der sog. 6. Bekanntmachung vom 23.10.1990[8] verdeutlicht wird. Danach muss im konkreten Einzelfall die **Freisetzung, Bioverfügbarkeit** und **biologische Verfügbarkeit** am Erfolgsorgan berücksichtigt werden. Daher kann von einer Vergleichbarkeit verschiedener Darreichungsformen im Regelfall nur ausgegangen werden, wenn der Aggregatzustand, die Anwendungsart und der Anwendungsort identisch sind und eine in etwa gleiche Freisetzung und Bioverfügbarkeit der arzneilich wirksamen Bestandteile gewährleistet ist.

27   Nach diesen Maßstäben stellt etwa die bloße Hinzufügung eines Konservierungsmittels und eine Änderung in eine vergleichbare Darreichungsform dar, da die Addition eines entsprechenden Hilfs- oder Konservierungsstoffes regelmäßig nicht zu einer so signifikanten Änderung des Präparates führt, dass die Darreichungsformen vor und nach der Änderung nicht mehr miteinander vergleichbar wären[9].

28   **4. Verkürzung der Wartezeit (Nr. 4).** Eine Verkürzung der Wartezeit (§ 4 XII) führt seit Inkrafttreten des 2. AMG-ÄndG 2012 nicht mehr zu einer Neuregistrierungspflicht. Die Regelung in Nr. 4 a. F. wurde ersatzlos gestrichen.

I. Rücknahme, Widerruf und Ruhen der Registrierung (Abs. 8)

29   Mit dem AMG-ÄndG 2009 wurde gleichfalls die Regelung in Abs. 8 aufgenommen, nach der für die Rücknahme, den Widerruf und das Ruhen der Registrierung die Vorschriften in § 30 I 1, II, IIa, 3 und IV mit der Maßgabe gelten, dass die Versagungsgründe nach § 39c II Anwendung finden (s. dazu § 39c Rn. 13 ff.).

J. Verordnungsermächtigung (Abs. 9)

I. Kosten der Registrierung (S. 1)

30   Der Abs. 9 enthält die Ermächtigung für die Registrierung traditioneller pflanzlicher Arzneimittel, entsprechend den Vorschriften der Zulassung durch Rechtsverordnung Regelungen über die Gebühren und Auslagen der Registrierung zu erlassen. .Die Terminologie der Vorschrift wurde durch das Gebührenstrukturreformgesetz des Bundes[10] geändert Auf dieser Grundlage wurde Ziff. 10 der Anlage zu § 1 der AMGKostV eingefügt.

II. Tierarzneimittel (S. 2)

31   Im Rahmen des AMG-ÄndG 2009 wurde S. 2 neu in die Vorschrift aufgenommen. Er enthält die erforderliche Regelung, wonach die Ergänzungen der AMGKostV im Einvernehmen mit dem BMEL erlassen sind, soweit es sich um Arzneimittel handelt, die zur Anwendung bei Tieren bestimmt sind.

---

[8] BAnz, S. 5827.
[9] *VG Köln*, Urt. v. 7.12.2007 – 18 K 4523/05.
[10] Gesetz vom 7.8.2013 (BGBl. I S 3154).

Sechster Abschnitt. Schutz des Menschen bei der klinischen Prüfung

Vorbemerkung zu §§ 40 ff.

Übersicht

A. Die Verordnung (EU) Nr. 536/2014

Am 27.5.2014 wurde die neue **VO (EU) Nr. 536/2014** des Europäischen Parlaments und des Rates **1** vom 16.4.2014 über klinische Prüfungen mit Humanarzneimitteln und zur Aufhebung der RL 2001/20/ EG im Amtsblatt der Europäischen Union veröffentlicht[1]. Die Verordnung ist am 16.6.2014 in Kraft getreten[2] und basiert auf dem von der Kommission am 17.7.2012 veröffentlichten Verordnungsvorschlag[3] zur Schaffung eines harmonisierten Rechtsrahmens für die Durchführung von klinischen Prüfungen mit Humanarzneimitteln in Europa. Sie verfügt über insgesamt 99 Artikel und sieben Anhänge. Als Hauptziele der neuen Verordnung nannte die Kommission in ihrem Vorschlag die Schaffung hoher Standards für Patientensicherheit und Datenqualität, die Förderung multinationaler klinischer Prüfungen sowie mehr Transparenz. Während des Gesetzgebungsverfahrens zwischen der Veröffentlichung des Verordnungsvorschlags und der Verabschiedung der heutigen Verordnung[4] durch das Europäische Parlament[5] und den Rat[6] wurde der Verordnungsvorschlag vielfach kritisiert. Im Fokus der Kritik standen die fehlende Berücksichtigung der Ethik-Kommissionen und die kurzen Bearbeitungsfristen für das neue Genehmigungsverfahren für klinische Prüfungen. Die nun veröffentlichte und in Kraft getretene[7] neue Verordnung ist das Ergebnis zahlreicher Änderungsanträge, welche im federführenden Gesundheitsausschuss des Europäischen Parlaments (ENVI) bearbeitet wurden, sowie informeller Trilog-Gespräche zwischen dem Rat, der Kommission und dem Europäischen Parlament. Die Verordnung wird – abgesehen von Übergangsregelungen – frühestens[8] ab dem 28.5.2016 verbindliche Geltung erlangen. Als unmittelbar geltender und verbindlicher Rechtsakt der EU bewirkt die Verordnung, dass die heutigen nationalen Regelungen über die klinische Prüfung, insbes. das AMG und die GCP-V in großem Umfang geändert werden müssen.

I. Teil I des Bewertungsverfahrens

Das Bewertungsverfahren für die Teile I und II schließt sich unmittelbar an die Validierung an. **2**

1. Nationale klinische Prüfung. Bei einer ausschließlich nationalen klinischen Prüfung hat der **3** betroffene und gleichzeitig berichterstattende Mitgliedstaat bei der Durchführung der Bewertung von Teil I den Antrag daraufhin zu prüfen

---

[1] ABl. L 158 v. 27.5.2014, S. 1.
[2] Vgl. Art. 99 UAbs. 1 VO (EU) Nr. 536/2014, Inkrafttreten zwanzig Tage nach der Veröffentlichung.
[3] COM (2012) 369 final; vgl. hierzu *Dienemann/Wachenhausen*, PharmR 2012, 429 ff.
[4] Vgl. hierzu *Greifeneder/Veh*, PharmR 2014, 325 ff.
[5] 2.4.2014 Annahme des Verordnungstexts durch das Europäische Parlament.
[6] 14.4.2012 Annahme des Verordnungstexts durch den Ministerrat.
[7] Vgl. Art. 99 UAbs. 1 VO (EU) Nr. 536/2014.
[8] Vgl. Art. 99 UAbs. 2 VO (EU) Nr. 536/2014; die VO gilt erst, wenn die Kommission offiziell positiv mitteilt, dass das neue EU-Portal (Art. 80) und die neue EU-Datenbank (Art. 81) voll funktionsfähig sind.

– ob es sich tatsächlich um eine minimalinterventionelle klinische Prüfung handelt, falls der Sponsor diese geltend gemacht hat,
– ob die Anforderungen (Kapitel V) der Verordnung zum Schutz der Prüfungsteilnehmer und der Einwilligung nach Aufklärung in Bezug auf (i) den erwarteten therapeutischen Nutzen und den Nutzen für die öffentliche Gesundheit und (ii) die Risiken und Nachteile für den Prüfungsteilnehmer erfüllt sind,
– ob die Anforderungen an Herstellung und Einfuhr von Prüfpräparaten und Hilfspräparaten (Kapitel IX) der Verordnung erfüllt sind,
– ob die Etikettierungsvorschriften (Kapitel X) erfüllt sind, und
– ob die Prüferinformationen vollständig und angemessen sind[9].

4   Die Ergebnisse dieser Bewertung fasst der Mitgliedstaat in einem Bewertungsbericht und einer sich daraus ergebenden Schlussfolgerung zusammen[10]. Die Schlussfolgerung legt fest, ohne selbst die Genehmigung zu sein, ob die Durchführung der beantragten klinischen Prüfung vertretbar ist, unter Auflagen vertretbar ist oder nicht vertretbar ist[11]. Der berichterstattende Mitgliedstaat hat dem Sponsor den Bewertungsbericht einschließlich der Schlussfolgerung innerhalb von 45 Tagen nach der Validierung zu übermitteln. Eine Verlängerung dieser Frist um weitere 50 Tage ist möglich, wenn eines der Prüfpräparate[12] der beantragten klinischen Prüfung ein Arzneimittel für neuartige Therapien oder ein Arzneimittel gemäß Ziffer 1 des Anhangs[13] der VO (EG) Nr. 726/2004 ist.

5   **2. Multinationale klinische Prüfung.** Wird eine multinationale klinische Prüfung beantragt, sind mehrere Mitgliedstaaten betroffen, von denen ein Mitgliedstaat die Aufgabe des berichterstattenden Mitgliedstaats übernimmt. Die Bewertung von Teil I ist inhaltlich identisch mit der Bewertung, wenn nur ein Mitgliedstaat betroffen ist. Jedoch umfasst das Bewertungsverfahren hier drei Phasen (Erstbewertung, koordinierte Überprüfung und Konsolidierung)[14]. In der Phase der Erstbewertung muss der berichterstattende Mitgliedstaat innerhalb von 26 Tagen ab dem Tag der Validierung einen Entwurf des Bewertungsberichts zu Teil I erstellen und diesen den anderen betroffenen Mitgliedstaaten zuleiten. In der Phase der koordinierten Überprüfung haben die betroffenen Mitgliedstaaten den Antrag gemeinsam auf der Grundlage des Entwurfs des Teils I des Bewertungsberichts zu überprüfen und die etwaigen relevanten Anmerkungen dazu untereinander auszutauschen. Diese koordinierte Überprüfung muss innerhalb von 12 Tagen nach Abschluss der Phase der Erstbewertung stattfinden. In der Phase der Konsolidierung muss der berichterstattende Mitgliedstaat die endgültige Fassung des Teils I des Bewertungsberichts erstellen und dabei die Anmerkungen der anderen betroffenen Mitgliedstaaten aus der Phase der koordinierten Überprüfung gebührend berücksichtigen und darüber hinaus dokumentieren, in welcher Weise sämtliche Anmerkungen behandelt wurden.

6   Der berichterstattende Mitgliedstaat übermittelt dem Sponsor und den anderen Mitgliedstaaten den endgültigen Bewertungsbericht zu Teil I innerhalb von 45 Tagen ab dem Tag der Validierung[15]. Die Verordnung legt somit einen Zeitraum von 45 Tagen als grundsätzlichen Bewertungszeitraum für Teil I fest, unabhängig davon, ob ein Mitgliedstaat oder mehrere Mitgliedstaaten betroffen sind und die Bewertung durchführen müssen. Jedoch bestehen für das Verfahren mit mehreren betroffenen Mitgliedstaaten zwei Möglichkeiten zur Verlängerung der 45-tägigen Bewertungsfrist. Für den Fall, dass das Prüfpräparat der beantragten klinischen Prüfung ein Arzneimittel für neuartige Therapien ist oder ein Arzneimittel gemäß Ziff. 1 des Anhangs[16] der VO (EG) Nr. 726/2004[17] kann die Bewertungsfrist um 50 Tage verlängert werden. Zusätzlich besteht für den berichterstattenden Mitgliedstaat die Möglichkeit, die Frist um 31 Tage zu verlängern, um auf der Grundlage der Anmerkungen der anderen betroffenen Mitgliedstaaten den Sponsor um zusätzliche Informationen zu ersuchen[18]. Im gesamten Zeitraum zwischen dem Tag der Validierung und dem Berichtstag ist bezogen auf Teil I der Bewertung einzig der berichterstattende Mitgliedstaat berechtigt, den Sponsor um zusätzliche Informationen zu ersuchen[19]. Wird der Sponsor zur Beibringung zusätzlicher Informationen ersucht, so wird ihm dazu ab dem Eingang des Informationsersuchens eine Frist von maximal 12 Tagen gesetzt[20]. Die koordinierte Überprüfung der Mitgliedstaaten erfolgt ab Eingang der Informationen innerhalb von höchstens 12 Tagen, und die weitere Konsolidierung hat der berichterstattende Mitgliedstaat innerhalb von höchstens sieben Tagen nach

---

[9] Vgl. Art. 6 I VO (EU) Nr. 536/2014.
[10] Vgl. Art. 6 II VO (EU) Nr. 536/2014.
[11] Vgl. Art. 6 III VO (EU) Nr. 536/2014.
[12] Vgl. Definition in Art. 2 II Nr. 5 VO (EU) Nr. 536/2014.
[13] Dies sind Arzneimittel, die mit Hilfe eines in Ziffer 1 genannten biotechnologischen Verfahrens hergestellt wurden.
[14] Vgl. Art. 6 V VO (EU) Nr. 536/2014.
[15] Vgl. Art. 6 V UAbs. 4 S. 2 VO (EU) Nr. 536/2014.
[16] Dies sind Arzneimittel, die mit Hilfe eines in Ziff. 1 genannten biotechnologischen Verfahrens hergestellt wurden.
[17] ABl. L 136 v. 30.4.2004, S. 1.
[18] Vgl. Art. 6 VIII UAbs. 2 VO (EU) Nr. 536/2014.
[19] Vgl. Art. 6 VIII UAbs. 1 VO (EU) Nr. 536/2014.
[20] Vgl. Art. 6 VIII UAbs. 3 VO (EU) Nr. 536/2014.

Abschluss der koordinierten Überprüfung durchzuführen[21]. Als Sponsor ist zu beachten, dass der Antrag in allen betroffenen Mitgliedstaaten als hinfällig gilt, wenn die zusätzlichen Informationen nicht innerhalb der gesetzten Frist vorgelegt werden[22].

II. Teil II des Bewertungsverfahrens

In **Teil II des Bewertungsverfahrens** werden vornehmlich ethische Aspekte der beantragten kli- **7** nischen Prüfung geprüft. Jeder betroffene Mitgliedstaat bewertet den Antrag jeweils für sein Hoheitsgebiet. Die Verordnung gibt die hierbei zu berücksichtigenden Aspekte vor. Zu überprüfen ist danach
– die Einhaltung der Voraussetzungen für die Einwilligung nach Aufklärung (Kapitel V),
– die Übereinstimmung der Vorkehrungen für Vergütung oder Aufwandsentschädigung der Prüfungsteilnehmer mit den Anforderungen des Kapitels V und der Prüfer,
– die Übereinstimmung der Vorkehrungen für die Rekrutierung von Prüfungsteilnehmern mit den Anforderungen des Kapitels V,
– die Übereinstimmung mit der Datenschutzrichtlinie 95/64/EG,
– die Übereinstimmung mit der Regelung in Art. 49 der Verordnung zur Eignung der an der Durchführung einer klinischen Prüfung mitwirkenden Personen,
– die Übereinstimmung der Regelung in Art. 50 der Verordnung zur Eignung der Prüfstellen, in denen die beantragte klinische Prüfung durchgeführt werden soll,
– die Übereinstimmung mit der Regelung in Art. 76 der Verordnung zur Entschädigung eines Prüfungsteilnehmers für den Schaden, der ihm durch seine Teilnahme an der beantragten klinischen Prüfung entsteht, und
– die Übereinstimmung mit den Bestimmungen über die Gewinnung, Lagerung und zukünftige Nutzung der vom Prüfungsteilnehmer genommenen biologischen Proben[23].

Die Bewertung von Teil II der beantragten klinischen Prüfung muss der jeweils betroffene Mitglied- **8** staat innerhalb von 45 Tagen nach dem Tag der Validierung durchführen und seinen Bewertungsbericht einschließlich seiner Schlussfolgerung dem Sponsor übermitteln[24]. Eine Übermittlung an die anderen betroffenen Mitgliedstaaten ist im Verordnungstext nicht vorgesehen. Aus deutscher Sicht ist dies als Neuerung zu betrachten, denn bislang sieht § 7 II Nr. 14 GCP-V u. a. vor, dass der Antragsteller dem Antrag an die zuständige **Ethik-Kommission** die ablehnende Bewertung der zuständigen Ethik-Kommissionen anderer Mitgliedstaaten beifügt. Ein solcher „Austausch" ist künftig also nicht vorgesehen. Dabei ist zu berücksichtigen, dass die Bewertung von Teil II zeitgleich von den Mitgliedstaaten durchgeführt wird und die Regelung der GCP-V inzident eine zeitlich versetzte Prüfung voraussetzt.

III. Genehmigungsentscheidung

Die Entscheidung, ob die beantragte klinische Prüfung genehmigt, unter Auflagen genehmigt oder die **9** Genehmigung versagt wird, wird dem Sponsor direkt von dem jeweils betroffenen Mitgliedstaat über das EU-Portal mitgeteilt[25]. Diese Mitteilung fasst die Ergebnisse der Bewertungsverfahren zu Teil I und Teil II in Form einer einzigen Entscheidung zusammen. Die Mitteilung erfolgt innerhalb von fünf Tagen ab dem Berichtstag zu Teil I oder Teil II, wobei der spätere Zeitpunkt für die Fristberechnung maßgebend ist[26]. Unterlässt der zuständige Mitgliedstaat die **Übermittlung der Entscheidung** innerhalb der genannten Frist, so gilt die Schlussfolgerung in Bezug auf Teil I des Bewertungsberichts als Entscheidung des betroffenen Mitgliedstaats über den Antrag auf Genehmigung der klinischen Prüfung. Der Tag, an dem die Entscheidung an den Sponsor übermittelt wird, bzw. im Fall des Schweigens der letzte Tag der Frist, wird in der Verordnung als Notifizierungstag bezeichnet.

Gelangt der berichterstattende Mitgliedstaat in Bezug auf Teil I des Bewertungsberichts zu dem **10** Schluss, dass die Durchführung der klinischen Prüfung vertretbar oder unter bestimmten Auflagen vertretbar ist, so gilt diese Schlussfolgerung als die Schlussfolgerung des betroffenen Mitgliedstaats. Jedoch haben die betroffenen Mitgliedstaaten eine Art **Veto-Recht** und können die Schlussfolgerung ablehnen. Die Gründe für die Ablehnung sind in der Verordnung abschließend genannt und beziehen sich vor allem auf die Sicherheit der Prüfungsteilnehmer[27]. Der ablehnende Mitgliedstaat hat die Ablehnung der Schlussfolgerung zusammen mit einer detaillierten Begründung den anderen betroffenen Mitgliedstaaten und der Kommission zu übermitteln[28]. Außerdem kann ein betroffener Mitgliedstaat die Genehmigung der beantragten klinischen Prüfung versagen, wenn er in hinreichend begründeten Fällen zu dem Schluss

---

[21] Vgl. Art. 6 VIII UAbs. 4 VO (EU) Nr. 536/2014.
[22] Vgl. Art. 6 VIII UAbs. 5 VO (EU) Nr. 536/2014.
[23] Vgl. Art. 7 I VO (EU) Nr. 536/2014.
[24] Vgl. Art. 7 II VO (EU) Nr. 536/2014.
[25] Vgl. Art. 8 I UAbs. 1 VO (EU) Nr. 536/2014.
[26] Vgl. Art. 8 I UAbs. 2 VO (EU) Nr. 536/2014.
[27] Vgl. Art. 8 II UAbs. 2 VO (EU) Nr. 536/2014.
[28] Vgl. Art. 8 II UAbs. 3 VO (EU) Nr. 536/2014.

gelangt, dass die in Teil II des Bewertungsberichts behandelten Aspekte nicht eingehalten werden oder wenn eine Ethik-Kommission eine ablehnende Stellungnahme abgegeben hat, die nach dem Recht des betroffenen Mitgliedstaats für diesen gesamten Mitgliedstaat gültig ist[29].

11 Gelangt der berichterstattende Mitgliedstaat in Bezug auf Teil I zu der Schlussfolgerung, dass die klinische Prüfung **nicht vertretbar** ist, so gilt diese Schlussfolgerung als die Schlussfolgerung aller betroffenen Mitgliedstaaten[30]. Ein Veto-Recht in umgekehrter Weise, so dass ein betroffener Mitgliedstaat die beantragte klinische Prüfung als einzelner für vertretbar hält, ist nicht vorgesehen.

12 Die Genehmigung der klinischen Prüfung gilt für zwei Jahre ab dem Notifizierungstag. Wird innerhalb von zwei Jahren nach diesem Tag kein Prüfungsteilnehmer in die klinische Prüfung in einem betroffenen Mitgliedstaat eingeschlossen, so erlischt die **Genehmigung** in diesem betroffenen Mitgliedstaat. Der Sponsor kann in einem solchen Fall eine Verlängerung der Geltung der Genehmigung beantragen und hat in diesem Rahmen dann die Regelungen zum Verfahren zur Genehmigung einer wesentlichen Änderung einer klinischen Prüfung[31] zu beachten.

B. IT-Infrastruktur und Datentransparenz

I. EU-Portal und EU-Datenbank

13 Das neue Verfahren zur Genehmigung einer klinischen Prüfung wird vollständig über ein elektronisches Portal, das sog. **EU-Portal** abgewickelt[32]. Sämtliche Daten und Informationen, die über das EU-Portal übermittelt werden, werden in der sog. EU-Datenbank gespeichert. Beide neuen Einrichtungen, das EU-Portal und die EU-Datenbank werden auf Unionsebene von der Agentur in Zusammenarbeit mit den Mitgliedstaaten und der Kommission eingerichtet und unterhalten. Das EU-Portal dient als zentrale Anlaufstelle (single entry point) für die Übermittlung sämtlicher Daten und Informationen im Zusammenhang mit klinischen Prüfungen nach der neuen Verordnung. Daneben soll die EU-Datenbank die Zusammenarbeit und Kommunikation zwischen den zuständigen Behörden der betroffenen Mitgliedstaaten sowie zwischen den Sponsoren und den betroffenen Mitgliedstaaten erleichterten. Doppelerfassungen von Daten in der neuen EU-Datenbank, EudraCT und EudraVigilance sollen durch die Agentur als verantwortliche Stelle vermieden werden. Der EU-Gesetzgeber hat die Geltung der Verordnung an das tatsächliche Funktionieren des EU-Portals und der EU-Datenbank geknüpft. Gem. Art. 82 I und II legt die EMA in Zusammenarbeit mit den Mitgliedstaaten und der Kommission die Funktionsmerkmale des EU-Portals und der EU-Datenbank sowie den Zeitrahmen für die entsprechende Umsetzung fest. Der Verwaltungsrat der Agentur unterrichtet die Kommission auf der Grundlage eines unabhängigen Prüfberichts, wenn er überprüft hat, dass das EU-Portal und die EU-Datenbank voll funktionsfähig sind und die Systeme die festgelegten Funktionsmerkmale erfüllen[33]. Die Verordnung wird sechs Monate nach dieser Kommissionsmitteilung Geltung entfalten, jedoch keinesfalls vor dem 28.5.2016.

II. Zugang zu und Veröffentlichung von Daten

14 Das **Transparenzgebot** für EU-Datenbanken erfordert, dass auch die EU-Datenbank für klinische Prüfungen grundsätzlich der Öffentlichkeit zugänglich gemacht werden muss. Dieser Grundsatz ist in Art. 81 IV der Verordnung verankert. Hiervon ausgenommen sind Daten und Informationen oder Teile davon, die aus folgenden Gründen vertraulich behandelt werden müssen:

– Schutz personenbezogener Daten gemäß der VO (EG) Nr. 45/2001;
– Schutz von Betriebs- oder Geschäftsgeheimnissen, insbes. durch Berücksichtigung des Status der Zulassung des Arzneimittels, sofern kein übergeordnetes öffentliches Interesse an der Offenlegung besteht;
– Schutz vertraulicher Mitteilungen zwischen Mitgliedstaaten bezüglich der Ausarbeitung des Bewertungsberichts;
– Gewährleistung einer wirksamen Überwachung der Durchführung einer klinischen Prüfung durch die Mitgliedstaaten.

---

[29] Für den Fall der Versagung sind die Mitgliedstaaten aufgefordert ein Rechtsmittelverfahren vorzusehen.
[30] Vgl. Art. 8 V VO (EU) Nr. 536/2014.
[31] Vgl. Kapitel III, Art. 15 ff. VO (EU) Nr. 536/2014.
[32] Der Sponsor arbeitet insofern mit dem EU-Portal wie mit einem einzigen „Briefkasten" (single entry point); nur über das Portal wird zukünftig das gesamte Verfahren und die gesamte Kommunikation abgewickelt.
[33] Sobald die Einrichtung des EU-Portals und der EU-Datenbank abgeschlossen ist, erfolgt die Überprüfung der Funktionalität im Rahmen eines Audits. Ist die Funktionalität gegeben, unterrichtet der Verwaltungsrat der EMA die Kommission mittels Prüfbericht, die sich daraufhin vom Funktionieren von EU-Datenbank und EU-Portal vergewissert und nachfolgend die entsprechende Mitteilung im Amtsblatt der EU veröffentlicht. Für die Feststellung der Funktionsfähigkeit hat die EMA zunächst Funktionsmerkmale (functional specifications) festgelegt (EMA/42176/2014 Rev. 1, „Functional specifications for the EU portal and EU database to be audited", 25 March 2015).

Die EMA entwickelt daher neben den Funktionsmerkmalen auch Vorgaben für die oben aufgeführten Ausnahmen. In rechtlicher Hinsicht ist der Schutz personenbezogener Daten und der Zugang zu Geschäfts- und Betriebsgeheimnissen besonders bedeutsam[34]. Für Sponsoren und Zulassungsinhaber kann die Veröffentlichung von Geschäfts- und Betriebsgeheimnissen im Rahmen der klinischen Entwicklung eines Arzneimittels zu einer Neuheitsschädlichkeit und Unterwanderung eines effektiven Patentschutzes führen. Auch Wettbewerbsnachteile sind denkbar, wenn die Informationen, insbes. die klinischen Daten vom Wettbewerber für eigene Zulassungsverfahren unter Umgehung des Unterlagenschutzes verwendet würden[35].

C. Neue Verantwortlichkeiten

I. Co-Sponsoring

Die Verordnung definiert den Sponsor unverändert als eine Person, ein Unternehmen, eine Einrich- **15** tung oder eine Organisation die bzw. das die Verantwortung für die Einleitung, das Management und die Aufstellung der Finanzierung einer klinischen Prüfung übernimmt. Insoweit ändert sich am Verständnis des Sponsorbegriffs durch die neue Verordnung nichts im Vergleich zum derzeitigen Begriffsverständnis nach § 4 XXIV.

Eine wesentliche Neuerung ist aber, dass die neue Verordnung das sog. Co-Sponsoring bei klinischen **16** Prüfungen erlaubt. Eine Definition wird für den Begriff wird nicht bereitgestellt, vielmehr heißt es: „*Gibt es bei einer klinischen Prüfung mehrere Sponsoren, unterliegt jeder dieser Sponsoren in vollem Umfang den sich aus dieser Verordnung ergebenden Verpflichtungen, sofern die Sponsoren nicht in einem schriftlichen Vertrag eine Aufteilung ihrer Verantwortlichkeiten vornehmen*". Damit hebt die Verordnung das etablierte Prinzip des einheitlichen Sponsors auf. In der Praxis wird dann dem schriftlich zu schließenden Vertrag zwischen zwei oder mehr Co-Sponsoren eine maßgebliche Bedeutung zu kommen.

II. Hauptprüfer und Prüfer

Der Prüfer wird in der neuen Verordnung definiert als eine für die Durchführung einer klinischen **17** Prüfung an einer Prüfstelle verantwortliche Person. Diese kurze Definition scheint zunächst eine Abkehr von der bisherigen Regelung zu sein, dass der Prüfer Arzt sein muss und nur in Ausnahmefällen auch eine andere Person Prüfer sein kann. Indes heißt es an anderer Stelle in der neuen Verordnung über die Eignung der an der Durchführung einer klinischen Prüfung mitwirkenden Personen, dass es sich bei dem Prüfer um einen Arzt gemäß nationalem Recht handelt oder um eine Person, in dem betroffenen Mitgliedstaat anerkanntermaßen für die Rolle als Prüfer qualifiziert ist. Somit hat die neue Definition keine Auswirkungen in der Praxis und auch die Anforderungen an die Eignung des Prüfers werden nicht gesenkt.

Der Hauptprüfer wird definiert als Prüfer, bei dem es sich um den verantwortlichen Leiter eines **18** Prüferteams handelt, das die klinische Prüfung an einer Prüfstelle durchführt . Dazu hat der Hauptprüfer an einer Prüfstelle sicherzustellen, dass die klinische Prüfung den Anforderungen der Verordnung entspricht. Aus deutscher Sicht ist die Aufnahme des Hauptprüfers in die Verordnung eine Rückkehr in Zeiten vor dem 2. AMG-ÄndG 2012. Der deutsche Gesetzgeber hielt seinerzeit das Konzept des „verantwortlichen Prüfers" je Prüfstelle für vorzugswürdig und hob im Rahmen des 2. AMG-ÄndG 2012 den Begriff und damit die gesetzliche Existenz des Hauptprüfers auf. Der Gesetzgeber berief sich dabei auf die hohe Fluktuation von Ärzten, die Prüftätigkeiten in Krankenhausteams oder bei multizentrischen Prüfungen ausüben, und den damit verbundenen hohen Melde- und Prüfaufwand für alle Beteiligten.

D. Auswirkungen auf nationales Recht

Das durch die neue Verordnung eingeführte zentralisierte Genehmigungsverfahren erfordert zwar **19** keine Umsetzung mehr auf nationaler Ebene, da es sich bereits um unmittelbar geltendes Recht handelt. Allerdings sind die Strukturen und Zuständigkeiten für Genehmigungsverfahren klinischer Prüfungen auf der Grundlage der RL 2001/20/EG auf nationaler Ebene bereits etabliert. An diesen müssen daher nun teilweise erhebliche Änderungen vorgenommen werden, damit insbes. die Bewertungsverfahren Teil I und Teil II durch den jeweiligen Mitgliedstaat durchgeführt werden können. Die Verordnung führt zur

---

[34] Die EMA arbeitet daher auch an einem Papier, das die Veröffentlichung von Daten und Informationen im Hinblick auf die Ausnahmen beschreibt und versucht, die Ausnahmen festzulegen; vgl. EMA/641479/2014, „Draft proposal for an addendum, on transparency, to the Functional specifications for the EU portal and EU database to be audited – EMA/42176/2014", 20 January 2015.

[35] *Fulda* sieht den Investitionsschutz für Arzneimittelentwicklungen in Europa sogar einer flächendeckenden Gefährdung ausgesetzt, vgl. *Fulda*, PharmR 2013, 456.

Festlegung der Zuständigkeiten in ihrem 18. Erwägungsgrund Folgendes aus: „Die Bestimmung der an der Bewertung des Antrags auf Durchführung einer klinischen Prüfung zu beteiligenden geeigneten Stelle(n) und die Organisation der Beteiligung von Ethik-Kommissionen innerhalb der in dieser Verordnung festgelegten Zeitpläne für die Genehmigung dieser klinischen Prüfung sollten dem betroffenen Mitgliedstaat überlassen bleiben. Diese Entscheidungen hängen von der internen Organisation des jeweiligen Mitgliedstaats ab. Bei der Auswahl der geeigneten Stelle(n) sollten die Mitgliedstaaten darauf achten, dass auch Laien einbezogen werden, insbes. Patienten oder Patientenorganisationen. Sie sollten auch sicherstellen, dass das erforderliche Fachwissen vorhanden ist. Im Einklang mit den internationalen Leitlinien sollte die Bewertung von einer angemessenen Anzahl von Personen gemeinsam vorgenommen werden, die insgesamt über die erforderlichen Qualifikationen und Erfahrungen verfügen. Die die Bewertung vornehmenden Personen sollten unabhängig vom Sponsor, der Prüfstelle und den beteiligten Prüfern sowie frei von jeder anderen unzulässigen Beeinflussung sein."

20   In dem Verordnungsvorschlag war die **Beteiligung einer Ethik-Kommission** gar nicht erst vorgesehen[36]. Dies führte europaweit zu massiver Kritik[37], da die Ethik-Kommissionen in vielen Mitgliedstaaten seit Jahren etabliert und ein wichtiger Bestandteil der Genehmigungsverfahren für klinische Prüfungen sind[38]. Die Verordnung enthält nun eine Öffnungsklausel, die als Mindeststandard die Beteiligung der Ethik-Kommissionen an den Bewertungsverfahren vorsieht. Es obliegt nun dem Gesetzgeber des Mitgliedstaats, das „Binnenrecht" so zu gestalten, dass sich die von der Verordnung vorgegebenen Mindeststandards im nationalen Recht widerspiegeln und Zuständigkeiten festgelegt werden. Der nationale Gesetzgeber muss sich aber bei sämtlichen Regelungen strikt an die Fristvorgaben der Verordnung halten. Hier gibt es auf nationaler Ebene keinen Spielraum[39].

21   Art. 4 UAbs. 2 der Verordnung gibt vor, dass die ethische Überprüfung durch eine Ethik-Kommission gemäß dem Recht des betroffenen Mitgliedstaats erfolgt. Die Überprüfung durch die Ethik-Kommission kann danach Aspekte umfassen, die gemäß der Regelung in Art. 6 in Teil I des Bewertungsberichts zur Genehmigung einer klinischen Prüfung bzw. gemäß der Regelung in Art. 7 in Teil II dieses Bewertungsberichts behandelt werden, je nachdem, was für den einzelnen betroffenen Mitgliedstaat angemessen ist. Hieraus folgt, dass der deutsche Gesetzgeber neben der **Involvierung der Ethik-Kommissionen** in das Bewertungsverfahren detailliert festlegen muss, inwieweit die Ethik-Kommissionen in Teil I und/oder Teil II des Bewertungsberichts einbezogen werden. Die Verordnung überlässt die Zuteilung den Mitgliedstaaten. Art. 4 ist zudem so offen gehalten, dass die Ethik-Kommissionen nicht zwingend in einen bestimmten Teil des Bewertungsberichts einbezogen werden müssen. In Teil II des Bewertungsberichts finden sich Prüfungsgegenstände, die schon heute typischer Bestandteil der Bewertung durch die Ethik-Kommissionen sind. Hier ist insbes. die Eignung des Prüfers und der Prüfstelle zu nennen. Aber auch der Prüfung der Voraussetzungen der Einwilligung nach Aufklärung gehört zum typischen Prüfungsgegenstand einer deutschen Ethik-Kommission. Insofern ist zu erwarten, dass die Ethik-Kommissionen schwerpunktmäßig in Teil II des Bewertungsberichts einbezogen werden.

22   Grundsätzlich ist auch eine Involvierung der Ethik-Kommissionen bzgl. des Teil I des Bewertungsberichts zulässig. Bereits heute besteht in Deutschland teilweise aber schon eine unterschiedliche Verantwortlichkeitszuweisung zwischen Bundesoberbehörden und Ethik-Kommissionen, indem die Bundesoberbehörden anders als die Ethik-Kommissionen im Antragsverfahren z. B. das Dossier zum Prüfpräparat (IMPD)[40] erhalten (§ 7 IV Nr. 1 GCP-V). Dieses Dossier enthält u. a. wichtige Unterlagen über Qualität und Herstellung sowie über die pharmakologisch-toxikologischen Prüfungen. Das IMPD wird nun zentraler Bestandteil des Teils I des Bewertungsberichts sein. Der deutsche Gesetzgeber wird nun festlegen müssen, inwieweit die Ethik-Kommissionen auch in Teil I des **Bewertungsberichts** mit einbezogen werden. Dies wird u. a. auch von den fachlichen Kompetenzen der jeweiligen Ethik-Kommissionen abhängen.

23   Die Verordnung legt an verschiedenen Stellen der Entscheidung über einen Genehmigungsantrag oder wesentliche Änderungen fest[41], dass ein betroffener Mitgliedstaat die Genehmigung einer klinischen Prüfung dann versagen muss, wenn eine Ethik-Kommission eine **ablehnende Stellungnahme** abgegeben hat, die gemäß dem Recht des betroffenen Mitgliedstaats für diesen gesamten Mitgliedstaat gültig ist. Hieraus ist zu schließen, dass das deutsche Bewertungsverfahren und die Beteiligung der Ethik-Kommissionen so ausgestaltet sein müssen, dass eine ablehnende Stellungnahme zu einer Versagung der Entscheidung über die Genehmigung führen muss. Wenn weiterhin sämtliche Ethik-Kommissionen an

---

[36] COM (2012) 369 final; *Dienemann/Wachenhausen*, PharmR 2012, 434.
[37] Vgl. *Korzilius*, DÄBl. 2013, A-110.
[38] Der Arbeitskreis Medizinischer Ethik-Kommissionen in Deutschland hat am 5.7.2013 eine Resolution verabschiedet, die die Festlegung von Mindeststandards bei der Verabschiedung und Umsetzung der Verordnung fordert oder zumindest eine Möglichkeit schafft, die es erlaubt, diese geforderten Mindeststandards in das deutsche Recht umzusetzen, abrufbar unter der Website des Arbeitskreises Medizinischer Ethik-Kommissionen: www.ak-med-ethik-komm.de.
[39] Gemäß Art. 4 der Verordnung sollen die Mitgliedstaaten dafür sorgen, dass die Fristen und Verfahren für die Überprüfung durch die Ethik-Kommissionen mit den Fristen und Verfahren vereinbar sind, die in dieser Verordnung für die Bewertung des Antrags auf Genehmigung einer klinischen Prüfung festgelegt sind.
[40] Investigational Medicinal Product Dossier – IMPD.
[41] Vgl. Art. 8 IV; Art. 19 II UAbs. 3; Art. 20 VII; Art. 23 IV VO (EU) Nr. 536/2014.

dem Verfahren beteiligt werden müssen, muss eine Regelung geschaffen werden, die die Entscheidung der Ethik-Kommissionen bündelt und für alle Ethik-Kommissionen Bindungswirkung entfaltet. Hierbei sind die engen zeitlichen Grenzen des Genehmigungsverfahrens zu berücksichtigen.

Die Verordnung legt weiter fest, dass der betroffene Mitgliedstaat im Hinblick auf die Versagung der **24** Entscheidung ein **Rechtsmittelverfahren**[42] vorsehen muss. Das bedeutet, dass der deutsche Gesetzgeber auch hier gesetzliche Rahmenbedingungen schaffen muss, um dem Sponsor die Möglichkeit zu geben, gegen eine ablehnende Entscheidung gerichtlich vorzugehen. Ob dies in der Praxis tatsächlich eine Option darstellt, kann in Frage gestellt werden[43].

§ 40 Allgemeine Voraussetzungen der klinischen Prüfung

(1) [1]Der Sponsor, der Prüfer und alle weiteren an der klinischen Prüfung beteiligten Personen haben bei der Durchführung der klinischen Prüfung eines Arzneimittels bei Menschen die Anforderungen der guten klinischen Praxis nach Maßgabe des Artikels 1 Abs. 3 der Richtlinie 2001/20/EG einzuhalten. [2]Die klinische Prüfung eines Arzneimittels bei Menschen darf vom Sponsor nur begonnen werden, wenn die zuständige Ethik-Kommission diese nach Maßgabe des § 42 Abs. 1 zustimmend bewertet und die zuständige Bundesoberbehörde diese nach Maßgabe des § 42 Abs. 2 genehmigt hat. [3]Die klinische Prüfung eines Arzneimittels darf bei Menschen nur durchgeführt werden, wenn und solange

1. ein Sponsor oder ein Vertreter des Sponsors vorhanden ist, der seinen Sitz in einem Mitgliedstaat der Europäischen Union oder in einem anderen Vertragsstaat des Abkommens über den Europäischen Wirtschaftsraum hat,
2. die vorhersehbaren Risiken und Nachteile gegenüber dem Nutzen für die Person, bei der sie durchgeführt werden soll (betroffene Person), und der voraussichtlichen Bedeutung des Arzneimittels für die Heilkunde ärztlich vertretbar sind,
2a. nach dem Stand der Wissenschaft im Verhältnis zum Zweck der klinischen Prüfung eines Arzneimittels, das aus einem gentechnisch veränderten Organismus oder einer Kombination von gentechnisch veränderten Organismen besteht oder solche enthält, unvertretbare schädliche Auswirkungen auf
   a) die Gesundheit Dritter und
   b) die Umwelt
   nicht zu erwarten sind,
3. die betroffene Person
   a) volljährig und in der Lage ist, Wesen, Bedeutung und Tragweite der klinischen Prüfung zu erkennen und ihren Willen hiernach auszurichten,
   b) nach Absatz 2 Satz 1 aufgeklärt worden ist und schriftlich eingewilligt hat, soweit in Absatz 4 oder in § 41 nichts Abweichendes bestimmt ist und
   c) nach Absatz 2a Satz 1 und 2 informiert worden ist und schriftlich eingewilligt hat; die Einwilligung muss sich ausdrücklich auch auf die Erhebung und Verarbeitung von Angaben über die Gesundheit beziehen,
4. die betroffene Person nicht auf gerichtliche oder behördliche Anordnung in einer Anstalt untergebracht ist,
5. sie in einer geeigneten Einrichtung von einem angemessen qualifizierten Prüfer verantwortlich durchgeführt wird und die Prüfung von einem Prüfer mit mindestens zweijähriger Erfahrung in der klinischen Prüfung von Arzneimitteln geleitet wird,
6. eine dem jeweiligen Stand der wissenschaftlichen Erkenntnisse entsprechende pharmakologisch-toxikologische Prüfung des Arzneimittels durchgeführt worden ist,
7. jeder Prüfer durch einen für die pharmakologisch-toxikologische Prüfung verantwortlichen Wissenschaftler über deren Ergebnisse und die voraussichtlich mit der klinischen Prüfung verbundenen Risiken informiert worden ist,
8. für den Fall, dass bei der Durchführung der klinischen Prüfung ein Mensch getötet oder der Körper oder die Gesundheit eines Menschen verletzt wird, eine Versicherung nach Maßgabe des Absatzes 3 besteht, die auch Leistungen gewährt, wenn kein anderer für den Schaden haftet, und
9. für die medizinische Versorgung der betroffenen Person ein Arzt oder bei zahnmedizinischer Behandlung ein Zahnarzt verantwortlich ist.

[4]Kann die betroffene Person nicht schreiben, so kann in Ausnahmefällen statt der in Satz 3 Nummer 3 Buchstabe b und c geforderten schriftlichen Einwilligung eine mündliche Einwilligung in Anwesenheit von mindestens einem Zeugen, der auch bei der Information der betroffenen Person einbezogen war, erteilt werden. [5]Der Zeuge darf keine bei der Prüfstelle

---

[42] Vgl. Art. 8 IV; Art 19 II UAbs. 3; Art. 20 VII; Art. 23 IV VO (EU) Nr. 536/2014.
[43] Vgl. hierzu auch den Überblick von *Dienemann/Wachenhausen*, PharmR 2014, 452 ff.

beschäftigte Person und kein Mitglied der Prüfgruppe sein. [6]Die mündlich erteilte Einwilligung ist schriftlich zu dokumentieren, zu datieren und von dem Zeugen zu unterschreiben.

(1a) [1]Der Prüfer bestimmt angemessen qualifizierte Mitglieder der Prüfgruppe. [2]Er hat sie anzuleiten und zu überwachen sowie ihnen die für ihre Tätigkeit im Rahmen der Durchführung der klinischen Prüfung erforderlichen Informationen, insbesondere den Prüfplan und die Prüferinformation, zur Verfügung zu stellen. [3]Der Prüfer hat mindestens einen Stellvertreter mit vergleichbarer Qualifikation zu benennen.

(1b) Einer Versicherung nach Absatz 1 Satz 3 Nummer 8 bedarf es nicht bei klinischen Prüfungen mit zugelassenen Arzneimitteln, wenn die Anwendung gemäß den in der Zulassung festgelegten Angaben erfolgt und Risiken und Belastungen durch zusätzliche Untersuchungen oder durch den Therapievergleich gering sind und soweit eine anderweitige Versicherung für Prüfer und Sponsor besteht.

(2) [1]Die betroffene Person ist durch einen Prüfer, der Arzt oder, bei zahnmedizinischer Prüfung, Zahnarzt ist, oder durch ein Mitglied der Prüfgruppe, das Arzt oder, bei zahnmedizinischer Prüfung, Zahnarzt ist, über Wesen, Bedeutung, Risiken und Tragweite der klinischen Prüfung sowie über ihr Recht aufzuklären, die Teilnahme an der klinischen Prüfung jederzeit zu beenden; ihr ist eine allgemein verständliche Aufklärungsunterlage auszuhändigen. [2]Der betroffenen Person ist ferner Gelegenheit zu einem Beratungsgespräch mit einem Prüfer oder einem Mitglied der Prüfgruppe, das Arzt oder, bei zahnmedizinischer Prüfung, Zahnarzt ist, über die sonstigen Bedingungen der Durchführung der klinischen Prüfung zu geben. [3]Eine nach Absatz 1 Satz 3 Nummer 3 Buchstabe b erklärte Einwilligung in die Teilnahme an einer klinischen Prüfung kann jederzeit gegenüber dem Prüfer oder einem Mitglied der Prüfgruppe schriftlich oder mündlich widerrufen werden, ohne dass der betroffenen Person dadurch Nachteile entstehen dürfen.

(2a) [1]Die betroffene Person ist über Zweck und Umfang der Erhebung und Verwendung personenbezogener Daten, insbesondere von Gesundheitsdaten zu informieren. [2]Sie ist insbesondere darüber zu informieren, dass

1. die erhobenen Daten soweit erforderlich
    a) zur Einsichtnahme durch die Überwachungsbehörde oder Beauftragte des Sponsors zur Überprüfung der ordnungsgemäßen Durchführung der klinischen Prüfung bereitgehalten werden,
    b) pseudonymisiert an den Sponsor oder eine von diesem beauftragte Stelle zum Zwecke der wissenschaftlichen Auswertung weitergegeben werden,
    c) im Falle eines Antrags auf Zulassung pseudonymisiert an den Antragsteller und die für die Zulassung zuständige Behörde weitergegeben werden,
    d) im Falle unerwünschter Ereignisse des zu prüfenden Arzneimittels pseudonymisiert an den Sponsor und die zuständige Bundesoberbehörde sowie von dieser an die Europäische Datenbank weitergegeben werden,
2. die Einwilligung nach Absatz 1 Satz 3 Nr. 3 Buchstabe c unwiderruflich ist,
3. im Falle eines Widerrufs der nach Absatz 1 Satz 3 Nr. 3 Buchstabe b erklärten Einwilligung die gespeicherten Daten weiterhin verwendet werden dürfen, soweit dies erforderlich ist, um
    a) Wirkungen des zu prüfenden Arzneimittels festzustellen,
    b) sicherzustellen, dass schutzwürdige Interessen der betroffenen Person nicht beeinträchtigt werden,
    c) der Pflicht zur Vorlage vollständiger Zulassungsunterlagen zu genügen,
4. die Daten bei den genannten Stellen für die auf Grund des § 42 Abs. 3 bestimmten Fristen gespeichert werden.

[3]Im Falle eines Widerrufs der nach Absatz 1 Satz 3 Nr. 3 Buchstabe b erklärten Einwilligung haben die verantwortlichen Stellen unverzüglich zu prüfen, inwieweit die gespeicherten Daten für die in Satz 2 Nr. 3 genannten Zwecke noch erforderlich sein können. [4]Nicht mehr benötigte Daten sind unverzüglich zu löschen. [5]Im Übrigen sind die erhobenen personenbezogenen Daten nach Ablauf der auf Grund des § 42 Abs. 3 bestimmten Fristen zu löschen, soweit nicht gesetzliche, satzungsmäßige oder vertragliche Aufbewahrungsfristen entgegenstehen.

(3) [1]Die Versicherung nach Absatz 1 Satz 3 Nr. 8 muss zugunsten der von der klinischen Prüfung betroffenen Personen bei einem in einem Mitgliedstaat der Europäischen Union oder einem anderen Vertragsstaat des Abkommens über den Europäischen Wirtschaftsraum zum Geschäftsbetrieb zugelassenen Versicherer genommen werden. [2]Ihr Umfang muss in einem angemessenen Verhältnis zu den mit der klinischen Prüfung verbundenen Risiken stehen und auf der Grundlage der Risikoabschätzung so festgelegt werden, dass für jeden Fall des Todes

oder der dauernden Erwerbsunfähigkeit einer von der klinischen Prüfung betroffenen Person mindestens 500 000 Euro zur Verfügung stehen. [3] Soweit aus der Versicherung geleistet wird, erlischt ein Anspruch auf Schadensersatz.

(4) Auf eine klinische Prüfung bei Minderjährigen finden die Absätze 1 bis 3 mit folgender Maßgabe Anwendung:

1. [1] Das Arzneimittel muss zum Erkennen oder zum Verhüten von Krankheiten bei Minderjährigen bestimmt und die Anwendung des Arzneimittels nach den Erkenntnissen der medizinischen Wissenschaft angezeigt sein, um bei dem Minderjährigen Krankheiten zu erkennen oder ihn vor Krankheiten zu schützen. [2] Angezeigt ist das Arzneimittel, wenn seine Anwendung bei dem Minderjährigen medizinisch indiziert ist.
2. Die klinische Prüfung an Erwachsenen oder andere Forschungsmethoden dürfen nach den Erkenntnissen der medizinischen Wissenschaft keine ausreichenden Prüfergebnisse erwarten lassen.
3. [1] Die Einwilligung wird durch den gesetzlichen Vertreter abgegeben, nachdem er entsprechend Absatz 2 aufgeklärt worden ist. [2] Sie muss dem mutmaßlichen Willen des Minderjährigen entsprechen, soweit ein solcher feststellbar ist. [3] Der Minderjährige ist vor Beginn der klinischen Prüfung von einem im Umgang mit Minderjährigen erfahrenen Prüfer, der Arzt oder, bei zahnmedizinischer Prüfung, Zahnarzt ist, oder einem entsprechend erfahrenen Mitglied der Prüfgruppe, das Arzt oder, bei zahnmedizinischer Prüfung, Zahnarzt ist, über die Prüfung, die Risiken und den Nutzen aufzuklären, soweit dies im Hinblick auf sein Alter und seine geistige Reife möglich ist; erklärt der Minderjährige, nicht an der klinischen Prüfung teilnehmen zu wollen, oder bringt er dies in sonstiger Weise zum Ausdruck, so ist dies zu beachten. [4] Ist der Minderjährige in der Lage, Wesen, Bedeutung und Tragweite der klinischen Prüfung zu erkennen und seinen Willen hiernach auszurichten, so ist auch seine Einwilligung erforderlich. [5] Eine Gelegenheit zu einem Beratungsgespräch nach Absatz 2 Satz 2 ist neben dem gesetzlichen Vertreter auch dem Minderjährigen zu eröffnen.
4. Die klinische Prüfung darf nur durchgeführt werden, wenn sie für die betroffene Person mit möglichst wenig Belastungen und anderen vorhersehbaren Risiken verbunden ist; sowohl der Belastungsgrad als auch die Risikoschwelle müssen im Prüfplan eigens definiert und vom Prüfer ständig überprüft werden.
5. Vorteile mit Ausnahme einer angemessenen Entschädigung dürfen nicht gewährt werden.

(5) [1] Der betroffenen Person, ihrem gesetzlichen Vertreter oder einem von ihr Bevollmächtigten steht eine zuständige Kontaktstelle zur Verfügung, bei der Informationen über alle Umstände, denen eine Bedeutung für die Durchführung einer klinischen Prüfung beizumessen ist, eingeholt werden können. [2] Die Kontaktstelle ist bei der jeweils zuständigen Bundesoberbehörde einzurichten.

Wichtige Änderungen der Vorschrift: Abs. 1 neu gefasst und Abs. 3 und 5 geändert durch Art. 1 Nr. 25 des Fünften Gesetzes zur Änderung des Arzneimittelgesetzes vom 9.8.1994 (BGBl. I S. 2071); Abs. 1, 4 und 5 geändert durch Art. 1 Nr. 22 des Achten Gesetzes des Arzneimittelgesetzes vom 7.9.1998 (BGBl. I S. 2649); § 40 erneut neu gefasst durch das Zwölfte Gesetz zur Änderung des Arzneimittelgesetzes vom 30.7.2004 (BGBl. I S. 2031); Abs. 1 geändert durch Art. 1 Nr. 39 des Vierzehnten Gesetzes zur Änderung des Arzneimittelgesetzes vom 30.7.2004 (BGBl. I S. 2031); Abs. 1 geändert durch Art. 1 Nr. 43 des Gesetzes zur Änderung arzneimittelrechtlicher und anderer Vorschriften vom 17.7.2009 (BGBl. I S. 1990); Abs. 1a und 1b neu eingefügt sowie Abs. 2 und 4 geändert durch Art. 1 Nr. 36 des Zweiten Gesetzes zur Änderung arzneimittelrechtlicher und anderer Vorschriften vom 19.10.2012 (BGBl. 2012 I S. 2192).

Europarechtliche Vorgaben: RL 2001/20/EG; RL 2005/28/EG.

Literatur: *Blasius,* Rechtliche und praktische Rahmenbedingungen für nicht-kommerzielle klinische Studien, DKZF 2007, 28; *Bérézowsky/Wachenhausen,* Rechtliche Aspekte beim Outsourcing von klinischen Prüfungen, PharmInd, 2008, 1478; *Bruns/Hasford/Ruppert,* Neues Genehmigungsverfahren als Chance oder Risiko für die klinische Forschung, pharmazeutische medizin 2013, 4; *Bulicz/Fritsch,* Prüfer-Initiierte-Studien (Nicht-kommerzielle klinische Prüfungen) in Deutschland − Juristische Verantwortlichkeiten und haftungsrelevante Haftungsaspekte des pharmazeutischen Unternehmers, PharmR 2011, 401; *Burgardt,* Die Probandenversicherung in Deutschland, Medizinische Forschung, Haftung und Versicherung, Schulthess Juristische Medien AG, 2006; *ders.,* Rechtliche Rahmenbedingungen der Arzneimittelforschung − Therapieoptimierungsprüfungen, Der Onkologe 2006, 309; *ders.,* Der Arzt als Forscher, Spektrum der Nephrologie 2006, 16; *ders.,* Klinische Prüfungen − neue Regelungen auf europäischer Ebene, in: Marburger Schriften zum Gesundheitswesen, Herausforderungen und Perspektiven des Pharmarechts Nomos-Verlag, Februar 2014, Band 23, 195; *Deutsch,* Schmerzensgeld für Unfälle bei der Prüfung von Arzneimitteln und Medizinprodukten, PharmR 2001, 346; *Deutsch/Schreiber/Spickhoff/Taupitz,* Die klinische Prüfung in der Medizin, Europäische Regelungswerke auf dem Prüfstand, Berlin Heidelberg 2005; *Dienemann/Wachenhausen,* Der Vorschlag für eine neue EU-Verordnung über klinische Prüfungen − Fortschritt oder Rückschritt?, PharmR 2012, 429; *dies.,* Alles neu, regelt die EU − Die Verordnung über klinische Prüfungen und ihre Auswirkungen auf das deutsche Recht, PharmR 2014, 452; *Ehling/Vogeler,* Der Probandenvertrag, MedR 2008, 273; *Felder,* Das Erfordernis der zweijährigen Erfahrung in der klinischen Prüfung nach § 40 Abs. 1, 3, Nr. 5 AMG, KliFoRe 2008, 103; *Frohn,* Kautelarjuristische Möglichkeiten zur Vermeidung strafrechtlichen Fehlverhaltens in der klinischen Prüfung, A&R 2013, 64; *Gaidzik,* Die Probandenversicherung bei klinischen Prüfungen mit Medizinprodukten, KliFoRe 2006, 80; *Gödicke/Purnhagen,* Haftungsgrundlagen für

Schmerzensgeld bei der klinischen Prüfung von Arzneimitteln, MedR 2007, 139; *Graf von Kielmannsegg*, Der Prüfer-begriff bei der klinischen Prüfung, MedR 2008, 423; *Graf von Kielmannsegg*, Das Prinzip des Eigennutzens in der klinischen Arzneimittelprüfung, PharmR 2008, 517; *Greifeneder/Veh*, Ausgewählte rechtliche Aspekte bei klinischen Prüfungen mit Humanarzneimitteln nach der neuen EU-Verordnung, PharmR 2014, 325; *Habeck/Epsch/Minkov/ Langer/Griebel/Brix*, Neuerungen im Genehmigungsverfahren „Medizinische Forschung" gemäß Röntgen- und Strah-lenschutzverordnung, Fortschr Röntgenstr 2012, 513; *Kotzenberg*, Vertragliche Aspekte bei der Durchführung klinischer Arzneimittelprüfungen, A&R 2012, 3; *Koyuncu*, Haftungs- und Versicherungsfragen in der medizinischen Forschung, Phi 2005, 86; *Krüger*, Rechtliche Grundlagen der klinischen Prüfung von Arzneimitteln am Menschen, KliFoRe 2007, 42, 71; *Krüger*, Investigator Initiated Trials (IIT) = Wer zahlt?, KliFoRe 2008, 80; *Krüger*, Vorenthaltung von Standard-therapien in klinischen Studien – kein gesetzgeberischer Handlungsbedarf?, MedR 2009, 33; *Lauffs*, Die neue europäi-sche RL zur Arzneimittelprüfung und das deutsche Recht, MedR 2004, 583; *Lippert*, Die Deklaration von Helsinki ist tot – Es lebe die Deklaration von Helsinki, MedR 2003, 681; *Lippert*, Die Eignung des Prüfers bei der Durchführung klinischer Prüfungen mit Arzneimitteln, GesR 2008, 120; *Maur*, Freelancer in der klinischen Forschung, A&R 2013, 8; *Menzel*, Datenschutzrechtliche Einwilligungen in die medizinische Forschung, MedR 2006, 702; *Natz/Wolters*, Der Schutz vertraulicher Daten aus klinischen Studien, PharmInd. 2014, 580; *Pfeffer*, Therapieoptimierungsstudien und klinische Prüfungen von Arzneimitteln in der Onkologie, 2003; *Pisani*, Die Wirksamkeitskontrolle der Allgemeinen Versicherungsbedingungen der Probandenversicherung nach der VVG-Novelle, PharmR 2009, 55; *Rittner/Taupitz/ Walter-Sack/Wessler*, Die neuen Musterbedingungen für die Probandenversicherung als Pflichtversicherung (AVB-Prob/ AMG-JV) und für die nicht der Versicherungspflicht unterliegende klinische Prüfung (AVB-Prob/NV-Objekt) – ein Fortschritt für die Versicherten, VersR 2008, 158; *Scheele/Steighardt/Brosteanu/Hoyer*, Übernahme der Sponsorfunktion in wissenschaftsinitiierten klinischen Prüfungen durch Universitäten oder andere akademische Institutionen, KliFoRe 2007, 33; *Schwarz* (Hrsg.), Leitfaden – Klinische Prüfungen von Arzneimitteln und Medizinprodukten, 4. Aufl., 2011; *Schwarz/Wachenhausen*, Einbeziehung von Call-Centern in die Patientenrekrutierung bei klinischen Prüfungen, Pharm-mInd 2004, 953; *Schweim*, Die klinische Prüfung von Arzneimittel-Medizinprodukt-Kombinationen, A&R 2014, 108; *Sprumont/Poledna*, Medizinische Forschung, Haftung und Versicherung, Zürich Basel Genf 2006; *Stock*, Der Probanden-schutz bei der medizinischen Forschung am Menschen, Frankfurt/Main 1998; *Swik*, Die Versicherungspflicht für klinische Prüfungen nach § 40 AMG (Probandenversicherung) – Anmerkungen aus der Praxis, PharmR 2006, 76; *Voit*, Anforderungen des AMG an die Ausgestaltung der Probandenversicherung bei der Durchführung klinischer Studien und ihre Konsequenzen für den Sponsor, Prüfarzt und Ethik-Kommission, PharmR 2005, 45; *von Dewitz*, Verschlüsse-lung personenbezogener Daten in der klinischen Prüfung von Arzneimitteln, A&R 2007, 221; *Wachenhausen*, Verträge im Rahmen klinischer Prüfungen, DKZF 2007, 20; *Wachenhausen/Zimmermann*, Der Legal Representative bei kli-nischen Prüfungen – Haftungsumfang, Vertragsgestaltung und geplante Neuerungen, PharmR 2014, 129; *Wagner*, Klinische Prüfung mit Betäubungsmitteln unter der Verkehrserlaubnis nach § 3 BtMG – Ein Junktim, MedR 2004, 373; *Wellbrock*, Datenschutzrechtliche Aspekte des Aufbaus von Biobanken für Forschungszwecke, MedR 2003, 77; *Weisser/ Bauer*, Datenschutz bei internationalen klinischen Studien, MedR 2005, 339; *Winnands*, Der Rechtsrahmen für kli-nische Prüfpräparate, PharmInd 2012, 940; *Ziegler*, Rechtliche Verantwortung des Vertreters des Sponsors klinischer Studien, PharmInd 2006, 74.

Übersicht

A. Allgemeines

I. Entstehungsgeschichte

Die §§ 40 ff. sind im Zusammenhang mit der Entwicklung der medizinischen **Versuche am Men-** **1** **schen** und den entsprechenden Kodifizierungsbewegungen zu betrachten. Zuerst erließ die preußische Unterrichtsverwaltung im Jahr 1900 eine Anweisung, in der Versuche unter die Kontrolle des Klinikdirektors gestellt und generell beschränkt wurden[1]. Später entwickelte das Reichsministerium des Innern im Jahr 1931 spezielle Richtlinien für die neuartige Heilbehandlung und für die Vornahme wissenschaftlicher Versuche am Menschen[2]. Beide Papiere waren jedoch ausschließlich als Empfehlungen für die Verwaltung zu verstehen und entfalteten daher keine rechtliche Bindungswirkung.

Wesentlich bedeutsamer waren die im Zusammenhang mit dem Nürnberger Ärzteprozess entwickel- **2** ten sog. Zehn Punkte von Nürnberg, auch **„Nürnberger Kodex"** genannt[3]. Die Grundsätze von der Freiwilligkeit der Teilnahme an medizinischen Experimenten, der Einwilligung nach Aufklärung und der Fähigkeit, diese Einwilligung auch erteilen zu können, bilden bis zum heutigen Tage die Grundlage der klinischen Forschung am Menschen. Der „Nürnberger Kodex" selbst wurde jedoch nicht weiterent-

---

[1] Abgedruckt bei *Deutsch*, Das Recht der klinischen Forschung am Menschen, S. 173.
[2] Deutsche medizinische Wochenzeitschrift, 1931, 509; abgedruckt bei *Fischer*, Medizinische Forschung am Menschen, Anh. 1.
[3] Abgedruckt bei *Wille*, NJW 1949, 377; *Mitscherlich/Mielke*, S. 273.

wickelt[4]. Dieser wurde von der in den Jahren 1962 und 1964 vom Weltärztebund entwickelten **Deklaration von Helsinki** abgelöst. Die aktuell gültige Deklaration von Helsinki wurde bereits mehrfach überarbeitet und gilt in der im Oktober 2013 in Brasilien (Fortaleza) von der 64. Generalversammlung des Weltärztebundes beschlossenen Fassung[5]. In enger Orientierung an den Vorläuferversionen der revidierten Deklaration von Helsinki wurden in das AMG die §§ 40 und 41 aufgenommen. Hierbei enthielt § 40 von Anfang an die allgemeinen Voraussetzungen für die klinische Prüfung, wohingegen § 41 die besonderen Voraussetzungen der klinischen Prüfung regelte. Diese Systematik stammte aus der revidierten Deklaration von Helsinki und ist bis zum heutigen Tage beibehalten worden[6].

3   Das Menschenrechtsübereinkommen zur Biomedizin des Europarates[7] ist am 1.12.1999 in Kraft getreten und gehört zu den in Deutschland umstrittensten Regelwerken in Zusammenhang mit der biomedizinischen Forschung am Menschen. Deutschland hat die sog. **Bioethik-Konvention** anders als andere Mitgliedstaaten bis zum heutigen Tage nicht gezeichnet. Gegenstand der Kontroversen ist insbes. der Schutz von einwilligungsunfähigen Personen bei Forschungsvorhaben sowie die Ermöglichung einer **gruppennützigen Forschung.** Vielfältige Änderungen sind inzwischen unmittelbar in die §§ 40 ff. durch Umsetzung der RL 2001/20/EG eingegangen, obwohl im Rahmen der Bioethik-Konvention gerade kein Konsens gefunden werden konnte[8].

4   Da die Mitgliedstaaten der EU teilweise erhebliche Unterschiede im Hinblick auf die Verfahren, die Genehmigung, die Durchführung und Organisation von klinischen Prüfungen aufwiesen und eine Vereinfachung und Harmonisierung der Vorschriften über die klinische Prüfung für die Vereinheitlichung der Anforderungen im Zulassungsverfahren notwendig war, beschlossen das Europäische Parlament und der Rat der EU im Jahr 2001 die **RL 2001/20/EG** vom 4.4.2001 zur Angleichung der Rechts- und Verwaltungsvorschriften der Mitgliedstaaten der **Guten klinischen Praxis** bei der Durchführung von klinischen Prüfungen mit Humanarzneimitteln. Die RL 2001/20/EG diente auch der **Vereinheitlichung und Harmonisierung** der im Rahmen von Zulassungsverfahren vorzulegenden Ergebnisse der mit dem Arzneimittel durchgeführten Versuche und klinischen Prüfungen. Weitere zentrale Regelungen betreffen die Schutzvorschriften für die Studienteilnehmer, insbes. nicht einwilligungsfähige Personen und Minderjährige. Des Weiteren führte die RL 2001/20/EG einheitliche Genehmigungsverfahren bei Behörden und Ethik-Kommissionen ein, für deren Entscheidungen ein zeitlicher Rahmen festgesetzt wird. Dies soll zeitliche Verzögerungen und Komplikationen insgesamt verhindern. Aus Sponsorensicht sollen auf diese Weise die zeitlichen Abläufe für klinische Prüfungen innerhalb der europäischen Mitgliedstaaten besser kalkulierbar und die Voraussetzungen vereinheitlicht werden. Die RL 2001/20/EG enthält zudem Bestimmungen über die Meldung von unerwünschten Ereignissen und schwerwiegenden Nebenwirkungen, einen Informationsaustausch zwischen den Mitgliedstaaten sowie erstmalig einheitliche Begriffsbestimmungen[9]. Den Mitgliedstaaten wurde nach Art. 22 RL 2001/20/EG aufgegeben, die entsprechenden Rechts- und Verwaltungsvorschriften zur Umsetzung der RL bis zum 1.5.2003 zu erlassen bzw. zu veröffentlichen und die Vorschriften zudem ab dem 1.5.2004 anzuwenden.

5   In Deutschland wurden die Vorgaben der RL 2001/20/EG mit der **12. AMG-Novelle** umgesetzt, welche am 6.8.2004 in Kraft getreten ist. Die harmonisierten Bestimmungen zur klinischen Prüfung sind heute in den §§ 40–42a und in erheblichem Umfang in der **GCP-V** umgesetzt.

6   Mit der RL 2005/28/EG hat diese von der Möglichkeit des Art. 1 III RL 2001/20/EG Gebrauch gemacht, ausführliche Leitlinien zu den Grundsätzen der Guten klinischen Praxis zu erlassen. Die RL 2005/28/EG beinhaltet dementsprechend Grundsätze und ausführliche **Leitlinien der Guten klinischen Praxis** für zur Anwendung beim Menschen bestimmte Prüfpräparate sowie von Anforderungen für die Erteilung einer Genehmigung zur Herstellung und Einfuhr solcher Produkte. Die RL 2005/28/EG ist (teilweise) durch die 14. AMG-Novelle in deutsches Recht umgesetzt worden.

II. Zweck

7   § 40 enthält überwiegend Bestimmungen, welche den **Schutz des Studienteilnehmers** bezwecken. Darüber hinaus bildet § 40 die Grundlage für jede klinische Prüfung mit Arzneimitteln. Neben dem

---

[4] Vgl. *Deutsch*, ArztR 1982, 180. Dem Nürnberger Kodex fehlte insbes. die grundlegende Unterscheidung zwischen dem rein wissenschaftlichen Experiment und dem Heilversuch.

[5] Der aktuelle Stand der Überarbeitung der revidierten Deklaration von Helsinki ist unter www.wma.net nachzulesen.

[6] Die revidierte Deklaration von Helsinki wurde allerdings im Jahr 2000 in Edinburgh (Schottland) vom Weltärztebund erheblich überarbeitet. Insbes. wurde die übliche Unterscheidung zwischen Heilversuch und rein wissenschaftlichem Versuch aufgelöst. Dies führte zu erheblichen Diskussionen in medizinischen und juristischen Fachkreisen.

[7] Convention for the Protection of Human Rights and Dignity of the Human Being with Regard to the Application of Biology and Medicine: Convention on Human Rights and Biomedicine, Oviedo, 4.IV. 1997, Additional Protocol to the Convention on Human Rights and Biomedicine, Concerning Biomedical Research, Straßburg, 25.1.2005.

[8] Vgl. hierzu *Taupitz/Fröhlich*, VersR 1997, 911 ff.; *Taupitz*, DÄBl 1998, A-1078 ff.; *Wachenhausen*, S. 225 ff.

[9] Im 14. Erwägungsgrund der RL 2001/20/EG wird der Bereich der nicht-kommerziellen klinischen Prüfungen angesprochen. Hierbei handelt es sich um klinische Prüfungen, die von Wissenschaftlern ohne Beteiligung der pharmazeutischen Industrie durchgeführt werden. Die Erleichterungen für diese Prüfungen beziehen sich lediglich auf Dokumentations- und Kennzeichnungsgesichtspunkte (s. hierzu eingehend Rn. 18).

Schutz des Studienteilnehmers bezweckt § 40 auch eine klare Festlegung hinsichtlich der **Verantwortlichkeiten** des Sponsors (als zentrale Figur der klinischen Prüfung) und des Prüfers bzw. Leiters der klinischen Prüfung. Ferner führt § 40 zu einer Harmonisierung der für eine klinische Prüfung **vom Sponsor zu erfüllenden Voraussetzungen** innerhalb der europäischen Mitgliedstaaten. Daher verweist Abs. 1 auch unmittelbar auf die Einhaltung der Anforderungen der Guten klinischen Praxis nach Maßgabe des Art. 1 III RL 2001/20/EG. Neben dem Selbstbestimmungsrecht des Studienteilnehmers sind auch datenschutzrechtliche Aspekte Gegenstand des Regelungsbereichs des § 40.

III. Inhalt und Gesetzessystematik

§ 40 bestimmt die **allgemeinen Voraussetzungen** der klinischen Prüfung. Mit Umsetzung der **8** RL 2001/20/EG wurde an der generellen Konzeption der §§ 40 und 41 festgehalten. Dementsprechend regelt § 41 auch weiterhin die **besonderen Voraussetzungen** der klinischen Prüfung. § 41 enthält teilweise Ausnahmen bzw. Modifizierungen der allgemeinen Voraussetzungen. Ein weiterer wichtiger Regelungsgegenstand der allgemeinen Voraussetzungen ist in Abs. 4 enthalten, welcher sich auf eine klinische Prüfung von Arzneimitteln bei Minderjährigen bezieht und Ausnahmebestimmungen zu den allgemeinen Voraussetzungen vorsieht.

Das Verhältnis zwischen §§ 40 und 41 führt in der Praxis immer wieder zu Schwierigkeiten, da sie sich **9** kaum voneinander trennen lassen. Überwiegend wird der Unterschied zwischen beiden Normen damit beschrieben, dass § 40 die **klinische Prüfung eines Arzneimittels am Gesunden** betrifft und § 41 die **klinische Prüfung am Kranken**[10]. Es sollte jedoch beim Umgang mit beiden Normen berücksichtigt werden, dass diese an vielen Stellen ineinandergreifen und § 41 regelmäßig auf die allgemeinen Voraussetzungen zurückverweist. Nur § 40 IV nimmt bezüglich der klinischen Prüfung von Arzneimitteln bei gesunden Minderjährigen eine Sonderstellung ein, die in einem speziellen Zusammenhang mit klinischen Prüfungen von Diagnostika und Prophylaktika bei diesen Studienteilnehmern steht (s. hierzu Rn. 101–115).

IV. Zusätzliche Bestimmungen

1. GCP-V. Da die RL 2001/20/EG umfassende Verfahrensänderungen mit sich brachte, wurde das **10** BMG gem. § 42 III ermächtigt, durch Rechtsverordnung mit Zustimmung des Bundesrates Regelungen zur Gewährleistung der ordnungsgemäßen Durchführung der klinischen Prüfung und der Erzielung dem wissenschaftlichen Erkenntnisstand entsprechender Unterlagen zu treffen. Auf der Basis dieser Ermächtigungsgrundlage wurde am 9.8.2004 die **VO über die Anwendung der Guten klinischen Praxis bei der Durchführung von klinischen Prüfungen** mit Arzneimitteln zur Anwendung am Menschen (GCP-V) erlassen. Die GCP-V wurde zuletzt durch Art. 8 des 2. AMG-ÄndG 2012 geändert. Die GCP-V ist grundsätzlich im Zusammenhang mit den arzneimittelrechtlichen Vorschriften für die Durchführung von klinischen Arzneimittelprüfungen anzuwenden. Sie enthält wichtige Begriffsbestimmungen, beispielsweise zu Prüfpräparaten, zum Prüfplan oder zu meldepflichtigen Ereignissen. Darüber hinaus werden in Abschn. 3 der GCP-V Detailregelungen über die Genehmigungsverfahren bei der Bundesoberbehörde und die Bewertung der Ethik-Kommission aufgestellt. Dies geschieht insbes. durch katalogartige Aufzählungen der Anforderungen für die jeweilige Antragstellung. Eine zusätzliche Kernbestimmung der GCP-V sind die §§ 12 ff., welche sich umfassend mit den Dokumentations- und Mitteilungspflichten, Datenbanken[11] und durch die RL 2001/20/EG speziell für die klinischen Prüfungen eingeführten Inspektionen befassen. Die Heranziehung der Vorschriften der GCP-V ist daher ein unabdingbares Element bei der Anwendung der §§ 40 ff. und **praktischen Planung bzw. Durchführung einer klinischen Prüfung.**

2. Bekanntmachung des BfArM und des PEI. Für das Genehmigungsverfahren bei den zuständi **11** gen Bundesoberbehörden (BfArM bzw. PEI) wurde die **3. Bekanntmachung** zur klinischen Prüfung von Arzneimitteln am Menschen am 10.8.2006 veröffentlicht[12]. Dieses Regelwerk zur Antragstellung bei zuständigen Bundesoberbehörden ist eine Ausprägung der Verwaltungspraxis und insofern lediglich für die Verwaltung rechtlich verbindlich. Allerdings kommt der 3. Bekanntmachung aus der Sicht des Sponsors eine erhebliche praktische Bedeutung zu, da dieser einen Antrag bei der zuständigen Bundesoberbehörde stellen muss und insofern gehalten ist, die Verwaltungspraxis ebenfalls zu berücksichtigen.

---

[10] Im Gesetzgebungsverfahren zur 12. AMG-Novelle war dementsprechend auch vorgeschlagen worden, § 41 mit der Überschrift „Besondere Voraussetzungen bei der klinischen Prüfung bei kranken Menschen" zu versehen. Im Rahmen des Gesetzgebungsverfahrens wurde die Klarstellung jedoch gestrichen und für nicht notwendig erachtet, vgl. hierzu auch BT-Drucks. 15/2109, S. 29 f.

[11] Vgl. zu den Meldepflichten *Sträter/Wachenhausen*, PharmR 2007, 95 ff.; *VG Berlin*, MedR 2009, 163 zur Erhebung von Verwaltungsgebühren durch die Ethik-Kommission des Landes Berlin für die Prüfung und Bewertung sog. SUSAR-Meldungen; *VG Berlin* Urt. v. 1.4.2009 – BeckRS 2009, 36703 zur rechtswidrigen Gebührenerhebung (Ethik-Kommission) bei nicht unter das AMG fallender Arzneimittelprüfung.

[12] Abrufbar unter www.bfarm.de.

12   **3. ICH-GCP.** Im Jahr 1996 wurde im Zuge der Harmonisierungsaktivitäten zwischen den USA, Europa und Japan im Rahmen der International Conference on Harmonization of Technical Requirements for Registration of Pharmaceuticals for Human Use (ICH) die sog. **ICH-GCP-Guideline** E6 fertiggestellt und vom CPMP der EMEA übernommen[13]. Es handelt sich bei der ICH-GCP um eine Guideline, welche nicht unmittelbar rechtlich verbindlich ist. Allerdings sind wesentliche Bestandteile der ICH-GCP in die RL 2001/20/EG eingeflossen. Daneben verweist Art. 12 RL 2005/28/EG auf die Einhaltung der Guten klinischen Praxis. Die ICH-GCP-Guideline bildet einen internationalen ethischen und wissenschaftlichen Qualitätsstandard für die Planung und Durchführung von klinischen Prüfungen mit Arzneimitteln am Menschen. Sie wird daher sowohl von Industrieunternehmen als auch den Behörden angewendet und nach wie vor in Ergänzung zu gesetzlichen Bestimmungen herangezogen.

13   **4. Revidierte Deklaration von Helsinki.** In den Jahren 1962 und 1964 entwickelte der Weltärztebund die sog. **Deklaration von Helsinki.** Diese wurde im Jahre 1975 in Tokio revidiert und gilt nach vielfachen Änderungen nunmehr in der Fassung, welche von der 64. Generalversammlung des Weltärztebundes in Fortaleza (Brasilien) im Oktober 2013 beschlossen wurde. Zudem wurden 2002 und 2004 bei der 53. und 55. Generalversammlung des Weltärztebundes klarstellende Kommentare zu den Ziff. 29 und 30 der Deklaration von Helsinki hinzugefügt. Die Deklaration von Helsinki ist eine Empfehlung für Ärzte, die in der biomedizinischen Forschung am Menschen tätig sind. Sie legt **ethische Grundsätze** fest.

14   Die Bestimmungen der Deklaration von Helsinki sollen zwar einen Konsens über den ärztlichen Standard abbilden, sind jedoch in den Fachkreisen teilweise sehr umstritten. Bisher hat sich eine Verbindlichkeit der Deklaration von Helsinki lediglich aufgrund von berufsrechtlichen Regelungen ergeben. Mit der 12. AMG-Novelle hat jedoch der Anwendungsbereich der Deklaration von Helsinki eine andere Qualität erhalten. Durch die Regelung des § 40 I 1 führt nunmehr eine komplizierte Verweisungskette zu einer unmittelbaren Anwendbarkeit der Deklaration von Helsinki im Bereich der klinischen Arzneimittelprüfung. Die Anwendbarkeit ergibt sich aus § 40 I 1 i. V. m. Art. 1 III RL 2001/20/EG i. V. m. Art. 3 II RL 2005/28/EG. Danach müssen klinische Prüfungen gem. den ethischen Grundsätzen der Deklaration von Helsinki über die ethischen Grundsätze für die medizinische Forschung am Menschen des Weltärztebundes von 1996 durchgeführt werden. Auffällig ist, dass es sich bei dieser Verweisung nicht um eine dynamische, sondern **starre Verweisung** handelt[14]. Diese starre Verweisung ist auf einen bereits länger andauernden Streit über die Struktur und Inhalte der Deklaration von Helsinki, insbes. im Hinblick auf die Durchführung von Placebo-kontrollierten Prüfungen zurückzuführen[15]. Vor allem ist umstritten, inwiefern eine Placebo-kontrollierte klinische Prüfung auch dann durchgeführt werden darf, wenn bereits eine erprobte Therapie existiert. In dem klarstellen Kommentar von 2004 wurden die Voraussetzungen bei einer bereits existierenden **Standardtherapie** ausgeweitet. Diese Ausweitung wird von der Gegenmeinung allerdings nicht getragen. Eine starre Verweisung hat gegenüber einer dynamischen zwar den Vorteil, dass betroffene Sponsoren und Forscher immer klar nachvollziehen können, welche Vorgaben eingehalten werden müssen. Allerdings wird auf diese Weise ein ärztlicher Standard in einem bestimmten Entwicklungsstadium „eingefroren", so dass zukünftige Fortentwicklungen oder Meinungsänderungen nicht berücksichtigt werden. Im Ergebnis ist daher unter rechtsstaatlichen Gesichtspunkten in dem sensiblen Bereich der klinischen Forschung weder eine starre noch eine dynamische Verweisung vertretbar, so dass zu fordern ist, dass die Deklaration von Helsinki allenfalls über berufsrechtliche Regelungen Eingang in die Planung und Durchführung von klinischen Prüfungen findet[16].

15   **5. Berufsrecht.** Die berufsrechtlichen Bestimmungen für Ärzte enthalten zusätzlich Vorgaben für die Durchführung biomedizinischer Forschung am Menschen. Die (Muster-)**Berufsordnung** für die deutschen Ärztinnen und Ärzte (MBO-Ä)[17] wird durch den Ärztetag beschlossen, regelmäßig novelliert und dient den berufsrechtlichen Bestimmungen der Länder als Vorlage. § 15 MBO-Ä bestimmt, dass Ärztinnen und Ärzte, die sich an einem Forschungsvorhaben beteiligen, bei dem in die psychische oder körperliche Integrität eines Menschen eingegriffen oder Körpermaterialien oder Daten verwendet werden, die sich einzelnen Menschen zuordnen lassen, sicherstellen müssen, dass vor der Durchführung des Forschungsvorhabens eine Beratung erfolgt, die auf die mit ihm verbundenen berufsethischen und berufsrechtlichen Fragen zielt und die von einer bei der zuständigen Ärztekammer gebildeten Ethik-Kommission oder von einer anderen, nach Landesrecht gebildeten unabhängigen und interdis-

---

[13] *CPMP/ICH/135/95* vom Juli 2002 (Note for Guidance on Good Clinical Practice).
[14] Vgl. hierzu ausführlich *Straßburger*, MedR 2006, 476.
[15] DÄBl. 2005, A 730 ff.
[16] Kritisch *Krüger*, MedR 2009, 33 ff.
[17] Die MBO-Ä wurde zuletzt im Jahr 2015 vom 118. Deutschen Ärztetag in Frankfurt am Main novelliert und beschlossen. Rechtswirkung entfaltet die Berufsordnung allerdings erst, wenn sie durch die Kammerversammlungen der Ärztekammern als Satzung beschlossen und von den Aufsichtsbehörden genehmigt wurde. Die aktuelle Version der MBO-Ä ist abrufbar unter www.bundesaerztekammer.de.

ziplinär besetzten Ethik-Kommission durchgeführt wird. Auf der Grundlage der Kammer- und Heilberufsgesetze der Länder ist diese Bestimmung in jedem Bundesland umgesetzt worden. Ärzte, welche klinische Prüfungen mit Arzneimitteln am Menschen durchführen, sind daher auch aus berufsrechtlicher Sicht zur Einschaltung einer Ethik-Kommission gezwungen.

6. Bedeutung der europäischen Guidance-Dokumente. Die RL 2001/20/EG enthält verschiedene Ermächtigungsgrundlagen für die Erstellung von **ausführlichen Anleitungen** durch die Kommission. Die Anleitungen werden regelmäßig im Wege der Konsultation mit den europäischen Mitgliedstaaten erarbeitet, so dass diese Einfluss auf die jeweiligen Inhalte nehmen können. Sie interpretieren die gesetzlichen Vorgaben und schaffen Empfehlungen in Bereichen, in denen keine verbindlichen rechtlichen Vorgaben existieren. Sie beruhen in der Regel auf einer Ermächtigungsnorm und sind rechtlich nicht verbindlich. Die Kommission weist darauf hin, dass in Zweifelsfällen immer auch der Text der Richtlinien und Verordnungen für die Auslegung heranzuziehen ist.[18] Allerdings kommt den im Rahmen eines Konsultationsverfahrens entstandenen Guidance-Dokumenten in der Praxis eine erhebliche Bindungswirkung zu, da sie einheitliche Vorgaben für sämtliche EU-Mitgliedstaaten enthalten und den **Harmonisierungsprozess** sicherstellen sollen. **16**

B. Anforderungen an die klinische Prüfung (Abs. 1)

I. Verantwortliche bei der Durchführung der klinischen Prüfung (S. 1)

1. Klinische Prüfung. a) Begriff. Der Begriff der klinischen Prüfung wird in § 4 XXIII 1 legaldefiniert (s. § 4 Rn. 184 ff.). Für die Anwendbarkeit der §§ 40 ff. kommt es bei einem Forschungsvorhaben entscheidend darauf an, ob es sich um eine klinische Arzneimittelprüfung oder ein anderes Forschungsvorhaben handelt.[19] Im Einzelfall orientiert sich die Einordnung einer klinischen Prüfung am Prüfplan, den Zielkriterien und dem jeweiligen Design einer Untersuchung.[20] Insbes. muss eine klinische Prüfung regelmäßig von der nichtinterventionellen Prüfung abgegrenzt werden (§ 4 XXIII 3).[21] **17**

Einer besonderen Einordnung bedürfen die sog. **Investigator Initiated Trials** (IIT).[22] Dieser Begriff ist gesetzlich nicht definiert. Auf europäischer Ebene werden derartige Forschungsprogramme allgemein als **nichtkommerzielle klinische Prüfungen** bezeichnet.[23] Es handelt sich bei IIT um klinische Prüfungen, wenn sie die Rahmenbedingungen einer klinischen Prüfung erfüllen. Der 14. Erwägungsgrund der RL 2001/20/EG beschreibt nichtkommerzielle klinische Prüfungen als Prüfungen, die von Wissenschaftlern ohne Beteiligung der pharmazeutischen Industrie durchgeführt werden. Diesen wird ein hoher Nutzen für die betroffenen Patienten zugesprochen und es wird gefordert, dass die besondere Situation im Hinblick auf die Herstellung und Verpackung von Prüfpräparaten Berücksichtigung findet. Daran knüpft auch der 11. Erwägungsgrund der RL 2005/28/EG an, wonach bei klinischen Prüfungen mit zugelassenen Arzneimitteln Erleichterungen hinsichtlich der Bedingungen für die Genehmigung der Herstellung oder Einfuhr sowie der Dokumentation gefordert werden. Auf dieser Basis hat die Kommission bereits einen Entwurf erarbeitet.[24] Aus dem bisherigen Stand der Diskussionen lässt sich entnehmen, dass hinsichtlich der Schutzkriterien für Probanden und Patienten keine geringeren Standards gefordert werden dürfen als für klinische Prüfungen, welche verantwortlich durch die pharmazeutische Industrie durchgeführt werden. Da IIT überwiegend mit bereits **zugelassenen Arzneimitteln** durchgeführt werden, können sich Erleichterungen hinsichtlich des Verzichts auf den Abschluss einer Probandenversicherung bei risikoarmen klinischen Prüfungen, der Kennzeichnung von Prüfpräparaten und der Vorlage von Unterlagen ergeben. In Deutschland wurden diese Erleichterungen in § 40 Ib, § 5 VIII und § 7 V GCP-V umgesetzt. Weitere Erleichterungen befinden sich auf europäischer Ebene weiterhin in der Diskussion. Im Zuge des AMG-ÄndG 2009 haben die Bundesoberbehörden BfArM und PEI gemeinsam mit dem BMG eine Zusammenfassung der regulatorischen **Voraussetzungen für nichtkommerzielle** **18**

---

[18] Die wichtigsten Guidance-Dokumente für klinische Prüfungen mit Arzneimitteln sind in Volume 10 bei Eudralex zusammengefasst, abrufbar unter www.ec.europa.eu.

[19] Besondere Einordnungsschwierigkeiten können sich bei Arzneimittel-Medizinprodukt-Kombinationen ergeben, die Gegenstand einer klinischen Prüfung sind, vgl. *Schweim*, A&R 2014, 108 ff.

[20] Vgl. zur Abgrenzung *VG Berlin* Urt. v. 1.4.2009 – 14 A 25.07 – BeckRS 2009, 36703, zur rechtswidrigen Gebührenerhebung bei einer nicht unter das AMG fallenden Arzneimittelprüfung.

[21] Vgl. speziell zur Einordnung von Patient-Support-Programmen *Maur*, A&R 2013, 260/261; eine wichtige Hilfestellung zur Abgrenzung ist der Entwurf „Gemeinsame Bekanntmachung des BfArM und des PEI zur Anzeige von Anwendungsbeobachtungen nach § 67 Absatz 6 Arzneimittelgesetz und zur Anzeige von nichtinterventionellen Unbedenklichkeitsprüfungen nach §§ 63f und g Arzneimittelgesetz"; abrufbar unter www.bfarm.de.

[22] In der Praxis auch als Investigator Sponsored Trials (IST) oder Investigator Driven Trials (IDT) bezeichnet. Vgl. zur Finanzierung *Krüger*, KliFoRe 2008, 80 ff.

[23] Vgl. hierzu auch: *Bulicz/Fritsch*, PharmR 2011, 401 ff., die den Begriff „Investigator-Sponsored Trial – IST" verwenden.

[24] Draft Guidance on „Specific Modalities" for non-commercial Clinical Trials referred to Commission Directive 2005/28/EC laying down the Principles and Detailed Guidelines for Good Clinical Practice (Entwurf vom Juni 2006).

Studien erarbeitet und **bekannt gemacht**[25]. Mit dieser Bekanntmachung wird noch einmal bestätigt, dass es für die Charakterisierung als klinische Prüfung nicht von Bedeutung ist, ob diese kommerziell oder nichtkommerziell ist. Es wird ferner betont, dass nach Abschluss einer nichtkommerziellen klinischen Prüfung geeignete Ergebnisse in „kommerzielle" Arzneimittelzulassungen münden können, obwohl das Ziel der Prüfung gerade nicht die wirtschaftliche Gewinnerzielung ist. Die Bekanntmachung fasst insgesamt noch einmal die wesentlichen Erleichterungen für die Durchführung einer nichtkommerziellen Prüfung bzw. IIT zusammen. Die Schutzkriterien für Probanden und Patienten werden hierdurch nicht abgesenkt. Es handelt sich vielmehr um eine Zusammenfassung der bereits in der GCP-V geregelten Erleichterungen für klinische Prüfungen mit zugelassenen Arzneimitteln.

19   In Zusammenhang mit IIT wird regelmäßig die Frage der **Sponsorverantwortung** diskutiert. Der Sponsor zeichnet sich gem. § 4 XXIII dadurch aus, dass er die Verantwortung für Veranlassung, Organisation und Finanzierung einer klinischen Prüfung beim Menschen übernimmt. Es dürfte inzwischen einhellige Ansicht sein, dass allein der Umstand einer Vollfinanzierung durch ein pharmazeutisches Unternehmen noch nicht die Annahme rechtfertigt, dass dieses als Sponsor i. S. d. gesetzlichen Bestimmungen einzuordnen ist[26]. Insofern ist es zulässig, dass eine medizinische Einrichtung oder ein Prüfer eine klinische Prüfung auf eine vollständige Finanzierung Dritter, auch pharmazeutischer Unternehmer stützt.[27] Für die Sicherstellung der Finanzierung insgesamt hat der Sponsor-Investigator jedoch die Verantwortung zu tragen. Eine **Verantwortungsabgrenzung** sollte zusätzlich in einem speziell auf diese Situation zugeschnittenen Vertrag vorgenommen werden, damit die Aufgabenverteilung sichergestellt ist.[28] Je mehr ein pharmazeutisches Unternehmen jedoch (etwa durch Monitoringmaßnahmen, Entwerfen des Prüfplans oder Auswertung der CRF) eigene Handlungen innerhalb der klinischen Prüfung vornimmt, muss die Frage gestellt werden, ob der **Sponsor-Investigator** selbst tatsächlich noch die Verantwortung für die Veranlassung und Organisation einer klinischen Prüfung übernimmt. Es ist daher pharmazeutischen Unternehmen zu empfehlen, sehr zurückhaltend mit der Beteiligung an der Abwicklung einer klinischen Prüfung in Gestalt einer IIT umzugehen. In diesem Zusammenhang sind auch antikorruptionsrechtliche Gesichtspunkte zu berücksichtigen, welche allerdings durch die Einführung des Genehmigungsverfahrens bei der Bundesoberbehörde eher in den Hintergrund treten, da das Genehmigungsverfahren qualitativ geringwertige Studien ohnehin nicht zulassen würde. Klassische Unterstützungsleistungen von pharmazeutischen Unternehmen sind in der Praxis finanzielle Unterstützungsleistungen sowie die Zurverfügungstellung der Prüfpräparate[29].

20   **b) Phasen der klinischen Prüfung.** Klinische Prüfungen mit Arzneimitteln werden regelmäßig in die **Phasen I–IV** unterteilt[30]. Hierbei ist zu berücksichtigen, dass die klinische Prüfung der Phase IV mit einem bereits zugelassenen Arzneimittel durchgeführt wird, so dass die Phasen I–III sich auf den Zeitraum vor der Zulassung eines Arzneimittels beziehen. Klinische Prüfungen der Phase IV sind daher unbedingt von nichtinterventionellen Prüfungen, insbes. Anwendungsbeobachtungen abzugrenzen[31]. Klinische Prüfungen der **Phase I** erfolgen in der Regel mit einer neuen, aktiven Substanz erstmals bei gesunden freiwilligen Probanden (Human Pharmacology), um beispielsweise die Unbedenklichkeit und Verträglichkeit eines Arzneimittels zu untersuchen und Daten zur Pharmakokinetik sowie Pharmakodynamik zu gewinnen[32]. Klinische Prüfungen der **Phase II** (Therapeutic Exploratory) sind Studien mit geringeren Patientenzahlen (häufig als sog. Pilot bezeichnet), die zur Erfassung der Wirksamkeit und

---

[25] Bekanntmachung des Bundesinstituts für Arzneimittel und Medizinprodukte, des Paul-Ehrlich Instituts und des Bundesministeriums für Gesundheit vom 21.10.2009 – Nicht-kommerzielle klinische Prüfungen, abrufbar unter www.bfarm.de oder www.pei.de.

[26] Die EMA hatte allerdings bei der Registrierung zum elektronischen SUSAR-Reporting bei EudraVigilance unter den Hinweisen für „Sponsors of Non-Commercial Clinical Trials" ohne weitere Begründung vorgesehen, dass die finanzielle Unterstützung durch die Industrie höchstens 10 % der Kosten für die klinische Prüfung betragen dürfe. Dies hat zu erheblichen Diskussionen geführt, zumal weder in der RL 2001/20/EG noch in einschlägigen Guidance-Dokumenten Grenzen der Finanzierung durch Industrieunternehmen vorgesehen sind. Inzwischen ist die Maximalgrenze für die Finanzierung auf der Registrierungsseite von EudraVigilance wieder gestrichen worden, jetzige Version abrufbar unter www.eudravigilance.emea.europa.eu.

[27] Dies ergibt sich auch aus Volume 10 „Questions & Answers – Guidance documents applying to clinical trials", Version 11.0 (May 2013, sanco.ddg1.d.6(2013)1154216), Ziffer 2.2; abrufbar unter ec.europa.eu (Eudralex).

[28] Siehe auch *Bulicz/Fritsch*, PharmR 2011, 404.

[29] Als Prüfpräparat kann zwar Handelsware verwendet werden, es muss jedoch bei der Lieferung an Krankenhäuser oder Ärzte zum Zwecke einer klinischen Prüfung zusätzlich an die vertriebsrechtliche Grenze des § 47 I 1 Nr. 2 Buchst. g) gedacht werden, wonach Arzneimittel, mit dem Hinweis „Zur klinischen Prüfung bestimmt" versehen sein müssen, sofern sie kostenlos zur Verfügung gestellt werden.

[30] Vgl. zu den klinischen Prüfungen der Phasen I bis IV die „Note for Guidance on General Considerations for Clinical Trials (CPMP/ICH/291/95)", welche insbes. auf die möglichen Studienziele sowie die Studienmethoden eingeht.

[31] Eine weitere Studienform sind Post-Authorisation Safety Studies (PASS), welche in Art. 1 Abs. 15 RL 2001/83/EG und § 4 Abs. XXXV (Unbedenklichkeitsprüfung) verankert sind sowie in der Guideline on good pharmacovigilance practices (GVP) Module VIII genauer beschrieben werden. Es handelt sich hierbei sowohl um interventionelle als auch nichtinterventionelle Prüfungen, die darauf ausgerichtet sind, einen Sicherheitsaspekt des zugelassenen Arzneimittels gezielt zu untersuchen.

[32] Vgl. *Schwarz*, in: Schwarz, S. 104.

Bewertung der Unbedenklichkeit häufig in Kurzzeitanwendungen durchgeführt werden. Klinische Prüfungen der **Phase III** (Therapeutic Confirmatory) werden mit einer großen Anzahl von Patienten (in Abhängigkeit vom Krankheitsbild) über längere Zeiträume in einem kontrollierten, regelmäßig doppelblinden, randomisierten und – soweit möglich und zulässig- placebo-kontrollierten Design durchgeführt. Sie dienen dem Nachweis der Wirksamkeit und der detaillierten Untersuchung des Verträglichkeitsprofils in Anlehnung an die tatsächlichen Anwendungsbedingungen. Schließlich werden auch nach erfolgter Zulassung eines Arzneimittels klinische Prüfungen der **Phase IV** in einem kontrollierten Design (Variety of Studies: Therapeutic Use) an einer großen Anzahl von Patienten durchgeführt, um insbes. die Inzidenz von unerwünschten Arzneimittelwirkungen zu erfassen oder Langzeitbeobachtungen zu ermöglichen.

    c) **Prüfplan.** Gem. § 3 II 1 GCP-V wird der **Prüfplan** definiert als Beschreibung der Zielsetzung, **21** Planung, Methodik, statistischen Erwägungen und Organisation einer klinischen Prüfung. Von dieser Definition werden auch sämtliche nachfolgende Änderungen des Prüfplans erfasst (Amendments). Der Prüfplan selbst wird nach der 12. AMG-Novelle nicht mehr ausdrücklich in § 40 als eigenständige Voraussetzung genannt. Bis zur Novellierung des AMG im Jahr 2004 hatte der Prüfplan noch eine eigenständige Bedeutung, da dieser bei der zuständigen Bundesoberbehörde vorgelegt werden musste[33]. Allerdings war diese Vorlagepflicht nicht mit einer behördlichen Genehmigung verbunden. Durch die heutige Regelung ist die bisherige Vorlagepflicht zwar überholt. Der Prüfplan einschließlich etwaiger Amendments ist jetzt aber gem. § 7 II Nr. 2 GCP-V wesentlicher **Bestandteil der Antragstellung** sowohl bei der zuständigen Bundesoberbehörde als auch bei der zuständigen Ethik-Kommission.

    2. Adressaten. a) Sponsor. Der Begriff des **Sponsors** wird in § 4 XXIV legal definiert (s. § 4 **22** Rn. 166–168). Gem. den gesetzlichen Vorgaben ist der Sponsor eine natürliche oder juristische Person, die die Verantwortung für die Veranlassung, Organisation und Finanzierung einer klinischen Prüfung beim Menschen übernimmt. Der Sponsor ist die zentrale Figur einer klinischen Prüfung, da diese die **Gesamtverantwortung** trägt. Allerdings ist es zulässig, dass der Sponsor seine prüfungsbezogenen Verantwortlichkeiten ganz oder teilweise an eine Einzelperson, ein Unternehmen, eine Institution oder eine Einrichtung delegiert. Eine solche Delegation findet in der Praxis häufig zwischen Sponsoren und sog. **Contract Research Organizations** (CRO) statt[34]. Die CRO agieren als Dienstleister und treten nicht an die Stelle des Sponsors[35]. In diesem Zusammenhang ist hervorzuheben, dass für eine klinische Prüfung auch nur ein Sponsor verantwortlich sein kann. Insofern ist bei der Planung und Durchführung von klinischen Prüfungen immer die Einheitlichkeit des Sponsors zu bewahren. Eine Aufteilung der Sponsorverantwortlichkeiten auf mehrere Sponsoren ist **nicht zulässig.**[36] Die Rechtsform des Sponsors ist nicht entscheidend, da die Aufgabe theoretisch sogar von einer natürlichen Person wahrgenommen werden kann. Bei der Übernahme von Verantwortlichkeiten ist allerdings auch das Haftungsrisiko zu bedenken. Art. 19 RL 2001/20/EG legt insoweit fest, dass durch diese RL nicht die zivil- und strafrechtliche Haftung des Sponsors oder des Prüfers berührt wird.

    b) Vertreter des Sponsors. Die Besonderheit des Art. 19 der RL 2001/20/EG hat zur Implementie- **23** rung des sog. **Legal Representative** innerhalb der europäischen Mitgliedstaaten geführt. Anknüpfend an die zivil- und strafrechtliche Haftung des Sponsors und des Prüfers schreibt Art. 19 RL 2001/20/EG vor, dass der Sponsor oder ein **gesetzlicher Vertreter** des Sponsors (Legal Representative) in der Gemeinschaft niedergelassen sein muss. § 40 I 1 hat diese Notwendigkeit in deutsches Recht umgesetzt. Auf diese Weise wird es Sponsoren ermöglicht, eine klinische Prüfung mit Arzneimitteln innerhalb der europäischen Mitgliedstaaten durchzuführen, die keinen Sitz dort haben. Voraussetzung ist jedoch, dass ein Legal Representative des Sponsors seinen Sitz innerhalb der Mitgliedstaaten der EU haben muss. Die RL 2001/20/EG beabsichtigt mit der Einführung des Legal Representative zugleich die Implementierung einer zusätzlichen Person zum Sponsor, die mit der Übernahme dieser Funktion zugleich auch eine haftungsrechtliche Verantwortlichkeit übernimmt. Dies wird in Art. 19 RL 2001/20/EG klargestellt.

    Entsprechend dem Grundsatz der Einheitlichkeit der Person des Sponsors darf für eine klinische **24** Prüfung innerhalb der europäischen Mitgliedstaaten ebenfalls lediglich ein Legal Representative eingesetzt werden. Werden allerdings mehrere klinische Prüfungen durchgeführt, dürfen hierfür auch unterschiedliche Vertreter ausgewählt werden. Voraussetzung ist durchgehend, dass diese ihren Sitz in einem EU-Mitgliedstaat haben. Die **Zahl** der einzusetzenden **Legal Representatives** hängt damit maßgeblich von der Zahl der laufenden klinischen Prüfungen in den Mitgliedstaaten der EU ab.

---

[33] Gem. § 40 I Nr. 6 a. F. war es erforderlich, dass die Unterlagen über die pharmakologisch-toxikologische Prüfung, der dem jeweiligen Stand der Erkenntnisse entsprechende Prüfplan mit Angabe von Prüfern und Prüforten und das Votum der für den Leiter der klinischen Prüfung zuständigen Ethik-Kommission bei der zuständigen Bundesoberbehörde vorgelegt werden.
[34] Ausführlich zu den vertraglichen und regulatorischen Beziehungen: *Bérézowsky/Wachenhausen*, PharmInd 2008, 1478 ff; *Maur*, A&R 2013, 8 ff.
[35] Vgl. Art. 7 I RL 2005/28/EG sowie Notice to Applicants (NtA), Volume 10, Questions & Answers, Clinical Trial Documents, August 2011, SANCO/D/3/SF/cg(2011)375683, version 9.0 der Kommission.
[36] Vgl. Volume 10 „Questions & Answers – Guidance documents applying to clinical trials", Version 11.0 (May 2013, sanco.ddg1.d.6(2013)1154216), Ziffer 2.3; abrufbar unter ec.europa.eu (Eudralex).

25   Die **Rechtsform** des Legal Representative wird weder auf europäischer noch auf deutscher Ebene genauer definiert. Es hängt vom Einzelfall ab, ob die Implementierung eines Legal Representative das Bestehen einer größeren Organisationseinheit erfordert oder nicht. Bei größeren pharmazeutischen Unternehmen ermöglichen die Konzernstrukturen häufig, dass Tochter- oder Schwestergesellschaften mit Sitz in einem EU-Mitgliedstaat die Funktion des Legal Representative wahrnehmen. Teilweise werden diese Funktionen auch von größeren CRO auf dem Markt angeboten. Da mit der Übernahme dieser Funktion jedoch auch ein Haftungsrisiko verbunden ist, erfordert dies eine vertragliche Regelung zwischen Sponsor und Legal Representative. Bei Konzernstrukturen kann es auch ausreichen, dass entsprechende Verfahrensanweisungen (SOP) geschaffen werden.

26   In der Praxis wird aktuell diskutiert, welche **haftungsrechtlichen Konsequenzen** die Vorgabe des Art. 19 RL 2001/20/EG unter Berücksichtigung der Verantwortungsverteilung zwischen Sponsor und Legal Representative hat[37]. Allein die Tatsache, dass der Sponsor einen Vertreter mit Sitz in einem EU-Mitgliedstaat hat, kann in rechtlicher Sicht keine haftungsrechtlichen Konsequenzen auslösen.[38] Hierfür spricht insbes., dass der Sponsor auch bei Einrichtung eines Legal Representative weiterhin die **haftungsrechtliche Gesamtverantwortung** für die Durchführung der klinischen Prüfung trägt.[39] Es hängt daher von der Verantwortungsverteilung zwischen Sponsor und Legal Representative im Einzelfall ab, welche haftungsrechtliche Verantwortung die Beteiligten jeweils trifft. Wird der Legal Representative ohne weitere Funktionen oder Aufgaben vom Sponsor eingesetzt, kann sich der **Haftungsumfang** des Legal Representative unter Umständen erheblich verringern. Hierbei ist jedoch zu berücksichtigen, dass dies von einer konkreten Absprache zwischen Sponsor und Legal Representative abhängig ist[40]. Darüber hinaus ist es nicht ausgeschlossen, dass beispielsweise bei völligem Wegfall des Sponsors als Haftungsadressat (z. B. durch Insolvenz) der Legal Representative für potenziell geschädigte Patienten zunächst einmal zum einzigen Haftungsadressaten wird, so dass dieser zumindest grundsätzlich unmittelbar Haftungsansprüchen ausgesetzt sein kann. Die Frage ist hingegen nicht geklärt, inwieweit sich der Legal Representative ein Verhalten des Sponsors zurechnen lassen muss. Art. 19 RL 2001/20/EG könnte insofern eine haftungsrechtliche Zurechnung fremden Verhaltens bewirken.

27   **c) Prüfer.** Auch die Person des **Prüfers** wird gesetzlich gem. § 4 XXV legal definiert (s. § 4 Rn. 197 ff.). Diesen trifft nach Art. 19 RL 2001/20/EG eine **eigene haftungsrechtliche Verantwortung.** Der Prüfer ist i. d. R. ein für die Durchführung der klinischen Prüfung beim Menschen in einer Prüfstelle **verantwortlicher Arzt** oder in begründeten Ausnahmefällen **eine andere Person,** deren Beruf aufgrund seiner wissenschaftlichen Anforderungen und der seine Ausübung voraussetzenden Erfahrungen in der Patientenbetreuung für die Durchführung von Forschung am Menschen qualifiziert. Das bedeutet, dass ein Prüfer in einer Prüfstelle tätig sein muss[41]. Wird eine klinische Prüfung in einer Prüfstelle von einer Gruppe von Personen durchgeführt, so ist der Prüfer der für die Durchführung verantwortliche Leiter dieser Gruppe (§ 4 XXV 2)[42]. Zusätzlich kann ein Prüfer die Funktion als Leiter der klinischen Prüfung erfüllen (§ 4 XXV 3). Die Qualifikation des Prüfers und die Geeignetheit der Prüfstelle sind für das Verfahren bei den Ethik-Kommissionen von besonderem Interesse. Einige Pflichten innerhalb der GCP-V treffen neben dem Sponsor auch den Prüfer (Anzeige-, Dokumentations- und Mitteilungspflichten des Prüfers, § 12 GCP-V)[43]. Darüber hinaus ist der Prüfer verantwortlich für die umfassende Aufklärung des Studienteilnehmers (§ 40 II).

28   **3. Betroffene Personen. a) Probanden.** Im AMG wird regelmäßig auf die betroffene Person abgestellt, welche gem. § 3 IIa GCP-V ein(e) **Prüfungsteilnehmer oder –teilnehmerin** ist, die entweder als Empfänger des Prüfpräparates oder als Mitglied einer Kontrollgruppe an einer klinischen Prüfung teilnimmt. Der Begriff **Proband** stammt aus der Praxis und bezieht sich in der Regel auf gesunde Studienteilnehmer.

29   **b) Patienten.** Für die klinische Prüfung mit **Patienten** ist grundsätzlich der Anwendungsbereich des § 41 eröffnet. Diese Bestimmung bezieht sich auf Personen, die an einer Krankheit leiden und für die die Anwendung des zu prüfenden Arzneimittels nach den Erkenntnissen der medizinischen Wissenschaft angezeigt sein muss, um das Leben dieser Person zu retten, ihre Gesundheit wiederherzustellen oder ihr Leiden zu erleichtern.

---

[37] Vgl. zu den verschiedenen Haftungskonstellationen *Wachenhausen / Zimmermann*, PharmR 2014, 131.

[38] So auch Volume 10 „Questions & Answers – Guidance documents applying to clinical trials", Version 11.0 (May 2013, sanco.ddg1.d.6(2013)1154216), Ziffer 2.4; abrufbar unter ec.europa.eu (Eudralex).

[39] Vgl. *Wachenhausen / Zimmermann*, PharmR 2014, 129.

[40] Vgl. zu den wesentlichen Elementen der vertraglichen Vereinbarung: *Wachenhausen / Zimmermann*, PharmR 2014, 132 ff.

[41] Vor der 12. AMG-Novelle war es möglich, einen Leiter der klinischen Prüfung einzusetzen, der nicht in einer Prüfstelle sondern beispielsweise im pharmazeutischen Unternehmen tätig war. Durch die Neuregelung ist dies nicht mehr zulässig, da jede Prüferfunktion nunmehr mit einer Prüfstelle verknüpft ist.

[42] Im Rahmen des 2. AMG ÄndG 2012 wurde die Funktion des Hauptprüfers gestrichen.

[43] Es kann allerdings durch eine entsprechende Vereinbarung zwischen Sponsor und Prüfer festgelegt werden, dass der Sponsor die Anzeigepflichten des Prüfers gem. § 12 III GCP-V übernimmt. Dies wird in der Praxis der klinischen Prüfungen zum größten Teil auch umgesetzt.

II. Zuständigkeiten der Ethik-Kommission und Bundesoberbehörde (S. 2)

Der Sponsor darf eine klinische Prüfung nur beginnen, wenn zuvor die zuständige Ethik-Kommission **30** eine zustimmende Bewertung nach § 42 I abgegeben und die zuständige Bundesoberbehörde die klinische Studie nach § 42 II genehmigt hat. Daneben sind für bestimmte Arzneimittel in der Prüfung weitere Verfahren zu berücksichtigen, ehe mit der klinischen Studie begonnen werden darf.

1. Bundesoberbehörde. Mit der 12. AMG-Novelle und Umsetzung der RL 2001/20/EG ist das **31** Genehmigungsverfahren bei der **zuständigen Bundesoberbehörde** eingeführt worden. Detailregelungen ergeben sich aus den §§ 42, 42a sowie §§ 7, 9, 10 GCP-V. Welche Bundesoberbehörde für eine konkrete klinische Prüfung zuständig ist, richtet sich nach § 77 und der Zuordnung des betroffenen Prüfpräparats.

2. Ethik-Kommission. Das Verfahren bei der Ethik-Kommission ist in § 42 sowie in §§ 7, 8, 10 **32** GCP-V geregelt. Die zuständige **Ethik-Kommission** gibt eine zustimmende Bewertung ab, wobei bei einer multizentrischen klinischen Prüfung neben der federführenden Ethik-Kommission auch weitere lokale Ethik-Kommissionen in das Verfahren involviert sind. Die federführende Ethik-Kommission bewertet die klinische Prüfung in Benehmen mit den jeweils beteiligten Ethik-Kommissionen. Dabei prüfen die beteiligten Ethik-Kommissionen die Qualifikation der Prüfer und die Geeignetheit der Prüfstellen in ihrem Zuständigkeitsbereich (§ 8 V GCP-V).

3. Strahlenschutz. Je nach Ausgestaltung einer klinischen Prüfung können neben den arzneimittel- **33** gesetzlichen Bestimmungen auch strahlenschutzrechtliche Vorgaben zur Anwendung gelangen. § 23 StrlSchV verlangt eine Genehmigung des **Bundesamtes für Strahlenschutz** (BfS) für die Anwendung radioaktiver Stoffe oder ionisierender Strahlung am Menschen im Rahmen der medizinischen Forschung. § 24 StrlSchV regelt die Genehmigungsvoraussetzungen, welche zum 1.11.2011 novelliert wurden[44]. In den Geltungsbereich der StrlSchV fallen entsprechend den Hinweisen des BfS zum Genehmigungsverfahren z. B. studienbedingte Szintigraphien, Positronenemissionstomographien (PET), Radionuklidtherapien oder Bestrahlungen mittels Beschleuniger. Anwendungen nach der RöV sind z. B. studienbedingte Computertomographien, Mammographien, konventionelle Röntgenaufnahmen oder Knochendichtemessungen[45]. Mit der Novellierung wurde in § 24 I StrlSchV ein ausführliches Verfahren und in § 24 II StrlSchV ein vereinfachtes Verfahren für Anwendungsfälle der sog. **Begleitdiagnostik** eingeführt. Anträge auf begleitdiagnostische Strahlenanwendungen können im vereinfachten Verfahren bearbeitet werden, wenn das Forschungsvorhaben die Prüfung von Sicherheit und Wirksamkeit eines Verfahrens zur Behandlung kranker Menschen zum Gegenstand hat und folgende Voraussetzungen erfüllt sind:

– die medizinische Strahlenanwendung selbst ist nicht Gegenstand des Forschungsvorhabens,
– die Art der medizinischen Strahlenanwendungen entspricht anerkannten Standardverfahren in der Heilkunde am Menschen,
– Art und Häufigkeit der medizinischen Strahlenanwendungen entsprechen dem Zweck der Forschung,
– es werden ausschließlich einwilligungsfähige Personen, die das 18. Lebensjahr vollendet haben in das Forschungsvorhaben eingeschlossen, bei denen eine Krankheit vorliegt, deren Behandlung im Rahmen des Forschungsvorhabens geprüft wird und
– eine beim BfS registrierte Ethik-Kommission hat eine zustimmende Stellungnahme zum Forschungsvorhaben abgegeben[46].

In der Praxis der klinischen Prüfung mit Arzneimitteln ist die medizinische Strahlenanwendung sehr häufig als Begleitdiagnostik einzustufen, wenn etwa der Prüfplan zu bestimmten Zeitpunkten eine begleitdiagnostische Strahlenanwendung vorsieht und diese Anwendung auch nicht mehr als Heilkunde eingeordnet werden kann. Sofern für eine geplante Anwendung die Abgrenzung als Heilkunde oder als medizinische Forschung unklar ist, können die Expertengremien der Klinischen Studienkoordination der Deutschen Röntgengesellschaft (DRG) oder der Deutschen Gesellschaft für Radioonkologie e. V. (DE-GRO) hinzugezogen werden. Die rechtsverbindliche Entscheidung über die Notwendigkeit einer Genehmigung gemäß § 23 StrlSchV kann jedoch nur durch das BfS erfolgen.

Die vorgenommenen Änderungen hatten u. a. auch zum Ziel, die bisherige sehr lange Verfahrensdauer **34** beim BfS von bis zu einem Jahr oder nicht selten auch länger zu reduzieren[47]. Zwar soll für die

[44] Verordnung zur Änderung strahlenschutzrechtlicher Verordnungen vom 4.10.2011, BGBl. I S. 2000.
[45] Vgl. Hinweise des BfS zu Anträgen auf Genehmigung der Anwendung von radioaktiven Stoffen, ionisierender Strahlung und Röntgenstrahlung am Menschen in der medizinischen Forschung nach § 23 Strahlenschutzverordnung (StrlSchV) bzw. § 28a Röntgenverordnung (RöV), S. 2 (Stand 06/2015); abrufbar unter www.bfs.de.
[46] Vgl. Hinweise des BfS zu Anträgen auf Genehmigung der Anwendung von radioaktiven Stoffen, ionisierender Strahlung und Röntgenstrahlung am Menschen in der medizinischen Forschung nach § 23 Strahlenschutzverordnung (StrlSchV) bzw. § 28a Röntgenverordnung (RöV), S. 4 (Stand 06/2015); abrufbar unter www.bfs.de; vgl. auch ausführlich zu den einzelnen Abgrenzungsfragen *Habeck/Epsch/Minkov/Langer/Griebel/Brix*, Fortschr Röntgenstr 2012, S. 516.
[47] Siehe *Sträter*, Klinische Forschung in Deutschland – jetzt auch mit Strahlenschutz?, PharmInd 2012, 2; die gemeinsame Stellungnahme des vfa und des BPI zum Entwurf einer „Verordnung zur Änderung strahlenschutzrechtlicher Verordnungen", (BR-Drucks. 266/11, S. 5) spricht von einer Dauer des Verfahrens von 3 bis 13 Monaten.

Genehmigung des BfS eine „Anlehnung" an die 60-Tage-Frist der Entscheidung einer Ethik-Kommission für die klinische Prüfung mit Arzneimitteln erfolgen[48]. Eine Frist für die Genehmigung durch das BfS wurde jedoch nach wie vor nicht in die betreffenden Verordnungen aufgenommen. Der Sponsor einer klinischen Prüfung hat daher keine Planungssicherheit hinsichtlich des Beginns einer klinischen Prüfung. Selbst wenn die Genehmigung der zuständigen Bundesoberbehörde und eine zustimmende Stellungnahme der federführenden Ethik-Kommission für eine klinische Prüfung vorliegen, unterliegt das vereinfachte Genehmigungsverfahren beim BfS keinen gesetzlichen Fristen. In der Diskussion wird das Fehlen von Fristen darauf zurückgeführt, dass auch die Neuregelungen der RL 2013/59/EURA-TOM[49] vom bisherigen Konzept der Vorgängergrundnormen zum Strahlenschutz bei der Anwendung von Strahlung am Menschen im Rahmen der Forschung nicht abweichen. Sie sehen ausschließlich das Erfordernis einer Genehmigung, aber keine konkreten Abläufe, Zuständigkeiten von Behörden oder Fristen für das Genehmigungsverfahren vor. Dem ist entgegenzuhalten, dass ohne Einführung von Fristen die strahlenschutzrechtlichen Bestimmungen zukünftig mit den gesetzten Zielen der neuen VO (EU) Nr. 536/2014 kollidieren werden. Daher ist erforderlich, dass eine Fristenregelung auch für das Genehmigungsverfahren im strahlenschutzrechtlichen Bereich eingeführt wird. Da das Genehmigungsverfahren für klinische Prüfungen in Zukunft nur eine einzige Genehmigung einer Behörde eines Mitgliedstaates vorsieht, ist es zwingend notwendig, dass das Genehmigungsverfahren für Begleitdiagnostik in dieses einheitliche Verfahren eingegliedert wird und die Funktionsfähigkeit nicht blockieren kann.

35   Nach langen Diskussionen über den Nachweis der **Deckungsvorsorge** gem. § 24 I Nr. 10 StrlSchV sowie deren Art, Umfang und Höhe bei der Durchführung von klinischen Prüfungen mit Arzneimitteln wurde nun in § 91 3 StrlSchV festgelegt, dass es im Falle einer Anwendung von Strahlen im Rahmen der Begleitdiagnostik und der Genehmigung nach § 24 II StrlSchV keiner Deckungsvorsorge bedarf, die über die Probandenversicherung nach dem AMG hinausgeht.

36   Klinische Prüfungen mit **Röntgenstrahlen** fallen gem. § 2 II Nr. 3 StrlSchV ausschließlich in den Anwendungsbereich der RöV. § 28a RöV sieht ebenfalls eine Genehmigung vor. Die Voraussetzungen richten sich spiegelbildlich nach § 28b I RöV für das ausführliche und nach § 28b II RöV für das vereinfachte Genehmigungsverfahren.

37   **4. Betäubungsmittel.** Nach der Legaldefinition des § 1 I BtMG sind Betäubungsmittel i. S. d. Gesetzes, die in den Anlagen I–III zum BtMG aufgeführten Stoffe und Zubereitungen. Damit ist der Kreis der Betäubungsmittel abschließend und konstitutiv in den Anlagen des Gesetzes aufgeführt. Ein Betäubungsmittel i. S. d. § 1 I BtMG kann dabei zugleich auch ein Arzneimittel i. S. d. § 2 sein und umgekehrt. § 81 regelt insoweit das Verhältnis des AMG zum BtMG, wonach die Vorschriften des BtMG unberührt bleiben sollen. Mithin ist weder das eine noch das andere Gesetz eine lex specialis; vielmehr stehen beide Gesetze gleichrangig nebeneinander[50]. Sind im Rahmen der klinischen Prüfung mit Betäubungsmitteln neben den Vorschriften der §§ 40 ff. auch die Regelungen des BtMG zu berücksichtigen, stellt sich die Frage, ob neben den im AMG festgelegten Voraussetzungen auch eine Erlaubnis der **Bundesopiumstelle** (BOPSt) gem. § 3 BtMG erforderlich ist. Bei der BOPSt handelt es sich um einen Geschäftsbereich des BfArM, welcher in der Abt. 8 angesiedelt ist. Zu den Aufgaben der BOPSt gehören insbes. die Erteilung von Erlaubnissen zur Teilnahme am Betäubungsmittel- und/oder Grundstoffverkehr, die Erteilung von Ein- und Ausfuhrgenehmigungen für Betäubungsmittel sowie die Erteilung von Ein- und Ausfuhrgenehmigungen für Grundstoffe[51]. Gem. § 3 I Nr. 1 und Nr. 2 BtMG bedarf einer Erlaubnis der BOPSt, wer Betäubungsmittel anbauen, herstellen, mit ihnen Handel treiben, sie einführen, ausführen, abgeben, veräußern, sonst in den Verkehr bringen, oder ausgenommene Zubereitungen (§ 2 I Nr. 3 BtMG) herstellen will. Ohne eine Erlaubnis ist eine Teilnahme am Betäubungsmittelverkehr verboten und strafbar (§ 29 I Nr. 1 und 2 BtMG), wenn nicht die Ausnahmefälle des § 4 BtMG gegeben sind.

38   In der Literatur ist umstritten, ob es einer solchen Erlaubnis der BOPSt auch für die Durchführung einer klinischen Prüfung mit Betäubungsmitteln bedarf[52]. Hierbei handelt es sich jedoch um einen rein theoretischen bzw. rechtsdogmatisch geführten Streit, da das BfArM auf seiner Homepage hinsichtlich des Einsatzes von Betäubungsmitteln in klinischen Studien darüber informiert, dass zusätzlich zu der Genehmigung der klinischen Studie durch die Bundesoberbehörde noch eine **betäubungsmittelrechtliche Genehmigung** durch die BOPSt erforderlich ist[53]. Diese Auffassung der Behörde erscheint folge-

---

[48] Auf der Grundlage des vereinfachten Verfahrens wurde im Rahmen des Gesetzgebungsverfahrens offenbar angenommen, dass das BfS weniger Prüfungsaufwand hat und sich auf diese Weise die Zeiten für die Erteilung der Genehmigung bereits aus faktischen Gründen reduzieren müssen, ohne dass es der gesetzlichen Festlegung von Fristen für die Genehmigung des BfS bedarf. Der Gesetzgeber hat § 92 StrlSchV und § 28g RöV lediglich eine 60-Tage-Frist für die zustimmende Stellungnahme einer Ethikkommission vorgesehen, um diesen zeitlichen Effekt zu erreichen; vgl. BR-Drucks. 266/11 vom 6.5.2011, S. 127.

[49] RL 2013/59/EURATOM vom 5.12.2013 zur Festlegung grundlegender Sicherheitsnormen für den Schutz vor den Gefahren einer Exposition gegenüber ionisierender Strahlung; ABl. Nr. L 13 vom 17.1.2014, S. 1.

[50] Vgl. *Wagner*, MedR 2004, 373; *Dähne*, MedR 2003, 547.

[51] Eine ausführliche Darstellung der BOPSt ist abrufbar unter www.bfarm.de.

[52] Differenzierend im Hinblick auf eine Erlaubnispflicht *Dähne*, MedR 2003, 547 ff.

[53] Anforderungen an das Genehmigungsverfahren für die Durchführung von klinischen Prüfungen, abrufbar unter www.bfarm.de.

richtig, da ein Verzicht auf die Erlaubnispflicht der Systematik des BtMG widerspräche und anderenfalls der Grundsatz des repressiven Verbots mit Erlaubnisvorbehalt in das Gegenteil verkehrt würde[54].

Begründet i. S. d. § 13 I BtMG und damit zulässig ist die Verschreibung oder Verabreichung von **39** Betäubungsmitteln, wenn der Arzt auf Grund ärztlicher Prüfung zu der Überzeugung gekommen ist, dass nach den anerkannten Regeln der ärztlichen Wissenschaft die Anwendung des BtM zulässig und geboten ist, wobei der Patient nicht mehr als den nach den Umständen unvermeidbaren Schaden erleiden darf[55]. Dies wirft die Frage auf, wie die Anwendung eines Betäubungsmittels im Rahmen von klinischen Prüfungen der Phasen I–III geboten bzw. begründet sein kann, bzw. die klinische Prüfung gerade die entsprechenden Kenntnisse liefern soll, ob und in welchem Ausmaß die Anwendung eines Betäubungsmittels geboten und mithin medizinisch begründet sein kann. Demnach kann der in § 13 BtMG vorausgesetzte Therapiezweck im Rahmen von klinischen Prüfungen nicht unterstellt werden, so dass nicht von einer Erlaubnisfreiheit auszugehen ist. Auch eine Studie der Phase IV, die die Prüfung eines bereits zugelassenen Betäubungsmittels zum Gegenstand hat, ist insoweit nicht mit einer therapeutischen Einzelfallbehandlung vergleichbar. Die Verschreibung von Betäubungsmitteln i. S. d. § 13 I BtMG setzt voraus, dass der Arzt im Rahmen seines Heilauftrages handelt und das Betäubungsmittel einzelfallbezogen zum Einsatz kommt. Demgegenüber weist die klinische Prüfung nach der Legaldefinition des § 4 XXIII in Abgrenzung zur reinen **Anwendungsbeobachtung** einen interventionellen Charakter auf. Im Rahmen der klinischen Prüfung wird also, aufgrund eines vorab festgelegten Prüfplans in die ärztliche Behandlungsentscheidung eingegriffen. Diese planmäßige Verabreichung des Betäubungsmittels im Rahmen der klinischen Prüfung kann nicht mit der einzelfallbezogenen Verschreibung nach § 13 Abs. I BtMG gleichgesetzt werden.

Daneben sind bei der BOPSt zusätzliche Unterlagen für die klinische Prüfung mit Betäubungsmitteln **40** einzureichen. Insoweit treffen den Prüfer und den Betäubungsmittellieferanten dem § 7 BtMG entsprechende Vorlagepflichten. Der Sponsor der klinischen Prüfung hat je eine Kopie des Anschreibens zur Beantragung der klinischen Prüfung und des Prüfplans bei der BOPSt einzureichen.

III. Allgemeine Voraussetzungen der klinischen Prüfung (S. 3)

1. Existenz Sponsor/Vertreter (Nr. 1). Abs. 1 S. 2 knüpft unmissverständlich an die **umfassende 41 Sponsorverantwortung** an. Adressat sämtlicher Voraussetzungen des § 40 ist die Person des Sponsors. Insofern darf nicht offen bleiben, welche Einrichtung oder welches Unternehmen Sponsor einer klinischen Prüfung ist. Vor der 12. AMG-Novelle war der Sponsor weder Adressat der speziellen Voraussetzungen der §§ 40 ff. noch wurde die Verantwortlichkeit und Funktion innerhalb der arzneimittelgesetzlichen Bestimmungen genauer festgelegt. Insofern ist es zwingende Voraussetzung für den Beginn einer klinischen Prüfung, dass für diese ein Sponsor existiert. Dieser muss sämtliche gesetzlichen Verantwortlichkeiten gem. § 4 XXIV erfüllen. Für die Qualifikation als Sponsor ist es zunächst unerheblich, ob dieser seinen Sitz innerhalb der Mitgliedstaaten der EU oder in Drittstaaten (etwa den USA) hat.

Soweit jedoch ein Sponsor seinen Sitz nicht in einem Mitgliedstaat der EU oder einem anderen **42** Vertragsstaat des EWR hat, muss zusätzlich zum Sponsor ein **Vertreter** eingesetzt werden, welcher einen entsprechenden europäischen Sitz nachweisen kann (zur Person des Legal Representative und den haftungsrechtlichen Auswirkungen s. Rn. 25–28). Die übergeordneten europäischen RL haben es dem jeweiligen nationalen Recht der EU-Mitgliedstaaten überlassen, in welcher Form der **Legal Representative** als gesetzlicher Vertreter des Sponsors ausgestaltet ist[56]. Deutschland hat sich dafür entschieden, dass der Legal Representative ein durch Rechtsgeschäft bestellter Bevollmächtigter ist (sog. gewillkürte Vertretung)[57]. In der Regel stellt der Sponsor dem Vertreter eine Vollmachtsurkunde aus, die dieser ggf. den zuständigen Behörden bzw. Bundesoberbehörden vorlegen kann.

2. Risiko-Nutzen-Abwägung (Nr. 2). Nach Abs. 2 S. 3 Nr. 2 darf eine klinische Prüfung nur **43** durchgeführt werden, wenn und solange die vorhersehbaren Risiken und Nachteile gegenüber dem Nutzen für die Person, bei der sie durchgeführt werden soll (betroffene Person) und der voraussichtlichen Bedeutung des Arzneimittels für die Heilkunde ärztlich vertretbar sind[58]. Aus der vor die Klammer gezogenen Formulierung „wenn und solange", ist zu schließen, dass die Risiko-Nutzen-Abwägung nicht nur am Beginn einer klinischen Prüfung positiv sein muss, sondern während des **gesamten Verlaufs einer klinischen Prüfung.** Diese positive Risiko-Nutzen-Abwägung muss vom Sponsor durchgängig überwacht und geprüft werden. Nimmt der Sponsor nachträgliche Änderungen einer bereits genehmigten klinischen Prüfung vor, welche sich u. a. auch auf die Sicherheit der betroffenen Personen auswirken könnte, muss das positive Risiko-Nutzen-Verhältnis im Rahmen des sog. **Amendment-Verfahrens**

[54] So im Ergebnis auch *Sander*, § 40 Erl. 15; *Wagner*, MedR 2004, 373 ff.
[55] *Hügel/Junge/Lander/Winkler*, § 13 Rn. 5.1.
[56] Der 5. Erwägungsgrund der RL 2001/20/EG enthält folgenden Hinweis: „The Notion of Legal Representative refers back to existing national law and consequently include natural or legal persons, an authority and/or a body provided for by national law."
[57] Vgl. hierzu auch im Einzelnen *Ziegler*, PharmInd 2006, 74 ff.; *Wachenhausen/Zimmermann*, PharmR 2014, 129 ff.
[58] Vgl. hierzu ausführlich *Graf von Kielmannsegg*, PharmR 2008, 517 ff.

gegenüber den beteiligten Behörden bzw. Ethik-Kommissionen entsprechend § 10 I GCP-V dargelegt werden. Die Bewertung und Abwägung der vorhersehbaren Risiken und Nachteile der klinischen Prüfung gegenüber dem erwarteten Nutzen für die betroffenen Personen und zukünftig erkrankten Personen ist auch Gegenstand des Antragsverfahrens bei der zuständigen Ethik-Kommission gem. § 7 III Nr. 2 GCP-V und des Dossiers zum Prüfpräparat, welches den zuständigen Bundesoberbehörden vorgelegt wird (§ 7 IV Nr. 1 Buchst. g) GCP-V)[59].

44   Da § 40 grundsätzlich gesunde Probanden erfasst, werden bei der Risiko-Nutzen-Abwägung die **Risiken für das Individuum und die Vorteile für die Wissenschaft und Allgemeinheit** gegenübergestellt. Damit folgt die Risiko-Nutzen-Abwägung auf zwei unterschiedlichen Ebenen, weil die betroffene Person selbst keinen Nutzen aus der Teilnahme an der klinischen Prüfung hat. Insoweit sind an die Risiko-Nutzen-Abwägung bei gesunden Personen besonders hohe Maßstäbe anzulegen[60].

45   **3. Besonderheiten für gentechnisch veränderte Organismen (Nr. 2a).** Durch Abs. 1 S. 3 Nr. 2a ist hinsichtlich **gentechnisch veränderter Organismen** eine spezielle Risiko-Nutzen-Abwägung in das AMG eingefügt worden. Diese Einfügung wurde erst im Rahmen der 14. AMG-Novelle vorgenommen und war aufgrund der Umsetzung der RL 2001/18/EG für den Bereich der klinischen Prüfung mit Arzneimitteln, die aus gentechnisch veränderten Organismen (GVO) oder einer Kombination von gentechnisch veränderten Organismen bestehen oder solche enthalten, notwendig geworden. Gem. § 9 IV 3, 2. Halbs. GCP-V umfasst die Genehmigung der klinischen Prüfung durch die zuständige Bundesoberbehörde die Genehmigung der Freisetzung von gentechnisch veränderten Organismen im Rahmen der klinischen Prüfung. Da die behördliche Prüfung der Freisetzung auch Dritt- und Umweltschutzaspekte mit einzubeziehen hat, ist die vorzunehmende **Abwägung von Dritt- und Umweltschutzaspekten** und die Vertretbarkeit der klinischen Prüfung mit GVO-Arzneimitteln im Gesetz als eigene Voraussetzung formuliert worden, die sich im Übrigen in einem entsprechenden Versagungsgrund in § 42 II 3 Nr. 3 widerspiegelt[61].

46   **4. Volljährigkeit, Aufklärung und Einwilligung (Nr. 3). a) Volljährigkeit und Einwilligungsfähigkeit (Buchst. a)).** Eine wesentliche Wirksamkeitsvoraussetzung für die Erteilung der Einwilligung durch die betroffene Person ist zunächst das Vorliegen der **Volljährigkeit.** Gem. § 2 BGB tritt die Volljährigkeit mit Vollendung des 18. Lebensjahres ein. Sie bewirkt die unbeschränkte Geschäftsfähigkeit und zugleich das Ende der elterlichen Sorge. Die Volljährigkeit ist nicht gleichzusetzen mit der Einwilligungsfähigkeit.

47   Zusätzlich zum Wirksamkeitserfordernis der Volljährigkeit ist auch das Vorliegen der **Einwilligungsfähigkeit** der betroffenen Person Voraussetzung für die Wirksamkeit der Einwilligung. Die betroffene Person muss **in der Lage sein, Wesen, Bedeutung und Tragweite der klinischen Prüfung** zu erkennen und ihren Willen hiernach auszurichten. Zum Begriff der Einwilligungsfähigkeit existiert keine Legaldefinition. Allerdings ist eine eindeutige Festlegung des Begriffs der Einwilligungsfähigkeit auch kaum möglich und nicht zweckmäßig. Die Beurteilung der Fähigkeit, Entscheidungen treffen zu können, beruht auf medizinischen und psychologischen Erkenntnissen. Es ist die Aufgabe des behandelnden Arztes, innere Prozesse zu deuten und zu bewerten. Diese subjektiven Merkmale sind letztlich nur vom behandelnden Arzt auszufüllen, da sie medizinischer und nicht juristischer Kompetenz bedürfen[62]. Grundsätzlich gilt jeder Volljährige, der nicht von geistigen oder psychischen Mängeln beeinträchtigt ist, als einwilligungsfähig. An dieser Stelle zeigt sich die Verbindung zwischen der rechtsgeschäftlichen Willenserklärung und der Einwilligung. Erst wenn Anzeichen, die in der Person selbst begründet sind, darauf hindeuten, dass Einschränkungen vorliegen könnten, ist eine genaue Untersuchung hinsichtlich der Wirksamkeitsvoraussetzungen der Einwilligung erforderlich. Die Bewertung der Einwilligungsfähigkeit setzt sich aus der Betrachtung im Einzelfall und einem Rückgriff auf abstrakt-generelle Kriterien wie beispielsweise Altersgrenzen zusammen. Da die Volljährigkeit ohnehin Voraussetzung für die Einwilligung in die Teilnahme an einer klinischen Prüfung ist, müssen beide Voraussetzungen **kumulativ** gegeben sein. Dies muss im Einzelfall durch den behandelnden Arzt abgesichert werden.

48   **b) Aufklärung nach Abs. 2 S. 1 und Einwilligung (Buchst. b)).** Wesentliche Voraussetzung für die Teilnahme an einer klinischen Prüfung ist die Einwilligung der betroffenen Person, nachdem sie entsprechend den gesetzlichen Vorgaben aufgeklärt wurde. Damit sind **Aufklärung und Einwilligung** untrennbar miteinander verknüpft **(Informed Consent).** Die betroffene Person ist über Wesen, Bedeutung, Risiken und Tragweite der klinischen Prüfung sowie über ihr Recht aufzuklären, die Teilnahme an

---

[59] Das Dossier zum Prüfpräparat wird als Investigational Medicinal Product Dossier (IMPD) bezeichnet.

[60] Insbes. der Fall „TeGenero" hat innerhalb der Fachkreise zu Diskussionen hinsichtlich der Durchführung von klinischen Prüfungen an gesunden Probanden geführt. Der im Jahr 2006 bekannt gewordene Fall betraf eine klinische Prüfung der Phase I, welcher bei sechs gesunden Probanden zu gefährlichen Nebenwirkungen führte. Die britische Zulassungsbehörde MHRA veröffentlichte auf ihrer Homepage einen entsprechenden Untersuchungsbericht, aus welchem sich weitere Details ergeben, abrufbar unter www.mhra.gov.uk.

[61] Vgl. BT-Drucks. 15/5316, S. 42; 15/5656, S. 42.

[62] *Voll,* S. 65; vgl. auch *Belling/Eberl/Michlick,* S. 131: Für genauere Aussagen zum individuellen Reifegrad des jeweils betroffenen Minderjährigen und zur Art des indizierten Eingriffs fehlt dem Juristen häufig die Sachkompetenz.

der klinischen Prüfung jederzeit zu beenden. Die Einwilligungsfähigkeit ist ebenfalls mit dem Erkennen des Wesens, Bedeutung und Tragweite der klinischen Prüfung verbunden (Abs. 1 S. 3 Nr. 3 Buchst. a))[63]. Der Inhalt der Aufklärung orientiert sich daher immer an der konkreten klinischen Prüfung. Die betroffene Person ist darüber zu informieren, dass es sich um eine klinische Prüfung eines Arzneimittels handelt und mit der Teilnahme Gefahren verbunden sind. Insbes. bei klinischen Prüfungen, welche ausschließlich zum **Nutzen der Heilkunde** und der Wissenschaft durchgeführt werden, ist dem Probanden zu verdeutlichen, dass er keinen individuellen Nutzen aus seiner Teilnahme hat. Ferner ist Gegenstand der Aufklärung das Studiendesign der geplanten klinischen Prüfung. Der betroffenen Person muss verständlich erläutert werden, was sich hinter einer doppelblinden, randomisierten placebo-kontrollierten klinischen Prüfung verbirgt. Dementsprechend ist dem Patienten zu erläutern, dass er aufgrund einer Zufallszuteilung entweder der Versuchs- oder der Kontrollgruppe zugeordnet wird und dass weder er noch der Prüfer wissen, welcher Gruppe er angehört. Zur **Aufklärung** gehört eine für den Laien gut verständliche Beschreibung der Durchführung der klinischen Prüfung, wobei auch die begleitenden Untersuchungen, wie regelmäßige Blutentnahmen oder Röntgenuntersuchungen, angesprochen werden müssen. Die betroffene Person ist auf Risiken und auf bereits bekannte Nebenwirkungen des zu prüfenden Arzneimittels hinzuweisen (zu den Anforderungen an die Aufklärung nach Abs. 2 s. im Übrigen Rn. 82). In welchem Umfang die betroffene Person über den bestehenden **Versicherungsschutz** und die Obliegenheiten aufzuklären ist, ist in der Praxis umstritten. Die Ethik-Kommissionen fordern regelmäßig umfassende Aufklärungspflichten hinsichtlich des Versicherungsschutzes, wobei allerdings eine Aufklärung im Übermaß zu vermeiden ist. Der Arbeitskreis Medizinischer Ethik-Kommissionen in der Bundesrepublik Deutschland hat für die Patienten-/Probandeninformationen verschiedene **Mustertexte** erarbeitet, welche die wesentlichen Bestandteile der Aufklärung aufführen und sich auch daran orientieren, ob es sich um einen volljährigen Patienten, einen Heranwachsenden oder auch ein Kind handelt[64]. Die Aufklärung soll nach den Vorstellungen der Ethik-Kommissionen ggf. einen Hinweis für Frauen im gebärfähigen Alter enthalten, zur Freiwilligkeit der Teilnahme sowie eine Rücktrittsklausel, welche auch darlegt, dass der betroffenen Person bei Beendigung der Studie keinerlei Nachteile entstehen.

49 Die Aufklärung ist verantwortlich durch einen Prüfer, der Arzt oder, bei zahnmedizinischer Prüfung, Zahnarzt ist, oder durch ein Mitglied der Prüfgruppe, das Arzt oder, bei zahnmedizinischer Prüfung, Zahnarzt ist, durchzuführen. Insofern wird bezogen auf die Aufklärung ein spezieller Arztvorbehalt vorgesehen, welcher bei der Legaldefinition des Prüfers gem. § 4 XXV gerade aufgelockert wurde. Da jedoch die Aufklärung eines Probanden bzw. Patienten eine **ausschließlich ärztliche Tätigkeit** ist, handelt es sich um eine Aufgabe, welche nicht delegationsfähig ist. Insofern darf die Aufklärung auch nicht auf nichtärztliches Personal übertragen werden. Abs. 2 lässt keine Ausnahmen zu.

50 Die **Einwilligung** der betroffenen Person in die Teilnahme der klinischen Prüfung ist eine der Kernvoraussetzungen für den Beginn und die Durchführung einer klinischen Prüfung. Eine Einwilligung kann nur nach einer ordnungsgemäß durchgeführten Aufklärung erteilt werden und ist auf das grundgesetzlich verankerte **Selbstbestimmungsrecht des Patienten** gem. Art. 2 II 1 GG zurückzuführen.

51 Die **Rechtsnatur der Einwilligung** im Bereich ärztlicher Eingriffe ist teilweise umstritten. Die Frage wird insbes. auf zivilrechtlicher Ebene im Hinblick auf den Minderjährigenschutz sehr kontrovers diskutiert[65]. Es stellt sich die Frage, ob die Einwilligung in einen ärztlichen Eingriff in Bezug auf höchstpersönliche Rechtsgüter dem Bereich der Rechtsgeschäftslehre zuzuordnen ist. Da jedoch nach § 40 I 3 Nr. 3 Buchst. a) bei klinischen Prüfungen an Gesunden neben der Einwilligungsfähigkeit auch Volljährigkeit erforderlich ist, wird sowohl der Bereich der rechtsgeschäftlichen Willenserklärung als auch der Bereich des Selbstbestimmungsrechts abgedeckt.

52 **c) Information nach Abs. 2a S. 1 und 2 und Einwilligung (Buchst. c)).** Vor Beginn der klinischen Prüfung ist die betroffene Person nach Abs. 2 S. 1 und 2 zu informieren; diese muss schriftlich eingewilligt haben, wobei die Einwilligung sich ausdrücklich auch auf die Erhebung und Verarbeitung der Angaben über die Gesundheit beziehen muss (wegen der Einzelheiten ist auf die Kommentierung zu Abs. 2a in den Rn. 85–94 zu verweisen).

53 **d) Freiwilligkeit.** Das Kriterium der **Freiwilligkeit der Einwilligung** ist in den gesetzlichen Bestimmungen nicht ausdrücklich niedergelegt. Gleichwohl entspricht es den allgemeinen Rechtsgrundsätzen, dass die Freiwilligkeit der Einwilligung eine eigenständige Wirksamkeitsvoraussetzung ist[66]. Eine durch Gewalt, Zwang, rechtswidrige Drohung oder arglistige Täuschung herbeigeführte Einwilligung ist

---

[63] Der *BGH* hat bisher im Rahmen der ärztlichen Heilbehandlung formelhaft zu den einzelnen Merkmalen der Einwilligungsfähigkeit Stellung genommen, so dass das Wesen, Bedeutung und Tragweite einer ärztlichen Maßnahme lediglich einen Orientierungspunkt ohne weitere Konkretisierung bieten, vgl. *BGHZ* 29, 33 ff.; *BGH*, NJW, 1972, 337 ff.; *OLG Schleswig*, VersR 1989, 810 ff.
[64] Die Mustertexte speziell für den Bereich des AMG finden sich unter den „Hinweisen für Antragsteller"; abrufbar unter www.ak-med-ethik-komm.de.
[65] Vgl. *Wachenhausen*, S. 49 ff.
[66] Vgl. BT-Drucks. 15/2109, S. 30.

unwirksam und führt auch ohne dass dies ausdrücklich niedergelegt ist, zur Rechtswidrigkeit einer klinischen Prüfung.

54 **e) Schriftform.** Ein weiteres Wirksamkeitserfordernis für die Einwilligung ist die Einhaltung der **Schriftform**. Eine Abweichung von der Schriftform ist nur dann möglich, wenn die arzneimittelrechtlichen Bestimmungen dies zulassen, etwa im Falle des Widerrufs der Einwilligung (zum Sonderfall des Abs. 1 S. 4 s. Rn. 79).

55 **5. Untergebrachte Personen (Nr. 4).** Die betroffene Person darf gem. Abs. 1 S. 3 Nr. 4 nicht auf gerichtliche oder behördliche Anordnung **in einer Anstalt untergebracht** sein. Diese Bestimmung versucht der Gefahr vorzubeugen, dass bei dieser Personengruppe wegen des bestehenden Gewaltverhältnisses eine freie Willensentscheidung nicht möglich ist. Insbes. bei Strafgefangenen könnte das Motiv für die Teilnahme einer Arzneimittelprüfung in der Erwartung von Vergünstigungen oder Haftverkürzungen begründet sein[67]. Obwohl der Gesetzgeber bei dieser Personengruppe eine abschließende Regelung vorsieht, von der keine Ausnahme gemacht werden sollen, darf sich der mit dem Ausschluss bezweckte Schutz nicht zum Nachteil von kranken und zugleich untergebrachten Personen auswirken. Hierfür wäre allerdings eine gesetzliche Regelung erforderlich.

56 **6. Prüferqualifikation und Geeignetheit der Prüfeinrichtung (Nr. 5).** Die klinische Prüfung ist von einem **angemessen qualifizierten Prüfer** verantwortlich durchzuführen[68]. Darüber hinaus muss die Prüfung von einem Prüfer mit mindestens zweijähriger Erfahrung in der klinischen Prüfung von Arzneimitteln geleitet werden[69]. Das bedeutet, dass mindestens ein Prüfer in einer Prüfstelle die geforderte zweijährige Erfahrung aufweisen muss unabhängig davon, ob es sich um eine mono- oder multizentrische klinische Prüfung handelt. Entscheidend ist damit regelmäßig der Leiter der klinischen Prüfung. Der Begriff des Prüfers ist in § 4 XXV 1 legal definiert. Vor der 12. AMG-Novelle musste es sich bei dem Prüfer noch zwingend um einen Arzt handeln. Dieser **Arztvorbehalt** ist durch die 12. AMG-Novelle nach verschiedenen Kontroversen aufgelöst worden. Es genügt die Ausübung eines Berufs, der aufgrund seiner wissenschaftlichen Anforderungen und der seiner Ausübung voraussetzenden Erfahrung in der Patientenbetreuung für die Durchführung von Forschungen am Menschen qualifiziert. Grundsätzlich sind hiervon auch Berufsanfänger als Mitglieder einer Prüfgruppe nicht ausgeschlossen. Ein Prüfer, der als alleiniger Prüfer eine klinische Prüfung durchführt oder als Leiter der klinischen Prüfung die medizinische Verantwortung für die Durchführung in mehreren Prüfstellen übernimmt, muss ferner über eine mindestens zweijährige Erfahrung in der klinischen Prüfung von Arzneimitteln verfügen. Der Nachweis der Qualifikation ist bei der Durchführung des Verfahrens bei der zuständigen Ethik-Kommission von zentraler Bedeutung. Insbes. bei multizentrischen Studien ist gem. § 8 V 2 GCP-V festgelegt, dass die beteiligten Ethik-Kommissionen die Qualifikation der Prüfer und die Geeignetheit der Prüfstellen in ihrem Zuständigkeitsbereich prüfen[70]. Im Rahmen des Antragsverfahrens sind der zuständigen Ethik-Kommission die Lebensläufe der Prüfer oder geeignete **Qualifikationsnachweise** der Prüfer (§ 7 III Nr. 6 GCP-V), Angaben zur Qualifikation der Mitglieder der Prüfgruppe sowie über ihre Erfahrungen mit der Durchführung klinischer Prüfungen (§ 7 III Nr. 6a GCP-V) und die Angabe der Berufe von Prüfern, die nicht Arzt sind (§ 7 II Nr. 6 GCP-V) vorzulegen. Die nach § 7 II und III GCP-V erforderlichen Angaben oder vorzulegenden Unterlagen der Prüfer sind entsprechend für ihre Stellvertreter beizufügen und vorzulegen[71]. Der Vorstand der Bundesärztekammer hat im April 2013 auf Empfehlung der Ständigen Konferenz der Geschäftsführungen und der Vorsitzenden der Ethik-Kommissionen der Landesärztekammern und des Arbeitskreises Medizinischer Ethik-Kommissionen in der Bundesrepublik Deutschland e. V. eine Curriculare Fortbildung *„Grundlagenkurs für Prüfer / Stellvertreter und Mitglieder einer Prüfgruppe bei klinischen Prüfungen nach dem Arzneimittelgesetz (AMG) und für Prüfer nach dem Medizinproduktegesetz (MPG)"* beschlossen[72]. Diese Curriculare Fortbildung und deren Anforderungen bilden heute eine wichtige Grundlage für die Bewertung der Qualifikation des Prüfers, seines Stellvertreters und der Mitglieder der Prüfgruppe.

57 In der Praxis wird für die Mitglieder einer Prüfgruppe, welche Teilaufgaben der klinischen Prüfung übernehmen, häufig der Begriff **„Sub-Investigator"** verwendet. In den arzneimittelrechtlichen Bestimmungen ist dieser Begriff jedoch nicht bekannt. Es wird allein an die Begriffe des Prüfers oder Leiters der

---

[67] Vgl. hierzu *Sander*, § 40 Erl. 24.
[68] Vgl. zur Prüferqualifikation: *Graf von Kielmannsegg*, MedR 2008, 423 ff.; *Lippert*, GesR 2008, 120 ff.
[69] Diese klarstellende Zuordnung der zweijährigen Qualifikation zum Leiter wurde durch das AMG-ÄndG 2009 eingefügt, da in der Praxis Zweifel aufgetreten waren, ob jeder Prüfer die in der Vorschrift beschriebene zweijährige Erfahrung aufweisen muss oder (richtigerweise) nur der jeweilige Leiter, so bereits zutreffend *Felder*, KliFoRe 2008, 104.
[70] Der Vorstand der Bundesärztekammer hat in seiner Sitzung vom 28.8.2009 auf Empfehlung der Ständigen Konferenz der Geschäftsführungen und der Vorsitzenden der Ethik-Kommissionen der Landesärztekammern und unter Befürwortung des Arbeitskreises Medizinischer Ethik-Kommissionen in der Bundesrepublik Deutschland die „Empfehlungen zur Bewertung der Qualifikation von Prüfern und Geeignetheit von Prüfstellen durch Ethik-Kommissionen bei klinischen Prüfungen nach dem AMG" beschlossen, DÄBl. 2010, A-48 ff.
[71] § 7 IIIa GCP-V.
[72] Veröffentlicht in DÄBl. 2013, A-1212 ff.

klinischen Prüfung angeknüpft. Von den Sponsoren ist daher insbes. im Hinblick auf die damit zusammenhängenden Anzeigepflichten klar zu definieren, welche Person die Verantwortung als Prüfer und Leiter einer Prüfgruppe übernimmt[73].

Neben der angemessenen Qualifikation des Prüfers ist erforderlich, dass die klinische Prüfung in einer **58** hierfür geeigneten Einrichtung durchgeführt wird. Diese Voraussetzung ist auf Art. 6 III Buchst. f) RL 2001/20/EG zurückzuführen. Gem. § 7 III Nr. 8 GCP-V prüft die zuständige Ethik-Kommission im Rahmen der Bewertung die **Angaben zur Eignung der Prüfstelle**, insbes. zur Angemessenheit der dort vorhandenen Mittel und Einrichtungen. Den universitären Ethik-Kommissionen kommt in diesem Rahmen die Nähe zur jeweiligen Prüfstelle zugute, da diese direkt in der Prüfstelle angesiedelt sind. Eine Prüfstelle kann u. a. zustimmend bewertet werden, wenn der Ethik-Kommission Angaben zur angemessenen Patientenzahl, angemessenen Infrastruktur und Personalausstattung vorliegen[74]. Sofern die Ethik-Kommission Kenntnis über Missstände (z. B. Verstöße gegen GCP) erlangt, hat sie auch diese in ihre Bewertung einzubeziehen[75].

7. Pharmakologisch-toxikologische Prüfung (Nr. 6). Gem. Abs. 1 S. 3 Nr. 6 muss vor Beginn **59** einer klinischen Prüfung eine dem jeweiligen Stand der wissenschaftlichen Erkenntnisse entsprechende **pharmakologisch-toxikologische Prüfung** des Arzneimittels durchgeführt worden sein. Welche pharmakologisch-toxikologischen Prüfungen vor dem Beginn der klinischen Prüfung durchgeführt sein müssen, präzisiert das Gesetz allerdings nicht[76]. Die 3. Bekanntmachung zur klinischen Prüfung von Arzneimitteln am Menschen enthält unter Ziff. IV Anforderungen an die präklinische Dokumentation für Prüfpräparate[77]. Diese bezieht sich wiederum auf aktuelle Guidance-Dokumente. Die Arzneimittelprüfrichtlinien regeln die wesentlichen Grundsätze und Anforderungen einer angemessenen pharmakologisch-toxikologischen Prüfung[78]. Im Rahmen der 12. AMG-Novelle wurden die Arzneimittelprüfrichtlinien entsprechend angepasst. Danach müssen präklinische (pharmakologisch-toxikologische) Studien, soweit sie die Sicherheit des Arzneimittels betreffen, nach den Bestimmungen der Guten Laborpraxis gem. § 19a und Anh. 1 ChemG durchgeführt worden sein[79]. Des Weiteren sehen die Arzneimittelprüfrichtlinien bei Arzneimitteln, deren Wirkungen und Nebenwirkungen bereits bekannt sind, anstelle der Ergebnisse der pharmakologisch-toxikologischen oder der klinischen Prüfung auch die Möglichkeit der Vorlage anderen wissenschaftlichen Erkenntnismaterials vor.

8. Information der Prüfer über die Ergebnisse der pharmakologisch-toxilogischen Prüfung 60 (Nr. 7). Jeder Prüfer muss, bevor er mit der klinischen Prüfung beginnt, durch einen für die pharmakologisch-toxikologische Prüfung verantwortlichen Wissenschaftler über deren Ergebnisse und die voraussichtlich mit der klinischen Prüfung verbundenen Risiken informiert worden sein. Gem. § 3 IV GCP-V ist die **Prüferinformation** die Zusammenstellung der für die klinische Prüfung am Menschen relevanten klinischen und nicht klinischen Daten über die in der klinischen Prüfung verwendeten Prüfpräparate. Entsprechend den Vorgaben der ICH-GCP Ziffer 1.36 wird die Prüferinformation auch als Investigator's Brochure (IB) bezeichnet. Die wesentlichen Inhalte und Struktur der Investigator's Brochure ergeben sich aus Ziff. 7 der ICH-GCP. Die Investigator's Brochure ist u. a. ein wichtiges Bezugsdokument bei dem sog. Expedited Reporting im Rahmen von klinischen Prüfungen bei noch nicht zugelassenen Arzneimitteln[80].

9. Probandenversicherung (Nr. 8 und Abs. 3). a) Rechtsnatur. Die RL 2001/20/EG sah bereits **61** in Art. 3 I 1 Buchst. f) vor, dass eine klinische Prüfung nur durchgeführt werden darf, wenn insbes. Vorschriften über Versicherung oder Schadensersatz zur Deckung der Haftung des Prüfers und des Sponsors bestehen. Innerhalb der Richtlinien werden allerdings keine weiteren Vorgaben gemacht, welche Rahmenbedingungen eine derartige Versicherungspflicht haben soll. Ziel der Vorgabe ist grundsätzlich eine Schadloßstellung der Haftung des Prüfers und des Sponsors allein zu dem Zweck, dass die betroffene Person ihren Anspruch auf Entschädigung auch durchsetzen kann[81]. Die Pflicht zum Abschluss

---

[73] Gem. § 67 I 5 sind bei der Anzeige einer klinischen Prüfung bei Menschen bei der zuständigen Behörde der Prüfer und sein Stellvertreter, soweit erforderlich auch mit Angabe der Stellung als Leiter der klinischen Prüfung, namentlich zu benennen. Die Anzeige-, Dokumentations- und Mitteilungspflichten des Prüfers gem. § 12 I Nr. 1 GCP-V beziehen sich ebenfalls auf den Begriff des Prüfers.

[74] Vgl. Empfehlungen der Bundesärztekammer zur Bewertung der Qualifikation von Prüfern und Geeignetheit von Prüfstellen durch Ethik-Kommissionen bei klinischen Prüfungen nach dem AMG, DÄBl. 2010, A-50.

[75] Vgl. Empfehlungen der Bundesärztekammer zur Bewertung der Qualifikation von Prüfern und Geeignetheit von Prüfstellen durch Ethik-Kommissionen bei klinischen Prüfungen nach dem AMG, DÄBl. 2010, A-51.

[76] *Kloesel/Cyran*, § 40 Anm. 65.

[77] 3. Bekanntmachung zur klinischen Prüfung von Arzneimitteln am Menschen vom 10.8.2006, abrufbar unter www.bfarm.de.

[78] Abgedruckt in *Feiden*, Arzneimittelprüfrichtlinien.

[79] Bekanntmachung des BMGS vom 11.10.2004, BAnz. S. 22037; *Feiden*, Arzneimittelprüfrichtlinien 1.1.

[80] Vgl. Communication from the Commission — Detailed guidance on the collection, verification and presentation of adverse events/reaction reports arising from clinical trials on medicinal products for human use (CT-3) vom 11.6.2011; OJ I. 121, S. 171 ff. (2011/C 172/01).

[81] Vgl. hierzu *Voit*, PharmR 2005, 250.

einer **Probandenversicherung** existierte als Voraussetzung für den Beginn einer klinischen Arzneimittelprüfung schon vor Inkrafttreten der 12. AMG-Novelle. Bereits im Jahr 1977 wurde in den gemeinsamen Beratungen der Ministerien und des Bundesaufsichtsamtes für das Versicherungswesen festgelegt, dass es sich bei der Probandenversicherung um eine Versicherung sui generis handelt, die wie eine Schadenversicherung praktiziert werden soll. Die Probandenversicherung ist damit grundsätzlich **keine Haftpflichtversicherung**[82]. Allerdings weist die Probandenversicherung auch Elemente einer Haftpflichtversicherung auf, so dass eine eindeutige Zuordnung der Probandenversicherung in den allgemeinen versicherungsrechtlichen Rahmen nicht möglich ist[83]. Ein wichtiges Kennzeichen der Probandenversicherung ist der Umstand, dass der Geschädigte einen direkten Anspruch gegen den Versicherer hat und die Versicherung verschuldensunabhängig eingreift. Der Versicherungsvertrag gestaltet sich daher als Vertrag zugunsten Dritter[84]. Die gesetzliche Verpflichtung zum Abschluss einer Probandenversicherung gem. Abs. 1 S. 3 Nr. 8 i. V. m. Abs. 3 bildet keinen eigenen Haftungstatbestand[85]. Der Sponsor haftet allerdings ggf. hinsichtlich der Verletzung eines Schutzgesetzes nach § 823 II BGB, wenn er schuldhaft versäumt hat, eine Probandenversicherung abzuschließen oder die Deckungssumme nicht hoch genug angesetzt hat[86]. Der Sponsor muss nicht zwangsläufig selbst eine Versicherung abschließen. Dies kann auch von Dritten (beispielsweise Tochterunternehmen oder CRO) übernommen werden. Allerdings ist der Sponsor insgesamt verantwortlich dafür, dass ausreichender Versicherungsschutz existiert.

62   **b) Versichertes Risiko und Versicherungsumfang.** Die Frage des **versicherten Risikos** bzw. des **Versicherungsumfangs** wird zwischen der Versicherungswirtschaft, Sponsoren und Ethik-Kommissionen bereits seit vielen Jahren diskutiert. Zurückzuführen sind diese Diskussionen insbes. darauf, dass Abs. 3 zwar die Rahmenbedingungen für Probandenversicherung aufführt. Wesentliche Gesichtspunkte bleiben jedoch der konkreten Vereinbarung zwischen den Beteiligten überlassen, so dass es in diesem Zusammenhang zu erheblichen Interessenkonflikten kommt[87]. Der Gesamtverband der deutschen Versicherungswirtschaft (GDV) hat allgemeine Versicherungsbedingungen für klinische Prüfungen von Arzneimitteln erstellt, die alle Versicherer ihren Versicherungsverträgen weitestgehend unverändert zugrunde legen. Da es sich bei diesen Musterbedingungen jedoch um unverbindliche Empfehlungen des GDV handelt, sind Abweichungen in den einzelnen Versicherungsverträgen nicht ausgeschlossen. Durch die Deregulierung des Versicherungsmarktes unterliegen die Versicherungsbedingungen nicht mehr der ausdrücklichen Genehmigungspflicht durch die Versicherungsaufsicht und sind insofern im Wesentlichen frei[88]. Das versicherte Risiko ergibt sich zunächst aus Abs. 1 S. 3 Nr. 8. Die **Probandenversicherung** bezieht sich auf die Gewährung von Leistungen für den Fall, dass bei der Durchführung der klinischen Prüfung ein Mensch getötet oder der Körper oder die Gesundheit eines Menschen verletzt wird. Voraussetzung für einen Anspruch auf Entschädigungsleistungen gegen die Probandenversicherung ist daher lediglich, dass zwischen dem Tod oder der Verletzung der betroffenen Person und der Teilnahme an einer klinischen Prüfung **Kausalität** besteht. Damit ist nicht Voraussetzung, dass beispielsweise ein Prüfarzt den Schaden schuldhaft verursacht hat. Sinn dieser Bestimmung ist, dass dem Geschädigten möglichst unkompliziert eine **angemessene Entschädigung** zugutekommt. Hierdurch wird dem Umstand Rechnung getragen, dass sich einzelne Personen für klinische Prüfungen zur Verfügung stellen und damit auch der Allgemeinheit dienen[89]. Gem. **Abs. 3 S. 2** muss der Umfang der Probandenversicherung in einem angemessenen Verhältnis zu den mit der klinischen Prüfung verbundenen Risiken stehen und auf der Grundlage der Risikoabschätzung so festgelegt werden, dass für jeden Fall des Todes oder der dauernden Erwerbsunfähigkeit einer von der klinischen Prüfung betroffenen Person mindestens 500.000 € zur Verfügung stehen. Mit dieser Formulierung sollen nach dem Willen des Gesetzgebers die bisherigen Unsicherheiten über die Interpretation des Versicherungsumfangs beseitigt werden, indem klargestellt wird, dass sich die erforderliche Gesamtversicherungssumme nicht aus einer rein formalen Rechenoperation durch Multiplikation der Anzahl der Probanden mit 500.000 € ergibt. Die risikogestufte Bewertung der Studie soll es ermöglichen, im Rahmen der Prämiengestaltung adäquate Rahmenbedingungen für solche Studien zu schaffen, die mit bekannten Stoffen geringen Risikopotenzials oder mit zugelassenen Arzneimitteln im Rahmen von Phase IV

[82] *Swik*, PharmR 2006, 103 ff.; *Koyuncu*, PHi 2005, 86 ff. m. w. N.
[83] So auch *Swik*, PharmR 2006, 104.
[84] *Sander*, § 40 Erl. 39.
[85] *Swik*, PharmR 2006, 104.
[86] *Sander*, § 40 Erl. 39.
[87] Im Jahr 2005 wurde ein Bericht der Enquête-Kommission Ethik und Recht der modernen Medizin des Deutschen Bundestages veröffentlicht (BT-Drucks. 15/5980), welcher sich auch auf die Diskussionen um Inhalt und Umfang der Probandenversicherung bezieht. In dem Bericht wird kritisiert, dass genetische Schäden vom Versicherungsschutz regelmäßig ausgenommen sind, die Haftung für Wegeunfälle ebenfalls von der Versicherung nicht abgedeckt ist und Forschungsvorhaben außerhalb des AMG und MPG keiner Deckungsvorsorgepflicht des Antragstellers bzw. Sponsors unterliegen, vgl. hierzu BT-Drucks. 15/5980, S. 58. Inzwischen sind als Reaktion die Musterbedingungen für die Probandenversicherung weitgehend angepasst worden, vgl. *Rittner/Taupitz/Walter-Sack/Wessler*, VersR 2008, 158 ff.
[88] *Stock*, S. 187.
[89] *Swik*, PharmR 2006, 104; *Sander*, § 40 Erl. 28.

Prüfungen durchgeführt werden[90]. Allerdings existieren nach wie vor Diskussionen hinsichtlich des Versicherungsumfangs, da die AVB den Versicherungsumfang genauer bestimmen und selbstverständlich auch Ausschlüsse enthalten[91].

Abs. 3 S. 2 trifft keine Aussage darüber, ob bei einer Verletzung des Körpers oder der Gesundheit nur **63** der **materielle Schaden** zu ersetzen ist oder ob auch eine Entschädigung hinsichtlich des **immateriellen Schadens** geleistet werden muss. Die AVB sehen regelmäßig vor, dass der Versicherte nur den Geldbetrag leistet, der zum Ausgleich des durch die Gesundheitsschädigung eintretenden materiellen Schadens des Versicherten erforderlich sind. Insofern ist von den AVB der Versicherer der Ersatz immaterieller Schäden (Schmerzensgeld) grundsätzlich ausgeschlossen. Diese Praxis steht im Widerspruch zu der schon seit 2002 bestehenden grundsätzlichen Änderung des allgemeinen Haftungsrechts. Danach werden sowohl in den allgemeinen Haftungsbestimmungen als auch bei der speziellen Gefährdungshaftung des § 87 S. 2 immaterielle Schäden einheitlich mit materiellen Schäden als Bestandteil des Schadens festgelegt. Ein Herausfallen des immateriellen Schadens aus der gesetzlich vorgesehenen Entschädigung zugunsten des Studienteilnehmers bewirkt insofern eine Benachteiligung, da dieser seinen Anspruch gegenüber dem Schädiger selbst durchsetzen müsste. Dieses Ergebnis ist jedoch nicht tragbar und widerspricht dem Gedanken der Einheitlichkeit einer Entschädigung des Abs. 3 S. 2[92].

Die AVB sehen regelmäßig auch einen Ausschluss der Versicherungspflicht für **genetische Schädi- 64 gungen** vor. Gespräche zwischen dem Arbeitskreis Medizinischer Ethik-Kommissionen in Deutschland und der Versicherungswirtschaft haben allerdings dazu geführt, dass genetische Schädigungen insoweit versichert sein sollen, soweit die Veränderung beim Versicherten organische Gesundheitsschädigungen mit Auswirkungen auf das klinische Erscheinungsbild (Phänotyp) zur Folge haben. Die Versicherungswirtschaft hält die Bezugnahme auf den Phänotyp für unerlässlich, da es sich bei genetischen Veränderungen um komplexe Prozesse handelt, die zum Beispiel auch aufgrund von Umwelteinwirkungen stattfinden können[93]. Ein weiterer Gesichtspunkt ist der Ersatz von sogenannten **Spätschadenfolgen.** Von den Kritikern wird vorgetragen, dass diese wegen der zeitlichen Begrenzung des Versicherungsschutzes nicht abgedeckt seien. In der Regel besteht Versicherungsschutz für Gesundheitsschädigungen, die spätestens fünf Jahre nach Abschluss der beim Versicherten durchgeführten klinischen Prüfung eingetreten sind und nicht später als zehn Jahre nach Beendigung der klinischen Prüfung dem Versicherer gemeldet werden. Die Gesundheitsschädigung gilt als in dem Zeitpunkt eingetreten, in dem der Geschädigte erstmals einen Arzt wegen Symptomen konsultiert hat, die sich bei diesem Anlass oder später als Symptome der betreffenden Gesundheitsschädigung erweisen. Der Beginn für die Fristberechnung ist mit dem Zeitpunkt der Beendigung der klinischen Prüfung verknüpft. Daher liegt es in der Hand des Sponsors, welcher Beginn und Beendigung einer klinischen Prüfung über den Prüfplan festlegt, die Dauer der zeitlichen Geltung des Versicherungsschutzes entsprechend zu beeinflussen. Auf diese Weise kann potentiellen Spätschäden in der Praxis begegnet werden[94].

Soweit aus der Probandenversicherung geleistet wird, **erlischt ein Anspruch auf Schadensersatz. 65** Ein Übergang der Schadenersatzansprüche auf den Versicherer im Wege der cessio legis ist ausgeschlossen, so dass auch keine Regressforderungen mehr gegen die die Prüfung durchführenden Personen insbes. Prüfärzte bestehen. Mit der unmittelbar dem Studienteilnehmer zukommenden Versicherungsleistung wird zugleich auch ein Anspruch des Probanden gegen die möglicherweise schuldhaft handelnden Schädiger befriedigt[95].

c) Versicherungshöhe. Für die Berechnung der **Versicherungssumme** legt der Gesetzgeber nun **66** eine risikogestufte Bewertung zugrunde. Die zur Verfügung gestellte Versicherungssumme muss in einem angemessenen Verhältnis zu den mit der klinischen Prüfung verbundenen Risiken stehen. Im Einzelfall kann dies dazu führen, dass die **Mindestversicherungssumme in Höhe von 500.000 €** für jeden einzelnen geschädigten Probanden auch angehoben werden kann. Die zuständigen Ethik-Kommissionen prüfen bei der Antragstellung unter anderem auch die Angemessenheit der zur Verfügung gestellten Versicherungssumme. Die Begrenzung der Höchstleistungen in den Jahresverträgen der Versicherer ist nicht selten Grund für Kritik von Seiten der Ethik-Kommissionen. Entsprechend dem Willen des Gesetzgebers ist die Diskussion im Einzelfall immer orientiert an den mit der klinischen Prüfung verbundenen Risiken zu führen und nicht auf der Grundlage rein rechnerischer Vorstellungen[96].

---

[90] BT-Drucks. 15/2109, S. 30.

[91] Vgl. hierzu *Pisani*, PharmR 2009, 55 ff.

[92] So auch *Stock*, S. 206; *Deutsch*, JZ 2002, 592; *Voit*, PharmR 2005, 347; a. A. *Swik*, PharmR 2006, 79; *Ehling / Vogeler*, MedR 2008, 273ff; nach Ansicht von *Heil / Lützeler*, in: Dieners/Reese, § 4 Rn. 241, handelt es sich aber nicht um eine planwidrige Regelungslücke.

[93] *Swik*, PharmR 2006, 80; *Rittner / Taupitz / Walter-Sack / Wessler*, VersR 2008, 159.

[94] *Swik* weist allerdings auch auf einen Prämienzuschlag bei überdurchschnittlich langer Studiendauer hin, PharmR 2006, 81.

[95] Vgl. *Stock*, S. 184. Der Studienteilnehmer kann allerdings immaterielle Schäden über die allgemeinen Haftungsregeln gegenüber dem potentiellen Schädigern geltend machen und durchsetzen.

[96] Zum Verhältnis der Höchstleistungsbeträge, Jahresverträge und den tatsächlichen Risiken vgl. *Swik*, PharmR 2006, 105 f.; *Rittner / Taupitz / Walter-Sack / Wessler*, VersR 2008, 160.

67   **d) Versicherter Personenkreis.** Die Probandenversicherung muss **zugunsten der von der klinischen Prüfung betroffenen Personen** genommen werden. Entsprechend § 3 IIa GCP-V ist die betroffene Person ein Prüfungsteilnehmer oder eine Prüfungsteilnehmerin, die entweder als Empfänger des Prüfpräparates oder als Mitglieder einer Kontrollgruppe an einer klinischen Prüfung teilnimmt. Damit werden durch die Probandenversicherung sowohl diejenigen Personen geschützt, welche das Verum erhalten als auch diejenigen Personen, welche in der Kontrollgruppe ein Vergleichspräparat oder Placebo erhalten. Umstritten ist hingegen die Frage, ob von der Probandenversicherung auch Schäden Dritter abgedeckt sind. Dies dürfte nach dem bisherigen gesetzlichen Wortlaut zu weit gehen. Der Schutzzweck zielt auf die Schadlosstellung des Studienteilnehmers ab, welcher sich für eine klinische Prüfung zur Verfügung stellt. Dieser Schutzzweck wird bei Dritten gerade nicht gegeben sein[97]. Vom Schadensersatz umfasst sind allerdings Unterhaltsansprüche unterhaltspflichtiger Angehöriger des Geschädigten.

68   Die Versicherungswirtschaft hat in den Muster-AVB im Jahre 2002 eine Erläuterung aufgenommen, wonach als versicherte Person auch die bei der Durchführung der klinischen Prüfung bereits gezeugte Leibesfrucht der Versicherten gilt. Im Hinblick darauf schließt der versicherte Personenkreis nicht nur den Studienteilnehmer selbst, sondern die bereits gezeugte Leibesfrucht mit ein.

69   **e) Wegeunfälle.** Bei der 20. Jahresversammlung des Arbeitskreises medizinischer Ethik-Kommissionen in der Bundesrepublik Deutschland am 22.11.2003 wurde im Hinblick auf Versicherungsfragen folgender Beschluss gefasst: „Bei Vorhaben mit studienbedingten Fahrten der Patienten/Probanden zum Studienort empfiehlt der Arbeitskreis Medizinischer Ethik-Kommissionen unabhängig vom dem Erfordernis einer Probandenversicherung den Abschluss einer Unfallversicherung"[98]. Die Voten von Ethik-Kommissionen sehen daher gelegentlich bei einzelnen klinischen Prüfungen mit Arzneimitteln in Form von Nebenbestimmungen vor, dass neben dem Abschluss einer Probandenversicherung auch der Abschluss einer **Wegeunfallversicherung** erforderlich sei. Das Risiko eines Wegeunfalls wird durch die Probandenversicherung selbst nicht abgedeckt, da es sich nicht um ein spezifisches Risiko im Zusammenhang mit einer klinischen Prüfung handelt[99]. Es handelt sich bei Wegeunfällen um ein **allgemeines Lebensrisiko,** das nicht mehr durch den Aufopferungsgedanken einer klinischen Prüfung umfasst wird und welches vom Studienteilnehmer selbst zu tragen ist. Da die einschlägigen gesetzlichen Regelungen nur den Abschluss einer Probandenversicherung für den Sponsor verpflichtend vorsehen, darf die zusätzliche Forderung des Abschlusses einer Wegeunfallversicherung nicht als Voraussetzung für den Beginn einer klinischen Prüfung gefordert werden. Der Sponsor hat insofern Anspruch auf ein positives Votum der für ihn zuständigen Ethik-Kommission auch ohne Abschluss einer zusätzlichen Wegeunfallversicherung.

70   **f) Besondere Haftungsfragen.** Unabhängig von dem gesetzlichen Erfordernis des Abschlusses einer Probandenversicherung stellt sich die Frage, auf der Grundlage welcher **Haftungsvorschriften** der Geschädigte ggf. weitere Ansprüche in Zusammenhang mit der klinischen Prüfung gelten machen kann.

71   **aa) Gefährdungshaftung nach § 84 AMG.** Kontrovers diskutiert wird die Frage, ob der Geschädigte als Teilnehmer der klinischen Prüfung **Schadensersatzansprüche nach § 84** geltend machen kann. Zum einen wird vertreten, dass die Gefährdungshaftung des § 84 auch im Rahmen einer klinischen Prüfung den Geschädigten zur Seite stehen müsse. Zwar sei im § 84 geregelt, dass das Arzneimittel der Pflicht zur Zulassung unterliegen müsse, jedoch sei nicht vorausgesetzt, dass das Arzneimittel schon zugelassen worden sei. Vielmehr sei ausreichend, wenn es allgemein der Pflicht zur Zulassung unterliege. Die erweiterte Anwendung des § 84 würde es ermöglichen, dem geschädigten Probanden nach den §§ 84, 88 ein Schmerzensgeld zu zubilligen[100]. Zu Recht wird eine Anwendung des § 84 im Rahmen von klinischen Prüfungen von der überwiegenden Meinung in der Literatur abgelehnt[101]. Auch das *BSG* hat sich im Rahmen einer Entscheidung aus dem Jahre 2005 dahingehend geäußert, dass § 84 nur eine Haftung für Schäden durch zulassungspflichtige und zugelassene Arzneimittel vorsieht, nicht jedoch für solche, die dem Einsatz von Arzneimitteln ergeben, die sich noch in der klinischen Testphase vor der Zulassung befinden[102].

72   Auch ein Blick auf die weiteren Voraussetzungen des § 84 zeigt, dass diese Regelung nicht für den Bereich der klinischen Prüfung ausgestaltet worden ist. Voraussetzung für einen **Anspruch nach § 84** ist u. a., dass das angewendete Arzneimittel der Pflicht zur Zulassung unterliegt oder durch Rechtsverord-

---

[97] Für die Einbeziehung Dritter in den Schutz der Probandenversicherung wird von den Befürwortern § 42 II 3 Nr. 3 herangezogen, wonach für die Forschung mit xenogenen Zelltherapeutika eine Versicherung von Drittrisiken verlangt wird. Diese Möglichkeit einer Drittgefährdung ist jedoch streng auf xenogene Zelltherapeutika zu beziehen und kann nicht auf sämtliche Arzneimittel ausgeweitet werden. Eine andere Auffassung vertritt *Voit*, PharmR 2005, 346; a. A. *Heil/Lützeler*, in: Dieners/Reese, § 4 Rn. 239.

[98] Abrufbar unter www.ak-med-ethik-komm.de.

[99] *Swik*, PharmR 2006, 81; anders hingegen *Kratz*, Die vertragsrechtlichen Grundlagen der klinischen Forschung an Menschen nach dem AMG, in: Wiesing, Die Ethik-Kommissionen, S. 67, welcher jedoch seine Herleitung ausschließlich auf zivilrechtliche Argumente stützt.

[100] *Deutsch*, PharmR 2001, 346, 349.

[101] *Gödicke/Purnhagen*, MedR 2007, 139 ff.; *Koyuncu*, S. 52; *Besch*, S. 101.

[102] *BSG*, MedR 2007, 59 ff.

nung von der Zulassung befreit worden ist[103]. Gem. § 21 II Nr. 2 bedürfen Arzneimittel, die zur klinischen Prüfung bei Menschen bestimmt sind, jedoch gerade keiner Zulassung. Auch das Argument, Zulassungspflicht i. S. d. § 84 meine die prinzipielle Zulassungspflicht nach § 21 I und nicht die fallbezogene unter Berücksichtigung der Ausnahme des § 21 II kann nicht überzeugen. Gem. § 84 I 2 Nr. 1 besteht eine Ersatzpflicht weiterhin nur dann, wenn das Arzneimittel bestimmungsgemäß angewendet wurde. Zwar wird der bestimmungsgemäße Gebrauch nicht durch das AMG definiert, nach allgemeiner Ansicht ist darunter aber die Verwendung zu verstehen, die sich mit den Angaben des pharmazeutischen Unternehmers in den Informationsträgern des Arzneimittels deckt[104]. Gem. § 11 I 1, 1. Halbs. bedarf die Prüfsubstanz einer solchen Packungsbeilage gerade nicht. Der bestimmungsgemäße Gebrauch wird vielmehr erst in Abstimmung mit der Zulassungsbehörde im Rahmen des Zulassungsverfahrens in den Informationsträgern des Arzneimittels festgelegt. Damit ist der bestimmungsgemäße Gebrauch i. S. d. § 84 im Rahmen von klinischen Prüfungen nicht bestimmbar. Darüber hinaus ist zu berücksichtigen, dass die Regelungen des § 84 vorausgesetzt, dass das Arzneimittel schädliche Wirkungen hat, die nach den Erkenntnissen der medizinischen Wissenschaft über das vertretbare Maß hinausgeht. Für die Frage, wann die schädliche Wirkung über das vertretbare Maß hinausgeht, ist eine sog. **Risiko-Nutzen-Abwägung** vorzunehmen. Die erwünschte Wirkung ist dabei der unerwünschten Wirkung gegenüberzustellen[105]. Dem Geschädigten wird es jedoch nicht möglich sein, eine solche Risiko-Nutzen-Abwägung in Bezug auf das in Frage kommende Arzneimittel vorzunehmen, wenn die Wirkung des Arzneimittels im Rahmen der klinischen Prüfung noch genau untersucht wird. Die klinische Prüfung dient gerade dazu, über den Einzelfall hinaus Erkenntnisse zum therapeutischen Wert und insbes. zu der Wirksamkeit und Unbedenklichkeit zu gewinnen.

Ferner entspricht es nicht dem Charakter des § 84 als Gefährdungshaftung auch für **Schäden im**   **73** **Rahmen von klinischen Prüfungen** herangezogen zu werden. Gefährdungshaftungen sind die Antwort des Gesetzgebers auf schwer kontrollierbare Risiken der modernen Industriegesellschaft[106]. Das bedeutet, dass die Haftung des pharmazeutischen Unternehmers nicht an ein bestimmtes Verhalten anknüpft, sondern vielmehr an das **Inverkehrbringen** gefährlicher Stoffe, da er hierdurch ein Risiko für die Allgemeinheit setzt. Im Rahmen von klinischen Prüfungen besteht aber gerade kein vergleichbares Risiko, wie es beim massenhaften **Inverkehrbringen** eines Arzneimittels gegeben ist.

Letztlich spricht auch die gesetzlich normierte Probandenversicherung gem. Abs. 1 S. 3 Nr. 8   **74** i. V. m. Abs. 3 gegen eine Ausweitung des Anwendungsbereiches des § 84 AMG auf klinische Prüfungen. Durch die Regelung der Probandenversicherung hat der Gesetzgeber dem Sponsor der klinischen Prüfung gerade die Pflicht auferlegt, eine verschuldensunabhängig haftende Versicherung abzuschließen. Einer solchen Regelung durch den Gesetzgeber hätte es jedoch nicht bedurft, wenn bereits die verschuldensunabhängige Gefährdungshaftung des § 84 greifen würde.

Eine Anwendung des § 84 im Bereich der klinischen Prüfung kann allenfalls für die Phase IV in   **75** Betracht kommen, da es sich hierbei um klinische Prüfungen mit bereits zugelassenen Arzneimitteln handelt.[107]

bb) Schadensersatzansprüche nach § 1 ProdHaftG. In Betracht kommt jedoch ein **Schadens-**   **76** **ersatzanspruch nach dem ProdHaftG,** welches in § 1 I ProdHaftG eine verschuldensunabhängige Haftung für Schäden vorsieht, die durch fehlerhafte Produkte verursacht worden sind. Zwar sieht die Regelung des § 15 ProdHaftG vor, dass das ProdHaftG keine Anwendung findet, wenn die Verletzung infolge der Anwendung eines zum Gebrauch beim Menschen bestimmten Arzneimittels eintritt; insoweit ist § 84 die exklusivere Regelung. Nach dem oben Gesagten greift die Regelung des § 84 im Bereich der klinischen Prüfung jedoch gerade nicht[108]. Darüber hinaus kommt ein Schadensersatzanspruch nach § 1 ProdHaftG nur dann in Betracht, wenn durch einen **Produktfehler** jemand getötet, sein Körper oder seine Gesundheit verletzt oder eine Sache beschädigt wird, wobei eine Ersatzpflicht des Herstellers ausgeschlossen ist, wenn sich das sog. Entwicklungsrisiko realisiert hat (§ 1 II Nr. 5 ProdHaftG)[109]. Schließlich ist eine Ersatzpflicht des Herstellers nach § 1 II Nr. 1 ProdHaftG ausgeschlossen, wenn der Hersteller das Produkt nicht in den Verkehr gebracht hat. Der Hersteller bringt das Produkt in den Verkehr, sobald er sich willentlich aus der tatsächlichen Herrschaftsgewalt über das Produkt begibt[110]. Wird das Prüfpräparat im Rahmen der klinischen Prüfung eingesetzt und den an der kli-

---

[103] *Rehmann,* § 40 Rn. 3.
[104] *Deutsch/Spickhoff,* Rn. 1999; *Jäger/Luckey,* Rn. 361.
[105] *Rehmann,* § 84 Rn. 5; *Jencke,* S. 52 ff.; *Besch,* S. 56 ff.
[106] Vgl. hierzu *Seok-Chan Yoon,* RPG 2004, 46 ff.; *Deutsch/Spickhoff,* Rn. 1089.
[107] A. A. *Heil/Lützeler,* in: Dieners/Reese, Rn. 246.
[108] A. A. wohl *Gödicke/Prunhagen,* MedR 2007, 139 ff., die davon ausgehen, dass der Weg zu den Bestimmungen des ProdHaftG durch die Spezialregelung einer Versicherungspflicht in § 40 I 3 Nr. 8, III verwehrt ist. Zur Exklusivitätsregelung des § 15 I ProdHaftG in ihrer Bedeutung für die Haftung für Arzneimittel vgl. auch *Wandt/Geiger,* PHi 2004, 234 ff.
[109] Zur Haftung für Arzneimittel nach dem ProdHaftG vgl. auch *Koyuncu,* S. 72 ff.
[110] *Sprau,* in: Palandt, § 1 ProdHaftG Rn. 14.

nischen Prüfung teilnehmenden Ärzten überlassen, liegt in der Regel ein Inverkehrbringen i. S. d. § 1 ProdHaftG vor[111].

77   **cc) Schadensersatzanspruch nach § 823 BGB.** Neben einem Anspruch aus § 1 ProdHaftG kommt darüber hinaus auch ein Anspruch nach § 823 I BGB nach den Grundsätzen der sog. **Produzentenhaftung** in Betracht. Im Gegensatz zu der Regelung des § 1 ProdHaftG handelt es sich hierbei um einen verschuldensabhängigen Schadensersatzanspruch. Dieser setzt voraus, dass der Patient infolge eines schuldhaft verursachten Produktfehlers eine Rechtsgutsverletzung erlitten hat, die zu einem ersatzfähigen Schaden geführt hat[112]. Darüber hinaus kommt bei Nichtabschluss einer Probandenversicherung zudem die Verletzung eines Schutzgesetzes und damit eine Haftung nach § 823 II BGB in Betracht[113].

78   **10. Für die medizinische Versorgung verantwortlicher Arzt (Nr. 9).** Die Verpflichtung über einen Arzt oder Zahnarzt für die medizinische bzw. zahnmedizinische Versorgung zu verfügen, ist erforderlich, weil die RL 2001/20/EG auch andere Personen als Prüfer zulässt.

IV. Sonderfall: Schreibunfähige betroffene Person (S. 4)

79   Mit dem AMG-ÄndG 2009 wurde in **Abs. 1 S. 4** eine besondere Ausnahme für Personen eingefügt, die nicht schreiben können, um diesen ebenfalls die Teilnahme an einer klinischen Prüfung zu ermöglichen[114]. Statt der geforderten schriftlichen Einwilligung kann in Ausnahmefällen auch eine mündliche Einwilligung erteilt werden. Voraussetzung hierfür ist, dass diese Einwilligung in Anwesenheit von mindestens einem Zeugen erteilt wird, der auch in die Aufklärung einbezogen war.

V. Zeuge (S. 5)

80   Als Zeugen sind nach **Abs. 1 S. 5** alle Personen ausgeschlossen, die bei der Prüfstelle beschäftigt sind oder ein Mitglied der Prüfergruppe sind. Dies dient dem Zweck, die Unabhängigkeit des Zeugen zu gewährleisten[115], der frei von eigenen Interessen an der Durchführung der klinischen Prüfung sein muss.

VI. Schriftliche Dokumentation der Einwilligung (S. 6)

81   Die mündlich erteilte Einwilligung ist nach **Abs. 1 S. 6** schriftlich zu dokumentieren, zu datieren und von dem Zeugen zu unterschreiben. Weitere Anforderungen für den Zeugen wie etwa ein bestimmtes Alter oder eine spezielle persönliche Eignung des Zeugen werden nicht vorausgesetzt. Es liegt daher im Ermessen der Beteiligten insbes. des Betroffenen, einen geeigneten Zeugen auszuwählen. Häufig dürften dies in der Praxis Familienangehörige oder besondere Vertrauenspersonen sein.

C. Prüfgruppe und Stellvertreter (Abs. 1a)

82   Im Rahmen des 2. AMG-ÄndG 2012 wurde Abs. 1a neu eingefügt. Diese Neuregelung legt die Pflichten des Prüfers hinsichtlich der Auswahl der **Mitglieder der Prüfgruppe** in einer Prüfstelle fest. Diese Neuregelung ist u. a. auf die Änderung des Konzepts des verantwortlichen Prüfer je Prüfstelle zurückzuführen, die parallel in § 4 XXV 2 vorgenommen wurde. Hierdurch soll die Konzentration der Verantwortlichkeiten bei einem Prüfer vor allem das Verfahren bei der nachträglichen Einbeziehung eines neuen Mitglieds in die Prüfgruppe vereinfachen und beschleunigen[116]. Da der Sponsor, der Prüfer und alle weiteren an der klinischen Prüfung beteiligten Personen die Regeln der Guten klinischen Praxis zum Schutz der Studienteilnehmer und zur Sicherung der Qualität der Ergebnisse einzuhalten haben, wird nun festgelegt, dass eine zentrale Verantwortung des Prüfers die Sicherstellung der angemessenen Qualifikation der Mitglieder der Prüfgruppe ist. Er muss daher dafür Sorge tragen, dass die Mitglieder der Prüfgruppe, die notwendigen Kenntnisse haben, damit sie die Ihnen übertragenen Aufgaben sachkundig und regelgerecht durchführen können[117]. Für die betreffende klinische Prüfung muss der Prüfer den Mitgliedern der Prüfgruppe die für ihre Tätigkeit erforderlichen Informationen, insbes. den Prüfplan und die Prüferinformation zur Verfügung stellen. Dieses Erfordernis wird auch mit der Notwendigkeit einer

---

[111] Einschränkend hierzu *Voit*, PharmR 2005, 345, 350, der davon ausgeht, dass es sich bei der klinischen Prüfung noch nicht um die Inverkehrgabe eines fertigen Produkts handele, sondern eben um eine Prüfung im Vorfeld der Entscheidung, ob das Produkt in den Verkehr gegeben werden solle; vgl. auch *Heil/Lützeler*, in: Dieners/Reese, § 4 Rn. 247.

[112] Umfassend hierzu *Koyuncu*, S. 77 ff.

[113] *Voit*, PharmR 2005, 345, 350 m. w. N.

[114] Die Regelung ist auf die ausdrückliche Ermächtigung der Mitgliedstaaten in Art. 2 Buchst. j) RL 2001/20/EG zurückzuführen, die die Möglichkeit der mündlichen Einwilligung unter Einbeziehung von Zeugen vorsieht.

[115] Vgl. BT-Drucks. 16/12 256, S. 50.

[116] Vgl. Begründung zum Regierungsentwurf in BR-Drucks. 91/12, S. 75.

[117] Vgl. Begründung zum Regierungsentwurf in BR-Drucks. 91/12, S. 90.

umfassenden Aufklärung der Studienteilnehmer begründet[118]. Allerdings ist hervorzuheben, dass im Hinblick auf die Aufklärung des Studienteilnehmers weiterhin der Arztvorbehalt gilt (bzw. bei zahnmedizinischer Prüfung erfolgt die Aufklärung durch einen Zahnarzt). Der Arztvorbehalt für die Aufklärung gilt sowohl für den Prüfer als auch für die Mitglieder der Prüfgruppe (vgl. § 40 II).

Ferner wird festgelegt, dass der Prüfer mindestens einen **Stellvertreter** mit vergleichbarer Qualifikati- **83** on zu benennen hat. Bei klinischen Prüfungen im ambulanten Bereich kann diese Funktion auch ein niedergelassener Arzt aus einer Nachbarpraxis sein[119]. Zwar ist keine Anzeige der Vertretung gegenüber der zuständigen Behörde oder der zuständigen Ethik-Kommission notwendig. Das Auswahlkonzept für den Stellvertreter ist jedoch Gegenstand der Bewertung durch die zuständige Ethik-Kommission im Rahmen der Genehmigung der klinischen Prüfung. Dementsprechend legt § 7 IIIa GCP-V fest, dass die erforderlichen Angaben und vorzulegenden Unterlagen für die Prüfer entsprechend auch für ihre Stellvertreter beizufügen und vorzulegen sind. Dies umfasst damit uneingeschränkt die Vorlage der Lebensläufe und andere geeignete Qualifikationsnachweise[120]. Der Arbeitskreis Medizinischer Ethik-Kommissionen hat die für die Antragsunterlagen erforderlichen Qualifikationsnachweise für Prüfer, Stellvertreter und Prüfstelle für Antragsteller in einer Übersicht zusammengestellt[121]. In der Praxis klinischer Prüfungen hat sich gerade im ambulanten Bereich gezeigt, dass die Auswahl eines Stellvertreters erheblichen faktischen Hindernissen ausgesetzt sein kann. Nicht in jedem Fall findet sich ein Stellvertreter in erreichbarer Nähe, der zugleich auch noch die gleiche Qualifikation wie ein Prüfer nachweisen kann. Insofern muss das Auswahlkonzept im Einzelfall mit der zuständigen Ethik-Kommission diskutiert und möglichst flexibel festgelegt werden.

D. Risikoarme klinische Prüfungen (Abs. 1b)

Ebenfalls im Rahmen des 2. AMG-ÄndG 2012 wurde Abs. 1b neu in die allgemeinen Vorausset- **84** zungen der klinischen Prüfung aufgenommen. Die Vorgabe enthält eine Erleichterung für sog. **risikoarme klinische Prüfungen.** Gem. § 40 Ib bedarf es einer Versicherung nach Abs. 1 S. 3 Nr. 8 bei einer klinischen Prüfung mit zugelassenen Arzneimitteln nicht, wenn die Anwendung gemäß den in der Zulassung festgelegten Angaben erfolgt und Risiken und Belastungen durch zusätzliche Untersuchungen oder durch den Therapievergleich gering sind und soweit eine anderweitige Versicherung für den Prüfer und Sponsor besteht. Die besondere Schwierigkeit besteht damit in der Feststellung, ob die geplanten zusätzlichen Untersuchungen oder der geplante Therapievergleich lediglich zu geringen Risiken und Belastungen beim Studienteilnehmer führen. Laut amtlicher Begründung soll dies z. B. der Fall sein, wenn zur Generierung neuer Erkenntnisse in der Standardversorgung ergänzende diagnostische Maßnahmen eingesetzt werden, wie eine oder mehrere Blutabnahmen, EEG- oder EKG-Messungen oder die Gewinnung von Abstrichen[122]. Im Zusammenhang mit der Beurteilung von Risiken und Belastungen kommt der Bewertung durch die zuständige Ethik-Kommission erhebliche Bedeutung zu, da diese die medizinische Vertretbarkeit der klinischen Prüfung, die Risikobelastung für die Studienteilnehmer und insbes. das Bestehen einer ausreichenden Versicherung (§ 7 III Nr. 13 GCP-V) prüft.

Der Gesetzgeber beabsichtigt, mit einer Erleichterung für risikoarme klinische Prüfungen weiter zur **85** Unterstützung und Entlastung der **nichtkommerziellen Forschung** beizutragen[123]. Allerdings ist hervorzuheben, dass die gesetzliche Erleichterung für jede Form einer klinischen Prüfung mit einem zugelassenen Arzneimittel gilt und damit vollkommen unabhängig davon ist, ob es sich um einen kommerziellen oder nichtkommerziellen Sponsor handelt[124]. Nur die Tatsache, dass es sich um ein zugelassenes Arzneimittel handelt, welches gemäß den in der Zulassung festgelegten Angaben eingesetzt wird, rechtfertigt eine Erleichterung hinsichtlich der Versicherungspflicht. Ähnliche Erleichterungen sind bereits in § 5 VIII GCP-V (Kennzeichnungserleichterungen von zugelassenen Prüfpräparaten) und in § 7 V GCP-V (Verwendung der SmPC bei zugelassenen Arzneimitteln anstelle des Dossiers) zu finden.

Da die RL 2001/20/EG jedoch in Art. 3 II Buchstabe f) verlangt, dass eine klinische Prüfung in den **86** Mitgliedsstaaten nur dann durchgeführt werden darf, wenn Vorschriften über Versicherung und Schadensersatz zur Deckung der Haftung des Prüfers und des Sponsors bestehen, kann auf das Erfordernis einer Versicherung im deutschen Recht nicht vollständig verzichtet werden. Die gesetzliche Erleichterung umfasst daher ausschließlich den Verzicht auf den Abschluss einer **Probandenversicherung.** Es muss eine anderweitige Versicherung für den Prüfer und den Sponsor bestehen. Für den Arzt dürfte in der Regel die Haftpflichtversicherung für eine ausreichende Deckung des Haftungsrisikos sorgen und für den

---

[118] Vgl. Begründung zum Regierungsentwurf in BR-Drucks. 91/12, S. 90.
[119] So die Begründung zum Regierungsentwurf in BR-Drucks. 91/12, S. 90.
[120] Vgl. hierzu auch: *Listl*, in: Spickhoff, § 40 AMG Rn. 23.
[121] Revidierte Fassung vom 9.11.2013 abrufbar unter www.ak-med-ethik-komm.de (zuletzt abgerufen am 11.7.2015).
[122] Vgl. Begründung zum Regierungsentwurf in BR-Drucks. 91/12, S. 91.
[123] Vgl. Begründung zum Regierungsentwurf in BR-Drucks. 91/12, S. 91.
[124] Vgl. *Listl*, in: Spickhoff, § 40 AMG Rn. 26.

pharmazeutischen Unternehmer des zugelassenen Arzneimittels besteht die gesetzliche Pflicht zur Deckungsvorsorge gem. § 94[125].

E. Aufklärung und Einwilligung (Abs. 2)

I. Aufklärung (S. 1)

87   Nach **Abs. 2 S. 1** ist die betroffene Person (s. Rn. 30) durch einen Prüfer, der Arzt oder bei zahnmedizinischer Prüfung Zahnarzt ist, oder durch ein Mitglied der Prüfgruppe, das Arzt oder, bei zahnmedizinischer Prüfung, Zahnarzt ist, über Wesen, Bedeutung, Risiken und Tragweite der klinischen Prüfung sowie über ihr Recht aufzuklären, die Teilnahme an der klinischen Prüfung jederzeit zu beenden (**Abs. 2 S. 1, 1. Halbs.**; s. zum Inhalt und Umfang der erforderlichen Aufklärung auch Rn. 49). Mit dem 2. AMG-ÄndG 2012 wurde als Folgeregelung eine Erweiterung auf die Mitglieder der Prüfgruppe vorgenommen, da die Unterscheidung zwischen Hauptprüfer und Prüfer in § 4 XXV 2 aufgelöst wurde und es in einer Prüfstelle nur noch einen verantwortliche Prüfer als Leiter der Prüfgruppe gibt. Die Aufklärung kann nun auch von einem ärztlichen Mitglied der Prüfgruppe vorgenommen werden. Der betroffenen Person ist gem. **Abs. 2 S. 1, 2. Halbs.** eine allgemein verständliche Aufklärungsunterlage auszuhändigen. Sämtliche Informationen und Unterlagen, die die betroffenen Personen erhalten, sind bei einer klinischen Arzneimittelprüfung in Deutschland in deutscher Sprache anzufertigen. Diese Unterlagen sind der zuständigen Ethik-Kommission im Rahmen des Genehmigungsverfahrens gem. § 7 III Nr. 9 GCP-V vorzulegen. Die Ethik-Kommission erwartet zudem eine Darstellung des Verfahrens der Einwilligung nach Aufklärung. Die zuständige Bundesoberbehörde prüft diese Unterlagen hingegen nicht. Es ist daher eine nicht zentrale Aufgabe einer Ethik-Kommission, die Informationsunterlagen zu prüfen und ggf. Änderungsvorschläge zu machen. Wenn die Inhalte jedoch nicht vereinheitlicht sind, kommt es bei multizentrischen Studien sehr häufig zu vielfältigen Versionen von **Patienteninformationen**.

II. Beratungsgespräch (S. 2)

88   **Abs. 2 S. 2** sieht die Besonderheit vor, dass der betroffenen Person ferner Gelegenheit zu einem **Beratungsgespräch** mit einem Prüfer oder einem ärztlichen Mitglied der Prüfgruppe über die sonstigen Bedingungen der Durchführung der klinischen Prüfung zu geben ist. Entsprechend der Amtlichen Begründung handelt es sich um eine über das ärztliche Aufklärungsgespräch hinausgehende Beratung, welche in die Entscheidungsfreiheit der betroffenen Person gestellt ist. Diese weitergehende Beratung steht zwar nicht unter einem Arzt-, aber unter einem Prüfervorbehalt. Anders verhält es sich hingegen bei der Beratung durch ein Mitglied der Prüfgruppe. Das beratende Mitglied der Prüfgruppe muss ein Arzt oder bei zahnmedizinischer Behandlung ein Zahnarzt sein. Beispiele für weitergehende Informationen sind etwa vorhersehbare mögliche Nutzungen und mögliche Verwendungen, die Finanzierung des Forschungsprojektes, Aspekte der Stellungnahme der Ethik-Kommission, gesetzliche Schutzvorkehrungen, Vorkehrungen zum Zugang zu relevanten Informationen und Ergebnissen oder Versicherungsregelungen[126]. Es ist in diesem Zusammenhang jedoch anzumerken, dass wesentliche Aspekte bereits in den schriftlichen Unterlagen abgebildet sein dürften. Insgesamt zeigt die Regelung zur Aufklärung deutlich, dass das **ärztliche Aufklärungsgespräch** und die Beratung im Vordergrund stehen und schriftliche Unterlagen allenfalls eine unterstützende Funktion haben können.

III. Widerruf der Einwilligung (S. 3)

89   **Abs. 2 S. 3** bestimmt, dass eine (schriftliche) Einwilligung nicht nur schriftlich, sondern auch mündlich widerrufen werden kann. Der Widerruf muss gegenüber dem Prüfer oder gegenüber einem Mitglied der Prüfgruppe erklärt werden und ist an keine besonderen Voraussetzungen geknüpft. Insofern muss das Verhalten der betroffenen Person im Ganzen vom verantwortlichen Prüfer oder Mitglied der Prüfgruppe beurteilt werden, um festzustellen, ob sich hieraus möglicherweise ein Widerruf ergibt. Der Widerruf ist ausschließlich hinsichtlich der „normalen" Einwilligung in die Teilnahme der klinischen Prüfung zulässig. Ein Widerruf der speziellen datenschutzrechtlichen Einwilligung ist gem. Abs. 2a 2 Nr. 2 nicht zulässig. Abs. 2a 2 Nr. 3 regelt gesondert die Folgen eines Widerrufs der Einwilligung in die Teilnahme an der klinischen Prüfung für die bereits gespeicherten Daten (s. Rn. 93, 94).

---

[125] Vgl. hierzu auch die Begründung zum Regierungsentwurf in BR-Drucks. 91/12, S. 91.
[126] BT-Drucks. 15/2109, S. 30.

F. Datenschutzrechtliche Einwilligung (Abs. 2a)

Die Erteilung einer speziellen **datenschutzrechtlichen Einwilligung** durch die betroffene Person **90** war bereits vor der 12. AMG-Novelle im Gesetz enthalten. Die Notwendigkeit beruht darauf, dass im Rahmen der klinischen Prüfung personenbezogene Daten insbes. Gesundheitsdaten erhoben und verwendet werden. Überwachungsbehörden oder Beauftragte des Sponsors (sog. Monitore) nehmen zur Absicherung der Datenqualität und -richtigkeit Einsicht in diese Daten. Darüber hinaus ist auch eine Datenweitergabe an den Sponsor oder dessen CRO, zuständige Behörden bzw. Bundesoberbehörden notwendig. Da es sich bei diesen Daten um besonders sensible Informationen handelt, sieht das Gesetz die spezielle datenschutzrechtliche Einwilligungserklärung vor[127]. Abs. 2a wurde im Gesetzgebungsverfahren erst verhältnismäßig spät auf der Grundlage einer Beschlussempfehlung des Gesundheitsausschusses aufgenommen[128].

I. Einsichtnahme und Weitergabe an Dritte

Entsprechend der bisherigen Praxis und Rechtslage im AMG sind die personenbezogenen Original- **91** daten nur beim Prüfer zu dokumentieren. Bei der **Weitergabe von Gesundheits- bzw. Krankheits-daten** vom Prüfer an den Sponsor sind die Daten entsprechend den internationalen standardisierten Verschlüsselungspraktiken zu pseudonymisieren. Die Erstreckung der Möglichkeit zur Einsichtnahme auf die zuständige Behörde und Beauftragte des Sponsors berücksichtigt die nationalen und supranationalen Aspekte des Inspektionswesens bzw. das Erfordernis der Überprüfung der korrekten Übertragung der für die wissenschaftliche Bewertung wichtigen Daten[129].

Abs. 2a beschreibt die möglichen Verwendungsarten (Einsichtnahme, Weitergabe, Verarbeitung), den **92** Verwendungszweck (Inspektionen, wissenschaftliche Auswertungen, Meldung unerwünschter Ereignisse) sowie die jeweiligen Empfänger (Überwachungsbehörden, Beauftragte des Sponsors, Sponsoren, Bundesoberbehörden, Europäische Datenbank) der **personenbezogenen Daten.** Abs. 2a sieht nur für die Verwendungsart der Weitergabe und Verarbeitung von personenbezogenen Daten im Rahmen der klinischen Prüfung die sog. **Pseudonymisierung** vor. Dies gilt sowohl gegenüber dem Sponsor, den Zulassungsbehörden, den Bundesoberbehörden als auch gegenüber der Europäischen Datenbank.

Hinsichtlich der Meldepflichten des Prüfers an den Sponsor wurde in § 12 IV 2 GCP-V eine spezielle **93** Regelung aufgenommen, wonach personenbezogene Daten vor ihrer Übermittlung oder Verwendung des **Identifizierungscodes** der betroffenen Person zu pseudonymisieren sind. Allein aus der Tatsache, dass bei den Meldepflichten des Prüfers die Verwendung eines Identifizierungscodes vorgesehen ist, darf jedoch nicht geschlossen werden, dass neben dem Identifizierungscode keine weiteren Angaben gemacht werden dürfen.

II. Pseudonymisierung

Da das AMG den Begriff des **Pseudonymisierens** nicht definiert, ist zur Ausfüllung dieses Begriffs **94** auf die datenschutzrechtlichen Bestimmungen zurückzugreifen. Gem. § 3 VIa BDSG handelt es sich beim Pseudonymisieren um das Ersetzen des Namens oder anderer Identifikationsmerkmale durch ein Kennzeichen zu dem Zweck, die Bestimmung des Betroffenen auszuschließen oder wesentlich zu erschweren. Hierbei ist zu berücksichtigen, dass aus technischer Sicht die Pseudonymität das gesamte Spektrum zwischen Anonymität und eindeutiger Identifizierbarkeit umfasst. Zweck des Pseudonymisierens ist es daher nicht, die Bestimmung des Betroffenen unter allen Umständen auszuschließen. Es ist vielmehr ausreichend, wenn die Bestimmung des Betroffenen wesentlich erschwert wird[130]. Insofern handelt es sich auch dann noch um ein Pseudonymisieren, wenn die Ermittlung des Betroffenen (über mehrere Zwischenakte) erheblich erschwert wird.

In der Praxis ist der zulässige Umfang und Inhalt der Pseudonymisierung äußerst umstritten. Auf **95** entsprechenden Formblättern[131] von Behörden werden neben dem Identifizierungscode des betroffenen Patienten häufig auch die **Initialen** (Anfangsbuchstabe des Vor- und des Nachnamens) sowie das genaue **Geburtsdatum** eingetragen. Bedenken werden häufig auf der Grundlage von Datenschutzaspekten geltend gemacht. Es wird von den Kritikern regelmäßig behauptet, dass eine genaue Angabe des Geburtsdatums zusammen mit anderen Angaben eine Identifizierung der betroffenen Person für Dritte stark erleichtere und insofern der Zweck der Pseudonymisierung sogar konterkariert würde[132]. Ferner

---

[127] Der Arbeitskreis Medizinischer Ethik-Kommissionen hat einen Mustertext speziell für eine Datenschutz-Einwilligung bei klinischen Prüfungen gemäß AMG entwickelt: abrufbar unter www.ak-med-ethik-komm.de.
[128] BT-Drucks. 15/2849, S. 17, 60.
[129] BT-Drucks. 15/2849, S. 60.
[130] Vgl. *Gola/Schomerus*, § 3 Rn. 46.
[131] Beispielsweise das CIOMS-Formblatt 1 (Bericht über unerwünschte Arzneimittelwirkungen), welches bei der Meldung von unerwünschten Ereignissen an die Bundesoberbehörden weitergeleitet wird.
[132] *v. Dewitz*, A&R 2007, 215.

wird in der Verwendung der Initialen bzw. der Ausgabe des vollständigen oder teilweisen Geburtsdatums ein Verstoß gegen Artikel 17 I RL 1995/46/EG und § 40 II 3 BDSG gesehen[133].

96   Dieser Auffassung ist jedoch entgegen zu halten, dass Pseudonymisieren nach Vorgabe des § 3 VIa BDSG nicht mit **Anonymisieren** gleichzusetzen ist. Insofern wird von den Kritikern nicht plausibel dargelegt, warum es dem Sponsor oder den Behörden durch die Angabe der Patienteninitialen und/oder des vollständigen Geburtsdatums leicht möglich sein soll, Rückschlüsse auf individuelle Personen zu ziehen. Diese Einschätzung ist wirklichkeitsfremd. Weder Mitarbeitern von Sponsoren noch Mitarbeitern von Behörden ist es aufgrund von Patienteninitialen und/oder Angabe des vollständigen Geburtsdatums ohne weitere Schritte möglich zu erkennen, welcher Patient sich hinter einem Dokumentationsbogen verbirgt. Auch bei Angabe der Patienteninitialen und/oder des vollständigen Geburtsdatums ist ein erheblicher Aufwand für eine Reidentifizierung erforderlich, woran weder der Sponsor noch die Behörden ein Interesse haben. Damit steht der Angabe der Patienteninitialen und/oder des vollständigen Geburtsdatums in den Dokumentationsbögen die gesetzliche Definition des Pseudonymisierens **nicht** entgegen. Eine Identifizierung der Studienteilnehmer bleibt auch bei Angabe dieser Daten für die Adressaten der Dokumentationsbögen erschwert. Unter diesem Gesichtspunkt ergibt sich keine Kollision zwischen datenschutzrechtlichen Vorgaben und der Weitergabe von Patienteninitialen und/oder des vollständigen Geburtsdatums.

97   Aus arzneimittelrechtlicher Sicht sprechen zudem verschiedene Argumente für die Verwendung von Patienteninitialen und/oder des vollständigen Geburtsdatums. Zum einen ist es durchaus sachgerecht, neben dem Identifizierungscode des Patienten weitere Merkmale in die Dokumentationsbögen aufzunehmen, die die Gefahr von sogenannten **Doppelmeldungen** minimieren[134]. Die Angabe des vollständigen Geburtsdatums kann im Einzelfall eine wichtige Grundlage für die Auswertbarkeit von unerwünschten Arzneimittelwirkungen darstellen[135]. Insofern ist aus Gründen der Arzneimittelsicherheit und zum Schutz des Studienteilnehmers eine Verwendung von weiteren Merkmalen wie etwa Patienteninitialen und/oder vollständiges Geburtsdatum geboten und erforderlich. Dieses Ergebnis wird auch von den **datenschutz- und arzneimittelrechtlichen Regelungen** getragen. Im Ergebnis ist daher zwischen Arzneimittel- und Datenschutzrecht ein ausgewogenes Verhältnis herzustellen, ohne dass dem Datenschutz allein ein Vorrang eingeräumt wird[136].

III. Auswirkungen eines Widerrufs

98   Die datenschutzrechtliche Einwilligungserklärung ist gem. **Abs. 2a S. 2** zwar unwiderruflich. Dennoch muss für den Zeitpunkt des Widerrufs der Einwilligung zur Teilnahme an der klinischen Prüfung eine Regelung für den Umgang mit den bereits gespeicherten Daten gefunden werden. Der Widerruf der Teilnahme an einer klinischen Arzneimittelprüfung hat den Effekt, dass ab diesem Zeitpunkt keine weiteren Daten mehr erhoben werden dürfen. Die **Unwiderruflichkeit der datenschutzrechtlichen Einwilligung** bewirkt aber, dass bereits erhobene Daten unter den gesetzlich vorgegebenen Bedingungen grundsätzlich weiterhin verwendet werden dürfen. Dies ist von Bedeutung, wenn etwa die Wirkungen des prüfenden Arzneimittels festgestellt werden sollen. Hier muss sichergestellt werden, dass schutzwürdige Interessen der betroffenen Person nicht beeinträchtigt werden; zugleich ist der Pflicht zur Vorlage vollständiger Zulassungsunterlagen zu genügen **(Abs. 2a S. 2 Nr. 3 Buchst. a)–c))**.

99   Zudem haben die verantwortlichen Stellen beim Widerruf der Teilnahme an der klinischen Prüfung unverzüglich zu prüfen, inwieweit die **gespeicherten Daten** für die oben aufgeführten Zwecke noch erforderlich sein können. Liegen die gesetzlich genannten Gründe nicht oder nicht mehr vor, sind die Daten unverzüglich zu löschen. Im Übrigen sind die erhobenen personenbezogenen Daten nach

---

[133] v. Dewitz, A&R 2007, 212 ff., welcher sowohl einen Verstoß gegen das europäische als auch gegen das nationale Datenschutzrecht sieht, da die Verwendung der Initialen und des vollständigen Geburtsdatums nach seiner Auffassung grundsätzlich das letztlich geforderte Datenschutzniveau unterläuft und mit der Erreichung des Forschungszweckes nicht begründet werden kann.

[134] Die Gefahr von Doppelmeldungen konnte in der Vergangenheit insbes. im Zusammenhang mit bereits zugelassenen Arzneimitteln auftreten, da der Zulassungsinhaber gem. § 63b ebenfalls Meldepflichten über alle Verdachtsfälle von Nebenwirkungen hatte. Gem. § 63j wird jedoch klargestellt, dass die Pharmakovigilanzpflichten des 10. Abschnitts keine Anwendung auf Arzneimittel finden, die im Rahmen einer klinischen Prüfung als Arzneimittel eingesetzt werden.

[135] Dies wird auch von v. Dewitz zugestanden, wobei jedoch nach seiner Auffassung besondere Umstände durch den Sponsor dargelegt werden müssen, die eine Dokumentation des vollständigen Geburtsdatums wissenschaftlich erforderlich erscheinen lassen, vgl. v. Dewitz, A&R 2007, 219.

[136] Ein Verstoß gegen § 40 II 1 BDSG durch die Verwendung von Patienteninitialen und/oder des vollständigen Geburtsdatums ist nicht nachvollziehbar, da die klinische Arzneimittelprüfung von dem Regelungsinhalt des § 40 II 1 BDSG gar nicht erfasst ist. Es handelt sich ausschließlich um eine Sonderregelung für Forschungseinrichtungen, welche Daten im Bereich der wissenschaftlichen Forschung erheben, ohne dass der Betroffene hierfür seine Einwilligung erteilt hat. Im Bezug auf die arzneimittelrechtlichen Bestimmungen finden diese Vorgaben keine Anwendung, da die Weitergabe von pseudonymisierten Daten durch die Einwilligung des Studienteilnehmers von vornherein abgedeckt wird. Dementsprechend sind auch landesdatenschutzgesetzliche Sondervorschriften für die Verarbeitung und Nutzung personenbezogener Daten durch Forschungseinrichtungen nicht für die klinische Prüfung und die dort vorgesehene Datenweitergabe anwendbar.

Ablauf der in der GCP-V vorgesehenen Fristen zu löschen, soweit nicht gesetzliche, satzungsmäßige oder vertragliche Aufbewahrungsfristen entgegenstehen[137].

G. Probandenversicherung (Abs. 3)

Es kann auf die Kommentierung zu Abs. 1 S. 3 Nr. 9 verwiesen werden (s. Rn. 61–77).   **100**

H. Klinische Prüfung bei Minderjährigen (Abs. 4)

Durch die 12. AMG-Novelle wurden an den Inhalten und der Struktur der klinischen Prüfung bei **101** Minderjährigen nach Abs. 4 keine wesentlichen Änderungen vorgenommen. Die vorgenommenen Änderungen dienten der Umsetzung Art. 4 der RL 2001/20/EG. Es handelt sich insofern überwiegend um Konkretisierungen, welche dem **Schutz des Minderjährigen als Prüfungsteilnehmer** dienen[138]. Bei klinischen Prüfungen mit Minderjährigen ist zu berücksichtigen, dass grundsätzlich sämtliche Vorgaben der Abs. 1–3 auch auf diese Studienteilnehmer Anwendung finden. Abs. 4 enthält für Minderjährige spezielle Voraussetzungen, die auf den besonderen Schutz der Interessen dieses Personenkreises zugeschnitten sind. In dem 3. Erwägungsgrund der RL 2001/20/EG wird hervorgehoben, dass es gerade bei Kindern notwendig sei, klinische Studien durchzuführen, um die Behandlung dieser Bevölkerungsgruppe zu verbessern. Kinder bilden eine besonders schutzbedürftige Bevölkerungsgruppe, welche sich in ihrer Entwicklung physiologisch und psychologisch von Erwachsenen unterscheidet. Insofern sind bei klinischen Prüfungen immer auch das Alter und der Entwicklungsstand zu berücksichtigen. Aus der RL 2001/20/EG lässt sich ferner die Forderung entnehmen, dass Arzneimittel für Kinder, einschließlich Impfstoffe, vor einer allgemeinen Anwendung wissenschaftlich getestet werden müssen. Diese Forderung spiegelt sich aktuell auch in der VO (EG) Nr. 1901/2006 wider, welche am 26.1.2007 in Kraft getreten ist (EU-VO über Kinderarzneimittel). Ausgangspunkt für die Erarbeitung dieser VO war die Tatsache, dass derzeit mehr als 50 % der bei Kindern eingesetzten Arzneimittel nicht an Kindern geprüft oder für Kinder zugelassen sind. Ziel der VO ist daher, die **Entwicklung von Kinderarzneimitteln** zu fördern ohne jedoch die Zulassung neuer Arzneimittel für Erwachsene zu verzögern. Im Hinblick auf diese Zielsetzung wird deutlich, dass auch die Bestimmungen über die klinische Prüfung bei Minderjährigen mit den notwendigen Umsetzungsaktivitäten im Rahmen der EU-VO für Kinderarzneimittel harmonisiert werden mussten.

Abs. 4 bezieht sich ausschließlich auf Minderjährige. Minderjährig ist derjenige, der nicht volljährig ist, **102** d. h. das **achtzehnte Lebensjahr** noch nicht vollendet hat (§ 2 BGB). Lediglich zivilrechtlich bedeutsam, aber ohne Auswirkungen auf die Voraussetzungen des Abs. 4 ist die Altersgrenze des vollendeten siebten Lebensjahrs, mit welchem gem. § 106 BGB die sog. **beschränkte Geschäftsfähigkeit** eintritt. Für die Frage der Minderjährigkeit im Rahmen des Abs. 4 ist allein entscheidend, dass die betroffene Person das achtzehnte Lebensjahr noch nicht vollendet hat. In diesem Fall sind die zusätzlichen Voraussetzungen von Abs. 4 anzuwenden.

Abs. 4 ist abzugrenzen von der ebenfalls für Minderjährige geltenden Sonderregel des § 41 II. § 40 IV **103** enthält Sonderregelungen für den Fall, dass eine klinische Prüfung an einem **gesunden Minderjährigen** durchgeführt wird. Bei einem Blick auf die von der klinischen Prüfung erfassten Arzneimittel und deren Indiziertheit zeigt sich, dass von der Sonderregel der klinischen Prüfung am gesunden Minderjährigen nur solche Arzneimittel erfasst sind, welche zum Erkennen oder Verhüten von Krankheiten bei Minderjährigen bestimmt sind. Daraus ergibt sich, dass **ausschließlich Diagnostika und Vorbeugemittel** in den Anwendungsbereich des Abs. 4 fallen. Die Ermöglichung der klinischen Arzneimittelprüfung an gesunden Minderjährigen hat in der Vergangenheit immer wieder Spielraum für Kritik geboten und sogar zu Überlegungen geführt, welche den generellen Ausschluss von gesunden Minderjährigen als Studienteilnehmer zum Inhalt hatten. Dennoch ist es unumgänglich, Minderjährige in den Bereich der klinischen Prüfung einzubeziehen, da für bestimmte Arzneimittel eine klinische Prüfung ausschließlich am Erwachsenen nicht ausreicht bzw. gar nicht erst möglich ist und darüber hinaus beispielsweise die Notwendigkeit von Impfungen in der Pädiatrie auch zum Wohle des Kindes nicht hinwegzudenken ist[139]. Der Gesetzgeber hat daher schon in der Vergangenheit unter sehr engen Voraussetzungen bezogen auf Diagnostika und Vorbeugemittel zugelassen, dass auch gesunde Minderjährige in die klinische

---

[137] Nach der Amtlichen Begründung können durch die Löschung personenbezogener Daten des Prüfungsteilnehmers unter Umständen schutzwürdige Interessen beeinträchtigt werden. Dann wäre insbes. im Falle des Bekanntwerdens von Nebenwirkungen des Prüfpräparates eine Unterrichtung des Prüfungsteilnehmers nach einer Löschung der personenbezogenen Daten nicht mehr möglich. Dies hat den Gesetzgeber zu einem etwas zurückhaltenden Umgang mit der Datenlöschung im Bereich von klinischen Arzneimittelprüfungen bewogen, vgl. BT-Drucks. 15/2849, S. 72.
[138] Vgl. BT-Drucks. 15/2109, S. 30 f.
[139] *Deutsch*, S. 83.

Prüfung von Arzneimitteln eingeschlossen werden können. Im Rahmen der 12. AMG-Novelle wurden die Schutzkriterien weiter angepasst.

I. Indiziertheit des Arzneimittels (Nr. 1)

104   Das Arzneimittel muss zum Erkennen oder zum Verhüten von Krankheiten bei Minderjährigen bestimmt und die Anwendung des Arzneimittels muss nach den Erkenntnissen der medizinischen Wissenschaft angezeigt sein, um bei dem Minderjährigen Krankheiten zu erkennen oder ihn vor Krankheiten zu schützen. Insofern wird als Voraussetzung einer klinischen Arzneimittelprüfung bei gesunden Minderjährigen eine **persönliche Indiziertheit des Arzneimittels** gesetzlich festgelegt. Erweitert wurde diese persönliche Indiziertheit mit der zusätzlichen Regelung, dass das Arzneimittel angezeigt ist, wenn seine Anwendung bei dem Minderjährigen medizinisch indiziert ist. Die in der Vergangenheit geführte Diskussion zu der Frage, ob Abs. 4 auch rein wissenschaftliche Versuche an gesunden Minderjährigen zulässt, dürfte damit endgültig überholt sein[140].

II. Subsidiarität (Nr. 2)

105   In Abs. 4 Nr. 2 ist das **Subsidiaritätsprinzip** verankert. Danach darf die klinische Prüfung an Erwachsenen oder andere Forschungsmethoden nach den Erkenntnissen der medizinischen Wissenschaft keine ausreichenden Prüfergebnisse erwarten lassen. Im Rahmen der 12. AMG -Novelle wurde damit über den Rahmen der klinischen Prüfung herausgegangen und es wurden auch andere Forschungs-methoden miteinbezogen, um den Schutz des gesunden Minderjährigen noch effektiver auszugestalten. Denkbar sind Forschungsmethoden, die für sich genommen keine klinische Prüfung darstellen. Auch diese müssen beim Erwachsenen ausreichend ausgeschöpft sein, damit dem Subsidiaritätsprinzip nach dem Willen des Gesetzgebers genüge getan ist[141]. In diesem Zusammenhang ist zu berücksichtigen, dass bei einem Altersbereich zwischen 16 und 18 Jahren durchaus fraglich ist, ob die klinische Prüfung nicht auch an Erwachsenen durchgeführt werden kann. Das Subsidiaritätsprinzip dürfte daher umso häufiger zur Anwendung gelangen, je älter der Minderjährige ist. Es sind im konkreten Fall der klinischen Prüfung jedoch auch weitere Umstände, insbes. die spezielle Indikation des betroffenen Arzneimittels zu berück-sichtigen, um ggf. die klinische Prüfung bei Minderjährigen unter Einhaltung des Subsidiaritätsprinzips begründen zu können.

III. Einwilligung (Nr. 3)

106   Abs. 4 Nr. 3 regelt die Aufklärung und Einwilligung des **gesetzlichen Vertreters** unter Einbeziehung des Minderjährigen. Der Minderjährige ist vor Beginn der klinischen Prüfung von einem im Umgang mit Minderjährigen erfahrenen Prüfer, der Arzt oder, bei zahnmedizinischer Prüfung, Zahnarzt ist, oder einem entsprechend erfahrenen Mitglied der Prüfgruppe[142], das Arzt oder, bei zahnmedizinischer Prü-fung, Zahnarzt ist, über die Prüfung, die Risiken und den Nutzen aufzuklären, soweit dies im Hinblick auf sein Alter und seine geistige Reife möglich ist.

107   **1. Einwilligung durch den gesetzlichen Vertreter und mutmaßlicher Wille des Minderjäh-rigen (S. 1 und 2). Abs. 4 Nr. 3 S. 1** sieht zwingend die Einwilligung durch den **gesetzlichen Vertreter des Minderjährigen** vor. Dieser ist entsprechend den allgemeinen Vorgaben des Abs. 2 aufzuklären. Im Regelfall sind bei Minderjährigen die **Eltern** die gesetzlichen Vertreter (§§ 1626 I 1 BGB). Die elterliche Sorge umfasst sowohl die Personen- als auch die Vermögenssorge (§§ 1626 I 2 BGB). Bei der Ausübung der elterlichen Sorge haben die Eltern das Kindeswohl zu beachten. Was darunter zu verstehen ist, lässt sich nicht eindeutig festlegen. Aus den Gesetzgebungsmaterialien ergibt sich als Anhaltspunkt lediglich, dass es bei jungen Kindern ggf. notwendig ist, ihre Einstellung zu ermitteln und dabei ihren Entwicklungsstand zu berücksichtigen. Für die Entscheidung über die Einwil-ligung ist neben dem wirklichen Willen des Minderjährigen auch dessen mutmaßlicher Wille maß-geblich, soweit ein solcher festgestellt werden kann. Die Feststellung des mutmaßlichen Willens des Minderjährigen ist insofern eng mit dem Kindeswohlgedanken verknüpft. Die arzneimittelrechtlichen Bestimmungen enthalten jedoch keine konkreten Orientierungspunkte dahingehend, was unter dem **Kindeswohl bzw. dem mutmaßlichen Willen eines Minderjährigen** zu verstehen ist[143]. Erklärt der Minderjährige, nicht an einer klinischen Prüfung teilnehmen zu wollen, oder bringt er dies in sonstiger Weise zum Ausdruck, so ist dies zu beachten. Der gesetzliche Vertreter hat daher vorrangig den wirk-lichen Willen des ihm anvertrauten Minderjährigen zu ermitteln. Ist dies nicht oder nur sehr einge-

---

[140] Vgl. *Wachenhausen*, S. 138 ff. m. w. N.
[141] Vgl. BT-Drucks. 15/2109, S. 31.
[142] Folgeregelung zum Begriff des Prüfers und den Mitgliedern der Prüfgruppe, neu eingefügt durch das 2. AMG-ÄndG 2012.
[143] Für die Voraussetzungen des mutmaßlichen Willens kann jedoch auf das zivilrechtliche Institut der berechtigten Geschäftsführung ohne Auftrag gem. §§ 677, 683 BGB zurückgegriffen werden.

schränkt möglich, muss er im wohlverstandenen Interesse des Minderjährigen eine Entscheidung fällen. Liegen keine Anhaltspunkte dafür vor, dass der Minderjährige nicht an der klinischen Prüfung teilnehmen will, ist das wohlverstandene objektive Interesse des betroffenen Minderjährigen bei der Ermittlung des mutmaßlichen Willens ausschlaggebend[144].

Der Ersatz der Einwilligung der Eltern durch eine **Entscheidung des Vormundschaftsgerichts** **108** gem. § 1666 I BGB unter dem Gesichtspunkt, dass das Kindeswohl durch die missbräuchliche Ausübung der elterlichen Sorge gefährdet wird, wenn diese zu einer Teilnahme an einer klinischen Prüfung ihre Zustimmung verweigern, dürfte im Bereich der klinischen Prüfung am gesunden Minderjährigen gem. Abs. 4 **nicht denkbar** sein. Eine mögliche Gefährdung des Kindeswohls wird sich bei gesunden Minderjährigen wohl kaum begründen lassen. Etwas anderes könnte allerdings in Bezug auf die klinische Prüfung des Arzneimittels an einschlägig erkrankten Minderjährigen gelten.

Es ist nicht auszuschließen, dass Eltern bei der Ausübung der elterlichen Sorge im Bereich der **109** klinischen Prüfung **Meinungsverschiedenheiten** haben. Allerdings sind die Eltern gem. § 1626 BGB gehalten, die elterliche Sorge in eigener Verantwortung und in gegenseitigem Einvernehmen zum Wohl des Kindes auszuüben[145]. Bei Meinungsverschiedenheiten müssen sie versuchen, sich zu einigen. Die zivilrechtlichen Bestimmungen über die elterliche Sorge gehen grundsätzlich von einer sog. Gesamtvertretung durch Vater und Mutter aus, so dass diese nur gemeinsam vertretungsberechtigt sind. Allerdings sieht das Gesetz in verschiedenen Fällen auch Ausnahmen vom Grundsatz der Gesamtvertretung vor und lässt einen Elternteil das Kind allein vertreten. Ein besonderer Fall sind **Notsituationen,** die zum sofortigen Handeln zwingen (§ 1629 I 4 BGB). In der Regel wird für die Einwilligung in eine klinische Prüfung am gesunden Minderjährigen gem. Abs. 4 Nr. 3 zu fordern sein, dass beide sorgeberechtigten Elternteile gleichermaßen aufzuklären sind und beide ihre Einwilligung erteilen. Ob beide Elternteile die Einwilligung in Gegenwart des aufklärenden Arztes schriftlich erteilen müssen oder ob es ausreicht, wenn der eine Elternteil den anderen mittels des Patientenaufklärungsbogens informiert und dessen schriftliche Einwilligung lediglich vorlegt, ist umstritten und von den arzneimittelrechtlichen Bestimmungen bisher nicht geregelt. Im Einzelfall muss eine praxisnahe Lösung gefunden werden.

2. Aufklärung (S. 3). Nicht nur der gesetzliche Vertreter ist entsprechend den Vorgaben des Abs. 2 **110** aufzuklären, sondern auch der Minderjährige. Dieser ist vor Beginn der klinischen Prüfung **von einem im Umgang mit Minderjährigen erfahrenen Prüfer** über die Prüfung, die Risiken und den Nutzen aufzuklären, soweit dies im Hinblick auf sein Alter und seine geistige Reife möglich ist. Damit sind die Anforderungen an die Aufklärung eines Minderjährigen an dessen Alter und individuellen Kenntnissen und Fähigkeiten auszurichten. Starre Altersgrenzen sind in diesem Zusammenhang wenig hilfreich. Vielmehr ist eine **kindgerechte Aufklärung** notwendig.[146] Es war bereits in Art. 4 Buchst. b) RL 2001/20/EG vorgesehen, dass die Aufklärung von pädagogisch erfahrenem Personal durchgeführt wird. Diese besondere Qualifikation wurde in das deutsche Recht umgesetzt, indem die Aufklärung über einen im Umgang mit Minderjährigen erfahrenen Prüfer zu erfolgen hat. Die pädagogische Erfahrung ermöglicht es im konkreten Fall, dass beispielsweise ablehnendes Verhalten des Minderjährigen oder Einschränkungen in der Einwilligungsfähigkeit besser erkannt werden. Zum Schutz von Minderjährigen wurde zugleich auch im Bereich des Genehmigungsverfahrens bei den Ethik-Kommissionen eine Besonderheit eingefügt, welche mit der speziellen Prüferqualifikation korrespondiert. Gem. § 42 I 6 hat die Ethik-Kommission Sachverständige beizuziehen oder Gutachten anzufordern, wenn es sich um eine klinische Prüfung bei Minderjährigen handelt und sie sich nicht über eigene Fachkenntnisse auf dem Gebiet der Kinderheilkunde, einschließlich ethischer und psychosozialer Fragen der Kinderheilkunde, verfügt.[147]

Die **schriftliche Patienteninformation** sollte nicht nur auf den gesetzlichen Vertreter, sondern **111** (soweit sinnvoll) auch auf den Minderjährigen zugeschnitten sein. Um bestimmte Sachverhalte zu erläutern, kann in diesem Zusammenhang beispielsweise mit Bildern und Symbolen gearbeitet werden. Die Patienteninformationen für den gesetzlichen Vertreter und den Minderjährigen sind der Ethik-Kommission im Rahmen des Genehmigungsverfahrens zur Prüfung vorzulegen.

3. Einwilligung des Minderjährigen (S. 4). Ist der Minderjährige in der Lage, Wesen, Bedeutung **112** und Tragweite der klinischen Prüfung zu erkennen und seinen Willen hiernach auszurichten, so ist auch seine **Einwilligung** erforderlich. Im Hinblick darauf kumuliert das AMG die Einwilligung des gesetzlichen Vertreters mit der Einwilligung des Minderjährigen, sofern bei diesem Einwilligungsfähigkeit gegeben ist. Die Einwilligungsfähigkeit muss bei dem Minderjährigen im Einzelfall festgestellt werden. Der Gesetzgeber geht davon aus, dass die für die Einwilligung erforderliche Einsichtsfähigkeit in der Regel vom vollendeten sechzehnten Lebensjahr an gegeben sein kann.[148] Diese Altersgrenze ist jedoch im

---

[144] *Wachenhausen*, S. 79.

[145] *Götz*, in: Palandt, § 1626 Rn. 6.

[146] Der Arbeitskreis Medizinischer Ethik-Kommissionen hat Mustertexte für die Aufklärung von Patienten unter Berücksichtigung des jeweiligen Alters entwickelt (7–11 Jahre und 12–16 Jahre), abrufbar unter www.ak-med-ethik-komm.de.

[147] Es handelt sich um die Umsetzung der Vorgabe in Art. 4 Buchst. h) RL 2001/20/EG.

[148] BT-Drucks. 15/2109, S. 31.

AMG nicht vorgesehen, da Altersgrenzen lediglich einen Anhaltspunkt für die Einschätzung der Einwilligungsfähigkeit geben können. Je älter ein Minderjähriger jedoch ist, um so eher kann der behandelnde Arzt bzw. Prüfer von einer bestehenden Einwilligungsfähigkeit ausgehen, wenn nicht zusätzliche Zeichen (wie etwa verhaltensbedingte Gründe) auf eine Einwilligungsunfähigkeit hinweisen. Damit bleibt es auch nach der 12. AMG-Novelle erforderlich, die Einwilligungsfähigkeit des Minderjährigen im konkreten Fall festzustellen. Sowohl der gesetzliche Vertreter als auch der Minderjährige müssen ferner Gelegenheit zu einem Beratungsgespräch gem. Abs. 2 S. 2 haben (s. dazu Rn. 83).

113　　**4. Beratungsgespräch (S. 5).** Nach Abs. 4 Nr. 3 S. 5 ist neben dem gesetzlichen Vertreter des Minderjährigen auch diesem selbst ein Beratungsgespräch anzubieten (s. hierzu Rn. 83).

IV. Zulässiger Belastungsgrad und Risiken (Nr. 4)

114　　Mit der 12. AMG-Novelle wurde Abs. 4 Nr. 4 als zusätzliche Voraussetzung aufgenommen. Diese Regelung setzt die Vorgabe des Art. 4 Buchst. g) RL 2001/20/EG um. Die klinische Prüfung darf dementsprechend nur durchgeführt werden, wenn sie für die betroffene Person mit **möglichst wenig Belastungen und anderen vorhersehbaren Risiken** verbunden ist. Der Belastungsgrad und die Risikoschwelle müssen im Prüfplan eigens definiert und vom Prüfer ständig überprüft werden. Als Belastungen werden insbes. Schmerzen, Beschwerden, Angst und andere vorhersehbare Risiken genannt[149]. Diese gesetzliche Voraussetzung trägt dem Umstand Rechnung, dass sich die möglichen Risiken für einen Minderjährigen erheblich von denjenigen Risiken für einen Erwachsenen unterscheiden können. Nicht nur das Arzneimittel selbst birgt Risiken in sich, sondern auch die für die Durchführung der klinischen Prüfung regelmäßig erforderlichen Begleituntersuchungen, wie etwa Blutentnahmen. Auch andere denkbare, z.B. röntgenologische Untersuchungen wirken sich unter Umständen auf den kindlichen Organismus ganz anders aus als auf den erwachsenen Organismus[150].

V. Keine Vorteilsgewährung (Nr. 5)

115　　Gem. Abs. 4 Nr. 5 dürfen Vorteile mit Ausnahme einer **angemessenen Entschädigung** nicht gewährt werden. Der Grund ist die körperliche Integrität des Minderjährigen und dessen Menschenwürde, woraus abzuleiten ist, dass der Minderjährige nicht zum Objekt finanzieller Interessen degradiert werden darf. Eine angemessene Entschädigung besteht beispielsweise in der Erstattung der Fahrtkosten[151]. Nicht angemessen sind Vermögensvorteile, die in einem Missverhältnis zu einer Leistung im Rahmen der Teilnahme an einer klinischen Prüfung stehen[152].

I. Einrichtung einer Kontaktstelle (Abs. 5)

I. Kontaktstelle (S. 1)

116　　Durch die 12. AMG-Novelle wurde in Abs. 5 eine Regelung aufgenommen, wonach sich betroffene Personen hinsichtlich aller Informationen über alle Umstände, die bei der Durchführung von klinischen Prüfungen bedeutsam sind, bei einer **Kontaktstelle** informieren können. Die Regelung setzt Art. 3 IV RL 2001/20/EG um. Die Einrichtung einer Kontaktstelle soll es den betroffenen Personen bzw. ihren gesetzlichen Vertretern oder einem von ihr Bevollmächtigten ermöglichen, Informationen sowohl über die Regelung zur Durchführung einer klinischen Prüfung als auch über die tatsächlichen Anforderungen sowie die näheren Einzelheiten des konkreten Prüfvorhabens einzuholen. Insoweit können die Betroffenen unabhängig von einem Aufklärungsgespräch mit den an der Prüfung teilnehmenden Ärzten eine unvoreingenommene Beratung erhalten. Diese zusätzliche Informationsmöglichkeit dient auch dazu, die entsprechende Einwilligung für die Teilnahme an der klinischen Prüfung vorzubereiten, so dass das Auskunftsrecht bereits dann entsteht, sobald die klinische Prüfung genehmigt ist. Informationen können von dem Betroffenen während und nach Abschluss der klinischen Prüfung eingeholt werden.

II. Einrichtung bei der zuständigen Bundesoberbehörde (S. 2)

117　　Gem. § 77 II ist für Sera, Impfstoffe, Blutzubereitungen, Knochenmarkzubereitung, Allergene, Testsera, Testantigene, Arzneimittel für neuartige Therapien, xenogene Arzneimittel und gentechnisch hergestellte Blutbestandteile das PEI die zuständige Kontaktstelle. Für alle anderen Arzneimittel ist das BfArM zuständig.

---

[149] BT-Drucks. 15/2109, S. 31.
[150] Vgl. *Wachenhausen*, S. 147.
[151] BT-Drucks. 15/2109, S. 31.
[152] BT-Drucks. 15/2109, S. 31.

§ 41 Besondere Voraussetzungen der klinischen Prüfung

(1) [1] Auf eine klinische Prüfung bei einer volljährigen Person, die an einer Krankheit leidet, zu deren Behandlung das zu prüfende Arzneimittel angewendet werden soll, findet § 40 Abs. 1 bis 3 mit folgender Maßgabe Anwendung:

1. Die Anwendung des zu prüfenden Arzneimittels muss nach den Erkenntnissen der medizinischen Wissenschaft angezeigt sein, um das Leben dieser Person zu retten, ihre Gesundheit wiederherzustellen oder ihr Leiden zu erleichtern, oder
2. sie muss für die Gruppe der Patienten, die an der gleichen Krankheit leiden wie diese Person, mit einem direkten Nutzen verbunden sein.

[2] Kann die Einwilligung wegen einer Notfallsituation nicht eingeholt werden, so darf eine Behandlung, die ohne Aufschub erforderlich ist, um das Leben der betroffenen Person zu retten, ihre Gesundheit wiederherzustellen oder ihr Leiden zu erleichtern, umgehend erfolgen. [3] Die Einwilligung zur weiteren Teilnahme ist einzuholen, sobald dies möglich und zumutbar ist.

(2) [1] Auf eine klinische Prüfung bei einem Minderjährigen, der an einer Krankheit leidet, zu deren Behandlung das zu prüfende Arzneimittel angewendet werden soll, findet § 40 Abs. 1 bis 4 mit folgender Maßgabe Anwendung:

1. Die Anwendung des zu prüfenden Arzneimittels muss nach den Erkenntnissen der medizinischen Wissenschaft angezeigt sein, um das Leben der betroffenen Person zu retten, ihre Gesundheit wiederherzustellen oder ihr Leiden zu erleichtern, oder
2. a) die klinische Prüfung muss für die Gruppe der Patienten, die an der gleichen Krankheit leiden wie die betroffene Person, mit einem direkten Nutzen verbunden sein,
   b) die Forschung muss für die Bestätigung von Daten, die bei klinischen Prüfungen an anderen Personen oder mittels anderer Forschungsmethoden gewonnen wurden, unbedingt erforderlich sein,
   c) die Forschung muss sich auf einen klinischen Zustand beziehen, unter dem der betroffene Minderjährige leidet und
   d) die Forschung darf für die betroffene Person nur mit einem minimalen Risiko und einer minimalen Belastung verbunden sein; die Forschung weist nur ein minimales Risiko auf, wenn nach Art und Umfang der Intervention zu erwarten ist, dass sie allenfalls zu einer sehr geringfügigen und vorübergehenden Beeinträchtigung der Gesundheit der betroffenen Person führen wird; sie weist eine minimale Belastung auf, wenn zu erwarten ist, dass die Unannehmlichkeiten für die betroffene Person allenfalls vorübergehend auftreten und sehr geringfügig sein werden.

[2] Satz 1 Nr. 2 gilt nicht für Minderjährige, für die nach Erreichen der Volljährigkeit Absatz 3 Anwendung finden würde.

(3) Auf eine klinische Prüfung bei einer volljährigen Person, die nicht in der Lage ist, Wesen, Bedeutung und Tragweite der klinischen Prüfung zu erkennen und ihren Willen hiernach auszurichten und die an einer Krankheit leidet, zu deren Behandlung das zu prüfende Arzneimittel angewendet werden soll, findet § 40 Abs. 1 bis 3 mit folgender Maßgabe Anwendung:

1. [1] Die Anwendung des zu prüfenden Arzneimittels muss nach den Erkenntnissen der medizinischen Wissenschaft angezeigt sein, um das Leben der betroffenen Person zu retten, ihre Gesundheit wiederherzustellen oder ihr Leiden zu erleichtern; außerdem müssen sich derartige Forschungen unmittelbar auf einen lebensbedrohlichen oder sehr geschwächten klinischen Zustand beziehen, in dem sich die betroffene Person befindet, und die klinische Prüfung muss für die betroffene Person mit möglichst wenig Belastungen und anderen vorhersehbaren Risiken verbunden sein; sowohl der Belastungsgrad als auch die Risikoschwelle müssen im Prüfplan eigens definiert und vom Prüfer ständig überprüft werden. [2] Die klinische Prüfung darf nur durchgeführt werden, wenn die begründete Erwartung besteht, dass der Nutzen der Anwendung des Prüfpräparates für die betroffene Person die Risiken überwiegt oder keine Risiken mit sich bringt.
2. [1] Die Einwilligung wird durch den gesetzlichen Vertreter oder Bevollmächtigten abgegeben, nachdem er entsprechend § 40 Abs. 2 aufgeklärt worden ist. [2] § 40 Abs. 4 Nr. 3 Satz 2, 3 und 5 gilt entsprechend.
3. [1] Die Forschung muss für die Bestätigung von Daten, die bei klinischen Prüfungen an zur Einwilligung nach Aufklärung fähigen Personen oder mittels anderer Forschungsmethoden gewonnen wurden, unbedingt erforderlich sein. [2] § 40 Abs. 4 Nr. 2 gilt entsprechend.
4. Vorteile mit Ausnahme einer angemessenen Entschädigung dürfen nicht gewährt werden.

Wichtige Änderungen der Vorschrift: § 41 neu gefasst durch Art. 1 Nr. 41 des Zwölften Gesetzes zur Änderung des Arzneimittelgesetzes vom 30.7.2004 (BGBl. I S. 2031).

Europarechtliche Vorgaben: RL 2001/20/EG.

Literatur: *Amelung*, Über die Einwilligungsfähigkeit, Teil I, ZStW 1992, 525, 821; *Brückner/Brockmeyer/Gödicke/Kratz/Scholz/Taupitz/Weber*, Einbeziehung von volljährigen einwilligungsunfähigen Notfallpatienten in Arzneimittelstudien, MedR 2010, 69; *Bundesärztekammer*, Stellungnahme der „Zentralen Ethik-Kommission bei der Bundesärztekammer" zum Schutz nicht – einwilligungsfähiger Personen in der medizinischen Forschung", DÄBl 1997, A-1011; *Deutsch*, Einwilligung und Aufklärung bei der Erprobung neuer Verfahren beim Menschen – aus juristischer Sicht, Z.ärztl.Fortbild. 1994, 1040; *Freund/Heubel*, Forschung mit einwilligungsunfähigen und beschränkt einwilligungsfähigen Personen, MedR 1997, 347; *Graf von Kielmannsegg*, Das Prinzip des Eigennutzens in der klinischen Arzneimittelprüfung, PharmR 2008, 517; *Habermann/Lasch/Gödicke*, Therapeutische Prüfungen an Nicht-Einwilligungsfähigen im Eilfall – ethisch geboten und rechtlich zulässig?, NJW 2000, 3389; *Helmchen*, Kriterien und Konsequenzen von Einwilligungsunfähigkeit, in: Töllner/Wiesing (Hrsg.), Wissen-Handeln-Ethik, Strukturen ärztlichen Handelns und ihre ethische Relevanz, S. 177; *Fröhlich*, Forschung wider Willen?, Heidelberg, 1999; *Helmchen/Lauter*, Dürfen Ärzte mit Demenzkranken forschen?, Analyse des Problemfeldes Forschungsbedarf und Einwilligungsproblematik, 1995; *Kuhlmann*, Einwilligung in die Heilbehandlung alter Menschen, 1996; *Mand/Stückrath*, Medizinische Forschung an Einwilligungsunfähige, KliFoRe 2006, 61; *Niethammer*, Der nichteinwilligungsfähige Patient (Proband) in der klinischen Forschung – Pädiatrische Aspekte, in: Töllner/Wiesing (Hrsg.), Wissen-Handeln-Ethik, Strukturen ärztlichen Handelns und ihre ethische Relevanz, 1995, S. 109; *Pestalozza*, Risiken und Nebenwirkungen: Die klinische Prüfung von Arzneimitteln am Menschen nach der 12. AMG-Novelle, NJW 2004, 3374; *Spickhoff*, Forschung an nicht – einwilligungsfähigen Notfallpatienten, MedR 2006, 707; *Taupitz/Fröhlich*, Medizinische Forschung mit nicht – einwilligungsfähigen Personen – Stellungnahme der Zentralen Ethik-Kommission, VersR 1997, 911; *von Dewitz*, „Reine Placebo-Kontrolle" in der Klinischen Prüfung von Arzneimitteln, A&R 2007, 1; *von Freier*, Kindes- und Patientenwohl in der Arzneimittelforschung am Menschen – Anm. zur geplanten Novellierung des AMG, MedR 2003, 610; *Wachenhausen*, Möglichkeiten und Grenzen der biomedizinischen Forschung an Einwilligungsunfähigen, RPG 2000, 81; *Wachenhausen*, Medizinische Versuche und klinische Prüfungen an Einwilligungsunfähigen, 2001.

Übersicht

A. Allgemeines

I. Inhalt

1   Die besonderen Voraussetzungen für die klinische Prüfung stellen im Verhältnis zu § 40 keine abgeschlossene Sonderregelung dar. § 41 ergänzt und modifiziert die allgemeinen Voraussetzungen unter Berücksichtigung der von der klinischen Prüfung jeweils betroffenen Patientengruppe. Dabei ist § 41 I und III AMG eine **Modifikation** in Bezug auf § 40 I–III, wohingegen § 41 II eine Modifikation von § 40 I–IV ist, da es sich um spezielle Bestimmungen zu Minderjährigen handelt. Insofern dürfen die besonderen Voraussetzungen der klinischen Prüfung in § 41 nicht losgelöst von den allgemeinen Voraussetzungen nach § 40 betrachtet werden.

2   Voraussetzung für die Anwendung der besonderen Voraussetzungen der klinischen Prüfung nach § 41 ist grundsätzlich, dass es sich bei den Studienteilnehmern um Personen handelt, die an einer Krankheit leiden. Zur Behandlung dieser Krankheit soll das zu prüfende Arzneimittel eingesetzt werden. Im Vergleich zu § 40 ist damit Anwendungsvoraussetzung, dass die klinische Prüfung mit einem Arzneimittel an einem **einschlägig erkrankten Patienten** durchgeführt wird. Abs. 1 regelt die klinische Prüfung bei einem volljährigen einwilligungsfähigen Patienten. Abs. 2 bezieht sich auf die klinische Prüfung bei minderjährigen Patienten. Auf volljährige einwilligungsunfähige Patienten findet schließlich Abs. 3 Anwendung. Für alle drei Patientengruppen enthalten die arzneimittelrechtlichen Bestimmungen speziell auf die Schutzbedürftigkeit und Interessen zugeschnittene Voraussetzungen, welche beim Beginn einer klinischen Prüfung zusätzlich berücksichtigt werden müssen. Allerdings enthalten die Bestimmungen auch Erleichterungen, welche dem Umstand Rechnung tragen, dass es sich um einschlägig erkrankte Personen handelt, zu deren Behandlung der Einsatz eines Arzneimittels beitragen soll. Insofern ist der Regelungsgegenstand des § 41 vergleichbar mit dem Charakter eines **Heilversuchs,** bei welchem der Nutzen nicht allein der medizinischen Wissenschaft, sondern einer individuellen Person zugute kommt. Das Kriterium des Gruppennutzens stellt allerdings eine gewisse Auflockerung dieses Prinzips dar, so dass es erforderlich war, weitere Schutzkriterien (beispielsweise ein geringer Belastungsgrad) entsprechend den Vorgaben der RL 2001/20/EG aufzunehmen.

II. Zweck

Durch die 12. AMG-Novelle hat die Bestimmung des § 41 insgesamt eine neue Struktur sowie **3** zusätzliche Voraussetzungen erhalten[1]. Vor Umsetzung der Vorgaben der RL 2001/20/EG war sowohl für volljährige als auch für minderjährige Patienten die unmittelbare Indiziertheit des Arzneimittels Voraussetzung für die Teilnahme an einer klinischen Prüfung. Daher musste nicht nur generell die Krankheit, an der der Patient leidet, sondern auch das individuelle Krankheitsbild die Anwendung des Arzneimittels medizinisch indizieren. Die Neuregelung des § 41 geht im Hinblick auf die Teilnahme von volljährigen einwilligungsfähigen Patienten und minderjährigen Patienten nun von einem sog. Gruppennutzen aus[2]. Dieser Gruppennutzen wurde im Rahmen der 12. AMG-Novelle in Abs. 1 S. 1 Nr. 2 und Abs. 2 S. 1 Nr. 2 verankert. Die Einführung des **Gruppennutzens** bei minderjährigen Patienten als Prüfungsteilnehmer ist auf Art. 4 Buchst. e) RL 2001/20/EG zurückzuführen. Aus der Amtlichen Begründung ergibt sich, dass ohne eine solche gesetzliche Verankerung einer auch bei bloßem Gruppennutzen zulässigen klinischen Prüfung die Praxis in der Kinderheilkunde wie bislang in breitem Umfang auf den sog. **Off-label-use** (Anwendung eines Arzneimittels über die in der Zulassung festgelegten Anwendungen hinaus) zurückgreifen müsste[3]. Dem Off-label-use im Bereich der Kinderheilkunde soll jedoch durch mehrere Maßnahmen entgegengewirkt werden. Neben der gesetzlichen Verankerung des Gruppennutzens im Bereich der klinischen Arzneimittelprüfung soll diesem durch die VO (EG) Nr. 1901/2006 entgegengewirkt werden. Zweck dieser VO über Kinderarzneimittel ist es, die Entwicklung und die Zugänglichkeit von Arzneimitteln zur Verwendung bei Minderjährigen zu erleichtern und zu gewährleisten, dass die zur Behandlung von Minderjährigen verwendeten Arzneimittel im Rahmen ethisch vertretbarer und qualitativ hochwertiger Forschungsarbeiten entwickelt und eigens für die pädiatrische Verwendung genehmigt werden, sowie über die Verwendung von Arzneimitteln bei den verschiedenen Gruppen Minderjähriger verfügbaren Informationen zu verbessern. Diese Ziele sollen verwirklicht werden, ohne Minderjährige unnötigen klinischen Prüfungen zu unterziehen und ohne die Genehmigung eines Arzneimittels für andere Altersgruppen zu verzögern[4]. Die Anwendung eines Arzneimittels im Off-label-Bereich erfolgt hingegen in der Praxis meist unter geringeren Anstrengungen, Wirkungen und Nebenwirkungen des eingesetzten Arzneimittels zu erfassen. Darüber hinaus sind die dem einzelnen Arzt zur Verfügung stehenden Möglichkeiten einer umfassenden Risiko-Nutzen-Abwägung hinsichtlich des Einsatzes des für diese Indikation nicht zugelassenen Arzneimittels häufig nur eingeschränkt. Insofern existieren auf europäischer Ebene vielfache Aktivitäten, den in der Praxis typischen Off-label-use von Arzneimitteln in der Kinderheilkunde in den Rahmen einer Zulassung auf der Basis wissenschaftlich und ethisch vertretbarer klinischer Prüfungen bei Minderjährigen zu überführen.

Mit der Ermöglichung eines Gruppennutzens insbes. im Hinblick auf minderjährige Patienten bei der **4** Teilnahme an klinischen Prüfungen entsteht zugleich eine Auflockerung des Prinzips des ausschließlich individuellen Nutzens. Im Rahmen der Diskussionen über das Menschenrechtsübereinkommen zur Biomedizin (Bioethik-Konvention) des Europarates wurde die in Art. 17 der Bioethik-Konvention vorgesehene **personengebundene Fremdnützigkeit** aus deutscher Sicht vehement abgelehnt. Es ist in diesem Zusammenhang jedoch hervorzuheben, dass auch die Bioethik-Konvention die Zulässigkeit einer gruppennützigen Forschung genau wie die heutigen arzneimittelrechtlichen Bestimmungen an ein minimales Risiko und minimale Belastungen geknüpft hat[5]. Die Auseinandersetzung über die Frage der

[1] Vgl. zur Änderung des § 41 durch die 12. AMG-Novelle *Pestalozza*, NJW 2004, 3374 ff.
[2] *Graf von Kielmannsegg*, PharmR 2008, 518.
[3] BT-Drucks. 15/2109, S. 31.
[4] Vgl. 4. Erwägungsgrund der VO (EG) Nr. 1901/2006.
[5] Vgl. hierzu genauer *Wachenhausen*, S. 240 ff.; *Taupitz/Fröhlich*, VersR 1997, 913.

Fremdnützigkeit hat schließlich dazu geführt, dass die Bundesrepublik Deutschland die Bioethik-Konvention bis heute nicht ratifiziert hat. Inzwischen hat der Gruppennutzen über die RL 2001/20/EG aber unmittelbar Eingang in die regulatorischen Bestimmungen zur klinischen Prüfung gefunden.

B. Volljährige einwilligungsfähige Patienten (Abs. 1)

I. Indiziertheit des Arzneimittels (Nr. 1)

5   Die Anwendung des zu prüfenden Arzneimittels muss nach den Erkenntnissen der medizinischen Wissenschaft angezeigt sein, um das Leben dieser Person zu retten, ihre Gesundheit wiederherzustellen oder ihr Leiden zu erleichtern. Soweit dieses Erfordernis der **persönlichen Indiziertheit** des Prüfpräparates gegeben ist, darf ein volljähriger Patient in eine klinische Prüfung eingeschlossen werden[6]. Sämtliche weitere Voraussetzungen müssen entsprechend § 40 I–III ebenfalls eingehalten werden. Insofern gelten bei einem volljährigen Patienten auch die allgemeinen Voraussetzungen, die bei der Aufklärung und Einwilligung zu berücksichtigen sind.

II. Gruppennutzen (Nr. 2)

6   Abs. 1 S. 1 Nr. 2 implementiert als weiteren Rechtfertigungsgrund für die Durchführung einer klinischen Arzneimittelprüfung mit volljährigen Patienten den sog. **Gruppennutzen.** Der Gruppennutzen für volljährige Patienten unterscheidet sich jedoch hinsichtlich seiner einzelnen Voraussetzungen erheblich von dem Gruppennutzen bei der Durchführung einer klinischen Prüfung mit minderjährigen Patienten gem. Abs. 2 S. 1 Nr. 2. Dies ist darauf zurückzuführen, dass es sich bei minderjährigen Patienten anders als bei volljährigen einwilligungsfähigen Patienten um eine besonders sensible Patientengruppe handelt. Der Gruppennutzen ermöglicht ein Abweichen von der persönlichen Indiziertheit des Arzneimittels bei dem betroffenen volljährigen Patienten. Daher reicht es für die Durchführung einer klinischen Prüfung mit einem volljährigen Patienten auch aus, dass die klinische Prüfung für die Gruppe der Patienten, die an der gleichen Krankheit leiden wie diese Person, mit einem direkten Nutzen verbunden ist. Damit normiert Abs. 1 S. 1 Nr. 2 fremdnützige Forschung bei volljährigen Patienten, welche einwilligungsfähig sind. Dies ist auch nachvollziehbar, da die betroffenen Patienten grundsätzlich in der Lage sind, Wesen, Bedeutung und Tragweite der klinischen Prüfung zu erfassen und eine selbstbestimmte Entscheidung treffen können. Wie gesunden Probanden steht es auch Patienten frei, sich für fremdnützige Forschungszwecke zur Verfügung zu stellen. Allerdings kann dies nur unter dem Vorbehalt des Gruppennutzens geschehen, da den Patienten ermöglicht werden soll, dass sich für sie zumindest mittelbar ein Nutzen aus ihrer Teilnahme an der klinischen Prüfung ergibt. Daher ist die Verknüpfung mit der Patientengruppe, welche an der gleichen Krankheit leidet wie die betroffene Person, sachgerecht und schränkt eine zu weite Ausdehnung der fremdnützigen Forschung zum Schutz des Betroffenen ein.

III. Notfallsituationen (S. 2 und 3)

7   Von den arzneimittelrechtlichen Bestimmungen werden auch **Notfallsituationen** erfasst, in denen eine unmittelbare Gesundheitsgefahr für den betroffenen Studienteilnehmer besteht. Nach **Abs. 1 S. 2** darf eine Behandlung, die ohne Aufschub erforderlich ist, um das Leben der betroffenen Person zu retten, ihre Gesundheit wieder herzustellen oder ihr Leiden zu erleichtern, auch im Rahmen der klinischen Prüfung von Kranken umgehend erfolgen, wenn die Einwilligung wegen einer Notfallsituation nicht eingeholt werden kann. Sobald es möglich und zumutbar ist, ist die Einwilligung zur weiteren Teilnahme einzuholen **(Abs. 1 S. 3).** Die bisherige Teilnahme bleibt durch die mutmaßliche Einwilligung vollumfänglich gerechtfertigt.

8   Die Bestimmung zu Notfallsituationen war bereits vor der 12. AMG-Novelle in § 41 Nr. 5 S. 3 a. F. enthalten. Diese bisherige Ausnahmeregelung stellte lediglich einen Bezug zum einschlägig Erkrankten her, ohne zwischen **einwilligungsfähigen oder einwilligungsunfähigen bzw. minderjährigen Patienten** zu unterscheiden. Die Notfallregelung konnte insofern gleichmäßig bei allen Patientengruppen, die an einer klinischen Prüfung teilnahmen, verwendet werden.

9   Die RL 2001/20/EG sah eine derartige Notfallregelung hingegen nicht vor. Der deutsche Gesetzgeber hat sich dennoch entschlossen, diese beizubehalten. Allerdings ist die Zuordnung der Notfallregelung zu den Bestimmungen über die klinische Prüfung bei volljährigen einwilligungsfähigen Patienten missverständlich. Aus der Zuordnung der Norm könnte geschlossen werden, dass diese nur auf volljährige einwilligungsfähige Patienten, nicht aber auf minderjährige oder auf volljährige einwilligungsunfähige Patienten zugeschnitten ist. Diese Interpretation würde jedoch zu einem Ausschluss von beispielsweise Unfallopfern oder anderen Notfallpatienten von der Ausnahmeregelung des Abs. 1 S. 2

---

[6] Vgl. *Graf von Kielmannsegg*, PharmR 2008, 519, wonach die Indikation des Verums das Kernelement darstellt.

führen[7]. Im Hinblick auf diese Benachteiligung besonders sensibler Patientengruppen, welche gerade wegen der eingetretenen Notfallsituation einwilligungsunfähig sind, ist die Regelung in Abs. 1 S. 2 auch auf minderjährige Patienten und volljährige einwilligungsunfähige Patienten zu erstrecken. Anderenfalls wäre eine ganze Gruppe von Kranken von möglichen therapeutischen Versuchen ausgeschlossen, bei denen die Bestimmung eines gesetzlichen Vertreters vor Beginn des Versuchs wegen des Zeitdrucks nicht möglich ist[8]. Für eine Einbeziehung der anderen Patientengruppen in die Ausnahmeregelung für Notfallsituationen spricht auch, dass Art. 5 Buchst. a) RL 2001/20/EG für die Einwilligung durch den gesetzlichen Vertreter den mutmaßlichen Willen des Prüfungsteilnehmers als Maßstab heranzieht. Es ist gerade eine Ausprägung des mutmaßlichen Willens, dass in Notfallsituationen sämtliche Maßnahmen ergriffen werden, die einer Lebens- oder Gesundheitsgefährdung entgegenwirken. In diesen Fällen muss eine gesetzliche Vertretung zu Gunsten des Betroffenen zurücktreten[9].

C. Minderjährige Patienten (Abs. 2)

I. Grundsatz (S. 1)

1. Indiziertheit des Arzneimittels (Nr. 1). Auch Abs. 2 stellt zwei Alt. für die Zulässigkeit einer **10** klinischen Prüfung bei einem Minderjährigen, welcher an einer Krankheit leidet, zur Verfügung. Ebenso wie bei volljährigen einwilligungsfähigen Patienten ist eine klinische Prüfung bei einem **Minderjährigen** dann zulässig, wenn die Anwendung des zu prüfenden Arzneimittels nach den Erkenntnissen der medizinischen Wissenschaft angezeigt ist, um das Leben der betroffenen Person zu retten, ihre Gesundheit wiederherzustellen oder ihr Leiden zu erleichtern. Ist das zu prüfende Arzneimittel daher unmittelbar zur Behandlung des betroffenen Minderjährigen indiziert, ist eine klinische Prüfung bei Vorliegen der weiteren unter § 40 I–IV aufgeführten Voraussetzungen zulässig.

2. Gruppennutzen (Nr. 2). a) Direkter Nutzen (Buchst. a)). Liegt keine unmittelbare persönli **11** che Indiziertheit des prüfenden Arzneimittels bei dem von der klinischen Prüfung betroffenen minderjährigen Patienten vor, kann eine klinische Prüfung auch bei Vorliegen der **speziellen Voraussetzung eines Gruppennutzens** zulässig sein. Die klinische Prüfung muss dementsprechend für die Gruppe der minderjährigen Patienten, die an der gleichen Krankheit leiden wie die betroffene Person, mit einem direkten Nutzen verbunden sein (Buchst. a). Allerdings ist bei minderjährigen Patienten anders als bei volljährigen einwilligungsfähigen Patienten zusätzlich vorgesehen, dass eine Bestätigung von Daten unbedingt erforderlich ist (Abs. 2 S. 1 Nr. 2 Buchst. b)), ein Bezug zum klinischen Zustand des betroffenen Minderjährigen besteht (Abs. 2 S. 1 Nr. 2 Buchst. c)) und ein minimales Risiko und minimale Belastungen entstehen (Abs. 2 S. 1 Nr. 2 Buchst. d)). Der Gesetzgeber sieht die Verankerung des in diesen Bestimmungen normierten Gruppennutzens bei Kindern als erforderlich an. Insbes. sind Laborwerte (z. B. Normalwerte körpereigener Substanzen) oder funktionsdiagnostische Untersuchungen (z. B. EEG, EKG, Lungenfunktion) zusätzlich zu bestimmen bzw. zu untersuchen, die für die Überwachung sowie den Nachweis der Wirksamkeit einer Arzneimitteltherapie notwendig erscheinen[10].

b) Bestätigung von Daten (Buchst. b)). Zunächst ist Voraussetzung, dass die Forschung für die **12** **Bestätigung von Daten,** die bei klinischen Prüfungen an anderen Personen oder mittels anderer Forschungsmethoden gewonnen wurden, unbedingt erforderlich sein muss. Diese Einschränkung steht in engem Zusammenhang mit dem Subsidiaritätsprinzip gem. § 40 IV Nr. 2. Ist es möglich, dass die Bestätigung von Daten auch auf anderem Wege als durch eine klinische Prüfung mit Minderjährigen herbeigeführt werden kann, ist eine klinische Prüfung unter dem Gesichtspunkt des Gruppennutzens unzulässig.

c) Bezug zum klinischen Zustand (Buchst. c)). Des Weiteren verlangt Abs. 2 S. 1 Nr. 2 **13** Buchst. c), dass sich die Forschung auf einen **klinischen Zustand** bezieht, unter dem der betroffene Minderjährige leidet. Dieses Merkmal tritt zum Krankheitsbezug hinzu und verengt die Gruppennützigkeit auf einen bestimmten klinischen Zustand, so dass ein allgemeiner Krankheitsbezug alleine nicht

---

[7] Vgl. hierzu auch *Spickhoff*, MedR 2006, 710. Zur Einbeziehung von volljährigen einwilligungsunfähigen Notfallpatienten in Arzneimittelstudien vgl. auch *Brückner/Brockmeyer/Gödicke/Kratz/Scholz/Taupitz/Weber*, MedR 2010, 69 ff.
[8] *Spickhoff*, MedR 2006, 710; *Deutsch/Spickhoff*, Rn. 974; *Deutsch*, NJW 2001, 32/63; *Lippert*, Notfall- & Rettungsmedizin 2006, 355.
[9] In Notfallsituationen ist der Rechtfertigungsgrund der mutmaßlichen Einwilligung von erheblicher Bedeutung, da dieser an eine Gefahrensituation anknüpft. Eine Rechtfertigung durch das Rechtsinstitut der mutmaßlichen Einwilligung ist allerdings nur zulässig im Bereich der klinischen Prüfung mit einschlägig erkrankten Personen gem. § 41. Die klinische Prüfung eines Arzneimittels, die lediglich zum Nutzen der Wissenschaft geschieht, kann durch die mutmaßliche Einwilligung des Studienteilnehmers hingegen nicht gerechtfertigt werden. Dem steht entgegen, dass der Studienteilnehmer die Einwilligung selbst und schriftlich zu erteilen hat. Hierzu muss eine vollständige Einwilligungsfähigkeit bestehen, vgl. hierzu *Wachenhausen*, S. 174 ff.
[10] BT-Drucks. 15/2109, S. 31.

ausreicht. Art. 4 Buchst. e) RL 2001/20/EG stellt zusätzlich darauf ab, ob es sich um Forschungen handelt, die ihrem Wesen nach nur an Minderjährigen durchgeführt werden können.

14   **d) Minimales Risiko und minimale Belastungen (Buchst. d)).** Eine erhebliche Einschränkung erfährt die Möglichkeit der gruppennützigen Forschung bei minderjährigen Patienten durch die Vorgabe des Abs. 2 S. 1 Nr. 2 Buchst. d), wonach die Forschung für die betroffene Person nur mit einem minimalen Risiko und einer minimalen Belastung verbunden sein darf. Was hierunter zu verstehen ist, wird innerhalb dieser Bestimmung weiter konkretisiert. Ein **minimales Risiko** liegt vor, wenn nach Art und Umfang der Intervention zu erwarten ist, dass die Forschung allenfalls zu einer sehr geringfügigen und vorübergehenden Beeinträchtigung der Gesundheit der betroffenen Person führen wird. Eine **minimale Belastung** ist hingegen gegeben, wenn zu erwarten ist, dass die Unannehmlichkeiten für die betroffene Person allenfalls vorübergehend auftreten und sehr geringfügig sein werden. Die Frage, ob eine minimale Belastung vorliegt, ist individuell und unter Hinzuziehung der Eltern oder ggf. einer anderen Person, die das besondere Vertrauen der betroffenen Minderjährigen genießt, zu beurteilen[11]. Die zuständigen Behörden und die Ethik-Kommission haben die Aufgabe, das erwartete Nutzen-Risiko-Profil sorgfältig zu prüfen und zu bewerten. Die Ethik-Kommission muss daher das Vorliegen der Voraussetzungen für gruppennützige Forschung unter Heranziehung des Prüfplans speziell untersuchen. Ein höheres Maß an Risiken oder Belastungen lässt sich auch mit einem höheren Nutzen der klinischen Prüfung in keinem Fall rechtfertigen[12]. Insgesamt zeigt sich, dass die Voraussetzungen für eine gruppennützige Forschung an minderjährigen Patienten sehr stark am **Schutz des individuellen Studienteilnehmers** orientiert sind. Daher ist gruppennützige Forschung an minderjährigen Patienten nur unter ganz engen Voraussetzungen zulässig. Es obliegt den gesetzlichen Vertretern und der Ethik-Kommission, die Einhaltung dieser Grenzen zu überwachen.

II. Ausschluss des Gruppennutzens (S. 2)

15   Da Abs. 3 für volljährige einwilligungsunfähige Personen keine **Legitimation einer gruppennützigen Forschung** vorsieht, werden Minderjährige, die aus anderen als altersbedingten Gründen (etwa aufgrund einer Erkrankung oder Behinderung) einwilligungsunfähig sein werden, wenn die Volljährigkeit eintritt, gem. As. 2 S. 2 von einer gruppennützigen Forschung ausgeschlossen.

D. Volljährige einwilligungsunfähige Patienten (Abs. 3)

16   Für eine klinische Prüfung bei **volljährigen einwilligungsunfähigen Patienten** ist ausschließlich eine unmittelbare persönliche Indiziertheit des Arzneimittels vorgesehen, nicht jedoch die Möglichkeit eines Gruppennutzens. Dies beruht darauf, dass Art. 5 RL 2001/20/EG ebenfalls keinen Gruppennutzen für volljährige einwilligungsunfähige Patienten vorsieht. Wegen der ohnehin großen Hürden, welche bei dem Gruppennutzen bei minderjährigen Patienten festgelegt wurden, ist nicht nachvollziehbar, warum eine gruppennützige Forschung unter den gleichen strengen Einschränkungen nicht auch beim volljährigen einwilligungsunfähigen Patienten möglich sein soll. Zutreffend wird darauf hingewiesen, dass es nicht einleuchte, wenn eine Maßnahme, die den konkret Betroffenen nur ganz geringfügig belaste, die also keine ernstliche Beeinträchtigung seines Wohl bedeutet, selbst dann unzulässig sein soll, wenn anderen von der gleichen Krankheit Betroffenen durch die Maßnahme eine große Hilfe erwiesen werden könnte[13]. Die Ungleichbehandlung zwischen einwilligungsunfähigen Erwachsenen und minderjährigen Patienten kann nur durch eine gesetzliche Erweiterung des Abs. 3 aufgehoben werden. Dies ist jedoch ohne eine entsprechende Richtlinienänderung nicht zu erwarten[14].

I. Besonderheiten bei der Risiko–Nutzen–Abwägung (Nr. 1)

17   Abs. 3 Nr. 1 enthält Konkretisierungen hinsichtlich der **persönlichen Indiziertheit** des zu prüfenden Arzneimittels bei dem Studienteilnehmer. Die klinische Prüfung muss sich auf einen lebensbedrohlichen oder sehr geschwächten klinischen Zustand beziehen, in dem sich die betroffene Person befindet[15]. Des Weiteren enthält Abs. 3 Nr. 1 weitere Konkretisierungen zu den zu erwartenden Risiken der klinischen

---

[11] BT-Drucks. 15/2109, S. 31.
[12] BT-Drucks. 15/2109, S. 31.
[13] *Spickhoff*, MedR 2006, 710; zur gruppennützigen Forschung außerhalb der bestehenden spezialgesetzlichen Regelung vgl. *Mand/Stückrath*, Medizinische Forschung an Einwilligungsunfähigen, KliFoRe 2006, 64.
[14] Der Gesetzgeber hat im Gesetzgebungsverfahren dementsprechend darauf hingewiesen, dass es für Erwachsene nicht einwilligungsfähige Personen wie im europäischen Recht bei der bisherigen Rechtslage bleibe. Es genüge hier ein „Gruppennutzen" nicht. Vielmehr dürfe die klinische Prüfung nur durchgeführt werden, wenn die Anwendung des zu prüfenden Arzneimittels nach den Erkenntnissen der medizinischen Wissenschaft für den Prüfungsteilnehmer einen individuellen Nutzen erwarten ließe, vgl. BT-Drucks. 15/2109, S. 32.
[15] Der Begriff „sehr geschwächter klinischer Zustand" umfasst auch die Altersdemenz, vgl. BT-Drucks. 15/2109, S. 32.

Prüfung und dem zu erwartenden Nutzen. Hinsichtlich der **Risiko-Nutzen-Abwägung** wird festgelegt, dass der Nutzen der Anwendung des Prüfpräparates für die betroffene Person die Risiken überwiegen muss oder bestenfalls keine Risiken mit sich bringt.

II. Einwilligung durch gesetzlichen Vertreter oder Bevollmächtigten (Nr. 2)

Für volljährige einwilligungsunfähige Patienten muss der **gesetzliche Vertreter** oder der **Bevoll-**   **18** **mächtigte** die Einwilligung erteilen. Bei volljährigen Personen ist der gesetzliche Vertreter regelmäßig der Betreuer. Gem. § 1902 BGB vertritt der Betreuer in seinem Aufgabenkreis den Betreuten gerichtlich und außergerichtlich. Damit nimmt er die Stellung eines gesetzlichen Vertreters ein. Die Grenzen der Vertretungsmacht bilden auch die Grenzen der Betreuung. Gem. § 1897 I BGB bestellt das Vormundschaftsgericht eine natürliche Person zum Betreuer, die geeignet ist, in dem gerichtlich bestimmten Aufgabenkreis die Angelegenheiten des Betreuten rechtlich zu besorgen und ihn in dem hierfür erforderlichen Umfang persönlich zu betreuen. Für die Einwilligung im Bereich der klinischen Prüfung ist der gerichtlich bestellte Betreuer für den **Aufgabenkreis der Gesundheitsfürsorge** zuständig. Geht es um eine Entscheidung, die die Gesundheit, den Körper oder das Leben des Betreuten berührt, kann derjenige Betreuer, der für diesen bestimmten Aufgabenkreis bestellt wurde, gesetzlicher Vertreter sein. Allerdings kann eine bereits bestehende Betreuung auch auf diesen Aufgabenkreis ausgeweitet werden[16]. Voraussetzung für eine Betreuung ist, dass ein volljähriger Patient aufgrund einer psychischen Krankheit oder einer körperlichen, geistigen oder seelischen Behinderung seine Angelegenheiten ganz oder teilweise nicht besorgen kann. Diese Voraussetzung überschneidet sich mit der Voraussetzung der Einwilligungsunfähigkeit für den Anwendungsbereich des Abs. 3. Die Betreuung eines Volljährigen kann kurzfristig beantragt und eingerichtet werden. Das Vormundschaftsgericht entscheidet über die Betreuungsbedürftigkeit und den Betreuungsbedarf. Der Umfang der Betreuung und die Pflichten des Betreuers richten sich nach § 1901 BGB. Der Betreuer ist verpflichtet, gem. § 1901 II 1 BGB die Angelegenheiten des Betreuten so zu besorgen, wie es dessen Wohl entspricht. Zum Wohl des Betreuten gehört auch die Möglichkeit, im Rahmen seiner Fähigkeiten sein Leben nach seinen eigenen Wünschen und Vorstellungen zu gestalten (§ 1901 II 2 BGB).

§ 1904 BGB sieht für bestimmte ärztliche Maßnahmen einen **Genehmigungsvorbehalt** vor. Danach   **19** bedarf die Einwilligung des Betreuers in eine Untersuchung des Gesundheitszustandes, eine Heilbehandlung oder einen ärztlichen Eingriff der **Genehmigung des Vormundschaftsgerichts,** wenn die begründete Gefahr besteht, dass der Betreute aufgrund der Maßnahme stirbt oder einen schweren und länger dauernden gesundheitlichen Schaden erleidet. Ohne die Genehmigung darf die Maßnahme nur durchgeführt werden, wenn mit dem Aufschub Gefahr verbunden ist. Fraglich ist, ob die Situation, welche den Genehmigungsvorbehalt gem. § 1904 I BGB auslöst, überhaupt im Rahmen einer klinischen Prüfung eintreten kann. Für die Durchführung einer klinischen Prüfung ist erforderlich, dass eine Risiko-Nutzen-Abwägung durchgeführt wird. Verantwortlich für die Risiko-Nutzen-Abwägung ist der Sponsor. Diese wird jedoch auch von den Bundesoberbehörden und der zuständigen Ethik-Kommission überprüft. Zudem stellt Abs. 3 Nr. 1 hohe Anforderungen an den zulässigen Belastungsgrad und die zulässige Risikoschwelle. Es ist daher schon von zweifelhaft, dass die klinische Prüfung positiv bewertet würde, wenn mit dieser zugleich die Gefahr des Todes oder einer schweren Verletzung verbunden wäre[17]. Daher bietet Abs. 3 faktisch keinen Raum für den Genehmigungsvorbehalt gem. § 1904 BGB. Es sollte daher eine klare Grenzziehung zwischen § 1904 BGB und den arzneimittelgesetzlichen Bestimmungen vorgenommen werden, um etwaige Unklarheiten auszuräumen[18].

Fehlt ein Betreuer, ist bei Bestehen der Eilbedürftigkeit ein vorläufiger Betreuer bzw. Ergänzungs-   **20** betreuer zu bestellen oder das Vormundschaftsgericht selbst erteilt die Einwilligung gem. § 1846 BGB. Bei Gefahr in Verzug kann jedoch in Notfallsituationen die Rechtfertigungsmöglichkeit des Abs. 1 S. 2 in Betracht kommen (mutmaßlich Einwilligung). In diesem Fall können auch die Angehörigen nach dem mutmaßlichen Willen des Betroffenen befragt werden. Klinische Prüfungen in diesen besonders sensiblen Bereichen (beispielsweise bei Unfallopfern) sehen regelmäßig Patienteninformationsbögen für die Angehörigen vor, die speziell für die Ermittlung des **mutmaßlichen Willens** des Betroffenen eingesetzt werden. Angehörige sind aber nicht den gesetzlichen Vertreter gleichzusetzen.

Neben dem Betreuer nennt **Abs. 3 Nr. 2 S. 1** auch den **Bevollmächtigten.** Hierbei wird es sich in   **21** der Regel um einen sogenannten Vorsorgebevollmächtigten handeln[19]. Die Möglichkeit einer Bevollmächtigung hat im BtG gem. § 1896 II 2 BGB Eingang gefunden. Danach ist die Betreuung nicht erforderlich, soweit die Angelegenheit des Volljährigen durch einen Bevollmächtigten oder durch andere Hilfen, bei denen kein gesetzlicher Vertreter bestellt wird, ebenso gut wie durch einen Betreuer besorgt werden können. Die Betreuung ist damit grundsätzlich nachrangig gegenüber Selbsthilfemöglichkeiten,

---

[16] *Götz*, in: Palandt, § 1896 Rn. 20.
[17] *Wachenhausen*, S. 165.
[18] Der Genehmigungsvorbehalt des § 1904 BGB im Bereich der klinischen Arzneimittelprüfung wird in der betreuungsrechtlichen Kommentarliteratur lediglich gestreift. Vgl. *Götz*, in: Palandt, § 1896 Rn. 18.
[19] BT-Drucks. 15/2109, S. 31, 32.

durch deren Wahrnehmung der Betreuungsbedarf auf andere Weise befriedigt werden kann[20]. Die ausdrückliche Nennung des Betreuers in **Abs. 3 Nr. 2 S. 1** führt dazu, dass der Bevollmächtigte im Rahmen seiner Befugnisse mit dem gesetzlichen Vertreter gleichgestellt wird. Bei bestimmten Patientengruppen (Demenzkranken oder Alzheimer-Patienten), die an einer chronischen und langsam voranschreitenden Krankheit leiden, kann es hilfreich sein, dass der betroffene Patient eine sog. antizipierte Forschungsverfügung erstellt, die auf den Zeitpunkt ausgerichtet ist, in welchem eine Einwilligungsunfähigkeit eintritt. Unabhängig von der Frage nach der Rechtsverbindlichkeit einer antizipierten Forschungsverfügung würde das Vorliegen einer solchen jedenfalls erheblich zur Ermittlung des wirklichen oder mutmaßlichen Willens des betroffenen Patienten beitragen[21].

22   Der gesetzliche Vertreter bzw. Bevollmächtigte des volljährigen einwilligungsunfähigen Patienten ist entsprechend § 40 II aufzuklären. Darüber hinaus sind die Bestimmungen des § 40 IV Nr. 3 S. 2, 3 und 5 entsprechend anzuwenden, welche grundsätzlich für Minderjährige gelten. Insofern ist notwendig, dass der mutmaßliche Wille des volljährigen einwilligungsunfähigen Patienten festgestellt werden muss. Zudem muss auch ein einwilligungsunfähiger Patient vor Beginn der klinischen Prüfung von einem entsprechend erfahrenen Prüfer aufgeklärt werden. Der gesetzliche Vertreter, der Bevollmächtigte und der betroffene Patient müssen Gelegenheit zu einem **Beratungsgespräch** haben. Die zusätzliche Einwilligung des Patienten zu der des gesetzlichen Vertreters oder Bevollmächtigten ist nicht vorgesehen, da Grundvoraussetzung für die Anwendung des Abs. 3 ist, dass der Betroffene gerade nicht in der Lage ist, Wesen, Bedeutung und Tragweite der klinischen Prüfung zu erkennen und seinen Willen hiernach auszurichten.

III. Bestätigung von Daten (Nr. 3)

23   Ebenso wie bei der klinischen Prüfung mit minderjährigen Patienten ist auch bei volljährigen einwilligungsunfähigen Patienten eine besondere Form der **Subsidiarität** vorgesehen. Die Forschung muss dementsprechend für die Bestätigung von Daten, die bei klinischen Prüfungen an zur Einwilligung nach Aufklärung fähigen Personen oder mittels anderer Forschungsmethoden gewonnen wurden, unbedingt erforderlich sein. Das bedeutet, dass die Sponsoren und Prüfer gehalten sind, vor einer klinischen Prüfung mit diesen besonders sensiblen Patientengruppen zu prüfen, ob die klinische Prüfung nicht auch mit volljährigen einwilligungsfähigen Patienten durchgeführt werden kann und zu den gleichen Ergebnissen führt.

IV. Keine Vorteilsgewährung (Nr. 4)

24   Den volljährigen einwilligungsunfähigen Patienten dürfen keine **finanziellen Vorteile** für die Teilnahme an der klinischen Prüfung in Aussicht gestellt werden. Eine Ausnahme stellt die Zahlung einer **angemessenen Entschädigung,** beispielsweise für Fahrtkosten dar.

E. Spezielle Problembereiche

I. Placebokontrollierte Studien

25   Die Durchführung von placebokontrollierten Studien bei Patienten insbes. bei minderjährigen oder volljährigen einwilligungsunfähigen Patienten ist in der Praxis extrem **umstritten.** Selbst die Ethik-Kommissionen bewerten die Einordnung von placebokontrollierten Studien teilweise sehr unterschiedlich, was wiederum zu einem großen Unsicherheitsfaktor bei der Beantragung von klinischen Prüfungen auf Seiten der Sponsoren führt. Dies ist auf die unterschiedlichen Interessen der einzelnen Positionen zurückzuführen. Aus Sicht der Zulassungsbehörden sind klinische Prüfungen in der Regel als „kontrollierte klinische Prüfungen" und soweit möglich randomisiert durchzuführen, wobei zum Vergleich je nach Einzelfall ein Placebo oder ein bereits bekanntes Arzneimittel mit nachgewiesenem therapeutischem Wert heranzuziehen ist[22]. Die revidierte Deklaration von Helsinki bezieht sich unter C. 29 auf placebokontrollierte Versuche[23] und die EMA hat mit einem Positionspapier vom 28.6.2001 ebenfalls zu dieser Frage Stellung genommen[24].

26   Die Zulässigkeit von placebokontrollierten Studien knüpft im Wesentlichen an zwei Fragen an: Ist eine placebokontrollierte Studie bei minderjährigen oder einwilligungsunfähigen Patienten zulässig? Ist eine

---

[20] *Diederichsen,* in: Venzlaff/Foerster, Psychiatrische Begutachtung, S. 496; s. auch *OLG Stuttgart,* BtPrax 1994, 99; *LG Stuttgart,* Rpfleger 1994, 209.

[21] *Wachenhausen,* S. 189; *Helmchen/Lauter,* S. 52.

[22] Vgl. Anh. I der RL 2001/83 Ziffer 5.2.5.1.

[23] Die dazugehörige Erläuterung ist ebenfalls umstritten und hat zu einer „starren" Anwendung der revidierten Deklaration von Helsinki aus dem Jahr 1996 geführt, s. hierzu § 40 Rn. 17.

[24] EMEA/CPMP Position Statement on the Use of Placebo in Clinical Trials with regard to the Revised Declaration of Helsinki, EMEA/17 424/01.

placebokontrollierte Studie bei Patienten auch dann zulässig, wenn bereits eine **Standardtherapie** existiert?

Für eine sachgerechte Bewertung ist davon auszugehen, dass eine Placebokontrolle nicht gleichzuset- 27 zen ist mit einer bloßen Nichtbehandlung von Patienten. Alle Patienten – einschließlich derjenigen in einem Placeboarm – haben Anspruch auf den sog. **Best Supportive Care.** Die Entschließung des Deutschen Bundestages vom 2.4.2004 führte hierzu richtig aus, dass bei jeder klinischen Prüfung alle Teilnehmer auch weiterhin die beste erprobte diagnostische und therapeutische Behandlung erhalten, wobei die Verwendung von Placebos in den Fällen nicht ausgeschlossen sei, für die es kein erprobtes diagnostisches oder therapeutisches Verfahren gebe oder sofern dies nach der guten klinischen Praxis erforderlich sei und das Ergebnis der Nutzen Risiko-Abwägung nicht negativ beeinflusse[25]. Diese Abwägung ist an sämtlichen Studienarmen auszurichten. Ein Placeboarm darf daher nicht als rein wissenschaftliche Studie und abgekoppelt von dem anderen Studienarm bewertet werden, da beide Studienarme einen Nutzen aus der Behandlung haben können. Bei der Erfolgswahrscheinlichkeit des Prüfarzneimittels handelt es sich zunächst nur um eine Prognose, die für ihre Bestätigung gerade des wissenschaftlichen Nachweises durch die randomisierte (in der Regel doppelblinde) Zuteilung in min-destens zwei Studienarme bedarf[26]. Auf diese Weise lassen sich auch placebokontrollierte klinische Prüfungen mit minderjährigen oder volljährigen einwilligungsunfähigen Patienten rechtfertigen[27].

Wenn bereits eine **Standardtherapie existiert,** hängt die Durchführung der klinischen Prüfung 28 davon ab, ob die Placebokontrolle zur Erreichung des Forschungszwecks erforderlich ist und es (noch) keiner Behandlung des kranken Studienteilnehmers mit der erprobten Standardtherapie bedarf, um diesen vor einer Gesundheitsschädigung im weiteren Sinne zu bewahren[28]. Im Einzelfall ist daher der aktuelle Grad des Standards und die Etablierung einer Therapie unter medizinisch-wissenschaftlichen Gesichtspunkten zu untersuchen. In diesem Zusammenhang kommt es nicht auf den formellen Zu-lassungsstatus eines Arzneimittels an, sondern auch auf die ärztliche Praxis, um einen Standard abschlie-ßend bewerten zu können. Der Standard kann insofern einem Wandel unterworfen sein, der sich u. U. erheblich auf die Beurteilung einer Studie auswirkt.

II. Konsiliararztmodell

Das sog. **Konsiliararztmodell** ist in den arzneimittelrechtlichen Bestimmungen zur klinischen Prü- 29 fung nicht kodifiziert. Es handelt sich um eine spezielle Vorgehensweise, die sich aus der Praxis heraus-gebildet hat[29]. Das Modell wurde im Zusammenhang mit der Notfallregelung und Abs. 1 S. 2 ent-wickelt. Es handelt sich regelmäßig um Situationen, in welchen die behandelnden Ärzte binnen kürzester Zeit eigenverantwortlich entscheiden müssen, ohne dass eine Einwilligung eines gesetzlichen Vertreters oder des Vormundschaftsgerichts eingeholt werden kann. Von einigen Ethik-Kommissionen wird in diesem Zusammenhang empfohlen, im Interesse eines optimalen **Schutzes einwilligungsunfähiger Patienten** die Entscheidung des zuständigen Arztes erst nach Stellungnahme eines erfahrenen, an der Prüfung nicht beteiligten Arztes (Konsiliararzt) zu treffen. Damit handelt es sich um ein zweites Fach-Votum, das den Prüfarzt weder binden noch seiner Verantwortung entheben soll[30]. Der Konsiliararzt entlastet jedoch den Prüfer hinsichtlich der zu treffenden ärztlichen Entscheidung und sichert ihn durch das Vier-Augen-Prinzip ab. Obwohl das Konsiliararztmodell gesetzlich nicht zwingend vorgeschrieben ist, sollte es von den Sponsoren im Rahmen klinischer Prüfungen in die Planung eingeschlossen werden, bei denen sich Patienten voraussichtlich in entsprechenden Notfallsituationen befinden könnten.

III. Pädiatrisches Prüfkonzept

Die klinische Prüfung bei Minderjährigen, insbes. bei einschlägig erkrankten Minderjährigen muss 30 aktuell auch im Kontext mit der VO (EG) Nr. 1901/2006 über **Kinderarzneimittel** betrachtet werden. Ein pharmazeutischer Unternehmer, der beabsichtigt, einen Antrag gem. Art. 7 I Buchst. a) oder Buchst. d), Art. 8 und Art. 30 VO (EG) Nr. 1901/2006 zu stellen, muss ein sog. pädiatrisches Prüfkonzept erarbeiten und der EMA zusammen mit einem Antrag auf Billigung vorlegen[31]. Dieses pädiatrische Prüfkonzept muss von einem bei der EMA eingerichteten wissenschaftlichen Ausschuss

---

[25] BT-Drucks. 15/2849, S. 5.

[26] *Wachenhausen,* S. 182.

[27] Erhebliche Bedenken macht *von Dewitz* mit Blick auf die Grenze der minimalen Risiken und Belastungen geltend: vgl. Gutachten der Enquête-Kommission „Ethik und Recht der modernen Medizin" des Deutschen Bundestages zu Ethikkommissionen in der medizinischen Forschung vom Oktober 2004, S. 283 ff.; vgl. *von Dewitz,* A&R 2007, 8.

[28] So zutreffend *von Dewitz,* A&R 2007, 7.

[29] Das Konsiliararztmodell orientiert sich an einer Vorgabe der amerikanischen Zulassungsbehörde FDA, vgl. *Habermann/Lasch/Gödicke,* NJW 2000, 3389.

[30] In der Praxis wird das Konsiliararztmodell auch häufig als die sog. Giessener-Lösung bezeichnet, da die Ethik-Kommission der medizinischen Fakultät der Universität Gießen als erste ein entsprechendes Formblatt entworfen hat, welches die Feststellung einer Notfallsituation für die Einbeziehung eines nicht einwilligungsfähigen Patienten in die klinische Prüfung zum Gegenstand hat. Das Formblatt ist abrufbar unter: www.med.uni-giessen.de.

[31] Paediatric Investigation Plan (PIP).

(Pädiatrieausschuss – PDCO) genehmigt werden und ist integraler Bestandteil der Zulassungsunterlagen für jedes neue Arzneimittel unabhängig vom Zulassungsverfahren. Als Ausgleich werden den pharmazeutischen Unternehmern Anreize und Boni in Form von verlängerten oder neuen Schutzfristen gewährt.

31   Gem. Art. 15 II VO (EG) Nr. 1901/2006 enthält das pädiatrische Prüfkonzept Einzelheiten zum Zeitplan und zu den Maßnahmen, durch die Qualität, Sicherheit und Wirksamkeit des Arzneimittels in allen ggf. betroffenen Untergruppen der pädiatrischen Bevölkerungsgruppe nachgewiesen werden sollen. Darüber hinaus werden darin alle Maßnahmen beschrieben, durch die die Zubereitung des Arzneimittels so angepasst werden soll, dass seine Verwendung für verschiedene pädiatrische Untergruppen annehmbarer, einfacher, sicherer oder wirksamer wird. Daher werden beispielsweise auch bestimmte Studienprotokolle und Studiendesigns Gegenstand des genehmigten **pädiatrischen Prüfkonzepts** sein. Allerdings sind die ethischen Belange insbes. die Schutzkriterien ausschließlich Gegenstand der Regelung der RL 2001/20/EG. Diese Schutzkriterien sind in den §§ 40 ff. umgesetzt. Sollten Ethik-Kommissionen rechtliche oder ethische Bedenken gegen die Umsetzung eines bestimmten Prüfplans bei Minderjährigen haben, hat dies unter Umständen erheblichen Einfluss auf das bereits genehmigte pädiatrische Prüfkonzept. Sollte ein Prüfdesign (beispielsweise weil es placebokontrolliert ist) von einer Ethik-Kommission abgelehnt werden, obwohl dieses Design von dem genehmigten pädiatrischen Prüfkonzept umfasst ist, muss der Antragsteller versuchen, eine Harmonisierung zwischen den Schutzkriterien einer klinischen Prüfung bei Minderjährigen und den Anforderungen des pädiatrischen Prüfkonzepts zu erreichen. Ggf. muss er nach Ablehnung durch eine Ethik-Kommission eine Änderung gem. Art. 22 VO (EG) Nr. 1901/2006 über Kinderarzneimittel beim **Pädiatrieausschuss** beantragen[32]. Die Frage ist allerdings vollkommen ungeklärt, welche Möglichkeiten der pharmazeutische Unternehmer hat, wenn der Pädiatrieausschuss eine solche Änderung ebenfalls ablehnt.

§ 42 Verfahren bei der Ethik-Kommission, Genehmigungsverfahren bei der Bundesoberbehörde

(1) [1]**Die nach § 40 Abs. 1 Satz 2 erforderliche zustimmende Bewertung der Ethik-Kommission ist vom Sponsor bei der nach Landesrecht für den Prüfer zuständigen unabhängigen interdisziplinär besetzten Ethik-Kommission zu beantragen.** [2]**Wird die klinische Prüfung von mehreren Prüfern durchgeführt, so ist der Antrag bei der für den Leiter der klinischen Prüfung zuständigen unabhängigen Ethik-Kommission zu stellen.** [3]**Das Nähere zur Bildung, Zusammensetzung und Finanzierung der Ethik-Kommission wird durch Landesrecht bestimmt.** [4]**Der Sponsor hat der Ethik-Kommission alle Angaben und Unterlagen vorzulegen, die diese zur Bewertung benötigt.** [5]**Zur Bewertung der Unterlagen kann die Ethik-Kommission eigene wissenschaftliche Erkenntnisse verwerten, Sachverständige beiziehen oder Gutachten anfordern.** [6]**Sie hat Sachverständige beizuziehen oder Gutachten anzufordern, wenn es sich um eine klinische Prüfung bei Minderjährigen handelt und sie nicht über eigene Fachkenntnisse auf dem Gebiet der Kinderheilkunde, einschließlich ethischer und psychosozialer Fragen der Kinderheilkunde, verfügt oder wenn es sich um eine klinische Prüfung von xenogenen Arzneimitteln oder Gentherapeutika handelt.** [7]**Die zustimmende Bewertung darf nur versagt werden, wenn**

1. **die vorgelegten Unterlagen auch nach Ablauf einer dem Sponsor gesetzten angemessenen Frist zur Ergänzung unvollständig sind,**
2. **die vorgelegten Unterlagen einschließlich des Prüfplans, der Prüferinformation und der Modalitäten für die Auswahl der Prüfungsteilnehmer nicht dem Stand der wissenschaftlichen Erkenntnisse entsprechen, insbesondere die klinische Prüfung ungeeignet ist, den Nachweis der Unbedenklichkeit oder Wirksamkeit eines Arzneimittels einschließlich einer unterschiedlichen Wirkungsweise bei Frauen und Männern zu erbringen, oder**
3. **die in § 40 Abs. 1 Satz 3 Nr. 2 bis 9, Abs. 4 und § 41 geregelten Anforderungen nicht erfüllt sind.**

[8]**Das Nähere wird in der Rechtsverordnung nach Absatz 3 bestimmt.** [9]**Die Ethik-Kommission hat eine Entscheidung über den Antrag nach Satz 1 innerhalb einer Frist von höchstens 60 Tagen nach Eingang der erforderlichen Unterlagen zu übermitteln, die nach Maßgabe der Rechtsverordnung nach Absatz 3 verlängert oder verkürzt werden kann; für die**

---

[32] Vgl. hierzu auch den 7. Erwägungsgrund der VO (EG) Nr. 1901/2006: „Vorbehalte gegen die Durchführung von Prüfungen in der pädiatrischen Bevölkerungsgruppe sollten abgewogen werden gegenüber ethischen Bedenken gegen die Verabreichung von Arzneimitteln an eine Bevölkerungsgruppe, in der diese Arzneimittel nicht angemessen geprüft wurden. Gegen die Bedrohung für die öffentliche Gesundheit, die sich aus der Verabreichung nicht eigens geprüfter Arzneimittel an die pädiatrische Bevölkerungsgruppe ergibt, kann verlässlich durch Studien für Kinderarzneimittel vorgegangen werden; diese Studien sollten auf den spezifischen Anforderungen zum Schutz der pädiatrischen Bevölkerungsgruppe in klinischen Prüfungen basieren, die die Gemeinschaft in der RL 2001/20/EG festgelegt hat, und sorgfältig kontrolliert und überwacht werden".

Prüfung xenogener Arzneimittel gibt es keine zeitliche Begrenzung für den Genehmigungszeitraum.

(2) [1]Die nach § 40 Abs. 1 Satz 2 erforderliche Genehmigung der zuständigen Bundesoberbehörde ist vom Sponsor bei der zuständigen Bundesoberbehörde zu beantragen. [2]Der Sponsor hat dabei alle Angaben und Unterlagen vorzulegen, die diese zur Bewertung benötigt, insbesondere die Ergebnisse der analytischen und der pharmakologisch-toxikologischen Prüfung sowie den Prüfplan und die klinischen Angaben zum Arzneimittel einschließlich der Prüferinformation. [3]Die Genehmigung darf nur versagt werden, wenn

1. die vorgelegten Unterlagen auch nach Ablauf einer dem Sponsor gesetzten angemessenen Frist zur Ergänzung unvollständig sind,
2. die vorgelegten Unterlagen, insbesondere die Angaben zum Arzneimittel und der Prüfplan einschließlich der Prüferinformation nicht dem Stand der wissenschaftlichen Erkenntnisse entsprechen, insbesondere die klinische Prüfung ungeeignet ist, den Nachweis der Unbedenklichkeit oder Wirksamkeit eines Arzneimittels einschließlich einer unterschiedlichen Wirkungsweise bei Frauen und Männern zu erbringen,
3. die in § 40 Abs. 1 Satz 3 Nr. 1, 2, 2a und 6, bei xenogenen Arzneimitteln auch die in Nummer 8 geregelten Anforderungen insbesondere im Hinblick auf eine Versicherung von Drittrisiken nicht erfüllt sind,
4. der zuständigen Bundesoberbehörde Erkenntnisse vorliegen, dass die Prüfeinrichtung für die Durchführung der klinischen Prüfung nicht geeignet ist oder dass von dieser die in Nummer 2 bezeichneten Anforderungen an die klinische Prüfung nicht eingehalten werden können oder
5. die in § 40 Absatz 4 oder § 41 geregelten Anforderungen nicht erfüllt sind.

[4]Die Genehmigung gilt als erteilt, wenn die zuständige Bundesoberbehörde dem Sponsor innerhalb von höchstens 30 Tagen nach Eingang der Antragsunterlagen keine mit Gründen versehenen Einwände übermittelt. [5]Wenn der Sponsor auf mit Gründen versehene Einwände den Antrag nicht innerhalb einer Frist von höchstens 90 Tagen entsprechend abgeändert hat, gilt der Antrag als abgelehnt. [6]Das Nähere wird in der Rechtsverordnung nach Absatz 3 bestimmt. [7]Abweichend von Satz 4 darf die klinische Prüfung von Arzneimitteln,

1. die unter die Nummer 1 des Anhangs der Verordnung (EG) Nr. 726/2004 fallen,
2. die Arzneimittel für neuartige Therapien, xenogene Arzneimittel sind,
3. die genetisch veränderte Organismen enthalten oder
4. deren Wirkstoff ein biologisches Produkt menschlichen oder tierischen Ursprungs ist oder biologische Bestandteile menschlichen oder tierischen Ursprungs enthält oder zu seiner Herstellung derartige Bestandteile erfordert,

nur begonnen werden, wenn die zuständige Bundesoberbehörde dem Sponsor eine schriftliche Genehmigung erteilt hat. [8]Die zuständige Bundesoberbehörde hat eine Entscheidung über den Antrag auf Genehmigung von Arzneimitteln nach Satz 7 Nr. 2 bis 4 innerhalb einer Frist von höchstens 60 Tagen nach Eingang der in Satz 2 genannten erforderlichen Unterlagen zu treffen, die nach Maßgabe einer Rechtsverordnung nach Absatz 3 verlängert oder verkürzt werden kann; für die Prüfung xenogener Arzneimittel gibt es keine zeitliche Begrenzung für den Genehmigungszeitraum.

(2a) [1]Die für die Genehmigung einer klinischen Prüfung nach Absatz 2 zuständige Bundesoberbehörde unterrichtet die nach Absatz 1 zuständige Ethik-Kommission, sofern ihr Informationen zu anderen klinischen Prüfungen vorliegen, die für die Bewertung der von der Ethik-Kommission begutachteten Prüfung von Bedeutung sind; dies gilt insbesondere für Informationen über abgebrochene oder sonst vorzeitig beendete Prüfungen. [2]Dabei unterbleibt die Übermittlung personenbezogener Daten, ferner sind Betriebs- und Geschäftsgeheimnisse dabei zu wahren.

(3) [1]Das Bundesministerium wird ermächtigt, durch Rechtsverordnung mit Zustimmung des Bundesrates Regelungen zur Gewährleistung der ordnungsgemäßen Durchführung der klinischen Prüfung und der Erzielung dem wissenschaftlichen Erkenntnisstand entsprechender Unterlagen zu treffen. [2]In der Rechtsverordnung können insbesondere Regelungen getroffen werden über:

1. die Aufgaben und Verantwortungsbereiche des Sponsors, der Prüfer oder anderer Personen, die die klinische Prüfung durchführen oder kontrollieren einschließlich von Anzeige-, Dokumentations- und Berichtspflichten insbesondere über Nebenwirkungen und sonstige unerwünschte Ereignisse, die während der Studie auftreten und die Sicherheit der Studienteilnehmer oder die Durchführung der Studie beeinträchtigen könnten,
2. die Aufgaben der und das Verfahren bei Ethik-Kommissionen einschließlich der einzureichenden Unterlagen, auch mit Angaben zur angemessenen Beteiligung von Frauen und

Männern als Prüfungsteilnehmerinnen und Prüfungsteilnehmer, der Unterbrechung oder Verlängerung oder Verkürzung der Bearbeitungsfrist und der besonderen Anforderungen an die Ethik-Kommissionen bei klinischen Prüfungen nach § 40 Abs. 4 und § 41 Abs. 2 und 3,

3. die Aufgaben der zuständigen Behörden und das behördliche Genehmigungsverfahren einschließlich der einzureichenden Unterlagen, auch mit Angaben zur angemessenen Beteiligung von Frauen und Männern als Prüfungsteilnehmerinnen und Prüfungsteilnehmer, und der Unterbrechung oder Verlängerung oder Verkürzung der Bearbeitungsfrist, das Verfahren zur Überprüfung von Unterlagen in Betrieben und Einrichtungen sowie die Voraussetzungen und das Verfahren für Rücknahme, Widerruf und Ruhen der Genehmigung oder Untersagung einer klinischen Prüfung,

4. die Anforderungen an die Prüfeinrichtung und an das Führen und Aufbewahren von Nachweisen,

5. die Übermittlung von Namen und Sitz des Sponsors und des verantwortlichen Prüfers und nicht personenbezogener Angaben zur klinischen Prüfung sowie Ergebnissen der klinischen Prüfung von der zuständigen Behörde an eine europäische Datenbank,

6. die Befugnisse zur Erhebung und Verwendung personenbezogener Daten, soweit diese für die Durchführung und Überwachung der klinischen Prüfung erforderlich sind; dies gilt auch für die Verarbeitung von Daten, die nicht in Dateien verarbeitet oder genutzt werden,

7. soweit Arzneimittel betroffen sind, die aus einem gentechnisch veränderten Organismus oder einer Kombination von gentechnisch veränderten Organismen bestehen oder solche enthalten,

   a) die Erhebung und Verwendung personenbezogener Daten, soweit diese für die Abwehr von Gefahren für die Gesundheit Dritter oder für die Umwelt in ihrem Wirkungsgefüge erforderlich sind,

   b) die Aufgaben und Befugnisse der Behörden zur Abwehr von Gefahren für die Gesundheit Dritter und für die Umwelt in ihrem Wirkungsgefüge,

   c) die Übermittlung von Daten in eine öffentlich zugängliche europäische Datenbank und

   d) den Informationsaustausch mit der Europäischen Kommission;

ferner kann die Weiterleitung von Unterlagen und Ausfertigungen der Entscheidungen an die zuständigen Behörden und die für die Prüfer zuständigen Ethik-Kommissionen bestimmt sowie vorgeschrieben werden, dass Unterlagen auf elektronischen Speichermedien eingereicht werden. [3] In der Rechtsverordnung sind für zugelassene Arzneimittel Ausnahmen entsprechend der Richtlinie 2001/20/EG vorzusehen.

Wichtige Änderungen der Vorschrift: § 42 neu gefasst durch Art. 1 Nr. 27 des Zwölften Gesetzes zur Änderung des Arzneimittelgesetzes vom 30.7.2004 (BGBl. S. 2031); Abs. 2 und 3 geändert durch Art. 1 Nr. 40 des Vierzehnten Gesetzes zur Änderung des Arzneimittelgesetzes vom 30.7.2004 (BGBl. I S. 2031); Abs. 1, 2 und 3 geändert durch Art. 1 Nr. 44 des Gesetzes zur Änderung arzneimittelrechtlicher und anderer Vorschriften vom 17.7.2009 (BGBl. I S. 1990); Abs. 1, 2 und Abs. 3 geändert durch Art. 1 Nr. 37 des Zweiten Gesetzes zur Änderung arzneimittelrechtlicher und anderer Vorschriften (BGBl. I S. 2192).

Europarechtliche Vorgaben: RL 2001/20/EG.

Literatur: *Baldus,* Das Zusammenwirken von Ethik-Kommissionen bei multizentrischen klinischen Prüfungen, MedR 2006, 202; *Dähne,* Erneut: Die Doppelfunktion öffentlich-rechtlicher Ethik-Kommissionen, MedR 2003, 164; *Deutsch,* Das neue Bild der Ethik-Kommissionen, MedR 2006, 411; *Deutsch,* Entstehung und Funktion der Ethikkommissionen in Europa, MedR 2008, 650; *Doppelfeld,* Mögliche neue Felder für Ethik-Kommissionen, MedR 2008, 645; *Felder,* Aufgaben und Prüfungsumfang der Ethik-Kommissionen, PharmR 2007, 226; *Freund,* Funktion und rechtliche Verantwortung der Ethik-Kommission, insbesondere bei der Forschung an nicht unbeschränkt Einwilligungsfähigen, KHuR 2005, S. 111; *Gödicke,* Beschränkung der Staatshaftung für Ethik-Kommissionen im Zuge der 12. Novellierung des Arzneimittelgesetzes?, MedR 2004, 481; *Gödicke,* Berufsrechtliche Grundlagen für die Tätigkeit von Ethik-Kommissionen – überflüssige Zwangsberatung von Ärzten? MedR 2008, 636; *Heuser/Platter,* Bewertung der klinischen Prüfung von Arzneimitteln durch die Ethik-Kommission, eine Verwaltungsentscheidung besonderer Art?, PharmR 2005, 395; *Just,* Die Professionalisierung der Ethik-Kommissionen, einer Einrichtung der Selbstkontrolle der Wissenschaft, MedR 2008, 640; *Kern,* Standortbestimmung: Ethikkommissionen – auf welchen Gebieten werden sie tätig? MedR 2008, 631; *Lippert,* Die Umsetzung der 12. Novelle zum AMG in das Landesrecht, Wieviele Ethik-Kommissionen braucht das Land?, VersR 2005, 1368; *Lippert,* Ethikkommissionen: wie sie wurden was sie sind – Die Entwicklung der Ethikkommissionen in Deutschland am Beispiel der Ethikkommission der Universität Ulm, MedR 2008, 654; *Pascal/Ziegler,* Pflichten und Aufgaben des Sponsors nach neuem Recht, PharmR 2005, 56; *Raspe/Hüppe/Strech/Taupitz,* Empfehlungen zur Begutachtung klinischer Studien durch Ethik-Kommissionen, Deutscher Ärzte-Verlag 2012; *Rittner,* Aufgaben der öffentlich-rechtlichen Ethik-Kommissionen in der Bundesrepublik Deutschland, Rechtsmedizin 2007, 225; *Sträter/Wachenhausen,* Meldung von Nebenwirkungen aus klinischen Studien an Ethik-Kommissionen, Umfang der Meldepflicht – Gebühren für die Bewertung?, PharmR 2007, 95; *von Dewitz,* Multizentrische klinische Arzneimittelprüfungen: „Ethik-Hopping" nach der 12. AMG-Novelle des Arzneimittelgesetzes? Teil 1, A&R 2008, 156, 213; *Wessler/Burgardt/Doppelfeld,* Verfahren vereinfacht, DÄBl. 2004, A3088.

A. Allgemeines

Die Vorschrift enthält detaillierte Regelungen zum Verfahren der für die Durchführung erforderlichen **1** öffentlich-rechtlichen Gestattungen zur Durchführung von klinischen Prüfungen mit Arzneimitteln. In Abs. 1 wird ausführlich das Verfahren zum Erhalt der erforderlichen zustimmenden Bewertung der Ethik-Kommission für den Sponsor als Verantwortlichen für die klinische Prüfung geregelt. Abs. 2 befasst sich mit dem Verfahren, das zur Erteilung der erforderlichen Genehmigung der zuständigen Bundesoberbehörde für die klinische Prüfung durchzuführen ist. Nach Abs. 2a hat die zuständige Bundesoberbehörde die zuständige Ethik-Kommission über Informationen zu anderen, für die Bewertung nach Abs. 1 relevanten klinischen Prüfungen zu unterrichten. In Abs. 3 wird dem BMG als zuständigem Bundesministerium eine Verordnungsermächtigung zu weitergehenden Regelungen zur Gewährleistung der ordnungsgemäßen Durchführung der klinischen Prüfung eingeräumt. Von dieser Ermächtigung hat der Verordnungsgeber durch den Erlass der GCP-V Gebrauch gemacht.

B. Verfahren bei der Ethik-Kommission (Abs. 1)

I. Zustimmende Bewertung

1. Antragspflicht des Antragstellers (S. 1). a) Sponsor als Antragsteller. Nach Abs. 1 S. 1 ist **2** die erforderliche zustimmende Bewertung der Ethik-Kommission vom **Sponsor** bei der nach Landesrecht für den Prüfer zuständigen unabhängigen interdisziplinär besetzten Ethik-Kommission zu beantragen. Durch diese Bestimmung wird die Gesamtverantwortung des Sponsors konsequent auch bei Durchführung der Antragsverfahren bei der zuständigen Ethik-Kommission sowie der zuständigen Bundesoberbehörde umgesetzt. Vor der 12. AMG-Novelle war der Antragsteller regelmäßig der Prüfer bzw. bei multizentrischen klinischen Prüfungen der Leiter der klinischen Prüfung, da der Begriff des Sponsors in den §§ 40 ff. zu diesem Zeitpunkt noch nicht definiert war. In der Praxis werden die Antragsverfahren bei der zuständigen Ethik-Kommission und der zuständigen Bundesoberbehörde häufig von sog. **Contract Research Organisations** (CRO) abgewickelt. Diese sind allerdings lediglich im Aufgaben- und Pflichtenkreis des Sponsors tätig, ohne an dessen Stelle zu treten. Insofern sind Dienstleister, welche

Aufgaben im Bereich des Antragsverfahrens übernehmen, nicht gleichzusetzen mit der verantwortlichen Person des Sponsors. Dies gilt auch für den Vertreter des Sponsors gem. § 40 I 1 Nr. 1, welcher neben dem Sponsor benannt werden muss, wenn dieser seinen Sitz nicht in einem Mitgliedstaat der EU oder in einem anderen Vertragsstaat des EWR hat (sog. Legal Representative).

3   **b) Rechtliche Einordnung der Bewertung.** Vor Umsetzung der Vorgaben der RL 2001/20/EG war der **Rechtscharakter eines Votums einer Ethik-Kommission** umstritten. Dies ist darauf zurückzuführen, dass nach der Rechtslage vor der 12. AMG-Novelle der Regelungscharakter eines Ethik-Votums zumindest zweifelhaft war. Lag damals keine zustimmende Äußerung der Ethik-Kommission vor, konnte der Leiter der klinischen Prüfung nach Ablauf einer 60-Tage-Frist nach Einreichung der Unterlagen bei der zuständigen Bundesoberbehörde mit der Durchführung der klinischen Prüfung auch beginnen, sofern die Bundesoberbehörde keine Einwände hiergegen geäußert hatte. Dies führte teilweise zu der Einschätzung, dass es sich bei dem Votum einer Ethik-Kommission lediglich um ein schlichtes Verwaltungshandeln handele und nicht um einen Verwaltungsakt i. S. d. § 35 S. 1 VwVfG[1].

4   Die jetzige Fassung des § 42 I 1 verwendet für das Entscheidungsergebnis der Ethik-Kommission den Begriff **zustimmende Bewertung.** Demgegenüber wird im Zusammenhang mit dem Verfahren bei der zuständigen Bundesoberbehörde gem. Abs. 2 S. 1 der Begriff **Genehmigung** verwendet. Es muss daher gefragt werden, ob der Regelungscharakter der Entscheidung einer Ethik-Kommission Unterschiede aufweist zum Regelungscharakter der Entscheidung einer Bundesoberbehörde. Die unterschiedliche Verwendung der Begriffe ist darauf zurückzuführen, dass der Aufgabenbereich der Ethik-Kommission zwar Überschneidungen zu dem Aufgabenbereich der Bundesoberbehörde aufweist, teilweise jedoch auch darüber hinausgeht. Aufgabe einer Ethik-Kommission ist von jeher, Forschungsteilnehmer, Forscher sowie das Ansehen der Forschung in der Öffentlichkeit zu schützen. Hinzu tritt bei universitären Ethik-Kommissionen die Wahrnehmung der Verkehrssicherungspflicht des Klinikträgers. Dem Schutz des Forschungsteilnehmers ist jedoch stets der Vorrang gegenüber den anderen Aufgaben einzuräumen. Dementsprechend wurde auch vom Gesetzgeber geäußert, dass sich die Rolle der Ethik-Kommission vom berufsrechtlichen Beratungsgremium zu einer Patientenschutzorganisation mit Behördencharakter gewandelt habe[2]. Im Hinblick auf die Einordnung der zustimmenden Bewertung der Ethik-Kommission besteht inzwischen Einigkeit darüber, dass es sich sowohl bei der Zustimmung als auch der Ablehnung einer klinischen Prüfung durch die Ethik-Kommission zutreffend um einen **Verwaltungsakt** i. S. d. § 35 1 VwVfG handelt[3]. Es ist inzwischen unstreitig, dass die Entscheidung der Ethik-Kommission einen entsprechenden Regelungscharakter hat, da das Beratungsergebnis über den Beginn bzw. die Nichtdurchführung einer klinischen Prüfung mit Arzneimitteln entscheidet. Ohne die zustimmende Bewertung einer Ethik-Kommission darf die klinische Prüfung auch dann nicht begonnen werden, wenn eine Genehmigung der Bundesoberbehörde vorliegt. Dies ergibt sich eindeutig aus § 40 I 2, wonach beide Entscheidungen kumulativ vorliegen müssen. Eine ablehnende Entscheidung einer Ethik-Kommission ist als belastender Verwaltungsakt zu bewerten. Daher ist sie mit einer Rechtsbehelfsbelehrung zu versehen. Dies ist inzwischen bei sämtlichen Ethik-Kommissionen ausgeübte Praxis.

5   **c) Nebenbestimmungen.** Weiterhin umstritten ist die Frage, ob und ggf. in welchem Umfang die zustimmende Bewertung einer Ethik-Kommission mit **Nebenbestimmungen** versehen werden darf. Die Praxis der Ethik-Kommissionen ist in dieser Hinsicht vielfältig. Die zustimmenden Bewertungen werden teilweise mit **Auflagen, Bedingungen oder Modifikationen** versehen. Dies führt dazu, dass der Sponsor häufig im Ungewissen darüber ist, ob er von einer zustimmenden Bewertung ausgehen darf, welche bei Vorliegen sämtlicher weiterer Voraussetzungen über den Beginn einer klinischen Prüfung bestimmt, oder ob die zustimmende Bewertung abhängig ist von der Erfüllung der in dem Bescheid aufgeführten Nebenbestimmungen.

6   Abs. 1 S. 7 führt die Versagungsgründe für die zustimmende Bewertung auf, ohne dass die Möglichkeit einer Nebenbestimmung genannt wird. § 8 GCP-V regelt die Bewertung durch die Ethik-Kommission, ohne dass in diesem Zusammenhang die Möglichkeit von Nebenbestimmungen eröffnet wird. Da es sich jedoch bei der zustimmenden Bewertung von Ethik-Kommissionen um einen Verwaltungsakt i. S. d. § 35 1 VwVfG handelt, ist für die Beurteilung der Zulässigkeit von Nebenbestimmungen grundsätzlich auch § 36 VwVfG heranzuziehen. Gem. § 36 I VwVfG darf ein Verwaltungsakt, auf den ein Anspruch besteht, mit einer Nebenbestimmung nur versehen werden, wenn sie durch Rechtsvorschrift zugelassen ist oder wenn sie sicherstellen soll, dass die gesetzlichen Voraussetzungen des Verwaltungsaktes erfüllt werden. Die arzneimittelgesetzlichen Bestimmungen sehen hingegen nicht die Aufnahme von Nebenbestimmungen vor. Auch die Notwendigkeit einer Sicherstellung der gesetzlichen Voraussetzungen ist durch die Aufnahme einer Nebenbestimmung nicht erkennbar. Allerdings ist zu berücksichtigen, dass ein Verwaltungsakt auch nach pflichtgemäßem Ermessen der Behörde mit einer Nebenbestimmung

---

[1] *Sobota*, AöR 121 (1996), 229; *Rupp*, in: Festschrift für Martin Heckel, 1999, 839.
[2] BT-Drucks. 15/2109, S. 32.
[3] Vgl. Gutachten für die Enquête-Kommission „Ethik und Recht der modernen Medizin", Ethik-Kommissionen in der medizinischen Forschung, Okt. 2004, S. 190; *Deutsch*, MedR 2006, 415.

versehen werden darf, sofern durch Rechtsvorschriften nichts anderes bestimmt ist. Da die arzneimittelgesetzlichen Regelungen umgekehrt auch kein Verbot einer Nebenbestimmung enthalten, kann davon ausgegangen werden, dass die Aufnahme einer Nebenbestimmung grundsätzlich zulässig ist. Die Beifügung von Nebenbestimmungen zum Hauptverwaltungsakt steht insofern im Verfahrensermessen der zuständigen Behörde und damit der Ethik-Kommission. § 36 II VwVfG sieht grundsätzlich die Möglichkeit verschiedener Nebenbestimmungen vor. Die Ethik-Kommission muss daher auswählen, mit welcher Nebenbestimmung die Einhaltung der gesetzlichen Voraussetzungen sichergestellt werden soll. § 36 II VwVfG ist keine allgemeine Ermächtigung von Behörden, nach Ermessen von der Erfüllung oder genauer Prüfung zwingender Genehmigungsvoraussetzungen abzusehen und sich stattdessen mit Nebenbestimmungen zufrieden zu geben, die sicherstellen sollen, dass in Zukunft diese Voraussetzungen erfüllt werden[4]. In der bisherigen Entscheidungspraxis der Ethik-Kommissionen hat sich gezeigt, dass Nebenbestimmungen sehr unterschiedlich etwa versicherungsrechtliche Fragen, begriffliche Darstellungen in Patienteninformationen, aber auch medizinische Fragestellungen erfassen können. Eine klare Struktur bei der Ausübung des Ermessens ist nicht erkennbar. Die Ethik-Kommissionen müssen jedoch vor der Aufnahme einer Nebenbestimmung immer prüfen, ob eine Versagung der klinischen Prüfung ausgesprochen werden müsste. Die Aufnahme von Nebenbestimmungen darf jedenfalls nicht als „Vehikel" genutzt werden, um grundlegende Fragestellungen beispielsweise im Zusammenhang mit der Risiko-Nutzen-Abwägung auf den Sponsor zurück zu übertragen, ohne eine klare Entscheidung zu treffen. Aus Sicht der Sponsoren sollte darauf hingewirkt werden, in Abstimmung mit der zuständigen Ethik-Kommission grundsätzlich eine zustimmende Bewertung ohne Aufnahme von Nebenbestimmungen herbeizuführen. Nur auf diese Weise wird eine bestehende Rechtsunsicherheit ausgeräumt. Nebenbestimmungen sollten allenfalls dann in Betracht gezogen werden, wenn diese lediglich auf Förmlichkeiten abzielen. Grundlegende medizinische oder ethische Fragestellungen dürfen aus Gründen eines umfassenden Patientenschutzes nicht Gegenstand einer Nebenbestimmung sein.

2. Zuständigkeit (S. 2). Die **Zuständigkeit der Ethik-Kommission** richtet sich nach dem Prüfer. **7** In diesem Zusammenhang kommt es drauf an, ob der Prüfer innerhalb einer universitären Einrichtung oder etwa in einer Arztpraxis tätig ist. I. d. R. werden die Länder über die Heilberufe- und Kammergesetze zur Errichtung von Ethik-Kommissionen sowohl bei den Kammern als auch bei den medizinischen Fakultäten ermächtigt. In anderen Bundesländern sind die zuständigen Ethik-Kommissionen zentral bei der Landesverwaltung angesiedelt[5]. Wird die klinische Prüfung von mehreren Prüfern durchgeführt, so ist der Antrag bei der für den Leiter der klinischen Prüfung zuständigen **unabhängigen Ethik-Kommission** zu stellen. Die Zuständigkeit der jeweiligen Ethik-Kommission ist damit entweder an die Person des Prüfers oder bei mehreren Prüfstellen an die Person des Leiters der klinischen Prüfung geknüpft. Hierbei handelt es sich ausschließlich um eine Zuständigkeitszuweisung. Der Sponsor bleibt für die Studie insgesamt verantwortlich.

Gem. Art. 7 RL 2001/20/EG ist vorgesehen, dass die Mitgliedstaaten ungeachtet der Anzahl der **8** Ethik-Kommissionen dafür Sorge tragen, dass eine einzige Stellungnahme abgegeben wird. Bei **multizentrischen klinischen Prüfungen,** die zugleich in mehreren Mitgliedstaaten durchgeführt werden, soll zudem für jeden der betroffenen Mitgliedstaaten jeweils eine einzige Stellungnahme einer Ethik-Kommission abgegeben werden. Diese europäische Vorgabe wurde im Rahmen der Verfahrensregelung des Abs. 1 umgesetzt.

Abs. 1 S. 1 bezieht die zustimmende Bewertung folgerichtig auch auf **eine einzige Ethik-Kommis 9 sion.** Diese zustimmende Bewertung hat für den Beginn der klinischen Prüfung verbindliche Wirkung. Das bedeutet jedoch nicht, dass an der Bewertung einer klinischen Prüfung mit Arzneimitteln nur eine einzige Ethik-Kommission beteiligt ist. § 8 V 1 GCP-V legt daher für multizentrische Prüfungen ein spezielles Verfahren fest. Multizentrische Prüfungen werden durch die federführende Ethik-Kommission im Benehmen mit den beteiligten Ethik-Kommissionen bewertet. Gem. § 8 V 2 GCP-V prüfen die beteiligten Ethik-Kommissionen die Qualifikation der Prüfer und die Geeignetheit der Prüfstellen in ihrem Zuständigkeitsbereich. Das Ergebnis der Prüfung ist der federführenden Ethik-Kommission innerhalb von 30 Tagen nach Eingang des ordnungsgemäßen Antrags vorzulegen (§ 8 V 3 GCP-V).

Das Verhältnis der **federführenden** zu den **beteiligten Ethik-Kommissionen** führt teilweise zu **10** Unstimmigkeiten. Es stellt sich beispielsweise die Frage, ob die beteiligten Ethik-Kommissionen über die Prüfung der Qualifikation der Prüfer und die Geeignetheit der Prüfstelle hinaus weitere Bewertungen vornehmen dürfen. Aus arzneimittelrechtlicher Sicht kann die federführende Ethik-Kommission noch weitere Gesichtspunkte, welche ihr durch die beteiligten Ethik-Kommission mitgeteilt werden, in die Entscheidungsfindung einbeziehen. Allerdings ist die federführende Ethik-Kommission allein berechtigt, die endgültige Entscheidung zu treffen. Die Berücksichtigung des Prüfungsergebnisses der beteiligten

---

[4] Vgl. *Kopp/Ramsauer*, § 36 Rn. 46 m. w. N.
[5] Beispielsweise in Bremen aufgrund des § 30 des Gesetzes über den öffentlichen Gesundheitsdienst im Lande Bremen oder auch inzwischen die Ethik-Kommission des Landes Berlin (Gesetz zur Errichtung einer Ethik-Kommission des Landes Berlin vom 7.9.2005, GVBl. 466). Vgl. zu landesrechtlichen Ethik-Kommissionen *Schlette*, NVwZ 2006, 785ff

Ethik-Kommissionen liegt ausschließlich in ihrem Ermessen. Dies kann sich sowohl auf die Qualifikation der Prüfer, Geeignetheit der Prüfstelle als auch auf andere Gesichtspunkte beziehen. Die zustimmende Stellungnahme der federführenden Ethik-Kommission deckt zugleich auch die Beratungspflicht des Prüfers entsprechend der berufsrechtlichen Vorgaben ab.

11   **3. Bildung, Zusammensetzung und Finanzierung der Ethik-Kommission (S. 3).** Gem. Abs. 1 S. 3 wird das Nähere zur **Bildung, Zusammensetzung und Finanzierung der Ethik-Kommission** durch Landesrecht bestimmt. Grundsätzlich ist zu berücksichtigen, dass die 12. AMG-Novelle die Institution der Ethik-Kommissionen nicht neu geschaffen hat. Die Normierung von Ethik-Kommissionen liegt inzwischen weit zurück[6]. Zunächst wurden Ethik-Kommissionen nach amerikanischem Vorbild in Deutschland als sog. Institutional Review Boards (IRB) gegründet. Auf internationaler Ebene wurde schon in der revidierten Deklaration von Helsinki festgelegt, dass das Versuchsprotokoll einer besonders berufenen Ethik-Kommission zur Beratung, Stellungnahme, Orientierung und ggf. zur Genehmigung vorzulegen ist. Diese muss unabhängig vom Forschungsteam, vom Sponsor oder von anderen unangemessenen Einflussfaktoren sein. Auf nationaler Ebene sehen die berufsrechtlichen Regelungen der einzelnen Bundesländer vor, dass sich Ärztinnen und Ärzte vor der Durchführung biomedizinischer Forschung am Menschen durch eine bei der Ärztekammer oder bei einer medizinischen Fakultät gebildeten Ethik-Kommission über die mit ihrem Vorhaben verbundenen berufsethischen und berufsrechtlichen Fragen beraten lassen müssen[7]. Es handelt sich hierbei um eine für forschende Ärzte zwingende berufsrechtliche Vorgabe. Durch die 5. AMG-Novelle wurde das Erfordernis der Zustimmung einer Ethik-Kommission in die §§ 40 ff. über die klinische Prüfung aufgenommen. Als Reaktion hierauf wurde durch die Heilberufe- und Kammergesetze der Bundesländer eine Ermächtigung zur Errichtung von Ethik-Kommissionen bei Ärztekammern bzw. den medizinischen Fakultäten aufgenommen. Bei diesen **Ethik-Kommissionen** handelt es sich um **öffentlich-rechtliche** Einrichtungen. Hiervon zu unterscheiden sind **privatrechtliche Ethik-Kommissionen,** die aufgrund der Initiative einzelner Privatpersonen errichtet wurden. Die typische Rechtsform für privatrechtliche Ethik-Kommissionen ist die einer GmbH oder eines eingetragenen Vereins. Da es sich bei privatrechtlichen Ethik-Kommissionen jedoch nicht um eine gem. Abs. 1 S. 1 nach Landesrecht gebildete Ethik-Kommission handelt, sind diese von der Beratung nach den §§ 40 ff. grundsätzlich ausgeschlossen[8].

12   In Deutschland wurden insgesamt ca. 50 öffentlich-rechtliche Ethik-Kommissionen errichtet[9]. Die Struktur und Arbeitsweise der öffentlich-rechtlichen Ethik-Kommissionen wird durch **Satzungen oder Geschäftsordnungen** festgelegt. Sämtliche Verfahren werden nicht öffentlich durchgeführt. Regelmäßig ist ein Quorum von 4–7 Personen vorgesehen. Mitglieder, die an einem Antrag beteiligt oder selbst Antragsteller sind, werden grundsätzlich von der Teilnahme an der Beratung ausgeschlossen. In der überwiegenden Zahl der öffentlich-rechtlich organisierten Ethik-Kommissionen ist die Tätigkeit der Mitglieder und des Vorsitzenden als ehrenamtliche Aufgabe ausgestaltet.

13   Die personelle und fachliche **Zusammensetzung** von Ethik-Kommissionen wird ebenfalls im Wesentlichen durch das Landesrecht bestimmt. Maßgeblich ist die Rahmenvorgabe des § 3 II Buchst. c) GCP-V. Danach ist eine Ethik-Kommission ein unabhängiges Gremium aus im Gesundheitswesen und in nichtmedizinischen Bereichen tätigen Personen, dessen Aufgabe es ist, den Schutz der Rechte, die Sicherheit und das Wohlergehen von betroffenen Personen zu sichern und diesbezüglich Vertrauen der Öffentlichkeit zu schaffen, indem es unter anderem zu dem Prüfplan, der Eignung der Prüfer und der Angemessenheit der Einrichtungen sowie zu den Methoden, die zur Unterrichtung der betroffenen Personen und zur Erlangung ihrer Einwilligung nach Aufklärung benutzt werden und zu dem dabei verwendeten Informationsmaterial Stellung nimmt[10]. Die öffentlich-rechtlichen Ethik-Kommissionen in Deutschland haben durchschnittlich 10 Mitglieder[11]. Zur Sicherstellung der Fachkompetenz und Unabhängigkeit sollte ferner eine angemessene Anzahl von Mitgliedern existieren. Gefordert werden regelmäßig mindestens drei ärztliche Mitglieder, welche in der klinischen Medizin erfahren sind, ein Jurist mit Befähigung zum Richteramt, ein Mitglied mit wissenschaftlicher oder beruflicher Erfahrung auf dem Gebiet der Ethik in der Medizin und weitere Mitglieder, welche in der Versuchsplanung, Statistik und

---

[6] Vgl. *Deutsch,* MedR 2008, 650 ff.

[7] Zu den berufsrechtlichen Aspekten vgl. *Gödicke,* MedR 2008, 636 ff.

[8] Anders verhielt es sich bei einer klinischen Prüfung mit Medizinprodukten, da § 20 VII 1 MPG lediglich die zustimmende Stellungnahme einer unabhängigen und interdisziplinär besetzten sowie beim BfArM registrierten Ethik-Kommission fordert. Insofern war die zustimmende Stellungnahme einer privat-rechtlich organisierten Ethik-Kommission ausreichend, solange diese die Anforderungen des § 20 VII MPG erfüllte. S. zur Doppelvotenproblematik bei Medizinprodukten: *VG Stuttgart,* Urt. v. 29.6.2001 – 4 K 5787/00 – juris, und *VGH Mannheim,* Urt. v. 10.9.2002 – 9 S 2506/01 – juris; *Graf,* PharmR 2001, 356 ff.; *ders.,* NJW 2002, 1774 ff. Hier ist allerdings durch das 4. MPG-ÄndG 2009 eine Änderung der Rechtslage eingetreten, die den dem AMG entspricht.

[9] Vgl. zur Selbstkontrolle: *Just,* MedR 2008, 640 ff. mit weiteren Einzelheiten; laut Website des Arbeitskreises Medizinischer Ethik-Kommissionen gibt es derzeit 52 nach Landesrecht gebildete Ethik-Kommissionen, vgl. www.ak-med-ethik-komm.de.

[10] Vgl. Bericht der Bundesregierung zu Erfahrungen mit dem Verfahren der Beteiligung von Ethik-Kommissionen bei klinischen Prüfungen, BT-Drucks. 16/7703, S. 1 ff.

[11] Vgl. Gutachten für die Enquête-Kommission, Okt. 2004, S. 66.

theoretischen Medizin ausgewiesen sind. Wegen des speziellen Sachverstands bei klinischen Prüfungen mit Minderjährigen entsprechend Abs. 1 S. 6 verfügen die meisten Ethik-Kommissionen inzwischen über einen Pädiater als Mitglied. Nicht alle Ethik-Kommissionen verfügen hingegen über einen Statistiker. In manchen Ethik-Kommissionen sind Vertreter von Patienten oder Pflegeberufen vertreten. Der Anteil der Frauen liegt deutlich unter dem der Männer[12]. Die Hinzuziehung von Sachverständigen oder Gutachten kann gem. Abs. 1 S. 6 auch erforderlich sein, wenn es sich um eine klinische Prüfung von xenogenen Arzneimitteln oder Gentherapeutika handelt.

Die öffentlich-rechtlichen Ethik-Kommissionen stimmen sich regelmäßig über den freiwilligen Zu- **14** sammenschluss des **Arbeitskreises Medizinischer Ethik-Kommissionen in der Bundesrepublik Deutschland** ab, welcher als Verein organisiert ist[13]. Ziel des Arbeitskreises ist es, dazu beizutragen, dass die Ethik-Kommissionen ihre Tätigkeit sachgerecht ausüben können und den **Meinungs- und Erfahrungsaustausch** national und international zu fördern. Der Arbeitskreis fasst Beschlüsse und führt regelmäßig Tagungen durch, bei denen unter anderem auch Vertreter der Bundesoberbehörden, Bundesministerien, industriellen Unternehmen und deren Verbänden teilnehmen. Der Vorstand hat verschiedene Arbeitsgruppen eingesetzt, welche sich mit Grundsatzfragen, Datenbanken, Antragsunterlagen, Versicherungsfragen, Forschung an nicht-einwilligungsfähigen Patienten und anderen Fragen beschäftigen. Darüber hinaus wurde eine Konsultationsgruppe bestehend aus Vertretern der Bundesoberbehörden, einschließlich des Robert-Koch-Instituts (RKI) und verschiedener Pharmaverbände eingerichtet. Auf diese Weise kann eine enge Abstimmung mit den anderen an klinischen Prüfungen Beteiligten stattfinden[14].

Die bei der Bundesärztekammer gebildete **Zentrale Ethik-Kommission** (ZEKO) hat auf der **15** Grundlage der arzneimittelrechtlichen Bestimmungen im Zusammenhang mit klinischen Prüfungen keine regulatorische Funktion. Es handelt sich um keine den in den §§ 40 ff. verankerten Ethik-Kommissionen übergeordnete Instanz. Sie steht vielmehr für ethische Fragen von grundsätzlicher Bedeutung zur Verfügung, wobei die **Stellungnahmen unverbindlich** sind und keine rechtlichen Auswirkungen haben. Somit sind die Aufgaben der ZEKO nicht gleichzusetzen mit den Aufgaben von Ethik-Kommissionen innerhalb der klinischen Arzneimittelprüfung.

Die Ethik-Kommissionen dürfen für ihre Tätigkeit **Gebühren** erheben. Dies geschieht auf der Basis **16** von sog. Geschäfts- oder Gebührenordnungen der einzelnen Ethik-Kommissionen. Im AMG und der GCP-V werden keine Vorgaben für die Erhebung und den Umfang der Gebühren gemacht. Die Kammergesetze für Heilberufe einzelner Bundesländer sehen nur sehr generell vor, dass die Ethik-Kommissionen durch Satzungen das Verfahren und die Kosten des Verfahrens regeln. Wesentlicher Kritikpunkt sind die Höhe und Unterschiede bei der Gebührenerhebung von Ethik-Kommissionen[15]. Häufig wird unter Hinweis auf das **Äquivalenzprinzip** die Erhebung von einheitlichen Gebührensätzen gefordert. Das Äquivalenzprinzip als Ausprägung des verfassungsrechtlichen Grundsatzes der Verhältnismäßigkeit verlangt, dass die Gebühr in keinem groben Missverhältnis zu dem Wert der mit ihr abgegoltenen Leistung der öffentlichen Hand steht[16]. Besonders umstritten ist der extrem unterschiedliche Gebührenrahmen im Zusammenhang mit der Meldung von Nebenwirkungen aus klinischen Prüfungen[17]. Für die Berechnung der einzelnen Gebühren ist neben dem Bewertungsaufwand pro Meldung ein maßgeblicher Faktor auch die Quantität der Amtshandlungen, die eine Gebührenpflicht auslösen. Das *VG Berlin* hat in Bezug auf das sog. SUSAR-Reporting unter anderem entschieden, dass einer Gebührenerhebung für die Prüfung und Bewertung der SUSAR-Meldungen entgegenstehe, dass es hierfür an einer wirksamen Aufgabenzuweisung an die Ethik-Kommission fehle. Auch bei wirksamer Aufgabenzuweisung sei der angefochtene Gebührenbescheid insgesamt rechtswidrig, weil eine nur von der Geschäftsstelle der Ethik-Kommission und dem Vorsitzenden eines ihrer Ausschüsse vorgenommene Prüfung von SUSAR-Meldungen keine Amtshandlung der Ethik-Kommission darstelle[18].

4. Antragsunterlagen (S. 4). Die zuständige Ethik-Kommission stützt ihre Bewertung auf den **17** Antrag des Sponsors. Der Inhalt der **Antragsunterlagen** ergibt sich aus § 7 GCP-V. Die notwendigen Unterlagen werden detailliert in § 7 II GCP-V sowohl für die Antragstellung bei der zuständigen Ethik-Kommission als auch für die Antragstellung bei der zuständigen Bundesoberbehörde aufgeführt. § 7 III

---

[12] Bericht der Bundesregierung zu Erfahrungen mit dem Verfahren der Beteiligung von Ethik-Kommissionen bei klinischen Prüfungen, BT-Drucks. 16/7703, S. 5.

[13] Abrufbar unter www.ak-med-ethik-komm.de.

[14] Die Kommission hat am 9.10.2009 ein Konsultationspapier veröffentlicht, welches die Schwachstellen der Umsetzung der Richtlinienvorgaben in den Mitgliedstaaten beschreibt. Hierzu gehört u. a. auch die fehlende Vernetzung der Ethik-Kommissionen in den einzelnen Ländern und länderübergreifend, vgl. Public Consultation Paper of the European Commission, Assessment of the Functioning of the „Clinical Trials Directive" 2001/20/EC (ENTR/F/2/SF D (2009) 32 674.

[15] Bericht der Bundesregierung zu Erfahrungen mit dem Verfahren der Beteiligung von Ethik-Kommissionen bei klinischen Prüfungen, BT-Drucks. 16/7703, S. 12.

[16] S. *BVerwGE* 115, 32 m. w. N.; *BVerwGE* 83, 336.

[17] Vgl. *Sträter/Wachenhausen*, PharmR 2007, 95 ff.

[18] *VG Berlin*, MedR 2009, 163.

GCP-V führt darüber hinausgehend weitere Inhalte für die Antragsunterlagen auf, welche zusätzlich der zuständigen Ethik-Kommission vorzulegen sind.[19] § 7 IV GCP-V enthält zusätzliche Antragsunterlagen für die Antragstellung bei der zuständigen Bundesoberbehörde. Die Unterschiede in den Antragsunterlagen sind darauf zurückzuführen, dass die Ethik-Kommission zum Teil die gleichen Voraussetzungen prüft wie die Bundesoberbehörde, zum Teil jedoch auch spezielle patienten- bzw. prüferbezogene Voraussetzungen, welche die Bundesoberbehörde nicht prüft[20]. Demgegenüber prüft die Bundesoberbehörde allein das Dossier zum Prüfpräparat (IMPD). Insofern ist diese zusätzlich für die Prüfung der pharmazeutischen Qualität des Prüfpräparates zuständig. Als Ergebnis können unterschiedliche Einschätzungen einer klinischen Prüfung mit Arzneimitteln auch darauf zurückzuführen sein, dass Ethik-Kommissionen und Bundesoberbehörden zum Teil unterschiedliche Voraussetzungen zu prüfen haben.

18   Die dem Antrag beizufügenden Unterlagen können überwiegend in deutscher oder englischer Sprache abgefasst sein. Antrag und Unterlagen sind zusätzlich auf einem elektronischen Datenträger einzureichen. Die Ethik-Kommissionen halten sich an das **Antragsformular Modul 2** (ENTR/CT 2), welches über die Homepage des Arbeitskreises Medizinischer Ethik-Kommissionen abgerufen werden kann[21]. Bei multizentrischen klinischen Prüfungen, die in mehr als einer Prüfstelle erfolgen, erhält jede weitere nach Landesrecht für einen Prüfer zuständige Ethik-Kommission zeitgleich eine Kopie des Antrags und der Unterlagen. In der Bearbeitung bleibt die federführende Ethik-Kommission zuständig.

19   Den Ethik-Kommissionen ist bei der Antragstellung mitzuteilen, ob und aus welchen Gründen **ablehnende Bewertungen** anderer zuständiger Ethik-Kommissionen oder Behörden anderer Mitgliedstaaten existieren. Diese Mitteilungspflicht bezieht sich allerdings nicht auf die nationalen Ethik-Kommissionen. Zustimmende Bewertungen einer Ethik-Kommission oder Genehmigungen von zuständigen Behörden mit Auflagen sind ebenfalls anzugeben (§ 7 II Nr. 14 GCP-V). Wegen des sog. **Ethik-Hoppings,** das durch einen Wechsel des Leiters der klinischen Prüfung und dem damit einhergehenden Wechsel der zuständigen Ethik-Kommission ausgelöst werden kann, wird vielfach gefordert, dass der Sponsor die zuständige Ethik-Kommission über eine nicht erteilte Zustimmung einer anderen Ethik-Kommission zu demselben Antrag zu informieren hat. Im Verlauf der AMG-ÄndG 2009 wurde vorgeschlagen, Abs. 1 entsprechend zu erweitern. Da diese Informationspflicht jedoch rechtssystematisch in den Bereich der GCP-V gehört, wurde der Vorschlag im Rahmen der Novellierung nicht umgesetzt[22].

20   Die Ethik-Kommission prüft unter anderem die Angaben zur Finanzierung einer klinischen Prüfung. Zu den Aspekten der Studienfinanzierung zählen neben der finanziellen Entschädigung der Prüfer und Prüfungsteilnehmer auch Aufwendungen für studienbedingte Untersuchungen, sofern sie über die klinische Versorgungsroutine hinausgehen (z. B. zusätzliche Blutabnahmen, MRT-Untersuchung) und für Studienmaterialien (z. B. Fragebögen, Reagenzien)[23]. Diesem Gesichtspunkt kommt gerade bei **nicht-kommerziellen klinischen Prüfungen** (IIT) besondere Bedeutung zu, da auch der Sponsor-Investigator eine lückenlose Finanzierung der Studie durchgehend gewährleisten muss[24]. Gem. § 7 II Nr. 6 GCP-V sind im Antrag auch die Lebensläufe der Prüfer oder andere geeignete Qualifikationshinweise der Prüfer vorzulegen. In der Praxis ruft dies teilweise erhebliche Schwierigkeiten hervor, da die Sponsoren Mitglieder des Studienteams z. B. als Sub-Investigator bezeichnen. Allerdings verwendet § 4 XXV 1 ausschließlich den Begriff des Prüfers. Die Anforderungen an die **Qualifikationshinweise für den Prüfer** sind gesetzlich nicht festgelegt, so dass zunächst Unsicherheiten bestanden, welche konkreten Forderungen die Ethik-Kommissionen an die Sponsoren stellen müssen. Der Verordnungsgeber überlässt es den zuständigen Ethik-Kommissionen, die ausreichende Qualifikation der Prüfer festzustellen. Um eine größtmögliche Harmonisierung zu schaffen, hat die Bundesärztekammer in Zusammenarbeit mit den Ethik-Kommissionen Empfehlungen zur Bewertung der Qualifikation von Prüfern und Geeignetheit von Prüfstellen durch Ethik-Kommissionen bei klinischen Prüfungen nach dem AMG bekannt gemacht[25]. Ferner wurden im Jahr 2013 Anforderungen an einen Grundlagenkurs für Prüfer/Stellvertreter und Mitglieder einer Prüfgruppe bei klinischen Prüfungen nach dem Arzneimittelgesetz (AMG) und für Prüfer nach dem Medizinproduktegesetz (MPG) ausgearbeitet und veröffentlicht (Curriculare Fortbildung)[26].

---

[19] Der Arbeitskreis Medizinischer Ethik-Kommissionen hat eine detaillierte Checkliste für die erforderlichen Antragsunterlagen für Studien nach AMG erstellt (Stand: 5.10.2015), abrufbar unter www.ak-med-ethik-komm.de.

[20] Vgl. sehr ausführlich zu den einzelnen Prüfpunkten *Raspe/Hüppe/Strech/Taupitz*, S. 9 ff.

[21] Modul 2 ist in folgender Leitlinie der Europäischen Kommission enthalten: Detailed Guidance on the application format and documentation to be submitted in an application for an ethics committee opinion on the clinical trial on medicinal products for human use, February 2006, version 1, ENTR/CT2, abrufbar unter Eudralex, Volume 10, ec.europa.eu.

[22] Vgl. BT-Drucks. 16/12 677, S. 20; zum „Ethik-Hopping" vgl. ausführlich: *von Dewitz*, A&R 2008, 156 ff. und 213 ff.

[23] Vgl. *Raspe/Hüppe/Strech/Taupitz*, S. 29.

[24] Die gesicherte Finanzierung einer Studie gewährleistet sowohl die finanzielle Sicherheit der Prüfenden sowie auch eine Bestätigung des Vertrauens der Studienteilnehmenden in die Durchführung und den Ausgang der Studie, vgl. *Raspe/Hüppe/Strech/Taupitz*, S. 31.

[25] Beschluss der Bundesärztekammer vom 28.9.2009, DÄBl. 2010, A-48 ff.

[26] Beschluss der Bundesärztekammer vom 19.4.2013, DÄBl. 2013, A-1212 ff.

Ferner sind die zu der **Vergütung der Prüfer und der Entschädigung der betroffenen Personen** 21
getroffenen Vereinbarungen vorzulegen (§ 7 III Nr. 14 GCP-V). Die Vergütung der Prüfer wird regelmäßig über einen sog. **Prüfarztvertrag** abgewickelt.[27] Der Ethik-Kommission werden die wesentlichen
Teile dieses Vertrages bzw. ein Mustervertrag vorgelegt. Die Bestimmung soll verhindern, dass sich der
Prüfer möglicherweise durch die Höhe der Vergütung in seinen Entscheidungen beeinflussen lässt.[28] Da
es sich häufig um eine Kooperation zwischen der pharmazeutischen Industrie und medizinischen
Einrichtungen sowie deren Prüfärzten handelt, sind mit Vergütungsregelungen auch korruptionsrecht-
liche Aspekte verbunden. Es dürfte jedoch die Kompetenz einer Ethik-Kommission überschreiten,
anhand von Prüfarztverträgen zusätzlich strafrechtliche Aspekte der Zusammenarbeit zwischen pharmazeutischer Industrie und Ärzten zu prüfen.

Die angemessene Entschädigung der betroffenen Personen orientiert sich am Gedanken der potenziel- 22
len Anreizregelung bzw. –wirkung[29]. Ethisch problematisch wird eine Anreizregelung in Fällen, in denen
der Anreiz (finanziell oder anderweitig) eine Höhe annimmt, in der die Studienteilnehmer gegen Geld
Risiken eingehen, die sie ohne die Zahlung nicht eingegangen wären, oder in der der Charakter der
Freiwilligkeit der Einwilligung durch den Anreiz in Mitleidenschaft gezogen und damit die Gültigkeit
der Einwilligungserklärung negiert wird[30].

5. Beiziehung von Sachkunde durch die Ethik-Kommission (S. 5). Nach Abs. 1 S. 5 kann die 23
jeweilige Ethik-Kommission zur Bewertung der von dem Antragsteller eingereichten Unterlagen eigene
wissenschaftliche Erkenntnisse verwerten oder Sachverständige beiziehen oder Gutachten anfordern. Dies
entspricht den der zuständigen Bundesoberbehörde im Zulassungsverfahren eingeräumten Befugnissen
(§ 25 V 2) und ist Ausfluss des das Verwaltungsverfahren determinierenden Untersuchungsgrundsatzes
(§ 24 I VwVfG)[31].

6. Beiziehung von Sachkunde in besonderen Fällen (S. 6). Gem. Abs. 1 S. 6 ist die Ethik- 24
Kommission verpflichtet, Sachverständige beizuziehen oder Gutachten anzufordern, wenn es sich um
eine klinische Prüfung bei **Minderjährigen** handelt und ihre Mitglieder nicht über eigene Fachkennt-
nisse auf dem Gebiet der Kinderheilkunde, einschließlich ethischer und psychosozialer Fragen der
Kinderheilkunde verfügen (zur Zusammensetzung der Ethik-Kommissionen in diesem Fall s. Rn. 13).
Die Verpflichtung zur Beiziehung externen Sachverstands gilt auch, wenn es sich um eine klinische
Prüfung von **xenogenen Arzneimitteln** oder **Gentherapeutika** handelt.

7. Versagungsgründe (S. 7). Abs. 1 S. 7 Nr. 1–3 führt die **Versagungsgründe** für die zustimmende 25
Bewertung der zuständigen Ethik-Kommission auf. Die Versagungsgründe sind nur teilweise deckungsgleich mit den Versagungsgründen der zuständigen Bundesoberbehörde, welche in Abs. 3 S. 2 Nr. 1–5
aufgeführt werden. Liegt keiner der Versagungsgründe vor, hat der Antragsteller einen **Rechtsanspruch**
auf Erteilung einer zustimmenden Bewertung durch die Ethik-Kommission.

a) Unvollständige Unterlagen (Nr. 1). Gem. § 8 I GCP-V wird der Sponsor nach Eingang des 26
Antrags ggf. aufgefordert, die von der Ethik-Kommission benannten **Formmängel** innerhalb einer Frist
von 14 Tagen zu beheben, wenn Unterlagen zum Antrag hierfür fehlen oder der Antrag aus sonstigen
Gründen nicht ordnungsgemäß ist. Läuft diese Frist ab, ohne dass der Sponsor die geforderten Unterlagen
vorlegt bzw. vervollständigt, darf die Ethik-Kommission die zustimmende Bewertung gem. Abs. 1 S. 7
Nr. 1 versagen.

b) Nichtbeachtung des Stands der Wissenschaft und Technik (Nr. 2). Die Ethik-Kommission 27
kann des Weiteren die zustimmende Bewertung versagen, wenn der Prüfplan, die Prüferinformation und
die Modalitäten für die Auswahl der Prüfungsteilnehmer nicht dem Stand der wissenschaftlichen
Erkenntnisse entsprechen. Die Ethik-Kommission prüft ferner, **ob die klinische Prüfung ungeeignet
ist, den Nachweis der Unbedenklichkeit oder Wirksamkeit** eines Arzneimittels, einschließlich einer
unterschiedlichen Wirkungsweise bei Frauen und Männern zu erbringen. Die Ausdehnung auf die
Berücksichtigung der unterschiedlichen Wirkungsweise bei Frauen und Männern wurde im Rahmen des
Gesetzgebungsverfahrens der 12. AMG-Novelle durch eine Beschlussempfehlung des Ausschusses für
Gesundheit und Soziale Sicherung erst verhältnismäßig spät in das Verfahren eingebracht. Die Regelung
soll dem Erfordernis einer Berücksichtigung geschlechtsspezifischer Unterschiede Rechnung tragen[32].

c) Fehlen weiterer Voraussetzungen (Nr. 3). Als weiterer Versagungsgrund wird das **Nichtvor-** 28
liegen der Voraussetzungen des § 40 I 3 Nr. 2–9, IV und § 41 genannt. Die Ethik-Kommission prüft
nicht, ob ein Sponsor oder ein Vertreter des Sponsors vorhanden ist (§ 40 I 3 Nr. 1). Dies ist ein
Prüfungsgegenstand der Bundesoberbehörde. Die zuständige Ethik-Kommission kann die zustimmende

---

[27] Ausführlich zu den Inhalten eines Prüfarztvertrages: *Kotzenberg*, A&R 2012, 3 ff.
[28] Vgl. hierzu: *Frohn*, A&R 2013, 64 ff.
[29] Vgl. *Raspe/Hüppe/Strech/Taupitz*, S. 142.
[30] S. *Raspe/Hüppe/Strech/Taupitz*, S. 142 m. w. N.
[31] Vgl. *Kloesel/Cyran*, § 42 Anm. 32.
[32] BT-Drucks. 15/2849, S. 72.

Bewertung beispielsweise versagen, wenn die Sonderregelungen zum Schutz von Minderjährigen und/oder Einwilligungsunfähigen nicht eingehalten werden. Hieraus ergibt sich im besonderen Maße der Auftrag der Ethik-Kommission, sehr sensible Studienteilnehmer zu schützen.

29   **8. Rechtsverordnung nach Abs. 3 (S. 8).** Abs. 1 S. 8 ermöglicht eine weitere Ausgestaltung der Versagungsgründe im Wege der Rechtsverordnung. Die Einzelheiten sind in Abs. 3 geregelt (s. Rn. 57–60).

30   **9. Fristen (S. 9).** Die Mindestanforderungen an die **Fristen für die zustimmende Bewertung der Ethik-Kommission** werden in Abs. 1 S. 9 festgelegt. Die Ethik-Kommission hat danach eine Entscheidung über den Antrag innerhalb einer Frist von höchstens 60 Tagen nach Eingang der erforderlichen Unterlagen zu übermitteln, die nach Maßgabe der GCP-V verlängert oder verkürzt werden kann. Lediglich für die Prüfung **xenogener Arzneimittel** gibt es keine zeitliche Begrenzung für den Genehmigungszeitraum. Nach dem derzeitigen Erkenntnisstand der Wissenschaft bestehen bei xenogenen Arzneimitteln weiterhin – teilweise erhebliche – Gefahren für die Patienten: Abstoßungsreaktionen, physiologische Inkompatibilität und Xenozoonosen. Hinzu tritt die Gefahr xenogener Infektionen, wie etwa die von tierischen Viren (z. B. endogene Retroviren und Herpesviren) oder eine von mit Humanviren rekombinierten tierischen Viren ausgehende Infektionsgefahr für den Patienten, die behandelnden Personen sowie Dritte[33].

31   Die Ethik-Kommission bestätigt dem Sponsor innerhalb von 10 Tagen den Eingang des ordnungsgemäßen Antrags unter Angabe des Eingangsdatums und fordert ihn auf, die von ihr genannten **Formmängel** innerhalb einer Frist von 14 Tagen zu beheben, wenn Unterlagen zum Antrag ohne Begründung hierfür fehlen oder der Antrag aus sonstigen Gründen nicht ordnungsgemäß ist (§ 8 I GCP-V). Innerhalb von höchstens 60 Tagen nach Eingang des ordnungsgemäßen Antrags übermittelt die zuständige Ethik-Kommission dem Sponsor und der zuständigen Bundesoberbehörde ihre mit Gründen versehene Bewertung (§ 8 II 1 GCP-V). Die Ethik-Kommission hat während des Antragsverfahrens nur ein einziges Mal das Recht, zusätzliche Informationen vom Sponsor anzufordern. Die Frist wird bis zum Eingang der zusätzlichen Information gehemmt. Die **Hemmung** beginnt mit Ablauf des Tages, an dem die Anforderung von der Ethik-Kommission abgesendet wurde (§ 8 II 2 GCP-V).

32   Bei **multizentrischen klinischen Prüfungen** ist auch die federführende Ethik-Kommission an die 60-Tage-Frist gebunden. Um das Benehmen mit den beteiligten Ethik-Kommissionen herbeizuführen, legt § 8 V GCP-V fest, dass die beteiligten Ethik-Kommissionen der federführenden Ethik-Kommission innerhalb von 30 Tagen nach Eingang des ordnungsgemäßen Antrages ihre auf die Qualifikation der Prüfer und die Geeignetheit der Prüfstelle bezogene Bewertung zukommen lassen müssen.

33   Eine Verkürzung der Frist auf höchstens 30 Tage ist vorgesehen, wenn eine klinische Prüfung nur in einer **einzigen Prüfstelle** (monozentrisch) durchgeführt wird. Bei einer klinischen Prüfung der Phase I, die als Teil eines mehrere klinische Prüfungen umfassenden **Entwicklungsprogramms** auf einer von dieser Ethik-Kommission zustimmend bewerteten klinischen Prüfung desselben Entwicklungsprogramms aufbaut, verkürzt sich die Frist nochmals auf 14 Tage.

34   Eine **Fristverlängerung** auf 90 Tage ist für somatische Zelltherapeutika und Arzneimittel, die gentechnisch veränderte Organismen enthalten, vorgesehen (§ 8 IV GCP-V). Eine Verlängerung auf insgesamt 180 Tage tritt ein, wenn die Ethik-Kommission zur Vorbereitung ihrer Bewertung Sachverständige beizieht oder Gutachten anfordert. Bei der klinischen Prüfung von Gentransfer-Arzneimitteln beträgt die Frist höchstens 180 Tage. Bei xenogenen Arzneimitteln ist eine zeitliche Begrenzung für den Bewertungszeitraum nicht vorgesehen.

35   Die Ethik-Kommission bewertet die von dem Sponsor eingereichten Unterlagen. Dies geschieht überwiegend, indem die Mitglieder der Ethik-Kommission zusammentreten und die Anträge im Einzelnen besprechen. Der Arbeitskreis Medizinischer Ethik-Kommissionen greift bestimmte Fragestellungen im Zusammenhang mit dem **Bewertungsverfahren** bei den Ethik-Kommissionen auf und entwickelt einheitliche Verfahrensanweisungen, die weitgehend angewandt werden[34]. Die Ethik-Kommission kann zur Bewertung der Unterlagen eigene wissenschaftliche Erkenntnisse verwerten. Es steht ihr jedoch auch frei, Sachverständige beizuziehen oder Gutachten anzufordern. Die Erstattung der durch die Einbindung von Sachverständigen und Gutachtern entstandenen Auslagen erfolgt im Rahmen des nach Landesrecht maßgeblichen Gebührenrechts[35].

36   Da eine klinische Prüfung bzw. der Prüfplan im Verlauf einer klinischen Prüfung häufig überarbeitet und angepasst werden muss, wurde mit § 10 GCP-V ein spezielles Verfahren für nachträgliche Änderungen eingeführt. Dieses sog. **Amendment-Verfahren** bezieht sich sowohl auf Änderungen einer von der zuständigen Bundesoberbehörde genehmigten oder von der zuständigen Ethik-Kommission zustimmend bewerteten klinischen Prüfung. Es ist zu berücksichtigen, dass nicht sämtliche Änderungen genehmi-

---

[33] BT-Drucks. 15/2109, S. 32.
[34] Vgl. Bericht der Bundesregierung zu Erfahrungen mit dem Verfahren der Beteiligung von Ethik-Kommissionen bei klinischen Prüfungen, BT-Drucks. 16/7703, S. 7.
[35] BT-Drucks. 15/2109, S. 32.

gungspflichtig sind. Genehmigungspflichtig sind nur die in § 10 I Nr. 1–5 GCP-V beschriebenen substantiellen Forderungen (sog. Substantial Amendments). Substantiell ist beispielsweise eine Änderung, die sich auf die Sicherheit der betroffenen Personen auswirkt. Je nach Änderungsinhalt ergibt sich eine Zuständigkeit der Ethik-Kommission und/oder zuständigen Bundesoberbehörde. Die zuständige Ethik-Kommission hat eine Entscheidung über den ordnungsgemäßen Antrag auf zustimmende Bewertung der Änderungen innerhalb von 20 Tagen nach Eingang dem Sponsor und der zuständigen Bundesoberbehörde zu übermitteln. Bei multizentrischen klinischen Prüfungen ist eine Entscheidung im Benehmen mit den beteiligten Ethik-Kommissionen zu treffen. Die Einbeziehung von zusätzlichen Prüfstellen bei einer bereits zustimmend bewerteten klinischen Prüfung wird in § 10 IV GCP-V geregelt.

II. Rechtsschutz

37 Bei Ablehnung der zustimmenden Bewertung der zuständigen Ethik-Kommission stellt sich die Frage, welche **Rechtsschutzmöglichkeiten** dem Sponsor zur Verfügung stehen. Da es sich nach einhelliger Auffassung bei der Bewertung durch die zuständige Ethik-Kommission um eine Verwaltungsakt i. S. d. § 35 1 VwVfG handelt, kommt bei Ablehnung der zustimmenden Bewertung die Erhebung einer **Anfechtungsklage** vor dem Verwaltungsgericht in Betracht. Die Durchführung eines Vorverfahrens gem. § 68 VwGO hängt davon ab, ob dieses vom jeweiligen Landesgesetzgeber ausgeschlossen wurde. In einigen Bundesländern muss unmittelbar Anfechtungsklage vor dem Verwaltungsgericht ohne Durchführung eines Vorverfahrens erhoben werden[36].

38 Problematischer stellt sich die **Anfechtung von zusätzlichen Nebenbestimmungen** zur zustimmenden Bewertung einer Ethik-Kommission dar[37]. Die Frage fokussiert sich auf eine isolierte Anfechtung der Nebenbestimmung oder die Erhebung einer Verpflichtungsklage, welche auf den Erlass eines Verwaltungsaktes ohne die belastende Nebenbestimmung gerichtet ist. Es ist jedoch davon auszugehen, dass ein Sponsor schon im eigenen Interesse die klinische Prüfung auch bei isolierter Anfechtung einer Nebenbestimmung nicht beginnen wird, ohne etwaige ethische Bedenken ausgeräumt zu haben.

39 Die Möglichkeit einer **Feststellungsklage** ist dann gegeben, wenn eine Ethik-Kommission die Vereinbarkeit einer klinischen Prüfung mit den standesrechtlichen Regeln geprüft hat. In diesem Fall liegt nur eine Beratung vor, die nicht als Verwaltungsakt nach § 35 1 VwVfG einzuordnen ist[38]. Es muss auf der Grundlage von Art. 19 IV GG dem Antragsteller der Rechtsweg über die Erhebung einer Feststellungsklage offenstehen[39].

40 In der Praxis haben Verfahren vor den Verwaltungsgerichten im Hinblick auf die zustimmende Bewertung von Ethik-Kommissionen in nur sehr begrenztem Umfang Bedeutung. Dies ist darauf zurückzuführen, dass die klinische Prüfung solange nicht begonnen werden darf, bis endgültig über die Bewertung der Ethik-Kommission entschieden wurde. Die Genehmigung der zuständigen Bundesoberbehörde reicht als Voraussetzung für den Beginn einer klinischen Prüfung wegen der **Parallelität der Verfahren** nicht aus. Insofern stellt sich für die Sponsoren die Durchführung eines verwaltungsgerichtlichen Verfahrens in der überwiegenden Zahl der Fälle nicht als Handlungsoption dar. Bei drohender Versagung der zustimmenden Bewertung wird daher häufig der Antrag insgesamt zurückgenommen und ggf. in modifizierter Form neu eingereicht. In Bezug auf die Erhebung von Gebühren im Zusammenhang mit dem SUSAR-Reporting gegenüber Ethik-Kommissionen sind bereits verwaltungsgerichtliche Verfahren durchgeführt worden[40].

41 In der Praxis hat sich ferner gezeigt, dass Sponsoren unter Umständen den Leiter der klinischen Prüfung wechseln, um auf diese Weise einen **Wechsel der federführenden Ethik-Kommission** zu bewirken. Hierbei muss berücksichtigt werden, dass der neuen federführenden Ethik-Kommission eine bereits existierende ablehnende Bewertung der bisherigen federführenden Ethik-Kommission einschließlich der Begründung vorzulegen ist. Entscheidet sich die neue Ethik-Kommission, den Antrag unter Berücksichtigung der Stellungnahme der bisherigen federführenden Ethik-Kommission zu bewerten, ist dies nach den arzneimittelrechtlichen Vorgaben grundsätzlich zulässig.

C. Genehmigungsverfahren bei der Bundesoberbehörde (Abs. 2)

42 Abs. 2 regelt das Genehmigungsverfahren bei der zuständigen Bundesoberbehörde. Das Genehmigungsverfahren war aufgrund der Umsetzung der RL 2001/20/EG erforderlich und wurde dementsprechend in das deutsche Recht umgesetzt.

---

[36] Beispielsweise in Berlin: § 2 VII des Gesetzes zur Errichtung einer Ethik-Kommission des Landes Berlin, GVBl. 2005, S. 466.
[37] Der Rechtsschutz gegen Nebenbestimmungen ist innerhalb des Verwaltungsrechts nach wie vor extrem umstritten, vgl. *Kopp/Ramsauer*, § 36 Rn. 60.
[38] Vgl. *Deutsch*, MedR 2006, 415.
[39] *Deutsch*, MedR 2006, 415.
[40] *VG Berlin*, MedR 2009, 163.

I. Zuständigkeiten (S. 1)

43   Zuständig für das **Genehmigungsverfahren einer klinischen Prüfung** sind entweder das Paul-Ehrlich-Institut (PEI) oder das Bundesinstitut für Arzneimittel und Medizinprodukte (BfArM). Das PEI genehmigt in diesem Zusammenhang sämtliche klinische Prüfungen mit Sera, Impfstoffen, Blutzubereitungen, Knochenmarkzubereitungen, Gewebezubereitungen, Allergenen, Arzneimitteln für neuartige Therapien, xenogenen Arzneimitteln und gentechnisch hergestellten Blutbestandteilen entsprechend § 77 II (s. dazu § 77 Rn. 9). Das BfArM ist für alle anderen Humanarzneimittel zuständig.

II. Antragsunterlagen (S. 2)

44   Antragsteller bei der zuständigen Bundesoberbehörde ist wie bei der zuständigen Ethik-Kommission der Sponsor. Der Sponsor hat der Bundesoberbehörde alle Angaben und Unterlagen vorzulegen, die diese zur Bewertung benötigt, insbes. die Ergebnisse der analytischen und der pharmakologisch-toxikologischen Prüfung sowie den Prüfplan und die klinischen Angaben zum Arzneimittel einschließlich Prüferinformation. Die Inhalte der **Antragsunterlagen** ergeben sich im Einzelnen aus § 7 GCP-V. Die Unterlagen gem. § 7 II GCP-V werden sowohl der zuständigen Ethik-Kommission als auch der zuständigen Bundesoberbehörde vorgelegt. Darüber hinaus sind der Bundesoberbehörde die in § 7 IV GCP-V aufgeführten Unterlagen vorzulegen. Unter anderem handelt es sich dabei um das Dossier zum Prüfpräparat (IMPD), den Nachweis einer Versicherung, wenn es sich bei dem Prüfpräparat um ein xenogenes Arzneimittel handelt, und spezielle Angaben zu Prüfpräparaten, die aus einem gentechnisch veränderten Organismus oder einer Kombination von gentechnisch veränderten Organismen bestehen oder solche enthalten. Der Bundesoberbehörde sind auch die Bezeichnung und Anschrift der zuständigen Ethik-Kommission und die Bezeichnungen und Anschriften der zuständigen Behörden anderer Mitgliedstaaten anzugeben, in denen die klinische Prüfung durchgeführt wird.

45   Das **IMPD** wird ausschließlich der Bundesoberbehörde zur Prüfung vorgelegt. Die Ethik-Kommission erhält diese Antragsunterlagen nicht. Das IMPD enthält eine Zusammenfassung der Daten über die Qualität des Prüfpräparates, das in der Studie verwendet werden soll, einschließlich in einer klinischen Prüfung eingesetzte Referenzpräparate und Placebos. Ebenso enthält es Ergebnisse der präklinischen Studien und verfügbare frühere klinische Erfahrungen bei der Anwendung des Prüfpräparates. Des Weiteren umfasst das IMPD Unterlagen über bisher durchgeführte klinische Prüfungen sowie weitere bekannt gewordene klinische Erkenntnisse und eine zusammenfassende Nutzen-Risiko-Bewertung. Anstelle des IMPD kann bei bereits zugelassenen Arzneimitteln die Zusammenfassung der Merkmale des Arzneimittels (SmPC) vorgelegt werden. Hierbei handelt es sich um die Fachinformation des bereits zugelassenen Arzneimittels. Inwieweit vollständig auf die Fachinformation Bezug genommen werden kann, hängt davon ab, welche Abweichungen von dem zugelassenen Anwendungsgebiet in der klinischen Prüfung auftreten und ob die Herstellungsverfahren modifiziert sind (§ 7 V GCP-V). Die Vorlage der Fachinformation bei bereits zugelassenen Arzneimitteln ist auch für die Durchführung von nicht-kommerziellen Studien (IIT) im universitären Bereich eine wesentliche Erleichterung, von der in der Praxis vielfach Gebrauch gemacht wird.

III. Versagungsgründe (S. 3)

46   Die zuständige Bundesoberbehörde darf die Genehmigung nur versagen, wenn einer der in Abs. 2 S. 3 Nr. 1–3 aufgeführten **Versagungsgründe** vorliegt. Die Aufzählung der Versagungsgründe ist abschließend. Außerhalb dieses gesetzlich beschriebenen Bereichs liegende Bedenken dürfen sich nicht als Versagung der Genehmigung auswirken.

47   **1. Unvollständige Unterlagen (Nr. 1).** Die Genehmigung der zuständigen Bundesoberbehörde darf versagt werden, wenn die vorgelegten Unterlagen auch nach Ablauf einer dem Sponsor gesetzten angemessenen Frist zur Ergänzung unvollständig sind. § 9 I GCP-V sieht für **Formmängel** eine Nachbesserungsfrist von 14 Tagen vor.

48   **2. Nichtbeachtung des Stands der Wissenschaft und Technik (Nr. 2).** Ferner darf die Genehmigung versagt werden, wenn die Unterlagen nicht dem **Stand der wissenschaftlichen Erkenntnisse** entsprechen. Insbes. prüft die Bundesoberbehörde die Angaben zum Arzneimittel, den Prüfplan sowie die Prüferinformation unter diesem Gesichtspunkt. Die Bundesoberbehörde ist allein verantwortlich für die Prüfung des IMPD, insbes. der pharmazeutischen Qualität. Daher kann die Genehmigung auf dieser Ebene versagt werden, auch wenn etwa die zuständige Ethik-Kommission keine Bedenken gegen die Durchführung der klinischen Prüfung hat und sämtliche weitere Unterlagen dem Stand der wissenschaftlichen Erkenntnisse entsprechen. Eine Versagung ist auszusprechen, wenn etwa die klinische Prüfung ungeeignet ist, den Nachweis der Unbedenklichkeit oder Wirksamkeit eines Arzneimittels einschließlich einer unterschiedlichen Wirkungsweise bei Frauen und Männern zu erbringen[41].

3. Fehlen weiterer Voraussetzungen (Nr. 3). Die Bundesoberbehörde kann die Genehmigung **49** auch versagen, wenn die in § 40 I 3 Nr. 1, 2, 2a und 6 aufgeführten Voraussetzungen nicht erfüllt sind. Das bedeutet, dass die zuständige Bundesoberbehörde nachprüfen muss, ob ein Sponsor oder ein Vertreter des Sponsors vorhanden ist, die Risiko-Nutzen-Abwägung bzw. die ärztliche Vertretbarkeit gegeben ist und spezielle Voraussetzungen bei gentechnisch veränderten Organismen vorliegen. Ferner prüft die zuständige Bundesoberbehörde Ergebnisse der pharmakologisch-toxikologischen Prüfung. Sämtliche weitere Voraussetzungen des § 40 I prüft die zuständige Ethik-Kommission in ihrem eigenen Verantwortungsbereich. Bei xenogenen Arzneimitteln prüft die Bundesoberbehörde ferner die Erfüllung des Erfordernisses einer Versicherung von Drittrisiken.

4. Neue Erkenntnisse zur Prüfeinrichtung oder Unterlagen (Nr. 4). Im Zuge des AMG-ÄndG **50** 2009 wurde auf der Grundlage bisheriger Erfahrungen, Inspektionsergebnissen und dem Austausch mit Ethik-Kommissionen ein weiterer Versagungsgrund für die Bundesoberbehörde eingefügt. Es wurde für den Ausnahmefall, dass die Bundesoberbehörde **Kenntnisse aus dem Zuständigkeitsbereich der Ethik-Kommission** hat, als unbefriedigend betrachtet, wenn die Bundesoberbehörde in Kenntnis dieser Mängel gleichwohl eine Genehmigung erteilen müsste[42]. Die Ethik-Kommission prüft anders als die Bundesoberbehörde beispielsweise die Geeignetheit der Prüfstelle. Liegen der Bundesoberbehörde nun Erkenntnisse vor, dass etwa die Prüfeinrichtung für die Durchführung der klinischen Prüfung nicht geeignet ist oder dass die in den vorgelegten Unterlagen beschriebenen Voraussetzungen nicht eingehalten werden können, kann die Bundesoberbehörde die Genehmigung der klinischen Prüfung ebenfalls versagen. Die Kenntnis über Missstände in der Prüfstelle kann sich aus GCP-Inspektionen in anderen Verfahren ergeben (Feststellung von Fälschungen in einem Prüfzentrum) oder aus der Feststellung im Rahmen einer Pre-approval-Inspektion, dass in einem Prüfzentrum die erforderliche Infrastruktur nicht vorhanden ist. Wird aus den Antragsunterlagen deutlich, dass die Sicherheit der Patienten nicht gewährleistet ist, kann die Bundesoberbehörde die Genehmigung ebenfalls versagen[43].

5. Nichterfüllung der Anforderungen nach § 40 IV oder § 41 (Nr. 5). Mit dem 2. AMG-ÄndG **51** 2012 wurden die Versagungsgründe für die Genehmigung der klinischen Prüfung durch die zuständige Bundesoberbehörde erweitert. Bei Nichterfüllung der besonderen Voraussetzungen nach § 40 IV und § 41 für die Prüfung an Minderjährigen oder an volljährigen Personen, die an einer Krankheit leiden, ist die Genehmigung für die klinische Prüfung durch die zuständige Bundesoberbehörde zu versagen[44].

IV. Implizite Genehmigung (S. 4–6)

Anders als bei der zustimmenden Bewertung der Ethik-Kommission, welche explizit erteilt werden **52** muss, wird die Genehmigung der Bundesoberbehörde grundsätzlich **implizit** erteilt. Gem. **Abs. 2 S. 4** gilt die Genehmigung als erteilt, wenn die zuständige Bundesoberbehörde dem Sponsor innerhalb von höchstens 30 Tagen nach Eingang der Antragsunterlagen keine mit Gründen versehenen Einwände übermittelt. Nach Ablauf dieser gesetzlichen Frist **gilt die Genehmigung als erteilt.** Der Sponsor darf bei Vorliegen sämtlicher weiterer Voraussetzungen der §§ 40 ff. mit der Durchführung der klinischen Prüfung beginnen. In der Praxis wird allerdings häufig eine explizite (schriftliche) Genehmigung erteilt, die dem Sponsor auch vor Ablauf der 30-Tage-Frist den Beginn einer klinischen Prüfung ermöglicht. Sollte allerdings die zuständige Bundesoberbehörde dem Sponsor mit Gründen versehene Einwendungen übermitteln und reagiert der Sponsor hierauf nicht innerhalb einer Frist von höchstens 90 Tagen, gilt der Antrag als abgelehnt **(Abs. 2 S. 5).** Damit wird neben der impliziten Genehmigung auch eine **implizite Ablehnung** der Bundesoberbehörde verankert.

Weitere Einzelheiten des Genehmigungsverfahrens bei der zuständigen Bundesoberbehörde ergeben **53** sich aufgrund der gem. **Abs. 2 S. 6 i. V. m. Abs. 3** eingeräumten Verordnungsermächtigung aus § 9 GCP-V. Ebenso wie die zuständige Ethik-Kommission bestätigt die zuständige Bundesoberbehörde dem Sponsor innerhalb von 10 Tagen den Eingang des ordnungsgemäßen Antrags. Bei Vorliegen von Formmängeln wird dem Sponsor eine Frist von 14 Tagen gesetzt, um diese zu beheben **(Mängelrüge).** Der Sponsor hat nur ein einziges Mal die Möglichkeit auf Einwände oder eine Änderung des Antrags zu reagieren. Nach Eingang der Änderung übermittelt die zuständige Bundesoberbehörde innerhalb von 15 Tagen schriftlich die Genehmigung des Antrags oder unter Angabe von Gründen dessen endgültige Ablehnung. Die zuständige Ethik-Kommission erhält davon eine Kopie. Bei klinischen Prüfungen der

---

[41] Vgl. die Beschlussempfehlung des Ausschusses für Gesundheit und soziale Sicherung, BT-Drucks. 15/2849, S. 73: Dem Erfordernis einer Berücksichtigung geschlechtsspezifischer Unterschiede ist Rechnung zu tragen.
[42] BT-Drucks. 16/12 256, S. 50.
[43] Beispiel: fehlende Voraussetzung für klinische Prüfungen First-in-human nach 4.4.3 der Guideline on Strategies to Identify and Mitigate Risks for First-in-human Clinical trials with Investigational Medicinal Products, 2007, vgl. BT-Drucks. 16/12 256, S. 50/51.
[44] Vgl. Begründung des Regierungsentwurfs vom 17.2.2012, BR-Drucks. 91/12, S. 92.

Phase I als Teil eines umfassenden Entwicklungsprogramms kann sich die Frist auf 14 Tage verkürzen (§ 9 III GCP-V). Eine **Fristverlängerung** ist auf höchstens 180 Tage vorgesehen bei klinischen Prüfungen von Gentransfer-Arzneimitteln, somatischen Zelltherapeutika oder Arzneimitteln, die aus einem gentechnisch veränderten Organismus oder einer Kombination von gentechnisch veränderten Organismen bestehen oder solche enthalten (§ 9 IV GCP-V). Der zuständigen Bundesoberbehörde wird durch § 9 V GCP-V zusätzlich ein Inspektionsrecht eingeräumt, wenn eine Überprüfung von Prüfstellen, Herstellungseinrichtungen, beteiligten Laboratorien, Einrichtungen des Sponsors oder sonstiger Einrichtungen erforderlich ist.

V. Explizite Genehmigung (S. 7)

54   Für bestimmte Arzneimittel sieht Abs. 2 S. 7 abweichend vom Grundsatz der impliziten Genehmigung eine **explizite Genehmigung** der Bundesoberbehörde vor. Die explizite Genehmigung ist vorgesehen für Arzneimittel, die unter Nr. 1[45] des Anhangs der VO (EG) Nr. 726/2004 fallen, Arzneimittel für neuartige Therapien, xenogene Arzneimittel, Arzneimittel, die genetisch veränderte Organismen enthalten oder Arzneimittel mit bestimmten Wirkstoffen.[46] Mit der klinischen Prüfung für diese Arzneimittel darf erst nach Erteilung einer schriftlichen Genehmigung für den Sponsor begonnen werden (Abs. 2 S. 7).

VI. Fristen (S. 8)

55   Die zuständige Bundesoberbehörde hat eine Entscheidung über den Antrag auf Genehmigung von Arzneimitteln nach S. 7 Nr. 2 bis 4 innerhalb einer Frist von höchstens 60 Tagen nach Eingang der in S. 2 genannten erforderlichen Unterlagen zu treffen, die nach Maßgabe einer Rechtsverordnung nach Abs. 3 verlängert oder verkürzt werden kann. Für diese Arzneimittel verlängert sich auch die Frist für die Übermittlung von begründeten Einwänden auf 30 Tage, da von der in **Abs. 2 S. 8 i. V. m. Abs. 3** eingeräumten Verordnungsermächtigung Gebrauch gemacht wurde (§ 9 II 5 GCP-V). Für die Prüfung xenogener Arzneimittel gibt es keine zeitliche Begrenzung für den Genehmigungszeitraum. Für spezielle Arzneimittel kann die zuständige Bundesoberbehörde zur Vorbereitung ihrer Entscheidung Sachverständige herbeiziehen oder Gutachten anfordern (§ 9 IV GCP-V).

VII. Rechtsschutz

56   Gegen die ablehnende Entscheidung der Bundesoberbehörde kann Anfechtungsklage vor dem zuständigen Verwaltungsgericht erhoben werden.

D. Unterrichtungspflichten (Abs. 2a)

57   Abs. 2a sieht für die zuständige Bundesoberbehörde eine **Unterrichtungspflicht** gegenüber der **zuständigen Ethik-Kommission** vor. Dies bezieht sich allerdings nur auf Informationen zu anderen klinischen Prüfungen, die für die Bewertung der von der Ethik-Kommission begutachteten Prüfung von Bedeutung sind. Die Ethik-Kommission wird von der zuständigen Bundesoberbehörde insbes. darüber unterrichtet, welche anderen klinischen Prüfungen abgebrochen oder sonst vorzeitig beendet wurden. Diese Information kann die zuständige Ethik-Kommission in ihre Bewertung der konkreten klinischen Prüfung einbeziehen. Bei der Unterrichtung der zuständigen Ethik-Kommission hat die Übermittlung personenbezogener Daten zu unterbleiben. Betriebs- und Geschäftsgeheimnisse sind zu wahren.

58   Die Unterrichtungspflicht ist im AMG nur von der zuständigen Bundesoberbehörde an die Ethik-Kommission vorgesehen. Umgekehrt ist eine **Unterrichtungspflicht der Ethik-Kommissionen** an die Bundesoberbehörde gesetzlich nicht verankert. Allerdings setzt sich in der Praxis durch, dass die Ethik-Kommissionen für klinische Prüfungen wesentliche Informationen auch der Bundesoberbehörde zumindest zur Kenntnis weiterleiten.

E. Verordnungsermächtigung (Abs. 3)

59   Abs. 3 enthält die Verordnungsermächtigung für die Durchführungsbestimmungen der klinischen Prüfung. Ausgehend von dieser Ermächtigungsgrundlage wurde die Verordnung über die Anwendung der **Guten klinischen Praxis** bei der Durchführung von klinischen Prüfungen mit Arzneimitteln zur

---

[45] Arzneimittel, die mit Hilfe eines bestimmten biotechnologischen Verfahrens hergestellt werden.
[46] Im Zuge des 2. AMG-ÄndG 2012 wurde der bisherige Bezug zu Ziff. 1a des Anhangs der VO (EG) Nr. 726/2004 gestrichen. Hierdurch wird klargestellt, dass Arzneimittel für neuartige Therapien unter die Fristenregelung der unter Nr. 2 und 4 genannten Arzneimittel fallen. Diese beträgt im Regelfall 60 Tage, vgl. BR-Drucks. 91/12, S. 92.

Anwendung am Menschen (GCP-V) beschlossen[47]. Die GCP-V dient der Umsetzung der RL 2001/20/EG, 2003/94/EG und 2001/18/EG. Zweck der Verordnung ist es, die Einhaltung der Guten klinischen Praxis bei der Planung, Durchführung und Dokumentation klinischer Prüfungen am Menschen und der Berichterstattung darüber sicherzustellen. Die GCP-V regelt die Aufgaben, Verantwortungsbereiche und Verfahren hinsichtlich der Planung, Genehmigung, Durchführung und Überwachung von klinischen Prüfungen am Menschen.

§ 3 GCP-V enthält zusätzlich zum AMG weitere Begriffsbestimmungen, die in der praktischen **60** Durchführung von klinischen Prüfungen zu berücksichtigen sind. Der zweite Abschn. der GCP-V bezieht sich auf die Anforderungen an die Prüfpräparate, insbes. deren Kennzeichnung. Die §§ 7 ff. GCP-V regeln die Details zum Genehmigungsverfahren bei den Bundesoberbehörden und Ethik-Kommissionen. In diesem Zusammenhang ist hervorzuheben, dass unabhängig von der Involvierung von Behörden und Ethik-Kommissionen der Sponsor und der Prüfer unverzüglich alle gebotenen Maßnahmen zum Schutz der betroffenen Person vor unmittelbarer Gefahr treffen müssen, wenn neue Umstände die Sicherheit der betroffenen Personen beeinträchtigen können (§ 11 GCP-V).

Für die Praxis besonders bedeutsam sind die Bestimmungen zu den **Dokumentations- und Mit-** **61** **teilungspflichten,** Datenbanken sowie GCP-Inspektionen. Für den Sponsor gelten die Dokumentations- und Mitteilungspflichten des § 13 GCP-V. Er hat Nebenwirkungsmeldungen aus klinischen Prüfungen innerhalb von 7 bzw. 15 Tagen zu melden. Meldeadressaten sind die zuständigen Ethik-Kommissionen und die zuständigen Bundesoberbehörden sowie die an der Prüfung beteiligten Prüfer[48]. Abs. 3 S. 2 Nr. 5 hat durch das 2. AMG-ÄndG 2012 eine wichtige Ergänzung erfahren, die die rechtliche Voraussetzung dafür schafft, dass auch eine Übermittlung von Prüfungsergebnissen an eine europäische Datenbank vorgesehen werden kann, sobald die Voraussetzungen auf europäischer Ebene hierfür geschaffen worden sind[49].

Inspektionen im Rahmen der Überwachung laufender oder bereits abgeschlossener klinischer Prü- **62** fungen werden gem. § 64 I durch die zuständige Behörde (lokale Überwachungsbehörde) durchgeführt. Gem. § 15 I 2 GCP-V ist jedoch daneben auch die zuständige Bundesoberbehörde zur Überprüfung der Übereinstimmung mit den Angaben aus dem Antragsverfahren zur Durchführung von Inspektionen ermächtigt. Die Inspektionen erfolgen im Namen der EU. Zuständige Behörden anderer Mitgliedstaaten können die zuständige Behörde oder Bundesoberbehörde bei den GCP-Inspektionen unterstützen.

§ 42a Rücknahme, Widerruf und Ruhen der Genehmigung oder der zustimmenden Bewertung

(1) [1]Die Genehmigung ist zurückzunehmen, wenn bekannt wird, dass ein Versagungsgrund nach § 42 Abs. 2 Satz 3 Nr. 1, Nr. 2 oder Nr. 3 bei der Erteilung vorgelegen hat; sie ist zu widerrufen, wenn nachträglich Tatsachen eintreten, die die Versagung nach § 42 Abs. 2 Satz 3 Nr. 2, Nr. 3 , Nummer 4 oder Nummer 5 rechtfertigen würden. [2]In den Fällen des Satzes 1 kann auch das Ruhen der Genehmigung befristet angeordnet werden.

(2) [1]Die zuständige Bundesoberbehörde kann die Genehmigung widerrufen, wenn die Gegebenheiten der klinischen Prüfung nicht mit den Angaben im Genehmigungsantrag übereinstimmen oder wenn Tatsachen Anlass zu Zweifeln an der Unbedenklichkeit oder der wissenschaftlichen Grundlage der klinischen Prüfung geben. [2]In diesem Fall kann auch das Ruhen der Genehmigung befristet angeordnet werden. [3]Die zuständige Bundesoberbehörde unterrichtet unter Angabe der Gründe unverzüglich die anderen für die Überwachung zuständigen Behörden und Ethik-Kommissionen sowie die Europäische Kommission und die Europäische Arzneimittel-Agentur.

(3) [1]Vor einer Entscheidung nach den Absätzen 1 und 2 ist dem Sponsor Gelegenheit zur Stellungnahme innerhalb einer Frist von einer Woche zu geben. [2]§ 28 Abs. 2 Nr. 1 des Verwaltungsverfahrensgesetzes gilt entsprechend. [3]Ordnet die zuständige Bundesoberbehörde die sofortige Unterbrechung der Prüfung an, so übermittelt sie diese Anordnung unverzüglich dem Sponsor. [4]Widerspruch und Anfechtungsklage gegen den Widerruf, die Rücknahme oder die Anordnung des Ruhens der Genehmigung sowie gegen Anordnungen nach Absatz 5 haben keine aufschiebende Wirkung.

(4) Ist die Genehmigung einer klinischen Prüfung zurückgenommen oder widerrufen oder ruht sie, so darf die klinische Prüfung nicht fortgesetzt werden.

(4a) [1]Die zustimmende Bewertung durch die zuständige Ethik-Kommission ist zurückzunehmen, wenn die Ethik-Kommission nachträglich davon Kenntnis erlangt, dass ein Ver-

---

[47] Zuletzt geändert durch das 2. AMG-ÄndG 2012.
[48] Vgl. zum SUSAR-Reporting gegenüber Ethik-Kommissionen *Sträter/Wachenhausen*, PharmR 2007, 95 ff.
[49] Die EudraCT Datenbank existiert bereits auf europäischer Ebene. Die rechtliche Grundlage ist Art. 11 der RL 2001/20/EG in Verbindung mit Art. 57 II der VO (EG) Nr. 726/2004; s. a. BR-Drucks. 91/12, S. 92.

sagungsgrund nach § 42 Absatz 1 Satz 7 vorgelegen hat; sie ist zu widerrufen, wenn die Ethik-Kommission davon Kenntnis erlangt, dass nachträglich

1. die Anforderungen an die Eignung des Prüfers, seines Stellvertreters oder der Prüfstelle nicht mehr gegeben sind,
2. keine ordnungsgemäße Probandenversicherung mehr besteht oder die Voraussetzungen für eine Ausnahme von der Versicherungspflicht nicht mehr vorliegen,
3. die Modalitäten für die Auswahl der Prüfungsteilnehmer nicht mehr dem Stand der medizinischen Erkenntnisse entsprechen, insbesondere die klinische Prüfung ungeeignet ist, den Nachweis der Unbedenklichkeit oder der Wirksamkeit eines Arzneimittels einschließlich einer unterschiedlichen Wirkungsweise bei Frauen und Männern zu erbringen, oder
4. die Voraussetzungen für die Einbeziehung von Personen nach § 40 Absatz 4 oder § 41 nicht mehr gegeben sind.

[2] Die Absätze 3 und 4 gelten entsprechend. [3] Die zuständige Ethik-Kommission unterrichtet unter Angabe der Gründe unverzüglich die zuständige Bundesoberbehörde und die anderen für die Überwachung zuständigen Behörden.

(5) [1] Wenn der zuständigen Bundesoberbehörde im Rahmen ihrer Tätigkeit Tatsachen bekannt werden, die die Annahme rechtfertigen, dass der Sponsor, ein Prüfer oder ein anderer Beteiligter seine Verpflichtungen im Rahmen der ordnungsgemäßen Durchführung der klinischen Prüfung nicht mehr erfüllt, informiert die zuständige Bundesoberbehörde die betreffende Person unverzüglich und ordnet die von dieser Person durchzuführenden Abhilfemaßnahmen an; betrifft die Maßnahme nicht den Sponsor, so ist dieser von der Anordnung zu unterrichten. [2] Maßnahmen der zuständigen Überwachungsbehörde gemäß § 69 bleiben davon unberührt.

Wichtige Änderungen der Vorschrift: Abs. 1 geändert und Abs. 4a eingefügt durch Art. 1 Nr. 45 des Gesetzes zur Änderung arzneimittelrechtlicher und anderer Vorschriften vom 17.7.2009 (BGBl. I S. 1990). Abs. 1, 2 und Abs. 4a geändert durch Art. 1 Nr. 38 des Zweiten Gesetzes zur Änderung arzneimittelrechtlicher und anderer Vorschriften (BGBl. I S. 2192).

Europarechtliche Vorgaben: RL 2001/20/EG.

Übersicht

A. Allgemeines

I. Inhalt

1   Abs. 1 bezieht sich auf zwingende **Aufhebungsgründe,** welche unmittelbar mit den in § 42 II 3 Nr. 1–3 aufgeführten Versagungsgründen verknüpft sind. Abs. 2 erfasst demgegenüber die übrigen Fälle, welche keinen zwingenden Aufhebungsgrund aufweisen. Die zuständige Behörde hat in diesen Fällen ein Aufhebungsermessen. Nach Abs. 3 ist der Sponsor anzuhören bzw. von einer sofortigen Unterbrechung der klinischen Prüfung zu unterrichten; Rechtsbehelfe gegen die Anordnungen nach Abs. 1 und 2 haben hierbei keine aufschiebende Wirkung. Abs. 4 ordnet an, dass bei einer Rücknahme bzw. einem Widerruf oder einem Ruhen der Genehmigung für die klinische Prüfung diese nicht fortgesetzt werden darf. Abs. 4a gibt der zuständigen Ethik-Kommission die Kompetenz zu Rücknahme oder Widerruf der zustimmenden Bewertung der klinischen Prüfung. In Abs. 5 werden der zuständigen Bundesoberbehörde Befugnisse zu Abhilfemaßnahmen für den Fall der nicht ordnungsgemäßen Erfüllung der Verpflichtungen der im Rahmen der klinischen Prüfung verantwortlichen Personen eingeräumt.

II. Zweck

Die Vorschrift dient der **Arzneimittelsicherheit** in dem besonders sensiblen Bereich der Durchführung klinischer Prüfungen, indem den jeweils zuständigen Behörden nach erteilter Genehmigung oder zustimmender Bewertung für die klinische Prüfung die notwendigen verwaltungsverfahrensrechtlichen Interventionsmöglichkeiten eingeräumt werden. **2**

B. Anwendungsbereich

I. Maßnahmen der Bundesoberbehörde

§ 42a wurde mit der 12. AMG-Novelle vollständig neu in die Bestimmungen über die klinische **3** Prüfung eingefügt. Dies ist darauf zurückzuführen, dass aufgrund der Novellierung des Gesetzes ein Genehmigungsverfahren bei der Bundesoberbehörde vorgesehen ist, welches neben dem Vorliegen anderer Voraussetzungen über den Beginn einer klinischen Prüfung entscheidet. § 42a ermächtigt die Bundesoberbehörde zur Umsetzung verschiedener **behördlicher Maßnahmen.** Diese betreffen die Rücknahme, den Widerruf oder das Anordnen des Ruhens der Genehmigung. Gemäß § 1 I VwVfG tritt § 42a an die Stelle insbes. der verwaltungsrechtlichen Bestimmungen der §§ 48, 49 VwVfG, da mit § 42a inhaltsgleiche bzw. entgegenstehende Bestimmungen auf Bundesebene geschaffen wurden. Dies gilt auch für die Bestimmung zur Anhörung des Sponsors gem. § 42a III.

II. Maßnahmen der Überwachungsbehörden

Die zuständigen Behörden der Länder (**Überwachungsbehörden**) erhalten gem. § 67 I neben der **4** Bundesoberbehörde eine Anzeige über Betriebe und Einrichtungen, welche Arzneimittel klinisch prüfen. Darüber hinaus sind Sponsor, Legal Representative sowie sämtliche Prüfer gegenüber der Überwachungsbehörde namentlich zu benennen. Gem. § 64 I führt die zuständige Behörde die Überwachung über Betriebe und Einrichtungen durch, die Arzneimittel klinisch prüfen. Ebenso bezieht sich die Überwachung auf den Sponsor bzw. dessen Legal Representative (§ 64 I 4). Insofern ist neben der Bundesoberbehörde im Wesentlichen die Überwachungsbehörde in die Überwachung der klinischen Prüfung in den Prüfzentren, Unternehmen und anderer beteiligter Personen involviert. Dementsprechend sieht § 15 I 1 GCP–V vor, dass die zuständige Behörde Inspektionen durchführen kann. Bei Gefahr im Verzug ist die zuständige Behörde ermächtigt, die sofortige Unterbrechung der Prüfung anzuordnen (§ 15 VIII 1 GCP-V). Die zuständige Behörde muss sowohl den Sponsor als auch die zuständige Bundesoberbehörde über die **Unterbrechung der klinischen Prüfung informieren.** Auf dieser Grundlage entscheidet die zuständige Bundesoberbehörde wiederum in eigener Verantwortung über die Einleitung von Maßnahmen nach § 42a. Die zuständige Behörde kann darüber hinaus, soweit erforderlich, weitere Maßnahmen nach § 69 in eigener Zuständigkeit ergreifen.

III. Maßnahmen der Ethik-Kommission

§ 42a stellte bis zum AMGÄndG 2009 keine Ermächtigung der zuständigen **Ethik-Kommission** dar, **5** Maßnahmen im Rahmen der Durchführung einer klinischen Prüfung anzuordnen. § 42a war zunächst ausschließlich an die zuständige Bundesoberbehörde adressiert. Es wurde allerdings kontrovers diskutiert, ob die zuständige Ethik-Kommission überhaupt **Eingriffsbefugnisse im Rahmen des Verlaufs einer klinischen Prüfung** hat. Teilweise wurde aus der Bestimmung des § 42a der Rückschluss gezogen, dass die zuständige Ethik-Kommission allein über den Beginn einer klinischen Prüfung entscheidet, ihr jedoch im Verlauf der klinischen Prüfung keine weiteren Eingriffsbefugnisse zur Verfügung stehen. Diese Aufgabe würde dann ausschließlich von der Bundesoberbehörde wahrgenommen. Dem ist entgegenzuhalten, dass die Ethik-Kommission gem. § 13 GCP-V ebenfalls Adressat der Meldungen des Sponsors aus den klinischen Prüfungen ist. Bei Nebenwirkungsmeldungen aus einem Prüfzentrum, muss es der Ethik-Kommission neben der Bundesoberbehörde und der zuständigen Behörde gestattet sein, eigene Maßnahmen zu ergreifen, damit ein umfassender Schutz der Studienteilnehmer sichergestellt ist. Da es sich bei der zustimmenden Bewertung der Ethik-Kommission um einen Verwaltungsakt i. S. d. § 35 1 VwVfG handelt[1], müssen der Ethik-Kommission auch die Maßnahmen der §§ 48, 49 VwVfG (Rücknahme eines rechtswidrigen Verwaltungsakts und Widerruf eines rechtmäßigen Verwaltungsakts) für den gesamten Verlauf einer klinischen Prüfung zur Verfügung stehen, um unmittelbar Konsequenzen aus Meldungen des Sponsors oder des Prüfers ziehen zu können. Das *VG Berlin* hat die Aufgabe der Ethik-Kommission so eingeordnet, dass die Zuständigkeit der Ethik-Kommission lediglich vor Beginn und bei der Änderung der Durchführung klinischer Prüfungen gesetzlich vorgesehen sei. Überwachungsbefugnisse während der Durchführung der klinischen Prüfung seien den Ethik-Kommissionen weder gemeinschaftsrechtlich noch im Bundesrecht zugewiesen. Daher vertritt das *VG Berlin* die Auffassung, dass der Ethik-Kommission das Recht nicht zustehe, die ihr erteilte zustimmende Bewertung einer klinischen Prüfung wegen einer nachträglich geänderten Nutzen-Risiko-Bewertung gem. § 1 I VwVfG Berlin i. V. m. § 49 II Nr. 3 o. Nr. 5 VwVfG zu widerrufen. Die Rücknahme oder der Widerruf nach §§ 48, 49 VwVfG scheide insgesamt aus, sobald von der Bundesoberbehörde die Genehmigung zum Beginn der klinischen Prüfung erteilt worden sei[2].

6   Wegen dieser Unsicherheiten war eine gesetzliche Klarstellung erforderlich, die nunmehr durch die Einfügung von Abs. 4a erfolgt ist[3]. Mit der Neuregelung wird zum einen klargestellt, dass die Ethik-Kommissionen beim Vorliegen entsprechender Versagungsgründe aus ihrem Zuständigkeitsbereich ihr zustimmendes Votum aufheben können. Durch die Anlehnung an die Abs. 1 und 2 fallen darüber hinaus bisher bestehende landesverfahrensrechtliche Einschränkungen für Rücknahme und Widerruf weg[4].

C. Aufhebung aus zwingenden Gründen (Abs. 1)

I. Rücknahme oder Widerruf (S. 1)

7   Abs. 1 bezieht sich auf diejenigen Situationen, in denen die Genehmigung der klinischen Prüfung durch die Bundesoberbehörde grundsätzlich aufzuheben ist[5]. Die Genehmigung kann unter den in § 42 I genannten Voraussetzungen entweder zurückgenommen oder widerrufen werden. Eine **Rücknahme oder ein Widerruf der Genehmigung** ist dann zwingend, wenn sich herausstellt, dass anfänglich Tatsachen vorgelegen haben, aufgrund derer die klinische Prüfung das Prüfungsziel nicht erreichen kann (Rücknahme) oder dass solche Tatsachen nach Erteilung der Genehmigung eingetreten sind (Widerruf)[6]. Bezug für eine Rücknahme der Genehmigung sind die in § 42 II 3 Nr. 1–3 aufgeführten Gründe und für einen Widerruf der Genehmigung die in § 42 II 3 Nr. 2–5 aufgeführten Versagungsgründe. Von einer Aufhebung der Genehmigung sind konsequenterweise nur diejenigen Versagungsgründe erfasst, die schon Grundlage für die Entscheidung der zuständigen Bundesoberbehörde waren. Eine zwingende Aufhebung kommt dementsprechend dann **nicht** in Betracht, wenn Versagungsgründe betroffen sind, die gem. § 42 I 7 Nr. 1–3 ausschließlich in den Zuständigkeitsbereich der Ethik-Kommission gehören. Eine zwingende Aufhebung kommt etwa dann in Betracht, wenn Unterlagen auch nach Ablauf einer entsprechenden Frist nicht vollständig sind, der Prüfplan, das Dossier oder andere Unterlagen nicht dem Stand der wissenschaftlichen Erkenntnisse entsprechen oder aber eine der Voraussetzungen in § 40 I 3 Nr. 1, 2, 2a und 6 fehlen. Mit dem 2. AMG-ÄndG 2012 wurde zudem der Bezug eines Versagungsgrundes auf das Nichtvorliegen der besonderen Voraussetzungen des § 40 IV und des § 41 hergestellt. Ein zwingender Aufhebungsgrund soll insbes. dann vorliegen, wenn die Anzahl der Prüfungsteilnehmer unter der Teilnehmerzahl liegt, die für eine hinreichend sichere Aussage über die Unbedenklichkeit oder Wirksamkeit des Prüfpräparates mindestens erforderlich ist[7].

II. Anordnung des Ruhens (S. 2)

8   Liegt ein zwingender Aufhebungsgrund gem. § 42a I 1 vor, kann die Bundesoberbehörde als milderes Mittel auch das befristete **Ruhen der Genehmigung** anordnen. Eine Anordnung des Ruhens kommt jedoch nur dann in Betracht, wenn es sich um einen Aufhebungsgrund handelt, der durch den Sponsor ohne Weiteres behoben werden kann. Andernfalls muss die Bundesoberbehörde sofort die Rücknahme oder den Widerruf der Genehmigung erklären. Es ist zu empfehlen, dass die Anordnung des Ruhens der Genehmigung direkt mit der Anordnung der Behebung des bestehenden Aufhebungsgrundes verbunden wird[8].

[1] Vgl. BT-Drucks. 16/12 256, S. 51.
[2] *VG Berlin*, Urt. v. 27.3.2008 – VG 14 A 81.06 – BeckRS 2008, 36 114.
[3] BT-Drucks. 16/12256, S. 51.
[4] BT-Drucks. 16/12256, S. 51.
[5] BT-Drucks. 15/2109, S. 33.
[6] BT-Drucks. 15/2109, S. 33.
[7] BT-Drucks. 15/2109, S. 33.
[8] BT-Drucks. 15/2109, S. 33.

D. Aufhebung aus anderen Gründen (Abs. 2)

I. Widerruf (S. 1)

Soweit kein zwingender Aufhebungsgrund nach Abs. 1 vorliegt, übt die Bundesoberbehörde ein **9** **Aufhebungsermessen** aus[9]. Die Genehmigung kann von der Bundesoberbehörde dann widerrufen werden, wenn die Gegebenheiten der klinischen Prüfung nicht mit den Angaben im Genehmigungsantrag übereinstimmen oder wenn Tatsachen Anlass zum Zweifeln an der Unbedenklichkeit oder der wissenschaftlichen Grundlage der klinischen Prüfung geben. Die Bundesoberbehörde hat bei der Ausübung des Aufhebungsermessens den **Verhältnismäßigkeitsgrundsatz** zu berücksichtigen. Dies gilt nicht nur für die Ausübung des Aufhebungsermessens selbst, sondern auch für die Auswahl der geeigneten und erforderlichen Maßnahme (Widerruf oder Ruhen).

II. Anordnung des Ruhens (S. 2)

Als weiteres Mittel kann die Bundesoberbehörde auch das **befristete Ruhen einer Genehmigung** **10** anordnen. Eine Anordnung des Ruhens kommt insbes. dann in Betracht, wenn die Umstände noch kurzfristig vom Sponsor so beeinflusst werden können, so dass eine Übereinstimmung mit dem Genehmigungsantrag hergestellt werden kann und darüber hinaus keine Gefährdung der Studienteilnehmer besteht.

III. Unterrichtungspflichten (S. 3)

Bei einem Widerruf der Genehmigung bzw. der Anordnung des Ruhens der Genehmigung unter- **11** richtet die Bundesoberbehörde unter Angabe der Gründe unverzüglich die anderen für die Überwachung zuständigen Behörden und Ethik-Kommissionen sowie die Kommission und die EMA. Dieser **Informationsaustausch** ist notwendig, um nationalen und europäischen Behörden die Entscheidung über eigene Maßnahmen zu ermöglichen und eine einheitliche Überwachung der klinischen Prüfung zu gewährleisten.

E. Anhörung und Rechtsschutz (Abs. 3)

I. Anhörung des Sponsors (S. 1)

Dem Sponsor ist vor einer Aufhebung der Genehmigung bzw. der Anordnung des Ruhens die **12** Gelegenheit zur Stellungnahme innerhalb einer kurzen Frist von **einer Woche** zu geben.

II. Geltung des § 28 II Nr. 1 VwVfG (S. 2)

Durch einen Verweis auf § 28 II Nr. 1 VwVfG kann von einer **Anhörung** jedoch abgesehen werden, **13** wenn sie nach den Umständen des Einzelfalls nicht geboten ist, insbes. wenn eine sofortige Entscheidung wegen Gefahr im Verzug oder im öffentlichen Interesse notwendig erscheint. Hierdurch wird die Bundesoberbehörde ermächtigt, z. B. bei bestehender Gesundheitsgefahr für die Studienteilnehmer in eilbedürftigen Fällen auch ohne vorherige Anhörung zu handeln. Die Rechte des Sponsors müssen in einem derartigen Fall hinter den besonderen Schutzgütern auf Leben und Gesundheit der Studienteilnehmer grundsätzlich zurücktreten. Ansonsten sind die jeweiligen Einzelfallumstände zu berücksichtigen.

III. Sofortige Unterbrechung der Prüfung (S. 3)

Im Falle der Anordnung der sofortigen Unterbrechung der Prüfung muss die zuständige Bundes- **14** oberbehörde dem Sponsor diese Anordnung **unverzüglich** bekannt geben (§ 41 I VwVfG).

IV. Rechtsbehelfe (S. 4)

Dem Sponsor stehen als **Rechtsbehelfe** die Einlegung eines Widerspruchs und Erhebung einer **15** Anfechtungsklage vor dem zuständigen Verwaltungsgericht gegen die Maßnahme der Bundesoberbehörde zu. Gem. Abs. 3 S. 4 haben jedoch Widerspruch und Anfechtungsklage gegen den Widerruf oder die Rücknahme oder die Anordnung des Ruhens der Genehmigung sowie gegen Anordnungen nach Abs. 5 keine aufschiebende Wirkung. Die wirtschaftlichen und wissenschaftlichen Interessen des Sponsors und Prüfers sind insoweit nachrangig[10]. Der Sponsor hat vor einer für ihn negativen Entscheidung der Bundesoberbehörde die Möglichkeit, die aufschiebende Wirkung seines Widerspruchs oder seiner

---

[9] BT-Drucks. 15/2109, S. 33.
[10] BT-Drucks. 15/2109, S. 33.

Anfechtungsklage gem. § 80 IV bzw. V VwGO anordnen zu lassen. Bis zu einer solchen Entscheidung darf die klinische Prüfung grundsätzlich weder vom Sponsor noch vom Prüfer fortgesetzt werden.

F. Wirkung der Entscheidung (Abs. 4)

16   Die Vorschrift des Abs. 4 ist deklaratorisch. Eine Entscheidung der Bundesoberbehörde im Rahmen des § 42a hat die Wirkung, dass die klinische Prüfung nicht fortgesetzt werden darf. Hierbei ist jedoch zu berücksichtigen, dass der **Abbruch einer klinischen Prüfung** aufgrund der Aufhebung der Genehmigung nicht zum gesundheitlichen Nachteil des Prüfungsteilnehmers führen darf, wenn entsprechende Maßnahmen im Rahmen der klinischen Prüfung vom Sponsor oder Prüfer eingestellt werden[11].

G. Rücknahme und Widerruf der zustimmenden Bewertung (Abs. 4a)

I. Zwingende(r) Rücknahme/Widerruf (S. 1)

17   Die Bestimmungen zur Rücknahme, Widerruf und Ruhen der Genehmigung gelten nach dem AMGÄndG 2009 nunmehr auch für die **zustimmende Bewertung der Ethik-Kommission,** wenn ihr dafür Erkenntnisse vorliegen, dass die Voraussetzungen für das Erteilen einer zustimmenden Bewertung entweder von Anfang an nicht gegeben waren oder nachträglich die Voraussetzungen entfallen sind. Aus Gründen des Patientenschutzes steht der Ethik-Kommission bei ihrer Entscheidung über die Rücknahme oder den Widerruf der zustimmenden Bewertung **kein Ermessen** zu. Die Widerrufsgründe sind auf Umstande beschränkt, die in die alleinige Prüfungskompetenz der Ethik-Kommissionen fallen.[12] Die Ethik-Kommission kann der zuständigen Bundesoberbehörde Hinweise geben, wenn sie Anhaltspunkte für das Vorliegen von Widerrufsgründen hat, die nicht in ihre alleinige Prüfungskompetenz fallen. Durch diese Regelung wird klargestellt, dass die Ethik-Kommission nur an bestehende Erkenntnisse anknüpfen muss. Zusätzliche Ermittlungs- oder Überwachungspflichten werden hierdurch nicht ausgelöst[13]. Der Gesetzgeber verfolgte zum einen den Zweck, der vertrauensbildenden Aufgabe der Ethik-Kommissionen, zu entsprechen. Zum anderen ist berücksichtigt worden, dass die Infrastruktur der Ethik-Kommissionen im Vergleich zur Bundesoberbehörde nicht so beschaffen ist, dass ein intensives Monitoring der klinischen Prüfungen betrieben werden kann[14].

II. Entsprechende Geltung der Abs. 3 und 4 (S. 2)

18   Für die Entscheidung der Ethik-Kommissionen gelten die Abs. 3 und 4 entsprechend (s. Rn. 12–16).

III. Unterrichtungspflicht der Ethik-Kommission (S. 3)

19   Zur Wahrung der Überwachungsaufgabe der zuständigen Bundesoberbehörde über klinische Prüfungen hat die zuständige Ethik-Kommission unverzüglich die zuständige Bundesoberbehörde und die anderen für die Überwachung zuständigen Behörden, also die entsprechenden Landesbehörden, unter Angabe von Gründen über ihre Entscheidung nach Abs. 4a S. 1 (schriftlich) zu unterrichten, damit diese nach den ihnen jeweils eingeräumten Kompetenzen vorgehen können[15].

H. Anordnung von Abhilfemaßnahmen (Abs. 5)

20   Diese Bestimmung zielt auf die Anordnung von Abhilfemaßnahmen gegenüber bestimmten Personen (Sponsor, Prüfer oder andere Beteiligte der klinischen Prüfung) ab. Die Anordnung von Abhilfemaßnahmen durch die zuständige Bundesoberbehörde kommt dann in Betracht, wenn diese Kenntnis von Verstößen gegen die ordnungsgemäße Durchführung von klinischen Prüfungen durch konkrete Personen erhält. Dies ist in der Praxis üblicherweise aufgrund von **Inspektionen** zu erwarten. Die zuständige Überwachungsbehörde wird die Bundesoberbehörde insofern auf der Grundlage von § 15 VIII GCP-V informieren. Hierbei ist zu berücksichtigen, dass Adressat der Abhilfemaßnahmen nicht zwingend der Sponsor ist. Dieser ist allerdings von sämtlichen Anordnungen zu unterrichten, die die

---

[11] BT-Drucks. 15/2109, S. 33.
[12] Mit dem 2. AMG-ÄndG 2012 wurde als Folgeregelung aufgenommen, dass neben der mangelnden Eignung des Prüfers auch die mangelnde Eignung des Stellvertreters zu einem Widerruf führen kann (Abs. 4a Nr. 1). Ferner besteht auch ein Grund zum Widerruf, wenn die Voraussetzungen für eine Ausnahme von der Versicherungspflicht nicht vorliegen, wenn etwa die klinische Prüfung das Kriterium „risikoarm" nicht erfüllt (BGBl. 2012 I S. 2202).
[13] Vgl. BT-Drucks. 16/12 256, S. 51.
[14] Vgl. BT-Drucks. 16/12256, S. 51.
[15] Die zuständige Bundesoberbehörde kann Maßnahmen gem. § 42a I oder II und die zuständige (Landesüber-wachungs-)Behörde Maßnahmen gem. § 69 I ergreifen.

Bundesoberbehörde gegenüber anderen an der klinischen Prüfung beteiligten Personen trifft. Daneben sind die Überwachungsbehörden gem. § 69 auch zu eigenen Maßnahmen berechtigt, die die Beseitigung festgestellter oder Verhütung künftiger Verstöße betreffen.

§ 42b Veröffentlichung der Ergebnisse klinischer Prüfungen

(1) [1]Pharmazeutische Unternehmer, die im Geltungsbereich dieses Gesetzes ein Arzneimittel in den Verkehr bringen, das der Pflicht zur Zulassung oder Genehmigung für das Inverkehrbringen unterliegt und zur Anwendung bei Menschen bestimmt ist, haben Berichte über alle Ergebnisse konfirmatorischer klinischer Prüfungen zum Nachweis der Wirksamkeit und Unbedenklichkeit der zuständigen Bundesoberbehörde zur Eingabe in die Datenbank nach § 67a Absatz 2 zur Verfügung zu stellen. [2]Diese Berichte sind innerhalb von sechs Monaten nach Erteilung oder Änderung, soweit die Änderung auf konfirmatorischen klinischen Prüfungen beruht, der Zulassung oder der Genehmigung für das Inverkehrbringen zur Verfügung zu stellen.

(2) Wird eine klinische Prüfung mit einem bereits zugelassenen oder für das Inverkehrbringen genehmigten Arzneimittel durchgeführt und wird dieses nicht als Vergleichspräparat eingesetzt, hat der Sponsor die Ergebnisse der klinischen Prüfung innerhalb eines Jahres nach ihrer Beendigung entsprechend Absatz 1 zur Verfügung zu stellen.

(3) [1]Die Berichte nach den Absätzen 1 und 2 müssen alle Ergebnisse der klinischen Prüfungen unabhängig davon, ob sie günstig oder ungünstig sind, enthalten. [2]Es sind ferner Aussagen zu nachträglichen wesentlichen Prüfplanänderungen sowie Unterbrechungen und Abbrüchen der klinischen Prüfung in den Bericht aufzunehmen. [3]Im Übrigen ist der Ergebnisbericht gemäß den Anforderungen der Guten Klinischen Praxis abzufassen. [4]Mit Ausnahme des Namens und der Anschrift des pharmazeutischen Unternehmers oder des Sponsors sowie der Angabe des Namens und der Anschrift von nach § 4a des Bundesdatenschutzgesetzes einwilligender Prüfärzte dürfen die Berichte nach Satz 1 keine personenbezogenen, insbesondere patientenbezogenen Daten enthalten. [5]Der Bericht kann in deutscher oder englischer Sprache verfasst sein. [6]§ 63b Absatz 3 Satz 1 ist nicht anzuwenden. [7]Die Vorschriften zum Schutz des geistigen Eigentums und zum Schutz von Betriebs- und Geschäftsgeheimnissen bleiben ebenso wie die §§ 24a und 24b unberührt.

Wichtige Änderungen der Vorschrift: Abs. 1, 2 und Abs. 3 geändert durch Art. 1 Nr. 39 des Zweiten Gesetzes zur Änderung arzneimittelrechtlicher und anderer Vorschriften (BGBl. I S. 2192).

Literatur: *Kotzenberg*, Pflicht zur Veröffentlichung der Ergebnisse klinischer Prüfungen gemäß § 42b AMG, pharmazeutische medizin 2012, 210; *dies.*, Vorgaben zur Datenoffenlegung durch den pharmazeutischen Unternehmer, in: Marburger Schriften zum Gesundheitswesen, Band 22; *Schmidt*, Klinische Prüfungen: Veröffentlichungspflicht der Ergebnisse, PharmInd 2012, 935.

Übersicht

A. Allgemeines

§ 42b wurde durch das Gesetz zur Neuordnung des Arzneimittelmarktes in der gesetzlichen Kranken- **1** versicherung (Arzneimittelmarktneuordnungsgesetz – AMNOG) zusätzlich zu den Bestimmungen über die klinische Prüfung in das AMG eingefügt. Das Ziel des Gesetzgebers ist die Herbeiführung größerer **Rechtssicherheit und -klarheit.** Die mit § 42b eingeführte **Veröffentlichungspflicht für die Ergebnisse klinischer Prüfungen** dient des Weiteren dem **öffentlichen Interesse**, insbes. dem Interesse von Ärzten sowie Patienten, nähere Einzelheiten über die Eigenschaften von Arzneimitteln wie ihren Nutzen oder ihre Risiken zu erfahren. Schließlich soll durch die Veröffentlichungspflicht auch ein wissenschaftlicher Diskurs über Studienergebnisse angeregt werden[1].

2 Im Gesetzgebungsverfahren wurde hervorgehoben, dass die Ergebnisse klinischer Studien von großem öffentlichem Interesse sind und daher eine **vollständige Berichterstattung** erforderlich ist, d. h. alle positiven und negativen Studienergebnisse sollen einer breiten Öffentlichkeit zugänglich gemacht werden und nicht nur einem begrenzten Personenkreis zur Verfügung stehen. Gerade Patienten könnten sich auf diese Weise besser über laufende Studien informieren, unethische Mehrfachprüfungen könnten vermieden werden und der sog. Publication Bias würde verringert, d. h. dass der Nutzen der Therapie würde durch die Veröffentlichung überwiegend positiver Studienergebnisse nicht verzerrt dargestellt[2].

3 Am 3.8.2011 hat das BMG in Abstimmung mit dem BfArM, dem PEI und dem DIMDI Erläuterungen zu dem gesetzlichen Anforderungen bei der Veröffentlichung der Ergebnisse klinischer Prüfungen veröffentlicht[3]. Die dortigen Ausführungen sollen Fragen, die den Behörden häufig gestellt werden, aufgreifen sowie Erläuterungen zum besseren Verständnis und zur einheitlichen Umsetzung der neuen gesetzlichen Regelungen geben. Sie sollen zwar ergänzt werden, sobald oder soweit dies erforderlich erscheint. Mit Blick auf die neue VO (EU) Nr. 536/2014 für klinische Prüfungen und den Aufbau eines zentralen EU-Portals und einer EU-Datenbank ist zu erwarten, dass die Veröffentlichungspflichten zukünftig zentral über die EU-Datenbank abgewickelt werden und § 42b zumindest teilweise obsolet wird. Art. 37 IV VO (EU) Nr. 536/2014 sieht vor, dass der Sponsor unabhängig vom Ergebnis der klinischen Prüfung innerhalb eines Jahres ab dem Ende der klinischen Prüfung in allen betroffenen Mitgliedstaaten eine Zusammenfassung der Ergebnisse der klinischen Prüfung an die EU-Datenbank übermittelt. Der Inhalt dieser Zusammenfassung ist in Anhang IV der VO (EU) Nr. 536/2014 dargelegt. Wenn die klinische Prüfung dazu dienen sollte, eine Zulassung für ein Prüfpräparat zu erhalten, übermittelt der Antragsteller für die Zulassung des Prüfpräparats zukünftig innerhalb von 30 Tagen ab dem Tag, an dem die Zulassung erteilt wurde, das Verfahren zur Erteilung der Zulassung beendet wurde oder der Antragsteller den Antrag auf eine Zulassung zurückgezogen hat, neben der Zusammenfassung der Ergebnisse auch den Studienabschlussbericht an die EU-Datenbank.

4 Auf europäischer Ebene existieren bereits vielfältige **Transparenzbestrebungen.** So ist das EU-Register für klinische Studien (EU Clinical Trials Register, EU-CTR) eine öffentlich zugängliche Datenbank, die aus der EudraCT-Datenbank extrahierte Daten enthält. Über das EU-Register können bereits heute die dort bereitgestellten Zusammenfassungen von Studienergebnissen öffentlich eingesehen werden[4].

B. Verpflichtung des pharmazeutischen Unternehmers (Abs. 1)

5 Die grundsätzliche Verpflichtung zur Veröffentlichung der Ergebnisse klinischer Prüfungen knüpft zunächst an die Person des pharmazeutischen Unternehmers und nicht die des Sponsors an. Der **pharmazeutische Unternehmer** ist gem. § 4 XVIII bei zulassungs- oder registrierungspflichtigen Arzneimitteln der Inhaber der Zulassung oder Registrierung und, wer Arzneimittel unter seinem Namen in den Verkehr bringt. Dies gilt nicht für den Sponsor, der zwar Arzneimittel unter seinem Namen in den Verkehr bringt, aber über § 9 I 2 von der Definition des pharmazeutischen Unternehmers ausgenommen wird. Die Verpflichtung des Sponsors zur Veröffentlichung von Studienergebnissen wurde in Abs. 2 mit einer gesonderten Regelung aufgenommen.

6 Betroffen sind des Weiteren nur Arzneimittel, die im Geltungsbereich des AMG in den Verkehr gebracht werden und die einer **Pflicht zur Zulassung oder Genehmigung** unterliegen. Damit sind diejenigen Arzneimittel der Veröffentlichungsverpflichtung ausgenommen, die etwa wegen der Ausnahmeregelung des § 21 II weder einer Zulassung noch einer Genehmigung bedürfen (z. B. Zytostatikazubereitungen, Einzelrezepturen oder aber Arzneimittel, die für die klinische Prüfung bestimmt sind). Darüber hinaus müssen die Arzneimittel zur Anwendung bei Menschen bestimmt sein.

I. Alle Ergebnisse konfirmatorischer klinischer Prüfungen (S. 1)

7 Die Berichtspflicht bezieht sich umfassend auf alle Ergebnisse **konfirmatorischer klinischer Prüfungen zum Nachweis der Wirksamkeit und Unbedenklichkeit.** Der Begriff der konfirmatorischen klinischen Prüfung ist zwar ein Fachbegriff für die Einteilung der Phasen der klinischen Prüfung (s. § 40 Rn. 22). Allerdings dürfte die Grenzziehung gerade im Übergangsbereich zu den früheren (Phase II) aber auch späteren Prüfphasen (Phase IIIa/b oder IV) in der Arzneimittelentwicklung nicht einfach sein. Daher ist der Begriff der konfirmatorischen klinischen Prüfung auslegungsbedürftig. Nach dem

[1] BT-Drucks. 17/3116, S. 2.
[2] Vgl. BT-Drucks. 17/3698, S. 3.
[3] Bekanntmachung zur Veröffentlichung der Ergebnisse klinischer Prüfungen nach § 42b des Arzneimittelgesetzes (AMG) vom 3.8.2011.
[4] Das Register einschließlich Suchmaske ist unter www.clinicaltrialsregister.eu zu finden.

Willen des Gesetzgebers sollen grundsätzlich nur Studienergebnisse ab der sog. Phase III erfasst werden. Die Phase III entspricht gem. der international anerkannten Klassifizierung für klinische Studien dem Stadium einer klinischen Studie, in der die für die arzneimittelrechtliche Zulassung entscheidenden Daten zum Wirksamkeitsnachweis ermittelt werden, die als Grundlage für die behördliche Prüfung des Nutzen-Risiko-Verhältnisses dienen sollen[5]. In der Gesetzesbegründung wird z. B. darauf hingewiesen, dass eine Zulassung oder Genehmigung für bestimmte Arzneimittel auch schon vor Abschluss einer klinischen Prüfung der Phase III mit Daten aus bis zu diesem Zeitpunkt vorliegenden klinischen Prüfungen (etwa aus Phase II) ausgesprochen werden kann. Dies ist insbes. bei Arzneimitteln zur Behandlung von Krebs oder AIDS denkbar[6]. Es kann davon ausgegangen werden, dass zukünftig Abgrenzungsschwierigkeiten nur durch eine konkrete Beurteilung des betroffenen Arzneimittels und der für seine Zulassung erforderlichen klinischen Prüfungen zum Nachweis der Wirksamkeit und Unbedenklichkeit aufgelöst werden können.

Eine besondere Fragestellung bezieht sich auf die Veröffentlichungspflicht von Ergebnissen von **8** Bioäquivalenzstudien im Zusammenhang mit der Zulassung generischer Arzneimittel. Entsprechend der Bekanntmachung des BMG sind Bioäquivalenzstudien zwar „mittelbar konfirmatorisch" für die Zulassung eines generischen Arzneimittels, aber sie sind für die Öffentlichkeit und die Wissenschaft ohne besondere Aussagekraft, weil es bei ihnen allein um die Bestätigung der pharmakokinetischen Vergleichbarkeit geht[7]. Da aber die konfirmatorischen Daten des Originatorpräparats wiederum von Interesse für die Öffentlichkeit sind, soll der Inhaber der Zulassung eines generischen Arzneimittels die Bezeichnung des Originatorpräparats und dessen Zulassungsnummer sowie für dessen konfirmatorische klinische Prüfungen die EudraCT-Nummer angeben[8].

§ 42b findet in den Fällen keine Anwendung, in denen kraft Gesetzes im Rahmen der Zulassung keine **9** Ergebnisse der klinischen Prüfung vorgelegt werden müssen, z. B. bei Homöopathika oder Parallelimporten[9].

Im Rahmen des Gesetzgebungsverfahrens war zunächst nur eine bloße Veröffentlichungspflicht des **10** pharmazeutischen Unternehmers vorgesehen. Es sollte dem pharmazeutischen Unternehmer überlassen bleiben, wo die Ergebnisse aller klinischer Prüfungen veröffentlicht werden. Dies hätte dann sowohl ein öffentliches als auch ein vom pharmazeutischen Unternehmer selbst betriebenes Register oder Portal sein können. Allerdings wurde vom Bundesrat befürchtet, dass das Ziel der Transparenz und Verfügbarkeit von Berichten über alle durchgeführten klinischen Prüfungen nicht erreicht werden, wenn der Ort der Veröffentlichung in das Belieben des pharmazeutischen Unternehmers oder Sponsors gestellt würde[10]. Daher wurde als einheitlicher **Ort für die Veröffentlichung** der Studienergebnisse die **Arzneimittel-Datenbank des DIMDI** in § 42b aufgenommen, um sicherzustellen, dass die Berichte für Patienten, die medizinische Wissenschaft sowie die interessierte Fachöffentlichkeit leichter zugänglich sind und auch im Zusammenhang mit sonstigen Informationen über das betreffende Arzneimittel genutzt werden können. Das DIMDI stellt über das Internetportal „PharmNet.Bund" ein zentrales Arzneimittel-Informationssystem des Bundes und der Länder zur Verfügung, das die bundesweit vorliegenden amtlichen Daten im Rahmen der Zulassung/Registrierung bzw. Überwachung von Arzneimitteln in Deutschland enthält.

Nicht der pharmazeutische Unternehmer, sondern die zuständige Bundesoberbehörde ist für die **11** **Übermittlung der Daten** für die Eingabe in die Datenbank zuständig. Der pharmazeutische Unternehmer sendet die Berichte über die Ergebnisse aller klinischen Prüfungen nicht unmittelbar an das DIMDI, sondern zur weiteren Prüfung und Freigabe an die zuständige Bundesoberbehörde[11]. Da Abs. 3 detaillierte Anforderungen an den Inhalt der Berichte enthält, entstehen somit für die zuständigen Bundesoberbehörden weitere Prüfungspflichten und erheblicher Aufwand. Dies gilt auch für die Einordnung der klinischen Prüfung als konfirmatorische und damit veröffentlichungspflichtige klinische Prüfung i. S. d. Abs. 1.

II. Frist (S. 2)

Die Berichte über die Studienergebnisse aller konfirmatorischer klinischer Prüfungen sind vom **12** pharmazeutischen Unternehmer **innerhalb von sechs Monaten** nach Erteilung oder Änderung, soweit die Änderung auf konfirmatorischen klinischen Prüfungen beruht, der Zulassung oder der Genehmigung

---

[5] Vgl. BT-Drucks. 17/3698, S. 58 sowie den dortigen Bezug auf die „Note for Guidance on General Considerations for Clinical Trials" der Europäischen Arzneimittelagentur, Dok. CPMP/ICH/291/95.
[6] Vgl. BT-Drucks. 17/3698, S. 58.
[7] Vgl. Bekanntmachung des BMG zur Veröffentlichung der Ergebnisse klinischer Prüfungen nach § 42b des Arzneimittelgesetzes (AMG) vom 3.8.2011, S. 3; abrufbar unter www.bfarm.de.
[8] Vgl. Bekanntmachung des BMG zur Veröffentlichung der Ergebnisse klinischer Prüfungen nach § 42b des Arzneimittelgesetzes (AMG) vom 3.8.2011, S. 3; abrufbar unter www.bfarm.de.
[9] Vgl. Bekanntmachung des BMG zur Veröffentlichung der Ergebnisse klinischer Prüfungen nach § 42b des Arzneimittelgesetzes (AMG) vom 3.8.2011, S. 3; abrufbar unter www.bfarm.de.
[10] Vgl. BT-Drucks. 17/3116, S. 16.
[11] BT-Drucks. 17/3698, S. 58.

für das Inverkehrbringen zur Verfügung zu stellen[12]. Das bedeutet, dass der pharmazeutische Unternehmer seine Verpflichtung mit der vollständigen Übermittlung der Berichte an die zuständige Bundesoberbehörde erfüllt. Verzögert sich die Veröffentlichung beispielsweise durch eine verspätete Übermittlung der Bundesoberbehörde an die Datenbank des DIMDI oder das DIMDI selbst, wirkt sich der ggf. spätere Veröffentlichungstermin auf die Berechnung der Frist nicht aus[13].

C. Verpflichtung des Sponsors (Abs. 2)

13 Abs. 2 enthält eine **Veröffentlichungspflicht für Sponsoren** klinischer Prüfungen mit bereits zugelassenen oder für das Inverkehrbringen genehmigter Arzneimittel. Diese Sonderbestimmung soll klinische Prüfungen der Phase IV erfassen, bei denen die klinische Prüfung in der zugelassenen Indikation, d. h. zur Untersuchung der therapeutischen Anwendung des Arzneimittels, durchgeführt wird. Es werden aber auch alle anderen klinischen Prüfungen (i. d. R. der sog. Phase III b) erfasst, die mit dem zugelassenen oder genehmigten Arzneimittel außerhalb der zugelassenen Indikation oder mit anderen Modifikationen (z. B. einer anderen Applikationsart) durchgeführt werden[14]. Die Veröffentlichungspflicht gilt nicht, wenn das zugelassene Arzneimittel lediglich als Vergleichspräparat in der klinischen Prüfung mitgeführt wird und selbst nicht Gegenstand der klinischen Prüfung ist[15].

14 Durch die Anknüpfung an die Person des Sponsors wird dem Umstand Rechnung getragen, dass nach der Zulassung oder Genehmigung eines Arzneimittels nicht nur der pharmazeutische Unternehmer, sondern auch andere Personen als Einrichtungen unabhängig vom pharmazeutischen Unternehmer klinische Prüfungen planen und durchführen, wie etwa bei Investigator Initiated Trials (IITs, s. hierzu § 40 Rn. 20). Das Ziel derartiger klinischer Prüfungen ist regelmäßig nicht die Zulassung oder Genehmigung einer neuen Indikation, sondern der medizinische Erkenntnisgewinn zur besseren und sichereren Behandlung von Patienten. Die Frage bleibt offen, wie mit Übermittlungspflichten umzugehen ist, wenn es sich bei dem **Meldepflichtigen** sowohl um einen pharmazeutischen Unternehmer als auch um den Sponsor handelt, der eine klinische Prüfung z. B. für eine neue Indikation zur der Zulassung durchführt mit dem Ziel, diese zuzulassen. Ob die Grenzziehung zwischen den Übermittlungspflichten für den pharmazeutischen Unternehmer und den Sponsor allein über den Typ der klinischen Prüfung (Phase III oder IV) vorgenommen werden kann, ist fraglich. Im Zweifel wird das Ergebnis der einzelnen klinischen Prüfung zunächst durch den Sponsor zu übermitteln sein. Eine weitere Übermittlungspflicht derselben klinischen Prüfung kann sich dann bei der späteren Zulassung ergeben. Das gleiche dürfte der Fall sein, wenn ein pharmazeutischer Unternehmer später die Daten aus einer zunächst als IIT (und nichtkommerziell) durchgeführten Studie zum Zwecke der Zulassung verwendet und sich hierauf bezieht.

15 Die Frist für die Zurverfügungstellung der Berichte an die zuständige Bundesoberbehörde beträgt bei klinischen Prüfungen nach Abs. 2 ein Jahr. Die Ergebnisse sind **innerhalb eines Jahres** nach Abschluss der klinischen Prüfung durch den Sponsor zu übermitteln. Diese Frist entspricht auch der in § 13 IX GCP-V vorgesehenen Pflicht des Sponsors zur Übermittlung einer Zusammenfassung des Berichts über die klinische Prüfung an die zuständige Bundesoberbehörde sowie zuständige Ethik-Kommission. Wenn allerdings die Bundesoberbehörde in Zukunft ohnehin den umfassenden Bericht über die Studienergebnisse erhält, wird die Zusammenfassung der wesentlichen Ergebnisse überflüssig bzw. kann hiermit zusammengefasst werden.

D. Wesentliche Inhalte des Ergebnisberichts (Abs. 3)

I. Positive und negative Ergebnisse (S. 1)

16 Die Erstellung des Ergebnisberichts über eine klinische Prüfung ist gemäß der ICH E 3 Leitlinie vorzunehmen, die ein Beispiel für eine Synopse enthält[16]. Ein besonderer ethischer, offenbar immer noch nicht selbstverständlicher Gesichtspunkt für die Veröffentlichung der Ergebnisse von klinischen Prüfun-

---

[12] Mit dem 2. AMG-ÄndG 2012 wurde klargestellt, dass die Übermittlung der Ergebnisberichte über die klinische Prüfung für die Veröffentlichung nicht nur nach Erteilung der Zulassung, sondern auch nach einer Änderung der Zulassung, die auf einer konfirmatorischen klinischen Prüfung basiert, vorzulegen ist; vgl. zur Begründung BR-Drucks. 91/12, S. 93.

[13] Als im Gesetzgebungsverfahren der Ort der Veröffentlichung zunächst noch in das Belieben des pharmazeutischen Unternehmers gestellt war, war der Zeitpunkt der Veröffentlichung ausschlaggebend für das Einhalten der sechsmonatigen Frist.

[14] Vgl. BT-Drucks. 17/3698, S. 58.

[15] Die Klarstellung ist erforderlich, weil auch Vergleichspräparate gemäß § 3 III GCP-V formal zu den Prüfpräparaten zählen, vgl. BR-Drucks. 91/12, S. 93.

[16] ICH E 3 „Structure and Content of Clinical Study Reports, Note for Guidance on Structure and Content of Clinical Study Reports", CPMP/ICH/137/95; auch abgedruckt in der Anlage zur Bekanntmachung des BMG vom 3.8.2011 zur Veröffentlichung der Ergebnisse klinischer Prüfungen nach § 42b des Arzneimittelgesetzes (AMG); abrufbar unter www.bfarm.de.

gen ist die Verpflichtung, dass sowohl **positive als auch negative Studienergebnisse** zu veröffentlichen sind. Dies ist bereits seit langem in der revidierten Deklaration von Helsinki für Publikationen verankert und allgemein akzeptiert[17]. Auch international anerkannte, medizinische Fachzeitschriften haben Grundsätze für Veröffentlichungen erarbeitet. Das wichtigste Papier ist das sog. CONSORT Statement, das die Minimalkriterien für die Veröffentlichung von klinischen Prüfungen in medizinischen Fachzeitschriften festlegt[18]. Schließlich haben die führenden Pharmaverbände im Juni 2010 eine gemeinsame Selbstverpflichtung unter dem Titel „Joint Position on the Publication of Clinical Trial Results in the Scientific Literature" verabschiedet[19].

II. Angaben zum Verlauf der klinischen Prüfung (S. 2)

Abs. 3 S. 2 zielt darauf ab, neben dem eigentlichen Bericht über die Ergebnisse der klinischen Prüfung **17** auch Informationen zugänglich zu machen, die den **Verlauf der klinischen Prüfung** betreffen. Diese Informationen sollen zur Bewertung der wissenschaftlichen Aussagekraft der Studienergebnisse beitragen. Hierzu gehören wesentliche Prüfplanänderungen sowie Unterbrechungen und Abbrüche der klinischen Prüfung. Die Festlegung der Informationen, die aufzunehmen sind, dürfte nicht einfach sein und geht in dieser Uneingeschränktheit zu weit. Wesentliche Prüfplanänderungen müssen nicht zwangsläufig eine Auswirkung auf die wissenschaftlichen Aussagekraft einer klinischen Prüfung haben (z. B. Änderungen in der Leitung oder Durchführung einer klinischen Prüfung gem. § 10 I Nr. 3 GCP-V).

III. GCP-Konformität (S. 3)

Die Struktur und der Inhalt des Berichts haben dem allgemein gültigen **Standard der Bericht-** **18** **erstattung** für klinische Prüfungen in Zulassungsverfahren zu entsprechen (ICH–E3-Leitlinie „Structure and Content of Clinical Study Reports")[20]. Bei der Einhaltung international anerkannter Standards kann von einer ausreichend transparenten Darstellung der Studienergebnisse und Methodik ausgegangen werden. Es wird des Weiteren gewährleistet, dass alle Berichte einheitlich sind und unter den gleichen Voraussetzungen bewertet werden können.

IV. Datenschutz (S. 4)

Der Bericht darf grundsätzlich keine **personenbezogenen Daten** enthalten mit Ausnahme des **19** Namens und der Anschrift des Sponsors oder des pharmazeutischen Unternehmers sowie der Angabe des Namens und der Anschrift von nach § 4a BDSG einwilligender Prüfärzte. Gemäß der Bekanntmachung des BMG vom 3.8.2011 sind als Mindestangaben im Ergebnisbericht klinischer Prüfungen gemäß § 42b unter anderem sämtliche Prüferinnen bzw. Prüfer und sämtliche Prüfzentren aufzuführen. Aufgrund von Unsicherheiten im Umgang mit personenbezogenen Daten haben das BfArM, DIMDI und PEI die zusätzlichen Erläuterungen zu Art und Umfang der zu veröffentlichenden Informationen zu Prüferinnen bzw. Prüfern und Prüfzentren veröffentlicht[21]. Die Erläuterungen unterscheiden danach, ob eine Einwilligung zur Nennung personenbezogener Daten erteilt wurde oder nicht. Sofern die Einwilligung gemäß § 4a BDSG nicht erteilt worden ist, dürfen keine personenbezogenen Daten im Ergebnisbericht enthalten sein. Außerdem ist die Nennung des Prüfzentrums unzulässig, wenn daraus Rückschlüsse auf natürliche Personen möglich sind, weil Prüfzentrum und Prüfer identisch sind und die Beteiligten mit ihren Namen als Praxis- bzw. Unternehmensbezeichnungen am Rechtsverkehr teilnehmen. Weitere personenbezogene, insbes. patientenbezogenen Daten dürfen in den Bericht nicht aufgenommen werden[22].

Die datenschutzrechtliche Bestimmung muss auch im Zusammenhang mit § 40 IIa gelesen werden, **20** wonach die im Rahmen einer klinischen Prüfung erhobenen Daten nur **pseudonymisiert** an den Sponsor weitergegeben werden dürfen (s. § 40 Rn. 89). Insofern dürfte der Sponsor ohnehin nicht über sensible und personenbezogene Daten des Prüfungsteilnehmers verfügen.

---

[17] Gem. Ziffer 36 der revidierten Deklaration von Helsinki wurde für Publikationen von Studienergebnissen Folgendes festgelegt: „Forscher, Verfasser, Sponsoren, Herausgeber und Verleger haben im Hinblick auf die Veröffentlichung und Verbreitung der Forschungsergebnisse ethische Verpflichtungen. Forscher sind verpflichtet, die Ergebnisse ihrer Forschung am Menschen öffentlich verfügbar zu machen und sind im Hinblick auf die Vollständigkeit und Richtigkeit ihrer Berichte rechenschaftspflichtig. Alle Beteiligten sollen anerkannten Leitlinien für ethische Berichterstattung („ethical reporting") folgen. Negative und nicht schlüssige Ergebnisse müssen ebenso wie positive veröffentlicht oder in anderer Form öffentlich verfügbar gemacht werden. In der Publikation müssen Finanzierungsquellen, institutionelle Verbindungen und Interessenkonflikte dargelegt werden. Berichte über Forschung, die nicht mit den Grundsätzen dieser Deklaration übereinstimmt, sollten nicht zur Veröffentlichung angenommen werden."
[18] Abrufbar unter http://www.consort-statement.org.
[19] Abrufbar unter http://clinicaltrials.ifpma.org.
[20] Vgl. BT-Drucks. 17/2413, S. 35.
[21] Gemeinsame Information des BfArM, des DIMDI) und des PEI vom 17.6.2014 (Veröffentlichung der Prüfzentren in Ergebnisberichten gemäß § 42b AMG); abrufbar unter www.bfarm.de.
[22] Vgl. BT-Drucks. 17/2413, S. 35.

V. Sprache (S. 5)

21   Es ist sachgerecht, dass der Bericht über die Ergebnisse der klinischen Prüfungen sowohl **in deutscher als auch in englischer Sprache** eingereicht werden darf. Da klinische Prüfungen häufig international und damit in anderen Ländern außerhalb Deutschlands durchgeführt werden, kann eine Abfassung ausschließlich in deutscher Sprache nicht erwartet werden[23].

VI. Parallele Pharmakovigilanzmitteilungen (S. 6)

22   Abs. 3 S. 6 bezieht sich auf die Mitteilungspflichten des pharmazeutischen Unternehmers zur Pharmakovigilanz in § 63b III 1 und legt fest, dass diese nicht anzuwenden sind. Hiermit soll eine mögliche Kollision der gesetzlichen **Meldepflichten zur Pharmakovigilanz** des pharmazeutischen Unternehmers mit der Vorlagepflicht des § 42b vermieden werden, da die Berichte über die Ergebnisse der klinischen Prüfung auch Angaben zur Sicherheit des Arzneimittels enthalten und durch die Einstellung in die Datenbank des DIMDI öffentlich zugänglich gemacht werden.

VII. Schutzrechte, Betriebs- und Geschäftsgeheimnisse (S. 7)

23   Abs. 3 S. 7 enthält eine Klarstellung, dass der **Schutz des geistigen Eigentums** und der Schutz von Geschäfts- und Betriebsgeheimnissen zu wahren ist. Dies ist aus Sicht des pharmazeutischen Unternehmers besonders bedeutsam, da die Veröffentlichung von schutzrechtsfähigen Entwicklungen neuheitsschädlich sein kann oder zur Offenlegung von Vorgängen führt, die für die Öffentlichkeit nicht bestimmt sind und missbraucht werden könnten. Insbes. für den Wettbewerb sind die veröffentlichten Studienergebnisse interessant, da sie bedeutsam für eigene Entwicklungen sein können. Dies gilt auch für Generikaunternehmen, da diese für die Zulassung eines generischen Arzneimittels auf Studienergebnisse Bezug nehmen. Daher darf die Veröffentlichung der Studienergebnisse nicht zu einer Unterwanderung des **Unterlagenschutzes** (§§ 24a und 24b) führen, der dem pharmazeutischen Unternehmer eine gesetzliche Schutzfrist für die Daten zusichert, die zur Erlangung und Erhaltung einer Zulassung notwendig sind. Solange die Schutzfristen laufen, darf ein generisches Unternehmen sich nicht auf diese Daten beziehen. Das muss auch für die in die Datenbank des DIMDI eingestellten Berichte über die Ergebnisse der klinischen Prüfungen gelten.

---

[23] Vgl. BT-Drucks. 17/2413, S. 35.

Siebter Abschnitt. Abgabe von Arzneimitteln

§ 43 Apothekenpflicht, Inverkehrbringen durch Tierärzte

(1) [1]Arzneimittel im Sinne des § 2 Abs. 1 oder Abs. 2 Nr. 1, die nicht durch die Vorschriften des § 44 oder der nach § 45 Abs. 1 erlassenen Rechtsverordnung für den Verkehr außerhalb der Apotheken freigegeben sind, dürfen außer in den Fällen des § 47 berufs- oder gewerbsmäßig für den Endverbrauch nur in Apotheken und ohne behördliche Erlaubnis nicht im Wege des Versandes in den Verkehr gebracht werden; das Nähere regelt das Apothekengesetz. [2]Außerhalb der Apotheken darf außer in den Fällen des Absatzes 4 und des § 47 Abs. 1 mit den nach Satz 1 den Apotheken vorbehaltenen Arzneimitteln kein Handel getrieben werden. [3]Die Angaben über die Ausstellung oder Änderung einer Erlaubnis zum Versand von Arzneimitteln nach Satz 1 sind in die Datenbank nach § 67a einzugeben.

(2) Die nach Absatz 1 Satz 1 den Apotheken vorbehaltenen Arzneimittel dürfen von juristischen Personen, nicht rechtsfähigen Vereinen und Gesellschaften des bürgerlichen Rechts und des Handelsrechts an ihre Mitglieder nicht abgegeben werden, es sei denn, dass es sich bei den Mitgliedern um Apotheken oder um die in § 47 Abs. 1 genannten Personen und Einrichtungen handelt und die Abgabe unter den dort bezeichneten Voraussetzungen erfolgt.

(3) [1]Auf Verschreibung dürfen Arzneimittel im Sinne des § 2 Abs. 1 oder Abs. 2 Nr. 1 nur von Apotheken abgegeben werden. [2]§ 56 Abs. 1 bleibt unberührt.

(4) [1]Arzneimittel im Sinne des § 2 Abs. 1 oder Abs. 2 Nr. 1 dürfen ferner im Rahmen des Betriebes einer tierärztlichen Hausapotheke durch Tierärzte an Halter der von ihnen behandelten Tiere abgegeben und zu diesem Zweck vorrätig gehalten werden. [2]Dies gilt auch für die Abgabe von Arzneimitteln zur Durchführung tierärztlich gebotener und tierärztlich kontrollierter krankheitsvorbeugender Maßnahmen bei Tieren, wobei der Umfang der Abgabe den auf Grund tierärztlicher Indikation festgestellten Bedarf nicht überschreiten darf. [3]Weiterhin dürfen Arzneimittel im Sinne des § 2 Abs. 1 oder Abs. 2 Nr. 1, die zur Durchführung tierseuchenrechtlicher Maßnahmen bestimmt und nicht verschreibungspflichtig sind, in der jeweils erforderlichen Menge durch Veterinärbehörden an Tierhalter abgegeben werden. [4]Mit der Abgabe ist dem Tierhalter eine schriftliche Anweisung über Art, Zeitpunkt und Dauer der Anwendung auszuhändigen.

(5) [1]Zur Anwendung bei Tieren bestimmte Arzneimittel, die nicht für den Verkehr außerhalb der Apotheken freigegeben sind, dürfen an den Tierhalter oder an andere in § 47 Abs. 1 nicht genannte Personen nur in der Apotheke oder tierärztlichen Hausapotheke oder durch den Tierarzt ausgehändigt werden. [2]Dies gilt nicht für Fütterungsarzneimittel und für Arzneimittel im Sinne des Absatzes 4 Satz 3. [3]Abweichend von Satz 1 dürfen Arzneimittel, die ausschließlich zur Anwendung bei Tieren, die nicht der Gewinnung von Lebensmitteln dienen, zugelassen sind, von Apotheken, die eine behördliche Erlaubnis nach Absatz 1 haben, im Wege des Versandes abgegeben werden. [4]Ferner dürfen in Satz 3 bezeichnete Arzneimittel im Rahmen des Betriebs einer tierärztlichen Hausapotheke im Einzelfall in einer für eine kurzfristige Weiterbehandlung notwendigen Menge für vom Tierarzt behandelte Einzeltiere im Wege des Versandes abgegeben werden. [5]Sonstige Vorschriften über die Abgabe von Arzneimitteln durch Tierärzte nach diesem Gesetz und der Verordnung über tierärztliche Hausapotheken bleiben unberührt.

(6) Arzneimittel dürfen im Rahmen der Übergabe einer tierärztlichen Praxis an den Nachfolger im Betrieb der tierärztlichen Hausapotheke abgegeben werden.

Wichtige Änderungen der Vorschrift: Abs. 5 angefügt durch Art. 1 Nr. 12 Buchst. b) des Ersten Gesetzes zur Änderung des Arzneimittelgesetzes vom 24.2.1983 (BGBl. I S. 169); Abs. 1 neu gefasst und Abs. 2 und 5 geändert durch Art. 1 Nr. 25 des Achten Gesetzes zur Änderung des Arzneimittelgesetzes vom 7.9.1998 (BGBl. I S. 2649); Abs. 4 S. 1 geändert durch Art. 1 Nr. 6 des Elften Gesetzes zur Änderung des Arzneimittelgesetzes vom 21.8.2002 (BGBl. I S. 3348); Abs. 1 S. 1 und Abs. 3 geändert durch Art. 23 Nr. 1 des Gesetzes zur Modernisierung des Gesundheitswesens vom 14.11.2003 (BGBl. I S. 2190); Abs. 4 S. 3 und 4 angefügt, Abs. 5 S. 2 geändert und Abs. 6 angefügt durch Art. 1 Nr. 1a des 13. Gesetzes zur Änderung des Arzneimittelgesetzes vom 29.8.2005 (BGBl. I S. 2555); Abs. 1 S. 3 angefügt durch das Gesetz zur Änderung arzneimittelrechtlicher und anderer Vorschriften vom 17.7.2009 (BGBl. I S. 1990); Abs. 5 geändert durch Art. 1 Nr. 14 des 15. Gesetzes zur Änderung des Arzneimittelgesetzes vom 25.5.2011 (BGBl. I S. 946).

Literatur: *Backmann,* Versand frei für Tierarzneimittel, PharmR 2010, 377; *Bruggmann/Holstein,* Verbot des Tierarzneimittelversands: Alle Zweifel beseitigt? Zum Urteil des OVG Koblenz vom 24. Januar 2006, PharmR 2006, 79; *Bruggmann,* Sieben Jahre Arzneimittelversandrecht: Verflixtes 7. Jahr oder neue Perspektive, PharmR 2011, 161; *Burk,*

Fortschritte bei der Novellierung des Tierarzneimittelversandhandels, WRP 2011, 430; *Dettling,* Rechtliche Erfahrungen mit dem Arzneimittelversand aus dem Ausland, A&R 2008, 11; *Gabriel/Albrecht,* Grundzüge der bisherigen Entwicklung im Recht der Versandapotheken, GesR 2008, 291; *G. Hofmann,* Zur Verfassungsmäßigkeit eines Verbots von Arzneimittel-Pick-up-Stellen, A&R 2009, 99; *Koenig/Bache,* Verfassungsrechtliche Bewertung eines Versandhandelsverbots für verschreibungspflichtige Arzneimittel, PharmR 2009, 261; *Kozianka/Dietel,* Dürfen unverkäufliche Arzneimittelmuster an Apotheker abgegeben werden?, PharmR 2014, 5; *Lippert,* Die Versorgung pflegebedürftiger Patienten in Heimen mit Arznei- und Betäubungsmitteln, MedR 2006, 330; *Mand,* Der Versandhandel mit Arzneimitteln nach dem GMG im internationalen Vergleich, ApoR 2005, 81; *Meyer,* Warum Pick-up-Stellen für Arzneimittel in Drogeriemärkten verboten werden müssen, DAZ 2009, 647; *Seeberg-Elverfeldt,* Mail-Order Trade in Medicines in Europe – A Guide for Legislation to Protect Consumers, European Journal of Health Law 2009, 351, und aktualisierte deutsche Kurzfassung: Versandhandel mit Arzneimitteln in Europa, Sicherheitsstandards in pharmaJournal 20|10.2010, 13; *Siegel,* Neue Vertriebsformen für Arzneimittel auf dem juristischen Prüfstand, NVwZ 2011, 599; *Stallberg/Burk,* Zur Zulässigkeit des Tierarzneimittelversandhandels in Deutschland, WRP 2010, 829.

Übersicht

A. Allgemeines

I. Inhalt

1   § 43 statuiert die grundsätzliche **Apothekenpflicht** für die in § 2 I und II Nr. 1 definierten Arzneimittel. § 43 nimmt dabei begrifflich auf die Apotheken Bezug, denen nach § 1 I ApG die im öffentlichen Interesse gebotene Sicherstellung einer ordnungsgemäßen Arzneimittelversorgung der Bevölkerung obliegt. Die für den Betrieb erforderliche Erlaubnis verpflichtet nach § 7 S. 1 ApG zur persönlichen Leitung der Apotheke in eigener Verantwortung. Apothekenpflichtige Arzneimittel sind Arzneimittel stofflicher Art und Gegenstände, die ein solches Arzneimittel enthalten oder auf die ein solches Arzneimittel aufgebracht ist. Der Versand apothekenpflichtiger Arzneimittel von Apotheken an Endverbraucher wird unter den im ApG genannten Voraussetzungen als zulässig anerkannt.

2   § 43 mit der Festlegung der grundsätzlichen Apothekenpflicht von Arzneimitteln war Gegenstand des Stammgesetzes vom 26.8.1976. Eine entsprechende Vorschrift fand sich bereits in § 28 des bis zum 31.12.1977 geltenden AMG 1961. Letztlich beruht die grundsätzliche Apothekenpflicht von Arzneimitteln und damit die Aufgabentrennung zwischen Arzt und Apotheker im deutschen Recht auf Entwicklungen im Mittelalter, insbesondere den Konstitutionen des Königreichs Sizilien unter dem Hohenstaufenkaiser Friedrich II., die als umfassendes Verwaltungsgesetz im September 1231 verkündet wurden und die Grundzüge einer Medizinalordnung, insbesondere die Trennung der Berufe von Arzt und Apotheker enthalten[1]. Gleichwohl bestanden bis in das vergangene Jahrhundert **ärztliche Dispensierrechte** nach landesrechtlichen Vorschriften, denen das AMNOG 1976 in Art. 3 § 19 (jetzt § 116) Bestandsschutz gewährt hat. Unmittelbare Folge der Apothekenpflicht ist, dass die Abgabe der Arzneimittel durch oder unter Verantwortung eines Apothekers, also einer Person mit staatlich geregelter Sachkenntnis erfolgen muss und dass für das für Institution Apotheke selbst die im ApG und in der auf seiner Grundlage erlassenen ApBetrO bestimmten Anforderungen gelten. Die jetzige Fassung dieser Vorschrift geht im Wesentlichen auf die Änderung durch die 8. AMG-Novelle sowie auf die Änderung im Rahmen des GMG zurück. Bis zur 8. AMG-Novelle wurde in der Vorschrift für die Apothekenpflicht auf ein Inverkehrbringen im Einzelhandel[2] abgestellt. In Gerichtsentscheidungen waren jedoch Fälle einer unentgeltlichen Abgabe von Arzneimitteln durch Ärzte als nicht vom Begriff des Einzelhandels erfasst angesehen worden. Die Apothekenpflicht erfasst seitdem das berufsmäßige oder gewerbsmäßige Inverkehrbringen (zum Inverkehrbringen s. § 4 XVII) für den Endverbrauch.

Europarechtlich ist die Apothekenpflicht nicht harmonisiert. Die Richtlinie 2001/83/EG setzt aber **3** die Apotheke als grundsätzlich vorgesehene Abgabestelle für Arzneimittel voraus. Art. 3 (*„formula magistralis"* sowie *„formula officinalis"*), Art. 59, 81, 88 RL 2001/83/EG verwenden die Begriffe Apotheke oder Apotheker. Den Art. 3 und 59 der RL 2001/83/EG entsprechende Vorschriften enthält die RL 2001/82/EG.

Nach einem Urteil des *EuGH* aus 2009 ist es auch nach europäischem Recht zulässig, dass wie z. B. **4** auch in Deutschland Betrieb und Besitz einer Apotheke Apothekern vorbehalten bleiben dürfen[3]. Darüber hinaus hat der *EuGH*[4] in einem Vorabentscheidungsersuchen italienische Verkaufsbeschränkungen für verschreibungspflichtige Arzneimittel als zulässig beurteilt. Dabei ging es um die Erstattung für verschreibungspflichtige Arzneimittel durch den nationalen Gesundheitsdienst, die in Verkaufsstellen abgegeben wurden, deren Inhaber zwar Apotheker sind, jedoch nicht Inhaber einer im „Organisationsplan" aufgenommenen Apotheke. Der *EuGH* hat darauf Bezug genommen, dass nach seiner ständigen Rechtsprechung bei Prüfung des Verhältnismäßigkeitsgrundsatzes ein Mitgliedstaat bestimmen kann, auf welchem Niveau er den Schutz der Gesundheit der Bevölkerung gewährleisten will und wie dieses Niveau erreicht werden soll. In diesem Zusammenhang hat er das Ziel, eine sichere und qualitativ hochwertige Arzneimittelversorgung der Bevölkerung zu gewährleisten, ausdrücklich als Rechtfertigungsgrund anerkannt.

Im Hinblick auf das im deutschen Recht anerkannte **tierärztliche Dispensierrecht,** das dem Tierarzt **5** die Abgabe von Arzneimitteln an die Halter der von ihm behandelten Tiere gestattet, werden dazu die erforderlichen Regelungen getroffen.

§ 43 regelt die Abgabe von Arzneimitteln für den Endverbrauch. Demgegenüber ist der Vertriebsweg **6** für die apothekenpflichtigen Arzneimittel auf den Handelsstufen in den §§ 47, 47a und 47b geregelt.

II. Zweck

Die Vorschrift verankert im AMG das vom *BVerfG* in seinen Urteilen vom 11.6.1958 und 7.1.1959[5] **7** anerkannte „natürliche Monopol der Apotheken" zur Versorgung der Bevölkerung mit Arzneimitteln **(Apothekenmonopol).** Während das ApG in § 1 den entsprechenden Versorgungsauftrag statuiert, weist das AMG die gewerbs- oder berufsmäßige Abgabe von Arzneimitteln an den Endverbraucher grundsätzlich den Apotheken zu.

B. Grundsatz der Apothekenpflicht (Abs. 1)

I. Inverkehrbringen apothekenpflichtiger Arzneimittel nur in Apotheken, Verbot des Versandes mit Erlaubnisvorbehalt (S. 1)

1. Apothekenpflichtige Arzneimittel. Gegenstand der grundsätzlichen Apothekenpflicht sind Arz- **8** neimittel im Sinne des § 2 I oder II Nr. 1, die nicht durch Gesetz nach § 44 oder auf Grund der Rechtsverordnung nach § 45 I für den Verkehr außerhalb der Apotheken freigegeben sind **(apothekenpflichtige Arzneimittel**[6]**).** Apothekenpflichtig sind Arzneimittel unabhängig von ihrem Status als

---

[1] Brockhaus Enzyklopädie zu „Apotheke, Geschichte".
[2] Zur Rechtsprechung zum früher verwendeten Begriff „Einzelhandel" vgl. *Kloesel/Cyran,* § 43 Anm. 17.
[3] *EuGH,* Urt. v. 19.5.2009 – Rs. C-531/06, Kommission/Italien, PharmR 2009, 451.
[4] *EuGH,* Urt. v. 5.12.2013 – Rs. C-159/12; C-160/12; C-161/12; PharmR 2014, 24.
[5] *BVerfGE* 7, 377 ff., 431 = NJW 1958, 1035; *BVerfGE* 9, 73 ff. = NJW 1959, 667.
[6] Apothekenpflichtige Arzneimittel sind nach § 10 I 1 Nr. 10, IV 1 Nr. 11, V 1 Nr. 15 mit dem Hinweis „Apothekenpflichtig" zu kennzeichnen.

Fertigarzneimittel, also z. B. auch Rezepturarzneimittel. Neben den apothekenpflichtigen Arzneimitteln stehen die außerhalb der Apotheken freiverkäuflichen Arzneimittel.

9 Verschreibungspflichtige Arzneimittel sind solche – in der Regel auch apothekenpflichtige – Arzneimittel, die nur auf ärztliche, zahnärztliche oder tierärztliche Verschreibung abgegeben werden dürfen (§ 48). Die Verschreibungspflicht setzt im Übrigen nicht zwingend die Apothekenpflicht voraus, weil die Apothekenpflicht nicht durch Rechtsverordnung auf andere Arzneimittel als die nach § 2 I oder II Nr. 1 erstreckt werden kann. Demgegenüber sind auch bestimmte (Geltungs-)Arzneimittel (§ 2 II Nr. 1a bis 4) bei Vorliegen der Voraussetzungen nach § 48 I, II der Verschreibungspflicht zu unterstellen. Diese Arzneimittel bleiben außerhalb der Apotheken freiverkäuflich (s. dazu Rn. 45). Im fachlichen Sprachgebrauch werden die nicht verschreibungspflichtigen, nur apothekenpflichtigen Arzneimittel häufig auch als **OTC-Präparate** bezeichnet, weil ihr Verkauf ohne ärztliche Verschreibung „über den Ladentisch, die Verkaufstheke (over the counter)" erfolgen kann.

10 **2. Berufs- oder gewerbsmäßiges Inverkehrbringen.** Vom Verbot erfasst wird nicht nur das gewerbsmäßige, also im Rahmen einer auf Dauer angelegten Erwerbstätigkeit erfolgende Inverkehrbringen (vgl. § 4 XVII), sondern auch das berufsmäßige. D. h. insbesondere auch ein Inverkehrbringen im Rahmen freiberuflicher Tätigkeit durch Ärzte oder Zahnärzte, gleich ob es entgeltlich oder unentgeltlich erfolgt, wird vom Verbot der Abgabe außerhalb der Apotheken erfasst (zu Ausnahmen vom Verbot s. u. Rn. 14). Auch die Übergabe von vorhandenen Arzneimittelbeständen bei einem Wechsel des Leistungserbringers von Rettungsdienstleistungen stellt ein Inverkehrbringen dar[7]. Anders als in Abs. 6 gibt es hier keine Spezialregelung für eine solche Übergabe bzw. Übernahme der Bestände.

11 Nicht vom Verbot erfasst werden Fälle, in denen ein Arzneimittel bei einer wertenden Betrachtungsweise nicht abgegeben, sondern angewendet wird. Dies ist in einem Urteil des *OLG Bremen* in Fällen anerkannt, in denen ein Zahnarzt nach der Behandlung einem Patienten eine Schmerztablette mitgibt[8]. Entsprechend gewertet werden auch Fälle der Substitutionsbehandlung Drogenabhängiger mit Codein oder Dihydrocodein nach § 5 VI 3 der BtMVV, bei denen ein Arzt nach dem Überlassen einer Dosis zum unmittelbaren Verbrauch unter dort näher bestimmten Voraussetzungen einem Patienten die für einen Tag zusätzlich benötigte Menge des Substitutionsmittels aushändigen und ihm dessen eigenverantwortliche Einnahme gestatten darf. Des Weiteren wird auch die Abgabe bzw. Weitergabe von **Arzneimittelmustern**[9] („Ärztemustern" gem. § 47 IV) an Patienten als zulässig angesehen[10], sofern sie unentgeltlich erfolgt[11].

12 **3. Endverbrauch.** Der **Endverbrauch** erfasst den Verbrauch durch den Patienten selbst ebenso wie die Anwendung eines Arzneimittels beim Patienten, insbes. durch Ärzte.

13 Zulässig ist die Abgabe von Arzneimitteln durch Apotheken an Arztpraxen zur Deckung des Praxisbedarfs sowie an werksärztliche Dienste, soweit dies zur Anwendung dieser Arzneimittel bei Patienten bzw. zur Erfüllung von deren Aufgaben erfolgt[12]. In diesen Fällen sind Arztpraxis und werksärztlicher Dienst als Endverbraucher anzusehen. Nach § 43 I 1 ist es hingegen unzulässig, wenn ein niedergelassener Arzt ein Arzneimittel, das er von einem Patienten zurück genommen hat, an einen anderen Patienten abgibt[13]. Diese Auswirkung der Apothekenpflicht, das Verbot der **Weiterverwendung** von Arzneimitteln ohne erneute Kontrolle durch den Apotheker, wurde mitunter als Verschwendung verwertbarer Ressourcen kritisiert. Dem gilt es jedoch vorrangig durch andere Maßnahmen wie **patientengerechte Packungsgrößen** und sparsames Verschreiben oder auch neuen Abgabemodalitäten[14] entgegen zu wirken. Zu berücksichtigen ist, dass das AMG zur Gewährleistung der Arzneimittelsicherheit[15] grundsätzlich fordert, dass die betreffenden Arzneimittel, einschließlich der Informationsmaterialien unter Verantwortung des pharmazeutischen Unternehmers von einer sachkundigen Person eines Herstellers mit Herstellungserlaubnis nach § 13 für das Inverkehrbringen freigegeben und sodann auf festgelegten Vertriebswegen geliefert und schließlich von der Apotheke erforderlichenfalls mit der notwendigen individuellen Beratung an den Verbraucher abgegeben werden. Im Hinblick auf die notwendige Beachtung der Apothekenpflicht ist in Einrichtungen mit zentraler Lagerung von Arzneimitteln, wie

---

[7] Vgl. *VergKammer Sachsen*, Beschl. v. 28.8.2014 – 1/SVK/021-14 – BeckRS 2015, 10277.

[8] So *OLG Bremen*, GRUR 1989, 533.

[9] Zur Frage ob pharmazeutische Unternehmer Arzneimittelmuster an Apotheker abgeben dürfen vgl. *OLG Hamburg*, PharmR 2015, 25, das die kostenlose Abgabe von Fertigarzneimitteln als unzulässig ansieht, und *Kozianka/Dietel*, PharmR 2014, 5, die die Abgabe von Arzneimittelmustern durch §§ 43, 47 I als legitimiert ansehen.

[10] *OLG München*, Urt. v. 26.1.1989 – 29 U 3295/88.

[11] *BayObLG*, Beschl. v. 31.3.1977 – RReg. 4 St 45/76, abgedruckt bei *Kloesel/Cyran*, Entscheidung E 16, nach dem die entgeltliche Abgabe von Ärztemustern eine unzulässige Abgabe im Einzelhandel i. S. d. § 43 I AMG darstellt.

[12] *Kloesel/Cyran*, § 43 Anm. 17; *Rehmann*, § 43 Rn. 2.

[13] *AG Detmold*, MedR 2003, 351.

[14] Hier ist das patientenindividuelle Neuverblistern zugelassener Arzneimittel zu nennen, bei dem durch die Apotheke oder in ihrem Auftrag der jeweilige Wochenbedarf in einer neu gestalteten Abgabeeinheit einnahmegerecht mit allen notwendigen Informationen zusammengefasst wird. Vorschriften hierzu enthalten § 10 XI, § 11 VII und § 21 II Nr. 1b, Buchst. b).

[15] Diese erfordert Sicherheit des Produktes und Sicherstellung der durch Kennzeichnungsbestimmungen und Anforderungen an die Packungsbeilage festgelegten Information, mithin Produkt- und Informationssicherheit.

Heimen[16] und Hospizen, die Rücknahme und Wiederabgabe durch die Apotheken an Heimbewohner zulässig, soweit dabei die Verantwortung eines Apothekers für die zentral gelagerten und wieder abgegebenen Arzneimittel gegeben ist. Der durch das GKV-WSG in § 3 AMPreisV angefügte Abs. 6 hat eine Vergütungsregelung für die Rückgabe und erneute Abgabe solcher nicht genutzter, verschreibungspflichtiger Fertigarzneimittel-Packungen geschaffen (s. § 78 Rn. 90). Die Vergütung umfasst den (vom Gesetzgeber als erforderlich angesehenen) Aufwand für die Rücknahme, Prüfung, Dokumentation und sichere Lagerung dieser Packungen und ist niedriger als bei erstmaliger Abgabe, auch weil ein finanzieller Anreiz zur kommerziellen Weiterverwertung nicht benutzter Arzneimittel ausgeschlossen werden soll. Apothekenpflichtige nicht verschreibungspflichtige Arzneimittel sind aufgrund ihres durchschnittlich geringen Preises und des niedrigeren Risikoprofils von dieser Vergütungsregelung ausgenommen[17]. Wird von Seiten eines Heimes ein „Notvorrat" aus Arzneimitteln verstorbener oder in andere Einrichtungen aufgenommener Heimbewohner angelegt, liegt darin kein Verstoß gegen § 43 I, sofern das Vorrätighalten zum Zwecke der unmittelbaren Anwendung geschieht, die Arzneimittel somit nicht zur Abgabe an Patienten bestimmt sind[18].

4. Ausnahme bei Fällen des § 47. Ausgenommen vom Verbot der Abgabe durch andere Stellen als **14** Apotheken sind die Fälle eines Inverkehrbringens nach § 47. Nach dieser Vorschrift dürfen bestimmte Arzneimittel von pharmazeutischen Unternehmern oder Großhändlern ebenfalls für den Endverbrauch an Krankenhäuser und Ärzte, Gesundheitsämter, Tierärzte und Veterinärbehörden sowie die anderen dort angegebenen Stellen abgegeben werden (s. § 47 Rn. 8 f.).

5. Abgabe in der Apotheke. Die Abgabe muss grundsätzlich in der Apotheke erfolgen. Ergänzende **15** und konkretisierende Regelungen zur Abgabe enthält die **ApBetrO**. Diese statuiert insbesondere eine Beratungs- und Informationspflicht des Apothekers[19], wobei der Apotheker oder entsprechend qualifiziertes Personal durch gezielte Nachfrage den Informationsbedarf des Patienten von sich aus ermitteln müssen[20]. Sofern die Ware durch einen Boten überbracht wird, muss dieser auch die Beratung übernehmen können, sofern diese nicht bereits bei der Bestellung in der Apotheke stattgefunden hat[21]. Das BVerwG[22] hat ein Urteil des VGH München bestätigt, nachdem die Abgabe von Arzneimitteln auf Rechnung einer fremden Apotheke zulässig ist, insbes. ein Verstoß gegen die Verpflichtung zur persönlichen Leitung der Apotheke in eigener Verantwortung nicht vorliegt. Nach dem Urteil des VGH München[23] ist es zulässig, wenn Arzneimittel, die aus einem anderen Mitgliedstaat (hier Ungarn) bezogen werden, mit Rechnung der Apotheke dieses Mitgliedstaates abgegeben werden. Sofern die Abgabe in der (deutschen) Apotheke unter pharmazeutischer Verantwortung des Inhabers dieser Apotheke erfolgt, liegt ein Verstoß gegen apothekenrechtliche Bestimmungen nicht vor.

Das OLG München hat unter Aufhebung des vorinstanzlichen Urteils des LG München[24] einen **16** „Lieferservice" nicht als Verstoß gegen § 43 gewertet. In dem Hinwirken durch **Nicht-Apotheken** darauf, dass apothekenpflichtige Arzneimittel von einer zum Versandhandel befugten öffentlichen Apotheke an Patienten ausgeliefert werden, könne keine unzulässige Umgehung der Apothekenpflicht gemäß § 43 gesehen werden. Die in § 43 I 1 und III 1 enthaltenen Verbote erstreckten sich nicht auf die bloße Entgegennahme von Arzneimittelbestellungen durch Nicht-Apotheken. Angesichts des auch mit verschreibungspflichtigen Arzneimitteln erlaubten Versandhandels könne ein Verstoß gegen § 43 nicht daraus hergeleitet werden, dass bei dem in Rede stehenden Arzneimittel-Lieferservice ein persönlicher Kontakt zwischen den Patienten bzw. der für diesen handelnden Betreuungsperson einerseits und der Apotheke andererseits verhindert werde[25]. Dem OLG München ist zuzustimmen[26]; insbes. unter Berücksichtigung des Urteils des BVerwG in dem vergleichbaren Fall der „Pick-up-Stellen" in Drogerien (Rn. 18).

Der Begriff der Apotheke bzw. derjenige der Apothekenbetriebsräume i. S. d. § 17 Ia ApBetrO **17** umfasst nur die Räume, die in der Apothekenerlaubnis genannt sind. Eine Versorgung (im konkreten Fall: von Heimbewohnern) mit Arzneimitteln aus Räumen, auf die sich die Apothekenbetriebserlaubnis nicht erstreckt, stellt keine ordnungsgemäße Arzneimittelversorgung i. s. d. § 12a 3 Nr. 2 ApoG dar[27].

---

[16] Zu Rechtsfragen der Arzneimittelversorgung von Patienten in Heimen vgl. Lippert, MedR 2006, 330.
[17] BT-Drucks. 16/3100 S. 201.
[18] AG Eggenfelden, MedR 2006, 113.
[19] Zur Frage der Beratungspflicht beim Verkauf freiverkäuflicher Arzneimitteln in Apotheken vgl. Kieser, A&R 2014, 23, der eine solche Beratungspflicht trotz des insoweit nicht differenzierenden Wortlauts von § 20 ApBetrO aus systematischen und verfassungsrechtlichen Gründen ablehnt.
[20] OLG Düsseldorf, PharmR 2014, 62.
[21] OLG Düsseldorf, PharmR 2014, 62 (Unzulässigkeit eines „Pillentaxis").
[22] BVerwG, Urt. v. 26.2.2015 – 3 C 30.13 – BeckRS 2015, 46695.
[23] VGH München, PharmR 2014, 109 betr. den Bezug der Arzneimittel aus einer Apotheke in Ungarn.
[24] Vgl. LG München, Schlussurteil v. 19.7.2011 – 33 O 17644/10 – BeckRS 2011, 23892.
[25] OLG München, A&R 2012, 142 (Leitsatz).
[26] Vgl. auch Fritzsche, in: Spickhoff Medizinrecht, § 4 UWG Rn. 30.
[27] VG Gelsenkirchen, Urt. v. 24.9.2013 – 19 K 3853/11 – BeckRS 2014, 50386 (amtlicher Leitsatz).

Die Abgabe mittels eines **Aussenschalters der Apotheke** („Auto-Schalter") steht nach dem Urteil des *BVerwG* der Forderung nach Abgabe in der Apotheke nicht entgegen[28].

18　　Eine **Abgabe** apothekenpflichtiger Arzneimittel in anderen Abgabestellen wie etwa **Drogerien** ist unzulässig. Als zulässig hat es allerdings das *BVerwG* angesehen, dass die Arzneimittel als Serviceleistung einer Drogerie (**„Pick-up-Stellen"**) für den Patienten in einer (auch ausländischen) Apotheke bestellt werden und dann einige Tage später in der Drogerie abgeholt werden können, weil hier keine Abgabe sondern ein bloßes Aushändigen bzw. eine Auslieferung erfolgt[29]. Die Abgabe vollzieht sich zwischen Apotheke und ihrem Kunden. Dies geschieht im Wege des *Versandes*, da dieser auch die Auslieferung über eine Abholstation umfasst. Das *BVerwG* hat zugleich die Auffassung vertreten, triftige Gründe für eine Einschränkung dieser Versandform seien im Hinblick auf Art. 12 I GG nicht ersichtlich[30].

19　　Der *VGH Kassel*[31] hat mit Beschluss vom 15.3.2012 in einem Verfahren nach § 80 V VwGO das Aufstellen einer sogenannten **Co-Box** (Terminal zur Bestellung von Arzneimitteln in Verbindung mit einer Bildschirmberatung durch einen Apotheker) in den Räumen eines Drogeriemarkts als zulässiges Inverkehrbringen von Arzneimitteln im Wege des Versands angesehen, wenn im Drogeriemarkt eine sogenannte Pick-up-Stelle (Abholstation) für die bestellten Arzneimittel eingerichtet wird.

20　　Die Zulässigkeit der *Arzneimittelabgabe* über computergesteuerten Automaten (**Apothekenabgabeterminals**) war bis zu den Entscheidungen des *BVerwG* vom 24.6.2010[32] strittig[33]. Das *BVerwG* hat eine solche Abgabeform insbesondere wegen Verstoßes gegen die Dokumentationspflichten der ApBetrO und, soweit Personal eines gewerblichen Dienstleisters eingesetzt wird, gegen die Pflicht zur persönlichen Leitung der Apotheke nach § 7 ApG für unzulässig erklärt. Zwar sei die Abgabe von Arzneimitteln über ein Apothekenterminal unter Hinweis auf die „Autoschalter-Entscheidung" nicht schon deshalb als unzulässig anzusehen, weil sie nicht in der Apotheke erfolgt. Das *BVerwG* hat aber darauf abgestellt, dass die Abgabe verschreibungspflichtiger Arzneimittel über ein Apothekenterminal den Dokumentationspflichten nach § 17 V 5 und 6 ApBetrO nicht genügt; weil im Falle von Unklarheiten der Verschreibung der erforderliche unterschriebene Vermerk auf der Verschreibung nicht vor der Abgabe des Arzneimittels vorgenommen werden kann und wird zwingend von demjenigen unterschrieben wird, der die Änderung veranlasst hat. In diesem Fall liege vor der Abgabe des Arzneimittels keine Verschreibung vor, die die Abgabe deckt und eine jederzeitige Rückverfolgung zulässt. Auch werden die normalen Dokumentationspflichten, insbesondere im Hinblick auf das geforderte Namenszeichen (s. § 17 VI 1 Nr. 2 ApBetrO) nicht erfüllt. Außerdem verstößt die Abgabe von apothekenpflichtigen Arzneimitteln, soweit das Terminal außerhalb der Öffnungszeiten eingesetzt wird, gegen die Pflicht zur persönlichen Beratung[34]. Zudem verstößt die Bedienung des Apothekenterminals durch das Personal eines gewerblichen Dienstleisters gegen die Pflicht des Apothekers aus § 7 ApG zur persönlichen Leitung der Apotheke in eigener Verantwortung, weil die Aufsichtspflicht des Apothekenleiters voraussetze, dass diese über „Apothekenpersonal" wahrgenommen werde. Die Abgabe freiverkäuflicher Arzneimittel, verstoße im Übrigen gegen das Verbot des § 52 I Nr. 1 und II, Arzneimittel durch Automaten in den Verkehr zu bringen, weil der Kunde bei Abgabe dieser Arzneimittel nicht mit dem Apotheker verbunden werde.

21　　Das *OVG Koblenz*[35] (Vorinstanz) verneinte bereits die Zulässigkeit solcher Apothekenabgabeterminals; durch die Legalisierung des Versandhandels habe der Gesetzgeber das normativ ausgeformte System der Apothekenbetriebs- und Arzneimittelsicherheit nicht so weitgehend modifiziert, dass damit zugleich die rechtlichen Voraussetzungen für technisierte Formen des Arzneimittelabsatzes, wie z. B. durch ein solches Terminal geschaffen worden wären. Der *VGH Mannheim*[36] hatte die Arzneimittelabgabe durch einen nur über Bild- und Tonleitung mit dem Kunden verbundenen Apotheker nur bei nicht verschreibungspflichtigen Arzneimitteln für zulässig gehalten. Der *VGH Kassel*[37] hat sich dafür ausgesprochen, dass die Abgabe von Arzneimitteln an solchen Automaten nur dann zulässig ist, wenn die Vorgaben der ApBetrO

---

[28] *BVerwG*, DÖV 2005, 826 unter Aufgabe seiner bisherigen Rechtsprechung zu § 17 I ApBetrO. Mit der Zulassung des Versandhandels hat der Gesetzgeber eine Form der Arzneimittelabgabe zugelassen, bei der zwar das Arzneimittel aus einer Apotheke heraus abgegeben werden muss, der Kunde aber nicht gehalten ist, die Apotheke zu betreten.

[29] Vgl. *BVerwGE* 131, 1; NVwZ 2008, 1238; BeckRS 2008, 34929.

[30] Kritisch dazu *G. Hofmann*, A&R 2009, 99; vgl. auch *Meyer*, DAZ 2009, 647.

[31] A&R 2012, 132.

[32] *BVerwG* PharmR 2010, 462; *BVerwG*, A&R 2010, 224 mit grundsätzlich zustimmender Anmerkung *Dettling*, A&R 2010, 229, der dabei das Verhältnis des Urteils zum „Pick-up-Stellen-Urteil" problematisiert.

[33] In den konkreten Fällen ging es um einen „Apothekenkommissionierungsautomaten", bei dem der Kunde mit Hilfe des Terminals auf das freiverkäufliche in dem Automaten vorgehaltene Sortiment Zugriff nehmen kann. Bei apothekenpflichtigen Arzneimitteln erfolgt eine Verbindung über Monitor und Lautsprecher mit einem Apotheker, der beraten und das Arzneimittel mit Hilfe des Automaten freigeben kann. Bei verschreibungspflichtigen Arzneimitteln wird das Rezept eingescannt und so vom Apotheker überprüft; das Rezept verbleibt im Terminal; über den Abgabevorgang werden im Terminal verschiedene Daten gespeichert.

[34] Das *BVerwG* stellt im Hinblick auf die Möglichkeit, Arzneimittel im Wege des Versandes zu beziehen, darauf ab, dass der Kunde frei entscheiden kann, ob er eine solche Beratung wünscht; dies ist nur während der Öffnungszeiten gegeben.

[35] *OVG Koblenz*, PharmR 2009, 624.

[36] *VGH Mannheim*, DVBl. 2009, 1327.

[37] *VGH Kassel*, NJW 2009, 3468 zweifelnd im Hinblick auf verschreibungspflichtige Arzneimittel.

beachtet werden. Dem *BVerwG* ist zuzustimmen, weil ansonsten der vorgegebene Sicherheitsstandard abgesenkt und, wie auch vom *OVG Koblenz* herausgestellt, eine Relativierung des Schutzzweckes der Apothekenpflicht bewirkt würde. Auch nach Zulassung des Arzneimittelversandhandels ist es keinesfalls sachwidrig, wenn die der Arzneimittelabgabe vorausliegenden Betriebsvorgänge strikt an das pharmazeutische Personal gebunden werden, das in den Apothekenbetriebsräumen anwesend sein muss[38].

Ergänzt wird die Verbotsnorm des S. 1 durch das Verbot des Handeltreibens außerhalb der Apotheke **22** in S. 2 (s. Rn. 40).

6. Verbot des Versandes ohne behördliche Erlaubnis. Für den **Versandhandel** mit apotheken- **23** pflichtigen Arzneimitteln gilt ein Verbot mit Erlaubnisvorbehalt. Das grundsätzliche Verbot des Inverkehrbringens im Wege des Versandes war durch die 8. AMG-Novelle im Jahre 1998 gesetzlich verankert worden. Bis zu diesem Zeitpunkt gab es nur ein entsprechendes an den Apotheker gerichtetes Verbot in der ApBetrO. Grund für die gesetzliche Verankerung war, vor dem Hintergrund von Überlegungen zum Versandhandel im Gesetz selbst zu statuieren, dass der Versandhandel als keine dem Arzneimittel als Ware besonderer Art **adäquate Abgabeform** angesehen wurde[39]. Der Charakter des Arzneimittels als Ware besonderer Art und erklärungsbedürftiges Produkt erfordere vielmehr grundsätzlich das Aushändigen an den Patienten oder sonstigen Verbraucher in der Apotheke.

In der Folgezeit wurden jedoch Änderungen dieses pauschalen Verbots erörtert. Dies beruhte im **24** Wesentlichen auf drei Gründen. Zum einen zeigte die Entwicklung des legalen **Internethandels** in einigen Staaten ebenso wie illegale Angebote im Internet, dass ein durch das Internet unterstützter Versandhandel nicht zu verhindern war. Deshalb wurde ein geregelter Versandhandel für den Schutz der Patienten und Verbraucher und letztlich die Gewährleistung der Arzneimittelsicherheit als besser geeignet angesehen als ein striktes Verbot, dessen Einhaltung angesichts des Charakters des Internets nicht dauerhaft durchgesetzt werden kann und das in seiner Unbedingtheit auf Dauer auch kaum Akzeptanz bei den Patienten und Verbrauchern findet. Darüber hinaus bestanden erhebliche Zweifel, inwieweit ein generelles Versandverbot für Arzneimittel mit dem Europarecht vereinbar ist[40]. Die Überlegungen zur Änderung des Versandverbots standen im Übrigen im Einklang mit allgemeinen Tendenzen zur Liberalisierung des Arzneimittel- und Apothekenwesens, zu denen auch Entscheidungen des *BVerfG* beitrugen, die etwa die Unzulässigkeit eines Verbots der Selbstbedienung in Apotheken mit nicht apothekenpflichtigen Arzneimitteln[41], die Unzulässigkeit eines Verbotes des Arzneimittelversands (von Impfstoffen) durch Apotheken an Ärzte[42] oder auch die Unvereinbarkeit bestimmter landesrechtlicher (standesrechtlicher) Werbeverbote mit Art. 12 GG[43] betrafen. Erörterungen unter Federführung der zuständigen Bundesministerin mit den Marktbeteiligten im Rahmen eines „Runden Tisches" führten im Jahre 2002 zu einem Konzept, das eine Zulässigkeit des Versandhandels unter der Voraussetzung der Gewährleistung der Sicherheit des Arzneimittelversandes, einschließlich der erforderlichen Beratung, sowie fairer Wettbewerbsbedingungen vorsieht. Die Inanspruchnahme des Versandhandels sollte zudem für den (gesetzlich versicherten) Patienten freiwillig sein.

Die im Jahre 2003 im Rahmen des GMG erfolgte Änderung des § 43 AMG[44] wurde flankiert durch **25** weitere Änderungen des AMG und des Apothekenrechts (s. Rn. 34). In § 73 I 1 Nr. 1a und 3 ist eine vom BMG zu veröffentlichende und regelmäßig zu aktualisierende **Übersicht** über EU-Mitgliedstaaten und EWR-Vertragsstaaten mit **vergleichbaren Sicherheitsstandards** vorgesehen[45] (s. § 73 Rn. 14, 24).

Die Klärung der europarechtlichen Frage nach der Zulässigkeit nationaler Verbotsregelungen ange- **26** sichts des grundsätzlich geltenden freien Warenverkehrs erfolgte durch das Urteil des *EuGH* vom 11.12.2003 auf Vorlagebeschluss des *LG Frankfurt am Main* in der Rs. C 322/01 **„DocMorris"**[46]. Der *EuGH* hat ein Verbot des Versandhandels wie es nach § 43 I i. d. F. vom 7.9.1998 bestand, als Maßnahme gleicher Wirkung i. S. v. Art. 28 EG (= Art. 34 AEUV) und anders als mehrere Verfahrensbeteiligte nicht

---

[38] *OVG Koblenz,* PharmR 2009, 629.
[39] BT-Drucks. 13/9996, S. 16.
[40] So hatten das *KG,* Urt. v. 9.11.2004 – 5 U 300/01 – BeckRS 2005, 01512 und das *LG Frankfurt/M,* MMR 2001, 243, einen Verstoß gegen § 43 bejaht, während das *LG Berlin,* MMR 2001, 249 (rk.) und *LG Berlin,* PharmR 2002, 19 (Vorinstanz zu *KG,* Urt. v. 9.11.2004 – 5 U 300/01 – BeckRS 2005, 01512), unter Bezugnahme auf § 73 II Nr. 6a keinen Verstoß gegen § 43 gesehen hatten.
[41] *BVerfG,* NVwZ 1987, 1067.
[42] *BVerfG,* NJW 2003, 1027, nach dem das gesetzliche Verbot, Impfstoffe an Ärzte zu versenden und hierfür zu werben, die Apotheker in ihrem Grundrecht aus Artikel 12 I GG auf Berufsfreiheit verletzt und deshalb verfassungswidrig ist. Diese Wertung dürfte auch für andere Arzneimittel als Impfstoffe gelten; so auch *Rehmann,* § 43 Rn. 3, der ein generelles Verbot des Versands von Arzneimitteln an Ärzte als verfassungsrechtlich bedenklich bezeichnet.
[43] *BVerfG,* NJW 1996, 3067.
[44] Vgl. BT-Drucks. 15/1170, S. 134; vgl. auch *Dettling,* A&R 2008, S. 11; *Gabriel/Albrecht,* GesR 2008, 291.
[45] Vgl. die Bekanntmachungen (bei Bedarf fortgeschriebene „Länderlisten") im BAnz., in denen z. Zt. die Staaten Niederlande (soweit Versandapotheken gleichzeitig eine Präsenzapotheke unterhalten), Großbritannien, Tschechien (nur für den Versandhandel mit nicht verschreibungspflichtigen Arzneimitteln), Schweden (nur für den Versandhandel mit verschreibungspflichtigen Arzneimitteln) und Island genannt sind.
[46] *EuGH,* Urt. v. 11.12.2003 – Rs. C-322/01 Deutscher Apothekerverband e. V. / 0800 DocMorris NV und Jaques Waterval, NJW 2004, 131.

als bloße Verkaufsmodalität im Sinne der *„Keck-Rechtsprechung"*[47] gewertet, weil das Verbot den Verkauf inländischer Arzneimittel und den Verkauf von Arzneimitteln aus anderen Mitgliedstaaten nicht in gleicher Weise treffe. Das Versandhandelsverbot sei nicht *„bloße Konsequenz aus der Apothekenpflichtigkeit"*, sondern angesichts des Aufkommens des *„Internet als Mittel des grenzüberschreitenden Verkaufs in einem größeren Zusammenhang zu prüfen"*. Das Versandverbot beeinträchtige außerhalb Deutschlands ansässige Apotheken stärker als Apotheken in Deutschland. Auch wenn das Versandverbot den in Deutschland ansässigen Apotheken ein zusätzliches oder alternatives Mittel zum Marktzugang nehme, bleibe ihnen anders als den ausländischen Apotheken die Möglichkeit des Verkaufs in der Apotheke.

27   Im Hinblick auf die Rechtfertigung eines Versandhandelsverbotes nach Art. 30 EG (= Art. 36 AEUV) prüfte der *EuGH* als Gründe des ein Verbot rechtfertigenden **Gesundheitsschutzes** Erfordernisse einer individuellen Beratung des Kunden und seinen Schutz bei der Abgabe von Arzneimitteln, die Kontrolle der Echtheit von ärztlichen Verschreibungen und die Gewährleistung einer umfassenden und bedarfsgerechten Arzneimittelversorgung. Im Hinblick auf diese Rechtfertigungsgründe und die mithin beim Arzneimittelvertrieb zu wahrenden Sorgfaltsanforderungen kommt der *EuGH* für bloß apothekenpflichtige und verschreibungspflichtige Arzneimittel zu unterschiedlichen Ergebnissen.

28   Bei den nur **apothekenpflichtigen d. h. nicht verschreibungspflichtigen Arzneimitteln** sei keiner der genannten Rechtfertigungsgründe geeignet, das Versandhandelsverbot zu rechtfertigen. Weder Erfordernisse einer gebotenen Beratung noch einer ordnungsgemäßen Auslieferung noch Vorkehrungen gegen Fehlgebrauch oder Missbrauch von Arzneimitteln ständen der Zulässigkeit einer Internetbestellung und einem Arzneimittelversand entgegen. Dies gelte auch im Hinblick auf das Erfordernis einer umfassenden und bedarfsgerechten Versorgung, weil die im Ausgangsfall niederländische Apotheke ebenfalls gemeinwirtschaftlichen Verpflichtungen unterliegt, so dass sie sich nicht in einer günstigeren Lage befinde als eine deutsche Apotheke. Im Übrigen sei die (aus Gründen einer ordnungsgemäßen Arzneimittelversorgung erlassene) AMPreisV nicht als Rechtfertigungsgrund geeignet, weil sie für die nicht verschreibungspflichtigen Arzneimittel nicht gelte.

29   Hinsichtlich der **verschreibungspflichtigen Arzneimittel** hält der *EuGH* eine strengere Kontrolle für gerechtfertigt. Dies betreffe zum einen das Erfordernis, die Echtheit der Verschreibung wirksam und verantwortlich nachprüfen zu können und die Aushändigung des Arzneimittels an den Kunden oder eine von ihm mit der Abholung beauftragte Person zu gewährleisten. Auch könnten nicht auszuschließende Etikettierungen in einer anderen Sprache als der des Heimatstaates des Käufers bei verschreibungspflichtigen Arzneimitteln gravierendere Folgen haben. Eine erhebliche Gefährdung des Gleichgewichts des Systems der sozialen Sicherheit, die mit den in der AMPreisV festgelegten Festzuschlägen[48] (§ 78) für den Verkauf verschreibungspflichtiger Arzneimittel zusammen hängen könnte, lehnt der *EuGH* ab, weil keiner der Verfahrensbeteiligten Argumente für die Erforderlichkeit der AMPreisV vorgetragen habe.

30   Mithin können Gründe des Gesundheitsschutzes gem. Art. 30 EG (= Art. 36 AEUV) geltend gemacht werden, um ein nationales **Verbot des Versandhandels** mit Arzneimitteln, die in dem betr. Mitgliedstaat ausschließlich in Apotheken verkauft werden dürfen, zu rechtfertigen, soweit dieses Verbot **verschreibungspflichtige** Arzneimittel betrifft, nicht aber für nicht verschreibungspflichtige Arzneimittel.

31   Der *EuGH* gibt grundsätzlich dem freien Warenverkehr Vorrang vor den Gründen, die in mehreren Mitgliedstaaten als Rechtfertigung für das Verbot des Versandhandels angeführt wurden. Die vom *EuGH* vorgenommene Differenzierung zwischen verschreibungspflichtigen und nicht verschreibungspflichtigen Arzneimitteln beruht auf einer **risikogestuften Bewertung.** Dabei wurde im Hinblick auf die Stellung des Gerichts eine grundsätzlich für die gesamte EU einfache und überall zu vollziehende Abgrenzung vorgenommen[49]. Von Interesse ist, dass der *EuGH* auf seine Entscheidungen „Schumacher"[50] und „Kommission/Bundesrepublik"[51] nicht eingeht. In diesen Urteilen hatte der *EuGH* erkannt, dass nationale Verbote, nach denen ein Bürger gehindert ist, ein Arzneimittel aus einer Apotheke eines Mitgliedstaates zu beziehen, nicht mit dem europäischen Recht vereinbar sind (zu der aufgrund dieser Entscheidungen erfolgten Einfügung von § 73 II Nr. 6a s. § 73 Rn. 46). Dabei hatte der *EuGH* in der Entscheidung Kommission/Bundesrepublik bekräftigt, dass dies auch für verschreibungspflichtige Arzneimittel gilt, der Versandbezug aus der Apotheke eines Mitgliedstaates bezogen werden. Maßgeblich für die unterschiedlichen Wertungen dürfte sein, dass es im Fall „DocMorris" nicht mehr um Einzelfälle eines vom Patienten initiierten Kaufvorgangs ging[52], sondern nunmehr die Grundsatzfrage eines breit zu

---

[47] Vgl. *EuGH*, Urt. v. 24.11.1993 – Rs. C 267/91, NJW 1994, 121, Rn. 15, 17 – Keck und Mithouard; *EuGH*, Urt. v. 15.12.1993 – Rs. C 292/92, Rn. 21, NJW 1994, 781 – Hünermund u. a.

[48] Der *EuGH* spricht entgegen der Terminologie der AMPreisV von „Festpreisen"; im Übrigen wird die AMPreisV vom *EuGH* nur kursorisch behandelt.

[49] Die Kriterien für die Verschreibungspflicht sind in der EU harmonisiert; gleichwohl bestehen Unterschiede bei Einstufung der Arzneimittel, auch da der Arzneimittelbegriff nicht vollständig harmonisiert ist.

[50] Rs. 215/87, NJW 1989, 2185 – Schumacher.

[51] Rs C 62/90, NJW 1992, 1552 – Kommission/Bundesrepublik Deutschland.

[52] Das *KG*, Urt. v. 9.11.2004 – 5 U 300/01 – BeckRS 2005, 01512, hatte darauf abgestellt, dass den *EuGH*-Entscheidungen jeweils ein „singulärer Gelegenheitskauf" zugrunde lag und damit im Übrigen den als Konsequenz auf die *EuGH*-Entscheidungen eingefügten § 73 II Nr. 6a als generellen Rechtfertigungsgrund für das bis zur Änderung durch das GMG bestehende Versandhandelsverbot abgelehnt.

nutzenden Internetangebots von Arzneimitteln zur Entscheidung stand. Die Aussage des *EuGH* zur Unzulässigkeit pauschaler nationaler Verbotsregelungen für einen Versandhandel mit allen apothekenpflichtigen Arzneimitteln hat für die Rechtslage in der EU erhebliche Bedeutung. Aus der europarechtlichen Unzulässigkeit entsprechender Verbotsregelungen folgt, dass entgegenstehende nationale Verbotsregelungen im Hinblick auf den Vorrang des europäischen Rechts geändert werden müssen und auch vor ihrer Änderung im Konfliktfall vor den Gerichten nicht mehr durchsetzbar sind[53].

Im Unterschied zur Aussage des *EuGH* wurde im **AMG** bei den gesetzlichen Regelungen zum **32** Versandhandel mit Arzneimitteln eine pauschale Differenzierung zwischen verschreibungspflichtigen und lediglich apothekenpflichtigen Arzneimitteln nicht vorgenommen. Allerdings ist in § 21 des ApG eine Verordnungsermächtigung vorhanden, nach der bestimmte Arzneimittel vom Versandhandel ausgeschlossen werden können. Dies ist von Bedeutung für den *möglichen* Ausschluss bestimmter verschreibungspflichtiger Arzneimittel vom Arzneimittelversand und im Hinblick auf das **„DocMorris"-Urteil** ausdrücklich zulässig. So ist für Arzneimittel, die die Wirkstoffe Lenalidomid, Pomalidomid oder Thalidomid (für solche Arzneimittel gelten weitere umfangreiche Sicherheitsanforderungen, s. insbes. § 48 Rn. 41) enthalten, ein Inverkehrbringen im Wege des Versandes nach § 17 IIb ApBetrO nicht zulässig.

Die bisherigen Erfahrungen mit dem geänderten § 43 haben grundsätzlich keine spezifischen Gefah- **33** ren beim legalen Versandhandel mit verschreibungspflichtigen Arzneimitteln aufgezeigt. Die mitunter geforderte Beschränkung des erlaubten Versandhandels auf nicht verschreibungspflichtige Arzneimittel[54] begegnet deshalb verfassungsrechtlichen Bedenken aus Art. 12 GG sowie Art. 2 GG[55].

Nähere Regelungen zum **erlaubten Versandhandel** sieht das ApG vor. § 11a ApG enthält die **34** Vorschriften zur *Erlangung einer Erlaubnis* zum Versand apothekenpflichtiger Arzneimittel. Insbesondere muss der Versand aus einer *öffentlichen Apotheke zusätzlich zum üblichen Apothekenbetrieb* erfolgen (§ 11a Nr. 1 ApG), ein einschlägiges *Qualitätssicherungssystem* vorhanden sein (§ 11a Nr. 2 ApG) und es müssen erforderliche Modalitäten der Lieferung sowie der Meldung etwaiger Arzneimittelrisiken sichergestellt sein (§ 11a Nr. 3 ApG). § 11b ApG regelt Rücknahme und Widerruf dieser Erlaubnis. In § 21 ApG, der eine Rechtsverordnungsermächtigung für die ApBetrO vorsieht, sind Ermächtigungen aufgenommen worden, die den Versandhandel und elektronischen Handel mit Arzneimitteln betreffen. Im Hinblick auf eine grundsätzlich mögliche Drittanfechtung einer erteilten Erlaubnis hat das *BVerwG* erkannt, dass *„ein Apotheker, der die einem anderen Apotheker erteilte Erlaubnis zum Versand apothekenpflichtiger Arzneimittel anficht, nur dann nach § 42 II VwGO klagebefugt (ist), wenn er durch den Versandhandel des Konkurrenten unzumutbare tatsächliche Wettbewerbsnachteile erleidet"*[56].

Die Zulässigkeit des Versands von **Defekturarzneimitteln** (§ 21 II Nr. 1, s. § 21 Rn. 17) hat der **35** *BGH* nach unterschiedlichen Entscheidungen der Instanzgerichte im Jahre 2011 geklärt. Ein Apotheker, der eine Erlaubnis zum Versand von apothekenpflichtigen Arzneimitteln hat, darf auch die von ihm hergestellten Defekturarzneimittel bundesweit versenden[57].

Regelungen zur **Abgabe von Arzneimitteln im Wege des Versandes** enthält § 17 IIa 1 und 2 **36** ApBetrO. Nach S. 2 darf die Versendung insbesondere nicht erfolgen, wenn zur sicheren Anwendung des Arzneimittels ein Informations- oder Beratungsbedarf besteht, der auf einem anderen Wege als einer persönlichen Information oder Beratung durch einen Apotheker nicht erfolgen kann.

Ferner sind die Vorschriften über **Fernabsatzverträge** in §§ 312b–312f BGB zu beachten. § 312b **37** enthält Begriffsbestimmungen und Bestimmungen über Verträge, auf die die Vorschriften über Fernabsatzverträge keine Anwendung finden[58]. § 312c enthält besondere Vorschriften über die Unterrichtung des Verbrauchers bei Fernabsatzverträgen. § 312d regelt das Widerrufs- und Rückgaberecht des Verbrauchers[59]. § 312e statuiert Pflichten des Unternehmers im elektronischen Geschäftsverkehr und § 312f bestimmt, dass von den einschlägigen Vorschriften grundsätzlich nicht zum Nachteil des Verbrauchers oder Kunden abgewichen werden darf.

Neben der hergebrachten Form des Versandhandels, bei dem die Bestellung vom Kunden selbst **38** übermittelt und das Arzneimittel durch ein Logistikunternehmen übergeben wird, haben sich **weitere Formen des Versandhandels** etabliert. Dazu gehören insbesondere „Pick-up-Modelle", bei denen Drogeriemärkte eingeschaltet werden. Diese Modalitäten des Versandhandels sind bei Beachtung der apothekenrechtlichen Vorschriften von der Rechtsprechung grundsätzlich als zulässig angesehen worden

---

[53] Zur Situation in anderen Staaten vgl. *Mand*, ApoR 2005, 81; *Seeberg-Elverfeldt*, pharmaJournal 20 | 10.2010, 13.

[54] Vgl. *Koenig/Bache*, PharmR 2009, 261, die auf entsprechende Initiativen von Länderseite hinweisen.

[55] *Koenig/Bache*, PharmR 2009, 261.

[56] *BVerwG*, MedR 2012, 603.

[57] *BGH*, A&R 2011, 231.

[58] Anders als etwa für die Lieferung von Lebensmitteln, Getränken oder sonstigen Haushaltsgegenständen des täglichen Bedarfs, die unter bestimmten Voraussetzungen von den Sondervorschriften über Fernabsatzverträge ausgenommen sind, ist eine Ausnahme für Arzneimittellieferungen nicht vorgesehen.

[59] Das *AG Köln*, NJW 2008, 236, sah den Ausschluss des Widerrufsrechts nicht durch § 312d IV Nr. 1 BGB (Ware zur Rücksendung geeignet) als gedeckt an; dazu ablehnend *Auerbach*, PZ 2009, 3128 f. und *Bruggmann*, PharmR 2011, 161; vgl. auch *v. Czettritz*, in: Fuhrmann/Klein/Fleischfresser, § 24 Rn. 10 m. w. N., danach ist auch bei Fertigarzneimitteln der Widerruf wegen des Charakters des Arzneimittels als besondere Ware als ausgeschlossen anzusehen, wenn die Versandapotheke auf diesen Ausschluss hinweist.

(s. Rn. 18). Allerdings liegt dann kein zulässiger Versandhandel vor, wenn die Beteiligung Dritter über eine bloße Transportfunktion hinausgeht, wenn also etwa durch Werbung der Eindruck erweckt wird, als würde der Dritte selbst Arzneimittel vertreiben[60].

39   Aus der Zulassung des Arzneimittel-Versandhandels ergeben sich nach einem Urteil des *BVerwG*[61] keine Auswirkungen auf das Verbot der Selbstbedienung für apothekenpflichtige Arzneimittel. Dieses in § 17 III ApBetrO enthaltene Verbot ist durch hinreichende Gründe des Gemeinwohls gerechtfertigt und verhältnismäßig, damit mit Art. 12 GG vereinbar und verfassungsgemäß. Insbesondere liegt auch ein Verstoß gegen Art. 3 I GG nicht vor[62].

II. Verbot des Handeltreibens außerhalb der Apotheken (S. 2)

40   Vom **Verbot des Handeltreibens** wird auch eine Arzneimittelabgabe, die nicht berufs- oder gewerbsmäßig erfolgt, erfasst. Diese Formulierung ist dem § 3 I Nr. 1 BtMG entlehnt. Das Handeltreiben ist somit ebenso zu verstehen wie im Betäubungsmittelrecht[63] und umfasst jede eigennützige auf Umsatz gerichtete Tätigkeit. Das erforderliche eigennützige Motiv besteht in einem Streben nach Gewinn oder sonstigem persönlichen Vorteil mit der Folge, dass die bloße Entgeltlichkeit des Geschäftes oder der Verkauf zum Selbstkostenpreis kein Handeltreiben begründet[64]. Diese Ausfüllung des Begriffs ist mit dem Bestimmtheitsgrundsatz des Art. 103 II GG vereinbar[65]. Damit können auch die Fälle erfasst werden, in denen Arzneimittel von Privaten etwa zum Zwecke des Missbrauchs als *„Ersatzdroge“* unter den genannten Voraussetzungen abgegeben werden[66], bei denen ansonsten ein Verbot mangels berufs- oder gewerbsmäßigen Handelns nicht greifen würde.

41   Für das **Handeltreiben mit Betäubungsmitteln** hat der *Große Senat des BGH* erkannt, dass es für die Annahme **vollendeten Handeltreibens** ausreicht, dass der Täter bei einem beabsichtigten Ankauf von zum Gewinn bringenden Weiterverkauf bestimmten Betäubungsmitteln in ernsthafte Verhandlungen mit dem potenziellen Verkäufer eintritt[67].

42   Das Verbot des Handeltreibens erfasst auch die **Versteigerung apothekenpflichtiger Arzneimittel im Internet**[68]. Dies dürfte bereits für die Bereitstellung einer Internetplattform und die Durchführung der Versteigerungen gelten, jedenfalls für den auf Grund der Versteigerung erfolgten Verkauf des Arzneimittels[69].

III. Angaben zur Erlaubnis in der Datenbank nach § 67a (S. 3)

43   In S. 3, der an § 43 I durch das AMG-ÄndG 2009 angefügt wurde, sind Angaben zur Versanderlaubnis in der Datenbank nach § 67a vorgesehen. Durch diese vom DIMDI geführte Datenbank soll es i. V. m. einem Sicherheitslogo[70] Verbrauchern erleichtert werden, zwischen legalen und illegalen Anbietern zu unterscheiden.

C. Geltung der Apothekenpflicht auch im Falle der Abgabe der Arzneimittel von juristischen Personen, nicht rechtsfähigen Vereinen und Gesellschaften an ihre Mitglieder (Abs. 2)

44   Die Vorschrift dient der Absicherung der Apothekenpflicht gegen Umgehung[71]. Sie soll verhindern, dass die angeführten juristischen Personen oder nicht rechtsfähigen Personenvereinigungen apotheken-

---

[60] *LG Wiesbaden*, Urt. v. 7.12.2011 – 11 O 29/11 – BeckRS 2012, 10306.
[61] *BVerwG*, PharmR 2013, 125.
[62] Vgl. *BVerwG*, PharmR 2013, 125.
[63] *BGH*, NJW 2011, 1461; NStZ 2004, 457; NStZ-RR 2004, 183.
[64] *BGH*, NStZ 2004, 457; vgl. *OLG Stuttgart*, Beschl. v. 18.1.2012 – 4 Ss 664/11 – BeckRS 2012, 03290; nicht eindeutig, ob das *OLG Stuttgart*, PharmR 2013, 245 dem Handeltreiben einen weiteren Begriff zugrunde legen will, der jede entgeltliche Abgabe erfasst, worauf *Floeth*, PharmR 2013, 248, in seiner Anm. zu diesem Urteil kritisch eingeht.
[65] *BVerfG*, NJW 2007, 1193.
[66] Vgl. BT-Drucks. 13/9996, S. 16.
[67] *BGH*, NJW 2005, 3790; vgl. *Lippert*, in: *Deutsch/Lippert*, § 43 Rn. 16.
[68] *VGH München*, PharmR 2005, 464.
[69] Ersteres hat der *VGH München*, PharmR 2005, 464 offen gelassen. Sie stellt aber eine Maßnahme dar, die auf Umsatz und Gewinnerzielung mit apothekenpflichtigen Arzneimitteln gerichtet ist. Für den Verkauf selbst gilt, dass der Verkäufer durch Abgabe der Arzneimittel an den Käufer einen finanziellen Vorteil in Höhe des Erlöses erwirken will, der ihm nach Abzug von Kommissionsgebühr und Verkaufsprovision verbleibt; auch bestehen keine Zweifel an der erforderliche Absicht der Gewinnerzielung (vgl. *VGH München*).
[70] Vgl. zum EU-Sicherheitslogo www.dimdi.de. Art. 85c der RL 2001/83/EG sieht seit der Änderung durch die RL 2011/62/EU ein gemeinsames Versandhandelslogo vor (§ 67 VIII 4), das durch Durchführungsverordnung (EU) Nr. 699/2014 der KOM vom 24.6.2014 (in Kraft getreten am 1.7.2015) bestimmt wurde; kritisch zum Nutzen eines Versandhandelslogos *Fuchs/Schweim*, DAZ 2011 Nr. 10.
[71] Vgl. *Kloesel/Cyran*, § 43 Anm. 49.

pflichtige Arzneimittel an ihre Mitglieder abgeben. Dementsprechend werden die Apotheken selbst ebenso wie die nach § 47 zulässigen Vertriebswege vom Verbot ausgenommen.

D. Abgabe von Arzneimitteln auf Verschreibung nur von Apotheken (Abs. 3)

I. Abgabe auf Verschreibung (S. 1)

Die Vorschrift erfasst nicht nur verschreibungspflichtige Arzneimittel sondern jede Abgabe eines **45** Arzneimittels i. S. d. § 2 I oder II Nr. 1, die auf Verschreibung erfolgt. Deshalb werden – sofern verschrieben – selbst Arzneimittel erfasst, die für den Verkehr außerhalb der Apotheken freigegeben sind. Die Vorschrift erfasst nur die **berufs- oder gewerbsmäßige Abgabe**[72]. Mit der Zulassung des Versandhandels wurde die Forderung nach Abgabe *in* einer Apotheke dahin geändert, dass auf die Abgabe von einer Apotheke abgestellt wird.

II. Sonderregelung für Fütterungsarzneimittel (S. 2)

Wegen des tierärztlichen Dispensierrechts und aus praktischen Gründen werden unter Bezugnahme **46** auf § 56 I **Fütterungsarzneimittel** (aus Arzneimittel-Vormischungen und aus Mischfuttermitteln hergestellte Arzneimittel, s. § 4 XI) von der Regelung in S. 1 ausgenommen. Die Abgabe von Fütterungsarzneimitteln ist in § 56 I detailliert geregelt (s. § 56 Rn. 4).

E. Inverkehrbringen durch Tierärzte, tierärztliches Dispensierrecht (Abs. 4)

I. Abgabe und Vorrätighalten im Rahmen des Betriebs einer tierärztlichen Hausapotheke (S. 1)

Abs. 4 regelt das **tierärztliche Dispensierrecht**[73]. Tierärzte sind anders als Humanmediziner wie **47** Apotheken befugt, unter bestimmten engen Voraussetzungen apothekenpflichtige Arzneimittel an Tierhalter entgeltlich abzugeben und diese vorrätig zu halten. Dies darf nur im Rahmen des Betriebs einer **tierärztlichen Hausapotheke** geschehen[74] und nur an die Halter der vom Tierarzt behandelten Tiere erfolgen. Eine ordnungsgemäße Behandlung setzt grundsätzlich die Untersuchung des erkrankten Tieres, eine tierärztliche Indikationsstellung, eine hinreichend präzise tierärztliche Behandlungsanweisung sowie die Kontrolle des Behandlungserfolges durch den Tierarzt voraus (s. dazu § 56 Rn. 27 und § 12 I TÄHAV). Die Abgabe hat an den Tierhalter zu erfolgen. Aus allgemeinen Grundsätzen und aus Erfordernissen der Praktikabilität wird auch eine Abgabe an zum Betrieb des anwendenden Tierhalters gehörende entsprechend legitimierte Personen als zulässig anzusehen sein[75]. Weitergehende Auslegungen sind abzulehnen, weil ansonsten das grundsätzliche Versandverbot nach Abs. 5 tangiert würde. Wenn etwa Tierärzte die benötigten Arzneimittel nicht an die Tierhalter, sondern an die Tierzuchttechniker zur unmittelbaren Anwendung am Tier abgeben, sind die Voraussetzungen der Vorschrift **nicht** erfüllt[76]. Für den Betrieb einer tierärztlichen Hausapotheke gelten die Regelungen der auf Grund § 54 erlassenen Verordnung über tierärztliche Hausapotheken. Detaillierte Vorschriften zur Verschreibung, Abgabe und Anwendung von Arzneimitteln durch Tierärzte finden sich im 9. Abschnitt des Gesetzes (§§ 56 ff.).

Im Hinblick auf eine Bitte des Bundesrates[77] anlässlich der Verabschiedung der 16. AMG-Novelle hat **48** der BMEL ein Gutachten zur Überprüfung des tierärztlichen Dispensierrechts in Auftrag gegeben, das für Deutschland denkbare Szenarien für eine Beibehaltung oder Abschaffung des tierärztlichen Dispensierrechts darstellt[78]. Grund für diese Bitte waren Erörterungen im Zusammenhang mit der zunehmenden Gefährdung von Mensch und Tier durch Antibiotikaresistenzen und kritische Diskussionen in der (Fach-)Öffentlichkeit über die Verantwortung der Tierärzte bei Abgabe und Anwendung antibakterieller Arzneimittel im Rahmen des tierärztlichen Dispensierrechts.

[72] *OLG Stuttgart*, Beschl. v. 18.1.2012 – 4 Ss 664/11 – BeckRS 2012, 03290 mit weiteren Nachweisen.

[73] Vgl. *Kluge*, in: Fuhrmann/Klein/Fleischfresser, § 38 Rn. 1–4 zu Apothekenmonopol und tierärztlichem Dispensierrecht.

[74] Vgl. *BVerwG*, NVwZ 1994, 1013. Danach ist jede Abgabe von Arzneimitteln durch den Tierarzt an den Tierhalter Ausübung des „tierärztlichen Dispensierrechts" und damit zugleich „Betrieb der tierärztlichen Hausapotheke".

[75] Vgl. *Kloesel/Cyran* § 43 Anm. 70; *Rehmann*, § 43 Rn. 7, der eine Abgabe an jeden ausreichend legitimierten Dritten als zulässig ansieht.

[76] *VGH München*, Beschl. v. 9.2.2009 – 9 ZB 06.76 – BeckRS 2009, 32190.

[77] Entschließung des Bundesrates (BR-Drucks. 543/13).

[78] Gutachten zur Überprüfung des tierärztlichen Dispensierrechts im Auftrag des BMEL; erstellt von dem Wirtschaftsprüfungs- und Beratungsunternehmen KPMG AG gemeinsam mit Prof. Dr. med. vet. habil. Rolf Mansfeld, Professor für Bestandbetreuung und Euterkunde an der Ludwig-Maximilians-Universität in München, abrufbar unter www.bmel.de.

II. Bestimmung des Umfangs der Abgabe (S. 2)

49   Der Begriff der Behandlung wird in S. 2 erweitert auf die Durchführung prophylaktischer Maßnahmen. Zur Eindämmung der missbräuchlichen Anwendung wird gefordert, dass der Umfang der Abgabe den auf Grund tierärztlicher Indikation festgestellten Bedarf nicht überschreiten darf.

III. Abgabe an Tierhalter durch Veterinärbehörden (S. 3)

50   S. 3 enthält entsprechende Regelungen für die Abgabe nicht verschreibungspflichtiger Arzneimittel durch **Veterinärbehörden** zum Zweck der Durchführung tierseuchenrechtlicher Maßnahmen. Dies hat nur Bedeutung für die dem AMG unterliegenden Arzneimittel. Nach § 4a Nr. 1 werden Tierimpfstoffe gegen Tierseuchen nicht vom AMG[79], sondern vom TierseuchenG und der Tierimpfstoff-Verordnung erfasst. Die auf Vorschlag des Bundesrates eingefügte Vorschrift[80] betrifft bestimmte tierseuchenseuchenrechtliche Maßnahmen, wie z. B. die Bekämpfung der Varroatose nach der Bienenseuchen-Verordnung, bei denen es aus praktischer Sicht erforderlich ist, dass die Veterinärbehörden die Arzneimittel ebenfalls zur weiteren Behandlung abgeben können.

IV. Aushändigung schriftlicher Anweisung (S. 4)

51   In S. 4 wird für die in Abs. 4 erfassten Abgabefälle die Aushändigung einer **schriftlichen Anweisung** an den Tierhalter über Art, Zeitpunkt und Dauer der Anwendung gefordert. Dies soll absichern, dass eine ordnungsgemäße Verwendung dieser Arzneimittel durch Tierhalter erfolgt.

F. Versandverbot für Arzneimittel, die zur Anwendung bei Tieren bestimmt sind (Abs. 5)

I. Aushändigung in der Apotheke oder in der tierärztlichen Hausapotheke oder durch den Tierarzt (S. 1)

52   Zur Anwendung bei Tieren bestimmte apothekenpflichtige Arzneimittel dürfen an den Tierhalter (oder andere in § 47 I nicht genannte Personen) nur in der Apotheke oder tierärztlichen Hausapotheke oder durch den Tierarzt ausgehändigt werden. Damit ist anders als im Bereich der zur Anwendung am Menschen bestimmten Arzneimittel eine Zustellung durch **Boten** grundsätzlich unzulässig.

53   Ebenfalls anders als im Bereich der zur Anwendung am Menschen bestimmten Arzneimittel galt seit der 1. AMG-Novelle bis zur 15. AMG-Novelle für apothekenpflichtige Arzneimittel, die zur Anwendung bei Tieren bestimmt sind, ein unbeschränktes **Versandverbot.** Dieses Versandverbot wurde durch die 15. AMG-Novelle für Arzneimittel, die ausschließlich zur Anwendung bei Tieren zugelassen sind, die nicht der Gewinnung von Lebensmitteln dienen, modifiziert.

54   Die Begründung der 1. AMG-Novelle zu § 43 V[81] führte zum Verbot des Arzneimittelversandes aus, dass die Einfügung des Abs. 5 Erfahrungen aus der Überwachung des Verkehrs mit Arzneimitteln Rechnung trage. In Zusammenhang mit einer angeblichen Behandlung des Tierbestandes würden Tierhaltern in nicht vertretbarem Umfang Arzneimittel zur mehr oder weniger eigenverantwortlichen Anwendung durch Postversand oder auf andere Weise zugestellt. Es sei in diesem Zusammenhang wiederholt von den Überwachungsbehörden und von tierärztlichen Berufsverbänden auf die Bedenklichkeit eines derartigen „Versandhandels" mit Arzneimitteln und auf die Notwendigkeit einer Einschränkung des Versandes bzw. der Zustellung hingewiesen worden, um einem Arzneimittelmissbrauch entgegenzuwirken. Im Interesse des Verbraucherschutzes und zur Verhütung des Arzneimittelmissbrauchs sei es erforderlich, dass Arzneimittel nur kontrolliert unter tierärztlicher Überwachung angewendet werden.

55   Strittig ist, ob ein umfassendes Versandverbot für alle apothekenpflichtigen Tierarzneimittel verfassungsrechtlich und europarechtlich zu rechtfertigen ist. Der *BGH* hat durch Urteil vom 12.11.2009[82] in einem Wettbewerbsverfahren entschieden, dass dieses Verbot solche Fälle nicht erfasst, in denen eine durch spezifische Risiken des Versandhandels verursachte Fehlmedikation weder eine Gesundheitsgefahr für den Menschen noch eine nach Art. 20a GG relevante Gefahr für die Gesundheit des behandelten Tieres begründet. Dies sei grundsätzlich bei Tierarzneimitteln ausgeschlossen, die bestimmungsgemäß nur bei nicht zu Ernährungszwecken gehaltenen Haustieren anzuwenden sind. Dies sowie

---

[79] Ausgenommen ist § 55 Arzneibuch.
[80] BR-Drucks. 780/04 (Beschluss), S. 1 f.
[81] Vgl. BT-Drucks. 9/1598, S. 15.
[82] *BGH*, PharmR 2010, 345; zustimmend *Stallberg/Burk*, WRP 2010, 829.

europarechtliche Zweifel[83] an dem umfassenden Versandverbot haben zu der Änderung der 15. AMG-Novelle geführt, nach der das umfassende Verbot nur für solche Arzneimittel gilt, die zur Anwendung bei Tieren, die der Gewinnung von Lebensmitteln dienen, zugelassen sind[84].

Zur verfassungsrechtlichen Rechtfertigung des **Versandverbotes für Tierarzneimittel** mit der **56** Berufsausübungsfreiheit gem. Art. 12 GG wurden bislang Gründe des Schutzes der menschlichen Gesundheit ebenso wie des Tierschutzes angeführt[85]. Für die verschreibungspflichtigen und die (nur) apothekenpflichtigen Arzneimittel, die zur Anwendung bei Tieren bestimmt sind, die der Lebensmittelgewinnung dienen, ergebe sich die verfassungsrechtliche Legitimation des Versandverbotes daraus, dass einer Fernbehandlung durch den Tierarzt, die nicht auf einer Untersuchung der zu behandelnden Tiere vor Ort beruht, entgegen gewirkt werden soll[86].

Es ist bezweifelt worden, inwieweit dieses Verbot vor dem Hintergrund des Urteils i. S. **DocMorris**[87] **57** (s. Rn. 26) mit dem europäischen Recht vereinbar sei[88]. Da der *EuGH* in dem „DocMorris"-Urteil, ein absolutes nationales Verbot des Versandhandels mit (nur) apothekenpflichtigen Arzneimitteln als mit Art. 28 und 30 EG (= Art. 34 und 36 AEUV) unvereinbar ansieht, folgt zwar daraus nicht ohne weiteres, dass dies auch im Bereich der Arzneimittel gilt, die zur Anwendung bei Tieren bestimmt sind. Anders als im Bereich der Arzneimittel zur Anwendung bei Menschen lassen sich im Bereich der Arzneimittel zur Anwendung bei Tieren weitere Rechtfertigungsgründe erkennen, die einem Versand durch Tierärzte oder Apotheken entgegenstehen. So besteht bei diesen Arzneimitteln in größerem Umfang das Erfordernis staatlicher Kontrolle, weil in allen Fällen, in denen Tiere behandelt werden, die der Gewinnung von Lebensmitteln dienen, das Ziel möglichst rückstandsfreier Lebensmittel und insbesondere der Schutz des Verbrauchers vor gesundheitlich bedenklichen Rückständen in Lebensmitteln Rechtsvorschriften erfordert, die einen illegalen Einsatz so weit wie möglich verhindern. Zu diesem Zweck sind zur Eindämmung des **„Grauen Tierarzneimittelmarktes"** Vorschriften geschaffen und bei verschiedenen Novellierungen des Gesetzes ergänzt worden, die die Diagnose und Behandlung durch den Tierarzt selbst ebenso wie eine bedarfsgerechte und nicht übermäßige Abgabe von Arzneimitteln an den Tierhalter sicherstellen sollen. Diesen Schutz würde die Ermöglichung eines Versandes von Arzneimitteln mindern. Soweit es sich um Arzneimittel handelt, die zur Anwendung bei Tieren bestimmt sind, die der Gewinnung von Lebensmitteln dienen, unterliegen diese Arzneimittel gemäß § 48 I 1 Nr. 2 grundsätzlich, aber nicht ausnahmslos (s. § 48 VI, § 141 XI), der Verschreibungspflicht, so dass auch insoweit das auf verschreibungspflichtige Arzneimittel bezogene Versandverbot europarechtlich zu rechtfertigen ist.

Die Frage der verfassungsrechtlichen und europarechtlichen Rechtfertigung eines **Versandhandels-** **58** **verbotes** hat sich verstärkt in Fällen des Versandes (nur) apothekenpflichtiger Arzneimittel gestellt, die nicht zur Anwendung bei Tieren bestimmt sind, die der Lebensmittelgewinnung dienen. Für *Bruggmann / Holstein*[89] sind keine vernünftigen Gründe des Gemeinwohls ersichtlich, die ein Verbot des Versandes solcher Tierarzneimittel nach der inzwischen eingetretenen Liberalisierung des Versandverbotes für Humanarzneimittel rechtfertigen könnten, da sich die Risiko- und Gefährdungslage nicht anders als beim Versand von Humanarzneimitteln verhalte. Demgegenüber sah das *OVG Koblenz*[90] das gesetzliche Verbot als gerechtfertigt an. Auch die Verabreichung von **Tierarzneimitteln an Haustiere,** deren Fleisch oder Produkte nicht zum menschlichen Verzehr bestimmt sind, könne zu Gesundheitsgefahren bei Menschen führen, etwa die unzureichende Entwurmung eines Hundes mit einem ungeeigneten Wurmmittel. Das ist zutreffend, vermag aber für diese Arzneimittel Zweifel nicht auszuräumen, ob insoweit bei Tierarzneimitteln eine besondere gravierende Gefahrenlage besteht. Allerdings wird der Eingriff in die Berufsfreiheit von Apothekern oder in die allgemeine Handlungsfreiheit des Tierhalters im Allgemeinen als geringfügig einzuschätzen sein. Dabei ist zu berücksichtigen, dass in Staaten wie in Deutschland, in denen das tierärztliche Dispensierrecht besteht, anders als im Bereich der Arzneimittel für Menschen im Regelfall kaum ein Bedarf zu erkennen ist, der für eine Vorlage einer Verschreibung bei einer entfernten Apotheke angeführt werden kann.

In diesem Zusammenhang ist § 60 IV von Bedeutung, wonach für die von § 60 erfassten **Heimtiere** **59** in begründeten Fällen behördliche Ausnahmen vom Versandverbot zulässig sind[91].

[83] Beschwerdeverfahren der Europäischen Kommission zum Fernabsatz von Tierarzneimitteln (EU-Pilot 483/09/ ENTR), vgl. BT-Drucks. 17/4231 S. 9.

[84] Vgl. BT-Drucks. 17/4231, S. 10.

[85] Vgl. *OVG Koblenz*, PharmR 2006, 186 für das in diesem Verfahren zu beurteilende Versandverbot für (nur) apothekenpflichtige Arzneimittel; ebenso die Vorinstanz *VG Neustadt an der Weinstraße*, DAZ 2005, 4401; a. A. *Backmann*, PharmR 2010, 377.

[86] Vgl. *Bruggmann/Holstein*, APR 2006, 79 in einer kritischen Stellungnahme zu *OVG Koblenz*, PharmR 2006, 186.

[87] *EuGH*, Urt. v. 11.12.2003 – Rs. C 322/01, EuZW 2004, 21.

[88] Vgl. *Backmann*, PharmR 2010, 377.

[89] ApoR 2006, 79.

[90] *OVG Koblenz*, PharmR 2006, 186.

[91] Die Ausnahmeregelung trägt dem Erfordernis Rechnung, dass bei Brieftauben, Ziervögeln oder anderen Heimtieren häufig nur eine Behandlung durch wenige spezialisierte Tierärzte erfolgen kann und dabei ein Versand von Arzneimitteln aus praktischen Gründen notwendig wird, vgl. BT-Drucks. 13/11020, S. 26.

II. Ausnahme für Fütterungsarzneimittel (S. 2)

60 Eine Ausnahme vom Gebot, die Arzneimittel gem. S. 1 auszuhändigen, gilt aus praktischen Gründen für **Fütterungsarzneimittel** sowie für Arzneimittel, die durch Veterinärbehörden zum Zweck der Durchführung tierseuchenrechtlicher Maßnahmen an Tierhalter abgegeben werden.

III. Ausnahmen vom Versandverbot für Apotheken (S. 3)

61 Nach S. 3 dürfen jetzt Arzneimittel, die ausschließlich zur Anwendung bei Tieren, die nicht der Gewinnung von Lebensmitteln dienen, zugelassen sind, von *Apotheken*, die eine behördliche Erlaubnis nach Abs. 1 haben, im Wege des Versandes abgegeben werden[92], wie die Gesetzesbegründung zur 15. AMG-Novelle ausführt[93]. Danach normiert S. 1 auch weiterhin die Grundvoraussetzung an die Modalität der Abgabe. Mit der Ausnahmeregelung in S. 3 wird einer Beschwerde der Europäischen Kommission (EU-Pilot 483/09/ENTR) Rechnung getragen. Die Kommission hatte das für Apotheken geltende Versandhandelsverbot für nicht verschreibungspflichtige Arzneimittel, die für nicht Lebensmittel liefernde Tiere bestimmt sind, sowie das Verbringungsverbot von Tierarzneimitteln für den Eigenbedarf des mitgeführten Tieres als EU-rechtswidrig in Frage gestellt. Außerdem hat das Urteil des *BGH* vom 12.11.2009[94] zum Versandhandel mit Tierarzneimitteln (s. Rn. 55) Anlass gegeben, das Versandhandelsverbot für verschreibungspflichtige Tierarzneimittel für nicht der Lebensmittelgewinnung dienende Tiere im Hinblick auf dessen Verfassungsmäßigkeit zu überprüfen und zu modifizieren. Bei der Abgabeform von Arzneimitteln für nicht Lebensmittel liefernde Tiere sind überwiegende Belange, hier insbesondere der Schutz der menschlichen Gesundheit oder der Tierschutz, nicht in dem Maße beeinträchtigt, dass sie den Eingriff in die Berufsausübungsfreiheit der Apotheker durch ein Verbot des Versandhandels solcher Arzneimittel gerechtfertigt und damit verhältnismäßig erscheinen lassen würden. Das Versandhandelsverbot für apothekenpflichtige einschließlich verschreibungspflichtiger Tierarzneimittel für Lebensmittel liefernde Tiere hingegen weiter Bestand. Dies dient, wie die Gesetzesbegründung zur 15. AMG-Novelle weiter ausführt[95], dem Tierschutz, der Tiergesundheit sowie dem Gesundheitsschutz des Menschen und insoweit dem Gemeinwohl. Insbesondere zur Wahrung der Lebensmittelsicherheit kommt es beim Vertrieb von Arzneimitteln für Lebensmittel liefernde Tiere entscheidend darauf an, Tierarzneimittel in unmittelbarem Zusammenhang mit der tierärztlichen Diagnose, also in der Regel im Bestand direkt an den Tierhalter abzugeben. Durch den unmittelbaren Bezug des Arzneimittels für den jeweiligen Behandlungsfall werde sichergestellt, dass Arzneimittel nur bei entsprechender Indikation und auf den Einzelfall bezogener konkreter Behandlungsanweisung angewendet werden. Geschehe dies nicht, so können sich Risiken insbesondere für den gesundheitlichen Verbraucherschutz ergeben wie bedenkliche Rückstände oder die Verbreitung von Antibiotikaresistenzen, die in ihren Auswirkungen insbesondere über den Verzehr von Lebensmitteln, die von behandelten Tieren gewonnen werden, eine große Gruppe von Verbrauchern bergen könnten. Der nunmehr teilweise gestattete Versandhandel von Apotheken setze entsprechend den Bestimmungen im Humanarzneimittelbereich eine behördliche Erlaubnis voraus. Die Erlaubnis nach Abs. 1 umfasst auch die Tierarzneimittel; die näheren Einzelheiten in Bezug auf diese Erlaubnis ergeben sich aus § 11a und § 11b ApG[96].

IV. Ausnahmen im Rahmen des Betriebs einer tierärztlichen Hausapotheke (S. 4)

62 S. 4 enthält Vorschriften für den Versand im Rahmen des Betriebs einer *tierärztlichen Hausapotheke* und gestattet den Versand im Einzelfall in einer für eine kurzfristige Weiterbehandlung **notwendigen Menge** für vom Tierarzt behandelte **Einzeltiere**. Diese Ausnahmevorschrift ist eng ausgestaltet, um die enge Bindung zwischen Untersuchung, Diagnose und Therapie sicherzustellen und das tierärztliche Dispensierrecht auf diese Weise zu rechtfertigen. Dennoch kann es aus praktischen Erwägungen sinnvoll sein, dass auch Tierärzte in die Lage versetzt werden, im Einzelfall, z. B. wenn es um die Mobilität eines Tierhalters geht, die in S. 3 genannten Arzneimittel zu versenden. Der Rahmen für diese weitere Ausnahme ergibt sich u. a. aus den in S. 4 genannten Bedingungen.

V. Sonstige Vorschriften (S. 5)

63 In S. 5 wird klargestellt, dass die sonstigen die Abgabe betreffenden Vorschriften im AMG und in der TÄHAV unberührt bleiben. Mit der Bezugnahme auf andere arzneimittelrechtliche Bestimmungen in

---

[92] Vgl. dazu *Burk*, WRP 2011, 430.
[93] BT-Drucks. 17/4231, S. 10.
[94] NJW 2010, 2139.
[95] BT-Drucks. 17/4231, S. 10.
[96] BT-Drucks. 17/4231, S. 10.

S. 5 wird darüber hinaus verdeutlicht, dass die Versendung nur im Zusammenhang mit der tierärztlichen Behandlung erfolgen kann[97].

VI. Einfügung des § 57a

Im Hinblick auf die Kritik des Bundesrates wegen der Möglichkeit, auch verschreibungspflichtige **64** Arzneimittel zu versenden, wurde im Gesetzgebungsverfahren zur 15. AMG-Novelle eine Änderung des § 56a vorgenommen und ein neuer § 57a eingefügt. Damit soll insbesondere erreicht werden, dass *„Tierhalter verschreibungspflichtige Arzneimittel bei ihren Tieren nur anwenden dürfen, soweit diese von einem Tierarzt verschrieben oder abgegeben worden sind, bei dem das Tier in Behandlung ist"[98]*.

G. Sondervorschrift für die Übergabe einer tierärztlichen Praxis (Abs. 6)

Die Ausnahmevorschrift steht in Übereinstimmung mit Sinn und Zweck der Gebots- und Verbots- **65** vorschriften der Abs. 4–5 und ist im Rahmen der 13. AMG-Novelle auf Vorschlag des Bundesrates[99] aus praktischen Gründen eingefügt worden. Gemäß Abs. 4 dürfen Arzneimittel i. S. d. § 2 I oder II Nr. 1 durch Tierärzte nur an Halter der von ihnen behandelten Tiere abgegeben werden. Mit der Änderung des § 43 wurde die bislang ungeregelte Übernahme von Arzneimitteln in Zusammenhang mit der Übergabe einer tierärztlichen Praxis ausdrücklich für zulässig erklärt.

H. Sanktionen

I. Strafrechtliche Folgen

Verstöße gegen § 43 I 2, II oder III 1 sind, soweit sie bei verschreibungspflichtigen Arzneimitteln **66** erfolgen, im Falle vorsätzlicher Begehung nach § 95 I Nr. 4 **strafbar** und mit Freiheitsstrafe bis zu drei Jahren oder mit Geldstrafe, im Falle fahrlässiger Begehung mit Freiheitsstrafe bis zu einem Jahr oder Geldstrafe zu ahnden (§ 95 IV). In besonders schweren Fällen (§ 95 III) ist der Strafrahmen Freiheitsstrafe von einem Jahr bis zu zehn Jahren.

II. Ordnungswidrigkeitsrechtliche Folgen

Ordnungswidrig handelt gemäß § 97 II Nr. 10, wer entgegen § 43 I 2 oder III 1 Arzneimittel **67** berufs- oder gewerbsmäßig in den Verkehr bringt oder mit Arzneimitteln, die ohne Verschreibung an den Verbraucher abgegeben werden dürfen, Handel treibt oder diese Arzneimittel abgibt. Ordnungswidrig gemäß § 97 II Nr. 11 handelt, wer zur Anwendung bei Tieren bestimmte apothekenpflichtige Arzneimittel in nicht vorschriftsmäßiger Weise abgibt. Die Ordnungswidrigkeit kann mit einer Geldbuße bis zu 25.000 Euro geahndet werden (§ 97 III). Für die Verfolgung ist die Überwachungsbehörde des jeweiligen Landes zuständig (vgl. § 97 IV).

III. Zivilrechtliche Folgen

§ 43 ist Schutzgesetz im Sinne des § 823 II BGB, so dass ein Verstoß zivilrechtliche Ansprüche auf **68** Schadenersatz und Unterlassung begründen kann[100].

§ 44 Ausnahme von der Apothekenpflicht

(1) Arzneimittel, die von dem pharmazeutischen Unternehmer ausschließlich zu anderen Zwecken als zur Beseitigung oder Linderung von Krankheiten, Leiden, Körperschäden oder krankhaften Beschwerden zu dienen bestimmt sind, sind für den Verkehr außerhalb der Apotheken freigegeben.

(2) Ferner sind für den Verkehr außerhalb der Apotheken freigegeben:
1. **a) natürliche Heilwässer sowie deren Salze, auch als Tabletten oder Pastillen,**
   b) künstliche Heilwässer sowie deren Salze, auch als Tabletten oder Pastillen, jedoch nur, wenn sie in ihrer Zusammensetzung natürlichen Heilwässern entsprechen,
2. **Heilerde, Bademoore und andere Peloide, Zubereitungen zur Herstellung von Bädern, Seifen zum äußeren Gebrauch,**

---

[97] Vgl. BT-Drucks. 17/4231, S. 10.
[98] BT-Drucks. 17/4720, S. 7 f.
[99] BR-Drucks. 780/04 (Beschluss), S. 1, 3.
[100] Ebenso *Kloesel/Cyran*, § 43 Anm. 48; *Rehmann*, § 43 Rn. 9.

3. mit ihren verkehrsüblichen deutschen Namen bezeichnete
   a) Pflanzen und Pflanzenteile, auch zerkleinert,
   b) Mischungen aus ganzen oder geschnittenen Pflanzen oder Pflanzenteilen als Fertigarzneimittel,
   c) Destillate aus Pflanzen und Pflanzenteilen,
   d) Presssäfte aus frischen Pflanzen und Pflanzenteilen, sofern sie ohne Lösungsmittel mit Ausnahme von Wasser hergestellt sind,
4. Pflaster,
5. ausschließlich oder überwiegend zum äußeren Gebrauch bestimmte Desinfektionsmittel sowie Mund- und Rachendesinfektionsmittel.

(3) Die Absätze 1 und 2 gelten nicht für Arzneimittel, die

1. nur auf ärztliche, zahnärztliche oder tierärztliche Verschreibung abgegeben werden dürfen oder
2. durch Rechtsverordnung nach § 46 vom Verkehr außerhalb der Apotheken ausgeschlossen sind.

Wichtige Änderungen der Vorschrift: Abs. 2 Nr. 1 Buchst. a) geändert durch Art. 1 Nr. 25 des Zweiten Gesetzes zur Änderung des Arzneimittelgesetzes vom 16.8.1986 (BGBl. I S. 1296); Abs. 2 Nr. 4 aufgehoben durch § 51 Nr. 4 des Medizinproduktegesetzes vom 2.8.1994 (BGBl. I S. 1963); Abs. 2 Nr. 4 neu gefasst durch Art. 3 Nr. 2 des Zweiten Gesetzes zur Änderung des Medizinproduktegesetzes vom 13.12.2001 (BGBl. I S. 3586).

Literatur: *Fresenius/Niklas/Schilcher/Frank*, Freiverkäufliche Arzneimittel, 8. Aufl. 2015.

Übersicht

A. Allgemeines

I. Inhalt

1   § 44 enthält die im AMG selbst verankerte Ausnahmeregelung zur Apothekenpflicht, die ausgehend von dem Bestimmungszweck oder der stofflichen Beschaffenheit der jeweiligen Arzneimittel die von der Ausnahmeregelung erfassten Arzneimittelgruppen bezeichnet. Daneben besteht die Möglichkeit, durch Rechtsverordnungen auf Grund des § 45 weitere **Ausnahmen von der Apothekenpflicht** zu bestimmen oder auf Grund von § 46 die Apothekenpflicht auszuweiten. Davon hat der Verordnungsgeber mehrfach Gebrauch gemacht (AMVerkRV). Die durch Gesetz oder Rechtsverordnung bestimmte Ausnahme von der Apothekenpflicht führt auch dazu, dass der nach § 47 I 1 grundsätzlich verbindliche **Apothekenvertriebsweg** nicht vorgeschrieben ist.

2   Zu beachten ist, dass es sich bei Mitteln oder Produkten, die in den in Abs. 2 genannten Produktgruppen aufgeführt sind, je nach der Zweckbestimmung oder der vom Hersteller angegebenen Hauptwirkung auch um Lebensmittel, kosmetische Mittel, Medizinprodukte oder Biozide handeln kann, so

dass die Entscheidung über Apothekenpflicht oder Freiverkäuflichkeit außerhalb der Apotheken zunächst die Feststellung der Arzneimitteleigenschaft voraussetzt.

II. Zweck

Die Vorschrift soll aus verfassungsrechtlichen Gründen die **Apothekenpflicht begrenzen** und dazu **3** für solche Arzneimittelgruppen Ausnahmen schaffen, bei denen auf Grund ihres Bestimmungszwecks, ihrer stofflichen Beschaffenheit oder ihrer Darreichungsform eine Beschränkung der zulässigen Abgabe auf Apotheken nicht erforderlich ist.

B. Ausnahme von der Apothekenpflicht für „Nicht-Heilmittel" (Abs. 1)

Die gesetzliche Ausnahme von der Apothekenpflicht in Abs. 1 beruht auf dem vom pharmazeutischen **4** Unternehmer festgelegten Bestimmungszweck. Dieser bezieht sich auf andere Zwecke als auf die Beseitigung oder Linderung von Krankheiten, Leiden, Körperschäden oder krankhaften Beschwerden (§ 2 I Nr. 1). Nach Änderung des Arzneimittelbegriffs in § 2 durch das AMG-ÄndG 2009, der nunmehr ausschließlich auf Krankheiten oder krankhafte Beschwerden abstellt, wird man die hier noch genannten Leiden und Körperschäden unter die Begriffe Krankheiten oder krankhafte Beschwerden zu subsumieren haben. Die Bezugnahme auf die Befugnis des pharmazeutischen Unternehmers unterscheidet sich von der objektivierten Zweckbestimmung in § 2 I Nr. 1. Allerdings geht die Befugnis des pharmazeutischen Unternehmers nicht so weit, dass er willkürlich durch bloße ausdrückliche Erklärung die Zweckbestimmung als „Nicht-Heilmittel" festlegen könnte. Maßgeblich für die Zweckbestimmung sind insbes. Beschreibungen in der Packungsbeilage, ggf. auch in Werbematerialien sowie die Anwendung des Mittels in der Praxis entsprechend den Erkenntnissen der medizinischen und pharmazeutischen Wissenschaft[1]. Begehrt der pharmazeutische Unternehmer die Freiverkäuflichkeit seines Arzneimittels, so hat er im Rahmen der Zulassungsentscheidung nur Anspruch auf solche Anwendungsgebiete, die von der Apothekenpflicht ausgenommen sind[2]. Die Rekonvaleszenz z. B. gehört nicht zu diesen Anwendungsgebieten[3]. Zu den Arzneimitteln, die von dem pharmazeutischen Unternehmer **ausschließlich zu anderen Zwecken** als zur Beseitigung oder Linderung von Krankheiten, Leiden, Körperschäden oder krankhaften Beschwerden zu dienen bestimmt sind, gehören ebenso wenig solche Arzneimittel, die „nur" einer unterstützenden Behandlung einer Krankheit dienen, weil auch durch eine solche „Unterstützung" die Krankheit beseitigt oder jedenfalls doch gelindert werden soll[4]. Nach dem Sinn der Vorschrift kann sich die Freigabe für den Verkehr außerhalb der Apotheken nach Abs. 1 nur auf solche Arzneimittel beziehen, die ausschließlich „Nicht-Heilmittel" sind, bei denen also keine andere Indikation angegeben oder beworben wird[5].

Die von der Ausnahme von der Apothekenpflicht erfassten Arzneimittel werden häufig als **freiver-** **5** **käuflich** bezeichnet[6]. Dieser Begriff ist jedoch nicht eindeutig, weil er häufig auch für alle nicht verschreibungspflichtigen Arzneimittel verwendet wird. Genauer ist deshalb „außerhalb der Apotheken freiverkäuflich". Für den Einzelhandel mit diesen Arzneimitteln gelten insbes. §§ 50, 51.

C. Gesetzlich bestimmte weitere Ausnahmen von der Apothekenpflicht (Abs. 2)

Abs. 2 bestimmt enumerativ Arzneimittelgruppen, die zusätzlich zu den Arzneimitteln nach Abs. 1, **6** d. h. auch als Heilmittel für den Verkehr außerhalb der Apotheken freigegeben werden.

I. Heilwässer (Nr. 1)

1. Natürliche Heilwässer sowie deren Salze, auch als Tabletten oder Pastillen (Buchst. a)). 7 Dies ist Wasser aus natürlichen oder künstlich geschaffenen Ausflüssen unterirdischen Wassers (Heilquellen), das überwiegend zur Beseitigung, Linderung oder Verhütung von Krankheiten, Leiden, Körperschäden oder krankhaften Beschwerden bestimmt ist[7]. Die Freistellung gilt auch für Salze der **Heilwässer,**

---

[1] So auch *Kloesel/Cyran*, § 44 Anm. 2; *Sander* § 44 Erl. 1; *BGH*, NJW 1957, 949; *OLG München*, DAZ 1960, 370; wird infolge einer rechtswidrigen Praxis von den Überwachungsbehörden der Vertrieb eines apothekenpflichtigen Arzneimittels außerhalb der Apotheken geduldet, wird dadurch kein Vertrauensschutz begründet, vgl. *Kloesel/Cyran*, § 44 Anm. 3, *Rehmann*, § 44 Rn. 1, unter Bezug auf *BVerwG*, DAZ 1973, 1363.

[2] Dies gilt etwa für ein Arzneimittel, das der Vorbeugung von Vitamin C-Mangel dient; vgl. *VG Köln*, Urt. v. 29.1.2013 – 7 K 943/11 – BeckRS 2013, 47510.

[3] *OVG Berlin-Brandenburg*, BeckRS 2006, 26881; PharmR 2007, 54.

[4] *OVG Münster*, Beschl. v. 18.4.2007 – 13 A 526/07 – BeckRS 2007, 24615.

[5] Vgl. *BVerwG*, PZ 1972, 804; *OLG Lüneburg*, DAZ 1973, 1364; *Kloesel/Cyran*, § 44 Anm. 2 m. w. N.; vgl. auch *Sander*, § 44 Anm. 1 m. w. N.

[6] Vgl. hierzu § 50 zum Einzelhandel mit freiverkäuflichen Arzneimitteln.

[7] Vgl. *Pschyrembel*, Naturheilkunde und alternative Heilverfahren, *Kloesel/Cyran* § 44 Anm. 7; *Sander*, § 44 Erl. 6.

auch als Tabletten oder Pastillen. Salze natürlicher Heilwässer werden durch Flüssigkeitsentzug gewonnen und sind ansonsten in ihrer Zusammensetzung unverändert[8]. Tabletten (Compressi) sind einzeldosierte feste Arzneiformen. Sie werden durch Pressen gleich großer Volumina von kristallinen, gepulverten oder granulierten Arzneistoffen oder Gemischen, meist unter Zusatz von Hilfsstoffen hergestellt[9]. Pastillen (Pastilli, Trochisci) sind feste, einzeldosierte, zur peroralen Anwendung bestimmte elastische bis plastische und im Allgemeinen scheibchen-, kugel- oder kegelförmige Arzneizubereitungen[10].

8   **2. Künstliche Heilwässer sowie deren Salze, auch als Tabletten oder Pastillen, jedoch nur, wenn sie in ihrer Zusammensetzung natürlichen Heilwässern entsprechen (Buchst. b)).** Künstliche Heilwässer und deren Salze sind nur dann außerhalb der Apotheken freiverkäuflich, wenn sie in ihrer Zusammensetzung den natürlichen entsprechen, weil nur dann entsprechende Erfahrungen über das (geringe oder fehlende) Risikopotential der jeweiligen Zusammensetzung vorliegen.

II. Heilerde, Bademoore und andere Peloide, Zubereitungen zur Herstellung von Bädern, Seifen zum äußeren Gebrauch (Nr. 2)

9   **Heilerde** ist ein terrestrisches Peloid[11] in wechselnder Zusammensetzung mit adsorbierender und lokal reizender Wirkung zur innerlichen und äußerlichen Anwendung, z. B. bei Durchfallerkrankungen, nässenden und entzündlichen Hautveränderungen[12], Quetschungen oder bei Venenentzündungen. Ihre Wirkung beruht innerlich wie äußerlich auf Adsorptionsvorgängen, Ionenaustausch und der Wärmekapazität[13]. Die Freiverkäuflichkeit gilt nur, sofern die Heilerde ausschließlich zur äußeren Anwendung bestimmt ist[14]. **Bademoore (Moorbäder) und andere Peloide** sind Schlamme, z. B. Fango, Moore und ähnliche in der Natur vorkommende Stoffe, die sich durch hohes Wasserhaltvermögen und die Fähigkeit, Wärme zu halten und sie nur langsam abzugeben, auszeichnen[15]. Moor, das durch Verwesung von Pflanzen entstanden ist, enthält bestimmte Säuren, Harze, anorganische und organische Salze und andere Substanzen[16]. Die Moorbäder bewirken durch gleichmäßige Wärme eine bessere Durchblutung der Organe. **Seifen** sind Alkalisalze der höheren Fettsäuren und Ölsäuren[17]. Sie sind nur dann Arzneimittel, wenn sie den Zweckbestimmungen nach § 2 dienen, sonst kosmetische Mittel[18]. **Syndets** (synthetische Detergentien)[19] sind kosmetische Mittel, weil das Schwergewicht des Verwendungszweckes auf Reinigung, Schutz und Pflege der Haut liegt[20].

III. Mit ihren verkehrsüblichen deutschen Namen bezeichnete Pflanzen usw. (Nr. 3)

10   Für alle unter Nr. 3 aufgeführten Arzneimittel gilt, dass sie nur dann außerhalb der Apotheken freiverkäuflich sind, wenn sie unter ihren verkehrsüblichen deutschen Namen in den Verkehr gebracht werden. Der Gesetzgeber setzt nur in diesem Fall die entsprechende Anwendererfahrung voraus, die grundsätzlich eine Beratung und Abgabe durch die Apotheke entbehrlich machen[21]. Daraus folgt, dass im Falle der Verwendung der wissenschaftlichen lateinischen Bezeichnung oder einer Phantasiebezeichnung zusätzlich die deutsche Bezeichnung angegeben werden muss[22]; anderenfalls ist das Arzneimittel apothekenpflichtig, sofern nicht ein anderer Befreiungstatbestand, etwa aufgrund einer VO nach § 45 greift.

11   **1. Pflanzen und Pflanzenteile, auch zerkleinert (Buchst. a)).** Bei den unter Buchst. a) genannten Pflanzen und Pflanzenteilen handelt es sich hauptsächlich um **Tee-Erzeugnisse.** Es kann sich um frische oder getrocknete Pflanzen handeln. Eine Zerkleinerung ist bis zur Pulverform zulässig. Demgegenüber fallen andere Zubereitungen oder Darreichungsformen, wie Extrakte, Aufgusspulver, Tabletten oder Pastillen nicht unter die Ausnahme nach Buchst. a)[23].

---

[8] *Sander,* § 44 Erl. 7.
[9] Vgl. *Hunnius* zu „Compressi“.
[10] Vgl. *Hunnius* zu „Pastillen“.
[11] Durch geologische oder geologisch-biologische Prozesse entstandene Vorkommen von Torf, Schlamm, Schlick etc., so *Hunnius* zu „Peloid“.
[12] Vgl. *Pschyrembel* zu „Heilerde“.
[13] Vgl. *Hunnius* zu „Heilerde“.
[14] So auch *Kloesel/Cyran,* § 44 Anm. 15; a. A. *Sander,* § 44 Erl. 9, der die Einschränkung „zum äußeren Gebrauch“ nur auf Seifen bezieht. Beschränkt auf Seifen erschiene der Zusatz aber überflüssig.
[15] *Sander,* § 44 Erl. 10.
[16] Vgl. *Hunnius* zu „Moorbädern“.
[17] Vgl. *Hunnius* zu „Sapo“ und weiteren zusammengesetzten Begriffen mit Sapo, Anforderungen des AB (DAB 6) beziehen sich auf Sapo medicatus.
[18] Vgl. *Sander,* § 44 Erl. 10; *Kloesel/Cyran,* § 44 Anm. 18.
[19] Vgl. *Hunnius:* Es handelt sich um reine Syntheseprodukte, die anders als herkömmliche Seifen den natürlichen Säuremantel der Haut nicht vorübergehend entfernen.
[20] *OVG Berlin,* PharmR 1986, 108.
[21] Vgl. *Kloesel/Cyran,* § 44 Anm. 19.
[22] So auch *Sander,* § 44 Erl. 11; *Kloesel/Cyran,* § 44 Anm. 19.
[23] *Sander,* § 44 Erl. 12; *Kloesel/Cyran,* § 44 Anm. 20.

2. Mischungen aus ganzen oder geschnittenen Pflanzen oder Pflanzenteilen als Fertigarznei- **12** **mittel (Buchst. b)).** Buchst. b) erfasst auch Mischungen aus verschiedenen Pflanzen oder Pflanzenteilen, sofern sie als Fertigarzneimittel (§ 4 I) in den Verkehr gebracht werden. Dadurch wird sichergestellt, dass die Mischung im Rahmen eines Zulassungsverfahrens geprüft wurde oder unter den Voraussetzungen des § 36 I eine Freistellung von der Zulassungspflicht erfolgt ist, weil die Anforderungen an die erforderliche Qualität Wirksamkeit und Unbedenklichkeit erwiesen sind.

3. Destillate aus Pflanzen und Pflanzenteilen (Buchst. c)). Destillate werden durch ein ther- **13** misches Verfahren gewonnen[24]. Von der Apothekenpflicht ausgenommen sind nur Destillate aus Pflanzen und Pflanzenteilen. Darunter fallen mithin nicht solche aus Pflanzenbestandteilen und nicht Mischungen aus verschiedenen Pflanzen und Pflanzenteilen oder verschiedenen Destillaten[25].

4. Presssäfte aus frischen Pflanzen und Pflanzenteilen (Buchst. d)). Presssaft (Succus) wird **14** durch Auspressen frischer Pflanzenteile (meist Früchte) und anschließende Filtration erhalten[26]. Eine kurzfristige Lagerung von frisch geernteten Pflanzen oder Pflanzenteilen, die nicht sofort verarbeitet werden konnten, nimmt ihnen nicht die Eigenschaft „frisch"[27]. Der Begriff „Presssaft" erfasst nur Flüssigkeiten, die durch Auspressen frischer Pflanzenteile gewonnen werden. „Kapseln" bestehen hingegen aus einem Wirkstoff, der ggf. auf einem pflanzlichen Vorprodukt in Gestalt eines Presssaftes beruht, dem durch technische Verfahren das Wasser vollständig entzogen ist, in der Darreichungsform einer Weichkapsel, sie sind mithin kein „Saft"[28].

IV. Pflaster (Nr. 4)

Pflaster (Emplastruma) sind zum äußerlichen Gebrauch bestimmte Arzneizubereitungen[29]; sie sind **15** Arzneimittel nach § 2 II Nr. 1. Der arzneimittelrechtliche Begriff ist somit enger als der umgangssprachliche. Keine Arzneimittel sind Heftpflaster (Emplastra adhaesiva) oder Verbandsstoffe, weil diese keine Wirkstoffe enthalten[30]. Die ursprünglich durch MPG im Jahre 1994 aufgehobene Nr. 4 wurde durch das 2.Gesetz zur Änderung des MPG wieder aufgenommen, wobei sich die Begründung im Bericht des Ausschusses[31] auf die Aussage beschränkt, mit der neu eingefügten Nr. 2 solle die frühere Regelung, dass – soweit § 44 III nichts anderes bestimmt – arzneiliche Pflaster (Emplastra) als Arzneimittel nicht der Apothekenpflicht unterliegen, wiederhergestellt werden. Im Gesetzgebungsverfahren im BT wurde somit die Erforderlichkeit einer auf Pflaster bezogenen Ausnahme gesehen. Im Hinblick darauf, dass Pflaster mit Wirkstoffen, deren bestimmungsgemäße Hauptwirkung am menschlichen Körper weder durch pharmakologische noch durch immunologische Mittel noch durch Metabolismus erreicht wird, Medizinprodukte sind[32], und im Übrigen Pflaster mit verschreibungspflichtigen Wirkstoffen nach Abs. 3 apothekenpflichtig sind, ist der Anwendungsbereich der Nr. 4 schmal[33].

V. Ausschließlich oder überwiegend zum äußeren Gebrauch bestimmte Desinfektionsmittel sowie Mund- und Rachendesinfektionsmittel (Nr. 5)

Desinfektionsmittel (Desinfizientia) zielen darauf ab, die Übertragung aller pathogenen Mikroorga- **16** nismen (samt Sporen) und Viren zu verhindern[34]. Die von Nr. 5 erfassten Desinfektionsmittel waren nach der Rechtslage vor dem AMG-ÄndG 2009 Arzneimittel nach § 2 I Nr. 4. Die Freistellung von der Apothekenpflicht beruhte darauf, dass sie bei äußerlicher Anwendung Krankheitserreger, Parasiten oder körperfremde Stoffe abzuwehren, zu beseitigen oder unschädlich zu machen bestimmt sind. Nach der Herausnahme der Biozide vom Anwendungsbereich des AMG (§ 2 III Nr. 5) dürfte der Anwendungsbereich der Nr. 5 weitgehend entfallen. Allerdings fingiert § 2 IV die Arzneimitteleigenschaft für die dort genannten Mittel, d. h. zugelassene oder registrierte oder von der Zulassung oder Registrierung freigestellte Mittel (s. § 2 Rn. 239). Führt die Anwendung des Mittels dazu, dass durch Abtötung von Parasiten Krankheiten geheilt werden, so handelt es sich um ein Arzneimittel nach § 2 I Nr. 1, für das

---

[24] Vgl. *Hunnius* zum Verfahren der Destillation: Thermisches Verfahren zur Gewinnung oder Reinigung (Rektifikation) von meist flüssigen Stoffen, die sich unzersetzt in Dampfform überführen lassen.
[25] Vgl. *Sander*, § 44 Erl. 14 und *Kloesel/Cyran*, § 44 Anm. 22, die zu Recht auf § 3 Nr. 2, in der zwischen Pflanzenteilen und Pflanzenbestandteilen unterschieden wird, sowie auf den unterschiedlichen Wortlaut in Buchst. b) und c) Bezug nehmen.
[26] *Hunnius* zu „Succus".
[27] *Kloesel/Cyran*, § 44 Anm. 24 unter Bezugnahme auf den Ausschussbericht zu § 29 AMG 1961.
[28] Vgl. *VG Köln*, Urt. v. 12.11.2008 – 24 K 299/06 – BeckRS 2008, 41010.
[29] Vgl. *Hunnius* zu „Emplastrum(a)" mit weiteren Angaben.
[30] Vgl. *Sander*, § 44 Erl. 16; *Kloesel/Cyran*, § 44 Anm. 25 a.
[31] BT-Drucks. 14/7331, S. 48.
[32] Vgl. aber *OVG Münster*, PharmR 2008, 83, das die Arzneimitteleigenschaft eines bestimmten Pflasters bejaht.
[33] Vgl. *v. Czettritz*, in: Fuhrmann/Klein/Fleischfresser, § 24 Rn. 22, nach dem sich der Anwendungsbereich der Regelung nicht so richtig erschließt.
[34] Vgl. *Hunnius* zu „Desinfektion", „Desinfektionsmittel" m. w. N.

die Freistellung von der Apothekenpflicht nicht gilt[35]. Desinfektionsmittel zum inneren Gebrauch sind nur dann freiverkäuflich, wenn es sich um Mund- und Rachendesinfektionsmittel handelt. Von der Ratio der Ausnahme her fallen solche Arzneimittel nicht unter die Freiverkäuflichkeit, bei denen der Desinfektionszweck neben einer anderen überwiegenden Zweckbestimmung steht[36].

D. Ausnahmen von Abs. 1 und 2 (Abs. 3)

I. Verschreibungspflichtige Arzneimittel (Nr. 1)

17   Als Ausnahme von Abs. 1 und 2 wird bestimmt, dass Arzneimittel, die der **Verschreibungspflicht** (nach § 48 oder nach der BtMVV) unterliegen, auf Grund ihres Gefährdungspotentials stets apothekenpflichtig sind. Dies betrifft somit nur die Arzneimittel, die bei Vorliegen der Voraussetzungen nach Abs. 1 oder 2 ansonsten außerhalb der Apotheken freiverkäuflich wären und erfasst damit auch nur Arzneimittel i. S. d. § 2 I oder II Nr. 1, weil nur diese überhaupt der Apothekenpflicht unterliegen (§ 43 I 1).

II. Von der Ausweitung der Apothekenpflicht nach § 46 erfasste Arzneimittel (Nr. 2)

18   Abs. 3 Nr. 2 stellt das Konkurrenzverhältnis zwischen Abs. 1 und 2 und einer Rechtsverordnung nach § 46 klar. Arzneimittel, die durch Rechtsverordnung nach § 46 vom Verkehr außerhalb der Apotheken ausgeschlossen werden, sind auch bei Vorliegen der Voraussetzungen nach § 44 I oder II apothekenpflichtig.

E. Sanktionen

19   Für den Fall, dass Arzneimittel im Einzelhandel außerhalb der Apotheken unter Verstoß gegen § 44 I – III in den Verkehr gebracht werden, gelten die Rechtsfolgen für die Abgabe eines apothekenpflichtigen Arzneimittels außerhalb der Apotheken (s. § 43 Rn. 66, 67).

§ 45 Ermächtigung zu weiteren Ausnahmen von der Apothekenpflicht

(1) [1] Das Bundesministerium wird ermächtigt, im Einvernehmen mit dem Bundesministerium für Wirtschaft und Energie nach Anhörung von Sachverständigen durch Rechtsverordnung mit Zustimmung des Bundesrates Stoffe, Zubereitungen aus Stoffen oder Gegenstände, die dazu bestimmt sind, teilweise oder ausschließlich zur Beseitigung oder Linderung von Krankheiten, Leiden, Körperschäden oder krankhaften Beschwerden zu dienen, für den Verkehr außerhalb der Apotheken freizugeben,

1. soweit sie nicht nur auf ärztliche, zahnärztliche oder tierärztliche Verschreibung abgegeben werden dürfen,

2. soweit sie nicht wegen ihrer Zusammensetzung oder Wirkung die Prüfung, Aufbewahrung und Abgabe durch eine Apotheke erfordern,

3. soweit nicht durch ihre Freigabe eine unmittelbare oder mittelbare Gefährdung der Gesundheit von Mensch oder Tier, insbesondere durch unsachgemäße Behandlung, zu befürchten ist oder

4. soweit nicht durch ihre Freigabe die ordnungsgemäße Arzneimittelversorgung gefährdet wird.

[2] Die Rechtsverordnung wird vom Bundesministerium für Ernährung und Landwirtschaft im Einvernehmen mit dem Bundesministerium und dem Bundesministerium für Wirtschaft und Energie erlassen, soweit es sich um Arzneimittel handelt, die zur Anwendung bei Tieren bestimmt sind.

(2) Die Freigabe kann auf Fertigarzneimittel, auf bestimmte Dosierungen, Anwendungsgebiete oder Darreichungsformen beschränkt werden.

(3) Die Rechtsverordnung ergeht im Einvernehmen mit dem Bundesministerium für Umwelt, Naturschutz, Bau und Reaktorsicherheit, soweit es sich um radioaktive Arzneimittel und um Arzneimittel handelt, bei deren Herstellung ionisierende Strahlen verwendet werden.

Wichtige Änderungen der Vorschrift: Abs. 1 geändert durch Art. 1 Nr. 26 des Zweiten Gesetzes zur Änderung des Arzneimittelgesetzes vom 16.8.1986 (BGBl. I S. 1285).

Literatur: *Fresenius/Niklas/Schilcher/Frank*, Freiverkäufliche Arzneimittel, 8. Aufl. 2015.

[35] Vgl. *Sander*, § 44 Erl. 18. Ebenso *Kloesel/Cyran*, § 44 Anm. 26, der darauf hinweist, dass der Befall mit Läusen oder Flöhen als Krankheit anzusehen ist, die sich durch Entzündungen äußert, die durch die von den Parasiten menschlichen oder tierischen Körper beigebrachten Verletzungen hervorgerufen werden.
[36] *Sander*, § 44 Erl. 19 und *Kloesel/Cyran*, § 44 Anm. 27 jeweils m. w. N.

A. Allgemeines

I. Inhalt

§ 45 ermächtigt das BMG (§ 6 I), durch Rechtsverordnung weitere, d. h. über die Regelungen des **1** § 44 hinausgehende Ausnahmen von der Apothekenpflicht zu bestimmen. Damit wurde die Systematik des AMG 1961 fortgeführt, die bereits ein Nebeneinander von gesetzlichen und durch Rechtsverordnung bestimmten Ausnahmen vorsah.

II. Zweck

Die Rechtsverordnungsermächtigung ermöglicht es, detailliertere Regelungen zur **Verkaufsabgren-** **2** **zung** zu treffen als sie im Gesetz angemessen wären. Daneben ist mit ihr prinzipiell auch ein rascheres Reagieren auf neuere Erkenntnisse oder Entwicklungen möglich.

B. Rechtsverordnungsermächtigung für weitere Ausnahmen von der Apothekenpflicht (Abs. 1)

I. Rechtsverordnungsermächtigung zugunsten des Bundesministeriums für Gesundheit (S. 1)

Die AMVerkRV, die die ursprünglich auf Grund der Ermächtigungen der §§ 30 und 32 AMG 1961 **3** erlassenen zwei Verordnungen zu weiteren Ausnahmen von der Apothekenpflicht und zur Ausweitung der Apothekenpflicht zusammengefasst hat, regelt ergänzend zu §§ 43 und 44 die **Verkaufsabgrenzung** zwischen Apotheken und dem Einzelhandel außerhalb der Apotheken.

1. Formelle Voraussetzungen für den Erlass der Verordnung. Für Arzneimittel, die zur Anwen- **4** dung bei Menschen bestimmt sind, wird das BMG ermächtigt, bei Vorliegen der Voraussetzungen, weitere **Ausnahmen von der Apothekenpflicht** zu bestimmen oder solche früher bestimmten Regelungen aufzuheben oder zu ändern.

Die Rechtsverordnung bedarf des Einvernehmens des BMWi und der Zustimmung des Bundesrates. **5** Wird eine zustimmungsbedürftige Rechtsverordnung, die des Einvernehmens beteiligter Ressorts bedarf, ohne Zustimmung des Bundesrates oder ohne Einvernehmen des betreffenden Ressorts erlassen, so ist die Verordnung nichtig (s. § 6 Rn. 5, 18). Des Weiteren sind vor Erlass der Verordnung Sachverständige zu hören. Dazu ist gem. § 53 I der **Sachverständigen-Ausschuss für Apothekenpflicht** errichtet worden, dessen Geschäftsführung das BfArM wahrnimmt. Die Anhörung des Sachverständigen-Ausschusses hat zu erfolgen, bevor das Ministerium die Verordnung dem Bundesrat zuleitet. Der Sachverständigenausschuss nimmt zu der beabsichtigten Maßnahme in Form eines Votums Stellung. Das Bundesministerium als Verordnungsgeber ist aber nicht an das Votum des Sachverständigenausschusses gebunden[1].

---

[1] *Kloesel/Cyran*, § 45 Anm. 12.

6   Macht der Bundesrat in Form eines **Maßgabenbeschlusses**[2] seine Zustimmung zur VO von Änderungen oder Ergänzungen abhängig, ist der Sachverständigen-Ausschuss dann erneut anzuhören, wenn er zuvor mit der entsprechenden Fragestellung noch nicht befasst war. Dies folgt daraus, dass der Gesetzgeber den Erlass der VO daran gebunden hat, dass das Ministerium als Verordnungsgeber zuvor die Beratung durch den Ausschuss eingeholt hat. Mithin kommt es bei der Frage, ob eine erneute Beratung (erneute Befassung des Sachverständigen-Ausschusses nach Maßgabebeschluss des Bundesrates) erforderlich ist, darauf an, ob die vom Bundesrat geforderten Änderungen bereits vom Beratungsgegenstand der Anhörung vor Zuleitung der Verordnung an den Bundesrat erfasst waren[3].

7   Der Erlass einer Rechtsverordnung ohne **Beachtung der Anhörungspflicht** führt zur Fehlerhaftigkeit der VO und damit grundsätzlich zu deren Nichtigkeit[4]. Das *BVerfG* hat in Bezug auf die Verpflichtung zur Anhörung der Tierschutzkommission gefordert, dass im Falle eines Anhörungserfordernisses „das Ergebnis der Anhörung als informatorische Grundlage in die Abwägungsentscheidung des Normgebers einfließt" und im vorliegenden Fall, in dem bei Anhörung „der Verordnungsinhalt zum Zeitpunkt der Befassung bereits beschlossene Sache war", eine nicht ordnungsgemäße Anhörung und hier zugleich einen Verstoß gegen Art. 20a GG gesehen[5]. Das *BVerfG* hatte ebenso in einer Entscheidung vom 17.11.1959[6] in der nicht erfolgten Anhörung unabhängiger Sachverständiger einen schwer wiegenden Mangel des Verordnungsverfahrens gesehen, weil die festgelegte Pflicht zur Anhörung von Sachverständigen eine zunächst nicht näher umrissene (vorkonstitutionelle) Ermächtigung förmlich begrenzt hat. Demgegenüber hat das *BVerfG* in einer Entscheidung vom 25.10.1979[7] eine Rechtsverordnung zur Regelung beamtenrechtlicher Verhältnisse nicht deshalb als nichtig angesehen, weil bei ihrer Vorbereitung die Spitzenverbände der zuständigen Gewerkschaften entgegen dem einschlägigen Landesbeamtengesetz nicht beteiligt worden waren. Aus diesen Entscheidungen des *BVerfG* kann gefolgert werden, dass nicht jeder Verstoß des Verordnungsgebers gegen solche Vorschriften des Rechtsetzungsverfahrens zwingend die Nichtigkeit zur Folge hat, sondern dabei eine differenzierende Betrachtung Platz greifen kann, bei der es auf die Schwere des Verstoßes, den Sinn und Zweck der Mitwirkung und das Gewicht des jeweiligen Mitwirkungsrechtes ankomme. Maßgeblich für die Entscheidung des *BVerfG* war, dass in diesem das Beamtenrecht betreffenden Fall die Verpflichtung zur Anhörung der Spitzenverbände nicht Bestandteil der konkreten Ermächtigungsnorm war und dass die Pflicht zur Beteiligung bei der Vorbereitung zu erfolgen hatte, mithin das Beteiligungsrecht im Vorfeld des eigentlichen Rechtsetzungsverfahrens angesiedelt war. Vor diesem Hintergrund wird die Verpflichtung zur Anhörung von Sachverständigen in § 45[8] größeres Gewicht haben. Eine Anhörung des Sachverständigenausschusses für Apothekenpflicht, die völlig unterblieben ist oder sonst dem Zweck der Anhörung entsprechend vorgenommen wurde, wird damit zur Nichtigkeit der betreffenden Regelung führen.

8   **2. Inhaltliche Anforderungen nach Nr. 1–4.** Die Ermächtigung ermöglicht es, auch solche Arzneimittel, die dazu bestimmt sind, teilweise ausschließlich zur Beseitigung oder Linderung von Krankheiten, Leiden, Körperschäden (s. auch § 44 Rn. 4) oder krankhaften Beschwerden zu dienen (**„Heilmittel"**), und die infolgedessen nicht von der Ausnahme des § 44 I erfasst werden, durch Rechtsverordnung für den Verkehr außerhalb der Apotheken freizugeben.

9   Der Gesetzgeber legt dabei Kriterien fest, nach denen eine Freigabe nicht erfolgen darf.

10   **Verschreibungspflichtige Arzneimittel (Nr. 1)** bedürfen grundsätzlich der Abgabe durch die Apotheke[9]. Dies kommt auch in § 43 III zum Ausdruck.

11   In **Nr. 2** sind materielle Voraussetzungen für die Apothekenpflicht umschrieben. Soweit Zusammensetzung oder Wirkung der Arzneimittel die Prüfung, Aufbewahrung und Abgabe durch eine Apotheke erfordern, scheidet die Freiverkäuflichkeit aus. Dies betrifft etwa Arzneimittel, die häufigerer Prüfung oder besonderer Lagerung bedürfen[10]. Die ApBetrO legt im Einzelnen die einschlägigen Anforderungen fest, die bei apothekenpflichtigen Arzneimitteln zu beachten sind.

12   **Nr. 3** verbietet die Freigabe für den Verkehr außerhalb der Apotheken, falls dabei eine unmittelbare oder mittelbare Gefährdung der Gesundheit insbes. durch unsachgemäße Behandlung zu befürchten wäre. Der Begriff **„Behandlung"** kann sich dabei nach dem Wortlaut der Vorschrift sowohl auf das Arzneimittel als auch auf die bezweckte Heilbehandlung beziehen[11]. Allerdings sind wesentliche Ele-

---

[2] „Der Beschluss, mit dem der Bundesrat seine Zustimmung zu einer ihm vorgelegten Rechtsverordnung von Maßgabe bestimmter Änderungen erteilt, stellt sich der Sache nach als vorweggenommene Zustimmung zu der gemäß den Forderungen dieses Beschlusses geänderten Verordnung dar.", so *BVerfG*, DVBl. 2011, 92 unter Bezugnahme auf *Nierhaus*, in: Bonner Kommentar, Art. 80 II Rn. 684.
[3] Vgl. *Kloesel/Cyran*, § 45 Anm. 12.
[4] *Bauer*, in: H. Dreier, Art. 80 Rn. 43; *BVerfGE* 10, 221, 227; einschränkend *BVerfGE* 59, 48, 50 ff.
[5] *BVerfG*, DVBl. 2011, 92 m. Anm. *Durner*.
[6] *BVerfGE* 10, 221, 227.
[7] *BVerfGE* 59, 48, 50 ff.
[8] Entsprechende Regelungen finden sich in §§ 36 I und 46 I sowie § 48 II.
[9] Ausnahmen gelten hier nur für fiktive Arzneimittel nach § 2 II Nr. 1a–4, die zur Anwendung bei Tieren bestimmt sind, sowie für Fütterungsarzneimittel.
[10] *Sander*, § 45 Erl. 5; *Kloesel/Cyran*, § 45 Anm. 6.
[11] *Sander*, § 45 Erl. 6.

mente der Behandlung des Arzneimittels selbst bereits durch Nr. 2 erfasst, so dass es in Nr. 3 darum geht, Gefahren der Selbstmedikation zu verhindern. Dies geschieht insbes. durch die Beratung durch den Apotheker. Dabei wird vom Apotheker als Angehörigem eines Heilberufes erwartet, dass er nicht nur Hinweise auf die für die Behandlung in Betracht kommenden Arzneimittel gibt, sondern erforderlichenfalls auch auf Anwendungsbeschränkungen hinweist oder von der Anwendung abrät[12]. Zu beachten sind unmittelbare und auch mittelbare Gefährdungen der Gesundheit, wie sie sich etwa aus unsachgemäßem Dauergebrauch eines Arzneimittels ergeben können[13].

In **Nr. 4** wird bestimmt, dass bei der Entscheidung über die Freigabe eines Arzneimittels für den   **13** Verkehr außerhalb der Apotheken neben den in Nr. 1–3 genannten Gründen des Gesundheitsschutzes auch die **Gewährleistung der ordnungsgemäßen Arzneimittelversorgung** Kriterium ist. Da nach § 1 ApG den Apotheken die Sicherstellung einer ordnungsgemäßen Arzneimittelversorgung der Bevölkerung obliegt, hat der Gesetzgeber mit Nr. 4 dem Verordnungsgeber aufgegeben zu beachten, dass nicht durch Ausweitung der Freiverkäuflichkeit die wirtschaftliche Grundlage für die Apotheken gefährdet wird[14].

II. Rechtsverordnungsermächtigung zugunsten des Bundesministeriums für Ernährung und Landwirtschaft, soweit es sich um Arzneimittel handelt, die zur Anwendung bei Tieren bestimmt sind (S. 2)

Die Ermächtigung berücksichtigt die federführende Zuständigkeit des BMEL für Regelungen im   **14** Bereich der Tierarzneimittel – ausgenommen die Zulassung – wie sie im einschlägigen Organisationserlass des Bundeskanzlers vom 22.1.2001[15] festgelegt wurde.

C. Möglichkeit von Beschränkungen der Freigabe (Abs. 2)

Hiermit wird eine **risikogestufte Freigabe** ermöglicht. Abgestellt werden kann auf Fertigarznei-   **15** mittel, die in einem Zulassungsverfahren behördlich geprüft oder von der Zulassung nach § 36 oder sonst nach dem Gesetz freigestellt sind. Ebenso kann es maßgeblich für eine Freigabe für den Verkehr außerhalb der Apotheken sein, dass bei einer bestimmten Dosierung, einem bestimmten Anwendungsgebiet oder einer bestimmten Darreichungsform geringere Risiken bestehen mit der Folge, dass dann die Apothekenpflicht nicht erforderlich ist.

D. Einvernehmensregelung zugunsten des Bundesministeriums für Umwelt, Naturschutz, Bau und Reaktorsicherheit, soweit es sich um radioaktive Arzneimittel handelt oder um Arzneimittel, bei deren Herstellung ionisierende Strahlen verwendet werden (Abs. 3)

Es wird die Zuständigkeit des BMUB für Belange des Strahlenschutzes berücksichtigt.   **16**

E. Sanktionen

Im Falle des Inverkehrbringens außerhalb der Apotheken unter Verstoß gegen die Regelungen in der   **17** Rechtsverordnung gelten die Rechtsfolgen für die Abgabe eines apothekenpflichtigen Arzneimittels außerhalb der Apotheken (s. § 43 Rn. 66, 67).

F. Inhalte der Verordnung über apothekenpflichtige und freiverkäufliche Arzneimittel

I. Freigabe aus der Apothekenpflicht

Die AMVerkRV regelt im Ersten Abschn. (§§ 1–6) mit Ausnahmen und Rückausnahmen die **Freiga-**   **18** **be aus der Apothekenpflicht**, im Zweiten Abschn. (§§ 7–10) die **Einbeziehung in die Apothekenpflicht**.

---

[12] *Kloesel/Cyran,* § 45 Anm. 7.
[13] Vgl. *Sander,* § 45 Erl. 6.
[14] Vgl. *Kloesel/Cyran,* § 45 Anm. 8; *Sander,* § 45 Erl. 7.
[15] BGBl. I S. 127.

19   In § 1 AMVerkRV i. V. m. den Anlagen 1a, 1c–1e sind Arzneimittel erfasst, die auf Grund ihrer **stofflichen Zusammensetzung** teilweise auch unter Berücksichtigung ihres Bestimmungszwecks freiverkäuflich sind.

20   § 2 AMVerkRV gibt bestimmte Arzneimittel als **Fertigarzneimittel** teilweise zusätzlich bezogen auf bestimmte Darreichungsformen frei, wenn sie den dort genannten Bestimmungszwecken dienen und an arzneilich wirksamen Bestandteilen keine anderen als die in den Anlagen 2a, 2b oder 2c genannten Stoffe oder Zubereitungen enthalten.

21   § 3 AMVerkRV bestimmt Ausnahmen von der Freigabe nach den §§ 1 und 2 für bestimmte **Darreichungsformen**. Danach gelten die §§ 1 und 2 nicht für Arzneimittel, die zur Injektion oder Infusion, zur rektalen, vaginalen oder intrauterinen Anwendung, zur intramammären Anwendung bei Tieren, als Wundstäbchen, als Implantate oder als Aerosole bis zu einer mittleren Teilchengröße von nicht mehr als 5 μm zur unmittelbaren Anwendung am oder im Körper in den Verkehr gebracht werden.

22   § 4 AMVerkRV regelt, dass die dort genannten für Heimtiere[16] bestimmten Arzneimittel freigegeben werden, sofern sie nicht der Verschreibungspflicht unterliegen.

23   § 5 AMVerkRV stellt klar, dass die durch die §§ 1, 2 und 4 zum Verkehr außerhalb der Apotheken zugelassenen Arzneimittel auch dann freiverkäuflich sind, wenn sie neben ihrer Zweckbestimmung als Heilmittel auch noch zu anderen Zwecken, z. B. zur Vorbeugung, zur Kräftigung oder Erhaltung der Gesundheit zu dienen bestimmt sind.

24   In § 6 AMVerkRV wird die Freigabe der in den §§ 1, 2 und 5 genannten Arzneimittel grundsätzlich ausgeschlossen, wenn sie teilweise oder ausschließlich zur Beseitigung oder Linderung oder wenn sie teilweise zur Verhütung der in der Anlage 3 genannten **Krankheiten oder Leiden** bestimmt sind. Diese „**Krankheitsliste**" stimmte bis zur Änderung des HWG im Rahmen der 14. AMG-Novelle weitgehend mit der entsprechenden Liste des HWG überein. Der Gesetzgeber hat nunmehr in Bezug auf eine ganze Reihe dieser Krankheiten die Publikumswerbung zugelassen. Dies konnte auch deshalb erfolgen, weil bei Arzneimitteln zur Behandlung dieser Krankheiten die sachkundige Beratung der Apotheke gewahrt bleibt.

II. Einbeziehung in die Apothekenpflicht

25   Die §§ 7–10 AMVerkRV weiten die Apothekenpflicht für bestimmte Arzneimittel aus, die auf Grund der gesetzlichen Vorschriften in § 44 I und II grundsätzlich freiverkäuflich sind.

26   In § 7 I AMVerkRV wird für die in § 44 II genannten Arzneimittel festgelegt, dass sie apothekenpflichtig sind, sofern sie bestimmte in den Anlagen 4 oder 1b enthaltene **Stoffe** (auch Pflanzen) oder Zubereitungen aus Stoffen sind oder aus oder unter Verwendung solcher Stoffe u. a. hergestellt werden oder von der **Krankheitsliste** (Anl. 3) erfasst werden.

27   In § 7 II AMVerkRV werden für Arzneimittel nach § 44 II (z. B. Heilwässer unter bestimmten Voraussetzungen oder Heilerden, Bademoore oder andere Peloide in bestimmten Abgabebehältnissen) Ausnahmen in Bezug auf die Krankheitsliste zugelassen mit der Folge, dass sie freiverkäuflich bleiben.

§ 46 Ermächtigung zur Ausweitung der Apothekenpflicht

(1) ¹**Das Bundesministerium wird ermächtigt, im Einvernehmen mit dem Bundesministerium für Wirtschaft und Energie nach Anhörung von Sachverständigen durch Rechtsverordnung mit Zustimmung des Bundesrates Arzneimittel im Sinne des § 44 vom Verkehr außerhalb der Apotheken auszuschließen, soweit auch bei bestimmungsgemäßem oder bei gewohnheitsmäßigem Gebrauch eine unmittelbare oder mittelbare Gefährdung der Gesundheit von Mensch oder Tier zu befürchten ist. ²Die Rechtsverordnung wird vom Bundesministerium für Ernährung und Landwirtschaft im Einvernehmen mit dem Bundesministerium und dem Bundesministerium für Wirtschaft und Energie erlassen, soweit es sich um Arzneimittel handelt, die zur Anwendung bei Tieren bestimmt sind.**

(2) **Die Rechtsverordnung nach Absatz 1 kann auf bestimmte Dosierungen, Anwendungsgebiete oder Darreichungsformen beschränkt werden.**

(3) **Die Rechtsverordnung ergeht im Einvernehmen mit dem Bundesministerium für Umwelt, Naturschutz, Bau und Reaktorsicherheit, soweit es sich um radioaktive Arzneimittel und um Arzneimittel handelt, bei deren Herstellung ionisierende Strahlen verwendet werden.**

Literatur: *Fresenius/Niklas/Schilcher/Frank*, Freiverkäufliche Arzneimittel, 8. Aufl. 2015.

---

[16] Es handelt sich um die in § 60 für die dort genannten Tiere (Zierfische, Ziervögel, Singvögel, Brieftauben, Terrarientiere, Kleinnager, Frettchen und nicht der Gewinnung von Lebensmitteln dienende Kaninchen) bestimmten Arzneimittel.

A. Allgemeines

I. Inhalt

§ 46 ermächtigt das BMG unter den dort genannten Voraussetzungen, Arzneimittel abweichend von **1** der gesetzlichen Zuordnung nach § 44 vom Verkehr außerhalb der Apotheken auszuschließen. Die Vorschrift entspricht dem früheren § 32 AMG 1961.

II. Zweck

Wie § 45 ermöglicht es diese Rechtsverordnungsermächtigung, detailliertere Regelungen zur **Ver-** **2** **kaufsabgrenzung** zu treffen als sie im Gesetz angemessen wären. Daneben ist mit ihr prinzipiell auch ein rascheres Reagieren auf neuere Erkenntnisse oder Entwicklungen möglich. Die Rechtsverordnungs-ermächtigung ermöglicht die „Korrektur"[1] der grundsätzlichen gesetzgeberischen Entscheidung in § 44. Im Hinblick auf die grundsätzlich bestehende Apothekenpflicht nach § 43 ist, anders als die Überschrift des § 46 lautet, genauer von der Wiederherstellung[2] statt von der Ausweitung der Apothekenpflicht zu sprechen.

B. Rechtsverordnungsermächtigung, um Arzneimittel im Sinne des § 44 vom Verkehr außerhalb der Apotheken auszuschließen (Abs. 1)

I. Rechtsverordnungsermächtigung zugunsten des Bundesministeriums für Gesundheit (S. 1)

1. Formelle Voraussetzungen für den Erlass der Verordnung. Für Arzneimittel, die zur Anwen- **3** dung bei Menschen bestimmt sind, wird das BMG ermächtigt, bei Vorliegen der Voraussetzungen, Arzneimittel vom Verkehr außerhalb der Apotheken auszuschließen oder solche früher bestimmten Regelungen aufzuheben oder zu ändern.

Die Rechtsverordnung bedarf des Einvernehmens des BMWi und der Zustimmung des Bundesrates. **4** Wird eine zustimmungsbedürftige Rechtsverordnung, die des Einvernehmens des betreffenden Ressorts bedarf, ohne Zustimmung des Bundesrates oder ohne Einvernehmen des betreffenden Ressorts erlassen, so ist die Verordnung nichtig (s. § 6 Rn. 5, 18). Des Weiteren sind vor Erlass der Verordnung Sach-verständige zu hören (zur Anhörung von Sachverständigen und zu den Rechtsfolgen bei Forderungen des Bundesrates zur Änderung der Verordnung nach Anhörung des Sachverständigen-Ausschusses s. § 45 Rn. 7).

2. Inhaltliche Anforderungen. Die Verordnungsermächtigung erstreckt sich auf Arzneimittel i. S. d. **5** § 44, d. h. solche die durch das Gesetz für den Verkehr außerhalb der Apotheken freigegeben sind. Damit ist die Ausweitung der Apothekenpflicht sowohl für die „Nicht-Heilmittel" nach § 44 I zulässig wie auch für diejenigen Arzneimittel, die auf Grund ihres Bestimmungszwecks, ihrer stofflichen Beschaffenheit oder ihrer Darreichungsform nach § 44 II grundsätzlich freiverkäuflich sind. Anders als die weite Fassung der Überschrift („Ausweitung der Apothekenpflicht") annehmen lassen könnte ist eine Ausweitung über die grundsätzliche Regelung des § 43 hinaus nicht von der Ermächtigung umfasst, insbes. also nicht die Erfassung von Arzneimitteln nach § 2 II Nr. 1a–4[3].

Die von der Ermächtigung erfassten Arzneimittel können vom Verkehr außerhalb der Apotheken **6** ausgeschlossen werden, soweit auch bei bestimmungsgemäßem oder gewohnheitsmäßigem Gebrauch eine unmittelbare oder mittelbare Gefährdung der Gesundheit zu befürchten ist. Wie auch an anderen Stellen bezieht sich das Gesetz zunächst auf den **bestimmungsgemäßen Gebrauch** (s. § 5 Rn. 19). Gefährdungen, die nur bei Fehlgebrauch oder Missbrauch auftreten können, führen somit grundsätzlich nicht zur Apothekenpflicht. Allerdings kann der **gewohnheitsmäßige Gebrauch**, der anders als eine medizinisch indizierte Langzeit oder Dauertherapie nicht bestimmungsgemäß ist[4], zur Apothekenpflicht führen. Mit gewohnheitsmäßigem Gebrauch bzw. gewohnheitsmäßiger Anwendung ist eine regelmäßi-ge, zur Gewohnheit gewordene Anwendung eines Arzneimittels gemeint, ohne dass die Beschaffenheit, der Zustand oder die Funktion des Körpers einen solchen regelmäßigen, meist übermäßigen und ungerechtfertigten Arzneimittelgebrauch erforderlich macht[5].

---

[1] Vgl. *Sander*, § 46 Erl. 1.
[2] Vgl. *Kloesel/Cyran*, § 46 Anm. 1.
[3] Vgl. *Kloesel/Cyran*, § 46 Anm. 1.
[4] Vgl. *Sander*, § 46 Erl. 3.
[5] *Kloesel/Cyran*, § 46 Anm. 4.

II. Rechtsverordnungsermächtigung zugunsten des Bundesministeriums für Ernährung und Landwirtschaft, soweit es sich um Arzneimittel handelt, die zur Anwendung bei Tieren bestimmt sind (S. 2)

7   Die Ermächtigung berücksichtigt die federführende Zuständigkeit des BMEL für Regelungen im Bereich der Tierarzneimittel – ausgenommen die Zulassung – wie sie im einschlägigen Organisationserlass des Bundeskanzlers vom 22.1.2001[6] festgelegt wurde.

C. Möglichkeit von Beschränkungen der Regelung nach Abs. 1 (Abs. 2)

8   Hiermit wird eine **risikogestufte Ausweitung der Apothekenpflicht** ermöglicht, die auf bestimmte (riskantere) Dosierungen, Anwendungsgebiete oder Darreichungsformen abstellt.

D. Einvernehmensregelung zugunsten des Bundesministeriums für Umwelt, Naturschutz, Bau und Reaktorsicherheit, soweit es sich um radioaktive Arzneimittel handelt oder um Arzneimittel, bei deren Herstellung ionisierende Strahlen verwendet werden (Abs. 3)

9   Es wird die Zuständigkeit des BMUB für Belange des Strahlenschutzes berücksichtigt.

E. Sanktionen

10   Im Falle des Inverkehrbringens außerhalb der Apotheken unter Verstoß gegen die Regelungen in der Rechtsverordnung gelten die Rechtsfolgen für die Abgabe eines apothekenpflichtigen Arzneimittels außerhalb der Apotheken (s. § 43 Rn. 66, 67).

§ 47 Vertriebsweg

(1) ¹Pharmazeutische Unternehmer und Großhändler dürfen Arzneimittel, deren Abgabe den Apotheken vorbehalten ist, außer an Apotheken nur abgeben an

1. andere pharmazeutische Unternehmer und Großhändler,
2. Krankenhäuser und Ärzte, soweit es sich handelt um
   a) aus menschlichem Blut gewonnene Blutzubereitungen oder gentechnologisch hergestellte Blutbestandteile, die, soweit es sich um Gerinnungsfaktorenzubereitungen handelt, von dem hämostaseologisch qualifizierten Arzt im Rahmen der ärztlich kontrollierten Selbstbehandlung von Blutern an seine Patienten abgegeben werden dürfen,
   b) Gewebezubereitungen oder tierisches Gewebe,
   c) Infusionslösungen in Behältnissen mit mindestens 500 ml, die zum Ersatz oder zur Korrektur von Körperflüssigkeit bestimmt sind, sowie Lösungen zur Hämodialyse und Peritonealdialyse, die, soweit es sich um Lösungen zur Peritonealdialyse handelt, auf Verschreibung des nephrologisch qualifizierten Arztes im Rahmen der ärztlich kontrollierten Selbstbehandlung seiner Dialysepatienten an diese abgegeben werden dürfen,
   d) Zubereitungen, die ausschließlich dazu bestimmt sind, die Beschaffenheit, den Zustand oder die Funktion des Körpers oder seelische Zustände erkennen zu lassen,
   e) medizinische Gase, bei denen auch die Abgabe an Heilpraktiker zulässig ist,
   f) radioaktive Arzneimittel,
   g) Arzneimittel, die mit dem Hinweis „Zur klinischen Prüfung bestimmt" versehen sind, sofern sie kostenlos zur Verfügung gestellt werden,
   h) Blutegel und Fliegenlarven, bei denen auch die Abgabe an Heilpraktiker zulässig ist, oder
   i) Arzneimittel, die im Falle des § 21 Absatz 2 Nummer 6 zur Verfügung gestellt werden,
3. Krankenhäuser, Gesundheitsämter und Ärzte, soweit es sich um Impfstoffe handelt, die dazu bestimmt sind, bei einer unentgeltlichen auf Grund des § 20 Abs. 5, 6 oder 7 des Infektionsschutzgesetzes vom 20. Juli 2000 (BGBl. I S. 1045) durchgeführten Schutzimpfung angewendet zu werden oder soweit eine Abgabe von Impfstoffen zur Abwendung einer Seuchen- oder Lebensgefahr erforderlich ist,

---

⁶ BGBl. I S. 127.

3a. spezielle Gelbfieber-Impfstellen gemäß § 7 des Gesetzes zur Durchführung der Internationalen Gesundheitsvorschriften (2005), soweit es sich um Gelbfieberimpfstoff handelt,

3b. Krankenhäuser und Gesundheitsämter, soweit es sich um Arzneimittel mit antibakterieller oder antiviraler Wirkung handelt, die dazu bestimmt sind, auf Grund des § 20 Abs. 5, 6 oder 7 des Infektionsschutzgesetzes zur spezifischen Prophylaxe gegen übertragbare Krankheiten angewendet zu werden,

3c. Gesundheitsbehörden des Bundes oder der Länder oder von diesen im Einzelfall benannte Stellen, soweit es sich um Arzneimittel handelt, die für den Fall einer bedrohlichen übertragbaren Krankheit, deren Ausbreitung eine sofortige und das übliche Maß erheblich überschreitende Bereitstellung von spezifischen Arzneimitteln erforderlich macht, bevorratet werden,

4. Veterinärbehörden, soweit es sich um Arzneimittel handelt, die zur Durchführung öffentlich-rechtlicher Maßnahmen bestimmt sind,

5. auf gesetzlicher Grundlage eingerichtete oder im Benehmen mit dem Bundesministerium von der zuständigen Behörde anerkannte zentrale Beschaffungsstellen für Arzneimittel,

6. Tierärzte im Rahmen des Betriebes einer tierärztlichen Hausapotheke, soweit es sich um Fertigarzneimittel handelt, zur Anwendung an den von ihnen behandelten Tieren und zur Abgabe an deren Halter,

7. zur Ausübung der Zahnheilkunde berechtigte Personen, soweit es sich um Fertigarzneimittel handelt, die ausschließlich in der Zahnheilkunde verwendet und bei der Behandlung am Patienten angewendet werden,

8. Einrichtungen von Forschung und Wissenschaft, denen eine Erlaubnis nach § 3 des Betäubungsmittelgesetzes erteilt worden ist, die zum Erwerb des betreffenden Arzneimittels berechtigt,

9. Hochschulen, soweit es sich um Arzneimittel handelt, die für die Ausbildung der Studierenden der Pharmazie und der Veterinärmedizin benötigt werden.

[2] Die Anerkennung der zentralen Beschaffungsstelle nach Satz 1 Nr. 5 erfolgt, soweit es sich um zur Anwendung bei Tieren bestimmte Arzneimittel handelt, im Benehmen mit dem Bundesministerium für Ernährung und Landwirtschaft.

(1a) Pharmazeutische Unternehmer und Großhändler dürfen Arzneimittel, die zur Anwendung bei Tieren bestimmt sind, an die in Absatz 1 Nr. 1 oder 6 bezeichneten Empfänger erst abgeben, wenn diese ihnen eine Bescheinigung der zuständigen Behörde vorgelegt haben, dass sie ihrer Anzeigepflicht nach § 67 nachgekommen sind.

(1b) Pharmazeutische Unternehmer und Großhändler haben über den Bezug und die Abgabe zur Anwendung bei Tieren bestimmter verschreibungspflichtiger Arzneimittel, die nicht ausschließlich zur Anwendung bei anderen Tieren als solchen, die der Gewinnung von Lebensmitteln dienen, bestimmt sind, Nachweise zu führen, aus denen gesondert für jedes dieser Arzneimittel zeitlich geordnet die Menge des Bezugs unter Angabe des oder der Lieferanten und die Menge der Abgabe unter Angabe des oder der Bezieher nachgewiesen werden kann, und diese Nachweise der zuständigen Behörde auf Verlangen vorzulegen.

(1c) [1] Pharmazeutische Unternehmer und Großhändler haben bis zum 31. März jedes Kalenderjahres nach Maßgabe einer Rechtsverordnung nach Satz 2 elektronisch Mitteilung an das zentrale Informationssystem über Arzneimittel nach § 67a Absatz 1 zu machen über Art und Menge der von ihnen im vorangegangenen Kalenderjahr an Tierärzte abgegebenen Arzneimittel, die

1. Stoffe mit antimikrobieller Wirkung,

2. in Tabelle 2 des Anhangs der Verordnung (EU) Nr. 37/2010 aufgeführte Stoffe oder

3. in einer der Anlagen der Verordnung über Stoffe mit pharmakologischer Wirkung aufgeführte Stoffe

enthalten. [2] Das Bundesministerium für Ernährung und Landwirtschaft wird ermächtigt, im Einvernehmen mit dem Bundesministerium, durch Rechtsverordnung mit Zustimmung des Bundesrates

1. Näheres über Inhalt und Form der Mitteilungen nach Satz 1 zu regeln und

2. vorzuschreiben, dass

   a) in den Mitteilungen die Zulassungsnummer des jeweils abgegebenen Arzneimittels anzugeben ist,

   b) die Mitteilung der Menge des abgegebenen Arzneimittels nach den ersten beiden Ziffern der Postleitzahl der Anschrift der Tierärzte aufzuschlüsseln ist.

[3] In Rechtsverordnungen nach Satz 2 können ferner Regelungen in entsprechender Anwendung des § 67a Absatz 3 und 3a getroffen werden.

(2) [1]Die in Absatz 1 Nr. 5 bis 9 bezeichneten Empfänger dürfen die Arzneimittel nur für den eigenen Bedarf im Rahmen der Erfüllung ihrer Aufgaben beziehen. [2]Die in Absatz 1 Nr. 5 bezeichneten zentralen Beschaffungsstellen dürfen nur anerkannt werden, wenn nachgewiesen wird, dass sie unter fachlicher Leitung eines Apothekers oder, soweit es sich um zur Anwendung bei Tieren bestimmte Arzneimittel handelt, eines Tierarztes stehen und geeignete Räume und Einrichtungen zur Prüfung, Kontrolle und Lagerung der Arzneimittel vorhanden sind.

(3) [1]Pharmazeutische Unternehmer dürfen Muster eines Fertigarzneimittels abgeben oder abgeben lassen an

1. Ärzte, Zahnärzte oder Tierärzte,
2. andere Personen, die die Heilkunde oder Zahnheilkunde berufsmäßig ausüben, soweit es sich nicht um verschreibungspflichtige Arzneimittel handelt,
3. Ausbildungsstätten für die Heilberufe.

[2]Pharmazeutische Unternehmer dürfen Muster eines Fertigarzneimittels an Ausbildungsstätten für die Heilberufe nur in einem dem Zweck der Ausbildung angemessenen Umfang abgeben oder abgeben lassen. [3]Muster dürfen keine Stoffe oder Zubereitungen

1. im Sinne des § 2 des Betäubungsmittelgesetzes, die als solche in Anlage II oder III des Betäubungsmittelgesetzes aufgeführt sind, oder
2. die nach § 48 Absatz 2 Satz 3 nur auf Sonderrezept verschrieben werden dürfen,

enthalten.

(4) [1]Pharmazeutische Unternehmer dürfen Muster eines Fertigarzneimittels an Personen nach Absatz 3 Satz 1 nur auf jeweilige schriftliche Anforderungen, in der kleinsten Packungsgröße und in einem Jahr von einem Fertigarzneimittel nicht mehr als zwei Muster abgeben oder abgeben lassen. [2]Mit den Mustern ist die Fachinformation, soweit diese nach § 11a vorgeschrieben ist, zu übersenden. [3]Das Muster dient insbesondere der Information des Arztes über den Gegenstand des Arzneimittels. [4]Über die Empfänger von Mustern sowie über Art, Umfang und Zeitpunkt der Abgabe von Mustern sind gesondert für jeden Empfänger Nachweise zu führen und auf Verlangen der zuständigen Behörde vorzulegen.

Wichtige Änderungen der Vorschrift: Abs. 1 S. Nr. 6 geändert, Abs. 1 S. 1 Nr. 1 Buchst. c) neu aufgenommen durch Art. Nr. 26 des Elften Gesetzes zur Änderung des Arzneimittelgesetzes vom 21.8.2002 (BGBl. I S. 3348); Abs. 1 S. 1 Nr. 2d) geändert, Abs. 1 S. 2 neu aufgenommen durch Art. 32 des Zwölften Gesetzes zur Änderung des Arzneimittelgesetzes vom 30.7.2004 (BGBl. I S. 2031); Abs. 1 S. 1 Nr. 3 Buchst. b) und 3 Buchst. c) neu aufgenommen durch Art. 1 Nr. 42 des Vierzehnten Gesetzes zur Änderung des Arzneimittelgesetzes vom 29.8.2005 (BGBl. I S. 2570); Abs. 1 S. 1 S. 2 Nr. 2 Buchst. b) neu gefasst, Buchst. c) ergänzt, Buchst. h) und i) neu aufgenommen, Abs. 1c und Abs. 3 S. 3 Nr. 2 ergänzt und neu gefasst durch Art. 1 Nr. 47 des Gesetzes zur Änderung arzneimittelrechtlicher und anderer Vorschriften vom 17.7.2009 (BGBl. I S. 1990).

Europarechtliche Vorgaben: RL 92/28/EWG.

Literatur: *v. Czettritz/Strelow,* Arzneimittelmuster auch für Apotheker?, PharmR 2014, 188; *Fuhrmann,* Vergütung von Krankenhausbehandlungen im Rahmen der Durchführung von klinischen Arzneimittelstudien, NZS 2005, 352; *Kozianka/Dietel,* Dürfen unverkäufliche Arzneimittelmuster an Apotheker abgegeben werden?, PharmR 2015, 5; *Kaufmann/Ludwig,* Strafbarkeit von Arzneimittelmusterabgaben?, PharmR 2014, 50; *Mahlberg,* Arzneimittel Muster Proben, MedR 1999, 299; *Naser/Zrenner,* Illegaler Tierarzneimittelverkehr, NJW 1982, 2098.

Übersicht

A. Allgemeines

I. Inhalt

Die Vorschrift regelt die Abgabe apothekenpflichtiger Arzneimittel durch pharmazeutische Unterneh- **1** mer und Großhändler an andere Empfänger als Apotheken. In den Nummern 1 bis 9 sind die berechtigten Empfänger enumerativ aufgezählt. Daneben regelt die Norm die Voraussetzungen, unter denen die Arzneimittel abgegeben werden dürfen und welche Arzneimittel dies sein können. Die Absätze 3 und 4 legen fest, unter welchen Voraussetzungen die Abgabe von Mustern von Fertigarzneimitteln möglich ist. § 47 begründet – wie auch die §§ 44, 45 oder 56 I – eine Ausnahme von der grundsätzlichen Pflicht nach § 43 I, Arzneimittel nur durch Apotheken an Endverbraucher abzugeben.

II. Zweck

Die Regelung bezweckt zum einen die Gewährleistung der **Arzneimittelsicherheit** durch Regelung **2** der zulässigen Vertriebswege und damit auch die Sicherstellung des **Gesundheitsschutzes.** Zum anderen erleichtert sie die Abgabe bestimmter Arzneimittel außerhalb von Apotheken aus Gründen des Gemeinwohls: Die Vertriebswege für leicht verderbliche Arzneimittel werden abgekürzt. Jedoch enthält die Sonderregelung derzeit sowohl nach dem Wortlaut der Vorschrift als auch nach dem Regelungszusammenhang keine Ausnahme von der Apothekenpflicht, sondern ergänzt diese lediglich, indem unter bestimmten Voraussetzungen eine Abgabe bestimmter Arzneimittel an näher beschriebene Personen und Institutionen außerhalb des Apothekenbetriebes erlaubt wird, ohne die fortbestehende Apothekenpflicht zu berühren[1]. **§§ 43, 47 bestimmen den ausschließlichen Vertriebsweg für apothekenpflichtige Arzneimittel.** Jegliche Abweichung ist verboten[2]. Wirtschaftliche Bedeutung hat der außerhalb der Apotheke mögliche Vertriebsweg nach § 47, weil die Abgabe der Arzneimittel an die in § 47 I 1 Nr. 2 bis 9 genannten Personen und Einrichtungen unter den dort bezeichneten Voraussetzungen vom Anwendungsbereich der AMPreisV ausgenommen sind (§ 1 III Nr. 3 AMPreisV). § 47 stellt deshalb nicht nur eine Ausnahmevorschrift zur Apothekenpflicht nach § 43 dar, sondern auch eine Ausnahmevorschrift zu dem Gebot des § 78 III der Gewährleistung eines einheitlichen Abgabepreises für verschreibungspflichtige Arzneimittel. Auch hat der pharmazeutische Unternehmer für seine gem. § 47 direkt gelieferten Arzneimittel keinen Herstellerrabatt gem. § 130a SGB V an die Krankenkassen zu

---

[1] *BSG,* Urt. v. 29.4.2010 – B 3 KR 3/9 R, Rn. 18 – BeckRS 2010, 70737.
[2] *Sandrock/Nawroth,* in: Dieners/Reese, § 9 Rn. 33, 36; *Lietz,* in: Fuhrmann/Klein/Fleischfresser, § 21 Rn. 16.

entrichten. Dies gilt jedoch nur für eine Abgabe der in § 47 benannten Stellen. Die Abgabe von verschreibungs- und apothekenpflichtigen Fertigarzneimittel durch Apotheken an Endverbraucher auf ärztliche Verordnung hin unterliegt dem Arzneimittelherstellerrabatt unabhängig davon, dass es auch andere Vertriebsformen ohne Rabattierungspflicht gibt[3]. Als Ausnahmeregelung ist § 47 restriktiv auszulegen.

B. Abgabe von apothekenpflichtigen Arzneimitteln (Abs. 1)

3 Abs. 1 ermöglicht **pharmazeutischen Unternehmern** und **Großhändlern**[4] die Abgabe apothekenpflichtiger Arzneimittel außer an Apotheken an einen abschließend aufgezählten Empfängerkreis. Die Eigenschaft als pharmazeutischer Unternehmer ist in § 4 XVIII definiert, die Großhandelstätigkeit in § 4 XXII. Arzneimittel, deren Abgabe den Apotheken vorbehalten ist, sind solche i. S. d. § 2, die nicht durch § 44 oder der nach § 45 I erlassenen Rechtsverordnung für den Verkehr außerhalb der Apotheken freigegeben sind. Betroffen sind also sowohl verschreibungspflichtige wie auch nichtverschreibungs- aber apothekenpflichtige Arzneimittel.

4 Die Abgabe an die in Abs. 1 S. 1 Nr. 1–9 bezeichneten Empfänger ist nur dann zulässig, wenn diese die Arzneimittel gem. der gesetzlich bestimmten Vorgabe gebrauchen. So dürfen zum Beispiel zu Forschungszwecken abgegebene Arzneimittel nicht im Rahmen der allgemeinen Patientenversorgung oder für den Eigengebrauch Verwendung finden.

5 **Verschreibungspflichtige** Arzneimittel dürfen gem. § 48 nur aufgrund einer Verschreibung an **Verbraucher** abgegeben werden. Der Begriff des Verbrauchers wird im AMG nicht definiert. Eine im Gesetzgebungsverfahren vom Bundesrat vorgeschlagene Legaldefinition[5] wurde als überflüssig erachtet[6]. Auch wenn zum Beispiel Krankenhäuser und Ärzte als Verbraucher in Betracht kommen, so bedarf es jedoch für die Abgabe an die in § 47 genannten Empfänger keiner Verschreibung. Zwar wird der Vertriebsweg nach § 47 weder in § 48 noch in der zugrunde liegenden Verordnung über die AMVV genannt, jedoch ergibt sich aus § 43 I, dass sich § 48 nur an Apotheken wendet. § 47 statuiert insoweit die **Ausnahme von der Apothekenpflicht.** Deshalb ist gem. § 95 I Nr. 5 nur die Abgabe verschreibungspflichtiger Arzneimittel an andere als die in § 47 genannten Empfänger strafbar[7] und nicht auch die Abgabe ohne Verschreibung an die dort genannten Empfänger. Die Abgabe verschreibungspflichtiger Arzneimittel auch ohne Verschreibung rechtfertigt sich durch die besondere Fachkompetenz der in § 47 genannten Empfänger. Geben diese, zum Beispiel die zentralen Beschaffungsstellen, die Arzneimittel an Endverbraucher weiter, bedarf es jedoch einer Verschreibung.

I. Pharmazeutische Unternehmer und Großhändler (Nr. 1)

6 Abs. 1 S. 1 Nr. 1 erlaubt die Abgabe apothekenpflichtiger Arzneimittel an andere pharmazeutische Unternehmer und Großhändler. Dies ist gerechtfertigt, weil die Empfänger im gleichen Maße wie die Abgebenden durch die AMWHV und der AM-HandelsV zur Qualitätssicherung verpflichtet sind.

7 Der abgebende pharmazeutische Unternehmer oder Großhändler hat sicherzustellen, dass der Empfänger Hersteller i. S. v. § 13 ist oder eine Großhandelserlaubnis gem. § 52a hat. Er ist hingegen nicht verpflichtet zu prüfen, ob sichergestellt ist, dass der Empfänger seinerseits die Arzneimittel nur im Rahmen der gesetzlichen Vorschrift weitergibt[8]. Nachforschungspflichten können jedoch dann gegeben sein, wenn Anhaltspunkte bestehen, dass der Bezug zur Umgehung gesetzlicher Abgabevorschriften erfolgt.

II. Abgabe an Krankenhäuser und Ärzte (Nr. 2)

8 Nach Abs. 1 S. 1 Nr. 2 dürfen pharmazeutische Unternehmer und Großhändler die in Buchst. a–i enumerativ aufgeführten Arzneimittelmittel an Ärzte oder Krankenhäuser weitergeben, die nicht generell gegenüber der Apothekenpflicht privilegiert sind. Ihnen ist der direkte Bezug nur unter den dort angegebenen Voraussetzungen erlaubt. Der Begriff des Krankenhauses folgt aus § 2 KHG, der des Arztes aus § 2a BÄO. Heilpraktiker sind Ärzten nicht gleichzustellen, da sie keine vergleichbare Eignung für die Arzneimittelkontrolle besitzen[9].

---

[3] *BSG,* Urt. v. 29.4.2010 – B 3 KR 3/09, Rn. 14 – BeckRS 2010, 70737, mit Bezug auf *BSG,* Urt. v. 27.10.2009 – B 1 KR 7/09 R – BeckRS 2010, 65518, zu aus Blutplasma hergestellten Fertigarzneimitteln.
[4] Zu diesen gehören auch Apotheker, die Großhandel über den Rahmen des üblichen Apothekenbetriebs hinaus betreiben (§ 52a VII), vgl. *BGH,* A&R 2011, 136.
[5] Vorschlag des Bundesrates, BR-Drucks. 3/654, S. 29: „Verbraucher im Sinne dieses Gesetzes ist, wer Arzneimittel erwirbt, um sie an sich, an anderen oder an Tieren anzuwenden. Verbraucher sind auch Einrichtungen der Gesundheits- und Krankenfürsorge, in denen Arzneimittel angewendet werden".
[6] Auffassung der Bundesregierung, vgl. BR-Drucks. 3/654, S. 40.
[7] *Kloesel/Cyran,* § 47 Anm. 3.
[8] *Rehmann,* § 47 Rn. 3.
[9] *BVerwGE* 66, 367 ff.

1. Aus menschlichem Blut gewonnene Blutzubereitungen und gentechnologisch hergestellte 9 Blutbestandteile (Buchst a)). Die Freistellung aus menschlichem Blut gewonnener Blutzubereitungen und gentechnologisch hergestellter Blutbestandteile von der Apothekenpflicht rechtfertigt sich, weil **Blutzubereitungen** lediglich für einen kurzen Zeitraum haltbar sind. Die direkte Abgabe vom Arzt oder Krankenhaus an den Patienten verkürzt dementsprechend die Zeit von der Herstellung bis zur Anwendung des Arzneimittels. Gentechnologisch hergestellte Blutbestandteile – die analog den herkömmlichen Blutzubereitungen angewendet werden, aber nicht mit menschlichem Blut identisch sind – wurden durch die 5. AMG-Novelle letzteren gleichgestellt.

Der Begriff der Blutzubereitungen ist in § 4 II definiert (s. § 4 Rn. 21 ff.). Blutzubereitungen sind **10** Arzneimittel, die aus Blut gewonnene Blut-, Plasma- oder Serumkonserven, Blutbestandteile oder Zubereitungen aus Blutbestandteilen sind oder als Wirkstoffe enthalten. Keine Blutzubereitungen sind Sera, § 4 III. **Polyvalente Immunglobuline** sind als Sera zu betrachten, wenngleich sie Zubereitungen aus Blutbestandteilen enthalten[10]; sie sind dementsprechend nicht von der Apothekenpflicht freigestellt.

Soweit es sich um **Gerinnungsfaktorenzubereitungen** handelt, dürfen diese zur ärztlich kontrollier- **11** ten Selbstbehandlung von Blutern unmittelbar von Ärzten an Patienten abgegeben werden. Vor der Klarstellung von Abs. 1 durch § 34 TFG war dies bereits geduldete Praxis. Im Ergebnis handelt es sich hier um ein nunmehr zulässiges Dispensierrecht für Ärzte. Durch die Freistellung dieser Gerinnungsfaktorenzubereitungen von der Apothekenpflicht kann eine Dokumentation der Anwendung sowie eine rasche Information und ärztliches Handeln im Falle von Komplikationen gewährleistet werden[11]. Die Abgabe von Gerinnungsfaktorenzubereitungen an Patienten ist allerdings allein **hämostaseologisch qualifizierten Ärzten** vorbehalten, die über eine hinreichende (mehrjährige) Erfahrung bei der Betreuung von Hämophiliepatienten verfügen.

2. Gewebezubereitungen oder tierisches Gewebe (Buchst b)). Gem. Abs. 1 S. 1 Nr. 2 Buchst. **12** b) können **Gewebezubereitungen oder tierisches Gewebe** direkt geliefert werden. Mit dem AMG-ÄndG 2009 wurde der ursprüngliche Begriff „menschliches Gewebe" der Definition in § 4 XXX angepasst, um nur Gewebezubereitungen nicht aber menschliches Gewebe zu erfassen.[12]

Insoweit umfasst die Änderung nicht unmittelbar Arzneimittel für neuartige Therapien, die nicht dem **13** Begriff der Gewebezubereitungen unterfallen, aber ebenfalls in etablierten Vertriebsstrukturen unmittelbar vom Hersteller/pharmazeutischen Unternehmer an den anwendenden Arzt bzw. das Krankenhaus abgegeben werden. Soweit diese Präparate in der Regel an einen Operationsweg gebunden sind, wäre es sinnvoll, diese Arzneimittel außer an Apotheken auch direkt an Krankenhäuser und Ärzte abgeben zu dürfen.[13]

Tierisches Gewebe erfüllt den in § 3 Nr. 3 geregelten Stoffbegriff (s. § 3 Rn. 24). Durch die Frei- **14** stellung von der Apothekenpflicht wird dem Umstand Rechnung getragen, dass Gewebezubereitungen oder tierisches Gewebe nur eine geringe Haltbarkeitsdauer haben und deshalb sinnvollerweise nicht über Apotheken vertrieben werden sollten.

3. Infusionslösungen (Buchst. c)). Die Regelung in Abs. 1 S. 1 Nr. 2 Buchst. c) ermöglicht die **15** Direktlieferung an Krankenhäuser und Ärzte von Infusionslösungen in Behältnissen mit mindestens 500 ml, die zum Ersatz oder zur Korrektur von Körperflüssigkeit bestimmt sind, sowie Lösungen zur Hämodialyse und Peritonealdialyse, die, soweit es sich um Lösungen zur Peritonealdialyse handelt, auf Verschreibung des nephrologisch qualifizierten Arztes im Rahmen der ärztlich kontrollierten Selbstbehandlung seiner Dialysepatienten an diese abgegeben werden dürfen.

Eine Infusionslösung dient dem Einführen von Flüssigkeitsmengen in den Organismus, insbes. in die **16** Venen (intravenös), in das Unterhautgewebe (subkutan), in den Darm, die Knochen oder die Blase. Die direkte Abgabe ist nur dann zulässig, wenn die Lösungen zum **Ersatz** oder zur **Korrektur** von Körperflüssigkeiten bestimmt sind. Trägerlösungen, mit denen Nährstoffe oder Arzneimittel eingebracht werden, rechnen hierzu nicht, ebenso wenig wie Infusionen zur parenteralen Ernährung.

Es dürfen nur Infusionslösungen in **Behältnissen mit mindestens 500 ml** an die genannten Emp- **17** fänger abgegeben werden. Lieferungen über die Apotheken führten – aufgrund des Gewichts und des Volumens – zu Lagerungs- und Anlieferungsschwierigkeiten bei den Apotheken. Deshalb erschien es dem Gesetzgeber notwendig, die Abgabe von großvolumigen Infusionslösungen direkt an die Krankenhäuser und Ärzte zuzulassen[14]. Beide unterliegen hierbei vor der Verwendung der Infusionslösungen der ansonsten für den Apotheker geltenden Prüfpflicht[15].

Auch Lösungen zur **Hämodialyse** (Reinigung des Blutes von krankhaften Bestandteilen) und zur **18** **Peritonealdialyse** (Bauchfelldialyse) können direkt an Krankenhäuser oder Ärzte abgegeben werden. Der durch die 15. AMG-Novelle ergänzte Halbsatz in Abs. 1 S. 1 Buchst. c) bewirkt, dass die Abgabe

---

[10] BVerwG, Urt. v. 20.11.2003 – 3 C 44.02 – BeckRS 2004, 20354.
[11] BT-Drucks. 13/9594, S. 30.
[12] BT-Drucks. 16/12256, S. 51.
[13] Vorläufige Stellungnahme des BPI zum Referentenentwurf des 15. Änderungsgesetzes (Stand: 16.1.2009), S. 41.
[14] BT-Drucks. V/3836, S. 3.
[15] BT-Drucks. V/4526, S. 1.

von Lösungen zur Peritonealdialyse durch speziell qualifizierte Ärzte an ihre Patienten zur kontrollierten Selbstbehandlung zulässig ist. Damit wird eine vergleichbare Möglichkeit geschaffen wie bisher für die Heimselbstbehandlung von Hämophiliepatienten.

19   **4. Zubereitungen (Buchst. d)).** Nach Abs. 1 S. 1 Nr. 2 Buchst. d) dürfen **Zubereitungen**, die ausschließlich dazu bestimmt sind, die Beschaffenheit, den Zustand oder die Funktion etc. des Körpers oder Zustände der Seele zu erkennen, an Krankenhäuser und Ärzte abgegeben werden. Diese Regelung wurde durch die 12. AMG-Novelle modifiziert. Sie sah bis zu diesem Zeitpunkt vor, dass nur Zubereitungen zur Injektion oder zur Infusion diesem Ausnahmetatbestand unterfallen. Die Streichung erfolgte, da die Rechtsprechung[16] Wertungswidersprüche hinsichtlich anderer Kontrastmittel sah, die von der Funktionsvorgabe des Abs. 1 S. 1 Nr. 2 Buchst. d) erfasst waren[17].

20   Die Zubereitungen dürfen ausschließlich zur **Diagnose** des Körpers oder der Seele eingesetzt werden. Arzneimittel, die neben diesem diagnostischen Zweck eine weitere Funktion verfolgen, sind nicht erfasst; für sie gelten die allgemeinen Regelungen zur Apothekenpflicht.

21   **5. Medizinische Gase (Buchst. e)).** Die Direktlieferung von medizinischen Gasen von pharmazeutischen Unternehmern bzw. Großhändlern an Ärzte und Krankenhäuser ist aus praktischen Gründen erlaubt. Gase werden gemeinhin in Druckgasbehältern geliefert, die nicht zur unmittelbaren Abgabe an den Patienten bestimmt sind, weshalb der Weg über die Apotheke vermieden werden kann[18].

22   **6. Radioaktive Arzneimittel (Buchst. f)).** Radioaktive Arzneimittel i. S. v. § 4 VIII dürfen nach Abs. 1 S. 1 Nr. 2 **Buchst. f)** direkt an Krankenhäuser und Ärzte abgegeben werden. Das Verbot in § 7 I, radioaktive Arzneimittel, bei deren Herstellung **ionisierende Strahlen** verwendet worden sind, in den Verkehr zu bringen, gilt auch für den Direktvertrieb. Ausnahmen von diesem Verbot regelt § 7 II bzw. die auf dieser Grundlage erlassene AMRadV. Die Gestattung eines direkten Vertriebes radioaktiver Arzneimittel ohne Umweg über die Apotheke rechtfertigt sich aus der verhältnismäßig kurzen Haltbarkeit der Arzneimittel sowie aus den besonderen Lagerungserfordernissen, die regelmäßig durch anwendende Ärzte oder Krankenhäuser eher als durch möglicherweise nicht spezialisierte Apotheken gewährleistet werden können.

23   **7. Arzneimittel zur klinischen Prüfung (Buchst. g)).** Auch Arzneimittel mit dem Hinweis „zur klinischen Prüfung bestimmt" können nach Abs. 1 S. 1 Nr. 2 Buchst. g) direkt an Ärzte und Krankenhäuser abgegeben werden, sofern sie kostenlos zur Verfügung gestellt wurden. Die klinische Prüfung (§ 4 XXIII) eines Medikaments dient dem systematischen Erprobung eines Arzneimittels am Menschen, die zur Zulassungsreife führen soll. Mit der 5. AMG-Novelle wurde der Zusatz aufgenommen, dass nur solche Arzneimittel von Abs. 1 S. 1 Nr. 2 Buchst. g) umfasst werden, die kostenlos zur Verfügung gestellt werden. Bis zu diesem Zeitpunkt wurden Arzneimittel, die zur klinischen Prüfung bestimmt waren, auch über die Krankenkassen abgerechnet. Auf diese Weise hatten die Krankenkassen (auch) die Forschungskosten von Arzneimitteln zu zahlen. Eine solche Kostentragung ist jedoch nach Ziff. D. 12. der Richtlinien des Bundesausschusses der Ärzte und Krankenkassen über die Verordnung von Arzneimitteln in der vertraglichen Versorgung (AMR) unzulässig. In der Literatur wird die Kostenregelung für systemwidrig gehalten, da die Frage der Abrechnung zu Lasten Dritter – also der Krankenkassen – nicht zum Regelungsgehalt des AMG und der Zulässigkeit des Direktvertriebes gehöre[19]. Das *BVerfG* hatte wegen der Verpflichtung, die zur klinischen Prüfung bestimmten Arzneimittel kostenlos zur Verfügung zu stellen, durch einstweilige Anordnung im Jahre 1994 zunächst die einstweilige **Aussetzung der Anwendung** des § 47 I 1 Nr. 2 Buchst. g) beschlossen. Die Verfassungsbeschwerde wurde dann aber im Jahre 2001 nicht zur Entscheidung angenommen[20]. Erwägenswert ist, durch teleologische Reduktion die Zulässigkeit der Abgabe insoweit auf **Krankenhausapotheken** oder ihnen gemäß § 14 (ApG) gleichgestellte krankenhausversorgende öffentliche Apotheken zu beschränken. Immerhin ist nach Nr. 6 der Richtlinie der Bundesländer für die Überwachung der klinischen Prüfung eine Lieferung an Krankenhäuser bzw. die Krankenhausärzte aus fachlicher Sicht nicht mit den Sicherheitsanforderungen für die klinische Prüfung vereinbar. Daher liegt bei Arzneimitteln zur klinischen Prüfung eine Lieferung von Prüfpräparaten über die Krankenhaus- bzw. Versorgungsapotheke nahe. Dies scheint sachlich zutreffend, weil Apotheken über die fachliche Kompetenz zur Überprüfung und Sicherstellung der ordnungsgemäßen Lagerung verfügen. Aus dem Wortlaut von Abs. 1 S. 1 Nr. 2 Buchst. g) ist allerdings eine derartige Einschränkung nicht zu entnehmen. Nicht zulässig ist der Direktvertrieb von Arzneimitteln für Anwendungsbeobachtungen i. S. v. § 67 VI, da es sich hierbei nicht um klinische Prüfungen i. S. d. §§ 41 ff. handelt.

---

[16] *OLG München*, PharmR 2001, 253, 261; *LG Augsburg*, Urt. v. 28.6.2000 – 1 HKO 2205/00.
[17] BT-Drucks. 15/2109, S. 33.
[18] BT-Drucks. 13/9996, S. 16.
[19] *Sander*, § 47 Erl. 11a.
[20] *BVerfG*, NJW 2002, 357, 358.

8. Blutegel und Fliegenlarven (Buchst h)). Die Möglichkeit der Direktbelieferung von Blutegeln **24** und Fliegenlarven wurde mit dem AMG-ÄndG 2009 eingeführt und dient der Gleichstellung von Ärzten und Krankenhäusern mit Heilpraktikern.

9. Arzneimittel zum Compassionate Use (Buchst. i)). Arzneimittel, die im Falle des § 21 II Nr. 6 **25** zur Verfügung gestellt werden, können nunmehr durch die Ergänzung von Buchst. i) mit dem AMG-ÄndG 2009 ebenfalls direkt an Krankenhäuser und Ärzte geliefert werden. Unter Compassionate Use wird die kostenlose Anwendung[21] eines möglicherweise wirksamen, jedoch nicht zugelassenen Arzneimittels im Einzelfall bei Patienten in lebensbedrohlichen Situationen oder mit schwerwiegenden und nicht oder nicht mehr anderweitig therapierbaren Erkrankungen im Rahmen der ärztlichen Behandlungspflicht und Therapiefreiheit verstanden. Die Direktbelieferung ist kritisch, weil die Wirksamkeit und Gefährdung der konkreten Anwendung des Arzneimittels noch nicht abschließend geklärt ist, so dass der pharmazeutische Sachverstand der Apotheke zur Risikominimierung beitragen kann.

III. Abgabe von Impfstoffen (Nr. 3)

Nach Abs. 1 S. 1 Nr. 3 ist es zulässig, Impfstoffe direkt an Krankenhäuser, Gesundheitsämter und **26** Ärzte abzugeben. Eine Definition des Begriffes „Impfstoff" ist in § 4 IV (s. § 4 Rn. 33 ff.) und des Begriffes „Gesundheitsamt" in § 2 Nr. 14 IfSG erfolgt. Eine Abgabe nach Abs. 1 S. 1 Nr. 3 ist nur dann zulässig, wenn es sich entweder um eine unentgeltliche Schutzimpfung handelt, die aufgrund des § 20 V, VI oder VII IfSG durchgeführt wird, oder wenn sie zur Abwendung einer Seuchen- oder Lebensgefahr erfolgt. **Schutzimpfung** ist die Gabe eines Impfstoffes mit dem Ziel, vor einer übertragbaren Krankheit zu schützen (§ 2 Nr. 9 IfSG). Die Beschränkung auf die Fälle des § 20 V, VI oder VII IfSG erfolgte durch die 5. AMG-Novelle. Betroffen sind die Schutzimpfungen gegen bestimmte übertragbare Krankheiten, für die eine Teilnahme angeordnet werden kann. Sie dient dazu, einer allzu starken Durchbrechung des Apothekenmonopols entgegenzuwirken. Bis dahin wurden Impfstoffe in zunehmendem Maß gem. § 47 I Nr. 3 unter Umgehung der Apotheken vertrieben[22].

Darüber hinaus ist die direkte Abgabe von Impfstoffen an Krankenhäuser, Gesundheitsämter und Ärzte **27** auch dann zulässig, wenn sie zur Abwendung einer **Seuchen- oder Lebensgefahr** erforderlich ist.

Pharmazeutische Unternehmer und Großhändler dürfen die Impfstoffe auch über den **Versandweg** **28** abgeben. Das frühere in der Apothekenbetriebsordnung enthaltene Verbot für Apotheken, Impfstoffe mittels Versand oder Boten zuzustellen[23], wurde vom *BVerfG* als ungerechtfertigter Eingriff in die Berufsausübungsfreiheit gem. Art. 12 I GG betrachtet[24]. Die Entscheidung ist durch den zwischenzeitlich zulässigen Arzneimittelversand (§ 11a ApG) überholt.

IV. Gelbfieberimpfstoff (Nr. 3a)

Abs. 1 S. 1 Nr. 3a wurde durch die 4. AMG-Novelle eingeführt und durch Art. 4 des Gesetzes zur **29** Durchführung der Internationalen Gesundheitsvorschriften (2005) (IGV-DG) vom 21.3.2013 geändert[25]. Die Regelung ermöglicht eine direkte Abgabe von Gelbfieberimpfstoff an spezielle Gelbfieber-Impfstellen. Die Änderung ist eine Folgeänderung zu § 7 IGV-DG, wonach die Vertragsstaaten spezielle Gelbfieber-Impfstellen in ihrem Hoheitsgebiet zu benennen haben, um die Qualität und Sicherheit der angewandten Verfahren und jeweiligen Materialien zu gewährleisten.[26] Beim **Gelbfieberimpfstoff** handelt es sich um einen empfindlichen Lebendimpfstoff, der im gekühlten Zustand transportiert werden muss. Eine Direktabgabe war nach Ansicht des Gesetzgebers erforderlich, um die Kühlkette vom Hersteller zum Impfarzt nicht zu gefährden. Entsprechendes wird auch durch die Richtlinien der WHO gefordert[27].

V. Arzneimittel mit antibakterieller oder antiviraler Wirkung (Nr. 3b)

Durch die 14. AMG-Novelle wurde Nr. 3b eingefügt. Diese Regelung sieht vor, dass als Maßnahme **30** der Prophylaxe nach § 20 V, VI IfSG eine direkte Abgabe von Arzneimitteln mit antibakterieller oder antiviraler Wirkung an **Krankenhäuser und Gesundheitsämter** erfolgen kann. Die Änderung bezweckt im Falle einer möglichen Pandemie („Vogelgrippe", „Schweinegrippe"), eine ausreichende und schnelle Versorgung der Bevölkerung mit antibakteriellen und antiviralen Arzneimitteln sicherzustellen.

Arzneimittel mit **antibakterieller Wirkung** sind etwa Antibiotika. Arzneimittel mit **antiviraler** **31** **Wirkung** sind zum einen M2 Membranproteinhemmer und zum anderen Neuraminidasehemmer.

---

[21] Hierzu kritisch *Jäkel*, PharmR 2009, 323 ff.
[22] BT-Drucks. 12/6480, S. 30 und 12/7572, S. 6.
[23] *BVerwG*, NJW 2001, 1808.
[24] *BVerfGE*, 107, 186, 198.
[25] BGBl. I S. 566.
[26] BT-Drucks. 17/7576.
[27] BT-Drucks. 11/5373, S. 17.

32   Gem. § 2 Nr. 3 IfSG ist eine **übertragbare Krankheit** eine durch Krankheitserreger oder deren
toxische Produkte verursachte Krankheit, die unmittelbar oder mittelbar auf den Menschen übertragen
werden. Die Arzneimittel müssen zur **spezifischen Prophylaxe,** also zur Vorbeugung oder Verhütung
übertragbarer Krankheiten, angewendet werden. Dies bedeutet aber nicht, dass die Arzneimittel ausschließlich dazu bestimmt sein müssten, dem Ausbruch einer Krankheit vorzubeugen. So können
antivirale Medikamente ohnehin nicht zum Schutz vor Ansteckung eingesetzt werden. Diese Medikamente dienen jedoch insofern der Prophylaxe, als eine schnelle Genesung des Einnehmenden bewirkt
und damit die Ansteckungsgefahr für andere vermindert wird.

VI. Bevorratung spezifischer Arzneimittel (Nr. 3c)

33   Nach Abs. 1 S. 1 Nr. 3c können Arzneimittel an Gesundheitsbehörden des Bundes oder der Länder
oder an von diesen bestimmten Stellen abgegeben werden. Voraussetzung ist, dass es sich um Arzneimittel
handelt, die für den Fall einer **bedrohlichen übertragbaren Krankheit** bevorratet werden. Es muss
sich um Krankheiten handeln, deren Ausbreitung eine sofortige und das übliche Maß erheblich überschreitende Bereitstellung von spezifischen Arzneimitteln erforderlich macht. Die Arzneimittel müssen
dazu bestimmt sein, gegen Krankheiten angewandt zu werden, die hinsichtlich der Schwere der Krankheit und Vielzahl der Erkrankten ein gefährliches Ausmaß annehmen können. Nur für diesen Fall
rechtfertigt sich eine entsprechende sachlich weit gefasste Ausnahme von der Apothekenpflicht zuzulassen.

34   Auch diese Regelung wurde wie Nr. 3b durch das 14. AMG-Novelle eingeführt. Sie soll im Falle
einer **Pandemie** eine ausreichende und schnelle Versorgung der Bevölkerung mit **antibakteriellen und
antiviralen Arzneimitteln** gewährleisten[28]. Zur Abgabe zugelassen sind also insbes. die in Nr. 3b
genannten antibakteriellen und antiviralen Arzneimittel.

35   Diese Regelung erfolgte im Rahmen der Umsetzung eines nationalen **Influenza-Pandemieplans,**
um den Gesundheitsbehörden des Bundes, der Länder oder von ihnen benannten Stellen eine Bevorratung zu ermöglichen[29]. Diese war bis zur Änderung von § 47 nicht zulässig.

VII. Veterinärbehörden (Nr. 4)

36   Nach Abs. 1 S. 1 Nr. 4 kann eine direkte Abgabe von Arzneimitteln auch an Veterinärbehörden
erfolgen. **Veterinärbehörden** sind die Behörden, die nach Landesrecht zur Bekämpfung von übertragbaren Tierkrankheiten zuständig sind (§ 2 I TierSG). Von der Regelung des Abs. 1 Nr. 4 sind etwa oral
zu verwendende Arzneimittel zur Bekämpfung von Parasitosen (etwa Wurmbefall) erfasst. Auf **Sera,
Impfstoffe und Allergene,** die unter Verwendung von Krankheitserregern oder auf biotechnischem
Wege hergestellt wurden und zur Verwendung bei Tierseuchen bestimmt sind (s. § 17c I TierSG),
erstreckt sich die Erlaubnis zum Direktvertrieb nicht, da diese Arzneimittel nach § 4a Nr. 1 nicht in den
Anwendungsbereich des AMG fallen.

37   Es dürfen nur solche Arzneimittel abgegeben werden, die für die Durchführung **öffentlich-rechtlicher Maßnahmen** bestimmt sind. Solche öffentlich-rechtlichen Maßnahmen können aufgrund des
Polizei- und Ordnungsrechts oder z. B. nach § 18 i. V. m. 27 III TierSG zur Entseuchung von Tieren
durchgeführt werden.

VIII. Zentrale Beschaffungsstellen (Nr. 5)

38   An anerkannte zentrale Beschaffungsstellen können nach Abs. 1 Nr. 5 Arzneimittel für den **eigenen
Bedarf** abgegeben werden (zu weiteren Beschränkungen der Abgabe an zentrale Beschaffungsstellen s.
auch Abs. 2, Rn. 59, 61). Die Regelung ist wegen des grundsätzlichen Apothekenmonopols gem. § 43
eng auszulegen. Beschaffungsstellen müssen übergeordnete (z. B. karikative) Zwecke erfüllen und dürfen
nicht einer Umgehung der Apothekenpflicht (§ 43) und der Preisbestimmung für Arzneimittel (§ 78)
Vorschub leisten. Anerkannte Beschaffungsstellen sind daher etwa das **Deutsche Rote Kreuz,** der
Deutsche Entwicklungsdienst oder die Bereitschaftspolizei des Saarlandes. Auch bei den Einrichtungen,
die der Arzneimittelversorgung der **Bundeswehr,** des **Bundesgrenzschutzes** und der **Bereitschaftspolizeien** der Länder sowie der Arzneimittelbevorratung für den **Zivilschutz** dienen, handelt es sich
um zentrale Beschaffungsstellen[30].

39   Die zentralen Beschaffungsstellen müssen grundsätzlich aufgrund eines Gesetzes eingerichtet oder
durch die zuständige Behörde anerkannt worden sein. Anerkannte zentrale Beschaffungsstellen kann es
auch für **Tierarzneimittel** geben, wie sich aus **Abs. 2 S. 2** ergibt. Die **Anerkennung** wird durch die
zuständige Behörde des Landes erteilt, in dem die Beschaffungsstelle ihren Sitz haben soll und erfolgt im
Benehmen mit dem BMG (§ 6 I) und soweit es sich um zur Anwendung bei Tieren bestimmte Arzneimittel handelt, mit dem BMEL.

---

[28] BT-Drucks. 15/5316, S. 42.
[29] BT-Drucks. 15/5728, S. 82.
[30] So auch *Sander* (§ 13 Erl. 12) unter Berufung auf ein Schreiben des BMJFG.

Pharmazeutische Unternehmer und Großhändler müssen sich vor der Abgabe vergewissern, dass die **40** Empfänger anerkannte Zentrale Beschaffungsstellen sind. Infolge der drohenden Influenzapandemien der jüngeren Vergangenheit sind – auch auf Anraten von Gesundheitsbehörden[31] – eine Reihe von zentralen Beschaffungsstellen zur Bevorratung antiviraler Arzneimittel eingerichtet und anerkannt worden. Über diese wird allerdings gegenwärtig keine offizielle Liste geführt[32].

IX. Tierärzte (Nr. 6)

Fertigarzneimittel dürfen nach Abs. 1 S. 1 Nr. 6 ebenfalls direkt an Tierärzte abgegeben werden (zur **41** weiteren Beschränkung in Abs. 2 Rn. 59, 61).

Die Abgabe darf nur **im Rahmen des Betriebs einer tierärztlichen Hausapotheke** i. S. v. § 54 II **42** Nr. 12 i. V. m. Nr. 1 erfolgen. Das Arzneimittel muss zur Anwendung an den vom Tierarzt behandelten Tieren abgegeben werden. Es ist auch im Bezug des Tierarztes zur **direkten Weitergabe an die Halter** der Tiere zulässig. Die Abgabe an den Tierhalter wird in § 12 TÄHAV geregelt. Auch nach der Abgabe an den Halter ist der Tierarzt für die Anwendung des betreffenden Arzneimittels verantwortlich (§ 12 II TÄHAV). Die konkrete Überwachung der Einhaltung dieser Vorschrift stößt in der Praxis auf Schwierigkeiten. Aufgrund der weit gefassten Vorschrift des § 12 TÄHAV und des breiten Aufgabenspektrums tierärztlicher Tätigkeit wird nur in seltenen Fällen nachzuweisen sein, dass Arzneimittel über den nach Abs. 1 Nr. 6 zulässigen Rahmen hinaus abgegeben wurden[33].

Die früher zulässige Abgabe apothekenpflichtiger Stoffe an Tierärzte ist nicht mehr statthaft[34]. **43**

Auf **Fütterungsarzneimittel** (§ 4 X) findet Abs. 1 S. 1 Nr. 6 keine Anwendung. Diese dürfen gem. **44** § 56 I nach Verschreibung durch den Tierarzt vom Hersteller nur unmittelbar an den Tierhalter abgegeben werden (s. § 56 Rn. 4).

X. Zur Ausübung der Zahnheilkunde berechtigte Personen (Nr. 7)

Fertigarzneimittel können an zur Ausübung der Zahnheilkunde berechtigte Personen direkt abge- **45** geben werden (zur weiteren Beschränkung in Abs. 2 S. 1 s. Rn. 59). **Zur Ausübung der Zahnheilkunde berechtigt** sind Zahnärzte (§ 1 I ZHG) und außerdem auch solche Personen, die gem. § 19 ZHG vor dem Inkrafttreten dieses Gesetzes vom 1.3.1952 die Zahnheilkunde ausgeübt haben, ohne im Besitz einer Bestallung als Zahnarzt zu sein. Hierbei handelt es sich im Regelfall um sog. **Dentisten.** Dieser Erstreckung dürfte nur noch historische Bedeutung zukommen.

Das Fertigarzneimittel muss ausschließlich in der Zahnheilkunde Verwendung finden. Soweit es neben **46** diesem **Zweck** einen anderen verfolgt, ist die Abgabe unzulässig. Maßgebliches Beurteilungskriterium ist die bestimmungsgemäße Verwendung des Arzneimittels[35]. Darüber hinaus muss das Fertigarzneimittel **bei der Behandlung** am Patienten angewendet werden. Von der Direktbelieferungsmöglichkeit gem. Abs. 1 Nr. 7 sind also nicht solche Medikamente mit umfasst, die der Zahnarzt seinen Patienten zur Nachbehandlung für zu Hause mitgibt.

XI. Einrichtungen der Forschung und Wissenschaft (Nr. 8)

Die Abgabe von Arzneimitteln kann gemäß Abs. 1 S. 1 Nr. 8 direkt an Einrichtungen von Forschung **47** und Wissenschaft erfolgen, denen eine Erlaubnis nach § 3 des BtMG erteilt wurde (zur weiteren Beschränkung in Abs. 2 S. 1 s. Rn. 59). **Wissenschaft** ist alles, was nach Inhalt und Form als ernsthafter planmäßiger Versuch zur Ermittlung der Wahrheit anzusehen ist[36]. Unter **Forschung** ist die selbständige Erarbeitung objektiv neuer Erkenntnisse[37] zu verstehen. Der Begriff „Einrichtungen für Forschung und Wissenschaft" umfasst sowohl universitäre als auch außeruniversitäre Forschungs- und Wissenschaftseinrichtungen (etwa die Max-Planck-Gesellschaft, die Fraunhofer-Gesellschaft o. ä.). Hierbei ist es irrelevant, ob es sich um öffentliche oder private Einrichtungen handelt. Jedoch müssen diese Einrichtungen eine Erlaubnis zum Verkehr mit **Betäubungsmitteln** – etwa zum Anbau, zur Herstellung etc. – gem. § 3 BtMG haben. Die Erlaubnis erteilt das BfArM. Die Behörde prüft, ob die im Antrag vorgetragenen Tatsachen belegt sind und ob dem Projekt ethische oder rechtliche Erwägungen entgegenstehen. Daneben ist Voraussetzung für die Erlaubniserteilung, dass der Forschungszweck und das Forschungsziel mit dem Projekt überhaupt erreichbar sind. Darüber hinaus muss die erteilte Erlaubnis zum Erwerb des betreffenden Arzneimittels berechtigen.

---

[31] Das Bayerische Staatsministerium für Gesundheit, Umwelt und Verbraucherschutz etwa rät – zum Schutz H5N1-Viren („Vogelgrippe") – größeren Unternehmen und Institutionen die Anerkennung als zentrale Beschaffungsstelle zu beantragen (abrufbar unter http://www.stmugv.bayern.de).
[32] Nach Auskunft des BMG wird derzeit über eine Weiterführung der Liste der anerkannten Beschaffungsstellen durch das BMG beraten.
[33] *Naser/Zrenner*, NJW 1982, 2098, 2101.
[34] Vgl. *Rehmann*, § 47 Rn. 9.
[35] *Sander*, § 47 Erl. 16.
[36] *BVerfGE* 35, 73, 113.
[37] *BVerwG*, NVwZ 1987, 681, 682.

XII. Hochschulen (Nr. 9)

48   Die Direktbelieferung von Hochschulen (zur Definition s. § 1 HRG) ist gemäß Abs. 1 S. 1 Nr. 9 zulässig für Arzneimittel, die für die Ausbildung der Studierenden der Pharmazie und der Veterinärmedizin benötigt werden (zur weiteren Beschränkung nach Abs. 2 S. 1 s. Rn. 59).

49   Diese Regelung wurde mit der 8. AMG-Novelle eingeführt. Bis dahin konnten nur tierärztliche Bildungsstätten unter bestimmten Voraussetzungen Arzneimittel beziehen. Für Studenten der Pharmazie und der Veterinärmedizin werden jedoch – im Rahmen der **Kurse zur Arzneimittelanfertigung** – zusätzlich arzneilich wirksame Stoffe benötigt[38]. Demgegenüber ist die Arzneimittelanfertigung im Studium der Medizin in der Regel nicht vorgesehen. Dies erklärt die fehlende Ausnahme zugunsten humanmedizinischer Bildungsstätten.

50   Direktlieferungen an Einrichtungen der Forschung und Wissenschaft sowie an Hochschulen sind vom Anwendungsbereich der **AMPreisV** nicht ausgenommen (§ 1 III Nr. 3 AMPreisV), was wenig sachgerecht ist.

C. Besonderheiten bei der Abgabe von Tierarzneimitteln

51   Um den Missbrauch mit Tierarzneimitteln einzudämmen, insbes. bei der Seuchenbekämpfung und bei der pharmazeutischen Manipulation von Tieren, die auch für die Lebensmittelproduktion bestimmt sind, ist in den Abs. 1a–1c einschränkend geregelt, unter welchen Voraussetzungen Tierarzneimittel abgegeben werden dürfen.

I. Anzeigepflicht nach § 67 (Abs. 1a)

52   Die Bestimmung in Abs. 1a legt den pharmazeutischen Unternehmern und Großhändlern bei der Abgabe von Tierarzneimitteln an die in Abs. 1 S. 1 Nr. 1 oder 6 bestimmten Empfänger eine Prüfpflicht auf. Tierarzneimittel dürfen erst dann an entsprechende Empfänger abgegeben werden, wenn die Empfänger ihren Zulieferern eine **Bescheinigung der zuständigen Behörde** darüber vorgelegt haben, dass sie ihrer allgemeinen Anzeigepflicht nach § 67, ein Betrieb bzw. eine Einrichtung zu sein, welche Arzneimittel entwickelt, herstellt, klinisch prüft oder einer Rückstandsprüfung unterzieht, prüft, lagert, verpackt, in den Verkehr bringt oder sonst mit ihnen Handel treibt, nachgekommen ist. Diese Bestimmung soll sicherstellen, dass Arzneimittellieferungen eines pharmazeutischen Unternehmers oder Großhändlers nur berechtigte Empfänger erhalten[39]. Sie dient der Gewährleistung einer Kontrolle der Vertriebsströme und damit auch der Arzneimittelsicherheit.

II. Nachweispflichten über Bezug und Abgabe (Abs. 1b)

53   Abs. 1b bestimmt, dass pharmazeutische Unternehmer und Großhändler über den Bezug und die Abgabe **verschreibungspflichtiger** Arzneimittel für Tiere, die auch der **Lebensmittelgewinnung dienen,** Nachweise über die Menge des Arzneimittels und den Vertriebsweg zu führen haben. Neben der Menge des Bezuges oder der Abgabe sind hierzu korrespondierend die Lieferanten und Abnehmer zu dokumentieren. Die Nachweise müssen zeitlich geordnet und lückenlos sein, so dass eine vollständige Nachverfolgbarkeit gewährleistet ist.

54   Einzelheiten zur Dokumentation für pharmazeutische Unternehmer bestimmt § 10 AMWHV, die die PharmBetrV zur Anpassung an die durch die 14. AMG-Novelle erfolgten Änderungen sowie zur Umsetzung EU-rechtlicher Vorgaben abgelöst hat. Die Dokumentation muss die Gesamtheit der Unterlagen, die Rückverfolgung des Werdegangs und das Inverkehrbringen jeder Charge ermöglichen. Die Unterlagen müssen klar und deutlich, fehlerfrei und auf dem neuesten Stand sein. Der Inhalt einer Eintragung darf nicht unleserlich gemacht werden. Die Aufzeichnungen über das Inverkehrbringen sind so zu ordnen, dass sie den unverzüglichen Rückruf des jeweiligen Produkts ermöglichen (§ 10 AMWHV). Die **Aufbewahrungsfrist** beträgt mindestens ein Jahr nach Ablauf des Verfallsdatums, jedoch nicht weniger als fünf Jahre (§ 20 AMWHV). Abweichend hiervon sind bei Blutzubereitungen, Sera aus menschlichem Blut und gentechnisch hergestellten Pharmaproteinen Aufzeichnungen mindestens 30 Jahre aufzubewahren (§ 20 II AMWHV).

55   Einzelheiten der **Dokumentationspflicht für Großhandelsbetriebe** ergeben sich aus der AM-HandelsV. Danach sind über jeden Bezug und jede Abgabe von Arzneimitteln Aufzeichnungen in Form von Einkaufs-/Verkaufsrechnungen in rechnungsgestützter Form zu unterhalten sowie Aufzeichnungen zu führen über das Umfüllen und das Abpacken sowie über die Rücknahme, Rückgabe oder das Vernichten von Arzneimitteln mit den Angaben über den Zeitpunkt und die Art und Menge der Arzneimittel. Die Aufbewahrungszeiten entsprechen denjenigen der pharmazeutischen Unternehmer

---

[38] BT-Drucks. 13/11020, S. 25 f.
[39] BT-Drucks. 9/1598, S. 15.

(§ 7 AM-HandelsV). Die Aufzeichnungen sind mit Namenszeichen der verantwortlichen Personen zu versehen.

Mit diesen Nachweispflichten soll eine Überwachung des Vertriebsweges der Tierarzneimittel von der **56** Herstellung bis zur Anwendung ermöglicht werden; und zwar auch im Hinblick auf die in der Branche vormals üblichen **Naturalrabatte**. Diese wurden als eine der Ursachen für den illegalen Markt mit Tierarzneimitteln angesehen. Vor Einführung der Vorschrift durch die 1. AMG-Novelle bestanden Schwierigkeiten in der Überwachung des Verkehrs mit Tierarzneimitteln, weil zumeist die Nachweise nicht produktbezogen und zeitlich, sondern nach betriebsinternen Kriterien geordnet und aufbewahrt wurden. Diese uneinheitlichen Aufzeichnungen waren für die Überwachungsbehörden oft nur schwer nachvollzieh- und überprüfbar[40]. Zwischenzeitlich hat der Gesetzgeber mit dem AVWG ein Verbot der Gewährung von Naturalrabatten auf apothekenpflichtige Arzneimittel gem. § 7 I Nr. 2, 2. Halbs. HWG postuliert. Dieses **Naturalrabattverbot** gilt auch für Tierarzneimittel[41] und bei der Abgabe nach § 47[42].

Wenngleich die Vorschrift keine präventive Wirkung hinsichtlich der Vermeidung einer Belastung von **57** Lebensmitteln mit pharmazeutischen Rückständen hat, erleichtert sie die Nachverfolgung beim Aufkommen entsprechender Probleme. Infolgedessen liegt ein wesentlicher Schutzzweck dieser Bestimmung in der mittelbaren Gewährleistung von Lebensmittel- und Arzneimittelsicherheit.

III. Mitteilungspflicht (Abs. 1c)

Abs. 1c regelt die Mitteilungspflichten der pharmazeutischen Unternehmer und Großhändler an das **58** zentrale Informationssystem über Arzneimittel mit dessen Erstellung das Deutsche Institut für medizinische Dokumentation und Informationen (**DIMDI**) beauftragt ist (§ 67a). Abs. 1c wurde mit dem AMG-ÄndG 2009 neu gefasst und erweitert. Der Gesetzgeber hielt es zur Beurteilung der Ausbreitung von Antibiotikaresistenzen für erforderlich, die abgegebene Menge Antibiotika in Korrelation zu setzen mit den auftretenden Resistenzen, um mögliche Zusammenhänge zwischen dem Einsatz von Antibiotika und den Entwicklungstendenzen der Antibiotikaresistenz auszuwerten, damit diese Erkenntnisse bei der Risikobewertung und dem Risikomanagement berücksichtigt werden können. Abs. 1c ist daher so gestaltet, dass eine den Anforderungen genügende, detaillierte Abgabenmengenerfassung für Antibiotika ermöglicht wird. Die Abgabenmengenerfassung wird der internationalen Forderung zu Risikomanagementmaßnahmen zur Bewertung der Antibiotikaresistenzsituation gerecht[43]. Zur Anpassung an das novellierte EU-Recht (Aufhebung der VO (EWG) Nr. 2377/90 durch die VO (EG) Nr. 470/2009) war der Verweis auf die Tabelle 2 des Anhangs der VO (EU) Nr. 37/2010 herzustellen. Diese VO enthält in ihrem Anhang die Liste pharmakologisch wirksamer Stoffe und ihre Einstufung hinsichtlich der Rückstandshöchstmengen, und zwar in Tabelle 1 die zulässigen Stoffe und in Tabelle 2 die verbotenen Stoffe. Mit Bekanntmachung gem. § 2 II S. 4 DIMDI-AMV vom 19.11.2010 hat das DIMDI die Einrichtung eines für die Öffentlichkeit nicht zugänglichen Tierarzneimittel-Abgabenmengen-Registers veröffentlicht, s. www.pharmanet.bund.de.

D. Besondere Voraussetzungen für die Abgabe (Abs. 2)

I. Arzneimittelempfänger nach Absatz 2 Nr. 5–9 (S. 1)

Die nach § 47 zulässige Abgabe apothekenpflichtiger Arzneimittel außerhalb der Apotheke setzt **59** voraus, dass die genannten Empfänger die bezogenen Arzneimittel im Rahmen ihrer jeweiligen Funktion gebrauchen. Für die in Abs. 1 S. 1 Nr. 5–9 genannten Empfänger schreibt Abs. 2 S. 1 darüber hinaus weiter einschränkend vor, dass diese die Arzneimittel nur für den **eigenen Bedarf** und **im Rahmen der Erfüllung ihrer Aufgaben** beziehen dürfen. Die Arzneimittel dürfen ausschließlich im **Rahmen der Berufsausübung** des Tier- oder Zahnarztes genutzt werden oder im **Rahmen des Aufgabenbereiches** der entsprechenden Einrichtung (Zentrale Beschaffungsstellen, Einrichtungen zur Forschung und Wissenschaft und Hochschulen) zum persönlichen Bedarf ist unzulässig, ebenso die Weitergabe von einem nach § 47 in seiner Funktion zugelassenen Empfänger an einen anderen in dessen Funktion zugelassenen Empfänger. So darf beispielsweise eine veterinärmedizinische Ausbildungsstätte, die in zulässiger Weise nach Abs. 1 S. 1 Nr. 9 Arzneimittel zu Ausbildungszwecken bezogen hat, diese Arzneimittel nicht an eine andere veterinärmedizinische Ausbildungsstätte für Ausbildungszwecke weiterreichen, um dieser beispielsweise bei einem knappen Bestand „auszuhelfen". Denn in diesem Fall gebraucht die weiterreichende Ausbildungsstätte die Arzneimittel nicht für ihre Ausbildung.

Für den Bezug der Arzneimittel gibt es jedoch keine mengenmäßige Beschränkung. Die **Bevorratung 60** von Medikamenten ist – soweit sie im Rahmen der jeweiligen Tätigkeiten der Empfänger gebraucht wird – zulässig. So können sich Krankenhäuser für den eigenen Gebrauch einen Lagervorrat anlegen.

---

[40] BT-Drucks. 9/2221, S. 27.
[41] *Meyer*, DAZ 2006, 778, 783.
[42] *LG Braunschweig*, Urt. v. 22.8.2006 – 9 O 1695/06 – juris.
[43] BT-Drucks. 16/12256, S. 51.

II. Nachweispflichten der zentralen Beschaffungsstellen (S. 2)

61   Eine **Anerkennung als zentrale Beschaffungsstelle** setzt gem. Abs. 2 S. 2 den Nachweis voraus, dass die Einrichtung unter der fachlichen **Leitung eines Apothekers** steht. Soweit es sich um Tierarzneimittel handelt, ist die **Leitung durch einen Tierarzt** erforderlich. Nicht erforderlich ist, dass der Apotheker bzw. der Tierarzt hauptberuflich bei der zentralen Beschaffungsstelle beschäftigt oder dauerhaft körperlich anwesend ist. Die fachliche Leitung hat die für die Verteilung von Arzneimitteln notwendige Sicherheit festzustellen. Hierzu gehört u. a. die Qualitätskontrolle ankommender Lieferungen, deren ordnungsgemäße und qualitätsgerechte Lagerung sowie Überprüfung derselben, die regelmäßige Kontrolle der Verfalldaten und die Sicherstellung, dass eine Abgabe nur nach anerkannten pharmazeutischen Regeln erfolgt. Die Räume müssen zum Betrieb der zentralen Beschaffungsstelle geeignet sein. In Anlehnung an die AM-HandelsV (dort § 3) und die AMWHV (dort § 5) ist zu verlangen, dass die Räume nach Art, Größe und Zahl für die beabsichtigten Zwecke geeignet sind, sich in einem ordnungsgemäßen baulichen Zustand befinden und ausreichende Beleuchtung und geeignete klimatische Verhältnisse aufweisen. Sie sind durch geeignete Maßnahmen vor dem Zutritt Unbefugter zu schützen. Weiter bedarf die Anerkennung als zentrale Beschaffungsstelle, dass Einrichtungen (zum Beispiel ein PC zur Lagerdokumentation) zur Prüfung, Kontrolle und Lagerung der Arzneimittel vorhanden sind.

E. Muster von Fertigarzneimitteln (Abs. 3)

62   Abs. 3 und 4 regeln die Abgabe von Mustern von Fertigarzneimitteln. Während sich die Regelungen der Abs. 1 bis 2 lediglich auf den Vertrieb apothekenpflichtiger Arzneimittel beziehen, gelten die Regelungen der Abs. 3 und 4 für den Vertrieb von Mustern aller Fertigarzneimittel i. S. d. § 4 I i. V. m. § 2 I und II. Die Regelung gilt daher auch für nichtapothekenpflichtige Arzneimittel. Nicht beschränkt ist die Abgabe von Mustern auf „neue" Arzneimittel, da auch die Erprobung eines bekannten Arzneimittels einer individuellen Interessenlage entsprechen kann.

63   **Muster** sind zugelassene oder registrierte Fertigarzneimittel i. S. d. § 4 I, die durch pharmazeutische Unternehmer oder andere Abgabeberechtigte insbes. zum Zwecke der Information und Erprobung an die in Abs. 3 genannten Empfänger abgegeben werden dürfen. Die Bestimmungen über die Beschränkungen der Musterabgabe wurden geschaffen, um die **Menge** der Arzneimittelmuster zu **begrenzen** und das Musterabgabewesen aus Gründen der Arzneimittelsicherheit überschaubar zu halten[44]. Der Gesetzgeber hielt dies für notwendig, da der Verdacht bestand, dass die Zahl der den Ärzten von der pharmazeutischen Industrie zur Verfügung gestellten Arzneimittel das Maß dessen, was zur Erprobung erforderlich ist, überstieg.

64   Für die Abgabe von Arzneimittelmustern sind die Regelungen in Abs. 3 und 4 abschließend. Apotheker können nicht Empfänger von Arzneimittelmustern sein, da Apotheker in Übereinstimmung mit Art. 96 I RL 2001/83/EG nicht zu dem in Abs. 3 genannten privilegierten Personenkreis gehören[45]. Apotheker können sich anhand der Verkaufsware informieren und benötigen hierfür nicht zusätzlich ein Muster[46]. Die Abs. 3 und 4 finden auch keine analoge Anwendung, wenn ein Arzneimittelhersteller anstelle von Mustern von Fertigarzneimitteln an Ärzte Gutscheine ausgibt, die zur Weitergabe an Patienten bestimmt sind und den Apotheker veranlassen sollen, die Zuzahlung nach § 31 III SGB V nicht vom Versicherten zu erheben, sondern sich diese vom Arzneimittelhersteller erstatten zu lassen[47]. Die Abgabe von Mustern nach § 1 Nr. 1 **Tierimpfstoffverordnung** (TierImpfStV 2006 – Impfstoffe, Sera oder Antigene) wird in § 31 dieser Verordnung geregelt.

65   Muster sind von **Arzneimittelproben** (Gratisproben genannt) zu unterscheiden. Letztere werden von den Abs. 3 und 4 nicht erfasst. Arzneimittelproben werden im Gegensatz zum Muster in der Regel in kleineren als der kleinsten für den Verkehr zugelassenen Packungsgröße zum Zwecke der Werbung unentgeltlich abgegeben. Die Abgabe von Arzneimittelproben ist im AMG nicht gesondert geregelt. Aus dem Regelungsgehalt der Abs. 3 und 4 ist jedoch zu entnehmen, dass eine Abgabe einer Warenprobe dann nicht mehr zulässig ist, wenn dies in einem nicht mehr pflegefähigen Umfang geschieht. Die **kostenlose Abgabe** von Arzneimittelproben außerhalb der Fachkreise ist nach Umsetzung der RL 92/28/EWG durch § 11 Nr. 14 HWG verboten. Eine Abgabe von Arzneimittelproben ist somit, und zwar unabhängig davon, ob es sich um frei verkäufliche, apotheken- oder verschreibungspflichtige Arzneimittel handelt, nur noch an Fachkreise i. S. d. § 2 HWG zulässig.

---

[44] BT-Drucks. 12/5226, S. 23.
[45] *OLG Hamburg,* Hinweisbeschl. v. 10.2.2015 – 3 U 16/13 – BeckRS 2015 10640; *OLG Hamburg,* PharmR 2015, 25; *v. Czettritz/Strelow,* PharmR 2014, 188; a. A. *Kozianka/Dietel,* PharmR 2014, 5.
[46] A. A. *v. Czettritz/Strelow,* PharmR 2014, 188; *Kozianka/Dietel,* PharmR 2014, 5.
[47] *OLG Stuttgart,* NJW-RR 1997, 359, 361.

Muster – oft auch als Ärztemuster bezeichnet – werden regelmäßig in den im Handel verwendeten **66** **Packungsgrößen** abgegeben. Einem pharmazeutischen Unternehmer steht es allerdings frei, die Zulassung einer besonderen, kleineren Packungsgröße ausschließlich zum Zweck der Musterabgabe zu beantragen. Gem. § 10 I 1 Nr. 11 ist bei Mustern von Fertigarzneimitteln der Hinweis „**Unverkäufliches Muster**" anzubringen.

Im Hinblick auf frei verkäufliche Arzneimittel sind die Abs. 3 und 4 ohne materiellen Gehalt, da frei **67** verkäufliche Arzneimittel zwar wegen § 11 I Nr. 14, 15 HWG, nicht als Muster oder Proben abgegeben werden dürfen, wohl aber als „Supersonderangebot", da sie nicht der AMPreisV unterliegen.

I. Zulässige Empfänger von Mustern (S. 1)

1. Ärzte, Zahnärzte oder Tierärzte (Nr. 1). Nach Abs. 3 S. 1 Nr. 1 können Muster eines Fer- **68** tigarzneimittels an Ärzte, Zahnärzte oder Tierärzte abgegeben werden. Auch der „Arzt im Praktikum" darf Muster direkt beziehen, da auch er nach der BÄO über eine Berufserlaubnis verfügt. Im Rahmen dieser Erlaubnis ist er befugt, unter Aufsicht einer ärztlichen Tätigkeit nachzugehen. Vom Arzt kann das Arzneimittelmuster an Patienten weitergegeben werden. Die Weitergabe an den Patienten kann Voraussetzung sein, um Informationen über das Arzneimittel zu erlangen.[48]

Es stellt eine unzulässige Umgehung des Abs. 3 S. 1 Nr. 1 dar, wenn anstelle von Mustern Gutscheine **69** an Ärzte ausgegeben werden, mit denen diese berechtigt sein sollen, in Apotheken eine bestimmte Menge eines Arzneimittels unentgeltlich zu beziehen. Gleiches gilt in dem Fall, dass Ärzten an Stelle von Arzneimittelmustern Gutscheine ausgegeben werden, die zur Weitergabe an sozialversicherte Patienten bestimmt sind und die Apotheker veranlassen sollen, die Zuzahlung nach § 31 III SBG V nicht vom Versicherten zu erheben, sondern sich diese vom Arzneimittelhersteller erstatten zu lassen.[49]

2. Ausübende der Heilkunde und der Zahnheilkunde (Nr. 2). Die Abgabe von Mustern ist – **70** soweit es sich nicht um verschreibungspflichtige Arzneimittel handelt – auch an Personen, die die **Heilkunde** oder die **Zahnheilkunde** (s. Rn. 45) berufsmäßig ausüben, zulässig. Die Ausübung der Heilkunde ist gem. § 1 II HeilprG jede berufs- oder gewerbsmäßig vorgenommene Tätigkeit zur Feststellung, Heilung oder Linderung von Krankheiten, Leiden oder Körperschäden bei Menschen, auch wenn sie im Dienste anderer ausgeübt wird.

Umstritten ist, ob auch **Tierheilpraktiker** nach dieser Vorschrift Muster beziehen dürfen. Die **71** Behandlung von Tieren wird von § 1 II HeilprG nicht erfasst. Der Tierheilpraktiker übt, ohne tierärztliche Approbation, die Heilkunde an Tieren aus. Anders als beim Heilpraktiker ist die Ausübung dieses Berufes gesetzlich nicht geregelt. Die Berufsbezeichnung „Tierheilpraktiker" ist nicht geschützt und kann von jedem Laien ohne eine entsprechende Ausbildung geführt werden. Gerade die Tatsache, dass dieser Beruf von jedermann ausgeübt werden kann, spricht gegen die Anwendung des Abs. 3 S. 1 Nr. 2 auf den Tierheilpraktiker. Denn nach dieser Vorschrift sollen nur diejenigen Empfänger von Mustern werden, die durch einen staatlich anerkannten Abschluss heilberufliche Kenntnisse nachweisen. Wie bei der Abgabe an jeden anderen Laien wäre bei der Abgabe an den Tierheilpraktiker die **Arzneimittelsicherheit** nicht mehr gewährleistet. So wäre nicht sichergestellt, ob ein Tierheilpraktiker in der Lage ist, die Arzneimittelmuster ordnungsgemäß zu lagern, zu kontrollieren oder abzugeben.[50]

Abs. 3 S. 1 Nr. 2 beschränkt die Abgabe auf **nichtverschreibungspflichtige Arzneimittel**, da **72** Heilpraktiker und Zahnheilkundige, anders als Ärzte, Zahn- und Tierärzte, nicht gem. § 48 I dazu befugt sind, Arzneimittel zu verschreiben. Dementsprechend kann bei Heilpraktikern und Zahnheilkundigen auch kein Bedürfnis bestehen, sich über verschreibungspflichtige Arzneimittel durch Muster zu informieren oder diese zu erproben.

3. Ausbildungsstätten (Nr. 3). Nach Abs. 3 S. 1 Nr. 3 dürfen an Ausbildungsstätten für Heilberufe **73** Muster von Fertigarzneimitteln abgegeben werden. Die Abgabe muss zum einen an die richtigen Empfänger und zum anderen in zulässigem Umfang erfolgen.

Zu den Heilberufen, deren Ausbildungsstätten durch die Vorschrift erfasst werden, gehören Ärzte, **74** Zahnärzte, Tierärzte und andere Heilberufe, wie Heilpraktiker oder Ausübende der Zahnheilkunde. Auch die Ausbildungsstätten der Apotheker sind von Abs. 3 S. 1 Nr. 3 umfasst. Daneben zählen zu den Ausbildungsstätten der Heilberufe auch diejenigen der **Heilhilfsberufe**[51] (z. B. für Hebammen, Krankengymnasten, Optiker, Masseure, PTA, Krankenschwestern)[52]. Denn auch Auszubildende der Heilhilfsberufe können, wie die übrigen Genannten, ein Informationsinteresse an Arzneimitteln zum Zwecke der Ausbildung haben. Darüber hinaus ist auch ein Krankenhaus, das **Ärzte im Praktikum** beschäftigt, eine Ausbildungsstätte im Sinne dieser Regelung.

---

[48] *Sandrock/Nawroth*, in: Dieners/Reese, § 9 Rn. 41.
[49] OLG Stuttgart, NJW-RR 1997, 359 ff.
[50] A. A. *Sander*, § 47 Erl. 45.
[51] So auch *Kloesel/Cyran*, § 47 Anm. 47; a. A. *Sander*, § 47 Erl. 19b.
[52] Vgl. *Dreier*, in: Dreier, Art. 74 Rn. 92.

75   Wird der Empfängerkreis im Interesse einer sachgerechten Ausbildung weit gefasst, bedarf es einer einschränkenden Prüfung, ob das jeweilige Muster für die betroffene Ausbildung tatsächlich notwendig ist.

II. Beschränkung der Abgabe an Ausbildungsstätten (S. 2)

76   Die (Begrenzung der) Menge, die an die Ausbildungsstätten abgegeben werden darf, bestimmt **Abs. 3 S. 2**. Arzneimittel dürfen nur in einem dem Zweck der Ausbildung angemessenen Umfang abgegeben werden. Da bei der Ausbildung insbes. die Form und Verpackung des Medikamentes von Interesse sei, ein Verbrauch also in der Regel nicht eintrete, sind nach teilweise vertretener Auffassung keine allzu großen Mengen erforderlich. Es sei daher in der Regel **ein Muster** je Ausbildungsstätte angemessen[53]. Diese verhältnismäßig schematische Auffassung greift allerdings zu kurz; vielmehr kann nur in jedem Einzelfall beurteilt werden, zu welchem Zweck die Muster im Rahmen der Ausbildung eingesetzt werden sollen. Daneben sind die Größe der Ausbildungsstätten und die Anzahl der Klassen zu berücksichtigen.

III. Verbotene Inhaltsstoffe für Muster (S. 3)

77   **1. Betäubungsmittelgesetz (Nr. 1).** Abs. 3 S. 3 Nr. 1 untersagt die Abgabe von Mustern die Stoffe oder Zubereitungen i. S. d. § 2 BtMG, die als solche in den Anlagen II oder III BtMG aufgeführt sind, enthalten. Diese Bestimmung ist 1994 durch die 5. AMG-Novelle eingeführt worden. Sie setzt die RL 92/28/EWG um. Nach dieser RL dürfen keine Muster von Arzneimitteln abgegeben werden, die psychotrope Substanzen oder Suchtstoffe i. S. d. einschlägigen internationalen Übereinkommen enthalten. Das Musterabgabeverbot bezweckt die Bekämpfung der Suchtgefahr im Interesse der allgemeinen Gesundheit. Die mit der Abgabe entsprechender Muster einhergehenden Gefahren einer unkontrollierten Weitergabe sind schwerwiegender als der Nutzen, der durch die Zulassung einer entsprechenden Musterabgabe erzielt werden könnte. Der Verkehr mit besagten Stoffen und Zubereitungen muss effektiv kontrolliert und eingegrenzt werden. Beispielsweise erschwert das Verbot die Abgabe derartiger Arzneimittel an den Patienten. Zudem kann einem etwaigen Missbrauch bei der Entsorgung von Arzneimitteln, die Betäubungsmittel enthalten, begegnet werden[54].

78   Von dem Musterabgabeverbot nach Abs. 3 S. 3 Nr. 1 werden auch die in den Anlagen II und III zum BtMG angeführten **„ausgenommenen Zubereitungen"** erfasst. Ausgenommen sind Zubereitungen einer an sich nicht erlaubten Substanz in geringen Dosen für besondere Anwendungen. Dass auch die „ausgenommenen Zubereitungen" zu den Stoffen und Zubereitungen gehören, die in Mustern nicht enthalten sein dürfen, ergibt sich aus dem Wortlaut der Vorschrift. Denn es ist die Abgabe von Arzneimittelmustern verboten, die Stoffe und Zubereitungen enthalten, die als solche in den besagten Anlagen aufgeführt sind. Es ist also entscheidend, ob der Wirkstoff in den Anlagen erwähnt ist, ungeachtet etwaiger Ausnahmen. Zudem ergibt sich aus der historischen Auslegung, dass auch Arzneimittel[55], die „ausgenommene Zubereitungen" enthalten, vom Verbot der Musterabgabe erfasst sein sollten. In der Gesetzesbegründung ist ausdrücklich aufgeführt, dass das Abgabeverbot auch die sogenannten ausgenommenen Zubereitungen i. S. d. BtMG umfasst[56].

79   **2. Sonderrezepte (Nr. 2).** Mit dem AMG-ÄndG 2009 wurde Abs. 3 S. 3 Nr. 2 ergänzt. Danach dürfen Muster keine Stoffe oder Zubereitungen enthalten, die nach § 48 II 3 nur auf Sonderrezept verschrieben werden dürfen. Die Ergänzung schränkt die Möglichkeit einer Abgabe von Arzneimittelmustern weiter ein. Arzneimittel, die nur auf Sonderrezepte abgegeben werden dürfen, erfordern besondere Sicherheitsanforderungen, woraus sich das Verbot der Abgabe als Muster rechtfertigt.

F. Allgemeine Voraussetzungen der Musterabgabe (Abs. 4)

I. Schriftliche Anforderung (S. 1)

80   Muster von Fertigarzneimitteln dürfen gem. Abs. 4 S. 1 nur auf schriftliche Anforderung der nach Abs. 3 S. 1 empfangsberechtigten Personen an diese abgegeben werden. Die Anforderung muss sich auf eine **konkrete Musterabgabe** beziehen. Nicht ausreichend ist deshalb etwa eine Auflistung von Arzneimitteln für zukünftig zu beziehende Arzneimittel oder andere Formen der Anforderung, die sich nicht auf einen konkreten Abgabevorgang beziehen. Es soll eine unaufgeforderte Abgabe von Mustern durch pharmazeutische Unternehmen, bei denen sich der Empfänger möglicherweise erst nach Erhalt über die Verwendbarkeit Gedanken macht, unterbunden werden. Die Initiative zur Musterabgabe muss vom Empfänger ausgehen. Eine Umgehung dieses Erfordernisses macht die Musterabgabe unzulässig.

---

[53] *Sander*, § 47 Erl. 19c, unter Berufung auf ein Schreiben der Arbeitsgemeinschaft der Leitenden Medizinbeamten der Länder vom 30.12.1986.
[54] *OLG Köln*, NJWE-WettbR 1998, 175, 177.
[55] *OLG Köln*, NJWE-WettbR 1998, 175.
[56] BR-Drucks. 565/93, S. 55.

Die Anforderung muss der **Schriftform** des § 126 BGB genügen und somit eigenhändig durch 81
Namensunterschrift unterzeichnet sein[57]. Eine Vertretung ist – wie bei jedem Rechtsgeschäft – möglich,
wenn hierzu eine Vollmacht vorgelegt wird. Mit der Schriftform wird sowohl die Einhaltung der
Voraussetzungen für die Abgabe von Mustern dokumentiert wie auch dem Bedürfnis des Nachweises des
Vertriebes Rechnung getragen.

Nach § 126 BGB nicht ausreichend ist eine Übermittlung per Telegramm oder durch Telefax oder per 82
„normaler" E-Mail[58].

II. Abgabemenge und Packungsgröße (S. 1)

Gem. Abs. 4 S. 1 dürfen von einem Arzneimittel an einen Empfänger jährlich nicht mehr als **zwei** 83
Muster abgegeben werden. Dies kann bei Ausbildungsstätten nicht ausreichend sein. Zulässig ist es aber,
je **Darreichungsform** (z.B. Tropfen, Tabletten, Salbe, Zäpfchen) eines Arzneimittels zwei Muster
abzugeben. Da unterschiedliche Darreichungsformen die Wirksamkeit eines Arzneimittels verändern
können, bedürfen sie einer eigenen Zulassung. Dementsprechend ist es auch zulässig, für jede Darreichungsform eigene Musterkontingente vorzusehen[59]. Da die Darreichungsform darüber hinaus z.B. auf
die Verträglichkeit Auswirkungen haben kann, entspricht diese Erweiterung auch der gesetzlichen
Intention, das Arzneimittel zu Informationen oder zur möglichen Erprobung abzugeben.

Als Muster darf nur die jeweils **kleinste Packungsgröße** abgegeben werden. Dabei ist diejenige 84
Packungsgröße als die kleinste anzusehen, die zum jeweiligen Zeitpunkt die kleinste **im Handel
erhältliche** Packung ist. Nicht entscheidend ist, ob es sich um die kleinste zugelassene Packung
handelt[60]. Möglich ist allerdings, dass der Arzneimittelhersteller die Zulassung einer besonders kleinen
Packung beantragt, um sie anschließend als Muster weiterzugeben[61].

III. Übersendung der Fachinformation (S. 2)

Nach Abs. 4 S. 2 ist mit den Mustern die **Fachinformation** i.S.v. § 11a zu übersenden. Soweit ein 85
Pharmaberater die Muster an die in Abs. 1 genannten Empfänger abgibt, hat dieser gem. § 76 I 1 die
Fachinformation vorzulegen.

IV. Zweck der Musterabgabe (S. 3)

Das Muster soll insbes. der **Information** des Empfängers, vor allem der Information eines mit einer 86
möglichen Anwendung befassten Arztes, dienen. Der Arzt soll die Möglichkeit bekommen, sich über
den Inhalt und die konkrete Ausgestaltung der Gebrauchsinformation in der Packungsbeilage zu informieren und sich über die Beschaffenheit des Arzneimittels wie die Größe, Form und Farbe zu unterrichten. Befindet sich das Muster in der Hand des Arztes, so ist dieser für die ordnungsgemäße
Aufbewahrung, die Beachtung des Verfallsdatums sowie ggf. für Risikovorsorgemaßnahmen, wie z.B.
Indikationseinschränkungen, verantwortlich[62]. Es ist zulässig, bereits **altbekannte Arzneimittel als
Muster** abzugeben. Hierdurch soll insbes. neu approbierten Ärzten die Möglichkeit gegeben werden,
sich über diese Arzneimittel zu informieren.

Aus Sinn und Zweck der Vorschrift ergibt sich, dass Mustergaben vom Arzt an seine Patienten 87
unentgeltlich weitergegeben werden dürfen, damit der Arzt Erkenntnisse über die Wirksamkeit des
Arzneimittels, seine praktische Verträglichkeit, aber auch über mögliche, noch unbekannte Nebenwirkungen erlangen kann.

Eine **entgeltliche Abgabe** ist nicht zulässig. Dies wird durch die Berufsordnungen der Landes- 88
ärztekammern untersagt. Sollte ein Arzt die Abrechnung eines als Muster bezogenen Arzneimittels über
die Krankenkasse veranlassen, kann dies den Tatbestand des Betrugs gem. § 263 StGB erfüllen[63].

V. Nachweispflichten (S. 4)

Nach Abs. 4 S. 4 haben pharmazeutische Unternehmer über die Abgabe von Mustern Nachweise zu 89
führen, aus denen der Empfänger unzweifelhaft mit Namen und Anschrift hervorgeht. Zudem muss die
abgegebene Menge (Umfang), der Zeitpunkt und die Art der Abgabe aufgezeichnet werden. Diese
Nachweispflichten sollen eine bessere Kontrolle des Umfangs der abgegebenen Arzneimittel gewährleisten. Die Nachweise sind auf Verlangen der zuständigen Behörde vorzulegen.

---

[57] So auch *Sander*, § 47 Erl. 20; a.A. *Kloesel/Cyran*, § 47 Anm. 52.
[58] *Ellenberger*, in: Palandt, § 126 Rn. 12 ff.
[59] Antwort des Staatsekretärs des Bundesministeriums für Jugend, Familie, Frauen und Gesundheit auf die Anfrage
  eine Bundestagsabgeordneten der CDU/CSU, BT-Drucks. 11/2612, S. 18.
[60] *OLG Hamburg*, Urt. v. 9.9.2004 – 3 U 33/04 – BeckRS 2005, 02215.
[61] Vgl. *OLG Hamburg*, MD 2005, 406; *Kloesel/Cyran*, § 47 Anm. 50.
[62] BT-Drucks. 10/5732, S. 33.
[63] *BayObLG*, Beschl. v. 31.3.1977 – RReg. 4 St 45/76.

90   Werden die Muster durch einen **Pharmaberater** abgegeben, der von einem pharmazeutischen Unternehmen beauftragt wurde, so hat dieser gem. § 76 II die eben beschriebenen Nachweise zu führen und diese auf Verlangen der Behörde vorzulegen.

G. Sanktionen

I. Strafrecht

91   Mit Freiheitsstrafen bis zu drei Jahren oder mit Geldstrafe wird bestraft, wer verschreibungspflichtige Arzneimittel – außer an Apotheken – an andere Personen oder Stellen als die in Abs. 1 Genannten oder entgegen Abs. 1a Arzneimittel ohne Nachweis der Bescheinigung der Anzeigepflicht gem. § 67 abgibt oder als zulässiger Empfänger gem. Abs. 1 Nr. 5–9 Arzneimittel nicht nur für den eigenen Bedarf im Rahmen der Erfüllung der Aufgaben bezieht (§ 95 I Nr. 5). In besonders schweren Fällen, wenn die Gesundheit einer großen Zahl von Menschen gefährdet wird, andere in die Gefahr des Todes oder einer schweren Schädigung an Körper oder Gesundheit gebracht werden, beim Handeln zum eigenen Vermögensvorteil großen Ausmaßes oder bei Abgabe der Arzneimittel zu Dopingzwecken im Sport an Personen unter 18 Jahren ist die Freiheitsstrafe von einem Jahr bis zu zehn Jahren (§ 95 III). Im Falle des fahrlässigen Handelns beträgt gem. § 95 VI die Freiheitsstrafe bis zu einem Jahr oder Geldstrafe.

II. Ordnungswidrigkeitenrecht

92   Liegt ein Verstoß gegen § 47 durch die Abgabe oder den Bezug nicht verschreibungspflichtiger Arzneimittel vor, kann dies als Ordnungswidrigkeit mit einer Geldbuße bis zu 25.000,00 Euro geahndet werden (§ 97 II Nr. 12, III).

93   Nach § 97 II Nr. 12a handelt zudem ordnungswidrig, wer – anders als in § 47 IV S. 4 vorgeschrieben – Arzneimittel in einer **größeren Packung**, **ohne schriftliche Anforderung** oder über die zulässige Menge pro Empfänger **von zwei Mustern** pro Arzneimittel pro Jahr hinaus abgibt oder abgeben lässt.

94   Darüber hinaus begeht gem. § 97 II Nr. 13 eine Ordnungswidrigkeit, wer entgegen § 47 Ib oder IV 3 den dort geregelten **Nachweispflichten** nicht nachkommt.

III. Zivilrecht

95   Streitig ist, ob Rechtsgeschäfte, die unter Verstoß gegen die Vorschriften des § 47 abgeschlossen sind, gem. § 134 BGB[64] oder nur nach § 138 BGB nichtig sind, wenn die Beteiligten den Vertrag zur Umgehung der im AMG geregelten Apothekenpflicht geschlossen haben, weil § 47 lediglich ordnungspolitischen Charakter hat[65].

96   Berücksichtigt man, dass die Abgabe verschreibungspflichtiger Arzneimittel ohne Verschreibung oder der Verkauf apothekenpflichtiger Arzneimittel außerhalb der Apotheke für nichtig angesehen wird, weil sich die Verschreibungs- und Apothekenpflicht nicht nur gegen die Art und Weise des Zustandebringens von dagegen verstoßenden Verträgen richtet, sondern auch gegen deren wirtschaftlichen Ergebnis[66], ist es gerechtfertigt, die Abgabe von Arzneimitteln unter Verstoß gegen § 47 der Nichtigkeitsregel des **§ 134 BGB** zu unterstellen. Die Verschreibungspflicht dient der Gesundheitssicherung. Die Apothekenpflicht soll die ordnungsgemäße Versorgung der Bevölkerung mit Arzneimitteln sicherstellen. Es handelt sich insoweit um ein hohes Gut.

IV. Wettbewerbsrecht

97   § 47 regelt den Vertriebsweg von apothekenpflichtigen Arzneimitteln außerhalb der Apotheken und die Abgabe von Arzneimittelmustern. Die Vorschrift ist insoweit auch dazu bestimmt, im Interesse der Marktteilnehmer das Marktverhalten zu regeln. Wie beim Verbot des Verkaufs von apothekenpflichtigen Arzneimitteln außerhalb von Apotheken oder der Abgabe rezeptpflichtiger Arzneimittel ohne Rezept[67], haben die Vertriebsbestimmungen des § 47 einen unmittelbaren Wettbewerbsbezug. Es liegt somit bei einem Verstoß gegen § 47 regelmäßig auch unlauteres Handeln i. S. v. § 4 Nr. 11 UWG vor[68]. Im Einzelfall unter Berücksichtigung des Gesamtverhaltens kann eine sittenwidrige Beeinträchtigung der Lauterkeit des Wettbewerbs zu verneinen sein[69]. Im Falle des Verstoßes können deshalb von Mitbewerbern und klagebefugten Verbänden Unterlassung gem. § 8 UWG sowie von Mitbewerbern Schadens-

---

[64] Bejahend *LG Düsseldorf,* NJW 1980, 647.
[65] *BGH,* NJW 1968, 2286; *Rehmann,* § 47 Rn. 3.
[66] *Armbrüster,* in: MüKo BGB, 6. Aufl. § 134 Rn. 90; *Ellenberger,* in: Palandt, § 134 Rn. 16; *VGH München,* NJW 2006, 715.
[67] *v. Jagow,* in: Harte/Bavendamm/Henning-Bodewig, UWG, § 4 Nr. 11 Rn. 62.
[68] *OLG Hamburg,* PharmR 2015, 25; *LG Braunschweig,* Urt. v. 22.8.2006 – 9 O 1695/06 – juris; *Kaufmann/Ludwig,* PharmR 2014, 52.
[69] *BGH,* Urt. v. 6.10.1999 – I ZR 46/97 – BeckRS 1999, 30076109.

ersatz gem. § 9 UWG gefordert und von Verbänden Herausgabe des erzielten Gewinns an den Bundeshaushalt gem. § 10 UWG verlangt werden.

§ 47a Sondervertriebsweg, Nachweispflichten

(1) ¹Pharmazeutische Unternehmer dürfen ein Arzneimittel, das zur Vornahme eines Schwangerschaftsabbruchs zugelassen ist, nur an Einrichtungen im Sinne des § 13 des Schwangerschaftskonfliktgesetzes vom 27. Juli 1992 (BGBl. I S. 1398), geändert durch Artikel 1 des Gesetzes vom 21. August 1995 (BGBl. I S. 1050), und nur auf Verschreibung eines dort behandelnden Arztes abgeben. ²Andere Personen dürfen die in Satz 1 genannten Arzneimittel nicht in den Verkehr bringen.

(2) ¹Pharmazeutische Unternehmer haben die zur Abgabe bestimmten Packungen der in Absatz 1 Satz 1 genannten Arzneimittel fortlaufend zu nummerieren; ohne diese Kennzeichnung darf das Arzneimittel nicht abgegeben werden. ²Über die Abgabe haben pharmazeutische Unternehmer, über den Erhalt und die Anwendung haben die Einrichtung und der behandelnde Arzt Nachweise zu führen und diese Nachweise auf Verlangen der zuständigen Behörde zur Einsichtnahme vorzulegen.

(2a) Pharmazeutische Unternehmer sowie die Einrichtung haben die in Absatz 1 Satz 1 genannten Arzneimittel, die sich in ihrem Besitz befinden, gesondert aufzubewahren und gegen unbefugte Entnahme zu sichern.

(3) Die §§ 43 und 47 finden auf die in Absatz 1 Satz 1 genannten Arzneimittel keine Anwendung.

Literatur: *Nickel/Hofmann,* Der Sondervertriebsweg für zur Vornahme eines Schwangerschaftsabbruchs zugelassene Arzneimittel, DVBl. 2000, 682.

Übersicht

A. Allgemeines

Mit der 9. AMG-Novelle wurde mit § 47a ein **Sondervertriebsweg** für Arzneimittel eingeführt, die **1** zur Vornahme eines Schwangerschaftsabbruchs bestimmt sind. Der Inhaber der industriellen Eigentumsrechte an dem Präparat **Mifegyne®** hatte im März 1999 im Rahmen des gegenseitigen Anerkennungsverfahrens die Zulassung für eine Reihe von EU-Staaten, darunter auch beim BfArM für Deutschland beantragt. Das BfArM erkannte die französische Zulassung von Mifegyne® im Juli 1999 an. Die Einführung eines Sondervertriebswegs sollte in zeitlicher Nähe zur Erteilung der Zulassung für Mifegyne erfolgen.

I. Inhalt

Gegenstand der Regelung ist in Abs. 1 ein **Sondervertriebsweg,** der eine direkte und ausschließliche **2** Abgabe vom pharmazeutischen Unternehmer an die Einrichtung, in der der Schwangerschaftsabbruch durchgeführt werden darf, vorsieht. In Abs. 2 wird bestimmt, dass der pharmazeutische Unternehmer, die Einrichtung und der behandelnde Arzt Nachweise über Abgabe, Erhalt und Anwendung des Arzneimittels zu führen haben. Weitere ergänzende Einzelheiten hierzu enthält die **AMVV.** Ferner ist der pharmazeutische Unternehmer nach Abs. 2 verpflichtet, die Arzneimittel mit einer fortlaufenden Nummerierung zu kennzeichnen. Abs. 2a normiert besondere Aufbewahrungs- und Sicherungspflichten. Abs. 3 stellt klar, dass die Vertriebsregelungen der §§ 43 und 47 keine Anwendung finden. Relevanz haben auch die Überwachungs- und Einfuhrvorschriften (§§ 64 und 73) sowie die Straf- und Bußgeldvorschriften (§§ 95, 96 und 97).

II. Zweck

3   Der in den §§ 43 und 47 zur Arzneimittelversorgung generell vorgesehene Vertriebsweg über den pharmazeutischen Großhandel und die Apotheken an den Endverbraucher war nach Ansicht des Gesetzgebers für Arzneimittel, die zur Vornahme eines Schwangerschaftsabbruchs bestimmt sind, nicht angezeigt und auch nicht notwendig[1]. Dabei ging auch die ähnliche Vertriebswegregelung in Frankreich in die Entscheidung ein. Die Besonderheit dieser Arzneimittel erfordert **keine breite Verfügbarkeit** über Großhandel und Apotheken. Sicherheitsaspekte waren hingegen nicht Anlass für die Einführung des Sondervertriebsweges, weil der Vertrieb über Großhandel und Apotheken kein Sicherheitsrisiko darstellt[2]. Die in Abs. 2 enthaltene Verpflichtung des pharmazeutischen Unternehmers, die Packungen mit einer fortlaufenden Nummer zu kennzeichnen, dient der besseren Kontrollierbarkeit der Nachweise durch die zuständigen Überwachungsbehörden. Damit soll einem Abzweigen des Präparates (Schwarzmarkt) entgegengewirkt werden[3]. Die auf Empfehlung des Gesundheitsausschusses des Deutschen Bundestages im Gesetzgebungsverfahren in Abs. 2a normierten besonderen Aufbewahrungs- und Sicherungspflichten trugen in der Anhörung zum Gesetzentwurf vorgetragenen Bedenken Rechnung[4]. Ethische Fragen der Anwendung von zugelassenen Arzneimitteln sind – bislang[5] – nicht Gegenstand des AMG, sondern anderer Gesetze, an die das AMG anknüpft. Nach dem Erfahrungsbericht der Bundesregierung vom 19.7.2001 zu dem in § 47a vorgesehenen Sondervertriebsweg hat sich die Regelung bewährt. Der gegenüber dem herkömmlichen Vertriebsweg gegebene höhere Verwaltungsaufwand sei im Hinblick auf die Zielsetzung der Vorschrift gerechtfertigt[6].

B. Sondervertriebsweg und Abgabeverbot (Abs. 1)

I. Sondervertriebsweg (S. 1)

4   Nach § 47a I 1 dürfen pharmazeutische Unternehmer ein Arzneimittel, das zur Vornahme eines Schwangerschaftsabbruchs zugelassen ist, nur an Einrichtungen i. S. d. § 13 des Schwangerschaftskonfliktgesetzes (SchKG) und nur auf Verschreibung eines dort behandelnden Arztes abgeben.

5   **1. Erfasste Arzneimittel.** Präparate, die zur Vornahme eines Schwangerschaftsabbruchs bestimmt sind, sind – ebenso wie Schwangerschaftsverhütungsmittel[7] – nach § 2 I Nr. 2 Buchst. a) Arzneimittel, denn durch dieses Präparat werden die physiologischen Funktionen des Körpers der Frau beeinflusst (s. auch § 2 Rn. 86)[8].

6   Die von Abs. 1 erfassten Arzneimittel müssen für einen nach der Rechtsordnung zulässigen, d. h. nicht rechtswidrigen oder unter den Voraussetzungen des § 218a I StGB **nicht strafbaren Schwangerschaftsabbruchs** bestimmt sein.

7   Die in Deutschland im Handel befindlichen **Prostaglandine,** die auch im Rahmen eines medikamentösen Schwangerschaftsabbruchs eingesetzt werden, sind für die Prophylaxe und Behandlung von medikamentös bedingten Magenschleimhautschädigungen oder soweit es um einen Schwangerschaftsabbruch geht, nur im Zusammenwirken („zur Vorbereitung", „zur Einleitung" …) mit einem instrumentellen Schwangerschaftsabbruch zugelassen. Diese Präparate besitzen keine Zulassung für die Anwendung zum medikamentösen Schwangerschaftsabbruch und unterfallen damit nicht dem Sondervertriebsweg nach § 47a. Die fehlende Zulassung schließt allerdings eine Anwendung der Prostaglandine im Rahmen eines medikamentösen Schwangerschaftsabbruchs nicht aus. Mit der Anwendung außerhalb der Indikation ist auch nicht zwingend eine Gefährdung verbunden. In der Fachinformation für Mifegyne®

---

[1] Vgl. BT-Drucks. 14/898 und (inhaltsgleich) BT-Drucks. 14/1161, S. 4.

[2] BT-Drucks. 14/6766, S. 4.

[3] Vgl. BT-Drucks. 14/6766, S. 4.

[4] Vgl. BT-Drucks. 14/1240, S. 7.

[5] In der 14. Legislaturperiode des Deutschen Bundestages hatte ein Gesetzentwurf von Abgeordneten der CDU/CSU-Bundestagsfraktion zur Einfügung eines § 6b („Verbot von Arzneimitteln zur Tötung menschlichen Lebens") in das AMG (BT-Drucks. 14/1184) keinen Erfolg; damit sollte insbes. der Ausschluss der Zulassungsfähigkeit solcher Mittel erreicht werden.

[6] BT-Drucks. 14/6766, S. 4.

[7] Vgl. hierzu *Kloesel/Cyran*, § 2 Anm. 42; *Sander*, § 2 Erl. 25; *Rehmann*, § 2 Rn. 16.

[8] Im Ergebnis ebenso *Deutsch*, NJW 1999, 3393, der aber – unzutreffenderweise, denn es handelt sich nicht um Diagnostica – auf § 2 I Nr. 2 AMG a. F. abstellt. Ergänzend ist auf die arzneimittelrechtlichen Regelungen der EU hinzuweisen. Aus Art. 6 RL 65/65/EWG (zuletzt geändert durch die RL 93/39/EWG, jetzt Art. 4 IV RL 2001/83/EG), der von schwangerschaftsunterbrechenden Arzneimitteln spricht, folgt, dass das europäische Recht ebenfalls von der Arzneimitteleigenschaft solcher Mittel ausgeht.

wird darauf hingewiesen, dass die sequentielle, d. h. im Abstand von 36 Stunden anzuwendende Gabe von Mifegyne® mit einem geeigneten Prostaglandin-Analogon (wie z. B. Misoprostol) in dieser Indikation als wirksam und unbedenklich anzusehen ist. Der Arzt kann deshalb im Rahmen eines medikamentösen Schwangerschaftsabbruchs Prostaglandine verordnen. Ihn trifft zwar grundsätzlich ein erhöhtes Haftungsrisiko bei einem Einsatz des Mittels außerhalb der zugelassenen Indikation. Dieses Haftungsrisiko dürfte aber bei Beachtung der allgemeinen, für das Arzt-/Patientenverhältnis geltenden Rechtsgrundsätze aufgrund des in der Fachinformation für Mifegyne® enthaltenen Hinweises auf ein Minimum beschränkt sein. Ein eigenes Verschulden des Arztes für etwa eingetretene Schäden könnte aber beispielsweise bei mangelnder oder unzureichender Aufklärung der Frau, bei der der Schwangerschaftsabbruch durchgeführt werden soll, gegeben sein. Hier empfiehlt es sich, die Frau insbes. über den (möglicherweise) angezeigten Einsatz und den Zulassungsstatus der Prostaglandine umfassend aufzuklären[9].

2. Pharmazeutischer Unternehmer. Der **pharmazeutische Unternehmer** des betr. Arzneimittels **8** ist der Verantwortliche für das Inverkehrbringen i. S. d. § 9. Nach § 9 II kann der pharmazeutische Unternehmer seinen Sitz auch in einem anderen Mitgliedstaat der EU oder in einem anderen Vertragsstaat des EWR haben. Der in Abs. 1 S. 1 bezeichnete pharmazeutische Unternehmer ist nach dem Sinn und Zweck der Regelung allein derjenige, der das betr. Arzneimittel erstmals im Geltungsbereich des AMG in den Verkehr bringt[10]. Dies ist insbesondere auch relevant für die Importregelung des § 73 (s. Rn. 13). Der Vertrieb über Tochterfirmen des pharmazeutischen Unternehmers ist nicht zulässig, weil es sich hierbei um eigenständige juristische Personen handelt. Andererseits ist der Vertrieb über eine **Zweigniederlassung** des pharmazeutischen Unternehmers zulässig[11].

3. Abgabe an Einrichtungen. Die von Abs. 1 erfassten Arzneimittel dürfen vom pharmazeutischen **9** Unternehmer nur an die Einrichtungen im Sinne des § 13 des Schwangerschaftskonfliktgesetzes (SchKG)[12] abgegeben, also insbes. geliefert werden. Die Abgabe erfolgt damit nicht an den verschreibenden Arzt, sondern an die Einrichtung[13]. Bei den Einrichtungen i. S. d. § 13 SchKG muss es sich um Einrichtungen handeln, in denen auch **operative Schwangerschaftsabbrüche** durchgeführt werden können, damit die notwendige Nachbehandlung gewährleistet ist. So sind beispielsweise für Mifegyne® Raten von 1,3 bis 7,5 % ausgewiesen, in denen es nicht zum Abbruch kommt[14]. Als Einrichtungen kommen deshalb Krankenhäuser, Krankenanstalten i. S. d. § 30 GewO sowie ärztliche Praxen, in denen Schwangerschaftsabbrüche von einem Arzt vorgenommen werden, in Betracht. An Fachärzte, die nicht in den eigenen Praxisräumen, sondern in Einrichtungen, die die Zulassung zum ambulanten Operieren haben, Schwangerschaftsabbrüche (tageweise) durchführen, dürfen Arzneimittel, die zur Vornahme eines Schwangerschaftsabbruchs zugelassen sind, nur über die Adresse der Einrichtung geliefert werden nicht aber in ihre sonstigen Praxisräume. Zur Bevorratung s. Rn. 7. In Bayern ist zusätzlich das Bayerische Schwangerenhilfeergänzungsgesetz (BaySchwHEG) zu beachten. Nach Art. 1–4 BaySchwHEG müssen diese Einrichtungen zur Vornahme von Schwangerschaftsabbrüchen zugelassen sein[15].

4. Ärztliche Verschreibung. Verschreiben ist die Ausstellung eines Rezepts über ein Arzneimittel **10** durch einen approbierten Arzt oder Arzt mit Erlaubnis. Ein von § 47a erfasstes Arzneimittel darf nur auf Verschreibung eines Arztes, der in der Einrichtung i. S. d. § 13 SchKG behandelnd tätig ist, an diese Einrichtung abgegeben werden. Nach § 2 III AMVV entfällt bei der Verschreibung eines Arzneimittels zur Vornahme eines Schwangerschaftsabbruchs die Angabe der Person, für die das Arzneimittel bestimmt ist, und wird durch den Hinweis auf die Anwendung in einer Einrichtung i. S. d. § 13 SchKG ersetzt. Dadurch wird die **Anonymität** der Frau gegenüber dem pharmazeutischen Unternehmer gesichert, bei dem das Original der Verschreibung verbleiben und aufbewahrt werden soll; ferner wird der Einrichtung das Vorrätighalten des Arzneimittels ermöglicht[16]. Grundsätzlich wird eine kleine **Bevorratung** mit zur Vornahme eines Schwangerschaftsabbruchs bestimmten Arzneimitteln in den Einrichtungen nach § 13 SchKG zulässig sein. Eine Höchstmenge von 30 Packungen je Auslieferung bzw. Verordnung wird nach dem Erfahrungsbericht der Bundesregierung von Überwachungsbehörden offensichtlich nicht beanstandet[17].

---

[9] *Hofmann/Nickel*, DVBl. 2000, 682, 685.
[10] *Kloesel/Cyran*, § 47a Anm. 2.
[11] *Hofmann/Nickel*, DVBl. 2000, 682, 683 f.
[12] Die Vorschrift hat folgenden Wortlaut:
„Einrichtungen zur Vornahme von Schwangerschaftsabbrüchen
(1) Ein Schwangerschaftsabbruch darf nur in einer Einrichtung vorgenommen werden, in der auch die notwendige Nachbehandlung gewährleistet ist.
(2) Die Länder stellen ein ausreichendes Angebot ambulanter und stationärer Einrichtungen zur Vornahme von Schwangerschaftsabbrüchen sicher."
[13] *Sander*, § 47a Erl. 4.
[14] *Hofmann/Nickel*, DVBl. 2000, 682, 684.
[15] Bekanntmachung vom 4.2.2000 – Nr. VII 6/8622/3/2000, Allg. MBl. Bayern Nr. 5 S. 138.
[16] Vgl. BT-Drucks. 14/898, S. 5.
[17] BT-Drucks. 14/6766, S. 3.

II. Verbot des Inverkehrbringens (S. 2)

11   Abs. 1 S. 2 stellt klar, dass andere Personen die in S. 1 genannten Arzneimittel nicht in den Verkehr bringen dürfen. **Inverkehrbringen** ist nach der Legaldefinition des § 4 XVII das Vorrätighalten zum Verkauf oder zu sonstiger Abgabe, das Feilhalten, das Feilbieten und die Abgabe an andere. Damit sind bereits Handlungen erfasst, die erst einer Vorbereitung der Abgabe dienen. Als **Abgabe** gilt die Übertragung oder das Einräumen der tatsächlichen Verfügungsgewalt auf oder an einen anderen durch körperliche Überlassung des Arzneimittels (s. § 4 Rn. 121). Die Abgabe kann entgeltlich oder auch unentgeltlich erfolgen. Damit dürfen insbes. Apotheken oder der Großhandel die von § 47a erfassten Arzneimittel nicht abgeben. Auch der Arzt, der in der Einrichtung i. S. d. 1 § 13 SchKG behandelnd tätig ist, darf die von § 47a erfassten Arzneimittel nicht in den Verkehr bringen. Die **unmittelbare Anwendung** des Arzneimittels durch den behandelnden Arzt ist allerdings keine Abgabe. Anwendung ist die Verabreichung des von § 47a erfassten Arzneimittels bei der Frau, bei der der Schwangerschaftsabbruch durchgeführt werden soll. Eine Anwendung im Körper kann z. B. durch Einnahme oder Injektion des Arzneimittels erfolgen. Eine Übertragung der Verfügungsgewalt und damit eine (unzulässige) Abgabe liegt aber auch dann nicht vor, wenn die Frau das Arzneimittel unter unmittelbarer Kontrolle des Arztes, insbes. in seiner Anwesenheit einnimmt[18].

C. Nachweispflichten (Abs. 2)

I. Nummerierung (S. 1)

12   Pharmazeutische Unternehmer haben nach Abs. 2 S. 1 die zur Abgabe bestimmten Packungen der zum Schwangerschaftsabbruch bestimmten Arzneimittel nach Abs. 2 fortlaufend zu nummerieren. Ohne diese Kennzeichnung darf das Arzneimittel nicht abgegeben werden. Diese besondere **Kennzeichnungspflicht** tritt neben die Kennzeichnungspflichten nach § 10 und ist im Hinblick auf § 10 I auf den Behältnissen und soweit verwendet auf den äußeren Umhüllungen in gut lesbarer Schrift und auf dauerhafte Weise anzugeben. Die Nummerierung ist chargen-unabhängig durchzuführen[19].

II. Nachweisführung (S. 2)

13   Über die Abgabe haben pharmazeutische Unternehmer, über den Erhalt und die Anwendung haben die Einrichtung und der behandelnde Arzt nach Abs. 2 S. 2 Nachweise zu führen und diese auf Verlangen der zuständigen Behörde zur Einsichtnahme vorzulegen. § 3 AMVV konkretisiert die in Abs. 2 S. 2 enthaltenen Nachweispflichten auf der Grundlage der Ermächtigung in § 48 II 1 Nr. 6. Danach ist die Verschreibung eines zur Vornahme eines Schwangerschaftsabbruchs zugelassenen Arzneimittels in zwei Ausfertigungen (Original und Durchschrift) zu erstellen. Original und Durchschrift sind den pharmazeutischen Unternehmern zu übermitteln. Eine Übersendung per Telefax genügt nicht den Anforderungen des § 3 AMVV, denn ein Telefax ist eine Fernkopie und damit kein Original. Auch eine Bestellung per E-Mail ist unzulässig. Die Pflicht zur fünfjährigen **Aufbewahrung** der Nachweise entspricht der Regelung in § 20 I AMWHV, nach der Aufzeichnungen u. a. über das Inverkehrbringen des Arzneimittels mindestens fünf Jahre aufzubewahren sind.

14   Nach § 64 I unterliegt der Vertriebsweg nach § 47a einschließlich der Nachweispflichten sowohl beim pharmazeutischen Unternehmer als auch bei Arzt und Einrichtung der Überwachung der zuständigen Behörde. Die zuständige Behörde darf aus Gründen des **Datenschutzes** personenbezogene Patientendaten auch in Fällen der Überwachung des Vertriebswegs nach § 47a nur einsehen und keine Abschriften oder Ablichtungen fertigen[20]. Allerdings werden die Daten in der Regel anonymisiert sein; Verschreibung und sonstige Nachweise enthalten nicht den Namen der Frau, so dass ein Personenbezug nur durch den behandelnden Arzt vorgenommen werden kann.

D. Aufbewahrungspflichten (Abs. 2a)

15   Nach dem auf Beschlussempfehlung des Gesundheitsausschusses eingefügten Abs. 2a[21] müssen pharmazeutische Unternehmer sowie die Einrichtungen i. S. d. § 13 SchKG die zur Vornahme eines Schwangerschaftsabbruchs bestimmten Arzneimittel gesondert aufbewahren und gegen unbefugte Entnahme sichern. Diese besonderen **Aufbewahrungs- und Sicherungspflichten** entsprechen den Regelungen für Betäubungsmittel. Eine gemeinsame Lagerung mit Betäubungsmitteln in einem verschließbaren

---

[18] *Kloesel/Cyran*, § 47a Anm. 2.
[19] *Sander*, § 47a Erl. 7.
[20] Vgl. BT-Drucks. 14/898, S. 4.
[21] Vgl. BT-Drucks. 14/1240, S. 4.

Behältnis ist möglich, sofern die zur Vornahme eines Schwangerschaftsabbruchs bestimmten Arzneimittel innerhalb dieses Behältnisses gesondert, z. B. in einem eigenen Fach, aufbewahrt werden[22].

E. Keine Anwendung der §§ 43 und 47 (Abs. 3)

Abs. 3 stellt in Ergänzung zu Abs. 1 S. 2 klar, dass die Abgabe der von § 47a erfassten Arzneimittel **16** über Apotheken ausgeschlossen ist. Im Hinblick auf § 47 IV ist damit insbesondere klargestellt, dass eine Abgabe in Form sog. **Ärztemuster** ebenfalls nicht erfolgen darf.

F. Verbringungsverbot nach § 73 I 2

In einem engen sachlichen Zusammenhang mit dem Sondervertriebsweg nach § 47a steht das in § 73 **17** I 2 geregelte **Verbringungsverbot.** Danach dürfen die in § 47a I 1 genannten Arzneimittel nur in den Geltungsbereich des AMG verbracht werden, wenn der Empfänger eine der dort genannten Einrichtungen ist. Hier stellt sich die Frage, ob ein in Deutschland ansässiger pharmazeutischer Unternehmer, der ein zum Schwangerschaftsabbruch bestimmtes Arzneimittel in den Verkehr bringen will, dieses Arzneimittel vom Hersteller aus einem Mitgliedstaat der EU beziehen darf. Fraglich könnte sein, ob einer Einfuhr dieses Fertigarzneimittels beispielsweise aus Frankreich zu der in Deutschland ansässigen Firma der Wortlaut des § 73 I 2 entgegensteht, denn § 73 I 2 nimmt Bezug auf die in § 47a genannten Einrichtungen und dies könnte als Hinweis auf Einrichtungen i. S. d. § 13 SchKG zu verstehen sein. Aus dem Wortlaut des § 73 I 2 ergibt sich jedoch zunächst nur ein Bezug zu der Vorschrift des § 47a. Der in § 73 I 2 bezeichnete Empfängerkreis besteht aus den in § 47a I bezeichneten Einrichtungen, ohne dass dabei eine Einengung auf Einrichtungen i. S. d. § 13 des SchKG erfolgt ist. Der Begriff der Einrichtung wird im AMG grundsätzlich weit verstanden – wie z. B. § 64 I zeigt – und umfasst auch pharmazeutische Unternehmer. Berechtigter Empfänger i. S. d. § 73 I 2 ist deshalb auch der pharmazeutische Unternehmer des betr. Arzneimittels, der auch als solcher der Verantwortliche für das Inverkehrbringen i. S. d. § 9 ist[23]. Dies ergibt sich auch aus der systematischen und teleologischen Auslegung der §§ 47a und 73 I 2. Die Vorschrift des § 47a I 1 sieht unter Ausschluss des Vertriebsweges über Großhandel und Apotheken eine direkte Abgabe vom pharmazeutischen Unternehmer, an die Einrichtung, in der ein Schwangerschaftsabbruch durchgeführt werden darf, vor. Nach dem Sinn und Zweck der Regelung soll damit ausschließlich der Vertriebsweg über den Großhandel und die Apotheken ausgeschlossen werden[24]. Eine andere Auslegung der §§ 73 I 2, 47a I, nach der dem pharmazeutischen Unternehmer der Bezug seines Arzneimittels von einem in einem anderen Mitgliedstaat der EU ansässigen Hersteller verwehrt wäre, verstieße im Übrigen gegen die gemeinschaftsrechtlichen Bestimmungen zum freien Warenverkehr (ebenso § 73 Rn. 20).

G. Sanktionen

Nach § 95 I Nr. 5a ist der pharmazeutische Unternehmer mit Freiheitsstrafe bis zu drei Jahren oder **18** mit Geldstrafe bedroht, der das Arzneimittel an andere Stellen als Einrichtungen i. S. d. § 13 SchKG abgibt. Nach dieser **Strafbestimmung** macht sich auch jede andere Person strafbar, die entgegen § 47a I ein dort genanntes Arzneimittel in den Verkehr bringt. Eine Abgabe des Arzneimittels vom pharmazeutischen Unternehmer an eine Einrichtung i. S. d. SchKG ohne Vorlage der erforderlichen Verschreibung ist nach § 96 Nr. 12 mit Freiheitsstrafe bis zu einem Jahr oder mit Geldstrafe bedroht.

Ferner sind Verstöße gegen die in § 47a II 2 vorgeschriebenen Nachweispflichten nach § 97 II Nr. 13 **19** und gegen die in § 47a II 1 vorgeschriebene Verpflichtung zur Kennzeichnung durch Nummerierung der Packungen nach § 97 II Nr. 13a eine **Ordnungswidrigkeit.** Mit Bußgeld ist nach § 97 II Nr. 8 ebenfalls bedroht, wer entgegen § 73 I 2 Arzneimittel an andere Empfänger als an Einrichtungen nach § 13 SchKG oder an pharmazeutische Unternehmer des betreffenden Arzneimittels in den Geltungsbereich des AMG verbringt.

§ 47b Sondervertriebsweg Diamorphin

(1) [1]Pharmazeutische Unternehmer dürfen ein diamorphinhaltiges Fertigarzneimittel, das zur substitutionsgestützten Behandlung zugelassen ist, nur an anerkannte Einrichtungen im Sinne des § 13 Absatz 3 Satz 2 Nummer 2a des Betäubungsmittelgesetzes und nur auf Ver-

---

[22] *Kloesel/Cyran*, § 47a Anm. 8.
[23] *Hofmann/Nickel*, DVBl. 2000, 682, 685.
[24] Vgl. BT-Drucks. 14/898, S. 4.

schreibung eines dort behandelnden Arztes abgeben. ²Andere Personen dürfen die in Satz 1 genannten Arzneimittel nicht in Verkehr bringen.

(2) Die §§ 43 und 47 finden auf die in Absatz 1 Satz 1 genannten Arzneimittel keine Anwendung.

A. Allgemeines

I. Inhalt

1 Abs. 1 S. 1 regelt den Sondervertriebsweg für diamorphinhaltige Fertigarzneimittel, die zur substitutionsgestützten Behandlung zugelassen sind. Die Arzneimittel dürfen vom pharmazeutischen Unternehmer nur direkt an eine Einrichtung i. S. d. § 13 III 2 Nr. 2a BtMG abgegeben werden. Abs. 1 S. 2 stellt sicher, dass nur pharmazeutische Unternehmen die entsprechenden Arzneimittel in Verkehr bringen und verbietet ein weiteres Inverkehrbringen der Arzneimittel. Über einen anderen Vertriebsweg als den in Abs. 1 S. 1 genannten dürfen diamorphinhaltige Fertigarzneimittel nach Abs. 2 nicht in Verkehr gebracht werden.

II. Zweck

2 Eine klinische Arzneimittelstudie zur heroingestützten Behandlung Opiatabhängiger in den Jahren 2001–2006[1] kam zu dem Ergebnis, dass die Diamorphinbehandlung bei Schwerstopiatabhängigen im Hinblick auf die Verbesserung der Gesundheit und den Rückgang des illegalen Drogenkonsums zu signifikant größeren Effekten als die Metadonbehandlung führte[2]. Da Diamorphinbestände, auch in der Form einer Arzneimittelzubereitung, in hohem Maße gefährdet sind, weil eine erhebliche kriminelle Energie auf die Beschaffung dieses Stoffes gerichtet ist[3], sind nach Ansicht des Gesetzgebers **Sicherheitsvorkehrungen** im Hinblick auf Transport, Vorhaltung und Abgabe diamorphinhaltiger Fertigarzneimittel **erforderlich**. Da nach seiner Ansicht diese Sicherheitsvorkehrungen von Apotheken nicht erwartet werden können und Transporte mit diesen Fertigarzneimitteln möglichst reduziert werden sollen[4], bedurfte es der Festlegung eines Sondervertriebswegs, der den genannten Bedenken hinreichend Rechnung trägt. Die Regelung des § 47b, die in § 13 II 2 BtMG ein betäubungsmittelrechtliches Pendant besitzt, orientiert sich dabei weitgehend an der bereits einen Sondervertriebsweg begründenden Regelung des § 47a und ist durch Art. 2 Nr. des Gesetzes zur diamorphingestützten Substitutionsbehandlung vom 15.7.2009 (BtMGuaÄndG) in das AMG aufgenommen worden.

B. Abgabe eines diamorphinhaltigen Fertigarzneimittels (Abs. 1)

I. Abgabe (S. 1)

3 Abs. 1 S. 1 nennt den Sondervertriebsweg, über den diamorphinhaltige Fertigarzneimittel, die zur substitutionsgestützten Behandlung zugelassen sind, in den Verkehr gebracht werden können. Sie sollen aufgrund des erheblichen Risikos einer illegalen Beschaffung durch Opiatabhängige nicht über den vom AMG üblicherweise vorgesehenen Vertriebsweg vom Hersteller über den pharmazeutischen Großhändler und die Apotheke, sondern **unmittelbar vom pharmazeutischen Unternehmer zur behandelnden Einrichtung** geliefert werden[5].

4 Der Umstand, dass die Gesetzesbegründung zum Gesetz zur diamorphingestützten Substitutionsbehandlung sowohl vom „Hersteller" als auch vom „pharmazeutischen Unternehmer" spricht[6], lässt erkennen, dass **pharmazeutischer Unternehmer** i. S. d. Abs. 1 S. 1 nur derjenige sein soll, der das Arzneimittel erstmalig im Geltungsbereich des AMG i. S. d. § 4 XVII in den Verkehr bringt. Hierfür spricht auch, dass der Gesetzgeber einen einfachen Vertriebsweg begründen wollte, d. h. das Arzneimittel soll direkt und ohne Umwege über eine dritte Person zur Einrichtung i. S. d. § 13 III 2 Nr. 2a BtMG gelangen. Pharmazeutischer Unternehmer i. S. d. Abs. 1 S. 1 ist daher nicht, wer Arzneimittel eines anderen pharmazeutischen Unternehmers nur unter seinem Namen in Verkehr bringt (§ 4 XVIII 2)[7]. Abs. 1 S. 1 schließt es allerdings nicht aus, dass der pharmazeutische Unternehmer, der im Geltungs-

---

[1] Ergebnisse und weitergehende Hinweise finden sich auf der offiziellen Projekt-Homepage unter http://www.heroinstudie.de.
[2] *Haasen*, Summary of study reports of the first and second study phase, S. 2, abrufbar unter http://www.heroinstudie.de/Summ_German_H-Study.pdf; BT-Drucks. 16/11515, S. 9.
[3] Vgl. BT-Drucks. 16/11515, S. 9 f.
[4] Vgl. BT-Drucks. 16/11515, S. 10.
[5] BT-Drucks. 16/11515, S. 10.
[6] BT-Drucks. 16/11515, S. 10.
[7] Vgl. *Kloesel/Cyran*, § 47a Anm. 2.

bereich des AMG das Arzneimittel erstmalig in den Verkehr bringt, das Arzneimittel in den Geltungsbereich des AMG eingeführt hat. Eine § 73 I 2 vergleichbare Regelung[8] existiert gerade nicht.

Abs. 1 S. 1 setzt voraus, dass es sich bei dem diamorphinhaltigen[9] Arzneimittel um ein Fertigarznei- 5
mittel nach § 4 I handelt, welches zur substitutionsgestützten Behandlung zugelassen ist. Substitution ist
gem. § 5 I BtMVV die Anwendung eines ärztlich verschriebenen Betäubungsmittels bei einem opiat-
abhängigen Patienten **(Substitutionsmittel) zur Behandlung der Opiatabhängigkeit** mit dem Ziel
der schrittweisen Wiederherstellung der Betäubungsmittelabstinenz einschließlich der Besserung und
Stabilisierung des Gesundheitszustandes, zur Unterstützung der Behandlung einer neben der Opiatabhängigkeit bestehenden schweren Erkrankung oder zur Verringerung der Risiken einer Opiatabhängigkeit während einer Schwangerschaft und nach der Geburt. Diamorphin ist ein Substitutionsmittel im
oben genannten Sinne (§ 5 IV 1 Nr. 3 BtMVV).

Die Abgabe des Arzneimittels darf nur an **Einrichtungen i. S. d. § 13 III 2 Nr. 2a BtMG** erfolgen, 6
denen eine entsprechende Erlaubnis von der zuständigen Landesbehörde erteilt wurde. Die Einrichtungen müssen den in § 5 IXb 2 BtMVV genannten Anforderungen genügen. Hiervon hat sich der
abgebende pharmazeutische Unternehmer zu vergewissern[10]. Die Abgabe darf nicht an Personen der
Einrichtungen erfolgen, auch nicht, wenn es sich bei diesen um Ärzte handelt. Voraussetzung einer
Abgabe an die Einrichtung ist zudem, dass diese auf Verschreibung eines Arztes der jeweiligen Einrichtung erfolgt. Anforderungen an die Verschreibung sind § 5 II, IXa BtMVV zu entnehmen. Diese ist
ausweislich § 5 V 3 BtMVV nur einem pharmazeutischen Unternehmer vorzulegen. Einrichtungen
i. S. d. § 13 III 2 Nr. 2a BtMG sind angesichts der Verschreibungspflicht nicht befugt, diamorphinhaltige
Fertigarzneimittel zur substitutionsgestützten Behandlung auf Lager vorzuhalten.

II. Inverkehrbringen durch andere Personen (S. 2)

Abs. 1 S. 2 stellt klar, dass das Inverkehrbringen auf den pharmazeutischen Unternehmer i. S. d. Abs. 1 7
S. 1 begrenzt ist, d. h. auf die Person, die das Arzneimittel erstmalig im Geltungsbereich des AMG in den
Verkehr bringt. Dies bedeutet zugleich, dass das Arzneimittel nach der Abgabe an die Einrichtung i. S. d.
§ 13 III 2 Nr. 2a BtMG nicht weiter in Verkehr gebracht werden darf. Eine **Abgabe an andere
Personen**, insbes. Ärzte oder Patienten, ist unzulässig. Keine Abgabe liegt allerdings vor, wenn ein Arzt
der Einrichtung oder ein Patient unter Aufsicht eines Arztes der Einrichtung das Arzneimittel anwendet
(zum Begriff Abgabe s. § 4 Rn. 140)[11]. Dies bedeutet, dass Diamorphin nur innerhalb der Einrichtung
verschrieben, verabreicht und zum unmittelbaren Verbrauch überlassen werden darf. Es darf nur unter
Aufsicht des Arztes oder des sachkundigen Personals innerhalb dieser Einrichtung verbraucht werden (§ 5
IXc 1 und 2 BtMVV).

C. Apothekenpflicht und Vertriebsweg (Abs. 2)

Abs. 2 schließt die Anwendung der §§ 43, 47 aus, sodass weder die Regelungen zur Apothekenpflicht 8
noch die Regelungen zum Vertriebsweg Anwendung auf diamorphinhaltige Fertigarzneimittel finden.
Die Abgabe von diamorphinhaltigen Fertigarzneimitteln über die Apotheke oder als Muster ist **ausgeschlossen**[12]. Der Regelung kommt lediglich deklaratorische Bedeutung zu, da bereits Abs. 1 den
Vertriebsweg gem. § 47 und damit die Zwischenschaltung von Apotheken ausschließt.

D. Sanktionen

Das AMG sieht selbst keine Sanktionen für den Fall vor, dass pharmazeutische Unternehmer oder 9
andere Personen gegen § 47b verstoßen. Insoweit wird allerdings die Parallelnorm des § 13 II 2 BtMG
relevant. Gem. § 13 II 2 BtMG darf Diamorphin nur vom pharmazeutischen Unternehmer und nur an
anerkannte Einrichtungen nach § 13 III 2 Nr. 2a BtMG gegen Vorlage der Verschreibung abgegeben
werden. Ein Verstoß gegen diese Vorgabe wird gem. § 29 I 1 Nr. 7b BtMG mit **Freiheitsstrafe** bis zu
fünf Jahren oder mit Geldstrafe bestraft. Ein fahrlässiges Handeln ist ausweislich § 29 Abs. 4 BtMG nicht
strafbar.

---

[8] § 73 I 2 erlaubt das Verbringen von Arzneimitteln, die zur Vornahme eines Schwangerschaftsabbruchs zugelassen
sind, in den Geltungsbereich des AMG unter der Voraussetzung, dass der Empfänger eine in § 47a I 1 genannte
Einrichtung ist.
[9] Chemischer Name gem. Anlage II und III zum BtMG: [(5R,6S)-4,5-Epoxy-17-methylmorphin-7-en-3,6-diyl]
diacetat.
[10] *Kloesel/Cyran*, § 47a Anm. 4.
[11] *Kloesel/Cyran*, § 47a Anm. 2.
[12] BT-Drucks. 16/11515, S. 10; vgl. *Kloesel/Cyran*, § 47a Anm. 10.

§ 48 Verschreibungspflicht

(1) [1]Arzneimittel, die

1. durch Rechtsverordnung nach Absatz 2, auch in Verbindung mit den Absätzen 4 und 5, bestimmte Stoffe, Zubereitungen aus Stoffen oder Gegenstände sind oder denen solche Stoffe oder Zubereitungen aus Stoffen zugesetzt sind,
2. nicht unter Nummer 1 fallen und zur Anwendung bei Tieren, die der Gewinnung von Lebensmitteln dienen, bestimmt sind oder
3. Arzneimittel im Sinne des § 2 Absatz 1 oder Absatz 2 Nummer 1 sind, die Stoffe mit in der medizinischen Wissenschaft nicht allgemein bekannten Wirkungen oder Zubereitungen solcher Stoffe enthalten,

dürfen nur bei Vorliegen einer ärztlichen, zahnärztlichen oder tierärztlichen Verschreibung an Verbraucher abgegeben werden. [2]Satz 1 Nummer 1 gilt nicht für die Abgabe durch Apotheken zur Ausstattung der Kauffahrteischiffe im Hinblick auf die Arzneimittel, die auf Grund seearbeitsrechtlicher Vorschriften für den Schutz der Gesundheit der Personen an Bord und deren unverzügliche angemessene medizinische Betreuung an Bord erforderlich sind. [3]Satz 1 Nummer 3 gilt auch für Arzneimittel, die Zubereitungen aus in ihren Wirkungen allgemein bekannten Stoffen sind, wenn die Wirkungen dieser Zubereitungen in der medizinischen Wissenschaft nicht allgemein bekannt sind, es sei denn, dass die Wirkungen nach Zusammensetzung, Dosierung, Darreichungsform oder Anwendungsgebiet der Zubereitung bestimmbar sind. [4]Satz 1 Nummer 3 gilt nicht für Arzneimittel, die Zubereitungen aus Stoffen bekannter Wirkungen sind, soweit diese außerhalb der Apotheken abgegeben werden dürfen. [5]An die Stelle der Verschreibungspflicht nach Satz 1 Nummer 3 tritt mit der Aufnahme des betreffenden Stoffes oder der betreffenden Zubereitung in die Rechtsverordnung nach Absatz 2 Nummer 1 die Verschreibungspflicht nach der Rechtsverordnung.

(2) [1]Das Bundesministerium wird ermächtigt, im Einvernehmen mit dem Bundesministerium für Wirtschaft und Energie durch Rechtsverordnung mit Zustimmung des Bundesrates

1. Stoffe oder Zubereitungen aus Stoffen zu bestimmen, bei denen die Voraussetzungen nach Absatz 1 Satz 1 Nummer 3 auch in Verbindung mit Absatz 1 Satz 3 vorliegen,
2. Stoffe, Zubereitungen aus Stoffen oder Gegenstände zu bestimmen,
   a) die die Gesundheit des Menschen oder, sofern sie zur Anwendung bei Tieren bestimmt sind die Gesundheit des Tieres, des Anwenders oder die Umwelt auch bei bestimmungsgemäßem Gebrauch unmittelbar oder mittelbar gefährden können, wenn sie ohne ärztliche, zahnärztliche oder tierärztliche Überwachung angewendet werden,
   b) die häufig in erheblichem Umfang nicht bestimmungsgemäß gebraucht werden, wenn dadurch die Gesundheit von Mensch oder Tier unmittelbar oder mittelbar gefährdet werden kann, oder
   c) sofern sie zur Anwendung bei Tieren bestimmt sind, deren Anwendung eine vorherige tierärztliche Diagnose erfordert oder Auswirkungen haben kann, die die späteren diagnostischen oder therapeutischen Maßnahmen erschweren oder überlagern,
3. die Verschreibungspflicht für Arzneimittel aufzuheben, wenn auf Grund der bei der Anwendung des Arzneimittels gemachten Erfahrungen die Voraussetzungen nach Nummer 2 nicht oder nicht mehr vorliegen, bei Arzneimitteln nach Nummer 1 kann frühestens drei Jahre nach Inkrafttreten der zugrunde liegenden Rechtsverordnung die Verschreibungspflicht aufgehoben werden,
4. für Stoffe oder Zubereitungen aus Stoffen vorzuschreiben, dass sie nur abgegeben werden dürfen, wenn in der Verschreibung bestimmte Höchstmengen für den Einzel- und Tagesgebrauch nicht überschritten werden oder wenn die Überschreitung vom Verschreibenden ausdrücklich kenntlich gemacht worden ist,
5. zu bestimmen, dass ein Arzneimittel auf eine Verschreibung nicht wiederholt abgegeben werden darf,
6. vorzuschreiben, dass ein Arzneimittel nur auf eine Verschreibung von Ärzten eines bestimmten Fachgebietes oder zur Anwendung in für die Behandlung mit dem Arzneimittel zugelassenen Einrichtungen abgegeben werden darf oder über die Verschreibung, Abgabe und Anwendung Nachweise geführt werden müssen,
7. Vorschriften über die Form und den Inhalt der Verschreibung, einschließlich der Verschreibung in elektronischer Form, zu erlassen.

[2]Die Rechtsverordnungen nach Satz 1 Nummer 2 bis 7 werden nach Anhörungen von Sachverständigen erlassen, es sei denn, es handelt sich um Arzneimittel, die nach Artikel 3 Absatz 1 oder 2 der Verordnung (EG) Nr. 726/2004 zugelassen sind oder die solchen Arzneimitteln im Hinblick auf Wirkstoff, Indikation, Wirkstärke und Darreichungsform entsprechen. [3]In der

Rechtsverordnung nach Satz 1 Nummer 7 kann für Arzneimittel, deren Verschreibung die Beachtung besonderer Sicherheitsanforderungen erfordert, vorgeschrieben werden, dass

1. die Verschreibung nur auf einem amtlichen Formblatt (Sonderrezept), das von der zuständigen Bundesoberbehörde auf Anforderung eines Arztes ausgegeben wird, erfolgen darf,
2. das Formblatt Angaben zur Anwendung sowie Bestätigungen enthalten muss, insbesondere zu Aufklärungspflichten über Anwendung und Risiken des Arzneimittels, und
3. eine Durchschrift der Verschreibung durch die Apotheke an die zuständige Bundesoberbehörde zurückzugeben ist.

(3) [1] Die Rechtsverordnung nach Absatz 2, auch in Verbindung mit den Absätzen 4 und 5, kann auf bestimmte Dosierungen, Potenzierungen, Darreichungsformen, Fertigarzneimittel oder Anwendungsbereiche beschränkt werden. [2] Ebenso kann eine Ausnahme von der Verschreibungspflicht für die Abgabe an Hebammen und Entbindungspfleger vorgesehen werden, soweit dies für eine ordnungsgemäße Berufsausübung erforderlich ist. [3] Die Beschränkung auf bestimmte Fertigarzneimittel zur Anwendung am Menschen nach Satz 1 erfolgt, wenn gemäß Artikel 74a der Richtlinie 2001/83/EG die Aufhebung der Verschreibungspflicht auf Grund signifikanter vorklinischer oder klinischer Versuche erfolgt ist; dabei ist der nach Artikel 74a vorgesehene Zeitraum von einem Jahr zu beachten.

(4) Die Rechtsverordnung wird vom Bundesministerium für Ernährung und Landwirtschaft im Einvernehmen mit dem Bundesministerium und dem Bundesministerium für Wirtschaft und Energie erlassen, soweit es sich um Arzneimittel handelt, die zur Anwendung bei Tieren bestimmt sind.

(5) Die Rechtsverordnung ergeht im Einvernehmen mit dem Bundesministerium für Umwelt, Naturschutz, Bau und Reaktorsicherheit, soweit es sich um radioaktive Arzneimittel und um Arzneimittel handelt, bei deren Herstellung ionisierende Strahlen verwendet werden.

(6) Das Bundesministerium für Ernährung und Landwirtschaft wird ermächtigt, im Einvernehmen mit dem Bundesministerium durch Rechtsverordnung mit Zustimmung des Bundesrates im Falle des Absatzes 1 Satz 1 Nr. 2 Arzneimittel von der Verschreibungspflicht auszunehmen, soweit die auf Grund des Artikels 67 Doppelbuchstabe aa der Richtlinie 2001/82/EG festgelegten Anforderungen eingehalten sind.

Wichtige Änderungen der Vorschrift: Abs. 2 Nr. 7 ergänzt durch Art. 23 des Gesetzes zur Modernisierung der gesetzlichen Krankenversicherung (GKV-Modernisierungsgesetz − GMG) vom 14.11.2003 (BGBl. I S. 2190, 2254); § 48 neu gefasst durch Art. 1 Nr. 43 des Vierzehnten Gesetzes zur Änderung des Arzneimittelgesetzes vom 29.8.2005 (BGBl. I S. 2570); Abs. 1 und 2 geändert durch Art. 1 Nr. 48 des Gesetzes zur Änderung arzneimittelrechtlicher und anderer Vorschriften vom 17.7.2009 (BGBl. I S. 1990); Abs. 2 S. 2 geändert durch Art. 1 des Zweiten Gesetzes zur Änderung arzneimittelrechtlicher und anderer Vorschriften vom 19.10.2012 (BGBl. I S. 2192); Abs. 1 S. 2 neu gefasst durch Art. 5 des Gesetzes zur Umsetzung des Seearbeitsübereinkommens 2006 der Internationalen Arbeitsorganisation vom 20.4.2013 (BGBl. I S. 868).

Europarechtliche Vorgaben: Art. 70−75 RL 2001/83/EG; Art. 67 RL 2001/82/EG.

Literatur: *Brixius,* OTC kein Auslaufmodell: Der vergebliche Versuch eines Paradigmenwechsels in der Selbstmedikation oder „Wer reitet das tote Pferd?" − Rechtsschutzmöglichkeiten im Vorfeld der Änderung der AMVV, PharmR 2012, 197; *Brixius/Schweim,* Neues vom Sachverständigen-Ausschuss für Verschreibungspflicht, Ein interdisziplinärer Zwischenbericht, PharmR 2012, 326; *Guttau/Winnands,* Verschreibungspflicht zentral zugelassener Arzneimittel, PharmR 2009, 274; *Helios/Eckstein,* Grundsätze der Abgabe von verschreibungspflichtigen Arzneimitteln in Notfällen, PharmR 2002, 130; *Pabel,* Die Verschreibungspflicht von Arzneimitteln nach dem Änderungsgesetz 2009, PharmR 2009, 499.

Übersicht

A. Allgemeines

I. Inhalt

1   Abs. 1 enthält den Grundsatz, dass bestimmte Arzneimittel nur bei Vorliegen[1] einer ärztlichen, zahnärztlichen oder tierärztlichen Verschreibung an Verbraucher abgegeben werden dürfen. Zugleich enthält Abs. 2 die Rechtsverordnungsermächtigungen zugunsten des BMG und des BMEL, Regelungen zur Verschreibungspflicht zu treffen.

2   Das Gesetz kennt verschiedene Gründe, aus denen die Verschreibungspflicht greift oder anzuordnen ist.

3   Die Verschreibungspflicht betrifft

– Arzneimittel, die der Verschreibungspflicht aus Gründen ihrer **Neuartigkeit** unterfallen, d. h. weil sie Stoffe oder Zubereitungen aus Stoffen mit in der medizinischen Wissenschaft nicht allgemein bekannten Wirkungen sind oder enthalten (Abs. 2 S. 1 Nr. 1).

– Arzneimittel, die auf Grund ihres spezifischen **Gefahrenpotentials** der Überwachung ihrer Anwendung durch einen Arzt, Zahnarzt oder Tierarzt bedürfen (Abs. 2 S. 1 Nr. 2 Buchst. a)).

– Arzneimittel mit einem qualifizierten **Missbrauchspotential** (Abs. 2 S. 1 Nr. 2 Buchst. b)).

– Arzneimittel, die zur Anwendung bei Tieren bestimmt sind, sofern ihre Anwendung eine **tierärztliche Diagnose** erfordert oder Auswirkungen haben kann, die spätere diagnostische oder therapeutische Maßnahmen erschweren oder überlagern (Abs. 2 S. 1 Nr. 2 Buchst. c)),

– Arzneimittel, die zur Anwendung **bei Tieren** bestimmt sind, die der **Gewinnung von Lebensmitteln** dienen (Abs. 1 S. 1 Nr. 2).

4   Die durch Rechtsverordnung zu erlassenden Regelungen betreffen neben der Unterstellung unter die Verschreibungspflicht auch deren Aufhebung unter näher bestimmten Voraussetzungen (Abs. 2 S. 1

---

[1] Nach früherer Rechtslage war die Vorlage einer Verschreibung erforderlich. Der Begriff „Vorliegen" wurde deshalb gewählt, weil nunmehr nach Abs. 2 S. 1 Nr. 7 auch ein elektronisches Rezept Grundlage für die Abgabe eines Arzneimittels sein kann.

Nr. 3), die Möglichkeit, die Abgabe auf Verschreibung von der Beachtung bestimmter Höchstmengen für den Einzel- und Tagesgebrauch oder das ausdrückliche Kenntlichmachen bei Überschreitung solcher Höchstmengen abhängig zu machen (Abs. 2 S. 1 Nr. 4), Modalitäten der Verschreibung, wie das Verbot wiederholter Abgabe auf eine Verschreibung (Abs. 2 S. 1 Nr. 5) oder das Erfordernis der Verschreibung durch Ärzte bestimmter Fachgebiete oder zur Behandlung in zugelassenen Einrichtungen (Abs. 2 S. 1 Nr. 6), und Vorschriften über die Form und den Inhalt der Verschreibung, einschließlich der Verschreibung in elektronischer Form (Abs. 2 S. 1 Nr. 7). Des Weiteren sind nach Abs. 3 differenzierende Regelungen im Hinblick auf Dosierungen, Potenzierungen, Darreichungsformen, Fertigarzneimittel und Anwendungsbereiche möglich.

Erhält ein Arzneimittel im zentralen Verfahren nach der VO (EG) Nr. 726/2004 eine **Genehmigung**   5 **für das Inverkehrbringen** so wird dabei auch über den Verschreibungsstatus verbindlich entschieden[2]. Diese Entscheidung und Einstufung hat unmittelbare Auswirkungen auf etwa noch bestehende nationale Zulassungen für das gleiche Arzneimittel (des gleichen Zulassungsinhabers), für die neben der zentralen Zulassung grundsätzlich kein Raum mehr bleibt[3]. Auswirkungen ergeben sich aber auch grundsätzlich für stoffgleiche und auch im Übrigen (im Hinblick auf Darreichungsform, Stärke, Anwendungsgebiet u. a.) vergleichbare Arzneimittel anderer pharmazeutischer Unternehmer. In der Regel wird hier die Risikoentscheidung über die Einstufung, der Verschreibungsstatus, von der nationalen Behörde bzw. dem Verordnungsgeber nachzuvollziehen sein. Die Kommission hat bei Vorliegen der Voraussetzungen die Möglichkeit, ein Gemeinschaftsverfahren (Schiedsverfahren nach Art. 30, 31 RL 2001/83/EG) zur Harmonisierung des Verschreibungsstatus einzuleiten.

II. Zweck

§ 48 ist Bestandteil des Sicherheitsrechts und dient dem **gesundheitlichen Verbraucherschutz.** Er   6 lässt ebenso wie die Verschreibung eines bestimmten Arzneimittels auch eine wirkstoffbezogene (generische) Verschreibung zu. Inwieweit eine Verpflichtung des Apothekers zur Abgabe eines wirkstoffgleichen Arzneimittels (Aut-Idem) besteht ist im Sozialrecht geregelt (insbes. in 129 SGB V).

Die Verschreibungspflicht hat neben ihrer Bedeutung im Sicherheitsrecht auch Auswirkungen im   7 Rahmen der Arzneimittelwerbung, bei der das Verbot der Publikumswerbung für verschreibungspflichtige Arzneimittel besteht, sowie im Sozial- und Beihilferecht, in dem die Erstattung grundsätzlich auf verschreibungspflichtige Arzneimittel begrenzt ist[4]. Daneben knüpfte auch das Zulassungsrecht bis zur 14. AMG-Novelle in dem früheren § 24a formal an den Umstand an, dass ein Arzneimittel der automatischen Verschreibungspflicht unterliegt oder unterlegen hat.

Die Verschreibungspflicht ist ein wichtiges seit langem[5] gebräuchliches Instrument der **Arzneimittel-**   8 **sicherheit** bei Arzneimittel mit einem potentiell höheren Risiko, das verbietet, diese dem Patienten im Wege der Selbstmedikation zugänglich zu machen[6]. Sie soll vor einer gefährlichen Fehlmedikation schützen[6]. Sie beschreibt und legt einen Status fest, der zwischen der bloßen Apothekenpflicht und der Stufe der Unterstellung eines Arzneimittels unter das Betäubungsmittelrecht[7] liegt[8]. Damit wird **risikogestuft** den verfassungsrechtlichen Erfordernissen entsprochen.

Die Verschreibungspflicht schränkt das Grundrecht der allgemeinen Handlungsfreiheit nach **Art. 2 I**   9 **GG** und das der Freiheit der Berufsausübung nach **Art. 12 GG** ein. Patienten und Tierhalter haben zu den verschreibungspflichtigen Arzneimitteln nur über eine Verschreibung Zugang. Apotheker und auch Heilpraktiker werden in ihrer Berufsausübung eingeschränkt. Mittelbare Auswirkungen ergeben sich auch für pharmazeutische Unternehmer, die **Werbebeschränkungen** unterliegen (§ 10 II HWG: Verbot der Publikumswerbung für verschreibungspflichtige Arzneimittel). Dies geschieht zulässigerweise, weil es sich bei Arzneimitteln um potentiell gefährliche Produkte handelt, deren Inverkehrbringen der Staat aus Gründen des Gemeinwohls nur dann gestatten darf, wenn er risikogestuft, d. h. dem Grundsatz der Verhältnismäßigkeit entsprechend die geeigneten, erforderlichen und ein Übermaß vermeidenden Schutzmaßnahmen trifft. Dazu gehört, dass solche Arzneimittel, die im Hinblick auf die Diagnosestellung, die sachgerechte überwachte Anwendung oder die Erfolgskontrolle ärztliches Tätigwerden erfordern, nur auf Grund einer ärztlichen Verschreibung an den Patienten abgegeben werden dürfen.

---

[2] Vgl. Art. 14 X VO (EG) Nr. 726/2004 und *Rehmann*, § 48 Rn. 1; *Pabel*, PharmR 2009, 499; *Guttau/Winnands*, PharmR 2009, 275.

[3] Mitteilung der Kommission über die gemeinschaftlichen Zulassungsverfahren für Arzneimittel (98/C 229/03), ABl. C 229 vom 22.7.1998, S. 4 ff.

[4] Ausnahmen davon sieht § 34 SGB V vor, insbesondere nach Maßgabe der dortigen näheren Bestimmungen für Kinder, Jugendliche mit Entwicklungsstörungen sowie für Arzneimittel zur Behandlung bestimmter schwerwiegender Erkrankungen, die nach Festlegung durch den G-BA in Richtlinien nach § 92 I 2 Nr. 6 SGB V als Therapiestandard gelten.

[5] Vgl. BT-Drucks. 654 aus der 3. Wahlperiode, Begründung zu § 31, mit dem erstmals auf Bundesebene eine Rechtsvereinheitlichung herbeigeführt wurde.

[6] *BGH*, Urt. v. 8.1.2015 – I ZR 123/13, Rn. 4 – BeckRS 2015, 12550.

[7] Für Betäubungsmittel gilt die auf Grund von § 1 II BtMG erlassene BtMVV.

[8] Verschreibungspflichtige Arzneimittel sind nach § 10 I 1 Nr. 10, V 1 Nr. 15 mit dem Hinweis „Verschreibungspflichtig" zu kennzeichnen.

Diese Erfordernisse können insbesondere auf dem erkannten Gefahrenpotential eines Arzneimittels beruhen (§ 48 I 1 Nr. 1, II 1 Nr. 2 Buchst. a)), aus nicht vollständiger Kenntnis des Risikoprofils eines neuen Stoffes resultieren (§ 48 I 1 Nr. 3, II 1 Nr. 1) oder auch anders begründet sein (s. Rn. 2, 3). Dabei geht es nicht um einen paternalistischen oder bevormundenden **Schutz vor Selbstgefährdung,** sondern um eine notwendige Sicherheitsmaßnahme, ohne die ein Inverkehrbringen des Arzneimittels nicht gestattet werden dürfte, und die zugleich erforderlich ist, weil bei einem Verkehrsverbot dem Patienten ein hilfreiches ggf. sogar lebensrettendes Arzneimittel vorenthalten würde.

III. Geschichtliche Entwicklung

10   Seit dem Bestehen öffentlicher Apotheken in Deutschland gab es Vorschriften, die die Abgabe von „stark wirkenden Arzneimitteln" von der Vorlage einer ärztlichen Verschreibung (Rezept) abhängig machen. Sie gründeten sich zum Teil auf Landesmedizinalordnungen, zum Teil auf Polizeirecht[9]. Das AMG 1961 führte in § 35 zu diesem Zweck eine Verordnungsermächtigung zugunsten des damals zuständigen Bundesministers des Innern ein, die eine Bestimmung der einzelnen zu unterstellenden Arzneistoffe vorsah. Mit dem AMG 1976 wurde diese Rechtsverordnungsermächtigung fortgeführt und erweitert[10]. Anstelle der im AMG 1961 vorgesehenen Beiräte wurden Sachverständigen-Ausschüsse, hier insbesondere der für Verschreibungspflicht, institutionalisiert, die vor Erlass der betreffenden Verordnung anzuhören sind[11].

11   Mit der 14. AMG-Novelle wurde die Vorschrift des § 48 neu gefasst und insbes. der bisherige § 49 unter Einbeziehung von dessen wesentlichen Regelungsinhalten in § 48 integriert. Eine auf Grund § 48 erlassene neue Verschreibungspflichtverordnung, die die bisherigen vielfach geänderten Verordnungen nach § 48 und § 49 zusammenfasst, ist danach erlassen worden[12]. In dem AMG-ÄndG 2009 wurde durch Änderung in Abs. 1 die Verschreibungspflicht neuer Stoffe kraft Gesetzes (früher „automatische Verschreibungspflicht nach § 49") wieder eingeführt. Des Weiteren wurde in Abs. 2 klargestellt, dass bestimmte Arzneimittel nur auf Sonderrezept abgegeben werden dürfen. Mit dem 2. AMGÄndG 2012 wurde für im zentralen europäischen Verfahren zugelassene und diesen entsprechende Arzneimittel eine Ausnahme von der Pflicht zur Anhörung des Sachverständigen-Ausschusses bestimmt.

B. Erfordernis einer ärztlichen Verschreibung (Abs. 1)

I. Verschreibungspflicht (S. 1)

12   **1. Für durch Rechtsverordnung bestimmte Stoffe, Zubereitungen aus Stoffen und Gegenstände (Nr. 1).** Die durch Rechtsverordnung bestimmten Stoffe, Zubereitungen aus Stoffen und Gegenstände sind nach der jeweils in der AMVV getroffenen Regelung verschreibungspflichtig[13]. Konzept des AMG und der AMVV ist es, die Verschreibungspflicht stoffbezogen anzuordnen. Arzneimittel, die der Verschreibungspflicht unterstellte Stoffe sind oder denen solche Stoffe zugesetzt sind, sind als **Stoffe, Zubereitungen aus Stoffen oder Gegenstände**[14] verschreibungspflichtig. Damit unterscheidet sich die Rechtslage nach dem deutschen Recht von anderen Rechtsordnungen, bei denen die Unterstellung unter die Verschreibungspflicht im jeweiligen Zulassungsverfahren also arzneimittelbezogen (genauer: bezogen auf das konkrete Fertigarzneimittel) erfolgt[15]. Die Formulierung „oder denen solche Stoffe zugesetzt sind"[16] bedeutet, dass das bloße Vorhandensein solcher Stoffe im Arzneimittel nicht ohne weiteres zur Verschreibungspflicht führt. Dies betrifft insbesondere Pflanzen und Pflanzenteile als solche, die zu geringer Menge einen verschreibungspflichtigen Stoff von Natur aus enthalten. Somit unterliegt ein Arzneimittel der Verschreibungspflicht, das aus einem verschreibungspflichtigen Stoff oder aus einer verschreibungspflichtigen Zubereitung hergestellt wird, jedoch nicht eine Pflanze, die als solche diese Substanz in natürlicher Form enthält[17].

13   **2. Grundsätzliche Verschreibungspflicht für Arzneimittel zur Anwendung bei Tieren, die der Gewinnung von Lebensmitteln dienen (Nr. 2).** Arzneimittel, die zur Anwendung bei **Lebens-**

---

[9] BT-Drucks. 654 aus der 3. Wahlperiode.
[10] S. § 45 des Regierungsentwurfs vom 7.1.1975 (BT-Drucks. 7/3060, S. 23, 55).
[11] BT-Drucks. 7/5091, S. 18.
[12] Arzneimittelverschreibungsverordnung (AMVV) vom 21.12.2005 (BGBl. I S. 3632).
[13] Zur Unzulässigkeit einer Abgabe eines verschreibungspflichtigen Arzneimittels durch einen Apotheker entgegen § 4 I AMVV vgl. *BGH*, Urt. v. 8.1.2015 – I ZR 123/13 – BeckRS 2015, 12550.
[14] Die Erfassung von Gegenständen, die ein Arzneimittel nach § 2 I enthalten oder auf die ein solches Arzneimittel aufgebracht ist, erfolgte durch das AMG 1976.
[15] Das Konzept des AMG steht nicht im Widerspruch zum europäischen Recht, auch wenn nach Art. 70 RL 2001/83/EG die zuständigen Behörden der Mitgliedstaaten die Angaben zum Verschreibungsstatus machen, weil die Festlegung der Verwaltungszuständigkeit Sache der Mitgliedstaaten ist, vgl. *Kloesel/Cyran,* § 48 Anm. 47.
[16] Mit dem AMG 1976 wurde damit die bisherige Formulierung „oder solche enthalten" abgelöst, weil die ursprüngliche Formulierung zu Auslegungsschwierigkeiten geführt hatte.
[17] Vgl. BT-Drucks. 7/3060, S. 55.

mittel liefernden Tieren bestimmt sind, unterliegen nach Abs. 1 Nr. 2 grundsätzlich unmittelbar der Verschreibungspflicht, ohne dass es hierzu einer Verordnung bedarf[18]. Anders als bei Humanarzneimitteln, deren ärztliche Anwendung oder Verschreibung die freiwillige, auf vollständiger Information des Patienten beruhende Einwilligung voraussetzt, wird der Verbraucher als Konsument von Lebensmitteln tierischer Herkunft möglichen Auswirkungen der Anwendung eines Tierarzneimittels bei dem betr. Tier ausgesetzt, ohne dass bei einer derartigen Exposition in gleichem Maße die Freiwilligkeit angenommen werden kann. Aus diesem Grunde sind im Hinblick auf Arzneimittel, die zur Anwendung bei **Tieren bestimmt sind, die der Gewinnung von Lebensmitteln dienen,** im AMG grundsätzlich strengere Schutzvorschriften vorgesehen. Insbes. ist für Arzneimittel, die zur Anwendung bei solchen Tieren bestimmt sind, grundsätzlich die (tierärztliche) Verschreibungspflicht bestimmt worden. Das Gesetz unterstellt also wie auch das europäische Recht[19] für diesen Fall grundsätzlich das Erfordernis tierärztlicher Überwachung. Um ein Übermaß zu vermeiden ist in Abs. 4 eine Rechtsverordnungsermächtigung vorgesehen, auf Grund derer in Übereinstimmung mit europäischem Recht die erforderlichen Ausnahmen bestimmt werden.

3. Verschreibungspflicht für Arzneimittel mit Stoffen mit in der medizinischen Wissenschaft nicht allgemein bekannten Wirkungen (Nr. 3). Mit dem AMG-ÄndG 2009 wurde insoweit die Rechtslage vor der 14. AMG-Novelle wieder hergestellt, nach der Arzneimittel mit „neuen Stoffen" (Arzneimittel, die Stoffe mit in der medizinischen Wissenschaft nicht allgemein bekannten Wirkungen oder Zubereitungen solcher Stoffe enthalten, oder die mit der Vorschrift erfassten Zubereitungen bekannter Stoffe) bereits mit Marktzugangsberechtigung, d. h. insbes. der Zulassung oder Genehmigung für das Inverkehrbringen, zeitgleich der Verschreibungspflicht unterliegen. Dadurch wird eine Lücke vermieden, die ansonsten bis zum Inkrafttreten der Verschreibungspflicht nach der Verordnung bestehen würde. Die Änderung hat ebenfalls Bedeutung für Rezepturen, die „neue Stoffe" enthalten. *Pabel*[20] weist auf den Formulierungsunterschied zwischen Abs. 1 S. 1 Nr. 1 und Nr. 3 hin. Weil nicht nur neu entdeckte, sondern auch seit langem in der Medizin verwendete Heilpflanzen oft selten Inhaltsstoffe enthalten, deren Wirkungen in isolierter Form in der medizinischen Wissenschaft nicht allgemein bekannt sind, könnte daraus geschlossen werden, dass solche pflanzlichen Arzneimittel der Verschreibungspflicht kraft Gesetzes unterliegen. Wie aber aus der Begründung[21] des Regierungsentwurfs zum AMG-ÄndG 2009 folgt, war gesetzgeberische Absicht die Wiederherstellung der insoweit vor der 14. AMG-Novelle bestehenden Rechtslage. Weiter gehende Auswirkungen auf pflanzliche Arzneimittel waren nicht Intention dieser Änderung[22]. Im Übrigen ist festzustellen, dass die insoweit gleiche von 1976 bis 2005 bestehende Formulierung des § 49 a. F. nie in der Praxis und soweit ersichtlich auch nicht in der Literatur mit den angesprochenen Auswirkungen auf pflanzliche Arzneimittel verbunden wurde.

4. Ärztliche, zahnärztliche oder tierärztliche Verschreibung. Eine solche Verschreibung liegt vor, wenn sie von einer Person ausgestellt ist, die berechtigt ist, den Beruf unter der entsprechenden Berufsbezeichnung auszuüben. Am Beispiel der **ärztlichen Verschreibung** bedeutet dies, dass die ärztliche Approbation oder eine Erlaubnis zum Ausüben des ärztlichen Berufs unter der Berufsbezeichnung Arzt/Ärztin vorliegen muss oder dass die betr. Person als Angehörige eines Mitgliedstaates der EU oder eines EWR-Vertragsstaates oder sonst zur Dienstleistung als Arzt/Ärztin berechtigt sein muss. Auf Grund des Abkommens zwischen der EU und der Schweiz gelten ärztliche Verschreibungen aus der Schweiz ebenso wie deutsche Verschreibungen oder Verschreibungen von Staatsangehörigen eines Mitgliedstaates der EU[23]. Die Gleichwertigkeit der genannten Verschreibungen bedeutet, dass die Verschreibung eines Arztes aus einem Mitgliedstaat der EU von einer Apotheke ebenso zu behandeln ist wie eine Verschreibung eines deutschen Arztes. Mithin gilt § 17 ApBetrO, nach der nur die dort genannten Gründe zum Nicht-Ausführen der Verschreibung berechtigen und verpflichten, insbes. also ein erkennbarer Irrtum, Unleserlichkeit oder sonstige Bedenken (§ 17 V ApBetrO), wie Zweifel an der Echtheit der Verschreibung.

Die Anerkennung der in einem anderen Mitgliedstaat ausgestellten Verschreibungen ist in der Verordnung zur Umsetzung der Regelungen der Europäischen Union[24] über die Anerkennung von in anderen Mitgliedstaaten ausgestellten ärztlichen oder zahnärztlichen Verschreibungen von Arzneimitteln und Medizinprodukten vom 26.5.2015[25] geregelt, mit deren Art. 1 § 2 AMVV geändert wird. Danach

---

[18] Vgl. dazu *Kluge*, in: Fuhrmann/Klein/Fleischfresser, § 38 Rn. 11.
[19] Art. 67 I der durch RL 2004/28/EG geänderten RL 2001/82/EG.
[20] *Pabel*, PharmR 2009, 499, 501.
[21] BT-Drucks. 16/12256, S. 52.
[22] So auch *Pabel*, PharmR 2009, 501.
[23] Vgl. *Kloesel/Cyran*, Anm. 15 zu § 1 der Verordnung über verschreibungspflichtige Arzneimittel.
[24] Art. 11 der RL 2011/24/EU (Patientenschutzrichtlinie) sowie Durchführungsrichtlinie 2012/52/EU der Kommission mit Maßnahmen zur Erleichterung der Anerkennung von in einem anderen Mitgliedstaat ausgestellten ärztlichen Verschreibungen.
[25] BGBl. I S. 598.

sind den aus Deutschland stammenden ärztlichen oder zahnärztlichen Verschreibungen entsprechende Verschreibungen aus den Mitgliedstaaten der EU, aus den Vertragsstaaten des EWR und aus der Schweiz gleichgestellt, sofern diese die Angaben nach § 2 I AMVV aufweisen und dadurch ihre Authentizität und ihre Ausstellung durch eine dazu berechtigte ärztliche oder zahnärztliche Person nachweisen.

17   § 48 und die AMVV differenzieren bei der Verschreibung grundsätzlich nicht im Hinblick auf die jeweils auf ärztliche, zahnärztliche oder tierärztliche Verschreibung abgabefähigen (Human- oder Tier-) Arzneimittel. Zu beachten ist aber das jeweilige Berufsrecht[26], nach dem es z. B. unzulässig sein kann, wenn ein Patient behandelt wird, dessen Erkrankung mit der Ausbildung des Arztes nicht beurteilt werden kann. Rechtsprechung[27] und Literatur[28] folgern daraus, dass ein Arzt, Zahnarzt oder Tierarzt nur berechtigt ist, die Arzneimittel zu verschreiben, die er im Rahmen seiner jeweiligen ärztlichen, zahnärztlichen oder tierärztlichen Berufsausübung einsetzt[29] mit der Folge, dass nur dann eine ordnungsgemäße Verschreibung vorliegt. Die grundlegende Entscheidung des *BGH* aus dem Jahre 1955 bezog sich auf einen Fall einer Verschreibung eines Betäubungsmittels für serologische Untersuchungen mit Tieren in einem medizinisch-diagnostischen Institut. Der *BGH* hat insbesondere dargelegt, dass die im vorliegenden Fall einschlägigen Ausnahmen von der Erlaubnis- und Bezugsscheinpflicht (nach Betäubungsmittelrecht) nur für solche Verschreibungen gelten, die der Arzt nach dem allgemein anerkannten Stand der ärztlichen Wissenschaft im Bereich des Zweiges der ärztlichen Wissenschaft verschreibt, in dem er ausgebildet worden ist und auf den seine Bestallung lautet. Wenn auch das Gesetz die Ausnahmen für die ärztliche, zahnärztliche und tierärztliche Verschreibung nebeneinander erwähne, so liege es doch auf der Hand, dass die Anwendung der Arzneien nach ganz verschiedenen Grundsätzen zu erfolgen habe, je nachdem, ob Anwendungsfälle aus dem Gebiet der Allgemeinmedizin, Zahnheilkunde oder Tiermedizin vorliegen.

18   Rechtsprechung und Literatur folgern auf der Grundlage dieser Entscheidung[30], dass die ordnungsgemäße Verschreibung nach § 48 wie dargelegt die Verschreibungsberechtigung des Arztes, Zahnarztes oder Tierarztes bezogen auf die jeweilige Approbation/Erlaubnis voraussetzt. Es ist allerdings zu berücksichtigen, dass diese Entscheidung ein Strafverfahren gegen einen Arzt betraf und es somit um seine ihm typischerweise bekannten Befugnisse und Kompetenzen ging. Demgegenüber ist Adressat des § 48 der Apotheker, so dass in Frage gestellt werden kann, ob angesichts des Wortlauts des Gesetzes und der denkbaren und anerkannt zulässigen Fälle[31] von Verschreibungen außerhalb des Kernbereichs der jeweiligen Berufsausübung in jedem Fall ein Verstoß gegen § 48 vorliegt, wenn der Apotheker Arzneimittel auf Verschreibung einer – nach Berufsrecht – nicht verschreibungsberechtigten Person abgibt.

19   Die Prüfung des Vorliegens der Voraussetzungen wird dem Apotheker in dem Maße ermöglicht, in dem Angaben vorgeschrieben sind, die eine Verschreibung nach § 2 I AMVV enthalten müssen. Dazu gehören insbesondere Name und Berufsbezeichnung der verschreibenden ärztlichen, tierärztlichen oder zahnärztlichen Person, Name und Geburtsdatum der Person, für die das Arzneimittel bestimmt ist, sowie bei Tierarzneimitteln der Name des Tierhalters und die Zahl und Art der Tiere, bei denen das Arzneimittel angewendet werden soll.

20   **Heilpraktiker** oder Tierheilpraktiker sind nicht zur Verschreibung verschreibungspflichtiger Arzneimittel berechtigt[32], weil für beide Berufe keine Rechtsvorschriften bestehen, die einschlägige Kenntnisse für das Verschreiben verschreibungspflichtiger Arzneimittel fordern. Heilpraktiker sind auf Grund fortgeltenden vorkonstitutionellen Rechts[33], das eine Überprüfung vor der Erlaubniserteilung vorsieht, nach dieser Überprüfung berechtigt, die Heilkunde unter der Berufsbezeichnung Heilpraktiker auszuüben, soweit nicht spezielle Rechtsvorschriften einschränkende Regelungen[34] enthalten. Sie haben aber keine staatlich geregelte Ausbildung. Tierheilpraktiker üben ihren Beruf unter einer staatlich nicht geregelten Berufsbezeichnung aus. Die Abgabe bestimmter verschreibungspflichtiger Arzneimittel an **Hebammen und Entbindungspfleger** ist in Abs. 3 S. 2 geregelt. Die früher im Gesetz enthaltene Übergangsregelung für **Dentisten** hatte keine praktische Bedeutung mehr, weil keine dieser Personen mehr die Zahnheilkunde ausübt.

---

[26] Vgl. z. B. § 2 III der (Muster-)Berufsordnung für die in Deutschland tätigen Ärztinnen und Ärzte, nach dem eine gewissenhafte Ausübung des Berufs insbesondere die notwendige fachliche Qualifikation erfordert.
[27] *BGH*, NJW 1955, LSK 1955, 679343672; *OVG Münster*, BeckRS 2011, 52003.
[28] *Kloesel/Cyran*, § 48 Anm. 13; *v. Czettritz*, in: Fuhrmann/Klein/Fleischfresser, § 25 Rn. 2; *Sandrock/Nawroth*, in: Dieners/Reese, § 9 Rn. 18.
[29] Ein Zahnarzt ist danach z. B. nicht zur Verschreibung von Kontrazeptiva berechtigt, wohl aber darf er neben spezifisch zahnärztlichen Arzneimitteln auch Analgetika verschreiben, so *Kloesel/Cyran*, § 48 Anm. 13.
[30] *BGH*, NJW 1955, 679: „Aus alledem ergibt sich, daß das Rezept eines Arztes über den Bezug und die Anwendung von Pervitin auf dem Gebiete der Tierheilkunde nicht als Verschreibung i. S. des § 6 VVO und der §§ 3, 4 OpiumG anzusehen ist."
[31] Z. B. Verschreibung von Schmerzmitteln oder Antibiotika durch Zahnärzte, von Humanarzneimitteln durch Tierärzte zur Behandlung von Tieren.
[32] Zumindest missverständlich hier *Sandrock/Nawroth*, in: Dieners/Reese, § 9 Rn. 18, die im Zusammenhang mit der Verordnung verschreibungspflichtiger Arzneimittel Heilpraktiker und Tierheilpraktiker nennen.
[33] Gesetz über die Ausübung der Heilkunde ohne Bestallung (Heilpraktikergesetz) von 1934.
[34] Dies sind insbes. auch die Vorschriften über die Verschreibung von Arzneimitteln und Betäubungsmitteln.

II. Ausnahmen für die Abgabe zur Ausstattung von Kauffahrteischiffen (S. 2)

Für die Arzneimittelversorgung auf Kauffahrteischiffen gelten auf Grund praktischer Erfordernisse **21** Sondervorschriften, die auch eine Ausnahme von den Regelungen über die Verschreibungspflicht erforderlich machen. Durch das Gesetz zur Umsetzung des Seearbeitsübereinkommens 2006 der Internationalen Arbeitsorganisation wurden im S. 2 die Begriffe aus dem Seearbeitsgesetz übernommen; die normierte Ausnahme zur Verschreibungspflicht von Arzneimitteln wird inhaltlich nicht geändert[35]. Einschlägige Regelungen finden sich in der Verordnung über die Krankenfürsorge auf Kauffahrteischiffen (SchKrFürsV).

III. Modalitäten der Verschreibungspflicht nach S. 1 Nr. 3 (S. 3–5)

Nach **S. 3** unterliegen „neue" Zubereitungen aus bekannten Stoffen mit der dort genannten Aus- **22** nahme ebenfalls der Verschreibungspflicht, wenn die Wirkungen dieser Zubereitungen nicht allgemein bekannt sind.

S. 4 statuiert mit Rücksicht auf das niedrigere Risikopotential davon eine Ausnahme für Zubereitun- **23** gen aus solchen Stoffen, die außerhalb der Apotheken abgegeben werden dürfen.

S. 5 regelt die Konkurrenz der Verschreibungspflicht nach Gesetz und Rechtsverordnung. Mit Inkraft- **24** treten der entsprechenden VO endet die Verschreibungspflicht nach dem Gesetz und wird durch die nach der VO abgelöst. Insoweit bedarf es anders als im früheren Recht (§ 49 i. d. F. vor Inkrafttreten der 14. AMG-Novelle) keiner zeitlichen Limitierung der Verschreibungspflicht für neue Stoffe, weil insoweit Abs. 2 S. 1 Nr. 3 für den Verordnungsgeber das erforderliche Instrumentarium zur Aufhebung oder Modifizierung der Verschreibungspflicht enthält.

C. Rechtsverordnungsermächtigung für das Bundesministerium für Gesundheit zur Unterstellung von Stoffen, Zubereitungen aus Stoffen und Gegenständen unter die Verschreibungspflicht (Abs. 2)

Die Unterstellung unter die Verschreibungspflicht, die Bestimmung von Ausnahmen von ihr, die **25** Festlegung ihrer Modalitäten oder ihre Aufhebung nach § 48 II – VI, erfolgt jeweils durch Rechtsverordnung des zuständigen BMG oder BMEL (Abs. 4 und 6), die beide der Zustimmung des Bundesrates und soweit gesetzlich vorgeschrieben des Einvernehmens des in der Vorschrift jeweils genannten Bundesministeriums (Abs. 2 S. 1, Abs. 4 und 6), regelmäßig des BMWi, bedürfen. Wird eine zustimmungsbedürftige Rechtsverordnung, die des Einvernehmens beteiligter Ressorts bedarf, ohne Zustimmung des Bundesrates oder ohne Einvernehmen des betreffenden Ressorts erlassen, so ist die Verordnung nichtig (s. § 6 Rn. 5, 18).

I. Verordnungsermächtigung (S. 1)

1. Stoffe und Zubereitungen aus Stoffen mit in der medizinischen Wissenschaft nicht **26** **allgemein bekannten Wirkungen (Nr. 1).** Diese Rechtsverordnungsermächtigung entspricht der früher in § 49 enthaltenen Vorschrift. Die korrespondierenden Vorschriften in Art. 71 RL 2001/83/ EG und in Art. 67 RL 2001/82/EG verwenden die Formulierung „Stoffe oder Zubereitungen aus diesen Stoffen, deren Wirkungen und/oder Nebenwirkungen unbedingt noch genauer erforscht werden müssen" bzw. „neue Tierarzneimittel, die einen Wirkstoff enthalten, dessen Verwendung in Tierarzneimitteln seit weniger als fünf Jahren genehmigt ist". **Arzneistoffe**[36] **mit in der medizinischen Wissenschaft nicht allgemein bekannten Wirkungen** sind solche, die erstmalig eine Zulassung oder Genehmigung für das Inverkehrbringen erhalten haben, und deren Anwendung folglich in der medizinischen Wissenschaft und Praxis neu ist. Mit dem Abstellen auf den umfassenden Begriff der „Wirkungen" werden sowohl Erkenntnisse im Bereich der Pharmakologie und Toxikologie wie auch der klinischen Anwendung angesprochen. Die Frage nach der Neuartigkeit in der medizinischen Wissenschaft bestimmt sich nach dem Stand der Erkenntnisse, wie er sich unter Berücksichtigung des gesamten international zugänglichen medizinischen wissenschaftlichen Literatur darstellt[37]. Ein Abstellen auf den Stand der wissenschaftlichen Erkenntnisse in der EU oder etwa nur in Deutschland entspräche nicht mehr der internationalen Verflechtung und Vernetzung, insbesondere dem weltweiten Austausch in der wissenschaftlichen Gemeinschaft.

---

[35] BT-Drucks. 17/10959, S. 121.
[36] Die Ausführungen gelten gleichermaßen für Stoffe und Zubereitungen aus Stoffen.
[37] So auch *Kloesel/Cyran*, § 48 Anm. 50.

27   **2. Bestimmung von Stoffen, Zubereitungen aus Stoffen und Gegenständen (Nr. 2). a) Erfordernis einer ärztlichen, zahnärztlichen oder tierärztlichen Überwachung (Buchst. a)).** Diese Vorschrift erfasst den Kernbereich der Verschreibungspflicht. Eine Unterstellung erfolgt, sofern der Stoff, die Zubereitung oder der Gegenstand bei Bewertung seines Gefahrpotentials nur dann an Verbraucher abgegeben werden darf, wenn eine ärztliche, zahnärztliche oder tierärztliche Überwachung vorliegt. Dies ist der Fall, wenn die Diagnosestellung, die Anwendungsüberwachung oder die Erfolgskontrolle der medikamentösen Behandlung den beschriebenen medizinischen Sachverstand erfordert. Dabei werden diese ärztlichen Tätigkeiten wie nach dem Berufsrecht vorgeschrieben als persönliche mit unmittelbarem Patientenkontakt verbundene Handlungen unter Ausschluss von unzulässiger Fernbehandlung oder Ferndiagnose verstanden[38]. Für die Bewertung der Gefahren kommt eine unmittelbare oder auch mittelbare Gefährdung in Betracht. Das Gesetz legt die Eingriffsschwelle im Interesse der Arzneimittelsicherheit auch hier bereits im Bereich der auch nur mittelbaren Gefährdung an.

28   Eine unmittelbare Gefährdung kann insbes. auf Grund der Nebenwirkungen des Arzneimittels vorliegen. Dabei ist es ausreichend, wenn eine solche Gefährdung bei Anwendung des Arzneimittels zu befürchten ist. Erforderlich ist die generelle Eignung des Arzneimittels, eine Schädigung der Gesundheit herbeizuführen; sie dürfte bei jedem stark wirksamen Arzneimittel und bei Anwendungsgebieten gegeben sein, über deren Vorliegen im konkreten Einzelfall der medizinische Laie nicht aus eigenem Wissen und eigener Erfahrung entscheiden kann, sondern die einer ärztlichen Diagnose oder einer Überwachung der Anwendung bedarf[39]. Eine mittelbare Gefährdung erfasst z. B. Fälle, in denen eine Gefahr beim Eintreten weiterer Umstände, zum Beispiel dem Führen eines Fahrzeugs oder dem Bedienen von Maschinen unter Einwirkung des Arzneimittels besteht oder das Entstehen von Resistenzen bei Antibiotikabehandlung zu erwarten ist, die später beim Patienten oder bei anderen Patienten zu einer Gefährdung der Gesundheit führen können[40]. Die Gefährdung muss, worauf *Brixius*[41] hinweist, vom Arzneimittel selbst ausgehen. Eine fehlerhafte Anwendung durch den Verbraucher ist – jedenfalls wenn sie nicht von den Präparaten ausgeht – unerheblich[42]. Dem ist zuzustimmen. Allerdings bedarf gerade die Frage sehr sorgfältiger Prüfung, in welchem Umfang das stark wirkende Arzneimittel ohne ärztliche Überwachung die Gefährdung bewirkt und inwieweit die Anwendung durch den Verbraucher dazu beiträgt[43].

29   Bei Humanarzneimitteln wird bei Prüfung der Erforderlichkeit einer Unterstellung auf die **Gefährdung der Gesundheit des Menschen** abgestellt. Demgegenüber sind bei Tierarzneimitteln die **Gesundheit des Tieres, des Anwenders und der Umwelt** Kriterien für die Unterstellung. Die Einbeziehung des Anwenders und der Umwelt resultiert aus den regelmäßig oder häufig vorliegenden Umständen bei der Anwendung von Tierarzneimitteln. So ist der Schutz der Umwelt etwa angesichts bestimmter Anwendungsmodalitäten bei Tierarzneimitteln und demzufolge der potentiellen Umweltbelastung regelmäßig von größerer Relevanz als bei Humanarzneimitteln.

30   **b) Häufig in erheblichem Umfang nicht bestimmungsgemäßer Gebrauch (Buchst. b)).** Die Unterstellung unter die Verschreibungspflicht erfolgt hier, weil unmittelbare oder mittelbare Gefährdungen der Gesundheit bei **nicht bestimmungsgemäßem Gebrauch** eintreten können. Diese Erstreckung auf Fälle des nicht bestimmungsgemäßen Gebrauchs erfolgte mit dem AMG 1976. Sie wurde damit begründet, dass Erfahrungen mit der bisherigen auf Fälle des bestimmungsgemäßen Gebrauchs beschränkten Ermächtigung gezeigt haben, dass dies im Interesse eines vorbeugenden Gesundheitsschutzes nicht ausreiche[44]. Vor dem Hintergrund, dass zentrale Vorschriften des Gesetzes (§§ 5, 84) nur auf den bestimmungsgemäßen Gebrauch abstellen, enthält die Ermächtigung die einschränkende Voraussetzungen, dass der nicht bestimmungsgemäße Gebrauch häufig in erheblichem Umfang vorliegen muss, um die Unterstellung unter die Verschreibungspflicht zu rechtfertigen. Der federführende Ausschuss des Deutschen Bundestages hat zudem in seiner Entschließung vom 6.5.1976 anlässlich der Verabschiedung des Gesetzes die Erwartung geäußert, dass die Inanspruchnahme der Ermächtigung auf das unbedingt notwendige Maß beschränkt werden sollte[45].

31   **c) Erfordernis einer vorherigen tierärztlichen Diagnose (Buchst. c)).** Dieser zusätzlich hervorgehobene Tatbestand – das Erfordernis einer (tier)ärztlichen Diagnosestellung wird an sich bereits in Nr. 2 Buchst. a) angesprochen, s. Rn. 27 – für eine Unterstellung ist aus Gründen des Schutzes des

---

[38] Vgl. § 7 Musterberufsordnung der deutschen Ärztinnen und Ärzte (MBO-Ä); danach dürfen Ärztinnen und Ärzte eine individuelle ärztliche Behandlung, insbes. auch Beratung, weder ausschließlich brieflich noch in Zeitungen oder Zeitschriften noch ausschließlich über Kommunikationsmedien oder Computerkommunikationsnetze durchführen.

[39] *Kloesel/Cyran*, § 48 Anm. 57.

[40] Vgl. *Kloesel/Cyran*, § 48 Anm. 59 und 61 mit weiteren Beispielen unmittelbarer oder mittelbarer gesundheitlicher Gefährdungen.

[41] *Brixius*, PharmR 2012, 197.

[42] *Brixius*, PharmR 2012, 197.

[43] Vgl. dazu die Diskussion zur (teilweisen) Unterstellung bestimmter Analgetika unter die Verschreibungspflicht, die von *Brixius*, PharmR 2012, 197 und *Brixius/Schweim*, PharmR 2012, 326, kritisch kommentiert wird.

[44] Vgl. BT-Drucks. 7/3060, S. 56.

[45] Beschluss des Deutschen Bundestages zum AMNOG 1976 (BR zu Drucks. 307/76).

Verbrauchers (s. Rn. 13) aber auch aus Gründen des Tierschutzes, einschließlich des Schutzes von Tierbeständen, vorgesehen. Mit dem Erfordernis einer tierärztlichen Verschreibung wird einer Anwendung von Tierarzneimitteln in Fällen entgegen gewirkt, in der bei einer Behandlung durch Laien Krankheitsursachen verschleiert, Behandlungen erschwert und damit auch die Ausbreitung von Krankheiten begünstigt werden.

3. Aufhebung der Verschreibungspflicht (Nr. 3). Die ausdrückliche Ermächtigung zur Aufhebung **32** der Verschreibungspflicht wurde im Rahmen der Neufassung der Vorschrift durch die 14. AMG-Novelle aufgenommen. Vor dieser Änderung enthielt nur § 49 eine Ermächtigung zur vorzeitigen Aufhebung der automatischen Verschreibungspflicht. Diese stellte darauf ab, dass feststeht, dass die Voraussetzungen einer Unterstellung nach § 48 nicht vorliegen.

Nunmehr ist die Möglichkeit für alle Fälle der Aufhebung der durch Rechtsverordnung bestimmten **33** Verschreibungspflicht ausdrücklich geregelt. Voraussetzung für die Aufhebung der Verschreibungspflicht ist, dass auf Grund der Erfahrungen mit der Anwendung des Arzneimittels die **Voraussetzungen nach Nr. 2 nicht vorliegen.** Entsprechend der früheren Rechtslage für die automatische Verschreibungspflicht nach § 49 kann die Aufhebung der auf die Neuartigkeit des Arzneimittels gegründeten Unterstellung **frühestens nach drei Jahren** erfolgen. Da die Unterstellung unter die Verschreibungspflicht eine Maßnahme ist, die dem Patienten wie auch dem pharmazeutischen Unternehmer Einschränkungen auferlegt, darf sie vom Verordnungsgeber grundsätzlich – Ausnahme z.B. zur Vermeidung eines „gespaltenen" Marktes zentral/national zugelassen (vgl. *VG Köln,* Fn. 62) – nur solange aufrecht erhalten werden, wie die im Gesetz festgelegten Kriterien vorliegen. Es bedarf mithin für die Aufhebung keines Antrags des pharmazeutischen Unternehmers. Umgekehrt ist aber ein solcher Antrag mit der Vorlage entsprechender Unterlagen zu vorklinischen oder klinischen Versuchen nicht etwa ausgeschlossen, wie sich auch aus Abs. 3 S. 3 ergibt (s. Rn. 47). Auch ist der Verordnungsgeber nicht etwa verpflichtet, selbst solche Versuche durchzuführen. Er hat aber das wissenschaftliche Umfeld zu beobachten und ihm zugängliche medizinische Erkenntnisse im Hinblick auf eine mögliche Freistellung ebenso auszuwerten, wie es bei der Unterstellung erfolgt. Erfordernissen der Arzneimittelsicherheit wird wie bei der Unterstellung dadurch entsprochen, dass Kriterium für den Fortbestand der Verschreibungspflicht eine auch nur mittelbare Gefährdung der betreffenden Rechtsgüter ist.

4. Modalitäten der Verschreibungspflicht im Hinblick auf bestimmte Höchstmengen für 34 den Einzel- und Tagesgebrauch (Nr. 4). Für verschreibungspflichtige Arzneimittel kann angeordnet werden, dass diese vom Apotheker nur abgegeben werden dürfen, wenn die näher bezeichneten Höchstmengen nicht überschritten werden oder der Verschreibende dies ausdrücklich kenntlich gemacht hat. Damit wird eine zusätzliche Sicherheitshürde errichtet, mit der bei entsprechendem Gefährdungspotential darauf hingewirkt wird , dass die therapeutisch festgelegten und insoweit unbedenklichen Dosierungen eingehalten werden oder der Verschreibende nur aus therapeutischen Gründen bewusst und dokumentiert von diesen Höchstmengen abweicht. Die entsprechende Regelung weist dem Apotheker bei bestimmten Arzneimitteln ähnlich wie bei der Abgabe von Betäubungsmitteln eine zusätzliche Aufgabe und Verantwortung zu.

5. Verbot der wiederholten Abgabe auf eine Verschreibung (Nr. 5). Diese Ermächtigung **35** ermöglicht, die früher übliche Abgabe auf einen auf der ärztlichen Verschreibung aufgebrachten **Wiederholungsvermerk** auszuschließen. Durch den Zusatz von z.B. „2 ×" wurde es ermöglicht, in der Apotheke erneut ein Arzneimittel abzugeben, ohne dass es eines weiteren Arztbesuches bedurfte. Von der Ermächtigung ist in der AMVV Gebrauch gemacht worden, um Fälschungen von Verordnungen, die im Hinblick auf den Wiederholungsvermerk aufgetreten waren, zu erschweren. Das Verbot der wiederholten Abgabe auf eine Verschreibung hat aber nicht zwangsläufig zur Folge, dass dadurch größerer Aufwand für Verschreibende oder Patienten entsteht. Es ist vielmehr möglich, dem Patienten von vornherein die erforderliche Menge des Arzneimittels zu verschreiben, das der Patient dann auch in Teilmengen bei der Apotheke abholen kann.

6. Modalitäten der Verschreibungspflicht im Hinblick auf Verschreibungen von Ärzten eines 36 bestimmten Fachgebietes, zur Anwendung in zugelassenen Einrichtungen oder zur Führung von Nachweisen (Nr. 6). Die Ermächtigung bezogen auf Ärzte eines bestimmten Fachgebietes zielt wie auch die übrigen Modalitäten des Abs. 2 allein auf die Abgabe durch den **Apotheker** ab. Allerdings ergeben sich mittelbar Auswirkungen auf die Verschreibungsbefugnis des nicht einem bestimmten Fachgebiet angehörenden Arztes. Die Ermächtigung ist im Rahmen der 8. AMG-Novelle auf Vorschlag des Bundesrates in das Gesetz aufgenommen worden, um für Arzneimittel, bei denen im Hinblick auf Verschreibung und Abgabe besondere Sachkenntnis- und Sicherheitsvorkehrungen erforderlich sind, entsprechende Regelungen zu ermöglichen. Gedacht war insbes. an ein Mittel zum medikamentösen Schwangerschaftsabbruch, für dessen erwartetes Zulassungsverfahren bereits entsprechende Sicherheitsvorkehrungen ermöglicht werden sollten. Allerdings zeigte sich später, dass für dieses Mittel weitergehende Regelungen erforderlich waren mit der Folge, dass durch die 9. AMG-Novelle mit § 47a ein Sondervertriebsweg eingeführt wurde (s. dazu die Kommentierung zu § 47a). Die Nachweispflichten bei Abgabe eines solchen Mittels sind dann in § 2a AMVV konkretisiert worden. Ebenso sind Anpassungen im Hinblick auf die Abgabe dieses Mittels erfolgt.

37   Während Abs. 2 S. 1 Nr. 6 Regelungen zur Abgabe von Arzneimitteln auf Verschreibungen von Ärzten bestimmter Fachgebiete oder zur **Anwendung in bestimmten Einrichtungen** enthält, eröffnet § 28 IIa den Zulassungsbehörden die Möglichkeit, im Wege der Auflage bestimmte **Warnhinweise** mit vergleichbarer Zielrichtung anzuordnen (s. § 28 Rn. 39). Solche Warnhinweise können angeordnet werden, um sicherzustellen, dass das Arzneimittel nur von Ärzten bestimmter Fachgebiete verschrieben und unter deren Kontrolle oder nur in Kliniken oder in Spezialkliniken oder in Zusammenarbeit mit solchen Einrichtungen angewendet werden darf.

38   **7. Form und Inhalt der Verschreibung (Nr. 7).** Vorschriften zu Form und Inhalt der Verschreibung sind in der **AMVV** enthalten. Bei der Verschreibung von Arzneimitteln zur Anwendung bei Tieren ist insbesondere auch die **TÄHAV** zu beachten. Die Möglichkeit, Formvorschriften auch zur **Verschreibung in elektronischer Form** vorzusehen, ist klarstellend im Rahmen des GMG eingefügt worden. Bereits jetzt ist in § 2 VII AMVV eine einschlägige Vorschrift im Hinblick auf die Versorgung in Krankenhäusern vorgesehen, nach der die Angabe des Namens des verschreibenden Arztes ausreicht, wenn in dem Krankenhaus ein System vorhanden ist, das die Befugnis des Arztes zur Verschreibung und Anforderung des Arzneimittels sicherstellt.

II. Anhörung von Sachverständigen (S. 2)

39   Mit Ausnahme der Bestimmung der Stoffe oder Zubereitungen aus Stoffen nach § 48 II 1 Nr. 1 (der „neuen" Stoffe), die sich nach wissenschaftlichen Kriterien richtet, sind vor dem Erlass der Rechtsverordnung Sachverständige anzuhören, die insbes. auch Erfahrungen aus der Praxis einbringen. Dazu ist nach § 53 I ein Sachverständigenausschuss errichtet worden (s. § 53 Rn. 9). Eine Bindung des Verordnungsgebers an das Votum des Sachverständigenausschusses gibt es nicht (dazu und zur Frage des Erfordernisses einer erneuten Anhörung der Sachverständigen nach einem Maßgabenbeschluss des Bundesrates und den Rechtsfolgen einer unterbliebenen Anhörung s. § 45 Rn. 6, 7). Mit dem 2. AMG-ÄndG wurde bestimmt, dass eine Befassung des Sachverständigenausschusses für Verschreibungspflicht für solche Arzneimittel entfällt, für die Zulassungen durch die Europäische Kommission vorliegen. Dies gilt für Arzneimittel mit neuen Stoffen und für Arzneimittel, die den von der Kommission zugelassenen Arzneimitteln im Hinblick auf die Wirkstoffe, die Indikation, die Wirkstärke und die Darreichungsform entsprechen. Die Neuregelung trägt dem Umstand Rechnung, dass bei der jeweiligen Zulassung durch die Kommission bereits das gesamte in der Gemeinschaft vorhandene Erkenntnismaterial berücksichtigt wurde[46].

III. Arzneimittel, deren Verschreibung die Beachtung besonderer Sicherheitsanforderungen erfordert (S. 3)

40   Mit dem durch das AMG-ÄndG 2009 eingefügten Satz wird für Arzneimittel mit besonderem Risikopotential klargestellt, dass ihre Abgabe auf Sonderrezept vorgeschrieben werden kann. Zudem können in der Rechtsverordnung Modalitäten der Ausgabe des Sonderrezeptes und des weiteren Verfahrens festgelegt werden.

41   Die Verschreibung hat ggf. auf einem Sonderrezept zu erfolgen, das von der zuständigen Bundesoberbehörde auf Anforderung eines Arztes ausgegeben wird. Es können bestimmte Angaben auf diesem Formblatt sowie ein Rücklauf von Teilen (z. B. einer Durchschrift) dieses Formblatts zu Kontrollzwecken von Apotheken an die zuständige Bundesoberbehörde vorgeschrieben werden. Damit wird besonderen Anforderungen Rechnung getragen, die sich beispielsweise für Arzneimittel mit teratogenen Wirkstoffen aus fachlichen und europarechtlichen Anforderungen ergeben können[47].

---

[46] BT-Drucks. 17/9341, S. 57.
[47] *Zuck*, A&R 2009, 19 ff. bezeichnet die in der 6. Änderungsverordnung zur AMVV getroffene Regelung über ein Sonderrezept für thalidomid- oder lenalidomidhaltige Arzneimittel angesichts der Vielzahl nicht vergleichbar geregelter teratogener Wirkstoffe und der damit verbundenen gleichartigen Gefährdung unter Art. 3 GG als verfassungsrechtlich bedenklich. Abgesehen davon, dass dieser Argumentation entgegen gehalten werden kann, dass Besonderheiten etwa eines bei den thalidomid- oder lenalidomidhaltigen Arzneimitteln zu berücksichtigenden off-label-Gebrauchs wie auch der schwindende Kenntnisstand zu Contergan/Thalidomid einzubeziehen sind, stellt diese Argumentation *Zucks* nicht die Erweiterung der gesetzlichen Ermächtigung selbst infrage. Im Übrigen sind die einschlägigen Vorschriften durch die 13. VO zur Änderung der AMVV vom 19.2.2013 (BGBl. I S. 312) auf pomalidomidhaltige Arzneimittel erweitert worden.

D. Inhalte der Rechtsverordnung (Abs. 3)

I. Beschränkung der Rechtsverordnung nach Abs. 2 auf bestimmte Dosierungen, Potenzierungen, Darreichungsformen, Fertigarzneimittel oder Anwendungsbereiche (S. 1)

Die Ermächtigung ermöglicht und fordert, den Erfordernissen der Erforderlichkeit und Verhältnis- **42** mäßigkeit genügende Regelungen. Dabei gibt der Gesetzgeber vor, dass die **Beschränkung auf bestimmte Dosierungen oder etwa Anwendungsbereiche** vorzunehmen ist, auch wenn bei einer solchen Unterstellung die Möglichkeit einer Umgehung der Verschreibungspflicht durch den Verbraucher nicht ausgeschlossen ist. In der Praxis der AMVV ist von dieser Ermächtigung mit der Folge solcher auf Dosierungen[48], Potenzierungen[49], Darreichungsformen[50] und näher beschriebenen Anwendungsgebieten[51] beschränkten Regelungen regelmäßig Gebrauch gemacht worden. Aus der Möglichkeit, die Unterstellung auf bestimmte Dosierungen zu beschränken, wurde hergeleitet, dass damit nicht nur Einzel- oder Tagesdosen gemeint sind, sondern auch die gesamte Dosierung eines Arzneimittels, wie es einer bestimmten Packungsgröße entspricht. Diese Auslegung beschränkt die Unterstellung unter die Verschreibungspflicht auf das erforderliche Maß und trägt damit der Entscheidung des Gesetzgebers Rechnung.

Eine mögliche Beschränkung der Rechtsverordnung auf bestimmte Fertigarzneimittel[52] kann im **43** Widerspruch zur **stoffbezogenen Unterstellung** stehen (zum europarechtlichen Anlass dieser Vorschrift s. Rn. 47).

Die Möglichkeit der Beschränkung der Verordnung auf bestimmte Anwendungsbereiche ermöglicht **44** Differenzierungen, um neben Erfordernissen der Erforderlichkeit und Verhältnismäßigkeit auch der Notwendigkeit weitergehender Informationen zu entsprechen. *Kloesel/Cyran*[53] weist aufgrund einer am Wortlaut, der Gesetzessystematik und der Historie orientierten Auslegung sowie unter Berücksichtigung des Unionsrechts überzeugend nach, dass unter dem Begriff **„Anwendungsbereiche"** nicht die Summe der Anwendungsgebiete zu verstehen ist, sondern dieser Begriff Aussagen zur Anwendung des Arzneimittels zum Gegenstand hat. Damit könne auf § 11 Bezug genommen werden, der die für die sichere Anwendung des Arzneimittels erforderlichen Informationen zusammenfasst. Dies steht auch im Einklang mit dem europäischen Recht. Auch das europäische Recht lässt in Art. 71 IV RL 2001/83 andere von ihr angegebene Verwendungsbedingungen („other circumstances of use which it has specified") als Voraussetzung für Ausnahmen von der Verschreibungspflicht zu[54].

Diese Auslegung trägt damit der Praxis der Rechtsetzung durch die AMVV im erforderlichen Umfang **45** Rechnung. Nicht selten soll die Freistellung von der Verschreibungspflicht von einer bestimmten Gestaltung, bestimmten Inhalten der Packungsbeilage wie Warn- oder Anwendungshinweisen abhängig gemacht werden. Dies kann bei nationalen Zulassungen durch abgestimmtes Handeln von Verordnungsgeber und Zulassungsbehörde bewirkt werden, trifft aber bei Zulassungen, die in europäischen Verfahren erteilt werden, auf Grenzen, weil solche Zulassungen nur in den europäischen Verfahren abgeändert werden können. Hier besteht die Möglichkeit, entsprechende Inhalte in die jeweilige Position der Anlage zur AMVV aufzunehmen[55].

II. Ausnahmen für die Abgabe an Hebammen und Entbindungspfleger (S. 2)

Die Ermächtigung enthält keine Ausnahme vom Erfordernis einer ärztlichen Verschreibung, sondern **46** ermöglicht **Hebammen und Entbindungspflegern** über bestimmte verschreibungspflichtige Arzneimittel zu verfügen. Diese Personen müssen, wie es in landesrechtlichen Regelungen vorgesehen ist, zur ordnungsgemäßen Berufsausübung bestimmte insbes. krampflösende und schmerzstillende Arzneimittel zur Verfügung haben, die sie anwenden dürfen, ohne dass es dabei der Hinzuziehung eines Arztes bedarf. Die entsprechenden Ausnahmen in der AMVV tragen diesem Erfordernis arzneimittelbezogen

---

[48] Insbes. Einzel- oder Tagesdosis.
[49] Der Begriff bezieht sich auf homöopathische Arzneimittel. Das AMG verwendet an anderer Stelle (§ 38 II 3, § 39 I 3) in Übereinstimmung mit europäischem Recht den entsprechenden Begriff „Verdünnungsgrad".
[50] Vgl. *Kloesel/Cyran*, § 48 Anm. 101; *Sander*, § 48 Erl. 7: Art der Aufmachung, z.B. Tablette, Dragee, Kapsel, Zäpfchen.
[51] Nach *VG Köln*, Urt. v. 8.12.2009 – 7 K 3576/07 – BeckRS 2010, 45610, kann die Verschreibungspflicht allerdings nicht auf bestimmte Anwendungsgebiete beschränkt werden. Vgl. demgegenüber *Kloesel/Cyran* § 48 Anm. 103, der mit Bezugnahme auf die Praxis des Verordnungsgebers unter „Anwendungsbereiche" z.B. auch Teilgebiete einer Indikation anführt.
[52] Vgl. § 4 I.
[53] *Kloesel/Cyran*, § 48 Anm. 103.
[54] *Kloesel/Cyran*, § 48 Anm. 103.
[55] Diese Möglichkeit ist allerdings schon aus praktischen Gründen wegen des Umfangs der Informationen limitiert.

Rechnung. Grundsätzlich ist aber die Abgabe verschreibungspflichtiger Arzneimittel an **Heilpraktiker** unzulässig[56].

III. Voraussetzungen für die Beschränkung auf bestimmte Fertigarzneimittel und Schutzfrist (S. 3)

47   Die Möglichkeit der Beschränkung der Verschreibungspflicht auf bestimmte Fertigarzneimittel wurde im Rahmen der 14. AMG-Novelle eingeführt. Sie stellt eine Abweichung vom Grundsatz dar, nach dem die Verschreibungspflicht stoffbezogen im Hinblick auf die Gefährdung erfolgt, die von dem betr. Stoff ausgeht. Diese Abweichung ist erforderlich geworden, um dem im Rahmen der Revision der pharmazeutischen Rechtsvorschriften geänderten Gemeinschaftskodex für Humanarzneimittel[57] zu entsprechen. Dieser sieht unter bestimmten Voraussetzungen (signifikante vorklinische oder klinische Versuche) einen einjährigen **Unterlagenschutz** für solche Ergebnisse vor, die ein pharmazeutischer Unternehmer vorgelegt hat, um einen „Switch"[58] herbeizuführen, d. h. eine Freistellung von der Verschreibungspflicht zu begründen.

E. Verordnungsermächtigung für das Bundesministerium für Ernährung und Landwirtschaft, soweit es sich um Arzneimittel zur Anwendung bei Tieren handelt (Abs. 4)

48   Die Ermächtigung berücksichtigt die federführende Zuständigkeit des BMEL (früher BMELV) für Regelungen im Bereich der Tierarzneimittel – ausgenommen die Zulassung – wie sie im einschlägigen Organisationserlass des Bundeskanzlers vom 22.1.2001[59] festgelegt wurde.

F. Einvernehmensregelung zugunsten des Bundesministeriums für Umwelt, Naturschutz, Bau und Reaktorsicherheit (Abs. 5)

49   Es wird die Zuständigkeit des BMUB für Belange des Strahlenschutzes berücksichtigt. Wird eine Rechtsverordnung, die des Einvernehmens beteiligter Ressorts bedarf, ohne Einvernehmen des betreffenden Ressorts erlassen, so ist die Verordnung nichtig (s. § 6 Rn. 5).

G. Verordnungsermächtigung für das Bundesministerium für Ernährung und Landwirtschaft zu Ausnahmen von der Verschreibungspflicht (Abs. 6)

50   Diese Ermächtigung für **Ausnahmen von der Verschreibungspflicht** berücksichtigt, dass die in § 48 I 1 Nr. 2 zur Umsetzung von europäischem Recht vorgenommene grundsätzliche Unterstellung von Arzneimitteln, die zur Anwendung bei Tieren bestimmt sind, die der Gewinnung von Lebensmitteln dienen, eine Vielzahl von Arzneimitteln erfasst, die bislang nur apothekenpflichtig oder auch außerhalb der Apotheken freiverkäuflich sind. Die Ermächtigung berücksichtigt dabei, dass nicht alle diese Arzneimittel bei Bewertung der Gefährdungssituation der Verschreibungspflicht unterliegen sollten. Das Gebrauchmachen von dieser Ermächtigung setzte voraus, dass im europäischen Recht harmonisierte Anforderungen festgelegt wurden[60], die maßgeblich für die Ausnahmen nach Abs. 6 sind[61]. Eine inzwischen überholte Übergangsregelung ist in § 141 XI enthalten (s. § 141 Rn. 37).

H. Rechtsschutz

51   Als Rechtsmittel gegen Rechtsverordnungen, die die Anordnung, Einschränkung oder Aufhebung der Verschreibungspflicht zum Gegenstand haben, ist nach *Pabel* die Feststellungsklage zulässig. *Pabel* weist

---

[56] Einen Fehler im Computerprogramm, der eine solche Abgabe ermöglicht, muss sich ein Apotheker zurechnen lassen, so *AG Solingen*, NStZ 1996, 240; NJW 1996, 1607.
[57] Vgl. den in § 48 III 3 genannten Art. 74a der (geänderten) RL 2001/83/EG.
[58] Zu den Auswirkungen eines im europäischen zentralen Zulassungsverfahren durchgeführten „Switch" vgl. *Guttau/Winnands*, PharmR 2009, 274.
[59] BGBl. I S. 127.
[60] Vgl. RL 2006/130/EG der Kommission vom 11.12.2006 zur Durchführung der RL 2001/82/EG des Europäischen Parlaments und des Rates in Bezug auf die Festlegung von Kriterien für die Ausnahme bestimmter Tierarzneimittel, die für zur Nahrungsmittelerzeugung genutzte Tiere bestimmt sind, von der Pflicht der tierärztlichen Verschreibung.
[61] Vgl. zu den konkreten Ausnahmen nach § 6 i. V. m. Anl. 2 AMVV *Kluge*, in: Fuhrmann/Klein/Fleischfresser, § 38 Rn. 12.

dabei darauf hin, dass ein Normenkontrollverfahren nach § 47 I Nr. 2 VwGO ausschließlich gegen untergesetzliches Landesrecht vorgesehen ist und legt überzeugend dar, dass auch die Anfechtungsklage gegen die Rechtsverordnung des Bundes als unzulässig zurückzuweisen wäre[62]. Demzufolge ist im Falle der begehrten Anordnung wie auch der begehrten Aufhebung der Verschreibungspflicht die **Feststellungsklage** als zulässiges Rechtsmittel anzusehen.

I. Sanktionen

I. Straf- und Ordnungswidrigkeitenrecht

Die Straf- und Bußgeldvorschriften sehen für Verstöße gegen die Verschreibungspflicht differenzierte **52** Sanktionen vor.

§ 95 I Nr. 6 sieht bei **vorsätzlicher** Begehung Freiheitsstrafe bis zu drei Jahren oder Geldstrafe vor, **53** wenn entgegen § 48 I 1 i. V. m. einer Rechtsverordnung nach § 48 II 1 Nr. 1 oder 2, d. h. ohne Verschreibung Arzneimittel abgegeben werden, die zur Anwendung bei Tieren bestimmt sind, die der Gewinnung von Lebensmitteln dienen. Die Strafbarkeit des **Versuchs** besteht nach § 95 II. Für einen besonders **schweren Fall** sieht § 95 III Freiheitsstrafe von einem Jahr bis zu zehn Jahren vor, was bei Gefährdung der Gesundheit einer großen Zahl von Menschen in Betracht kommen kann. Bei **fahrlässiger** Begehung ist nach § 95 IV die Strafandrohung Freiheitsstrafe bis zu einem Jahr oder Geldstrafe.

§ 96 Nr. 13 sieht bei **vorsätzlicher** Begehung Freiheitsstrafe bis zu einem Jahr oder Geldstrafe vor, **54** wenn in den nicht von § 95 erfassten Fällen entgegen § 48 I 1 i. V. m. einer Rechtsverordnung nach § 48 II Nr. 1 oder 2, d. h. ohne Verschreibung Arzneimittel abgegeben werden. Bei **fahrlässiger** Begehung handelt der Täter nach § 97 I **ordnungswidrig**. Diese Ordnungswidrigkeit kann nach § 97 III mit einer Geldbuße bis zu 25.000 Euro geahndet werden.

Das *OLG München*[63] hat im Falle der Abgabe mehrerer Packungen eines in der jeweiligen Packungs- **55** größe **verschreibungsfreien Arzneimittels** einen Verstoß gegen § 48 verneint. Etwas anderes gelte nur dann, wenn in der Verordnung auch die Anzahl der zu verkaufenden Packungseinheiten begrenzt ist.

In **Notfällen** kann die Abgabe verschreibungspflichtiger Arzneimittel ohne Vorliegen einer Verschrei- **56** bung nach § 34 StGB gerechtfertigt sein[64]; auch ist eine Kollision mit § 323c StGB (Unterlassene Hilfeleistung)[65] möglich. Nach einem Urteil des *BayObLG* liegt kein (Straf-)Tatbestand nach §§ 96 oder 97 vor, wenn ein Apotheker in dringenden Fällen Drogensüchtigen nach telefonischer Unterrichtung durch den ihm bekannten Arzt in der verordneten Menge Codeinsaft abgibt, obwohl sie eine Verschreibung nicht vorlegen können, da diese aufgrund einer Vereinbarung zwischen Arzt und Apotheker zur Verhinderung von Rezeptfälschungen dem Apotheker unmittelbar zugeleitet wird[66].

Ein Apotheker handelt nicht pflichtwidrig, wenn er ein verschreibungspflichtiges, potenziell gefähr- **57** liches, z. B. morphinhaltiges Arzneimittel an einen erwachsenen Angehörigen des Patienten auch ohne dessen ausdrücklicher oder stillschweigender Bevollmächtigung aushändigt, sofern keine konkreten Anhaltspunkte gegeben sind, die für einen vorsätzlichen Missbrauch oder eine fahrlässig falsche Verwendung des Arzneimittels sprechen[67].

Gegenstände, auf die sich eine Straftat nach § 95 oder § 96 oder eine Ordnungswidrigkeit nach § 97 **58** bezieht, können nach § 98 eingezogen werden.

Neben den im AMG geregelten nebenstrafrechtlichen Vorschriften kommen auch die Vorschriften des **59** **StGB** als Sanktionsnormen in Betracht, wenn Verstöße gegen die Verschreibungspflicht zu körperlichen Schäden bei Verbrauchern führen und damit Körperverletzungsdelikte darstellen.

Die Abgabe verschreibungspflichtiger Arzneimittel durch andere Personen als Apotheker, also etwa **60** eine Abgabe im Einzelhandel oder ein Handeltreiben durch andere, verstößt im Falle von Arzneimitteln nach § 2 I oder II Nr. 1 außerdem gegen § 43 und ist dementsprechend nach § 95 I Nr. 4 mit Strafe bedroht. Auch dabei gelten die Vorschriften des § 95 II zur Strafbarkeit des Versuchs, nach § 95 III für besonders schwere Fälle sowie nach § 95 IV für die fahrlässige Begehung[68].

II. Wettbewerbsrecht

Neben diesen Sanktionen kommen Maßnahmen nach **Wettbewerbsrecht** in Betracht, wenn Apo- **61** theker Arzneimittel ohne Verschreibung abgeben, weil dies nach § 3 UWG als Verstoß gegen wert-

---

[62] *Pabel*, PharmR 2009, 499; *Kloesel/Cyran*, § 48 Anm. 118; zustimmend *Rehmann*, § 48 Rn. 14; *VG Köln*, Urt. v. 22.9.2015 – 7 K 6103/14 – BeckRS 2015, 53114.
[63] *OLG München*, Urt. v. 25.4.2013 – 29 U 194/13 – BeckRS 2013, 09323.
[64] Vgl. *BGH*, Urt. v. 8.1.2015 – I ZR 123/13 – BeckRS 2015, 12550; *Kloesel/Cyran*, § 1 AMVV, Anm. 23; *Helios/Eckstein*, PharmR 2002, 130.
[65] Vgl. *Kloesel/Cyran*, § 1 AMVV Anm. 24.
[66] *BayObLG*, NJW 1996, 1606; NStZ 1996, 241.
[67] *OLG Köln*, VersR 2014, 708.
[68] Vgl. zu den Sanktionen allgemein *Schmidt*, DAZ 2010, 5152.

bestimmende Normen anzusehen ist und eine Marktverhaltensregel i. S. d. § 4 Nr. 11 UWG darstellt[69].
§ 48 I hat wettbewerbsrechtlichen Charakter und ist – weil in besonderem Maße dem Schutz der
Volksgesundheit dienend – eine im wettbewerbsrechtlichen Sinne wertbezogene, sittlich-rechtlich fundierte Vorschrift. Ihre Missachtung begründet deshalb ohne zusätzliche Unlauterkeitskriterien zugleich
die Sittenwidrigkeit der Wettbewerbshandlung nach § 1 UWG. Da der Verstoß gegen § 48 I strafbar ist,
entfällt ein rechtswidriger Verstoß gegen die guten Sitten im Wettbewerb nur unter der Voraussetzung
des rechtfertigenden Notstands (§ 34 StGB)[70]. Verstöße werden nicht selten mittels „Testkäufen" festgestellt; solche Testkäufe sind nicht generell unzulässig, können es aber im Einzelfall wegen unkollegialen
Verhaltens sein[71].

III. Verwaltungsrecht, Berufsrecht

62   Darüber hinaus kann die Abgabe verschreibungspflichtiger Arzneimittel ohne Verschreibung durch
Apotheker auch berufsrechtsrechtlich geahndet werden und jedenfalls bei häufigen Verstößen auch den
Verlust der Apothekenbetriebserlaubnis oder der Approbation zur Folge haben[72].

§ 49 *(weggefallen)*

§ 50 Einzelhandel mit freiverkäuflichen Arzneimitteln

(1) [1]Einzelhandel außerhalb von Apotheken mit Arzneimitteln im Sinne des § 2 Abs. 1 oder
Abs. 2 Nr. 1, die zum Verkehr außerhalb der Apotheken freigegeben sind, darf nur betrieben
werden, wenn der Unternehmer, eine zur Vertretung des Unternehmens gesetzlich berufene
oder eine von dem Unternehmer mit der Leitung des Unternehmens oder mit dem Verkauf
beauftragte Person die erforderliche Sachkenntnis besitzt. [2]Bei Unternehmen mit mehreren
Betriebsstellen muss für jede Betriebsstelle eine Person vorhanden sein, die die erforderliche
Sachkenntnis besitzt.

(2) [1]Die erforderliche Sachkenntnis besitzt, wer Kenntnisse und Fertigkeiten über das
ordnungsgemäße Abfüllen, Abpacken, Kennzeichnen, Lagern und Inverkehrbringen von
Arzneimitteln, die zum Verkehr außerhalb der Apotheken freigegeben sind, sowie Kenntnisse über die für diese Arzneimittel geltenden Vorschriften nachweist. [2]Das Bundesministerium wird ermächtigt, im Einvernehmen mit dem Bundesministerium für Wirtschaft
und Energie und dem Bundesministerium für Bildung und Forschung durch Rechtsverordnung mit Zustimmung des Bundesrates Vorschriften darüber zu erlassen, wie der Nachweis der erforderlichen Sachkenntnis zu erbringen ist, um einen ordnungsgemäßen Verkehr
mit Arzneimitteln zu gewährleisten. [3]Es kann dabei Prüfungszeugnisse über eine abgeleistete berufliche Aus- oder Fortbildung als Nachweis anerkennen. [4]Es kann ferner bestimmen, dass die Sachkenntnis durch eine Prüfung vor der zuständigen Behörde oder einer
von ihr bestimmten Stelle nachgewiesen wird und das Nähere über die Prüfungsanforderungen und das Prüfungsverfahren regeln. [5]Die Rechtsverordnung wird, soweit es sich um
Arzneimittel handelt, die zur Anwendung bei Tieren bestimmt sind, vom Bundesministerium für Ernährung und Landwirtschaft im Einvernehmen mit dem Bundesministerium,
dem Bundesministerium für Wirtschaft und Energie und dem Bundesministerium für
Bildung und Forschung erlassen.

(3) Einer Sachkenntnis nach Absatz 1 bedarf nicht, wer Fertigarzneimittel im Einzelhandel
in den Verkehr bringt, die

1. im Reisegewerbe abgegeben werden dürfen,
2. zur Verhütung der Schwangerschaft oder von Geschlechtskrankheiten beim Menschen
   bestimmt sind,
3. (weggefallen)
4. ausschließlich zum äußeren Gebrauch bestimmte Desinfektionsmittel oder
5. Sauerstoff sind.

---

[69] *BGH*, Urt. v. 8.1.2015 – I ZR 123/13, Rn. 4 – BeckRS 2015, 12550.
[70] *OLG Düsseldorf*, GRUR 1987, 295; LSK 1988, 010061; vgl. auch *OLG Stuttgart*, Urt. v. 13.6.2013 – 2 U 193/12
– BeckRS 2015, 00099; *Rehmann*, § 48 Rn. 15.
[71] S. *OVG Münster*, NJW 1993, 3014; NVwZ 1994, 86: „Die in diesem Zusammenhang noch tolerable Täuschung
findet aber jedenfalls ihre Grenze, wenn unter Simulation einer akuten Notlage der Notdienst eines Apothekers zu
einem Testkauf missbraucht wird."
[72] S. *OVG Lüneburg*, BeckRS 2012, 50248, bei dem neben Verstößen gegen § 48 auch weitere Verstöße, insbesondere Abrechnungsmanipulationen vorlagen; *VG Berlin*, Urt. v. 19.5.2010 – 14 K 45/09 – BeckRS 2010, 49750.

Wichtige Änderungen der Vorschrift: Abs. 2 S. 2 geändert und Abs. 2 S. 3 angefügt durch Art. 1 Nr. 35 des Zwölften Gesetz zur Änderung des Arzneimittelgesetzes vom 30.7.2004 (BGBl. I S. 2031).

Literatur: *Reuter,* Arzneimittel im Einzelhandel. Ein Leitfaden für den Handel mit freiverkäuflichen Arzneimitteln, 10. Aufl. 2005; *Schilcher/Schilcher,* Sachkundenachweis für freiverkäufliche Arzneimittel in Fragen und Antworten, 5. Aufl. 2011.

Übersicht

A. Allgemeines

I. Inhalt

Die Vorschrift regelt den **Einzelhandel** mit freiverkäuflichen Arzneimitteln. Sie stellt einerseits **1** Anforderungen an die im Einzelhandel erforderliche **Sachkenntnis** auf (Abs. 1 und 2). Zum anderen sieht sie eine Freistellung des Einzelhandels vom Erfordernis der Sachkenntnis bei bestimmten Arzneimitteln vor (Abs. 3).

II. Zweck

Die Anforderungen dieser Vorschrift an den Einzelhandel dienen in erster Linie dem **Gesundheits- 2 schutz**[1]. Zugleich kommt der Vorschrift potentiell auch eine Funktion als Regelung des Marktverhaltens zu (§ 4 Nr. 11 UWG). Die Regelung stellt eine auch vor dem Hintergrund der Berufsfreiheit (Art. 12 Abs. 1 GG) und der Eigentumsfreiheit zulässige Berufsausübungsregelung dar.[2]

III. Europarechtliche Vorgaben

Der Vertrieb von Arzneimitteln im Einzelhandel ist **europarechtlich** ebenso wenig harmonisiert wie **3** der Vertrieb durch Apotheken[3]. Entsprechende Einschränkungen der Warenverkehrsfreiheit und der Dienstleistungsfreiheit durch das Erfordernis der Sachkenntnis sind jedenfalls zum Schutz der Gesundheit grundsätzlich gerechtfertigt[4].

---

[1] BT-Drucks. 7/3060, S. 56.
[2] *OVG Lüneburg,* PharmR 2012, 216.
[3] Vgl. *W.-H. Roth,* EuR-Bei 2007/2, S. 9, 20.
[4] *EuGH,* Urt. v. 25.5.1993 – Rs. C-271/92, Slg. 1993, I-2899, Rn. 10 – Laboratoire de Protheses and Groupement d'Opticiens Lunetiers Detaillants.

IV. Verhältnis zu anderen Gesetzen

4   Der Einzelhandel mit Arzneimitteln wird nach geltender Rechtslage ausschließlich durch das AMG und die zu Abs. 2 erlassene AMSachKV geregelt. Hiermit wurden zugleich die früheren Bestimmungen des Einzelhandelsgesetzes sowie entsprechende gewerberechtliche Regelungen abgelöst[5].

B. Zulässigkeit des Einzelhandels (Abs. 1)

I. Voraussetzungen (S. 1)

5   **1. Einzelhandel.** Der Begriff des Einzelhandels bezieht sich auf die entgeltliche berufs- und gewerbsmäßige Abgabe von Arzneimitteln außerhalb von Apotheken unmittelbar an **Verbraucher**[6]. Damit unterscheidet sich der Einzelhandel zugleich vom Großhandel, der sich an Abnehmer auf anderen Handelsstufen wendet und Arzneimittel nicht unmittelbar an Verbraucher – außer an Ärzte, Zahnärzte, Tierärzte oder Krankenhäuser – abgibt (§ 4 XXII, s. § 4 Rn. 163 ff.). Soweit ein Großhändler allerdings zugleich auch Arzneimittel an andere Verbraucher als Ärzte, Zahnärzte oder Krankenhäuser abgibt, ist auch dieser als Einzelhändler tätig. Kein Einzelhandel liegt hingegen vor, wenn lediglich Arzneimittel in geringfügiger Menge kostenlos durch einen Arzt abgegeben werden[7].

6   Von dem Erfordernis der Sachkenntnis abgesehen sind keine weiteren Anforderungen an die Zulässigkeit des Einzelhandels mit Arzneimitteln zu stellen. Insbesondere ist die Art der sonst vom Händler an Verbraucher vertriebenen Produkte unerheblich. Vor Aufnahme des Einzelhandels ist freilich eine **Anzeige** gegenüber der zuständigen Behörde nach § 67 Abs. 1 erforderlich. Unberührt hiervon bleiben weitere gewerberechtliche Anzeigepflichten nach § 14 Abs. 1 und 2 GewO.[8]

7   Einzelhandel i. S. v. § 50 bezieht sich in erster Linie auf den **Verkauf** oder die **sonstige Abgabe** von Arzneimitteln. Darüber hinaus können im Einzelhandel freiverkäufliche Arzneimittel zum Zwecke der Abgabe an den Verbraucher umgefüllt, abgepackt und gekennzeichnet werden. Eine Herstellungserlaubnis ist insoweit nach § 13 Abs. 2 Nr. 5 entbehrlich.[9]

8   Die Zulässigkeit der Kooperation zwischen Einzelhändlern und Apotheken, etwa durch Aufstellung von Rezeptsammelkästen in Ladenlokalen von Einzelhändlern, richtet sich nach dem einschlägigen Apothekenrecht[10].

9   **2. Freiverkäufliche Arzneimittel.** Arzneimittel sind **frei verkäuflich,** soweit sie ausnahmsweise nicht apothekenpflichtig sind (§§ 43 ff.). Sie dürfen daher auch im Einzelhandel – freilich aber auch in Apotheken – an Verbraucher abgegeben werden. Die Aufzählung bestimmter Arzneimittel in Abs. 3 stellt klar, dass es sich bei ihnen um freiverkäufliche Arzneimittel handelt, für die ausnahmsweise keine besondere Sachkenntnis erforderlich ist. Hingegen dürfen im Einzelhandel grundsätzlich keine verschreibungspflichtigen Arzneimittel vertrieben werden.

10   Arzneimittel nach § 2 II Nr. 1a–4, also insbes. tierärztliche Instrumente, tiermedizinische Implantate, Verbandsstoffe und chirurgische Nahtmaterialien sowie bestimmte analytische Stoffe, werden nicht von der Regelung in § 50 erfasst. Sie können also auch ohne Nachweis der Sachkenntnis im Einzelhandel verkauft werden[11].

11   **3. Besitz der erforderlichen Sachkenntnis.** Es muss innerhalb des Unternehmens bzw. in jeder Betriebsstelle zumindest eine Person hinreichende **Sachkenntnis** hinsichtlich des Einzelhandels mit Arzneimitteln besitzen. Dies kann bei im Handelsregister eingetragenen Kaufleuten der Kaufmann selbst, eine zur Vertretung des Unternehmens gesetzlich berufene Person (Geschäftsführer bei GmbH, Vorstand bei AG, Komplementär bei KG, Gesellschafter bei oHG und GbR), oder schlicht eine mit dem Verkauf von Arzneimitteln rechtsgeschäftlich beauftragte Person sein.

12   **4. Anwesenheit in der Betriebsstelle.** Die mit der erforderlichen Sachkenntnis ausgestattete Person muss in der Betriebsstelle körperlich anwesend sein.[12] Mindestanforderung ist die **Anwesenheit während der üblichen Verkaufszeiten.** Während eine kurzfristige Abwesenheit von wenigen Stunden im Einzelfall unschädlich ist, ist im Falle einer beruflichen oder urlaubsbedingten Abwesenheit von

---

[5] Hierzu BT-Drucks. 7/3060, S. 56; zu den weiter geltenden gewerberechtlichen Regelungen vgl. *Sydow*, in: Pielow, § 6 GewO, Rn. 53 ff.

[6] Vgl. *Kloesel/Cyran*, § 50 Anm. 2. Ggf. kann auch ein Handel über das Internet Einzelhandel darstellen, vgl. *Marwitz*, MMR 1999, S. 83, 87.

[7] *OLG Bremen*, GRUR 1989, 533, 534.

[8] *Kloesel/Cyran*, § 50 Anm. 3.

[9] *Kloesel/Cyran*, § 50 Anm. 5.

[10] Vgl. *BVerwG*, NVwZ 2008, 1238.

[11] *Sander*, § 50 Erl. 1.

[12] *OVG Lüneburg*, PharmR 2012, 216; *OVG Magdeburg*, BeckRS 2012, 51356; hierzu *Gerstberger*, GRUR-Prax 2012, 447.

mehr als einem Tag eine Vertretung durch eine andere Person mit der erforderlichen Sachkenntnis sicherzustellen[13].

II. Mehrere Betriebsstellen (S. 2)

Bei **mehreren Betriebsstellen** eines Einzelhandelsunternehmens muss nach herkömmlicher Auffas-   **13** sung für jede einzelne Betriebsstelle jeweils eine Person mit der erforderlichen Sachkenntnis vorhanden sein. So kann also nicht ein Mitarbeiter mit der erforderlichen Sachkenntnis für mehrere Filialen eingesetzt werden; auch eine sonstige Kontaktmöglichkeit einer Person mit Sachkenntnis, etwa i. S. eines telefonischen Bereitschaftsdienstes, reicht nicht aus. Soweit allerdings die Abgabe über ein entsprechend ausgestaltetes Terminal-System erfolgt, soll nach Auffassung der obergerichtlichen Rechtsprechung ausreichen, wenn eine Beratung durch eine sachkundige Person über eine Bild- und Tonleitung erfolgt und sichergestellt ist, dass Kundenkontakte zeitlich aufeinander folgen und eine gleichzeitige Parallelschaltung zu mehreren Kunden ausgeschlossen ist[14].

Wenn der Einzelhandel **außerhalb einer Betriebsstätte** betrieben wird, muss jeder Außendienstmit-   **14** arbeiter die erforderliche Sachkenntnis besitzen, wenn der Außendienst nicht lediglich als Bote fungiert und seine Tätigkeit nicht als Reisegewerbe i. S. v. § 51 zu qualifizieren ist.

C. Anforderungen an die Sachkenntnis (Abs. 2)

Für den Einzelhandel mit Arzneimitteln außerhalb von Apotheken ist nach Abs. 2 der Nachweis der   **15** erforderlichen **Sachkenntnis** erforderlich.

I. Umfang der Sachkenntnis (S. 1)

Der erforderliche Umfang der Sachkenntnis ist in **Abs. 2 S. 1** geregelt. Demnach sind in erster Linie   **16** Kenntnisse und Fertigkeiten hinsichtlich der **Herstellung von Arzneimitteln** erforderlich. Hierzu gehören Kenntnisse im Hinblick auf bestimmte Herstellungsvarianten, namentlich das Abfüllen, Abpacken und Kennzeichnen von Arzneimitteln. Hinsichtlich der Begrifflichkeit ist auf § 4 XIV zu verweisen (s. § 4 Rn. 115 ff.). Eine eigene Herstellungserlaubnis ist für diese Tätigkeiten nicht erforderlich, soweit sie sich auf den für den Einzelhandel erforderlichen Umfang beschränken.

Auch die **Lagerung von Arzneimitteln** gehört zu den für den Einzelhandel typischen Tätigkeiten.   **17** Lagerung bedeutet hierbei mehr als der bloße kurzfristige Besitz von Arzneimitteln beispielsweise zum Zwecke des Transports. Der Begriff der Lagerung impliziert eine zumindest kurzfristige Aufbewahrung von Arzneimitteln zum Zwecke der Bevorratung.

Der Begriff des **Inverkehrbringens von Arzneimitteln** wird in § 4 XVII bestimmt (s. § 4   **18** Rn. 139 ff.). Im Einzelhandel sind freilich nur Kenntnisse hinsichtlich des Inverkehrbringens von frei verkäuflichen Arzneimitteln erforderlich. Darüber hinausgehende pharmazeutische Kenntnisse und Fähigkeiten können nicht verlangt werden.

Erforderlich ist zudem eine **Kenntnis der geltenden Vorschriften.** Einschlägige Vorschriften hin-   **19** sichtlich der freiverkäuflichen Arzneimittel sind diejenigen arzneimittelrechtlichen und heilmittelwerberechtlichen Regelungen, welche sämtliche dem Einzelhandel gestatteten Tätigkeiten betreffen. Die diesbezüglichen Anforderungen dürfen freilich nicht überzogen werden. Eine mit Sachkenntnis ausgestattete Person muss aber in der Lage sein, sich Kenntnis von Änderungen der jeweils einschlägigen Vorschriften zu verschaffen.

Anforderungen an **Kenntnisse hinsichtlich der im Einzelhandel vertriebenen Arzneimittel   20** werden in § 50 nicht ausdrücklich verlangt. Insoweit konkretisiert allerdings § 4 AMSachKV in zulässiger Weise die erforderliche Sachkenntnis: Für den Nachweis der Sachkenntnis wird hier beispielsweise geprüft, ob die betr. Person das Sortiment freiverkäuflicher Arzneimittel übersieht (§ 4 II Nr. 1) und die in freiverkäuflichen Arzneimitteln üblicherweise verwendeten Pflanzen und Chemikalien kennt (§ 4 II Nr. 2).

II. Nachweis der Sachkenntnis (S. 2)

Das Bundesministerium hat im Einvernehmen mit dem BMWi von der in **Abs. 2 S. 2** eingeräumten   **21** Ermächtigung zum Erlass einer Rechtsverordnung über den Nachweis der erforderlichen Sachkenntnis durch die AMSachKV Gebrauch gemacht.

Danach kann die erforderliche Sachkenntnis entweder durch eine entsprechende **Prüfung** (§§ 2–9   **22** AMSachKV), durch **Prüfungszeugnisse** über eine einschlägige berufliche Ausbildung (§ 10 AMSachKV), oder in **sonstiger Weise** (§ 11 AMSachKV) nachgewiesen werden.

---

[13] *OLG Düsseldorf*, LMRR 1989, 34.
[14] *VGH Mannheim*, MedR 2010, 660.

23   Nach § 11 AMSachKV genügt auch der Nachweis der Sachkunde bzw. Sachkenntnis nach bestimmten früheren Regelungen des AMG.

24   Die in der AMSachKV genannten Möglichkeiten für den Nachweis der Sachkenntnis sind abschließend[15]. Andere als die in der AMSachKV vorgesehenen Alternativen reichen für den Nachweis der im Einzelhandel erforderlichen Sachkenntnis nicht aus. Dies gilt maßgeblich für Zeugnisse von Pharmakanten oder für erst begonnene Ausbildungen zu einem der in der AMSachKV genannten Berufe[16], aber auch für eine bloße langjährige Erfahrung im Umgang mit entsprechenden Arzneimitteln.

25   Weder § 50 noch die AMSachKV sieht eine ausdrückliche Notwendigkeit von **Fortbildungen** vor. In Anbetracht fortschreitender Erkenntnisse über die Wirkungsweise und Risiken von Arzneimitteln erscheint dies bedenklich. Jedenfalls wird man aber zur erforderlichen Sachkenntnis auch die Fähigkeit rechnen müssen, sich über wichtige Entwicklungen auf dem Gebiet der einschlägigen Arzneimittel zu informieren.

III. Prüfungszeugnisse (S. 3)

26   § 10 AMSachKV sieht in Umsetzung der durch **Abs. 2 S. 3** begründeten Verordnungsermächtigung vor, dass **Zeugnisse** über einschlägige Hochschulstudien – namentlich in den Fachrichtungen Pharmazie, Chemie, Biologie, Human- oder Veterinärmedizin – oder berufliche Ausbildungen – z. B. zum Apothekeranwärter, zum pharmazeutisch-technischen Assistenten, zum Drogisten, zum Apothekenhelfer bzw. zum pharmazeutisch-kaufmännischen Assistenten – als Nachweis der erforderlichen Sachkenntnis anerkannt werden.

IV. Ablegung einer Prüfung (S. 4)

27   Nach **Abs. 2 S. 4** kann das Bundesministerium in der Rechtsverordnung ferner bestimmen, dass die Sachkenntnis durch eine Prüfung vor der zuständigen Behörde oder einer von ihr bestimmten Stelle nachgewiesen wird, wobei insoweit auch die Einzelheiten der Prüfungsanforderungen und das Prüfungsverfahren geregelt werden können. Dies ist durch die AMSachKV geschehen. Danach werden entweder **Prüfungen** gem. §§ 2–8 AMSachKV von der jeweils aufgrund Landesrecht zuständigen Behörde oder durch eine von ihr benannten Stelle durchgeführt. Dies sind grundsätzlich diejenigen Industrie- und Handelskammern, die in einem vom zuständigen Bundesministerium bekannt gemachten Verzeichnis aufgeführt sind[17]. In der AMSachKV werden diesbezüglich die Errichtung und Tätigkeit des Prüfungsausschusses (§ 2 AMSachKV), die Bestimmung der Prüfungstermine und die Prüfungsanmeldung (§ 3 AMSachKV), die Prüfungsanforderungen (§ 4 AMSachKV), die Durchführung der Prüfung (§ 5 AMSachKV), die Folgen des Rücktritts von oder der Nichtteilnahme an der Prüfung (§ 6 AMSachKV), Einzelheiten zum Prüfungsergebnis und zum Prüfungszeugnis (§ 7 AMSachKV), die Wiederholung der Prüfung (§ 8 AMSachKV) sowie die Zuständigkeit der Behörde (§ 9 AMSachKV) geregelt.

V. Erlass der Rechtsverordnung bei Tierarzneimitteln (S. 5)

28   Soweit sich die Rechtsverordnung auf Tierarzneimittel bezieht, ist diese vom BMEL im Einvernehmen mit dem Bundesministerium (BMG), dem BMWi und dem BMBF zu erlassen.

D. Entbehrlichkeit des Nachweises der Sachkenntnis (Abs. 3)

29   Die Regelung in Abs. 3 nennt bestimmte Arzneimittel, deren Abgabe im Einzelhandel auch **ohne nachgewiesene Sachkenntnis** nach Abs. 1 und 2 erfolgen darf. Diese Befreiungen werden teilweise mit der besonderen Risikolosigkeit der betreffenden Arzneimittel, teilweise auch mit besonderen rechts-, sozial- und gesundheitspolitischen Zielsetzungen begründet. Der Einzelhandel mit den betreffenden Arzneimitteln erfordert grundsätzlich keine besonderen Kenntnisse und Fertigkeiten. Die betreffenden Arzneimittel sind regelmäßig dem Verbraucher selbst bekannt, bereits herkömmlich im Einzelhandel erhältlich und sollen außerdem leicht, jederzeit und möglichst vielerorts (z. B. zur Leistung von Erster Hilfe) verfügbar sein[18].

30   Es versteht sich von selbst, dass die in Abs. 3 aufgeführten Arzneimittel wiederum nur dann im Einzelhandel ohne Nachweis der Sachkenntnis abgegeben werden dürfen, wenn sie ihrerseits **nicht apothekenpflichtig** (§§ 43 ff.) sind. Dies betrifft insbes. die in Abs. 3 Nr. 2 genannten Arzneimittel zur Verhütung der Schwangerschaft oder von Geschlechtskrankheiten.

---

[15] *Kloesel/Cyran*, § 50 Anm. 9.
[16] *Kloesel/Cyran*, § 50 Anm. 9 m. w. N.
[17] Vgl. *Kloesel/Cyran*, A 2.5.
[18] *Kloesel/Cyran*, § 50 Anm. 10.

I. Für das Reisegewerbe freigegebene Arzneimittel (Nr. 1)

Keine Sachkenntnis ist nach **Abs. 3 Nr. 1** im Einzelhandel mit Arzneimitteln erforderlich, wenn **31** entsprechende Arzneimittel auch im **Reisegewerbe** vertrieben werden dürfen. Die Abgabe von Arzneimitteln im Reisegewerbe ist nach § 51 auf eine geringe Bandbreite an verhältnismäßig risikolosen Fertigarzneimitteln beschränkt. Diese erfordern keine weitere Sachkenntnis oder Fertigkeiten in ihrem Umgang, sind weithin in Verbraucherkreisen bekannt und teilweise in ihren Grundbestandteilen bereits in der Natur vorfindlich. Hierzu gehören vor allem Fertigarzneimittel, die Pflanzen, Pflanzenteile oder pflanzliche Presssäfte i. S. v. § 51 I Nr. 1 enthalten, sowie Heilwässer und deren Salze[19].

Weiterhin ist keine Sachkenntnis erforderlich, wenn Einzelhandel gegenüber Personen im Rahmen **32** ihres Geschäftsbetriebes i. S. v. § 51 II betrieben wird. Die praktische Bedeutung der auch für § 50 III Nr. 1 relevanten Ausnahme beschränkt sich auf den Einzelhandel durch Außendienstmitarbeiter. Grund hierfür sind die vom hier angesprochenen Adressatenkreis erwarteten eigenen Kenntnisse und Erfahrungen.

II. Arzneimittel zur Verhütung der Schwangerschaft oder von Geschlechtskrankheiten (Nr. 2)

Abs. 3 Nr. 2 begründet eine Ausnahme für das Erfordernis der Sachkenntnis auch im Hinblick auf **33** Fertigarzneimittel zur **Verhütung von Schwangerschaften** und **Geschlechtskrankheiten**. Für den Verkauf von entsprechenden Medizinprodukten oder sonstigen Gegenständen zur Verhütung von Geschlechtskrankheiten ist ohnehin keine besondere Sachkenntnis erforderlich[20].

Die Ausnahme des Abs. 3 Nr. 2 wurde als Begleitmaßnahme zur Reform der strafrechtlichen Regelungen über den Schwangerschaftsabbruch in § 218 StGB angesehen[21]. Ziel ist also vor allem die **34** Erleichterung der Vermeidung von ungewollten Schwangerschaften durch eine breitere Verfügbarkeit von Verhütungsmitteln auch im Einzelhandel ohne sachkundige Personen. Ob hierfür gerade die Befreiung vom Erfordernis der Sachkenntnis rechtspolitisch sinnvoll ist, mag freilich dahinstehen.

III. Desinfektionsmittel (Nr. 4)

Nach **Abs. 3 Nr. 4** sind auch ausschließlich zum äußeren Gebrauch bestimmte **Desinfektionsmittel 35** von der Notwendigkeit eines Nachweises der Sachkenntnis im Einzelhandel befreit. Desinfektionsmittel in diesem Sinne sind Mittel, die dazu bestimmt sind, Krankheitserreger durch äußerliche Anwendung abzuwehren, zu beseitigen oder unschädlich zu machen. Grobdesinfektionsmittel i. S. v. § 2 II Nr. 4 sind auch dann nicht apothekenpflichtig, wenn sie verschreibungspflichtige Stoffe enthalten; sie fallen daher nicht unter § 50[22].

IV. Sauerstoff (Nr. 5)

Sauerstoff wird durch **Abs. 3 Nr. 5** vom Erfordernis der Sachkenntnis befreit. Diese Befreiung **36** betrifft freilich wiederum nur Sauerstoff als apothekenfreies Fertigarzneimittel.

E. Sanktionen

I. Ordnungswidrigkeitsrechtliche Folgen

Ein Verstoß gegen § 50 stellt gem. § 97 Nr. 14 eine Ordnungswidrigkeit dar. Dies gilt sowohl für die **37** Abgabe von nicht apothekenfreien Arzneimitteln als auch für den Einzelhandel mit apothekenfreien Arzneimittel ohne hinreichende Sachkenntnis. Arzneimittel, die unter Verstoß gegen § 50 im Einzelhandel vertrieben werden, unterliegen ggf. der Einziehung nach § 98.

II. Zivilrechtliche Folgen

Die Rechtsprechung nimmt an, dass Rechtsgeschäfte, die entgegen § 50 abgeschlossen werden, gem. **38** § 134 BGB nichtig sind[23]. Dies gilt sowohl im Hinblick auf das Verpflichtungs- als auch auf das Verfügungsgeschäft. Diese Rechtsfolge ist gleichwohl dort problematisch, wo eine Sachkenntnis zwar grundsätzlich vorhanden, im Einzelfall aber zeitweise nicht verfügbar ist.

---

[19] *VG Hannover*, in: Sander, Entscheidungssammlung, Nr. 1; § 51 Rn. 10 ff.
[20] Vgl. *Kloesel/Cyran*, § 50 Anm. 12.
[21] BT-Drucks. 7/3060, S. 56.
[22] Vgl. hierzu *BVerwG*, NJW 1990, 2948; *Kloesel/Cyran*, § 50 Anm. 14.
[23] Zur unzulässigen Abgabe von Arzneimitteln im Reisegewerbe *LG Düsseldorf*, NJW 1980, 647.

III. Wettbewerbsrechtliche Folgen

39   § 50 ist dazu bestimmt, auch im Interesse der Marktteilnehmer das Marktverhalten im Hinblick auf den Markt für Arzneimittel zu regeln. Ein Verstoß gegen § 50 ist daher grundsätzlich auch als unlauteres Handeln i. S. v. § 4 Nr. 11 UWG zu betrachten[24].

§ 51 Abgabe im Reisegewerbe

(1) Das Feilbieten von Arzneimitteln und das Aufsuchen von Bestellungen auf Arzneimittel im Reisegewerbe sind verboten; ausgenommen von dem Verbot sind für den Verkehr außerhalb der Apotheken freigegebene Fertigarzneimittel, die

1. mit ihren verkehrsüblichen deutschen Namen bezeichnete, in ihren Wirkungen allgemein bekannte Pflanzen oder Pflanzenteile oder Presssäfte aus frischen Pflanzen oder Pflanzenteilen sind, sofern diese mit keinem anderen Lösungsmittel als Wasser hergestellt wurden, oder

2. Heilwässer und deren Salze in ihrem natürlichen Mischungsverhältnis oder ihre Nachbildungen sind.

(2) [1]Das Verbot des Absatzes 1 erster Halbsatz findet keine Anwendung, soweit der Gewerbetreibende andere Personen im Rahmen ihres Geschäftsbetriebes aufsucht, es sei denn, dass es sich um Arzneimittel handelt, die für die Anwendung bei Tieren in land- und forstwirtschaftlichen Betrieben, in gewerblichen Tierhaltungen sowie in Betrieben des Gemüse-, Obst-, Garten- und Weinbaus, der Imkerei und der Fischerei feilgeboten oder dass bei diesen Betrieben Bestellungen auf Arzneimittel, deren Abgabe den Apotheken vorbehalten ist, aufgesucht werden. [2]Dies gilt auch für Handlungsreisende und andere Personen, die im Auftrag und im Namen eines Gewerbetreibenden tätig werden.

Übersicht

A. Allgemeines

I. Inhalt

1   Die Abgabe von Arzneimitteln im Reisegewerbe wird vom Gesetzgeber als grundsätzlich unerwünscht betrachtet[1]. Hintergrund hierfür ist, dass im Reisegewerbe der Kaufwunsch – anders als im Einzelhandel oder in Apotheken – regelmäßig erst durch den Verkäufer herbeigeführt wird und typischerweise nicht aus einem schon zuvor empfundenen Bedürfnis des Käufers resultiert. Dementsprechend unterliegt der Arzneimittelvertrieb im Reisegewerbe nach Abs. 1 einem grundsätzlichen Verbot. Von diesem Verbot werden allerdings vor allem aus verfassungsrechtlichen Gründen[2] bestimmte Ausnahmen gemacht: Dies gilt zunächst im Hinblick auf bestimmte Arzneimittel gem. Abs. 1 Nr. 1 und 2. Außerdem sieht Abs. 2

---

[24] Vgl. zur Marktregelungsfunktion von Normen des AMG *OLG Frankfurt*, MMR 2008, 113; *KG*, MMR 2005, 246.

[1] Vgl. *Rehmann*, § 52 Rn. 1.

[2] *BVerfGE* 17, 269.

eine weitere Ausnahme für Reisegewerbe im geschäftlichen Verkehr vor. Diese Ausnahme wird wiederum eingeschränkt im Hinblick auf den Vertrieb von Tierarzneimitteln für die Anwendung bei Tieren in land- oder forstwirtschaftlichen Betrieben.

II. Zweck

Die **Zielsetzung des Verbots** der Abgabe von Arzneimitteln im Reisegewerbe liegt primär im **2** Gesundheitsschutz, aber auch im Verbraucherschutz und in der Regelung des Marktverhaltens[3]. Eine Schranke findet das grundsätzliche Verbot der Abgabe von Arzneimitteln in der verfassungsrechtlich gewährleisteten Berufsfreiheit (Art. 12 GG). Daher darf das Verbot nur soweit reichen, wie es durch entsprechende Gründe des Gesundheitsschutzes gerechtfertigt wird. Folglich sind Ausnahmen vom Verbot dort zuzulassen, wo die Abgabe von Arzneimitteln im Reisegewerbe – insbesondere wegen geringer Risiken – in sachlicher oder persönlicher Hinsicht vertretbar erscheint.

III. Europarechtliche Vorgaben

Eine **europarechtliche Harmonisierung** des Vertriebs von Arzneimitteln steht derzeit noch aus. **3** Dementsprechend findet der Vertrieb von Arzneimitteln im Reisegewerbe keine Regelung im Europarecht[4]. Die durch die Regelung in § 51 bedingte Einschränkung der **Dienstleistungsfreiheit** sowie der **Warenverkehrsfreiheit** ist durch den Schutz der Gesundheit zu rechtfertigen (s. § 50 Rn. 3).

IV. Gewerberecht

Der Begriff des Reisegewerbes ist gewerberechtlichen Ursprungs.[5] Außer durch § 51 wird die Abgabe **4** von Arzneimitteln im Reisegewerbe dementsprechend auch durch die einschlägigen Vorschriften des **Gewerberechts** (§§ 55 ff. GewO) geregelt. Der Betreiber eines Reisegewerbes mit Arzneimitteln bedarf mithin der Erlaubnis in Form einer Reisegewerbekarte und muss auch im Übrigen die gewerberechtlichen Regelungen über das Reisegewerbe (z. B. Sonn- und Feiertagsruhe, § 55e GewO; Haftpflichtversicherung, § 55f GewO; Verbote, § 56 GewO; Modalitäten der Ankündigung des Gewerbebetriebes, § 56a GewO) beachten[6]. Zugleich sind die gewerberechtlichen Vorschriften bei der Auslegung der Begriffe des § 51 heranzuziehen.

B. Abgabe von Arzneimitteln im Reisegewerbe

I. Grundsätzliches Verbot (1. Halbs.)

1. Feilbieten. Der **Begriff des Feilbietens** erfasst Maßnahmen, die den Verkauf von Arzneimitteln **5** anbahnen sollen. Feilbieten ist grundsätzlich jede verkaufsvorbereitende Handlung gegenüber einem potentiellen Kunden.

2. Aufsuchen von Bestellungen. Das Aufsuchen von Bestellungen wird dem Feilbieten gleich- **6** gestellt, um eine Umgehung des grundsätzlichen Verbots auszuschließen. Als Aufsuchen von Bestellungen ist jede Handlung zu betrachten, die auf die Entgegennahme einer Bestellung seitens des Kunden abzielt und bereits von Kunden zur Kenntnis genommen werden kann. Hiervon umfasst werden beispielsweise Werbemaßnahmen für den eigenen Vertrieb, auch wenn sie sich noch nicht auf spezifizierte Kunden beziehen, die Ansprache von potenziellen Interessenten außerhalb der eigenen gewerblichen Niederlassung und die Einrichtung von Internet-Seiten, mit denen über die Bereitschaft zur Abgabe im Reisegewerbe informiert wird. Bloße Vorbereitungshandlungen, die von Kunden noch nicht wahrgenommen werden können, sind hingegen nicht unter diesen Begriff zu fassen.

3. Reisegewerbe. Der **Begriff des Reisegewerbes** wird in § 55 GewO legal definiert. Danach **7** betreibt ein Reisegewerbe, wer gewerbsmäßig ohne vorhergehende Bestellung außerhalb seiner gewerblichen Niederlassung oder ohne eine solche zu haben, selbständig oder unselbständig in eigener Person Waren feilbietet oder Bestellungen aufsucht oder verkauft. Für die Ausübung des Reisegewerbes von Arzneimitteln, soweit sie durch § 51 erlaubt wird, sind die einschlägigen Regelungen der GewO maßgeblich. Vor allem ist eine Reisegewerbekarte erforderlich; diese kann inhaltlich beschränkt, zeitlich befristet und unter Auflagen gestellt werden.

Für den Begriff des Reisegewerbes ist das **Aufsuchen von potentiellen Kunden ohne vorher- 8 gehende Bestellung** entscheidend: Wenn der Kunde von sich aus den Gewerbetreibenden zu sich einlädt, handelt es sich bei dem darauf folgenden Besuch nicht um die Ausübung eines Reisegewerbes.

---

[3] BT-Drucks. 7/3060, S. 57.
[4] Vgl. *W.-H. Roth*, EuR-Bei 2007/2, S. 9, 20.
[5] *Rehmann*, § 51 Rn. 1.
[6] Vgl. zu den gewerberechtlichen Aspekten des Arzneimittelvertriebs *Sydow*, in: Pielow, § 6 GewO, Rn. 53 ff.

Insbesondere unterfallen Außendienstmitarbeiter von Großhandelsunternehmen, die ihre Kunden im Rahmen bestehender Verträge aufsuchen, nicht dem Begriff des Reisegewerbes. Dies gilt auch dann, wenn die Besuche der Kunden durch die Verträge noch nicht konkret terminiert, aber bereits ausdrücklich oder implizit in Aussicht gestellt werden. Anders sieht dies freilich dann aus, wenn die Außendienstmitarbeiter ohne entsprechende Verträge zum Zwecke der Kundenwerbung ausrücken: die Erklärung der bloßen Bereitschaft eines potentiellen Kunden zum Empfang von Vertreterbesuchen oder die Bitte um eine Terminvereinbarung außerhalb bereits bestehender Geschäftsbeziehungen reicht hingegen nicht aus, um den Charakter des Reisegewerbes zu verneinen[7].

9   Auf den Vertrieb von Arzneimitteln auf **Messen** und vergleichbaren zeitlich begrenzten Veranstaltungen findet das Verbot des Reisegewerbes keine Anwendung[8]. Derartige Formen des Arzneimittelvertriebs sind vielmehr als Einzelhandel i. S. von § 50 anzusehen.

II. Ausnahme für freiverkäufliche Fertigarzneimittel (2. Halbs.)

10   Vom Verbot der Abgabe im Reisegewerbe werden in Abs. 1, 2. Halbs. bestimmte freiverkäufliche Arzneimittel ausgenommen. Der Begriff des Fertigarzneimittels wird in § 4 I definiert. Die Voraussetzung der Freiverkäuflichkeit bezieht sich auf die in § 44 II genannten Arzneimittel.

11   **1. Arzneimittel auf Pflanzenbasis (Nr. 1).** Im Reisegewerbe zulässig ist die Abgabe von Fertigarzneimitteln, die aus **Pflanzen**, **Pflanzenteilen** oder den hieraus gewonnenen **Presssäften** bestehen. Letztere dürfen allerdings nur mit Wasser als Lösungsmittel hergestellt werden.

12   Die Pflanzen, Pflanzenteile und Presssäfte können **frisch**, **getrocknet** und ggf. auch **behandelt** sein. Aus dem Vergleich des Wortlauts von Abs. 1 Nr. 1 mit der Vorschrift von § 44 II wird teilweise hergeleitet, dass im Reisegewerbe vertriebene Pflanzen nicht zerkleinert sein dürfen[9]. Da die Zerkleinerung allerdings regelmäßig Voraussetzung zur Herstellung von Fertigarzneimitteln sein wird, erscheint diese Auslegung kaum praxisverträglich. Überdies wäre es logisch unstimmig, zwar die Abgabe von Pflanzenteilen statt von ganzen Pflanzen und von Presssäften im Reisegewerbe zu gestatten, die Abgabe von zerkleinerten Pflanzenteilen hingegen zu untersagen.

13   Erforderlich ist eine **allgemeine Bekanntheit der Wirkung.** Die betreffenden Pflanzen, Pflanzenteile oder Presssäfte sowie ihre Wirkung müssen also den angesprochenen Verbraucherkreisen allgemein bewusst sein. Die Bekanntheit von Pflanzen ist jeweils im Einzelfall zu ermitteln; hierbei ist auf die Kenntnisse der einschlägigen Verkehrskreise, nicht aber notwendigerweise auf das konkret angesprochenen Verbrauchers, abzustellen. Dass bestimmte Pflanzen von brancheneinschlägigen Publikationen als allgemein bekannt bezeichnet werden, reicht hingegen nicht aus, da ansonsten die Bekanntheit schlicht durch die Werbung des Gewerbetreibenden konstruiert werden könnte[10]. Die Bekanntheit der Wirkung ist beispielsweise bei allgemein üblichen Hausmitteln vorauszusetzen. Hingegen lässt eine wissenschaftliche Anerkennung gewisser Wirkungen noch nicht den Schluss zu, dass diese Erkenntnisse bereits auch die Allgemeinheit erreicht haben[11]. Das Bekanntsein der Wirkung einzelner Komponenten reicht außerdem nicht aus, um eine allgemeine Bekanntheit der Wirkung sämtlicher Komponenten zu unterstellen[12].

14   Die betreffenden Pflanzen, Pflanzenteile und Presssäfte sind unter ihrer **verkehrsüblichen Bezeichnung** zu vertreiben. Maßgeblich ist jeweils der Pflanzenname, nicht die Bezeichnung ihrer Wirkung. Verkehrsübliche Bezeichnungen sind beispielsweise Johanniskraut, Lindenblüten, Pfefferminze und Sanddorn. Bezeichnungen, die allein auf die Wirkung rekurrieren (z. B. Magentee, Erkältungstropfen) sowie Phantasiebezeichnungen (z. B. „Herzgingko") dürfen demgegenüber allenfalls neben der verkehrsüblichen Bezeichnung geführt werden[13]. Die bloße Benennung der verkehrsüblichen Bezeichnung als Bestandteile beispielsweise in einem **Zutatenverzeichnis** genügt nicht. Soweit keine verkehrsübliche Bezeichnung existiert, ist eine Abgabe im Reiseverkehr unzulässig[14].

15   **2. Heilwässer und deren Salze (Nr. 2).** Die in Abs. 1 Nr. 2 vorgesehene Ausnahme für Heilwässer und deren Salze korrespondiert mit der Regelung über die Freiverkäuflichkeit in § 44 II Nr. 1. Zulässig sind neben den natürlichen Heilwässern und ihren Salzen auch künstliche Nachahmungen von natürlichen Heilwässern. Von der Ausnahme erfasst werden nur jeweils **Heilwässer und Salze in ihren herkömmlichen Erscheinungsformen,** anders als nach § 44 II Nr. 1 nicht aber Heilwässer und Salze in Form von Tabletten oder Pastillen[15]. Anderweitige Mineralwässer, die nicht als Heilwässer und folglich

---

[7] *LG Düsseldorf*, NJW 1980, 647.
[8] *OLG Hamburg*, NJW 1985, 2774.
[9] So *Kloesel/Cyran*, § 51 Anm. 5.
[10] *VG Hannover*, in: Sander, Entscheidungssammlung, § 51 Nr. 2 = § 50 Nr. 1.
[11] *VGH Mannheim*, NJW 1963, 1960; s. auch *Kloesel/Cyran*, § 51 Anm. 7.
[12] *Kloesel/Cyran*, § 51 Anm. 7.
[13] *VGH Mannheim*, NJW 1963, 1960; *Kloesel/Cyran*, § 51 Anm. 6.
[14] *LG Stuttgart*, NJW 1965, 354.
[15] *Sander*, § 51 Erl. 3; *Kloesel/Cyran*, § 51 Anm. 8.

nicht als Arzneimittel zu qualifizieren sind, gelten nach § 2 Min/TafelWV als Lebensmittel; sie werden daher nicht vom Verbot der Abgabe im Reisegewerbe erfasst.

C. Ausnahme vom Verbot des Reisegewerbes (Abs. 2)

Abs. 2 sieht weitergehende Ausnahmen vom Verbot der Abgabe von Arzneimitteln im Reisegewerbe **16** für den **Vertrieb gegenüber anderen Gewerbetreibenden** vor. Grund hierfür ist, dass bei potentiellen gewerblichen Kunden von vornherein ein erhöhtes Maß an eigener Sachkenntnis vorauszusetzen ist, so dass sie werbliche Anpreisungen sachgerechter beurteilen können als private Verbraucher. Zugleich ist die Gefahr einer Überrumpelung der gewerblichen Verkehrskreise deutlich geringer als bei privaten Verbrauchern; dementsprechend ist es nicht entscheidend, ob die aufgesuchten Gewerbetreibenden selbst branchenerfahren sind[16]. Dementsprechend wäre insoweit ein Verbot der Abgabe im Reisegewerbe verfassungsrechtlich kaum zu rechtfertigen.

I. Andere Personen im Rahmen ihres Geschäftsbetriebes (S. 1)

Entscheidend für die Inanspruchnahme der Ausnahme von Abs. 2 ist das Aufsuchen von Personen im **17** **Rahmen ihres Geschäftsbetriebes.** Es reicht nicht aus, wenn ein Kaufmann im privaten Rahmen aufgesucht wird. Die Ansprache des Kunden muss sich vielmehr gerade auf dessen Geschäftsbetrieb beziehen.

Von der ausnahmsweisen Zulässigkeit des Vertriebs von Arzneimitteln im Reisegewerbe gegenüber **18** Gewerbetreibenden macht Abs. 2 S. 1, 2. Halbs. wiederum eine Ausnahme für **landwirtschaftliche Betriebe.** Zu den landwirtschaftlichen Betrieben werden nicht nur land- und forstwirtschaftliche Betriebe im engeren Sinne gezählt, sondern auch gewerbliche Tierhaltungen, sowie Betriebe des Gemüse-, Obst-, Garten- und Weinbaus, sowie Imkerei- und Fischereibetriebe. Hier wird eine Abgabe von Tierarzneimitteln im Reisegewerbe weitgehend untersagt. Grund dafür ist die Befürchtung des Gesetzgebers, dass die betr. Landwirte durch den Vertrieb von Tierarzneimitteln im Reisegewerbe zu einer Selbstmedikation ihrer Tiere veranlasst werden könnten, die ihrerseits die Gefahr der Verletzung von Meldepflichten im Falle des Auftretens von Tierseuchen begründen kann[17].

Die seuchenhygienischen Gründe für das Verbot führen dazu, dass ein **Feilbieten von Tierarznei- 19 mitteln** gegenüber landwirtschaftlichen Betrieben schlechthin unzulässig ist. Dies gilt unabhängig davon, ob diese Tierarzneimittel apothekenpflichtig sind oder nicht. Eine Ausnahme gilt allerdings für solche Arzneimittel, die nicht für die Anwendung bei Tieren, sondern sonst im Geschäftsbetrieb feilgeboten werden (z. B. Desinfektionsmittel für Ställe)[18]. Darüber hinaus ist das Verbot der Abgabe von Tierarznei- mitteln im Reisegewerbe teleologisch zu reduzieren auf solche Tierarzneimittel, die der Krankheits- bekämpfung dienen. Demgegenüber ist ein Feilbieten von Pflegemitteln für Tiere zum Zwecke der reinen Vorbeugung oder Pflege wohl zulässig. Bei **rein vorbeugenden Pflegemitteln** besteht jedenfalls grundsätzlich keine Gefahr der Verletzung von seuchenrechtlichen Meldepflichten, wie sie bei der Selbstmedikation von therapeutischen Mitteln zu gewärtigen ist.

Unzulässig ist das **Aufsuchen von Bestellungen** für apothekenpflichtige Tierarzneimittel. Dies **20** bedeutet andererseits, dass das Aufsuchen von Bestellungen für freiverkäufliche Tierarzneimittel zulässig ist. Die ursprüngliche Fassung der Vorschrift, die auch ein Verbot für das Aufsuchen von Bestellungen für freiverkäufliche Tierarzneimitteln vorgesehen hatte, wurde vom *BVerfG* für verfassungswidrig erklärt[19].

II. Geltung für Handlungsreisende und andere Personen (S. 2)

Nach **Abs. 2 S. 2** gelten die Regelungen in Abs. 2 S. 1 auch für Handlungsreisende und andere **21** Personen, die im Auftrag und im Namen eines Gewerbetreibenden tätig werden.

D. Sanktionen

I. Ordnungswidrigkeitsrechtliche Folgen

Zuwiderhandlungen gegen § 51 sind gem. § 97 Nr. 15 Ordnungswidrigkeiten. Arzneimittel, die **22** entgegen § 51 im Reisegewerbe abgegeben werden, können nach § 98 eingezogen werden.

---

[16] *Kloesel/Cyran,* § 51 Anm. 9.
[17] Vgl. *Kloesel/Cyran,* § 51 Anm. 10.
[18] *Kloesel/Cyran,* § 51 Anm. 10.
[19] *BVerfGE* 17, 269.

II. Zivilrechtliche Folgen

23   Rechtsgeschäfte, die gegen § 51 verstoßen, sind gem. § 134 BGB insgesamt nichtig[20]. Dies gilt sowohl im Hinblick auf das Verpflichtungs- als auch auf das Verfügungsgeschäft, da die Regelung des § 51 entsprechende Rechtsgeschäfte schlechthin missbilligt.

III. Wettbewerbsrechtliche Folgen

24   § 51 dient unter anderem auch der Regelung des Marktverhaltens der Teilnehmer am pharmazeutischen Markt, so dass ein Verstoß gegen § 51 als unlauteres Handeln i. S. von § 4 Nr. 11 UWG zu behandeln ist[21].

§ 52 Verbot der Selbstbedienung

(1) Arzneimittel im Sinne des § 2 Abs. 1 oder Abs. 2 Nr. 1 dürfen

1. nicht durch Automaten und

2. nicht durch andere Formen der Selbstbedienung in den Verkehr gebracht werden.

(2) Absatz 1 gilt nicht für Fertigarzneimittel, die

1. im Reisegewerbe abgegeben werden dürfen,

2. zur Verhütung der Schwangerschaft oder von Geschlechtskrankheiten beim Menschen bestimmt und zum Verkehr außerhalb der Apotheken freigegeben sind,

3. (weggefallen)

4. ausschließlich zum äußeren Gebrauch bestimmte Desinfektionsmittel oder

5. Sauerstoff sind.

(3) Absatz 1 Nr. 2 gilt ferner nicht für Arzneimittel, die für den Verkehr außerhalb der Apotheken freigegeben sind, wenn eine Person, die die Sachkenntnis nach § 50 besitzt, zur Verfügung steht.

Wichtige Änderungen der Vorschrift: Neu gefasst durch Art. 1 Nr. 25 des Vierten Gesetzes zur Änderung des Arzneimittelgesetzes vom 11.4.1990 (BGBl. I S. 714).

Übersicht

A. Allgemeines

I. Inhalt

1   Durch Abs. 1 wird ein Inverkehrbringen von Arzneimitteln im Wege der **Selbstbedienung** durch **Automaten** oder **auf andere Weise** grundsätzlich untersagt. Abs. 2 sieht begrenzte Ausnahmen von diesem Verbot vor, die den Ausnahmen vom Verbot des Einzelhandels mit Arzneimitteln ohne Sachkenntnis nachgebildet sind. Abs. 3 gestattet darüber hinaus ausnahmsweise das Inverkehrbringen von

---

[20] *LG Düsseldorf*, NJW 1980, 647; s. auch *BGH*, NJW 1978, 1970.
[21] Vgl. zur Marktregelungsfunktion von Normen des AMG *OLG Frankfurt*, MMR 2008, 113; *KG*, MMR 2005, 246.

Arzneimitteln im Wege der Selbstbedienung, soweit eine Person mit Sachkenntnis verfügbar ist. Die Reichweite und die Grenzen des Verbots sind inzwischen für die Selbstbedienung im Einzelhandel genauso zu ziehen wie für die Selbstbedienung in Apotheken[1].

II. Zweck

Die Vorschrift dient in erster Linie dem **Gesundheitsschutz** sowie dem **Verbraucherschutz,** indem **2** die Abgabe von Arzneimitteln ohne verfügbare Sachkenntnis eingeschränkt wird. Darüber hinaus bezweckt das Verbot der Abgabe von Arzneimitteln im Wege der Selbstbedienung auch den **Schutz von Kindern und Jugendlichen,** da im Rahmen der Selbstbedienung keine altersmäßige Kontrolle der Empfänger von Arzneimitteln möglich ist[2]. Die Vorschrift schränkt in zulässiger Weise die Berufsausübungsfreiheit von Einzelhändlern ein.[3]

III. Europarechtliche Vorgaben

Eine **europarechtliche Harmonisierung** des Arzneimittelvertriebs steht derzeit noch aus. Die ent- **3** sprechende Einschränkung der Warenverkehrsfreiheit und der Dienstleistungsfreiheit durch das Verbot der Selbstbedienung ist durch Gründe des Gesundheitsschutzes gerechtfertigt (s. § 50 Rn. 3)[4].

B. Verbot der Selbstbedienung (Abs. 1)

I. Arzneimittel

Das Verbot des Inverkehrbringens im Rahmen der Selbstbedienung umfasst sämtliche **Arzneimittel** **4** i. S. v. **§ 2 I sowie II Nr. 1**[5]. Ein Inverkehrbringen der in § 2 II Nr. 1a–4 genannten Tierarzneimittel im Wege der Selbstbedienung liegt ohnehin eher fern. Denkbar und damit auch vom Verbot erfasst sind allerdings automatisierte Versandhandelsaktivitäten.[6]

II. Automaten (Nr. 1)

Automaten sind Verkaufsmaschinen, die vom Kunden selbständig zum Zwecke des Kaufs bestimmter **5** Waren bedient werden und in einem **automatisierten Prozess** die betreffenden Waren an den Kunden abgeben. Die Abgabe erfolgt jeweils ohne eine bewusste und konkrete Willensbildung beim Verkäufer, ohne unmittelbare Kontrollmöglichkeit durch den Verkäufer und grundsätzlich auch ohne persönliche Anwesenheit des Verkäufers bzw. eines Vertreters[7]. Keine Automaten in diesem Sinne sind hingegen „Apothekenterminals", soweit die Abgabe von Arzneimitteln jederzeit vom Verkäufer gesteuert, kontrolliert und gegebenenfalls abgebrochen werden kann[8].

III. Andere Formen der Selbstbedienung (Nr. 2)

Andere Wege der Selbstbedienung sind sämtliche Formen der Abgabe von Arzneimitteln, bei denen **6** die Abgabe zwar nicht automatisiert, aber jedenfalls **ohne aktive Begleitung durch den Verkäufer** erfolgt. Hierzu gehören beispielsweise unter Umständen die Entnahme eines Arzneimittels aus einem Regal oder von einem Tisch in einem Einzelhandelsgeschäft seitens des Käufers[9] und die Abgabe im Versandhandel[10]. Dies gilt auch dann, wenn lediglich die Arzneimittelpackung zur Selbstbedienung ausliegt und dann diese noch bei einem Verkäufer in das Originalpräparat umgetauscht wird.[11] Die Grenzen zum Einzelhandel i. S. v. § 50 sind insoweit fließend; eine Abgrenzung zwischen Einzelhandel und einer anderen Art der Selbstbedienung ist nur jeweils in Anbetracht der konkreten Umstände des Einzelfalls möglich, hat jedoch keine praktische Bedeutung, da in beiden Fällen das Inverkehrbringen freiverkäuflicher Arzneimittel unter der Voraussetzung der Verfügbarkeit von Personen mit hinreichender Sachkunde zulässig ist. Unzulässig ist auch eine Selbstbedienung innerhalb einer Apotheke.[12]

---

[1] Vgl. *BVerfG,* GRUR 1988, 230; vgl. auch *VG Aachen,* Urt. v. 7.12.2007 – 7 K 1622/03 – BeckRS 2008, 31803.
[2] BT-Drucks. 7/3060, S. 57.
[3] *BVerwG,* PharmR 2013, 125.
[4] Vgl. *W.-H. Roth,* EuR-Bei 2007/2, S. 9, 20.
[5] Vgl. *OLG Düsseldorf,* ZLR 1990, 150.
[6] *OVG Lüneburg,* PharmR 2012, 216.
[7] Vgl. *VGH Mannheim,* MedR 2010, 660; *VG Bayreuth,* GewA 2008, 316.
[8] *OVG Koblenz,* PharmR 2009, 624, 627; diese Sichtweise wurde auch vom *BVerwG,* Urt. v. 24.6.2010 – 3 C 30.09, 3 C 30/09 – BeckRS 2010, 51620, zwar bestätigt, die Erfüllung dieser Voraussetzungen im zu entscheidenden Fall aber verneint; vgl. auch *BVerwG,* Urt. v. 24.6.2010 – 3 C 31.09, 3 C 31/09 – BeckRS 2010, 51621.
[9] *Kloesel/Cyran,* § 52 Anm. 1.
[10] *Marwitz,* MMR 1999, 83, 87.
[11] *LG Köln,* WRP 2015, 392.
[12] *BVerwG,* BeckRS 2013, 45828.

IV. Inverkehrbringen

7   Der **Begriff des Inverkehrbringens** ist in § 4 XVII definiert. Er umfasst das Vorrätighalten zum Verkauf oder zu sonstiger Abgabe, das Feilhalten, das Feilbieten und die Abgabe an andere (s. § 4 Rn. 139 ff.)

C. Ausnahme vom Verbot für bestimmte Fertigarzneimittel (Abs. 2)

8   Da die Vorschrift u. a. dem Gesundheitsschutz sowie dem Kinder- und Jugendschutz dient, erfährt das Verbot der Abgabe von Arzneimitteln per Selbstbedienung nur dort eine Rechtfertigung, wo die betr. Arzneimittel im Falle unkontrollierter und unbegleiteter Abgabe gesundheits- oder kinder- bzw. jugendgefährdend sein können. Dementsprechend sieht Abs. 2 eine Ausnahme für solche Fertigarzneimittel vor, die vergleichsweise **ungefährlich** sind bzw. deren Abgabe aus **gesundheitspolitischen Gründen** erleichtert werden soll. Der Katalog in Abs. 2 sieht in den gleichen Fällen Ausnahmen von dem Verbot vor, wie sie auch hinsichtlich der Ausnahme vom grundsätzlich im Einzelhandel geltenden Erfordernis der Sachkenntnis nach § 50 III gelten. Hierbei beschränkt sich die Ausnahme freilich auf Fertigarzneimittel i. S. v. § 4 I, zumal Arzneimittel, die nicht im Voraus hergestellt und verpackt worden sind, ohnehin kaum für eine Abgabe im Wege der Selbstbedienung in Betracht kommen.

I. Für das Reisegewerbe freigegebene Arzneimittel (Nr. 1)

9   Das Verbot des Inverkehrbringens von Arzneimitteln im Wege der Selbstbedienung gilt nach **Abs. 2 Nr. 1** nicht für Arzneimittel, die auch im **Reisegewerbe** nach § 51 abgegeben werden dürfen. Die Abgabe von Arzneimitteln im Reisegewerbe ist nach § 51 auf eine geringe Bandbreite an verhältnismäßig risikolosen Fertigarzneimitteln beschränkt (s. § 51 Rn. 2). Diese erfordern keine weitere Sachkenntnis oder Fertigkeiten in ihrem Umgang, sind in Verbraucherkreisen weithin bekannt und teilweise in ihren Grundbestandteilen „natürlichen" Ursprungs. Hierzu gehören vor allem Fertigarzneimittel, die **Pflanzen, Pflanzenteile** oder **Pflanzensäfte** i. S. v. § 51 I Nr. 1 enthalten, sowie **Heilwässer und deren Salze** i. S. v. § 51 I Nr. 2. Selbstbedienung ist demzufolge auch im Hinblick auf Personen im Rahmen ihres Gewerbebetriebes i. S. v. § 51 II in dem dort beschriebenen Umfang zulässig. Bedeutung hat dies beispielsweise für Unternehmen, in denen sich gewerbliche Einkäufer aus Regalen selbst bedienen können, was freilich erfordert, dass nur gewerbliche Einkäufer Zugang zu entsprechenden Regalen haben. Zudem ist wiederum eine Selbstbedienung bei Tierarzneimitteln grundsätzlich unzulässig (s. § 51 Rn. 20).

II. Arzneimittel zur Verhütung der Schwangerschaft oder von Geschlechtskrankheiten (Nr. 2)

10   **Abs. 2 Nr. 2** sieht eine Ausnahme für das Verbot des Inverkehrbringens durch Selbstbedienung im Hinblick auf Fertigarzneimittel zur **Verhütung von Schwangerschaften und Geschlechtskrankheiten** vor. Diese Ausnahme findet ihr Pendant in der Ausnahme vom Erfordernis der Sachkenntnis für die Abgabe entsprechender Fertigarzneimittel im Einzelhandel. Hierdurch wollte der Gesetzgeber als Begleitmaßnahme zur Reform des § 218 StGB die Vermeidung von ungewollten Schwangerschaften erleichtern (s. § 50 Rn. 34).

III. Desinfektionsmittel (Nr. 4)

11   Nach **Abs. 2 Nr. 4** sind ausschließlich zum äußeren Gebrauch bestimmte **Desinfektionsmittel** zur Abgabe im Wege der Selbstbedienung zugelassen (s. § 50 Rn. 35).

IV. Sauerstoff (Nr. 5)

12   Durch **Abs. 2 Nr. 5** wird auch die Abgabe von **Sauerstoff als Fertigarzneimittel** im Rahmen der Selbstbedienung gestattet.

D. Ausnahme vom Verbot bei vorhandener Sachkenntnis (Abs. 3)

13   Wenn eine sonstige Form der Selbstbedienung vorliegt, also Arzneimittel nicht automatisiert abgegeben werden, gleicht diese Form der Abgabe dem **Einzelhandel mit Arzneimitteln.** Hier rechtfertigt sich eine entsprechende erweiterte Zulässigkeit der Abgabe im Wege der Selbstbedienung, wie sie auch für den Einzelhandel nach § 50 gilt (s. § 50 Rn. 11 f.). Sonstige Formen der Abgabe von Arzneimitteln im Wege der Selbstbedienung sind daher zulässig, wenn es sich hierbei um apothekenfreie Arzneimittel i. S. v. §§ 44 ff. handelt und eine Person mit der erforderlichen **Sachkenntnis** nach § 50 zur Verfügung steht.[13]

---

[13] *OVG Lüneburg*, PharmR 2012, 216.

E. Sanktionen

I. Ordnungswidrigkeitsrechtliche Folgen

Ein Verstoß gegen das Verbot der Selbstbedienung ist nach § 97 II Nr. 16 als Ordnungswidrigkeit zu **14** ahnden. Dies gilt sowohl für die automatisierte Abgabe von hierfür nicht zugelassenen Arzneimitteln als auch für das Fehlen der Voraussetzungen nach Abs. 3.

II. Zivilrechtliche Folgen

Rechtsgeschäfte, deren Abschluss § 52 widerspricht, sind insgesamt gem. § 134 BGB nichtig[14]. **15**

III. Wettbewerbsrechtliche Folgen

§ 52 regelt auch im Interesse der Marktteilnehmer das Marktverhalten im Hinblick auf den Markt für **16** Arzneimittel. Ein Verstoß gegen § 52 stellt daher unlauteres Handeln i. S. v. § 4 Nr. 11 UWG dar[15].

§ 52a Großhandel mit Arzneimitteln

(1) ¹Wer Großhandel mit Arzneimitteln im Sinne des § 2 Abs. 1 oder Abs. 2 Nr. 1, Testsera oder Testantigenen betreibt, bedarf einer Erlaubnis. ²Ausgenommen von dieser Erlaubnispflicht sind die in § 51 Absatz 1 Nummer 2 genannten und für den Verkehr außerhalb von Apotheken freigegebenen Fertigarzneimittel.

(2) Mit dem Antrag hat der Antragsteller
1. die bestimmte Betriebsstätte zu benennen, für die die Erlaubnis erteilt werden soll,
2. Nachweise darüber vorzulegen, dass er über geeignete und ausreichende Räumlichkeiten, Anlagen und Einrichtungen verfügt, um eine ordnungsgemäße Lagerung und einen ordnungsgemäßen Vertrieb und, soweit vorgesehen, ein ordnungsgemäßes Umfüllen, Abpacken und Kennzeichnen von Arzneimitteln zu gewährleisten,
3. eine verantwortliche Person zu benennen, die die zur Ausübung der Tätigkeit erforderliche Sachkenntnis besitzt, und
4. eine Erklärung beizufügen, in der er sich schriftlich verpflichtet, die für den ordnungsgemäßen Betrieb eines Großhandels geltenden Regelungen einzuhalten.

(3) ¹Die Entscheidung über die Erteilung der Erlaubnis trifft die zuständige Behörde des Landes, in dem die Betriebsstätte liegt oder liegen soll. ²Die zuständige Behörde hat eine Entscheidung über den Antrag auf Erteilung der Erlaubnis innerhalb einer Frist von drei Monaten zu treffen. ³Verlangt die zuständige Behörde vom Antragsteller weitere Angaben zu den Voraussetzungen nach Absatz 2, so wird die in Satz 2 genannte Frist so lange ausgesetzt, bis die erforderlichen ergänzenden Angaben der zuständigen Behörde vorliegen.

(4) Die Erlaubnis darf nur versagt werden, wenn
1. die Voraussetzungen nach Absatz 2 nicht vorliegen,
2. Tatsachen die Annahme rechtfertigen, dass der Antragsteller oder die verantwortliche Person nach Absatz 2 Nr. 3 die zur Ausübung ihrer Tätigkeit erforderliche Zuverlässigkeit nicht besitzt oder
3. der Großhändler nicht in der Lage ist, zu gewährleisten, dass die für den ordnungsgemäßen Betrieb geltenden Regelungen eingehalten werden.

(5) ¹Die Erlaubnis ist zurückzunehmen, wenn nachträglich bekannt wird, dass einer der Versagungsgründe nach Absatz 4 bei der Erteilung vorgelegen hat. ²Die Erlaubnis ist zu widerrufen, wenn die Voraussetzungen für die Erteilung der Erlaubnis nicht mehr vorliegen; anstelle des Widerrufs kann auch das Ruhen der Erlaubnis angeordnet werden.

(6) Eine Erlaubnis nach § 13 oder § 72 umfasst auch die Erlaubnis zum Großhandel mit den Arzneimitteln, auf die sich die Erlaubnis nach § 13 oder § 72 erstreckt.

(7) Die Absätze 1 bis 5 gelten nicht für die Tätigkeit der Apotheken im Rahmen des üblichen Apothekenbetriebes.

(8) ¹Der Inhaber der Erlaubnis hat jede Änderung der in Absatz 2 genannten Angaben sowie jede wesentliche Änderung der Großhandelstätigkeit unter Vorlage der Nachweise der

14 Vgl. LG Düsseldorf, NJW 1980, 647, zur Nichtigkeit im verbotenen Reisegewerbe.
15 Vgl. zur Marktregelungsfunktion von Normen des AMG OLG Frankfurt, MMR 2008, 113; KG, MMR 2005, 246.

zuständigen Behörde vorher anzuzeigen. [2] **Bei einem unvorhergesehenen Wechsel der verantwortlichen Person nach Absatz 2 Nr. 3 hat die Anzeige unverzüglich zu erfolgen.**

Wichtige Änderungen der Vorschrift: Abs. 4 Nr. 3 angefügt durch Art. 1 Nr. 48a des Gesetzes zur Änderung arzneimittelrechtlicher und anderer Vorschriften vom 17.7.2009 (BGBl. I S. 2031). Abs. 1 Satz 2 neu gefasst durch Art. 1 Nr. 41 des Zweiten Gesetzes zur Änderung arzneimittelrechtlicher und anderer Vorschriften vom 19.10.2012 (BGBl. I S. 2192).

Europarechtliche Vorgaben: Art. 77 RL 2001/83/EG; Art. 65 RL 2001/82/EG.

Literatur: *Glökler*, Großhandelstätigkeit von Apotheken, DAZ 2004, 3485; *Meyer*, 12. AMG-Novelle – Strengere Regeln für den Arzneimittelgroßhandel (Teil 1), DAZ 2004, 3995; *ders.*, Auswirkungen der 12. AMG-Novelle auf den Apothekenbetrieb (Teil 2), DAZ 2004, 4094; *Moelle*, Verschärfter Regulierungsrahmen für Arzneimittelgroßhandel, Hersteller und pharmazeutische Unternehmer durch die 12. AMG-Novelle, PharmR 2004, 248; *Wudy*, Die Großhandelserlaubnis gemäß § 52a AMG in Bezug auf Arzneimittelgroßhändler mit Sitz im Ausland, A&R 2009, 105.

Übersicht

A. Allgemeines

I. Inhalt

1   Durch die Vorschrift wird eine Erlaubnispflicht für den **Großhandel mit Arzneimitteln** begründet. Abs. 1 begründet die Erlaubnispflicht und bestimmt die erlaubnispflichtigen Tätigkeiten. Abs. 2 legt den Mindestinhalt für den Antrag auf Erteilung der Großhandelserlaubnis fest. Abs. 3 regelt die Zuständigkeit für die Erteilung der Großhandelserlaubnis sowie die Frist, innerhalb der eine Entscheidung über die Erteilung zu treffen ist, während Abs. 4 die Versagungsgründe hinsichtlich der Erlaubniserteilung benennt. Abs. 5 regelt Widerruf, Rücknahme und Ruhen der Großhandelserlaubnis, Abs. 6 das Verhältnis der Großhandelserlaubnis zu anderen Erlaubnissen nach dem AMG und Abs. 7 die Großhandelsaktivitäten von Apotheken. Abs. 8 betrifft Änderungen der für den Fortbestand der Großhandelserlaubnis maßgeblichen Angaben gegenüber der Genehmigungsbehörde.

Die Vorschrift wurde hinsichtlich des sachlichen Umfangs der Erlaubnispflicht in Abs. 1 S. 2 mit **2** Wirkung zum 26.10.2012 geändert. Eine Übergangsregelung hierzu findet sich in § 146 VI AMG.

II. Zweck

Die Regelung dient dem **Gesundheitsschutz** durch Gewährleistung der Arzneimittelsicherheit[1]. Sie **3** erfasst den Großhandel in seiner **spezifischen arzneimittelrechtlichen Verantwortung** für den Handel, die Lagerung und Umverpackung von Arzneimitteln. Indem die Tätigkeit des Großhandels einer Erlaubnispflicht unterworfen wird, schließt der Gesetzgeber zugleich eine zuvor bestehende Lücke in der Verantwortungskette zwischen pharmazeutischem Unternehmer und Apotheke bzw. Einzelhandel.[2] Dem Großhandel werden durch die Regelung zugleich Mindestanforderungen in personeller und räumlicher Hinsicht auferlegt. Mit der Erlaubnispflicht geht die Möglichkeit der Behörden einher, die Erfüllung der Anforderungen im Einzelfall zu kontrollieren. Zugleich werden Großhandelstätigkeiten von Herstellern und Apotheken normativ erfasst.

III. Weitere Rechtsgrundlagen

Die durch die Vorschrift geschaffenen rechtlichen Rahmenbedingungen für den Großhandel finden **4** eine **europarechtliche Grundlage** in Art. 77 Abs. 1 RL 2001/83/EG sowie Art. 65 Abs. 1 RL 2001/82/EG[3]. Hierdurch wird auf europarechtlicher Ebene den Mitgliedstaaten die Pflicht auferlegt, alle zweckdienlichen Maßnahmen zu ergreifen, damit der Großhandel mit Human- und Tierarzneimitteln nur mit einer behördlichen Genehmigung betrieben werden darf.

Die Regelung in § 52 wird durch die Vorschriften der **AM-HandelsV** (ehemals AMGrHdlBetrV) **5** flankiert, die sich ihrerseits auf §§ 12 I Nr. 1 und 2, 54 I–IIa stützt[4]. Großhandelsbetriebe werden hierin verpflichtet, Arzneimittel nur von solchen Betriebe zu beziehen, die über eine entsprechende Erlaubnis verfügen. Ebenso dürfen sie Arzneimittel nur an solche Betriebe liefern, die ebenfalls eine Erlaubnis hierzu besitzen[5].

Die Regelungen der **AMWHV** gelten dagegen nur dann für Großhandelsbetriebe, wenn sie zugleich **6** einer Herstellungs- (§ 13) oder Einfuhrerlaubnis (§ 72 I) bedürfen (§ 1 II Nr. 1 AMWHV) oder aber als pharmazeutische Unternehmer i. S. v. § 4 XVIII tätig sind (§ 1 II Nr. 2 AMHWV).

B. Erlaubnispflicht für den Großhandel (Abs. 1)

Durch die Regelung wird der Großhandel einem **Verbot mit Erlaubnisvorbehalt** unterworfen. Die **7** Erlaubnispflicht für Großhandelsbetriebe ermöglicht den Behörden die Kontrolle der Großhandelsbetriebe und, da die Großhandelsbetriebe ihrerseits nur Waren von Betrieben mit Erlaubnis beziehen bzw. nur Waren an Betriebe mit Erlaubnis liefern dürfen, auch insgesamt die Kontrolle sämtlicher Warenströme von Arzneimitteln vom Hersteller bis zum Endverbraucher.

I. Erlaubnispflicht (S. 1)

1. Umfang der Erlaubnispflicht. Die **Erlaubnispflicht** umfasst den Großhandel mit Arzneimitteln **8** i. S. von § 2 I oder II Nr. 1, Testsera und Testantigenen. Der Großhandel mit Arzneimitteln i. S. v. § 51 I Nr. 2 sowie i. S. v. § 2 II Nr. 1a–4 ist demgegenüber erlaubnisfrei.

Die Erlaubnispflicht für den Großhandel lässt das Erfordernis **anderweitiger Erlaubnisse,** beispiels- **9** weise für die Herstellung und die Einfuhr von Arzneimitteln oder den Handel mit Betäubungsmitteln, unberührt.

2. Begriff des Großhandels. Der **Begriff** des **Großhandels** wird in § 4 II definiert[6]. Diese **10** Definition beruht ihrerseits auf dem geringfügig enger gefassten Begriffsbestimmungen in Art. 1 Nr. 17 RL 2001/83/EG sowie Art. 1 Nr. 17 RL 2001/82/EG (s. § 4 Rn. 164). Zwar sind die beiden europarechtlichen Definitionen ihrerseits nicht identisch; da allerdings für die Zwecke der Anwendung von § 52a sowohl hinsichtlich des Großhandels mit Humanarzneimitteln als auch im Hinblick auf den

---

[1] BR-Drucks. 748/03, S. 76; *VG Hamburg,* Beschl. v. 30.10.2013 – 15 E 3327/13 – BeckRS 2014, 59200.
[2] Hierzu *Kloesel/Cyran,* § 52a Anm. 1.
[3] Zum Hintergrund s. *Kloesel/Cyran,* § 52a Anm. 1; s. auch *BVerwG,* NVwZ 2009, 60 f.
[4] Arzneimittelhandelsverordnung vom 10.11.1987 (BGBl. I S. 2370), die zuletzt durch Art. 2 des Gesetzes vom 7.8.2013 (BGBl. I S. 3108) geändert worden ist.
[5] Vgl. §§ 1a, 4a, 6 AM-HandelsV.
[6] Zum Begriff des „Handeltreibens" vgl. auch *BGH,* NJW 2005, 1589 (zum Betäubungsmittelrecht).

Großhandel mit Tierarzneimitteln allein die Definition des § 4 XXII maßgeblich ist, besitzen die europarechtlichen Definitionen insbesondere eine Funktion als Auslegungshilfe[7].

11   Aufgrund der weiten Definition des Großhandelsbegriffs fallen in den **sachlichen Anwendungsbereich** der Erlaubnispflicht sämtliche Personen, Unternehmen und Institutionen, die berufs- bzw. gewerbsmäßig mit Arzneimitteln Handel zwischen Herstellern, Großhändlern, Einzelhändlern und Apotheken betreiben. Hierfür reicht es aus, wenn lediglich entsprechende Geschäfte vermittelt werden. Insbesondere gehören hierzu Vertriebsunternehmer, Mitvertreiber, Arzneimittelkontore (auch wenn hier Arzneimittel ohne eigene körperliche Zwischenlagerung gehandelt werden), pharmazeutische Unternehmer und Hersteller (soweit sie die gehandelten Arzneimittel nicht ohnehin zugleich selbst herstellen), Exporteure, Franchisegeber mit zentralem Arzneimitteleinkauf für Apotheken als Franchisenehmer, sowie Apotheken, soweit ihre Handelstätigkeit über den Rahmen des üblichen Apothekenbetriebes hinausgeht[8] (s. auch Rn. 50 ff.).

12   Soweit der Großhändler im Rahmen seiner Handlungstätigkeit **Dritte einschaltet,** sich also insbesondere anderer Personen und Unternehmen für die Lagerhaltung oder die Beschaffung bedient, bleibt er weiterhin selbst verantwortlich. Allerdings sind auch die ausgelagerten Tätigkeiten und die betreffenden Unternehmen, die vom Großhändler eingeschaltet werden, gegenüber der Behörde nach Abs. 2 zu bezeichnen.

13   Der **örtliche Anwendungsbereich** der Erlaubnispflicht wird bereits dann eröffnet, wenn das Handeltreiben mit Arzneimitteln im Geltungsbereich des Gesetzes stattfindet[9]. Das bedeutet, dass bereits die Beschaffung, die Lagerung bzw. die Abgabe von Arzneimitteln erlaubnispflichtig sind. Unerheblich ist demgegenüber, wo der Großhandelsbetrieb selbst sitzt oder an welchem Ort die Verträge abgeschlossen werden[10]; andernfalls könnte die Erlaubnispflicht durch einen Sitz in einem Staat außerhalb der EU umgangen werden. Gleichwohl ist für die Erlaubniserteilung wiederum eine Betriebsstätte im Inland erforderlich.

14   Großhandelsbetriebe, die bereits in anderen **EU-Mitgliedstaaten** eine entsprechende Erlaubnis besitzen, bedürfen keiner zusätzlichen deutschen Großhandelserlaubnis. Ebenso wenig benötigen sie eine eigene Erlaubnis nach § 72, um Arzneimittel nach Deutschland zu liefern, wenn diese Arzneimittel im EU-Raum hergestellt wurden[11].

15   Zugleich ist für Großhändler, denen eine Erlaubnis nach § 52a erteilt wurde, **keine weitere Erlaubnis innerhalb der EU** für entsprechende Tätigkeiten in anderen EU-Mitgliedstaaten erforderlich; freilich sind insoweit die europarechtlichen Definitionen für den Begriff des Großhandels maßgeblich (s. § 4 Rn. 164). Hierbei sind freilich die deutschen Behörden nach § 68 i. V. m. Art. 77 RL 2001/83/EG sowie Art. 77 I RL 2001/82/EG verpflichtet, den Behörden anderer Mitgliedstaaten ggf. mitzuteilen, wenn eine erteilte Großhandelserlaubnis zurückgenommen oder widerrufen wird oder ruht.

II. Ausnahmen (S. 2)

16   **Abs. 1 S. 2** befreit den Großhandel mit bestimmten Arzneimitteln von der Erlaubnispflicht. Dies gilt für Arzneimittel, die nach § 51 I Nr. 1 Heilwässer und deren Salze unter Einschluss von Nachahmungen[12]. Grund hierfür ist die verhältnismäßige Risikolosigkeit dieser Arzneimittel: Da ihre Abgabe bereits im Reisegewerbe gegenüber Verbrauchern ohne weiteres gestattet ist, ist erst recht der Großhandel mit ihnen zwischen Gewerbetreibenden zuzulassen.

17   Die bisherige Ausnahme von der Erlaubnisfreiheit des Großhandel mit **Gasen** zu medizinischen Zwecken sowie anderer im Reisegewerbe vertriebener Arzneimittel (Fertigarzneimittel aus Pflanzen und Pflanzenteilen sowie deren Presssäfte jeweils unter ihrem verkehrsüblichen deutschen Namen, soweit ihre Wirkung jeweils allgemein bekannt ist) wurde nunmehr aufgehoben.

C. Antrag auf Erteilung der Großhandelserlaubnis (Abs. 2)

18   Abs. 2 führt die einzelnen Gegenstände auf, die in einem Antrag auf Erteilung einer Großhandelserlaubnis aufzuführen sind. Da der Antrag nach Abs. 4 Nr. 1 zurückzuweisen ist, wenn die Voraussetzungen nach Abs. 2 nicht vorliegen, sind die in Abs. 2 erforderten Angaben zugleich **Mindestvoraussetzungen** für die Erlaubnisfähigkeit eines Großhandels.

---

[7] Vgl. *Kloesel/Cyran,* § 52a Anm. 2.
[8] *Kloesel/Cyran,* § 52a Anm. 3.
[9] Zur Erlaubnispflicht für den Großhandel mit Arzneimitteln bei grenzüberschreitenden Sachverhalten vgl. ausführlich *Wudy,* A&R 2005, 105 ff.
[10] *BVerwG,* NVwZ 2009, 60 f.; *VGH Mannheim,* PharmR 2008, 202.
[11] *BVerwG,* NVwZ 2009, 60 f.; *VGH Mannheim,* PharmR 2008, 202; *Kloesel/Cyran,* § 52a Anm. 8.
[12] BR-Drucks. 748/03, S. 77.

I. Benennung der Betriebsstätte (Nr. 1)

Der Antragsteller hat im Antrag sämtliche **Betriebsstätten** zu bezeichnen, für welche die Groß- **19** handelserlaubnis erteilt werden soll[13]. Hierzu gehören neben dem Hauptbetrieb vor allem Filialbetriebe, Lager, Büros, Kontore, sowie sämtliche Betriebsstätten von anderen Unternehmen, die hierfür vom Antragsteller eingeschaltet werden. Zu bezeichnen sind ihre Adresse und ihre jeweilige Funktion. Erforderlich ist zumindest ein Sitz im Inland.[14] Wenn nach Erteilung der Erlaubnis weitere Betriebsstätten hinzukommen, ist auch eine diesbezügliche Anzeige erforderlich. Ebenso ist auch die Stilllegung von Betriebsstätten der Behörde mitzuteilen.

II. Nachweise über geeignete Räumlichkeiten (Nr. 2)

Der Antragsteller muss gegenüber der Behörde den Nachweis führen, dass er über für den Großhandel **20** geeignete Räume, Einrichtungen und Anlagen verfügt. Dies können auch Räumlichkeiten Dritter sein, solange der Antragsteller hierfür Verantwortung übernimmt.[15] Bei der Eignung der Räumlichkeiten handelt es sich um einen unbestimmten Rechtsbegriff. Der Nachweis der Eignung der Räumlichkeiten erstreckt sich auf deren Größe, Lage, Reinlichkeit, Temperaturverhältnisse und ähnliches. Die einschlägigen Anforderungen ergeben sich aus § 3 AM-HandelsV. Weiter spezifiziert werden die Anforderungen darüber hinaus in den Leitlinien für die **Gute Vertriebspraxis von Humanarzneimitteln,** die von der Kommission auf der Grundlage von Art. 84 und Art. 85b Abs. 3 RL 2001/83/EG erstellt wurden[16]. Die Einhaltung der Guten Vertriebspraxis (GDP) ist damit eine grundsätzliche Pflicht des Arzneimittelgroßhandels. Änderungen hinsichtlich der Räumlichkeiten nach erteilter Erlaubnis sind der Behörde vom Erlaubnisinhaber anzuzeigen (Abs. 7).

III. Benennung einer verantwortlichen Person (Nr. 3)

Erforderlich ist außerdem die Benennung einer verantwortlichen Person durch den Antragsteller, **21** welche die zur Ausübung der Tätigkeit erforderliche **Sachkenntnis** besitzt. Diese Voraussetzung wird durch § 2 AM-HandelsV näher präzisiert.[17] Es handelt sich hierbei um einen unbestimmten Rechtsbegriff, der einer vollen gerichtlichen Nachprüfung unterliegt.

Für jede der nach Nr. 1 bezeichneten Betriebsstätten muss eine entsprechende verantwortliche Person **22** benannt werden. Diese übernimmt nach § 2 Abs. 1 AM-HandelsV die Verantwortung für den ordnungsgemäßen Betrieb und für die Einhaltung der einschlägigen Rechtsvorschriften. Wenn **mehrere verantwortliche Personen** bestimmt werden, müssen die jeweiligen Zuständigkeits- und Verantwortungsbereiche klar zugeordnet werden. Hierbei ist jeweils ein Hauptverantwortlicher festzulegen, dem insoweit auch ein fachliches Weisungsrecht zukommt[18].

Die für die Tätigkeit des Großhandels erforderliche Sachkenntnis ist rechtlich nicht im Einzelnen **23** normiert. Während die Leitlinien für eine Gute Vertriebspraxis von Humanarzneimitteln in Ziff. 2.2 einen pharmazeutischen Hochschulabschluss als wünschenswert ansehen, wird die Festlegung der Anforderungen dennoch den Mitgliedstaaten überlassen.[19] Für die Zwecke von Abs. 2 Nr. 3 ist der erforderliche **Umfang der Sachkenntnis** von den jeweiligen Umständen im konkreten Einzelfall, insbes. auch von der Art der gehandelten Arzneimittel, abhängig. Insbesondere ist bei der Benennung mehrerer Personen entscheidend, welcher Verantwortungsbereich jeweils dem einzelnen Verantwortlichen zugewiesen wird. In der Regel wird aber jedenfalls bei Großhandelsbetrieben mit mehreren Betriebsstätten, die selbst mit Arzneimitteln in direkte Berührung gelangen, von einer übergeordnet verantwortlichen Person ein entsprechendes facheinschlägiges Hochschulstudium erwartet werden müssen[20].

Veränderungen hinsichtlich der verantwortlichen Person sind jeweils der zuständigen Behörde mit- **24** zuteilen. Diese kann auch jeweils überprüfen, ob eine nachträglich benannte Person die erforderliche Sachkenntnis besitzt. Die Behörde kann außerdem bei Zweifeln hinsichtlich des Vorhandenseins der erforderlichen Sachkenntnis fordern, dass die betreffende Person zu schulen ist bzw. sich die erforderlichen Kenntnisse beschaffen muss oder aber eine andere verantwortliche Person benannt wird.

---

13 *BVerwG*, NVwZ 2009, 60 f.; *VGH Mannheim*, PharmR 2008, 202.
14 *Kloesel/Cyran*, § 52a Anm. 6.
15 *Kloesel/Cyran*, § 52a Anm. 6.
16 Leitlinien für die gute Vertriebspraxis von Humanarzneimitteln, 2013/C 343/01, ABl. Nr. C 343/1 v. 23.11.2013.
17 Vgl. hierzu *Geiger*, PharmR 2011, 262, 268.
18 *Kloesel/Cyran*, § 52a Anm. 14; vgl. auch *Geiger,* PharmR 2011, 262, 268.
19 *Kloesel/Cyran*, § 52a Anm. 13.
20 Vgl. Ziff. 2.2 der Leitlinien für die gute Vertriebspraxis von Humanarzneimitteln; zur Kritik an der mangelnden Festlegung des Ausbildungsstandards *Schmidt*, DAZ 2004, 5552.

IV. Verpflichtung zur Einhaltung der geltenden Regelungen (Nr. 4)

25   Der Antragsteller muss mit dem Antrag auf Erteilung der Großhandelserlaubnis eine schriftliche Erklärung abgeben, dass er sich verpflichtet, die für den ordnungsgemäßen Betrieb des Großhandels **geltenden Regelungen** einzuhalten (zum Versagungsgrund der Nichteinhaltung der für den ordnungsgemäßen Betrieb geltenden Regelungen s. Rn. 60). Dieses Erfordernis findet eine europarechtliche Grundlage in Art. 79 Buchst. c) RL 2001/83/EG. Die einzuhaltenden Regelungen werden in Art. 80 RL 2001/83/EG näher bestimmt. Besondere Relevanz für Großhändler besitzen neben den Vorschriften des AMG vor allem die Leitlinien über die Gute Vertriebspraxis (GDP) sowie die AM-HandelsV.[21]

26   **1. AM-HandelsV.** Nach § 1a AM-HandelsV sind Großhändler zur Einhaltung der europäischen Leitlinien über die Gute Vertriebspraxis verpflichtet. Hierfür ist insbesondere ein **Qualitätssicherungssystem** zu betreiben. Das Qualitätssicherungssystem muss Art und Umfang der durchgeführten Tätigkeiten entsprechen und insbesondere eine aktive Beteiligung der Geschäftsführung vorsehen. Durch das Qualitätssicherungssystem sind die Einhaltung der anderweitigen Verpflichtungen nach der AM-HandelsV, beispielsweise hinsichtlich der Legitimität der Bezugsquellen, der Qualität der Arzneimittel im Hinblick auf Lagerung und Transport, die Vermeidung von Verwechslungen und das Bestehen eines ausreichenden Systems der Rückverfolgung einschließlich der Durchführung von Rückrufen, abzusichern.

27   Die Erfüllung aller Anforderungen des Qualitätssicherungssystems ist durch entsprechendes Personal abzusichern. Nach § 2 Abs. 1 AM-HandelsV sind Großhändler verpflichtet, für jede Betriebsstätte mindestens eine für die Einhaltung der §§ 1a, 4 bis 7 AM-HandelsV **verantwortliche Person** zu bestellen. Auch darüber hinaus sind die Einhaltung der AM-HandelsV durch ausreichend qualifiziertes Personal nach § 2 Abs. 2 AM-HandelsV abzusichern.

28   In § 3 AM-HandelsV werden weitere Anforderungen an die **Beschaffenheit, Größe und Einrichtung der Betriebsräume** geregelt. Abgesehen davon, dass die Räume allgemein nach Art, Größe, Zahl, Lage, Zustand und Einrichtung einen ordnungsgemäßen Betrieb gewährleisten müssen, müssen sie auch klimatisch geeignet, gegen Zutritt Unbefugter geschützt und entsprechend gereinigt werden. Insbesondere ist auch ein Hygieneplan aufzustellen.

29   Im Hinblick auf das **Umfüllen, Abpacken und Kennzeichnen von Arzneimitteln** ist nach § 4 AM-HandelsV die erforderliche Qualität dieser Arzneimittel festzustellen. Zugleich ist durch räumliche oder zeitliche Trennung der einzelnen Arbeitsvorgänge eine gegenseitige nachteilige Beeinflussung der Arzneimittel sowie Verwechslungen zu vermeiden. Auch die zu für das Umfüllen und Abpacken von Arzneimitteln verwendeten Behältnisse dürfen die Qualität nicht beeinträchtigen und müssen entsprechend gekennzeichnet werden.

30   Arzneimittel dürfen nach § 4a AM-HandelsV jeweils nur von zur Abgabe von Arzneimitteln **berechtigten Betrieben** erworben werden. Hierbei ist bei der Annahme von Lieferungen deren Qualität zu verifizieren. Gleiches gilt auch für die Einhaltung der Guten Vertriebspraxis seitens der Bezugsquelle.

31   Nach § 5 AM-HandelsV hat die **Lagerung von Arzneimitteln** so zu erfolgen, dass ihre Qualität nicht nachteilig beeinflusst wird und Verwechslungen vermieden werden. Insoweit sind auch Anforderungen hinsichtlich klimatischer Rahmenbedingungen, die Beschaffenheit von Vorratsbehältnissen und Vorkehrungen gegen gefälschte Arzneimittel zu beachten. Dies gilt auch für die Einhaltung der Guten Vertriebspraxis seitens der Bezugsquelle.

32   Im Hinblick auf die **Auslieferung** von Arzneimitteln ist nach § 6 AM-HandelsV sicherzustellen, dass die Empfänger über entsprechende Erlaubnisse verfügen. Zudem sind die Lieferung zu dokumentieren und vor unberechtigtem Zugriff sowie Qualitätsbeeinträchtigungen zu schützen.

33   Alle relevanten Handelsvorgänge, insbesondere der Bezug und die Abgabe von Arzneimittel, bedürfen nach § 7 AM-HandelsV der **Dokumentation**. Die Auszeichnungen und entsprechenden Nachweise sind mindestens fünf Jahre nach der letzten Eintragung aufzubewahren, wobei ein Sondervorschriften für Blutzubereitungen, Sera aus menschlichem Blut und andere Zubereitungen gelten.

34   Nach § 7a AM-HandelsV ist ein **Rücklaufplan** zur Ermöglichung des Rückrufs von Arzneimitteln bereitzuhalten. Dieser bedarf auch entsprechender Dokumentation.

35   In § 7b AM-HandelsV ist die **Rücknahme von Arzneimitteln** geregelt. Diese sind grundsätzlich getrennt von anderen Arzneimitteln zu lagern und je nach Verkehrsfähigkeit einer Vernichtung oder weiteren Verwendung zuzuführen. Zudem sind die betreffenden Vorgänge zu dokumentieren und besonders eingewiesenes Personal einzusetzen.

36   Auch unabhängig von behördlichen Kontrollen sind vom Großhändler **Selbstinspektionen** nach § 7c AM-HandelsV durchzuführen. Die Selbstinspektionen sind zu dokumentieren.

37   Im Übrigen kann für Großhändler nach § 8 AM-HandelsV durch die zuständige Behörde eine Dienstbereitschaft in Krisenzeiten angeordnet werden.

---

[21] Im Einzelnen hierzu *Kloesel/Cyran*, § 52a Anm. 15. Zu den GDP-Vorgaben 2012 vgl. *Schriefers*, PharmInd 2011, 1053 ff.

2. Leitlinien für die Gute Vertriebspraxis. Wesentliche Grundsätze der Leitlinien über die Gute 38 Vertriebspraxis werden dem Großhändler als Rechtspflichten in der AM-HandelsV auferlegt. Darüber hinaus wird der Großhändler aber auch in § 1a AM-HandelsV auch allgemein auf die Einhaltung der Leitlinien über die Gute Vertriebspraxis verpflichtet.

In Kapitel 1 der Leitlinien für die Gute Vertriebspraxis wird der Großhändler insbesondere zur 39 Unterhaltung eines **Qualitätsmanagements** verpflichtet. Insbesondere soll, wie auch in § 1a AM-HandelsV vorgesehen, ein Qualitätssicherungssystem die Organisationsstruktur, das Verfahren, die Prozesse und die Ressourcen sowie die Tätigkeiten umfassen, mit denen die Qualität und Unversehrtheit von Arzneimitteln sowie die Legalität der Lieferkette sichergestellt werden kann. Hierbei sollen insbesondere auch ausgelagerte Tätigkeiten eingebunden werden. Zudem wird auch die Rolle der Geschäftsführung hinsichtlich der Überprüfung und Überwachung hervorgehoben. Schließlich wird auch ein Qualitätsrisikomanagement gefordert.

Das **Personal** und seine Bedeutung für die Gute Vertriebspraxis sind Gegenstand von Kapitel 2 der 40 Leitlinien für die Gute Vertriebspraxis, das in § 2 AM-HandelsV eine normative Entsprechung findet. Im Zentrum stehen hierbei die verantwortliche Person, wobei allerdings auch die qualitativen und quantitativen Anforderungen an das übrige Personal sowie das Erfordernis von Schulungen sowie Fragen der Hygiene thematisiert werden.

Kapitel 3 der Leitlinien für die Gute Vertriebspraxis befasst sich mit den **Betriebsräumen** und der 41 **Ausrüstung,** wie sie auch in § 3 AM-HandelsV eine Regelung finden. Über die Anforderungen von § 3 AM-HandelsV enthält das Kapitel detaillierte Ausführungen zur Konzeption und Funktion der Betriebsräume sowie zur Ausrüstung und ihren Einzelheiten.

In Kapitel 4 der Leitlinien für die Gute Vertriebspraxis werden in Entsprechung zu § 7 AM-HandelsV 42 Anforderungen hinsichtlich der **Dokumentation** erläutert. Hierbei werden die Verantwortlichkeiten des Personals und die Reichweite der Dokumentationserfordernisse spezifiziert.

Kapitel 5 der Leitlinien für die Gute Vertriebspraxis enthält Ausführungen zum **Betrieb,** die in der 43 AM-HandelsV über verschiedene Vorschriften, namentlich in §§ 4a, 5, 6 AM-HandelsV, verstreut sind. Die Ausführungen befassen sich insbesondere mit der Qualifizierung der Zulieferer und der Kunden, sowie mit der Lagerung, der Vernichtung alter Ware, der Kommissionierung und der Lieferung.

Beschwerden, Rückgaben, Verdacht auf gefälschte Arzneimittel und Arzneimittelrückrufe 44 sind die Gegenstände von Kapitel 6 der Leitlinien für die Gute Vertriebspraxis, die sich unter anderem in §§ 7a, 7b AM-HandelsV wiederfinden. Hierbei wird insbesondere das Risikomanagement konkretisiert.

Kapitel 7 der Leitlinien für die Gute Vertriebspraxis thematisiert **ausgelagerte Tätigkeiten** bzw. 45 **Tätigkeiten im Auftrag.** Hierbei wird insbesondere eine Risikoabgrenzung zwischen den verschiedenen Verantwortungsbereichen vorgenommen, die in einem entsprechenden schriftlichen Vertrag zwischen Auftraggeber und Auftragnehmer niederzulegen ist.

In Entsprechung zu § 7c AM-HandelsV befasst sich Kapitel 8 der Leitlinien für die Gute Vertriebs- 46 praxis mit der **Selbstinspektion.** Hierbei wird betont, dass eine externe Inspektion zwar hilfreich sein mag, aber die Selbstinspektion nicht zu ersetzen vermag.

In Kapitel 9 der Leitlinien für die Gute Vertriebspraxis werden Anforderungen an den **Transport** 47 erläutert. Hierbei wird die Erforderlichkeit eines risikobasierten Ansatzes unterstrichen.

D. Entscheidung über Erteilung der Großhandelserlaubnis (Abs. 3)

Bei der Regelung über die Erlaubnispflicht für den Großhandel mit Arzneimitteln handelt es sich um 48 ein **Verbot mit Erlaubnisvorbehalt.** Dies bedeutet, dass die Erlaubnis zu erteilen ist, wenn nach Abs. 5 kein Versagungsgrund entgegensteht. Die Behörde besitzt bei der Entscheidung kein Ermessen, allerdings einen Beurteilungsspielraum hinsichtlich der einzelnen Voraussetzungen. Die Zuständigkeit der Behörde und die Einzelheiten des Verfahrens richten sich jeweils nach dem einschlägigen Landesrecht.[22]

I. Entscheidung durch Verwaltungsakt

Die Erteilung der Erlaubnis ist ein **begünstigender Verwaltungsakt.** Die Entscheidung wird im 49 Rahmen des herkömmlichen Verwaltungsverfahrens getroffen.

In der Erlaubnis werden die jeweils **erlaubten Großhandelsaktivitäten** aufgeführt. Wenn beispiels- 50 weise ein Großhändler zwar mit Arzneimitteln handelt, allerdings mit ihnen nicht direkt in Kontakt kommt und insbesondere kein Lager unterhält, ist die Erlaubnis auf Handelsaktivitäten unter Ausschluss der Lagerung zu beschränken. In diesem Fall bleiben hinsichtlich der nicht erlaubten Tätigkeiten auch die Anzeigepflichten nach § 67 bestehen, wenn der Großhändler die betreffenden Tätigkeiten aufnehmen sollte.

---

[22] *Kloesel/Cyran*, § 52a Anm. 17 f.

II. Zuständigkeit für die Erteilung (S. 1)

51   Für die Entscheidung über die Erteilung der Erlaubnis ist diejenige Behörde zuständig, innerhalb deren Bezirk der Antragsteller seinen **Sitz** hat[23]. Wenn die einzelnen Betriebsstätten des Antragstellers in unterschiedlichen Bundesländern liegen, hat sich die Behörde des Hauptsitzes vor ihrer Entscheidung mit den für die anderen Betriebsstätten zuständigen Behörden ins Benehmen zu setzen[24]. Jede Behörde bleibt für die Überwachung und Kontrolle der jeweiligen Betriebsstätte in ihrem Zuständigkeitsbereich zuständig.

III. Frist für die Erteilung (S. 2)

52   Nach **Abs. 3 S. 2** muss die Behörde ihre Entscheidung über die Erteilung der Erlaubnis innerhalb von **drei Monaten** seit Antragstellung treffen. Wenn die Behörde vom Antragsteller weitere Angaben zu den Voraussetzungen verlangt, wird der Lauf der Frist ausgesetzt, bis die geforderten Angaben vorliegen. Dass ein Verlangen der Behörden nach ergänzenden Angaben nur im Rahmen der Sachdienlichkeit und nicht zum bloßen Zwecke der Fristverlängerung zulässig ist, versteht sich von selbst. Die Fristberechnung erfolgt nach dem anwendbaren Verwaltungsverfahrensrecht.

53   Die Konsequenzen eines **Fristversäumnisses** durch die Behörde werden durch Abs. 3 S. 2 nicht geregelt. Die Nichtentscheidung in der vorgesehenen Frist stellt jedenfalls eine Amtspflichtverletzung dar. Allerdings sieht die Regelung im Falle des Fristablaufs keine Erlaubnisfiktion vor. Das bedeutet, dass nach Ablauf der Frist ohne behördliche Entscheidung der Antragsteller keine Erlaubnis zum Betrieb des Großhandels erhält, sondern ggf. eine Untätigkeitsklage erheben muss.

IV. Aussetzung der Frist (S. 3)

54   Sofern die zuständige Behörde vom Antragsteller weitere Angaben im Rahmen des Erlaubniserteilungsverfahrens verlangt, um die Voraussetzungen des Abs. 2 herbeizuführen, wird die in Abs. 3 S. 2 genannte Frist solange ausgesetzt, bis der Antragsteller die erforderlichen ergänzenden Angaben bei der zuständigen Behörde einreicht hat.

V. Kosten

55   Das Verfahren zur Erteilung der Erlaubnis für den Betrieb des Großhandels ist grundsätzlich kostenpflichtig. Die Kosten werden im jeweiligen **Gebührenrecht** des betreffenden Bundeslandes geregelt[25].

VI. Rechtsmittel

56   Gegen die Versagung der Erlaubnis ist ein **Widerspruch** statthaft, soweit das einschlägige Verwaltungsverfahrensrecht nichts anderes bestimmt. Daneben kann auch gegen die Kostenentscheidung hinsichtlich der anfallenden Gebühren vom Antragsteller Widerspruch erhoben werden.

E. Versagung der Großhandelserlaubnis (Abs. 4)

57   Die beantragte Großhandelserlaubnis darf ausschließlich aus den in Abs. 4 genannten Gründen **versagt** werden. Eine Versagung ist dann zulässig, wenn der Antragsteller entweder das Vorliegen der in Abs. 2 genannten Voraussetzungen nicht nachweist, die Behörde aufgrund von festgestellten Tatsachen annimmt, dass der Antragsteller oder die von ihm bezeichnete verantwortliche Person nicht die erforderliche Zuverlässigkeit besitzt, oder der Antragsteller nicht in der Lage ist, die für den ordnungsgemäßen Betrieb geltenden Regelungen einzuhalten.

I. Fehlen der Voraussetzungen nach Abs. 2 (Nr. 1)

58   Jede der in Abs. 2 geforderten Angaben muss vom Antragsteller beigebracht bzw. nachgewiesen werden. Andernfalls ist die Erlaubnis zu versagen; die Behörde besitzt insoweit – trotz der Verwendung des Ausdrucks „darf" – **kein Ermessen**. Dies gilt sowohl für den Fall, dass formale Anforderungen, wie z. B. die Angabe der Adressen der Betriebsstätten, nicht erfüllt werden, als auch für den Fall, dass die Erlaubnis aus inhaltlichen Gründen versagt wird, z. B. wenn der Antragsteller keine geeigneten Räume zur Verfügung hat oder die benannten verantwortliche Person keine hinreichende Sachkenntnis besitzt.

---

[23] Vgl. hierzu auch *Wudy*, A&R 2005, 108 f.
[24] *Kloesel/Cyran*, § 52a Anm. 17.
[25] *Kloesel/Cyran*, § 52a Anm. 9.

II. Mangelnde Zuverlässigkeit (Nr. 2)

Hinsichtlich der für den Arzneimittelhandel erforderlichen Zuverlässigkeit des **Antragstellers** sowie **59** der **verantwortlichen Person** existiert kein allgemein gültiger Maßstab. In der Regel wird es ausreichen, wenn ein polizeiliches Führungszeugnis beigebracht wird und sich hieraus keine Anhaltspunkte für Zweifel an der Zuverlässigkeit ergeben.[26] Allerdings können sich sowohl aus dem beruflichen als auch aus dem privaten Verhalten der betreffenden Person anderweitige Anzeichen für eine Unzuverlässigkeit ergeben[27]. Relevant sind in der Regel aber nur für den Arzneimittelgroßhandel einschlägige Tatsachen, wie Verstöße gegen das Arzneimittel-, das Apotheken- oder das Heilmittelwerberecht; andererseits ist nicht zwischen dem Großhandel mit „gefährlichen" oder „ungefährlichen" Arzneimitteln zu differenzieren.[28] Anderweitige straf- oder ordnungswidrigkeitsrechtliche Verurteilungen begründen prinzipiell nur dann ausreichende Zweifel, wenn sie den Charakter der betreffenden Person grundsätzlich in Frage stellen. Zweifel können sich allerdings auch aufgrund erwiesenen Leichtsinns, Alkoholismus oder einschlägiger psychischer Erkrankungen ergeben. Jedenfalls müssen die betr. Zweifel auf Tatsachen gestützt sein. Bloße Gerüchte reichen insoweit nicht aus (s. auch § 14 Rn. 15 ff.).

III. Keine Gewährleistung des ordnungsgemäßen Betriebs (Nr. 3)

Die Großhandelserlaubnis ist auch zu versagen, wenn der Großhändler nicht in der Lage ist zu **60** gewährleisten, dass die für den ordnungsgemäßen Betrieb geltenden Regelungen eingehalten werden.[29] Die Ergänzung der Versagungsgründe um diesen Tatbestand entspricht einer Forderung des Bundesrats im Verfahren zum AMG-ÄndG 2009. Mit der Regelung soll dem Umstand Rechnung getragen werden, dass bis zur Einfügung der Nr. 3 in Abs. 4 bei der Nichterfüllung von wesentlichen Vorschriften der AM-HandelsV oder der EU-Leitlinien, die nicht ausdrücklich in Abs. 2 Nr. 2 und 3 genannt werden, die Erteilung der Großhandelserlaubnis nur dann versagt werden konnte, wenn zusätzlich von einer fehlenden Zuverlässigkeit des Antragstellers oder der verantwortlichen Person nach Abs. 4 Nr. 2 auszugehen war. Durch den in Abs. 4 Nr. 3 angefügten Satz soll es ermöglicht werden, Antragstellern, die eine Erklärung nach Abs. 2 Nr. 4 abgeben, die Regelungen aber trotzdem nicht einhalten können, die Erlaubnis zu versagen. Die Regelung ist als Entscheidungsmaßstab auch bedeutsam im Rahmen eines möglichen Widerrufs oder eine Rücknahme der Erlaubnis nach Abs. 5.[30]

F. Rücknahme, Widerruf und Ruhen der Erlaubnis (Abs. 5)

Der begünstigende Verwaltungsakt der Großhandelserlaubnis kann nach Abs. 5 im Falle der recht- **61** mäßigen Erteilung **zurückgenommen,** im Falle der rechtswidrigen Erteilung **widerrufen** werden. Soweit lediglich zeitweilig die Voraussetzungen für die Erteilung der Großhandelserlaubnis nicht erfüllt werden, kann als milderes Mittel auch das Ruhen der Großhandelserlaubnis angeordnet werden. Die Entscheidung über Rücknahme, Widerruf und Anordnung des Ruhens steht grundsätzlich im Ermessen der Behörden; maßgeblich ist das einschlägige Verwaltungsverfahrensrecht.

I. Rücknahme der Erlaubnis (S. 1)

Für die Rücknahme der Großhandelserlaubnis ist es erforderlich, dass die **ursprüngliche Erteilung 62 rechtswidrig** war. Dies gilt vor allem dann, wenn bereits im Zeitpunkt der Erteilung die Voraussetzungen nach Abs. 2 tatsächlich nicht vorlagen. Die Einzelheiten bestimmen sich nach dem anwendbaren Verwaltungsverfahrensrecht.

II. Widerruf/Ruhen der Erlaubnis (S. 2)

Der Widerruf der Großhandelserlaubnis setzt voraus, dass die Voraussetzungen für deren Erteilung **63** ursprünglich vorgelegen haben, aber **nachträglich weggefallen** sind. Dies ist beispielsweise dann der Fall, wenn die ursprünglich verantwortliche Person den Großhandelsbetrieb verlässt, ohne dass Ersatz zur Verfügung steht. Freilich kommt der Widerruf nur dann in Betracht, wenn keine konkrete Aussicht mehr besteht, dass die Voraussetzungen noch in absehbarer Zeit wieder erfüllt werden können. Dies gebietet der Verhältnismäßigkeitsgrundsatz.

Das Ruhen der Erlaubnis ist ein milderes Mittel sowohl im Verhältnis zur Rücknahme als auch zum **64** Widerruf.[31] Das Ruhen ist dann anzuordnen, wenn die Voraussetzungen nur **zeitweilig nicht erfüllt**

---

[26] *Kloesel/Cyran*, § 52a Anm. 20.
[27] Vgl. *Kloesel/Cyran*, § 52a Anm. 20.
[28] *VG Hamburg*, Beschl. v. 30.10.2013 – 15 E 3327/13 – BeckRS 2014, 59200.
[29] Hierzu näher *Kloesel/Cyran*, § 52a Anm. 20a ff.
[30] BT-Drucks. 16/13428, S. 85.
[31] Vgl. *VG Münster*, Urt. v. 28.10.2014 – 5 K 1498/14 – BeckRS 2014, 58775; *Kloesel/Cyran*, § 52a Anm. 21.

werden können, allerdings Aussicht besteht, dass dieser Fehler berichtigt werden kann. Auch insoweit ist der Verhältnismäßigkeitsgrundsatz zu berücksichtigen. Die Beendigung des Großhandelsbetriebs ist dann noch durch eine Untersagungsverfügung sicherzustellen.[32]

G. Verhältnis anderer Erlaubnisse zur Großhandelserlaubnis (Abs. 6)

65   Die Großhandelserlaubnis ist einschlägig für Personen bzw. Unternehmen, die Großhandel mit Arzneimitteln i. S. v. § 4 XXII betreiben. Allerdings können auch **Hersteller und Importeure** von Arzneimitteln neben ihrer eigentlichen Tätigkeit Großhandelsaktivitäten entfalten. In diesem Fall sind die betreffenden Aktivitäten nach Abs. 6 bereits durch die Herstellungserlaubnis bzw. durch die Einfuhrerlaubnis abgedeckt.

I. Verhältnis zur Herstellungserlaubnis

66   Soweit eine **Herstellungserlaubnis** nach § 13 besteht, ist keine weitere Großhandelserlaubnis für entsprechende Aktivitäten erforderlich. Dies setzt freilich voraus, dass die Herstellungserlaubnis gem. § 16 konkret die jeweilige Betriebsstätte betrifft und die zu handelnden Arzneimittel und Arzneimittelformen umfasst. Andernfalls muss eine eigene Großhandelserlaubnis beantragt werden.

II. Verhältnis zur Einfuhrerlaubnis

67   Da die Herstellererlaubnis nach § 13 AMG in der **Einfuhrerlaubnis** nach § 72 für den Import von Arzneimitteln eine Entsprechung findet, umfasst die Einfuhrerlaubnis grundsätzlich auch entsprechende Großhandelsaktivitäten. Andererseits bedarf ein Großhändler mit entsprechender Großhandelserlaubnis nach Art. 40 III RL 2001/83/EG einer Einfuhrerlaubnis i. S. v. § 72 nur dann, wenn er die Arzneimittel aus Drittstaaten einführt. Eine Einfuhr aus anderen EU-Mitgliedstaaten ist demgegenüber von der Großhandelserlaubnis abgedeckt.

H. Verhältnis zwischen Großhandel und Apothekenbetrieb (Abs. 7)

68   Grundsätzlich fällt nach § 4 XXII jede berufs- und gewerbemäßige Abgabe von Arzneimitteln an Verbraucher, soweit es sich hierbei um Ärzte, Tierärzte und Krankenhäuser handelt, unter den Begriff des Großhandels. Als Großhandel ist mithin auch die entsprechende Abgabe von Arzneimitteln durch Apotheken an Ärzte, Tierärzte und Krankenhäuser zu qualifizieren. Gleichwohl sind die Vorschriften der Abs. 1–5 auf Apotheken nicht anwendbar, soweit sie lediglich Arzneimittel an Ärzte, Tierärzte und Krankenhäuser im **apothekenüblichen Umfang** abgeben.[33] Dies bedeutet, dass Apotheken zwar einen Großhandel mit Arzneimittel i. S. v. § 4 XXII betreiben dürfen, dieser aber im Rahmen des apothekenüblichen Umfangs durch die Erlaubnis nach §§ 1 bzw. 14 ApG abgedeckt ist. Ob die AM-HandelsV auf diesen Großhandel im apothekenüblichen Umfang Anwendung findet, ist unklar.[34] Die Abgabe von Arzneimitteln an andere Verbraucher fällt hingegen bereits nicht unter den Begriff des Großhandels, sondern stellt sich als klassische Apothekentätigkeit dar (s. § 4 Rn. 173). Es ist allerdings zu bezweifeln, dass diese Regelung noch in Anbetracht der europäischen Rechtsprechung, die jede Großhandelstätigkeit auch von Apothekern einer Genehmigungspflicht unterwirft, noch haltbar ist.[35]

69   Apothekenüblich ist u. a. die Abgabe von Arzneimitteln an eigene Filialapotheken und an Großabnehmer wie Krankenhäuser im Rahmen genehmigter Verträge. Die Frage, wann eine **Großversorgung von Abnehmern** mit Arzneimitteln den apothekenüblichen Umfang sprengt, ist nur jeweils im Einzelfall zu bestimmen[36]. Die Grenze zum apothekenunüblichen Großhandel dürfte jedenfalls dort überschritten werden, wo Apotheken andere Apotheken, beispielsweise im Rahmen von Einkaufsgemeinschaften beliefern[37], Parallelhandel mit Arzneimitteln gegenüber anderen Apotheken oder Großhändlern betreiben oder Arzneimittel in das Ausland exportieren[38]. Der eigenständige Import von Arzneimitteln zur Abgabe an Verbraucher ist demgegenüber für sich noch kein apothekenunüblicher Großhandel.[39]

70   **Kriterien zur Abgrenzung** zwischen apothekenüblicher Abgabe und apothekenunüblichem Großhandel sind vor allem die Art der gehandelten Arzneimittel (z. B. Verbraucherware oder Klinikware), die jeweiligen Empfänger (z. B. Verbraucher für eigenen Verbrauch oder Pharmunternehmen, Großhandel,

---

[32] *VG Münster*, Urt. v. 28.10.2014 – 5 K 1498/14 – BeckRS 2014, 58775.
[33] *Kloesel/Cyran*, § 52a Anm. 24.
[34] *Kloesel/Cyran*, § 52a Anm. 24; hierzu *BVerwG*, A&R 2015, 129.
[35] *EuGH*, Urt. v. 28.6.2012 – Rs. C-7/11 – BeckRS 2012, 81321.
[36] Vgl. *Kloesel/Cyran*, § 52a Anm. 24.
[37] Vgl. *Meyer*, DAZ 2004, 3995.
[38] *Kloesel/Cyran*, § 52a Anm. 24.
[39] Vgl. auch *BayVGH*, PharmR 2014, 109.

Apotheken für den weiteren Handel) und der Umfang der Handelstätigkeit. Die geographische Distanz, über die hinweg gehandelt wird, ist demgegenüber für sich kein relevantes Kriterium.

Soweit Apotheken den apothekenüblichen Umfang überschreiten sollten, bedürfen sie einer eigenen **71** Großhandelserlaubnis. Dementsprechend muss auch der Apotheker den betreffenden Großhandelsbetrieb von seinen im Rahmen der apothekenüblichen Tätigkeit durchgeführten **Handelsaktivitäten trennen**[40].

I. Anzeigepflicht für Änderungen in der Großhandelstätigkeit (Abs. 8)

I. Änderung der Angaben nach Abs. 2/Wesentliche Änderungen (S. 1)

Soweit sich die im **ursprünglichen Antrag** enthaltenen Angaben ändern, hat der Großhändler dies **72** der zuständigen Behörde anzuzeigen. Eine Erlaubnis ist für die Änderung nicht erforderlich. Allerdings wird der Behörde durch die Anzeige ermöglicht, das Vorliegen der Voraussetzungen für die Aufrechterhaltung der Erlaubnis zu prüfen. Soweit dies aufgrund der Änderung nicht mehr der Fall ist, sind die entsprechenden Maßnahmen nach Abs. 5 zu ergreifen. Die Änderung ist vom Großhändler **im Voraus anzuzeigen.** Die nach § 67 I bestehende Anzeigepflicht vor der Aufnahme der Großhandelstätigkeit bleibt hierdurch unberührt.

Auch eine **wesentliche Änderung in der Großhandelstätigkeit,** welche nicht die Angaben nach **73** Abs. 2 betrifft, ist der zuständigen Behörde zuvor anzuzeigen. Zu derartigen wesentlichen Änderungen zählen die Einstellung des Großhandels, aber auch wesentliche Änderungen in der konkreten Handelstätigkeit, namentlich des Produktsortiments und in der Lieferanten- bzw. Kundenstruktur. Lediglich punktuelle Änderungen beispielsweise unter Lieferanten und Kunden bedürfen freilich keiner Anzeige.

II. Unvorhergesehener Wechsel (S. 2)

Abs. 8 S. 2, wonach ein unvorhergesehener Wechsel der verantwortlichen Person nach Abs. 2 Nr. 3 **74** unverzüglich zu erfolgen hat, betont die besondere Dringlichkeit der Anzeige in diesem Fall. Gleichwohl sind auch anderweitige unvorhergesehene Änderungen, deren vorherige Anzeige nicht möglich war, unverzüglich, also ohne schuldhaftes Zögern, anzuzeigen.

J. Übergangsvorschriften

Übergangsvorschriften für den Großhandel sind in § 138 IV und V vorgesehen. Diese betreffen **75** Personen und Unternehmen, die bereits am **6.8.2004** befugt Großhandel mit Humanarzneimitteln betrieben hatten, diesen Handel nach § 67 bei der zuständigen Landesbehörde angezeigt und einen Antrag auf Erteilung der Großhandelserlaubnis nach § 52a gestellt hatten. In diesem Fall durfte der Handel bis zur Erlaubniserteilung weiter betrieben werden (s. auch § 138 Rn. 1 ff.).

Die vormalige Anerkennung für den **Großhandel mit Tierarzneimitteln** gilt als Großhandels- **76** erlaubnis nach § 52a. Allerdings waren der zuständigen Behörde bis zum 1.3.2005 die nach Abs. 2 erforderlichen Angaben und Unterlagen vorzulegen.

K. Sanktionen

I. Strafrechtliche Folgen

Das Betreiben eines Großhandels mit Arzneimitteln ohne Erlaubnis nach § 52a stellt nach § 96 Nr. 14 **77** eine **Straftat** dar. Dies gilt unabhängig davon, ob der Großhandel erlaubnisfähig wäre. Zugleich unterliegen die gehandelten Arzneimittel nach § 98 der Einziehung.

II. Ordnungswidrigkeitsrechtliche Folgen

Ein **Verstoß gegen die Erlaubnispflichtigkeit** nach § 52a stellt nach § 97 I zugleich eine Ord- **78** nungswidrigkeit dar. Zudem sind auch die Pflichten des Großhändlers nach der AM-HandelsV nach § 11 AM-HandelsV als Ordnungswidrigkeiten bewährt.

III. Zivilrechtliche Folgen

Rechtsgeschäfte, die entgegen § 52a – also seitens des Großhändlers ohne Genehmigung – abge- **79** schlossen werden, sind nicht gem. § 134 BGB nichtig, soweit nur eine Seite einen Gesetzesverstoß begeht. Die Nichtigkeit würde hier – anders als beim verbotenen Einzelhandel oder beim verbotenen Reisegewerbe – den rechtmäßig handelnden Vertragspartner nicht schützen und wäre im Übrigen auch mit der Zügigkeit im Handelsgeschäft nicht verträglich.

---

[40] Vgl. *Glökler,* DAZ 2004, 3485.

IV. Wettbewerbsrechtliche Folgen

80   Ein Großhandel ohne Erlaubnis nach § 52a ist nach § 4 Nr. 11 UWG **wettbewerbswidrig,** zumal § 52a auch das Marktverhalten im Hinblick auf den Markt für Arzneimittel regelt[41].

§ 52b Bereitstellung von Arzneimitteln

(1) Pharmazeutische Unternehmer und Betreiber von Arzneimittelgroßhandlungen, die im Geltungsbereich dieses Gesetzes ein tatsächlich in Verkehr gebrachtes und zur Anwendung im oder am Menschen bestimmtes Arzneimittel vertreiben, das durch die zuständige Bundesoberbehörde zugelassen worden ist oder für das durch die Europäische Gemeinschaft oder durch die Europäische Union eine Genehmigung für das Inverkehrbringen gemäß Artikel 3 Absatz 1 oder 2 der Verordnung (EG) Nr. 726/2004 erteilt worden ist, stellen eine angemessene und kontinuierliche Bereitstellung des Arzneimittels sicher, damit der Bedarf von Patienten im Geltungsbereich dieses Gesetzes gedeckt ist.

(2) [1]**Pharmazeutische Unternehmer müssen im Rahmen ihrer Verantwortlichkeit eine bedarfsgerechte und kontinuierliche Belieferung vollversorgender Arzneimittelgroßhandlungen gewährleisten.** [2]**Vollversorgende Arzneimittelgroßhandlungen sind Großhandlungen, die ein vollständiges, herstellerneutral gestaltetes Sortiment an apothekenpflichtigen Arzneimitteln unterhalten, das nach Breite und Tiefe so beschaffen ist, dass damit der Bedarf von Patienten von den mit der Großhandlung in Geschäftsbeziehung stehenden Apotheken werktäglich innerhalb angemessener Zeit gedeckt werden kann; die vorzuhaltenden Arzneimittel müssen dabei mindestens dem durchschnittlichen Bedarf für zwei Wochen entsprechen.** [3]**Satz 1 gilt nicht für Arzneimittel, die dem Vertriebsweg des § 47 Absatz 1 Satz 1 Nummer 2 bis 9 oder des § 47a unterliegen oder die aus anderen rechtlichen oder tatsächlichen Gründen nicht über den Großhandel ausgeliefert werden können.**

(3) [1]**Vollversorgende Arzneimittelgroßhandlungen müssen im Rahmen ihrer Verantwortlichkeit eine bedarfsgerechte und kontinuierliche Belieferung der mit ihnen in Geschäftsbeziehung stehenden Apotheken gewährleisten.** [2]**Satz 1 gilt entsprechend für andere Arzneimittelgroßhandlungen im Umfang der von ihnen jeweils vorgehaltenen Arzneimittel.**

(4) Die Vorschriften des Gesetzes gegen Wettbewerbsbeschränkungen bleiben unberührt.

Europarechtliche Vorgaben: Art. 81 Abs. 2 RL 2001/83/EG.

Literatur: *Anders,* Belieferungsanspruch des Großhandels, PharmInd 2010, 1537; *Broch/Diener/Klümper,* Der Regierungsentwurf zur 15. AMG-Novelle – Fast alles gut?, PharmR 2009, 149; *Broch/Diener/Klümper,* Nachgehakt: 15. AMG-Novelle mit weiteren Änderungen beschlossen, PharmR 2009, S. 373; *Bundesverband der Arzneimittelhersteller e. V.,* Die neue Preisbildung gemäß § 78 Abs. 3 AMG unter Berücksichtigung der Rabattregelungen des § 7 HWG, A&R 2007, 201; *Kaeding,* Auswirkungen des § 52b AMG-E auf den Parallelhandel mit Arzneimittel, PharmR 2009, 269; *Meyer,* Der Kontrahierungsanspruch der vollversorgenden Arzneimittelgroßhandlung gegenüber dem pharmazeutischen Unternehmer, A&R 2010, 66, 115; *Natz/Zumdick,* Kontrahierungszwang oder Pflicht zur Bedarfsdeckung?, A&R 2010, 14; *Rehmann/Paal,* Die 15. AMG-Novelle – Ein Überblick, A&R 2009, 195; *Sattler,* Die Belieferungspflicht pharmazeutischer Unternehmen nach § 52b Abs. 2 AMG aus arzneimittel- und wettbewerbsrechtlicher Sicht, GesR 2010, 1.

Übersicht

---

[41] Vgl. zur Marktregelungsfunktion von Normen des AMG *OLG Frankfurt,* MMR 2008, 113; *KG,* MMR 2005, 246.

A. Allgemeines

I. Inhalt

Abs. 1 formuliert den öffentlichen Sicherstellungsauftrag für die Versorgung mit Arzneimitteln, der **1** pharmazeutischen Unternehmern und den Betreibern von Arzneimittelgroßhandlungen zugewiesen wird. Abs. 2 S. 1 konkretisiert diesen Versorgungsauftrag und räumt vollversorgenden Arzneimittelgroßhandlungen einen Belieferungsanspruch gegen pharmazeutische Unternehmer ein. Der Begriff der vollversorgenden Arzneimittelgroßhandlungen wird in Abs. 2 S. 2 definiert. In Abs. 2 S. 3 werden die Arzneimittel, die dem Belieferungsanspruch nicht unterliegen, bezeichnet. Abs. 3 gewährt Apotheken einen entsprechenden Belieferungsanspruch gegenüber den vollversorgenden Arzneimittelgroßhandlungen sowie anderen Arzneimittelgroßhandlungen im Umfang der von ihnen jeweils vorgehaltenen Arzneimittel. Abs. 4 erklärt deklaratorisch die wettbewerbsrechtlichen Vorschriften für anwendbar.

II. Zweck

Die Vorschrift dient der Umsetzung von Art. 81 II RL 2001/83/EG und weist pharmazeutischen **2** Unternehmern und Arzneimittelgroßhändlern einen **öffentlichen Sicherstellungsauftrag für die Versorgung mit Humanarzneimitteln** zur Vermeidung von Lieferengpässen[1] zu[2] (zu möglichen Maßnahmen bei einem Versorgungsmangel s. auch § 72a Rn. 26, § 72b Rn. 14, § 73 Rn. 66, 79 § 79 Rn. 6 ff., 14 ff.)[3]. Der Arzneimittelbedarf von Patienten in Deutschland – auch und gerade mit niedrigpreisigen Arzneimitteln – soll sichergestellt sein. Zu diesem Zweck wird vollversorgenden Arzneimittelgroßhandlungen ein Belieferungsanspruch gegen pharmazeutische Unternehmer ebenso zugestanden wie Apotheken gegenüber den mit ihnen in Geschäftsbeziehung stehenden (vollversorgenden) Arzneimittelgroßhandlungen. Der gesetzliche Versorgungsauftrag der Apotheken ist nach Ansicht des Gesetzgebers nur erfüllbar, wenn eine kontinuierliche Belieferung mit Arzneimitteln und eine funktionierende Infrastruktur zur Distribution und Lagerung von Arzneimitteln gewährleistet sind[4]. Die Vorschrift ist wenig geglückt und weist zahlreiche ungelöste Fragen und Widersprüche auf, die im Konfliktfall einer tatsächlich einmal nicht ausreichenden Versorgung mit Arzneimitteln zu erheblicher Rechtsunsicherheit mit entsprechenden Rechtsstreitigkeiten führen wird.

B. Sicherstellungsauftrag (Abs. 1)

Die Vorschrift gibt in Abs. 1, wenn auch mit sprachlichen Änderungen und Anpassungen, Art. 81 II **3** RL 2001/83/EG wieder. Der gemeinschaftsrechtliche Sicherstellungsauftrag für die Versorgung von Patienten in einem Mitgliedstaat mit Arzneimitteln wird in das nationale Recht transferiert, wobei in § 1 der Gesichtspunkt der **ordnungsgemäßen Arzneimittelversorgung** als zentrale Zwecksetzung des AMG bereits Eingang in das Gesetz gefunden hat (s. § 1 Rn. 11)[5]. Bislang oblag nur den Apotheken ein gesetzlicher Versorgungsauftrag (§ 1 I ApG). Neben Apotheken werden nunmehr auch **pharmazeutische Unternehmer** (§ 4 XVIII) und Betreiber von **Arzneimittelgroßhandlungen** in den Versorgungsauftrag eingebunden. Unter dem Begriff des Großhandels ist gem. der Legaldefinition des § 4 XXII

---

[1] Auf der Website des BfArM ist eine Übersicht zu aktuellen Lieferengpässen für Humanarzneimittel in Deutschland auf der Basis freiwilliger Informationen der Zulassungsinhaber abrufbar unter http://www.bfarm.de.

[2] Der im Gesetzgebungsverfahren des 2. AMG-ÄndG 2012 ursprünglich verfolgte Ansatz, durch die Hinzufügung eines Abs. 5 im Falle einer unmittelbar drohenden Gefahr eines erheblichen Versorgungsmangels der Bevölkerung im Geltungsbereich des Gesetzes mit einem Arzneimittel, das nach Abs. 1 der Vorschrift bereitzustellen ist und das zur Vorbeugung oder Behandlung schwerwiegender Erkrankungen benötigt wird, der zuständigen Behörde ein Anordnungsrecht gegenüber den pharmazeutischen Unternehmern und den Betreibern von Arzneimittelgroßhandlungen einzuräumen, um eine bedarfsgerechte und kontinuierliche Bereitstellung des Arzneimittels sicherzustellen (BT-Drucks. 17/9341, S. 17, 58), ist nicht realisiert worden.

[3] Zur Versorgung im Rahmen des Zivil- und Katastrophenschutzes und bei Großkatastrophen vgl. *Kloesel/Cyran*, § 52b Anm. 5 f.

[4] BT-Drucks. 16/12256, S. 52.

[5] Zu den tatsächlichen Ursachen von Versorgungsengpässen unter Einschluss der Rabattverträge vgl. *Kloesel/Cyran*, § 52b Anm. 7 f.

jede berufs- oder gewerbsmäßige zum Zwecke des Handeltreibens ausgeübte Tätigkeit zu verstehen, die in der Beschaffung, der Lagerung, der Abgabe oder Ausfuhr von Arzneimitteln besteht (s. § 4 Rn. 164). Der Versorgungsauftrag differenziert nicht danach, ob es sich bei dem Großhandelsbetrieb um einen vollversorgenden handelt oder nicht[6]. Der Verpflichtung aus Abs. 1 unterliegen auch Apotheken, die neben dem Apothekenbetrieb eine Großhandelstätigkeit ausüben[7].

4   Der Sicherstellungsauftrag ist mitgliedstaatsbezogen, d. h. auf die **Patienten in Deutschland** begrenzt. Er beschränkt sich auf die tatsächlich in Deutschland in Verkehr gebrachten Humanarzneimittel, die vom jeweiligen pharmazeutischen Unternehmer bzw. Großhändler vertrieben werden. Umfasst sind die Arzneimittel, die entweder eine gemeinschaftsrechtliche[8] oder nationale **Zulassung** für das Inverkehrbringen erhalten haben. Nicht im § 52b umfasst sind **zulassungsfreie Arzneimittel**, beispielsweise die von der Zulassungspflicht freigestellten Arzneimittel gem. § 21 II (s. § 21 Rn. 11 ff.). **Standardzulassungen**, d. h. aufgrund einer Rechtsverordnung nach § 36 I 1 von der Pflicht zur Zulassung freigestellte Arzneimittel (s. § 36 Rn. 2 ff.), zählen weder zu den von der zuständigen Bundesoberbehörde zugelassenen Arzneimitteln noch zu den Arzneimitteln, die eine zentrale Zulassung erlangt haben, sodass auch sie nicht unter den öffentlichen Versorgungsauftrag fallen. Gleiches gilt für **genehmigungspflichtige** (§ 21a) oder **registrierungspflichtige** (§§ 38, 39a) bzw. davon freigestellte **Arzneimittel**.

5   Konkrete Vorgaben im Hinblick auf die Arzneimittelversorgung macht Abs. 1 den pharmazeutischen Unternehmern und den Arzneimittelgroßhändlern nicht. Ihnen wird lediglich ergebnisbezogen auferlegt, eine „**angemessene und kontinuierliche Bereitstellung des Arzneimittels**" sicherzustellen. Dieser Versorgungsauftrag ist nicht apothekenspezifisch ausgestaltet, sondern erstreckt sich auch auf Arzneimittel, die nicht notwendigerweise über die Apotheke abgegeben werden oder die vom Apothekenvertriebsweg ausgenommen sind[9].

6   Die Anforderung, dass das Arzneimittel in Deutschland tatsächlich in Verkehr gebracht worden sein muss, beschränkt den Versorgungsauftrag auf die tatsächliche Leistungspflicht der Beteiligten (zur Mitteilungspflicht für das Inverkehrbringen s. § 29 Rn. 34). Nur im Rahmen der physisch existenten Arzneimittel, die von den Beteiligten vertrieben werden, sind diese zur Versorgung der Patienten in Deutschland verpflichtet. Abs. 1 ist deshalb weder eine Verpflichtung zur (gesteigerten) Produktion noch zum Import zu entnehmen. Demgemäß sind pharmazeutische Unternehmer **nicht** verpflichtet, **Arzneimittel** für ungewisse zukünftige Ereignisse **vorzuhalten** und das Risiko eines ausbleibenden Abverkaufs zu tragen[10].

C. Belieferungsanspruch vollversorgender Arzneimittelgroßhandlungen (Abs. 2)

I. Belieferungspflicht pharmazeutischer Unternehmer (S. 1)

7   Der öffentliche Sicherstellungsauftrag gem. Abs. 1 ist in Abs. 2 S. 1 über die gemeinschaftsrechtliche Vorgabe bewusst[11] hinausgehend[12] als Verpflichtung des pharmazeutischen Unternehmers formuliert worden. Der Sicherstellungsauftrag resultiert zwar grundsätzlich in einen **Anspruch**[13] vollversorgender Arzneimittelgroßhandlungen gegenüber pharmazeutischen Unternehmern auf eine bedarfsgerechte und kontinuierliche Belieferung mit Arzneimitteln[14], der jedoch schon dann nicht durchgesetzt werden kann, wenn die bedarfsgerechte Belieferung des deutschen Markts bereits durch den das gegenseitige Rücksichtnahmegebot berücksichtigenden Abschluss von Belieferungsverträgen mit vollversorgenden Arzneimittelgroßhandlungen gesichert ist (s. Rn. 20). Der Gesetzeswortlaut zeigt, dass dem Belieferungsauftrag des pharmazeutischen Unternehmers **kein Individualanspruch** des einzelnen Arzneimittelgroßhändlers gegenübersteht[15]. Folgerichtig hat der Gesetzgeber auch einen Kontrahierungszwang des pharmazeutischen Unternehmers verneint (s. Rn. 20). Die Verpflichtung in Abs. 2 S. 1 ist daher als **Programmsatz** aufzufassen, so dass dessen Durchsetzung auch im Wege von Maßnahmen der zuständigen Behörde gem.

---

[6] BT-Drucks. 16/12256, S. 53.

[7] BT-Drucks. 16/12256, S. 52; *Kaeding*, PharmR 2009, 269 Fn. 6.

[8] Art. 3 I oder II VO (EG) Nr. 726/2004.

[9] Gegenäußerung der Bundesregierung, BT-Drucks. 16/12677, S. 20; kritisch die Stellungnahme des *BPI*, Ausschuss-Drucks. 16 (14) 0514 (21), S. 30.

[10] Diese Überlegungen lassen sich bereits dem Wortlaut des Abs. 1 entnehmen und bedürfen keiner Gesetzesergänzung. A. A. offensichtlich *Kloesel/Cyran*, § 52b Anm. 17 und die Stellungnahme des *BPI*, Ausschuss-Drucks. 16 (14) 0514 (21), S. 30.

[11] Vgl. die Rede des BT-Abgeordneten Bauer, Protokoll der 211. Sitzung des BT am 19.3.2009, S. 22 885 (D).

[12] Stellungnahme des *BPI*, Ausschuss-Drucks. 16 (14) 0514 (21), S. 31.

[13] BT-Drucks. 16/12256, S. 52; a. A. *Rehmann/Paal*, A&R 2009, 199, 201, die einen Belieferungsanspruch des Großhandels nur im Falle des Missbrauchs einer marktbeherrschenden Stellung des jeweiligen pharmazeutischen Unternehmers befürworten.

[14] Zur Kritik an der Regelung vgl. z. B. Stellungnahme des *BAH*, Ausschuss-Drucks. 16 (14) 0514 (17), S. 13 f.; Stellungnahme des GKV-Spitzenverbandes, Ausschuss-Drucks. 16 (14) 0514 (25), S. 16 f.

[15] So auch *Kloesel/Cyran*, § 52b Anm. 21.

§ 69 I ausscheidet[16]. Im Ergebnis ist der Anspruch des einzelnen Großhändlers gegen einen bestimmten pharmazeutischen Unternehmer allenfalls kartellrechtlich durchsetzbar (s. Rn. 44 ff.)

1. Verpflichtete. Verpflichtete aus Abs. 2 S. 1 sind die pharmazeutischen Unternehmer i. S. d. § 4 **8** XVIII. Betroffen sind somit die Zulassungsinhaber und diejenigen, die Arzneimittel unter ihrem Namen in den Verkehr bringen. Inhaber einer Registrierung sind nicht Verpflichtete aus Abs. 2, da sie keine Arzneimittel i. S. d. Abs. 1 vertreiben. Der Belieferungspflicht unterliegen auch Parallelhändler als pharmazeutische Unternehmer i. S. d. § 4 XVIII. Dass sie ihrerseits die Arzneimittel nicht selbst herstellen, steht dem nicht entgegen. Die Belieferungspflicht ist auf ihre **tatsächliche Leistungsfähigkeit,** d. h. den Bestand importierter Waren, beschränkt (s. Rn. 9 f.). Der jeweilige pharmazeutische Unternehmer läuft nicht Gefahr, rein tatsächlich nicht in der Lage zu sein, der Belieferungspflicht nachzukommen.

2. Verpflichtungsumfang. Die Belieferungspflicht besteht nur im „Rahmen der Verantwortlichkeit" **9** der pharmazeutischen Unternehmer. Dieser Verweis stellt einen Bezug zu Abs. 1 her, so dass dessen Einschränkungen auch auf den Belieferungsanspruch Anwendung finden. Die Belieferungspflicht erstreckt sich mithin nur auf zugelassene Humanarzneimittel, die tatsächlich in Verkehr gebracht werden. Der pharmazeutische Unternehmer ist deshalb nicht verpflichtet, ein bestimmtes Arzneimittel überhaupt herzustellen und in den Verkehr zu bringen. Der vollversorgende Arzneimittelgroßhändler kann von dem pharmazeutischen Unternehmer auch keine **Ausweitung der Produktion,** etwa im Falle von Pandemien[17], verlangen. Die Belieferungspflicht besteht ausschließlich in den Grenzen der (bestehenden) Arzneimittelherstellung und des -vertriebs[18]. Daraus folgt zugleich, dass pharmazeutische Unternehmer nicht verpflichtet sind, etwaige Ausnahmesituationen prognostizieren zu müssen, um einen etwaigen höheren Bedarf auch tatsächlich abdecken zu können. Dies würde den pharmazeutischen Unternehmer unberechtigterweise zwingen, auf seine Kosten Arzneimittel vorab zu produzieren und auf Lager zu halten[19].

Die Belieferungspflicht ist schließlich beschränkt auf den **Bedarf der Patienten in Deutschland. 10** Nicht in den Bedarf i. S. d. eine Belieferungspflicht vorsehenden Abs. 2 S. 1 fällt ausweislich der Gesetzesbegründung der Bedarf für den sonstigen Handel, beispielsweise für Exportgeschäfte oder den Zwischenhandel in der EU[20]. Der Gesetzgeber hat dies durch Bezugnahme auf den Versorgungsauftrag aus Abs. 1 und dessen Beschränkung auf den Bedarf der Patienten in Deutschland sichergestellt[21].

Pharmazeutische Unternehmer, die einen **Rabattvertrag** nach § 130a VIII SGB V mit einer Kran- **11** kenkasse abgeschlossen haben, haben eine Bereitstellungsverpflichtung in dem Umfang, der sich aus dem abgeschlossenen Rabattvertrag absehen lässt, wobei dem pharmazeutischen Unternehmer insoweit ein Prognosespielraum zugestanden werden muss[22].

3. Belieferungspflicht. Die Pflicht zur „Belieferung" mündet **nicht** in eine Bringschuld des pharma- **12** zeutischen Unternehmers dergestalt, dass er die Arzneimittel, zu deren „Lieferung" er gesetzlich verpflichtet ist, dem jeweiligen vollversorgenden Großhändler an dessen Sitz anbieten muss. Der Begriff „Belieferung" ist untechnisch im Sinne eines **vertraglichen Anbietens** zu verstehen. Der Kaufvorgang und der Transport der Ware unterliegen der vertraglichen Disposition der Parteien.

Bei der **Preisbildung** des pharmazeutischen Unternehmers gegenüber dem Großhandel ist zunächst **13** zu berücksichtigen, dass der pharmazeutische Unternehmer nach § 78 III 1, 1. Halbs. für die der AMPreisV unterfallenden Arzneimittel einen einheitlichen Abgabepreis sicherzustellen hat. Nach § 78 III 2 können Sozialleistungsträger, private Krankenversicherungen sowie deren jeweiligen Verbände mit pharmazeutischen Unternehmern für die zu ihren Lasten abgegebenen verschreibungspflichtigen Arzneimittel Preisnachlässe auf den einheitlichen Abgabepreis des pharmazeutischen Unternehmers vereinbaren. Indes dürfen pharmazeutische Unternehmer Rabatte auf ihre Abgabepreise nur an diese Kostenträger abgeben (s. auch § 78 Rn. 56), so dass auch insoweit der einheitliche Abgabepreis gegenüber dem Großhandel zu vereinbaren ist.

Besondere Probleme wirft die Regelung zur Preisbildung und Rabattierung für nicht verschreibungs- **14** pflichtige Arzneimittel, die zu Lasten der GKV abgegeben werden, auf (§ 78 III 1, 2. Halbs.; s. dazu § 78 Rn. 54)[24]. Sofern keine Preisbindung besteht, muss sich der Großhändler mit dem pharmazeutischen Unternehmer, gegenüber dem der Belieferungsanspruch gegeben sein soll, auf einen Preis einigen[25]. Es ist nicht ausgeschlossen, dass dieser von dem Preis abweicht, den der pharmazeutische Unternehmer

---

[16] A. A. offensichtlich *Sattler,* GesR 2010, 3.
[17] Vgl. *Lietz,* in: Fuhrmann/Klein/Fleischfresser, § 21 Rn. 10.
[18] *BMG,* Schreiben an den BAH vom 1.9.2009.
[19] Stellungnahme des *BPI,* Ausschuss-Drucks. 16 (14) 0514 (21), S. 30.
[20] BT-Drucks. 16/12256, S. 53.
[21] Zu Zweifeln an der praktischen Umsetzbarkeit vgl. Stellungnahme des *BAH,* Ausschuss-Drucks. 16 (14) 0514 (17), S. 15.
[22] A. A. *Kloesel/Cyran,* § 52b Anm. 19.
[23] BT-Drucks. 16/4247, S. 65.
[24] Vgl. BAH, A&R 2007, 203 f.
[25] Auch dies zeigt, dass es verfehlt ist, von einem (einklagbaren) Belieferungsanspruch zu sprechen.

beim Direktvertrieb des Arzneimittels veranschlagt. Der pharmazeutische Unternehmer ist zudem nicht gezwungen, die jeweiligen vollversorgenden Arzneimittelgroßhändler zu gleichen Konditionen zu beliefern[26]. Zu berücksichtigen ist allerdings, dass die Konditionen für eine Belieferung den öffentlichen Versorgungsauftrag gem. Abs. 1 nicht bewusst unmöglich machen oder unangemessen erschweren dürfen, d. h. beide Parteien sind zu **gegenseitiger Rücksichtnahme** verpflichtet, wenn nur dadurch das gesetzgeberische Ziel einer kontinuierlichen und bedarfsgemäßen Arzneimittelversorgung der Patienten in Deutschland zu gewährleisten ist. Das BMG nennt hier als mögliche Kriterien für einen Verstoß gegen das Rücksichtnahmegebot den Abschluss von Exklusivverträgen mit nur einem Teil der Großhändler, so dass von vorneherein eine Belieferung anderer vollversorgender Großhändler ausgeschlossen ist und den Ausschluss von der Belieferung ohne sachlichen Grund[27]. Es wird hier auf die jeweiligen Einzelfallumstände ankommen, so dass sich Generalisierungen verbieten.

15 **4. Bedarfsgerecht und kontinuierlich.** Pharmazeutische Unternehmer müssen eine „bedarfsgerechte und kontinuierliche Belieferung" vollversorgender Arzneimittelgroßhandlungen gewährleisten. Insoweit ist es problematisch, an wessen **„Bedarf"** die Belieferungspflicht anknüpft. § 52b eröffnet mehrere Alternativen. Zum einen könnte der Bedarf der Patienten in Deutschland gemeint sein, der in Abs. 1 angesprochen ist[28]. Zum anderen könnte der Bedarf der Patienten der mit einem vollversorgenden Arzneimittelgroßhändler in Geschäftsbeziehung stehenden Apotheke gemeint sein, auf den die Legaldefinition in Abs. 2 S. 2 Bezug nimmt. Schließlich könnte sich der Bedarf auf den vollversorgenden Arzneimittelgroßhändler beziehen und von dessen subjektiver Einschätzung abhängig sein.

16 Für die letztgenannte Alternative finden sich im Gesetz jedoch keine Anhaltspunkte. Auch die Gesetzesbegründung widerspricht diesem Verständnis, wenn sie die Möglichkeit der Bedarfsermittlung anhand der Werte des entsprechenden Vorjahresmonats ausspricht[29]. Dies schließt es zugleich aus, auf den konkreten Bedarf der Patienten in Deutschland abzustellen, zumal es wirtschaftlich unsinnig wäre, einem vollversorgenden Arzneimittelgroßhändler einen Anspruch auf eine Belieferung im Umfang des Bedarfs der Patienten in Deutschland zu gewähren. Dies würde nur Sinn machen, wenn der Belieferungsanspruch generell ausgestaltet wäre und den vollversorgenden Arzneimittelgroßhandlungen insgesamt zustehen sollte[30]. Eine solche Interpretation würde zwar der Absicht des Gesetzgebers entsprechen, liefe aber letztlich ins Leere, denn die vollversorgenden Arzneimittelgroßhandlungen insgesamt könnten nicht Inhaber eines gerichtlich durchsetzbaren Anspruchs sein. Der Gesetzgeber hat sich aber gerade **nicht** für einen **Individualanspruch** jedes einzelnen vollversorgenden Arzneimittelgroßhändlers ausgesprochen (s. Rn. 7 und 20). Das wird daran ersichtlich, dass es pharmazeutischen Unternehmern freigestellt sein soll, in welcher Form und welchen vollversorgenden Großhandlungen gegenüber sie ihrer Pflicht zur Belieferung nachkommen[31]. Vor diesem Hintergrund macht der gesetzgeberische Verweis auf einen entsprechenden **Vorjahresbedarfswert** zur Ermittlung des Bedarfes[32] wenig Sinn, da der Belieferungsanspruch nicht dem einzelnen Großhändler zusteht (zur Ausnahme nach kartellrechtlichen Grundsätzen s. Rn. 36 ff.).

17 Der **Bedarf** müsste sich nach Systematik und Wortlaut des Gesetzes mithin am durchschnittlichen Bedarf der Patienten der mit dem Großhändler in Geschäftsbeziehung stehenden Apotheken an Arzneimitteln für **zwei Wochen** orientieren. Hierbei darf der Bedarf für Exportgeschäfte oder den Zwischenhandel innerhalb der EU keine Rolle spielen. Dieser ist nicht zu berücksichtigen[33]. Die „bedarfsgerechte" Belieferung muss gem. Abs. 2 S. 2 eine entsprechende Vorratshaltung an Arzneimitteln ermöglichen. Problematisch wäre in diesem Fall aber, wie der vollversorgende Arzneimittelgroßhändler diesen Bedarf im Zweifelsfalle nachweisen soll, da er nur seinen Belieferungsumfang kennt, jedoch nicht weiß, in welchem Umfang die Apotheke vom jeweiligen pharmazeutischen Unternehmer direkt versorgt wurde. Nur die Kombination beider Werte ergibt den Bedarf der Patienten der fraglichen Apotheke. Es bedürfte deshalb entweder einer Sammlung der Daten des pharmazeutischen Unternehmers und des Großhändlers oder des Rückgriffs auf die Umsatzdaten der jeweiligen Apotheke. Einen Anspruch auf Letztere haben aber weder der pharmazeutische Unternehmer noch der Arzneimittelgroßhändler[34]. Mit diesen Überlegungen unvereinbar ist zudem die Erläuterung in der Gesetzesbegründung, wonach der Bedarf von den Beteiligten nach den Marktdaten des entsprechenden Vorjahresmonats ermittelt werden könne, wobei **Ausnahmesituationen,** wie z. B. Grippewellen u. ä. zu berücksichtigen seien[35]. Dies lässt erkennen, dass der Gesetzgeber gerade keinen apothekenspezifischen, patientenbezogenen Bedarf gemeint hat, sondern

[26] *BMG,* Schreiben an den *BAH* vom 1.9.2009.
[27] *BMG,* Schreiben an den *BAH* vom 1.9.2009.
[28] So z. B. *Kaeding,* PharmR 2009, 269.
[29] BT-Drucks. 16/12256, S. 52.
[30] So das Verständnis bei *Kaeding,* PharmR 2009, 269.
[31] BT-Drucks. 16/12256, S. 52.
[32] BT-Drucks. 16/12256, S. 52.
[33] BT-Drucks. 12/12256, S. 53; *Broch/Diener/Klümper,* PharmR 2009, 153.
[34] § 305a S. 4 i. V. m. S. 5 SGB V. Vgl. *Meyer,* A&R 2010, 74.
[35] BT-Drucks. 16/12256, S. 52; kritisch *Broch/Diener/Klümper,* PharmR 2009, 153.

diesen großhändlerbezogen verstehen will. Der Großhändler soll richtigerweise einen Belieferungsanspruch nur in dem Maße haben, wie er selbst die mit ihm verbundenen Apotheken versorgt.

Dies bedeutet, dass der Großhändler eine **Belieferung** nur in dem **Umfang** beanspruchen kann, wie **18** er die mit ihm in Geschäftsbeziehung stehenden Apotheken versorgt. Er hat einen Anspruch darauf, jeweils über einen durchschnittlichen Vorrat für zwei Wochen zu verfügen. Sein Bedarf kann anhand vergleichbarer Vergangenheitswerte ermittelt werden. Ändert sich dieser Bedarf aufgrund eines gestiegenen oder geminderten Bedarfs der zu versorgenden Apotheken, obliegt es dem vollversorgenden Arzneimittelgroßhändler, seinen konkreten Bedarf im Zweifel zu belegen[36]. Gleiches gilt in den Fällen der Neueinführung eines Arzneimittels, wenn eine Bedarfsschätzung nicht möglich ist[37], denn es handelt sich bei dem konkreten Bedarf um eine Anspruchsvoraussetzung, für die der Anspruchsinhaber darlegungs- und beweispflichtig ist.

5. Anspruchsinhaber. Anspruchsinhaber sind jeweils die in Abs. 2 S. 2 legal definierten **vollversor-** **19** **genden Arzneimittelgroßhändler**[38]. Ihnen obliegt die Darlegung der in Abs. 2 S. 2 genannten Voraussetzungen. Großhändler, die kein Vollsortiment anbieten (sog. **Teilsortimenter**), haben gem. Abs. 3 S. 2 einen Anspruch auf Belieferung im Umfang der von ihnen jeweils vorgehaltenen Arzneimittel (s. Rn. 35).

6. Kontrahierungszwang. Ausweislich der Gesetzesmaterialien begründet Abs. 2 S. 1 **keinen** Kon- **20** trahierungszwang für pharmazeutische Unternehmer[39]. Es soll pharmazeutischen Unternehmern freigestellt sein, in welcher Form und gegenüber welchen vollversorgenden Großhandlungen sie ihrer Pflicht zur Belieferung nachkommen (zum möglichen Kontrahierungszwang bei Vorliegen einer marktbeherrschenden Stellung s. Rn. 36, 41). Dies ist folgerichtig, denn es kann dem pharmazeutischen Unternehmer nicht kraft Gesetzes vorgeschrieben werden, dass er den Großhändler nach dessen Festlegungen zu beliefern hat. Dadurch würde die Vertragsfreiheit ausgehebelt. Nicht durchgesetzt hat sich im Rahmen des Gesetzgebungsverfahrens zum AMG-ÄndG 2009 der Bundesverband des pharmazeutischen Großhandels mit seiner Forderung, eine Belieferungspflicht gegenüber **allen** vollversorgenden Arzneimittelgroßhandlungen festzuschreiben[40]. Auch der Gesetzeswortlaut lässt dem pharmazeutischen Unternehmer grundsätzlich die Wahl[41], welchen vollversorgenden Arzneimittelgroßhändler er beliefert[42], solange die einzelnen Belieferungen sicherstellen, dass der **Bedarf der Patienten in Deutschland** gedeckt ist[43]. Dass dies richtig sein muss, zeigt schon die Kontrollüberlegung, dass ansonsten der pharmazeutische Unternehmer jeweils vorausschauend abschätzen müsste, welcher Großhändler in welchem Umfang von ihm die Belieferung mit welchen Arzneimitteln zu welchem Zeitpunkt verlangt. Dies ist schon aus praktischen Gründen (Herstellung in Chargen, Produktion nur für den in kaufmännisch vertretbarer Weise geschätzten Bedarf) nicht zu leisten und vom Gesetzgeber ausweislich der Gesetzesbegründung nicht beabsichtigt. Damit scheidet grundsätzlich eine Belieferungspflicht hinsichtlich aller vollversorgenden Arzneimittelgroßhandlungen aus[44]. Hiergegen spricht auch, dass der Direktvertrieb dem pharmazeutischen Unternehmer nach wie vor gestattet ist. Er hat weiterhin die Möglichkeit, ohne Einbeziehung eines Großhändlers Apotheken zu beliefern und in Wettbewerb zu den vollversorgenden Arzneimittelgroßhändlern zu treten[45]. Dies kann sogar so weit gehen, dass einzelne Arzneimittel überhaupt nicht an Großhändler ausgeliefert werden müssen, wenn diese keine entsprechenden Aufträge von Apotheken belegen können, weil die Apotheken durch den Direktvertrieb des pharmazeutischen Unternehmers vollständig ihren Bedarf abdecken[46]. Wenn die bedarfsgerechte Belieferung des deutschen Markts bereits

---

[36] BT-Drucks. 16/12256, S. 53.
[37] BT-Drucks. 16/12256, S. 53.
[38] A. A. *Rehmann/Paal*, A&R 2009, 199, 201.
[39] BT-Drucks. 16/12256, S. 52; ebenso *BMG*, Schreiben an den *BAH* vom 1.9.2009.
[40] Stellungnahme *des Bundesverbands des pharmazeutischen Großhandels*, Ausschuss-Drucks. 16 (14) 0514 (28) vom 27.4.2009, S. 6.
[41] So ist nicht die Rede von „jeder" oder „allen" vollversorgenden Arzneimittelgroßhandlung(en). A. A. *Meyer*, A&R 2010, 70.
[42] *BMG*, Schreiben an den *BAH* vom 1.9.2009, wo es heißt, dass „der pharmazeutische Unternehmer nicht verpflichtet sein soll, an jede Großhandlung in gleicher Menge und zu gleichen Konditionen liefern zu müssen".
[43] Diese grundsätzliche Maßgabe zur Gewährleistung des Sicherstellungsauftrags im Verhältnis pharmazeutischer Unternehmer – Großhändler – Apotheke ergibt sich aus Abs. 1 der Vorschrift und ist stets bei der inhaltlichen Bestimmung der jeweiligen Leistungsverpflichtungen zu beachten.
[44] A. A. *Broch/Diener/Klümper*, PharmR 2009, 153 (nach Maßgabe des konkreten Einzelfalls). Für einen generellen Kontrahierungszwang *Meyer*, A&R 2010, 70 ff.
[45] *BMG*, Schreiben an den *BAH* vom 1.9.2009; *Lietz*, in: Fuhrmann/Klein/Fleischfresser, § 21 Rn. 9.
[46] A. A. *Kloesel/Cyran*, § 52b Anm. 23, wo jedoch verkannt wird, dass diesseits kein grundsätzlicher Ausschluss des Großhandels befürwortet wird; Rehmann, § 52b Rn. 4; *ders.*, Ausschuss-Drucks. 16 (14) 0514 (48), S. 10, der einen Vertrieb unter Ausschluss des vollversorgenden Großhandels für unzulässig erachtet bzw. den Zweck der Regelung in der Sicherstellung der Belieferung des Großhandels sieht. Dem ist entgegen zu halten, dass der Zweck der Regelung zuvorderst in der Sicherstellung der Versorgung der Patienten mit Arzneimitteln liegt. Wenn die Apotheken im Wege des Direktvertriebs bereits ausreichend versorgt sind, ist dieser Zwecksetzung Rechnung getragen. Es sollte dabei allerdings nicht verkannt werden, dass in der Praxis die Bedarfsabdeckung der Apotheken durch den Direktvertrieb die große Ausnahme darstellen dürfte.

durch den das gegenseitige Rücksichtnahmegebot berücksichtigenden Abschluss von Belieferungsverträgen mit vollversorgenden Arzneimittelgroßhandlungen gesichert ist, besteht für konkurrierende Großhändler **kein Belieferungsanspruch** gegenüber dem pharmazeutischen Unternehmer nach § 52b II 1[47]. Hierbei sind aber zugleich die sich aus dem Kartellrecht ergebenden Anforderungen an selektive Vertriebssysteme zu beachten[48]. Ein Kontrahierungszwang kann sich ggf. aus den einschlägigen kartellrechtlichen Vorschriften ergeben (s. Rn. 36, 41)[49].

21   Ist der pharmazeutische Unternehmer grundsätzlich zur Belieferung im konkreten Fall bereit, ist für den Bedarf zunächst von den Marktdaten des entsprechenden Vorjahresmonats zuzüglich eines Sicherheitszuschlags auszugehen. Geht der geltend gemachte Lieferanspruch des Großhändlers darüber hinaus, hat dieser den zusätzlichen Bedarf im Zweifel zu belegen[50]. Umgekehrt trägt der pharmazeutische Unternehmer die **Darlegungs- und Beweislast,** wenn er die aus den Vorjahresdaten zu ermittelnde Liefermenge unterschreiten möchte[51].

22   **7. Gemeinschaftsrechtskonformität und Verfassungsmäßigkeit.** Die in Abs. 2 S. 1 statuierte Belieferungspflicht der pharmazeutischen Unternehmer ist hinsichtlich ihrer Übereinstimmung mit der gemeinschaftsrechtlichen Vorgabe in Art. 81 RL 2001/83/EG und wegen des mit ihr verbundenen Eingriffs in die Berufsausübung der pharmazeutischen Unternehmer umstritten[52].

23   **a) Gemeinschaftskonformität.** Abs. 2 S. 1 ist mit Art. 81 RL 2001/83/EG vereinbar. Art. 81 Abs. 2 RL 2001/83/EG wurde fast wörtlich in das nationale Recht übertragen und steht weitergehenden Regelungen nicht entgegen. Art. 81 III RL 2001/83/EG setzt durch die Formulierung „Regelungen zur Durchführung dieses Artikels" weitergehende und konkretisierende nationale Regelungen voraus, so dass den Mitgliedstaaten ein **Spielraum** innerhalb der von der Vorschrift gemachten Vorgaben (angemessenes Verhältnis zwischen freiem Warenverkehr und Wettbewerb einerseits und Schutz der öffentlichen Gesundheit andererseits) verbleibt[53]. Bereits deshalb kann nicht unter Berufung auf die GINTEC-Entscheidung[54] des *EuGH* argumentiert werden, der nationale Gesetzgeber dürfe keine über die gemeinschaftsrechtlichen Vorgaben hinausgehenden Regelungen treffen[55]. Im Übrigen nahm der *EuGH* in seiner GINTEC-Entscheidung lediglich Stellung zum Grad der Harmonisierung betreffend die Arzneimittelwerbung[56].

24   Die Regelung in Abs. 2 S. 1 verletzt auch nicht die **Warenverkehrsfreiheit** gem. Art. 34 AEUV (= Art. 28 EG)[57]. Zwar kann ein grenzüberschreitender Bezug bei dem Vertrieb eines zentral zugelassenen Arzneimittels bestehen[58]. Es handelt sich bei der Belieferungspflicht aber nicht um eine mengenmäßige Einfuhrbeschränkung oder eine Maßnahme gleicher Wirkung[59], da lediglich der Vertriebsweg für einen Teil der Ware verpflichtend ist, andere Vertriebswege, z. B. der Direktvertrieb, jedoch nicht ausgeschlossen werden.

25   **b) Verfassungsmäßigkeit.** Die in Abs. 2 S. 1 festgelegte Gewährleistungsverpflichtung stellt einen Eingriff in die grundrechtlich geschützte **Vertragsfreiheit** (Art. 2 I GG)[60] sowie die **Freiheit der Berufsausübung** (Art. 12 I GG) der pharmazeutischen Unternehmer dar[61]. Der Eingriff verfolgt mit der zeitnahen und breiten Versorgung der Patienten in Deutschland auch mit niedrigpreisigen Arzneimitteln ein legitimes Ziel[62]. Der Belieferungsanspruch vollversorgender Arzneimittelgroßhändler stellt hierzu ein geeignetes Mittel dar[63]. Es könnte allerdings zweifelhaft sein, ob dieser Eingriff erforderlich ist. Zum einen existiert eine freiwillige Selbstverpflichtung des vollversorgenden Arzneimittelgroßhandels, eine entsprechende Versorgung der Apotheken sicherzustellen. Demgemäß wird vertreten, dass die gesetzliche Regelung derzeit entbehrlich ist[64]. Zum anderen kommt alternativ eine Überarbeitung der

---

[47] Vgl. *Natz/Zumdick*, A&R 2010, 16.

[48] Vgl. etwa *Bechtold*, § 30 Rn. 116 f.

[49] Vgl. *Rehmann*, § 52b Rn. 10.

[50] BT-Drucks. 16/12256, S. 53. A. A. *Meyer*, A&R 2010, 116.

[51] Zur Zulässigkeit etwaiger zusätzlicher Lieferbedingungen vgl. *Meyer*, A&R 2010, 116 f.

[52] Vgl. *Anders*, PharmInd 2010, 1538; *Broch/Diener/Klümper*, PharmR 2009, 154; Stellungnahme des BAH, Ausschuss-Drucks. 16 (14) 0514 (17), S. 14.

[53] Vgl. *Rehmann*, § 52b Rn. 3; *Meyer*, A&R 2010, 118; *Rehmann/Paal*, A&R 2009, 198. A. A. Stellungnahme des *BPI,* Ausschuss-Drucks. 16(14)0514(21), S. 31.

[54] *EuGH*, Urt. v. 8.11.2007 – Rs. C-374/05 – EuZW 2008, 25 ff. – Gintec.

[55] A. A. Stellungnahme des *BAH*, Ausschuss-Drucks. 16 (14) 0514 (17), S. 14; *Anders*, PharmInd 2010, 1538.

[56] *EuGH*, Urt. v. 8.11.2007 – Rs. C-374/05 – EuZW 2008, 25, 27 Rn. 20 – Gintec.

[57] Im Ergebnis ebenso *Rehmann/Paal*, A&R 2009, 198; a. A. *Broch/Diener/Klümper*, PharmR 2009, 149, 154.

[58] A. A. *Rehmann*, Ausschuss-Drucks. 16 (14) 0514 (48), S. 9.

[59] Jede Regelung, die geeignet ist, den innergemeinschaftlichen Handel unmittelbar oder mittelbar, tatsächlich oder potenziell zu behindern, *EuGH*, Urt. v. 11.7.1974 – Rs. 8/74, GRUR-Int 1074 – Scotch Whisky; bestätigt durch *EuGH*, Urt. v. 30.4.2009 – Rs. C-531/07 – GRUR 2009, 792 – Fachverband/Libro.

[60] Vgl. *BVerfG*, NJW 2007, 54.

[61] Vgl. *Rehmann*, Ausschuss-Drucks. 16 (14) 0514 (48), S. 10 ff.; *Anders*, PharmInd 2010, 1538.

[62] *Rehmann*, § 52b Rn. 6; *ders.*, Ausschuss-Drucks. 16 (14) 0514 (48), S. 11.

[63] *Rehmann/Paal*, A&R 2009, 199.

[64] Stellungnahme des *Bundesverbands des pharmazeutischen Großhandels,* Ausschuss-Drucks. 16 (14) 0514 (28), S. 4 f.; Stellungnahme des *GKV-Spitzenverbandes*, Ausschuss-Drucks. 16 (14) 0514 (25), S. 17.

Preisregelungen nach § 78[65] in Betracht, die für den Arzneimittelgroßhändler auch die Vorhaltung niedrigpreisiger Arzneimittel wirtschaftlich reizvoller[66] oder eine Direktbelieferung der Apotheken für die pharmazeutischen Unternehmer wirtschaftlich unattraktiver machen könnte[67]. Beide Alternativen stellen jedoch kein gleichermaßen wirksames Mittel dar, die Versorgung von Apotheken mit niedrigpreisigen Arzneimitteln sicherzustellen. Preisregelungen nach § 78[68] gewährleisten nicht die Vorhaltung aller von Apotheken benötigter Arzneimittel[69], da es letztlich immer noch der kaufmännischen Entscheidung des Großhändlers überlassen ist, ob und inwieweit er niedrigpreisige Arzneimittel vorhält. Es kommt hinzu, dass das *BVerfG* bei Eingriffen in die **Berufsfreiheit** dem Gesetzgeber bei der Beurteilung dessen, was er zur Verwirklichung der von ihm verfolgten Gemeinwohlziele für erforderlich halten darf, einen weiten Einschätzungs- und Gestaltungsspielraum zugesteht. Nicht nur bei der Einschätzung von Gefahren, die der Allgemeinheit drohen, sondern auch bei der Beurteilung der Maßnahmen, die der Verhütung und Bewältigung dieser Gefahren dienen sollen, ist der **Beurteilungsspielraum des Gesetzgebers** erst dann überschritten, wenn die gesetzgeberischen Erwägungen so fehlsam sind, dass sie vernünftigerweise keine Grundlage für derartige Maßnahmen abgeben können[70].

Der Belieferungsanspruch stellt sich zudem als **verhältnismäßig** im engeren Sinne dar, da ein Kon- **26** trahierungszwang nicht besteht und dem pharmazeutischen Unternehmer andere Vertriebswege nicht abgeschnitten werden[71]. Die Belieferungspflicht besteht nur in dem Maße, wie Arzneimittel aufgrund der zwischen den Apotheken und Großhändlern bestehenden Versorgungsverträge sowieso über Arzneimittelgroßhändler vertrieben werden. Der in Abs. 2 S. 1 i. V. m. S. 4 eingeräumte Belieferungsanspruch der vollversorgenden Arzneimittelgroßhändler verstößt somit nicht gegen Verfassungsrecht[72].

8. Sonderfall: Parallelhandel. Zu den konkreten Auswirkungen des § 52b auf den Parallelhandel[73] **27** (s. Vor § 72) lassen sich der Norm keine Aussagen entnehmen. Der Regelungszweck des § 52b erschöpft sich in der Arzneimittelversorgung der Patienten in Deutschland und lässt einen etwaigen Parallelhandel außen vor. Der Gesetzgeber hat sich nicht dazu geäußert, den Parallelhandel einschränken zu wollen. Seine Aussagen betreffend den Parallelhandel beziehen sich alleine auf die Bestimmung des von der Belieferungspflicht umfassten Bedarfs, der gerade nicht Exportgeschäfte und den Zwischenhandel innerhalb der EU betrifft[74]. Pharmazeutische Unternehmer können sich mithin **nicht** auf § 52b berufen, wenn sie Maßnahmen ergreifen, um den Parallelhandel einzuschränken (zu den hier möglichen Maßnahmen s. Vor § 72 Rn. 127 ff.)[75].

II. Vollversorgende Arzneimittelgroßhandlungen (S. 2)

S. 2 enthält die Legaldefinition des Begriffs „vollversorgende Arzneimittelgroßhandlung". Es handelt **28** sich dabei um Arzneimittelgroßhandlungen i. S. d. § 4 XXII, die weitere im Gesetz konkret genannte Voraussetzungen erfüllen müssen. Vollversorgende Arzneimittelgroßhandlungen sind demnach nur Großhandlungen, die ein **vollständiges und herstellerneutral gestaltetes Sortiment** an apothekenpflichtigen Arzneimitteln unterhalten. Die Vollständigkeit bezieht sich auf die mit der Großhandlung in Geschäftsbeziehung stehenden Apotheken. Insbes. deren Bedarf an niedrigpreisigen Arzneimitteln, die dem Großhändler nur eine sehr geringe Gewinnmarge verschaffen, muss vorgehalten werden. Der Umfang des Sortiments muss so beschaffen sein, dass werktäglich innerhalb angemessener Zeit der Abruf der in Geschäftsbeziehung stehenden Apotheken erfüllt werden kann. Abs. 2 S. 2, 2. Halbs. enthält dabei die zusätzliche Vorgabe, dass die Großhandlung einen durchschnittlichen Bedarf für zwei Wochen auf Lager halten muss.

Erst bei Erfüllung dieser zusätzlichen Voraussetzungen darf sich die Großhandlung als vollversorgende **29** Arzneimittelgroßhandlung bezeichnen, so dass ihr der Belieferungsanspruch aus Abs. 2 S. 1 i. V. m. S. 4 zustehen kann. Ist zwischen einem pharmazeutischen Unternehmer und einer Arzneimittelgroßhandlung im Streit, ob diese „vollversorgend" ist, so obliegt es der Arzneimittelgroßhandlung, das Vorliegen der Voraussetzung des Abs. 2 S. 2 darzulegen und ggf. zu beweisen. Folgerichtig können pharmazeutische Unternehmer die Vorlage von **Nachweisen** über das Vorhandensein eines vollständigen und herstellerneutral gestalteten Sortiments des Großhändlers in Bezug auf eine zweiwöchige Bevorratung verlangen[76].

---

[65] Vgl. dazu Stellungnahme des *vfa*, Ausschuss-Drucks. 16 (14) 0514 (6), S. 5.
[66] Stellungnahme des *BAH*, Ausschuss-Drucks. 16 (14) 0514 (17), S. 14.
[67] Stellungnahme des *GKV-Spitzenverbandes*, Ausschuss-Drucks. 16 (14) 0514 (25), S. 17.
[68] Vgl. dazu Stellungnahme des *vfa*, Ausschuss-Drucks. 16 (14) 0514 (6), S. 5.
[69] A. A. *Broch/Diener/Klümper*, PharmR 2009, 154.
[70] Vgl. *BVerfGE* 117, 163, 189; *BVerfGE* 110, 141, 157 f.
[71] *Rehmann/Paal*, A&R 2009, 199. A. A. Stellungnahme des *vfa*, Ausschuss-Drucks. 16 (14) 0514 (6), S. 5. Kritisch auch *Anders*, PharmInd 2010, 1538.
[72] Ebenso, wenngleich mit anderer Begründung *Meyer*, A&R 2010, 117.
[73] Vgl. hierzu *Kaeding*, PharmR 2009, 269 ff.
[74] BT-Drucks. 16/12256, S. 53.
[75] Vgl. *Natz/Zumdick*, A&R 2010, 16.
[76] So zu Recht *Natz/Zumdick*, A&R 2010, 15.

III. Ausnahmen (S. 3)

30   Der im Regierungsentwurf nicht vorgesehene S. 3 wurde im Laufe des Gesetzgebungsverfahrens in die Vorschrift aufgenommen und ist das Ergebnis der Beratungen im Gesundheitsausschuss des Bundestages[77]. Die in S. 3 genannten Arzneimittel sind von der Belieferungspflicht der pharmazeutischen Unternehmer ausgenommen. Dies betrifft zum ersten Arzneimittel, die im Vertriebsweg der **Sonderregelung** des § 47 I 1 Nr. 2 bis 9 unterliegen[78] oder bei denen es sich um Arzneimittel zur Vornahme eines Schwangerschaftsabbruchs (§ 47a) handelt. Richtigerweise hätten zudem diamorphinhaltige Fertigarzneimittel nach § 47b angeführt werden müssen, da auch für sie ein Sondervertriebsweg begründet wurde[79].

31   Zum zweiten werden auch die Arzneimittel von der Belieferungspflicht ausgenommen, die aus **anderen rechtlichen oder tatsächlichen Gründen** nicht über den Großhandel ausgeliefert werden können. Rein wirtschaftliche Gründe sollen ausweislich der Gesetzesbegründung hierfür nicht ausreichen[80], jedoch wird man Produktionsstörungen oder –engpässe sowie Umstände höherer Gewalt als tatsächlichen Grund anerkennen müssen. Rechtliche Gründe sind die Rücknahme, der Widerruf oder das Ruhen der Zulassung (§ 30) oder der Herstellerlaubnis (§ 18), Anordnungen der zuständigen Behörden gem. § 69 I, der Verzicht auf die Zulassung (§ 31 I 1 Nr. 2) oder Auflagen gem. § 28 IIIa Nr. 1[81]. Zu den rechtlichen Gründen ist mangels Sonderregelung derzeit auch § 47b zu zählen. Ebenfalls auf rechtliche Gründe können Maßnahmen gestützt werden, die aufgrund eines Risikominimierungsprogramms (RMP) i. S. d. § 22 II Nr. 5[82] ergriffen werden müssen. Dies betrifft beispielsweise Arzneimittel, die die Wirkstoffe Lenalidomid oder Thalidomid enthalten. Sie unterliegen einer kontrollierten Distribution und sind daher direkt vom pharmazeutischen Unternehmer an die Apotheken zu vertreiben[83].

32   Die **Darlegungs- und Beweislast** für das Vorliegen der Ausnahmevorschrift nach Abs. 2 S. 3 trägt der pharmazeutische Unternehmer[84], da er im Übrigen zur Belieferung verpflichtet ist.

33   Gleichfalls **nicht** der Belieferungspflicht aus Abs. 2 S. 1 unterliegen Arzneimittel, die nach den §§ 44, 45 für den Verkehr außerhalb der Apotheke freigegeben sind, da sich der Bedarf des vollversorgenden Arzneimittelgroßhändlers ausweislich Abs. 2 S. 2 am Bedarf der Apotheke an apothekenpflichtigen Arzneimitteln orientiert.

D. Belieferungsanspruch von Apotheken (Abs. 3)

I. Belieferungspflicht vollversorgender Arzneimittelgroßhandlungen (S. 1)

34   Apotheken sind nach § 1 I ApG im öffentlichen Interesse zur Sicherstellung einer ordnungsgemäßen Arzneimittelversorgung der Bevölkerung verpflichtet. Um diesem Auftrag[85] nachkommen zu können, räumt das Gesetz ihnen korrespondierend zur Abs. 2 S. 1 folgenden Belieferungspflicht pharmazeutischer Unternehmer einen **Belieferungsanspruch** gegen vollversorgende Arzneimittelgroßhandlungen ein. Diese müssen eine bedarfsgerechte und kontinuierliche Belieferung der mit ihnen in Geschäftsbeziehung stehenden Apotheken gewährleisten. Die Bereitstellungsverpflichtung ist nicht auf Arzneimittel begrenzt, die die Großhändler sich bereits verschafft haben oder sich im Rahmen ihrer Verantwortung und Sortimentsentscheidung tatsächlich beschaffen können. Hiergegen spricht der Status als vollversorgende Arzneimittelgroßhandlung[86]. Der Versorgungsauftrag für den Großhandel gilt für alle Personen, die eine Großhandelserlaubnis gem. § 4 XXII ausüben. Der Zusatz „im Rahmen ihrer Verantwortlichkeit" nimmt Bezug auf die Abs. 1 und 2. Ihre Belieferungspflicht beschränkt sich mithin auf apotheken- und zulassungspflichtige Humanarzneimittel. Der Umfang der Belieferungspflicht hat sich am Bedarf der Patienten der jeweiligen Apotheke zu orientieren. Hierbei werden nur die Patienten im Geltungsbereich des AMG berücksichtigt.

---

[77] BT-Drucks. 16/13428, S. 47.

[78] Für diese gelten nicht die Preisspannen und Preise nach der AMPreisV (§ 1 III Nr. 3).

[79] § 47b wurde eingefügt durch das Gesetz zur diamorphingestützten Substitutionsbehandlung vom 15.7.2009, BGBl. I S. 1801.

[80] BT-Drucks. 16/13428, S. 85. Zu den Grenzen der Ausnahmeregelung vgl. *Meyer*, A&R 2010, 73 f.

[81] Vgl. *Kloesel/Cyran*, § 52b Anm. 31.

[82] Vgl. Art. 8 III Buchst. ia) RL 2001/83/EG. Zum RMP vgl. EudraLex: Volume 9a – Pharmacovigilance for Medicinal Products for Human Use, Kap. I. 3. Requirements for Risk Management Systems.

[83] Vgl. Stellungnahme der *BIO Deutschland,* Ausschuss-Drucks. 16 (14) 0514 (32), S. 7 f. Besondere Anforderungen an die Verschreibung entsprechender Arzneimittel sind § 3a AMVV zu entnehmen.

[84] BT-Drucks. 16/13428, S. 85.

[85] Vgl. insbes. die Vorgaben an die Vorratshaltung in § 15 ApBetrO.

[86] A. A. *Broch/Diener/Klümper*, PharmR 2009, 153 f.

II. Verpflichtung nicht vollversorgender Arzneimittelgroßhandlungen (S. 2)

Abs. 3 S. 2 bezieht nicht vollversorgende Arzneimittelgroßhandlungen (sog. Teilsortimenter)[87] in die **35** **Belieferungspflicht** ein[88]. Dies ist nur konsequent, da in Abs. 1 unterschiedslos Arzneimittelgroßhandlungen vom öffentlichen Versorgungsauftrag erfasst werden. Der Belieferungsanspruch der Apotheken ist auf den Umfang der jeweils von den Arzneimittelgroßhandlungen vorgehaltenen Arzneimittel beschränkt, d. h. die Apotheken haben **keinen** Anspruch darauf, dass sich diese Arzneimittelgroßhandlungen in bestimmtem Umfang mit Arzneimitteln versorgen, um sie dann an die Apotheken weitergeben zu können.

E. Anwendbarkeit des GWB (Abs. 4)

Abs. 4 erklärt **deklaratorisch**[89] die Vorschriften des Gesetzes gegen Wettbewerbsbeschränkungen **36** (GWB) für anwendbar. Damit sind vor allem § 19 GWB, der sich mit dem Missbrauch einer marktbeherrschenden Stellung befasst, sowie das aus § 20 GWB folgende Diskriminierungsverbot und das Verbot unbilliger Behinderung im Rahmen der Arzneimittelversorgung[90], aber auch die unionsrechtlichen Vorgaben der Art. 101 ff. AEUV (= Art. 81 ff. EG) zu beachten.

Aus den kartellrechtlichen Vorschriften (insbes. § 20 GWB bzw. Art. 102 AEUV = Art. 82 EG) kann **37** sich – wie bereits vor dem AMG-ÄndG 2009 auch – ein **Kontrahierungszwang** für pharmazeutische Unternehmer ergeben, wenn der pharmazeutische Unternehmer eine marktbeherrschende Stellung i. S. d. § 19 II GWB innehat und die sonstigen kartellrechtlichen Voraussetzungen vorliegen[91].

Für die Feststellung des **sachlich relevanten Markts** ist entsprechend der Definition der Kommission **38** auf die Nachfragesubstituierbarkeit (Bedarfsmarktkonzept) abzustellen[92]. Die Kommission zieht in ständiger Praxis die dritte Ebene der sog. Anatomical Therapeutic Chemical (ATC)-Klassifizierung der EphMRA als Ausgangspunkt für ihre Produktmarktdefinition heran, die regelmäßig die therapeutische Indikation eines Arzneimittels erfasst[93]. Allerdings weist die Kommission darauf hin, dass es sich bei der ATC-Klassifizierung lediglich um eine zu statistischen Zwecken erstellte Klassifizierung handelt. Dementsprechend macht sie zahlreiche Abweichungen von dieser Einteilung unter wettbewerbsrechtlichen Gesichtspunkten[94]. So wird keine Austauschbarkeit zwischen verschreibungspflichtigen und verschreibungsfreien Arzneimitteln angenommen. Hingegen werden Generika und Originalarzneimittel nach Ablauf des Patentschutzes als austauschbar angesehen. Soweit innerhalb der ATC 3-Klassifizierung Produkte verschiedener Indikationen gruppiert sind, hält die Kommission eine engere Marktabgrenzung für angemessen. Weitere einzelfallbezogene Marktabgrenzungen werden bei der Wirkungsweise, den Wirkstoffen und der Darreichungsform vorgenommen. Zudem sind auf den nachgelagerten Märkten die verschiedenen Vertriebswege (Apotheken/Krankenhäuser) zu berücksichtigen. Gesonderte Märkte bestehen im Bereich der Diagnostika. In Anbetracht der notwendigen Einzelfallabgrenzungen ist es nicht angängig, für jedes von den pharmazeutischen Unternehmern in den Verkehr gebrachtes Arzneimittel einen eigenen Markt und damit für jedes Arzneimittel eine marktbeherrschende Stellung i. S. d. deutschen und europäischen Kartellrechts anzunehmen[95]. Allerdings dürfte jedes patentgeschützte Arzneimittel einen eigenen sachlich relevanten Markt i. S. d. § 19 GWB bilden[96].

Da der vollversorgende Großhandel ganz überwiegend bundesweit tätig ist, dürfte der **räumlich** **39** **relevante Markt** der Bundesrepublik Deutschland für die Frage der marktbeherrschenden Stellung des pharmazeutischen Unternehmers maßgeblich sein[97].

Für die **Marktanteilsbewertung** kann grundsätzlich die Marktanteilsvermutung des § 19 III 1 GWB **40** (mindestens ein Drittel Marktanteil) unter Berücksichtigung der hierzu ergangenen Rechtsprechung als Orientierung herangezogen werden[98].

---

[87] Sog. Rosinenpicker, Stellungnahme des Bundesverbands des pharmazeutischen Großhandels, Ausschuss-Drucks. 16 (14) 0514 (28) vom 27.4.2009, S. 6.
[88] BT-Drucks. 16/12256, S. 53.
[89] BT-Drucks. 16/12256, S. 53.
[90] BT-Drucks. 16/12256, S. 53.
[91] Vgl. hierzu *Bornkamm*, in: Langen/Bunte, § 33 Rn. 89 ff.; *Bechtold*, § 20 Rn. 64.
[92] Bekanntmachung der Kommission vom 9.12.1997 über die Definition des relevanten Marktes im Sinne des Wettbewerbsrechts der Gemeinschaft, ABl. EG 1997, C 372.
[93] Vgl. *Siebert/Pries*, PharmR 2007, 148. Kritisch zur ausschließlichen Heranziehung der ATC-Klassifizierung *Rehmann*, § 52b Rn. 11 f.
[94] Vgl. hierzu ausführlich *Siebert/Pries*, PharmR 2007, 148 ff. m. w. N.
[95] So aber *Meyer*, A&R 2010, 120.
[96] So auch *Rehmann*, § 52b Rn. 12; *Lietz*, in: Fuhrmann/Klein/Fleischfresser, § 21 Rn. 13; *Meyer*, A&R 2010, 119; *Rehmann/Paal*, A&R 2009, 200.
[97] *Lietz*, in: Fuhrmann/Klein/Fleischfresser, § 21 Rn. 13; *Rehmann/Paal*, A&R 2009, 199.
[98] Vgl. *Lietz*, in: Fuhrmann/Klein/Fleischfresser, § 21 Rn. 13 m. w. N.; *Bechtold*, § 19 Rn. 64 ff.

41   Ein Missbrauch einer marktbeherrschenden Stellung dürfte dann nicht vorliegen, wenn Großhändler anormale Mengen an Arzneimitteln bestellen, wobei im Einzelfall zu klären ist, ab wann von **anormalen Bestellmengen** auszugehen ist. Bezugspunkt kann hier die bislang im Durchschnitt der letzten Bestellperioden geordnete Bestellmenge des jeweiligen Großhändlers sein, wobei die besonderen Einzelfallumstände zu berücksichtigen sein werden. Zu diesen gehört, dass der pharmazeutische Unternehmer berechtigt ist, seine geschäftlichen Interessen durch angemessene Maßnahmen zu schützen[99]. Auch Unternehmen in beherrschender Stellung sind grundsätzlich in der Gestaltung ihrer Absatzorganisation frei und tragen allein die Verantwortung für den erfolgreichen Absatz ihrer Produkte[100]. Insoweit kann auf die Rechtsprechung des *EuGH*[101] zur missbräuchlichen Verhinderung des Parallelhandels durch verweigerte Lieferungen von Arzneimitteln zurückgegriffen werden. Der *EuGH* hat insoweit auf das Verhältnis der Bestellungen zum Bedarf des betroffenen Marktes und zu den früheren Geschäftsbeziehungen abgestellt (s. auch Vor § 72 Rn. 105). Allerdings verbleibt es auch in diesem Fall bei der Belieferungspflicht nach Maßgabe des § 52b II (s. Rn. 7 ff.). Umgekehrt bedeutet dies, dass der jeweilige Großhändler aus § 20 GWB bzw. Art. 102 AEUV (= Art. 82 EG) einen Belieferungsanspruch gegenüber dem pharmazeutischen Unternehmer in marktbeherrschender Stellung für Bestellmengen haben kann, die denjenigen entsprechen, die er bereits zuvor in Auftrag gegeben hat[102].

42   In wettbewerbsrechtlicher Hinsicht ist zu beachten, dass **§ 52b II keinen wettbewerbsschützenden Charakter** hat, sondern die im öffentlichen Interesse liegende Zwecksetzung der Sicherstellung der Versorgung der Patienten mit Arzneimitteln (s. Rn. 2). Ausgehend hiervon kann bei der im Rahmen des wettbewerbsrechtlichen Diskriminierungsverbots des § 20 GWB bzw. Art. 102 AEUV vorzunehmenden Interessenabwägung die gesetzliche Intention des § 52b II nicht in die Betrachtung einbezogen werden[103].

43   Nach § 20 II GWB gilt das Diskriminierungsverbot des § 20 I GWB auch für Unternehmen und Vereinigungen von Unternehmen, soweit von ihnen kleine oder mittlere Unternehmen als Anbieter oder Nachfrager einer bestimmten Art von Waren oder gewerblichen Leistungen in der Weise abhängig sind, dass ausreichende und zumutbare Möglichkeiten auf andere Unternehmen auszuweichen, nicht bestehen. Die vom *BGH*[104] hierzu für Parallelimporteure ergangene Rechtsprechung, wonach diese keine ausreichende Möglichkeit haben, um auf den Direktvertrieb auszuweichen, so dass eine **Abnahmeverpflichtung des Großhandels** für die von den Parallelimporteuren angebotenen Arzneimittel besteht, kann grundsätzlich auch auf kleine und mittlere Unternehmen i. S. d. Definition des Bundeskartellamts[105] dahingehend übertragen werden, dass die Großhändler eine Abnahmeverpflichtung gegenüber pharmazeutischen Unternehmen haben, soweit es sich um **KMU-Unternehmen** handelt[106].

F. Rechtsschutz

I. Bei Verstößen gegen § 52b

44   Für Großhändler ist die Geltendmachung von **Schadenersatzansprüchen** gegenüber pharmazeutischen Unternehmern bei schuldhafter Nichtbelieferung mit Arzneimitteln im Falle eines Verstoßes gegen Abs. 2 S. 4 i. V. m. den einschlägigen kartellrechtlichen Vorschriften bei einem Verstoß gegen § 20 GWB bzw. Art. 102 AEUV denkbar. Gleiches gilt für Apotheker gegenüber vollversorgenden Arzneimittelgroßhandlungen nach Abs. 3 S. 1 und nicht vollversorgenden Arzneimittelgroßhandlungen nach Abs. 3 S. 2.

45   Hingegen scheiden **Leistungsklagen** auf Belieferung mit (bestimmten) Arzneimitteln an sich aus, da es mangels gesetzlicher Grundlage keinen Kontrahierungszwang für den pharmazeutischen Unternehmer im Verhältnis zum Großhändler und für den Großhändler im Verhältnis zu den Apotheken gibt[107]. Nur dann, wenn der dringende Bedarf der Patienten durch die konkrete Belieferung gewährleistet werden müsste, also bei Gefahr im Verzug, wäre ausnahmsweise unter dem Gesichtspunkt des § 826 BGB eine Leistungsklage denkbar, wenn nicht bereits das Kartellrecht einen solchen Anspruch vermittelt[108]. Zum Schutz des Patienten vor Versorgungsengpässen mit dringend benötigten Medikamenten kann der Großhändler seinen Belieferungsanspruch im Einzelfall durch eine **Leistungsverfügung** (§ 940 ZPO) im Wege des einstweiligen Rechtsschutzes durchsetzen, wenn es sich bei den fraglichen Medikamenten um

---

[99] Vgl. *Lietz*, in: Fuhrmann/Klein/Fleischfresser, § 21 Rn. 14.

[100] *Sattler*, GesR 2010, 4 m. w. N.

[101] *EuGH*, Urt. v. 16.9.2008 – Rs. C-468/06 bis C-478/08, EuZW 2008, 634 ff. – Lelos.

[102] Vgl. *Rehmann/Paal*, A&R 2009, 200. Zu den Besonderheiten des Parallelhandels vgl. *Kaeding*, PharmR 2009, 269 ff.

[103] So zu Recht *Sattler*, GesR 2010, 4 f.

[104] *BGH*, GRUR 1995, 619 ff. – Importarzneimittel.

[105] Merkblatt des Bundeskartellamtes über Kooperationsmöglichkeiten für kleinere und mittlere Unternehmen v. März 2007, abrufbar unter www.bundeskartellamt.de.

[106] Vgl. *Natz/Zumdick*, A&R 2010, 18.

[107] A. A. *Meyer*, A&R 2010, 115 f. Für einen unmittelbaren Abschlusszwang bedarf es nach ganz h. M. einer gesetzlichen Grundlage, vgl. nur *Kramer*, in: MüKo BGB, Bd. 1/1, Vor § 145 Rn. 13 ff.

[108] Vgl. *Ellenberger*, in: Palandt, Einf v § 145 Rn. 9.

solche handelt, die nicht ohne Weiteres ersetzt werden können und ein Versorgungsengpass zu erheblichen Gesundheitsschäden der abhängigen Patienten führen kann. Dieser Fall dürfte jedoch äußerst selten eintreten.

II. Bei Kartellrechtsverstößen

Marktbeherrschende oder marktstarke Unternehmen unterliegen einem **Kontrahierungszwang,** **46** soweit die Ablehnung eines Vertragsangebots gegen das Diskriminierungsverbot des § 20 II GWB bzw. Art. 102 AEUV (= Art. 82 EG) verstößt[109]. Eine **Leistungsklage,** mit der ein Belieferungsanspruch nach § 20 I oder II GWB geltend gemacht wird, muss auf Annahme eines Kaufangebots zur Lieferung bestimmter Arzneimittel in einer genau bestimmten Menge zu marktüblichen Preisen gerichtet sein[110].

Weitere mögliche Sanktionen bei einer **kartellrechtswidrigen** Nichtbelieferung mit Arzneimitteln **47** unter Verstoß gegen §§ 19 ff. GWB bzw. Art. 102 AEUV (= Art. 82 EG) ergeben sich aus den §§ 32 ff. (Maßnahmen der Kartellbehörden) und 81 ff. GWB (Bußgeldverfahren)[111].

§ 52c Arzneimittelvermittlung

(1) Ein Arzneimittelvermittler darf im Geltungsbereich dieses Gesetzes nur tätig werden, wenn er seinen Sitz im Geltungsbereich dieses Gesetzes, in einem anderen Mitgliedstaat der Europäischen Union oder in einem anderen Vertragsstaat des Abkommens über den Europäischen Wirtschaftsraum hat.

(2) [1]Der Arzneimittelvermittler darf seine Tätigkeit erst nach Anzeige gemäß § 67 Absatz 1 Satz 1 bei der zuständigen Behörde und Registrierung durch die Behörde in eine öffentliche Datenbank nach § 67a oder einer Datenbank eines anderen Mitgliedstaates der Europäischen Union oder eines anderen Vertragsstaates des Abkommens über den Europäischen Wirtschaftsraum aufnehmen. [2]In der Anzeige sind über die Art der Tätigkeit, der Name und die Adresse anzugeben. [3]Zuständige Behörde nach Satz 1 ist die Behörde, in deren Zuständigkeitsbereich der Arzneimittelvermittler seinen Sitz hat.

(3) Erfüllt der Arzneimittelvermittler nicht die nach diesem Gesetz oder die nach einer auf Grund dieses Gesetzes erlassenen Verordnung vorgegebenen Anforderungen, kann die zuständige Behörde die Registrierung in der Datenbank versagen oder löschen.

Wichtige Änderungen der Vorschrift: § 52c wurde neu eingefügt Art. 1 Nr. 43 des Zweiten Gesetzes zur Änderung arzneimittelrechtlicher und anderer Vorschriften vom 19.10.2012 (BGBl. I S. 2192).

Europarechtliche Vorgaben: Art. 85b RL 2001/83/EG.

Übersicht

A. Allgemeines

I. Inhalt

Die Vorschrift regelt die Zulässigkeit der Tätigkeit des **Arzneimittelvermittlers.** Sie fordert vom **1** Arzneimittelvermittler einen Sitz im Geltungsbereich des Gesetzes, innerhalb der EU oder des EWR

---

[109] Vgl. *Bornkamm,* in: Langen/Bunte, § 33 Rn. 89 ff.; *Bechtold,* § 20 Rn. 64.
[110] Vgl. *Bechtold,* § 20 Rn. 66 m. w. N.; *Meyer,* A&R 2010, 120 f.
[111] Vgl. *Natz/Zumdick,* A&R 2010, 18.

(Abs. 1) sowie eine Anzeige und Registrierung vor Aufnahme der Tätigkeit (Abs. 2) und gibt den zuständigen Behörden die Befugnis, bei Nichterfüllung der arzneimittelrechtlichen Anforderungen die Registrierung zu versagen oder zu löschen (Abs. 3).

II. Zweck

2   Die Regelungen dieser Vorschrift dienen dem für das Arzneimittelrecht insgesamt zentralen **Gesundheitsschutz**, indem eine behördliche Kontaktmöglichkeit und Kontrolle von Akteuren auf dem Gebiet des Handels mit Arzneimitteln auch jenseits des eigentlichen Arzneimittelgroßhandels geschaffen wird.[1] Der Gesetzgeber ging selbst aber von einer relativ geringen quantitativen Relevanz von Arzneimittelvermittlern aus.[2]

III. Europarechtliche Vorgaben

3   Die Vorschrift findet ihren europarechtlichen Hintergrund in Art. 85b RL 2001/83/EG, der im Interesse der Sicherung einer Guten Vertriebspraxis für Arzneimittel den Mitgliedstaaten auch die Erfassung von Personen, die Arzneimittel vermitteln, auferlegt.[3]

B. Sitzerfordernis (Abs. 1)

4   Der **Begriff des Arzneimittelvermittlers** wird in § 4 XXIIa definiert (s. § 4 Rn. 175). Er soll gerade solche Handelstätigkeiten erfassen, die keinen Großhandel entsprechend der Legaldefinition von § 4 XXII darstellen. Dementsprechend werden in der Definition insbesondere Handelstätigkeiten ohne die Erlangung der Verfügungsgewalt über Arzneimittel angesprochen.

5   Zulässigkeitsvoraussetzung für jede Tätigkeit eines Arzneimittelvermittlers ist dessen **Sitz** innerhalb Deutschlands, eines anderen Mitgliedstaates der Europäischen Union oder in einem Vertragsstaat des Europäischen Wirtschaftsraumes. Mithin ist jede inländische Tätigkeit von Arzneimittelvermittlern ohne entsprechenden Sitz in einem der genannten Staaten unzulässig.

6   Maßgeblich für das Sitzerfordernis ist ein **hinreichender Inlandsbezug** der Tätigkeit. Einen solchen hinreichenden Inlandsbezug wird man im Arzneimittelhandel dann annehmen können, wenn einem inländischen Anbieter Abnehmer oder einem inländischen Nachfrager Bezugsquellen jeweils in einem beliebigen Staat nachgewiesen werden. Hingegen wird wohl der bloße Nachweis von inländischen Abnehmern oder inländischen Bezugsquellen gegenüber ausländischen Anbietern und Nachfragern nicht ausreichen, um den Inlandsbezug zu begründen, wenn die Tätigkeit jedenfalls ohne Mitwirkung der jeweiligen inländischen Akteure ausgeübt wird.

C. Anzeige und Registrierung (Abs. 2)

7   Die Aufnahme der Tätigkeit setzt die **vorherige Anzeige und Registrierung** des Arzneimittelvermittlers durch die zuständige Behörde voraus. Eine arzneimittelvermittelnde Tätigkeit ohne vorherige Anzeige und Registrierung ist unzulässig.

I. Erfordernis der Anzeige und Registrierung (S. 1)

8   Der Arzneimittelvermittler hat seine Tätigkeit nach § 67 I 1 der zuständigen Behörde anzuzeigen. Der Inhalt der **Anzeige** wird in S. 2 konkretisiert. Nach § 67 III 1 sind auch nachträgliche Änderungen anzuzeigen, wobei nach § 67 III 2 unter Umständen eine jährliche Anzeige ausreicht.

9   Der Arzneimittelvermittler ist zudem nach S. 1 durch die zuständige Behörde in einer öffentlichen Datenbank nach § 67a oder einer Datenbank eines anderen Mitgliedstaates der EU oder eines anderen Vertragsstaates des EWR zu registrieren. Der Inhalt der **Registrierung** richtet sich nach den für die jeweilige Datenbank geltenden Regelungen. Zumindest sind aber der Name und die Kontaktdaten des Arzneimittelvermittlers und auch die Tatsache, dass er Arzneimittelvermittlung betreibt, in die Datenbank aufzunehmen. Nach der Übergangsvorschrift in § 146 IX durfte eine am 2.1.2013 befugt ausgeübte Arzneimittelvermittlung, die bis zum 2.5.2013 bei der zuständigen Behörde angezeigt wurde, bis zur Entscheidung der Behörde über die Registrierung weiter ausgeübt werden (s. auch § 146 Rn. 17).

---

[1] BT-Drucks. 17/9341, S. 58.
[2] BT-Drucks. 17/9341, S. 44.
[3] Vgl. BT-Drucks. 17/9341, S. 58.

II. Inhalt der Anzeige (S. 2)

Nach Abs. 2 S. 2 sind **Mindestangaben** für die Anzeige des Arzneimittelvermittlers gegenüber der 10 zuständigen Behörde die Art der Tätigkeit, sein Name und seine Adresse.

Die Frage, in welcher Detailtiefe die **Art der Tätigkeit** des Arzneimittelvermittlers anzugeben ist, ist 11 aus dem Schutzzweck der Vorschrift heraus zu beantworten: Da die Vorschrift den Behörden eine Kontaktaufnahme zu und Kontrolle von Arzneimittelvermittlern ermöglichen soll, muss die Art der Tätigkeit in dem Umfang angegeben werden, in dem diese für die Kontrolle relevant ist. Dementsprechend ist insbesondere die Information erforderlich, ob Arzneimittel aller Art oder nur Arzneimittel für besondere Anwendungen, beschränkt auf bestimmte Marktteilnehmer oder in einer bestimmten Vertragsgestaltung vermittelt werden. Hiernach bestimmen sich unter anderem auch die Anforderungen an Änderungsmitteilungen nach § 67 III 2.

III. Zuständige Behörde (S. 3)

Nach Abs. 2 S. 3 ist für einen Arzneimittelvermittler jeweils die Behörde **örtlich zuständig**, in deren 12 Zuständigkeitsbereich der Arzneimittelvermittler seinen Sitz hat. Die Zuständigkeitsbereiche werden durch Landesrecht bestimmt.

D. Versagung oder Löschung der Registrierung (Abs. 3)

Nach Abs. 3 ist die Registrierung eines Arzneimittelvermittlers durch die zuständige Behörde zu 13 versagen oder zu löschen, wenn dieser seinen Anforderungen nach diesem Gesetz oder nach einer Verordnung, die auf Grund dieses Gesetzes erlassen wurde, nicht erfüllt. Zwar stellt diese Vorschrift vordergründig nur eine **Ermächtigungsgrundlage** für bestimmte behördliche Sanktionen dar; zugleich wird durch sie aber auch der operative Pflichtenkreis des Arzneimittelvermittlers umrissen. Ein Verstoß gegen anderweitige Vorschriften außerhalb des Arzneimittelrechts kann mithin eine Versagung oder Löschung der Registrierung im Regelfall nicht begründen.

I. Anforderungen an Arzneimittelvermittler

Für den Arzneimittelvermittler ergeben sich **Anforderungen** aus diesem Gesetz insbesondere aus 14 Abs. 1 (Sitz im Inland, in der EU oder im EWR) und aus Abs. 2 i. V. m. § 67 I (Anzeige der Tätigkeit mit entsprechenden Mindestangaben gegenüber der zuständigen Behörde).

Die **operativen Pflichten des Arzneimittelvermittlers** werden insbesondere in § 9 I AM-Han- 15 delsV (Betrieb eines Qualitätssicherungssystems nach § 1a AM-HandelsV, Dokumentation nach § 7 AM-HandelsV, Rückrufplan nach § 7a AM-HandelsV), in § 9 II AM-HandelsV (Prüfung der Zulassung von zulassungs- bzw. genehmigungspflichtigen Arzneimittel) und in § 9 III AM-HandelsV (Informationspflicht bei Verdacht auf Fälschung von Arzneimitteln) konkretisiert. Diese Pflichten werden insbesondere durch Kapitel 10 der Leitlinien für die **Gute Vertriebspraxis von Humanarzneimitteln**, die von der Kommission auf der Grundlage von Art. 84 und Art. 85b Abs. 3 RL 2001/83/EG erstellt wurden, umrahmt.[4]

II. Entscheidung der Behörde

Anders als der Großhandel mit Arzneimitteln unterliegt die Arzneivermittlung keiner Genehmigungs-, 16 sondern lediglich einer Anzeige- und Registrierungspflicht. Allerdings kann die zuständige Behörde über die Versagung oder Löschung der Registrierung sowohl eine **präventive Kontrolle** als auch eine **repressive Kontrolle** über Arzneimittelvermittler ausüben.

Eine **Versagung der Registrierung** kommt insbesondere dann in Betracht, wenn die zuständige 17 Behörde nach der Anzeige entgegen ihrer im Ermessen stehenden Anforderung von Nachweisen für ein Qualitätssicherungssystems keine solche Nachweise erhält oder aus anderen Gründen hinreichende tatsächliche Anhaltspunkte dafür vorliegen, dass der Anzeigesteller die für Arzneimittelvermittler geltenden Anforderungen sicher nicht erfüllen wird. Das Vorliegen der Voraussetzungen ist gerichtlich voll überprüfbar, während die Entscheidung über das Ergreifen von Maßnahmen bei Vorliegen der Voraussetzungen im Ermessen der Behörde steht.

Eine **Löschung der Registrierung** wird dort erforderlich werden, wo die zuständige Behörde 18 Verstöße des bereits registrierten Arzneimittelvermittlers gegen die ihm obliegenden Verpflichtungen feststellt und der Arzneimittelvermittler Beanstandungen unter Berücksichtigung des Verhältnismäßigkeitsgrundsatzes, ggf. innerhalb einer angemessenen Abhilfefrist nicht (fristgerecht) behebt. Wiederum ist

---

[4] Leitlinien für die gute Vertriebspraxis von Humanarzneimitteln, 2013/C 343/01, ABl. Nr. C 343/1 v. 23.11.2013.

die Feststellung der Rechtsverstöße gerichtlich überprüfbar, wohingegen die behördliche Entscheidung über die Ergreifung von Maßnahmen einer Ermessensausübung unterliegt.

19   Die Versagung sowie die Löschung der Registrierung stellt jeweils einen belastenden Verwaltungsakt dar, gegen den im Wege des üblichen **Verwaltungsrechtsschutzes** vorgegangen werden kann.

E. Sanktionen

I. Strafrechtliche Folgen

20   Eine Aufnahme der Tätigkeit als Arzneimittelvermittler ohne vorhergehende Anzeige und Registrierung nach § 52c II 1 stellt nach § 96 Nr. 14a eine **Straftat** dar. Arzneimittel, die unter Verstoß gegen § 52c II 1 vermittelt werden, unterliegen ggf. der Einziehung nach § 98, wobei dies in Anbetracht der bereits dem Begriff des Arzneimittelvertriebs innewohnenden fehlenden Verfügungsbefugnis des Arzneimittelvermittlers eher eine theoretische Möglichkeit sein dürfte.

II. Zivilrechtliche Folgen

21   Rechtsgeschäfte, die entgegen § 52c abgeschlossen werden, sind gem. § 134 BGB **nichtig**. Dies gilt freilich nur für die betreffenden Vermittlungsgeschäfte. Die Wirksamkeit der vermittelten Geschäfte richtet sich nach deren eigener Rechtmäßigkeit.

III. Wettbewerbsrechtliche Folgen

22   § 52c regelt im Interesse der Marktteilnehmer das Marktverhalten im Hinblick auf den Markt für Arzneimittel. Die Ausübung einer Tätigkeit der Arzneimittelvermittlung ohne vorheriger Anzeige und Registrierung ist daher grundsätzlich auch als unlauteres Handeln i. S. v. § 4 Nr. 11 UWG zu betrachten.

§ 53 Anhörung von Sachverständigen

(1) ¹Soweit nach § 36 Abs. 1, § 45 Abs. 1 und § 46 Abs. 1 vor Erlass von Rechtsverordnungen Sachverständige anzuhören sind, errichtet hierzu das Bundesministerium durch Rechtsverordnung ohne Zustimmung des Bundesrates einen Sachverständigen-Ausschuss. ²Dem Ausschuss sollen Sachverständige aus der medizinischen und pharmazeutischen Wissenschaft, den Krankenhäusern, den Heilberufen, den beteiligten Wirtschaftskreisen und den Sozialversicherungsträgern angehören. ³In der Rechtsverordnung kann das Nähere über die Zusammensetzung, die Berufung der Mitglieder und das Verfahren des Ausschusses bestimmt werden. ⁴Die Rechtsverordnung wird vom Bundesministerium für Ernährung und Landwirtschaft im Einvernehmen mit dem Bundesministerium erlassen, soweit es sich um Arzneimittel handelt, die zur Anwendung bei Tieren bestimmt sind.

(2) ¹Soweit nach § 48 Abs. 2 vor Erlass der Rechtsverordnung Sachverständige anzuhören sind, gilt Absatz 1 entsprechend mit der Maßgabe, dass dem Ausschuss Sachverständige aus der medizinischen und pharmazeutischen Wissenschaft sowie Sachverständige der Arzneimittelkommissionen der Ärzte, Tierärzte und Apotheker angehören sollen. ²Die Vertreter der medizinischen und pharmazeutischen Praxis und der pharmazeutischen Industrie nehmen ohne Stimmrecht an den Sitzungen teil.

Wichtige Änderungen der Vorschrift: Abs. 1 S. 4 angefügt durch Art. 1 Nr. 37 des Zwölften Gesetzes zur Änderung des Arzneimittelgesetzes vom 30.7.2004 (BGBl. I S. 2031). Der bisherige Abs. 2 wurde zu Abs. 2 Satz 1 und der neue Satz 2 wurde angefügt durch Art. 1 Nr. 44 des Zweiten Gesetzes zur Änderung arzneimittelrechtlicher und anderer Vorschriften vom 19.10.2012 (BGBl. I S. 2192).

A. Allgemeines

1   Verschiedene Regelungen im AMG erfordern die **Anhörung von Sachverständigen**[1]. Dies gilt für die Entscheidung über **Standardzulassungen** nach § 36 I und über die **Freigabe von der Apothekenpflicht** nach § 45 I und § 46 I sowie für bestimmte Entscheidungen über die **Verschreibungspflicht** nach § 48 II. § 53 konkretisiert das Erfordernis der Anhörung Sachverständiger durch die Einrichtung von Sachverständigenausschüssen aufgrund einer vom zuständigen Bundesministerium zu erlassenden Rechtsverordnung (AMSachvV). Die Rechtsverhältnisse der Mitglieder der Sachverständigenausschüsse richten sich ebenfalls nach der AMSachvV sowie nach den §§ 83 ff. VwVfG[2].

---

[1] Vgl. hierzu *Brixius/Schweim*, PharmR 2012, 326.
[2] *Kloesel/Cyran*, § 53 Anm. 3.

Hierbei regelt Abs. 1 bestimmte Rahmenbedingungen für die zu erlassende Rechtsverordnung im **2** Hinblick auf die für die Anhörung nach §§ 36 I, 45 I und 46 I erforderlichen Sachverständigenausschüsse. Insbesondere sieht die Regelung Anforderungen hinsichtlich der Zusammensetzung der Sachverständigenausschüsse, der Berufung ihrer Mitglieder und ihrer Verfahrensordnung vor. Abs. 1 S. 3 regelt die Beteiligung des BMEL im Hinblick auf die Zuständigkeit des Sachverständigenausschusses für Tierarzneimittel.

Abs. 2 modifiziert die Anforderungen des Abs. 1 hinsichtlich der Zusammensetzung des Sachverstän- **3** digenausschusses für die Beurteilung der Verschreibungspflicht nach § 48 II und regelt auch das Stimmrecht. Diese Regelung wurde durch das 2. AMG-ÄndG geändert, in dem nunmehr zum einen Sachverständige der Arzneimittelkommissionen der Ärzte, Tierärzte und Apotheken dem Ausschuss angehören sollen und Vertreter der pharmazeutischen Praxis und der pharmazeutischen Industrie ohne Stimmrecht an den Sitzungen teilnehmen sollen. Inzwischen wurde auch die AMSachvV mit Wirkung zum 20.4.2014 geändert.[3]

Die Anforderungen an die Sachverständigenanhörung vor dem Erlass von Entscheidungen über Stan- **4** dardzulassungen, Apothekenfreiheit und Verschreibungspflichten sind europarechtlich nicht harmonisiert worden[4]. Eine unmittelbare Relevanz der Sachverständigenanhörung für die Inanspruchnahme europäischer Grundfreiheiten ist freilich auch nicht ersichtlich.

B. Sachverständigenausschüsse für Standardzulassungen und Apothekenpflicht (Abs. 1)

I. Errichtung eines Sachverständigen-Ausschusses (S. 1)

Abs. 1 S. 1 verpflichtet das zuständige Bundesministerium zur Einrichtung von Sachverständigen- **5** ausschüssen zum Zwecke der Sachverständigenanhörungen nach §§ 36 I, 45 I und 46 I; eine Zustimmung des Bundesrats wird insoweit für entbehrlich erklärt.

II. Zusammensetzung des Sachverständigen-Ausschusses (S. 2)

Das Bundesministerium ist grundsätzlich frei in der Entscheidung, wie viele Sachverständigenausschüs- **6** se es einrichtet. Auch die konkrete Zusammensetzung der Sachverständigenausschüsse bleibt offen, wobei **Abs. 2 S. 2** als Sollvorschrift lediglich einige Kriterien für die mögliche und nahe liegende Provenienz der Sachverständigen anbietet. Die Regelung verlangt nun, dass Sachverständige aus den **medizinischen und pharmazeutischen Wissenschaft** den Sachverständigenausschüssen angehören sollten. Abs. 2 S. 2 bietet aber auch dafür Raum, Sachverständige aus den interessierten Anwender- und Wirtschaftskreisen – also aus den **Heilberufen, pharmazeutischen oder medizinischen Unternehmen** sowie **Sozialversicherungsträgern** – in den Sachverständigenausschuss zu berufen.

III. Weiterer Inhalt der Rechtsverordnung (S. 3)

Die Klärung von Fragen der Berufung und des Verfahrens der Sachverständigenausschüsse überlässt die **7** Norm dem zuständigen Bundesministerium **(Abs. 1 S. 3)**. Das Bundesministerium ist seiner Verpflichtung zur Einrichtung von Sachverständigenausschüssen durch die Verordnung zur Errichtung von Sachverständigen-Ausschüssen für Standardzulassungen, Apothekenpflicht und Verschreibungspflicht von Arzneimitteln (AMSachvV) nachgekommen. Die Zusammensetzung des **Ausschusses für Standardzulassungen** und des **Ausschusses für Apothekenpflicht** ist in § 2 I und II AMSachvV aufgeschlüsselt. Die Mitglieder werden jeweils von den zuständigen Bundesministerien für fünf Jahre berufen, sind in dieser Eigenschaft ehrenamtlich tätig und erhalten ihre Auslagen nach § 85 VwVfG erstattet. Zugleich wird ihr Verfahren durch eine Geschäftsordnung geregelt.

IV. Tierarzneimittel (S. 4)

Soweit es sich um Tierarzneimittel handelt, wird die Rechtsverordnung vom BMEL im Einvernehmen **8** mit dem Bundesministerium (BMG) erlassen.

C. Sachverständigenausschuss für Verschreibungspflicht (Abs. 2)

Für die Zwecke der Anhörung von Sachverständigen vor der Entscheidung über die Verschreibungs- **9** pflicht (§ 48 II) sieht Abs. 2 einen Sachverständigenausschuss vor, der eine gegenüber Abs. 1 modifizierte Sollzusammensetzung aufweist. Hier sollen die Sachverständigen, wie auch bei den Sachverständigen-

---

[3] VO v. 10.4.2013 (BGBl. I S. 811).
[4] Zu den Sachverständigenausschüssen bei der EMA vgl. *Friese*, in: Dieners/Reese, § 5 Rn. 46 ff.

ausschüssen nach Abs. 1, aus der **medizinischen und pharmazeutischen Wissenschaft** stammen. Außerdem sollen nunmehr auch Sachverständige der Arzneimittelkommissionen von Ärzten, Tierärzten und Apothekern dem Ausschuss angehören **(Abs. 2 S. 1)**. Sachverständige aus der medizinischen und pharmazeutischen Praxis werden nun nicht mehr ausdrücklich berücksichtigt; soweit aber „Vertreter" der medizinischen und pharmazeutischen Praxis und der pharmazeutischen Industrie dem Ausschuss angehören, erhalten diese kein Stimmrecht **(Abs. 2 S. 2);** die Regelung kann durch mögliche Interessenkonflikte erklärt werden, wird aber gegebenenfalls zu Abgrenzungsschwierigkeiten bei privat betriebenen Forschungseinrichtungen führen. Sachverständige der Sozialversicherungsträger sind hier nicht vorgesehen; ihre Mitgliedschaft wird aber auch nicht ausgeschlossen.

10   Das zuständige Bundesministerium hat die Zusammensetzung des **Ausschusses für Verschreibungspflicht** in § 2 III AMSachvV geregelt. Im Übrigen gelten hier die bereits hinsichtlich der anderen Sachverständigenausschüsse ausgeführten Grundsätze zur Berufung der Mitglieder und der Gestaltung des Verfahrens.

Achter Abschnitt. Sicherung und Kontrolle der Qualität

§ 54 Betriebsverordnungen

(1) [1]Das Bundesministerium wird ermächtigt, im Einvernehmen mit dem Bundesministerium für Wirtschaft und Energie durch Rechtsverordnung mit Zustimmung des Bundesrates Betriebsverordnungen für Betriebe oder Einrichtungen zu erlassen, die Arzneimittel in den Geltungsbereich dieses Gesetzes verbringen oder in denen Arzneimittel entwickelt, hergestellt, geprüft, gelagert, verpackt oder in den Verkehr gebracht werden oder in denen sonst mit Arzneimitteln Handel getrieben wird, soweit es geboten ist, um einen ordnungsgemäßen Betrieb und die erforderliche Qualität der Arzneimittel sowie die Pharmakovigilanz sicherzustellen; dies gilt entsprechend für Wirkstoffe und andere zur Arzneimittelherstellung bestimmte Stoffe sowie für Gewebe. [2]Die Rechtsverordnung wird vom Bundesministerium für Ernährung und Landwirtschaft im Einvernehmen mit dem Bundesministerium und dem Bundesministerium für Wirtschaft und Energie erlassen, soweit es sich um Arzneimittel handelt, die zur Anwendung bei Tieren bestimmt sind. [3]Die Rechtsverordnung ergeht jeweils im Einvernehmen mit dem Bundesministerium für Umwelt, Naturschutz, Bau und Reaktorsicherheit, soweit es sich um radioaktive Arzneimittel oder um Arzneimittel handelt, bei deren Herstellung ionisierende Strahlen verwendet werden.

(2) In der Rechtsverordnung nach Absatz 1 können insbesondere Regelungen getroffen werden über die

1. Entwicklung, Herstellung, Prüfung, Lagerung, Verpackung, Qualitätssicherung, den Erwerb, die Bereitstellung, die Bevorratung und das Inverkehrbringen,
2. Führung und Aufbewahrung von Nachweisen über die in der Nummer 1 genannten Betriebsvorgänge,
3. Haltung und Kontrolle der bei der Herstellung und Prüfung der Arzneimittel verwendeten Tiere und die Nachweise darüber,
4. Anforderungen an das Personal,
5. Beschaffenheit, Größe und Einrichtung der Räume,
6. Anforderungen an die Hygiene,
7. Beschaffenheit der Behältnisse,
8. Kennzeichnung der Behältnisse, in denen Arzneimittel und deren Ausgangsstoffe vorrätig gehalten werden,
9. Dienstbereitschaft für Arzneimittelgroßhandelsbetriebe,
10. Zurückstellung von Chargenproben sowie deren Umfang und Lagerungsdauer,
11. Kennzeichnung, Absonderung oder Vernichtung nicht verkehrsfähiger Arzneimittel,
12. Voraussetzungen für und die Anforderungen an die in Nummer 1 bezeichneten Tätigkeiten durch den Tierarzt (Betrieb einer tierärztlichen Hausapotheke) sowie die Anforderungen an die Anwendung von Arzneimitteln durch den Tierarzt an den von ihm behandelten Tieren.

(2a) (weggefallen)

(3) Die in den Absätzen 1 und 2 getroffenen Regelungen gelten auch für Personen, die die in Absatz 1 genannten Tätigkeiten berufsmäßig ausüben.

(4) Die Absätze 1 und 2 gelten für Apotheken im Sinne des Gesetzes über das Apothekenwesen, soweit diese einer Erlaubnis nach § 13, § 52a oder § 72 bedürfen.

Wichtige Änderungen der Vorschrift: Abs. 1 S. 1 und Abs. 2 Nr. 1 geändert durch Art 1 Nr. 30 des Zweiten Gesetzes zur Änderung des Arzneimittelgesetzes vom 16.8.1986 (BGBl. I S. 1296). Abs. 1 S. 1 geändert durch Art. 1 Nr. 31 des Vierten Gesetzes zur Änderung des Arzneimittelgesetzes vom 11. April 1990 (BGBl. I S. 717). Abs. 1 S. 1 2. Halbs. und Abs. 2 Nr. 1geändert durch Art. 1 Nr. 38 des Zwölften Gesetzes zur Änderung des Arzneimittelgesetzes vom 30.7.2004 (BGBl. I S. 2031), Abs. 1 S. 1 geändert durch Art 1 Nr. 45 des Zweiten Gesetzes zur Änderung arzneimittelrechtlicher und anderer Vorschriften vom 19.10.2012 (BGBl. I S. 2192).

Europarechtliche Vorgaben: RL 90/167/EWG, RL 91/412/EWG, RL 2001/20/EG, RL 2001/82/EG, RL 2001/83/EG, RL 2003/94/EG, RL 2004/23/EG, RL 2004/33/EG, RL 2005/61/EG, RL 2005/62/EG, RL 2006/17/EG, RL 2006/86/EG.

Literatur: *Feiden,* Die Pharmazeutische Inspection-Convention, DAZ 1983, 1816; *Feiden,* Betriebsverordnung für pharmazeutische Unternehmer, DAZ 1985, 592; *Wesch,* Gesetzliche Anforderungen an die gute Herstellpraxis bei der Verpackung pharmazeutischer Produkte, PharmR 1994, 374; *Will,* Der EG-Leitfaden einer Guten Herstellungspraxis für Arzneimittel im Gesamtzusammenhang der GMP-Harmonisierung, Pharm. Ind. 1990, 875; *ders.,* GMP-Richtlinie der EG, PharmR 1991, 354.

Übersicht

A. Allgemeines

I. Inhalt

1   § 54 bildet die Ermächtigungsgrundlage für das BMG zum Erlass notwendiger **Betriebsverordnungen im Rahmen der Sicherung und Kontrolle der Qualität,** wie der Titel des Achten Abschnitts des AMG lautet. Im Jahre 1985 ist der Verordnungsgeber der Ermächtigung aus § 54 nachgekommen. Die erste Betriebsverordnung für pharmazeutische Unternehmer (Pharmabetriebsverordnung – Pharm-

BetrV) ist am 8.3.1985 in Kraft getreten. Die fachliche Grundlage für die PharmBetrV waren die Grundregeln der WHO für die Herstellung von Arzneimitteln und die Sicherung ihrer Qualität (WHO-GMP-Regeln). Der amtlichen Begründung zur PharmBetrV ist ferner zu entnehmen, dass auch die Grundregeln für die sachgerechte Herstellung pharmazeutischer Produkte, die von den Mitgliedstaaten der Pharmazeutischen Inspections-Convention (PIC) im Jahre 1972 erarbeitet wurden, Berücksichtigung fanden.

Die derzeit gültige Nachfolgeverordnung, die **AMWHV** ist am 3.11.2006 bekannt gemacht worden. **2** Als weitere Rechtsverordnungen, die auf der Basis des § 54 erlassen wurden, sind die **ApBetrO** sowie die **Verordnung über tierärztliche Hausapotheken (TÄHAV)** zu nennen.

II. Zweck

Zum einen dient die Verordnungsermächtigung dazu, die **Sicherung und Kontrolle der Herstel- 3 lungsqualität** und somit schließlich die Qualität aller Arzneimittel (§ 4 XV) zu gewährleisten. Zum anderen soll der Erlass von Betriebsverordnungen für die Produktion und den Vertrieb von Arzneimitteln einen **vorbeugenden Gesundheitsschutz**[1] gewährleisten. Die Betriebsverordnungen nach § 54 bezwecken weiterhin, generelle Regelungen für die genannten Tätigkeiten festzulegen. Das Arzneibuch nach § 55 soll dagegen die spezifischen Anforderungen an das einzelne Arzneimittel bestimmen.

Gleichzeitig dient die Schaffung der Verordnungsermächtigung der notwendigen **Implementierung 4 der EG-Richtlinien und der internationalen GMP-Grundregeln** sowie der europäischen **GLP und GDP Vorgaben.** Durch Rechtsverordnungen kann ein Abgleich mit den internationale n Standards vollzogen werden. Diese internationalen Regelwerke bilden im Wesentlichen die fachliche Grundlage für die Betriebsverordnungen.

III. Europarechtliche Grundlagen

1. GMP. a) Gemeinschaftskodex – RL 2001/83/EG. Rechtsgrundlage für die Gesetzgebung zur **5** Guten Herstellungspraxis ist der sog. **Gemeinschaftskodex, RL 2001/83/EG.** Im Europäischen Gemeinschaftsrecht wurden GMP-Regeln erstmals mit der RL 89/341/EWG vorgeschrieben, als Novellierung der RL 75/319/EWG, in der neben anderem erstmals die Herstellung von Humanarzneimitteln näher geregelt wurde (aufgegangen in RL 2001/83/EG). Es wird mindestens eine sachkundige Person akademischen oder gleichwertigen Grades eingeführt, die für die ordnungsgemäße Herstellung und Prüfung jeder Arzneimittel-Charge verantwortlich ist. Weiterhin wird jeder Zulassungsinhaber verpflichtet, die im Gemeinschaftsrecht festgelegten Grundsätze und Leitlinien guter Herstellungspraktiken für Arzneimittel einzuhalten (Art. 46 Buchst. f) RL 2001/83/EG). Die Grundsätze und RL guter Herstellungspraktiken für Arzneimittel sind durch einen alle Mitgliedsstaaten verpflichtenden Rechtsakt verbindlich festzulegen (Art. 47 I RL 2001/83/EG). Dabei handelt es sich um die RL 2003/94/EG (sog. GMP-Richtlinie).

b) GMP-Richtlinie – RL 2003/94/EG. Mit RL 91/356/EWG wurden die EG-GMP-Regeln **6** dann erstmals in einer **GMP-Richtlinie** gesetzlich verbindlich vorgeschrieben. Der EG-GMP-Leitfaden, der als Empfehlung die in der RL 91/356/EWG größtenteils allgemein gefassten Anforderungen zur ordnungsgemäßen Herstellung von Arzneimitteln konkretisiert und detailliert, existierte bereits seit 1989. Die GMP-Richtlinie, ein Rechtsakt der Kommission basierend auf einer entsprechenden Ermächtigung des Rates, entspricht systematisch einer Rechtsverordnung. Die Grundsätze sind in der Bundesrepublik Deutschland auch in der AMWHV umgesetzt (auf Basis des § 54). Neugefasst wurden die Bestimmungen im Hinblick auf die Einbeziehung der Herstellung klinischer Prüfpräparate durch die RL 2003/94/EG. Die GMP-Richtlinie soll zum einen **Handelshemmnisse** aufgrund unterschiedlicher GMP-Anforderungen in den EG-Mitgliedstaaten **vermeiden,** zum anderen aber auch die **Qualität** von Arzneimitteln aus Drittländern sicher stellen. Daher fällt sowohl der Import als auch die Herstellung zu Exportzwecken unter den Anwendungsbereich der GMP-Richtlinie[2]. Zur Auslegung der allgemein gehaltenen Grundsätze und Leitlinien einer Guten Herstellpraxis verweist die GMP-Richtlinie auf ausführliche Leitlinien, den GMP-Leitfaden.

c) Leitlinien – EG-GMP-Leitfaden. Der EG-GMP-Leitfaden für Human- und Tierarzneimittel **7** konkretisiert die RL 2003/94/EG sowie die RL 1991/412/EWG zur Festlegung der Grundsätze und Leitlinien der Guten Herstellungspraxis für Tierarzneimittel und ist in zwei Teile sowie 20 Anhänge gegliedert. Er ist der **Leitfaden für die Gute Herstellungspraxis** für Arzneimittel und Prüfpräparate einschließlich seiner Anhänge, die die Kommission gem. Art. 47 II RL 2001/83/EG und nach Art. 51

---

[1] *Kloesel/Cyran,* § 54 Anm. 2. In der pharmazeutischen Herstellung spielt die Qualitätssicherung eine zentrale Rolle, da ihre Qualitätsabweichung direkte Auswirkungen auf die Gesundheit der Verbraucher haben können. Ein GMP-gerechtes Qualitätsmanagementsystem dient der Gewährleistung der Produktqualität und der Erfüllung der für die Vermarktung verbindlichen Anforderungen der Gesundheitsbehörden.

[2] Vgl. *Will,* PharmR 1991, 354.

RL 2001/82/EG veröffentlicht hat. Art. 46 Buchst. f) RL 2001/83/EG besagt, dass der Inhaber der Herstellungserlaubnis die im Gemeinschaftsrecht festgelegten Grundsätze und Leitlinien guter Herstellungspraktiken für Arzneimittel einzuhalten hat. Er gibt den jeweils geltenden Stand des Wissens wieder und beschreibt den **Standardweg zur Erreichung des angestrebten Qualitätsziels** und zur Erfüllung der grundlegenden GMP-Grundsätze[3].

8   Der EG-Leitfaden einer Guten Herstellungspraxis für Arzneimittel besteht aus einem Kerndokument, das die unabhängig von der Art der hergestellten Produkte bei jeder erlaubnispflichtigen Arzneimittelherstellung zu beachtenden Anforderungen enthält, und aus einem Anhang mit ergänzenden Leitlinien für die Herstellung steriler Arzneimittel. Seit 1991 sind von der EG-Kommission weitere **Anhänge mit ergänzenden Regelungen** zur Herstellung bestimmter Arzneimittelkategorien oder Arzneiformen zu bedeutsamen oder schwierigen Vorgängen und Fragestellungen bei der Arzneimittel-Herstellung angenommen worden. Diese ergänzenden Leitlinien behandeln z. B. die Herstellung von biologischen Humanarzneimitteln, von radioaktiven Arzneimitteln, von pflanzlichen Arzneimitteln, die Herstellung medizinischer Gase, die Probenahme von Ausgangs- und Verpackungsmaterialien, computergestützte Systeme usw.

9   **d) Übernahme der EG-GMP-Regeln in deutsches Recht.** Im Juli 1994 trat eine geänderte PharmBetrV in Deutschland in Kraft, mit der erstmals die EG-GMP-RL 91/356/EWG in nationales Recht transformiert worden ist[4]. Die Grundsätze sind nun in der aktualisierten AMWHV etabliert. Auch der EG-GMP-Leitfaden ist mittlerweile verbindlich **in deutsches Recht implementiert.** In § 3 II **AMWHV** heißt es: „*Zur Auslegung der Grundsätze der Guten Herstellungspraxis gilt für Arzneimittel, Blutprodukte im Sinne von § 2 Nr. 3 des Transfusionsgesetzes und andere Blutbestandteile sowie für Produkte menschlicher Herkunft der Teil I und für Wirkstoffe der Teil II des EG GMP-Leitfadens.*" Gem. § 2 Nr. 3 AMWHV macht das BMG die jeweils aktuelle Fassung des EG-GMP-Leitfadens in deutscher Sprache im Bundesanzeiger oder im elektronischen Bundesanzeiger bekannt. Mit dem Inkrafttreten der AMWHV wurde daher als deren Anlagen 2 bzw. 3 eine offizielle Deutsche Übersetzung des Teils I bzw. II des EG-GMP-Leitfadens im Bundesanzeiger veröffentlicht[5].

10   **aa) Formeller Verbindlichkeitsgrad.** Bis zum Inkrafttreten der AMWHV stellte der EG-GMP-Leitfaden bereits formell kein im Inland für den Rechtsunterworfenen unmittelbar geltendes Regelwerk dar. Es handelte sich um **bloße Empfehlungen,** denen es an einer unmittelbaren Geltung in den Mitgliedstaaten fehlt[6]. Dass diesen Empfehlungen faktisch eine bedeutende Rolle zukommt, insbesondere bei der Auslegung von Rechtsvorschriften, ändert an dem formellen Befund nichts. Dies gilt auch, wenn in einer umzusetzenden EG-Richtlinie die Verpflichtung postuliert wird, dass eine bestimmte Handlung entsprechend den Empfehlungen zu erfolgen habe; denn auch eine RL hat als solche keine unmittelbare Wirkung gegenüber dem Rechtsunterworfenen und bedarf ihrerseits der Umsetzung in den Mitgliedstaaten.

11   Wenn nun in einer deutschen Rechtsverordnung auf die Erheblichkeit eines Leitfadens zur Auslegung verwiesen wird, so ändert dies die formelle Stellung für den deutschen Rechtsunterworfenen grundlegend – die vorher **jenseits der deutschen Rechtsordnung stehenden Regelungen werden durch das deutsche Rechtssystem als Maßstab anerkannt** bzw. inkorporiert. Es ist damit jedenfalls nicht mehr möglich zu argumentieren, dass diese Regelungen bereits formell per se nicht zu einer von den deutschen Behörden zu kontrollierenden Verpflichtung des Rechtsunterworfenen führen könnten.

12   **bb) Materieller Verbindlichkeitsgrad.** Der EG-GMP-Leitfaden stellt bislang inhaltlich, wie sich bereits aus der durchgängigen Verwendung von „Soll-Vorschriften" sowie aus seiner Einleitung ergibt, **materiell kein verbindliches Regelwerk** dar, sondern gibt lediglich Empfehlungen; Abweichungen von diesen Empfehlungen waren insbesondere bei sachlichen Gründen hierfür möglich.

13   Die jetzige Formulierung, dass hinsichtlich der Auslegung der GMP die genannten Leitlinien gelten, bedeutet, dass sich **keine** über die oben dargelegte formelle Veränderung des Status der Leitlinien hinausgehende **Änderung des materiellen Verbindlichkeitsgrades** ergibt.

14   Denkbar wäre auch eine Formulierung entsprechend § 1a PharmBetrV: „Betriebe und Einrichtungen müssen den Anhang 18 des EU-Leitfadens über die gute Herstellungspraxis einhalten." gewesen. Eine

---

[3] *Will*, PharmInd 1990, 875.
[4] Die vorher geltende PharmBetrV war bereits in Einklang mit den (neuen) gemeinschaftsrechtlichen Regelungen. Zwei Präzisierungen waren aber die Verpflichtung des Arzneimittelherstellers, ein funktionierendes pharmazeutisches Qualitätssicherungssystem zu betreiben (§ 1a PharmBetrV, jetzt § 3 AMWHV) sowie die Verpflichtung, regelmäßig Selbstinspektionen durchzuführen (§ 15a PharmBetrV, jetzt § 11 AMWHV).
[5] BAnz. Nr. 210 v. 9.11.2006, S. 6887. Die Übersetzung aus dem englischen Original stammt vom BMG; am 18.4.2004 wurden bereits zwei Anhänge zum Leitfaden bekannt gegeben: Anhang 16 beinhaltet Leitlinien über die Zertifizierung und Chargenfreigabe von Arzneimitteln durch eine sachkundige Person nach § 14 des Arzneimittelgesetzes. Er ist insbesondere für die Auslegung der §§ 16 und 25 AMWHV von Bedeutung; Anhang 19 enthält Leitlinien über die Entnahme und Aufbewahrung von Referenzproben von Ausgangsstoffen, Verpackungsmaterial und Fertigprodukten sowie über Rückstellmustern von Fertigprodukten. Er ist insbesondere für die Auslegung der §§ 18 und 27 AMWHV bedeutsam.
[6] Vgl. zuletzt *Pannenbecker*, PharmR 2004, 43.

solche Formulierung wäre jedoch nicht eindeutig. Denn einerseits wäre die Norm unbedingt formuliert („müssen … einhalten"), andererseits bezöge sie sich auf eine Regelung, die ihrerseits durchgehend lediglich als Empfehlung ausgestaltet ist („soll …"), also gerade nicht stets die unbedingte Einhaltung verlangt. Der Empfehlungscharakter des Leitfadens wird im Rahmen der Verweisung durch die AMWHV also nicht geändert; die Regeln werden **nicht zwingendes Recht.** Eine solche Auslegung erschiene auch nicht sachgerecht, da sie mit der durchgehenden Ausgestaltung des Leitfadens als „Soll-Vorschrift" nicht kompatibel wäre.

2. GLP. a) GLP-RL. Neben den GMP-Regelungen enthält § 54 auch eine Ermächtigungsgrundlage **15** für Vorschriften hinsichtlich Qualitätsaspekte bei der Entwicklung von Arzneimitteln. Die **GLP-Grundsätze** regeln hier die Sicherung und Kontrolle der Qualität.

Die RL 2004/9/EG des Europäischen Parlaments und des Rates vom 11.2.2004 über die Inspektion **16** und Überprüfung der Guten Laborpraxis (GLP) sowie die RL 2004/10/EG des Europäischen Parlaments und des Rates vom 11.2.2004 zur Angleichung der Rechts- und Verwaltungsvorschriften für die Anwendung der Grundsätze der Guten Laborpraxis und zur Kontrolle ihrer Anwendung bei Versuchen mit chemischen Stoffen bilden die einschlägigen **EG-Richtlinien zur GLP.** Sie wurden erlassen im Rahmen einer Neukodifizierung der gesamten Gemeinschaftsgesetzgebung, um diese übersichtlicher zu machen. Von der Kommission wurde eine GLP-Plenargruppe ins Leben gerufen, die die einheitliche Umsetzung der GLP-Vorschriften und einen intensiven Informations- und Erfahrungsaustausch fördern sollte. Trotz einiger Mängel hat der Beschluss der EU-Mitgliedstaaten weiterhin Bestand, dass innerhalb der EU die unter Einhaltung der GLP erzeugten Prüfdaten gegenseitig anzuerkennen sind.

b) EG-GLP-Leitlinien. Für die Durchführung der Überwachung von GLP sind der Leitfaden und **17** die Leitlinien der EU maßgebend, die Grundlage für die Transformierung in das deutsche Recht sind.

c) Übernahme der EG-GLP-Richtlinien in deutsches Recht. Mit der Novelle des **ChemG** im **18** August 1990 wurden die entsprechenden Richtlinien in Deutsches Recht umgesetzt und damit die Einhaltung der Grundsätze der GLP bei klinische experimentelle Prüfungen von chemischen Stoffen oder Zubereitungen, deren Ergebnisse die behördliche Bewertung möglicher Gefahren für Mensch und Umwelt ermöglichen sollen, verbindlich vorgeschrieben. Somit erfolgte die Umsetzung der GLP-Grundsätze nicht im Wege einer Betriebsverordnung über § 54, sondern über die allgemeine Gesetzgebungsbefugnis.

3. GDP. a) Gemeinschaftskodex – RL 2001/83/EG und Fälschungs-RL. Neben den GMP- **19** Regelungen enthält § 54 auch eine Ermächtigungsgrundlage für Vorschriften hinsichtlich Großhandel und Vertrieb von Arzneimitteln.

Art 84 und Art. 85b Abs. 3 RL 2001/83/EG sind die Grundlage für die Regelungen zur Guten **20** Vertriebspraxis. Daneben veröffentlichte die Europäische Kommission bereits in 2011 die RL 2011/62/EU – die sogenannte **Arzneimittelfälschungs-Richtlinie.** Deren Hauptziel ist der Kampf gegen Arzneimittelfälschungen. Mit der Einführung der Fälschungs-Richtlinie beabsichtigte die Kommission, dass durch eine sichere Lieferkette verhindert wird, dass illegale bzw. gefälschte Arzneimittel in den Markt eindringen können. Während die Überwachung der GMP-gerechten Herstellung von Arzneimitteln umfassend erfolgte, bemerkte man aber, dass es relativ wenig Kontrolle gibt, sobald die Arzneimittel die Produktion des Herstellers verlassen haben (GDP-Überwachung). Die gesamte Lieferkette wurde in der Regel nicht überwacht.

Durch die Fälschungs-RL wird nunmehr ein europaweites System zur Genehmigung und Über- **21** wachung der Distribution und Lagerung eingerichtet. Kernbestandteile sind die Eingabe der Informationen über Bewilligungen für Großhändler in die EU Datenbank (EudraGMDP) sowie das Erfordernis einer Großhandelserlaubnis für Arzneimittel, eine GDP-Zertifikats-Verleihung.

b) Leitlinien – EU-GDP-Leitlinien. Im Amtsblatt der EU wurden 2013 die revidierten EU Good **22** Distribution Practice (GDP) Guidelines publiziert („Leitlinien vom 5. November 2013 für die gute Vertriebspraxis von Humanarzneimitteln" 2013/C 343/01). Die neuen GDP-Leitlinien gelten nicht nur für Großhändler sondern berücksichtigen auch andere Wirtschaftsakteure, wie Vermittler (Broker), die bei den Vertriebswegen eine Rolle spielen.

c) Übernahme der EU-GDP-Regeln in deutsches Recht. In Deutschland erfolgt die GDP- **23** Umsetzung durch die Arzneimittelhandelsverordnung[7], die zuletzt durch Art. 2 des Gesetzes vom 7.8.2013 (BGBl. I S. 3108) geändert worden ist. § 1a AM-HandelsV verweist bereits jetzt, im Zusammenhang mit der Einrichtung eines Qualitätssicherungssystems, auf die „EU-Leitlinien für die Gute Vertriebspraxis". Allerdings ist eine weitere Angleichung der Vorschriften sicherlich hilfreich.

---

[7] AM-HandelsV v. 10.11.1987 (BGBl. I S. 2370).

IV. Internationale Zusammenhänge

24   **1. GMP. a) WHO-GMP.** 1967 wurde von einer Expertengruppe der **WHO** der erste Entwurf mit Empfehlungen für Standards bezüglich Guter Herstellungspraktiken für Arzneimittel erarbeitet[8] und 1968 als überarbeitete Version erstmals veröffentlicht. Im Jahr 1975 wurde unter dem Titel „Good Practices in the Manufacture and Quality Control of Drugs" ein Text angenommen, der bis 1992 unverändert bestand[9]. Die 1992 revidierte Fassung **„Good manufacturing practices for pharmaceutical products"**[10] reflektieren den aktuellen Stand. Diese GMP-Standards **(WHO-GMP-Richtlinie)** stellen sowohl die fachliche Grundlage für die AMWHV als auch die technische Grundlage für das WHO-Zertifikations-Schema über die Qualität von Arzneimitteln im internationalen Handel dar. Letzteres bezweckt, im Interesse einer ordnungsgemäßen Qualität pharmazeutischer Produkte im internationalen Handel durch Zertifikate zu bestätigen, dass das jeweilige Produkt im Herkunftsland verkehrsfähig und nach der WHO-GMP-Richtlinie hergestellt worden ist. Nach der RL 2003/94/EG sind auch die EG-Mitgliedstaaten verpflichtet, die Zertifizierung nach den geltenden WHO-Bestimmungen durchzuführen (s. die Kommentierung zu § 73a II).

25   **b) PIC-GMP.** Auf der WHO-GMP-Richtlinie basieren auch die Grundregeln für die sachgemäße Herstellung pharmazeutischer Produkte, die von den Mitgliedstaaten der **Pharmazeutischen Inspektions-Convention (PIC)** erarbeitet wurden. Die Bundesrepublik Deutschland ist diesem Übereinkommen durch Gesetz vom 10.3.1983[11] beigetreten. Im Oktober 1970 hatten bereits zehn europäische Länder, die nicht der damaligen Europäischen Wirtschaftsgemeinschaft (EWG) angehörten, das Übereinkommen zur gegenseitigen Anerkennung von Inspektionen betr. die Herstellung pharmazeutischer Produkte geschlossen. Ausgangspunkt für das Zustandekommen der Convention war der Wunsch der damaligen Vertragspartner, Informationen auszutauschen, um nichttarifäre **Hindernisse im wechselseitigen Arzneimittelhandel abzubauen** unter Beibehaltung nationaler Rechts-, Verwaltungs- und Ausführungsvorschriften. Dieses Wunschziel konnte durch die **gegenseitige Anerkennung** der **von** den nationalen Gesundheitsbehörden durchgeführten **Inspektionen** der Arzneimittelherstellung realisiert werden. Dies war auch der Grund für die Bundesrepublik Deutschland, der PIC beizutreten[12]. Die Durchführung von Inspektionen erfolgt dabei unter Berücksichtigung der PIC-Richtlinien. Diese GMP-Standards wurden erstmals 1972 von der PIC veröffentlicht[13]. 1983 hat die PIC ihre „Basic Standards of GMP" weitgehend mit den WHO-GMP-Regeln abgeglichen. Mittlerweile wurden sie sogar durch den EG-Leitfaden ersetzt, so dass es zwischen PIC und EU keine unterschiedlichen Standards gibt[14].

26   **2. GLP.** Die Gute Laborpraxis ist ein **Qualitätssicherungssystem,** das sich mit dem organisatorischen Ablauf und den Rahmenbedingungen befasst, unter denen **nicht-klinische gesundheits- und umweltrelevante Sicherheitsprüfungen** geplant, durchgeführt und überwacht werden sowie mit der Aufzeichnung, Archivierung und Berichterstattung der Prüfungen (§ 19a ChemG Abschnitt 1; Art. 2.1 der OECD-GLP-Guideline).

27   **a) OECD-GLP.** Die **OECD-Grundsätze der GLP** stellen einen **internationalen Sicherheitsrahmen** für die Qualität der chemisch-physikalischen, toxikologischen und ökotoxikologischen Prüfungen dar. Mit GLP soll die Zuverlässigkeit der bei den Bewertungsbehörden eingereichten Daten gewährleistet werden, um so die **Qualität der Prüfdaten** zu **verbessern.** Eine vergleichbare Qualität dieser Daten bildet die Grundlage für die gegenseitige Anerkennung. Ziele der GLP sind somit die internationale Vergleichbarkeit von Ergebnissen, die gegenseitige Anerkennung von Daten (OECD), Vermeiden von Doppeluntersuchungen (zum Zwecke des Tierschutzes), Abbau von Handelshemmnissen, nachvollziehbare Ergebnisse durch vollständige Dokumentation, Reduktion von (möglichen) Fehlerquellen, gleichbleibende Qualität und Reproduzierbarkeit experimenteller Prüfungen sowie die Festlegen von Verantwortlichkeiten.

28   Die OECD hat, um absehbare Handelsbeschränkungen zu vermeiden, veranlasst, sich mit dem Thema GLP zu befassen. Im Jahre 1979 berief die Chemikalien-Abteilung der OECD eine Expertengruppe, die sowohl die Internationale Angleichung der Prüfmethoden vorantrieb als auch die ersten international anerkannten Grundsätze der Guten Laborpraxis erarbeitete, die im Mai 1981 als Entschluss offiziell

---

[8] Entschließungsantrag der 20. Weltgesundheitsversammlung (World Health Assembly – WHA), Resolution WHA 20.34.
[9] Resolution der 28. Weltgesundheitsversammlung WHA 28.65.
[10] Veröffentlicht in WHO Technical Report Series Nr. 823.
[11] Gesetz zu dem Übereinkommen zur gegenseitigen Anerkennung von Inspektionen betreffend die Herstellung pharmazeutischer Produkte (Gesetz zur Pharmazeutischen Inspektions-Convention – PIC), BGBl. 1983 II S. 158.
[12] Vgl. *Feiden*, DAZ 1983, 1816. Die USA ist allerdings bis heute nicht der PIC beigetreten, so dass es auch keine Anerkennung der Inspektionen auf PIC-Ebene gibt. In den USA sind die RL des „Current Good Manufacturing Practice" (cGMP) in Form einer Rechtsverordnung im Code of Federal Regulations (CFR) unter 21 CFR 210 und 21 CFR 211 niedergelegt.
[13] Dokument PH 1/72.
[14] *Will*, PharmInd 1990, 875, 883.

veröffentlicht wurden. Die GLP-Richtlinien sind von der OECD als **„Grundsätze für die gute Laborpraxis"** verabschiedet worden.

Hinsichtlich der **staatlichen Kontrolle der Einhaltung** dieser GLP-Grundsätze entstanden die **29** „Leitlinien für die Durchführung von Laborinspektionen und die Überprüfungen von Prüfungen" und ein „Leitfaden für die Verfahren zur Überwachung der Einhaltung der GLP". Leitlinien und Leitfaden wurden 1989 von den OECD-Staaten als bindend anerkannt und bilden heutzutage die Grundlage für die staatliche Überwachung. Ein GLP-Panel aus Vertretern aus Überwachung und Industrie bildet ein Forum von GLP-Verantwortlichen der OECD-Mitgliedsstaaten.

b) Bilaterale Anerkennung. Über die Zusammenarbeit in der OECD hinaus haben sich mehrere **30** Länder dazu entschlossen, **bilaterale Rechtsakte** mit anderen Ländern abzuschließen. So findet eine Anerkennung von GLP-Grundsätzen, insbesondere mit nicht OECD-Staaten durch sog. Memorandum of Understanding (MoU) statt. Aber auch auf der Basis der GLP-Richtlinien der OECD sind von der Bundesrepublik Deutschland bilaterale Vereinbarungen mit Japan, den USA, der Schweiz und Österreich abgeschlossen worden.

3. GDP. Im Jahre 2014 hat das Pharmaceutical Inspection Co-operation Scheme (PIC/S) einen **31** Leitfaden namens „PIC/S Guide to Good Distribution Practice for Medicinal Products (PE 011-1)" veröffentlicht. Dieser Leitfaden basiert auf den EU-GDP-Richtlinien (2013/C 343/01) und zitiert fast komplett den EU-Leitfaden.

B. Verordnungsermächtigung (Abs. 1)

I. Verordnung des BMG zur Sicherung und Kontrolle der Qualität (S. 1)

Die Betriebsverordnungen ergehen gesetzessystematisch als Rechtsverordnung. Durch die Bezeich- **32** nung als Betriebsverordnung wird aber klar, dass der Regelungsinhalt dieser Verordnungen im Wesentlichen Anforderungen an Organisationseinheiten bei der Arzneimittelherstellung betrifft.

1. Adressatenkreis (1. Halbs.). Alle **Betriebe und Einrichtungen,** die eine der in S. 1 genannten **33** Tätigkeiten ausüben, sind Adressaten der Betriebsverordnung, d. h. alle, die am Verkehr mit Arzneimitteln teilnehmen.

Unter einem **Betrieb** versteht man die Gesamtheit von Räumen, Maschinen, Anlagen und Personen, **34** die unter einheitlicher Leitung mit den genannten Tätigkeiten befasst sind[15]. Hierzu gehören auch Außenlager und andere örtlich getrennten Betriebsteile. Bedienen sich pharmazeutische Unternehmer, Lohnhersteller und sonstiger Dienstleister zur Erfüllung der notwendigen Tätigkeiten eines Betriebes, so fallen diese ebenfalls unter die Betriebsverordnungen. Ein Umkehrschluss aus Abs. 3 ergibt, dass § 54 nur die **gewerbsmäßige Ausübung** der Tätigkeiten umfasst[16]. Gewerbsmäßige Ausübung setzt ein auf die Dauer angelegtes und dem Erwerb dienendes Handeln voraus[17]. Soweit diese Betriebe und Einrichtungen keiner Herstellungserlaubnis bedürfen und keine Apotheken sind, unterliegen sie der Anzeigepflicht nach § 67.

Importeure sind Adressaten der Rechtsverordnung, gleichgültig ob sie Arzneimittel aus anderen EU- **35** Mitgliedsstaaten bzw. EWR-Vertragsstaaten oder Drittländern importieren, parallelimportieren oder reimportieren.

Die Verordnung gilt auch für Betriebe, die Arzneimittel nur **für Exportzwecke** herstellen, **36** prüfen und lagern. Dies ist für die Erfüllung der vertraglichen Vereinbarungen mit anderen Staaten zur gegenseitigen Anerkennung von Inspektionen nach der Pharmazeutischen Inspektions-Convention (PIC) erforderlich[18]. Weiterhin ergibt sich dies bereits aus dem Wortlaut und dem Gesetzeszweck.

2. Einschränkung. Die Ermächtigungsgrundlage enthält eine inhaltliche Einschränkung. Danach **37** können Regelungen erlassen werden, **soweit dies geboten ist, um einen ordnungsgemäßen Betrieb und die erforderliche Qualität der Arzneimittel sowie die Pharmakovigilanz sicherzustellen.** D. h., dass in den Betriebsverordnungen nur Vorschriften erlassen werden dürfen, die für die Sicherstellung der erforderlichen Qualität der Wirkstoffe und Arzneimittel und eines ordnungsgemäßen Betriebs notwendig sind. Im Jahr 2012 erfolgte die Erweiterung der Ermächtigungsgrundlage um die Pharmakovigilanz, um die Möglichkeit zu eröffnen, Durchführungsbestimmungen und Implementierungsmaßnahmen zur Umsetzung der Pharmakovigilanz-RL 2010/84/EU durch Rechtsverordnungen vorzunehmen. Regelungen zum Arbeitsschutz können aufgrund der einschlägigen Arbeitsgesetze erlassen, Regelungen zum Schutz der Tiere können auf das TierSchG gestützt werden.

---

[15] *Oeser/Sander,* § 1 PharmBetrV Erl. 1.
[16] *Sander,* § 54 Erl. 4.
[17] Vgl. *Krüger,* in: Fuhrmann/Klein/Fleischfresser, § 14 Rn. 27.
[18] Vgl. *Feiden,* DAZ 1985, 592.

38   **3. Wirkstoffe und Ausgangsstoffe (2. Halbs.).** Seit die Verordnungsermächtigung auf Wirkstoffe und Ausgangsstoffe erweitert worden ist, erstreckt sich die **Ermächtigung nicht mehr nur auf Arzneimittel, sondern auf alle Wirkstoffe,** die zur Herstellung von Arzneimitteln verwendet werden. Dies dient der Umsetzung der neugefassten Art. 46 Buchst. f) RL 2001/83/EG bzw. Art. 50 Buchst. f) RL 2001/82/EG, die die GMP-gemäße Herstellung von Wirkstoffen vorsehen. Damit werden die Grundsätze von Annex 18 zu den EU-GMP-Leitlinien, der die ICH-Leitlinie Q 7 A zur „Good Manufacturing Practice for Active Pharmaceutical Ingredients" umsetzt, rechtsverbindlich gemacht.

39   Die Einbeziehung bestimmter Hilfsstoffe in den Anwendungsbereich der AMWHV geht ebenfalls auf die geänderten EU-Richtlinien zurück. Allerdings erfolgt die Erweiterung nur in dem Maße, wie es sich aus der der RL ergibt, die von der Kommission nach Art. 121 II RL 2001/83/EG erlassen wird[19].

II. Einvernehmen bei Verordnung zu Tierarzneimitteln (S. 2)

40   Die Ermächtigungsgrundlage für Humanarzneimittel ist in erster Linie an das BMG gerichtet. Die Rechtsverordnung ist aber vom BMEL zu erlassen, soweit es sich um Arzneimittel handelt, die zur Anwendung bei Tieren bestimmt sind, jeweils im **Einvernehmen mit dem BMWi.**

III. Einvernehmen bei radioaktiven Arzneimitteln und Arzneimitteln unter Verwendung ionisierenden Strahlen (S. 3)

41   Nach S. 3 ergeht die Rechtsverordnung jeweils im Einvernehmen mit dem BMU, soweit es sich um radioaktive Arzneimittel oder um Arzneimittel handelt, bei deren Herstellung ionisierende Strahlen verwendet werden. Die **Zustimmung des Bundesrats** ist ebenfalls verpflichtend.

C. Regelungsbereiche für Verordnungen (Abs. 2)

42   In der Rechtsverordnung nach Abs. 1 können insbes. Regelungen zu den in Abs. 2 aufgeführten Punkten getroffen werden. Durch die Hervorhebung „insbesondere" wird deutlich, dass diese **Aufzählung nur beispielhaft,** aber nicht abschließend ist. Die Ermächtigung ist jedenfalls ausreichend, um alle für den Arzneimittelbereich relevanten europäischen RL in den Regelungsbereich von Betriebsverordnungen einzubeziehen.

43   Die AMWHV macht hiervon Gebrauch und deckt die in Nr. 1–8 und Nr. 9 und 10 genannten Regelungsgebiete ab. Die Ermächtigung nach § 54 wird daher nur insoweit in Anspruch genommen, als die VO auf Betriebe und Einrichtungen Anwendung findet, die Arzneimittel und die anderen in § 1 I AMWHV genannten Wirkstoffe und Ausgangsstoffe gewerbsmäßig herstellen, prüfen, lagern, in Verkehr bringen, in und aus dem Geltungsbereich des AMG verbringen, einführen oder ausführen. Für Arzneimittelgroßhandelsbetriebe gilt die AM-HandelsV, für Apotheken die ApBetrO. Hinsichtlich der Ausübung des tierärztlichen Dispensierrechts findet die Verordnung über tierärztliche Hausapotheken (TÄHAV) Anwendung.

I. Relevante Tätigkeiten (Nr. 1)

44   **1. Entwicklung.** Der Begriff des „Entwickelns" und der Entwicklung wurde durch die 2. AMG-Novelle eingefügt. Ursprünglich sollte diese Ausdehnung der Ermächtigung in die Umsetzung der GLP-Richtlinien der Europäischen Gemeinschaften auf den Bereich der Entwicklung ermöglichen, um so auch die GLP-Grundsätze der OECD durch Rechtsverordnung in Deutschland verbindlich zu machen. Allerdings sind diese Vorschriften nunmehr im 6. Abschnitt des ChemG einheitlich für Arzneimittel, Industriechemikalien und Pflanzenschutzmittel verankert. Das ChemG erfasst jedoch neben Industriechemikalien auch weitere chemische Substanzen sowie Stoffe biologischer Herkunft und ihre Anwendungsbereiche. Unter die Pflicht zur Einhaltung der Grundsätze der GLP fallen bei ihrer Durchführung alle nicht-klinischen Prüfungen die z. B. im Rahmen des ChemG jeweils von den Bewertungsbehörden gefordert werden.

45   **2. Herstellung.** Der Begriff der Herstellung ist in § 4 XIV legaldefiniert (s. § 4 Rn. 115). Näheres ist in § 13 AMWHV geregelt. Die ApBetrO enthält in den §§ 6–11 Regelungen zur Herstellung.

46   **3. Prüfung.** Unter Prüfung der Arzneimittel ist die Qualitätskontrolle zu verstehen[20]. Voraussetzung für die Verwendung von Ausgangsstoffen und Arzneimitteln zur weiteren Verarbeitung ist also eine **Qualitätsprüfung.** Die erforderliche Qualität muss festgestellt und kenntlich gemacht werden. Die AMWHV macht von der Ermächtigungsgrundlage in den §§ 14 und 23 Gebrauch. Die Qualitätsprüfung ist nach den anerkannten pharmazeutischen Regeln in Übereinstimmung mit der Guten Herstellungs-

---

[19] Dies läuft derzeit allerdings noch leer, da es detaillierte EU-Vorgaben noch nicht gibt.
[20] Vgl. *Oeser/Sander*, § 9 PharmBetrV Erl. 1.

praxis durchzuführen Für die Prüfung in der Apotheke bzw. tierärztlichen Hausapotheke enthalten § 10 ApBetrO bzw. § 8 TÄHAV die entsprechenden Regelungen.

4. Lagerung. Durch Vorschriften über die **Lagerung** sollen negative Einwirkungen auf Arzneimittel **47** und Ausgangsstoffe während der Lagerung vermieden werden. Neben der Vorschrift des § 7 AMWHV finden sich auch in § 16 I ApBetrO, § 9 TÄHAV, § 5 AM-HandelsV sowie in den allgemeinen Vorschriften des Arzneibuches sowie in Abschnitt 5.58 ff. des GMP-Leitfadens und 5.5 des GDP-Leitfadens Hinweise zur ordnungsgemäßen Lagerung. Auch selbständige Unternehmen wie z. B. Logistikunternehmen oder CRO, die Arzneimitteldepots für pharmazeutische Unternehmer betreiben, sind der Rechtsverordnung unterworfen. Der pharmazeutische Unternehmer als Auftraggeber bleibt jedoch für die ordnungsgemäße Ausführung verantwortlich[21].

5. Verpackung. Sowohl von Informationsfehlern im Kennzeichnungsmaterial als auch von Qualitäts- **48** mängeln der Verpackung können Gefahren ausgehen[22], so dass auch dieser Herstellungsschritt durch präventive Kontrolle geregelt ist. Verpacken umfasst alle Arbeitsgänge, einschließlich Abfüllen und Kennzeichnen, die eine Bulkware durchlaufen muss, um zu einem Fertigprodukt zu werden[23]. Da der Teilschritt der Verpackung Bestandteil der Herstellung ist (§ 13 AMWHV), ist es allerdings nicht erforderlich, diesen speziellen Teilschritt zusätzlich zu regeln.

6. Qualitätssicherung. Alle Betriebe und Einrichtungen müssen ein funktionierendes **Qualitäts-** **49** **managementsystem** (QM-System) entsprechend Art und Umfang der durchgeführten Tätigkeiten betreiben (§ 3 AMWHV; § 1a AM-HandelsV). Art und Ausgestaltung des Qualitätsmanagementsystems richten sich nicht nur nach der Art der Tätigkeiten, die in einem Betrieb ausgeführt werden, sondern auch nach der Art der herzustellenden Produkte[24]. Dies muss insbesondere die notwendige Organisationsstruktur sowie die erforderlichen Verfahren, Prozesse und Aktivitäten umfassen (§ 21 AMWHV).

7. Bereitstellung und Bevorratung. Die Begriffe der Bereitstellung und Bevorratung wurden durch **50** die 15. AMG-Novelle eingeführt und stehen im Zusammenhang mit der gesetzlichen Pflicht zur Bereitstellung von Arzneimitteln für den Großhandel und für pharmazeutische Unternehmen (zur Begriffsbestimmung s. § 52b Rn. 9 ff.). Nähere Anforderungen müssen evtl. in entsprechenden Betriebsverordnungen festgelegt werden. §§ 15, 30 ApBetrO enthalten bereits Regelungen für die Vorratshaltung in der Apotheke bzw. Krankenhausapotheke.

8. Inverkehrbringen. Im Anwendungsbereich der Vorschrift sind auch Betriebe und Einrichtungen, **51** die allein **Vertriebsunternehmen** sind, als pharmazeutischer Unternehmer aber Arzneimittel unter eigenem Namen in Verkehr bringen[25]. Auch wenn diese Firmen weder eine Herstellererlaubnis nach § 13 noch eine sachkundige Person nach § 14 benötigen, so müssen auch Vertriebsunternehmen die allgemeinen Anforderungen in der AMWHV erfüllen. Zusätzlich unterliegen die Vertreiber auch den Vorschriften der AM-HandelsV, da sie die Definition des Begriffs Großhandels erfüllen[26]. Weiterhin bestehen Dokumentationspflichten und Verpflichtungen als Auftraggeber. Das Inverkehrbringen durch Apotheken ist in § 17 ApBetrO geregelt.

II. Führung und Aufbewahrung von Nachweisen (Nr. 2)

Von der Ermächtigungsgrundlage zur Führung und Aufbewahrung von Nachweisen hat der Ver- **52** ordnungsgeber zahlreich Gebrauch gemacht. In § 10 I AMWHV wird für die Herstellerbetriebe und -einrichtungen insbesondere die Einrichtung eines **Dokumentationssystems** gefordert. Weitere Einzelheiten zum allgemeinen Dokumentationssystem ergeben sich für Arzneimittel aus Abschn. 4 in Teil I des EG-GMP Leitfadens. Zur Aufbewahrung der Dokumentation enthält die AMWHV in den §§ 20, 29 und 41 entsprechende Regelungen, insbesondere Mindestaufbewahrungsfristen. § 22 ApBetrO fordert die entsprechende Dokumentation und Nachweise für Apotheken, § 13 TÄHAV enthält Nachweispflichten für tierärztliche Hausapotheken und § 7 AM-HandelsV für jeden Bezug und jede Abgabe von Arzneimitteln.

III. Haltung, Kontrolle und Nachweise über die Verwendung von Tieren (Nr. 3)

Nr. 3 gestattet es, Regelungen über die Haltung und Kontrolle der bei der Herstellung und Prüfung **53** der Arzneimittel verwendeten Tiere mit Nachweisen darüber zu treffen. § 8 AMWHV enthält hier die entsprechenden Anforderungen.

---

[21] *Sander*, § 54 Erl. 9.
[22] Vgl. *Wesch*, PharmR 1994, 374, 376.
[23] Vgl. die entsprechenden Begriffsbestimmungen im EG-GMP-Leitfaden.
[24] Vgl. *Krüger*, in: Fuhrmann/Klein/Fleischfresser, § 15 Rn. 6.
[25] Vgl. *Sander*, § 54 Erl. 6.
[26] *Oeser/Sander*, § 1 PharmBetrV Erl. 1. Entbehrlich ist die Großhandelserlaubnis lediglich für Betriebe, die eine Herstellererlaubnis nach § 13 haben, soweit diese sich auf diese Arzneimittel bezieht, die auch vertrieben werden.

IV. Anforderungen an das Personal (Nr. 4)

54   Gem. § 4 AMWHV müssen Betriebe und Einrichtungen über sachkundiges und angemessen qualifiziertes Personal in ausreichender Zahl verfügen. Durch diese unbestimmten Rechtsbegriffe hat der Verordnungsgeber hinreichend Spielraum für Einzelfälle gelassen. Anforderungen an die Qualifikation und die Anzahl des Personals richten sich nach Art, Umfang und Größe des Betriebs und der dort ausgeübten Tätigkeiten. Die personellen Anforderungen an Apotheken ergeben sich aus §§ 2, 3 ApBetrO und §§ 27, 28 für Krankenhausapotheken, für Großhändler aus § 2 AM-HandelsV.

V. Beschaffenheit, Größe und Einrichtung der Räume (Nr. 5)

55   Die grundsätzlichen Anforderungen an die Betriebsräume und die Ausrüstung sind § 5 AMWHV, § 4 ApBetrO, § 29 ApBetrO, § 3 AM-HandelsV sowie den §§ 3, 4 TÄHAV zu entnehmen. Ziel der Regelungen ist es, Verwechslungen, Kontaminationen oder sonstige, die Produktqualität beeinflussende Fehler bei der Herstellung zu vermeiden.

VI. Anforderungen an die Hygiene (Nr. 6)

56   Die geforderten Hygienemaßnahmen im Herstellungsbereich ergeben sich aus § 6 AMWHV. Betriebsräume und Ausrüstungen sind regelmäßig zu reinigen und soweit erforderlich zu desinfizieren oder sterilisieren. Es soll nach einem schriftlichen Hygieneplan verfahren werden.

VII. Beschaffenheit der Behältnisse (Nr. 7)

57   § 7 II AMWHV regelt die Eignung der innerbetrieblich eingesetzten Behältnisse. Mit Behältnissen sind sowohl Abgabe- als auch Vorratsbehältnisse einschließlich der Verschlüsse gemeint. Das Arzneibuch präzisiert die Qualitätsanforderungen. In der Apotheke hergestellte Arzneimittel dürfen nur in Behältnissen in den Verkehr gebracht werden, die gewährleisten, dass die Qualität nicht mehr als unvermeidbar beeinträchtigt wird, § 13 ApBetrO. Vergleichbares gilt für tierärztliche Hausapotheken (§ 11 TÄHAV).

VIII. Kennzeichnung der Behältnisse (Nr. 8)

58   Regelungen zur Kennzeichnung von Behältnissen für Arzneimittel enthalten insbes. § 15 AMWHV und § 14 ApBetrO.

IX. Dienstbereitschaft für Arzneimittelgroßhandelsbetriebe (Nr. 9)

59   Durch die Einführung der Großhandelsbetriebserlaubnis und die Genehmigungsvoraussetzungen hierfür in § 52a ist die Ermächtigungsgrundlage der Nr. 9 obsolet geworden.

X. Zurückstellung, Umfang und Lagerungsdauer von Chargenproben (Nr. 10)

60   Die sachkundige Person (§ 14) hat sicherzustellen, dass Rückstellmuster von jeder Charge eines in ausreichender Menge aufbewahrt werden (§ 18 AMWHV). Dies gilt sowohl für Fertigarzneimittel, Ausgangsstoffe und Prüfpräparate als auch für Wirkstoffe (§ 27 AMWHV).

XI. Kennzeichnung, Absonderung oder Vernichtung nicht verkehrsfähiger Arzneimittel (Nr. 11)

61   Regelungen hierzu enthält lediglich die AM-HandelsV in § 5 III, allerdings auf der Grundlage des § 52a. Arzneimittel, die nicht verkehrsfähig sind oder deren Rückgabe an den pharmazeutischen Unternehmer angeordnet ist, sind danach als solche kenntlich zu machen und abzusondern. Sie sind zu vernichten oder, soweit eine Rückgabe angeordnet ist, zurückzugeben. Eine ähnliche Verpflichtung trifft die Apotheker gem. § 21 VII ApBetrO.

XII. Voraussetzungen für Betrieb einer tierärztlichen Hausapotheke sowie Anforderungen für die Anwendung (Nr. 12)

62   Umfassende Regelungen auf Basis von Nr. 12 enthält die TÄHAV.

D. Großhandel (Abs. 2a a. F.)

63   § 52a ist mittlerweile die **Rechtsgrundlage für die AM-HandelsV** (ehemals AMGrHdlBetrV). Die Streichung des Abs. 2a erfolgte im Hinblick auf die in § 52a eingeführte Erlaubnispflicht für Großhandelsbetriebe, die nun sowohl für den Handel mit Tier- als auch mit Humanarzneimitteln gilt. Eine aufgrund der Rechtsverordnung nach § 54 IIa für den Großhandel mit Tierarzneimitteln erteilte amtliche Anerkennung ist gegenüber einer Erlaubnis i. S. d. § 52a gleichwertig und gilt nach dem neuen § 138 IV als Erlaubnis i. S. d. § 52a (s. § 138 Rn. 6). Näheres zum Betrieb eines Großhandels ist in der AM-HandelsV geregelt. Der Betriebsverordnung nach § 54 unterliegen Großhändler nur, wenn sie eine nach § 13 oder § 73 I erlaubnispflichtige Tätigkeit ausüben (§ 1 II Nr. 1 AMWHV).

E. Geltung der Abs. 1 und Abs. 2 für Personen (Abs. 3)

Auch **Personen,** die am Arzneimittelverkehr teilnehmen, sind Adressat der Betriebsverordnung soweit **64** sie die in Abs. 1 genannten Tätigkeiten **berufsmäßig** ausüben. Berufsmäßig ist der Gegenbegriff zu gewerbsmäßig. Gemeint ist die Tätigkeit der freien Berufe, die kein Gewerbe ausüben, z.B. Angehörige von Heilberufen, die Dispensierrechte ausüben, Frischzellen oder Blutkonserven herstellen[27].

F. Geltung der Abs. 1 und 2 für Apotheken (Abs. 4)

Zweck der Betriebsverordnungen nach § 54 ist es, industriell hergestellte Arzneimittel zu regeln[28]. **65** Daher wird die Verordnungsermächtigung durch Abs. 4 im Interesse einer rechtlichen Abgrenzung gegenüber dem ApG eingeschränkt. Dieses enthält in § 21 eine Ermächtigung zum Erlass einer ApBetrO, in der die Herstellung im Rahmen des üblichen Apothekenbetriebes geregelt ist. Dies ist dann der Fall, wenn die in der Apotheke hergestellten Arzneimittel nur in der eigenen Apotheke an Verbraucher abgegeben werden und nicht gewerbsmäßig an andere Apotheken (zur Abgrenzung und Begriffsbestimmung s. § 13 Rn. 36 ff.).

§ 55 Arzneibuch

(1) ¹Das Arzneibuch ist eine vom Bundesinstitut für Arzneimittel und Medizinprodukte im Einvernehmen mit dem Paul-Ehrlich-Institut und dem Bundesamt für Verbraucherschutz und Lebensmittelsicherheit bekannt gemachte Sammlung anerkannter pharmazeutischer Regeln über die Qualität, Prüfung, Lagerung, Abgabe und Bezeichnung von Arzneimitteln und den bei ihrer Herstellung verwendeten Stoffen. ²Das Arzneibuch enthält auch Regeln für die Beschaffenheit von Behältnissen und Umhüllungen.

(2) ¹Die Regeln des Arzneibuches werden von der Deutschen Arzneibuch-Kommission oder der Europäischen Arzneibuch-Kommission beschlossen. ²Die Bekanntmachung der Regeln kann aus rechtlichen oder fachlichen Gründen abgelehnt oder rückgängig gemacht werden.

(3) Die Deutsche Arzneibuch-Kommission hat die Aufgabe, über die Regeln des Arzneibuches zu beschließen und die zuständige Bundesoberbehörde bei den Arbeiten im Rahmen des Übereinkommens über die Ausarbeitung eines Europäischen Arzneibuches zu unterstützen.

(4) ¹Die Deutsche Arzneibuch-Kommission wird beim Bundesinstitut für Arzneimittel und Medizinprodukte gebildet. ²Das Bundesinstitut für Arzneimittel und Medizinprodukte beruft im Einvernehmen mit dem Paul-Ehrlich-Institut und dem Bundesamt für Verbraucherschutz und Lebensmittelsicherheit die Mitglieder der Deutschen Arzneibuch-Kommission aus Sachverständigen der medizinischen und pharmazeutischen Wissenschaft, der Heilberufe, der beteiligten Wirtschaftskreise und der Arzneimittelüberwachung im zahlenmäßig gleichen Verhältnis, stellt den Vorsitz und erlässt eine Geschäftsordnung. ³Die Geschäftsordnung bedarf der Zustimmung des Bundesministeriums im Einvernehmen mit dem Bundesministerium für Ernährung und Landwirtschaft. ⁴Die Mitglieder sind zur Verschwiegenheit verpflichtet.

(5) ¹Die Deutsche Arzneibuch-Kommission soll über die Regeln des Arzneibuches grundsätzlich einstimmig beschließen. ²Beschlüsse, denen nicht mehr als drei Viertel der Mitglieder der Kommission zugestimmt haben, sind unwirksam. ³Das Nähere regelt die Geschäftsordnung.

(6) Die Absätze 2 bis 5 finden auf die Tätigkeit der Deutschen Homöopathischen Arzneibuch-Kommission entsprechende Anwendung.

27 Vgl. *Kloesel/Cyran,* § 54 Anm. 19.
28 *Sander,* § 54 Erl. 17.

(7) [1]Die Bekanntmachung erfolgt im Bundesanzeiger. [2]Sie kann sich darauf beschränken, auf die Bezugsquelle der Fassung des Arzneibuches und den Beginn der Geltung der Neufassung hinzuweisen.

(8) [1]Bei der Herstellung von Arzneimitteln dürfen nur Stoffe und die Behältnisse und Umhüllungen, soweit sie mit den Arzneimitteln in Berührung kommen, verwendet werden und nur Darreichungsformen angefertigt werden, die den anerkannten pharmazeutischen Regeln entsprechen. [2]Satz 1 findet bei Arzneimitteln, die ausschließlich für den Export hergestellt werden, mit der Maßgabe Anwendung, dass die im Empfängerland geltenden Regelungen berücksichtigt werden können.

(9) Abweichend von Absatz 1 Satz 1 erfolgt die Bekanntmachung durch das Bundesamt für Verbraucherschutz und Lebensmittelsicherheit im Einvernehmen mit dem Bundesinstitut für Arzneimittel und Medizinprodukte und dem Paul-Ehrlich-Institut, soweit es sich um Arzneimittel handelt, die zur Anwendung bei Tieren bestimmt sind.

Wichtige Änderungen der Vorschrift: Abs. 1, 3, 4, 8 und 9 neu gefasst durch Art. 1 Nr. 51 des Gesetzes zur Änderung arzneimittelrechtlicher und anderer Vorschriften vom 17.7.2009 (BGBl. I S. 1990).

Europarechtliche Vorgaben: Übereinkommen des Europarats über die Ausarbeitung eines Europäischen Arzneibuchs vom 22.7.1964, in Kraft getreten am 8.5.1974 (Ratifizierung in der Bundesrepublik Deutschland durch Bundesgesetz vom 4.7.1973, BGBl. II S. 701).

Literatur: *Belz,* Das Arzneibuch – Ein wichtiger Pfeiler der Arzneimittelsicherheit, Bundesgesundheitsblatt – Gesundheitsforschung – Gesundheitsschutz 49 (2006), 1205; *Engelke,* Transnationalisierung der Arzneimittelregulierung: Der Einfluss der ICH-Guidelines auf das deutsche Arzneimittelzulassungsrecht, MedR 2010, 619; *Kullmann,* Das Deutsche Arzneibuch – seine arzneimittelrechtliche Grundlage, DAZ 1995, 1825.

Übersicht

A. Allgemeines

I. Inhalt

§ 55 statuiert die **Grundlage und** den **Inhalt des Arzneibuchs** (in der Fachsprache Pharmakopöe   1
genannt). Das Arzneibuch ist eine Sammlung anerkannter pharmazeutischer Regeln über die Qualität,
Prüfung, Lagerung, Abgabe und Bezeichnung von Arzneimitteln[1]. Nachdem ursprünglich nur ein
Arzneibuch existierte (und man auch heute nur noch von „dem Arzneibuch" spricht) besteht dieses
heute aus dem Deutschen, Europäischen und dem Homöopathischen Arzneibuch. Über die Regeln des
Arzneibuchs entscheiden die zuständigen Arzneibuch-Kommissionen. Es wird im BAnz. bekannt gemacht. Bei der Herstellung dürfen nur Stoffe und die Behältnisse und Umhüllungen, soweit sie mit den
Arzneimitteln in Berührung kommen, verwendet und nur Darreichungsformen angefertigt werden, die
den anerkannten Regeln entsprechen (Abs. 8).

Das Arzneibuch hat auch auf andere Bereiche der Arzneimittelsicherheit und -versorgung **vielfältige**   2
Auswirkungen. In der AMWHV, der ApBetrO und der TÄHAV wird das Arzneibuch verbindlich für
die Herstellung und Prüfung von Arzneimitteln vorgeschrieben (§§ 13 I 2, 14 I 2 AMWHV; § 6 I 2
ApBetrO; § 5 I bzw. § 8 II TÄHAV). Das Arzneibuch ist darüber hinaus der Maßstab für die Beurteilung
der Arzneimittel nach § 8, die Entscheidung über die Zulassung nach § 25 II Nr. 3, die Entscheidung
über die Registrierung nach § 39 II Nr. 3, die amtliche Untersuchung von Arzneimittelproben nach
§ 64 III, Maßnahmen der Überwachungsbehörden nach § 69 I Nr. 2. Schließlich wird in der RL 2001/
83/EG mehrfach auf das Europäische Arzneibuch, insbesondere bei der Qualität der Ausgangsstoffe
Bezug genommen.

II. Zweck

Hauptziele des Arzneibuchs sind die **Festlegung allgemein anerkannter Qualitätsstandards** für   3
Arzneimittel und der bei ihrer Herstellung verwendeten Stoffe und Behältnisse sowie die **Beschreibung**
von Prüfverfahren zur Kontrolle ihrer Qualität. Die sog. Monographien in den Arzneibüchern
beschreiben neben den Bestandteilen und Eigenschaften eines Stoffes oder Arzneimittels auch die
Prüfungen auf Identität, Reinheit und Gehalt (Prüfvorschriften) sowie pharmakologische Eigenschaften.
Arzneimittel müssen diese qualitativen Anforderungen erfüllen.

Monographien beschreiben also **Qualität.** Auf nationaler wie auch auf europäischer und interna-   4
tionaler Ebene bereiten Sachverständige in Kommissionen wissenschaftliches Erkenntnismaterial auf.
Stoffe und deren Zubereitungen werden vor allem auf Wirksamkeit und Unbedenklichkeit überprüft.
Erfüllen sie die geforderten Kriterien, so erhalten sie eine positive Monographie. Bei der Zulassung eines
entsprechenden Fertigpräparates kann sich der Hersteller dann auf die Angaben in der Monographie
beziehen. Das Arzneibuch hat dabei die Aufgabe, die **Volksgesundheit mit Hilfe anerkannter,**
gemeinsamer Regeln zu fördern, die von den Verantwortlichen im Gesundheitswesen und allen
Personen, die sich mit der Qualität der Arzneimittel befassen, zu beachten und einzuhalten sind. Die
Arzneistoffe müssen eine geeignete Qualität haben, um so eine sichere Anwendung des Arzneimittels für
den Patienten und Verbraucher zu gewährleisten.

Die gemeinsamen Normenvorschriften erleichtern gleichzeitig den **freien Warenaustausch inner-**   5
halb von Europa und sichern die Qualität der aus Europa exportierten Arzneimittel. Das Arzneibuch
richtet sich an alle Institutionen und Personen, die Arzneimittel herstellen, prüfen, mit ihnen handeln
oder sie zur Anwendung an Mensch oder Tier in Verkehr bringen. Mithin stellt es ein Referenzbuch
zum **Schutz der Volksgesundheit** und damit auch ein **rechtliches Mittel zum Verbraucherschutz**
dar.

III. Europarechtliche Vorgaben

1. Europarecht im weiteren Sinne. Alle Arzneimittel, die in Europa hergestellt oder verkauft   6
werden, unterliegen strengen Regeln über Zusammensetzung, Herstellungsverfahren und Qualität.
Unter der Schirmherrschaft des Europarates nimmt in Europa und weltweit die **Europäische Direktion**
für die Qualität von Medikamenten (European Directorate for the Quality of Medicines and
Healthcare EDQM) einen Großteil dieser Aufgaben wahr, insbesondere durch die Harmonisierung
nationaler Arzneibücher[2]. Dies betrifft im Wesentlichen die Monographien, die Bestimmungen über die
genaue Zusammensetzung der Grundsubstanzen für die Herstellung von Arzneimitteln enthalten. Im

---

[1] Aus der Tatsache, dass ein Mittel im Arzneibuch aufgenommen und hinsichtlich seiner Qualität in einer Monographie beschrieben ist, kann allerdings nicht automatisch auf den Arzneimittelcharakter eines bestimmten Produkts
geschlossen werden. Allein der objektive Zweckbestimmung ist entscheidend (s. § 2 Rn. 25 ff.).

[2] 1964 haben acht Mitgliedsländer des Europarates (Belgien, Deutschland, Frankreich, Vereinigtes Königreich,
Italien, Luxemburg, die Niederlande und die Schweiz) erstmals den Entschluss gefasst, ihre nationalen Arzneibücher zu
harmonisieren.

Rahmen einer internationalen Konvention wurde 1964 eine Europäische Arzneibuch-Kommission geschaffen, die neue, gemeinsame Monographien erarbeitet, die die nationalen ersetzen sollen[3]. Die harmonisierten Normen führen zu einer erhöhten Produktsicherheit und erleichtern den Vertrieb in anderen Ländern. Die beteiligten Länder brauchen keine Qualitätsunterschiede mehr zu befürchten, wenn Medikamente in einem Land hergestellt und in einem anderen verkauft werden. Das Europäische Arzneibuch dient somit einer **einheitlichen Qualität von Medikamenten in Europa.**

7   **2. Europarecht im engeren Sinne.** Auch im EU-Recht sind die Arzneibücher verankert. RL 2001/82/EG und RL 2001/83/EG machen die die Monographien des Europäischen Arzneibuchs für die Vorbereitung des Dossiers **für die Zulassungsentscheidung verbindlich.** Danach müssen alle biologischen, chemischen oder pflanzlichen Bestandteile eines Arzneimittels der in den Monographien des Europäischen Arzneibuchs beschriebenen Qualität entsprechen. Gibt es keine europäische Monographie, ist auf die Beschreibung der nationalen Monographie Bezug zu nehmen. Nach Punkt 3.2. des Anhangs 1 zur RL 2001/83/EG (in der durch RL 2003/63/EG geänderten Fassung, die über die Arzneimittelprüfrichtlinien in deutsches Recht umgesetzt ist, s. § 26 Rn. 7) gelten die Monographien des Europäischen Arzneibuchs für alle darin aufgeführten Stoffe, Zubereitungen und Darreichungsformen. Hinsichtlich anderer Stoffe kann jeder Mitgliedstaat die Einhaltung seines eigenen nationalen Arzneibuchs verlangen.

IV. Internationale Zusammenhänge

8   Die EDQM arbeitet mit den amerikanischen und japanischen Arzneibuch-Kommissionen im Rahmen der **Internationalen Harmonisierungskonferenz (ICH)** zusammen, die sich um eine Harmonisierung der Registrierungsverfahren, der Markteinführung, der Substanzanalysen und der Isolierungsverfahren bemüht **(Pharmacopoeial Discussion Group – PDG)**[4]. So wie die Harmonisierung der Arzneimittelbücher in Europa eine einheitliche europäische Arzneimittelpolitik in Hinblick auf Sicherung der Kontrolle und Qualität gestattet hat, so soll die 1991 eingeleitete Kooperation der großen Arzneimittelkommissionen der Welt den ersten Schritt einer zukünftigen weltweiten Arzneimittelpolitik ermöglichen. Deshalb wurden bereits Grundsätze für die Harmonisierung entwickelt und veröffentlicht[5]. Die harmonisierten Monographien sollen zu demselben Zeitpunkt in den verschiedenen Gebieten zur Anwendung kommen und rechtsverbindlich werden. Die ICH-Normen werden daher – im Unterschied zu ethischen Standards wie der Deklaration von Helsinki des Weltärztebundes – auch als zwingendes Recht rezipiert[6]. Das von der WHO vorbereitete Internationale Arzneibuch hat dagegen keinerlei rechtsverbindlichen Charakter[7].

B. Legaldefinition für das Arzneibuch (Abs. 1)

I. Inhalt des Arzneibuchs (S. 1)

9   Gem. Abs. 1 S. 1 ist das Arzneibuch eine **Sammlung anerkannter pharmazeutischer Regeln über die Qualität, Prüfung, Lagerung, Abgabe und Bezeichnung von Arzneimitteln und den bei ihrer Herstellung verwendeten Stoffen.** Da das Arzneibuch als Amtliche Sammlung anerkannter Regeln weitestgehend fachlichen Charakter hat, wird es von der zuständigen Bundesbehörde als fachkompetente Stelle, d. h. vom BfArM im Einvernehmen mit dem PEI und dem BVL, bekannt gemacht wird.

10   Nachdem zunächst bis 1996 nur ein einbändiges Arzneibuch in Deutschland existierte, trat 1997 das Nachfolgewerk in Kraft, das aus mehreren Teilen besteht, d. h. dem kompletten aktuellen Europäischen Arzneibuch (Pharmacopoeia Europaea – Ph. Eur.), dem jeweils geltenden Deutschen Arzneibuch (das nur in Deutschland gültig ist und als Loseblattsammlung bis heute weitergeführt wird) sowie dem Homöopathischen Arzneibuch.

11   Um der Zielsetzung des Arzneibuchs gerecht zu werden, enthält es Vorschriften über Stoffe, die bei der Herstellung von Arzneimitteln verwendet werden (Wirkstoffe, Hilfsstoffe), bestimmte Gruppen von Arzneimitteln, Darreichungsformen, Behältnisse und Umhüllungen für Arzneimittel. Den **Hauptteil** bilden die Regelungen über **Wirk- und Hilfsstoffe,** für die Anforderungen zu Qualität, Prüfung,

---

[3] Übereinkommen über die Ausarbeitung eines Europäischen Arzneibuchs vom 22.7.1964, in Kraft getreten am 8.5.1974 (Ratifizierung in der Bundesrepublik Deutschland durch Bundesgesetz vom 4.7.1973, BGBl II S. 701).

[4] Vgl. zum Inhalt der geplanten Zusammenarbeit Pharmacopoeial Discussion Group – Statement of Harmonisation Policy, Pharmeuropa Vol. 16, No. 3, July 2004.

[5] Vgl. Pharmeuropa Vol. 7, No. 3 S. 413; vgl. zur weltweiten Harmonisierung auch *Kullmann*, DAZ 1995, 1825, 1827.

[6] *Engelke*, MedR 2010, 619, 619.

[7] Die WHO bereitet gem. Art. 57 der Charta der Vereinten Nationen die Herausgabe vor. Die Normenvorschläge sind nicht rechtsverbindlich, weil dafür keine vertragliche, durch Ratifizierungsgesetz verbindlich gewordene Vereinbarung besteht. Das Internationale Arzneibuch dient daher im Wesentlichen solchen Staaten als Normensammlung, die kein nationales oder multinationales Arzneibuch verbindlich gemacht haben, vgl. *Kloesel/Cyran*, § 55 Anm. 3.

Lagerung und Bezeichnung beschrieben sind. Ein Textabschnitt, der sich mit einem einzelnen Stoff, einer Arzneimittelgruppe oder einer Darreichungsform befasst, wird als Monographie bezeichnet. Neben den Monographien sind auch allgemeine Anforderungen an Methoden und weitere allgemeine Texte Bestandteil des Arzneibuchs. Eine **Stoffmonographie** besteht üblicherweise aus folgenden Abschnitten: Definition, Herstellung, Eigenschaften, Prüfung auf Identität, Prüfung auf Reinheit, Gehaltsbestimmung, Lagerung, Beschriftung, Verunreinigungen. In Abhängigkeit von den Eigenschaften der beschriebenen Substanz wird jedoch ggf. auf einzelne dieser Abschnitte verzichtet. Der Inhalt einer Monographie legt nicht nur Qualitätsanforderungen – in Form einzuhaltender Grenzwerte – fest, sondern schreibt auch Prüfmethoden zur Kontrolle der Qualität vor[8].

1. Sammlung anerkannter pharmazeutischer Regeln. Diese Formulierung des Arzneibuchs als **Sammlung anerkannter pharmazeutischer Regeln** vermag keinen Ausschließlichkeitsanspruch begründen; es kann auch darüber hinaus anerkannte pharmazeutische Regel geben, die z. B. im Arzneibuch noch nicht enthalten sind, sondern die sich aus anderen Quellen erschließen[9], z. B. Regeln aus dem Deutschen Arzneimittelkodex (DAC), dem Neuen Rezeptur-Formularium (NRF) sowie dem Synonym-Verzeichnis zum Arzneibuch, die ebenfalls zur Pflichtlektüre für Apotheker nach § 5 ApBetrO gehören. Wie die Arzneimittelprüfrichtlinien müssen auch die anerkannten Regeln dem jeweils gesicherten Stand der wissenschaftlichen Erkenntnisse entsprechen (s. hierzu § 26 Rn. 28 ff.). Die Arzneibücher enthalten Regelungen über die Qualität, Prüfung, Lagerung, Abgabe und Bezeichnung von Arzneimitteln. **12**

2. Qualität. Unter **Qualität** ist die **pharmazeutische Qualität i. S. d. § 4 XV** zu verstehen; d. h. das Arzneibuch umfasst neben chemischen, physikalischen und biologischen Eigenschaften für einzelne, in Monographien beschriebene Arzneimittel, Darreichungsformen und Arzneimittelgruppen auch qualitätsbestimmende Herstellungsverfahren. Das Homöopathische Arzneibuch beschreibt die Verfahrenstechnik i. S. d. § 39 II Nr. 7 zur Herstellung homöopathischer Arzneimittel. **13**

3. Prüfung. Hinsichtlich der Prüfung von Arzneimitteln umfassen die pharmazeutischen Regeln z. B. die chemischen, physikalischen und biologischen Prüfungsmethoden zur Qualitätsbestimmung. Diese bestehen aus allgemeinen Methoden und speziellen Prüfungsmethoden, die in der jeweiligen Monographie beschrieben sind. Die Verpflichtung zur Durchführung von Prüfungen ergibt sich allerdings aus der jeweils anwendbaren Rechtsverordnung. **14**

4. Lagerung. Auch die Regelungen zur Lagerung werden nur durch die relevante Rechtsverordnung nach § 54 verbindlich. Unter dem **Begriff Lagern** wird allein das gewerbliche oder berufsmäßige Vorrätighalten von Arzneimitteln einschließlich des Vorrätighaltens in gemeinnützigen Einrichtungen verstanden. Das Vorrätighalten außerhalb der Fachkreise, z. B. im Haushalt, wird dagegen vom AMG als Aufbewahren bezeichnet (z. B. in § 11 I 1 Nr. 11)[10]. **15**

5. Abgabe. Die Arzneibuchvorschriften über die **Abgabe von Arzneimitteln** müssen sich vom Sinn und Zweck auf **qualitätsbestimmende Regeln** beschränken. Andere Abgabe- und Vertriebsvorschriften mit anderen Zielrichtung, z. B. die §§ 43 bis 47 sind nicht umfasst. **16**

6. Bezeichnung. Die Bezeichnung eines Arzneimittels ist seine **namenartige Benennung.** Im Interesse der Arzneimittelsicherheit und der wissenschaftlichen Übersichtlichkeit ist diese im Arzneibuch eng an § 10 VI auszurichten. Die für die deutsche Zulassung verbindlich vorgeschriebene Bezeichnung der Bestandteile richtet sich nach den §§ 10 und 11. § 55 macht die Kennzeichnungsvorschriften nicht verbindlich (s. Rn. 46). **17**

Bei der **Kennzeichnung monographierter Arzneimittel und Ausgangsstoffen** sollte neben der Bezeichnung zum Ausdruck kommen, in welcher jeweils geltenden Fassung des Arzneibuchs die Qualitätskriterien der Arzneimittel und Stoffe in Monographien beschrieben sind. Ein beigefügtes Prüfzertifikat sollte bescheinigen, dass das Arzneimittel oder der Stoff nach der jeweils gültigen Vorschrift des Arzneibuchs geprüft wurde und die erforderliche Qualität aufweist. Die Bezeichnung des Arzneimittels oder Stoffes wird dabei durch die Angabe der Fundstelle der geltenden Prüfvorschrift ergänzt[11]. Soweit auf die Arzneimittelprüfungen die GLP-Grundsätze Anwendung finden, sind diese zu berücksichtigen. **18**

Für die Kennzeichnungsregelungen hatte der *EuGH* die Frage zu entscheiden, ob Frankreich mit der aufgestellten Verpflichtung, die Registrierungsnummer auf der äußeren Verpackung und die Registrierung auf der Packungsbeilage zu den **Arzneimittelreagenzien** anzugeben, gegen europäisches Recht verstoßen hat. In der Rs. C-55/99[12] hat der *EuGH* festgestellt, dass hierin ein Verstoß gegen die in **19**

---

[8] *Belz*, Bundesgesundheitsblatt – Gesundheitsforschung – Gesundheitsschutz 49 (2006), 1205, 1206.
[9] *Sander*, § 55 Erl. 2.
[10] *Kloesel/Cyran*, § 55 Anm. 18.
[11] So ausdrücklich ein Schreiben des BMG an die Obersten Landesgesundheitsbehörden und Obersten Landesveterinärbehörden vom 14.8.1996 – Az. 113–5034-11.
[12] *EuGH*, Urt. v. 14.12.2000 – Rs. C-55/99, EuZW 2001, 189 –·Kommission/Französische Republik.

Art. 28 EG (nunmehr Art. 34 AEUV) geschützte Warenverkehrsfreiheit zu sehen ist. Einfuhrbeschränkungen sind mit dem EG-Vertrag nur vereinbar, soweit sie für einen wirksamen Schutz der Gesundheit und des Lebens von Menschen erforderlich sind. Die streitige nationale Regelung fiel jedoch nicht unter die Ausnahme des Art. 30 EG (nunmehr Art. 36 AEUV), da es wirksame Maßnahmen gebe, die den innergemeinschaftlichen Handel weniger beschränkten. Die Angabe der Nummer der Herstellungscharge stelle eine zur Vorbeugung gegen eine Verwechslungsgefahr ausreichende Maßnahme dar.

II. Behältnisse und Umhüllungen (S. 2)

20   Hinsichtlich Qualitätsanforderungen für Behältnisse i. S. v. § 55 sind die sog. **Primärpackmittel** (s. § 10 Rn. 11) gemeint. Dies ergibt sich auch aus Abs. 8, der die Regelungen nur für die Behältnisse und Umhüllungen für verbindlich erklärt, die mit den Arzneimitteln in Berührung kommen; gemeint ist die unmittelbare Berührung mit der Darreichungsform, d. h. Röhrchen, in denen sich Kapseln oder Tabletten befinden und Blister, die als Umhüllung gelten, nicht dagegen die Faltschachtel[13]. Zweck ist es, Arzneimittel vor einer Qualitätsminderung zu schützen[14].

III. Antizipiertes Sachverständigengutachten

21   Das Arzneibuch ist nach dem Vorbild des Deutschen Lebensmittelbuches als **amtliche Sammlung von Qualitätsnormen** ausgestaltet werden. In der Gesetzesbegründung zur 5. AMG-Novelle wird darauf verwiesen, dass eine solche amtliche Sammlung der anerkannten pharmazeutischen Regeln ohne Rechtsverordnungscharakter den fachlichen Anforderungen genüge, da diese Regeln als **„präfabrizierte" Sachverständigengutachten** fachlich Geltung beanspruchen. Für den Charakter eines antizipierten Sachverständigengutachtens spricht auch, dass die Leitsätze des Lebensmittelbuchs nach §§ 33, 34 LMBG (nunmehr §§ 15, 16 LFGB) nach der Rechtsprechung des *BVerwG* ebenfalls „Sachverständigengutachten von besonderer Qualität" darstellen, die ggf. widerlegbar sind[15]. Der Verzicht auf den ursprünglichen Rechtsverordnungscharakter soll eine raschere Umsetzung von Monographien und des Standes von Wissenschaft und Technik des Deutschen wie des Europäischen Arzneibuchs gewährleisten. Für die Qualifizierung der Regeln des Arzneibuchs als antizipiertes Sachverständigengutachten ist die Tatsache, dass das Arzneibuch bis zum Inkrafttreten der 5. AMG-Novelle als Rechtsverordnung mit Zustimmung des Bundesrates erlassen wurde (§ 55 II 1 a. F.) unerheblich[16]. Die Arzneibuchverordnung ist schließlich am 14.8.2006 aufgehoben worden[17]. Da nach § 55 VIII i. V. m. § 97 II Nr. 17 die Zuwiderhandlung sanktioniert ist, gibt es auch ausreichend Durchsetzungsmöglichkeiten der Qualitätsvorschriften zum Schutze des Verbrauchers.

22   Der **Aktualisierungsauftrag** für die Regeln des Arzneibuchs ergibt sich mittelbar aus § 26 I 2. Danach müssen die Arzneimittelprüfrichtlinien – und somit auch die Regeln des in Bezug genommenen Arzneibuchs – dem jeweils gesicherten Stand der wissenschaftlichen Erkenntnisse entsprechen (s. § 26 Rn. 28 ff.). Sie sind das Ergebnis der Bewertung der Erkenntnisse nach ausführlicher wissenschaftlicher Diskussion. Die Bewertung erfolgt durch die zuständigen Arzneibuch-Kommissionen. Dies ergibt sich auch aus der Definition des Arzneibuches als Sammlung anerkannter pharmazeutischer Regeln.

C. Autor der Arzneibücher (Abs. 2)

23   Die Regeln des Arzneibuchs werden von den aus Sachverständigen gebildeten zuständigen Arzneibuch-Kommissionen beschlossen. Für das Deutsche Arzneibuch ist dies die Deutsche Arzneibuch-Kommission, für das Homöopathische Arzneibuch die Homöopathische Arzneibuch-Kommission und für das Europäische Arzneibuch die Europäische Arzneibuch-Kommission.

I. Arzneibuch-Kommissionen (S. 1)

24   **1. Deutsche Arzneibuch-Kommission.** Die Abs. 3 bis 7 enthalten nähere Bestimmungen zu den Deutschen Arzneibuch-Kommissionen. Auf die dortigen Kommentierungen kann verwiesen werden (s. Rn. 33 ff.).

25   **2. Europäische Arzneibuch-Kommission.** Die Europäische Arzneibuch-Kommission beruht auf dem Übereinkommen zur Ausarbeitung eines Europäischen Arzneibuchs und besteht aus den Delegatio-

---

[13] *Sander*, § 55 Erl. 4.
[14] Vgl. *Kloesel/Cyran*, § 55 Anm. 35.
[15] *BVerwG*, GRUR 1986, 627, und *BVerwG*, Buchholz 418.711 LMBG Nr. 24 S. 71. Das *OVG Münster* sieht die EMA-Leitlinien als „antizipierte Sachverständigengutachten" für außerrechtliche Erkenntnisquellen wie den „jeweils gesicherten Stand der medizinischen Erkenntnisse", vgl. *OVG Münster*, PharmR 2009, 297, 299.
[16] So auch *OVG Berlin*, Urt. v. 4.4.2001 – 5 N 13.00 – juris; *VG Köln*, Urt. v. 21.2.2006 – 7 K 850/03 – juris.
[17] Durch Art. 21 des Gesetzes über die Bereinigung von Bundesrecht im Zuständigkeitsbereich des Bundesministeriums für Arbeit und Soziales und des Bundesministeriums für Gesundheit (BMASBBG – BGBl. I S. 1869).

nen der derzeit 35 Mitgliedstaaten des Übereinkommens über die Ausarbeitung eines Europäischen Arzneibuchs[18] und einer Delegation der EU, die ebenfalls Mitglied des Übereinkommens ist[19].

a) Übereinkommen über die Ausarbeitung eines Europäischen Arzneibuches. Dieser **völker- 26 rechtliche Vertrag** wurde am 22.7.1964 in Straßburg zur Unterzeichnung aufgelegt und ist am 8.5.1974 in Kraft getreten[20]. Die Vertragsparteien verpflichten sich hierin, unter der Ägide des Europarates schrittweise ein Europäisches Arzneibuch auszuarbeiten, um die Normen für Arzneimittel in ihrem ursprünglichen Zustand oder in Form pharmazeutischer Präparate aufeinander abzustimmen. Nach Art. 1 des Übereinkommens haben sie die notwendigen Maßnahmen zu treffen, damit die Monographien des Europäischen Arzneibuches amtliche, innerhalb des nationalen Hoheitsgebiets anwendbare Normen darstellen. Das Europäische Arzneibuch wird somit zur amtlichen Norm, die in den beteiligten Staaten unmittelbar gilt. Es wird von der Europäischen Arzneibuch-Kommission erstellt, die die allgemeinen Grundsätze, die bei der Ausarbeitung des Europäischen Arzneibuches anzuwenden sind, bestimmt. Die Kommission beschließt die Untersuchungsmethoden, veranlasst die Ausarbeitung und Annahme der aufzunehmenden Monographien und empfiehlt die Festsetzung von Fristen, innerhalb derer ihre Beschlüsse fachlicher Art in den Hoheitsgebieten der Vertragsparteien durchzuführen sind. Die Europäische Arzneibuch-Kommission arbeitet unter der Aufsicht des Gesundheitsausschusses des Europarats.

Eine Revision durch ein Protokoll[21] sieht den **Beitritt der Europäischen Gemeinschaft** zur 27 Konvention vor und legt die Modalitäten für ihre Beteiligung an der Europäischen Arzneibuch-Kommission fest. Die EU wird im Gesundheitsausschuss und der Europäischen Arzneibuch-Kommission von der Kommission vertreten, die wiederum die in den Gremien zu vertretende Position im Benehmen mit den Mitgliedstaaten festlegt (Art. 3 II des Übereinkommens). Der Beitritt der EU im Jahr 1994[22] hat eine engere Zusammenarbeit zwischen beiden Institutionen ermöglicht. Die EU erkennt die Spezifikationen des Europäischen Arzneibuches an[23] (Art. 3.2. des Anhangs 1 zur RL 2001/83/EG). Hinsichtlich der qualitätsbezogenen Teile (chemische, pharmazeutische und biologische Informationen) des Dossiers sind alle Monographien und die allgemeinen Kapitel des Europäischen Arzneibuchs maßgeblich[24].

b) Konformitätsbescheinigungen. Durch die von der EDQM 1994 geschaffene Konformitäts- 28 bescheinigung[25] können Antragsteller im Rahmen des Zulassungsverfahrens nachweisen, dass die produzierten Arzneimittel den Qualitätsanforderungen des Europäischen Arzneibuches entsprechen, sog. **Certificates of Suitability** of Monographs of the European Pharmacopoeia (COS oder CEP). Dies ist der Beleg, dass der Wirkstoff durch die betreffende Monographie der Europäischen Pharmakopoe hinreichend charakterisiert ist. Mit der Entwicklung des Welthandels werden diese Konformitätsbescheinigungen immer wichtiger. Die EDQM garantiert der Industrie absolute Vertraulichkeit für die Ausstellung der Konformitätsbescheinigung, um die Fabrikationsgeheimnisse zu wahren[26]. Dies gilt besonders bei patentgeschützten Produkten. Die Herstellungs- und Prüfverfahren müssen jedoch den geltenden Anforderungen entsprechen[27]. D. h. sind der Wirkstoff und/oder ein Roh- und Ausgangsstoff oder ein Hilfsstoff Gegenstand einer Monographie des Europäischen Arzneibuchs, so kann der Antragsteller bei der EDQM das Eignungszertifikat beantragen, das im Falle der Erteilung in den betr. Abschnitt des Moduls des Zulassungsdossiers aufgenommen wird. Derartige Bescheinigungen der Eignung der Monographie des Europäischen Arzneibuchs gelten als Ersatz für die maßgebenden Daten der entsprechenden Abschnitte, wie sie in diesem Modul beschrieben werden.

---

[18] Unter den Mitgliedstaaten sind alle Staaten der EU mit Ausnahme Polens, das jedoch zur Zeit noch als Beobachter teilnimmt. Eine Übersicht aller Vertragsstaaten und Beobachter ist auf der Homepage der EDQM zu finden, abrufbar unter http://www.edqm.eu.

[19] Die deutsche Delegation setzt sich aus je einem Vertreter der Industrie, der Universitäten sowie des BfArM zusammen.

[20] Übereinkommen über die Ausarbeitung eines Europäischen Arzneibuchs vom 22.7.1964, in Kraft getreten am 8.5.1974 (Ratifizierung in der Bundesrepublik Deutschland durch Bundesgesetz vom 4.7.1973, BGBl. II S. 701).

[21] Protokoll vom 16.11.1989 (Beitritt der Europäischen Wirtschaftsgemeinschaft – BGBl. 1993 II S. 15).

[22] Der Beitritt erfolgte mit Beschluss 94/358/EG des Rates vom 16.6.1994 zur Annahme des Übereinkommens über die Ausarbeitung eines Europäischen Arzneibuches im Namen der Europäischen Gemeinschaft (ABl. Nr. L 158 v. 25.6.1994, S. 17).

[23] Zum Zeitpunkt ihres Beitritts war die EU im Begriff, ihre Aktivität im Bereich der Medizin durch die Schaffung der EMA auszuweiten. Die EMA und die EDQM arbeiteten von Anfang an eng zusammen.

[24] Einführung und allgemeine Grundlagen zum Anhang 1 der RL 2001/83/EG.

[25] Teilabkommen des Gesundheitsausschusses des Europarates, Resolution AP-CSP (93) 5 in der revidierten Form der Resolution AP-CSP (07) 1 („Certification of suitability to the monographs of the European Pharmacopoeia (revised version)").

[26] Auf der Internet-Seite der EDQM und in der Zeitschrift „Pharmeuropa" sind allerdings Listen der Zertifikate mit dem Namen der Substanz, der entsprechenden Monographie und dem Namen des Herstellers verfügbar.

[27] Bei einer neuen EU-Vorgabe über die Zusammensetzung eines Medikaments können die Produkte mit Hilfe der Konformitätsbescheinigungen rascher den neuen Gesetzen angepasst werden. Ein Beispiel war die Entscheidung der EU Anfang 2000, alle medizinischen Substanzen vom Markt zu nehmen, bei denen die Gefahr einer Infektion mit der übertragbaren Form der spongiformen Enzephalopathie vom Rind („Rinderwahnsinn") oder Schaf bestand.

29 **c) Aufgabe der Europäischen Arzneibuch-Kommission.** Die **Vorbereitung, Redaktion und Überarbeitung der Monographien** des Arzneibuches ist die Kernaufgabe der Europäischen Arzneibuch-Kommission. Die Zuständigkeit ist darüber hinaus jedoch erheblich erweitert, um in enger Zusammenarbeit mit der EU die „Qualität" der europäischen Arzneimittelpolitik sicherzustellen. Die EDQM hat den europäischen Harmonisierungsprozess durch die Einrichtung eines europäischen Netzwerkes von Kontroll-Laboratorien (Official Medicinal Control Laboratories, OMCL) ergänzt[28]. Inzwischen hat sich der Aufgabenbereich der EDQM erweitert, so dass sie nun das gesamte Verfahren zur Qualitätsprüfung, d. h. vor, während und nach der Herstellung eines Medikaments, abdeckt. Dadurch hat auch das Arzneibuch, das Teil der EDQM ist, neue Impulse bekommen.

30 **d) Inhalt des Europäischen Arzneibuchs.** Das Europäische Arzneibuch enthält eine Anzahl **allgemeiner Monographien,** die Gruppen von Produkten umfassen. Diese beinhalten Anforderungen, die auf alle Produkte der entsprechenden Gruppe anwendbar sind. In manchen Fällen gibt es Einzelmonographien. Die EDQM überwacht die Einheitlichkeit der Substanzen und arbeitet regelmäßig neue Tests zur Aufdeckung von Fälschungen aus. Hierfür entwickeln die Forschungseinrichtungen der EDQM u. a. neue Analysemethoden. Die EDQM kann auch auf Forderung der Mitgliedsländer des Europarats neue Analyse- und Prüfverfahren entwickeln, um unerwarteten gesundheitlichen oder biologischen Gefahren zu begegnen.

31 **3. Zusammenhang zwischen den Arzneibüchern.** Das Arzneibuch besteht aus dem Deutschen Arzneibuch, in das das Europäische Arzneibuch integriert ist, und dem Homöopathischen Arzneibuch. Die Monographien des Europäischen Arzneibuches sind im Deutschen Arzneibuch durch den Europäischen Sternenkranz kenntlich gemacht. Mit Beginn der Geltung des Europäischen Arzneibuches 1997 wurde eine Trennung des Arzneibuches der Bundesrepublik Deutschland in das jeweils geltende Europäische Arzneibuch, amtliche deutsche Ausgabe, und die jeweils geltende Deutsche Arzneibuch mit den nur für die Bundesrepublik Deutschland geltenden Arzneibuchvorschriften vollzogen[29]. Bindend sind nach dem AMG aber die aktuellen Monographien sowohl des Europäischen als auch des Deutschen und Homöopathischen Arzneibuchs. Das Deutsche Arzneibuch enthält nur Regeln, die im Europäischen Arzneibuch nicht enthalten sind, da das Europäische Arzneibuch nationale Vorschriften ersetzt. Es besteht insoweit eine **Subsidiarität,** wonach die **Vorschriften des Europäischen Arzneibuchs Vorrang** haben[30]. Im Zulassungsverfahren gelten also vorrangig die Vorschriften des Europäischen Arzneibuchs. Sind dort keine Regelungen enthalten, kann das Arzneibuch eines Mitgliedstaats herangezogen werden. So ist in Abs. 2 Nr. 4 der Arzneimittelprüfrichtlinien vorgesehen, dass für den Fall, dass keine Monographie im Europäischen Arzneibuch existiert, auf das nationale Arzneibuch zurückgegriffen werden kann. Diese Möglichkeit sieht RL 2003/63/EG ausdrücklich vor, und wurde daher in den Prüfrichtlinien dementsprechend umgesetzt.

II. Ablehnung oder Rückgängigmachung der Bekanntmachung (S. 2)

32 Die Bekanntmachung der von den Arzneibuch-Kommissionen erarbeiteten Arzneibücher kann vom BMG **aus rechtlichen oder fachlichen Gründen** abgelehnt oder rückgängig gemacht werden. Dies ist im Umwelt- und Technikrecht im Allgemeinen und im Arzneimittelrecht im Besonderen jedoch rechtstaatliche „Selbstverständlichkeit", da eine rechtliche Bindungswirkung wissenschaftlicher Sachverständigengremien die notwendige demokratische Legitimation verhindern würde. Das Recht zur Letztentscheidung darf der Verordnungsgeber jedoch nicht aus der Hand geben[31].

D. Aufgaben der Deutschen Arzneibuch-Kommission (Abs. 3)

33 Die Aufgabe der Deutschen Arzneibuch-Kommission, d. h. der Fachausschüsse und Arbeitsgruppen, geht erheblich über die Bearbeitung des Deutschen Arzneibuchs hinaus, weil vor allem sie die **Unterstützung der zuständigen Bundesoberbehörde** im Rahmen des Übereinkommens zur Ausarbeitung eines Europäischen Arzneibuchs leisten[32].

---

[28] Die amtlichen Arzneimitteluntersuchungsstellen der Mitgliedstaaten der EU bzw. des Europarates haben sich 1995 unter dem Dach des Europarates zu einem Netzwerk der Kontrolllaboratorien zusammengeschlossen (European Network of Official Medicines Control Laboratories). Wesentliche Ziele sind die Bildung eines Ressourcenpools von Experten, die durch Arbeitsteilung und Harmonisierung der Qualitätsstandards für eine europaweit gleichwertige, gegenseitig anerkannte Kontrolle von Arzneimitteln in Europa Sorge tragen. Hierbei spielt die Etablierung von Qualitätssicherungssystemen in den Kontrolllaboratorien auf der Basis der Norm EN 17 025 eine wichtige Rolle. Die Aktivitäten des OMCL-Netzwerkes werden vom EDQM koordiniert.

[29] Vgl. Bekanntmachung des BMG v. 18.6.1997, BAnz. S. 8249.

[30] Vgl. *Kloesel/Cyran*, § 55 Anm. 40.

[31] Näher zum Problem der faktischen Bindung an Sachverständigenvoten *Blattner*, S. 152 ff. m. w. N.

[32] In der Vergangenheit haben deutsche Experten im Übrigen wesentlich bei der Erarbeitung der Monographien und sonstigen Vorschriften des Europäischen Arzneibuches mitgewirkt, vgl. *Kullmann*, DAZ 1995, 1825, 1826.

E. Zusammensetzung der Deutschen Arzneibuch-Kommission (Abs. 4)

Die Deutsche Arzneibuch-Kommission wird beim BfArM gebildet (S. 1). Das BfArM beruft im **34** Einvernehmen mit dem PEI und dem BVL die Mitglieder aus Sachverständigen der medizinischen und pharmazeutischen Wissenschaft, der Heilberufe, der beteiligten Wirtschaftskreise und der Arzneimittelüberwachung im zahlenmäßig gleichen Verhältnis. Es bestellt weiterhin den Vorsitzenden der Kommission und seine Stellvertreter und erlässt nach Anhörung der Kommission eine **Geschäftsordnung (S. 2)**[33]. Das Bundesministerium behält sich allerdings, im Einvernehmen mit dem BMEL, die Zustimmung zur Geschäftsordnung vor (**S. 3**).

Die derzeit geltende **Geschäftsordnung** bestimmt, dass die Mitglieder der Kommission für einen **35** Zeitraum von fünf Jahren berufen werden (§ 1 I) und, dass die Kommission Fachausschüsse (§ 8) bildet, deren Vorsitzende von der Kommission aus dem Kreis ihrer Mitglieder oder deren Stellvertreter auf Vorschlag des Vorsitzenden gewählt werden (§ 8 II). Die Fachausschüsse können im Einvernehmen mit dem Vorsitzenden der Kommission Arbeitsgruppen bilden (§ 9), die auch aus Sachverständigen bestehen können. Auf die Tätigkeiten der Mitglieder der Arzneibuch-Kommission finden §§ 83 ff. VwVfG Anwendung[34]. D. h. sie sind zur unparteiischen und gewissenhaften Ausübung des Ehrenamtes verpflichtet und zur Mitteilungspflicht bei Befangenheit. Des Weiteren haben die Mitglieder einen Anspruch auf Entschädigung. Für die Abfindung der Mitglieder der Arzneibuch-Kommissionen hat der Bundesminister des Innern Richtlinien erlassen. In Abs. 4 S. 4 wird für die Verfahren der Kommissionen nunmehr die besondere Verpflichtung zur Vertraulichkeit geregelt.

F. Beschlussfassung der Deutschen Arzneibuch-Kommission (Abs. 5)

Die Deutsche Arzneibuch-Kommission soll **grundsätzlich** ihre Entscheidungen **einstimmig** be- **36** schließen (**S. 1**). Stimmen weniger als drei Viertel der Mitglieder den Beschlüssen zu sind diese unwirksam (**S. 2**). Das Nähere ist in einer Geschäftsordnung zu regeln (**S. 3**). Die Geschäftsordnung sieht in diesem Fall vor, dass die Kommission mit einfacher Mehrheit entscheidet, ob die Regeln an die Fachausschüsse zurückverwiesen werden sollen. Die Arzneibuch-Kommission entscheidet mit mehr als drei Viertel ihrer Stimmen über Vorschläge für die Ausarbeitung neuer Regeln des Arzneibuchs. Ausgeschlossen von der Teilnahme an Beschlussfassungen über ein neues Arzneibuch sind sowohl der betroffene pharmazeutische Unternehmer sowie seine Angehörigen, gesetzlichen Vertreter und Bevollmächtigten, als auch alle anderen Personen, die an dem betr. Gegenstand ein unmittelbares wirtschaftliches Interesse haben (§ 6 IV der Geschäftsordnung). Für die Abgabe von Stellungnahmen im Rahmen der Mitarbeit in den Gremien der Europäischen Arzneibuch-Kommission ist dagegen keine Einstimmigkeit erforderlich.

G. Deutsche Homöopathische Arzneibuch-Kommission (Abs. 6)

Die Abs. 2 bis 5 gelten gleichermaßen für die Tätigkeit der **Deutschen Homöopathischen Arznei-** **37** **buch-Kommission.** D. h. das Homöopathische Arzneibuch wird von der Homöopathischen Arzneibuch-Kommission vorbereitet, deren Mitglieder vom BfArM berufen werden[35]. Das Homöopathische Arzneibuch enthält die homöopathischen Herstellungsregeln und Qualitätsanforderungen. Die Notwendigkeit, auch die nationalen Arzneibücher zu berücksichtigen, wird bei den homöopathisch hergestellten Arzneimitteln besonders deutlich. Die Arzneimittelprüfrichtlinie verweist bei der Definition homöopathischer Arzneimittel auf die nationalen Arzneibücher, denn homöopathische Zubereitungsverfahren sind nicht Gegenstand des Europäischen Arzneibuchs.

H. Bekanntmachung (Abs. 7)

I. Bekanntmachung im Bundesanzeiger (S. 1)

Das Europäische Arzneibuch wird vom Europarat in englischer und französischer Sprache, den Amts- **38** sprachen des Europarates, herausgegeben. Unter Beteiligung der zuständigen Behörden Deutschlands, Österreichs und der Schweiz wird es in die deutsche Sprache übersetzt. Die übersetzten Monographien und die anderen Texte werden nach Abs. 7 sodann **als amtliche deutsche Ausgabe im BAnz. bekannt gemacht.** Da die Regeln dem jeweiligen Stand von Wissenschaft und Technik angepasst

---

[33] Geschäftsordnung der Deutschen Arzneibuch-Kommission und ihrer Gremien, Bekanntmachung des BMG vom 17.1.1996 (BAnz. S. 1121).
[34] *Kloesel/Cyran*, § 1 Arzneibuchverordnung Anm. 5.
[35] Auch gibt sich diese Kommission eine Geschäftsordnung: Geschäftsordnung der Deutschen Homöopathischen Arzneibuch-Kommission und ihrer Gremien, Bekanntmachung des BMG v. 18.10.1996 (BAnz. S. 11 894).

werden müssen, veröffentlicht das Bundesministerium zur Aktualisierung des Europäischen Arzneibuches regelmäßig Bekanntmachungen im Bundesanzeiger, um die beschlossenen Monographien und andere Texte entsprechend Abs. 2 in geltende Normen zu überführen. Dies geschieht in der Regel jährlich, notwendige Anpassungen werden kurzfristig mittels Eilrevisionen („rapid revision") oder schnellen Ergänzungen („rapid implementation") vorgenommen. Diese werden mit kurzen Inkraftsetzungsterminen im BAnz. bekannt gemacht[36].

II. Beschränkung der Bekanntmachung (S. 2)

39   Die Bekanntmachung kann sich darauf beschränken, auf die Bezugsquelle der Fassung und den Beginn der Geltung der Neufassung hinzuweisen. An dieser Art der Veröffentlichung zeigt sich, dass durch diese einfache Bekanntmachung notwendige Änderungen der Arzneibücher schneller umgesetzt werden können, als das der Fall wäre, wenn die Arzneibücher wie vor der 5. AMG-Novelle noch der Umsetzung durch eine Rechtsverordnung mit Zustimmung des Bundesrats bedürften.

III. Anpassung an geänderte Arzneibuchvorschriften

40   Es ist gängige Verwaltungspraxis, dass den pharmazeutischen Unternehmern zur Anpassung an geänderte Arzneibuchvorschriften eine gewisse **Übergangsfrist** nach deren Veröffentlichung gewährt wird[37]. Weiterhin wird es akzeptiert, dass die Anpassung nicht angezeigt wird, wenn im Zulassungsdossier nicht auf eine bestimmte Monographie, sondern auf die jeweils aktuelle Fassung verwiesen wird. Diese Verwaltungspraxis hinsichtlich der Gewährung von Übergangsfristen bei der Implementierung von Arzneibuchvorschriften hat sich nunmehr aber geändert, indem die Fristen auf sechs Monate verkürzt worden sind[38].

41   Dies steht im Einklang mit den europäischen Regelungen. So kann gem. Anhang 1 der (noch bis zum 31.12.2009 in Kraft befindlich gewesenen) VO (EG) Nr. 1084/2003 und VO (EG) Nr. 1085/2003 auf eine Änderungsanzeige dann verzichtet werden, wenn die Übereinstimmung mit der aktualisierten Monographie innerhalb von sechs Monaten nach ihrer Veröffentlichung umgesetzt wird und im Dossier auf die derzeitige Fassung verwiesen wird. Von der zunächst vom BMG beabsichtigte Anzeigepflicht nach § 29 wird von den Behörden somit derzeit weiterhin abgesehen. Die ab 1.1.2010 geltende neue VO (EG) Nr. 1234/2008 klassifiziert derartige Änderungen als geringfügige Änderung des Typs IA. Wird eine solche Anpassung also vorgenommen, ist bei der jeweils zuständigen Behörde gleichzeitig eine Mitteilung einzureichen. Diese Mitteilung ist innerhalb von zwölf Monaten nach der Durchführung der Änderung vorzulegen.

I. Verwendungsverbot bei Arzneimittelherstellung (Abs. 8)

I. Vereinbarkeit mit den anerkannten pharmazeutischen Regeln (S. 1)

42   In Abs. 8 S. 1 wird festgelegt, dass jede Arzneimittelherstellung, und nicht nur dann, wenn die Herstellung mit einer Abgabe verbunden ist, den anerkannten pharmazeutischen Regeln entsprechen muss. Diese Erweiterung des Anwendungsbereichs, vor der 15. AMG Novelle musste die Herstellung mit einer Abgabe verbunden sein, steht im Zusammenhang mit § 13 I, da freigaberelevante Prüfungen von Arzneimittel auch vollständig in vom Herstellungsbetrieb separaten Betrieben erfolgen können (s. § 13 Rn. 21). Sachlich ist der Anwendungsbereich beschränkt auf Stoffe und diejenigen Behältnisse und Umhüllungen, **die mit den Arzneimitteln in Berührung kommen,** d. h. die sog. Primärpackmittel.

43   Das Gebot, dass bei der Arzneimittelherstellung nur die Stoffe und Primärpackmittel verwendet und nur Darreichungsformen angefertigt werden, die den anerkannten pharmazeutischen Regeln entsprechen, gilt nicht für die Lagerung und Kennzeichnung. Die im Arzneibuch aufgenommenen **Lagerhinweise und Kennzeichnungsregeln** haben daher grundsätzlich nur den **Charakter von Empfehlungen,** soweit sie nicht durch Auflage nach § 28 oder für Apotheken auf Grund der ApBetrO oder AMWHV verpflichtend gemacht werden, z. B. als Lagerhinweis für die Fachkreise (§ 10 II) oder als Aufbewahrungshinweise für die Verbraucher (§ 11 II) für die Kennzeichnung von Fertigarzneimitteln. Abs. 8 enthält insoweit keine normierende Verpflichtung für die Lagerung und Kennzeichnung. Entsprechende Hinweise in den Arzneibüchern haben nur den Charakter einer Empfehlung. Ein entsprechender Hinweis kann von der Bundesbehörde aber als Auflage angeordnet werden (§ 28 II Nr. 1a)).

---

[36] *Kloesel/Cyran,* § 55 Anm. 27.
[37] Vgl. als Beispiel nur Bekanntmachung zum Europäischen Arzneibuch v. 7.10.2005 (BAnz. S. 15 250), I. 10.
[38] Vgl. Rundschreiben des BMG vom 14.9.2006 bzgl. der Anzeige gem. § 29 I AMG bei geänderter Arzneibuchmonographie.

II. Abweichungen vom Arzneibuch

Die hier referenzierten anerkannten pharmazeutischen Regeln ergeben sich grundsätzlich aus dem **44** Arzneibuch. Da das Arzneibuch in Form eines „präfabrizierten" Sachverständigengutachtens die in Europa nach Meinung der Sachverständigen erforderlichen Kriterien für die Arzneimittelsicherheit enthält, ist eine Abweichung nur im Ausnahmefall zulässig.

Eine **Abweichung von den Regeln des Arzneibuchs** darf nur erfolgen, wenn dieses entweder eine **45** **Regelungslücke** enthält oder **neue, bessere wissenschaftliche Erkenntnisse** vorhanden sind, die eine andere Beurteilung erforderlich machen[39]. D. h. **auch ältere Normen in Arzneibüchern** können noch anerkannte pharmazeutische Regeln darstellen, soweit die geltende Fassung des Arzneibuches keine neueren Normen enthält. Obwohl diese alten Normen keine unmittelbar gültigen Rechtsnormen mehr sind, ist zu beachten, dass sie noch anerkannte pharmazeutische Regeln sein können und eine nicht unerhebliche Abweichung von diesen Normen einen Verstoß gegen § 55 VIII und § 8 I Nr. 1 darstellen. Auch die Amtliche Begründung zur 5. AMG-Novelle geht von einer solchen Flexibilität aus, wonach die Regeln sich nur „grundsätzlich aus dem Arzneibuch" ergeben[40]. Daran hat die Herausnahme der ausdrücklichen Bezugnahme auf das Arzneibuch aus § 55 III 1 a. F. nichts geändert[41]. Weitere Handbücher, Vorschriftensammlungen und ähnliche wissenschaftliche Veröffentlichungen können ebenfalls zu beachten sein, soweit das Arzneibuch keine Angaben enthält[42]. Auch als Konsequenz der neuesten Rechtsprechung des *OVG Münster*[43] wird es möglich sein, von europäischen und nationalen Richtlinien und Leitlinien abzuweichen, wenn die wissenschaftlich fundiert belegt ist.

Einzelne Untersuchungen oder wissenschaftliche Veröffentlichungen können dagegen die **46** anerkannten pharmazeutischen Regeln nicht widerlegen, da sie noch keine Änderung des Standes der Wissenschaft begründen[44]. Die Regeln des Arzneibuchs können gerichtlich nur mit dem substantiierten Vorbringen angegriffen werden, dass sie nicht (mehr) dem gesicherten Stand der wissenschaftlichen Erkenntnisse entsprächen. Allein ein **Sachverständigenbeweis als „Gegenbeweis"** ist dagegen noch **nicht ausreichend.** Auch wenn es sich insoweit um eine fachlich fundierte Gegenmeinung von zwei Sachverständigen handelt, genügt diese zum Abweichen von den Regeln des Arzneibuchs nicht. Denn die Gegenmeinung kann ihrerseits den „gesicherten Stand der wissenschaftlichen Erkenntnisse" für sich in Anspruch nehmen. Hierfür ist nach dem *OVG Berlin*[45] der substantiierte Vortrag erforderlich, dass sich die Auffassung in der Wissenschaft i. S. d. Sachverständigengutachten geändert habe. Alternative Methoden können bei der Herstellung aber nur verwendet werden, soweit eine Monographie ein anderes Herstellungsverfahren ausdrücklich zulässt[46].

Da sich die anerkannten pharmazeutischen Regeln grundsätzlich aus dem Europäischen oder dem **47** Deutschen Arzneibuch ergeben, kann die Heranziehung von Regeln der **Arzneibücher von Drittstaaten** nur in Betracht kommen, wenn die erstgenannten Arzneibücher hierzu keine Regel enthalten. Diese **Subsidiarität anderer Arzneibücher** findet ihre Entsprechung in den Bestimmungen der Arzneimittelprüfrichtlinien. Darin ist die Rangfolge der Arzneibücher unzweideutig festgelegt: Für die Beurteilung der Arzneimittelqualität kommt es in erster Linie auf die Regeln des Europäischen Arzneibuchs an. Fehlen solche, können die Monographien der Mitgliedstaaten herangezogen werden. Falls sich eine Beschreibung der Ausgangs- und Rohstoffe, der Wirkstoffe oder der Hilfsstoffe weder im Europäischen Arzneibuch noch im Arzneibuch eines Mitgliedstaats findet, kann die Übereinstimmung mit einer Monographie des Arzneibuchs eines Drittlandes akzeptiert werden bzw. kann auf andere, validierte Verfahren zurückgegriffen werden, die sich dann unter Umständen auch in Monographien von Dritt-

---

[39] Vgl. *Kloesel/Cyran*, § 55 Anm. 12.
[40] Die Verwendung alternativer Methoden bei der Prüfung der Arzneistoffe und Arzneimittel ist zulässig, wenn dies zu gleichen Ergebnisse führt, in der jeweiligen Dokumentation ausführlich begründet ist und die Methoden genau beschrieben, überprüft und validiert werden, vgl. *Kloesel/Cyran*, § 55 Anm. 12a.
[41] BT-Drucks. 12/6480 S. 21.
[42] *Sander*, § 55 Erl. 2.
[43] *OVG Münster*, PharmR 2011, 55.
[44] Vgl. *VG Berlin*, Urt. v. 28.10.1999 – VG 14 A 502.95 – juris.
[45] *OVG Berlin*, Urt. v. 4.4.2001 – 5 N 13.00 – juris.
[46] Wenn jedoch ein im Europäischen Arzneibuch oder im Arzneibuch eines der Mitgliedstaaten aufgeführter Ausgangsstoff nach einer Methode zubereitet wurde, bei der möglicherweise Verunreinigungen zurückbleiben, die durch die Monographie dieses Arzneibuchs abgedeckt sind, so muss auf diese Verunreinigungen hingewiesen und die zulässige Obergrenze angegeben werden; eine geeignete Prüfmethode ist zu beschreiben. Die zuständigen Behörden können von dem Inhaber der Genehmigung für das Inverkehrbringen geeignete Spezifikationen verlangen, wenn eine Spezifikation einer Monographie des Europäischen Arzneibuchs oder des Arzneibuchs eines Mitgliedstaats unter Umständen nicht genügt, um die Qualität der Ausgangsstoffe zu gewährleisten. Die zuständigen Behörden setzen die für das betreffende Arzneibuch zuständigen Behörden davon in Kenntnis. Der Inhaber der Genehmigung für das Inverkehrbringen des Arzneimittels muss den Behörden des betreffenden Arzneibuchs alle Einzelheiten hinsichtlich der angeblichen Unzulänglichkeit und der zusätzlichen angewandten Spezifikation vorlegen. Handelt es sich um Analyseverfahren aus dem Europäischen Arzneibuch, ist diese Beschreibung in den jeweiligen Abschnitten durch den entsprechenden genauen Verweis auf die Monographie(n) und das/die allgemeine(n) Kapitel zu ersetzen, vgl. Art. 3.2(5) des Anhangs I der RL 2001/83/EG.

ländern finden[47]. In solchen Fällen hat der Antragsteller eine Abschrift der Monographie zusammen mit der Validierung der in der Monographie enthaltenen Analyseverfahren und ggf. einer Übersetzung einzureichen.

III. Herstellung zu Exportzwecken (S. 2)

48   Die Anforderungen des Arzneibuches gelten nach dem Wortlaut des S. 1 grundsätzlich auch für solche Arzneimittel, die ausschließlich oder teilweise ausgeführt werden. Dies ergibt sich zudem aus dem allgemeinen Grundsatz, dass Arzneimittel nur dann ausgeführt werden dürfen, wenn sie den Qualitätsvorschriften im Inland entsprechen. Formell kann diese Forderung auch aus § 73a I abgeleitet werden, der nur Ausnahmen für dort genannte Fälle vorsieht (s. hierzu § 73a Rn. 3 f.)[48]. Bei Arzneimitteln, die **ausschließlich zu Exportzwecken** in Deutschland hergestellt werden, findet S. 1 allerdings mit der Maßgabe Anwendung, dass die im Empfängerland geltenden Regelungen berücksichtigt werden können. Da dies aber keine zwingende Vorgabe ist, d. h. die Vorgaben nicht berücksichtigt werden müssen, kommt diese Regelung den Herstellern zugute, da sie sich im Ausnahmefall auf andere Standards berufen können. Dies ist auch erforderlich, da es erlaubt sein muss, sich an abweichende ausländische Qualitätsanforderungen anzupassen. Dabei gebietet § 8 I Nr. 1 allerdings, dass es dabei nicht zu einer nicht unerheblichen Minderung der Qualität kommen darf[49].

J. Bekanntmachung bei Tierarzneimitteln (Abs. 9)

49   Für Tierarzneimittel ist abweichend von Abs. 1 S. 1 das BVL im Einvernehmen mit dem BfArM und dem PEI für die Bekanntmachung der Regeln zuständig.

K. Folgen eines Verstoßes

50   Eine Zuwiderhandlung gegen das Verwendungsverbot nach § 55 VIII 1 oder 2 ist nach § 97 II Nr. 17 eine **Ordnungswidrigkeit**[50].

§ 55a Amtliche Sammlung von Untersuchungsverfahren

[1] **Die zuständige Bundesoberbehörde veröffentlicht eine amtliche Sammlung von Verfahren zur Probenahme und Untersuchung von Arzneimitteln und ihren Ausgangsstoffen.** [2] **Die Verfahren werden unter Mitwirkung von Sachkennern aus den Bereichen der Überwachung, der Wissenschaft und der pharmazeutischen Unternehmer festgelegt.** [3] **Die Sammlung ist laufend auf dem neuesten Stand zu halten.**

A. Allgemeines

I. Inhalt

1   § 55a regelt die Verfahren zur **Probenahme und Untersuchung von Arzneimitteln und ihren Ausgangsstoffen.** Er ist die Basis für die Veröffentlichung einer amtlichen Sammlung. Der Anwendungsbereich der Vorschrift erstreckt sich nicht nur auf Arzneimittel, sondern auch auf Ausgangsstoffe, d. h. Wirkstoffe i. S. des § 4 XIX, Rohstoffe, Hilfsstoffe und Verpackungsmittel.

II. Zweck

2   Die Vorschrift über eine amtliche Sammlung von Untersuchungsverfahren ermöglicht es, zur **Verbesserung der Qualität** von Produkten biologischer Herkunft, Maßnahmen wie Doppeltestungen etwa von Blut oder Blutbestandteilen sowie Ringversuche festzulegen. Diese **amtliche Sammlung beschreibt den Stand von Wissenschaft und Technik** und verpflichtet die pharmazeutischen Unternehmer, die genannten Methoden und Verfahren oder gleichwertige Verfahren anzuwenden[1]. Der

---

[47] Vgl. 2. Teil, Abschnitt E, Ziff. 1 der Arzneimittelprüfrichtlinien.
[48] *Kloesel/Cyran*, § 3 ABV Anm. 4.
[49] Vgl. *Sander*, § 55 Erl. 4.
[50] Gleichzeitig kann bei einer nicht unerheblichen Minderung der Qualität ein Verstoß gegen § 8 I Nr. 1 sowie bei gesundheitlicher Bedenklichkeit oder Schädlichkeit gegen § 5 gegeben sein. Nach § 69 können die zuständigen Behörden notwendige Anordnungen, wie z. B. Rückruf oder Sicherstellung treffen, wenn die Arzneimittel nicht die nach anerkannten pharmazeutischen Regeln angemessene Qualität aufweisen.
[1] So der Ausschussbericht zum Fünften Gesetz zur Änderung des Arzneimittelgesetzes, abgedruckt bei *Kloesel/Cyran*, § 55a.

Ausschussbericht zur 5. AMG-Novelle enthält weiterhin die Aussage, dass Verfahren, die europaweit oder international verankert sind, dabei zu berücksichtigen sind, d. h. Verfahren, die bereits auf europäischer Ebene, z. B. im CHMP oder CVMP bei der EMA vereinbart sind, übernommen werden sollen und nicht abgeändert werden können.

B. Amtliche Sammlung (S. 1)

Die Vorschrift ist dem § 35 LMBG (heute § 64 LFGB) nachgebildet. Den zuständigen Bundes- **3** oberbehörden wird es hiermit ermöglicht, **Verfahren** zur Probenahme und Untersuchung von Arzneimitteln und ihren Ausgangsstoffen **amtlich vorzuschreiben.** Aus dem Wortlaut sowie Sinn und Zweck der Vorschrift ergibt sich, dass es sich dabei nur um eine **einheitliche Sammlung** handeln kann[2], um zu vermeiden, dass jede Bundesoberbehörde eine separate Sammlung erstellt. So kann vermieden werden, dass Arzneimittelhersteller, für die unterschiedliche Bundesoberbehörden zuständig sind, verschiedene Sammlungen beachten müssen. Diese Aufgabe ist dem Zuständigkeitsbereich des **PEI** zugeordnet und gehört zu dessen Amtsaufgaben.

C. Mitwirkung von Sachkennern (S. 2)

Die Verfahren werden unter **Mitwirkung von Sachkennern** aus den Bereichen der Überwachung, **4** der Wissenschaft und der pharmazeutischen Unternehmer festgelegt. Wie in anderen Regelungen des AMG, die den Stand der Wissenschaft und Technik zum Gegenstand haben, werden auch bei den Untersuchungsmethoden die zuständigen Experten involviert, um so die amtlichen Vorschriften auf eine breite Basis von Sachkennern stützen zu können.

D. Aktualisierungsauftrag (S. 3)

Die Sammlung ist laufend auf dem neuesten Stand zu halten, um so stets den aktuellen Stand der **5** Wissenschaft und Technik abzudecken.

---

[2] Vgl. *Kloesel/Cyran*, § 55a Anm. 2.

Neunter Abschnitt. Sondervorschriften für Arzneimittel, die bei Tieren angewendet werden

§ 56 Fütterungsarzneimittel

(1) [1] Fütterungsarzneimittel dürfen abweichend von § 47 Abs. 1, jedoch nur auf Verschreibung eines Tierarztes, vom Hersteller nur unmittelbar an Tierhalter abgegeben werden; dies gilt auch, wenn die Fütterungsarzneimittel in einem anderen Mitgliedstaat der Europäischen Union oder in einem anderen Vertragsstaat des Abkommens über den Europäischen Wirtschaftsraum unter Verwendung im Geltungsbereich dieses Gesetzes zugelassener Arzneimittel-Vormischungen oder solcher Arzneimittel-Vormischungen, die die gleiche qualitative und eine vergleichbare quantitative Zusammensetzung haben wie im Geltungsbereich dieses Gesetzes zugelassene Arzneimittel-Vormischungen, hergestellt werden, die sonstigen im Geltungsbereich dieses Gesetzes geltenden arzneimittelrechtlichen Vorschriften beachtet werden und den Fütterungsarzneimitteln eine Begleitbescheinigung nach dem vom Bundesministerium für Ernährung und Landwirtschaft bekannt gemachten Muster beigegeben ist. [2] Im Falle des Satzes 1 zweiter Halbsatz hat der verschreibende Tierarzt der nach § 64 Abs. 1 für die Überwachung der Einhaltung der arzneimittelrechtlichen Vorschriften durch den Tierhalter zuständigen Behörde unverzüglich eine Kopie der Verschreibung zu übersenden. [3] Die wiederholte Abgabe auf eine Verschreibung ist nicht zulässig. [4] Das Bundesministerium für Ernährung und Landwirtschaft wird ermächtigt, im Einvernehmen mit dem Bundesministerium und dem Bundesministerium für Wirtschaft und Energie durch Rechtsverordnung Vorschriften über Form und Inhalt der Verschreibung zu erlassen.

(2) [1] Zur Herstellung eines Fütterungsarzneimittels darf nur eine nach § 25 Abs. 1 zugelassene oder auf Grund des § 36 Abs. 1 von der Pflicht zur Zulassung freigestellte Arzneimittel-Vormischung verwendet werden. [2] Auf Verschreibung darf abweichend von Satz 1 ein Fütterungsarzneimittel aus höchstens drei Arzneimittel-Vormischungen, die jeweils zur Anwendung bei der zu behandelnden Tierart zugelassen sind, hergestellt werden, sofern

1. für das betreffende Anwendungsgebiet eine zugelassene Arzneimittel-Vormischung nicht zur Verfügung steht,
2. im Einzelfall im Fütterungsarzneimittel nicht mehr als zwei Arzneimittel-Vormischungen mit jeweils einem antimikrobiell wirksamen Stoff enthalten sind oder höchstens eine Arzneimittel-Vormischung mit mehreren solcher Stoffe enthalten ist und
3. eine homogene und stabile Verteilung der wirksamen Bestandteile in dem Fütterungsarzneimittel gewährleistet ist.

(3) Werden Fütterungsarzneimittel hergestellt, so muss das verwendete Mischfuttermittel vor und nach der Vermischung den futtermittelrechtlichen Vorschriften entsprechen und es darf kein Antibiotikum oder Kokzidiostatikum als Futtermittelzusatzstoff enthalten.

(4) [1] Der Hersteller des Fütterungsarzneimittels hat sicherzustellen, dass die Arzneimittel-tagesdosis in einer Menge in dem Mischfuttermittel enthalten ist, die die tägliche Futterration der behandelten Tiere, bei Wiederkäuern den täglichen Bedarf an Ergänzungsfuttermitteln, ausgenommen Mineralfutter, mindestens zur Hälfte deckt. [2] Der Hersteller des Fütterungsarzneimittels hat die verfütterungsfertige Mischung vor der Abgabe so zu kennzeichnen, dass auf dem Etikett das Wort „Fütterungsarzneimittel" und die Angabe darüber, zu welchem Prozentsatz sie den Futterbedarf nach Satz 1 zu decken bestimmt ist, deutlich sichtbar sind.

(5) [1] Der Tierarzt darf Fütterungsarzneimittel nur verschreiben,

1. wenn sie zur Anwendung an den von ihm behandelten Tieren bestimmt sind,
2. wenn sie für die in den Packungsbeilagen der Arzneimittel-Vormischungen bezeichneten Tierarten und Anwendungsgebiete bestimmt sind,
3. wenn ihre Anwendung nach Anwendungsgebiet und Menge nach dem Stand der veterinärmedizinischen Wissenschaft gerechtfertigt ist, um das Behandlungsziel zu erreichen, und
4. wenn die zur Anwendung bei Tieren, die der Gewinnung von Lebensmitteln dienen, verschriebene Menge von Fütterungsarzneimitteln, die
   a) , vorbehaltlich des Buchstaben b, verschreibungspflichtige Arzneimittel-Vormischungen enthalten, zur Anwendung innerhalb der auf die Abgabe folgenden 31 Tage bestimmt ist, oder
   b) antimikrobiell wirksame Stoffe enthalten, zur Anwendung innerhalb der auf die Abgabe folgenden sieben Tage bestimmt ist,

sofern die Zulassungsbedingungen der Arzneimittel-Vormischung nicht eine längere Anwendungsdauer vorsehen.

[2] § 56a Abs. 2 gilt für die Verschreibung von Fütterungsarzneimitteln entsprechend. [3] Im Falle der Verschreibung von Fütterungsarzneimitteln nach Satz 1 Nr. 4 gilt zusätzlich § 56a Abs. 1 Satz 2 entsprechend.

Wichtige Änderungen der Vorschrift: Abs. 2 neu gefasst und Abs. 5 geändert durch Art. 1 Nr. 9 des Elften Gesetzes zur Änderung des Arzneimittelgesetzes vom 21.8.2002 (BGBl. I S. 3348); Abs. 1 und 2 geändert, Abs. 5 neu gefasst durch Art. 1 Nr. 2 des Dreizehnten Gesetzes zur Änderung des Arzneimittelgesetzes vom 29.8.2005 (BGBl. I S. 2555); Abs. 4 neu gefasst durch Art. 1 Nr. 3 des 16. Gesetzes zur Änderung des Arzneimittelgesetzes vom 10.10.2013 (BGBl. I S. 3813).

Europarechtliche Vorgaben: RL 90/167/EWG; RL 2001/82/EG.

Literatur: *Naser/Zrenner*, Illegaler Tierarzneimittelverkehr, NJW 1982, 2098.

Übersicht

A. Allgemeines

I. Inhalt

§ 56 regelt die **Herstellung, Verschreibung und Abgabe von Fütterungsarzneimitteln** i. S. v. [1] § 4 X. Die Verschreibung, Abgabe und Anwendung von apothekenpflichtigen Arzneimitteln durch den Tierarzt ist in § 56a geregelt. § 56 enthält damit, wie auch die übrigen Vorschriften des 9. Abschn., **spezielle Vorschriften für Tierarzneimittel.** Diese Regelungen gelten grundsätzlich auch für solche Arzneimittel, die zur Anwendung bei Menschen bestimmt sind, aber im **Wege der Umwidmung beim Tier** angewendet werden. Die Vorschriften des 9. Abschn. regeln allerdings nicht exklusiv den Verkehr mit Tierarzneimitteln, vielmehr finden sich auch an anderen Stellen des AMG zahlreiche Spezialnormen für Arzneimittel, die zur Anwendung bei Tieren bestimmt sind[1].

II. Zweck

Die im 9. Abschn. enthaltenen Regelungen berücksichtigen solche Besonderheiten der Tierarznei- [2] mittel, die systematisch nicht in die generellen Vorschriften für Arzneimittel einzuordnen waren. Die aktuelle Fassung der Norm beruht im Wesentlichen auf der 13. AMG-Novelle, durch die verschiedene Novellierungen der 11. AMG-Novelle angepasst wurden, um zahlreiche Forderungen der Praxis, des Bundesrates sowie des Ausschusses für Verbraucherschutz, Ernährung und Landwirtschaft umzusetzen und so eine **praxisgerechte arzneiliche Versorgung von Tierbeständen** zu erleichtern[2]. Geringe

---

[1] Vgl. etwa §§ 2 III Nr. 4, 4 X bis XII, 4a I Nr. 1 und 2, 10 V, 10 X, 11 IV, 13 II 1 Nr. 3, 23, 24b VII u. VIII, 25 II Nr. 6b, 43 V, 47 Ia, 73 V.
[2] Vgl. den Bericht in BT-Drucks. 15/5112, S. 7.

Anpassungen sind durch die 15. AMG-Novelle erfolgt. Weiterreichende Änderungen hat der 9. Abschnitt durch die 16. AMG-Novelle mit Wirkung zum 1.4.2014 erfahren. Mit dem Ziel, den Einsatz von Antibiotika in der Tierhaltung zu minimieren, wurde die Möglichkeit eröffnet, den Antibiotikaeinsatz in der Nutztierhaltung zu überprüfen. Der Gesetzgeber strebt eine möglichst umfassende Erfassung des Einsatzes von Antibiotika in Betrieben, die Rinder, Schweine, Hühner und Puten zur Mast halten, an, um so dauerhaft die Therapiehäufigkeit zu reduzieren.

3   Durch die Ermittlung der Therapiehäufigkeit sollen die Überwachungsbehörden in die Lage versetzt werden, bundesweite Vergleichszahlen (Kennzahlen) für den Einsatz von Antibiotika zu generieren. Diese dienen als sog. Benchmarks, um im Einzelfall Maßnahmen zur Einschränkung des Antibiotikaersatzes anzuordnen.

B. Abgabe von Fütterungsarzneimitteln (Abs. 1)

I. Unmittelbare Abgabe von Fütterungsarzneimitteln an Tierhalter (S. 1, 1. Halbs.)

4   Tierarzneimittel unterliegen grundsätzlich den gleichen rechtlichen Anforderungen wie alle anderen Arzneimittel auch. **Das betrifft auch den Vertriebsweg,** der gem. § 47 I über die Apotheke, regelmäßig aber in der Praxis über den Tierarzt (§ 47 I Nr. 6) zu erfolgen hat. Für Fütterungsarzneimittel schreibt demgegenüber Abs. 1 S. 1, 1. Halbs. die **exklusive Abgabe unmittelbar vom Hersteller an den Tierhalter** vor („dürfen … vom Hersteller **nur** unmittelbar an Tierhalter abgegeben werden"). **Die Einschaltung eines sonstigen Absatzmittlers** – wie Apotheken, Großhändler, Veterinärbehörden oder Tierärzte – ist damit ausgeschlossen. Dieser ausschließliche **Vertriebsweg** ist im Zuge der 11. AMG-Novelle eingefügt worden und diente der Umsetzung der RL 90/167/EWG sowie der Klarstellung, dass Fütterungsarzneimittel vom Hersteller ausschließlich und unmittelbar an Tierhalter ausgeliefert werden dürfen und müssen[3]. Die vom Gesetz geforderte Abgabe vom Hersteller an den Tierhalter setzt den Übergang der Verfügungsgewalt voraus[4]. Darüber hinaus schließt die Forderung einer „unmittelbaren" Abgabe die Einschaltung von Hilfspersonen aus, die nicht in den **organisatorischen Betrieb des Herstellers eingegliedert** sind[5].

5   Die Vorschrift unterstellt die Abgabe von Fütterungsarzneimitteln zudem der **obligatorischen Verschreibungspflicht** durch den Tierarzt[6]. Das gilt auch dann, wenn die Voraussetzungen für die Verschreibungspflicht nach § 48 nicht vorliegen. Die Verschreibung darf nur auf einem Formblatt nach dem Muster der Anlage 1 der **Verordnung über tierärztliche Hausapotheken** vorgenommen werden (§ 7 I 1 TÄHAV). Die Verschreibung ist insgesamt drei Ausfertigungen zu erteilen.

6   Der Begriff des Fütterungsarzneimittels ist in § 4 X legal definiert (s. § 4 Rn. 69). **Hersteller des Fütterungsarzneimittels** ist jeder, der eine Tätigkeit i. S. v. § 4 XIV ausübt. Für die Herstellung von Fütterungsarzneimitteln ist eine Herstellungserlaubnis nach § 13 erforderlich[7]. Die erlaubnisfreie Herstellung von Fütterungsarzneimitteln aus Arzneimittel-Vormischungen und Mischfuttermitteln im Auftrag und unter Aufsicht von Tierärzten ist durch die 11. AMG-Novelle abgeschafft worden. Die Übergangsfrist in § 137 S. 1 ist am 31.12.2005 abgelaufen.

7   Der **Begriff des Tierhalters** ist gesetzlich nicht definiert. In der Rechtsprechung zu § 833 BGB definiert der *BGH* den Tierhalter als die Person, welche die Bestimmungsmacht über das Tier hat und die aus eigenem Interesse für die Kosten des Tieres aufkommt sowie das wirtschaftliche Risiko seines Verlustes trägt[8]. Aus § 12 III TÄHAV folgt, dass die Eigentumsverhältnisse nicht entscheidend sind. Die Vorschrift regelt die **Abgabe von Arzneimitteln** an Tierhalter durch Tierärzte, insbesondere auch zur Behandlung von Tierbeständen. Nach dieser Vorschrift gelten als Tierbestand auch Tiere verschiedener Eigentümer oder Besitzer, wenn die Tiere gemeinsam gehalten werden oder auf Weiden zusammengebracht werden. Auch in diesem Fall ist derjenige, der die **Bestimmungsmacht über die Tiere hat, Tierhalter.**

II. Verbringen von Fütterungsarzneimitteln (S. 1, 2. Halbs. und S. 2)

8   S. 1, 2. Halbs. erstreckt die unmittelbare Abgabeverpflichtung auf solche Fütterungsarzneimittel, die in einem anderen **Mitgliedstaat der EU** oder in einem anderen **Vertragsstaat des EWR** hergestellt

---

[3] Vgl. BR-Drucks. 950/01, S. 25.

[4] Vgl. zum Begriff der Abgabe *BVerfGE*, 102, 26 (34); eine Versendung im Versandhandel war bei Tierarzneimitteln bis zur Änderung des § 43 V durch die 15. AMG-Novelle unzulässig, vgl. *OVG Koblenz*, PharmR 2006, 186. Die Kommission hatte wegen des Verbots ein Vertragsverletzungsverfahren gegen Deutschland eingeleitet.

[5] Vgl. auch *Kloesel/Cyran*, § 56 Anm. 5.

[6] Die Berufsbezeichnung „Tierarzt" darf nur führen, wer als Tierarzt approbiert oder nach § 2 II, III oder IV der Bundes-Tierärzteordnung zur vorübergehenden Ausübung des tierärztlichen Berufs befugt ist.

[7] Nicht als Herstellen gilt aber das Mischen von oral anzuwendenden Fertigarzneimitteln mit Futtermitteln durch den Tierhalter zur unmittelbaren Verabreichung an die von ihm gehaltenen Tiere. Vgl. § 4 XIV nach Änderung durch die 15. AMG-Novelle, BT-Drucks. 17/4231, S. 9.

[8] *BGH*, NJW-RR 1988, 655, 656.

werden. Die Vorschrift ist im Zusammenhang mit § 73 Ia Nr. 2 zu sehen, wonach das grundsätzliche Verbringungsverbot von Fütterungsarzneimitteln bei unmittelbarer Abgabe an Tierhalter nicht gilt (s. § 73 Rn. 27). Die unmittelbare Abgabe an den Tierhalter ist für „Import-Fütterungsarzneimittel" danach unter folgenden Voraussetzungen zulässig:

Zunächst muss das Fütterungsarzneimittel unter Verwendung einer nach dem AMG zugelassenen **9** Arzneimittel-Vormischung hergestellt werden. Alternativ kommt auch die Herstellung unter Verwendung einer Arzneimittel-Vormischung in Betracht, welche die gleiche qualitative und eine vergleichbare quantitative Zusammensetzung hat wie eine nach Maßgabe des AMG zugelassene Arzneimittel-Vormischung. **Die gleiche qualitative Zusammensetzung** erfordert eine Identität der Wirkstoffe, nicht notwendigerweise auch der Hilfsstoffe[9]. Hinsichtlich der quantitativen Zusammensetzung ist keine vollkommene Identität mit einem zugelassenen Referenzpräparat gefordert. Keinesfalls darf es aber zu Abweichungen bei der therapeutischen Äquivalenz sowie bei der **einzuhaltenden Wartezeit** kommen.

Darüber hinaus muss das nach Deutschland verbrachte Fütterungsarzneimittel alle sonstigen arznei- **10** mittelrechtlichen Vorschriften erfüllen. Eine Sonderstellung für **„importierte" Fütterungsarzneimittel** im Übrigen wird durch das Gesetz damit nicht eingeräumt. Schließlich muss dem nach Deutschland verbrachten Fütterungsarzneimittel eine **Begleitbescheinigung** entsprechend dem vom BMEL bekannt gemachten Muster[10] beigegeben werden.

Durch die 13. AMG-Novelle wurde in **Abs. 1 S. 2** die Verpflichtung zur Vorlage der tierärztlichen **11** Verschreibung in Kopie gegenüber der nach § 64 zuständigen Überwachungsbehörde eingeführt. Diese hätte ohne entsprechende Information keine Kenntnis von dem **Verbringen von Fütterungsarzneimitteln.** Durch die Übersendung einer Kopie der Verschreibung soll eine effektive Vor-Ort-Kontrolle sichergestellt werden[11].

III. Beschränkung der Abgabe (S. 3)

Die mehrfache Abgabe von Fütterungsarzneimitteln aufgrund einer tierärztlichen Verschreibung ist **12** unzulässig. Die Vorschrift steht im Zusammenhang mit dem durch Abs. 5 S. 1 Nr. 3 geregelten Umfang der zu verschreibenden Fütterungsarzneimittel. Dieser soll nicht überschritten werden. Mit der ursprünglich in § 13 II 1 Nr. 3 a. F. enthaltenen **Aufsichtspflicht über den Hersteller** von Tierarzneimitteln hat dieses Verbot jedoch nichts zu tun[12].

IV. Verordnungsermächtigung (S. 4)

Von der Ermächtigungsnorm in Abs. 1 S. 4 hat das BMEL im Einvernehmen mit dem BMJFG und **13** dem BMWi durch § 7 der **Verordnung über tierärztliche Hausapotheken** (TÄHAV) vom 31.7.1975 Gebrauch gemacht. Die tierärztliche Verschreibung hat dem Formblatt gem. Anlage 1 zur TÄHAV zu entsprechen.

C. Herstellung von Fütterungsarzneimitteln aus Arzneimittel-Vormischungen (Abs. 2)

I. Grundtatbestand (S. 1)

Bereits § 4 X verdeutlicht den Herstellungsvorgang von Fütterungsarzneimitteln. Diesen liegen als **14** **Vorstufen** einerseits **Arzneimittel-Vormischungen,** andererseits **Mischfuttermittel** zugrunde. Dabei ergibt sich aus § 4 XI, dass auch Arzneimittel-Vormischungen selbst Arzneimittel sind und als Fertigarzneimittel gelten. Sie sind daher nach allgemeinen arzneimittelrechtlichen Vorschriften nur dann verkehrsfähig, wenn sie zugelassen oder gem. § 36 I von der Pflicht zur Zulassung freigestellt sind. Die Vorschrift entspricht **Art. 3 RL 90/167/EWG,** wonach Fütterungsarzneimittel nur aus Vormischungen hergestellt werden dürfen, die nach Maßgabe der RL zugelassen worden sind. Die RL 2001/82/EG begründet diese Beschränkung mit dem **Schutzziel der öffentlichen Gesundheit** sowie mit wirtschaftlichen Gründen[13]. Da Fütterungsarzneimittel damit grundsätzlich nur unter Verwendung solcher Arzneimittel-Vormischungen hergestellt werden dürfen, die ein Zulassungsverfahren durchlaufen haben, sind sie selbst gem. § 21 II Nr. 3 von der Zulassungspflicht befreit. Eine präventive Kontrolle im Rahmen eines Zulassungsverfahrens hat damit bereits stattgefunden.

---

[9] So auch *Kloesel/Cyran*, § 56 Anm. 6.
[10] Vgl. Bekanntmachung einer Begleitbescheinigung für Fütterungsarzneimittel gem. § 56 I v. 29.6.1995 (BAnz. Nr. 128, S. 5722).
[11] Vgl. BT-Drucks. 15/4736, S. 13 f.
[12] So auch *Kloesel/Cyran*, § 56 Anm. 8; a. A. *Sander*, § 56 Erl. 2.
[13] Vgl. den 10. Erwägungsgrund der RL 2001/82/EG.

II. Ausnahme (S. 2)

15   Unter engen Voraussetzungen ist die Herstellung eines Fütterungsarzneimittels auch durch **Kombinationen verschiedener zugelassener Arzneimittel-Vormischungen** zulässig. Das setzt zunächst eine entsprechende Verschreibung des behandelnden Tierarztes voraus. Zudem ist die Anzahl der zur Herstellung des Fütterungsarzneimittels zu verwendenden Arzneimittel-Vormischungen auf drei begrenzt. Darüber hinaus ist das so hergestellte Fütterungsarzneimittel auf die zu behandelnde, spezifische Tierart beschränkt (Abs. 5 I 1 Nr. 1).

16   **Abs. 2 S. 2 Nr. 1** stellt zudem klar, dass eine **Kombination zugelassener Arzneimittel-Vormischungen** gegenüber dem Einsatz einer zugelassenen Arzneimittel-Vormischung subsidiär ist. Immer dann, wenn für die betr. Indikation und die zu behandelnde Tierart eine zugelassene Arzneimittel-Vormischung existiert, scheidet eine solche Kombination aus.

17   Im Übrigen soll durch die Regelung in **Abs. 2 S. 2 Nr. 2 die Anzahl der antimikrobiell wirksamen Stoffe begrenzt werden.** So dürfen höchstens zwei der eingesetzten Arzneimittel-Vormischungen einen antimikrobiell wirksamen Stoff enthalten. Alternativ können mehrere solcher antimikrobiell wirksamen Stoffe in höchstens einer Arzneimittel-Vormischung enthalten sein.

18   Schließlich fordert **Abs. 2 S. 2 Nr. 3** eine **homogene und stabile Verteilung** der Arzneimittel-Vormischungen in dem Fütterungsarzneimittel. Nur so kann eine gleichmäßige Wirkstoffaufnahme bei dem zu behandelnden Tier sichergestellt werden.

19   Der Gesetzgeber lässt damit eine Kombination zugelassener Arzneimittel-Vormischungen nur ausnahmsweise zu, da die Einmischung mehrerer Wirkstoffe in ein Fütterungsarzneimittel regelmäßig das **Risiko pharmakologischer Unverträglichkeiten** birgt. Die Beschränkung der zulässigen antimikrobiell wirksamen Stoffe dient zudem der Begrenzung des Risikos einer Resistenzentwicklung[14].

D. Einhaltung futtermittelrechtlicher Vorschriften (Abs. 3)

20   Fütterungsarzneimittel entstehen aus Arzneimittel-Vormischungen und Mischfuttermitteln. Daher hat bei der **Herstellung von Fütterungsarzneimitteln** die Einhaltung der einschlägigen futtermittelrechtlichen Vorschriften eine besondere Bedeutung. Das betrifft insbes. den Dritten Abschn. des LFGB (Verkehr mit Futtermitteln) sowie die auf dieser Grundlage erlassenen Rechtsverordnungen, wie insbes. die FuttMV. Das verwendete Mischfuttermittel darf zudem kein **Antibiotikum oder Kokzidiostatikum als Futtermittelzusatzstoff**[15] enthalten.

21   Der Gesetzgeber will die **Anzahl der pharmakologisch wirksamen Stoffe** bei der Herstellung von Fütterungsarzneimitteln generell begrenzen. Daher ist die Einmischung pharmakologisch wirksamer Stoffe in Gestalt von Antibiotika oder Kokzidiostatika, soweit sie als Futtermittelzusatzstoffe überhaupt noch zugelassen sind, bei der Herstellung von Fütterungsarzneimitteln generell verboten[16].

E. Anforderungen an Mischfuttermittel (Abs. 4)

22   Die Vorschrift wurde im Zuge der 15. AMG-Novelle an die Neufassung des Futtermittelrechts angepasst. Der bisher enthaltene Verweis auf das „Futtermittelgesetz" war bereits seit Inkrafttreten des LFGB obsolet. Durch die 16. AMG-Novelle wurde zudem die Formulierung anders gefasst, indem sie jetzt ein konkretes Handlungsgebot für den Hersteller des Futterarzneimittels erhält. Dadurch soll die Sanktionierbarkeit optimiert werden[17].

I. Arzneimitteltagesdosis (S. 1)

23   Abs. 4 S. 1 konkretisiert das Verhältnis von Arzneimittel-Vormischungen und Mischfuttermitteln als Vorstufen der Fütterungsarzneimittel in quantitativer Sicht. Bereits die Begriffsdefinition in § 4 X weist darauf hin, dass **Fütterungsarzneimittel in „verfütterungsfertiger Form" appliziert werden.** Dementsprechend schreibt Abs. 4 S. 1 vor, dass die zu verabreichende Arzneimitteltagesdosis in einer Menge Mischfuttermittel enthalten sein muss, die **wenigstens der Hälfte der täglichen Futterration der behandelten Tiere** entspricht. Bei Wiederkäuern bezieht sich diese Relation auf den Bedarf an Ergänzungsfuttermitteln, ausgenommen dem Mineralfutter. Die Vorschrift dient damit zwei Zwecken:

24   Zunächst wird durch **das vorgegebene Mischungsverhältnis** eine gleichmäßige Dosierung der täglich zu verabreichenden Arzneimitteldosis erreicht[18]. Die tägliche Futterration wurde in § 1 I Nr. 6

---

[14] BT-Drucks. 14/9252, S. 22.
[15] Vgl. dazu insbes. § 16 FuttMV, der auf die VO (EG) Nr. 1831/2003 verweist.
[16] Vgl. hierzu auch die VO (EG) Nr. 1756/2002 zum Widerruf des Kokzidiostatikums Nifursol.
[17] BR-Drucks. 533/12, S. 20.
[18] So auch *Kloesel/Cyran*, § 56 Anm. 23.

FuttMV a. F. definiert als die Menge der Futtermittel, die ein Tier durchschnittlich am Tag zur Deckung seines Nahrungsbedarfs benötigt. Die Sonderregelung für Wiederkäuer, bei denen auf den täglichen Bedarf an Ergänzungsfuttermitteln (§ 1 I Nr. 4 FuttMV) abgestellt wird, erklärt sich mit Blick auf den **hohen Anteil des wirtschaftseigenen Futters bei Wiederkäuern.** Bei diesen ist von der Tagesration freilich der Anteil des Mineralfutters abzuziehen. Mineralfutter ist gem. § 1 I Nr. 4 FuttMV a. F. auch ein Ergänzungsfuttermittel, das überwiegend aus mineralischen Einzelfuttermitteln zusammengesetzt ist und mindestens 40 % Rohasche enthält. Durch die Nichtberücksichtigung des Mineralfutters soll eine etwaige Beeinflussung zwischen den mineralischen Bestandteilen und den Wirkstoffen des Arzneimittels vermieden werden[19].

Neben der Anwendungssicherheit dient die Vorschrift aber auch **steuerrechtlichen Gründen**[20]. **25** Gem. § 12 I UStG unterliegen Arzneimittel dem regulären Umsatzsteuersatz von 19 %. Demgegenüber unterliegen Mischfuttermittel nach § 12 II UStG dem reduzierten Steuersatz von 7 %. Die bevorzugte umsatzsteuerrechtliche Behandlung von Mischfuttermitteln ist aber nur dann gerechtfertigt, wenn das Mischfuttermittel zumindest in nennenswertem Umfang auch der **Fütterung der behandelten Tiere dient.** Daher sah sich der Gesetzgeber veranlasst, eine entsprechende Relation von Arzneimitteltagesdosis und Futterration in das Gesetz aufzunehmen.

II. Kennzeichnung der verfütterungsfertigen Mischungen (S. 2)

Das Gesetz sieht in Abs. 4 S. 2 eine zusätzliche Kennzeichnung für die verfütterungsfertigen Mischun- **26** gen vor. Diese müssen, neben den allgemeinen Kennzeichnungsvorschriften, **durch das Wort „Fütterungsarzneimittel" gekennzeichnet** werden. Darüber hinaus muss die Kennzeichnung die Angabe enthalten, zu welchem Prozentsatz sie den Futterbedarf nach Maßgabe von Abs. 4 S. 1 zu decken bestimmt ist. § 10 I TÄHAV stellt zudem klar, dass Arzneimittel nur in Behältnissen abgegeben werden dürfen, die gewährleisten, dass die einwandfreie Beschaffenheit des Arzneimittels nicht beeinträchtigt wird.

F. Verschreibung von Fütterungsarzneimitteln durch den Tierarzt (Abs. 5)

I. Beschränkungen bei der Verschreibung (S. 1)

1. Beschränkung auf die vom Tierarzt behandelten Tiere (Nr. 1). Fütterungsarzneimittel dürfen **27** nur nach Maßgabe von Abs. 5 durch den Tierarzt verschrieben werden. Die Verschreibung hat wiederum die Formvorschriften gem. § 7 TÄHAV einzuhalten. Nach Abs. 5 S. 1 Nr. 1 ist die **Verschreibung von Fütterungsarzneimitteln** auf die Anwendung der vom Tierarzt behandelten Tiere begrenzt. Der Begriff der „Behandlung" ist im AMG nicht legal definiert. § 12 II TÄHAV erläutert jedoch, dass eine Behandlung die Untersuchung der Tiere oder des Tierbestandes in angemessenem Umfang sowie die Kontrolle der Anwendung der Arzneimittel und des Behandlungserfolges nach den Regeln der tierärztlichen Wissenschaft[21] einschließt. Eine abschließende Definition stellt diese Begriffsklarstellung allerdings nicht dar.

Der Ausschuss für Jugend, Familie und Gesundheit des Deutschen Bundestages verstand unter dem **28** Begriff „behandeln" eine umfassende Bezeichnung für alle Maßnahmen, die ein Tierarzt bei ordnungsgemäßer Ausübung seines Berufs und unter Berücksichtigung aller gesundheitlichen und wirtschaftlichen Aspekte hinsichtlich Zweck und Erfolg der Behandlung bei einem Tierbestand ergreift und die nach dem Stand der medizinischen Wissenschaft zu rechtfertigen sind. Dazu gehören neben therapeutischen auch prophylaktische Maßnahmen, beispielsweise beim drohenden Ausbruch einer übertragbaren Krankheit, der Ausbreitung bestimmter Krankheitserreger oder Parasiten im Tierbestand oder dem Auftreten von Mangelerscheinungen. Der Begriff der Behandlung soll darüber hinaus nicht erfordern, dass der Tierarzt die Tiere vor der Applikation von Arzneimitteln in nennenswertem Umfang untersucht haben muss[22]. In der behördlichen Praxis existieren verschiedene Begriffsdeutungen, die vor allem die Verschreibung von Arzneimitteln im Rahmen der Behandlung von der unzulässigen Verschreibung „auf Vorrat" abgrenzen wollen[23]. Zusammengefasst geht man in der Behördenpraxis davon aus, dass **eine ordnungsgemäße Behandlung** regelmäßig dann vorliegt, wenn eine Untersuchung des erkrankten Tieres bzw. des Tierbestandes durchgeführt wird, eine tierärztliche Indikationsstellung erfolgt, eine

---

[19] So auch *Kloesel/Cyran*, § 56 Anm. 23.
[20] Ausschließlich auf diesen Gesichtspunkt stellt ab *Sander*, § 56 Erl. 7.
[21] Im AMG ist der Begriff der tierärztlichen Wissenschaft mit der 13. AMG-Novelle ersetzt worden durch „veterinärmedizinische Wissenschaft".
[22] BT-Drucks. 7/1845, S. 5; wie auch *BayObLG*, Urt. v. 24.3.1988 – 4 St 249/87; *BayObLG*, NJW 1974, 1435, 1436.
[23] Vgl. dazu etwa das ältere Rundschreiben des damaligen BMJFG vom 26.5.1977, abgedruckt bei *Kloesel/Cyran*, § 56 Anm. 28; sowie auch *BayObLG*, NJW 1974, 1435, 1436; aus neuerer Zeit: Merkblatt Landwirtschaft des Ministeriums für Ernährung und ländlichen Raum Baden-Württemberg, abrufbar unter www.mlr.baden-wuerttemberg.de.

hinreichend präzise tierärztliche Behandlungsanweisung vorliegt und die Kontrolle des Behandlungserfolges durch den Tierarzt gegeben ist. Diese Kontrolle kann nur der bei der Behandlung der Tiere beteiligte Tierarzt haben, nicht etwa sämtliche Mitglieder einer Gemeinschaftspraxis[24].

29 § 12 I TÄHAV stellt zudem klar, dass die zulässige **Abgabe von Arzneimitteln an Tierhalter** nur dann gegeben ist, wenn die Behandlung „ordnungsgemäß" ist. Hier nimmt das Gesetz durch einen unbestimmten Rechtsbegriff Bezug auf allgemeine veterinärmedizinische Anforderungen an die Tierbehandlung[25]. Mit Blick auf die vom Gesetz angestrebte zurückhaltende Verwendung von Arzneimitteln dürfte damit insbes. eine Beschränkung des Arzneimitteleinsatzes auf das erforderliche Maß angestrebt werden. Daneben hat die Behandlung den anerkannten veterinärmedizinischen Maßstäben zu genügen. Was darunter zu verstehen ist, kann im Einzelfall schwer zu ermitteln sein. Das gilt insbes. in den Fällen, in denen keine allgemeine oder aktuell herrschende Meinung in der Fachdisziplin feststellbar ist. Hier wird man zumindest eine möglichst weitgehende Anerkennung der Behandlungsmethode in der tierärztlichen Praxis verlangen müssen.

30 **2. Beschränkung auf spezifische Tierarten und Anwendungsgebiete (Nr. 2).** Die Verschreibung von Fütterungsarzneimitteln ist auf die in der Packungsbeilage nach § 11 IV 1 Nr. 5 genannten Tierarten beschränkt. Daneben ist die Verschreibung auf die zugelassenen Indikationsgebiete begrenzt. Abweichungen sind nur im Rahmen von § 56a II zulässig. Hintergrund der Regelung ist der Umstand, dass eine Abweichung von der zugelassenen Tierart bzw. Indikation in der Regel zu einer **Änderung des zu verwendenden Mischfutters** führt. Darüber hinaus kann die Applikation außerhalb der zugelassenen Tierart bzw. Indikation zu **unerwünschten Arzneimittelwirkungen** und ungewolltem Rückstandsverhalten führen[26].

31 **3. Beschränkung der verschreibungsfähigen Arzneimittelmenge (Nr. 3).** Fütterungsarzneimittel sollen zur aktuellen Behandlung der Tiere bzw. der Tierbestände verschrieben werden. Die **Verschreibung „auf Vorrat" ist nicht zulässig.** Abs. 5 S. 1 Nr. 3 unterstreicht dieses gesetzliche Anliegen, in dem er die zu verschreibende Menge der Fütterungsarzneimittel in das Verhältnis zum Behandlungsziel setzt. Der behandelnde Tierarzt muss eine Prognose zu erstellen, welche Menge des zu verabreichenden Fütterungsarzneimittels zur Behandlung erforderlich ist. Hierbei hat er sich an dem jeweils aktuellen **Stand der veterinärmedizinischen Wissenschaft** zu orientieren. Das ist eine nicht zu unterschätzende Anforderung, da dieser unbestimmte Rechtsbegriff nur solche Arzneimittelverschreibungen für zulässig erklärt, die nach den neuesten wissenschaftlichen Erkenntnissen für erforderlich gehalten werden[27]. Dem Tierarzt ist es demnach nicht gestattet, die zu verschreibende Menge des Fütterungsarzneimittels entsprechend der tierärztlichen Praxis vorzunehmen. Er hat sich vielmehr an die gegenwärtigen wissenschaftlichen Erkenntnisse zu halten, auch wenn sich diese in der Praxis noch nicht durchgesetzt haben.

32 **4. Verschreibung von Fütterungsarzneimitteln bei Tieren, die der Gewinnung von Lebensmitteln dienen (Nr. 4 und S. 3).** Die Vorschriften zur Verschreibung von Fütterungsarzneimitteln, die zur Anwendung bei solchen Tieren bestimmt sind, die der Gewinnung von Lebensmitteln dienen, in Abs. 5 S. 1 Nr. 4 und S. 3 sind im Zuge der 13. AMG-Novelle neu gefasst worden. Der Gesetzgeber hat diese Vorschriften an die ebenfalls neu gefassten Regelungen in § 56a I angepasst[28]. Die Verschreibung entsprechender Fütterungsarzneimittel ist nach Abs. 5 S. 1 Nr. 4 zusätzlich zu den sonstigen Beschränkungen nach den Nr. 1–3 auch **in zeitlicher Hinsicht beschränkt.** Das Gesetz unterscheidet hier zwischen solchen Fütterungsarzneimitteln, die verschreibungspflichtige Arzneimittel-Vormischungen enthalten und solchen Fütterungsarzneimitteln, die antimikrobiell wirksame Stoffe enthalten.

33 Die Menge **verschreibungspflichtiger Fütterungsarzneimittel,** die zur Anwendung bei Tieren bestimmt sind, die der Gewinnung von Lebensmitteln dienen, darf nur einen Bedarf der auf die Abgabe folgenden 31 Tage umfassen **(Abs. 5 S. 1 Nr. 4 Buchst. a)).** Die ursprüngliche Befristung bei Anwendungszeiträumen von lediglich 7 Tagen hat sich in der Praxis als nicht geeignet herausgestellt. Gerade die Behandlung von Tierbeständen[29] erfordert nach dem Stand der veterinärmedizinischen Wissenschaft regelmäßig einen längeren Behandlungszeitraum[30].

34 Für Fütterungsarzneimittel, die **antimikrobiell wirksame Stoffe** enthalten, bleibt es gem. **Abs. 5 S. 1 Nr. 4 Buchst. b)** dagegen bei einem Abgabezeitraum von lediglich 7 Tagen. Der Gesetzgeber will

---

[24] So auch *Kloesel/Cyran*, § 56 Anm. 37.

[25] Vgl. allgemein zur Inbezugnahme metajuristischer Begriffe in Rechtsnormen *BVerfGE*, 56, 1, 12; 78, 205, 212; 84, 133, 149; 87, 234, 263, *Tettinger*, Rechtsanwendung und gerichtliche Kontrolle im Wirtschaftsverwaltungsrecht, S. 142 ff.

[26] Vgl. auch *Kloesel/Cyran*, § 56 Anm. 38 a.

[27] Vgl. dazu etwa die Interpretation „Stand von Wissenschaft und Technik" nach § 7 II Nr. 3 AtomG, *BVerfGE* 49, 89, 136.

[28] Vgl. BR-Drucks. 780/04, S. 14.

[29] Zum Begriff vgl. § 12 III TÄHAV.

[30] Vgl. BT-Drucks. 15/4736, S. 10.

damit die Gefahr der weiteren Zunahme von Resistenzen verhindern, die sich bei einem längeren Anwendungszeitraum vergrößert[31].

In beiden Fällen kann die Zulassung der verwendeten Arzneimittel-Vormischung eine längere An- 35
wendung ermöglichen. Dieses stellt **Abs. 5 S. 1 Nr. 4, 2. Halbs.** klar.

Durch den Verweis in **Abs. 5 S. 3** auf § 56a I 2 hat der Tierarzt auch bei der Verschreibung von 36
Fütterungsarzneimitteln, welche zur Anwendung bei Tieren, die der Gewinnung von Lebensmitteln
dienen (zum Begriff s. § 58 Rn. 5), eine **Untersuchungspflicht** bei zeitlich nah aufeinander folgenden
Behandlungen mit demselben Fütterungsarzneimittel. Wegen der Einzelheiten kann auf die Kommentierung zu § 56a I 2 verwiesen werden (s. § 56a Rn. 15).

II. Verschreibung von Fütterungsarzneimittel im Therapienotstand (S. 2)

§ 56 V 2 verweist für den **Fall des sog. Therapienotstandes** auf die Regelungen in § 56a II. 37
Demnach ist die Verschreibung von Fütterungsarzneimitteln abweichend von § 56 unter den dort
genannten Voraussetzungen zulässig. Wegen der Einzelheiten kann auf die Kommentierung zu § 56a II
verwiesen werden (s. § 56a Rn. 20 ff.).

G. Sanktionen

Die Abgabe von **Fütterungsarzneimitteln ohne die erforderliche Verschreibung** an den Tierhal- 38
ter ist nach § 95 I Nr. 7 **strafbewehrt**. Verstöße gegen die Verpflichtung zur Übersendung der Kopie der
Verschreibung an die zuständige Überwachungsbehörde können nach § 97 II Nr. 17a als **Ordnungswidrigkeit** geahndet werden. Das Gleiche gilt bei einem Verstoß gegen die Herstellungsvorschriften gem.
§ 56 II 1, III oder IV 1 oder 2 (§ 97 II Nr. 18). Ein Verstoß gegen die Kennzeichnungsvorschrift des § 56
IV stellt ebenfalls eine **Ordnungswidrigkeit** nach dem neu gefassten § 97 II Nr. 19 dar. Das Gleiche gilt
im Fall der Verschreibung eines Fütterungsarzneimittels unter Verstoß gegen § 56 V 1.

Die Gegenstände, die sich auf eine Straftat oder eine Ordnungswidrigkeit beziehen, können gem. § 98 39
eingezogen werden.

§ 56a Verschreibung, Abgabe und Anwendung von Arzneimitteln durch Tierärzte

(1) [1]Der Tierarzt darf für den Verkehr außerhalb der Apotheken nicht freigegebene Arzneimittel dem Tierhalter vorbehaltlich besonderer Bestimmungen auf Grund des Absatzes 3 nur
verschreiben oder an diesen nur abgeben, wenn

1. sie für die von ihm behandelten Tiere bestimmt sind,
2. sie zugelassen sind oder sie auf Grund des § 21 Abs. 2 Nr. 4 in Verbindung mit Abs. 1 in
Verkehr gebracht werden dürfen oder in den Anwendungsbereich einer Rechtsverordnung
nach § 36 oder § 39 Abs. 3 Satz 1 Nr. 2 fallen oder sie nach § 38 Abs. 1 in den Verkehr
gebracht werden dürfen,
3. sie nach der Zulassung für das Anwendungsgebiet bei der behandelten Tierart bestimmt sind,
4. ihre Anwendung nach Anwendungsgebiet und Menge nach dem Stand der veterinärmedizinischen Wissenschaft gerechtfertigt ist, um das Behandlungsziel in dem betreffenden Fall
zu erreichen, und
5. die zur Anwendung bei Tieren, die der Gewinnung von Lebensmitteln dienen,
   a) vorbehaltlich des Buchstaben b, verschriebene oder abgegebene Menge verschreibungspflichtiger Arzneimittel zur Anwendung innerhalb der auf die Abgabe folgenden 31 Tage
   bestimmt ist, oder
   b) verschriebene oder abgegebene Menge von Arzneimitteln, die antimikrobiell wirksame
   Stoffe enthalten und nach den Zulassungsbedingungen nicht ausschließlich zur lokalen
   Anwendung vorgesehen sind, zur Anwendung innerhalb der auf die Abgabe folgenden
   sieben Tage bestimmt ist,
   sofern die Zulassungsbedingungen nicht eine längere Anwendungsdauer vorsehen.

[2]Der Tierarzt darf verschreibungspflichtige Arzneimittel zur Anwendung bei Tieren, die der
Gewinnung von Lebensmitteln dienen, für den jeweiligen Behandlungsfall erneut nur abgeben
oder verschreiben, sofern er in einem Zeitraum von 31 Tagen vor dem Tag der entsprechend
seiner Behandlungsanweisung vorgesehenen letzten Anwendung der abzugebenden oder zu
verschreibenden Arzneimittel die behandelten Tiere oder den behandelten Tierbestand untersucht hat. [3]Satz 1 Nr. 2 bis 4 gilt für die Anwendung durch den Tierarzt entsprechend. [4]Ab-
weichend von Satz 1 darf der Tierarzt dem Tierhalter Arzneimittel-Vormischungen weder
verschreiben noch an diesen abgeben.

---

[31] BT-Drucks. 15/4736, S. 10.

(1a) Absatz 1 Satz 3 gilt nicht, soweit ein Tierarzt Arzneimittel bei einem von ihm behandelten Tier anwendet und die Arzneimittel ausschließlich zu diesem Zweck von ihm hergestellt worden sind.

(2) [1]Soweit die notwendige arzneiliche Versorgung der Tiere ansonsten ernstlich gefährdet wäre und eine unmittelbare oder mittelbare Gefährdung der Gesundheit von Mensch und Tier nicht zu befürchten ist, darf der Tierarzt bei Einzeltieren oder Tieren eines bestimmten Bestandes abweichend von Absatz 1 Satz 1 Nr. 3, auch in Verbindung mit Absatz 1 Satz 3, nachfolgend bezeichnete zugelassene oder von der Zulassung freigestellte Arzneimittel verschreiben, anwenden oder abgeben:

1. soweit für die Behandlung ein zugelassenes Arzneimittel für die betreffende Tierart und das betreffende Anwendungsgebiet nicht zur Verfügung steht, ein Arzneimittel mit der Zulassung für die betreffende Tierart und ein anderes Anwendungsgebiet;
2. soweit ein nach Nummer 1 geeignetes Arzneimittel für die betreffende Tierart nicht zur Verfügung steht, ein für eine andere Tierart zugelassenes Arzneimittel;
3. soweit ein nach Nummer 2 geeignetes Arzneimittel nicht zur Verfügung steht, ein zur Anwendung beim Menschen zugelassenes Arzneimittel oder, auch abweichend von Absatz 1 Satz 1 Nr. 2, auch in Verbindung mit Absatz 1 Satz 3, ein Arzneimittel, das in einem Mitgliedstaat der Europäischen Union oder einem anderen Vertragsstaat des Abkommens über den Europäischen Wirtschaftsraum zur Anwendung bei Tieren zugelassen ist; im Falle von Tieren, die der Gewinnung von Lebensmitteln dienen, jedoch nur solche Arzneimittel aus anderen Mitgliedstaaten der Europäischen Union oder anderen Vertragsstaaten des Abkommens über den Europäischen Wirtschaftsraum, die zur Anwendung bei Tieren, die der Gewinnung von Lebensmitteln dienen, zugelassen sind;
4. soweit ein nach Nummer 3 geeignetes Arzneimittel nicht zur Verfügung steht, ein in einer Apotheke oder durch den Tierarzt nach § 13 Abs. 2 Satz 1 Nr. 3 Buchstabe d hergestelltes Arzneimittel.

[2]Bei Tieren, die der Gewinnung von Lebensmitteln dienen, darf das Arzneimittel jedoch nur durch den Tierarzt angewendet oder unter seiner Aufsicht verabreicht werden und nur pharmakologisch wirksame Stoffe enthalten, die in Tabelle 1 des Anhangs der Verordnung (EU) Nr. 37/2010 aufgeführt sind. [3]Der Tierarzt hat die Wartezeit anzugeben; das Nähere regelt die Verordnung über tierärztliche Hausapotheken. [4]Die Sätze 1 bis 3 gelten entsprechend für Arzneimittel, die nach § 21 Abs. 2 Nr. 4 in Verbindung mit Abs. 2a hergestellt werden. [5]Registrierte oder von der Registrierung freigestellte homöopathische Arzneimittel dürfen abweichend von Absatz 1 Satz 1 Nr. 3 verschrieben, abgegeben und angewendet werden; dies gilt für Arzneimittel, die zur Anwendung bei Tieren bestimmt sind, die der Gewinnung von Lebensmitteln dienen, nur dann wenn sie ausschließlich Wirkstoffe enthalten, die im Anhang der Verordnung (EU) Nr. 37/2010 als Stoffe aufgeführt sind, für die eine Festlegung von Höchstmengen nicht erforderlich ist.

(2a) Abweichend von Absatz 2 Satz 2 dürfen Arzneimittel für Einhufer, die der Gewinnung von Lebensmitteln dienen und für die nichts anderes in Abschnitt IX Teil II des Equidenpasses im Sinne der Verordnung (EG) Nr. 504/2008 der Kommission vom 6. Juni 2008 zur Umsetzung der Richtlinie 90/426/EWG des Rates in Bezug auf Methoden zur Identifizierung von Equiden (ABl. L 149 vom 7.6.2008, S. 3) in der jeweils geltenden Fassung festgelegt ist, auch verschrieben, abgegeben oder angewendet werden, wenn sie Stoffe, die in der Verordnung (EG) Nr. 1950/2006 der Kommission vom 13. Dezember 2006 zur Erstellung eines Verzeichnisses von für die Behandlung von Equiden wesentlichen Stoffen gemäß der Richtlinie 2001/82/EG des Europäischen Parlaments und des Rates zur Schaffung eines Gemeinschaftskodexes für Tierarzneimittel (ABl. L 367 vom 22.12.2006, S. 33) aufgeführt sind, enthalten.

(3) [1]Das Bundesministerium für Ernährung und Landwirtschaft wird ermächtigt, im Einvernehmen mit dem Bundesministerium durch Rechtsverordnung mit Zustimmung des Bundesrates

1. Anforderungen an die Abgabe und die Verschreibung von Arzneimitteln zur Anwendung an Tieren, auch im Hinblick auf die Behandlung, festzulegen,
2. vorbehaltlich einer Rechtsverordnung nach Nummer 5 zu verbieten, bei der Verschreibung, der Abgabe oder der Anwendung von zur Anwendung bei Tieren bestimmten Arzneimitteln, die antimikrobiell wirksame Stoffe enthalten, von den in § 11 Absatz 4 Satz 1 Nummer 3 und 5 genannten Angaben der Gebrauchsinformation abzuweichen, soweit dies zur Verhütung einer unmittelbaren oder mittelbaren Gefährdung der Gesundheit von Mensch oder Tier durch die Anwendung dieser Arzneimittel erforderlich ist,
3. vorzuschreiben, dass der Tierarzt im Rahmen der Behandlung bestimmter Tiere in bestimmten Fällen eine Bestimmung der Empfindlichkeit der eine Erkrankung verursachen-

den Erreger gegenüber bestimmten antimikrobiell wirksamen Stoffen zu erstellen oder erstellen zu lassen hat,

4. vorzuschreiben, dass
   a) Tierärzte über die Abgabe, Verschreibung und Anwendung, auch im Hinblick auf die Behandlung, von für den Verkehr außerhalb der Apotheken nicht freigegebenen Arzneimitteln Nachweise führen müssen,
   b) bestimmte Arzneimittel nur durch den Tierarzt selbst angewendet werden dürfen, wenn diese Arzneimittel
      aa) die Gesundheit von Mensch oder Tier auch bei bestimmungsgemäßem Gebrauch unmittelbar oder mittelbar gefährden können, sofern sie nicht fachgerecht angewendet werden,
      bb) wiederholt in erheblichem Umfang nicht bestimmungsgemäß gebraucht werden und dadurch die Gesundheit von Mensch oder Tier unmittelbar oder mittelbar gefährdet werden kann,

5. vorzuschreiben, dass der Tierarzt abweichend von Absatz 2 bestimmte Arzneimittel, die bestimmte antimikrobiell wirksame Stoffe enthalten, nur
   a) für die bei der Zulassung vorgesehenen Tierarten oder Anwendungsgebiete abgeben oder verschreiben oder
   b) bei den bei der Zulassung vorgesehenen Tierarten oder in den dort vorgesehenen Anwendungsgebieten anwenden

darf, soweit dies erforderlich ist, um die Wirksamkeit der antimikrobiell wirksamen Stoffe für die Behandlung von Mensch und Tier zu erhalten.

²In Rechtsverordnungen nach Satz 1 können ferner

1. im Fall des Satzes 1 Nummer 3 Anforderungen an die Probenahme, die zu nehmenden Proben, das Verfahren der Untersuchung sowie an die Nachweisführung festgelegt werden,
2. im Fall des Satzes 1 Nummer 4 Buchstabe a
   a) Art, Form und Inhalt der Nachweise sowie die Dauer der Aufbewahrung geregelt werden,
   b) vorgeschrieben werden, dass Nachweise auf Anordnung der zuständigen Behörde nach deren Vorgaben vom Tierarzt zusammengefasst und ihr zur Verfügung gestellt werden, soweit dies zur Sicherung einer ausreichenden Überwachung der Anwendung von Arzneimitteln bei Tieren, die der Gewinnung von Lebensmitteln dienen, erforderlich ist.

³In Rechtsverordnungen nach Satz 1 Nummer 2, 3 und 5 ist Vorsorge dafür zu treffen, dass die Tiere jederzeit die notwendige arzneiliche Versorgung erhalten. ⁴Die Nachweispflicht kann auf bestimmte Arzneimittel, Anwendungsbereiche oder Darreichungsformen beschränkt werden.

(4) Der Tierarzt darf durch Rechtsverordnung nach Absatz 3 Satz 1 Nr. 2 bestimmte Arzneimittel dem Tierhalter weder verschreiben noch an diesen abgeben.

(5) ¹Das Bundesministerium für Ernährung und Landwirtschaft wird ermächtigt, im Einvernehmen mit dem Bundesministerium durch Rechtsverordnung mit Zustimmung des Bundesrates eine Tierarzneimittelanwendungskommission zu errichten. ²Die Tierarzneimittelanwendungskommission beschreibt in Leitlinien den Stand der veterinärmedizinischen Wissenschaft, insbesondere für die Anwendung von Arzneimitteln, die antimikrobiell wirksame Stoffe enthalten. ³In der Rechtsverordnung ist das Nähere über die Zusammensetzung, die Berufung der Mitglieder und das Verfahren der Tierarzneimittelanwendungskommission zu bestimmen. ⁴Ferner können der Tierarzneimittelanwendungskommission durch Rechtsverordnung weitere Aufgaben übertragen werden.

(6) Es wird vermutet, dass eine Rechtfertigung nach dem Stand der veterinärmedizinischen Wissenschaft im Sinne des Absatzes 1 Satz 1 Nr. 4 oder des § 56 Abs. 5 Satz 1 Nr. 3 gegeben ist, sofern die Leitlinien der Tierarzneimittelanwendungskommission nach Absatz 5 Satz 2 beachtet worden sind.

Wichtige Änderungen der Vorschrift: Abs. 1 und 2 geändert, Abs. 3 neu gefasst durch Art. 1 Nr. 10 des Elften Gesetzes zur Änderung des Arzneimittelgesetzes vom 21.8.2002 (BGBl. I S. 3348); Abs. 1 und 2 geändert, Abs. 5 und 6 angefügt durch Art. 1 Nr. 3 des Dreizehnten Gesetzes zur Änderung des Arzneimittelgesetzes vom 29.8.2005 (BGBl. I S. 2555); Abs. 1, 2, 2a und 3 S. 1 geändert durch Art. 1 Nr. 17 des Fünfzehnten Gesetzes zur Änderung des Arzneimittelgesetzes vom 25.5.2011 (BGBl. I S. 946). Abs. 1 und Abs. 3 geändert durch Art. 1 Nr. 4 des 16. Gesetzes zur Änderung des Arzneimittelgesetzes vom 10.10.2013 (BGBl. I S. 3813).

Europarechtliche Vorgaben: RL 90/676/EWG; RL 2001/82/EG.

Übersicht

A. Allgemeines

1 Die Vorschrift ist im Zuge der 1. AMG-Novelle eingeführt und im Rahmen der 13. AMG-Novelle deutlich modifiziert worden. Sie regelt die **Verschreibung, Abgabe und Anwendung apothekenpflichtiger Arzneimittel** durch Tierärzte. Die Vorschrift dient der Begrenzung des Einsatzes von Stoffen mit pharmakologischer Wirkung bei Tieren[1]. Grundsätzlich dürfen Tierärzte danach Arzneimittel nur verschreiben oder an den Tierhalter abgeben, wenn das Präparat für die zu behandelnde Tierart zugelassen ist oder eine Freistellung von der Zulassungspflicht besteht. Ausnahmsweise, in den Fällen der Abs. 2 und 2a, kommt eine Verschreibung, Anwendung oder Abgabe **ohne tierartspezifische Zulassung** in Betracht. Zudem enthält die Vorschrift noch Ermächtigungstatbestände zum Erlass von Rechtsverordnungen sowie eine im Zuge der 13. AMG-Novelle neu eingeführte Vermutungsregelung in Abs. 6.

2 Mit der 16. AMG-Novelle hat der Gesetzgeber Maßnahmen ergriffen, die den Einsatz von Antibiotika bei der Tierhaltung reduzieren sollen[2], um das Risiko der Entstehung und Ausbreitung von Antibiotikaresistenzen einzuschränken. Dazu wurden neue Ermächtigungsvorschriften eingeführt, auf deren Grundlage Rechtsverordnungen zur Begrenzung des Antibiotikaeinsatzes und zur Effektuierung der behördlichen Überwachung erlassen werden können.

3 Besonders geregelt sind die Kontrollen für die Anwendung von Antibiotika bei lebensmittelliefernden Tieren. Der Gesetzgeber hat hierzu ein „Benchmarking"-Konzept eingeführt, das unter Berücksichtigung einer vom BVL zur erstellenden Statistik einer tierartspezifischen Therapiehäufigkeit den Antibiotikaeinsatz steuern soll. In Einzelfällen kann dem Tierhalter dazu ein verpflichtendes „Antibiotikaminimierungskonzept" vorgegeben werden (§ 58d).

---

[1] Vgl. zur Entstehungsgeschichte *Kloesel/Cyran*, § 56a Anm. 1.
[2] Vgl. BR-Drucks. 555/12, S. 1.

B. Verschreibung oder Abgabe apothekenpflichtiger Tierarzneimittel durch den Tierarzt (Abs. 1)

I. Grundsatz (S. 1)

Die Vorschrift regelt in **Abs. 1 S. 1** die Verschreibung und Abgabe apothekenpflichtiger Arzneimittel **4** durch den Tierarzt. Die Vorschrift ist nicht auf Tierarzneimittel im Besonderen beschränkt, sondern erfasst alle Formen der Abgabe und Verschreibung von Arzneimitteln im Verhältnis von Tierarzt zu Tierhalter (zu den Begriffen Tierarzt, Tierhalter, Verschreibung und Abgabe s. die Kommentierung zu § 56). Das Gesetz lässt diese grundsätzlich nur unter den in Abs. 1 genannten Voraussetzungen zu.

Der durch das 16. AMG-Änderungsgesetz aufgenommene Verweis auf die Ermächtigungsregelung in **5** Abs. 3 dient lediglich der Klarstellung, dass aufgrund entsprechender Verordnungen Umfang und Modalitäten näher geregelt werden können.

1. Vom Tierarzt behandelte Tiere (Nr. 1). Daneben besteht eine **Beschränkung auf die vom 6 Tierarzt behandelten Tiere** (Nr. 1). Die Verschreibung und Abgabe von Arzneimitteln durch den Tierarzt ist danach auf die von ihm behandelten Tiere beschränkt. Diese Regelung entspricht § 56 V 1 Nr. 1 (s. § 56 Rn. 27).

2. Verkehrsfähigkeit der Arzneimittel (Nr. 2). Die Verschreibung oder Abgabe von Arzneimitteln **7** an Tierhalter ist auf zugelassene, nicht zulassungsbedürftige, von der Zulassung freigestellte oder einer Standardzulassung entsprechende Arzneimittel beschränkt. Die Vorschrift ist im Zuge der 13. AMG-Novelle erweitert worden, um sicherzustellen, dass Arzneimittel, die nicht nach Maßgabe der zitierten Vorschriften verkehrsfähig sind, nicht verschrieben oder abgegeben werden dürfen. Das betrifft nach dem Willen des Gesetzgebers vor allem Arzneimittel, die nach § 73 IIIa und IV ohne Zulassung in den Geltungsbereich des AMG in den Verkehr gebracht werden. Diese dürfen nur nach Maßgabe von Abs. 2 eingesetzt werden[3]. Das Gesetz geht damit grundsätzlich vom **Vorrang der nach dem AMG oder „zentral" durch die Kommission (§ 37 I 1) zugelassenen Arzneimittel** aus. Die Ausnahmefälle sind vor diesem Hintergrund enumerativ und damit eng auszulegen. Zu den Einzelheiten der Vorschriften kann auf die dortige Kommentierung verwiesen werden (s. § 73 Rn. 76 ff.).

3. Beschränkung auf das Anwendungsgebiet (Nr. 3). Auch in Nr. 3 geht der Gesetzgeber vom **8 Primat der Zulassung**[4] aus. Danach sollen grundsätzlich nur Arzneimittel angewendet werden, die für die zu behandelnde Tierart und das Anwendungsgebiet zugelassen sind. Abweichungen sind ausschließlich nach Maßgabe von Abs. 2 und 2a zulässig.

Bei den Rezepturarzneimitteln nach § 21 II Nr. 4, die lediglich in Abs. 1 S. 1 Nr. 2 erwähnt sind, **9** fehlt eine Zulassung, die das Anwendungsgebiet bestimmen könnte. Hier muss daher die **Zweckbestimmung durch den behandelnden Tierarzt** an die Stelle der Zulassung treten.

4. Beschränkung der Anwendung nach Anwendungsgebiet und Menge (Nr. 4). Der Einsatz **10** von Arzneimitteln bei Tieren muss sowohl hinsichtlich der Indikation als auch mit Blick auf die Arzneimittelmenge gerechtfertigt sein. Das Gesetz setzt als Maßstab das im **Einzelfall konkret zu erreichende Behandlungsziel** voraus. Das vom Tierarzt zu definierende Behandlungsziel darf ausschließlich mit Behandlungsmethoden erreicht werden, die dem **Stand der veterinärmedizinischen Wissenschaft** entsprechen. Diese Anforderung ist hoch, da der unbestimmte Rechtsbegriff der „veterinärmedizinischen Wissenschaft" nur solche Behandlungen für zulässig erklärt, die nach den neuesten wissenschaftlichen Erkenntnissen für erforderlich gehalten werden[5]. Dem Tierarzt ist es hiernach nicht gestattet, die zu verschreibende Menge des Arzneimittels nach Maßgabe der tierärztlichen Praxis vorzunehmen. Er hat sich vielmehr an die gegenwärtigen wissenschaftlichen Erkenntnisse zu halten, auch wenn sich diese in der Praxis noch nicht durchgesetzt haben. In diesem Zusammenhang kommt jedoch besondere Bedeutung den Leitlinien der Tierarzneimittelanwendungskommission zu.

Der Verweis auf das Behandlungsziel „im betreffenden Fall" dient der Klarstellung, dass ein direkter **11** Zusammenhang zwischen Diagnose und Therapieentscheidung des behandelnden Arztes bestehen muss[6].

5. Anwendung bei Tieren, die der Gewinnung von Lebensmitteln dienen (Nr. 5). Die Ver- **12** schreibung und die Abgabe **apothekenpflichtiger Arzneimittel** für Tiere, die der Gewinnung von Lebensmitteln dienen (zum Begriff der Tiere, die der Gewinnung von Lebensmitteln dienen s. § 58 Rn. 6), ist zusätzlich zu den Anforderungen nach Abs. 1 S. 1 Nr. 1–4 im Zuge der 13. AMG-Novelle neu geregelt worden. Der Gesetzgeber hat die Verschreibung und Abgabe dieser Arzneimittel auch in

---

[3] Vgl. BT-Drucks. 15/4736, S. 10.
[4] Vgl. BT-Drucks. 14/8613, S. 18.
[5] Vgl. dazu etwa die Interpretation „Stand von Wissenschaft und Technik" nach § 7 II Nr. 3 AtomG, *BVerfGE* 49, 89, 136.
[6] BR-Drucks. 555/12, S. 20.

zeitlicher Hinsicht begrenzt. Das Gesetz lässt in **Abs. 1 S. 1 Nr. 5 Buchst. a)** grundsätzlich nur die Verschreibung oder Abgabe einer Arzneimittelmenge zu, die für einen Bedarf der **auf die Abgabe folgenden 31 Tage ausreichend ist.** Die ursprüngliche Befristung auf Anwendungszeiträume von lediglich sieben Tagen hat sich in der Praxis als nicht geeignet herausgestellt. Gerade die Behandlung von Tierbeständen[7] erfordert nach dem Stand der veterinärmedizinischen Wissenschaft regelmäßig einen längeren Behandlungszeitraum[8].

13   **Bei Arzneimitteln, die antimikrobiell wirksame Stoffe** enthalten und zudem **systemisch wirken,** bleibt es demgegenüber gem. **Abs. 1 S. 1 Nr. 5 Buchst. b)** bei einem Abgabezeitraum von lediglich sieben Tagen. Der Gesetzgeber will damit die Gefahr der Zunahme von Resistenzen verringern, die sich bei einem längeren Anwendungszeitraum vergrößert[9].

14   Die vorgenannten zeitlichen Befristungen gelten nicht, wenn die arzneimittelrechtliche Zulassung des eingesetzten Arzneimittels im **Einzelfall eine längere Anwendungsdauer** vorsieht.

II. Verschreibungspflichtige Arzneimittel zur Anwendung bei Tieren, die der Gewinnung von Lebensmitteln dienen (S. 2)

15   Die Abgabe **apothekenpflichtiger Arzneimittel** verpflichtet den Tierarzt regelmäßig zur Untersuchung der Tiere bzw. des Tierbestandes sowie zur Kontrolle des Behandlungserfolges und der Arzneimittelanwendung. Der Gesetzgeber hat gleichwohl im Zuge der 13. AMG-Novelle in Abs. 1 S. 2 ausdrücklich eine **besondere Untersuchungsverpflichtung** eingeführt. Diese greift immer dann ein, wenn Tierarzneimittel im Rahmen einer fortgesetzten Behandlung erneut abgegeben oder verschrieben werden sollen. In diesem Fall kann sich der Tierarzt nicht darauf beschränken, die Arzneimittel für die weitere Behandlung abzugeben oder zu verschreiben. Vielmehr ist er gehalten, vor einer erneuten Abgabe oder Verschreibung die zu behandelnden Tiere zu untersuchen. Dabei darf die Untersuchung **nicht länger als 31 Tage** vor der vorgesehenen letzten Anwendung der Arzneimittel liegen[10].

III. Geltung von S. 1 Nr. 2–4 für die Anwendung durch den Tierarzt (S. 3)

16   Für die **Anwendungen von Arzneimitteln** durch den Tierarzt gelten die gleichen Voraussetzungen wie für die Abgabe und Verschreibung. Dies wird durch **Abs. 1 S. 3** klargestellt, der Abs. 1 S. 1 Nr. 2 bis 4 für entsprechend anwendbar erklärt. Da die Anwendung eines Arzneimittels bei einem Tier zugleich eine Behandlung darstellt, ist Abs. 1 S. 1 Nr. 1 von der Verweisung ausgenommen worden[11].

IV. Verbot der Verschreibung/Abgabe von Arzneimittel-Vormischungen (S. 4)

17   Die Abgabe oder Verschreibung von Arzneimittel-Vormischungen i. S. v. § 4 XI darf nicht erfolgen. **Nicht zugleich als oral anzuwendende Fertigarzneimittel zugelassene Arzneimittel-Vormischungen** durften auch nach bisheriger Rechtslage in keinem Fall verschrieben oder an den Tierhalter abgegeben werden. Im Zuge der 15. AMG-Novelle wurde der ursprüngliche Satzteil „… die nicht zugleich als Fertigarzneimittel zugelassen sind …" gestrichen. Der Satzteil konnte entfallen, weil es keine Arzneimittel-Vormischungen mehr gibt, die zugleich eine Zulassung als oral anzuwendende Fertigarzneimittel besitzen[12].

C. Anwendungsprivileg für vom Tierarzt hergestellte Arzneimittel (Abs. 1a)

18   Der im Zuge des AMG-ÄndG 2009 neu eingeführte Abs. 1a tritt an die Stelle der bisherigen Regelung in § 4a I Nr. 3. Während nach bisheriger Rechtslage solche Arzneimittel, die ausschließlich **zur unmittelbaren Behandlung** durch den Tierarzt hergestellt worden sind, vom Anwendungsbereich des AMG ausgenommen waren, unterfallen auch solche Arzneimittel jetzt grundsätzlich dem Anwendungsbereich des Gesetzes[13]. Allerdings sind Arzneimittel, die ausschließlich im Rahmen der unmittelbaren Behandlung durch den Tierarzt hergestellt werden, von den Beschränkungen des Abs. 1 S. 1 Nr. 2 bis 4 befreit.

19   Das bedeutet, dass der Tierarzt auch nicht zugelassene Arzneimittel oder nicht für das Anwendungsgebiet bei der behandelten Tierart zugelassene Arzneimittel sowie Arzneimittel, deren Anwendung nach Anwendungsgebiet und Menge nach dem Stand der veterinärmedizinischen Wissenschaft nicht gerechtfertigt ist, um das Behandlungsziel zu erreichen, bei von ihm behandelten Tieren **anwenden** darf, sofern

---

[7] Vgl. zum Begriff § 12 III TÄHAV.
[8] Vgl. BT-Drucks. 15/4736, S. 10.
[9] Vgl. BT-Drucks. 15/4736, S. 10.
[10] Vgl. BR-Drucks. 780/04, S. 16.
[11] So auch *Kloesel/Cyran*, § 56a Anm. 13.
[12] Vgl. BT-Drucks. 17/4231, S. 10.
[13] BT-Drucks. 16/12256, S. 74.

die Arzneimittel ausschließlich zu diesem Zweck von ihm hergestellt worden sind. Eine erlaubnisfreie Herstellung ist aber nur im Rahmen des § 13 II 1 Nr. 3 zulässig (s. § 13 Rn. 46).

D. Sonderregeln für den Therapienotstand (Abs. 2)

I. Grundsatz (S. 1)

1. Regelungsbereich. Die **Zulassung von Tierarzneimitteln** regelt deren Anwendungsgebiet und **20** die zu behandelnde Tierart. Der Tierarzt darf nach Abs. 1 S. 1 Nr. 3 Tierarzneimittel ausschließlich innerhalb dieser Indikation und für die entsprechende Tierart verschreiben oder für die Behandlung innerhalb des Indikationsbereichs abgeben. Nach Abs. 1 S. 3 ist auch die Anwendung eines Tierarzneimittels auf das Anwendungsgebiet beschränkt. Damit ist der **„off-label"-Gebrauch** von Tierarzneimitteln grundsätzlich unzulässig.

Für den Fall einer ernstlichen Gefährdung der notwendigen arzneilichen Versorgung lässt **Abs. 2** im **21** Rahmen einer **Subsidiaritäts-Kaskade** ausnahmsweise auch die Verschreibung, Abgabe und Anwendung von Arzneimitteln zu, die entweder nicht für die betr. Tierart oder das jeweilige Anwendungsgebiet zugelassen sind. Die gestufte Ausnahmeregelung wurde zunächst in vollständiger Umsetzung der RL 90/676/EWG durch die 11. AMG-Novelle in das Gesetz aufgenommen und durch die 13. AMG-Novelle zur Transformation der RL 2004/28/EG noch einmal wesentlich erweitert. Die Kaskadenregelung in Abs. 2 S. 1 Nr. 1–4 verdeutlicht, dass der Tierarzt immer zunächst das entsprechend dem systematischen Aufbau der Vorschrift therapeutisch nächstliegende Ersatzmittel wählen muss. Nur dann, wenn ein solches nicht zur Verfügung steht, darf er das der nächsten Nummer entsprechende Mittel wählen (s. Rn. 25 ff.).

2. Therapienotstand. Die Sonderregelungen für die Verschreibung, Abgabe und Anwendung von **22** Tierarzneimitteln über die der Zulassung entsprechende Indikation oder Tierart hinaus, setzen zunächst den sog. **Therapienotstand** voraus. Darunter ist eine Versorgungslücke mit zugelassenen Tierarzneimitteln zu verstehen. Diese liegt immer dann vor, wenn im Einzelfall für die Behandlung kein Arzneimittel zur Verfügung steht, das für das konkrete Anwendungsgebiet oder die betroffene Tierart zugelassen ist. Hierbei kommt der fachlichen Einschätzung des behandelnden Tierarztes eine erhebliche Bedeutung zu. Da ihm die Behandlung obliegt, hat er bei der Wahl der Behandlungsmittel einen **gerichtlich nur begrenzt überprüfbaren Beurteilungsspielraum**[14].

Bei der Feststellung des Therapienotstandes hat der Tierarzt vor allem die durch Abs. 1 S. 1 vorgege- **23** benen Leitlinien zu beachten. Die Sondervorschriften für den Therapienotstand erlauben lediglich eine Abweichung von Abs. 1 S. 1 Nr. 3 (Abweichung vom Anwendungsgebiet der zu behandelnden Tierart), **nicht dagegen weitergehende Verschreibungen, Anwendungen** oder **Abgaben** von Tierarzneimitteln. Das bedeutet, dass auch im Therapienotstand die Anwendung eines Arzneimittels nach Anwendungsgebiet und Menge nach dem Stand der veterinärmedizinischen Wissenschaft gerechtfertigt sein muss, um das Behandlungsziel zu erreichen (Abs. 1 S. 1 Nr. 4). Darüber hinaus verlangt bereits Abs. 1 S. 1 Nr. 1, dass die Tiere auch im Therapienotstand vom Tierarzt selbst behandelt werden[15].

Der Therapienotstand setzt zunächst eine **ernstliche Gefährdung der notwendigen arzneilichen** **24** **Versorgung** der zu behandelnden Tiere voraus. Damit ist eine Situation umschrieben, bei der nach dem Stand der veterinärmedizinischen Wissenschaft eine arzneiliche Behandlung geboten erscheint, da andernfalls schwerwiegende Versorgungsengpässe zu befürchten sind. Die vom Tierarzt insoweit anzustellende Prognose muss mithin zu dem Ergebnis kommen, dass die festgestellte Versorgungslücke von erheblichem Gewicht ist (ernstliche Gefährdung). Da der Einsatz der Tierarzneimittel „off-label" nur subsidiär zulässig ist, muss daher eine **erhebliche Gesundheitsbeeinträchtigung** der zu behandelnden Tiere für den Fall festgestellt werden, dass das Arzneimittel nicht eingesetzt würde.

3. Kaskadenprinzip im Therapienotstand (Nr. 1–4). Die **Subsidiarität des Einsatzes** von **25** Arzneimitteln im Therapienotstand wird auch durch das sog. **Kaskadenprinzip in Abs. 2 S. 1 Nr. 1 bis 4** verdeutlicht. Die ausnahmsweise zulässigen Behandlungsmodalitäten über die Arzneimittelzulassung hinaus stehen in einem festgelegten Stufenverhältnis zueinander. Der Tierarzt darf daher ein Arzneimittel „off-label" nur dann einsetzen, wenn keine der zuvor im Gesetz genannten Modalitäten in Betracht kommt. Vorrangig ist mithin die Behandlungsalternative nach der Nr. 1, der sich subsidiär die Nr. 2 anschließt, um dann über die Nr. 3 schließlich im Rahmen der Nr. 4 um arzneilich nicht wirksame Bestandteile ergänzte Fertigarzneimittel zuzulassen.

Im Fall des Therapienotstandes ist der Tierarzt in erster Linie (**Nr. 1**) gehalten, ein **für die betreffen-** **26** **de Tierart zugelassenes Arzneimittel** zu verschreiben, anzuwenden oder abzugeben. Bei der ersten Behandlungsalternative darf der Tierarzt damit nur hinsichtlich des **Anwendungsgebietes** von der

---

[14] Zum Umfang des gerichtlichen Kontrollprogramms bei Gesetzen mit Beurteilungsspielraum bzw. behördlicher Einschätzungsprärogative siehe *Sachs,* in: Stelkens/Bonk/Sachs, § 40 Rn 222 ff.
[15] So auch *Kloesel/Cyran,* § 56a Anm. 16.

Zulassung abweichen. Die Regelung soll in erster Linie sicherstellen, dass Arzneimittel angewendet werden, deren Unbedenklichkeit für die zu behandelnde Tierart belegt ist und für die wissenschaftlich nachgewiesene Wartezeiten existieren. Daher ist in diesem Fall auch kein Rückgriff auf die pauschalen Mindestwartezeiten nach § 12a II 2 TÄHAV erforderlich.

27   Sollte für die betreffende Tierart ein zur Behandlung geeignetes Arzneimittel nicht zur Verfügung stehen, darf der Tierarzt nach **Nr. 2 ein für eine andere Tierart** zugelassenes Arzneimittel heranziehen. Die zweite Ersatzwahl im Zuge der 13. AMG-Novelle diente der Umsetzung der RL 2004/28/EG.

28   Die dritte, wiederum gegenüber der zweiten Behandlungsalternative subsidiäre Einsatzmöglichkeit erstreckt sich auf **Humanarzneimittel oder auf Tierarzneimittel,** die in einem Mitgliedstaat der EU oder einem sonstigen Vertragsstaat des EWR zugelassen sind **(Nr. 3).** Im letztgenannten Fall ist für die Verschreibung, Anwendung oder Abgabe des Tierarzneimittels keine nationale Zulassung oder Registrierung erforderlich.

29   Für die Verschreibung, Anwendung und Abgabe von **Tierarzneimitteln für Tiere, die der Gewinnung von Lebensmitteln dienen,** dürfen nur solche Arzneimittel eingesetzt werden, die in einem Mitgliedstaat der EU oder einem sonstigen Vertragsstaat des EWR zur Anwendung bei Tieren, die der Gewinnung von Lebensmitteln dienen, zugelassen sind.

30   Schließlich kann der Tierarzt ein **von ihm selbst oder in einer Apotheke hergestelltes Arzneimittel,** das durch nicht wirksame Bestandteile ergänzt wurde, im Therapienotstand verwenden **(Nr. 4).**

II. Einschränkung bei Tieren, die der Gewinnung von Lebensmitteln dienen (S. 2)

31   Arzneimittel, die bei Lebensmittel liefernden Tieren angewendet werden sollen, müssen **durch den Tierarzt selbst appliziert werden.** Im Zuge der 13. AMG-Novelle wurde dieser Grundsatz allerdings erweitert, so dass nunmehr auch eine Anwendung unter der Aufsicht des Tierarztes zulässig ist. Das bedeutet, dass die persönliche Anwesenheit des Tierarztes zum Zeitpunkt der Verabreichung nicht mehr erforderlich ist. Gleichwohl unterliegt die Anwendung der Arzneimittel weiterhin der besonderen Verantwortung des Tierarztes. Er muss den Tierhaltern konkrete Behandlungsanweisungen erteilen und die Arzneimittelanwendung kontrollieren[16]. Die Beschränkung der Abgabe auf den Tierarzt hatte sich **als unpraktikabel und unverhältnismäßig erwiesen.**

32   Weiterhin setzt die Anwendung von Arzneimitteln im Therapienotstand bei Lebensmittel liefernden Tieren voraus, dass sie ausschließlich pharmakologisch wirksame Stoffe enthalten, die in Tabelle I des Anhangs der **Verordnung (EU) Nr. 37/2010** aufgeführt sind (zur Sonderregelung für Einhufer s. Rn. 37).

III. Angabe der Wartezeit (S. 3)

33   Auch im Therapienotstand müssen Wartezeiten bei der Anwendung von Arzneimitteln bei Lebensmittel liefernden Tieren beachtet werden. Das Gesetz verweist hierzu auf die TÄHAV. Diese regelt in § 12a II TÄHAV die Einzelheiten für die Wartezeiten. Danach müssen die Wartezeiten so bemessen werden, dass die in der VO (EU) 37/2010 **festgesetzten Höchstmengen** nicht überschritten werden. Nach § 12a II 2 TÄHAV gelten in den Fällen, in denen bei Fertigarzneimitteln eine Wartezeit nicht angegeben ist, folgende Zeiträume die nicht unterschritten werden dürfen: Bei Eiern mindestens 7 Tage, bei Milch 7 Tage, bei essbaren Gewebe von Geflügel und Säugetieren 28 Tage, bei essbaren Gewebe von Fischen 500 dividiert durch die mittlere Wassertemperatur in °C, was der Anzahl der Tage der Wartezeit entsprechen soll, bei Einhufern, die der Gewinnung von Lebensmitteln dienen und bei denen Arzneimittel gem. § 56a Abs. 2a angewendet wurden, sechs Monate.

IV. Entsprechende Geltung der S. 1–3 (S. 4)

34   Die vorgenannten **Regelungen zum Therapienotstand** (Abs. 2 S. 1–3) gelten nach **Abs. 2 S. 4** entsprechend für solche Arzneimittel, die als Rezepturarzneimittel durch eine Apotheke oder durch den behandelnden Tierarzt selbst nach § 21 II Nr. 4 i. V. m. IIa hergestellt werden. Diese dürfen ebenfalls nur unter die Voraussetzungen der S. 1–3 verschrieben, angewendet oder abgegeben werden.

V. Homöopathische Arzneimittel (S. 5)

35   **Homöopathische Arzneimittel,** die nach § 39 I registriert sind oder nach § 39 III von der Registrierung freigestellt sind, dürfen auch abweichend von den vorstehenden Regeln für andere Tiere oder in anderen Anwendungsgebieten verschrieben, angewendet und abgegeben werden.

36   Etwas anderes gilt nur bei Lebensmittel liefernden Tieren, bei denen ausschließlich Wirkstoffe enthalten sein dürfen, die im **Anhang der VO (EU) 37/2010** als Stoffe aufgeführt sind, für die eine Festlegung von Höchstmengen nicht erforderlich ist.

---

[16] Vgl. BT-Drucks. 15/4736.

E. Sonderregelung für Arzneimittel für Einhufer, die der Gewinnung von Lebensmitteln dienen (Abs. 2a)

Die 14. AMG-Novelle hat zudem eine **Spezialregelung für Einhufer** entsprechend der Regelung **37** in der RL 2001/82/EG in Abs. 2a eingefügt; diese ist durch die 15. AMG-Novelle an das novellierte europäische Recht angepasst worden[17].

In Abweichung von Abs. 2 S. 2 dürfen für bestimmte Lebensmittel liefernde **Einhufer** auch solche **38** Arzneimittel angewendet, verschrieben oder abgegeben werden, die nicht im Anhang der VO (EU) Nr. 37/2010 aufgeführt sind. Das setzt voraus, dass diese Einhufer entsprechend im **Equiden-Pass** eingetragen worden sind[18]. Daneben dürfen auch solche Stoffe enthalten sein, die in der aufgrund von Art. 10 III RL 2001/82/EG erstellten Liste aufgeführt sind.

F. Verordnungsermächtigung für die Abgabe von Arzneimitteln zur Abgabe an Tiere (Abs. 3)

I. Inhalt der Rechtsverordnung (S. 1)

Die Vorschrift enthält **Ermächtigungsgrundlagen** zugunsten des BMEL und wurde im Zuge der **39** 15. AMG-Novelle vollständig neu gefasst sowie durch die 16. AMG-Novelle wesentlich erweitert. Die ursprüngliche Fassung sah bereits eine Verordnungsermächtigung vor, nach der Regelungen zum **Nachweis** für die Verschreibung und Anwendung von apothekenpflichtigen Arzneimitteln erlassen werden konnten. Der Verordnungsgeber hat von dieser Ermächtigung im Rahmen von **§ 13 TÄHAV** Gebrauch gemacht.

In der Neufassung wird der Verordnungsgeber zudem ermächtigt, durch Rechtsverordnung Regelun- **40** gen zur Verschreibung und Abgabe von Arzneimitteln auch im Hinblick auf die **Behandlung** festzulegen **(Nr. 1)**. Die Novellierung dient der besseren Zuordnung der zu regelnden Sachverhalte. Dies erschien erforderlich, um die durch die 15. AMG-Novelle in das AMG eingefügten Regelungen in § 43 V 4 näher konkretisieren zu können, insbes. in Fällen der Festlegung von Behandlungskriterien im Falle des **Versandes** durch Tierärzte[19].

Die Verordnungsermächtigung erstreckt sich auch auf gesetzgeberische Maßnahmen zur Beschränkung **41** des Antibiotikaeinsatzes. Dazu wurden die Nummern 2–5 als Ermächtigungen in das Gesetz eingefügt, die mit dem nachstehenden Satz 2 zudem deutlich erweitert wurden.

Für den Fall einer unmittelbaren oder nur mittelbaren Gefährdung der Gesundheit von Mensch oder **42** Tier kann der Verordnungsgeber untersagen, antimikrobiell wirksame Stoffe abweichend von den Angaben der Gebrauchsinformation anzuwenden, wodurch die Therapiefreiheit des Arztes eingeschränkt wird. Dahinter steht die Erkenntnis, dass im Einzelfall präzise Vorgaben für die Anwendung von Antibiotika erforderlich sind, da die Weltgesundheitsorganisation (WHO) davon ausgeht, dass auch die Veterinärmedizin einen Anteil am Resistenzgeschehen unter anderem im Menschen hat[20].

Darüber hinaus sieht die neugeschaffene Nr. 3 eine Ermächtigungsgrundlage vor, um ein sog. Anti- **43** biogramm, also einen Test zur Bestimmung der Empfindlichkeit von Erregern verbindlich vorschreiben zu können. Derartige Antibiogramme sind im Einzelfall erforderlich, um mit dem jeweils wirksamsten Antibiotikum behandeln zu können. Auch hierdurch strebt der Gesetzgeber an, die Entwicklung und Ausbreitung von Resistenzen einzudämmen und andererseits durch Applikation des jeweils wirksamsten Antibiotikums eine möglichst schnelle Wiederherstellung der Gesundheit des Tieres zu ermöglichen.

Die neugefasste Ermächtigungsgrundlage in Nr. 4 entspricht im Wesentlichen der bisherigen Nr. 2 **44** a. F. Der Verordnungsgeber kann daher auch bei Arzneimitteln, die nur durch den Tierarzt angewendet werden dürfen, Detailregelungen erlassen.

Der Gesetzgeber geht davon aus, dass Arzneimittel grundsätzlich entsprechend der Zulassung ange- **45** wendet werden müssen, da nur insoweit Qualität, Sicherheit und Unbedenklichkeit geprüft sind. Die im Rahmen der Umwidmungskaskade gem. § 56a Abs. 2 zulässige Umwidmung von Arzneimitteln bei Tieren ist in engen Grenzen im Falle des sog. Therapienotstandes zulässig. Allerdings kann auch die Umwidmung von Antibiotika Grundlage für die Entstehung und Ausbreitung von Resistenzen bilden. Beispielhaft zitiert der Regierungsentwurf der 16. AMG-Novelle die Umwidmung der für die Humanmedizin wichtigen Gruppe der Chinolone und Cephalosporine der dritten und vierten Generation[21]. Der Gesetzgeber geht davon aus, dass die letztgenannte Gruppe im Zusammenhang mit der Entstehung

---

[17] Vgl. BT-Drucks. 17/4231, S. 10, 11.

[18] Equiden-Pass i. S. d. VO (EG) Nr. 504/2008 der Kommission nach Anpassung an das novellierte europäische Recht durch die 15. AMG-Novelle, vgl. BT-Drucks. 17/4231, S. 10, 11.

[19] Vgl. BT-Drucks. 17/4231, S. 11 und BT-Drucks. 17/4720, S. 7.

[20] Vgl. BR-Drucks. 555/12, S. 20 f.

[21] Vgl. BT-Drucks. 17/11293, S. 15, 16.

und Ausbreitung des Resistenzphänomens ESBL-bildender Keime steht („extended spectrum beta-lactamases"). Daher soll mit der neu eingeführten Ermächtigung in Nr. 5 die Möglichkeit geschaffen werden, eine Umwidmung im Einzelfall verbieten zu können.

II. Weitergehende Verordnungsermächtigungen (S. 2,3)

46   Die durch die 16. AMG-Novelle neugefassten Sätze 2 und 3 erweitern die Möglichkeit, im Rahmen von Rechtsverordnungen Regelungen zu schaffen, mit denen das Verfahren zur Bestimmung des eine Erkrankung verursachenden Erregers, Probenahmen im Verfahren sowie die entsprechende Nachweisführung näher konkretisiert werden können. Darüber hinaus wird der Verordnungsgeber ermächtigt, Regelungen über das Führen von Nachweisen durch Tierärzte zu schaffen. So kann der Tierarzt verpflichtet werden, Nachweise über die Abgabe, Verschreibung und Anwendung von Arzneimitteln gegenüber den zuständigen Behörden zu übermitteln, sofern dies im Einzelfall angeordnet wurde. Diese Nachweispflicht besteht allerdings nur bei Arzneimitteln, die bei Lebensmittel liefernden Tieren eingesetzt werden sollen und auch nur subsidiär, wenn dies zur Sicherung einer ausreichenden Überwachung erforderlich ist.

47   Durch den neugefassten Satz 3 stellt der Gesetzgeber mit Blick auf Art. 20a GG fest, dass in jedem Fall sichergestellt sein muss, dass eine notwendige arzneiliche Versorgung ermöglicht wird.

III. Beschränkung der Nachweispflicht (S. 4)

48   Dem Verordnungsgeber ist es in **Abs. 3 S. 4** ermöglicht, die Nachweispflicht auf bestimmte Arzneimittel, Anwendungsgebiete oder Darreichungsformen zu beschränken. Von dieser Möglichkeit ist bislang kein Gebrauch gemacht worden.

G. Verbote für den Tierarzt (Abs. 4)

49   Sofern im Einzelfall ein **Anwendungsvorbehalt für Tierärzte** besteht, dürfen nach Abs. 4 entsprechende Arzneimittel dem Tierhalter weder verschrieben, noch an diesen abgegeben werden.

H. Verordnungsermächtigung für Tierarzneimittelanwendungskommission (Abs. 5)

I. Errichtung der Tierarzneimittelanwendungskommission (S. 1)

50   Die im Rahmen der 13. AMG-Novelle eingefügte Verordnungsermächtigung in Abs. 5 S. 1 ermöglicht die Errichtung einer Tierarzneimittelanwendungskommission. Die Rechtsverordnung ist durch das BMEL im Einvernehmen mit dem BMG mit Zustimmung des Bundesrates zu erlassen.

51   Die **Tätigkeit der Tierarzneimittelanwendungskommission** ist insbesondere mit Blick auf die Regelungen in § 56 V 1 Nr. 3 und Abs. 1 S. 1 Nr. 4 von Bedeutung. In diesen Vorschriften wird der Tierarzt bei der Verschreibung, Anwendung und Abgabe von (Fütterungs-) Arzneimitteln gesetzlich verpflichtet, den jeweiligen Stand der veterinärmedizinischen Wissenschaft zu beachten. Da es sich hierbei um einen unbestimmten Rechtsbegriff handelt, kommt den Stellungnahmen der zu errichtenden Tierarzneimittelanwendungskommission eine wichtige Konkretisierungsfunktion zu. Dies gilt insbes. mit Blick auf die Straf- und Bußgeldvorschriften in §§ 95 I Nr. 8 und 97 II Nr. 20 und 21. Hier kann mit einem entsprechenden Votum der Tierarzneimittelanwendungskommission im Einzelfall der erforderliche Schuldvorwurf entfallen.

II. Leitlinien (S. 2)

52   Die zentrale Aufgabe der Tierarzneimittelanwendungskommission soll in der Beschreibung von **Leitlinien** liegen, **die den Stand der veterinärmedizinischen Wissenschaft,** insbes. für die Anwendung von Arzneimitteln, die antimikrobielle Stoffe enthalten, wiedergeben.

III. Bestellung der Tierarzneimittelanwendungskommission (S. 3)

53   Die Einzelheiten über die Zusammensetzung, die berufenen Mitglieder und das Verfahren der Tierarzneimittelanwendungskommission müssen nach **Abs. 5 S. 3** in der Rechtsverordnung bestimmt werden.

IV. Übertragung weiterer Aufgaben (S. 4)

Darüber hinaus können der **Tierarzneimittelanwendungskommission** nach **Abs. 5 S. 4** weitere **54** Aufgaben übertragen werden.

I. Vermutungsregel (Abs. 6)

Die besondere Bedeutung der nach Abs. 5 zu errichtenden Kommission wird durch den ebenfalls **55** durch die 13. AMG-Novelle eingefügten Abs. 6 bestätigt. Das Gesetz geht im Rahmen einer **unwiderleglichen Vermutung** davon aus, dass eine Rechtfertigung nach dem Stand der veterinärmedizinischen Wissenschaft gegeben ist, sofern die Leitlinien der Tierarzneimittelanwendungskommission beachtet worden sind.

J. Sanktionen

Verstöße gegen Abs. 1 S. 1, 2 oder 3 können eine **Strafbarkeit** nach § 95 I Nr. 8 begründen. **56** Daneben kommt eine Strafbarkeit nach § 96 Nr. 15 in Betracht, wenn der Tierarzt Arzneimittel, die nur er selbst anwenden darf, entgegen Abs. 4 dem Tierhalter verschreibt oder an diesen abgibt.

Die Verschreibung, Abgabe oder Anwendung von Arzneimitteln bzw. Arzneimittelvormischungen **57** unter Verstoß gegen Abs. 1 S. 1 Nr. 1 bis 4, auch in Verbindung mit S. 3 kann zu einer **Ordnungswidrigkeit** nach § 97 II Nr. 21 und 21a führen.

§ 56b Ausnahmen

Das Bundesministerium für Ernährung und Landwirtschaft wird ermächtigt, im Einvernehmen mit dem Bundesministerium durch Rechtsverordnung mit Zustimmung des Bundesrates Ausnahmen von § 56a zuzulassen, soweit die notwendige arzneiliche Versorgung der Tiere sonst ernstlich gefährdet wäre.

Die Vorschrift ist die Ermächtigungsgrundlage für das BMEL, abweichende Regelungen von § 56a **1** im Rahmen von Rechtsverordnungen zu erlassen. Hierbei ist das Einvernehmen mit dem BMG herzustellen. Es handelt sich um einen von Art. 80 GG nicht ausdrücklich vorgesehenen, **verfassungsrechtlich allerdings zulässigen Mitwirkungsvorbehalt** bei dem Erlass von Rechtsverordnungen[1]. Wie der Begriff des „Einvernehmens" nahe legt, geht die Mitwirkung des Bundesministeriums über eine bloße Anhörung hinaus. Es ist daher eine „einvernehmliche" Lösung zwischen den beiden Ministerien zu finden. Darüber hinaus bedarf eine entsprechende Rechtsverordnung der Zustimmung des Bundesrates. Dieses Zustimmungserfordernis folgt aus Art. 80 II GG. Fehlt die Zustimmung des Bundesrates und/oder das Einvernehmen des beteiligten Ressorts ist die Verordnung nichtig (s. § 6 Rn. 5, 18).

Inhaltlich hat sich die Ermächtigungsnorm am Bestimmtheitsgebot des Art. 80 I 2 GG zu messen. **2** Danach sind **Inhalt, Zweck und Ausmaß der Rechtsverordnung** bereits in der Ermächtigungsgrundlage festzulegen[2]. Das Gesetz lässt eine Rechtsverordnung ausnahmsweise nur dann zu, wenn und soweit die notwendige arzneiliche Versorgung der Tiere sonst ernstlich gefährdet wäre. Es handelt sich mithin um eine Situation, in der selbst die weit reichenden Regelungen zum Therapienotstand nach § 56a II und IIa nicht ausreichen, um die erforderliche Versorgung der Tiere mit Arzneimitteln sicher zu stellen. Das Gesetz fordert darüber hinaus eine **„ernstliche" Gefährdung der Arzneimittelversorgung.** Damit dürften bloße, zeitlich begrenzte Versorgungsengpässe den Erlass einer Rechtsverordnung nicht rechtfertigen können.

Der Gesetzgeber wollte mit dieser Vorschrift eine Flexibilisierung erreichen, da die als abschließend **3** erkannten Regelungen in § 56a „möglicherweise zu ernsthaften Problemen führen und die ordnungsgemäße arzneiliche Versorgung von Tieren in bestimmten Sondersituationen ernsthaft gefährden können"[3]. Bisher wurde auf dieser Grundlage die AMG-Blauzungenkrankheit-Ausnahmeverordnung erlassen[4].

---

[1] Vgl. dazu *Lücke*, in: Sachs, Art. 80 Rn. 38 ff.
[2] S. dazu *BVerfGE*, 80, 1, 20; *Papier/Möller*, AöR, 122 (1997), 177 ff.
[3] So die Gesetzesbegründung in BT-Drucks. 14/8613, S. 19.
[4] Verordnung über die Ausnahme von § 56a des Arzneimittelgesetzes zum Schutz vor der Blauzungenkrankheit vom 7.4.2008 (BGBl. I S. 721).

§ 57 Erwerb und Besitz durch Tierhalter, Nachweise

(1) [1]Der Tierhalter darf Arzneimittel, die zum Verkehr außerhalb der Apotheken nicht freigegeben sind, zur Anwendung bei Tieren nur in Apotheken, bei dem den Tierbestand behandelnden Tierarzt oder in den Fällen des § 56 Abs. 1 bei Herstellern erwerben. [2]Andere Personen, die in § 47 Abs. 1 nicht genannt sind, dürfen solche Arzneimittel nur in Apotheken erwerben. [3]Satz 1 gilt nicht für Arzneimittel im Sinne des § 43 Abs. 4 Satz 3. [4]Die Sätze 1 und 2 gelten nicht, soweit Arzneimittel, die ausschließlich zur Anwendung bei Tieren, die nicht vom Tierhalter im Wege des Versandes nach § 43 Absatz 5 Satz 3 oder 4 oder

a) vom Tierhalter im Wege des Versandes nach § 43 Absatz 5 Satz 3 oder 4 oder
b) von anderen Personen, die in § 47 Absatz 1 nicht genannt sind, im Wege des Versandes nach § 43 Absatz 5 Satz 3

oder nach § 73 Absatz 1 Nummer 1a erworben werden. [5]Abweichend von Satz 1 darf der Tierhalter Arzneimittel-Vormischungen nicht erwerben.

(1a) [1]Tierhalter dürfen Arzneimittel, bei denen durch Rechtsverordnung vorgeschrieben ist, dass sie nur durch den Tierarzt selbst angewendet werden dürfen, nicht im Besitz haben. [2]Dies gilt nicht, wenn die Arzneimittel für einen anderen Zweck als zur Anwendung bei Tieren bestimmt sind oder der Besitz nach der Richtlinie 96/22/EG des Rates vom 29. April 1996 über das Verbot der Verwendung bestimmter Stoffe mit hormonaler beziehungsweise thyreostatischer Wirkung und von #-Agonisten in der tierischen Erzeugung und zur Aufhebung der Richtlinien 81/602/EWG, 88/146/EWG und 88/299/EWG (ABl. EG Nr. L 125 S. 3) erlaubt ist.

(2) [1]Das Bundesministerium für Ernährung und Landwirtschaft wird ermächtigt, im Einvernehmen mit dem Bundesministerium durch Rechtsverordnung mit Zustimmung des Bundesrates vorzuschreiben, dass

1. Betriebe oder Personen, die Tiere halten, die der Gewinnung von Lebensmitteln dienen, und diese oder von diesen stammende Erzeugnisse in Verkehr bringen, und
2. andere Personen, die in § 47 Absatz 1 nicht genannt sind,

Nachweise über den Erwerb, die Aufbewahrung und den Verbleib der Arzneimittel und Register oder Nachweise über die Anwendung der Arzneimittel zu führen haben, soweit es geboten ist, um eine ordnungsgemäße Anwendung von Arzneimitteln zu gewährleisten und sofern es sich um Betriebe oder Personen nach Nummer 1 handelt, dies zur Durchführung von Rechtsakten der Europäischen Gemeinschaft oder der Europäischen Union auf diesem Gebiet erforderlich ist. [2]In der Rechtsverordnung können Art, Form und Inhalt der Register und Nachweise sowie die Dauer ihrer Aufbewahrung geregelt werden. [3]In der Rechtsverordnung kann ferner vorgeschrieben werden, dass Nachweise auf Anordnung der zuständigen Behörde nach deren Vorgaben vom Tierhalter zusammenzufassen sind und ihr zur Verfügung gestellt werden, soweit dies zur Sicherung einer ausreichenden Überwachung im Zusammenhang mit der Anwendung von Arzneimitteln bei Tieren, die der Gewinnung von Lebensmitteln, erforderlich ist.

(3) [1]Das Bundesministerium für Ernährung und Landwirtschaft wird ermächtigt, im Einvernehmen mit dem Bundesministerium durch Rechtsverordnung mit Zustimmung des Bundesrates vorzuschreiben, dass Betriebe oder Personen, die

1. Tiere in einem Tierheim oder in einer ähnlichen Einrichtung halten oder
2. gewerbsmäßig Wirbeltiere, ausgenommen Tiere, die der Gewinnung von Lebensmitteln dienen, züchten oder halten oder vorübergehend für andere Betriebe oder Personen betreuen,

[2]Nachweise über den Erwerb verschreibungspflichtiger Arzneimittel zu führen haben, die für die Behandlung der in den Nummern 1 und 2 bezeichneten Tiere erworben worden sind. [3]In der Rechtsverordnung können Art, Form und Inhalt der Nachweise sowie die Dauer ihrer Aufbewahrung geregelt werden.

Wichtige Änderungen der Vorschrift: Abs. 1a eingefügt durch Art. 1 Nr. 17 des Siebten Gesetzes zur Änderung des Arzneimittelgesetzes vom 25.2.1998 (BGBl. I S. 374); Abs. 1 S. 3 eingefügt durch Art. 1 Nr. 3a des Dreizehnten Gesetzes zur Änderung des Arzneimittelgesetzes vom 29.8.2005 (BGBl. I S. 2555); Abs. 1 S. 4 eingefügt, Abs. 1 S. 5 und Abs. 2 S. 1 Nr. 2 geändert durch Art. 1 Nr. 18 des Fünfzehnten Gesetzes zur Änderung des Arzneimittelgesetzes vom 25.5.2011 (BGBl. I S. 946); Abs. 2 geändert und Abs. 3 angefügt durch Art. 1 Nr. 5 des Sechzehnten Gesetzes zur Änderung des Arzneimittelgesetzes vom 10.1.2013 (BGBl. I S. 3813).

Europarechtliche Vorgaben: RL 96/22/EG; RL 2008/97/EG.

A. Allgemeines

Durch die 7. AMG-Novelle wurde ein **Besitzverbot für Arzneimittel,** die nur durch den Tierarzt **1** selbst angewendet werden dürfen, eingeführt. Abs. 1 regelt den **Erwerb und Besitz apothekenpflichtiger Arzneimittel** durch den Tierhalter. Eine Sonderregelung für Fütterungsarzneimittel enthält § 56. Abs. 1a befasst sich mit den Voraussetzungen, unter denen ein Tierhalter Arzneimittel in Besitz haben kann, die nur durch den Tierarzt angewendet werden dürfen. Darüber hinaus enthält Abs. 2 eine Ermächtigung zum Erlass von Nachweispflichten für Arzneimittel, die zur Anwendung bei Tieren bestimmt sind.

B. Erwerb von Arzneimitteln durch Tierhalter (Abs. 1)

I. Grundtatbestand (S. 1)

Tierhalter (zum Begriff s. § 56 Rn. 7) dürfen nach **Abs. 1 S. 1 apothekenpflichtige Arzneimittel,** **2** die sie bei von ihnen gehaltenen Tieren anwenden wollen, nur in Apotheken, beim behandelnden Tierarzt oder, im Fall von Fütterungsarzneimitteln, beim Hersteller erwerben. Bei Fütterungsarzneimitteln besteht eine **exklusive Bezugspflicht** beim Hersteller. Ein anderweitiger Erwerb ist nach § 56 I 1 ausgeschlossen.

II. Andere Personen (S. 2)

Die Regelung in **Abs. 1 S. 2,** wonach Dritte, die nicht zum Kreis der in § 47 I genannten Personen **3** zählen, Tierarzneimittel nur in Apotheken erwerben dürfen, hat lediglich klarstellende Funktion.

III. Ausnahme (S. 3)

Durch die 13. AMG-Novelle wurde in Abs. 1 ein neuer S. 3 eingefügt. Diese Vorschrift regelt den **4** Bezug von Arzneimitteln von den zuständigen Veterinärbehörden. Danach dürfen im Rahmen tierseuchenrechtlicher Maßnahmen die Veterinärbehörden nach § 47 I 1 Nr. 4 die von ihnen nach Maßgabe von § 47 I 1 Nr. 4 bezogenen Arzneimittel an Tierhalter abgeben. Ausgenommen sind hiervon verschreibungspflichtige Arzneimittel. Die Neuregelung in Abs. 1 S. 3 nimmt diese Bezugsmöglichkeit, die etwa zur Behandlung der Varroose als sinnvoll angesehen wird[1], auf. Tierhalter können damit unter den genannten Voraussetzungen des § 43 IV 3 nicht verschreibungspflichtige Arzneimittel unmittelbar von den Veterinärbehörden beziehen, wenn dies zur Begrenzung von Tierseuchen erforderlich ist. Dabei wird den Tierhaltern nach § 43 IV 4 eine schriftliche Anweisung über die Art, den Zeitpunkt und die Dauer der Anwendung ausgehändigt.

IV. Bezug von Arzneimitteln im Wege des Versandes (S. 4)

Im Zuge der 15. AMG-Novelle wurde Abs. 1 um den neu eingefügten S. 4 ergänzt. Die Bezugsrege- **5** lungen der S. 1 und 2 gelten nicht, sofern es sich um Arzneimittel handelt, die ausschließlich zur Anwendung bei nicht Lebensmittel liefernden Tieren (zum Begriff der Tiere, die der Gewinnung von

---

[1] S. BT-Drucks. 15/5112, S. 8.

Lebensmitteln dienen s. § 58 Rn. 6) zugelassen sind und im Wege des **Versandes** oder durch zulässigen **Import** nach § 73 I Nr. 1a erworben worden sind (s. auch § 73 Rn. 6). Es handelt sich insoweit um eine Folgeänderung zur Ausnahmeregelung in § 43 V 3 und 4. Der Tierhalter bzw. andere Personen, die in § 47 I nicht genannt sind, dürfen demnach Fertigarzneimittel, die ausschließlich zur Anwendung bei Tieren zugelassen sind, die nicht der Lebensmittelgewinnung dienen, auch im Wege des Versandes erwerben. Das Gesetz unterscheidet dabei zwischen dem Tierhalter und sonstigen Personen. Der Tierhalter darf diese Arzneimittel sowohl über die Apotheke als auch ggf. über den tierärztlichen Versand erwerben; andere Personen, z. B. Tierheilpraktiker, dagegen nur über die Apotheke. Dahinter steht das Dispensierrecht des Tierarztes, das eine Abgabe von Arzneimitteln nur an Tierhalter der von ihnen behandelten Tiere erlaubt.

V. Erwerbsverbot für Arzneimittel-Vormischungen (S. 5)

6   Für Arzneimittel-Vormischungen besteht nach **Abs. 1 S. 5** ein **Erwerbsverbot**. Die ursprüngliche Einschränkung, die sich auf solche Arzneimittel-Vormischungen bezog, die nicht zugleich als Fertigarzneimittel zugelassen sind, ist im Zuge der 15. AMG-Novelle entfallen. Wie bereits bei der Novellierung von § 56a I 2 geht der Gesetzgeber davon aus, dass diese Einschränkung entfallen konnte, da es keine Arzneimittel-Vormischungen mehr gibt, die zugleich eine Zulassung als oral anzuwendende Fertigarzneimittel besitzen. Der Gesetzgeber will mit diesem Verbot die Herstellung von Fütterungsarzneimitteln mit national nicht zugelassenen Arzneimittel-Vormischungen unterbinden. Die Vorschrift korrespondiert mit § 56a I 4 (Verschreibungs- und Abgabeverbot für nicht zugelassene Arzneimittel-Vormischungen) sowie mit dem restriktiven Bezug von Importarzneimitteln nach § 73 IIIa durch den Tierhalter (s. § 73 Rn. 76 ff.).

C. Besitzverbot für Tierhalter (Abs. 1a)

I. Besitzverbot (S. 1)

7   Tierhalter dürfen Arzneimittel, die aufgrund einer Rechtsverordnung nur durch den Tierarzt selbst angewendet werden dürfen, nicht besitzen. Das betrifft etwa einzelne Stoffe gem. **Anlagen 2 und 3 zur PharmStV**. Soweit dort die Behandlung durch den Tierarzt vorgeschrieben ist, dürfen entsprechende Präparate nicht in den Besitz von Tierhaltern gelangen.

II. Ausnahme (S. 2)

8   Davon ausgenommen sind wiederum nach **Abs. 1a S. 2** solche Arzneimittel, die nicht bei Tieren angewendet werden sollen oder deren Besitz nach der RL 96/22/EG erlaubt ist.

D. Nachweispflichten (Abs. 2)

I. Verordnungsermächtigung (S. 1)

9   Abs. 2 enthält eine Ermächtigungsgrundlage zum Erlass von Rechtsverordnungen zum Nachweis über den **Erwerb, die Aufbewahrung und Verbleib von Arzneimitteln**. Die Rechtsverordnung ist nach Art. 80 II GG an die Zustimmung des Bundesrates gebunden. Zudem muss zuvor das Einvernehmen mit dem BMG herbeigeführt werden. Auf dieser Ermächtigungsgrundlage basiert die **ANTHV**. Abs. 2 S. 1 Nr. 2 wurde im Zuge der 15. AMG-Novelle neu gefasst. Aufgrund des neu formulierten Abs. 1 S. 4 musste auch der betroffene Personenkreis in Abs. 2 S. 1 Nr. 2 neu definiert werden. Nunmehr bezieht sich die Ermächtigungsgrundlage auf alle Personen, die in § 47 I nicht genannt sind.

10   § 1 I ANTHV verpflichtet den Tierhalter, der Lebensmittel liefernde Tiere hält, zum Nachweis der von ihm bezogenen und zur Anwendung bei Tieren bestimmten Arzneimittel. Ein solcher Nachweis muss allerdings nicht für freiverkäufliche Arzneimittel geführt werden. Nach § 1 II ANTHV gelten als ausreichende Nachweise alle beim Tierhalter geführten besonderen Aufzeichnungen oder Belege, wie etwa tierärztliche Verschreibungen, Rechnungen, Lieferscheine oder Warenbegleitscheine. Diese Nachweise sind **mindestens fünf Jahre aufzubewahren** und der zuständigen Behörde auf Verlangen vorzulegen. Die Nachweise sind in übersichtlicher und allgemeinverständlicher Form zu führen und können auch als elektronisches Dokument geführt und aufbewahrt werden, sofern sichergestellt ist, dass die Daten während der Dauer der Aufbewahrung verfügbar sind, jederzeit lesbar gemacht werden können und unveränderlich sind.

11   Darüber hinaus muss nach § 2 der ANTHV jede Anwendung von apothekenpflichtigen Arzneimitteln bei Lebensmittel liefernden Tieren unverzüglich dokumentiert werden. Die Dokumentationen müssen den Anforderungen von § 2 S. 2 ANTHV entsprechen.

§ 3 ANTHV verpflichtet daneben sonstige Personen, die Arzneimittel berufs- oder gewerbsmäßig bei **12** Tieren Dritter anwenden, über den Lieferanten und den Verbleib der von ihnen bezogenen, zur Anwendung bei Tieren bestimmten apothekenpflichtigen Arzneimitteln **Nachweise zu führen.** Dabei müssen Art und Menge sowie die Namen und Anschriften der Tierhalter, bei deren Tiere sie Arzneimittel anwenden, aufgezeichnet werden. Hierzu können die von einer Apotheke ausgestellten Rechnungen oder Lieferscheine, aus denen sich Art und Menge und Erwerbsdatum der Arzneimittel ergeben, verwendet werden. Auch dieser Nachweis ist mindestens fünf Jahre aufzubewahren und der zuständigen Behörde auf Verlangen vorzulegen.

II. Inhalt der Rechtsverordnung (S. 2)

Es kann auf die Kommentierungen in Rn. 9 ff. zur ANTHV verwiesen werden. **13**

E. Verordnungsermächtigung (Abs. 3)

I. Ermächtigung für Tiere, die nicht der Lebensmittelgewinnung dienen (S. 1)

Mit dem neuen Abs. 3 wird eine Ermächtigung eingefügt, Regelungen über Nachweispflichten für **14** Halter von Tieren zu treffen, die nicht der Gewinnung von Lebensmitteln dienen. Es soll ermöglicht werden, durch Rechtsverordnung zu regeln, dass auch die betreffenden Betriebe oder Personen Nachweise über den Erwerb verschreibungspflichtiger Arzneimittel zu führen haben, damit die zuständigen Behörden bei der Überwachung nachvollziehen können, ob die Anwendung verschreibungspflichtiger Arzneimittel auf den Tierarzt zurückgeht, der das Tier kennt und behandelt und somit eine enge Verbindung zwischen Diagnose und Behandlung des Tieres besteht. Es handelt sich dabei um Nachweise über den Erwerb von solchen Arzneimitteln, die für die Behandlung der in Nr. 1 und 2 genannten Tiere erworben wurden. Auch Einrichtungen wie Tierpensionen, die nicht wie Tierhalter die tatsächliche Bestimmungsmacht über die ihnen anvertrauten Tiere innehaben, sondern ihre Beziehung zum Tier nach den Weisungen eines anderen ausüben, werden von Abs. 3 S. 1 Nr. 2 erfasst.

Die Nachweispflicht steht im Zusammenhang mit der Regelung des § 57a, nach der Tierhalter **15** verschreibungspflichtige Arzneimittel bei Tieren nur anwenden dürfen, soweit die Arzneimittel von dem Tierarzt verschrieben oder abgegeben worden sind, bei dem sich die Tiere in Behandlung befinden. **Gesetzgeberisches Ziel** ist, damit angemessen auf Konstellationen reagieren zu können, bei denen Tierhalter verschreibungspflichtige Arzneimittel zur Anwendung bei Tieren im Wege des **Internethandels** erworben haben, ohne dass eine Verschreibung des behandelnden Tierarztes vorgelegen hat. Der Gesetzgeber sieht die Gefahr, dass sich aus einer möglichen unsachgemäßen Anwendung verschreibungspflichtiger Arzneimittel, z.B. Antibiotika bei Hund oder Katze, Risiken wie die Ausbreitung von Antibiotikaresistenzen bei Tieren und Menschen ergeben könnten.

II. Vorgaben für die Rechtsverordnung (S. 2)

S. 2 enthält die konkretisierenden Ermächtigungen in Bezug auf die Einzelheiten der Nachweisfüh- **16** rung im Hinblick auf Art, Form und Inhalt der Nachweise sowie die Dauer der Aufbewahrung.

F. Sanktionen

Verstöße gegen Abs. 1 können als **Straftat** nach § 95 I Nr. 9 geahndet werden. Auch ein Verstoß **17** gegen das Besitzverbot nach Abs. 1a S. 1 kann zu einer Strafbarkeit gem. § 96 Nr. 16 führen.

Der gegen Abs. 1 verstoßende Erwerb von nicht verschreibungspflichtigen Arzneimitteln kann als **18** **Ordnungswidrigkeit** von § 97 II Nr. 22 geahndet werden.

Der Verstoß gegen eine Rechtsverordnung nach Abs. 3 kann als **Ordnungswidrigkeit** nach § 97 II **19** Nr. 31 geahndet werden.

§ 57a Anwendung durch Tierhalter

Tierhalter und andere Personen, die nicht Tierärzte sind, dürfen verschreibungspflichtige Arzneimittel bei Tieren nur anwenden, soweit die Arzneimittel von dem Tierarzt verschrieben oder abgegeben worden sind, bei dem sich die Tiere in Behandlung befinden.

Die Vorschrift wurde durch das 15. AMG-ÄndG eingefügt und dient der Vermeidung der Behandlung **1** mit verschreibungspflichtigen Arzneimitteln ohne entsprechende Verschreibung durch den behandelnden Tierarzt. Der Gesetzgeber sah sich im Zuge der Öffnung des Versandhandels auch für verschreibungspflichtige Arzneimittel für nicht-lebensmittelliefernde Tiere in Folge der Entscheidung des *BGH* vom

12.11.2009[1] veranlasst, die Bedeutung der tierärztlichen Arzneimittelverschreibung hervorzugeben. Allerdings zeigen bisherige Erfahrungen aus der Praxis, dass die Öffnung des Versandhandels oftmals zur illegalen Abgabe verschreibungspflichtiger Tierarzneimittel, vor allem durch ausländische, meist ordnungsgemäß als Versandhandelsapotheken registrierte Händler, führt, was die Überwachungsbehörden vor erhebliche Schwierigkeiten stellt.

2   Die Norm stellt klar, dass verschreibungspflichtige Arzneimittel vom Tierhalter (§ 833 BGB) oder von Dritten, die selbst keine Tierärzte sind, grundsätzlich nur angewendet werden dürfen, wenn sie vom behandelnden Tierarzt verschrieben worden sind. Damit knüpft das Gesetz an die Regelung in § 12 TÄHAV an, welche die Abgabe von Arzneimitteln an Tierhalter generell regelt und eine sorgfältige Untersuchung der Tiere durch den Tierarzt vorschreibt. Auch bei der Abgabe verschreibungspflichtiger Arzneimittel soll damit sichergestellt sein, dass der Tierarzt die Tiere oder den Tierbestand kennt, für die das Arzneimittel bestimmt ist.

3   Ein Verstoß gegen § 57a stellt eine **Ordnungswidrigkeit** gem. § 97 II Nr. 22a dar.

§ 58 Anwendung bei Tieren, die der Gewinnung von Lebensmitteln dienen

(1) [1]Zusätzlich zu der Anforderung des § 57a dürfen Tierhalter und andere Personen, die nicht Tierärzte sind, verschreibungspflichtige Arzneimittel oder andere vom Tierarzt verschriebene oder erworbene Arzneimittel bei Tieren, die der Gewinnung von Lebensmitteln dienen vorbehaltlich einer Maßnahme der zuständigen Behörde nach § 58d Absatz 3 Satz 2 Nummer 2, nur nach einer tierärztlichen Behandlungsanweisung für den betreffenden Fall anwenden. [2]Nicht verschreibungspflichtige Arzneimittel, die nicht für den Verkehr außerhalb der Apotheken freigegeben sind und deren Anwendung nicht auf Grund einer tierärztlichen Behandlungsanweisung erfolgt, dürfen nur angewendet werden,

1. wenn sie zugelassen sind oder in den Anwendungsbereich einer Rechtsverordnung nach § 36 oder § 39 Abs. 3 Satz 1 Nr. 2 fallen oder sie nach § 38 Abs. 1 in den Verkehr gebracht werden dürfen,

2. für die in der Kennzeichnung oder Packungsbeilage der Arzneimittel bezeichneten Tierarten und Anwendungsgebiete und

3. in einer Menge, die nach Dosierung und Anwendungsdauer der Kennzeichnung des Arzneimittels entspricht.

[3]Abweichend von Satz 2 dürfen Arzneimittel im Sinne des § 43 Abs. 4 Satz 3 nur nach der veterinärbehördlichen Anweisung nach § 43 Abs. 4 Satz 4 angewendet werden.

(2) Das Bundesministerium für Ernährung und Landwirtschaft wird ermächtigt, im Einvernehmen mit dem Bundesministerium durch Rechtsverordnung mit Zustimmung des Bundesrates zu verbieten, dass Arzneimittel, die zur Anwendung bei Tieren bestimmt sind, die der Gewinnung von Lebensmitteln dienen, für bestimmte Anwendungsgebiete oder -bereiche in den Verkehr gebracht oder zu diesen Zwecken angewendet werden, soweit es geboten ist, um eine mittelbare Gefährdung der Gesundheit des Menschen zu verhüten.

(3) Das Bundesministerium für Ernährung und Landwirtschaft wird ferner ermächtigt, im Einvernehmen mit dem Bundesministerium durch Rechtsverordnung mit Zustimmung des Bundesrates Einzelheiten zu technischen Anlagen für die orale Anwendung von Arzneimitteln bei Tieren, die Instandhaltung und Reinigung dieser Anlagen und zu Sorgfaltspflichten des Tierhalters festzulegen, um eine Verschleppung antimikrobiell wirksamer Stoffe zu verringern.

Übersicht

---

[1] BGH, NJW 2010, 2139.

A. Allgemeines

§ 58 regelt in Ergänzung zu den Vorschriften des §§ 56a und 57a Einschränkungen bei der Anwen- **1** dung von Arzneimitteln bei Tieren, die der Gewinnung von Lebensmitteln dienen, um den **missbräuchlichen Einsatz von Arzneimitteln** weitgehend zu vermeiden. Die Regelungen sollen sicherstellen, dass verschreibungspflichtige Arzneimittel in jedem Einzelfall nur so angewendet werden, wie der Tierarzt dies angeordnet hat, und auch frei verkäufliche Arzneimittel vom Tierhalter nur so angewendet werden dürfen, wie dies der Kennzeichnung oder Packungsbeilage entspricht.

B. Anwendung verschreibungspflichtiger Arzneimittel (Abs. 1)

I. Anwendung nur nach tierärztlicher Behandlungsanweisung (S. 1)

Der von der Norm erfasste Adressatenkreis (s. Rn. 5) darf verschreibungspflichtige Arzneimittel oder **2** andere vom Tierarzt verschriebene oder erworbene Arzneimittel nur anwenden, wenn eine tierärztliche Behandlungsanweisung für den konkreten Fall vorliegt **(Abs. 1 S. 1)**. Dabei legt § 56a die Voraussetzungen fest, die vom Tierarzt bei der Verschreibung zu beachten sind. Da die Arzneimittel **nur im konkreten Fall** angewendet werden dürfen, muss die Behandlungsanweisung möglichst eindeutig bestimmt sein; so sollten die zu behandelnden Tiere bezeichnet sein und der exakte Zeitpunkt der Anwendung der Arzneimittel.

Die **Mindestvoraussetzungen, die an eine Behandlungsanweisung** zu stellen sind, enthält § 13 II **3** Nr. 4 TÄHAV. Bei mangelnder Bestimmtheit der Anweisung dürfen die Arzneimittel nicht angewendet werden.

Durch die 16. AMG-Novelle wurde klargestellt, dass im Fall behördlicher Maßnahmen zur Beschrän- **4** kung des Antibiotikaeinsatzes bei den in § 58a I genannten Tieren die Anwendung von Arzneimitteln auch ohne tierärztliche Behandlung zulässig sein kann.

1. Adressatenkreis. § 58 richtet sich an Tierhalter und andere Personen, **die nicht Tierärzte** sind. **5** Die Verschreibung, Abgabe und Anwendung von Arzneimitteln durch Tierärzte ist in § 56a speziell geregelt.

2. Tiere, die der Gewinnung von Lebensmitteln dienen. Unter diesen Begriff fallen Tiere, die **6** **nach ihrer konkreten Zweckbestimmung** im Einzelfall der Gewinnung von Lebensmitteln dienen sollen und solche, die nach ihrer jeweiligen Art geeignet sind, hierzu zu dienen[1]. Dies sind insbesondere, Rinder, Schweine, Schafe, Ziegen, Pferde, Hühner, Puten, Enten und Gänse, aber auch manche Fische und Wild. Für Pferde ist zu beachten, dass es Sonderregelungen im Zusammenhang mit dem sog. Equidenpass gibt (VO (EG) Nr. 504/2008; s. auch § 56a Rn. 37 f.).

3. Arzneimittel. Unter den Geltungsbereich des § 58 fallen sowohl Arzneimittel i. S. d. § 2 I und II **7** Nr. 1 als auch solche i. S. d. § 2 II Nr. 2 und 3. Bereits im **Zulassungsverfahren wird festgelegt,** ob Arzneimittel für Tiere, die der Gewinnung von Lebensmitteln dienen, bestimmt sind[2].

II. Anwendung nicht verschreibungspflichtiger Arzneimittel (S. 2)

Um dem unkontrollierten Einsatz von Rohstoffen oder Chemikalien entgegenzuwirken, dürfen **nicht** **8** **verschreibungspflichtige Arzneimittel,** die nicht für den Verkehr außerhalb der Apotheke freigegeben sind und deren Anwendung nicht auf Grund einer tierärztlichen Behandlungsanweisung erfolgt, nur unter engen Voraussetzungen verabreicht werden.

1. Zugelassene/Registrierte Arzneimittel (Nr. 1). Die Arzneimittel müssen zugelassen sein, gem. **9** § 36 oder 39 III 1 Nr. 2 von der Zulassung befreit, oder nach § 38 I ohne Zulassung in den Verkehr gebracht werden dürfen. Dabei wird bereits im Zulassungsverfahren bestimmt, ob Arzneimittel für Tiere, die der Gewinnung von Lebensmitteln dienen, bestimmt sind.

2. Tierarten und Anwendungsgebiete (Nr. 2). Weiterhin darf die Anwendung nur für die in der **10** Kennzeichnung oder Packungsbeilage **bezeichneten Tierarten und Anwendungsgebiete** erfolgen. Die Anforderungen, die an die Kennzeichnung zu stellen sind, normiert in § 10, nähere Bestimmungen über die Packungsbeilage enthält § 11.

3. Der Kennzeichnung des Arzneimittels entsprechende Menge (Nr. 3). Schließlich darf die **11** Anwendung nur in einer Menge erfolgen, die nach **Dosierung und Anwendungsdauer** der Kennzeichnung des Arzneimittels entspricht.

---

[1] *Rehmann,* § 58 Rn. 1.
[2] *Sander,* § 58 Erl. 2.

III. Ausnahme (S. 3)

12 Für Arzneimittel, die nach § 43 IV 3 zur **Durchführung tierseuchenrechtlicher Maßnahmen** bestimmt und nicht verschreibungspflichtig sind, ist weiterhin eine veterinärbehördliche Anweisung im Sinne des § 43 IV Anwendungsvoraussetzung.

C. Verordnungsermächtigung zur Verhütung von Gesundheitsgefahren (Abs. 2)

13 Durch Rechtsverordnung kann das Inverkehrbringen von Arzneimitteln, die zur Anwendung bei Tieren bestimmt sind, die der Lebensmittelgewinnung dienen, für bestimmte Anwendungsgebiete oder -bereiche oder die Anwendung zu diesen Zwecken verboten werden, um eine **mittelbare Gefährdung der Gesundheit** des Menschen zu verhüten. Die Rechtsverordnung ist vom BMEL im Einvernehmen mit dem BMG und mit Zustimmung des Bundesrates zu erlassen. Von der Verordnungsermächtigung ist allerdings bislang nicht Gebrauch gemacht worden.

D. Verordnungsermächtigung für antimikrobielle Stoffe (Abs. 3)

14 Durch die 16. AMG-Novelle, die generell eine Verringerung des Einsatzes von Antibiotika zum Ziel hat, wurde eine weitere Verordnungsermächtigung in das Gesetz aufgenommen. Mit ihr können Einzelheiten zur oralen Anwendung von Arzneimitteln bei Tieren geregelt werden, um so das Risiko einer unkontrollierten Verbreitung antimikrobiell wirksamer Stoffe zu verringern. Bisher liegt untergesetzlich ein vom BMEL herausgegebener „Leitfaden zur oralen Anwendung von Tierarzneimitteln im Nutztierbereich über das Futter oder das Wasser" vor[3].

E. Sanktionen

15 Nach § 97 II Nr. 23 handelt **ordnungswidrig,** wer entgegen § 58 I 2 oder 3 Arzneimittel bei Tieren anwendet, die der Gewinnung von Lebensmitteln dienen. Die Ordnungswidrigkeit kann nach § 97 III mit einer Geldbuße von bis zu 25.000 Euro geahndet werden.

Vorbemerkung zu §§ 58a bis 58g

1 Die Vorschriften der §§ 58a bis 58g wurden im Zuge der 16. AMG-Novelle in das Gesetz neu aufgenommen. Sie richten sich einerseits an Tierhalter, die bestimmte Masttierarten berufs- oder gewerbsmäßig halten und andererseits an die zuständigen Behörden, um insgesamt den Einsatz von antimikrobiell wirksamen Stoffen empirisch zu erfassen und, sofern erforderlich, zu minimieren. Die in dem Normenkomplex angelegten Regelungen sollen die Ausbreitung und Entstehung von Resistenzen begrenzen, die durch den unkontrollierten Einsatz von Antibiotika entstehen können.

2 Die in den neu eingefügten Vorschriften enthaltenen Regelungen sollen im Rahmen eines „modernen Tiergesundheitsmanagements"[4] den Antibiotikaeinsatz steuern. Dazu zählt die Etablierung eines verbindlichen Antibiotikaminimierungskonzepts, das dem Tierhalter konkrete Kontroll- und Meldepflichten auferlegt, sowie die Ermächtigung für die Überwachungsbehörden im Einzelfall Maßnahmen zur gezielten Rückführung des Einsatzes antimikrobiell wirksamer Stoffe anzuordnen.

3 Zentrales Element ist hierbei die Ermittlung der „Therapiehäufigkeit" des jeweiligen Tierhaltungsbetriebes, die mit überbetrieblich gewonnenen Daten im Rahmen eines „Benchmarkings" verglichen wird. Dieses erfordert eine zentrale Erfassung aller im Rahmen der Ermittlung der Therapiehäufigkeit generierten Daten, auf deren Grundlage sodann eine entsprechende statistische Auswertung erfolgt.

4 Die von den Tierhaltern ab einer bestimmten Bestandsgröße halbjährlich zu übermittelnden Daten werden hierzu über die zuständige Überwachungsbehörde an das Herkunftssicherungs- und Informationssystem für Tiere[5] gemeldet.

5 Aus den Meldungen wird mittels der Formel „Anzahl behandelter Tiere multipliziert mit der Anzahl Behandlungstage dividiert durch die durchschnittliche Anzahl gehaltener Tiere pro Halbjahr" für jeden Betrieb und jede Nutzungsart der individuelle halbjährliche Therapiehäufigkeitsindex ermittelt, der wiederum mit entsprechenden überbetrieblichen Kennzahlen verglichen werden kann.

---

[3] Abrufbar unter www.bmel.de.
[4] Vgl. BR-Drucks. 555/12, S. 24.
[5] Abrufbar unter https://www.hi-tier.de.

Nach § 58d ist der Tierhalter, der in den Regelungsbereich der Vorschriften fällt, verpflichtet, seine **6** betriebsindividuelle Kennzahl mit den bundesweiten Kennzahlen zu vergleichen. Für den Fall, dass die Therapiehäufigkeit des einzelnen Betriebs über dem sog. Median aller Betriebe (Kennzahl 1) liegt, ist der Tierhalter gehalten, gemeinsam mit dem behandelnden Tierarzt die Ursachen für die Überschreitung zu ermitteln und, falls erforderlich, entsprechende Maßnahmen zur Reduzierung des Antibiotikaeinsatzes zu ergreifen.

Sofern die individuelle Kennzahl über dem dritten Quartil (Kennzahl 2) liegt, ist der Tierhalter **7** verpflichtet, einen schriftlichen Maßnahmeplan zur Senkung des Antibiotikaeinsatzes zu erarbeiten und der zuständigen Überwachungsbehörde vorzulegen. Diese kann, erforderlichenfalls, entsprechende Maßnahmen anordnen und als ultima ratio den Betrieb zeitlich befristet stilllegen. Erstmals sind die bundesweiten Kennzahlen zur Therapiehäufigkeit bei Masttieren im elektronischen Bundesanzeiger vom 31.3.2015 veröffentlicht worden[6].

§ 58a Mitteilungen über Tierhaltungen

(1) [1] Wer Rinder (Bos taurus), Schweine (Sus scrofa domestica), Hühner (Gallus gallus) oder Puten (Meleagris gallopavo) berufs- oder gewerbsmäßig hält, hat der zuständigen Behörde nach Maßgabe des Absatzes 2 das Halten dieser Tiere bezogen auf die jeweilige Tierart und den Betrieb, in dem die Tiere gehalten werden (Tierhaltungsbetrieb), spätestens 14 Tage nach Beginn der Haltung mitzuteilen. [2] Die Mitteilung hat ferner folgende Angaben zu enthalten:

1. den Namen des Tierhalters,
2. die Anschrift des Tierhaltungsbetriebes und die nach Maßgabe tierseuchenrechtlicher Vorschriften über den Verkehr mit Vieh für den Tierhaltungsbetrieb erteilte Registriernummer,
3. bei der Haltung
   a) von Rindern ergänzt durch die Angabe, ob es sich um Mastkälber bis zu einem Alter von acht Monaten oder um Mastrinder ab einem Alter von acht Monaten,
   b) von Schweinen ergänzt durch die Angabe, ob es sich um Ferkel bis einschließlich 30 kg oder um Mastschweine über 30 kg (Nutzungsart) handelt.

(2) Die Mitteilungspflicht nach Absatz 1 Satz 1 gilt

1. für zum Zweck der Fleischerzeugung (Mast) bestimmte Hühner oder Puten und ab dem Zeitpunkt des jeweiligen Schlüpfens dieser Tiere und
2. für zum Zweck der Mast bestimmte Rinder oder Schweine und ab dem Zeitpunkt, ab dem die jeweiligen Tiere vom Muttertier abgesetzt sind.

(3) Derjenige, der am 1. April 2014 Tiere im Sinne des Absatzes 1 Satz 1 hält, hat die Mitteilung nach Absatz 1 Satz 1 und 2 spätestens bis zum 1. Juli 2014 zu machen.

(4) [1] Wer nach Absatz 1 oder 3 zur Mitteilung verpflichtet ist, hat Änderungen hinsichtlich der mitteilungspflichtigen Angaben innerhalb von 14 Werktagen mitzuteilen. [2] Die Mitteilung nach Absatz 1 oder 3, jeweils auch in Verbindung mit Satz 1, hat elektronisch oder schriftlich zu erfolgen. [3] Die vorgeschriebenen Mitteilungen können durch Dritte vorgenommen werden, soweit der Tierhalter dies unter Nennung des Dritten der zuständigen Behörde angezeigt hat. [4] Die Absätze 1 und 3 sowie Satz 1 gelten nicht, soweit die verlangten Angaben nach tierseuchenrechtlichen Vorschriften über den Verkehr mit Vieh mitgeteilt worden sind. [5] In diesen Fällen übermittelt die für die Durchführung der tierseuchenrechtlichen Vorschriften über den Verkehr mit Vieh zuständige Behörde der für die Durchführung der Absätze 1 und 3 sowie des Satzes 1 zuständigen Behörde die verlangten Angaben. [6] Die Übermittlung nach Satz 5 kann nach Maßgabe des § 10 des Datenschutzgesetzes im automatisierten Abrufverfahren erfolgen.

Eingefügt durch Art. 1 Nr. 7 des Sechzehnten Gesetzes zur Änderung des Arzneimittelgesetzes vom 10.10.2013 (BGBl. I S. 3813).

Übersicht

---

[6] Vgl. elektronischer Bundesanzeiger (BAnzAT) vom 31.3.2015 B11.

A. Allgemeines

1 Die Vorschrift wurde im Rahmen der 16. AMG-Novelle neu in das Gesetz aufgenommen, um den **Einsatz von Antibiotika besser kontrollieren** zu können. Aufgrund entsprechender statistischer Erhebungen konnte festgestellt werden, dass der Antibiotikaeinsatz bei bestimmten Tierarten besonders hoch ist, so dass hier die Gefahr der Resistenzentwicklung entsprechend gesteigert ist. Ein intensiver Antibiotikaeinsatz wurde bei der Mast von Rindern, Schweinen und bestimmten Geflügelarten angenommen, also von Tieren mit einem hohen Produktionsvolumen und entsprechender Verzehrmenge[1].

2 Der Gesetzgeber fordert vor diesem Hintergrund von Tierhaltern, die entsprechende Tierarten berufs- oder gewerbsmäßig halten, Mitteilungen, um den Überwachungsbehörden einen **Überblick** über die Anzahl der Tierhaltungsbetriebe und die Art der dort anzutreffenden Tiere zu verschaffen.

B. Mitteilungspflichten gegenüber der Überwachungsbehörde (Abs. 1 und 2)

I. Mitteilungspflichten (Abs. 1)

3 **1. Inhalt (S. 1).** Angesprochen sind zunächst **Tierhalter** (§ 833 BGB), welche die in **Abs. 1 S. 1** abschließend aufgezählten Tierarten halten. Es handelt sich um Rinder (Bos taurus), Schweine (Sus scrofa domestica) und Hühner (Gallus gallus) sowie Puten (Meleagris gallopavo). Allerdings eröffnet § 58e IV die Möglichkeit zur Erweiterung des Anwendungsbereichs der Vorschrift auf lebensmittelliefernde Fische durch Rechtsverordnung.

4 Das Gesetz richtet sich zudem lediglich an solche Tierhalter, die **berufs- oder gewerbsmäßig** tätig sind. Die Tierhaltung muss mithin auf Erwerb gerichtet sein und der Schaffung und Aufrechterhaltung einer Lebensgrundlage dienen[2]. Eine gewerbsmäßige Tätigkeit liegt vor, wenn sie auf Dauer angelegt ist und der Gewinnerzielung dient (s. § 72 Rn. 11).

5 Die im Gesetz geregelten Mitteilungspflichten treffen darüber hinaus nur solche Tierhalter von Rindern, Schweinen, Puten und Hühnern, die im Durchschnitt eines Kalenderhalbjahres mehr als 20 Mastkälber bis zum Alter von acht Monaten, 20 Mastrinder ab einem Alter von acht Monaten, 250 Ferkel vom Absetzen bis zu einem Gewicht von einschließlich 30 Kilogramm, 250 Mastschweine mit eine Gewicht von über 30 Kilogramm, 1000 Mastputen ab dem Schlüpfen oder 10.000 Masthühner ab dem Schlüpfen halten. Dies ergibt sich aus § 2 der Tierarzneimittel-Mitteilungsdurchführungsverordnung (**TAMMitDurchfV**)[3]. Die Verordnung wurde aufgrund der Ermächtigungsgrundlage in § 58e I 1 erlassen.

6 Inhaltlich besteht die Meldepflicht gegenüber der nach Landesrecht **zuständigen Überwachungsbehörde** zunächst bezogen auf die Tätigkeit als Tierhaltungsbetrieb als solcher, wobei der Tierhalter die dort gehaltene Tierart benennen sowie Angaben zum Tierhaltungsbetrieb machen muss. Die Meldung über die beabsichtigte Tierhaltung ist spätestens 14 Tage nach begonnener Tierhaltung vorzunehmen.

7 Der **Tierhaltungsbetrieb** wird definiert über die Registriernummer nach der Viehverkehrsverordnung (ViehVerkV). Alle Tiere, Ställe, Weiden, die zu einer Registriernummer gehören, werden als Einheit zusammengefasst.

8 **2. Weitere Angaben (S. 2). Gegenstand der Mitteilung** sind **nach Abs. 1 S. 2** folgenden Angaben: Der Name des Tierhalters, die Anschrift des Tierhaltungsbetriebs sowie etwaig nach tierseuchenrechtlichen Vorschriften erteilte Registriernummern sowie die Information, ob es sich um Mastkälber (bis zu einem Alter von 8 Monaten) oder um Mastrinder (ab einem Alter von 8 Monaten) bzw. bei Schweinen um Ferkel (bis einschl. 30kg) oder Mastschweine (über 30kg) handelt.

II. Tiere zur Fleischerzeugung (Abs. 2)

9 Durch Abs. 2 wird klargestellt, dass bei Hühnern oder Puten die Mitteilungspflicht nur für solche Tiere gilt, die für die **Fleischerzeugung (Mast)** bestimmt sind. Die Mitteilungspflicht besteht hier seit dem Zeitpunkt des Schlüpfens der Tiere. Bei Rindern oder Schweinen beginnt die Mitteilungspflicht für solche Tiere, die zur Mast bestimmt sind, mit der Absetzung vom Muttertier. Damit ist also die Trennung des Nachwuchses vom Muttertier am Ende der Säugezeit gemeint.

---

[1] Vgl. BR-Drucks. 555/12, S. 25.
[2] Vgl. BVerfG, NJW 2004, 1935.
[3] Vom 18.6.2014, BGBl. I. S. 797.

C. Fristen für die Mitteilung (Abs. 3 und 4)

In **Abs. 3** ist die Mitteilungspflicht zum Inkrafttreten der Vorschrift am 1.4.2014 geregelt. Tierhalter, **10** die zu diesem Zeitpunkt bereits tätig waren, mussten die entsprechenden Mitteilungen bis zum 1.7.2014 vornehmen. Im Übrigen sieht **Abs. 4** eine Frist von 14 Werktagen vor, innerhalb der die Mitteilungspflichten nach den Abs. 1 und 3 erfolgen müssen. Das Gesetz lässt die Mitteilung sowohl in elektronischer als auch in schriftlicher Form zu.

Sofern der Tierhalter dies der zuständigen Landesbehörde angezeigt hat, kann die Mitteilung auch **11** durch Dritte, beispielsweise den behandelnden Tierarzt vorgenommen werden.

Für den Fall, dass die in Abs. 1 und 3 genannten Angaben bereits nach tierseuchenrechtlichen **12** Vorschriften zu machen sind[4], entfällt die Mitteilungspflicht. In der Praxis sind für einzelne Tiere, nicht aber für Geflügel, bereits Stammdaten in der Antibiotika-Datenbank (HIT) hinterlegt. Da nach tierseuchenrechtlichen Bestimmungen jedoch keine Festlegung der Nutzungsart als Masttier zu erfolgen muss, sind in jedem Fall ergänzende Angaben notwendig.

D. Sanktionen

Ein Verstoß gegen die Mitteilungspflichten stellt nach § 97 II Nr. 23a eine bußgeldbewehrte **Ord- 13 nungswidrigkeit** dar.

§ 58b Mitteilungen über Arzneimittelverwendung

(1) [1]Wer Tiere, für die nach § 58a Mitteilungen über deren Haltung zu machen sind, hält, hat der zuständigen Behörde im Hinblick auf Arzneimittel, die antibakteriell wirksame Stoffe enthalten und bei den von ihm gehaltenen Tieren angewendet worden sind, für jeden Tierhaltungsbetrieb, für den ihm nach den tierseuchenrechtlichen Vorschriften über den Verkehr mit Vieh eine Registriernummer zugeteilt worden ist, unter Berücksichtigung der Nutzungsart halbjährlich für jede Behandlung mitzuteilen

1. die Bezeichnung des angewendeten Arzneimittels,
2. die Anzahl und die Art der behandelten Tiere,
3. vorbehaltlich des Absatzes 3 die Anzahl der Behandlungstage,
4. die insgesamt angewendete Menge von Arzneimitteln, die antibakteriell wirksame Stoffe enthalten,
5. für jedes Halbjahr die Anzahl der Tiere der jeweiligen Tierart, die
   a) in jedem Halbjahr zu Beginn im Betrieb gehalten,
   b) im Verlauf eines jeden Halbjahres in den Betrieb aufgenommen,
   c) im Verlauf eines jeden Halbjahres aus dem Betrieb abgegeben

worden sind. [2]Die Mitteilungen nach Satz 1 Nummer 5 Buchstabe b und c sind unter Angabe des Datums der jeweiligen Handlung zu machen. [3]Die Mitteilung ist jeweils spätestens am 14. Tag desjenigen Monats zu machen, der auf den letzten Monat des Halbjahres folgt, in dem die Behandlung erfolgt ist. [4]§ 58a Absatz 4 Satz 2 und 3 gilt entsprechend.

(2) [1]Abweichend von Absatz 1 Satz 1 können die in Absatz 1 Satz 1 Nummer 1 bis 4 genannten Angaben durch nachfolgende Angaben ersetzt werden:

1. die Bezeichnung des für die Behandlung vom Tierarzt erworbenen oder verschriebenen Arzneimittels,
2. die Anzahl und Art der Tiere, für die eine Behandlungsanweisung des Tierarztes ausgestellt worden ist,
3. die Identität der Tiere, für die eine Behandlungsanweisung des Tierarztes ausgestellt worden ist, sofern sich aus der Angabe die Nutzungsart ergibt,
4. vorbehaltlich des Absatzes 3 die Dauer der verordneten Behandlung in Tagen,
5. die vom Tierarzt insgesamt angewendete oder abgegebene Menge des Arzneimittels.

[2]Satz 1 gilt nur, wenn derjenige, der Tiere hält,

1. gegenüber dem Tierarzt zum Zeitpunkt des Erwerbs oder der Verschreibung der Arzneimittel schriftlich versichert hat, von der Behandlungsanweisung nicht ohne Rücksprache mit dem Tierarzt abzuweichen, und

---

[4] Beispielsweise § 4 TierSG sowie die Verordnung über anzeigepflichtige Tierseuchen.

2. bei der Abgabe der Mitteilung nach Absatz 1 Satz 1 an die zuständige Behörde schriftlich versichert, dass bei der Behandlung nicht von der Behandlungsanweisung des Tierarztes abgewichen worden ist.

[3] § 58a Absatz 4 Satz 2 und 3 gilt hinsichtlich des Satzes 1 entsprechend.

(3) [1] Bei Arzneimitteln, die antibakterielle Stoffe enthalten und einen therapeutischen Wirkstoffspiegel von mehr als 24 Stunden aufweisen, teilt der Tierarzt dem Tierhalter die Anzahl der Behandlungstage im Sinne des Absatzes 1 Satz 1 Nummer 3, ergänzt um die Anzahl der Tage, in denen das betroffene Arzneimittel seinen therapeutischen Wirkstoffspiegel behält, mit. [2] Ergänzend zu Absatz 1 Satz 1 Nummer 3 teilt der Tierhalter diese Tage auch als Behandlungstage mit.

Eingefügt durch Art. 1 Nr. 7 des Sechzehnten Gesetzes zur Änderung des Arzneimittelgesetzes vom 10.10.2013 (BGBl. I S. 3813).

A. Allgemeines

1   Die Vorschrift enthält Regelungen zur Ermittlung der Therapiehäufigkeit und Details zu Mitteilungspflichten des Tierhalters gegenüber der zuständigen Überwachungsbehörde.

B. Inhalt der Mitteilungspflichten (Abs. 1, 2)

2   Der Tierhalter, der nach § 58a verpflichtet ist, hat bezüglich der von ihm verwendeten Antibiotika halbjährlich Mitteilungspflichten gegenüber der zuständigen Überwachungsbehörde. **Anzugeben ist** die Bezeichnung der angewendeten Antibiotika, die Anzahl und Nutzungsart der behandelten Tiere, das Datum der Behandlung sowie deren Dauer und die Gesamtmenge des angewendeten Antibiotikums.

3   Das Gesetz sieht ausdrücklich vor, dass der Tierhalter die tatsächlich verabreichte **Menge** anzugeben hat und zwar bezogen auf den Tierbestand.

4   Nach **Abs. 1 S. 1 Nr. 5** sind für jedes Halbjahr Angaben zur Tierart, die zu Beginn des Halbjahres gehalten werden, die im Verlauf in den Betrieb aufgenommen wurden und aus dem Betrieb ausgeschieden sind, zu machen. Wie sich aus dem einleitenden Satzteil ergibt, sind diese Angaben aber nicht erforderlich, wenn keine „Behandlung" mit antibakteriell wirksamen Stoffen vorgenommen worden ist. Es sind mithin nicht pauschal alle Bestandsänderungen anzugeben.

5   Angaben zur **Bestandsänderung** sind tagesgenau anzugeben, im Übrigen sind sämtliche Mitteilungen binnen 14 Tagen nach Ablauf des jeweiligen Halbjahres vorzunehmen.

6   Die vorstehenden Angaben können ersetzt werden, wenn der Tierhalter zum Zeitpunkt des Erwerbs oder der Verschreibung des Antibiotikums gegenüber dem Tierarzt schriftlich versichert hat, von der konkreten Behandlungsanweisung durch den Tierarzt nicht ohne vorherige Rücksprache abzuweichen und dies auch gegenüber der Überwachungsbehörde schriftlich bestätigt hat. In diesem Fall reichen Angaben zur Bezeichnung des erworbenen oder verschriebenen Arzneimittels, die Anzahl und Tierart, für die eine Behandlungsanweisung ausgestellt worden ist, Angaben zur Identität der zu behandelnden Tiere, die Dauer der Behandlung sowie die insgesamt angewendete oder abgegebene Menge des Arzneimittels aus.

C. Antibiotika mit hohem therapeutischen Wirkspiegel (Abs. 3)

7   Antibiotika mit einem therapeutischen Wirkstoffspiegel von mehr als 24 Stunden bedürfen einer abweichenden Berechnung hinsichtlich der anzugebenden Behandlungstage. Nach Abs. 3 ist der Tierarzt verpflichtet, bei derartigen Präparaten dem Tierhalter neben der Anzahl der Behandlungstage auch die Dauer des therapeutischen Wirkstoffspiegels mitzuteilen. Diese Daten sind dann vom Tierhalter als **Behandlungstage** im Sinne von Abs. 1 S. 1 Nr. 3 gegenüber der Überwachungsbehörde anzugeben. In der Praxis sind in der Maske zur Antibiotikadatenbank unterschiedliche Angaben zu „Behandlungstagen" und „Wirktagen" zu machen. Unter Behandlungstagen wird die Anzahl der Tage verstanden, an denen das Antibiotikum verabreicht wird, Wirktage umfassen demgegenüber alle Tage, an denen das Präparat seine Wirkung beibehält.

8   Erste Erfahrungen haben gezeigt, dass diese Regelung in der Praxis Schwierigkeiten aufwirft, insbes. soweit **Kombinationsarzneimittel** oder auch **sog. One-Shot-Produkte** betroffen sind, für die aufgrund ihrer langen Wirksamkeit eine einmalige Anwendung vorgesehen ist und die Berechnung zur Festlegung von Behandlungstagen nach § 58b III nicht möglich ist.

D. Sanktionen

Verstöße gegen Mitteilungspflichten nach Abs. 1 S. 1, 2 oder 3 oder Abs. 2 S. 2 Nr. 2 oder 3 sind **9** nach § 97 II Nr. 23a als **Ordnungswidrigkeiten** bußgeldbewehrt.

§ 58c Ermittlung der Therapiehäufigkeit

(1) ¹Die zuständige Behörde ermittelt für jedes Halbjahr die durchschnittliche Anzahl der Behandlungen mit antibakteriell wirksamen Stoffen, bezogen auf den jeweiligen Betrieb, für den nach den tierseuchenrechtlichen Vorschriften über den Verkehr mit Vieh eine Registriernummer zugeteilt worden ist, und die jeweilige Art der gehaltenen Tiere unter Berücksichtigung der Nutzungsart, in dem sie nach Maßgabe des Berechnungsverfahrens zur Ermittlung der Therapiehäufigkeit vom 21. Februar 2013 (BAnz AT 22.2.2013 B2)

1. für jeden angewendeten Wirkstoff die Anzahl der behandelten Tiere mit der Anzahl der Behandlungstage multipliziert und die so errechnete Zahl jeweils für alle verabreichten Wirkstoffe des Halbjahres addiert und
2. die nach Nummer 1 ermittelte Zahl anschließend durch die Anzahl der Tiere der betroffenen Tierart, die durchschnittlich in dem Halbjahr gehalten worden sind, dividiert

(betriebliche halbjährliche Therapiehäufigkeit).

(2) ¹Spätestens bis zum Ende des zweiten Monats des Halbjahres, das auf die Mitteilungen des vorangehenden Halbjahres nach § 58b Absatz 1 Satz 1 folgt, teilt die zuständige Behörde dem Bundesamt für Verbraucherschutz und Lebensmittelsicherheit für die Zwecke des Absatzes 4 und des § 77 Absatz 3 Satz 2 in anonymisierter Form die nach Absatz 1 jeweils ermittelte halbjährliche betriebliche Therapiehäufigkeit mit. ²Darüber hinaus teilt die zuständige Behörde dem Bundesinstitut für Risikobewertung jeweils auf dessen Verlangen in anonymisierter Form die nach Absatz 1 jeweils ermittelte halbjährliche Therapiehäufigkeit sowie die in § 58b Absatz 1 Satz 1 Nummer 4 genannten Angaben mit, soweit dies für die Durchführung einer Risikobewertung des Bundesinstitutes für Risikobewertung auf dem Gebiet der Antibiotikaresistenz erforderlich ist. ³Die Mitteilungen nach den Sätzen 1 und 2 können nach Maßgabe des § 10 des Bundesdatenschutzgesetzes im automatisierten Abrufverfahren erfolgen.

(3) ¹Soweit die Länder für die Zwecke des Absatzes 1 eine gemeinsame Stelle einrichten, sind die in den §§ 58a und 58b genannten Angaben dieser Stelle zu übermitteln; diese ermittelt die halbjährliche betriebliche Therapiehäufigkeit nach Maßgabe des in Absatz 1 genannten Berechnungsverfahrens zur Ermittlung der Therapiehäufigkeit und teilt sie den in Absatz 2 Satz 1 und 2 genannten Behörden mit. ²Absatz 2 Satz 3 gilt entsprechend.

(4) ¹Das Bundesamt für Verbraucherschutz und Lebensmittelsicherheit ermittelt aus den ihm mitgeteilten Angaben zur jeweiligen halbjährlichen betrieblichen Therapiehäufigkeit

1. als Kennzahl 1 den Median (Wert, unter dem 50 Prozent aller erfassten halbjährlichen Therapiehäufigkeiten liegen) und
2. als Kennzahl 2 das dritte Quartil (Wert, unter dem 75 Prozent aller erfassten halbjährlichen betrieblichen Therapiehäufigkeiten liegen)

der bundesweiten halbjährlichen Therapiehäufigkeit für jede in § 58a Absatz 1 bezeichnete Tierart. ²Das Bundesamt für Verbraucherschutz und Lebensmittelsicherheit macht diese Kennzahlen bis zum Ende des dritten Monats des Halbjahres, das auf die Mitteilungen des vorangehenden Halbjahres nach § 58b Absatz 1 folgt, für das jeweilige abgelaufene Halbjahr im Bundesanzeiger bekannt und schlüsselt diese unter Berücksichtigung der Nutzungsart auf.

(5) ¹Die zuständige Behörde oder die gemeinsame Stelle nach Absatz 3 teilt dem Tierhalter die nach Absatz 1 ermittelte betriebliche halbjährliche Therapiehäufigkeit für die jeweilige Tierart der von ihm gehaltenen Tiere im Sinne des § 58a Absatz 1 unter Berücksichtigung der Nutzungsart mit. ²Der Tierhalter kann ferner Auskunft über die nach den §§ 58a und 58b erhobenen, gespeicherten oder sonst verarbeiteten Daten verlangen, soweit sie seinen Betrieb betreffen.

(6) ¹Die nach den §§ 58a und 58b erhobenen oder nach Absatz 5 mitgeteilten und jeweils bei der zuständigen Behörde oder der gemeinsamen Stelle nach Absatz 3 gespeicherten Daten sind für die Dauer von sechs Jahren aufzubewahren. ²Die Frist beginnt mit Ablauf des 30. Juni oder 31. Dezember desjenigen Halbjahres, in dem die bundesweite halbjährliche Therapiehäufigkeit nach Absatz 4 bekannt gegeben worden ist. ³Nach Ablauf dieser Frist sind die Daten zu löschen.

Eingefügt durch Art. 1 Nr. 7 des Sechzehnten Gesetzes zur Änderung des Arzneimittelgesetzes vom 10.10.2013 (BGBl. I S. 3813).

A. Allgemeines

1   Die Vorschrift regelt im Wesentlichen die **Methodik zur Ermittlung der Therapiehäufigkeit** durch die zuständigen Behörden. Die von den Tierhaltern zur Verfügung gestellten Daten müssen gesammelt, zusammengeführt und statistisch ausgewertet werden. Auf dieser Grundlage hat sodann das BVL die Kennzahlen zu ermitteln, welche die Grundlage für die halbjährliche Evaluation des betriebsspezifischen Antibiotikaeinsatzes darstellen.

B. Ermittlung der betrieblichen Therapiehäufigkeit (Abs. 1)

2   Die von den Tierhaltern zur Verfügung gestellten Daten werden von den Überwachungsbehörden halbjährlich zusammengeführt, wobei für jeden Betrieb die durchschnittliche Anzahl der Behandlungen mit Antibiotika zu ermitteln ist. Das **Berechnungsverfahren** ist im elektronischen Teil des Bundesanzeigers veröffentlicht worden[1]. Die betriebliche halbjährliche Therapiehäufigkeit wird wirkstoffbezogen über die Anzahl der behandelten Tiere, mit der Anzahl der Behandlungstage (§ 58b I 1 Nr. 3) multipliziert und sodann mit sämtlichen Wirkstoffen des Halbjahres addiert. Die so ermittelte Zahl ist anschließend tierartspezifisch durch die Anzahl der gehaltenen Tiere (durchschnittlich in einem Halbjahr) zu dividieren. Wenn daher beispielsweise in einem Halbjahr von 50 gehaltenen Tieren 10 Tiere einmal im Halbjahr für 5 Tage behandelt werden, ergibt sich daraus eine betriebliche halbjährliche Therapiehäufigkeit von 1.

C. Meldepflichten gegenüber BVL und BfR (Abs. 2)

3   Die zuständige Überwachungsbehörde hat spätestens zu Beginn des zweiten Monates jedes Halbjahres dem BVL in anonymisierter Form die nach Abs. 1 ermittelten Daten zur Verfügung zu stellen. Auf Verlangen sind entsprechende Daten auch dem **BfR** mitzuteilen, sofern dies für die Tätigkeit des BfR auf dem Gebiet der Antibiotikaresistenz erforderlich ist. Das BfR hat damit keinen generellen Auskunftsanspruch. Das Gesetz stellt klar, dass entsprechende Daten auch in elektronischer Form im automatisierten Abrufverfahren erfolgen können.

D. Gemeinsame Stellen der Länder (Abs. 3)

4   Zur Effektuierung der Verwaltungstätigkeit eröffnet Abs. 3 die Möglichkeit der Bildung gemeinsamer Stellen einzelner Bundesländer. Sie treten damit **an die Stelle der jeweiligen Überwachungsbehörden.**

E. Statistische Auswertung durch BVL (Abs. 4)

5   Das BVL hat aus dem ihm zur Verfügung gestellten Daten sodann für jede der in § 58a I bezeichneten Tierarten Kennzahlen zu ermitteln, welche die bundesweite halbjährliche Therapiehäufigkeit widerspiegeln.

6   Der Wert, unter dem 50 % aller erfassten halbjährlichen Therapiehäufigkeiten liegen, wird als „Kennzahl 1" bezeichnet, während der Wert, unter dem 75 % aller erfassten halbjährlichen betrieblichen Therapiehäufigkeiten liegen, als „Kennzahl 2" bezeichnet wird. Diese Kennzahlen sind – aufgeschlüsselt nach der jeweiligen Nutztierart – für das jeweils abgelaufene Halbjahr im Bundesanzeiger zu veröffentlichen[2].

F. Informationspflicht gegenüber Tierhalter (Abs. 5)

7   Die zuständige Überwachungsbehörde bzw. die nach Abs. 1 gebildete gemeinsame Stelle der Länder hat jedem Tierhalter für die von ihm gehaltenen Tiere gem. § 58a I die betriebliche halbjährliche **Therapiehäufigkeit** mitzuteilen. Aus Gründen des Datenschutzes sieht Abs. 5 S. 2 zudem einen Auskunftsanspruch des Tierhalters über sämtliche erhobenen, gespeicherten oder sonst verarbeiteten Daten vor, soweit sie seinen Tierhaltungsbetrieb betreffen.

---

[1] Berechnungsverfahren zur Ermittlung der Therapiehäufigkeit vom 21.2.2013, BAnz AT 22.2.2013 B2.
[2] Vgl. z. B. Elektronischer Bundesanzeiger AT vom 31.3.2015 B11.

G. Datenspeicherung (Abs. 6)

Sämtliche nach § 58a und § 58b erhobenen Daten sind für die Dauer von sechs Jahren aufzubewahren, **8** wobei die Frist jeweils mit Ablauf des 30.6. bzw. 31.12. nach der Bekanntgabe der bundesweiten halbjährlichen Therapiehäufigkeit im Sinne von Abs. 4 beginnt. Nach Ablauf der Frist sind die Daten zu löschen.

§ 58d Verringerung der Behandlung mit antibakteriell wirksamen Stoffen

(1) Um zur wirksamen Verringerung der Anwendung von Arzneimitteln, die antibakteriell wirksame Stoffe enthalten, beizutragen, hat derjenige, der Tiere im Sinne des § 58a Absatz 1 Satz 1 berufs- oder gewerbsmäßig hält,

1. jeweils zwei Monate nach einer Bekanntmachung der Kennzahlen der bundesweiten halbjährlichen Therapiehäufigkeit nach § 58c Absatz 4 Satz 2 festzustellen, ob im abgelaufenen Zeitraum seine betriebliche halbjährliche Therapiehäufigkeit bei der jeweiligen Tierart der von ihm gehaltenen Tiere unter Berücksichtigung der Nutzungsart bezogen auf den Tierhaltungsbetrieb, für den ihm nach den tierseuchenrechtlichen Vorschriften über den Verkehr mit Vieh eine Registriernummer zugeteilt worden ist, oberhalb der Kennzahl 1 oder der Kennzahl 2 der bundesweiten halbjährlichen Therapiehäufigkeit liegt,

2. die Feststellung nach Nummer 1 unverzüglich nach ihrer Feststellung in seinen betrieblichen Unterlagen aufzuzeichnen.

(2) ¹Liegt die betriebliche halbjährliche Therapiehäufigkeit eines Tierhalters bezogen auf den Tierhaltungsbetrieb, für den ihm nach den tierseuchenrechtlichen Vorschriften über den Verkehr mit Vieh eine Registriernummer zugeteilt worden ist,

1. oberhalb der Kennzahl 1 der bundesweiten halbjährlichen Therapiehäufigkeit, hat der Tierhalter unter Hinzuziehung eines Tierarztes zu prüfen, welche Gründe zu dieser Überschreitung geführt haben können und wie die Behandlung der von ihm gehaltenen Tiere im Sinne des § 58a Absatz 1 mit Arzneimitteln, die antibakteriell wirksame Stoffe enthalten, verringert werden kann, oder

2. oberhalb der Kennzahl 2 der bundesweiten halbjährlichen Therapiehäufigkeit, hat der Tierhalter auf der Grundlage einer tierärztlichen Beratung innerhalb von zwei Monaten nach dem sich aus Absatz 1 Nummer 1 ergebenden Datum einen schriftlichen Plan zu erstellen, der Maßnahmen enthält, die eine Verringerung der Behandlung mit Arzneimitteln, die antibakteriell wirksame Stoffe enthalten, zum Ziel haben.

²Ergibt die Prüfung des Tierhalters nach Satz 1 Nummer 1, dass die Behandlung mit den betroffenen Arzneimitteln verringert werden kann, hat der Tierhalter Schritte zu ergreifen, die zu einer Verringerung führen können. ³Der Tierhalter hat dafür Sorge zu tragen, dass die Maßnahme nach Satz 1 Nummer 1 und die in dem Plan nach Satz 1 Nummer 2 aufgeführten Schritte unter Gewährleistung der notwendigen arzneilichen Versorgung der Tiere durchgeführt werden. ⁴Der Plan nach Satz 1 Nummer 2 ist um einen Zeitplan zu ergänzen, wenn die nach dem Plan zu ergreifenden Maßnahmen nicht innerhalb von sechs Monaten erfüllt werden können.

(3) ¹Der Plan nach Absatz 2 Satz 1 Nummer 2 ist der zuständigen Behörde unaufgefordert spätestens zwei Monate nach dem sich aus Absatz 1 Nummer 1 ergebenden Datum zu übermitteln. ²Soweit es zur wirksamen Verringerung der Behandlung mit Arzneimitteln, die antibakteriell wirksame Stoffe enthalten, erforderlich ist, kann die zuständige Behörde gegenüber dem Tierhalter

1. anordnen, dass der Plan zu ändern oder zu ergänzen ist,

2. unter Berücksichtigung des Standes der veterinärmedizinischen Wissenschaft zur Verringerung der Behandlung mit Arzneimitteln, die antibakteriell wirksame Stoffe enthalten, Anordnungen treffen, insbesondere hinsichtlich

   a) der Beachtung von allgemein anerkannten Leitlinien über die Anwendung von Arzneimitteln, die antibakteriell wirksame Mittel enthalten, oder Teilen davon sowie

   b) einer Impfung der Tiere,

3. im Hinblick auf die Vorbeugung vor Erkrankungen unter Berücksichtigung des Standes der guten fachlichen Praxis in der Landwirtschaft oder der guten hygienischen Praxis in der Tierhaltung Anforderungen an die Haltung der Tiere anordnen, insbesondere hinsichtlich der Fütterung, der Hygiene, der Art und Weise der Mast einschließlich der Mastdauer, der Ausstattung der Ställe sowie deren Einrichtung und der Besatzdichte,

4. anordnen, dass Arzneimittel, die antibakteriell wirksame Stoffe enthalten, für einen bestimmten Zeitraum in einem Tierhaltungsbetrieb nur durch den Tierarzt angewendet werden dürfen, wenn die für die jeweilige von einem Tierhalter gehaltene Tierart, unter Berücksichtigung der Nutzungsart, festgestellte halbjährliche Therapiehäufigkeit zweimal in Folge erheblich oberhalb der Kennzahl 2 der bundesweiten Therapiehäufigkeit liegt.

³ In der Anordnung nach Satz 2 Nummer 1 ist das Ziel der Änderung oder Ergänzung des Planes anzugeben. ⁴ In Anordnungen nach Satz 2 Nummer 2, 3 und 4 ist Vorsorge dafür zu treffen, dass die Tiere jederzeit die notwendige arzneiliche Versorgung erhalten. ⁵ Die zuständige Behörde kann dem Tierhalter gegenüber Maßnahmen nach Satz 2 Nummer 3 auch dann anordnen, wenn diese Rechte des Tierhalters aus Verwaltungsakten widerrufen oder aus anderen Rechtsvorschriften einschränken, sofern die erforderliche Verringerung der Behandlung mit Arzneimitteln, die antibakteriell wirksame Stoffe enthalten, nicht durch andere wirksame Maßnahmen erreicht werden kann und der zuständigen Behörde tatsächliche Erkenntnisse über die Wirksamkeit der weitergehenden Maßnahmen vorliegen. ⁶ Satz 5 gilt nicht, soweit unmittelbar geltende Rechtsvorschriften der Europäischen Gemeinschaft oder der Europäischen Union entgegenstehen.

(4) ¹ Hat der Tierhalter Anordnungen nach Absatz 3 Satz 2 Nummer 1 bis 4, im Fall der Nummer 3 auch in Verbindung mit Satz 5, nicht befolgt und liegt die für die jeweilige von einem Tierhalter gehaltene Tierart unter Berücksichtigung der Nutzungsart festgestellte halbjährliche Therapiehäufigkeit deshalb wiederholt oberhalb der Kennzahl 2 der bundesweiten Therapiehäufigkeit, kann die zuständige Behörde das Ruhen der Tierhaltung im Betrieb des Tierhalters für einen bestimmten Zeitraum, längstens für drei Jahre, anordnen. ² Die Anordnung des Ruhens der Tierhaltung ist aufzuheben, sobald sichergestellt ist, dass die in Satz 1 bezeichneten Anordnungen befolgt werden.

Eingefügt durch Art. 1 Nr. 7 des Sechzehnten Gesetzes zur Änderung des Arzneimittelgesetzes vom 10.10.2013 (BGBl. I S. 3813).

Übersicht

A. Allgemeines

1   Die Vorschrift verpflichtet den Tierhalter gem. § 58a aus den Erkenntnissen der ermittelten betriebsindividuellen Therapiehäufigkeit die erforderlichen Konsequenzen zu ziehen, um den Antibiotikaeinsatz in seinem Betrieb zu minimieren. Dazu ist zunächst verpflichtet, die nach § 58c bekannt gemachten bundesweiten halbjährlichen Therapieindices mit seiner betrieblichen Therapiehäufigkeit zu vergleichen. Dabei hat er festzustellen, ob seine betriebsspezifische Therapiehäufigkeit oberhalb der Kennzahl 1 oder der Kennzahl 2 gem. § 58c IV liegt.

2   Überschreitet die betriebliche halbjährliche Therapiehäufigkeit die Kennzahl 1, hat er zu prüfen, worauf diese Überschreitung basiert und wie der Antibiotikaeinsatz verringert werden kann.

3   Bei einer Überschreitung der Kennzahl 2 muss er sich tierärztlich beraten lassen und einen Plan zur Verringerung des Einsatzes antibakteriell wirksamer Stoffe erstellen. Dieser Plan ist zudem der zuständigen Behörde zu übermitteln, die auf dieser Grundlage zu prüfen hat, ob Maßnahmen gegenüber dem Tierhalter angeordnet werden müssen.

B. Bewertung der Therapiehäufigkeit durch Tierhalter (Abs. 1)

4   Der berufs- oder gewerbsmäßige Tierhalter gem. § 58a ist verpflichtet, die ihm mitgeteilten betrieblichen halbjährlichen Therapieindices mit den bundesweiten halbjährlichen Therapiezahlen zu vergleichen und festzustellen, ob eine betriebliche Therapiehäufigkeit oberhalb der Kennzahl 1 oder der Kennzahl 2 nach § 58c IV liegt.

5   Diese Feststellung hat er zudem ohne schuldhaftes Zögern („unverzüglich") in seinen betrieblichen Unterlagen aufzuzeichnen.

C. Maßnahmen bei überdurchschnittlicher Therapiehäufigkeit (Abs. 2)

Bei einer Überschreitung der Kennzahl 1 der bundesweiten halbjährlichen Therapiehäufigkeit ist der **6** Tierhalter verpflichtet, sich mit einem Tierarzt in Verbindung zu setzen, der ihn zu den Gründen der Überschreitung beraten muss. Darüber hinaus ist mit dem hinzugezogenen Tierarzt zu prüfen, welche Maßnahmen ergriffen werden können, um den Antibiotikaeinsatz zu verringern.

Bei einer Überschreitung der Kennzahl 2 der bundesweiten halbjährlichen Therapiehäufigkeit muss **7** der Tierhalter auf der Grundlage einer entsprechenden tierärztlichen Beratung einen schriftlichen Plan binnen zwei Monaten erstellen, der die Maßnahmen zur Verringerung des Einsatzes antibakteriell wirksamer Stoffe zum Ziel haben muss.

Aus S. 2 ergibt sich, dass der Tierhalter zudem die notwendigen Maßnahmen ergreifen muss, um **8** tatsächlich den Antibiotikaeinsatz zu reduzieren. Dabei stellt das Gesetz klar, dass gleichwohl die notwendige ärztliche Versorgung der Tiere weiterhin gewährleistet werden muss.

Der zu erstellende Maßnahmeplan sollte Angaben zum Betrieb (Bestandsgröße, Tierarten, Nutzungs- **9** arten) sowie zum hinzugezogenen Tierarzt enthalten. Darüber hinaus sind Angaben zum Krankheits- geschehen, einschließlich Befund, zur Diagnostik und dem angestrebten Prophylaxeprogramm und eine Analyse der Erkrankung, deren Therapie zur Überschreitung der Kennzahlen geführt hat, aufzuneh- men.

Darüber hinaus sollte der Maßnahmeplan Angaben zu Maßnahmen enthalten, die geeignet sind, die **10** Therapiesituation so zu verbessern, dass der Antibiotikaeinsatz nachhaltig reduziert werden kann.

D. Behördliche Unterstützung zur Verringerung der Therapiehäufigkeit (Abs. 3)

Bei einer Überschreitung der Kennzahl 2 der bundesweiten halbjährlichen Therapiehäufigkeit ist der **11** Maßnahmeplan der zuständigen Überwachungsbehörde spätestens vier Monate nach der Bekannt- machung der Kennzahlen im Bundesanzeiger vorzulegen. Der Tierhalter hat mithin nach der Feststellung der Überschreitung der Kennzahlen weitere zwei Monate Zeit, den Maßnahmeplan zu erstellen und der zuständigen Behörde zu übermitteln.

Die zuständige Behörde wird durch **Abs. 3 S. 2** ermächtigt, Maßnahmen anzuordnen, um die **12** Verwendung antibakteriell wirksamer Stoffe zu verringern. Dazu kann sie zunächst anordnen, dass der Maßnahmeplan geändert oder ergänzt wird **(Nr. 1)**.

Daneben kommt die Anordnung in Betracht, Antibiotika ausschließlich unter Beachtung von fachlich **13** allgemein anerkannten Leitlinien anzuwenden oder die zu behandelnden Tiere zu impfen (Nr. 2).

Darüber hinaus kommen auch Anordnungen zur Haltung der Tiere, insbesondere hinsichtlich Fütte- **14** rung, Hygiene und der Art und Weise der Mast in Betracht. Ferner können Anordnungen zur Ausstattung der Ställe, ihrer Einrichtung und der Besatzdichte erfolgen. Diese Anordnungen müssen allerdings dem Stand der guten fachlichen landwirtschaftlichen Praxis oder der guten hygienischen Praxis in der Tierhaltung entsprechen **(Nr. 3)**.

Schließlich kann die Behörde anordnen, dass Antibiotika ausschließlich durch den Tierarzt angewendet **15** werden, sofern die betriebliche halbjährliche Therapiehäufigkeit zweimal in Folge signifikant oberhalb der Kennzahl 2 der bundesweiten Therapiehäufigkeit liegt. Diese Anordnung ist jedoch nur für einen begrenzten Zeitraum zulässig.

Das zeitlich begrenzte Verbot, die eigenen Tiere behandeln zu dürfen, dürfte nur dann in Betracht **16** kommen, wenn konkrete Anhaltspunkte dafür bestehen, dass die Ursache für die Überschreitung der Therapiehäufigkeitskennzahl vom Tierhalter zu verantworten ist[1].

Das Gesetz stellt ferner klar, dass Anordnungen zur Ergänzung oder Änderung des Maßnahmeplans **17** hinreichend konkret sein müssen und insbesondere das mit dem Maßnahmeplan angestrebte Ziel anzugeben ist. Darüber hinaus hat der Gesetzgeber noch einmal betont, dass in jedem Fall die notwendi- ge arzneiliche Versorgung sichergestellt sein muss.

Soweit nach **Nr. 3** Anordnungen im Hinblick auf die Tierhaltung möglich sind, stellt der Gesetzgeber **18** klar, dass durch entsprechende Maßnahmen auch sonstige Rechte des Tierhalters (teilweise) widerrufen oder eingeschränkt werden können, wenn dies als ultima ratio zur Verringerung des Antibiotikaeinsatzes erforderlich ist und die Behörde konkrete Anhaltspunkte dafür hat, dass diese Maßnahme zu diesem Zweck wirksam ist.

---

[1] So auch BR-Drucks. 555/12, S. 29.

E. Ruhen der Tierhaltung (Abs. 4)

19   Wenn der Tierhalter Anordnungen nach Abs. 3 nicht befolgt und zusätzlich die betrieblich festgestellte halbjährliche Therapiehäufigkeit wiederholt oberhalb der Kennzahl 2 gem. § 58c IV liegt, kann die Überwachungsbehörde zur Erreichung der gesetzlichen Zwecke auch das Ruhen der Tierhaltung für bis zu drei Jahre anordnen. Mit Blick auf das Übermaßverbot ist diese Vorschrift eng auszulegen; der Gesetzgeber ordnet selbst in S. 2 an, dass die Anordnung des Ruhens der Tierhaltung aufzuheben ist, sobald sichergestellt ist, dass die entsprechenden Anordnungen vom Tierhalter befolgt werden.

F. Sanktionen

20   Verstöße gegen die Auswertungspflicht nach Abs. 1 sind nach § 97 II Nr. 23b bußgeldbewehrt. Ein Verstoß gegen die Pflicht aus Abs. 2 S. 1 Nr. 2 stellt eine **Ordnungswidrigkeit** nach § 97 II Nr. 23c dar. Schließlich ist eine Zuwiderhandlung gegen vollziehbare Anordnungen nach Abs. 3 oder Abs. 4 nach § 97 II Nr. 23d bußgeldbewehrt.

§ 58e Verordnungsermächtigungen

(1) ¹Das Bundesministerium für Ernährung und Landwirtschaft wird ermächtigt, im Einvernehmen mit dem Bundesministerium durch Rechtsverordnung mit Zustimmung des Bundesrates das Nähere über Art, Form und Inhalt der Mitteilungen des Tierhalters nach § 58a Absatz 1 oder § 58b zu regeln. ²In der Rechtsverordnung nach Satz 1 kann vorgesehen werden, dass

1. die Mitteilungen nach § 58b Absatz 1 oder 3 durch die Übermittlung von Angaben oder Aufzeichnungen ersetzt werden können, die auf Grund anderer arzneimittelrechtlicher Vorschriften, insbesondere auf Grund einer Verordnung nach § 57 Absatz 2, vorzunehmen sind,
2. Betriebe bis zu einer bestimmten Bestandsgröße von den Anforderungen nach § 58a und § 58b ausgenommen werden.

³Eine Rechtsverordnung nach Satz 2 Nummer 2 darf nur erlassen werden, soweit

1. durch die Ausnahme der Betriebe das Erreichen des Zieles der Verringerung der Behandlung mit Arzneimitteln, die antibakteriell wirksame Stoffe enthalten, nicht gefährdet wird und
2. die Repräsentativität der Ermittlung der Kennzahlen der bundesweiten halbjährlichen Therapiehäufigkeit erhalten bleibt.

(2) Das Bundesministerium für Ernährung und Landwirtschaft wird ermächtigt, im Einvernehmen mit dem Bundesministerium durch Rechtsverordnung mit Zustimmung des Bundesrates

1. zum Zweck der Ermittlung des Medians und der Quartile der bundesweiten halbjährlichen Therapiehäufigkeit Anforderungen und Einzelheiten der Berechnung der Kennzahlen festzulegen,
2. die näheren Einzelheiten einschließlich des Verfahrens zur
   a) Auskunftserteilung nach § 58c Absatz 5,
   b) Löschung der Daten nach § 58c Absatz 6

zu regeln.

(3) Das Bundesministerium für Ernährung und Landwirtschaft wird ermächtigt, im Einvernehmen mit dem Bundesministerium durch Rechtsverordnung mit Zustimmung des Bundesrates die näheren Einzelheiten über

1. die Aufzeichnung nach § 58d Absatz 1 Nummer 2,
2. Inhalt und Umfang des in § 58d Absatz 2 Satz 1 Nummer 2 genannten Planes zur Verringerung der Behandlung mit Arzneimitteln, die antibakteriell wirksame Stoffe enthalten, sowie
3. die Anforderung an die Übermittlung einschließlich des Verfahrens nach § 58d Absatz 3 Satz 1

zu regeln.

(4) ¹Das Bundesministerium für Ernährung und Landwirtschaft wird ermächtigt, im Einvernehmen mit dem Bundesministerium durch Rechtsverordnung mit Zustimmung des Bundesrates Fische, die der Gewinnung von Lebensmitteln dienen, in den Anwendungs-

bereich der §§ 58a bis 58f und der zur Durchführung dieser Vorschriften erlassenen Rechtsverordnungen einzubeziehen, soweit dies für das Erreichen des Zieles der Verringerung der Behandlung mit Arzneimitteln, die antibakteriell wirksame Stoffe enthalten, erforderlich ist. ²Eine Rechtsverordnung nach Satz 1 darf erstmals erlassen werden, wenn die Ergebnisse eines bundesweit durchgeführten behördlichen oder im Auftrag einer Behörde bundesweit durchgeführten Forschungsvorhabens über die Behandlung mit Arzneimitteln, die antibakteriell wirksame Stoffe enthalten, bei Fischen, die der Gewinnung von Lebensmitteln dienen, im Bundesanzeiger veröffentlicht worden sind.

Eingefügt durch Art. 1 Nr. 7 des Sechzehnten Gesetzes zur Änderung des Arzneimittelgesetzes vom 10.10.2013 (BGBl. I S. 3813).

A. Allgemeines

Die Vorschrift enthält verschiedene Ermächtigungsgrundlagen, durch die das BMEL in die Lage **1** versetzt wird, Detailregelungen zur Umsetzung des **Antibiotikaminimierungskonzepts** zu regeln.

B. Anordnung zur Mitteilung des Tierhalters (Abs. 1)

Von der Ermächtigung zur Regelung der Einzelheiten der Mitteilungspflichten des Tierhalters nach **2** § 58a I und § 58b hat der Gesetzgeber zwischenzeitlich Gebrauch gemacht, indem er die Verordnung über die Durchführung von Mitteilungen nach §§ 58a und 58b des Arzneimittelgesetzes (Tierarzneimittel-Mitteilung-Durchführungsverordnung – **TAMMitDurchfV**) veröffentlicht hat[1].

C. Berechnung der Kennzahlen (Abs. 2)

Durch Abs. 2 wird das BMEL ermächtigt, durch Rechtsverordnung Einzelheiten zur Ermittlung des **3** Medians und der Quartile der bundesweiten halbjährlichen Therapiehäufigkeit zu regeln und darüber hinaus Details des Verfahrens zur Auskunftserteilung und zur Löschung von Daten zu normieren.

D. Anforderung an den Maßnahmeplan (Abs. 3)

Durch die Vorschrift in Abs. 3 wird das BMEL ermächtigt, Einzelheiten über Aufzeichnung, Inhalte **4** und Umfang sowie die Übermittlung des vom Tierhalter nach § 58d zu erstellenden Maßnahmeplans zu regeln.

E. Erweiterung des Antibiotikaminimierungskonzepts (Abs. 4)

Schließlich wird das BMEL ermächtigt, die von den §§ 58a–58f erfassten Tierarten um **Fische**, die **5** der Gewinnung von Lebensmitteln dienen, zu erweitern. Voraussetzung ist, dass festgestellt wird, dass dies zur Verringerung des Antibiotikaeinsatzes erforderlich ist. Zudem muss zunächst das Ergebnis einer bundesweit durchzuführenden Forschung über die Behandlung von Antibiotika bei Fischen vorliegen und im Bundesanzeiger veröffentlicht worden sein.

§ 58f Verwendung von Daten

¹Die Daten nach den §§ 58a bis 58d dürfen ausschließlich zum Zweck der Ermittlung und der Berechnung der Therapiehäufigkeit, der Überwachung der Einhaltung der §§ 58a bis 58d und zur Verfolgung und Ahndung von Verstößen gegen arzneimittelrechtliche Vorschriften verarbeitet und genutzt werden. ²Abweichend von Satz 1 darf die zuständige Behörde, soweit sie Grund zu der Annahme hat, dass ein Verstoß gegen das Lebensmittel- und Futtermittelrecht, das Tierschutzrecht oder das Tierseuchenrecht vorliegt, die Daten nach den §§ 58a bis 58d an die für die Verfolgung von Verstößen zuständigen Behörden übermitteln, soweit diese Daten für die Verfolgung des Verstoßes erforderlich sind.

Eingefügt durch Art. 1 Nr. 7 des Sechzehnten Gesetzes zur Änderung des Arzneimittelgesetzes vom 10.10.2013 (BGBl. I S. 3813).

---

[1] TAAMMitDurchfV vom 18.6.2014 (BGBl. I. S. 797).

A. Allgemeines

1   Die Vorschrift regelt den Umgang mit den Daten, die im Zusammenhang mit der **Therapiehäufig-keit** generiert werden. In Übereinstimmung mit dem allgemeinen datenschutzrechtlichen Grundsatz der „Datensparsamkeit"[1] werden die Verarbeitung und Nutzung der gewonnen Daten einer strikten Zweckbindung unterworfen.

2   Allerdings beschränkt der Gesetzgeber die Datenverwendung nicht auf die in §§ 58a–58d geregelten Maßnahmen zur Einbindung des Antibiotikaeinsatzes. Vielmehr können die Daten auch zur Verfolgung von Verstößen gegen sonstige arzneimittelrechtliche sowie futtermittelrechtliche, tierschutzrechtliche und tierseuchenrechtliche Bestimmungen genutzt werden.

B. Arzneimittelrechtliche Zweckbindung (S. 1)

3   Die zur Ermittlung der Therapiehäufigkeit gewonnenen Daten dürfen zunächst nur für statistische Zwecke, also zur Ausgestaltung des „Benchmarking"-Konzeptes genutzt werden. Sie sind damit die Grundlage für die vom BVL zu veröffentlichenden Kennzahlen des Antibiotikaeinsatzes bei den in § 58a I genannten Masttierarten.

4   Die zugelassene Verwendung der Daten betrifft zunächst die Datengewinnung und deren Aufbereitung für statistische Zwecke nach § 58c, aber auch die dort geregelte Datenübermittlung. Daneben können die Daten auch für die in § 58d geregelten behördlichen Maßnahmen genutzt werden.

5   Über den Regelungsbereich der §§ 58a–58d hinaus dürfen Daten auch zur Ahndung und Verfolgung von Verstößen gegen arzneimittelrechtliche Vorschriften verwendet werden. Das erscheint zur Durchsetzung arzneimittelrechtlicher Bestimmungen einer auch datenschutzrechtlich vertretbare Erweiterung zu sein.

C. Erweiterte Zweckbindung (S. 2)

6   Bestehen aus Sicht der zuständigen Überwachungsbehörde Anhaltspunkte dafür, dass ein Verstoß gegen lebensmittelrechtliche, futtermittelrechtliche, tierschutzrechtliche oder tierseuchenrechtliche Vorschriften vorliegt, erweitert **S. 2** die Zweckbindung der Datenverwendung. Die generierten Daten dürfen auch zur Verfolgung mutmaßlicher Verstöße gegen die entsprechenden Vorschriften an die zuständigen Behörden übermittelt werden. Das Gesetz schränkt allerdings ein, das die Daten für die Verfolgung erforderlich sind, was dem allgemeinen Übermaßverbot genügen soll.

§ 58g Evaluierung

Das Bundesministerium für Ernährung und Landwirtschaft berichtet dem Deutschen Bundestag fünf Jahre nach Inkrafttreten dieses Gesetzes über die Wirksamkeit der nach den §§ 58a bis 58d getroffenen Maßnahmen.

Eingefügt durch Art. 1 Nr. 7 des Sechzehnten Gesetzes zur Änderung des Arzneimittelgesetzes vom 10.10.2013 (BGBl. I S. 3813).

1   Das Antibiotikaminimierungskonzept soll nach dem Gesetzgeber **fünf Jahre** nach seinem Inkrafttreten überprüft werden. Dazu wird das BMEL verpflichtet, dem Deutschen Bundestag einen entsprechenden Entwurf im Jahre 2019 vorzulegen.

§ 59 Klinische Prüfung und Rückstandsprüfung bei Tieren, die der Lebensmittelgewinnung dienen

(1) Ein Arzneimittel im Sinne des § 2 Abs. 1 oder Abs. 2 Nr. 1 darf abweichend von § 56a Abs. 1 vom Hersteller oder in dessen Auftrag zum Zweck der klinischen Prüfung und der Rückstandsprüfung angewendet werden, wenn sich die Anwendung auf eine Prüfung beschränkt, die nach Art und Umfang nach dem jeweiligen Stand der wissenschaftlichen Erkenntnisse erforderlich ist.

(2) [1]Von den Tieren, bei denen diese Prüfungen durchgeführt werden, dürfen Lebensmittel nicht gewonnen werden. [2]Satz 1 gilt nicht, wenn die zuständige Bundesoberbehörde eine angemessene Wartezeit festgelegt hat. [3]Die Wartezeit muss

---

[1] Vgl. § 3a BDSG.

1. mindestens der Wartezeit nach der Verordnung über tierärztliche Hausapotheken entsprechen und gegebenenfalls einen Sicherheitsfaktor einschließen, mit dem die Art des Arzneimittels berücksichtigt wird, oder,
2. wenn Höchstmengen für Rückstände im Anhang der Verordnung (EU) Nr. 37/2010 festgelegt wurden, sicherstellen, dass diese Höchstmengen in den Lebensmitteln, die von den Tieren gewonnen werden, nicht überschritten werden.

⁴Der Hersteller hat der zuständigen Bundesoberbehörde Prüfungsergebnisse über Rückstände der angewendeten Arzneimittel und ihrer Umwandlungsprodukte in Lebensmitteln unter Angabe der angewandten Nachweisverfahren vorzulegen.

(3) Wird eine klinische Prüfung oder Rückstandsprüfung bei Tieren durchgeführt, die der Gewinnung von Lebensmitteln dienen, muss die Anzeige nach § 67 Abs. 1 Satz 1 zusätzlich folgende Angaben enthalten:
1. Name und Anschrift des Herstellers und der Personen, die in seinem Auftrag Prüfungen durchführen,
2. Art und Zweck der Prüfung,
3. Art und Zahl der für die Prüfung vorgesehenen Tiere,
4. Ort, Beginn und voraussichtliche Dauer der Prüfung,
5. Angaben zur vorgesehenen Verwendung der tierischen Erzeugnisse, die während oder nach Abschluss der Prüfung gewonnen werden.

(4) Über die durchgeführten Prüfungen sind Aufzeichnungen zu führen, die der zuständigen Behörde auf Verlangen vorzulegen sind.

Wichtige Änderungen der Vorschrift: Abs. 2 neu gefasst durch Art. 1 Nr. 50 des Vierzehnten Gesetzes zur Änderung des Arzneimittelgesetzes vom 29.8.2005 (BGBl. I S. 2570).

Europarechtliche Vorgaben: Art. 95 RL 2001/82/EG.

Übersicht

A. Allgemeines

I. Inhalt

§ 59 statuiert eine Ausnahme zu der Vorschrift des § 56a für die ansonsten verbotene Anwendung von **1** Arzneimitteln bei Tieren, die der Gewinnung von Lebensmitteln dienen (zum Begriff der Tiere, die der Gewinnung von Lebensmitteln dienen, s. § 58 Rn. 6), zum **Zweck der klinischen Prüfung** oder der **Rückstandsprüfung.** Die Anwendung muss jedoch durch den Hersteller oder in dessen Auftrag erfolgen und sich auf eine Prüfung beschränken, die nach Art und Umfang nach dem jeweiligen Stand der wissenschaftlichen Erkenntnisse erforderlich ist.

II. Zweck

2   Hintergrund der Regelung ist, dass Tierarzneimittel, die keine Fertigarzneimittel sind, ohne Zulassung gem. § 21 I 2 nur an pharmazeutische Unternehmer abgegeben werden dürfen, die eine **Erlaubnis zur Herstellung von Arzneimitteln** besitzen.

3   Tierarzneimittel zur klinischen Prüfung und zur Rückstandprüfung sind jedoch gem. § 21 II Nr. 5 von der **Zulassungspflicht befreit** und dürfen daher im Rahmen von § 59 angewendet werden. Ihre Anwendung wird durch § 59 eingeschränkt.

B. Anwendungsbeschränkung (Abs. 1)

I. Arzneimittel

4   Es muss sich um ein Arzneimittel i. S. d. § 2 I oder II Nr. 1 handeln (s. § 2 Rn. 58 ff.).

II. Klinische Prüfung

5   Der Begriff der **klinischen Prüfung** wird bereits in § 10 X und § 22 II Nr. 3 verwendet und stellt die klinische oder sonstige ärztliche, zahnärztliche oder tierärztliche Erprobung eines Arzneimittels dar, die über den Heilversuch hinausgeht (zur klinischen Prüfung beim Menschen s. § 4 Rn. 184 ff.).

6   Eine **klinische Prüfung** ist die Erprobung eines Arzneimittels. Nach dem Wortlaut des § 59 ist auch die Erprobung von Arzneimitteln im Zuge der Rückstandsprüfung bei Tieren, die der Gewinnung von Lebensmitteln dienen, erfasst, also auch pharmakologisch toxikologische Versuche, die schon § 10 X und § 22 II Nr. 2 nennen. Unter den Begriff der klinischen Prüfung fallen jedoch auch ärztliche und tierärztliche Erprobungen von Arzneimitteln im Rahmen der sog. **Grundlagenforschung**[1].

7   Die **klinische Prüfung** dient nach dem Wortlaut von Anhang I Teil 4 Kapitel II Ziff. 1 der RL 2001/82/EWG dazu, die Wirkung des Tierarzneimittels nach Verabreichung gem. dem vorgeschlagenen Dosierungsschema nachzuweisen oder zu erhärten und seine Indikationen und Gegenanzeigen je nach Tierart, Alter, Rasse und Geschlecht sowie die Anweisungen zum Gebrauch und mögliche Nebenwirkungen zu spezifizieren. Die wissenschaftlichen und technischen Anforderungen in Anhang I der RL 2001/82/EG wurden zuletzt durch die RL 2009/9/EG aktualisiert (s. hierzu auch die TamPV). Mit dieser RL wird durch die Novellierung des Anhangs I der RL 2001/82/EG insbesondere ein neues System für Impfstoffe, die mehrere Antigene enthalten, eingeführt. Dieses basiert auf dem Konzept einer Impfantigen-Stammdokumentation, um die bestehenden Verfahren zur Beurteilung von solchen Tierimpfstoffen[2] zu vereinfachen, die aufgrund von Änderungen beim Herstellungsverfahren und bei der Prüfung einzelner in kombinierten Impfstoffen enthaltener Antigene beantragt werden müssen. Zudem wird das Konzept des sog. Multi-Strain-Dossiers eingeführt, um Impfstoffe gegen antigenvariable Viren möglichst rasch genehmigen zu können.

III. Rückstandsprüfung

8   Rückstände sind alle **wirksamen Bestandteile** oder deren **Metaboliten,** die im Fleisch oder anderen Lebensmitteln erhalten sind, die von Tieren gewonnen wurden, denen das betr. Arzneimittel verabreicht wurde[3].

9   Durch die Rückstandsprüfung soll festgestellt werden, ob und ggf. unter welchen Bedingungen und in welchem Umfang Rückstände in von behandelten Tieren stammenden Lebensmitteln bestehen bleiben. Zudem sollen die einzuhaltenden Wartezeiten ermittelt werden, um alle Gefahren für die menschliche Gesundheit und/oder Schwierigkeiten für die Lebensmittelindustrie auszuschalten.

10   **Rückstandsprüfungen** sind im Rahmen des Zulassungsverfahrens für Tierarzneimittel vorgeschrieben (§ 23 I 1 Nr. 1).

IV. Umfang der Anwendung

11   Die Anwendung ist nur zulässig im Rahmen einer **klinischen Prüfung** oder **Rückstandsprüfung,** die nach Art und Umfang nach dem jeweiligen Stand der wissenschaftlichen Erkenntnisse erforderlich ist. Die **Erforderlichkeit** kann gegeben sein bei Vorliegen eines neuen Präparates, einer neuen Indikation oder einer anderen Dosierung[4].

12   Die **Arzneimittelprüflichtlinien für Tierarzneimittel** setzen Maßstäbe für die Prüfung der Erforderlichkeit. Sie enthalten Einzelheiten, die bei Tierarzneimitteln und deren Zulassung im Allgemeinen

---

[1] *Kloesel/Cyran,* § 59 Anm. 5.
[2] Das AMG findet grundsätzlich keine Anwendung auf Tierimpfstoffe (§ 4a S. 1 Nr. 1).
[3] *Kloesel/Cyran,* § 59 Anm. 3.
[4] So auch *Kloesel/Cyran,* § 59 Anm. 4; *Rehmann,* § 59 Rn. 1.

und der Rückstandprüfung von Tierarzneimitteln im Fleisch und Organen von Lebensmitteltieren zu berücksichtigen sind.

V. Stand der wissenschaftlichen Erkenntnisse

Weiterhin muss die Anwendung auf eine Prüfung beschränkt sein, die nach Art und Umfang nach **13** dem jeweiligen **Stand der wissenschaftlichen Erkenntnisse** erforderlich ist.

Bei dieser Beurteilung sollten die europäischen Empfehlungen, insbesondere die Good Clinical **14** Practice für Tierarzneimittel herangezogen werden[5]. Hierzu hat die EMA am 4.7.2000 eine **„Guideline on good clinical practices"** für die Durchführung klinischer Prüfungen mit Tierarzneimitteln veröffentlicht, die seit Juli 2001 gültig gesetzt ist (CVMP/VICH/595/98-FINAL). Dieses Dokument beruht auf den Ergebnissen der Expertenarbeitsgruppe der International Cooperation on Harmonization of Technical Requirements for Registration of Veterinary Medicinal Products („VICH") und ist von den Antragstellern zu berücksichtigen.

VI. Hersteller oder im Auftrag des Herstellers

Die zulässige Anwendung darf weiterhin nur durch den Hersteller oder in dessen Auftrag erfolgen.   **15**

VII. Kennzeichnungspflicht

Gem. § 10 X müssen Arzneimittel, die zur klinischen Prüfung oder zur Rückstandsprüfung bestimmt **16** sind, **entsprechend gekennzeichnet werden.**

VIII. Tierschutzgesetz

Auch im Rahmen der Anwendung von Arzneimitteln zur klinischen Prüfung und Rückstandsprüfung **17** sind die Vorschriften des TierSchG zu beachten.

C. Verbot der Lebensmittelgewinnung (Abs. 2)

I. Verbot (S. 1)

Von den Tieren, bei denen diese Prüfungen durchgeführt werden, dürfen keine Lebensmittel gewon- **18** nen werden (Abs. 2 S. 1).

II. Ausnahme (S. 2)

Dies gilt nach der Neufassung des Abs. 2 S. 2 durch die 12. AMG-Novelle nicht, wenn die zuständige **19** Bundesoberbehörde eine **angemessene Wartezeit** festgelegt hat. Nach Ablauf dieser Wartezeit dürfen die Tiere dann zur Lebensmittelgewinnung eingesetzt werden.

III. Anforderungen an die Wartezeit (S. 3)

Die Wartezeit muss jedoch mindestens derjenigen entsprechen, die in der **TÄHAV** festgelegt ist. **20** Weiterhin soll die Wartezeit nach dem Wortlaut des **Abs. 2 S. 3 Nr. 1** „gegebenenfalls" einen Sicherheitsfaktor einschließen, mit dem die Art des Arzneimittels berücksichtigt wird. Damit soll im Sinne des **Verbraucherschutzes** sichergestellt werden, dass keine Rückstände in die Lebensmittel gelangen. Fraglich ist, ob dies mit der unbestimmten Formulierung der Voraussetzungen der **Nr. 2** gelingen kann. Grundsätzlich verbleibt es jedoch ohne die Festlegung einer Wartezeit dabei, dass von den betroffenen Tieren keine Lebensmittel gewonnen werden dürfen.

Weiterhin muss, wenn Lebensmittel aus den Tieren gewonnen werden sollen, bei der Festlegung der **21** Wartezeit sichergestellt sein, dass für den Fall, dass **Höchstmengen für Rückstände** von der Gemeinschaft festgelegt wurden, diese Höchstmengen in den Lebensmitteln, die von den Tieren gewonnen werden, nicht überschritten werden **(Nr. 2).** Hierbei ist zu beachten, dass die Lebensmittel auf Rückstände zu untersuchen sind, nicht die Tiere selbst.

Die Systematik der Neuregelung der S. 2 und 3 durch die 12. AMG-Novelle ist zunächst einleuch- **22** tend. S. 2 normiert die Ausnahme zu dem Verbot des S. 1. Durch S. 3 werden nach dem Wortlaut weitere Anforderungen an die Wartezeit gestellt, sofern diese durch die zuständige Bundesoberbehörde festgelegt wird. Es ist jedoch zu beachten, dass die Anforderungen der Nr. 1 und 2 **alternativ, nicht kumulativ** gelten.

---

[5] Näher dazu *Kloesel/Cyran*, § 59 Anm. 6.

IV. Vorlagepflicht (S. 4)

23   Die Prüfungsergebnisse über Rückstände der angewendeten Arzneimittel und ihrer Umwandlungsprodukte in Lebensmitteln sind der zuständigen Bundesoberbehörde vom Hersteller unter Angabe der angewandten Nachweisverfahren vorzulegen (Abs. 2. S. 4).

D. Anzeigepflicht (Abs. 3)

24   Durch Abs. 3 wird die allgemeine Anzeigepflicht des § 67 I 1 weiter konkretisiert. Bei Durchführung einer klinischen Prüfung oder Rückstandsprüfung bei **Tieren, die der Lebensmittelgewinnung** dienen, muss die Anzeige nach § 67 I 1 die in Abs. 3 genannten zusätzlichen Angaben enthalten.

E. Dokumentation (Abs. 4)

25   Abs. 4 legt fest, dass über die durchgeführten Prüfungen Aufzeichnungen zu führen sind, die der zuständigen Behörde auf Verlangen vorgelegt werden müssen. Art und Umfang der Aufzeichnungen orientieren sich an den Anforderungen, die die Arzneimittelprüfrichtlinien, die aufgrund § 26 ergangen sind, für Tierarzneimittel vorsehen. Danach müssen alle für die Bewertung des betreffenden Arzneimittels **zweckdienlichen Angaben** dokumentiert werden, insbes. die Einzelheiten über Versuche oder Prüfungen zu den Tierarzneimitteln, auch wenn sie unvollständig sind oder abgebrochen wurden. Nach der Zulassung sind alle nicht in dem Antrag enthaltenen Angaben zu der **Nutzen/Risikobewertung** den zuständigen Behörden nachzureichen.

26   Die **Überwachungspflicht** des § 64 gilt auch im Fall des § 59, ebenso gelten die Befugnisse der mit der Überwachung beauftragten Personen nach § 64 IV.

F. Sanktionen

27   Nach § 96 Nr. 17 wird mit **Freiheitsstrafe** bis zu einem Jahr oder mit **Geldstrafe** bestraft, wer entgegen § 59 II 1 Lebensmittel gewinnt.

28   **Ordnungswidrig** handelt nach § 97 I und III, wer fahrlässig beim Verstoß gegen § 59 II 1 handelt oder wer vorsätzlich oder fahrlässig einer Aufzeichnungs- oder Vorlagepflicht des § 59 IV zuwiderhandelt (§ 97 II Nr. 24).

§ 59a Verkehr mit Stoffen und Zubereitungen aus Stoffen

(1) [1]**Personen, Betriebe und Einrichtungen, die in § 47 Abs. 1 aufgeführt sind, dürfen Stoffe oder Zubereitungen aus Stoffen, die auf Grund einer Rechtsverordnung nach § 6 bei der Herstellung von Arzneimitteln für Tiere nicht verwendet werden dürfen, zur Herstellung solcher Arzneimittel oder zur Anwendung bei Tieren nicht erwerben und für eine solche Herstellung oder Anwendung nicht anbieten, lagern, verpacken, mit sich führen oder in den Verkehr bringen. [2]Tierhalter sowie andere Personen, Betriebe und Einrichtungen, die in § 47 Abs. 1 nicht aufgeführt sind, dürfen solche Stoffe oder Zubereitungen nicht erwerben, lagern, verpacken oder mit sich führen, es sei denn, dass sie für eine durch Rechtsverordnung nach § 6 nicht verbotene Herstellung oder Anwendung bestimmt sind.**

(2) [1]**Tierärzte dürfen Stoffe oder Zubereitungen aus Stoffen, die nicht für den Verkehr außerhalb der Apotheken freigegeben sind, zur Anwendung bei Tieren nur beziehen und solche Stoffe oder Zubereitungen dürfen an Tierärzte nur abgegeben werden, wenn sie als Arzneimittel zugelassen sind oder sie auf Grund des § 21 Abs. 2 Nr. 3 oder 5 oder auf Grund einer Rechtsverordnung nach § 36 ohne Zulassung in den Verkehr gebracht werden dürfen. [2]Tierhalter dürfen solche Stoffe zur Anwendung bei Tieren nur erwerben oder lagern, wenn sie von einem Tierarzt als Arzneimittel verschrieben oder durch einen Tierarzt abgegeben worden sind. [3]Andere Personen, Betriebe und Einrichtungen, die in § 47 Abs. 1 nicht aufgeführt sind, dürfen durch Rechtsverordnung nach § 48 bestimmte Stoffe oder Zubereitungen aus Stoffen nicht erwerben, lagern, verpacken, mit sich führen oder in den Verkehr bringen, es sei denn, dass die Stoffe oder Zubereitungen für einen anderen Zweck als zur Anwendung bei Tieren bestimmt sind.**

(3) **Die futtermittelrechtlichen Vorschriften bleiben unberührt.**

Wichtige Änderungen der Vorschrift: Abs. 2 geändert durch Art. 1 Nr. 13 des Elften Gesetzes zur Änderung des Arzneimittelgesetzes vom 21.8.2002 (BGBl. I S. 3348).

Übersicht

A. Allgemeines

Die Vorschrift regelt den Verkehr mit Stoffen und Zubereitungen aus Stoffen, deren Rückstände eine **1** **besondere Gefährdung der Verbraucher** verursachen. Sie wurde im Rahmen der 1. AMG-Novelle eingeführt, um sicherzustellen, dass die dort genannten Stoffe nur gehandelt oder in Besitz genommen werden, wenn sie nachweislich für eine **zulässige Anwendung** bestimmt sind, da die Erfahrung gezeigt hat, dass zur Umgehung der bestehenden Vorschriften solche Stoffe, deren spätere Verwendung als Arzneimittel nicht ausgeschlossen werden kann, als „Rohstoffe" oder „Privatbesitz" deklariert werden.

Im Rahmen der 11. AMG-Novelle wurde die Vorschrift in Abs. 2 geändert. Danach dürfen Tierärzte **2** Rohstoffe (Stoffe oder Zubereitungen aus Stoffe) nur noch dann beziehen, wenn diese Stoffe nicht mehr der Apothekenpflicht unterliegen. Damit wollte der Gesetzgeber eine **unkontrollierte Ausweitung** der Herstellung von Arzneimitteln aus Rohstoffen im Therapienotstand gem. § 21 IIa einschränken[1].

B. Umfassendes Handelsverbot (Abs. 1)

I. Adressatenkreis

Die Regelung in Abs. 1 unterscheidet zwischen Personen, Betrieben und Einrichtungen, die in § 47 I **3** aufgeführt sind **(S. 1),** sowie Tierhaltern und anderen Personen, Betrieben und Einrichtungen, die in § 47 I nicht genannt werden **(S. 2).**

In diesem Zusammenhang sind die **pharmazeutischen Unternehmer,** die in § 4 XVIII legal **4** definiert werden, sowie der Arzneimittelgroßhandel, Krankenhäuser und Tierärzte, weiterhin Gesundheitsämter und Veterinärbehörden von Bedeutung, die alle zu dem in § 47 I genannten Kreis gehören.

Der **Chemikaliengroßhändler** ist nicht in § 47 I genannt. Er fällt jedoch dann unter die Regelung **5** des § 59a I, wenn aus dem Chemikaliengroßhandel arzneilich wirksame Stoffe an Tierärzte abgegeben werden, da dann begrifflich ein Arzneimittelgroßhändler (§ 4 XXII) vorliegt, der wiederum zu den Betrieben gehört, die in § 47 I aufgeführt sind[2].

II. Verbotene Stoffe

Der Regelungskreis erfasst Stoffe oder Zubereitungen aus Stoffen, die auf Grund einer Rechtsver- **6** ordnung nach § 6 bei der Herstellung von Tierarzneimitteln nicht verwendet werden dürfen. § 6 enthält eine Verordnungsermächtigung, durch die die Verwendung bestimmter Stoffe, Zubereitungen aus Stoffen oder Gegenstände bei der Herstellung von Arzneimitteln vorgeschrieben, beschränkt oder verboten werden kann und das Inverkehrbringen und die Anwendung von Arzneimitteln, die nicht nach diesen Vorschriften hergestellt sind, untersagt werden kann, soweit es **zur Risikovorsorge** oder zur Abwendung einer unmittelbaren oder mittelbaren Gefährdung der Gesundheit von Mensch oder Tier durch Arzneimittel geboten ist. Verbotene Stoffe waren bislang in der sog. **Tierarzneimittel-Verbotsverordnung** vom 21.10.1981 gelistet. Diese wurde durch Art. 3 der Verordnung vom 16.3.2009[3] aufgehoben. Gegenstand der Regelung des Abs. 1 sind deshalb primär Stoffe, deren Verwendung bei Arzneimitteln generell (Human- und Tierarzneimittel) verboten ist (s. § 6 Rn. 10). Darüber hinaus ist die **PharmStV** zu beachten, die in Anlage I zu § 1 die Stoffe benennt, die in Arzneimitteln für Tiere, die der Gewinnung von Lebensmitteln dienen, in den dort angegebenen Anwendungsgebieten nicht verwendet werden dürfen. Es handelt sich im Wesentlichen um die Stoffe, die nach der Tierarzneimittel-Verbotsverordnung nicht verwendet werden durften.

---

[1] Vgl. BT-Drucks. 14/8613, S. 19 f.
[2] Vgl. *Kloesel/Cyran,* § 59a Anm. 3.
[3] BGBl. I S. 510.

III. Umfassendes Handelsverbot

7   Die Norm begründet ein **umfassendes Handelsverbot** mit den genannten Stoffen und Zubereitungen. Dem in § 47 I genannten Kreis ist der Erwerb zur Herstellung von Tierarzneimitteln oder zur Anwendung bei Tieren verboten. Das gleiche gilt für das Anbieten für eine solche Herstellung oder Anwendung sowie die Lagerung, Verpackung, das Mitsichführen und Inverkehrbringen[4].

8   Tierhaltern und anderen, in § 47 I nicht genannte Personen, Betrieben und Einrichtungen sind ebenfalls der Erwerb, die Lagerung, die Verpackung und das Mitsichführen solcher Stoffe oder Zubereitungen verboten. Hier gilt jedoch eine Ausnahme für den Fall, dass sie für eine durch die PharmStV nicht verbotene Herstellung oder Anwendung bestimmt sind. Die Nachweispflicht obliegt im Zweifel den Personen aus Abs. 1 S. 2[5].

IV. Überwachung

9   Durch § 64 I 2 unterliegt auch die Entwicklung, Herstellung, Prüfung, Lagerung, Verpackung und das Inverkehrbringen von Wirkstoffen und anderen zur Arzneimittelherstellung bestimmten Stoffen einschließlich des Handels der Überwachung. Die Stoffe und Zubereitungen, auf die § 59a sich bezieht, können nach § 69 IIa sichergestellt werden[6].

C. Bezug apothekenpflichtiger Stoffe (Abs. 2)

I. Bezug apothekenpflichtiger Stoffe durch Tierärzte (S. 1)

10   Abs. 2 regelt die Abgabe von Stoffen oder Zubereitungen aus Stoffen an Tierärzte und den Bezug durch Tierärzte. Danach ist der Bezug durch Tierärzte oder die Abgabe an Tierärzte nur von apothekenpflichtigen Stoffen und Zubereitungen zulässig, die als Arzneimittel zugelassen oder von der Zulassung befreit sind. Ohne Zulassung nach § 21 II Nr. 3 oder 5 oder auf Grund einer Rechtsverordnung in den Verkehr gebracht werden dürfen Fütterungsarzneimittel aus **zugelassenen Vormischungen,** Arzneimittel zur **klinischen Prüfung** oder **Rückstandsprüfung** sowie **Standardzulassungen.** Dadurch wird verhindert, dass der Tierarzt in seiner Hausapotheke Arzneimittel aus verschreibungspflichtigen Ausgangsstoffen herstellt. Dadurch wird der unkontrollierte Einsatz von Arzneimitteln, die zulassungspflichtige Stoffe enthalten, unterbunden.

11   Die Beschränkungen von Abs. 2 S. 1 gelten nur, wenn sie zur Anwendung bei Tieren bestimmt sind. Dieser **Bestimmungszweck** mag sich bei einzelnen Stoffen aus der ständigen Praxis ergeben, im Zweifel wird der Bestimmungszweck aber nur durch die konkrete Anwendung eindeutig festgelegt[7].

II. Bezug apothekenpflichtiger Stoffe durch Tierhalter (S. 2)

12   Die in S. 1 bezeichneten Stoffe und Zubereitungen aus solchen Stoffen dürfen vom Tierhalter nur für eine Anwendung bei Tieren erworben[8] oder gelagert werden, wenn sie von einem Tierarzt als Arzneimittel **verschrieben** oder durch einen Tierarzt **abgegeben** worden sind.

III. Bezug verschreibungspflichtiger Stoffe durch andere Adressaten (S. 3)

13   Andere Personen, Betriebe und Einrichtungen, die in § 47 I nicht aufgeführt sind, worunter insbesondere auch **Tierheilpraktiker** zählen, dürfen verschreibungspflichtige Arzneimittel nicht erwerben, lagern, verpacken, mit sich führen oder in den Verkehr bringen, wenn sie zur Anwendung bei Tieren bestimmt sind.

D. Futtermittelrecht (Abs. 3)

14   Die futtermittelrechtlichen Vorschriften bleiben unberührt. Hierzu zählen auf nationaler Ebene insbesondere das LFGB, die FuttMV und die FuttMProbV.

---

[4] *Rehmann,* § 59a Rn. 1.
[5] *Rehmann,* § 59a Rn. 1.
[6] Vgl. *Kloesel/Cyran,* § 59a Anm. 7.
[7] Vgl. *Kloesel/Cyran,* § 59a Anm. 9.
[8] Entgeltlich oder unentgeltlich, vgl. *Kloesel/Cyran,* § 59a Anm. 10.

E. Sanktionen

Gem. § 96 Nr. 18 wird mit Freiheitsstrafe bis zu einem Jahr oder Geldstrafe **bestraft,** wer entgegen 15 § 59a I oder II Stoffe oder Zubereitungen aus Stoffen erwirbt, anbietet, lagert, verpackt, mit sich führt oder in den Verkehr bringt. Keine Anwendung findet § 96 Nr. 18 auf einen Verstoß gegen die PharmStV, da diese Verordnung nicht auf § 6 zurückgeht, somit nicht vom Anwendungsbereich des § 59a I umfasst ist und deshalb der allgemeine Grundsatz „nulla poena sine lege" (Art. 103 II GG) gilt.

§ 59b Stoffe zur Durchführung von Rückstandskontrollen

[1]**Der pharmazeutische Unternehmer hat für Arzneimittel, die zur Anwendung bei Tieren bestimmt sind, die der Gewinnung von Lebensmitteln dienen, der zuständigen Behörde die zur Durchführung von Rückstandskontrollen erforderlichen Stoffe auf Verlangen in ausreichender Menge gegen eine angemessene Entschädigung zu überlassen.** [2]**Für Arzneimittel, die von dem pharmazeutischen Unternehmer nicht mehr in den Verkehr gebracht werden, gelten die Verpflichtungen nach Satz 1 bis zum Ablauf von drei Jahren nach dem Zeitpunkt des letztmaligen Inverkehrbringens durch den pharmazeutischen Unternehmer, höchstens jedoch bis zu dem nach § 10 Abs. 7 angegebenen Verfalldatum der zuletzt in Verkehr gebrachten Charge.**

Europarechtliche Vorgaben: Art. 27 RL 2001/82/EG.

A. Rückstandsprüfung

Rückstände sind alle **wirksamen Bestandteile** oder deren **Metaboliten,** die im Fleisch oder anderen 1 Lebensmitteln erhalten sind, die von Tieren gewonnen wurden, denen das betreffende Arzneimittel verabreicht wurde[1].

Durch die Rückstandsprüfung soll festgestellt werden, ob und gegebenenfalls unter welchen Bedin- 2 gungen und in welchem Umfang Rückstände in von behandelten Tieren stammenden Lebensmitteln bestehen bleiben, um so die einzuhaltenden **Wartezeiten** zu ermitteln und Gefahren für die menschliche Gesundheit möglichst auszuschalten[2].

B. Verpflichtungen der pharmazeutischen Unternehmer

Um die Rückstandskontrollen zu ermöglichen, hat der pharmazeutische Unternehmer für Arznei- 3 mittel, die zur Anwendung bei Tieren bestimmt sind, die der Gewinnung von Lebensmitteln dienen, der zuständigen Behörde auf Verlangen die erforderlichen Stoffe in ausreichender Menge gegen eine angemessene Entschädigung zu überlassen.

Für Arzneimittel, die von dem pharmazeutischen Unternehmer nicht mehr in den Verkehr gebracht 4 werden, ist die Überlassungsverpflichtung zeitlich befristet und gilt bis zum Ablauf von drei Jahren nach dem Zeitpunkt des **letztmaligen Inverkehrbringens,** höchstens jedoch bis zu dem nach § 10 VII angegebenen Verfalldatum der zuletzt in Verkehr gebrachten Charge.

C. Sanktionen

Ordnungswidrig handelt, wer entgegen S. 1 Stoffe nicht, nicht richtig oder nicht rechtzeitig über- 5 lässt (§ 97 II Nr. 24a).

§ 59c Nachweispflichten für Stoffe, die als Tierarzneimittel verwendet werden können

[1]**Betriebe und Einrichtungen, die Stoffe oder Zubereitungen aus Stoffen, die als Tierarzneimittel oder zur Herstellung von Tierarzneimitteln verwendet werden können und anabole, infektionshemmende, parasitenabwehrende, entzündungshemmende, hormonale oder psychotrope Eigenschaften aufweisen, herstellen, lagern, einführen oder in den Verkehr bringen, haben Nachweise über den Bezug oder die Abgabe dieser Stoffe oder Zubereitungen aus Stoffen zu führen, aus denen sich Vorlieferant oder Empfänger sowie die jeweils erhaltene oder abgegebene Menge ergeben, diese Nachweise mindestens drei Jahre aufzubewahren und**

---

[1] *Kloesel/Cyran,* § 59 Anm. 3.
[2] Vgl. Anhang, Titel I, Teil 3, B. Kapitel I der RL 2001/82/EG, geändert durch RL 2009/9/EG.

auf Verlangen der zuständigen Behörde vorzulegen. [2] Satz 1 gilt auch für Personen, die diese Tätigkeiten berufsmäßig ausüben. [3] Soweit es sich um Stoffe oder Zubereitungen aus Stoffen mit thyreostatischer, östrogener, androgener oder gestagener Wirkung oder #-Agonisten mit anaboler Wirkung handelt, sind diese Nachweise in Form eines Registers zu führen, in dem die hergestellten oder erworbenen Mengen sowie die zur Herstellung von Arzneimitteln veräußerten oder verwendeten Mengen chronologisch unter Angabe des Vorlieferanten und Empfängers erfasst werden.

Europarechtliche Vorgaben: RL 96/22/EG.

A. Allgemeines

1   Die Vorschrift wurde durch Umsetzung von Art. 8 RL 96/22/EG eingeführt. Sie soll vor allem die Verwendung verbotener Mittel, die der Förderung des Wachstums und der Produktivität in der Tierhaltung dienen, entgegenwirken. Dabei ist zu berücksichtigen, dass eine Vielzahl von Stoffen, die **hormonale bzw. thyreostatische oder anabole Wirkung** haben, die Gesundheit des Verbrauchers gefährden und die Qualität von Lebensmitteln tierischen Ursprungs beeinträchtigen können. Allerdings beschränkt sich die Vorschrift nicht auf Tierarzneimittel, die bei Lebensmittel liefernden Tieren eingesetzt werden können. Vielmehr soll die Vorschrift generell der missbräuchlichen Verwendung von Mitteln zur Förderung des Wachstums und der Produktivität in der Tierhaltung entgegenwirken.

B. Nachweispflichten

2   Die Vorschrift verpflichtet zum Nachweis über den Bezug oder die Abgabe der in S. 1 bzw. S. 2 genannten Stoffe und Zubereitungen von Stoffen. Das Gesetz unterscheidet dabei zwischen zwei unterschiedlichen Stoffgruppen.

3   Nach **S. 1** müssen bei Stoffen, die anabole, infektionshemmende, parasitenabwehrende, entzündungshemmende, hormonale oder psychotrope Eigenschaften aufweisen, Angaben über den Vorlieferanten oder den Empfänger sowie die jeweils erhaltene oder abgegebene Menge gemacht werden. Diese Nachweise sind über einen Zeitraum von mindestens drei Jahren **aufzubewahren** und auf Verlangen der zuständigen Behörde **vorzulegen**.

4   Handelt es sich um Stoffe mit thyreostatischer, östrogener, androgener oder gestagener Wirkung oder ß-Agonisten mit anaboler Wirkung, muss demgegenüber nach **S. 3** der Nachweis in **Form eines Registers** geführt werden. In diesem sind die hergestellten bzw. erworbenen Mengen sowie die zur Herstellung von Arzneimitteln veräußerten oder verwendeten Mengen chronologisch unter Angabe des Vorlieferanten oder Empfängers zu erfassen.

C. Generelle Eignung der Stoffe zur Verwendung als Tierarzneimittel oder zur Herstellung von Tierarzneimitteln

5   Die Nachweispflichten über den Bezug bzw. die Abgabe der im Gesetz genannten Stoffe setzt nicht voraus, dass diese Stoffe tatsächlich als Tierarzneimittel oder zur Herstellung von Tierarzneimitteln eingesetzt werden sollen. Vielmehr reicht die generelle Eignung, sie als Tierarzneimittel zu verwenden bzw. zur Herstellung von Tierarzneimitteln heranzuziehen.

6   Hierbei handelt es sich um einen unbestimmten Rechtsbegriff, der der vollständigen gerichtlichen Überprüfung zugänglich ist.

D. Persönlicher und sachlicher Anwendungsbereich

7   Die genannten Nachweispflichten gelten für alle Betriebe und Einrichtungen, welche die Stoffe und Zubereitungen aus Stoffen herstellen, lagern, einführen oder in den Verkehr bringen. Persönlich von der Nachweispflicht erfasst sind damit sämtliche Hersteller, Händler und Einführer entsprechender Stoffe. Nicht erfasst sind Tierärzte, die entsprechenden Nachweispflichten bereits nach der **TÄHAV** unterliegen. Ebenfalls nicht erfasst sind Apotheken.

E. Sanktionen

8   Vorsätzliche oder fahrlässige Verstöße gegen Vorschriften werden nach § 97 II Nr. 24b und III als **Ordnungswidrigkeit** mit Geldbuße bis zu 25.000 Euro geahndet.

§ 59d Verabreichung pharmakologisch wirksamer Stoffe an Tiere, die der Lebensmittelgewinnung dienen

¹Pharmakologisch wirksame Stoffe, die

1. als verbotene Stoffe in Tabelle 2 des Anhangs der Verordnung (EU) Nr. 37/2010 der Kommission vom 22. Dezember 2009 über pharmakologisch wirksame Stoffe und ihre Einstufung hinsichtlich der Rückstandshöchstmengen in Lebensmitteln tierischen Ursprungs (ABl. L 15 vom 20.1.2010, S. 1), die zuletzt durch die Durchführungsverordnung (EU) 2015/446 (ABl. L 74 vom 18.3.2015, S. 18) geändert worden ist, oder
2. nicht im Anhang der Verordnung (EU) Nr. 37/2010

aufgeführt sind, dürfen einem der Lebensmittelgewinnung dienenden Tier nicht verabreicht werden. ²Satz 1 gilt nicht in den Fällen des § 56a Absatz 2a und des Artikels 16 Absatz 2 der Verordnung (EG) Nr. 470/2009 sowie für die Verabreichung von Futtermitteln, die zugelassene Futtermittelzusatzstoffe enthalten.

Europarechtliche Vorgaben: VO (EG) Nr. 470/2009; VO(EU) Nr. 37/2010.

A. Allgemeines

Die Vorschrift wurde im Zuge der 15. AMG-Novelle in das Gesetz eingefügt. Das hier normierte **1** grundsätzliche Verabreichungsverbot bestimmter pharmakologisch wirksamer Stoffe an lebensmittelliefernde Tiere war erforderlich geworden, nachdem die entsprechende Verbotsnorm in Art. 5 der VO (EWG) Nr. 2377/90 mit deren Ablösung durch die VO (EG) Nr. 470/2009 entfallen ist[1].

B. Verabreichungsverbot (S. 1)

Das europäische Recht regelt jetzt in der VO (EG) Nr. 470/2009 sowie der auf ihrer Grundlage **2** erlassenen VO (EU) Nr. 37/2010 lediglich die Verfahren zur Bestimmung von zulässigen Rückständen pharmakologisch wirksamer Stoffe, nicht aber einen eigenen Verbotstatbestand, der mithin einer nationalen Regelung bedarf.

Zum Schutz der Konsumenten dürfen Tieren, die der Lebensmittelgewinnung dienen (s. § 58 Rn. 6), **3** nur solche pharmakologisch wirksamen Stoffe verabreicht werden, die im Anhang der VO (EU) Nr. 37/2010 aufgeführt sind. Daneben enthält der zitierte Anhang eine Tabelle mit unzulässigen Stoffen. Die Norm stellt klar, dass Stoffe, die nicht im Anhang der VO (EU) Nr. 37/2010 genannt sind oder deren Verwendung generell verboten ist, nicht an lebensmittelliefernde Tiere verabreicht werden dürfen.

C. Ausnahmetatbestand (S. 2)

Von dem grundsätzlichen Verbot der Verabreichung pharmakologisch wirksamer Stoffe sieht S. 2 **drei** **4** **Ausnahmetatbestände** vor. In Übereinstimmung mit der Regelung in § 56a IIa dürfen bei Einhufern auch die in der VO (EG) Nr. 1950/2006 aufgeführten Stoffe verabreicht werden. Damit stellt das Gesetz lediglich klar, was speziell für Equiden bereits in der zitierten Norm geregelt ist und damit als spezifische Regelung das allgemeine Verbot ohnehin verdrängt.

Rechtssystematisch gleichgelagert sind auch pharmakologisch wirksame Stoffe, die im Rahmen von **5** klinischen Prüfungen verabreicht werden, ausgenommen. Ob und unter welchen Voraussetzungen die im Rahmen der Prüfung hierzu verwendeten Tiere später der Lebensmittelgewinnung dienen dürfen, ergibt sich im Wesentlichen aus § 59 I. Abschließend dürfen pharmakologisch wirksame Stoffe an lebensmittelliefernde Tiere auch dann abgegeben werden, wenn dies über Futtermittel erfolgt und es sich um zugelassene Futtermittelzusatzstoffe handelt.

D. Sanktionen

§ 95 I Nr. 11 enthält eine Strafvorschrift, die Verstöße gegen § 59d S. 1 Nr. 1 sanktioniert. Verstöße **6** gegen § 59d S. 1 Nr. 2 stellen gem. § 96 Nr. 18a gleichfalls **Straftaten** dar.

---

[1] Zur Anpassung an das europäische Recht vgl. auch *Klosel/Cyran,* § 59d Anm. 3.

§ 60 Heimtiere

(1) Auf Arzneimittel, die ausschließlich zur Anwendung bei Zierfischen, Zier- oder Singvögeln, Brieftauben, Terrarientieren, Kleinnagern, Frettchen oder nicht der Gewinnung von Lebensmitteln dienenden Kaninchen bestimmt und für den Verkehr außerhalb der Apotheken zugelassen sind, finden die Vorschriften der §§ 21 bis 39d und 50 keine Anwendung.

(2) Die Vorschriften über die Herstellung von Arzneimitteln finden mit der Maßgabe Anwendung, dass der Nachweis einer zweijährigen praktischen Tätigkeit nach § 15 Abs. 1 entfällt.

(3) Das Bundesministerium für Ernährung und Landwirtschaft wird ermächtigt, im Einvernehmen mit dem Bundesministerium für Wirtschaft und Energie und dem Bundesministerium durch Rechtsverordnung mit Zustimmung des Bundesrates die Vorschriften über die Zulassung auf Arzneimittel für die in Absatz 1 genannten Tiere auszudehnen, soweit es geboten ist, um eine unmittelbare oder mittelbare Gefährdung der Gesundheit von Mensch oder Tier zu verhüten.

(4) Die zuständige Behörde kann Ausnahmen von § 43 Abs. 5 Satz 1 zulassen, soweit es sich um die Arzneimittelversorgung der in Absatz 1 genannten Tiere handelt.

Europarechtliche Vorgaben: Art. 4 II RL 2001/82/EG.

Übersicht

A. Allgemeines

I. Inhalt

1   Die Vorschrift normiert Ausnahmen in der Anwendung der §§ 21–39d und 50 für Arzneimittel, die ausschließlich zur Anwendung der in Abs. 1 genannten Heimtiere bestimmt und für den **Verkehr außerhalb der Apotheke** zugelassen sind (Abs. 1). Nach Abs. 2 wird auf das Erfordernis der praktischen Tätigkeit nach § 15 I verzichtet. Abs. 3 enthält eine Verordnungsermächtigung für das BMEL und Abs. 4 ermöglicht es für die zuständige Behörde, Ausnahmen von § 43 V 1 unter bestimmten Voraussetzungen zu machen.

II. Zweck

2   Durch die Ausnahmeregelung soll die Verfügbarkeit von Arzneimitteln für die in § 60 I genannten Tierarten verbessert werden, welche für eine Erweiterung der Therapiemöglichkeiten notwendig ist. Da Arzneimittel für diese Tierarten üblicherweise **über den Zoofachhandel** vertrieben werden, wird außerdem das Sachkundegebot gelockert.

3   Zwar ist die Norm mit der **amtlichen Überschrift** Heimtiere versehen, sie enthält aber keine Definition dieses Begriffes. Nach Art. 1 I des Europäischen Übereinkommens zum Schutz von Heimtieren bezeichnet der Ausdruck Heimtier ein Tier, das der Mensch insbesondere in seinem Haushalt zu seiner eigenen Freude und als Gefährten hält oder das für diesen Zweck bestimmt ist[1]. Die Regelungen knüpfen jedoch nicht an den allgemeinen Begriff des Heimtieres an, sondern enthalten eine Ausnahme nur für die dort **enumerativ aufgezählten** Tierarten. Es fallen nur Arzneimittel unter die Vorschrift, die ausschließlich zur Anwendung bei den dort genannten Tierarten bestimmt sind. Die Arzneimittel dürfen in ihrer Kennzeichnung nach § 10 keine anderen Tierarten enthalten.

---

[1] Vgl. Art. 1 I des Gesetzes zum Europäische Übereinkommen vom 13.11.1987 zum Schutz von Heimtieren vom 1.2.1991 (BGBl. II S. 402) ETS 125.

B. Sachlicher Geltungsbereich (Abs. 1)

Auf Arzneimittel, die ausschließlich zur Anwendung bei Heimtieren bestimmt sind, sind die Vor- **4** schriften der §§ 21–39d und 50 nicht anwendbar. Voraussetzung ist, dass andere Tiere als die genannten **nicht in der Kennzeichnung** bezeichnet sind. Es handelt sich dabei um Zierfische, Zier- und Singvögel, Brieftauben, Terrarientiere oder Kleinnager, Frettchen und nicht für die Gewinnung von Lebensmitteln dienende Kaninchen.

In den §§ 21–39 ist die Zulassung und Registrierung von Arzneimitteln geregelt. Die in § 60 **5** bezeichneten Arzneimittel sind demzufolge von der **Zulassungs- und Registrierungspflicht** befreit. Durch die 14. AMG-Novelle wurden die Ausnahmen auch auf die neu eingeführten Vorschriften der §§ 39a–39d erstreckt, so dass auch die Registrierungsvorschriften für traditionelle pflanzliche Arzneimittel im Anwendungsbereich des § 60 nicht gelten.

§ 50 regelt den Einzelhandel mit freiverkäuflichen Arzneimitteln. Nach § 50 I darf der Einzelhandel **6** außerhalb von Apotheken mit Arzneimitteln nur betrieben werden, wenn der Unternehmer oder die mit der Leitung des Unternehmens oder mit dem Verkauf beauftragte Person die **erforderliche Sachkenntnis** besitzt. Weiterhin muss für jede Betriebsstelle des Unternehmens eine solche Person vorhanden sein. Die erforderliche Sachkenntnis besitzt, wer Kenntnisse und Fertigkeiten über das ordnungsgemäße Abfüllen, Abpacken, Lagern und Inverkehrbringen von Arzneimitteln, die zum Verkehr außerhalb der Apotheke freigegeben sind, sowie Kenntnisse über die für diese Arzneimittel geltenden Vorschriften besitzt.

Die Nichtanwendbarkeit des § 50 bedeutet, dass die Abgabe frei verkäuflicher Arzneimittel, die für die **7** in Abs. 1 genannten Heimtiere bestimmt sind, im Wege der **Selbstbedienung** (nicht jedoch durch Automaten) oder im Versandhandel ebenso wie die persönliche Abgabe zulässig sind, ohne dass eine sachkundige Person vorhanden ist[2]. Nach anderer Ansicht gilt die Befreiung vom Sachkundegebot nicht bei der Abgabe in Selbstbedienungsgeschäften, da auf § 52 hier nicht verwiesen werde[3]. Diese Auffassung ist abzulehnen, da § 52 III die Verfügbarkeit einer Person mit Sachkunde i. S. v. § 50 für den Kunden voraussetzt. Wenn eine solche Person aber im Gesetz nicht gefordert wird, ist ein Ausschluss der Abgabe in Selbstbedienungsgeschäften nicht gerechtfertigt.

Weiterhin muss das Arzneimittel für den Verkehr **außerhalb der Apotheke** nach den §§ 44 ff. **8** zugelassen sein. Nach § 44 I sind Arzneimittel, die von dem pharmazeutischen Unternehmer ausschließlich zu anderen Zwecken als zur Beseitigung oder Linderung von Krankheiten, Leiden, Körperschäden oder krankhaften Beschwerden zu dienen bestimmt sind, für den Verkehr außerhalb der Apotheke freigegeben. § 44 II erstreckt die Freigabe auf den dort genannten Produktkatalog. Die Freigabe gilt jedoch nicht für solche Arzneimittel, die nur auf ärztliche, zahnärztliche oder tierärztliche Verschreibung abgegeben werden dürfen, noch für solche Arzneimittel, die durch Rechtsverordnung nach § 46 vom Verkehr außerhalb der Apotheken ausgeschlossen sind.

Zusätzlich besteht für solche Arzneimittel **keine Apothekenpflicht,** die aufgrund einer VO nach **9** § 45 freigegeben sind. § 4 AMVerkRV bestimmt hierzu, dass nichtverschreibungspflichtige Arzneimittel, die ausschließlich zur Beseitigung oder Linderung von Krankheiten der Zierfische, Zier- oder Singvögel, Brieftauben, Terrarientieren oder Kleinnagern bestimmt sind, außerhalb der Apotheke abgegeben werden dürfen.

C. Erleichterungen für Herstellbetriebe (Abs. 2)

Abs. 2 modifiziert die Anforderungen, die für Betriebe gelten, die die Arzneimittel, die unter Abs. 1 **10** fallen, herstellen. Danach finden die Vorschriften über die Herstellung von Arzneimitteln zwar auch im Anwendungsbereich des § 60 grundsätzlich Anwendung, sie werden jedoch **modifiziert.**

Die Vorschriften über die Herstellung von Arzneimitteln sind im dritten Abschn. enthalten. Danach **11** bedarf ein Hersteller grundsätzlich der **Herstellungserlaubnis** nach § 13. Diese Erlaubnis darf neben den anderen in § 14 genannten Tatbeständen versagt werden, wenn nicht mindestens eine Person mit der nach § 15 I erforderlichen Sachkenntnis **(sachkundige Person)** vorhanden ist, die für die in § 19 genannten Tätigkeiten verantwortlich ist. Der Nachweis der erforderlichen Sachkenntnis als sachkundige Person wird gem. § 15 erbracht durch die Approbation als Apotheker oder die in § 15 I Nr. 1 aufgeführten abgeschlossenen Hochschulstudien sowie zusätzlich eine mindestens zweijährige praktische Tätigkeit in der Arzneimittelprüfung. Diese letzte Voraussetzung wird durch § 60 I modifiziert. Der Nachweis der **zweijährigen praktischen Tätigkeit** entfällt im Geltungsbereich des § 60.

---

[2] *Kloesel/Cyran,* § 60 Anm. 2.
[3] *Sander,* § 60 Erl. 1.

D. Verordnungsermächtigung (Abs. 3)

12 Nach Abs. 3 besteht die Ermächtigung zum Erlass einer Verordnung durch das BMEL im Einvernehmen mit dem BMWi und dem BMG und mit Zustimmung des Bundesrates mit dem Inhalt, die Vorschriften über die Zulassung auf Arzneimittel für die in Abs. 1 genannten Tiere auszudehnen, soweit es geboten ist, um eine unmittelbare oder mittelbare Gefährdung der Gesundheit von Mensch oder Tier zu verhüten. Bislang wurde hiervon noch kein Gebrauch gemacht.

E. Ausnahme vom Versandverbot des § 43 Abs. 5 S. 1 (Abs. 4)

13 Tierarzneimittel, die nicht für den Verkehr außerhalb der Apotheken freigegeben sind, dürfen gem. § 43 V 1 an den Tierhalter oder andere in § 47 I nicht genannte Personen nur in der Apotheke oder tierärztlichen Hausapotheke oder durch den Tierarzt ausgehändigt werden[4]. Dies gilt jedoch nach § 43 V 2 nicht für Fütterungsarzneimittel oder Arzneimittel i. S. d. § 43 IV 3, also solche, die zur Durchführung tierseuchenrechtlicher Maßnahmen bestimmt und nicht verschreibungspflichtig sind.

14 Zur Arzneimittelversorgung der in Abs. 1 genannten Tiere ermächtigt Abs. 4 die zuständige Behörde, **Ausnahmen vom Versandverbot** des § 43 V 1 zuzulassen, um in den Fällen, in denen spezielle Tierarten ärztlicher Behandlung bedürfen, die nur durch wenige Spezialisten erfolgt, aus praktischen Gründen den Versand der Tierarzneimittel zu ermöglichen[5].

F. Sanktionen

15 Mit Freiheitsstrafe bis zu einem Jahr oder Geldstrafe wird **bestraft,** wer in Abs. 3 bezeichnete Arzneimittel ohne Zulassung oder ohne Genehmigung in Verkehr bringt, § 96 Nr. 5. Unter diesen Tatbestand fällt sowohl die Nichtbeachtung einer nach Abs. 3 erlassenen Rechtsverordnung als auch das Inverkehrbringen von Arzneimitteln unter Berufung auf die Ausnahmevorschrift, wenn die dort genannten Ausnahmetatbestände nicht vorliegen. **Ordnungswidrig** handelt, wer diese Tat fahrlässig begeht (§ 97 I).

§ 61 Befugnisse tierärztlicher Bildungsstätten

Einrichtungen der tierärztlichen Bildungsstätten im Hochschulbereich, die der Arzneimittelversorgung der dort behandelten Tiere dienen und von einem Tierarzt oder Apotheker geleitet werden, haben die Rechte und Pflichten, die ein Tierarzt nach den Vorschriften dieses Gesetzes hat.

A. Allgemeines

1 Die Vorschrift dehnt die **Rechte und Pflichten eines Tierarztes** nach den Vorschriften des AMG auf Einrichtungen der tierärztlichen Bildungsstätten im Hochschulbereich, die der Arzneimittelversorgung der dort behandelten Tiere dienen und von einem Tierarzt oder Apotheker geleitet werden, aus.

B. Einrichtungen

2 Unter Einrichtungen i. S. d. § 61 versteht man **unterschiedliche Organisationsformen,** bei denen es sich nicht notwendigerweise um Apotheken handeln muss, auch wenn das AMG 1961 noch den Begriff der Apotheken der tierärztlichen Bildungsstätte verwandte. Erforderlich ist, dass die Einrichtung der Arzneimittelversorgung dient und von einem Tierarzt oder Apotheker geleitet wird. Das setzt voraus, dass dieser Weisungsbefugnisse im **Zusammenhang mit der Arzneimittelversorgung** in der Einrichtung hat.

C. Behandlung im Hochschulbereich

3 Die Tiere müssen im Hochschulbereich behandelt werden. Dies ist nicht nur dann gegeben, wenn die Tiere sich im Bereich der Hochschule aufhalten oder vorübergehend dort untergebracht sind, sondern

---

[4] Vgl. hierzu *OVG Koblenz*, Urt. v. 30.1.2006 – 6 A 11097/05 – BeckRS 2006, 20718.
[5] So auch *Kloesel/Cyran*, § 60 Anm. 6; *Rehmann*, § 60 Rn. 1.

bereits dann, wenn die Behandlung von einem Angehörigen der Hochschule an einem von der Hochschule **räumlich entfernten Tierbestand** vorgenommen wird[1].

D. Rechte und Pflichten

Den angesprochene Einrichtungen steht vor allem das Recht zu, **Arzneimittel** nach § 47 I 1 Nr. 6 **4 unmittelbar vom Arzneimittelgroßhändler** oder **Hersteller** zu beziehen, Arzneimittel ohne Herstellungserlaubnis nach § 13 II 1 Nr. 3 herzustellen und Arzneimittel nach § 21 II Nr. 4 ohne Zulassung in den Verkehr zu bringen, wenn diese für Einzeltiere hergestellt werden. Demgegenüber bestehen auch die Verpflichtungen der §§ 56, 59 III, 64 I, 66, 67 und es sind die Vorschriften der TÄHAV einzuhalten.

---

[1] *Kloesel/Cyran*, § 61 Anm. 2.

Zehnter Abschnitt. Pharmakovigilanz

Vorbemerkung zu §§ 62 ff.

Literatur: *Broicher/Kroth,* Zweites Arzneimittelgesetz-Änderungsgesetz, PharmInd 2012, 1605; *Fuhrmann,* Sicherheitsentscheidungen im Arzneimittelrecht, 2005; *Hoffmann/Schlüssel/Hildebrandt,* Compliance-Management in der Pharmakovigilanz, PharmInd 2014, 1580; *Hohm,* Arzneimittelsicherheit und Nachmarktkontrolle, 1990; *Mann/Andrews,* Pharmacovigilance, 2014; *Sickmüller/Thurisch/Zumdick,* Die neue Pharmakovigilanz-Gesetzgebung für Humanarzneimittel, PharmInd 2012, 1472; *Sträter,* Pharmakovigilanz im reformierten System der EU, PharmInd 2014, 1670; *WHO,* The Importance of Pharmacovigilance. Safety Monitoring of Medicinal Products, 2002; *Zumdick,* Der Gesetzesentwurf des Zweiten AMG-Änderungsgesetzes 2012, PharmR 2012, 1184.

Übersicht

A. Notwendigkeit der Nachmarktkontrolle

1   Nicht alle Risiken der Anwendung von Arzneimitteln können bereits vor oder im Zulassungsverfahren entdeckt oder gar ausgeschlossen werden: Die erforderliche Zahl der Behandlungsfälle für die Feststellung seltener unerwünschter Arzneimittelwirkungen kann auch in einer klinischen Prüfung mit mehreren tausend Personen nicht erreicht werden[1]. Langzeitwirkungen können in Zulassungsstudien häufig noch nicht erkannt werden. Zudem werden Wechselwirkungen wegen der häufig artifiziellen Zusammensetzung der rekrutierten Patienten in Zulassungsstudien regelmäßig nicht untersucht. Schließlich müssen auch bereits bekannte Nebenwirkungen von zugelassenen Arzneimitteln weiterhin beobachtet werden, um das Nutzen-Risiko-Verhältnis fortlaufend zu überprüfen[2]. Um die Arzneimittelsicherheit zu gewährleisten, ist nach alledem die **Nachmarktkontrolle** in Form der Dauerüberwachung (oder auch Marktbeobachtungspflicht) als Ergänzung des Zulassungsverfahrens erforderlich[3]. Diese wird allgemein mit dem Begriff der Pharmakovigilanz (lat. vigilantia = Wachsamkeit, Fürsorge) umschrieben. Eine direkte Definition des Begriffs lässt sich dem EU-Recht nicht entnehmen. Sie kann aber indirekt aus den Bestimmungen in „Titel IX Pharmakovigilanz", Art. 101 bis 108b der RL 2001/83/EG, abgeleitet werden[4]. Außerdem gibt es seit der RL 2010/84/EG in Art. 101 I UAbs. 1 RL 2001/83/EG eine Definition des behördlichen und des unternehmerischen Pharmakovigilanz-Systems, die sich nunmehr auch im AMG wiederfindet. § 4 XXXVIII definiert das Pharmakovigilanz-System als ein System, das der Inhaber der Zulassung und ebenfalls die zuständige Bundesoberbehörde anzuwenden haben, um insbesondere den im Zehnten Abschnitt aufgeführten Aufgaben und Pflichten der Pharmakovigilanz nachzukommen. Es dient nach dieser Definition der Überwachung der Sicherheit zugelassener Arzneimittel und der Entdeckung sämtlicher Änderungen des Nutzen-Risiko-Verhältnisses (s. § 4 Rn. 12). Hierdurch soll die Sicherheit der Patienten durch verstärkte Arzneimittelsicherheit erhöht und letztlich die öffentliche Gesundheit bewahrt werden[5].

2   Der **Begriff Pharmakovigilanz** umfasst letztlich alle Aktivitäten, die dazu dienen, Nebenwirkungen und andere arzneimittelassoziierte Probleme zu erkennen, zu bewerten, zu verstehen und zu verhüten[6]. Die zuvor im Fokus stehende Beobachtungsfunktion der Pharmakovigilanz wird nun um ein proaktives Signal- und Risikomanagement ergänzt[7]. Der pharmazeutische Unternehmer ist zu eigenverantwortlichem Handeln verpflichtet. Selbst wenn er alle erforderlichen Meldungen vollständig und fristgerecht

---

[1] Vgl. *Kloesel/Cyran,* § 62 Anm. 1.

[2] Gegen eine Herausnahme bekannter Arzneimittelrisiken aus der Nachmarktkontrolle auch *Hohm,* S. 210. Vor gemeinschaftsrechtlichem Hintergrund auch *Lorenz,* S. 349.

[3] Zur Meldung von Nebenwirkungen und unerwünschten Ereignissen in klinischen Prüfungen vgl. §§ 12, 13 der nach § 42 III ergangenen GCP-V, RL 2001/20/EG und 2003/94/EG sowie den dazu ergangenen Leitlinien und Empfehlungen.

[4] *Thiele,* in: Fuhrmann/Klein/Fleischfresser, § 26 Rn. 5.

[5] *WHO,* The Importance of Pharmacovigilance, 2002, S. 8.

[6] *WHO,* The Importance of Pharmacovigilance, 2002, S. 42; *Boos/Mentzer,* Monatsschrift Kinderheilkunde 2013, 851, 852 f.

[7] *Hoffmann et al.,* PharmInd 2014, 1581.

Schickert

einreicht, es aber unterlässt, die notwendigen Schlussfolgerungen zu ziehen und die notwendigen Maßnahmen einzuleiten, kann er sich nicht darauf berufen, dass die Behörde keine solchen Maßnahmen verlangt habe. Die Nachmarktkontrolle des Unternehmers betrifft auch die mögliche Anwendung des Arzneimittels außerhalb der zugelassenen Indikation (sog. off-label use). Sollte der Unternehmer von Risiken und aufgetretenen Nebenwirkungen beim nicht bestimmungsgemäßen Gebrauch seines Arzneimittels erfahren, muss er entsprechende Maßnahmen (z.B. Warnung in der Gebrauchsinformation, Rote-Hand-Brief) in Abstimmung mit der Behörde in Erwägung ziehen.

B. Gemeinschaftsrechtliche und nationale Rechtsgrundlagen

I. Europäische Ebene

Die nationalen Pharmakovigilanz-Systeme, die Kommission und die EMA bilden zusammen das **3** Pharmakovigilanz-System der EU. Dem haben sich außerdem Norwegen, Island und Liechtenstein als Mitglieder des Europäischen Wirtschaftsraumes (EWR) angeschlossen[8]. Auf europäischer Ebene verpflichtete erstmals die RL 93/39/EWG[9] die Mitgliedstaaten, ein **Pharmakovigilanz-System** (Arzneimittel-Überwachungssystem) einzurichten. RL 93/39/EWG ergänzte die frühere RL 65/65/EWG in ihrer damaligen Fassung um Kapitel Va und die Vorschriften des Art. 29a ff. (Pharmakovigilanz). Die Mitgliedstaaten wurden verpflichtet, ein Pharmakovigilanz-System einzurichten. Der für das Inverkehrbringen verantwortlichen Person, dem heutigen Zulassungsinhaber, musste eine entsprechend qualifizierte Person für die Arzneimittelüberwachung zur Verfügung stehen (Art. 29c RL 75/319/EWG in der Fassung der RL 93/39/EWG), die auch den Meldepflichten bei vermuteten schwerwiegenden Nebenwirkungen nachkommen musste. Seit RL 2010/84/EU verpflichtet Art. 104 der RL 2001/83/EG den pharmazeutischen Unternehmer, eine qualifizierte Person einzusetzen, die für die Pharmakovigilanz in der EU zuständig ist.

Derzeit gelten im Wesentlichen die folgenden **Verordnungen** direkt in den Mitgliedstaaten der EU: **4**

– **Verordnung (EU) Nr. 726/2004** zur Festlegung von Gemeinschaftsverfahren für die Genehmigung und Überwachung von Human- und Tierarzneimitteln und zur Errichtung einer Europäischen Arzneimittel-Agentur: Die VO regelt das zentrale Genehmigungsverfahren für das Inverkehrbringen von Arzneimitteln in der Gemeinschaft und die Überwachung zentral zugelassener Human- und Tierarzneimittel. Die VO legt auch fest, dass die Europäische Arzneimittelagentur zur besseren Marktüberwachung Pharmakovigilanz-Aktivitäten der Mitgliedstaaten koordiniert[10]. Auch wurden strengere und wirksame Pharmakovigilanz-Verfahren, vorläufige Notfallmaßnahmen, einschließlich eindeutiger Vorgaben zur Änderung der Genehmigung für das Inverkehrbringen aufgrund von Bedenken aus der Pharmakovigilanz und das Erfordernis der jederzeitigen Neubewertung des Nutzen-Risiko-Verhältnisses eines Arzneimittels auf EU-Ebene eingeführt[11].

– **Verordnung (EG) Nr. 1394/2007** über Arzneimittel für neuartige Therapien und zur Änderung der RL 2001/83/EG und der oben genannten Verordnung (EG) Nr. 726/2004: Die VO regelt die Zulassung und Überwachung neuartiger Arzneimittel, wie Gentherapeutika, Zelltherapeutika und biotechnologische Gewebeprodukte (tissue engineered products)[12]. Die Verordnung ergänzt u.a. die allgemeinen Pharmakovigilanz-Vorschriften um besondere Vorgaben zum Risikomanagement und Rückverfolgbarkeit der vorgenannten Produkte. Die Verordnung gilt, wie die oben aufgeführte Verordnung (EG) Nr. 726/2004, für Arzneimittel, die unter dem zentralen Verfahren zugelassen wurden[13].

– **Verordnung (EU) Nr. 1235/2010** zur Änderung der oben genannten VO (EG) Nr. 726/2004 und VO (EG) Nr. 1394/2007 hinsichtlich der Pharmakovigilanz von Humanarzneimitteln und der VO (EG) Nr. 1394/2007 über Arzneimittel für neuartige Therapien. Diese Verordnung ist Teil der sog. Pharmakovigilanz-Paktes der EU, das die Pharmakovigilanz aller Humanarzneimittel (unabhängig vom Zulassungsverfahren) reformiert hat. Die Änderungsverordnung brachte eine umfassende Revision der Pharmakovigilanz zentral zugelassener Humanarzneimittel. Sie führte das Konzept der Pharmakovigilanz-Stammdokumentation ein. Weiter hat sie die Vorgaben zur Verwaltung der Pharmakovigilanz-Datenbank der Union und des EDV-Netzes (**„EudraVigilance-Datenbank"**) konkretisiert[14]. Die EMA hat hiernach zudem die Bekanntmachungen der Mitgliedstaaten zur Sicherheit von Arzneimitteln zu koordinieren wie auch die Information der Öffentlichkeit über Sicherheitsfragen[15].

---

[8] *Bahri/Arlett*, in: Mann´s Pharmacovigilance, S. 175.
[9] RL 93/39/EWG zur Änderung der RL 65/65/EWG, 75/318/EWG und 75/319/EWG betreffend Arzneimittel. Sie ergänzte die RL 75/319/EWG um Kapitel Va und die Vorschriften des Art. 29a ff. (Pharmakovigilanz).
[10] Erwägungsgrund 30 VO (EG) Nr. 726/2004.
[11] Erwägungsgrund 30 VO (EG) Nr. 726/2004.
[12] Erwägungsgrund 1, 2 VO (EG) Nr. 1394/2007.
[13] *Edwards/Johnson/Gandhi*, in: Mann´s Pharmacovigilance, S. 29.
[14] Erwägungsgrund 5 VO (EU) Nr. 1235/2010.
[15] Erwägungsgrund 5 VO (EU) Nr. 1235/2010.

– **Durchführungsverordnung (EU) Nr. 520/2012** über die Durchführung der in der VO (EG) Nr. 726/2004 und der RL 2001/83/EG vorgesehenen Pharmakovigilanz-Aktivitäten: Diese Durchführungsverordnung bestimmt, dass die Pharmakovigilanz-Tätigkeiten für ein Humanarzneimittel während seiner gesamten Lebensdauer durchzuführen sind[16], und beschreibt die einzelnen Pharmakovigilanz-Tätigkeiten im Detail.

5   Für andere als zentral zugelassene Arzneimittel ergeben sich die europarechtlichen Vorgaben insbesondere aus Teil IX (Pharmakovigilanz) der **RL 2001/83/EG.** Zuletzt wurde die RL 2001/83/EG in Bezug auf die Pharmakovigilanz von Humanarzneimitteln durch die folgenden Gemeinschaftsakte geändert:

– **Richtlinie 2010/84/EG** zur Änderung des Humankodexes, der RL 2001/83/EG zur Schaffung eines Gemeinschaftskodexes für Humanarzneimittel hinsichtlich der Pharmakovigilanz **(Pharmakovigilanz-Richtlinie)**. Sie war Teil des sog. EU-Pharmakovigilanz-Paktes.
– **Richtlinie 2012/26/EG** zur Änderung der RL 2001/83/EG hinsichtlich der Pharmakovigilanz. Mit dieser Richtlinie wird die Einrichtung eines automatischen Verfahrens auf Unionsebene im Falle bestimmter Sicherheitsprobleme bei Arzneimitteln geregelt, damit die Angelegenheit in allen Mitgliedstaaten geprüft und behandelt wird, in denen das Arzneimittel genehmigt ist[17]. (s. Kommentierung zu § 63e).

6   Die vorgenannten Rechtsakte werden im deutschen Arzneimittelgesetz, insbesondere mit dem **2. AMG-ÄndG 2012** umgesetzt.

7   Die **Good Pharmacovigilance Practice (GVP)** der EMA gilt ergänzend. Die GVP hat die „Guidelines for Pharmacovigilance for Medicinal Products for Pharmaceutical Use" (Vol. 9a Rules Governing Medicinal Products in the European Union) abgelöst[18]. Die GVP besteht aus verschiedenen Modulen, die einzelne Aspekte der Pharmakovigilanz behandeln. Die einzelnen Module werden von der EMA aktualisiert. Dieses Regelwerk gilt für alle Humanarzneimittel, unabhängig davon, in welchem Zulassungsverfahren das Arzneimittel zugelassen wurde[19]. Die GVP ist in den Mitgliedstaaten der EU wie auch in Island, Lichtenstein und Norwegen als Vertragspartner des Vertrages über den europäischen Wirtschaftsraum (EWR, EEA) zu beachten[20].

8   Anders als die Humanarzneimittelrichtlinie hat die RL 2001/82/EG zur Schaffung eines Gemeinschaftskodexes für Tierarzneimittel keine Änderungen durch das EU-Pharmakovigilanz-Paket (insbesondere RL 2010/84/EG) erfahren. Für **Tierarzneimittel** gelten zudem wie bisher die Regeln der Vol. 9b Rules Governing Medicinal Products in the European Union – Guidelines on Pharmacovigilance for Medicinal Products for Veterinary Use.

9   Darüber hinaus bieten die Guidelines der International Conference on Harmonisation of Technical Requirements for Registration of Pharmaceuticals for Human Use **(ICH)** Empfehlungen zur Pharmakovigilanz, insbesondere die Guidelines E2B (R3) (Electronic transmission of individual case safety reports (ICSRs)), E2B (R5) (Q&A: Data elements for transmission of individual case safety reports), E2C (R2) (Periodic benefit-risk evaluation report), E2D (Postapproval safety data management), E2E (Pharmacovigilance planning) und of E2F (development safety update report). Hierdurch soll für die EU, Japan und die USA ein einheitlicher Standard für Human-Arzneimitteln geschaffen werden. Die Guidelines werden von einem Zusammenschluss aus sechs Behörden und Organisationen, unter anderem der Europäischen Kommission, entwickelt, die aus den drei verschiedenen Regionen kommen. Zudem haben die WHO, die Europäische Freihandelsassoziation (EFTA) und Kanada einen Beobachterstatus inne[21].

II. Nationale Ebene

10   Die Pharmakovigilanz wurde erstmals 1976 mit der Neuordnung des Arzneimittelrechts gesetzlich normiert. Die heutige Fassung des § 62 ordnet der zuständigen Bundesoberbehörde (§ 77) die Verantwortung für die behördliche Pharmakovigilanz zu und regelt ihre Zusammenarbeit mit anderen Stellen (§ 62 I). Weiter verpflichtet § 62 die jeweils zuständige Bundesoberbehörde, Verdachtsfälle von Nebenwirkungen zu erfassen und auszuwerten und an die EudraVigilance-Datenbank weiter zu melden (§ 62 II und III). Die Bundesoberbehörden erhalten zudem umfangreiche Überwachungsbefugnisse (§ 62 VI). § 63 ist die Rechtsgrundlage für den Erlass einer allgemeinen Verwaltungsvorschrift, dem sog. Stufenplan. Der Stufenplan regelt detailliert die Zusammenarbeit zwischen den Behörden bei der Gefahrenabwehr. Die Vorschriften zur Pharmakovigilanz wurden seit 1976 sukzessive ergänzt bzw. konkretisiert: im Jahr 1986 um § 63a (Stufenplanbeauftragter), im Jahr 2004 um § 63c und § 63d

---

[16] Erwägungsgrund 2 VO (EU) Nr. 520/2012.
[17] Erwägungsgrund 1 RL 2012/26/EG.
[18] Vgl. *Broicher/Ernst/Kroth*, PharmInd 2013, 1126 ff.; *Ernst/Kroth*, PharmInd 2013, 764 ff.
[19] Vgl. Guidelines on Good Pharmacovigilance Practices (GVP) Introductory cover note to the public consultation of the first seven modules, S. 2, (Stand: 22.2.2012).
[20] Guidelines on good pharmacovigilance practices (GVP): Introductory cover note vom 12.4.2013, EMA/131811/2013 abrufbar unter www.ema.europa.eu.
[21] *Bahri*, in: Mann´s Pharmacovigilance, S. 47, 48.

(Dokumentations- und Meldepflichten – früher § 63b bzw. § 29) und zum 1.8.2007 um § 63i (Dokumentations- und Meldepflichten bei Blut- und Gewebezubereitungen; damals noch § 63c).

Weitreichende Änderung hat der 10. Abschnitt durch das **2. AMG-ÄndG 2012,** in Kraft getreten am **11** 26.10.2012, erfahren. Mit dem 2. AMG-ÄndG 2012 setzte der deutsche Gesetzgeber das EU-Pharmakovigilanz-Paket um (s. Rn. 5). Mit dem 2. AMG-ÄndG 2012 änderte der deutsche Gesetzgeber neben dem AMG auch das Apothekengesetz, das Medizinproduktegesetz, die Betriebsverordnung für Arzneimittelgroßhändler, die GCP-VO, die AMG-AV, die Arzneimittel- und Wirkstoffherstellungsverordnung sowie die DIMDI-AMV[22].

Bei rein nationalen Arzneimittelsicherheitsproblemen sind die zuständigen Behörden der Mitglied- **12** staaten berechtigt, auf Grundlage ihrer nationalen Rechtsordnungen eigenständige nationale Maßnahmen vorzunehmen[23]. Das Verfahren wird durch den Stufenplan näher ausgeführt[24]. Das deutsche Stufenplanverfahren gilt auf nationaler Ebene zwar noch, wird aber mittlerweile stark von den europäischen Pharmakovigilanzverfahren überlagert, die Arzneimittel betreffen, die zentral, dezentral oder nach dem Verfahren der gegenseitigen Anerkennung zugelassen wurden; im deutschen Rechtsraum regelt der Stufenplan das konzentrierte Vorgehen der nationalen Behörden. Soweit die europäischen Verfahren zur Anwendung kommen, wird über die endgültigen Maßnahmen (z. B. Widerruf der Zulassung) im Rahmen der dortigen Verfahren entschieden; solche Entscheidungen sind bei anderen als zentral zugelassenen Arzneimitteln auf nationaler Ebene schlicht umzusetzen. Das deutsche Stufenplanverfahren dient dann nur noch dazu, die Maßnahmen (Art. 31 I und 107i II RL 2001/83/EG bzw. Art. 40 II bzw. 35 2001/82/EG) auf nationaler Ebene umzusetzen und die Zusammenarbeit der nationalen Behörden in Bezug auf solche vorläufigen Maßnahmen zu regeln.

Im AMG wurde der bisherige 10. Abschnitt „Beobachtung, Sammlung und Auswertung von Arznei- **13** mittelrisiken" in „Pharmakovigilanz" umbenannt sowie grundlegend überarbeitet und erweitert. Die Legaldefinition von „Nebenwirkungen" in § 4 XIII wurde auch auf solche schädlichen und unbeabsichtigten Reaktionen auf das Arzneimittel erweitert, die außerhalb des bestimmungsgemäßen Gebrauchs des Arzneimittels auftreten; ebenso erfasst die Legaldefinition nun auch Meldungen zu Medikationsfehlern und beruflicher Exposition.

Mit dem 2. AMG-ÄndG 2012 wurden in **§ 62** die behördlichen **Pharmakovigilanz-Pflichten** der **14** jeweils zuständigen Bundesoberbehörde genauer definiert. Die Pharmakovigilanz-Pflichten des Zulassungsinhabers, Genehmigungs- oder Registrierungsinhabers und pharmazeutischen Unternehmers, wie bislang in **§ 63b** geregelt waren, wurden in **§ 63c** (allgemeine Pharmakovigilanz-Pflichten), § 63c (Dokumentations- und Meldepflichten) und **§ 63d** (regelmäßige aktualisierte Unbedenklichkeitsprüfungen, Unbedenklichkeitsberichte (Periodic Benefit Risk Evaluation Report – PSUR, PBRER) spezifiziert und erweitert[25]. Auf europäischer Ebene wird weiterhin durchgängig die Abkürzung PSUR verwendet (z. B. „PSUR Repository"), gleichwohl PBRER als neues Berichtsformat eingeführt wurde[26]. In dem neuen Bericht ist nicht nur eine integrative Nutzen-Risiko-Bewertung vorzunehmen, sondern auch die gefundenen Signale (Signal-Detection) sind darzustellen und zu bewerten (vgl. Kommentierung zu § 63d)[27].

Der Zulassungsinhaber hat ein eigenes **Pharmakovigilanz-System** einzuführen, mit dem er seine **15** Arzneimittel überwacht (§ 63b II 4, 5, 6; § 4 XXXVI). Dieses System, wie auch die wesentlichen Ergebnisse der regelmäßigen Überprüfung des Pharmakovigilanz-Systems, hat der Zulassungsinhaber in der **Pharmakovigilanz-Stammdokumentation** (§ 63b II 3; § 4 XXXIX) festzuhalten, sodass es jederzeit eingesehen werden kann[28]. Mit dem Zulassungsantrag ist eine zusammenfassende Beschreibung des Pharmakovigilanz-Systems einzureichen (§ 22 II 1 Nr. 5, 5a).

Seit dem 2. AMG-ÄndG 2012 neu aufgenommen sind die Regelungen in den **§ 63f** und **§ 63g,** die **16** sog. **nicht-interventionelle regelmäßige Unbedenklichkeitsprüfungen** (Post Authorization Safety Studies – PASS) regeln. Der Zulassungsinhaber führt diese auf eigene Veranlassung oder aufgrund behördlicher Anweisung durch. § 63f regelt die grundsätzlichen Anforderungen für PASS, § 63g regelt darüber hinaus das Verfahren der Genehmigung und Durchführung behördlich auferlegter PASS.

Das neu eingeführte europäische Dringlichkeitsverfahren auf Unionsebene ist in **§ 63e** unter Verweis **17** 107i RL 2001/83/EG geregelt.

Die Pharmakovigilanz-Pflichten betreffend **Tierarzneimittel (§ 63h)** sowie **Blut- und Gewebezube-** **18** **reitungen und Gewebe (§ 63i)** werden seit dem 2. AMG-ÄndG 2012 in wesentlichen Teilen separat geregelt. **§ 63j** I nimmt **klinische Prüfpräparate** von den vorgenannten Regelungen des 10. Abschnitts aus; ihre Überwachung erfolgt im Rahmen der klinische Prüfung nach §§ 40 ff. und der GCP-VO.

---

[22] Zur Umsetzung vgl. auch *Broicher/Kroth,* PharmInd 2012, 1605- 1605 ff.; *Podpetsching-Fopp,* PharmInd 2012, 203 ff.

[23] *Thiele,* in: Fuhrmann/Klein/Fleischfresser, § 26 Rn. 78.

[24] Allgemeine Verwaltungsvorschrift zur Beobachtung, Sammlung und Auswertung von Arzneimittelrisiken(Stufenplan) nach § 63 des Arzneimittelgesetzes; vgl. auch *Thiele,* in: Fuhrmann/Klein/Fleischfresser, § 26 Rn. 78.

[25] Vgl. auch *Zumdick,* PharmR 2012, 184, 185.

[26] *Sturm,* PharmInd 2014, 894, 894.

[27] Näheres zu den neuen Kapitel des PBRER in ICH guideline E2C (R2) on periodic benefit-risk evaluation report; vgl. zum Vergleich zwischen PSUR und PBRER *Sturm,* PharmInd 2014, 894, 896.

[28] Erwägungsgrund 7 RL 2010/84/EG.

19   Um die Einhaltung der Pharmakovigilanz-Vorgaben auf nationaler Ebene auch durchzusetzen, hat der deutsche Gesetzgeber neue Straf- und Bußgeldvorschriften eingeführt (§ 97).

C. Das System der Überwachung von Arzneimittelrisiken

I. Nationale Ebene

20   Die Weiterleitung von Informationen über Arzneimittelrisiken an die zuständigen Bundesoberbehörden kann auf verschiedenen Wegen erfolgen (§ 62 II 2). Für Humanarzneimittel ist die zuständige Bundesoberbehörde entweder das BfArM oder das PEI (§ 77). Das BfArM (das Bundesinstitut für Arzneimittel und Medizinprodukte) ist für alle chemisch definierten, sowie traditionellen und homöopathischen Arzneimittel zuständig. Das PEI (das Paul Ehrlich Institut) ist für Arzneimittel, die aus Blut stammende Wirkstoffe enthalten, Impfstoffe, Arzneimittel mit Antikörpern, biotechnologisch bearbeitete Gewebeprodukte, sowie Gentherapeutika zuständig[29]. In Deutschland bestehen neben dem staatlichen und dem durch den Zulassungsinhaber eingerichteten Pharmakovigilanz-System, (s. hierzu die Kommentierung der folgenden Vorschriften) mehrere **nicht-staatliche Spontanerfassungssysteme**, die Spontanmeldungen von Ärzten, Apothekern, Patienten oder anderen sammeln und auswerten bzw. weiterleiten.

21   Der Gesetzgeber ging ursprünglich von einer maßgeblichen Rolle der **Arzneimittelkommissionen der Kammern der Heilberufe**[30] aus[31]. Für **Ärzte** gibt es bis auf die Regelung in § 6 I 3 IfSG auch nach dem Inkrafttreten des 2. AMG-ÄndG 2012 keine ausdrückliche Verpflichtung zur Meldung von aufgetretenen Nebenwirkungen im AMG, wohl aber in den Berufsordnungen. So verpflichtet etwa § 6 der (Muster-) Berufsordnung für die in Deutschland tätigen Ärztinnen und Ärzte (MBO-Ä), unerwünschte Arzneimittelwirkungen an die Arzneimittelkommission der deutschen Ärzteschaft zu melden. **Apotheker** haben nach ihren Berufsordnungen Meldung an die Arzneimittelkommission der Deutschen Apotheker zu machen (§ 6 IV Berufsordnung für Apothekerinnen und Apotheker). Daneben ergeben sich für den Apotheker gewisse Pflichten zur Gefahrenabwehr im Zusammenhang mit Arzneimittelrisiken aus § 21 ApBetrO[32].

22   Die Erfassung und Auswertung von spontan gemeldeten Arzneimittelrisiken ist für die **pharmazeutische Industrie** verpflichtend. Um die Industrie dabei zu unterstützen haben die Bundesverbände der pharmazeutischen Industrie Gremien eingerichtet, die verschiedene Fragen zum Thema Arzneimittelsicherheit und Nebenwirkungsmeldungen behandeln und den Mitgliedsunternehmen praktische Lösungsmöglichkeiten aufzeigen. Dies sind u. a. der Ausschuss Arzneimittelsicherheit/ Pharmakovigilanz (ehemals Arzneimittelkommission) des BPI, der Ausschuss für Arzneimittelsicherheit des BAH. In diesem Zusammenhang hat beispielsweise der BAH mit der Deutschen Gesellschaft zur Zertifizierung von Managementsystemen (DQS GmbH) eine Vereinbarung zur Durchführung unabhängiger Systemaudits für Pharmakovigilanz-Systeme unterzeichnet. Der BPI hat zudem für seine Mitglieder eine Pharmakovigilanz-Knowledge Base eingerichtet[33]. Der VFA hat ein Positionspapier zum Thema „Arzneimittelsicherheit" publiziert[34] und gibt auf seiner Homepage Hinweise zum Umgang mit Spontanmeldungen[35]. Die Pharmaverbände selbst sammeln keine Nebenwirkungsmeldungen. Dennoch bietet beispielsweise der BPI verschiedene Hilfsmittel an, die den Unternehmen z. B. bei der Erstellung von periodischen Berichten (PSURs/PBRER) unterstützen[36].

23   Der **Rote-Hand-Brief** ist eine in Deutschland gebräuchliche Form eines Informationsschreibens, mit dem pharmazeutische Unternehmen heilberufliche Fachkreise über neu erkannte Arzneimittelrisiken informieren, fehlerhafte Arzneimittelchargen zurückrufen oder sonstige wichtige Informationen mitteilen. Die Kennzeichnung mit dem Symbol einer „roten Hand" geht auf eine Initiative des Bundesverbandes der Pharmazeutischen Industrie (BPI) zurück und wurde 1969 eingeführt. Das Format wird industrieweit für Pharmakovigilanz-Mitteilungen verwendet (Kennzeichnung nicht-werblicher Schreiben).

24   Zur Vereinfachung der Meldung von Verdachtsfällen von Nebenwirkungen und der Erfassung der gemeldeten Daten stellen die Arzneimittelkommissionen wie auch die zuständigen Bundesoberbehörden **Meldeformulare** und **Berichtsbögen** mit Ausfüllhinweisen zur Verfügung. Es gibt gemeinsame online-Meldeformulare von BfArM und PEI für Patienten und Meldeformulare für die Fachkreise (s. § 62 Rn. 45)[37].

---

[29] *Hagemann/Paeschke*, in: Mann´s Pharmacovigilance, S. 208.
[30] Vgl. hierzu die Aufzählung bei *Kloesel/Cyran*, § 62 Anm. 10.
[31] BT-Drucks. 7/3060, S. 58 f. (noch zu den §§ 57 f.); vgl. auch *Hagemann/Paeschke* in: Mann`Pharmacovigilance, S. 229.
[32] Vgl. hierzu *Cyran/Rotta*, § 21 ApBetrO.
[33] BPI, abrufbar unter www.bpi-service.de.
[34] *VFA*-Positionspapier „Arzneimittelsicherheit", Stand April 2013, erhältlich unter www.vfa.de.
[35] *VFA*, Nach der Zulassung: Beobachten und schnell reagieren, erhältlich unter www.vfa.de.
[36] Vgl. hierzu Informationen zum Pooling Project Pharmacovigilance abrufbar unter www.psur.de.
[37] Für Verbraucher unter www.verbraucher-uaw.pei.de und für die Fachkreise unter www.humanweb.pei.de.

Praktisch stammt die weit überwiegende Zahl der **Meldungen an nationale Behörden** von pharma- **25** zeutischen Unternehmern[38]. Quelle dieser Meldungen sind wiederum in der Regel Spontanmeldungen der Ärzte[39] sowie Meldungen von Patienten und Angehörigen. Daneben kommen aber auch Literaturberichte und Gutachten oder – etwa bei Herstellungsmängeln – eigene Erkenntnisse oder Beanstandungen in Betracht. Vor diesbezüglicher Funktionsfähigkeit der EudraVigilance-Datenbank hat der Zulassungsinhaber sowohl schwerwiegende Nebenwirkungen als auch nicht schwerwiegende Nebenwirkungen, die im Inland aufgetreten sind, der zuständigen Bundesoberbehörde und, soweit der Verdachtsfall in einem Drittland aufgetreten ist, zusätzlich noch der EMA zu melden (§ 63c II). Mit der vollen Funktionsfähigkeit der EudraVigilance-Datenbank sind alle Verdachtsfälle von Nebenwirkungen an diese Datenbank zu melden (§ 63c II i. V. m. § Art. 15 VII 2. AMG-ÄndG 2012). Bis zur vollständigen Funktionsfähigkeit der EudraVigilance-Datenbank sind nichtschwerwiegende Verdachtsfälle zwar von allen pharmazeutischen Unternehmen zu sammeln, berichtspflichtig sind solche Verdachtsfälle nur bei Impfstoffen (an das PEI)[40]. Die Meldungen von Verdachtsfällen an die EudraVigilance-Datenbank werden als **Individual Case Safety Reports – ICSR** bezeichnet.

II. Europäische Ebene

Auf europäischer Ebene ist für die Pharmakovigilanz die EMA zuständig (Art. 55 ff. VO (EG) **26** Nr. 726/2004). Behördliche Mitteilungen über ihnen gemeldete oder sonst bekanntgewordene Verdachtsfälle von Arzneimittelrisiken und Nebenwirkungen an die EMA haben über das gemeinschaftsweite Datennetz (**EudraVigilance-Datenbank**)[41] zu erfolgen – sei es direkt oder durch die jeweils zuständigen Behörden der Mitgliedstaaten, unabhängig davon, wo der Verdachtsfall bzw. die Nebenwirkung aufgetreten ist und ob das Arzneimittel zentral oder dezentral zugelassen wurde: im Verfahren der gegenseitigen Anerkennung (§ 62 III). Sechs Monate nachdem die Europäische Arzneimittel-Agentur bekannt gegeben hat, dass die Datenbank nach Art. 24 der VO (EG) Nr. 726/2004 über die erforderliche Funktion nach Art. 2 III der RL 2010/84/EU verfügt, beginnt die Verpflichtung der pharmazeutischen Unternehmer, die Verdachtsfälle direkt an die EudraVigilance-Datenbank zu melden.

Die **EudraVigilance-Datenbank** soll den Austausch von Pharmakovigilanzdaten zwischen den **27** jeweils zuständigen Behörden vereinfachen. Die Datenbank umfasst zwei Module: Neben Meldungen von Verdachtsfällen von Nebenwirkungen nach der Marktzulassung werden Meldungen von Verdachtsfällen von Nebenwirkungen, die während klinischer Prüfungen auftreten (Suspected unexpected serious adverse reactions – SUSAR) erfasst[42]. Die Mitgliedstaaten haben zudem nationale Webportale eingerichtet, die mit dem europäischen Webportal verlinkt sind[43]. Die EudraVigilance-Datenbank ist mit ihrer vollen Funktionsfähigkeit damit die zentrale Datenbank für Nebenwirkungsmeldungen aller in der EU zugelassenen Arzneimittel. Die EudraVigilance-Datenbank wird voraussichtlich 2017 voll funktionsfähig sein und auch für die direkten Meldungen der pharmazeutischen Unternehmer zur Verfügung stehen.

Wegen der hier gebotenen Kürze wird in Bezug auf weitere Details des Meldewesens auf die folgende **28** Kommentierung wie auch die **GVP-Module** verwiesen. Die GUP-Module sind zwar Guidelines für den Zulassungsinhaber rechtlich nicht verbindlich, bestimmen aber dennoch den technischen Standard der Pharmakovigilanz der europäischen Behörden und pharmazeutischen Unternehmer. In den Guidelines, insbesondere in den Modulen II, III, V-VII, werden das Zusammenspiel der verschiedenen Meldewege und die Zusammenarbeit der Beteiligten mit der EMA detailliert für die verschiedenartig zugelassenen Arzneimittel beschrieben. Die EMA ist auch in das nationale Stufenplanverfahren nach § 63 einzubeziehen (vgl. Nr. 2.11 und 7.5 des Stufenplans)[44].

Mit der VO (EG) Nr. 1235/2010 wurde 17.10.2014 zudem ein beratender **Ausschuss für Pharma-** **29** **kovigilanz, das Pharmacovigilance Risk Assessment Committee (PRAC)** bei der EMA gebildet. Dem PRAC kommt eine Harmonisierungsfunktion wie auch eine zentrale Funktion bei der Beurteilung der Unbedenklichkeitsberichte zu[45]. Die Hauptaufgabe des PRAC besteht in der Überwachung der Sicherheit von Humanarzneimitteln, die in der EU zugelassen sind[46]. Weiter hat der PRAC Empfehlungen gegenüber dem Committee for Medicinal Products for Human Use (CHMP), das die

---

[38] *Fuhrmann*, S. 185, nennt für den Zeitraum 1997 bis 2002 einen durchschnittlichen Anteil von über 83,5 %. Vgl. bereits *Grase*, PharmR 1984, 169, 170.
[39] Vgl. *Di Fabio*, S. 240 f. Kritisch zu dieser Form des Informationsflusses *Fuhrmann*, S. 188 f.
[40] EMA, EMA/411742/2015 Rev. 9, Reporting requirements of Individual Case Safety Reports (ICSRs) applicable to marketing authorisation holders during the interim period, Table 3 (Stand: 29.6.2015).
[41] Abrufbar unter www.eudravigilance.emea.europa. eu. Vgl. hierzu die Rechtsgrundlagen in Art. 26 III (für Tierarzneimittel: Art. 51 II VO (EG) Nr. 726/2004) und Art. 105 I RL 2001/83/EG (für Tierarzneimittel: Art. 76 I RL 2001/82/EG).
[42] EMA, EMA/51938/2013 EU Individual Case Safety Report (ICSR) Implementation Guide, I. B. (Stand: 4.12.2014).
[43] Für weitere Einzelheiten vgl. KOM(2008) 665 endgültig, KOM(2008) 664 endgültig, SEK(2008) 2671.
[44] BAnz. vom 15.2.2005, S. 2383.
[45] Vgl. Erwägungsgrund 26 RL 2010/84/EG.
[46] *Sträter*, PharmInd, 2014, 1670.

EMA bei Pharmakovigilanz betreffenden Angelegenheiten berät[47], und der Coordination Group for Mutual Recognition and Decentralised Procedures – Human (CMDh) zu Pharmakovigilanz-Maßnahmen und Risiko-Management-Systemen für Humanarzneimittel auszusprechen[48].

30   Die wesentlichste, bislang wenig diskutierte Änderung dürfte die Einführung eines Gemeinschaftsverfahrens bei Pharmakovigilanz-Problemen einzelner Arzneimittel oder Arzneimittelgruppen sein (§ 63e i. V. m. Art. 107i bis 107k RL 2001/83/EG sog. **Dringlichkeitsverfahren.** Das Gemeinschaftsverfahren bzw. Dringlichkeitsverfahren kann durch die zuständige Behörde eines Mitgliedstaates oder die Europäische Kommission eingeleitet werden, wenn sie aufgrund der Bewertung der Pharmakovigilianz-Daten ein Handeln für dringend notwendig erachten und Gefahren für die öffentliche Gesundheit bestehen (s. § 63e Rn. 5). Dann kann beispielsweise die Rücknahme der Zulassung erwogen werden[49]. Für weitere Details siehe die Kommentierung zu § 63e.

§ 62¹ Organisation des Pharmakovigilanz-Systems der zuständigen Bundesoberbehörde

(1) [1]Die zuständige Bundesoberbehörde hat zur Verhütung einer unmittelbaren oder mittelbaren Gefährdung der Gesundheit von Mensch oder Tier die bei der Anwendung von Arzneimitteln auftretenden Risiken, insbesondere Nebenwirkungen, Wechselwirkungen mit anderen Mitteln, Verfälschungen sowie potenzielle Risiken für die Umwelt auf Grund der Anwendung eines Tierarzneimittels, zentral zu erfassen, auszuwerten und die nach diesem Gesetz zu ergreifenden Maßnahmen zu koordinieren. [2]Sie wirkt dabei mit den Dienststellen der Weltgesundheitsorganisation, der Europäischen Arzneimittel-Agentur, den Arzneimittelbehörden anderer Länder, den Gesundheits- und Veterinärbehörden der Bundesländer, den Arzneimittelkommissionen der Kammern der Heilberufe, nationalen Pharmakovigilanzzentren sowie mit anderen Stellen zusammen, die bei der Durchführung ihrer Aufgaben Arzneimittelrisiken erfassen. [3]Die zuständige Bundesoberbehörde kann die Öffentlichkeit über Arzneimittelrisiken und beabsichtigte Maßnahmen informieren. [4]Die Bundesoberbehörde betreibt ein Pharmakovigilanz-System. [5]Soweit sie für Arzneimittel, die zur Anwendung bei Menschen bestimmt sind, zuständig ist, führt sie regelmäßig Audits ihres Pharmakovigilanz-Systems durch und erstattet der Europäischen Kommission alle zwei Jahre Bericht, erstmals zum 21. September 2013.

(2) [1]Die zuständige Bundesoberbehörde erfasst alle Verdachtsfälle von Nebenwirkungen, von denen sie Kenntnis erlangt. [2]Meldungen von Patienten und Angehörigen der Gesundheitsberufe können in jeder Form, insbesondere auch elektronisch, erfolgen. [3]Meldungen von Inhabern der Zulassung nach § 63c erfolgen elektronisch.

(3) [1]Die zuständige Bundesoberbehörde hat bei Arzneimitteln, die zur Anwendung bei Menschen bestimmt sind, jeden ihr gemeldeten und im Inland aufgetretenen Verdachtsfall einer schwerwiegenden Nebenwirkung innerhalb von 15 Tagen und jeden ihr gemeldeten und im Inland aufgetretenen Verdachtsfall einer nicht schwerwiegenden Nebenwirkung innerhalb von 90 Tagen elektronisch an die Datenbank nach Artikel 24 der Verordnung (EG) Nr. 726/2004 (EudraVigilance-Datenbank) und erforderlichenfalls an den Inhaber der Zulassung zu übermitteln. [2]Die zuständige Bundesoberbehörde hat bei Arzneimitteln, die zur Anwendung bei Tieren bestimmt sind, jeden ihr gemeldeten und im Inland aufgetretenen Verdachtsfall einer schwerwiegenden Nebenwirkung unverzüglich, spätestens aber innerhalb von 15 Tagen nach Bekanntwerden, an die Europäische Arzneimittel-Agentur und an den Inhaber der Zulassung, wenn dieser noch keine Kenntnis hat, zu übermitteln. [3]Die zuständige Bundesoberbehörde arbeitet mit der Europäischen Arzneimittel-Agentur und dem Inhaber der Zulassung zusammen, um insbesondere Doppelerfassungen von Verdachtsmeldungen festzustellen. [4]Die zuständige Bundesoberbehörde beteiligt, soweit erforderlich, auch Patienten, Angehörige der Gesundheitsberufe oder den Inhaber der Zulassung an der Nachverfolgung der erhaltenen Meldungen.

(4) Die zuständige Bundesoberbehörde kontrolliert die Verwaltung der Mittel für die Tätigkeiten im Zusammenhang mit der Pharmakovigilanz, dem Betrieb der Kommunikations-

---

[47] *Edwards/Johnson/Gandhi*, in: Mann´s Pharmacovigilance, S. 30.
[48] Erwägungsgrund 27 RL 2010/84/EG; mehr Details zu den Verantwortlichkeiten des PRAC finden sich in den Pharmacovigilance Risk Assessment Committee Rules of Procedure unter www.ema.europa.eu.
[49] *Thiele*, in: Fuhrmann/Klein/Fleischfresser, § 26 Rn. 72.
[1] Nach Art. 2 Nr. 1 i. V. m. Art. 15 VI des 2. AMG-ÄndG 2012 wird § 62 III 1 sechs Monate, nachdem die EMA bekannt gegeben hat, dass die Datenbank nach Art. 24 VO (EG) Nr. 726/2004 über die erforderliche Funktion nach Art. 2 III RL 2010/84/EU verfügt, wie folgt gefasst:
(3) Die zuständige Bundesoberbehörde hat bei Arzneimitteln, die zur Anwendung bei Menschen bestimmt sind, jeden ihr gemeldeten und im Inland aufgetretenen Verdachtsfall einer schwerwiegenden Nebenwirkung innerhalb von 15 Tagen und jeden ihr gemeldeten und im Inland aufgetretenen Verdachtsfall einer nicht schwerwiegenden Nebenwirkung innerhalb von 90 Tagen elektronisch an die Datenbank nach Art. 24 der VO (EG) Nr. 726/2004 (EudraVigilance-Datenbank zu übermitteln.

netze und der Marktüberwachung, damit ihre Unabhängigkeit bei der Durchführung dieser Pharmakovigilanz-Tätigkeiten gewahrt bleibt.

(5) Bei Arzneimitteln, die zur Anwendung bei Menschen bestimmt sind, trifft die zuständige Bundesoberbehörde in Zusammenarbeit mit der Europäischen Arzneimittel-Agentur insbesondere folgende Maßnahmen:

1. sie überwacht die Ergebnisse von Maßnahmen zur Risikominimierung, die Teil von Risikomanagement-Plänen sind, und die Auflagen nach § 28 Absatz 3, 3a und 3b,
2. sie beurteilt Aktualisierungen des Risikomanagement-Systems,
3. sie wertet Daten in der EudraVigilance-Datenbank aus, um zu ermitteln, ob es neue oder veränderte Risiken gibt und ob das Nutzen-Risiko-Verhältnis von Arzneimitteln davon beeinflusst wird.

(6) [1]Die zuständige Bundesoberbehörde kann in Betrieben und Einrichtungen, die Arzneimittel herstellen oder in den Verkehr bringen oder klinisch prüfen, die Sammlung und Auswertung von Arzneimittelrisiken und die Koordinierung notwendiger Maßnahmen überprüfen. [2]Zu diesem Zweck können Beauftragte der zuständigen Bundesoberbehörde im Benehmen mit der zuständigen Behörde Betriebs- und Geschäftsräume zu den üblichen Geschäftszeiten betreten, Unterlagen einschließlich der Pharmakovigilanz-Stammdokumentation einsehen sowie Auskünfte verlangen. [3]Satz 1 gilt auch für von Betrieben und Einrichtungen nach Satz 1 beauftragte Unternehmen. [4]Über die Inspektion ist ein Bericht zu erstellen. [5]Der Bericht ist den Betrieben und Einrichtungen nach Satz 1 zur Stellungnahme zu geben. [6]Führt eine Inspektion zu dem Ergebnis, dass der Zulassungsinhaber die Anforderungen des Pharmakovigilanz-Systems, wie in der Pharmakovigilanz-Stammdokumentation beschrieben, und insbesondere die Anforderungen des Zehnten Abschnitts nicht erfüllt, so weist die zuständige Bundesoberbehörde den Zulassungsinhaber auf die festgestellten Mängel hin und gibt ihm Gelegenheit zur Stellungnahme. [7]Die zuständige Bundesoberbehörde informiert in solchen Fällen, sofern es sich um Betriebe und Einrichtungen handelt, die Arzneimittel zur Anwendung beim Menschen herstellen, in Verkehr bringen oder prüfen, die zuständigen Behörden anderer Mitgliedstaaten, die Europäische Arzneimittel-Agentur und die Europäische Kommission.

Wichtige Änderungen der Vorschrift: Satz 3 eingefügt durch Art. 1 Nr. 29 des Achten Gesetzes zur Änderung des Arzneimittelgesetzes vom 7.9.1998 (BGBl. I S. 2649 ff.); Sätze 1 und 2 geändert durch Art. 1 Nr. 43 des Zwölften Gesetzes zur Änderung des Arzneimittelgesetzes vom 30.7.2004 (BGBl. I S. 2031 ff.); Satz 2 geändert durch Art. 1 Nr. 54 des Vierzehnten Gesetzes zur Änderung des Arzneimittelgesetzes vom 29.8.2005 (BGBl. I S. 2570 ff.); Absatz 1 S. 4 bis 5, Absätze 2 bis 6 eingefügt durch Art. 1 Nr. 48 2. AMG-ÄndG (BGBl. I S. 2192 ff.); Absatz 3 S. 1 geändert durch Art. 2 Nr. 1, Art. 15 VI 2. AMG-ÄndG.

Europarechtliche Vorgaben: Art. 102 RL 2001/83/EG; Art. 73 RL 2001/82/EG; Art. 1 RL 2010/84/EG; Art. 101, 107 ff. RL 2001/83/EG; Durchführungs-VO (EU) Nr. 520/2012; EU Guidelines on Good Pharmacovigilance Practice (GVP).

Literatur: *Blasius*, Arzneimittelrisiken erfassen, Deutsche Apothekerzeitung 2014, Nr. 50, 62 ff.; *Ernst/Kroth*, Die Guideline on Good Pharmacovigilance Practices (GVP), PharmInd 2013, 764–770; *Fuhrmann*, Sicherheitsentscheidungen im Arzneimittelrecht, 2005; *Hart/Kemmnitz/Schnieders (Hrsg.),* Arzneimittelrisiken: Kommunikation und Rechtsverfassung, 1998; *Hohm*, Arzneimittelsicherheit und Nachmarktkontrolle, 1990. *John-Joseph Borg et al.*, Strengthening and Rationalizing Pharmacovigilance in the EU: Where is Europe Heading to? A Review of the New EU Legislation on Pharmacovigilance, Drug Safety 2001 (34), 187–197; *Storz*, Pharmakovigilanz – Weitere Entwicklungen nach dem Zweiten und Dritten Änderungsgesetz, PharmInd 2014, 558–563; *Weigel*, Das schwarze Dreieck, PharmInd 2014, 1073, 1076.

Übersicht

A. Allgemeines

I. Inhalt

1   **§ 62 bildet die Grundnorm der nationalen behördlichen Pharmakovigilanz.** § 62 umfasst die gesamte Organisation und Überwachung der Arzneimittelsicherheit (Pharmakovigilanz) durch die jeweils zuständige Bundesoberbehörde. Der frühere Regelungsgegenstand des § 62 a. F. wurde geändert und erheblich erweitert. Durch das **2. AMG-ÄndG 2012** wurden Abs. 1 S. 4 und 5 sowie die Absätze 2 bis 6 neu aufgenommen. Diese Regelungen beruhen auf der Umsetzung des Art. 101 II, 105 I sowie Art. 107a I bis IV RL 2001/83/EG in der Fassung der RL 2010/84/EG[1]. Da RL 2010/84/EG nur die Pharmakovigilanz für Humanarzneimittel geändert hat, die RL 2010/82/EG für Tierarzneimittel hiervon aber nicht berührt wurde, differenziert § 62 nunmehr vielfach zwischen Human- und Tierarzneimittel. § 62 schafft nicht nur die Grundlagen für das nationale Pharmakovigilanz-System der zuständigen Bundesoberbehörden, einschließlich der zugewiesenen Meldepflichten. Die Vorschrift regelt zudem die von der Richtlinie geforderte Zusammenarbeit zwischen den zuständigen Behörden auf nationaler, europäischer und internationaler Ebene.

2   Abs. 1 S. 1 benennt die **Aufgaben der zuständigen Bundesoberbehörden** und beschreibt Mittel und Zweck der Marktbeobachtung. Abs. 1 S. 4 und 5 stellen klar, dass die jeweils zuständige Bundesoberbehörde ein Pharmakovigilanz-System zu etablieren und zumindest in Bezug auf Humanarzneimittel in ihrem Zuständigkeitsbereich regelmäßig zu auditieren hat. S. 2 ordnet die umfassende Zusammenarbeit mit nationalen und internationalen Stellen an, die mit der Erfassung von Arzneimittelrisiken beschäftigt sind. Abs. 2 regelt die Erfassung der Meldungen von Angehörigen von Fachkreisen oder Patienten. Abs. 3 konkretisiert die Meldepflicht der zuständigen Bundesoberbehörden von Nebenwirkungen von Human- und Tierarzneimitteln. Abs. 4 regelt die Verpflichtung der Behörden, entsprechend ausreichende Mittel zur Pharmakovigilanz sicher zu stellen. Abs. 5 stellt wesentliche behördliche Maßnahmen zur Überwachung und Kontrolle der Risikominimierung und –bewertung dar. Abs. 6 räumt der jeweils zuständigen Bundesoberbehörde die notwendigen Befugnisse zur Überwachung der betrieblichen Pharmakovigilanz ein. Die zuständige Bundesoberbehörde hat die ihr in § 62 zugewiesenen Aufgaben zu erfüllen. Ihr steht dahingehend kein Ermessen zu.

---

[1] Vgl. BR-Drucks. 91/12, S. 96.

§ 62 enthält in Abs. 1 S. 3 (Information der Öffentlichkeit) und in Abs. 6 (Inspektionen) die Rechts- **3** grundlage für behördliche Maßnahmen. § 62 ist also nicht nur eine Organisations- und Aufgabennorm[2], sondern auch Befugnisnorm. Gerade das Inspektionsrecht der zuständigen Bundesoberbehörde, was wohl bisher über § 64 begründet werden musste, ist nun ausdrücklich geregelt.

II. Zweck

Zur Gewährleistung der Arzneimittelsicherheit ist als Ergänzung des Zulassungsverfahrens die **Markt-** **4** **beobachtungspflicht** in Form der Dauerüberwachung erforderlich, um unmittelbare und mittelbare Gefahren für die Gesundheit von Mensch und Tier bei der Anwendung von Arzneimitteln zu verhindern (§ 62 I 1)[3]. Diese wird allgemein mit dem Begriff der **Pharmakovigilanz** umschrieben (s. Vor § 62 Rn. 1). Ein wesentlicher Teil hiervon ist die Einführung des **behördlichen Pharmakovigilanz-Systems** (§ 4 XXXVIII), was in § 62 nunmehr den zuständigen Bundesoberbehörden auf nationaler Ebene gesetzlich vorgeschrieben wird. Die Vorschrift bildet die Schnittstelle zwischen dem von der zuständigen Bundesoberbehörde einzurichtenden Pharmakovigilanz-System und den Pflichten der pharmazeutischen Unternehmer. Ebenso bildet sie die Schnittstelle für die Zusammenarbeit mit anderen Behörden, besonders mit der EMA. Insbesondere sollen die Risiken und Nebenwirkungen, die im Zulassungsverfahren unerkannt geblieben sind, aufgedeckt und europaweit einheitlich in der EudraVigilance-Datenbank erfasst werden. Die regelmäßige Analyse der gewonnenen Daten ermöglichen eine fortwährende Risiko-Nutzen-Bewertung er-möglichen, dass – sofern nötig – die erforderlichen Maßnahmen getroffen werden können (z. B. Ergän-zung der Fach- und Gebrauchsinformation mit neuen Nebenwirkungen, Wechselwirkungen und Warnhin-weisen, Einschränkung der Indikation, Risikokommunikation an Fachkreise und Öffentlichkeit bis hin zum Widerruf der Zulassung). Hierdurch soll die öffentliche Gesundheit gesichert und gewahrt werden.

B. Aufgaben der zuständigen Bundesoberbehörden (Abs. 1)

I. Allgemeine Grundlagen der Arzneimittelüberwachung

1. Zentrale Zuständigkeit der Bundesoberbehörden. Adressat des § 62 sind die zuständigen **5** Bundesoberbehörden nach § 77, also für Humanarzneimittel **BfArM,** für Sera, Impfstoffe, Blut-, Gewebe- und Knochenmarkzubereitungen, Allergene, Xenogene und Arzneimittel neuartiger Thera-pien **PEI** und für Tierarzneimittel das **BVL,** über die wiederum das BMG die Aufsicht führt[4]. Diese Behörden sind zur zentralen Erfassung und wissenschaftlichen Auswertung von Arzneimittelrisiken verpflichtet und müssen die entsprechenden Maßnahmen ergreifen und koordinieren (vgl. § 62 II 1). Sie sind insbesondere verpflichtet, die erhaltenen Meldungen an die EudraVigilance-Datenbank weiterzulei-ten (vgl. Abs. 1 S. 1, Abs. 3; s. auch Vor § 62 Rn. 10). Die zentrale Verantwortlichkeit beugt einer Zersplitterung der Arzneimittelüberwachung bei den verschiedenen Landesgesundheitsbehörden vor[5].

2. Gegenstand der Arzneimittelüberwachung. Die Aufgabenzuweisung an die Bundesoberbehör- **6** den erstreckt sich auf **sämtliche im Verkehr befindlichen Arzneimittel** i. S. des § 2. Das sind zunächst alle Arzneimittel, die national oder zentral zugelassen sind. Für Arzneimittel, für die Deutschland Referenzmitgliedstaat im Verfahren gegenseitiger Anerkennung ist, trägt die jeweils zuständige Bundes-oberbehörde nach § 63c V 2 zusätzlich die Verantwortung für die Analyse und Überwachung aller Verdachtsfälle schwerwiegender Nebenwirkungen, die innerhalb der EU auftreten.

Erfasst werden auch Arzneimittel, die nach § 21 II oder durch Rechtsverordnung aufgrund von § 36 **7** von der Zulassungspflicht freigestellt sind, die nach § 38 in das Register für homöopathische Arzneimittel eingetragen oder nach § 39a registriert sind, oder die nach § 105 I als zugelassen gelten[6]. Bei Tierarznei-mitteln besteht die Besonderheit, dass nach Abs. 1 S. 5 (Audit des eigenen Pharmakovigilanz-Systems) das BVL kein eigenes Audit seines Pharmakovigilanz-Systems durchzuführen hat. Der Wortlaut des Abs. 1 S. 5 bezieht sich ausdrücklich nur auf Humanarzneimittel und verpflichtet damit nur das PEI und BfArM zur Durchführung von Audits.

3. Arzneimittelrisiken. Das Arzneimittelrisiko ist in § 4 XXVII legal definiert. Als Beispiele nennt § 62 **8** I 1 Nebenwirkungen[7], Wechselwirkungen mit anderen Mitteln[8], Verfälschungen sowie von Tierarznei-mitteln ausgehende potentielle Umweltgefahren. Nebenwirkungen sind wiederum in § 4 XIII legal

---

[2] Vgl. zur alten Rechtslage vor der 16. AMG-Novelle *Sander,* § 62 Erl. 1.
[3] Zur Meldung von Nebenwirkungen und unerwünschten Ereignissen in klinischen Prüfungen vgl. §§ 12, 13 der nach § 42 III ergangenen GCP-V, RL 2001/20/EG und 2003/94/EG sowie den dazu ergangenen Leitlinien und Empfehlungen.
[4] *Hagemann/Paeschke,* in: Mann´s Pharmacovigilance, S. 208.
[5] Vgl. *Hohm,* S. 216; *Sander,* § 62 Erl. 3. Vgl. hierzu auch *Hart,* MedR 1993, 207, 209.
[6] Vgl. *Kloesel/Cyran,* § 62 Anm. 1.
[7] Vgl. auch Art. 1 Nr. 11 ff. RL 2001/83/EG, Art. 1 Nr. 10 ff. RL 2001/82/EG.
[8] Dies müssen nicht zwangsläufig andere Arzneimittel sein; so auch *Kloesel/Cyran,* § 11 Anm. 35 und § 62 Anm. 7.

definiert. Zur Definition von Wechselwirkungen wird auf die Kommentierung zu § 4 XIII 4 (s. § 4 Rn. 96) und auf § 11 I 1 Nr. 3 Buchst. c) (s. § 11 Rn. 26) verwiesen. Verfälschung meint gefälschte Arzneimittel, wie sie in § 4 XXXX (§ 8 I Nr. 1a a. F.) im Sinne des Art. 1 Nr. 33 RL 2001/83/EG in der Fassung der EU Fälschungsrichtlinie 2011/62/EU legal definiert sind[9] (§ 4 Rn. 325). Verfälschungen werden der zuständigen Überwachungsbehörde nach § 19 II 2 AMWHV und nach § 9 II AMHandelsV gemeldet; die zuständigen Überwachungsbehörden unterrichten nach Art. 1 Ziffer 4.2 die zuständige Bundesoberbehörde.

9   Die weite Definition des Arzneimittelrisikos („jedes Risiko …", vgl. § 4 XVII) und die Verwendung des Wortes „insbesondere" verdeutlichen, dass über die beispielhaft genannten Arzneimittelrisiken hinaus Risiken wie etwa Missbrauch[10] oder Fehlgebrauch (s. § 5 Rn. 94)[11], Gewöhnungen und Abhängigkeiten eingeschlossen sein sollen. Das spiegelt sich auch in der erweiterten Legaldefinition von Nebenwirkungen in § 4 XIII wider, wonach Nebenwirkungen alle schädlichen und unbeabsichtigten Reaktionen auf das Arzneimittel sind (§ 4 XIII 1). Nebenwirkungen sind nicht nur Risiken, die sich bei dem bestimmungsgemäßen Gebrauch des Arzneimittels verwirklicht haben, sondern seit dem 2. AMG-ÄndG 2012 zusätzlich auch Überdosierungen, Medikationsfehler, Fehlgebrauch, off-label-use und Missbrauch[12]. § 62 I 1 erfasst also jegliche durch die mit der Anwendung in Verbindung stehenden Arzneimittelrisiken und zwar unabhängig davon, von wem die Meldung erfolgt.

10   Weiter gehören zu den Arzneimittelrisiken nach dem Verständnis des Stufenplans auch Qualitäts-, Kennzeichnungs- und Verpackungsmängel[13]. Dies entspricht wiederum der weiten Definition des Arzneimittelrisikos in § 4 XXVII und letztlich auch § 19 AMWHV: Hiernach hat der Stufenplanbeauftragte auch „Beanstandungen", also Hinweise auf Qualitätsmängel an die lokale zuständige Überwachungsbehörde zu melden; sie meldet diese der zuständigen Bundesoberbehörde nach Art. 1 Ziff. 4.2 des Stufenplans. Gegenanzeigen sind keine Arzneimittelrisiken und richtigerweise bereits mit der 12. AMG-Novelle aus dem Katalog der Arzneimittelrisiken gestrichen worden[14].

11   **4. Erfassung und Auswertung von Arzneimittelrisiken; Risikobeobachtung.** Die jeweils zuständige Bundesoberbehörde muss die eingehenden Meldungen zentral erfassen und auswerten. Die eingehenden Meldungen sind zu archivieren, mögliche Fehler wie etwa Doppelmeldungen sind auszuschließen[15].

12   Bei der Bewertung der Meldungen sind die **Häufigkeit und Intensität** der gemeldeten möglichen Arzneimittelrisiken ebenso zu berücksichtigen, wie der Grad der **Wahrscheinlichkeit eines Zusammenhangs** zwischen der Anwendung eines Arzneimittels und dem Eintritt einer Gesundheitsbeeinträchtigung.

13   Das BfArM und das PEI ziehen die Bundesärztekammer bei medizinischen Fragen zu Rate. Sie ist allerdings keine offizielle nationale Stelle[16].

14   Das Ziel der **Verhütung** einer unmittelbaren oder mittelbaren[17] **Gefährdung** der Gesundheit von Mensch oder Tier verdeutlicht den **präventiven Charakter** der Aufgaben: Die zuständige Behörde muss nicht nur im Falle einer konkret feststehenden Gefährdung tätig werden, sondern allen Hinweisen nachgehen, die eine Überprüfung der Nutzen-Risiko-Abwägung (vgl. § 4 XXVIII) eines Arzneimittels nahelegen. Dies kommt in Abs. 2 S. 1, Abs. 3 zum Ausdruck. Diese Vorschriften verlangen ausdrücklich, dass die Behörde alle Verdachtsfälle zu erfassen und elektronisch an die EudraVigilance-Datenbank bzw. – bei Tierarzneimitteln – an die EMA weiter zu melden hat. Es kommt also nicht auf eine konkrete Gefährdung an. Damit sieht § 62 eine aktive **Risikobeobachtung** vor[18].

15   **5. Koordinierung zu ergreifender Maßnahmen.** Werden Arzneimittelrisiken festgestellt, sind die „nach diesem Gesetz zu ergreifenden Maßnahmen" durch die zuständige Bundesoberbehörde zu koordinieren. Dies gilt insbesondere für Risiken, die für ein Abweichen von der ursprünglichen Risiko-Nutzen-Abwägung Anlass geben[19]. Die möglichen Maßnahmen sind in Abs. 1 S. 3, Abs. 5 und zusätzlich in Nr. 6 des Stufenplans[20] umfassend aufgelistet. Sie reichen von der Einholung weiterer Stellungnahmen, über behördliche Meldungen an die Öffentlichkeit und die Fachkreise bis zu Rücknahme oder Widerruf der Zulassung[21]. Abs. 5 konkretisiert die Maßnahmen der Risikobewertung

---

[9] Vgl. zur alten Rechtslage *Kloesel/Cyran*, § 8 Anm. 9 und 16.
[10] Legal definiert in Art. 1 Nr. 16 RL 2001/83/EG; vgl. auch Art. 1 Nr. 16 RL 2001/82/EG.
[11] Vgl. auch *Deutsch*, in: Deutsch/Lippert, § 62 Rn. 1.
[12] BR-Drucks. 91/12, S. 75.
[13] So auch *Fuhrmann*, S. 156; *Hohm*, S. 206 f.
[14] Nach BR-Drucks. 748/03, S. 79 handelt es sich nämlich um Hinweise, die Arzneimittelrisiken vermeiden sollen.
[15] *Hohm*, S. 220; *Kloesel/Cyran*, § 62 Anm. 5.
[16] *Hagemann/Paeschke*, in: Mann´s Pharmacovigilance, S. 209.
[17] Bei einer mittelbaren Gefahr hängt die Gefährdung des Schutzgutes noch vom Hinzutreten weiterer Umstände ab, vgl. *Hohm*, S. 226.
[18] Zu den Anforderungen an die Beobachtung bereits § 62 AMG a. F. *Hohm*, S. 207.
[19] Zu den insofern anzulegenden Bewertungskriterien *Hohm*, S. 212 ff.
[20] BAnz. vom 15.2.2005, S. 2383.
[21] Vgl. zu den möglichen Maßnahmen die Kommentierung zu §§ 28 und 30 sowie etwa *Merkel*, in: Hart/Hilken/Merkel/Woggan, S. 109 ff.

(Überwachung der betrieblichen Risikominimierung und des betrieblichen Risiko-Management-Systems, Auswertung der EudraVigilanz-Datenbank). Hierbei haben die zuständigen Bundesoberbehörden mit der EMA zusammenzuarbeiten. Die Fachkreise werden durch sog. **Arzneimittelschnellinformationen**[22] über erste Hinweise auf mögliche Risiken in Kenntnis gesetzt. Die Bundesoberbehörde hat die eingeleiteten Maßnahmen auf ihre Ergebnisse hin zu überprüfen und zu überwachen.

Die zuständige Bundesoberbehörde hat die zu ergreifenden Maßnahmen nach Abs. 1 S. 2 zu koor-　**16** dinieren. Der Begriff der **Koordinierung** passt für Maßnahmen nicht, für die die Bundesoberbehörde ohnehin selbst zuständig ist (vgl. §§ 28 ff., § 62 I 4, 5, II bis VI). Diese Maßnahmen hat sie freilich selbst zu ergreifen und kann sie nicht auf andere Behörden delegieren. Hierzu gehören auch Maßnahmen, die dem pharmazeutischen Unternehmer auferlegt werden können, wie z.B. der Versand eines „Rote-Hand-Briefes"[23]. Bei Maßnahmen, die in die Zuständigkeit der Länder fallen (§§ 64 ff.), meint Koordinierung, dass eine **bundeseinheitliche Vollzugspraxis** zu gewährleisten ist. Mittel der Koordinierung auf nationaler Ebene ist vor allem der **Stufenplan** (vgl. § 63). Soweit § 62 I 1 von Koordinierung spricht, sind damit hauptsächlich die im Stufenplan erwähnten Maßnahmen gemeint.

6. Ebenen der nationalen und internationalen Zusammenarbeit (Abs. 1 S. 2). § 62 I 2 und 5,　**17** § 62 III 3, § 62 V schreiben für den Bereich der Pharmakovigilanz das **nationale und internationale Zusammenwirken** der jeweiligen Bundesoberbehörden mit den genannten Behörden und Stellen vor. Dabei zeugt die umfassende Aufzählung von dem Bemühen, das Pharmakovigilanz-System auf eine breite Interessen- und Kompetenzgrundlage zu stützen[24]. Die Zusammenarbeit mit den in Abs. 1 S. 2 genannten Behörden und Stellen erstreckt sich auf die Erfassung, Auswertung von Arzneimittelrisiken und zu ergreifende Maßnahmen[25].

Auf **nationaler Ebene** ergibt sich die Pflicht der Zusammenarbeit der Gesundheits- und Veterinärbe-　**18** hörden der Länder mit den zuständigen Bundesoberbehörden aus den Grundsätzen der Amtshilfe (Art. 35 I GG)[26]. Sie wird durch den Stufenplan konkretisiert (vgl. § 63). Ein Weisungsrecht haben die Bundesoberbehörden gegenüber den Landesbehörden jedoch nicht. Während die Bundesoberbehörden bei der Zulassung eines Arzneimittels dessen Qualität, Unbedenklichkeit und Wirksamkeit überprüfen, überwachen die zuständigen Landesbehörden die Einhaltung der in der Zulassung festgelegten Vorschriften und die Erfüllung der GMP (Good-Manufacturing Practice)-Vorgaben. Sie sind auch zuständig für die Überwachung des Arzneimittelverkehrs[27]. Die nationalen **Pharmakovigilanzzentren** wurden zur Ergänzung des Spontanmeldesystems[28] eingeführt. Sie sollen die zuständigen Bundesoberbehörden unterstützen und die Meldungen unerwünschter Arzneimittelwirkungen aus der Anwendungspraxis qualitativ verbessern[29]. Ausgehend von einer geringen Anzahl geförderter Modellzentren sollen Einrichtungen etabliert und schrittweise ausgebaut werden, in denen bei Krankenhausaufnahmen, schweren Krankheitsbildern und spezifischen Patientengruppen **gezielt nach unerwünschten Arzneimittelwirkungen gesucht** wird. So will man vermehrt gut dokumentierte Berichte über Arzneimittelrisiken erhalten[30].

Auf **europarechtlicher Ebene** gilt bereits nach Abs. 1 S. 5, dass die zuständigen Bundesoberbehörden und　**19** die EMA zusammenzuarbeiten haben. Konkretisierend gebietet Abs. 5 seit dem 2. AMG-ÄndG die Zusammenarbeit, um die Ergebnisse von Maßnahmen zur Risikominimierung zu überwachen, Aktualisierungen des Risikomanagement-Systems zu beurteilen und die Daten in der EudraVigilance-Datenbank auszuwerten. Zudem können die Europäische Kommission, die zuständigen Behörden der Mitgliedstaaten oder der Zulassungsinhaber auf der Grundlage des Art. 31 I i. V. m. Art. 107j RL 2001/83/EG ein Gemeinschaftsverfahren bei Sicherheitsbedenken aufgrund der Auswertung der Daten der Pharmakovigilanz-Aktivitäten **(Community Referral Procedure)** anstrengen[31]. Weitere Informationen zu diesem Verfahren finden sich in der Kommentierung zu § 63e Rn. 35 ff. Für die Kooperation mit den weiteren EWR-Staaten gilt das EWR-Abkommen[32]. Für **zentral zugelassene Arzneimittel** koordiniert die EMA das Pharmakovigilanz-Verfahren. Für Humanarzneimittel ergibt sich dies aus Art. 22, für Tierarzneimittel aus Art. 47 Uabs. 1 VO (EG) Nr. 726/2004. Seit dem 20.1.2014 erfolgt der Austausch zwischen dem Zulassungsinhaber und der EMA ausschließlich elektronisch über Email oder Eudralink[33].

---

[22] Vgl. *Blasius/Müller-Römer/Fischer*, S. 221; *Burgardt*, PharmR 1996, 136, 139.
[23] Vgl. *Boos/Mentzer*, Monatsschrift Kinderheilkunde 2013, 851, 856.
[24] *Fuhrmann*, S. 158.
[25] So auch *Hohm*, S. 219; anders *Sander*, § 62 Erl. 3.
[26] *Kloesel/Cyran*, § 62 Anm. 9; *Rehmann*, § 62 Rn. 2.
[27] *Thiele*, in: Fuhrmann/Klein/Fleischfresser, § 26 Rn. 87.
[28] Vgl. WHO, The Importance of Pharmacovigilance, 2002, S. 11 f.
[29] *Fuchs/Neumann/Klement*, DÄBl. (110) 2013, A2070–A2074, A2071.
[30] Vgl. hierzu BR-Drucks. 748/03, S. 79 f. Zu den Schwächen des Spontanmeldesystems auch *Hart/Kemmnitz/Schnieders*, S. 124 f. Weiterführend *Di Fabio*, S. 242. Vgl. auch *Fuhrmann*, S. 188 f.
[31] EMA, Questions and Answers on practical implementation of Article 31 Pharmacovigilance Referral, EMA/33617/20014, (Stand 5.2.2014).
[32] Agreement on the European Economic Area, OJ No L 1, 3.1.1994, S. 3; EFTA States' official gazettes, dort Annex II, Chapter XIII.
[33] EMA procedural advice for marketing authorisation holders/applicants concerned by referral procedures (human medicines), EMA/687960/2013 (Stand 11.12.2013); Eudralink ist abrufbar unter www.eudralink.ema.europa.eu.

20   Auf **zwischenstaatlicher Ebene** außerhalb Europas ist die Zusammenarbeit mit der US-amerikanischen **Food and Drug Administration (FDA)** von besonderer Bedeutung. Hauptkooperationspartner der FDA ist die EMA, die mit der FDA verschiedene „Principles" zur Interaktion vereinbart hat. Regelmäßig werden Videokonferenzen mit Vertretern der FDA und der EMA (insb. ihrem Committee for Medicinal Products for Human Use – CHMP) abgehalten. Hieran nehmen auch Mitarbeiter der deutschen Bundesoberbehörden teil. Zulassungsrelevante Maßnahmen und Rückrufe werden mit der FDA ad hoc koordiniert, so dass solche Maßnahmen häufig gleichlaufend und zeitnah ergehen. Seit Februar 2014 haben die FDA und EMA – über das neu eingerichtete PRAC – einen neuen Ausschuss („Cluster") im Bereich der Pharmakovigilanz eingerichtet, um den Austausch von Informationen und die Zusammenarbeit in diesem Bereich zu verstärken[34]. In diesem neuen Ausschuss besprechen die EMA und FDA einmal im Monat im Rahmen von Telefonkonferenzen die sie gemeinsam betreffenden Themen der Pharmakovigilanz[35]. Kanada und Japan können als Beobachter an den Besprechungen teilnehmen[36]. Mit Arzneimittelbehörden anderer außereuropäischer Staaten gibt es derzeit keine bilaterale institutionalisierte Zusammenarbeit. Mit den nationalen Behörden von Kanada und der Schweiz bestehen Abkommen zum Austausch von Informationen, welche die Sicherheit von Arzneimitteln betreffen, wobei diese von Geheimhaltungsvereinbarungen gedeckt sind[37]. Eine institutionalisierte Zusammenarbeit wie mit der FDA gibt es aber noch nicht.

21   Auf **internationaler Ebene** vermittelt die **WHO** die Zusammenarbeit. Das PEI ist ein WHO-Kooperationszentrum für die Qualitätssicherung von Blutprodukten und In-vitro-Diagnostika (IVD). Die WHO betreibt mit dem Uppsala Monitoring Centre (UMC) eine zentrale Meldestelle über Arzneimittelrisiken aus aller Welt. Außerdem unterstützt es seine 117 Mitgliedstaaten darin, Pharmakovigilanz-Systeme zu errichten und bietet Einweisungen. Arzneimittelfälschungen bekämpft die WHO über die IMPACT (International Medical Products Anti-Counterfeit Task Force)[38]. An diese Stellen berichten auch die zuständigen Bundesoberbehörden. Die Zusammenarbeit der EMA mit der WHO ist ausführlich in den EU Pharmacovigilance Guidelines und der CHMP Guideline „on procedural aspects regarding a CHMP scientific opinion in cooperation with the WHO"[39] zur Bewertung von Arzneimitteln, die (auch) außerhalb der EU auf den Markt gebracht werden sollen, geregelt. Darüber hinaus hat die **ICH (International Conference on Harmonization** of Technical Requirements for Registration of Pharmaceuticals for Human Use) auf internationaler Ebene verschiedene Pharmakovigilanz-Leitfäden beschlossen. Die ICH Leitfäden gelten für die USA, die EU, Japan und seit Juni 2014 auch für Kanada und die Schweiz[40]. Sie geben einen einheitlichen technischen Standard vor, insbesondere für das Management von Sicherheitsdaten in der klinischen Phase, aber auch in der Phase nach Zulassung (vgl. die Efficacy Guidelines for Clinical Safety, E2A bis E2F). Außerdem werden in interdisziplinären Bereichen Empfehlungen zur Verfügung gestellt[41]. Besondere Bedeutung hat der E2B-Leitfaden[42] als Standard für die Übermittlung von Nebenwirkungsberichten und der E2E-Leitfaden, der Hilfestellungen für die Entwicklung von Pharmakovigilanzplänen bietet, insbesondere für die Phase vor der Arzneimittelzulassung[43].

II. Information der Öffentlichkeit (Abs. 1 S. 3)

22   **1. Allgemeines.** Die jeweils zuständige Bundesoberbehörde kann die **Öffentlichkeit** über Arzneimittelrisiken und beabsichtigte Maßnahmen **informieren**[44]. Der Hintergrund der – nach Ansicht des Gesetzgebers[45] – klarstellenden Vorschrift ist eine Entscheidung des *OVG Münster*[46]: Das Gericht hatte der Arzneimittelkommission der deutschen Ärzteschaft (AkdÄ) untersagt, ein von ihr kommentiertes Anhörungsschreiben des BfArM zu einem bestimmten Arzneimittel zu veröffentlichen und die Kompetenz des BfArM zur Arzneimittelinformation betont[47].

---

[34] Pressemitteilung, FDA vom 19.2.2014, www.fda.gov.
[35] Pressemitteilung, FDA vom 19.2.2014, www.fda.gov.
[36] Pressemitteilung, FDA vom 19.2.2014, www.fda.gov.
[37] Vgl. EMA, www.ema.europa.eu.
[38] Vgl. WHO, The Importance of Pharmacovigilance, 2002, S. 9 ff.
[39] Vom 17.11.2005, EMEA/CHMP/5579/04 Rev.1.
[40] Vgl. Pressemitteilung ICH vom Juni 2014, abrufbar unter www.ich.org.
[41] *Bahri*, in: Mann´s Pharmacovigilance, S. 48.
[42] Übernommen und veröffentlicht durch die EMEA unter ICH Topic E2B (R3), Data Elements for Transmission of Individual Case Safety Reports, EMEA/CHMP/ICH/166783/2005.
[43] Übernommen und veröffentlicht durch die EMEA unter ICH Topic E2E, Pharmacovigilance Planning, CPMP/ICH/5716/03.
[44] Zu Informationsaufgaben und -befugnissen der Länderbehörden vgl. *Hart*, MedR 1993, 207, 217 f.
[45] BR-Drucks. 1029/97, S. 33. Vgl. auch *Hart/Kemmnitz/Schnieders*, S. 137.
[46] *OVG Münster*, Urt. v. 20.11.1995- 13 B 619/95, PharmR 1996, 140.
[47] Hierzu weiterführend: *Burgardt*, PharmR 1996, 136, 139. Kritisch *Deutsch*, VersR 1997, 389 ff.; *Hart/Kemmnitz/Schnieders*, S. 75 f.

Zur Kommunikation von Arzneimittelsicherheitsrisiken sind GVP-Modul XV (Safety Communication) und GVP-Annex II (Template Direct Healthcare-Professional Communication) ergänzend heranzuziehen.   23

2. Voraussetzungen und Ausgestaltung der Information der Öffentlichkeit. Voraussetzung für   24
die Befugnis zur Information der Öffentlichkeit ist ein bestehendes Arzneimittelrisiko oder beabsichtigte Maßnahmen. Beabsichtigte Maßnahmen sind die Maßnahmen, die die Behörde zur Minimierung des Arzneimittelrisikos plant; über andere Maßnahmen kann nicht informiert werden. Der Inhalt des Begriffes Arzneimittelrisiko ist zu verstehen wie in § 4 XXVII definiert. Die Informationsbefugnis der zuständigen Bundesoberbehörde wird durch das Vorliegen von Arzneimittelrisiken begründet.

Der Abschluss des behördeninternen Stufenplanverfahrens ist nicht Voraussetzung einer Information   25
der Öffentlichkeit[48]. Nach dem Stufenplan soll allerdings eine Information der Öffentlichkeit ausscheiden, bis der zusammenfassende Bericht über die Sondersitzung im Stufenplanverfahren (Nr. 9.3 des Stufenplans) vorliegt (zur Frage der Öffentlichkeit der Sondersitzung s. § 63 Rn. 21)[49]. Bei Gefahr im Verzug muss jedoch auch eine sofortige Mitteilung möglich sein.

Öffentlichkeit i. S. der Vorschrift kann abhängig von den Umständen des Einzelfalles auch nur die   26
Fachöffentlichkeit sein[50]. Die zuständige Behörde hat über die Erteilung der Information nach pflichtgemäßem Ermessen zu entscheiden[51]. Es gelten die allgemeinen Ermessensgrenzen, insbesondere darf die Information der Öffentlichkeit nicht unverhältnismäßig sein. Die behördliche Information ist für den pharmazeutischen Unternehmer, über dessen Arzneimittel informiert wird, regelmäßig eine belastende Maßnahme[52]. Wegen des Übermaßverbotes kann die zuständige Bundesoberbehörde daher nur dann über Arzneimittelrisiken und entsprechende Maßnahmen informieren, wenn die Informationen geeignet sind, das von dem Arzneimittel ausgehende Risiko zu reduzieren; zudem müssen die veröffentlichten Informationen sowohl inhaltlich als auch und sachlich richtig sein[53].

Praktische Auswirkungen für Unternehmen kann der Versand eines Rote-Hand-Briefes[54], Aufnahme   27
von neuen Hinweisen in der Fachinformation, Initiierung klinischer Beobachtungsstudien oder die Erstellung und Verbreitung von Schulungsmaterial sein[55]. Die Informationsaufgaben und -befugnisse anderer Stellen (Behörden der Länder, Arzneimittelkommissionen) sollen durch die Vorschrift nicht eingeschränkt werden[56].

3. Rechtsschutz für behördliches Informationshandeln. Die Information der Öffentlichkeit muss   28
angesichts des damit verbundenen Eingriffs in den Wettbewerb den allgemeinen verfassungsrechtlichen Anforderungen genügen, wie sie das Bundesverfassungsgericht[57] herausgearbeitet hat[58]. Ein pharmazeutischer Unternehmer, der von – für sein Arzneimittel regelmäßig nachteiligen – Informationen in rechtswidriger Weise (etwa wegen Ermessensfehlern) betroffen ist, hat Anspruch auf Verwaltungsrechtsschutz. Er ist insbesondere für Unterlassungsklagen und entsprechende einstweilige Anordnungen klagebefugt[59].

III. Pharmakovigilanz-System der zuständigen Bundesoberbehörde (Abs. 1 S. 4 und 5)

1. Betreiben eines behördlichen Pharmakovigilanz-Systems. Abs. 1 S. 4 und 5 regeln, dass die   29
jeweils zuständige Bundesoberbehörde (BfArM/PEI/BVL) ein eigenes Pharmakovigilanz-System im Sinne der Legaldefinition des § 4 XXXVIII einzurichten und zu betreiben hat (§ 4 Rn. 287).

Das Pharmakovigilanz-System des BfArM etwa umfasst folgende Bereiche[60]: PRAC, PASS, Signal-   30
Management, Risikokommunikation, Risikomanagementpläne, PSURs, Erfassung von unerwarteten Nebenwirkungen, Verfahren zur Risikominimierung und Inspektionen. Nachdem Art. 101 I RL 2001/83/EG in der Fassung der RL 2010/84/EG den Mitgliedstaaten aufgibt, ein behördliches Pharmakovigilanz-System zu betreiben, haben nach der Vorgabe der RL nicht nur die Bundesoberbehörden solche

---

[48] BR-Drucks. 1029/97, S. 33.
[49] So *Rehmann*, § 63 Rn. 2.
[50] BR-Drucks. 1029/97, S. 33. Vgl. hierzu *Di Fabio*, S. 242.
[51] *Kloesel/Cyran*, § 62, Anm. 16; *Rehmann*, § 62 Rn. 3.
[52] Vgl. *BVerfGE* 105, 252, 268 ff.; weiter auch *BVerfGE* 105, 279, 302; *BVerwGE* 71, 183, 188 f.; *BVerfG*, NJW 1989, 3269, 3270.
[53] *BVerfGE* 105, 252.
[54] Vgl. Informationen des BPI „Pharmaargumente – Information und Sicherheit" abrufbar unter www.bpi.de.
[55] Vgl. *Boos/Mentzer*, Monatsschrift Kinderheilkunde 2013, 851, 856; Zum Genehmigungsverfahren von „educational material" durch das BfArM siehe unter www.bfarm.de.
[56] BR-Drucks. 1029/97, S. 34.
[57] Vgl. insbesondere *BVerfGE* 105, 252, 268 ff.; weiter auch *BVerfGE* 105, 279, 302; *BVerwGE* 71, 183, 188 f.; *BVerfG*, NJW 1989, 3269, 3270.
[58] So auch *Kloesel/Cyran*, § 62 Anm. 15. Für einen Vorrang der öffentlichen Gesundheitsinteressen *Hart*, MedR 1993, 207, 210; *Hart/Kemmnitz/Schnieders*, S. 160 ff.
[59] *BVerwGE* 71, 183, 188 f.; *VGH Mannheim*, NJW 1997, 754, 755; *VGH München*, NVwZ 1995, 793, 794 f.; *Wahl/Schütz*, in: Schoch/Schmidt-Aßmann/Pietzner, VwGO, § 42 Abs. II, Rn. 60 f.
[60] *Kütting*, Die neue Struktur der Abteilung Pharmakovigilanz im BfArM: Eine Anpassung an aktuelle Anforderungen für Arzneimittelsicherheit, www.bfarm.de, zuletzt abgerufen 7.12.2012.

Systeme zu betreiben, sondern auch die Behörden der Länder, die in die Pharmakovigilanz eingebunden sind.

31   Das Pharmakovigilanz-System ist unabhängig davon zu betreiben, ob sich der Verantwortungsbereich einer Behörde auf Tier- oder Humanarzneimittel bezieht[61]. Daher hat auch das BVL ein behördliches Pharmakovigilanz-System zu implementieren. Das behördliche Pharmakovigilanz-System muss so beschaffen sein, dass die zuständige Bundesoberbehörde gesetzlichen und untergesetzlichen Aufgaben zur Pharmakovigilanz nachkommen können: sämtliche Informationen müssen im Rahmen des Pharmakovigilanz-Systems wissenschaftlich ausgewertet, die Risiken der Arzneimittel überwacht und sämtliche Änderungen des Nutzen-Risiko-Verhältnisses entdeckt werden; zudem müssen im Rahmen des behördlichen Pharmakovigilanz-Systems die geeigneten Maßnahmen zur Risikominimierung ergriffen, koordiniert und evaluiert werden.

32   **2. Regelmäßige Audits.** Um zu gewährleisten, dass das behördliche Pharmakovigilanz-System funktioniert, haben das BfArM und PEI als zuständige Bundesoberbehörden für Humanarzneimittel (wie der Zulassungsinhaber auch, vgl. § 63b II 2) nach Abs. 1 S. 4 regelmäßig ein internes Audit ihres Systems durchzuführen[62]. Das BVL als zuständige Behörde für Tierarzneimittel ist gesetzlich nicht durch Abs. 1 S. 4 verpflichtet, ein Audit ihres Pharmakovigilanz-Systems durchzuführen.

33   Ein Audit wird in dem GVP-Modul IV definiert als ein systematisches, unabhängiges und schriftlich festgehaltenes Verfahren, um die Effektivität, Funktionsfähigkeit und Qualität des eingerichteten Pharmakovigilanz-Systems zu überprüfen[63]. Die von der zuständigen Bundeoberbehörde durchzuführenden internen Audits richten sich ebenso wie die Audits der Zulassungsinhaber[64] und der EMA nach den Anforderungen der Guideline on **Good Pharmacovigilance Practices (GVP) – Modul IV (Pharmacovigilance Audits)** (vgl. Art. 101 II RL 2001/83/EG in der Fassung der RL 2010/84/EG). Die Audits sollen nach den Vorgaben des GVP-Moduls IV insbesondere alle die Pharmakovigilanz betreffenden Maßnahmen und Qualitätssysteme umfassen. Das Audit soll daher möglichst auf der Basis eines einheitlichen, zwischen den Mitgliedstaaten der EU abgesprochenen Systems erfolgen, was auf die Erkennung von Risiken (Risk-Based-Approach) ausgerichtet ist[65]. Einzelheiten zum Risk-Based-Approach finden sich in dem GVP-Modul VI. B.

34   Audits des behördlichen Pharmakovigilanz-Systems für Humanarzneimittel sind **regelmäßig** durchzuführen. Laut GVP-Modul IV müssten die zuständigen Bundesoberbehörden das Audit mindestens **einmal jährlich** nach genau definierten Vorgaben (strategische, taktische und operationelle Auditplanung) durchführen[66]. Wie das Audits durchgeführt wird, ist schriftlich festzulegen und zu dokumentieren[67]. Die zuständige Behörde ist berechtigt, die Durchführung des Audits ihres Pharmakovigilanz-Systems auf Dritte zu übertragen, soweit diese die gesetzlichen Vorgaben als auch die Vorgaben der GVP einhalten. Auch bei dem Einsatz eines Service Providers verbleibt die alleinige Verantwortung zur ordnungsgemäßen Durchführung freilich bei der zuständigen Bundesoberbehörde.

35   Am Ende eines jeden Audits ist ein **Audit-Bericht** zu verfassen. Die Bewertung hat nach so genannten Risiko-Levels zu erfolgen, die ihren Einfluss auf die Pharmakovigilanz widerspiegeln. Folgendes Kennzeichnungssystem ist nach dem GVP-Modul IV. B.2.3.2. zu verwenden:

– „critical" = elementare, wesentliche Schwächen im Pharmakovigilanz-System und -Verfahren, die erheblich das gesamte Pharmakovigilanz-System, die Sicherheit und Gesundheit von Patienten beeinflussen oder die öffentliche Gesundheit riskieren. Der Fehler basiert auf einem Gesetzesverstoß und/ oder Verstoß gegen geltende Richtlinien und Guidelines.
– „major" = erhebliche Schwächen im Pharmakovigilanz-System und -Verfahren, die sich nachteilig auf das gesamte Pharmakovigilanz-System, die Sicherheit und Gesundheit von Patienten oder die öffentliche Gesundheit auswirken könnten. Der Gesetzesverstoß bzw. Richtlinienverstoß wird dennoch nicht als erheblich (major) eingeordnet.
– „minor" = Schwächen im Pharmakovigilanz-System und -Verfahren, die allerdings keine nachteiligen Auswirkungen auf das gesamte Pharmakovigilanz-System, die Sicherheit und Gesundheit von Patienten oder die öffentliche Gesundheit erwarten lassen.

36   Die Ergebnisse des Audits hat die zuständige Bundesoberbehörde alle zwei Jahre an die Europäische Kommission zu übermitteln und Bericht nach einem vorgeschriebenen Format zu erstatten **(Audit-Report)**. Der erste Bericht war zum 21.9.2013 einzureichen. Die Europäische Kommission veröffentlicht alle drei Jahre, erstmals zum 2.1.2014 (Berichtszeitraum 2.7.2012 bis 1.7.2013)[68] einen Bericht über alle durchgeführten Pharmakovigilanz-Maßnahmen der EMA und alle drei Jahre, erstmals zum

---

[61] BR-Drucks. 91/12, S. 96.
[62] Vgl. auch GVP-Modul IV. C.1.2. (Stand: 13.12.2012).
[63] GVP-Modul IV. B. (Stand: 13.12.2012).
[64] Vgl. *Ernst/Kroth*, PharmInd 2013, 764, 768.
[65] RL 2001/83/EG und Art. 13 VO 726/2004/EG; GVP-Modul IV. B. C.1.2.2.(Stand: 13.12.2012).
[66] GVP-Modul IV. B.2. (Stand: 13.12.2012); vgl. *Ernst/Kroth*, PharmInd 2013, 764, 768 f.
[67] GVP-Modul IV. B.2.2. (Stand: 13.12.2012).
[68] Der Bericht EMA/171322/2014 wurde tatsächlich am 20.5.2014 veröffentlicht unter http://ec.europa.eu/health.

21.7.2015, über alle durchgeführten Pharmakovigilanz-Maßnahmen der zuständigen Behörden der Mitgliedstaaten der EU.

C. Meldung der Verdachtsfälle von Nebenwirkungen (Abs. 2)

I. Erfassen von Verdachtsfällen von Nebenwirkungen (Abs. 1 S. 1)

Adressat des § 62 II sind die zuständigen Bundesoberbehörden nach § 77, also BfArM, PEI und das **37** BVL (s. Rn. 1). Zu erfassen sind alle Verdachtsfälle von Nebenwirkungen, von denen die zuständige Bundesoberbehörde Kenntnis erlangt.

Zum Begriff der Nebenwirkung s. § 4 Rn. 87 und zum Begriff des Verdachtsfalles § 4 Rn. 107. Die **38** Bundesoberbehörden haben jeden ihnen bekannt gewordenen Verdachtsfall einer Nebenwirkung zu erfassen, unabhängig davon, wer diesen gemeldet hat oder wie dieser zu ihrer Kenntnis gelangt ist.

Entscheidend für die behördliche Erfassungspflicht ist, dass die Bundesoberbehörde von einem Ver- **39** dachtsfall **tatsächlich Kenntnis erlangt** haben muss; die bloße Möglichkeit hierzu reicht nicht aus. Die Behörde hat immer dann Kenntnis erlangt, wenn einer ihrer Mitarbeiter Informationen über einen Verdachtsfall erhält. Es kommt dabei nicht darauf an, auf welche Art und Weise der Mitarbeiter Kenntnis erlangt hat. Die Bundesoberbehörden müssen intern sicherstellen, dass Verdachtsfälle von Nebenwirkungen, die einem Mitarbeiter der Behörde bekannt werden, der zuständigen Stelle zugeleitet und sodann erfasst werden.

Eingehende Berichte von Verdachtsfällen (Individual Case Safety Reports ICSR) sollen so erfasst **40** werden, dass die gesammelten Berichte authentisch, akkurat, konsistent, nachweisbar und so vollständig wie möglich sind. Das zu gewährleisten, ist Teil des von den zuständigen Bundesoberbehörden zu etablierenden Systems[69]. Laut den Vorgaben des GVP-Moduls VI ist das System derart zu etablieren, dass die eingehenden Meldungen innerhalb eines angemessenen Zeitrahmens validiert, ausgewertet und zwischen den Behörden der Mitgliedstaaten und dem Zulassungsinhaber ausgetauscht werden können[70].

II. Meldeberechtigte

Jedermann ist berechtigt, bei den Bundesoberbehörden Verdachtsfälle von Nebenwirkungen zu melden. **41** Insbesondere Patienten und Angehörige von Gesundheitsberufen können Verdachtsfälle von Nebenwirkungen melden (zu deren Meldepflichten s. Vor § 62 Rn. 20 ff.). Inhaber der Zulassung oder Genehmigung sind zur Meldung verpflichtet (vgl. §§ 63c, h, i). Der Kreis der Meldeverpflichteten ist aber nicht auf diese beschränkt. Die zuständigen Bundesoberbehörden haben alle Meldungen über Verdachtsfälle zu erfassen. Der Verdachtsfall soll unabhängig davon erfasst werden, wer diesen gemeldet hat.

Einer Bestätigung der Meldung von Patienten durch einen Angehörigen der Gesundheitsberufe, dass **42** die Reaktion im Zusammenhang mit einem Arzneimittel steht, ist seit dem 2. AMG-ÄndG 2012 nicht mehr erforderlich[71].

Wegen der Erweiterung des Begriffs der Nebenwirkungen auf unerwartete Wirkungen auch außer- **43** halb des bestimmungsgemäßen Gebrauchs (s. § 4 Rn. 94) sind von der Meldepflicht auch alle unerwarteten Reaktionen erfasst, die infolge eines „off-label use", eines Fehlgebrauches, eines Missbrauchs, beruflicher Exposition oder eines Medikationsfehlers auftreten[72]. Davon erfasst ist auch die Meldung bei Verdacht auf eine über das übliche Maß einer Impfreaktion hinausgehende gesundheitliche Schädigung nach **§ 6 I Nr. 3 Infektionsschutzgesetz (IfSG)** an das örtlich zuständige Gesundheitsamt. Das Gesundheitsamt hat die Meldungen dann pseudonymisiert an das PEI weiterzuleiten[73].

III. Form der Meldung von Nebenwirkungen

1. Patienten und Angehörige der Gesundheitsberufe. Patienten werden durch den in § 11 I 1 **44** Nr. 5 geforderten **Standardtext** in der Packungsbeilage ausdrücklich aufgefordert, jeden Verdachtsfall einer Nebenwirkungen an ihren Arzt, Apotheker, Angehörigen der Gesundheitsberufe oder direkt an die zuständige Bundesoberbehörde zu melden (s. § 11 Rn. 36). Der Standardtext wurde im Bundesanzeiger am 7.8.2013 bekannt gegeben[74].

Die Meldungen durch Patienten oder Angehörige der Gesundheitsberufe können in jeder Form **45** erfolgen (Abs. 2 S. 2), sodass diese schriftlich (Post oder Fax), mündlich (direkt vor Ort oder telefonisch) oder elektronisch gemacht werden. Der Gesetzgeber favorisiert die Meldung auf dem elektronischen

---

[69] GVP–Modul VI. B.1. (Stand: 16.9.2014).
[70] GVP–Modul VI. B.1., B.2. (Stand: 16.9.2014).
[71] PEI, Bulletin zur Arzneimittelsicherheit, 02/2012, S. 18.
[72] BR-Drucks. 91/12, S. 96.
[73] PEI, Bulletin zur Arzneimittelsicherheit, 02/2012, S. 18.
[74] BAnz AT 7.8.2013 B10 vom 7.8.2013; damit begann auch die Frist gemäß § 146 II und III zur Aufnahme der Standardsätze in die Packungsbeilage und Fachinformation für nationale Zulassungen zu laufen.

Weg, da er dieses Kommunikationsmittel besonders hervorhebt. So kann die Meldung von Patienten und Angehörigen der Gesundheitsberufe über die eigens von dem PEI und dem BfArM eingerichtete Website erfolgen[75]. Das Formular für Patienten (**Consumer Reports**) ist im Vergleich zu dem der Fachkreise einfacher gestaltet und verlangt etwa keine Bewertung der Nebenwirkung[76].

46   Die Meldungen werden anonymisiert in die Datenbank der zuständigen Behörde aufgenommen, wobei Verbraucher zunächst ihre Kontaktdaten für eventuelle Rückfragen hinterlegen müssen, die dann später gelöscht werden können[77]. Sofern die Meldung nicht vollständig ist, kann eine Nachfrage erfolgen. Nach Prüfung der Vollständigkeit der Information wird die Meldung in anonymisierter Form in die Pharmakovigilanz-Datenbank der jeweiligen Behörde aufgenommen. Wissenschaftliche Mitarbeiter prüfen – wie bei der Meldung durch die Fachkreise auch –, ob die eingegangene Meldung auf ein neues Risikosignal hinweist[78].

47   **2. Inhaber der Zulassung.** Der Inhaber der Zulassung hat – anders als andere Meldende – nicht die Möglichkeit, einen Verdachtsfall formlos zu melden. Er ist nach Abs. 2 S. 3 in Verbindung mit § 63c II gesetzlich verpflichtet, einen Verdachtsfall einer Nebenwirkung ausschließlich auf dem elektronischen Weg zu melden. Hinsichtlich der Details wird auf die Kommentierung zu § 63c Rn. 19 verwiesen.

D. Meldepflichten der zuständigen Bundesoberbehörde (Abs. 3)

48   Abs. 3 regelt die Meldepflichten und Meldefristen, welche die zuständigen Bundesoberbehörden einzuhalten haben, nachdem sie von einem Verdachtsfall einer Nebenwirkung Kenntnis erlangt haben. Dabei differenziert Absatz 3 zwischen Nebenwirkungen, die bei Humanarzneimitteln aufgetreten sind und solchen bei Tierarzneimitteln.

I. Verdachtsfälle bei Humanarzneimitteln (Abs. 3 S. 1)

49   Die zuständige Bundesoberbehörde hat die ihr gemeldeten und im Inland aufgetretenen Verdachtsfälle einer schwerwiegenden Nebenwirkung innerhalb von 15 Tagen (**15-Tage-Frist**) elektronisch an die **EudraVigilance-Datenbank weiterzuleiten** (Abs. 3 S. 1 Halbs. 1). Was eine schwerwiegende Nebenwirkung ist, bestimmt sich nach der Legaldefinition des § 4 Abs. 13 S. 3 (s. § 4 Rn. 100).

50   Verdachtsfälle einer ihr gemeldeten und im Inland aufgetretenen nicht schwerwiegenden Nebenwirkung hat die zuständige Bundesoberbehörde innerhalb einer Frist von 90 Tagen (**90-Tage-Frist**) elektronisch zu übermitteln (Abs. 3 S. 1 Halbs. 2).

51   Die Meldefristen der zuständigen Bundesoberbehörde beruhen auf der Umsetzung des Art. 24 VO 726/2004/EG und Art. 107a IV RL 2001/83/EG in der Fassung der RL 2010/84/EG[79]. Bis sechs Monate nach voller Funktionsfähigkeit der EudraVigilanz-Datenbank hat die Bundesoberbehörde auch Meldungen an den Zulassungsinhaber weiterzuleiten; danach entfällt diese Pflicht[80].

II. Verdachtsfälle bei Tierarzneimitteln (Abs. 3 S. 2)

52   Die zuständige Bundesoberbehörde (BVL) hat die ihr gemeldeten und im Inland aufgetretenen schwerwiegenden Nebenwirkungen eines Tierarzneimittels unverzüglich, spätestens aber innerhalb von 15 Tagen (**15-Tages-Frist**) nach Bekanntwerden an die EMA (**EudraVigilance Veterinary**) sowie an den Zulassungsinhaber zu melden, soweit dieser von einem Verdachtsfall keine Kenntnis hat (Abs. 3 S. 2 AMG). Schwerwiegende Nebenwirkungen bei Tierarzneimitteln bestimmen sich nach § 4 XIII 3 und 4 (s. § 4 Rn. 100). Anders als bei Humanarzneimitteln kommt es hier bei einem Verdachtsfall darauf an, dass Nebenwirkungen bei dem bestimmungsgemäßen Gebrauch des Arzneimittels aufgetreten sind. Für weitere Details wird auf die Kommentierung zu § 63h verwiesen. Anders als bei Humanarzneimitteln sind bei Tierarzneimitteln nicht schwerwiegende Nebenwirkungen von der zuständigen Bundesoberbehörde nicht an die EMA weiter zu melden.

53   Treten Nebenwirkungen bei Tieren auf, die ein Arzneimittel erhalten haben, was an sich zur Anwendung beim Menschen bestimmt ist, stellt sich die Frage, wie verfahren werden soll. Der Wortlaut der Norm schweigt dazu. Dies begründet sich wohl daraus, dass nur in Ausnahmefällen Humanarzneimittel Anwendung bei Tieren finden sollen. Es ist ausnahmsweise zulässig, dass zur Behandlung von Krankheiten bei Tieren Medikamente eingesetzt werden, die zur Anwendung beim Menschen bestimmt sind, wenn kein entsprechendes oder alternatives Präparat für die Tierart zur Verfügung steht oder für das

---

[75] Die Website für Patienten – das PEI spricht von Verbrauchern – ist unter www.verbraucher-uaw.pei.de und für Angehörige der Gesundheitsberufe (Fachkreise) unter www.humanweb.pei.de zu finden.
[76] BfArM/PEI, Bulletin zur Arzneimittelsicherheit, 02/2012, S. 18.
[77] BfArM/PEI, Bulletin zur Arzneimittelsicherheit, 02/2012, S. 18; vgl. *Boos/Mentzer*, Monatsschrift Kinderheilkunde 2013, 851, 855.
[78] BfArM/PEI, Bulletin zur Arzneimittelsicherheit, 02/2012, S. 20.
[79] BR-Drucks. 91/12, S. 96.
[80] Art. 2 Nr. 1 in Verbindung mit Art. 15 Abs. 6 2. AMG-ÄndG 2012.

konkrete Anwendungsgebiet ein solches Arzneimittel fehlt und eine unmittelbare ernstliche Gefährdung (vgl. § 56a II 1 Nr. 3 AMG – Therapienotstand, Kaskadenregelung) droht. Da Humanarzneimittel auf diese Weise zum Einsatz gelangen, müssen auch die für Humanarzneimittel geltenden Vorschriften Anwendung finden. Alle unerwünschten Reaktionen eines Humanarzneimittels bei einem Tier unterliegen damit der Meldeverpflichtung nach Abs. 3 S. 1.

III. Bemessung der Meldefrist

Die 15-Tage-Frist sowie die 90-Tage-Frist umfassen jeden Wochentag und nicht ausschließlich Werktage. **54**

Der Fristbeginn wird in Abs. 3 S. 1 nicht ausdrücklich definiert. Anders als Abs. 2, der für die **55** behördliche Pflicht, Verdachtsfälle zu erfassen, auf die Kenntniserlangung abstellt, spricht Abs. 3 S. 1 schlicht davon, dass die zuständige Behörde jeden ihr gemeldeten Zwischenfall weiter zu melden hat.

Letztlich ist der Fristbeginn die „Meldung" – egal in welcher Form. Sie ist mit dem Zeitpunkt **56** gleichzusetzen, ab dem ein Mitarbeiter der Bundesoberbehörde von dem Verdachtsfall tatsächlich **Kenntnis erlangt**.

Hierfür spricht auch, dass Abs. 3 S. 3 hinsichtlich schwerer Nebenwirkungen bei Tierarzneimitteln **57** vorsieht, dass eine unverzügliche Meldung, spätestens aber innerhalb von 15 Tagen nach Bekanntwerden, zu erfolgen hat. Der Gesetzgeber verwendet die Termini „Kenntnis erlangen" und „**Bekannt werden**" synonym. Unterschiede in der Bewertung ergeben sich hieraus nicht.

IV. Zusammenarbeit zur Vermeidung von Doppelerfassungen (Abs. 3 S. 3)

Abs. 3 S. 3 sieht vor, dass die zuständige Bundesoberbehörde mit der EMA und dem Zulassungs- **58** inhaber zusammenzuarbeiten hat, insbesondere um Doppelerfassungen von Verdachtsfällen von Nebenwirkungen zu vermeiden, Art. 107a III der RL 2001/83/EG in der Fassung der RL 2010/84/EG. Die genaue Funktionsweise der Zusammenarbeit wird unter Rn. 17 beschrieben.

Abs. 3 S. 3 differenziert nicht zwischen Human- und Tierarzneimitteln. Die zuständige Bundesober- **59** behörde (BVL) und die EMA haben damit auch bei der Befassung und Bewertung von Nebenwirkungen bei Tierarzneimitteln zusammenzuarbeiten.

V. Beteiligung von Dritten bei der Nachverfolgung der Meldungen (Abs. 3 S. 4)

Die Behörde kann Patienten, Angehörigen der Gesundheitsberufe und den Zulassungsinhaber ein- **60** beziehen, um die eingegangenen Meldungen zu verfolgen. Die Zusammenarbeit soll auch dazu dienen, die Korrektheit der Meldung zu verifizieren, zu vervollständigen und sonstwie nachzuverfolgen, diese unvollständig ist oder weitere Angaben erforderlich sind, sie nachverfolgen zu können[81].

E. Mittelkontrolle zur Unabhängigkeitswahrung (Abs. 4)

Absatz 4 basiert auf Art. 105 I RL 2001/83/EG in der Fassung der RL 2010/84/EG. Die zuständige **61** Bundesoberbehörde hat die Verwaltung der Mittel für die Pharmakovigilanz-Tätigkeiten zu überwachen. Das umfasst alle Tätigkeiten, die im Zusammenhang mit der Einhaltung der Pharmakovigilanz-Vorgaben, der Kommunikationswege und der Marktüberwachung stehen (Abs. 4). Nach der RL 2010/84/EG sollen die zuständigen nationalen Behörden mit angemessenen Mitteln ausgestattet werden, um ihren Pharmakovigilanz-Tätigkeiten nachkommen zu können[82]. So sollen die Behörden auch ermächtigt werden, Gebühren von den jeweiligen Zulassungsinhabern zu verlangen[83]. Hierdurch soll die Unabhängigkeit der Pharmakovigilanz-Tätigkeiten der zuständigen Bundesoberbehörde sichergestellt werden[84], was aus deutscher Sicht eine Selbstverständlichkeit darstellt[85].

Die Gebühren für Pharmakovigilanzaktivitäten der EMA für zentral zugelassene Arzneimittel (Be- **62** wertung regelmäßig aktualisierter Unbedenklichkeitsberichte (PSUR), Unbedenklichkeitsstudien nach der Zulassung (PASS) und Bewertungen im Rahmen europäischer Risikobewertungsverfahren) werden für Verfahren seit dem 26. August 2014 und die Jahresgebühr ab dem 1.7.2015 nach der „Fee Regulation" oder „Pharmakovigilanz-Gebührenverordnung" **VO (EU) Nr. 658/2014** erhoben. Die Gebühren der jeweils zuständigen Bundesoberbehörden in Deutschland richten sich nach der AMG-Kostenverordnung. In Anlage 1 (Gebührenverzeichnis) der AMG-Kostenverordnung sind Gebühren für die Bewertung von PSUR und Pharmakovigilanz-Inspektionen (vgl. Ziff. 14) vorgesehen; Leistungen im Zusammenhang mit individuell zurechenbaren nicht-interventionellen Unbedenklichkeitsprüfungen sind ebenfalls gebührenpflichtig (vgl. Ziff. 15).

---

81 BR-Drucks. 91/12, S. 96 f., vgl. auch Art. 102 Buchst. e) RL 2001/83/EG i. d. F. der RL 2010/84/EG.
82 Erwägungsgrund 30, RL 2010/84/EG.
83 Erwägungsgrund 30, RL 2010/84/EG.
84 BR-Drucks. 91/12, S. 97.
85 So *Rehmann*, § 62 Rn. 4.

F. Behördliche Maßnahmen der Pharmakovigilanz (Abs. 5)

I. Allgemeines

63   Die in Nr. 1 bis 3 genannten Maßnahmen sind nicht abschließend (vgl. Abs. 5 „insbesondere"). Die Behörde kann weitere erforderliche Maßnahmen im Rahmen ihrer Pharmakovigilanz-Tätigkeit ergreifen. Abs. 5 stellt keine Rechtsgrundlage für belastendes staatliches Handeln dar, sondern ist eine Aufgabenzuweisungsnorm. Will die Behörde hoheitliche Maßnahmen ergreifen, muss sie ihre Tätigkeit auf anderenorts zu findende Befugnisnormen stützen. Weitere Maßnahmen (wie auch Befugnisse) finden sich im Stufenplan (dort Ziff. 6.1.) aufgelistet. Abs. 5 geht auf Art. 107h I RL 2001/83/EG in der Fassung der RL 2010/84/EG zurück, wobei der deutsche Gesetzgeber bei der Umsetzung der Richtlinie deren genauen Wortlaut übernommen hat. Die zuständige Bundesoberbehörde hat in Zusammenarbeit mit der EMA im Wesentlichen die in Abs. 5 genannten Aufgaben und Pflichten im Rahmen der Arzneimittelüberwachung zu erfüllen.

64   Die genannten Maßnahmen dienen dazu, den Umgang mit bekannten Risiken zu überwachen (insbes. Nr. 1 und Nr. 2), Anzeichen für neue oder veränderte Risiken oder für Änderungen des Risiko-Nutzenverhältnisses zu erkennen (insbes. Nr. 3, sog. Signal-Detection). Bei der EMA ist für diese Aufgaben der Ausschuss für Risikobewertung (Pharmacovigilance Risk Assessment Committee – PRAC) zuständig[86]. Vgl. zur Signalerkennung auch das GVP-Modul IX-Signal Management und Rn. 68 ff.

II. Anwendungsbereich

65   Die in Abs. 5 geregelten Maßnahmen zur Einhaltung des Pharmakovigilanz-Systems beziehen sich ausschließlich auf **Arzneimittel, die zur Anwendung beim Menschen bestimmt** sind. Dies entspricht Art. 107h I des Humanarzneimittelkodex.

66   Im Tierarzneimittelkodex fehlt eine entsprechende Regelung. Hinsichtlich der für Tierarzneimittel geltenden Meldepflichten von schwerwiegenden Nebenwirkungen und sonstigen Pharmakovigilanz-Pflichten, s. dazu Rn. 52 ff. sowie die Kommentierung zu § 63h. Die Art. 73 I RL 2001/82/EG regelt zwar, dass die Mitgliedstaaten ein Pharmakovigilanz-System einzurichten haben, als auch dass die Agentur ein Datennetz zum Austausch mit den Mitgliedstaaten einzurichten hat (Art. 76 RL 2001/82/EG). Welche speziellen Maßnahmen die zuständige Bundesoberbehörde aber treffen kann, regelt der Tierarzneimittelkodex nicht. Näheres hierzu ist aber in der Eudravigilance Volume 9B, Guidelines on Pharmacovigilance für Medicinal Products for Veterinary Use geregelt.

III. Inhalt der Sicherstellungsmaßnahmen

67   **1. Überwachung der Risikominimierungsmaßnahmen.** Die Behörden haben die Maßnahmen zu überwachen, die der Risikominimierung dienen und Teil der Risikomanagement-Pläne (Risk Management Plan) der Zulassungsinhaber sind. Davon umfasst wird auch die Überwachung der nach § 28 III, IIIa und IIIb AMG ergangenen Auflagen. Was Risikomanagement-Pläne sind, ist in § 4 XXXVII (s. Rn. 271) definiert.

68   **2. Beurteilung Risikomanagement-System.** Das Risikomanagement-System definiert sich nach § 4 Rn. XXXVI (s. dort Rn. 261). Jegliche Aktualisierungen des Risikomanagement-Systems des Inhabers der Zulassung sind von den Behörden zu beurteilen. Einzelheiten zu den Anforderungen an das Risikomanagement-System, die Risikomanagement-Pläne sowie zu den entsprechenden Bewertungsmaßstäben ergeben sich aus der **Guideline GVP-Modul V – Risk Management Systems** und der **Guideline GVP-Modul I Pharmacovigilance Systems and their Quality Systems.**

69   **3. Datenauswertung zur Nutzen-Risiko-Bewertung.** Schließlich haben die Behörden die in die **EudraVigilance-Datenbank** eingegebenen Daten auszuwerten dies ist Teil der **(Signal Detection)**[87]. Sinn und Zweck der Auswertung ist, zu ermitteln, ob neue Risiken hinzugekommen sind oder unverändert die gleichen auftreten, und ob das Nutzen-Risiko-Verhältnis davon beeinflusst wird. Das konkrete Verfahren zum Signal Management wird in der **Guideline GVP Modul IX – Signal Management** beschrieben. Weitere Vorgaben finden sich in dem **Report der CIOMS Working Group VIII**[88] und in der **Guideline on the Use of Statistical Signal Detection Methods in the EudraVigilance Data Analysis System**[89].

---

[86] Art. 107h Abs. 2 RL 2001/83/EG i. d. F. der RL 2010/84/EG.
[87] Aufgabenbeschreibung in GVP-Modul IX. C.1.2. (Stand: 2.7.2012).
[88] *CIOMS*, Practical Aspects of Signal Detection in Pharmacovigilance: Report of CIOMS Working Group VIII, 2015.
[89] EMA, Guideline on the Use of Statistical Signal Detection Methods in the EudraVigilance Data Analysis System, EMEA/106464/2006 rev. 1 (Stand: 26.6.2008).

Die Behörden führen eine statistische Analyse der Pharmakovigilanzdaten einmal pro Monat durch; **70** für Arzneimittel unter zusätzlicher Überwachung alle 2 Wochen[90]. Letztgenannte Arzneimittel sind mit einem schwarzen Dreieck gekennzeichnet. Bei diesen Aufgaben sollen die zuständigen Behörden der Mitgliedsstaat, die EMA, PRAC und die Zulassungsinhaber zusammen arbeiten[91].

Wurde ein Sicherheitsrisiko erkannt und ein Handeln für notwendig erachtet, leitet die zuständige **72** Bundesoberbehörde durch ein Team von Experten dem Zulassungsinhaber verschiedene Fragen zu, um herauszufinden, ob die Risiko-Nutzen-Balance noch annehmbar ist. Die Frist zur Bearbeitung dieser Fragen hängt von der Dringlichkeit ab. Die zuständige Bundesoberbehörde kann daraufhin Maßnahmen ergreifen, die nur auf nationaler Ebene, oder auf Ebene der EU gelten können[92].

Der Zulassungsinhaber hat die in der EudraVigilance-Datenbank gespeicherten Daten ebenfalls zu **73** überwachen (**Monitoring**)[93]. Als Unterstützung wird ein so genannter **electronic Reaction Monitoring Report (eRMP)** zur Verfügung gestellt (vgl. zu seinem Signal Management § 63d Rn 8).

G. Pharmakovigilanz-Inspektionen (Abs. 6)

I. Allgemeines

Abs. 6 regelt die Durchführung behördlicher Pharmakovigilanz-Inspektionen. Die Vorschrift ist eine **74** Befugnisnorm. Abs. 6 gibt teils den bisherigen § 63b Va a. F. wieder, wobei er allerdings wegen der Vorgaben des Art. 111 I und VIII RL 2001/83/EG in der Fassung der RL 2010/84/EG erweitert wurde. Mit Art. 111 I und VIII RL 2001/83/EG wurde das Ziel verfolgt, das Überwachungssystem innerhalb der Mitgliedstaaten der Europäischen Union zu harmonisieren[94]. Konkretere Vorgaben an die Pharmakovigilanz-Inspektionen ergeben sich zudem aus der VO 726/2004/EG **und aus dem GVP Modul III – Pharmacovigilance Inspections.**

Abs. 6 differenziert bis auf seinen letzten Satz nicht zwischen Human- und Tierarzneimitteln und **75** macht damit keinen Unterschied hinsichtlich der Inspektionen von Einrichtungen die Tier- oder Humanarzneimittel herstellen, in den Verkehr bringen und/oder prüfen.

II. Zuständigkeiten

1. Zuständige Bundesoberbehörde. Abs. 6 (§ 63b Va a. F.) befugt die zuständige Bundesoberbe- **76** hörde zu sog. Pharmakovigilanz-Inspektionen in allen Betrieben und Einrichtungen, die Arzneimittel herstellen, in den Verkehr bringen oder klinisch prüfen. Die Zuständigkeit der Bundesoberbehörde ist eine Folge der §§ 62 I, 22 II 5, 5a und 6, die das Pharmakovigilanz-System der Prüfung der Bundesbehörden unterstellen. Die zuständige Bundesoberbehörde bestimmt sich nach § 77. Das Recht besteht auch gegenüber den Unternehmen, die einer in den S. 1 genannten Betrieben und Einrichtungen beauftragt wurden, Abs. 6 S. 3. Für zentral zugelassene Arzneimittel kann die Bundesoberbehörde von der EMA mit der Durchführung von Inspektionen beauftragt werden[95]. Bei solchen Arzneimitteln ist nach Art. 18 VO (EG) Nr. 726/2004 diejenige nationale Behörde, auf deren Territorium der Zulassungsinhaber die Pharmakovigilanz-Stammdokumentation führt, für die Durchführung einer Pharmakovigilanz-Inspektion zuständig[96].

2. Landesbehörden. Wegen der Zuständigkeit der Landesbehörden für die allgemeine Überwachung **77** von Arzneimitteln schreibt Abs. 6 S. 2 vor, dass die Inspektionen „im Benehmen" mit dieser zu erfolgen haben. Dies bedeutet, dass die Bundesoberbehörde die Landesbehörde vorab anhört und deren Hinweis zur Sache berücksichtigt; eine Übereinstimmung mit der zuständigen Landesbehörde ist nicht herzustellen[97]. Zwar überschneiden sich die Zuständigkeiten der Bundes- und Landesbehörden, der Fokus der jeweiligen Prüfung ist jedoch ein anderer. Damit ist nicht davon auszugehen, dass den Landesbehörden die Überwachung im Bereich der Pharmakovigilanz gänzlich entzogen ist. Risiken durch unerwünschte Arzneimittelwirkungen, die in der Substanz oder dem Zulassungsprinzip begründet sind, fallen in die Zuständigkeit der Bundesoberbehörde; Risiken durch Mängel in der Herstellung oder mit anderweitigem Chargenbezug fallen in die Zuständigkeit der Landesbehörde. Gemäß § 63a fallen dem deutschen Stufenplanbeauftragten teils beide Verantwortungsbereiche zu. Aufgrund der immer größer werdenden Bedeutung einer einheitlichen Überwachung auch durch die Bundesländer, wurde das Abkommen über die Zentralstelle der Länder über den Gesundheitsschutz (ZLG) auch auf Arzneimittel erweitert. Die

---

[90] Vgl. GVP-Modul IX. C.2. (Stand: 2.7.2012).
[91] GVP-Modul IX. C. (Stand: 2.7.2012).
[92] *Hagemann/Paeschke,* in: Mann´s Pharmacovigilance, S. 211.
[93] Art. 18 Abs. 2 Durchführungs-VO 520/2012/EG; GVP-Modul IX. C.1.5. (Stand: 2.7.2012).
[94] BR-Drucks. 91/12, S. 97.
[95] Art. 19 I und Art. 44 I VO (EG) Nr. 726/2004.
[96] *Thiele,* in: Fuhrmann/Klein/Fleischfresser, § 26 Rn. 82.
[97] BVerwGE 98, 258, 262.

ZLG übernimmt zahlreiche Koordinierungsfunktionen und unterstützt die Länder bei der Fortentwicklung der Qualitätssicherung hinsichtlich Arzneimittelüberwachung und Arzneimitteluntersuchung[98].

78   **3. Beauftragte der zuständigen Bundesoberbehörde.** Nach Abs. 6 S. 2 kann die zuständige Bundesoberbehörde Beauftragte, zum Beispiel eines amtlichen Kontrolllabors oder eines zu diesem Zweck benannten Labors, für Stichproben[99] in die Betriebe und Einrichtungen schicken. Diese werden dann im Benehmen (s. zum Begriff Rn. 76) mit der zuständigen Behörde tätig.

III. Adressat/Auditierte Betriebe/Einrichtungen

79   Adressat der Pharmakovigilanz-Inspektionen sind alle Betriebe und Einrichtungen, die Arzneimittel herstellen (s. § 4 Rn. 115), in den Verkehr bringen (s. § 4 Rn. 139) oder klinisch prüfen (s. § 4 Rn. 184). Zum Adressatenkreis gehören auch die in § 63c IV Nr. 1 und 2 Genannten. Vgl. im Einzelnen zu den vorgenannten Betrieben und Einrichtungen auch die Kommentierung zu § 64 I (dort Rn. 16 ff.), wobei der Kreis der dortigen Adressaten weiter gezogen ist. Ebenfalls erfasst sind Beauftragte der vorgenannten Betriebe und Einrichtungen (Abs. 1 S. 2). Zum Beauftragten eines Herstellungsbetriebes s. § 16 Rn. 7. Zum Beauftragten im Rahmen einer klinischen Prüfung s. § 40 Rn. 22; im Sinne des § 63 VI gehören hierzu CRO (Contract Research Organisation) und ähnliche Beauftragte (Monitor), der legal representative, die Prüfeinrichtung und der Prüfer. Inspektionen in Drittländern werden in Zusammenarbeit mit der EMA koordiniert[100].

IV. Gegenstand und Ablauf der Inspektionen

80   Die Vorschrift beruht auf Art. 111 I Uabs. 5 Buchst. d) RL 2001/83/EG bzw. Art. 80 I Uabs. 5 Buchst. d) RL 2001/82/EG. Die Neuregelung nimmt Bezug die Regelung des § 4 I 1 Nr. 3 der Allgemeinen Verwaltungsvorschrift zur Durchführung des Arzneimittelgesetzes. Danach kann die zuständige Bundesoberbehörde die Inspektionen regelmäßig und, wenn erforderlich, unangemeldet durchführen und die entsprechenden Maßnahmen vornehmen. Die Inspektion soll die Einhaltung der in Abschnitt 10 geregelten Verpflichtungen sicherstellen[101]. Hierzu gehört auch die Stellung und Arbeit des Stufenplanbeauftragten.

81   Grundsätzlich sind verschiedene Arten der Inspektionen zu unterscheiden: Routineinspektionen, anlassbezogene Inspektionen, Inspektionen vor und nach der Zulassung des Arzneimittels (pre-authorisation und post-authorisation inspections), angemeldete und unangemeldete Inspektionen, Wiederholungsinspektionen insbesondere dann, wenn Mängel festgestellt wurden und Fern-Inspektionen (remote inspections)[102]. Der genauere Inhalt wie auch der Ablauf der Inspektionen richtet sich nach der Art der Inspektion und wird in dem GVP Modul III-Pharmacovigilance Inspections beschrieben. Weiter halten die Bundesoberbehörden auf ihren Homepages Mitteilungen zum Ablauf einer Pharmakovigilanz-Inspektion bereit[103]. Das BfArM hat auch ein Muster der Dokumentation zur Vorbereitung einer Pharmakovigilanz-Inspektion veröffentlicht[104]. Bei angemeldeten Inspektionen erhält der pharmazeutische Unternehmer etwa zwei Monate vor dem Inspektionstermin dieses oder ein ähnliches Muster zur Vervollständigung und Einreichung beim BfArM. Daraus können die Unternehmen aber auch wertvolle Tipps für die korrekte Einhaltung der Pharmakovigilanzvorschriften entnehmen[105]. Letztlich ergibt sich aus den GVP-Modulen I-IV recht genau, was Gegenstand einer Pharmakovigilanz-Inspektion sein kann[106]. Hilfreich ist auch die „Procedure for conducting Pharmacovigilance inspections requested by the CHMP"[107]. Diese Leitlinie legt fest, welche Aspekte des Pharmakovigilanzsystems geprüft werden sollen.

82   Pharmakovigilanz-Inspektionen sind grundsätzlich gebührenpflichtig; die entsprechenden Gebühren ergeben sich aus der an das 2. AMG-ÄndG 2012 angepassten AMG-KostV (Ziff. 14).

---

[98] *Thiele,* in: Fuhrmann/Klein/Fleischfresser, § 26 Rn. 89.

[99] Art, 111 Abs. 1 RL 2001/83/EG i. d. F. der RL 2010/84/EG.

[100] Art. 111 Abs. 1 RL 2001/83/EG i. d. F. der RL 2010/84/EG; GVP-Modul III. B.3. (Stand: 16.9.2014); ungenau BR-Drucks. 91/12, S. 97.

[101] So BT-Drucks. 15/5316, S. 44. Das Pharmakovigilanz-System ist nach § 22 II Nr. 5 seit der 14. AMG-Novelle bereits in den Zulassungsunterlagen detailliert zu beschreiben.

[102] Vgl. GVP-Modul III.B.1.2., B.1.7. (Stand: 16.9.2014); für weitere Details vgl. auch *Ernst/Kroth,* PharmInd 2013, 764, 766 f.

[103] Vgl. für das BfArM, Mitteilung zur Pharmakovigilanz-Inspektionen, abrufbar unter www.bfarm.de.

[104] Dazu näher auf der Website des BfArM unter www.bfarm.de.

[105] Vgl. *Kori-Linder/Sickmüller/Eberhardt,* PharmInd 2008, 207, 212 f., hier wird auch eine Checkliste zur Selbstinspektion angegeben.

[106] Vgl. auch *Scholz,* PharmInd 2015, 844, 846 ff.

[107] EMA, Procedure for conducting pharmacovigilance inspections requested by the CHMP, EMEA/INS/GCP/218148/2007 (Stand: 12.11.2007).

V. Befugnisse (S. 2)

§ 63 VI 1 gibt den Bundesoberbehörden die folgenden Befugnisse. Die zuständige Bundesoberbehör- **83** de kann in Absprache mit der zuständigen lokalen Behörde die Betriebs- und Geschäftsräume zu den üblichen Geschäftszeiten betreten und die entsprechenden Unterlagen einschließlich der Pharmakovigilanz-Stammdokumentation einsehen (Abs. 6 S. 2). Korrespondierend gelten für die inspizierten Einrichtungen entsprechende Duldungs- und Mitwirkungspflichten. Die Befugnisse des § 63 VI 1 können mit Mitteln des Verwaltungszwanges durchgesetzt werden (s. § 64 Rn. 124).

Betreten von Betriebs- und Geschäftsräumen. s. hierzu die Kommentierung in § 64 Rn. 95; **84** anders als dort dürfen im Rahmen einer Pharmakovigilanz-Inspektion keine Wohnräume (und auch keine Beförderungsmittel) betreten werden und auch keine Bildaufzeichnungen angefertigt werden. Es dürfen nur solche Räume betreten werden, in denen Pharmakovigilanz-Tätigkeiten ausgeführt werden. Die Räume dürfen nur zu den üblichen Geschäftszeiten betreten werden (s. . § 64 Rn. 98).

Einsehen von Unterlagen, einschließlich der Pharmakovigilanz-Stammdokumentation. S. **85** hierzu die Kommentierung in § 64 Rn. 106 sowie zur Pharmakovigilanz-Stammdokumentation § 4 XXXIX, vgl. § 4 Rn. 307. Es dürfen nur Unterlagen im Zusammenhang mit Pharmakovigilanz eingesehen werden; wobei der Zweck der Pharmakovigilanz-Inspektion insoweit eine weite Auslegung erfordert. Auch das Einsehen von elektronischen Datenträgern ist wohl noch von der Vorschrift gedeckt. Die betreffenden Unterlagen dürfen eingesehen, aber nicht kopiert werden.

Zum Anspruch auf Auskunft. s. die Kommentierung in § 64 Rn. 112. Auskünfte dürfen nur **86** gefordert werden, soweit sie für die Zwecke der Pharmakovigilanz-Inspektion erforderlich sind. Zur Auskunftsverweigerung vgl. § 64 V, der hier entsprechend gilt.

Den zuständigen Behörden gibt **§ 4 I 1 Nr. 3 Allgemeine Verwaltungsvorschrift zur Durch- 87 führung des Arzneimittelgesetzes** (AMGVwV) weitere Vorgaben für die Durchführung von Pharmakovigilanz-Inspektionen. Zwar verweist § 4 I 1 Nr. 3 AMGVwV noch auf § 63b Va a. F. Bis die Bundesregierung dies behoben hat, kann § 4 I 1 Nr. 3 AMGVwV jedoch analog auf Pharmakovigilanz-Inspektionen nach § 62 VI angewendet werden, was auch durch den Verweis der Gesetzesbegründung zu § 4 AMGVwV deutlich wird.

VI. Inspektionsbericht- und Stellungnahmerecht (S. 4, 5 und 6)

1. Inspektionsbericht. Die zuständige Behörde hat nach § 62 VI 4 einen entsprechenden Inspekti- **88** onsbericht zu verfassen. Auch die auf dieser Basis festgestellten Mängel werden in „Critical" „Major" und „Minor" eingeteilt (s. auch Rn. 35)[108]. Der Bericht ist den Betrieben und Einrichtungen zur anschließenden Stellungnahme zu übergeben.

2. Stellungnahme (Abs. 6 S. 5 und 6). Kommt der Inspektionsbericht zu dem Ergebnis, dass der **89** Betrieb oder die Einrichtung die Anforderungen der Pharmakovigilanz nicht erfüllt und die Angaben in der Pharmakovigilanz-Stammdokumentation tatsächlich nicht eingehalten werden oder die Pharmakovigilanz-Stammdokumentation lückenhaft ist, muss die zuständige Bundesoberbehörde den Zulassungsinhaber auf die festgestellten Mängel hinweisen (§ 62 VI 6). Der Zulassungsinhaber erhält dann die Möglichkeit, hierzu explizit Stellung zu nehmen, § 62 VI 7.

3. Nachverfolgung. Soweit der Bericht Mängel während der Pharmakovigilanz-Inspektion fest- **90** gestellt hat, wird die zuständige Bundesoberbehörde diese Mängel nachverfolgen und die Beseitigung derselben veranlassen[109]. Die Nachverfolgung richtet sich nach dem festgestellten Mangel. Verschiedene mögliche Maßnahmen sind im GVP-Modul III.B.6. genannt. Bei Fällen erheblicher Verletzungen der Pharmakovigilanz-Pflichten sind auch Sanktionen bis hin zum Widerruf der Zulassung und Produktrückruf möglich (vgl. GVP-Modul III.B.7.). In Betracht kommt auch die Verhängung eines Bußgeldes, insbesondere nach § 97 II Nr. 24 c–q. Bei zentral zugelassenen Arzneimitteln kommen Sanktionen nach der VO (EG) Nr. 658/2007 in der Fassung der VO (EU) Nr. 488/2012 in Betracht.

VII. Informationspflicht bei Humanarzneimitteln (S. 7)

Werden Mängel im Rahmen der Inspektion festgestellt und handelt es sich um einen Betrieb der **91** Arzneimittel, die zur Anwendung beim Menschen bestimmt sind, herstellt, in Verkehr bringt oder prüft, so hat die zuständige Behörde die zuständigen Behörden der anderen Mitgliedstaaten, die EMA als auch die Europäische Kommission zu informieren. Zusätzlich hat die zuständige Bundesoberbehörde die entsprechenden Maßnahmen zu ergreifen, um den Mangel zu beseitigen[110].

---

[108] Vgl. *Thiele*, in: Fuhrmann/Klein/Fleischfresser, § 26 Rn. 82, 83.
[109] BR-Drucks. 91/12, S. 97.
[110] BR-Drucks. 91/12, S. 97.

92   Diese Verpflichtung besteht nach dem Wortlaut der Norm ausschließlich nur für Mängel in der Pharmakovigilanz, die bei Humanarzneimitteln aufgetreten sind. Anders als in dem übrigen Abs. 6 differenziert hier der Gesetzgeber; für Tierarzneimittel gilt die Informationspflicht nicht.

§ 63 Stufenplan

[1] **Die Bundesregierung erstellt durch allgemeine Verwaltungsvorschrift mit Zustimmung des Bundesrates zur Durchführung der Aufgaben nach § 62 einen Stufenplan.** [2] **In diesem werden die Zusammenarbeit der beteiligten Behörden und Stellen auf den verschiedenen Gefahrenstufen, die Einschaltung der pharmazeutischen Unternehmer sowie die Beteiligung der oder des Beauftragten der Bundesregierung für die Belange der Patientinnen und Patienten näher geregelt und die jeweils nach den Vorschriften dieses Gesetzes zu ergreifenden Maßnahmen bestimmt.** [3] **In dem Stufenplan können ferner Informationsmittel und -wege bestimmt werden.**

Wichtige Änderungen der Vorschrift: S. 1 und 2 geändert durch Art. 23 Nr. 3 des GKV-Modernisierungsgesetzes vom 14.11.2003 (BGBl. I S. 2190)[1].

Europarechtliche Vorgaben: vgl. Art. 101 f. RL 2001/83/EG; Art. 72 f. RL 2001/82/EG.

Literatur: *Amler,* Europäisierung der Pharmakovigilanz, 2013; *Ernst/Thiele/Kroth,* Fast 35 Jahre Stufenplanverfahren in Deutschland. Ein Blick zurück – Teil 1: Vorstellung des Verfahrens und Beispiele, PharmInd 2014, 1010–1015, Teil 2 – Die Hochphase der Stufenplanverfahren, PharmInd 2014, 1524–1528 und Teil 3 – Die Class Reviews, PharmInd 2014, 1694–1698; *Fuhrmann,* Sicherheitsentscheidungen im Arzneimittelrecht, 2005; *Hohm,* Arzneimittelsicherheit und Nachmarktkontrolle, 1990.

Übersicht

A. Allgemeines

I. Inhalt

1   § 63 ermächtigt die Bundesregierung zum Erlass einer allgemeinen Verwaltungsvorschrift zur Zusammenarbeit der nationalen Behörden und anderer Stellen bei der Durchführung ihrer Aufgaben der Pharmakovigilanz nach § 62. § 63 verwies ursprünglich auf § 62 in seiner alten Fassung vor den dortigen umfangreichen Änderungen des 2. AMG-ÄndG 2012. Die Verweisung macht aber weiterhin Sinn, da § 62 nach wie vor die Pharmakovigilanzpflichten der zuständigen Bundesoberbehörde regelt und in seinem Abs. 1 S. 2 ausdrücklich fordert, dass die zuständige Bundesoberbehörde mit den Behörden der Bundesländer, den Arzneimittelkommissionen der Kammern der Heilberufe, nationalen Pharmakovigilanzzentren und mit anderen Stellen, die Arzneimittelrisiken erfassen, zusammenarbeitet.

II. Zweck

2   Der Stufenplan dient der Koordination der Arbeit der Bundesoberbehörden und anderer beteiligter Behörden und Stellen bei ihrem Umgang mit Arzneimittelrisiken. Der Stufenplan sieht dabei ein Vorgehen nach Gefahrenstufen (Gefahrenstufe I und II) vor, daher auch der Begriff „Stufenplan"[2].

---

[1] Es wurden u. a. die Erlasszuständigkeit vom BMG auf die Bundesregierung übertragen und die Beteiligung des Beauftragten der Bundesregierung für die Patientenbelange geregelt, vgl. BT-Drucks. 15/1525, S. 165.
[2] *Ernst/Thiele/Kroth,* PharmInd 2014, 1010, 1010.

III. Verhältnis zum Europäischen Risikoverfahren

Das Stufenplanverfahren sieht in seinen Regelungen zur Gefahrenstufe II (s. hierzu noch Rn. 14 ff.) **3** einzelne behördliche Maßnahmen vor, die die zuständige Bundesoberbehörde ergreifen kann, um das mit einem Arzneimittel oder einer Gruppe von Arzneimitteln verbundene Risiko zu minimieren. Zu den Maßnahmen gehören unter anderem einige Maßnahmen, die die Arzneimittelzulassung berühren, wie etwa der Widerruf und die Rücknahme der Zulassung oder Anordnungen zur Änderung der Packungsbeilage. Solche zulassungsrelevanten Maßnahmen sind den deutschen Bundesoberbehörden mittlerweile europarechtlich nur insoweit erlaubt, als sie nicht in Konflikt mit europäischen Verfahren geraten, die ihrerseits Änderungen der Arzneimittelzulassung vorsehen. Das sind bei Humanarzneimitteln die europäischen Risikoverfahren nach Art. 31 RL 2001/83/EG (Standardverfahren) bzw. nach § 63e i. V. m. 107i RL 2001/83/EG (Dringlichkeitsverfahren, Urgent Union Procedure). Bei Tierarzneimitteln gelten Art. 35 bzw. Art. 40 RL 2001/82/EG. Besteht ein Gemeinschaftsinteresse an einer länderübergreifenden Gefahrenabwehr (vgl. hierzu die Kommentierung zu § 63e) laufen die vorgenannten Verfahren an. Ein Gemeinschaftsinteresse ist bei Risiken von Arzneimitteln, die im gegenseitigen Anerkennungsverfahren **(MRP)** bzw. im dezentralisierten Verfahren **(DCP)** zugelassen wurden, regelmäßig gegeben. Daher tritt der nationale Stufenplan bei solchen Arzneimitteln gegenüber den europäischen Verfahren in weiten Teilen als subsidiär zurück. Gleiches gilt bei **zentral zugelassenen Arzneimitteln** für die – sofern ausschließlich zentral zugelassene Produkte betroffen sind – das Verfahren nach Art. 20 VO (EG) Nr. 726/2004 gilt[3]. Die Koordination der erforderlichen Maßnahmen für solche Arzneimittel wird durch die europäischen Behörden übernommen.

Der Stufenplan gilt damit vollumfänglich nur noch bei rein national zugelassenen Arzneimitteln[4]. Der **4** Stufenplan regelt insoweit die Meldewege innerhalb Deutschlands hin zur zuständigen Bundesoberbehörde, die sodann Arzneimittelrisiken im Rahmen der europäischen Verfahren weiter meldet. Daher verweist der Stufenplan in Bezug auf MRP- und DCP-Arzneimittel auf § 69 Ia (vgl. 5.3 Stufenplan in seiner noch nicht an das 2. AMG-ÄndG 2012 angepassten Fassung). § 69 Ia sieht in seinem ersten Satz vor, dass die zuständige Bundesoberbehörde den Ausschuss für Humanarzneimittel oder den Ausschuss für Tierarzneimittel über Verstöße gegen arzneimittelrechtliche Vorschriften nach Maßgabe der europäischen Vorschriften unterrichtet. Im Rahmen der europäischen Pharmakovigilanzverfahren ist es den Mitgliedstaaten erlaubt, zum Schutz der öffentlichen Gesundheit die gebotenen Sofortmaßnahmen bis zu einer endgültigen Entscheidung auf europäischer Ebene zu ergreifen, also insbesondere die Genehmigung für das Inverkehrbringen auszusetzen und die Anwendung des Arzneimittels im jeweiligen Mitgliedstaat zu verbieten (Art. 107i II RL 2001/83/EG, Art. 40 RL 2001/82/EG und Art. 20 VI VO (EG) Nr. 726/2004). Um diese Sofortmaßnahmen zu koordinieren, findet der nationale Stufenplan weiterhin Anwendung. Weiter gilt er bei der nationalen Umsetzung von Entscheidungen, die auf europäischer Ebene im Rahmen der vorgenannten Verfahren ergangen sind[5].

B. Stufenplan vom 9.2.2005

I. Erstellung (S. 1)

Die Bundesregierung hat auf der Grundlage des § 63 mit Zustimmung des Bundesrates zuletzt am **5** 9.2.2005 einen Stufenplan[6] erlassen. Dieser hat den Stufenplan vom 4.3.1990[7] ersetzt. Mit der Neufassung sollte eine Anpassung an die geänderten gesetzlichen Vorgaben, aber auch eine Entbürokratisierung und Vereinfachung der Anwendung erreicht werden[8]. Seither wurde der Stufenplan nicht mehr aktualisiert.

II. Rechtsnatur

Als Allgemeine Verwaltungsvorschrift kommt dem Stufenplan keine unmittelbare Außenwirkung zu. **6** Er bindet lediglich verwaltungsintern die jeweils zuständigen Bundesober- und Landesbehörden[9] Auf Landesebene gibt es teilweise weitere Verfahrensvorschriften zur den Informationswegen und den lokalen Maßnahmen zur Gefahrenabwehr (s. Rn. 11) Handlungspflichten für den pharmazeutischen Unternehmer ergeben sich aus dem Stufenplan und Verwaltungsvorschriften auf Landesebene nicht[10]. Demnach

---

[3] Vgl. EMA, Questions & answers on Article 20 pharmacovigilance procedures, No. 5, EMA/108934/2014, (Stand: 3.3.2015), abrufbar unter www.ema.europa.eu.
[4] *Thiele,* in: Fuhrmann/Klein/Fleischfresser, § 26 Rn. 67.
[5] Vgl. *Ernst/Thiele/Kroth,* PharmInd 2014, 1010, 1012.
[6] BAnz. v. 15.2.2005, S. 2383.
[7] BAnz. v. 3.3.1990, Nr. 44; zur Historie des Stufenplanverfahrens *Ernst/Thiele/Kroth,* PharmInd 2014, 1010 ff.
[8] So BR-Drucks. 641/04, S. 13.
[9] *Fuhrmann,* S. 155; *Kloesel/Cyran,* § 63 Anm. 1; *Rehmann,* § 63 Rn. 1. Näher zur Einordnung der Verwaltungsvorschrift *Hohm,* S. 229 f.
[10] *Kloesel/Cyran,* § 63 Anm. 1.

lässt die Einleitung eines Stufenplanverfahrens auch die Rechtspflichten des pharmazeutischen Unternehmers (vgl. insbesondere §§ 63a, b und c sowie § 29) unberührt, selbst die erforderlichen Maßnahmen zur Abwehr von Gesundheitsgefahren zu treffen[11]. Trifft der pharmazeutische Unternehmer bereits von selbst hinreichende Maßnahmen, so kann das Stufenplanverfahren auch wieder eingestellt werden[12].

III. Aufbau und Inhalt (S. 2 und 3)

7   **1. Aufbau.** Der Stufenplan ist folgendermaßen gegliedert: 1. Zweck der allgemeinen Verwaltungsvorschrift; 2. Beteiligte Behörden und Stellen; 3. Arzneimittelrisiken; 4. Sammlung von Meldungen über Arzneimittelrisiken; 5. Vorgehen nach Gefahrenstufen; 6. Maßnahmenkatalog; 7. Gegenseitige Information der Beteiligten; 8. Routinesitzung; 9. Sondersitzung; 10. Information der Öffentlichkeit.

8   **2. Inhalt des Stufenplans. a) Stufenplanbeteiligte.** Die beteiligten Behörden und Stellen i. S. d. S. 2 werden in Art. 1 Nr. 2 des Stufenplans nicht abschließend aufgelistet. Die Aufzählung ist außerdem nicht so zu verstehen, dass in jedem Fall sämtliche Genannte einzubeziehen und zu berücksichtigen sind. Vielmehr hat die zuständige Bundesoberbehörde je nach Arzneimittelrisiko eine sachdienliche, dem Schutzziel der Pharmakovigilanz genügende[13] Auswahl der zu beteiligenden Stellen zu treffen[14].

9   **b) Arzneimittelrisiken.** Nr. 3 des Stufenplans benennt beispielhaft Arzneimittelrisiken. Diese Aufzählung ist zwar ausführlicher als in § 62 I 1, inhaltlich besteht jedoch kein Unterschied, da der Begriff des Arzneimittelrisikos angesichts des intendierten Verkehrsschutzes sowohl im Stufenplan als auch in § 62 weit zu verstehen ist.

10   Wie § 62 sieht der Stufenplan Gegenanzeigen nicht als Arzneimittelrisiken an (s. dazu § 62 Rn. 10). Die seitdem 2. AMG-ÄndG erweiterte Definition der Nebenwirkung nach § 4 XIII ist zur Auslegung des Begriffs der Arzneimittelrisiken für das Stufenplanverfahren heranzuziehen[15]. Für weitere Details kann auf die Kommentierung zu § 4 XIII (s. dort Rn. 87) und die Definition des Arzneimittelrisikos in § 4 XXXVII (s. dort Rn. 209) verwiesen werden.

11   **c) Melde- und Informationspflichten.** Die Meldewege über Arzneimittelrisiken ergeben sich aus Art. 1 Nr. 4 des Stufenplans. Der Abschnitt konkretisiert auf **nationaler Ebene** die Funktion der jeweils zuständigen **Bundesoberbehörde (§ 77) als zentraler Erfassungs- und Sammlungsstelle** für Meldungen über (mögliche) Arzneimittelrisiken (§ 62). Wurden bei Gefahr in Verzug Maßnahmen ergriffen, unterrichten sich die Behörden nach Maßgabe der Art. 1 Nr. 7 des Stufenplans untereinander.

12   Neben den Melde- und Informationspflichten nach dem Stufenplan sind die Bekanntmachungen über die **landesinternen „Informationswege und Maßnahmen bei Arzneimittelzwischenfällen"** der jeweils zuständigen Landesbehörden zu beachten. Diese regeln die Zusammenarbeit der Landesbehörden untereinander aber auch im Verhältnis gegenüber den jeweils zuständigen Bundesoberbehörden[16].

13   **d) Vorgehen nach Gefahrenstufen.** Das von S. 2 vorgegebene Vorgehen nach Gefahrenstufen wird in Art. 1 Nr. 5 des Stufenplans präzisiert. Vorgesehen sind nach dem Stufenplan vom 9.2.2005 – anders als noch im ersten Stufenplan während der Geltung des AMG 1961 – zwei Gefahrenstufen[17]. Maßgeblich für die Abgrenzung der Gefahrenstufen ist der erreichte Wahrscheinlichkeitsgrad für die Verursachung einer Gesundheitsgefahr[18]. Eine klare Grenzziehung ist freilich nicht möglich; der nach § 77 zuständigen Bundesoberbehörde verbleibt ein Beurteilungsspielraum[19].

14   **Gefahrenstufe I** wird bereits durch Anzeichen der bloßen Möglichkeit einer unmittelbaren oder mittelbaren Gefährdung der Gesundheit von Mensch oder Tier erreicht. Hierfür genügt die vorläufige Hypothese, dass ein unerwünschtes Ereignis im Zusammenhang mit der Anwendung eines Arzneimittels steht[20]. Nicht erforderlich ist – auch nicht für die Gefahrenstufe I –, dass ein regelmäßiger Zusammenhang zwischen der Anwendung eines Arzneimittels und einer unerwünschten Wirkung gewiss ist[21].

15   In diesem Fall werden ein Informationsaustausch zwischen der zuständigen Bundesoberbehörde und dem pharmazeutischen Unternehmer eingeleitet sowie gleichzeitig die zuständigen obersten Landesgesundheits- bzw. Veterinärbehörden benachrichtigt. Anschließend tritt die Bundesoberbehörde in der Regel auch mit den unter Art. 1 Nr. 2 des Stufenplans genannten Behörden und Stellen in einen

---

[11] *Kloesel/Cyran*, § 63 Anm. 18; *Rehmann*, § 63 Rn. 1.
[12] *Kloesel/Cyran*, § 63 Anm. 18.
[13] Vgl. dazu *Hohm*, S. 233.
[14] Vgl. BR-Drucks. 253/80, S. 12 f. So auch *Fuhrmann*, S. 158.
[15] Vgl. *VG Köln*, Urt. v. 20.5.2014 – 7 K 7016/11; dazu auch schon *Sickmüller/Müller*, PharmInd 2005, 507, 508.
[16] Vgl. *Kloesel/Cyran*, § 63 Anm. 21; vgl. etwa für Bayern in neuerer Fassung: Informationswege und Maßnahmen bei Arzneimittelzwischenfällen – Bekanntmachung des Bayerischen Staatsministeriums für Umwelt, Gesundheit und Verbraucherschutz vom 10.9.2013, Az.: 34g – G8622.3–2005/86-28.
[17] Zur Entwicklung des Stufenplans auch *Kroth*, PharmInd 2004, 386–388.
[18] So auch BR-Drucks. 614/04.
[19] Vgl. *Kloesel/Cyran*, § 63 Anm. 4.
[20] *Fuhrmann*, S. 159; *Hohm*, S. 242.
[21] *Deutsch*, in: Deutsch/Lippert, § 63 Rn. 1.

Informationsaustausch ein, um mehr über Häufigkeit, Kausalität und mögliche Ursachen des jeweiligen Arzneimittelrisikos sowie den Grad der Gefährdung zu erfahren[22]. In diesem Stadium kann der pharmazeutische Unternehmer durch die Einleitung geeigneter Maßnahmen (etwa Anwendungsbeschränkungen oder Warnhinweise) Einfluss auf den weiteren Fortgang des Verfahrens nehmen oder sogar dessen Einstellung herbeiführen[23].

Ergibt sich der Verdacht einer unmittelbaren oder mittelbaren Gefährdung, so ist bereits die **Gefahrenstufe II** erreicht. Anders als in der Fassung vom 4.3.1990 ist im derzeit gültigen Stufenplan nicht von einem **begründeten Verdacht** die Rede[24]. Die amtliche Begründung sieht im begründeten Verdacht auf Bedenklichkeit des Arzneimittels eine höhere Schwelle, die für die Gefahrenstufe II nicht erreicht sein muss[25]. Der frühere § 25 II Nr. 5 regelte ausdrücklich, dass die Zulassung zu versagen sei, wenn „bei dem Arzneimittel der begründete Verdacht besteht, dass es bei bestimmungsgemäßem Gebrauch schädliche Wirkungen hat, die über ein nach den Erkenntnissen der medizinischen Wissenschaft vertretbares Maß hinausgehen". Diese Begrifflichkeit lebt in der Definition bedenklicher Arzneimittel in § 5 II bis heute fort[26]. Gleichwohl verlangt die neuere Rechtsprechung neben dem begründeten Verdacht weitere Tatsachen, die hinzutreten müssen, um die Aufhebung der Zulassung zu rechtfertigen[27]. Zudem ist es nach § 5 II verboten, Arzneimittel in den Verkehr zu bringen, bei denen nach dem jeweiligen Stand wissenschaftlicher Erkenntnis der begründete Verdacht besteht, dass sie bei bestimmungsgemäßem Gebrauch unvertretbare schädliche Wirkungen haben. All dies ist nicht erforderlich, um Gefahrenstufe II anzunehmen. **16**

Bevor die jeweils zuständige Bundesoberbehörde entsprechende Gefahrenabwehrmaßnahmen (s. sogleich unten) entsprechend der Gefahrenstufe trifft, wird sie aber in der Regel die betroffenen pharmazeutischen Unternehmer zur Stellungnahme auffordern und entsprechende Informationen von diesen einfordern[28]. Üblicherweise erhalten die pharmazeutischen Unternehmer 4 Wochen Zeit, freilich nach Gefahrenlage auch weniger. Sind mehrere pharmazeutische Unternehmer betroffen, so übernehmen meist die Verbände der pharmazeutischen Industrie die Koordination einer gemeinsamen Stellungnahme[29]. **17**

e) Gefahrenabwehrmaßnahmen. Die Maßnahmen zur Gefahrenabwehr sind in Art. 1 Nr. 6 des Stufenplans gelistet und bei Gefahr im Verzug auch ohne Einhaltung des Stufenplanverfahrens möglich und erforderlich (§ 30 III)[30]. Die zuständige Bundesoberbehörde kann beispielsweise weitere Stellungnahmen von Sachverständigen einholen, Expertenanhörungen durchführen, Referenzzentren einschalten, Forschungsaufträge vergeben, Anwendungs- und Abgabeempfehlungen abgeben, Auflagen erteilen, Chargen zurückrufen oder deren Freigabe widerrufen oder eine öffentliche Warnung aussprechen[31]. Hingegen können die Landesbehörden Maßnahmen nach §§ 64, 65 ergreifen (Art. 1 Nr. 6.2 des Stufenplans). Schließlich kann auch das Bundesministerium im Wege von Rechtsverordnungen Maßnahmen zum Schutz der Gesundheit ergreifen (vgl. im Einzelnen zu den dortigen Maßnahmen und den jeweiligen Ermächtigungsgrundlagen in Art. 1 Nr. 6.3.1 bis 6.3.8). **18**

f) Routinesitzungen. Das BfArM ist gemäß Art. 1 Nr. 8 des Stufenplans verpflichtet, jährlich mindestens zwei Routinesitzungen mit dem PEI, dem BVL, den obersten Landesgesundheits- und Veterinärbehörden oder jeweils benannten Stellen, der Zentralstelle der Länder für Gesundheitsschutz bei Arzneimitteln und Medizinprodukten, den Arzneimittelkommissionen der Kammern der Heilberufe, der Ärzte- und Tierärzteverbände, der Heilpraktikerschaft, dem BPI und den von ihnen benannten Stellen, den entsprechenden Bundesministerien, dem Beauftragten der Bundesregierung für die Belange der Patientinnen und Patienten sowie den nationalen Pharmakovigilanzzentren anzuberaumen. Die Routinesitzungen finden grundsätzlich ohne Beteiligung der Verbände der pharmazeutischen Unternehmer und unter Ausschluss der Öffentlichkeit statt[32]. Pharmazeutische Unternehmer sind gerade nicht Verfahrensbeteiligte der Routinesitzungen[33]. **19**

g) Sondersitzungen. Art. 1 Nr. 9 des Stufenplans betrifft die bei Vorliegen der Gefahrenstufe II möglichen Sondersitzungen, die durch die zuständige Bundesoberbehörde einberufen werden können. Art. 1 Nr. 9 des Stufenplans gibt vor, wer zu beteiligen ist und regelt den Ablauf der Sitzungen[34]. In den **20**

---

[22] *Brixius/Maur*, PharmR 2007, 14, 15; *Hohm*, S. 242 f.
[23] *Blasius/Müller-Römer/Fischer*, S. 220; *Hohm*, S. 243.
[24] Kritisch zur bisherigen Terminologie schon *Fuhrmann*, S. 160 f.; *Kloesel/Cyran*, § 63 Anm. 6.
[25] Kritisch schon *Kroth*, PharmInd 2004, 386, 388.
[26] Vgl. *Sickmüller/Müller*, PharmInd 2005, 507, 507; VG Köln, *Urt.* v. 20.5.2014 – 7 K 7016/11.
[27] *VG Köln*, *Urt.* v. 20.5.2014 – 7 K 7016/11.
[28] *Ernst/Thiele/Kroth*, PharmInd 2014, 1010, 1011.
[29] *Ernst/Thiele/Kroth*, PharmInd 2014, 1010, 1011.
[30] *Fuhrmann*, S. 157 mit Fn. 633.
[31] Vgl. Art. 1 Nr. 6 des Stufenplans vom 9.2.2005; zur Rechtmäßigkeit des Widerrufs einer Zulassung durch das BfArM; VG Köln, *Urt.* v. 20.5.2014 – 7 K 7016/11.
[32] *Fuhrmann*, S. 162; *Hohm*, S. 237.
[33] Vgl. *Bertelsmann*, DAZ 1984, 1704.
[34] Zu der Entwicklung der Sondersitzungen und deren Einsatz *Ernst/Thiele/Kroth*, PharmInd 2014, 1010, 1012.

Sondersitzungen wird die Entscheidung über Maßnahmen nach Art. 1 Nr. 6 des Stufenplans vorbereitet. Bei entsprechendem Hinweis in der Einladung an den pharmazeutischen Unternehmer kann die Sondersitzung zugleich auch Anhörung nach § 30 III sein. Anders als nach früheren Fassungen ist nach dem Stufenplan vom 9.2.2005 die Einberufung einer Sondersitzung bei Vorliegen der Gefahrenstufe II nicht mehr obligatorisch. Ausreichend ist damit eine schriftliche Anhörung des pharmazeutischen Unternehmers zu vorgesehenen Maßnahmen[35]. Sondersitzungen fanden seit 1995 nicht mehr statt, was auch durch die zunehmende Verlagerung der Risikobewertungsverfahren auf europäische Ebene begründet wird[36].

21 Umstritten ist die vor dem obigen Hintergrund an Bedeutung verlierende Frage, ob die Sondersitzungen öffentlich sind oder nicht. Das Gesetz schließt die Öffentlichkeit gemäß § 68 VwVfG nur von Verhandlungen im förmlichen Verwaltungsverfahren (§ 63 VwVfG) aus. Bei der Sondersitzung nach Art. 1 Nr. 9 des Stufenplans handelt es sich um ein nichtförmliches Verfahren (§ 9 VwVfG), dessen Ausgestaltung und Durchführung und somit auch die Zulassung der Öffentlichkeit im pflichtgemäßen Ermessen der zuständigen Behörde liegt[37]. Zum Teil wird aus den Vorschriften über die Information der Öffentlichkeit über ergriffene Maßnahmen (§ 62 III und Art. 1 Nr. 10 des Stufenplans) abgeleitet, dass es unzulässig sei, die Öffentlichkeit an den Sitzungen eben über solche Maßnahmen zu beteiligen[38]. In der Praxis, die sich auf einen Beschluss des *VG Berlin*[39] in einem Verfahren auf Erlass einer einstweiligen Anordnung aus dem Jahr 1980 stützen kann, wird die Öffentlichkeit in der Regel zugelassen[40]. Der **Schutz von Betriebs- und Geschäftsgeheimnissen** ist aber auf Antrag des pharmazeutischen Unternehmers dadurch zu gewährleisten, dass die Öffentlichkeit zumindest zeitweise ausgeschlossen wird[41].

22 **h) Information der Öffentlichkeit.** Art. 1 Nr. 10 des Stufenplans beschreibt schließlich Maßgaben für die Information der Öffentlichkeit über Arzneimittelrisiken und beabsichtigte Maßnahmen (vgl. § 63 I 3, dort Rn. 22). Auch wenn § 62 I 3 dies nicht ausdrücklich vorschreibt[42], soll etwa – außer bei Gefahr im Verzug – die Öffentlichkeit über Maßnahmen gegenüber einem pharmazeutischen Unternehmer nicht informiert werden, bevor nicht der pharmazeutische Unternehmer über die Entscheidung in Kenntnis gesetzt wurde.

§ 63a Stufenplanbeauftragter

(1) [1] **Wer als pharmazeutischer Unternehmer Fertigarzneimittel, die Arzneimittel im Sinne des § 2 Abs. 1 oder Abs. 2 Nr. 1 sind, in den Verkehr bringt, hat eine in einem Mitgliedstaat der Europäischen Union ansässige qualifizierte Person mit der erforderlichen Sachkenntnis und der zur Ausübung ihrer Tätigkeit erforderlichen Zuverlässigkeit (Stufenplanbeauftragter) zu beauftragen, ein Pharmakovigilanzsystem einzurichten, zu führen und bekannt gewordene Meldungen über Arzneimittelrisiken zu sammeln, zu bewerten und die notwendigen Maßnahmen zu koordinieren.** [2] **Satz 1 gilt nicht für Personen, soweit sie nach § 13 Absatz 2 Satz 1 Nummer 1, 2, 3, 5 oder Absatz 2b keiner Herstellungserlaubnis bedürfen.** [3] **Der Stufenplanbeauftragte ist für die Erfüllung von Anzeigepflichten verantwortlich, soweit sie Arzneimittelrisiken betreffen.** [4] **Er hat ferner sicherzustellen, dass auf Verlangen der zuständigen Bundesoberbehörde weitere Informationen für die Beurteilung des Nutzen-Risiko-Verhältnisses eines Arzneimittels, einschließlich eigener Bewertungen, unverzüglich und vollständig übermittelt werden.** [5] **Das Nähere regelt die Arzneimittel- und Wirkstoffherstellungsverordnung.** [6] **Andere Personen als in Satz 1 bezeichnet dürfen eine Tätigkeit als Stufenplanbeauftragter nicht ausüben.**

(2) Der Stufenplanbeauftragte kann gleichzeitig sachkundige Person nach § 14 oder verantwortliche Person nach § 20c sein.

(3) [1] **Der pharmazeutische Unternehmer hat der zuständigen Behörde und der zuständigen Bundesoberbehörde den Stufenplanbeauftragten und jeden Wechsel vorher mitzuteilen.** [2] **Bei einem unvorhergesehenen Wechsel des Stufenplanbeauftragten hat die Mitteilung unverzüglich zu erfolgen.**

---

[35] *Blasius/Müller-Römer/Fischer*, S. 218; *Deutsch*, in: Deutsch/Lippert, § 63 Rn. 2.
[36] *Ernst/Thiele/Kroth*, PharmInd 2014, 1010, 1012.
[37] *VG Berlin*, DVBl. 1983, 283 f.
[38] *Rehmann*, § 63 Rn. 2; *Di Fabio*, S. 251, argumentiert vergleichbar mit der besonderen Struktur von Risikoentscheidungen. Zu weiteren Argumenten gegen wie auch für die Beteiligung der Öffentlichkeit vgl. *Di Fabio*, S. 251; *Fuhrmann*, S. 163; *Hohm*, S. 252.
[39] *VG Berlin*, DVBl. 1983, 283 f.
[40] *Fuhrmann*, S. 162; *Kloesel/Cyran*, § 63 Anm. 11a.
[41] *VG Berlin*, DVBl. 1983, 283 f.; *Hohm*, S. 254 f.
[42] So auch *Rehmann*, § 63 Rn. 2. Kritisch zu einer Beschränkung „wahrer" oder „vertretbarer" Arzneimittelinformationen *Fuhrmann*, S. 167 f. Vgl. auch *Hohm*, S. 271 ff.

Wichtige Änderungen der Vorschrift: Abs. 1 S. 5 eingefügt durch Art. 1 Nr. 30 des Achten Gesetzes zur Änderung des Arzneimittelgesetzes vom 7.9.1998 (BGBl. I S. 2649); Abs. 1 S. 1 und Abs. 2 S. 2 geändert und Abs. 1 um S. 4 ergänzt durch Art. 1 Nr. 55 des Vierzehnten Gesetzes zur Änderung des Arzneimittelgesetzes vom 29.8.2005 (BGBl. I S. 2570); Abs. 1 und 3 geändert und Abs. 2 neu gefasst durch Art. 1 Nr. 54 des Gesetzes zur Änderung arzneimittelrechtlicher und anderer Vorschriften vom 17.7.2009 (BGBl. I S. 1990).

Europarechtliche Vorgaben: Art. 104 III und IV RL 2001/83/EG; Art. 74 RL 2001/82/EG; vgl. auch Art. 21, 48 VO (EU) Nr. 726/2004; Art. 2 I Durchführungsverordnung (EU) Nr. 520/2012; GVP-Module.

Literatur: *Broicher/Ernst/Kroth,* Die Guideline on Good Pharmacovigilance Practices (GVP), PharmInd 2013, 1126; *Ernst/*Kroth, Die Guideline on Good Pharmacovigilance Practices (GVP), PharmInd 2013, 764; *Fresenius/Will,* Pharmabetriebsverordnung – Erste Änderungsverordnung, PharmR 1988, 190; *Hohm,* Arzneimittelsicherheit und Nachmarktkontrolle, 1990; *ders.,* Der Stufenplanbeauftragte nach dem neuen AMG – eine vorläufige Standortbestimmung, MedR 1988, 15; *Kroth,* Der Stufenplanbeauftragte – Qualifikation, Verantwortung und Aufgaben heute und morgen, A&R 2007, 114; *Mandry,* Die Beauftragten im Pharmarecht, 2004; *Schosser/Quast,* Verdacht auf Nebenwirkungen: Medizinische Überlegungen zur Kausalität, PharmInd 1998, 185; *Schickling,* Qualified Person for Pharmacovigilance (QPPV) und Stufenplanbeauftragter, PharmInd. 2013, 1298; *Simmchen-Wittekopf,* Der Stufenplanbeauftragte – eine Übersicht, A&R 2014, 243 ff.

Übersicht

A. Allgemeines

I. Inhalt

Abs. 1 verpflichtet bestimmte pharmazeutische Unternehmer, eine fachlich geeignete Person mit der **1** Sammlung und Bewertung von Arzneimittelrisiken und der Koordinierung erforderlicher Maßnahmen zu beauftragen. Diese Person ist der sog. **Stufenplanbeauftragte.** Abs. 2 legt fest, welche Funktionen mit der des **Stufenplanbeauftragten** kompatibel sind. Abs. 3 regelt die Mitteilungspflichten des pharmazeutischen Unternehmers gegenüber Behörden.

II. Zweck

2   Der Stufenplanbeauftragte soll als einheitlicher organisatorischer Anknüpfungspunkt und Ansprechpartner für die Pharmakovigilanz dienen[1] und ist der Kern des **Pharmakovigilanz-Systems** eines
pharmazeutischen Unternehmens. Was ein Pharmakovigilanz-System ist, ist in § 4 XXXVIII (s. dort
Rn. 286) legal definiert. Gemäß § 63b I ist der Zulassungsinhaber sowie die weiteren in § 63c IV
genannten Unternehmen verpflichtet, ein solches einzurichten. § 63a I 1 schreibt vor, dass der pharmazeutische Unternehmer dafür den Stufenplanbeauftragten zu beauftragen hat.

B. Anwendungsbereich und Adressat (Abs. 1)

I. Benennung eines Stufenplanbeauftragten (S. 1)

3   **1. Verpflichteter Personenkreis.** Nach Abs. 1 S. 1 hat grundsätzlich **jeder pharmazeutische
Unternehmer,** der Fertigarzneimittel (§ 4 I), die Arzneimittel i. S. d. § 2 I oder II Nr. 1 sind, in
Deutschland in den Verkehr bringt, einen Stufenplanbeauftragten zu bestellen. Diese Pflicht trifft auch
pharmazeutische Unternehmer, die ihren Sitz in einem anderen Mitgliedstaat der EU haben, soweit sie
Fertigarzneimittel nur in Deutschland in den Verkehr bringen. Nach nationalem Recht sind pharmazeu-
tische Unternehmer zunächst die Zulassungsinhaber, zusätzlich aber auch Betriebe, die Arzneimittel[2]
unter ihrem Namen in den Verkehr bringen, ohne Zulassungsinhaber zu sein (§ 4 XVIII; vgl. die dortige
Kommentierung).

4   Mit der Bezugnahme auf die nationale Definition des pharmazeutischen Unternehmers (§ 4 XVIII)
geht § 63a über die Vorgaben des Art. 104 III RL 2001/83/EG bzw. des Art. 74 I RL 2001/82/EG
hinaus; zu zentral zugelassenen Arzneimitteln sogleich unten (Rn. 6). § 63a verpflichtet jeden pharmazeutischen Unternehmer, der Arzneimittel in den Geltungsbereich des Gesetzes in den Verkehr bringt,
einen Stufenplanbeauftragten zu bestellen – und zwar auch dann, wenn diese Unternehmer nicht
Zulassungsinhaber sind. Da der deutsche Gesetzgeber wesentliche Pharmakovigilanz-Pflichten (Pharmakovigilanz-System nach § 63b, Dokumentations- und Meldepflichten nach § 63c, regelmäßige aktualisierte Unbedenklichkeitsberichte nach § 63d) gleichermaßen pharmazeutischen Unternehmern auferlegt, die nicht Zulassungsinhaber sind, ist es sinnhaft, von solchen Unternehmern auch einen Stufenplanbeauftragten einrichten zu lassen; hiermit verstößt der deutsche Gesetzgeber auch nicht gegen
europäisches Recht.

5   Unter die nach Abs. 1 S. 1 verpflichteten pharmazeutischen Unternehmer fallen auch Unternehmen, die auf einem Arzneimittel als **Mitvertreiber** genannt sind. Im typischen Falle des **Co-
Marketings** (zwei Zulassungen, zwei Brands) sind beide Marketingpartner bereits Zulassungsinhaber
und nach § 63a verpflichtet; die Aufgaben können aber zwischen beiden pharmazeutischen Unternehmern und ihren Beauftragten vertraglich aufgeteilt werden (s. auch § 63b Rn. 33)[3]. **Parallelimporteure** bzw. **Reimporteure** national zugelassener Arzneimittel (incl. MRP- und DCP-Arzneimittel) haben als Zulassungsinhaber ebenfalls einen eigenen Stufenplanbeauftragten zu bestellen (s.
zum Parallelvertreiber zentral zugelassener Arzneimittel Rn. 8)[4]. Reine **Lohnhersteller** bringen die
von ihnen hergestellten Arzneimittel nicht unter ihrem Namen in Verkehr und müssen daher keinen
Stufenplanbeauftragter bestellen[5]. Gleiches gilt für Unternehmen, die nur Bulkware oder Wirkstoffe
in Verkehr bringen. Auch reine **Großhändler** sind nicht verpflichtet, einen Stufenplanbeauftragten zu
bestellen, da sie Arzneimittel nicht unter ihrem Namen vertreiben. **Inhaber einer Zulassung für
Blutzubereitungen oder Gewebezubereitungen oder einer Genehmigung für Gewebezube-
reitungen** bei nicht-industrieller Herstellung nach § 21a I müssen ebenfalls einen Stufenplanbeauf-
tragten benennen, wenn sie die Zubereitungen als Fertigarzneimittel unter eigenem Namen in
Verkehr bringen. Vertreibt der Inhaber einer Zulassung oder Genehmigung Blutzubereitungen oder
Gewebezubereitungen nicht als Fertigarzneimittel, so hat er eine entsprechende Person nach § 19 VII
AMWHV einzusetzen. Der **Zulassungshändler,** der ein Arzneimittel zulässt und anschließend die
Zulassung verkauft, das Arzneimittel selbst aber nicht in Verkehr bringt, benötigt dem Wortlaut des
§ 63a nach grundsätzlich keinen Stufenplanbeauftragten. Allerdings muss er im Rahmen der Antrag-
stellung für die Zulassung nachweisen, dass ein Stufenplanbeauftragter bestellt wurde (§ 22 II Nr. 5
und 6). Zwar ist das dort darzustellende Pharmakovigilanz-System im Wesentlichen auf die Zukunft

---

[1] BT-Drucks. 10/5112, S. 22.
[2] Mit Ausnahme solcher Arzneimittel, die zur klinischen Prüfung an Menschen bestimmt sind (§ 4 XVIII 2 a. E., § 9
I 2, § 63j).
[3] GVP-Modul I und II, abrufbar unter www.ema.europa.eu.
[4] Vgl. *Mandry,* S. 156. Zur insofern vergleichbaren Situation beim Informationsbeauftragten ebenso *Sander,* § 74a
Erl. 3.
[5] *Dettling/Lenz,* PharmR 2002, 96, 97 f.; *Freund,* in: MüKo-StGB, Bd. 6/I, § 4 Rn. 40; *Rehmann,* § 4 Rn. 20. Zum
Informationsbeauftragten *Sander,* § 74a Erl. 4.

gerichtet, nämlich primär auf das spätere Inverkehrbringen. Den Antragsteller treffen jedoch auch vor Zulassungserteilung Meldepflichten nach § 63c IV 2 Nr. 3, auf die sich das System zu erstrecken hat. Daher wird er über seine Pflichten in § 22 II letztlich auch eine für Pharmakovigilanz verantwortliche Person als Teil des Pharmakovigilanz-Systems benötigen. Unternehmen oder Stellen, die **Arzneimittel klinisch prüfen,** aber nicht gleichzeitig in Verkehr bringen, müssen keinen Stufenplanbeauftragten bestellen (s. auch Rn. 9).

Bei **zentral zugelassenen Arzneimitteln** ist der Inhaber der europäischen Zulassung auch **6** pharmazeutischer Unternehmer i. S. d. § 4 XVIII 1. Für ihn gelten jedoch bereits **Art. 23 und 48 VO (EG) Nr. 726/2004.** Danach muss der Inhaber einer zentralen Zulassung eine verantwortliche und entsprechend **qualifizierte Person für Pharmakovigilanz** (QPPV) benennen (s. Rn. 66 ff.). Der deutsche Gesetzgeber hat es unterlassen, zentral zugelassene Arzneimittel aus dem Anwendungsbereich des § 63a und dem generellen Erfordernis eines Stufenplanbeauftragten auszunehmen. Bei den Dokumentations- und Meldepflichten des § 63c hat er dies ausdrücklich getan: Sie gelten nach dem dortigen Abs. 5 S. 1 nicht für zentral zugelassene Arzneimittel[6]. Auch regelmäßige aktualisierte Unbedenklichkeitsberichte für zentral zugelassene Arzneimittel sind nicht nach den Vorschriften des AMG bereitzustellen, sondern nach Art. 28 II VO (EG) Nr. 726/2004[7]. Für die Pflicht einen Stufenplanbeauftragten zu bestellen, differenziert der deutsche Gesetzgeber nicht danach, wie das Arzneimittel zugelassen ist (zentral, national, dezentral oder im gegenseitigen Anerkennungsverfahren). Angesichts des grundsätzlichen Anwendungsvorrangs des europäischen Rechts im Falle einer Kollision zwischen dem nationalen und europäischen Recht kommt die nationale Pflicht zur Bestellung eines Stufenplanbeauftragten für zentral zugelassene Arzneimittel nicht neben Art. 23 und 48 VO (EG) Nr. 726/2004 zur Anwendung[8]. Der deutsche Gesetzgeber hat den Stufenplanbeauftragten in einer Weise etabliert und mit Aufgaben ausgestaltet, wie die europarechtlich geforderte QPPV (Art. 104 III RL 2001/83/EG, Art. 74 RL 2001/82/EG, Art. 23 und 48 VO (EG) Nr. 726/2004)[9]. Für alle Arzneimittel mit nationaler Zulassung und MRP- bzw. DCP-Zulassung waren die europarechtlichen Vorgaben im AMG umzusetzen, was mit § 63a auch geschehen ist. Da der Gesetzgeber aber zentral zugelassene Arzneimittel nicht ausdrücklich von dieser Umsetzung ausgenommen hat, kollidiert nun der Wortlaut des § 63a mit den unmittelbar geltenden Pflichten zur Bestellung einer QPPV aus Art. 23 und 48 VO (EG) Nr. 726/2004 und es gehen die unmittelbar geltenden europarechtlichen Regelungen vor: Wer als Inhaber einer zentralen Zulassung in Deutschland Arzneimittel in Verkehr bringt, braucht für diese Arzneimittel keinen Stufenplanbeauftragten nach deutschem Recht. Seine Stellung nimmt die verantwortliche Person für Pharmakovigilanz (QPPV) nach der VO (EG) Nr. 726/2004 ein. Dies gilt unabhängig davon, ob der Zulassungsinhaber seinen Sitz in Deutschland oder in einem anderen Mitgliedstaat der EU hat. Auch die Pflichten, die die AMWHV in ihrem § 19 dem Stufenplanbeauftragten zuweist und die über die Pflichten einer QPPV hinausgehen, ändern hieran nichts (s. aber zum Verhältnis der QPPV zu einem deutschen Stufenplanbeauftragten Rn. 66 ff.).

Der **örtliche Vertreter**[10] des Inhabers einer zentralen Zulassung ist selbst kein pharmazeutischer **7** Unternehmer und hat daher ebenfalls keinen Stufenplanbeauftragten zu bestellen. Der Parallelvertreiber zentral zugelassener Arzneimittel bedarf nach Ansicht der EMA keines Stufenplanbeauftragten, wohl aber einer lokalen Kontaktperson („local representative")[11].

Nach hiesigem Verständnis ist der **Parallelvertreiber zentral zugelassener Arzneimittel,** der seinen **8** Namen auf das Arzneimittel aufbringt nach deutschem Recht zwar auch pharmazeutischer Unternehmer. Da der Parallelvertreiber nach VO (EG) Nr. 726/2004 aber nicht Zulassungsinhaber ist, muss er für zentral zugelassene Arzneimittel nach europäischem Recht implementieren; er hat also für zentral zugelassene Arzneimittel keine QPPV, so dass – anders als in Rn. 6 – die Aufgaben des Stufenplanbeauftragten nicht von der QPPV übernommen werden und er nicht deswegen von der Bestellung eines Stufenplanbeauftragten befreit ist. Allerdings hat der Parallelvertreiber in Bezug auf zentral zugelassene Arzneimittel keine Dokumentations- und Meldepflichten nach dem AMG einzuhalten (§ 63c V – auch nach der dortigen Verweisung), kein Pharmakovigilanzsystem nach dem AMG zu implementieren

---

[6] Dagegen sieht die AMWHV – wenig konsequent – Dokumentations- und Meldepflichten für alle Arzneimittel vor, ohne zentral zugelassene hiervon auszunehmen.
[7] Bis zum 2. AMG-ÄndG 2012 war dies ausdrücklich in § 63b VIII geregelt, der für zentral zugelassene Arzneimittel auch die Pflicht zur Vorlage von PSUR im dortigen Abs. 5 als unanwendbar erklärte. Es waren also nach dem AMG keine PSUR vorzulegen. Hieran hat sich durch das 2. AMG-ÄndG 2012 nichts geändert.
[8] Vgl. zum Anwendungsvorrang nur *Nettesheim,* in: Grabitz/Hilf/Nettesheim, Art. 288 AEUV Rn. 49; *Streinz,* Europarecht, Rn. 429 ff.
[9] Insbesondere wollte der deutsche Gesetzgeber mit dem Stufenplanbeauftragten nicht lediglich eine lokale Kontaktperson für Pharmakovigilanz-Fragen implementieren, wie dies laut Art. 104 iV RL 2001/8/EG möglich ist.
[10] Vgl. insofern die §§ 9 II 2, 10 I Nr. 1 und 11 I 1 Nr. 6f), wo der örtliche Vertreter stets neben dem pharmazeutischen Unternehmer genannt wird.
[11] Art. 2 Ie Durchführungsverordnung (EU) Nr. 520/2012; EMA, Frequently Asked Questions about Parallel Distribution, Question No. 6 (Post-Notice Guidance), abrufbar unter www.ema.europa.eu; vgl. *Buchkremer-Ratzmann/Dehnhardt,* PharmInd 2013, 1918, 1918.

(§ 63c V) und auch keine regelmäßig aktualisierten Berichtspflichten nach § 63d VI 2. Er hat damit – abweichend von der Vorauflage – keinen Stufenplanbeauftragten nach § 63a zu bestellen. Die nationalen Pflichten aus der AMWHV (§ 19 AMWHV) sind freilich einzuhalten und hierfür auch eine entsprechend verantwortliche Person zu bestellen (§ 19 VII AMWHV).

9   § 63j I stellt ausdrücklich klar, dass die Vorgaben des 10. Abschnitts keine Anwendung auf Arzneimittel finden, die als **Prüfpräparate** im Rahmen klinischer Prüfungen eingesetzt werden. Damit gelten für Prüfpräparate weder die Pflicht einen Stufenplanbeauftragten zu bestellen noch die Dokumentations- und Meldepflichten des § 63c. Allerdings sieht § 19 IV 1 AMWHV unter Verweis auf § 19 I AMWHV für den Stufenplanbeauftragten gewisse Pflichten in Bezug auf Prüfpräparate vor. Dies gilt bereits seit dem AMG-ÄndG 2009 (§ 63b IX a. F.). Der Verweis des § 19 IV 1 AMWHV muss gemäß dem vorrangigen AMG ausgelegt werden: Die entsprechende Geltung des § 19 I AMWHV bezieht sich nur auf die in Abs. 1 geregelten (Qualitäts-)Beanstandungen und die diesbezügliche Zusammenarbeit mit der sachkundigen Person, und nicht die Meldung von Arzneimittelrisiken. Es wäre hilfreich, wenn der Verordnungsgeber dies in der AWHV anpassen würde. Bei Beanstandungen zu Prüfpräparaten sieht § 19 IV 2 ff. AMWHV vor, dass der Stufenplanbeauftragte diese in Zusammenarbeit mit dem Sponsor systematisch aufzeichnet, überprüft und wirkungsvolle Vorkehrungen trifft, damit eine weitere Anwendung der Prüfpräparate verhindert werden kann und den Zulassungsinhaber über jeden Mangel informiert, der mit dem Prüfpräparat, sofern es ein zugelassenes Arzneimittel ist, in Verbindung stehen kann. Soweit ein Unternehmen Arzneimittel ausschließlich prüft, muss für die Erfüllung dieser Pflichten kein Stufenplanbeauftragter bestellt werden; es ist aber eine entsprechend verantwortliche Person zu bestellen (§ 19 VII AWMHV, s. auch Rn. 18 ff.).

10   **2. Persönliche Anforderungen an den Stufenplanbeauftragten. a) Sachkenntnis.** Abs. 1 S. 1 schreibt vor, dass der Stufenplanbeauftragte über Sachkenntnis verfügt, die ihn qualifiziert, seine Pflichten ordnungsgemäß zu erfüllen. Ursprünglich verlangte Abs. 2 S. 1 hierfür einen Nachweis mit gewissen Vorgaben an die fachliche Ausbildung und einschlägige Berufserfahrung. Dieses Erfordernis wurde durch Art. 1 Nr. 54 des AMG-ÄndG 2009 gestrichen. Damit hat der deutsche Gesetzgeber die Vorschrift an die europarechtlichen Vorgaben in Art. 104 IIIa RL 2001/83/EG angepasst. Dort wird kein konkreter Nachweis über die Sachkenntnis des Stufenplanbeauftragten gefordert[12]. Auf diese Weise wird klargestellt, dass eine EU QPPV, die einen solchen Nachweis ggf. nicht erbringen kann, in Personalunion Stufenplanbeauftragter für Deutschland sein kann.

11   Das deutsche Recht gibt für den Stufenplanbeauftragten vor, dass der Stufenplanbeauftragte ausreichend qualifiziert sein soll, um die Verantwortlichkeiten und Aufgaben der Stelle zu erfüllen. Die frühere Regelung, wonach ein Stufenplanbeauftragter gewisse Mindestanforderungen an die Qualifikation zu erfüllen hatte, wurde gestrichen. Für die Frage, welche Anforderungen an die Sachkenntnis zu stellen sind, kann zunächst die Durchführungsverordnung Nr. 520/2012/EG herangezogen werden. Art. 10 Durchführungs-VO 520/2012/EG schreibt vor, dass die für Pharmakovigilanz verantwortliche Person ausreichende theoretische und praktische Kenntnisse erworben hat. Soweit die Person keine ärztliche Grundausbildung hat, muss sie nach dieser Durchführungsverordnung von einer entsprechend qualifizierten Person mit ärztlicher Grundausbildung unterstützt werden. Dies ist der Fall, wenn ihr ein Arzt im eigenen Team unterstellt ist. Auch ist es ausreichend, wenn ein Arzt Mitglied eines anderen unternehmensinternen Teams ist, solange der Zugang des Stufenplanbeauftragten zu ihm durch z. B. entsprechende Leitungs- bzw. Weisungsbefugnis sichergestellt ist. Um die notwendige Sachkenntnis belegen zu können, bedarf es also keines abgeschlossenen Medizinstudiums oder eines abgeschlossenen Hochschulstudiums der Humanbiologie oder der Pharmazie. Ebenso ist kein Nachweis der Sachkunde im Sinne von § 15 erforderlich. Generell wird als ausreichend angesehen, wenn der Stufenplanbeauftragte mit Hilfe seines Lebenslaufes und von Trainingszertifikaten im Bereich der Pharmakovigilanz bzw. Arzneimittelsicherheit entsprechende Kenntnisse und Erfahrungen nachweisen kann[13]. Ergänzend können auch die Guidelines der Good Pharmacovigilance Practices, hier insbesondere Modul I (Pharmacovigilance systems and their quality systems) und Modul II (Pharmacovigilance System Master File) herangezogen werden, die die Anforderungen an die QPPV näher beschreiben und auch für den Stufenplanbeauftragten gelten.

12   Wer bisher als Stufenplanbeauftragter nach dem **ursprünglichen Abs. 2 S. 1** in der Fassung bis zum Gesetz zur Änderung arzneimittelrechtlicher und anderer Vorschriften vom 17. Juli 2009 ausreichend qualifiziert war, ist dies regelmäßig auch weiterhin. Der Gesetzgeber verstand die Streichung des Sachkundenachweises als Erleichterung.

13   Darüber hinaus benötigt der Stufenplanbeauftragte **Erfahrung in allen Bereichen der Pharmakovigilanz,** die zu belegen ist[14]. Diese wird der Stufenplanbeauftragte auf jeden Fall auch weiterhin durch die ursprünglich in Abs. 2 S. 1 geforderte zweijährige Berufserfahrung nachweisen können, sofern die

---

[12] Vgl. auch GVP-Modul I. C.1.1. (Stand: 2.7.2012) und dazu auch *Kroth*, A&R 2007, 114.
[13] *Schickling*, PharmInd 2013, 1298, 1302.
[14] Art. 10 Durchführungsverordnung (EG) Nr. 520/2010; GVP-Modul II. B.4.1. (Stand: 12.4.2013).

Tätigkeit im Bereich der Arzneimittelsicherheit erfolgte[15], nunmehr aber auch durch anderweitig vor-zuweisende Sachkenntnis.

b) Zuverlässigkeit. Der Begriff der **Zuverlässigkeit** wird im AMG nicht definiert. Daher wird zur **14** Auslegung das Gewerberecht herangezogen (s. auch § 14 Rn. 15)[16]. Danach ist eine Prognose hinsicht-lich des zu erwartenden Verhaltens im Verkehr mit Arzneimitteln anzustellen, für die aus Gründen der Arzneimittelsicherheit ein strenger Maßstab anzulegen ist. Eine Person ist hiernach nicht zuverlässig, wenn sie Straftaten oder Ordnungswidrigkeiten mit Arzneimittelbezug verübt hat oder jedenfalls kon-krete Tatsachen auf ein solches Fehlverhalten hinweisen. Zu berücksichtigen ist aber auch das Verhalten in anderen Bereichen, wenn es auf einen nicht unerheblichen Mangel an Sorgfalt schließen lässt. Unzuverlässigkeit ist demnach regelmäßig auch bei Alkohol- oder Medikamentenabhängigkeit anzuneh-men[17].

c) Nachweis der persönlichen Anforderungen. Die Behörden haben aber die Möglichkeit, auf der **15** Grundlage ihrer Überwachungsbefugnisse nach den §§ 64 ff. jederzeit bzw. bei einer Pharmakovigilanz-Inspektion nach § 62 VI 1, 2 die erforderliche Sachkunde und Zuverlässigkeit des Stufenplanbeauftragten zu überprüfen und entsprechende Nachweise zu fordern. Der Nachweis der Qualifikation wird in der Regel durch einen zusammenfassenden Lebenslauf erbracht werden[18]. Vom Zulassungsinhaber bzw. pharmazeutischen Unternehmer wird erwartet, dass er die Qualifikation des Stufenplanbeauftragten vor dessen Benennung überprüft hat[19].

Der Nachweis der Zuverlässigkeit, wenngleich auch gesetzlich nicht vorgeschrieben, wird zumeist **16** durch Vorlage eines polizeilichen Führungszeugnisses erbracht[20]. Die konkrete Schwelle einer Vorstrafe, die eine Person unzuverlässig für die Stellung als Stufenplanbeauftragter macht, ist nicht definiert. Zumeist wird von den Behörden verlangt, dass keinerlei einschlägige Vorstrafen im Führungszeugnis gelistet sind. Dies ist gerechtfertigt, weil ohnehin nur Straftaten ab einer gewissen Schwere in das Führungszeugnis eingetragen werden.

d) Aufenthaltsort. Abs. 1 S. 1 stellt klar, dass der Stufenplanbeauftragte in einem Mitgliedstaat der **17** EU ansässig sein muss. Nach dem allgemeinen Sprachgebrauch ist ansässig, wer an dem betreffenden Ort seinen festen Wohnsitz hat[21]. Deutsche Ordnungsbehörden verlangen teilweise sogar, dass der Stufenplan-beauftragte seinen *ersten* Wohnsitz in der EU hat.

e) Entsprechende Person nach § 19 Abs. 7 AMWHV. Bringt ein pharmazeutischer Unternehmer **18** andere als die in Abs. 1 S. 1 genannten Arzneimittel in Verkehr, so hat er nach § 19 VII AMWHV eine dem Stufenplanbeauftragten **entsprechende Person** zu beauftragen[22]. Dies gilt auch für Inhaber einer Zulassung oder Genehmigung für Blut- und Gewebezubereitungen, die keine Fertigarzneimittel sind. Für diese entsprechende Person nach § 19 VII AMWHV gelten die Vorgaben für die erforderliche Sachkenntnis des Abs. 1 S. 1 und die Meldepflicht nach Abs. 3 nicht, wohl aber die allgemeine Regelung über Sachkunde und Zuverlässigkeit in § 4 I AMWHV i. V. m § 19 I bis V AMWHV[23], so dass keine wesentlichen Qualifikationsunterschiede bestehen dürften.

Die Verpflichtung eine entsprechende Person nach § 19 VII AMWHV zu bestellen, gilt auch für **19** solche pharmazeutischen Unternehmer, die nur zentral zugelassene Arzneimittel in den Verkehr bringen und die deshalb – für diese Arzneimittel – keinen Stufenplanbeauftragten nach § 63a bestellen müssen, sondern vielmehr eine QPPV nach der VO (EG) Nr. 726/2004. Sie bringen im Sinne von § 19 VII AMWHV **andere als die in § 63a I 1 genannten Arzneimittel in Verkehr,** denn dort werden zentral zugelassene Arzneimittel nach einer europarechtskonformen Auslegung nicht erfasst (s. Rn. 6). Die benannte entsprechende Person hat bezüglich zentral zugelassener Arzneimittel all jene Verpflichtungen zu erfüllen, die in der AMWHV für den Stufenplanbeauftragten vorgesehen sind und über die Pflichten der QPPV nach der VO (EG) Nr. 726/2004 hinausgehen (insb. in Bezug auf Qualitätsmängel und Beanstandungen). Bringen solche pharmazeutischen Unternehmer neben zentral zugelassenen Arznei-mittel auch nicht-zentral zugelassene Arzneimittel in Deutschland in Verkehr, haben sie ohnehin einen Stufenplanbeauftragten nach § 63a; dann bietet es sich freilich an, dass dieser auch die Pflichten aus der

---

[15] Nach alter Rechtslage war umstritten, ob die Tätigkeit nach Abs. 2 S. 1 im Bereich der Arzneimittelsicherheit erfolgen musste oder ob Berufserfahrung in typischen Tätigkeitsbereichen der genannten Studiengänge ausreichte, z. B. als Apotheker. Das BfArM verlangte aber schon unter Geltung der alten Rechtslage eine Tätigkeit im Bereich der Arzneimittelsicherheit. Vgl. auch *Schickling*, PharmInd. 2013, 1298, 1302.

[16] So etwa *Hohm*, MedR 1988, 15, 16 und *Mandry*, S. 43 f.

[17] *Mandry*, S. 45; *Kloesel/Cyran*, § 14 Anm. 9.

[18] Art. 2 I (b) Durchführungsverordnung (EU) Nr. 520/2012; *Schickling*, PharmInd. 2013, 1298, 1299.

[19] *Simmchen-Wittekopf*, A&R 2014, 245.

[20] Vgl. *Schickling*, PharmInd. 2013, 1298, 1302.

[21] Duden, Großes Wörterbuch der deutschen Sprache.

[22] Sachliche und rechtliche Bedenken (wegen Fehlens einer Ermächtigungsnorm) äußern insoweit (noch zu § 14 II PharmBetrV) *Sander*, § 63a Erl. 2, und *Fuhrmann*, S. 175 f.; *Hohm*, S. 283 f.

[23] *Fresenius/Will*, PharmR 1988, 190, 193; *Kloesel/Cyran*, § 63a Anm. 5; *Rehmann*, § 63a Rn. 1; *Sander*, § 63a Erl. 2 und 7; *Mandry*, S. 39. Letztlich aber alle noch zum alten § 2 I PharmBetrV.

AMWHV in Bezug auf die zentral zugelassenen Arzneimittel übernimmt. Zwingend ist dies aber nicht. Es kann auch eine andere Person für diese Aufgabenwahrnehmung bestellt werden.

20   **3. Pharmakovigilanz-System; innerbetriebliche Organisation. a) Allgemeines.** Zur **Ausgestaltung des Pharmakovigilanz-Systems** wird wegen der hier gebotenen Kürze auf die EU Pharmacovigilance Guidelines **(GVP-Module)**[24] sowie die Legaldefinition in § 4 XXXVIII Bezug genommen. Für zentral zugelassene Arzneimittel dienen die GVP-Module der Auslegung der verbindlichen Anforderungen nach Art. 21 ff. VO (EG) Nr. 726/2004, für national, dezentral oder im MRP-Verfahren zugelassene Arzneimittel zur Auslegung der für Mitgliedstaaten verbindlichen Anforderungen nach Art. 101 ff. RL 2001/83/EG, die in §§ 63a–j umgesetzt wurden[25]. Sie beschreiben letztlich den technischen Standard eines Pharmakovigilanz-Systems, von dem weder Behörden noch pharmazeutische Unternehmer ohne guten Grund abweichen sollten.

21   **b) Auswahl des Stufenplanbeauftragten.** Auch wenn dem Stufenplanbeauftragten die Pflicht zukommt, das Pharmakovigilanz-System einzurichten und zu führen, bleibt es nach Abs. 1 S. 1 die **Pflicht des pharmazeutischen Unternehmers,** einen geeigneten Stufenplanbeauftragten zu bestellen, ihm die ordnungsgemäße Erfüllung seiner Aufgaben zu ermöglichen und seine Aufgabenerfüllung zu überwachen.

22   Der pharmazeutische Unternehmer muss sich davon überzeugen, dass die von ihm ausgewählte Person der Aufgabe tatsächlich fachlich und persönlich gewachsen ist. Er muss außerdem die ordnungsgemäße Ausführung der Aufgaben in angemessenen Zeitabständen kontrollieren[26]. Erkennt der pharmazeutische Unternehmer, dass dies beim eingesetzten Stufenplanbeauftragten nicht der Fall ist, muss er entsprechende Maßnahmen ergreifen und den Stufenplanbeauftragten ggf. ersetzen[27]. Ansonsten drohen ihm behördliche Maßnahmen nach § 69 I. Weiter kann die Verhängung eines Bußgeldes drohen (§ 97 II Nr. 24c).

23   **c) Ausstattung und Unterstützung des Stufenplanbeauftragten.** Damit der Stufenplanbeauftragte seine Aufgaben ordnungsgemäß erfüllen kann, ist der pharmazeutische Unternehmer verpflichtet, hinreichende organisatorische, sachliche und personelle Voraussetzungen zu schaffen[28].

24   In organisatorischer Hinsicht ist mit dem Pharmakovigilanz-System eine Betriebsorganisation durch den Stufenplanbeauftragten zu schaffen, die es dem Stufenplanbeauftragten ermöglicht, seine Aufgaben auszuführen. Dazu gehört es auch, sicherzustellen, dass alle im Betrieb eingehenden **Meldungen über Arzneimittelrisiken** und Beanstandungen sowie Informationen für die Beurteilung des Nutzen-Risiko-Verhältnisses eines Arzneimittels (§ 4 XXVIII) **unverzüglich dem Stufenplanbeauftragten zugeleitet** werden (§ 19 VIII AMWHV). Dabei kommt es zunächst nicht auf das Gewicht des bekanntgewordenen Arzneimittelrisikos an, da dessen Bewertung in den Aufgabenbereich des Stufenplanbeauftragten fällt[29]. In Vertragsverhältnissen mit Dritten, die in Berührung mit Meldungen über Arzneimittelrisiken kommen können, sind entsprechende Berichtspflichten einzuarbeiten. Dies gilt nicht nur für Lizenz- und Lohnherstellungsverträge[30], sondern auch für Kooperationen mit Ärzten und sonstigen Dritten, denen ggf. Arzneimittelrisiken in Zusammenhang mit ihrer Arbeit für den pharmazeutischen Unternehmer berichtet werden.

25   Personell muss dem Stufenplanbeauftragten **ausreichend und entsprechend fachlich qualifiziertes Personal** zur Verfügung stehen und vom pharmazeutischen Unternehmer gestellt werden, soweit er seine Aufgaben im Unternehmen nicht alleine erfüllen kann (§ 4 I AMWHV). Das bedeutet, dass der Zulassungsinhaber Ressourcen (Personal, Finanzen) bewilligen und Strukturen (zur Weiterleitung von Informationen) zur Verfügung stellen muss, die notwendig sind, um die gesetzlichen Anforderungen erfüllen zu können[31]. Der Stufenplanbeauftragte hat dafür zu sorgen, dass die Verantwortungsbereiche seiner Mitarbeiter klar geregelt sind[32].

26   Kommt der pharmazeutische Unternehmer diesen Verpflichtungen nicht nach, so ist der Stufenplanbeauftragte gehalten, die Schaffung der entsprechenden Voraussetzungen einzufordern. Aufgrund seiner **persönlichen Verantwortung** kann der Stufenplanbeauftragte sogar gezwungen sein, seine Tätigkeit niederzulegen, wenn ihm eine ordnungsgemäße Aufgabenerfüllung nicht möglich ist.

---

[24] Rules Governing Medicinal Products in the European Union, Volume 9 – Pharmacovigilance (Volume 9 A: Guidelines on Pharmacovigilance for Medicinal Products for Human Use – September 2008).

[25] Da die Good Pharmacovigilance Practices (GVP) in einem förmlichen Konsultationsverfahren, aber nicht in einem förmlichen Komitologieverfahren zustande kamen, sind die Guidelines kein eigenständiges neues Recht, vgl. *Schickling*, PharmInd 2013, 1289, 1299.

[26] *Kloesel/Cyran*, § 63a Anm. 15; *Mandry*, S. 127.

[27] *Hohm*, MedR 1988, 15, 16; *ders.*, S. 286.

[28] *Blasius/Müller-Römer/Fischer*, S. 215; *Kloesel/Cyran*, § 63a Anm. 14; *Mandry*, S. 195 f.; *Rehmann*, § 63a, Rn. 2. Zu weitgehend die Forderung von *Hohm*, S. 278, nach einer „optimalen" sachlichen und personellen Unterstützung.

[29] *Kloesel/Cyran*, § 63a Anm. 8.

[30] Vgl. hierzu *Kloesel/Cyran*, § 63a Anm. 20; *Mandry*, S. 146.

[31] *Simmchen-Wittekopf*, A&R 2014, 248.

[32] Dies ergibt sich wegen des beschränkten Anwendungsbereiches nicht unmittelbar aus § 4 II AMWHV. Die Vorschrift ist aber sinngemäß auch auf den Stufenplanbeauftragten und seine Mitarbeiter anwendbar.

d) Verantwortungsbereiche und Organisationsplan. Nach § 12 II AMWHV hat der pharmazeu- 27
tische Unternehmer den Verantwortungsbereich des Stufenplanbeauftragten nach Maßgabe des § 63a
festzulegen. Dabei sind zunächst die im Gesetz bestimmten **Aufgaben und Verantwortlichkeiten** des
Stufenplanbeauftragten gegenüber der sachkundigen Person nach §§ 14, 19, dem Informationsbeauftragten nach § 74a, sowie dem Leiter der Herstellung und dem Leiter der Qualitätskontrolle voneinander
abzugrenzen. Überschneiden sich Kompetenzen oder Verantwortlichkeiten[33] oder ergeben sich Lücken, so hat der pharmazeutische Unternehmer die Aufgaben beispielsweise in einer SOP klar und
lückenlos im Rahmen der rechtlichen Vorgaben festzulegen[34]. Dem Stufenplanbeauftragten sind dabei
zumindest die in § 63a genannten Verantwortlichkeiten zuzuweisen. Seit dem AMG-ÄndG 2009 gehört
es auch zur Aufgabe des Stufenplanbeauftragten, für das Pharmakovigilanz-System eine klare Abgrenzung
zu anderen Verantwortungsbereichen zu finden und zu dokumentieren. § 4 II 1 AMWHV verlangt, dass
die Aufgaben in Arbeitsplatzbeschreibungen festzulegen und die hierarchischen Beziehungen in einem
Organisationsschema zu beschreiben sind.

e) Unabhängigkeit des Stufenplanbeauftragten. Über die Vorgaben des § 63a hinaus findet sich in 28
§ 19 VI AMWHV eine Regelung, nach der der Stufenplanbeauftragte von den Verkaufs- und Vertriebseinheiten des pharmazeutischen Unternehmens unabhängig sein „soll". Somit erscheint die in der
Literatur vertretene Ansicht fragwürdig, wonach der pharmazeutische Unternehmer, sofern er eine
natürliche Person ist, sich auch selbst als Stufenplanbeauftragten benennen kann[35].
Die Unabhängigkeit des Stufenplanbeauftragten erfordert letztlich auch, dass er in seinem persönlichen 29
Verantwortungsbereich (§ 63a I 3 und 4) **keinen Weisungen unterliegen** darf. Das ist die Konsequenz
aus seiner eigenen strafrechtlichen und zivilrechtlichen Haftung. Auch Art. 2 Ia Durchführungsverordnung (EG) Nr. 520/2012 schreibt für Arzneimittel vor, die der RL 2001/83/EG unterfallen, dass die
QPPV für solche Arzneimittel, also der Stufenplanbeauftragte, über hinreichende Befugnisse im Pharmakovigilanz-System verfügen muss. Erhält der Stufenplanbeauftragte in diesem Bereich dennoch Weisungen, die seinen gesetzlichen Pflichten widersprechen, muss er sich diesen verweigern und notfalls seine
Tätigkeit niederlegen.

f) Vertragsverhältnis zur „Beauftragung". Der Stufenplanbeauftragte muss nicht Angestellter des 30
pharmazeutischen Unternehmers sein. Er kann etwa auch ein externer Dienstleister sein[36]. Möglich ist
auch, dass ein Stufenplanbeauftragter für **mehrere Unternehmen** (insbesondere Mutter-/Tochtergesell-
schaften oder verschiedene, eigenständige Vertriebseinheiten eines Unternehmens) oder in Nebentätig-
keit tätig wird[37]. Die konkrete Ausgestaltung des Vertragsverhältnisses muss aber die ordnungsgemäße
Wahrnehmung der Aufgaben tatsächlich ermöglichen (etwa im Hinblick auf Arbeitszeit, Verfügbarkeit
und innerbetriebliche Befugnisse, Zugang zu allen relevanten Informationsquellen und Unabhängigkeit)[38].
Unentbehrlich ist jedenfalls eine ausreichende Einbindung in die Organisationsstruktur des pharmazeutischen Unternehmens[39].

g) Bestellung mehrerer Stufenplanbeauftragter. Der Wortlaut des **Abs. 1 S. 1** schließt nicht aus, 31
dass in einem Unternehmen mehrere Stufenplanbeauftragte bestellt werden[40]. Eine solche Verteilung ist
in der Praxis häufig sogar unentbehrlich[41]. Auch dabei sind nach § 4 II AMWHV die **Verantwortungs-**
bereiche der verschiedenen Stufenplanbeauftragten klar und lückenlos abzugrenzen (etwa fachlich
anhand verschiedener Arzneimittelgruppen oder zeitlich anhand festzulegender Dienst- und Bereit-
schaftspläne) sowie im Organisationsplan schriftlich festzuhalten[42]. Zum Verhältnis des Stufenplanbeauftragte zur QPPV s. Rn 66 ff.

4. Aufgaben des Stufenplanbeauftragten. Nach S. 1 hat der Stufenplanbeauftragte die Aufgabe, 32
ein **Pharmakovigilanz-System** einzurichten und zu führen.
Abs. 1 enthält in S. 1, 3 und 4 einige Regelungen über die **Aufgaben des Stufenplanbeauftragten.** 33
Er hat das Pharmakovigilanz-System einzurichten und zu führen und ist für die Sammlung, Bewertung
und die Koordinierung von geeigneten Maßnahmen bei Arzneimittelrisiken verantwortlich (§§ 63b, c),

---

[33] Beispielsweise können bei Bekanntwerden von Arzneimittelrisiken je nach den Umständen sowohl der Stufenplanbeauftragte als auch der Informationsbeauftragte verantwortlich sein, gewisse Informationen an Dritte weiterzuleiten. Eine Ausnahme gilt nur für Anzeige- bzw. Unterrichtungspflichten gegenüber den Behörden, die in den Verantwortungsbereich des Stufenplanbeauftragten fallen, vgl. *Anhalt*, PharmInd 2007, 768, 769 f.
[34] *Anhalt*, PharmInd 2007, 768, 769.
[35] So *Mandry*, S. 76.
[36] Für weitere Möglichkeiten des Outsourcings vgl. *Buchkremer-Ratzmann/Dehnhardt*, PharmInd 2008, 1453 ff.; *Buch-*
kremer-Ratzmann/Dehnhardt, PharmInd 2013, 1918 ff.
[37] *Mandry*, S. 108 f.
[38] *Hohm*, S. 284; *Rehmann*, § 63a Rn. 2; *Sander*, § 63a Erl. 3. Ausführlich *Mandry*, S. 67 ff.
[39] *Rehmann*, § 63a Rn. 2.
[40] *Kloesel/Cyran*, § 63a Anm. 13 unter Verweis auf AMWHV.
[41] *Rehmann*, § 63a Rn. 1; vgl. auch *Mandry*, S. 110.
[42] Vgl. *Blasius/Müller-Römer/Fischer*, S. 215; *Fresenius/Will*, PharmR 1988, 190, 193; *Hohm*, MedR 1988, 15; *ders.*,
S. 284; *Rehmann*, § 63a Rn. 1; *Sander*, § 63a Erl. 3.

im Bereich des § 63h, i für die dort genannten Verdachtsfälle. Diese Pflichten des Stufenplanbeauftragten werden in § 63a I 5 i. V. m. **§ 19 AMWHV** ergänzt, wobei die AMWHV ihren Schwerpunkt auf die pharmazeutische Qualität der Arzneimittel legt (vgl. dort etwa § 3 zum Qualitätsmanagementsystem) und weniger auf die Pharmakovigilanz. Die Verantwortungsbereiche anderer Personen, die im Betrieb mit Fragen der Arzneimittelsicherheit und -qualität betraut sind, werden durch die Aufgabenzuweisung an den Stufenplanbeauftragten nicht überlagert[43], da die Verantwortlichkeiten klar voneinander abzugrenzen sind (§ 4 II 2 AMWHV; s. auch Rn. 27).

34   Die Aufgaben des Stufenplanbeauftragten können hier nur kurz erläutert werden. Zur Vertiefung wird auf GVP-Modul I verwiesen. Die GVP-Module sind zwar nicht verbindliches Recht, letztlich aber in aller Regel einzuhalten, weil sie den behördlichen und technischen anerkannten Standard der Pharmakovigilanz beschreiben.

35   Der Stufenplanbeauftragte hat nach dem Wortlaut des Gesetzes die Aufgabe, ein **Pharmakovigilanz-System** einzurichten und zu führen. Diese Aufgabe des Stufenplanbeauftragten wurde bereits durch Art. 1 Nr. 54 des AMG-ÄndG 2009 in den Gesetzestext aufgenommen. Der Stufenplanbeauftragte ist damit auch dafür verantwortlich, dass die Pharmakovigilanz-Stammdokumentation zutreffend und aktuell ist, also das Pharmakovigilanz-System so betrieben wird, wie darin beschrieben. Das Pharmakovigilanz-System ist in § 4 XXXVIII legaldefiniert (dort Rn. 286), die Pharmakovigilanz-Stammdokumentation in § 4 XXXIX (dort Rn. 307); vgl. die dortige Kommentierung und GVP Modul I C.1.3. Er selbst ist ein wesentlicher Teil dieses Systems, das der pharmazeutische Unternehmer durch ihn einzurichten und zu betreiben hat (§ 63b I). Als solches hat der Stufenplanbeauftragte alle ihm bekannt gewordenen Meldungen über Arzneimittelrisiken zu sammeln und zu bewerten. Die Pflicht ist ausschließlich auf die Arzneimittel beschränkt, die der pharmazeutische Unternehmer in Verkehr bringt[44] und für die der Stufenplanbeauftragte bestellt ist. Für **Prüfpräparate** des pharmazeutischen Unternehmers gilt § 19 IV AMWHV und die GCP-V (s. Rn. 9; zum Begriff „Arzneimittelrisiko" s. § 4 Rn. 209).

36   Die **Sammlung** der Meldungen über Arzneimittelrisiken bezieht sich auf **bekannt gewordene Meldungen.** Dies meint nicht nur „dem pharmazeutischen Unternehmer bzw. dem pharmazeutischen Unternehmen bekannt geworden", sondern „allgemein über das Arzneimittel bekannt geworden". Der Stufenplanbeauftragte kann sich also nicht darauf beschränken, nur eingegangene Meldungen entgegenzunehmen (§ 19 VIII AMWHV). Er muss vielmehr innerhalb wie außerhalb des Unternehmens aktiv Informationen sammeln[45] und zwar etwa durch eine systematische Auswertung einschlägiger Fachliteratur, Kontakt zu Pharmaberatern (§§ 75 und 76) und Stellen, die aufgrund ihrer Aufgaben über Informationen zu Arzneimittelrisiken verfügen[46], regelmäßige Überprüfung einschlägiger Homepages (z. B. bei BfArM, EMA und FDA) und in Betracht kommender Printmedien. Das BfArM erwartet, dass der Stufenplanbeauftragte erforderlichenfalls mehrere, relevante Literaturdatenbanken mindestens einmal pro Woche auf Nebenwirkungsmeldungen hin überprüft bzw. unter seiner Verantwortung überprüfen lässt[47]. Eine vierteljährliche Überprüfung genügt für Wirkstoffe, die in Deutschland als Generika (§ 24b) zugelassen sind, für Arzneimittel mit Standardzulassungen (§ 36), für homöopathische und anthroposophische Zubereitungen (§ 38), nach § 109a zugelassene oder beantragte traditionelle Arzneimittel und für Wirkstoffe von Arzneimitteln, die das Verlängerungsverfahren nach § 105 ff. durchlaufen haben[48]. Auch sollten die einschlägigen Websites und Portale der jeweils zuständigen Bundesoberbehörden (BfArM, PEI, BVL) aber auch der EMA (einschließlich der Websites des CMDh, CHMP) und FDA wie auch die einschlägige Tagespresse und sonstige einschlägige Medien beobachtet werden[49] (vgl. hierzu auch § 63b Rn. 29).

37   Die **Meldungen** sind auszuwerten und dahingehend zu bewerten, ob ein Arzneimittelrisiko vorliegt, wie schwerwiegend es ist und welche Maßnahmen zur Risikoabwehr geboten sind (§ 19 I 2 AMWHV). Die Bewertung hat unverzüglich zu erfolgen, also – soweit keine besonderen Gründe vorliegen – sofort nach Bekanntwerden einer Meldung. Es sind die Schwere des Arzneimittelrisikos sowie seine Häufigkeit und die Intensität der möglichen Gesundheitsgefährdung (Grad der akuten unerwünschten Wirkungen, Dauer der Beeinträchtigung, Langzeitfolgen) zu bemessen sowie der Grad der Wahrscheinlichkeit eines Zusammenhangs zwischen Arzneimittelanwendung und Gesundheitsbeeinträchtigung. Wegen der hier gebotenen Kürze wird zu den möglichen Kausalitätsstufen ergänzend auf die dazu ergangene Literatur verwiesen[50]. Die Bewertung hat mit einer Empfehlung abzuschließen, ob und welche Maßnahmen zu

---

[43] *Fresenius/Will*, PharmR 1988, 190, 192.

[44] *Hohm*, MedR 1988, 15, 17; *ders.*, S. 277.

[45] *Freund*, in: MüKo-StGB, Bd. 6/I, §§ 62–63b Rn. 2; *Hohm*, MedR 1988, 15, 17; *Kloesel/Cyran*, § 63a Anm. 19 und 20; *Mandry*, S. 145; *Rehmann*, § 63a Rn. 2; *Sander*, § 63a Erl. 4c.

[46] *Hohm*, MedR 1988, 15, 17 f.; *ders.* S. 277; *Kloesel/Cyran*, § 63a, Anm. 10; *Mandry*, S. 145.

[47] GVP-Modul II. B.4.5. (Stand: 12.4.2013). Zum Erfordernis der Literaturrecherche der EMA Art. 27 VO (EU) Nr. 726/2004; vgl. *Buchkremer-Ratzmann/Dehnhardt*, PharmInd 2013, 1918, 1921 f.

[48] *BfArM/PEI*, Fünfte Bekanntmachung zur Anzeigepflicht von Nebenwirkungen und Arzneimittelmissbrauch, BAnz. Nr. 16a vom 30.1.2008, Nr. 3.1.2; vgl. auch *Buchkremer-Ratzmann/Dehnhardt*, PharmInd 2008, 1453, 1455: *Buchkremer-Ratzmann/Dehnhardt*, PharmInd 2013, 1918, 1921 f.

[49] *Buchkremer-Ratzmann/Dehnhardt*, PharmInd 2013, 1918, 1922.

[50] *Schosser/Quast*, PharmInd 1998, 185ff.

ergreifen und welche Mitteilungen zu machen sind[51]. Die **Entscheidung** über die Gefahrabwehrmaßnahmen ist aber – anders als die Entscheidung über die erforderlichen Anzeigepflichten – nicht Sache des Stufenplanbeauftragten, sondern des pharmazeutischen Unternehmers.

Hat der pharmazeutische Unternehmer über die zu ergreifenden Maßnahmen entschieden, obliegt **38** dem Stufenplanbeauftragten die **Koordinierung der Gefahrabwehrmaßnahmen.** Die schnelle und ordnungsgemäße Durchführung der einzuleitenden Maßnahmen ist sicherzustellen[52]. Zur Koordinierung, insbesondere bei Qualitätsbeanstandungen, gehört nach § 19 I 3 AMWHV auch die Mitteilung an die sachkundige Person i. S. d. § 14.

Neben den Meldungen zu Arzneimittelrisiken nennt § 19 I AMWHV auch „**Beanstandungen**", die **39** zu sammeln und zu bewerten sind. Das deutsche Recht meint damit letztlich Meldungen zu Qualitätsmängeln. Nach § 19 II AMWHV sind auch Verdachtsfälle von Arzneimittelfälschungen aufzunehmen und zu melden[53].

Zu den Aufgaben des Stufenplanbeauftragten gehören auch die in § 63b geregelten Pharmakovigi **40** lanz-Pflichten. Dazu gehören die Pharmakovigilanz-Audits (s. auch Rn. 41), Risikomanagementpläne (§ 63b), PSURs/PBRERs (§ 63d) und nicht interventionelle Unbedenklichkeitsprüfungen (§ 63f, g). Wengleich das Gesetz diese Aufgaben nicht direkt den Stufenplanbeauftragten zuweist, so gehören diese Pflichten aber zum Pharmakovigilanz-System und damit auch in den Zuständigkeitsbereich des Stufenplanbeauftragten[54]. Der Stufenplanbeauftragte hat die Einhaltung dieser Pflichten zumindest zu überwachen[55].

§ 19 I 4 AMWHV schreibt schließlich die regelmäßige Überprüfung der Wirksamkeit der Verfahren **41** zur Sammlung, Bewertung und Koordinierung vor. Mit der Umsetzung der RL 2010/84/EG durch das 2. AMG-ÄndG 2012 findet sich die Pflicht, das Pharmakovigilanz-System, insbesondere die **Audits und entsprechende Korrekturmaßnahmen** zu pflegen, nun unmittelbar im AMG (§ 63b II Nr. 2). Weiter müssen die wichtigsten Ergebnisse in der Pharmakovigilanz-Stammdokumentation vermerkt werden, bis die Maßnahmen zur Mangelbeseitigung vollständig durchgeführt worden sind (§ 63b II Nr. 2). Die Art und Dauer der Aufbewahrung von vorgeschriebenen Aufzeichnungen ist in § 20 I AMWHV geregelt und für den pharmazeutischen Unternehmer verpflichtend.

II. Ausnahmen (S. 2)

Nach Abs. 1 S. 2 sind Personen, die nach § 13 II 1 Nr. 1, 2, 3, 5 oder IIb keiner Herstellungserlaubnis **42** bedürfen, nicht dazu verpflichtet, einen Stufenplanbeauftragten zu bestellen. Dies sind:
– der **Inhaber einer Apotheke** für die Herstellung von Arzneimitteln im Rahmen des üblichen Apothekenbetriebs oder für die Rekonstitution (§ 4 XXXI) sowie das Abpacken von Arzneimitteln für die klinische Prüfung gemäß dem Prüfplan[56];
– der **Träger eines Krankenhauses**, soweit er nach dem ApG Arzneimittel abgeben darf, oder für die Rekonstitution sowie das Abpacken von Arzneimitteln für die klinische Prüfung gem. dem Prüfplan;
– der **Tierarzt** im Rahmen des Betriebes einer tierärztlichen Hausapotheke für gewisse Tätigkeiten im Zusammenhang mit Arzneimitteln für die von ihm behandelten Tiere;
– der **Einzelhändler**, der die Sachkenntnis nach § 50 besitzt, für das Umfüllen, Abpacken oder Kennzeichnen von Arzneimitteln zur Abgabe in unveränderter Form unmittelbar an den Verbraucher;
– der **Arzt oder der sonst zur Ausübung der Heilkunde beim Menschen Befugte** für zur persönlichen Anwendung bei seinen Patienten hergestellte Arzneimittel. Von dieser Befreiung ausgenommen und damit der Pflicht zur Bestellung eines Stufenplanbeauftragter unterliegen solche Ärzte oder Befugte, die gewisse Arzneimittel für neuartige Therapien oder gewisse xenogene Arzneimittel herstellen (§ 13 IIb) oder Prüfpräparate herstellen und nicht nur rekonstituieren.

Die Befreiung in Abs. 1 S. 2 verweist nicht auf § 13 II 1 Nr. 4 oder Nr. 6. Dies liegt daran, dass § 63a **43** ohnehin nur beim Inverkehrbringen von Fertigarzneimitteln gilt, während § 13 II 1 Nr. 4 und Nr. 6 ausschließlich Arzneimittel betrifft, die keine Fertigarzneimittel sind[57].

Die Ausnahmen des Abs. 1 S. 2 greifen nicht bei der Herstellung von Blutzubereitungen, Gewebe **44** zubereitungen, Sera, Impfstoffen, Allergenen, Testsera, Testantigenen und radioaktiven Arzneimitteln (§ 13 II 2).

---

[51] Vgl. *Fuhrmann*, S. 175. Zu den Unterschieden auch *Hohm*, MedR 1988, 15, 18; *ders.*, S. 279.
[52] *Hohm*, MedR 1988, 15, 19; *ders.*, S. 281 f.
[53] Vgl. *Hauke/Kremer*, PharmR 2013, 213, 215.
[54] *Schickling*, PharmInd. 2013, 1298, 1303.
[55] Vgl. *Schickling*, PharmInd. 2013, 1298, 1303.
[56] *Das* umfasst auch die Verblisterung von Fertigarzneimitteln in Apotheken, *OVG Lüneburg*, GesR 2006, 461 ff. Dazu *Wille*, PharmR 2006, 501 ff. und *Voit*, PharmR 2007, 1, 2.
[57] In Bezug auf § 13 II 1 Nr. 4: *Mandry*, S. 33; *Rehmann*, § 63a Rn. 2; *Sander*, § 63a Erl. 2.

III. Anzeigepflichten des Stufenplanbeauftragten (S. 3)

45   Nach **Abs. 1 S. 3** gehört zu den Aufgaben des Stufenplanbeauftragten auch die Erfüllung von Anzeigepflichten, die Arzneimittelrisiken betreffen (§ 63c; vgl. auch § 19 III AMWHV). § 19 II AMWHV verpflichtet den Stufenplanbeauftragten darüber hinaus, die zuständige Behörde über jeden Qualitätsmangel, der zu einem Rückruf oder zu einer ungewöhnlichen Einschränkung des Vertriebs führen könnte, unverzüglich zu unterrichten. Diese Verpflichtung entspringt Art. 13 RL 2003/94/EG. Die Mitteilungspflicht über den Verdacht von Arzneimittelfälschungen ist teleologisch zu reduzieren: Sie bezieht sich nur auf Arzneimittelfälschungen, die Bezug zum deutschen Markt haben.

IV. Übermittlung weiterer Informationen (S. 4)

46   **Nach Abs. 1 S. 4** hat der Stufenplanbeauftragte auch sicherzustellen, dass der zuständigen Bundesoberbehörde auf deren Verlangen weitere für die Beurteilung des Nutzen-Risiko-Verhältnisses **erforderliche Informationen** unverzüglich und vollständig übermittelt werden (§ 29 Ia). Zu diesen Informationen zählen auch eigene Bewertungen des Stufenplanbeauftragten.

47   Für die Erfüllung der Anzeigepflichten nach Abs. 1 S. 3 und 4 ist der Stufenplanbeauftragte (neben dem pharmazeutischen Unternehmer)[58] **persönlich verantwortlich**[59]. Er hat dabei auch den Anforderungen der AMWHV zu genügen[60].

V. Aufzeichnungspflichten nach der AMWHV (S. 5)

48   Nach § 19 I 1 AMWHV hat der Stufenplanbeauftragte über den Inhalt seiner Tätigkeit geeignete Aufzeichnungen zu führen. Für die Art und Dauer der Aufbewahrung gilt § 20 AMWHV. Betreffend die weiteren Aufzeichnungs- und Dokumentationspflichten in Bezug auf Pharmakovigilanz-Audits und nachfolgender Korrekturmaßnahmen wird auf die §§ 10, 11 AMWHV verwiesen.

VI. Überwachungsmaßnahmen

49   Nach § 66 II 2 sind der Stufenplanbeauftragte und seine Stellvertreter verpflichtet[61], in ihren Verantwortungsbereich fallende[61] **Überwachungsmaßnahmen** nach den §§ 64 und 65 zu dulden und die mit der Überwachung beauftragten Personen bei der Erfüllung ihrer Aufgaben zu unterstützen. Dies gilt insbesondere für die **Pharmakovigilanz-Inspektionen** nach § 62b VI (s. § 62 Rn. 74 ff.).

VII. Erreichbarkeit

50   Das GVP-Modul V sieht vor, dass die QPPV 24 Stunden am Tag und 7 Tage die Woche für die Behörden erreichbar sein muss. Diese Anforderung gilt auch im nationalen Recht für den nationalen Stufenplanbeauftragten[62]. Die 24/7-Erreichbarkeit erfordert, dass der Stufenplanbeauftragte für die zuständigen Behörden zumindest telefonisch stets erreichbar ist bzw. dass er auf eine versuchte Kontaktaufnahme durch die Behörde innerhalb weniger Stunden reagiert. Im Fall einer in diesem Sinn längeren Abwesenheit ist stets ein Vertreter zu bestellen.

C. Personalunion; Inkompatibilität (Abs. 2)

51   Nach Abs. 2 kann der Stufenplanbeauftragte zugleich **verantwortliche Person** nach § 20c oder **sachkundige Person** nach § 14 sein. Nach § 74a II 2 besteht ferner die Möglichkeit, dass die Tätigkeiten des Stufenplanbeauftragten und des Informationsbeauftragten in Personalunion ausgeführt werden. Daraus folgt, dass letztlich diese Positionen in Personalunion wahrgenommen werden können. Mit Blick auf den Zeit- und Arbeitsaufwand und die jeweils umfassende Verantwortung sind dem jedoch praktische und durch § 4 I AMWHV auch rechtliche Grenzen gezogen[63].

52   Die umfangreichen Pflichten und die geforderte 24 Stunden/7 Tage-Erreichbarkeit machen es unvermeidlich, dass sich der Stufenplanbeauftragte Hilfspersonen bedient. Dabei ist zu unterscheiden:

53   Die Bestellung eines **Stellvertreters** ist in § 19 VI AMWHV geregelt. Der echte Stellvertreter rückt für den Zeitraum der Stellvertretung in die Stellung des hauptamtlichen Stufenplanbeauftragten ein und

---

[58] *Hohm*, S. 276 mit Fn. 1428; *Kloesel/Cyran*, § 63a Anm. 24; *Mandry*, S. 147; *Merkel*, in: Hart/Hilken/Merkel/Woggan, S. 125. A. A. *Sander*, § 63a Erl. 4d. Unklar *Hasskarl*, NJW 1988, 2265, 2270.
[59] Zu S. 4 ausdrücklich so *Kroth*, PharmInd 2005, 278.
[60] *Mandry*, S. 113.
[61] Zu dieser Einschränkung *Mandry*, S. 164 f.
[62] Vgl. BT-Drucks. 15/5316, S. 35, die darauf hinweist, dass die sachkundige Person nicht permanent im Betrieb anwesend sein muss, solange sie in der Lage ist, ihren Verpflichtungen nachzukommen. Für den Stufenplanbeauftragten muss zumindest Vergleichbares gelten. Vgl. auch *Kroth*, A&R 2007, 114, 115.
[63] *Kloesel/Cyran*, § 63a Anm. 29; *Mandry*, S. 109.

ist damit selbst für die Erfüllung aller Pflichten verantwortlich[64]. Daher ist auch für den Einzelfall oder generell (etwa in SOP) genau zu regeln, wann der Vertretungsfall beginnt und endet. Der Stellvertreter muss die Sachkundeanforderungen des § 63a erfüllen[65] sowie zuverlässig und in der EU (bzw. dem EWR) ansässig sein[66]. Es fällt in die Verantwortung des pharmazeutischen Unternehmers, dem Stufenplanbeauftragten – wie regelmäßig erforderlich – einen geeigneten Stellvertreter beiseite zu stellen, denn dies ist Teil der personellen Ausstattung.

Von der echten Stellvertretung ist die **Delegation** zu unterscheiden. Die Delegation beschränkt sich **54** nur auf einzelne Aufgaben, die der Stufenplanbeauftragte durch Hilfspersonen unter seiner Aufsicht und Verantwortung durchführen lässt. Die Verantwortung für die Aufgabenerfüllung bleibt beim Stufenplanbeauftragten, wie auch die inhaltliche Leitung. Er darf einzelne Aufgaben nur dann delegieren, wenn sichergestellt ist, dass sie ordnungsgemäß ausgeführt werden. Dies erfordert die Zuverlässigkeit und Sachkenntnis des Delegationsempfängers je nach delegierter Tätigkeit, ggf. hierfür erforderliche sachliche Anleitung – sowie eine ausreichende Überwachung.

D. Mitteilungspflichten (Abs. 3)

I. Benennung des Stufenplanbeauftragten (S. 1)

Nach **Abs. 3 S. 1** hat der pharmazeutische Unternehmer sowohl der am Unternehmenssitz zuständi- **55** gen **Arzneimittelüberwachungsbehörde** (Landesbehörde) als auch der zuständigen Bundesoberbehörde nach § 77 die **Person des Stufenplanbeauftragten** vorher mitzuteilen. Auch letztere benötigt die Kenntnis für die Entscheidung über die Zulassung (§ 22 II Nr. 5, 6). Für pharmazeutische Unternehmer mit Sitz außerhalb Deutschlands sollte die Meldung an die jeweils zuständige Bundesoberbehörde nach § 77 genügen, da es keine örtlich zuständige Behörde gibt. Die Meldepflicht gilt auch bei einem **Wechsel** in der Person des Stufenplanbeauftragten.

Für die Mitteilung besteht **kein Formerfordernis.** Aber allein schon aus Gründen der Dokumenta- **56** tion wird die Mitteilung regelmäßig schriftlich erfolgen[67]. In der Praxis erfolgt die Mitteilung gegenüber den zuständigen **Arzneimittelüberwachungsbehörden** meist mittels eines Vordrucks der jeweiligen Behörde. Zur Mitteilung gehört auch die Beschreibung des konkreten Verantwortungsbereiches, der Name und die Anschrift des pharmazeutischen Unternehmers wie auch der Name und die Anschrift des Stufenplanbeauftragten[68]. Der pharmazeutische Unternehmer muss die Tätigkeit des Stufenplanbeauftragten in seiner Stellenbeschreibung genau definieren (§ 4 II AMWHV; für die QPPV vgl. Art. 10 Durchführungsverordnung (EG) Nr. 520/2012). In der Praxis verlangt die Behörde oftmals auch ein **polizeiliches Führungszeugnis** des Stufenplanbeauftragten[69]. Teils auch eine Erklärung abzugeben, dass kein Strafverfahren gegen den Stufenplanbeauftragten anhängig ist[70]. Zur Verpflichtung, nach Wegfall des Nachweiserfordernisses nach Abs. 2 S. 1 einen Nachweis für die ausreichende Sachkunde zu erbringen, s. Rn. 12.

Da es sich um ein **bloßes Mitteilungserfordernis** handelt, müssen die Behörden der Bestellung des **57** Stufenplanbeauftragten nicht zustimmen[71]. Auch ist die Mitteilung der Bestellung oder eines Wechsels nicht konstitutiv. Der pharmazeutische Unternehmer darf seine Arzneimittel unabhängig von einer behördlichen Überprüfung und Zustimmung (zunächst) in Verkehr bringen, sofern er bereits eine Zulassung besitzt. Freilich kann die jeweils zuständige Behörde die Qualifikation im Rahmen der Überwachung nach den §§ 64 ff.[72] bzw. nach § 62 VI prüfen.

§ 22 II Nr. 6 verlangt für die **Zulassung** den Nachweis, dass der pharmazeutische Unternehmer **58** einen Stufenplanbeauftragten hat. Der Stufenplanbeauftragte ist auch Teil der Beschreibung des Pharmakovigilanz-Systems nach § 22 II Nr. 5[73]. Damit sind **Änderungen** in der Person des Stufenplanbeauftragten und auch seines Stellvertreters bei nicht zentral zugelassenen Arzneimitteln automatisch eine nicht-genehmigungspflichtige Änderungsanzeige nach § 29 I bzw. eine Variation nach

---

[64] Vgl. auch Art. 104 III, IV RL 2001/83/EG; GVP-Modul II. B.4.1. (Stand: 12.4.2013); so auch *Kroth*, A&R 2007, 114, 117.
[65] *Kloesel/Cyran*, § 63a Anm. 17.
[66] Vgl. auch Art. 104 III, IV RL 2001/83/EG; GVP-Modul II. B.4.1 (Stand. 12.4.2013).
[67] *Mandry*, S. 73, der zudem noch auf die Ordnungswidrigkeit einer unterlassenen Anzeige nach § 97 II Nr. 24c und das Nachweisinteresse des pharmazeutischen Unternehmers hinweist.
[68] *Kloesel/Cyran*, § 63a Anm. 30; *Sander*, § 63a Erl. 7.
[69] *Fresenius/Will*, PharmR 1988, 190, 191.
[70] Verlangen kann die Behörde einen solchen Nachweis nicht, da § 63a nicht den Nachweis der erforderlichen Zuverlässigkeit vorschreibt; so auch *Mandry*, S. 46; *Sander*, § 63a Erl. 7. *Fresenius/Will*, PharmR 1988, 190, 191, *Hohm*, S. 287, *Kloesel/Cyran*, § 63a Anm. 30 und *Kroth*, A&R 2007, 114, sind indes der Ansicht, dass ein Nachweis der Zuverlässigkeit auf Verlangen der Behörde beizubringen ist.
[71] *Rehmann*, § 63a Rn. 3; *Sander*, § 63a Erl. 7.
[72] *Mandry*, S. 46; *Rehmann*, § 63a Rn. 3; *Sander*, § 63a Erl. 7.
[73] Für zentral zugelassene Arzneimittel gilt dies entsprechend über Art. 6 I VO (EG) Nr. 726/2004 i. V. m. Art. 8 III Buchst. ia) und n) RL 2001/83/EG.

der VO (EG) Nr. 1084/2003[74]. Mit der Umstellung vom Detailed Description of the Pharmacovigilance System (DDPS) auf die Pharmacovigilanz-Stammdokumentation (Pharmacovigilance System Master File – PSMF) müssen die Zulassungsunterlagen nun eine Zusammenfassung des Pharmakovigilanz-Systems statt des DDPS enthalten (vgl. § 22 II Nr. 5 und § 4 Rn. 309). Die EU QPPV ist in der Zusammenfassung des Pharmakovigilanz-Systems zu benennen. Handelt es sich bei der EU QPPV und dem Stufenplanbeauftragten um dieselbe Person, muss diese Person in der Zusammenfassung genannt werden. Handelt es sich nicht um dieselbe Person, wird – nach derzeitiger Verwaltungspraxis – der Stufenplanbeauftragte neben der EU QPPV in der Zusammenfassung nicht mehr genannt, wohl aber in der Pharmakovigilanz-Stammdokumentation. Wenn sich die Person des – nicht in der Zusammenfassung genannten – Stufenplanbeauftragten ändert, wird dies demnach nur in der PSMF angepasst; einer Änderungsanzeige (Variation) bedarf es aber nicht. Ändert sich jedoch die Person der EU QPPV erfolgt eine „Group Variation" des Typ IA_{IN}[75] in der Zusammenfassung des Pharmakovigilanz-Systems.

II. Unvorhergesehener Wechsel (S. 2)

59   Erfolgt ein unvorhergesehener Wechsel des Stufenplanbeauftragten, so hat die Mitteilung nach **Abs. 3 S. 2** unverzüglich (d. h. ohne schuldhaftes Zögern, § 121 BGB)[76] zu erfolgen. Sofern ein Stellvertreter bestellt ist, muss auch dieser den zuständigen Behörden namentlich genannt werden[77].

E. Haftung

I. Haftung des Stufenplanbeauftragten

60   Der Stufenplanbeauftragte ist für die Einhaltung der in § 63a I und § 19 AMWHV beschriebenen Aufgaben persönlich verantwortlich. Deshalb haftet er unmittelbar, wenn er diesen nicht nachkommt und dadurch jemand einen Schaden erleidet. Haftungsgrundlage ist zum einen § 823 I BGB[78], wenn der Stufenplanbeauftragte schuldhaft Verkehrssicherungspflichten des pharmazeutischen Unternehmers verletzt, für deren Erfüllung er gesetzlich verantwortlich ist (Einführen und Betrieb eines Pharmakovigilanz-Systems, Sammlung und Bewertung von Arzneimittelrisiken, Koordinierung geeigneter Maßnahmen) und die übrigen Haftungsvoraussetzungen vorliegen[79]. Die abschließende Entscheidung über zu treffende Maßnahmen bei Arzneimittelrisiken auf der Grundlage der Arbeiten des Stufenplanbeauftragten obliegt jedoch dem pharmazeutischen Unternehmer, der dafür auch haftet.

61   Die Haftung des Stufenplanbeauftragten kann sich ferner auf § 823 II BGB gründen. Als verletztes Schutzgesetz kommt § 222 StGB (fahrlässige Tötung) oder § 229 StGB (fahrlässige Körperverletzung) in Betracht[80]. § 63a selbst scheidet dagegen als Schutzgesetz aus, da die Vorschrift keinen Drittschutz entfaltet[81]. Freilich ist § 63a auch hier beim Sorgfaltsmaßstab im Rahmen der §§ 222, 229 StGB zu berücksichtigen und seine Verletzung kann für die Annahme einer Sorgfaltspflichtverletzung eine gewisse Indizwirkung entfalten[82].

II. Haftung des pharmazeutischen Unternehmers

62   Die Haftung des pharmazeutischen Unternehmers für Schäden, die durch die bestimmungsgemäße Einnahme seines Arzneimittels verursacht werden, richten sich nach den §§ 84 ff. und § 823 BGB.

63   Ein Schadensersatzanspruch gegen den pharmazeutischen Unternehmer kann aber auch neben einer Haftung des Stufenplanbeauftragten bestehen. Anknüpfungspunkt und Voraussetzung ist allerdings ein

---

[74] Mit der Änderung der VO (EG) Nr. 1234/2008 zum 1.1.2010 hat sich das System zur Bestimmung von Variations geändert (Type-II-Variations sind nur noch Änderungen mit umfangreichen Folgen für die Qualität, Unbedenklichkeit oder Wirksamkeit des Arzneimittels). Der bloße Wechsel eines Stufenplanbeauftragten ist eine Type-IA- oder -IB-Variation. Entgegen einer Type-II-Variation ist hier kein Vorabgenehmigungs-, sondern nur ein Mitteilungsverfahren erforderlich (vgl. Art. 8, 9 VO (EG) Nr. 1234/2004). Für zentral zugelassene Arzneimittel gilt dies entsprechend, vgl. Art. 14, 15 VO (EG) Nr. 1234/2008, die Art. 4 ff. VO (EG) Nr. 1085/2003 abgelöst haben. Dies entspricht auch der Vorgabe des GVP-Moduls I. B.11.3. (Stand: 2.7.2012), wonach Variationen, die Auswirkung auf die Sicherheit des Arzneimittels haben, zu implementieren sind.

[75] Vgl. Communication from the Commission – Guideline on the details of the various categories of variations to the terms of marketing authorisations for medicinal products for human use and veterinary medicinal products, C.1.9.

[76] *Hohm*, MedR 1988, 15, 16; *Kloesel/Cyran*, § 63a Anm. 31.

[77] *Kroth*, A&R 2007, 114, 117; *Mandry*, S. 105.

[78] *Kloesel/Cyran*, § 63a Anm. 36; *Mandry*, S. 125; ebenso *Rehmann*, § 63a Rn. 2 zumindest bei einer Verletzung der Anzeigepflicht.

[79] Im Ergebnis wohl auch *Mandry*, S. 126.

[80] Zum drittschützenden Charakter der §§ 222, 229 StGB vgl. *BGH*, VersR 1987, 1133, 1134 bzw. *OLG Düsseldorf*, NJW 1958, 1920.

[81] Vgl. die BR-Drucks. 596/85, die in § 63a lediglich eine Organisationsnorm sieht.

[82] *Lackner/Kühl*, § 15 Rn. 39.

eigenes Organisationsverschulden[83] des pharmazeutischen Unternehmers nach §§ 823 I, 31 BGB[84]. Aufgrund seiner Entscheidungskompetenzen hinsichtlich Arzneimittelrisiken ist der Stufenplanbeauftragte ein leitender Angestellter[85]. Dagegen ist ein Anspruch aus § 831 BGB im gesetzlich definierten Verantwortungsbereich des Stufenplanbeauftragten abzulehnen, da er wegen seiner dortigen eigenständigen Entscheidungskompetenzen gerade kein Verrichtungsgehilfe des pharmazeutischen Unternehmers ist[86].

III. Innenverhältnis

Hat ein Geschädigter gegen den Stufenplanbeauftragten und den pharmazeutischen Unternehmer **64** einen Schadensersatzanspruch, haften beide dem Geschädigten gegenüber gesamtschuldnerisch nach **§ 840 I BGB.** Im Innenverhältnis zwischen dem Stufenplanbeauftragten und dem pharmazeutischen Unternehmer finden die Regelungen zur Ausgleichspflicht nach **§ 426 I BGB** Anwendung. Die Inhalte der Ausgleichspflicht richten sich nach dem Rechtsverhältnis zwischen dem Stufenplanbeauftragten und dem pharmazeutischen Unternehmer. Ist die Funktion des Stufenplanbeauftragten auf einen externen Dienstleister ausgelagert, bestimmt sich die Ausgleichspflicht nach dem zugrunde liegenden Vertragsverhältnis. Ist der Stufenplanbeauftragte Arbeitnehmer des pharmazeutischen Unternehmers, kommen die Regelungen zum innerbetrieblichen Schadensausgleich zur Anwendung. Danach richtet sich der Umfang der Haftung insbesondere nach dem Grad des Verschuldens des Stufenplanbeauftragten[87].

Entsprechendes gilt auch, wenn nicht ein Dritter Ansprüche gegen einen angestellten Stufenplan- **65** beauftragten geltend machen kann, sondern ausschließlich der **pharmazeutische Unternehmer** selbst. In diesem Fall ist der Anspruch des Unternehmers gegen den Stufenplanbeauftragten nach den Grundsätzen des innerbetrieblichen Schadensausgleiches limitiert. Bei einem **externen Dienstleister** als Stufenplanbeauftragter, bestimmt sich die Ausgleichspflicht nach dem zugrunde liegenden Vertragsverhältnis[88].

F. Verhältnis Stufenplanbeauftragter und EU QPPV

Der **Inhaber einer zentralen Zulassung** hat nach **Art. 21 (i. V. m. RL 2001/83/EG) und 48 VO 66 (EG) Nr. 726/2004** eine verantwortliche und entsprechend **qualifizierte Person für Pharmakovigilanz** (QPPV) zu benennen. Die Anforderungen an die QPPV werden in den Good Pharmacovigilance Practices und hier insbesondere Modul I (Pharmacovigilance systems and their quality systems) und II (Pharmacovigilance System Master File) wie auch in Art. 10 Durchführungsverordnung (EG) Nr. 520/2012 näher beschrieben. Wie auch das deutsche Recht für den Stufenplanbeauftragten geben die RL 2001/83/EG lediglich vor, dass die QPPV **ausreichend qualifiziert** sein soll, um die Verantwortlichkeiten und Aufgaben der Stelle zu erfüllen[89]. Jedenfalls sollte die QPPV wie auch der Stufenplanbeauftragte von einer Person unterstützt werden, die eine ärztliche Grundausbildung hat[90].

Nach dem oben Gesagten (s. Rn. 6) ist für zentral zugelassene Arzneimittel nur eine EU **QPPV** zu **67** bestellen; § 63a ist europarechtskonform dahin gehend auszulegen, dass das deutsche Recht nicht zusätzlich – neben der europarechtlich geforderten QPPV – einen Stufenplanbeauftragten für zentral zugelassene Produkte fordert. Freilich ist eine QPPV die außerhalb Deutschlands angesiedelt ist und ggf. der deutschen Sprache nicht mächtig ist, nicht alleine in der Lage, die Pharmakovigilanz-Pflichten für zentral zugelassene Arzneimittel, die in Deutschland in Verkehr gebracht wurden, zu erfüllen. Daher besteht praktisch das Bedürfnis eine Person oder Stelle einzurichten, die sich um die aus Deutschland gemeldeten Verdachtsfälle von Nebenwirkungen kümmert. Eine solche Person (oder Stelle) wird die EU QPPV bei ihrer Aufgabenerfüllung unterstützen; diese Person oder Stelle muss aber nicht zwingend ein lokaler Stufenplanbeauftragter sein. Die Praxis in den Unternehmen und die Behördenpraxis sehen derzeit häufig vor, dass es neben der EU QPPV in Deutschland keinen Stufenplanbeauftragten gibt. Gerade Unternehmen, die neben zentral zugelassenen Arzneimitteln auch national (inkl. MRP und DCP) zugelassene Arzneimittel in Verkehr bringen, haben ohnehin einen Stufenplanbeauftragten; er

---

[83] Der pharmazeutische Unternehmer muss bei der Auswahl des Stufenplanbeauftragten nicht nur die Sachkenntnis und die Zuverlässigkeit überprüfen. Er muss auch feststellen, ob der Stufenplanbeauftragte tatsächlich in der Lage ist, die Verantwortung zu übernehmen, die das Gesetz dem Stufenplanbeauftragten auferlegt. Der pharmazeutische Unternehmer muss ferner in angemessenen Abständen kontrollieren, ob der Stufenplanbeauftragte seinen Verpflichtungen tatsächlich nachkommt.

[84] *Kloesel/Cyran*, § 63a Anm. 36; *Mandry*, S. 125 f. gehen ohne nähere Begründung von einer Haftung nach § 823 BGB aus.

[85] Vgl. zur Haftung leitender Angestellter *Reuter*, in: MüKo-BGB, Bd. 1/1 § 31 Rn. 20.

[86] Für eine Haftung nach § 831 BGB aber wohl *Kloesel/Cyran*, § 63a, Anm. 36; *Mandry*, S. 127.

[87] Vgl. dazu näher *Richardi*, in: Staudinger, § 611 Rn. 587.

[88] Vgl. auch *Kroth*, A&R 2011, 105 ff.

[89] Art. 104 III RL 2001/83/EG.

[90] Art. 10 I 3 Durchführungsverordnung (EG) Nr. 520/2012.

kann die EU QPPV bei ihren Pflichten in Bezug auf die zentral zugelassenen Arzneimittel unterstützen. Rechtlich nötig und gefordert ist der Stufenplanbeauftragte neben der EU QPPV aber für zentral zugelassene Arzneimittel nicht. Der pharmazeutische Unternehmer eines zentral zugelassenen Arzneimittels muss allerdings sicherstellen, dass, einerseits, die EU QPPV in Bezug auf Nebenwirkungsmeldungen aus dem deutschen Markt hinreichend unterstützt wird und dass eine Person bestellt ist, die die Pflichten der AMWHV erfüllt, die über die europarechtlich vorgegebenen Pharmakovigilanz-Pflichten hinausgehen (vgl. § 19 AMWHV, dort insb. Abs. 7 (s. auch Rn. 18 ff.)).

68 Für **Arzneimittel, die im MRP- oder DCP-Verfahren** zugelassen wurden, fordert das europäische Recht eine QPPV (Art. 8 III Buchst. n) und Art. 104 RL 2001/83/EG). Weiter sind Nebenwirkungsmeldungen „at a single point within the Community"[91] zu sammeln, also durch eine europaweit zuständige EU QPPV. Das deutsche Recht fordert demgegenüber in § 63a einen Stufenplanbeauftragten, wenn ein Arzneimittel (auch) in Deutschland in Verkehr gebracht wird. Zum Verhältnis von EU QPPV und Stufenplanbeauftragtem lässt sich Folgendes aus dem europäischen und deutschen Recht ableiten: Der deutsche Gesetzgeber wollte mit dem Stufenplanbeauftragten keine reine Hilfsperson für eine EU QPPV etablieren: Der Stufenplanbeauftragte nach § 63a ist nicht bloß eine Kontaktperson für Fragen im Bereich der Pharmakovigilanz auf nationaler Ebene. Eine solche Kontaktperson einzurichten ist den Mitgliedstaaten nach Art. 104 IV RL 2001/83/EG erlaubt. Es mag sein das ein in Deutschland ansässiger Stufenplanbeauftragte, auch als Kontaktperson agiert; dies ist aber nicht allein die Rolle, die der deutsche Gesetzgeber dem Stufenplanbeauftragten zuweist. Dies ergibt sich auch aus dem historischen Verständnis des Stufenplanbeauftragten, der schon immer die zentrale Stellung in der Pharmakovigilanz eines pharmazeutischen Unternehmers einnahm und nach § 63a noch heute einnehmen soll. Zudem hat der Gesetzgeber zuletzt mit dem AMG-ÄndG 2009 deutlich gemacht, dass der Stufenplanbeauftragte die Aufgaben übernehmen soll, die in der RL 2001/83/EG der QPPV zugewiesen sind. Seine Aufgaben aus § 63a entsprechen den in der RL 2001/83/EG und den GVP-Modulen vorgesehenen Aufgaben der QPPV. Insbesondere schreiben sowohl § 63a I für den Stufenplanbeauftragten und Art. 104 III 2 RL 2001/83/EG für die QPPV vor, dass es deren zentrale Aufgabe ist, das Pharmakovigilanz-System einzurichten und zu führen. Der deutsche Gesetzgeber sieht also den deutschen Stufenplanbeauftragten als Umsetzung der auf europäischer Ebene geforderten QPPV[92]. Der im deutschen Recht als Stufenplanbeauftragter Genannte ist im Gemeinschaftsrecht die QPPV.

69 Werden – in Bezug auf ein Arzneimittel – beide Funktionen in Personalunion betrieben, entstehen keine Probleme. Soll es in der Praxis aber neben der QPPV einen personenverschiedenen Stufenplanbeauftragten geben, entstehen Probleme: Bei richtigem Verständnis der Aufgaben des Stufenplanbeauftragten darf es nach dem oben Gesagten für ein Arzneimittel nicht eine QPPV geben und daneben einen personenverschiedenen Stufenplanbeauftragten. Derzeit ist dies aber vielfach anzutreffende Praxis im Unternehmen, die von den deutschen Behörden so auch akzeptiert wird. Offenbar geht man davon aus, dass der Stufenplanbeauftragte und die QPPV durchaus für ein und dasselbe Arzneimittel nebeneinander existieren können[93]. Dies lässt sich nur dadurch aufrecht erhalten, dass man der EU QPPV die Verantwortung für das europaweite Pharmakovigilanz-System zuweist, dem Stufenplanbeauftragten hingegen als lokal für die Pharmakovigilanz in Deutschland verantwortliche Person betrachtet; so weit geht ja auch der Geltungsbereich des AMG. Dies erscheint akzeptabel und wird dem Bedürfnis, auf nationaler Ebene eine lokal verantwortliche Person zu etablieren, gerecht. Wenn man dem so folgt, sind die Verantwortungsbereiche der beiden Personen klar voneinander abzugrenzen und entsprechend zu dokumentieren. Der Stufenplanbeauftragte hat innerhalb der betrieblichen Organisation direkt an den QPPV zu berichten (– soweit die Position nicht ohnehin in Personalunion ausgeübt wird)[94]. Es bleibt die wichtige Aufgabe, die Stufenplanbeauftragte schon heute ausführen: Einerseits diese nationalen Meldungen zu verarbeiten und die EU QPPV als für Deutschland verantwortliche Person zu unterstützen. Andererseits muss nach wie vor eine Person beim pharmazeutischen Unternehmer vorhanden sein, die jene Pflichten der AMWHV erfüllt, die über die europarechtlich vorgegebenen Pharmakovigilanz-Pflichten hinausgehen (§ 19 AMWHV). Allein schon für diese Pflichten braucht es weiterhin einen Stufenplanbeauftragten oder zumindest einer Person, die ansonsten hierfür als verantwortliche Person benannt ist (§ 19 VII AMWHV; s. auch Rn. 18 ff.).

70 Anders als der Stufenplanbeauftragte haftet die QPPV nicht persönlich[95]. Die Haftung trifft hier den Zulassungsinhaber nach der 'Penality Regulation' Art. 1 I Nr. 11 **VO (EG) Nr. 658/2007** über finanzielle

---

[91] Vgl. Art. 107 I 2 RL 2001/83/EG. Freilich ist diese Pflicht so nicht im AMG umgesetzt und keine zwingende Pflicht. Ein gutes Pharmakovigilanz-System erfordert dies aber zwingend, vgl. GVP-Modul I. C.2.4. (Stand: 2.7.2012).

[92] So zwar nicht eindeutig, aber implizit in BT-Drucks. 16/12256, Zu Nummer 54.

[93] So wird etwa in der Zusammenfassung des Pharmakovigilanz-Systems (vgl. § 22 II Nr. 5) die QPPV genannt; sie wird in § 22 II Nr. 5a) als qualifizierte Person nach § 63a genannt. Der Antragsteller ist verpflichtet, im Zulassungsantrag im Rahmen der Zusammenfassung des Pharmakovigilanz-Systems u.a. die Kontaktdaten der QPPV, wie auch eine Beschreibung ihrer Aufgaben und Zuständigkeiten, einen zusammenfassenden Lebenslauf und deren Stellvertreter zu nennen (vgl. Art. 2 I Durchführungsverordnung (EU) Nr. 520/2012). In der Pharmakovigilanz-Stammdokumentation wird neben der QPPV auch der Stufenplanbeauftragte genannt.

[94] *Schickling*, PharmInd. 2013, 1298, 1300; vgl. *Buchkremer-Ratzmann/Dehnhardt*, PharmInd 2013, 1918, 1920.

[95] *Buchkremer-Ratzmann/Dehnhardt*, PharmInd 2014, 74, 76.

Sanktionen bei Verstößen gegen bestimmte Verpflichtungen im Zusammenhang mit Zulassungen, die gemäß der Verordnung (EG) Nr. 726/2004 des Europäischen Parlaments und des Rates erteilt wurden.

G. Sanktionen

§ 97 II regelt **Ordnungswidrigkeitstatbestände** in Zusammenhang mit § 63a bei vorsätzlichem **71** oder fahrlässigem Handeln. Nach § 97 III 3 kann eine Ordnungswidrigkeit mit einer Geldbuße von bis zu 25.000 Euro geahndet werden. Die Verjährung beträgt nach § 31 II Nr. 1 OWiG drei Jahre.

I. Stufenplanbeauftragter

Nach § 97 II Nr. 24d handelt derjenige **ordnungswidrig**, der entgegen Abs. 1 S. 6 eine Tätigkeit als **72** Stufenplanbeauftragter ausübt. Der Tatbestand ist grundsätzlich erfüllt, wenn der Stufenplanbeauftragte nicht über die erforderliche Sachkenntnis oder Zuverlässigkeit verfügt[96].

Verletzt der Stufenplanbeauftragte seine Anzeigepflichten nach Abs. 1 S. 3, ist dies eine **Ordnungs-** **73** **widrigkeit** nach § 97 II Nr. 7. Eine Verletzung der sich aus den §§ 63b–j ergebenden Pflichten wird nach § 97 II Nr. 24e–q geahndet. **Ordnungswidrig** handelt er auch, wenn er einer Duldungs- oder Mitwirkungspflicht nach § 66 zuwiderhandelt (§ 97 II Nr. 26).

Eine **strafrechtliche Verantwortlichkeit** des Stufenplanbeauftragten wegen Körperverletzung oder **74** Tötung durch Unterlassen kann als Täter oder Gehilfe in Betracht kommen, wenn er seinen gesetzlichen oder sonstigen übernommenen Pflichten nicht nachkommt und dies kausal zum Tode oder der Verletzung geführt hat. Der *BGH* hat festgestellt, dass die dazu notwendige Garantenpflicht dadurch begründet wird, „dass der Betreffende eine gesetzlich vorgesehene Funktion als Beauftragter übernimmt"[97]. Dadurch kann der Stufenplanbeauftragte für die Verpflichtungen des pharmazeutischen Unternehmers mitverantwortlich gemacht und mit diesem auch gemeinsam zur Verantwortung gezogen werden[98].

II. Pharmazeutischer Unternehmer

Er handelt nach § 97 II Nr. 24c **ordnungswidrig**, wenn er entgegen Abs. 1 S. 1 einen Stufenplan- **75** beauftragten nicht beauftragt oder entgegen Abs. 3 eine Mitteilung nicht, nicht vollständig oder nicht rechtzeitig erstattet. Dies gilt auch dann, wenn er zumindest fahrlässig einen nicht sachkundigen oder unzuverlässigen Stufenplanbeauftragten bestellt[99]. Die unterlassene Einsetzung einer beauftragten Person nach § 19 VII AMWHV sowie ein sonstiger Verstoß gegen § 19 VIII AMWHV (früher § 17 I Nr. 5 Buchst. e) PharmBetrV i. V. m. § 97 II Nr. 31) ist keine Ordnungswidrigkeit mehr.

§ 63b Allgemeine Pharmakovigilanz-Pflichten des Inhabers der Zulassung

(1) Der Inhaber der Zulassung ist verpflichtet, ein Pharmakovigilanz-System einzurichten und zu betreiben.

(2) Der Inhaber der Zulassung ist verpflichtet, bei Arzneimitteln, die zur Anwendung bei Menschen bestimmt sind,

1. anhand seines Pharmakovigilanz-Systems sämtliche Informationen wissenschaftlich aus-zuwerten, Möglichkeiten der Risikominimierung und -vermeidung zu prüfen und erforderli-chenfalls unverzüglich Maßnahmen zur Risikominimierung und -vermeidung zu ergreifen,

2. sein Pharmakovigilanz-System regelmäßig in angemessenen Intervallen Audits zu unter-ziehen; dabei hat er die wichtigsten Ergebnisse in seiner Pharmakovigilanz-Stammdoku-mentation zu vermerken und sicherzustellen, dass Maßnahmen zur Mängelbeseitigung ergriffen werden; wenn die Maßnahmen zur Mängelbeseitigung vollständig durchgeführt sind, kann der Vermerk gelöscht werden,

3. eine Pharmakovigilanz-Stammdokumentation zu führen und diese auf Anfrage zur Ver-fügung zu stellen,

4. ein Risikomanagement-System für jedes einzelne Arzneimittel zu betreiben, das nach dem 26. Oktober 2012 zugelassen worden ist oder für das eine Auflage nach § 28 Absatz 3b Satz 1 Nummer 1 erteilt worden ist,

5. die Ergebnisse von Maßnahmen zur Risikominimierung zu überwachen, die Teil des Risikomanagement-Plans sind oder die als Auflagen nach § 28 Absatz 3, 3a bis 3c genannt worden sind, und

---

[96] BR-Drucks. 1029/97, S. 34.
[97] *BGH*, NJW 2009, 3173, Rn. 24; vgl. auch *BGH*, NJW 2000, 2754, Rn. 16 – Garantenstellung durch Ausübung einer Funktion nach dem AMG (genannt werden Herstellungsleiter, Kontrollleiter, Stufenplanbeauftragter).
[98] *Simmchen-Wittekopf*, A&R 2014, 249.
[99] Vgl. *Mandry*, S. 77; *Rehmann*, § 63a Rn. 4.

6. das Risikomanagement-System zu aktualisieren und Pharmakovigilanz-Daten zu überwachen, um zu ermitteln, ob es neue Risiken gibt, sich bestehende Risiken verändert haben oder sich das Nutzen-Risiko-Verhältnis von Arzneimitteln geändert hat.

(3) ¹Der Inhaber der Zulassung darf im Zusammenhang mit dem zugelassenen Arzneimittel keine die Pharmakovigilanz betreffenden Informationen ohne vorherige oder gleichzeitige Mitteilung an die zuständige Bundesoberbehörde sowie bei Arzneimitteln, die zur Anwendung bei Menschen bestimmt sind, auch an die Europäische Arzneimittel-Agentur und die Europäische Kommission öffentlich bekannt machen. ²Er stellt sicher, dass solche Informationen in objektiver und nicht irreführender Weise dargelegt werden.

Wichtige Änderungen der Vorschrift: Umfangreich geändert und neu geregelt durch Art. 1 Nr. 49 des Zweiten Gesetzes zur Änderung des arzneimittelrechtlicher und anderer Vorschriften vom 19.10.2012 (BGBl I 2192).

Europarechtliche Vorgaben: Art. 104, 105, 106a RL 2001/83/EG, geändert insbes. durch die RL 2004/27/EG; Art. 75 und 76 RL 2001/82/EG, geändert insb. durch die RL 2004/28/EG und RL 2001/82/EG i. d. F. der RL 2004/28/EG. Art. 101, 107 ff. RL 2001/83/EG i. d. F. der RL 2010/84/EG, Durchführungsverordnung (EU) Nr. 520/2012; EU Guidelines on Good Pharmacovigilance Practices (GVP).

Literatur: *Broch/Diener/Klümper,* Der Regierungsentwurf zur 15. AMG-Novelle – Fast alles gut?, PharmR 2009, 149 ff. und 373 ff.; *Broicher,* Pharmakovigilanz nach dem EU-Pharmapaket, PharmInd 2014, 395; *Broicher/Budde/Kroth,* Pharmakovigilanz, PharmInd 2008, 1199 ff.; Ernst/Kroth, Die Guideline on Good Pharmacovigilance Practices (GVP), Teil 1, PharmInd 2013, 764 ff.; *Henke/Weber-Mangal,* Outsourcing der Pharmakovigilanzaufgaben aus Sicht eines kleinen, forschenden Unternehmens, PharmInd 2014, 1574 ff.; Kroth, Gestiegene Anforderungen an die Pharmakovigilanz – Überblick und Konsequenzen, A&R 2006, 51 ff.; *Kroth,* Übernahme von Pharmakovigilanz-Verpflichtungen durch Dienstleister, A&R 2011, 105 ff.; *Saame,* Der Entwurf der 12. AMG-Novelle, PharmR 2003, 184 ff.; *Thurisch/Sickmüller,* Aktivitäten des PRAC, PharmInd 2014, 576 ff.; *Waldeyer,* Das Pharmacovigilance System Master File, PharmInd 2013, 1936; 2014, 89.

Übersicht

A. Allgemeines

I. Inhalt

1   Absatz 1 verpflichtet den Inhaber der Zulassung zur Errichtung eines Pharmakovigilanz-Systems im Sinne von § 4 XXXVIII (Rn. 11). Absatz 2 definiert die mit der Einrichtung eines Pharmakovigilanz-Systems verbundenen Verpflichtungen des Inhabers einer Humanarzneimittelzulassung. Hierzu gehört auch die Verpflichtung zum Betrieb eines arzneimittelbezogenen Risikomanagement-Systems. Schließlich regelt Abs. 3 (Abs. 5b a. F.) die Veröffentlichung von Informationen zur Pharmakovigilanz.

II. Zweck

2   § 63b regelt die grundlegenden Pflichten des Zulassungsinhabers in Bezug auf die Pharmakovigilanz und das Risikomanagement-System. Beides dient dazu, die Risiken eines zugelassenen Arzneimittels insb. bei seinem Einsatz in der täglichen Praxis zu erkennen und solche Risiken durch geeignete Maßnahmen zu vermeiden oder zu minimieren. Durch die Regelung soll insgesamt eine weitere Verbesserung der Pharmakovigilanz und damit der Arzneimittelsicherheit für Humanarzneimittel erzielt werden. Vgl. zum Zweck der Pharmakovigilanz auch Vorb. §§ 62 ff. und § 4 XXXVIII sowie des Risikomanagement-Systems § 4 XXXVI. Die allgemeinen Pflichten des § 63b werden durch §§ 63a, 63c, 63d konkretisiert bzw. ergänzt.

B. Einrichtung eines Pharmakovigilanz-Systems (Abs. 1)

§ 63b Abs. 1 regelt die allgemeine Verpflichtung, ein Pharmakovigilanz-System einzurichten und zu **3** betreiben. Der **Anwendungsbereich** des Abs. 1 umfasst den Inhaber der Zulassung. Gemeint ist hier der Zulassungsinhaber im Sinne von § 21. Abs. 1 richtet sich anders als Abs. 2 an die Inhaber einer Zulassung sowohl für Human- als auch für Tierarzneimittel. Abs. 1 wurde in Umsetzung des Art. 104 I der RL 2001/83/EG i. d. F. der RL 2010/84/EG in das AMG aufgenommen. Nach § 63c IV Nr. 1 und 2 in Verbindung mit § 63b haben auch der Inhaber der Registrierung nach § 39a und der pharmazeutischen Unternehmer, (§ 4 XVIII) der nicht Inhaber der Zulassung oder der Registrierung nach § 39a ist und der ein zulassungspflichtiges oder ein von der Pflicht zur Zulassung freigestelltes oder ein traditionelles pflanzliches Arzneimittel in den Verkehr bringt, ein Pharmakovigilanz-System nach Abs. 1 einzurichten und auch die Pflichten in Abs. 2 und Abs. 3 zu erfüllen. Für Gewebe- und Blutzubereitungen und Gewebe gilt § 63i.

Der Inhaber einer Registrierung eines **homöopathischen Arzneimittels nach § 38** und der pharma- **4** zeutische Unternehmer, der nicht Inhaber der Registrierung nach § 38 ist aber ein registrierungspflichtiges oder registrierungsfreies homöopathisches Arzneimittel in den Verkehr bringt, muss die Pflichten des § 63b I bis III nicht einhalten (vgl. § 63c IV 2, der anders als der dortige S. 1, § 63b nicht erwähnt).

Antragsteller auf Erteilung einer Zulassung bzw. einer **Registrierung nach § 39a** müssen die **5** Pflichten des § 63b noch nicht erfüllen (§ 63c IV 2 Nr. 3); sie werden erst mit Erteilung der Zulassung oder Registrierung zur Einhaltung der Vorgaben des § 63b verpflichtet. Freilich hat der Antragsteller für eine Humanzulassung das Pharmakovigilanz-System in den Zulassungsunterlagen zusammenfassend zu beschreiben (§ 22 II Nr. 5) und auch den Risikomanagement-Plan vorzulegen; für das spezifische Arzneimittel zu betreiben hat er beides aber erst ab Zulassung (s. jedoch § 63c Rn. 33 für die bereits vor Zulassung/Registrierung zu erfüllenden Melde- und Dokumentationspflichten).

Für Inhaber einer Zulassung für **Tierarzneimittel** gilt neben Abs. 1 des § 63a die Vorschrift des **6** § 63h. Sie wurde durch Art. 1 Nr. 50 des 2. AMG-ÄndG 2012 in das AMG neu aufgenommen und führt für Tierarzneimittel die ehemaligen Regelungen des § 63b a. F. fort. Die Vorgaben für den Umgang mit Human- und Tierarzneimitteln in der Pharmakovigilanz werden nunmehr separat geregelt (s. § 63c Rn. 1 und § 63h). Ergänzt werden § 63b I und § 63h in Bezug auf Tierarzneimittel durch die EudraVigilance Volume 9B of The Rules Governing Medicinal Products in the European Union: Guidelines on Pharmacovigilance for Medicinal Products for Veterinary Use.

Die Pflicht, ein Pharmakovigilanz-System in Bezug auf ein bestimmtes Arzneimittel zu betreiben, gilt **7** nur, solange die **Zulassung** besteht; wird sie **zurückgenommen, widerrufen** oder **erlischt** sie, muss der ehemalige Zulassungsinhaber das umfassende Pharmakovigilanz-System nicht mehr betreiben. Die wesentlichen Pflichten im Sinne des § 63c bleiben aber weiterhin bestehen: Demnach sind die Dokumentations- und Meldepflichten auch dann noch zu erfüllen, wenn sich das Arzneimittel nicht mehr in Verkehr befindet oder wenn die Zulassung nicht mehr besteht (s. § 63c Rn. 35 ff.; zur Geltung des Risikomanagement-Planes in solchen Situationen, s. Rn. 25).

Was das Pharmakovigilanz-System ist, ist in § 4 XXXVIII legal definiert. Es kann auf die dortige **8** Kommentierung verwiesen werden (vgl. § 4 Rn. 286 ff.). Die Anforderungen an das von dem Zulassungsinhaber einzurichtende Pharmakovigilanz-System ergeben sich aus Art. 8 ff. Durchführungsverordnung (EU) Nr. 520/2012 und detailliert aus der Guideline on Good Pharmacovigilance Practices (GVP) Module I: Pharmacovigilance Systems and their Quality Systems, auf das wegen der hier gebotenen Kürze verwiesen wird.

C. Maßnahmen der Pharmakovigilanz (Abs. 2)

I. Anwendungsbereich

Abs. 2 enthält eine Auflistung verschiedener Pharmakovigilanz-Verpflichtungen, die den Zulassungs- **9** inhaber treffen. Wegen der gebotenen Kürze werden im Folgenden die einzelnen Verpflichtungen nur skizziert. Für Details zu den einzelnen Verpflichtungen ist auf die Guideline on Good Pharmacovigilance Practices (**GVP**) zu verweisen.

Anders als Abs. 1 gelten die in Abs. 2 aufgelisteten Verpflichtungen ausschließlich für Arzneimittel, **10** die zur Anwendung beim Menschen bestimmt sind. Der Gesetzgeber hat hier bewusst **Tierarzneimittel** ausgenommen; für diese gelten die in Abs. 2 definierten Pflichten nicht (s. hierzu Rn. 6 und § 63h).

II. Einzelne Maßnahmen

1. Auswertung, Risikominimierung und –vermeidung (Nr. 1). Nr. 1 schreibt vor, dass der **11** Inhaber der Zulassung das Pharmakovigilanz-System so zu betreiben hat, dass er die betreffenden Arzneimittel laufend überwacht und das Nutzen-Risiko-Verhältnis überprüft („Signal Detection"; s. hierzu § 63d Rn. 8)[1]. Der Stufenplanbeauftragte bzw. die QPPV und ihre Abteilung haben dann alle erhaltenen Informationen wissenschaftlich auszuwerten[2]. Basierend auf der Auswertung hat der Zulassungsinhaber die entsprechenden Maßnahmen zur Risikominimierung und –vermeidung zu treffen. Hierzu kann insbes. auf Art. 19 ff. der **Durchführungsverordnung (EU) Nr. 520/2012** und das **GVP-Modul IX** (Signal management) verwiesen werden. Ergänzt wird Abs. 2 Nr. 1 durch die in § 63c konkretisierten Dokumentations- und Meldepflichten des Zulassungsinhabers.

12 **2. Regelmäßige Audits und Pharmakovigilanz-Stammdokumentation (Nr. 2).** Der Inhaber der Zulassung hat das Pharmakovigilanz-System in angemessenen Risikointervallen einem **Audit** zu unterziehen.

13 Zu der Frage, welche **Frequenz** angemessen ist, schweigt der Gesetzgeber; allerdings sollte in einem firmeninternen Audit-Plan die Frequenz vorab festgelegt und begründet werden. Generell wird hier wohl ein Audit alle **ein bis zwei Jahre,** im Einzelfall und je nach Größe des Unternehmens können es auch **drei Jahre** sein, als angemessen anzusehen sein. Entscheidend ist, dass der Abstand von einem zum nächsten Audit im Auditplan begründet wird – nach Maßgabe des Meldevolumens von Arzneimittel-risiken und Nebenwirkungen, der Art des Arzneimittels und seinen Risiken wie auch den zur Verfügung stehenden Kapazitäten.

14 Ein Audit ist ein systematischer, stringent geregelter, unabhängiger und dokumentierter Prozess, um das Ausmaß der erfüllten Audit-Kriterien festzustellen. Unter **Audit-Kriterien** werden grundsätzlich objekti-ve Leistungs- und Kontrollstandards verstanden. Im Rahmen der Pharmakovigilanz sollten die Audit Kriterien den Anforderungen des jeweiligen Pharmakovigilanz-Systems – einschließlich des Qualitäts-systems – entsprechen[3]. Das **GVP-Modul IV** empfiehlt einen dreistufigen Ansatz zur Planung von Audits[4]:

15 Die **erste Stufe** betrifft die **strategische Ebene** der Auditplanung, welche üblicherweise über einen Zeitraum von zwei bis fünf Jahren erfolgen und so der langfristigen Zielerreichung dienen soll. Auf dieser Stufe sollen die Priorität der zu auditierenden Bereiche, die Auditmethoden, das Qualitätssicherungs-system für Pharmakovigilanz-Aktivitäten, Schnittstellen mit anderen Abteilungen sowie Partnerorganisa-tionen, an die Pharmakovigilanz-Aktivitäten delegiert wurden, erfasst werden[5].

16 Die **zweite Stufe** beinhaltet die **taktische Ebene** der Auditplanung und beschreibt ein Auditprogramm, welches üblicherweise über den Zeitraum eines Jahres angelegt wird. Im Rahmen dieser Planung sollen insbes. kritische Pharmakovigilanz-Prozesse, die wichtigsten Kontrollsysteme der Pharmakovigi-lanz sowie die Bereiche mit einem identifizierten höheren Risiko bewertet werden. Teil dieser Planung ist eine konkrete Liste mit Auditzielen und Auditterminen[6].

17 Die **dritte Stufe** beschreibt die **operative Ebene** der Auditplanung, auf der die konkreten Planungen und Durchführungen individueller Audits gebündelt werden[7].

18 Für **weitere Details** zu Pharmakovigilanz-Audits verweist das **GVP-Modul IV** auf „International Auditing Standards", die auf den Webseiten der dort genannten „International Auditing Standardisation Organisations" veröffentlicht sind[8].

19 Es ist nicht vorgeschrieben, dass das Audit durch einen unabhängigen **Dritten** durchzuführen ist, sodass auch ein internes Audit durch den pharmazeutischen Unternehmer selbst möglich ist[9]. Allerdings bleibt die Unabhängigkeit des (internen) Auditors elementar und der pharmazeutische Unternehmer sollte den Auditor nicht unsachlich beeinflussen[10].

20 Die wichtigsten Ergebnisse aus dem Audit sind in der **Pharmakovigilanz-Stammdokumentation (Pharmacovigilance System Master File, PSMF,** s. § 4 Rn. 307 ff.) zu vermerken. Mit den wichtigs-ten Ergebnissen sind die in den GVP Modulen als „critical" und „major" bezeichneten Ergebnisse gemeint[11]. Sollten Maßnahmen erforderlich werden, um eventuell festgestellte Mängel zu beseitigen, ist dies in der Stammdokumentation ebenfalls zu vermerken und der Zulassungsinhaber hat einen ent-sprechenden Aktionsplan aufzustellen[12]. Der Vermerk kann gelöscht werden, wenn die Maßnahmen zur Mängelbeseitigung vollständig durchgeführt worden sind (Art. 104 II RL 2001/83/EG).

21 Dass der Zulassungsinhaber regelmäßige Audits durchführt, wird von der zuständigen Bundesoberbe-hörde nach § 62 V **überwacht** (s. 62 Rn. 63 ff.)[13].

---

[1] BR-Drucks. 91/12, S. 97.
[2] Vgl. *Rehmann*, § 63b Rn. 3.
[3] Vgl. GVP-Modul IV. B.1 (Stand: 13.12.2012).
[4] Vgl. GVP-Modul IV. B.2 (Stand: 13.12.2012); vgl. *Ernst/Kroth*, PharmInd 2013, 768 ff.
[5] Vgl. GVP-Modul IV. B.2.1 (Stand: 13.12.2012).
[6] Vgl. GVP-Modul IV. B.2.2 (Stand: 13.12.2012).
[7] Vgl. GVP-Modul IV. B.2.2 (Stand: 13.12.2012).
[8] Vgl. GVP-Modul IV. A.1 (Stand: 13.12.2012).
[9] *Rehmann*, § 63b Rn. 4.
[10] Vgl. GVP-Modul IV. B.3.1.1 (Stand: 13.12.2012).
[11] Vgl. GVP-Modul IV. B.2.3.2 (Stand: 13.12.2012); GVP-Modul II. B.4.7 (Stand: 12.4.2013).
[12] BR-Drucks. 91/12, S. 97.
[13] Vgl. *Rehmann*, § 63b Rn. 4.

3. Führen einer Pharmakovigilanz-Stammdokumentation (Nr. 3). Der Inhaber der Zulassung **22** hat eine Pharmakovigilanz-Stammdokumentation i. S. v. § 4 XXXIX (vgl. § 4 Rn. 307 ff.) zu führen. Er muss in der Lage sein, diese auf Verlangen vorzulegen. Der Inhaber der Zulassung muss innerhalb von 7 Tagen nach Aufforderung die Pharmakovigilanz-Stammdokumentation vorlegen (§ 29 Ia 4, 5). Vgl. zur Pharmakovigilanz-Stammdokumentation § 4 XXXIX. Detaillierte Regelungen zur Pharmakovigilanz-Stammdokumentation enthalten die Art. 1 ff. der **Durchführungsverordnung (EU) Nr. 520/2012** und das **GVP-Modul II** (Pharmacovigilance system master file). Eine zusammenfassende Beschreibung des Pharmakovigilanz-Systems ist mit dem Zulassungsantrag einzureichen (§ 22 II 1 Nr. 5, 5a)). Dies wiederum führt dazu, dass die zuständige Bundesoberbehörde im Rahmen der Zulassung eine Stellungnahme zu dem Pharmakovigilanz-System des Antragstellers abgeben muss[14].

Der Zulassungsinhaber muss für Arzneimittel, die vor dem **26. Oktober 2012** zugelassen wurden, ab **23** dem **21. Juli 2015** oder, falls dies früher eintritt, ab dem Datum, an dem die Zulassung verlängert wird, die Pharmakovigilanz-Stammdokumentation führen (§ 146 VII 1). Gleichermaßen muss ab dem 21. Juli 2015 für Arzneimittel, für die vor dem 26. Oktober 2012 ein ordnungsgemäßer Zulassungsantrag gestellt wurde, eine Pharmakovigilanz-Stammdokumentation geführt werden. Dies ist in der **Übergangsregelung** des § 146 VII geregelt.

4. Betreiben eines Risikomanagement-Systems (Nr. 4). Was unter einem Risikomanagement- **24** System verstanden wird, ist in § 4 XXXVI (vgl. § 4 Rn. 261) legal definiert und anhand des Risikomanagement-Planes (vgl. § 4 XXXVII und § 4 Rn. 271) beschrieben. Die technischen Anforderungen daran sind im **GVP-Modul V** (Risk Management Systems) und **GVP-Modul XVI** (Tools, Educational Materials and Effectiveness Measurement for Risk Minimisation) zu entnehmen. Ein Risikomanagement-System ist für alle Arzneimittel zu betreiben, die nach dem **26. Oktober 2012** zugelassen wurden oder für die eine Auflage nach § 28 IIIa Nr. 1, IIIb Nr. 1 erteilt wurde. Bestehen Bedenken, dass sich das Risiko-Nutzen-Verhältnis eines zugelassenen Arzneimittels verändern könnte, so muss ein Risikomanagement-System auch für Arzneimittel betrieben werden, die vor dem Inkrafttreten des 2. AMG-ÄndG 2012 zugelassen wurden[15]; die Auflagenbefugnis der zuständigen Behörde ergibt sich in diesem Fall aus § 28 IIIb Nr. 1.

Es ist möglich verschiedene Zulassungen in einem wirkstoffspezifischen („substance specific") Risiko- **25** management-System zusammen zu fassen, es sei denn getrennte **Risikomanagement-Systeme** werden von der zuständigen Behörde – aus sachlichem Grund – angefordert[16]. Dies soll insbes. für wirkstoffgleiche Arzneimittel gelten, wenn diese lediglich in unterschiedlichen Wirkstoffmengen vorhanden sind, um administrative Mehrbelastungen zu vermeiden[17]. Hat der Zulassungsinhaber für wirkstoffgleiche Arzneimittel verschiedene Zulassungen (z. B. zentrale oder national) sollte er die zuständige Behörde darüber informieren und mit dieser die Notwendigkeit eines separaten Risikomanagement-Systems erörtern. Dabei sollten sachliche sowie praktische Erwägungen die Notwendigkeit eines verbundenen oder getrennten Risikomanagement-Systems bestimmen[18]. Der Zulassungsinhaber ist im Rahmen des Risikomanagement-Systems gehalten, Doppelerfassungen zu vermeiden. Folglich braucht er unter Einhaltung der o. g. Voraussetzungen für Arzneimittel mit dem gleichen Wirkstoff nur einen Risikomanagement-Plan aufzustellen und nur ein Risikomanagement-System zu betreiben.

Erlischt die Zulassung, so ist der Zulassungsinhaber auch nicht mehr verpflichtet die Maßnahmen **26** auszuführen, die im Risikomanagement-Plan vorgesehen sind, insbes. klinische oder nicht-interventionelle Prüfungen durchzuführen. Freilich hat er weiterhin die Dokumentations- und Meldepflichten nach § 63c. Der Risikomanagement-Plan ist Teil der Zulassung und ist ohne wirksame Zulassung gegenstandslos. Dies gilt wohl selbst dann, wenn sich das Arzneimittel nach Erlöschen der Zulassung noch in Verkehr befinden kann, weil das Verfalldatum noch nicht abgelaufen ist. Es mag zwar sinnhaft und bei laufenden Studien ggf. ethisch geboten sein, diese fortzuführen, bis von dem Arzneimittel keinerlei Risiken mehr ausgehen können; eine Rechtsgrundlage für solche eine Verpflichtung gibt es aber nicht.

5. Überwachung von Risikominimierungsmaßnahmen (Nr. 5). Teil des Risikomanagement- **27** Systems ist es auch, die Risikominimierungsmaßnahmen zu überwachen und ggf. einzugreifen, sollte sich abzeichnen, dass die getroffenen Maßnahmen nicht genügen. Diese Überwachungspflicht besteht auch dann, wenn die zu treffenden Maßnahmen Teil einer nach § 28 III, IIIa bis IIIc erteilten Auflage sind (Rn. 24). Zu den Einzelheiten der Risikominimierungsmaßnahmen wird auf das **GVP-Modul XVI** (Risk Minimization Measures) verwiesen.

Ob Risikominimierungsmaßnahmen wirkungsvoll sind, ist ebenfalls nach dem **GVP-Modul 28 XVI.B.4.** zu bestimmen.

---

[14] *Zumdick*, PharmR 2012, 184.
[15] BR-Drucks. 91/12, S. 98.
[16] Vgl. GVP-Modul V. C.2; *Bräucher/Kroth*, PharmInd 2012, 1605.
[17] *Bräucher/Kroth*, PharmInd 2012, 1605; *Bräucher/Kroth* sprechen fälschlich von Wirkstärke, gemeint ist hier wohl die Wirkstärke bezieht sich lediglich auf die Einordnung von Arzneimitteln in Kategorien von sehr schwach wirksam bis sehr stark wirksam.
[18] Vgl. GVP-Modul V. C.2.

29   **6. Aktualisierung des Risikomanagement-Systems und Überwachung der Pharmakovigilanz-Daten (Nr. 6).** Um den Anforderungen an die Pharmakovigilanz gerecht werden zu können, ist das Risikomanagement-System für ein Arzneimittel regelmäßig unter der Verantwortung des Zulassungsinhabers zu überprüfen und – bei Bedarf – jederzeit zu aktualisieren. Dazu gehört es auch, mittels Überwachung aller Pharmakovigilanz-Daten zu ermitteln, ob neue Risiken aufgetreten sind, oder ob sich bestehende Risiken oder das Nutzen-Risiko-Verhältnis verändert haben. Feste gesetzliche **Aktualisierungsintervalle** für das Risiko-Management-System gibt es nicht mehr[19]. Das genaue Vorgehen, Zeitabläufe sowie die Verantwortlichkeiten und Aufgaben sollten in einer unternehmensinternen SOP festgelegt werden.

30   Das **GVP-Modul VI** sieht unter **B.1.1.2.** vor, dass der Zulassungsinhaber die wissenschaftliche und medizinische Literatur regelmäßig (einmal wöchentlich) mit Blick auf Sicherheitsinformationen zu einem Arzneimittel zu sichten hat. Hierfür können entsprechende **medizinische Suchmaschinen** (Medline, Embase Biosis, ScienceSearch, PubMed etc.) verwendet werden. Auch ist die lokale Fachliteratur („local journals") der Länder durchzusehen, wo eine Zulassung besteht, soweit diese nicht in einer der typischen Fachsuchmaschinen indexiert sind.

31   Unter **lokaler Fachliteratur** können nur die Zeitschriften („local journals") gemeint sein, die nicht in den einschlägigen medizinischen Suchmaschinen indexiert sind. Da diese in der Regel nur englischsprachige Literatur enthalten und nicht alle beispielsweise deutschen Journale dort gelistet sind. **Tageszeitungen** gehören nicht zu den verpflichtend durchzusehenden Zeitschriften, da diese nicht als wissenschaftliche und medizinische Fachliteratur anzusehen sind. Werden dort gleichwohl Berichte über Arzneimittel per Zufallsfund entdeckt, so sind diese auch zu berücksichtigen.

32   Mit dem Inkrafttreten der **EudraVigilance-Datenbank** wird die EMA die Durchsicht der medizinischen Fachzeitschriften für die nach Art. 27 VO (EG) Nr. 726/2004 gelisteten Wirkstoffe übernehmen (§ 63c II Rn. 22 ff.). Der Zulassungsinhaber muss dennoch weiterhin die Literatur durchsehen, nur dort berichtete Verdachtsfälle nicht mehr weiter melden. „Anderweitige" Literatur, die nicht in den Datenbanken gelistet ist, und lokale Journale sind ebenfalls durchzusehen und daraus ersichtliche Verdachtsfälle nach den Vorgaben des § 63c zu melden.

33   **7. Delegation auf Dritte.** Der Antragsteller und der Inhaber der Zulassung können **Dritte**, wie CROs (Clinical Research Organisation) oder sonstige auf die Arzneimittelsicherheit spezialisierte Dienstleister, beauftragen, die Pharmakovigilanz-Aufgaben zu erfüllen[20].

34   Eine Übertragung auf Dritte entlastet den Antragsteller oder den Zulassungsinhaber aber nicht von der ihm zukommenden **Verantwortlichkeit** und ordnungsgemäßen Erfüllung der Pharmakovigilanz-Verpflichtungen. Dies stellt das **GVP-Modul V** in der dortigen **Ziffer V. B.3.1.** klar. Der Zulassungsinhaber bzw. Antragsteller haftet also in vollem Umfang nicht nur für die Einhaltung der Pharmakovigilanz-Verpflichtungen. Er kann sich nicht durch die Übertragung der Aufgaben auf Dritte **exkulpieren**[21]. Die **deliktische Haftung** für etwaige Versäumnisse im Rahmen übertragener Pharmakovigilanz-Pflichten trifft nach allgemeinen Grundsätzen zwar den Dritten. Eine vollständige Haftungsbefreiung des Delegierenden findet gleichwohl nicht statt. Dieser haftet weiter für die etwaige Verletzung von Sorgfaltspflichten im Bereich Auswahl, Instruktion und Überwachung des Dritten[22].

D. Bekanntmachung von Pharmakovigilanz-Informationen (Abs. 3)

35   Abs. 3 beschränkt das Recht des Zulassungsinhabers, Informationen betr. der Pharmakovigilanz öffentlich bekannt zu machen. Er darf die Informationen selbst nur dann veröffentlichen, wenn er hierüber vorher oder gleichzeitig die jeweils zuständige Bundesoberbehörde sowie bei Humanarzneimitteln auch die **EMA** und die **Kommission** in Kenntnis setzt (**Abs. 3 S. 1**). Praktisch empfiehlt es sich, die **zuständige Bundesoberbehörde** immer vor einer öffentlichen Bekanntmachung zu informieren, um hier das genaue Vorgehen gemeinsam besprechen zu können, etwa beim Versand von Rote Hand Briefen. Dies gilt nicht nur, wenn die zuständige Bundesoberbehörde Rapporteur/Co-Rapporteur bzw. Reference Member State (RMS) oder Concerned Member State (CMS) im gegenseitigen Anerkennungsverfahren ist, sondern auch dann, wenn sie CMS ist. Für zentral zugelassene Arzneimittel gilt Art. 22 VO (EG) Nr. 726/2004 i. V. m. Art. 106a RL 2001/83/EG.

36   Nach § 63c IV 1 **gilt Abs. 3 auch** für die dort genannten **Inhaber der Registrierung** nach § 39a und für die **pharmazeutischen Unternehmer**, die nicht Inhaber der Zulassung oder Inhaber der Registrierung nach § 39a sind und ein zulassungspflichtiges oder ein von der Pflicht zur Zulassung freigestelltes oder ein traditionelles pflanzliches Arzneimittel in den Verkehr bringen.

---

[19] Vgl. GVP-Modul V. C.5. (Stand: 28.4.2014).
[20] Vgl. auch *Henke/Weber-Mangal*, PharmInd 2014, 1575.
[21] Vgl. *Kroth*, A&R 2011, 107.
[22] *Wagner*, in: MüKo BGB, § 823 Rn. 378 ff. m. w. N.

Schon nach seinem – insoweit nicht beschränktem Wortlaut – **gilt Abs. 3 auch** für Inhaber von 37
Tierarzneimittelzulassungen. Bekräftigt wird dies durch den Verweis des § 63h VI 1 auf § 63b III,
wonach die Bekanntmachung von Pharmakovigilanzinformationen zusätzlich auch für solche Tierarzneimittel zu gelten hat, für die eine Registrierung nach § 39a besteht, oder für Tierarzneimittel, die der
pharmazeutische Unternehmer, der nicht Inhaber der Zulassung oder Inhaber der Registrierung nach
§ 39a ist, als ein zulassungspflichtiges oder ein von der Pflicht zur Zulassung freigestelltes oder ein
traditionelles pflanzliches Arzneimittel in den Verkehr bringt.

Ebenso hat der Inhaber einer Zulassung von **Blut- oder Gewebezubereitungen** nach § 63i V 38
Halbs. 2 i. V. m. § 63b III Pharmakovigilanz-Informationen bekannt zu machen.

Die **Einschränkung des Rechts der Information der Öffentlichkeit** beruht darauf, dass nach 39
§ 62 I 3 die zuständige Bundesoberbehörde zur Information der Öffentlichkeit über Arzneimittelrisiken
und beabsichtigte Maßnahmen befugt ist und dies primär über die Bundesoberbehörden zu erfolgen hat.
Abs. 3 dient dazu, die gesetzgeberischen Ziele dieser Befugnis nicht zu gefährden. Die Beschränkung
geht allerdings wegen Art. 5 GG nur so weit, wie die Informationsbefugnisse der zuständigen Bundesoberbehörde reichen und die Einschränkung gerechtfertigt werden kann.

E. Sanktionen

Die zuständige Behörde kann die Einhaltung der Maßnahmen im Risikomanagement-Plan durch- 40
setzen. Werden die Maßnahmen des Risikomanagement-Plans nachhaltig nicht eingehalten, so kann die
Behörde als ultima ratio die **Zulassung zurücknehmen** oder **widerrufen** (vgl. § 30 I i. V. m. § 25 Va);
für zentrale Zulassungen vgl. Art. 19 und 20 VO (EG) Nr. 726/2004. Für gewisse Maßnahmen im
Risikomanagement-Plan zentral zugelassener Arzneimittel kann die VO (EG) Nr. 658/2007 die Verhängung eines Bußgeldes erlauben.

Hinzu kommt, dass, wenn der Zulassungsinhaber vorsätzlich oder fahrlässig kein Pharmakovigilanz- 41
System betreibt, er eine **Ordnungswidrigkeit** nach § 97 II Nr. 24e begeht.

Ordnungswidrig handelt der Zulassungsinhaber auch, wenn er nach Abs. 2 Nr. 1 die erhaltenen 42
Informationen über seine Arzneimittel weder auswertet noch Maßnahmen zur Risikominimierung oder
-vermeidung ergreift (§ 97 II Nr. 24f), wenn er entgegen Abs. 2 Nr. 3 eine Pharmakovigilanz-Stammdokumentation nicht, nicht richtig oder nicht vollständig führt oder sie nicht richtig, nicht vollständig
oder nicht rechtzeitig zur Verfügung stellt (§ 97 II Nr. 24g), wenn er entgegen Abs. 2 Nr. 4 ein
Risikomanagement-System nicht, nicht richtig oder nicht vollständig für jedes einzelne Arzneimittel
betreibt (§ 97 II Nr. 24h) oder wenn er entgegen Abs. 3 S. 1 eine dort genannte Information ohne die
dort genannte vorherige oder gleichzeitige Mitteilung veröffentlicht (§ 97 II Nr. 24i). Auch der Stufenplanbeauftragte (§ 63a I 3) kann nach dieser Vorschrift haftbar sein.

Nach § 97 III kann eine solche Ordnungswidrigkeit mit einer Geldbuße von bis zu 25.000 Euro 43
geahndet werden. Die Verjährung beträgt nach § 31 II Nr. 1 OWiG drei Jahre.

§ 63c[1] Dokumentations- und Meldepflichten des Inhabers der Zulassung für Arznei-
mittel, die zur Anwendung bei Menschen bestimmt sind, für Verdachtsfälle von Neben-
wirkungen

**(1) Der Inhaber der Zulassung hat Unterlagen über alle Verdachtsfälle von Nebenwirkungen
sowie Angaben über abgegebene Mengen zu führen.**

(2)[1] [1]Der Inhaber der Zulassung hat ferner
**1. jeden ihm bekannt gewordenen Verdachtsfall einer schwerwiegenden Nebenwirkung, der
im Inland aufgetreten ist, zu erfassen und der zuständigen Bundesoberbehörde unverzüg-
lich, spätestens aber innerhalb von 15 Tagen nach Bekanntwerden,**

---

[1] Nach Art. 2 Nr. 2 Buchst. a) i. V. m. Art. 15 Abs. 7 des 2. AMG-ÄndG 2012 wird § 63c Abs. 2 sechs Monate,
nachdem die EMA bekannt gegeben hat, dass die Datenbank nach Art. 24 VO(EG) Nr. 726/2004 über die erforderliche Funktion nach Art. 2 Abs. 3 RL 2010/84/EU verfügt, wie folgt gefasst:
(2) *[1] Der Inhaber der Zulassung übermittelt alle Informationen über sämtliche Verdachtsfälle von*
1. schwerwiegenden Nebenwirkungen, die im In- und Ausland auftreten, innerhalb von 15 Tagen,
2. nicht schwerwiegende Nebenwirkungen, die im Inland oder einem Mitgliedstaat der Europäischen Union auftreten, innerhalb von
90 Tagen
nach Bekanntwerden elektronisch an die EudraVigilance-Datenbank nach Art. 24 der VO (EG) Nr. 726/2004.
[2] Bei Arzneimitteln mit Wirkstoffen, auf die sich die Liste von Veröffentlichungen bezieht, die Europäische Arzneimittel-Agentur
gemäß Art. 27 der VO (EG) Nr. 726/2004 auswertet, muss der Inhaber der Zulassung die in der angeführten medizinischen
Fachliteratur verzeichneten Verdachtsfälle von Nebenwirkungen nicht an die EudraVigilance-Datenbank übermitteln; er muss aber die
anderweitige medizinische Fachliteratur auswerten und alle Verdachtsfälle über Nebenwirkungen nach S. 1 melden. [3] Inhaber
einer Zulassung nach § 38 oder § 39a oder pharmazeutische Unternehmer, die nicht Inhaber der Registrierung nach § 38 oder nach
§ 39a sind und die ein von der Pflicht zur Registrierung freigestelltes homöopathisches Arzneimittel oder ein traditionell pflanzliches
Arzneimittel in den Verkehr bringen, übermitteln Informationen nach S. 1 an die zuständige Bundesoberbehörde.

2. jeden ihm bekannt gewordenen Verdachtsfall einer schwerwiegenden Nebenwirkung, der in einem Drittland aufgetreten ist, zu erfassen und der zuständigen Bundesoberbehörde sowie der Europäischen Arzneimittel-Agentur unverzüglich, spätestens aber innerhalb von 15 Tagen nach Bekanntwerden

elektronisch anzuzeigen. [2] Die zuständige Bundesoberbehörde kann vom Inhaber der Zulassung verlangen, auch Verdachtsfälle von nicht schwerwiegenden Nebenwirkungen, die im Inland aufgetreten sind, zu erfassen und ihr unverzüglich, spätestens aber innerhalb von 90 Tagen nach Bekanntwerden, elektronisch anzuzeigen.

(3) Der Inhaber der Zulassung muss gewährleisten, dass alle Verdachtsmeldungen von Nebenwirkungen bei Arzneimitteln, die zur Anwendung bei Menschen bestimmt sind, bei einer zentralen Stelle im Unternehmen in der Europäischen Union verfügbar sind.

(4) [1] Die Absätze 1 bis 3, § 62 Absatz 6 und § 63b gelten entsprechend
1. für den Inhaber der Registrierung nach § 39a,
2. für einen pharmazeutischen Unternehmer, der nicht Inhaber der Zulassung oder Inhaber der Registrierung nach § 39a ist und der ein zulassungspflichtiges oder ein von der Pflicht zur Zulassung freigestelltes oder ein traditionelles pflanzliches Arzneimittel in den Verkehr bringt.

[2] Die Absätze 1 bis 3 gelten entsprechend
1. für den Inhaber der Registrierung nach § 38,
2. für einen pharmazeutischen Unternehmer, der nicht Inhaber der Registrierung nach § 38 ist und ein registrierungspflichtiges oder von der Pflicht zur Registrierung freigestelltes homöopathisches Arzneimittel in den Verkehr bringt,
3. für den Antragsteller vor Erteilung der Zulassung.

[3] Die Absätze 1 bis 3 gelten unabhängig davon, ob sich das Arzneimittel noch im Verkehr befindet oder die Zulassung oder die Registrierung noch besteht. [4] Die Erfüllung der Verpflichtungen nach den Absätzen 1 bis 3 kann durch schriftliche Vereinbarung zwischen dem Inhaber der Zulassung und dem pharmazeutischen Unternehmer, der nicht Inhaber der Zulassung ist, ganz oder teilweise auf den Inhaber der Zulassung übertragen werden.

(5) [2] [1] Die Absätze 1 bis 4 finden keine Anwendung auf Arzneimittel, für die von der Europäischen Gemeinschaft oder der Europäischen Union eine Genehmigung für das Inverkehrbringen erteilt worden ist. [2] Für diese Arzneimittel gelten die Verpflichtungen des pharmazeutischen Unternehmers nach der Verordnung (EG) Nr. 726/2004 in der jeweils geltenden Fassung mit der Maßgabe, dass im Geltungsbereich des Gesetzes die Verpflichtung zur Mitteilung an die Mitgliedstaaten oder zur Unterrichtung der Mitgliedstaaten gegenüber der jeweils zuständigen Bundesoberbehörde besteht. [3] Bei Arzneimitteln, bei denen eine Zulassung der zuständigen Bundesoberbehörde Grundlage der gegenseitigen Anerkennung ist oder bei denen eine Bundesoberbehörde Berichterstatter in einem Schiedsverfahren nach Artikel 32 der Richtlinie 2001/83/EG ist, übernimmt die zuständige Bundesoberbehörde die Verantwortung für die Analyse und Überwachung aller Verdachtsfälle schwerwiegender Nebenwirkungen, die in der Europäischen Union auftreten; dies gilt auch für Arzneimittel, die im dezentralisierten Verfahren zugelassen worden sind.

Wichtige Änderungen der Vorschrift: Neu gefasst durch Art. 1 Nr. 49 des Zweiten Gesetzes zur Änderung arzneimittelrechtlicher und anderer Vorschriften vom 19.10.2012 (BGBl. I S. 2192); Abs. 2 neu gefasst, Abs. 5 Satz 2 geändert mit näher bestimmtem Inkrafttreten durch Art. 2 Nr. 2 des Zweiten Gesetzes zur Änderung arzneimittelrechtlicher und anderer Vorschriften vom 19.10.2012 (BGBl. I S. 2192).

Europarechtliche Vorgaben: Art. 104 und 105 RL 2001/83/EG, geändert insbes. durch die RL 2004/27/EG; Art. 75 und 76 RL 2001/82/EG, geändert insbes. durch die RL 2004/28/EG und RL 2001/82/EG i.d.F. der RL 2004/28/EG.

Literatur: *Broicher/Budde/Kroth,* Pharmakovigilanz, PharmInd 2008, 1199 ff.; *Kroth,* Gestiegene Anforderungen an die Pharmakovigilanz – Überblick und Konsequenzen, A&R 2006, 51 ff.; *Saame,* Der Entwurf der 12. AMG-Novelle, PharmR 2003, 184 ff.; *Broch/Diener/Klümper,* Der Regierungsentwurf zur 15. AMG-Novelle – Fast alles gut?, PharmR 2009, 149 ff. und 373 ff.

---

[2] Nach Art. 2 Nr. 2 Buchst. b) i.V.m. Art. 15 Abs. 7 des 2. AMG-ÄndG 2012 wird § 63c Abs. 5 S. 2 sechs Monate, nachdem die EMA bekannt gegeben hat, dass die Datenbank nach Art. 24 VO (EG) Nr. 726/2004 über die erforderliche Funktion nach Art. 2 Abs. 3 RL 2010/84/EU verfügt, wie folgt gefasst:
Für dieses Arzneimittel gelten die Verpflichtungen des pharmazeutischen Unternehmens nach der VO (EG) Nr. 726/2004 in der jeweils geltenden Fassung.

A. Allgemeines

§ 63c ersetzt die früher in § 63b (a. F.) enthaltenen Regelungen insb. vor dem Hintergrund neuer **1** europarechtlicher Vorgaben. § 63c wurde durch Art. 1 Nr. 49 des 2. AMG-ÄndG 2012 neu gefasst und eingeführt. Mit § 63c werden sowohl Art. 107 RL 2001/83/EG i. d. F. der RL 2010/84/EU als auch die Übergangsbestimmung des Art. 2 IV und V der RL 2010/84/EU umgesetzt[1]. Abs. 1 verpflichtet den Inhaber einer Humanarzneimittelzulassung nach § 21 zur Dokumentation aller Verdachtsfälle von Nebenwirkungen. Abs. 2 enthält die Meldepflichten in Bezug auf solche Verdachtsfälle. Abs. 3 verpflichtet den Inhaber einer Humanarzneimittelzulassung dazu, diese Verdachtsfälle zentral innerhalb Europas verfügbar zu halten. Abs. 4 erstreckt diese Pflichten auf andere Unternehmen als den Inhaber der Zulassung. Abs. 5 nimmt zentral zugelassene Arzneimittel von der Anwendung der Abs. 1 bis 4 aus; weiter regelt der dortige S. 3 die Verantwortlichkeit der zuständigen Bundesoberbehörde für die Analyse und Überwachung von Nebenwirkungsmeldungen bei MRP/DCP-Zulassungen. Vom Anwendungsbereich des § 63c sind Tierarzneimittel ausgenommen. Diese werden von § 63h erfasst (s. dort § 63h Rn. 9).

Die „6. **Bekanntmachung zur Anzeige von Nebenwirkungen und Arzneimittelmissbrauch 2** nach § 63b I bis IX des Arzneimittelgesetzes" vom 19.1.2010 des BfArM und PEI wurde durch das 2. AMG-ÄndG 2012 **aufgehoben**. Derzeit plant das BfArM keine 7. Bekanntmachung; allerdings regelt es in seiner Mitteilung vom 13.11.2012 „Information zu den Anzeigepflichten über Verdachtsfälle von Nebenwirkungen" einige wesentliche Punkte, insbesondere Vorgaben zu den Meldepflichten schwerwiegender Nebenwirkungen innerhalb und außerhalb der EU, zu den Anzeigepflichten bei nicht schwerwiegenden Nebenwirkungen, zur elektronischen Meldung von Nebenwirkungsberichten, zur Meldepflicht von Nebenwirkungen nach Ende des Inverkehrbringens in Deutschland sowie zum Umgang mit Berichten über Medikationsfehler[2]. Da sich die nationalen Regelungen zur Pharmakovigilanz an den EU-Vorgaben orientieren[3], erscheint eine ergänzende nationale Bekanntmachung entbehrlich.

Die Dokumentations-, Melde- und Anzeigepflichten nach § 63c werden hier aufgrund der gebotenen **3** Kürze generell beschrieben. Für nähere Details wie etwa Begriffsbestimmungen, vorzulegende Unterlagen, Formulare sowie Nebenwirkungsmeldungen in besonderen Situationen (Schwangerschaft, mangelnde Wirksamkeit, Überdosierung, Named-Patient-Use, Compassionate Use und in nicht-interventionellen Studien) wird auf die 16 Module der **EU Guidelines on Good Pharmacovigilance Practice – GVP –,** insbes. Modul VI – Management and Reporting of Adverse Reactions to Medicinal Products, verwiesen.

B. Dokumentationspflichten (Abs. 1)

Der **persönliche Anwendungsbereich** nach Abs. 1 umfasst den Inhaber einer Humanarzneimittel- **4** Zulassung. Gemeint ist hier nur der Zulassungsinhaber i. S. v. § 21, also von national zugelassenen Arzneimitteln, einschließlich MRP- und DCP-Arzneimitteln. Für den Inhaber einer Genehmigung für Gewebezubereitungen nach § 21a sowie einer Zulassung für Blutzubereitungen gilt **§ 63i** (s. dort Rn. 1). Dies ergibt sich aus einem Rückgriff auf die Legaldefinitionen in § 4 II und § 4 XXX.

---

[1] BR-Drucks. 91/12, S. 98.
[2] Abrufbar unter www.bfarm.de.
[3] GVP-Modul VI (Management and reporting of adverse reactions to medicinal products) abrufbar unter www.ema.europa.eu.

5   Seit dem 2. AMG-ÄndG 2012 wird hinsichtlich der Dokumentations- und Meldepflichten zwischen Human- und Tierarzneimitteln differenziert. Hierdurch soll insgesamt eine weitere Verbesserung der Arzneimittelsicherheit erreicht werden. Für Tierarzneimittel gilt nun § 63h bzw. – für zentral zugelassene Tierarzneimittel – die VO (EG) Nr. 726/2004 und die VO (EG) 540/95.

6   Der persönliche Anwendungsbereich der Vorschrift wird durch Abs. 4 erweitert. Vgl. die Kommentierung in Rn. 38 ff).

7   Der **sachliche Anwendungsbereich** erfasst nach seinem Wortlaut zunächst die Dokumentationspflicht aller in der EU oder im Drittland auftretenden Verdachtsfälle von Nebenwirkungen. Sie gilt für alle Nebenwirkungen, die in § 4 XIII 1 und 2 legal definiert werden[4]. Die Dokumentationspflicht erstreckt sich nur auf **Verdachtsfälle**, die Arzneimittel des Inhabers der Zulassung betreffen[5]. Da bereits ein „Verdachtsfall" die Dokumentationspflicht auslöst, sind auch **Zweifelsfälle** zu dokumentieren. Anders als vor dem 2. AMG-ÄndG 2012 kommt es jetzt nicht mehr darauf an, ob ein Angehöriger eines Gesundheitsberufes einen kausalen Zusammenhang zwischen der Gabe des Arzneimittels und der schädlichen, unbeabsichtigten Begleiterscheinung vermutet (s. auch § 62 Rn. 42)[6]. Nicht relevant ist, auf welchem Weg und aus welcher Quelle der Zulassungsinhaber Kenntnis von einem Verdachtsfall erlangt[7]. Er muss alle Verdachtsfälle erfassen, unabhängig davon, ob diese ihm elektronisch, schriftlich oder mündlich mitgeteilt worden sind[8]. Es ist darauf zu achten, dass der Außendienstmitarbeiter Meldungen von Verdachtsfällen, von denen er Kenntnis erlangt, nach § 76 I 2 schriftlich zu erfassen hat (s. § 76 Rn. 7).

8   Welche Anforderungen an die **Dokumentation der Unterlagen** zu stellen sind, hat der Gesetzgeber in Abs. 1 nicht erläutert. Die Anforderungen werden jedoch im **GVP-Modul VI** (Management and reporting of adverse reactions to medicinal products) umfassend erläutert.

9   Generell ist empfehlenswert, die Meldungen elektronisch sicher zu speichern und ein Back-Up in elektronischer oder auch schriftlicher Form vorzusehen, um einen Datenverlust zu vermeiden, wenngleich weder der deutsche noch europäische Gesetzgeber hier Vorgaben gemacht haben[9].

10   Nach Abs. 1 sind weiter **Angaben über die abgegebenen Mengen** von Arzneimittelpackungen zu dokumentieren. Diese Dokumentation muss unabhängig vom Bekanntwerden von Verdachtsfällen kontinuierlich erfolgen. Die abgegebenen Mengen sind für die Berechnung der Häufigkeit des Auftretens der Nebenwirkung erforderlich. Wie die Berechnung zu erfolgen hat, ist nicht verbindlich durch den Gesetzgeber vorgegeben. Erforderlich ist aber, dass der pharmazeutische Unternehmer seine Berechnung nachvollziehbar festlegt und diese auch begründen kann, beispielsweise ob die Berechnung per mg, per abgegebener Packung erfolgt und auf welche Behandlungsdauer sich diese bezieht.

C. Melde- und Auswertungsverpflichtung (Abs. 2)

I. Meldungen schwerwiegender und nicht schwerwiegender Nebenwirkungen durch den Zulassungsinhaber

11   **1. Vor voller Funktionsfähigkeit der EudraVigilance-Datenbank**[10]. Seit dem Inkrafttreten des 2. AMG-ÄndG (26.10.2012) bis sechs Monate nach Herstellung der vollen Funktionsfähigkeit der Eudravigilance-Datenbank gilt § 63c in der Fassung der oben im Gesetzestext wiedergegebenen Fassung (vgl. wichtige Änderungen der Vorschrift). Hieraus ergeben sich folgende Meldepflichten:

Art der Nebenwirkung	Rechtsgrundlage § 63c	Meldefrist	Adressat der Meldung
schwerwiegende Nebenwirkungen – im Inland	Abs. 2 S. 1 Nr. 1	unverzüglich, spätestens aber innerhalb von **15 Tagen** nach Bekanntwerden	Zuständige Bundesoberbehörde
schwerwiegende Nebenwirkungen – im Drittland[11]	Abs. 2 S. 1 Nr. 2	unverzüglich, spätestens aber innerhalb von **15 Tagen** nach Bekanntwerden	Zuständige Bundesoberbehörde und Europäische Arzneimittel-Agentur

---

[4] Vgl. auch Art. 1 Nr. 11 RL 2001/83/EG bzw. Art. 1 Nr. 10 RL 2001/82/EG.
[5] So auch *Saame*, PharmR 2003, 184.
[6] Vgl. GVP-Modul VI. A.2.1.1. (Stand: 16.9.2014); ICH-E2A- Guideline.
[7] BR-Drucks. 91/12, S. 98.
[8] BR-Drucks. 91/12, S. 98; GVP-Modul VI. A.2.3., (Stand: 16.9.2014); ICH-E2D Guideline.
[9] Vgl. GVP-Modul VI. B.4 (Stand: 16.9.2014) zu den Anforderungen an das Data Management.
[10] Bis zur Drucklegung wurde die Funktionsfähigkeit der EudraVigilanz-Datenbank von der EMA nicht bekannt gegeben.
[11] Drittland meint auch hier jedes Land, dass nicht Mitglied der EU ist.

nicht schwerwiegende Nebenwirkungen – im Inland	Abs. 2 S. 2	unverzüglich, spätestens aber innerhalb von **90 Tagen** nach Bekanntwerden	auf Verlangen der zuständigen Bundesoberbehörde (z. B. durch Auflagen für einzelne Produkte oder Produktgruppen) – vgl. Rn. 14

Wer die jeweils zuständige Bundesoberbehörde für die Meldungen ist, bestimmt sich nach § 77. **12** Hierauf ist zwingend zu achten, damit die Meldungen nicht fehlerhaft an die falsche Behörde gemeldet werden und so die Frist versäumt wird.

Als **Drittländer** gelten all jene Länder, die nicht Mitglied der EU oder des EWR sind[12]. Eine **13** Meldepflicht für Berichte aus anderen Staaten des EWR gegenüber der Bundesoberbehörde besteht auch dann nicht, wenn Deutschland die Funktion des Reference Member States wahrnimmt[13].

Das BfArM hat bisher noch nicht verlangt, dass nicht schwerwiegende Nebenwirkungen nach Abs. 2 **14** S. 2 gemeldet werden sollen. Wohl aber fordert das **PEI** die Meldung nicht schwerwiegender Nebenwirkungen, die im Inland aufgetreten sind, für alle Impfstoffe[14].

2. Nach Bekanntgabe der Funktionsfähigkeit der EudraVigilance-Datenbank[15]. Mit Inkraft- **15** treten des Art. 2 Nr. 2 des 2. AMG-ÄndG 2012 sechs (6) Monate nachdem die EMA bekannt gegeben hat, dass die EudraVigilance-Datenbank voll funktionstüchtig ist, gilt der Gesetzeswortlaut, wie er in Fn. 1 zu dieser Vorschrift wiedergegeben ist; dann sind die folgenden Meldepflichten maßgeblich.

Art der Nebenwirkung	Rechtsgrundlage § 63c	Meldefrist	Adressat der Meldung
schwerwiegende Nebenwirkungen – im Inland oder Ausland	Abs. 2 S. 1 Nr. 1	innerhalb von **15 Tagen** nach Bekanntwerden (sog. 15-Tage-Bericht bzw. „expedited report")	EudraVigilance-Datenbank
nicht schwerwiegende Nebenwirkungen – im Inland oder Mitgliedstaat der EU	Abs. 2 S. 1 Nr. 2	innerhalb von **90 Tagen** (sog. 90-Tage-Bericht)	EudraVigilance-Datenbank
nicht schwerwiegende Nebenwirkungen – im Drittland[16]	Nicht meldepflichtig		

Deutlich wird, dass alle Meldungen schwerwiegender und nicht schwerwiegender Nebenwirkungen **16** dann zentral von der EudraVigilance-Datenbank erfasst und damit vereinheitlicht werden sollen. Nicht schwerwiegende Nebenwirkungen aus **Drittländern** sind nicht meldepflichtig; im Übrigen bestehen je nach Schweregrad der Nebenwirkung unterschiedlich lange Meldefristen. Für die Definition des Begriffs der schwerwiegenden Nebenwirkung wird auf die Kommentierung zu § 4 XIII (s. dort Rn. 100) verwiesen.

II. Meldefristen

Die Nebenwirkungen sind alle als **Individual Case Safety Report (ICSR)** zu melden[17].   **17**

Maßgeblich für den **Fristbeginn** ist die Kenntnis von Minimalkriterien einer Nebenwirkungsmel- **18** dung: Bekannt bzw. dokumentiert sein müssen, um gemeldet zu werden, ein identifizierbarer Patient, eine identifizierbare Meldequelle, das verdächtige Arzneimittel sowie die beobachtete Nebenwirkung bzw. der beobachtete Missbrauch[18]. Um eine Meldepflicht auszulösen, ist die Kenntnis irgendeines

---

[12] Vgl. BfArM, Mitteilung vom 13.11.2012 „Information zu den Anzeigepflichten über Verdachtsfälle von Nebenwirkungen", Nr. 2,3, abrufbar unter www.bfarm.de.

[13] BfArM, Mitteilung vom 13.11.2012 „Information zu den Anzeigepflichten über Verdachtsfälle von Nebenwirkungen", Nr. 2, abrufbar unter www.bfarm.de.

[14] BfARM/PEI, Informationen zu den Anzeigepflichten über Verdachtsfälle von Individual Case Safety Reports (ICSRs) Ziff. 4; EMA, EMA/411742/2015 Rev. 9, Reporting requirements of Individual Case Safety Reports (ICSRs) applicable to marketing authorisation holders during the interim period, Table 3 (Stand: 29.6.2015).

[15] Bis zur Drucklegung wurde die Funktionsfähigkeit der EudraVigilance-Datenbank von der EMA nicht bekanntgegeben.

[16] Drittland meint auch hier jedes Land, dass nicht Mitglied der EU oder des EWG ist.

[17] Dazu auch GVP-Modul VI. A.2.5. (Stand: 16.9.2014).

[18] Für nähere Details Abschnitt IV und V Durchführungsverordnung EU) Nr. 520/2012, ebenso GVP-Modul VI. B.2., C.4., C.6.2.2. (Stand: 16.9.2014).

Mitarbeiters des Zulassungsinhabers ausreichend[19]. Bei der Zusammenarbeit des Anzeigepflichtigen mit anderen Unternehmen ist dagegen seine Kenntnis für den Beginn der Frist maßgeblich; seitens der Bundesoberbehörden wird ein unverzüglicher Austausch von Informationen erwartet[20]. Unvollständige Meldungen sind zwar nicht zu melden, aber in dem unternehmensinternen Pharmakovigilanz-System zu dokumentieren[21].

III. Übermittlung in elektronischer Form; AMG-AV

19　　Die anzuzeigenden Verdachtsfälle von Nebenwirkungen sind elektronisch gegenüber der zuständigen Bundesoberbehörde oder EMA bzw. mit voller Funktionsfähigkeit der EudraVigilance-Datenbank an diese zu übermitteln (Abs. 2 S. 1)[22]. Gestützt auf die Ermächtigungsnorm des § 80 S. 1 Nr. 5 i. V. mit S. 3 hatte das BMGS am 12.9.2005 die VO über die elektronische Anzeige von Nebenwirkungen bei Arzneimitteln (AMG-AV) erlassen[23]. Die VO verpflichtete zur elektronischen Anzeige gegenüber der EMA und der zuständigen Bundesoberbehörde.

20　　Die Verordnung wurde durch die AMG-Befugnisverordnung mit Wirkung zum 18.5.2015 aufgehoben, gilt aber gemäß dem dortigen § 2 weiter, bis die zuständigen Bundesoberbehörden aufgrund ihrer neuen Befugnisse neue Regelungen erlassen haben.

21　　Für zentral zugelassene Arzneimittel sieht Art. 24 II UAbs. 2 VO (EG) Nr. 726/2004 die Mitteilung auf elektronischem Wege als Regelfall vor (hinsichtlich der technischen Standards der elektronisch zu übertragenden Datenelemente s. § 62 Rn. 19)[24]. Warum der Gesetzgeber mit dem 2. AMG-ÄndG 2012 die Regelung des § 3 AMG-AV nicht angepasst hat, ist unklar. Weder Art. 107 RL 2001/83/EG i. d. F. der RL 2010/84/EU noch GVP-Modul VI sehen in Härte- oder Sonderfällen Papierform vor. Diese wird insbes. nach Einführung der EudraVigilance-Datenbank durch diese ersetzt.

IV. Besonderheiten für Arzneimitttel mit Wirkstoffen nach Art. 27 VO (EG) Nr. 726/2004

22　　Bei Arzneimitteln mit speziellen Wirkstoffen nach Art. 27 VO (EG) Nr. 726/2004 wertet die EMA spezielle medizinische Literatur aus[25]. Verdachtsfälle zu solchen betreffenden Arzneimitteln, die sich aus dieser speziellen nach Art. 27 VO (EG) Nr. 726/2004 veröffentlichten medizinischen Literatur ergeben, muss der Zulassungsinhaber nicht an die EudraVigilance-Datenbank melden.

23　　Die **EMA überwacht** im Wesentlichen im Rahmen der Literaturauswertung **Folgendes:** Spontanmeldungen von Nebenwirkungen, einzelne oder mehrfach auftretende Fälle von Verdachtsfällen aus klinischen Prüfungen und PASS; Spontanmeldungen von Nebenwirkungen, einzelne oder mehrfach auftretende Fälle von Verdachtsfällen, die in Datenbanken enthalten sind und sich auf Registrys, nach Zulassung benannte Patient Use oder Compassionate Use beziehen; Programme oder andere Patienten unterstützende Systeme, Patientenumfragen oder Umfragen unter Angehörigen von Gesundheitsberufen; Situationen fehlender Wirksamkeit, Anwendungen während einer Schwangerschaft, Stillen oder Off-Label-Use, Missbrauch, Überdosierung, Anwendungsfehler oder berufliche Exposition. Aktualisierungen werden im Oktober eines jeden Jahres bekannt gegeben[26].

24　　Allerdings muss der Zulassungsinhaber nach Abs. 2 S. 2 letzter Halbs. die anderweitige Fachliteratur auswerten und alle dort genannten Verdachtsfälle über Nebenwirkungen nach Abs. 2 S. 1 melden. Weitere Einzelheiten zu den Anforderungen an die Auswertung der Fachliteratur finden sich in Ziffer VI. C.2.2.3. und Anhang 2 GVP-**Modul VI,** auf die aufgrund der gebotenen Kürze hier verwiesen werden kann.

25　　Zu beachten ist, dass Zulassungsinhaber, die auch Meldepflichten außerhalb des EWR zu erfüllen haben, die von der EMA-Liste erfasste Literatur dennoch selbst durchsehen sollten, wenn sie Meldepflichten ggf. in anderen Ländern nachzukommen haben.

---

[19] Vgl. GVP-Modul VI. B.7. („The clock for the reporting of a valid ICSR starts as soon as the information containing the minimum reporting criteria has been brought to the attention of the national or regional pharmacovigilance centre of a competent authority or of any personnel of the marketing authorisation holder, including medical representatives and contractors") (Stand: 16.9.2014).

[20] So GVP-Modul VI. B.7.1. (Stand: 16.9.2014).

[21] GVP-Modul VI. B.2. (Stand: 16.9.2014).

[22] Vgl. GVP-Modul VI. C.6. (Stand: 16.9.2014).

[23] Vgl. dazu *Kroth*, A&R 2006, 51,; vgl. auch die Anlage 5 zur BfArM/PEI-Bekanntmachung vom 19.1.2010 – Hinweise und Erläuterungen zur elektronischen Übermittlung von Berichten zu UAW an das BfArM, Stand 19.1.2010.

[24] Vgl. *Storz/Schaefer*, PharmInd 2007, 421 ff.

[25] EMA, EMA/161530/2014 Detailed Guide regarding the monitoring of medical literature and the entry of relevant information into the EudraVigilance-Database by the European Medicine Agency (Stand: 12. Mai 2015).

[26] EMA, EMA/161530/2014 Detailed Guide regarding the monitoring of medical literature and the entry of relevant information into the EudraVigilance-Database by the European Medicine Agency (Stand: 12. Mai 2015).

V. Inhaber von Registrierungen nach § 38 und 39a (S. 3)

Für Inhaber von Registrierungen nach § 38 oder § 39a oder pharmazeutische Unternehmer, die nicht **26** Inhaber der Registrierung nach § 38 oder nach § 39a sind und die ein von der Pflicht zur Registrierung freigestelltes homöopathisches Arzneimittel oder ein traditionell pflanzliches Arzneimittel in den Verkehr bringen, statuiert Abs. 4 S. 1 – für die Zeit nach Ablauf von 6 Monaten nach Funktionsfähigkeit der EudraVigilance-Datenbank – die entsprechende Geltung der Meldepflichten nach Abs. 2 S. 1 (vgl. Rn. 15). Allerdings haben sie Informationen über Verdachtsfälle nach S. 1 an die zuständige Bundesoberbehörde zu übermitteln. Von der Pflicht, elektronisch Meldung an die EudraVigilance-Datenbank vorzunehmen, sind solche Unternehmen nach Abs. 2 S. 3 ausgenommen.

D. Verfügbarkeit der Informationen (Abs. 3)

Alle Verdachtsmeldungen von Nebenwirkungen bei Arzneimitteln, die zur Anwendung bei Menschen **27** bestimmt sind, hat der Zulassungsinhaber an einer zentralen Stelle (z. B. interne Pharmakovigilanz-Datenbank) im Unternehmen in der EU jederzeit zugänglich verfügbar zu halten. Der Gesetzgeber konkretisiert nicht, was unter „verfügbar zu halten" zu verstehen ist. Es kann aber davon ausgegangen werden, dass die Handhabe der zentralen Stelle bzw. der Datenbank im Unternehmen auch ein Bestandteil der Pharmakovigilanz-Stammdokumentation (PSMF) ist (s. § 4 Rn. 307). Dort ist zu definieren, wie und wo die Datenbank betrieben wird und in welcher Form die Verdachtsmeldungen aufzubewahren sind. Der Verdachtsfall wird elektronisch in der Datenbank in englischer Sprache „verfügbar gehalten"; das zugehörige Originaldokument (häufig in nationaler Sprache, z. B. Briefe, Emails, Telefonvermerke, etc.) liegt meist in dem Land, in dem der Fall gemeldet wurde[27].

Der Ort, wo die Verdachtsmeldungen gesammelt werden, darf sich nicht außerhalb der EU befinden **28** (vgl. Abs. 3 letzter Halbs.). Entsprechende datenschutzrechtliche Bedingungen sind für die Aufbewahrung der Meldungen einzuhalten[28]. Die genauen Vorgaben für die Aufbewahrung von Verdachtsmeldungen finden sich in GVP-Modul VI (Management and reporting of adverse reactions to medicinal Products)[29].

Diese Verpflichtung des Abs. 3 gilt auch für den erweiterten Kreis von Verpflichteten, wie sie in Abs. 4 **29** S. 1 und 2 genannt sind.

§ 29 Ia 3 ist ergänzend zu erwähnen: Hiernach muss der Zulassungsinhaber der zuständigen Bundes **30** oberbehörde auf Verlangen alle Unterlagen vorlegen, die belegen, dass das Nutzen-Risiko-Verhältnis weiterhin günstig ist. Hierzu gehören auch die Unterlagen zu Verdachtsmeldungen. Zudem muss er innerhalb von 7 Tagen nach Aufforderung die Pharmakovigilanz-Stammdokumentation vorlegen (§ 29 Ia 4, 5).

E. Erweiterung des Adressatenkreises; Aufgabenübertragung (Abs. 4)

I. Erweiterung des Adressatenkreises (S. 1 und 2)

Abs. 4 erweitert den Kreis der **Normadressaten** auf die dort Genannten: Die Verpflichtungen nach **31** den **Abs. 1 bis 3**; § 62 VI (behördliche Überwachung und Pharmakovigilanz-Inspektionen; siehe dort Rn. 63 ff.) und § 63b (allgemeine Pharmakovigilanz Pflichten) gelten auch für

– den **Inhaber der Registrierung nach § 39a** für traditionell pflanzliche Arzneimittel **(S. 1 Nr. 1)**;
– den **pharmazeutischen Unternehmer, der nicht Inhaber der Zulassung ist** (§ 4 XVIII 2, so etwa der Mitvertreiber), wenn er ein zulassungspflichtiges oder ein von der Pflicht zur Zulassung freigestelltes Arzneimittel (Standardzulassung nach § 36) oder in den Verkehr bringt **(S. 1 Nr. 2)**[30],
– den **pharmazeutischen Unternehmer, der nicht Inhaber der Registrierung nach § 39a ist** (§ 4 XVIII 2, so etwa der Mitvertreiber), wenn er ein traditionelles pflanzliches Arzneimittel gemäß § 39a in den Verkehr bringt **(S. 1 Nr. 2)**;

Wenn das Arzneimittel neben dem Zulassungs- oder Registrierungsinhaber von einem anderen **32** Unternehmer in Verkehr gebracht wird und dieser andere Unternehmer auf dem Arzneimittel angegeben ist, wird der andere Unternehmer pharmazeutischer Unternehmer und nach Abs. 4 S. 1 Nr. 2 unmittelbar zur Einhaltung der Pflichten in Abs. 1 bis 3 neben dem Zulassungsinhaber verpflichtet. Wo dies nicht der Fall ist und der andere Unternehmer zwar am Vertrieb des Arzneimittels beteiligt ist, aber

---

27 GVP-Modul VI. B.5. (Stand: 16.9.2014).
28 GVP-Modul VI. B.4. (Stand: 16.9.2014).
29 Zurückgehend auf Art. 104 I, Art. 107 I RL 2001/83/EG i. d. F. der RL 2010/84/EU.
30 Das AMG i. d. F. der 14. AMG Novelle regelte nur den pharmazeutischen Unternehmer, der nicht Inhaber der Zulassung war. Es war vorgesehen, dass für ihn Abs. 5b keine Anwendung findet. Umstritten war, ob dies ein redaktionelles Versehen war. Dies wurde durch das AMG-ÄndG 2009 klargestellt.

nicht auf dem Arzneimittel angegeben ist, hat der Zulassungsinhaber dafür zu sorgen, dass alle anderen, die in seinem Auftrag oder mit seiner Zustimmung das Produkt in Verkehr bringen, ebenso die Meldungen erfassen und ihm unverzüglich zuleiten. Eine solche Verpflichtung müssen der Zulassungsinhaber und die nach Abs. 4 Verpflichteten allen sonstigen im Auftrag des Zulassungsinhabers Tätigen auferlegen. Es sind dann entsprechende vertragliche Vereinbarungen zu treffen und entsprechende Auditrechte vorzusehen.

33   Dagegen treffen die folgenden Adressaten nur die Pflichten der **Abs. 1 bis 3 (nicht aber § 62 VI und § 63b)**:
– den **Inhaber der Registrierung** nach § 38 für homöopathische Arzneimittel (**S. 2 Nr. 1**);
– den **pharmazeutischen Unternehmer, der nicht Inhaber der Registrierung nach § 38** ist (§ 4 XVIII 2, so etwa der Mitvertreiber), wenn er ein gemäß § 38 registrierungspflichtiges oder von der Pflicht zur Registrierung freigestelltes homöopathisches Arzneimittel in den Verkehr bringt (**S. 2 Nr. 2**);
– den **Antragsteller** im nicht-zentralen Verfahren[31] vor Erteilung der Zulassung (**S. 2 Nr. 3**); der Antragsteller für eine Registrierung nach § 38 oder § 39a ist nicht erfasst. Die Meldung hat so zu erfolgen, als wäre das Arzneimittel bereits zugelassen. Um dies zu ermöglichen, ist die Datenbank für Deutschland so einzurichten, dass nicht auf die Erteilung der Zulassung abgestellt wird, sondern auch die Zeit ab der Antragstellung erfasst werden kann.

34   Durch die Erweiterung des Kreises der Verpflichteten, schafft Abs. 4 ein System, das umfassend die Dokumentation und die Meldung von Pharmakovigilanz-Informationen sicherstellt. Die Unterscheidung zwischen traditionellen pflanzlichen Arzneimitteln und homöopathischen Arzneimitteln beruht auf der RL 2001/83/EG. Gemäß Art. 16 III der Richtlinie gelten die Bestimmungen des Titels IX (Pharmakovigilanz, Art. 101 bis 108) nicht für registrierte homöopathische Arzneimittel nach Art. 14 I der RL 2001/83/EG. Demgegenüber sieht Art. 16g der RL 2001/83/EG vor, dass u. a. auch die Art. 101 bis 108 für registrierte traditionelle pflanzliche Arzneimittel sinngemäß gelten. Grund für diese Unterscheidung sind nach dem Erwägungsgrund 21 die Besonderheiten der homöopathischen Arzneimittel, also etwa ihre sehr geringe Wirkstoffkonzentration. Ein derartiges verringertes Gefahrenpotential liegt bei traditionellen pflanzlichen Arzneimitteln dagegen nicht per se vor.

II. Zeitliche Geltung der Dokumentations- und Meldepflichten (S. 3)

35   Die Dokumentations- und Meldepflichten des § 63c I, II und III gelten für zulassungspflichtige Arzneimittel mit Antragstellung, bei registrierungspflichtigen Arzneimitteln mit der Registrierung (s. Rn. 32).

36   Die Dokumentations- und Meldepflichten der Abs. 1–3 gelten unabhängig davon, ob das Arzneimittel sich noch im Verkehr befindet oder die Zulassung oder Registrierung noch besteht (Abs. 4 S. 3). Wird die Zulassung verkauft, wechselt auch diese Pflicht den Adressaten auf den neuen Zulassungsinhaber. Folglich treffen nur den letzten Inhaber der Zulassung, der den Vertrieb einstellt, diese Pflichten, auch wenn das Arzneimittel nicht mehr im Verkehr ist. Dies ist besonders relevant für Langzeitnebenwirkungen, die auf diese Weise erfasst werden sollen. Die Verpflichtung der Suche nach Nebenwirkungsmeldungen in Literaturdatenbanken endet mit dem Ablauf der Verkehrsfähigkeit der letzten Charge[32].

37   Diese Meldepflichten gegenüber der zuständigen Bundesoberbehörde beziehen sich auf Einzelfälle schwerwiegender Nebenwirkungen, wenn sie in Deutschland aufgetreten sind und dem letzten Zulassungsinhaber für das betroffene Warenzeichen zur Kenntnis gebracht worden sind[33].

III. Aufgabenübertragung auf den Zulassungsinhaber (S. 4)

38   Die Dokumentations- und Meldepflichten, auf die Abs. 4 verweist, können, mit Ausnahme jener aus § 62 VI, durch schriftliche Vereinbarung zwischen dem Inhaber der Zulassung und einem neben ihm existierenden weiteren pharmazeutischen Unternehmer, der nicht Zulassungsinhaber ist, ganz oder teilweise auf den Zulassungsinhaber übertragen werden (S. 4). Es ist wohl ein redaktionelles Versehen, dass eine solche Übertragung nicht ausdrücklich auch für den pharmazeutischen Unternehmer geregelt ist, der nicht Inhaber einer Registrierung oder Genehmigung ist. Diese Regelungslücke wurde auch mit dem 2. AMG-ÄndG 2012 nicht behoben. Mit einer Vereinbarung nach S. 4, die eine vollständige Übertragung der Pharmakovigilanzpflichten vorsieht, ist der andere pharmazeutische Unternehmer von der Erfüllung seiner hoheitlichen Pflichten enthoben.

39   Die Regelung ist dem Umstand geschuldet, dass das deutsche Recht, anders als das europäische Recht, neben dem Zulassungsinhaber andere Personen kennt, die ein Arzneimittel als verantwortliche pharma-

---

[31] Für zentral zugelassene Arzneimittel s. Rn. 41.
[32] BfArM, Mitteilung vom 13.11.2012 „Information zu den Anzeigepflichten über Verdachtsfälle von Nebenwirkungen", Nr. 6, abrufbar unter www.bfarm.de.
[33] BfArM, Mitteilung vom 13.11.2012 „Information zu den Anzeigepflichten über Verdachtsfälle von Nebenwirkungen", Nr. 6, abrufbar unter www.bfarm.de.

zeutische Unternehmer in den Verkehr bringen können und nach Abs. 4 auch die Dokumentations- und Meldepflichten zu erfüllen haben[34].

Voraussetzung einer **Delegation** ist, dass die **schriftliche Vereinbarung** und ihr Vollzug in der 40 täglichen Praxis sicherstellen, dass der Zulassungsinhaber seine originären Pflichten auch für den anderen pharmazeutischen Unternehmer wahrnimmt. Hierfür sind die Grundsätze des § 9 AMWHV („Tätigkeiten im Auftrag") entsprechend heranzuziehen. Sind diese Voraussetzungen nicht eingehalten, leben die Verpflichtungen des pharmazeutischen Unternehmers, der nicht Zulassungsinhaber ist, wieder auf. Das zwingt die Parteien, eine explizite Delegation vorzunehmen und die Verantwortungsbereiche und Handlungspflichten eindeutig und abschließend zu regeln und abzugrenzen. Zudem kann eine schriftlich vereinbarte Regelung bei Inspektionen auch eingesehen werden[35]. Der Auftraggeber soll sich in Form von Audits über die Einhaltung der Pharmakovigilanzpflichten durch den Zulassungsinhaber überzeugen[36]. Dies erschließt sich auch aus den sich aus § 84 ergebenden Haftungsrisiken, die auch den pharmazeutischen Unternehmer treffen, der das Arzneimittel im Geltungsbereich des AMG in den Verkehr gebracht hat. Um den Zulassungsinhaber in die Lage zu versetzen, die Pharmkovigilanzpflichten auch für den anderen pharmazeutischen Unternehmer zu übernehmen, ist in der Vereinbarung zwingend zu regeln, dass der andere pharmazeutischen Unternehmer alle eingehenden Verdachtsmeldungen von Nebenwirkungen schnellstmöglich, i. d. R. innerhalb von 24 Stunden, an den Zulassungsinhaber weiterleitet. Zudem ist zu regeln, dass der andere pharmazeutische Unternehmer den Zulassungsinhaber bei der Nachverfolgung bei ihm eingehender Nebenwirkungsmeldungen unterstützt. Er hat weiter die Informationen zu liefern, die der Zulassungsinhaber zur seiner Pflichterfüllung benötigt, etwa Informationen zu abgegebenen Mengen des betreffenden Arzneimittels.

Soweit der Zulassungsinhaber und ein neben ihm existierender anderer pharmazeutischer Unternehmer **keine Vereinbarung nach Abs. 4 Satz 4** schließen, bleibt der andere pharmazeutische Unternehmer nach §§ 63b und 63c verpflichtet. In solchen Fällen führt häufig der Zulassungsinhaber die Pharmacovigilanz-Stammdokumentation, stellt die QPPV und ist – bei DCP- bzw. MRP-Arzneimittteln – für die länderübergreifende Pharmacovigilanz des betreffende Arzneimittels verantwortlich. Daher ist es erforderlich, dass der Zulassungsinhaber und der andere pharmazeutische Unternehmer in einen Pharmacovigilanz-Vertrag (Pharmacovigilance / Safety Agreement), die Pflichten des anderen pharmazeutischen Unternehmers und die Zusammenarbeit beider pharmazeutischer Unternehmer im Detail regeln. Zu regeln sind insbes. die Zusammenarbeit der Stufenplanbeauftragten (auch mit einer etwaig personenverschiedenen QPPV), der Austausch der Verdachtsfälle von Nebenwirkungen, die Unterstützung des anderen pharmazeutischen Unternehmers bei der Erstellung von PSUR, die Zusammenarbeit bei der Beobachtung von Risiken (Signal detection), die (insb. lokale) Literaturrecherche, die Zusammenarbeit in Bezug auf Qualitätsmängel und die Anforderungen an das Qualitätssystem des anderen pharmazeutischen Unternehmers.

Nicht von Abs. 4 Satz 4 erfasst sind Fälle in denen ein Unternehmen einem anderen Unternehmen 42 eine **Vertriebs-/Distributionslizenz an einem Arzneimittel** für den Vertrieb in Deutschland erteilt und der Lizenznehmer in Deutschland Zulassungsinhaber (und alleiniger pharmazeutischer Unternehmer) des Arzneimittels werden soll. In einem solchen Fall ist regulatorisch allein der Lizenznehmer verpflichtet, die Dokumentations- und Meldepflichten des § 63c zu erfüllen. Soweit der Lizenzgeber allerdings in anderen Ländern Zulassungsinhaber ist und die länderübergreifende Verantwortung übernimmt, bedarf es ebenfalls eines **Vertrages**, in dem die Parteien die Zusammenarbeit auf dem Gebiet der Pharmakovigilanz regeln (s. hierzu entsprechend Rn. 41).

F. Anzeigepflichten bei zentral zugelassenen Arzneimitteln (Abs. 5 S. 1 und 2)

Die Abs. 1 bis 4 gelten nicht für zentral zugelassene Arzneimittel (Abs. 5 S. 1). Für diese Arznei- 43 mittel ergeben sich die Anzeigepflichten aus Art. 24 I, II VO (EG) Nr. 726/2004 sowie der VO (EG) Nr. 540/95 in der jeweils geltenden Fassung. Die derzeitige Fassung der Vorschrift gibt für die in der vorgenannten VO (EG) Nr. 540/95 vorgesehenen Mitteilungs- und Unterrichtungspflichten die gegenüber den Mitgliedstaaten zu erfüllen sind, und in Deutschland gegenüber den zuständigen Bundesoberbehörden zu machen sind. Eine Mitteilung bzw. Unterrichtung der zuständigen Bundesoberbehörde ist **sechs Monate** nach Funktionsfähigkeit der EudraVigilance-Datenbank dann nicht mehr erforderlich.[37]

---

[34] Vgl. *Rehmann*, Einf. Rn. 23.
[35] *Kroth*, A&R 2011, 105.
[36] *Kroth*, A&R 2011, 105.
[37] Vgl. die Neufassung des Abs. 5 S. 2 gem. Art. 2 Nr. 2 Buchst. b i. V. m. Art. 15 Abs. 7 des 2. AMG-ÄndG 2012 (vorstehend kursiv gedruckt).

G. Weitere Verantwortung der Bundesoberbehörden (S. 3)

44   Abs. 5 S. 3 konkretisiert die europarechtliche Verpflichtung der Art. 107 RL 2001/83/EG bzw. des Art. 75 IV 2 RL 2001/82/EG. Hiernach hat Deutschland, wenn es **Referenzmitgliedstaat** im Verfahren der gegenseitigen Anerkennung bzw. im dezentralisierten Verfahren war oder seine jeweilige Bundesoberbehörde in einem Schiedsverfahren nach Art. 32 RL 2001/83/EG **Berichterstatter** war, die Verantwortung für die Analyse und Überwachung von Nebenwirkungsmeldungen zu übernehmen[38]. Diese Aufgabe wird nach Abs. 5 S. 3 der jeweils zuständigen Bundesoberbehörde nach § 77 zugewiesen.

H. Sanktionen

45   Wird die Anzeigepflicht vorsätzlich oder fahrlässig verletzt oder die Anzeige nicht, nicht richtig, nicht vollständig oder nicht rechtzeitig erstattet, ist dies eine **Ordnungswidrigkeit** nach § 97 II Nr. 7 Buchst. b)[39]. Dies gilt auch für die dem Inhaber der Zulassung nach Abs. 4 S. 1 und 2 gleichgestellten Personen. Auch der Stufenplanbeauftragte (§ 63a I 3) kann nach dieser Vorschrift haftbar sein.

46   Nach § 97 III kann eine Ordnungswidrigkeit mit einer Geldbuße von bis zu 25.000 Euro geahndet werden. Die Verjährung beträgt nach § 31 II Nr. 1 OWiG drei Jahre.

47   Für zentral zugelassene Arzneimittel können Verletzungen der dem § 63c vergleichbaren Verpflichtungen nach der VO (EG) Nr. 658/2007 (vgl. dort Art. 1 Nr. 13–15) geahndet werden.

§ 63d[1] Regelmäßige aktualisierte Unbedenklichkeitsberichte

(1) Der Inhaber der Zulassung übermittelt regelmäßige aktualisierte Unbedenklichkeitsberichte, die Folgendes enthalten:

1. Zusammenfassungen von Daten, die für die Beurteilung des Nutzens und der Risiken eines Arzneimittels von Interesse sind, einschließlich der Ergebnisse aller Prüfungen, die Auswirkungen auf die Zulassung haben können,

2. eine wissenschaftliche Bewertung des Nutzen-Risiko-Verhältnisses des Arzneimittels, die auf sämtlichen verfügbaren Daten beruht, auch auf Daten aus klinischen Prüfungen für Indikationen und Bevölkerungsgruppen, die nicht der Zulassung entsprechen,

3. alle Daten im Zusammenhang mit der Absatzmenge des Arzneimittels sowie alle ihm vorliegenden Daten im Zusammenhang mit dem Verschreibungsvolumen, einschließlich einer Schätzung der Anzahl der Personen, die das Arzneimittel anwenden.

(2)[1] Die Unbedenklichkeitsberichte sind elektronisch an die zuständige Bundesoberbehörde zu übermitteln.

(3) [1]**Das Vorlageintervall für regelmäßige aktualisierte Unbedenklichkeitsberichte nach Absatz 1 wird in der Zulassung angegeben.** [2]**Der Termin für die Vorlage wird ab dem Datum der Erteilung der Zulassung berechnet.** [3]**Vorlageintervall und -termine können in der Europäischen Union nach dem Verfahren nach Artikel 107c Absatz 4 der Richtlinie 2001/83/EG festgelegt werden.** [4]**Der Inhaber der Zulassung kann beim Ausschuss für Humanarzneimittel oder bei der Koordinierungsgruppe nach Artikel 27 der Richtlinie 2001/83/EG beantragen, dass ein einheitlicher Stichtag nach Artikel 107c Absatz 6 der Richtlinie 2001/83/EG in der Europäischen Union festgelegt oder das Vorlageintervall regelmäßiger aktualisierter Unbedenklichkeitsberichte geändert wird.** [5]**Für Arzneimittel, die vor dem 26. Oktober 2012 oder die nur im Inland zugelassen sind und für die Vorlageintervall und -termine nicht in der Zulassung oder nach Artikel 107c Absatz 4, 5 oder 6 der Richtlinie 2001/83/EG festgelegt sind, übermittelt der Inhaber der Zulassung regelmäßige aktua-**

---

[38] Good Pharmacovigilance Practices (GVP), 16. Module.

[39] Geändert durch Art. 1 Nr. 11 Buchst. b 3. AMG-ÄndG 2013.

[1] Nach Art. 2 Nr. 3 i. V. m. Art. 15 Nr. 8 des 2. AMG-ÄndG 2012 wird § 63d II zwölf Monate nach Bekanntgabe durch die EMA, dass das Datenarchiv nach Art. 25a VO (EG) Nr. 726/2004 über seine Funktionsfähigkeit verfügt, wie folgt gefasst:

(2) Die Übermittlung der regelmäßigen aktualisierten Unbedenklichkeitsberichte hat elektronisch zu erfolgen

1. bei Arzneimitteln, bei denen Vorlageintervall und -termine in der Zulassung oder gemäß dem Verfahren nach Art. 107c Absatz 4, 5 und 6 der Richtlinie 2001/83/EG festgelegt sind, an die Europäische Arzneimittel-Agentur,

2. bei Arzneimitteln, die vor dem 26.10.2012 zugelassen wurden und bei denen Vorlageintervall und -termine nicht in der Zulassung festgelegt sind, an die zuständige Bundesoberbehörde,

bei Arzneimitteln, die nur im Inland zugelassen wurden und bei denen nicht nach Art. 107c Absatz 4 der Richtlinie 2001/83/EG Vorlageintervall und -termine in der Zulassung festgelegt sind, an die zuständige Bundesoberbehörde.

lisierte Unbedenklichkeitsberichte nach Absatz 1 unverzüglich nach Aufforderung oder in folgenden Fällen:

1. wenn ein Arzneimittel noch nicht in den Verkehr gebracht worden ist: mindestens alle sechs Monate nach der Zulassung und bis zum Inverkehrbringen,
2. wenn ein Arzneimittel in den Verkehr gebracht worden ist: mindestens alle sechs Monate während der ersten beiden Jahre nach dem ersten Inverkehrbringen, einmal jährlich in den folgenden zwei Jahren und danach im Abstand von drei Jahren.

(4) ¹Abweichend von Absatz 1 werden für Arzneimittel, die nach § 22 Absatz 3 oder nach § 24b Absatz 2 zugelassen sind, regelmäßige aktualisierte Unbedenklichkeitsberichte nur in folgenden Fällen übermittelt,

1. wenn eine Auflage nach § 28 Absatz 3 oder 3a erteilt worden ist,
2. wenn sie von der zuständigen Bundesoberbehörde für einen Wirkstoff nach Erteilung der Zulassung wegen Bedenken im Zusammenhang mit Pharmakovigilanz-Daten oder wegen Bedenken auf Grund nicht ausreichend vorliegender regelmäßiger aktualisierter Unbedenklichkeitsberichte angefordert werden oder
3. wenn Intervall und Termine für die Vorlage regelmäßiger aktualisierter Unbedenklichkeitsberichte gemäß Artikel 107c Absatz 4 der Richtlinie 2001/83/EG in der Zulassung bestimmt worden sind.

²Die zuständige Bundesoberbehörde übermittelt die Beurteilungsberichte zu den angeforderten regelmäßigen aktualisierten Unbedenklichkeitsberichten nach Satz 1 Nummer 2 dem Ausschuss für Risikobewertung im Bereich der Pharmakovigilanz, der prüft, ob die Einleitung des Verfahrens nach Artikel 107c Absatz 4 der Richtlinie 2001/83/EG notwendig ist. ³Satz 1 Nummer 2 und 3 gilt entsprechend für den Inhaber von Registrierungen nach § 38 oder § 39a sowie für den pharmazeutischen Unternehmer, der nicht Inhaber der Zulassung oder Inhaber der Registrierung nach § 38 oder § 39a ist und der ein zulassungs- oder registrierungspflichtiges oder ein von der Pflicht zur Zulassung oder der Registrierung freigestelltes oder ein traditionelles pflanzliches Arzneimittel in den Verkehr bringt.

(5) ¹Die zuständige Bundesoberbehörde beurteilt die regelmäßigen aktualisierten Unbedenklichkeitsberichte daraufhin, ob es neue oder veränderte Risiken gibt oder sich das Nutzen-Risiko-Verhältnis von Arzneimitteln geändert hat, und ergreift die erforderlichen Maßnahmen. ²Für Arzneimittel, für die ein einheitlicher Stichtag oder ein einheitliches Vorlageintervall nach Artikel 107c Absatz 4 der Richtlinie 2001/83/EG festgelegt worden ist, sowie für Arzneimittel, die in mehreren Mitgliedstaaten zugelassen sind und für die regelmäßige aktualisierte Unbedenklichkeitsberichte in der Zulassung festgelegt sind, gilt für die Beurteilung das Verfahren nach den Artikeln 107e und 107g.

(6) ¹Die Erfüllung der Verpflichtungen nach den Absätzen 1 bis 4 kann durch schriftliche Vereinbarung zwischen dem Inhaber der Zulassung und dem pharmazeutischen Unternehmer, der nicht Inhaber der Zulassung ist, ganz oder teilweise auf den Inhaber der Zulassung übertragen werden. ²Die Absätze 1 bis 5 gelten nicht für einen Parallelimporteur.

Wichtige Änderungen der Vorschrift: § 63d wurde durch Art. 1 Nr. 50 des Zweiten Gesetzes zur Änderung arzneimittelrechtlicher und anderer Vorschriften in das AMG neu eingefügt; Abs. 2 wurde durch Art. 2 Nr. 3 des 2. AMG-ÄndG 2012 i. V. m. Art. 15 VIII des 2. AMG-ÄndG 2012 geändert. Vorher waren die regelmäßigen aktualisierten Unbedenklichkeitsberichte in § 63b V, Va, Vb AMG geregelt. Abs. 2 erhält eine neue Fassung zwölf Monate nachdem die EMA bekanntgegeben hat, dass das Datenarchiv nach Art. 25a VO (EG) Nr. 726/2004 über seine volle Funktionsfähigkeit verfügt. Diese Bekanntgabe ist am 11.6.2015 erfolgt (Vgl. Announcement of the EMA Management Board, EMA/MB/303824/2015). Damit tritt die neue Fassung des Abs. 2 am 13.6.2016 in Kraft.

Europarechtliche Vorgaben: Art. 107b, 107d – g RL 2001/83/EG i. d. F. der RL 2010/84/EU; VO (EG) Nr. 726/2004, Durchführungsverordnung (EU) Nr. 520/2012, Guideline on Good Pharmacovigilance Practice, Module VII – Periodic Safety Update Report (GVP – Modul VII), ICH Harmonized Tripartite Guideline: Periodic Benefit Risk Evaluation Report E2C (R2).

Literatur: *Klepper,* The Periodic Safety Update Report as a Pharmacovigilance Tool, Drug Safety 2004 (8), 569–578; *Sturm,* PSUR oder PBRER, PharmInd 2014, 894; *Geldmeyer-Hilt/Ebeling,* Signal-Management, PharmInd 2014, 1586; *Storz,* Pharmakovigilanz – Weitere Entwicklungen nach dem Zweiten und Dritten Änderungsgesetz, PharmInd 2014, 558.

Übersicht

A. Allgemeines

I. Inhalt

1   Mit § 63d werden die Art. 107b – g RL 2001/83/EG i. d. F. der RL 2010/84/EU umgesetzt. § 63d verpflichtet den Inhaber der Zulassung (Abs. 1) zur Vorlage eines regelmäßig aktualisierten Berichts über die Unbedenklichkeit des Arzneimittels innerhalb behördlich festgesetzter oder gesetzlich geregelter Vorlageintervalle (Abs. 3). Für Generika, für auf bibliographischer Grundlage zugelassene Arzneimittel, für homöopathische und traditionelle pflanzliche Arzneimittel sind solche Berichte nur in besonderen Fällen vorzulegen (Abs. 4); ebenso haben pharmazeutische Unternehmer, die nicht Zulassungs- oder Registrierungsinhaber sind, solche Berichte nur in besonderen Fällen vorzulegen (Abs. 4 S. 3). Der Parallelimporteur ist von der Verpflichtung gänzlich ausgenommen (Abs. 6 S. 2). Die zuständige Bundesoberbehörde nimmt anhand der Berichte eine umfassende **Risiko-Nutzen-Bewertung** vor (Abs. 5). Bei mehreren Verpflichteten eines Arzneimittels können die Berichtspflichten vertraglich auf den Zulassungsinhaber übertragen werden (Abs. 6 S. 1).

II. Zweck

2   Um das Nutzen-Risiko-Verhältnis im Rahmen des Lebenszyklus eines Arzneimittels bewerten zu können, ist es notwendig, den Nutzen und die Risiken des Arzneimittels fortlaufend in der täglichen medizinischen Praxis und im langfristigen Einsatz in der Phase nach Zulassung zu bewerten[1]. Ziel der regelmäßig aktualisierten Unbedenklichkeitsberichte ist es, eine Nutzen-Risiko-Bewertung über den gesamten bisherigen Produktlebenszyklus **(lifecycle benefit–risk-assessment)** zu erstellen[2].

3   Der regelmäßig aktualisierte Unbedenklichkeitsbericht wird auch als „**Periodic Safety Update Report**" (PSUR) bezeichnet. Mit der Einführung der ICH Guideline E2C (R2) on Periodic Benefit-Risk Evaluation Report (PBRER) werden solche Berichte gem. dem Titel der dortigen Bezeichnung auch **Periodic Benefit-Risk Evaluation Report (PBRER)** genannt[3]. Die Bezeichnungen „PSUR" und „PBRER" werden derzeit in der Praxis synonym verwendet. Die EMA hat ihre bisherige Bezeichnung „PSUR" beibehalten. PBRER sind nahezu weltweiter Standard[4]. Letztlich meinen PBRER oder PSUR ein und denselben Bericht, der nunmehr (nach dem 2. AMG-ÄndG 2012) neuen Anforderungen zu genügen hat. In dieser Kommentierung wird für die regelmäßig aktualisierten Unbedenklichkeitsberichte die Abkürzung „PSUR" oder „Unbedenklichkeitsbericht" verwendet.

---

[1] GVP-Modul VII.B.1 (Stand: 13.12.2013).
[2] GVP-Modul VII.B.1 (Stand: 13.12.2013); *Broicher/Kroth*, PharmInd 2012, 1605, 1611.
[3] ICH guideline E2C (R2) on periodic benefit-risk evaluation Report (PBRER), EMA/CHMP/ICH/544553/ 1998, Januar 2013 abrufbar unter www.ema.europa.eu; vgl. *Sturm*, PharmInd 2014, 894; *Broicher/Kroth*, PharmInd 2012, 1605; *Broicher/Ernst/Kroth*, PharmInd 2013, 1126.
[4] Vgl. *Klepper,* Drug Safety 2004 (8), 569.

III. Single-Assessment-Verfahren

Die neue Pharmakovigilanzgesetzgebung der EU sieht vor, dass PSURs von Arzneimitteln, die denselben **4** Wirkstoff oder die gleiche Kombination von Wirkstoffen enthalten und in mehr als einem Mitgliedstaat der EU zugelassen sind, gemeinsam in einem einheitlichen Bewertungsbericht **(PSUR Single Assessment,** kurz **PSUSA,)** bewertet werden (Art. 107e und g RL 2001/83/EG i. d. F. der RL 2010/84/EU, Art. 28 V VO (EG) Nr. 726/2004). Hierfür können die Berichtszeiträume und Einreichungstermine für alle Arzneimittel des jeweiligen Wirkstoffs bzw. der Kombination harmonisiert werden (RL 2001/83/EG i. d. F. der RL 2010/84/EU). Dies soll der Erleichterung der Beurteilung der Berichte dienen.

In einem **PSUSA-Verfahren** sind wirkstoffbezogene Sicherheitsberichte von national zugelassenen **5** Arzneimitteln (einschließlich DCP- und MRP-Arzneimittel) und, soweit vorhanden, von zentral zugelassenen Arzneimitteln Gegenstand der Bewertung. Erfasst werden Arzneimittel, die in mehreren Mitgliedstaaten genehmigt sind, und Arzneimittel, die denselben Wirkstoff oder dieselbe Kombination von Wirkstoffen enthalten und für die ein in der Union festgelegter Stichtag und ein Rhythmus für die Vorlage der Unbedenklichkeitsberichte festgelegt worden sind (Art. 107c IV – VI RL 2001/83/EG i. d. F. der RL 2010/84/EU, Art. 28 V VO (EG) Nr. 726/2004). Zum Prozedere der Prüfung von Unbedenklichkeitsberichten im Rahmen des PSUSA-Verfahrens vgl. die kursorischen Erläuterungen und weiterführenden Hinweise in Rn. 55. Das PSUSA-Verfahren wurde seit 2012 schrittweise eingeführt. Es wird gänzlich implementiert zwölf Monate nachdem die EMA bekanntgemacht hat, dass das sog. PSUR Repository voll funktionsfähig ist. Nachdem diese Bekanntmachung am 11.6.2015 erfolgt ist[5], ist am 13.6.2016 das Single-Assessment-Verfahren gänzlich implementiert.

Das **PSUR Repository** dient als gemeinsame elektronische Archivierungsplattform für PSURs, **6** PSUR-Bewertungsberichte, Kommentare und abschließende Ergebnisse in Bezug auf Arzneimittel, die Teile des Single Assessment-Verfahrens sind, und auf der EURD-Liste stehen. Auf das PSUR Repository können neben der EMA auch die nationalen Zulassungsbehörden der EU-Mitgliedstaaten und die Kommission Zugriff haben. Das PSUR Repository ermöglicht es den Zulassungsinhabern, die an die EMA zu adressierenden PSURs dort elektronisch einzureichen. Die Zulassungsinhaber können die PSURs und/oder zusätzliche Informationen so hochladen, dass sie im PSUR Repository einem vordefinierten Ablageordner zugeordnet werden, der für ein spezifisches PSUSA reserviert ist. Von dort aus werden die Berichte heruntergeladen und von den Behörden bewertet. Die Bewertungsberichte werden ebenfalls im PSUR Repository abgelegt. Kommentare von Mitgliedstaaten sowie Empfehlungen des PRAC (Ausschuss für Risikobewertung im Bereich der Pharmakovigilanz) und Stellungnahmen vom Ausschuss für Humanarzneimittel bei der EMA (CHMP) und der Koordinierungsgruppe für Verfahren der gegenseitigen Anerkennung und dezentrale Verfahren (CMDh) werden ebenfalls dort archiviert. Nach jeder Bewegung erhalten die Beteiligten eine Benachrichtigung per E-Mail (sogenannte Notification). Alle PSURs, die Gegenstand des Single-Assessment-Verfahrens sind, sollen auf diese Weise nur noch an die EMA geschickt werden. Vgl. hierzu die Fassung des § 63d II Nr. 1 in seiner ab dem 13. Juni 2016 geltenden Fassung.

Zu welchen Wirkstoffen/Wirkstoffkombinationen und mit welchen Zeitvorgaben PSUSA-Verfahren **7** durchgeführt werden, ist in der sog. **EURD-Liste** (List of European Union reference dates and frequency of submission of periodic safety update reports) dargestellt. Die EURD-Liste gibt die Frequenz für die Einreichung von PSURs für Arzneimittel des Single-Assessment-Verfahrens vor, den Data Lock-Point (s. Rn. 15) und außerdem die Angabe, ob für – von der PSUR-Vorlagepflicht grundsätzlich befreite Arzneimittel, wie etwa Generika (Abs. 4 S. 1 und 3) – ausnahmsweise ein PSUR einzureichen ist. Für detaillierte Informationen zur EURD-Liste wird auf die Hinweise der EMA verwiesen[6].

IV. Signal-Detection-Prozess

Voraussetzung für die Erstellung des neuen PSUR ist die verpflichtende Implementierung eines **8** **Signal-Detection-Prozesses (Signalmanagementverfahren),** um den Anforderungen Rechnung tragen zu können[7]. Signalmanagement wird verstanden als jene Aktivitäten, die dafür durchgeführt werden, aus den Nebenwirkungsmeldungen (ICSR), den zusammengeführten Daten der aktiven Arzneimittelüberwachung und Studien, der Literaturrecherche sowie sonstigen Datenquellen zu beurteilen, ob mit einem Wirkstoff oder einem Arzneimittel neue Risiken zu assoziieren sind oder sich bekannte Risiken geändert haben[8]. Diese Aktivitäten umfassen die Signalerkennung, Signalvalidierung, Signalbestätigung, Signalanalysen und -priorisierung, Signalbewertung und Empfehlungen für Maßnahmen

---

[5] Announcement of the EMA Management Board, EMA/MB/303824/2015.
[6] Introductory cover note to the List of European Union reference dates and frequency of submission of Periodic Safety Update Reports, EMA/606369/2012 Rev.13.
[7] Art. 21 Durchführungsverordnung (EG) Nr. 520/2012; vgl. *Naser/Hennig*, PharmInd 2013, 48; *Sturm*, PharmInd 2014, 894,; GVP-Modul IX. B.4.2. (Stand: 2.7.2012).
[8] GVP-Modul IX. A. (Stand: 2.7.2012); CIOMS, Practical Aspects of Signal Detection in Pharmacovigilance: Report of CIOMS Working Group VIII, 2010.

zum Risikomanagement[9]. In Ergänzung zur EudraVigilance-Datenbank, welche die Hauptquelle für Pharmakovigilanz-Informationen sein wird, sollen durch Signal-Detection alle anderen Auffälligkeiten im Zusammenhang mit Arzneimitteln erfasst werden, die nicht von der EudraVigilance-Datenbank gesammelt werden[10]. Im Signal-Management müssen dem **GVP-Modul IX** entsprechend sämtliche Einzelschritte des Prozesses dokumentiert und rückverfolgbar sein[11]. Für den detaillierten Inhalt des Signalmanagements wird auf das GVP-Modul IX – Signal Management verwiesen.

B. Unbedenklichkeitsbericht, PSUR (Abs. 1)

I. Verpflichtete

9   Die Verpflichtung, Unbedenklichkeitsberichte einzureichen, gilt nach Abs. 1 für den **Inhaber der Zulassung.** Gemeint ist damit der Inhaber einer nationalen Zulassung (einschließlich MRP- und DCP-Zulassung). Für **zentral zugelassene Arzneimittel** gilt Art. 28 II VO (EG) Nr. 726/2004, der auf Art. 107b, c, d RL 2001/83/EG verweist; die dortigen Vorschriften gelten für zentral zugelassene Arzneimittel unmittelbar[12]. Vor Erteilung einer Zulassung sind zu dem betreffenden Arzneimittel noch keine PSUR einzureichen, wohl aber dann, wenn ein Arzneimittel zugelassen ist, aber noch nicht in Verkehr gebracht wurde.

10   Die Inhaber einer **Generikazulassung** oder einer bibliographischen Zulassung nach § 22 III müssen nach Abs. 4 S. 1 nur dann Unbedenklichkeitsberichte einreichen, wenn sie behördlich hierzu verpflichtet werden oder wenn für das betreffende generische Arzneimittel Vorlageintervall und –termine nach Art. 107c IV RL 2001/83/EG europaweit festgelegt wurden (s. Rn. 15 und 43 ff.). Inhaber von Registrierungen nach §§ 38 oder 39a sowie pharmazeutische Unternehmer, die nicht Zulassungs- oder Registrierungsinhaber sind, sind ebenfalls nur unter den besonderen Voraussetzungen des Abs. 4 S. 3 i. V. m Abs. 4 S. 1 Nr. 2 und 3 verpflichtet (s. Rn. 47). Parallelimporteure sind nicht verpflichtet, Unbedenklichkeitsberichte abzugeben (Abs. 6 S. 2, Rn. 59 f.).

11   Unbedenklichkeitsberichte für **Blut- und Gewebezubereitungen** und **Gewebe** sind nach den Vorgaben des § 63i IV vorzulegen (vgl. hierzu § 63i Rn. 16).

12   Der Inhaber einer Zulassung für ein **Tierarzneimittel,** hat ebenfalls einen regelmäßig aktualisierten Unbedenklichkeitsbericht vorzulegen. Es gelten hierzu die Vorgaben des § 63h V (s. dort Rn. 18). Auch ist auf die EMA, Committee for Veterinarian Products, Guideline on Pharmacovigilance for Veterinary Medicinal Products, Guidance on Procedures for Marketing Authorization Holders, Abschnitt 6 für weitere Details zur Erstellung des Unbedenklichkeitsberichts bei Tierarzneimitteln zu verweisen[13].

II. Inhalt

13   Der Unbedenklichkeitsbericht soll den aktuellen weltweiten Stand der wissenschaftlichen Erkenntnisse zu dem **Nutzen–Risiko–Verhältnis** der Anwendung eines Arzneimittels (sog. Pharmakovigilanz-Dokumentation) widerspiegeln[14]. Hierzu gehört auch eine Bewertung der getroffenen Risikominimierungsmaßnahmen[15]. Der Unbedenklichkeitsbericht muss zudem die Darstellung einer aktuellen wissenschaftlichen Beurteilung des Nutzens und der Risiken des betreffenden Arzneimittels enthalten.

14   Der deutsche Gesetzgeber gibt mit § 63d I den vorgeschriebenen Inhalt des Unbedenklichkeitsberichts nur grob vor. Er übernimmt dabei im Wesentlichen[16] den Wortlaut des Art. 107b I RL 2001/83/EG, der den Inhalt von Unbedenklichkeitsberichten ebenfalls nur grob regelt. Hinsichtlich der genaueren Anforderungen und dem genauen Inhalt der PSUR wird auf folgende Rechtstexte und Empfehlungen verwiesen, die auch von den jeweils zuständigen nationalen Behörde herangezogen werden[17].

– Durchführungsverordnung (EU) Nr. 520/2012, dort Art. 34 und 35,
– Guideline on Good Pharmacovigilance Practice, Module VII – Periodic Safety Update Report (GVP – Modul VII)

---

[9] Art. 21 I 2 Durchführungsverordnung (EG) Nr. 520/2012.
[10] GVP-Modul IX. A. (Stand: 2.7.2012).
[11] *Geldmeyer-Hilt/Ebeling,* PharmInd 2014, 1592.
[12] In der Version des AMG bis zum 2. AMG-ÄndG 2012 war ausdrücklich klargestellt, dass die nationale Pflicht zur Vorlage von Unbedenklichkeitsberichten (§ 63b V a. F) für zentral zugelassene Arzneimittel nicht gilt. Eine solche Klarstellung fehlt nunmehr seit dem 2. AMG-ÄndG 2012.
[13] EMA, Guideline on Pharmacovigilance for Veterinary Products, Guidance on Procedures for Marketing Authorization Holders, abrufbar unter www.ema.europa.eu.
[14] BR-Drucks. 91/12, S. 99; GVP-Modul VII.B.1. (Stand: 13.12.2013).
[15] GVP-Modul VII.B.4 (Stand: 13.12.2013); die getroffenen Risikomaßnahmen ergeben sich aus den Company Core Data Sheets (CCDS), die in dem CCDS enthaltenen Sicherheitsinformationen werden als Company Core Safety Information (CCSI) bezeichnet.
[16] Es gibt keine Anhaltspunkte dafür, dass kleinere Abweichungen im Wortlaut des Gesetzestextes im Vergleich zur (insbes. deutschen Fassung der) Richtlinie den Regelungsinhalt ändern sollen.
[17] Vgl. *Naser/Hennig,* PharmInd 2013, 48.

– EMA post-authorisation procedural advice for users of the centralized procedure, EMEA-H-19984/ 03, Nr. 14
– ICH Harmonized Tripartite Guideline: Periodic Benefit Risk Evaluation Report E2C (R2)[18]
– FAQ Einreichung von PSUR des BfArM auf der Homepage des BfArM.

In einem Unbedenklichkeitsbericht sind die Daten zu erfassen, die bis zum geltenden Stichtag, dem **15** sog. **Data Lock Point** (DLP), dem Zulassungsinhaber verfügbar sind. Ein Bewertungsbericht erfasst damit den Zeitraum ab Zulassung eines Arzneimittels bzw. dem vorhergehenden Data Lock Point des letzten Berichtes bis zum aktuellen Data Lock Point (Vgl. zum DLP den Post Authorisation Procedural Advice der EMA)[19]. Nach dem Data Lock Point gesammelte Informationen sind erst für einen späteren Bericht relevant. Der DLP wird bestimmt mit Bezug auf das EBD (European Birth Date – Tag der ersten Zulassung eines Produkts für den Inhaber in der EU) oder das IBD (International Birth Date – Tag der ersten Zulassung eines Produktes für den Inhaber weltweit)[20].

1. Zusammenfassung von Daten zum Nutzen-Risiko-Verhältnis (Nr. 1). Der Unbedenklich- **16** keitsbericht soll eine Zusammenfassung von Daten, die für die Beurteilung des Nutzen-Risiko-Verhält-nisses eines Arzneimittels von Interesse sind, einschließlich der Ergebnisse aller Prüfungen, die Aus-wirkungen auf die Zulassung haben können, enthalten. Hinsichtlich des Nutzen-Risiko-Verhältnisses ist auf die Kommentierung des § 25 (s. § 25 Rn. 6 f.) zu verweisen. Sämtliche verfügbaren Daten, die seit Erstellung des letzten PSUR hinzugekommen sind, müssen in dem PSUR zusammengefasst werden. Einzelfallbeschreibungen sind nur noch ausnahmsweise erforderlich, wenn sie für die Darstellung des Risikos eines Arzneimittels einen integralen Bestandteil bilden[21].

Die Studien, deren Ergebnisse Relevanz für die Zulassung haben können, werden von den Behörden, **17** insbes. der EMA, denkbar weit verstanden. Nach dem **GVP Modul VII** gehören hierzu klinische Prüfungen und nicht-interventionelle Prüfungen, bei denen der Zulassungsinhaber Sponsor ist bzw. die von ihm betrieben werden; relevante Ergebnisse sind auch dann zu berichten, wenn sie bereits vor dem Abschluss einer Studie ersichtlich sind oder aus Nachuntersuchungen. Auch Prüfungen, die von Dritten gesponsert oder betrieben werden, bilden eine Quelle für zu berichtende zulassungsrelevante Ergebnisse, soweit der Zulassungsinhaber hierauf Zugriff hat. Selbst Behandlungsreihen, die einem Protokoll-ähn-lichen Behandlungsplan unterfallen (z. B. compassionate use-Programme), sollen nach dem GVP-Modul Grundlage für solche zu berichtenden Ergebnisse sein. Das GVP Modul VII fordert zudem eine Zusammenfassung wesentlicher Ergebnisse aus sonstigen in vivo und in vitro-Studien[22]. Vgl. zum Vorgenannten im Einzelnen das GVP-Modul VII (dort B.5.7); dort ist auch im Einzelnen geregelt, wie die Ergebnisse zusammenzufassen und im PSUR zu verorten sind. Ergebnisse können dann Auswirkun-gen auf die Zulassung haben, wenn sich dadurch die Bewertung des Nutzen-Risiko-Verhältnisses ändern kann oder wegen dieser Ergebnisse – und auch sonstiger Erkenntnisse – Änderungen der Zulassung zu erwägen sind, also etwa Warnhinweise oder eine geänderte Beschreibung der möglichen Nebenwirkun-gen in der Packungsbeilage und Fachinformation.

2. Wissenschaftliche Bewertung des Nutzen-Risiko-Verhältnisses (Nr. 2). Der Unbedenklich- **18** keitsbericht hat eine wissenschaftliche Bewertung des Nutzen-Risiko-Verhältnisses des Arzneimittels zu enthalten, die auf **sämtlichen verfügbaren Daten** beruht, auch auf Daten aus klinischen Prüfungen für Indikationen und Bevölkerungsgruppen, die nicht von der Zulassung erfasst sind. Hinsichtlich der wissenschaftlichen Bewertung des Nutzen-Risiko-Verhältnisses kann auf § 25 (Rn. 57 ff.) verwiesen werden und auf das GVP Modul VII (dort B. 5.18). Das Nutzen-Risiko-Verhältnis ist für jede Indikation spezifisch. Es ist daher für jede Indikation gesondert zu bewerten und im PSUR dar-zustellen. Für etwaige Indikationen außerhalb der Zulassung ist keine gesonderte Bewertung zu machen. Allerdings sind nach dem Wortlaut des Gesetzes auch Erkenntnisse aus klinischen Prüfungen zu verwerten, die außerhalb der zugelassenen Indikation oder bei anderen Bevölkerungsgruppen als den zugelassenen durchgeführt wurden. Da die Bewertung auf der Grundlage aller verfügbaren Daten gemacht werden soll und hierzu auch die Erkenntnisse aus Nebenwirkungsmeldungen gehören, sind auch die Nebenwirkungsmeldungen aus der Off-label-Verwendung des Arzneimittels und aus Medika-tionsfehlern zu berücksichtigen (vgl. zum nun weiteren Umfang des Nebenwirkungsbegriffes § 4 XXIII (s. dazu § 4 Rn. 94)[23].

3. Daten zu Absatzmengen und Verschreibungsvolumen (Nr. 3). Schließlich sind alle Daten im **19** Zusammenhang mit der Absatzmenge des Arzneimittels sowie die dem Zulassungsinhaber vorliegenden Daten im Zusammenhang mit dem Verschreibungsvolumen, einschließlich einer Schätzung der Anzahl

---

[18] GVP-Modul VII.B.5. (Stand: 13.12.2013); vgl. ICH guideline E2C (R2) on periodic benefit-risk evaluation Report (PBRER), EMA/CHMP/ICH/544553/1998, Januar 2013 abrufbar unter www.ema.europa.eu.
[19] EMA; Q&A: Periodic Safety Update Report (PSUR), Question 3.
[20] GVP-Modul VII.B.5 (Stand: 13.12.2013).
[21] *Sturm*, PharmInd 2014, 894, 896; GVP-Modul VII.B.5.16 (Stand: 13.12.2013).
[22] GVP-Modul VII.B.5.10.
[23] *Storz*, PharmInd 2014, 559.

der Personen, die das Arzneimittel anwenden, zu erfassen[24]. Diese Angaben sind für die Berechnung der Häufigkeit des Auftretens der Nebenwirkungen erforderlich. Da es keine Vorgaben gibt, wie die Häufigkeit des Auftretens der Nebenwirkungen zu berechnen ist, hat der Zulassungsinhaber seine Berechnungsweise nachvollziehbar festzulegen, entsprechend anzugeben, und muss sie jederzeit begründen können, also beispielsweise, ob er eine Berechnung per mg, per abgegebener Packung und auch bezüglich Behandlungsdauer vornimmt.

C. Einreichung des PSUR (Abs. 2)

I. Empfänger

20   Nach der Fassung des Abs. 2, die bis zum 12.6.2016 gilt (Art. 15 VIII des 2. AMG-ÄndG) sind die Unbedenklichkeitsberichte an die **zuständige Bundesoberbehörde** zu übermitteln.

21   Art. 15 II des 2. AMG-ÄndG 2012 gibt vor, dass zwölf Monate nach Bekanntgabe durch die EMA, dass das Datenarchiv nach Art. 25a VO (EG) Nr. 726/2004 – das sog. PSUR Repository (s. oben Rn. 6) – voll funktionsfähig ist (ab dem 13.6.2016), Abs. 2 in seiner neuen Fassung gilt. Nach diesem Abs. 2 n. F. sind die **Adressaten der PSUR** wie folgt:

22   Die Zulassungsintervalle werden in Deutschland mit Inkrafttreten des 2.AMG-ÄndG 2012 in der Zulassung geregelt (§ 63d III 1); die Berichte für alle seitdem zugelassenen Arzneimittel sind – mit Wirkung zum Inkrafttreten des Abs. 2 n. F., also zum **13.6.2016** – der **EMA** zu übermitteln. Gleiches gilt für Arzneimittel, bei denen die Vorlageintervalle gemäß dem Verfahren nach Art. 107c IV, V und VI RL 2001/83/EG festgelegt sind **(Abs. 2 Nr. 1);** deren Unbedenklichkeitsberichte sind – ebenfalls mit Wirkung zum Inkrafttreten des Abs. 2 n. F., also zum 13.6.2016 – an die EMA zu übermitteln und zwar unabhängig davon, wann das Arzneimittel zugelassen wurde. Für die Phase zwischen dem 12.6.2015 und dem 13.6.2016 hat die EMA **Übergangsregelungen** für Arzneimittel aufgestellt, die Gegenstand eines Single-Assessment-Verfahrens sind[25].

23   Die Unbedenklichkeitsberichte von Arzneimitteln, die **vor dem 26.10.2012** zugelassen wurden und bei denen Vorlageintervall und -termine nicht in der Zulassung festgelegt sind (Abs. 2 Nr. 2), sind an die **zuständige Bundesoberbehörde** zu übermitteln. Hintergrund dieser Stichtagsregelung ist, dass ab dem 26.10.2012 (Inkrafttreten des 2. AMG-ÄndG 2012) die Vorlageintervalle in der Zulassung angegeben werden (§ 63d III 1). **Abs. 2 Nr. 2** erfasst Arzneimittel, die vorher zugelassen wurden und bei denen das Vorlageintervall nicht im Zulassungsbescheid geregelt wird. Sie fallen weiterhin in die Zuständigkeit der Bundesoberbehörde, solange sie nicht Teil eines Single-Assessment-Verfahrens (s. Rn. 4 ff.) werden; dann gilt Abs. 2 Nr. 1.

24   Die **zuständigen Bundesoberbehörden** sind auch die Adressaten von Unbedenklichkeitsberichten von Arzneimitteln, die nur im Inland zugelassen wurden und bei denen daher nicht das Single Assessment-Verfahren (s. Rn. 4 ff.) Anwendung findet (Abs. 2 Nr. 3).

II. Elektronische Übermittlung

25   Die Berichte können nach Abs. 2 in seiner bis zum 12.6.2012 geltenden Fassung nur noch in elektronischer Form übermittelt werden. Zu den technischen Details, in welchem elektronischen Format und auf welchem Wege die Unbedenklichkeitsberichte zu übermitteln sind, wird auf die Erläuterungen des BfArM verwiesen[26]. Mit der vollen Funktionsfähigkeit des PSUR Repository am 11.6.2015 wird die Art der elektronischen Übermittlung schrittweise geändert; es wird auch insofern auf Erläuterungen des BfArM verwiesen[27].

D. PSUR Vorlageintervalle (Abs. 3)

I. Grundsatz: Angabe in der Zulassung (S. 1 und 2)

26   Die Vorlageintervalle für die Übermittlung von PSUR gelten unabhängig von der Funktionsfähigkeit des PSUR Repository. Sie richten sich nach Abs. 3:

27   Das Vorlageintervall wird für Arzneimittel, die ab dem Inkrafttreten des 2. AMG-ÄndG 2012 zum 26. Oktober 2012 zugelassen werden, in der Zulassung bestimmt **(S. 1).** Die Berechnung, zu welchem Zeitpunkt der Unbedenklichkeitsbericht abzugeben ist (sog. Vorlagetermin), erfolgt ab dem Datum der Erteilung der Zulassung **(S. 2).**

---

[24] GVP-Modul VII.B.5.5. (Stand: 13.12.2013).
[25] EMA, Periodic safety update reports: Questions and answers, Nr. 17 (Stand: Juli 2015), abrufbar unter www.ema.europa.eu.
[26] BfArM, FAQ Einreichung von PSURs auf www.bfarm.de.
[27] BfArM, FAQ Einreichung von PSURs auf www.bfarm.de.

Maßgeblich ist eine eindeutige Angabe in der Zulassung, wann der PSUR abzugeben ist und in **28** welchen Intervallen. Ist in der Zulassung angegeben, dass der Zulassungsinhaber „den PSUR-Zyklus an das Referenzprodukt anpassen soll" oder dass „ein 3-Jahreszyklus zur PSUR-Vorlage infolge eines Antrages auf Fristverlängerung genehmigt" wird, so ist dies nicht als Berichtspflicht auszulegen[28].

II. EURD-Liste/Single-Assessment-Verfahren (S. 3)

1. Vorlageintervalle in der EURD-Liste. In der Europäischen Union kann das Vorlageintervall wie **29** auch der Vorlagetermin nach Art. 107c IV RL 2001/83/EG festgelegt werden (S. 3; vgl. hierzu auch Rn. 4 ff.). Die Vorlagefrequenzen orientieren sich an der seit dem 1.10.2013 bindenden EURI-Liste (EU Reference and U Reference Dates and Frequency of Submission of PBRER, vgl. Art. 107c V RL 2001/83/EG, vgl. hierzu Rn. 7)[29]. Dort sind PSUR-pflichtige Wirkstoffe bzw. Wirkstoffkombinationen, Berichtszeitpunkte bzw. Datenstichtage (Data Lock Points) und Einreichungsfrequenzen benannt[30]. Die in der EURD-Liste veröffentlichten Vorgaben treten sechs Monate nach deren jeweiliger Veröffentlichung in Kraft. Es liegt in der Verantwortung des Zulassungsinhabers, die Änderungen der EURD-Liste zu beobachten und die Vorlage von PSUR entsprechend anzupassen[31].

Der Stichtag für das Single-Assessment-Verfahren (vgl. oben Rn. 4 ff. und 7) bestimmt sich nach **30** Art. 107c V Buchst. a) RL 2001/83/EG i. d. F. der RL 2010/84/EU: Entscheidend ist das Datum der Erteilung der erstmaligen Genehmigung für das Inverkehrbringen des Arzneimittels in der EU, das diesen Wirkstoff oder diese Wirkstoffkombination enthält. Kann der Stichtag so nicht ermittelt werden, ist das früheste bekannte Datum der Erteilung der Genehmigung für das Inverkehrbringen für ein Arzneimittel mit diesem Wirkstoff oder dieser Wirkstoffkombination maßgeblich (Art. 107c V b) RL 2001/83/EG). Vom Stichtag aus werden anhand der Vorlageintervalle die jeweiligen Vorlagezeitpunkte errechnet; die jeweils nächsten Vorlagezeitpunkte sind ebenfalls in der EURD-Liste angegeben.

Ist der Wirkstoff eines Arzneimittels nicht in der EURD-Liste gelistet, richtet sich das Vorlageintervall **31** und der Vorlagezeitpunkt nach der Zulassung (Abs. 3 S. 1) oder, soweit in der Zulassung kein Vorlageintervall bestimmt ist, nach den Vorgaben einer etwaigen behördlichen Aufforderung oder nach Standardintervallen (Abs. 3 S. 5; s. Rn. 35).

2. Antrag auf Vereinheitlichung bzw. Änderung der Vorlageintervalle (S. 4).

Der Inhaber der **32** Zulassung kann nach Abs. 3 S. 4 beim Ausschuss für Humanarzneimittel (CHMP) oder bei der Koordinierungsgruppe (CMDh) nach Art. 27 RL 2001/83/EG schriftlich beantragen, dass ein einheitlicher Stichtag nach Art. 107c VI RL 2001/83/EG in der EU festgelegt oder das Vorlageintervall geändert wird. Der Antrag ist vom Zulassungsinhaber zu begründen. In der Regel wird er nur dann begründet sein, wenn der Zulassungsinhaber darlegen kann, dass eine Änderung des Intervalls aus Gründen der öffentlichen Gesundheit, zur Vermeidung von Doppelbeurteilungen oder im Hinblick auf eine internationale Harmonisierung erforderlich ist (Art. 107c VI RL 2001/83/EG i. d. F. der RL 2010/84/EU).

Das CHMP – in Konsultation mit dem PRAC – entscheidet über den Antrag, wenn von dem **33** angestrebten oder zu ändernden Single Assessment zumindest ein zentral zugelassenes Arzneimittel betroffen ist. Sind nur national zugelassene Arzneimittel (einschließlich DCP- und MRP-Arzneimittel) betroffen, entscheidet das CMDh – ebenfalls in Konsultation mit dem PRAC. Entsprechend ist der Antrag des Zulassungsinhabers an die zuständige Stelle zu richten. Zu den Details des Antrags ist auf die Information der EMA[32] zu verweisen.

Wird dem Antrag stattgeben, wird die Änderung des Stichtages oder des Intervalls von der EMA **34** bekannt gegeben; der Zulassungsinhaber oder der Inhaber der Genehmigung für das Inverkehrbringen muss dann eine Änderung der Genehmigung hinsichtlich des Vorlageintervalls und –termines beantragen (Art. 107c VI RL 2001/83/EG i. d. F. der RL 2010/84/EU). Diese so erfolgte Änderung des Stichtags oder Intervalls tritt sechs Monate nach öffentlicher Bekanntgabe in Kraft (Art. 107c VII RL 2001/83/EG i. d. F. der RL 2010/84/EU).

---

[28] Vgl. BfArM, FAQ zur Einreichung von PSUR, abrufbar unter www.bfarm.de.
[29] Erstmals veröffentlicht am 1.10.2012, abrufbar unter www.ema.europa.eu; List of European Union reference dates and frequency of submission of Periodic Safety Update Reports: Introductory Note, EMA/606369/2012 Rev. 4 (27.3.2013), S. 2, abrufbar unter www.emea.europa.eu.
[30] Die Daten wie auch die Frequenzen werden durch das Committee for Medicinal Products for Human Use (CHMP), Coordination Group for Mutual Recognition and Decentralised Procedure – Human (CMDh) nach Konsultation mit dem Pharmacovigilance and Risk Assessment Committee (PRAC) aufgestellt, abrufbar unter www.ema.europa.eu. Soweit es erforderlich erscheint, wird die Liste stetig angepasst. Dabei wird auch die Öffentlichkeit konsultiert. Dazu auch List of European Union reference dates and frequency of submission of Periodic Safety Update Reports: Introductory Note, EMA/606369/2012 Rev. 4 (27.3.2013), abrufbar unter www.ema.europa.eu; vgl. *Sturm*, PharmInd 2014, 894 f.
[31] BfArM, FAQ zur Einreichung von PSUR, www.bfarm.de.
[32] EMA, Introductory cover note to the List of European Union reference dates and frequency of submission of Periodic Safety Update Reports, EMA/606369/2012, Nr. 4.

III. Sonderregelungen für nicht festgelegte Vorlageintervalle (S. 5)

35   **1. Behördliche Aufforderung (1. Alt.).** Die zuständigen Bundesoberbehörden können den Zulassungsinhaber zur **unverzüglichen Vorlage eines PSURs** auffordern **(1. Alt.).** Diese PSUR aufgrund behördlicher Aufforderung werden auch als **ad-hoc PSUR** bezeichnet. Die behördliche Befugnis ist in Abs. 3 S. 5 enthalten, der daneben die Standardintervalle für die Vorlage von PSUR regelt, wenn für Arzneimittel das Vorlageintervall nicht in der Zulassung geregelt ist und auch nicht nach Art. 107c IV – VI RL 2001/83/EG, die also nicht Gegenstand des Single-Assessment-Verfahrens sind. Nach dem eindeutigen Wortlaut des Gesetzes ist damit auch die behördliche Befugnis auf solche vorgenannten Arzneimittel beschränkt. Der deutsche Gesetzgeber übernimmt mit diesen Vorgaben im Wesentlichen den Inhalt des Art. 107c II (2. UAbs.) und III RL 2001/83/EG i. d. F. der RL 2010/84/EU. Die Befugnis gilt somit nur für Arzneimittel, die vor dem 26.10.2012 zugelassen wurden oder die (auch danach) nur in Deutschland zugelassen wurden. Weiter dürfen für solche Arzneimittel die Vorlageintervalle nicht in der Zulassung festgelegt sein und – in Bezug auf nicht ausschließlich in Deutschland zugelassene Arzneimittel – dürfen die Vorlageintervalle und –termine auch nicht nach Art. 107c IV – VI RL 2001/83/EG europaweit festgelegt worden sein. Ob die RL 2001/83/EG die behördliche Befugnis, Unbedenklichkeitsberichte verlangen zu können, tatsächlich auf solche Arzneimittel beschränken wollte, ist zweifelhaft[33]. Solange der deutsche Gesetzgeber aber nicht tätig wird, ist die Befugnis auf diese Arzneimittel beschränkt.

36   Das Gesetz sieht ansonsten keine besonderen tatbestandlichen Voraussetzungen vor. Nach dem Sinn und Zweck der PSUR, muss die Vorlage wegen des Übermaßverbotes aber erforderlich sein, weil dies aus Gründen der Arzneimittelsicherheit geboten ist. Die zuständige Bundesoberbehörde muss ihr Interesse an einer Bewertung gerade zwischen den Standardintervallen rechtfertigen, insbes. aufgrund von Bedenken aus vorliegenden Pharmakovigilanzdaten.

37   Wird die Vorlage eines PSUR durch die zuständige Bundesoberbehörde verlangt, so ist dieser **unverzüglich** nach Aufforderung einzureichen. Der Vorlagezeitpunkt ist in der Aufforderung anzugeben. Er ist so zu setzen, dass es dem Zulassungsinhaber möglich ist, den geforderten Unbedenklichkeitsbericht gemäß den Anforderungen nach Abs. 1 und den weiteren Vorgaben des **GVP Moduls VII** zu erstellen. Regelmäßig wird der Bericht **nicht später als 90 Tagen** nach Ablauf des Data Lock Point (DLP) einzureichen sein, wenn in der behördlichen Anfrage begründeter Maßen kein früherer Zeitpunkt bestimmt ist[34].

38   **2. Standardintervalle (Nr. 1 und 2 – 2. Alt.).** Gem. Abs. 3 S. 5 gelten für Arzneimittel, die vor dem 26.10.2012 oder die nur im Inland zugelassen wurden und für die Vorlageintervall und –termine nicht in der Zulassung oder nach Art. 107c IV, V oder VI RL 2001/83/EG festgelegt sind, gewisse Standardintervalle nach folgender Maßgabe:
– ist das Arzneimittel noch nicht in den Verkehr gebracht (§ 4 XVII): mindestens alle **sechs Monate** nach Erteilung der Zulassung bis zum Inverkehrbringen **(Nr. 1),**
– ist das Arzneimittel bereits in den Verkehr gebracht (§ 4 XVII): mindestens alle sechs Monate während der ersten beiden Jahre des ersten Inverkehrbringen, in den folgenden beiden Jahren einmal jährlich, und danach alle drei Jahre **(Nr. 2)**[35].

Für weitere Details zu den Vorlageintervallen ist auf Abschnitt VII. C. **GVP-Modul VII** zu verweisen[36].

39   Diese Standardintervalle sollen nach europäischen Vorgaben grundsätzlich für alle Arzneimittel, die national vor dem 21.7.2012 zugelassen wurden (Art. 107c II RL 2001/83/EG), gelten[37]. Abweichend von der europäischen Vorgabe hat der deutsche Gesetzgeber wegen der verspäteten Umsetzung als Stichtag den 26.10.2012 (Inkrafttreten des 2. AMG-ÄndG 2012) in Abs. 3 S. 5 für nur in Deutschland zugelassene Arzneimittel festgelegt. Hintergrund für diese Abweichung ist, dass die RL 2001/83/EG i. d. F. der RL 2010/84/EU anders als von dieser vorgesehen, statt zum 21.7.2012 in Deutschland erst zum 26.10.2012 umgesetzt wurde und der Gesetzgeber hier national in Deutschland erteilte Zulassungen nicht durch eine rückwirkende Geltung des Gesetzes benachteiligen wollte.

---

[33] Vgl. auch das GVP Modul VII C.3.3.4: Hiernach sollen die zuständigen Behörden in den Mitgliedstaaten bei Arzneimitteln, die dem Single-Assessment-Verfahren unterliegen, ihre Aufforderungen zur Vorlage von Unbedenklichkeitsberichten an den europaweit geltenden Vorlagefristen ausrichten; in besonderen Fällen sei diese aber nicht erforderlich. Hieraus lässt sich ableiten, dass das GVP Modul davon ausgeht, dass auch Arzneimittel des Single-Assessment-Verfahrens weiterhin einer behördlichen Anordnung, Unbedenklichkeitsberichte vorzulegen, unterliegen können. Dies entspricht auch Ziffer 14.5 EMA der post-authorisation procedural advice for users of the centralised procedure, EMEA-H-19984/03 Rev. 53, wo ebenfalls erwähnt wird, dass die Mitgliedstaaten jederzeit PSUR verlangen können, auch wenn ein Arzneimittel Gegenstand des Single-Assessment-Verfahrens ist.

[34] GVP-Modul VII.C.3.3.4 (Stand: 13.12.2013).

[35] Vgl. Art. 107c II RL 2001/83/EG i. d. F. der RL 2010/84/EU.

[36] EURD-Guideline abrufbar unterwww.ema.europa.eu.

[37] GVP-Modul VII.C.2. (Stand: 13.12.2013); die Stichtage ergeben sich aus der Umsetzungsfrist der RL 2010/84/EU.

Eine Verlängerung der Intervalle auf Antrag für bekannte Stoffe und Generika ist nicht mehr **40** möglich[38]. Für diese Arzneimittel werden PSUR ohnehin nur in den in Abs. 4 genannten Ausnahmefällen geschuldet.

3. Fristen zur Einreichung. Der Zulassungsinhaber hat seinen PSUR grundsätzlich innerhalb der **41** folgenden Fristen nach Ablauf des jeweiligen Berichtszeitpunkts (sog. **Data Lock Point** – „DLP") vorzulegen:
– innerhalb von 70 Kalendertagen bei Abdeckung eines Berichtszeitraums von 12 Monaten,
– innerhalb von 90 Kalendertagen bei einem Berichtszeitraum von mehr als 12 Monaten,
– innerhalb des in einer ad-hoc PSUR vorgesehenen Zeitraums oder falls ein solcher nicht genannt wurde, innerhalb von 90 Kalendertagen nach dem Daten Lock Point (vgl. Rn. 15)[39].

Da die **Übermittlungsfristen** recht knapp bemessen sind, empfiehlt sich, dass der pharmazeutische **42** Unternehmer stetig an dem PSUR arbeitet und diesen aktualisiert, da eine nicht rechtzeitige Übermittlung des Berichts zu Sanktionen führt (s. Rn. 61). Für weitere Details zur Vorlage und der Berechnung der Vorlagefrequenz der PSUR wird auf Abschnitt VII. C. des GVP-Moduls VII verwiesen.

E. Sonderregelung (Abs. 4)

I. Befreiung von der Berichtspflicht (S. 1 Halbs. 1, S. 3)

Eine ausdrückliche Ausnahme von den regelmäßigen Vorlagepflichten besteht für Zulassungsinhaber **43** von Arzneimitteln, die nach **§ 22 III (well-established use)** und nach **§ 24b II (Generika)** zugelassen sind.

Arzneimittel, die auf der Grundlage eines Antrags nach § 24b II 6 **(Hybrid-Antrag)** zugelassen **44** wurden, fallen zwar in den Wortlaut der Ausnahmevorschrift des Abs. 1 S. 1. Sie werden aber in Art. 107b III RL 2001/83/EG nicht erwähnt, da dort der Hybrid-Antrag nach Art. 10 III RL 2001/83/ EG nicht genannt ist. Das BfArM nimmt solche Arzneimittel daher von der Befreiung aus[40]. Inhaltlich mag dies berechtigt sein, weil solche Arzneimittel auch aufgrund eigener vorklinischer und klinischer Daten zugelassen wurden und keine (reinen) Generika sind. Rechtlich ist eine richtlinienkonforme Ausdehnung des eindeutigen Wortlauts zulasten des Zulassungsinhabers aber nicht möglich. Sie unterfallen daher derzeit der Ausnahme des Abs. 4 S. 1, solange der Gesetzgeber sie nicht ausdrücklich in die Vorlagepflicht einbezieht. Die zuständige Bundesoberbehörde ist daher derzeit darauf angewiesen, PSUR für solche Arzneimittel über Abs. 1 S. 1 Nr. 1 oder 2 anzufordern. Arzneimittel, die **auf der Grundlage von § 24a** (Zulassung mit Zustimmung des Inhabers der Referenzzulassung) zugelassen wurden, fallen hingegen schon nicht unter den gesetzlichen Wortlaut der Ausnahmevorschrift und sind nicht von der Vorlage von PSUR befreit. Arzneimittel, die aufgrund einer Nachzulassung nach § 105 auf dem Markt sind, sind nach dem BfArM dann befreit, wenn für sie im Nachzulassungsverfahren keine eigenen vorklinischen oder klinischen Daten beigebracht wurden[41]. Von der Ausnahme umfasst sind auch Arzneimittel, die nach § 109a vereinfacht nachzulassen sind[42]. Bei Arzneimittel mit sog. **Standardzulassung** nach § 36 gibt es bei genauer Betrachtung keinen individuellen Zulassungsinhaber, so dass für diese Arzneimittel keine Pflicht zur Vorlage von PSUR besteht.

Die Befreiung von der Vorlagepflicht gilt für alle oben genannten Arzneimittel unabhängig davon, ob **45** sie vor oder nach dem Inkrafttreten des 2. AMG-ÄndG 2012 zugelassen wurden[43]. Es liegt in der Verantwortung des Zulassungsinhabers, zu prüfen, ob ein Arzneimittel nach der Ausnahmevorschrift von der Vorlagepflicht befreit ist[44]. Nimmt der Zulassungsinhaber die Befreiung in Anspruch, so braucht er diese der zuständigen Bundesoberbehörde nicht mitteilen; diese rät ausdrücklich von derartigen Mitteilungen ab[45].

Nach Abs. 4 S. 3 gelten Abs. 4 S. 1 Nr. 2 und 3 entsprechend für den Inhaber von Registrierungen **46** eines **homöopathischen Arzneimittels** nach § 38 oder eines **traditionell pflanzlichen Arzneimittels** nach § 39a sowie für einen **sonstigen pharmazeutischen Unternehmer,** der nicht Inhaber der Zulassung oder Inhaber der Registrierung nach § 38 oder § 39a ist und der ein zulassungs- oder registrierungspflichtiges oder ein von der Pflicht zur Zulassung oder der Registrierung freigestelltes oder ein traditionelles pflanzliches Arzneimittel in den Verkehr bringt. All diese vorgenannten pharmazeutischen Unternehmer sind keine Zulassungsinhaber i. S. d. Abs. 1 und daher ohnehin grundsätzlich nicht verpflichtet, Unbedenklichkeitsberichte vorzulegen. Abs. 4 S. 3 hat damit die Wirkung, dies klarzustel-

---

[38] BfArM, FAQ Einreichung von PSUR, abrufbar unter www.bfarm.de.
[39] GVP-Modul VII.A. (Stand: 13.12.2013).
[40] BfArM, FAQ Einreichung von PSUR, abrufbar unter www.bfarm.de.
[41] BfArM, FAQ Einreichung von PSUR, abrufbar unter www.bfarm.de.
[42] GVP-Modul VII.C.3.3.2. (Stand: 13.12.2013); *Broicher/Kroth*, PharmInd 2012, 1605.
[43] BR-Drucks. 91/12, S. 99.
[44] BfArM, FAQ Einreichung von PSUR, abrufbar unter www.bfarm.de.
[45] BfArM, FAQ Einreichung von PSUR, abrufbar unter www.bfarm.de.

len, vor allem aber die Nr. 2 und 3 auf diese Arzneimittel für anwendbar zu erklären. Pharmazeutische Unternehmer solcher Arzneimittel können also nach Nr. 2 von der zuständigen Bundesoberbehörde unter den dortigen Voraussetzungen zur Vorlage von Unbedenklichkeitsberichten aufgefordert werden oder haben nach Nr. 3 eine Pflicht zur Vorlage solcher Berichte, wenn dies in der EURD-Liste so angeordnet ist (s. Rn. 15 ff.).

II. Rückausnahme von der Befreiung von der Vorlagepflicht
(S. 1 Halbs. 2, Nr. 1 – 3, S. 3)

47   Der Zulassungsinhaber ist allerdings dann nicht mehr von der Vorlagepflicht befreit, wenn die Voraussetzungen der Nr. 1 bis 3 des Abs. 4 S. 1 vorliegen:

48   Nach **Nr. 1** des Abs. 4 S. 1 sind dann Unbedenklichkeitsberichte für ein Arzneimittel einzureichen, wenn das betreffende **Arzneimittel unter einer Auflage** nach § 28 III oder IIIa steht. Bei den dortigen Auflagen handelt es sich um solche, die bei Erteilung der Zulassung ergehen. Sie werden dem Zulassungsinhaber aufgegeben, weil – wie im Falle des § 28 III – das Arzneimittel auf der Grundlage eines unvollständigen Dossiers auf dem Markt ist und per Auflage weitere Daten zu dem Arzneimittel generiert werden müssen. Auflagen nach § 28 IIIa ergehen, weil bei Erteilung der Zulassung im Interesse der Arzneimittelsicherheit (vgl. dort Nr. 1 – 5) oder wegen Bedenken hinsichtlich einzelner Aspekte der Wirksamkeit Wirksamkeitsprüfungen durchzuführen sind. Unterliegt ein Arzneimittel einer solchen Auflage, die darauf abzielt, weitere Daten zu dem Arzneimittel generieren zu lassen oder das Arzneimittel einer genaueren Vigilanz zu unterstellen, ist es konsequent, das Arzneimittel einer regelmäßigen Überprüfung zu unterziehen. Die Befreiung von der Vorlagepflicht gilt dann nicht. Der Zulassungsinhaber hat regelmäßige Unbedenklichkeitsberichte vorzulegen und zwar ohne dass die zuständige Bundesoberbehörde hierzu aufzufordern hätte. Der Zulassungsinhaber hat die Standardintervalle zu beachten oder – soweit vorhanden – die Vorgaben in der Zulassung.

49   Nach **Nr. 2** des Abs. 4 S. 1 kann die zuständige Bundesoberbehörde **Unbedenklichkeitsberichte** nach Erteilung der Zulassung bei an sich freigestellten Arzneimitteln **ausnahmsweise verlangen.** Die Vorschrift ist eine Befugnisnorm. Tatbestandliche Voraussetzung ist, dass entweder Bedenken im Zusammenhang mit Pharmakovigilanz-Daten bestehen (1. Alt.) oder Bedenken auf Grund nicht ausreichend vorliegender regelmäßiger aktualisierter Unbedenklichkeitsberichte (2. Alt.). In beiden Fällen müssen sich die Bedenken auf die Arzneimittelsicherheit eines Wirkstoffes beziehen. In der 1. Alt. erwachsen die Bedenken aus der Bewertung von Pharmakovigilanzdaten; hieraus gibt es also begründete Anzeichen, dass die Anwendung eines Wirkstoffes nicht hinreichend sicher sein könnte. In der 2. Alt. erweist sich, dass die Sicherheit eines Wirkstoffes nach Erteilung der Zulassung nicht in hinreichender Weise überprüft und bestätigt werden kann, weil Unbedenklichkeitsberichte nicht in hierfür ausreichenden Umfang vorgelegt werden. Dies mag deswegen der Fall sein, weil die Daten aus den vorliegenden Unbedenklichkeitsberichten schlicht nicht für eine Bewertung ausreichen oder weil die grundsätzlich nach Abs. 1 Vorlageverpflichteten ausnahmsweise keine Unbedenklichkeitsberichte vorlegen, z.B. weil der Zulassungsinhaber des Referenzarzneimittels eines Generikums die Zulassung frühzeitig aufgegeben hat. Ausnahmsweise nach Nr. 2 Unbedenklichkeitsberichte zu verlangen, steht im pflichtgemäßen Ermessen der zuständigen Bundesoberbehörde. Da die Befugnis verlangt, dass die Bedenken sich auf einen Wirkstoff beziehen, erfassen die Sicherheitsbedenken alle Arzneimittel mit diesem Wirkstoff. Daher wird die zuständige Bundesoberbehörde aus Gründen der Gleichbehandlung regelmäßig alle betroffenen Zulassungsinhaber zur Vorlage von Unbedenklichkeitsberichten auffordern.

50   Nach **Nr. 3** des Abs. 4 S. 1 sind auch dann Unbedenklichkeitsberichte einzureichen, wenn Intervall und Termin für die Vorlage des PSUR nach Art. 107c IV RL 2001/83/EG ausdrücklich bestimmt wurden, also **in der EURD-Liste genannt** sind[46]. Ein Single-Assessment-Verfahren gibt jeweils für Wirkstoffe bzw. Wirkstoffkombinationen. Daraus ergibt sich aber nicht zwingend, dass alle Arzneimittel mit dem betreffenden Wirkstoff regelmäßige Unbedenklichkeitsberichte vorlegen müssen. Vielmehr bestimmt die EURD-Liste ausdrücklich, ob im Rahmen des Single-Assessment-Verfahrens auch an sich freigestellte Arzneimittel mit bibliographischer Zulassung, Generikazulassung oder homöopathische Arzneimittel oder traditionell pflanzliche Arzneimittel auch einen Unbedenklichkeitsbericht vorlegen müssen oder nicht. Werden sie dort zur Vorlage verpflichtet, gelten die dortigen Vorlagepflichten und Fristen. Soweit für solch ein Arzneimittel bereits eine andere Vorlagefrist in der Zulassung festgelegt ist (Nr. 1) ist die Zulassung an die EURD-Liste anzupassen; der Zulassungsinhaber hat eine Änderungsanzeige einzureichen[47]. Solange der Wirkstoff bzw. das Arzneimittel nicht unter einen der o. g. Befreiungstatbestände fällt, hat der Zulassungsinhaber die Standardintervalle zu beachten. Wird der Wirkstoff allerdings zu einem späteren Zeitpunkt in die EURD-Liste aufgenommen, so hat der Zulassungsinhaber einen Antrag zur Änderung und Anpassung seiner Zulassung zu stellen und entsprechend den dann geltenden Intervallen den PSUR vorzulegen.

---

[46] GVP-Modul VII.C.3.3.2. (Stand: 13.12.2013); *Broicher/Kroth*, PharmInd 2012, 1605.
[47] GVP-Modul VII.C.3.3.2. (Stand: 13.12.2013).

III. Übermittlung des PSUR an den PRAC (S. 2)

Wurde der Unbedenklichkeitsbericht aufgrund einer Rückausnahme nach Abs. 4 S. 1 Halbs. 2, Abs. 4 **51**
S. 3 angefertigt, so ist dieser bei der zuständigen Bundesoberbehörde einzureichen, die den PSUR zu
beurteilen hat (Abs. 5).

Diesen Beurteilungsbericht leitet die Behörde nach Abs. 4 S. 1 Nr. 2 an den PRAC weiter. Dieser prüft **52**
dann, ob die Einleitung des Verfahrens nach Art. 107c IV RL 2001/83/EG notwendig ist (Abs. 4 S. 2).

F. Bewertung der PSUR (Abs. 5)

Wie die PSUR bewertet werden, ergibt sich aus Abschnitt VII. C. 4 **GVP-Modul VII (PSUR** **53**
Assessment). Im Folgenden werden aufgrund der hier gebotenen Kürze nur die wesentlichen Grundzüge des Bewertungsverfahrens skizziert.

Die an die zuständige Bundesoberbehörde übermittelten Unbedenklichkeitsberichte **ausschließlich** **54**
in Deutschland zugelassener Arzneimittel werden von dieser nach den Vorgaben des **Abs. 5 S. 1**
beurteilt. Die zuständige Bundesoberbehörde beurteilt PSUR hiernach daraufhin, ob es neue oder
veränderte Risiken gibt oder sich das Nutzen-Risiko-Verhältnis (§ 4 XXVIII) von Arzneimitteln geändert hat[48]. Bei rein national zugelassenen Arzneimitteln erhält der Zulassungsinhaber nur dann einen
Bericht bzw. eine Stellungnahme der zuständigen Bundesoberbehörde, wenn regulatorische Maßnahmen
erforderlich sind; sind keine Maßnahmen erforderlich, erhält der Zulassungsinhaber keinen Bericht und
das Verfahren ist abgeschlossen[49].

Handelt es sich entweder um **Arzneimittel, deren Vorlageintervall und –termin nach Art. 107c** **55**
IV–VI RL 2001/83/EG europaweit festgesetzt sind, oder um **Arzneimittel, die in mehreren**
Mitgliedstaaten zugelassen sind und für die regelmäßige Unbedenklichkeitsberichte in der Zulassung
festgelegt sind, wird die Bewertung der eingereichten PSUR europaweit einheitlich durchgeführt gemäß
dem **Single-Assessment-Verfahren** nach Art. 107e und 107g RL 2001/83/EG[50]. Das Verfahren und
welche Behörden bzw. Stellen darin beteiligt sind, hängt davon ab, ob von dem Single-Assessment
ausschließlich national zugelassene Arzneimittel (einschließlich DCP- und MRP-Arzneimittel) betroffen
sind oder auch zumindest ein zentral zugelassenes Arzneimittel. Im ersten Fall ist die Koordinierungsgruppe für Verfahren der gegenseitigen Anerkennung und dezentrale Verfahren (CMDh) zuständig, die
für die Beurteilung einen Mitgliedstaat benennt. Vgl. im diesem Fall die Beschreibung des weiteren
Bewertungsverfahrens in der einschlägigen SOP des CMDh sowie das GVP Modul VII C.4.2.2 und
C.4.2.4. Im zweiten Fall ist der Ausschuss für Humanarzneimittel bei der EMA (CHMP) für die
Bewertung zuständig. Vgl. in diesem Fall die Beschreibung des Bewertungsverfahrens im Post Authorization Procedural Advice der EMA. Für Details zu den einzelnen Verfahrensschritten des Bewertungsverfahrens ist auf das GVP Modul VII C.4.2.2 und C.4.2.3. zu verweisen.

Bei einem **zentral zugelassenen Arzneimittel** richtet sich das Bewertungsverfahren nach Art. 28 III **56**
und IV VO (EG) Nr. 726/2004 (vgl. hierzu auch die GVP Modul VII C.4.2.1).

G. Übertragung der Verpflichtungen (Abs. 6)

I. Übertragung auf den Zulassungsinhaber (S. 1)

Die Erfüllung der Verpflichtungen nach Abs. 1 bis 4 kann durch **schriftliche Vereinbarung** zwischen **57**
dem Inhaber der Zulassung und dem pharmazeutischen Unternehmer, der nicht Inhaber der Zulassung
ist, ganz oder teilweise auf den Inhaber der Zulassung übertragen werden **(Abs. 6 S. 1).** Dies gleicht
§ 63c IV 4, der vorsieht, dass die dort geregelten Dokumentations- und Meldepflichten ebenfalls auf den
Zulassungsinhaber übertragen werden können.

Ebenso wie für § 63c IV 4 ist auch hier erforderlich, dass die schriftliche Vereinbarung und ihr Vollzug **58**
in der täglichen Praxis sichergestellt werden und der Zulassungsinhaber seine originären Pflichten auch
für den anderen pharmazeutischen Unternehmer wahrnimmt (vgl. die Grundsätze des § 9 AMWHV
„Tätigkeiten im Auftrag"). Im Übrigen wird auf die Ausführungen zu § 63c IV 4 Rn. 38 ff. verwiesen.

II. Keine Verpflichtung des Parallelimporteurs (S. 2)

Die Abs. 1 bis 5 gelten nicht für einen Parallelimporteur (Abs. 6 S. 2). **59**

Grundsätzlich ist vom Parallelimport der Parallelvertrieb eines zentral zugelassenen Arzneimittels **60**
abzugrenzen. Bei zentral zugelassenen Arzneimitteln nach VO (EG) Nr. 726/2004 benötigt der Parallel-

---

[48] Vgl. auch Art. 107d RL 2001/83/EG i. d. F. der RL 2010/84/EU.
[49] BfArM, FAQ Einreichung von PSURs, abrufbar unter www.bfarm.de.
[50] GVP-Modul VII.C.4.2.1. (Stand: 13.12.2013).

Schickert

vertreiber keine eigene Zulassung[51]. Er muss lediglich ein Notifizierungsverfahren bei der EMA durchlaufen sowie anschließend den beabsichtigten Parallelvertrieb beim BfArM (§ 29) anzeigen[52]. Nach hiesiger Meinung ist ein Parallelvertreiber nach deutschem Recht aber dennoch pharmazeutischer Unternehmer. Er unterfällt damit zwar dem Wortlaut des Abs. 4 S. 3; man wird ihn aber ebenso wie den Parallelimporteur von der Pflicht, Unbedenklichkeitsberichte einzureichen, nach Abs. 6 S. 2 gänzlich ausnehmen können.

H. Sanktionen

61 Wer vorsätzlich oder fahrlässig entgegen § 63d I, auch i. V. m. III 1 oder III 4, einen Unbedenklichkeitsbericht nicht, nicht richtig, nicht vollständig oder nicht rechtzeitig vorlegt, handelt **ordnungswidrig** (§ 97 II Nr. 24j). Da § 97 II Nr. 24j nicht § 63d II erwähnt, ist die Verletzung der Pflicht zur elektronischen Einreichung keine Ordnungswidrigkeit. Die „nicht richtige Einreichung" i. S. v. § 97 II Nr. 24j meint eine inhaltlich falsche Einreichung und bezieht sich nicht auf die Form der Einreichung. Die nach § 63d IV nur ausnahmsweise Verpflichteten fallen ausweislich der mangelnden Verweisung auf diesen Absatz nicht unter die Androhung der Ordnungswidrigkeit. Die Ordnungswidrigkeit kann nach § 97 III mit einer Geldbuße bis zu 25.000 € geahndet werden.

§ 63e Europäisches Verfahren

[1]In den Fällen von Artikel 107i der Richtlinie 2001/83/EG ergreift die zuständige Bundesoberbehörde die dort vorgesehenen Maßnahmen. [2]Für das Verfahren gelten die Artikel 107i bis 107k der Richtlinie 2001/83/EG.

Wichtige Änderungen der Vorschrift: Neu eingeführt durch das Zweite Gesetz zur Änderung des arzneimittelrechtlicher und anderer Vorschriften vom 19.10.2012, (BGBl. I, 2192 ff.) in Umsetzung der RL 2010/84/EU.

Europarechtliche Vorgaben: Art. 107i bis 107k RL 2001/83/EG i. d. F. der RL 2010/84/EU, RL 2002/98/EG; RL 2004/23/EG; RL 2005/61/EG; RL 2006/86/EG.

Übersicht

A. Allgemeines

1 § 63e regelt das EU-Dringlichkeitsverfahren unter Verweis auf die Art. 107i bis 107k RL 2001/83/EG i. d. F. der RL 2010/84/EU. Hierdurch wird Art. 36 der RL 2001/83/EG a. F. abgelöst. Das Dringlichkeitsverfahren richtet sich ausschließlich nach den Vorgaben der Art. 107i bis 107k RL 2001/83/EG i. d. F. RL 2010/84/EU.

2 Das Dringlichkeitsverfahren kann Arzneimittel erfassen, die national oder in DCP/MRP-Verfahren zugelassen werden, wie auch zusätzlich zentral zugelassene Arzneimittel. Ergeben sich Sicherheitsbeden-

---

[51] *Rehmann*, § 63d Rn. 6; BfArM; FAQ „Parallelimport von Arzneimitteln", abrufbar unter www.bfarm.de.
[52] *Rehmann*, § 63d Rn. 6; BfArM; FAQ „Parallelimport von Arzneimitteln", abrufbar unter www.bfarm.de.

ken einzig in Bezug auf ein Arzneimittel, dass nur in einem Mitgliedstaat zugelassen ist, wird das Dringlichkeitsverfahren allerdings nicht durchgeführt und die Sicherheitsbedenken allein vom betroffenen Mitgliedstaat behandelt (Art. 107 I UAbs. 3 und Rn. 11 und § 63 Rn. 3). Sind ausschließlich zentral zugelassene Arzneimittel betroffen, wird das Verfahren nach Art. 20 VO (EG) Nr. 726/2004 durchgeführt (s. Rn. 7 f.).

B. Verfahren

I. Einleitung des Dringlichkeitsverfahrens

1. Initiator des Verfahrens. Das Dringlichkeitsverfahren kann durch die zuständige Behörde eines **3** Mitgliedstaates oder die Kommission eingeleitet werden, wenn sie aufgrund der Bewertung der Pharmakovigilanz-Daten ein Handeln aufgrund von Sicherheitsbedenken für dringend notwendig erachten und Gefahren für die öffentliche Gesundheit bestehen[1]. Der Zulassungsinhaber kann das Dringlichkeitsverfahren nicht einleiten[2].

2. Gründe für die Einleitung des Verfahrens. Die Sicherheitsbedenken können sich auf ein **4** einzelnes Arzneimittel, einen therapeutischen Bereich oder eine Substanzklasse beziehen[3]. Ein Dringlichkeitsverfahren kann eingeleitet werden, wenn die zuständige Behörde eines Mitgliedstaates bzw. die Kommission wegen Bedenken, die sich aus der Bewertung der Pharmakovigilanz-Tätigkeiten ergeben, erwägen[4].
– die Zulassung auszusetzen oder zu widerrufen;
– die Abgabe eines Arzneimittels zu verbieten;
– die Verlängerung der Zulassung zu verweigern; oder wenn
– der Zulassungsinhaber wegen Sicherheitsbedenken das Inverkehrbringen des Arzneimittels unterbrochen oder Schritte unternommen hat, die Zulassung zurücknehmen zu lassen, dies beabsichtigt oder keine Verlängerung der Zulassung beantragt.

Dringender Handlungsbedarf ist in den vorgenannten Fällen seit der RL 2012/26/EU nicht mehr nötig.

Das Dringlichkeitsverfahren kann auch dann eingeleitet werden, wenn es wegen Bedenken, die sich **5** aus der Bewertung der Pharmakovigilanz-Tätigkeiten ergeben, für nötig befunden wird, eine neue Gegenanzeige aufzunehmen, die empfohlenen Dosis zu verringern oder die Indikationen einzuschränken – und hierfür dringender Handlungsbedarf gesehen wird[5]. In diesem Fall ist also weiterhin Dringlichkeit erforderlich, um das Verfahren nach Art. 107i–107k RL/2001/83/EG einzuleiten. Fehlt es an der Dringlichkeit ist bei Belangen mit Gemeinschaftsinteresse (s. Rn. 35 f.) das Standardverfahren nach Art. 31 ff. RL 2001/83/EG zu betreiben.

Das Verfahren wird eingeleitet, indem der Mitgliedstaat oder ggf. die Kommission die anderen **6** Mitgliedstaaten, die EMA und die Kommission informieren[6]. Die EMA prüft dann, ob die Sicherheitsbedenken noch andere Arzneimittel betreffen als angegeben, oder ob es allen Arzneimitteln eines therapeutischen Bereichs oder einer Substanzklasse gemeinsam ist[7]. Sie informiert daraufhin den Mitgliedstaat, der das Verfahren initiiert hat, über das Ergebnis dieser Prüfung. Betreffen die Sicherheitsbedenken alle Arzneimittel eines therapeutischen Bereichs oder einer Substanzklasse, so wird das Verfahren nach Art. 107j bis 107k RL 2001/83/EG i. d. F. der RL 2012/26/EU ausgedehnt[8]. Von dem Verfahren werden dann auch zentral zugelassene Arzneimittel erfasst[9]. Der Zulassungsinhaber kann keinen Einfluss darauf nehmen, ob und welche Produkte in das Dringlichkeitsverfahren eingeschlossen werden[10].

3. Ausschluss des Dringlichkeitsverfahrens. a) Verfahren nach Art. 20 VO (EG) Nr. 726/ **7** **2004 für zentral zugelassene Arzneimittel.** Beziehen sich die Sicherheitsbedenken ausschließlich auf

---

[1] BR-Drucks. 91/12, S. 100; vgl. auch Art. 107i I RL 2001/83/EG i. d. F. der RL 2012/26/EU.
[2] EMA, Questions & answers on practical implementation of Urgent Union Procedure (Article 107i of Directive 2001/83/EC), No. 4, EMA/720443/2012, (Stand: 3.3.2015), abrufbar unter www.ema.europa.eu.
[3] Art. 107i IV RL 2001/83/EG i. d. F. der RL 2012/26/EU.
[4] Art. 107i I und Ia RL 2001/83/EG i. d. F. der RL 2010/84/EU; vgl. auch EMA, Questions & answers on practical implementation of Urgent Union Procedure (Article 107i of Directive 2001/83/EC), No. 2–5, EMA/720443/2012, (Stand: 3.3.2015), abrufbar unter www.ema.europa.eu.
[5] Art. 107i Ia RL 2001/83 i. d. F. der RL 2012/26/EU.
[6] Art. 107i I und Ia RL 2001/83/EG i. d. F. der der RL RL 2012/26/EU.
[7] Art. 107i Ib UAbs. 1 RL 2001/83/EG i. d. F. der der RL 2012/26/EU.
[8] Art. 107i I 3, IV UAbs. 2 RL 2001/83/EG i. d. F. der RL 2012/26/EU.
[9] Art. 107i 3 V RL 2001/83/EG i. d. F. der RL der RL 2012/26/EU.
[10] EMA, Questions & answers on practical implementation of Urgent Union Procedure (Article 107i of Directive 2001/83/EC), No. 6, EMA/720443/2012, (Stand: 3.3.2015), abrufbar unter www.ema.europa.eu.

zentral zugelassene Arzneimittel, so kommt das Dringlichkeitsverfahren gem. Art. 107i ff. RL 2001/83/EG nicht in Betracht und es wird das Verfahren nach Art. 20 VO (EG) Nr. 726/2004 eingeleitet[11].

8   Das Verfahren nach Art. 20 VO (EG) Nr. 726/2004 wird dann eingeleitet, wenn ein Mitgliedstaat oder die Kommission erwägt, wegen der Bewertung der Pharmakovigilanz-Tätigkeiten Pharmakovigilanz-Maßnahmen einzuleiten oder wenn das Committee for Medicinal Products for Human Use (CHMP) in einem Gutachten entsprechende Maßnahmen empfiehlt und das betroffene bzw. alle betroffenen Arzneimittel ausnahmslos zentral zugelassen sind. Es wird auch dann eingeleitet, wenn die zuständigen Behörden eines Mitgliedstaats der Auffassung sind, dass der in der Union niedergelassene Hersteller oder Importeur eines zentral zugelassenen Produktes die in Titel IV der RL 2001/83/EG (Herstellung und Import) festgelegten Verpflichtungen nicht mehr erfüllt. Die Meldung erfolgt in diesem Fall durch den Mitgliedstaat an das Committee for Medicinal Products for Human Use (CHMP) und die Kommission.

9   Die **EMA** hat dann auf Anforderung der Kommission innerhalb der von der Kommission festgesetzten Frist ein **Gutachten** zu **erstellen** und den Zulassungsinhaber – nach Möglichkeit – zur Stellungnahme aufzufordern[12]. Die Kommission trifft auf Grundlage des Gutachtens die erforderlichen, vorläufigen Maßnahmen. Eine endgültige Entscheidung wird innerhalb von **6 Monaten** nach dem in Art. 87 II VO (EG) Nr. 726/2004 genannten Regelungsverfahren[13] erlassen[14]. Zusätzlich kann die Kommission auch eine an die Mitgliedstaaten gerichtete Entscheidung gem. Art. 127a RL 2001/83/EG erlassen[15].

10   Ist der Schutz der menschlichen Gesundheit oder der Umwelt dringend erforderlich, so kann ein **Mitgliedstaat** von sich aus oder auf Ersuchen der Kommission die Verwendung eines zentral zugelassenen Humanarzneimittels in seinem Hoheitsgebiet **aussetzen**[16]. Hierüber sind die Kommission sowie die EMA am der Aussetzung folgenden Arbeitstag über die Gründe zu informieren[17]. Daraufhin leitet die Kommission das o. g. Verfahren nach Art. 20 II, III VO (EG) Nr. 726/2004 ein.

11   **b) Nur in einem Mitgliedstaat zugelassene Arzneimittel.** Betreffen die Sicherheitsbedenken ein Produkt, das lediglich in einem Mitgliedstaat zugelassen wurde, so wird **kein Dringlichkeitsverfahren der EU** eingeleitet[18] und mangels Unionsinteresse auch nicht das Standardverfahren. In diesem Fall ist die in Deutschland zuständige Bundesoberbehörde nach § 77 verantwortlich; es gilt der deutsche Stufenplan (s. § 63 Rn. 3).

12   Dies ist praktisch der einzige verbliebene Anlass, ein **Stufenplanverfahren alter Prägung** mit inhaltlicher Bewertung durchzuführen; alle anderen verbliebenen Stufenplanverfahren dienen lediglich der innerdeutschen Kommunikation und der Umsetzung der europäischen Verfahren; d. h. es müssen die Beschlüsse auf EU-Ebene wortgetreu und ohne weitere inhaltliche Prüfung umgesetzt werden.

II. Öffentliche Bekanntgabe der Einleitung des Dringlichkeitsverfahrens

13   Ist das Verfahren verwaltungsintern eingeleitet, gibt die EMA die Einleitung des Verfahrens auf Ihrer Homepage (vgl. dort die Protokolle zu den Sitzungen des Ausschusses für Risikobewertung Pharmacovigilance Risk Assessement Committees – PRAC) öffentlich bekannt, wobei in dieser Mitteilung die EMA auf die Rechte des Zulassungsinhabers wie auch der Angehörigen der Gesundheitsberufe und der Öffentlichkeit hinzuweisen hat[19]. Der **Zulassungsinhaber** (genauer seine QPPV) **wird** per Email oder Eudralink **unterrichtet.** Jedem Zulassungsinhaber ist aber zu empfehlen, selbst regelmäßig die Bekanntmachungen des PRAC auf der EMA-Website zu lesen.

14   Werden von dem Dringlichkeitsverfahren auch zentral zugelassene Arzneimitteln erfasst, hat die EMA den Zulassungsinhaber (wiederum dessen QPPV) über die Einleitung des Verfahrens zu informieren[20]. Wird das Verfahren durch die zuständige Behörde eines Mitgliedstaates eingeleitet, so hat diese ebenfalls nicht nur den Zulassungsinhaber, sondern auch die Öffentlichkeit zu informieren und öffentlich bekannt zu geben, dass ein Verfahren eingeleitet wurde[21].

---

[11] EMA, Questions & answers on practical implementation of Urgent Union Procedure (Article 107i of Directive 2001/83/EC), No. 6, EMA/720443/2012, (Stand: 3.3.2015), abrufbar unter www.ema.europa.eu.
[12] Art. 20 II VO (EG) Nr. 726/2004.
[13] Art. 87 II VO (EG) Nr. 726/2004 verweist auf die in Art. 5 und 7 Beschluss 1999/468/EG genannten Regelungsverfahren.
[14] Art. 20 III VO (EG) Nr. 726/2004.
[15] Art. 20 III VO (EG) Nr. 726/2004.
[16] Art. 20 IV VO (EG) Nr. 726/2004.
[17] Art. 20 IV VO (EG) Nr. 726/2004.
[18] Vgl. EMA, Questions & answers on practical implementation of Urgent Union Procedure (Article 107i of Directive 2001/83/EC), No. 8, EMA/720443/2012, (Stand: 3.3.2015), abrufbar unter www.ema.europa.eu.
[19] Art. 107j I RL 2001/83/EG i. d. F der RL 2010/84/EU.
[20] EMA, Questions & answers on practical implementation of Urgent Union Procedure (Article 107i of Directive 2001/83/EC), No. 13, EMA/720443/2012, (Stand: 3.3.2015), abrufbar unter www.ema.europa.eu.
[21] BR-Drucks. 91/12, S. 100.

Die Bekanntmachung umfasst den Gegenstand des Verfahrens sowie die betroffenen Arzneimittel und **15** ggf. die betroffenen Wirkstoffe[22]. Auch werden die Angehörigen von Gesundheitsberufen und der Öffentlichkeit aufgefordert, der EMA verfahrensrelevante Informationen zu übermitteln[23].

III. Verfahren vor dem Ausschuss für Risikobewertung (PRAC)

1. Verfahrensdauer und Fristen. Das PRAC hat den Sachverhalt **innerhalb von 60 Tagen** nach **16** Vorlage der Informationen zu untersuchen und zu beurteilen[24]. Der Beginn des Verfahrens wird mit der Aufnahme in die Agenda der PRAC Sitzung eingeleitet[25]. Die genauen Zeitvorgaben finden sich auf der Website der EMA, Timetable Safety Referrals[26].

Es besteht keine Möglichkeit nach Art. 107i – 107k der RL 2001/83/EG i. d. F. der RL 2012/26/EU, **17** den Lauf der Fristen wie im Verjährungsrecht zu hemmen. Der Zulassungsinhaber kann nicht intervenieren und ein Aussetzen des Verfahrens erreichen. Im Umkehrschluss bedeutet dies auch, dass ebenso die Verlängerung der Fristen nicht erwirkt werden kann. Daher sollte der **Zulassungsinhaber** frühzeitig **mitwirken**, da nur dieser Zeitrahmen zur Verfügung steht.

2. Stellungnahme des Zulassungsinhabers. Der **Zulassungsinhaber** hat die Möglichkeit vor der **18** Beurteilung des PRAC, **schriftliche Stellungnahmen**, insbes. unter Angabe relevanter Daten für das Verfahren, vorzulegen[27]. Genaue Vorgaben und Hinweise für die Art und Weise der Mitwirkung des Zulassungsinhabers innerhalb des Verfahrens sowie dem Verfahren selbst sind den Q&A: Urgent Union Procedure (Article 107i) zu entnehmen[28]. Besonderes Augenmerk sollte auf die therapeutische Wirkung und die Darstellung therapeutischer Alternativen bzw. den Mangel an Alternativen (bedeutsam, wenn ein möglicher Widerruf der Zulassung im Raum steht) gelegt werden, da diese auch im Fokus der Bewertung des PRAC steht[29]. So kann der Mangel an Alternativen ein wesentlicher Grund sein, lediglich eine Einschränkung (z. B. bei der Dosierung oder der Indikation) zu erlassen, statt die gesamte Zulassung zu widerrufen.

Zur Vereinfachung des Verfahrens sollte der Zulassungsinhaber eine entsprechende **Kontaktperson 19** benennen, was auch eine von ihm beauftragte dritte Person sein kann; soweit keine Person benannt ist, ist die QPPV die Kontaktperson für das Verfahren[30]. Auch ist es zulässig, sollten mehrere Zulassungsinhaber betroffen sein, dass diese konzertiert auftreten und eine gemeinsame Stellungnahme abgeben[31].

Wie lange der Zulassungsinhaber Zeit zur Stellungnahme hat, wird in der Bekanntmachung festgelegt. **20** Die Stellungnahme ist in einfacher Ausfertigung mit Unterschrift und Deckblatt an die EMA sowie als elektronische Version im CTD Format auf DVD oder CD-ROM ebenfalls der EMA, an den PRAC-Berichterstatter und an die anderen Mitglieder des Ausschusses zu übermitteln[32].

3. Öffentliche Anhörung. Wenn es die Dringlichkeit zulässt, kann wegen des Ausmaßes und der **21** Schwere der anstehenden Entscheidung das PRAC eine **öffentliche Anhörung** nach den Vorgaben und nach Bekanntgabe über das europäische Internetportal durchführen[33]. Die Anhörung ist anzukündigen. Im Rahmen der Ankündigung sind die Teilnahmemodalitäten sowie Verfahrensregeln in Übereinstimmung mit Art. 78 VO Nr. 726/2004 und betroffenen Parteien zu spezifizieren[34]. Am 24.7.2014 hat der PRAC die „Draft rules of procedures on the organisation and conduct of public hearings at the Pharmacovigilance Risk Assessment Committee (PRAC)" (EMA/624809/2013) veröffentlicht. Soweit ersichtlich ist dieser Entwurf noch nicht final verabschiedet.

---

[22] Art. 107j I 3 RL 2001/83/EG i. d. F. der RL 2012/26/EU.
[23] Art. 107j I 3 RL 2001/83/EG i. d. F. der RL 2012/26/EU.
[24] Art. 107j III RL 2001/83/EG i. d. F. der RL 2012/26/EU; der genaue Zeitplan des Verfahrens bei PRAC findet sich unter EMA, Questions & answers on practical implementation of Urgent Union Procedure (Article 107i of Directive 2001/83/EC), No. 2, EMA/720443/2012, (Stand: 3.3.2015), abrufbar unter www.ema.europa.eu.
[25] EMA, Questions & answers on practical implementation of Urgent Union Procedure (Article 107i of Directive 2001/83/EC), No. 9, EMA/720443/2012, (Stand: 3.3.2015), abrufbar unter www.ema.europa.eu.
[26] EMA, EMA/500653/2012, Timetable: Safety Referral (Art. 107i, urgent Union procedure), (Stand: 12.9.2012), abrufbar unter www.ema.europa.eu.
[27] Art. 107j II UAbs. 2 RL 2001/83/EG i. d. F. der RL 2012/26/EU; EMA, Questions & answers on practical implementation of Urgent Union Procedure (Article 107i of Directive 2001/83/EC), No. 12–15, EMA/720443/2012, (Stand: 3.3.2015), abrufbar unter www.ema.europa.eu.
[28] EMA, Questions & answers on practical implementation of Urgent Union Procedure (Article 107i of Directive 2001/83/EC), EMA/720443/2012, (Stand: 3.3.2015), abrufbar unter www.ema.europa.eu.
[29] Vgl. Art. 107j II, III RL 2001/83/EG i. d. F. der RL 2010/84/EU.
[30] EMA, Questions & answers on practical implementation of Urgent Union Procedure (Article 107i of Directive 2001/83/EC), No. 11, 12 EMA/720443/2012, (Stand: 3.3.2015), abrufbar unter www.ema.europa.eu.
[31] Ein Vertreter der Gruppe ist in diesem Fall zu benennen. EMA, Questions & answers on practical implementation of Urgent Union Procedure (Article 107i of Directive 2001/83/EC), No. 12, EMA/720443/2012, (Stand: 3.3.2015), abrufbar unter www.ema.europa.eu.
[32] EMA, Questions & answers on practical implementation of Urgent Union Procedure (Article 107i of Directive 2001/83/EC), No. 20, EMA/720443/2012, (Stand: 3.3.2015), abrufbar unter www.ema.europa.eu.
[33] Art. 107j I. 4 – 6 RL 2001/83/EG i. d. F. der RL 2010/84/EU.
[34] Art. 107j II RL 2001/83/EG i. d. F. der RL 2010/84/EU.

22   Im Rahmen der öffentlichen Anhörung ist auch der **Inhaber der Zulassung zu hören**, dem das Recht zusteht, die Bewertung des Produktes aus seiner Sicht darzustellen. Sollen verfahrensrelevante, aber vertrauliche Angaben gemacht werden, kann der Zulassungsinhaber bzw. eine dritte Person, die über solche Informationen verfügt, die nicht-öffentliche Anhörung beantragen und die Öffentlichkeit ausschließen (Art. 107j II UAbs. 6 RL 2001/83/EG).

23   **4. Empfehlung des PRAC.** Unter Würdigung der therapeutischen Wirkung des Arzneimittels hat das PRAC innerhalb der 60-Tage-Frist eine umfassende **Empfehlung** unter Angabe der entsprechenden Gründe über das weitere Verfahren abzugeben. Nach Art. 107j III Buchst. a) bis f) RL 2001/83/EG i. d. F. der RL 2010/84/EG kann die Empfehlung folgende Schlussfolgerungen umfassen[35].
– keine weitere Maßnahme erforderlich,
– der Inhaber hat die Daten weitergehend im Hinblick auf Folgemaßnahmen zu bewerten,
– der Inhaber hat eine Unbedenklichkeitsstudie durchzuführen und bzgl. der Folgemaßnahmen auszuwerten,
– der Mitgliedstaat oder der Inhaber der Zulassung haben Maßnahmen zur Risikominimierung zu treffen, wobei die entsprechenden Maßnahmen zur Risikominimierung sowie die etwaigen Bedingungen und Einschränkungen bzgl. der Zulassung durch den PRAC vorgegeben werden[36],
– die Genehmigung sollte ausgesetzt, widerrufen oder nicht verlängert werden oder
– die Zulassung, insbes. die Produktinformation sollte geändert werden. Die Art und Weise der Änderung wird in solchen Fällen durch den PRAC empfohlen, also der Wortlaut der Änderung oder Ergänzung sowie die Stelle in der Zusammenfassung der Merkmale des Arzneimittels, der Kennzeichnung oder der Packungsbeilage[37].

IV. Verfahren vor dem CMDh bzw. CHMP

24   **1. Verfahrensdauer und Fristen.** Der PRAC gibt seine Empfehlung an die Coordination Group for Mutual Recognition and Decentralised Procedure – Human (CMDh) weiter, wenn nur **national zugelassene, MRP oder DCP-Arzneimittel** betroffen sind[38]. Ist allerdings auch nur ein **zentral zugelassenes Arzneimittel** betroffen, so reicht der PRAC seine Empfehlung an das Committee for Medicinal Products for Human Use (CHMP) weiter[39].

25   Die CMDh oder das CHMP haben 30 Tage Zeit, nach Erhalt den Vorgang zu untersuchen und zu beurteilen **(30-Tage-Frist).** Wie auch für das Verfahren vor dem PRAC, besteht keine Möglichkeit die 30-Tage-Frist zu hemmen oder ein Aussetzen des Verfahrens zu erreichen (s. Rn. 17). Die CMDh oder das CHMP kann aber bereits früher entscheiden (Art. 107k I a. E. und III a. E. RL 2001/83/EG).

26   **2. Weiteres Verfahren der CMDh und Entscheidung.** Innerhalb der 30-Tage-Frist hat die CMDh, nach Erhalt der Empfehlungen des PRAC, diese zu prüfen und in einem **Standpunkt** unabhängig von den Empfehlungen des PRAC festzulegen, ob die Zulassung aufrechterhalten, geändert, ausgesetzt oder widerrufen oder die Verlängerung verweigert werden soll[40].

27   Kann in der CMDh eine **Einigung über die zutreffende Maßnahme durch die Mitgliedstaaten** erzielt werden, wird diese dem Zulassungsinhaber und dem Mitgliedstaat übermittelt[41]. Die Mitgliedstaaten treffen daraufhin die entsprechenden Maßnahmen gemäß Ihrer Einigung im CMDh und gemäß einem Umsetzungsplan. Besteht die Maßnahme darin, dass die Zulassung zu ändern ist, hat der Zulassungsinhaber einen entsprechenden Antrag bei den zuständigen nationalen Behörden der betreffenden Mitgliedstaaten zu stellen[42].

28   Wird in der CMDh **keine Einigung** erzielt, so entscheidet die einfache Mehrheit der in der CMDh vertretenen Mitgliedstaaten. Deren Mehrheitsentscheidung wird der Kommission übermittelt, die über das Verfahren nach Art. 33 und Art 34 I i. V. m. Art. 121 II RL 2001/83/EG zu einer finalen Entscheidung kommt.

29   Weichen allerdings die Einigung der Mitgliedstaaten oder der Standpunkt der Mehrheit der Mitglieder der CMDh von der Empfehlung des PRAC ab, sind der Einigung oder dem Standpunkt bei der Vorlage an die Kommission eine ausführliche Erläuterung der wissenschaftliche Gründe für die Abweichung hinzuzufügen[43].

---

[35] Art. 107j III RL 2001/83/EG i. d. F. der RL 2010/84/EU.
[36] Vgl. Art. 107j III, RL 2001/83/EG i. d. F. der RL 2010/84/EU.
[37] Art. 107j III RL 2001/83/EG i. d. F. der RL 2010/84/EU.
[38] Art. 107k I RL 2001/83/EG i. d. F. der RL 2010/84/EU.
[39] EMA, Questions & answers on practical implementation of Urgent Union Procedure (Article 107i of Directive 2001/83/EC), No. 33, EMA/720443/2012, (Stand: 3.3.2015), abrufbar unter www.ema.europa.eu.
[40] Art. 107k I RL 2001/83/EG i. d. F. der RL 2010/84/EU.
[41] Art. 107k II RL 2001/83/EG i. d. F. der RL 2010/84/EU.
[42] Art. 107k II RL 2001/83/EG i. d. F. der RL 2010/84/EU.
[43] Art. 107k II RL 2001/83/EG i. d. F. der RL 2010/84/EU.

3. Weiteres Verfahren beim CHMP und Entscheidung der Kommission. Wenn mindestens ein 30
zentral zugelassenes Arzneimittel betroffen ist, wird die Empfehlung des PRAC nicht der CMDh
zugeleitet, sondern dem CHMP. Das CHMP hat dann gutachterlich innerhalb von 30 Tagen **(30-Tage-
Frist)** – bei besonderer Dringlichkeit auch in kürzerer Frist – Stellung zu der zu treffenden Maßnahme
zu nehmen[44]. In dem **Gutachten** nimmt das CHMP Stellung, ob die Zulassung aufrechterhalten,
geändert, ausgesetzt oder widerrufen oder die Verlängerung verweigert werden soll[45]. Weicht das Gutachten von der Empfehlung des PRAC ab, so hat das CHMP eine ausführliche wissenschaftliche
Erklärung beizufügen[46].

Auf der Grundlage des Gutachtens des CHMP erlässt die Kommission im Verfahren nach Art. 33 und 31
Art 34 I i. V. m. Art. 121 II RL 2001/83/EG eine Entscheidung, die in Bezug auf nicht-zentral zugelassene Arzneimittel – von den Mitgliedstaaten umzusetzen ist und in Bezug auf zentral zugelassene Arzneimittel direkt an den Zulassungsinhaber gerichtet ist.

V. Umsetzung der Entscheidung der Kommission

Wurde das Dringlichkeitsverfahren vor der CMDh geführt und ist dort keine Einigung erzielt worden 32
(sondern nur ein Mehrheitsentscheid) oder wurde das Dringlichkeitsverfahren vor dem CHMP geführt,
so kommt die **Entscheidung der Kommission** nach dem Verfahren der Art. 33 und Art. 34 I
i. V. m. Art. 121 II RL 2001/83/EG zustande. In der Entscheidung gibt die Kommission vor, welche
Maßnahmen hinsichtlich der von ihnen erteilten Zulassungen zu ergreifen sind bzw. eine Entscheidung
darüber, ob eine Änderung, eine Aussetzung, der Widerruf oder die Verweigerung der Verlängerung der
Zulassung zu erfolgen hat[47]. Die Entscheidung der Kommission ist durch die Mitgliedstaaten – in Bezug
auf nicht-zentrale Zulassungen – umzusetzen gem. Art. 34 III RL 2001/83/EG bzw. wird direkt an die
Zulassungsinhaber zentraler Zulassungen gem. Art. 10 I und II (letzter i. V. m. Art. 87 II) VO (EG)
Nr. 726/2004 gerichtet[48].

Falls dem Gutachten zufolge Regelungen erforderlich sind, erlässt sie eine Entscheidung über die 33
Änderung, die Aussetzung, den Widerruf oder die Verweigerung der Verlängerung für gem. der VO
(EG) Nr. 726/2004 erteilte und unter das in diesem Abschnitt geregelte Verfahren fallende Genehmi-
gungen (Art. 10, 87 II VO (EG) Nr. 726/2004)[49].

C. Sofortmaßnahmen zum Schutz der öffentlichen Gesundheit

Der Mitgliedstaat kann, wenn zum Schutz der öffentlichen Gesundheit Sofortmaßnahmen geboten 34
sind, bis zu einer endgültigen Entscheidung die Zulassung des betroffenen Arzneimittels aussetzen und
dessen Anwendung auf seinem Hoheitsgebiet verbieten, sog. **vorläufige Maßnahmen**[50]. Er kann diese
vorläufigen Maßnahmen sowohl für nicht-zentral zugelassene Arzneimittel als auch zentral-zugelassene
Arzneimittel treffen[51]. Der Mitgliedstaat hat die EMA, die anderen Mitgliedstaaten sowie die Kommission über eine derartige Maßnahme am nächsten Arbeitstag zu unterrichten[52].

D. Verfahren nach Art. 31 bis 34 der RL 2001/83/EG

In den Fällen, in denen die obigen Voraussetzungen des Dringlichkeitsverfahrens bei Sicherheits- 35
bedenken nicht gegeben sind, findet das in **Art. 31 bis 34 RL 2001/83/EG** geregelte Verfahren
(Standardverfahren), insbes. des Art. 32 Anwendung (Art. 31 I UAbs. 3 RL 2001/83/EG[53]). Das
Dringlichkeitsverfahren nach Art. 107i – 107k RL 201/83/EG ist also vorrangig. Das Standardverfahren
wird nach Erteilung der Zulassung dann eingeleitet, wenn über die Aussetzung oder den Widerruf einer
Genehmigung für das Inverkehrbringen bzw. über jede andere Änderung der Genehmigung für das
Inverkehrbringen entschieden wird[54]. Es soll im Folgenden kurz beschrieben werden.

---

[44] Art. 107k III RL 2001/83/EG i. d. F. der RL 2010/84/EU.
[45] Art. 107k III RL 2001/83/EG i. d. F. der RL 2010/84/EU.
[46] Art. 107k III RL 2001/83/EG i. d. F. der RL 2010/84/EU.
[47] Art. 107k IV RL 2001/83/EG i. d. F. der RL 2010/84/EU.
[48] Art. 107k IV UAbs. 2 RL 2001/83/EG i. d. F. der RL 2010/84/EU.
[49] Art. 107k IV RL 2001/83/EG i. d. F. der RL 2010/84/EU.
[50] Art. 107i II 1 RL 2001/83/EG i. d. F. der RL 2010/84/EU.
[51] Art. 107i II 1 RL 2001/83/EG i. d. F. der RL 2012/26/EU. Gleiches gilt Im Übrigen im Rahmen eines
Verfahrens nach Art. 20 VO (EG) Nr. 726/2004: vgl. hierzu Art. 20 IV VO (EG) Nr. 726/2004.
[52] Art. 107i II 1 RL 2001/83/EG i. d. F. der RL 2010/84/EU.
[53] Die Tatsache, dass diese Vorschrift lediglich die Kriterien des Abs. 1 des Art. 107i RL 2001/83/EG aufführt, nicht
aber die neu eingeführten weiteren Kriterien des Abs. 1a des Art. 107i RL 2001/83/EG ist wohl ein redaktionelles
Versehen.
[54] Art. 31 I RL 2001/83/EG.

36   Das Verfahren kann durch die zuständigen Behörden der Mitgliedstaaten, dem Zulassungsinhaber oder der Kommission eingeleitet werden, wenn im Gemeinschaftsinteresse Bedenken hinsichtlich der Qualität, Sicherheit und Wirksamkeit auf der Basis von Pharmakovigilanzdaten bestehen und keine der in Art. 107i benannten Kriterien (Art. 107i I und Ia RL 2001/83/EG) einschlägig sind (s. auch Rn. 53)[55]. Der Begriff „**Gemeinschaftsinteresse**" bezieht sich vor allem auf die Interessen der öffentlichen Gesundheit bezogen auf Arzneimittel in der EU im Hinblick auf Qualität, Sicherheit und Wirksamkeit und auf den freien Warenverkehr innerhalb der EU[56]. Ist eine Substanzklasse oder ein therapeutischer Bereich betroffen, kann die EMA das Verfahren auf diese Substanzklasse oder den therapeutischen Bereich ausdehnen; dann unterfallen dem Standardverfahren auch mit-betroffene zentral zugelassene Arzneimittel. Sind allerdings ausschließlich zentral zugelassene Arzneimittel betroffen, findet das Verfahren nach Art. 20 VO (EG) Nr. 726/2004 Anwendung (s. Rn. 7). Betrifft das Verfahren eine bestimmte Substanzklasse oder einen bestimmten therapeutischen Bereich, kann die EMA das Verfahren jeweils auf die spezifische Teile der Zulassung beschränken, die hierfür relevant sind[57].

37   Wird das Standardverfahren eingeleitet und die Bedenken ergeben sich aus den ausgewerteten **Daten der Pharmakovigilanz,** ist der **PRAC** nach Art. 31 I UAbs. 2 RL 2001/83/EG berufen, eine Empfehlung nach Art. 32 I RL 2001/83/EG abzugeben[58]. Hierfür gilt das Verfahren des Art. 32 RL 2001/83/EG und ergänzend Art. 107j II RL 2001/83/EG. Die Empfehlung ist innerhalb von 60 Tagen abzugeben. Die Frist kann auf 90 Tage verlängert, gehemmt oder bei Dringlichkeit auch verkürzt werden[59]. Vor Abgabe der Empfehlung erhält der **Zulassungsinhaber,** Gelegenheit zur schriftlichen oder mündlichen **Stellungnahme** innerhalb einer vom PRAC festgesetzten Frist[60]. Zudem besteht die Möglichkeit einer **öffentlichen Anhörung**[61]. Schließlich legt der PRAC seine (vorläufige) Empfehlung vor. Die Empfehlung des PRAC beinhaltet entweder, dass die Zulassung zwar weiterhin bestehen bleibt, aber unter gewissen Auflagen zur Sicherstellung der Sicherheit und Wirksamkeit des Arzneimittels, oder dass diese wegen Sicherheitsbedenken zu ändern, auszusetzen oder zu widerrufen ist[62].

38   Die (vorläufige) Empfehlung wird dem Zulassungsinhaber mitgeteilt[63]. Er kann innerhalb von **15 Tagen** nach ihrem Erhalt schriftlich mitteilen, dass er um Überprüfung ersucht[64]. Tut er dies, muss er innerhalb von 60 Tagen nach Erhalt der Empfehlung eine ausführliche Begründung des Gesuchs vorlegen[65]. Der PRAC hat seine Empfehlung dann innerhalb von weiteren **60 Tagen** zu prüfen (entsprechend Art. 62 I (IV) VO (EG) Nr. 726/2004) und zu begründen; die Empfehlung ist somit final[66].

39   Nach Ablauf der 15 Tage wird die finale Empfehlung an das **CHMP** (soweit auch zentral zugelassene Arzneimittel mit Verfahren betroffen sind) bzw. **CMDh** (bei Verfahren mit ausschließlich MRP- oder DCP-Arzneimittel) weitergeleitet; es gilt das Verfahren nach Art. 107k RL 2001/83/EG[67]. Vgl. zum weiteren Verfahren Rn. 27 ff. bzw. 30 ff.[68]. Das befasste Gremium hat innerhalb von **30 Tagen** eine Entscheidung unter Beachtung der Empfehlung des PRAC zu treffen.

40   Der anschließende Entscheidungsprozess bei der Kommission, soweit nicht das CMDh befasst war und eine Einigkeit erzielt hat (s. für diesen Fall Rn. 28), richtet sich nach Art. 33 und Art. 34 i. V. m. Art. 121 III RL 2001/83/EG); es kann wegen der gebotenen Kürze auf Rn. 29 (bei Uneinigkeit im CMDh) bzw. Rn. 31 f. (CHMP Verfahren) verwiesen werden, mit der Abweichung, dass bei Standardverfahren Art. 121 III RL 2001/83/EG zur Anwendung kommt.

41   Die Umsetzung der finalen Kommissionsentscheidung richtet sich nach Art. 34 IV (s. hierzu Rn. 33).

---

[55] Art. 31 I RL 2001/83/EG; EMA, Questions & answers on practical implementation if Article 31 Pharmacovigilance Referral, No. 2, EMA/33617/2014, (Stand: 3.3.2015), abrufbar unter www.ema.europa.eu.

[56] Vgl. Volume 2A, Procedures for marketing authorisation, Chapter 3, Union Referral Procedures, May 2014, Nr. 4.1.

[57] Art. 31 II RL 2001/83/EG. Art. 35 gilt dann nur für MRP- und DCP-Arzneimittel.

[58] Art. 31 I RL 2001/83/EG.

[59] Art. 32 I und III UABs. 4 RL 2001/83/EG.

[60] Art. 32 IIII RL 2001/83/EG.

[61] Art. 31 I UAbs. 2 i. V. m. Art. 107j II UAbs. 3 und 4 RL 2001/83/EG.

[62] EMA, Questions and Answers on practical implementation of Article 31 Pharmacovigilance Referral, No. 27, EMA/33617/20014, (Stand: 3.3.2015).

[63] Art. 32 IV UAbs. 1 RL 2001/83/EG.

[64] Art. 32 IV RL 2001/83/EG; EMA, Questions & answers on practical implementation if Article 31 Pharmacovigilance Referral, EMA/33617/2014, No. 32 (Stand: 3.3.2015), abrufbar unter www.ema.europa.eu.

[65] Art. 32 IV RL 2001/83/EG; EMA, Questions and Answers on practical implementation of Article 31 Pharmacovigilance Referral, No. 31, EMA/33617/20014, (Stand: 3.3.2015).

[66] Art. 32 IV RL 2001/83/EG; EMA, Questions and Answers on practical implementation of Article 31 Pharmacovigilance Referral, No. 31, EMA/33617/20014, (Stand: 3.3.2015).

[67] EMA, Questions and Answers on practical implementation of Article 31 Pharmacovigilance Referral, No. 31, EMA/33617/20014, (Stand: 3.3.2015).

[68] Art. 31 I UAbs. 2 RL 2001/83/EG; EMA, Questions & answers on practical implementation if Article 31 Pharmacovigilance Referral, EMA/33617/2014, No. 32 (Stand: 3.3.2015), abrufbar unter www.ema.europa.eu.

§ 63f Allgemeine Voraussetzungen für nichtinterventionelle Unbedenklichkeitsprüfungen

(1) [1]Nichtinterventionelle Unbedenklichkeitsprüfungen, die vom Inhaber der Zulassung auf eigene Veranlassung durchgeführt werden, sind der zuständigen Bundesoberbehörde anzuzeigen. [2]Die zuständige Bundesoberbehörde kann vom Inhaber der Zulassung das Protokoll und die Fortschrittsberichte anfordern. [3]Innerhalb eines Jahres nach Abschluss der Datenerfassung hat der Inhaber der Zulassung der zuständigen Bundesoberbehörde den Abschlussbericht zu übermitteln.

(2) Für nichtinterventionelle Unbedenklichkeitsprüfungen, die vom Inhaber der Zulassung auf Grund einer Auflage nach § 28 Absatz 3, 3a oder 3b durchgeführt werden, gilt das Verfahren nach § 63g.

(3) Die Durchführung von Unbedenklichkeitsprüfungen nach den Absätzen 1 und 2 ist nicht zulässig, wenn

1. durch sie die Anwendung eines Arzneimittels gefördert werden soll,
2. sich Vergütungen für die Beteiligung von Angehörigen der Gesundheitsberufe an solchen Prüfungen nach ihrer Art und Höhe nicht auf den Zeitaufwand und die angefallenen Kosten beschränken oder
3. ein Anreiz für eine bevorzugte Verschreibung oder Empfehlung bestimmter Arzneimittel entsteht.

(4) [1]Der Inhaber der Zulassung hat Unbedenklichkeitsprüfungen nach den Absätzen 1 und 2 auch der Kassenärztlichen Bundesvereinigung, dem Spitzenverband Bund der Krankenkassen und dem Verband der Privaten Krankenversicherung e. V. unverzüglich anzuzeigen. [2]Dabei sind Ort, Zeit, Ziel und Protokoll der Prüfung sowie Name und lebenslange Arztnummer der beteiligten Ärzte anzugeben. [3]Sofern beteiligte Ärzte Leistungen zu Lasten der gesetzlichen Krankenversicherung erbringen, sind bei Anzeigen nach Satz 1 auch die Art und die Höhe der jeweils an sie tatsächlich geleisteten Entschädigungen anzugeben sowie jeweils eine Ausfertigung der mit ihnen geschlossenen Verträge und jeweils eine Darstellung des Aufwandes für die beteiligten Ärzte und eine Begründung für die Angemessenheit der Entschädigung zu übermitteln. [4]Veränderungen der in Satz 3 genannten Informationen sind innerhalb von vier Wochen nach jedem Quartalsende zu übermitteln; die tatsächlich geleisteten Entschädigungen sind mit Zuordnung zu beteiligten Ärzten namentlich mit Angabe der lebenslangen Arztnummer zu übermitteln. [5]Innerhalb eines Jahres nach Abschluss der Datenerfassung sind unter Angabe der insgesamt beteiligten Ärzte die Anzahl der jeweils und insgesamt beteiligten Patienten und Art und Höhe der jeweils und insgesamt geleisteten Entschädigungen zu übermitteln. [6]Die Angaben nach diesem Absatz sind elektronisch zu übermitteln.

Übersicht

A. Allgemeine Voraussetzungen für nichtinterventionelle Unbedenklichkeitsprüfungen (Abs. 1)

Die Bestimmung des § 63f wurde mit dem 2. AMG-ÄndG 2012 eingefügt. Die Regelung dient der **1** Umsetzung von Art. 107m RL 2001/83/EG[1]. § 63f bezieht sich auf **nichtinterventionelle Unbe-**

---

[1] Vgl. Begründung im Referentenentwurf v. 17.2.2012, BR-Drucks. 91/12, S. 100.

denklichkeitsprüfungen mit Arzneimitteln, die vom Zulassungsinhaber auf eigene Veranlassung, d. h. freiwillig durchgeführt werden. Damit findet § 63f **keine Anwendung** auf nichtinterventionelle Unbedenklichkeitsprüfungen, die nicht vom Zulassungsinhaber, sondern z. B. von Ärzten oder medizinischen Einrichtungen verantwortlich durchgeführt werden. Der Zulassungsinhaber hat bei nichtinterventionellen Unbedenklichkeitsprüfungen **keine Anzeigepflichten** nach § 67 VI. Für behördlich angeordnete nichtinterventionelle Unbedenklichkeitsprüfungen gilt hingegen § 63g.

2   Der **Begriff der Unbedenklichkeitsprüfung** wird in § 4 XXXIV legaldefiniert. Die Unbedenklichkeitsprüfung kann sowohl als klinische Prüfung als auch nichtinterventionelle Prüfung ausgestaltet sein. § 63f erfasst ausschließlich die nichtinterventionellen Unbedenklichkeitsprüfungen. Die Voraussetzungen für eine Unbedenklichkeitsprüfung in Form einer klinischen Prüfung richten sich hingegen nach §§ 40 ff. Für die Feststellung, ob eine Unbedenklichkeitsprüfung einen interventionellen oder nichtinterventionellen Charakter hat, ist auf die Abgrenzungsmerkmale des § 4 XXIII 3 zurückzugreifen (s. § 4 Rn. 186 ff.).

3   Das BfArM und das PEI haben einen Entwurf einer **gemeinsamen Bekanntmachung** zur Anzeige von AWB und nichtinterventionellen Unbedenklichkeitsprüfungen veröffentlicht[2]. Die gemeinsame Bekanntmachung soll zukünftig die bisherigen Empfehlungen des BfArM und des PEI zur Planung, Durchführung und Auswertung von Anwendungsbeobachtungen vom 7.7.2010[3] ersetzen. In diesem Entwurf finden bereits die unterschiedlichen Pflichten für AWB und Unbedenklichkeitsprüfungen Berücksichtigung, so dass eine Orientierung an dem Entwurf der Bekanntmachung zu empfehlen ist.

4   Da die Vorgaben für nichtinterventionelle Unbedenklichkeitsprüfungen in der europäischen RL 2001/83/EG verankert sind, müssen hinsichtlich der Planung, Durchführung und Formate zusätzlich die europäischen Empfehlungen und Leitlinien zu **Post-Authorisation-Safety-Studies** (PASS) berücksichtigt werden. Insofern sind weitere wichtige Vorgaben in den **GVP-Modulen V** (Risikomanagement-System)[4] und **VIII** (PASS)[5] enthalten. Insbes. das GVP-Modul VIII enthält wichtige Informationen zu den Anforderungen an das Studienprotokoll, Meldepflichten, Verantwortlichkeiten sowie Studienberichten und zur Veröffentlichung der Studienergebnisse. Ferner listet Appendix 1 des GVP-Moduls VIII die wichtigsten Studiendesigns für PASS auf und beschreibt diese inhaltlich.

I. Anzeigepflichten gegenüber zuständiger Bundesoberbehörde (S. 1)

5   Nichtinterventionelle Unbedenklichkeitsprüfungen, die **in Deutschland** durchgeführt werden, sind gegenüber der zuständigen Bundesoberbehörde anzuzeigen. Die Zuständigkeit der Bundesoberbehörde ergibt sich aus § 77 und damit aus der jeweiligen Arzneimitteleigenschaft (s. § 77 Rn. 5 ff.). Die Anzeige soll elektronisch erfolgen. Für die nationale **Anzeige von nichtinterventionellen Unbedenklichkeitsprüfungen** plant das BfArM die Einrichtung eines Web-Portals[6]. Solange dieses noch nicht eingerichtet ist, sollen die nichtinterventionellen Unbedenklichkeitsprüfungen mit dem PDF-Formular zur Anzeige von AWB angezeigt werden. Der Zulassungsinhaber soll zur Klarstellung im Bemerkungsfeld angeben, dass es sich um eine nichtinterventionelle Unbedenklichkeitsprüfung nach § 63f handelt[7].

6   Informationen, Beobachtungspläne und Abschlussberichte sowohl zu freiwilligen als auch zu angeordneten Unbedenklichkeitsprüfungen nach der Zulassung nach § 63f sollen entsprechend den Vorgaben des GVP Moduls VIII im EU-PAS-Register nach Art. 26 VO (EG) Nr. 726/2004 veröffentlicht werden[8].

II. Vorlage des Protokolls und der Fortschrittsberichte (S. 2)

7   § 63f I 2 sieht vor, dass die zuständige Bundesoberbehörde vom Inhaber der Zulassung das Protokoll und die Fortschrittsberichte anfordern kann. Zunächst ist daraus zu schließen, dass es sich nicht um eine regelmäßige Vorlagepflicht des Protokolls und der Fortschrittsberichte handelt. Der aktuelle Entwurf der gemeinsamen Bekanntmachung zu Anzeigen von AWB und nichtinterventionellen Unbedenklichkeitsprüfungen zeigt aber, dass die zuständigen Bundesoberbehörden mit der Anzeige der nichtinterventionel-

---

[2] Entwurf einer gemeinsamen Bekanntmachung des BfArM und des PEI zur Anzeige von Anwendungsbeobachtungen nach § 67 Abs. 6 AMG und zur Anzeige von nichtinterventionellen Unbedenklichkeitsprüfungen nach § 63f und g AMG vom 20.10.2014; die Konsultationsphase wurde bereits im Dezember 2014 abgeschlossen; abrufbar unter www.bfarm.de.
[3] Empfehlungen des BfArM und des PEI zur Planung, Durchführung und Auswertung von Anwendungsbeobachtungen v. 7.7.2010; abrufbar unter www.bfarm.de.
[4] Guideline on good pharmacovigilance practices (GVP) Module V – Risk management systems (Rev 1), 15.4.2014 (EMA/838713/2011 Rev 1).
[5] Guideline on good pharmacovigilance practices (GVP) Module VIII – Post-authorisation safety studies (Rev 1), 19.4.2013 (EMA/813938/2011 Rev 1).
[6] Vgl. FAQ Klinische Prüfungen – Fragen und Antworten zur Klinik – Anwendungsbeobachtungen (Anzeige von Unbedenklichkeitsprüfungen nach der Zulassung (PASS), Stand 26.3.2015); abrufbar unter www.bfarm.de.
[7] Vgl. FAQ Klinische Prüfungen – Fragen und Antworten zur Klinik – Anwendungsbeobachtungen (Anzeige von Unbedenklichkeitsprüfungen nach der Zulassung (PASS), Stand 26.3.2015); abrufbar unter www.bfarm.de.
[8] Vgl. www.encepp.eu.

len Unbedenklichkeitsprüfung zugleich auch die Vorlage des **Prüfprotokolls** und der Erfassungsbögen (CRF) vom Zulassungsinhaber verlangen[9]. Die Fortschrittsberichte sollen hingegen lediglich nach Anforderung der zuständigen Bundesoberbehörde vorgelegt werden. Das BfArM erwartet bei der Anzeige einer nichtinterventionellen Unbedenklichkeitsprüfung ferner die Vorlage des sog. Outcome Fax des PRAC/CHMP zur Freigabe des PASS-Protokolls, sofern eine solche Freigabe durch das PRAC/CHMP erteilt wurde. Die Vorlage an das PRAC/CHMP kann durch den Zulassungsinhaber freiwillig erfolgen. Seit Juli 2015 bietet die EMA im Rahmen eines einjährigen Pilotverfahrens Zulassungsinhabern an, die auf freiwilliger Ebene eine nichtinterventionelle Unbedenklichkeitsstudie (PASS) durchführen, Protokolle im Scientific Advice prüfen zu lassen. Die Prüfung wird durch die Scientific Advice Working Party (SAWP) gemeinsam mit dem PRAC durchgeführt[10].

Hinsichtlich des **Formats des Prüfprotokolls** existieren bei freiwillig durchgeführten Unbedenk- **8** lichkeitsstudien grundsätzlich keine gesetzlichen Vorgaben. Allerdings ist in diesem Zusammenhang auf die Durchführungsverordnung (EU) Nr. 520/2012 hinzuweisen, welche in Kap. VIII Bestimmungen zu Unbedenklichkeitsstudien nach der Zulassung enthält. Die Bestimmungen sind gem. Art. 36 I der Durchführungsverordnung zwar nur für angeordnete Unbedenklichkeitsstudien nach der Zulassung anwendbar. Allerdings führt Anhang III der Durchführungsverordnung (EU) Nr. 520/2012 die wichtigsten Gesichtspunkte für das Format eines Protokolls auf. Insofern ist auch bei freiwilligen nichtinterventionellen Unbedenklichkeitsstudien zu empfehlen, sich eng an die Protokollvorgaben des Anhangs III der Durchführungsverordnung (EU) Nr. 520/2012 zu halten. Anhang III entspricht zudem auch den Vorgaben des GVP-Moduls VIII zum Format und Inhalt eines Studienprotokolls[11].

GVP-Modul VIII gibt zudem Hinweise für die Inhalte der **Fortschrittsberichte** (progress reports)[12]. **9** Neben der Vorlage bei der zuständigen Bundesoberbehörde nach Anforderung wird gefordert, dass die Fortschrittsberichte bei den PSURs und ggf. im RMP des Zulassungsinhabers Berücksichtigung finden sollen[13].

III. Vorlage des Abschlussberichts (S. 3)

Innerhalb eines Jahres nach Abschluss der Datenerfassung hat der Inhaber der Zulassung der zuständi- **10** gen Bundesoberbehörde den Abschlussbericht zu übermitteln. Das BfArM verlangt die Übersendung des Abschlussberichts in **elektronischer Form** und als nichtkopiergeschütztes PDF-Dokument. Ebenso wie beim Protokoll einer freiwillig durchgeführten nichtinterventionellen Unbedenklichkeitsstudie bestehen grundsätzlich auch keine gesetzlich verbindlichen Vorgaben für das Format und die Inhalte eines Abschlussberichts. Allerdings führen Anhang III der Durchführungsverordnung (EU) Nr. 520/2012 sowie das GVP-Modul VIII ebenfalls die wichtigsten Gesichtspunkte für das **Format eines Abschlussberichts** auf[14]. Diese sollten die Grundlage für jeden Abschlussbericht bilden, da andernfalls die Gefahr besteht, dass diese von den zuständigen Bundesoberbehörden nicht akzeptiert werden.

Entsprechend den Vorgaben des BfArM müssen die Abschlussberichte **alle Ergebnisse** unabhängig **11** davon, ob sie günstig oder ungünstig sind, enthalten[15]. Mit Ausnahme des Namens und der Anschrift des Durchführenden sowie der Angabe des Namens und der Anschrift von nach § 4a BDSG einwilligender Personen dürfen die Berichte keine personenbezogenen, insbes. patientenbezogenen Daten enthalten. Entsprechende Angaben sind durch den Einreichenden zu schwärzen. Die übermittelten Abschlussberichte werden durch die zuständige Bundesoberbehörde der Öffentlichkeit über ein noch einzurichtendes **Internetportal für PASS** zur Verfügung gestellt[16].

B. Ausschluss des Anwendungsbereichs (Abs. 2)

Für nichtinterventionelle Unbedenklichkeitsprüfungen, die vom Inhaber der Zulassung auf Grund **12** einer Auflage nach § 28 III, IIIa oder IIIb durchgeführt werden, gilt ausschließlich das Verfahren nach **§ 63g.** Anders als bei der freiwilligen nichtinterventionellen Unbedenklichkeitsprüfung, bei der eine

---

[9] Entwurf einer gemeinsamen Bekanntmachung des BfArM und des PEI v. 20.10.2014, S. 10; abrufbar unter www.bfarm.de.

[10] Vgl. Information der EMA zu Post-authorisation safety studies, questions and answers, Question 10 on „Scientific advice for safety studies NEW July 2015", abrufbar unter www.ema.europa.eu.

[11] Vgl. GVP-Module VIII, Post-authorisation safety studies (Rev 1), 19.4.2013 (EMA/813938/2011 Rev 1), S. 8.

[12] Vgl. GVP-Module VIII, Post-authorisation safety studies (Rev 1), 19.4.2013 (EMA/813938/2011 Rev 1), S. 12.

[13] Vgl. GVP-Module VIII, Post-authorisation safety studies (Rev 1), 19.4.2013 (EMA/813938/2011 Rev 1), S. 12.

[14] Vgl. Anhang III der Durchführungsverordnung (EU) Nr. 520/2012; GVP-Module VIII, Post-authorisation safety studies (Rev 1), 19.4.2013 (EMA/813938/2011 Rev 1), S. 12 ff.

[15] Vgl. FAQ Klinische Prüfungen – Fragen und Antworten zur Klinik – Anwendungsbeobachtungen (Wie soll der Abschlussbericht eingereicht werden?); abrufbar unter www.bfarm.de (zuletzt abgerufen 8/2015).

[16] Vgl. FAQ Klinische Prüfungen – Fragen und Antworten zur Klinik – Anwendungsbeobachtungen (Wie soll der Abschlussbericht eingereicht werden?); abrufbar unter www.bfarm.de (zuletzt abgerufen 8/2015); siehe zum Datenschutz auch: GVP-Module VIII, Post-authorisation safety studies (Rev 1), 19.4.2013 (EMA/813938/2011 Rev 1), S. 16.

bloße Anzeige vor Beginn der Prüfung ausreicht, erfordert der Beginn einer **angeordneten nicht-intervenionellen Unbedenklichkeitsprüfung** u. a. eine Genehmigung der zuständigen Bundesoberbehörde. Damit steht der Beginn einer angeordneten nichtinterventionellen Unbedenklichkeitsprüfung im **Ermessen** der zuständigen Bundesoberbehörde.

C. Unzulässigkeit der Durchführung von nichtinterventionellen Unbedenklichkeitsprüfungen (Abs. 3)

13   Abs. 3 führt drei Kriterien auf, bei deren Vorliegen eine nichtinterventionelle Unbedenklichkeitsstudie per se unzulässig ist. Da sich diese Bestimmung auf Unbedenklichkeitsstudien nach Abs. 1 und 2 bezieht, sind bei Vorliegen eines der Kriterien sowohl freiwillige als auch behördlich angeordnete nichtinterventionelle Unbedenklichkeitsprüfungen unzulässig. Die Kriterien in **Abs. 3 Nr. 1 – 3** gelten alternativ, d. h. eine Unbedenklichkeitsprüfung ist schon dann unzulässig, wenn eines der Kriterien erfüllt ist. Allerdings überlappen sich die Kriterien, so dass anzunehmen ist, dass eine **unzulässige Prüfung** wahrscheinlich immer mehrere Kriterien erfüllen wird. Sämtliche Kriterien dienen der Verhinderung einer unsachgerechten Beeinflussung von Verordnungsentscheidungen. Dieses Prinzip gilt gleichermaßen auch bei der Durchführung einer AWB und lässt sich aus den Anzeigepflichten des § 67 VI entnehmen. Es soll flächendeckend sichergestellt werden, dass durch die nichtinterventionelle Unbedenklichkeitsstudie **kein Anreiz** für eine bevorzugte Verschreibung oder Empfehlung für ein bestimmtes Arzneimittel entsteht[17]. Unzulässig sind insbesondere solche Prüfungen, die durch ihre Durchführung die Anwendung des Arzneimittels fördern sollen, somit Werbecharakter haben[18]. Diese Gefahr dürfte bei angeordneten nichtinterventionellen Unbedenklichkeitsstudien eher von untergeordneter Bedeutung sein, da die Motivation des Zulassungsinhabers zur Durchführung der angeordneten Prüfung eine andere ist. Allerdings kann auch bei diesen Prüfungen eine unzulässige Einflussnahme, z. B. durch Zahlung von unangemessen hohen Vergütungen, nicht ausgeschlossen werden.

D. Inhalt und Umfang der Anzeigepflichten gegenüber anderen Stellen (Abs. 4)

I. Adressaten der Anzeige (S. 1)

14   Der Inhaber der Zulassung hat Unbedenklichkeitsprüfungen nach den Abs. 1 und 2 auch der Kassenärztlichen Bundesvereinigung, dem Spitzenverband Bund der Krankenkassen und dem Verband der Privaten Krankenversicherung e. V. unverzüglich anzuzeigen. Diese **Anzeigepflicht** entspricht der Anzeigepflicht für AWB gemäß § 67 VI 1.

II. Inhalt der Anzeige (S. 2)

15   Bei der Anzeige gegenüber den in Abs. 4 S. 1 genannten Stellen sind Ort, Zeit, Ziel und Protokoll der Prüfung sowie Name und **lebenslange Arztnummer** der beteiligten Ärzte anzugeben.

III. Angaben zur Angemessenheit der Entschädigung (S. 3)

16   Sofern beteiligte Ärzte Leistungen zu Lasten der gesetzlichen Krankenversicherung erbringen, sind bei Anzeigen nach S. 1 auch die Art und die Höhe der jeweils an sie tatsächlich geleisteten Entschädigungen anzugeben sowie jeweils eine Ausfertigung der mit ihnen geschlossenen Verträge und jeweils eine Darstellung des Aufwandes für die beteiligten Ärzte und eine Begründung für die **Angemessenheit der Entschädigung** zu übermitteln. Diese Anzeigepflicht bedeutet für den Zulassungsinhaber einen erheblichen organisatorischen Aufwand. Die Angemessenheit der Entschädigung ist zudem gesetzlich nicht definiert. Die Regelung ist auf das Äquivalenzprinzip bei Vertragsbeziehungen zurückzuführen[19]. Für die Grundsätze der Angemessenheit einer Entschädigung können aber für nichtinterventionelle Unbedenklichkeitsprüfungen die gleichen Prinzipien herangezogen werden, wie sie für AWB inzwischen akzeptiert sind. In der Regel findet bei der Kalkulation eine Orientierung an der Gebührenordnung für Ärzte (GOÄ) und dem jeweiligen Aufwand bei der Erhebung der Daten statt[20]. Ferner sind Ausfertigungen der geschlossenen Verträge sowie Art und Höhe der tatsächlich geleisteten Entschädigungen zu übermitteln.

---

[17] Vgl. Begründung im Referentenentwurf v. 17.2.2012, BR-Drucks. 91/12, S. 100; vgl. zu den Hintergründen der staatsanwaltlichen Ermittlungen zu AWB: *Dieners/Klümper/Oeben*, in: Dieners/Reese, § 12 Rn. 68 ff.
[18] Vgl. Begründung im Referentenentwurf v. 17.2.2012, BR-Drucks. 91/12, S. 100.
[19] Vgl. *Dieners/Klümper/Oeben*, in: Dieners/Reese, § 12 Rn. 39.
[20] Vgl. *Dieners/Klümper/Oeben*, in: Dieners/Reese, § 12 Rn. 39.

IV. Anzeige von Veränderungen (S. 4)

Sämtliche **Veränderungen** der in S. 3 genannten Informationen sind innerhalb von vier Wochen **17** nach jedem Quartalsende zu übermitteln. Sollte sich daher die Höhe der Entschädigung ändern oder Änderungen an den geschlossenen Verträgen ergeben, sind diese Veränderungen innerhalb der genannten Frist zu übermitteln.

V. Zuordnung der geleisteten Entschädigungen (S. 5)

Abs. 4 S. 5 bestimmt ferner, dass die **tatsächlich geleisteten Entschädigungen** mit Zuordnung zu **18** beteiligten Ärzten namentlich mit Angabe der lebenslangen Arztnummer zu übermitteln sind.

VI. Anzeige der insgesamt geleisteten Entschädigungen (S. 6)

Innerhalb eines Jahres nach Abschluss der Datenerfassung sind unter Angabe der insgesamt beteiligten **19** Ärzte die Anzahl der jeweils und insgesamt beteiligten Patienten und Art und Höhe der jeweils und **insgesamt geleisteten Entschädigungen** zu übermitteln.

VII. Elektronische Übermittlung (S. 7)

Sämtliche Angaben nach Abs. 4 sind **elektronisch** zu übermitteln. Die Empfänger der Anzeigen **20** stellen üblicherweise entsprechende Formblätter für die Übermittlung der Informationen zur Verfügung.

E. Sanktionen

Ordnungswidrig gem. § 97 II Nr. 24k handelt, wer vorsätzlich oder fahrlässig entgegen Abs. 1 S. 3 **21** einen Abschlussbericht nicht oder nicht rechtzeitig übermittelt.

§ 63g Besondere Voraussetzungen für angeordnete nichtinterventionelle Unbedenklichkeitsprüfungen

(1) Der Inhaber der Zulassung hat bei nichtinterventionellen Unbedenklichkeitsprüfungen, die nach § 28 Absatz 3, 3a oder 3b angeordnet wurden, den Entwurf des Prüfungsprotokolls vor Durchführung
1. **der zuständigen Bundesoberbehörde, wenn es sich um eine Prüfung handelt, die nur im Inland durchgeführt wird,**
2. **dem Ausschuss für Risikobewertung im Bereich der Pharmakovigilanz, wenn es sich um eine Prüfung handelt, die in mehreren Mitgliedstaaten der Europäischen Union durchgeführt wird,**

vorzulegen.

(2) [1]Eine nichtinterventionelle Unbedenklichkeitsprüfung nach Absatz 1 darf nur begonnen werden, wenn der Protokollentwurf bei Prüfungen nach Absatz 1 Nummer 1 durch die zuständige Bundesoberbehörde genehmigt wurde oder bei Prüfungen nach Absatz 1 Nummer 2 durch den Ausschuss für Risikobewertung im Bereich der Pharmakovigilanz genehmigt wurde und der Protokollentwurf der zuständigen Bundesoberbehörde vorliegt. [2]Die zuständige Bundesoberbehörde hat nach Vorlage des Protokollentwurfs innerhalb von 60 Tagen über die Genehmigung der Prüfung zu entscheiden. [3]Eine Genehmigung ist zu versagen, wenn die Anwendung des Arzneimittels gefördert werden soll, die Ziele mit dem Prüfungsdesign nicht erreicht werden können oder es sich um eine klinische Prüfung nach § 4 Absatz 23 Satz 1 handelt.

(3) [1]Nach Beginn einer Prüfung nach Absatz 1 sind wesentliche Änderungen des Protokolls vor deren Umsetzung,
1. **wenn es sich um eine Prüfung handelt, die nur im Inland durchgeführt wird, von der zuständigen Bundesoberbehörde,**
2. **wenn es sich um eine Prüfung handelt, die in mehreren Mitgliedstaaten der Europäischen Union durchgeführt wird, von dem Ausschuss für Risikobewertung im Bereich der Pharmakovigilanz**

zu genehmigen. [2]Wird die Prüfung in den Fällen von Satz 1 Nummer 2 auch im Inland durchgeführt, unterrichtet der Inhaber der Zulassung die zuständige Bundesoberbehörde über die genehmigten Änderungen.

(4) [1] Nach Abschluss einer Prüfung nach Absatz 1 ist der abschließende Prüfungsbericht

1. in den Fällen nach Absatz 1 Nummer 1 der zuständigen Bundesoberbehörde,

2. in den Fällen nach Absatz 1 Nummer 2 dem Ausschuss für Risikobewertung im Bereich der Pharmakovigilanz

innerhalb von zwölf Monaten nach Abschluss der Datenerfassung vorzulegen, wenn nicht durch die nach Satz 1 Nummer 1 oder 2 zuständige Stelle auf die Vorlage verzichtet worden ist. [2] Der Abschlussbericht ist zusammen mit einer Kurzdarstellung der Prüfungsergebnisse elektronisch zu übermitteln.

Übersicht

A. Vorlage des Entwurfs eines Prüfungsprotokolls (Abs. 1)

1 Die Bestimmung des § 63g wurde mit dem 2. AMG-ÄndG 2012 eingefügt. § 63g dient der Umsetzung von Art. 107n bis 107q der RL 2001/83/EG[1] und bezieht sich ausschließlich auf solche nichtinterventionellen Unbedenklichkeitsprüfungen, die nach § 28 III, IIIa oder IIIb und damit per **Auflage** behördlich angeordnet wurden. Der Begriff der Unbedenklichkeitsprüfung ist in § 4 XXXIV gesetzlich definiert (s. § 4 Rn. 254 ff.). § 63g bezieht sich ebenso wie § 63f nur auf die **nichtinterventionelle Unbedenklichkeitsprüfung**. Die interventionelle Unbedenklichkeitsprüfung unterfällt als klinische Prüfung den Vorgaben der §§ 40 ff. (s. § 63f Rn. 2).

2 Abs. 1 verlangt, dass der Zulassungsinhaber vor der Durchführung einer angeordneten nichtinterventionellen Unbedenklichkeitsprüfung den **Entwurf des Prüfungsprotokolls** einer der in Abs. 1 Nr. 1 und 2 bezeichneten Stellen vorlegt. Art. 36–38 der Durchführungsverordnung (EU) Nr. 520/2012 enthält weitere Bestimmungen für angeordnete nichtinterventionelle Unbedenklichkeitsprüfungen. Das **Format des Prüfungsprotokolls** wird für angeordnete Unbedenklichkeitsstudien in Anhang III der Durchführungsverordnung (EU) Nr. 520/2012 detailliert festgelegt. Des Weiteren kann die EMA gemäß Art. 36 IV der Durchführungsverordnung geeignete Muster für das Protokoll veröffentlichen. Das Prüfungsprotokoll umfasst u. a. einen Zeitplan, eine Begründung für den wissenschaftlichen Hintergrund, die Zielsetzung und den Studienumfang.

3 Informationen, Beobachtungspläne und Abschlussberichte sowohl zu freiwilligen als auch zu angeordneten Unbedenklichkeitsprüfungen nach der Zulassung nach §§ 63f bzw. 63g sollen entsprechend den Vorgaben des GVP-Moduls VIII im **EU-PAS-Register** nach Art. 26 VO (EG) Nr. 726/2004 veröffentlicht werden. Die Registrierung im EU-PAS-Register ersetzt jedoch nicht die Verpflichtung zur Genehmigung der angeordneten nichtinterventionellen Unbedenklichkeitsprüfung nach § 63g.

I. Rein nationale Unbedenklichkeitsprüfung (Nr. 1)

4 Da behördlich **angeordnete Unbedenklichkeitsprüfungen** sowohl national als auch in mehreren europäischen Mitgliedstaaten durchgeführt werden können, legt **Abs. 1 Nr. 1** fest, dass der Entwurf des Prüfungsprotokolls für nichtinterventionelle Unbedenklichkeitsprüfungen, die nur in Deutschland durchgeführt werden, der zuständigen Bundesoberbehörde vorzulegen ist.

II. Unbedenklichkeitsprüfung in mehreren europäischen Mitgliedstaaten (Nr. 2)

5 Wird eine angeordnete nichtinterventionelle Unbedenklichkeitsprüfungen in mehreren Mitgliedstaaten der EU durchgeführt, dann muss der Entwurf des Prüfungsprotokolls zwingend dem Ausschuss für Risikobewertung im Bereich der Pharmakovigilanz (Pharmacovigilance Risk Assessment Committee –

---

[1] Vgl. Referentenentwurf vom 17.2.2012, BR-Drucks. 91/12, S. 100.

PRAC) vorgelegt werden[2]. Für die freiwilligen nichtinterventionelle Unbedenklichkeitsprüfungen nach § 63f gilt diese gesetzliche Vorlagepflicht nicht. Allerdings kann der Zulassungsinhaber auf freiwilliger Ebene einen Scientific Advice beim PRAC durchführen und das Protokoll dort bewerten lassen[3].

B. Genehmigungsverfahren (Abs. 2)

I. Genehmigungspflicht (S. 1)

Die Unbedenklichkeitsprüfung darf nur begonnen werden, wenn der **Protokollentwurf** bei rein **6** nationalen Prüfungen durch die zuständige Bundesoberbehörde oder bei Prüfungen in mehreren Mitgliedstaaten der EU durch das PRAC genehmigt wurde. Ferner muss der genehmigte Protokollentwurf der zuständigen Bundesoberbehörde vorgelegt werden[4].

II. Genehmigungsverfahren (S. 2)

Die zuständige Bundesoberbehörde hat nach Vorlage des Protokollentwurfs innerhalb von **60 Tagen** **7** über die Genehmigung der Prüfung zu entscheiden. Die gleiche Frist gilt für die Bewertung durch das PRAC bei multinationalen Unbedenklichkeitsprüfungen. Es handelt sich hierbei um eine explizite **Genehmigung**, so dass der Zulassungsinhaber die positive Entscheidung der zuständigen Bundesoberbehörde abwarten muss, bevor er die nichtinterventionelle Unbedenklichkeitsprüfung in Deutschland beginnen kann.

III. Versagung der Genehmigung (S. 3)

Die zuständige Bundesoberbehörde muss die Genehmigung versagen, wenn die Anwendung des Arznei- **8** mittels gefördert werden soll, die Ziele mit dem Prüfungsdesign nicht erreicht werden können oder es sich um eine klinische Prüfung nach § 4 XXIII 1 handelt. Fraglich ist, ob es sich ähnlich wie bei den Versagungsgründen nach § 42 II 3 für den Beginn der klinischen Prüfung um die abschließende **Aufzählung von Versagungsgründen** handelt oder die zuständige Bundesoberbehörde im Falle der Prüfung einer nichtinterventionellen Unbedenklichkeitsprüfung **auch andere Versagungsgründe** geltend machen kann[5]. Der Wortlaut von Abs. 2 S. 3 ist so gefasst, dass es sich bei den aufgeführten Versagungsgründen jedenfalls um besondere Gründe handelt, bei deren Vorliegen der zuständigen Bundesoberbehörde zumindest **kein Ermessensspielraum** zustehen dürfte[6].

Die unzulässige **Förderung der Anwendung eines Arzneimittels** führt auch bei freiwilligen nicht- **9** interventionellen Unbedenklichkeitsprüfungen zur Unzulässigkeit der gesamten Prüfung gemäß § 63f III 1. Die Bundesoberbehörde prüft zudem das geplante Design der Prüfung. Kommt sie zu dem Schluss, dass das geplante Studienziel auf diese Weise (z. B. unzureichende statistische Voraussetzungen) nicht erreicht werden kann, ist die Genehmigung zu versagen. Schließlich muss die Genehmigung auch dann versagt werden, wenn es sich bei der Prüfung um eine klinische Prüfung handelt. Dies wäre z. B. der Fall, wenn im Rahmen der Unbedenklichkeitsprüfung eine interventionelle Maßnahme vorgesehen ist, die über die übliche ärztliche Praxis hinausgeht (s. zur gesetzlichen Definition der nichtinterventionellen Prüfung § 4 Rn. 186).

C. Protokolländerungen (Abs. 3)

I. Genehmigung von Änderungen (S. 1)

Nach Beginn einer angeordneten nichtinterventionellen Unbedenklichkeitsprüfung sind **wesentliche** **10** **Änderungen des Protokolls** vor deren Umsetzung zu genehmigen. Die Zuständigkeit für die Genehmigungsentscheidung richtet sich wieder danach, ob es sich um eine rein nationale Prüfung oder eine Prüfung handelt, die in mehreren Mitgliedstaaten durchgeführt wird[7]. Im ersten Fall ist die zuständige Bundesoberbehörde und im zweiten Fall das PRAC zuständig. Ähnlich wie bei klinischen Prüfungen dürfte die Frage, ob es sich im Einzelfall nur um eine geringfügige oder eine wesentliche Änderung

---

[2] Abrufbar unter http://www.ema.europa.eu/ema.
[3] Vgl. Information der EMA zu Post-authorisation safety studies, questions and answers, Question 10 on „Scientific advice for safety studies NEW July 2015", abrufbar unter www.ema.europa.eu.
[4] Vgl. Referentenentwurf vom 17.2.2012, BR-Drucks. 91/12, S. 100.
[5] Nach Auffassung von *Sander*, § 63g AMG Anm. 3, kommt eine Versagung aus sonstigen Gründen nicht in Betracht.
[6] So auch zutreffend *Sander*, Arzneimittelrecht, § 63g Anm. 3.
[7] GVP-Modul VIII Addendum 1 führt in zwei Übersichten auf, an welche Mitgliedstaaten u. a. Informationen zu wesentlichen Änderung gesendet werden müssen: Module VIII Addendum I – Member States' requirements for transmission of information on non-interventional post-authorisation safety studies (Rev 1) vom 19.4.2013 (EMA/395730/2012 Rev 1).

handelt, in der Praxis zu Schwierigkeiten führen. In diesem Zusammenhang kann die Begriffsbestimmung des **GVP-Moduls VIII** zu „Substantial amendment to the study protocol" eine Orientierung bieten[8].

II. Unterrichtungspflicht des Zulassungsinhabers (S. 2)

11   Wird eine multinationale Prüfung auch in Deutschland durchgeführt, muss der Inhaber der Zulassung die zuständige Bundesoberbehörde über die vom PRAC **genehmigten Änderungen** unterrichten.

D. Abschluss der Prüfung (Abs. 4)

I. Vorlage des Abschlussberichts (S. 1)

12   Nach Abschluss einer Prüfung ist der abschließende Prüfungsbericht innerhalb von zwölf Monaten nach **Abschluss der Datenerfassung** der zuständigen Bundesoberbehörde bei rein nationalen und dem PRAC bei multinationalen Unbedenklichkeitsprüfungen vorzulegen, wenn nicht durch die zuständige Bundesoberbehörde oder das PRAC auf die Vorlage verzichtet worden ist.

13   Art. 37 der Durchführungsverordnung (EU) Nr. 520/2012 enthält wichtige Definitionen zum Beginn und Ende der Datenerhebung. Dies ist auch für die Berechnung der Fristen für die Vorlage des **Abschlussberichts** bedeutsam. **Beginn der Datenerhebung** ist danach der Zeitpunkt, ab dem Informationen über den ersten Probanden erstmals im Datensatz der Studie aufgezeichnet werden, oder bei der Verwendung von Daten aus zweiter Hand, der Zeitpunkt, zu dem die Datenextraktion beginnt. Das **Ende der Datenerhebung** bezeichnet den Zeitpunkt, zu dem der Analysedatensatz vollständig vorliegt.

14   Das **Format und die Inhalte des Abschlussberichts** ergeben sich aus Anhang III der Durchführungsverordnung (EU) Nr. 520/2012.

II. Übermittlung (S. 2)

15   Der Abschlussbericht ist zusammen mit einer **Kurzdarstellung der Prüfungsergebnisse** elektronisch zu übermitteln.

E. Sanktionen

16   **Ordnungswidrig** handelt, wer entgegen § 63g I einen Entwurf des Prüfungsprotokolls nicht, nicht richtig oder nicht rechtzeitig vorlegt (§ 97 II Nr. 24l), wer entgegen § 63g II 1 mit einer Unbedenklichkeitsprüfung beginnt (§ 97 II Nr. 24m) oder wer entgegen § 63g IV 1 einen Prüfungsbericht nicht, nicht richtig, nicht vollständig oder nichtrechtzeitig vorlegt (§ 97 II Nr. 24n).

§ 63h Dokumentations- und Meldepflichten für Arzneimittel, die zur Anwendung bei Tieren bestimmt sind

(1) Der Inhaber der Zulassung hat für Arzneimittel, die zur Anwendung bei Tieren bestimmt sind, Unterlagen über alle Verdachtsfälle von Nebenwirkungen, die in der Europäischen Union oder einem Drittland auftreten, sowie Angaben über die abgegebenen Mengen zu führen.

(2) [1]Der Inhaber der Zulassung hat für Arzneimittel, die zur Anwendung bei Tieren bestimmt sind, ferner

1. jeden ihm bekannt gewordenen Verdachtsfall einer schwerwiegenden Nebenwirkung, der im Geltungsbereich dieses Gesetzes aufgetreten ist, zu erfassen und der zuständigen Bundesoberbehörde

2. a) jeden ihm durch einen Angehörigen eines Gesundheitsberufes bekannt gewordenen Verdachtsfall einer schwerwiegenden unerwarteten Nebenwirkung, der nicht in einem Mitgliedstaat der Europäischen Union aufgetreten ist,
   b) bei Arzneimitteln, die Bestandteile aus Ausgangsmaterial von Mensch oder Tier enthalten, jeden ihm bekannt gewordenen Verdachtsfall einer Infektion, die eine schwerwiegende Nebenwirkung ist und durch eine Kontamination dieser Arzneimittel mit Krankheitserregern verursacht wurde und nicht in einem Mitgliedstaat der Europäischen

---

[8] Substantial amendment to the study protocol: amendment to the protocol likely to have an impact on the safety, physical or mental well-being of the study participants or that may affect the study results and their interpretation, such as changes to the primary or secondary objectives of the study, to the study population, to the sample size, to the definitions of the main exposure, outcome and confounding variables and to the analytical plan; vgl. GVP-Module VIII, Post-authorisation safety studies (Rev 1), 19.4.2013 (EMA/813938/2011 Rev 1), S. 6.

Union aufgetreten ist, unverzüglich, spätestens aber innerhalb von 15 Tagen nach Bekanntwerden, der zuständigen Bundesoberbehörde sowie der Europäischen Arzneimittel-Agentur, und

3. häufigen oder im Einzelfall in erheblichem Umfang beobachteten Missbrauch, wenn durch ihn die Gesundheit unmittelbar gefährdet werden kann, der zuständigen Bundesoberbehörde unverzüglich

anzuzeigen. ²Die Anzeigepflicht nach Satz 1 Nummer 1 und 2 Buchstabe a gilt entsprechend für Nebenwirkungen bei Menschen auf Grund der Anwendung eines zur Anwendung bei Tieren bestimmten Arzneimittels.

(3) Der Inhaber der Zulassung, der die Zulassung im Wege der gegenseitigen Anerkennung oder im dezentralisierten Verfahren erhalten hat, stellt für Arzneimittel, die zur Anwendung bei Tieren bestimmt sind, ferner sicher, dass jeder Verdachtsfall

1. einer schwerwiegenden Nebenwirkung oder
2. einer Nebenwirkung bei Menschen auf Grund der Anwendung eines zur Anwendung bei Tieren bestimmten Arzneimittels,

der im Geltungsbereich dieses Gesetzes aufgetreten ist, auch der zuständigen Behörde des Mitgliedstaates zugänglich ist, dessen Zulassung Grundlage der Anerkennung war oder die im Rahmen eines Schiedsverfahrens nach Artikel 36 der Richtlinie 2001/82/EG Berichterstatter war.

(4) Der zuständigen Bundesoberbehörde sind für Arzneimittel, die zur Anwendung bei Tieren bestimmt sind, alle zur Beurteilung von Verdachtsfällen oder beobachteten Missbrauchs vorliegenden Unterlagen sowie eine wissenschaftliche Bewertung vorzulegen.

(5) ¹Der Inhaber der Zulassung hat für Arzneimittel, die zur Anwendung bei Tieren bestimmt sind, sofern nicht durch Auflage oder in Satz 5 oder 6 anderes bestimmt ist, auf der Grundlage der in Absatz 1 und in § 63a Absatz 1 genannten Verpflichtungen der zuständigen Bundesoberbehörde einen regelmäßigen aktualisierten Bericht über die Unbedenklichkeit des Arzneimittels unverzüglich nach Aufforderung oder mindestens alle sechs Monate nach der Zulassung bis zum Inverkehrbringen vorzulegen. ²Ferner hat er solche Berichte unverzüglich nach Aufforderung oder mindestens alle sechs Monate während der ersten beiden Jahre nach dem ersten Inverkehrbringen und einmal jährlich in den folgenden zwei Jahren vorzulegen. ³Danach hat er die Berichte in Abständen von drei Jahren oder unverzüglich nach Aufforderung vorzulegen. ⁴Die regelmäßigen aktualisierten Berichte über die Unbedenklichkeit von Arzneimitteln umfassen auch eine wissenschaftliche Beurteilung des Nutzens und der Risiken des betreffenden Arzneimittels. ⁵Die zuständige Bundesoberbehörde kann auf Antrag die Berichtsintervalle verlängern. ⁶Bei Arzneimitteln, die nach § 36 Absatz 1 von der Zulassung freigestellt sind, bestimmt die zuständige Bundesoberbehörde den Zeitpunkt der Vorlage der regelmäßigen aktualisierten Berichte über die Unbedenklichkeit des Arzneimittels in einer Bekanntmachung, die im Bundesanzeiger veröffentlicht wird. ⁷Die Sätze 1 bis 6 gelten nicht für den Parallelimporteur.

(6) ¹Die Absätze 1 bis 5, § 62 Absatz 6 und § 63b Absatz 3 gelten entsprechend

1. für den Inhaber der Registrierung nach § 39a,
2. für einen pharmazeutischen Unternehmer, der nicht Inhaber der Zulassung oder Inhaber der Registrierung nach § 39a ist und der ein zulassungspflichtiges oder ein von der Pflicht zur Zulassung freigestelltes oder ein traditionelles pflanzliches Arzneimittel in den Verkehr bringt.

²Die Absätze 1 bis 4 gelten entsprechend

1. für den Inhaber der Registrierung nach § 38,
2. für einen pharmazeutischen Unternehmer, der nicht Inhaber der Registrierung nach § 38 ist und ein registrierungspflichtiges oder von der Pflicht zur Registrierung freigestelltes homöopathisches Arzneimittel in den Verkehr bringt,
3. für den Antragsteller vor Erteilung der Zulassung.

³Die Absätze 1 bis 4 gelten unabhängig davon, ob sich das Arzneimittel noch im Verkehr befindet oder die Zulassung oder die Registrierung noch besteht. ⁴Die Erfüllung der Verpflichtungen nach den Absätzen 1 bis 5 kann durch schriftliche Vereinbarung zwischen dem Inhaber der Zulassung und dem pharmazeutischen Unternehmer, der nicht Inhaber der Zulassung ist, ganz oder teilweise auf den Inhaber der Zulassung übertragen werden.

(7) ¹Die Absätze 1 bis 6 finden keine Anwendung auf Arzneimittel, für die von der Europäischen Gemeinschaft oder der Europäischen Union eine Genehmigung für das Inverkehrbringen erteilt worden ist. ²Für diese Arzneimittel gelten die Verpflichtungen des pharmazeutischen Unternehmers nach der Verordnung (EG) Nr. 726/2004 und seine Verpflichtungen nach der Verordnung (EG) Nr. 540/95 in der jeweils geltenden Fassung mit der Maßgabe, dass im

Geltungsbereich des Gesetzes die Verpflichtung zur Mitteilung an die Mitgliedstaaten oder zur Unterrichtung der Mitgliedstaaten gegenüber der jeweils zuständigen Bundesoberbehörde besteht. ³Bei Arzneimitteln, bei denen eine Zulassung der zuständigen Bundesoberbehörde Grundlage der gegenseitigen Anerkennung ist oder bei denen eine Bundesoberbehörde Berichterstatter in einem Schiedsverfahren nach Artikel 36 der Richtlinie 2001/82/EG ist, übernimmt die zuständige Bundesoberbehörde die Verantwortung für die Analyse und Überwachung aller Verdachtsfälle schwerwiegender Nebenwirkungen, die in der Europäischen Union auftreten; dies gilt auch für Arzneimittel, die im dezentralisierten Verfahren zugelassen worden sind.

Wichtige Änderungen der Vorschrift: Eingefügt durch Art. 1 Nr. 50 des Zweiten Gesetzes zur Änderung arzneimittelrechtlicher und anderer Vorschriften vom 19.10.2012 (BGBl. I S. 2192).

Übersicht

A. Allgemeines

1   Die im Zuge des 2. AMG-ÄndG 2012 eingefügte Vorschrift enthält Regelungen zur Pharmakovigilanz bei Tierarzneimitteln. Während das Recht der Pharmakovigilanz für Humanarzneimittel in Umsetzung von Art. 107b I und II RL 2001/83/EG zu einer deutlichen Ausweitung der Pharmakovigilanz – Vorschriften im Gesetz geführt hat, übernimmt die neugeschaffene Norm für Tierarzneimittel im Wesentlichen die Regelungen des § 63b a. F[1]. Sie dient der Implementierung der Art. 74 und 75 der RL 2001/82/EG in nationales Recht.

2   Die Vorschriften zur Pharmakovigilanz bei Tierarzneimitteln[2] belegen die zunehmende Abweichung der gesetzlichen Regelungen für Human- und Tierarzneimittel, welche die Handhabbarkeit für den Rechtsanwender nicht erleichtert.

3   In der Praxis ergänzen untergesetzliche Regelungen die eher allgemein gehaltenen gesetzlichen Vorschriften. Auch hier ist eine deutliche Entwicklung im Recht der Tierarzneimittel zu beobachten, das sich zunehmend von dem der Humanarzneimittel entfernt. Während die einschlägigen Guidelines ursprünglich einheitlich im sog. Volume 9 (The Rules governing medicinal products in the European Union – Pharmakovigilance Guidelines for Medicinal Products for both Human and Veterinary Use) geregelt waren, befinden sich die Leitlinien für Humanarzneimittel zwischenzeitlich in den „**Good Pharmakovigilance Practice Guidelines**" (**GVP**), während die Regeln für Tierarzneimittel im sog. **Volume 9B – Pharmakovigilance for Medicinal Products for Veterinary Use** – zusammengefasst sind[3].

4   Die Pharmakovigilanz-Inspektionen sind in § 62 VI geregelt, auf die dortige Kommentierung kann verwiesen werden (s. § 62 Rn. 74 ff.). Im Übrigen ergibt sich aus § 63j II, dass lediglich die Pharmakovigilanz-Vorschriften der §§ 62 bis 63a sowie § 63b I – III auch für Tierarzneimittel Anwendung finden.

B. Dokumentationspflicht des Zulassungsinhabers (Abs. 1)

5   Abs. 1 verpflichtet den Inhaber der Zulassung (§ 21) zur Sammlung von Unterlagen, die sämtliche **Verdachtsfälle von Nebenwirkungen** i. S. v. § 4 XIII 2 erfassen müssen. Über Abs. 6 werden die

---

[1] Vgl. BT-Drucks. 17/9341, S. 62.
[2] Vgl. auch *Ibrahim*, in: Fuhrmann/Klein/Fleischfresser, § 39.
[3] Volume 9b of the Rules governing medicinal products in the European Union – Guidelines on the pharmacovigilance for medicinal products for verterinary use, Stand: Oktober 2011, abrufbar unter http://www.ec.europa.eu.

Dokumentations- und Meldepflichten auch auf Inhaber von Registrierungen für traditionelle pflanzliche Arzneimittel i. S. v. § 39a sowie von homöopathischen Arzneimitteln gem. § 38 erstreckt. Darüber hinaus gelten die Pharmakovigilanzpflichten auch für alle anderen pharmazeutischen Unternehmer (§ 4 XVIII), die traditionelle pflanzliche Arzneimittel bzw. homöopathische Arzneimittel in den Verkehr bringen, gleich ob sie Inhaber einer Registrierung sind oder nicht oder die Arzneimittel von der Zulassungs- oder Registrierungspflicht freigestellt sind. Schließlich treffen die Pflichten des § 63h sowie des § 62 VI und § 63b III den Antragsteller bereits vor Erteilung der Zulassung (§ 63h VI 2 Nr. 3).

Nicht erfasst von den Pharmakovigilanz-Vorschriften sind Arzneimittel, die im Rahmen einer zen- 6 tralen Zulassung in den Verkehr gebracht werden (Abs. 7). Diese unterliegen den Regeln der VO (EG) Nr. 726/2004 und der VO (EG) Nr. 540/95.

Inhaltlich bezieht sich die Dokumentationspflicht auf sämtliche **Verdachtsfälle von Nebenwirkun-** 7 **gen** eines Arzneimittels, gleich ob sie in der EU oder außerhalb aufgetreten sind. Der Zulassungsinhaber hat somit entsprechende Aufzeichnungspflichten, sobald ihm die zumindest belastbare Vermutung einer entsprechenden Nebenwirkung bekannt wird. In der 6. Bekanntmachung zur Anzeige von Nebenwirkungen und Arzneimittelmissbrauch nach § 63b I – IX haben das BfArM und das PEI den Verdachtsfall einer Nebenwirkung so **definiert,** dass *„ein Angehöriger eines Gesundheitsberufes vermutet, dass die bei einem Patienten beobachtete schädliche und unbeabsichtigte Begleiterscheinung durch die Gabe des Arzneimittels verursacht wurde und sie daher als Nebenwirkung des Arzneimittels einstuft".* Erfolgt diese Meldung gegenüber dem pharmazeutischen Unternehmer „spontan", ist auch dann von einem Verdachtsfall einer Nebenwirkung auszugehen, wenn der Verdacht auf einen kausalen Zusammenhang vom Arzt nicht ausdrücklich geäußert wird[4].

Der Zulassungsinhaber hat darüber hinaus aufzuzeichnen, in welchen Umfang er Arzneimittel **abge-** 8 **geben** hat. Diese Dokumentationspflicht besteht unabhängig von etwaigen Arzneimittelrisiken.

C. Meldepflichten des Zulassungsinhabers (Abs. 2)

I. Überblick

Neben die Dokumentationspflichten aus Abs. 1 treten Meldepflichten gegenüber der zuständigen 9 Bundesoberbehörde sowie der EMA. Im Fall schwerwiegender Nebenwirkungen (§ 4 XIII 3) sollen die zuständigen Behörden rechtzeitig über die entsprechenden Risiken informiert werden. Das Gesetz setzt hierzu eine Meldepflicht binnen max. 15 Tagen nach Bekanntwerden vor.

II. Einzelne Meldepflichten

1. Verdachtsfälle aus Deutschland (S. 1 Nr. 1). Das Gesetz verpflichtet den Zulassungsinhaber 10 zunächst zur Registrierung und Anzeige aller ihm bekannt gewordener Verdachtsfälle von schwerwiegenden Nebenwirkungen, soweit sie in der **Bundesrepublik Deutschland** aufgetreten sind. Anzuzeigen sind die Verdachtsfälle gegenüber der zuständigen Bundesoberbehörde (§ 77). Die Dokumentations- und Anzeigepflicht erstreckt sich mithin auf solche schädlichen und unbeabsichtigten Reaktionen auf das Arzneimittel, die tödlich oder lebensbedrohlich sind, eine stationäre Behandlung oder Verlängerung einer stationären Behandlung erforderlich machen oder zu bleibenden oder schwerwiegenden Behinderungen, Invalidität, kongenitalen Anomalien oder Geburtsfehlern führen. Gem. § 4 XIII 4 sind schwerwiegende Nebenwirkungen aber auch solche unerwünschten Arzneimittelwirkungen, die ständig auftreten oder langanhaltende Symptome hervorrufen (s. § 4 Rn. 97 ff.). Anders als bei den sonstigen Anzeige- und Mitteilungspflichten des Abs. 2 enthält S. 1 Nr. 1 keine ausdrückliche Verpflichtung, die Anzeige „unverzüglich", also ohne schuldhaftes Zögern (vgl. § 121 I 1 BGB) vorzunehmen. Da die Regelung der Gefahrenabwehr dient, ist aber auch in diesem Fall von einer kurzfristigen Meldepflicht auszugehen.

2. Verdachtsfälle außerhalb der EU (S. 1 Nr 2.). Nach **Abs. 2 S. 1 Nr. 2a** hat der Zulassungs- 11 inhaber jeden ihm durch einen Angehörigen eines Gesundheitsberufes bekannt gewordenen Verdachtsfall einer schwerwiegenden unerwarteten Nebenwirkung, der außerhalb der EU aufgetreten ist, gegenüber der zuständigen Bundesoberbehörde und der EMA anzuzeigen. Die EMA hat jüngst Empfehlungen zur Durchführung der Anzeigepflichten für Tierarzneimittel unter der Bezeichnung **„Recommendation on pharmakovigilanz surveillance and signal detection of veterinary medicinal products"** veröffentlicht.[5]

Sofern es sich um Arzneimittel handelt, die aus **biologischen Ausgangsmaterialien** hergestellt 12 wurden, sind sämtliche Verdachtsfälle einer Infektion, die ihrerseits eine schwerwiegende Nebenwirkung im Sinne von § 4 XIII darstellen und die durch Kontamination des Arzneimittels mit Krankheitserregern

---

[4] 6. Bekanntmachung zur Anzeige von Nebenwirkungen und Arzneimittelmissbrauch vom 19.1.2010, abrufbar unter http://www.pei.de.
[5] EMA/CVMP/PhVWP/901279/2011, abrufbar unter www.ema.europa.eu/docs/ (Inkrafttreten 1.10.2015).

verursacht wurde, unverzüglich anzuzeigen, soweit es sich um Verdachtsfälle außerhalb der EU handelt (**Abs. 2 S. 1 Nr. 2b**).

13   **3. Missbrauchsfälle (S. 1 Nr. 3).** Durch die Regelung in Abs. 2 S. 1 Nr. 3 wird die Anzeigepflicht auch auf **Missbrauchsfälle** erstreckt. Der Begriff des Missbrauchs ist zwar im Recht der Tierarzneimittel nicht legal definiert. In Art. 1 XVI der Richtlinie 2001/83/EG wird der Missbrauch eines Arzneimittels definiert als *„die beabsichtigte, ständige oder sporadisch übermäßige Verwendung von Arzneimitteln mit körperlichen oder psychologischen Schäden als Folge".* Die Meldepflicht wird ausgelöst durch das Bekanntwerden eines quantitativ umfangreichen Missbrauchs oder des Missbrauchs im Einzelfall, sofern dieser zu erheblichen Schäden in der Gesundheit des Tieres führen kann. Durch die Formulierung „unmittelbar gefährdet werden kann" wird klargestellt, dass entsprechende Gesundheitsbeeinträchtigungen nicht tatsächlich eingetreten sein müssen. Es reicht insoweit aus, dass ein enger, mithin nicht nur fernliegender ursächlicher Zusammenhang zwischen dem Missbrauch und einer Gesundheitsgefährdung bestehen kann.

14   **4. Nebenwirkungen bei Menschen (S. 2).** Sofern Verdachtsfälle von Nebenwirkungen anlässlich der Anwendung von Tierarzneimitteln bei Menschen bestehen, sind diese nach S. 2 ebenfalls anzeigepflichtig. Durch die Formulierung des Gesetzes wird klargestellt, dass von dieser Anzeigepflicht nicht nur schwerwiegende Nebenwirkungen erfasst sind.

D. Mitteilungspflichten von MR- und DC-Zulassungen (Abs. 3)

15   Sofern eine Zulassung nicht nur rein national erteilt worden ist, sondern es sich um Zulassungen im Rahmen der gegenseitigen Anerkennung oder im dezentralisierten Verfahren handelt (s. zu diesen Verfahren Vor § 21 Rn. 4 ff.), hat der Zulassungsinhaber sicherzustellen, dass schwerwiegende Nebenwirkungen im Sinne von § 4 XIII 3, 4 bzw. Nebenwirkungen beim Menschen bei der Anwendung von Tierarzneimitteln, die in der Bundesrepublik Deutschland aufgetreten sind, auch der Behörde des Mitgliedstaates, welche die Bezugszulassung für das MR-Verfahren erlassen hat, angezeigt werden.

16   Bei Zulassungen im dezentralen Zulassungsverfahren ist die sog. Rapporteur-Behörde in Kenntnis zu setzen. Der Gesetzgeber hat darauf verzichtet, den Begriff des „-Zugänglichmachens" näher zu definieren. Nach der Guideline Volume 9B für die Pharmakovigilanz von Tierarzneimitteln ist aber wohl davon auszugehen, dass eine ausdrückliche Anzeige bei der jeweiligen Behörde erforderlich ist und die bloße Meldung bei der Datenbank Eudravigilance Veterinary der EMA **nicht** ausreichend sein dürfte[6].

E. Vorlage von Unterlagen (Abs. 4)

17   Nach Abs. 4 sind der zuständigen Bundesoberbehörde gem. § 77 sämtliche Unterlagen sowie deren wissenschaftliche Auswertung vorzulegen, die erforderlich sind, um **Verdachtsfälle** oder **beobachteten Missbrauch von Tierarzneimitteln** beurteilen zu können. Aufgrund der systematischen Stellung der Vorschrift könnte man zwar annehmen, dass sich die Vorlagepflicht auf Verdachts- und Missbrauchsfälle im Einzelfall (Abs. 1) bezieht, allerdings ist in Übereinstimmung mit dem Wortlaut davon auszugehen, dass sämtliche Verdachts- und Missbrauchsfälle entsprechend aufgearbeitet und wissenschaftlich bewertet werden müssen. Es sind mithin auch Informationen vorzulegen, die im Rahmen der regelmäßig zu aktualisierenden Berichte (**PSUR**) gegenüber der Bundesoberbehörde vorzulegen sind.

F. Regelmäßig aktualisierte Berichte (PSUR) (Abs. 5)

18   Durch die Regelung in Abs. 5 wird der Zulassungsinhaber verpflichtet, in regelmäßigen Abständen gegenüber der zuständigen Bundesoberbehörde über die Unbedenklichkeit des Arzneimittels zu berichten. Es handelt sich um eine Auswertung **weltweit bekannt gewordener Informationen** (sowohl zu Risiken als auch zum Nutzen eines Arzneimittels bzw. Wirkstoffs), die vom pharmazeutischen Unternehmer zudem wissenschaftlich zu bewerten sind.

19   Die entsprechenden Dokumentations-, Auswertungs- und Meldeverpflichtungen werden in Übereinstimmung mit dem internationalen Sprachgebrauch auch als „Periodic Safety Update Reports – PSUR" bezeichnet. Zu berücksichtigen ist, dass die PSUR-Pflicht nach Abs. 6 zwar auch den Inhaber einer Registrierung für traditionelle pflanzliche Arzneimittel, nicht aber den Inhaber der Registrierung für Homöopathika nach § 38 trifft. Ebenfalls ausgenommen ist der sog. Parallelimporteur, der eine Zulassung im vereinfachten Verfahren erhalten hat.

20   Die Unbedenklichkeitsberichte sind entweder auf entsprechende Aufforderung der Bundesoberbehörde unverzüglich (§ 121 BGB), mindestens aber alle **sechs Monate** nach der Zulassung bis zum ersten Inverkehrbringen vorzulegen. Nach dem ersten Inverkehrbringen besteht die Vorlagepflicht weiterhin

---

[6] Vgl. Ziff. II Nr. 3 des Volume 9b.

alle sechs Monate und zwar für die ersten beiden Jahre nach dem ersten Inverkehrbringen und sodann einmal **jährlich** in den darauffolgenden zwei Jahren.

Nach insgesamt vier Jahren nach dem ersten Inverkehrbringen verlängert sich der Berichtsintervall auf **21** **drei Jahre,** sofern die zuständige Bundesoberbehörde nicht anlassbezogen einen entsprechenden Bericht anfordert. Die Berichtsintervalle können nach S. 5 auf Antrag verlängert werden. Bei von der Zulassung freigestellten Arzneimitteln wird der Berichtsintervall durch die Bundesoberbehörde im Rahmen einer Bekanntmachung im Bundesanzeiger veröffentlicht.

G. Entsprechende Anwendung (Abs. 6)

Die Pharmakovigilanz-Pflichten gelten grundsätzlich auch für die Inhaber einer arzneimittelrecht- **22** lichen Registrierung nach § 39a (**traditionelle pflanzliche Arzneimittel**) sowie für pharmazeutische Unternehmer, die ohne Zulassungsinhaber zu sein, entsprechende Arzneimittel in den Verkehr bringen (Mitvertriebsnehmer).

Für Inhaber einer **homöopathischen Registrierung** gelten die Pharmakovigilanz-Vorschriften **23** ebenfalls, nicht aber die PSUR-Verpflichtungen.

Ebenfalls durch S. 3 geklärt ist, dass die Pharmakovigilanz-Pflichten auch dann gelten, wenn das **24** Arzneimittel nicht mehr im Verkehr ist bzw. die Marktzugangsberechtigung (Zulassung oder Registrierung) bereits erloschen ist. Im Falle des sog. **Mitvertriebs** kann der Mitvertriebsnehmer seine Pharmakovigilanz-Verpflichtungen vertraglich auf den Zulassungsinhaber übertragen.

H. Zentral zugelassene Arzneimittel (Abs. 7)

Für zentral zugelassene Arzneimittel gelten die vorstehenden Abs. nicht. Auf diese sind die Pharmako- **25** vigilanz-Regeln der Verordnung (EG) Nr. 726/2004 und der Verordnung (EG) Nr. 540/95 anzuwenden. Durch die Regelung in S. 3 wird klargestellt, dass in Übereinstimmung mit Art. 75 IV 2 RL 2001/82/EG in Fällen der Zulassung im MR-Verfahren mit Deutschland als sog. Reference Member State (RMS) bzw. als Rapporteur im DC-Verfahren war, die jeweilige Bundesoberbehörde die Verantwortung für die Analyse und Überwachung von Nebenwirkungsmeldungen hat.

I. Sanktionen

Verstöße gegen die PSUR-Pflichten nach Abs. 5 sind nach § 97 II Nr. 24o als **Ordnungswidrigkeit** **26** bußgeldbewehrt.

§ 63i Dokumentations- und Meldepflichten bei Blut- und Gewebezubereitungen und Gewebe

(1) Der Inhaber einer Zulassung oder Genehmigung für Blutzubereitungen im Sinne von Artikel 3 Nummer 6 der Richtlinie 2001/83/EG oder einer Genehmigung für Gewebezubereitungen im Sinne von § 21a hat Unterlagen über Verdachtsfälle von schwerwiegenden Zwischenfällen oder schwerwiegenden unerwünschten Reaktionen, die in den Mitgliedstaaten der Europäischen Union oder in den Vertragsstaaten des Abkommens über den Europäischen Wirtschaftsraum oder in einem Drittland aufgetreten sind, sowie über die Anzahl der Rückrufe zu führen.

(2) ¹Der Inhaber einer Zulassung oder Genehmigung für Blut- oder Gewebezubereitungen im Sinne von Absatz 1 hat ferner jeden Verdacht eines schwerwiegenden Zwischenfalls und jeden Verdacht einer schwerwiegenden unerwünschten Reaktion zu dokumentieren und unverzüglich, spätestens aber innerhalb von 15 Tagen nach Bekanntwerden, der zuständigen Bundesoberbehörde anzuzeigen. ²Die Anzeige muss alle erforderlichen Angaben enthalten, insbesondere Name oder Firma und Anschrift des pharmazeutischen Unternehmers, Bezeichnung und Nummer oder Kennzeichnungscode der Blut- oder Gewebezubereitung, Tag und Dokumentation des Auftretens des Verdachts des schwerwiegenden Zwischenfalls oder der schwerwiegenden unerwünschten Reaktion, Tag und Ort der Blutbestandteile- oder Gewebeentnahme, belieferte Betriebe oder Einrichtungen sowie Angaben zu der spendenden Person. ³Die nach Satz 1 angezeigten Zwischenfälle oder Reaktionen sind auf ihre Ursache und Auswirkung zu untersuchen und zu bewerten und die Ergebnisse der zuständigen Bundesoberbehörde unverzüglich mitzuteilen, ebenso die Maßnahmen zur Rückverfolgung und zum Schutz der Spender und Empfänger.

(3) [1] Die Blut- und Plasmaspendeeinrichtungen oder die Gewebeeinrichtungen haben bei nicht zulassungs- oder genehmigungspflichtigen Blut- oder Gewebezubereitungen sowie bei Blut und Blutbestandteilen und bei Gewebe jeden Verdacht eines schwerwiegenden Zwischenfalls und jeden Verdacht einer schwerwiegenden unerwünschten Reaktion unverzüglich der zuständigen Behörde zu melden. [2] Die Meldung muss alle notwendigen Angaben wie Name oder Firma und Anschrift der Spende- oder Gewebeeinrichtung, Bezeichnung und Nummer oder Kennzeichnungscode der Blut- oder Gewebezubereitung, Tag und Dokumentation des Auftretens des Verdachts des schwerwiegenden Zwischenfalls oder der schwerwiegenden unerwünschten Reaktion, Tag der Herstellung der Blut- oder Gewebezubereitung sowie Angaben zu der spendenden Person enthalten. [3] Absatz 2 Satz 3 gilt entsprechend. [4] Die zuständige Behörde leitet die Meldungen nach den Sätzen 1 und 2 sowie die Mitteilungen nach Satz 3 an die zuständige Bundesoberbehörde weiter.

(4) [1] Der Inhaber einer Zulassung oder Genehmigung für Blut- oder Gewebezubereitungen im Sinne von Absatz 1 hat auf der Grundlage der in Absatz 1 genannten Verpflichtungen der zuständigen Bundesoberbehörde einen aktualisierten Bericht über die Unbedenklichkeit der Arzneimittel unverzüglich nach Aufforderung oder, soweit Rückrufe oder Fälle oder Verdachtsfälle schwerwiegender Zwischenfälle oder schwerwiegender unerwünschter Reaktionen betroffen sind, mindestens einmal jährlich vorzulegen. [2] Satz 1 gilt nicht für den Parallelimporteur.

(5) § 62 Absatz 6 gilt für Blut- und Plasmaspendeeinrichtungen oder für Gewebeeinrichtungen entsprechend; § 63b Absatz 3 gilt für die Inhaber einer Zulassung von Blut- oder Gewebezubereitungen entsprechend.

(6) [1] Schwerwiegender Zwischenfall im Sinne der vorstehenden Vorschriften ist jedes unerwünschte Ereignis im Zusammenhang mit der Gewinnung, Untersuchung, Aufbereitung, Be- oder Verarbeitung, Konservierung, Aufbewahrung oder Abgabe von Geweben oder Blutzubereitungen, das die Übertragung einer ansteckenden Krankheit, den Tod oder einen lebensbedrohlichen Zustand, eine Behinderung oder einen Fähigkeitsverlust von Patienten zur Folge haben könnte oder einen Krankenhausaufenthalt erforderlich machen oder verlängern könnte oder zu einer Erkrankung führen oder diese verlängern könnte. [2] Als schwerwiegender Zwischenfall gilt auch jede fehlerhafte Identifizierung oder Verwechslung von Keimzellen oder imprägnierten Eizellen im Rahmen von Maßnahmen einer medizinisch unterstützten Befruchtung.

(7) Schwerwiegende unerwünschte Reaktion im Sinne der vorstehenden Vorschriften ist eine unbeabsichtigte Reaktion, einschließlich einer übertragbaren Krankheit, beim Spender oder Empfänger im Zusammenhang mit der Gewinnung von Gewebe oder Blut oder der Übertragung von Gewebe- oder Blutzubereitungen, die tödlich oder lebensbedrohend verläuft, eine Behinderung oder einen Fähigkeitsverlust zur Folge hat oder einen Krankenhausaufenthalt erforderlich macht oder verlängert oder zu einer Erkrankung führt oder diese verlängert.

Europarechtliche Vorgaben: Art. 11 RL 2004/23/EG i. V. m. Art. 5 RL 2006/86/EG; Art. 15 RL 2002/98/EG i. V. m. Art. 5 und 6 RL 2005/61.

Übersicht

A. Allgemeines

I. Inhalt

Die Vorschrift war bis zum 2. AMG-ÄndG 2012 in § 63c verortet, wo sie durch das GewebeG eingefügt **1** wurde. Sie regelt Spezialgebiete der Pharmakovigilanz: die Hämovigilanz für Blutzubereitungen i. S. d. Art. 3 Nr. 6 RL 2001/83/EG und die Gewebevigilanz für Gewebezubereitungen i. S. d. § 21a (Abs. 1). Die normierten Verhaltensanforderungen knüpfen nicht an den Begriff der „Nebenwirkung", sondern an den „scherwiegenden Zwischenfall" (definiert in Abs. 6) bzw. die „schwerwiegende unerwünschte Reaktion" (definiert in Abs. 7) an. Abs. 1 verlangt vom Inhaber einer Zulassung oder Genehmigung eines der Hämo- oder Gewebevigilanz unterliegenden Präparats, Unterlagen über Verdachtsfälle von schwerwiegenden Zwischenfällen oder schwerwiegenden unerwünschten Reaktionen sowie über die Anzahl der Rückrufe zu führen. Abs. 2 verlangt von solchen Zulassungs- oder Genehmigungsinhabern die Dokumentation und Meldung von Verdachtsfällen schwerwiegender Zwischenfälle und schwerwiegender unerwünschter Reaktionen an die Bundesoberbehörde sowie deren Bewertung. Abs. 3 bestimmt für nicht genehmigungs- oder zulassungspflichtige Blut- oder Gewebezubereitungen und für Blut und Blutbestandteile sowie für Gewebe, dass Blut- und Plasmaspendeeinrichtungen bzw. Gewebeeinrichtungen Verdachtsfälle schwerwiegender Zwischenfälle und schwerwiegender unerwünschter Reaktionen an die zuständige Behörde zu melden haben. Abs. 4 regelt die Pflicht des Zulassungs- bzw. Genehmigungsinhabers zur Vorlage von aktualisierten Berichten über die Unbedenklichkeit der Arzneimittel. Gem. Abs. 5 gelten die Vorschriften zur Pharmakovigilanz-Inspektion des § 62 VI sowie zur Information der Öffentlichkeit über die Pharmakovigilanz gem. § 63b III entsprechend. Abs. 6 definiert den Begriff des schwerwiegenden Zwischenfalls und Abs. 7 den der schwerwiegenden unerwünschten Reaktion.

II. Zweck

Mit der Vorschriften werden für Blutzubereitungen i. S. d. Art. 3 Nr. 6 RL 2001/83/EG – das sind **2** sog. **Transfusionsprodukte**[1] – die Vorgaben zur **Hämovigilanz**[2] aus Art. 15 RL 2002/98/EG i. V. m. Art. 5 und 6 RL 2005/61/EG umgesetzt. Gem. Art. 3 Nr. 6 RL 2001/83/EG gilt der Gemeinschaftskodex Humanarzneimittel nicht für Vollblut, Plasma und Blutzellen menschlichen Ursprungs, mit Ausnahme des Plasmas, bei dessen Herstellung ein industrielles Verfahren zur Anwendung kommt. Diese sog. Transfusionsprodukte unterliegen daher auf europäischer Ebene nicht dem Arzneimittelrecht, sondern dem Blutrecht (RL 2002/98/EG, RL 2004/33/EG, RL 2005/61/EG, RL 2005/62/EG). Für **Gewebezubereitungen i. S. d. § 21a** (s. § 21a Rn. 3) setzt die Norm die Anforderungen an die **Gewebevigilanz** aus Art. 11 RL 2004/23/EG i. V. m. Art. 5 RL 2006/86/EG um. Auch diese Gewebezubereitungen unterliegen gem. Art. 2 I RL 2004/23/EG nicht dem europäischen Arzneimittelrecht, sondern dem Geweberecht (RL 2004/23/EG, RL 2006/17/EG, RL 2006/86/EG)[3]. § 63i erfasst keine Arzneimittel, die der RL 2001/83EG unterliegen[4] und damit u. a. keine Arzneimittel für neuartige Therapien, keine industriell hergestellten Gewebezubereitungen[5] und keine Arzneimittel aus menschlichem Blut oder Blutplasma i. S. d. Art. 1 Nr. 10 RL 2001/83/EG[6], also sog. Fraktionsprodukte bzw. Plasmaderivate[7]. Auch für Arzneimittel für neuartige Therapien, die auf der Grundlage von § 4b vertrieben werden, gilt § 63i nicht (s. § 4b Rn. 21). Bei aus dem peripheren Blut oder aus Nabelschnur hergestellten Blutstammzellzubereitungen (§ 21a I 3) handelt es sich nicht um Gewebezubereitungen i. S. d. § 21a und auch nicht um Blutzubereitungen i. S. d. Art. 3 Nr. 6 RL 2001/83/EG (s. § 21a Rn. 8f)[8]. Die Anknüpfung der Regelungen des § 63i an Blutzubereitungen i. S. d. Art. 3 Nr. 6 RL

[1] Vgl. zu dieser Produktgruppe *Hergert*, in: Fuhrmann/Klein/Fleischfresser, § 32 Rn. 11 f.
[2] Vgl. die Definition in Art. 3 Buchst. l) RL 2002/98/EG.
[3] Vgl. *Pannenbecker*, in FS Sander, S. 247, 271.
[4] Vgl. zu § 63c a. F. BT-Drucks. 16/5443, S. 58.
[5] Vgl. BT-Drucks. 17/9341, S. 62.
[6] Diese Norm definiert in Abgrenzung von Art. 3 Nr. 6 RL 2001/83/EG Arzneimittel aus menschlichem Blut oder Blutplasma als „gewerblich von staatlichen oder privaten Einrichtungen zubereitete Arzneimittel, die sich aus Blutbestandteilen zusammensetzen. Im 2. Halbsatz von Art. 1 Nr. 10 wird ergänzend ausgeführt, dass hierzu insbes. Albumin, Gerinnungsfaktoren und Immunglobuline menschlichen Ursprungs gehören.
[7] Vgl. zu dieser Produktgruppe *Hergert*, in: Fuhrmann/Klein/Fleischfresser, § 32 Rn. 11 f.
[8] Die Ausnahmeregelung des Art. 3 Nr. 6 RL 2001/83/EG erfasst Produkte, die in den Anwendungsbereich der RL 2002/98/EG fallen (vgl. hierzu 3. Erwägungsgrund zur RL 2002/98/EG). Blutstammzellzubereitungen unterliegen dem europäischen Geweberecht (vgl. Art. 2 IV RL 2002/98/EG und 8. Erwägungsgrund zur RL 2004/23/EG), sind aber wegen abweichender nationaler Rechtsetzung keine Gewebezubereitungen.

2001/83/EG und an Gewebezubereitungen i. S. d. § 21a ist also lückenhaft, denn die Vorschrift soll für Blut- und Gewebezubereitungen gelten, die keine Arzneimittel i. S. d. RL 200183/EG sind[9]. Da **Blutstammzellzubereitungen** gem. § 21a I 3 keine Arzneimittel i. S. d. RL 2001/83/EG sind, sollte der Gesetzgeber die Geltung des § 63i für diese Präparate auch unmittelbar im Gesetz klarstellen.

B. Dokumentationspflichten (Abs. 1)

3   Der Inhaber der Zulassung einer Blutzubereitungen i. S. d. Art. 3 Nr. 6 RL 2001/83/EG bzw. der Genehmigung einer Gewebezubereitung nach § 21a und, so ist zu ergänzen (zum Anwendungsbereich des § 63i s. Rn. 2), einer Blutstammzellzubereitung nach § 21a I 3, ist gem. Abs. 1 verpflichtet, Unterlagen über Verdachtsfälle von schwerwiegenden Zwischenfällen (vgl. Abs. 6) oder über Verdachtsfälle von schwerwiegenden unerwünschten Reaktionen (Abs. 7) zu führen. In § 63c I a. F. war noch die Rede von „ausführlichen" Unterlagen. Das Gesetz enthält keine genaueren Vorgaben zu Art und Umfang der gem. Abs. 1 zu führenden Unterlagen (zu der nach Abs. 2 „ferner" zu führenden Dokumentation s. Rn. 7). Diese Pflicht gilt für jegliche Verdachtsfälle unabhängig davon, ob sie in der EU, dem EWR oder einem Drittland aufgetreten sind. Während in § 63c I, II 1 und III 1 a. F. noch in Übereinstimmung mit der Regelungssystematik der Art. 15 I RL 2002/98/EG bzw. Art. 11 I RL 2004/23/EG geregelt war, dass sich die auf die Hämo- bzw. Gewebevigilanz bezogenen Pflichten auf solche schwerwiegenden Zwischenfälle oder schwerwiegenden unerwünschten Reaktionen beziehen, „die die Qualität und (bzw. in Abs. 2 und 3 a. F. „oder") Sicherheit von Blut- oder Gewebezubereitungen beeinflussen oder auf sie zurückgeführt werden können", ist diese Einschränkung in § 63i I, II 1 und III 1 entfallen (s. hierzu Rn. 6).

4   Abs. 1 verlangt außerdem, dass der Zulassungs- bzw. Genehmigungsinhaber der genannten Zubereitungen Unterlagen über die **Anzahl der Rückrufe** zu führen hat. Der Begriff des „Rückrufs" ist nicht gesetzlich definiert. Da die Dokumentation dazu dienen soll, der Überwachungsbehörde die Risikoevaluierung und etwaige behördliche Qualitäts- und Sicherheitsmaßnahmen zu ermöglichen[10], wird man unter **„Rückruf"** jede Kommunikation gegenüber Anwendern, Patienten, nachgeordneten Gliedern in der Vertriebskette oder sonstigen Dritten verstehen können, die dazu dient, die Verwendung von Blut- oder Gewebezubereitungen, die bereits zum Inverkehrbringen freigegeben worden sind, einzuschränken oder auszuschließen[11].

C. Anzeige- und Reaktionspflichten des Zulassungs- oder Genehmigungsinhabers (Abs. 2)

I. Anzeigepflichten (S. 1)

5   Abs. 2 regelt die Anzeige- und Reaktionspflichten bei zugelassenen oder genehmigten Blut- bzw. Gewebezubereitungen (zu den erfassten Präparaten s. Rn. 2). **Abs. 2 S. 1** verlangt ergänzend zu Abs. 1 vom Zulassungs- oder Genehmigungsinhaber der Blut- oder Gewebezubereitungen i. S. d. Abs. 1 (s. hierzu Rn. 2), dass er „ferner" – also über die Pflicht zur Führung von Unterlagen nach Abs. 1 hinausgehend – jeden Verdacht eines schwerwiegenden Zwischenfalls und jeder Verdacht einer schwerwiegenden unerwünschten Reaktion dokumentiert und unverzüglich, also ohne schuldhaftes Zögern, aber spätestens innerhalb von 15 Tagen nach Bekanntwerden der zuständigen Bundesoberbehörde anzeigt. **Zuständige Bundesoberbehörde** ist nach § 77 II das **PEI**.

6   Da die auf die Hämo- bzw. Gewebevigilanz bezogenen Pflichten anders als im Rahmen des § 63c a. F. nunmehr nicht mehr auf solche Verdachtsfälle schwerwiegender Zwischenfälle beschränkt ist, die sich „auf die Qualität oder Sicherheit der Blut- oder Gewebezubereitungen auswirken" können und zudem nicht mehr nur solche Verdachtsfälle schwerwiegender unerwünschter Reaktionen erfasst, „die die Qualität oder Sicherheit der Blut- oder Gewebezubereitungen beeinflussen oder auf sie zurückgeführt werden" können, erfassen die Dokumentations- und Meldepflichten des § 63i II (wie die des § 63i III) auch solche **Verdachtsfälle,** die auf einem **ärztlichen Behandlungsfehler** beruhen[12]. Dies ist geeignet, die vertrauensvolle Zusammenarbeit zwischen behandelnden Ärzten auf der einen Seite und Zulassungs- bzw. Genehmigungsinhabern sowie Blutspendeeinrichtungen, Plasmaspendeeinrichtungen und Gewebeeinrichtungen auf der anderen Seite zu beeinträchtigen, ohne zugleich die Hämo- bzw. Gewebevigilanz zu erhöhen. Für die von § 63i erfassten Blutzubereitungen wird damit durch das AMG die trans-

---

[9] Vgl. die Begründung zu § 63c II a. F. in BT-Drucks. 16/3146, S. 41, sowie BT-Drucks. 16/5443, S. 58. vgl. auch BT-Drucks. 17/9341, S. 62 zu § 63i.
[10] Vgl. BT-Drucks. 16/3146, S. 41.
[11] Enger wohl *Delewski* § 69 Rn. 18, der für den Begriff des Rückrufs darauf abstellt, dass bereits im Verkehr befindliche Arzneimittel wieder zurück in den Besitz des Überwachungsadressaten gelangt.
[12] Vgl. Stellungnahme der DGHO zum 2. AMG-ÄndG 2012, BT-Ausschussdrucks. 17(14)0277(17)neu vom 4.6.2012. S. auch *v. Auer/Seitz,* § 16 TFG Rn. 5a.

fusionsrechtliche Differenzierung zwischen einrichtungsinternen Meldepflichten des behandelnden Arztes bei Anwendungszwischenfällen (§ 16 I TFG) und seinen Meldepflichten gegenüber dem pharmazeutischen Unternehmer und der zuständigen Bundesoberbehörde bei schwerwiegenden unerwünschten Reaktionen (§ 16 II 1 TFG) konterkariert[13]. Das PEI erläutert auf seiner Internetseite, dass Fehltransfusionen ohne schwerwiegende Reaktion des Empfängers als schwerwiegender Zwischenfall zu melden sind, wohingegen Fehltransfusionen, die eine Reaktion des Empfängers auslösen, unabhängig vom Schweregrad der Reaktion als schwerwiegende unerwünschte Reaktion zu melden sind[14].

II. Erforderliche Angaben (S. 2)

Abs. 2 S. 2 präzisiert den Inhalt der Anzeige. Sie muss alle erforderlichen, insbes. die dort im **7** Einzelnen aufgeführten Angaben enthalten. Das PEI hat verschiedene Formulare zur Meldung von Verdachtsfällen auf seiner Internetseite (www.pei.de) für die Hämovigilanz sowie für die Gewebevigilanz bekannt gemacht, die die notwendigen Angaben enthalten. Dabei werden die Blutstammzellzubereitungen in den Bereich der Gewebevigilanz verortet. Zudem hat das PEI auf seiner Internetseite **Erläuterungen zu den Anzeigepflichten** herausgegeben[15].

III. Reaktionspflichten (S. 3)

Gem. **Abs. 2 S. 3** sind die nach Abs. 2 S. 1 angezeigten Zwischenfälle oder Reaktionen vom **8** Zulassungs- bzw. Genehmigungsinhaber auf ihre Ursachen und Auswirkungen zu untersuchen und zu bewerten und die Ergebnisse dem PEI ebenso wie die Maßnahmen zur Rückverfolgung und zum Schutz der Spender und Empfänger unverzüglich mitzuteilen. Eine bestimmte Höchstfrist wird insofern nicht gesetzt, sondern der Zulassungs- bzw. Genehmigungsinhaber hat ohne schuldhaftes Zögern zu handeln. Das PEI hat auf seiner Internetseite Hinweise zu wesentlichen Angaben zur Beschreibung eines Hämovigilanzsystems bekanntgegeben, welche u. a. auch beschreiben, wie Verdachtsfälle unerwünschter Reaktionen erfasst und bewertet werden sollen[16].

IV. Detailvorschriften der AMWHV für Blutzubereitungen

Auf Verordnungsebene präzisieren **§ 31 XII** 1 und 2 **AMWHV** für die von § 63i erfassten Blut- **9** zubereitungen, dass der Stufenplanbeauftragte[17] dafür verantwortlich ist, dass alle Meldungen über schwerwiegende unerwünschte Reaktionen und Verdachtsfälle solcher Reaktionen nach schriftlich festgelegtem Verfahren gesammelt, bewertet und entsprechend § 63i II (oder § 63i III) gemeldet werden. § 31 XII 3 Nr. 1 AMWHV enthält detaillierte Vorgaben an die Erstmeldung[18] und Nr. 2 an die Konkretisierung der Erstmeldung[19], die zu erfolgen hat, sobald ausreichende Erkenntnisse dafür vorliegen. **§ 31 XIII AMWHV**[20] enthält die entsprechenden Regelungen für die Meldung von schwerwiegenden Zwischenfällen und von Verdachtsfällen schwerwiegender Zwischenfälle[21]. Die Dokumentationsfristen ergeben sich für die Blutzubereitungen aus **§ 20 II AMWHV**. Sie betragen hiernach für die dort aufgelisteten Angaben zum Zwecke der Rückverfolgbarkeit 30 Jahre (Art. 14 III RL 2002/98/EG und Art. 4 RL 2005/61/EG). Werden die Aufzeichnungen länger aufbewahrt oder gespeichert, sind sie zu anonymisieren.

---

[13] v. Auer/Seitz, § 16 TFG Rn. 5a halten fest, dass sich die Anforderungen des § 63i von denen des § 16 I TFG unterscheiden und dass § 16 I TFG von § 63i unberührt bleibt. Daran ist richtig, dass neben den Meldepflichten nach § 63i auch die nach § 16 TFG bestehen. Der für § 16 I TFG gesehene Vorteil, dass bei Anwendungszwischenfällen eine Klärung in der Einrichtung der Krankenversorgung ohne externe Weiterungen erfolgen kann (vgl. v. Auer/Seitz, § 16 TFG Rn. 5), ist jedoch infolge der Neuregelung in § 63i weggefallen.

[14] Vgl. Mitteilung des PEI 11/2013 „Meldeverpflichtungen von schwerwiegenden Zwischenfällen und schwerwiegenden unerwünschten Transfusionsreaktionen gem. § 63i Abs. 1–7 AMG vom 23.7.2009, geändert 1.3.2013".

[15] Vgl. Mitteilung des PEI 11/2013 „Meldeverpflichtungen von schwerwiegenden Zwischenfällen und schwerwiegenden unerwünschten Transfusionsreaktionen gem. § 63i Abs. 1–7 AMG vom 23.7.2009, geändert 1.3.2013".

[16] Vgl. „Hinweise für Pharmazeutische Unternehmer von zellulären Blutkomponenten Wesentliche Angaben zur Beschreibung eines (Hämo-)Vigilanzsystems".

[17] Ein Stufenplanbeauftragter ist vom pharmazeutischen Unternehmer nach Maßgabe des § 63a zu bestellen. § 31 AMWHV ist an Blutspendeeinrichtungen i. S. d. § 2 Nr. 9 AMWHV adressiert. Eine solche Blutspendeeinrichtung ist dann Regelungsadressat des § 31 XII AMWHV wenn sie die Blutzubereitungen in den Verkehr bringt und zugleich pharmazeutischer Unternehmer i. S. d. § 4 XVIII in Form des Zulassungsinhabers ist, denn § 31 XII knüpft an die Meldepflicht gem. § 63i II an.

[18] Vgl. Formular 1a1 „Meldung des Verdachts einer schwerwiegenden Transfusionsreaktion bei der Anwendung von Blutprodukten nach § 63i AMF und § 16 TFG".

[19] Vgl. Formular 2a „Bewertung der Transfusionsreaktion beim Empfänger bei der Anwendung von Blutprodukten nach § 63i AMG" sowie weitere Formulare 2b, 2c, 3a und 3b.

[20] Mit § 31 XII und XIII AMWHV werden Art. 5 und 6 RL 2005/61/EG und deren Anhänge I und II Teil A bis C umgesetzt, vgl. BR-Drucks. 938/07, S. 27.

[21] Vgl. Formular 1b „Meldung eines schwerwiegenden Ereignisses (Zwischenfall) im Zusammenhang mit der Herstellung oder der Anwendung von Blutprodukten nach § 63i AMG".

V. Detailvorschriften der AMWHV für Gewebezubereitungen

10   Für die von § 63i erfassten Gewebezubereitungen enthält **§ 40 AMWHV** nähere Regelungen. § 40 III AMWHV bestimmt, dass in Gewebeeinrichtungen[22] die verantwortliche Person nach § 20c dafür verantwortlich ist, dass alle bekannt gewordenen Meldungen über schwerwiegende unerwünschte Reaktionen nach **§ 40 I AMWHV** und Verdachtsfälle solcher Reaktionen nach vorher erstellter Standardarbeitsanweisung gesammelt und bewertet werden. Der in Bezug genommene § 40 I 1 AMWHV befasst sich nach wie vor nur mit solchen Verdachtsfällen unerwünschter Reaktionen, „die die Qualität und Sicherheit der Gewebe oder Gewebezubereitungen beeinflussen oder auf diese zurückgeführt werden können". Zwar wurde mit Art. 10 Nr. 12 des 2. AMG-ÄndG 2012 § 40 AMWHV dahingehend geändert, dass anstelle auf § 63c a. F. auf § 63i verwiesen wird. Offenbar hat es der Verordnungsgeber versäumt, auch die tatbestandliche Einschränkung in § 40 I AMWHV zu streichen, so wie er es für § 31 XII AMWHV im Zuge der 2. AMWHV-ÄndV vom 28.10.2014 getan hat. Infolge der Verknüpfung der Meldepflichten des § 40 AMWHV mit § 63i wird man **§ 40 III AMWHV** dahingehend zu interpretieren haben, dass hiernach Meldungen über schwerwiegende unerwünschte Reaktionen i. S. d. § 63i und Verdachtsfälle solcher Reaktionen zu sammeln und zu bewerten sind unabhängig davon, ob sie die Qualität und Sicherheit der Gewebe oder Gewebezubereitungen beeinflussen oder auf diese zurückgeführt werden können. Gem. § 40 III 2 AMWHV sind die Meldungen entsprechend § 63i II (oder § 63i III) unverzüglich zu übermitteln. Aus dieser Verbindung der Meldepflicht nach § 40 III AMWHV mit § 63i II folgt, dass § 40 III AMWHV in Bezug auf genehmigungspflichtige Gewebezubereitungen nur an solche Gewebeeinrichtungen i. S. d. § 2 Nr. 10 AMWHV adressiert ist, die zugleich Inhaber der Genehmigung nach § 21a sind. § 40 III 4 Nr. 1 enthält detaillierte Vorgaben an die Erstmeldung[23] von Verdachtsfällen schwerwiegender unerwünschter Reaktionen und Nr. 2 an die Konkretisierung der Erstmeldung. **§ 40 IV AMWHV** enthält die entsprechenden Regelungen für die Meldung von schwerwiegenden Zwischenfällen i. S. d. § 63i VI und von Verdachtsfällen solcher Zwischenfälle[24]. **§ 40 V AMWHV** richtet an die verantwortliche Person nach § 20c Anforderungen im Hinblick auf die Identifizierung, die Aussonderung und den Rückruf von durch die Meldungen betroffenen Gewebezubereitungen und Geweben. **§ 40 VII 1 AMWHV** verpflichtet die verantwortliche Person nach § 20c zur Dokumentation des Inhalts der Meldungen, der Art der Überprüfung und der dabei gewonnenen Erkenntnisse, des Bewertungsergebnisses, der koordinierenden Maßnahmen und der Benachrichtigungen sowie des Umgangs mit zurückgegebenen Geweben oder Gewebezubereitungen. Die Dokumentationsfristen für die von § 63i erfassten Gewebezubereitungen folgen aus **§ 41 I AMWHV i. V. m. § 15 TPG**. Sie betragen hiernach (§ 15 II TPG) **30 Jahre** nach Ablauf des Verfalldatums für die Dokumentationspflichten der Gewebeeinrichtung gem. § 8d II TPG (Art. 8 IV RL 2004/23/EG). Danach sind die Daten zu löschen oder zu anonymisieren.

D. Melde- und Reaktionspflichten der Blutspende- oder Gewebeeinrichtung (Abs. 3)

I. Meldepflichten (S. 1)

11   Abs. 3 regelt die Anforderungen an die Melde- und Reaktionspflichten für nicht zulassungs- oder genehmigungspflichtige Blut- oder Gewebezubereitungen (zu den erfassten Präparaten s. Rn. 2). Außerdem regelt die Vorschrift die Melde- und Reaktionspflichten für Blut und Blutbestandteile sowie für Gewebe. Hierdurch werden solches Blut und Blutbestandteile erfasst, die mangels einer Zweckbestimmung nach § 2 I noch keine Arzneimittel sind, sondern als Ausgangsmaterial zur Herstellung von Arzneimitteln bestimmt sind[25]. Zudem wird hierdurch Gewebe erfasst, welches als Ausgangsmaterial zur Herstellung von Gewebezubereitungen bestimmt ist (s. § 4 Rn. 235) oder aufgrund der Regelung in § 4 XXX 2 kein Arzneimittel (und auch keine Gewebezubereitung) ist (s. § 4 Rn. 236). Gem. **Abs. 2 S. 1** haben Blut- und Plasmaspendeeinrichtungen oder Gewebeeinrichtungen jeden Verdacht eines schwerwiegenden Zwischenfalls und jeden Verdacht einer schwerwiegenden unerwünschten Reaktion unverzüglich der zuständigen Behörde zu melden. Die zuständige Behörde ist nach dem Sitz der Einrichtung zu bestimmen. Die Begriffe **„Blutspendeeinrichtung"** sowie **„Gewebeeinrichtung"** sind im AMG nicht definiert. Der transplantationsrechtliche Begriff der Gewebeeinrichtung aus § 1a Nr. 8 TPG ist im Bereich des AMG nicht verwendbar (s. § 20b Rn. 8). Es ist ergänzend anzumerken,

---

[22] Diese werden für den Anwendungsbereich der AMWHV in deren § 2 Nr. 10 definiert.
[23] Vgl. Formulare G1a „Meldung des Verdachts einer schwerwiegenden unerwünschten Empfängerreaktion im Zusammenhang mit der Übertragung von Gewebe, Gewebezubereitungen oder Stammzellen gem. § 63i AMG"; Formular G1b „Meldung des Verdachts einer schwerwiegenden unerwünschten Reaktion bei Spendern von Gewebe, Gewebezubereitungen oder Stammzellen gem. § 63i AMG".
[24] Vgl. Formular G1c „Meldung eines schwerwiegenden Ereignisses (Zwischenfalls) im Zusammenhang mit der Herstellung oder Anwendung von Gewebe, Gewebezubereitungen oder Stammzellen gem. § 63i AMG".
[25] Vgl. BT-Drucks. 16/3146, S. 42.

dass mit dem TPG-ÄndG vom 21.7.2012 die gesonderten Begriffsdefinitionen des schwerwiegenden Zwischenfalls in § 1a Nr. 10 a. F. TPG und der schwerwiegenden unerwünschten Reaktion in § 1a Nr. 11 TPG a. F. fortgefallen sind und § 13c I TPG seither in unmittelbarer Anbindung an § 63i regelt, dass jede Gewebeeinrichtung ein Verfahren festzulegen hat, mit dem sie jedes Gewebe[26], das durch einen schwerwiegenden Zwischenfall i. S. d. § 63i VI oder eine schwerwiegende unerwünschte Reaktion i. S. d. § 63i VII beeinträchtigt sein könnte, unverzüglich aussondern, von der Abgabe ausschließen und die belieferten Einrichtungen der medizinischen Versorgung unterrichten kann. Diese Anforderungen an das Rückverfolgungsverfahren sind im Zusammenhang mit den gem. § 63i II 3 und III 3 der Behörde mitzuteilenden Rückverfolgungsmaßnahmen zu sehen. Diese Maßnahmen sind aber im Lichte des § 13c I von der Gewebeeinrichtung zu treffen, die Einrichtungen der medizinischen Versorgung (§ 1a Nr. 9 TPG) mit zur Verwendung beim Menschen bzw. zur Übertragung bestimmtem Gewebe beliefert haben[27]. Hingegen sind diese Maßnahmen nicht von (bloß) Gewebe entnehmenden Gewebeeinrichtungen (§ 8d I 1 TPG) zu treffen, die keine Einrichtungen der medizinischen Versorgung, sondern ausschließlich andere Gewebeeinrichtungen beliefern. Regelungen zu den Pflichten von **Entnahmeeinrichtungen** befinden sich nicht in § 63i III sondern ausschließlich auf Verordnungsebene in § 40 I, II VII 2 AMWHV. Aus § 40 I, II jeweils i. V. m. III 2 AMWHV folgt, dass die in der Entnahmeeinrichtung nach § 20b I 3 Nr. 1 bestellte Person schwerwiegende unerwünschte Reaktionen, schwerwiegende Zwischenfälle und jeweilige Verdachtsfälle „entsprechend" § 63i III an die zuständige Behörde zu melden hat. Als Gewebeeinrichtungen bzw. Blutspendeeinrichtungen i. S. d. § 2 Nr. 10 AMWHV definierten Gewebeeinrichtungen und die in § 2 Nr. 9 AMWHV definierten Blutspendeeinrichtungen verstehen können, obwohl es rechtssystematisch schwierig ist, einen Gesetzesbegriff aus einer nachgeordneten Verordnung abzuleiten. Der in § 63i verwendete Begriff der Plasmaspendeeinrichtung ist obsolet, da es sich bei diesen Einrichtungen zugleich um Blutspendeeinrichtungen handelt[28]. Die Meldung hat unverzüglich, also ohne schuldhaftes Zögern, zu erfolgen, wobei in Abs. 3 S. 1 anders als in Abs. 2 S. 1 keine Höchstfrist von 15 Tagen festgelegt wird[29].

II. Notwendige Angaben (S. 2)

Abs. 3 S. 2 regelt, welchen Inhalt die Meldung nach Abs. 3 S. 1 haben muss. Hiernach muss die **12** Meldung alle notwendigen, einschließlich der in diesem Satz beispielhaft („wie") aufgeführten Angaben enthalten. Es wird auch insofern auf die hierzu erstellten Formulare des PEI (s. Rn. 7) hingewiesen.

III. Reaktionspflichten (S. 3)

Gem. **Abs. 3 S. 3** gilt Abs. 2 S. 3 entsprechend (s. hierzu Rn. 8). Die Blutspende- oder Gewebeein- **13** richtung hat ihre Untersuchung und Bewertung einschließlich der Mitteilung über Maßnahmen zur Rückverfolgung und zum Schutz von Spender und Empfänger an die zuständige Behörde zu senden. Diese soll hierdurch in die Lage versetzt werden, Inspektionen in der „herstellenden" Einrichtung – also der Blutspende- bzw. Gewebeeinrichtung vorzunehmen[30].

IV. Weiterleitung an das PEI (S. 4)

Nach **Abs. 3 S. 4** hat die zuständige Behörde die an sie nach Abs. 3 gerichteten Meldungen und **14** Mitteilungen an das PEI weiterzuleiten. Hierdurch soll das PEI in die Lage versetzt werden, diese Fälle zu beurteilen und in einen Zusammenhang mit Vorfällen bei zulassungs- bzw. genehmigungspflichtigen Präparaten zu stellen[31].

V. Detailvorschriften der AMWHV für Blut- und Gewebezubereitungen

Die vorstehend in Rn. 9 und 10 skizzierten Detailregelungen für die Hämovigilanz in § 31 XII und **15** XIII AMWHV und für die Gewebevigilanz in § 40 III und IV AMWHV gelten auch für Blutspende- bzw. Gewebeeinrichtungen, die für nicht zulassungspflichtige Blut- und nicht genehmigungspflichtige Gewebezubereitungen gem. § 63i III zur Hämo- bzw. Gewebevigilanz verpflichtet sind[32].

---

[26] Unter „Gewebe" i. S. d. § 1a Nr. 4 TPG sind auch Gewebezubereitungen i. S. d. § 4 XXX zu verstehen, wie aus der Vorschrift zum Gewebehandelsverbot in § 17 I S. 2 Nr. 2 TPG abzuleiten ist.
[27] *Stockter*, in: Höfling, § 13c Rn. 8, vertritt die Auffassung, dass § 13c TPG an jede Gewebeeinrichtung i. S. d. § 1a Nr. 8 TPG und damit auch an Entnahmeeinrichtungen gerichtet sei. Entnahmeeinrichtungen beliefern aber keine Einrichtungen der medizinischen Versorgung mit Gewebe, das zur Verwendung beim Menschen bzw. zur Übertragung i. S. d. § 1a Nr. 7 TPG bestimmt ist.
[28] Vgl. BR-Drucks. 398/06, . 59 (Begründung zu § 2 Nr. 9 AMWHV): „Zu den in Nr. 9 genannten Blutspendeeinrichtungen gehören auch solche, die ausschließlich Blutplasma oder andere Blutbestandteile gewinnen.".
[29] Vgl. hierzu BT-Drucks. 16/3146, S. 42.
[30] Vgl. BT-Drucks. 16/3146, S. 42.
[31] Vgl. BT-Drucks. 16/3146, S. 42.
[32] Bzgl. der Pflichten der Entnahmeeinrichtung wird auf Rn. 11 hingewiesen.

E. Berichte über die Unbedenklichkeit (Abs. 4)

I. Periodischer Sicherheitsbericht (S. 1)

16   Nach § **63i IV 1** haben die Zulassungs- bzw. Genehmigungsinhaber von Blut- bzw. Gewebezubereitungen, die in den Anwendungsbereich des § 63i fallen (s. Rn. 2), auf der Grundlage ihrer Dokumentationspflichten nach § 63i I dem **PEI** aktualisierte Berichte über die Unbedenklichkeit der Arzneimittel vorzulegen (sog. Periodischer Sicherheitsbericht – **PSUR**). Diese Berichte sind unverzüglich nach Aufforderung vorzulegen. Soweit Rückrufe oder Fälle oder Verdachtsfälle schwerwiegender Zwischenfälle oder schwerwiegender unerwünschter Reaktionen betroffen sind, sind die Berichte – auch ohne behördliche Aufforderung – mindestens einmal jährlich vorzulegen. Hierdurch wird dem PEI eine genaue Übersicht über die Sicherheitslage bei diesen Arzneimitteln ermöglicht[33]. Das PEI hat für die unter § 63i fallenden Blutzubereitungen auf seiner Internetseite (www.pei.de) verfügbare Empfehlungen zum Inhalt der periodischen Sicherheitsberichte herausgegeben[34]. Hiernach sind periodische Sicherheitsberichte nur noch für Verdachtsfälle von schwerwiegenden unerwünschten Zwischenfällen oder schwerwiegenden unerwünschten Reaktionen zu erstellen.

II. Ausnahme für Parallelimporteure (S. 2)

17   Mit dem 2. AMG-ÄndG 2012 wurde abweichend von § 63c IV a. F. in Abs. 4 ein neuer S. 2 aufgenommen, wonach Abs. 4 S. 1 nicht für den Parallelimporteur gilt. Der Parallelimporteur ist also **nicht** zur Einreichung von periodischen Sicherheitsberichten **(PSUR)** verpflichtet.

F. Inspektionen, Information der Öffentlichkeit (Abs. 5)

18   Nach **Abs. 5, 1. Halbsatz** gilt § 62 VI für Blutspendeeinrichtungen (dazu, dass Plasmaspendeeinrichtungen Blutspendeeinrichtungen sind s. Rn. 11) und Gewebeeinrichtungen entsprechend. Das PEI kann damit entsprechend § 62 VI im Benehmen mit der zuständigen Behörde Hämo- bzw. Gewebevigilanz-Inspektionen durchführen.

19   **Abs. 5, 2. Halbsatz** regelt, dass für Inhaber von Zulassungen (und, so ist zu ergänzen, Inhabern von Genehmigungen) der von § 63i erfassten Blut- bzw. Gewebezubereitungen § 63b III entsprechend gilt. Demnach dürfen diese Zulassungs- bzw. Genehmigungsinhaber im Zusammenhang mit diesen Arzneimitteln keine die Hämo- oder Gewebevigilanz betreffenden Informationen ohne vorherige oder gleichzeitige Mitteilung an das PEI öffentlich bekannt machen. Die EMA ist bei den von § 63i erfassten Blut- und Gewebezubereitungen nicht involviert.

G. Definition „Schwerwiegender Zwischenfall" und „Schwerwiegende unerwünschte Reaktion" (Abs. 6, Abs. 7)

20   Da die Hämo- und Gewebevigilanz nicht an den Begriff der Nebenwirkung oder der schwerwiegenden Nebenwirkung, sondern an die Begriffe „schwerwiegender Zwischenfall" und „Schwerwiegende unerwünschte Reaktion" anknüpft, bedarf es entsprechender gesetzlicher Definitionen[35]. Im TPG sind die mit dem GewebeG in § 1a Nr. 10 und Nr. 11 aufgenommenen Begriffsdefinitionen mit dem TPG-ÄndG vom 21.7.2012 entfallen und in §§ 13b, 13c TPG wird auf die Definitionen gem. § 63i VI und VII verwiesen.

I. Schwerwiegender Zwischenfall (Abs. 6)

21   Die Definition des schwerwiegenden Zwischenfalls in **Abs. 6 S. 1** lehnt sich an die Begriffsbestimmungen der Art. 3 Buchst. m) RL 2004/23/EG und Art. 3 Buchst. g) RL 2002/98/EG[36] an. Abs. 6 S. 2 regelt, dass als schwerwiegender Zwischenfall auch jede fehlerhafte Identifizierung oder Verwechslung von Keimzellen oder imprägnierten Eizellen im Rahmen der medizinisch unterstützten Befruchtung gilt. Hiermit wird Art. 6 II RL 2006/86/EG umgesetzt. Die Aufnahme von **S. 2** in **Abs. 6** erfolgte im Zuge des 2. AMG-ÄndG 2012, da die separate Begriffsdefinition in § 1a Nr. 10 TPG a. F. durch das TPG-ÄndG vom 21.7.2012 fortgefallen ist[37]. Der Mitteilung des PEI über Meldeverpflichtungen von schwer-

---

[33] Vgl. BT-Drucks. 16/3146, S. 42.
[34] "Empfehlung des Paul-Ehrlich-Institutes zur Vorlage von Periodischen Sicherheitsberichten im Zusammenhang mit Blutkomponenten nach § 63i IV AMG".
[35] Vgl. BT-Drucks. 16/3146, S. 42.
[36] Dort abweichend als „ernster" Zwischenfall bezeichnet, was auf einer nicht treffenden Übersetzung des Begriffs „serious adverse event" beruhen dürfte.
[37] Vgl. BT-Drucks. 17/9341, S. 62; BT-Drucks. 17/7376, S. 17 und S. 25.

wiegenden Zwischenfällen und schwerwiegenden unerwünschten Transfusionsreaktionen[38] sind für Blutzubereitungen Fallgruppen schwerwiegender Zwischenfälle zu entnehmen. Hiernach sollen mit dem Formular 1b[39] solche Ereignisse erfasst werden, bei denen eines oder mehrere der folgenden Kriterien erfüllt sind: (a) Auslieferung von fehlerhaften Produkten, (b) Ereignisse, die wiederholt in einer Einrichtung auftreten und somit auf einen fehlerhaften Arbeitsprozess zurückgeführt werden können, (c) Ereignisse, die als kritisch zu bewerten sind, auch wenn es nicht zur Auslieferung der Blutprodukte gekommen ist und (d) Fehltransfusionen ohne schwerwiegende Reaktion des Empfängers.

II. Schwerwiegende unerwünschte Reaktion (Abs. 7)

Die Definition der schwerwiegenden unerwünschten Reaktion in Abs. 7 greift die Begriffsbestim- **22** mungen der Art. 3 Buchst. n) RL 2004/23/EG sowie Art. 3 Buchst. h) RL 2002/98/EG auf[40]. In der Mitteilung des PEI über Meldeverpflichtungen von schwerwiegenden Zwischenfällen und schwerwiegenden unerwünschten Transfusionsreaktionen[41] werden auch für schwerwiegende unerwünschte Reaktionen in Bezug auf Blutzubereitungen verschiedene Fallgruppen gebildet und diese den unterschiedlichen Meldebögen (s. hierzu Rn. 9) zugeordnet.

H. Sanktionen

Gem. § 97 II Nr. 24p handelt **ordnungswidrig**, wer vorsätzlich oder fahrlässig entgegen § 63i III **23** eine Meldung nicht, nicht richtig oder nicht rechtzeitig macht. Nach § 97 II Nr. 24q handelt zudem **ordnungswidrig**, wer vorsätzlich oder fahrlässig entgegen § 63i IV 1 einen Bericht nicht, nicht richtig oder nicht rechtzeitig vorlegt. Die Ordnungswidrigkeiten können mit Geldbuße bis zu € 25.000,00 geahndet werden.

§ 63j Ausnahmen

(1) Die Regelungen des Zehnten Abschnitts finden keine Anwendung auf Arzneimittel, die im Rahmen einer klinischen Prüfung als Prüfpräparate eingesetzt werden.

(2) § 63b, mit Ausnahme der Absätze 1 und 3, die §§ 63d, 63e, 63f und 63g finden keine Anwendung auf Arzneimittel, die zur Anwendung bei Tieren bestimmt sind.

Literatur: *Sträter/Wachenhausen*, Meldung von Nebenwirkungen aus klinischen Studien an Ethik-Kommissionen, PharmR 2007, 95–101.

A. Allgemeines

§ 63j wurde durch das 2. AMG-ÄndG 2012 als separater Paragraph in den 10. Abschnitt eingefügt. **1** Die Regelung ist allerdings nicht neu im AMG und wurde bereits mit dem AMG-ÄndG 2009 als § 63b IX a. F. in das AMG aufgenommen. Mit der Regelung in Abs. 1 löst der Gesetzgeber das Problem, dass den Sponsor, der zugleich Antragsteller eines Zulassungsantrags, Zulassungsinhaber oder sonstiger pharmazeutischer Unternehmer ist, keine doppelten Meldepflichten nach AMG und der GCP-V treffen sollen[1]. Abs. 2 führt die einschränkende Anwendung der Vorschriften der Pharmakovigilanz auf Tierarzneimittel fort und ergänzt § 63h.

B. Prüfpräparate in klinischen Prüfungen (Abs. 1)

Werden Arzneimittel in einer klinischen Prüfung geprüft, finden die Pharmakovigilanz-Verpflichtun- **2** gen des Zehnten Abschnitts keine Anwendung. Stattdessen gelten §§ 12, 13 GCP-V (vgl. auch GVP Modul VI, C.1, C.1.1 und C.6.2.1.2. und Kap. II, EudraLex Volume 10 („Detailed guidance on the collection, verification and presentation of adverse event/reaction reports arising from clinical trials on medicinal products for human use"). Der Sponsor einer klinischen Prüfung hat also die dortigen Meldepflichten im Rahmen von klinischen Prüfungen zu erfüllen. Ist das Prüfpräparat bereits Gegenstand eines Zulassungsantrages oder bereits zugelassen, muss der jeweilige Antragsteller, Zulassungsinhaber oder

---

[38] Mitteilung des PEI 11/2013 „Meldeverpflichtungen von schwerwiegenden Zwischenfällen und schwerwiegenden unerwünschten Transfusionsreaktionen gem. § 63i Abs. 1–7 AMG vom 23.7.2009, geändert 1.3.2013".

[39] „Meldung eines schwerwiegenden Ereignisses (Zwischenfall) im Zusammenhang mit der Herstellung oder der Anwendung von Blutprodukten nach § 63i AMG".

[40] Dort ebenfalls abweichend als „ernste" unerwünschte Reaktion bezeichnet.

[41] Mitteilung des PEI 11/2013 „Meldeverpflichtungen von schwerwiegenden Zwischenfällen und schwerwiegenden unerwünschten Transfusionsreaktionen gem. § 63i Abs. 1–7 AMG vom 23.7.2009, geändert 1.3.2013".

[1] BR-Drucks. 171/09, S. 88.

sonstige pharmazeutische Unternehmer (egal ob er identisch mit dem Sponsor ist oder nicht) die Vorgaben des Zehnten Abschnitts nicht erfüllen. Es unterliegt lediglich der **Sponsor** den Meldepflichten im Rahmen von klinischen Prüfungen.

3   Anders als der bisherige § 63b IX a. F. befreit **Abs. 1** nicht nur von den Dokumentations- und Meldepflichten für Nebenwirkungsmeldungen und der Verpflichtung, Unbedenklichkeitsberichte vorzulegen (§ 63b IX a. F.). Abs. 1 n. F. schließt den Zehnten Abschnitt in Gänze von der Anwendung bei Prüfpräparaten aus: **Wer Arzneimittel nur als Prüfpräparate prüft**, muss somit auch keinen Stufenplanbeauftragten nach § 63a bestellen (s. § 63a Rn. 9); ihn treffen auch nicht die Pharmakovigilanz-Pflichten des § 63b. Für einen etwaigen Einsatz des Arzneimittels außerhalb der klinischen Prüfung findet aber der Zehnte Abschnitt Anwendung. Freilich wird der pharmazeutische Unternehmer eines Arzneimittels, das er in Verkehr bringt und daher die Pharmakovigilanzpflichten des Zehnten Abschnitts erfüllt, und gleichzeitig das Arzneimittel in einer klinischen Prüfung einsetzt, die Erkenntnisse aus der klinischen Prüfung in seinem Pharmakovigilanz-System verarbeiten; er hat solche Informationen in seinen Unbedenklichkeitsberichten zu erlassen. Arzneimittelrisiken, die sich aus klinischen Prüfungen ergeben, sind in der Nutzen-Risiko-Bewertung mit zu berücksichtigen; sie sind auch in die Unbedenklichkeitsberichte miteinzuziehen, wenn eben solche Berichte zu erstellen sind, weil das Arzneimittel nicht nur klinisch geprüft wird, sondern auch außerhalb der klinischen Prüfung in den Verkehr gebracht wird.

4   Zu beachten ist aber, dass **§ 19 IV 1 AMWHV** i. V. m. dem dortigen Abs. 1 dem **Stufenplanbeauftragten** Dokumentationspflichten für alle bekannt gewordenen Meldungen über Arzneimittelrisiken von Prüfpräparaten wie auch von Beanstandungen bei Prüfpräparaten auferlegt. Durch die Verordnungsermächtigung der AMWHV in § 54 I 1 i. V. m. II Nr. 1 und 2 können zwar Rechtsverordnungen mit Regelungen über die Führung und Aufbewahrung von Nachweisen über die Qualitätssicherung erlassen werden. Inhalt, Zweck und v. a. Ausmaß der erteilten Ermächtigung müssen sich aber aus dem AMG ergeben (Art. 80 GG). Insofern geht hier das AMG vor: Die nach § 19 IV i. V. m. I AMWHV vorgesehenen Dokumentationspflichten für Meldungen von Arzneimittelrisiken gelten nicht bei zugelassenen Arzneimitteln, die als Prüfpräparate in einer klinischen Prüfung eingesetzt werden, wohl aber die dortigen Pflichten in Bezug auf Beanstandungen (Qualitätsmängel) bei Prüfpräparaten. Freilich wird sich der Stufenplanbeauftragte auch über Meldungen von Arzneimittelrisiken eines zugelassenen Arzneimittels informiert halten, um seinen Pflichten aus § 63a nachkommen zu können.

C. Ausschluss von Tierarzneimitteln (Abs. 2)

5   Abs. 2 stellt klar, dass die § 63b II, 63d, 63e, 63f und 63g keine Anwendung auf Tierarzneimittel finden. Da **§ 63b I** nicht von der Geltung für Tierarzneimittel ausgenommen ist, muss der Zulassungsinhaber eines Tierarzneimittels ein Pharmakovigilanz-System betreiben; die konkreten Elemente, die für Humanarzneimittel wiederum in § 63b II geregelt sind (samt Risikomanagement-System), gelten aber für Tierarzneimittel nicht zwingend. Zum Inhalt des Pharmakovigilanz-Systems und – soweit erforderlich – eines Risikomanagement-Systems für Tierarzneimittel, vgl. Volume 9B of The Rules Governing Medicinal Products in the European Union – Guidelines on Pharmacovigilance for Medicinal Products for Veterinary Use. Für die Veröffentlichung von die Pharmakovigilanz betreffenden Informationen gilt zudem **§ 63b III**. § 63h nimmt § 63c (Dokumentations- und Meldepflichten bei Humanarzneimitteln) nicht in seine Liste der nicht anzuwendenden Vorschriften auf. Dennoch gelten für Tierarzneimittel ausschließlich die Dokumentations- und Meldepflichten, wie sie in § 63h als lex specialis geregelt sind. Dies ergibt sich auch aus dem eindeutigen Wortlaut der amtlichen Überschriften von § 63c und § 63h.

Elfter Abschnitt. Überwachung

§ 64 Durchführung der Überwachung

(1) [1]Betriebe und Einrichtungen, in denen Arzneimittel hergestellt, geprüft, gelagert, verpackt oder in den Verkehr gebracht werden oder in denen sonst mit ihnen Handel getrieben wird, unterliegen insoweit der Überwachung durch die zuständige Behörde; das Gleiche gilt für Betriebe und Einrichtungen, die Arzneimittel entwickeln, klinisch prüfen, einer Rückstandsprüfung unterziehen oder Arzneimittel nach § 47a Abs. 1 Satz 1 oder zur Anwendung bei Tieren bestimmte Arzneimittel erwerben oder anwenden. [2]Die Entwicklung, Herstellung, Prüfung, Lagerung, Verpackung und das Inverkehrbringen von Wirkstoffen und anderen zur Arzneimittelherstellung bestimmten Stoffen und von Gewebe sowie der sonstige Handel mit diesen Wirkstoffen und Stoffen unterliegen der Überwachung, soweit sie durch eine Rechtsverordnung nach § 54, nach § 12 des Transfusionsgesetzes oder nach § 16a des Transplantationsgesetzes geregelt sind. [3]Im Falle des § 14 Absatz 4 Nummer 4 und des § 20b Abs. 2 unterliegen die Entnahmeeinrichtungen und die Labore der Überwachung durch die für sie örtlich zuständige Behörde. [4]Satz 1 gilt auch für Personen, die diese Tätigkeiten berufsmäßig ausüben oder Arzneimittel nicht ausschließlich für den Eigenbedarf mit sich führen, für den Sponsor einer klinischen Prüfung oder seinen Vertreter nach § 40 Abs. 1 Satz 3 Nr. 1 sowie für Personen oder Personenvereinigungen, die Arzneimittel für andere sammeln. [5]Satz 1 findet keine Anwendung auf die Rekonstitution, soweit es sich nicht um Arzneimittel handelt, die zur klinischen Prüfung bestimmt sind.

(2) [1]Die mit der Überwachung beauftragten Personen müssen diese Tätigkeit hauptberuflich ausüben. [2]Die zuständige Behörde kann Sachverständige beiziehen. [3]Sie soll Angehörige der zuständigen Bundesoberbehörde als Sachverständige beteiligen, soweit es sich um Blutzubereitungen, Gewebe und Gewebezubereitungen, radioaktive Arzneimittel, gentechnisch hergestellte Arzneimittel, Sera, Impfstoffe, Allergene, Arzneimittel für neuartige Therapien, xenogene Arzneimittel oder um Wirkstoffe oder andere Stoffe, die menschlicher, tierischer oder mikrobieller Herkunft sind oder die auf gentechnischem Wege hergestellt werden, handelt. [4]Bei Apotheken, die keine Krankenhausapotheken sind oder die einer Erlaubnis nach § 13 nicht bedürfen, kann die zuständige Behörde Sachverständige mit der Überwachung beauftragen.

(3) [1]Die zuständige Behörde hat sich davon zu überzeugen, dass die Vorschriften über Arzneimittel, Wirkstoffe und andere zur Arzneimittelherstellung bestimmte Stoffe, über die Werbung auf dem Gebiete des Heilwesens, des Zweiten Abschnitts des Transfusionsgesetzes, der Abschnitte 2, 3 und 3a des Transplantationsgesetzes und über das Apothekenwesen beachtet werden. [2]Sie hat dafür auf der Grundlage eines Überwachungssystems unter besonderer Berücksichtigung möglicher Risiken in angemessenen Zeitabständen und in angemessenem Umfang sowie erforderlichenfalls auch unangemeldet Inspektionen vorzunehmen und wirksame Folgemaßnahmen festzulegen. [3]Sie hat auch Arzneimittelproben amtlich untersuchen zu lassen.

(3a) [1]Betriebe und Einrichtungen, die einer Erlaubnis nach den §§ 13, 20c, 72 oder § 72b Absatz 1 bedürfen, sowie tierärztliche Hausapotheken sind in der Regel alle zwei Jahre nach Absatz 3 zu überprüfen. [2]Die zuständige Behörde erteilt die Erlaubnis nach den §§ 13, 20c, 52a, 72 oder § 72b Absatz 1 erst, wenn sie sich durch eine Inspektion davon überzeugt hat, dass die Voraussetzungen für die Erlaubniserteilung vorliegen.

(3b) [1]Die zuständige Behörde führt die Inspektionen zur Überwachung der Vorschriften über den Verkehr mit Arzneimitteln, die zur Anwendung bei Menschen bestimmt sind, gemäß den Leitlinien der Europäischen Kommission nach Artikel 111a der Richtlinie 2001/83/EG durch, soweit es sich nicht um die Überwachung der Durchführung klinischer Prüfung handelt. [2]Sie arbeitet mit der Europäischen Arzneimittel-Agentur durch Austausch von Informationen über geplante und durchgeführte Inspektionen sowie bei der Koordinierung von Inspektionen von Betrieben und Einrichtungen in Ländern, die nicht Mitgliedstaaten der Europäischen Union oder andere Vertragsstaaten des Abkommens über den Europäischen Wirtschaftsraum sind, zusammen.

(3c) [1]Die Inspektionen können auch auf Ersuchen eines anderen Mitgliedstaates, der Europäischen Kommission oder der Europäischen Arzneimittel-Agentur durchgeführt werden. [2]Unbeschadet etwaiger Abkommen zwischen der Europäischen Union und Ländern, die nicht Mitgliedstaaten der Europäischen Union oder andere Vertragsstaaten des Abkommens über den Europäischen Wirtschaftsraum sind, kann die zuständige Behörde einen Hersteller in dem Land, das nicht Mitgliedstaat der Union oder Vertragsstaat des Abkommens über den Europäischen Wirtschaftsraum ist, auffordern, sich einer Inspektion nach den Vorgaben der Europäischen Union zu unterziehen.

(3d) [1] Über die Inspektion ist ein Bericht zu erstellen. [2] Die zuständige Behörde, die die Inspektion durchgeführt hat, teilt den überprüften Betrieben, Einrichtungen oder Personen den Inhalt des Berichtsentwurfs mit und gibt ihnen vor dessen endgültiger Fertigstellung Gelegenheit zur Stellungnahme.

(3e) Führt die Inspektion nach Auswertung der Stellungnahme nach Absatz 3d Satz 2 zu dem Ergebnis, dass die Betriebe, Einrichtungen oder Personen den gesetzlichen Vorschriften nicht entsprechen, so wird diese Information, soweit die Grundsätze und Leitlinien der Guten Herstellungspraxis oder der Guten Vertriebspraxis des Rechts der Europäischen Union für Arzneimittel zur Anwendung beim Menschen oder die Grundsätze und Leitlinien der Guten Herstellungspraxis des Rechts der Europäischen Union für Arzneimittel zur Anwendung bei Tieren betroffen sind, in die Datenbank nach § 67a eingegeben.

(3f) [1] Innerhalb von 90 Tagen nach einer Inspektion zur Überprüfung der Guten Herstellungspraxis oder der Guten Vertriebspraxis wird den überprüften Betrieben, Einrichtungen oder Personen ein Zertifikat ausgestellt, wenn die Inspektion zu dem Ergebnis geführt hat, dass die entsprechenden Grundsätze und Leitlinien eingehalten werden. [2] Die Gültigkeitsdauer des Zertifikats soll drei Jahre nicht überschreiten. [3] Das Zertifikat ist zurückzunehmen, wenn nachträglich bekannt wird, dass die Voraussetzungen nicht vorgelegen haben; es ist zu widerrufen, wenn die Voraussetzungen nicht mehr gegeben sind.

(3g) [1] Die Angaben über die Ausstellung, die Versagung, die Rücknahme oder den Widerruf des Zertifikats nach Absatz 3f sind in eine Datenbank nach § 67a einzugeben. [2] Das gilt auch für die Erteilung, die Rücknahme, den Widerruf oder das Ruhen einer Erlaubnis nach den §§ 13, 20b, 20c, 52a, 72 oder § 72b Absatz 1 sowie für die Registrierung und Löschung von Arzneimittelvermittlern oder von Betrieben und Einrichtungen, die Wirkstoffe herstellen, einführen oder sonst mit ihnen Handel treiben, ohne einer Erlaubnis zu bedürfen.

(3h) [1] Die Absätze 3b, 3c und 3e bis 3g finden keine Anwendung auf tierärztliche Hausapotheken sowie auf Betriebe und Einrichtungen, die ausschließlich Fütterungsarzneimittel herstellen. [2] Darüber hinaus findet Absatz 3d Satz 2 auf tierärztliche Hausapotheken keine Anwendung.

(4) Die mit der Überwachung beauftragten Personen sind befug

1. Grundstücke, Geschäftsräume, Betriebsräume, Beförderungsmittel und zur Verhütung dringender Gefahr für die öffentliche Sicherheit und Ordnung auch Wohnräume zu den üblichen Geschäftszeiten zu betreten, zu besichtigen sowie in Geschäftsräumen, Betriebsräumen und Beförderungsmitteln zur Dokumentation Bildaufzeichnungen anzufertigen, in denen eine Tätigkeit nach Absatz 1 ausgeübt wird; das Grundrecht des Artikels 13 des Grundgesetzes auf Unverletzlichkeit der Wohnung wird insoweit eingeschränkt,

2. Unterlagen über Entwicklung, Herstellung, Prüfung, klinische Prüfung oder Rückstandsprüfung, Erwerb, Lagerung, Verpackung, Inverkehrbringen und sonstigen Verbleib der Arzneimittel sowie über das im Verkehr befindliche Werbematerial und über die nach § 94 erforderliche Deckungsvorsorge einzusehen,

2a. Abschriften oder Ablichtungen von Unterlagen nach Nummer 2 oder Ausdrucke oder Kopien von Datenträgern, auf denen Unterlagen nach Nummer 2 gespeichert sind, anzufertigen oder zu verlangen, soweit es sich nicht um personenbezogene Daten von Patienten handelt,

3. von natürlichen und juristischen Personen und nicht rechtsfähigen Personenvereinigungen alle erforderlichen Auskünfte, insbesondere über die in Nummer 2 genannten Betriebsvorgänge zu verlangen,

4. vorläufige Anordnungen, auch über die Schließung des Betriebes oder der Einrichtung zu treffen, soweit es zur Verhütung dringender Gefahren für die öffentliche Sicherheit und Ordnung geboten ist.

(4a) Soweit es zur Durchführung dieses Gesetzes oder der auf Grund dieses Gesetzes erlassenen Rechtsverordnungen oder der Verordnung (EG) Nr. 726/2004 erforderlich ist, dürfen auch die Sachverständigen der Mitgliedstaaten der Europäischen Union, soweit sie die mit der Überwachung beauftragten Personen begleiten, Befugnisse nach Absatz 4 Nr. 1 wahrnehmen.

(5) Der zur Auskunft Verpflichtete kann die Auskunft auf solche Fragen verweigern, deren Beantwortung ihn selbst oder einen seiner in § 383 Abs. 1 Nr. 1 bis 3 der Zivilprozessordnung bezeichneten Angehörigen der Gefahr strafrechtlicher Verfolgung oder eines Verfahrens nach dem Gesetz über Ordnungswidrigkeiten aussetzen würde.

(6) [1]Das Bundesministerium wird ermächtigt, durch Rechtsverordnung mit Zustimmung des Bundesrates Regelungen über die Wahrnehmung von Überwachungsaufgaben in den Fällen festzulegen, in denen Arzneimittel von einem pharmazeutischen Unternehmer im Geltungsbereich des Gesetzes in den Verkehr gebracht werden, der keinen Sitz im Geltungsbereich des Gesetzes hat, soweit es zur Durchführung der Vorschriften über den Verkehr mit Arzneimitteln sowie über die Werbung auf dem Gebiete des Heilwesens erforderlich ist. [2]Dabei kann die federführende Zuständigkeit für Überwachungsaufgaben, die sich auf Grund des Verbringens eines Arzneimittels aus einem bestimmten Mitgliedstaat der Europäischen Union ergeben, jeweils einem bestimmten Land oder einer von den Ländern getragenen Einrichtung zugeordnet werden. [3]Die Rechtsverordnung wird vom Bundesministerium für Ernährung und Landwirtschaft im Einvernehmen mit dem Bundesministerium erlassen, soweit es sich um Arzneimittel handelt, die zur Anwendung bei Tieren bestimmt sind.

Wichtige Änderungen der Vorschrift: Abs. 1 S. 2 geändert durch Art. 1 Nr. 19a) des Siebten Gesetzes zur Änderung des Arzneimittelgesetzes vom 25.2.1998 (BGBl. I S. 374); Abs. 4a eingefügt durch Art. 1 Nr. 19b) des Siebten Gesetzes zur Änderung des Arzneimittelgesetzes vom 25.2.1998 (BGBl. I S. 374); Abs. 1 S. 4–7 eingefügt durch Art. 1 Nr. 57d) des Vierzehnten Gesetzes zur Änderung des Arzneimittelgesetzes vom 29.8.2005 (BGBl. I S. 2570); Abs. 1 S. 2 geändert durch Art. 1 Nr. 57a) des Vierzehnten Gesetzes zur Änderung des Arzneimittelgesetzes vom 29.8.2005 (BGBl. I S. 2570); Abs. 1 S. 5 eingefügt durch Art. 1 Nr. 56d) des Fünfzehnten Gesetzes zur Änderung arzneimittelrechtlicher und anderer Vorschriften vom 17.7.2009 (BGBl. I S. 1990); Abs. 3 geändert und Abs. 3a–3h eingefügt durch Art. 1 Nr. 51 des Zweiten Gesetzes zur Änderung arzneimittelrechtlicher und anderer Vorschriften vom 19.10.2012 (BGBl. S. 2192).

Europarechtliche Vorgaben: Art. 111 ff. RL 2001/83/EG; Art. 80 ff. RL 2001/82/EG; Art. 41 ff. VO (EG) Nr. 726/2004; Art. 23 ff. RL 2005/28/EG; Art. 3 RL 2003/94/EG.

Literatur: *App*, Einführung in das Verwaltungsvollstreckungsrecht, JuS 2004, 786; *Atzor*, Die Europäischen Einrichtungen – aus pharmazeutischem Blickwinkel betrachtet, PharmInd 2007, 42, 149; *Atzor/Bottermann/Fresenius/Frie/Völler*, Qualitätssicherung in der Arzneimittelüberwachung und –untersuchung – Das Qualitätssystem der Länder der Bundesrepublik Deutschland, PharmInd 2002, 210; *Brühl*, Die Prüfung der Rechtmäßigkeit des Verwaltungszwangs im gestreckten Verfahren, JuS 1998, 65; *Dettling*, Zuständigkeit und Verantwortlichkeit für den Gesundheitsschutz in der Europäischen Union, A&R 2006, 99; *Eichmüller*, Risikomanagement im GMP-Umfeld, A&R 2009, 147; *Feiden*, Betriebsverordnung für pharmazeutische Unternehmer, 5. Aufl. 1998; *Fischer*, 15 Jahre Einigungsvertrag, DAZ 2005, 6108; *Fuhrmann*, Sofortvollzug und Einstweiliger Rechtsschutz im Arzneimittelrecht – Eine Bestandsaufnahme, PharmR 2012, 1; *Geiger*, Ausgeschlossene Personen im Verwaltungsverfahren, JA 1985, 169; *Gloggengießer/Rickerl*, Aufgaben der Arzneimittelüberwachung in der Bundesrepublik Deutschland, ZLR 1982, 411; *Göbel/Baier/Gertzen/Ruhfus/Sanden/Schmidt/Schrag-Floß*, GCP-Inspektionen in Deutschland und Europa nach Implementierung der Direktive 2001/20/EG, Teil 1: Regulatorisches Umfeld, PharmInd 2008, 830; *dies.*, GCP-Inspektionen in Deutschland und Europa nach Implementierung der Direktive 2001/20/EG, Teil 2: Ergebnisse der Umfrage bei Mitgliedsfirmen des VFA, PharmInd 2008, 943; *dies.*, GCP-Inspektionen in Deutschland und Europa nach Implementierung der Direktive 2001/20/EG, Teil 3: Empfehlungen für Sponsoren, PharmInd 2008, 1063; *Hart*, Arzneimittelsicherheit und Länderüberwachung, MedR 2003, 207; *Heidebach*, Hauptsacherechtsbehelf und Vorläufiger Rechtsschutz, DÖV 2010, 254; *Heitz*, Behördliche Überwachungsbefugnisse bei der Arzneimittelherstellung durch Ärzte, MedR 2004, 375; *dies.*, Überwachungsbefugnisse gem. § 64 AMG und ihre Konkretisierung durch ermessenslenkende Verwaltungsvorschriften, MedR 2005, 107; *Jarass*, Richtlinienkonforme bzw. EG-rechtskonforme Auslegung nationalen Rechts, EuR 1991, 211; *Jarass*, Konflikte zwischen EG-Recht und nationalem Recht vor den Gerichten der Mitgliedstaaten, DVBl. 1995, 954; *Kirrstetter*, Good Manufacturing Practice-Inspektionen in der Wirkstoff-Produktion – Erfahrungen aus der Industrie, PharmInd 2002, 217; *Klein*, Vorläufiger Rechtsschutz bei arzneimittelsicherheitsrechtlichen Maßnahmen der Überwachungsbehörden gegen vermeintliche Nahrungsergänzungsmittel, ZLR 1997, 391; *Kopp*, Die Ablehnung befangener Amtsträger im Verwaltungsverfahrensrecht, BayVBl 1994, 109; *Kori-Lindner/Sickmüller/Eberhardt*, Behördeninspektionen nach GCP, GMP und Pharmakovigilanz-Regularien bei pharmazeutischen Unternehmen und sonstigen Einrichtungen, Teil 1: Die Regularien in einer Übersicht, PharmInd 2008, S. 81; *dies.*, Behördeninspektionen nach GCP, GMP und Pharmakovigilanz-Regularien bei pharmazeutischen Unternehmen und sonstigen Einrichtungen, Teil 2: Die Durchführung von Inspektionen, PharmInd 2008, 207; *Lippert/Strobel*, Die Überwachung klinischer Prüfungen nach dem AMG, VersR 1995, 537; *Rinio*, Das Auskunftsverweigerungsrecht des tatbeteiligten Zeugen nach § 55 StPO, JuS 2008, 600; *Sadler*, Unmittelbare Ausführung einer Maßnahme durch sofortigen Vollzug, DVBl. 2009, 292.

Übersicht

A. Allgemeines

I. Inhalt

1   In Abs. 1 werden zunächst die überwachten Betriebe und Tätigkeiten benannt sowie die dafür zuständigen Behörden bestimmt. Eine effektive Überwachung setzt eine hinreichende personelle und sachliche Ausstattung der Überwachungsbehörden voraus. Aus diesem Grund werden in Abs. 2 besondere Anforderungen an die Unabhängigkeit der Überwachungspersonen gestellt und die Beiziehung von Sachverständigen geregelt. In Abs. 3 werden Inhalte und Durchführung der Überwachung konkretisiert.

2   Zur effektiven Überwachung ist es auch notwendig, die zuständigen Überwachungsbehörden mit besonderen Befugnissen auszustatten. Entsprechend dem in Art. 20 III GG verankerten Grundsatz des Vorbehalts des Gesetzes, wonach jede Eingriffsverwaltung im grundrechtsrelevanten Bereich einer gesetzlichen Grundlage bedarf[1], werden in Abs. 4 die Kontrollbefugnisse der Überwachungsbehörden in Gestalt von Betretungs- und Besichtigungsrechten (Nr. 1), Einsichts- und Vervielfältigungsrechten (Nr. 2 und 2a), Auskunftsansprüchen (Nr. 3) sowie dem Erlass vorläufiger Anordnungen (Nr. 4) konkretisiert. All diese Überwachungsmaßnahmen können in die Grundrechte der Berufsfreiheit und des Rechtes am eingerichteten und ausgeübten Gewerbebetrieb (Art. 12, 14 GG) der Überwachungsadressaten eingreifen und bedürfen daher einer gesetzlichen Grundlage. Aus diesem Grund werden in Abs. 4a auch gesondert die Befugnisse der Sachverständigen der Mitgliedstaaten geregelt.

3   In Abs. 5 wird den Überwachungsadressaten, die einer Überwachungsmaßnahme der zuständigen Behörden ausgesetzt sind, unter Bezugnahme auf die inhaltsgleiche Vorschrift des § 383 I Nr. 1 ZPO ausdrücklich ein Auskunftsverweigerungsrecht zugestanden. In Abs. 6 wird das zuständige Bundesministerium für besondere Fälle des Imports zum Erlass von Verordnungen ermächtigt, die Zuständigkeit für die Überwachung von Importarzneimitteln bei bestimmten Behörden zu konzentrieren. Auch hierdurch soll die Effektivität der Überwachung gesteigert werden.

II. Zweck

4   Mit den Regelungen der §§ 64 ff. soll eine effektive **Überwachung** des Verkehrs mit Arzneimitteln sichergestellt werden. Die Überwachung stellt neben der Notwendigkeit einer Erlaubnis für die Herstellung von Arzneimitteln (§ 13) und der Notwendigkeit einer Zulassung, Genehmigung oder Registrierung für den Vertrieb von Produkten im Anwendungsbereich des AMG (§§ 21, 21a und 38) die

---

[1] St. Rspr. *BVerfGE* 6, 32, 37 ff.; *Maurer*, § 6 Rn. 3.

dritte Säule staatlicher Einflussnahme zur Verwirklichung der in § 1 genannten Zwecke des AMG dar. **Zweck** der Überwachung ist daher die **Kontrolle,** ob im Interesse einer ordnungsgemäßen Arzneimittelversorgung von Mensch und Tier die Sicherheit im Verkehr mit Arzneimitteln, insbesondere für deren Qualität, Wirksamkeit und Unbedenklichkeit, gewährleistet ist.

III. Anwendbarkeit der Überwachungsvorschriften

Gem. § 64 III 2 unterliegen Betriebe, Einrichtungen oder Personen, die Tätigkeiten nach Abs. 1 **5** ausüben, einer regelmäßigen Überwachung durch die zuständigen Überwachungsbehörden (**Regelüberwachung**). Hierunter fallen nicht nur die Betriebe, Einrichtungen und Personen, die ihre Tätigkeiten nach § 67 angezeigt haben, sondern auch diejenigen, die gem. § 67 IV von der Anzeigepflicht freigestellt sind. Der Grund für die Befreiung dieser Überwachungsadressaten von der Anzeigepflicht liegt darin, dass sie für ihre Tätigkeit Erlaubnisse nach § 13, § 52a oder § 72 besitzen. Darüber hinaus gelten die Anzeigepflichten des § 67 I–III nicht für Apotheken nach dem ApG. Dennoch üben die genannten Betriebe, Einrichtungen oder Personen aufgrund der erteilten Erlaubnisse und/oder ihrer Eigenart z.B. als Apotheke üblicherweise Tätigkeiten i.S.v. § 64 I 1 aus, die für die Arzneimittelüberwachung nicht nur von Relevanz sind, sondern von denen die zuständige Überwachungsbehörde auch schon tatsächliche Kenntnis hat. Sie unterliegen deshalb auch der Regelüberwachung auf der Grundlage der §§ 64 ff.

Andererseits unterwirft § 64 I 1 nur solche Betriebe und Einrichtungen der Überwachung durch die **6** zuständige Behörde, in denen tatsächlich Arzneimittel hergestellt, geprüft, gelagert, verpackt oder in den Verkehr gebracht werden oder in denen sonst mit ihnen Handel getrieben wird. Das schließt es nach der **Rechtsprechung des BVerwG** aus, die Überwachungsmittel der §§ 64 ff. einzusetzen, um festzustellen, ob die Voraussetzungen einer arzneimittelrechtlichen Regelüberwachung vorliegen[2]. Die arzneimittelrechtlichen Überwachungsmaßnahmen nach den §§ 64 ff. können also nicht angeordnet werden um festzustellen, ob eine überwachungspflichtige Tätigkeit i.S.d. AMG gegeben ist.

Liegen **konkrete Verdachtsmomente** vor, dass die Arzneimittel an Dritte abgegeben werden, **7** können diese einen hinreichenden **Gefahrenverdacht**[3] begründen, um auf der Grundlage der allgemeinen Vorschriften des Gefahrenabwehrrechts (z.B. den Generalklauseln der Polizeigesetze der Länder) den Sachverhalt im Wege der Gefahrenerforschung einmalig aufzuklären. Hierzu bedarf es aber keiner Regelüberwachung nach den arzneimittelrechtlichen Überwachungsvorschriften[4]. Sofern das Vorgehen zur **Gefahrenerforschung** auf eine landesrechtliche Norm gestützt wird, sind allerdings die für den Vollzug dieser Norm bestehenden Zuständigkeitsregeln zu beachten. Ein Gefahrenverdacht kann auch durch unterschiedliche tatsächliche Hinweise auf das Handeltreiben mit Arzneimitteln wie z.B. eine Werbung im Internet für den Bezug von Dopingmitteln oder Aussagen von Jugendlichen über den Bezug von Anabolika im örtlichen Fitnesscenter ausgelöst werden[5].

Sofern sich ein Gefahrenverdacht zu einer Gefahr „verdichten" sollte, ist der Anwendungsbereich der **8** §§ 64 ff. indes eröffnet (sog. **Anlassüberwachung**).

Anders ist die Situation zu beurteilen, wenn die Gefahrenverdachtssituation „innerhalb" der Anlass- **9** oder Regelüberüberwachung bereits **spezialgesetzlich** geregelt ist und den Überwachungsbehörden auf der Grundlage eines Gefahrenverdachtes Eingriffsbefugnisse zur Gefahrenerforschung eingeräumt werden[6]. Beispiel hierfür ist § 69 I 2 Nr. 4 (s. hierzu § 69 Rn. 36), der zu einem Vertriebsverbot, einer Sicherstellung oder der Anordnung eines Rückrufs schon dann ermächtigt, wenn der **begründete Verdacht** besteht, dass ein Arzneimittel bei bestimmungsgemäßem Gebrauch schädliche Wirkungen hat. Obwohl das Vorliegen einer Schädlichkeit also ungewiss ist, können die genannten Maßnahmen ergriffen werden. Voraussetzung ist jedoch, dass **konkrete Tatsachen** vorliegen, welche die Annahme einer Schädlichkeit auch rechtfertigen.

IV. Vorrang des Gemeinschaftsrechts

Die Vorschriften der §§ 64 ff. sind teils rein nationalen Ursprungs, teils beruhen sie auf der Umsetzung **10** europäischen Richtlinienrechts. Sie enthalten zum Teil auch Befugnisse und Pflichten, die hinsichtlich spezifischer Sachverhalte europarechtlich im Verordnungswege geregelt sind (z.B. die gegenseitige Amtshilfe auf europäischer Ebene nach § 68 II–VI; s. dazu § 68 Rn. 15 ff.).

1. Pflicht zur richtlinienkonformen Auslegung. Die auf europäischen Richtlinien beruhenden **11** Vorschriften der §§ 64 ff. sind von den Überwachungsbehörden richtlinienkonform auszulegen[7]. Diese Pflicht ergibt sich aus Art. 288 III i.V.m. Art. 291 I AEUV. Das nationale Recht ist hiernach so aus-

---

[2] *BVerwG,* NVwZ 2005, 87, 89.
[3] Zum Begriff, auch in Abgrenzung zur sog. Putativgefahr vgl. *Pieroth/Schlink/Kniesel,* S. 76 ff.
[4] *BVerwG,* NVwZ 2005, 87, 89.
[5] *Kloesel/Cyran,* § 64 Anm. 3a.
[6] Vgl. *Pieroth/Schlink/Knoesel,* S. 76.
[7] Zur richtlinienkonformen Auslegung vgl. *Streinz,* Europarecht, Rn. 455.

zulegen, dass es den Vorgaben einschlägiger gemeinschaftsrechtlicher Richtlinien entspricht[8]. Die Pflicht zur richtlinienkonformen Auslegung bezieht sich damit und des Weiteren nicht nur auf nationale Richtlinienumsetzungsgesetze, sondern auch auf bereits bei Erlass der Richtlinie bestehendes nationales Recht im Wirkbereich einer Richtlinie[9].

12   Die Pflicht zur richtlinienkonformen Auslegung ist allerdings nicht grenzenlos. Sie findet zum einen ihre **Grenzen** in der Auslegungsfähigkeit des mitgliedstaatlichen Rechts[10]. Für die Rechtsanwendung durch nationale Verwaltungsbehörden und Gerichte folgt daraus, dass – in Anlehnung an die Grenzen der verfassungskonformen Auslegung – jedenfalls einer nach Wortlaut und Sinn eindeutigen deutschen Rechtsvorschrift kein entgegenstehender Sinn verliehen werden darf[11]. Das Ergebnis einer richtlinienkonformen Auslegung muss daher nach mitgliedstaatlichen Auslegungsregeln eine vertretbare Lösung darstellen[12].

13   **2. Anwendungsvorrang in Kollisionsfällen.** Die §§ 64 ff. enthalten zum Teil auch Befugnisse und Pflichten, die hinsichtlich spezifischer Sachverhalte europarechtlich im Verordnungswege geregelt sind (z. B. die gegenseitige Amtshilfe auf europäischer Ebene nach § 68 II–VI; s. dazu § 68 Rn. 15 ff.). Sekundärrechtliche Regelungen mit Verordnungscharakter beanspruchen gem. Art. 288 II AEUV in jedem Mitgliedstaat allgemeine und unmittelbare Geltung. Sie sind als abstrakt-generelle Rechtssätze des sekundären Gemeinschaftsrechts aufzufassen und somit in allen ihren Teilen verbindlich[13]. Sie treten an die Stelle entgegenstehender innerstaatlicher Regelungen und werden so Bestandteile des nationalen Rechts.

14   Der *EuGH* geht in ständiger Rechtsprechung wegen der Eigenständigkeit der Gemeinschaftsrechtsordnung sowie der Notwendigkeit der einheitlichen Anwendung des Gemeinschaftsrechts in allen Mitgliedstaaten zum Zwecke der Funktionsfähigkeit der Gemeinschaft vom Vorrang unmittelbar anwendbaren Gemeinschaftsrechts vor allen *„wie immer gearteten innerstaatlichen Rechtsvorschriften"* aus[14]. Als Folge dieses unbedingten Vorrangs des Gemeinschaftsrechts sind nationale Rechtsvorschriften nicht im Sinne eines Geltungs-, sondern eines Anwendungsvorrangs unanwendbar, sofern und soweit sie im Einzelfall einer unmittelbar anwendbaren Bestimmung des Gemeinschaftsrechts entgegenstehen[15].

15   Der Anwendungsvorrang lässt die Gültigkeit entgegenstehenden nationalen Rechts im Kollisionsfall unberührt, während der Geltungsvorrang von der Nichtigkeit des entgegenstehenden Rechts ausgeht. Dem Anwendungsvorrang ist der Vorzug zu geben, weil er im Vergleich zum Geltungsvorrang „schonender" und zur effektiven Rechtsdurchsetzung in den Mitgliedstaaten auch ausreichend ist. Die arzneimittelrechtlichen Überwachungsbehörden sind daher gehalten, mit Verordnungsrecht „überlagerte" nationale Vorschriften außer Anwendung zu lassen.

B. Gegenstände der Überwachung und zuständige Überwachungsbehörden (Abs. 1)

I. Gegenstände der Überwachung

16   **1. Überwachte Betriebe, Einrichtungen und Personen (S. 1, 2 und 4). a) Betriebe und Einrichtungen nach S. 1, 1. Halbs.** Die Vorschrift bezieht zunächst alle Betriebe (s. Rn. 18) und Einrichtungen (s. Rn. 19), in die Überwachung ein, in denen Arzneimittel (§ 2) hergestellt (§ 4 XIV), geprüft, gelagert, verpackt oder in den Verkehr gebracht (§ 4 XVII) werden oder in denen sonst mit ihnen Handel getrieben wird.

17   Die Überwachung erstreckt sich indes nicht immer auf alle Betriebs- und Einrichtungsteile. Sie ist vielmehr auf diejenigen **Bereiche** der Betriebe und Einrichtungen beschränkt, in denen tatsächlich durch die beschriebenen Handlungen mit Arzneimitteln umgegangen wird. Sie erstreckt sich daher nicht auf die Bereiche, in denen ausschließlich mit anderen Produkten (z. B. Nahrungsergänzungsmitteln, diätetischen Lebensmitteln, sonstigen Lebensmitteln, Kosmetika, Medizinprodukten oder Futtermitteln) umgegangen wird[16].

18   Unter einem **Betrieb** wird die Gesamtheit von Räumen, Maschinen, Anlagen und Personen verstanden, die der Produktion, Lagerung oder Verteilung von Gütern dienen. Dies setzt nicht zwingend die Gewerbs-

---

[8] *EuGH*, Urt. v. 14.7.1994 – Rs. C-91/92, Slg. 1994, I-3325, 3357 – Faccini Dori.

[9] *EuGH*, Urt. v. 13.11.1990 – Rs. C 106/89, Slg. 1990, I-4135, 4159 – Marleasing/La Comercial International de Alimentation; *Burgi*, Verwaltungsprozeß und Europarecht, S. 19.

[10] Vgl. "*soweit wie möglich*" in *EuGH*, Urt. v. 14.7.1994, Rs. C-91/92, Slg. 1994, I-3325, 3357 – Faccini Dori; *Burgi*, S. 19 f.

[11] *Jarass*, DVBl. 1995, 957 f.

[12] *Jarass*, EuR 1991, 218 f.

[13] *Streinz*, Europarecht, Rn. 427; *Biervert*, in: Schwarze, Art. 249 EG Rn. 18, 20.

[14] *EuGH*, Urt. v. 15.7.1964 – Rs. 6/64, Slg. 1964, 1251, 1270 – Costa/ENEL; ausdrücklich auch gegenüber nationalem Verfassungsrecht *EuGH*, Urt. v. 9.3.1978 – Rs. 106/77, Slg. 1978, 629, 643 ff. – Staatliche Finanzverwaltung/Simmenthal; *Streinz*, Europarecht, Rn. 216 ff.

[15] Vgl. *EuGH*, Urt. v. 4.4.1968 – Rs. 34/67, Slg. 1968, 363, 373 – Firma Gebrüder Lück/Hauptzollamt Köln-Rheinau; Urt. v. 9.3.1978 – Rs. 106/77, 1978, 629, 643 f. – Staatliche Finanzverwaltung/Simmenthal.

[16] Vgl. *Kloesel/Cyran*, § 64 Anm. 14.

mäßigkeit voraus. Auch karitative und der Selbstversorgung dienende Betriebe sind in die Überwachung einbezogen. Erfasst sind ebenfalls örtlich getrennte Betriebsteile wie z. B. Außenlager (Depots) und die unternehmenseigene Lagerung von Arzneimittelmustern[17], da diese dem Betriebszweck dienen.

Als **Einrichtungen** werden insbesondere die Einrichtungen der tierärztlichen Bildungsstätten (§ 61), **19** Blutbanken, Prüfinstitute, Krankenhausapotheken und sonstige gemeinnützige Einrichtungen angesehen[18]. Demgegenüber sind Einrichtungen der Deutsche Post AG von der Überwachung ausgeschlossen. Dies gilt auch für reine Transportunternehmen, sofern sie nicht selbst mit Arzneimitteln Handel treiben („sonstiger Handel") oder Arzneimittel für längere Zeit bis zur weiteren Verteilung zwischenlagern[19].

Der **Arzneimittel**begriff ist in § 2 legal definiert (s. hierzu § 2 Rn. 15 ff.). Der Begriff **„Herstellen"** **20** ist in § 4 XIV legal definiert (s. hierzu § 4 Rn. 115 ff.).

Der Begriff **„Prüfen"** ist weit zu verstehen[20]. Darunter fallen u. a. Haltbarkeitsversuche (§ 22 I **21** Nr. 14), die Qualitätskontrolle (§ 22 I Nr. 15), die Rückstandsprüfung (§ 23 I, § 59 I), die analytische und die pharmakologisch-toxikologische sowie die klinische Prüfung (§ 22 II). Damit unterliegen auch reine Prüfbetriebe und -einrichtungen nach § 14 IV der arzneimittelrechtlichen Überwachung.

Der Begriff **„Lagern"** umfasst neben dem gewerblichen und dem berufsmäßigen Vorrätighalten von **22** Arzneimitteln (z. B. Haupt-, Zwischen- und Zweiglager der Hersteller, Groß- und Einzelhändler) auch das Vorrätighalten in gemeinnützigen Einrichtungen. Gleiches gilt für die Arzneimittellager der Bundeswehr, des Zivilschutzes, der Krankenhäuser oder sonstiger Einrichtungen des Gesundheitswesens, Arztpraxen und Apotheken[21]. Altenpflege-, Kinder- und Behindertenheime mit Krankenstationen, Krankenkraftwagen und Notfall-Einsatzfahrzeuge, Stationen der Krankenhäuser, Erste-Hilfe-Stationen und Justizvollzugsanstalten, die kein Dispensierrecht haben, aber Arzneimittel für die therapeutische bzw. notfallmäßige Versorgung ihrer Patienten lagern dürfen, unterfallen ebenfalls der Überwachung[22].

Hiervon abzugrenzen ist das private Vorrätighalten, welches begrifflich im AMG als **„Aufbewahren"** **23** bezeichnet wird (vgl. die unterschiedlichen Formulierungen in §§ 10 II und 11 II) und deshalb nicht von der Überwachung erfasst ist. Eine andere Auslegung würde zu dem kaum nachvollziehbaren Ergebnis führen, dass sich die Arzneimittelüberwachungsbehörden bei Vorliegen der tatbestandlichen Voraussetzungen Zutritt zu jedem privaten Haushalt verschaffen könnten, um die dort vorhandenen privaten Arzneimittelvorräte zu überprüfen.

Der Begriff **„Verpacken"** wird im Gegensatz zum Begriff „Abpacken" nicht bereits durch die **24** Legaldefinition „Herstellen" in § 4 XIV erfasst. Er hat deshalb eine selbständige Bedeutung[23]. Da sich der umfassende Herstellungsbegriff auf alle Vorgänge erstreckt, die zur Herstellung eines Arzneimittels erforderlich sind, einschließlich der abschließenden Freigabe zum Inverkehrbringen[24], dürfte mit „Verpacken" insbesondere das Fertigmachen zum Transport oder Versand gemeint sein. Der Begriff weist deshalb inhaltliche Überschneidungen mit dem Begriff „Inverkehrbringen" nach § 4 XVII auf.

Der sehr weit gefasste Begriff **„Inverkehrbringen"** ist in § 4 XVII legal definiert (s. hierzu § 4 **25** Rn. 139). Er umfasst insbesondere auch die typischen Tätigkeiten von Groß- und Einzelhändlern, Vertriebsunternehmen und Importeuren. Zu den Betrieben und Einrichtungen, die Arzneimittel an Endverbraucher abgeben, gehören insbesondere öffentliche Apotheken und Krankenhausapotheken, Drogerien, ärztliche Praxisbedarfsgeschäfte, häusliche Pflegedienste, Reha- und Kureinrichtungen, der medizinische Fachhandel, Reformhäuser, Lebensmittelgeschäfte wie z. B. Supermärkte, Bioläden oder Fitness- und Bodybuilding-Studios[25].

Die Formulierung **„in denen sonst mit ihnen Handel getrieben wird"** wurde mit der 4. AMG- **26** Novelle eingeführt und diente der Angleichung an den Wortlaut des § 67 I 1. Damit ist sichergestellt, dass auch reine Bürobetriebe, deren Tätigkeiten nicht unter die Legaldefinition für das Inverkehrbringen gem. § 4 XVII fallen, von den Überwachungsvorschriften erfasst werden. Damit sind insbesondere Handelskontore und Einkaufsgenossenschaften erfasst, die mit den Arzneimitteln **nicht körperlich** in Berührung kommen, sondern diese ausschließlich im Handel (schriftlich oder elektronisch) vermitteln[26]. Der Begriff **„Handeltreiben"** wird vom *BGH* in Strafsachen im Zusammenhang mit Betäubungsmitteln weit ausgelegt. Für die Annahme vollendeten Handeltreibens soll es ausreichen, dass der Täter bei

---

[17] *Kloesel/Cyran*, § 64 Anm. 15.
[18] *Hart*, MedR 1992, 212.
[19] *Kloesel/Cyran*, § 64 Anm. 15.
[20] *Kloesel/Cyran*, § 64 Anm. 20.
[21] *Kloesel/Cyran*, § 64 Anm. 22.
[22] *Kloesel/Cyran*, § 64 Anm. 22 unter Verweis auf den RdErl. des Ministeriums für Frauen, Jugend, Familie und Gesundheit des Landes NRW vom 27.11.2000 – III B 5–0422.1.3 – MBl. NRW Nr. 79 v. 27.12.2000, S. 1642 = DAZ 2001, 216.
[23] *Kloesel/Cyran*, § 64 Anm. 23.
[24] S. § 4 XIV.
[25] *Kloesel/Cyran*, § 64 Anm. 24 unter Verweis auf den RdErl. des Ministeriums für Frauen, Jugend, Familie und Gesundheit des Landes NRW vom 27.11.2000 – III B 5–0422.1.3 – MBl. NRW Nr. 79 v. 27.12.2000, S. 1642 = DAZ 2001, 216.
[26] *Kloesel/Cyran*, § 64 Anm. 16.

einem beabsichtigten Ankauf von zum gewinnbringenden Weiterverkauf bestimmten Betäubungsmitteln in ernsthafte Verhandlungen mit dem potentiellen Verkäufer tritt[27].

27   **b) Betriebe und Einrichtungen nach S. 1, 2. Halbs.** In die Überwachung einbezogen werden nach Abs. 1 S. 1, 2. Halbs. auch Betriebe und Einrichtungen, die Arzneimittel entwickeln, klinisch prüfen (§ 4 XXIII), einer Rückstandsprüfung unterziehen (vgl. §§ 4 XII, 23 II Nr. 2, 24 I, 59 und 59b) oder Arzneimittel nach § 47a I 1 oder zur Anwendung bei Tieren bestimmte Arzneimittel erwerben oder anwenden.

28   Der Begriff **„Entwickeln"** ist im AMG nicht definiert. Darunter ist die Gesamtheit aller Prüfungen und Versuche sowie die Erstellung von Angaben und Unterlagen zu verstehen, die benötigt werden, um die Zulassung eines Arzneimittels bei der zuständigen Zulassungsbehörde (§ 77) zu beantragen. Die Arzneimittelrichtlinien i. S. d. § 26 sind Maßstab für die Notwendigkeit der Versuche und Prüfungen[28]. Der Begriff „Entwickeln" umfasst daher alle Prüfungen zur Qualität sowie die pharmakologisch-toxikologische und auch die klinische Prüfung i. S. d. § 22.

29   Der Begriff „Entwickeln" überlagert sich deshalb auch teilweise mit dem weit zu verstehenden Begriff **„Prüfen"** (s. hierzu Rn. 21).

30   Mit der Einbeziehung von Arzneimitteln zur Vornahme von **Schwangerschaftsabbrüchen** in die Überwachung soll sichergestellt werden, dass der Vertriebsweg nach § 47a einschließlich der Nachweispflichten sowohl beim pharmazeutischen Unternehmer (§ 4 XXVIII) als auch beim Arzt der Überwachung der zuständigen Behörde unterliegt[29].

31   Auch gewerbliche oder landwirtschaftliche Tierhaltungen, Zirkusse oder zoologische Gärten werden in die Überwachung einbezogen[30], sofern sie zur Anwendung bei **Tieren** bestimmte Arzneimittel erwerben oder anwenden. Der **Erwerb** beschreibt sowohl den Erwerb des Besitzes gem. § 854 BGB durch Erlangung der tatsächlichen Gewalt über das Tierarzneimittel als auch den Eigentumserwerb (z. B. i. S. d. §§ 929 ff. BGB).

32   Mit der **Anwendung** ist die bestimmungsgemäße Benutzung eines Arzneimittels am oder im Körper gemeint (Auftragen auf die Haut und äußere Flächen, die Haare und die Nägel, Einnehmen, Inhalieren, Einspritzen, das Auftragen auf die Schleimhäute, die Verabreichung von Infusionen oder das sonstige Auftragen und Einführen).

33   **c) Betriebe und Einrichtungen nach S. 2.** Gem. Abs. 1 S. 2 unterliegen auch die Entwicklung (s. hierzu Rn. 28), Herstellung (§ 4 XIV), Prüfung (s. hierzu Rn. 21), Lagerung (s. hierzu Rn. 22), Verpackung (s. hierzu Rn. 24) und das Inverkehrbringen (§ 4 XVII; s. hierzu auch Rn. 27) von Wirkstoffen und anderen zur Arzneimittelherstellung bestimmten Stoffen und von Gewebe sowie der sonstige Handel (s. hierzu Rn. 28) mit diesen Wirkstoffen und Stoffen der Überwachung, soweit sie durch eine Rechtsverordnung nach § 54, nach § 12 TFG oder nach § 16a TPG geregelt sind.

34   Der Begriff **„Wirkstoffe"** ist in § 4 XIX legal definiert (s. hierzu § 4 Rn. 153 ff.). Der Begriff **„Gewebe"** ist zum Teil mit dem Begriff der „Gewebezubereitungen" identisch. „Gewebezubereitungen" werden in § 4 XXX legal definiert. Gewebezubereitungen sind danach entweder Gewebe i. S. v. § 1a Nr. 4 TPG sind oder aus solchen Geweben hergestellt sind. Gem. § 1a Nr. 4 TPG sind Gewebe alle aus Zellen bestehenden Bestandteile des menschlichen Körpers, die keine Organe nach § 1a Nr. 1 TPG sind, einschließlich einzelner menschlicher Zellen (s. hierzu § 4 Rn. 233 ff.).

35   **d) Betriebe und Einrichtungen nach S. 4.** Gem. Abs. 1 S. 4 gilt Abs. 1 S. 1 auch für Personen, die diese Tätigkeiten berufsmäßig ausüben oder Arzneimittel nicht ausschließlich für den Eigenbedarf mit sich führen, für den Sponsor einer klinischen Prüfung oder seine Vertreter nach § 40 I 3 Nr. 1 sowie für Personen oder Personenvereinigungen, die Arzneimittel für andere sammeln.

36   Der Begriff der **„Personen"** bezieht sich auf natürliche Personen, die weder einen Betrieb oder eine Einrichtung unterhalten noch als Mitarbeiter in solchen Betrieben oder Einrichtungen tätig sind. Dies sind insbesondere Tierärzte oder Tierheilpraktiker mit einer tierärztlichen Hausapotheke oder Pharmaberater, die Arzneimittelmuster lagern und an Angehörige der Heilberufe abgeben[31]. Auch Ärzte sind Personen i. S. d. Abs. 1 S. 4, sofern sie berufsmäßig Tätigkeiten i. S. d. Abs. 1 S. 1 ausüben (z. B. klinische Prüfungen durchführen)[32].

37   **Berufsmäßig** ist jede berufliche, d. h. im Rahmen eines Berufes und zu beruflichen Zwecken vorgenommene Tätigkeit, die nicht notwendig entgeltlich oder in Absicht einer Gewinnerzielung erfolgen muss. Sie steht im Gegensatz zum privaten Bereich. Als Beruf ist jede auf Dauer angelegte, nicht nur vorübergehende Tätigkeit einzustufen, die in ideeller wie in materieller Hinsicht der Schaffung und Erhaltung der Lebensgrundlage dient (s. auch § 13 Rn. 21)[33].

---

[27] *BGH*, NStZ 2004, 457.
[28] *Kloesel/Cyran*, § 64 Anm. 18.
[29] BT-Drucks. 14/898, S. 4.
[30] *Kloesel/Cyran*, § 64 Anm. 15.
[31] *Kloesel/Cyran*, § 64 Anm. 17, 26.
[32] *Hart*, MedR 2003, 207, 212.
[33] *BVerfGE* 97, 228, 253; 102, 197, 212.

Personen, die Arzneimittel mit sich führen, ohne sie für den **Eigenbedarf** zu benötigen, unterliegen **38** ebenfalls der Überwachung. Der Begriff „Eigenbedarf" ist objektiv betrachtet nicht erfüllt, wenn in der mitführenden Person überhaupt keine **Indikation** für das betreffende Arzneimittel vorliegt. Eine weitere Begrenzung des Merkmals des Eigenbedarfs liegt in der **Menge** des mitgeführten Arzneimittels. Diese hängt von den Umständen des jeweiligen Einzelfalles ab. Eine Begrenzung des persönlichen Bedarfs „nach oben" dürfte die Betrachtung der mitgeführten Menge im Verhältnis zu den Haltbarkeitsdaten ergeben. Der Eigenbedarf hört da auf, wo ein Verbrauch aller mitgeführten Arzneimittel gem. der üblichen bzw. verordneten Dosierung innerhalb der Haltbarkeitsdauer durch die einführende Person nicht mehr möglich ist.

Der Begriff des „**Sponsors**" ist in § 4 XXIV (s. hierzu § 4 Rn. 194), der Begriff der „**Klinischen** **39** **Prüfung**" in § 4 XXIII (s. hierzu § 4 Rn. 184 ff.) legal definiert. Im Hinblick auf den Begriff „**Vertreter**" des Sponsors der klinischen Prüfung wird auf die Kommentierung zu § 40 I 3 verwiesen (s. hierzu § 40 Rn. 41 ff.).

Der Begriff der „**Personenvereinigung**" i. S. d. Abs. 1 S. 4 ist weit zu verstehen, da die Vorschrift **40** insbesondere das Sammeln von Arzneimitteln aus karitativen Gründen zur Weitergabe an andere erfasst und so eine Überwachungslücke schließt. Als Personenvereinigungen können deshalb alle auf gewisse Dauer angelegten Zusammenschlüsse von Personen zur Verfolgung eines gemeinsamen Zweckes angesehen werden[34].

2. Rekonstitution (S. 5). Mit der Ausnahme in S. 5 wird bestimmt, dass die Rekonstitution (§ 4 **41** XXXI) von Fertigarzneimitteln zur Anwendung am Menschen unter den angegebenen Bedingungen nicht der Überwachung durch die zuständige Behörde unterliegt[35]. Dies ist der Fall, soweit es sich nicht um Arzneimittel handelt, die zur klinischen Prüfung (§ 4 XXIII) bestimmt sind.

Der Begriff der „**Rekonstitution**" wird in § 4 XXXI legal definiert (s. hierzu § 4 Rn. 238). Der **42** Begriff der „**Fertigarzneimittel**" wird in § 4 I legal definiert (s. hierzu § 4 Rn. 2). Mit der **Anwendung am Menschen** ist die bestimmungsgemäße Benutzung des Arzneimittels (s. hierzu Rn. 34) gemeint. Der Begriff der „**Klinischen Prüfung**" wird in § 4 XXIII legal definiert.

II. Zuständige Überwachungsbehörden

1. Regelüberwachung. In § 77 werden die zuständigen **Bundesoberbehörden** bestimmt (BfArM, **43** PEI und BVL)[36]. Sie führen im Wege der bundeseigenen Verwaltung auf der Grundlage des Art. 87 I, III GG die Vorschriften des AMG aus, die ihnen durch das AMG gesondert zugewiesen werden (z. B. die Erteilung der Zulassung nach § 21 I). Daneben gelten **Sondervorschriften** für Bundeswehr, Bundespolizei, Bereitschaftspolizei und Zivilschutz (§§ 70, 71).

Soweit indes das AMG selbst keine gesonderten Aufgabenzuweisungen enthält, gelten die allgemeinen **44** Regeln über den Vollzug von Bundesgesetzen. Der Vollzug von Bundesgesetzen ist gem. Art. 83 GG grundsätzlich Sache der Länder. Dies gilt i. d. R. auch für den Vollzug von unmittelbar geltendem Gemeinschaftsrecht, das aufgrund der Verpflichtung in Art. 291 I AEUV von den Mitgliedstaaten zu vollziehen ist[37].

Im Rahmen dieser **Länderverwaltung** regeln die Länder auch die Einrichtung der Behörden und das **45** Verwaltungsverfahren (Art. 84 I GG). Dies ist u. a. auch der Grund für die Geltung der Verwaltungsverfahrens-, Verwaltungskosten- und Verwaltungsvollstreckungsgesetze der Länder bei der Wahrnehmung der Eingriffsbefugnisse (s. insbes. §§ 64 IV, 69) durch die Überwachungsbehörden der Länder. Die Bundesregierung kann im Übrigen mit Zustimmung des Bundesrates allgemeine Verwaltungsvorschriften (z. B. die AMGVwV) zur Ausführung der Bundesgesetze erlassen (Art. 84 II GG) und übt auch die Rechtsaufsicht über die Länder aus (Art. 84 III GG).

Für die Wahrnehmung der Aufgaben der Überwachungsbehörden sind die Behörden derjenigen **46** Länder **örtlich zuständig**, in deren Bezirk die überwachungspflichtigen Betriebe, Einrichtungen und Personen ihren Sitz bzw. Wohnsitz haben[38]. Die **sachlich zuständigen** Überwachungsbehörden bestimmt das jeweilige **Länderrecht** teils durch Rechtsverordnungen, teils durch Verwaltungsvorschriften oder Runderlasse. Zuständig sind i. d. R. die mittleren Verwaltungsbehörden (Regierungspräsidien, Bezirksregierungen). Die für den Vollzug des AMG zuständigen Behörden, Stellen und Sachverständigen sind im Einzelnen unter Angabe ihrer Anschrift in einer ständig aktualisierten **Bekanntmachung des BMG**[39] gelistet. In den für die Arzneimittelüberwachung zuständigen Behörden werden i. d. R. Organisationseinheiten, sog. **Inspektorate** gebildet. Je nach Aufgabenstellung ist eine Differenzierung in

---

[34] *Kloesel/Cyran*, § 64 Anm. 26a.
[35] BT-Drucks. 16/12256, S. 54.
[36] Zur Aufgabenverteilung vgl. auch *Kori-Lindner/Sickmüller/Eberhardt*, PharmInd 2008, 82 f.
[37] Weiterführend *Streinz*, Europarecht, Rn. 532 ff.
[38] Zur Frage der örtlichen Zuständigkeit der Apothekerkammer Niedersachsen hinsichtlich einer von dem betroffenen Apotheker in einem anderen Bundesland betriebenen Filialapotheke vgl. *VG Osnabrück*, Beschl. v. 14.3.2011 – 6 B 94/10 – BeckRS 2011, 49280.
[39] Abrufbar unter www.bmg.bund.de.

GMP-, GCP- oder PhV (Pharmakovigilanz)-Inspektorate möglich, in denen die Konformität mit den jeweils einschlägigen rechtlichen Vorgaben überwacht wird[40].

47   **2. Überwachung in besonderen Fällen (S. 3).** Abs. 1 S. 3 dient der **Klarstellung**[41] in Bezug auf die **örtliche Zuständigkeit** der jeweils zuständigen Überwachungsbehörden in den Fällen des § 14 IV Nr. 4 und des § 20b II, auch im Hinblick auf die Entnahme und Prüfung anderer Stoffe menschlicher Herkunft als nur Gewebe (z. B. Nabelschnurblut). Die Entnahmeeinrichtungen und Labore unterliegen in den genannten Fällen der Überwachung der jeweils örtlich zuständigen Behörde.

C. Anforderungen an die Überwachungspersonen und Beauftragten (Abs. 2)

48   Eine effektive Überwachung setzt eine hinreichende personelle und sachliche Ausstattung der Überwachungsbehörden voraus[42]. Aus diesem Grund werden in Abs. 2 besondere Anforderungen an die Unabhängigkeit und die Qualifikation der Überwachungspersonen gestellt.

I. Hauptberufliche Tätigkeit (S. 1)

49   Gem. S. 1 müssen die konkret mit der Überwachung beauftragten Personen diese Tätigkeit hauptberuflich ausüben. Die Regelung hat den Zweck, i. S. einer objektiven und gründlichen Überwachung die (finanzielle) **Unabhängigkeit** der Überwachungspersonen gegenüber den überwachten Betrieben, Einrichtungen und Personen zu gewährleisten[43]. Darüber hinaus sollen hierdurch auch mögliche **Interessenkollisionen** nebenberuflich oder ehrenamtlich tätiger Überwachungspersonen vermieden werden[44]. Der Tätigkeitsbereich der Überwachungspersonen muss sich daher nicht zwingend auf die Arzneimittelüberwachung beschränken. Eine Teilzeitbeschäftigung stellt ebenfalls eine hauptberufliche Tätigkeit i. S. d. Vorschrift dar. Die Frage der Hauptberuflichkeit ist grundsätzlich auch unabhängig vom Status der Aufsichtsperson als Beamter oder Angestellter des öffentlichen Dienstes. Eine Grenze bildet insofern der Funktionsvorbehalt des Art. 33 IV GG. Entscheidend ist, dass ein **festes Beschäftigungsverhältnis** zur Aufsichtsbehörde bzw. dem dahinter stehenden Dienstherrn besteht, um die Überwachungsaufgaben sachgerecht erfüllen zu können. Werkvertragsähnliche Vertragsverhältnisse reichen hingegen nicht aus[45].

II. Sachkenntnis der Überwachungspersonen

50   Eine besondere Sachkenntnis der mit der Überwachung beauftragten Personen in Gestalt eines bestimmten Ausbildungsganges oder dem Vorliegen sonstiger spezieller Qualifikationen wird durch die Regelung selbst nicht vorgeschrieben.

51   Spezifische Fachkenntnisse der Überwachungspersonen sind jedoch zum einen unabdingbar, um eine effektive Überwachung sicherzustellen, zum anderen, um sich mit den Überwachungsadressaten sinnvoll und konstruktiv austauschen zu können. Mit der auf der Grundlage des § 82 erlassenen **AMGVwV** wurden deshalb bundesweit einheitliche, konkretere Anforderungen an den Nachweis der erforderlichen Sachkenntnis der Überwachungspersonen getroffen.

52   Die Sachkenntnis der mit der Überwachung und der Durchführung von Inspektionen beauftragten Personen wird – in Abhängigkeit der von ihnen konkret vorgenommenen Überwachungstätigkeiten – in § 8 AMGVwV im Einzelnen vorgegeben. Die erforderliche Sachkenntnis wird gem. § 8 I 2 AMGVwV grundsätzlich durch die Approbation als **Apotheker** oder durch die Sachkenntnis nach § 15 I Nr. 2 i. V. m. II erbracht (s. hierzu § 15 Rn. 4 ff.). Sie entspricht damit grundsätzlich der Qualifikation der sachkundigen Person gem. §§ 14, 15.

53   Die übrigen Absätze des § 8 AMGVwV bestimmen – je nach Art der konkret ausgeübten Überwachungstätigkeit – im Wesentlichen zusätzliche oder alternativ von den mit der Überwachung beauftragten Personen zu erbringende **Qualifikationsnachweise**. So soll beispielsweise die Überwachung von Herstellungsbetrieben (vgl. §§ 13, 72) sowie von Krankenhausapotheken durch Personen erfolgen, die zusätzlich über eine mindestens zweijährige Erfahrung in der Arzneimittelprüfung verfügen (§ 8 II 1 AMGVwV). Die mit der Überwachung von Tierarzneimitteln beauftragten Personen können die erforderliche Sachkenntnis i. d. R. durch die Approbation als **Tierarzt** nachweisen (§ 8 V AMGVwV).

54   Die Überwachungspersonen müssen außerdem u. a. über umfassende Kenntnisse, insbesondere über Einrichtungen des öffentlichen Gesundheits- und Veterinärwesens und der EU, über die Grundzüge des allgemeinen Verwaltungsrechts, über das Arzneimittelrecht sowie über die allgemeinen Grundlagen von Qualitätsmanagementsystemen verfügen (§ 8 IV 1 AMGVwV). Die Qualifikation ist regelmäßig zu über-

---

[40] *Kori-Lindner/Sickmüller/Eberhardt*, PharmInd 2008, 82.
[41] BT-Drucks. 16/12256, S. 54.
[42] *Kloesel/Cyran*, § 64 Anm. 3; *Rehmann*, § 64 Rn. 3.
[43] *Kloesel/Cyran*, § 64 Anm. 27.
[44] *Rehmann*, § 64 Rn. 3.
[45] *Kloesel/Cyran*, § 64 Anm. 27.

prüfen. Sofern ausreichende Kenntnisse nicht vorhanden sind, ist den Überwachungspersonen Gelegenheit zu geben, sich regelmäßig durch die Teilnahme an Fachlehrgängen oder Schulungen fachlich **fortzubilden** und ihre Erfahrungen mit den Überwachungspersonen anderer Behörden auf Arbeitstagungen auszutauschen. Auch die Hospitation bei anderen Überwachungsbehörden kommt in Betracht.

Die erforderliche Sachkenntnis von Überwachungspersonen („Inspektoren"), die zur Überwachung **55** von klinischen Prüfungen für zur Anwendung am Menschen bestimmte Prüfpräparate eingesetzt werden, ist zum Zwecke der Harmonisierung in Art. 21 RL 2005/28/EG geregelt. Dies hat im Hinblick auf die gegenseitige Anerkennung der Ergebnisse durchgeführter Inspektionen in den verschiedenen Mitgliedstaaten der EU eine besondere Bedeutung (s. § 15 II 2 GCP-V). Gem. Art. II 2 RL 2005/28/EG haben die Mitgliedstaaten u. a. sicher zu stellen, dass die Inspektoren über ein abgeschlossenes Hochschulstudium oder gleichwertige Erfahrungen in Medizin, Pharmazie, Toxikologie oder anderen relevanten Bereichen verfügen. Daneben gelten Kriterien, die im Wesentlichen mit den in § 8 AMGVwV aufgezählten Kriterien vergleichbar sind[46].

III. Beteiligung von Sachverständigen (S. 2 bis 4)

Gem. **Abs. 2 S. 2** kann die zuständige Überwachungsbehörde auch Sachverständige beiziehen. Dies **56** ist insbesondere dann angebracht, wenn Spezialkenntnisse für die Überwachung erforderlich sind[47]. Die Beiziehung steht im **Ermessen** der jeweiligen Überwachungsbehörde. Insofern kommen in erster Linie Sachverständige aus den Arzneimitteluntersuchungsstellen der Länder für die Beurteilung der Qualität von Arzneimitteln in Betracht. Auch Sachverständige aus den Bundesoberbehörden (§ 77) sowie von Hochschulen oder sonstigen wissenschaftlichen Institutionen können von den zuständigen Behörden zu Rate gezogen werden[48]. Die beigezogenen Sachverständigen haben dieselben **Befugnisse** i. S. d. § 64 IV AMG wie die sonstigen, mit der Überwachung beauftragten Personen.

Nach **Abs. 2 S. 3** sollen Angehörige der zuständigen Bundesoberbehörde als Sachverständige beteiligt **57** werden, soweit es sich um Blutzubereitungen (§ 4 II), Gewebe und Gewebezubereitungen (§ 4 XXX), radioaktive Arzneimittel (§ 4 VIII), gentechnisch hergestellte Arzneimittel (s. hierzu § 4 Rn. 64 ff.), Sera (§ 4 III), Impfstoffe (§ 4 IV), Allergene (§ 4 V), Arzneimittel für neuartige Therapien (§ 4 IX), xenogene Arzneimittel (§ 4 XXI) oder um Wirkstoffe (§ 4 XIX) oder andere Stoffe, die menschlicher, tierischer oder mikrobieller Herkunft sind, oder die auf gentechnischem Wege hergestellt werden, handelt. Mit der Formulierung „sollen" wird das nach Abs. 2 S. 2 noch bestehende allgemeine Ermessen der Überwachungsbehörde („kann") eingeschränkt. Die Entscheidung für eine Beiziehung ist **grundsätzlich** angezeigt, weshalb die Überwachungsbehörden die Sachverständigen der jeweiligen Bundesoberbehörde beizuziehen haben, wenn für gegenläufige Besonderheiten keine Anhaltspunkte vorliegen. Die Verantwortlichkeit für die Überwachung insbesondere für die ordnungsgemäße Durchführung der Besichtigungen bleibt jedoch weiterhin bei der zuständigen Landesüberwachungsbehörde.

Nach **Abs. 2 S. 4** kann die Überwachung von **Apotheken,** die keine Krankenhausapotheken sind **58** oder keiner Herstellungserlaubnis nach § 13 bedürfen, entgegen dem in Abs. 2 S. 1 formulierten Grundsatz **delegiert** werden. Die Landesüberwachungsbehörden können auch nebenberuflich tätige Sachverständige mit der Überwachung beauftragen. Die Überwachung erfolgt in der Regel durch nach Anhörung der Apothekerkammer berufene Pharmazieräte, die Ehrenbeamte sind[49]. Diese im Auftrag der Überwachungsbehörden tätigen Sachverständigen sind weisungsgebunden. Sie sind zugleich Repräsentanten der Überwachungsbehörde, weshalb sie Äußerungen des überwachten Apothekers auch zu einer zu erwartenden Anordnung der Überwachungsbehörde entgegennehmen können[50]. Wie sich aus dem Wortlaut von Abs. 2 S. 4 ergibt, dürfen **Krankenhausapotheken** oder Apotheken, die einer **Herstellungserlaubnis** bedürfen, nicht im Wege der Delegation überwacht werden. Für die Überwachung solcher Apotheken gelten daher die S. 1–3.

Der Überwachung unterliegen nicht Krankenhäuser, die aufgrund eines Versorgungsvertrages nach **59** § 14 V ApG von einer Apotheke oder nach § 14 IV von einer Krankenhausapotheke mit Arzneimitteln beliefert werden. Sie lagern zwar Arzneimittel, verfolgen aber lediglich das Ziel, diese Arzneimittel anzuwenden. Eine derartige Lagerung unterliegt nicht der Überwachung[51]. Daneben gelten weitere Besonderheiten der Überwachung nach der ApBetrO.

Zur Vermeidung von Interessenkonflikten werden in verschiedenen Bundesländern in Dienstanwei- **60** sungen generelle Regelungen über die **Delegation** getroffen. So dürfen beispielsweise Pharmazieräte in Baden-Württemberg nicht in denjenigen Bezirken als Aufsichtspersonen tätig werden, in denen sie selbst eine Apotheke betreiben[52]. In anderen Bundesländern werden die hoheitlichen Überwachungsaufgaben

---

[46] Zu den nötigen „Soft-Skills" von Inspektoren s. *Kirrstetter*, PharmInd 2002, 219 f.
[47] *Kloesel/Cyran*, § 64 Anm. 29; *Rehmann*, § 64 Rn. 3.
[48] *Kloesel/Cyran*, § 64 Anm. 29.
[49] *Rehmann*, § 64 Rn. 3.
[50] *VGH Mannheim*, Urt. v. 12.12.2002 – 9 S 82/02 – juris.
[51] *Kloesel/Cyran*, § 64 Anm. 32.
[52] *Kloesel/Cyran*, § 64 Anm. 30.

auf die Apothekerkammern als Selbstverwaltungsorgane der Berufsorganisation übertragen (z. B. in Niedersachsen). Dies ist im Hinblick auf die Doppelfunktion der Apothekerkammer als Interessenvertretung einerseits und Aufsichtsbehörde andererseits nicht unproblematisch[53].

61 Die damit angesprochene **Besorgnis der Befangenheit** von (auch nebenberuflich tätigen) Sachverständigen oder Überwachungspersonen ist über die Anwendung des § 20 VwVfG zu lösen. Sofern die Besorgnis der Befangenheit im Einzelfall tatsächlich besteht (z. B. eigene Betroffenheit; Angehörigeneigenschaft des Überwachungsadressaten, vgl. § 20 I 1 Nr. 1–6 VwVfG), darf die betroffene Überwachungsperson in dem Verfahren nicht mehr tätig werden. Eine Besorgnis der Befangenheit besteht gem. § 20 I 2 VwVfG auch dann, wenn Sachverständige oder Überwachungspersonen durch ihre Tätigkeit oder eine im Rahmen der Überwachungstätigkeit zu treffende Entscheidung einen **unmittelbaren Vorteil oder Nachteil** erlangen können. Dieser Vorteil kann rechtlicher, wirtschaftlicher oder immaterieller Art sein. Es genügt die konkrete Möglichkeit eines solchen Vor- oder Nachteils[54].

62 Eine Besorgnis der Befangenheit wird allerdings nicht schon allein dadurch begründet, dass der beigezogene Sachverständige oder die betreffende Überwachungsperson also solche dem Berufsstand der Apotheker angehört und insofern gemeinsame Interessen berührt werden könnten (vgl. § 20 I 3 VwVfG). Erforderlich ist vielmehr das **Sonderinteresse des Einzelnen** nach den Umständen des jeweiligen Einzelfalles, nicht aber das kollektive Interesse einer solchen Gruppe[55]. Der individuelle Vor- oder Nachteil für ein einzelnes Mitglied der Gruppe reicht als[56].

63 Die Mitwirkung von gem. § 20 VwVfG ausgeschlossenen Personen hat grundsätzlich die Fehlerhaftigkeit von getroffenen Anordnungen zur Folge. Es liegt ein Verfahrensfehler vor. Ob dieser Verfahrensfehler im laufenden Verfahren grundsätzlich noch geheilt werden kann (vgl. § 45 VwVfG), unbeachtlich ist (vgl. §§ 46 VwVfG) oder sogar eine Nichtigkeit der getroffenen Maßnahme insbesondere bei schweren und offenkundigen Fehlern (vgl. § 44 I VwVfG) zur Folge hat, ist von den Umständen des Einzelfalles abhängig[57].

64 Das AMG trifft keine speziellen Vorschriften zum **Schutz von Betriebs- oder Geschäftsgeheimnissen.** Insofern sind die §§ 203 ff. StGB anzuwenden. **Erfasst** sind alle Einzelangaben, die in beliebiger Weise vermerkt worden sein können, z. B. durch Niederschriften, Formulare, Akten, Karteikarten oder auch elektronische Dateien[58]. **Offenkundige Tatsachen,** d. h. solche, die öffentlich oder jederzeit feststellbar sind, werden vom Schutzbereich des § 203 StGB indes nicht umfasst[59]. Die in der Überwachung tätigen Personen, Gutachter und Sachverständige gelten als Amtsträger i. S. v. § 3 II Nr. 1 StGB und sind deswegen zur Verschwiegenheit verpflichtet. Weitere Bedienstete (z. B. Schreibpersonal), die nicht unmittelbar in der Überwachung tätig sind und selbst auch keine Aufgaben der öffentlichen Verwaltung wahrnehmen, sind gemäß § 203 II Nr. 2 StGB nur dann zur Verschwiegenheit verpflichtet, wenn sie dazu nach den Vorschriften des Verpflichtungsgesetzes vom 2.3.1974[60] förmlich verpflichtet sind[61]. Die Gewährleistung der Verschwiegenheit besteht nur gegenüber Dritten[62], so dass eine Verletzung der Verschwiegenheitspflicht nicht für die Weitergabe von Informationen im Wege der Amtshilfe besteht[63].

D. Inhalte und Durchführung der Überwachung (Abs. 3 bis 3h)

65 Das Ziel der Betriebsüberwachung entspricht dem Zweck der Überwachungsvorschriften, also der Gewährleistung der Arzneimittelsicherheit. Hauptziel ist die **Kontrolle,** ob die Betriebe, Einrichtungen und Personen gesetzmäßig arbeiten[64]. Zu diesem Zwecke sollen betriebliche Mängel, welche die Räume und Einrichtungen betreffen, aber auch organisatorische Defizite oder Defizite in der Anzahl und der Qualifikation des Personals festgestellt werden[65]. Dies geschieht mit den Mitteln des § 64 IV und kann mit verschiedenen Maßnahmen auf der Grundlage des § 69 sanktioniert werden.

I. Relevante gesetzliche Vorschriften (Abs. 3, S. 1)

66 Die Überwachung betrifft nicht nur Arzneimittel. Es wird zunächst klargestellt, dass die Überwachung entsprechend den materiellen Regelungen des AMG auch Wirkstoffe (§ 4 Nr. 19) und andere zur

---

[53] *Fischer,* DAZ 2005, 6108, 6109.
[54] *Schmitz,* in: Stelkens/Bonk/Sachs, § 20 Rn. 41, 45.
[55] *VGH München,* DVBl. 1985, 805; *VGH Mannheim,* NVwZ-RR 1993, 504.
[56] *VG Hannover,* NVwZ 1989, 689; *VG Minden,* NVwZ 1989, 691.
[57] *Schmitz,* in: Stelkens/Bonk/Sachs, § 20 Rn. 69.
[58] *Lackner/Kühl,* § 203 Rn. 15.
[59] *BGHSt* 48, 126, 129 f.; *BayObLG,* NJW 1999, 1727; *OLG Hamburg,* NStZ 1998, 358; *Lackner/Kühl,* § 203 Rn. 15.
[60] BGBl. I S. 469, 547, i. d. F. des ÄndG v. 15.8.1974 (BGBl. I S. 1942).
[61] *Kloesel/Cyran,* § 64 Anm. 33.
[62] *Lackner/Kühl,* § 203 Rn. 17.
[63] *Kloesel/Cyran,* § 64 Anm. 33.
[64] Zur Durchführung von Inspektionen vgl. *Kori-Lindner/Sickmüller/Eberhardt,* PharmInd 2008, 207 f.; *Kirrstetter,* PharmInd 2002, 217 ff.
[65] *Kloesel/Cyran,* § 64 Anm. 37.

Arzneimittelherstellung bestimmte Stoffe (§ 3) erfasst. Bei der Überwachung sind zunächst die unmittelbar geltenden europäischen **Verordnungen** des Arzneimittelrechts zu beachten (z. B. VO (EG) Nr. 726/2004). Die Inhalte europäischer **Richtlinien** entfalten ihre Wirkungen in den nationalen Transformationsgesetzen, deren Inhalte richtlinienkonform auszulegen (s. hierzu Rn. 10 f.) sind.

Im übrigen sind nicht nur die in Abs. 3 S. 1 genannten Vorschriften des **AMG**, des **HWG**[66] sowie des **67** **ApG**[67] zu beachten, sondern auch alle auf deren Grundlage ergangenen Rechts- und Verwaltungsvorschriften (z. B. **Betriebsverordnungen** nach § 54, **Verwaltungsvorschriften** nach § 82 ApBetrO) sowie **Einzelakte** (z. B. Auflagen, Herstellungserlaubnis, Zulassung, Registrierung)[68] sowie alle sonstigen rechtlich verbindlichen Vorgaben, die sich jeweils mit Arzneimitteln, Wirkstoffen oder anderen Stoffen zur Arzneimittelherstellung befassen. Daneben ist auch die Einhaltung der Vorschriften des 2. Abschn. des **TFG** sowie der Abschn. 2, 3 und 3a des **TPG** zu überwachen. Bei Arzneimitteln, die **Betäubungsmittel** enthalten oder als solche zu qualifizieren sind, ergibt sich der Überwachungsauftrag aus § 81 i. V. m. § 19 I 3 BtMG. Die Überwachung der Vorschriften in Bezug auf Medizinprodukte erfolgt indes durch die für das MPG zuständigen Überwachungsbehörden der Länder (§ 26 MPG).

Maßstab der Überprüfung ist der jeweilige Stand von Wissenschaft und Technik, wie er sich ins- **68** besondere in den nationalen und internationalen Richtlinien und Empfehlungen wieder findet[69]. Im Rahmen der Regelbesichtigung werden üblicherweise auch **Gebührentatbestände** nach dem Gebührenrecht des Bundes oder der Länder ausgelöst[70], da die im Rahmen der Regelüberwachung durchgeführten Betriebsbesichtigungen regelmäßig gebührenpflichtige Amtshandlungen sind[71] (s. zu den Kosten auch § 65 Rn. 17 f.).

II. Durchführung der Überwachung (Abs. 3 S. 2 und 3, Abs. 3a bis h)

Die Überwachung kann je nach Zielrichtung unterschiedlich durchgeführt werden[72]. Daneben kann **69** terminologisch auch nach verschiedenen Inspektionstypen differenziert werden (Selbstinspektionen, Lieferantenaudits, Kunden-Audits (Lohnhersteller, Auftragslabors), Mock-Audits und Behördeninspektionen)[73].

Mit der Einführung der Abs. 3a bis 3h werden ausweislich der Gesetzesbegründung im Wesentlichen **70** europäische Angleichungen verfolgt und die Leitlinien der Europäischen Kommission nach Art. 111a der RL 2001/83/EG für verbindlich anwendbar erklärt, um einheitliche Standards in der Union sicherzustellen[74]. Diese unionsrechtlichen Vorgaben wurden allerdings auch schon in der Vergangenheit erfüllt. Die ursprüngliche, systematisch darstellende Kommentierung wird deshalb beibehalten und um die eingefügten Abs. 3a bis 3h ergänzt.

Die Vorgaben des AMG gehen nach Ansicht des Bundesrates sogar teilweise über die unionsrecht- **71** lichen Vorgaben hinaus[75], was zu einer rechtlich zulässigen Inländerbenachteiligung führt. Die Bedenken des Bundesrates fanden im Gesetzgebungsverfahren letztlich keine Berücksichtigung. Die zuständige Überwachungsbehörde (§ 77) sollte dennoch in einschlägigen Fällen der Inländerbenachteiligung mit dem nötigen Augenmaß vorgehen, sofern sicherheitsrelevante Aspekte und rechtliche Ermessensspielräume dies erlauben.

1. Allgemeine Betriebsüberwachung. Bei der **allgemeinen Betriebsüberwachung** durch die **72** Überwachungsbehörden steht die Überprüfung im Mittelpunkt, ob die relevanten gesetzlichen Vorschriften i. S. d. Abs. 3 S. 1 eingehalten werden. Dies gilt beispielsweise für die Einhaltung der Vorgaben der **AMWHV**, der **AMGVwV**, der **AM-HandelsV**, der **ApBetrO** und der **TÄHAV**. In diesen Betriebsverordnungen werden die Anforderungen an die Räume und die Einrichtung der Betriebe, die Qualifikation, Zahl und Befugnisse des Personals, die Regeln für die Herstellung, Prüfung, Lagerung und Abgabe der Arzneimittel, das Verfahren bei auftretenden Arzneimittelrisiken sowie Art und Umfang der notwendigen Dokumentationen konkretisiert.

Zum Zwecke der einheitlichen Durchführung der Inspektionen und zur Verbesserung der gegen- **73** seitigen Anerkennung hatte die Kommission eine Anleitung zur Durchführung von Inspektionen

---

[66] Weiterführend *Kloesel/Cyran,* § 64 Anm. 53.
[67] Vgl. *OVG Berlin-Brandenburg,* Urt. v. 16.10.2014 – OVG 5 B 2.12 – BeckRS 2014, 59228.
[68] *Kloesel/Cyran,* § 64 Anm. 36; *Rehmann,* § 64 Rn. 4.
[69] *Kloesel/Cyran,* § 64 Anm. 37.
[70] Vgl. *Kloesel/Cyran,* § 64 Anm. 55.
[71] Etwa *BVerwG,* NVwZ 1999, 191; *VGH Mannheim,* Urt. v. 2.4.1998 – 2 S 1148/97 – BeckRS 2005, 29 500; *OVG Münster,* MedR 2002, 255 (zur Verwaltungsgebühr für die Überwachung einer klinischen Prüfung bei einem Arzt); *VG Dessau,* Urt. v. 7.4.2004 – 1 A 2146/03 – juris (Gebührenerhebung für die Besichtigung einer Apotheke); zu den Grenzen der Erstattungsfähigkeit der für die regelmäßige Arzneimittelüberwachung anfallenden Kosten bei der Heranziehung von Beliehenen vgl. *VG Lüneburg,* Urt. v. 21.2.2002 – 6 A 161/01 – juris; Urt. v. 27.5.2004 – 11 LC 116/02 – StoffR 2004, 241.
[72] Im Folgenden nach *Kloesel/Cyran,* § 64 Anm. 39 ff.; zu den Anforderungen an GMP-Inspektoren vgl. *Kirrstetter,* PharmInd 2002, 219.
[73] Vgl. *Kirrstetter,* PharmInd 2002, 217, 220.
[74] BT-Drucks. 17/9341, S. 63.
[75] BT-Drucks. 17/9341, S. 84 f.

erstellt[76]. Diese Leitlinien der Europäischen Kommission wurden gemäß **Art. 3 I RL 2003/94/EG**[77] für alle Mitgliedsstaaten verbindlich. Darüber hinaus hatte die Kommission zur Erleichterung der gegenseitigen Anerkennung einen einheitlichen europäischen Standard für die Form und den Inhalt von Inspektionsberichten **(Reports)** erstellt und veröffentlicht[78]. Mit dem nunmehr durch Art. 1 Nr. 51 des 2. AMG-ÄndG 2012[79] eingefügten Abs. 3c werden die Leitlinien der Kommission nach Art. 111a der RL 2001/83/EG im Wege der Rechtsgrundverweisung für verbindlich erklärt.

74 Mit der von der nationalen **Arbeitsgruppe „Arzneimittel- und Apothekenwesen, Medizinprodukte"** (AAMP) der Arbeitsgemeinschaft der obersten Landesgesundheitsbehörden (AOLG) erarbeiteten **Richtlinie für die Überwachung des Verkehrs mit Arzneimitteln** vom 3./4.2.1998[80] wurden ursprünglich die Inhalte der Anleitung der Kommission zur Durchführung von Inspektionen in Deutschland umgesetzt. Die AAMP hat in Folge der (nationalen) Richtlinie zur Überwachung des Verkehrs mit Arzneimitteln und -untersuchung ein **Qualitätssicherungshandbuch** (QSH) beschlossen, in dem zum Zwecke der Qualitätssicherung in der Arzneimittelüberwachung Verfahrensanweisungen und Inspektionshilfen (sog. Aides mémoire) aufgelistet sind[81]. Nach der (nationalen) Richtlinie zur Überwachung des Verkehrs mit Arzneimitteln ist u. a. darauf hinzuwirken, dass bei den Überwachungsbehörden von jeder Firma eine der Vorgaben der Gemeinschaft entsprechende Firmenbeschreibung **(Site Master File–SMF)** vorhanden ist (dort Ziff. 4.1). Die Erstellung des Besichtigungsberichtes muss unter Beachtung der Vorgaben der EU bzw. der EMA zur Bewertung von Arzneimitteln erfolgen. Nach Möglichkeit sind einheitliche Vordrucke zu verwenden. Eventuelle Beanstandungen sind in der Zusammenfassung des Besichtigungsberichtes nach Möglichkeit zu klassifizieren[82]. Diese Vorgaben haben angesichts der nunmehr eingeführten Rechtsgrundverweisung (nur noch) ergänzenden Charakter und dürfen den Leitlinien der Union nicht widersprechen. Im Kollisionsfalle haben die Leitlinien der Union Vorrang.

75 **2. Produktbezogene Betriebsüberwachung.** Im Fokus der **produktbezogenen Betriebsüberwachung** steht das betreffende Arzneimittel. Ausgehend von den Spezifikationen der Zulassungsunterlagen wird der Soll- mit dem Ist-Zustand abgeglichen. Es wird also überprüft, ob Herstellung und Prüfungen einerseits, aber auch Kennzeichnung, Packungsbeilage, Fachinformation und Werbung andererseits mit den Inhalten der Zulassungsunterlagen übereinstimmen[83]. Hierzu werden u. a. die Dokumentationen eingesehen[84].

76 **3. Verfahrensbezogene Betriebsüberwachung.** Bei der **verfahrensbezogenen Betriebsüberwachung** wird insbesondere die Einhaltung der Vorschriften und Empfehlungen zur Guten Verfahrens-Praxis geprüft. Europäische Vorgaben für die Herstellung und Qualitätskontrolle enthält vor allem der EG-GMP-Leitfaden. Ergänzend sind – sofern vorhanden – produktspezifische Leitlinien heranzuziehen. Es gibt eine große Zahl produktspezifischer nationaler und internationaler Leitlinien und Empfehlungen[85].

77 **4. Abnahmebesichtigungen.** Sofern dies gesetzlich vorgesehen ist, sind auch **Abnahmebesichtigungen** durchzuführen. So darf die zuständige Überwachungsbehörde gem. § 3 I AMGVwV die Erlaubnisse nach §§ 13 I, 52a I und 72 I erst erteilen, wenn sie sich vergewissert hat, dass die Voraussetzungen nach dem AMG vorliegen. Sofern die Erlaubnis die in § 13 IV 2 AMG genannten Arzneimittel oder Stoffe betrifft, soll sich die zuständige Behörde mit der zuständigen Bundesoberbehörde § 64 III AMG in Verbindung setzen und ihr – soweit zutreffend – spezifische Fragestellungen übermitteln. Der nähere Ablauf einer Abnahmeinspektion wird in § 3 AMGVwV beschrieben. Abnahmebesichtigungen sind auch nach § 6 ApG vorgesehen. Mit der Einfügung von §§ 20c und 72b durch das AMG-ÄndG 2009 wird klargestellt, dass die Erlaubniserteilung nach § 20c oder § 72b ebenso eine vorherige Abnahmeinspektion erfordert[86].

78 Nach Abs. 3a S. 2 darf die zuständige Behörde (§ 77) die Erlaubnis nach den §§ 13, 20c, 52a 72 oder 72b Abs. 1 erst erteilen, wenn sie sich durch die Inspektion davon überzeugt hat, dass die Voraussetzungen für die Erlaubniserteilung vorliegen.

79 **5. Pre-approval und post-approval.** Bei der Überwachung kann auch zwischen einer entwicklungsbezogenen Datenüberwachung (Pre-Approval) und der Überwachung der Entwicklung (Post-Ap-

---

[76] Compilation of Community Procedures on Inspections and Exchange of Information, abrufbar unter www.emea.europa.eu; zum Ablauf von Inspektionen vgl. *Göbel/Baier/Gertzen/Ruhfus/Sanden/Schmidt/Schrag-Floß*, PharmInd 2008, 1064.

[77] ABl. Nr. 262 vom 8.10.2003, S. 22.

[78] Anleitung für die Erstellung von Informationen gem. Art. 2 der PIC, abgedruckt bei *Feiden*, S. 320 ff.

[79] Zweites Gesetz zur Änderung arzneimittelrechtlicher und anderer Vorschriften vom 19.10.2012 (BGBl. I S. 2192).

[80] Abrufbar unter www.zlg.de.

[81] Abrufbar unter www.zlg.de; *Atzor/Bottermann/Fresenius/Frie/Völler*, PharmInd 2002, 211.

[82] Vgl. *Kori-Lindner/Sickmüller/Eberhardt*, PharmInd 2008, 207 ff.

[83] Vgl. *Kirrstetter*, PharmInd 2002, 217, 218 f.

[84] *Kloesel/Cyran*, § 64 Anm. 40.

[85] Abgedruckt bei *Feiden*, S. 103 ff.

[86] BT-Drucks. 16/12256, S. 54.

proval) differenziert werden. Mit der Einführung der zentralen europäischen Zulassung auf der Grundlage der VO (EG) Nr. 726/2004 ist die **„Pre-Approval-Überwachung"** immer wichtiger geworden. Diese setzt bereits im Stadium vor der Zulassungserteilung an[87]. Diese zulassungsbezogene Überprüfung der Daten und Unterlagen nach § 25 V 3 liegt in den Händen der nach § 77 zuständigen Bundesoberbehörde. Diese kann die Befugnisse nach § 64 IV wahrnehmen. Für die Überwachung der klinischen Prüfung von Humanarzneimitteln gilt § 15 der GCP-V[88].

Die **„Post-Approval-Überwachung"** findet statt, wenn sich ein Arzneimittel nach Zulassung oder **80** Registrierung bereits im Verkehr befindet, aber gleichzeitig der Verdacht besteht, dass Daten oder Unterlagen nicht ordnungsgemäß oder nicht nach der jeweiligen Guten Praxis (GMP, GLP, GCP) zustande gekommen sind[89]. Derartige Inspektionen unterliegen der Zuständigkeit der unteren Länderüberwachungsbehörden unter Beteiligung von Sachverständigen. Hierbei sind die CRO in die Überwachung einzubeziehen[90].

6. GCP. Die Qualität der Daten und Unterlagen, die bei der Entwicklung eines Arzneimittels **81** erarbeitet werden, sind für eine effektive Überwachung von großer Bedeutung. Aus diesem Grund wurden auf nationaler und internationaler Ebene „Gute-Praxis-Regeln" entwickelt, um die Vergleichbarkeit, Gleichwertigkeit und Reproduzierbarkeit der Daten und Unterlagen zu ermöglichen[91]. Hierfür sind die Regeln der „Good Clinical Practice" **(GCP)** maßgebend. Diese wurden in GCP-V zusammengefasst. Die §§ 12 und 13 GCP-V enthalten zahlreiche Dokumentationspflichten für den Prüfer und den Sponsor, deren Einhaltung anlässlich der Inspektionen nach § 15 GCP-V überwacht wird.

Auf europäischer Ebene wurden zum Zwecke der einheitlichen und damit gleichwertigen Durch- **82** führung von Inspektionen Standards entwickelt und Empfehlungen veröffentlicht. Es handelt sich hierbei um die *„Recommendations on the Qualifications of Inspectors Verifying a Compliance in Clinical Trials with the Provisions of Good Clinical Practice"* sowie die *„Recommendation on Inspection Procedures for the Verification of Good Clinical Practice Compliance"*[92].

7. Prüfungsrhythmus und Probenahme. Abs. 3a S. 1 schreibt für Betriebe (Rn. 18) und Einrich- **83** tungen (Rn. 19), die einer Erlaubnis nach den §§ 13, 20c, 72 oder 72b Abs. 1 bedürfen, sowie für tierärztliche Hausapotheken einen regelmäßigen Überprüfungsabstand zur Überprüfung der Vorgaben des Abs. 3 von **zwei Jahren** vor. Der Gesetzestext gibt also bei der Terminierung einen Ermessensspielraum von einigen Monaten bis zu etwa einem halben Jahr. Der in Abs. 2 S. 3 a. E. vorgegebene zweijährige Besichtigungsrhythmus gilt für den **Regelfall,** wenn also keine besonderen Umstände für eine Abweichung in die eine oder andere Richtung vorliegen. Die Bestimmung des Besichtigungszeitpunktes steht im pflichtgemäßen Ermessen der Überwachungsbehörde.

Die Durchführung von **Probenahmen** hat erhebliche Bedeutung bei der Sachverhaltsermittlung und **84** Beweissicherung. Sie ist deshalb nicht nur in Abs. 3 S. 3 im Rahmen der Regelüberwachung (abstrakt) vorgesehen, sondern wird in § 65 konkret ausgeformt. Ergänzende Regelungen werden in § 5 AMGVwV getroffen. Die Beprobung eines Arzneimittels hat grundsätzlich auf der Grundlage eines **Probenplanes** mindestens einmal während der Zulassungsperiode pro Darreichungsform zu erfolgen (§ 5 I AMGVwV). Die Beprobung von zentral zugelassenen Arzneimitteln wird durch das EDQM koordiniert (§ 5 II AMGVwV).

8. Inspektionen (Abs. 3b bis 3e). Die zuständige Überwachungsbehörde hat gem. **Abs. 3b S. 1** **85** **Inspektionen** durchführen (s. näher Abs. 4 Nr. 1). Dies hat gem. den dort genannten Leitlinien der Europäischen Kommission zu erfolgen, soweit es sich nicht um die Überwachung der Durchführung einer klinischen Prüfung handelt. Nach **Abs. 3b S. 2** arbeitet sie hierbei mit der EMA zusammen durch Austausch über geplante und durchgeführte Inspektionen sowie bei der Koordinierung von Inspektionen von Betrieben und Einrichtungen in Drittländern.

Abs. 3c S. 1 ermächtigt zur Amtshilfe innerhalb der EU. **Abs. 3c S. 2** erlaubt unbeschadet interna- **86** tionaler Verträge der EU mit Drittländern Inspektionsaufforderungen an Hersteller in einem solchen Drittland. Die Regelungen entsprechen in ihrer Umsetzung im Wesentlichen Art. 111 Ic (Abs. 3c S. 1) und Art. 111 IV (Abs. 3c S. 2) der RL 2001/83/EG sowie Art. 80 der RL 2001/82/EG.

Abs. 3d S. 1 schreibt die Erstellung eines **Inspektionsberichtes** durch die zuständige Behörde (§ 77) **87** vor. Dies entspricht in der Umsetzung im Wesentlichen Art. 111 III und Art. 111a der RL 2001/83/EG. Nach **Abs. 3d S. 2 und 3** erhalten die inspizierten Betriebe, Einrichtungen oder Personen vor Fertigstellung des Inspektionsberichtes einen Entwurf mit der **Gelegenheit zur Stellungnahme.** Dieser Inspektionsbericht nach den §§ 64 ff. stellt im Gegensatz zum Inspektionsbericht nach § 25 V in der Regel einen angreifbaren Verwaltungsakt dar[93]. Eine Frist zur Stellungnahme ist gesetzlich nicht vorgesehen.

[87] *Göbel/Baier/Gertzen/Ruhfus/Sanden/Schmidt/Schrag-Floß,* PharmInd 2008, 834.
[88] Vgl. *Kori-Lindner/Sickmüller/Eberhardt,* PharmInd 2008, 208 ff.
[89] *Kloesel/Cyran,* § 64 Anm. 44.
[90] Vgl. *Kori-Lindner/Sickmüller/Eberhardt,* PharmInd 2008, 207 ff.
[91] *Kloesel/Cyran,* § 64 Anm. 45.
[92] Abrufbar unter www.ema.eu; auch abgedruckt bei *Kloesel/Cyran,* EU 52a und 52b.
[93] *OVG Münster,* PharmR 2014, 59.

Länge und Verlängerung stehen daher im pflichtgemäßen Ermessen der Behörde und sollten sich an dem Umfang und der Schwere der in dem Inspektionsbericht enthaltenen Mängelpunkte orientieren („Kritische Fehler und Mängel", „Schwerwiegende Fehler und Mängel", „Sonstige Fehler und Mängel").

88   Diese Regelungen waren bisher in der von der Kommission veröffentlichten Sammlung der Gemeinschaftsverfahren festgelegt, die nach Art. 3 der RL 2004/94/EG zu berücksichtigen sind und immer noch gelten, sofern sie nicht mit dem Gesetzestext kollidieren und Konkretisierungen zur Form und Formularen enthalten. Die Vorgaben im Zusammenhang mit **Abs. 3d** waren in Deutschland schon bisher über § 4 IV und VII AMGVwV zu beachten[94]. Die Regelungen entsprechen im Grundsatz auch denen des Art. 80 der RL 2001/82/EG.

89   **Abs. 3e** ermächtigt zum Eintrag eines negativen Inspektionsergebnisses in die Datenbank nach § 67 und beruht im Wesentlichen auf Art. 111 VII der RL 2001/83/EG und Art. 80 der RL 2001/82/EG. Allerdings gilt Abs. 3e bei Humanarzneimitteln nur, soweit die Grundsätze und Leitlinien der GMP und GDP des Rechts der EU und bei Tierarzneimitteln die Grundsätze und Leitlinien der GMP des Rechts der EU betroffen sind.

III. GMP- und GDP-Zertifikat (Abs. 3f und 3e)

90   **Abs. 3f** entspricht inhaltlich der bisherigen Vorschrift (Abs. 3 S. 4 a. F.), ergänzt um die weiteren Angaben des Art. 111 VI der RL 2001/83/EG. Sofern die Ergebnisse der Inspektion positiv sind, ist dem Erlaubnisinhaber gem. Abs. 3f S. 1 innerhalb von 90 Tagen nach der Inspektion ein **Zertifikat** mit einer Gültigkeitsdauer von längstens **3 Jahren** über die die Einhaltung der Guten Herstellungspraxis (GMP) und Guten Vertriebspraxis (GDP) auszustellen.

91   Das GMP-Zertifikat ist gem. **Abs. 3f S. 2, 1. Halbs. zurückzunehmen**, wenn sich nachträglich herausstellt, dass die Voraussetzungen im Prüfungszeitpunkt doch nicht vorgelegen haben, aber von der Überwachungsbehörde irrtümlich angenommen worden sind. Fallen die Voraussetzungen nachträglich weg, ist die Bestätigung gem. **Abs. 3f S. 2, 2. Halbs. zu widerrufen**[95]. Rücknahme und Widerruf sind also bei Vorliegen der gesetzlichen Voraussetzungen zwingend auszusprechen. Entscheidungsermessen besteht nicht.

IV. Datenbank (Abs. 3g)

92   Die Regelung entspricht grundsätzlich den bisherigen Vorgaben. Die Angaben über die Ausstellung, die Versagung, die Rücknahme oder den Widerruf des GMP-Zertifikates und des GDP-Zertifikates sind in eine Datenbank nach **§ 67a** einzugeben. Diese Datenbank verschafft auf EU-Ebene Transparenz über die GMP-konformen Hersteller. Dies gilt nach S. 2 auch für die dort genannten Personen, Tätigkeiten und Erlaubnisse.

V. Tierärztliche Hausapotheken und Hersteller von Fütterungsarzneimitteln (Abs. 3g)

93   Die Regelung entspricht grundsätzlich den bisherigen Vorschriften. Die Abs. 3b, 3c und 3e bis 3g finden keine Anwendung auf tierärztliche Hausapotheken sowie auf Betriebe und Einrichtungen, die ausschließlich **Fütterungsarzneimittel** herstellen. Darüber hinaus findet Abs. 3d S. 2 auf tierärztliche Hausapotheken keine Anwendung. Die Ausnahme für Fütterungsarzneimittel ist dadurch begründet, dass Fütterungsarzneimittel nicht in den Anwendungsbereich der RL 2001/82/EG fallen.

E. Befugnisse der Überwachungsbehörden (Abs. 4)

94   In Abs. 4 werden die Befugnisse der mit der Überwachung beauftragten Personen im Einzelnen aufgeführt. Es handelt sich hierbei gleichzeitig um eine Konkretisierung der spiegelbildlich bestehenden Duldungs- und Mitwirkungspflichten der Überwachungsadressaten (§ 66). Die Befugnisse der Sachverständigen der EU ergeben sich aus Abs. 4a (s. Rn. 123 ff.).

I. Betretungs- und Besichtigungsrechte (Nr. 1)

95   Nach Nr. 1 dürfen Grundstücke, Geschäftsräume, Betriebsräume, Beförderungsmittel und – zur Verhütung dringender Gefahr für die öffentliche Sicherheit und Ordnung – auch Wohnräume, in denen eine Tätigkeit nach Abs. 1 ausgeübt wird, zu den üblichen Geschäftszeiten betreten und besichtigt werden. Eine **„Besichtigung"** ist dabei mehr als eine bloße Inaugenscheinnahme der Räume und Gegenstände; sie umfasst zum Zwecke der Beweissicherung auch die Aufnahme von Fotos sowie z. B. die Anfertigung von Aufzeichnungen an Ort und Stelle. Dazu gehört auch das Anfassen und „Beiseiter-

---

[94] BT-Drucks. 17/9341, S. 63.
[95] Zur terminologischen Unterscheidung zwischen Rücknahme, Widerruf und Aufhebung vgl. *Sachs*, in: Stelkens/Bonk/Sachs, § 48 Rn. 12 ff.

ücken" von Gegenständen, um z. B. geeignete Proben auswählen zu können, sowie ggf. die Suche nach verborgenen Gegenständen. Die nunmehr eingeräumte Möglichkeit zur Aufnahme von Lichtbildern soll den Überwachungsbehörden die Wiedergabe von Sachverhalten, die im Rahmen der Besichtigung festgestellt wurden, erleichtern[96].

Die betreffenden Grundstücke sowie Geschäfts- und Betriebsräume können i. d. R. der **Betriebs- 96 stätte** zugeordnet werden, für die entweder eine Erlaubnis nach § 13 oder § 72 AMG oder eine Betriebserlaubnis nach § 1 II ApG erteilt oder für die eine Anzeige nach § 67 I 3 bei der zuständigen Behörde eingereicht wurde[97] (zur Anwendbarkeit der Überwachungsvorschriften nach den Kriterien des BVerwG s. Rn. 5 ff.). Im Übrigen sind die für die Überwachung in Betracht kommenden Örtlichkeiten aufgrund der Mitwirkungsverpflichtung der Überwachungsadressaten gem. § 66 auf Verlangen der zuständigen Behörden von den Überwachungsadressaten zu bezeichnen.

Grundstücke sind bebaute und unbebaute Teile der Erdoberfläche. **Geschäftsräume** sind Räumlich- 97 keiten, in denen die auf die Arzneimittel bezogenen kaufmännischen Betriebsvorgänge abgewickelt und die betreffenden Unterlagen über diese Vorgänge aufbewahrt werden[98]. Es besteht ein sachlicher Zusammenhang zum Herstellen (§ 4 XIV), Inverkehrbringen (§ 4 XVII) und zur Prüfung von Arzneimitteln. Die **Betriebsräume** dienen wiederum unmittelbar dem Herstellen, dem Inverkehrbringen sowie der Prüfung von Arzneimitteln. Ein örtlicher Zusammenhang zwischen Geschäfts- und Betriebsräumen ist nicht erforderlich. Zu den Betriebsräumen zählen auch bewegliche Verkaufseinrichtungen und die ausdrücklich erwähnten Beförderungsmittel. Der Begriff der **„Beförderungsmittel"** ist umfassend zu verstehen. Beförderungsmittel sind alle dem Transport von Arzneimitteln und ihren Zwischenprodukten während der Herstellung dienenden Gerätschaften. Dies können auch private Fahrzeuge sein, sofern diese zugleich oder auch nur gelegentlich für Betriebszwecke genutzt werden. Der Besitz des pharmazeutischen Unternehmers an den Beförderungsmitteln ist ausreichend.

Unter den **üblichen Geschäftszeiten** sind die normalen Arbeitszeiten des jeweiligen Betriebes zu 98 verstehen. Diese können für Betrieb (Produktion) und Geschäft (kaufmännische Verwaltung) allerdings unterschiedlich sein. So kann die Betriebszeit bei dreischichtigem Betrieb ununterbrochen andauern, während die Geschäftszeit tagsüber nur ein paar Stunden beträgt. Bei Wohnräumen, in denen eine Tätigkeit nach Abs. 1 ausgeführt wird, bestimmt sich die übliche Geschäftszeit ebenfalls danach, wann die Räume normalerweise für die jeweilige geschäftliche oder betriebliche Nutzung zur Verfügung stehen[99].

Besichtigungen zu den üblichen Geschäftszeiten können im Rahmen von Inspektionen je nach 99 Fragestellung ausgeübt werden und **unangekündigt** oder angekündigt erfolgen (§ 4 VI AMGVwV). Die vorherige Ankündigung steht im pflichtgemäßen Ermessen der Überwachungsbehörde, wobei zu berücksichtigen ist, dass eine unangemeldete Besichtigung die größtmögliche Effektivität erreicht. Zum Zwecke der einheitlichen Durchführung dieses Ermessens sind konkretisierende Verwaltungsvorschriften zulässig[100]. Die unangemeldete Besichtigung bildet daher den Regelfall[101].

Wohnräume, in denen auch eine Tätigkeit nach Abs. 1 ausgeübt wird, dürfen gem. Abs. 4 Nr. 1 im 100 Gegensatz zu den Grundstücken, Geschäfts- und Betriebsräumen sowie Beförderungsmitteln **nur** zur Verhütung **dringender Gefahren** für die öffentliche Sicherheit und Ordnung **zu den üblichen Geschäftszeiten** betreten und besichtigt werden. Ein richterlicher Durchsuchungsbefehl ist hierfür nicht notwendig. Die Befugnis kann mit den Mitteln des Verwaltungszwanges (s. hierzu Rn. 120 ff.) durchgesetzt werden. Die Prüfungen müssen auch nicht zuvor angekündigt werden. Um eine wirksame Überwachung zu gewährleisten, müssen Kontrollen bereits der Natur der Sache nach auch überraschend erfolgen können. Zu den Wohnräumen gehören auch Nebenräume wie Abstell- und Kellerräume, nicht jedoch Garagen und Lagerschuppen. Diese können zu den Betriebsräumen zählen. Den Wohnräumen sind auch nur gelegentlich benutzte Räume in Ferien- und Zweitwohnungen zuzuordnen.

Für das Betreten und Besichtigen der Wohnräume **außerhalb** der üblichen Geschäftszeiten gibt Abs. 4 101 Nr. 1 keine hinreichende Ermächtigungsgrundlage im Arzneimittelrecht. Es gelten hingegen die Durchsuchungsvorschriften der §§ 102 ff. StPO oder des Landespolizeirechts. Hierfür bedarf es i. d. R. eines richterlichen Durchsuchungsbefehls. Bei Gefahr im Verzuge kann eine Hausdurchsuchung aber auch auf Anordnung der Staatsanwaltschaft oder ihrer Hilfsbeamten durchgeführt werden (§ 105 I StPO).

Die **öffentliche Sicherheit und Ordnung** umfasst die Gesamtheit aller Normen[102], also nicht nur 102 die Gefährdung geschützter Rechtsgüter wie der menschlichen Gesundheit, sondern auch die Gefährdung von Ordnungsvorschriften wie z. B. die Anzeigepflichten nach § 67. Die **Gefahr** bezieht sich also allein darauf, dass Verstöße gegen die in Abs. 3 S. 1 genannten Vorschriften vorliegen.

Die Wohnräume müssen zur **Verhütung** der Gefahr betreten werden. Dies bezieht sich auf den 103 Zweck der Maßnahme. Die Verhütung der Gefahr muss also nach den vorliegenden Tatsachen im

---

[96] Vgl. BT-Drucks. 16/13428, S. 130.
[97] *Kloesel/Cyran*, § 64 Anm. 57.
[98] *Kloesel/Cyran*, § 64 Anm. 60.
[99] *BVerfG*, NJW 1971, 2299.
[100] Vgl. *VGH Mannheim*, NVwZ-RR 2004, 416.
[101] *Heitz*, MedR 2005, 107, 108.
[102] Vgl. etwa *OVG Schleswig*, NVwZ-RR 1998, 641.

Zeitpunkt der von der Überwachungsbehörde zu treffenden Entscheidung über das Betreten der Wohnräume erreichbar sein. Ob die Maßnahme dann entsprechenden Erfolg hat, ist für das Recht zum Betreten und Besichtigen ohne Belang.

104   Die Gefahr muss jedoch **dringend** sein. Das ist der Fall, wenn sie sich kurzfristig verwirklichen kann, wenn also der Eintritt des die Gefahr begründenden Umstandes ohne das Betreten oder Besichtigen der Wohnräume nicht verhütet werden könnte. Die Befugnis setzt deshalb voraus, dass eine **konkrete Gefahr** vorliegt, mithin eine Gefahr aufgrund von Tatsachen festgestellt ist. Die Möglichkeit einer Gefährdung reicht zwar nicht aus, es genügen jedoch schon konkrete Anhaltspunkte, dass die betreffenden Wohnräume (auch) betrieblich genutzt werden[103]. Dies ist beispielsweise der Fall, wenn der Überwachungsbehörde über einen Gefahrenverdacht hinaus Erkenntnisse vorliegen, dass in Wohnräumen Arzneimittel ohne die erforderliche Herstellungserlaubnis hergestellt oder gelagert werden (zur Anwendbarkeit der Überwachungsvorschriften s. Rn. 5 ff.).

105   Der Hinweis auf die Einschränkung des Grundrechts der Unverletzlichkeit der Wohnung (Art. 13 GG) entspricht dem Gebot des Art. 19 I GG, wonach eine Einschränkung dieses Grundrechts nur durch ein Gesetz zulässig ist, welches das Grundrecht unter Angabe des Artikels nennt[104].

II. Einsichtnahme in Unterlagen (Nr. 2 und Nr. 2a)

106   Nach Abs. 4 Nr. 2 und Nr. 2a dürfen von den zuständigen Überwachungsbehörden die dort genannten Unterlagen eingesehen und durch die dort genannten Tätigkeiten vervielfältigt werden. Die zuständigen Überwachungsbehörden können auch die **Übersendung** von Abschriften oder Ablichtungen sowie Ausdrucke oder Kopien von **Datenträgern** der maßgeblichen Unterlagen in ihre Amtsräume verlangen. Sofern sich die maßgeblichen Unterlagen nicht im Besitz des pharmazeutischen Unternehmers befinden, hat er diese zu beschaffen. Von **Dritten** kann hingegen auf der Grundlage des Abs. 4 Nr. 2 und 2a nicht die Einsichtnahme oder Herausgabe von Unterlagen verlangt werden. Diese Verlangen müssten über §§ 46 OWiG, 94 ff. StPO verwirklicht werden[105].

107   Die Rechte nach Abs. 4 Nr. 2 und Nr. 2a sind in der Sache grundsätzlich **umfassend** und beziehen sich nicht nur auf die Unterlagen über die Entwicklung (s. hierzu Rn. 28), Herstellung (§ 4 XIV), Prüfung (s. hierzu Rn. 21), Erwerb, Lagerung (s. hierzu Rn. 22), Verpackung, Inverkehrbringen (§ 4 XVII) und sonstigen Verbleib der Arzneimittel, sondern auch auf kaufmännische und geschäftliche Unterlagen wie z. B. Lagerbücher, Kassenbücher, Rechnungen, Quittungen, Warenlisten, Preislisten und Verträge[106]. Andernfalls könnte der Zweck einer effektiven Überwachung des Verkehrs mit Arzneimitteln (s. hierzu Rn. 1) nicht erreicht werden. So kann z. B. anhand von Geschäftspapieren eines Großhandels festgestellt werden, ob und an wen aus der gleichen Charge verdorbene Arzneimittel ausgeliefert wurden[107].

108   Indes dürfen aus Datenschutzgründen keine Vervielfältigungen von personenbezogenen **Patientendaten,** die beispielsweise im Rahmen klinischer Prüfungen von Arzneimitteln angefallen sind oder die Anwendung eines zum Schwangerschaftsabbruch zugelassenen Medikamentes betreffen, angefertigt oder verlangt werden. Insofern besteht nur ein Einsichtsrecht. Abschriften oder Ablichtungen dürfen nicht angefertigt werden[108]. Die Überwachungspersonen unterliegen den Verschwiegenheitspflichten nach §§ 203 ff. und 353b StGB (s. Rn. 64). Die Vorschrift des § 110 StPO über die Durchsicht von Geschäftspapieren bleibt daneben anwendbar.

109   Ausweislich des eindeutigen Wortlautes der Vorschrift müssen sich **Werbematerialien** bereits im Verkehr befinden, um von der zuständigen Überwachungsbehörde eingesehen und vervielfältigt werden zu dürfen. Sie müssen also schon in den Verkehr gebracht worden sein. Dies setzt nach der Legaldefinition für das Inverkehrbringen in § 4 XIV zumindest das Vorrätighalten zur Abgabe voraus. Werbematerialien müssen daher zumindest auslieferungsfertig, also vollständig hergestellt sein und zur Abgabe bereitgehalten werden[109]. Planungen und Entwürfe sind also noch keine Werbematerialien i. S. d. Abs. 4 Nr. 2[110]. Ansonsten würde eine unzulässige Vorzensur ausgeübt werden (Art. 5 I 3 GG). Umgekehrt hat aber auch der pharmazeutische Unternehmer keinen Anspruch auf Begutachtung der Werbematerialien vor deren Verwendung durch die zuständige Überwachungsbehörde.

110   Die zuständigen Überwachungsbehörden sind befugt, die Nachweise über die nach § 94 erforderliche **Deckungsvorsorge** einzusehen und zu vervielfältigen. Dies ist sinnvoll, da diese Nachweise u. a. weder zum Nachweis der Voraussetzungen für die Erteilung einer Herstellungserlaubnis (§ 13) noch als Zulassungsgrundlage nach § 22 verlangt werden. Ohne eine solche Befugnis wäre eine effektive Über-

---

[103] Vgl. *BVerfG,* NJW 1964, 1067; NJW 1971, 2299; *Kloesel/Cyran,* § 64 Anm. 63; *Rehmann,* § 64 Rn. 7; *Sander,* § 64 Erl. 11.
[104] Vgl. *BVerfG,* NJW 1971, 2299; *Sander,* § 64 Erl. 11.
[105] *Deutsch/Lippert,* § 64 Rn. 14.
[106] *Rehmann,* § 64 Rn. 8.
[107] *Kloesel/Cyran,* § 64 Anm. 64.
[108] Vgl. BT-Drucks. 14/898, S. 4.
[109] *Sander,* § 64 Erl. 12; *Deutsch/Lippert,* § 64 Rn. 14.
[110] *Kloesel/Cyran,* § 64 Anm. 67.

wachung nicht möglich. Die zuständige Überwachungsbehörde kann das Inverkehrbringen von Arzneimitteln, für die keine Deckungsvorsorge besteht, untersagen[111]. Die nach § 64 zuständige Überwachungsbehörde ist gem. § 94 IV zuständige Stelle i. S. d. § 117 II VVG.

Der Nachweis einer Deckungsvorsorge ist im Falle des Imports indes schon nach § 73 VII erforderlich. **111** Die **Zolldienststellen** sind befugt, die Sendungen daraufhin zu überprüfen und im Hinblick auf einen möglichen Verstoß gegen § 96 Nr. 19 behördlich zu ermitteln.

III. Auskunftsanspruch (Nr. 3)

In Ergänzung zu Nr. 2 und Nr. 2a ermächtigt Nr. 3 die Überwachungspersonen von natürlichen und **112** juristischen Personen und nicht rechtsfähigen Vereinigungen alle erforderlichen Auskünfte, insbesondere über die in Nr. 2 genannten maßgeblichen Betriebsvorgänge, zu verlangen. Auskünfte dürfen nur gefordert werden, wenn sie auch **erforderlich** sind. Die Befugnis, Auskunft zu verlangen, beschränkt sich also auf die maßgeblichen betrieblichen Vorgänge. Dies hängt entscheidend von Grund und Art, also dem Zweck der Überwachungsmaßnahme ab und ist gerichtlich vollumfänglich nachprüfbar. Mit dem Auskunftsanspruch soll es ermöglicht werden, von den maßgeblichen Personen der Unternehmen und Betriebe Erläuterungen der genannten Dokumente bzw. Dokumentationen zu erlangen, um so die Überwachung effektiv zu gestalten und zeitraubende Nachforschungen zu vermeiden[112]. Hieran ist die Erforderlichkeit des Auskunftsverlangens zu messen. Eine weitere Grenze stellt das Auskunftsverweigerungsrecht des Abs. 5 dar. Die Auskunftspflicht bezieht sich auch auf die Benennung eines im Betrieb befindlichen Verantwortlichen.

Auskunftspflichtig sind die Inhaber eines Betriebs und die gesetzlichen Vertreter. Zu den **natürli-** **113** **chen Personen** gehören die Inhaber eines Betriebs sowie alle kraft Delegation mit dem Herstellen etc. von Arzneimitteln befassten Personen[113]. Die Auskunftspflicht und die Verpflichtung weiterer Personen konkretisiert sich in § 66 S. 2 für die sachkundige Person nach § 14, den Leiter der Herstellung (s. § 14 Rn. 10), den Leiter der Qualitätskontrolle (s. § 14 Rn. 13), den Stufenplanbeauftragten (§ 63a), den Informationsbeauftragten (§ 74a), die verantwortliche Person nach § 52a und den Leiter der klinischen Prüfung sowie dessen Vertreter. Mitarbeiter ohne eigene Verantwortung, die lediglich nach Anweisung ihre Tätigkeit ausüben, sind indes nicht auskunftspflichtig.

Juristische Personen (z. B. GmbH, AG, eingetragener Verein) handeln stets durch ihre Organe **114** (Geschäftsführer, Vorstand), die als gesetzliche Vertreter auskunftspflichtig sind. Auskunftspflichtig sind des Weiteren die Personen mit eigenem Verantwortungsbereich kraft Delegation (s. hierzu die vorherige Rn. und § 66 Rn. 3 f.).

Nicht rechtsfähige Personenvereinigungen sind die nicht eingetragenen Vereine, Gesellschaften **115** des bürgerlichen Rechts (GbR) sowie offene Handelsgesellschaften (OHG) und Kommanditgesellschaften (KG, GmbH & Co. KG). Auskunftspflichtig sind bei den nicht eingetragenen Vereinen alle Vereinsmitglieder (in der Praxis der Vorstand), bei OHG, KG sowie GmbH & Co. KG die persönlich haftenden Gesellschafter und bei der GbR grundsätzlich alle Gesellschafter. Des Weiteren sind auch hier die Personen mit eigenem Verantwortungsbereich kraft Delegation auskunftspflichtig (s. hierzu die vorherige Rn. und § 66 Rn. 3 f.).

IV. Vorläufige Anordnungen (Nr. 4)

Soweit es zur Verhütung (s. Rn. 100) dringender Gefahren (s. Rn. 101) für die öffentliche Sicherheit **116** und Ordnung (s. Rn. 99) geboten ist, können nach Nr. 4 vorläufige Anordnungen, auch über die Schließung des Betriebes oder der Einrichtungen, getroffen werden. Da es für eine vorläufige Anordnung einer dringenden Gefahr für die öffentliche Sicherheit und Ordnung bedarf, sind die Voraussetzungen enger als bei einer Anordnung über die Rücknahme, das Ruhen oder den Widerruf einer Herstellungserlaubnis nach § 18 II 1. Die vorläufige Anordnung löst **keine Anzeigepflicht** nach § 29 aus.

Bei vorläufigen Anordnungen handelt es sich um **Verwaltungsakte** i. S. v. § 35 S. 1 VwVfG, die bei **117** Besichtigung vor Ort von den befugten Überwachungspersonen nach § 37 II 1 VwVfG auch mündlich ausgesprochen werden können. Sie sind gem. § 37 II 2 VwVfG auf unverzügliches Verlangen des pharmazeutischen Unternehmers durch die Behörde schriftlich gem. § 37 II 2 VwVfG zu bestätigen, da hieran i. d. R. ein berechtigtes Interesse besteht. Darüber hinaus sind vorläufige Anordnungen wegen ihres Ausnahmecharakters bei Fortbestehen des Gefahrenzustandes durch eine endgültige Entscheidung der zuständigen Überwachungsbehörde, die ebenfalls einen Verwaltungsakt darstellt, zu bestätigen. Aus Gründen der Rechtssicherheit sollte der pharmazeutische Unternehmer immer auf eine **schriftliche Bestätigung** einer vorläufigen Anordnung bestehen.

[111] BVerwG, NVwZ-RR 1991, 298; *Kloesel/Cyran*, § 64 Anm. 69.
[112] *Sander*, § 64 Erl. 13.
[113] A. A. wohl *Sander*, § 64 Erl. 13, der die kraft Delegation mit dem Herstellen etc. von Arzneimitteln befassten Personen nicht als auskunftspflichtig ansieht. Hierauf dürfte es wegen § 66 S. 2 sowie der Möglichkeit, andere Personen im Verwaltungsverfahren als Zeugen anzuhören, indes in der Praxis nicht ankommen.

118   Da die vorläufige Anordnung, aber auch deren schriftliche Bestätigung, Verwaltungsakte darstellen, kann der Überwachungsadressat hiergegen als Rechtsbehelf **Widerspruch** und im Falle einer für ihn negativen Widerspruchsentscheidung der Widerspruchsbehörde als Rechtsmittel **Anfechtungsklage** einlegen. Widerspruch und Anfechtungsklage müssen schriftlich oder zur Niederschrift – jeweils binnen **Monatsfrist** – ab Bekanntgabe der behördlichen Anordnung bzw. der ablehnenden Widerspruchsentscheidung bei den jeweils zuständigen Stellen erhoben werden (§§ 70, 74, 81 VwGO), falls eine ordnungsgemäße Rechtsbehelfsbelehrung erfolgt ist. Ansonsten gilt eine Jahresfrist (§ 58 VwGO).

119   Widerspruch und Anfechtungsklage haben grundsätzlich **aufschiebende Wirkung** (§ 80 I VwGO). Die aufschiebende Wirkung tritt im Zeitpunkt der Erhebung von Widerspruch oder Anfechtungsklage ein, wirkt aber auf den Zeitpunkt des Erlasses der behördlichen Anordnung zurück. Aufgrund dieses Suspensiveffektes muss die behördliche Anordnung bis auf weiteres nicht befolgt werden, Untersagungsverfügungen werden nicht wirksam und Zuwiderhandlungen gegen eine behördliche Anordnung dürfen nicht sanktioniert werden (Strafen, Geldbußen). Auch die Vollstreckung der behördlichen Anordnung ist zunächst ausgeschlossen[114].

120   Die aufschiebende Wirkung tritt allerdings nicht in den in § 80 II Nr. 1–4 VwGO genannten Fällen ein. Die zuständige Überwachungsbehörde kann insbesondere im öffentlichen Interesse oder im überwiegenden Interesse eines Beteiligten gem. § 80 II Nr. 4 VwGO die **sofortige Vollziehung** der behördlichen Maßnahme anordnen und so die durch den Widerspruch ausgelöste aufschiebende Wirkung ausschließen. Es müssen dann besondere Gründe dafür sprechen, dass die behördliche Anordnung sofort und nicht erst nach Eintritt der Bestands- und Rechtskraft der behördlichen Anordnung verwirklicht, umgesetzt oder vollzogen wird[115]. Ein besonderer Grund ist in einer **Eilbedürftigkeit**[116], also einer besonderen **Dringlichkeit**[117] für die sofortige Verwirklichung der behördlichen Anordnung zu sehen[118].

121   (Fertig-)Arzneimittel dürfen im Hinblick auf ihr besonderes Gefährdungspotential grundsätzlich nur nach Zulassung in den Verkehr gebracht werden (§ 21 I), so dass regelmäßig ein besonderes öffentliches Interesse daran besteht, dass der Vertrieb eines Arzneimittels sofort unterbunden wird, wenn es tatsächlich ohne Zulassung in den Verkehr gebracht wird[119]. Das gilt besonders dann, wenn schädliche Wirkungen der Bestandteile eines Arzneimittels auf die Gesundheit der Bevölkerung nachgewiesen sind wie z. B. für das reine Nikotin einer sog. E-Zigarette[120]. Eine sofortige Vollziehung kommt auch bei der Anordnung, Rückstellmuster entsprechend den Vorgaben des § 18 AMWHV zu lagern, in Betracht, da ansonsten eine effektive Überwachung der Sicherheit im Verkehr mit Arzneimitteln in Frage stünde[121]. Ein weiteres Beispiel ist die unter Anordnung des Sofortvollzugs gegenüber einer Versandapotheke verfügte Untersagung, den Patienten der gesetzlichen Krankenkassen bei der Abgabe zuzahlungspflichtiger Arzneimittel die Zuzahlung zu stunden und damit einen Preisnachlass auf preisgebundene Arzneimittel zu gewähren[122].

122   Dieses **besondere öffentliche Interesse** an der sofortigen Vollziehung[123] ist grundsätzlich schriftlich zu begründen (§ 80 III 1 VwGO). Zur **Begründung** der sofortigen Vollziehung des Vertriebsverbotes eines ohne Zulassung in den Verkehr gebrachten Arzneimittels genügt wegen des besonderen öffentlichen Interesses an der Arzneimittelsicherheit der Hinweis, dass das Arzneimittel keine gültige Zulassung besitzt[124]. Bei der Begründung einer sofortigen Vollziehung ist auch zu berücksichtigen, ob dem Unternehmen Nachteile lediglich wirtschaftlicher Art entstehen, die im Fall einer vollständigen oder teilweisen Aufhebung des angefochtenen Verwaltungsaktes später wieder ausgeglichen werden können[125]. Bei der Untersagung der Versteigerung apothekenpflichtiger Arzneimittel im Internet ist die sofortige Vollziehung hinreichend begründet, wenn in der Begründung des behördlichen Bescheides darauf hingewiesen wird, dass bei dieser Art des Arzneimittelverkehrs erhebliche Gesundheitsgefährdungen für Endverbraucher durch missbräuchliche Anwendung, eigene Therapie bei ernsteren Erkrankungen sowie Anwendung möglicherweise in ihrer Qualität beeinträchtigter Arzneimittel entstehen könnten[126].

123   Einer besonderen Begründung bedarf es indes nicht, wenn die Behörde bei Gefahr im Verzug, insbesondere bei drohenden Nachteilen für Leben, Gesundheit oder Eigentum vorsorglich eine als solche bezeichnete Notstandsmaßnahme im öffentlichen Interesse trifft (§ 80 III 2 VwGO). Nach Einlegung des Widerspruchs kann die Widerspruchsbehörde auf Antrag des Betroffenen die Vollziehung von Amts

---

[114] Vgl. *Gersdorf*, in: Posser/Wolff, § 80 Rn. 23 ff.
[115] Vgl. *BVerfG*, NVwZ 1996, 59; *OVG Münster* NVwZ 1998, 977.
[116] Vgl. *VGH Kassel*, NVwZ 1986, 671.
[117] *VGH München*, NJW 1977, 166; *OVG Hamburg*, NVwZ-RR 1990, 374, 375; *VGH Kassel*, DÖV 1989, 217.
[118] Vgl. *Gersdorf*, in: Posser/Wolff, § 80 Rn. 99 ff.
[119] *Klein*, ZLR 1997, 393.
[120] *VG Potsdam*, NVwZ-RR 2009, 240.
[121] Vgl. *OVG Münster*, Urt. v. 25.11.2009 – 13 A 1536/09 – BeckRS 2010, 45 023; ähnlich *OVG Münster*, PharmR 2009, 254.
[122] Vgl. *OVG Lüneburg*, Beschl. v. 16.10.2008 – 13 ME 162/08 – BeckRS 2008, 40274; ähnlich *OVG Lüneburg*, NJW 2008, 3451.
[123] Vgl. auch *Fuhrmann*, PharmR 2012, 1.
[124] *Klein*, ZLR 1997, 393 f.
[125] *OVG Berlin*, PharmR 1983, 178.
[126] *VGH München*, NJW 2006, 715.

wegen aussetzen (§ 80 IV VwGO). Auf Antrag des Betroffenen kann auch das Gericht der Hauptsache die aufschiebende Wirkung gem. **§ 80 V VwGO** ganz oder teilweise wieder herstellen[127].

V. Durchsetzung der Befugnisse

Die nach Abs. 4 der Überwachungsbehörde zustehenden Befugnisse können mit den Mitteln des **124** **Verwaltungszwanges** (§§ 6, 9 VwVG für Anordnungen der Bundesoberbehörden; bei Anordnungen der Landesbehörden die jeweiligen Landesvollstreckungsgesetze) durchgesetzt werden, wenn sich der jeweilige Adressat der behördlichen Anordnung oder Verfügung, die i. d. R. ein bestimmtes **Handeln, Dulden** oder **Unterlassen** zum Inhalt hat, widersetzt. Dabei muss das durch die behördliche Anordnung eingeforderte Tun für den pharmazeutischen Unternehmer **rechtlich und tatsächlich erfüllbar** sein. Dies kann vor allem dann problematisch sein, wenn die Erfüllung von der Mitwirkung oder Zustimmung Dritter abhängig ist.

Die **Vollziehbarkeit** mit den Mitteln des Verwaltungszwanges setzt gem. § 6 I VwVG voraus, dass die **125** jeweilige behördliche Maßnahme **unanfechtbar** ist (Ausschöpfung des Rechtsweges), ihr **sofortiger Vollzug** angeordnet wurde (z. B. § 80 II Nr. 4 VwGO) oder wenn dem gegen die jeweilige behördliche Maßnahme eingelegten Rechtsmittel aus sonstigen Gründen **keine aufschiebende Wirkung** zukommt (z. B. § 80 II Nr. 1–3 VwGO)[128].

Zur Erzwingung von Handlungen, Duldungen oder Unterlassungen stehen den zuständigen Über- **126** wachungsbehörden ausschließlich die in dem maßgeblichen Verwaltungsvollstreckungsgesetz vorgesehenen **Zwangsmittel** zur Verfügung (numerus clausus der Zwangsmittel)[129]. Die Voraussetzungen des ausgewählten Zwangsmittels müssen in formeller und materieller Hinsicht vorliegen. Grundsätzlich ist Voraussetzung für die Anwendung von Zwangsmitteln ihre vorherige **Androhung** mit angemessener **Fristsetzung** (§ 13 I VwVG)[130]. Die Androhung eines Zwangsmittels hat den Zweck, dem Überwachungsadressaten die Möglichkeit zu geben, die Vollstreckung durch freiwillige Erfüllung noch abzuwenden[131]. Daneben kann Verwaltungszwang gem. § 6 II VwVG auch ohne vorausgehenden Verwaltungsakt angewendet werden, wenn der sofortige Vollzug zur Verhinderung einer rechtswidrigen Tat, die einen Straf- oder Bußgeldtatbestand verwirklicht, oder zur Abwendung einer drohenden Gefahr notwendig ist und die Behörde hierbei innerhalb ihrer gesetzlichen Befugnisse handelt. Hierzu müssen besondere Umstände hinzukommen[132].

Als **Mittel des Verwaltungszwanges** kommen die Ersatzvornahme in Gestalt der Fremdvornahme **127** durch einen Dritten gem. § 10 VwVG (z. B. die Desinfektion von Räumlichkeiten), die Verhängung eines Zwangsgeldes gem. § 11 VwVG[133] oder unmittelbarer Zwang nach § 12 VwVG (z. B. eine Betriebsschließung in Gestalt der Vornahme durch die zuständige Überwachungsbehörde selbst) in Betracht.

Für die Auswahl des jeweiligen Zwangsmittels gilt gem. § 9 II VwVG der **Grundsatz der Verhält- 128** **nismäßigkeit.** Das Zwangsmittel muss in einem angemessenen Verhältnis zu seinem Zweck stehen und bei der Auswahl des geeigneten Mittels ist nach dem Prinzip des geringstmöglichen Eingriffes dasjenige Zwangsmittel zu wählen, dass den Betroffenen und die Allgemeinheit am wenigsten beeinträchtigt. An der Eignung fehlt es, wenn nach den Gesamtumständen des Falles nicht damit gerechnet werden kann, dass der Zweck der Vollstreckung erreicht wird. An der Angemessenheit fehlt es, wenn ein Missverhältnis zwischen der durchzusetzenden Pflicht und der Beeinträchtigungswirkung des Zwangsmittels besteht[134].

F. Sachverständige der Mitgliedstaaten (Abs. 4a)

Nach Abs. 4a dürfen auch die Sachverständigen der Mitgliedstaaten der EU an der Überwachung **129** teilnehmen und Befugnisse nach Abs. 4 Nr. 1 wahrnehmen, wenn es zur Durchführung des AMG oder aufgrund des AMG erlassener Rechtsverordnungen oder der Verordnung (EG) Nr. 726/2004 erforderlich ist. Dies sind regelmäßig Sachverständige des CPMP bzw. CHMP oder des CVMP oder in deren Auftrag tätige Sachverständige, die im Rahmen eines zentralen europäischen Zulassungsverfahrens an entwicklungsbezogenen Betriebsbesichtigungen teilnehmen[135]. Die Federführung für die Wahrnehmung der Überwachungsaufgaben verbleibt aber auch in diesen Fällen bei den zuständigen Landesüberwachungsbehörden[136].

---

[127] Vgl. *Klein*, ZLR 1997, 391 ff.; *Heidebach*, DÖV 2010, 254.
[128] Vgl. *App*, JuS 2004, 788 f.; *Engelhardt/App*, § 6 VwVG Rn. 3 ff.
[129] *Engelhardt/App*, § 9 VwVG Rn. 2.
[130] S. etwa *VG Potsdam*, NVwZ-RR 2009, 240.
[131] *App*, JuS 2004, 789.
[132] Vgl. *OVG Münster*, NJW 1965, 2219; *Engelhardt/App*, § 6 VwVG Rn. 27.
[133] Vgl. etwa *VG Potsdam*, NVwZ-RR 2009, 240.
[134] Vgl. *Engelhardt/App*, § 9 VwVG Rn. 3.
[135] *Kloesel/Cyran*, § 64 Anm. 78.
[136] BT-Drucks. 13/8805, S. 15.

130   Die **Befugnisse** der Sachverständigen der Mitgliedstaaten sind ausdrücklich auf die Betretungs- und Besichtigungsrechte des Abs. 4 Nr. 1 **beschränkt**, so dass sich ihre Tätigkeit weitgehend auf die Begleitung der weiterhin federführend für die Wahrnehmung der Überwachungsaufgaben zuständigen nationalen Arzneimittelbehörden bei Besichtigungen reduziert. Nur diese können die weiteren Befugnisse nach Abs. 4 Nr. 2–4 ausüben und diese auch mit den Mitteln des Verwaltungszwangs durchsetzen.

G. Auskunftsverweigerungsrecht (Abs. 5)

131   Die Vorschrift entspricht den in anderen Gesetzen für Zeugenaussagen getroffenen Regelungen (§ 383 I Nr. 1–3 und § 384 Nr. 1 ZPO; § 55 StPO; § 46 Abs. 1 OWiG). Auskunftspflichtige nach Abs. 4 Nr. 3 und § 66 (z. B. der pharmazeutische Unternehmer nach § 4 XVIII) sind zur Auskunftsverweigerung berechtigt, wenn sie durch ihre Angaben sich selbst oder ihre Angehörigen dem Risiko strafrechtlicher Verfolgung oder der Verfolgung wegen einer Ordnungswidrigkeit aussetzen würden[137]. Das Auskunftsverweigerungsrecht besteht indes nur für die Erteilung von Auskünften nach Abs. 4 Nr. 3. Es betrifft weder die übrigen Duldungs- und Mitwirkungspflichten noch die Verpflichtung zur Angabe der Personalien zum Zwecke der Identitätsfeststellung.

132   Der Betroffene ist vor der ersten Vernehmung darüber zu **belehren**, dass ihm ein Schweigerecht zusteht (§ 136 I 2 StPO; § 163a III 2, IV 2; § 46 I OWiG). Unterbleibt eine solche Belehrung, so hat dies im Strafverfahren grundsätzlich ein Beweisverwertungsverbot zur Folge[138]. Der *BGH* hat allerdings bisher ausdrücklich offen gelassen, ob dies auch für das Ordnungswidrigkeitenverfahren gilt[139].

H. Verordnungsermächtigung (Abs. 6)

133   Die Zuständigkeit der Überwachungsbehörden richtet sich grundsätzlich danach, wo der pharmazeutische Unternehmer im Geltungsbereich des AMG seinen Sitz hat. Probleme bei der Praktikabilität und Effektivität der Überwachung können entstehen, wenn der pharmazeutische Unternehmer keinen Sitz im Inland hat. Mit der Verordnungsermächtigung in Abs. 6 wird deshalb die rechtliche Grundlage für den Erlass gesonderter Vorschriften zur Wahrnehmung von Überwachungsaufgaben betreffend diejenigen pharmazeutischen Unternehmer geschaffen, die zwar Arzneimittel im Inland in den Verkehr bringen, aber nur in einem anderen Mitgliedstaat der EU einen Sitz haben. So kann nach S. 2 die federführende Überwachungszuständigkeit für Arzneimittel aus bestimmten EU-Ländern auf einzelne Behörden oder Bundesländer **konzentriert** werden. Dies betrifft insbesondere die Fälle, in denen Arzneimittel unmittelbar aus einem anderen Mitgliedstaat an Großhändler oder Apotheken in Deutschland geliefert werden oder in denen die Werbung direkt von dort aus erfolgt[140]. Die Vorschrift entspricht den Vorgaben des Art. 80 GG.

I. Sanktionen

134   Eine **Ordnungswidrigkeit** nach § 97 II Nr. 25 begeht, wer einer vollziehbaren Anordnung nach § 64 IV Nr. 4 vorsätzlich oder fahrlässig zuwider handelt.

§ 65 Probenahme

(1) ¹Soweit es zur Durchführung der Vorschriften über den Verkehr mit Arzneimitteln, über die Werbung auf dem Gebiete des Heilwesens, des Zweiten Abschnitts des Transfusionsgesetzes, der Abschnitte 2, 3 und 3a des Transplantationsgesetzes und über das Apothekenwesen erforderlich ist, sind die mit der Überwachung beauftragten Personen befugt, gegen Empfangsbescheinigung Proben nach ihrer Auswahl zum Zwecke der Untersuchung zu fordern oder zu entnehmen. ²Diese Befugnis erstreckt sich insbesondere auf die Entnahme von Proben von Futtermitteln, Tränkwasser und bei lebenden Tieren, einschließlich der dabei erforderlichen Eingriffe an diesen Tieren. ³Soweit der pharmazeutische Unternehmer nicht ausdrücklich darauf verzichtet, ist ein Teil der Probe oder, sofern die Probe nicht oder ohne Gefährdung des Untersuchungszwecks nicht in Teile von gleicher Qualität teilbar ist, ein zweites Stück der gleichen Art, wie das als Probe entnommene, zurückzulassen.

(2) ¹Zurückzulassende Proben sind amtlich zu verschließen oder zu versiegeln. ²Sie sind mit dem Datum der Probenahme und dem Datum des Tages zu versehen, nach dessen Ablauf der Verschluss oder die Versiegelung als aufgehoben gelten.

---

[137] Vgl. *Rinio*, JuS 2008, 600 ff.
[138] *BGHSt* 38, 214 ff.; *Deutsch/Lippert*, § 64 Rn. 17; *Meyer-Goßner*, § 136 StPO Rn. 20.
[139] *BGHSt* 34, 214, 218; *Göhler*, § 55 Rn. 9.
[140] BT-Drucks. 13/9996, S. 16.

(3) Für Proben, die nicht bei dem pharmazeutischen Unternehmer entnommen werden, ist durch den pharmazeutischen Unternehmer eine angemessene Entschädigung zu leisten, soweit nicht ausdrücklich darauf verzichtet wird.

(4) Als privater Sachverständiger zur Untersuchung von Proben, die nach Absatz 1 Satz 2 zurückgelassen sind, kann nur bestellt werden, wer

1. die Sachkenntnis nach § 15 besitzt. Anstelle der praktischen Tätigkeit nach § 15 Abs. 1 und 4 kann eine praktische Tätigkeit in der Untersuchung und Begutachtung von Arzneimitteln in Arzneimitteluntersuchungsstellen oder in anderen gleichartigen Arzneimittelinstituten treten,

2. die zur Ausübung der Tätigkeit als Sachverständiger zur Untersuchung von amtlichen Proben erforderliche Zuverlässigkeit besitzt und

3. über geeignete Räume und Einrichtungen für die beabsichtigte Untersuchung und Begutachtung von Arzneimitteln verfügt.

Wichtige Änderungen der Vorschrift: Abs. 4 eingefügt durch Art. 1 Nr. 33 des Zweiten Gesetzes zur Änderung des Arzneimittelgesetzes vom 16.8.1986 (BGBl. I S. 1296).

Europarechtliche Vorgaben: Art. 111 RL 2001/83/EG; Art. 80 RL 2001/82/EG; Art. 41 II VO (EG) Nr. 726/2004.

Literatur: *Demmer,* Apotheker in amtlichen Untersuchungseinrichtungen, DAZ 2005, 4492.

Übersicht

A. Inhalt und Zweck

§ 65 ist eine Ausformung von § 64 III, nach dessen Inhalt die Probenahme im Rahmen der Routine- **1** überwachung ausdrücklich vorgesehen wird[1]. Abs. 1 räumt den Überwachungsbehörden die Möglichkeit ein, zum Zwecke der Untersuchung Proben zu fordern oder zu entnehmen. Die Vorschrift dient damit der **Verbesserung der Überwachung.** Die Untersuchungen soll u. a. die Frage beantworten, ob die gezogenen Proben die jeweils erforderliche Qualität aufweisen[2]. Es wird also der Ist- mit dem Soll-Zustand verglichen. Auch die Arzneimittelwerbung ist ausdrücklich in die Überwachung einbezogen. Des Weiteren werden das Verfahren der Behandlung gezogener Proben (Abs. 2), die damit verbundene Entschädigung betroffener Dritter (Abs. 3) sowie die notwendige Qualifikation eines privaten Gegen-proben-Sachverständigen (Abs. 4) geregelt. Die Vorschrift stellt damit zugleich eine Konkretisierung der Beweissicherung durch Probenahme im Anwendungsbereich des AMG dar und ergänzt § 26 VwVfG, in dem die Beweiserhebung durch Beweismittel im Verwaltungsverfahren nicht abschließend geregelt ist[3].

B. Überwachung und Probenahme (Abs. 1)

I. Befugnis (S. 1 und 2)

§ 65 I 1 und 2 berechtigt die von der jeweils zuständigen Behörde beauftragten Personen, Proben bei **2** Betrieben, Einrichtungen oder Personen, die der Überwachung nach § 64 unterliegen (s. § 64

---

[1] *Deutsch/Lippert,* § 65 Rn. 1.
[2] Vgl. *Kloesel/Cyran,* § 65 Anm. 1.
[3] *Deutsch/Lippert,* § 65 Rn. 1.

Rn. 16 ff.), zu ziehen. Im Gegenzug werden die betroffenen Betriebe, Einrichtungen und Personen gem. § 66 zur Duldung der und zur Mitwirkung bei der Probenahme verpflichtet.

II. Überwachung (S. 1 und 2)

3   Die Überwachung der Einhaltung der in S. 1 genannten Bestimmungen (s. hierzu § 64 III) wird insbesondere in den AMGVwV näher bestimmt. § 5 AMGVwV enthält Konkretisierungen zum Verfahren der Probenahme. § 7 AMGVwV gibt den zuständigen Überwachungsbehörden Hinweise zur Überwachung der Heilmittelwerbung.

4   **1. Verfahren und Proben-Arten.** Die Arzneimittelüberwachung und Untersuchung erfolgt nach § 5 I AMGVwV auf der Grundlage eines Probenplanes, der von den für die Überwachung zuständigen Behörden nach pflichtgemäßem Ermessen aufzustellen ist. Der Grundsatz der Verhältnismäßigkeit fordert dabei nach dem Prinzip des geringsten Eingriffes eine rationale Durchführung. In diesem Probenplan werden die routinemäßige Probenahme **(Planprobe)** sowie die besondere Probenahme **(Schwerpunktprobe)** aufgeführt.

5   Der **Probenplan** soll insbesondere Planproben aus Betrieben und Einrichtungen i. S. von § 64 I (s. § 64 Rn. 16 ff.), die nach dem Inspektionsplan zur Inspektion anstehen, berücksichtigen. Dabei ist eine Untersuchung alle 5 Jahre, bei neu zugelassenen Arzneimitteln bereits im ersten Jahr nach der Zulassung anzustreben. Schwerpunktproben sollen insbesondere bei Arzneimitteln mit besonderem Risikopotential, Arzneimitteln mit großer Marktbedeutung sowie bei solchen, die national oder auf europäischer Ebene für Reihenuntersuchungen vorgesehen sind, eingeplant werden. Zusätzlich können zu den Planproben und Schwerpunktproben auch im Verdachtsfall Proben gezogen werden **(Verdachtsproben)**. Die Probenahme für die amtliche Untersuchung nach § 64 III 2 (s. § 64 Rn. 69 ff.) sollte in Zusammenhang mit der Durchführung einer Inspektion (s. § 4 AMGVwV) stehen.

6   Die Bundesländer haben weitere Einzelheiten der Probenahme in die (nationale) Richtlinie für die Überwachung des Verkehrs mit Arzneimitteln[4] sowie Verfahrensanweisungen zur Probenahme in das Qualitätssicherungsbuch aufgenommen. Im Kollisionsfall geht die AMGVwV dieser Richtlinie vor. Daneben ist § 55a zu beachten, durch den die nach § 77 zuständige Bundesoberbehörde ermächtigt wird, Verfahren zur Probenahme und Untersuchung von Arzneimitteln und ihren Ausgangsstoffen amtlich vorzuschreiben. Von dieser Möglichkeit zum Erlass vorrangiger Vorschriften ist bisher nicht Gebrauch gemacht worden.

7   Die Beprobung von **zentral zugelassenen Arzneimitteln** wird durch das EDQM koordiniert, Die Länder haben hierbei mitzuwirken (§ 5 II AMGVwV).

8   **2. Unterrichtungen.** Nach § 5 V AMGVwV ist die für die Überwachung nach § 64 I zuständige Behörde (s. § 64 Rn. 43 ff.) von der für die Untersuchung zuständigen Stelle über das Ergebnis der Untersuchung unverzüglich zu unterrichten. Nach Unterrichtung teilt sie dem pharmazeutischen Unternehmer (§ 4 XVII) das Ergebnis der Untersuchungen mit. Bei Beanstandungen über Mängel, die möglicherweise auf den Vertriebsweg zurückzuführen sind, werden auch die Betriebe und Einrichtungen, aus denen die Proben entnommen wurden, über das Untersuchungsergebnis informiert. Sofern Untersuchungsergebnisse bei zugelassenen oder registrierten Arzneimitteln Hinweise auf für die Zulassung oder Registrierung bedeutsame Gesichtspunkte oder Fälschungen ergeben, ist die für die Zulassung zuständige Bundesoberbehörde (§ 77) von der zuständigen Länderüberwachungsbehörde zu informieren.

9   **3. Objekte der Beprobung.** Nach der nur beispielhaften, also nicht abschließenden Aufzählung in § 5 III AMGVwV kommen als Objekte der Beprobung (*„insbesondere"*) in Betracht: Wirkstoffe und andere Stoffe im Sinne des § 3 AMG, einschließlich Stoffe, die als Tierarzneimittel verwendet werden können (Ziff. 1), Zwischenprodukte und Bulkware (Ziff. 2), Fertigarzneimittel (Ziff. 3), Prüfpräparate zur Anwendung in der klinischen Prüfung (Ziff. 4), Rezeptur-/Defekturarzneimittel (Ziff. 5), Fütterungsarzneimittel und Arzneimittelvormischungen (Ziff. 6), Futtermittel, Tränkwasser, lebende Tiere sowie Proben von lebenden Tieren (Ziff. 7), Behältnisse, äußere Umhüllungen und Dosierungshilfen (Ziff. 8), Kennzeichnungsmaterial einschließlich Gebrauchs- und Fachinformation (Ziff. 9) und Werbematerial einschließlich Angebote und Werbung im Internet und in elektronischen Medien (Ziff. 10). Bei Probenahmen von lebenden Tieren (Ziff. 7) sind die Vorschriften des Tierschutzes zu beachten. Neben der Beprobung von Körperflüssigkeiten (z. B. Blut, Urin) kommt auch die Entnahme von Haut, Haaren oder sonstigem Gewebe in Betracht.

10   **4. Untersuchungsverfahren.** Bei der Untersuchung der Proben sind die vorgeschriebenen oder, falls dies nicht der Fall ist, die gängigen Untersuchungsverfahren zu verwenden. Maßgeblich sind insofern der Stand der Technik[5] sowie die allgemein anerkannten pharmazeutischen Regeln[6] wie z. B. das Arzneibuch

---

[4] Arbeitsgruppe „Arzneimittel- und Apothekenwesen, Medizinprodukte" (AAMP) der Arbeitsgemeinschaft der Obersten Landesbehörden (AOLG), Bundesgesundheitsblatt 8/99, S. 673.
[5] Vgl. auch *Kloesel/Cyran*, § 65 Anm. 1.
[6] *Demmer*, DAZ 2005, 4492.

(§ 55) sowie die amtliche Sammlung von Untersuchungsverfahren (§ 55a). Daneben sind die Verfahrensanweisungen zur Probenahme im Qualitätssicherungshandbuch[7] zu beachten.

5. Empfangsbescheinigung. Nach dem eindeutigen Gesetzeswortlaut hat der Betriebsinhaber einen **11** Anspruch auf eine Empfangsbescheinigung über die entnommene Probe. Diese besteht aus einer mit Datum und Unterschrift versehenen, schriftlichen Erklärung des Entnehmenden unter Benennung des Untersuchungszweckes und des Beprobungsobjektes. Der Betriebsinhaber kann auf die Ausstellung einer Empfangsbescheinigung verzichten.

III. Gegenprobe (S. 3)

Gem. § 65 I 3 ist, soweit der pharmazeutische Unternehmer nicht ausdrücklich darauf verzichtet, eine **12** Gegenprobe zurückzulassen. Die **Gegenprobe** hat den Zweck, dem pharmazeutischen Unternehmer zu ermöglichen, zu seiner Entlastung die Gegenprobe durch einen Gegenproben-Sachverständigen nach Abs. 4 untersuchen zu lassen. Hierdurch kann er in einem sich ggfs. anschließenden behördlichen Verfahren oder im Gerichtsverfahren einen **Gegenbeweis** führen und so die gegen ihn erhobenen Vorwürfe entkräften[8]. Insofern spielen Untersuchungsfehler der staatlichen Untersuchungsstelle eine Rolle. Auch die angewandten Untersuchungsverfahren und -methoden können für eine Entlastung von Bedeutung sein. Hierbei kann hilfreich sein, dass die Untersuchungsstellen gem. § 10 IV AMGVwV die Anfrage der mit der Untersuchung der Gegenprobe oder Zweitprobe betrauten Sachverständigen über die Art der Untersuchung zu beantworten haben, soweit dies mit dem Zweck der Überwachung im Einzelfall vereinbar ist. Darüber hinaus kann das Untersuchungsergebnis des Gegenproben-Sachverständigen auch bei der Durchsetzung von Schadensersatzansprüchen beispielsweise gegen die Vorlieferanten beanstandeter Stoffe von Nutzen sein[9].

Bei der Gegenprobe kann es sich um einen Teil der Probe oder, sofern die Probe nicht oder ohne **13** Gefährdung des Untersuchungszweckes teilbar ist, ein zweites Stück dergleichen Art, wie das als Probe entnommen, handeln. Für diese **Zweitprobe** gelten dieselben Vorschriften wie für die Gegenprobe (Abs. 2 und 3). Zweitproben sind i. d. R. zurückgelassen, wenn die Probe nicht teilbar ist (z. B. Werbematerial, Verpackungsmaterial mit relevanten Kennzeichnungen) oder die Probe im Falle ihrer Teilung eine wesentliche Beeinträchtigung ihrer Beschaffenheit erfahren kann (z. B. Fertigarzneimittel)[10].

Fraglich ist, ob das Nichtzurücklassen einer Gegenprobe oder die unterbliebene Benachrichtigung des **14** pharmazeutischen Unternehmers von der Probenahme bei einem Dritten, zu einem **Beweisverwertungsverbot** der gezogenen Erstprobe in einem Ordnungswidrigkeiten- oder Strafverfahren führt. Das Vorliegen eines Beweisverwertungsverbotes wird bisher von der h. M. unter Verweis auf die Rechtsprechung zur Parallelvorschrift des § 42 LMBG (heute: § 43 LFGB) verneint[11]. Diese lebensmittelrechtliche Rechtsprechung ist jedoch inzwischen veraltet. Nach der aktuellen lebensmittelrechtlichen Rechtsprechung kann ein Beweisverwertungsverbot bestehen, wenn dem Überwachungsadressaten die Möglichkeit genommen wird, einen Gegenbeweis anzutreten[12]. Diese Rechtsprechung greift den Grundgedanken des in Art. 6 I EMRK statuierten Rechts auf ein faires Verfahren auf und darf auch bei der Auslegung von § 65 nicht unberücksichtigt bleiben.

C. Verschluss oder Versiegelung (Abs. 2)

Die nach § 65 I 3 zurückzulassenden Gegenproben sind gem. § 65 II amtlich zu verschließen oder zu **15** versiegeln. Sie sind auch mit dem Datum der Probenahme und dem Datum des Tages zu versehen, nach dessen Ablauf der Verschluss oder die Versiegelung als aufgehoben gelten. Das vorzeitige Öffnen kann eine Strafbarkeit nach § 136 StGB (Verstrickungs- oder Siegelbruch) begründen. Vom überwachten pharmazeutischen Unternehmer beauftragte Sachverständige nach § 65 IV dürfen die Gegenproben indes schon vorzeitig zum Zwecke der Überprüfung öffnen und untersuchen (§ 10 III AMGVwV).

D. Probenahme bei Dritten (Abs. 3)

§ 65 I 1 regelt die Befugnis zur Probenahme. Dies schließt eine Probenahme nicht nur beim über- **16** wachten pharmazeutischen Unternehmer (§ 4 XVIII), sondern auch bei Dritten ein.

---

[7] Abrufbar unter www.zlg.de.
[8] *Kloesel/Cyran*, § 65 Anm. 11; *Rehmann*, § 65 Rn. 1.
[9] *Deutsch/Lippert*, § 65 Rn. 4.
[10] *Kloesel/Cyran*, § 65 Anm. 24.
[11] *Rehmann*, § 65 Rn. 1; *Kloesel/Cyran*, § 65 Anm. 27.
[12] *EuGH*, Urt. v. 19.5.2009 – Rs. C-166/08, ZLR 2009, 600 – Gegengutachten; *OVG Münster*, ZLR 2009, 370.

I. Kosten

17   Die Vorschriften des AMG, insbesondere die für die Überwachung einschlägigen §§ 64 ff. treffen keine ausdrückliche Regelung der Kostenfrage in Bezug auf die reine Überwachungstätigkeit. Eine solche ergibt sich auch nicht konkludent aus § 64 III, da nur die Frage der Entschädigung in engem Zusammenhang mit der Eigentumsgarantie des Art. 14 GG geregelt wird[13]. Allerdings reicht es für die Begründung einer Gebührenschuldnerschaft nach § 13 I Nr. 1 GebG NRW aus, dass der Betroffene innerhalb des ihm zugeordneten Pflichtenkreises eine Tätigkeit vornimmt, an die wegen damit verbundener potentieller Gefahren eine spezifische behördliche Überwachungs- und Kontrolltätigkeit anknüpft. Mit der Verantwortlichkeit des Arzneimittelherstellers für die ordnungsgemäße Beschaffenheit des Arzneimittels geht daher die Gebührenschuldnerschaft bei einer Probenahme einher[14]. Die Kosten für die Entnahme von Verdachtsproben sowie periodische Probenahmen und -untersuchungen ohne besonderen Anlasse ergeben sich im Übrigen aus den Gebührentatbeständen der jeweils einschlägigen Kostengesetze des Bundes oder der Länder[15]. Allerdings müssen die vorgenannten Tätigkeiten tatsächlich auch zu dem Zweck der Arzneimittelüberwachung vorgenommen werden[16].

18   Die Kosten der Untersuchung – Probenahme und Gutachten – können nach den allgemeinen Grundsätzen den Adressaten der Überwachungsmaßnahme auferlegt werden, also i. d. R. demjenigen, bei dem die Probe entnommen wurde[17] und damit auch dem Sponsor einer klinischen Prüfung[18]. Die konkrete Kostenschuldnerschaft eines Parallelimporteurs ist zu verneinen, wenn die Proben im Pharmagroßhandel, nicht aber in einer Betriebsstätte des Parallelimporteurs gezogen worden sind, da auch der Großhandel Arzneimittel in den Verkehr bringt und daher der regelmäßigen Überwachung durch die zuständige Behörde unterliegt. In denjenigen Fällen, in denen mehrere Beteiligte der Arzneimittelüberwachung unterliegen, ist also der **Ort** der amtlichen Probenziehung maßgebend für die Eigenschaft als Kostenschuldner und damit für einen darauf beruhenden Gebührenbescheid[19].

II. Entschädigung

19   § 65 III begründet einen Rechtsanspruch auf die Bezahlung einer Entschädigung für alle zur Duldung der Probenahme Verpflichteten gegen den überwachten pharmazeutischen Unternehmer (§ 4 XVIII). Die Entschädigung ist in angemessener Höhe zu leisten, sofern der betroffene Dritte darauf nicht ausdrücklich verzichtet. Die Höhe der Entschädigung beschränkt sich auf den Einkaufspreis und die darauf zu entrichtende Mehrwertsteuer. Ein möglicherweise **entgangener Gewinn** ist nicht von der Entschädigungsleistung umfasst. Eine Entschädigung gem. Abs. 3 ist ausgeschlossen, sofern der Untersuchungsgegenstand wegen Qualitätsmängeln auch vom betroffenen Dritten nicht hätte in Verkehr gebracht werden dürfen. Das Gesetz sagt nichts dazu aus, wann die Entschädigung gezahlt werden muss. Die Leistung der Entschädigung muss nicht notwendigerweise bei der Probenahme, sondern innerhalb eines angemessenen Zeitraums vor Verjährung erfolgen.

E. Gegenproben-Sachverständiger (Abs. 4)

20   § 64 IV bestimmt die persönlichen und sachlichen Voraussetzungen, die der Gegenproben-Sachverständige erfüllen muss, um bestellt zu werden. Ergänzende Bestimmungen finden sich in § 10 AMGVwV. Die Bestellung von Sachverständigen wird in einem **Verzeichnis des BMG** bekannt gemacht[20].

I. Sachkenntnis (Nr. 1)

21   Der Gegenproben-Sachverständige muss die erforderliche Sachkenntnis nach § 15 (s. § 15 Rn. 4 ff.) besitzen. Alternativ kann an die Stelle der praktischen Tätigkeit nach § 15 I und IV eine praktische Tätigkeit in der Untersuchung und Begutachtung von Arzneimitteln in Arzneimitteluntersuchungsstellen (§ 9 AMGVwV) oder in anderen, gleichartigen Untersuchungsinstituten treten.

---

[13] *OVG Münster*, NWVBl 2000, 66.
[14] *OVG Münster*, Beschl. v. 13.11.2013 – 9 A 78//13, Rn. 9, 16 – juris.
[15] *VGH Kassel*, Beschl. v. 25.6.2006 – 11 UE 771/06 – BeckRS 2006, 25247.
[16] *OVG Münster*, Beschl. v. 13.11.2013 – 9 A 78/13 – BeckRS 2013, 58765; *VG Saarlouis*, Urt. v. 19.2.2008 – 3 K 793/07 – BeckRS 2008, 33644.
[17] *VG Schleswig*, Urt. v. 28.1.2009 – 1 A 86/06 – BeckRS 2009, 33187.
[18] *VG Düsseldorf*, Urt. v. 28.1.2011 – 16 K 6697/10 – BeckRS 2013, 47573.
[19] *VG Köln*, Urt. v. 18.3.2011 – 25 K 3128/08 – BeckRS 49876; VG *Schleswig*, Urt. v. 28.1.2009 – 1 A 86/06 – BeckRS 2009, 33187.
[20] Abrufbar unter http://www.bmg.bund.de.

II. Zuverlässigkeit (Nr. 2)

Eine spezielle Überprüfung der Zuverlässigkeit in Anlehnung an § 14 I Nr. 4 wird nicht gefordert. In 22 Kompensation hierzu wird der Sachverständige auf der Grundlage des Verpflichtungsgesetzes vom 2.3.1974[21] speziell auf die gewissenhafte Erfüllung seiner Obliegenheiten verpflichtet. Gem. § 10 I AMGVwV ist der Gegenproben-Sachverständige insbesondere darauf zu verpflichten, die Übernahme der Tätigkeit als Gegenproben-Sachverständiger abzulehnen, wenn ein Grund vorliegt, der geeignet ist, Misstrauen gegen die Unparteilichkeit des Gutachtens zu rechtfertigen. Darüber hinaus hat er auf die Unversehrtheit des Siegels oder sonstigen Verschlusses zu achten, die Untersuchung der Gegenprobe nach bestem Wissen und Gewissen vorzunehmen sowie das Verfahren seiner Untersuchung sorgfältig anzugeben.

III. Räume und Einrichtungen (Nr. 3)

Die vom Gegenproben-Sachverständigen genutzten Räume und Einrichtungen müssen für die von 23 ihm beabsichtigten Untersuchungen und Beurteilungen geeignet sein. Als allgemeiner Maßstab kann die **PIC-Richtlinie für gute pharmazeutische Kontrolllabor-Praxis** (PIC-Dokument PH 5/85) dienen[22]. Im Übrigen sind auf die Anforderungen nach § 9 II AMGVwV für Arzneimitteluntersuchungsstellen zu verweisen, die sinngemäß gelten.

F. Sanktionen

Zu Verstößen gegen Duldungs- und Mitwirkungspflichten nach § 66 I bei der Probenahme s. § 66 24 Rn. 8. Das unbefugte Entfernen der amtlichen Verschlüsse und Siegel zurückgelassener Proben kann nach § 136 StGB als **Straftat** geahndet werden.

§ 66 Duldungs- und Mitwirkungspflicht

(1) [1]Wer der Überwachung nach § 64 Abs. 1 unterliegt, ist verpflichtet, die Maßnahmen nach den §§ 64 und 65 zu dulden und die in der Überwachung tätigen Personen bei der Erfüllung ihrer Aufgaben zu unterstützen, insbesondere ihnen auf Verlangen die Räume und Beförderungsmittel zu bezeichnen, Räume, Behälter und Behältnisse zu öffnen, Auskünfte zu erteilen und die Entnahme der Proben zu ermöglichen. [2]Die gleiche Verpflichtung besteht für die sachkundige Person nach § 14, die verantwortliche Person nach § 20c, den Stufenplanbeauftragten, Informationsbeauftragten, die verantwortliche Person nach § 52a und den Leiter der klinischen Prüfung sowie deren Vertreter, auch im Hinblick auf Anfragen der zuständigen Bundesoberbehörde.

(2) Die Duldungs- und Mitwirkungspflicht nach Absatz 1 findet entsprechende Anwendung auf Maßnahmen der Bundesoberbehörden nach § 25 Absatz 5 Satz 4 oder Absatz 8 Satz 2 und 3 oder nach § 62 Absatz 6.

Wichtige Änderungen der Vorschrift: S. 2 geändert durch Art. 1 Nr. 34 des Zweiten Gesetzes zur Änderung des Arzneimittelgesetzes vom 16.8.1986 (BGBl. I S. 1296); S. 2 geändert durch Art. 4 Nr. 32 des Achten Gesetzes zur Änderung des Arzneimittelgesetzes vom 7.9.1998 (BGBl. I S. 2649); S. 2 geändert durch Art. 1 Nr. 58 des Vierzehnten Gesetzes zur Änderung des Arzneimittelgesetzes vom 29.8.2005 (BGBl. I S. 2570); Abs. 2 eingefügt durch Art. 1 Nr. 52 des Zweiten Gesetzes zur Änderung arzneimittelrechtlicher und anderer Vorschriften vom 19.10.2012 (BGBl. I S. 2192).

A. Inhalt und Zweck

§ 66 ergänzt gleichsam als Korrelat die §§ 64 und 65 und dient damit ebenfalls der **Verbesserung der** 1 **Überwachung.** Während §§ 64 und 65 die zuständigen Überwachungsbehörden zur Kontrolle und Durchführung spezifischer Maßnahmen befugt, werden die Adressaten der jeweiligen Überwachungsmaßnahmen gem. § 66 nicht nur zur Duldung, sondern auch zur (aktiven) Mitwirkung bzw. Unterstützung bei den Kontrollmaßnahmen verpflichtet. In Abs. 2 wird klargestellt, dass die Duldungs- und Mitwirkungspflicht auch auf die durch die Bundesoberbehörde durchgeführten Inspektionen oder sonstigen Überprüfungen Anwendung findet.

---

[21] BGBl. I S. 469, 547, i. d. F. des ÄndG v. 15.8.1974 (BGBl. I S. 1942).
[22] Abgedruckt bei *Feiden*, S. 42.

B. Adressaten der Pflichten (Abs. 1)

I. Verpflichtung der der Überwachung unterliegenden Personen (S. 1)

2 § 66 legt den Adressatenkreis der Duldungs- und Mitwirkungspflichten fest. Diese richten sich gem. S. 1 an die Inhaber von Betrieben und Einrichtungen sowie an Personen, die der Arzneimittelüberwachung nach § 64 I unterliegen (s. § 64 Rn. 18 ff.). Dazu gehört auch der pharmazeutische Großhandel[1]. Bei juristischen Personen oder Personenvereinigungen des Zivil- und Handelsrechts kommt die Adressatenstellung den jeweils zur Vertretung Berufenen zu (s. § 64 Rn. 110 ff.).

3 Inhalt und Umfang der Pflichten werden beispielhaft und keineswegs abschließend (*„insbesondere"*) aufgezählt. Die Überwachungsadressaten haben den Überwachungspersonen u. a. auf Verlangen die Räume und Beförderungsmittel zu bezeichnen, Räume, Behälter und Behältnisse zu öffnen, Auskünfte zu erteilen und die Entnahme der Proben zu ermöglichen. Die Auskunftspflicht erstreckt sich **grundsätzlich auf alle betrieblichen Vorgänge** und umfasst auch die Erläuterung von Unterlagen, die Aufschluss über den Betrieb sowie die Art und den Umfang aller geschäftlichen Vorfälle im Zusammenhang mit der Einfuhr, der Herstellung und dem Vertrieb geben[2]. Aufgrund des eindeutigen Wortlautes muss der Überwachungsadressat allerdings erst **auf Verlangen,** nicht jedoch von sich aus unterstützend tätig werden. Darüber hinaus wird die Verpflichtung auch auf die Beantwortung von Anfragen der zuständigen Bundesoberbehörde ausgedehnt.

4 Die Duldungs- und Mitwirkungshandlungen können im Wege des **Verwaltungszwangs** angedroht und durchgesetzt werden (s. § 64 Rn. 118)[3].

5 Die Duldungs- und Mitwirkungspflichten finden ihre **Grenze** in dem Auskunftsverweigerungsrecht nach § 64 V. Hiernach kann der zur Auskunft Verpflichtete die Auskunft auf solche Fragen verweigern, deren Beantwortung ihn selbst oder einen seiner in § 383 I Nr. 1–3 ZPO bezeichneten Angehörigen der Gefahr strafrechtlicher Verfolgung oder eines Verfahrens nach dem OWiG aussetzen würde (s. § 64 Rn. 125).

II. Weitere verpflichtete Personen (S. 2)

6 In S. 2 wird der Adressatenkreis auch persönlich auf die sachkundige Person nach § 14, den Leiter der Herstellung (s. § 14 Rn. 13), den Leiter der Qualitätskontrolle (s. § 14 Rn. 13), den Stufenplanbeauftragten (§ 63a), den Informationsbeauftragten (§ 74a), die verantwortliche Person nach § 52a und den Leiter der klinischen Prüfung sowie deren Vertreter erweitert. Die Adressatenstellung der genannten Personen ist zu bejahen, wenn der Inhalt der jeweiligen Duldungs- und Mitwirkungspflichten den für diese Personen im Gesetz festgelegten **Verantwortungsbereichen** zugeordnet werden kann. Ist der jeweilige Verantwortungsbereich innerbetrieblich mehreren Personen zugewiesen oder unter mehreren Personen aufgeteilt, so sind auch die innerbetrieblichen Zuständigkeitsverteilungen zu berücksichtigen.

7 Sonstige Angestellte oder Beauftragte sind **keine** Adressaten der Duldungs- und Mitwirkungspflichten.

C. Sanktionen

8 Wer einer Duldungs- oder Mitwirkungspflicht vorsätzlich oder fahrlässig zuwiderhandelt, begeht gem. § 97 II Nr. 26 eine **Ordnungswidrigkeit**. Dies setzt allerdings eine hinreichende Konkretisierung der verletzten Pflicht im konkreten Einzelfall vor der Verletzungshandlung voraus. Die erforderliche Konkretisierung ist am Inhalt des Verlangens der Überwachungsbehörde zu messen.

§ 67[1*] Allgemeine Anzeigepflicht

(1) [1]**Betriebe und Einrichtungen, die Arzneimittel entwickeln, herstellen, klinisch prüfen oder einer Rückstandsprüfung unterziehen, prüfen, lagern, verpacken, in den Verkehr bringen oder sonst mit ihnen Handel treiben, haben dies vor der Aufnahme der Tätigkeiten der**

---

[1] Vgl. BT-Drucks. 15/5728, S. 82.
[2] *Deutsch/Lippert*, § 66 Rn. 3; *Rehmann*, § 66 Rn. 2.
[3] *Sander*, § 66 Anm. 2.
[1*] (8) [1] *Wer zum Zweck des Einzelhandels Arzneimittel, die zur Anwendung bei Menschen bestimmt sind, im Wege des Versandhandels über das Internet anbieten will, hat dies vor Aufnahme der Tätigkeit der zuständigen Behörde unter Angabe des Namens oder der Firma und der Anschrift des Ortes, von dem aus die Arzneimittel geliefert werden sollen, sowie der Adresse jedes Internetportals einschließlich aller Angaben zu deren Identifizierung anzuzeigen. [2] Nachträgliche Änderungen sind ebenfalls anzuzeigen. [3] Die zuständige Behörde übermittelt diese Informationen an eine Datenbank nach § 67a. [4] Das Internetportal nach Satz 1 muss den Namen und die Adresse der zuständigen Behörde und ihre sonstigen Kontaktdaten, das gemeinsame Versandhandelslogo nach Artikel 85c der Richtlinie 2001/83/EG aufweisen und eine Verbindung zum Internetportal des Deutschen Instituts für Medizinische Dokumentation und Information haben. Zum Inkrafttreten s. Art. 15 IV 2. AMG-ÄndG 2012 v. 19.10.2012 (BGBl. I S. 2226).*

zuständigen Behörde, bei einer klinischen Prüfung bei Menschen auch der zuständigen Bundesoberbehörde anzuzeigen. ²Satz 1 gilt entsprechend für Einrichtungen, die Gewebe gewinnen, die die für die Gewinnung erforderliche Laboruntersuchung durchführen, Gewebe be- oder verarbeiten, konservieren, prüfen, lagern oder in Verkehr bringen. ³Die Entwicklung von Arzneimitteln ist anzuzeigen, soweit sie durch eine Rechtsverordnung nach § 54 geregelt ist. ⁴Das Gleiche gilt für Personen, die diese Tätigkeiten selbständig und berufsmäßig ausüben, sowie für Personen oder Personenvereinigungen, die Arzneimittel für andere sammeln. ⁵In der Anzeige sind die Art der Tätigkeit und die Betriebsstätte anzugeben; werden Arzneimittel gesammelt, so ist das Nähere über die Art der Sammlung und über die Lagerstätte anzugeben. ⁶Ist nach Satz 1 eine klinische Prüfung bei Menschen anzuzeigen, so sind der zuständigen Behörde auch deren Sponsor, sofern vorhanden dessen Vertreter nach § 40 Absatz 1 Satz 3 Nummer 1 sowie der Prüfer und sein Stellvertreter, soweit erforderlich auch mit Angabe der Stellung als Leiter der klinischen Prüfung, namentlich zu benennen. ⁷Die Sätze 1 bis 4 gelten entsprechend für Betriebe und Einrichtungen, die Wirkstoffe oder andere zur Arzneimittelherstellung bestimmte Stoffe herstellen, prüfen, lagern, verpacken, in den Verkehr bringen oder sonst mit ihnen Handel treiben, soweit diese Tätigkeiten durch eine Rechtsverordnung nach § 54 geregelt sind. ⁸Satz 1 findet keine Anwendung auf die Rekonstitution, soweit es sich nicht um Arzneimittel handelt, die zur klinischen Prüfung bestimmt sind.

(2) Ist die Herstellung von Arzneimitteln beabsichtigt, für die es einer Erlaubnis nach § 13 nicht bedarf, so sind die Arzneimittel mit ihrer Bezeichnung und Zusammensetzung anzuzeigen.

(3) ¹Nachträgliche Änderungen sind ebenfalls anzuzeigen. ²Bei Betrieben und Einrichtungen, die Wirkstoffe herstellen, einführen oder sonst mit ihnen Handel treiben, genügt jährlich eine Anzeige, sofern die Änderungen keine Auswirkungen auf die Qualität oder Sicherheit der Wirkstoffe haben können.

(3a) Ist nach Absatz 1 der Beginn einer klinischen Prüfung bei Menschen anzuzeigen, so sind deren Verlauf, Beendigung und Ergebnisse der zuständigen Bundesoberbehörde mitzuteilen; das Nähere wird in der Rechtsverordnung nach § 42 bestimmt.

(4) ¹Die Absätze 1 bis 3 gelten nicht für diejenigen, die eine Erlaubnis nach § 13, § 20b, § 20c, § 52a oder § 72 haben, und für Apotheken nach dem Gesetz über das Apothekenwesen. ²Absatz 2 gilt nicht für tierärztliche Hausapotheken.

(5) ¹Wer als pharmazeutischer Unternehmer ein Arzneimittel, das nach § 36 Absatz 1 von der Pflicht zur Zulassung freigestellt ist, in den Verkehr bringt, hat dies zuvor der zuständigen Bundesoberbehörde und der zuständigen Behörde anzuzeigen. ²In der Anzeige sind der Hersteller, die verwendete Bezeichnung, die verwendeten nicht wirksamen Bestandteile, soweit sie nicht in der Verordnung nach § 36 Absatz 1 festgelegt sind, sowie die tatsächliche Zusammensetzung des Arzneimittels, soweit die Verordnung nach § 36 Absatz 1 diesbezügliche Unterschiede erlaubt, anzugeben. ³Anzuzeigen sind auch jede Änderung der Angaben und die Beendigung des Inverkehrbringens.

(6) ¹Wer Untersuchungen durchführt, die dazu bestimmt sind, Erkenntnisse bei der Anwendung zugelassener oder registrierter Arzneimittel zu sammeln, hat dies der zuständigen Bundesoberbehörde, der Kassenärztlichen Bundesvereinigung, dem Spitzenverband Bund der Krankenkassen und dem Verband der Privaten Krankenversicherung e. V. unverzüglich anzuzeigen. ²Dabei sind Ort, Zeit, Ziel und Beobachtungsplan der Anwendungsbeobachtung anzugeben sowie gegenüber der Kassenärztlichen Bundesvereinigung und dem Spitzenverband Bund der Krankenkassen die beteiligten Ärzte namentlich mit Angabe der lebenslangen Arztnummer zu benennen. ³Entschädigungen, die an Ärzte für ihre Beteiligung an Untersuchungen nach Satz 1 geleistet werden, sind nach ihrer Art und Höhe so zu bemessen, dass kein Anreiz für eine bevorzugte Verschreibung oder Empfehlung bestimmter Arzneimittel entsteht. ⁴Sofern beteiligte Ärzte Leistungen zu Lasten der gesetzlichen Krankenversicherung erbringen, sind bei Anzeigen nach Satz 1 auch die Art und die Höhe der jeweils an sie tatsächlich geleisteten Entschädigungen anzugeben sowie jeweils eine Ausfertigung der mit ihnen geschlossenen Verträge und jeweils eine Darstellung des Aufwandes für die beteiligten Ärzte und eine Begründung für die Angemessenheit der Entschädigung zu übermitteln. ⁵Veränderungen der in Satz 4 genannten Informationen sind innerhalb von vier Wochen nach jedem Quartalsende zu übermitteln; die tatsächlich geleisteten Entschädigungen sind mit Zuordnung zu beteiligten Ärzten namentlich mit Angabe der lebenslangen Arztnummer zu übermitteln. ⁶Innerhalb eines Jahres nach Abschluss der Datenerfassung sind unter Angabe der insgesamt beteiligten Ärzte die Anzahl der jeweils und insgesamt beteiligten Patienten und Art und Höhe der jeweils und insgesamt geleisteten Entschädigungen zu übermitteln.

[7] Der zuständigen Bundesoberbehörde ist innerhalb eines Jahres nach Abschluss der Daten-erfassung bei Untersuchungen mit Arzneimitteln, die zur Anwendung bei Menschen bestimmt sind, ein Abschlussbericht zu übermitteln. [8] § 42b Absatz 3 Satz 1 und 4 gilt entsprechend. [9] Die Angaben nach diesem Absatz sind bei Untersuchungen mit Arzneimitteln, die zur Anwendung bei Menschen bestimmt sind, elektronisch zu übermitteln. [10] Hierfür machen die zuständigen Bundesoberbehörden elektronische Formatvorgaben bekannt; die zuständige Bundesoberbehörde hat ihr übermittelte Anzeigen und Abschlussberichte der Öffentlichkeit über ein Internetportal zur Verfügung zu stellen. [11] Für die Veröffentlichung der Anzeigen gilt § 42b Absatz 3 Satz 4 entsprechend. [12] Die Sätze 4 bis 6 gelten nicht für Anzeigen gegenüber der zuständigen Bundesoberbehörde. [13] Für Arzneimittel, die zur Anwendung bei Tieren bestimmt sind, sind die Anzeigen nach Satz 1 nur gegenüber der zuständigen Bundesoberbehörde zu erstatten. [14] Die Sätze 1 bis 13 gelten nicht für Unbedenklichkeits-prüfungen nach § 63 f.

(7) [1] Wer beabsichtigt, gewerbs- oder berufsmäßig Arzneimittel, die in einem anderen Mitgliedstaat der Europäischen Union zum Inverkehrbringen durch einen anderen pharmazeutischen Unternehmer zugelassen sind, erstmalig aus diesem Mitgliedstaat in den Geltungsbereich des Gesetzes zum Zweck des Inverkehrbringens im Geltungsbereich des Gesetzes zu verbringen, hat dies dem Inhaber der Zulassung vor der Aufnahme der Tätigkeit anzuzeigen. [2] Für Arzneimittel, für die eine Genehmigung für das Inverkehrbringen gemäß der Verordnung (EG) Nr. 726/2004 erteilt worden ist, gilt Satz 1 mit der Maßgabe, dass die Anzeige dem Inhaber der Genehmigung und der Europäischen Arzneimittel-Agentur zu übermitteln ist. [3] An die Agentur ist eine Gebühr für die Überprüfung der Einhaltung der Bedingungen, die in den unionsrechtlichen Rechtsvorschriften über Arzneimittel und den Genehmigungen für das Inverkehrbringen festgelegt sind, zu entrichten; die Bemessung der Gebühr richtet sich nach den unionsrechtlichen Rechtsvorschriften.

Wichtige Änderungen der Vorschrift: Abs. 1 S. 1 und 5, Abs. 6 S. 1 geändert durch Art. 1 Nr. 46 des Zwölften Gesetzes zur Änderung des Arzneimittelgesetzes vom 30.6.2004 (BGBl. I S. 2031); Abs. 1 S. 5, Abs. 5 und Abs. 6 S. 2 geändert durch Art. 1 Nr. 58 des Gesetzes zur Änderung arzneimittelrechtlicher und anderer Vorschriften vom 17.7.2009 (BGBl. I S. 1990); Abs. 6 geändert durch Art. 1 Nr. 7b des Dritten Gesetz zur Änderung arzneimittelrecht-licher und anderer Vorschriften vom 7.8.2013 (BGBl. I S. 3108); Abs. 1, 3 und 6 geändert und Abs. 7 und 8 angefügt durch Art. 1 Nr. 53 des Zweiten Gesetzes zur Änderung arzneimittelrechtlicher und anderer Vorschriften vom 19.10.2012 (BGBl. I S. 2192).

Literatur: *Böse/Mölders,* Die Durchführung sog. Anwendungsbeobachtungen durch den Kassenarzt als Korruption im Geschäftsverkehr (§ 299 StGB)?, MedR 2008, 585; *Hasskarl,* Sicherheit durch Information im Arzneimittelrecht, NJW 1988, 2265; *Dieners/Heil,* Die Neuregelung des § 67 Abs. 6 AMG – Erweiterte Transparenzpflichten für den pharmazeutischen Unternehmer, PharmR 2013, 349; *Koenig/Engelmann/Sander,* Parallelhandelsbeschränkungen im Arzneimittelbereich und die Freiheit des Warenverkehrs, GRUR Int 2001, 919; *Koenig/Engelmann,* Parallelhandels-beschränkungen im Arzneimittelbereich auf dem Prüfstand des Art. 82 EG – Zugleich Anmerkung zu den Schluss-anträgen des Generalanwalts Jacobs in der Rechtssache Syfait/GlaxoSmithKline, GRUR Int 2005, 304; *Koyuncu,* Compliance und Vertragsgestaltung bei Nichtinterventionellen Studien – unter besonderer Berücksichtigung der Ärzte-vergütung bei Anwendungsbeobachtungen, PharmR 2009, 211; *Rinke,* Die Anwendungsbeobachtungen im Lichte des GKV-WSG – Verstößt die Erhebung von Daten bei der Anwendungsbeobachtung gegen die Neuregelung des § 305a Sätze 4 und 5 SGB V ?, PharmR 2007, 374; *Runge,* Korruptionsvorwürfe: Reaktionen und Konzepte der Industrie, PharmR 2001, 86; *Wachenhausen/Sträter,* Post-Authorisation Safety Studies (PASS) – Neue Anforderungen an Anwen-dungsbeobachtungen?, PharmR 2008, 177.

Übersicht

A. Inhalt und Zweck

Die Anzeigepflicht des § 67 ist eine besonders effektive Maßnahme der Überwachung (zum Zweck **1** der Überwachung s. § 64 Rn. 1). Das Bestehen der Anzeigepflicht erleichtert den zuständigen Überwachungsbehörden zum einen die Identifizierung überwachungsbedürftiger Vorgänge. Darüber hinaus bestimmt § 67 den **Zeitpunkt** des Bestehens der Anzeigepflicht insofern, als diese grundsätzlich schon vor Aufnahme der anzeigepflichtigen Tätigkeit vorzunehmen ist. Die zuständigen Überwachungsbehörden haben daher die Möglichkeit, auch schon vor der tatsächlichen Aufnahme der angezeigten Tätigkeiten Überwachungsmaßnahmen zu ergreifen. Sie können insbesondere gem. § 64 IV Nr. 3 ergänzende Auskünfte verlangen. Die in Abs. 4 geregelte Befreiung von der Anzeigepflicht ist zu beachten (s. Rn. 32 ff.).

B. Allgemeine Anzeigepflicht (Abs. 1)

Von der Anzeigepflicht betroffen sind insbesondere Arzneimittel- und Gewebehersteller, Laboratorien, **2** Großhändler, Vertriebsunternehmer, Einzelhändler und Betriebe, die klinische Prüfungen durchführen. Unter bestimmten Voraussetzungen trifft die Anzeigepflicht auch natürliche Personen und Personenvereinigungen. Die eine Anzeigepflicht auslösenden Tätigkeiten stimmen im Wesentlichen mit den Gegenständen der Überwachung überein (s. § 64 Rn. 18 ff.). Die allgemeine Anzeigepflicht des § 67 besteht unabhängig von der gewerberechtlichen Anzeigepflicht nach § 14 II GewO.

I. Anzeigepflichtige Tätigkeiten (S. 1–4 und 6–8)

1. Betriebe und Einrichtungen (S. 1 und 2). Alle Betriebe und Einrichtungen, welche die in **3** **Abs. 1 S. 1** genannten Tätigkeiten ausüben (z. B. Herstellerbetriebe, Laboratorien, Arzneimittelgroßhändler, Vertriebsunternehmer, Agenten, Importeure und Exporteure, Einzelhändler wie die Inhaberunternehmen von Drogerien, Reformhäusern, Selbstbedienungsläden, sonstigen Einzelhandelsgeschäften), haben dies schon vor der Aufnahme der Tätigkeiten der zuständigen Behörde (s. § 64 Rn. 45 ff.), bei einer klinischen Prüfung bei Menschen auch der zuständigen Bundesoberbehörde (§ 77), anzuzeigen (zu den Ausnahmen s. Rn. 34 ff.). Mit der Regelung in **Abs. 1 S. 2** werden auch Tätigkeiten der Anzeigepflicht unterstellt, die sich auf Gewebe (§ 4 Nr. 30) beziehen. In Abs. 4 wird auf die Erlaubnisse nach §§ 20b und 20c Bezug genommen. Daraus folgt, dass die sich auf Gewebe beziehende Anzeigepflicht auf menschliche Gewebe und Gewebezubereitungen Anwendung findet.

Zum Begriff des „**Betriebes**" kann auf § 64 Rn. 20, zum Begriff der „**Einrichtungen**" auf § 64 **4** Rn. 21 verwiesen werden.

Der **Arzneimittelbegriff** ist in § 2 legal definiert (s. hierzu § 2 Rn. 15 ff.). Der Begriff des nach **5** AMG relevanten **Gewebes** wird in § 1a Nr. 4 TPG legal definiert (s. auch § 4 Rn. 233).

Der Begriff „**Entwickeln**" ist im AMG nicht definiert (s. § 64 Rn. 30). Er überlagert sich teilweise **6** mit dem weit zu verstehenden Begriff „**Prüfen**" (s. § 64 Rn. 21). Der Begriff „**Herstellen**" ist in § 4 XIV legal definiert (s. § 4 Rn. 115). Zur **Rückstandsprüfung** kann auf die Kommentierungen zu den §§ 4 XII, 23 II Nr. 2, 24 I, 59 und 59b verwiesen werden. Zum Begriff „**Lagern**" s. § 64 Rn. 22. Zum Begriff „**Verpacken**" s. § 64 Rn. 24. Der weite Begriff „**Inverkehrbringen**" ist in § 4 XVII legal definiert (s. hierzu auch § 64 Rn. 25). Zum „**Handeltreiben**" s. § 64 Rn. 26. Der Begriff der „**Klinischen Prüfung**" ist in § 4 XXIII definiert (s. § 4 Rn. 184 ff.). Die Anzeigepflicht bei klinischen

Prüfungen besteht für jedes einzelne Prüfvorhaben, das nach einem eigenständigen Prüfplan durchgeführt wird[1].

7   **2. Entwicklung (S. 3).** Die mit der 2. AMG-Novelle eingefügte Regelung begrenzt die Anzeigepflicht im Hinblick auf die Entwicklung von Arzneimitteln auf die Vorgänge, die in einer Betriebsverordnung nach § 54 geregelt sind.

8   **3. Personen und Personenvereinigungen (S. 4).** Nach Abs. 1 S. 3 gilt die Anzeigepflicht auch für Personen, welche die Tätigkeiten des Abs. 1 S. 1 und 2 selbständig **und** berufsmäßig ausüben, sowie für Personen und Personenvereinigungen, die Arzneimittel für andere sammeln.

9   Zum Begriff **„Personen"** s. § 64 Rn. 38. **„Selbständig"** ist, wer auf eigene Rechnung und auf eigene Gefahr nach außen im eigenen Namen auftritt und im Innenverhältnis in persönlicher und sachlicher Unabhängigkeit eigene Verantwortung trägt. Kennzeichen der Selbständigkeit ist insbesondere die Übernahme der wirtschaftlichen Verlustrisiken sowie das Innehaben der Initiativ- und Weisungsbefugnisse[2]. „Zum Begriff **„berufsmäßig"** s. § 64 Rn. 39. Das Ausüben der in Abs. 1 S. 1 genannten Tätigkeiten muss selbständig **und** berufsmäßig erfolgen. Beide Tatbestandsmerkmale müssen also kumulativ vorliegen.

10   Der Begriff der **„Personenvereinigung"** ist weit zu verstehen (s. hierzu § 64 Rn. 40). Es muss sich um ein **„Sammeln für andere"** handeln. Ein Sammeln für sich selbst ist damit nicht anzeigepflichtig. In Betracht kommen insbesondere Sammlungen zu karitativen Zwecken. Im Übrigen gilt die Anzeigepflicht unabhängig vom Zweck der Sammlung. Die Art der Sammlung ist in der Anzeige anzugeben[3].

11   Im Falle der Sammlung zu karitativen Zwecken und der Weitergabe an andere müssen die Arzneimittel auch **verkehrsfähig** sein. Dies muss vom fachlichen Leiter der Sammelstelle sorgfältig geprüft werden. Eine Umwidmung bereits zur Vernichtung bestimmter Arzneimittel ist i. d. R. ausgeschlossen und kann nur durch den pharmazeutischen Unternehmer unter erneuter Übernahme seiner Haftungspflichten geschehen. Im Falle des Exports z. B. in Entwicklungsländer ist § 73a I zu beachten[4].

12   **Arzneimittelspenden** sollten die Leitlinien der WHO über die „gute Spendenpraxis" berücksichtigen[5]. Arzneimittelspenden für Forschungsprojekte kann es trotz Verstoßes gegen das AMG im Einzelfall an der Wettbewerbswidrigkeit fehlen. Maßgeblich sind die konkreten Umstände des Einzelfalles[6].

13   **4. Klinische Prüfung (S. 6).** Abs. 1 S. 6 bezieht sich die Anzeigepflicht nach Abs. 1 S. 1 auf den Sponsor der klinischen Prüfung, dessen Vertreter nach § 40 I 3 Nr. 1 sowie den Prüfer und seine Stellvertreter, soweit erforderlich auch mit Angabe der Stellung als Hauptprüfer oder Leiter der klinischen Prüfung. Diese Personen sind namentlich zu benennen. Mit der Änderung des Wortlautes durch das AMG-ÄndG 2009 wurde unter Berücksichtigung von Erfahrungen aus der Praxis klargestellt, dass die namentliche Benennung der aufgeführten Personen nur an die zuständige Behörde und nicht mehr an die zuständige Bundesoberbehörde erfolgen muss[7]. Bei der erneuten Änderung des Wortlautes durch das 2. AMG-ÄndG 2012 handelt es sich um eine Folgeänderung zu der Beschränkung auf nur noch einen verantwortlichen Prüfer je Prüfstelle. Als Folge ist nur noch der verantwortliche Prüfer den zuständigen Landesbehörden und Ethik-Kommissionen bei Antragstellung und späterem Wechsel zu benennen. Bei multizentrischen Prüfungen bleibt es allerdings bei der zusätzlichen Meldepflicht eines Leiters der klinischen Prüfung (LKP), der auch Prüfer in einem der beteiligten Zentren sein muss. Sinn und Zweck der Benennung des LKP ist es, eindeutig und rechtssicher zu erkennen, welche Ethik-Kommission bei multizentrischen Prüfungen zuständig ist (BT-Drucks. 17/9341, S. 63).

14   Der Begriff **„Klinischen Prüfung"** ist in § 4 Abs. XXIII (s. § 4 Rn. 184 ff.), der Begriff des **„Sponsors"** in § 4 XXIV (s. § 4 Rn. 194) legal definiert. Im Hinblick auf den Begriff **„Vertreter"** des Sponsors der klinischen Prüfung wird auf die Kommentierung zu § 40 I S. 3 verwiesen (s. dort Rn. 43). Der Begriff **„Prüfer"** wird in § 4 XXV 1 definiert (s. hierzu § 4 Rn. 197).

15   Auch der Hauptprüfer und der Leiter der klinischen Prüfung sind namentlich zu benennen, sofern die Funktionen tatsächlich besetzt sind (*„soweit erforderlich"*). Wird eine Prüfung in einer Prüfstelle von mehreren Prüfern vorgenommen, so ist der verantwortliche Leiter der Gruppe der **Hauptprüfer** (§ 4 XXV 2). Wird eine Prüfung in mehreren Prüfstellen durchgeführt, wird vom Sponsor ein Prüfer als **Leiter** der klinischen Prüfung benannt (§ 4 XXV 3).

16   **5. Wirkstoffe und andere Stoffe zur Herstellung (S. 7).** Gem. Abs. 1 S. 6 gelten die Sätze 1–4 entsprechend für Betriebe und Einrichtungen, die Wirkstoffe oder andere zur Arzneimittelherstellung bestimmte Stoffe herstellen, prüfen, lagern, verpacken, in den Verkehr bringen oder sonst mit ihnen Handel treiben, **soweit** diese Tätigkeiten durch eine Rechtsverordnung nach § 54 geregelt sind.

---

[1] *Kloesel/Cyran*, § 67 Anm. 7.
[2] *Tettinger/Wank*, § 1 Rn. 26.
[3] *Kloesel/Cyran*, § 67 Anm. 8.
[4] *Kloesel/Cyran*, § 67 Anm. 8.
[5] *WHO*, Dokument WHO/EDM/PAR/99.4 von 1999.
[6] *BGH*, NJW 2000, 864.
[7] BT-Drucks. 16/12256, S. 54.

Zum Begriff des „**Betriebes**" s. § 64 Rn. 18. Zum Begriff der „**Einrichtungen**" s. § 64 Rn. 19.   **17**

Zu dem weit zu verstehenden Begriff „**Prüfen**" s. § 64 Rn. 21. Der Begriff „**Herstellen**" ist in § 4   **18**
XIV legal definiert (s. § 4 Rn. 115). Zum Begriff „**Lagern**" s. § 64 Rn. 22. Zum Begriff „**Verpacken**"
s. § 64 Rn. 24. Der weite Begriff „Inverkehrbringen" ist in § 4 XVII legal definiert (s. hierzu auch § 4
Rn. 139 ff.). Zum „**Handeltreiben**" s. § 64 Rn. 26.

Der Begriff der „**Wirkstoffe**" ist in § 4 XIX legal definiert (s. hierzu § 4 Rn. 153 ff).   **19**

Mit der Bezugnahme auf eine nach § 54 erlassene Rechtsverordnung ist insbesondere die **AMWHV**   **20**
gemeint, deren weiter Anwendungsbereich in § 1 AMWHV geregelt ist.

6. Rekonstitution (S. 8). Mit der Ausnahme in S. 7 wird bestimmt, dass die Rekonstitution von   **21**
Fertigarzneimitteln zur Anwendung am Menschen unter den angegebenen Bedingungen nicht der
Anzeigepflicht unterliegt[8]. Dies ist der Fall, soweit es sich nicht um Arzneimittel handelt, die zur
klinischen Prüfung bestimmt sind. Abs. 1 S. 7 steht in Übereinstimmung mit § 64 I 5, wonach die
Rekonstitution grundsätzlich nicht der Überwachung unterliegt (zu den Reinraumanforderungen beim
Verdünnen und Umfüllen parenteraler Arzneimittel und steriler Augentropfen in der Apotheke in
Abgrenzung zur Rekonstitution vgl. *OVG Berlin-Brandenburg,* Urt. v. 16.10.2014 – OVG 5 B 2.12 –
BeckRS 2014, 59228).

Der Begriff der „**Rekonstitution**" wird in § 4 XXXI legal definiert (s. § 4 Rn. 238 ff.). Der Begriff   **22**
der „**Fertigarzneimittel**" wird in § 4 I legal definiert (s. § 4 Rn. 2 ff.). Mit der **Anwendung am**
Menschen ist die bestimmungsgemäße Benutzung des Arzneimittels (s. § 64 Rn. 32) gemeint. Der
Begriff der „**Klinischen Prüfung**" wird in § 4 XXIII legal definiert (s. § 4 Rn. 184 ff.).

II. Inhalt der Anzeige (S. 5, 6)

Zum Inhalt einer Anzeige gehört zunächst gem. Abs. 1 S. 5, 1. Halbs. die Angabe der Art der   **23**
Tätigkeit und der Betriebsstätte, in der die Tätigkeit ausgeübt wird. Der Wortlaut der Vorschrift lässt bei
der Anzeige gewisse Freiräume für den Anzeigeerstatter. Nach dem Sinn und Zweck der Überwachungsvorschriften muss die Anzeige jedoch alle notwendigen Informationen enthalten, die eine effektive
Überwachungstätigkeit ermöglichen. Werden Arzneimittel gesammelt, so ist gem. Abs. 1 S. 5, 2. Halbs.
das Nähere über die Art der Sammlung (z.B. für die Entwicklungsländer) und über die Lagerstätte
anzugeben.

Abs. 1 S. 6 regelt die notwendigen Inhalte der Anzeige einer klinischen Prüfung bei Menschen. Es   **24**
sind der zuständigen Behörde auch der Sponsor der Studie, dessen Vertreter nach § 40 I 3 Nr. 1 sowie
der Prüfer und seine Stellvertreter, soweit erforderlich auch mit Angabe der Stellung als Hauptprüfer oder
Leiter der klinischen Prüfung, **namentlich** zu benennen. Die weiteren Inhalte ergeben sich im Einzelnen aus § 12 GCP-V.

III. Zuständige Behörden

Die Anzeige ist bei der sachlich und örtlich zuständigen Behörde einzureichen. Das ist diejenige   **25**
Behörde, die auch für die Überwachung zuständig ist (s. § 64 Rn. 43 ff.).

C. Anzeigepflichtige Herstellung (Abs. 2)

Die Herstellung von Arzneimitteln, die ohne Herstellungserlaubnis nach § 13 (s. hierzu § 13   **26**
Rn. 28 ff., 35 ff., 66 ff., 75) hergestellt werden dürfen, unterliegt der besonderen Anzeigepflicht nach
Abs. 2. **Zweck** dieser gesonderten Anzeigepflicht ist es, Lücken in der Überwachung zu vermeiden. Die
Befreiungen von der Anzeigepflicht nach Abs. 4 sind indes gesondert zu beachten (s. Rn. 34 ff.).

Von der Vorschrift erfasst sind i.d.R. solche Arzneimittel, die nicht an Dritte abgegeben, sondern vom   **27**
Hersteller – in einer Klinik oder einem Institut – sogleich selbst verwendet werden wie z.B. Frisch-
zellenpräparate, Organpräparate, Autovaccinen und Transplantate[9]. Auch die (nicht nach § 13 erlaubnispflichtige) Eigenblutspende ist nach Abs. 2 anzeigepflichtig, da sie i.d.R. keine erlaubnispflichtige
Herstellung darstellt[10]. Der Vorschrift unterliegen ebenfalls die in § 13 II Nr. 4 und 5 genannten, nicht
erlaubnispflichtigen Herstellungstätigkeiten (§ 4 XIV) der Groß- und Einzelhändler[11].

Nach dem Wortlaut der Vorschrift sind die Arzneimittel mit ihrer „Bezeichnung und Zusammenset-   **28**
zung" anzuzeigen. Unter der **Bezeichnung** ist der **Name** des Arzneimittels (z.B. Warenzeichen,
Phantasiename, Firmenname, generische Bezeichnung)[12] zu verstehen, mit dem es in den Verkehr
gebracht wird. Streitig ist, ob für die Angabe der **Zusammensetzung** die bloße Nennung der Bestand-

---

[8] BT-Drucks. 16/12256, S. 54.
[9] *Kloesel/Cyran,* § 67 Anm. 12; *Rehmann,* § 67 Rn. 2.
[10] *Kloesel/Cyran,* § 67 Anm. 12.
[11] Kloesel/Cyran, § 67 Anm. 12.
[12] *Sander,* § 67 Erl. 4.

teile (Wirkstoffe und Hilfsstoffe) genügt[13], oder zusätzlich – wie in §§ 10 I Nr. 8 gefordert – eine Beschreibung nach Art und Menge[14], also eine Angabe der qualitativen und quantitativen Zusammensetzung, erforderlich ist. Für die erste Auffassung spricht die Überlegung, dass sich der Gesetzgeber derselben Terminologie wie in § 10 I Nr. 8 bedient hätte, wenn er einen solchen Anzeigeninhalt hätte. Sie ist deshalb zu befürworten. In der Praxis kann sich die zuständige Überwachungsbehörde damit behelfen, gem. § 64 IV Nr. 3 ergänzende Auskünfte zur qualitativen und quantitativen Zusammensetzung des herzustellenden Arzneimittels zu verlangen.

D. Nachträgliche Änderungen (Abs. 3)

I. Nachträgliche Änderungen (S. 1)

29   Gem. Abs. 3 S. 1 sind alle nachträglichen Änderungen ebenfalls anzuzeigen. Dies betrifft solche Änderungen, die für die Arzneimittelüberwachung von Bedeutung sind wie z.B. eine Änderung des Herstellungsprogramms, eine Verlegung oder erhebliche Vergrößerung der Betriebsstätte oder eine Erweiterung des Tätigkeitsbereichs[15]. Die Anzeige nach Abs. 3 muss zwar nicht vor Aufnahme der anzeigepflichtigen Tätigkeit, jedoch unverzüglich, also ohne schuldhaftes Verzögern (s. § 121 BGB), erfolgen[16]. Die Anzeigepflicht soll eine lückenlose Überwachung auf dem aktuellen Stand ermöglichen.

II. Wirkstoffe (S. 2)

30   S. 2 dient der Umsetzung von Art. 52a VII der RL 2001/83/EG. Danach müssen alle Betriebe und Einrichtungen, die Wirkstoffe herstellen, einführen oder mit ihnen Handel treiben, hinsichtlich ihrer Tätigkeiten in einer europäischen Datenbank eingetragen sein. Um diese Datenbank auf einem aktuellen Stand zu halten, müssen Änderungen angezeigt werden. Hierfür ist zur Vereinfachung grundsätzlich ein Jahreszeitraum vorgesehen. Unberührt bleibt die Anzeigepflicht für solche Änderungen, die sich auf die Qualität oder Sicherheit der Wirkstoffe auswirken können. Die nachträgliche Anzeige ist dann unverzüglich (§ 121 BGB „ohne schuldhaftes Zögern") zu erstatten[17].

31   Zum Begriff des **„Betriebes"** kann auf § 64 Rn. 20, zum Begriff der **„Einrichtungen"** auf § 64 Rn. 21 verwiesen werden. Der Begriff der **Wirkstoffe** ist in § 4 XIX legal definiert (s. hierzu § 4 Rn. 153 ff.), das **Herstellen** in § 4 Abs. XIV (s. hierzu § 4 Rn. 115), die **Einfuhr** in § 4 Abs. XXXII (s. hierzu § 4 Rn. 245 f.). Mit der Formulierung **„oder sonst mit ihnen Handel treiben"** werden alle Großhändler (§§ 4 Abs. 2, 52a), aber auch alle sonstigen Betriebe und Einrichtungen erfasst. Hierfür reicht es aus, wenn lediglich entsprechende Geschäfte im Handel (schriftlich oder elektronisch) vermittelt werden.

E. Klinische Prüfungen (Abs. 3a)

32   Abs. 3a betrifft klinische Prüfungen bei Menschen, deren **Beginn** bereits nach Abs. 1 anzuzeigen ist. Für diese klinischen Prüfungen gilt, dass der zuständigen Bundesoberbehörde (§ 77) auf der Grundlage des Abs. 3a S. 2 auch der Verlauf, die Beendigung und die erzielten Ergebnisse mitzuteilen sind[18].

33   Zur Konkretisierung der Anzeigepflicht nimmt Abs. 3a S. 2 Bezug auf eine Rechtsverordnung nach § 42. Damit ist die auf der Grundlage der Verordnungsermächtigung des § 42 III erlassene GCP-V gemeint. Die Anzeigepflichten werden in § 12 GCP-V für den Prüfer konkretisiert. So hat der Prüfer die zuständige Überwachungsbehörde gem. § 12 II 1 GCP-V innerhalb von 90 Tagen über die Beendigung der klinischen Prüfung zu informieren. Die Unterrichtungspflicht verkürzt sich auf 15 Tage, sofern die klinische Prüfung durch den Sponsor abgebrochen oder unterbrochen wird. Auch die Gründe für den Abbruch oder die Unterbrechung sind mitzuteilen (§ 12 II 2 GCP-V). Der Prüfer kann dem Sponsor auch die Durchführung von Anzeigen bei der zuständigen Behörde übertragen (§ 12 III GCP-V).

F. Ausnahmen von der Anzeigepflicht (Abs. 4)

I. Ausnahmetatbestände (S. 1)

34   Abs. 4 begründet Ausnahmen von den Anzeigepflichten der Abs. 1–3. Die Ausnahmen gelten für die Personen, die eine Herstellungserlaubnis nach § 13, eine Großhandelserlaubnis nach § 52a oder eine

---

[13] So *Kloesel/Cyran*, § 67 Anm. 13; *Rehmann*, § 67 Rn. 2.
[14] So *Sander*, § 67 Erl. 4.
[15] *Kloesel/Cyran*, § 67 Anm. 14; *Rehmann*, § 67 Rn. 3.
[16] *Kloesel/Cyran*, § 67 Anm. 14; *Rehmann*, § 67 Rn. 3.
[17] BT-Drucks. 17/9341, S. 63.
[18] *Kloesel/Cyran*, § 67 Anm. 14.

Einfuhrerlaubnis nach § 72 haben. Von der Ausnahme werden auch Erlaubnisinhaber für die Gewinnung bzw. Herstellung von Gewebe und Gewebezubereitungen nach §§ 20b und 20c sowie Apotheken nach dem Gesetz über das Apothekenwesen erfasst.

Darüber hinaus besteht nach dem Sinn und Zweck der Vorschriften regelmäßig keine Anzeigepflicht, **35** sofern eine im Hinblick auf die Anzeigepflicht zu beurteilende **konkrete Tätigkeit** in Rede steht, von der die jeweils zuständige Überwachungsbehörde wegen des Bestehens einer Erlaubnispflicht schon aus diesem Grunde Kenntnis hat. Maßgeblich ist also der Inhalt der Erlaubnis nach den jeweiligen Umständen des Einzelfalles.

Dies betrifft etwa Auslieferungslager (Kontore), Zwischenlager, Apotheken und Krankenhausapothe- **36** ken, nicht aber tierärztliche Hausapotheken[19]. In den genannten Ausnahmefällen wäre das Bestehen einer Anzeigepflicht eine überflüssige Förmelei, da den jeweils zuständigen Überwachungsbehörden bereits mit der Beantragung der jeweiligen Erlaubnisse (nach AMG oder ApG) die für die Überwachung relevanten Tätigkeiten mitgeteilt wurden. Die für eine effektive Überwachung notwendige Kenntnis würde daher der jeweils zuständigen Behörde bereits vorliegen.

Für Apotheken reicht die Ausnahme von der Anzeigepflicht nach den Abs. 1–3 etwa nur soweit, wie **37** sie Tätigkeiten ausüben, die von der Erlaubnis nach dem ApG erfasst sind. So unterliegt der Apotheker der Anzeigepflicht nach § 67 I, wenn er neben seinem Apothekenbetrieb eine weitere Tätigkeit als Großhändler mit Arzneimitteln ausübt. Die Apothekenerlaubnis nach § 1 II ApG umfasst gerade nicht diese Tätigkeit als Arzneimittelgroßhändler, so dass die Ausnahmeregelung des § 64 IV nicht zur Anwendung kommt[20].

II. Ausnahme für tierärztliche Hausapotheken (S. 2)

Abs. 2 gilt gem. Abs. 4 S. 2 nicht für Tierärzte und deren tierärztliche Hausapotheken. Die Anzeige- **38** pflicht nach den Abs. 1 und 3 bleibt demgemäß bestehen. Es bedarf jedoch nicht der Angabe, welche Arzneimittel im Einzelnen hergestellt werden[21].

G. Standardzulassungen (Abs. 5)

I. Anzeigepflicht des pharmazeutischen Unternehmers (S. 1)

Abs. 5 S. 1 begründet eine Anzeigepflicht des pharmazeutischen Unternehmers (§ 4 XVIII), der ein **39** Arzneimittel, das nach § 36 I von der Zulassung freigestellt ist, in den Verkehr bringt. Dies betrifft die durch die **StandZV** auf der Grundlage des § 36 I von der Einzelzulassung befreiten Standardzulassungen.

Mit dem AMG-ÄndG 2009 wurde die Anzeigepflicht auch auf nicht apothekenpflichtige Arzneimittel **40** ausgedehnt[22]. Gem. § 144 VI besteht diese Anzeigepflicht für Arzneimittel, die sich am 23.7.2009 bereits in Verkehr befanden, seit dem 1.1.2010. Bereits genutzte und angezeigte Zulassungen müssen nicht erneut angezeigt werden. Änderungen, die aufgrund des AMG-ÄndG 2009 angezeigt werden müssen, können formlos und auch nach dem 31.1.2010 beim BfArM angezeigt werden. Seit Juli 2012 hat das BfArM seine Verwaltungspraxis bzgl. der Meldeverpflichtung bei Nutzung von **Standardzulassungen** geändert[23]. Danach werden die Nutzer von Standardzulassung gebeten, ihren Meldeverpflichtungen aus § 67 V über das Internetportal des Bundes[24] papierlos nachzukommen. Dies betrifft die Anzeige der (erstmaligen) Nutzung von Standardzulassungen, die Mitteilung von Änderungen oder die Beendigung des Inverkehrbringens.

Das Inverkehrbringen ist der zuständigen Bundesoberbehörde (§ 77) und der zuständigen Länderüber- **41** wachungsbehörde (s. § 64 Rn. 43 ff.) anzuzeigen. Die Anzeige nach Abs. 5 muss unverzüglich, also ohne schuldhaftes Verzögern (§ 121 BGB), erfolgen[25]. Die Anzeigepflicht hat den **Zweck**, der Bundesoberbehörde einen vollständigen Überblick über sämtliche am Markt erhältlichen Arzneimittel zu verschaffen, die unter die Bezugnahme auf Standardzulassungen vertrieben werden. Auf der Grundlage dieser Erkenntnisse können – soweit erforderlich – von der Bundesoberbehörde insbesondere Risikomaßnahmen ergriffen werden. Dies lässt jedoch nicht die nach § 25 X für Einzelzulassungen bestehende zivil- und strafrechtliche Verantwortlichkeit des pharmazeutischen Unternehmers (s. § 25 Rn. 229) entfallen. Die Verantwortlichkeit besteht vielmehr weiterhin[26].

---

[19] *Kloesel/Cyran*, § 67 Anm. 15.
[20] OLG Dresden, ApoR 2004, 123.
[21] *Kloesel/Cyran*, § 67 Anm. 17.
[22] Amtliche Begründung zu Nr. 58b), BT-Drucks. 16/12256, S 54.
[23] Bekanntmachung über die Änderung der Verwaltungspraxis in Bezug auf die Meldeverpflichtungen nach § 67 V AMG (Anzeigen zur Nutzung von Standardzulassungen) vom 12.62012, BAnz. AT vom 25.7.2012, S. 1.
[24] www.pharmnet.bund.de.
[25] *Kloesel/Cyran*, § 67 Anm. 18.
[26] *Kloesel/Cyran*, § 67 Anm. 18.

II. Inhalt der Anzeige (S. 2)

42   Der notwendige **Inhalt** der Anzeige ergibt sich aus Abs. 5 S. 2. In der Anzeige sind der Hersteller, die verwendete Bezeichnung, die verwendeten nicht wirksamen Bestandteile, soweit sie nicht in der Verordnung über Standardzulassungen festgelegt sind sowie die tatsächliche Zusammensetzung des Arzneimittels, soweit die StandZV diesbezügliche Unterschiede erlaubt, anzugeben. Von einer Aufzählung der Hilfsstoffe kann also abgesehen werden, sofern und soweit sie in der betreffenden Standardmonographie aufgeführt sind. Im Ergebnis ist der Inhalt der Anzeige folglich vom Einzelfall in Abhängigkeit des Inhalts der in Bezug genommenen Standardzulassung abhängig.

43   Für die Anzeige hat das BfArM als zuständige Bundesoberbehörde ein **Formular**[27] entwickelt, welches im Internet von der Homepage des BfArM heruntergeladen werden kann[28]. In dem Formular wird die Angabe des Namens und der Anschrift des pharmazeutischen Unternehmers, der (zusätzlichen) Bezeichnung des Fertigarzneimittels, der nicht wirksamen Bestandteile nach Art und Menge, bezogen auf die einzeldosierte Darreichungsform oder ggf. bezogen auf die Masse von 100 Gramm, sofern sie nicht in der Standardzulassungsmonographie festgelegt sind, des Datums des erstmaligen Inverkehrbringens und der Bezeichnung der Standardmonographie mit der dazugehörigen Zulassungs-Nummer gefordert. Das BfArM als zuständige Bundesoberbehörde übermittelt der zuständigen Länderüberwachungsbehörde eine Vervielfältigung der Anzeige zur Wahrnehmung ihrer Überwachungsaufgabe vor Ort[29].

III. Anzeigepflicht bei Änderungen (S. 3)

44   Gem. **Abs. 5 S. 3** ist auch jede Änderung der zuvor angezeigten, anzeigerelevanten Informationen sowie die Beendigung des Inverkehrbringens anzuzeigen. Damit sind auch **nachträgliche Änderungen** von Arzneimitteln gem. Abs. 3, die unter Berufung auf Standardzulassungen in den Verkehr gebracht werden, zum Zwecke der lückenlosen Überwachung anzeigepflichtig. Eine vorübergehende Nichtnutzung der Zulassung ist noch keine anzeigepflichtige Beendigung des Inverkehrbringens. Da es keine „Sunset-Clause" gibt, können die pharmazeutischen Unternehmen die Nutzung ruhen lassen und müssen deshalb eine erneute Nutzung nicht wieder anzeigen.

45   Die Anzeigepflicht des Abs. 5 S. 3 gegenüber der zuständigen Bundesoberbehörde ist erforderlich, damit diese über ausreichende Kenntnisse über die in den Verkehr gebrachten Fertigarzneimittel vor dem Hintergrund der Arzneimittelsicherheit, insbesondere im Falle eines Stufenplanverfahrens, verfügt. Auch die zuständigen Überwachungsbehörden der Länder müssen sich diese Kenntnisse zu Zwecke der Durchführung einer effektiven Überwachung verschaffen können, vor allem zur Überprüfung der Einhaltung der Monographien[30].

H. Anwendungsbeobachtungen (Abs. 6)

I. Grundsatz (S. 1)

46   Nach S. 1 der Vorschrift hat derjenige, der Untersuchungen durchführt, die dazu bestimmt sind, Erkenntnisse bei der Anwendung zugelassener oder registrierter Arzneimittel zu sammeln, dies der zuständigen Bundesoberbehörde (§ 77), der Kassenärztlichen Bundesvereinigung, dem Spitzenverband Bund der Krankenkassen und dem Verband der Privaten Krankenversicherung e. V. anzuzeigen. Die Anzeige nach Abs. 6 S. 1 muss **unverzüglich,** also ohne schuldhaftes Verzögern (§ 121 BGB), erfolgen. Die Erweiterung der Anzeigepflichten an den Verband der Privaten Krankenversicherung e. V. und um weitere Identifikationsmerkmale für die teilnehmenden Ärzte entspricht den Vorgaben zu § 63f[31]. Die Anzeigepflicht ist auch nicht auf Humanarzneimittel beschränkt. Außerdem können Anwendungsbeobachtungen auch von anderen Personen als dem pharmazeutischen Unternehmer (§ 4 Abs. XVIII) durchgeführt werden. Daher wird seit dem 2. AMG-ÄndG 2012[32] nicht mehr nach der Person des Durchführenden differenziert[33].

47   Die in Abs. 6 S. 1 statuierte Anzeigepflicht ist auf die Erkenntnissammlung bei der Anwendung „zugelassener oder registrierter Arzneimittel" beschränkt. Verlängerte Rezepturen, die z.B. aufgrund der **1.000er-Regelung** nach § 38 I 3 verkehrsfähig sind, stellen keine registrierten Arzneimittel dar und sind somit auch nicht von der Anzeigepflicht des Abs. 6 S. 1 erfasst. Es ist nach der Historie des AMG und im besonderen der §§ 38 und 67 nicht davon auszugehen, dass der Gesetzgeber von dem Begriff „regis-

---

[27] Bekanntmachung vom 18.2.1987, BAnz. S. 2345.
[28] www.bfarm.de.
[29] *Kloesel/Cyran*, § 67 Anm. 20.
[30] BT-Drucks. 16/12256, S. 54.
[31] BT-Drucks. 17/9341, S. 64.
[32] Gesetz v. 19–10.2012 (BGBl. I S. 2192).
[33] BT-Drucks. 17/9341, S. 64.

trierte Arzneimittel" i. S. d. Abs. 6 auch die nach § 38 I 3 von der Registrierungspflicht befreiten homöopathischen Arzneimittel umfasst sein wollte. Die Anzeigepflicht für Anwendungsbeobachtungen wurde erst im Rahmen der 5. AMG-Novelle auf registrierte Arzneimittel mit der Begründung erstreckt, dass für diese das gleiche Informationsbedürfnis bestehe wie für zugelassene Arzneimittel[34]. Dem Gesetzgeber war zu dieser Zeit bereits die Unterscheidung zwischen registrierten und von der Registrierung freigestellten Arzneimitteln bekannt, da § 38 I 3 schon durch Art. 1 Nr. 23 der 4. AMG-Novelle neu in das Gesetz aufgenommen wurde. Hieraus ist zu folgern, dass von der Anzeigepflicht nach Abs. 6 S. 1 AMG nur die registrierten homöopathischen Arzneimittel i. S. d. § 38 I 1 eingeschlossen sein sollen, andernfalls der Gesetzgeber die Regelung in Abs. 6 hätte weiter fassen müssen. Für diese Auslegung spricht auch, dass § 67 I beispielsweise allgemein von „Arzneimitteln" spricht, ohne explizit eine besondere Art der Verkehrserlaubnis anzugeben.

Mit den anzeigepflichtigen „Untersuchungen" meint der Gesetzgeber **Anwendungsbeobachtun-** **48** **gen.** Der Begriff der Anwendungsbeobachtungen ist im AMG selbst nicht definiert und wird dort auch nicht verwendet. Der in § 4 XXIII 3 definierte Begriff der nichtinterventionellen Prüfung (s. § 4 Rn. 186) kommt dem, was eine Anwendungsbeobachtung darstellt, noch am Nächsten[35]. Letztlich kann auf die vom BfArM und PEI veröffentlichten „*Empfehlungen zur Planung, Durchführung und Auswertung von Anwendungsbeobachtungen*" vom 7.7.2010[36] zurückgegriffen werden. In Ziff. 1.1 dieser Empfehlungen werden Anwendungsbeobachtungen (AWB) **definiert.** Danach sind Anwendungsbeobachtungen „*nichtinterventionelle Prüfungen im Sinne von § 4 Abs. 23 Satz 3 AMG, d. h. Untersuchungen, in deren Rahmen ,Erkenntnisse aus der Behandlung von Personen mit Arzneimitteln anhand epidemiologischer Methoden analysiert werden; dabei folgt die Behandlung einschließlich der Diagnose und Überwachung nicht einem vorab festgelegten Prüfplan, sondern ausschließlich der ärztlichen Praxis; soweit es sich um ein zulassungspflichtiges oder nach § 21a Absatz 1 genehmigungspflichtiges Arzneimittel handelt, erfolgt dies ferner gemäß den in der Zulassung oder der Genehmigung festgelegten Angaben für seine Anwendung.*"

Mit dieser systematischen Sammlung von Kenntnissen und Erfahrungen können wertvolle Erkennt- **49** nisse über Risiken und Nebenwirkungen und die Wirksamkeit des untersuchten Präparates gewonnen werden[37]. Die durch die **Anzeigeinhalte** gewonnenen Erkenntnisse kann die Bundesoberbehörde bei der Beurteilung von Erfahrungsberichten für neue Arzneimittel, die der Verschreibungspflicht unterliegen (§ 49 VI), sowie im Rahmen der Berichtpflicht bei Verlängerungsanträgen (§ 31 II) berücksichtigen[38].

Anwendungsbeobachtungen sind **keine klinischen Prüfungen** (§ 4 XXIII). Beide Untersuchungs- **50** arten sind streng zu unterscheiden[39]. Die Vorschriften über die klinischen Prüfungen (§§ 40–42b und § 59) finden deshalb auch keine Anwendung. Anwendungsbeobachtungen unterliegen auch keiner besonderen arzneimittelrechtlichen Überwachung. Die gem. § 29 I bestehenden Anzeigepflichten wie z. B. bei Verdachtsfällen von Neben- und Wechselwirkungen bestehen indes uneingeschränkt auch bei der Durchführung von Anwendungsbeobachtungen[40]. Die Ergebnisse von Anwendungsbeobachtungen können im Zulassungs- oder Nachzulassungsverfahren als wissenschaftliches Erkenntnismaterial verwertbar sein[41].

II. Inhalt der Anzeige (S. 2)

In Abs. 6 S. 2 wird der notwendige **Inhalt** der Anzeige konkretisiert. Zur Verbesserung der Qualität, **51** des Nutzens und der Transparenz[42] sind in der Anzeige neben Ort, Zeit und Ziel nun auch der Beobachtungsplan[43] der Anwendungsbeobachtungen anzugeben sowie gegenüber der Kassenärztlichen Bundesvereinigung und dem Spitzenverband Bund der Krankenkassen die beteiligten Ärzte namentlich mit Angabe der lebenslangen Arztnummer zu benennen. Um den pharmazeutischen Unternehmen die Anzeige zu erleichtern, stellt der GKV-Spitzenverband zur Meldung der geforderten Dateien und zur Übermittlung des Mustervertrages auf seiner Homepage ein Meldeformular zur Verfügung[44]. Mit dieser durch das AMG-ÄndG 2009 vorgenommenen Erweiterung wird unter Berücksichtigung von Erfahrungen aus der Praxis festgelegt, dass bei der Anzeige von[45] Anwendungsbeobachtungen auch ein Beobachtungsplan vorzulegen ist, aber die namentliche Benennung der beteiligten Ärzte nicht mehr an die

---

[34] BT-Drucks. 12/7572, S. 6.
[35] Vgl. *Sträter*, PharmR 2008, 180; *Tubis*, PharmR 2007, 374; *Kloesel/Cyran*, § 67 Anm. 21.
[36] Abrufbar unter www.bfarm.de.
[37] Vgl. *Rehmann*, § 67 Rn. 6; zu den Zielen der Anwendungsbeobachtungen allgemein vgl. Ziff. 3 der Empfehlungen des BfArM und des PEI vom 7.7.2010.
[38] *Kloesel/Cyran*, § 67 Anm. 22.
[39] *Rehmann*, § 67 Rn. 6.
[40] Ziff. 7 der Empfehlungen des *BfArM* und des *PEI* vom 7.7.2010.
[41] Präambel der Empfehlungen des *BfArM* und des *PEI* vom 7.7.2010.
[42] BT-Drucks. 15/2109, S. 36.
[43] Vgl. Ziff. 7 der Empfehlungen des *BfArM* und des *PEI* vom 7.7.2010.
[44] Abrufbar unter www.gkv-spitzenverband.de.
[45] Bei Arzneimitteln, die nicht der Verschreibungspflicht unterliegen, sind Anwendungsbeobachtungen auch bei anderen Heilberufen möglich.

Bundesoberbehörde erfolgen soll. Damit soll die Überwachung von Anwendungsbeobachtungen effektiver gestaltet werden[46].

III. Bemessung von Entschädigungen (S. 3)

52   Nach Abs. 6 S. 3 sind **Entschädigungen,** die an Ärzte für ihre Beteiligung an Untersuchungen nach Abs. 6 S. 1 geleistet werden, nach ihrer Art und Höhe so zu bemessen, dass kein Anreiz für eine bevorzugte Verschreibung oder Empfehlung bestimmter Arzneimittel entsteht. Mit dieser im Zuge der Gesundheitsreformgesetzgebung eingefügten Vorschrift soll eine gezielte Beeinflussung des ärztlichen Verschreibungsverhaltens mittels der Durchführung von Anwendungsbeobachtungen verhindert werden[47].

53   In Ziff. 9 der Empfehlungen des BfArM und des PEI zur Planung, Durchführung und Auswertung von Anwendungsbeobachtungen vom 7.7.2010 wird zum Zwecke der Verhinderung von Missbrauch zur Höhe der Entschädigung der an die Anwendungsbeobachtungen beteiligten Ärzte ausgeführt, dass die Beteiligung der Ärzte zunächst eine **ärztliche Tätigkeit** ist. Ein über die Regelversorgung hinaus durch die Anwendungsbeobachtungen entstehender Aufwand ist jedoch – in Anlehnung an die ärztliche Gebührenordnung – von dem Verantwortlichen für die Anwendungsbeobachtungen zu vergüten. Die **zusätzliche Honorierung** soll sich am Zeitaufwand für zusätzlich erforderliche Dokumentations- und andere Maßnahmen orientieren. Die Erstattung von über die Routine hinausgehenden Leistungen ist darüber hinaus gesondert zu klären. Erstattungsfragen dürfen die wissenschaftliche Zielsetzung und die Auswahl der einzubeziehenden Patienten nicht beeinflussen. Die Höhe der Entschädigung muss im Ergebnis also in Abhängigkeit von den jeweiligen Umständen des Einzelfalles in einem angemessenen Verhältnis zur ärztlichen Tätigkeit und dem darüber hinaus durch die Anwendungsbeobachtungen ausgelösten zusätzlichen Aufwänden stehen. Nach § 17 des BPI-Kodex und § 18 des „FSA-Kodex Fachkreise" dürfen die Leistungen von Ärzten für pharmazeutische Unternehmer im Rahmen von Anwendungsbeobachtungen darüber hinaus nur in Geld und nur aufgrund einer schriftlichen Vereinbarung erfolgen[48]. Zum Informationszugang im Zusammenhang mit Anwendungsbeobachtungen hat das *VG Berlin* entschieden, das Einzelangaben zu juristischen Personen sowie Gegenstand und die Art und Höhe der jeweils geleisteten Entschädigungen schon im Ausgangspunkt nicht von der Bestimmung des § 5 I 1 IFG erfasst sind[49].

IV. Inhalt und Form der Anzeige bei Entschädigungen (S. 4 – 12)

54   Schließlich soll verhindert werden, dass das Gesundheitsversorgungssystem mit den Kosten von Anwendungsbeobachtungen unnötig belastet wird. Dem Missbrauch soll vorgebeugt werden, weshalb der Anzeigeinhalt über die Jahre seit 1986 immer mehr erweitert wurde[50]. Gem. **Abs. 6 S. 4** sind deshalb, sofern beteiligte Ärzte Leistungen zu Lasten der gesetzlichen Krankenversicherung erbringen, bei den Anzeigen nach Abs. 6 S. 1 auch die **Art und die Höhe der** an sie tatsächlich geleisteten **Entschädigungen** anzugeben sowie jeweils eine Ausfertigung der mit ihnen geschlossenen **Verträge** und jeweils eine Darstellung des Aufwandes für die beteiligten Ärzte und eine Begründung für die Angemessenheit der Entschädigung zu übermitteln; hiervon sind wie bisher Anzeigen gegenüber den zuständigen Bundesoberbehörden ausgenommen (Abs. 6 S. 12), denn diese überwachen nicht die Kosten, sondern die Arzneimittelsicherheit. Damit wird die notwendige Transparenz zur Feststellung von Missbrauchsfällen geschaffen. Es wird indes zu Recht darauf hingewiesen, dass die Aufnahme dieser Anzeigepflicht in das AMG systemfremd ist und besser im SGB aufgehoben wäre[51].

55   Die Verpflichtung in **Abs. 6 S. 4,** Art und die Höhe der an die Ärzte **tatsächlich** geleisteten **Entschädigungen** anzugeben, ist eine sprachliche Präzisierung. Sie dient der Klarstellung, dass nicht nur die anfangs vereinbarte Summe, sondern der für das Projekt dann tatsächlich gezahlte Betrag anzugeben ist. Schließlich erhält der Anzeigende auch die Begründungslast, indem er das Aufwand der beteiligten Ärzte darzustellen und eine Begründung für die **Angemessenheit** der Vergütung zu liefern hat. Mit dieser Verpflichtung zur Offenlegung der Kalkulationsgrundlagen wird die Nachvollziehbarkeit für die Anzeigeempfänger verbessert[52]. Diese inhaltlichen Erweiterungen entsprechen den Inhalten des FSA-Kodex', weshalb sich für dessen Mitgliedsunternehmen keine Unterschiede ergeben.

56   Die **Angemessenheit** der an den Arzt geleisteten Entschädigung ist so zu bemessen, dass kein Anreiz für eine bevorzugte Verschreibung oder Empfehlung bestimmter Arzneimittel entsteht. Die Entschädigung, die nur in Geld bestehen darf, muss also nach dem Äquivalenzprinzip zu der erbrachten Leistung in einem angemessenen Verhältnis stehen, § 19 II 2 Nr. 7 i. V. m. § 18 I Nr. 6 FSA-Kodex für Fach-

---

[46] BT-Drucks. 16/12256, S. 54.
[47] *Rehmann,* § 67 Rn. 6.
[48] Zu Vertragsgestaltung und Ärztevergütung vgl. *Koyuncu,* PharmR 2009, 211 ff.
[49] *VG Berlin,* PharmR 2012, 343.
[50] *Dieners/Heil,* PharmR 2013, 350 ff.
[51] *Rehmann,* § 67 Rn. 6.
[52] *Dieners/Heil,* PharmR 2013, 351.

kreise, die auch auf Nr. 9 der Empfehlungen für Anwendungsbeobachtungen des BfArM und des PEI verweisen. Hiernach sollen die ärztliche Gebührenordnung und damit auch die Umstände des Einzelfalles maßgeblich sein. Auf dieser Grundlage hat der FSA für den Regelfall bei normalem Aufwand von € 75,00 (analog GOÄ-Ziffer 85) für angemessen erachtet[53]. Dieser Aufwand kann individuell variieren.

Abs. 6 S. 5 und **S. 6** enthalten mit dem 2. AMG-ÄndG 2012 eingeführte, weitere Konkretisierungen **57** und Anzeigefristen, die nicht für Anzeigen gegenüber der zuständigen Bundesoberbehörde (§ 77) gelten **(Abs. 6 S. 12)**. Dies soll die Transparenz weiter erhöhen und eine unnötige Belastung des Systems der Krankenversicherung durch eine missbräuchliche Instrumentalisierung von Anwendungsbeobachtungen zu Marketingzwecken verhindern[54]. Bei Humanarzneimitteln ist der zuständigen Bundesoberbehörde (§ 77) allerdings gem. **Abs. 6 S. 7** ein **Abschlussbericht** innerhalb eines Jahres nach Abschluss der Datenerfassung zu übermitteln. Dies ist obligatorisch. Hierfür gelten gem. **Abs. 6 S. 8** die Vorgaben des § 42b Abs. 1 S. 1 und 4 für klinische Studien entsprechend (s. § 42b Rn. 16 ff.). Die Nennung der Namen der beteiligten Ärzte im Abschlussbericht ist fakultativ[55].

Abs. 6 S. 9 schreibt bei Untersuchungen an Humanarzneimitteln gesetzlich die Übermittlung in **58** **elektronischer Form** vor. Hierzu werden von den zuständigen Bundesoberbehörden (§ 77) Format-vorgaben bekannt gemacht. Gleichzeitig werden die zuständigen Bundesoberbehörden (§ 77) verpflich-tet, die ihnen übermittelten Anzeigen und Abschlussberichte in einem Internetportal zu **veröffentlichen** **(Abs. 6 S. 10)**, was der Verbesserung von Transparenz und Qualität der Forschung dienen soll[56]. Für die Veröffentlichung der Anzeigen gem. **Abs. 6 S. 11** gelten die Vorgaben des § 42b III 4 für klinische Studien entsprechend (s. § 42b Rn. 19). Allerdings ist auch keine datenschutzrechtliche Einwilligung erforderlich, wenn der pharmazeutische Unternehmer und/oder die beteiligten Ärzte keine Namens-nennung wünschen[57].

V. Anzeigepflicht bei Tierarzneimitteln (S. 13)

Für Arzneimittel, die zur Anwendung bei Tieren bestimmt sind, müssen die Anzeigen nach Abs. 6 **59** S. 1 nur gegenüber der zuständigen **Bundesoberbehörde** – vorliegend dem BVL – erfolgen.

VI. Unbedenklichkeitsprüfungen (S. 14)

In Abs. 6 S. 14 wird klargestellt, dass die Vorgaben des Abs. 6 S. 1 bis 13 nicht für Unbedenklichkeits- **60** prüfungen nach § 63f gelten. Für Anwendungsbeobachtungen, die eine Überprüfung der Unbedenk-lichkeit zum Ziel haben, sind also die Sondervorschriften nach § 63f vorrangig anzuwenden[58].

I. Parallelimport (Abs. 7)

I. Anzeigepflicht (S. 1)

In Umsetzung von Art. 76 III, IV der geänderten RL 2001/83/EG verlangt Abs. 7 S. 1 bei einem **61** gewerbs- oder berufsmäßigen Verbringen von Arzneimitteln aus EU-Mitgliedstaaten (zur Einfuhr aus Drittstaaten s. § 72), dies dem Inhaber der Zulassung vor der Aufnahme der Tätigkeit anzuzeigen. Diese Anzeigepflicht betrifft den Parallelimport aus einem EU-Mitgliedstaat nach Deutschland und alle zum Inverkehrbringen genehmigte Arzneimittel (§ 2). Die Anzeige kann eine etwaig noch erforderliche Genehmigung (Zulassung, Registrierung) in Deutschland nicht ersetzen. Diese Vorabinformationspflicht zugunsten des Zulassungsinhabers erscheint überflüssig[59].

Der Importeur muss die Arzneimittel gewerbs- und berufsmäßig (s. hierzu § 72 Rn. 11 und 12) in **62** den Geltungsbereich des Gesetzes verbringen.

II. Anzeigepflichten bei zentral zugelassenen Arzneimitteln (S. 2 und 3)

Vor der Einfuhr von zentral zugelassenen Arzneimitteln ist dies gem. Abs. 7 S. 2 nicht nur dem **63** Inhaber der Zulassung, sondern auch der EMA anzuzeigen[60]. Beim Parallelvertrieb von zentral zugelasse-nen Arzneimitteln ist keine weitere Zulassung durch die zuständige Bundesoberbehörde (§ 77) erforder-lich[61]. In Reaktion auf eine Entscheidung des *Hans.* OLG v. 26.1.2009[62] ist die Anzeige an die EMA

---

[53] *Dieners/Heil,* PharmR 2013, 351, 354.
[54] *Dieners/Heil,* PharmR 2013, 351, 352.
[55] *Dieners/Heil,* PharmR 2013, 351, 352 f.
[56] BT-Drucks. 17/13770, S. 27.
[57] *Dieners/Heil,* PharmR 2013, 351, 353.
[58] Vgl. BT-Drucks. 17/9341, S. 64, dort noch unter Verweis auf § 64h.
[59] *Rehmann,* § 67 Rn. 7.
[60] Vgl. auch *LG Hamburg,* Urt. v. 21.5.2015 – 327 O 487/14 – BeckRS 2015 11148.
[61] BT-Drucks. 17/9341, S. 64.
[62] GRUR-RR 2010, 57 f.

gebührenpflichtig (Abs. 7 S. 3), wobei die Existenz einer unionsrechtlichen Rechtsgrundlage für die Gebühr zweifelhaft ist[63]. Die EMA prüft in einem Notifizierungsverfahren, ob das Arzneimittel den Bedingungen für das Inverkehrbringen entspricht, die für den jeweiligen Mitgliedstaat in der zentralen Zulassung festgelegt wurden.

J. Internethandel (Abs. 8)

I. Anzeigepflicht (S. 1)

64   *In Umsetzung von Art. 85c I Buchst. b) der RL 2001/83/EG begründet **Abs. 8 S. 1** eine allgemeine Anzeigepflicht für solche Einzelhändler, die Humanarzneimittel (s. § 2) im Wege des Fernabsatzes (s. § 1 Fern-AbsG) über das Internet anbieten (s. auch die Kommentierung zu § 43). Die Regelung tritt allerdings erst noch in Kraft. Dies soll am ersten Tag des zweiten Jahres geschehen, das auf die Verkündung des Durchführungsaktes der Europäischen Kommission nach Art. 85c III RL 2001/83/EG im Amtsblatt der EU folgt.*

65   ***Anbieten** ist jedes Vorrätighalten, das dem Kaufinteressenten bemerkbar ist oder mitgeteilt wird (s. § 4 Rn. 141). Unter **Handel** ist bereits jede Vermittlungstätigkeit anzusehen, ohne tatsächliche körperliche Gewalt über die Produkte zu haben.*

66   *Die Anzeige ist **vor** Aufnahme der Tätigkeit bei der zuständigen Überwachungsbehörde einzureichen. Genauere Anforderungen an die Frist werden vom AMG nicht gestellt. Sie kann also unmittelbar vor dem Beginn der Tätigkeit bei der Behörde eingehen. Die Anzeige muss auch Angaben zur Identifizierung der genutzten Internetseiten enthalten. Hierzu gehören der Name oder Firmenname des Einzelhändlers und die Anschrift des Ortes (postalische Erreichbarkeit), von dem aus die Arzneimittel geliefert werden sollen, und die Webadresse des Internetportals.*

II. Nachträgliche Änderungen (S. 2)

67   *Abs. 8 S. 2 verpflichtet dazu, nachträgliche Änderungen ebenfalls anzuzeigen.*

III. Übermittlung an die Datenbank gem. § 67a (S. 3)

68   *Nach Abs. 8 S. 3 übermittelt die zuständige Behörde die durch die Anzeige eingereichten Informationen an eine Datenbank nach § 67a. Dies wird vom Gesetzgeber aus Gründen des Gesundheitsschutzes im Hinblick auf den Schutz der legalen Vertriebskette vor gefälschten Arzneimitteln für geboten gehalten und soll der Schaffung von Transparenz dienen[64].*

IV. Anforderungen an das Internetportal (S. 4)

69   *Das Internetportal nach S. 1 muss den Namen und die Adresse der zuständigen Behörde und ihre sonstigen Kontaktdaten, das gemeinsame Versandhandelslogo nach Art. 85c RL 2001/83/EG aufweisen und eine Verbindung zum Internetportal des DIMDI haben. Mit der Verlinkung der entsprechenden Informationen innerhalb der EU ist es möglich, innerhalb der gesamten EU die Seriosität der Bezugsquelle von Humanarzneimitteln zu überprüfen.*

K. Sanktionen

70   Eine **Ordnungswidrigkeit** nach § 97 II Nr. 7 begeht, wer entgegen § 67 I, II, III, V, VI oder VIII vorsätzlich oder fahrlässig eine Anzeige nicht, nicht richtig, nicht vollständig oder nicht rechtzeitig erstattet.

§ 67a Datenbankgestütztes Informationssystem

(1) ¹**Die für den Vollzug dieses Gesetzes zuständigen Behörden des Bundes und der Länder wirken mit dem Deutschen Institut für Medizinische Dokumentation und Information (DIM-DI) zusammen, um ein gemeinsam nutzbares zentrales Informationssystem über Arzneimittel, Wirkstoffe und Gewebe sowie deren Hersteller oder Einführer zu errichten. ²Dieses Informationssystem fasst die für die Erfüllung der jeweiligen Aufgaben behördenübergreifend notwendigen Informationen zusammen. ³Das Deutsche Institut für Medizinische Dokumentation und Information errichtet dieses Informationssystem auf der Grundlage der von den zuständigen Behörden oder Bundesoberbehörden nach der Rechtsverordnung nach Absatz 3 zur Verfügung gestellten Daten und stellt dessen laufenden Betrieb sicher. ⁴Daten aus dem Informationssystem werden an die zuständigen Behörden und Bundesoberbehörden zur**

---

[63] *Rehmann,* § 67 Rn. 8.
[64] BT-Drucks. 17/9341, S. 64.

Erfüllung ihrer im Gesetz geregelten Aufgaben sowie an die Europäische Arzneimittel-Agentur übermittelt. [5] Die zuständigen Behörden und Bundesoberbehörden erhalten darüber hinaus für ihre im Gesetz geregelten Aufgaben Zugriff auf die aktuellen Daten aus dem Informationssystem. [6] Eine Übermittlung an andere Stellen ist zulässig, soweit dies die Rechtsverordnung nach Absatz 3 vorsieht. [7] Für seine Leistungen kann das Deutsche Institut für Medizinische Dokumentation und Information Entgelte verlangen. [8] Diese werden in einem Entgeltkatalog festgelegt, der der Zustimmung des Bundesministeriums bedarf.

(2) [1] Das Deutsche Institut für Medizinische Dokumentation und Information stellt allgemein verfügbare Datenbanken mit Informationen zu Arzneimitteln über ein Internetportal bereit. [2] Das Internetportal wird mit dem von der Europäischen Arzneimittel-Agentur eingerichteten europäischen Internetportal nach Artikel 26 der Verordnung (EG) Nr. 726/2004 für Arzneimittel verbunden. [3] Darüber hinaus stellt das Deutsche Institut für Medizinische Dokumentation und Information Informationen zum Versandhandel mit Arzneimitteln, die zur Anwendung bei Menschen bestimmt sind, über ein allgemein zugängliches Internetportal zur Verfügung. [4] Dieses Internetportal wird verbunden mit dem von der Europäischen Arzneimittel-Agentur betriebenen Internetportal, das Informationen zum Versandhandel und zum gemeinsamen Versandhandelslogo enthält. [5] Das Deutsche Institut für Medizinische Dokumentation und Information gibt die Adressen der Internetportale im Bundesanzeiger bekannt.

(3) [1] Das Bundesministerium wird ermächtigt, Befugnisse zur Verarbeitung und Nutzung von Daten für die Zwecke der Absätze 1 und 2 und zur Erhebung von Daten für die Zwecke des Absatzes 2 im Einvernehmen mit dem Bundesministerium des Innern und dem Bundesministerium für Wirtschaft und Energie durch Rechtsverordnung mit Zustimmung des Bundesrates einzuräumen und Regelungen zu treffen hinsichtlich der Übermittlung von Daten durch Behörden des Bundes und der Länder an das Deutsche Institut für Medizinische Dokumentation und Information, einschließlich der personenbezogenen und betriebsbezogenen Daten für die in diesem Gesetz geregelten Zwecke, und der Art, des Umfangs und der Anforderungen an die Daten. [2] In dieser Rechtsverordnung kann auch vorgeschrieben werden, dass Anzeigen auf elektronischen oder optischen Speichermedien erfolgen dürfen oder müssen, soweit dies für eine ordnungsgemäße Durchführung der Vorschriften über den Verkehr mit Arzneimitteln erforderlich ist. [3] Die Rechtsverordnung wird vom Bundesministerium für Ernährung und Landwirtschaft im Einvernehmen mit dem Bundesministerium, dem Bundesministerium des Innern und dem Bundesministerium für Wirtschaft und Energie erlassen, soweit es sich um Arzneimittel handelt, die zur Anwendung bei Tieren bestimmt sind.

(3a) [1] Das Bundesministerium für Ernährung und Landwirtschaft wird ermächtigt, im Einvernehmen mit dem Bundesministerium, dem Bundesministerium des Innern und dem Bundesministerium für Wirtschaft und Energie durch Rechtsverordnung mit Zustimmung des Bundesrates Regelungen zu treffen hinsichtlich der Übermittlung von Daten durch das Deutsche Institut für Medizinische Dokumentation und Information an Behörden des Bundes und der Länder, einschließlich der personenbezogenen und betriebsbezogenen Daten, zum Zweck wiederholter Beobachtungen, Untersuchungen und Bewertungen zur Erkennung von Risiken für die Gesundheit von Mensch und Tier durch die Anwendung bestimmter Arzneimittel, die zur Anwendung bei Tieren bestimmt sind, (Tierarzneimittel-Monitoring) sowie hinsichtlich der Art und des Umfangs der Daten sowie der Anforderungen an die Daten. [2] Absatz 3 Satz 2 gilt entsprechend.

(4) Die Rechtsverordnung nach den Absätzen 3 und 3a ergeht im Einvernehmen mit dem Bundesministerium für Umwelt, Naturschutz, Bau und Reaktorsicherheit, soweit es sich um radioaktive Arzneimittel oder um Arzneimittel handelt, bei deren Herstellung ionisierende Strahlen verwendet werden.

(5) Das Deutsche Institut für Medizinische Dokumentation und Information ergreift die notwendigen Maßnahmen, damit Daten nur den dazu befugten Personen übermittelt werden und nur diese Zugang zu diesen Daten erhalten.

Wichtige Änderungen der Vorschrift: Abs. 1 S. 1 geändert durch Art. 1 Nr. 59 des Gesetzes zur Änderung arzneimittelrechtlicher und anderer Vorschriften vom 17.7.2009 (BGBl. I S. 1990); Abs. 2 geändert durch Art. 1 Nr. 54 des Zweiten Gesetzes zur Änderung arzneimittelrechtlicher und anderer Vorschriften vom 19.10.2012 (BGBl. I S. 2192); Abs. 3 Satz 1 geänd., Abs. 3a eingef., Abs. 4 geänd. durch Art. 1 Nr. 8 sechzehntes Gesetz zur Änderung des Arzneimittelgesetzes vom 10.10.2013 (BGBl. I S. 3813).

Europarechtliche Vorgaben: Art. 26 VO (EG) Nr. 726/2004; Art. 85, 106 RL 2001/83/EG.

Übersicht

A. Allgemeines

I. Inhalt

1   Die Vorschrift regelt die Etablierung eines zentralen Informationssystems über Arzneimittel, Wirkstoffe und Gewebe sowie deren Hersteller oder Einführer durch die zuständigen Behörden des Bundes und der Länder zusammen mit dem Deutschen Institut für Medizinische Dokumentation und Information (DIMDI), welches vom DIMDI errichtet und betrieben wird und welches von diesen Institutionen gemeinsam genutzt werden kann (Abs. 1). Das DIMDI kann zudem auch allgemein verfügbare Datenbanken mit Bezug zu Arzneimitteln bereitstellen und seine Informationen, insbesondere auch über den Versandhandel mit Arzneimitteln mit dem Internetportal der EMA[1] verbinden (Abs. 2). Das BMG kann im Einvernehmen mit dem BMI und dem BMWi und mit Zustimmung des Bundesrats zur Umsetzung der in den Abs. 1 und 2 vorgesehenen Aufgaben Befugnisse durch Rechtsverordnung einräumen und in dieser die Einzelheiten der Datensammlung und -nutzung vorschreiben (Abs. 3) . Bei Tierarzneimitteln im Speziellen besteht die Verordnungsermächtigung für das BMEL im Einvernehmen mit den vorgenannten Ministerien (Abs. 3a). Soweit radioaktive Arzneimittel oder Arzneimittel betroffen sind, bei deren Herstellung ionisierende Strahlen verwendet werden, können die Rechtsverordnungen nach Abs. 3 und Abs. 3a nur im Einvernehmen mit dem BMU erlassen werden (Abs. 4). Dem DIMDI obliegt beim Betrieb des Informationssystems die Einhaltung des Datenschutzes (Abs. 5).

II. Zweck

2   Die Vorschrift wurde mit der 8. AMG-Novelle zur Erleichterung des Datenaustausches zwischen den Zulassungsbehörden, den Landesüberwachungsbehörden und den nach dem Gemeinschaftsrecht zuständigen Behörden der EU in das AMG eingefügt. Für einen effektiven Datenaustausch ist ein EDV-gestütztes Informationssystem notwendig. Ein solches Informationssystem wird in § 67a begründet. Gleichzeitig wird dem DIMDI die Aufgabe zur Einrichtung, Verwaltung und Pflege des erforderlichen Datenbestandes übertragen. Die Vorschrift dient damit der **Effektivierung** der Überwachung des Verkehrs mit Arzneimitteln.

B. Inhalte und Funktion des Informationssystems (Abs. 1 S. 1, 2 und 3)

3   Nach S. 1 der Vorschrift wirken die für den Vollzug des AMG zuständigen Behörden des Bundes und der Länder mit dem DIMDI zusammen, um ein gemeinsam nutzbares zentrales Informationssystem über Arzneimittel, Wirkstoffe und Gewebe sowie deren Hersteller oder Einführer zu errichten. Die Zusammenarbeit erfasst neben dem Vollzug des AMG auch den Vollzug des ApG, der ApBetrO, dem HWG sowie der sonstigen arzneimittelrechtlichen Vorschriften (§ 64 III)[2].

---

[1] www.ema.europa.eu.
[2] Vgl. *Kloesel/Cyran*, § 67a Anm. 6.

I. Behördliche Zusammenarbeit (S. 1, 2 und 3)

1. Zuständige Vollzugsbehörden. Zuständige **Vollzugsbehörden des Bundes** sind das BMG und **4** das BMVg. Das BMG ist insbesondere für die Weitergabe von Informationen nach § 68 zuständig, das BMVg nimmt die in den Sondervorschriften der §§ 70 und 71 geregelten Aufgaben wahr. Im Übrigen zeichnen die Bundesoberbehörden (BfArM, PEI und BVL) gem. der in § 77 geregelten Aufgabenverteilung insbesondere für die Zulassung bzw. Registrierung von Arzneimitteln verantwortlich. Sie koordinieren auch die Maßnahmen bei auftretenden Arzneimittelrisiken entsprechend dem Stufenplan[3].

Vollzugsbehörden der Länder sind i. d. R. die für die Wahrnehmung der Überwachungsaufgaben **5** nach den §§ 64–69 sachlich und örtlich zuständigen mittleren Verwaltungsbehörden (Regierungspräsidien, Bezirksregierungen). Die für den Vollzug des AMG zuständigen Länderbehörden und Stellen sowie Sachverständigen sind im Einzelnen unter Angabe ihrer Anschrift in einer ständig aktualisierten **Bekanntmachung des BMG**[4] gelistet (s. hierzu auch § 64 Rn. 43 ff.).

2. Gesetzliche Grundlagen und Aufgaben des DIMDI. Bei dem im Jahre 1969 durch Errich- **6** tungserlass[5] des damaligen Bundesministeriums für Gesundheitswesen gegründeten DIMDI handelt es sich um eine nachgeordnete Behörde des BMG. Seitdem sind dem DIMDI durch Rechtsvorschriften zahlreiche weitere Aufgaben übertragen worden[6].

Das DIMDI hat nach § 67a I beim Vollzug des AMG die Aufgabe, ein EDV-gestütztes Informations- **7** system auf der Grundlage der von den zuständigen Behörden oder Bundesoberbehörden nach der Rechtsverordnung nach Abs. 3 zur Verfügung gestellten Daten zu errichten und dessen laufenden Betrieb sicherzustellen. Hierzu werden vom DIMDI verschiedene Informationssysteme für die Nutzung und Recherche zur Verfügung gestellt. Dies sind insbesondere das Arzneimittelinformationssystem **AMIS und die ABDA-Datenbanken.** Die AMIS-Datenbank enthält Dokumente zu zugelassenen und ehemals zugelassenen Arzneimitteln (z. B. Arzneimittelname, Eingangs-/Bearbeitungsnummer (ENR), Zulassungsnummer, Anmelder, Bescheiddatum der Zulassung, beschiedene Änderungsanzeigen, z. T. Fach- und Gebrauchsinformationen) sowie zu Stoffbezeichnungen. Die ABDA-Datenbanken liefern Informationen zu Fertigarzneimitteln, Stoffen, Interaktionen und aktuellen Mitteilungen als Ergänzung zum Arzneimittelinformationssystem AMIS[7]. Hierdurch werden die Arzneimitteltransparenz, die Arzneimittelsicherheit und die Kontrolle des therapiegerechten Einsatzes von Arzneimitteln maßgeblich verbessert.

Das Arzneimittelinformationssystem AMIS enthält Daten der Arzneimittelzulassungsbehörden BfArM, **8** PEI und BVL. Es wird auch von diesen Behörden gepflegt und aktualisiert. Es werden mehrere abgestufte Informationssysteme für die Nutzung angeboten: „**AMIS – Öffentlicher Teil**" enthält die öffentlich zugänglichen Informationen zu Fertigarzneimitteln und Arzneistoffen. Die Datenbank ist sowohl mit als auch ohne Nutzungsvertrag für die pharmazeutische Industrie, Fachkreise sowie die interessierte Öffentlichkeit zugänglich. **AMIS für die Bundesländer** steht dem BMG und dessen nachgeordneten Instituten und den Arzneimittelüberwachungsbehörden der Bundesländer zur Verfügung. **AMIS für den Medizinischen Dienst** wird den medizinischen Diensten der Gesetzlichen Krankenkassen angeboten und ist auf die Erfordernisse dieser Nutzergruppe zugeschnitten. In der Datenbank zu **Stoffbezeichnungen** finden sich Bezeichnungen, die bei Zulassungsanträgen für Fertigarzneimittel vorgeschrieben sind. Die Stoffbezeichnungen stehen auch zum Download bereit[8].

3. Arzneimittel, Wirkstoffe und Gewebe. Das EDV-gestützte Informationssystem soll Daten über **9** die Arzneimittel, Wirkstoffe und Gewebe sowie deren Hersteller oder Einführer enthalten und diese Informationen gem. Abs. 1 S. 2 behördenübergreifend zusammenfassen. Der Begriff „**Arzneimittel**" ist in § 2 legal definiert (s. hierzu § 2 Rn. 2). Der Begriff „**Wirkstoffe**" ist in § 4 XIX legal definiert (s. hierzu § 4 Rn. 153 ff.). Zum Begriff „**Gewebe**" s. § 64 Rn. 34 sowie § 4 Rn. 233 ff.

II. Übermittlung von Daten (S. 4)

Nach Abs. 1 S. 4 werden die bei dem DIMDI vorhandenen Daten an die zuständigen Länderüber- **10** wachungsbehörden und Bundesoberbehörden zur Erfüllung ihrer im Gesetz geregelten Aufgaben sowie an die EMEA übermittelt. Dies stellt zugleich eine **Beschränkung der Informationsberechtigten** dar. Die Daten dürfen daher auf der Grundlage des Abs. 1 nicht an pharmazeutische Unternehmer oder Dritte (z. B. privatwirtschaftlichen Einrichtungen) übermittelt werden. Diese haben nur Zugriff auf in

---

[3] Vgl. *Kloesel/Cyran*, § 67a Anm. 5.
[4] Abrufbar unter http://www.bmg.bund.de.
[5] Errichtungserlass vom 1.9.1969, Z 7–512a – 566/69, GMBl. 1969, S. 401.
[6] Vgl. hierzu im Einzelnen die Informationen auf der Website des DIMDI, abrufbar unter http://www.dimdi.de.
[7] Zum Inhalt des Arzneimittelinformationssystem AMIS vgl. die Website des DIMDI, abrufbar unter http://www.dimdi.de.
[8] Abrufbar unter http://www.dimdi.de.

öffentlichen Datenbanken, also insbesondere im öffentlichen Teil von AMIS zugänglich gemachte Daten (s. Rn. 14 ff.).

III. Zugriffsrechte (S. 5)

11   Darüber hinaus wird den zuständigen Behörden und Bundesoberbehörden zur Erfüllung der ihnen gesetzlich zugeordneten Aufgaben durch Abs. 1 S. 5 ausdrücklich ein Zugriffsrecht auf die aktuellen Daten aus dem Informationssystem zugestanden. Sie haben daher auf der Grundlage des Abs. 1 S. 5 gegenüber dem DIMDI einen **Anspruch** auf Zugang zu den dort vorhandenen, relevanten Daten, den das DIMDI auf Verlangen auch zu erfüllen hat. Demgegenüber stehen Dritten (z. B. pharmazeutischen Unternehmern oder privatwirtschaftlichen Einrichtungen) keine Zugriffsrechte nach Abs. 1 S. 5 zu. Diese haben nur Zugriff auf in öffentlichen Datenbanken, also insbesondere im öffentlichen Teil von AMIS zugänglich gemachte Daten gem. Abs. 2 (s. Rn. 14 ff.).

IV. Übermittlung an andere Stellen (S. 6)

12   Eine Übermittlung an andere Stellen ist gem. Abs. 1 S. 6 nur zulässig, soweit dies die Rechtsverordnung nach Abs. 3 vorsieht. Eine **Rechtsverordnung nach Abs. 3** ist bisher noch nicht erlassen worden, so dass die Regelung zur Zeit für die Praxis keine Wirkung entfaltet. Andere Stellen wären z. B. die Kommission oder die EMA in London, aber auch Gesundheitsbehörden von anderen Mitgliedstaaten der EU bzw. Vertragsstaaten des EWR oder Drittstaaten, mit denen Abkommen über den Austausch von Informationen von Arzneimittelrisiken oder Mitteilungs- oder Unterrichtungspflichten nach § 68 existieren. Einer Rechtsverordnung nach Abs. 3 bedarf es indes nicht, sofern die Datenweitergabe aufgrund anderer gesetzlicher Vorschriften oder internationaler Verträge verpflichtend ist[9].

V. Entgelte (S. 7 und 8)

13   Für seine Leistungen kann das DIMDI Entgelte verlangen. Diese werden in einem Entgeltkatalog festgelegt, der der Zustimmung des BMG bedarf. Eine Rechtsverordnung nach Abs. 3 ist indes bisher nicht erlassen worden, so dass die Regelung bisher in der Praxis noch nicht bedeutsam geworden ist. Dennoch besteht die Möglichkeit, bis zum Erlass einer Rechtsverordnung nach Abs. 3 mit den Nutzern der Datenbanken privatrechtliche Nutzungsvereinbarungen zu schließen, in denen Vergütungen für die Rechercheleistungen festgelegt werden können. Dies wird derzeit praktiziert.

C. Andere Datenbanken (Abs. 2)

14   Nach Abs. 2 kann das DIMDI auch allgemein verfügbare, also **öffentliche Datenbanken** mit Bezug zu Arzneimitteln bereitstellen. Für diese Daten gelten die Zugriffsberechtigungen des Abs. 1 nicht. Die in den allgemein verfügbaren Datenbanken vorhandenen Informationen können gem. Abs. 2 auch pharmazeutischen Unternehmern oder Dritten (z. B. privatwirtschaftlichen Einrichtungen) zur Verfügung gestellt werden. Hierbei ist sicherzustellen, dass die Zugriffsbeschränkungen des Abs. 1 nicht umgangen werden können[10]. Das Nähere hierzu kann in einer Rechtsverordnung nach Abs. 3 geregelt werden. Eine solche wurde bisher jedoch noch nicht erlassen.

15   Datenbanken nach Abs. 2 wurden mittlerweile eingerichtet[11]. Abs. 2 dient im Wesentlichen der Umsetzung europäischen Rechts. Es können insbesondere Informationen über den jeweiligen Zulassungsstatus eines Produktes sowie die beim BfArM eingereichten Änderungsanzeigen abgefragt werden. Hierzu gehören nunmehr auch die Informationen über im Versandhandel vertriebene Produkte. Die gesetzliche Regelung ergänzt und vervollständigt das bereits seit April 2009 auf den DIMDI-Websites etablierte Versandapothekenregister. Die Eintragungen im Datensystem des DIMDI dienen jedoch zunächst nur der allgemeinen Information und sind daher **nicht rechtsverbindlich.** Rechtswirkung entfalten die auch tatsächlich beim BfArM eingegangenen Änderungsanzeigen sowie die rechtswirksam den jeweiligen Adressaten zugegangenen Bescheide[12].

16   Die Recherche in den ca. 70 Datenbanken des DIMDI ist teils kostenfrei, teils werden vom DIMDI auf der Grundlage privatrechtlicher Nutzungsverträge, die mit den Kunden abgeschlossen werden, **Entgelte** erhoben[13]. Der Text des Mustervertrages für die Nutzung ist im Internet abrufbar[14].

---

[9] Vgl. *Kloesel/Cyran*, § 67a Anm. 11.
[10] Vgl. *Rehmann*, § 67a Rn. 2.
[11] Vgl. neben www.dimdi.de auch www.pharmnet-bund.de.
[12] Vgl. *Rehmann*, § 67a Rn. 2.
[13] S. http://www.dimdi.de.
[14] S. http://www.dimdi.de.

D. Verordnungsermächtigung (Abs. 3)

I. Verordnungsermächtigung des BMG (S. 1)

Das BMG wird in Abs. 3 S. 1 dazu ermächtigt, Befugnisse zur Verarbeitung und Nutzung von Daten **17** für die Zwecke der Abs. 1 und 2 und zur Erhebung von Daten für die Zwecke des Abs. 2 im Einvernehmen mit dem BMI und dem BMWi durch Rechtsverordnung mit Zustimmung des Bundesrates einzuräumen und Regelungen hinsichtlich der Übermittlung von Daten durch Behörden des Bundes und der Länder an das DIMDI einschließlich der personenbezogenen Daten für die im AMG geregelten Zwecke zu treffen. Die Regelungsbefugnis im Verordnungswege erstreckt sich auch auf die Art, den Umfang und die Anforderungen an die Daten.

Das BMG hat mit dem Erlass der Verordnung über das datenbankgestützte Informationssystem über **18** Arzneimittel des Deutschen Instituts für Medizinische Dokumentation und Information[15] von dieser Regelungsbefugnis Gebrauch gemacht. Die sehr strukturierte Verordnung umfasst sechs Paragrafen: Art und Inhalt des Informationssystems (§ 1), Datenübermittlung an das DIMDI (§ 2), Bereitstellung von Daten und Nutzung des Informationssystems (§ 3), Speicherungsfrist (§ 4), Auskunftsrecht (§ 5) und das Inkrafttreten (§ 6).

Herzstück der Verordnung bildet § 1 DIMDI-AMV, in dem die betroffenen Daten personenbezoge- **19** ner und betriebsbezogener Art aufgelistet werden (u. a. zu Zulassungs- und Registrierungsstatus, Änderungsanzeigen, Wirkstoffe und sonstige Bestandteile, Stufenplanverfahren, Chargenprüfungen, klinische Prüfungen, Genehmigungen für Gewebezubereitungen, Erlaubnisse nach § 13, Erlaubnisse nach den §§ 20b und 20c, Erlaubnisse nach § 43 I 1, Erlaubnisse nach § 52a I, Inspektionsergebnisse nach § 64 IIIe und die Ausstellung, Versagung, Rücknahme oder den Widerruf von Zertifikaten nach § 64 IIIg, Anzeigen nach § 67 I, V von pharmazeutischen Unternehmern, Großhändlern, Prüflaboren und Wirkstoffhändlern, Erlaubnisse nach § 72, Zertifikate, Erlaubnisse oder Bescheinigungen nach § 72a I 1 Nr. 1 und 2 und § 72b I, II 1 Nr. 2 und 3 für die Einfuhr von Arzneimitteln oder Wirkstoffen aus Drittstaaten, behördliche Maßnahmen nach den §§ 69 und 69a, die für die Überwachung des Arzneimittelverkehrs von Bedeutung sind, Daten nach § 47 Ic 1 über die Abgabe von Arzneimitteln, Stoffe mit antimikrobieller Wirkung oder Stoffe, die in einer der Anlagen der Verordnung über Stoffe mit pharmakologischer Wirkung[16] in der jeweils geltenden Fassung aufgeführt werden, als Wirkstoffe enthalten).

In dem Arzneimittel-Informationssystem können gem. § 1 II DIMDI-AMV weitere arzneimittel- **20** bezogene Daten, wie Daten zu Arzneimittelrisiken, Absatzmengen, Verschreibungsvolumen und in Verkehr gebrachte Packungsgrößen von Arzneimitteln gespeichert werden. Das für die Öffentlichkeit allgemein zugängliche Informationssystem für Arzneimittel enthält darüber hinaus Daten über Produktmerkmale von Arzneimitteln sowie Informationen, die mit Arzneimitteln oder deren Inverkehrbringen in Zusammenhang stehen. Hierzu zählen insbesondere Angaben über den Zulassungsstatus, die Packungsbeilage und die Fachinformation, den öffentlichen Beurteilungsbericht sowie für Arzneimittel, die zur Anwendung bei Menschen bestimmt sind, Zusammenfassungen von Risikomanagement-Plänen, Informationen über Auflagen zusammen mit Fristen und Zeitpunkten für die Erfüllung, die Liste der nach Art. 23 der VO (EG) Nr. 726/2004 zusätzlich überwachten Arzneimittel sowie den Namen und die Anschrift der jeweils verantwortlichen Personen oder Unternehmen, die das Arzneimittel in den Verkehr bringen.

Das Informationssystem enthält gem. § 1 III DIMDI-AMV auch Informationen über die unterschied- **21** lichen Wege für die Meldung von Verdachtsfällen von Nebenwirkungen von Arzneimitteln, die zur Anwendung bei Menschen bestimmt sind, an die zuständigen Behörden durch Angehörige der Gesundheitsberufe und Patienten sowie die in Art. 25 der VO (EG) Nr. 726/2004 genannten Internetformulare für die Meldung von Verdachtsfällen von Nebenwirkungen.

Das DIMDI stellt für Arzneimittel, die zur Anwendung bei Menschen bestimmt sind, gem. § 1 IV **22** DIMDI-AMV auch ein allgemein zugängliches Internetportal zur Verfügung mit Informationen über die rechtlichen Rahmenbedingungen des Versandhandels, einschließlich des Hinweises, dass in den Mitgliedstaaten der Europäischen Union Unterschiede im Hinblick auf die Einstufung und die Abgabe von Arzneimitteln bestehen können, über das gemeinsame Versandhandelslogo, die Liste der Unternehmen, die Arzneimittel im Wege des Versandhandels über das Internet anbieten, mit Angabe der jeweiligen Internetportale sowie über die Risiken, die mit dem illegalen Versandhandel von Arzneimitteln über das Internet verbunden sind.

---

[15] DIMDI-Arzneimittelverordnung – DIMDI-AMV vom 24.2.2010 (BGBl. I S. 140), zuletzt geändert durch Art. 3 VO zum Erlass und zur Änderung tierarzneimittelrechtlicher Verordnungen vom 17.7.2015 (BGBl. I S. 1380).
[16] I. d. F. der Bek. v. 8.7.2009 (BGBl. I S. 1768).

II. Anzeigen auf elektronischen oder optischen Speichermedien (S. 2)

23 In der Rechtsverordnung könnte auch vorgeschrieben werden, dass Anzeigen auf elektronischen oder optischen Speichermedien erfolgen dürfen oder müssen, soweit dies für eine ordnungsgemäße Durchführung der Vorschriften über den Verkehr mit Arzneimitteln erforderlich ist.

III. Verordnungsermächtigung bei Tierarzneimitteln (S. 3)

24 Soweit es sich um Arzneimittel handelt, die zur Anwendung bei Tieren bestimmt sind, ist die Rechtsverordnung vom BMEL im Einvernehmen mit dem BMG, dem BMI und dem BMWi zu erlassen.

E. Verordnungsermächtigung (Abs. 3a)

I. Inhalt der Ermächtigung (S. 1)

25 Das BMG wird im neuen Abs. 3a ermächtigt, **für Tierarzneimittel** im Einvernehmen mit dem BMI und dem BMWi durch Rechtsverordnung mit Zustimmung des Bundesrates Regelungen zu treffen hinsichtlich der Übermittlung von Daten durch das **DIMDI** an Behörden des Bundes und der Länder, einschließlich der personenbezogenen und betriebsbezogenen Daten, zum Zweck wiederholter Beobachtungen, Untersuchungen und Bewertungen zur Erkennung von Risiken für die Gesundheit von Mensch und Tier durch die Anwendung bestimmter **Tierarzneimittel** (Tierarzneimittel-Monitoring) sowie hinsichtlich der Art und des Umfangs der Daten sowie der Anforderungen an die Daten. Von der Verordnungsermächtigung des Abs. 3a, die nur für Tierarzneimittel gilt, ist bisher **soweit ersichtlich** noch nicht Gebrauch gemacht worden.

II. Entsprechende Anwendung des Abs. 3 S. 2 (S. 2)

26 Durch die Verweisung auf Abs. 3 S. 2 kann in der Rechtsverordnung auch vorgeschrieben werden, dass Anzeigen auf elektronischen oder optischen Speichermedien erfolgen dürfen oder müssen, soweit dies für eine ordnungsgemäße Durchführung der Vorschriften über den Verkehr mit Arzneimitteln erforderlich ist.

F. Einvernehmen mit anderen Bundesministerien (Abs. 4)

27 Die Rechtsverordnung nach Abs. 3 hat im Einvernehmen mit dem BMU zu erfolgen, soweit es sich um radioaktive Arzneimittel handelt, bei deren Herstellung ionisierende Strahlen verwendet werden.

G. Datenschutz (Abs. 5)

28 Das DIMDI hat die notwendigen Maßnahmen zu ergreifen, damit Daten nur den dazu befugten Personen übermittelt werden und nur diese Personen Zugang zu den Daten erhalten. Dies bedeutet insbesondere, dass die rechtlichen Vorgaben des Datenschutzes (z. B. des BDSG) eingehalten sowie die Vertraulichkeit der Zulassungsunterlagen, etwaige Patentrechte, der Schutz von **Betriebs- und Geschäftsgeheimnissen,** das Amtsgeheimnis und sonstige geschützte Interessen gewährleistet werden. Hierzu sind entsprechende organisatorische und technische Vorkehrungen zu treffen[17].

§ 68 Mitteilungs- und Unterrichtungspflichten

(1) Die für die Durchführung dieses Gesetzes zuständigen Behörden und Stellen des Bundes und der Länder haben sich

1. die für den Vollzug des Gesetzes zuständigen Behörden, Stellen und Sachverständigen mitzuteilen und

2. bei Zuwiderhandlungen und bei Verdacht auf Zuwiderhandlungen gegen Vorschriften des Arzneimittelrechts, Heilmittelwerberechts oder Apothekenrechts für den jeweiligen Zuständigkeitsbereich unverzüglich zu unterrichten und bei der Ermittlungstätigkeit gegenseitig zu unterstützen.

(2) Die Behörden nach Absatz 1

1. erteilen der zuständigen Behörde eines anderen Mitgliedstaates der Europäischen Union oder bei Arzneimitteln, die zur Anwendung bei Menschen bestimmt sind, der Europäi-

---

[17] Vgl. *Kloesel/Cyran*, § 67a Anm. 16.

schen Arzneimittel-Agentur auf begründetes Ersuchen Auskünfte und übermitteln die erforderlichen Urkunden und Schriftstücke, soweit dies für die Überwachung der Einhaltung der arzneimittelrechtlichen, heilmittelwerberechtlichen und apothekenrechtlichen Vorschriften oder zur Verhütung oder zur Abwehr von Arzneimittelrisiken erforderlich ist,

2. überprüfen alle von der ersuchenden Behörde eines anderen Mitgliedstaates mitgeteilten Sachverhalte und teilen ihr das Ergebnis der Prüfung mit.

(3) [1]Die Behörden nach Absatz 1 teilen den zuständigen Behörden eines anderen Mitgliedstaates und der Europäischen Arzneimittel-Agentur oder der Europäischen Kommission alle Informationen mit, die für die Überwachung der Einhaltung der arzneimittelrechtlichen, heilmittelwerberechtlichen und apothekenrechtlichen Vorschriften in diesem Mitgliedstaat oder zur Verhütung oder zur Abwehr von Arzneimittelrisiken erforderlich sind. [2]In Fällen von Zuwiderhandlungen oder des Verdachts von Zuwiderhandlungen können auch die zuständigen Behörden anderer Mitgliedstaaten, das Bundesministerium, soweit es sich um Arzneimittel handelt, die zur Anwendung bei Tieren bestimmt sind, auch das Bundesministerium für Ernährung und Landwirtschaft, sowie die Europäische Arzneimittel-Agentur und die Europäische Kommission unterrichtet werden.

(4) [1]Die Behörden nach Absatz 1 können, soweit dies zur Einhaltung der arzneimittelrechtlichen, heilmittelwerberechtlichen und apothekenrechtlichen Anforderungen oder zur Verhütung oder zur Abwehr von Arzneimittelrisiken erforderlich ist, auch die zuständigen Behörden anderer Staaten und die zuständigen Stellen des Europarates unterrichten. [2]Absatz 2 Nummer 1 findet entsprechende Anwendung. [3]Bei der Unterrichtung von Vertragsstaaten des Abkommens über den Europäischen Wirtschaftsraum, die nicht Mitgliedstaaten der Europäischen Union sind, erfolgt diese über die Europäische Kommission.

(5) [1]Der Verkehr mit den zuständigen Behörden anderer Staaten, Stellen des Europarates, der Europäischen Arzneimittel-Agentur und der Europäischen Kommission obliegt dem Bundesministerium. [2]Das Bundesministerium kann diese Befugnis auf die zuständigen Bundesoberbehörden oder durch Rechtsverordnung mit Zustimmung des Bundesrates auf die zuständigen obersten Landesbehörden übertragen. [3]Ferner kann das Bundesministerium im Einzelfall der zuständigen obersten Landesbehörde die Befugnis übertragen, sofern diese ihr Einverständnis damit erklärt. [4]Die obersten Landesbehörden können die Befugnisse nach den Sätzen 2 und 3 auf andere Behörden übertragen. [5]Soweit es sich um Arzneimittel handelt, die zur Anwendung bei Tieren bestimmt sind, tritt an die Stelle des Bundesministeriums das Bundesministerium für Ernährung und Landwirtschaft. [6]Die Rechtsverordnung nach Satz 2 ergeht in diesem Fall im Einvernehmen mit dem Bundesministerium.

(5a) Im Fall der Überwachung der Werbung für Arzneimittel, die zur Anwendung bei Menschen bestimmt sind, obliegt dem Bundesamt für Verbraucherschutz und Lebensmittelsicherheit der Verkehr mit den zuständigen Behörden anderer Mitgliedstaaten der Europäischen Union und der Europäischen Kommission zur Durchführung der Verordnung (EG) Nr. 2006/2004 des Europäischen Parlaments und des Rates vom 27. Oktober 2004 über die Zusammenarbeit zwischen den für die Durchsetzung der Verbraucherschutzgesetze zuständigen nationalen Behörden (ABl. EU Nr. L 364 S. 1), geändert durch Artikel 16 Nr. 2 der Richtlinie 2005/29/EG des Europäischen Parlaments und des Rates vom 11. Mai 2005 (ABl. EU Nr. L 149 S. 22) als zentraler Verbindungsstelle.

(6) [1]In den Fällen des Absatzes 3 Satz 2 und des Absatzes 4 unterbleibt die Übermittlung personenbezogener Daten, soweit durch sie schutzwürdige Interessen der Betroffenen beeinträchtigt würden, insbesondere wenn beim Empfänger kein angemessener Datenschutzstandard gewährleistet ist. [2]Personenbezogene Daten dürfen auch dann übermittelt werden, wenn beim Empfänger kein angemessener Datenschutzstandard gewährleistet ist, soweit dies aus Gründen des Gesundheitsschutzes erforderlich ist.

Wichtige Änderungen der Vorschrift: Abs. 2 Nr. 1, Abs. 3 S. 1 und Abs. 4 S. 1 geändert durch Art. 1 Nr. 60 des Gesetzes zur Änderung arzneimittelrechtlicher und anderer Vorschriften vom 17.7.2009 (BGBl. I S. 1990); Abs. 1, 2, 3 und 4 geändert durch Art. 1 Nr. 55 des Zweiten Gesetzes zur Änderung arzneimittelrechtlicher und anderer Vorschriften vom 19.10.2012 (BGBl. I S. 2192).

Europarechtliche Vorgaben: Art. 3 I RL 2003/94/EG; Art. 51 VO (EG) Nr. 726/2004; VO (EG) Nr. 2006/2004.

Literatur: *Graf von Kielmannsegg*, Datenschutz und Gefahrenabwehr bei klinischen Prüfungen, DÖV 2009, 522.

Übersicht

A. Inhalt und Zweck

1   Mit den Regelungen der §§ 64 ff. soll eine effektive Überwachung des Verkehrs mit Arzneimitteln sichergestellt werden (s. § 64 Rn. 1). Hierzu gehört auch, dass die Überwachungsbehörden (s. hierzu § 64 Rn. 43 ff.) zusammenarbeiten und die erforderlichen Informationen austauschen. Dies wird in den Regelungen der § 68 sowohl für die nationale (s. auch § 4 VwVfG) als auch für die internationale Zusammenarbeit konkretisiert. Die für die internationale Zusammenarbeit geltenden Regelungen in den Abs. 2–6 enthalten nicht nur gegenseitige Unterrichtungspflichten, es werden auch die Informationswege organisiert[1] (zum Vorrang des Gemeinschaftsrechts s. § 64 Rn. 10). Die Vorschrift dient damit wie § 67a der weiteren **Effektivierung der Überwachung** des Verkehrs mit Arzneimitteln. § 67a ist als Spezialvorschrift gegenüber § 68 indes vorrangig. Weitere Einzelheiten ergeben sich aus der Richtlinie für die Überwachung des Verkehrs mit Arzneimitteln[2].

2   Erfahrungen aus der Praxis haben gezeigt, dass sich der Informationsaustausch zur Gewährleistung der Arzneimittelsicherheit gem. § 1 auch auf die Abwehr von **Arzneimittelrisiken,** beispielsweise auf der Grundlage von Inspektionsberichten, beziehen muss. Um diesem Erfordernis der Risikovorsorge Rechnung tragen zu können, wurden die auszutauschenden und zu übermittelnden Daten mit dem AMG-ÄndG 2009 um die Daten zur Verhütung oder zur Abwehr von Arzneimittelrisiken erweitert.

3   Die neuerlichen Änderungen durch das 2. AMG-ÄndG 2012 betreffen eine Ergänzung der Mitteilungs- und Unterrichtungspflichten in den Abs. 1 und 4 im Hinblick auf die Einhaltung auch der apothekenrechtlichen Vorschriften, eine Erweiterung der Informationspflicht an die EMA in Abs. 3 S. 1 sowie eine Anpassung der Terminologie aufgrund des Vertrages von Lissabon.

4   Die Ergänzung der Mitteilungs- und Unterrichtungspflichten in den Abs. 1 und 4 im Hinblick auf die Einhaltung auch der apothekenrechtlichen Vorschriften dient der Umsetzung von Art. 10 I der RL 2011/24/EU über die Ausübung von Patientenrechten in der grenzüberschreitenden Gesundheitsversorgung. Dies schließt auch die Amtshilfe zur Klärung der Angaben in Rechnungen ein[3].

B. Gegenseitige Amtshilfe auf nationaler Ebene (Abs. 1)

5   Die **Verpflichtung** aller Behörden des Bundes und der Länder zur gegenseitigen Amtshilfe ergibt sich bereits aus Art. 35 I GG und wird zunächst in den §§ 4 ff. VwVfG einfach-gesetzlich in vielfältiger Hinsicht konkretisiert. Diese Vorschriften können als gesetzliche Umschreibung eines **allgemeinen Rechtsgrundsatzes** begriffen[4] und daher auch ergänzend bei der Anwendung und Auslegung des § 68 I herangezogen werden. So gilt etwa hinsichtlich der Kosten der Amtshilfe § 8 VwVfG.

---

[1] Vgl. *Kloesel/Cyran*, § 68 Anm. 8.
[2] Arbeitsgruppe „Arzneimittel- und Apothekenwesen, Medizinprodukte" (AAMP) der Arbeitsgemeinschaft der Obersten Landesbehörden (AOLG), Richtlinie über die Überwachung des Verkehrs mit Arzneimitteln, Bundesgesundheitsblatt 8/99, S. 673.
[3] BT-Drucks. 17/9341 v. 18.4.2012, S. 64 f.
[4] Vgl. *Kopp/Ramsauer*, § 4 Rn. 5.

Über die Vorschriften der §§ 4 ff. VwVfG hinaus sind die Überwachungsbehörden nach Abs. 1 **6** gefordert, ohne ein vorheriges Ersuchen einer anderen Behörde **selbst aktiv** zu werden und die dort beschriebenen Tätigkeiten auszuführen. Weitere Konkretisierungen hierzu erfolgen in den auf der Grundlage von § 82 erlassenen §§ 11–13 AMGVwV.

I. Mitteilung der Zuständigkeiten (Nr. 1)

Nr. 1 begründet zunächst eine gegenseitige Mitteilungspflicht der zuständigen Vollzugsbehörden **7** (Adressen, Telefon, Telefax) zum Zwecke der Verbesserung der Zusammenarbeit und der Beschleunigung von Verwaltungsverfahren. Die für den Vollzug des AMG zuständigen Behörden, Stellen (z. B. §§ 70, 74, die Ethik-Kommissionen, Industrie- und Handelskammern) und Sachverständigen (z. B. die Gegenproben-Sachverständigen, Sachverständige der Bundeswehr, Pharmazieräte) sind im Einzelnen unter Angabe ihrer Anschrift in einer ständig aktualisierten **Bekanntmachung des BMG**[5] gelistet.

II. Unterrichtung und Unterstützung (Nr. 2)

Bei Zuwiderhandlungen und bei Verdacht auf Zuwiderhandlungen gegen das Arzneimittelrecht oder **8** das Heilmittelwerberecht haben sich die Behörden für den jeweiligen **Zuständigkeitsbereich** unverzüglich und vollständig[6] zu unterrichten und bei den Ermittlungen gegenseitig zu unterstützen. Die Bezugnahme auf den jeweiligen Zuständigkeitsbereich soll insbesondere bewirken, dass sog. Sammelverfahren gegen denselben Verantwortlichen (§ 37 OWiG) wegen verschiedener Verstöße durchgeführt werden können[7]. Dies dient u. a. der Verwaltungsökonomie.

Die **Inhalte** der gegenseitigen Informationspflicht werden in den §§ 12 und 13 AMGVwV näher **9** beschrieben. Diese beziehen sich zunächst nach **§ 12 AMGVwV** auf die in die jeweiligen Zuständigkeitsbereiche der Behörden fallenden Gerichtsentscheidungen und behördlichen Maßnahmen, die für die Überwachung des Arzneimittelverkehrs, der Heilmittelwerbung und des Apothekenwesens von Bedeutung sind. Die Informationspflicht erstreckt sich jedoch nicht auf die Daten über die Ausstellung, Versagung, Rücknahme oder den Widerruf der Erlaubnis oder des GMP-Zertifikates (§ 12 S. 2 i. V. m. § 3 III AMGVwV). Diese Daten sollen unverzüglich nach der Entscheidung der zuständigen Behörde in die betreffenden DIMDI – Datenbanken nach § 67a eingegeben werden. Diese stehen dann als hinreichendes Informationsmedium zur Verfügung.

Des Weiteren finden sich in **§ 13 AMGVwV** Vorgaben für die Zusammenarbeit der Behörden. Gem. **10** § 13 II AMGVwV stellt die zuständige Bundesoberbehörde (§ 77) zum Zwecke der Überwachung der jeweils zuständigen Behörde die Zulassungs- und Registrierungsunterlagen sowie den Genehmigungsoder Ablehnungsbescheid über eine klinische Prüfung einschließlich eventueller Änderungen und anderer Unterlagen über die klinische Prüfung zur Verfügung.

Soweit es sich um gefälschte oder nicht zugelassene oder nicht registrierte Fertigarzneimittel handelt, **11** unterrichtet die zuständige Behörde nach § 13 III 2 AMGVwV die jeweiligen **Polizeidienststellen** und, soweit Einfuhren betroffen sind, auch die betroffenen **Zolldienststellen.**

Hinsichtlich einer **Information der Öffentlichkeit** (§ 69 IV) haben sich die zuständige Über- **12** wachungsbehörde und die Bundesoberbehörde abzustimmen (§ 13 III 3 AMGVwV).

Soweit die arzneimittelrechtlichen Überwachungsbehörden und Stellen Verstöße oder den Verdacht **13** auf Verstöße gegen Rechtsvorschriften **anderer Rechtsgebiete** (Lebensmittel-, Futtermittel-, Tierseuchen-, Tierschutz- oder Chemikalienrecht) feststellen, haben sie dies den für den Vollzug dieser Rechtsgebiete zuständigen Behörden und Stellen mitzuteilen (§ 13 IV AMGVwV).

Ergibt sich bei der Überwachung des Arzneimittelverkehrs der Verdacht einer Straftat, so ist die Sache **14** der **Staatsanwaltschaft** zuzuleiten. Dies gilt auch, wenn eine Ordnungswidrigkeit mit einer Straftat zusammentrifft oder Zweifel darüber bestehen, ob die Handlung eine Straftat oder eine Ordnungswidrigkeit ist (§ 13 V AMGVwV). Die Staatsanwaltschaft entscheidet über das weitere Vorgehen. Sie kann die Sache auch an die Vollzugsbehörde abgeben (§§ 41–43 OWiG).

Auch die **Arzneimitteluntersuchungsstellen,** die insbesondere in die Untersuchung von Spezial- **15** präparaten einbezogen sind, haben sich gegenseitig zu unterstützen und Informationen auszutauschen (§ 13 VI AMGVwV).

Für die Durchführung von **Inspektionen nach § 72a I 1 Nr. 2** macht § 13 VII AMGVwV kon- **16** kretere Vorgaben (s. § 72a Rn. 23 ff.). Die zuständige Behörde hat in diesen Fällen unter Einhaltung des Dienstweges über die Oberste Landesbehörde dem BMG die erforderlichen Informationen zu übermitteln. Vor der Durchführung der Inspektion holt das BMG über die diplomatische Vertretung der Bundesrepublik Deutschland die Zustimmung der im Exportland zuständigen Behörde für die Durchführung der Inspektion ein und teilt diese der zuständigen Behörde mit. Für den Fall, dass mehrere Behörden in engem zeitlichem Rahmen eine Inspektion im Drittland im gleichen Betrieb oder im

---

[5] Abrufbar unter http://www.bmg.bund.de.
[6] Dazu *VG München*, Beschl. v. 19.7.2010 – M 18 E 10.2732 – BeckRS 2010, 36063.
[7] *Kloesel/Cyran*, § 68 Anm. 7.

gleichen Staat vorgesehen haben, koordiniert das BMG das weitere Vorgehen in Abstimmung mit den jeweils zuständigen Behörden.

C. Zusammenarbeit auf EU-Ebene (Abs. 2 und 3)

17   Neben der fortschreitenden Vereinheitlichung des Binnenmarktes durch die Harmonisierung der Arzneimittelzulassung im zentralen und dezentralen Verfahren machen die Verlagerung von Produktionsvorgängen, insbesondere die Ausgliederung von Produktionsschritten und die Verteilung auf verschiedene Produktionsstätten in mehreren Mitgliedstaaten Regelungen zu einer verstärkten Zusammenarbeit der Überwachungsbehörden der Mitgliedstaaten notwendig. Die „überlagernden" europäischen Verordnungen sind indes vorrangig (zum Vorrang des Gemeinschaftsrechts s. § 64 Rn. 12). Informationspflichten ergeben sich insbesondere aus der VO (EG) Nr. 726/2004 und aus Art. 3 I RL 2003/94/EG (einschließlich des damit einhergehenden Schnellwarnsystems zur Erfassung von Qualitätsmängeln). Im Rahmen von klinischen Prüfungen enthält § 14 GCP-V für die Bundesoberbehörden (§ 77) über die in § 42 V geregelte Unterrichtung des Sponsors hinaus einen Katalog von Mitteilungspflichten gegenüber den zuständigen Ethik-Kommissionen, den für die Überwachung zuständigen Länderbehörden, der Kommission, der EMA, den zuständigen Behörden der EU-Mitgliedstaaten, den zuständigen Behörden der EWR-Vertragsstaaten und Eudravigilanz-Datenbank. Weitere Verpflichtungen zum Informationsaustausch aufgrund europäischer Vorschriften können der Richtlinie für die Überwachung des Verkehrs mit Arzneimitteln[8] entnommen werden. Ohne eine enge Zusammenarbeit der Behörden der Mitgliedstaaten wäre eine effektive Überwachung nicht möglich (zum Zweck der Überwachungsvorschriften s. § 64 Rn. 1).

I. Auskünfte und Prüfung (Abs. 2)

18   **1. Auskünfte (Nr. 1).** Nach Nr. 1 erteilen die auf nationaler Ebene zuständigen Überwachungsbehörden (s. § 64 Rn. 45 ff.) der zuständigen Behörde eines anderen Mitgliedstaates Auskünfte und übermitteln die erforderlichen Urkunden. Hierbei ist der Dienstweg nach Abs. 5 einzuhalten. Wird das Ersuchen an eine nicht zuständige nationale Behörde gestellt, so leitet diese das Ersuchen an die zuständige nationale Behörde weiter. Bei Anfragen zur Zulassungspflicht oder Registrierungspflicht ist § 11 AMGVwV zu beachten. Für die Beantwortung der Anfrage ist dann die Behörde des Landes zuständig, in dem der pharmazeutische Unternehmer seinen Sitz hat oder begründen will. Welche Behörde aus dem ersuchenden Mitlieds zuständig ist, richtet sich nach dessen Recht. Im Zweifel führt das BMG in Zusammenarbeit mit der Kommission und der EMA eine Klärung herbei[9]. Nr. 1 enthält auch eine Erweiterung der Informationspflicht an die EMA (Umsetzung des durch die RL 2010/84/EU geänderten Art. 111 der RL 2001/83/EG und Art. 54a IV der RL 2001/83/EG), wodurch insbesondere dem Risiko von Arzneimittelfälschungen besser begegnet werden soll[10].

19   Im Unterschied zu der in Abs. 1 konkretisierten Amtshilfe auf nationaler Ebene wird der nationalen Behörde nach Abs. 2 Nr. 1 nur die Befugnis erteilt, auf **begründetes Ersuchen** (telefonische oder schriftliche) Auskünfte zu erteilen. Sie darf daher auf der Grundlage der Nr. 1 **nicht von selbst aktiv** werden. Das Ersuchen ist von der ersuchenden Behörde zu begründen. Hieran sind jedoch keine allzu hohen Anforderungen zu stellen. Es reicht allein die Angabe des Grundes für die Anfrage[11].

20   Darüber hinaus dürfen von der nationalen Behörde alle Urkunden und Schriftstücke übermittelt werden, die für die Einhaltung der arzneimittelrechtlichen und der heilmittelwerberechtlichen Vorschriften oder zur Verhütung oder zur Abwehr von Arzneimittelrisiken **notwendig** sind. Diese gesetzliche Verpflichtung befugt auch zur Weitergabe von Geschäfts- oder Betriebsgeheimnissen an ausländische Behörden[12]. § 203 StGB steht dem nicht entgegen, da die Amtsträger nicht unbefugt, sondern in Wahrnehmung eines gesetzlichen Auftrages handeln (s. auch § 64 Rn. 66 ff.)[13].

21   **2. Prüfung (Nr. 2).** Gem. Abs. 2 Nr. 2 haben die auf nationaler Ebene zuständigen Überwachungsbehörden (s. § 64 Rn. 45 ff.) **auf Ersuchen** der Behörde eines anderen Mitgliedstaates Ermittlungshilfe zu leisten. Sie darf daher auf der Grundlage der Nr. 2 **nicht von selbst aktiv** werden.

22   Die Ermittlungshilfe besteht darin, dass die mitgeteilten Sachverhalte auf ihre arzneimittel- oder heilmittelwerberechtliche Relevanz durch die jeweils zuständige nationale Behörde geprüft werden und das Ergebnis dieser Prüfung der ersuchenden Behörde des Mitgliedstaates mitgeteilt wird. Hierbei ist der Dienstweg nach Abs. 5 einzuhalten. Mitzuteilen ist nicht nur das Ergebnis der Prüfung, sondern ggf.

---

[8] Arbeitsgruppe „Arzneimittel- und Apothekenwesen, Medizinprodukte" (AAMP) der Arbeitsgemeinschaft der Obersten Landesbehörden (AOLG), Richtlinie über die Überwachung des Verkehrs mit Arzneimitteln, Bundesgesundheitsblatt 8/99, S. 673.

[9] *Kloesel/Cyran*, § 68 Anm. 10 und 12.

[10] BT-Drucks. 17/9341 v. 18.4.2012, S. 65.

[11] *Rehmann*, § 68 Rn. 4; differenzierend *Kloesel/Cyran*, § 68 Anm. 12: Verzicht auf Begründung bei Ersuchen um eine gemeinschaftsrechtliche Verpflichtung.

[12] Vgl. *Kloesel/Cyran*, § 68 Anm. 8.

[13] *Kloesel/Cyran*, § 68 Anm. 11.

auch, welche Maßnahmen die zuständige Behörde zur Beseitigung festgestellter Mängel getroffen hat oder zur Vermeidung künftiger Verstöße zu treffen beabsichtigt[14].

II. Mitteilung und Unterrichtung (Abs. 3)

1. Mitteilung (S. 1). Die nationalen Überwachungsbehörden (s. § 64 Rn. 45 ff.) haben den zuständi- **23** gen Behörden eines anderen Mitgliedstaates alle Informationen mitzuteilen, die für die Überwachung der arzneimittelrechtlichen und der heilmittelrechtlichen Vorschriften in diesem Mitgliedstaat oder zur Verhütung von Arzneimittelrisiken erforderlich sind. Die Überwachungsbehörden sind nach dieser Vorschrift gefordert, bereits ohne ein vorheriges Ersuchen einer anderen Behörde eines Mitgliedstaates **selbst aktiv** zu werden. Es handelt sich um eine gesetzliche Informationspflicht.

Die Informationspflicht wird ausgelöst, sofern eine arzneimittelrechtliche oder heilmittelwerberechtliche **24** **Relevanz** vorliegt. Dies ist nicht nur bei unmittelbarer, sondern auch bei mittelbarer Betroffenheit der genannten Vorschriften der Fall. Die Informationspflicht erfasst daher beispielsweise nicht nur Sachverhalte, die arzneimittelrechtlich geregelt sind, sondern auch strafrechtlich relevante Sachverhalte, die Auswirkungen auf die Beurteilung der Zuverlässigkeit von Personen im arzneimittelrechtlichen Sinne haben können[15].

Die Information muss aber auch **erforderlich** sein. Erforderlichkeit ist gegeben, sofern die Relevanz **25** einen überwachungspflichtigen Tatbestand betrifft. So wird z. B. eine Informationspflicht nicht schon deshalb ausgelöst, weil ein Hersteller einen Antrag auf die Freigabe einer Charge zurückzieht oder ein pharmazeutischer Unternehmer aus wirtschaftlichen Gründen von seiner Zulassung (vorübergehend) keinen Gebrauch macht, ohne dass der nationalen Behörde Anhaltspunkte für das Bestehen von Gesundheitsrisiken vorliegen[16].

2. Unterrichtung (S. 2). Haben die nationalen Überwachungsbehörden (s. § 64 Rn. 45 ff.) den **26** konkreten Verdacht oder Anhaltspunkte für das Vorliegen eines Verstoßes gegen arzneimittelrechtliche oder heilmittelwerberechtliche Vorschriften, so können sie neben den zuständigen Behörden anderer Mitgliedstaaten auch das BMG und, soweit es sich um Tierarzneimittel handelt, das BMEL sowie die EMA und die Kommission unterrichten. Auch hier bedarf es keiner konkreten Anfrage. Die nationalen Vollzugsbehörden können nach pflichtgemäßem Ermessen **selbst aktiv** werden.

D. Zusammenarbeit mit EWR-Staaten und Drittstaaten (Abs. 4)

I. Mitteilung (S. 1)

Die nationalen Überwachungsbehörden (s. § 64 Rn. 45 ff.) haben nach Abs. 4 ferner die Befugnis, **27** auch die zuständigen Behörden von EWR-Vertragsstaaten (Island, Liechtenstein und Norwegen) und sonstigen Drittstaaten sowie die zuständigen Stellen des Europarates zu unterrichten, soweit dies zur Einhaltung der arzneimittelrechtlichen und heilmittelwerberechtlichen Anforderungen oder zur Verhütung oder zur Abwehr von Arzneimittelrisiken erforderlich ist. Auch hier bedarf es keiner konkreten Anfrage. Die nationalen Vollzugsbehörden können **selbst aktiv** werden.

II. Auskünfte (S. 2)

Gem. Abs. 4 S. 2 findet Abs. 2 Nr. 1 mit der entsprechenden Auskunftsverpflichtung entsprechende **28** Anwendung (s. Rn. 16).

III. Unterrichtung (S. 3)

Die Unterrichtung von EWR-Vertragsstaaten (Island, Liechtenstein und Norwegen) erfolgt über die **29** **Kommission**. Gleiches dürfte auch für solche Staaten gelten, mit denen Abkommen über die gegenseitige Anerkennung von Konformitätsbewertungen **(MRA)** abgeschlossen wurden[17]. Dies betrifft Australien[18], Japan[19], Kanada[20], Neuseeland[21], Schweiz[22]).

---

[14] *Kloesel/Cyran*, § 68 Anm. 13.
[15] *Kloesel/Cyran*, § 68 Anm. 14.
[16] Vgl. *Kloesel/Cyran*, § 68 Anm. 14.
[17] Vgl. *Kloesel/Cyran*, § 68 Anm. 16.
[18] Beschluss des Rates 1998/508/EG vom 18.6.1998, ABl. EG Nr. L 229, S. 1, geändert durch Beschluss des Rates 2002/800/EG vom 8.10.2002, ABl. EG Nr. L 278, S. 19.
[19] Beschluss des Rates 2001/747/EG vom 27.9.2001, ABl. EG Nr. L 284, S. 1, geändert durch Beschluss des Rates 2002/804/EG vom 8.10.2002, ABl. EG Nr. L 278, S. 23.
[20] Beschluss des Rates 1998/566/EG vom 20.7.1998, ABl. EG Nr. L 280, S. 1, geändert durch Beschluss des Rates 2002/802/EG vom 8.10.2002, ABl. EG Nr. L 278, S. 21.
[21] Beschluss des Rates 1998/509/EG vom 18.6.1998, ABl. EG Nr. L 229, S. 61, geändert durch Beschluss des Rates 2002/801/EG vom 8.10.2002, ABl. EG Nr. L 278, S. 20.
[22] Abkommen zwischen der EG und der Schweizerischen Eidgenossenschaft über die gegenseitige Anerkennung von Konformitätsbewertungen, ABl. Nr. L 114 v. 1.6.2002, S. 480.

E. Befugnisse für die internationale Korrespondenz (Abs. 5)

30   Die Regelungen des Abs. 5 stellen zum Zwecke der besseren Koordination die Zuständigkeiten bei der internationalen Korrespondenz klar.

I. Zuständigkeit des BMG (S. 1)

31   Die **Korrespondenz** mit den zuständigen Behörden anderer Staaten, den Stellen des Europarates, der EMA und der Kommission obliegt grundsätzlich dem BMG. Hierdurch soll eine koordinierte Vorgehensweise der Bundes- und Länderbehörden sichergestellt werden[23]. Dieser Grundsatz folgt aus Art. 32 I GG, wonach die Pflege der Beziehungen zu auswärtigen Staaten eine Kompetenz des Bundes ist[24]. Der Anwendungsbereich beschränkt sich indes auf die Pflege der Beziehungen zu den in Abs. 5 genannten ausländischen Institutionen, d. h. auf die Außenvertretung einschließlich des Abschlusses völkerrechtlicher Verträge und des allgemeinen Schriftverkehrs[25].

32   Außerhalb dieses Anwendungsbereiches gelten die allgemeinen Regeln für die Kompetenzverteilung zwischen Bund und Ländern. Bei Akten der Verwaltung gelten insbesondere die Art. 83 ff. GG[26]. Der sachbezogene Schriftverkehr mit der EMA einschließlich der dort angesiedelten Ausschüsse (CPMP, CVMP) kann daher z. B. weiterhin von den auf Länderebene zuständigen Überwachungsbehörden (s. § 64 Rn. 43 ff.) abgewickelt werden. Dies gilt u. a. auch für den für die Überwachung zwingend notwendigen Austausch mit den zuständigen Zulassungs- und Inspektionsbehörden der anderen Mitgliedstaaten[27].

II. Übertragung der Befugnisse (S. 2–4)

33   Die Befugnis kann das BMG nach Abs. 5 S. 2 auf einzelne oder alle nach § 77 zuständigen Bundesoberbehörden oder die zuständigen obersten Landesbehörden übertragen. Einer Rechtsverordnung bedarf es nur zur Übertrag der Aufgaben an die zuständigen obersten Landesbehörden. Eine solche Rechtsverordnung ist bisher nicht erlassen worden. Gem. Abs. 5 S. 3 kann das BMG aber im Einzelfall einer zuständigen obersten Landesbehörde eine Befugnis erteilen, sofern diese damit einverstanden ist. Gem. Abs. 5 S. 4 können die obersten Landesbehörden die ihnen nach den Abs. 5 S. 2 und 3 eingeräumten Befugnisse auf andere Behörden weiter übertragen.

III. Tierarzneimittel (S. 5 und 6)

34   Abs. 5 S. 5 stellt klar, dass die Zuständigkeiten i. S. d. S. 1–3 der Vorschrift für Tierarzneimittel nicht beim BMG, sondern beim BMEL liegen. die Rechtsverordnung nach Abs. 5 S. 2 hat in diesem Fall im Einvernehmen mit dem BMG zu erfolgen (Abs. 5 S. 6).

F. Überwachung der Werbung für Humanarzneimittel (Abs. 5a)

35   In Abs. 5a erhält das **BVL** den gesetzlichen Auftrag[28], in Bezug auf die Überwachung der Werbung für Humanarzneimittel als **zentrale Verbindungsstelle** hinsichtlich des Verkehrs mit den zuständigen Behörden anderer EU-Mitgliedstaaten und der Kommission zur Durchführung der VO (EG) Nr. 2006/ 2004 zu fungieren. Dieser gesetzliche Auftrag beschränkt sich zunächst auf Humanarzneimittel. Tierarzneimittel oder andere in den Anwendungsbereich des HWG fallende Produkte werden nicht erfasst. Im Übrigen bezieht sich der gesetzliche Auftrag auf die Korrespondenz und Koordination der Mitteilungs- und Unterrichtungspflichten des § 68. Es wird also keine abweichende Zuständigkeit der Überwachung des Verkehrs mit Humanarzneimitteln begründet. Diese verbleibt vielmehr bei den arzneimittelrechtlichen Überwachungsbehörden (s. § 64 Rn. 43 ff.).

G. Übermittlung personenbezogener Daten (Abs. 6)

I. Unterbleiben der Übermittlung personenbezogener Daten (S. 1)

36   Abs. 6 dient der Gewährleistung des Datenschutzes. In den Fällen des Abs. 3 S. 2 und des Abs. 4 ist die Übermittlung personenbezogener Daten nur dann zulässig, wenn die schutzwürdigen Interessen der

---

[23] *Rehmann*, § 68 Rn. 4.
[24] Vgl. *BVerfGE* 1, 351, 369.
[25] Vgl. *Kloesel/Cyran*, § 68 Anm. 17.
[26] *Jarass/Pieroth*, Art. 32 Rn. 2.
[27] *Kloesel/Cyran*, § 68 Anm. 17.
[28] Kritisch zur Wahl der Behörde *Kloesel/Cyran*, § 68 Anm. 20.

Betroffenen nicht beeinträchtigt würden. Das Gesetz nennt die Gewährleistung eines angemessenen **Datenschutzstandards** als Beispiel für die Beeinträchtigung schutzwürdiger Interessen.

II. Übermittlung aus Gründen des Gesundheitsschutzes (S. 2)

Ausnahmsweise dürfen Daten trotzdem übermittelt werden, wenn dies aus Gründen des Gesundheits- **37** schutzes erforderlich ist. Eine solche Weitergabe erfordert eine sorgfältige Abwägung der betroffenen Rechtsgüter. Als spezielle Vorgaben sind § 14 III 2 GCP-V und die einschlägigen Bestimmungen über die Einhaltung der Vertraulichkeit in den Sektoralen Anhängen der einzelnen MRA-Abkommen (s. Rn. 27) zu beachten.

§ 69 Maßnahmen der zuständigen Behörden

(1) ¹Die zuständigen Behörden treffen die zur Beseitigung festgestellter Verstöße und die zur Verhütung künftiger Verstöße notwendigen Anordnungen. ²Sie können insbesondere das Inverkehrbringen von Arzneimitteln oder Wirkstoffen untersagen, deren Rückruf anordnen und diese sicherstellen, wenn

1. die erforderliche Zulassung oder Registrierung für das Arzneimittel nicht vorliegt oder deren Ruhen angeordnet ist,
2. das Arzneimittel oder der Wirkstoff nicht nach den anerkannten pharmazeutischen Regeln hergestellt ist oder nicht die nach den anerkannten pharmazeutischen Regeln angemessene Qualität aufweist,
3. dem Arzneimittel die therapeutische Wirksamkeit fehlt,
4. der begründete Verdacht besteht, dass das Arzneimittel schädliche Wirkungen hat, die über ein nach den Erkenntnissen der medizinischen Wissenschaft vertretbares Maß hinausgehen,
5. die vorgeschriebenen Qualitätskontrollen nicht durchgeführt sind,
6. die erforderliche Erlaubnis für das Herstellen des Arzneimittels oder des Wirkstoffes oder das Verbringen in den Geltungsbereich des Gesetzes nicht vorliegt oder ein Grund zur Rücknahme oder zum Widerruf der Erlaubnis nach § 18 Abs. 1 gegeben ist oder
7. die erforderliche Erlaubnis zum Betreiben eines Großhandels nach § 52a nicht vorliegt oder ein Grund für die Rücknahme oder den Widerruf der Erlaubnis nach § 52a Abs. 5 gegeben ist.

³Im Falle des Satzes 2 Nummer 2 und 4 kann die zuständige Bundesoberbehörde den Rückruf eines Arzneimittels anordnen, sofern ihr Tätigwerden im Zusammenhang mit Maßnahmen nach § 28, § 30, § 31 Abs. 4 Satz 2 oder § 32 Abs. 5 zur Abwehr von Gefahren für die Gesundheit von Mensch oder Tier durch Arzneimittel geboten ist. ⁴Die Entscheidung der zuständigen Bundesoberbehörde nach Satz 3 ist sofort vollziehbar. ⁵Soweit es sich bei Arzneimitteln nach Satz 2 Nummer 4 um solche handelt, die für die Anwendung bei Tieren bestimmt sind, beschränkt sich die Anwendung auf den bestimmungsgemäßen Gebrauch.

(1a) ¹Bei Arzneimitteln, für die eine Genehmigung für das Inverkehrbringen oder Zulassung

1. gemäß der Verordnung (EG) Nr. 726/2004 oder
2. im Verfahren der Anerkennung gemäß Kapitel 4 der Richtlinie 2001/83/EG oder Kapitel 4 der Richtlinie 2001/82/EG oder
3. auf Grund eines Gutachtens des Ausschusses gemäß Artikel 4 der Richtlinie 87/22/EWG vom 22. Dezember 1986 vor dem 1. Januar 1995

erteilt worden ist, unterrichtet die zuständige Bundesoberbehörde den Ausschuss für Humanarzneimittel oder den Ausschuss für Tierarzneimittel über festgestellte Verstöße gegen arzneimittelrechtliche Vorschriften nach Maßgabe der in den genannten Rechtsakten vorgesehenen Verfahren unter Angabe einer eingehenden Begründung und des vorgeschlagenen Vorgehens. ²Bei diesen Arzneimitteln können die zuständigen Behörden vor der Unterrichtung des Ausschusses nach Satz 1 die zur Beseitigung festgestellter und zur Verhütung künftiger Verstöße notwendigen Anordnungen treffen, sofern diese zum Schutz der Gesundheit von Mensch oder Tier oder zum Schutz der Umwelt dringend erforderlich sind. ³In den Fällen des Satzes 1 Nr. 2 und 3 unterrichten die zuständigen Behörden die Europäische Kommission und die anderen Mitgliedstaaten, in den Fällen des Satzes 1 Nr. 1 die Europäische Kommission und die Europäische Arzneimittel-Agentur über die zuständige Bundesoberbehörde spätestens am folgenden Arbeitstag über die Gründe dieser Maßnahmen. ⁴Im Fall des Absatzes 1 Satz 2 Nr. 4 kann auch die zuständige Bundesoberbehörde das Ruhen der Zulassung anordnen oder den Rückruf eines Arzneimittels anordnen, sofern ihr Tätigwerden zum Schutz der in Satz 2 genannten Rechtsgüter dringend erforderlich ist; in diesem Fall gilt Satz 3 entsprechend.

(2) ¹Die zuständigen Behörden können das Sammeln von Arzneimitteln untersagen, wenn eine sachgerechte Lagerung der Arzneimittel nicht gewährleistet ist oder wenn der begründete Verdacht besteht, dass die gesammelten Arzneimittel missbräuchlich verwendet werden. ²Gesammelte Arzneimittel können sichergestellt werden, wenn durch unzureichende Lagerung oder durch ihre Abgabe die Gesundheit von Mensch und Tier gefährdet wird.

(2a) Die zuständigen Behörden können ferner zur Anwendung bei Tieren bestimmte Arzneimittel sowie Stoffe und Zubereitungen aus Stoffen im Sinne des § 59a sicherstellen, wenn Tatsachen die Annahme rechtfertigen, dass Vorschriften über den Verkehr mit Arzneimitteln nicht beachtet worden sind.

(3) Die zuständigen Behörden können Werbematerial sicherstellen, das den Vorschriften über den Verkehr mit Arzneimitteln und über die Werbung auf dem Gebiet des Heilwesens nicht entspricht.

(4) Im Falle des Absatzes 1 Satz 3 kann auch eine öffentliche Warnung durch die zuständige Bundesoberbehörde erfolgen.

(5) Die zuständige Behörde kann im Benehmen mit der zuständigen Bundesoberbehörde bei einem Arzneimittel, das zur Anwendung bei Menschen bestimmt ist und dessen Abgabe untersagt wurde oder das aus dem Verkehr gezogen wurde, weil

1. die Voraussetzungen für das Inverkehrbringen nicht oder nicht mehr vorliegen,
2. das Arzneimittel nicht die angegebene Zusammensetzung nach Art und Menge aufweist oder
3. die Kontrollen der Arzneimittel oder der Bestandteile und der Zwischenprodukte nicht durchgeführt worden sind oder ein anderes Erfordernis oder eine andere Voraussetzung für die Erteilung der Herstellungserlaubnis nicht erfüllt worden ist,

in Ausnahmefällen seine Abgabe an Patienten, die bereits mit diesem Arzneimittel behandelt werden, während einer Übergangszeit gestatten, wenn dies medizinisch vertretbar und für die betroffene Person angezeigt ist.

Wichtige Änderungen der Vorschrift: Abs. 1 S. 3 eingefügt durch Art. 1 Nr. 39 des Fünften Gesetzes zur Änderung des Arzneimittelgesetzes vom 9.8.1994 (BGBl. I S. 2071); Abs. 4 eingefügt durch Art. 1 Nr. 40 des Fünften Gesetzes zur Änderung des Arzneimittelgesetzes vom 9.8.1994 (BGBl. I S. 2071); Abs. 1a eingefügt durch Art. 1 Nr. 20 des Siebten Gesetzes zur Änderung des Arzneimittelgesetzes vom 25.2.1998 (BGBl. I S. 374); Abs. 1 S. 2 geändert durch Art. 1 Nr. 62a des Vierzehnten Gesetzes zur Änderung des Arzneimittelgesetzes vom 29.8.2005 (BGBl. I S. 2570); Abs. 1 S. 2 Nr. 2 geändert durch Art. 1 Nr. 61a) des Gesetzes zur Änderung arzneimittelrechtlicher und anderer Vorschriften vom 17.7.2009 (BGBl. I S. 1990); Abs. 1 geändert und Abs. 5 angefügt durch Art. 1 Nr. 56 des Zweiten Gesetzes zur Änderung arzneimittelrechtlicher und anderer Vorschriften vom 19.10.2012 (BGBl. I S. 2192).

Europarechtliche Vorgaben: Art. 116 ff. RL 2001/83/EG; Art. 84 f. RL 2001/82/EG; Art. 20 VO (EG) Nr. 726/2004.

Literatur: *Delewski*, Health Claims Verordnung – Rechtsschutz im Zusammenhang mit der Aufnahme von Health-Claims in die Listen (Teil 2), LMuR 2009, 80; *Fuhrmann*, Sofortvollzug und Einstweiliger Rechtsschutz im Arzneimittel-recht – Eine Bestandsaufnahme, PharmR 2012, 1; *Gusy*, Verwaltung durch Information, Empfehlungen und Warnungen als Mittel des Verwaltungshandelns, NJW 2000, 977; *Klein*, Vorläufiger Rechtsschutz bei arzneimittelsicherheits-rechtlichen Maßnahmen der Überwachungsbehörden gegen vermeintliche Nahrungsergänzungsmittel, ZLR 1997, 391; *Luber*, Amtshaftungsansprüche wegen rechtswidriger Produktinformation, NJW 2005, 1745; *Schmidt-Aßmann*, Die Kontrolldichte der Verwaltungsgerichte, DVBl. 1997, 281; *Schoch*, Das verwaltungsbehördliche Ermessen, Jura 2004, 462; *Stollmann*, Die Befugnisse der zuständigen Behörden nach § 69 Abs. 1 Sätze 1 und 2 AMG, PharmR 2014, 569; *Wahl*, Risikobewertung der Exekutive und richterliche Kontrolldichte – Auswirkungen auf das Verwaltungs- und das gerichtliche Verfahren, NVwZ 1991, 409.

Übersicht

A. Allgemeines

I. Inhalt

Abs. 1 enthält die Eingriffsvoraussetzungen für Untersagung, Anordnung des Rückrufes und Sicher- **1** stellung (Standardmaßnahmen) sowie sonstige Anordnungen zum Zwecke der Gewährleistung der Arzneimittelsicherheit. In Abs. 1a werden die Besonderheiten und das Verfahren bei gemeinschaftsrechtlichen Zulassungen geregelt. Die Eingriffsbefugnisse bei Arzneimittelsammlungen werden in Abs. 2 gesondert vorgegeben. Abs. 2a regelt ergänzend die Sicherstellung von Tierarzneimitteln, während Abs. 3 die Sicherstellung von Werbematerial ermöglicht. Schließlich ermächtigt Abs. 4 die zuständige Bundesoberbehörde (§ 77), öffentliche Warnungen auszusprechen.

II. Zweck

Mit den Vorschriften der §§ 64 ff. soll eine effektive Überwachung des Verkehrs mit Arzneimitteln **2** ermöglicht werden. Zweck der Überwachung ist die Gewährleistung der **Sicherheit** im Verkehr mit Arzneimitteln i. S. v. § 1 (s. § 64 Rn. 1). Die Sicherstellung einer effektiven Arzneimittelsicherheit, die dem Schutz des überragend wichtigen Gemeinschaftsgutes der Volksgesundheit dient, verlangt umfassende und intensive Eingriffsbefugnisse der zuständigen Fachbehörden. Da nur die „notwendigen" Anordnungen getroffen werden dürfen, bildet der Grundsatz der Verhältnismäßigkeit ein angemessenes Korrektiv[1].

Entsprechend dem in Art. 20 III GG verankerten Grundsatz des Vorbehalts des Gesetzes, wonach jeder **3** Eingriff im grundrechtsrelevanten Bereich einer gesetzlichen Grundlage bedarf, werden in § 69 vorwiegend die **Eingriffsbefugnisse** der Überwachungsbehörden sowie die dafür notwendigen Eingriffsvoraussetzungen geregelt. Diese Überwachungsmaßnahmen können in die Grundrechte der Berufsfreiheit und des Rechtes am eingerichteten und ausgeübten Gewerbebetrieb (Art. 12, 14 GG) der Überwachungsadressaten eingreifen und bedürfen daher nach dem Grundsatz des Vorbehalts des Gesetzes einer gesetzlichen Grundlage[2]. § 69 setzt zugleich die Vorgaben des Art. 116, 117 RL 2001/83/EG in nationales Recht um.

B. Anordnungsbefugnisse (Abs. 1)

Abs. 1 regelt die Eingriffsvoraussetzungen für eine Untersagung, die Anordnung des Rückrufes und **4** eine Sicherstellung (S. 2, 3) sowie für sonstige Anordnungen (S. 1). Dies betrifft nicht nur **Verstöße** gegen die Vorschriften des AMG, sondern gegen alle Vorschriften, die der Überwachung des Verkehrs mit Arzneimitteln dienen, insbesondere auch Verstöße gegen das Apothekenrecht[3]. Aus der Entstehungsgeschichte sowie Sinn und Zweck des § 69 ergibt sich, dass die Anordnungsbefugnisse mit den Gegenständen der Überwachung aus § 64 identisch sind[4]. Eine Befugnis zur Anordnung der **Rückgabe** eines Arzneimittels an den pharmazeutischen Unternehmer befindet sich in § 30 IV 3 (s. § 30 Rn. 50).

---

[1] Vgl. *BVerwG*, NJW 1990, 2948.
[2] St. Rspr. *BVerfGE* 6, 32, 37 ff.; *Maurer*, § 6 Rn. 3.
[3] *BVerwG*, NJW 1999, 881; NJW 1990, 2948.
[4] *BVerwG*, NJW 1999, 881.

I. Maßnahmen (S. 1–3)

5   Nach der **Generalklausel** des Abs. 1 S. 1 treffen die zuständigen Überwachungsbehörden die zur Beseitigung festgestellter Verstöße und die zur Verhütung künftiger Verstöße notwendigen Anordnungen zum Zweck der Gefahrenabwehr. Es ist daher nicht erforderlich, dass Verstöße zum Zeitpunkt des Bescheiderlasses noch immer vorhanden sind. Es reicht aus, wenn die Behörde konkrete Verstöße in der Vergangenheit aufzeigt und ein Bedürfnis für behördliches Einschreiten darüber hinaus fortbesteht.[5] Sie können gem. Abs. 2 „insbesondere" das Inverkehrbringen von Arzneimitteln oder Wirkstoffen untersagen, deren Rückruf anordnen und diese sicherstellen, wenn die in den Nr. 1–7 genannten Anordnungsgründe vorliegen. Es besteht insofern Einigkeit, dass Untersagung, Rückruf und Sicherstellung nur unter den in den Nr. 1–7 aufgeführten Voraussetzungen angeordnet werden dürfen[6]. Dieser Auffassung ist zuzustimmen, da die in den Nr. 1–7 genannten Gründe der abschließenden Aufzählung in Art. 117 RL 2001/83/EG entsprechen („**Numerus clausus**" der Eingriffsmöglichkeiten).

6   **1. Generalklausel (S. 1).** Aus der Formulierung der Generalklausel des Abs. 1 S. 1 ist indes zu entnehmen, dass die zuständigen Überwachungsbehörden anders als bei den Maßnahmen nach Abs. 1 S. 2 nicht in ihren Handlungsformen beschränkt sind. Sie können daher nach pflichtgemäßem Ermessen, also unter Berücksichtigung des Grundsatzes der Verhältnismäßigkeit (s. Rn. 25 f.), auf der Grundlage des Abs. 1 S. 1 auch **andere Maßnahmen** als eine Untersagung, Sicherstellung oder die Anordnung eines Rückrufes treffen, sofern diese Maßnahmen notwendig sind, um festgestellte Verstöße zu beseitigen oder künftige Verstöße zu verhindern. So kann die Überwachungsbehörde beispielsweise die Entfernung der Angebote nicht zugelassener Arzneimittel von der Internetplattform gegenüber dem Betreiber anordnen bzw. den elektronischen Vertrieb nicht zugelassener Arzneimittel untersagen[7] oder einem Apotheker aufgeben, sämtliche Werbung für das an einer Apotheke eingeräumte Rezeptbonus sowie dessen Gutschrift bzw. Verrechnung bei der nächsten Bestellung einzustellen[8]. Weitere **Beispiele** sind die Anordnung, für jede Charge aller Fertigarzneimittel Rückstellmuster entsprechend den Vorgaben des § 18 AMWHV aufzubewahren[9], die Anordnung gegenüber dem Parallelimporteur, für jeden Verpackungsvorgang Rückstellmuster für die aus einer Originalcharge hergestellten Inlandschargen aufzubewahren[10], die Untersagung des Versandhandels mit Arzneimitteln[11], die Untersagung der Abgabe von Arzneimitteln über den an einer Apotheke eingerichteten Autoschalter[12], die Untersagung der Versteigerung apothekenpflichtiger Arzneimittel im Internet[13] oder die Untersagung des Verkaufs nicht apothekenüblicher Ware[14]. Ebenso kann das Ruhen einer Zulassung aufgrund von Mängeln des Herstellungsprozesses angeordnet werden[15]. Dagegen ist die Untersagung, aus Ungarn bezogener Arzneimittel mit Rechnung der ungarischen Apotheke in einer deutschen Apotheke abzugeben oder abgeben zu lassen, rechtswidrig[16]. Die Untersagung der Ausgabe von gegen die Arzneipreisbindung verstoßenden Apotheken-Werbegaben („Apotheken-Taler") im Wert von 0,50 EUR ist unverhältnismäßig[17]. Dasselbe gilt für die Anordnung eines Totalverbots des patientenindividuellen Verblistern von Fertigarzneimitteln, wenn mildere Mittel zur Verfügung stehen[18]. Die Anordnung der baulichen Gestaltung einer Apotheke zur Sicherung der Offizin muss hinreichend bestimmt sein[19]. Eine inländische Apotheke darf auf Bestellung ihrer Kunden Arzneimittel von einer Apotheke im EU-Ausland beziehen und mit Rechnung der ausländischen Apotheke an sie abgeben. Eine Untersagungsanordnung ist rechtswidrig[20].

7   Wie der Wortlaut der Vorschrift nahe legt, können die Anordnungen der **Beseitigung** bereits **entstandener** als auch zukünftig drohender **Gefahrensituationen** dienen. So kann auf der Grundlage des Abs. 1 S. 1 beispielsweise angeordnet werden, dass auf den Behältnissen und Umhüllungen eines Präparates der für apothekenpflichtige Arzneimittel erforderliche Hinweis „apothekenpflichtig" anzugeben ist[21]. Als weitere Anordnungen kommen u. a. die Untersagung der Durchführung einer klinischen

---

[5] *VG Regensburg,* PharmR 2014, 524.
[6] *BVerwG,* NJW 1990, 2948; *OVG Münster,* PharmR 2014, 546 mit ausführlicher Begründung; a. A. *Stollmann,* PharmR 2014, 569; *Kloesel/Cyran,* § 69 Anm. 3; *Rehmann,* § 69 Rn. 2.
[7] *VG Potsdam,* NVwZ-RR 2009, 240.
[8] *VG Osnabrück,* Beschl. v. 14.3.2011 – 6 B 94/10 – BeckRS 2011, 49280.
[9] *OVG Münster,* Urt. v. 25.11.2009 – 13 A 1536/09 – BeckRS 2010, 45023; ähnlich *OVG Münster,* PharmR 2009, 254.
[10] *OVG Münster,* PharmR 2009, 254; ähnlich *VGH München,* NVwZ-RR 2007, 24.
[11] *BVerwG,* NVwZ 2008, 1238; *VGH München,* Beschl. v. 25.11.2003 – 25 CS 03.1691 – BeckRS 2003, 31624.
[12] *BVerwG,* NJW 1999, 881.
[13] *VGH München,* NJW 2006, 715.
[14] *OVG Münster,* Beschl. v. 25.9.2013 – 13 A 523/11, Rn. 26, 28 – juris.
[15] *VG Köln,* Urt. v. 9.12.2012 – 7 K 7846/10, Rn. 49 – juris.
[16] *VGH München,* PharmR 2014, 109.
[17] *VG Braunschweig,* PharmR 2012, 350.
[18] *VG Neustadt an der Weinstraße,* PharmR 2014, 486.
[19] *VG Würzburg,* Urt. v. 10.12.2014 – W 6 K 13.405 – BeckRS 2015, 41304.
[20] *BVerwG,* A&R 2015, 129.
[21] Vgl. *BVerwG,* NJW 1990, 2948.

Prüfung oder die Einhaltung der Kennzeichnungsvorgaben des § 10 sowie der Vorgaben des § 11 hinsichtlich der notwendigen Inhalte von Packungsbeilagen in Betracht. Weitere **Beispiele** sind die unter Anordnung des Sofortvollzugs gegenüber einer Versandapotheke verfügte Untersagung, den Patienten der gesetzlichen Krankenkassen bei der Abgabe zuzahlungspflichtiger Arzneimittel die Zuzahlung zu stunden und damit einen Preisnachlass auf preisgebundene Arzneimittel zu gewähren[22], oder die Untersagung des Feilbietens von als „apothekenpflichtig" gekennzeichneten Arzneimitteln in der Selbstbedienung wegen Verstoßes gegen das Selbstbedienungsverbot des § 17 III ApBetrO[23].

2. Untersagung (S. 2). Mit der Untersagung des Inverkehrbringens (§ 4 XVII) meint der Gesetzgeber **8** die Anordnung eines **Vertriebsverbotes** in Bezug auf die hiervon betroffenen Arzneimittel (§ 2) oder Wirkstoffe (§ 4 XIX)[24]. Die Anordnung eines Vertriebsverbotes kann durch Verwaltungsakt[25] gerichtet an einen einzelnen Adressaten (§ 35 S. 1 VwVfG) oder durch Allgemeinverfügung gerichtet an einen bestimmten oder bestimmbaren Personenkreis (§ 35 S. 2 VwVfG) erfolgen. Da das Vertriebsverbot sämtliche in der Legaldefinition des Inverkehrbringens (§ 4 XIX) genannte Tätigkeiten erfasst, hat der Adressat der Verbotsverfügung geeignete Vorkehrungen zu treffen, die eine Auslieferung unmöglich machen[26].

Adressat eines durch Verwaltungsakt i. S. d. § 35 S. 1 VwVfG erlassenen Vertriebsverbotes ist i. d. R. **9** der pharmazeutische Unternehmer (§ 4 XVIII). Dem Vertriebsverbot unterliegt immer *nur* derjenige, an den es gerichtet und wirksam bekannt gemacht wurde (§ 43 VwVfG). Neben dem pharmazeutischen Unternehmer müsste daher ggf. auch gegenüber dem Mitvertreiber von der für diesen sachlich und örtlich zuständigen Behörde ein gesondertes Vertriebsverbot erlassen werden. Dies gilt auch für andere an dem Vertrieb eines Arzneimittels beteiligte Überwachungsadressaten wie z. B. den Handelskette beteiligten Großhändler (§ 4 XXII) oder Apotheken und den sonstigen Einzelhandel wie z. B. Drogerien oder Supermärkte bei freiverkäuflichen Arzneimitteln. Alternativ kann ein Vertriebsverbot durch Allgemeinverfügung i. S. d. § 35 S. 2 VwVfG an die in der Handelskette beteiligten Überwachungsadressaten erlassen werden. Hierbei ist jedoch die begrenzte örtliche Zuständigkeit einer Überwachungsbehörde zu berücksichtigen. Eine Verletzung der örtlichen Zuständigkeit führt zwar nicht zwangsläufig zur Nichtigkeit einer Anordnung (§ 44 II Nr. 3 VwVfG), hat aber zumindest deren Rechtswidrigkeit zur Folge.

Nach den Umständen des Einzelfalles kann ein Vertriebsverbot auf die beanstandeten **Chargen** (§ 4 **10** XVI) beschränkt werden (Art. 117 II RL 2001/83/EG). Dies gilt insbesondere dann, wenn chargenbezogene Mängel festgestellt worden sind, die durch die Anordnung beseitigt oder für die Zukunft verhütet werden können[27]. Neben dem Vertriebsverbot für ein bestimmtes Arzneimittel kann ein Vertriebsverbot auch auf bestimmte **Arzneimittelgruppen,** die durch ihre Inhaltsstoffe oder Herstellungsweise individualisiert bzw. charakterisiert werden können, erstreckt werden.

Die **Ausfuhr** eines Arzneimittels ist nach § 73a I 1 nur dann unzulässig, wenn das Inverkehrbringen **11** nach §§ 5 oder 8 I verboten wäre (s. § 73a Rn. 5 ff.). Das Bestehen eines Vertriebsverbotes kann daher die Ausfuhr nur dann verhindern, wenn zugleich die Gründe der §§ 5 oder 8 I vorliegen oder das Vertriebsverbot auf einem dieser Gründe beruht.

3. Sicherstellung (S. 2). Unter der Sicherstellung ist die Beendigung des Gewahrsams, also der **12** tatsächlichen Sachherrschaft des Eigentümers oder des sonstigen Berechtigten und die Begründung neuen Gewahrsams durch die Überwachungsbehörden oder die von ihr beauftragten Personen zu verstehen[28]. Sie ist eine **vorläufige Maßnahme,** die zum einen angeordnet werden kann, um bereits im Verkehr befindliche Arzneimittel vom weiteren Vertrieb auszunehmen oder den anstehende Vertrieb noch nicht im Verkehr befindlicher Arzneimittel zu verhindern[29]. Zum zweiten kann die Sicherstellung dazu dienen, die Einziehung in einem späteren Straf- oder Bußgeldverfahren nach § 98 zu ermöglichen[30].

Die Durchführung der Sicherstellung erfolgt grundsätzlich durch die amtliche Verwahrung des sicher- **13** gestellten Gegenstandes, wodurch ein **öffentlich-rechtliches** (verwaltungsrechtliches) **Verwahrungsverhältnis** begründet wird[31]. Da die sichergestellten Gegenstände auch als Beweismittel von Bedeutung sind, müssen diese bei der Aufbewahrung vor schädlichen Einflüssen geschützt sein, also ordnungsgemäß

---

[22] *OVG Lüneburg,* Beschl. v. 16.10.2008 – 13 ME 162/08 – BeckRS 2008, 40274; ähnlich *OVG Lüneburg.,* NJW 2008, 3451.
[23] *VG Aachen,* Urt. v. 7.12.2007 – 7 K 1622/03 – BeckRS 2008, 31803.
[24] Etwa *OVG Münster,* PharmR 2005, 331 (für eine Tiersalbe); *OVG Münster,* PharmR 2006, 296 (für ein Klauenpflegemittel); *OVG Lüneburg,* Beschl. v. 9.12.1998 – 11 M 4962/98 – BeckRS 2005, 20786 (für ein vermeintliches Nahrungsergänzungsmittel – Luis Trenker). Zu Unrecht für nikotinhaltige Liquids, die zum Verdampfen in E-Zigaretten bestimmt sind und die nicht als Mittel zur Heilung, Linderung oder Verhütung von Krankheiten bezeichnet oder vermarktet werden, *BVerwG,* PharmR 2015, 249.
[25] Vgl. z. B. *VGH Mannheim,* MedR 2009, 51.
[26] *Kloesel/Cyran,* § 69 Anm. 21.
[27] *Rehmann,* § 69 Rn. 3.
[28] *Drews/Wacke/Vogel/Martens,* S. 209.
[29] Vgl. hierzu *Sächsisches OVG,* A&R 2014, 231, wo eine Sicherstellung nach § 69 I 2 Nr. 1 für unzulässig erachtet wurde.
[30] *Kloesel/Cyran,* § 69 Anm. 24; *Rehmann,* § 69 Rn. 3.
[31] *Drews/Vogel/Wacke/Martens,* S. 211.

aufbewahrt werden. Daneben kann die Sicherstellung auch das Verbot umfassen, ohne ausdrückliche Freigabe der Überwachungsbehörde nicht über die sichergestellten Gegenstände zu verfügen, indem diese beispielsweise von dem Überwachungsadressaten an einen Lieferanten zurückgegeben werden.

14   Als vorläufige Maßnahme ist die Sicherstellung **aufzuheben** und sind die Gegenstände dem Überwachungsadressaten zurückzugeben bzw. freizugeben, wenn ihre Voraussetzungen weggefallen sind. Dies ist z. B. dann der Fall, wenn eine unzweckmäßige Lagerung von Arzneimitteln durch die Schaffung ordnungsgemäßer Lagerungsbedingungen beseitigt worden ist[32].

15   Für **Schädigungen** im Rahmen des öffentlich-rechtlichen Verwahrungsverhältnisses wird in entsprechender Anwendung der privatrechtlichen Grundsätze über die Forderungsverletzung gehaftet, was für den Überwachungsadressaten bei der Geltendmachung von Schadensersatz gegenüber der zuständigen Überwachungsbehörde die Vorteile des § 278 BGB (Anrechnung des Verschuldens von Hilfspersonen) sowie die Beweiserleichterungen der §§ 282, 285 BGB (Beweislastumkehr) mit sich bringt. Daneben kommen Ansprüche aus Amtspflichtverletzung gem. Art. 34 GG i. V. m. § 839 BGB in Betracht[33].

16   **4. Anordnung des Rückrufes (S. 2 und 3).** Gem. Abs. 1 S. 2 können die zuständigen Länderüberwachungsbehörden – gem. Abs. 1 S. 3 die zuständige Bundesoberbehörde (§ 77) – einen Rückruf anordnen. Es ist zu beachten, dass Abs. 1 S. 2 und 3 nicht die Befugnis für einen selbst durch die Behörde vollzogenen Rückruf geben, sondern lediglich die Befugnis, anzuordnen dass der **Überwachungsadressat selbst** einen Rückruf vornimmt. So kann neben einem Vertriebsverbot beispielsweise der Rückruf der noch im Verkehr befindlichen Restbestände angeordnet werden. Wird ein Rückruf der noch im Verkehr befindlichen Restbestände eines nicht zugelassenen Arzneimittels verlangt, so kann der Einwand des pharmazeutischen Unternehmers, das betreffende Produkt sei seit Jahren ohne gesundheitliche Beeinträchtigungen des Verbraucher in den Verkehr gebracht worden, nicht durchgreifen[34]. Die Vorschrift des § 69 I 2 Nr. 1 dient dazu, die Zulassungspflicht des § 21 unmittelbar durchzusetzen, ohne dass es auf die von dem Arzneimittel ausgehenden Risiken und Gefahren im Einzelfall ankommt[35]. Zur Durchsetzung dieses Gesetzeszweckes ist die Prüfung des **konkreten Gefährdungspotentials eines Produktes nicht notwendig**[36]. Allerdings ist auf der Ebene der Ermessensprüfung der Grundsatz der Verhältnismäßigkeit zu beachten. Es ist insofern zwischen Produkten, die gar keine Zulassung besitzen, und solchen Produkten, denen vom Gesetzgeber eine „Aufbrauchfrist" im Wege der fiktiven Zulassung (z. B. § 105 III 2 i. V. m. § 31 IV S. 1) gewährt worden ist, zu unterscheiden. Nur bei Produkten, die (gar) keine Zulassung besitzen, ist die Anordnung des Rückrufs der noch im Verkehr befindlichen Restbestände verhältnismäßig[37].

17   Für die Anordnung eines Rückrufes durch die zuständigen Länderüberwachungsbehörden muss einer der Gründe des Abs. 1 S. 2 Nr. 1–7 vorliegen. Die Bundesoberbehörde kann indes einen Rückruf nur bei Vorliegen eines Grundes i. S. v. Abs. 1 S. 2 Nr. 2 und 4 anordnen. Mit dem 2. AMG-ÄndG 2012 wurde die Rückrufmöglichkeit für die zuständige Bundesoberbehörde erweitert, sofern Nr. 2 erfüllt ist. Auch ist eine solche Entscheidung per gesetzlicher Regelung sofort vollziehbar (Abs. 1 S. 3), weswegen Widerspruch und Anfechtungsklage keine aufschiebende Wirkung haben. Dies soll der Verbesserung der Handlungsmöglichkeiten in Fällen einer nicht den anerkannten Regeln entsprechenden Herstellung oder unzureichender pharmazeutischer Qualität bei gleichzeitiger Gesundheitsgefährdung dienen[38]. Darüber hinaus muss das Tätigwerden der zuständigen Bundesoberbehörde im Zusammenhang mit Maßnahmen nach § 28 (Auflagen zur Zulassung), § 30 (Rücknahme, Widerruf oder Ruhen der Zulassung), § 31 IV 2 (Rücknahme oder Widerruf einer Zulassung) oder § 32 V (Rücknahme oder Widerruf einer Chargenfreigabe) zur Abwehr von Gefahren für Mensch oder Tier durch Arzneimittel **geboten** sein. Der zentralen Rückrufanordnung durch die Bundesoberbehörde dürfte aus Effektivitätsgründen bei Vorliegen der Voraussetzungen der Vorzug zu geben sein, sofern Arzneimittel oder Arzneimittelgruppen verschiedener Überwachungsadressaten betroffen sind.

18   Unter einem **Rückruf** im arzneimittelrechtlichen Sinne sind alle Maßnahmen zu verstehen, die ergriffen werden müssen, um ein bereits im Verkehr befindliches Arzneimittel wieder zurück in den Besitz des Überwachungsadressaten zu bekommen. Anders als im Lebensmittelrecht wird nicht zwischen Rücknahme (Erzeugnis hat den Verbraucher noch nicht erreicht.) und Rückruf (Erzeugnis könnte den Verbraucher bereits erreicht haben.) differenziert (§ 39 II 2 Nr. 4 LFGB). Der Überwachungsadressat ist durch eine Rückrufanordnung verpflichtet, alle ihm rechtlich und tatsächlich möglichen Maßnahmen zu

---

[32] *Kloesel/Cyran*, § 69 Anm. 24.

[33] *Drews/Vogel/Wacke/Martens*, S. 211.

[34] *BayVGH*, Beschl. v. 10.7.2009 – 9 CS 09.1464 – juris (vorgehend *VG München*, Beschl. v. 27.5.2009 – M 18 S 09.1400 – BeckRS 2009, 48692).

[35] *VGH Kassel*, Beschl. v. 14.2.1996 – 11 TG 1144/95 – BeckRS 2005, 23091.

[36] *BayVGH*, Beschl. v. 10.7.2009 – 9 CS 09.1464 – juris (vorgehend *VG München*, Beschl. v. 27.5.2009 – M 18 S 09.1400 – BeckRS 2009, 48692).

[37] *BayVGH*, Beschl. v. 10.7.2009 – 9 CS 09.1464 (vorgehend *VG München*, Beschl. v. 27.5.2009 – M 18 S 09.1400 – BeckRS 2009, 48692).

[38] BT-Drucks. 17/9341, S. 65.

treffen. Die gesetzlich vorgeschriebenen Dokumentationspflichten der Überwachungsadressaten (vgl. z. B. §§ 10, 20 und 29 AMWHV, § 7 I AMGrHdlBetrV) können von großem Nutzen sein, um gezielte Aktionen durchzuführen[39]. Bei Qualitätsmängeln kann der Rückruf wie bei Vertriebsverboten auf einzelne Chargen beschränkt sein, sofern dadurch die festgestellten Mängel wirksam beseitigt oder für die Zukunft verhütet werden können.

5. Entschließungsermessen, Auswahlermessen und Verhältnismäßigkeit. Die Anordnungen **19** nach Abs. 1 sind nach pflichtgemäßem Ermessen unter Berücksichtigung des Grundsatzes der Verhältnismäßigkeit (§ 40 VwVfG) zu treffen. Es steht daher im Ermessen der Behörde, **ob** (Entschließungsermessen) und **wie** (Auswahlermessen) eingeschritten werden soll.

Nach der Generalklausel des Abs. 1 S. 1 kann die zuständige Länderüberwachungsbehörde alle **20** „notwendigen" Maßnahmen treffen. Im übrigen ist das **Auswahlermessen** auf der Rechtsfolgenseite insoweit **eingeschränkt,** als die zuständige Länderüberwachungsbehörde ein Vertriebsverbot, eine Sicherstellung oder einen Rückruf nur anordnen kann, wenn die Voraussetzungen des Abs. 1 S. 2 Nr. 1–7 bzw. des S. 3 hinsichtlich der Befugnis der Bundesoberbehörde zum Rückruf vorliegen.

Den zuständigen Behörden wird durch Abs. 1 **keine Pflicht zum Einschreiten** auferlegt[40]. Aller- **21** dings kann eine Reduktion des Ermessens auf Null (Ermessenschrumpfung) ein Einschreiten gebieten. Eine Ermessensreduktion auf Null kann sich aber nicht nur auf das Entschließungsermessen, sondern auch auf das Auswahlermessen erstrecken mit dem Ergebnis, dass sich dieses auf die Anordnung einer bestimmten Maßnahme reduziert.

Eine **Ermessensreduktion auf Null** kann auch aufgrund einer Selbstbindung der Verwaltung, **22** aufgrund des Verhältnismäßigkeitsprinzips oder aufgrund des Anspruches eines Dritten zum Schutze von Individualinteressen[41] eintreten. Das *OVG Koblenz* hat in einem Urteil vom 3.12.2013 den Anspruch eines Dritten auf Erlass einer aufsichtsbehördlichen Maßnahme wegen Verstoßes gegen § 3 II TFG zwar für zulässig erachtet, im Ergebnis jedoch verneint. § 3 II TFG überlasse es den Blutspendeeinrichtungen, die Einzelheiten ihrer Zusammenarbeit und gegenseitigen Unterstützung in einer Vereinbarung festzulegen. Aufsichtsbehördliche Maßnahmen im Interesse eines Beteiligten kämen wegen des Verstoßes einer Spendeeinrichtung gegen diese Verpflichtung nur in besonders gelagerten Fällen in Betracht[42].

Hat die Verwaltung ihr Ermessen durch eine bestimmte **Verwaltungspraxis** gebunden, so führt dies zu **23** einer Selbstbindung. Besteht kein rechtfertigender Grund für eine Abweichung im Einzelfall, so ist die Verwaltung durch das Gebot der Gleichbehandlung nach Art. 3 I GG gehalten, entsprechend ihrer bisherigen Praxis zu verfahren, sofern nicht ein zureichender Grund für eine Abweichung vorliegt[43]. Allerdings ist nur diejenige Verwaltungspraxis bindend, die sich im Zuständigkeitsbereich einer Überwachungsbehörde zulässigerweise gebildet hat. Es ist also durchaus möglich, dass die jeweils sachlich zuständigen Überwachungsbehörden in ihren örtlichen Zuständigkeitsbereichen regional unterschiedliche Verwaltungspraktiken entwickeln bzw. entwickelt haben. Die Behörde hat allerdings grundsätzlich die Möglichkeit, sich für die Zukunft von einer in der Vergangenheit ausgeübten Verwaltungspraxis zu lösen, für die Zukunft das Ermessen allgemein und nicht nur im Einzelfall in anderer Weise betätigt wird[44].

Zu einer Ermessensreduktion auf Null unabhängig von einer Selbstbindung kommt es, wenn aufgrund **24** der Besonderheiten des Einzelfalles bei rechtmäßiger Ermessensausübung unter Berücksichtigung des **Verhältnismäßigkeitsgrundsatzes** nur eine einzige Entscheidung möglich ist und jede andere Entscheidung fehlerhaft, insbesondere unverhältnismäßig erscheinen würde. Dies kommt bei Entscheidungen nach § 69, bei denen es um die Abwägung gegenläufiger Interessen geht, nicht selten vor. Bei den Maßnahmen nach § 69 hat eine **Abwägung** zwischen dem öffentlichen Interesse (Gewährleistung der Sicherheit im Verkehr mit Arzneimitteln) an der Unterbindung festgestellter Verletzungstatbestände oder an der Verhütung künftiger Verstöße und dem Interesse des Überwachungsadressaten an der Wahrung seiner unternehmerischen Entscheidungsfreiheit und seinem verfassungsrechtlich garantierten Recht am eingerichteten und ausgeübten Gewerbebetrieb (Art. 12, 14 I GG) stattzufinden[45]. So ergibt sich beispielsweise eine Ermessensreduktion auf Null bei einer Untersagungsverfügung nach § 16 III HwO im Falle der Ausübung eines zulassungspflichtigen Handwerks ohne die erforderliche Zulassung[46]. Das Gleiche wird regelmäßig bei dem Vertrieb eines Arzneimittels ohne die erforderliche Zulassung gelten[47].

Schließlich kann sich eine Ermessensreduktion auf Null aufgrund eines subjektiv-öffentlichen An- **25** spruches von Dritten im Falle der Verletzung von **Individualinteressen** ergeben[48].

---

[39] *Kloesel/Cyran,* § 69 Anm. 22.
[40] *Kloesel/Cyran,* § 69 Anm. 5.
[41] *Kloesel/Cyran,* § 69 Anm. 5.
[42] *OVG Koblenz,* Urt. v. 3.12.2013 – 6 A 10608/13.OVG – BeckRS 2014, 45023.
[43] *BVerwGE* 31, 212; *VGH Mannheim,* NVwZ 1991, 1199; *Kopp/Ramsauer,* § 40 Rn. 31.
[44] *Kopp/Ramsauer,* § 40 Rn. 31.
[45] Vgl. *Rehmann,* § 69 Rn. 2.
[46] *VGH Kassel,* NVwZ 1991, 280.
[47] *BayVGH,* Beschl. v. 10.7.2009 – 9 CS 09.1464 – juris (vorgehend *VG München,* Beschl. v. 27.5.2009 – M 18 S 09.1400 – BeckRS 2009, 48692); so auch *Kloesel/Cyran,* § 69 Anm. 25; § 69 *Rehmann,* Rn. 4.
[48] Weiterführend *Kloesel/Cyran,* § 69 Anm. 5.

26 Steht der zuständigen Überwachungsbehörde bei ihrer Entscheidung ein Ermessen zu, so hat sie den **Verhältnismäßigkeitsgrundsatz** zu beachten, also dieses Ermessen entsprechend dem Zweck der Ermächtigung auszuüben und die gesetzlichen Grenzen des Ermessens einzuhalten (§ 40 VwVfG). Bei dem Vorgang der Ermessensbetätigung sind aus der Sicht der zuständigen Überwachungsbehörden **drei Stufen** zu unterscheiden, die eng miteinander zusammenhängen: Erstens die Feststellung der maßgeblichen rechtlichen Vorgaben der Ermessensermächtigung (Ermessenszwecke und Ermessensgrenzen) sowie etwaiger Ermessensrichtlinien (z. B. eine bestehende Verwaltungspraxis), zweitens die Ermittlung des maßgeblichen Sachverhaltes (Abwägungsmaterial) und drittens die eigentliche Bewertung und Abwägung der im Rahmen der Ermächtigung zu berücksichtigenden Interessen. Die Rechtmäßigkeit der Ermessensausübung unterliegt der gerichtlichen Kontrolle nach § 114 VwGO (s. Rn. 61 ff.)[49].

27 Im Einzelnen muss die angeordnete Maßnahme zur Zweckerreichung geeignet und erforderlich und die Einschränkung der Grundrechte der Überwachungsadressaten im Verhältnis zur Zwecksetzung auch angemessen sein[50]. Die Maßnahme ist zur Erreichung des Zwecks **geeignet**, wenn mit ihrer Hilfe das angestrebte Ziel erreicht oder die Zielerreichung gefördert werden kann. Auf das Ausmaß der Beeinträchtigung der Interessen des Adressaten der Maßnahme kommt es bei der Frage der Geeignetheit nicht an. Dies ist erst bei der Antwort auf die Frage zu entscheiden, ob die Maßnahme auch erforderlich ist, also dem Grundsatz des geringstmöglichen Eingriffs entspricht. **Erforderlich** ist eine Maßnahme dann, wenn es kein anderes Mittel gibt, welches unter geringeren Belastungen des Überwachungsadressaten zur Zielerreichung ebenso geeignet ist. Daran fehlt es z. B., wenn eine Behörde die Untersagung der Abgabe des gesamten apothekenpflichtigen Arzneimittelbestandes anordnet, obwohl zuvor nur einzelne Arzneimittelpackungen und eine nur teilweise unvollständige Dokumentation der Bearbeitung der Chargenrückrufe moniert wurden[51]. Schließlich müssen die beim Überwachungsadressaten eintretenden Nachteile in einem angemessenen Verhältnis zu dem bezweckten Vorteil stehen (= Verhältnismäßigkeit im engeren Sinne, **Zumutbarkeit** bzw. Proportionalität). Die behördliche Maßnahme darf daher nicht zu einer Beeinträchtigung der Überwachungsadressaten führen, die in einem offensichtlichen Missverhältnis zu dem mit der Maßnahme verfolgten Ziel steht[52].

28 Die Verletzung einer **Anzeigepflicht** wird unter Berücksichtigung dieser Grundsätze i. d. R. keine Untersagungsverfügung rechtfertigen, da das Ziel der Anzeigepflicht, die zuständige Behörde von einem bestimmten Sachverhalt in Kenntnis zu setzen, um die Sicherheit des Verkehrs mit dem betreffenden Arzneimittel bewerten zu können, im Zeitpunkt des Einschreitens bereits erreicht ist[53]. Demgegenüber ist es geeignet, erforderlich und angemessen, gegenüber dem Betreiber einer Internetplattform den elektronischen Vertrieb einer sog. E-Zigarette zu untersagen[54]. Die E-Zigarette wurde von der Überwachungsbehörde und dem Gericht als nicht zugelassenes, zulassungspflichtiges Arzneimittel, eingestuft[55].

29 Es kann auch die **sofortige Vollziehung** (s. hierzu auch § 64 Rn. 120 ff.)[56] der notwendigen Anordnungen verfügt werden (§ 80 II Nr. 4 VwGO). So besteht z. B. ein besonderes öffentliches Interesse daran, dass der Vertrieb eines Arzneimittels sofort unterbunden wird, wenn es ohne Zulassung in den Verkehr gebracht wird[57]. Zur Begründung der sofortigen Vollziehung des Vertriebsverbotes eines ohne Zulassung in den Verkehr gebrachten Arzneimittels genügt wegen des besonderen öffentlichen Interesses an der Arzneimittelsicherheit der Hinweis, dass das Arzneimittel keine gültige Zulassung besitzt[58]. Bei der Begründung einer sofortigen Vollziehung ist auch zu berücksichtigen, dass dem Unternehmen Nachteile lediglich wirtschaftlicher Art entstehen, die im Fall einer vollständigen oder teilweisen Aufhebung des angefochtenen Verwaltungsaktes ggf. später wieder ausgeglichen werden können[59]. Würde dagegen die aufschiebende Wirkung des Widerspruchs nicht beseitigt, so blieben bis zum Abschluss des verwaltungsgerichtlichen Verfahrens die Verbraucher ernsten und kaum wieder gutzumachenden Gefahren ausgesetzt[60]. Würde beispielsweise die nicht sofortige Vollziehung des verlangten Rückrufs noch im Verkehr befindlicher Restbestände eines nicht zugelassenen Arzneimittels angeordnet werden, hätte dies zur Folge, dass die Restbestände des Arzneimittels in der Zwischenzeit nahezu vollständig an den Endverbraucher gelangen[61]. Die sofortige Vollziehbarkeit kann auch gleichzeitig mit

---

[49] *Kopp/Ramsauer*, § 40 Rn. 30.

[50] Exemplarisch zur Verhältnismäßigkeit der Anordnung der Aufbewahrung einer spezifischen Anzahl von Rückstellmustern s. *OVG Münster*, Urt. v. 25.11.2009 – 13 A 1536/09 – BeckRS 2010, 45023.

[51] *VG Frankfurt/Oder*, Beschl. v. 9.9.2008 – 4 L 309/08 – BeckRS 2008, 39182.

[52] *Kopp/Ramsauer*, § 40 Rn. 29.

[53] *OVG Hamburg*, Urt. v. 23.10.1996 – OVG-BfV 70/95 – BeckRS 1997, 20545; *Kloesel/Cyran*, § 69 Anm. 9.

[54] *VG Potsdam*, NVwZ-RR 2009, 240.

[55] A. A. *OVG Münster*, Urt. v. 17.9.2013 – 13 A 2448/12, LMRR 2013, 96.

[56] Vgl. hierzu auch *Fuhrmann*, PharmR 2012, 1 ff.

[57] *VG Potsdam, Klein*, ZLR 1997, 393.

[58] *Klein*, ZLR 1997, 393 f.

[59] *OVG Berlin*, PharmR 1983, 178.

[60] *VG Potsdam*, NVwZ-RR 2009, 240.

[61] *BayVGH*, Beschl. v. 10.7.2009 – 9 CS 09.1464 – juris (vorgehend *VG München*, Beschl. v. 27.5.2009 – M 18 S 09.1400 – BeckRS 2009, 48692).

der Anordnung der notwendigen Maßnahme angeordnet werden[62]. Dies ist bei arzneimittelsicherheits-rechtlichen Anordnungen der Regelfall[63].

II. Anordnungsvoraussetzungen (S. 2)

1. Keine Zulassung oder Registrierung (Nr. 1). Gem. Abs. 1 S. 2 Nr. 1 können Vertriebsverbot, **30** Sicherstellung oder Rückruf angeordnet werden, wenn die erforderliche Zulassung (§ 21) oder Registrierung (§ 38) für das betreffende Arzneimittel nicht vorliegt[64] oder deren Ruhen angeordnet ist. Eine Zulassung oder eine Registrierung fehlt, wenn der pharmazeutische Unternehmer bisher keinen Antrag gestellt hat, ein solcher noch nicht beschieden oder bereits abgelehnt wurde. Sie liegen ebenfalls nicht vor, sofern eine Zulassung oder Registrierung auf der Grundlage des § 30 zurückgenommen oder widerrufen oder gem. § 31 erloschen ist[65]. Der Vertrieb eines Arzneimittels ohne Registrierung oder Zulassung ist wegen des im Arzneimittelrecht grundsätzlich geltenden **Verbotsprinzips mit Ausnahmevorbehalts** ein schwerer Verstoß. Er stellt eine Straftat nach § 96 Nr. 5 dar.

Bei einem solch schweren Verstoß wird regelmäßig eine Ermessensreduktion auf Null hinsichtlich **31** eines **Vertriebsverbotes** vorliegen[66]. Es besteht auch ein besonderes öffentliches Interesse an der sofortigen Vollziehung, die regelmäßig zusammen mit dem Vertriebsverbot angeordnet wird (s. Rn. 28). Daneben kommt die Anordnung eines **Rückrufes** in Betracht.

2. Unzureichende Herstellung oder Qualität (Nr. 2). Gem. Abs. 1 S. 2 Nr. 2 können ein Ver- **32** triebsverbot[67], die Sicherstellung oder der Rückruf angeordnet werden, wenn das Arzneimittel oder der Wirkstoff nicht nach den anerkannten pharmazeutischen Regeln hergestellt oder nicht die nach den anerkannten pharmazeutischen Regeln angemessene Qualität aufweist. Die Feststellung von Qualitäts- und Herstellungsmängeln erfolgt auf der Grundlage der durch § 55 vorgegebenen Standards (s. im Übrigen § 64 Rn. 69 ff.). Maßgebend sind der konkrete Inhalt und die Bestandskraft des Zulassungsbescheides (43 VwVfG). Solange der Zulassungsbescheid nicht – gerichtlich rechtskräftig bestätigt – von der Bundesoberbehörde zurückgenommen oder widerrufen worden ist, können keine Maßnahmen aus Gründen einer unzureichenden Herstellung oder Qualität angeordnet werden, sofern die Herstellung und die Qualität des Arzneimittels den Inhalten des Zulassungsbescheides entsprechen. Die **Beweislast** liegt insofern bei der die Maßnahme anordnenden Überwachungsbehörde[68].

Mit dem AMG-ÄndG 2009 wurde der Tatbestand nun auch auf die **Herstellung** (§ 4 XIV) erweitert. **33** Die zuständigen Behörden können hierdurch bereits dann tätig werden, wenn Arzneimittel oder Wirkstoffe nicht nach den anerkannten pharmazeutischen Regeln hergestellt wurden[69]. Dies erscheint sinnvoll, weil das verwendete Herstellungsverfahren für die Art und Weise der beim Endprodukt vorzunehmenden Qualitätsprüfung wesentlich ist.

Qualitätsmängel können nach § 25 II 1 Nr. 3 bereits zur Zulassungsversagung führen (zu den **34** Qualitätsmängeln s. § 25 Rn. 29 ff.). Eine angemessene Qualität liegt nicht mehr vor, wenn eine durch Abweichung von den anerkannten pharmazeutischen Regeln nicht unerhebliche Qualitätsminderung eingetreten ist[70]. Die angesprochenen Qualitätsmängel können chargenbezogen auftreten, aber auch herstellungsbedingt und damit generell vorhanden sein. Bei chargenbezogenen Qualitätsmängeln kommen aus Gründen der Verhältnismäßigkeit in der Regel auch nur chargenbezogene Maßnahmen der Behörden in Betracht, während bei generellen Qualitätsmängeln auch Gründe vorliegen, die eine Rücknahme oder den Widerruf der Zulassung gem. § 30 zur Folge haben können.

3. Fehlende Wirksamkeit (Nr. 3). Nach Abs. 1 S. 2 Nr. 3 können ein Vertriebsverbot, die Sicher- **35** stellung oder der Rückruf angeordnet werden, wenn dem Arzneimittel die therapeutische Wirksamkeit fehlt. Anknüpfungspunkte für die Wirksamkeitsprüfung sind die für das Arzneimittel angegebenen **Indikationsgebiete.** Eine fehlende Wirksamkeit führt nach § 25 II 1 Nr. 4 ebenfalls zur Zulassungsversagung (s. § 25 Rn. 36 ff.). Eine irrtümlich trotz unzureichender oder fehlender Wirksamkeit erteilte Zulassung ist nach § 30 I 2 zurückzunehmen oder zu widerrufen. Da ein unwirksames Arzneimittel auch nicht verkehrsfähig ist, sind Maßnahmen nach § 69 I je nach den Umständen des Einzelfalles gerechtfertigt.

Eine Anordnung auf der Grundlage von Abs. 1 S. 2 Nr. 3 wird jedoch eher selten ergehen, da den **36** zuständigen Länderüberwachungsbehörden die **Beweislast** für den Nachweis einer fehlenden Wirksam-

---

[62] Etwa *OVG Lüneburg*, Beschl. v. 16.10.2008 – 13 ME 162/08 – BeckRS 2008, 40274, *OVG Lüneburg*, NJW 2008, 3451; *OVG Münster*, Urt. 25.11.2009 – 13 A 1536/09 – BeckRS 2010, 45023; *VGH München*, NJW 2006, 715.

[63] *Klein*, ZLR 1997, 393.

[64] Etwa *OVG Berlin-Brandenburg*, Beschl. v. 9.1.2014 – OVG 5 S 14.13 – BeckRS 2014, 46299; *BayVGH*, LMRR 2007, 19.

[65] *Sander*, § 69 Erl. 5.

[66] Vgl. *Kloesel/Cyran*, § 69 Anm. 25; *Rehmann*, § 69 Rn. 4.

[67] Vgl. etwa *BVerwG*, PharmR 2009, 397.

[68] *Sander*, § 69 Erl. 6.

[69] BT-Drucks. 16/12256, S. 54.

[70] *Sander*, § 69 Erl. 6.

keit obliegt[71]. Angesichts der Bestandskraft einer bestehenden Zulassung (vgl. § 43 VwVfG) wird sich der betroffene Überwachungsadressat auf diese berufen. Im Regelfall wird daher die zuständige Bundesoberbehörde eingeschaltet werden, um den Erlass eines Widerrufs oder einer Rücknahme nach § 30 zu prüfen.

37   **4. Fehlende Unbedenklichkeit (Nr. 4).** Ein Vertriebsverbot, die Sicherstellung oder der Rückruf können angeordnet werden, wenn der **begründete Verdacht** besteht, dass das Arzneimittel schädliche Wirkungen hat, die über ein nach den Erkenntnissen der medizinischen Wissenschaft vertretbares Maß hinausgehen. Die Regelung greift eine Gefahrenverdachtssituation „innerhalb" der Anlass- oder Regelüberwachung auf und räumt den Überwachungsbehörden auf der Grundlage eines Gefahrenverdachtes Eingriffsbefugnisse zur Gefahrenerforschung ein. Obwohl das tatsächliche Vorliegen einer Schädlichkeit also ungewiss ist, können die genannten Maßnahmen ergriffen werden. Voraussetzung ist jedoch, dass *konkrete Tatsachen* (s. § 64 Rn. 11) vorliegen, welche die Annahme einer Schädlichkeit auch rechtfertigen.

38   Mit dem 2. AMG-ÄndG 2012 wurde das Tatbestandsmerkmal, es bestehe der begründete Verdacht, das Arzneimittel habe „bei bestimmungsgemäßem Gebrauch" schädliche Wirkungen, für Humanarzneimittel ersatzlos gestrichen. Gem. Abs. 1 S. 5 bleibt das Erfordernis für Tierarzneimittel bestehen. Diese Streichung beruht auf der Umsetzung von Art. 117 i. V. m. Art. 1 Nr. 11 RL 2001/83/EG, wonach das neue Pharmakovigilanz-System für Humanarzneimittel auch die Fälle der Überdosierung, des Fehlgebrauchs, Missbrauchs und der Medikationsfehler erfasst[72]. Bei schädlichen Wirkungen von Humanarzneimitteln können nun auch in diesen Fällen Überwachungsmaßnahmen ergriffen werden.

39   **Bedenkliche Arzneimittel** sind nicht verkehrsfähig. Dies ergibt sich bereits aus § 5 I (s. hierzu § 5 Rn. 2 ff.), wonach es verboten ist, bedenkliche Arzneimittel in den Verkehr zu bringen oder bei anderen Menschen anzuwenden. Im Übrigen stellt die Bedenklichkeit eines Arzneimittels einen Zulassungsversagungsgrund nach § 25 II 1 Nr. 5 dar (s. § 25 Rn. 57 ff.). Das Inverkehrbringen bedenklicher Arzneimittel ist strafbar gem. § 95 I Nr. 1. Es wird daher auch hier regelmäßig eine Ermessensreduktion auf Null in Richtung auf ein (vorläufiges) Vertriebsverbot vorliegen, wenn konkrete Tatsachen im Hinblick auf die Bedenklichkeit vorliegen. Daneben kommt die Anordnung der sofortigen Vollziehung in Betracht (s. Rn. 28).

40   Im Übrigen käme die Anordnung eines Rückrufes nach Abs. 1 S. 3 durch die zuständige Bundesoberbehörde in Betracht, sofern dessen Voraussetzungen vorliegen. Die beteiligten Länderüberwachungsbehörden haben sich zum Zwecke der **Koordinierung ihrer Maßnahmen** in derartigen Fällen gem. § 68 zu verständigen.

41   **5. Unzureichende Qualitätskontrollen (Nr. 5).** Gem. Abs. 1 S. 2 Nr. 5 können ein Vertriebsverbot, die Sicherstellung oder der Rückruf angeordnet werden, wenn die vorgeschriebenen Qualitätskontrollen nicht durchgeführt sind[73]. Nach § 22 I Nr. 15 müssen die Methoden zur Qualitätskontrolle im Zulassungsantrag beschrieben werden. Sie sind daher bereits Bestandteil der Arzneimittelzulassung und zunächst **Maßstab** für die durchgeführten Kontrollen. Anerkannte pharmazeutische Regeln für die Qualitätskontrolle ergeben sich aus dem Arzneibuch (§ 55). Qualitätskontrollen sind allerdings am jeweiligen Stand der wissenschaftlichen Erkenntnisse zu messen und ggf. anzupassen, was nach § 29 der Bundesoberbehörde anzuzeigen ist[74]. Letztere bilden dann den Maßstab für Qualitätskontrolle. Der Hersteller kann insofern nicht einwenden, bei der Produktion eine Technik zu verwenden, bei der in den Ausgangsstoffen möglicherweise vorhandene infektiöse Erreger herausgefiltert bzw. abgetötet werden[75]. Die Durchführung einer Qualitätskontrolle ist der Überwachungsbehörde auf deren Verlangen auf der Grundlage der § 64 II ermöglichten Eingriffsbefugnisse durch Vorlage der von der AMWHV vorgeschriebenen Protokolle nachzuweisen (s. auch § 64 Rn. 69 ff.). Eine Missachtung dieser Vorschriften kann bereits nach § 18 II (vorläufige Untersagung der Herstellung) sanktioniert werden.

42   Ob darüber hinaus noch Maßnahmen nach § 69 I 2 notwendig sind, hängt insbesondere von der **Schwere des Verstoßes** und den mit ihm verbundenen **Auswirkungen** ab. Sind die Kontrollen lediglich inhaltlich zu beanstanden, wird nach der Schwere der festgestellten Mängel differenziert werden müssen. Werden indes Qualitätskontrollen überhaupt nicht durchgeführt, so wird im Regelfall der Maßnahmenkatalog nach § 69 I 2 eröffnet sein[76].

43   **6. Keine Herstellungs- oder Einfuhrerlaubnis (Nr. 6).** Ein Vertriebsverbot[77], die Sicherstellung oder der Rückruf können auch angeordnet werden, wenn die erforderliche Erlaubnis für das Herstellen (§ 4 XIV) des Arzneimittels oder des Wirkstoffes oder das Verbringen in den Geltungsbereich des

---

[71] *Sander*, § 69 Erl. 7.
[72] BT-Drucks. 17/9341, S. 65.
[73] Vgl. etwa *OVG Hamburg*, NordÖR 2004, 214.
[74] *Sander*, § 69 Erl. 9.
[75] *OVG Hamburg*, NordÖR 2004, 214 (für die Herstellung homöopathischer Arzneimittel).
[76] *Rehmann*, § 69 Rn. 8.
[77] Vgl. etwa *VGH München*, PharmR 2009, 573.

Gesetzes[78] (§ 72) nicht vorliegt oder ein Grund zur Rücknahme oder zum Widerruf der Erlaubnis nach § 18 I gegeben ist. Die Anordnung zur Betriebsschließung bei Fehlen der Großhandelserlaubnis ist auch ohne konkrete Gefährdung der Bevölkerung zulässig, um den „grauen Arzneimittelmarkt" einzudämmen[79].

7. Keine Großhandelserlaubnis (Nr. 7). Gem. Abs. 1 S. 2 Nr. 7 können Maßnahmen angeordnet **44** werden, wenn die erforderliche Erlaubnis zum Betreiben eines Großhandels nach § 52a nicht vorliegt oder ein Grund für die Rücknahme oder den Widerruf der Erlaubnis nach § 52a V gegeben ist[80].

Auf Abs. 1 S. 2 Nr. 7 gestützte Maßnahmen können sich nur gegen den ohne Erlaubnis Tätigen oder **45** mit vom Widerruf oder Rücknahme der Erlaubnis bedrohten Großhändler richten (. Daneben könnte den Abnehmern des betreffenden Großhändlers auf der Grundlage der Generalklausel des Abs. 1 S. 1 der Bezug von Arzneimitteln von diesem Großhändler untersagt werden. Die Arzneimittel selbst, die von dem betroffenen Großhändler vertrieben werden, bleiben wegen der weiterhin bestehenden Zulassung indes verkehrsfähig, so dass die Anordnung eines Rückrufes bereits ausgelieferter Erzeugnisse nicht in Betracht käme.

III. Zuständige Behörden

Die in § 69 vorgesehenen Maßnahmen können grundsätzlich durch die jeweils sachlich und örtlich **46** zuständige Behörde getroffen werden. Das ist grundsätzlich diejenige Behörde, die auch für die **Überwachung** zuständig ist (s. § 64 Rn. 43 ff.). Die Zuständigkeit richtet sich nach der konkret angeordneten Maßnahme. Sofern gesetzlich nicht ausdrücklich die Zuständigkeit der Bundesoberbehörde, etwa nach Abs. 1 S. 3, vorgesehen ist, sind die Überwachungsbehörden der Länder zuständig.

C. Besonderheiten bei gemeinschaftsrechtlichen Zulassungen (Abs. 1a)

In Abs. 1a werden die Besonderheiten bei gemeinschaftsrechtlichen Zulassungen geregelt. Neben **47** spezifischen **Unterrichtungspflichten** bestehen auch **Eingriffsbefugnisse.** Abs. 1a ist anwendbar, sofern bei Arzneimitteln, die ihre Zulassung in einem europäischen Verfahren erhalten haben, Verstöße gegen arzneimittelrechtliche Vorschriften festgestellt werden.

I. Unterrichtung durch die zuständige Bundesoberbehörde (S. 1)

Nach Abs. 1a S. 1 ist in diesen Fällen die zuständige Bundesoberbehörde verpflichtet, den Ausschuss **48** für Humanarzneimittel **(CHMP)** oder den Ausschuss für Tierarzneimittel **(CVMP)** über die festgestellten Verstöße gegen arzneimittelrechtliche Vorschriften nach Maßgabe der in den die gemeinschaftsrechtlichen Zulassungen betreffenden Rechtsakten vorgesehenen Verfahren mit einer eingehenden Begründung unter Angabe des vorgeschlagenen Vorgehens zu unterrichten.

In der Sache handelt es sich um Arzneimittel, für die eine Genehmigung für das Inverkehrbringen oder **49** eine Zulassung gemäß der VO (EG) Nr. 726/2004 (S. 1a Nr. 1) oder im Verfahren der Anerkennung gem. Kap. 4 RL 2001/83/EG oder Kap. 4 RL 2001/82/EG (Abs. 1a Nr. 2) oder aufgrund eines Gutachtens des Ausschusses gem. Art. 4 RL 87/22/EWG vom 22.12.1986 vor dem 1.1.1995 (Abs. 1a Nr. 3) erteilt worden ist.

II. Anordnungen vor Unterrichtung (S. 2)

Gemäß Abs. 1a S. 2 können die zuständigen Länderüberwachungsbehörden bei diesen Arzneimitteln **50** auch schon vor der Unterrichtung gem. Abs. 1a S. 1 die zur Beseitigung festgestellter und zur Verhütung künftiger Verstöße notwendigen Anordnungen treffen. Der jeweilige Ausschuss nach S. 1 muss also vor einer solchen Anordnung nicht informiert werden. Voraussetzung hierfür ist allerdings, dass die Anordnung einer solchen Maßnahme zum Schutz der Gesundheit von Mensch oder Tier oder zum Schutz der Umwelt **dringend erforderlich** ist. In allen übrigen Fällen entscheidet die Kommission auf der Grundlage des vom Ausschuss nach S. 1 gefertigten Gutachtens.

III. Unterrichtung in den Fällen des S. 1 Nr. 2 und 3 (S. 3)

Sofern die zuständige Länderüberwachungsbehörde in dringenden Fällen Maßnahmen anordnet, hat **51** sie gem. Abs. 1a S. 3 die Kommission und die anderen Mitgliedstaaten, in den Fällen des S. 1 Nr. 1 die Kommission und die EMA über den Dienstweg, also die zuständige Bundesoberbehörde, spätestens am folgenden Arbeitstag von der getroffenen Maßnahme unter Angabe der Gründe zu unterrichten.

---

[78] *VGH München*, PharmR 2009, 573.
[79] BT-Drucks. 15/5728, S. 83.
[80] Zur Anordnung des Ruhens einer Arzneimittelgroßhandelserlaubnis vgl. *VG Münster*, Urt. v. 28.10.2014 – 5 K 1498/14 – BeckRS 2014, 5877.

IV. Anordnungen im Fall des Abs. 1 S. 2 Nr. 4 (S. 4)

52   Schließlich kann die zuständige Bundesoberbehörde gem. Abs. 1a S. 4 im Falle des Abs. 1 S. 2 Nr. 4 **(fehlende Unbedenklichkeit eines Arzneimittels)** auch das Ruhen der Zulassung oder den Rückruf eines Arzneimittels anordnen, sofern dies zum Schutze der Gesundheit von Mensch oder Tier erforderlich ist. In diesem Fall gilt die Unterrichtungspflicht des Abs. 1 S. 3 auch für die Bundesoberbehörde.

D. Eingriffsbefugnisse bei Arzneimittelsammlungen (Abs. 2)

I. Untersagung (S. 1)

53   Da eine unsachgemäße Lagerung die Qualität und Wirksamkeit von gesammelten Arzneimitteln beeinträchtigten kann, wird der zuständigen Länderüberwachungsbehörde nach Abs. 2 S. 1 die Befugnis eingeräumt, das Sammeln von Arzneimitteln zu untersagen. Die Überwachungsbehörde kann ein **Sammlungsverbot** auch dann erlassen, wenn der begründete Verdacht besteht, dass die gesammelten Arzneimittel missbräuchlich verwendet werden. Dies wäre z. B. dann der Fall, wenn Arzneimittel unbefugt aus dem Arzneimittellager an Dritte abgegeben werden und so die entsprechenden Abgabevorschriften zum Schutz des Verkehrs mit Arzneimitteln umgangen werden. Da vor der Untersagung ein Verdacht für die missbräuchliche Verwendung vorliegen muss, darf die Entscheidung der zuständigen Behörde nur auf der Grundlage konkret vorliegender Tatsachen getroffen werden.

II. Sicherstellung (S. 2)

54   Nach Abs. 2 S. 2 kommt als weitere Maßnahme auch die Sicherstellung der gesammelten Arzneimittel in Betracht, wenn durch **unzureichende Lagerung** oder durch ihre Abgabe die Gesundheit von Mensch und Tier gefährdet wird. Eine unzureichende Lagerung ist gegeben, wenn bei der Lagerung nicht gewährleistet wird, dass die Qualität der Arzneimittel erhalten bleibt[81].

E. Sicherstellung bei Tierarzneimitteln (Abs. 2a)

55   Abs. 2a ermöglicht der zuständigen Behörde die Sicherstellung von Tierarzneimitteln sowie von Stoffen und Zubereitungen aus Stoffen, die nach § 59a zur Herstellung von Tierarzneimitteln gerade nicht verwendet werden dürfen. Hierfür müsste allerdings ein **begründeter Verdacht** bestehen, dass gegen arzneimittelrechtliche Vorschriften verstoßen wird. Die Vorschrift ermöglicht daher der Behörde ein präventives Einschreiten. Hierfür müssen allerdings wiederum konkrete Anhaltspunkte für einen entsprechenden Verstoß vorliegen. Bloße Vermutungen reichen für das Bestehen eines solchen Gefahrenverdachtes (s. § 64 Rn. 9) nicht aus.

F. Sicherstellung von Werbematerial (Abs. 3)

56   Die zuständigen Behörden können auch Werbematerial sicherstellen, das den Vorschriften über den Verkehr mit Arzneimitteln und über die Werbung auf dem Gebiete des Heilwesens nicht entspricht. Der Begriff des **Werbematerials** ist weit zu fassen. Hierunter fallen alle Unterlagen, Prospekte, Packmittel, Anzeigen, Broschüren und sonstige Unterlagen (wie etwa Bild und Tonmaterial), die zum Vertrieb eines Arzneimittels eingesetzt werden oder den Vertrieb des Arzneimittels fördern sollen. Eine Sicherstellung ist insbesondere bei Verstößen gegen das HWG möglich (§ 8 I Nr. 2, 3 HWG)[82]. Nicht zu den Werbematerialien gehören wissenschaftliche Abhandlungen. Allerdings kann auch bei wissenschaftlichen Abhandlungen wegen § 4 HWG ein Verstoß gegen das HWG vorliegen. Da eine Vorzensur nach Art. 5 III GG unzulässig ist, muss sich das Werbematerial bereits im Verkehr befinden, also schon das Entwurfsstadium verlassen haben (s. § 64 Rn. 103).

G. Öffentliche Warnung (Abs. 4)

57   Die zuständigen Bundesoberbehörden hat nach Abs. 4 die Befugnis[83], im Falle des Abs. 1 S. 3 auch eine öffentliche Warnung auszusprechen. Die öffentliche Warnung muss also zur Abwehr von Gefahren für die Gesundheit von Mensch oder Tier durch das betroffene Arzneimittel geboten sein. Dies wird in

---

[81] Vgl. *Kloesel/Cyran*, § 69 Anm. 40.
[82] *Rehmann*, § 69 Rn. 14.
[83] Zur Notwendigkeit einer gesetzlichen Ermächtigung wegen des Grundrechtseingriffs vgl. *Gusy*, NJW 2000, 977, 984.

der Regel nur dann in Betracht kommen, wenn es sich um Gefahren handelt, die sich nicht ausschließlich auf das Gebiet eines einzelnen Bundeslandes erstrecken. Darüber hinaus gilt der **Verhältnismäßigkeitsgrundsatz** (s. Rn. 25 f.; zur gerichtlichen Kontrolle s. Rn. 57 ff.).

Bei der öffentlichen Warnung werden das betroffene Arzneimittel sowie der betroffene pharmazeuti- **58** sche Unternehmer namentlich benannt. Wegen der dadurch möglichen negativen wirtschaftlichen Folgen für den betroffenen pharmazeutischen Unternehmer bedarf es zunächst einer ausreichenden **wissenschaftlichen Gewissheit.** Diese ist durch eine möglichst umfassende Sachverhaltsaufklärung unter Einbeziehung von Sachverständigen vorzunehmen[84]. So darf eine Behörde beispielsweise erst dann öffentlich warnen, wenn ein Stufenplanverfahren, ggf. auch nur hinsichtlich bestimmter Teilfragen, durch eine Entscheidung der Behörde, mit der der Rückruf eines Arzneimittels angeordnet wird, abgeschlossen ist[85].

Des Weiteren ist von Bedeutung, mit welchem Inhalt und in welcher Art und Weise der Inhalt **59** ausgesprochen wird. Die Warnung muss **inhaltlich richtig** sein, so dass auf Unsicherheiten hinzuweisen ist[86]. Darüber hinaus gilt das Sachlichkeitsgebot. Die Inhalte sind also auf das Erforderliche zu beschränken[87]. So darf z. B. durch eine ungenaue Formulierung nicht der Eindruck entstehen, dass vor einem Arzneimittel insgesamt gewarnt wird, obwohl nur bestimmte Darreichungsformen, bestimmte Chargen oder bestimmte Anwendungsgebiete betroffen sind[88].

Da es sich bei einer öffentlichen Warnung nicht um einen Verwaltungsakt i. S. v. § 35 VwVfG, sondern **60** um einen behördlichen **Realakt** handelt, ist ein Widerspruch nach den §§ 68 ff. VwGO nicht statthaft. Der pharmazeutische Unternehmer kann sich gegen eine unberechtigte öffentliche Warnung jedoch mit der Geltendmachung von **Widerrufs- oder Unterlassungsansprüchen** im Wege einer Leistungsklage wehren. Diese Ansprüche können in Eilfällen auch durch einen Antrag auf Erlass einer einstweiligen Anordnung nach **§ 123 VwGO** geltend gemacht werden. Daneben kommen **Amtshaftungsansprüche** nach § 839 BGB i. V. m. Art. 34 GG in Betracht[89].

H. Gestattung der Verkehrsfähigkeit (Abs. 5)

Auf der Grundlage des mit dem 2. AMG-ÄndG 2012 neu eingefügten Abs. 5 kann die zuständige **61** Behörde im Benehmen mit der zuständigen Bundesoberbehörde in Ausnahmefällen die Abgabe eines nicht mehr verkehrsfähigen Humanarzneimittels an bereits mit dem betreffenden Arzneimittel behandelte Patienten bei Vorliegen der von der zusätzlichen Regelung zusätzlich genannten Voraussetzungen übergangsweise gestatten. Diese **Ausnahmeregelung** dient der Umsetzung von Art. 117 III RL 2001/83/EG und ist auszulegen. Der **Zweck der Regelung** besteht darin, dass aufgrund der Abgabeuntersagung oder des Verkehrsverbotes für ein Humanarzneimittel Personen, die bereits mit diesem Arzneimittel behandelt worden sind, nicht plötzlich und unerwartet auf dieses Arzneimittel nicht mehr zugreifen können. Dadurch wird eine Möglichkeit geschaffen, dass das Arzneimittel für diesen Personenkreis noch für eine Übergangszeit zur Verfügung gestellt werden kann[90]. Die Regelung findet nur auf Humanarzneimittel Anwendung.

Die übergangsweise Fortsetzung der Behandlung mit dem nicht mehr verkehrsfähigen Arzneimittel **62** muss medizinisch vertretbar und für die betroffene Person angezeigt sein. **Medizinische Vertretbarkeit** meint in diesem Zusammenhang eine Abwägung zwischen dem Risiko und Nutzen des Arzneimittels in seiner Anwendung bei Patienten. Bei der Abwägung ist auch zu berücksichtigen, welche Gründe zuvor dazu geführt haben, das Arzneimittel aus dem Markt zu nehmen. Eine Fortsetzung der Behandlung muss auch für die betroffene Person angezeigt sein. Dies kann der Fall sein, wenn alternative Medikationen nicht zur Verfügung stehen oder eine Therapieumstellung einen Übergangszeitraum erfordert. Hierfür kann das Votum eines behandelnden Arztes erforderlich sein[91]. Allerdings ist die Regelung nicht nur auf Einzelfälle beschränkt, sondern kann auch eine gleichsam betroffene Gruppe von Patienten betreffen.

I. Durchsetzung der Befugnisse und Rechtsmittel

I. Maßnahmen der nationalen Behörden

Gegen die auf der Grundlage des § 69 ergangenen Maßnahmen der nationalen Überwachungsbehör- **63** den steht der Verwaltungsrechtsweg (§ 40 VwGO) offen (zu Verfahrensablauf, Rechtsbehelfen und

---

[84] Vgl. *OLG Stuttgart*, NJW 1990, 2690.
[85] *OVG Münster*, Beschl. v. 20.11.1995 – 13 B 619/95 – BeckRS 1995, 13065; *Sander*, § 69 Erl. 13.
[86] *BVerfGE* 105, 252.
[87] *BVerfGE* 105, 252.
[88] Beispiel nach *Sander*, § 69 Erl. 13.
[89] *Luber*, NJW 2005, 1745 ff.
[90] BT-Drucks. 17/9341, S. 65.
[91] *Rehmann*, § 69 Rn. 16.

Rechtsmitteln s. § 64 Rn. 111 ff.). Maßstäbe für die Kontrolle behördlicher Maßnahmen durch die Gerichte sind nach § 114 VwGO die Ziele und Grenzen der gesetzlichen Ermächtigung. Der gerichtlichen Ermessenskontrolle muss allerdings zunächst die Prüfung vorausgehen, ob die rechtlichen Voraussetzungen vorliegen, unter denen die Verwaltung ihr Ermessen überhaupt betätigen darf. Die zuständigen Überwachungsbehörden können erst von dem ihnen in § 69 eingeräumten Ermessen Gebrauch machen, wenn nach dem zur Zeit des Erlasses einer Anordnung erkennbaren Umständen die Voraussetzungen der Nr. 1–7 oder sonstige Verstöße vorliegen bzw. zu erwarten sind. Die **Prüfung der Tatbestandsvoraussetzungen** für die Ermessensentscheidung einerseits und die Ermessenskontrolle andererseits sind daher stets streng zu trennen. Die Prüfung des Vorliegens der Tatbestandsvoraussetzungen geht der Ermessenskontrolle voraus.

64   **Gegenstand der Ermessenskontrolle** ist gemäß § 79 I Nr. 1 VwGO die in der angefochtenen Anordnung getroffene Ermessensentscheidung in der Gestalt, die sie durch den **Widerspruchsbescheid** erhalten hat. Die Widerspruchsbehörde muss in der Regel eine eigene Ermessensentscheidung treffen. Hat also ein Widerspruchsverfahren stattgefunden, ist i. d. R. allein der Widerspruchsbescheid auf Ermessensfehler hin zu untersuchen[92]. Der Ausgangsbescheid spielt für die Prüfung regelmäßig keine Rolle mehr, und zwar unabhängig davon, ob er Ermessensfehler enthält oder nicht.

65   Die **Begründung** des Widerspruchsbescheides hat eine große Bedeutung. Über die wahren Gründe, die für die Ermessensentscheidung im Einzelfall maßgebend waren, könnte ansonsten nur der zuständige Sachbearbeiter der Überwachungsbehörde Auskunft geben. Das Gericht müsste hierüber ggf. Beweis erheben. Da die Überwachungsbehörde aber gem. § 39 I 2 VwVfG verpflichtet ist, der Entscheidung eine schriftliche Begründung beizufügen, in welcher die maßgeblichen Gründe für die Entscheidung mitzuteilen sind, darf sich die Kontrolle in der Praxis zumeist darauf beschränken, die der Entscheidung beigefügte Begründung auf Ermessensfehler zu überprüfen. Ist die Begründung ermessensfehlerhaft, führt dies auch zur Fehlerhaftigkeit der Ermessensentscheidung und damit zur **Rechtswidrigkeit** der angeordneten Maßnahme.

66   Zu beachten ist hierbei, dass das **Nachschieben oder Auswechseln von Gründen** von Ermessensentscheidungen auch im Laufe des gerichtlichen Verfahrens grundsätzlich zulässig sind. Einzuschränken ist dies aber nach wie vor insoweit, als die angeordnete Maßnahme dadurch nicht in ihrem Wesen verändert oder die Rechtsverteidigung des Klägers nicht unangemessen erschwert werden darf[93]. Diese Frage ist zu trennen von der in § 45 VwVfG geregelten Frage, inwieweit ein Verstoß gegen das formelle Begründungserfordernis des § 39 VwVfG geheilt werden kann[94]. Über § 45 VwVfG kann im Übrigen auch die eigentlich nach § 28 VwVfG vorgeschriebene Anhörung des Überwachungsadressaten vor Erlass der behördlichen Anordnung geheilt werden.

67   Liegen die Tatbestandsvoraussetzungen einer Ermessensentscheidung vor, so prüft das Gericht gemäß § 114 VwGO, ob die gesetzlichen Grenzen des Ermessens überschritten worden sind, oder ob von dem Ermessen in einer dem Zweck der Ermächtigung nicht entsprechenden Weise Gebrauch gemacht worden ist. Die danach nur **eingeschränkte Überprüfbarkeit** nach dem Grundsatz, dass das Verwaltungsgericht nicht sein Ermessen an die Stelle des Behördenermessens setzen darf dazu, dass für die Überprüfung nicht das Ergebnis der Entscheidung, sondern die **Art** ihres Zustandekommens entscheidend ist. Ermessensfehler, die zur Begründetheit einer Klage führen können, sind der Ermessensnichtgebrauch (Ermessensunterschreitung), Ermessensfehlgebrauch und Ermessensüberschreitung[95].

68   **Ermessensnichtgebrauch** (Ermessensunterschreitung) liegt vor, wenn die zuständige Überwachungsbehörde bei der getroffenen Entscheidung ihr Ermessen überhaupt nicht betätigt hat. Dies ist dann der Fall, wenn sie das ihr nach § 69 zustehende Ermessen nicht gesehen und sich deshalb irrtümlicherweise für verpflichtet gehalten hat, eine ganz bestimmte, vermeintlich vom Gesetz vorgegebene Entscheidung zu treffen[96]. Gleiches gilt, wenn sich die Behörde im Ermessen unzutreffenderweise beschränkt gesehen hat. Darunter fällt auch die Entscheidung aufgrund einer Weisung einer übergeordneten Behörde, wenn nicht die Weisung selbst den Anforderungen an das pflichtgemäße Ermessen genügt.

69   Beim **Ermessensfehlgebrauch** steht im Zentrum der Ermessenskontrolle die Frage, ob die Verwaltung von ihrem Ermessen in einer dem Zweck der Ermächtigung entsprechender Weise Gebrauch gemacht hat[97]. Die Prüfung setzt voraus, dass zunächst der Zweck der Ermächtigungsnorm ermittelt wird. Der Zweck des § 69 liegt in der Gewährleistung der Sicherheit im Verkehr mit Arzneimitteln i. S. v. § 1.

70   Häufiger kommt es jedoch vor, dass bei der Ermessensentscheidung **Ermessensdefizite** vorliegen, also die Ermessensentscheidung auf **sachwidrigen Erwägungen** beruht. Bei der Frage, ob ein Ermessensdefizit vorliegt, ist zu prüfen, ob in der Entscheidung sämtliche nach den Zielen der Ermessensermächtigung maßgeblichen Gesichtspunkte berücksichtigt worden sind. Das Abwägungsmaterial muss

---

[92] *VGH Mannheim*, NVwZ 1990, 1085.
[93] *BVerwGE* 38, 195; 64, 356.
[94] *BVerwGE* 85, 166.
[95] Vgl. zum Ganzen *Kopp/Schenke*, § 114 Rn. 6 ff.
[96] *Kopp/Schenke*, § 114 Rn. 14.
[97] *Kopp/Schenke*, § 114 Rn. 87.

vollständig zusammengetragen und in die Ermessensentscheidung einbezogen worden sein. Die Vollständigkeit orientiert sich dabei erstens an den Zwecken der Ermächtigung und zweitens an dem Umfang der Aufklärungspflicht der Verwaltung, deren Pflicht darin besteht, eine möglichst vollständige Sachverhaltsermittlung (§ 24 VwVfG) durchzuführen.

Sachwidrige Erwägungen liegen nicht erst dann vor, wenn die Entscheidung erkennbar in böser **71** Absicht oder willkürlich erlassen worden ist, sondern schon dann, wenn bei der Entscheidung der Überwachungsbehörde Gesichtspunkte eine Rolle gespielt haben, die nach dem Zweck der Ermächtigung, also den maßgeblichen Zielen des Gesetzes, nicht hätten berücksichtigt werden dürfen[98]. Sachwidrig wäre beispielsweise die Berücksichtigung der finanziellen Verhältnisse eines pharmazeutischen Unternehmers bei einer Entscheidung über die Frage eines Vertriebsverbotes aufgrund fehlender Zulassung eines Arzneimittels.

Ein **Ermessensfehler** liegt daher im Ergebnis immer dann vor, wenn von unzutreffenden, in der **72** Sache nicht vorliegenden tatsächlichen oder rechtlichen Voraussetzungen ausgegangen worden ist, der Sachverhalt nicht ausreichend ermittelt wurde oder bestimmte Gesichtspunkte nicht oder nicht ausreichend gewichtet wurden.

II. Maßnahmen der Kommission

Als Maßnahmen der Europäischen Kommission kommen alle Handlungsformen des **Art. 288 AEUV** **73** in Betracht. Zur Erfüllung ihrer Aufgaben und nach Maßgabe des AEUV kann die Kommission Verordnungen, Richtlinien und Entscheidungen erlassen, Empfehlungen aussprechen oder Stellungnahmen abgeben[99].

Ein **Widerspruchsverfahren** wie in § 68 VwGO ist auf europäischer Ebene beispielsweise nur im **74** zentralen Zulassungsverfahren für Arzneimittel vorgesehen. Hier hat der Antragsteller die Möglichkeit, im Falle eines negativen Gutachtens des Committee for Proprietary Medicinal Products (CPMP) gem. Art. 9 I VO (EWG) Nr. 2309/93 innerhalb von 15 Tagen nach Erhalt des Gutachtens des CPMP Widerspruch einzulegen.

Die **Gerichtsbarkeit** der Gemeinschaft ist gem. Art. 19 EUV, Art. 251 AEUV dem *EuGH* zugewie- **75** sen, dem ein Gericht 1. Instanz (*EuG*) beigeordnet ist (Art. 256 I 1 AEUV). Der *EuGH* sichert gem. Art. 19 I 2 EUV *„die Wahrung des Rechts bei der Auslegung und Anwendung"* des AEUV. Das *EuG* ist insbesondere für Klagen natürlicher und juristischer Personen zuständig, Art. 3c Ratsbeschluss 88/591[100]. Gegen Entscheidungen des *EuG* kann ein auf Rechtsfragen beschränktes Rechtsmittel beim *EuGH* nach Art. 256 I 3 AEUV eingelegt werden. Der *EuGH* ist dann 2. Instanz vergleichbar einer Revisionsinstanz.

Im Gegensatz zum nationalen Verwaltungsrecht gewährt die europäische Rechtsordnung Rechtsschutz **76** nicht nach einer den Rechtsweg eröffnenden Generalklausel wie z.B. § 40 VwGO, sondern auf der Grundlage eines **enumerativen Katalogs von Einzelzuständigkeiten**. Die einzelnen Verfahrensarten sind – mit Ausnahme des Vorabentscheidungsverfahrens nach Art. 267 AEUV – durchweg kontradiktorisch ausgestaltet. Wie im nationalen Rechtsschutzverfahren ist zwischen Zulässigkeit und Begründetheit der einzelnen Verfahrensarten zu unterscheiden. Nur, wenn das einschlägige Verfahren zulässig ist, die Sachentscheidungsvoraussetzungen also vorliegen, darf und müssen das *EuG* oder der *EuGH* auch entscheiden.

Es bestehen indes konzeptionelle Unterschiede des Rechtsschutzes in der **gerichtlichen Kontroll-** **77** **dichte**[101]. Im deutschen Recht unterliegen Verwaltungsentscheidungen grundsätzlich einer vollen Überprüfung in tatsächlicher und rechtlicher Hinsicht durch das Verwaltungsgericht[102]. Auf der Grundlage des in § 86 I 1 VwGO kodifizierten Amtsermittlungsgrundsatzes wird nicht nur die Verwaltung kontrolliert, sondern das Verwaltungsverfahren durch das gerichtliche Verfahren ersetzt[103]. Dies betrifft sowohl den Tatbestand als auch das Ermessen einer Rechtsnorm. Das nationale verwaltungsgerichtliche Verfahren wird von dem Leitgedanken getragen, dass ein etwaig vorhandener Kompetenzvorsprung der Verwaltung gegenüber dem Gericht mit Hilfe von Sachverständigen kompensiert werden kann. Dies ermöglicht grundsätzlich eine vollumfängliche Nachkontrolle.

Die europäischen Gerichte haben hingegen ein *gänzlich* anderes Verständnis von ihrer Aufgabe. Sie **78** verstehen sich als Organe einer **lediglich spezifischen rechtlichen Kontrolle**[104]. Dogmatisch wird nicht entsprechend dem deutschen Verwaltungsrecht zwischen dem Beurteilungsspielraum auf der Tatbestandsseite und dem Ermessen auf der Rechtsfolgenseite einer Norm unterschieden[105]. Es werden

---

[98] *Kopp/Schenke*, § 114 Rn. 12.
[99] Zu den europäischen Institutionen vgl. *Atzor*, PharmInd 2007, 42 ff. und 149 ff.
[100] Beschluss des Rates vom 24.10.1988 zur Errichtung eines Gerichts erster Instanz der Europäischen Gemeinschaften, ABl. C Nr. 215 v. 21.8.1989, S. 1, zuletzt geändert durch Art. 10 des Vertrages von Nizza v. 26.2.2001, ABl. C Nr. 80 v. 10.3.2001, S. 1.
[101] Weiterführend *Delewski*, LMuR 2009, 80, 85 ff.
[102] St. Rspr., vgl. etwa *BVerfGE* 84, 49; 84, 77.
[103] Vgl. *Wahl*, NVwZ 1991, 409, 415.
[104] St. Rspr., vgl. etwa *EuGH*, Urt. v. 5.10.1983 – Rs. 191/82, Slg. 1983, 2913, 2935 – FEDIOL/Kommission.
[105] *v. Danwitz*, S. 184; *Herdegen*, § 10 Rn. 42; *Classen*, S. 167.

vielmehr alle Entscheidungs-, Beurteilungs- und Gestaltungsspielräume der Verwaltung einheitlich als Ermessen angesehen und derselben **Kontrolldichte** unterworfen[106].

79 Das Vorliegen von Ermessensspielräumen führt zu einer dem deutschen Rechtsverständnis widersprechenden, **eingeschränkten Kontrolldichte** hinsichtlich der in Rede stehenden Behördenentscheidungen. Die gerichtliche Kontrolle ist i. S. einer **Evidenzkontrolle** auf das Vorliegen eines Ermessensmissbrauchs oder offensichtlicher Fehler beschränkt[107]. In der *Rs. Remia* hat der *EuGH* ausgeführt, dass die gerichtliche Überprüfung auf die Frage zu beschränken ist, *„ob die Verfahrensvorschriften eingehalten worden sind, ob die Begründung ausreichend ist, ob der Sachverhalt zutreffend festgestellt worden ist und ob keine offensichtlich fehlerhafte Würdigung des Sachverhalts und kein Ermessensmissbrauch vorliegen"*[108].

§ 69a Überwachung von Stoffen, die als Tierarzneimittel verwendet werden können

Die §§ 64 bis 69 gelten entsprechend für die in § 59c genannten Betriebe, Einrichtungen und Personen sowie für solche Betriebe, Einrichtungen und Personen, die Stoffe, die in Tabelle 2 des Anhangs der Verordnung (EU) Nr. 37/2010 der Kommission vom 22. Dezember 2009 über pharmakologisch wirksame Stoffe und ihre Einstufung hinsichtlich der Rückstandshöchstmengen in Lebensmitteln tierischen Ursprungs (ABl. L 15 vom 20.1.2010, S. 1) in der jeweils geltenden Fassung aufgeführt sind, herstellen, lagern, einführen oder in den Verkehr bringen.

Wichtige Änderungen der Vorschrift: Geändert durch Art. 1 Nr. 21 des Fünfzehnten Gesetzes zur Änderung des Arzneimittelgesetzes vom 25.5.2011 (BGBl. I S. 946).

Europarechtliche Vorgaben: Art. 80 ff. RL 2001/82/EG.

A. Inhalt und Zweck

1 Gem. § 69a sind die Überwachungsvorschriften der §§ 64–69 auch auf die genannten Betriebe, Einrichtungen und Personen anzuwenden. Mit der Ausdehnung des Anwendungsbereiches der Überwachungsvorschriften für Humanarzneimittel auf Stoffe und Zubereitungen, die für **Tierarzneimittel** verwendet werden können, soll sichergestellt werden, dass die **Überwachungsbehörden** auch in diesem Bereich **tätig werden können**. Dies gilt insbesondere bei konkreten Verdachtsmomenten, dass Stoffe zur missbräuchlichen Verwendung abgezweigt wurden. Die Überwachungsbehörden haben die Möglichkeit, nach pflichtgemäßem Ermessen Verdachtsmomenten nachzugehen und etwaige Verstöße abzustellen. Nach der amtlichen Begründung betrifft die Überwachung in diesem Bereich in der Regel Einzelfälle. Eine routinemäßige Überwachung in regelmäßigen Abständen wie in § 64 III 2 ist demgegenüber nicht vorgesehen[1].

B. Persönlicher und sachlicher Anwendungsbereich

2 Die §§ 64–69 gelten entsprechend für die in § 59c genannten, nachweispflichtigen Betriebe, Einrichtungen und Personen sowie für solche Betriebe, Einrichtungen und Personen, die Stoffe, die in Tabelle 2 des Anhangs der VO (EU) Nr. 37/2010 der Kommission vom 22. Dezember 2009 über pharmakologisch wirksame Stoffe und ihre Einstufung hinsichtlich der Rückstandshöchstmengen in Lebensmitteln tierischen Ursprungs (ABl. L 15 vom 20.1.2010, S. 1) in der jeweiligen Fassung aufgeführt sind[2], herstellen (§ 4 XIV), lagern, einführen oder in den Verkehr bringen (§ 4 XVII). Die Verabreichung der in der Tabelle 2 des Anhangs der VO (EU) Nr. 37/2010 genannten Stoffe an Tiere, die zur Nahrungsmittelerzeugung genutzt werden, ist in der gesamten EU verboten. Der Begriff „Lagern" umfasst das gewerbsmäßige Aufbewahren[3]. Unter „Einfuhr" ist das endgültige Verbringen in den Geltungsbereich des AMG zu verstehen. Keine Einfuhr ist die bloße Durchfuhr, also der Transit der Ware unter zollamtlicher Überwachung[4].

---

[106] *Emmerich-Fritsche*, S. 232.
[107] Vgl. etwa *EuGH*, Urt. v. 11.7.1989 – Rs. 265/87, Slg. 1989, 2237, 2270 – Schräder/Hauptzollamt Gronau; Urt. v. 11.7.1985 – Rs. C-42/84, Slg. 1985, 2545, 2575 – Remia; *EuG*, Urt. v. 13.12.2006 – verb. Rs. T-217/03 u. T-245/03, Slg. 2006, II-4987 – FNCBV/Kommission; *EuGH*, Urt. v. 13.12.1994 – Rs. C-280/93, EuZW 1995, 111 – SMW Winzersekt GmbH/Land Rheinland/Pfalz (méthode champenoise); *EuGH*, Urt. v. 5.10.1994 – Rs. C-280/93, EuZW 1994, 693 – Bananenmarkt; jüngst auch für Maßnahmen, die auf der Basis des Vorsorgeprinzips erlassen worden sind, *EuGH*, Urt. v. 5.5.1998 – Rs. C-157/98, Slg. 1998, I-2211, 2259 f. – National Farmers' Union.
[108] *EuGH*, Urt. v. 11.7.1985 – Rs. 42/84, Slg. 1985, 2545, 2575 – Remia. So auch *EuGH*, Urt. v. 21.11.1991 – Rs. C-269/90, Slg. 1991, I-5469, 5499 – TU München; *Herdegen*, § 11 Rn. 43.
[1] BR-Drucks. 632/97, S. 28.
[2] Damit wurde die Vorschrift an das novellierte EU-Recht angepasst, vgl. BR-Drucks. 582/10, S. 9, 20.
[3] *Kloesel/Cyran*, § 69a Anm. 5.
[4] *Rehmann*, § 72 Rn. 2.

Wegen des Verweises auf § 59c ist davon auszugehen, dass die Regelung nicht auf **Stoffe** beschränkt **3** ist, die in Tierarzneimitteln verwendet werden können. Sie erfasst auch entsprechend geeignete **Zubereitungen** aus Stoffen. Die Eignung als Tierarzneimittel ist nicht nach der subjektiven Zweckbestimmung durch die genannten Betriebe, Einrichtungen oder Personen, sondern nach objektiven Merkmalen unter Berücksichtigung veterinärmedizinischer Grundsätze zu bestimmen[5].

C. Sanktionen

Ordnungswidrig handelt, wer vorsätzlich oder fahrlässig gegen die Anzeigepflichten aus § 67 I **4** i. V. m. § 69a (§ 97 II Nr. 7) verstößt. Dasselbe gilt bei vorsätzlichen oder fahrlässigen Verstößen gegen eine vollziehbare Anordnung nach § 64 IV Nr. 4 i. V. m. § 69a (§ 97 II Nr. 25) und die Duldungs- und Mitwirkungspflicht nach § 66 i. V. m. § 69a (§ 97 II Nr. 26).

§ 69b Verwendung bestimmter Daten

(1) Die für das Lebensmittel-, Futtermittel-, Tierschutz- und Tierseuchenrecht für die Erhebung der Daten für die Anzeige und die Registrierung Vieh haltender Betriebe zuständigen Behörden übermitteln der für die Überwachung nach § 64 Abs. 1 Satz 1 zweiter Halbsatz zuständigen Behörde auf Ersuchen die zu deren Aufgabenerfüllung erforderlichen Daten.

(2) ¹Die Daten dürfen für die Dauer von drei Jahren aufbewahrt werden. ²Die Frist beginnt mit Ablauf desjenigen Jahres, in dem die Daten übermittelt worden sind. ³Nach Ablauf der Frist sind die Daten zu löschen, sofern sie nicht auf Grund anderer Vorschriften länger aufbewahrt werden dürfen.

Wichtige Änderungen der Vorschrift: Abs. 1 geändert durch Art. 1 Nr. 9 des Sechzehnten Gesetzes zur Änderung des Arzneimittelgesetzes v. 10.10.2013 (BGBl. I S. 3813).

A. Zweck

Die der **Aufgabenerleichterung** und **effektiven Arzneimittelüberwachung** dienende Vorschrift **1** wurde mit der 13. AMG-Novelle im Jahre 2005 auf Bestreben des Bundesrates in das Gesetz aufgenommen, nachdem zuvor die Durchführung der Überwachung von Haltern Lebensmittel liefernder Tiere dahingehend geändert wurde, dass diese regelmäßig in angemessenem Umfang unter besonderer Berücksichtigung möglicher Risiken vorgenommen werden muss.

B. Erhebung und Verwendung der Daten (Abs. 1)

Zur effektiven Aufgabenwahrnehmung benötigen die zuständigen Behörden geeignete Daten. Mit der **2** Regelung wird es den für die Arzneimittelüberwachung zuständigen Behörden weitgehend kostenneutral ermöglicht, bei Bedarf die zur Aufgabenerfüllung notwendigen, bereits erhobenen Daten von den nach der **ViehVerkV** für die Anzeige und die Registrierung Vieh haltender Betriebe zuständigen Behörden anzufordern und auch für die Zwecke der Arzneimittelüberwachung zu nutzen. Hierbei handelt es sich um bereits nach der ViehVerkV erhobene Daten wie z. B. Art und Anzahl der gehaltenen Tiere, ihre Nutzungsart und deren Standort (§ 26 I ViehVerkV) sowie die im Zusammenhang mit der Kennzeichnung und Registrierung von Rindern nach der VO (EG) Nr. 1760/2000 erhobenen umfangreichen Daten (§ 27 ff. ViehVerkV).

C. Aufbewahrung der Daten (Abs. 2)

Die Vorschrift regelt unter Datenschutzgesichtspunkten die Aufbewahrungsfristen für die gesammelten **3** Daten. Die regelmäßige Aufbewahrungsfrist beträgt drei Jahre (S. 1). Die Frist beginnt mit Ablauf desjenigen Jahres, in dem die Daten übermittelt worden sind (S. 2). Danach sind die Daten in der Regel zu löschen, sofern nicht andere Vorschriften eine längere Aufbewahrungszeit gestatten (S. 3).

---

[5] Ebenso *Kloesel/Cyran*, § 69a Anm. 6.

Zwölfter Abschnitt. Sondervorschriften für Bundeswehr, Bundespolizei, Bereitschaftspolizei, Zivilschutz

§ 70 Anwendung und Vollzug des Gesetzes

(1) Die Vorschriften dieses Gesetzes finden auf Einrichtungen, die der Arzneimittelversorgung der Bundeswehr, der Bundespolizei und der Bereitschaftspolizeien der Länder dienen, sowie auf die Arzneimittelbevorratung für den Zivilschutz entsprechende Anwendung.

(2) [1]Im Bereich der Bundeswehr obliegt der Vollzug dieses Gesetzes bei der Überwachung des Verkehrs mit Arzneimitteln den zuständigen Stellen und Sachverständigen der Bundeswehr. [2]Im Bereich der Bundespolizei obliegt er den zuständigen Stellen und Sachverständigen der Bundespolizei. [3]Im Bereich der Arzneimittelbevorratung für den Zivilschutz obliegt er den vom Bundesministerium des Innern bestimmten Stellen; soweit Landesstellen bestimmt werden, bedarf es hierzu der Zustimmung des Bundesrates.

Wichtige Änderungen der Vorschrift: Geändert durch Art. 17 Nr. 2 des Gesetzes zur Umbenennung des Bundesgrenzschutzes in Bundespolizei vom 21.6.2005 (BGBl. I S. 1824).

A. Allgemeines

1   Im zwölften Abschnitt des AMG werden für den Verkehr mit Arzneimitteln **Sondervorschriften** für die Bereiche der Bundeswehr, der Bundespolizei, der Bereitschaftspolizei der Länder sowie des Zivilschutzes normiert.

B. Entsprechende Anwendung des AMG (Abs. 1)

2   Abs. 1 erklärt die Regelungen des AMG auf Einrichtungen für entsprechend anwendbar, die der Arzneimittelversorgung der **Bundeswehr**[1], der **Bundespolizei**[2] und der **Bereitschaftspolizeien der Länder** zu dienen bestimmt sind. Außerdem werden die Bestimmungen des AMG auf die Arzneimittelbevorratung für den **Zivilschutz**[3] für entsprechend anwendbar erklärt. Mit Abs. 1 wird das Gesundheitsschutzniveau in den genannten Bereichen gewährleistet und an das Niveau des AMG angepasst. Die Ausweitung des Anwendungsbereichs der Vorschriften des AMG auf die genannten Bereiche erfolgt in Abweichung von den im AMG 1961 vorgesehenen Bestimmungen. Ursprünglich waren die Herstellung, der Erwerb, das Vorrätighalten und die Abgabe von Arzneimitteln durch die genannten Stellen vom Anwendungsbereich des AMG ausgenommen.

3   Die Anordnung der entsprechenden Anwendung in Abs. 1 ist **umfassend.** Die entsprechende Anwendung führt zur Anwendbarkeit der Bestimmungen des AMG auch in Fällen, in denen nach dem Wortlaut der jeweiligen Regelung eine Anwendung aufgrund der besonderen Sachverhaltskonstellation nicht in Betracht käme. Im Wege der entsprechenden Anwendung können die gegebenen Sachverhaltsunterschiede überbrückt und die Normen unter Berücksichtigung der Besonderheiten, die sich aus den Sachverhalten erheben, für die die entsprechende Anwendung angeordnet wurde, zur Anwendung gebracht werden.

4   Dass eine **entsprechende** Anwendung angeordnet ist, führt jedoch nicht zu einer flexibleren Anwendung der Bestimmungen des AMG. Eine Flexibilität dahingehend, dass die gesetzlichen Vorgaben für die in Abs. 1 genannten Bereiche weniger strikt seien oder situationsabhängig angepasst werden könnten, ist mit der Anordnung der entsprechenden Anwendung nicht verbunden[4]. Die entsprechende Anwendung resultiert vielmehr aus dem Umstand, dass eine unmittelbare Anwendung dieser Bestimmungen aufgrund der in den oben genannten Bereichen gegebenen besonderen Sachverhaltskonstellationen nicht in Betracht kommt und nur durch die Anordnung der entsprechenden Anwendung die Anwendbarkeit überhaupt eröffnet wird. Die strukturellen Besonderheiten der in Abs. 1 genannten Bereiche werden dadurch berücksichtigt, dass mit § 71 II eine Ermächtigungsgrundlage für den Erlass von **Rechtsverordnungen** geschaffen wurde, mit denen ein **Abweichen** von den Vorgaben des AMG unter genau festgesetzten Voraussetzungen möglich ist.

---

[1] Erfasst sind die Streitkräfte mit ihren jeweiligen Waffengattungen sowie die Bundeswehrverwaltung, vgl. *Klosel/Cyran*, § 70 Anm. 3.
[2] Vgl. zu den Bundespolizeibehörden § 57 BPolG.
[3] Vgl. zu den Aufgaben des Zivilschutzes § 1 ZSKG.
[4] A. A. wohl *Kloesel/Cyran*, § 70 Anm. 2.

Aufgrund der entsprechenden Anwendung des AMG für die in Abs. 1 genannten Bereiche dürfen **5** z. B. nicht zugelassene zulassungspflichtige Arzneimittel nicht angewendet werden, sofern nicht eine der im AMG normierten Ausnahmetatbestände erfüllt ist. Auch die Durchführung klinischer Studien ist in den in Abs. 1 genannten Bereichen ausschließlich nach Maßgabe der Regelungen des AMG zulässig.

C. Überwachung und Vollzug des AMG (Abs. 2)

Der Vollzug des AMG bei der Überwachung des Verkehrs mit Arzneimitteln obliegt nach Abs. 2 in **6** den jeweiligen **Zuständigkeitsbereichen** den zuständigen Stellen und Sachverständigen der Bundeswehr (**S. 1**) und der Bundespolizei (**S. 2**).

Das BMI ist für den Vollzug im Zusammenhang mit der Arzneimittelbevorratung für den Zivilschutz **7** zuständig (**S. 3**). Nach § 23 II ZSKG kann das BMI durch Rechtsverordnung mit Zustimmung des Bundesrates anordnen, dass von Herstellungsbetrieben, Großhandlungen, öffentlichen Apotheken und Krankenhausapotheken Sanitätsmaterial vorgehalten wird, um den zusätzlichen Bedarf im Verteidigungsfall sicherzustellen. Das BMI kann für den Vollzug des AMG in diesem Bereich Stellen bestimmen. Dies können auch Landesstellen sein. Für deren Bestimmung ist die Zustimmung des Bundesrates erforderlich.

Für den Bereich der **Bereitschaftspolizei der Länder** regeln die jeweiligen Bundesländer die **8** Zuständigkeit für den Vollzug des AMG bei der Überwachung des Arzneimittelverkehrs.

Die Zuständigkeit der nach Abs. 2 für den Vollzug des AMG zuständigen Stellen ist auf den jeweiligen **9** Sonderbereich der Bundeswehr, der Bundespolizei, der Bereitschaftspolizei der Länder und der Arzneimittelbevorratung für den Zivilschutz beschränkt. Solange sich Arzneimittel noch nicht in diesen Sonderbereichen befinden, unterliegen sie der Überwachung durch die jeweiligen **Landesüberwachungsbehörden**. Deren Zuständigkeit endet mit dem Eintritt der Arzneimittel in den jeweiligen Sonderbereich nach Abs. 1.

Die Landesüberwachungsbehörden sind nicht befugt, z. B. im Bereich der Bundeswehr oder der **10** Bundespolizei Überprüfungen und Kontrollen durchzuführen. Die seitens der Bundeswehr zuständigen Dienststellen sind nicht befugt, Überwachungsmaßnahmen bei zivilen Einrichtungen durchzuführen. Ggf. kann die nicht zuständige Stelle **Amtshilfe** bei der zuständigen Behörde ersuchen.

§ 71 Ausnahmen

(1) ¹Die in § 10 Abs. 1 Nr. 9 vorgeschriebene Angabe des Verfalldatums kann entfallen bei Arzneimitteln, die an die Bundeswehr, die Bundespolizei sowie für Zwecke des Zivil- und Katastrophenschutzes an Bund oder Länder abgegeben werden. ²Die zuständigen Bundesministerien oder, soweit Arzneimittel an Länder abgegeben werden, die zuständigen Behörden der Länder stellen sicher, dass Qualität, Wirksamkeit und Unbedenklichkeit auch bei solchen Arzneimitteln gewährleistet sind.

(2) ¹Das Bundesministerium wird ermächtigt, durch Rechtsverordnung Ausnahmen von den Vorschriften dieses Gesetzes und der auf Grund dieses Gesetzes erlassenen Rechtsverordnungen für den Bereich der Bundeswehr, der Bundespolizei, der Bereitschaftspolizeien der Länder und des Zivil- und Katastrophenschutzes zuzulassen, soweit dies zur Durchführung der besonderen Aufgaben in diesen Bereichen gerechtfertigt ist und der Schutz der Gesundheit von Mensch oder Tier gewahrt bleibt. ²Die Rechtsverordnung wird vom Bundesministerium für Ernährung und Landwirtschaft im Einvernehmen mit dem Bundesministerium erlassen, soweit es sich um Arzneimittel handelt, die zur Anwendung bei Tieren bestimmt sind.

(3) Die Rechtsverordnung ergeht, soweit sie den Bereich der Bundeswehr berührt, im Einvernehmen mit dem Bundesministerium der Verteidigung, und, soweit sie den Bereich der Bundespolizei und des Zivilschutzes berührt, im Einvernehmen mit dem Bundesministerium des Innern, jeweils ohne Zustimmung des Bundesrates; soweit die Rechtsverordnung den Bereich der Bereitschaftspolizeien der Länder oder des Katastrophenschutzes berührt, ergeht sie im Einvernehmen mit dem Bundesministerium des Innern mit Zustimmung des Bundesrates.

Wichtige Änderungen der Vorschrift: Abs. 1 S. 2, Abs. 2 und Abs. 3 geändert durch Art. 1 Nr. 55 des Fünften Gesetzes zur Änderung des Arzneimittelgesetzes vom 9.8.1994 (BGBl. I S. 2082); Abs. 2 und Abs. 3 geändert durch Art. 1 Nr. 35 des Achten Gesetzes zur Änderung des Arzneimittelgesetzes vom 7.9.1998 (BGBl. I S. 2654); Abs. 1 S. 1 geändert durch Art. 17 Nr. 3 des Gesetz zur Umbenennung des Bundesgrenzschutzes in Bundespolizei vom 21.6.2005 (BGBl. I S. 1824).

A. Allgemeines

1   Die Regelung des § 71 normiert Ausnahmen zu der in § 70 allgemein angeordneten entsprechenden Anwendung der Vorschriften des AMG für den Verkehr mit Arzneimitteln in den Bereichen der Bundeswehr, der Bundespolizei, der Bereitschaftspolizeien der Länder sowie des Zivilschutzes.

B. Ausnahmen zur Verfalldatumsangabe (Abs. 1)

2   § 10 I 1 Nr. 9 schreibt für Fertigarzneimittel die Angabe des **Verfalldatums** unter Verwendung des Hinweises „verwendbar bis" vor. Die Kennzeichnung des Verfalldatums ist zwingend vorgeschrieben und hat im Interesse der Arzneimittelsicherheit zu erfolgen. Im Rahmen des Zulassungsverfahrens werden Unterlagen für die Stabilität und Haltbarkeit eines Arzneimittels eingereicht, die belegen, dass unter bestimmten Lagerungsbedingungen die jeweiligen Arzneimittel auch nach längerer Lagerungszeit noch den Qualitätsanforderungen entsprechen. Unter Berücksichtigung dieser Unterlagen wird im Zulassungsbescheid die Dauer der Haltbarkeit festgelegt. Aus der Dauer der Haltbarkeit errechnet sich für jede Charge das individuelle Verfalldatum.

3   In Abweichung von der Verpflichtung zur Angabe des Verfalldatums sieht Abs. 1 vor, dass die Angabe des Verfalldatums entfallen kann. Voraussetzung ist, dass diese Arzneimittel an die **Bundeswehr,** die **Bundespolizei** sowie für Zwecke des **Zivil- und Katastrophenschutzes,** den Bund oder die Länder abgegeben werden. Hintergrund der Bestimmung ist, dass die Haltbarkeit vieler Arzneimittel unter kontrollierten Bedingungen länger gewährleistet wird als vergleichsweise unter den nicht kontrollierten Gegebenheiten beim Patienten. Da in den in Abs. 1 aufgeführten Bereichen eine Lagerung unter kontrollierten Bedingungen möglich ist, soll durch S. 1 erreicht werden, dass geeignete Arzneimittel über das sich aus den Zulassungsunterlagen ergebende Verfalldatum hinaus gelagert und angewendet werden können. Ziel ist dabei die Entlastung der Haushalte, da durch die längeren Lagerungs- und Verwendungszeiten die Kosten für die Nachbeschaffung von Arzneimitteln reduziert werden.

4   Die Bestimmung des **S. 1** ist als Ermessensregelung ausgestaltet. Auf die Angabe des Verfalldatums kann daher nur verzichtet werden, wenn das jeweilige Arzneimittel für eine über die zugelassene Haltbarkeitsdauer hinausgehende Lagerung und Verwendung geeignet ist. Maßgebliche Abwägungskriterien im Rahmen der Ermessensausübung sind die Qualität, die Wirksamkeit und die Unbedenklichkeit des jeweiligen Arzneimittels. Kostengesichtspunkte sind hingegen nicht abwägungserheblich[1].

5   Werden unter Bezugnahme auf die Ausnahmeregelung des S. 1 Arzneimittel ohne Angabe des Verfalldatums an die in S. 1 genannten Stellen abgegeben, sind die zuständigen Bundes- bzw. Landesbehörden für die Festsetzung der Verfalldaten der jeweiligen Arzneimittel verantwortlich. Die **Festlegung** dieser Verfalldaten muss insbesondere unter Berücksichtigung der Qualität, Wirksamkeit und Unbedenklichkeit erfolgen. Verantwortlich hierfür sind die zuständigen Bundesministerien oder, soweit Arzneimittel an die Länder abgegeben werden, die zuständigen Behörden der Länder **(S. 2).** Die Entscheidung über die Festlegung des Verfalldatums darf nicht durch den Personenkreis beeinflusst werden, an den die Arzneimittel abgegeben bzw. an dem sie angewendet werden sollen. Eine Absenkung des Niveaus der Arzneimittelsicherheit darf nicht mit der Begründung erfolgen, dass die Abgabe der Arzneimittel an Angehörige der Bundeswehr oder der Bundespolizei beabsichtigt ist. Die Festsetzung des Verfalldatums durch die zuständigen Bundes- oder Landesbehörden hat ausschließlich nach objektiven und sicherheitsrelevanten Gesichtspunkten zu erfolgen.

6   Die **Ausnahmeregelung** nach S. 1 ermöglicht pharmazeutischen Unternehmern, in Abweichung von den Vorgaben des § 10 I 1 Nr. 9 Arzneimittel ohne Angabe des Verfalldatums herzustellen und an die in S. 1 genannten Stellen auszuliefern. Die Verantwortlichkeit für die Anwendung der Arzneimittel nach Ablauf der im Zulassungsbescheid genannten Haltbarkeitsdauer liegt nicht beim pharmazeutischen Unternehmer. Verantwortlich sind vielmehr die in S. 1 genannten Stellen. Zu beachten ist, dass die Ausnahmeregelung nach S. 1 nur eingreift, wenn die Abgabe tatsächlich an die in S. 1 genannten Stellen erfolgt. Die bloße Absicht der Abgabe an diese Stellen ist noch nicht ausreichend. Wird ein Arzneimittel

---

[1] *Kloesel/Cyran,* § 71 Anm. 1.

unter Bezugnahme auf die Ausnahmeregelung nach S. 1 ohne Angabe des Verfalldatums hergestellt, später jedoch nicht an eine der in S. 1 genannten Stellen, sondern an Dritte ausgeliefert, liegen die Voraussetzungen der Ausnahmeregelung nicht vor. Die Arzneimittel sind dann wegen Verstoßes gegen § 10 I 1 Nr. 9 nicht verkehrsfähig.

C. Ausnahmemöglichkeiten durch Rechtsverordnung (Abs. 2)

I. Verordnungsermächtigung

Abs. 2 normiert eine **Verordnungsermächtigung** für das BMG. Dieses wird ermächtigt, im Wege **7** der Rechtsverordnung **Ausnahmen von den Bestimmungen des AMG** zuzulassen. Entsprechende Ausnahmen dürfen nur angeordnet werden, wenn die Besonderheiten der Aufgaben der Bundeswehr, der Bundespolizei, der Bereitschaftspolizeien der Länder sowie des Zivil- und Katastrophenschutzes dies erfordern. Äußerste Grenze für das Abweichen von den Vorgaben des AMG ist der Schutz der Gesundheit von Mensch und Tier. Dieser Schutz muss gewahrt bleiben (**S. 1**). Das Niveau der Arzneimittelsicherheit darf daher im Wege der Rechtsverordnung durch Ausnahmen nicht unter das Niveau des AMG abgesenkt werden.

Abs. 2 ermächtigt ausschließlich zum Erlass von Rechtsverordnungen. Die Rechtsverordnungen **8** dienen im Unterschied zum Verwaltungsakt nicht der Regelung eines Einzelfalles. Sie betreffen vielmehr eine unbestimmte Zahl von Fällen und eine unbestimmte Zahl von Personen und stellen als solche abstrakt-generelle Regelungen dar.

Zuständig für den Erlass von Rechtsverordnungen nach Abs. 2 ist das BMG, soweit Arzneimittel für **9** die Anwendung beim Menschen betroffen sind. Für den Erlass einer Rechtsverordnung, die Ausnahmen von den Vorschriften des AMG im Zusammenhang mit Tierarzneimitteln bestimmt, ist das BMEL zuständig. Eine entsprechende Rechtsverordnung muss im Einvernehmen mit dem BMG erlassen werden (**S. 2**).

II. AMG-Zivilschutzausnahmeverordnung

Auf Grundlage des Abs. 2 wurde am 17.6.2003 die **AMG-Zivilschutzausnahmeverordnung 10** erlassen. Zweck der VO ist die Zulassung von Ausnahmen zu den Vorschriften des AMG für die Herstellung, die Beschaffung, die Bevorratung, die Verteilung und die Abgabe von Arzneimitteln. Die VO legt fest, dass die Abgabe der von der AMG-Zivilschutzausnahmeverordnung erfassten Arzneimittel zum Endverbrauch ausschließlich unter der Verantwortung eines Arztes oder Apothekers, im Falle von Tierarzneimitteln unter der Verantwortung eines Tierarztes, erfolgen darf (§ 1 III AMG-Zivilschutzausnahmeverordnung).

Die **AMG-Zivilschutzausnahmeverordnung** ermöglicht das **Inverkehrbringen nicht zugelasse- 11 ner zulassungspflichtiger Arzneimittel.** Ausnahmsweise ist nach § 2 I AMG-Zivilschutzausnahmeverordnung das Inverkehrbringen entsprechender Arzneimittel zulässig, wenn dies für die Erfüllung der Aufgaben des Zivil- und Katastrophenschutzes, der Bundeswehr, der Bundespolizei oder der Bereitschaftspolizeien der Länder unverzichtbar ist. Die Ausnahme von der Zulassungspflicht ist als **ultima ratio** formuliert. Die Aufgabenerfüllung muss daher von der Möglichkeit des Inverkehrbringens des nicht zugelassenen Arzneimittels abhängen und darf nicht auf anderem Wege zu erreichen sein. Nur in diesem Fall sind die Voraussetzungen des § 2 I AMG-Zivilschutzausnahmeverordnung gegeben.

Gibt ein pharmazeutischer Unternehmer nicht zugelassene Arzneimittel an die in § 2 I AMG-Zivil- **12** schutzausnahmeverordnung genannten Stellen ab, hat er alle ihm zur Verfügung stehenden **Unterlagen** zu übergeben, die die nach § 22 für eine Zulassung erforderlichen Angaben zur Qualität, zur Wirksamkeit und zur Unbedenklichkeit des Arzneimittels enthalten. Diese Verpflichtung obliegt auch den zuständigen Behörden. Die für das Arzneimittel nach § 77 zuständige Bundesoberbehörde hat die Unterlagen vorrangig zu prüfen und das Ergebnis der Bewertung der für die Arzneimittelbeschaffung zuständigen Stelle mitzuteilen.

Nach § 2 III AMG-Zivilschutzausnahmeverordnung muss der pharmazeutische Unternehmer, der ein **13** nicht zugelassenes Arzneimittel nach § 2 I AMG-Zivilschutzausnahmeverordnung abgibt, der nach § 77 zuständigen Bundesoberbehörde unverzüglich, spätestens jedoch innerhalb von 15 Tagen nach Bekanntwerden, jeden ihm bekannt werdenden **Verdachtsfall an Nebenwirkungen** anzeigen. Diese Verpflichtung obliegt auch den zuständigen Bundes- bzw. Landesbehörden.

Sofern dies für die Erfüllung der Aufgaben des Zivil- und Katastrophenschutzes, der Bundeswehr, der **14** Bundespolizei oder der Bereitschaftspolizeien der Länder unverzichtbar ist, darf ein Arzneimittel ohne die nach § 32 erforderliche **Chargenprüfung** an die zuständigen obersten Bundes- und Landesbehörden oder die von ihnen beauftragten Stellen abgegeben und von diesen weiter in den Verkehr gebracht werden. Der pharmazeutische Unternehmer muss der für die Chargenprüfung zuständigen Bundesoberbehörde Unterlagen über die Herstellung und Prüfung der Charge sowie Muster des Arzneimittels in einem zur Prüfung geeigneten Zustand einreichen. Die zuständige Bundesoberbehörde hat die Charge entsprechend § 32 I zu prüfen und das Ergebnis der die Arzneimittelbeschaffung veranlassenden Stelle mitzuteilen. Die zuständigen obersten Bundes- und Landesbehörden bzw. die von diesen beauftragten Stellen dürfen eine Charge auch **ohne** das Vorliegen dieses **Prüfungsergebnisses**, wenn dies ein angemessenes Mittel zur Abwehr einer gegenwärtigen, nicht anders abwendbaren Gefahr für Leib oder Gesundheit von Menschen ist. Auch diese Ausnahmevorschrift ist als **ultima-ratio-Regelung** formuliert. Solange eine andere Möglichkeit der Gefahrenabwehr besteht, ist daher das Inverkehrbringen einer Charge vor Vorlage der genannten Prüfungsergebnisse nicht zulässig. Die Zulässigkeit ist ferner auf diejenigen Fälle beschränkt, in denen eine nicht anders abwendbare Gefahr für Leben oder Gesundheit von Menschen besteht. Die Gefahr der Schädigung anderer Rechtsgüter führt nicht zum Eingreifen der in § 2 IV AMG-Zivilschutzausnahmeverordnung normierten Ausnahmeregelung.

15   Nach § 3 I AMG-Zivilschutzausnahmeverordnung finden die **Vertriebswegbeschränkungen** nach § 47 I auf die in § 1 II AMG-Zivilschutzausnahmeverordnung genannten Arzneimittel keine Anwendung. Ausnahmsweise können entsprechende Arzneimittel vom pharmazeutischen Unternehmer unmittelbar an die zuständigen obersten Bundes- oder Landesbehörden beziehungsweise an die von ihnen beauftragten Stellen abgegeben werden.

16   § 4 I AMG-Zivilschutzausnahmeverordnung normiert eine Ausnahme zum **Verbringungsverbot** nach 73 I 1 Nr. 1. § 4 II AMG-Zivilschutzausnahmeverordnung normiert Sonderregelungen in Bezug auf die Bestimmung des § 72a und bestimmt, dass die Erteilung eines Auftrags zur Beschaffung von Arzneimitteln durch die veranlassende Stelle i. S. d. § 1 II AMG-Zivilschutzausnahmeverordnung als Bescheinigung i. S. d. § 72a I 1 Nr. 1 und Nr. 2 gilt.

17   § 5 AMG-Zivilschutzausnahmeverordnung enthält Ausnahmeregelungen zu den Bestimmungen der §§ 10, 11 und 11a sowie des § 9 II. Danach können von der VO betroffene Arzneimittel ohne Packungsbeilage und Fachinformation sowie ohne Angabe eines Verfalldatums in Verkehr gebracht werden.

18   Nach § 7 AMG-Zivilschutzausnahmeverordnung findet die Regelung der **Arzneimittelgefährdungshaftung** nach § 84 I 1 Nr. 2 keine Anwendung auf Arzneimittel, die unter Bezugnahme auf die Ausnahmevorschrift des § 5 AMG-Zivilschutzausnahmeverordnung in Verkehr gebracht wurden. Darüber hinaus bestimmt § 7 II AMG-Zivilschutzausnahmeverordnung, dass pharmazeutische Unternehmer, Hersteller und Angehörige von Gesundheitsberufen für Arzneimittelschäden nicht haften, wenn diese durch Arzneimittel verursacht werden, die unter die AMG-Zivilschutzausnahmeverordnung fallen und diese Arzneimittel unter Anwendung des § 2 I oder IV AMG-Zivilschutzausnahmeverordnung als Reaktion auf vermutete oder bestätigte Verbreitung von pathogenen Erregern, Toxinen, Chemikalien oder eine Freisetzung ionisierender Strahlung in Verkehr gebracht wurden. Außerdem ist eine Haftung der genannten Person ausgeschlossen, wenn nach den Gegebenheiten des Einzelfalls die auf Grundlage des § 2 I oder IV AMG-Zivilschutzausnahmeverordnung gestützten Abweichungen von den Vorgaben des AMG geeignet sind, den entstandenen Schaden zu verursachen. Pharmazeutische Unternehmer, Hersteller und Angehörige von Gesundheitsberufen haben die Folgen der auf § 2 I oder IV AMG-Zivilschutzausnahmeverordnung gestützten Abweichungen von den Vorgaben des AMG nur bei grober Fahrlässigkeit oder Vorsatz zu vertreten.

III. Kaliumiodidverordnung (KIV)

19   Neben der AMG-Zivilschutzausnahmeverordnung wurde die **Verordnung zur Abgabe von kaliumiodidhaltigen Arzneimitteln zur Iodblockade der Schilddrüse bei radiologischen Ereignissen** (KIV) erlassen[2]. Die genannte VO gilt für kaliumiodidhaltige Arzneimittel, die zur Verminderung der Aufnahme radioaktiven Iods in die menschliche Schilddrüse geeignet sind. Mit der VO soll die Versorgung der Bevölkerung mit entsprechenden Arzneimitteln bei sog. radiologischen Ereignissen sichergestellt werden. Zu diesem Zwecke wird in § 2 I KIV angeordnet, dass unter Aufhebung der **Vertriebswegsbeschränkung** nach § 47 I pharmazeutische Unternehmer und Großhändler unmittelbar an die in § 1 II KIV genannten Stellen abgeben können. Bei einem radiologischen Ereignis kann auf Anordnung der zuständigen Behörde unter Abweichung von den **Abgabebeschränkungen** des § 43 I ein entsprechendes Arzneimittel auch zum Endverbrauch unmittelbar abgegeben werden. Werden kaliumiodidhaltige Arzneimittel an die Bundeswehr, die Bundespolizei, die Bereitschaftspolizeien der Länder oder die für den Zivil- und Katastrophenschutz zuständigen Behörden geliefert, kann die **Angabe des Verfalldatums** entfallen, wenn das Verfalldatum in den Begleitpapieren der jeweiligen Lieferung an die in § 1 II KIV genannten Stellen dokumentiert ist. Die belieferten Stellen sind bis zur vollständigen Ausgabe oder Vernichtung der jeweiligen Arzneimittel verpflichtet, diese Begleitpapiere aufzubewahren.

---

[2] Kaliumiodidverordnung v. 17.6.2003 (BGBl. I S. 851).

D. Verordnungszuständigkeit (Abs. 3)

Der Erlass einer Rechtsverordnung nach Abs. 2 setzt voraus, dass das BMG Einvernehmen mit dem **20** BMVg erzielt hat, sofern sie den Bereich der Bundeswehr berührt. Wenn der Bereich der Bundespolizei und des Zivilschutzes berührt ist, muss das Einvernehmen mit dem BMI erfolgen, wobei in beiden Fällen die Zustimmung des Bundesrats entfällt **(1. Halbs.).** Ausnahmsweise ist die Zustimmung des Bundesrates erforderlich, wenn die Rechtsverordnung den Bereich der Bereitschaftspolizeien der Länder oder des Katastrophenschutzes berührt, wobei hier der Erlass der Rechtsverordnung des Einvernehmens des BMI bedarf **(2. Halbs.).**

Dreizehnter Abschnitt. Einfuhr und Ausfuhr

Vorbemerkung zu § 72

Literatur: *Böttcher*, Parallelimporte und deren Abwehr – Gestaltungsmöglichkeiten im Rahmen der regionalen markenrechtlichen Erschöpfung, GRURInt 2009, 646; *Douglas*, Die markenrechtliche Erschöpfung beim Parallelimport von Arzneimitteln, Köln u. a., 2005; *Heinemann*, Die rechtlichen Rahmenbedingungen bei Parallelimporten von Arzneimitteln in die Bundesrepublik Deutschland, PharmR 2001, 180; *Jochheim*, Der Parallelvertrieb von Arzneimitteln, Marburg, 2012; *Kleist*, Entwicklungen beim Parallelimport, PharmInd. 2001, 584, 710; *Koenig/Engelmann*, Parallelhandelsbeschränkungen im Arzneimittelbereich auf dem Prüfstand des Art. 82 EG – Zugleich Anmerkung zu Schlussanträgen des Generalanwalts Jacobs in der Rechtssache Syfait/GlaxoSmithKline, GRURInt 2005, 304; *Koenig/Engelmann/Sander*, Parallelhandelsbeschränkungen im Arzneimittelbereich und die Freiheit des Warenverkehrs, GRURInt 2001, 919; *Kramer*, Parallelimport von Arzneimitteln aus den östlichen EU-Mitgliedstaaten: Zur Verpflichtung des Patentrechtsinhabers im Falle des Besonderen Mechanismus, PharmR 2012, 49; *Krapf*, Parallelimporte von Arzneimitteln und europäisches Kartellrecht – eine Untersuchung von Vertriebssystemen zur Verhinderung des Parallelhandels, Aachen, 2006; *Krapf/Lange*, Staatliche Subventionen, duale Preissysteme und Kartellrecht, PharmR 2005, 255, 321; *Lieck*, Der Parallelhandel mit Arzneimitteln, Köln u. a., 2008; *ders.*, Abstocken, Aufstocken und Bündeln: Begriffe der Vergangenheit? – Eine Analyse der BGH-Entscheidungen „STILNOX", „Aspirin II" und „CORDARONE", GRUR 2008, 661; *Mehler*, Neues zur markenrechtlichen (Un)Zulässigkeit von Parallelimporten von Arzneimitteln und ihrem Umpacken, MarkenR 2009, 281; *Römhild/Lübbig*, Marken- und Parallelhandel mit Arzneimitteln im Lichte des Kartellrechts, in: Dieners/Reese, § 15; *Römhild*, Zum „Umpacken" bei Parallelimporten, MarkenR 2002, 105, 185; *Seitz*, Klare Grenzlinie und Minenfeld – Die Marktmissbrauchskontrolle im Arzneimittelsektor nach dem AstraZeneca-Urteil des EuGH, EuZW 2013, 377; *Slopek*, Co-Branding bei Parallelimporten von Arzneimitteln Kennzeichenschutz vs. Marktintegration, GRURInt 2011, 1009; *Ulmar*, Neues zur markenrechtlichen Zulässigkeit des Umpackens parallelimportierter Arzneimittel, WRP 2009, 921; *Wagner, M.*, Kein Aprilscherz – Das Urteil des Europäischen Gerichtshofs vom 1. April in der Rechtssache C-112/02 zum Parallelimport von Arzneimitteln, MedR 2004, 489; *Wesser*, Kennzeichnung zentral zugelassener Arzneimittel hinsichtlich ihrer Herkunft, A&R 2011, 257; *Wolpert*, Parallelimporte von Arzneimitteln, WRP 2008, 453.

Übersicht

A. Voraussetzungen für die Einfuhr

Arzneimittel dürfen in den Geltungsbereich des AMG nur eingeführt werden, wenn (1) sie nach den **1** deutschen oder europarechtlichen Vorschriften zugelassen oder registriert oder von der Zulassung oder der Registrierung freigestellt sind und (2) der Empfänger im Fall der Einfuhr aus einem EU-Mitgliedstaat oder EWR-Vertragsstaat pharmazeutischer Unternehmer (§ 4 XVIII), Großhändler (§ 52a) oder Tierarzt ist oder eine Apotheke betreibt (**§ 73 I 1 Nr. 1**).

Der **Parallelhandel** mit Arzneimitteln in der EU ist **nicht unionsrechtlich geregelt.** Somit obliegt **2** es grundsätzlich den EU-Mitgliedstaaten, Regelungen über die Voraussetzungen und Durchführung des Parallelhandels zu schaffen. Nationale Maßnahmen müssen sich jedoch an den die **Warenverkehrs-freiheit** garantierenden Vorgaben des Art. 34 AEUV (vormals Art. 28 EG) messen lassen. Beschränkungen des Parallelhandels durch Zulassungserfordernisse oder staatlich sanktionierte gewerbliche Schutzrechte stellen **Maßnahmen gleicher Wirkung** wie mengenmäßige Einfuhrbeschränkungen i. S. d. Art. 34 AEUV (vormals Art. 28 EG) dar, die nur aus den in Art. 36 AEUV (vormals Art. 30 EG) genannten Gründen, insbes. zum Schutz der Gesundheit und des Lebens von Menschen, zulässig sind.

Für **Arzneimittel, die nicht im EWR bzw. der EU hergestellt** werden (EWR- bzw. EU-Ausland), **3** gelten bei der Einfuhr die Anforderungen der §§ 21 ff. und 72 f. ohne die sich aus der Warenverkehrsfreiheit ergebenden Erleichterungen, es sei denn, dass zwischen der EU bzw. dem EWR und dem Drittland völkerrechtliche Abkommen vorliegen würden, die Erleichterungen zulassen. Solche sind derzeit nicht ersichtlich[1].

B. Definitionen

I. Parallelimport

Unter Parallelimport ist der **Import** von in einem **EWR-Vertrags-** oder **EU-Mitgliedstaat** her- **4** gestellten und zugelassenen Arzneimitteln zu verstehen, die von einem Dritten, dem Parallelimporteur, außerhalb des von den Herstellern oder Erstlieferanten für ihre Erzeugnisse in einem Mitgliedstaat aufgebauten Vertriebsnetzes in einen anderen EWR-Vertrags- bzw. EU-Mitgliedstaat (das Inland) eingeführt werden und die dort **zugelassen oder registriert** sind[2]. Empirisch profitiert der Parallelhandel mit Arzneimitteln von Preisabweichungen zwischen den EWR-Vertrags- bzw. EU-Mitgliedstaaten und deren jeweiligen nationalen Preisregulierungssystemen[3]. Der Parallelimport ist vom **Parallelvertrieb** von Arzneimitteln zu unterscheiden, der nach Unionsrecht zugelassene Arzneimittel betrifft (s. hierzu Rn. 27).

II. Reimport

Der Reimport ist dadurch gekennzeichnet, dass ein zugelassenes Arzneimittel in einem EWR-Ver- **5** trags- bzw. EU-Mitgliedstaat **hergestellt,** sodann in einen anderen EWR-Vertrags- bzw. EU-Mitgliedstaat **verbracht** und anschließend von dort wieder in den ersten Vertrags- bzw. Mitgliedstaat **zurückexportiert** wird[4]. Für den Reimport gelten die gleichen Voraussetzungen wie für den Parallelimport[5].

---

[1] A. A. *BayVGH*, Urt. v. 7.11.1989 – 25 B.03 982, vgl. PharmR 1990, 108 ff. (für im Inland fiktiv zugelassenen Arzneimitteln hinsichtlich Bezeichnung und Wirkstoffen identische Arzneimittel aus Ländern, die dem PIC-Abkommen beigetreten sind, sowie aus den U. S. A. und Japan); vgl. auch *Römhild*, MarkenR 2002, 187.

[2] Vgl. Mitteilung der Kommission über Paralleleinfuhren von Arzneispezialitäten, deren Inverkehrbringen bereits genehmigt ist, vom 30.12.2003, KOM (2003) 839 endg., Ziff. 2. Diese Mitteilung hat die Mitteilung zum selben Thema aus dem Jahre 1982 abgelöst, vgl. ABl.-C 115 v. 6.5.1982. Vgl. auch *Heinemann*, PharmR 2001, 180.

[3] Dieser empirische Befund gehört zur Definition des Parallelhandels mit Arzneimitteln, ist also keine Voraussetzung für diesen. Zum Parallelimportmarkt in Europa vgl. *Weißenfeldt*, PharmInd 2014, 180.

[4] Vgl. *Koenig/Engelmann/Sander*, GRURInt 2001, 919, 920.

[5] Vgl. *Wagner, S.*, PharmR 2001, 175.

C. Zulassungsverfahren für parallel- oder reimportierte Arzneimittel

I. Europarechtliche Vorgaben

6 **1. Grundsätze.** Der *EuGH*[6] hat sich schon sehr früh mit dem Spannungsfeld zwischen den Interessen der Ersthersteller (Originatoren) von Arzneimitteln, welche erhebliche Investitionen bis zur Zulassung von Arzneimitteln erbringen müssen, und denjenigen der Parallelimporteure, welche sich auf die Warenverkehrsfreiheit berufen (Art. 34 EWGV bzw. nunmehr Art. 34 AEUV), befasst. Danach ist es gem. Art. 36 EWGV (nunmehr Art. 36 AEUV) nicht gerechtfertigt, von einem Parallelimporteur zu verlangen, dass er die für die Arzneimittelzulassung im Einfuhrmitgliedstaat benötigten Unterlagen für die Wirksamkeit und Unbedenklichkeit, welche ihm praktisch nie vorliegen dürften, nochmals vollständig im Zulassungsverfahren einreicht. Nur wenn sich aus den vorgelegten Unterlagen das Bestehen **therapeutisch relevanter Unterschiede** ergeben sollte, ist es gerechtfertigt, vom Vorliegen von zwei Arzneimitteln mit der Folge auszugehen, dass für das Importarzneimittel vollständige Unterlagen zum Nachweis der Wirksamkeit, Qualität und Unbedenklichkeit einzureichen sind.

7 In nachfolgenden Urteilen hat der *EuGH* diese Kriterien ausdifferenziert: Die Zulassung für ein parallelimportiertes Arzneimittel ist im sog. **vereinfachten Verfahren**[7] von der nationalen Zulassungsbehörde als sog. **Formalzulassung** zu erteilen, wenn (1) für das Bezugsarzneimittel im Einfuhrmitgliedstaat eine Zulassung besteht, (2) das Importarzneimittel von der Zulassungsbehörde im Ausfuhrmitgliedstaat zugelassen wurde und (3) die Zulassungsbehörde des Einfuhrmitgliedstaates zu dem Ergebnis gelangt, dass die für das schon zugelassene inländische (Bezugs-)Arzneimittel durchgeführte Beurteilung der Qualität, Sicherheit und Wirksamkeit ohne Risiko für die Gesundheit und das Leben für das Zulassungsverfahren für das Importarzneimittel verwendet werden kann **(sog. Produktidentität)**[8]. Hierbei ist nicht zu fordern, dass die beiden zu vergleichenden Arzneimittel in allen Punkten identisch sind. Es reicht aus, wenn sie nur „im Wesentlichen gleich" sind[9]. Um feststellen zu können, ob eine Produktidentität besteht, hat die Zulassungsbehörde des Einfuhrmitgliedstaats zu prüfen, ob die beiden Arzneimittel (1) nach der gleichen Formel und (2) unter Verwendung des gleichen Wirkstoffs hergestellt wurden, so dass das Importarzneimittel (3) die **gleichen therapeutischen Wirkungen** wie das Bezugsarzneimittel hat **(sog. Wirkstoffidentität)**[10].

8 Indes hat der *EuGH* das über viele Jahre hinweg aufrechterhaltene Kriterium der **Ursprungsidentität** mit seinem Urt. v. 1.4.2004[11] insoweit **aufgegeben**, als es dem Parallelimporteur möglich sein soll, den Nachweis zu erbringen, dass sich das Importarzneimittel und das Bezugsarzneimittel hinsichtlich der Sicherheit und Wirksamkeit nicht erheblich unterscheiden. Unter Ursprungsidentität wurde verstanden, dass die beiden Arzneimittel entweder von zur selben Unternehmensgruppe gehörenden Firmen oder von Unternehmen hergestellt wurden, die mit ein und demselben Lizenzgeber durch einen Lizenzvertrag verbunden waren[12].

9 Verfügt der Parallelimporteur nicht über alle Informationen zur „wesentlichen Gleichheit", ist die Zulassungsbehörde gehalten, ihre Entscheidung über die Formalzulassung auf der Grundlage von möglichst vollständigen Informationen zu treffen. Hierzu gehören neben den vom Parallelimporteur eingereichten Unterlagen, die – soweit ihm dies möglich ist – ergänzt werden müssen, auch die Zulassungsunterlagen für das Bezugsarzneimittel. Im Zweifel hat sich die nationale Zulassungsbehörde insoweit auch mit der Zulassungsbehörde des Ausfuhrmitgliedstaats, welche die Zulassung für das Importarzneimittel erteilt hat, in Verbindung zu setzen[13]. Die **„wesentliche Gleichheit"** von Importarzneimittel und Bezugsarzneimittel wird man annehmen können, wenn (1) beide qualitativ und quantitativ dieselben Wirkstoffe enthalten, (2) sie dieselbe pharmazeutische Form haben, (3) sie bioäquivalent sind und (4) unter Einbeziehung wissenschaftlicher Erkenntnisse offenbar keine wesentlichen Unterschiede hinsichtlich ihrer Sicherheit und Wirksamkeit aufweisen[14]. Sofern Import- und Bezugsarzneimittel die Voraussetzungen (1),

---

[6] Urt. v. 20.5.1976 – Rs. 104/75, NJW 1976, 1575 f. – de Peijper. In der Mitteilung der Kommission vom 30.12.2003, KOM (2003) 839, sind die Grundsätze, die der *EuGH* bis dahin erarbeitet hat, zusammengefasst.
[7] Vgl. Mitteilung der Kommission v. 30.12.2003, KOM (2003) 839, Ziff. 2; Bek. des BMG über die Zulassung von parallelimportierten Arzneimitteln im Rahmen des vereinfachten Verfahrens v. 8.11.1995, BAnz. v. 16.1.1996, S. 398; Bek. des BfArM und des PEI und des BgVV über die Zulassung von parallelimportierten Arzneimitteln (Bezugnahme auf Zulassungen nach § 105 AMG) v. 17.4.1996, BAnz. v. 23.5.1996, S. 5834.
[8] *EuGH*, Urt. v. 1.4.2004 – Rs. C-112/02, EuZW 2004, 530 ff. – Kohlpharma.
[9] *EuGH*, Urt. v. 16.12.1999 – Rs. C-94/98, WRP 2000, 161, Rn. 28 – Rhône-Poulenc Rorer; *EuGH*, Urt. v. 12.11.1996 – Rs. C-201/94, PharmR 1997, 92, Rn. 26 – Smith & Nephew und Primecrown.
[10] *EuGH*, Urt. v. 12.11.1996 – Rs. C-201/94, PharmR 1997, 92 – Smith & Nephew und Primecrown.
[11] Rs. C-112/02, EuZW 2004, 530 ff. – Kohlpharma.
[12] Vgl. *EuGH*, Urt. v. 16.12.1999 – Rs. C-94/98, WRP 2000, 161, Rn. 29 – Rhône-Poulenc Rorer; *EuGH*, Urt. v. 12.11.1996 – Rs. C-201/94, PharmR 1997, 92, Rn. 25 – Smith & Nephew und Primecrown; *Wagner, M.*, MedR 2005, 489, 490.
[13] *EuGH*, Urt. v. 1.4.2004 – Rs. C-112/02, EuZW 2004, 530, Rn. 20 – Kohlpharma.
[14] *EuGH*, Urt. v. 29.4.2004 – Rs. C-106/01, Rn. 35, Slg. 2004, I – 4403 – Novartis (zur Vorgängervorschrift des Art. 10 I RL 2001/83/EG); *EuGH*, Urt. v. 3.12.1998 – Rs. C-368/96, Rn. 36, Slg. 1998, I – 7967 – Generics; Schlussanträge des Generalanwalts *Tizzano* v. 11.9.2003 i. d. Rs. C-112/02 Rn. 51, 73; vgl. dazu *Wagner, M.*, MedR 2005, 489, 492. Instruktiv *VG Köln*, B. v. 29.5.2012 – 7 L 187/12 – BeckRS 2012, 55290.

(2) und (4) erfüllen, wird man von der erforderlichen Bioäquivalenz ausgehen können. Damit ist das Kriterium der **therapeutischen Vergleichbarkeit** um das Kriterium der **(vergleichbaren) Arzneimittelsicherheit** ergänzt worden[15].

2. Kriterien für die Abweichung des parallelimportierten Arzneimittels. Ob Abweichungen **10** zwischen Importarzneimittel und Bezugsarzneimittel für die Merkmale der Vergleichbarkeit hinsichtlich therapeutischer Wirkungen und Sicherheit bedeutsam sind, bestimmt sich nach folgenden Kriterien:

a) Wirkstoffe. Weichen die **Wirkstoffe** qualitativ und/oder quantitativ voneinander ab, ist eine **11** Formalzulassung ausgeschlossen.

b) Hilfsstoffe, Darreichungsform. Bei einer Abweichung der **Hilfsstoffe** oder der **Darreichungs-** **12** **form** hat der Parallelimporteur **im Zweifel** den Nachweis zu führen, dass diese kein Auswirkungen auf die Wirksamkeit und Sicherheit haben. Solche Auswirkungen sind durchaus möglich[16]. Ein derartiger Nachweis wird regelmäßig nur durch eine **Bioäquivalenzstudie** zu führen sein. Freisetzungsstudien dürften nur dann akzeptabel sein, wenn Import- und Bezugsarzneimittel unter denselben Bedingungen hinsichtlich Prüfmethode, Apparatur, pH-Wert, Lösungsmedium etc. geprüft wurden[17] (zur Beweislast s. Rn. 20).

Betrifft die Abweichung bei den Hilfsstoffen nicht die therapeutische Wirkung, sondern etwa die **13** **Verträglichkeit,** kann nach der Rechtsprechung des *EuGH*[18] gleichwohl eine Formalzulassung ausgesprochen werden, wenn Wirkstoffgleichheit besteht und das Importarzneimittel im Hinblick auf Qualität, Wirksamkeit und Sicherheit keine Probleme aufwirft. Hierbei kann die **Vorschrift des § 29** **IIa und III als Negativkriterium** dafür herangezogen werden[19], ob eine Formalzulassung erteilt werden kann. Unabhängig vom Vorliegen der Tatbestände des § 29 IIa und III ist aber für jegliche Abweichung bei den Hilfsstoffen festzustellen, ob die gleichen therapeutischen Wirkungen vorhanden sind und ob erhebliche Unterschiede im Hinblick auf die Sicherheit vorliegen[20].

c) Herstellungsverfahren. Für Abweichungen bei den **Herstellungsverfahren** gilt das zu Rn. 13 **14** Gesagte.

d) Klinische Angaben. Klinische Angaben (Anwendungsbereich, Warnhinweise, Nebenwirkungen **15** etc.) können kaum Auswirkungen auf die therapeutischen Wirkungen des Importarzneimittels haben. Der inländischen Zulassungsbehörde liegen insoweit die Unterlagen für das Bezugsarzneimittel vor. Hier erfordert er der Gesichtspunkt der möglichst geringen Beschränkung des freien Warenverkehrs (effet utile) im Bereich des Parallelhandels, dass für das einzuführende Arzneimittel eine Formalzulassung mit dem Inhalt der bereits **im Inland erteilten Bezugszulassung** gewährt wird, sofern die Kriterien gleiche Form und gleicher Wirkstoff erfüllt sind[21]. **Anders** kann sich die Situation darstellen, wenn sich aus den Unterlagen für das im Ausfuhrmitgliedstaat zugelassene Arzneimittel Abweichungen zu den Risikoangaben in der Zulassung für das Bezugsarzneimittel ergeben. Hier kann der **Gesichtspunkt der Arzneimittelsicherheit** ggf. eine abweichende Entscheidung erfordern[22].

e) Packungsgrößen. Auch für abweichende Packungsgrößen muss vom **Zulassungsstatus des** **16** **Bezugsarzneimittels im Importstaat** ausgegangen werden[23]. Sofern die Packungsgrößen im Ausfuhrmitgliedstaat anders beschaffen sind, ist der Parallelimporteur darauf angewiesen, die einzuführenden Arzneimittel umzupacken (zur markenrechtlichen Problematik s. Rn. 46 ff.).

f) Kennzeichnung, Packungsbeilage, Fachinformation. Für die Kennzeichnung, die Packungs- **17** beilage und die Fachinformation des Importarzneimittels ist gleichfalls von den **Angaben** auszugehen, die in der Zulassung **für das Bezugsarzneimittel** enthalten sind[24]. Die Angaben sind in deutscher Sprache zu machen. Ergänzende Angaben, welche sich aus dem Zulassungsstatus des Importarzneimittels im Ausfuhrmitgliedstaat ergeben, sind dann als zulässig einzustufen, wenn sie den Angaben in der

---

[15] *EuGH*, Urt. v. 1.4.2004 – Rs. C-112/02, EuZW 2004, 530, Rn. 19 – Kohlpharma. So schon *EuGH*, Urt. v. 16.12.1999 – Rs. C-94/98, WRP 2000, 161, Rn. 45 – Rhône-Poulenc Rorer.

[16] Vgl. *EuGH*, Urt. v. 16.12.1999 – Rs. C-94/98, WRP 2000, 161, Rn. 43, 45 – Rhône-Poulenc Rorer; *Wagner, M.*, MedR 2004, 489, 492 m. w. N.

[17] Vgl. *Wagner, M.*, MedR 2004, 492 f.

[18] Urt. v. 16.12.1999 – Rs. C-94/98, WRP 2000, 161, Rn. 45 – Rhône-Poulenc Rorer.

[19] Vgl. *Koenig/Engelmann/Sander*, GRURInt 2001, 919, 923; *Rehmann*, PharmR 1997, 326 ff.

[20] So unmissverständlich *EuGH*, Urt. v. 16.12.1999 – Rs. C-94/98, WRP 2000, 181, Rn. 43 f. – Rhône-Poulenc Rorer. Anders noch *OLG Frankfurt*, PharmR 1999, 357 ff.

[21] *Koenig/Engelmann/Sander*, GRURInt 2001, 923; *Heinemann*, PharmR 2001, 182; *Rehmann*, PharmR 1997, 328 f. Der Rekurs auf § 29 ist fraglich, da stets vom Status des Bezugsarzneimittels auszugehen ist. A. A. *Hiltl*, PharmR 1997, 86 f.

[22] Vgl. *EuGH*, Urt. v. 16.12.1999 – Rs. C-94/98, WRP 2000, 161, Rn. 45 – Rhône-Poulenc Rorer, wo – insoweit vergleichbar – für Hilfsstoffe verlangt wird, dass das Importarzneimittel keine Probleme im Hinblick auf die Arzneimittelsicherheit aufwirft.

[23] Vgl. *Koenig/Engelmann/Sander*, GRURInt 2001, 923.

[24] Vgl. *Koenig/Engelmann/Sander*, GRURInt 2001, 923.

Zulassung des Bezugsarzneimittels im Einfuhrmitgliedstaat nicht widersprechen, sich aus der im Ausfuhrmitgliedstaat verwendeten Verpackung ergeben[25] und keinen Bezug zur therapeutischen Wirksamkeit und Sicherheit haben.

18   Allerdings ist zu beachten, dass auf den **Durchdrückpackungen** Name und Firma des Parallelimporteurs nicht angegeben werden müssen (§ 10 VIII 2, s. § 10 Rn. 110). Andererseits **gilt § 10 VIII 3** auch für den Parallelimporteur, da hier die Arzneimittelsicherheit vorgeht. Die faktischen Erschwernisse, die eine Neukennzeichnung von kleinen Behältnissen und Ampullen, die nur eine einzige Gebrauchseinheit enthalten, für den Parallelimporteur bedeuten, stellen keine Behinderung des freien Warenverkehrs dar[26].

19   **g) Bezeichnung.** Unterschiede in der Bezeichnung des Importarzneimittels zum bereits im Inland zugelassenen Arzneimittel sind **therapeutisch nicht relevant,** da sie die stoffliche Zusammensetzung des Produkts nicht betreffen[27]. Demzufolge ist der Parallelimporteur auch nicht gehalten, in den Packungstexten darauf hinzuweisen, dass sein Produkt mit dem Bezugsarzneimittel identisch ist[28].

20   **3. Beweislast.** Der **Parallelimporteur** ist gehalten, alle ihm zur Verfügung stehenden Unterlagen im (Formal-)Zulassungsverfahren vorzulegen, um den Nachweis zu erbringen, dass sich das zu importierende Arzneimittel nicht vom Bezugsarzneimittel erheblich unterscheidet. Sind diese Unterlagen nicht ausreichend, hat die **nationale Zulassungsbehörde** im Rahmen des Untersuchungsgrundsatzes (§ 25 VwVfG) zu prüfen, ob sich aus den ihr vorliegenden und ggf. bei anderen Mitgliedstaaten erhältlichen Unterlagen der für die Erteilung der Formalzulassung erforderliche Nachweis ergibt[29]. Liegen in **Zweifelsfällen** weder Bioäquivalenz- noch Freisetzungsstudien vor, die den Nachweis der geforderten „wesentlichen Gleichheit" erbringen können, ist die Zulassungsbehörde indes nicht gehalten, von sich aus derartige Studien zu erstellen[30]. Der Antrag auf Erteilung einer Formalzulassung ist in diesem Fall zurückzuweisen, sofern der Parallelimporteur nach vorheriger Anhörung keine Nachweise vorlegt.

II. (Vereinfachtes) Zulassungsverfahren unter Bezug auf zugelassene Arzneimittel

21   **1. Zugelassene Arzneimittel nach §§ 21 ff.** Die Einfuhr eines in der EU bzw. dem EWR zugelassenen Arzneimittels nach Deutschland unter Bezug auf ein hier zugelassenes Arzneimittel ist nur dann möglich, wenn für das zu importierende Arzneimittel eine Inlandszulassung vorliegt (Art. 6 I RL 2001/83/EG; § 73 I 1). Hierzu hätte der Importeur an sich der zuständigen nationalen Behörde die vollständigen Angaben nach § 22 zu machen. Unter Berücksichtigung der europarechtlichen Vorgaben (Rn. 6 ff.) ist es jedoch ausreichend, wenn der Parallelimporteur – neben dem Nachweis über das Bestehen einer Zulassung im Ausfuhrmitgliedstaat – lediglich Unterlagen vorlegt, aus denen sich ergibt, dass das einzuführende Produkt im Vergleich mit dem in Deutschland zugelassenen Arzneimittel nach der gleichen Formel unter Verwendung des gleichen Wirkstoffs und mit den gleichen therapeutischen Wirkungen hergestellt wurde **(sog. vereinfachtes Verfahren)**[31]. Damit ist die Vorlage von Angaben zur Unbedenklichkeit und Wirksamkeit grundsätzlich entbehrlich, nicht jedoch solche zur Qualitäts- und Identitätskontrolle.

22   Der Parallelimporteur hat weiter die Angaben nach den §§ 10, 11, 11a zu machen, zu versichern, dass sein Produkt der ausländischen Zulassung entspricht und anzugeben, **aus welchem EWR-Vertrags- bzw. EU-Mitgliedstaat** er das Arzneimittel **einführen** möchte und wer **Hersteller** des Produkts ist. Nur dann wird es der Zulassungsbehörde im Einfuhrmitgliedstaat ermöglicht, ggf. dort Informationen entsprechend den Vorgaben des *EuGH* insbes. zur Qualität oder Sicherheit einzuholen.

23   Bestehen bei der inländischen Zulassungsbehörde **Zweifel an der „wesentlichen Gleichheit"** zwischen dem Importarzneimittel und dem Bezugsarzneimittel, hat diese sich Gewissheit durch Prüfung aller ihr vorliegenden Unterlagen sowie durch Kontaktaufnahme mit der für das Importarzneimittel zuständigen Behörde des Herkunftslandes zu verschaffen (s. im Übrigen die Ausführungen zur Beweislast in Rn. 20)[32]. Gleiches gilt im Hinblick auf den Nachweis der Qualitätsprüfung bei parallelimportierten Arzneimitteln[33].

---

[25] *EuGH*, Urt. v. 11.7.1996 – verb. Rs. C-427/93, C-429/93 u. C-436/93, EuZW 1996, 526, Rn. 66 – Bristol-Myers Squibb.

[26] *LG Hamburg*, Beschl. v. 19.4.2000 – 315 O 233/00; *LG Köln*, Beschl. v. 22.5.2000 – 81 O 111/00; *Kleist*, PharmInd 2001, 588.

[27] Vgl. *EuGH*, Urt. v. 12.11.1996 – Rs. C-201/94, PharmR 1997, 92, Rn. 22, 26 ff. – Smith & Nephew und Primecrown; *BGH*, GRUR 2005, 54 – Topinasal; *BGH*, GRUR 1998, 407, 410 – „TIAPRIDAL". Anders noch BVerwGE 82, 7 ff.; *OLG Köln*, PharmR 1995, 203.

[28] Vgl. *BGH*, GRUR 1998, 407, 410 – „TIAPRIDAL"; *LG Hamburg*, MD 2003, 1185.

[29] Vgl. *EuGH*, Urt. v. 1.4.2004 – Rs. C-112/02, EuZW 2004, 530, Rn. 19 f. – Kohlpharma.

[30] Vgl. *Wagner*, M., MedR 2005, 492 f.

[31] Einzelheiten des vereinfachten Zulassungsverfahrens sind auf der Website des BfArM abrufbar unter http://www.bfarm.de.

[32] *EuGH*, Urt. v. 16.12.1999 – Rs. C-94/98, WRP 2000, 161, Rn. 45 – Rhône-Poulenc Rorer; Bek. des BMG v. 8.11.1995, Ziff. 3.

[33] Vgl. Bek. des BMG über den Nachweis der Qualitätsprüfung bei parallelimportierten Arzneimitteln v. 23.2.1995, BAnz. Nr. 46 v. 7.3.1995, S. 2277, PharmR 1995, 203 f.

Über den Antrag auf Erteilung einer Zulassung im vereinfachten Verfahren ist binnen **45 Tagen** von **24** der inländischen Zulassungsbehörde zu **entscheiden**[34].

2. Fiktiv zugelassene Arzneimittel nach § 105. Die vom *EuGH* entwickelten Grundsätze zur **25** Notwendigkeit der Erteilung einer Formalzulassung sind für fiktiv in Deutschland zugelassene Arzneimittel insoweit nicht anwendbar, als der nationalen Zulassungsbehörde keine geprüften Unterlagen nach den §§ 21 ff. vorliegen. Aus diesem Grund ist es ausreichend, wenn für ein parallelimportiertes Arzneimittel, welches auf ein nach § 105 fiktiv zugelassenes Arzneimittel Bezug nimmt, lediglich eine **Änderungsanzeige nach § 29** erstattet wird[35]. Dies setzt allerdings stets voraus, dass das parallelimportierte Arzneimittel nach der gleichen Formel und unter Verwendung des gleichen Wirkstoffs wie das fiktiv zugelassene Bezugsarzneimittel hergestellt wurde sowie mit diesem therapeutisch identisch ist und keine Probleme im Hinblick auf die Qualität und Sicherheit aufwirft.

Die **Verkehrsfähigkeit** des nach § 29 angezeigten parallelimportierten Arzneimittels **bleibt** solange **26** **erhalten**, bis das Nachzulassungsverfahren für das Bezugspräparat abgeschlossen ist und das parallelimportierte Arzneimittel in einem Zulassungsverfahren eine eigene Zulassung (im vereinfachten Verfahren) erhalten hat (zum Wegfall der Bezugszulassung s. auch Rn. 30)[36].

3. Zentrale Zulassung. Der Parallelimporteur, welcher sich auf ein zentral zugelassenes Arzneimittel **27** bezieht, benötigt keine eigene Zulassung, denn dieses ist aufgrund der Zulassung durch die EMA in der EU insgesamt vertriebsfähig (Art. 13 I VO (EG) Nr. 726/2004). Die Kommission ist allerdings der Auffassung, dass der Parallelimporteur aus Gründen der Arzneimittelsicherheit gehalten ist, das Inverkehrbringen bei der EMA und den Mitgliedstaaten, in denen ein **Parallelvertrieb** erfolgt, **anzuzeigen**[37]. Nur so kann die EMA ihrer Überwachungsaufgabe nachkommen (Art. 57 I Buchst. o) VO (EG) Nr. 726/2004). Die Durchführung des Parallelvertriebs eines zentral zugelassenen, in einem EU-Mitgliedstaat in den Verkehr gebrachten Arzneimittels in Deutschland setzt nicht voraus, dass die EMA den ordnungsgemäßen Parallelvertrieb zuvor geprüft und genehmigt hat[38].

Die „Procedure for notifications of parallel distribution of centrally authorised medicinal products" der **28** EMEA (jetzt EMA) vom April 2003[39] sehen vor, dass der Parallelimporteur folgende **Angaben** zu machen hat: Name oder Firma des Parallelgroßhändlers, Bezeichnung des Arzneimittels, Zulassungsnummer im Arzneimittelregister der Union, Benennung des Herkunftslandes, Muster der äußeren Umhüllung, Version des Textes der äußeren und inneren Verpackung und Packungsbeilage, Bestätigung, dass der Originalzustand des Arzneimittels weder direkt noch indirekt beeinflusst wurde[40], Nachweis der Einzahlung der Verwaltungsgebühr. Veränderungen der Packungsgestaltung im Hinblick auf sprachliche Änderungen der Etikettierung und der Packungsbeilage und ggf. der Packungsgröße sind nur zulässig, wenn diese erforderlich sind, um das Produkt im Einfuhrstaat vertreiben zu können. Dies ist zu begründen. Sofern die EMA dem Parallelimport nicht binnen **30 Tagen** nach Eingang der Anzeige widerspricht, gilt die Zustimmung zum Parallelvertrieb erteilt. Indes ist die **Nichteinhaltung** dieses Verfahrens nicht sanktionierbar[41]. Die EMEA (jetzt EMA) hat im Übrigen für zahlreiche Fragen im Zusammenhang mit dem Parallelimport von zentral zugelassenen Arzneimitteln im Juli 2006 ein **Guidance-Paper** veröffentlicht[42].

4. Dezentrale Zulassung. Ist ein Arzneimittel aufgrund des dezentralen Verfahrens sowohl im Aus- **29** fuhr- als auch im Einfuhrmitgliedstaat zugelassen, steht die therapeutische Identität fest. Für die Anwendung des vereinfachten Verfahrens zur Erlangung einer Formalzulassung besteht daher keine Veranlassung[43]. Es erscheint daher eine **Anzeige** des Parallelimports **entsprechend § 29** als ausreichend, um so

---

[34] Vgl. Mitteilung der Kommission v. 30.12.2003, KOM (2003) 839, Ziff. 3, Fn. 14; Bek. des BMG v. 8.11.1995, Ziff. 2.

[35] Insoweit liegt kein vereinfachtes Zulassungsverfahren wie im Falle des Bezugs auf ein nach §§ 21 ff. zugelassenes Arzneimittel vor.

[36] So die Bek. des BfArM und des PEI und des BgVV v. 17.4.1996 und die h. M., vgl. *BGH*, GRUR 1998, 407 ff. – „TIAPRIDAL"; *Rehmann*, Vor § 21 Rn. 25. Nach der Bek. vom 17.4.1996 sollen die Parallelimporteure innerhalb von zwei Monaten nach der Bek. der Verlängerung der Zulassung des Bezugsarzneimittels einen entsprechenden Zulassungsantrag stellen.

[37] Vgl. hierzu und zum Verfahren: Mitteilung der Kommission über gemeinschaftliche Zulassungsverfahren für Arzneimittel v. 16.7.1998 (98/C 229/03), ABl. Nr. C 229 v. 22.7.1998, PharmR 1999, 177 ff.; „Procedure for notifications of centrally authorized medicinal products" vom März 1999 (EMA-H-3013-98-Rev. 1); „EMEA Post-Authorisation Guidance on Parallel Distribution" v. 19.7.2006, EMEA/Ho/2368/Rev 4, abrufbar unter http:// www.ema.europa.eu. Vgl. auch *Kleist*, PharmInd 2001, 586 f. Für eine Notifizierungspflicht des Großhändlers nach Art. 76 III RL 2001/83/EG gegenüber der jeweils zuständigen Behörde und dem Genehmigungsinhaber im Rahmen des Parallelvertriebs eines zentral zugelassenen Arzneimittels *Koenig*, PharmR 2010, 553 ff.

[38] *OLG Hamburg*, PharmR 2009, 559 ff.

[39] EMEA-H-30313-98 Rev 2, abrufbar unter http://www.ema.europa.eu.

[40] So sind Bündelpackungen aus Arzneimitteln, für die zwei unterschiedliche zentrale Zulassungen erteilt wurden, unzulässig, vgl. *EuGH*, GRUR 2002, 1054 ff. – Aventis. Der Parallelimporteur muss neue Umverpackungen verwenden.

[41] Vgl. *Koenig/Engelmann/Sander*, GRURInt 2001, 919, 924; *Kleist*, PharmInd. 2001, 584, 587.

[42] EMEA Post-Authorisation Guidance on Parallel Distribution, EMEA/Ho/2368/Rev 4, vom 19.7.2006, abrufbar unter http://www.ema.europa.eu.

[43] A. A. *Wagner, S.*, S. 256 f.

der inländische Zulassungsbehörde eine – auch europarechtlich zu fordernde – Überwachung des Parallelvertriebs zu ermöglichen[44]. Die **Praxis des BfArM** besteht indes unverändert darin, eine Zulassung im vereinfachten Verfahren zu fordern.

III. Wegfall der Bezugszulassung

30   Das **Erlöschen** der (fiktiven) Zulassung für das Bezugsarzneimittel, etwa durch Verzicht, Rücknahme des Verlängerungsantrags oder Widerruf, kann nur dann zu einem Erlöschen der Parallelimportzulassung entgegen Art. 34 AEUV (vormals Art. 28 EG) führen, **wenn** tatsächlich eine **Gefahr für die Gesundheit von Menschen** besteht (Art. 36 S. 1 AEUV, vormals 30 S. 1 EG)[45]. Die Feststellung einer Gesundheitsgefährdung obliegt dabei den nationalen Behörden, die sich im Rahmen der Überwachung ggf. mit den nationalen Behörden der anderen Mitgliedstaaten, in denen das parallelimportierte Arzneimittel noch vertrieben wird, in Verbindung setzen müssen[46]. In Anwendung des **Verhältnismäßigkeitsgrundsatzes** des Art. 36 S. 2 AEUV (vormals Art. 30 S. 2 EG) sind vor einem Widerruf der Parallelimportzulassung Beschränkungen für das Inverkehrbringen von der nationalen Behörde zu prüfen[47].

IV. Änderung des Importlandes

31   Für den Fall, dass der Parallelimporteur das Importland wechselt, ist es ausreichend, wenn dieser den Wechsel dem BfArM mit einer **Änderungsanzeige gem. § 29 I** bekannt gibt[48].

V. Änderungsanzeigen

32   Sofern **Textänderungen** aus der Pflicht zur Anpassung an die Bezugsulassung veranlasst sind (etwa Einschränkung von Nebenwirkungen und Gegenanzeigen, Anwendungsart), so sind die Änderungen von der Zustimmungspflicht durch das BfArM ausgenommen. Alle anderen Änderungen, die nicht durch das Bezugsarzneimittel bedingt sind, unterfallen § 29 IIa oder III, wie beispielsweise ein vom Importland abhängiger Wechsel in eine vergleichbare Darreichungsform oder eine Änderung der Packungsgröße[49].

33   Wenn die **Anwendungsgebiete** der Bezugszulassung **erweitert** werden, ist die vom Parallelimporteur einzureichende Änderungsanzeige zustimmungspflichtig. Die Zustimmung durch die zuständige Bundesoberbehörde ist zu erteilen, wenn lediglich die Informationstexte zu ändern sind und das neue Bezugsarzneimittel mit dem bisherigen Bezugsarzneimittel im Übrigen identisch ist[50].

VI. Rückstellmuster

34   Der Parallelimporteur hat nach **§ 18 I 1 AMWHV** Rückstellmuster von jeder Charge des Fertigarzneimittels in ausreichender Menge zum Zwecke einer ggf. erforderlichen analytischen Nachtestung und zum Nachweis der Kennzeichnung einschließlich der Packungsbeilage mindestens ein Jahr über den Ablauf des Verfalldatums hinaus aufzubewahren. Soweit der Parallelimporteur die von ihm importierten Originalarzneimittel im Inland neu konfektioniert, indem er sie deutschsprachig kennzeichnet, ihnen deutschsprachige Packungsbeilagen beifügt und sie neu verpackt oder umverpackt, erfüllt er den Begriff des „Herstellens" i. S. d. § 4 XVI. Demzufolge ist jede im Inland in einem einheitlichen Vorgang neu konfektionierte Menge eines Fertigarzneimittels eine „eigene Charge" i. S. d. § 18 I 1 AMWHV[51]. Im Übrigen sind die Regelungen in § 18 I 4–6 AMWHV zu beachten. Nach **§ 18 I 4 AMWHV** ist pro Verpackungsvorgang grundsätzlich jeweils mindestens ein Rückstellmuster aufzubewahren[52], sofern eine Charge in zwei oder mehreren

---

[44] Ebenso *Koenig/Engelmann/Sander*, GRURInt 2001, 919, 924. De lege ferenda wird gefordert, die für den Parallelvertrieb von zentral zugelassenen Arzneimitteln geltenden Regelungen entsprechend anzuwenden, vgl. *Rehmann* Vor § 21 Rn. 33 f., der sich dafür ausspricht, der inländischen Zulassungsbehörde eine 30-tägige Prüfungsfrist einzuräumen; *Koenig/Engelmann/Sander*, GRURInt 2001, 919, 924.

[45] *EuGH*, Urt. v. 8.5.2003 – Rs. C-15/01, EuZW 2003, 410 ff. – Paranova Läkemedel; *EuGH*, Urt. v. 10.9.2002 – Rs. C-172/00, EuZW 2002, 663 – Ferring.

[46] Wird das Arzneimittel in den anderen EWR-Vertrags- bzw. EU-Mitgliedstaaten nicht mehr vertrieben, entfällt die Möglichkeit eines Parallelimports per se.

[47] *EuGH*, Urt. v. 14.7.2005 – Rs. C-114/04, Rn. 35 – Kommission/Bundesrepublik Deutschland; *EuGH*, Urt. v. 10.9.2002 – Rs. C-172/00, EuZW 2002, 663 ff. – Ferring, mit zustimmender Anmerkung *Reich/Helios*; *EuGH*, Urt. v. 8.5.2003 – Rs. C-15/01, EuZW 2003, 410 ff. – Paranova Läkemedel. Vgl. auch *Wagner, S.*, PharmR 2001, 174 ff.

[48] So die st. Praxis des BfArM. In diesen Fällen ist aber der Gesamtstand („bisher – geändert in", keine Einzeländerungen) anzugeben, vgl. http://www.bfarm.de. Zustimmend *OLG Frankfurt/M.*, PharmR 1998, 166; *Rehmann*, Vor § 21 Rn. 25.

[49] Vgl. die „Hinweise zur Einreichung von Änderungsanzeigen" auf der Homepage des BfArM hierzu und zu weiteren Änderungsalternativen, abrufbar unter http://www.bfarm.de.

[50] Bek. des BMG v. 22.7.2002, BAnz. 140, 17897; *Bauroth*, in: Fuhrmann/Klein/Fleischfresser, § 23 Rn. 16.

[51] *OVG Münster*, Urt. v. 25.11.2009 – 13 A 1536/09 – BeckRS 1020, 45023; PharmR 2009, 254, 255; *VGH München*, NVwZ-RR 2007, 24 f.

[52] Die Vorschrift des § 18 I AMWHV gilt auch dann, wenn der Parallelimporteur die Herstellung des Parallelimportarzneimittels unter Einschluss der Verpflichtung zur Rückstellmusterbildung und –dokumentation vollständig

Arbeitsgängen – wie zumeist bei parallelimportierten Arzneimitteln – endgültig verpackt wird[53]. Nach **§ 18 I 5 AMWHV** findet allerdings S. 4 der Vorschrift bei parallel importierten oder parallel vertriebenen Arzneimitteln nur Anwendung, wenn deren Sekundärverpackung zum Zwecke der Änderung der Kennzeichnung oder der Packungsbeilage geöffnet wird. Auch dies wird jedoch praktisch immer auf parallel-importierte oder parallelvertriebene Arzneimittel zutreffen. Schließlich kann gem. **§ 18 I 6 AMWHV** bei Arzneimitteln, deren Herstellung für den Einzelfall oder in kleinen Mengen erfolgt oder[54] deren Lagerung besondere Probleme bereitet[55], die zuständige Behörde Ausnahmen über die Muster und ihre Aufbewahrung zulassen. Die **Rechtsprechung** hat im Übrigen in einer Reihe von Entscheidungen die auf die Einhaltung der Verpflichtung zur Aufbewahrung von Rückstellmustern gerichteten Verfügungen der Behörden für verhältnismäßig und mit Art. 11 IV, 4. UAbs. RL 2003/94/EG vereinbar gehalten[56].

VII. Sicherheitsmerkmale

Mit dem 2. AMG-ÄndG ist in Umsetzung von Art. 47a RL 2001/83/EG in der durch die Fälschungs- **35** richtlinie 2011/62/EU geänderten Fassung § 13 AMWHV um einen Abs. 3a ergänzt worden. Danach müssen sich Betriebe, die mit einem Sicherheitsmerkmal gem. § 10 Ic versehene Fertigarzneimittel (s. § 10 Rn. 57) **umverpacken**, wie dies Parallelimporteure regelmäßig tun, vor der teilweisen oder vollständigen Entfernung oder Überdeckung der Sicherheitsmerkmale von der Echtheit der Fertigarznei-mittel überzeugen. Die Sicherheitsmerkmale dürfen nur durch solche ersetzt werden, die in **gleich-wertiger Weise** die Prüfung auf Echtheit und Unversehrtheit der äußeren Umhüllung erlauben, wobei die **Primärverpackung** nicht geöffnet werden darf (§ 13 IIIa 2 und 3 AMWHV)[57].

Die sich aus § 10 Ic i. V. m. § 13 IIIa AMWHV ergebenden Anforderungen sind jedoch nach der **36** Übergangsregelung in Art. 15 des 2. AMG-ÄndG erst am ersten Tag des vierten Jahres, der auf die Verkündung des delegierten Rechtsakts der Kommission nach Art. 54a Ia RL 2001/83/EG folgt, zu erfüllen. Dies ist nach dem derzeitigen Stand nicht vor dem **Jahr 2018** zu erwarten.

VIII. Pharmakovigilanzpflichten

Der Parallelimporteur hat aufgrund der durch das 2. AMG-ÄndG eingefügten Bestimmungen in § 29 **37** Ia 4 und 5[58] auf Anforderung („kann") der zuständigen Bundesoberbehörde eine Kopie der **Pharmako-vigilanz-Stammdokumentation** für Humanarzneimittel spätestens binnen sieben Tagen nach der Aufforderung durch die Behörde vorzulegen. Die weitergehenden Vorlagepflichten des § 29 Ia 1 bis 3 gelten für den Parallelimporteur hingegen nicht (§ 29 Ia 6).

IX. Besonderer und spezieller Mechanismus

Für Parallelimporte aus den neuen Mitgliedstaaten der EU ist der sog. **Besondere Mechanismus**[59] zu **38** beachten[60]. Der „Besondere Mechanismus" sieht vor, dass Inhaber eines Patents oder Ergänzenden Schutzzertifikats (Schutzrechte) für ein Arzneimittel oder der durch diese Begünstigte, die Verbringung und das Inverkehrbringen eines erstmalig in einem der neuen Mitgliedstaaten auf den Markt gebrachten

---

vertraglich auf einen im EU-Ausland ansässigen Lohnhersteller überträgt, vgl. *VG Düsseldorf*, Urt. v. 15.2.2012 – 16 K 2542/11 – BeckRS 2012, 48979.

[53] Das *OVG Münster*, Urt. v. 25.11.2009 – 13 A 1536/09 – BeckRS 2010, 45023, sieht das Wort „grundsätzlich" als einen Hinweis auf die in § 18 I 5 und 6 AMWHV geregelten Ausnahmen, nicht jedoch als Anknüpfungspunkt für eine die Verpflichtung zur Mustervorhaltung einschränkende Einzelfallbetrachtung. Ebenso *VG Trier*, PharmR 2012, 93 m. Anm. *v. Czettritz*.

[54] § 18 I 6 AMWHV ist durch das 2. AMG-ÄndG dahingehend geändert worden, dass für Ausnahmen von der Pflicht zur Rückstellmusterbildung alternativ bei Herstellung eines Arzneimittels in kleiner Menge besondere Lage-rungsprobleme vorliegen müssen. Die zuvor gegebene Rechtslage, die die kumulative Erfüllung der Ausnahmetat-bestände verlangte, basierte auf einem redaktionellen Versehen des Verordnungsgebers, vgl. *VG Trier*, Urt. v. 31.1.2012 – 1 K 1392/11.TR – juris. Anders zu Unrecht *OVG Münster*, B. v. 4.3.2011 – 13 A 2099/10 – BeckRS 2011, 48483.

[55] Davon kann ausgegangen werden, wenn ein Arzneimittel aufgrund seiner stofflichen Zusammensetzung nur für eine kurze Zeit haltbar ist und deshalb eine spätere Qualitätsprüfung nur gewährleistet wäre, wenn das Arzneimittel unter aufwändigen, im Einzelfall unvertretbaren Bedingungen für die eine analytische Untersuchung erforderlichen Beschaffenheit konserviert werden müsste, vgl. *OVG Münster*, Beschl. v. 15.12.2009 – 13 B 1307/09 – BeckRS 2010, 45053; Urt. v. 25.11.2009 – 13 A 1536/09 – BeckRS 2010, 45023.

[56] Vgl. *OVG Münster*, Beschl. v. 15.12.2009 – 13 B 1307/09 – BeckRS 2010, 45053; Urt. v. 25.11.2009 – 13 A 1536/09 – BeckRS 2010, 45023; *VG Trier*, PharmR 2012, 88 m. Anm. *v. Czettritz*. Zur Kritik vgl. *Scholz*, PharmR 2011, 73 ff.; *ders.*, PharmR 2010, 621 ff., der insbes. die Verhältnismäßigkeit nicht gewahrt sieht.

[57] Mit der Regelung soll sichergestellt werden, dass im Falle des Umverpackens die gleichen Anforderungen erfüllt werden wie beim Originalpräparat, vgl. BT-Drucks. 17/9341, S. 74.

[58] Dies beruht auf Art. 23 IV, 2. UAbs. RL 2001/83/EG.

[59] Bekanntmachung des BfArM, PEI sowie des BVL über die Bestimmungen des Besonderen Mechanismus nach Nummer 2 zu Anhang IV der Beitrittsakte über die EU-Beitrittsverträge vom 16. April 2003 betreffend den Parallelimport von Human- und Tierarzneimitteln aus den Republiken Estland, Lettland, Litauen, Polen, Slowenien, Ungarn, der Slowakischen Republik und der Tschechischen Republik in die Bundesrepublik Deutschland vom 30.4.2004, abrufbar unter http://www.bfarm.de.

[60] Dieser gilt nicht für Malta und Zypern. Dort bestand zum Zeitpunkt des Beitritts bereits ein entsprechender Patenschutz.

Arzneimittels in das Importland verhindern kann, wenn im Inland das Schutzrecht für das betr. Arzneimittel zu einem Zeitpunkt **beantragt** wurde, zu dem für dieses ein entsprechender Schutz in den neuen Mitgliedstaaten noch nicht erlangt werden konnte[61]. Dieses Abwehrrecht besteht unabhängig davon, ob das betr. Arzneimittel von dem Inhaber des Schutzrechts oder mit seiner Einwilligung erstmalig in jenem der neuen Mitgliedstaaten in den Verkehr gebracht wurde. Insofern trifft der „Besondere Mechanismus" eine Ausnahme vom Rechtsprinzip der gemeinschaftsweiten Erschöpfung gewerblicher Schutzrechte und bewirkt eine Einschränkung des Grundsatzes des freien Warenverkehrs mit Arzneimitteln im Binnenmarkt, deren Inverkehrbringen bereits genehmigt ist[62].

39   Wurde das Arzneimittel erstmalig in einem der neuen Mitgliedstaaten auf den Markt gebracht, so hat der Parallelimporteur spätestens **einen Monat** vor der Stellung des Antrags auf vereinfachte Zulassung oder der Anzeige nach § 29 dem jeweiligen Schutzrechtsinhaber oder dem Inhaber der Bezugszulassung den beabsichtigten Antrag oder die beabsichtigte Anzeige schriftlich mitzuteilen (sog. **Notifizierung gegenüber dem Schutzrechtsinhaber** oder Inhaber der Bezugszulassung)[63]. Um dem Schutzrechtsinhaber oder dem Inhaber der Bezugszulassung zu ermöglichen, die Schutzrechtslage zu überprüfen, muss der Parallelimporteur dem Schutzrechtsinhaber oder Inhaber der Bezugszulassung alle für die Identifikation des beabsichtigten Parallelimports erforderlichen Angaben (Arzneimittelbezeichnung, Darreichungsform, Art und Menge der arzneilich wirksamen Bestandteile, Zulassungsnummer, Name und Anschrift des jeweiligen Parallelimporteurs und Zulassungsinhabers) mitteilen[64]. Der Parallelimporteur ist zudem gehalten, gegenüber der Zulassungsbehörde in geeigneter Weise nachzuweisen, dass die Notifizierung gegenüber dem Schutzrechtsinhaber oder Inhaber der Bezugszulassung rechtzeitig erfolgt ist (sog. **Notifizierung gegenüber der Zulassungsbehörde**)[65].

40   Der Schutzrechtsinhaber[66], der auf eine im Hinblick auf den „Besonderen Mechanismus" erfolgende **Schutzrechtsanfrage** des Parallelimporteurs mitteilt, dass dieser eingreift, ist nicht verpflichtet, dem Parallelimporteur gegenüber das Schutzrecht, auf welches er seine Rechte aus dem „Besonderen Mechanismus" stützt, konkreter, insbes. unter Angabe der Registriernummer zu benennen[67] oder überhaupt zu reagieren[68]. Wenn der Schutzrechtsinhaber jedoch nicht **innerhalb von einem Monat** auf die ordnungsgemäße Unterrichtung der beabsichtigten Einfuhr durch den Parallelimporteur seine Absicht bekundet, sich der geplanten Einfuhr zu widersetzen, ist der Parallelimporteur berechtigt, bei der zuständigen Behörde die Genehmigung für die Einfuhr des Arzneimittels zu beantragen und es nach erfolgter Genehmigung einzuführen und in den Verkehr zu bringen. Damit hat der Schutzrechtsinhaber jedoch **nicht** das Recht **verwirkt**, der Einfuhr zu widersprechen. Allerdings kann er von dem Parallelimporteur für die bis zu seinem Widerspruch eingeführten Arzneimittel **keinen Schadenersatz** verlangen[69]. Der Parallelimporteur hat den Inhaber des Patents oder des Ergänzenden Schutzzertifikats oder den von ihm Begünstigten von der beabsichtigten Einfuhr zu unterrichten, wobei Begünstigter jede Person ist, die rechtmäßig über die dem Inhaber des Patents oder des Ergänzenden Schutzzertifikats eingeräumten Rechte verfügt[70]. Die Unterrichtung des Schutzrechtsinhabers muss nicht durch den Parallelimporteur selbst erfolgen, sie muss jedoch eindeutig erkennen lassen, wer als Parallelimporteur die Arzneimittel einführen will[71].

41   Durch den sog. **Speziellen Mechanismus** ist der „Besondere Mechanismus" aus Anlass des Beitritts von Bulgarien und Rumänien zur EU auf diese Länder erweitert worden[72]. Mittlerweile ist der „Besondere Mechanismus" auf die Republik Kroatien erweitert worden[73].

---

[61] Vgl. *OLG Hamburg*, PharmR 2009, 338 ff. und Urt. v. 26.2.2009 – 3 U 75/08 – BeckRS 2009, 20730, wonach alle Handlungen, welche der Eintragung in das jeweilige Register unterliegen, also auch die Anmeldung, erfasst sind; *Wagner*, in: Dieners/Reese, § 6 Rn. 262 f.; *Römhild/Lübbig*, in Dieners/Reese, § 15 Rn. 29; *Berg*, PharmR 2005, 352; *Berg/Sauter*, PharmR 2004, 233.

[62] Vgl. *LG Düsseldorf*, Urt. v. 26.8.2014 – 4c O 116/13 – BeckRS 2014, 17689.

[63] Ziff. 3.2 der Bek. des BfArM, PEI sowie des BVL vom 30.4.2004.

[64] Ziff. 3.3 der Bek. des BfArM, PEI sowie des BVL vom 30.4.2004.

[65] Ziff. 3.4 der Bek. des BfArM, PEI sowie des BVL vom 30.4.2004.

[66] Hierbei ist zu berücksichtigen, dass nicht die Eintragung des Schutzrechts für das Eingreifen des „Besonderen Mechanismus" maßgeblich ist, sondern bereits der Zeitpunkt der Anmeldung des jeweiligen Schutzrechts, vgl. *OLG Hamburg*, PharmR 2009, 338, 344; Urt. v. 26.2.2009 – 3 U 75/08 – BeckRS 2009, 20730.

[67] *BGH*, GRUR 2011, 995; PharmR 2009, 345 m. Anm. *Kappes*; Urt. v. 26.2.2009 – 3 U 75/08 – BeckRS 2009, 20730, jeweils betr. das Arzneimittel „Neurontin".

[68] Vgl. *Kramer*, PharmR 2012, 49, die zu Recht darauf verweist, dass der Patentinhaber – anders als der Markenrechtinhaber – unter Berufung auf seine Rechte den Import und den Vertrieb schlechthin untersagen kann. So wohl auch *BGH*, GRUR 2011, 998.

[69] *EuGH*, Urt. v. 12.2.2015 – C-539/13, PharmR 2015, 176, Rn. 31 ff.

[70] *EuGH*, Urt. v. 12.2.2015 – C-539/13, PharmR 2015, 176, Rn. 43.

[71] *EuGH*, Urt. v. 12.2.2015 – C-539/13, PharmR 2015, 176, Rn. 50.

[72] Erweiterte Bekanntmachung vom 30. April 2004 (BAnz. S. 9971) über die Bestimmungen des Besonderen Mechanismus nach Nummer 2 des Anhangs IV der Beitrittsakte des EU-Beitrittsvertrages vom 16. April 2003 betreffend den Parallelimport von Human- und Tierarzneimitteln aus den Republiken Estland, Lettland, Litauen, Polen, Slowenien, Ungarn, der Slowakischen Republik und der Tschechischen Republik in die Bundesrepublik Deutschland, um die Bestimmungen des Speziellen Mechanismus nach Teil I Anhang V Nr. 1 der Anlage zum Gesetz vom 7. Dezember 2006 zu dem Vertrag vom 25. April 2005 über den Beitritt der Republik Bulgarien und Rumänien zur Europäischen Union vom 30.3.2007, abrufbar unter http://www.bfarm.de.

[73] Die entsprechende Bekanntmachung ist demnächst abrufbar unter http://bfarm.de.

Der Patentinhaber bzw. Inhaber eines Ergänzenden Schutzzertifikats kann sich, ohne dass Erschöpfung **42** eingetreten ist, unter folgenden Voraussetzungen im Wege der Geltendmachung eines **Unterlassungsanspruchs** auf den Besonderen Mechanismus berufen und Ansprüche aus §§ 16a, 139 I 2 PatG i. V. m. Art. 64 I EPÜ i. V. m. Art. 5 VO (EG) Nr. 469/2009 i. V. m. Anhang IV Nr. 2 des Besonderen Mechanismus berufen:

– Der zu verbietende Parallelimport des Arzneimittels betrifft Mitgliedstaaten, die im Besonderen Mechanismus genannt sind,
– der Anspruchsteller ist Inhaber des Patents oder eines Ergänzenden Schutzzertifikats für das betr. Arzneimittel,
– das Patent oder Ergänzende Schutzzertifikat für das Arzneimittel wurde zu einem Zeitpunkt beantragt, als ein entsprechender Schutz für das Arzneimittel in einem der neuen Mitgliedstaaten nicht erlangt werden konnte[74].

D. Parallelimport und Markenrecht

I. Europarechtliche Vorgaben

Art. 5 RL 2008/95/EG gewährt dem **Markeninhaber** ein **ausschließliches Recht,** das es ihm **43** u. a. gestattet, Dritten zu verbieten, ohne seine Zustimmung mit seiner Marke versehene Waren einzuführen oder in den Verkehr zu bringen[75]. Art. 7 I RL 2008/95/EG enthält eine Ausnahme von diesem Grundsatz. Dort ist vorgesehen, dass das Recht des Inhabers erschöpft ist, wenn die Waren von ihm selbst oder mit seiner Zustimmung in der EU in den Verkehr gebracht worden sind **(sog. markenrechtlicher Erschöpfungsgrundsatz).** Allerdings findet die Ausnahme des Art. 7 I RL 2008/95/EG wiederum eine **Einschränkung** dahingehend, dass sich der Markeninhaber dem weiteren Vertrieb der **Waren** widersetzen kann, wenn deren Zustand nach ihrem Inverkehrbringen **verändert oder verschlechtert** ist (Art. 7 II RL 2008/95/EG). Mit dieser Regelung wird unter **Berücksichtigung des Verhältnismäßigkeitsgrundsatzes** ein Ausgleich zwischen den national geschützten gewerblichen und kommerziellen Eigentumsrechten (Art. 36 AEUV = Art. 30 EG) und der Warenverkehrsfreiheit (Art. 34 AEUV = Art. 28 EG) geschaffen. – Der *EuGH* hat – auch grundlegend für die RL 2008/95/EG und vor allem für die Vorgänger- **44** RL 89/104/EWG – zu den hier bestehenden Konflikten festgestellt, dass die **Hauptfunktion der Marke** darin besteht, dem Verbraucher die Ursprungsidentität der mit ihr versehenen Ware zu garantieren, indem es ihm ermöglicht wird, diese Ware ohne Verwechslungsgefahr von Waren anderer Herkunft zu unterscheiden. Die Herkunftsgarantie schließt ein, dass der Verbraucher sicher sein darf, dass an einer vom Markeninhaber angebotenen und mit seiner Marke versehenen Ware nicht auf einer früheren Vermarktungsstufe durch einen Dritten ohne seine Zustimmung in die Ware unter Beeinträchtigung von deren Originalzustand eingegriffen wurde. Ein derartiger Eingriff ist regelmäßig in dem Umpacken eines parallelimportierten Arzneimittels und dem Wiederanbringen der Marke zu sehen. Jedoch darf sich die **Durchsetzung des Markenrechts nicht** als **verschleierte Beschränkung i. S. von Art. 36 AEUV** (vormals Art. 30 EG) darstellen. Hierzu hat der *EuGH* eine Reihe von Kriterien entwickelt, die es zu prüfen gilt, um feststellen zu können, ob durch den Parallelimport eine Markenverletzung gegeben ist (s. Rn. 50 ff.)[77]. Eine wichtige, zeitlich begrenzte Ausnahmeregelung für Parallelimporte von Arzneimitteln ergibt sich **45** für die durch die Erweiterung der EU im Jahre 2004 hinzu gekommenen Mitgliedstaaten im Rahmen des **sog. Besonderen Mechanismus.** Der besondere Mechanismus erlaubt es dem Schutzrechtsinhaber, die Einfuhr und Vermarktung eines Arzneimittels zu verhindern, das etwa in Deutschland durch ein Patent oder ein Ergänzendes Schutzzertifikat geschützt ist, sofern das Schutzrecht zu einem Zeitpunkt angemeldet wurde, zu dem noch kein entsprechender Patenschutz in dem Land erlangt werden konnte, in dem das Arzneimittel erstmalig in den Markt gebracht wurde (s. ausführlich Rn. 38 ff.)[78].

II. Markenrecht versus Warenverkehrsfreiheit

1. Markenrechtlicher Erschöpfungsgrundsatz. Es ist nach § 14 II Nr. 1 MarkenG untersagt, ohne **46** Zustimmung des Inhabers der Marke im geschäftlichen Verkehr ein mit der Marke identisches Zeichen für Waren zu benutzen, die mit denjenigen identisch sind, für die sie Schutz genießt. Dies geschieht regelmäßig in den Fällen, in denen der Parallelimporteur die Ware **umpackt** und die **ursprüngliche**

---

[74] Vgl. *LG Düsseldorf,* Urt. v. 26.8.2014 – 4c O 116/13 – BeckRS 2014, 17689.
[75] Zum Konflikt von Patentrechten mit dem Parallelhandel mit Arzneimitteln vgl. *Freytag,* S. 50 ff.; *Koenig/Engelmann/Sander,* GRURInt 2001, 919, 926 f.
[76] Vgl. *Koenig/Engelmann/Sander,* GRURInt 2001, 924 ff.
[77] Vgl. die Zusammenfassung der Rechtsprechung des *EuGH* in der Mitteilung der Kommission v. 30.12.2003, KOM (2003) 839.
[78] Vgl. *Berg,* PharmR 2005, 352 ff.; *Berg/Sauter,* PharmR 2004, 233 ff.

Marke wieder anbringt. § 14 II Nr. 2 und 3 MarkenG verbieten u. a., ein mit der Marke identisches Zeichen zu benutzen, wenn wegen der Identität oder Ähnlichkeit des Zeichens mit der Marke und der Identität oder Ähnlichkeit der durch die Marke und das Zeichen erfassten Waren für das Publikum die Gefahr von Verwechslungen besteht. Unter diesen Voraussetzungen ist eine Einfuhr von Waren unzulässig (§ 14 III Nr. 4 MarkenG). Dem Markeninhaber steht insoweit ein Unterlassungsanspruch gem. § 14 V MarkenG zu. Der Inhaber einer Marke kann sich jedoch nicht auf seinen Abwehranspruch berufen, wenn die Ware von ihm selbst oder mit seiner Zustimmung von einem anderen in einem anderen Mitgliedstaat in den Verkehr gebracht worden ist (sog. **markenrechtlicher Erschöpfungsgrundsatz,** Art. 13 I VO (EG) Nr. 207/2009; Art. 7 I RL 2008/95/EG; § 24 I MarkenG). Die Erschöpfung erstreckt sich – vorbehaltlich der Anwendung des § 24 II MarkenG – auf alle Handlungen, die nach § 14 III MarkenG eine Markenverletzung darstellen können. Auch das Recht, die Marke auf einer neuen Verpackung anzubringen und die Ware mit dieser Verpackung zu vertreiben (§ 14 III Nr. 1 und 2 MarkenG) unterliegt der Erschöpfung[79].

47   Nach der Rechtsprechung des *EuGH* beeinträchtigt das Umpacken mit einer Marke versehener Arzneimittel als solches den spezifischen Gegenstand der Marke, der darin besteht, die Herkunft der mit ihr gekennzeichneten Ware zu garantieren. Ein Umpacken der Ware durch einen Dritten ohne Zustimmung des Markeninhabers kann tatsächliche Gefahren für die Herkunftsgarantie begründen[80].

48   Ein Widerspruch des Markeninhabers gegen den Vertrieb umgepackter Arzneimittel nach Art. 13 II VO (EG) Nr. 207/2009 bzw. Art. 7 II RL 2008/95/EG (§ 24 II MarkenG), der eine Abweichung vom Grundsatz des freien Warenverkehrs darstellt, ist jedoch dann nicht zulässig, wenn die Ausübung dieses Rechts durch den Markeninhaber eine verschleierte Beschränkung des Handels zwischen den EU-Mitgliedstaaten i. S. d. Art. 36 S. 2 AEUV (vormals Art. 30 S. 2 EG) darstellt[81]. Eine solche verschleierte Beschränkung wird angenommen, wenn der Markeninhaber durch die Ausübung seines Rechts, sich dem Umpacken zu widersetzen, zur künstlichen Abschottung der Märkte zwischen den EU-Mitgliedstaaten beiträgt und der Parallelimporteur das Umpacken unter Beachtung der berechtigten Interessen des Markeninhabers vornimmt. Der Markeninhaber kann danach die Veränderung, die mit jedem Umpacken eines mit seiner Marke versehenen Arzneimittels verbunden ist und die ihrem Wesen nach die Gefahr einer Beeinträchtigung des Originalzustandes des Arzneimittels betrifft, verbieten, es sei denn, das Umpacken ist für die Vermarktung der parallelimportierten Ware erforderlich und die berechtigten Interessen des Markeninhabers sind gewahrt[82]. Der Markeninhaber kann sich dem weiteren Vertrieb des Arzneimittels durch den Parallelimporteur nach Art. 13 II VO (EG) Nr. 207/2009 bzw. Art. 7 II RL 2008/95/EG widersetzen, wenn dieser es umgepackt und die Marke wieder angebracht hat, es sei denn, es liegen die fünf von der Rechtsprechung des *EuGH* entwickelten Erschöpfungsvoraussetzungen zur Vermeidung einer willkürlichen Diskriminierung vor (s. dazu ausführlich Rn. 50 ff.)[83].

49   Eine **markenrechtliche Erschöpfung** liegt dann **nicht** vor, wenn es nicht um die Weiterverwendung oder Wiederanbringung einer bereits im Ausfuhrmitgliedstaat mit Zustimmung des Markeninhabers benutzten Marke geht, sondern um die erstmalige Kennzeichnung mit einer anderen Marke[84] oder ähnlichen Marke[85]. Für die Fälle des Parallel- und Reimports hat das zur Folge, dass Art. 13 VO (EG) Nr. 207/2009 bzw. Art. 7 RL 2008/95/EG bzw. § 24 MarkenG nur anwendbar sind, wenn nach dem Umpacken die ursprüngliche Marke weiter verwendet oder wieder angebracht wird. Umgekehrt heißt dies, dass die Vorschriften nicht einschlägig sind, sofern der Parallelimporteur die ursprüngliche Marke durch eine andere ersetzt[86]. Bei der **Markenersetzung** bestimmen sich die jeweiligen Befugnisse des Markeninhabers und des Parallelimporteurs nach den Vorschriften der Art. 34, 36 AEUV (vormals Art. 28, 30 EG). Sowohl Art. 36 AEUV (vormals Art. 30 EG) als auch Art. 13 VO (EG) Nr. 207/2009 bzw. Art. 7 RL 2008/95/EG dienen dem Zweck, die grundlegenden Belange des Markenschutzes mit denen des freien Warenverkehrs im Gemeinsamen Markt in Einklang zu bringen. Da beide Bestimmun-

---

[79] Vgl. *EuGH*, Urt. v. 11.7.1996 – verb. Rs. C-427/93, C-429/93 und C-436/93, EuZW 1996, 526 Rn. 40 – Bristol-Myers Squibb; *BGH*, Urt. v. 10.2.2011 – I ZR 172/09 – BeckRS 2011, 19245; GRUR 2007, 1075, Rn. 14 – STILNOX; GRUR 2008, 156, Rn. 15 – Aspirin II.

[80] *EuGH*, Urt. v. 26.4.2007 – Rs. C-348/04, GRUR 2007, 586, Rn. 15, 30 – Boehringer Ingelheim/Swingward II; Urt. v. 23.4.2002 – Rs. C-143/00, GRUR 2002, 879 ff. – Boehringer Ingelheim/Swingward I; *BGH*, Urt. v. 11.2.2011 – I ZR 172/09 – BeckRS 2011, 19245, Rn. 13.

[81] *EuGH*, Urt. v. 22.12.2008 – Rs. C-276/05, GRUR 2009, 154, Rn. 23 – Wellcome/Paranova; Urt. v. 26.4.2007 – Rs. C-348/04, GRUR 2007, 586, Rn. 16 – Boehringer Ingelheim/Swingward II; *BGH*, Urt. v. 11.2.2011 – I ZR 172/09 – BeckRS 2011, 19245, Rn. 14.

[82] Vgl. *EuGH*, Urt. v. 26.4.2007 – Rs. C-348/04, GRUR 2007, 586, Rn. 19 – Boehringer Ingelheim/Swingward II; *BGH*, Urt. v. 11.2.2011 – I ZR 172/09 – BeckRS 2011, 19245, Rn. 14; GRUR 2008, 156, Rn. 18 – Aspirin II.

[83] Vgl. *EuGH*, Urt. v. 11.7.1996 – verb. Rs. C-427/93, C-429/93 und C-436/93, EuZW 1996, 526, Rn. 79 – Bristol-Myers Squibb; *EuGH*, Urt. v. 26.4.2007 – Rs. C-348/04, GRUR 2007, 586, Rn. 21 – Boehringer Ingelheim/Swingward II; *BGH*, Urt. v. 11.2.2011 – I ZR 172/09 – BeckRS 2011, 19245, Rn. 14.

[84] Vgl. *BGH*, GRUR 2002, 1059, 1060 – Zantac/Zantic; *OLG Köln*, GRUR-RR 2004, 294, 295 – KLACID/KLACID PRO; *OLG Hamburg*, GRUR-RR 2003, 105 – KLACID.

[85] Vgl. *OLG Hamburg*, MD 2005, 658 f.

[86] Vgl. *BGH*, GRUR 2002, 1060 – Zantac/Zantic.

gen dieselbe Zielrichtung haben, sind sie nach der *EuGH*-Rechtsprechung auch im gleichen Sinne auszulegen[87].

2. Willkürliche Diskriminierung. Die Geltendmachung von Unterlassungsansprüchen stellt jedoch **50** ein Mittel zur **willkürlichen Diskriminierung** oder eine **verschleierte Behinderung** des Handels zwischen den Mitgliedstaaten i. S. d. Art. 36 AEUV (vormals Art. 30 EG) und Art. 13 II VO (EG) Nr. 207/2009 bzw. Art. 7 II RL 2008/95/EG dar, wenn – kumulativ – die folgenden **fünf Voraussetzungen** gegeben sind[88]:

a) Künstliche Abschottung der Märkte zwischen den Mitgliedstaaten. Der Gebrauch des **51** Markenrechts durch dessen Inhaber darf nicht zu einer künstlichen Abschottung der Märkte zwischen den Mitgliedstaaten beitragen[89]. Das Markenrecht darf nicht dazu dienen, den Markeninhabern die Möglichkeit zu geben, die **nationalen Märkte abzuschotten** und dadurch die **Beibehaltung der** evtl. **Preisunterschiede** zwischen den Mitgliedstaaten zu fördern. Hierbei hat der Parallelimporteur den Nachweis zu führen, dass der Markeninhaber beabsichtigt, die Märkte zwischen den Mitgliedstaaten abzuschotten. Es gilt ein **objektiver Maßstab.** Es ist zu fragen, ob im Zeitpunkt des Vertriebs bestehende Umstände den Parallelimporteur objektiv zu der von ihm beabsichtigten Form des Inverkehrbringens zwingen[90]. Ob ein solcher Zwang besteht, der ein Umpacken des Arzneimittels erforderlich macht, um es im Einfuhrmitgliedstaat in den Verkehr bringen zu können, beurteilt sich anhand der konkret importierten Warenstücke. Nur bezogen auf diese Ware – und nicht auf evtl. verfügbare gleichartige oder identische Ware – ist zu prüfen, ob eine künstliche Abschottung der Märkte vorliegt[91].

Eine **künstliche Abschottung der Märkte** ist dann anzunehmen, wenn das Markenrecht des **52** Einfuhrmitgliedstaats es dem Markeninhaber erlaubt, sich der Wiederanbringung der Marke nach dem Umpacken oder deren Ersetzung – beide Fälle sind gleich zu behandeln[92] – zu widersetzen, und wenn der Parallelimporteur zum Umpacken mit erneuter Anbringung der Marke oder zur Ersetzung der Marke gezwungen ist, um die Ware im Einfuhrmitgliedstaat vertreiben zu können[93].

Eine künstliche Marktabschottung liegt auch dann vor, wenn der Parallelimporteur nur von einem **53** **Teilmarkt im Einfuhrmitgliedstaat** ausgeschlossen wird. Das ist auch der Fall, wenn im Ausfuhrmitgliedstaat nur eine Packungsgröße eines Arzneimittels in den Verkehr gebracht wird, während im Einfuhrmitgliedstaat neben dieser Packungsgröße eine oder mehrere Packungsgrößen vom Markeninhaber vertrieben werden. Dadurch wird der Parallelimporteur vom Vertrieb der weiteren Packungsgröße(n) im Einfuhrmitgliedstaat ausgeschlossen. Dies begründet eine Zwangslage des Parallelimporteurs, die ein Umpacken rechtfertigt[94]. Der Parallelimporteur ist nicht verpflichtet, lediglich die im Ausfuhrmitgliedstaat zugelassene Packungsgröße einzuführen; vielmehr kann er die im Ausfuhrmitgliedstaat zugelassene kleinere Packungsgröße umpacken, um die im Einfuhrmitgliedstaat zugelassene größere Packungsgröße vertreiben zu können, selbst wenn im Ausfuhrmitgliedstaat auch die größere Packungsgröße zugelassen ist[95].

Die Rechtsprechung des *EuGH* ist dadurch geprägt, dass dieser einen angemessenen Ausgleich **54** zwischen den unterschiedlichen Interessen des Markeninhabers und des Parallelimporteurs im Hinblick

[87] *EuGH*, Urt. v. 12.10.1999 – Rs. C-379/97, EuZW 2000, 181 Rn. 27 ff. – Pharmacia & Upjohn; Urt. v. 11.7.1996 – verb. Rs. C-427/93, C-429/93 u. C-436/93, EuZW 1996, 526 Rn. 40 – Bristol-Myers Squibb; GRUR 2002, 182 – Zantac/Zantic; *OLG Hamburg*, GRUR-RR 2005, 260, 262 – Beloc Zok/Selokeen.

[88] St. Rspr. des *EuGH*, s. *EuGH*, Urt. v. 23.4.2002 – Rs. C-143/00, GRUR 2002, 879 ff. – Boehringer Ingelheim/Swingward I; Urt. v. 12.10.1999 – Rs. C-379/97, EuZW 2000, 181 ff. – Pharmacia & Upjohn; Urt. v. 11.7.1996 – verb. Rs. C-71/94, C-72/94 u. C-73/94, EuZW 1996, 532 ff. – Eurim-Pharm; Urt. v. 11.7.1996 – verb. Rs. C-427/93, C-429/93 u. C-436/93, EuZW 1996, 526 Rn. 40 – Bristol-Myers Squibb; Urt. v. 11.7.1996 – Rs. C-232/94, WRP 1996, 874 – MPA Pharma; Urt. v. 23.5.1978 – Rs. 102/77, NJW 1978, 1739 ff. – Hoffmann-La Roche. Dem folgend *BGH*, GRUR 2003, 435 – Pulmicort; GRUR 2003, 339 – Bricanyl I. Zu Gestaltungsmöglichkeiten zur Abwehr von Parallelimporten vgl. *Böttcher*, GRURInt 2009, 646 ff.

[89] Vgl. *EuGH*, Urt. v. 11.7.1996 – verb. Rs. C-427/93, C-429/93 u. C-436/93, EuZW 1996, 526 Rn. 46 – Bristol-Myers Squibb; Urt. v. 11.7.1996 – verb. Rs. C-71/94, C-72/94 u. C-73/94, EuZW 1996, 532 Rn. 33 – Eurim-Pharm.

[90] *EuGH*, Urt. v. 12.10.1999 – Rs. C-379/97, EuZW 2000, 181, Rn. 39 – Pharmacia & Upjohn; Urt. v. 11.7.1996 – verb. Rs. C-427/93, C-429/93 u. C-436/93, EuZW 1996, 526, Rn. 57 – Bristol-Myers Squibb; Urt. v. 11.7.1996 – verb. Rs. C-71/94, C-72/94 u. C-73/94, EuZW, 1996, 526, Rn. 47 – Eurim-Pharm; *BGH*, GRUR 2003, 435 – Pulmicort; GRUR 2011, 817 – RENNIE, m. Anm. *Römhild*; *OLG Hamburg*, PharmR 2012, 451.

[91] *EuGH*, Urt. v. 26.4.2007 – Rs. C-384/04, GRUR 2007, 586, Rn. 19, 35 – Boehringer Ingelheim/Swingward II; *BGH*, Urt. v. 9.10.2013 – I ZR 99/12 – BeckRS 2014, 07409; GRUR 2008, 160, Rn. 33 – Cordarone; PharmR 2012, 458; PharmR 2012, 451.

[92] *EuGH*, Urt. v. 12.10.1999 – Rs. C-379/97, EuZW 2000, 181, Rn. 40, 42 – Pharmacia & Upjohn; *BGH*, GRUR 2005, 53 – Topinasal.

[93] *EuGH*, Urt. v. 12.10.1999 – Rs. C-379/97, EuZW 2000, 181 Rn. 39 – Pharmacia & Upjohn.

[94] Vgl. *EuGH*, Urt. v. 11.7.1996 – verb. Rs. C-427/93, C-429/93 u. C-436/93, EuZW 1996, 526, Rn. 52–54 – Bristol-Myers Squibb; *BGH*, Urt. v. 9.10.2013 – I ZR 99/12 – BeckRS 2014, 07409; GRUR 2011, 817 – RENNIE, m. Anm. *Römhild*; GRUR 2008, 1089, Rn. 34 – KLACID PRO. Zur Kritik an dieser Rechtsprechung vgl. *Römhild*, GRUR 2008, 1091 f.

[95] *BGH*, Urt. v. 9.10.2013 – I ZR 99/12 – BeckRS 2014, 07409; *OLG Hamburg*, PharmR 2012, 458; PharmR 2012, 455.

auf die **Erforderlichkeit des Umpackens** von Arzneimitteln schaffen will. Danach kann der Markeninhaber die mit jedem Umpacken eines mit seiner Marke versehenen Arzneimittels verbundene Veränderung verbieten, es sei denn, dass das Umpacken erforderlich ist, um – unter Wahrung der berechtigten Interessen des Markeninhabers – die Vermarktung der parallelimportierten Ware zu ermöglichen. Die Voraussetzung der Erforderlichkeit ist erfüllt, wenn Regelungen oder Praktiken im Einfuhrmitgliedstaat den Vertrieb der Arzneimittel auf dem Markt des Staates in der gleichen Packung, in der sie im Ausfuhrmitgliedstaat vertrieben werden, verhindern[96]. Die Voraussetzung der Erforderlichkeit ist hingegen nicht erfüllt, wenn das Umpacken des Arzneimittels seinen Grund **ausschließlich** darin hat, dass der Parallelimporteur einen **wirtschaftlichen Vorteil,** beispielsweise durch eine werbewirksamere und absatzfördernde Gestaltung der Verpackung, erlangen möchte, was durch die nationalen Gerichte zu entscheiden ist[97]. Dementsprechend ist der Parallelimporteur nicht berechtigt, einen mit einem Firmenlogo versehenen zweiten Hinweis auf seine Funktion als Importeur, Umpacker und Vertreiber auf der mit der Marke des Herstellers gekennzeichneten Verpackung anzubringen[98].

55   Im Widerstreit der Interessen des Markeninhabers und des Parallelimporteurs galt nach der Rechtsprechung des *EuGH* für viele Jahre, dass der Parallelimporteur stets die das Kennzeichnungsrecht des Markeninhabers **am wenigsten beeinträchtigende Vorgehensweise** zu wählen hat[99]. Diese Rechtsprechung hat der *EuGH* mit seinen Urteilen vom 26.4.2007[100] und 22.12.2008[101] im Hinblick auf die praktisch höchst bedeutsame Frage der Erforderlichkeit des Umpackens des Arzneimittels dahingehend modifiziert, dass nur das **Umpacken als solches** sowie die Wahl zwischen Neuverpackung und Überkleben im Hinblick darauf, den Vertrieb der Arzneimittel auf dem Markt des Einfuhrmitgliedstaats zu ermöglichen, die Voraussetzung der Erforderlichkeit betrifft, nicht hingegen die **Art und Weise,** in der das Umpacken durchgeführt wird. Letzteres ist durch die **nationalen Gerichte** zu entscheiden. Die Art der Gestaltung der neuen Verpackung des Arzneimittels durch den Parallelimporteur ist weder an die Voraussetzung der **Erforderlichkeit** für den weiteren Vertrieb des Präparats noch an dem Kriterium des geringstmöglichen Eingriffs in das Markenrecht zu messen[102]. Die Interessen des Markeninhabers hinsichtlich der vom Parallelimporteur gewählten Art der Gestaltung der Verpackung des Arzneimittels sollen ausreichend dadurch geschützt sein, dass das umgepackte Arzneimittel nicht so aufgemacht sein darf, dass dadurch der Ruf der Marke und ihres Inhabers geschädigt wird[103]. Sofern also das Umpacken als solches erforderlich ist, ist allein vom **nationalen Gericht** zu prüfen, ob die neue Umverpackung, mit der der Parallelimporteur das Arzneimittel versieht, berechtigte Interessen des Markeninhabers beeinträchtigt. Dies ist insbes. der Fall, wenn das Umpacken den Originalzustand des Arzneimittels oder den Ruf der Marke schädigt[104].

56   Für die **Praxis** bedeutet dies, dass ein Umpacken grundsätzlich bereits dann erforderlich ist, wenn die im Ausfuhrmitgliedstaat vertriebenen Originalpackungen wegen der im Einfuhrmitgliedstaat hiervon abweichenden Packungsgröße im Inland nicht vertrieben werden können[105]. Es steht damit dem Parallelimporteur frei, ob er eine neue Umverpackung wählt oder etwa eine Bündelung mit Aufkleben eines Etiketts vornimmt[106]. In beiden Alt. darf weder der Originalzustand des Arzneimittel beeinträchtigt sein noch der Ruf der Marke geschädigt werden. Es ist insoweit auf das konkrete in der EU bzw. dem EWR in den Verkehr gebrachte Arzneimittel und nicht auf mit diesem identische oder ähnliche Präparate abzustellen[107]. Letztlich handelt es sich bei der Frage der konkreten Rufschädigung um eine Tatsachenfrage, die die nationalen Tatsacheninstanzen zu klären haben[108].

---

[96] Vgl. *EuGH*, Urt. v. 26.4.2007 – Rs. C-384/04, GRUR 2007, 586, Rn. 35 f. – Boehringer Ingelheim/Swingward II.

[97] Vgl. *EuGH*, Urt. v. 26.4.2007 – Rs. C-348/04, GRUR 2007, 586, Rn. 16, 37 – Boehringer Ingelheim/Swingward II; Urt. v. 12.10.1999 – Rs. C-379/97, EuZW 2000, 181 Rn. 44 f. – Pharmacia & Upjohn; *BGH*, GRUR 2008, 156, Rn. 22 – Aspirin II; GRUR 2002, 1062 – Zantac/Zantic.

[98] *OLG Hamburg*, PharmR 2007, 168, 172.

[99] *EuGH*, Urt. v. 11.11.1997 – Rs. C-349/95, EuZW 1998, 16, Rn. 46 – Frits Loendersloot; Urt. v. 11.7.1996 – verb. Rs. C-427/93, C-429/93 u. C-436/93, EuZW 1996, 526, Rn. 56 – Bristol-Myers Squibb; Urt. v. 11.7.1996 – verb. Rs. C-71/94, C-72/94 u. C-73/94, EuZW 1996, 532, Rn. 46 – EurimPharm; *BGH*, GRUR 2003, 434, 435 – Pulmicort. Zu Fragen des Co-Branding vgl. *Römhild*, MarkenR 2002, 110 f.

[100] Rs. C-384/04, GRUR 2007, 586, Rn. 38 – Boehringer Ingelheim/Swingward II. Kritisch hierzu *Slopek*, GRURInt 2011, 1009. Vgl. auch *EFTA-Gerichtshof*, Urt. v. 8.7.2003 – E-3/02, GRURInt 2003, 935, Rn. 41–45 – Paranova/Merck.

[101] Rs. C-276/05, GRUR 2009, 154, Rn. 26 – Wellcome/Paranova.

[102] Vgl. *EuGH*, Urt. v. 22.12.2008 – Rs. C-276/05, GRUR 2009, 154, Rn. 27 – Wellcome/Paranova.

[103] Vgl. *EuGH*, Urt. v. 22.12.2008 – Rs. C-276/05, GRUR 2009, 154, Rn. 29 – Wellcome/Paranova.

[104] Vgl. *EuGH*, Urt. v. 26.4.2007 – Rs. C-384/04, GRUR 2007, 586, Rn. 17 – Boehringer Ingelheim/Swingward II; *BGH*, GRUR 2008, 707, Rn. 19 – Micardis; GRUR 2007, 1075, Rn. 23 – STILNOX.

[105] Vgl. *EuGH*, Urt. v. 11.7.1996 – verb. Rs. C-427/93, C-429/93 u. C-436/93, EuZW 1996, 526, Rn. 52–54 – Bristol-Myers Squibb; *BGH*, GRUR 2007, 1075, Rn. 25 – STILNOX; GRUR 2008, 160, Rn. 33 – CORDARONE; GRUR 2008, 1089, Rn. 34 – KLACID PRO. Kritisch *Mehler*, MarkenR 2009, 281, 288.

[106] Ebenso *Lieck*, GRUR 2008, 661, 664.

[107] Vgl. *BGH*, GRUR 2008, 160, Rn. 33 – CORDARONE.

[108] Zu Recht weist *Römhild*, GRUR 2008, 1092, darauf hin, dass der *BGH* als Tatsacheninstanz nicht in Frage kommen kann; ihm folgend *Wehler*, MarkenR 2009, 281, 287.

Damit kann die bisherige ausführliche und in vielen Entscheidungen ausdifferenzierte Rechtsprechung **57** des *EuGH* und der nationalen Gerichte **keine unveränderte Geltung** beanspruchen. Vielmehr sind die einzelnen Fallkonstellationen stets an den vorgenannten Kriterien zu überprüfen und festzustellen, inwieweit eine Modifikation vorzunehmen ist.

Bisher konnte sich der Markeninhaber dem Umpacken der Ware in eine **neue äußere Umver-** **58** **packung widersetzen,** wenn es dem Parallelimporteur möglich war, eine im Einfuhrmitgliedstaat vertriebsfähige Verpackung zu schaffen, indem er statt dessen etwa auf der äußeren Originalverpackung **neue Etiketten** in der Sprache des Einfuhrmitgliedstaates anbrachte und/oder eine **Bündelung der Originalverpackungen** vornahm[109]. Auf eine etwaige geringere Akzeptanz von Bündelpackungen kam es nicht entscheidend an. Allerdings konnte für überzählige Blisterstreifen eine neue Umverpackung verwendet werden[110]. Diese Rechtsprechung hält den neuen Kriterien des *EuGH* **nicht** stand. Entscheidend ist lediglich, ob ein Umpacken nach den vorgenannten Kriterien erforderlich ist (s. Rn. 55 ff.).

Der Markeninhaber konnte sich einem Umpacken in eine neue äußere Verpackung auch widersetzen, **59** wenn es dem Parallelimporteur möglich war, eine im Einfuhrmitgliedstaat vertriebsfähige Packung dadurch zu schaffen, dass er z. B. auf der äußeren oder inneren Originalverpackung neue Etiketten in der Sprache des Einfuhrmitgliedstaates anbrachte, neue Beipack- oder Informationszettel in der Sprache des Einfuhrmitgliedstaates beilegte oder einen zusätzlichen Artikel, der im Einfuhrmitgliedstaat nicht zugelassen werden kann, gegen einen vergleichbaren, zugelassenen Artikel austauschte[111] oder einen etwaigen Leerraum in der Umverpackung durch entsprechende Füllkörper ausglich[112]. Auch diese Anforderungen sind durch die neue Rechtsprechung des *EuGH* **obsolet geworden.** Unverändert dürften aber großflächige Etikettierungen einer sachlichen Rechtfertigung bedürfen[113], die in Anbetracht der *EuGH*-Rechtsprechung[114] selten vorhanden sein dürfte.

Der Parallelimporteur ist auch **nicht** mehr gehalten, beim grundsätzlich zulässigen Umverpacken den **60** **schonendsten Weg** zu wählen, indem er die bisherigen Kennzeichnungen einschließlich der Ausstattungsmerkmale des im Ausfuhrmitgliedstaat vertriebenen Arzneimittels anbringt[115]. Er dürfte nur dann gehalten sein, das Packungsdesign des Originalarzneimittels identisch wiederzugeben, wenn dieses als Marke (etwa als Benutzungs- oder Bildmarke) geschützt ist[116].

Die für das Kriterium „künstliche Abschottung der Märkte" notwendige **Erforderlichkeit des** **61** **Umverpackens** wurde dann nicht angenommen, wenn der Originalpackung lediglich eine Packungsbeilage in deutscher Sprache hinzugefügt wurde, ein Aufkleber auf der Originalverpackung aufgebracht und zusätzlich eine Bündelung zweier derart behandelter Originalpackungen durch eine Klarsichtfolie vorgenommen wurde[117]. Die Rechtsprechung, dass nur dann, wenn die Abneigung der Verbraucher gegen Bündelpackungen derart ausgeprägt und weit verbreitet ist, dass sie sich auf die Verschreibungspraxis der Ärzte oder die Einkaufspraktiken der Apotheker auswirkt oder weil Krankenversicherungsvorschriften die Erstattung der Krankheitskosten von einer bestimmten Verpackung abhängig machen und ein tatsächlicher Zugang des Parallelimporteurs zum Markt deshalb nicht gewährleistet ist, so dass das Umpacken in neu hergestellte Umverpackungen als objektiv erforderlich angesehen werden kann[118], ist gleichfalls durch die vorgenannte neue Rechtsprechung des EuGH **überholt** (s. Rn. 55 ff.). Die Rechtsprechung, dass es dem Parallelimporteur grundsätzlich zumutbar ist, Bündelpackungen herzustellen und Originalpackungen zu überkleben[119], kann **nicht** mehr aufrechterhalten werden.

Kann aber die Originalverpackung mit weiteren Blisterstreifen aufgefüllt und umetikettiert werden, **62** kann sich der **Markeninhaber** dem Vertrieb des Arzneimittels durch den Parallelimporteur in einer neuen Verpackung unter Wiederanbringung der Marke **widersetzen**[120]. In weiterer Konturierung der

---

[109] Vgl. *EuGH*, Urt. v. 23.4.2002 – Rs. C-143/00, GRUR 2002, 879 Rn. 49 ff. – Boehringer Ingelheim/Swingward I; *BGH*, GRUR 2002, 1062 – Zantac/Zantic; *OLG Hamburg*, MD 2005, 663; GRUR-RR 2003, 217 f. – ZESTRIL; *Koenig/Engelmann/Sander*, GRURInt 2001, 925.

[110] *OLG Hamburg*, GRUR-RR 2002, 319 f. – Überzählige Blisterstreifen. Hieran festhaltend *Wolpert*, WRP 453, 459.

[111] *EuGH*, Urt. v. 11.7.1996 – verb. Rs. C-427/93, C-429/93 u. C-436/93, EuZW 1996, 526, Rn. 55 – Bristol-Myers Squibb; Urt. v. 11.7.1996 – verb. C-71/94, C-72/94 u. C-73/94, EuZW 1996, 532, Rn. 45 – Eurim-Pharm; *BGH*, GRUR 2002, 1059, 1062 – Zantac/Zantic.

[112] Vgl. *OLG Hamburg*, GRUR 2002, 444 – Dosieraerosol.

[113] Vgl. *Römhild*, MarkenR 2002, 105.

[114] Vgl. *EuGH*, Urt. v. 22.12.2008 – Rs. C-276/05, GRUR 2009, 154, Rn. 29 – Wellcome/Paranova.

[115] Vgl. *BGH*, GRUR 2008, 707, Rn. 19 – Micardis unter Aufgabe der in *BGH*, GRUR 2002, 1063, 1066 – Aspirin I, vertretenen Auffassung. Vgl. hierzu auch *Wolpert*, WRP 2008, 453, 455 m. w. N.

[116] Vgl. *Lieck*, GRUR 2008, 661, 665.

[117] *BGH*, GRUR 2002, 57 – Adalat.

[118] Vgl. *EuGH*, Urt. v. 23.4.2002 – Rs. 443/99, EuZW 2002, 542, Rn. 26 – Merck, Sharp & Dohme; Urt. v. 23.4.2002 – Rs. C-143/00, GRUR 2002, 879, Rn. 47 – Boehringer Ingelheim/Swingward I; *BGH*, GRUR 2005, 53 f. – Topinasal; GRUR 2003, 436 – Pulmicort. Offen gelassen für ein seitlich versetztes Einlegen von Blisterstreifen *BGH*, GRUR 2003, 340 – Bricanyl I.

[119] Vgl. *BGH*, GRUR 2002, 1062 – Zantac/Zantic; *OLG Hamburg*, MD 2005, 663 f.

[120] Vgl. *BGH*, Urt. v. 9.10.2013 – I ZR 99/12 – BeckRS 2014, 07409; GRUR 2011, 817 – RENNIE, m. Anm. *Römhild*. Anders die Vorinstanz, vgl. *OLG Köln*, Urt. 2.10.2009 – 6 U 53/09 – BeckRS 2010, 02422.

aktuellen Rechtsprechung des *EuGH* und des *BGH* zu Parallelimportfällen spricht sich das *OLG Hamburg* nunmehr dafür aus, dass der Parallelimporteur nicht frei darin ist, in welcher Art und Weise er aus der eingeführten Ware die neue Packungsgröße herstellt, sei es durch das Herstellen einer neuen eigenen Umverpackung, sei es durch das **Aufstocken** der Originalpackungen oder durch das **Bündeln** von Originalpackungen. Für die Entscheidung zwischen neuer eigener Umverpackung durch den Parallelimporteur und umetikettierten Originalpackungen gilt weiterhin das Kriterium der **Erforderlichkeit.** Nur wenn im konkreten Einzelfall die Verwendung von **Auffüllpackungen** nicht intensiver in die Rechte des Markeninhabers eingreift als die Verwendung von **Bündelpackungen**, ist der Parallelimporteur hinsichtlich der Wahl zwischen beiden Formen des Umpackens frei[121].

63   Der *EuGH* hat für die Neugestaltung der Umverpackung eines parallelimportierten Arzneimittels auf der Basis seiner geänderten Rechtsprechung eine Reihe von Hinweisen für die nationalen Gerichte für die Beurteilung der Art und Weise, in der das Umpacken durchgeführt wird, gegeben. So kann es grundsätzlich den Ruf der Marke schädigen, wenn

– der Parallelimporteur die Marke nicht auf dem neuen äußeren Karton anbringt (sog. **de-branding**) oder

– entweder sein eigenes Logo oder Firmenkennzeichen, eine Firmenaufmachung oder eine für eine Reihe von verschiedenen Waren verwendete Aufmachung für den neuen äußeren Karton verwendet (sog. **co-branding**)[122] oder

– wenn er entweder einen zusätzlichen Aufkleber so anbringt, dass die Marke des Inhabers ganz oder teilweise überklebt wird oder

– auf dem zusätzlichen Aufkleber nicht den Inhaber der Marke angibt oder

– den Namen des Parallelimporteurs in Großbuchstaben schreibt[123].

64   Es dürfte in Anbetracht der geschilderten Rechtsprechung des *EuGH* keinem Zweifel unterliegen, dass sich der Markeninhaber in den Fällen des **„de-branding"** dem Vertrieb eines auf diese Weise gekennzeichneten Arzneimittels widersetzen kann[124].

65   In den Fällen des **„co-branding"** ist die bundesdeutsche Rechtsprechung der Auffassung, dass eine Rufschädigung (i. S. des Erweckens des Eindrucks einer irgendwie gearteten Kooperation zwischen dem Markeninhaber und dem Parallelimporteur) dann nicht anzunehmen ist, wenn das Unternehmenslogo des Parallelimporteurs so auf der Umverpackung angebracht wird, dass es in einem räumlichen Zusammenhang mit dem gebotenen Hinweis auf das die Umverpackung vornehmende Unternehmen steht und wenn es vom Verkehr als Bestandteil dieses Hinweises gesehen wird[125]. Das *OLG Hamburg* sieht die Grenze dort überschritten, wo das „co-branding" sich nicht mehr als erlaubte Kennzeichnung darstellt, sondern die Kennzeichen des Originalherstellers derart dominiert, dass beim Verkehr der irreführende Eindruck entsteht, der Parallelimporteur garantiere mit seinem Zeichen nicht nur die Dienstleistung „Parallelimport", sondern für die Herkunft, also die Entwicklung, Herstellung und Qualität des Präparats selbst. Insoweit will es die Grundsätze der irreführenden Werbung heranziehen[126].

66   Der Importeur darf die ursprüngliche Marke durch die im Importstaat für das betr. Produkt verwendete Marke nur dann ersetzen **(sog. Rebranding),** wenn die ursprüngliche Marke im Einfuhrstaat nicht verwendet werden darf, etwa wie eine Verbraucherschutzvorschrift die Benutzung der im Ausfuhrmitgliedstaat angebrachten Marke im Einfuhrmitgliedstaat verbietet, weil sie zur Irreführung der Verbraucher geeignet ist[127]. Der Rekurs auf nationale Verbraucherschutzvorschriften in der Rechtsprechung des *EuGH* ist indes nur beispielhaft. Es ist auf die gesamten Umstände des Einzelfalles („Regelungen oder Praktiken im Einfuhrmitgliedstaat") für die Frage, ob eine **objektive Zwangslage für den Parallelimporteur** vorliegt, abzustellen[128]. So kann sich eine Zwangslage daraus ergeben, dass eine ältere inländische Marke nach den Bestimmungen des nationalen Markenrechts einem Vertrieb des Arzneimittels unter der Marke des Herkunftsstaates entgegensteht[129]. Eine Zwangslage für eine Markenersetzung liegt in diesem Zusammenhang aber dann nicht vor, wenn der Parallelimporteur sich auf die bloße

---

[121] *OLG Hamburg*, PharmR 2012, 448.
[122] Vgl. hierzu ausführlich *Slopek*, GRURInt 2011, 1009. Zur Kritik an der Möglichkeit des Parallelimporteurs, eigene Marken oder eine eigene Warenausstattung zu verwenden, vgl. *Schalk*, in: Fuhrmann/Klein/Fleischfresser, § 30 Rn. 77.
[123] Vgl. *EuGH*, Urt. v. 26.4.2007 – Rs. C-384/04, GRUR 2007, 586, Rn. 45 – Boehringer Ingelheim/Swingward II.
[124] A. A. *Mehler*, MarkenR 2009, 281, 283. Offengelassen von *Römhild/Lübbig*, in: Fuhrmann/Klein/Fleischfresser, § 15 Rn. 125.
[125] Vgl. *BGH*, GRUR 2008, 1087, Rn. 23 – Lefax/Lefaxin. A. A. *Wolpert*, WRP 2008, 453, 458 f. unter Hinweis darauf, dass der Parallelimporteur Arzneimittel unproblematisch vertreiben könne, ohne sich mit Hilfe der Marke des Markeninhabers ein eigenes Markenimage aufzubauen.
[126] *OLG Hamburg*, GRUR 2010, 43, 45 f. – co-branding.
[127] Vgl. *EuGH*, Urt. v. 12.10.1999 – Rs. C-379/97, EuZW 2000, 181, Rn. 43 f. – Pharmacia & Upjohn; *BGH*, GRUR 2002, 1059, 1061 – Zantac/Zantic; *Koenig/Engelmann/Sander*, GRURInt 2001, 924.
[128] Vgl. *EuGH*, Urt. v. 12.10.1999 – Rs. C-379/97, EuZW 2000, 181, Rn. 43 – Pharmacia & Upjohn; *OLG Hamburg*, GRUR-RR 2005, 260, 262 – Beloc Zok/Selokeen.
[129] Vgl. *BGH*, GRUR 2002, 1061 – Zantac/Zantic; *OLG Hamburg*, GRUR-RR 2005, 262 – Beloc Zok/Selokeen.

Registerlage verlässt und sich nicht um eine Klärung bemüht, ob mit einem Verbot aus der Drittmarke zu rechnen ist[130] oder wenn dieser die bloße Kostenrisiko zur Klärung der Markenkollision scheut[131]. Anders liegt der Fall indes dann, wenn der Parallelimporteur vor Beginn des Imports erst in langwierigen Prozessen mit dem Dritt-Markeninhaber ausloten müsste, ob eine Einfuhr unter der (vermeintlich) verletzenden Marke zulässig ist[132]. Lässt sich prognostizieren, dass aus der Sicht des Parallelimporteurs zwar nicht mit letzter Gewissheit, aber doch vernünftigerweise nicht erwartet werden kann, dass die Ware mit dem ursprünglichen Zeichen ohne Widerstand abgesetzt werden kann, so soll nach dem *OLG Hamburg*[133] eine Markenersetzung möglich sein.

Unzweifelhaft unzulässig ist es, wenn der Parallelimporteur eine eigene **Packungsgröße** für das   **67** Inverkehrbringen im Einfuhrmitgliedstaat schafft (s. Rn. 16)[134]. Dies folgt bereits aus § 22 I Nr. 13, denn die Packungsgröße ist Bestandteil der Bezugszulassung, von der nicht abgewichen werden darf.

Eine **Sondersituation** besteht nach der Rechtsprechung des *EuGH* **bei zentralen Zulassungen**   **68** nach der VO (EG) Nr. 726/2004 (vormals VO (EWG) Nr. 2309/93/EG). Hier kann sich der Marken- und Zulassungsinhaber nicht dem ungenehmigten Umpacken in eine neu hergestellte Umverpackung widersetzen (§ 24 II MarkenG), wenn die best. Packungsgröße nur durch eine Bündelung herstellbar wäre[135]. Eine Bündelung mehrerer Einzelpackungen ist unzulässig.

b) Keine Beeinträchtigung des Originalzustandes der Verpackung. Der Markeninhaber kann   **69** sich einem Umpacken immer dann widersetzen (§ 24 II MarkenG), wenn dieses das Risiko mit sich bringt, dass die in der Verpackung enthaltene Ware Manipulationen oder Einflüssen ausgesetzt wird, die ihren Originalzustand beeinträchtigen[136] und so den Ruf der Marke schädigen. Solches kann grundsätzlich für das Herausnehmen von Blisterstreifen, Flaschen, Ampullen oder Inhalatoren aus ihrer äußeren Originalverpackung und dem Umpacken in eine neue äußere Verpackung **nicht** angenommen werden[137]. Das gilt insbes., wenn das vom Hersteller auf der inneren Verpackung angebrachte Warenzeichen durch die neue, äußere Verpackung sichtbar wird[138]. Anderes wird bei einem unordentlichen Zerschneiden von Blisterstreifen mit Auswirkungen auf die Anwendungssicherheit zu gelten haben[139]. Der Originalzustand der in der Verpackung enthaltenen Ware kann auch **mittelbar beeinträchtigt** werden, wenn (1) die äußere oder innere Verpackung der umgepackten Ware oder ein neuer Beipack- oder Informationszettel bestimmte wichtige Angaben nicht enthält oder aber unzutreffende Angaben über die Art der Ware, ihre Zusammensetzung, ihre Wirkung, ihren Gebrauch oder ihre Aufbewahrung oder (2) ein vom Parallelimporteur in die Verpackung eingelegter zusätzlicher Artikel, der zur Einnahme und zur Dosierung des Arzneimittels dient, nicht der Gebrauchsanweisung und den Dosierempfehlungen des Herstellers entspricht[140].

Ob eine Beeinträchtigung vorliegt, ist durch die **nationalen Gerichte** zu entscheiden. Hierbei   **70** kommt es auf die Prüfung der gesamten Arzneimittelpackung und nicht etwa nur eine isolierte Betrachtung der Durchdrückpackungen an (zur Entbehrlichkeit der Angabe des Parallelimporteurs auf Durchdrückpackungen gem. § 10 VIII 2 s. § 10 Rn. 110)[141].

Der Begriff des Umpackens erfasst nicht nur die Fälle der Verwendung einer neuen äußeren Ver-   **71** packung, sondern **alle** den Inhalt und das Aussehen der Originalverpackung betr. **Änderungen** des Parallelimporteurs[142].

c) Angabe von Hersteller und Umpacker. Im Interesse des Markeninhabers und zu seinem Schutz   **72** vor Missbrauch hat der Parallelimporteur auf der Verpackung anzugeben, **von wem die Ware umge-**

¹³⁰ *OLG Hamburg*, GRUR-RR 2005, 181 – ZOMIG/Asco Top.
¹³¹ *OLG Hamburg*, GRUR-RR 2005, 262 – Beloc Zok/Selokeen; GRUR 2002, 448 – Eprex. Nur so lässt sich nach dem *OLG Hamburg* verhindern, dass der Parallelimporteur angesichts formaler Rechtspositionen Dritter die Hände in den Schoß legt, obwohl tatsächlich keine Widerstände der Dritten zu befürchten sind.
¹³² *OLG Hamburg*, GRUR-RR 2005, 262 – Beloc Zok/Selokeen; *OLG Hamburg*, GRUR 2002, 448 – Eprex.
¹³³ *OLG Hamburg*, GRUR-RR 2005, 262 – Beloc Zok/Selokeen; *OLG Hamburg*, GRUR 2002, 448 – Eprex.
¹³⁴ Vgl. *LG Hamburg*, MD 2006, 874, 881.
¹³⁵ *EuGH*, Urt. v. 19.9.2002 – Rs. C-433/00, GRUR 2002, 1054, Rn. 25, 27 – Aventis; *OLG Hamburg*, GRUR-RR 2004, 169 – Zentrale Genehmigung. Anders noch *OLG Hamburg*, GRUR-RR 2002, 317 – N 3-Gebinde.
¹³⁶ *EuGH*, Urt. v. 11.7.1996 – verb. Rs. C-427/93, C-429/93 u. C-436/93, EuZW 1996, 526, Rn. 59 – Bristol-Myers Squibb; Urt. v. 11.7.1996 – verb. Rs. C-71/94, C-72/94 u. C-73/94, EuZW 1996, 532, Rn. 49 – Eurim-Pharm.
¹³⁷ *EuGH*, Urt. v. 11.7.1996 – verb. Rs. C-427/93, C-429/93 u. C-436/93, EuZW 1996, 526, Rn. 61 – Bristol-Myers Squibb; Urt. v. 11.7.1996 – verb. Rs. C-71/94, C-72/94 u. C-73/94, EuZW 1996, 532, Rn. 51 – Eurim-Pharm.
¹³⁸ *EuGH*, Urt. v. 3.12.1981 – Rs. 1/81, NJW 1982, 1210 – Pfizer; Urt. v. 23.5.1978 – Rs. 102/77, NJW 1978, 1739, 1740 – Hoffmann-La Roche.
¹³⁹ Vgl. *Heinemann*, PharmR 2001, 184.
¹⁴⁰ *EuGH*, Urt. v. 11.7.1996 – verb. Rs. C-427/93, C-429/93 u. C-436/93, EuZW 1996, 526, Rn. 65 – Bristol-Myers Squibb; Urt. v. 11.7.1996 – verb. Rs. C-71/94, C-72/94 u. C-73/94, EuZW 1996, 532, Rn. 56 – Eurim-Pharm.
¹⁴¹ Vgl. *OLG Hamburg*, GRUR 2002, 892 ff. – Blisterpackung.
¹⁴² Vgl. *EuGH*, EuZW 1996, 532, Rn. 70 – Eurim Pharm; *OLG Hamburg*, GRUR 2001, 440 f. – PULMICORT II; GRUR 2001, 432 – BRICANYL.

packt wurde[143]. Die bloße Angabe „pharmazeutischer Unternehmer" reicht nicht aus[144]. Die Interessen des Markeninhabers sind aber gewahrt, wenn auf der Verpackung der umgepackten Ware klar ersichtlich der Name des Unternehmens angegebenen ist, in dessen Auftrag und nach dessen Anweisungen das Umpacken vorgenommen wurde und der dieses verantwortet. In diesem Fall muss derjenige, der das Umpacken tatsächlich vorgenommen hat, nicht angegeben werden[145].

73   In der Gebrauchsinformation ist der Parallelimporteur als solcher anzugeben[146]. Vom Parallelimporteur kann jedoch nicht verlangt werden, dass er auf der Verpackung angibt, dass das Umpacken der Ware ohne Zustimmung des Markeninhabers erfolgt ist[147]. Die Hinzufügung eines zusätzlichen Artikels zur Originalware ist kenntlich zu machen[148].

74   Weiter ist auf der äußeren Verpackung der **Hersteller anzugeben,** um so zu vermeiden, dass der Verbraucher zu der Annahme verleitet wird, der Parallelimporteur sei der Inhaber der Marke[149]. Nur ungefähre Hinweise auf den Konzern des Markeninhabers reichen nicht aus[150]. Die Angabe des Verpackers und des Herstellers müssen so aufgedruckt sein, dass sie ein normalschnütziger Verbraucher bei Anwendung eines normalen Maßes an Aufmerksamkeit verstehen kann[151]. Ein klein geschriebener Hinweis auf den Markeninhaber auf der Unterseite der neuen Verpackung des Parallelimporteurs, auf der die Verpackung regelmäßig steht, wird nicht als zulässig erachtet[152].

75   Das **Überkleben** der produktidentifizierenden Herstellerangaben der Produkt- und Chargennummern (REF- und LOT-Nummern) durch den Parallelimporteur ist wegen des unnötigen Packungseingriffs unzulässig[153].

76   Zwar bedarf es nach dem Inkrafttreten der 10. AMG-Novelle nicht mehr der Angabe des Parallelimporteurs auf der Durchdrückpackung[154]. **Anders** stellt sich die Situation aber für solche **Primärverpackungen** dar, – im Gegensatz zu Durchdrückpackungen – die häufig insoweit ein „Eigenleben" führen, als sie erfahrungsgemäß von den Patienten selbstständig, d. h. ohne Umverpackung mitgeführt werden[155].

77   **d) Keine Schädigung des guten Rufs der Marke.** Das umgepackte Arzneimittel darf nicht so aufgemacht sein, dass dadurch der gute Ruf der Marke und ihres Inhabers geschädigt werden kann. Bei **Arzneimitteln** handelt es sich um einen sensiblen Bereich, in dem die Öffentlichkeit besonderen Wert auf die **Qualität und die einwandfreie Beschaffenheit** der Ware legt. Die Packung darf folglich nicht schadhaft, von schlechter Qualität oder unordentlich sein[156]. So kann ein fahnenartiges Flatterbändchen eines Aerosolbehälters[157] ebenso unordentlich sein wie unsorgfältig zerschnittene Blisterstreifen, die durch verschmutzte Klebestreifen behelfsmäßig zusammengehalten werden[158]. Der gute Ruf der Marke wird jedoch nicht geschädigt, wenn das BfArM im Zulassungsbescheid nach Einzelfallprüfung unter Berücksichtigung von § 10 VIII nur das Etikettieren der Umverpackung eines Arzneimittels in deutscher Sprache vorgegeben hat, nicht aber des Produkts selbst (s. auch § 10 Rn. 105 ff.)[159].

---

[143] *EuGH*, Urt. v. 11.7.1996 – verb. Rs. C-427/93, C-429/93 u. C-436/93, EuZW 1996, 526, Rn. 70 – Bristol-Myers Squibb; Urt. v. 11.7.1996 – verb. Rs. C-71/94, C-72/94 u. C-73/94, EuZW 1996, 532, Rn. 61 – Eurim-Pharm. A. A. Schlussantrag des Generalanwalts *Yves Bot* v. 12.5.2011 – Rs. C-207/10, PharmR 2011, 292 ff., der sich dafür ausspricht, dass der Markeninhaber sich dem Vertrieb der umgepackten Ware nicht deshalb widersetzen kann, weil auf deren Verpackung die Angabe des Unternehmens fehlt, das das Umpacken tatsächlich vorgenommen hat, wenn neben dem Hersteller das Unternehmen angegeben ist, das den Vorgang des Umpackens kontrolliert und verantwortet.

[144] *OLG Hamburg*, GRUR-RR 2003, 339 L – Pumpspray.

[145] *EuGH*, Urt. v. 28.7.2011 – Rs. C-400/09 und C-207/10, GRUR 2011, 814 – Orifarm.

[146] *OLG Hamburg*, GRUR 2002, 890 – Fertigspritzen-Bündelpackung.

[147] *EuGH*, Urt. v. 11.7.1996 – verb. Rs. C-427/93, C-429/93 u. C-436/93, EuZW 1996, 526, Rn. 72 – Bristol-Myers Squibb; Urt. v. 11.7.1996 – verb. Rs. C-71/94, C-72/94 u. C-73/94, EuZW 1996, 532, Rn. 63 – Eurim-Pharm. Hat der Parallelimporteur jedoch einen zusätzlichen Artikel, der nicht vom Markeninhaber stammt, in die Verpackung eingelegt, so hat er dafür zu sorgen, dass die Herkunft des Artikels in einer Weise angegeben wird, die es ausschließt, dass der Markeninhaber dafür verantwortlich gemacht wird, *EuGH*, Urt. v. 11.7.1996 – verb. Rs. C-427/93, C-429/93 u. C-436/93, EuZW 1996, 526, Rn. 73 – Bristol-Myers Squibb.

[148] Vgl. *Heinemann*, PharmR 2001, 185.

[149] *EuGH*, Urt. v. 11.7.1996 – verb. Rs. C-427/93, C-429/93 u. C-436/93, EuZW 1996, 526, Rn. 74 – Bristol-Myers Squibb; Urt. v. 11.7.1996 – verb. Rs. C-71/94, C-72/94 u. C-73/94, EuZW 1996, 532, Rn. 64 – Eurim-Pharm.

[150] Vgl. *OLG Hamburg*, GRUR 2001, 434, 438 f. – TIKLID.

[151] Vgl. *EuGH*, Urt. v. 11.7.1996 – verb. Rs. C-427/93, C-429/93 u. C-436/93, EuZW 1996, 526, Rn. 71 – Bristol-Myers Squibb; *BGH*, GRUR 2007, 1075, Rn. 31 – STILNOX.

[152] Vgl. *LG Hamburg*, Urt. v. 21.2.2008 – 327 O 30/08 – BeckRS 2009, 22903.

[153] *OLG Hamburg*, Urt. v. 14.12.2006 – 3 U 113/05, NJOZ 2008, 338.

[154] Zur Rechtslage vor Inkrafttreten des Zehnten Gesetzes zur Änderung des AMG vgl. auch *BGH*, GRUR 2003, 447 f. – Bricanyl II; *OLG Hamburg*, GRUR 2004, 39 ff. – Bricanyl.

[155] Vgl. *OLG Hamburg*, GRUR 2001, 440 ff. – PULMICORT II (für Aerosolbehältnisse für ein Asthmamittel).

[156] *EuGH*, Urt. v. 11.7.1996 – verb. Rs. C-427/93, C-429/93 u. C-436/93, EuZW 1996, 526, Rn. 76 – Bristol-Myers Squibb; Urt. v. 11.7.1996 – verb. Rs. C-71/94, C-72/94 u. C-73/94, EuZW 1996, 532, Rn. 66 – Eurim-Pharm.

[157] *OLG Hamburg*, GRUR 2001, 431 – BRICANYL.

[158] Vgl. *OLG Frankfurt/M.*, PharmR 1998, 165.

[159] *LG Hamburg*, PharmR 2014, 253. Insoweit entfaltet der Zulassungsbescheid des BfArM Tatbestandswirkung. Anders noch *LG Hamburg*, PharmR 2012, 272.

Der *EuGH* lässt darüber hinaus **weitere Fallkonstellationen** zu, bei denen eine Schädigung des 78 guten Rufs der Marke in Betracht kommen kann, indem er darauf verweist, dass der Wert der Marke auch – ohne dass die Verpackung oder ein Aufkleber auf dieser schadhaft, von schlechter Qualität oder unordentlich ist – dadurch beeinträchtigt sein kann, dass das mit einem Arzneimittel verbundene Image der Zuverlässigkeit und Qualität sowie das Vertrauen, das sie bei den betroffenen Verkehrskreisen erwecken kann, geschädigt wird[160]. Allerdings bleibt im Dunklen, welche Fälle hiermit gemeint sein könnten.

e) Vorabinformation des Markeninhabers. Der Markeninhaber muss vom erstmaligen Feilhalten 79 der umgepackten Ware[161] und von jeder Veränderung aktiv **unterrichtet** werden, **bevor** diese in den Verkehr gebracht wird. Diese Verpflichtung ist nunmehr durch das 2. AMG-ÄndG in § 67 VII 1 in das AMG aufgenommen worden. Die Anzeige ersetzt nicht die Notwendigkeit, für das Inverkehrbringen im Inland eine Zulassung nach § 21 zu beantragen[162]. Bei zentral zugelassenen Arzneimitteln gilt, dass sowohl der Inhaber der zentralen Zulassung als auch die EMA vorab zu informieren sind (§ 67 VII 2). Die EMA prüft kostenpflichtig, ob das Inverkehrbringen den Bedingungen entspricht, die für den jeweiligen Mitgliedstaat in der zentralen Zulassung festgelegt wurden (s. § 67 Rn. 63). Der Markeninhaber kann außerdem verlangen, dass der Parallelimporteur ihm unentgeltlich vor dem Vertrieb ein **Muster** – nicht nur Kopien der Packungen oder nur einzelne Packmittel – der umgepackten Ware **liefert**[163] und ihn von vom Herkunftsland und der Herkunftsverpackung informiert. Nur so kann der Markeninhaber prüfen, ob das Umpacken nicht in einer Weise vorgenommen wird, die den Originalzustand der Ware unmittelbar oder mittelbar beeinträchtigt, und ob deren Aufmachung nach dem Umpacken nicht den Ruf der Marke schädigt. Letztlich soll er in die Lage versetzt werden zu kontrollieren, ob die Voraussetzungen für eine **Markenrechtserschöpfung** vorliegen (s. Rn. 46 ff.)[164]. Schließlich soll der Markeninhaber durch diese Erfordernisse vor **Arzneimittelfälschungen** geschützt werden[165]. Zwar vertritt der *EuGH* in einer Entscheidung aus dem Jahr 2008 die Auffassung, dass die Art der zu übermittelnden Angaben von den Umständen des Einzelfalls abhängt[166]. Indes wird dies regelmäßig die Übersendung eines Musters der umgepackten Ware und die Mitteilung des Herkunftslandes des Arzneimittels erfordern, damit der Markeninhaber beurteilen kann, ob ein Umpacken im Einfuhrmitgliedstaat erforderlich ist.

Durch die Unterrichtung des Markeninhabers durch den Parallelimporteur vom Feilhalten des paral- 80 lelimportierten Arzneimittels wird ein **gesetzliches Schuldverhältnis** begründet, das den Grundsätzen von Treu und Glauben (§ 242 BGB) unterliegt. Somit kann ein treuwidriges Verhalten des Markeninhabers dadurch begründet werden, dass dieser nicht oder nur unter einem bestimmten Gesichtspunkt das beabsichtigte Inverkehrbringen beanstandet, später jedoch Ansprüche aus der Marke gegen den Parallelimporteur auf einen bislang nicht gerügten tatsächlichen oder rechtlichen Aspekt stützt[167].

Eine Information des Markeninhabers durch Dritte, etwa durch die den Parallelimport genehmigende 81 Behörde[168] oder eine spätere Übersendung eines Musters kann einen **Verstoß** gegen die Verpflichtung zur Vorabinformation **nicht heilen**[169].

Der *EuGH* hält eine **Frist von 15 Arbeitstagen für die Reaktion** des Markeninhabers auf die 82 Vertriebsanzeige und Musterübersendung für ausreichend[170]. Diese Frist hat aber nach Auffassung des *EuGH* nur Hinweischarakter, so dass es dem Parallelimporteur frei steht, eine kürzere Frist zu gewähren, und dem Markeninhaber, eine längere als die vom Parallelimporteur eingeräumte Frist für die Reaktion in Anspruch zu nehmen. Im Zweifel sollte im Interesse des Parallelimporteurs und des Markeninhabers die Frist von 15 Arbeitstagen aus Gründen der Rechtssicherheit eingehalten werden.

3. Beweislast. Der *EuGH* geht davon aus, dass grundsätzlich der Parallelimporteur das Vorliegen der 83 Voraussetzungen zu beweisen hat, unter denen sich der Markeninhaber sich dem Vertrieb der fraglichen Arzneimittel nicht widersetzen kann. Es genügt jedoch, wenn der Parallelimporteur Beweise bringt, die vernünftigerweise vermuten lassen, dass die jeweilige Voraussetzung erfüllt ist. Dies soll erst recht für die Voraussetzung gelten, dass die Aufmachung des Arzneimittels nicht so sein darf, dass sie den Ruf der

[160] Vgl. *EuGH*, Urt. v. 26.4.2007 – Rs. C-348/04, GRUR 2007, 586, Rn. 43 – Boehringer Ingelheim/Swingward II.
[161] Das Umpacken unter Verwendung überklebter Originalumverpackungen steht der Verwendung neuer Umverpackungen gleich, vgl. *BGH*, GRUR 2001, 423 – ZOCOR.
[162] Vgl. *Rehmann* § 67 Rn. 7.
[163] *BGH*, GRUR 2003, 338 – Beloc.
[164] *BGH*, GRUR 2002, 58 – Adalat; GRUR 2001, 423 – ZOCOR.
[165] *EuGH*, Urt. v. 11.7.1996 – verb. Rs. C-427/93, C-429/93 u. C-436/93, EuZW 1996, 526, Rn. 78 – Bristol-Myers Squibb; Urt. v. 11.7.1996 – verb. Rs. C-71/94, C-72/94 u. C-73/94, EuZW 1996, 532, Rn. 69 – Eurim-Pharm.
[166] *EuGH*, Urt. v. 22.12.2008 – Rs. C-276/05, GRUR 2009, 154, Rn. 35 – Wellcome/Paranova. Kritisch hinsichtlich des Umfangs der Information *Bauroth*, in: Fuhrmann/Klein/Fleischfresser, § 23 Rn. 54.
[167] *BGH*, GRUR 2008, 156 ff. – Aspirin II. Kritisch *Mehler*, WRP 2009, 281, 285, der dies im Konflikt mit der grundsätzlichen Beweislast des Parallelimporteurs sieht.
[168] Vgl. *EuGH*, Urt. v. 23.4.2002 – Rs. C-143/00, GRUR 2002, 879, Rn. 64 – Boehringer Ingelheim/Swingward I.
[169] Vgl. *OLG Frankfurt/M.*, PharmR 2000, 164; *Kleist*, PharmInd 2001, 716.
[170] Urt. v. 23.4.2002 – Rs. C-143/00, GRUR 2002, 879, Rn. 67 – Boehringer Ingelheim/Swingward I.

Marke und ihres Inhabers schädigen kann. Sobald der Parallelimporteur einen solchen **Anfangsbeweis** dafür erbringt, dass diese Voraussetzung erfüllt ist, ist es ggf. Sache des Markeninhabers, der am besten beurteilen kann, ob das Umpacken seinen Ruf und den der Marke schädigen kann, nachzuweisen, dass dies der Fall ist[171]. Mithin genügt es offensichtlich, wenn der Parallelimporteur angibt, dass das Umpacken zu keinen Nachteilen im Hinblick auf den Ruf der Marke und des Markeninhabers führt oder dass das Umpacken des Arzneimittels durch ihn erforderlich ist, um das Arzneimittel im Einfuhrmitgliedstaat vertreiben zu können, weil der Markeninhaber das Arzneimittel in unterschiedlichen Packungen in verschiedenen EU-Mitgliedstaaten in den Verkehr gebracht hat[172]. Hierbei bleibt abzuwarten, wie die nationalen Gerichte den vom *EuGH* verwendeten Begriff des „Anfangsbeweises" als taugliches Kriterium im Einzelfall auslegen.

E. Parallelimport und Kartellrecht

84   Die europäischen Gerichte haben sich in den letzten Jahren intensiv mit insbes. von der Pharma-Großindustrie entwickelten Strategien zur Beschränkung des Parallelhandels mit Arzneimitteln befasst und hierbei neue, für die Originalhersteller günstigere Tendenzen erkennen lassen. Gleichwohl sind nach wie vor zahlreiche Fragen offen und bedürfen einer weiteren Klärung durch die Gerichte. Die Entwicklung der Rechtsprechung der europäischen Gerichte zu den kartellrechtlichen Begrenzungen solcher Strategien soll im Folgenden chronologisch und fallbezogen wiedergegeben werden[173].

I. Bayer/Adalat-Entscheidung des EuGH

85   Der *EuGH* hat – nachdem bereits das *EuG* in einem Urteil vom 26.10.2000 sich damit befasst hatte – in einem Urteil vom 6.1.2004 von der Bayer AG praktizierte Lieferbeschränkungen für Arzneimittel gegenüber Großhändlern in Spanien und Frankreich einer grundsätzlichen kartellrechtlichen Überprüfung unterzogen. In dem entschiedenen Fall hatte die Bayer AG in den Jahren 1989 bis 1993 Umsatzverluste von ca. 230 Mio. DM und Gewinnverluste von ca. 100 Mio. DM wegen des Parallelimports des Arzneimittels Adalat von Spanien und Frankreich nach Großbritannien erlitten. Angesichts dieser Situation änderte der Bayer-Konzern seine Lieferpolitik und begann, die immer größeren Bestellungen der Großhändler in Spanien und Frankreich bei ihren dortigen Tochtergesellschaften nicht mehr in vollem Umfang zu erfüllen. Offensichtlich wurden die Großhändler, die Adalat zum Zwecke des Parallelimports ausführten, nicht mehr oder nur noch in dem Maße beliefert, das ausreichte, um den nationalen Markt in Spanien oder Frankreich zu bedienen. Für den Sachverhalt war weiter signifikant, dass nach dem Recht der Ausfuhrländer die Großhändler gezwungen waren, ein ausreichendes Vollsortiment vorzuhalten, also den nationalen Markt jederzeit mit Adalat beliefern zu können.

86   Als Folge beschwerten sich Großhändler bei der Kommission, die daraufhin gegenüber der Bayer AG eine Entscheidung erließ, wonach diese wegen eines Verstoßes gegen EU-Kartellrecht (Art. 85 I EGV = exArt. 81 I EG = Art. 101 I AEUV) die Lieferbeschränkungen einzustellen habe und die Großhändler entsprechend über die nunmehrige Gestattung der unbehinderten Ausfuhr von Adalat zu informieren waren. Zudem verhängte die Kommission gegen die Bayer AG eine Geldbuße in Höhe von 3 Mio. Ecu und setzte ein Zwangsgeld für den Fall der Nichterfüllung der angeordneten Auflagen fest.

87   Auf den Rechtsbehelf der Bayer AG erklärte das *EuG* die Entscheidung der Kommission für nichtig[174]. Der *EuGH* wies die Rechtsbehelfe gegen die Entscheidung des *EuG* zurück und gab auch in der zweiten Instanz der Bayer AG mit der Begründung Recht, dass der Umstand allein, dass die von der Bayer AG verfolgte **einseitige Politik der Kontingentierung** i. V. m. innerstaatlichen Anforderungen an vollsortierte Großhändler die gleiche Wirkung wie ein **Ausfuhrverbot** hatte, weder bedeutete, dass der Hersteller ein solches Verbot verhängt hatte, noch dass eine nach Art. 85 Abs. 1 EGV (= exArt. 81 I EG = Art. 101 I AEUV) verbotene Vereinbarung vorlag[175]. Entscheidende Voraussetzung für die Anwendung der Kartellverbotsvorschrift des Art. 85 Abs. 1 EGV (= exArt. 81 I EG = Art. 101 I AEUV) wäre das Vorliegen einer (Kartell-)Vereinbarung gewesen. Dies konnte die Kommission aber nicht nachweisen, wobei der *EuGH* der Kommission insoweit die **Beweislast** auferlegte[176].

88   Für den *EuGH* war weiter der Umstand maßgeblich, dass die Kommission im Verfahren vor dem *EuG* nicht belegen konnte, dass die Bayer AG ein **System nachträglicher Kontrollen** für die Abgabepraxis

---

[171] Vgl. *EuGH*, Urt. v. 22.12.2008 – Rs. C-276/05, GRUR 2009, 154, Rn. 32 f. – Wellcome/Paranova; Urt. v. 26.4.2007 – Rs. C-384/04, GRUR 2007, 586, Rn. 52 ff. – Boehringer Ingelheim/Swingward II.

[172] Vgl. *EuGH*, Urt. v. 22.12.2008 – Rs. C-276/05, GRUR 2009, 154, Rn. 33 – Wellcome/Paranova.

[173] Vgl. hierzu ausführlich *Römhild/Lübbig*, in: Dieners/Reese, § 15 Rn. 169 ff.

[174] Vgl. *EuG*, Urt. v. 26.10.2000 – Rs. T-41/96, GRURInt 2001, 616 ff. – „Bayer AG".

[175] *EuGH*, Urt. v. 6.1.2004 – Rs. C-2/01 und C-3/01, GRURInt 2004, 508 ff. – Bundesverband der Arzneimittelimporteure/Kommission u. a.

[176] *EuGH*, Urt. v. 6.1.2004 – Rs. C-2/01 und C-3/01, Rn. 62 f., GRURInt 2004, 508 ff. – Bundesverband der Arzneimittelimporteure/Kommission u. a.

der Großhändler etabliert hatte und dass dementsprechend eine Sanktionierung bei Parallelimport-Lieferungen von Adalat nach Großbritannien durch Nichtbelieferung des Großhändlers erfolgte[177].

Dass keine kartellrechtlich relevante **Vereinbarung** vorlag, begründete der *EuGH* auch damit, dass die **89** spanischen Großhändler zwar unverändert Adalat von der Bayer AG entsprechend deren Zuteilungen bezogen, aber durch die Aufteilung ihrer Bestellungen auf ihre verschiedenen Vertretungen in Spanien vorzutäuschen versuchten, dass der **inländische Bedarf** gestiegen sei. Dadurch hätten die Großhändler dokumentiert, dass sie nicht gewillt waren, die Lieferbeschränkungen der Bayer AG einfach hinzunehmen[178].

Der *EuGH* hat seine Entscheidung in verkürzter Form in die Worte gefasst, dass der bloße Umstand, **90** dass sich eine von einem Hersteller getroffene Maßnahme, die eine Wettbewerbsbeschränkung bezweckt und bewirkt, in fortlaufende Geschäftsbeziehungen zwischen dem Hersteller und seinen Großhändlern einfügt, nicht genügt, um auf das Vorliegen einer solchen kartellrechtswidrigen Vereinbarung zu schließen[179].

Der Bayer/Adalat-Entscheidung des *EuGH* kann – unter dem Vorbehalt einer Beibehaltung dieser **91** Rechtsprechung und eines vergleichbaren Sachverhalts – entnommen werden, dass sich der Originalhersteller gegen einen Parallelimport dadurch wehren kann, dass er im Ausfuhrland das fragliche Arzneimittel nur noch in dem Maße an den Großhandel ausliefert, wie dies zur **Deckung des Bedarfs im Ausfuhrland** erforderlich ist. Hierbei stellt sich allerdings die Frage, in welcher Weise sich der nationale Bedarf im Ausfuhrland in belastbarer Weise feststellen lässt, so dass eine Kontingentierungspolitik des Originalherstellers gerechtfertigt werden kann. Es dürfte schwer zu überprüfen sein, wie hoch der nationale Bedarf im Ausfuhrland ist, weil die Vertriebswege nach Auslieferung an den Großhandel bekannt sein müssten.

Nach dieser Rechtsprechung des *EuGH* müssen die Originalhersteller jegliches Verhalten im Rahmen **92** ihrer Kontingentierungspolitik unterlassen, das auch nur als **stillschweigendes Einverständnis der Großhändler mit einem Ausfuhrverbot** interpretiert werden könnte. So hat der *EuGH* den Abschluss einer kartellrechtswidrigen Vereinbarung i. S. d. Art. 85 I EGV (exArt. 81 I EG = Art. 101 I AEUV) darin gesehen, dass ein Originalhersteller auf seine Rechnungen an die Großhändler den Hinweis „Ausfuhr verboten" aufdrucken ließ. Das Gericht betrachtete die wiederholten Bestellungen und die anschließende Begleichung der Rechnungen durch die Großhändler als stillschweigende Zustimmung der Kunden zu dem auf diese Weise geforderten Ausfuhrverbot und konstatierte im Ergebnis das Vorliegen einer wettbewerbswidrige Vereinbarung i. S. d. vorgenannten Vorschrift[180].

In der Rechtsliteratur ist es in Anwendung der Bayer/Adalat-Entscheidung des *EuGH* als nicht **93** kartellrechtswidrig i. S. d. Art. 81 I EG (nunmehr Art. 101 I AEUV) angesehen worden, wenn sich der Hersteller darauf beschränkt, die Lieferungen durch vorherige Festlegung der zu liefernden Menge anhand des herkömmlichen Bedarfs einseitig zu begrenzen **(Quotensystem).** Dann soll es an einer kartellrechtlich relevanten Aufforderung fehlen, der Erschwerung oder Verhinderung der Parallelimporte ausdrücklich oder stillschweigend zuzustimmen[181]. Bei einem derartigen Vorgehen ist aber immer noch zu berücksichtigen, dass die Kommission nach Art. 102 AEUV (exArt. 82 EG) wegen eines missbräuchlichen Verhaltens vorgehen könnte.

II. Entscheidungen des EuGH zur Kontingentierung von Arzneimitteln in Griechenland

Mit der Frage, inwieweit Abwehrmaßnahmen in der Form der **Kontingentierung** durch den **94** Originalhersteller einer **Missbrauchskontrolle** nach Art. 82 EG (nunmehr Art. 102 AEUV) unterliegen, hat sich der *EuGH* mehrfach im Hinblick auf derartige Maßnahmen des GlaxoSmithKline-Konzerns in Griechenland beschäftigt.

Die griechische Tochtergesellschaft des GlaxoSmithKline-Konzerns vertrieb im griechischen Markt **95** Originalarzneimittel, die aus der Forschung und Technologie hervorgegangen waren und bei denen es sich um rezeptpflichtige Arzneimittel handelte. Griechische Großhändler, u. a. in Griechenland ansässige Genossenschaften von Apothekern unter der Bezeichnung **Syfait,** führten bis November 2000 einen Großteil der ihren Bestellungen entsprechenden Lieferungen insbes. nach Großbritannien für Zwecke des Parallelimports aus. Daraufhin änderte die griechische Tochtergesellschaft des GlaxoSmithKline-Konzerns unter Berufung auf erhebliche Versorgungsmängel auf dem griechischen Markt, die sie auf die Wiederausfuhr durch Dritte zurückführte, ihr Vertriebssystem in Griechenland und stellte die Ausfüh-

---

[177] *EuGH*, Urt. v. 6.1.2004 – Rs. C-2/01 und C-3/01, Rn. 43 ff., 80 ff., GRURInt 2004, 508 ff. – Bundesverband der Arzneimittelimporteure/Kommission u. a.

[178] *EuGH*, Urt. v. 6.1.2004 – Rs. C-2/01 und C-3/01, Rn. 123, GRURInt 2004, 508 ff. – Bundesverband der Arzneimittelimporteure/Kommission u. a.

[179] *EuGH*, Urt. v. 6.1.2004 – Rs. C-2/01 und C-3/01, Rn. 141, GRURInt 2004, 508 ff. – Bundesverband der Arzneimittelimporteure/Kommission u. a.

[180] Vgl. *EuGH*, Urt. v. 1.11.1990, Rs. 277/87, Slg. 1990, I-45 – Sandoz prodotti farmaceutici/Kommission. Dem folgend *EuGH*, Urt. v. 6.1.2004 – Rs. C-2/01 und C-3/01, Rn. 142, GRURInt 2004, 508 ff. – Bundesverband der Arzneimittelimporteure/Kommission u. a.

[181] Vgl. *Gassner*, PharmR 2004, 57, 59.

rung der Bestellungen der griechischen Großhändler und Apotheker ein mit der Erklärung, man werde Krankenhäuser und Apotheken direkt beliefern. Aber auch nach der Beseitigung der Mangelsituation auf dem griechischen Markt weigerte sich das Unternehmen, den Großhandel und Syfait im Umfang der eingegangenen Bestellungen zu beliefern. Nach griechischem Recht war die griechische Tochtergesellschaft des GlaxoSmithKline-Konzerns gezwungen, die inländische Nachfrage stets zu befriedigen und sogar einen 25 %-igen Überschuss in den Markt zu liefern[182].

96   Gegen die Änderung des Vertriebssystems des Originalherstellers ging die Griechische Wettbewerbskommission auf die Beschwerden der griechischen Großhändler und Syfait vor. Im Rahmen des Kartellverfahrens unterbreitete die Griechische Wettbewerbskommission dem *EuGH* nach Art. 234 EG (nunmehr Art. 267 AEUV) eine Reihe von Fragen, bei denen es letztlich darum ging, ob es einen Verstoß gegen **Art. 82 EG (nunmehr Art. 102 AEUV)** darstellt, wenn ein **marktbeherrschendes Unternehmen** sich weigert, Bestellungen von Großhändlern in vollem Umfang zu erledigen, wenn also die Lieferverweigerung ihre Ursache darin hat, dass der Parallelhandel behindert werden soll.

97   Der *EuGH* hat die Sache im Ergebnis **nicht angenommen,** weil er die Vorlage durch die Griechische Wettbewerbskommission als unzulässig erachtet hat. Bei dieser handelt es sich unstreitig nicht um ein Gericht. Nur diese können sich an den *EuGH* im Rahmen von sog. Vorabentscheidungsverfahren wenden. Indes hat sich der *Generalanwalt Jacobs* in dem Verfahren in seinen Schlussanträgen ausführlich mit der Frage befasst, ob das Verhalten des Originalherstellers als Missbrauch einer marktbeherrschenden Stellung i. S. d. Art. 82 EG (nunmehr Art. 102 AEUV) eingestuft werden muss.

98   Der *Generalanwalt Jacobs* hat die Auffassung vertreten, dass ein Pharmaunternehmen in einer beherrschenden Stellung diese Stellung nicht zwingend missbräuchlich ausnützt, wenn es sich nur deshalb weigert, die an gerichteten Bestellungen von Arzneimittelgroßhändlern vollständig auszuführen, um auf diese Weise den Parallelhandel zu begrenzen.

99   Er hat sich dafür ausgesprochen, dass eine solche Weigerung objektiv gerechtfertigt und somit nicht missbräuchlich sein kann, wenn der Preisunterschied, der zum Parallelhandel geführt hat, das Ergebnis staatlicher Eingriffe im Ausfuhrmitgliedstaat ist, mit denen der Preis dort auf einem niedrigeren Niveau, als es sonst in der Gemeinschaft herrscht, festgesetzt worden ist, und wenn sämtliche Umstände, die für den europäischen Arzneimittelsektor in seiner derzeitigen Verfassung bestimmend sind, berücksichtigt werden. Er hat hier insbesondere genannt:

100   – Die umfassenden und zahlreichen staatlichen Eingriffe in die Preisgestaltung von Arzneimitteln, die für die Preisunterschiede zwischen Mitgliedstaaten verantwortlich sind;

101   – die Regulierung des Arzneimittelvertriebs durch die Gemeinschaft und die Mitgliedstaaten, mit der Pharmaunternehmen und -großhändlern national begrenzte Verpflichtungen auferlegt werden, um die Verfügbarkeit angemessener Arzneimittelbestände sicherzustellen;

102   – die aufgrund der wirtschaftlichen Besonderheiten der pharmazeutischen Industrie potentiell nachteiligen Auswirkungen des Parallelhandels auf den Wettbewerb, den Binnenmarkt und die Innovationsanreize;

103   – die Tatsache, dass der Parallelhandel den Endverbrauchern von Arzneimitteln nicht in jedem Fall zugutekommt und nicht anzunehmen ist, dass öffentliche Stellen in den Mitgliedstaaten als Hauptabnehmer dieser Erzeugnisse von niedrigeren Preisen profitieren, da sie selbst für die Festsetzung von Preisen in dem jeweiligen Mitgliedstaat zuständig sind[183].

104   Die griechische Wettbewerbskommission hat im Jahr 2006 auf die Schlussanträge des Generalanwalts Jacobs hin das Verfahren gegen die griechische Tochtergesellschaft des GlaxoSmithKline-Konzerns eingestellt und damit deren Änderung des Vertriebssystems sanktionslos gebilligt. Zudem hat das in Athen mit dem Vorgang befasste erstinstanzliche Zivilgericht den Missbrauchstatbestand des Art. 82 EG (nunmehr Art. 102 AEUV) als nicht erfüllt angesehen[184].

105   In einem zweiten, nunmehr von einem griechischen Gericht eingeleiteten Vorabentscheidungsverfahren zur geschilderten **Kontingentierungspraxis** des GlaxoSmithKline-Konzerns in Griechenland gelangte der *EuGH* zu dem Ergebnis, dass das Unternehmen mit einer beherrschenden Stellung auf dem maßgeblichen Arzneimittelmarkt, welches sich zur Verhinderung von Parallelexporten, die bestimmte Großhändler von einem Mitgliedstaat in andere Mitgliedstaaten vornehmen, weigert, von diesen Großhändlern aufgegebene **normale Bestellungen** auszuführen, seine beherrschende Stellung missbräuchlich i. S. d. Art. 82 EG (nunmehr Art. 102 AEUV) ausnutzt. Was unter „normalen Bestellungen" zu verstehen ist, soll nach Auffassung des *EuGH* das nationale Gericht unter Berücksichtigung des Umfangs der Bestellungen im Verhältnis zum Bedarf des Mitgliedstaates sowie der früheren Geschäftsbeziehungen dieses Unternehmens mit den betroffenen Großhändlern bestimmen[185].

---

[182] Zur europarechtlichen Vorgabe vgl. Art. 81 II RL 2001/83/EG.

[183] Dem Generalanwalt *Jacobs* folgend *Krapf/Lange*, PharmR 2005, 255 ff., 321 ff., ablehnend hingegen *Koenig/Engelmann*, GRURInt 2005, 304 ff.; *Bauroth*, PharmR 2005, 386 ff.

[184] Vgl. hierzu ausführlich *Römhild/Lübbig*, in: Dieners/Reese, § 15 Rn. 197.

[185] *EuGH*, Urt. 16.9.2008 – Rs. C-468/06 bis C-478/06, EuZW 2008, 634 ff. – Sot. Lelos kai Sia u. a./GlaxoSmithKline AEVE.

Der *EuGH* hat den nationalen Gerichten dabei auf den Weg gegeben, dass *„es dem Unternehmen* **106** *[gemeint ist der Originalhersteller] frei steht, in einem vernünftigen und verhältnismäßigen Umfang der Be- drohung zu begegnen, die die Tätigkeiten eines Unternehmens, das im erstgenannten Mitgliedstaat mit bedeutenden Mengen von im Wesentlichen für den Parallelexport bestimmten Erzeugnissen beliefert werden möchte, für seine eigenen geschäftlichen Interessen darstellen können"*[186]. Ob damit die insoweit für alle bestehende Rechts- unsicherheit zumindest teilweise beseitigt ist, kann füglich bezweifelt werden[187].

III. Entscheidungen der europäischen Gerichte zum dualen Preissystem in Spanien

In einer weiteren, sehr umfangreich begründeten Entscheidung hat sich das *EuG* am 27.9.2006 **107** wiederum mit der den Parallelhandel behindernden Vertriebspraxis des GlaxoSmithKline-Konzerns (konkret der GlaxoSmithKline Services Unlimited in Großbritannien) befasst[188]. Der Originalhersteller hatte Allgemeine Verkaufsbedingungen im Jahr 1998 gegenüber spanischen **108** Großhändlern für 82 Arzneimittel verwendet. Diese sahen für die Arzneimittel zwei unterschiedliche Preise vor, nämlich den weitaus niedrigeren Preis bei einer Abgabe im spanischen Markt zu den Erstattungssätzen des spanischen Sozialversicherungssystems und zu einem weitaus höheren Preis für den Fall, dass die Arzneimittel im Wege des Parallelhandels aus Spanien ausgeführt werden sollten (sog. **duales Preissystem**). Die von der überwiegenden Mehrheit der spanischen Großhändler akzeptierten Verkaufsbedingungen **109** der Originalstellers wurden von der Kommission in einem gegen diese eingeleiteten Antragsverfahren als Verstoß gegen Art. 81 I EG (nunmehr Art. 101 I AEUV) beurteilt. Einen Antrag des Originalstel- lers auf **Freistellung der wettbewerbsbehindernden Vereinbarung** nach Art. 81 III EG (nunmehr Art. 101 II AEUV) wies die Kommission zurück. Die Vorschrift ermöglicht einen Freistellungsanspruch vom Verbot des Art. 81 I EG (nunmehr Art. 101 I AEUV) für solche Unternehmensvereinbarungen, die unter angemessener Beteiligung der Verbraucher an dem entstehenden Gewinn zur Verbesserung der Warenverteilung oder zur Förderung des technischen Fortschritts beitragen, ohne dass den beteiligten Unternehmen Beschränkungen auferlegt werden, die für die Verwirklichung dieser Ziele nicht unerläss- lich sind, oder Möglichkeiten eröffnet werden, für einen wesentlichen Teil der betreffenden Waren den Wettbewerb auszuschalten. Das *EuG* kam einerseits zu dem Ergebnis, dass die allgemeinen Verkaufsbedingungen des Original- **110** herstellers für die spanischen Großhändler als **wettbewerbseinschränkende Vereinbarung** nach Art. 81 I EG (nunmehr Art. 101 I AEUV) entsprechend der Auffassung der Kommission darstellen[189]. Demgegenüber hat das *EuG* jedoch die Zurückweisung des Freistellungsantrages des Originalherstel- **111** lers gem. Art. 81 III EG (nunmehr Art. 101 I AEUV) durch die Kommission sowie das darauf gestützte Verbot der Anwendung der allgemeinen Verkaufsbedingungen des Unternehmens für **nichtig** erklärt und damit dem klagenden Originalhersteller Recht gegeben[190]. Das *EuG* hat hinsichtlich der Frage des Vorliegens einer wettbewerbsbeschränkenden Vereinbarung **112** i. S. d. Art. 81 I EG (nunmehr Art. 101 I AEUV) betont, dass der Arzneimittelmarkt durch Besonderhei- ten geprägt ist, die ihn von dem Markt für andere Konsumgüter deutlich unterscheiden. So sind die **Arzneimittelpreise** weitgehend dem freien Spiel von Angebot und Nachfrage entzogen, da die Mit- gliedstaaten die Preise im Rahmen ihrer unterschiedlichen **Sozialversicherungssysteme** festsetzen würden. Die unterschiedliche Preisstruktur in den Mitgliedstaaten ermöglicht erst den Parallelhandel. Das *EuG* geht nicht ohne Weiteres davon aus, dass der Parallelhandel von in den jeweiligen Sozial- **113** versicherungssystemen erstatteten Arzneimitteln tendenziell die Arzneimittelpreise zum **Vorteil der Endverbraucher** sinken lasse. Das Gericht stellt daher in Abrede, dass eine Benachteiligung des End- verbrauchers und eine Einschränkung des Wettbewerbs durch die allgemeinen Verkaufsbedingungen des Originalherstellers bezweckt worden sei. Allerdings sei aufgrund der verschiedenen Preisreglementierun- gen und Zuzahlungsbeiträge in den Sozialversicherungssystemen der Mitgliedstaaten das **duale Preis- system** geeignet, den Endverbrauchern mögliche Kosten bzw. Preisvorteile vorzuenthalten, die diese aus einem Parallelhandel ziehen könnten. Die Rechtswidrigkeit der Zurückweisung des Freistellungsantrages nach Art. 81 III EG (nunmehr **114** Art. 101 III AEUV) hat das *EuG* damit begründet, dass die Kommission nicht ausreichend die von der GSK vorgetragenen Argumente gewürdigt habe. Der Originalhersteller hatte vorgetragen, dass der Parallelhandel aufgrund des mit ihm verbundenen Einnahmerückgangs zu einem spürbaren **Effizienz-**

---

[186] *EuGH*, Urt. 16.9.2008 – Rs. C-468/06 bis C-478/06, Rn. 71, EuZW 2008, 634 ff. – Sot. Lelos kai Sia u. a./ GlaxoSmithKline AEVE. [187] Ebenso *Römhild/Lübbig*, in: Dieners/Reese, § 15 Rn. 200. [188] *EuG*, Urt. v. 27.9.2006 – Rs. T-167/01 – BeckRS 2006, 70 744 – GlaxoSmithKline Services Unlimited/ Kommission. [189] *EuG*, Urt. v. 27.9.2006 – Rs. T-167/01, Rn. 84 ff. 193 ff. – BeckRS 2006, 70 744 – GlaxoSmithKline Services Unlimited/Kommission. [190] *EuG*, Urt. v. 27.9.2006 – Rs. T-167/01, Rn. 316 ff. – BeckRS 2006, 70 744 – GlaxoSmithKline Services Unlimited/Kommission.

verlust führe und dieser durch die streitgegenständlichen Verkaufsbedingungen mit ihren wettbewerbsbeschränkenden Auswirkungen ausgeglichen werden könne.

115   Das *EuG* gelangte zu dem Ergebnis, dass die mit dem Parallelhandel verbundenen **preislichen Vorteile** von den Parallelimporteuren nicht an die **Endverbraucher** weitergegeben würden. Vielmehr sei davon auszugehen, dass die Parallelimporteure, die sich durch die Preisspannen ergebenden Gewinne selbst behalten würden[191]. Zudem hat das Gericht die Notwendigkeit der Erhaltung der Innovationsfähigkeit des Herstellers hervorgehoben, die Aufwendungen für Forschung und Entwicklung meistens mit Eigenkapital und nicht mit Darlehen finanzieren würden[192].

116   Der *EuGH* hat als Rechtsmittelgericht mit Urteil vom 6.10.2009 die Entscheidung des *EuG* vom 27.9.2006 bestätigt[193]. Für die Frage, ob mit einer Vereinbarung ein wettbewerbswidriger Zweck verfolgt wird, hat es indes festgestellt, dass es nicht darauf ankommt, ob durch diese den **Endverbrauchern** die Vorteile eines wirksamen Wettbewerbs hinsichtlich der Bezugsquellen oder der Preise vorenthalten werden. Insoweit ist der *EuGH* dem *EuG* in der Vorentscheidung nicht gefolgt[194]. Andererseits hat es das *EuG* darin bestätigt, dass eine Vereinbarung, um nach Art. 81 III EG (nunmehr Art. 101 III AEUV) freigestellt zu werden, zur Verbesserung der Warenerzeugung oder -verteilung oder zur Förderung des technischen oder wirtschaftlichen Fortschritts beitragen muss. Dieser Beitrag kann nicht schon in jedem Vorteil gesehen werden, der sich aus der Vereinbarung für die Tätigkeit der an ihr beteiligten Unternehmen ergibt, sondern nur in spürbaren objektiven Vorteilen, die geeignet sind, die mit der Vereinbarung verbundenen Nachteile für den Wettbewerb auszugleichen[195]. Auch insoweit gilt, dass mit dieser allgemein gehaltenen Vorgabe erhebliche Rechtsunsicherheiten in der Praxis verknüpft sind.

IV. Missbrauch einer marktbeherrschenden Stellung durch Täuschung und Widerruf von Genehmigungen – AstraZeneca

117   Die AstraZeneca AB und AstraZeneca plc („AstraZeneca") vertrieben unter der Handelsmarke „Losec" ein auf Omeprazol basierendes Arzneimittel zur Behandlung von durch Übersäuerung bedingten Magen-Darm-Erkrankungen. Bei dem Arzneimittel handelte es sich um einen sog. Blockbuster und eines der umsatzstärksten Arzneimittel im Zeitraum von 1993 bis 2000 weltweit. Die Kommission stellte fest, dass AstraZeneca unter Verstoß gegen Art. 82 EG und Art. 54 EWR-Abkommen eine marktbeherrschende Stellung in zweifacher Hinsicht ausgenutzt hatte: Zum einen bestand der Missbrauch in **systematisch irreführenden Darstellungen** vor den Patentämtern in Belgien, Dänemark, Deutschland, den Niederlanden, im Vereinigten Königreich und in Norwegen sowie vor einzelstaatlichen Gerichten in Deutschland und Norwegen durch die Strategie, Generikahersteller durch die Erlangung oder Aufrechterhaltung von Ergänzenden Schutzzertifikaten für Omeprazol, auf die AstraZeneca keinen oder nur für kürzere Dauer einen Anspruch hatte, vom Markt fernzuhalten. Zum anderen bestand der Missbrauch in der Einreichung von Anträgen auf **Widerruf der Zulassungen** für die „Losec"-Kapseln in Dänemark, Schweden und Norwegen in Verbindung mit der Marktrücknahme der betr. Arzneimittel und der Markteinführung modifizierter „Losec"-Tabletten in diesen drei Ländern. Wegen der beiden missbräuchlichen Verhaltensweisen verhängte die Kommission eine Geldbuße in Höhe von insgesamt 60 Mio. Euro.

118   Die von AstraZeneca eingereichte Nichtigkeitsklage hat das *EuG*[196] überwiegend abgewiesen[197], jedoch die Höhe der Geldbuße auf 52,5 Mio. Euro reduziert. Die von AstraZeneca erhobenen Rechtsmittel wies der *EuGH* mit grundsätzlichen Ausführungen zur Marktabgrenzung, Marktbeherrschung und zum Marktmissbrauch zurück[198].

119   Der *EuGH* hat in Übereinstimmung mit dem *EuG* das von der Kommission befürwortete Marktabgrenzungskriterium der **therapeutischen Überlegenheit** eines Arzneimittels bestätigt[199]. Im Ergebnis hat es damit die von der Kommission für maßgeblich erachteten Kriterien der höheren Wirksamkeit und der differenzierten therapeutischen Verwendung, die keinen erheblichen Wettbewerbsdruck auf die

---

[191] *EuG*, Urt. v. 27.9.2006 – Rs. T-167/01, Rn. 122 – BeckRS 2006, 70 744 – GlaxoSmithKline Services Unlimited/Kommission.

[192] *EuG*, Urt. v. 27.9.2006 – Rs. T-167/01, Rn. 271 – BeckRS 2006, 70744 – GlaxoSmithKline Services Unlimited/Kommission.

[193] *EuGH*, Urt. v. 6.10.2009 – Rs. C-501/06 P, PharmR 2010, 103 – GlaxoSmithKline Services Unlimited/Kommission.

[194] *EuGH*, Urt. v. 6.10.2009 – Rs. C-501/06 P, Rn. 63 f., PharmR 2010, 103 – GlaxoSmithKline Services Unlimited/Kommission.

[195] *EuGH*, Urt. v. 6.10.2009 – Rs. C-501/06 P, Rn. 92, PharmR 2010, 103 – GlaxoSmithKline Services Unlimited/Kommission.

[196] Urt. v. 1.7.2010 – T-321/05, BeckEuRS 2010, 518592.

[197] Hinsichtlich des zweiten Missbrauchsvorwurfs wurde ein Verstoß insoweit verneint als der Widerruf der Zulassungen in Dänemark und Norwegen erfolgte.

[198] Urt. v. 6.12.2012 – C-457/10 P, PharmR 2013, 8. Vgl. hierzu *Seitz*, EuZW 2013, 377; *Besen*, GRUR-Prax 2013, 33.

[199] *EuGH*, Urt. v. 6.12.2012 – C-457/10 P, Rn. 47, PharmR 2013, 8. Im konkreten Fall wurde damit ein einheitlicher Markt zwischen Protonenpumpenhemmern („PPI") und Histaminrezeptoren („H2-Blocker") verneint.

verfahrensgegenständlichen Arzneimittel ausüben, gebilligt. Damit ist der *EuGH* von der bisherigen Praxis abgerückt, wonach für die Marktabgrenzung für Arzneimittel grundsätzlich die dritte Klassifikationsebene des ATC-Codes maßgeblich sein soll[200]. Für die künftige Verwendung des Kriteriums der therapeutischen Überlegenheit wird es aber darauf ankommen, ob und ggf. welche weiteren Parameter außer den beiden vom *EuG* und *EuGH* genannten herangezogen werden können.

In Fortsetzung seiner bisherigen Rechtsprechung liefert für den *EuGH* das dauerhafte Innehaben eines **120** **besonders hohen Marktanteils** – von außergewöhnlichen Umständen abgesehen – den Beweis für das Vorliegen einer marktbeherrschenden Stellung, wobei der *EuGH* Marktanteile von mehr als 50 % als besonders hohe Marktanteile einstuft[201].

Die Kommission hat einen Marktmissbrauch darin gesehen, dass AstraZeneca systematisch **irrefüh-** **121** **rende Darstellungen** gegenüber den Patentämtern in der EU und dem EWR vorgenommen hatte. Dies ist vom *EuG* mit der Erwägung bestätigt worden, dass die Übermittlung irreführender Informationen an öffentliche Stellen ein Verhalten darstelle, das jenseits des zulässigen Leistungswettbewerbs liege und daher als besonders wettbewerbsbeschränkend einzustufen sei[202]. Der *EuGH* ist dem *EuG* gefolgt und hat seine ständige Rechtsprechung wiederholt, dass es sich bei dem Begriff der missbräuchlichen Ausnutzung um einen **objektiven Begriff** handelt, der solche Verhaltensweisen eines Unternehmens in beherrschender Stellung erfasst, die die Struktur eines Marktes beeinflussen können, auf dem der Wettbewerb gerade wegen der Präsenz des fraglichen Unternehmens bereits geschwächt ist, und die zur Folge haben, dass die Aufrechterhaltung des auf dem Markt noch bestehenden Wettbewerbs oder dessen Entwicklung durch den Einsatz von Mitteln behindert wird, die von den Mitteln eines normalen Produkt- oder Dienstleistungswettbewerbs auf der Grundlage der Leistung der Wirtschaftsteilnehmer abweichen[203]. Dabei bedarf es nicht des Nachweises der Vorsätzlichkeit des Verhaltens oder der Bösgläubigkeit des marktbeherrschenden Unternehmens, wobei dessen Vorliegen einen erheblichen Gesichtspunkt für ein missbräuchliches Verhalten darstellt[204].

Zu dem zweiten beanstandeten missbräuchlichen Verhalten durch **Widerruf von Zulassungen** in **122** bestimmten Ländern hat der *EuGH* betont, dass dem Unternehmen, das eine marktbeherrschende Stellung innehat, zur Sicherstellung eines wirksamen und unverfälschten Wettbewerbs im Binnenmarkt eine **besondere Verantwortung** zukommt. Es darf daher die regulatorischen Verfahren nicht in einer Weise in Anspruch nehmen, durch die der Marktzutritt für Wettbewerber vereitelt oder erschwert wird, wenn es weder Gründe gibt, die mit der Verteidigung der berechtigten Interessen eines im Leistungswettbewerb stehenden Unternehmens zusammenhängen, noch objektive Rechtfertigungsgründe bestehen[205]. Hierbei können Pharmakovigilanzverpflichtungen zur Aufrechterhaltung der Zulassungen **objektive** **Rechtfertigungsgründe** darstellen[206]. Im entschiedenen Fall schieden solche Rechtfertigungsgründe aus, weil AstraZeneca nur die Zulassungen in Dänemark, Schweden und Norwegen widerrief, aber die Zulassungen in den anderen Ländern aufrechterhielt. Für den *EuGH* stellt der durch die RL 65/65/EWG ermöglichte Widerruf einer Zulassung kein Eigentumsrecht dar, sondern nur eine der vom Unionsrecht eröffneten Optionen, so dass es sich für Unternehmen mit marktbeherrschender Stellung weder um einen „De-facto-Entzug" des Widerrufsrechts noch um eine Zwangslizenz handelt, wie die Klägerinnen in dem Verfahren vorgetragen hatten[207].

Für den *EuGH* hat es für die Annahme eines wettbewerbswidrigen Verhaltens ausgereicht, dass der **123** Nachweis einer **potenziellen wettbewerbswidrigen Wirkung** erbracht werden konnte. Dass eine solche Wirkung eintritt, ist nicht unbedingt konkret erforderlich[208]. Im konkreten Fall war auch maßgeblich, dass AstraZeneca die Gesamtstrategie verfolgte, Generikahersteller durch die Erlangung Ergänzender Schutzzertifikate in rechtswidriger Weise vom Markt fernzuhalten[209].

Es bleibt abzuwarten, ob die Ausführungen in den Urteilen des *EuG* vom 1.7.2010 und des *EuGH* **124** vom 6.12.2012 in jeder Hinsicht grundsätzlichen Charakter haben und sie daher vollumfänglich auf andere Fallkonstellationen übertragbar sind.

---

[200] Eine Abweichung sollte nur geboten sein, wenn die betr. Arzneimittel hinsichtlich der Wirkweise, Verträglichkeit, Toxizität oder Nebenwirkungen unterschiedlich waren, vgl. *Seitz*, EuZW 2013, 378 m. w. N.
[201] *EuGH*, Urt. v. 6.12.2012 – C-457/10 P, Rn. 176, PharmR 2013, 8.
[202] *EuG*, Urt. v. 1.7.2010 – T-321/05, Rn. 355 f., BeckEuRS 2010, 518592.
[203] *EuGH*, Urt. v. 6.12.2012 – C-457/10 P, Rn. 74, PharmR 2013, 8, st. Rspr.
[204] *EuGH*, Urt. v. 6.12.2012 – C-457/10 P, Rn. 63, PharmR 2013, 8.
[205] *EuGH*, Urt. v. 6.12.2012 – C-457/10 P, Rn. 134, PharmR 2013, 8.
[206] *EuGH*, Urt. v. 6.12.2012 – C-457/10 P, Rn. 135, PharmR 2013, 8.
[207] *EuGH*, Urt. v. 6.12.2012 – C-457/10 P, Rn. 149, PharmR 2013, 8.
[208] *EuGH*, Urt. v. 6.12.2012 – C-457/10 P, Rn. 112, PharmR 2013, 8. So bereits *EuGH*, Urt. v. 17.2.2011 – C-52/09, Rn. 64, EuZW 2011, 339 – Konkurrensverket/TeliaSonera Sverige AB.
[209] *EuGH*, Urt. v. 6.12.2012 – C-457/10 P, Rn. 111, PharmR 2013, 8.

F. Berücksichtigung des Parallelimports im Bereich der GKV

125   Nach § 129 I 1 Nr. 2 SGB V sind die Apotheken bei der Abgabe verordneter Arzneimittel an Versicherte nach Maßgabe des Rahmenvertrages nach Abs. 2 der Vorschrift zur Abgabe von preisgünstigen importierten Arzneimitteln verpflichtet, deren für den Versicherten maßgeblicher Arzneimittelabgabepreis unter Berücksichtigung der Abschläge nach § 130a I, Ia, II, IIIa und IIIb SGB V[210] mindestens 15 % oder mindestens 15 Euro niedriger ist als der Preis des Bezugsarzneimittels. Auf der Grundlage von § 129 II i. V. m. I 1 Nr. 2 SGB V haben der Spitzenverband Bund der Krankenkassen und der Deutsche Apothekerverband e. V. einen **Rahmenvertrag über die Arzneimittelversorgung** geschlossen[211], der in § 5 die Einzelheiten für die Abgabe importierter Arzneimittel regelt. § 5 II des Rahmenvertrages definiert importierte Arzneimittel i. S. des Vertrages dahingehend, dass es sich um Arzneimittel handeln muss,

– die nach dem AMG unter Bezugnahme auf ein deutsches Referenzprodukt zugelassen sind oder als zugelassen gelten,
– die in der Lauer-Taxe eingetragen sind,
– die mit dem Bezugsarzneimittel in Wirkstärke und Packungsgröße identisch sowie in der Darreichungsform therapeutisch vergleichbar sind (Parallel- und Reimporte),
– die ferner den Anforderungen des SGB V entsprechen und
– deren für den Versicherten maßgeblicher Arzneimittelabgabepreis unter Berücksichtigung der Abschläge nach § 130a I, Ia, II, IIIa und IIIb SGB V mindestens um 15 % oder mindestens 15 Euro niedriger ist als der Preis des Bezugsarzneimittels.

126   Für die Abgabe von importierten Arzneimitteln wird eine **Importquote** von 5 % festgelegt, wobei die Importquote den prozentualen Umsatzanteil abzugebender importierter Arzneimittel am Fertigarzneimittelumsatz der Apotheke mit der kostenpflichtigen Krankenkasse bezeichnet (§ 5 III 1 Rahmenvertrag). Mit den abgegebenen importierten Arzneimitteln hat die Apotheke eine **Wirtschaftlichkeitsreserve** in Höhe von 10 % des mit der Importquote festgelegten Umsatzes zu erzielen (§ 5 III 3 Rahmenvertrag)[212]. Wird die vereinbarte Wirtschaftlichkeitsreserve durch die Abgabe importierter Arzneimittel im Quartal nicht erreicht, vermindert sich die Rechnungsforderung für den letzten Abrechnungsmonat des Quartals um die Differenz zwischen der vereinbarten und der tatsächlich erzielten Wirtschaftlichkeitsreserve (§ 5 IV 1 Rahmenvertrag).

G. Rechtsschutz

I. Gegen die Formalzulassung

127   Der Inhaber der Zulassung im Einfuhrmitgliedstaat kann **nicht** im Klagewege gegen die dem Parallelimporteur erteilte Formalzulassung vorgehen, wenn dieser das Arzneimittel unter der Marke in den Verkehr bringt, welche dem inländischen Marken- und Zulassungsinhaber zusteht. Ihm fehlt die nach § 42 II VwGO erforderliche Klage- bzw. Antragsbefugnis. Dies gilt unter der Voraussetzung, dass das Parallelimportarzneimittel in dem EU-Mitgliedstaat, in dem es erworben wird, zugelassen ist und im Wesentlichen gleich mit dem Arzneimittel ist, für welches in Deutschland eine Zulassung besteht (Bezugsarzneimittel). Damit liegen alle für die Untersuchung der Wirksamkeit und Unbedenklichkeit des Parallelimportarzneimittels erforderlichen Unterlagen vor. Die Arzneimittel müssen zumindest nach der gleichen Formel und unter Verwendung des gleichen Wirkstoffs hergestellt worden sein und die gleichen therapeutischen Wirkungen haben, wobei nicht therapeutisch relevante Unterschiede unerheblich sind. Diese Vorgaben sind nicht drittschützend, da sie weder auf der RL 2001/83/EG noch dem AMG basieren. Der Parallelimporteur nutzt in dieser Konstellation nicht vermögenswerte Erkenntnisse aus den Unterlagen des Originators ohne eigenen Vermögensaufwand; vielmehr sind bei der Zulassung im anderen EU-Mitgliedstaat bereits entsprechende Qualitätsunterlagen vorgelegt worden[213].

128   Allerdings soll nach Auffassung des *VG Köln* jedenfalls im Verfahren des einstweiligen Rechtsschutzes eine Berufung des Originators auf objektive Rechtsvorschriften möglich sein, wenn die dem Parallelimporteur erteilte Formalzulassung an einem **offensichtlichen und schwerwiegenden Mangel** leidet

---

[210] Durch die Notwendigkeit der Berücksichtigung der in § 130a SGB V geregelten Rabatte auf Arzneimittel und Impfstoffe soll die Chancengleichheit im Arzneimittelmarkt zwischen Originalpräparaten und importierten Arzneimitteln gewährleistet werden.
[211] Derzeit i. d. F. v. 15.6.2012.
[212] Damit sollen zusätzliche Wirtschaftlichkeitsreserven erschlossen werden, wozu § 129 I 1 Nr. 2, 2. Halbs. SGB V ermächtigt.
[213] *EuGH*, Urt. v. 12.11.1996 – Rs. C-201/94, PharmR 1997, 92, Rn. 39 – Smith & Nephew und Primecrown; *OVG Münster*, PharmR 2012, 490. Ebenso: *OVG Berlin*, PharmR 1995, 20 f.; B. v. 29.5.2012 – 7 L 187/12 – BeckRS 2012, 55290; *VG Köln*, Urt. v. 14.10.2014 – 7 K 368/13 – BeckRS 2015, 42988; *Rehmann*, Einführung Rn. 12; *ders.*, PharmR 1997, 329 f. A. A. *Hiltl*, PharmR 1997, 87. Die gegenteilige Auffassung in der Vorauflage wird aufgegeben.

und deshalb **nichtig** ist oder wenn die Aufhebung der rechtswidrigen Formalzulassung durch die Behörde praktisch bevorsteht[214]. Es wird hier auf die jeweiligen Umstände des Einzelfalls ankommen und zu berücksichtigen sein, ob die Kriterien, die im Verfahren des einstweiligen Rechtsschutzes eine Rolle gespielt haben, auch in einem Hauptsacheverfahren durchgreifen können.

II. Gegen das Inverkehrbringen

1. Unterlassung. Der Markeninhaber hat gegen den Parallelimporteur einen Anspruch auf Unterlas- 129 sung des Inverkehrbringens des Arzneimittels gem. §§ 3, 14 II Nr. 1, III, V MarkenG bzw. Art. 9 I 2 Buchst. a), 101 I, 102 I VO (EG) Nr. 207/2009, sofern die Voraussetzungen für den Parallelimport nicht gegeben sind.

Bei **zentral zugelassenen Arzneimitteln** steht dem Inverkehrbringen eines Arzneimittels im Inland 130 nicht entgegen, dass der Parallelhändler den Parallelvertrieb lediglich bei der EMA angezeigt und die nach der VO (EG) Nr. 290/95 fällige Gebühr noch nicht bezahlt hat[215].

2. Auskunft, Rechnungslegung. Der Markeninhaber kann von dem Parallelimporteur Auskunft 131 und Rechnungslegung gem. §§ 3, 14 II Nr. 1, III–IV, VI, 19 MarkenG verlangen, wenn dieser importierte Arzneimittel **ohne Vorabinformation** in den Verkehr bringt. Der Anspruch bezieht sich auf Angaben zu den Liefermengen, -zeiten und -preisen, über die gewerblichen Abnehmer, Abnah-memengen und -zeiten sowie die erzielten Verkaufspreise, die Umsätze, die Gestehungskosten unter Einschluss der einzelnen Kostenfaktoren und die erzielten Gewinne[216]. Hierzu kann der Marken-inhaber die **Vorlage entsprechender Belege** verlangen[217]. Der zur Auskunft verpflichtete Parallel-importeur muss aber grundsätzlich nur angeben, von wem er die beanstandeten Verpackungsgestaltun-gen bezogen hat, jedoch **nicht, von woher er die original verpackten ausländischen Arznei-mittel bezogen hat,** die er dann umverpackt hat[218]. Der *EuGH*[219] begründet dies damit, dass bei einer Offenlegung der Bezugsquellen der Markeninhaber ihm dann für die Zukunft jede weitere Bezugsmöglichkeit abschneiden könnte, was zu einer Marktabschottung führen würde. Nur in **Aus-nahmefällen** umfasst die Auskunft auch die Angabe des Ausfuhrmitgliedstaates, wenn der Marken-inhaber ohne eine solche Angabe daran gehindert wäre, die Erforderlichkeit des Umpackens zu beurteilen[220].

Erst die **Belegvorlage** ermöglicht es dem Markeninhaber, die **Verlässlichkeit der Auskunft** zu 132 überprüfen. Sie kann Zweifel an der Richtigkeit der Angaben ausräumen und damit eine entsprechende eidesstattliche Versicherung des Parallelimporteurs überflüssig machen[221]. Wird die geschuldete Auskunft und Rechnungslegung nur unvollständig und mehrfach nachgebessert und widersprüchlich erteilt, besteht ein Anspruch auf Abgabe einer eidesstattlichen Versicherung über die Richtigkeit der Anga-ben[222].

3. Schadenersatz. Der Markeninhaber kann den ihm durch einen Verstoß des Parallelimporteurs 133 gegen die Vorabinformationspflicht entstandenen Schaden zum einen auf der Basis der **Herausgabe des Gewinns,** sei es des bei ihm entgangenen Gewinns oder des Verletzergewinns gem. §§ 3, 14 II Nr. 1, III, IV, VI 2 MarkenG[223] verlangen. Insoweit ist erforderlich, dass der Markeninhaber den Nachweis führt, dass und in welchem Umfang der markenverletzende Vertrieb des Arzneimittels die Umsatz- und damit Gewinneinbuße kausal verursacht hat[224]. Der Einwand des Verletzers, er hätte das betr. Arznei-mittel auch ohne Markenverletzung vertreiben können, ist bei der Berechnung des abstrakten Schadens nach dem Verletzergewinn unzulässig[225].

Zum anderen kann der Schaden als sog. **Marktverwirrungsschaden** auf der Basis der **Lizenzanalo-** 134 **gie** ersetzt werden (§§ 3, 14 II Nr. 1, III, IV, VI 3 MarkenG)[226]. Im diesem Fall werden allerdings

[214] *VG Köln*, Beschl. v. 29.5.2012 – 7 L 187/12 – BeckRS 2012, 55290 unter Hinweis auf *OVG Münster*, Beschl. v. 5.9.2008 – 13 B 1013/08 – BeckRS 2008, 38696.
[215] *OLG Hamburg*, PharmR 2009, 559, 563.
[216] *OLG Hamburg*, GRUR-RR 2005, 109 – Vorabinformationspflicht.
[217] *OLG Hamburg*, GRUR-RR 2005, 269 – Belegvorlage.
[218] Vgl. *EuGH*, Urt. v. 8.4.2003 – Rs. C-244/00, GRUR 2003, 512, Rn. 40 – *Stüssy*; *BGH*, GRUR 2002, 1063, 1067 – Aspirin; *OLG Hamburg*, PharmR 2006, 383, 393; GRUR-RR 2005, 117 – Sorgfaltspflicht bei Auskunft. A. A. noch *OLG Hamburg*, GRUR-RR 2004, 201 = NJOZ 2004, 858 – Nolcadex.
[219] GRUR 2003, 512, Rn. 40 – *Stüssy*; *OLG Hamburg*, GRUR-RR 2005, 274 f. – ZESTRIL I.
[220] Vgl. *EuGH*, Urt. v. 22.12.2008 – Rs. C-276/05, GRUR 2009, 154, Rn. 35 – Wellcome/Paranova.
[221] Vgl. *BGH*, GRUR 2002, 947 – Entfernung der Herstellungsnummer III; *OLG Hamburg*, GRUR 2005, 265, 269 – Belegvorlage.
[222] *OLG Hamburg*, GRUR-RR 2005, 114 – Sorgfaltspflicht bei Auskunft.
[223] Vgl. *BGH*, GRUR 2010, 237 – Zoladex (zur alten Rechtslage).
[224] Vgl. *OLG Köln*, PharmR 2000, 212, 215; *Römhild/Lübbig*, in: Fuhrmann/Klein/Fleischfresser, § 15 Rn. 145.
[225] Vgl. *BGH*, Urt. v. 10.6.2010 – I ZR 45/09, Rn. 13 – BeckRS 2010, 28285.
[226] Vgl. jeweils zur alten Rechtslage *OLG Hamburg*, Urt. v. 26.4.2007 – 3 U 160/05 – BeckRS 2008, 15942; GRUR-RR 2005, 109 – Vorabinformationspflicht; *LG Hamburg*, MD 2006, 655 ff.; *Schickert*, PharmR 2005, 125 ff.

verhältnismäßig niedrige Vergütungssätze von der Rechtsprechung zum Ansatz gebracht (üblicherweise Lizenzsätze von 1 %–4 %)[227].

135   Die Möglichkeit der Geltendmachung von Schadenersatz nach nationalem Recht ist europarechtskonform. Sie widerspricht nicht dem europarechtlich zu beachtenden Verhältnismäßigkeitsgrundsatz[228].

§ 72 Einfuhrerlaubnis

(1) [1]Wer

1. Arzneimittel im Sinne des § 2 Absatz 1 oder Absatz 2 Nummer 1,
2. Wirkstoffe, die menschlicher, tierischer oder mikrobieller Herkunft sind oder die auf gentechnischem Wege hergestellt werden, oder
3. andere zur Arzneimittelherstellung bestimmte Stoffe menschlicher Herkunft

gewerbs- oder berufsmäßig aus Ländern, die nicht Mitgliedstaaten der Europäischen Union oder andere Vertragsstaaten des Abkommens über den Europäischen Wirtschaftsraum sind, in den Geltungsbereich dieses Gesetzes einführen will, bedarf einer Erlaubnis der zuständigen Behörde. [2]§ 13 Absatz 4 und die §§ 14 bis 20a sind entsprechend anzuwenden.

(2) Auf Personen und Einrichtungen, die berufs- oder gewerbsmäßig Arzneimittel menschlicher Herkunft zur unmittelbaren Anwendung bei Menschen einführen wollen, findet Absatz 1 mit der Maßgabe Anwendung, dass die Erlaubnis nur versagt werden darf, wenn der Antragsteller nicht nachweist, dass für die Beurteilung der Qualität und Sicherheit der Arzneimittel und für die gegebenenfalls erforderliche Überführung der Arzneimittel in ihre anwendungsfähige Form nach dem Stand von Wissenschaft und Technik qualifiziertes Personal und geeignete Räume vorhanden sind.

(3) Die Absätze 1 und 2 finden keine Anwendung auf

1. Gewebe im Sinne von § 1a Nummer 4 des Transplantationsgesetzes, für die es einer Erlaubnis nach § 72b bedarf,
2. autologes Blut zur Herstellung von biotechnologisch bearbeiteten Gewebeprodukten, für das es einer Erlaubnis nach § 72b bedarf,
3. Gewebezubereitungen im Sinne von § 20c, für die es einer Erlaubnis nach § 72b bedarf, und
4. Wirkstoffe, die für die Herstellung von nach einer im Homöopathischen Teil des Arzneibuches beschriebenen Verfahrenstechnik herzustellenden Arzneimitteln bestimmt sind.

Wichtige Änderungen der Vorschrift: § 72 neu gefasst durch Art. 1 Nr. 62 des Gesetzes zur Änderung arzneimittelrechtlicher und anderer Vorschriften vom 17.7.2009 (BGBl. I S. 1990).

Europarechtliche Vorgaben: Art. 40 III RL 2001/83/EG und Art. 44 III LR 2001/82/EG; Art. 9 I 3 RL 2005/28/EG.

Literatur: *Friese,* Einfuhr von Bulkware aus Drittländern, PharmInd 2005, 1298; *Spiegelkötter/Engler,* Arzneimittelsicherheit bei Arzneimittelimporten, PharmInd 2013, 722.

Übersicht

---

[227] Instruktiv *BGH,* Urt. v. 10.6.2010 – I ZR 45/09, Rn. 19 – BeckRS 2010, 28285; GRUR 2010, 237 – Zoladex. Vgl. hierzu ausführlich *Römhild/Lübbig,* in: Fuhrmann/Klein/Fleischfresser, § 15 Rn. 138.
[228] Vgl. *EuGH,* Urt. 26.4.2007 – Rs. C-348/04, GRUR 2007, 586 – Boehringer Ingelheim/Swingward II.

A. Allgemeines

I. Inhalt

In Umsetzung europäischer Vorgaben verlangt Abs. 1 für die gewerbs- oder berufsmäßige Einfuhr von **1** Arzneimitteln, bestimmten Wirkstoffen und sonstigen Stoffen aus **Drittstaaten** eine Einfuhrerlaubnis, die in den Anforderungen der Herstellungserlaubnis des § 13 entspricht. Für Arzneimittel menschlicher Herkunft zur unmittelbaren Anwendung bei Menschen, die aus Drittstaaten eingeführt werden sollen, werden diese Anforderungen insoweit nach Abs. 2 reduziert, als die Erteilung einer Einfuhrerlaubnis nur **versagt** werden kann, wenn der Antragsteller nicht nachweisen kann, dass für die Beurteilung der Qualität und Sicherheit der Arzneimittel und für die ggf. erforderliche Überführung der Arzneimittel in ihre anwendungsfähige Form qualifiziertes Personal und geeignete Räume nach dem Stand von Wissenschaft und Technik vorhanden sind. Abs. 3 formuliert **Ausnahmen** vom Erfordernis der Einfuhrerlaubnis nach den Abs. 1 und 2 für Gewebe, autologes Blut zur Herstellung von biotechnologisch bearbeiteten Gewebeprodukten, Gewebezubereitungen und Wirkstoffen, die für die Herstellung von nach einer im Homöopathischen Teil des Arzneibuches beschriebenen Verfahrenstechnik herzustellenden Arzneimittel bestimmt sind. Für diese gelten jeweils Sondererlaubnistatbestände.

II. Zweck

Die Vorschrift verfolgt den Zweck, dass dem AMG unterfallende Produkte, die aus Drittstaaten in den **2** Geltungsbereich des AMG eingeführt werden, denselben Sicherheitsstandards genügen müssen wie Arzneimittel, die in der EU und im EWR hergestellt werden. Um insoweit die Arzneimittelsicherheit zu gewährleisten, wird auch für die Einfuhr von Arzneimitteln aus Drittstaaten ein **Verbot mit Erlaubnisvorbehalt** statuiert. Für den Verkehr von Arzneimitteln in der EU und dem EWR ist das Erfordernis einer Erlaubnis entbehrlich, weil innerhalb dieser Wirtschaftsräume einheitliche Sicherheits- und Qualitätsstandards zwingend vorgeschrieben sind[1].

B. Einfuhrerlaubnis (Abs. 1)

Art. 40 III RL 2001/83/EG verlangt eine der Herstellungserlaubnis entsprechende Erlaubnis für die **3** Einfuhr von Arzneimitteln aus **Drittstaaten** in einen Mitgliedstaat der EU bzw. EWR-Vertragsstaat[2]. Nach Art. 9 I 3 RL 2005/28/EG bedarf auch die Einfuhr von **Prüfpräparaten** gem. Art. 2 Buchst. d) RL 2001/20/EG einer entsprechenden Erlaubnis. In Umsetzung dieser Vorgaben wurde vom deutschen Gesetzgeber in Abs. 1 das Erfordernis einer Einfuhrerlaubnis statuiert, die sich ausweislich des Verweises in S. 2 ganz überwiegend an den Vorschriften für die Herstellungserlaubnis orientiert. Eine Ausnahme ist nur in den Fällen zu machen, in denen das Arzneimittel zwar aus einem Drittland nach Deutschland verbracht wird, es aber nachweislich in einem Mitgliedstaat der EU oder in einem anderen Vertragsstaat des Abkommens über den EWR hergestellt wurde[3]. Denn in diesem Fall ist das Ziel, die europäischen Anforderungen an die Qualität und Sicherheit von Arzneimitteln zu gewährleisten, bereits erfüllt worden.

Das Bestehen einer Einfuhrerlaubnis allein ermöglicht die Einfuhr der in Abs. 1 genannten Produkte **4** noch nicht. Vielmehr ist zusätzlich – im jeweiligen Anwendungsbereich – die Erteilung eines **Einfuhrzertifikats** nach § 72a oder nach § 72b, eine Bescheinigung der zuständigen Behörde für die zoll-

---

[1] Vgl. *Kloesel/Cyran*, § 72 Anm. 2; *Krüger*, in: Fuhrmann/Klein/Fleischfresser, § 16 Rn. 3.
[2] Zur Einfuhr von Arzneimitteln, die durch Bundes- oder Landesbehörden im zwischenstaatlichen Verkehr bezogen werden (§ 73 II Nr. 10) vgl. *Kloesel/Cyran*, § 72 Anm. 44.
[3] *BayObLG*, NStZ 1998, 579; *LG Oldenburg*, Beschl. v. 7.8.2014 – 1 Qs 279/14 – BeckRS 2014, 15963.

amtliche Abfertigung zum freien Verkehr gem. § 73 VI und eine Zulassung oder Genehmigung nach § 21a oder Registrierung oder eine Freistellung von der Zulassung oder Registrierung, erforderlich[4].

I. Anwendungsbereich (S. 1)

5   Nach S. 1 bedarf einer Erlaubnis, wer Arzneimittel i. S. d. § 2 I oder II Nr. 1, Wirkstoffe, die menschlicher, tierischer oder mikrobieller Herkunft sind oder die auf gentechnischem Wege hergestellt werden, oder andere zur Arzneimittelherstellung bestimmte Stoffe menschlicher Herkunft gewerbs- oder berufsmäßig einführen will. Der Zusatz „aus Ländern, die nicht Mitgliedstaaten der Europäischen Union oder andere Vertragsstaaten des Abkommens über den Europäischen Wirtschaftsraum sind, in den Geltungsbereich dieses Gesetzes" entstammt der alten Fassung und ist nach der Legaldefinition der Einfuhr in § 4 XXXII 2 überflüssig. Er wurde folgerichtig etwa in § 72a I gestrichen.

6   **1. Erlaubnispflichtige Produkte. a) Arzneimittel (Nr. 1).** Der Erlaubnispflicht bei der Einfuhr unterliegen sowohl Arzneimittel i. S. d. § 2 I (s. § 2 Rn. 58 ff.)[5] als auch Arzneimittel nach § 2 II Nr. 1 (s. § 2 Rn. 129 ff.)[6]. Es wird also nicht auf den Begriff des Fertigarzneimittels abgestellt (§ 4 I). Nicht mehr vom Erfordernis einer Einfuhrerlaubnis umfasst sind **Testsera und Testantigene,** die bis zum Inkrafttreten des AMG-ÄndG 2009 nach Abs. 1 erlaubnispflichtig waren. Eine Begründung hierfür lässt sich den Gesetzesmaterialien nicht entnehmen[7]. Das Entfallen dieser Produkte aus dem Tatbestand des Abs. 1 ist europarechtlich bedenklich, da in der Neufassung des § 13 weiterhin Testsera und Testantigene enthalten sind und sich nach der europäischen Vorgabe Einfuhr- und Herstellungserlaubnis entsprechen sollten.

7   Durch das Abstellen auf den Arzneimittelbegriff wird von der Erlaubnispflicht auch die Einfuhr von **Bulkware** erfasst. Insoweit liegen anwendungsfertige Arzneimittel vor, die in Behältnissen zum Abpacken oder Umfüllen in Verkehr gebracht werden (s. § 4 Rn. 19)[8].

8   **b) Wirkstoffe (Nr. 2).** Die Notwendigkeit des Vorliegens einer Einfuhrerlaubnis besteht auch für Wirkstoffe i. S. d. § 4 XIX, die menschlicher, tierischer oder mikrobieller Herkunft sind (s. § 13 Rn. 16 ff.) oder die auf gentechnischem Weg hergestellt werden (s. § 13 Rn. 19; **„MTMG-Wirkstoffe").** Wirkstoffe werden in Anlehnung an § 3 Nr. 2 GenTG[9] auf gentechnischem Wege hergestellt, wenn sie auf Organismen beruhen, die gentechnisch verändert und ggf. vermehrt wurden.

9   **c) Andere Stoffe (Nr. 3).** Die Einfuhr anderer zur Arzneimittelherstellung bestimmter Stoffe menschlicher Herkunft (s. § 13 Rn. 20) unterliegt gleichfalls der Erlaubnispflicht des Abs. 1.

10   **2. Einfuhr.** Unter Einfuhr ist nach der Legaldefinition in § 4 XXXII 2 die Überführung von dem AMG unterfallenden Produkten aus **Drittstaaten,** die nicht Vertragsstaaten des EWR sind, in den zollrechtlich freien Verkehr zu verstehen (s. § 4 Rn. 245 f.). Es ist ein endgültiges Verbringen erforderlich, für welches aber auch die Weiterverarbeitung genügt, sofern diese im Inland stattfindet[10]. Die **Durchfuhr** eines Produktes, d. h. eine Beförderung lediglich durch den Geltungsbereich des AMG mit dem Verbringen in ein Zolllagerverfahren, eine Freizone oder ein Freilager (§ 73 II Nr. 3), ist keine Einfuhr und bedarf dementsprechend keiner Einfuhrerlaubnis[11] (s. § 73 Rn. 38).

11   **3. Gewerbsmäßig.** Gewerbsmäßig handelt, wer beabsichtigt, sich auf unbestimmte Zeit aus der Einfuhr eine fortlaufende Einnahmequelle zu verschaffen. Allerdings benötigen Apotheken trotz gewerbsmäßigen Handelns, wenn sie Arzneimittel nach § 73 III einführen, keine Einfuhrerlaubnis (§ 73 IV 2)[12].

12   **4. Berufsmäßig.** Unter Beruf ist jede auf Erwerb gerichtete Tätigkeit zu verstehen, die auf Dauer angelegt ist und der Schaffung und Aufrechterhaltung einer Lebensgrundlage dient[13]. Ausgehend hiervon erfasst das Tatbestandsmerkmal „berufsmäßig" alle gegen Entgelt ausgeübten Einfuhrtätigkeiten, ohne

---

[4] Vgl. *Krüger,* in: Fuhrmann/Klein/Fleischfresser, § 16 Rn. 6.
[5] Granulate, die dazu bestimmt sind, in der TCM Anwendung zu finden, bedürfen einer Einfuhrerlaubnis, wenn keine wesentlichen Bearbeitungsschritte bis zum abgabefertigen Endprodukt mehr erforderlich sind, vgl. *BVerwG,* PharmR 2011, 168; *OVG Nordrhein-Westfalen,* Beschl. v. 14.2.2013 – 13 A 1792/12 – BeckRS 2013, 47582; *VGH München,* PharmR 2009, 574. Anders für Granulate, deren Zweckbestimmung zur Verwendung in der Arzneimittel- oder Lebensmittelindustrie zum Zeitpunkt der Einfuhr noch nicht feststeht *VG Hamburg,* PharmR 2014, 148 m. Anm. *Sander/Irmer.*
[6] Die Einfuhr von in freier Wildbahn lebenden Blutegeln oder gezüchteten Blutegeln ist erlaubnispflichtig, da es sich um Arzneimittel i. S. d. § 2 I handelt, vgl. *VGH München,* PharmR 2014, 589; anders die Vorinstanz *VG Bayreuth,* PharmR 2010, 294.
[7] BT-Drucks. 16/12256, S. 55.
[8] Vgl. *Friese,* PharmInd 2005, 1298 f.
[9] Vgl. *Kloesel/Cyran,* § 72 Anm. 34.
[10] Vgl. *Rehmann,* § 72 Rn. 2.
[11] Vgl. *Rehmann,* § 72 Rn. 2.
[12] Vgl. *Kloesel/Cyran,* § 72 Anm. 8.
[13] Vgl. *BVerfG,* NJW 2004, 1935, 1936.

gewerblich zu sein[14]. So handeln berufsmäßig i. S. d. Abs. 1 Ärzte, Zahnärzte, Tierärzte und Apothekeninhaber[15]. Soweit Ärzte und Tierärzte in Ausübung ihres Berufes im kleinen Grenzverkehr Arzneimittel mitführen, die im Geltungsbereich des AMG zugelassen oder registriert sind, bedarf die Einfuhr keiner Erlaubnis (§ 73 V 1, s. § 73 Rn. 92). Auch können Tierärzte unter den Voraussetzungen des § 73 V 3 Arzneimittel in kleinen Mengen erlaubnisfrei einführen (s. § 73 Rn. 96).

5. Erlaubniserteilung. a) Antrag. Die Einfuhrerlaubnis ist ein gebührenpflichtiger[16] begünstigender **13** Verwaltungsakt i. S. d. § 35 VwVfG. Ihre Erteilung setzt einen Antrag des Einführers bei der zuständigen Behörde voraus, dem die erforderlichen **Unterlagen** beizufügen sind, um den Nachweis der Einhaltung der Anforderungen des § 14 bzw. Art. 41 RL 2001/83/EG bzw. Art. 45 RL 2001/82/EG zu erbringen[17]. Hinsichtlich der im Einzelnen einzuhaltenden Kriterien kann auf die Kommentierungen zu den §§ 14 bis 20a verwiesen werden. Eine Einfuhrerlaubnis darf insbes. nicht ohne eine vorherige **Abnahmeinspektion** des Einfuhrbetriebs erteilt werden (§ 3 I AMGVwV, s. § 13 Rn. 25).

Die Erlaubnis kann mit **Auflagen** versehen werden, um zu gewährleisten, dass die Voraussetzungen **14** für die Erteilung der Einfuhrerlaubnis gegeben sind (Art. 42 II RL 2001/83/EG; § 36 VwVfG). Hierbei ist der Verhältnismäßigkeitsgrundsatz zu beachten.

b) Zuständigkeit. Die **zuständige Behörde** ist in entsprechender Anwendung des § 13 IV die **15** Behörde des Bundeslandes, in dem die Betriebsstätte des Einführers liegt oder künftig liegen und in das ein Produkt nach Abs. 1 S. 1 verbracht werden soll. Bei Blutzubereitungen, Gewebezubereitungen, Sera, Impfstoffen, Allergenen, Arzneimitteln für neuartige Therapien, xenogenen Arzneimitteln, gentechnisch hergestellten Arzneimitteln sowie Wirkstoffen und anderen zur Arzneimittelherstellung bestimmten Stoffen, die menschlicher, tierischer oder mikrobieller Herkunft sind oder die auf gentechnischem Wege hergestellt werden, ergeht die Entscheidung über die Erlaubnis im Benehmen mit der zuständigen Bundesoberbehörde (§ 13 IV 2).

Deutsche Behörden sind zuständig, wenn in Abs. 1 Satz 1 geregelte Produkte oder Stoffe in **16** Deutschland als Ware körperlich erstmals in den Binnenmarkt eingeführt werden (Art. 51 I RL 2001/ 83/EG)[18]. In diesem Fall tragen sie die Verantwortung für die ordnungsgemäße Einfuhr. Für das weitere Verbringen in andere EU-Mitgliedstaaten oder EWR-Vertragsstaaten bedarf es keiner weiteren Einfuhrerlaubnis.

6. Verhältnis zu anderen Genehmigungen. a) Zulassung. Die Einfuhrerlaubnis nach § 72 ersetzt **17** nicht die arzneimittelrechtliche **Zulassung** bzw. Registrierung. Nach § 73 I 1 ist das Verbringen, d. h. das Befördern (vgl. § 4 XXXII 1) von Arzneimitteln in den Geltungsbereich des AMG grundsätzlich nur erlaubt, wenn eine entsprechende Zulassung oder Registrierung vorliegt oder das Arzneimittel von der Zulassung oder Registrierung freigestellt ist und der Empfänger, d. h. der Einführer eine Einfuhrerlaubnis nach § 72 besitzt.

Wird eine Zulassung für ein Arzneimittel beantragt, welches außerhalb des Geltungsbereichs des AMG **18** hergestellt wurde und soll dieses aus einem Drittstaat eingeführt werden, so ist die Einfuhrerlaubnis nach § 22 V den **Zulassungsunterlagen** beizufügen (s. § 22 Rn. 107 ff.).

b) Betäubungsmittel und radioaktive Arzneimittel. Da nach § 81 die Vorschriften des **Betäu-** **19** **bungsmittel- und Atomrechts** unberührt bleiben, bedarf es für die Einfuhr von Arzneimitteln und Wirkstoffen, die dem Betäubungsmittelrecht unterliegen, oder die radioaktiv sind, einer entsprechenden **zusätzlichen** öffentlich-rechtlichen Gestattung. Für die Einfuhr von Betäubungsmitteln ist eine Einfuhrgenehmigung gem. § 3 BtMAHV zu beantragen. Die Einzelheiten der Verbringung von radioaktiven Arzneimitteln in den Geltungsbereich des AMG ergeben sich aus der StrlSchV (s. auch § 81 Rn. 4).

c) Herstellungserlaubnis. Der Inhaber einer Einfuhrerlaubnis benötigt zusätzlich eine Herstellungs- **20** erlaubnis nach § 13, wenn er zumindest einen Herstellungsschritt i. S. d. Herstellungsbegriffs des § 4 XIV nach der Einfuhr vornehmen will. Hierbei wird dem Antragsteller die weitgehende Parallelität der Voraussetzungen für die Erteilung der jeweiligen Erlaubnis zugutekommen.

d) Großhandelserlaubnis. Wer Arzneimittel i. S. d. § 2 I oder II Nr. 1 nach Deutschland verbringt, **21** bedarf einer Großhandelserlaubnis nach § 52a. Der Inhaber einer **Großhandelserlaubnis** nach § 52a benötigt aber eine Einfuhrerlaubnis nur für die Arzneimittel, die aus Drittstaaten eingeführt werden. Umgekehrt bedarf der Inhaber einer Einfuhrerlaubnis für die von dieser umfassten Arzneimittel keiner Großhandelserlaubnis (§ 52a VI)[19].

---

[14] Vgl. *Kloesel/Cyran*, § 72 Anm. 9; *Rehmann*, § 72 Rn. 3.
[15] Vgl. *Kloesel/Cyran*, § 72 Anm. 9.
[16] Vgl. *Kloesel/Cyran*, § 72 Anm. 20.
[17] Vgl. beispielhaft das Merkblatt des Regierungspräsidiums Tübingen zum Inhalt und Umfang der Angaben, abrufbar unter www.rp-tuebingen.de.
[18] Vgl. *Kloesel/Cyran*, § 72 Anm. 29.
[19] Vgl. *Kloesel/Cyran*, § 72 Anm. 43.

22   **e) Parallelimport.** Parallelimporteure benötigen eine Herstellungserlaubnis nach § 13, wenn sie die von ihnen aus einem EU-Mitgliedstaat bzw. EWR-Vertragsstaat eingeführten Arzneimittel in deutscher Sprache kennzeichnen wollen. Daneben bedarf es nicht zusätzlich einer Großhandelserlaubnis, sofern die eingeführten Arzneimittel in der Herstellungserlaubnis in ihrer deutschen Bezeichnung aufgeführt sind. Anders stellt sich die Situation für Re-Importeure dar, da sie Handel mit Arzneimitteln betreiben[20].

23   **7. Anwendbarkeit der AMWHV.** Bei der Einfuhr sind zudem die Anforderungen zu beachten, die sich aus der AMWHV für die in § 1 I 1 Nr. 1 bis 5 AMWHV genannten Produkte und Stoffe ergeben. So verlangt § 17 I 2 i. V. m. § 16 AMWHV für die Einfuhr von Arzneimitteln, Blutprodukten und anderen Blutbestandteilen sowie Produkten menschlicher Herkunft, dass die **Freigabe zum Inverkehrbringen** nach § 16 AMWHV nur erfolgen darf, wenn die Herstellung in einem Betrieb durchgeführt wurde, der dafür nach dem jeweiligen nationalen Recht befugt ist, und die **Prüfung** nach § 14 AMWHV in Deutschland durchgeführt wurde. Die Prüfung soll neben der vollständigen qualitativen und quantitativen Analyse, insbesondere der Wirkstoffe, auch alle sonstigen Überprüfungen erfassen, die erforderlich sind, um die jeweilige Produktqualität zu gewährleisten (§ 17 I 3 AMWHV). Bei der **Prüfung** aus Drittländern kann von der Prüfung nach § 14 AMWHV **abgesehen werden**, wenn die Voraussetzungen des § 72a I 1 Nr. 1, bei Blutprodukten, die keine Arzneimittel sind und bei Produkten menschlicher Herkunft auch nach § 72a I 1 Nr. 2 erfüllt sind oder die Prüfung schon in einem anderen EU-Mitgliedstaat durchgeführt wurde und entsprechende Kontrollberichte übermittelt wurden (§ 17 III AMWHV). Für **Prüfpräparate** gelten Sonderregelungen (§ 17 IV AMWHV).

24   Für die Einfuhr von **Wirkstoffen nicht menschlicher Herkunft** sind die § 26 I 2 i. V. m. § 25 AMWHV und für die Einfuhr von **Gewebe** und Gewebezubereitungen die § 39 III i. V. m. I i. V. m. § 38 AMWHV zu beachten.

II. Entsprechende Anwendung (S. 2)

25   Durch den Verweis in S. 2 auf die entsprechende Anwendung der §§ 13 IV, 14 bis 20a wird die europarechtlich vorgegebene Gleichstellung der Einfuhrerlaubnis mit der Herstellungserlaubnis gem. Art. 40 III RL 2001/83/EG vollzogen. Damit hat der Einführer die Anforderungen zu erfüllen, die dem Hersteller auferlegt werden.

26   **1. Versagungsgründe des § 14.** Dem Einführer darf die Erlaubnis nur unter den Voraussetzungen versagt werden, unter denen auch dem Hersteller die Herstellungserlaubnis versagt werden dürfte. In entsprechender Anwendung des § 14 I bedarf der Einführer daher gleichfalls einer sachkundigen Person, die die Verantwortlichkeit dafür trägt, dass die Herstellung jeder Charge des einzuführenden Arzneimittels den Anforderungen des AMG genügt und entsprechend geprüft wurde (Nr. 1, s. § 14 Rn. 7). Die sachkundige Person und der Einführer als Antragsteller müssen die erforderliche Zuverlässigkeit besitzen (Nr. 3, s. § 14 Rn. 15), so dass auch die Einfuhrerlaubnis **höchstpersönlicher Natur** ist. Der Einführer muss über geeignete Räume und Einrichtungen für die Einfuhr sowie die Prüfung und Lagerung der Arzneimittel verfügen (Nr. 6, s. § 14 Rn. 27). Er muss gewährleisten, dass die Einfuhr und die Prüfung der Arzneimittel nach dem Stand von Wissenschaft und Technik vorgenommen werden (Nr. 6a, s. § 14 Rn. 29). Hierbei kann er die Prüfung nach Maßgabe des § 14 IV auch durch beauftragte Betriebe durchführen lassen (s. § 14 Rn. 34). Es sind die für die Herstellungserlaubnis geltenden weiteren Anforderungen zu beachten (s. § 14 Rn. 38). Die konkreten Vorgaben an die Räume, Einrichtungen und Prüfungen sind der **AMWHV** zu entnehmen, die ausweislich ihres § 1 I auch auf die Einfuhr Anwendung findet.

27   Sollten die vom Antragsteller vorgelegten Unterlagen unvollständig, fehlerhaft oder aus anderen Gründen zu beanstanden sein, ist diesem von der zuständigen Behörde Gelegenheit zu geben, den gerügten **Mängeln** innerhalb einer angemessenen Frist abzuhelfen (§ 72 I 2 i. V. m. § 14 V 1). Die Dauer der Mängelbeseitigungsfrist ist unter Berücksichtigung des Verhältnismäßigkeitsgrundsatzes danach zu bemessen, welcher wahrscheinliche Zeitbedarf erforderlich ist, um die Mängel abstellen zu können (s. im Übrigen § 14 Rn. 44).

28   **2. Sachkundige Person.** Der Nachweis der erforderlichen Sachkenntnis der sachkundigen Person bestimmt sich nach den Vorgaben des § 15 (s. die Kommentierung dort). Die sachkundige Person des Einführers ist entsprechend § 19 dafür verantwortlich, dass jede Charge des Arzneimittels entsprechend den Anforderungen des AMG hergestellt und geprüft wurde (s. § 19 Rn. 3 ff.). Nach der in Umsetzung der Vorgaben der Art. 51 I RL 2001/83/EG erlassenen Vorschrift des § 17 I 2 AMWHV darf die **Freigabe zum Inverkehrbringen** (§ 16 AMWHV) von eingeführten Arzneimitteln, Blutprodukten und anderen Blutbestandteilen sowie von Produkten menschlicher Herkunft nur erfolgen, wenn die Herstellung in einem Betrieb durchgeführt wurde, der dafür nach dem jeweiligen nationalen Recht befugt ist, und wenn die **Prüfung** nach § 14 AMWHV im Geltungsbereich des AMG durchgeführt wurde. Die Prüfung soll neben der vollständigen qualitativen und quantitativen Analyse, insbes. der

---

[20] Vgl. *Kloesel/Cyran*, § 72 Anm. 23.

Wirkstoffe, auch alle sonstigen Überprüfungen erfassen, die erforderlich sind, um die jeweilige Produktqualität zu gewährleisten (§ 17 I 3 AMWHV).

Bei der Einfuhr aus einem **Mitgliedstaat der EU** oder einem Vertragsstaat des EWR kann auf diese **29** Prüfung verzichtet werden, wenn in dem Einfuhrstaat die Prüfung nach den dort geltenden Rechtsvorschriften durchgeführt worden ist und wenn die von der für die Prüfung verantwortlichen sachkundigen Person unterzeichneten Kontrollberichte beigefügt sind (§ 17 II AMWHV).

Bei einer Einfuhr aus einem **Drittstaat** kann von der Prüfung nach § 17 I AMWHV nur dann **30** abgesehen werden, wenn die Voraussetzungen nach § 72a I Nr. 1 (s. § 72a Rn. 4), bei Blutprodukten, die keine Arzneimittel sind und bei Produkten menschlicher Herkunft auch nach § 72a S. 1 Nr. 2 (s. § 72a Rn. 23) erfüllt sind oder die Prüfung schon in einem anderen EU-Mitgliedstaat oder EWR-Vertragsstaat durchgeführt wurde und entsprechende Kontrollberichte übermittelt wurden (§ 17 III AMWHV).

Sofern **Prüfpräparate,** für die eine Genehmigung für das Inverkehrbringen im Herkunftsland vorliegt **31** und die in einem Drittstaat hergestellt wurden, in einer klinischen Prüfung als Vergleichspräparate eingesetzt werden sollen, trägt die sachkundige Person des Inhabers der Einfuhrerlaubnis die Verantwortung dafür, dass jede Herstellungscharge allen erforderlichen Prüfungen unterzogen wurde, um die Qualität der Präparate gem. den Genehmigungsunterlagen für die klinische Prüfung, in der sie zur Anwendung kommen, zu bestätigen (§ 17 IV 1 AMWHV). Dies gilt auch dann, wenn für die sachkundige Person keine Unterlagen erhältlich sind, die bestätigen, dass jede Produktionscharge nach Standards hergestellt wurde, die den von der Union festgelegten Standards der Guten Herstellungspraxis mindestens gleichwertig sind (§ 17 IV 2 AMWHV).

Die sachkundige Person des Einführers muss nach der entsprechend anwendbaren Vorschrift des § 19 **32** S. 2 in einem fortlaufenden **Register** oder einem hierfür vorgesehenen vergleichbaren Dokument für jede Arzneimittelcharge die Einhaltung der Vorschriften des AMG und der AMWHV bescheinigen, bevor die Charge in den Verkehr gebracht wird (§ 17 V 1 AMWHV, s. auch § 19 Rn. 31 f.). Sofern anschließend Chargen zurückgerufen werden, ist dies in dem Register oder einem vergleichbaren Dokument zu vermerken (§ 17 V 2 AMWHV).

3. Begrenzte Erlaubnis. Die dem Einführer als Antragsteller zu erteilende Einfuhrerlaubnis wird in **33** entsprechender Anwendung des § 16 begrenzt auf eine bestimmte **Betriebsstätte.** Die Arzneimittel, auf die sich die Erlaubnis erstreckt, sind vollständig und in der jeweils erlaubten Darreichungsform aufzuführen. Für jede Betriebsstätte ist eine gesonderte Einfuhrerlaubnis zu erteilen.

4. Verfahren. Die zuständige Behörde muss auch bei einem Antrag auf Erteilung einer Einfuhr- **34** erlaubnis die **Fristen** des § 17 beachten (s. § 17 Rn. 3, 8, 14). § 18 betreffend die Rücknahme, den Widerruf und das Ruhen der Herstellungserlaubnis findet entsprechende Anwendung (s. § 18 Rn. 3, 13).

5. Anzeigepflichten des Einführers. In entsprechender Anwendung des § 20 hat der Einführer **35** nach Erteilung der Erlaubnis jede Änderung einer der in § 14 I genannten Angaben der zuständigen Behörde vorher anzuzeigen (§ 20 Rn. 3). Bei einem unvorhergesehenen Wechsel der sachkundigen Person hat die Anzeige unverzüglich nach Bekanntwerden des bevorstehenden oder erfolgten Wechsels zu erfolgen (§ 20 Rn. 7).

6. Wirkstoffe und andere Stoffe. Durch den Verweis auf **§ 20a** gelten auch für die von Abs. 1 **36** umfassten und nicht durch Abs. 3 vom Anwendungsbereich ausgenommenen Wirkstoffe und andere zur Arzneimittelherstellung bestimmte Stoffe menschlicher Herkunft die Bestimmungen der §§ 14 bis 20 entsprechend. Aufgrund des fehlenden Verweises auf die Sonderregelung des § 13 II bedürfen die in § 13 II genannten Personen für die Einfuhr von Produkten in den dort normierten Grenzen keiner Einfuhrerlaubnis.

C. Arzneimittel menschlicher Herkunft zur unmittelbaren Anwendung bei Menschen (Abs. 2)

Nach Abs. 2 darf die Einfuhrerlaubnis für Arzneimittel menschlicher Herkunft zur unmittelbaren **37** Anwendung bei Menschen nur versagt werden, wenn der Antragsteller **nicht** nachweist, dass für die Beurteilung der Qualität und Sicherheit der Arzneimittel und für die ggf. erforderliche Überführung der Arzneimittel in ihre anwendungsfähige Form nach dem Stand von Wissenschaft und Technik qualifiziertes Personal und geeignete Räume vorhanden sind. Die Anforderungen im Einzelnen werden durch die **AMWHV** konkretisiert, die auch auf die Einfuhr Anwendung findet (§ 1 I AMWHV).

Durch das Abstellen auf einen **einzigen Versagungsgrund** wird verdeutlicht, dass die Versagungs- **38** gründe des § 14 I, die an sich für die Erteilung einer Einfuhrerlaubnis nach Abs. 1 S. 2 gelten, **nicht** zur Anwendung kommen können. Insoweit hat die Vorschrift durch Art. 1 Nr. 62 AMG-ÄndG 2009 eine Präzisierung erhalten. Allerdings ist trotz des Wortlauts des Abs. 2 daran festzuhalten, dass die Erteilung der Einfuhrerlaubnis dann zu versagen ist, wenn der Antragsteller nicht über die in § 14 I Nr. 3 geforderte Zuverlässigkeit verfügt[21].

39   Der Formulierung des Abs. 2 kann entgegen der Begründung zum AMG-ÄndG 2009[22] nicht entnommen werden, dass **Abs. 1 S. 2** im Übrigen keine **Anwendung** fände. Dem stünde schon entgegen, dass dem Verweis in Abs. 1 S. 2 auf § 13 IV die zuständige Behörde zu entnehmen ist und schlechterdings nicht vorstellbar ist, dass der Gesetzgeber hier eine Zuständigkeitslücke entstehen lassen wollte. Es kommt hinzu, dass die Vorschrift des Abs. 2 sich nur mit den Versagungsgründen, jedoch nicht mit den anderen in § 13 IV und den §§ 14 bis 20a geregelten Tatbeständen befasst[23].

40   Abs. 2 begründet eine **Erleichterung der Einfuhr** für die Arzneimittel, die nicht bereits nach § 73 IV i. V. m. III ohne besondere Einfuhrerlaubnis eingeführt werden dürfen. Die Vorschrift stellt zugleich sicher, dass der Einführer in der Lage ist, die Qualität und die Sicherheit des einzuführenden Produktes und damit die Gleichwertigkeit mit anderen nach europäischen Standards hergestellten Produkten zu beurteilen. Die Privilegierung ist jedoch dann nicht gegeben, wenn die Einfuhr der Arzneimittel nicht mehr zur unmittelbaren Anwendung beim Menschen erfolgt, sondern etwa zur Weiterverarbeitung oder zur Lagerung[24].

41   § 72 II gilt entsprechend für die Einfuhr von **Gewebezubereitungen** zur unmittelbaren Anwendung (§ 72b I 2).

D. Ausnahmekatalog (Abs. 3)

42   Abs. 3 ist neu durch Art. 1 Nr. 62 AMG-ÄndG 2009 in das AMG eingeführt worden. Mit der Vorschrift sollten die Ausnahmen von der Erlaubnispflicht nach Abs. 1 zusammengefasst werden[25]. Die **Ausnahmen** von der Anwendbarkeit der Abs. 1 und 2 beziehen sich auf Gewebe i. S. v. § 1a Nr. 4 TPG **(Nr. 1)**, autologes Blut zur Herstellung von biotechnologisch bearbeiteten Gewebeprodukten **(Nr. 2)**, Gewebezubereitungen i. S. v. § 20c **(Nr. 3)**[26] und Wirkstoffe, die für die Herstellung von nach einer im Homöopathischen Teil des Arzneibuches beschriebenen Verfahrenstechnik herzustellenden Arzneimittel bestimmt sind **(Nr. 4)**.

43   Die Einfuhr der in den **Nr. 1 bis 3** genannten Stoffe und Produkte unterliegt der Erlaubnispflicht nach **§ 72b** als Spezialvorschrift, die nach Art. 2 Nr. 19c Gewebegesetz in das AMG aufgenommen und mit der Art. 9 I RL 2004/23/EG umgesetzt wurde (s. § 72b Rn. 2).

44   Die in **Nr. 4** genannten Wirkstoffe beschränken sich nach dem Wortlaut auf die Herstellung von nach einer im Homöopathischen Teil des Arzneibuches beschriebenen Verfahrenstechnik. Nicht umfasst wäre daher eine Herstellung nach anderen homöopathischen Verfahrensweisen, wie sie beispielsweise im Europäischen Arzneibuch enthalten sind. Unter Berücksichtigung richtlinienkonformer Auslegung müssen auch derartige Wirkstoffe vom Anwendungsbereich und damit von der Erlaubnispflicht ausgenommen sein[27].

45   Neben den in Abs. 3 genannten Ausnahmen sind die **Ausnahmen** zu beachten, die sich aus § 73 IV i. V. m. II und III ergeben. In den dort genannten Fällen finden die Vorschriften des AMG und damit auch das Erfordernis einer Einfuhrerlaubnis keine Anwendung (s. auch § 73 Rn. 84 ff.).

E. Sanktionen

46   Die Einfuhr der in Abs. 1 S. 1 genannten Produkte aus Drittstaaten ohne eine Einfuhrerlaubnis ist nach § 73 I 1 Nr. 2 verboten und als Vorsatztat nach § 96 Nr. 4 **strafbar.** Eine fahrlässige Begehung des Tatbestandes wird nach § 97 I i. V. m. § 96 Nr. 4 als **Ordnungswidrigkeit** verfolgt.

§ 72a Zertifikate

(1) [1]**Der Einführer darf Arzneimittel im Sinne des § 2 Abs. 1 und 2 Nr. 1, 1a, 2 und 4 oder Wirkstoffe nur einführen, wenn**

1. die zuständige Behörde des Herstellungslandes durch ein Zertifikat bestätigt hat, dass die Arzneimittel oder Wirkstoffe entsprechend anerkannten Grundregeln für die Herstellung und die Sicherung ihrer Qualität der Europäischen Union oder nach Standards, die diesen gleichwertig sind, hergestellt werden, die Herstellungsstätte regelmäßig überwacht wird,

---

[21] Vgl. *Krüger*, in: Fuhrmann/Klein/Fleischfresser, § 16 Rn. 14.
[22] BT-Drucks. 16/12256, S. 55.
[23] Wohl ebenso *Kloesel/Cyran*, § 72 Anm. 52.
[24] Vgl. *Krüger*, in: Fuhrmann/Klein/Fleischfresser, § 16 Rn. 15.
[25] BT-Drucks. 16/12556, S. 55.
[26] Gewebezubereitungen, die mit industriellen Verfahren be- oder verarbeitet werden (s. § 20c Rn. 5 ff.), bedürfen hingegen einer Einfuhrerlaubnis.
[27] Vgl. *Kloesel/Cyran*, § 72 Anm. 56; *Krüger*, in: Fuhrmann/Klein/Fleischfresser, § 16 Rn. 17.

die Überwachung durch ausreichende Maßnahmen, einschließlich wiederholter und unangekündigter Inspektionen, erfolgt und im Falle wesentlicher Abweichungen von den anerkannten Grundregeln die zuständige Behörde informiert wird, und solche Zertifikate für Arzneimittel im Sinne des § 2 Abs. 1 und 2 Nr. 1, die zur Anwendung bei Menschen bestimmt sind, und Wirkstoffe, die menschlicher, tierischer oder mikrobieller Herkunft sind, oder Wirkstoffe, die auf gentechnischem Wege hergestellt werden, gegenseitig anerkannt sind,

2. die zuständige Behörde bescheinigt hat, dass die genannten Grundregeln bei der Herstellung und der Sicherung der Qualität der Arzneimittel sowie der dafür eingesetzten Wirkstoffe, soweit sie menschlicher, tierischer oder mikrobieller Herkunft sind, oder Wirkstoffe, die auf gentechnischem Wege hergestellt werden, oder bei der Herstellung der Wirkstoffe eingehalten werden oder

3. die zuständige Behörde bescheinigt hat, dass die Einfuhr im öffentlichen Interesse liegt.

²Die zuständige Behörde darf eine Bescheinigung nach

1. Satz 1 Nummer 2 nur ausstellen, wenn ein Zertifikat nach Satz 1 Nummer 1 nicht vorliegt und sie oder eine zuständige Behörde eines Mitgliedstaates der Europäischen Union oder eines anderen Vertragsstaates des Abkommens über den Europäischen Wirtschaftsraum sich regelmäßig im Herstellungsland vergewissert hat, dass die genannten Grundregeln bei der Herstellung der Arzneimittel oder Wirkstoffe eingehalten werden,

2. Satz 1 Nummer 3 nur erteilen, wenn ein Zertifikat nach Satz 1 Nummer 1 nicht vorliegt und eine Bescheinigung nach Satz 1 Nummer 2 nicht vorgesehen oder nicht möglich ist.

(1a) Absatz 1 Satz 1 gilt nicht für

1. Arzneimittel, die zur klinischen Prüfung beim Menschen oder zur Anwendung im Rahmen eines Härtefallprogramms bestimmt sind,

2. Arzneimittel menschlicher Herkunft zur unmittelbaren Anwendung oder Blutstammzellzubereitungen, die zur gerichteten, für eine bestimmte Person vorgesehenen Anwendung bestimmt sind,

3. Wirkstoffe, die menschlicher, tierischer oder mikrobieller Herkunft sind und für die Herstellung von nach einer im Homöopathischen Teil des Arzneibuches beschriebenen Verfahrenstechnik herzustellenden Arzneimitteln bestimmt sind,

4. Wirkstoffe, die Stoffe nach § 3 Nummer 1 bis 3 sind, soweit sie den Anforderungen der Guten Herstellungspraxis gemäß den Grundsätzen und Leitlinien der Europäischen Kommission nicht unterliegen,

5. Gewebe im Sinne von § 1a Nummer 4 des Transplantationsgesetzes, für die es eines Zertifikates oder einer Bescheinigung nach § 72b bedarf,

6. autologes Blut zur Herstellung von biotechnologisch bearbeiteten Gewebeprodukten, für das es eines Zertifikates oder einer Bescheinigung nach § 72b bedarf,

7. Gewebezubereitungen im Sinne von § 20c, für die es eines Zertifikates oder einer Bescheinigung nach § 72b bedarf, und

8. Wirkstoffe, die in einem Staat hergestellt und aus diesem eingeführt werden, der nicht Mitgliedstaat der Europäischen Union oder ein anderer Vertragsstaat des Abkommens über den Europäischen Wirtschaftsraum ist und der in der von der Europäischen Kommission veröffentlichten Liste nach Artikel 111b der Richtlinie 2001/83/EG aufgeführt ist.

(1b) Die in Absatz 1 Satz 1 Nr. 1 und 2 für Wirkstoffe, die menschlicher, tierischer oder mikrobieller Herkunft sind, oder für Wirkstoffe, die auf gentechnischem Wege hergestellt werden, enthaltenen Regelungen gelten entsprechend für andere zur Arzneimittelherstellung bestimmte Stoffe menschlicher Herkunft.

(1c) Arzneimittel und Wirkstoffe, die menschlicher, tierischer oder mikrobieller Herkunft sind oder Wirkstoffe, die auf gentechnischem Wege hergestellt werden, sowie andere zur Arzneimittelherstellung bestimmte Stoffe menschlicher Herkunft, ausgenommen die in Absatz 1a Nr. 1 und 2 genannten Arzneimittel, dürfen nicht auf Grund einer Bescheinigung nach Absatz 1 Satz 1 Nr. 3 eingeführt werden.

(1d) Absatz 1 Satz 1 findet auf die Einfuhr von Wirkstoffen sowie anderen zur Arzneimittelherstellung bestimmten Stoffen menschlicher Herkunft Anwendung, soweit ihre Überwachung durch eine Rechtsverordnung nach § 54 geregelt ist.

(2) Das Bundesministerium wird ermächtigt, durch Rechtsverordnung mit Zustimmung des Bundesrates zu bestimmen, dass Stoffe und Zubereitungen aus Stoffen, die als Arzneimittel oder zur Herstellung von Arzneimitteln verwendet werden können, nicht eingeführt werden dürfen, sofern dies zur Abwehr von Gefahren für die Gesundheit des Menschen oder zur Risikovorsorge erforderlich ist.

(3) ¹Das Bundesministerium wird ferner ermächtigt, durch Rechtsverordnung mit Zustimmung des Bundesrates die weiteren Voraussetzungen für die Einfuhr von den unter Absatz 1a Nr. 1 und 2 genannten Arzneimitteln, zu bestimmen, sofern dies erforderlich ist, um eine ordnungsgemäße Qualität der Arzneimittel zu gewährleisten. ²Es kann dabei insbesondere Regelungen zu den von der sachkundigen Person nach § 14 durchzuführenden Prüfungen und der Möglichkeit einer Überwachung im Herstellungsland durch die zuständige Behörde treffen.

Wichtige Änderungen der Vorschrift: Abs. 1 S. 1 neu gefasst durch Art. 1 Nr. 39 des Zweiten Gesetzes zur Änderung des Arzneimittelgesetzes vom 16.8.1986 (BGBl. I S. 1296); Abs. 1 S. 1 und S. 2 geändert, S. 4 neu gefasst, S. 5 durch S. 5 und 6 ersetzt, Abs. 2 neu gefasst und Abs. 3 angefügt durch Art. 1 Nr. 51 des Zwölften Gesetzes zur Änderung des Arzneimittelgesetzes vom 30.7.2004 (BGBl. I S. 2031); § 72a neu gefasst durch Art. 1 Nr. 64 des Vierzehnten Gesetzes zur Änderung des Arzneimittelgesetzes vom 29.8.2005 (BGBl. I S. 2570); Abs. 1 S. 1 Nr. 1 geändert, Abs. 1a Nr. 4 neu gefasst und Abs. 1a Nr. 8 eingefügt durch Art. 1 Nr. 57 des Zweiten Gesetzes zur Änderung arzneimittelrechtlicher und anderer Vorschriften vom 19.10.2012 (BGBl. I S. 2192).

Europarechtliche Vorgaben: Art. 46b, 111b RL 2001/83/EG

Literatur: *Meyer-Lüerßen*, Inkrafttreten und Anwendungsbereich des § 72a AMG, PharmR 1988, 7, 50.

Übersicht

A. Allgemeines

I. Inhalt

1   Der Einführer von Arzneimitteln oder Wirkstoffen aus einem **Drittstaat** bedarf zur Einfuhr nicht nur einer Einfuhrerlaubnis, sondern auch eines Zertifikats der zuständigen Behörde des Herstellungslandes, wonach die Arzneimittel oder Wirkstoffe entsprechend den anerkannten Grundregeln für die Herstellung und die Sicherung ihrer Qualität, insbes. der EU oder der WHO, hergestellt werden. Solche

Zertifikate müssen aber gegenseitig anerkannt sein (Abs. 1 S. 1 Nr. 1). Zudem kommt eine Einfuhr dieser Produkte in Betracht, wenn die zuständige Behörde bescheinigt hat, dass diese Anforderungen an die Qualität und Sicherheit erfüllt sind (Abs. 1 S. 1 Nr. 2). In Ausnahmefällen kann die zuständige Behörde eine Bescheinigung zur Einfuhr ausstellen, wenn die Einfuhr im öffentlichen Interesse liegt (Abs. 1 S. 1 Nr. 3). Hierbei stehen diese Gestattungsakte in einem **Stufenverhältnis.** Die zuständige Behörde darf die Bescheinigung nach Nr. 2 nur dann ausstellen, wenn ein Zertifikat nach Nr. 1 nicht vorliegt oder wenn die zuständige Behörde eines EU-Mitgliedstaates oder EWR-Vertragsstaates sich regelmäßig in dem Herstellungsland vergewissert hat, dass die genannten Regeln eingehalten werden (Abs. 1 S. 2 Nr. 1). Die Erteilung einer Bescheinigung nach Nr. 3 darf nur dann erfolgen, wenn weder ein Zertifikat nach Nr. 1 vorliegt noch eine Bescheinigung nach Nr. 2 vorgesehen oder möglich ist (Abs. 1 S. 2 Nr. 2). Von dem Erfordernis der Einholung eines Zertifikats oder einer Bescheinigung gibt es zahlreiche **Ausnahmen** für bestimmte Arzneimittel und Wirkstoffe (Abs. 1a). Die Regelungen des Abs. 1 S. 1 Nr. 1 und 2 gelten entsprechend auch für andere zur Arzneimittelherstellung bestimmte Stoffe menschlicher Herkunft (Abs. 1b). Für bestimmte Arzneimittel und Wirkstoffe statuiert Abs. 1c ein Einfuhrverbot. Soweit eine Überwachung durch eine Rechtsverordnung nach § 54 geregelt ist, findet Abs. 1 S. 1 auf die Einfuhr von Wirkstoffen und bestimmten Arzneimitteln Anwendung (Abs. 1d). Abs. 2 enthält eine **Verordnungsermächtigung** für das Bundesministerium (§ 6 I) für den Erlass eines Einfuhrverbots zur Abwehr von Gesundheitsgefahren, Abs. 3 eine solche für den Erlass weiterer Voraussetzungen zur Qualitätssicherung für die Einfuhr bestimmter Arzneimittel.

II. Zweck

Durch das Einfuhrzertifikat und die Bescheinigung nach Abs. 1 S. 1 Nr. 2 und 3 soll sichergestellt **2** werden, dass aus Drittstaaten eingeführte Arzneimittel oder Wirkstoffe im Interesse der **Arzneimittelsicherheit** nach allgemein anerkannten Herstellungsstandards, insbesondere den Grundsätzen und Leitlinien der Guten Herstellungspraxis (*„Good Manufacturing Practice"* – GMP) entsprechend der RL 2003/94/EG oder der WHO gefertigt wurden, so dass Arzneimittel oder Wirkstoffe gleichgültig, ob sie innerhalb der EU bzw. dem EWR hergestellt wurden oder in einem Drittstaat denselben Qualitätsanforderungen genügen müssen. Nur bei Vorliegen eines öffentlichen Interesses kann hiervon ausnahmsweise abgewichen werden.

B. Einfuhrvoraussetzungen (Abs. 1)

I. Zertifikat oder Bescheinigung (S. 1)

Der Einführer von Arzneimitteln i. S. des § 2 I und II Nr. 1, 1a, 2 und 4 oder Wirkstoffen aus **3** Drittstaaten benötigt ein Einfuhrzertifikat nach Nr. 1 oder eine in den Nr. 2 oder 3 genannte behördliche Bescheinigung[1]. Eine **Ausnahme** ist in den Fällen zu machen, in denen das Arzneimittel zwar aus einem Drittland nach Deutschland eingeführt wird, es aber nachweislich in einem EU-Mitgliedstaat oder in einem EWR-Vertragsstaat hergestellt wurde[2]. Weitere Ausnahmen sind für Wirkstoffe aus Drittländern gegeben, die in der sog. Drittlandliste aufgeführt sind (s. Rn. 42).

1. Zertifikat (Nr. 1). Der Einführer bedarf zum einen eines Zertifikats der **zuständigen Behörde 4 des Herstellungslandes,** in welchem bestätigt wird, dass die Arzneimittel oder Wirkstoffe entsprechend anerkannten Grundregeln für die Herstellung und die Sicherung ihrer Qualität der EU oder nach Standards, die diesen **gleichwertig** sind, hergestellt werden, die Herstellungsstätte regelmäßig überwacht wird, die Überwachung durch ausreichende Maßnahmen, einschließlich wiederholter und unangekündigter Inspektionen, erfolgt und im Falle wesentlicher Abweichungen von den anerkannten Grundregeln die zuständige Behörde informiert wird (**„Written Confirmation"**)[3]. Damit wird den geänderten Voraussetzungen für den Wirkstoffimport, wie er in Art. 46b RL 2001/83/EG vorgegeben wurde,

---

[1] Für die Einfuhr von in freier Wildbahn lebenden Blutegeln oder gezüchteten Blutegeln aus einem Drittstaat bedarf es eines Einfuhrzertifikats oder eine Bescheinigung nach § 72a, da sie als Stoffe nach § 3 Nr. 3 sowohl die Voraussetzungen eines Funktionsarzneimittels gem. § 2 I Nr. 2 als auch eines Präsentationsarzneimittels gem. § 2 I Nr. 1 erfüllen , vgl. *VGH München*, PharmR 2014, 589. Anders die Vorinstanz *VG Bayreuth*, PharmR 2010, 294. Aus Drittstaaten stammende Granulate, die zur Verwendung als Heilmittel in der TCM bestimmt sind, bedürfen gleichfalls einer Erlaubnis nach § 72 und erfordern ein Einfuhrzertifikat bzw. einer Bescheinigung gem. § 72a, vgl. *BVerwG*, PharmR 2011, 168; *OVG Münster*, Urt. v. 14.2.2013 – 13 A 1792/12 – BeckRS 2013, 47582.

[2] *BayOLG*, NStZ 1998, 578, 579; zustimmend *Kloesel/Cyran*, § 72a Anm. 7. In diesem Sinne auch die „Dienstvorschrift zum AMG" (VSF S V 06 22-3) unter Ziff. A. (1) für Arzneimittel, die „in der Bundesrepublik Deutschland hergestellt worden sind und ohne Veränderung reimportiert werden".

[3] Template for the ´written confirmation' for active substances exported to the European Union for medicinal products for human use, in accordance with Article 46b(2)(b) of Directive 2011/83/EC, Version 2.0 (January 2013). Vgl. auch die „Guidance on Importation of Active Substances" der Kommission, die sich insbes. mit der Situation befasst, dass sich das Exportland nicht auf der Drittlandliste nach Art. 111b RL 2001/83/EG befindet noch eine „Written Confirmation" vorliegt.

Rechnung getragen[4]. Die „Written Confirmation" ist auch bei Vorliegen eines MRA zwischen der EU und dem Drittstaat einzuholen; sie ist jedoch nicht für Wirkstoffe erforderlich, die in Tierarzneimitteln oder für Prüfpräparate verwendet werden sollen[5].

5   Zum anderen müssen solche Zertifikate für Arzneimittel i. S. des § 2 I und II Nr. 1, die zur Anwendung bei Menschen bestimmt sind, und für Wirkstoffe, die menschlicher, tierischer oder mikrobieller Herkunft sind, oder für Wirkstoffe, die auf gentechnischem Wege hergestellt wurden („MTMG-Wirkstoffe"), **gegenseitig anerkannt** sein[6]. Im Ergebnis werden damit die Arzneimittel und Wirkstoffe aus Drittstaaten den gleichen Regelungen unterworfen wie Arzneimittel und Wirkstoffe, die innerhalb der Vertragsstaaten des EWR hergestellt werden und die den Grundsätzen und Leitlinien der Guten Herstellungspraxis unterliegen.

6   **a) Anerkannte Grundregeln.** Die in Abs. 1 angesprochenen *„Grundregeln für die Herstellung und die Sicherung ihrer Qualität"* verweisen auf die Grundsätze der Guten Herstellungspraxis (Good Manufacturing Practice – GMP), wie sie von der EU aufgestellt wurden und auf Standards, die diesen gleichwertig sind. Insoweit dürfte sich durch die Neufassung der Nr. 1 durch das 2. AMG-ÄndG trotz des Umstandes, dass der Bezug auf die Grundregeln der WHO weggefallen ist, keine Änderung ergeben haben.

7   **aa) EU-GMP-Leitfaden.** Die Kommission hat zwei Richtlinien verabschiedet, in denen die Grundsätze und Leitlinien der guten Herstellungspraxis für Arzneimittel festgelegt werden. Die **RL 2003/94/ EG** bezieht sich auf Humanarzneimittel und für zur Anwendung beim Menschen bestimmte Prüfpräparate, die **RL 91/412/EWG** gilt für Tierarzneimittel. Die dort niedergelegten Grundsätze werden durch detaillierte Leitlinien ausgefüllt. Nach Art. 3 II RL 2003/94/EG ist zur Auslegung der Grundsätze und Leitlinien der Guten Herstellungspraxis von den Herstellern, Einführern und zuständigen Behörden der von der Kommission veröffentlichte „Leitfaden für die Gute Herstellungspraxis für Arzneimittel und Prüfpräparate" **(EU-GMP-Leitfaden)**[7] zu beachten. Der EU-GMP-Leitfaden besteht aus dem Teil I mit 9 Kapiteln für Arzneimittel, dem Teil II für Grundlegende Anforderungen für Wirkstoffe zur Verwendung als Ausgangsstoffe mit zusammen 20 Anhängen, in welchen detailliert die Anforderungen an die Herstellung und Sicherung der Qualität beschrieben werden, sowie dem Teil III, der unterschiedliche Dokumente mit Bezug zur GMP-gerechten Herstellung von Arzneimitteln und Wirkstoffen enthält.

8   Gemäß § 2 Nr. 3 AMWHV macht das BMG die jeweils aktuelle Fassung des EU-GMP-Leitfadens in deutscher Sprache im Bundesanzeiger bzw. im elektronischen Bundesanzeiger bekannt[8].

9   **bb) Standards, die diesen gleichwertig sind.** Die WHO stellt eigene GMP-Richtlinien auf, die in einzelnen Punkten vom EU-GMP-Leitfaden abweichen. Die wesentlichen Grundsätze entsprechen sich aber, so dass davon ausgegangen werden kann, dass die **WHO-GMP-Richtlinien** den Standards der EU, mithin dem EU-GMP-Leitfaden, gleichwertig sind[9]. Gleiches gilt auch für die **ICH Q 7**-Standards. Dies entspricht der Auffassung der Kommission[10].

10   Die GMP-Richtlinien der WHO wurden erstmals 1968 entworfen. 1969 wurden sie durch eine zweite Fassung (*„Quality Control of Drugs"*)[11] ersetzt, die von der 22. World Health Assembly gebilligt wurde. Eine revidierte Fassung wurde 1975 von der 28. World Health Assembly unter dem Titel *„Good Practice in the Manufacture and Quality Control of Drugs and Certification Scheme on the Quality of Pharmaceutical Products moving in International Commerce – revised text"*[12] angenommen. 1992 erfolgte eine zweite Revision, die vor allem die europäische Entwicklung berücksichtigte[13]. Aktuell sind die **„WHO good manufacturing practices for pharmaceutical products: main principles"** aus dem Jahr 2014 maßgeblich[14].

---

[4] BT-Drucks. 17/9341, S. 65.

[5] Questions and Answers on Importation of Active Substances for Medicinal Products for Human Use, Version 5.1, abrufbar unter http://ec.europa.eu.

[6] Die „Written Confirmation" muss auch dann vorgelegt werden, wenn ein MRA abgeschlossen wurde, vgl. Questions and Answers on Importation of Active Substances for Medicinal Products for Human Use, Version 5.1, abrufbar unter http://ec.europa.eu. Für „Nicht-MTMG-Wirkstoffe" reicht die „Written Confirmation" des Drittstaates, von dem aus in den EWR importiert wird, aus.

[7] Der EU-GMP-Leitfaden inklusive der zugehörigen Anhänge ist abrufbar unter www.ec.europa.eu.

[8] Bekanntmachung zu § 2 Nr. 3 der Arzneimittel- und Wirkstoffherstellungsverordnung vom 27.10.2006, zuletzt geändert durch Art. 1 VO vom 26.3.2008, BGBl. I S. 521 mit nachfolgenden Änderungen, abrufbar unter www.bundesgesundheitsministerium.de.

[9] So wohl auch *Kloesel/Cyran*, § 72a Anm. 16.

[10] Questions and Answers on Importation of Active Substances for Medicinal Products for Human Use, Version 5.1, abrufbar unter http://ec.europa.eu.

[11] Official Records of the World Health Organization 1969, Nr. 176, Annex 12.

[12] Official Records of the World Health Organization 1975, Nr. 226, Annex 12. Veröffentlichung in der Bekanntmachung vom 1.12.1977, BAnz. Nr. 84.

[13] "Good manufacturing practices for pharmaceutical products", WHO Technical Report Series, Nr. 823; vgl. *Oeser/Sander*, C 3.2 S. 1.

[14] Annex 2, WHO Technical Report Series 986, 2014, abrufbar unter www.who.int. Dort finden sich auch zahlreiche weitere GMP-Vorgaben für spezielle Produktgruppen. Zum WHO-Zertifikatsystem und den Teilnehmerstaaten am System vgl. im Übrigen *Kloesel/Cyran*, § 72 Anm. 15 ff.

b) Zertifizierung. aa) GMP-Zertifikat. Ein GMP-Zertifikat bescheinigt, dass der betreffende Be- **11**
trieb die Vorgaben des EU-GMP-Leitfadens erfüllt. Das Zertifikat ist **betriebsbezogen** und wird durch
die jeweilige nationale Behörde erteilt, die für die Inspektion des jeweiligen Betriebes zuständig ist. Im
Regelfall wird das Zertifikat nach einer **Besichtigung** erteilt. Die Form derartiger Zertifikate ist auf
europäischer Ebene vereinheitlicht[15]. Das Zertifikat kann auf einzelne Produkte beschränkt werden. Es
wird in der Regel für eine Gültigkeit von drei Jahren ausgestellt.

Für **zentral** nach der VO (EG) Nr. 726/2004 **zugelassene Arzneimittel** kann auch die EMA im **12**
Benehmen mit dem bei der Inspektion beteiligten Mitgliedstaat ein dem WHO Certification Scheme
entsprechendes Zertifikat ausstellen, in welchem der zum Zeitpunkt der Ausstellung maßgebliche Zulassungsstatus und die GMP-Konformität bestätigt werden. Die Einzelheiten sind in dem *„Information*
Package for Certificates of Medicinal Products issued by the European Medicines Agency (EMEA)" vom 27.2.2013
geregelt[16].

Neben GMP-Zertifikaten existieren zwei weitere Zertifikate: CMP und CEP. Unter **CMP** sind **13**
Produkt spezifische Zertifikate (*„product specific certificates"*) zu verstehen, die von der Behörde, die für die
Erlaubnis zum Inverkehrbringen zuständig ist, erteilt werden. Diese Zertifikate bescheinigen gleichfalls
die Einhaltung der GMP durch den jeweiligen Betrieb. **CEP** sind Zertifikate, die von der EDQM
ausgestellt werden. Sie bestätigen, dass eine bestimmte Substanz (Wirkstoff oder Hilfsstoff) in Übereinstimmung mit den Anforderungen des Europäischen Arzneibuches hergestellt wurde (*„Certification of*
suitability of Monographs of the European Pharmacopoeia")[17]. CEP werden von der EU und allen Unterzeich-
nerstaaten der Europäischen Arzneibuchkonvention anerkannt. Im Rahmen der CEP-Zertifizierung
kann eine GMP-Inspektion vom EDQM verlangt werden.

bb) EudraGMP. Die EMEA hat am 27.4.2007 eine neue Datenbank gestartet, in die alle Herstel- **14**
lungs- und Einfuhrerlaubnisse der Vertragsstaaten des EWR eingestellt werden. Zudem werden alle
Informationen betreffend GMP-Zertifikate aufgenommen, unabhängig davon, ob die zugrunde liegenden Inspektionen in den beteiligten Vertragsstaaten oder Drittstaaten durchgeführt wurden. Mithin wird
auch die Information festgehalten, dass sich bei einer Inspektion die Einhaltung der GMP nicht feststellen
ließ. Der Zugang zur **„EudraGMP database"**[18] war auf die national zuständigen Behörden, die
Kommission und die EMA beschränkt. Seit dem 30.7.2009 besteht aber auch für jeden interessierten
Dritten die Möglichkeit, Einsicht in die dort gespeicherten Daten zu nehmen, wobei dies nicht für
Betriebs- und Geschäftsgeheimnisse und persönliche Daten gilt. Die „EudraGMP database" soll vor allem
den Informationsaustausch zwischen den einzelnen national zuständigen Behörden verbessern[19].

cc) WHO-Zertifikatsystem. Die WHO hat bereits 1969 ein eigenes Zertifikatsystem aufgestellt[20], **15**
welches jeden teilnehmenden Staat verpflichtet, auf **Antrag** einer gewerbsmäßig interessierten Partei
gegenüber der zuständigen Behörde eines anderen teilnehmenden Staates u. a. zu bescheinigen, dass
– ein bestimmtes Produkt zum Inverkehrbringen in seinem Geltungsbereich zugelassen ist, oder wenn
  eine solche Zulassung nicht besteht, den Grund, warum die Zulassung nicht gewährt worden ist;
– der Betrieb, in dem hergestellt wurde, regelmäßigen Inspektionen unterzogen wird, um festzustellen,
  ob der Hersteller die von der WHO empfohlenen GMP-Richtlinien einhält und
– alle vorgelegten Produktinformationen, einschließlich der Kennzeichnung, in dem zertifizierenden
  Land zurzeit genehmigt sind[21].

Eine aktuelle Liste der am WHO-Zertifikatsystem **teilnehmenden Staaten** inklusive der zuständigen **16**
Behörden findet sich im Internet auf der Homepage der WHO[22]. Deutschland hat 1985 formell die
Zustimmung zur Teilnahme erklärt[23]. Das BMG ist verantwortliche Behörde für Humanarzneimittel. Für
Tierarzneimittel ist das BMEL zuständig. Zudem wird auf die einzelnen Landesbehörden verwiesen.

In der Literatur wird vertreten, das WHO-Zertifikatsystem erfülle nicht die Voraussetzungen von S. 1 **17**
Nr. 1. Ihm fehle es sowohl an der Gleichwertigkeit als auch an der gegenseitigen Anerkennung[24]. Dem

[15] "Community Format of a GMP Certificate", abrufbar unter www.ema.europa.eu.
[16] Abrufbar unter www.emea.europa.eu.
[17] Näheres unter www.edqm.eu.
[18] „EudraGMP" ist die Bezeichnung für die Datenbank der Gemeinschaft für Herstellungs- und Einfuhrerlaubnisse
sowie GMP-Zertifikate, abrufbar unter http://eudragmdp.ema.europa.eu.
[19] Vgl. die Pressemitteilung der EMEA vom 1.5.2007, Doc. Ref. EMEA/193 640/2007.
[20] "Quality Control of Drugs", Official Records of the World Health Organization 1969, Nr. 176, Annex 12.
[21] "Guidelines on the implementation of the WHO certification scheme on the quality of pharmaceutical products
moving in international commerce", WHO Technical Report Series Nr. 863, Annex 10; Bekanntmachung der
deutschen Übersetzung durch das Bundesministerium für Gesundheit am 25.3.1998, BAnz. Nr. 141a; abgedruckt in:
Kloesel/Cyran, Anh. 2.15 a.
[22] Abrufbar unter www.who.int.
[23] Bekanntmachung über die Teilnahme der Bundesrepublik Deutschland am Zertifikatesystem der WHO über die
Qualität pharmazeutischer Produkte im internationalen Handel vom 23.7.1985, BGBl. I S. 9068, abgedruckt in:
Kloesel/Cyran, Anh. 2.16.
[24] Vgl. *Kloesel/Cyran*, § 72a Anm. 51.

ist zuzustimmen, da die gegenseitige Anerkennung der Zertifikate als kumulative Voraussetzung nur durch Verträge zwischen der EU und Drittstaaten vereinbart werden kann.[25]

18   **c) Gegenseitige Anerkennung.** Die in S. 1 Nr. 1 geforderte gegenseitige Anerkennung der Zertifikate ist nicht bei allen in S. 1 aufgeführten Arzneimitteln notwendig. **Nur bei Arzneimitteln** i. S. d. § 2 I und II 2 Nr. 1, Wirkstoffen, die menschlicher, tierischer oder mikrobieller Herkunft sind, und Wirkstoffen, die auf gentechnischem Wege hergestellt werden (**„MTMG-Wirkstoffe"**), müssen die Zertifikate neben der Bestätigung der GMP-gerechten Herstellung gegenseitig aufgrund von Verträgen zwischen der EU und Drittstatten[26] anerkannt sein. Für Arzneimittel nach § 2 II Nr. 1a, 2 und 4 wurde auf die gegenseitige Anerkennung der Zertifikate verzichtet[27]. Für diese Arzneimittel ist daher ein WHO-Zertifikat ausreichend.

19   **aa) Verträge der Kommission mit Drittstaaten (MRA).** Die Kommission hat mittlerweile mit einigen Drittstaaten Verträge zur gegenseitigen Anerkennung geschlossen (Mutual Recognition Agreements – MRA)[28]. Entsprechende Verträge wurden mit **Australien, Kanada, Neuseeland, Japan,** den **USA** und der **Schweiz** abgeschlossen[29]. In den MRA ist u. a. vorgesehen, dass auf formalisierte Anfrage eines Exporteurs oder Importeurs oder einer Behörde des MRA-Partnerstaates durch die zuständige Behörde des Herstellerlandes ein GMP-Zertifikat in standardisierter Form (MRA-Zertifikat gem. VAW 151.108) ausgestellt wird. Durch den Austausch der Zertifikate zwischen den Behörden der MRA-Länder werden die aufwendigen Fremdinspektionen ersetzt. Die einzelnen MRA-Abkommen differieren hinsichtlich ihres Anwendungsbereichs und ihrer Durchführung erheblich[30].

20   Vollständig in Kraft sind bislang allerdings nur die Abkommen mit Australien, Neuseeland und der Schweiz. Die Abkommen mit Japan und Kanada sind nur teilweise in Kraft. Das Abkommen mit den **USA** ist bislang nicht in Kraft getreten. Insoweit wurde die Äquivalenzbewertungsphase in dem vorgesehenen Zeitraum nicht abgeschlossen. Der Zeitraum wurde bislang nicht verlängert[31]. Es sind allerdings mehrere Projekte etabliert worden, um den Austausch von Informationen zu fördern und mehr Transparenz zu schaffen[32].

21   Zudem gibt es ein Agreement on Conformity Assessment and Acceptance of Industrial Products **(ACAA)** zwischen der EU und **Israel,** das die gegenseitige Anerkennung der behördlichen Inspektionssysteme im Arzneimittelsektor, der Ergebnisse von Inspektionen, der Herstellungs- und Einfuhrerlaubnisse sowie der vom Hersteller oder vom Einführer im Gebiet der Vertragsparteien vorgenommenen Zertifizierung der Konformität jeder Charge mit ihren Spezifikationen vorsieht und am 19.1.2013 in Kraft getreten ist. Insoweit geht das ACAA über die MRA hinaus, denn Israel hat nicht nur vergleichbare gesetzliche Regelungen wie die EU erlassen, sondern die maßgeblichen Vorschriften der EU vollständig implementiert. Im Gegensatz zu den Abkommen mit den MRA-Partnern werden im Rahmen des ACAA auch Drittlandinspektionen anerkannt[33].

22   **bb) Pharmazeutisches Informations-Scheme (PIC/S).** Aufgrund der Bedeutungslosigkeit der PIC wurde 1995 eine flexible multinationale Vereinbarung zu deren Fortführung entwickelt (Pharmaceutical Inspection Co-operation Scheme – PIC/S). Diese Vereinbarung ist rechtlich nicht verbindlich und führt dementsprechend auch nicht zu einer rechtlich maßgeblichen Anerkennung von Inspektionen. Die Vereinbarung dient vorwiegend dem Austausch von Informationen und Erfahrungen unter den Mitgliedstaaten[34], der Fortbildung der Inspektoren und anderer Experten und der Fortführung gemeinsamer Anstrengungen zur Entwicklung und Harmonisierung der GMP-Regeln.

23   **2. Bescheinigung (Nr. 2).** Sofern der Einführer kein Zertifikat nach Nr. 1 vorlegen kann, ist er verpflichtet, eine Bescheinigung der zuständigen Behörde, dass die anerkannten GMP-Grundregeln der EU oder damit gleichwertige Regeln für die Herstellung und Sicherung der Qualität der entsprechenden Arzneimittel oder der „MTMG"-Wirkstoffe oder bei der Herstellung der Wirkstoffe eingehalten werden, vorzulegen. Die dazu erforderlichen **Fremdinspektionen** werden nach den Vorgaben der §§ 4

---

[25] So zu Recht *Kloesel/Cyran*, § 72 Anm. 11, 15. Die Rechtsauffassung in der 1. Aufl. wird aufgegeben.

[26] Vgl. *Kloesel/Cyran*, § 72a Anm. 11.

[27] Vgl. *Kloesel/Cyran*, § 72a Anm.11.

[28] Durch Art. 1 Nr. 63 des AMG-ÄndG 2009 wurde der Verweis auf die PIC gestrichen. Dieses multilaterale Übereinkommen zur gegenseitigen Anerkennung von Inspektionen betreffend die Herstellung pharmazeutischer Produkte wurde durch Verträge der Kommission mit Drittstaaten (Mutual Recognition Agreements – MRA) bedeutungslos, da nach europäischem Recht mittlerweile nur noch die Kommission Verträge mit Drittstaaten abschließen darf, vgl. *Kloesel/Cyran*, § 72a Anm. 11.

[29] Die deutschen Fassungen der Abkommen lassen sich über die Homepage der ZLG (www.zlg.de) abrufen.

[30] Instruktiv die Übersicht auf www.zlg.de.

[31] Zum aktuellen Stand vgl. die Informationen der EMA, abrufbar unter www.emea.europa.eu.

[32] Das betrifft das „Joint Inspection Programme EMA/FDA", das „International API Inspection Pilot Programme" und den „Transatlantic Administrative Simplification Plan", vgl. zu den Einzelheiten die Website der ZLG (www.zlg.de).

[33] Näheres unter www.zlg.de und http://ec.europa.eu.

[34] Die aktuellen Teilnehmerstaaten lassen sich über die Homepage des PIC/S (abrufbar unter www.picscheme.org) entnehmen. Auf deutscher Seite sind das BMG und die ZLG als Teilnehmer benannt.

I, 13 VII AMGVwV durchgeführt. Der Einführer hat hierzu einen formlosen Antrag an die zuständige Behörde zu richten, in dem umfangreiche Angaben zu machen sind[35].

Zuständige Behörde i. S. d. Nr. 2 ist die für die Überwachung des Einführers zuständige Behörde, **24** deren Fachbeamten – in der Regel mindestens zwei Inspektoren[36] – die Fremdinspektion durchführen (§ 4 I 5 AMGVwV). Soweit die Inspektion Arzneimittel gem. § 64 II 3 (Blutzubereitungen, Gewebe, Sera etc.) betrifft, sollen Sachverständige der zuständigen Bundesoberbehörde beteiligt werden (§ 4 I 5 AMGVwV). Es sind die von der Kommission in der Sammlung der Gemeinschaftsverfahren für Inspektionen und Informationsaustausch[37] aufgeführten Grundsätze zu berücksichtigen (§ 4 IV 1 AMGVwV). Über das Ergebnis der Inspektion ist eine Niederschrift **(Inspektionsbericht)** anzufertigen, in die alle wesentlichen Feststellungen aufzunehmen sind. Bei Inspektionen nach § 72a I 2 ist das von der Kommission in der Sammlung der Gemeinschaftsverfahren für Inspektionen und Informationsaustausch vorgegebene Format einzuhalten. Wenn wesentliche Beanstandungen oder Mängel während der Inspektion behoben werden konnten, ist dies im Inspektionsbericht festzuhalten. Einwendungen der Verantwortlichen gegen Inhalt oder Wortlaut der Feststellungen sind mit Begründung aufzunehmen. Der Inspektionsbericht ist dem inspizierten Betrieb mit der Aufforderung zur Abstellung der Mängel und Beanstandungen zu übermitteln (§ 4 VII 1–6 AMGVwV)[38].

Zur Vorbereitung der Fremdinspektionen hat die zuständige Behörde über die Oberste Landesbehörde **25** dem **BMG** die erforderlichen Informationen zu übermitteln. Das BMG holt über die diplomatische Vertretung der Bundesrepublik Deutschland die Zustimmung der im Exportland zuständigen Behörde für die Durchführung der Inspektion ein. Sofern mehrere Behörden in engem zeitlichen Rahmen eine Inspektion im Drittland im gleichen Betrieb oder im gleichen Staat vorgesehen haben, koordiniert das BMG das weitere Vorgehen in Abstimmung mit den jeweils zuständigen Behörden (§ 13 VII AMGVwV). Die Inspektion selbst einschließlich der Festlegung des Termins ist vom Antragsteller in Abstimmung mit der zuständigen Behörde zu organisieren, wobei ggf. ein Fachübersetzer beizuziehen ist. Den Inspektoren muss ein verantwortlicher Mitarbeiter des Einführers bei deren Durchführung zur Verfügung stehen. Die für die Inspektion anfallenden **Kosten** stellen die deutschen Überwachungsbehörden unbeachtlich des Ergebnisses der Inspektion dem Antragsteller als Verursacher in Rechnung[39]. Bei einer Inspektion im Zusammenhang mit einer **zentralen Zulassung** nach der VO (EG) Nr. 726/2004 koordiniert die EMA die Inspektion und erstattet den nationalen Behörden die Reisekosten[40].

3. Einfuhr im öffentlichen Interesse (Nr. 3). Ausreichend für den Einführer ist in jedem Falle die **26** Bescheinigung der zuständigen Behörde, dass die Einfuhr im öffentlichen Interesse liegt (zur ausnahmsweise zulässigen Einzeleinfuhr von Fertigarzneimitteln s. § 73 Rn. 30 ff.). Dies wird durch § 4 II 1 **AMG-Zivilschutzausnahmeverordnung** gesetzlich für die Fälle angeordnet, in denen weder ein Zertifikat nach Nr. 1 noch eine Bescheinigung nach Nr. 2 vorliegt (s. hierzu § 71 Rn. 10) und ein Auftrag zur Beschaffung von Arzneimitteln durch die veranlassende Stelle i. S. d. § 1 II AMG-Zivilschutzausnahmeverordnung (z. B. Bundeswehr) erteilt wird.

4. Prüfung nach § 17 AMWHV. Nach § 17 I 2 AMWHV darf die Freigabe zum Inverkehrbringen **27** nach § 16 AMWHV für in den Geltungsbereich des AMG verbrachte oder eingeführte Arzneimittel, Blutprodukte und andere Blutbestandteile sowie Produkte menschlicher Herkunft nur erfolgen, wenn die Herstellung in einem Betrieb durchgeführt wurde, der dafür nach dem jeweiligen nationalen Recht befugt ist und die **Prüfung nach § 14 AMWHV** in Deutschland durchgeführt wurde.

Werden solche Produkte aus einem Mitgliedstaat der EU oder einem EWR-Vertragsstaat in den **28** Geltungsbereich des AMG verbracht, kann die **Prüfung** nach § 17 I AMWHV **abgesehen** werden, wenn die Prüfung in einem EU-Mitgliedstaat oder EWR-Vertragsstaat nach den dort geltenden Vorschriften durchgeführt wurde und die von der sachkundigen Person unterzeichneten Kontrollberichte beigefügt wurden (§ 17 II AMWHV).

Bei einer Einfuhr aus Ländern, die **nicht** der EU oder dem EWR angehören, ist die Prüfung nach **29** § 17 I AMWHV nicht erforderlich, wenn die Voraussetzungen nach § 72a I 1 Nr. 1, bei Blutprodukten, die keine Arzneimittel sind und bei Produkten menschlicher Herkunft auch nach § 72a I 1 Nr. 2 erfüllt

---

[35] Vgl. zu den Einzelheiten beispielhaft das Merkblatt des RP Tübingen, Leitstelle AM-Überwachung zu den Voraussetzungen für einen Antrag auf Erteilung eines Zertifikats nach § 72a Abs. 1 Nr. 2 AMG vom 11.7.2006, abrufbar unter www.rp.baden-wuerttemberg.de.

[36] Vgl. etwa das Merkblatt des RP Tübingen, Leitstelle AM-Überwachung zu den Voraussetzungen für einen Antrag auf Erteilung eines Zertifikats nach § 72a Abs. 1 Nr. 2 AMG vom 11.7.2006, abrufbar unter www.rp.baden-wuerttemberg.de. Die Teaminspektion ist als Regelfall in § 4 IV 3 AMGVwV vorgesehen.

[37] Compilation of Community Procedures on Inspections and Exchange of Information vom 25.2.2011, abrufbar unter www.ema.europa.eu.

[38] Zu den Anforderungen an den Inspektionsbericht im Zusammenhang mit der Erteilung einer Einführerlaubnis gem. § 72 s. § 64 Rn. 73.

[39] Merkblatt des RP Tübingen, Leitstelle AM-Überwachung zu den Voraussetzungen für einen Antrag auf Erteilung eines Zertifikats nach § 72a I Nr. 2 AMG vom 11.7.2006, abrufbar unter www.rp.baden-wuerttemberg.de.

[40] Vgl. *Kloesel/Cyran*, § 72a Anm. 27.

sind oder die Prüfung bereits in einem anderen EU-Mitgliedstaat oder EWR-Vertragsstaat durchgeführt wurde und entsprechende Kontrollberichte übermittelt wurden (§ 17 III AMWHV)[41].

II. Rangfolge (S. 2)

30   S. 2 stellt weitere Anforderungen an die Erteilung von Bescheinigungen nach S. 1 Nr. 2 und 3 auf und begründet auf diese Art und Weise eine konkrete Rangfolge der in S. 1 aufgeführten Bescheinigungen.

31   **1. Kein Zertifikat (Nr. 1).** Ausweislich Nr. 1 der Vorschrift darf eine Bescheinigung nach S. 1 Nr. 2 nur ausgestellt werden, wenn ein Zertifikat nach S. 1 Nr. 1 nicht vorliegt. Die ansonsten für ein derartiges Zertifikat notwendigen regelmäßigen Untersuchungen und Kontrollen der GMP-Konformität der Arzneimittel oder Wirkstoffe müssen durch die zuständige Behörde oder eine zuständige Behörde eines EU-Mitgliedstaates oder eines anderen EWR-Vertragsstaates vorgenommen werden. Hierzu bedarf es der Durchführung von **Fremdinspektionen** des Herstellerbetriebes im Ausland (s. Rn. 23).

32   **2. Keine Bescheinigung (Nr. 2).** Eine Bescheinigung nach S. 1 Nr. 3 darf nur unter den in Nr. 2 genannten zusätzlichen Voraussetzungen erteilt werden. Eine derartige Bescheinigung ist mithin die letzte mögliche Alternative und setzt voraus, dass zumindest versucht wurde, eine Bescheinigung nach S. 1 Nr. 2 aufgrund von Fremdinspektionen erteilen zu können. Nur wenn eine solche Fremdinspektion, aus welchen Gründen auch immer, undurchführbar ist, kann das öffentliche Interesse bescheinigt werden. Die zuständige Behörde hat den Umstand der eigenen fehlenden Inspektion und damit das Risiko einer nicht GMP-gerechten Herstellung gegen das öffentliche Interesse einer angemessenen und erforderlichen Arzneimittelversorgung **abzuwägen.**

C. Ausgenommene Arzneimittel und Wirkstoffe (Abs. 1a)

33   Der Gesetzgeber hat einzelne Arzneimittel und Wirkstoffe von den Erfordernissen nach Abs. 1 S. 1 ausgenommen und diese mit dem AMG-ÄndG 2009 in Abs. 1a zusammengeführt[42].

I. Arzneimittel zur klinischen Prüfung und zur Anwendung in Härtefallprogrammen (Nr. 1)

34   Arzneimittel, die zur klinischen Prüfung beim Menschen bestimmt sind, bedürfen keines Zertifikates oder einer Bescheinigung nach Abs. 1 S. 1. Voraussetzung ist allerdings, dass die fraglichen Arzneimittel für eine **konkrete klinische Prüfung** bestimmt sind. Es ist nicht ausreichend, wenn die Arzneimittel nur als *„zur klinischen Prüfung bestimmt"* i. S. d. § 10 X gekennzeichnet sind. Vielmehr müssen sie für eine konkret mit dem Namen des Sponsors benannte klinische Prüfung bestimmt sein[43]. Die Vorschrift wurde in Umsetzung von Art. 13 RL 2001/20/EG mit der 12. AMG-Novelle in das Gesetz aufgenommen und ist im Kontext mit der Rechtsverordnungsermächtigung in Abs. 3 zur Gewährleistung einer ordnungsgemäßen Qualität der Arzneimittel zu sehen (s. Rn. 47).

35   Für die Einfuhr von Arzneimitteln, die für die Anwendung im Rahmen von **Härtefallprogrammen** in Verkehr gebracht werden dürfen, bedarf es einer Ausnahme von dem Erfordernis eines Zertifikats bei der Einfuhr. Eine Zertifikatspflicht würde die Einfuhr dieser Arzneimittel erheblich verzögern, da ein Zertifikat aus einem Drittstaat nur nach vorheriger Inspektion der Herstellungsstätte erteilt werden könnte. Von daher erscheint es sachgerecht, eine Ausnahme, wie sie bereits für klinische Prüfpräparate besteht, festzulegen[44].

II. Arzneimittel menschlicher Herkunft oder Blutstammzellzubereitungen (Nr. 2)

36   Die Vorschrift in Nr. 2 sieht vor, dass Arzneimittel menschlicher Herkunft, die zur unmittelbaren Anwendung bestimmt sind, grundsätzlich ohne Zertifikat oder Bescheinigung der zuständigen Behörde eingeführt werden dürfen. Diese Erleichterung wird auf Blutstammzellzubereitungen, die zur (ziel-) gerichteten, für eine bestimmte Person vorgesehenen Anwendung bestimmt sind, erweitert. Die Einräumung der Ausnahme ermöglicht es, für einzelne Patienten bestimmte Blutstammzellzubereitungen einzuführen, die zumeist in **Notfällen** für Anwendungen in lebensbedrohlichen Situationen benötigt werden. In diesen Fällen soll die Einfuhr nicht durch das Erfordernis eines Zertifikats oder einer Bescheinigung verzögert werden. Weitere Voraussetzungen können durch die Rechtsverordnung nach Abs. 3 bestimmt werden[45] (s. auch Rn. 47).

---

[41] Die Anforderungen für Prüfpräparate ergeben sich aus § 17 IV AMWHV.
[42] BT-Drucks. 16/12256, S. 55.
[43] Vgl. *Kloesel/Cyran*, § 72a Anm. 1.
[44] BT-Drucks. 17/2413, S. 36.
[45] BT-Drucks. 16/12256, S. 55. Vgl. hierzu § 17 III AMWHV.

III. Wirkstoffe für die Herstellung von homöopathischen Arzneimitteln (Nr. 3)

Die in Nr. 3 genannten Wirkstoffe, die menschlicher, tierischer oder mikrobieller Herkunft sind, **37** beschränken sich nach dem Wortlaut auf die Herstellung nach einer im **Homöopathischen Teil des Arzneibuches** beschriebenen Verfahrenstechnik. Nicht umfasst wäre daher eine Herstellung nach anderen homöopathischen Verfahrensweisen, wie sie beispielsweise im Ph. Eur. oder in einer Pharmakopöe eines anderen EU-Mitgliedstaates enthalten sind. Unter Berücksichtigung richtlinienkonformer Auslegung müssen auch derartige Wirkstoffe vom Anwendungsbereich ausgenommen sein (zur Ausnahme von dem Erfordernis einer Einfuhrerlaubnis für derartige Wirkstoffe s. § 72 Rn. 44).

IV. Wirkstoffe mit geringem Bearbeitungsgrad (Nr. 4)

Die Ausnahme von der Einholung eines Zertifikats oder einer Bescheinigung erstreckt sich auch auf **38** **Wirkstoffe**, die Stoffe nach § 3 Nr. 1 bis 3 sind, soweit sie den Anforderungen des EG-Leitfadens (s. § 3 Rn. 7 ff.) entsprechen. Mit der durch das 2. AMG-ÄndG in das Gesetz eingefügten Änderung soll den Regelungen der RL 2001/83/EG Rechnung getragen werden, wonach für Wirkstoffe zur Herstellung von Arzneimitteln keine grundsätzliche Ausnahme von den GMP-Anforderungen vorgesehen ist[46]. Maßgeblich ist hier auf die Tabelle 1 des Teils II des EU-GMP-Leitfadens[47] abzustellen, wo die Anwendung des Leitfadens auf grau markierte Schritte des jeweiligen Herstellungstyps festgelegt wird. Nach Nummer 1.2 des Teils II des EG-GMP-Leitfadens sollen die dort aufgeführten Schritte zunehmend vollzogen werden.

V. Gewebe (Nr. 5)

Von dem Erfordernis eines Zertifikats oder einer Bescheinigung nach Abs. 1 S. 1 ist auch Gewebe **39** i. S. d. § 1a Nr. 4 TPG ausgenommen. Durch das AMG-ÄndG 2009 wurden die bislang in Abs. 4 geregelten Ausnahmen für Gewebe und Gewebezubereitungen systematisch konsequent in Abs. 1a überführt[48]. Die Notwendigkeit eines Zertifikats oder einer Bescheinigung der zuständigen Behörde für die Einfuhr von Gewebe i. S. d. § 1a Nr. 4 TPG ergibt sich nun aus **§ 72b II 1** (s. § 72b Rn. 11).

VI. Autologes Blut (Nr. 6)

Die Aufnahme von autologem Blut zur Herstellung von biotechnologisch bearbeiteten Gewebepro- **40** dukten in den Ausnahmekatalog des Abs. 1a basiert auf der Anpassung der §§ 20b und 20c. Da für die autologe Gewebezüchtung eine geringe Menge Blut benötigt wird und die Entnahmeeinrichtungen nicht zwei Erlaubnisse, eine für das Gewebe und eine für das Blut, beantragen müssen, und weil beide Entnahmen eng miteinander verknüpft sind, richtet sich die Erlaubnis für die Entnahme des Blutes zur Aufbereitung oder Vermehrung von autologen Körperzellen im Rahmen der Gewebezüchtung zur Geweberegeneration und die Laboruntersuchung nach der Vorschrift des § 20b[49]. Dementsprechend wird autologes Blut entsprechend Gewebe und Gewebezubereitungen vom Anwendungsbereich des § 13 ausgenommen. Diese Gleichbehandlung setzt sich in § 72a fort[50]. Für die Einfuhr von (biotechnologisch bearbeiteten) **Gewebezubereitungen** i. S. v. **§ 20c,** für deren Herstellung autologes Blut verwendet wird, ergibt sich die Notwendigkeit eines Zertifikats oder einer Bescheinigung aber aus **§ 72b II und IV** (s. § 72b Rn. 11, 18).

VII. Gewebezubereitungen (Nr. 7)

Die Einfuhr von Gewebezubereitungen i. S. v. **§ 20c** (s. § 20c Rn. 5 ff. und § 4 Rn. 233) ist an die **41** Erteilung eines Zertifikats oder einer Bescheinigung der zuständigen Behörde nach **§ 72b II 1** gebunden (s. § 72b Rn. 11). Sie sind daher von den entsprechenden Erfordernissen in Abs. 1 S. 1 ausgenommen.

VIII. Drittlandliste (Nr. 8)

Mit der durch das 2. AMG-ÄndG eingeführten Vorschrift soll der mit der sog. Fälschungsrichtlinie[51] **42** in die RL 2001/83/EG eingefügte Art. 111b in deutsches Recht umgesetzt werden. Danach bewertet die Kommission auf Antrag eines Drittlandes die rechtlichen Rahmenbedingungen sowie die GMP-Anforderungen bei der Herstellung von Wirkstoffen (aller Art) sowie deren Überwachung. Ergibt die

---

[46] BT-Drucks. 17/9341, S. 104.
[47] Bekanntmachung des BMG zu § 2 Nummer 3 AMWHV vom 21.4.2015, BAnz. AT 27.5.2015 B2.
[48] BT-Drucks. 16/12256, S. 55.
[49] BT-Drucks. 16/12256, S. 46 f.
[50] Mit der Ausnahme soll auch den Regelungen zu den §§ 13, 72 entsprochen werden, vgl. BT-Drucks. 16/12256, S. 55.
[51] RL 2011/62/EU.

Bewertung der Kommission, dass ein exportierendes Drittland gleichwertige Anforderungen erfüllt, wird dieses in eine von der Kommission zu veröffentlichende Liste aufgenommen. Damit entfällt für die Behörden der Herstellungsstaaten die Verpflichtung zur Zertifizierung im Einzelfall[52]. In die Liste sind bislang die Schweiz, Australien, Japan und die USA aufgenommen worden[53]; die Anträge von Neuseeland und Südkorea befinden sich in der Bewertung. Mit Singapur bestehen weiterhin Kontakte[54]. Israel und Brasilien sind mit Wirkung zum 22.7.2015 in die Drittlandliste aufgenommen worden (Durchführungsbeschluss (EU) 2015/1057 vom 1.7.2015).

D. Andere Stoffe menschlicher Herkunft (Abs. 1b)

43   Analog zur Regelung in § 13 I 1 Nr. 3 und 4 bedarf auch die Einfuhr von anderen zur Arzneimittelherstellung bestimmten Stoffen menschlicher Herkunft (s. § 13 Rn. 20) aus Drittstaaten ebenso wie die Einfuhr von Wirkstoffen, die menschlicher, tierischer oder mikrobieller Herkunft sind, oder von Wirkstoffen, die auf gentechnischem Wege hergestellt werden („MTMG-Wirkstoffe"), eines Zertifikats oder einer Bescheinigung nach Abs. 1 S. 1.

E. Einfuhrverbot (Abs. 1c)

44   Arzneimittel und Wirkstoffe, die menschlicher, tierischer oder mikrobieller Herkunft sind oder Wirkstoffe, die auf gentechnischem Wege hergestellt werden („MTMG-Wirkstoffe"), sowie andere zur Arzneimittelherstellung bestimmte Stoffe menschlicher Herkunft dürfen mit Ausnahme der in Abs. 1a Nr. 1 und 2 genannten Arzneimittel selbst dann nicht eingeführt werden, wenn die zuständige Behörde nach Abs. 1 S. 1 Nr. 3 bestätigt hat, dass die Einfuhr im öffentlichen Interesse liegt. Das Verbot in Abs. 1c lässt sich nur mit den **besonderen Gefahren** begründen, die von den in Abs. 1c genannten Arzneimitteln in den Fällen ausgehen, in denen nicht sichergestellt ist, dass sie gemäß den allgemein anerkannten EG-GMP-Leitlinien hergestellt wurden.

F. Rechtsverordnung nach § 54 (Abs. 1d)

45   Abs. 1d schränkt den Anwendungsbereich des Abs. 1 S. 1 insoweit ein, als Wirkstoffe oder andere zur Arzneimittelherstellung bestimmte Stoffe, die jeweils menschlicher Herkunft sind, der Verpflichtung zur Einholung eines Zertifikats oder einer Bescheinigung nur unterfallen, wenn ihre Überwachung durch eine Rechtsverordnung nach § 54 geregelt ist. Von der Verordnungsermächtigung hat das BMG durch den Erlass der **AMWHV** Gebrauch gemacht. Die AMWHV findet nach § 1 I 1 Nr. 2 und 3 der VO generell Anwendung auf Wirkstoffe, die menschlicher Herkunft sind und andere zur Arzneimittelherstellung bestimmte Stoffe menschlicher Herkunft. Nach der Definition für Produkte menschlicher Herkunft in § 2 Nr. 1 AMWHV sind darunter zwar nur Wirkstoffe i. S. v. § 4 XIX, die menschlicher Herkunft sind, oder Stoffe i. S. v. § 3 Nr. 3, die menschlicher Herkunft sind, zu verstehen, wobei explizit Blutprodukte i. S. v. § 2 Nr. 3 TFG und andere Blutbestandteile vom Anwendungsbereich ausgenommen werden. Indes trifft § 17 AMWHV Regelungen zur Einfuhr von Blutprodukten, anderen Blutbestandteilen sowie Produkten menschlicher Herkunft, so dass auch für diese Produkte das Erfordernis eines Zertifikats oder einer Bescheinigung nach Abs. 1 S. 1 besteht.

G. Rechtsverordnung zur Gefahrenabwehr und Risikovorsorge (Abs. 2)

46   Abs. 2 ermächtigt das Bundesministerium (derzeit: BMG, § 6 I), mit Zustimmung des Bundesrates durch Rechtsverordnung zu bestimmen, dass die Einfuhr von Stoffen und Zubereitungen aus Stoffen, die als Arzneimittel oder zur Herstellung von Arzneimitteln verwendet werden können, verboten ist, wenn dies zur Abwehr von Gefahren für die Gesundheit des Menschen oder zur Risikovorsorge erforderlich ist. Aufgrund der Ermächtigung ergingen Regelungen in den §§ 17 III, IV, 26 und 39 III **AMWHV**[55]. Das Einfuhrverbot ist jedoch europarechtskonform dahingehend auszulegen, dass es sich nur auf Einfuhren aus **Drittstaaten** beziehen kann[56]. Durch die Art. 40–53 und 118 RL 2001/83/EG ist eine Vollharmo-

---

[52] BT-Drucks. 17/9341, S. 65.

[53] Durchführungsbeschluss der Kommission vom 22.11.2012 (2012/715/EU), zuletzt geändert durch den Durchführungsbeschluss der Kommission vom 11.6.2013 (2013/301/EU).

[54] Vgl. http://ec.europa.eu.

[55] Vgl. im Übrigen § 11 IIIa, wonach in der Packungsbeilage das Herkunftsland des Blutplasmas bei Arzneimitteln aus humanem Blutplasma zur Fraktionierung anzugeben ist.

[56] *Krüger*, in: Fuhrmann/Klein/Fleischfresser, § 16 Rn. 31, hält die Regelung zumindest für europarechtlich bedenklich.

nisierung für die Einfuhr von Arzneimitteln und Wirkstoffen geschaffen worden, die einen nationalen Alleingang oder eine abweichende nationale Regelung ausschließt.

H. Rechtsverordnung zu Arzneimitteln nach Abs. 1a Nr. 1 und 2 (Abs. 3)

I. Verordnungsermächtigung (S. 1)

Mit S. 1 wird das Bundesministerium (derzeit: BMG, § 6 I) ermächtigt, mit Zustimmung des Bundes- **47** rates die weiteren Voraussetzungen für die Einfuhr der unter Abs. 1a Nr. 1 und 2 genannten Arzneimittel aus **Drittstaaten** zu bestimmen, sofern dies erforderlich ist, um eine ordnungsgemäße **Qualität** der hiervon erfassten **Arzneimittel** zu gewährleisten. Für die angeführten Arzneimittel bedarf es aufgrund von Abs. 1a keines Zertifikats und keiner Bescheinigung nach Abs. 1. Gleichwohl wird für **Prüfpräparate** (§ 3 III GCP-V bzw. Art. 2 Buchst. d) RL 2001/20/EG) europarechtlich eine Einfuhrerlaubnis explizit vorgeschrieben (Art. 9 I 3 RL 2005/28/EG und Art. 13 I RL 2001/20/EG)[57]. Die Herstellung von Prüfpräparaten muss unter Beachtung der EG-GMP-Leitlinien erfolgen (Art. 13 I Buchst. f) RL 2005/28/EG und Art. 13 III Buchst. b) RL 2001/20/EG)[58]. Basierend auf dieser europarechtlichen Vorgabe und entsprechend § 4 I GCP-V ist von der Verordnungsermächtigung durch **§ 17 IV AMWHV** Gebrauch gemacht worden.

II. Regelungen zur Qualitätssicherung (S. 2)

Durch S. 2 wird dem Verordnungsgeber zur Sicherstellung der Qualität exemplarisch (*„insbesondere"*) **48** zum einen die Befugnis eingeräumt, Regelungen zu den von der sachkundigen Person nach § 14 durchzuführenden Prüfungen zu treffen. Hierzu hat das BMG in **§ 17 IV 1 AMWHV** bestimmt, dass bei der Einfuhr von Prüfpräparaten aus Drittstaaten, für die eine Genehmigung für das Inverkehrbringen im Herkunftsland vorliegt und die in einer klinischen Prüfung als Vergleichspräparate eingesetzt zu werden, die sachkundige Person nach § 14 die Verantwortung dafür trägt, dass jede Herstellungscharge allen erforderlichen Prüfungen unterzogen wurde, um die Qualität der Prüfpräparate gemäß den Genehmigungsunterlagen für die klinische Prüfung, in der sie zur Anwendung kommen, zu bestätigen[59].

Zum anderen kann das Bundesministerium (vgl. § 6 I) **Vorschriften zur Überwachung im Her- 49 stellungsland** durch die zuständige Behörde erlassen. Hiervon ist noch kein Gebrauch gemacht worden. Inwieweit die letztgenannte Regelung angesichts der Staatsautonomie zulässig und durchsetzbar wäre, ist fraglich und müsste in jedem Einzelfall geprüft werden, denn ohne ein autorisierendes völkerrechtliches Abkommen wird es nicht möglich sein, dass die zuständige Behörde im (Dritt-)Herstellungsland Prüfungen durchführt.

I. Sanktionen

Die vormals in § 96 Nr. 4 sanktionierte Einfuhr von Arzneimitteln i. S. d. § 2 I und II Nr. 1 oder **50** Wirkstoffen, die menschlicher oder tierischer Herkunft sind oder auf gentechnischem Wege hergestellt werden („MTMG-Wirkstoffe"), sowie anderen zur Arzneimittelherstellung bestimmten Stoffen menschlicher Herkunft ohne die nach § 72a erforderliche Bestätigung oder Bescheinigung wurde durch Art. 1 Nr. 73 des AMG-ÄndG 2009 aufgehoben. § 96 Nr. 4 nahm nicht mehr Bezug auf § 72a. Dass diese Aufhebung irrtümlich erfolgte, ergibt sich aus der Gesetzesbegründung. Dort heißt es, dass nunmehr die Neufassung des § 96 Nr. 4 die Strafandrohung auch auf bislang nicht umfasste Wirkstoffe mikrobieller Herkunft erstreckt werden sollte, weil diese im Hinblick auf ihr Gefährdungspotenzial auch in den §§ 13, 72, 72a wie Stoffe menschlicher oder tierischer Herkunft behandelt werden[60]. Dieses Redaktionsversehen wurde durch Art. 1 Nr. 8 AMNOG berichtigt[61], so dass nunmehr vorsätzliche Verstöße gegen § 72a I 1, auch i. V. m. Ib oder Id oder Verstöße gegen § 72a Ic **strafbar** sind. Bei fahrlässiger Begehung dieser Tatbestände kann dies als **Ordnungswidrigkeit** nach § 97 I i. V. m. § 96 Nr. 18a geahndet werden.

---

[57] Dies gilt auch nach Art. 61 VO (EU) Nr. 536/2014. Nach Art. 99 II GCP-V tritt diese frühestens am 28.5.2016 in Kraft.

[58] Art. 63 I VO (EU) Nr. 536/2014.

[59] Damit wurde Art. 13 III, 1. UAbs. Buchst. c) RL 2001/20/EG umgesetzt. Einzelheiten zu den Verantwortlichkeiten der sachkundigen Person ergeben sich aus Nummer 39 Buchst. (c) des Annexes 13 EG-GMP-Leitfaden. Mit dem Inkrafttreten der VO (EU) Nr. 536/2014 sind deren Art. 62 und 63 anzuwenden.

[60] BT-Drucks. 16/12256, S. 57.

[61] BT-Drucks. 17/2413, S. 36.

§ 72b Einfuhrerlaubnis und Zertifikate für Gewebe und bestimmte Gewebezubereitungen

(1) [1]Wer Gewebe im Sinne von § 1a Nr. 4 des Transplantationsgesetzes oder Gewebezubereitungen im Sinne von § 20c gewerbs- oder berufsmäßig zum Zwecke der Abgabe an andere oder zur Be- oder Verarbeitung einführen will, bedarf einer Erlaubnis der zuständigen Behörde. [2]§ 20c Abs. 1 Satz 3 und Abs. 2 bis 7 ist entsprechend anzuwenden. [3]Für die Einfuhr von Gewebezubereitungen zur unmittelbaren Anwendung gilt § 72 Absatz 2 entsprechend.

(2) [1]Der Einführer nach Absatz 1 darf die Gewebe oder Gewebezubereitungen nur einführen, wenn

1. die Behörde des Herkunftslandes durch ein Zertifikat bestätigt hat, dass die Gewinnung, Laboruntersuchung, Be- oder Verarbeitung, Konservierung, Lagerung oder Prüfung nach Standards durchgeführt wurden, die den von der Europäischen Union festgelegten Standards der Guten fachlichen Praxis mindestens gleichwertig sind, und solche Zertifikate gegenseitig anerkannt sind, oder
2. die für den Einführer zuständige Behörde bescheinigt hat, dass die Standards der Guten fachlichen Praxis bei der Gewinnung, Laboruntersuchung, Be- oder Verarbeitung, Konservierung, Lagerung oder Prüfung eingehalten werden, nachdem sie oder eine zuständige Behörde eines anderen Mitgliedstaates der Europäischen Union oder eines anderen Vertragsstaates des Abkommens über den Europäischen Wirtschaftsraum sich darüber im Herstellungsland vergewissert hat, oder
3. die für den Einführer zuständige Behörde bescheinigt hat, dass die Einfuhr im öffentlichen Interesse ist, wenn ein Zertifikat nach Nummer 1 nicht vorliegt und eine Bescheinigung nach Nummer 2 nicht möglich ist.

[2]Abweichend von Satz 1 Nr. 2 kann die zuständige Behörde von einer Besichtigung der Entnahmeeinrichtungen im Herkunftsland absehen, wenn die vom Einführer eingereichten Unterlagen zu keinen Beanstandungen Anlass geben oder ihr Einrichtungen oder Betriebsstätten sowie das Qualitätssicherungssystem desjenigen, der im Herkunftsland das Gewebe gewinnt, bereits bekannt sind.

(3) [1]Das Bundesministerium wird ermächtigt, durch Rechtsverordnung mit Zustimmung des Bundesrates die weiteren Voraussetzungen für die Einfuhr von Geweben oder Gewebezubereitungen nach Absatz 2 zu bestimmen, um eine ordnungsgemäße Qualität der Gewebe oder Gewebezubereitungen zu gewährleisten. [2]Es kann dabei insbesondere Regelungen zu den von der verantwortlichen Person nach § 20c durchzuführenden Prüfungen und der Durchführung der Überwachung im Herkunftsland durch die zuständige Behörde treffen.

(4) Absatz 2 Satz 1 findet auf die Einfuhr von Gewebe und Gewebezubereitungen im Sinne von Absatz 1 Anwendung, soweit ihre Überwachung durch eine Rechtsverordnung nach § 54, nach § 12 des Transfusionsgesetzes oder nach § 16a des Transplantationsgesetzes geregelt ist.

(5) Die Absätze 1 bis 4 gelten entsprechend für autologes Blut für die Herstellung von biotechnologisch bearbeiteten Gewebeprodukten.

Wichtige Änderungen der Vorschrift: Abs. 1 S. 3 und Abs. 5 eingefügt und Abs. 2 Nr. 2 geändert durch Gesetz zur Änderung arzneimittelrechtlicher und anderer Vorschriften vom 17.7.2009 (BGBl. I S. 1990).

Europarechtliche Vorgaben: Art. 9 RL 2004/23/EG.

Literatur: S. die Angaben zu § 20b und § 20c.

Übersicht

A. Allgemeines

I. Inhalt

Nach Abs. 1 S 1 ist für die gewerbs- oder berufsmäßige Einfuhr (§ 4 XXXII 2) von Gewebe i. S. d. **1**
§ 1a Nr. 4 TPG oder von Gewebezubereitungen i. S. d. § 20c zum Zwecke der Abgabe an andere oder
zur Be- oder Verarbeitung eine Einfuhrerlaubnis erforderlich. Gem. Abs. 1 S. 2 gelten § 20c I 3 und II
bis VII und damit auch die in § 20c II aufgelisteten Versagungsgründe entsprechend. Für Gewebezubereitungen, die zur unmittelbaren Anwendung bestimmt sind, ordnet § 72b I 3 die entsprechende
Geltung des § 72 II an. Abs. 2 normiert in Anlehnung an § 72a, welche Zertifikate anlässlich einer
Einfuhr erforderlich sind. Abs. 3 enthält eine an das BMG adressierte Ermächtigung, in einer Rechtsverordnung die weiteren Voraussetzungen für die Einfuhr von Gewebe oder Gewebezubereitungen nach
Abs. 2 zu bestimmen. Abs. 4 schränkt die Anwendung des Abs. 2 S. 1 auf die Fälle ein, in denen die
Gewebe oder Gewebezubereitungen der Überwachung durch eine Rechtsverordnung nach § 54 AMG,
nach § 12 TFG oder nach § 16a TPG unterliegen. Abs. 5 regelt, dass § 72b für autologes Blut für die
Herstellung von biotechnologisch bearbeiteten Gewebeprodukten entsprechend gilt.

II. Zweck

§ 72b dient der Umsetzung des Art. 9 I RL 2004/23/EG. Hiernach muss die Einfuhr von Geweben **2**
und Zellen aus Drittstaaten auf der Grundlage einer behördlichen Erlaubnis erfolgen und die Einfuhren
müssen den Qualitäts- und Sicherheitsstandards der RL 2004/23/EG gleichwertig sein.

B. Erlaubnispflicht (Abs. 1)

I. Einfuhr von Gewebe oder Gewebezubereitungen i. S. d. § 20c (S. 1)

Gem. **Abs. 1 S. 1** ist eine Einfuhrerlaubnis für die Einfuhr von **Gewebe i. S. d. § 1a Nr. 4 TPG** (s. **3**
hierzu § 4 Rn. 234) oder von **Gewebezubereitungen i. S. d. § 20c** (s. hierzu § 20c Rn. 5) aus Drittstatten, also aus Staaten, die keine EU-Mitgliedstaaten sind oder die nicht dem EWR angehören[1],
vonnöten, wenn dies gewerbs- oder berufsmäßig zum **Zwecke der Abgabe an andere** oder zur **Be-
oder Verarbeitung** geschieht. **Gewerbsmäßig** ist jede auf Gewinnerzielung gerichtete und auf Dauer
angelegte Tätigkeit, die nicht freiberuflich ausgeübt wird[2]. Durch den Begriff **„berufsmäßig"** wird
zudem eine freiberufliche Tätigkeit, insbesondere von Ärzten, erfasst[3]. Obwohl Apotheker gewerbsmäßig
handeln[4], benötigen sie für die Einfuhr von Gewebezubereitungen keine Einfuhrerlaubnis, sofern die
Arzneimittel unter Einhaltung der Vorgaben des § 73 III nach Deutschland verbracht werden[5]. Sofern in
§ 73 I 1 Nr. 2 AMG nur auf die Erlaubnis nach § 72 AMG abgestellt wird, ist dies für die von § 73 I 1
erfassten gem. § 21a genehmigungspflichtigen Arzneimittel lückenhaft, denn diese Arzneimittel sind
zugleich auch Gewebezubereitungen i. S. d. § 20c (s. § 21a Rn. 3) und sie unterliegen gem. § 72 III
Nr. 3 AMG gar nicht der Einfuhrerlaubnis nach § 72.

Die „Abgabe an andere" ist für den Bereich des § 72b nicht legaldefiniert, so dass auf das allgemeine **4**
Verständnis der Abgabe an andere, die ein Fall des Inverkehrbringens nach § 4 XVII darstellt, abzustellen
ist (s. § 21a Rn. 5). Vor dem Hintergrund des Art. 2 I RL 2004/23/EG, wonach die Gewerberichtlinie
für zur Verwendung beim Menschen bestimmte Gewebe und Zellen gilt, ist der **Zweck der „Abgabe an
andere"** nur dann zu bejahen, wenn das Gewebe (ohne weitere Be- oder Verarbeitung (s. § 4 Rn. 235)
oder nach einer solchen) zur Verwendung bei Menschen bestimmt ist. Dient das Gewebe hingegen zu
Forschungszwecken, ohne dass es in klinischen Prüfungen beim Menschen verwendet werden soll, so
bedarf es keiner Einfuhrerlaubnis nach Abs. 1 S. 1. Für das Inverkehrbringen einer auf der Grundlage von
§ 72b I eingeführten Gewebezubereitung bedarf es grundsätzlich einer Genehmigung nach § 21a I[6].

---

[1] Vgl. die mit dem AMG-ÄndG 2009 in § 4 XXXII 2 aufgenommene Definition der Einfuhr.
[2] Vgl. *VGH Mannheim*, NVwZ-RR 1996, 22; *Ennuschat*, in: Tettinger/Wank/Ennuschat, GewO, § 1 Rn. 2.
[3] Vgl. *Kloesel/Cyran*, § 13 Anm. 14.
[4] Vgl. *BVerfG*, NJW 1964, 1067, 1069.
[5] Vgl. *Kloesel/Cyran*, § 72b Anm. 7.
[6] Vgl. BR-Drucks. 688/09, S. 37.

5   Die RL 2004/23/EG gilt unabhängig von der Rechtsnatur des „zur Verwendung beim Menschen" bestimmten Gewebes (s. § 20b Rn. 5), so dass ein der RL entsprechender Sicherheits- und Qualitätsstandards von in Drittstaaten beschafftem Gewebe (Art. 9 I 2 RL 2004/23/EG) unabhängig davon sicherzustellen ist, ob das Gewebe letztlich in Form einer von § 20c erfassten Gewebezubereitung oder aber in Form einer sonstigen Gewebezubereitung, insbes. in Form eines Arzneimittels für neuartige Therapien (deren Herstellung § 13 unterliegt – s. hierzu § 20c Rn. 6), zur Verwendung kommt[7]. Der **Zweck der „Be- oder Verarbeitung"** ist daher nicht nur dann gegeben, wenn das Gewebe i. S. d. § 20c be- oder verarbeitet werden soll, sondern auch dann zu bejahen, wenn das Gewebe einem nach § 13 erlaubnispflichtigen Herstellen in Form des Be- oder Verarbeitens (§ 4 XIV) unterzogen werden soll.

II. Entsprechende Geltung des § 20c Abs. 1 S. 3 und Abs. 2–7 (S. 2)

6   Nach **Abs. 1 S. 2** sind § 20c I 3 und II bis VII entsprechend anzuwenden. Ebenso, wie die Einfuhrerlaubnis nach § 72 vor dem Hintergrund des Art. 40 III RL 2001/83/EG systematisch als Fallgruppe der Herstellungserlaubnis gem. § 13 betrachtet werden kann (was sich in § 72 I 2 widerspiegelt), ist auch die Einfuhrerlaubnis nach § 72b I 1 an die Erlaubnis gem. § 20c angelehnt. Die **Voraussetzungen für die Erteilung der Einfuhrerlaubnis** nach § 72b I 1 ergeben sich aus § 20c II i. V. m. III. Die Verfahrensregelungen und die Regelungen zu Änderungen der erteilten Erlaubnis sind § 20c I 3, IV, V und VI zu entnehmen. Es wird insofern auf die Kommentierung zu § 20c verwiesen. Für die von § 20c erfassten Gewebezubereitungen ist neben der Erlaubnis nach dieser Vorschrift keine Großhandelserlaubnis gem. § 52a erforderlich (s. § 20c Rn. 17). Da die Erlaubnis nach § 20c und die nach § 72b systematisch verbunden sind, benötigt auch der über eine Erlaubnis nach § 72b verfügende Einführer keine zusätzliche Großhandelserlaubnis. Es ist daher richtig, dass in § 52a VI kein Bezug auf § 72b genommen wird, denn das Instrument der Großhandelserlaubnis ist nicht einschlägig.

III. Einfuhr von Gewebezubereitungen zur unmittelbaren Anwendung (S. 3)

7   **1. Vereinfachtes Erlaubnisverfahren entsprechend § 72 Abs. 2.** Durch **Abs. 1 S. 3**, wonach für die Einfuhr von Gewebezubereitungen zur unmittelbaren Anwendung § 72 II entsprechend gilt, wird ein **vereinfachtes Erlaubnisverfahren** normiert[8]. § 72b I 2 i. V. m. § 20c I 3 sowie II bis VII sind für die Einfuhr von Gewebezubereitungen zur unmittelbaren Anwendung nicht einschlägig, es gelten vielmehr die Anforderungen entsprechend § 72 II. Bis zum AMG-ÄndG 2009 war § 72 II unmittelbar auf die nunmehr von § 72b I 3 erfassten Gewebezubereitungen anzuwenden, denn nach § 72 III i. d. F. des Gewebegesetzes fand nur § 72 I keine Anwendung auf Gewebezubereitungen i. S. d. § 20c. Infolge der neuen Strukturierung des § 72 III im Zuge des AMG-ÄndG 2009, wonach auch § 72 II nicht für solche Gewebezubereitungen gilt (§ 72 III Nr. 3), wurde die Regelung in § 72b I 3 nötig. Auch unter den von Abs. 1 S. 3 erfassten **Gewebezubereitungen** sind nur solche gem. **§ 20c** zu verstehen, was aus § 72 III Nr. 3 herzuleiten ist[9]. Für andere Gewebezubereitungen, einschließlich biotechnologisch bearbeiteter Gewebeprodukte oder somatischer Zelltherapeutika gilt § 72 I oder, wenn sie zur unmittelbaren Anwendung bestimmt sind, § 72 II unmittelbar.

8   Eine Bestimmung zur **unmittelbaren Anwendung** i. S. d. § 72 II ist auch dann gegeben, wenn an dem Arzneimittel noch geringfügige Arbeitsschritte vorgenommen werden, die für dessen Anwendungsfähigkeit erforderlich sind[10]. Da die Erlaubnis nach dem Wortlaut des § 72 II i. d. F. des AMG-ÄndG 2009 auch Einrichtungen erteilt wird, steht eine Weitergabe innerhalb der einführenden Einrichtung einer „unmittelbaren Anwendung" nicht entgegen.

9   **2. Erfordernis von Zertifikaten oder Bescheinigungen nach § 72b Abs. 2 S. 1.** Da mit dem Gewebegesetz die vereinfachten Vorschriften zur Einfuhr von Gewebezubereitungen zur unmittelbaren Anwendung in § 72 II und die Folgeregelungen in § 72a unverändert geblieben sind[11], waren bereits vor dem AMG-ÄndG 2009 im Rahmen der Einfuhr von Gewebezubereitungen i. S. d. § 20c zur unmittelbaren Anwendung gem. § 72 II i. V. m. § 72a I a Nr. 2 keine Zertifikate oder Bescheinigungen nach § 72a I 1 Nr. 1 – Nr. 3 erforderlich. § 72a IV i. F. d. Gewebegesetzes (an dessen Stelle nunmehr § 72a Ia Nr. 5 und Nr. 6 getreten sind) betraf somit nicht Gewebezubereitungen zur unmittelbaren Anwendung. Für die Rechtslage nach dem AMG-ÄndG 2009 vertritt die Bundesregierung im Erfahrungsbericht zum Gewebegesetz indes die Auffassung, dass für die qualitätsgesicherte Einfuhr von Gewebezubereitungen zur unmittelbaren Anwendung die Anforderungen des § 72b II gültig seien[12].

10   Dem ist entgegenzutreten: Zwar bezieht sich der Wortlaut des § 72b II 1 auf den „Einführer nach Abs. 1", so dass man meinen könnte, auch die Fallgruppe des Abs. 1 S. 3 fiele in den Anwendungs-

---

[7] Ebenso *Kloesel/Cyran*, § 72b Anm. 3.

[8] Vgl. BR-Drucks. 688/09, S. 37.

[9] Ebenso *Kloesel/Cyran*, § 72b Anm. 30.

[10] Vgl. BT-Drucks. 16/12256, S. 55.

[11] Vgl. BT-Drucks. 16/5443, S. 59; *v. Auer*, Transfus Med Hemother 2008, 407, 411.

[12] Vgl. BR-Drucks. 688/09, S. 37; vgl. auch BR-Drucks. 688/09, S. 43.

bereich des § 72b II 1. Im Gesetzgebungsverfahren des AMG-ÄndG 2009 wurde § 72b I 3 jedoch lediglich als Folgeänderung zu § 72 II betrachtet[13]. Überdies wurde § 72a Ia Nr. 2 dahingehend ergänzt, dass außer für Arzneimittel menschlicher Herkunft zur unmittelbaren Anwendung auch für „Blutstammzellzubereitungen zur gerichteten, für eine bestimmte Person vorgesehenen Anwendung" keine Zertifikate oder Bescheinigungen nach § 72a I 1 im Rahmen der Einfuhr vonnöten sind. Bedenkt man, dass – wie vorstehend unter Rn. 6 ausgeführt – auch für sonstige, nicht von § 20c erfasste Gewebezubereitungen nach § 72a Ia Nr. 2 keine solchen Zertifikate oder Bescheinigungen erforderlich sind, so ist es fachlich nicht darstellbar und überdies **unverhältnismäßig,** in den Fällen des § 72b I 3 – etwa bei der Einfuhr von Knochenmarkzubereitungen zur unmittelbaren Anwendung[14] – **Zertifikate oder Bescheinigungen nach § 72b II 1 Nr. 1–3 zu fordern.**

C. Zertifikate oder Bescheinigungen (Abs. 2)

I. Grundsatz (S. 1)

Abs. 2 S. 1 ist an § 72a I angelehnt. Der Einführer nach Abs. 1 (s. Rn. 10) darf Gewebe oder **11** Gewebezubereitungen nur einführen, wenn eine(s) der in Nr. 1–3 genannten Zertifikate oder Bescheinigungen vorliegt (zum Anwendungsbereich der Vorschrift im Übrigen s. die Kommentierung zu Abs. 4 in Rn. 18).

1. Gegenseitig anerkanntes Inspektionszertifikat des Herkunftslandes (Nr. 1). Nach **Nr. 1** **12** muss durch ein gegenseitig anerkanntes Zertifikat der Behörde des Herkunftslandes bestätigt sein, dass die Gewinnung, Be- oder Verarbeitung, Konservierung, Lagerung oder Prüfung nach Standards durchgeführt wurden, die den Gemeinschaftsstandards der guten fachlichen Praxis (GFP) nach den RL 2004/23/EG, 2006/17/EG und 2006/86/EG gleichwertig sind[15]. Es existieren bislang keine derartigen, im Verhältnis zu bestimmten Drittstaaten **gegenseitig anerkannte Inspektionszertifikate** über die Einhaltung der GFP.

2. GFP-Inspektionsbericht der für den Einführer zuständigen Behörde (Nr. 2). Daher kommt **13** regelmäßig **Nr. 2** zum Tragen, wonach die Einfuhr nur erfolgen darf, wenn die für den Einführer zuständige Behörde bescheinigt hat, dass für die Tätigkeiten wie sie auch in Nr. 1 aufgeführt werden, die genannten GFP-Gemeinschaftsstandards eingehalten werden, nachdem sie oder eine andere Behörde eines EU- oder EWR-Staates sich darüber im Herkunftsland vergewissert hat; es muss also ein sog. **GFP-Inspektionsbericht** vorliegen. Im Zuge des AMG-ÄndG 2009 hat der Gesetzgeber eine redaktionelle Änderung der Nr. 2 vorgenommen, indem auch hier wie in Nr. 1 eingehend aufgelistet wird, welche Tätigkeiten den GFP-Standards genügen müssen. Zugleich wurde – terminologisch unsauber – in Nr. 2 anstelle des zuvor auch dort verwendeten Begriffs „Herkunftsland" der Terminus „Herstellungsland" aufgenommen (zur Verzichtbarkeit der GFP-Inspektion s. Rn. 15).

3. Bescheinigung des öffentlichen Interesses an der Einfuhr (Nr. 3). Nach **Nr. 3** muss die für **14** den Einführer zuständige Behörde bescheinigt haben, dass die **Einfuhr im öffentlichen Interesse** liegt. Eine solche Bescheinigung kommt indes nur in Betracht, wenn kein gegenseitig anerkanntes GFP-Zertifikat des Herkunftslandes nach Nr. 1 vorliegt (solche sind bislang nicht existent) oder wenn keine Bescheinigung der für den Einführer zuständigen Behörde nach Nr. 2 möglich ist. Eine solche Unmöglichkeit zur Erstellung eines GFP-Inspektionsberichts nach Besichtigung im Herkunftsland kommt auch in Eilfällen in Betracht, etwa wenn die Einfuhr aus Gründen des Gesundheitsschutzes eines Patienten dringend notwendig ist[16].

II. Ausnahme (S. 2)

Gem. **Abs. 2 S. 2** ist eine **behördliche Inspektion im Herkunftsland auf der Grundlage einer** **15** **Ermessensentscheidung der Behörde verzichtbar,** denn die zuständige Behörde kann von einer Besichtigung der Entnahmeeinrichtungen im Herkunftsland absehen, wenn die vom Einführer eingereichten Unterlagen zu keinen Beanstandungen Anlass geben oder wenn der Behörde die Einrichtungen oder Betriebsstätten sowie das Qualitätssicherungssystem desjenigen, der im Herkunftsland das Gewebe

---

[13] Vgl. BT-Drucks. 16/12256, S. 55.

[14] Bei den der hämatopoetischen Rekonstitution dienenden, zur unmittelbaren Anwendung bestimmten Knochenmarkzubereitungen besteht wie bei den von § 72a Ia Nr. 2 erfassten gerichteten Blutstammzellzubereitungen infolge der lebensbedrohlichen Notfallsituation (vgl. hierzu BT-Drucks. 16/12256, S. 55) die Notwendigkeit, aus fachlichen Gründen und zur Vermeidung eines Verstoßes gegen das Übermaßverbot auf Zertifikate oder Bescheinigungen nach § 72b II 1 Nr. 1–3 zu verzichten.

[15] Mit dem AMG-ÄndG 2009 wurde als Folgeänderung zu § 20c aufgenommen, dass auch die Konservierung, Lagerung und Prüfung im Herkunftsland den Standards der guten fachlichen Praxis entsprechen muss, vgl. BT-Drucks. 16/13428, S. 86.

[16] Vgl. BR-Drucks. 688/09, S. 46.

gewinnt, bekannt sind. Hiermit wird der für die Erteilung der Einfuhrerlaubnis zuständigen Behörde ein Ermessensspielraum eingeräumt, zu entscheiden, in welchen Fällen sie Besichtigungen im Herkunftsland vornimmt oder hierauf verzichtet[17]. § 72b II 2 stellt insofern eine gegenüber § 64 IIIa 2 vorrangige Spezialregelung dar (s. Rn. 14).

D. Verordnungsermächtigung (Abs. 3)

I. Weitere Voraussetzungen für die Einfuhr (S. 1)

16   **Abs. 3 S. 1** enthält eine an das BMG adressierte Ermächtigungsgrundlage, durch Rechtsverordnung mit Zustimmung des Bundesrates die **weiteren Voraussetzungen** für die Einfuhr von Gewebe oder Gewebezubereitungen nach § 72b II zu bestimmen, um deren ordnungsgemäße Qualität zu gewährleisten. Die Rechtsverordnung soll die Voraussetzungen näher regeln, unter denen von der Fremdbesichtigung abgesehen werden kann[18], also keine Besichtigung nach Abs. 1 S. 1 Nr. 2 erforderlich ist. Es ist nach wie vor nicht absehbar, ob und wann eine solche Rechtsverordnung erlassen wird.

II. Regelungen zur Prüfung und Überwachung (S. 2)

17   Nach **Abs. 3 S. 2** kann das BMG in der Rechtsverordnung insbesondere Regelungen zu den von der verantwortlichen Person nach § 20c durchzuführenden Prüfungen und der Durchführung der Überwachung im Herkunftsland durch die zuständige Behörde – also für die Durchführung der GFP-Inspektionen – treffen. § 72b III ist an § 72a III angelehnt.

E. Anwendungsbereich des Abs. 2 S. 1 (Abs. 4)

18   Gem. **Abs. 4** findet Abs. 1 S. 1 auf die Einfuhr der in Abs. 1 genannten Gewebe und Gewebezubereitungen nur Anwendung, soweit ihre Überwachung durch eine Rechtsverordnung nach § 54, nach § 12 TFG oder nach § 16a TPG geregelt ist. Bei der VO nach § 54 handelt es sich um die AMWHV, die Verordnung nach § 16a TPG ist die TPG-GewV. Eine VO nach § 12 TFG ist bislang nicht erlassen worden. Die Bezugnahme auf § 12 TFG ist erst sinnvoll, nachdem durch das AMG-ÄndG 2009 gem. § 72b V die Vorgaben nach § 72b I–IV entsprechend für autologes Blut für die Herstellung biotechnologisch bearbeiteter Gewebeprodukte gilt. § 72b IV ist an § 72a Id angelehnt, der bis zur 14. AMG-Novelle in § 72a I 5 verortet war und in inhaltlicher Entsprechung mit § 64 I 2 regelt, dass die Zertifikatsregelung erst Anwendung findet, sobald die genannte Rechtsverordnung für diesem Bereich anzuwenden ist[19]. Da die AMWHV gem. ihrem § 1 I Nr. 2a jedwedes Gewebe i. S. d. § 1a Nr. 4 TPG erfasst, unabhängig davon, ob es zur Arzneimittelherstellung bestimmt ist, sind für eine gem. § 72a I 1 (s. Rn. 10) erlaubnispflichtige Einfuhr Zertifikate oder Bescheinigungen nach § 72b II 1 auch dann vonnöten, wenn die Gewebe zur Herstellung von in-vitro-Diagnostika bestimmt sind (s. § 20b Rn. 5).

F. Blut zur Herstellung autologer biotechnologisch bearbeiteter Gewebeprodukte (Abs. 5)

19   Mit dem AMG-ÄndG 2009 wurde **Abs. 5** in die Vorschrift aufgenommen. Hiernach gelten § 72b I–IV entsprechend für autologes Blut für die Herstellung von biotechnologisch bearbeiteten Gewebeprodukten § 4 IX i. V. m. Art. 2 I Buchst. b) VO (EG) Nr. 1394/2007). Ein autologes biotechnologisch bearbeitetes Gewebeprodukt liegt aufgrund des Art. 2 III VO (EG) Nr. 1394/2007 nur dann vor, wenn das Arzneimittel keine von anderen Personen als ihm selbst stammenden Zellen enthält. § 72b V korrespondiert mit §§ 72 III Nr. 2, 72a Ia Nr. 6. Den Gesetzesmaterialien ist zu entnehmen, dass das bei der Herstellung von autologen biotechnologischen Gewebeprodukten verwendete Blut abweichend von § 72a den Einfuhrvorschriften aus § 72b gleichgestellt wird, weil das wegen des engen Sachzusammenhangs mit den betroffenen Gewebeprodukten sachgerecht ist[20]. Hierzu ist anzumerken, dass nur das bei der Herstellung von Arzneimitteln für neuartige Therapien aus Drittstaaten bezogene Gewebe i. S. d. § 1a Nr. 4 TPG in den Anwendungsbereich des § 72b fällt, wohingegen für aus Drittstaaten eingeführte Arzneimittel für neuartige Therapien § 72 gilt (s. Rn. 7).

---

[17] Vgl. BT-Drucks. 16/5443, S. 59.
[18] Vgl. BT-Drucks. 16/5443, S. 59.
[19] Vgl. BT-Drucks. 12/6480, S. 22.
[20] Vgl. BT-Drucks. 16/12256, S. 55.

§ 73 Verbringungsverbot

(1) ¹Arzneimittel, die der Pflicht zur Zulassung oder Genehmigung nach § 21a oder zur Registrierung unterliegen, dürfen in den Geltungsbereich dieses Gesetzes nur verbracht werden, wenn sie zum Verkehr im Geltungsbereich dieses Gesetzes zugelassen, nach § 21a genehmigt, registriert oder von der Zulassung oder der Registrierung freigestellt sind und

1. der Empfänger in dem Fall des Verbringens aus einem Mitgliedstaat der Europäischen Union oder einem anderen Vertragsstaat des Abkommens über den Europäischen Wirtschaftsraum pharmazeutischer Unternehmer, Großhändler oder Tierarzt ist, eine Apotheke betreibt oder als Träger eines Krankenhauses nach dem Apothekengesetz von einer Apotheke eines Mitgliedstaates der Europäischen Union oder eines anderen Vertragsstaates des Abkommens über den Europäischen Wirtschaftsraum mit Arzneimitteln versorgt wird,
1a. im Falle des Versandes an den Endverbraucher das Arzneimittel von einer Apotheke eines Mitgliedstaates der Europäischen Union oder eines anderen Vertragsstaates des Abkommens über den Europäischen Wirtschaftsraum, welche für den Versandhandel nach ihrem nationalen Recht, soweit es dem deutschen Apothekenrecht im Hinblick auf die Vorschriften zum Versandhandel entspricht, oder nach dem deutschen Apothekengesetz befugt ist, entsprechend den deutschen Vorschriften zum Versandhandel oder zum elektronischen Handel versandt wird oder
2. der Empfänger in dem Fall des Verbringens aus einem Land, das nicht Mitgliedstaat der Europäischen Union oder ein anderer Vertragsstaat des Abkommens über den Europäischen Wirtschaftsraum ist, eine Erlaubnis nach § 72 besitzt.

²Die in § 47a Abs. 1 Satz 1 genannten Arzneimittel dürfen nur in den Geltungsbereich dieses Gesetzes verbracht werden, wenn der Empfänger eine der dort genannten Einrichtungen ist. ³Das Bundesministerium veröffentlicht in regelmäßigen Abständen eine aktualisierte Übersicht über die Mitgliedstaaten der Europäischen Union und die anderen Vertragsstaaten des Europäischen Wirtschaftsraums, in denen für den Versandhandel und den elektronischen Handel mit Arzneimitteln dem deutschen Recht vergleichbare Sicherheitsstandards bestehen.

(1a) Fütterungsarzneimittel dürfen in den Geltungsbereich dieses Gesetzes nur verbracht werden, wenn sie

1. den im Geltungsbereich dieses Gesetzes geltenden arzneimittelrechtlichen Vorschriften entsprechen und
2. der Empfänger zu den in Absatz 1 genannten Personen gehört oder im Falle des § 56 Abs. 1 Satz 1 Tierhalter ist.

(1b) ¹Es ist verboten, gefälschte Arzneimittel oder gefälschte Wirkstoffe in den Geltungsbereich dieses Gesetzes zu verbringen. ²Die zuständige Behörde kann in begründeten Fällen, insbesondere zum Zwecke der Untersuchung oder Strafverfolgung, Ausnahmen zulassen.

(2) Absatz 1 Satz 1 gilt nicht für Arzneimittel,

1. im Einzelfall in geringen Mengen für die Arzneimittelversorgung bestimmter Tiere bei Tierschauen, Turnieren oder ähnlichen Veranstaltungen bestimmt sind,
2. für den Eigenbedarf der Einrichtungen von Forschung und Wissenschaft bestimmt sind und zu wissenschaftlichen Zwecken benötigt werden, mit Ausnahme von Arzneimitteln, die zur klinischen Prüfung bei Menschen bestimmt sind,
2a. in geringen Mengen von einem pharmazeutischen Unternehmer, einem Betrieb mit einer Erlaubnis nach § 13 oder von einem Prüflabor als Anschauungsmuster oder zu analytischen Zwecken benötigt werden,
2b. von einem Betrieb mit Erlaubnis nach § 13 entweder zum Zweck der Be- oder Verarbeitung und des anschließenden Weiter- oder Zurückverbringens oder zum Zweck der Herstellung eines zum Inverkehrbringen im Geltungsbereich zugelassenen oder genehmigten Arzneimittels aus einem Mitgliedstaat der Europäischen Union oder einem anderen Vertragsstaat des Abkommens über den Europäischen Wirtschaftsraum verbracht werden,
3. unter zollamtlicher Überwachung durch den Geltungsbereich des Gesetzes befördert oder in ein Zolllagerverfahren oder eine Freizone des Kontrolltyps II übergeführt oder in eine Freizone des Kontrolltyps I oder ein Freilager verbracht werden,
3a. in einem Mitgliedstaat der Europäischen Union oder einem anderen Vertragsstaat des Abkommens über den Europäischen Wirtschaftsraum zugelassen sind und auch nach Zwischenlagerung bei einem pharmazeutischen Unternehmer, Hersteller oder Großhändler wiederausgeführt oder weiterverbracht oder zurückverbracht werden,

4. für das Oberhaupt eines auswärtigen Staates oder seine Begleitung eingebracht werden und zum Gebrauch während seines Aufenthalts im Geltungsbereich dieses Gesetzes bestimmt sind,

5. zum persönlichen Gebrauch oder Verbrauch durch die Mitglieder einer diplomatischen Mission oder konsularischen Vertretung im Geltungsbereich dieses Gesetzes oder Beamte internationaler Organisationen, die dort ihren Sitz haben, sowie deren Familienangehörige bestimmt sind, soweit diese Personen weder Deutsche noch im Geltungsbereich dieses Gesetzes ständig ansässig sind,

6. bei der Einreise in den Geltungsbereich dieses Gesetzes in einer dem üblichen persönlichen Bedarf oder dem üblichen Bedarf der bei der Einreise mitgeführten nicht der Gewinnung von Lebensmitteln dienenden Tiere entsprechenden Menge eingebracht werden,

6a. im Herkunftsland in Verkehr gebracht werden dürfen und ohne gewerbs- oder berufsmäßige Vermittlung in einer dem üblichen persönlichen Bedarf entsprechenden Menge aus einem Mitgliedstaat der Europäischen Union oder einem anderen Vertragsstaat des Abkommens über den Europäischen Wirtschaftsraum bezogen werden,

7. in Verkehrsmitteln mitgeführt werden und ausschließlich zum Gebrauch oder Verbrauch der durch diese Verkehrsmittel beförderten Personen bestimmt sind,

8. zum Gebrauch oder Verbrauch auf Seeschiffen bestimmt sind und an Bord der Schiffe verbraucht werden,

9. als Proben der zuständigen Bundesoberbehörde zum Zwecke der Zulassung oder der staatlichen Chargenprüfung übersandt werden,

9a. als Proben zu analytischen Zwecken von der zuständigen Behörde im Rahmen der Arzneimittelüberwachung benötigt werden,

10. durch Bundes- oder Landesbehörden im zwischenstaatlichen Verkehr bezogen werden.

(3) ¹Abweichend von Absatz 1 Satz 1 dürfen Fertigarzneimittel, die zur Anwendung bei Menschen bestimmt sind und nicht zum Verkehr im Geltungsbereich dieses Gesetzes zugelassen, nach § 21a genehmigt, registriert oder von der Zulassung oder Registrierung freigestellt sind, in den Geltungsbereich dieses Gesetzes verbracht werden, wenn

1. sie von Apotheken auf vorliegende Bestellung einzelner Personen in geringer Menge bestellt und von diesen Apotheken im Rahmen der bestehenden Apothekenbetriebserlaubnis abgegeben werden,

2. sie in dem Staat rechtmäßig in Verkehr gebracht werden dürfen, aus dem sie in den Geltungsbereich dieses Gesetzes verbracht werden, und

3. für sie hinsichtlich des Wirkstoffs identische und hinsichtlich der Wirkstärke vergleichbare Arzneimittel für das betreffende Anwendungsgebiet im Geltungsbereich des Gesetzes nicht zur Verfügung stehen

oder wenn sie nach den apothekenrechtlichen Vorschriften oder berufsgenossenschaftlichen Vorgaben oder im Geschäftsbereich des Bundesministeriums der Verteidigung für Notfälle vorrätig zu halten sind oder kurzfristig beschafft werden müssen, wenn im Geltungsbereich dieses Gesetzes Arzneimittel für das betreffende Anwendungsgebiet nicht zur Verfügung stehen. ²Die Bestellung und Abgabe bedürfen der ärztlichen oder zahnärztlichen Verschreibung für Arzneimittel, die nicht aus Mitgliedstaaten der Europäischen Union oder anderen Vertragsstaaten des Abkommens über den Europäischen Wirtschaftsraum bezogen worden sind. ³Das Nähere regelt die Apothekenbetriebsordnung.

(3a) ¹Abweichend von Absatz 1 Satz 1 dürfen Fertigarzneimittel, die nicht zum Verkehr im Geltungsbereich dieses Gesetzes zugelassen oder registriert oder von der Zulassung oder Registrierung freigestellt sind zum Zwecke der Anwendung bei Tieren, in den Geltungsbereich dieses Gesetzes nur verbracht werden, wenn

1. sie von Apotheken für Tierärzte oder Tierhalter bestellt und von diesen Apotheken im Rahmen der bestehenden Apothekenbetriebserlaubnis abgegeben werden oder vom Tierarzt im Rahmen des Betriebs einer tierärztlichen Hausapotheke für die von ihm behandelten Tiere bestellt werden,

2. sie in einem Mitgliedstaat der Europäischen Union oder einem anderen Vertragsstaat des Abkommens über den Europäischen Wirtschaftsraum zur Anwendung bei Tieren zugelassen sind und

3. im Geltungsbereich dieses Gesetzes kein zur Erreichung des Behandlungsziels geeignetes zugelassenes Arzneimittel, das zur Anwendung bei Tieren bestimmt ist, zur Verfügung steht.

²Die Bestellung und Abgabe in Apotheken dürfen nur bei Vorliegen einer tierärztlichen Verschreibung erfolgen. ³Absatz 3 Satz 3 gilt entsprechend. ⁴Tierärzte, die Arzneimittel nach Satz 1 bestellen oder von Apotheken beziehen oder verschreiben, haben dies unverzüglich der zuständigen Behörde anzuzeigen. ⁵In der Anzeige ist anzugeben, für welche Tierart und

welches Anwendungsgebiet die Anwendung des Arzneimittels vorgesehen ist, der Staat, aus dem das Arzneimittel in den Geltungsbereich dieses Gesetzes verbracht wird, die Bezeichnung und die bestellte Menge des Arzneimittels sowie seine Wirkstoffe nach Art und Menge.

(4) [1]Auf Arzneimittel nach Absatz 2 Nummer 4 und 5 finden die Vorschriften dieses Gesetzes keine Anwendung. [2]Auf Arzneimittel nach Absatz 2 Nummer 1 bis 3 und 6 bis 10 und Absatz 3 finden die Vorschriften dieses Gesetzes keine Anwendung mit Ausnahme der §§ 5, 6a, 8, 13 bis 20a, 52a, 64 bis 69a und 78, ferner in den Fällen des Absatzes 2 Nummer 2 und des Absatzes 3 auch mit Ausnahme der §§ 48, 95 Absatz 1 Nummer 1 und 3a, Absatz 2 bis 4, § 96 Nummer 3, 10 und 11 sowie § 97 Absatz 1, 2 Nummer 1 und 9 sowie Absatz 3. [3]Auf Arzneimittel nach Absatz 3a finden die Vorschriften dieses Gesetzes keine Anwendung mit Ausnahme der §§ 5, 6a, 8, 48, 52a, 56a, 57, 58 Absatz 1 Satz 1, der §§ 59, 64 bis 69a, 78, 95 Absatz 1 Nummer 1, 2a, 2b, 3a, 6, 8, 9 und 10, Absatz 2 bis 4, § 96 Nummer 3, 13, 14 und 15 bis 17, § 97 Absatz 1, 2 Nummer 1, 21 bis 24 sowie 31 und Absatz 3 sowie der Vorschriften der auf Grund des § 12 Absatz 1 Nummer 1 und 2 sowie Absatz 2, des § 48 Absatz 2 Nummer 4 und 8, des § 54 Absatz 1, 2 und 3 sowie des § 56a Absatz 3 erlassenen Verordnung über tierärztliche Hausapotheken und der auf Grund der §§ 12, 54 und 57 erlassenen Verordnung über Nachweispflichten für Arzneimittel, die zur Anwendung bei Tieren bestimmt sind.

(5) [1]Ärzte und Tierärzte dürfen bei der Ausübung ihres Berufes im kleinen Grenzverkehr im Sinne der Verordnung (EG) Nr. 1931/2006 des Europäischen Parlaments und des Rates vom 20. Dezember 2006 zur Festlegung von Vorschriften über den kleinen Grenzverkehr an den Landaußengrenzen der Mitgliedstaaten sowie zur Änderung der Bestimmungen des Übereinkommens von Schengen (ABl. L 405 vom 30.12.2006, S. 1) nur Arzneimittel mitführen, die zum Verkehr im Geltungsbereich dieses Gesetzes zugelassen oder registriert sind oder von der Zulassung oder Registrierung freigestellt sind. [2]Abweichend von Absatz 1 Satz 1 dürfen Ärzte, die eine Gesundheitsdienstleistung im Sinne der Richtlinie 2011/24/EU des Europäischen Parlaments und des Rates vom 9. März 2011 über die Ausübung der Patientenrechte in der grenzüberschreitenden Gesundheitsversorgung (ABl. L 88 vom 4.4.2011, S. 45) erbringen, am Ort ihrer Niederlassung zugelassene Arzneimittel in kleinen Mengen in einem für das Erbringen der grenzüberschreitenden Gesundheitsversorgung unerlässlichen Umfang in der Originalverpackung mit sich führen, wenn und soweit Arzneimittel gleicher Zusammensetzung und für gleiche Anwendungsgebiete auch im Geltungsbereich dieses Gesetzes zugelassen sind; der Arzt darf diese Arzneimittel nur selbst anwenden. [3]Ferner dürfen abweichend von Absatz 1 Satz 1 Tierärzte, die als Staatsangehörige eines Mitgliedstaates der Europäischen Union oder eines anderen Vertragsstaates des Abkommens über den Europäischen Wirtschaftsraum eine Dienstleistung im Sinne der Richtlinie 2006/123/EG des Europäischen Parlaments und des Rates vom 12. Dezember 2006 über Dienstleistungen im Binnenmarkt (ABl. L 376 vom 27.12.2006, S. 36) erbringen, am Ort ihrer Niederlassung zugelassene Arzneimittel in kleinen Mengen in einem für das Erbringen der Dienstleistung unerlässlichen Umfang in der Originalverpackung mit sich führen, wenn und soweit Arzneimittel gleicher Zusammensetzung und für gleiche Anwendungsgebiete auch im Geltungsbereich dieses Gesetzes zugelassen sind; der Tierarzt darf diese Arzneimittel nur selbst anwenden. [4]Er hat den Tierhalter auf die für das entsprechende, im Geltungsbereich dieses Gesetzes zugelassene Arzneimittel festgesetzte Wartezeit hinzuweisen.

(6) [1]Für die zollamtliche Abfertigung zum freien Verkehr im Falle des Absatzes 1 Nr. 2 sowie des Absatzes 1a Nr. 2 in Verbindung mit Absatz 1 Nr. 2 ist die Vorlage einer Bescheinigung der für den Empfänger zuständigen Behörde erforderlich, in der die Arzneimittel bezeichnet sind und bestätigt wird, dass die Voraussetzungen nach Absatz 1 oder Absatz 1a erfüllt sind. [2]Die Zolldienststelle übersendet auf Kosten des Zollbeteiligten die Bescheinigung der Behörde, die diese Bescheinigung ausgestellt hat.

(7) [1]Im Falle des Absatzes 1 Nr. 1 hat ein Empfänger, der Großhändler ist oder eine Apotheke betreibt, das Bestehen der Deckungsvorsorge nach § 94 nachzuweisen.

Wichtige Änderungen der Vorschrift: Abs. 1 S. 1 Nr. 1a und S. 3 eingefügt durch Art. 23 Nr. 4 GMG vom 13.11.2003 (BGBl. I S. 2190); Abs. 3 neu gefasst durch Art. 1 Nr. 65 des Vierzehnten Gesetzes zur Änderung des Arzneimittelgesetzes vom 29.8.2005 (BGBl. I S. 2570); Abs. 1b eingefügt, Abs. 3 neu gefasst und Abs. 3a eingefügt durch Art. 1 Nr. 65 des Gesetzes zur Änderung arzneimittelrechtlicher und anderer Vorschriften vom 17.7.2009 (BGBl. I S. 1990); Abs. 2 Nr. 2a neu gefasst, Abs. 2 Nr. 2b eingefügt, Abs. 2 Nr. 9a eingefügt und Abs. 5 neu gefasst durch Art. 1 Nr. 58 des Zweiten Gesetzes zur Änderung arzneimittelrechtlicher und anderer Vorschriften vom 19.10.2012 (BGBl. I S. 2912).

Europarechtliche Vorgaben: Art. 5 I RL 2001/83/EG

Literatur: *Harney*, Die Haftung des Pharmaherstellers beim Einzelimport und beim Compassionate Use, PharmR 2010, 18; *Kieser*, Rechtsprobleme beim Einzelimport von Arzneimitteln gemäß § 73 Abs. 3 AMG, A&R 2005, 147; *Klados*, Verwendung in Deutschland nicht zugelassener Arzneimittel, WRP 2001, 1058; *Mand*, Bindung EU-ausländischer Apotheken an das deutsche Arzneimittelpreisrecht, NJW 2014, 3200; *ders.*, Internationaler Versandhandel mit Arzneimitteln, GRURInt. 2005, 637; *Saalfrank/Wesser*, Anspruch der GKV auf Rückerstattung von Zahlungen für aus importierten Arzneimitteln anwendungsfertig hergestellte Zytostatika (Teil 1), A&R 2009, 253; *Tillmanns*, Die Änderung des § 73 Abs. 3 AMG durch die 15. AMG-Novelle: Ein Fall für den EuGH?, PharmR 2009, 616; *Wesch*, Importverbot gefälschter Arzneimittel zu Untersuchungszwecken, PharmInd 2011, 1062; *Willhöft*, Regulatorische Anforderungen an die Einzeleinfuhr von Fertigarzneimitteln nach § 73 Abs. 3 AMG, A&R 2012, 162.

Übersicht

A. Allgemeines

I. Inhalt

Die Vorschrift statuiert für in Deutschland zulassungs-, registrierungs- oder genehmigungspflichtige **1** Arzneimittel ein **Einfuhrverbot,** sofern für diese keine entsprechende inländische Zulassung, Registrierung, Genehmigung oder eine Freistellung von der Zulassung bzw. Registrierung vorliegt und legt zudem die Anforderungen an die Empfänger von einzuführenden Arzneimitteln fest (Abs. 1). Hierbei wird auch danach unterschieden, ob ein Arzneimittel aus der EU/dem EWR oder einem Land, welches nicht Mitgliedstaat der EU bzw. Vertragsstaat des EWR (Drittstaat) ist, eingeführt werden soll. Nur bei der Einfuhr aus einem Drittstaat ist die Erteilung einer Einfuhrerlaubnis nach § 72 und eines Zertifikats nach § 72a zwingend vorgeschrieben. Sonderregelungen bestehen für den Versandhandel mit Arzneimitteln (Abs. 1 S. 1 Nr. 1a und S. 3) und für Fütterungsarzneimittel (Abs. 1a). Die Einfuhr von gefälschten Arzneimitteln ist grundsätzlich verboten (Abs. 1b). Von dem allgemeinen Verbringungsverbot werden jedoch eine Reihe von einzelfallbezogenen Ausnahmen gemacht (Abs. 2). Darüber hinaus sind Einzeleinfuhren auf Bestellung bei Apotheken unter bestimmten Voraussetzungen möglich, auch wenn die betr. Arzneimittel nicht zum Verkehr in Deutschland zugelassen oder registriert sind oder von der Zulassung oder Registrierung freigestellt sind (Abs. 3). Auch für Tierarzneimittel sind Ausnahmen vom Verbringungsverbot möglich (Abs. 3a). Zur Sicherstellung der Arzneimittelsicherheit unterliegen bestimmte von Abs. 2 vom Verbringungsverbot ausgenommene Arzneimittel einer Reihe von Vorschriften des AMG (Abs. 4). Ärzten und Tierärzten ist es in Ausübung ihres Berufes im Rahmen des kleinen Grenzverkehrs gestattet, Arzneimittel einzuführen, sofern diese im Inland zugelassen oder registriert oder von der Zulassung oder Registrierung freigestellt sind (Abs. 5). Für Einfuhren aus Drittstaaten ist für die zollamtliche Abfertigung zum freien Verkehr die Vorlage einer Bescheinigung der für den Empfänger zuständigen Behörde erforderlich, dass die Voraussetzungen des Abs. 1 oder 1a vorliegen (Abs. 6). Ist der Empfänger eines aus der EU/dem EWR einzuführenden Arzneimittels ein Großhändler oder der Betreiber einer Apotheke, hat dieser für die Zwecke der Einfuhr das Bestehen einer Deckungsvorsorge nach § 94 nachzuweisen (Abs. 7).

II. Zweck

Mit der umfangreichen Regelung des § 73 wird vor allem die Gewährleistung der **Arzneimittel-** **2** **sicherheit** bei der Einfuhr solcher Präparate bezweckt. Das Verbringungsverbot dient dazu, eine vorhergehende staatliche Prüfung auf Qualität, Wirksamkeit und Unbedenklichkeit von Arzneimitteln zu ermöglichen. Es soll der Verbraucher bereits im Vorfeld vor gesundheitlichen Gefahren geschützt werden, indem nicht der Vorschrift entsprechende Arzneimittel schon an der Grenze abgefangen und deren Einfuhr verhindert wird[1]. Andererseits soll jedoch auch dem Grundsatz der **Warenverkehrsfreiheit** in der EU/dem EWR, dem Umstand der stetig steigenden Mobilität der Bürger und den sich aus der Zunahme des Versandhandels und elektronischen Handels ergebenden Anforderungen Rechnung getragen werden, ohne dabei die Sicherheit des Verkehrs mit Arzneimitteln zu gefährden.

B. Einfuhrbeschränkungen (Abs. 1)

I. Grundsatz (S. 1)

Zulassungs- oder registrierungspflichtige Human[2]**- und Tierarzneimittel**[3] sowie Arzneimittel, **3** die einer **Genehmigung nach § 21a**[4] bedürfen, können nach Deutschland nur eingeführt werden, wenn sie hier zugelassen oder registriert oder genehmigt oder von der Zulassung oder Registrierung freigestellt sind (1. Halbs.) **und** alternativ die in den Nr. 1, 1a oder 2 genannten Voraussetzungen (2. Halbs.) erfüllen[5]. Dies entspricht dem in Art. 6 I RL 2001/83/EG geregelten Verbot, Arzneimittel in einem Mitgliedstaat, in dem sie nicht zugelassen sind, in den Verkehr zu bringen[6] und stellt keine

---

[1] Vgl. *OLG Karlsruhe,* NJW-RR 2002, 1206. Demzufolge stellt die Vorschrift des § 73 ein gesetzliches Verbot i. S. d. § 134 BGB dar. Nach dem *VG Köln,* Beschl. v. 19.2.2015 – L 7 2088/14 – BeckRS 2015, 43187, soll die Vorschrift einen unübersichtlichen grenzüberschreitenden Handel eindämmen und dadurch eine klare Zurechnung der Vertriebsströme erreicht werden.
[2] Zum Verstoß gegen das Verbringungsverbot des § 73 bei der Einfuhr von Zytostatika vgl. *Saalfrank/Wesser,* A&R 2009, 253.
[3] Die Zulassungspflicht besteht auch für Tierarzneimittel als Bulkware nach Maßgabe des § 21 I 2.
[4] Abs. 1 S. 1 ist mit dem AMG-ÄndG 2009 auf genehmigte Gewebezubereitungen (§ 21a) erweitert worden, vgl. BT-Drucks. 16/12256, S. 55.
[5] Ein Kaufvertrag über die Lieferung von nicht zugelassenen, jedoch zulassungspflichtigen Arzneimitteln aus dem Ausland nach Deutschland ist nach § 134 BGB nichtig, vgl. *OLG Karlsruhe,* NJW-RR 2002, 1206.
[6] Vgl. *EuGH,* Urt. v. 8.11.2007 – Rs. C-143/06, GRUR 2008, 264 Rn. 19 – Ludwigs-Apotheke/Juers Pharma.

mengenmäßige Einfuhrbeschränkung i. S. d. Art. 34 AEUV (= Art. 28 EG) dar[7]. Das grundsätzliche Verbot der Einfuhr nicht zugelassener bzw. registrierter Arzneimittel verstößt auch nicht gegen die RL 2000/31/EG (E-Commerce-RL) und die RL 97/7/EG (Fernabsatzrichtlinie)[8].

4   Die **Zulassungspflicht** bzw. die Ausnahmen von der Zulassungspflicht ergeben sich aus § 21[9] sowie aus den VO zu den §§ 7, 35 I Nr. 2; für die Freistellung von der Zulassung ist § 36 maßgeblich (s. § 36 Rn. 2 ff.). Ist die Zulassung zurückgenommen oder widerrufen worden oder ruht die Zulassung, greift für die hiervon betroffenen Arzneimittel das Verbringungsverbot durch (§ 30 IV 1 Nr. 2). Für die Genehmigung von **Gewebezubereitungen** sind die Vorgaben des § 21a zu beachten. Das Gleiche gilt für homöopathische **Registrierungen,** die gelöscht wurden (§ 4 I 1 Nr. 2 i. V. m. § 3 I oder III VO über homöopathische Arzneimittel v. 15.3.1978[10]). **Zentrale Zulassungen** müssen nach den in den Art. 5 ff. (für Humanarzneimittel) bzw. 30 ff. (für Tierarzneimittel) der VO (EG) Nr. 726/2004 statuierten Anforderungen erteilt worden sein. Die Registrierung von homöopathischen Arzneimitteln sowie deren Freistellung von der Registrierungspflicht richtet sich nach § 38; für die Registrierung traditioneller pflanzlicher Arzneimittel sind die §§ 39 ff. zu beachten. Die bisherige Ausnahme für ein Verbringen von Arzneimitteln in eine Freizone des Kontrolltyps I oder ein Freilager ist nunmehr in Abs. 2 Nr. 3 geregelt (s. Rn. 38).

5   Nach der Rechtsprechung des **EuGH** stellt es einen Verstoß gegen die Ausnahmevorschrift des Art. 5 I RL 2001/83/EG dar, wenn ausländische Arzneimittel, die dieselben Wirkstoffe, dieselbe Dosierung und dieselbe Darreichungsform aufweisen wie im Inland zugelassene Arzneimittel **ohne Zulassung** importiert werden dürfen, soweit diese u. a. wettbewerbsfähig im Vergleich zu im Inland zugelassenen Arzneimittel sind[11].

6   **1. Einfuhr aus der EU/dem EWR (Nr. 1).** Die Zulässigkeit der Einfuhr von Arzneimitteln aus einem Mitgliedstaat der EU oder einem Vertragsstaat des EWR ist zusätzlich davon abhängig, dass nur die in der Nr. 1 genannten Personen **Empfänger** sein dürfen. Bei diesen muss es sich um pharmazeutische Unternehmer, Großhändler, Tierärzte, Apotheker oder Träger eines Krankenhauses nach dem ApG handeln. Damit sollen mehr Transparenz und eine bessere Kontrolle der Warenströme zur Eindämmung von Arzneimittelfälschungen und illegalem Arzneimittelhandel erreicht werden[12].

7   **Pharmazeutischer Unternehmer** ist der Inhaber der Zulassung oder Registrierung sowie derjenige, der Arzneimittel unter seinem Namen in den Verkehr bringt. Dies gilt nicht für Arzneimittel, die zur klinischen Prüfung bei Menschen bestimmt sind (§ 4 XVIII i. V. m. § 9 I 2, s. auch Rn. 33, 89 und § 4 Rn. 145 ff.).

8   Der Begriff des **Großhändlers** ist nunmehr in § 4 XXII legaldefiniert. Danach ist Großhändler derjenige, der berufs- oder gewerbsmäßig zum Zwecke des Handeltreibens Arzneimittel beschafft, lagert, abgibt oder ausführt, sofern die Abgabe nicht an Verbraucher – mit Ausnahme von Ärzten, Zahnärzten, Tierärzten oder Krankenhäuser – erfolgt (s. § 4 Rn. 163 ff.)

9   **Tierärzte** können dann Empfänger von importierten Arzneimitteln sein, wenn sie als Tierarzt approbiert sind (§ 2 I BTÄO) oder wenn die entsprechende Qualifikation durch ein innerhalb der Mitgliedstaaten der EU als gleichwertig anerkanntes Dokument nachgewiesen ist.

10   **Apotheker** sind zulässige Empfangspersonen von Importarzneimitteln, wenn diese über eine Apothekenerlaubnis i. S. d. § 2 ApG verfügen. Für diese ist ein Geschäftsmodell zulässig, das darin besteht, dass sie nicht verschreibungspflichtige Arzneimittel bei einer im EWR ansässigen Apotheke bestellen, diese nach Lieferung an ihre im Inland befindliche Apotheke zur Abholung durch die Patienten bereithalten, die Arzneimittel auf Unversehrtheit der Verpackung, das Verfalldatum sowie mögliche Wechselwirkungen überprüfen, ggf. nicht ordnungsgemäße Arzneimittel an die im EWR ansässige Apotheke zurücksenden und die Patienten auf Wunsch in ihrer Apotheke pharmazeutisch beraten[13].

11   Mit dem AMG-ÄndG 2009 ist der Kreis der privilegierten Empfänger von Arzneimitteln auf **Träger eines Krankenhauses nach dem ApG** erweitert worden. Allerdings gilt dies nur, wenn der Träger des Krankenhauses von einer Apotheke in einem EU-Mitgliedstaat oder anderen Vertragsstaat des EWR mit Arzneimitteln versorgt wird. Hierbei handelt es sich um eine Klarstellung zu der nach § 14 IV ApG

---

[7] Vgl. *EuGH*, Urt. v. 11.12.2003 – Rs. C-322/01, NJW 2004, 131 Rn. 53 – DocMorris.
[8] Vgl. *KG*, GRUR-RR 2005, 171. Nach Art. 2h ii) und dem 21. Erwägungsgrund zur RL 2000/31/EG fallen die Anforderungen an die Lieferung von Humanarzneimitteln nicht in den koordinierten Bereich; Art. 14 RL 97/7/EG erlaubt den Mitgliedstaaten, u. a. für Arzneimittel den Vertrieb im Fernabsatz im Rahmen des EU-Rechts auszuschließen. A. A. zur Fernabsatz-RL *Mand/Könen*, WRP 2006, 841.
[9] Nach § 21 II Nr. 2 unterliegen Arzneimittel, die zur klinischen Prüfung bei Menschen bestimmt sind, nicht der Zulassungspflicht. Klinische Prüfpräparate dürfen daher bei der Einfuhr aus der EU/dem EWR unbeschadet der §§ 72 ff. eingeführt werden. Bei der Einfuhr von Prüfpräparaten aus Drittstaaten bedarf es jedoch einer Einfuhrerlaubnis nach § 72 (s. § 72 Rn. 3), nicht aber eines Zertifikats nach § 72a (s. § 72a Rn. 29).
[10] BGBl. I S. 401, aufgehoben durch Art. 6 des AMG-ÄndG 2009.
[11] *EuGH*, A&R 2012, 123.
[12] Vgl. *Kloesel/Cyran*, § 73 Anm. 5.
[13] *BVerwG*, A&R 2015, 129; *BGH*, PharmR 2012, 395; *BayVGH*, A&R 2014, 40.

vorgesehenen Möglichkeit der Versorgung eines Krankenhauses durch eine Apotheke eines anderen EU-Mitgliedstaates oder anderen Vertragsstaates des EWR[14].

Aus Abs. 1 S. 1 folgt im Umkehrschluss , dass nicht zulassungs- oder registrierungspflichtige Arznei-   **12** mittel oder von der Zulassung oder Registrierung freigestellte Arzneimittel von einem im EU- oder EWR-Ausland ansässigen pharmazeutischen Unternehmer auch direkt an **andere** als die in Nr. 1 aufgeführten **Empfänger**, etwa Ärzte oder Krankenhäuser, geliefert werden können, sofern keine Apothekenpflicht besteht[15].

2. Versandhandel (Nr. 1a). Der *EuGH* hat die Regelung des § 43 I a. F., die ein absolutes Versand-   **13** handelsverbot für Arzneimittel enthielt, als eine Maßnahme gleicher Wirkung i. S. d. Art. 28 EG (= Art. 34 AEUV) eingestuft, die nach Art. 30 EG (= Art. 36 AEUV) nur dann gerechtfertigt ist, wenn sie ein Verbot **verschreibungspflichtiger Arzneimittel** betrifft. Art. 30 EG (= Art. 36 AEUV) kann aber ein Verbot des Versandhandels mit Arzneimitteln, die in dem betreffenden Mitgliedstaat nicht verschreibungspflichtig sind, nicht rechtfertigen[16].

Mit der durch das GKV-WSG in das AMG eingefügten Vorschrift des Abs. 1 S. 1 Nr. 1a hat der   **14** bundesdeutsche Gesetzgeber über die europarechtliche Vorgabe hinaus **ausländischen Versand-apotheken** aus der EU/dem EWR den Versand von apothekenpflichtigen Arzneimitteln nach Deutschland erlaubt[17], wenn sie entweder eine Versandhandelserlaubnis nach deutschem Recht gem. § 11a ApG besitzen (1. Alt.)[18] oder wenn die ausländischen Apotheken nach ihrem nationalen Recht zum Versandhandel berechtigt sind, wobei das ausländische Recht im Hinblick auf die Vorschriften zum Versandhandel dem deutschen Apothekenrecht entsprechen muss (2. Alt.). Mit der Regelung sollen die tatsächlich bestehenden Sicherheitsstandards für den Versandhandel und den elektronischen Handel mit Arzneimitteln auf einem dem deutschen Recht entsprechenden Niveau abgesichert werden[19].

Die Erlaubnis zum Versand von apothekenpflichtigen Arzneimitteln gem. § 43 I 1 (s. hierzu § 43   **15** Rn. 8) ist dem Inhaber einer Apothekenerlaubnis nach § 2 ApG nach der **ersten Alt.** zu erteilen[20], wenn er schriftlich versichert u. a. folgende Anforderungen zu erfüllen (§ 11a S. 1 ApG): Versand aus einer öffentlichen Apotheke zusätzlich zu dem üblichen Apothekenbetrieb (Nr. 1), Sicherstellung durch ein Qualitätssicherungssystem (Nr. 2) und Sicherstellung der vollständigen Lieferung der bestellten Arzneimittel binnen zweier Arbeitstage nach Eingang der Bestellung, Sicherstellung der Arzneimittel-sicherheit, der kostenfreien Zweitzustellung, der Unterhaltung eines Systems der Sendungsverfolgung und des Abschlusses einer Transportversicherung (Nr. 3). Für die **zweite Alt.** regelt Abs. 1 S. 3 Näheres im Hinblick auf die mit dem deutschen Recht vergleichbaren Sicherheitsstandards in den EU-Mitglied-staaten bzw. EWR-Vertragsstaaten zum Versandhandel (s. Rn. 24).

Unter dem **Begriff des Versandes bzw.** des **Versandhandels** ist die Übermittlung von Waren auf   **16** Veranlassung des Versenders an den Besteller (Empfänger) durch ein vom Versender beauftragtes (Logistik-)Unternehmen mittels dazu geeigneter Transportsysteme zu verstehen[21]. Dies setzt nicht voraus, dass die Arzneimittel individuell an die Anschrift des Empfängers zugestellt werden; vielmehr umfasst der Begriff auch die Auslieferung der bestellten Ware über eine Abholstation (weiter Versand-handelsbegriff)[22]. Eine Einschränkung auf die Versandform der Individualzustellung würde einen nicht durch Gründe des Gemeinwohls gerechtfertigten Eingriff in das Grundrecht der Berufsfreiheit (Art. 12 I GG) darstellen[23]. Das *BVerwG* geht zudem davon aus, dass die Regelung zu **Rezeptsammelstellen** in § 24 ApBetrO nicht für die Entgegennahme von Arzneimittelbestellungen im Versandhandel einschlä-gig ist[24].

Damit liegt ein zulässiger **Versand an den Endverbraucher** auch dann vor, wenn die Lieferung des   **17** Logistikunternehmens an den jeweiligen Drogeriemarkt oder einen dort als Beauftragten fungierenden Mitarbeiter des Betreibers des Drogeriemarktes erfolgt, der nicht Endverbraucher ist, wenn der End-verbraucher das Arzneimittel im Drogeriemarkt abholen kann. Entscheidend ist, dass der Versand aus einer öffentlichen Apotheke heraus erfolgt und dass die Beteiligung des Dritten am Vertrieb nicht über eine bloße Transportfunktion hinausgeht, mithin das in den Vertrieb eingeschaltete Unternehmen durch

---

[14] BT-Drucks. 16/12256, S. 55.

[15] Vgl. *Sander*, § 73 Erl. 3.

[16] Urt. v. 11.12.2003 – Rs. C-322/01, NJW 2004, 131 – DocMorris.

[17] Kritisch zur generellen Zulassung des Versandhandels *Dettling*, A&R 2008, 11 ff.

[18] Die Regelung ist europarechtskonform, vgl. *BSG*, PharmR 2013, 288 f.

[19] *BSG*, PharmR 2008, 598. Ebenso *BGH*, PharmR 2013, 292 (zur Unzulässigkeit der Beratung der Apotheke über Call-Center).

[20] Für die Konkurrentenklage eines Apothekers gegen die einem anderen Apotheker erteilte Versandhandelserlaubnis ist nur dann die Klagebefugnis gegeben, wenn diese durch den Versandhandel des Wettbewerbers unzumutbare wirtschaftliche Nachteile erleiden müsste, vgl. *BVerwG*, A&R 2012, 84.

[21] So *OVG Münster*, Beschl. v. 19.8.2005 – 13 B 426/05, NJOZ 2006, 2485.

[22] *BVerwG*, NVwZ 2008, 1238. In diesem Sinne auch die Vorinstanz *OVG Münster*, MedR 2007, 41. A. A. *Dettling*, A&R 2006, 261 ff.

[23] *BVerwG*, NVwZ 2008, 1238, Rn. 24. Kritisch zur derzeitigen Rechtslage *Starck*, DÖV 2008, 389 ff.

[24] *BVerwG*, NVwZ 2008, 1238, Rn. 33 f.

seine Werbung nicht den Eindruck erweckt, bei ihm könnte man die Arzneimittel – wenn auch im Wege der Bestellung – kaufen[25]. Endverbraucher sind sowohl natürliche Personen als auch Einrichtungen unter Einschluss von niedergelassenen Ärzten[26].

18   Mit der 15. AMG-Novelle wurden die Worte „im oder am menschlichen Körper" im Text gestrichen. Damit wird die auf **Arzneimittel für nicht Lebensmittel liefernde Tiere** beschränkte Öffnung des Versandhandels auch auf den Versand aus anderen Mitgliedstaaten entsprechend ausgedehnt. Durch die Streichung soll verdeutlicht werden, dass sich der Regelungsinhalt des Abs. 1 S. 1 Nr. 1a sowohl auf Menschen als auch auf Tiere bezieht. Bei dem Endverbraucher für zur Anwendung am Tier bestimmte Arzneimittel handelt es sich um den Tierhalter oder um andere Personen, die in § 47 I nicht genannt sind[27]. Im Übrigen sind die Einschränkungen des neu mit der 15. AMG-Novelle in das AMG eingefügten § 43 V für das Verbringen von Arzneimitteln i. S. v. § 73 I 1 Nr. 1a im Wege des Versandhandels zu berücksichtigen (s. § 43 Rn. 52)[28].

19   Beim Versand von Arzneimitteln an Endverbraucher durch eine versandberechtigte ausländische Apotheke sind die dafür geltenden Vorschriften zu beachten (§ 11a ApG, s. Rn. 15)[29]. Zu diesen zählt auch § 78 AMG i. V. m. der AMPreisV, so dass beim grenzüberschreitenden Versandhandel mit verschreibungspflichtigen Arzneimitteln die **Preisbindung** gilt[30]. Dem steht Art. 34 AEUV (= Art. 28 EG) nicht entgegen, da mit der Schaffung von **Festpreisen** durch die AMPreisV verhindert werden soll, dass die hohe Versorgungsdichte selbst in ländlichen Gebieten durch Ausschluss eines evtl. ruinösen Preiswettbewerbs gefährdet wird[31]. Gerade dieser Aspekt dient dem Schutz der öffentlichen Gesundheit i. S. d. Art. 36 AEUV (= Art. 30 EG)[32]. In Anbetracht der offensichtlich unterschiedlichen Auffassungen zwischen dem *BGH* und dem *BSG* wurde dem *GmSOGB* vom *BGH* mit Beschluss vom 9.9.2010[33] die Frage vorgelegt, ob das deutsche Arzneimittelpreisrecht auch für im Wege des Versandhandels nach Deutschland eingeführte Arzneimittel gilt. Der *GemSOGB* hat sich in seinem Beschluss vom 22.8.2012[34] für die Anwendbarkeit des deutschen Arzneimittelpreisrechts ausgesprochen und dies damit begründet, dass durch den einheitlichen Apothekenabgabepreis im Hinblick auf die Beratungs- und Schlüsselfunktion der Apotheken ein Preiswettbewerb auf der Handelsstufe der Apotheken ausgeschlossen oder jedenfalls vermindert werden soll. Zudem soll eine im öffentlichen Interesse liegende flächendeckende und gleichmäßige Versorgung der Bevölkerung mit Arzneimitteln sichergestellt und das finanzielle Gleichgewicht des Systems der gesetzlichen Krankenversicherung abgesichert werden.

20   Der Gesetzgeber hat mit dem Inkrafttreten des 2. AMG-ÄndG am 26.10.2012[35] durch die Einfügung eines Satzes 4 in § 78 I klargestellt, dass die AMPreisV auch für (verschreibungspflichtige) Arzneimittel gilt, die im Wege des Versandhandels nach § 73 I 1 Nr. 1a nach Deutschland verbracht werden (s. § 78 Rn. 42). Er hat dies vorwiegend damit begründet, dass Verbraucher bei der Entscheidung, ob und welche Arzneimittel diese in Anspruch nehmen, nicht durch die Aussicht auf Zugaben und Werbegaben unsachlich beeinflusst werden sollen. Mit der Regelung soll der Gefahr eines Fehl- oder Mehrgebrauchs und der Gefahr vorgebeugt werden, dass Ärzte vermehrt unter Druck geraten und „Wunschverschreibungen" ausstellen[36].

21   **3. Einfuhr aus Drittstaaten (Nr. 2).** Die Einfuhr von Arzneimitteln aus einem Land, das nicht Mitgliedstaat der EU oder Vertragsstaat des EWR ist (sog. **Drittstaat**) ist nur dann zulässig, wenn der Empfänger über eine Einfuhrerlaubnis nach § 72 verfügt[37]. Die Vorschriften der §§ 72, 72a, 73 I S. 1 Nr. 2 stehen in einem formalen Widerspruch zu § 22 V. Dort wird u. a. bei der Beantragung einer

---

[25] *BVerwG*, NVwZ 2008 1238, Rn. 25. A. A. *OVG Münster*, Beschl. v. 19.8.2005 – 13 B 426/05, NJOZ 2006, 2485, 2487.

[26] Vgl. *Kloesel/Cyran*, § 73 Anm. 12.

[27] BT-Drucks. 17/4231, S. 11. Zur alten Rechtslage vgl. *Kloesel/Cyran*, § 73 Anm. 13a.

[28] BT-Drucks. 17/4231, S. 12.

[29] Vgl. auch den instruktiven Fall bei *OLG Stuttgart*, Urt. v. 17.2.2011 – 2 U 65/10 – BeckRS 2011, 09261.

[30] *GmSOGB*, PharmR 2013, 169. Vgl. zum vorausgegangenen Meinungsstreit *BGH*, PharmR 2010, 634; *OLG Hamburg*, GRUR-RR 2010, 78; *OLG Stuttgart*, PharmR 2010, 123; *OLG München*, PharmR 2009, 151; *OLG Frankfurt*, Urt. v. 29.11.2007 – 6 U 26/07 – BeckRS 2008, 10 251; *LG Berlin*, A&R 2007, 284; *Mand*, PharmR 2008, 582; *ders.*, GRUR Int 2005, 637. A. A. (i. S. der Unanwendbarkeit der AMPreisV) *BSG*, PharmR 2008, 595; *OLG Köln*, PharmR 2009, 197; *OLG Hamm*, MMR 2005, 101. Zum Streitstand vgl. *Kappes*, WRP 2009, 250.

[31] Allerdings scheidet eine Berufung auf Art. 30 EG (= Art. 36 AEUV) unter dem Aspekt aus, dass ausländische Apotheken bei einer Nichtunterwerfung unter die AMPreisV Preisvorteile gegenüber inländischen Apotheken hätten. Die Rentabilität von inländischen Apotheken dient nicht dem Gesundheitsschutz, sondern stellt ausschließlich ein Gruppeninteresse dar.

[32] A. A. *OLG Hamm*, MMR 2005, 101.

[33] *BGH*, PharmR 2010, 634.

[34] PharmR 2013, 170.

[35] Art. 1 Nr. 62 des Gesetzes.

[36] BT-Drucks. 17/9341, S. 67. Vgl. hierzu auch *Mand*, NJW 2014, 3200.

[37] Für die Einfuhr standardisierter Pflanzenextrakte („TCM-Granulate") aus Drittstaaten, die vor der Weitergabe an den Verbraucher keiner wesentlichen weiteren Aufbereitung bedürfen, ist eine Einfuhrerlaubnis erforderlich, sofern nicht die Ausnahmetatbestände des § 73 III oder IIIa vorliegen, vgl. *OVG Nordrhein-Westfalen*, B. v. 14.2.2013 – 13 A 1792/12, Rn. 13 – juris. Ebenso *BVerwG*, PharmR 2011, 168.

Zulassung für ein außerhalb Deutschlands in einem Drittstaat hergestelltes Arzneimittel gefordert, dass der Einführer eine Einfuhrerlaubnis besitzt. Die zuständige Landesbehörde darf in diesem Fall eine Einfuhrerlaubnis nur erteilen, wenn eine Zulassung vorliegt, da anderenfalls gegen § 73 I 1 Nr. 2 verstoßen würde. Demgegenüber darf die zuständige Bundesoberbehörde die Zulassung erst erteilen, wenn eine Einfuhrerlaubnis vorliegt. Der Widerspruch ist dadurch zu lösen, dass die Zulassung unter der Auflage der Nachreichung der Einfuhrerlaubnis zu erteilen ist.

II. Arzneimittel zur Vornahme eines Schwangerschaftsabbruchs (S. 2)

Mit der durch Art. 1 Nr. 3 der 9. AMG-Novelle in das Gesetz eingefügten Regelung des S. 2 soll **22** sichergestellt werden, dass Arzneimittel, die zur Vornahme eines Schwangerschaftsabbruchs zugelassen sind, nur zur **Abgabe an eine Einrichtung i. S. d. § 47a I 1** eingeführt werden dürfen. Während der Wortlaut auf die in § 47a I 1 genannten Einrichtungen Bezug nimmt, werden in der Gesetzesbegründung nur Einrichtungen i. S. d. SchKG angesprochen[38]. Gleichwohl wird man annehmen können, dass vor allem aus europarechtlichen Gründen zu den als Empfänger von Importware zugelassenen Einrichtungen i. S. d. § 47a I 1 auch pharmazeutische Unternehmer gehören[39]. § 47a I 1 erlaubt es im Inlandsverkehr, dass pharmazeutische Unternehmer Arzneimittel, die zur Vornahme eines Schwangerschaftsabbruchs zugelassen sind, beziehen und an Einrichtungen i. S. d. § 13 SchKG vertreiben. Es würde daher gegen Art. 34 AEUV (vormals Art. 28 EG) verstoßen, wenn einem im EU-Ausland ansässigen Lieferanten die Einfuhr an einen pharmazeutischen Unternehmer mit dem Sitz in Deutschland verwehrt würde. Dies wird durch § 9 II bestätigt. Nur so werden zudem die Vorschriften der §§ 73 I 2, 47a I 1 auch von ihrem Sinn und Zweck konkordant, denn § 47a I 1 statuiert keine Bezugsbeschränkung für den pharmazeutischen Unternehmer für derartige Arzneimittel (ebenso § 47a Rn. 17).

Die Ausnahmetatbestände in § 73 II und III 1 gelten **nicht** für die in § 73 I 2 geregelten Arznei- **23** mittel[40]. Es handelt sich insoweit um eine eng auszulegende Sondervorschrift.

III. Übersicht über vergleichbare Sicherheitsstandards (S. 3)

Mit dieser Vorschrift wird das BMG verpflichtet, in regelmäßigen Abständen eine aktualisierte **Über-** **24** **sicht** über die EU-Mitgliedstaaten bzw. EWR-Vertragsstaaten, in denen für den Versandhandel und den elektronischen Handel mit Arzneimitteln dem deutschen Recht vergleichbare Sicherheitsstandards bestehen, zu veröffentlichen. Die Regelung soll der Orientierung des Verbrauchers beim Bezug von Arzneimitteln aus EWR-Vertragsstaaten und somit dem Schutz der deutschen Verbraucher dienen[41]. Der Veröffentlichungspflicht ist das BMG zuletzt durch die Bekanntmachung vom 5.7.2011[42] nachgekommen. Dort werden vergleichbare Sicherheitsstandards für Island, die Niederlande (soweit Versandapotheken gleichzeitig eine Präsenzapotheke unterhalten), Schweden (nur für den Versandhandel mit verschreibungspflichtigen Arzneimitteln), Tschechien (nur für den Versandhandel mit nicht verschreibungspflichtigen Arzneimitteln) und das Vereinigte Königreich konstatiert[43]. Bei der Übersicht handelt es sich um eine Allgemeinverfügung i. S. d. § 35 S. 2 VwVfG und nicht etwa um eine normkonkretisierende Verwaltungsvorschrift[44], da – wie die Gesetzesbegründung zeigt – unmittelbar rechtsverbindlich im Außenverhältnis für einen bestimmbaren Personenkreis die Vergleichbarkeit staatenspezifisch festgelegt werden soll[45]. Verwaltungsvorschriften richten sich hingegen an die Verwaltung und bedürfen zu ihrer Wirksamkeit gegenüber dem Bürger der Umsetzung durch die zuständige Behörde[46]. In jedem Fall ist die Übersicht des BMG für die Gerichte insoweit bindend, als sie feststellt, dass in bestimmten Mitgliedstaaten der EU bzw. Vertragsstaaten des EWR zum Zeitpunkt der Veröffentlichung vergleichbare Sicherheitsstandards bestanden[47].

---

[38] BT-Drucks. 14/989, S. 4.

[39] So auch *Kloesel/Cyran*, § 73 Anm. 18 und § 47a Anm. 3; *Sander*, § 73 Erl. 3a.

[40] BT-Drucks. 14/898, S. 4.

[41] BT-Drucks. 15/1525, S. 166.

[42] Az. 113–41501-03, BAnz. v. 20.7.2011, S. 2552.

[43] A. A. noch für die Niederlande *KG*, GRUR-RR 2005, 170, 172 f. – DocMorris (aufgehoben durch *BGH*, GRUR 2008, 275 ff. – Versandhandel mit Arzneimitteln).

[44] So aber *LG Frankfurt*, MMR 2007, 67.

[45] Offengelassen vom *BVerwG*, Urt. v. 13.3.2008 – 3 C 27.07, Rn. 31 – BeckRS 2008, 34929, vom *BGH*, GRUR 2008, 276 f. – Versandhandel mit Arzneimitteln, vom *LSG Baden-Württemberg*, Urt. v. 16.1.2008 – L 5 KR 3869/05 – BeckRS 2008, 51895, und vom *OLG Frankfurt*, A&R 2007, 234 f., das aber eine Willkürkontrolle zulassen will. Krit. zur derzeitigen Rechtslage *Saalfrank*, A&R 2007, 237.

[46] Vgl. *Stelkens/Bonk/Sachs*, § 35 Rn. 111.

[47] *BGH*, GRUR 2008, 275 – Versandhandel mit Arzneimitteln; *OLG Stuttgart*, Urt. v. 17.2.2011 – 2 U 65/10 – BeckRS 2011, 09261; anders das *BVerwG*, Urt. v. 13.3.2008 – 3 C 27.07, Rn. 31 – BeckRS 2008, 34929, das von einer gesetzlich vorgesehenen sachverständigen Feststellung ausgeht, solange Bindung für die Gerichte nur, bis die ihr zugrunde liegende Einschätzung nicht substantiiert in Frage gestellt wird. Ähnlich *LSG Baden-Württemberg*, Urt. v. 16.1.2008 – L 5 KR 3869/05 – BeckRS 2008, 51895. Das *LG Frankfurt* spricht davon, dass die Übersicht eine Einzelfallprüfung nach § 73 I 1 Nr. 1a entbehrlich macht (MMR 2007, 67).

25   Die Bekanntmachung der Übersicht nach Abs. 1 S. 3 durch das BMG entfaltet **keine „Sperrwirkung"** für den Gesetzesvollzug in dem Sinne, dass ein Versand von Arzneimitteln aus nicht in der Übersicht genannten EU-Mitgliedstaaten bzw. EWR-Vertragsstaaten per se unzulässig ist (Art. 28 EG = Art. 34 AEUV)[48]. Die Übersicht soll die Gesetzesanwendung vereinheitlichen und erleichtern, jedoch nicht überhaupt erst ermöglichen. Vielmehr obliegt der ausländischen Versandapotheke in diesem Fall die Darlegungs- und Beweislast dafür, dass die Voraussetzungen des Abs. 1 S. 1 Nr. 1a erfüllt sind.

26   Das in der Bekanntmachung des BMG enthaltene Erfordernis der gleichzeitigen Unterhaltung einer **Präsenzapotheke** (betr. die Niederlande) ist nach Auffassung des *OLG Frankfurt*[49] bereits beim Betrieb eines Geschäftslokals erfüllt, welches als nach nationalem Recht zugelassene, öffentlich zugängliche Apotheke den Erwerb von Arzneimitteln für jedermann ermöglicht[50]. Dem ist zuzustimmen, da zum einen Art. 34, 36 AEUV (vormals Art. 28, 30 EG) zu beachten ist und zum anderen der Schwerpunkt der Vergleichbarkeit auf den Vorschriften zum Versandhandel und nicht bei den Vorschriften über den Apothekenbetrieb liegt[51].

C. Fütterungsarzneimittel (Abs. 1a)

27   **Fütterungsarzneimittel** (zur Legaldefinition s. § 4 X) dürfen nach Deutschland nur eingeführt werden, wenn sie hier den arzneimittelrechtlichen Vorschriften entsprechen (Nr. 1) und der Empfänger zu dem in § 73 I 1 Nr. 1 genannten Personenkreis gehört[52] oder im Falle des § 56 I 1 Tierhalter ist (s. § 56 Rn. 7). Entsprechend den Regelungen über die Verkehrsfähigkeit von Fütterungsarzneimitteln in der RL 90/167/EWG wurde mit der 5. AMG-Novelle vom 9.8.1994[53] für das Verbringen von Fütterungsarzneimitteln aus Mitgliedstaaten der EG ein Verbot mit Erlaubnisvorbehalt bestimmt[54].

D. Verbringungsverbot für gefälschte Arzneimittel oder Wirkstoffe (Abs. 1b)

I. Grundsatz (S. 1)

28   Mit der Vorschrift wird das Verbringen von gefälschten Arzneimitteln oder Wirkstoffen in den Geltungsbereich des Gesetzes verboten. Die mit dem AMG-ÄndG 2009 in das AMG eingefügte Vorschrift soll der **Sicherheit des Arzneimittelverkehrs** dienen. Es soll verhindert werden, dass derartige Produkte bereits im Vorfeld eines möglichen Inverkehrbringens nach Deutschland gelangen. Die bisherigen Ausnahmen vom Verbringungsverbot der Abs. 2 und 3 finden auf gefälschte Arzneimittel oder Wirkstoffe **keine** Anwendung, da sich die Ausnahmen nur auf das Verbringungsverbot des Abs. 1 beziehen. Dies bedeutet u. a., dass bei gefälschten Arzneimitteln oder Wirkstoffen auch die Durchfuhr, die Überführung in ein Zolllager oder die Mitnahme zum persönlichen Bedarf im Reiseverkehr, ebenso wie der Einzelbezug über Apotheken nach Abs. 3 nicht mehr zulässig ist[55]. Das Verbringungsverbot dürfte jedoch nicht für gefälschte Arzneimittel oder Wirkstoffe gelten, die von pharmazeutischen Unternehmern gem. § 73 II Nr. 2a in geringen Mengen als Anschauungsmaterial oder zu analytischen Zwecken (zur Aufdeckung von Fälschungen) nach Deutschland verbracht werden. Insoweit bedarf es auch keiner Zulassung nach S. 2[56].

II. Ausnahme (S. 2)

29   In begründeten Ausnahmefällen kann die zuständige Behörde zum Zweck der Untersuchung oder Strafverfolgung Ausnahmen von dem grundsätzlichen Verbot der Einfuhr von gefälschten Arzneimitteln oder Wirkstoffen zulassen[57]. Damit ist das der zuständigen Behörde eingeräumte **Ermessen** auf solche Ausnahmefälle **beschränkt,** die den Schutz der Bevölkerung vor gefälschten Arzneimitteln oder Wirkstoffen sicherstellen sollen[58].

---

[48] Vgl. *LSG Baden-Württemberg*, Urt. v. 16.1.2008 – L 5 KR 3869/05 –BeckRS 2008, 51895.

[49] A&R 2007, 235; zustimmend *LSG Baden-Württemberg*, Urt. v. 16.1.2008 – L 5 KR 3869/05 – BeckRS 2008, 51895. A. A. *Saalfrank*, A&R 2007, 237 f.

[50] Ebenso der *BGH*, GRUR 2008, 277 – Versandhandel mit Arzneimitteln, der für die Frage des Vorliegens einer Präsenzapotheke im Ausland auf die dort jeweils maßgeblichen Regelungen abstellen will.

[51] *Rehmann* (§ 43 Rn. 3) hält mit beachtlichen Gründen das Verbot einer ausländischen Versandhandelsapotheke, die keine Präsenzapotheke unterhält, für europarechtswidrig.

[52] Die Verweisung auf § 73 I im Gesetzestext ist ungenau. Gemeint sein kann nur § 73 I 1 Nr. 1.

[53] BGBl. I S. 2071.

[54] BT-Drucks. 12/6480, S. 22.

[55] BT-Drucks. 16/12256, S. 55.

[56] So zu Recht *Wesch*, PharmInd 2011, 1052, 1065.

[57] Die Begründung zum AMG-ÄndG 2009 nennt als weiteres Beispiel noch die Vernichtung von gefälschten Arzneimitteln oder Wirkstoffen, vgl. BT-Drucks. 16/12256, S. 55.

[58] Weiter die Begründung zum AMG-ÄndG 2009, wo es heißt, dass durch die Ausnahmen eine Gefährdung der Arzneimittelsicherheit nicht zu befürchten sein darf, vgl. BT-Drucks. 16/13428, S. 86.

E. Ausnahmen bei Eigenbedarf, -verbrauch etc. (Abs. 2)

§ 73 II enthält eine Reihe von Ausnahmetatbeständen vom grundsätzlichen Verbringungsverbot. Die **30** von § 73 II erfassten Arzneimittel dürfen ohne Vorliegen einer Einfuhrerlaubnis nach § 72 trotz fehlender, jedoch an sich gebotener inländischer Zulassung oder Registrierung nach Deutschland eingeführt werden. Wegen des Ausnahmecharakters ist die Vorschrift **eng auszulegen**.

I. Tierschauen etc. (Nr. 1)

Die Einfuhr von Tierarzneimitteln ist begrenzt auf **geringe Mengen**, also auf Mengen, die für die **31** Dauer der jeweiligen (Einzel-)Veranstaltung für die betroffenen Tiere wahrscheinlich benötigt werden. Da auf die Arzneimittelversorgung bestimmter Tiere abgestellt wird, können auch Arzneimittel eingeführt werden, für die sich evtl. erst im Rahmen der Veranstaltung ein Bedarf ergibt[59].

II. Wissenschaftliche Zwecke (Nr. 2)

Die Einfuhr ist nur für den Eigenbedarf der öffentlich-rechtlich oder privatrechtlich organisierten **32** **Einrichtungen von Forschung und Wissenschaft** in dem Umfang zulässig, in dem die Arzneimittel für **wissenschaftliche Zwecke** benötigt werden. Im Rahmen dieser Zwecksetzung sind Sammelbestellungen durch eine derartige Einrichtung für mehrere Einrichtungen, Vorratshaltungen durch von der Vorschrift erfassten Einrichtungen, aber auch die Abgabe an andere oder die Anwendung an Menschen oder Tieren möglich. Die Anknüpfung an den „Eigenbedarf" und die wissenschaftliche Zwecksetzung schließt eine gewerbs- oder berufsmäßige Abgabe an andere aus[60].

Für **klinische Prüfpräparate** gilt, dass diese § 73 I schon wegen der fehlenden Zulassungspflicht **33** nicht unterfallen (§ 21 II Nr. 2 und 5). Somit verbleibt es bei der Anwendbarkeit des § 72 mit der Folge, dass für die Einfuhr von klinischen Prüfpräparaten eine Einfuhrerlaubnis erforderlich ist[61]. Die Einfuhr von Arzneimitteln durch Einrichtungen i. S. d. Nr. 2 zum Zwecke der Anwendung bei Probanden oder Patienten im Rahmen der klinischen Prüfung dient nicht dem Eigenbedarf dieser Einrichtungen[62].

III. Anschauungs- und Vergleichsmuster (Nr. 2a)

Mit dieser Ausnahme vom Verbringungsverbot sollen pharmazeutische Unternehmer in die Lage **34** versetzt werden, Arzneimittel in geringen Mengen als Anschauungsmuster oder zu analytischen Zwecken einzuführen, etwa um **Fälschungen** ihrer Arzneimittel nachprüfen oder um Arzneimittel anderer Unternehmen – aus welchen zulässigen Gründen auch immer – **analysieren** zu können[63]. Auch hier gilt, dass die Einfuhr von Mustern von Klinikpräparaten einer Einfuhrerlaubnis nach § 72 bedarf[64].

Durch das 2. AMG-ÄndG ist die Ausnahme vom Verbringungsverbot entsprechend einem Vorschlag **35** des Bundesrates auf inländische Prüflabore erweitert worden, um diesen zu ermöglichen, Prüfungen von Arzneimitteln auch für ausländische Auftraggeber durchführen zu können. Mit der zusätzlichen Ergänzung auf Betriebe mit einer Herstellungserlaubnis nach § 13 wird dem Umstand Rechnung getragen, dass Arzneimittel auch zu anderen Zwecken benötigt werden, etwa zur technischen Erprobung. Die Ausnahmeregelung soll aber nur auf solche Betriebe erstreckt werden, die bereits der Überwachung durch die zuständige Behörde unterliegen[65].

IV. Temporäres Verbringen von Arzneimitteln (Nr. 2b)

Die mit dem 2. AMG-ÄndG eingefügte Regelung ermöglicht mit der ersten Alt. ein temporäres **36** Verbringen von Arzneimitteln, die nicht oder nicht in der vorhandenen Form oder Aufmachung in Deutschland in den Verkehr gebracht werden dürfen, durch Herstellerbetriebe zum Zweck der grenzüberschreitenden Erbringung von Dienstleistungen für die betr. Arzneimittel. Damit kann etwa eine Verblisterung oder Konfektionierung eines nicht in Deutschland zugelassenen Fertigarzneimittels durch einen Herstellbetrieb in Deutschland erfolgen, wenn diese Fertigarzneimittel anschließend weiter- oder zurückverbracht werden[66].

---

[59] Die Auffassung von *Kloesel/Cyran*, § 73 Anm. 23, wonach auch Arzneimittel eingeführt werden können, die nicht für die Tierart zugelassen sind, lässt sich mit dem Wortlaut der Vorschrift nicht in Übereinstimmung bringen („bestimmte" Tiere).

[60] Vgl. *Kloesel/Cyran*, § 73 Anm. 24; *Sander*, § 73 Erl. 6.

[61] Ebenso *Kloesel/Cyran*, § 73 Anm. 24; *Sander*, § 73 Erl. 6.

[62] Vgl. BT-Drucks. 15/2849, S. 62.

[63] Vgl. *Kloesel/Cyran*, § 73 Anm. 25.

[64] A. A. *Rehmann*, § 73 Rn. 5, der eine ungehinderte Einfuhr für möglich hält.

[65] BT-Drucks. 17/10156, S. 89.

[66] BT-Drucks. 17/9341, S. 66. Demgegenüber ist es nicht zulässig, dass ein Unternehmen lediglich mit einer Großhandelserlaubnis gem. § 52a Arzneimittel mit ausländischer Kennzeichnung nach Deutschland verbringt, um sie

37   Die zweite Alt. betrifft das Verbringen nicht zugelassener Fertigarzneimittel zum Zweck der Herstellung eines in Deutschland zugelassenen oder genehmigten Arzneimittels. Dies ist von Bedeutung für den von der zuständigen Bundesoberbehörde zugelassenen Parallelimport oder – bei zentral zugelassenen Arzneimitteln – für den nach Art. 57 Buchst. o) VO (EG) Nr. 726/2004 bei der EMA zu notifizierenden Parallelvertrieb. Die betr. Arzneimittel müssen in der Regel zunächst umkonfektioniert werden, damit sie den für Deutschland geltenden Zulassungs- und Genehmigungsbedingungen entsprechen. Ein solcher Herstellungsschritt soll durch die neue Regelung auch in einer Betriebsstätte in Deutschland möglich sein und muss daher nicht vor dem Verbringen dieser Arzneimittel nach Deutschland erfolgen[67]. Im Ergebnis dienen beide Alt. der Stärkung des Pharmastandorts Deutschland.

V. Durchfuhr, Zolllager, Freizonen, Freilager (Nr. 3)

38   Die Vorschrift ist maßgeblich durch die 12. AMG-Novelle im Hinblick auf das neue Zollrecht geändert worden[68]. Sie macht deutlich, dass die **Durchfuhr** und das Verbringen in ein Zolllager oder eine Freizone des Kontrolltyps II (Art. 166 ff. Zollkodex) auch ein Verbringen in den Geltungsbereich des AMG darstellt, wobei die betroffenen Arzneimittel jedoch in diesem Status nicht zugelassen oder registriert sein müssen. Gleichwohl unterliegen diese Arzneimittel einer – wenn auch eingeschränkten – **Überwachung** durch die Zolldienststellen gem. § 74 und ggf. anschließend der Arzneimittelüberwachungsbehörden bei Verstößen gegen die §§ 5, 6a und 8. Dies ergibt sich aus § 73 IV 2, 1. Halbs. Die Durchfuhr von Arzneimitteln und die Überführung in ein **Zolllagerverfahren** oder eine **Freizone des Kontrolltyps II** sind anzeigepflichtig nach § 67 I, da § 73 IV 2, 1. Halbs. die Geltung der §§ 64 bis 69a anordnet[69]. Damit soll sichergestellt werden, dass eine **Missbrauchskontrolle** hinsichtlich der §§ 5, 6a und 8 erfolgen kann. Für **Betäubungsmittel** ergeben sich Sonderregelungen aus dem BtMG und der BtMAHV.

39   Das Verbringungsverbot erstreckt sich auch nicht auf **Freizonen des Kontrolltyps I** oder ein **Freilager**[70]. Bei Freizonen unterscheidet man zwischen Kontrolltyp I und II (vgl. Art. 168a VO (EWG) Nr. 2913/92[71] i. V. m. Art. 799 ff. VO (EWG) Nr. 2454/93. Freizonen des Kontrolltyps I sind umzäunte Gebiete, in die Waren auch ohne vorherige zollrechtliche Behandlung verbracht werden dürfen (z. B. Freihafen Hamburg), während Waren in Freizonen des Kontrolltyps II, die in Deutschland im Binnenland liegen (Freihafen Duisburg und Deggendorf), nur nach vorheriger zollrechtlicher Behandlung verbracht werden dürfen (vgl. Art. 166 ff. Zollkodex)[72]. Diese werden regelmäßig im ABl. Nr. C veröffentlicht[73]. Erst mit dem Verbringen aus den Freizonen des Kontrolltyps I oder aus Freilagern in die Bundesrepublik Deutschland ist der Anwendungsbereich des § 73 eröffnet.

VI. Wiederausfuhr (Nr. 3a)

40   Die Freistellung von den Anforderungen des Abs. 1 gilt auch für Arzneimittel, die in einem Mitgliedstaat der EU oder Vertragsstaat des EWR zugelassen sind und nach der Zwischenlagerung bei einem **pharmazeutischen Unternehmer** oder **Großhändler** wiederausgeführt oder weiterverbracht oder zurückverbracht werden. Mit dem 2. AMG-ÄndG ist die Ausnahmeregelung auch auf **Hersteller** erstreckt worden[74].

41   Zudem ist durch das 2. AMG-ÄndG die Vorschrift dahingehend geändert worden, dass „**auch** nach der Zwischenlagerung" bei einem pharmazeutischen Unternehmer, Hersteller oder Großhändler Arzneimittel wiederausgeführt oder weiterverbracht oder zurückverbracht werden können, ohne dem Verbringungsverbot zu unterliegen. Mit der Änderung soll klargestellt werden, dass für eine Durchfuhr von Arzneimitteln, die Gemeinschaftswaren sind, nicht zwingend eine Zwischenlagerung bei dem genannten Personenkreis stattfinden muss, sondern dass auch eine unmittelbare Durchfuhr, die ein „Verbringen" darstellt (§ 4 XXXII 1), ohne Zwischenlagerung der Arzneimittel von dem Ausnahmetatbestand erfasst wird. Damit wird dem Umstand Rechnung getragen, dass Arzneimittel häufig ohne Zwischenlagerung mit dem Ziel der Weiterverbringung in einen anderen EU-Mitgliedstaat durch Deutschland befördert werden[75]. Mit der Vorschrift soll im Ergebnis den **Bedürfnissen des freien Warenverkehrs** Rechnung getragen werden[76].

---

an Parallelimporteure zum Weitervertrieb durch diese zu verkaufen, vgl. *VG Köln*, Beschl. v. 19.2.2015 – 7 L 2088/14 – BeckRS 2015, 43187.
  [67] BT-Drucks. 17/9341, S. 66.
  [68] Vgl. die bei *Kloesel/Cyran*, § 73, abgedruckte Amtliche Begründung zur Änderung des § 73 I und II Nr. 3 durch die 12. AMG-Novelle.
  [69] A. A. *Kloesel/Cyran*, § 73 Anm. 26.
  [70] Die Regelung wurde mit dem AMG-ÄndG 2009 aus Gründen der Übersichtlichkeit in die Ausnahmebestimmung des Abs. 2 Nr. 3 überführt, vgl. BT-Drucks. 16/12256, S. 55.
  [71] VO (EWG) Nr. 2913/92 des Rates zur Festlegung des Zollkodexes der Gemeinschaften (sog. Zollkodex).
  [72] BT-Drucks. 15/2109, S. 37.
  [73] Vgl. auch *Kloesel/Cyran*, § 73 Anm. 3.
  [74] BT-Drucks. 17/10156, S. 89.
  [75] BT-Drucks. 17/9341, S. 66.
  [76] BT-Drucks. 15/2109, S. 37.

VII. Staatsoberhäupter (Nr. 4)

Staatsoberhäupter und ihre Begleitung bei Staatsbesuchen können gleichfalls Arzneimittel ohne die **42** Restriktionen des Abs. 1 in den Geltungsbereich des AMG einführen, wenn diese zum Gebrauch während ihres Aufenthalts bestimmt sind. Damit wird dem **völkerrechtlichen Status** von ausländischen Staatsoberhäuptern Rechnung getragen[77].

VIII. Diplomaten (Nr. 5)

Entsprechend den Vorrechten und Immunitäten, die sich aus dem Wiener Übereinkommen für **43** diplomatische Beziehungen[78] und dem Wiener Übereinkommen für konsularische Beziehungen[79] für die **Mitglieder** einer diplomatischen Mission oder einer konsularischen Vertretung und deren Familienangehörige ergeben, können diese, aber auch die Beamten von internationalen Organisationen und deren **Familienangehörige,** Arzneimittel ohne die Beschränkungen des Abs. 1 einführen, wenn sie zum persönlichen Gebrauch oder Verbrauch (etwa bei Kindern) bestimmt sind und wenn es sich bei dem privilegierten Personenkreis nicht um Deutsche und solche Personen handelt, die nicht ständig im Geltungsbereich des AMG ansässig sind. Da der Gesetzeswortlaut nicht an den Beitritt zu den beiden Wiener Übereinkommen anknüpft, sind auch die entsprechenden Personenkreise privilegiert, die Staaten angehören, die nicht den Übereinkommen beigetreten sind[80].

IX. Persönlicher Bedarf (Nr. 6)

Der Ausnahmetatbestand basiert auf europarechtlichen Vorgaben[81]. Sie wurde im Wesentlichen mit **44** der 4. AMG-Novelle in das AMG eingeführt und diente der Anpassung an die damals bereits von den Überwachungsbehörden im Hinblick auf Art. 30 EGV geübte Praxis[82]. Die Vorschrift gilt für jeden Einreisenden, unabhängig davon, ob er Deutscher ist und wo er seinen ständigen Wohnsitz hat[83]. Die *„übliche, dem persönlichen Bedarf entsprechende Menge"* wird man individuell festlegen müssen. Parameter können hier sein: Dauer und Modalitäten der Reise, Gesundheitszustand des Reisenden, Dosierungsempfehlungen, Zumutbarkeit und Möglichkeit, sich die Arzneimittel in Deutschland besorgen zu können, Notwendigkeit der vorsorglichen Mitführung von Arzneimitteln[84].

Durch die 15. AMG-Novelle wurde der Tatbestand auch auf Arzneimittel ausgedehnt, die dem **45** üblichen Bedarf der bei der Einreise mitgeführten **nicht der Gewinnung von Lebensmitteln dienenden Tiere,** entsprechen. Mit dieser Änderung wurde einer Beschwerde der Kommission (EU-Pilot 483/09/ENTR) entsprochen, die auch Anlass gab, die Vorschrift des § 43 V zu ergänzen (s. § 43 Rn. 52 ff.). Die Kommission hatte das sich aus der bisherigen Fassung des § 73 II Nr. 6 ergebende Verbringungsverbot von Arzneimitteln für den Eigenbedarf eines mitgeführten Tieres gerügt. Die Bundesregierung hatte daher zur Abwendung eines Verfahrens vor dem *EuGH* der Kommission zugesagt, der Beschwerde auch in diesem Punkt nachzukommen. Bei der Einreise in den Geltungsbereich des Gesetzes dürfen demnach Arzneimittel mitgeführt werden, die zur Behandlung des gleichzeitig einreisenden nicht der Gewinnung von Lebensmitteln dienenden Tieres bestimmt sind[85].

X. Bezug aus der EU / dem EWR (Nr. 6a)

Das **grundsätzliche Einfuhrverbot** des Abs. 1 gilt nicht für Arzneimittel, die im Herkunftsland als **46** Arzneimittel zugelassen sind und ohne gewerbs- oder berufsmäßige Vermittlung in einer dem üblichen persönlichen Bedarf entsprechenden Menge aus einem EU-Mitgliedstaat oder EWR-Vertragsstaat bezogen werden. Damit wird den vom *EuGH*[86] gemachten Vorgaben in zwei gegen die Bundesrepublik

[77] *Kloesel/Cyran*, § 73 Anm. 27.

[78] Art. 36 I Buchst. b) des Wiener Übereinkommens über diplomatische Beziehungen v. 18.4.1961 (BGBl. II 1964 S. 959).

[79] Art. 50 I Buchst. b) des Wiener Übereinkommens über konsularische Beziehungen v. 24.4.1963 (BGBl. II 1969 S. 1587).

[80] *Kloesel/Cyran*, § 73 Anm. 28.

[81] *EuGH*, Urt. v. 7.3.1989 – Rs. 215/97, NJW 1989, 2185 – Schumacher; *EuGH*, Urt. v. 8.4.1992 – Rs. C-62/90, NJW 1992, 1553 – Kommission/Bundesrepublik Deutschland; Antwort der Kommission auf die schriftliche Anfrage E-3740/93, ABl. EG Nr. C 367 S. 15 (abgedruckt bei *Kloesel/Cyran*, § 73 Anm. 29).

[82] BT-Drucks. 11/5373, S. 18.

[83] Vgl. auch *Rehmann*, § 73 Rn. 10.

[84] Die Zollverwaltung definiert den „üblichen persönlichen Bedarf" unter Berücksichtigung der Dosierungsempfehlungen als einen Bedarf von in der Regel max. drei Monaten, vgl. Dienstvorschrift zum AMG, VuB S V 06 22 v. 30.7.2005.

[85] BT-Drucks. 17/4231, S. 12.

[86] *EuGH*, Urt. v. 7.3.1989 – Rs. 215/97, NJW 1989, 2185 – Schumacher; *EuGH*, Urt. v. 8.4.1992 – Rs. C-62/90, NJW 1992, 1553 – Kommission/Bundesrepublik Deutschland.

Deutschland ergangenen Entscheidungen ebenso wie dem 30. Erwägungsgrund der RL 2001/83/EG Rechnung getragen.

47   Nachdem der Versandhandel von Arzneimitteln nunmehr in Abs. 1 S. 1 Nr. 1a expressis verbis zugelassen ist, steht fest, dass der **„Bezug"** von Arzneimitteln nicht den unter persönlicher Anwesenheit in der ausländischen Apotheke erfolgten Kauf voraussetzt[87]. Eine **„gewerbs- oder berufsmäßige Vermittlung"** verlangt eine über das bloße „Sich-zur-Verfügung-halten" von Arzneimitteln hinaus erfolgende aktive Beeinflussung und Förderung der Tätigkeit zum Vertrieb von Arzneimitteln[88]. Diese Tätigkeit übt jedoch nicht der ausländische Lieferant des Arzneimittels aus; vielmehr muss es sich um einen Dritten handeln, der sich berufs- oder gewerbsmäßig darum bemüht, den Kontakt zwischen dem ausländischen Lieferanten und dem deutschen Anbieter herzustellen[89].

48   Ist ein einzuführendes Produkt im EU/EWR-Ausland rechtmäßig als **Nahrungsergänzungsmittel** im Verkehr, wird es jedoch in Deutschland als Arzneimittel eingestuft, so kann die Ausnahmeregelung der Nr. 6a nicht zur Anwendung kommen[90]. In diesem Fall kann sich der nationale Gesetzgeber im nicht vollständig harmonisierten Bereich des Arzneimittelrechts auf den Grundsatz des Gesundheitsschutzes (Art. 36 AEUV = Art. 30 EG) berufen, da im EU/EWR-Ausland keine Prüfung des Produkts durch einen Apotheker oder einen Arzt stattgefunden hat und somit der Verhältnismäßigkeitsgrundsatz nicht durchgreifen kann[91]. Umgekehrt bildet der Kauf eines Arzneimittels in einer Apotheke bzw. die Verschreibung eines Arzneimittel durch einen Arzt in einem anderen Mitgliedstaat eine Garantie dafür, dass dies auf Grund des bislang erreichten Harmonisierungsgrades derjenigen gleichwertig ist, die auf der Abgabe eines Arzneimittels durch eine Apotheke bzw. der Verschreibung des Arzneimittels durch einen Arzt im Einfuhrstaat beruht[92].

49   Es ist unzulässig, für die Einzeleinfuhr von Arzneimitteln nach § 73 II Nr. 6a zu werben (§ 8 HWG; zum Werbeverbot für den Bezug von Arzneimitteln s. Rn. 74). Da der Zweck der Vorschrift des § 8 HWG darin liegt, die an sich unerwünschte Einfuhr von in Deutschland nicht zugelassenen Arzneimitteln zu beschränken, ist der Begriff **„Werbung"** hier weit auszulegen. Er erfasst jeden an einen möglichen Abnehmer gerichteten Hinweis darauf, dass dieser bestimmte in Deutschland nicht zugelassene Arzneimittel aus dem Ausland beziehen kann[93].

XI. Mitführung in Verkehrsmitteln (Nr. 7)

50   Die Vorschrift erfasst die Arzneimittel, die in Verkehrsmitteln aller Art (z. B. Busse, Züge, Flugzeuge, Taxen) mitgeführt werden und die dem Gebrauch oder Verbrauch der durch diese Verkehrsmittel beförderten Personen dienen sollen. Der Gebrauch oder Verbrauch muss im beabsichtigten Zusammenhang mit der Nutzung des Verkehrsmittels stehen. Nicht erfasst werden jedoch unter dem Aspekt des Missbrauchsverbots Arzneimittel, die etwa der Benutzer eines PKW oder LKW im reinen Inlandsverkehr mit sich führt und deren Gebrauch auch außerhalb der Reisezeiten erfolgen kann.

XII. Mitführung in Seeschiffen (Nr. 8)

51   Dieser Tatbestand unterfällt bereits der Nr. 7 des Abs. 2, wobei der Verbrauch nur an Bord der Schiffe erfolgen darf[94].

XIII. Proben für die Bundesoberbehörde (Nr. 9)

52   Die Freistellung von den Anforderungen des Abs. 1 erstreckt sich aus naheliegenden Gründen auch auf **alle Arzneimittelproben,** die der zuständigen Bundesoberbehörde zum Zwecke der Zulassung oder der staatlichen Chargenprüfung übersandt werden (z. B. nach den §§ 22 VI 2, 32 I). Hiervon werden auch Proben von parallelimportierten Arzneimitteln erfasst, die auf ihre therapeutische Vergleichbarkeit mit inländischen Referenzpräparaten untersucht werden sollen[95].

XIV. Proben zu analytischen Zwecken (Nr. 9a)

53   Dieser Ausnahmetatbestand ist durch das 2. AMG-ÄndG in das Gesetz eingefügt worden. Mit ihm soll der Situation Rechnung getragen werden, dass sich für die zuständigen Behörden der Länder, z. B. die Arzneimitteluntersuchungsstellen, die Notwendigkeit ergeben kann, im Rahmen der Arzneimittelüber-

---

[87] So nunmehr *KG*, GRUR-RR 2005, 172 – DocMorris unter Aufgabe der vorherigen Rechtsprechung, vgl. *KG*, GRUR-RR 2001, 244 – Internet-Apotheke.
[88] *KG*, NJW-RR 2002, 116.
[89] Vgl. *OLG Frankfurt*, NJW-RR 2001, 1409. A. A. *KG*, NJW-RR 2002, 116.
[90] *BGH*, GRUR 2002, 910 – Muskelaufbaupräparate.
[91] Dies ist bei der Einfuhr eines Nahrungsergänzungsmittels nach § 73 III anders zu beurteilen, s. Rn. 56.
[92] *BGH*, GRUR 2002, 914 – Muskelaufbaupräparate.
[93] Vgl. *OLG Frankfurt*, MMR 2001, 752; *LG Frankfurt*, MMR 2007, 66.
[94] Zur Ausrüstung der Kauffahrteischiffe mit Arzneimitteln vgl. *Kloesel/Cyran*, § 73 Anm. 33.
[95] *Rehmann*, § 73 Rn. 14.

wachung nicht zugelassene Fertigarzneimittel zu Analyse- oder Untersuchungszwecken nach Deutschland zu verbringen[96].

XV. Bezug durch Bundes- oder Landesbehörden (Nr. 10)

Bundes- oder Landesbehörden können Arzneimittel im zwischenstaatlichen Verkehr **uneinge-** 54 **schränkt** beziehen, ohne dass sie den Zweck des Bezuges rechtfertigen müssen. Der Bezug ist jedoch nur von einer ausländischen staatlichen Institution möglich[97]. Bei der staatlichen Beschaffung von Arzneimitteln im zwischenstaatlichen Verkehr zur Versorgung bestimmter Bevölkerungsgruppen wird man eine Prüfung der Qualität, Wirksamkeit und Unbedenklichkeit durch die Bundesoberbehörde dann fordern müssen, wenn begründete Zweifel bestehen, ob diese Kriterien erfüllt sind[98].

F. Ausnahmen für Humanarzneimittel bei Apothekenbestellungen (Abs. 3)

§ 73 III enthält weitere Ausnahmen von dem Einfuhrverbot des Abs. 1, die den Bezug von im Inland 55 nicht zugelassenen oder registrierten oder nach § 21a genehmigten **Fertigarzneimitteln,** die zur **Anwendung bei Menschen** bestimmt sind, oder von solchen, die von der Zulassung oder Registrierung freigestellt sind, über Apotheken im Wege der **Einzeleinfuhr** ermöglichen (zur Prüfungskompetenz der Zollverwaltung über das Vorliegen der Ausnahmetatbestände s. § 74 Rn. 7 ff.)[99]. Die Ausnahmen sind in Anbetracht der fehlenden Harmonisierung grundsätzlich **europarechtskonform** und unterfallen nicht der RL 2001/83/EG; sie sind jedoch an Art. 34, 36 AEUV (= Art. 28, 30 EG) zu messen[100]. Die Vorschrift des Abs. 3 wurde durch das AMG-ÄndG 2009 zur Klarstellung, Rechtsbereinigung und besseren Lesbarkeit neu gefasst[101].

I. Nicht zugelassene, registrierte oder genehmigte Humanarzneimittel (S. 1)

Der Ausnahmetatbestand erfordert zunächst, dass ein **Fertigarzneimittel** (zur Definition s. § 4 56 Rn. 2), das zur Anwendung bei Menschen bestimmt ist, in Deutschland **nicht zugelassen** oder registriert oder nach § 21a genehmigt[102] oder von der Zulassung oder Registrierung freigestellt ist. Hat in Deutschland eine Prüfung der Zulassungs-, Registrierungs- oder Genehmigungsfähigkeit eines Arzneimittels stattgefunden, die zu einer Versagung, zur Rücknahme oder zum Widerruf oder zu einem Ruhen der Zulassung/Registrierung/Genehmigung geführt hat, kann eine Einzeleinfuhr nach § 73 III nicht erfolgen. Vielmehr gilt für derartige Arzneimittel das Importverbot des § 30 IV (s. § 30 Rn. 45)[103].

Die Regelung des Abs. 3 S. 1 bezieht sich vom Wortlaut her auf Fertigarzneimittel. Dies hat den 57 *BGH*[104] unter Hinweis auf die Rechtsprechung des *EuGH*[105] veranlasst, Produkte, die im Ausland als **Nahrungsergänzungsmittel** verkehrsfähig sind und die nach Deutschland eingeführt werden sollen, jedoch hier als Arzneimittel qualifiziert werden, als nicht einfuhrfähig einzustufen. Hiergegen bestehen durchgreifende europarechtliche Bedenken. Zunächst ist einzuwenden, dass sich der *EuGH* gerade nicht zu dem Verbringungsverbot des § 73 III geäußert hat. Entscheidend ist vielmehr, dass Abs. 3 S. 1 lediglich auf die Zulässigkeit des Inverkehrbringens im Ausfuhrland abstellt, ohne darüber hinaus eine Zulassung als Arzneimittel im Ausfuhrland zu fordern. Weiter ist zu bedenken, dass dem durch Art. 36 AEUV (vormals Art. 30 EG) zugestandenen nationalen Vorbehalt des Gesundheitsschutzes durch die Regelung in Abs. 3 mit der Notwendigkeit des Bezugs über einen Apotheker, der Einzelbestellung und – bei einer Drittlandseinfuhr – der ärztlichen Verschreibung in ausreichender Weise Rechnung getragen wird. Es kommt hinzu, dass nach Abs. 4 S. 2 für solche Produkte die §§ 5, 6a, 8 sowie 64 bis 69a zur Gewährleistung der Arzneimittelsicherheit zur Anwendung kommen. Das im Rahmen des Art. 36 AEUV (= Art. 30 EG) stets zu beachtende Verhältnismäßigkeitsprinzip rechtfertigt in Anbetracht des hohen gemeinschaftsrechtlichen Schutzniveaus für Lebensmittel keine Durchsetzung des Verbringungsverbots auch für im Ausland als Nahrungsergänzungsmittel verkehrsfähige

---

[96] BT-Drucks. 17/10156, S. 89.
[97] *Rehmann*, § 73 Rn. 15.
[98] Zu weitgehend *Kloesel/Cyran*, § 73 Anm. 35, der bei einem Fehlen einer inländischen Zulassung stets eine solche Prüfung fordert. Dies wäre europarechtlich kaum haltbar. Zum zwischenstaatlichen Austausch therapeutischer Substanzen menschlichen Ursprungs vgl. *Kloesel/Cyran*, § 73 Anm. 36.
[99] Zur Haftung des Pharmaherstellers beim Einzelimport von Arzneimitteln nach § 73 III vgl. *Harney*, PharmR 2010, 18. Zur Erstattungspflicht der GKV von nicht zugelassenen einzelimportierten Arzneimitteln vgl. *BSG*, PharmR 2005, 218.
[100] Vgl. *EuGH*, Urt. v. 8.11.2007 – C-143/06, GRUR 2008, 264 Rn. 21, 23 ff. – Ludwigs-Apotheke/Juers Pharma.
[101] BT-Drucks. 16/12256, S. 55.
[102] Damit werden Gewebezubereitungen in den Anwendungsbereich einbezogen, vgl. BT-Drucks. 16/12256, S. 56.
[103] Vgl. *BSG*, NZS 2006, 29 Rn. 27 f. A. A. *Kieser*, A&R 2005, 147 ff.
[104] *BGH*, GRUR 2002, 910 – Muskelaufbaupräparate. Dem folgend *FG Hessen*, PharmR 2011, 428; *Willhöft*, A&R 2012, 163.
[105] *EuGH*, Urt. v. 7.3.1989 – Rs. 215/97, NJW 1989, 2185 – Schumacher; *EuGH*, Urt. v. 8.4.1992, Rs. C-62/90, NJW 1992, 1553 Rn. 24 – Kommission/Bundesrepublik Deutschland.

Produkte[106]. Der *BGH* ist unter Hinweis auf die Entstehungsgeschichte der Norm[107] mittlerweile von der in der „Muskelaufbaupräparate-Entscheidung" vertretenen Auffassung abgerückt[108].

58 **1. Vorliegen einer Bestellung einzelner Personen (1. Halbs.). a) Apothekenbestellung (Nr. 1).** Die Freistellung vom Verbringungsverbot des Abs. 1 S. 1 erfordert zunächst, dass die Fertigarzneimittel von **Apotheken**[109] auf vorliegende Bestellung einzelner Personen in geringer Menge bestellt und von diesen Apotheken im Rahmen der bestehenden Apothekenbetriebserlaubnis abgegeben werden. Die Apotheke darf bei der Beschaffung des Arzneimittels **Dritte** in Anspruch nehmen (wie etwa Großhändler oder andere Apotheken), jedoch muss die Apotheke, bei der das Arzneimittel bestellt wird, eindeutig identifizierbar sein[110]. Die Lieferung selbst muss bei Vorliegen der sonstigen Voraussetzungen nicht gegenständlich über die Apotheke erfolgen, bei der das Präparat bestellt wurde[111].

59 Ob ein Apotheker berechtigt ist, Arzneimittel zu beziehen, die unter den Voraussetzungen des S. 1 der Vorschrift eingeführt worden sind, hat nicht das Hauptzollamt zu entscheiden, sondern die zuständige Arzneimittelüberwachungsbehörde. Wenn das Hauptzollamt Zweifel an der Bezugsberechtigung des Apothekers hat, kann es die Annahme der Zollanmeldung nicht zurücknehmen; es kann jedoch vor Überlassung der Produkte die Sendung vorübergehend anhalten, um der Arzneimittelüberwachungsbehörde Gelegenheit zu geben, die Frage der Bezugsberechtigung innerhalb einer angemessenen Frist zu entscheiden (s. § 74 Rn. 8)[112].

60 Die ausnahmsweise Abgabe von Arzneimitteln darf nur in **geringen Mengen** erfolgen. Hierfür ist nicht die Bestellmenge des Apothekers maßgeblich, sondern der Bedarf der bestellenden Person[113]. Die Bestellmenge des Apothekers kann eine „geringe Menge" dann überschreiten, wenn er zulässige Bestellungen einzelner Personen zusammenfasst. Eine Bestellung auf Vorrat ohne vorliegende Einzelbestellungen ist dem Apotheker jedoch nicht gestattet[114].

61 Es muss eine **besondere Bestellung einzelner Personen** vorliegen. Hieran fehlt es, wenn juristische Personen oder Personenmehrheiten Bestellungen aufgeben[115]. Handelt es sich bei der bestellenden Person um eine **Privatperson** ist die Begrenzung in der für den konkreten Behandlungsfall erforderlichen Menge des Arzneimittels zu sehen, so dass grundsätzlich nur einige Packungen bezogen werden können. Dies schließt die Bestellung etwa ganzer Gebinde aus[116]. Werden Arzneimittel hingegen von einem **Arzt** bestellt, wird dieser entsprechend seinem kurzfristigen, vorhersehbaren Praxisbedarf versorgt werden können. Ein solcher kann jedoch unter Berücksichtigung des Ausnahmecharakters der Vorschrift nur dann angenommen werden, wenn die Patienten, die die fraglichen Arzneimittel benötigen, bereits bekannt sind und wenn keine den konkret feststellbaren Patientenbedarf übersteigende Vorratshaltung betrieben wird[117]. Gegen die Zulässigkeit einer Vorratshaltung spricht im Übrigen nicht nur das Tatbestandsmerkmal *„geringe Mengen"*, sondern auch der Umstand, dass sich der bundesdeutsche Gesetzgeber wegen der insoweit fehlenden Harmonisierung des Arzneimittelrechts in der EU auf den Gesundheitsschutz (Art. 36 AEUV = Art. 30 EG) berufen kann[118].

62 Die **Apotheker** haben bei der Abgabe von Arzneimitteln nach S. 2 die dort aufgeführten Kriterien zu berücksichtigen. Man wird dies jedoch bei der Frage, ob das Produkt im Ausfuhrstaat rechtmäßig in den Verkehr gebracht werden darf, auf eine **Evidenzkontrolle** (grobe Fahrlässigkeit) beschränken können[119]. Durch das Kriterium der Bestellung durch einen Apotheker ist klargestellt, dass eine Direktlieferung vom Importeur oder vom Zwischenhändler an Endverbraucher ebenso unzulässig ist wie ein Versandhandel[120].

---

[106] In diesem Sinne auch *Büttner*, LMuR 2003, 125. A. A. *VG Berlin*, PharmR 2012, 125; *FG Hessen*, PharmR 2011, 428; *Kloesel/Cyran*, § 73 Anm. 41.
[107] Vgl. hierzu *Sander*, § 73 Erl. 9e).
[108] *BGH*, Beschl. v. 7.10.2009 – I ZR 126/08 – BeckRS 2009, 29892.
[109] Erfasst werden alle Arten von Apotheken, also auch Krankenhaus- und Bundeswehrapotheken.
[110] Vgl. *Kloesel/Cyran*, § 73 Anm. 39; *Harney*, PharmR 2010, 18.
[111] *Sander*, § 73 Erl. 9b).
[112] Vgl. *BFH*, PharmR 2010, 245.
[113] Vgl. *FG Hessen*, Urt. v. 17.9.2007 – 7 K 3132/05, Rn. 56 – juris. Ob dabei aber pauschal auf einen Höchstbedarf von 3 Monaten abgestellt werden muss, wie in dieser Entscheidung wiedergegeben, erscheint zweifelhaft. Maßgeblich ist vielmehr der jeweilige Einzelfall des Patienten.
[114] H. M., vgl. *Kloesel/Cyran*, § 73 Anm. 47; *Rehmann*, § 73 Rn. 15.
[115] Vgl. *Kloesel/Cyran*, § 73 Anm. 48, wo etwa Sammelbestellungen von Krankenhäusern oder Vereinen als unzulässig eingestuft werden.
[116] Vgl. *Klados*, WRP 2001, 1060.
[117] So zu Recht *Kloesel/Cyran*, § 73 Anm. 48. A. A. *Sander*, § 73 Erl. 9c); *Rehmann*, § 73 Rn. 16, der die hier wiedergegebene Auffassung aber für gut vertretbar hält.
[118] A. A. *Rehmann*, § 73 Rn. 16.
[119] Strenger offensichtlich *FG Hessen*, PharmR 2011, 429, das fordert, dass der Apotheker das Vorliegen der Einfuhrvoraussetzungen klärt. Vgl. *Kloesel/Cyran*, § 73 Anm. 43, wo im Zweifel eine Anfrage beim Arzneibüro der ABDA für erforderlich gehalten wird. Zu den weiteren Pflichten der Apotheker vgl. *Sander*, § 73 Erl. 10. Zur Haftung beim Import von in Deutschland nicht zugelassenen Arzneimitteln vgl. *Klados*, WRP 2001, 1062 f.
[120] *Klados*, WRP 2001, 1059. Zulässig ist aber der Versand des Arzneimittels durch den herstellenden Apotheker aufgrund einer ihm erteilten Großhandelserlaubnis, vgl. *BGH*, A & R 2011, 234.

Die Abgabe darf nur **im Rahmen der bestehenden Apothekenbetriebserlaubnis** erfolgen. Die **63** Einzelheiten ergeben sich aus der ApBetrO, deren Geltung in S. 3 ausdrücklich angeordnet ist (s. Rn. 73).

b) Verkehrsfähigkeit im Exportland (Nr. 2). Die Ausnahme vom Verbringungsverbot des Abs. 1 **64** S. 1 hat zur weiteren Voraussetzung, dass die Fertigarzneimittel im Exportland rechtmäßig in den Verkehr gebracht werden dürfen[121]. Das Tatbestandsmerkmal des **Inverkehrbringens** im Ausfuhrstaat knüpft nicht daran an, dass es „allgemein" in den Verkehr gebracht werden darf[122]. Entscheidend ist die Möglichkeit des Inverkehrbringens („dürfen") nach dem Recht des Ausfuhrstaates.

Die Vorschrift des § 73 III darf nicht dadurch umgangen werden, dass ein in Deutschland nicht **65** zugelassenes Arzneimittel in einen anderen Staat, in dem eine Zulassung für das Präparat erteilt wurde, exportiert und von dort wieder im Wege der Einzelbestellung **reimportiert** wird. Dies stellt eine Umgehung des § 21 dar[123].

c) Fehlen vergleichbarer Arzneimittel im Inland (Nr. 3). Die Exemtion vom Verbringungsverbot **66** des Abs. 1 S. 1 hängt schließlich davon ab, dass für die Fertigarzneimittel hinsichtlich des Wirkstoffs identische und hinsichtlich der Wirkstärke vergleichbare[124] Arzneimittel für das betreffende **Anwendungsgebiet**[125] in Deutschland nicht zur Verfügung stehen (sog. **Versorgungslücke**). Durch die mit dem AMG-ÄndG 2009 erfolgte Neufassung des Abs. 3 wird klargestellt, dass die Einschränkung für Einzelbestellungen, wonach in Deutschland keine vergleichbaren Arzneimittel zur Verfügung stehen dürfen, für alle Arzneimittel gilt, die im Inland nicht zugelassen sind und die nach Deutschland verbracht werden sollen. Nach der bisherigen Rechtslage war danach zu differenzieren, ob die Arzneimittel aus dem EU- oder EWR-Raum stammen oder aus Drittstaaten. Nur für letztere galt die zusätzliche Einschränkung[126]. Gegen die Ausdehnung der Einschränkung der Einfuhr auch auf Fertigarzneimittel aus EU-Mitgliedstaaten oder aus anderen Vertragsstaaten des EWR bestehen indes **europarechtliche Bedenken,** da der Bereich der Zulassungen/Registrierungen/Genehmigungen zwar nicht harmonisiert ist, jedoch Art. 5 I RL 2001/83/EG und der 30. Erwägungsgrund der RL 2001/83/EG verdeutlichen, dass von dem Grundsatz des Vorliegens einer Zulassung im Mitgliedstaat, in dem das Arzneimittel an den Patienten abgegeben werden soll, abgewichen werden kann, wenn ein Apotheker bei der Abgabe zwischengeschaltet ist, der die Verantwortung für die Abgabe übernimmt[127]. Der deutsche Gesetzgeber hat von der Ausnahmevorschrift des Art. 5 I RL 2001/83/EG Gebrauch gemacht, so dass die unter § 73 III fallenden Arzneimittel vom Anwendungsbereich der RL 2001/83/EG ausgeschlossen sind[128], was allerdings dann auch zur Folge hat, dass eine Versorgungslücke in Deutschland nicht mehr gefordert werden kann.

2. Notfälle (2. Halbs.). Die Ausnahme vom Verbringungsverbot des Abs. 1 S. 1 erstreckt sich auch **67** auf die Einfuhr von Fertigarzneimitteln, die nach apothekenrechtlichen oder berufsgenossenschaftlichen Vorgaben oder im Geschäftsbereich des BMVg für **Notfälle** vorrätig zu halten oder kurzfristig beschafft werden müssen.

Nach § 15 I ApBetrO hat der Apothekenleiter zur Sicherstellung der ordnungsgemäßen Versorgung **68** der Bevölkerung mit Arzneimitteln den durchschnittlichen Bedarf für eine Woche vorzuhalten. Entsprechendes gilt für den Leiter einer krankenhausversorgenden Apotheke für die Arzneimittelversorgung der Patienten des Krankenhauses für einen Zeitraum von zwei Wochen (§ 15 III ApBetrO). Diese Notfallversorgung nach den **apothekenrechtlichen Vorschriften und den berufsgenossenschaftlichen Vorgaben** ist im Hinblick auf den Bezug von Einfuhrarzneimitteln insoweit begrenzt, als im Inland Arzneimittel für das betreffende Anwendungsgebiet nicht zur Verfügung stehen dürfen[129].

---

[121] Damit ist die Einzeleinfuhr von im Ausfuhrstaat für Prüfzwecke ohne dortige Zulassung eingesetzte Prüfpräparate unzulässig, es sei denn, sie würden im Inland gleichfalls nur für klinische Zwecke verwendet, vgl. *Kloesel/Cyran*, § 73 Anm. 45; *Klados*, WRP 2001, 1059.

[122] Vgl. *OLG München*, GRUR-RR 2006, 143.

[123] *VG Kassel*, Urt. v. 5.7.1988 – V/V E 790/85, abgedruckt bei *Sander*, Entscheidungsband Nr. 3 zu § 73; *Kloesel/Cyran*, § 73 Anm. 60; *Klados*, WRP 2001, 1061.

[124] Zu den verfassungsrechtlichen Bedenken wegen der Bestimmtheit der Norm vgl. *Tillmanns*, PharmR 2009, 620.

[125] Das „betreffende Anwendungsgebiet" wird durch den Inhalt der Zulassung bestimmt. Nur dann kann ein entsprechendes Arzneimittel i. S. der Vorschrift „zur Verfügung" stehen. A. A. *Willhöft*, A&R 2012, 165.

[126] BT-Drucks. 16/12256, S. 55.

[127] Vgl. *Tillmanns*, PharmR 2009, 616. Anders noch in der 1. Aufl. Allerdings ist dann zu fordern, dass der Apotheker sowohl das Vorhandensein einer Zulassung bzw. Registrierung des Arzneimittels aus dem EU-Mitgliedstaat bzw. EWR-Vertragsstaat und bei verschreibungspflichtigen Arzneimitteln aus Drittstaaten das Vorliegen einer ärztlichen Verschreibung überprüft, um so die Arzneimittelsicherheit zu gewährleisten. Für die Europarechtskonformität *Willhöft*, A&R 2012, 162 f.

[128] *EuGH*, Urt. v. 8.11.2007 – Rs. C-143/06, GRUR 2008, 264, Rn. 22 f. – Ludwigs-Apotheke/Juers Pharma; *Willhöft*, A&R 2012, 162. Die gegenteilige Auffassung in der 1. Aufl. wird aufgegeben.

[129] Die Bezugnahme auf die berufsgenossenschaftlichen Sicherheitsregeln (Unfallverhütungsvorschriften ZH1/70 „Sicherheitsregeln für die Haltung von Wildtieren") betrifft vor allem Seren gegen die Gifte von Wildtieren, die im Inland nur vermindert zur Verfügung stehen, vgl. BR-Drucks. 748/2/03, S. 39 ff.

69 Durch die mit dem AMG-ÄndG 2009 erfolgte Erweiterung des Tatbestandes auf die **Bundeswehr** soll praktischen Erfordernissen entsprochen werden. Auf Grund von Auslandseinsätzen sind Soldatinnen und Soldaten besonderen Gesundheitsrisiken ausgesetzt, für deren Behandlung es in Deutschland z. T. keine zugelassenen Arzneimittel gibt. Aus Fürsorgegründen müssen aber für diese Zwecke geeignete Arzneimittel, z. B. entsprechende Impfstoffe, vorrätig gehalten werden. Um dies rechtskonform sicherstellen zu können, sollen der Bundeswehr vergleichbare Möglichkeiten wie den Berufsgenossenschaften eingeräumt werden. Der Weg über die Zivilschutzausnahmeverordnung und die darin geforderte Beteiligung der zuständigen Bundesoberbehörde ist in solchen Fällen und auf Grund der kleinen Mengen insbes. bei den vorgeschriebenen Chargenprüfungen von Sera oder Impfstoffen nicht angemessen und kann nicht immer zeitgerecht sichergestellt werden. Durch entsprechende Weisung im Bereich der Bundeswehr kann gewährleistet werden, dass die Beschaffung und Bevorratung in den erfassten Ausnahmefällen nur auf Grund ärztlicher Vorgaben oder besonderer Weisungen erfolgen darf[130]. Die Durchbrechung des grundsätzlichen Verbringungsverbots ist auch bei dieser Alt. daran gebunden, dass Arzneimittel für das betreffende Anwendungsgebiet nicht zur Verfügung stehen.

II. Einfuhr aus Drittstaaten (S. 2)

70 Der Import von im Inland nicht zugelassenen/registrierten/genehmigten Arzneimitteln wird bei einer Einfuhr aus einem **Drittstaat** i. S. d. Arzneimittelsicherheit und Missbrauchskontrolle zudem dadurch beschränkt, dass der Apotheke[131] vor einer Abgabe des eingeführten Arzneimittels eine ärztliche bzw. zahnärztliche **Verschreibung** vorliegen muss. Damit wird auch ein Ausgleich dafür geschaffen, dass für diese Arzneimittel eine inländische Zulassung/Registrierung/Genehmigung nicht besteht[132]. Eine (zahn-)ärztliche Verschreibung muss auch dann vorgelegt werden, wenn das Arzneimittel an sich nach § 48 nicht verschreibungspflichtig wäre.

71 Mit der Regelung soll nach dem Willen des Gesetzgebers der Praxis begegnet werden, dass von der Einzelimportregelung des § 73 III zunehmend auch in den Fällen Gebrauch gemacht wird, in denen entsprechende Fertigarzneimittel im Inland verkehrsfähig sind. Die Regelung soll **Patienten** vor Risiken **schützen** und § 73 III auf seine ursprüngliche Intention als Ausnahmebestimmung zurückführen.

72 Bei einer **Einfuhr aus der EU/dem EWR** ist eine Verschreibung nur dann vorzulegen, wenn eine Verschreibungspflicht nach deutschem Recht besteht, wie Abs. 4 S. 2, 2. Alt. entnommen werden muss[133]. Stammt das Arzneimittel aus der EU/dem EWR ist ein Import auf Einzelbestellung auch dann zulässig, wenn das Arzneimittel auch im Inland (für andere pharmazeutische Unternehmer) in derselben Zusammensetzung zugelassen ist. Der Einzelimport eines Arzneimittels nach § 73 III setzt hier nicht das Bestehen einer Versorgungslücke voraus[134].

III. Geltung der ApBetrO (S. 3)

73 Durch die Anwendbarkeit der ApBetrO wird verdeutlicht, dass – mit Ausnahme der sich aus § 73 selbst ergebenden Privilegierungen – bei der Abgabe von ausnahmsweise importierten Fertigarzneimitteln keine Unterschiede bei der Abgabe von im Inland zugelassenen Fertigarzneimitteln gemacht werden dürfen. Auf diese Weise wird die **Arzneimittelsicherheit** gewährleistet und eine **effektive Überwachung,** insbes. durch § 18 ApBetrO ermöglicht[135]. Nach Abs. 1 dieser Vorschrift sind bei der Einfuhr von Fertigarzneimitteln nach § 73 III eine Reihe von Angaben (u. a. Name und Anschrift der Person, für die das Arzneimittel bestimmt ist) vom Apotheker aufzuzeichnen. Fertigarzneimittel, die aus einem EU-Mitgliedstaat über den Umfang des § 73 III hinaus nach Deutschland eingeführt werden, dürfen von einer Apotheke nur dann erstmals in den Verkehr gebracht werden, wenn sie entspr. § 10 i. V. m. § 6 III 1 und 2 ApBetrO geprüft sind und die erforderliche Qualität bestätigt ist. Davon kann nur abgesehen werden, wenn die Arzneimittel in dem EU-Mitgliedstaat nach den dort geltenden Rechtsvorschriften geprüft sind und dem Prüfprotokoll entsprechende Unterlagen vorliegen (§ 18 II ApBetrO). Werden Fertigarzneimittel im zulässigen Rahmen des § 73 III eingeführt, entfällt die Prüfungspflicht[136].

---

[130] BT-Drucks. 16/12256, S. 55 f.
[131] Die die Einfuhr ausführenden Dritten haben insoweit keine Kontrollpflichten, vgl. *Sander*, § 73 Erl. 9e).
[132] Vgl. BT-Drucks. 10/5112, S. 24.
[133] *Kloesel/Cyran*, § 73 Anm. 49; *Willhöft*, A&R 2012, 165.
[134] Vgl. auch *BGH*, PharmR 1999, 58; *OLG Frankfurt/M.*, PharmR 1998, 169; *OLG Nürnberg*, PharmR 1997, 122. Zustimmend *Rehmann*, § 73 Rn. 17. A. A. *LG Hamburg*, PharmR 1996, 123; *LG Nürnberg-Fürth*, PharmR 1996, 92; *Klados*, WRP 2001, 1061 (zu § 73 a. F.).
[135] Vgl. *Sander*, § 73 Erl. 9.
[136] Vgl. *Kloesel/Cyran*, § 73 Anm. 54.

IV. Werbeverbot des § 8 HWG

Die Werbung für den Bezug von Arzneimitteln im Wege der Einzeleinfuhr nach § 73 II Nr. 6a oder **74** nach § 73 III ist gem. § 8 HWG unzulässig[137]. So ist etwa die Verwendung einer **Preisliste** für Arzneimittel, die einen ausdrücklichen Hinweis darauf enthält, dass alle aufgeführten Präparate nach § 73 III eingeführt werden können, ebenso unzulässig[138] wie die Information einer Krankenhausapotheke durch einen Importeur, wenn dieser anbietet, bestimmte Arzneimittel auf Anfrage kostengünstig einführen zu können[139]. Allerdings ist eine Werbung für Listen zulässig, die keine anderen Informationen als die über den Handelsnamen, die Verpackungsgrößen, die Wirkstärke und den Preis dieser Arzneimittel enthalten. Umfasst die Werbung aber Informationen über die therapeutischen Wirkungen der Arzneimittel, greift das Verbot des § 8 HWG[140]. Ansonsten verbietet § 3a HWG die Werbung für zulassungspflichtige Arzneimittel, die nicht zugelassen sind oder als zugelassen gelten.

Das sowohl in der Laien- als auch in der Fachkreiswerbung geltende Werbeverbot ist **europarechtlich 75 unbedenklich,** da das Werbeverbot der Sicherung der nationalen Zulassungsbestimmungen i. S. d. Art. 36 AEUV (vormals Art. 30 EG) dient[141]. Wenn nämlich in Deutschland für dort nicht zugelassene Arzneimittel geworben werden dürfte, bestünde die Gefahr, dass die Hersteller die Zulassung der Arzneimittel in einem Mitgliedstaat, der geringere Anforderungen stellt, beantragen und sie dann aufgrund von Einzelbestellungen, die sie durch Werbeaktionen ausgelöst haben, nach Deutschland einführen würden[142].

G. Ausnahmen bei Tierarzneimitteln (Abs. 3a)

Abs. 3a ist durch das AMG-ÄndG 2009 in das Gesetz neu eingefügt worden, um die Sondervor- **76** schriften für Tierarzneimittel von den Humanarzneimitteln, die ausschließlich in Abs. 3 geregelt werden, zu trennen[143]. Damit wird die Lesbarkeit und Verständlichkeit der Vorschriften verbessert.

I. Bestellung durch Apotheken oder Tierärzte (S. 1)

1. Apotheken oder Tierärzte (Nr. 1). Tierarzneimittel dürfen abweichend vom Einfuhrverbot des **77** Abs. 1 S. 1 trotz fehlender inländischer Zulassung oder Registrierung nach Deutschland von **zwei Personenkreisen** importiert werden: Zum einen wenn sie von **Apotheken** für Tierärzte oder Tierhalter bestellt und von diesen Apotheken im Rahmen der bestehenden Apothekenbetriebserlaubnis abgegeben werden. Zum anderen ist die Bestellung durch **Tierärzte** zulässig, wenn diese im Rahmen des Betriebs einer tierärztlichen Hausapotheke für die von ihnen behandelten Tiere erfolgt. Damit soll für die Tierärzte auch die Einfuhr auf Vorrat ermöglicht werden, um so eine schnelle arzneiliche Versorgung der Tiere zu gewährleisten[144] (zur Vorratshaltung nach § 43 IV s. § 43 Rn. 47).

2. Vorliegen einer Zulassung im Exportland (Nr. 2). Die Möglichkeit der ausnahmsweisen **78** Einfuhr von Tierarzneimitteln ist zudem daran gebunden, dass diese in einem **EU-Mitgliedstaat** oder einem anderen **Vertragsstaat des EWR** zugelassen sind. Ist dies der Fall, kann ein Tierarzneimittel auch aus einem EU-Mitgliedstaat/EWR-Vertragsstaat eingeführt werden, in dem eine solche Zulassung nicht erteilt wurde[145]. Umgekehrt bedeutet dies, dass eine Einfuhr von Tierarzneimitteln aus **Drittstaaten** grundsätzlich unzulässig ist.

3. Fehlen geeigneter Arzneimittel im Inland (Nr. 3). Für das einzuführende Tierarzneimittel darf **79** weiter in Deutschland kein zur Erreichung des Behandlungsziels geeignetes zugelassenes Arzneimittel zur Verfügung stehen (Therapienotstand)[146].

---

[137] Vgl. hierzu *Doepner,* § 8 Rn. 49 f.; *Gröning,* § 8 Rn. 30 ff. Das Verbot der Werbung für nicht zugelassene Arzneimittel nach § 3a HWG gilt subsidiär, vgl. *Doepner,* § 8 Rn. 48.
[138] *OLG München,* MD 1999, 710.
[139] Vgl. *OLG Schleswig,* PharmR 1996, 332. Vgl. im Übrigen *Doepner,* § 8 Rn. 46 ff.
[140] Vgl. *EuGH,* Urt. v. 8.11.2007 – C-143/06, GRUR 2008, 264 – Ludwigs-Apotheke/Juers Pharma. Anders noch *OLG Hamburg,* MD 2005, 585. Vgl. auch *LG Hamburg,* MD 2005, 597.
[141] So *EuGH,* Urt. v. 10.11.1994 – Rs. C-320/93, EuZW 1995, 85 – Ortscheit zur Vorgängerbestimmung des Art. 36 EGV. Bestätigt durch *EuGH,* Urt. v. 8.11.2007 – Rs. C-143/06, Rn. 30 ff., GRUR 2008, 264 – Ludwigs-Apotheke/Juers Pharma für Art. 30 EG.
[142] So ausdrücklich *EuGH,* Urt. v. 10.11.1994 – Rs. C-320/93, EuZW 1995, 85 – Ortscheit.
[143] BT-Drucks. 16/12256, S. 56.
[144] BT-Drucks. 15/4736, S. 12.
[145] Vgl. *Kloesel/Cyran,* § 73 Anm. 56.
[146] Vgl. hierzu *VG Regensburg,* PharmR 2014, 534.

II. Vorliegen einer Verschreibung (S. 2)

80   Die Bestellung von Tierarzneimitteln und deren Abgabe in Apotheken dürfen nur bei Vorliegen einer tierärztlichen Bestellung erfolgen.

III. Entsprechende Geltung des Abs. 3 S. 3 (S. 3)

81   Auch für die ausnahmsweise Zulässigkeit der Einfuhr von Tierarzneimitteln ist die **ApBetrO** zu beachten (s. Rn. 73). Damit sind insbes. die Vorschriften der §§ 18, 19 ApBetrO entsprechend anwendbar, obgleich in § 18 ApBetrO nur auf § 73 III Bezug genommen wird. Der Gesetzgeber hat hier übersehen, dass im Rahmen des AMG-ÄndG 2009 die Regelung auf § 73 IIIa hätte erstreckt werden müssen.

IV. Anzeigepflicht (S. 4)

82   Mit der 13. AMG-Novelle ist das bisherige Verfahren einer Genehmigungspflicht für Arzneimittel, die zur Anwendung bei Lebensmittel liefernden Tieren aus anderen Mitgliedstaaten eingeführt wurden, durch eine Anzeigepflicht für die **Tierärzte** ersetzt worden, weil sich das Genehmigungsverfahren als in der Praxis zu aufwendig und zeitintensiv erwiesen hat. Die Anzeigepflicht gilt für alle Arzneimittel, die zur Anwendung bei Tieren eingeführt werden[147]. Der Tierarzt ist zur unverzüglichen Anzeige sowohl in den Fällen verpflichtet, in denen er selbst das Arzneimittel einführt, als auch im Falle, dass er eine Apotheke hierzu beauftragt oder dem Tierhalter eine Verschreibung aushändigt[148].

V. Inhalt der Anzeige (S. 5)

83   Die Anzeigepflicht umfasst die zu behandelnde Tierart, das vorgesehene Anwendungsgebiet, das Herkunftsland, die Bezeichnung und die bestellte Menge des Arzneimittels sowie seine Wirkstoffe nach Art und Menge.

H. Anwendbare Vorschriften (Abs. 4)

84   Die im Wege der Einzeleinfuhr in das Inland verbrachten Arzneimittel sind von zahlreichen Vorschriften des AMG **befreit,** wobei allerdings eine Tendenz des Gesetzgebers ersichtlich ist, den Anwendungsbereich des Gesetzes kontinuierlich auszuweiten[149].

I. Arzneimittel nach Abs. 2 Nr. 4 und 5 (S. 1)

85   Der Status der betroffenen Personen erfordert eine Herausnahme der betreffenden Arzneimittel aus dem Anwendungsbereich des AMG[150].

II. Arzneimittel nach Abs. 2 Nr. 1 bis 3 und 6 bis 10 und Abs. 3 (S. 2, 1. Alt.)

86   Die Vorschriften dienen der **Arzneimittelsicherheit,** so dass für alle von S. 2 erfassten Importarzneimittel die Verbote der Einfuhr von bedenklichen Arzneimitteln **(§ 5),** von Dopingmitteln **(§ 6a)** und qualitätsgeminderten oder irreführenden Arzneimitteln **(§ 8)** sowie die Vorschriften über Arzneimittelpreise **(§ 78)** gelten. Mit dem AMG-ÄndG 2009 sind auch die Vorschriften der §§ 13 bis 20a und § 52a für diese Importarzneimittel für anwendbar erklärt worden. Die Änderungen betr. die **§§ 13 bis 20a** gehen auf eine Forderung des Bundesrates zurück. In den Fällen, in denen Arzneimittel unter zollamtlicher Überwachung durch den Geltungsbereich des Gesetzes befördert oder in ein Zolllagerverfahren oder eine Freizone überführt werden, sind diese bislang von den Vorschriften der §§ 13 bis 20a ausgenommen gewesen. Dies führt dazu, dass in Freizonen und Zolllagern eine erlaubnisfreie Herstellung möglich ist. Durch das AMG-ÄndG 2009 ist diese Gesetzeslücke geschlossen worden[151]. Durch die Erklärung der Anwendbarkeit des **§ 52a** ist klargestellt worden, dass die Großhandelserlaubnis auch für Großhandelstätigkeiten im Zusammenhang mit der Durchfuhr oder der Überführung von Arzneimitteln in ein Zolllagerverfahren erforderlich ist[152].

87   Durch den Verweis auf die Anwendbarkeit der §§ 64 bis 69a wird dokumentiert, dass auch die Einfuhr aufgrund der erlaubten Ausnahmetatbestände der **Kontrolle** der deutschen **Arzneimittelbehörden**

---

[147] BT-Drucks. 15/4736, S. 12.
[148] BT-Drucks. 15/4736, S. 12.
[149] Vgl. BT-Drucks. 15/2109, S. 37; BT-Drucks. 15/4736, S. 12 (für Tierarzneimittel).
[150] BT-Drucks. 15/2109, S. 37.
[151] BT-Drucks. 16/13428, S. 86.
[152] BT-Drucks. 16/12256, S. 56.

unterliegt[153]. Die Kontrolle der Einfuhr von Arzneimitteln ist im Interesse des Schutzes der öffentlichen Gesundheit zulässig und daher nach Art. 36 AEUV (vormals Art. 30 EG) europarechtskonform[154].

Für Tierarzneimittel gilt das sich aus § 56a I Nr. 4 ergebende **Dopingmittelverbot** (s. § 56a Rn. 10) **88** nicht. Die Anwendung von im Rahmen des § 73 II Nr. 1 eingeführten Dopingmitteln bei Tieren bei Turnieren u. ä. verstößt jedoch gegen das in § 3 Nr. 1b TierSchG statuierte Verbot, Dopingmittel bei sportlichen Wettkämpfen o. ä. anzuwenden.

III. Arzneimittel nach Abs. 2 Nr. 2 und Abs. 3 (S. 2, 2. Alt.)

Zusätzlich („*auch*") gelten für diese Arzneimittel die Vorschriften über die **Verschreibungspflicht** **89** (§ 48) und die entsprechenden Straf- und Ordnungswidrigkeitenvorschriften (§ 95 I Nr. 1 und 3a, II bis IV, § 96 Nr. 3, 10 und 11, § 97 I, II Nr. 1 und 9, III), wobei durch die Herausnahme der §§ 40–42a aus dem Kreis der anzuwendenden Vorschriften klargestellt werden sollte, dass die Einfuhr von Arzneimitteln zum Zwecke der Anwendung an Probanden oder Patienten im Rahmen einer **klinischen Prüfung** nicht dem Eigenbedarf von Einrichtungen von Forschung und Wissenschaft dient und daher **genehmigungspflichtig** ist[155].

IV. Arzneimittel nach Abs. 3a (S. 3)

Mit der 13. AMG-Novelle ist zur weiteren **Verbesserung der Arzneimittelsicherheit** die Einfuhr **90** von Arzneimitteln nach § 73 III den Vorschriften der §§ 56a, 57, 58 I 1, 59 sowie der VO über tierärztliche Hausapotheken (TÄHAV)[156] und der VO über Nachweispflichten für Arzneimittel, die zur Anwendung bei Tieren bestimmt sind, unterstellt worden[157]. Hinsichtlich § 56a ist die Unterstellung auch deshalb erforderlich, weil Regelungen getroffen wurden, die sich auf die Anwendung solcher Arzneimittel beziehen.

Als Folge des mit dem AMG-ÄndG 2009 in § 73 eingefügten Abs. 3a, mit dem Sonderregelungen für **91** **Tierarzneimittel** getrennt von den Humanarzneimitteln aufgeführt wurden, sind im Interesse der Arzneimittelsicherheit zusätzlich zur bisherigen Rechtslage die Vorschriften der §§ 5, 6a, 8, 48, 52a, 64-60a, 95 I Nr. 1, 2a, 2b, 3a, II–IV, § 96 Nr. 3, 13, 14, § 97 I, II Nr. 1 und III für anwendbar erklärt worden.

I. Mitführung von Arzneimitteln im kleinen Grenzverkehr (Abs. 5)

Mit dem 2. AMG-ÄndG ist Abs. 5 völlig neu gefasst worden. Die Änderungen sollen die Berufsaus- **92** übung von ärztlichen Personen bei der grenzüberschreitenden Gesundheitsversorgung auf regionaler und lokaler Ebene im kleinen Grenzverkehr erleichtern, wobei die für Tierärzte geltenden Erleichterungen auch auf Ärzte erstreckt werden. Damit soll der in der RL 2011/24/EU enthaltene Auftrag an die EU-Mitgliedstaaten, die Zusammenarbeit bei der grenzüberschreitenden Gesundheitsversorgung auf regionaler und lokaler Ebene zu erleichtern, umgesetzt werden[158].

I. Grundsatz (S. 1)

In der EU/dem EWR **ansässige Ärzte oder Tierärzte** dürfen bei der Ausübung ihres Berufes im **93** kleinen Grenzverkehr i. S. d. VO (EG) Nr. 1931/2006 nur Arzneimittel mitführen, die in Deutschland zugelassen oder registriert sind oder von der Zulassung oder Registrierung freigestellt sind. Die Zulässigkeit der Mitführung beschränkt sich auf den **kleinen Grenzverkehr** i. S. d. VO (EG) Nr. 1931/2006[159]. Aus den Definitionen in Art. 3 VO (EG) Nr. 1931/2006 ergibt sich, dass „Landaußengrenze" die gemeinsame Landgrenze zwischen einem Mitgliedstaat und einem benachbarten Drittstaat ist (Nr. 1), unter „Grenzgebiet" eine höchstens 30 km breite Zone, gerechnet ab der Grenze (Nr. 2)[160] und unter

[153] Dies gilt auch für Produkte, die im Ausland als Nahrungsergänzungsmittel verkehrsfähig sind, jedoch nach deutschem Recht als Arzneimittel einzustufen sind (s. auch Rn. 46).

[154] Vgl. *EuGH*, Urt. v. 8.4.1992 – Rs. C-62/90, NJW 1992, 1553 Rn. 24 – Kommission/Bundesrepublik Deutschland, der allerdings nur die Einfuhr von Arzneimitteln anspricht, die im Einfuhrmitgliedstaat verschreibungspflichtig sind.

[155] BT-Drucks. 15/2849, S. 62; BR-Drucks. 748/2/03, S. 38 f. Die Genehmigungspflicht für die Einfuhr von Prüfpräparaten ergibt sich aus Art. 13 I 1 RL 2001/20/EG. Die Genehmigungspflicht ist im Übrigen auch für die Herstellung von zur Ausfuhr bestimmten Präparaten erforderlich (Art. 9 I 2 RL 2005/28/EG).

[156] Bekanntmachung der Neufassung vom 20.12.2006 (BGBl. I S. 3455).

[157] BT-Drucks. 15/4736, S. 12. Die VO über Nachweispflichten für Arzneimittel, die zur Anwendung bei Tieren bestimmt sind, ist durch die am 31.12.2006 in Kraft getretene Tierhalter-Arzneimittel-Verordnung vom 20.12.2006 abgelöst worden (BGBl. I S. 3450).

[158] BT-Drucks. 17/9341, S. 66. Vgl. hierzu auch *VG Regensburg*, PharmR 2014, 524, 534.

[159] Der Verweis auf die VO (EG) Nr. 1931/2006 wurde durch das 2. AMG-ÄndG in das Gesetz aufgenommen, vgl. BT-Drucks. 17/10156, S. 89.

[160] Eine Ausdehnung auf 50 km ist unter den Voraussetzungen des Art. 3 Nr. 2 VO (EG) Nr. 1931/2006 möglich.

dem „kleinen Grenzverkehr" das regelmäßige Überschreiten der Landaußengrenze durch Grenzbewohner für einen Aufenthalt in einem Grenzgebiet, beispielsweise aus sozialen, kulturellen oder nachgewiesenen wirtschaftlichen Gründen oder aus familiären Gründen, für einen Zeitraum, der bilateral auszuhandeln ist, jedoch drei Monate nicht überschreiten darf (Nr. 3 i. V. m. Art. 5 VO (EG) Nr. 1931/2006). Entsprechend den unterschiedlichen europarechtlichen Vorgaben für die Erbringung grenzüberschreitender Dienstleistungen für Ärzte gem. der RL 2011/24/EU und für Tierärzte gem. der RL 2006/123/EG sind mit dem 2. AMG-ÄndG die Regelungen für Ärzte und Tierärzte gesondert in einem eigenen Satz geregelt worden[161].

II. Ausnahmen für Ärzte (S. 2)

94   Über den Ausnahmetatbestand des S. 1 hinaus ermöglicht es die mit dem 2. AMG-ÄndG eingefügte Regelung nunmehr auch Ärzten, die eine Gesundheitsdienstleistung i. S. d. RL 2011/24/EU erbringen, am Ort ihrer Niederlassung (außerhalb Deutschlands) zugelassene Arzneimittel **in kleinen Mengen** in einem für das Erbringen der grenzüberschreitenden Gesundheitsversorgung **unerlässlichen Umfang** in der **Originalverpackung** mit sich zu führen, wenn und soweit Arzneimittel gleicher Zusammensetzung und für gleiche Anwendungsgebiete auch in Deutschland zugelassen sind, wobei der Arzt diese Arzneimittel nur selbst anwenden darf. Entsprechend dem Ausnahmecharakter der Vorschrift wird man davon ausgehen müssen, dass unter einer kleinen Menge nur eine solche zu verstehen sein wird, die einem konkret vorhersehbaren Patientenbedarf entspricht.

95   Durch die Neufassung der Vorschrift mit dem 2. AMG-ÄndG soll der bislang in § 73 V 2 a. F. enthaltene Hinweis, dass Ärzte die jeweiligen Leistungen „als Staatsangehörige" eines EU-Mitgliedstaates bzw. eines EWR-Vertragsstaates erbringen müssen, entfallen sein[162]. In der bisherigen Fassung des § 73 V 2, die an die Staatsangehörigkeit anknüpft, war nur von Tierärzten die Rede, so dass die Gesetzesbegründung unverständlich ist, denn für Tierärzte wird in § 73 V 3 n. F. die Erleichterung der Berufsausübung weiterhin davon abhängig gemacht, dass diese Staatsangehörige eines EU-Mitgliedstaates oder eines EWR-Vertragsstaates sind. Dies erscheint europarechtlich nicht unbedenklich[163].

III. Ausnahmen für Tierärzte (S. 3)

96   Die mit der 4. AMG-Novelle vom 11.4.1990[164] in das Gesetz eingefügte und durch das 2. AMG-ÄndG im Wesentlichen unveränderte[165] Regelung geht auf eine Stellungnahme der Kommission zurück, wonach es **Tierärzten,** die eine **berufliche Dienstleistung** in einem anderen Mitgliedstaat erbringen, nach Art. 30 EGV (nunmehr Art. Art. 34 AEUV) erlaubt sein muss, in einem für das Erbringen der (tier-)ärztlichen Dienstleistung unerlässlichen Umfang Arzneimittel mitzuführen, wenn und soweit im Gastland (Inland) Arzneimittel gleicher Zusammensetzung zugelassen oder registriert sind. Damit soll auch den Überwachungsbehörden eine europarechtskonforme Überwachung ermöglicht werden[166]. Die Forderung, dass nur Arzneimittel in der Originalverpackung mitgeführt werden dürfen, beruht auf den Anforderungen der RL 90/676/EWG[167]. Auch hier gilt, dass die Vorschrift wegen ihres Ausnahmecharakters restriktiv auszulegen ist, so dass nur solche Tierarzneimittel mitgeführt werden dürfen, für die beim Grenzübertritt ein konkreter Bedarf vorhanden ist.

IV. Hinweispflicht (S. 4)

97   Der nach S. 3 der Vorschrift privilegierte Tierarzt hat den Tierhalter auf die für das entsprechende, in Deutschland zugelassene Arzneimittel festgesetzte Wartezeit hinzuweisen.

J. Bescheinigung zur zollamtlichen Abfertigung (Abs. 6)

I. Inhalt (S. 1)

98   Die Vorlage einer Bescheinigung der für den Empfänger zuständigen Behörde[168] für die zollamtliche Abfertigung zum freien Verkehr ist nur für die Einfuhr von Arzneimitteln oder Fütterungsarzneimitteln aus **Drittstaaten** (Abs. 1 Nr. 2 bzw. Abs. 1a Nr. 2 i. V. m. Abs. 1 Nr. 2) erforderlich[169]. Damit ist klar-

---

[161] BT-Drucks. 17/10156, S. 89 f.
[162] Vgl. BT-Drucks. 17/10156, S. 89 f.
[163] So schon zur bisherigen Rechtslage *Streinz/Schroeder*, Art. 28 EGV Rn. 24; a. A. *Rehmann*, § 73 Rn. 20.
[164] BGBl. I S. 717.
[165] Lediglich der Verweis auf die RL 2006/123/EG wurde eingefügt.
[166] BT-Drucks. 11/5373, S. 18.
[167] BT-Drucks. 12/6480, S. 22 f.
[168] Dies sind die Regierungspräsidien bzw. bei den Stadtstaaten die obersten Gesundheitsbehörden.
[169] Vgl. dazu auch BT-Drucks. 12/6480, S. 23.

gestellt, dass eine solche Bescheinigung nicht bei einer Einfuhr aus der EU/dem EWR vonnöten ist[170]. Die Notwendigkeit der Vorlage durch die nach Landesrecht bestimmte Arzneimittelüberwachungsbehörde ergibt sich aus dem Umstand, dass die Zollbehörden nicht über die erforderliche arzneimittelrechtliche Kompetenz verfügen. Folgerichtig sind die Zollbehörden an den Inhalt einer von der Landesbehörde erteilten Bescheinigung gebunden[171].

Die **Bescheinigung der zuständigen Landesbehörde** hat sich auf die Bezeichnung des Arznei- **99** mittels und die Bestätigung zu erstrecken, dass für die beabsichtigte Einfuhr des betr. Arzneimittels die Voraussetzungen nach Abs. 1 oder Abs. 1a erfüllt sind. Im Falle des Abs. 1 bedeutet dies, dass der Antragsteller (Einführer) den Nachweis erbringt, dass der Empfänger über eine Einfuhrerlaubnis nach § 72 verfügt und dass das Arzneimittel im Inland zugelassen oder registriert oder von der Zulassung oder Registrierung freigestellt ist. Die Bestätigung kann sich auch darauf beziehen, dass die Voraussetzungen nach § 72a vorliegen. Ob die Bestätigung allerdings auch die Menge der einzuführenden Arzneimittel bezeichnen muss, erscheint in Anbetracht der durch die 14. AMG-Novelle vom 29.8.2005[172] vorgenommenen Streichung der Wörter *„nach Art und Menge"* fraglich[173]. Die Einfuhr von Teilmengen aufgrund einer Bescheinigung nach Abs. 6 ist zulässig. Ebenso ist eine Befristung der Bescheinigung zulässig, sofern sie sachlich gerechtfertigt ist (§ 36 II Nr. 1 VwVfG)[174]. Der Nachweis des Vorliegens einer Deckungsvorsorge nach § 94 ist für die Erteilung der Bescheinigung nach Abs. 6 nicht erforderlich. Dies folgt bereits aus dem Wortlaut des § 73, ergibt sich aber auch aus der Entstehungsgeschichte des Abs. 7[175] (s. auch Rn. 102).

Die Erteilung der **Bescheinigung** der zuständigen Landesbehörde wird grundsätzlich vom Einführer **100** beantragt, der diese den Warenbegleitpapieren beifügt, die bei der zollamtlichen Abfertigung vorzulegen sind. Die Entscheidung der Landesbehörde über die Bescheinigung stellt einen **Verwaltungsakt** dar, der anfechtbar ist, wenn er den Antragsteller beschwert.

II. Übersendung (S. 2)

Die Zolldienststelle, bei der der Antrag auf zollamtliche Abfertigung gestellt wurde, hat auf Kosten des **101** Zollbeteiligten die Bescheinigung der zuständigen Landesbehörde über das Vorliegen der in Abs. 6 S. 1 beschriebenen Voraussetzungen an diese zurück zu übersenden.

K. Deckungsvorsorge (Abs. 7)

Großhändler und Apotheken, die Empfänger von nach Abs. 1 Nr. 1 eingeführten Arzneimitteln sind, **102** haben das Bestehen einer **Deckungsvorsorge nach § 94** nachzuweisen (§ 66). Wenn diese Empfänger die fraglichen Arzneimittel als pharmazeutischer Unternehmer i. S. d. § 4 XVIII in den Verkehr bringen, sind sie gehalten, für sich selbst eine Deckungsvorsorge herbeizuführen. Ist dies nicht der Fall, müssen sie nachweisbar sicherstellen, dass ein Dritter, etwa ein im Ausfuhrland ansässiger pharmazeutischer Unternehmer, eine Deckungsvorsorge geschaffen hat.

Eine Deckungsvorsorge nach § 94 muss nicht vorliegen bei **Einzeleinfuhren** nach § 73 III, wie der **103** klare Wortlaut der Vorschrift belegt.

L. Sanktionen

Ein Verstoß gegen § 8 I Nr. 1 oder 1a i. V. m. § 73 IV kann als **Straftat** nach § 95 Nr. 3a geahndet **104** werden. Wer entgegen § 73 Ib 1 ein gefälschtes Arzneimittel oder einen gefälschten Wirkstoff in den Geltungsbereich des Gesetzes verbringt, begeht eine Straftat nach § 96 Nr. 18e. Mit der Erweiterung um diesen Straftatbestand durch das AMG-ÄndG 2012 sollen Strafvorschriften hinsichtlich gefälschter Arzneimittel und gefälschter Wirkstoffe harmonisiert werden[176]. Weiter ist es nach § 96 Nr. 19 im gegebenen Kontext strafbar, vorsätzlich ein Arzneimittel ohne die erforderliche Deckungsvorsorge nach § 94 im Rahmen der Einfuhr abzugeben.

Erfolgt das Inverkehrbringen eines Arzneimittels ohne die gebotene Deckungsvorsorge nach § 94 **105** fahrlässig, kann dies als **Ordnungswidrigkeit** nach § 97 I i. V. m. § 96 Nr. 19 sanktioniert werden. Gleiches gilt bei einem fahrlässigen Inverkehrbringen von gefälschten Arzneimitteln oder Wirkstoffen

---

[170] Vgl. *Rehmann*, § 73 Rn. 21; a. A. (entgegen dem Wortlaut und der gesetzgeberischen Intention) *Kloesel/Cyran*, § 73 Anm. 66.
[171] *Rehmann*, § 73 Rn. 21.
[172] BGBl. I S. 2555.
[173] Die Streichung sollte der Verwaltungsvereinfachung für Unternehmen und Behörden dienen, vgl. BT-Drucks. 15/5728, S. 83.
[174] *Kloesel/Cyran*, § 73 Anm. 66.
[175] Vgl. hierzu im Einzelnen *BVerwG*, NVwZ-RR 1991, 298 f.
[176] BT-Drucks. 16/12256, S. 57.

gem. § 97 I i. V. m. § 96 Nr. 18e[177]. Ordnungswidrigkeitstatbestände ergeben sich auch aus Verstößen gegen § 73 III 4 nach § 97 II Nr. 7 oder gegen § 73 I oder Ia nach § 97 II Nr. 8.

§ 73a Ausfuhr

(1) [1]Abweichend von den §§ 5 und 8 Abs. 1 dürfen die dort bezeichneten Arzneimittel ausgeführt oder aus dem Geltungsbereich des Gesetzes verbracht werden, wenn die zuständige Behörde des Bestimmungslandes die Einfuhr oder das Verbringen genehmigt hat. [2]Aus der Genehmigung nach Satz 1 muss hervorgehen, dass der zuständigen Behörde des Bestimmungslandes die Versagungsgründe bekannt sind, die dem Inverkehrbringen im Geltungsbereich dieses Gesetzes entgegenstehen.

(2) [1]Auf Antrag des pharmazeutischen Unternehmers, des Herstellers, des Ausführers oder der zuständigen Behörde des Bestimmungslandes stellt die zuständige Behörde oder die zuständige Bundesoberbehörde, soweit es sich um zulassungsbezogene Angaben handelt und der Zulassungsinhaber seinen Sitz außerhalb des Geltungsbereiches des Arzneimittelgesetzes hat, ein Zertifikat entsprechend dem Zertifikatsystem der Weltgesundheitsorganisation aus. [2]Wird der Antrag von der zuständigen Behörde des Bestimmungslandes gestellt, ist vor Erteilung des Zertifikats die Zustimmung des Herstellers einzuholen.

Wichtige Änderungen der Vorschrift: Abs. 1 S. 1 geändert durch Art. 1 Nr. 60 des Zweiten Gesetzes zur Änderung arzneimittelrechtlicher und anderer Vorschriften vom 19.10.2012 (BGBl. I S. 2192); Abs. 2 geändert durch Art. 1 Nr. 53 des Zwölften Gesetzes zur Änderung des Arzneimittelgesetzes vom 30.7.2004 (BGBl. I S. 2031); Abs. 1 und 2 geändert durch Art. 1 Nr. 66 des Gesetzes zur Änderung arzneimittelrechtlicher und anderer Vorschriften vom 17.7.2009 (BGBl. I S. 1990).

Europarechtliche Vorgaben: Art. 127 Abs. 1 RL 2001/83/EG.

Literatur: *Linse/Porstner*, Auslegungsfragen des „Inverkehrbringens" von Arzneimitteln im Rahmen der „Sunset Clause", PharmR 2005, 420.

Übersicht

A. Allgemeines

I. Inhalt

1   Die Vorschrift statuiert in Abs. 1 ein generelles Verbot der Ausfuhr für bedenkliche, qualitativ minderwertige oder verfälschte Arzneimittel. Ein Export solcher Arzneimittel ist nur in Ausnahmefällen zulässig, wenn die zuständige Behörde des Bestimmungslandes die Einfuhr genehmigt hat (Abs. 1 S. 1). Die erforderliche Einfuhrgenehmigung muss explizit die Tatsachen benennen, weshalb dem Inverkehrbringen des Arzneimittels in Deutschland Versagungsgründe entgegenstehen (Abs. 1 S. 2). Umgekehrt bedeutet dies, dass die Ausfuhr aller anderen Arzneimittel grundsätzlich ohne Erlaubnis möglich ist[1].

2   In Abs. 2 S. 1 wird dem pharmazeutischen Unternehmer, dem Hersteller, dem Ausführer oder der zuständigen Behörde des Bestimmungslandes ein Recht auf die Ausstellung eines WHO-Zertifikats durch die zuständige Behörde oder die Bundesoberbehörde, soweit es sich um zulassungsbezogene Angaben handelt und der Zulassungsinhaber seinen Sitz außerhalb Deutschlands hat, gewährt. Mit dem Zertifikat soll die Beachtung der WHO-GMP-Richtlinien bei der Herstellung der zu exportierenden

---

[177] A. A. *Wesch*, PharmInd 2011, 1062, 1063.
[1] Bei Vorliegen der Voraussetzungen des § 52a kann aber die Erteilung einer Großhandelserlaubnis notwendig sein.

Arzneimittel bestätigt werden. Sofern der Antrag von der zuständigen Behörde des Bestimmungslandes gestellt wird, bedarf es vor der Erteilung des Zertifikats der Zustimmung des Herstellers (Abs. 2 S. 2).

II. Zweck

Abs. 1 soll den Interessen der Beteiligten bei dem Export bedenklicher, qualitativ minderwertiger oder **3** verfälschter Arzneimittel in einer Sondersituation Rechnung tragen. Zum einen steht zu befürchten, dass das **Ansehen der pharmazeutischen Industrie** insgesamt aufgrund der ungenügenden Qualität der Arzneimittel Schaden erleidet, zum anderen soll i. S. d. Wahrung des **Ansehens des Standortes Deutschland** sichergestellt werden, dass in Deutschland nicht verkehrsfähige Arzneimittel nur ausnahmsweise exportiert werden dürfen. Insoweit dient die Vorschrift auch dem **Schutz der Patienten in anderen Staaten.** Da gleichwohl nicht ausgeschlossen werden kann, dass diese Arzneimittel in anderen Staaten benötigt werden und dort in den Verkehr gebracht werden sollen, wird ein Export nicht schlechterdings ausgeschlossen. Aufgrund der Regelung in Abs. 1 S. 2 wird jedoch gewährleistet, dass dem Bestimmungsland die mindere Qualität der Arzneimittel bekannt ist, so dass es eine sachkundige Entscheidung (**„prior informed consent"**) über den Import treffen kann. Die Vorschrift soll daher auch die **Importautonomie des Bestimmungslandes** wahren[2].

Die Regelung in Abs. 2 trägt dem Umstand Rechnung, dass die Behörden in den Bestimmungs- **4** ländern angesichts des Verbots des Inverkehrbringens in Deutschland Zweifel an der Herstellungsqualität der Arzneimittel haben könnten. Den in Abs. 2 S. 1 genannten Personen soll es deshalb möglich sein, ein **WHO-Zertifikat** anzufordern, welches die Einhaltung der GMP-Richtlinien bei der Herstellung der Arzneimittel bestätigt. Die Interessen des Herstellers werden durch das in Abs. 2 S. 2 normierte Zustimmungserfordernis gewahrt.

B. Ausfuhr oder Verbringen (Abs. 1)

I. Zulässigkeit (S. 1)

Der Eingangssatz der Vorschrift stellt klar (*„Abweichend von den §§ 5 und 8 Abs. 1"*), dass das AMG **5** grundsätzlich auch für Arzneimittel gilt, die ausschließlich exportiert werden sollen. Die **Anwendbarkeit des AMG** für Arzneimittel und den Verkehr mit Arzneimitteln[3] scheidet jedoch dann aus, wenn Vorschriften des AMG dessen Geltung expressis verbis auf den Geltungsbereich des Gesetzes beschränken, wie dies etwa für die Kennzeichnung oder Zulassung von Arzneimitteln der Fall ist. Nichts anderes kann für andere arzneimittelrechtliche Vorschriften gelten, soweit sie von den entsprechenden Vorschriften im Bestimmungsland abweichen[4], wobei zu beachten ist, dass etwa die **AMWHV** für Arzneimittel anzuwenden ist, wenn sie aus dem Geltungsbereich des AMG verbracht oder ausgeführt werden sollen (§ 1 I AMWHV).

Von der Vorschrift des § 73a I erfasst sind alle Arzneimittel i. S. d. AMG (§ 2 I und II), die gegen die **6** §§ 5 und 8 I verstoßen. Dies sind **bedenkliche** und **minderwertige Arzneimittel.** Arzneimittel sind gemäß § 5 II bedenklich, wenn bei ihnen nach dem jeweiligen Stand der wissenschaftliche Erkenntnisse der begründete Verdacht besteht, dass sie bei bestimmungsgemäßem Gebrauch schädliche Wirkungen haben, die über ein nach den Erkenntnissen der medizinischen Wissenschaft vertretbares Maß hinausgehen (s. § 5 Rn. 12). Insoweit sind die in Deutschland geltenden Maßstäbe anzulegen[5]. Zu den in § 8 I angesprochenen Arzneimitteln zählen Arzneimittel, die durch Abweichung von den anerkannten pharmazeutischen Regeln in ihrer Qualität nicht unerheblich gemindert sind (S. 1 Nr. 1, s. § 8 Rn. 7), oder Arzneimittel, die mit einer irreführenden Bezeichnung, Angabe oder Aufmachung versehen sind (S. 1 Nr. 2 und S. 2, s. § 8 Rn. 13). Insoweit sind die in Deutschland geltenden Maßstäbe anzulegen[6].

Es ist davon auszugehen, dass von den Beschränkungen des § 73a I wie bisher auch gefälschte Arznei- **7** mittel (s. § 8 Rn. 29) erfasst werden. Mit dem 2. AMG-ÄndG sind die bisher in § 8 I 1 Nr. 1a geregelten gefälschten Arzneimittel in einem um das Merkmal des Handeltreibens erweiterten § 8 II zusammengefasst worden[7] (s. § 8 Rn. 27). Wie der Gesetzesbegründung zur Änderung des § 73a I 1 zu entnehmen ist, gilt *„§ 73a nicht nur für die „Ausfuhr" der von den Verboten der §§ 5 und 8 erfassten Arzneimittel in Drittstaaten, sondern auch für das Verbringen dieser Arzneimittel in einen anderen Mitgliedstaat der Europäischen Union oder in einen Vertragsstaat des Abkommens über den Europäischen Wirtschaftsraum"*[8]. Es liegt also ein redaktionelles Versehen des Gesetzgebers vor, das bei der nächsten Änderung des AMG durch die Erweiterung des Anwendungsbereichs des § 73a I auch auf Arzneimittel nach § 8 II beseitigt werden sollte.

---

[2] Vgl. *Sandrock/Nawroth*, in: Dieners/Reese, § 9 Rn. 208.
[3] Für die Ausfuhr von Betäubungsmitteln sind insbes. § 11 BtMG und die BtMAHV zu beachten.
[4] Anderenfalls könnten die ausschließlich für die Ausfuhr bestimmten Produkte nicht in das Bestimmungsland exportiert werden. A. A. wohl *Kloesel/Cyran*, § 73a Anm. 2.
[5] Vgl. *Klosel/Cyran*, § 73a Anm. 4.
[6] Vgl. *Kloesel/Cyran*, § 73a Anm. 6.
[7] BT-Drucks. 17/9341, S. 48.
[8] BT-Drucks. 17/9341, S. 66.

8   Arzneimittel, deren Verfalldatum bereits abgelaufen ist, dürfen nicht exportiert werden. Das in § 8 II statuierte Verbot des Inverkehrbringens bleibt auch für die Ausfuhr der Vorschrift unterfallender Arzneimittel bestehen, da § 73a I 1 nur auf § 8 I verweist. Insoweit gilt ein **absolutes Exportverbot**.

9   Die Bestimmungen zur Ausfuhr in § 73a erfassen alle **Arzneimittel** unabhängig davon, ob diese in Deutschland zulassungs-, genehmigungs- oder registrierungspflichtig sind oder ob ihre Herstellung einer Erlaubnis nach § 13 bedarf. Die Vorschrift ist aber in Anbetracht des eindeutigen Wortlauts nicht auf **Wirkstoffe** (§ 8 I 1 Nr. 1a, I 2 Buchst. a) und c) anwendbar[9].

10   Unter **Ausfuhr** ist nach der durch das 2.AMG-ÄndG erfolgten Klarstellung in § 4 XXXII 4 jedes Verbringen in Drittstaaten, die nicht Vertragsstaaten des EWR sind, zu verstehen[10]. Folgerichtig wurde gleichfalls durch das 2.AMG-ÄndG in § 73a I 1 verdeutlicht, dass daneben auch das Verbringen von Arzneimitteln aus dem Geltungsbereich des Gesetzes, also in die EU bzw. den EWR, von der Norm erfasst wird[11]. Im Ergebnis ist damit keine Änderung der bereits zuvor geltenden Rechtslage eingetreten. Entsprechend der Definition des Inverkehrbringens in § 4 XVII ist es für die Ausfuhr nicht erforderlich, dass diese gewerbs- oder berufsmäßig erfolgt[12]. Auch der Anlass für die Ausfuhr ist für die Anwendbarkeit des § 73a I ohne Belang. So ist es unerheblich, ob die Abgabe der Arzneimittel entgeltlich oder unentgeltlich geschieht. Auch im Falle staatlicher Hilfssendungen, wie beispielsweise im Rahmen des internationalen Katastrophenschutzes, findet die Vorschrift Anwendung[13].

11   Der Begriff des **Verbringens** ist durch das AMG-ÄndG 2009 in § 4 XXXII legal definiert worden. Darunter ist jede physische Beförderung, in, durch den oder aus dem Geltungsbereich des AMG zu verstehen (s. § 4 Rn. 243 f.). Ein Verbringen der Arzneimittel setzt nicht voraus, dass der Verbringer im Fall des Verbringens in den Geltungsbereich des Gesetzes diese selber in Empfang nimmt oder ausgehändigt bekommt[14]. Damit ist klargestellt, dass auch die bloße **Durchfuhr** bedenklicher oder gefälschter oder in ihrer Qualität geminderter Arzneimittel durch Deutschland vom Anwendungsbereich des § 73a erfasst ist. Die Durchfuhr derartiger Arzneimittel unterliegt somit der **Überwachung nach den §§ 64 ff.** unabhängig davon, ob nur ein Transitverkehr unter zollamtlicher Kontrolle[15] stattfindet oder ob der für die Durchfuhr Verantwortliche über eine Großhandelserlaubnis i. S. d. § 52a verfügt[16]. Nach der Definition in § 4 XXII i. V. m. § 52a I 1 bedarf auch derjenige, der Arzneimittel berufs- oder gewerbsmäßig zum Zwecke des Handeltreibens ausführt, einer Großhandelserlaubnis.

12   Den Vorschriften der §§ 5 und 8 I ist in der Zusammenschau mit der Ausnahmevorschrift des § 73a zu entnehmen, dass die hiervon erfassten Arzneimittel grundsätzlich **nicht** in den Verkehr gebracht werden dürfen. Da keine Einschränkungen des Verbots – mit Ausnahme der in § 73a expressis verbis genannten – bestehen, gilt dieses **Verbot** des Inverkehrbringens **weltweit**. Anderenfalls wäre die Ausnahmevorschrift des § 73a nicht verständlich[17]. Nur im Falle der Genehmigung der Einfuhr durch die zuständige Behörde des Bestimmungslandes ist eine Ausnahme von den §§ 5 und 8 I vorgesehen. Hieraus folgt im Umkehrschluss für das in § 4 XVII definierte Inverkehrbringen, dass dieses nicht nur das Inverkehrbringen in Deutschland meint, sondern räumlich unbegrenzt zu verstehen ist, da es anderenfalls der Vorschrift des § 73a I nicht bedarf, wenn der Wechsel der Verfügungsgewalt außerhalb Deutschlands erfolgt.

13   Ein Inverkehrbringen liegt bereits vor, wenn Arzneimittel zum Verkauf oder zur sonstigen Abgabe **vorrätig gehalten** werden. Diesen Tatbestand erfüllt auch die Vorrätighaltung von Arzneimitteln i. S. d. §§ 5 und 8 I. Zudem ist zu beachten, dass die Zulassung von Arzneimitteln, die bedenklich i. S. d. § 5 sind, nach § 30 I zurückzunehmen oder zu widerrufen ist, so dass das Vorrätighalten ohne Zulassung erfolgen würde. Die Erfüllung dieser Tatbestände ist strafbewehrt (§§ 95 I Nr. 1 und 3a, 96 Nr. 3 und 5). Gleichwohl ist das Vorrätighalten von bedenklichen, gefälschten oder qualitätsgeminderten Arzneimitteln mit der Absicht des Verkaufs oder der Abgabe im Ausland **zulässig**, wenn eine Genehmigung nach § 73a beantragt werden soll[18].

II. Genehmigung (S. 2)

14   Sowohl die Einfuhr als auch das Verbringen bedenklicher, gefälschter oder qualitätsgeminderter Arzneimittel i. S. d. §§ 5 und 8 I (und II) in das Bestimmungsland bedürfen der schriftlichen[19] Genehmigung der zuständigen Behörde des Bestimmungslandes. Aus der Genehmigung muss ersichtlich sein, dass

---

[9] Vgl. *Kloesel/Cyran*, § 73a Anm. 3.
[10] Vgl. BT-Drucks. 17/9341, S. 48.
[11] BT-Drucks. 17/9341, S. 66.
[12] A. A. *Kloesel/Cyran*, § 73a Anm. 5.
[13] Vgl. *Kloesel/Cyran*, § 73a Anm. 5.
[14] BT-Drucks. 16/12256, S. 42.
[15] Transitverkehr bedeutet sowohl die Durchfahrt als auch die Zwischenlagerung unter Zollverschluss, vgl. *Kloesel/Cyran*, § 73a Anm. 8.
[16] *Kloesel/Cyran*, § 73a Anm. 8.
[17] Vgl. *Linse/Porstner*, PharmR 2005, 423.
[18] Vgl. *Linse/Porstner*, PharmR 2005, 423.
[19] Ebenso *Kloesel/Cyran*, § 73a Anm. 16.

der zuständigen Behörde des Bestimmungslandes die Versagungsgründe bekannt sind, die dem Inverkehrbringen des Arzneimittels im Geltungsbereich des AMG entgegenstehen. Durch die Anknüpfung an das Tatbestandsmerkmal der „**Versagungsgründe**" in S. 2 der Vorschrift wird verdeutlicht, dass es sich nicht nur um die Versagungsgründe nach § 25 II 1 Nr. 7 i. V. m. §§ 5, 8 I (und II) handelt, sondern dass der zuständigen Behörde des Bestimmungslandes alle Versagungsgründe mitgeteilt werden müssen, die einem Inverkehrbringen des Arzneimittels in Deutschland entgegenstehen. Nur auf diese Weise kann entsprechend der ratio legis der Vorschrift (s. Rn. 3) sichergestellt werden, dass die zuständige Behörde des Bestimmungslandes eine umfassende Nutzen-/Risiko-Bewertung des Arzneimittels vornehmen kann[20].

15 Die **zuständige Behörde** des Bestimmungslandes ergibt sich aus deren nationalen Recht. Dies wird in der Regel nicht der Zoll des Bestimmungslandes sein, sondern vielmehr dessen für das Gesundheitswesen zuständige oberste Behörde[21]. Im Zweifel hat sich die zuständige Behörde nach dem AMG über die in Betracht kommende deutsche Botschaft im Bestimmungsland, die Botschaft des Bestimmungslandes in Deutschland oder eine Auskunft bei der WHO Klarheit über die zuständige Behörde des Bestimmungslandes zu verschaffen. Die zuständige Behörde des Bestimmungslandes kann die Einfuhr-/Verbringungsgenehmigung auf einzelne **Chargen** (§ 4 XVI) des Arzneimittels beschränken. Diese sind dann in der Genehmigung anzugeben.

16 Der Exporteur von durch § 73a erfassten Arzneimitteln benötigt neben der Genehmigung nach Abs. 1 der Vorschrift zudem eine **Großhandelserlaubnis** gem. § 52a. Dies ermöglicht es, den Verkehr mit Arzneimitteln über die Grenzen hinweg insbes. zur Aufdeckung von Fälschungen durch geeignete Überwachungsmaßnahmen entsprechend zu kontrollieren[22]. Nach § 5 III 1 AM-HandelsV sind Großhändler verpflichtet, gefälschte Arzneimittel sowie andere nicht verkehrsfähige Arzneimittel bis zur Entscheidung über das weitere Vorgehen getrennt und gesichert von verkehrsfähigen Arzneimitteln aufzubewahren, um Verwechselungen zu vermeiden und einen unbefugten Zugriff zu verhindern. Sie müssen eindeutig als nicht zum Verkauf bestimmte Arzneimittel gekennzeichnet werden, und die zuständige Behörde und der jeweilige Zulassungsinhaber sind vom Auftreten von Arzneimittelfälschungen unverzüglich zu informieren (§ 5 I 2 und 3 AM-HandelsV). Zudem sind die EU-Leitlinien für die Gute Vertriebspraxis von Arzneimitteln[23] zu beachten (§ 1a S. 1 AM-HandelsV).

III. Verantwortliche Personen

17 Verantwortlich für die Einhaltung der Vorschriften über die Ausfuhr von Arzneimitteln ist der **Informationsbeauftragte** (§ 74a), sofern der Exporteur zugleich die Arzneimittel auf der Grundlage einer erteilten Herstellungserlaubnis (§ 13) herstellt. Verfügt der Ausführer nur über eine Großhandelserlaubnis (§ 52a) trifft die **nach § 52a II Nr. 3 benannte Person** die Verantwortung für die ordnungsgemäße Ausfuhr der Arzneimittel (§ 2 I AM-HandelsV). Benötigt der Exporteur weder eine Herstellungs- noch eine Großhandelserlaubnis für die Ausfuhr ist das nach **§ 4 AMWHV** erforderliche Personal verantwortlich. Sofern dem **Stufenplanbeauftragten** Arzneimittelrisiken aufgrund des Exports bedenklicher, gefälschter oder qualitätsgeminderter Arzneimittel bekannt werden, hat dieser die sich aus § 63a I 3 ergebenden Anzeigepflichten zu erfüllen (s. § 63a Rn. 45).

C. GMP-Zertifikat (Abs. 2)

18 Abs. 2 setzt im Wesentlichen die Vorgaben von Art. 127 I RL 2001/83/EG um, der auf die geltenden Verwaltungsbestimmungen der WHO verweist. Das WHO-Zertifikatssystem dient vor allem dazu, gegenüber den Ländern der Dritten Welt nachweisen zu können, dass die **GMP-Richtlinien** bei der Herstellung der exportierten Arzneimittel eingehalten wurden[24].

I. Zertifikat entsprechend WHO-Zertifikatssystem (S. 1)

19 Um etwaigen Zweifeln der zuständigen Behörde des Bestimmungslandes über die **Qualität der** dort einzuführenden **Arzneimittel** Rechnung zu tragen, sieht S. 1 vor, dass der pharmazeutische Unternehmer, der Hersteller, der Ausführer oder die zuständige Behörde des Bestimmungslandes, bei der zuständigen Behörde in Deutschland oder der hiesigen zuständigen Bundesoberbehörde, soweit es sich um zulassungsbezogene Angaben handelt und der Zulassungsinhaber seinen Sitz außerhalb des Geltungs-

---

[20] Ebenso *Kloesel/Cyran*, § 73a Anm. 16.
[21] Vgl. *Kloesel/Cyran*, § 73a Anm. 17.
[22] Vgl. *Kloesel/Cyran*, § 73a Anm. 13.
[23] Leitlinien vom 5. November 2013 für die gute Vertriebspraxis von Humanarzneimitteln (2013/C 343/01), abrufbar unter www.eur-lex.europa.eu.
[24] Vgl. *Kloesel/Cyran*, § 73a Anm. 39.

bereichs des AMG hat, die Ausstellung eines Zertifikats entsprechend dem WHO-Zertifikatssystem beantragen können.

20   **1. WHO-Zertifikat.** Art. 127 I RL 2001/83/EG nennt als Bescheinigung (über die Herstellung entsprechend den GMP-Richtlinien) eine „Herstellungserlaubnis", während in § 73a II 1 allgemein ein „Zertifikat entsprechend dem Zertifikatsystem der WHO" verlangt wird. Damit ist das 1969 von der WHO aufgestellten Zertifikatsystem[25] gemeint, welches jeden teilnehmenden Staat[26] verpflichtet, auf Antrag eines Berechtigten gegenüber der zuständigen Behörde eines anderen teilnehmenden Staates u. a. zu bescheinigen, dass die von der WHO empfohlenen GMP-Richtlinien bei der Arzneimittelherstellung eingehalten werden. Der Verweis auf das „Zertifikat" meint das sog. Certificate of a pharmaceutical product gemäß Annex 1 der *„Guidelines on the implementation of the WHO certification scheme on the quality of pharmaceutical products moving in international commerce"*[27]. Dieses wird vom Ausfuhrland ausgestellt und ist zur Verwendung durch die zuständige Behörde des Einfuhrlandes bestimmt, wenn entweder das fragliche Produkt noch im Hinblick auf seine die Einfuhr und den Verkauf genehmigende Zulassung geprüft wird oder wenn Verwaltungsmaßnahmen erforderlich sind, um eine solche Zulassung zu erneuern, zu erweitern, zu ändern oder zu überprüfen[28]. Das Zertifikat gibt u. a. Auskunft über die GMP-gerechte Herstellung des Arzneimittels.

21   Im Ergebnis führen die unterschiedlichen Regelungen in § 73a II 1 und der RL 2001/83/EG zu **keiner** inhaltlichen **Abweichung.** Der Gemeinschaftskodex verpflichtet nämlich seinerseits den Inhaber einer Herstellungserlaubnis, die Grundsätze und Leitlinien der Guten Herstellungspraxis für Arzneimittel einzuhalten (Art. 46 Buchst. f) RL 2001/83/EG). Zudem verweist die RL 2001/83/EG für die Erteilung einer Bestätigung jeweils auf die geltenden Verwaltungsbestimmungen der WHO und damit letztlich auch auf das WHO-Zertifizierungssystem (Art. 127 I 2 Buchst. a) RL 2001/83/EG).

22   Neben dem sog. Certificate of a pharmaceutical product (CPP) bestätigt auch das sog. **Model certificate of Good Manufacturing Practices**[29] die Einhaltung der GMP-Regeln durch den Hersteller. Da es jedoch nicht Gegenstand des WHO-Zertifikatsystems ist, genügt ein solches Zertifikat nicht den Anforderungen des § 73a II 1. Es steht daher in dem Ermessen der zuständigen Behörde des Bestimmungslandes, ob diese ein solches Zertifikat akzeptiert.

23   Ein Hersteller, der Arzneimittel gemäß den GMP-Richtlinien der EU herstellt, erfüllt zugleich die Anforderungen der GMP-Regeln der WHO, da die Regeln der EU-GMP-Guidelines denen der WHO **gleichwertig** sind (s. auch § 72a Rn. 4, 16)[30].

24   **2. Antragsteller.** Ein Antragsrecht nach Abs. 2 S. 1 haben der pharmazeutische Unternehmer i. S. d. § 4 XVIII, der Hersteller, der Ausführer und die zuständige Behörde des Bestimmungslandes. Der Hersteller und der Ausführer wurden erst im Rahmen der 12. AMG-Novelle zur Angleichung an die RL 2001/83/EG in den Kreis der Antragsberechtigten aufgenommen. Liegen die Erteilungsvoraussetzungen vor, besteht ein **Rechtsanspruch** des Antragstellers auf Erteilung des Zertifikats gegenüber der zuständigen Behörde. Bei dem Zertifikat handelt es sich um ein vertrauliches Dokument. Es darf daher nur mit der Erlaubnis des Antragstellers und – wenn nicht personengleich – des Zulassungsinhabers ausgestellt werden[31].

25   **3. Zuständige Behörde.** Die für die Erteilung des Zertifikats **zuständige Behörde** ist primär die zuständige Landesbehörde, d. h. die Behörde, in deren Zuständigkeitsbereich der pharmazeutische Unternehmer seinen Sitz hat. Aufgrund der Änderung von Abs. 2 S. 1 durch das AMG-ÄndG 2009 ist nunmehr auch die **zuständige Bundesoberbehörde** (§ 77) erteilungsbefugt, soweit es sich um zulassungsbezogene Angaben handelt oder der Zulassungsinhaber seinen Sitz außerhalb des Geltungsbereiches des AMG hat[32] und deshalb die Zuständigkeit einer Landesbehörde nicht gegeben ist[33]. Die Erteilung des Zertifikats setzt grundsätzlich eine vorherige **Besichtigung** durch die zuständige Behörde voraus, wobei dies im Regelfall jedoch dann entbehrlich sein dürfte, wenn eine solche bereits in einem angemessenen zeitlichen Abstand zuvor stattgefunden hat.

---

[25] "Quality Control of Drugs", Official Records of the World Health Organization 1969, Nr. 176, Annex 12.

[26] Eine aktuelle Liste der am WHO-Zertifikatsystem teilnehmenden Staaten inklusive der zuständigen Behörde findet sich im Internet auf der Homepage der WHO, abrufbar unter www.who.int.

[27] Jeweils im Internet abrufbar unter www.who.int und abgedruckt bei *Kloesel/Cyran,* A 2.15 a.

[28] Ziff. 3.5 der „Guidelines on the implementation of the WHO certification scheme on the quality of pharmaceutical products moving in international commerce".

[29] WHO Technical Report Series, Nr. 908, Annex 5.

[30] A. A. *Kloesel/Cyran,* § 73a Anm. 39.

[31] Ziff. 3.7 der „Guidelines on the implementation of the WHO certification scheme on the quality of pharmaceutical products moving in international commerce".

[32] Vgl. hierzu die „Mitteilung über das Ausstellen von WHO-Zertifikaten gemäß § 73a Abs. 2 AMG durch das BfArM" mit entsprechenden Mustern für das Zertifikat eines pharmazeutischen Produkts, abrufbar unter www.bfarm.de. Sofern die Zertifizierung von GMP-bezogenen Angaben gewünscht ist, muss der Antragsteller ein eigenes WHO-Zertifikat von der zuständigen Behörde einholen. Liegt die Betriebsstätte für die Herstellung in Deutschland, ist das Zertifikat von der nach Landesrecht zuständigen Behörde zu erteilen.

[33] Vgl. BT-Drucks. 16/12256, S. 56.

Eine Zertifizierung durch die **EMA** nach dem WHO-Zertifikatsystem erfolgt, wenn das Arzneimittel **26** über eine **zentrale Zulassung** verfügt[34]. Das Zertifikat folgt den WHO-Vorgaben. Eine Bestätigung nur der GMP-Compliance des Herstellers ist nicht möglich[35]. Die EMA bescheinigt in ihrem Zertifikat im Benehmen mit dem zu beteiligenden Mitgliedstaat die GMP-Compliance der das Arzneimittelendprodukt herstellenden und für die Freigabe verantwortlichen Produktionsstätte. Bevor das Zertifikat ausgestellt wird, überprüft sie, ob eine GMP-Kontrolle der Produktionsstätte während der letzten zwei bis drei Jahre durchgeführt wurde und ob diese die GMP-Vorgaben der EU-GMP-Richtlinien oder gleichwertige Qualitätsanforderungen einhält. Hierbei ist unbeachtlich, ob die Produktionsstätte außerhalb des EWR liegt[36].

II. Zustimmung des Herstellers (S. 2)

Über die RL 2001/83/EG hinausgehend wird die Erteilung eines WHO-Zertifikats auf Antrag der **27** **zuständigen Behörde des Bestimmungslandes** von der Zustimmung des Herstellers abhängig gemacht. Das Zustimmungserfordernis geht auf Ziff. 3.7 der *„Guidelines on the implementation of the WHO certification scheme on the quality of pharmaceutical products moving in international commerce"*[37] zurück und trägt dem Umstand Rechnung, dass das Zertifikat als vertrauliches Dokument eingestuft wird. Die europarechtliche Vorgabe des Art. 127 I RL 2001/83/EG sieht eine derartige Einschränkung nicht vor, weshalb die Vorschrift als nicht **richtlinienkonform** kritisiert wird[38]. Dem ist entgegenzuhalten, dass das Interesse des Herstellers, wonach den §§ 5 und 8 I (und II) unterfallende Arzneimittel nicht ohne seine Zustimmung ausgeführt werden sollen, durchaus kongruent mit dem in Art. 36 AEUV verankerten Gesundheitsschutz ist, so dass die Einschränkung gerechtfertigt erscheint[39]. Allerdings ist Kritik an der Vorschrift insoweit angebracht als das Zustimmungserfordernis nur bei einem Antrag der zuständigen Behörde des Bestimmungslandes besteht. Die Interessenlage ist keine andere, wenn der nicht mit dem Hersteller identische pharmazeutische Unternehmer oder Ausführer einen Antrag auf Erteilung eines WHO-Zertifikats stellt. Fehlt es an der Zustimmung des Herstellers bei einem Antrag der zuständigen Behörde des Bestimmungslandes auf Erteilung eines WHO-Zertifikats, darf dieses nicht erteilt werden.

Auch das *„Information Package for Certificates of Medicinal Products issued by the European Medicines* **28** *Agency"*[40] nimmt Bezug auf eine Erlaubnis des Zulassungsinhabers zum Erhalt eines Zertifikats der EMA für **zentral zugelassene Arzneimittel**. Zertifikate können danach nur mit schriftlicher Erlaubnis des Zulassungsinhabers an andere übersandt werden. Die Erlaubnis muss der EMA mit dem Antrag auf Zertifizierung zur Verfügung gestellt werden und sich auf jedes betroffene Produkt beziehen[41].

III. Annex: EMA-Gutachten gem. Art. 58 RL 2001/83/EG

Die EMA kann im Rahmen der Zusammenarbeit mit der WHO ein wissenschaftliches Gutachten **29** (scientific opinion) abgeben, um bestimmte Humanarzneimittel zu beurteilen, die ausschließlich für das Inverkehrbringen in Drittländer bestimmt sind. Hierzu ist ein Antrag gem. Art. 6 der RL 2001/83/EG bei der EMA zu stellen (Art. 58 I 1 und 2 RL 2001/83/EG). Der Ausschuss für Humanarzneimittel (Committee for Medicinal Products for Human Use – CHMP) kann nach Konsultation mit der WHO ein wissenschaftliches Gutachten gem. den Art. 6 bis 9 der RL 2001/83/EG erstellen, wobei die Regelung für Generika gem. Art. 10 RL 2001/83/EG nicht zur Anwendung kommt (Art. 58 I 3 und 4 RL 2001/83/EG). Der CHMP hat in Umsetzung von Art. 58 II RL 2001/83/EG spezifische Verfahrensregeln für die Durchführung des Verfahrens nach Art. 58 I RL 2001/83/EG sowie für die Erteilung wissenschaftlichen Rates erstellt[42].

---

[34] Information Package for Certificates of Medicinal Products issued by the European Medicines Agency (EMA), Doc. EMA/119843/2013 Rev 12★ vom 27.2.2013, abrufbar unter www.ema.europa.eu.

[35] Questions and Answers on EMEA Certificates of Medicinal Products (CPPs), Doc. EMEA/INS/114 091/2004 Rev2, Question 6, abrufbar unter www.emea.europa.eu.

[36] Ziff. 4.3 des Information Package for Certificates of Medicinal Products issued by the European Medicines Agency (EMA), Doc. EMA/119843/2013 Rev 12★ vom 27.2.2013, abrufbar unter www.ema.europa.eu.

[37] Im Internet abrufbar unter www.who.int und abgedruckt bei *Kloesel/Cyran*, A 2.15 a.

[38] Vgl. *Rehmann*, § 73a Rn. 2.

[39] Zudem ist zu berücksichtigen, dass der Hersteller bei der Ausfuhr von den §§ 5 und 8 I unterfallenden Arzneimitteln Haftungsansprüchen ausgesetzt sein kann, vgl. *Ratzel*, in: Deutsch/Lippert, § 73a Rn. 3.

[40] Ziff. 4.6 des Information Package for Certificates of Medicinal Products issued by the European Medicines Agency (EMA), Doc. EMA/119843/2013 Rev 12★ vom 27.2.2013, abrufbar unter www.ema.europa.eu.

[41] Eine Mustererlaubnis findet sich auf der Homepage der EMA (www.ema.europa.eu).

[42] Guideline on Procedural Aspects regarding a CHMP Scientific Opinion in cooperation with the World Health Organization (WHO) for the Evaluation of Medicinal Products intended exclusively for markets outside the Community, EMEA/CHMP/5579/04 Rev. 1, vom 17.11.2005 und EMEA Procedural Advice on Medicinal Products intended exclusively for markets outside the Community under Article 58 of Regulation (EC) No. 726/2004 in the context of cooperation with the World Health Organization (WHO), Doc. Ref. EMEA/534107/2008, vom 1.4.2009, beide abrufbar unter www.ema.europa. eu. Vgl. auch *Kloesel/Cyran*, § 73a Anm. 50.

D. Sanktionen

30   Das vorsätzliche Inverkehrbringen eines bedenklichen Arzneimittels i. S. d. § 5 I ist in § 95 I Nr. 1 unter **Strafe** gestellt. Ein Inverkehrbringen i. S. d. § 4 XVII liegt auch dann vor, wenn die Abgabe an einen anderen erstmalig außerhalb des Geltungsbereichs des AMG erfolgt[43]. Auffällig ist, dass die jetzige Fassung des § 95 I Nr. 1 nicht ausdrücklich Bezug auf § 73a nimmt („auch in Verbindung mit § 73a"). Dies beruht wohl auf einer unbeabsichtigten Streichung dieses Zusatzes im Rahmen des AMG-ÄndG 2009, die in Art. 1 Nr. 73 Buchst. a) eine Neufassung des § 95 I Nr. 1 vorsah. Die Änderung sollte aber nur dem Verbot der Anwendung bedenklicher Arzneimittel in § 5 I Rechnung tragen[44]. Durch das Weglassen des Verweises ist die Vorschrift aber verständlicher geworden und genügt in jedem Fall dem strafrechtlichen Bestimmtheitsgrundsatz[45].

31   Ebenfalls mit **Strafe** bedroht ist in § 95 I Nr. 3a[46] die Herstellung und das Inverkehrbringen von Arzneimitteln entgegen § 8 I 1 Nr. 1 oder II . Das Herstellen oder Inverkehrbringen von Arzneimitteln entgegen § 8 I 1 Nr. 2 ist nach § 96 Nr. 3 **strafbar**. Der verbliebene Verweis in den §§ 95 I Nr. 3a, 96 Nr. 3 auf § 73a („auch in Verbindung mit § 73a") führt zu Missverständnissen und meint entgegen seinem Wortlaut, dass das Inverkehrbringen von Arzneimitteln unter den Voraussetzungen des § 73a nicht mit Strafe bedroht ist[47].

32   Die **fahrlässige** Verwirklichung der in § 95 geregelten Tatbestände ist gleichfalls nach § 95 IV strafbar. Die fahrlässige Begehung einer Straftat nach § 96 Nr. 3 begründet eine **Ordnungswidrigkeit** (§ 97 I).

33   Eine **Urkundenfälschung** i. S. d. § 267 StGB begeht[48], wer ein Zertifikat i. S. d. § 73a II 1 fälscht[49], ein unechtes[50] Zertifikat herstellt oder gefälschte oder unechte Zertifikate gebraucht[51].

§ 74 Mitwirkung von Zolldienststellen

(1) [1] Das Bundesministerium der Finanzen und die von ihm bestimmten Zolldienststellen wirken bei der Überwachung des Verbringens von Arzneimitteln und Wirkstoffen in den Geltungsbereich dieses Gesetzes und der Ausfuhr mit. [2] Die genannten Behörden können

1. Sendungen der in Satz 1 genannten Art sowie deren Beförderungsmittel, Behälter, Lade- und Verpackungsmittel zur Überwachung anhalten,
2. den Verdacht von Verstößen gegen Verbote und Beschränkungen dieses Gesetzes oder der nach diesem Gesetz erlassenen Rechtsverordnungen, der sich bei der Wahrnehmung ihrer Aufgaben ergibt, den zuständigen Verwaltungsbehörden mitteilen,
3. in den Fällen der Nummer 2 anordnen, dass die Sendungen der in Satz 1 genannten Art auf Kosten und Gefahr des Verfügungsberechtigten einer für die Arzneimittelüberwachung zuständigen Behörde vorgeführt werden.

[3] Das Brief- und Postgeheimnis nach Artikel 10 des Grundgesetzes wird nach Maßgabe der Sätze 1 und 2 eingeschränkt.

(2) [1] Das Bundesministerium der Finanzen regelt im Einvernehmen mit dem Bundesministerium durch Rechtsverordnung, die durch der Zustimmung des Bundesrates bedarf, die Einzelheiten des Verfahrens nach Absatz 1. [2] Es kann dabei insbesondere Pflichten zu Anzeigen, Anmeldungen, Auskünften und zur Leistung von Hilfsdiensten sowie zur Duldung der Einsichtnahme in Geschäftspapiere und sonstige Unterlagen und zur Duldung von Besichtigungen und von Entnahmen unentgeltlicher Proben vorsehen. [3] Die Rechtsverordnung ergeht im Einvernehmen mit dem Bundesministerium für Umwelt, Naturschutz, Bau und Reaktorsicherheit, soweit es sich um radioaktive Arzneimittel und Wirkstoffe oder um Arzneimittel und Wirkstoffe handelt, bei deren Herstellung ionisierende Strahlen verwendet werden, und im Einvernehmen mit dem Bundesministerium für Ernährung und Landwirtschaft, soweit es sich um Arzneimittel und Wirkstoffe handelt, die zur Anwendung bei Tieren bestimmt sind.

Wichtige Änderungen der Vorschrift: Abs. 1 S. 1 und Abs. 2 S. 3 geändert durch Art. 1 Nr. 38 des Achten Gesetzes zur Änderung des Arzneimittelgesetzes vom 7.9.1998 (BGBl. I S. 2649); § 74 neu gefasst durch Art. 1 Nr. 67 des Gesetzes zur Änderung arzneimittelrechtlicher und anderer Vorschriften vom 17.7.2009 (BGBl. I S. 1990).

[43] Vgl. *Linse/Porstner*, PharmR 2005, 423.
[44] Vgl. BT-Drucks. 16/12256, S. 57.
[45] Vgl. *Eser/Hecker*, in: Schönke/Schröder, § 1 Rn. 16.
[46] Vgl. hierzu *BGH*, PharmR 2008, 209.
[47] Vgl. *Linse/Porstner*, PharmR 2005, 423 f.
[48] Vgl. *Kloesel/Cyran*, § 73a Anm. 51.
[49] Zum Begriff „verfälschen" vgl. *Cramer/Heine*, in: Schönke/Schröder, § 267 Rn. 64.
[50] Zum Begriff „unecht" vgl. *Cramer/Heine*, in: Schönke/Schröder, § 267 Rn. 48.
[51] Zum Begriff „gebrauchen" vgl. *Cramer/Heine*, in: Schönke/Schröder, § 267 Rn. 73.

Übersicht

A. Allgemeines

I. Inhalt

Die Vorschrift regelt die Mitwirkung von Zolldienststellen bei der Überwachung von Arzneimitteln **1** und Wirkstoffen bei deren Einfuhr und Ausfuhr (Abs. 1 S. 1). Hierzu werden den Zolldienststellen zusätzliche Befugnisse eingeräumt (Abs. 1 S. 2). Einem möglichen Eingriff in das Brief- und Postgeheimnis wird entsprechend Art. 10 GG Rechnung getragen (Abs. 1 S. 3). Zudem enthält die Vorschrift eine Ermächtigung zum Erlass einer Rechtsverordnung, durch die die Einzelheiten des Verfahrens der Mitwirkung geregelt werden sollen (Abs. 2).

II. Zweck

§ 74 bezweckt durch die Einbindung der Zolldienststellen eine **wirksame Überwachung** der **2** Einfuhr und Ausfuhr von Arzneimitteln und Wirkstoffen.

B. Mitwirkung von Zolldienststellen (Abs. 1)

I. Grundsatz (S. 1)

Dem BMF und den von ihm bestimmten Zolldienststellen wird eine Mitwirkung bei der Über- **3** wachung der Einfuhr und Ausfuhr von Arzneimitteln[1] und Wirkstoffen übertragen (vgl. § 1 IV ZollVG). Die Mitwirkung ist als Verpflichtung ausgestaltet[2]. Die in § 74 vorgesehene Mitwirkung der Zolldienststellen ist nicht als Amtshilfe für die zuständige Landesbehörde zu qualifizieren, da nach § 4 II Nr. 2 VwVfG Amtshilfe ausgeschlossen ist, wenn – wie im Falle des § 74 – die Hilfeleistung in Handlungen besteht, die der ersuchten Behörde als eigene Aufgabe obliegen[3]. Die mitwirkenden Zolldienststellen lassen sich dem Verzeichnis der für den Vollzug des AMG zuständigen Behörden, Stellen und Sachverständigen entnehmen[4]. Die Überwachung des Verkehrs mit Arzneimitteln und Wirkstoffen durch die Zollbehörden beschränkt sich grundsätzlich auf das Verbringen dieser Waren aus **Drittländern** (§ 1 I ZollVG)[5]. Zwar sichert nach § 1 III ZollVG die zollamtliche Überwachung auch die Einhaltung der unionsrechtlichen oder nationalen Vorschriften, die das Verbringen von Waren in den, durch den und aus dem Geltungsbereich dieses Gesetzes verbieten oder beschränken. Indes kann dies nicht für den Warenverkehr zwischen den Mitgliedstaaten gelten (Art. 28 II AEUV)[6].

Die Überwachung des Arzneimittelverkehrs bezieht sich sowohl auf das Verbringen (§ 4 XXXII 1) **4** von Arzneimitteln i. S. d. § 2 und von Wirkstoffen in den Geltungsbereich des AMG als auch auf deren Ausfuhr. Wirkstoffe (§ 4 XIX) wurden durch die 8. AMG-Novelle mit in die Überwachung einbezogen. Für **Wirkstoffe** (§ 4 XIX) besteht eine Einschränkung insoweit, als nach § 64 I 2 nur die Wirkstoffe der

---

[1] Für Betäubungsmittel ist die BtMAHV zu beachten. Das BMF gibt im BAnz. die Zolldienststellen bekannt, bei denen die Betäubungsmittel zur Einfuhr, Durchfuhr und Ausfuhr abgefertigt werden, vgl. *Kloesel/Cyran*, § 74 Anm. 6.
[2] Vgl. *Sander*, § 74 Erl. 1.
[3] Vgl. *FG Bremen*, Urt. v. 7.10.2004 – 4 K 195/02 – BeckRS 2004, 26017936.
[4] Abrufbar unter www.bmg.bund.de und bei *Kloesel/Cyran*, Anhang 2.5 abgedruckt.
[5] Vgl. *Kloesel/Cyran*, § 74 Anm. 4.
[6] Vgl. *Kloesel/Cyran*, § 74 Anm. 4; *Wolffgang*, in: Schulze/Zuleeg/Kadelbach, § 33 Rn. 2; *Becker*, in: Schwarze, Art. 28 EGV Rn. 52.

Überwachung unterliegen, die durch eine Rechtsverordnung nach § 54 (AMWHV)[7], nach § 12 TFG oder nach § 16a TPG geregelt sind. Die Mitwirkung der Zollverwaltung kann nicht weiter gehen als der Aufgabenbereich der Überwachungsbehörden[8].

5   Die Ausgestaltung der Mitwirkung der Zolldienststellen wurde von Seiten des BMF durch Erlass einer **„Dienstvorschrift zum Arzneimittelgesetz"**[9] konkretisiert[10]. Es wird das Vorgehen der Zolldienststellen bei der Ein- und Ausfuhr von Arzneimitteln geregelt und werden die Einfuhrvoraussetzungen benannt. Die Zolldienststellen prüfen insbes. bei der Einfuhr von Arzneimitteln, ob ein Zertifikat oder eine Bescheinigung nach **§ 72a I 1** vorliegt. Dies gilt nicht für solche Arzneimittel, die nachweislich in Deutschland hergestellt wurden und ohne Veränderung reimportiert werden. Weiter sind die Zolldienststellen verpflichtet, je nach dem in Betracht kommenden Einfuhrtatbestand zu prüfen, ob u. a. die Voraussetzungen des **§ 73 I, III und VI** vorliegen und ob eine **Einfuhrerlaubnis (§ 72)** erteilt wurde. Dies schließt die (Schlüsigkeits-)Prüfung ein, ob der Einführer eine Zulassung oder Registrierung oder Genehmigung für das Arzneimittel in Deutschland vorlegen kann oder im Fall des Ausnahmetatbestands für Einzeleinfuhren gem. § 73 III 1, dass der Anmelder das Vorliegen der dort genannten Voraussetzungen belegt[11]. Die Zolldienststellen brauchen die Einhaltung der §§ 5 bis 12 nicht zu prüfen[12]. Sollte sich jedoch bei der Abfertigung herausstellen, dass Verstöße gegen arzneimittelrechtliche Vorschriften vorliegen oder vorliegen können, mithin Zweifel bestehen, sind sie gehalten, diese der zuständigen Arzneimittelüberwachungsbehörde mitzuteilen[13]. Die Zolldienststellen sind nicht berechtigt, andere Entscheidungen als die Arzneimittelüberwachungsbehörden zu treffen oder arzneimittelrechtliche Sachverhalte eigenständig zu beurteilen[14]. Zu den Aufgaben, die die Zolldienststellen bei der Einfuhr zu erfüllen haben, gehört auch die Prüfung, ob der Importeur den Nachweis des Vorliegens einer **Deckungsvorsorge (§ 94)** für das einzuführende Arzneimittel erbringen kann[15]. Kann der Nachweis nicht geführt werden, so haben die für die Arzneimittelüberwachung nach dem AMG zuständigen Behörden zu ermitteln, ob eine Deckungsvorsorge gegeben ist. Fehlt diese, ist die Staatsanwaltschaft zur Einleitung eines Ermittlungsverfahrens wegen des Verdachts einer Straftat nach § 96 Nr. 19 einzuschalten.

6   Die Zolldienststellen prüfen die vorgelegten Unterlagen auf Gültigkeit und auf Übereinstimmung mit den angemeldeten Waren, den Versandpapieren und auf ggf. weitere vorzulegende Unterlagen. Wenn sich Zweifel für die Zolldienststellen ergeben, ob eine Ware in den Geltungsbereich des AMG verbracht werden darf, so haben sich diese mit der für die Überwachung von Arzneimitteln **zuständigen Behörde** in Verbindung zu setzen, damit diese eine Entscheidung über die Zulässigkeit der Einfuhr trifft[16]. In materiell-rechtlicher Hinsicht bedeutet dies beispielsweise, dass die Einstufung von Arzneimitteln, die einem Einfuhrverbot nach § 73 I unterliegen, ausschließlich nach arzneimittelrechtlichen Vorschriften zu beurteilen ist und nicht nach der Kombinierten Nomenklatur[17]. Ergibt die Prüfung durch die zuständige Behörde nach dem AMG, dass eine Einfuhr nach Deutschland einen Verstoß darstellen würde, sind nach den jeweiligen Umständen des Einzelfalls die Arzneimittel entweder zu vernichten oder wieder aus dem Geltungsbereich des AMG zu verbringen[18]. Die Zolldienststellen dürfen keine Entscheidungen treffen, die von der rechtlichen Bewertung durch die Arzneimittelüberwachungsbehörde und deren Entscheidung abweichen[19].

II. Befugnisse (S. 2)

7   Das Recht der Zollverwaltung regelt das ZollVG, welches auch Anwendung findet, wenn die Zollverwaltung ihre Aufgaben bei der Überwachung des Verbringens von Arzneimitteln und Wirkstoffen nach Deutschland und aus Deutschland heraus wahrnimmt (§ 1 IV ZollVG i. V. m. § 74). Die Befugnisse der Zollverwaltung sind im Einzelnen in den §§ 10 ff. ZollVG geregelt. § 74 I 2 räumt den mitwirkenden Behörden **zusätzliche Kompetenzen** ein, da diese sich nicht auf die arzneimittelrechtlichen Eingriffsbefugnisse nach §§ 65, 69 berufen können. Die Ausübung der zusätzlichen Befugnisse steht

---

[7] Von der Überwachung durch die Zolldienststellen werden nur die in § 1 I 1 Nr. 2 AMWHV aufgeführten Wirkstoffe erfasst.
[8] *Kloesel/Cyran*, § 74 Anm. 7.
[9] „Dienstvorschrift zum Arzneimittelgesetz" des Bundesministeriums der Finanzen i. d. F. vom 30.7.2005 – S V 06 22-3, abgedruckt bei *Kloesel/Cyran*, Anh. 2.49.
[10] Weitergehende Hinweise für eine private und gewerbliche Einfuhr von Arzneimitteln sind der Homepage der Bundeszollverwaltung zu entnehmen, abrufbar unter www.zoll.de zu „Verbote und Beschränkungen".
[11] Vgl. *FG Hessen*, Urt. v. 17.9.2007 – 7 K 3132/05, Rn. 48 ff. – juris.
[12] A. A. *Kloesel/Cyran*, § 74 Anm. 22.
[13] Vgl. *FG Hessen*, Urt. v. 17.9.2007 – 7 K 3132/05, Rn. 52 – juris; „Dienstvorschrift zum Arzneimittelgesetz" des Bundesministeriums der Finanzen i. d. F. vom 30.7.2005 – S V 06 22-3, Abs. 10.
[14] *FG München*, Urt. v. 12.4.2011 – 14 K 1638/10, Rn. 17 – juris.
[15] Vgl. *BVerwG*, NVwZ-RR 1991, 298.
[16] *FG Hessen*, Urt. v. 17.9.2007 – 7 K 3132/05, Rn. 51 f. – juris.
[17] Vgl. *FG München*, Urt. v. 19.4.2007 – 14 K 2909/05 – BeckRS 2007, 26023337.
[18] Wenn die Voraussetzungen der Überführung in ein Zollverfahren nicht vorliegen, ist von der Zolldienststelle nach Art. 75 Zollkodex zu verfahren, vgl. *Henke*, in: Witte, Art. 75 Rn. 1 ff.
[19] Vgl. *BFH*, PharmR 2010, 247.

dabei im pflichtgemäßen Ermessen der Behörde („*Kann*"), die bei einem Verdacht des Verstoßes gegen arzneimittelrechtliche Vorschriften (s. hierzu Rn. 4 ff.) grundsätzlich die zuständige Behörde nach dem AMG einzuschalten hat. Nur letzterer steht die Kompetenz zu, arzneimittelrechtlich relevante Sachverhalte abschließend zu beurteilen, so dass ohne Beteiligung der Arzneimittelüberwachungsbehörde keine zollrechtlichen Konsequenzen (u. a. Annahme oder Ablehnung der Zollanmeldung) gezogen werden dürfen[20]. Hat die nach dem AMG zuständige Behörde eine Entscheidung zu Verboten oder Beschränkungen, die sich aus dem Arzneimittelrecht ergeben, getroffen, ist die Zollbehörde berechtigt, Anordnungen nach Art. 75 Zollkodex zu treffen, insbesondere die Zollanmeldung abzulehnen und die Präparate sicherzustellen[21]. Wird die Zollanmeldung von der Zollbehörde für ungültig erklärt und die Ware sichergestellt, weil sich nach Annahme der Zollanmeldung herausstellt, dass die eingeführten Arzneimittel nicht die Voraussetzungen des § 73 III 1 erfüllen, darf die Zollanmeldung nicht von Amts wegen für ungültig erklärt werden; vielmehr ist die Annahme der Zollanmeldung unter den Voraussetzungen des Art. 8 Zollkodex zurück zu nehmen[22].

1. Anhalten von Sendungen (Nr. 1). Nr. 1 gewährt der Behörde das Recht, zeitlich befristet **8** Sendungen mit Arzneimitteln und Wirkstoffen sowie deren Beförderungsmittel, Behälter, Lade- und Verpackungsmittel zur Überwachung anzuhalten[23]. Von diesem Recht hat die Behörde insbes. Gebrauch zu machen, wenn sie der Auffassung ist, dass die Voraussetzungen des § 73 III 2 nicht vorliegen. In diesem Fall ist durch das Anhalten der Sendung der Arzneimittelüberwachungsbehörde die Gelegenheit zu geben, über die Frage der Bezugsberechtigung innerhalb einer angemessenen Frist zu entscheiden[24]. Das Recht zum Anhalten von Sendungen gilt jedoch nicht für bloße Sendungen von Packungsbeilagen[25]. Als Eingriffsmaßnahme muss das Anhalten ebenso wie die anderen Maßnahmen für die Überwachung tatsächlich erforderlich und damit **verhältnismäßig** sein. Letztlich soll das Anhalten von Sendungen es der zu informierenden zuständigen Behörde nach dem AMG ermöglichen, den Sachverhalt im Rahmen der Überwachung zu beurteilen. Eine Sendung darf auch angehalten werden, wenn nur der **Verdacht** besteht, es könnte sich um überwachungspflichtige Arzneimittel oder Wirkstoffe handeln (Abs. 1 S. 2 Nr. 2). Dies bedingt, dass die zuständige Behörde von der Zollstelle auch zügig über den Verdacht eines Verstoßes unterrichtet wird.

2. Mitteilungen (Nr. 2). Die Behörden können bei einem **Verdacht** (s. zum Verdacht schädlicher **9** Wirkungen von Arzneimitteln auch § 5 Rn. 14) von Verstößen gegen arzneimittelrechtliche Verbote oder Beschränkungen in Wahrnehmung ihrer Aufgaben[26] den zuständigen Verwaltungsbehörden hiervon Nachricht geben. Für die Feststellung des Vorliegens eines Verdachts kann auf die Grundsätze zum Legalitätsprinzip in der StPO zurückgegriffen werden (§§ 152 II, 160 I StPO)[27]. D. h., dass die Zollstelle bei zureichenden Anhaltspunkten für einen Verstoß gegen arzneimittelrechtliche Vorschriften ihren Prüfungsauftrag erfüllen kann und nach den jeweiligen Einzelfallumständen auch muss. Hierbei werden gemeinhin unter „*zureichenden tatsächlichen Anhaltspunkten*" konkrete Tatsachen verstanden, die zwar nicht selbst den schlüssigen Sachverhalt für ein tatbestandsmäßiges und rechtswidriges Verhalten zu bilden brauchen. Es müssen aber zumindest Indizien, etwa Anzeichen vorhanden sein, die zumindest durch die Vermittlung von Erfahrungssätzen auf einen Sachverhalt hindeuten, der als Verstoß gegen eine Vorschrift des Arzneimittelrechts darstellen könnte[28]. Bloße Vermutungen sind jedoch niemals ausreichend[28]. Diese Befugnis zur Mitteilung („*kann*") wird bei Zweifeln, ob eine Ware eingeführt werden darf, zur Verpflichtung[29], denn nur die nach dem AMG zuständige Behörde darf darüber entscheiden, ob eine Einfuhr oder Ausfuhr arzneimittelrechtlich zulässig ist.

3. Anordnung der Vorführung (Nr. 3). Die Behörde kann bei einem Verdacht nach Nr. 2 an- **10** ordnen, dass Sendungen von Arzneimitteln und Wirkstoffen der für die Arzneimittelüberwachung zuständigen Behörde vorgeführt werden. Die jeweils **zuständige Behörde** bestimmt sich nach § 64 und Landesrecht[30]. Der Text der Vorschrift ist missverständlich, da die Rede von „*einer*" zuständigen Behörde

---

[20] Vgl. *BFH*, PharmR 2010, 247; *Rehmann*, § 74 Rn. 1.
[21] Vgl. *FG Bremen*, Urt. v. 7.10.2004 – 4 K 195/02 – BeckRS 2004, 26017936.
[22] Vgl. *BFH*, PharmR 2010, 245.
[23] Vgl. auch *BVerwG*, NVwZ-RR 1991, 298.
[24] *BFH*, PharmR 2010, 245.
[25] Vgl. *Kloesel/Cyran*, § 74 Anm. 21.
[26] Mit der Einfügung dieses Tatbestandsmerkmals soll berücksichtigt werden, dass nach der Umstrukturierung des Zolls die Kontrolle nicht mehr allein auf die Abfertigungstätigkeit beschränkt ist und auch andere Kontrolleinheiten bei der Kontrolle mitwirken, vgl. BT-Drucks. 16/12256, S. 56.
[27] Vgl. *Kloesel/Cyran*, § 74 Anm. 23.
[28] Vgl. *Meyer/Goßner*, § 152 Rn. 4; *Pfeiffer*, § 152 Rn. 1a.
[29] „Dienstvorschrift zum Arzneimittelgesetz" des Bundesministeriums der Finanzen i. d. F. vom 30.7.2005 – S V 06 22-3, Abs. 9.
[30] Vgl. *Kloesel/Cyran*, § 64 Anm. 19. Die zuständige Behörde kann dem Verzeichnis der für den Vollzug des AMG zuständigen Behörden, Stellen und Sachverständigen (abrufbar unter www.bmg.bund.de) entnommen oder über die Zentralstelle der Länder für Gesundheitsschutz bei Arzneimitteln und Medizinprodukten (ZLG, abrufbar unter www.zlg.de) ermittelt werden.

ist. Dies würde nur Sinn machen, wenn für denselben Sachverhalt zwei Behörden eine Überwachungszuständigkeit hätten (zur zuständigen Behörde nach den §§ 64 ff. s. § 64 Rn. 43).

11   Die Vorführung erfolgt auf Kosten und Gefahr des **Verfügungsberechtigten.** Eine Begriffsbestimmung, wer Verfügungsberechtigter sein kann, findet sich nicht im AMG. Verfügungsberechtigter ist im Zweifel die Person, die die Sendung veranlasst hat, da sie für die Sendung und deren Inhalt verantwortlich ist.

III. Einschränkung des Brief- und Postgeheimnisses (S. 3)

12   S. 3 wurde im Rahmen der Neufassung des § 74 durch das AMG-ÄndG 2009 neu eingefügt. Der Gesetzgeber trägt dadurch dem Zitiergebot des Art. 19 I GG Rechnung. Nach Ansicht des Gesetzgebers erfordern die Einführung des Versandhandels für Arzneimittel und die zunehmende Bedeutung des Handels über das Internet eine **effektive Überwachungsmöglichkeit** des grenzüberschreitenden Postverkehrs mit Arzneimitteln. Dies gilt auch im Hinblick auf Arzneimittelfälschungen, die auf diesem Vertriebsweg vermehrt an Endverbraucher nach Deutschland und somit in den Verkehr gelangen[31]. Ein damit einhergehender Eingriff in das Brief- und Postgeheimnis nach Art. 10 I GG bedurfte zur Rechtfertigung eines Hinweises auf die Einschränkung.

C. Rechtsverordnung (Abs. 2)

I. Regelung des Verfahrens (S. 1)

13   Abs. 2 S. 1 gewährt dem BMF eine **Verordnungsermächtigung,** durch welche das Ministerium Einzelheiten der Mitwirkung der Zollbehörden regeln kann. Eine solche Verordnung ist im Einvernehmen mit dem BMG zu erlassen, bedarf jedoch nicht der Zustimmung des Bundesrates. Bislang ist eine entsprechende Rechtsverordnung noch nicht ergangen. Sie ist allerdings auch nicht Voraussetzung für die Ausübung der in Abs. 1 S. 2 genannten Befugnisse[32].

II. Anordnung bestimmter Pflichten (S. 2)

14   S. 2 zählt – aufgrund des Wortlauts (*„insbesondere"*) nicht abschließend – den möglichen Inhalt der Verordnung auf. So können in der Verordnung Pflichten zu Anzeigen, Anmeldungen, Auskünften und zur Leistung von Hilfsdiensten sowie zur Duldung der Einsichtnahme in Geschäftspapiere und sonstige Unterlagen und zur Duldung von Besichtigungen und von Entnahmen unentgeltlicher Proben vorgesehen werden.

III. Einvernehmen (S. 3)

15   Die Rechtsverordnung ergeht im Einvernehmen mit dem BMUB, soweit es sich um radioaktive Arzneimittel und Wirkstoffe oder um Arzneimittel und Wirkstoffe handelt, bei deren Herstellung ionisierende Strahlen verwendet werden, und im Einvernehmen mit dem BMEL, soweit es sich um Arzneimittel und Wirkstoffe handelt, die zur Anwendung bei Tieren bestimmt sind.

D. Sanktionen

16   Nach § 97 II Nr. 27 handelt **ordnungswidrig,** wer vorsätzlich oder fahrlässig entgegen einer vollziehbaren Anordnung nach § 74 I 2 Nr. 3 eine Sendung nicht vorführt. Eine **Ordnungswidrigkeit** begeht auch, wer vorsätzlich oder fahrlässig einer Rechtsverordnung nach § 74 II zuwiderhandelt, soweit sie für einen bestimmten Tatbestand auf diese Bußgeldvorschrift verweist (§ 97 II Nr. 31). Diese Sanktion geht mangels Erlasses einer entsprechenden Rechtsverordnung derzeit ins Leere.

E. Rechtsschutz

17   Gegen die Entscheidungen der Zolldienststellen sind Einspruch (§§ 347 ff. AO) und die Klagearten der FGO (§§ 40 ff.) möglich. Im Verfahren vor den Finanzgerichten haben diese nicht nur über die Rechtmäßigkeit des Handelns der Zollbehörden im Zusammenhang mit der Überwachung der Einfuhr von Arzneimitteln zu entscheiden, sondern auch die Rechtmäßigkeit der Entscheidung der Arzneimittelüberwachungsbehörden zu überprüfen[33], da anderenfalls eine rechtsstaatswidrige Rechtsschutzlücke entstünde.

---

[31] BT-Drucks. 16/12256, S. 56.
[32] Vgl. *Sander*, § 74 Erl. 2.
[33] A. A. *FG München*, Urt. v. 12.4.2011 – 14 K 1638/10, Rn. 19 – juris. Wie hier aber im Ergebnis *FG München*, Urt. v. 5.2.2010 – 14 K 3403/09, Rn. 22 ff. – juris; *FG München*, Urt. v. 4.2.2010 – 14 K 2692/07, Rn. 19 ff. – juris. In der Praxis wird die Zollverwaltung stets die Rechtsauffassung der Arzneimittelüberwachungsbehörde übernehmen.

Vierzehnter Abschnitt. Informationsbeauftragter, Pharmaberater

§ 74a Informationsbeauftragter

(1) [1]Wer als pharmazeutischer Unternehmer Fertigarzneimittel, die Arzneimittel im Sinne des § 2 Abs. 1 oder Abs. 2 Nr. 1 sind, in den Verkehr bringt, hat eine Person mit der erforderlichen Sachkenntnis und der zur Ausübung ihrer Tätigkeit erforderlichen Zuverlässigkeit zu beauftragen, die Aufgabe der wissenschaftlichen Information über die Arzneimittel verantwortlich wahrzunehmen (Informationsbeauftragter). [2]Der Informationsbeauftragte ist insbesondere dafür verantwortlich, dass das Verbot des § 8 Abs. 1 Nr. 2 beachtet wird und die Kennzeichnung, die Packungsbeilage, die Fachinformation und die Werbung mit dem Inhalt der Zulassung oder der Registrierung oder, sofern das Arzneimittel von der Zulassung oder Registrierung freigestellt ist, mit den Inhalten der Verordnungen über die Freistellung von der Zulassung oder von der Registrierung nach § 36 oder § 39 Abs. 3 übereinstimmen. [3]Satz 1 gilt nicht für Personen, soweit sie nach § 13 Abs. 2 Satz 1 Nr. 1, 2, 3 oder 5 keiner Herstellungserlaubnis bedürfen. [4]Andere Personen als in Satz 1 bezeichnet dürfen eine Tätigkeit als Informationsbeauftragter nicht ausüben.

(2) Der Informationsbeauftragte kann gleichzeitig Stufenplanbeauftragter sein.

(3) [1]Der pharmazeutische Unternehmer hat der zuständigen Behörde den Informationsbeauftragten und jeden Wechsel vorher mitzuteilen. [2]Bei einem unvorhergesehenen Wechsel des Informationsbeauftragten hat die Mitteilung unverzüglich zu erfolgen.

Wichtige Änderungen der Vorschrift: Abs. 1 S. 4 eingefügt durch Art. 1 Nr. 39 des Achten Gesetzes zur Änderung des Arzneimittelgesetzes vom 7.9.1998 (BGBl. I S. 2649); Abs. 2 S. 2 neu gefasst durch Art. 1 Nr. 66 des Vierzehnten Gesetzes zur Änderung des Arzneimittelgesetzes vom 29.8.2005 (BGBl. I S. 2570); Abs. 2 S. 1 aufgehoben und 3 geändert durch Art. 1 Nr. 61 des Zweiten Gesetzes zur Änderung des arzneimittelrechtlicher und anderer Vorschriften vom 19.10.2012 (BGBl. I S. 2192).

Europarechtliche Vorgaben: Art. 98 RL 2001/83/EG.

Literatur: *Anhalt*, Aufgaben und Verantwortungsbereiche des Informationsbeauftragten, PharmInd 2007, 768; *Mandry*, Die Beauftragten im Pharmarecht, 2004.

Übersicht

A. Allgemeines

I. Inhalt

1   § 74a dient der Umsetzung des Art. 13 RL 92/28/EWG, abgelöst durch Art. 98 RL 2001/83/EG. Dort werden Zulassungsinhaber zur Einrichtung einer wissenschaftlichen Stelle für die Arzneimittelinformation verpflichtet. Der Adressatenkreis wird jedoch durch Abs. 1 S. 3 beschränkt. Nach Abs. 1 S. 1 ist dies in Deutschland der sog. **Informationsbeauftragte.** In der RL 2001/83/EG ist nicht von einer Person, sondern von einer wissenschaftlichen Stelle im Unternehmen, die mit der Information über die von ihm in den Verkehr gebrachten Arzneimitteln beauftragt wird, die Rede; der deutsche Gesetzgeber verlangt jedoch wohl noch richtlinienkonform die Beauftragung einer konkreten Person. Diese wird teilweise als „Scientific Service Officer" im Rahmen des Zulassungsantrags angegeben.

2   Der Informationsbeauftragte hat den Anforderungen an die erforderliche Sachkenntnis und Zuverlässigkeit in Abs. 1 S. 1 zu genügen. Andere Personen dürfen die Tätigkeit nicht ausüben (Abs. 1 S. 4). Abs. 1 S. 2 umschreibt die Aufgaben des Informationsbeauftragten. Abs. 3 normiert Mitteilungspflichten des pharmazeutischen Unternehmers. § 74a ist an die Regelung des § 63a für den Stufenplanbeauftragten angelehnt, so dass die dortige Kommentierung teils zur Auslegung herangezogen werden kann.

II. Zweck

3   Die Bestellung eines Informationsbeauftragten soll die fachlich zutreffende Information über Arzneimittel gewährleisten und Irreführungen vermeiden. Der Informationsbeauftragte dient damit der präventiven **Arzneimittelsicherheit** und ist nach der Gesetzesbegründung des 2. AMG-ÄndG 2012 so Teil der im 10. Abschnitt geregelten **Pharmakovigilanz**[1].

B. Pflicht zur Bestellung eines Informationsbeauftragten; Aufgabenbereich (Abs. 1)

I. Adressat (S. 1 und 3)

4   Nach **Abs. 1 S. 1** hat grundsätzlich **jeder pharmazeutische Unternehmer** (§ 4 XVIII), der – unabhängig von seinem Sitz[2] – Fertigarzneimittel (§ 4 I) in Deutschland in den Verkehr bringt (§ 4 XVII), einen Informationsbeauftragten zu bestellen. § 74a findet auch auf Zulassungsinhaber, Registrierungsinhaber oder sonstige pharmazeutische Unternehmer Anwendung. Jedes Unternehmen, das solche Arzneimittel in Deutschland in Verkehr bringt, muss einen Informationsbeauftragten bestellen. Es kommt also nicht auf den Ort des Sitzes des Unternehmens an, sondern darauf, dass das Arzneimittel in Deutschland in den Verkehr gebracht wird. Auch ein pharmazeutischer Unternehmer, der ein zentral zugelassenes Arzneimittel in Deutschland in Verkehr bringt, hat hierfür einen Informationsbeauftragten (sog. scientific service) zu bestellen.

5   Folglich erfasst die Verpflichtung aus § 74a auch **Parallelimporteure** sowie **Mitvertreiber.** Auch der **Parallelvertreiber** von zentral zugelassenen Arzneimitteln muss einen Informationsbeauftragten nach § 74a, Art. 98 RL 2001/83/EG bestellen, da er nach hiesiger Ansicht pharmazeutischer Unternehmer ist. Nicht verpflichtet sind hingegen der **örtliche Vertreter** eines europäischen Zulassungsinhabers, der **Lohnhersteller** und der reine **Großhändler.** Zu den Einzelheiten s. § 63a Rn. 5. Ebenso wie der **Zulassungshändler** sind sie nicht verpflichtet, einen Informationsbeauftragten zu bestellen, da sie keine Arzneimittel als pharmazeutische Unternehmer in den Verkehr bringen. Nach **Abs. 1 S. 3** sind Personen von der Verpflichtung zur Bestellung eines Informationsbeauftragten ausgenommen, die nach § 13 II 1 Nr. 1, 2, 3 oder 5 keiner Herstellungserlaubnis bedürfen (zur Reichweite der Ausnahme s. § 63a Rn. 42)[3].

II. Persönliche Anforderungen (S. 1)

6   Es dürfen nur Personen als Informationsbeauftragte tätig werden, die über die erforderliche Sachkenntnis und Zuverlässigkeit verfügen (Abs. 1 S. 1 und 4). Den pharmazeutischen Unternehmer trifft hinsichtlich der Auswahl und Kontrolle des Informationsbeauftragten eine strenge Sorgfaltspflicht.

7   **1. Sachkenntnis. Abs. 1 S. 1** verlangt, dass der Informationsbeauftragte die erforderliche Sachkenntnis aufweisen muss, um die Aufgabe der wissenschaftlichen Information über die Arzneimittel verantwortlich wahrnehmen zu können. Die **Anforderungen an die Sachkenntnis** ergeben sich aus den

---

[1] Vgl. BR-Drucks. 565/93, S. 1; BR-Drucks. 12/6480, S. 1.
[2] Anders *Sander*, § 74a Erl. 5, der nur in Deutschland ansässige Unternehmer verpflichtet sieht.
[3] Allerdings nimmt § 74a keinen Verweis auf § 13 IIb vor, vgl. *Sander*, § 74a Erl. 6.

dem Informationsbeauftragten zugewiesenen Aufgaben in Abs. 1 S. 1 und 2[4]. Die frühere, in der Literatur[5] kritisierte, Voraussetzung, dass ein abgeschlossenes Hochschulstudium der Humanmedizin, der Humanbiologie, der Veterinärmedizin, der Pharmazie, der Biologie oder der Chemie sowie eine mindestens zweijährige einschlägige Berufserfahrung erforderlich sind, ist mit dem 2. AMG-ÄndG 2012 gestrichen worden[6]. Dadurch wurde § 74a II an die europarechtliche Vorgabe des Art. 98 I RL 2001/83/EG angepasst; diese sieht keine besondere Qualifizierung der wissenschaftlichen Stelle vor. Der pharmazeutische Unternehmer muss nun also lediglich sicherstellen, dass sein Informationsbeauftragter die Aufgaben nach Abs. 1 S. 1 und 2 erfüllen kann. Damit wurde die Qualifikation des Informationsbeauftragten an die des Stufenplanbeauftragten angepasst (vgl. § 63a). Zu den Sprachkenntnissen des Informationsbeauftragten vgl. Rn. 13.

Die früheren, strengen Anforderungen an die Sachkenntnis gelten folglich nicht mehr als Mindeststandard. Stattdessen ist die **Sachkenntnis** ein **offener Begriff**, den es wie auch für den Stufenplanbeauftragten, auszulegen gilt (s. § 63a Rn. 10 ff.). Wer bereits als Informationsbeauftragter nach dem ursprünglichen Abs. 2 S. 1 (a. F.) ausreichend qualifiziert war, bleibt dies auch weiterhin und wird regelmäßig auch nach Abs. 1 S. 1 (n. F.) qualifiziert sein. Dies ist auch der Grund, warum es weder in §§ 144, 146 noch in Art. 2 AMG-ÄndG 2012 eine Übergangsvorschrift zur Fortgeltung der Sachkunde gibt. Die neue Regelung hindert den pharmazeutischen Unternehmer nicht, freiwillig höhere Anforderungen an die berufliche Qualifikation seines Informationsbeauftragten zu stellen und wie bisher ein entsprechendes Hochschulstudium (wie oben beschrieben) zu verlangen. 8

Da Abs. 2 S. 1 (a. F.) ersatzlos gestrichen wurde, können die Behörden mangels gesetzlicher Grundlage **keinen formalen Nachweis** der Sachkunde mehr verlangen. Der pharmazeutische Unternehmer hat der zuständigen Behörde lediglich nach Abs. 3 mitzuteilen, wer sein Informationsbeauftragter ist. Allerdings können die Behörden, wie auch beim Stufenplanbeauftragten, im Rahmen einer Überwachungsmaßnahme nach §§ 64 ff. die erforderliche Sachkunde und Zuverlässigkeit prüfen (s. § 63a Rn. 15). Anhaltspunkte bei der Beurteilung bietet die Verfahrensanweisung Nr. 1 511 0503 der Zentralstelle der Länder für Gesundheitsschutz bei Arzneimitteln und Medizinprodukten (ZLG) für die Behörden, die auch vom pharmazeutischen Unternehmen als Maßstab herangezogen werden können. 9

2. Zuverlässigkeit. Die erforderliche **Zuverlässigkeit** des Informationsbeauftragten ist nicht anders zu beurteilen als jene des Stufenplanbeauftragten. Es kann auf die dortige Kommentierung und zum Erfordernis der Vorlage eines Führungszeugnisses verwiesen werden (s. § 63a Rn. 14). 10

3. Weitere Anforderungen; Aufenthaltsort. Anders als für den Stufenplanbeauftragten (§ 63a I 1) fordert das Gesetz nicht, dass der Informationsbeauftragte seinen **Aufenthaltsort** in einem Mitgliedstaat der EU haben muss. Daher werden auch die zuständigen Behörden einen Sitz in der EU nicht verlangen können, auch wenn dies von Art. 98 RL 2001/83/EG wohl intendiert ist. Denn nach der RL muss der Zulassungsinhaber seinen Sitz in der EU haben und hat im Unternehmen eine verantwortliche Stelle für Arzneimittel-Informationen einzurichten. Es obliegt dem pharmazeutischen Unternehmer sicher zu stellen, dass der Informationsbeauftragte die Aufgaben nach Abs. 1 S. 1 und 2 sachgerecht und zuverlässig erfüllt. Dies gilt insbes. mit Blick darauf, dass die notwendigen Sprachkenntnisse in der Landessprache nachzuweisen sind. 11

Der Wortlaut der Vorschrift erstreckt die Pflicht, einen Informationsbeauftragten zu beauftragen auch auf pharmazeutische Unternehmer, die ihren Sitz in anderen Mitgliedstaaten der EU haben. Für Unternehmer mit Sitz in anderen Mitgliedstaaten genügt es, wenn der Informationsbeauftragter den persönlichen Anforderungen des Abs. 1 S. 1 derart erfüllt, dass er die ihm zugewiesenen Aufgaben des Abs. 1 S. 2 für die in Deutschland in Verkehr gebrachten Arzneimittel wahrnehmen kann. Die Meldepflicht des pharmazeutischen Unternehmers nach Abs. 3 und die Aufgaben des Informationsbeauftragten nach dem AMG gelten für solche pharmazeutischen Unternehmer ebenfalls. 12

III. Verantwortlichkeit des Informationsbeauftragten (S. 1 und 2)

1. Überblick. Soweit ein Unternehmen einen Informationsbeauftragten benennt, der europaweit für ein/mehrere Arzneimittel zuständig ist, stellt sich – insbesondere bei zentral zugelassenen Arzneimitteln – das Problem der Sprachbarriere. Der Informationsbeauftragte hat dafür zu sorgen, dass, sofern er Werbeunterlagen für deutsche Adressaten in deutscher Sprache mangels **Sprachkenntnis** nicht selbst prüfen kann, diese von einer ihm unterstehenden hinreichend qualifizierten Person überprüft werden; in Zweifelsfällen muss er sich in die Lage versetzen lassen, selbst über die Freigabe zu entscheiden; nötigenfalls sind die Werbeunterlagen für ihn zu übersetzen. 13

Die **Aufgaben des Informationsbeauftragten** werden insbes. in **Abs. 1 S. 2** aufgeführt. Er ist insbesondere dafür verantwortlich, dass das Verbot des § 8 I Nr. 2 beachtet wird und die Kennzeichnung 14

---

[4] Vgl. BR-Drucks. 12/6480, S. 23.
[5] *Knauer/Sander/Zumdick*, PharmR 2010, 276–278.
[6] Vgl. zur früheren Rechtslage BR-Drucks. 565/93, S. 58 f.; BR-Drucks. 12/6480, S. 23; kritisch *Knauer/Sander/Zumdick*, PharmR 2010, 276–278.

(§ 10), die Packungsbeilage (§ 11), die Fachinformation (§ 11a) und die Werbung mit dem Inhalt der Zulassung oder der Registrierung übereinstimmen (s. Rn. 17). Er ist dafür verantwortlich, zu überwachen, dass keine Arzneimittel hergestellt oder in Verkehr gebracht werden, die mit einer irreführenden Bezeichnung, Angabe oder Aufmachung versehen sind. Die Verwendung des Wortes „insbesondere" macht deutlich, dass der Gesetzgeber in S. 2 nur einen **Mindestaufgabenbereich** definieren wollte. Selbstverständlich können dem Informationsbeauftragten per Direktion oder durch Vertrag weitere Aufgaben übertragen werden[7].

15   Dem Informationsbeauftragten kommt eine Prüf- und Kontrollpflicht zu[8]. Ihn treffen für die oben aufgeführten Arzneimittelinformationen (Rn. 14) auch **materielle Prüfpflichten**[9], etwa ob die Angaben zu Nebenwirkungen für den Arzneimittelanwender verständlich sind und dem aktuellen Stand der Wissenschaft entsprechen[10]. Dies ist zu prüfen, bevor die Arzneimittelinformationen an die Adressaten weitergegeben werden[11]. Der Informationsbeauftragte hat sich deshalb stets einen aktuellen Überblick über die ihm vom pharmazeutischen Unternehmer übermittelten Meldungen über unerwünschte Arzneimittelwirkungen zu verschaffen und ggf. dafür zu sorgen, dass diese – nachdem sie unter Verantwortung des Stufenplanbeauftragten etwa Eingang in die Zulassung gefunden haben – in der Kennzeichnung umgesetzt bzw. in der Werbung berücksichtigt werden. Auch **behördliche Anordnungen,** die in den Aufgabenbereich des Informationsbeauftragten fallen, darf dieser nicht ungeprüft umsetzen[12]. Vielmehr muss er prüfen, ob eine von der Behörde geforderte Änderung inhaltlich den Vorgaben an Klarheit und Irreführungsverbot entspricht. Die Zulassung des Arzneimittels oder anderweitige behördliche Anordnungen entbinden weder den pharmazeutischen Unternehmer (§ 25 X)[13] noch den Informationsbeauftragten von ihrer **allgemeinen zivil-, straf- und ordnungswidrigkeitsrechtlichen als auch heilmittelwerberechtlichen Verantwortung**[14]. Ferner haben der Informationsbeauftragte und sein Vertreter gemäß § 66 **Überwachungsmaßnahmen** nach § 64 und § 65 zu dulden und zu unterstützen[15]. Für weitere Details ist auf die jeweiligen Kommentierungen zu verweisen.

16   **2. Beachtung des Verbots des § 8 I Nr. 2.** Der Informationsbeauftragte ist dafür verantwortlich, dass das Verbot des § 8 I Nr. 2 beachtet wird, also keine Arzneimittel hergestellt oder in Verkehr gebracht werden, die mit einer irreführenden Bezeichnung, Angabe oder Aufmachung versehen sind. Was unter einer **Irreführung** zu verstehen ist, definiert § 8 I Nr. 2 (s. § 8 Rn. 13).

17   **3. Compliance der Arzneimittelinformation.** In der Praxis werden die **Bereiche Packmittel und Werbung** in der Regel **getrennt.** Der Informationsbeauftragte ist verantwortlich für die korrekte Arzneimittelinformation, d. h. dass die Arzneimittelkennzeichnung, die Packungsbeilage sowie die Fachinformation den gesetzlichen Anforderungen entsprechen. Die Freigabe der Kennzeichnung, Packungsbeilage, Fachinformation und Werbung ist zu dokumentieren.

18   Im Falle einer Freistellung von der Zulassung oder Registrierung muss der Informationsbeauftragte sicherstellen, dass die Informationsträger mit den Inhalten der VO über die Freistellung von der Zulassung oder der Registrierung nach § 36 oder § 39 III übereinstimmen. Die Überprüfung der Informationsträger umfasst auch die Berücksichtigung von Änderungen in den Zulassungs- bzw. Registrierungsunterlagen.

19   **4. Compliance der Arzneimittelwerbung.** Im Hinblick auf die **Arzneimittelwerbung** ist insb. die Einhaltung der Vorschriften des **HWG**[16] zu beachten. Dies ergibt sich mittelbar aus der beispielhaften Aufzählung in Abs. 1 S. 2 und dem Hinweis, dass die „Werbung mit dem Inhalt der Zulassung oder der Registrierung" übereinzustimmen hat. Der Informationsbeauftragte hat nach der Systematik der europarechtlichen Vorgaben der Vorschrift in Art. 98 I RL 2001/83/EG den pharmazeutischen Unternehmer bei der Erfüllung der dort genannten Aufgaben zu unterstützen. Insbes. die europarechtlichen Vorschriften zur Arzneimittelwerbung sind einzuhalten (vgl. Rn. 21).

20   Für den **Zeitraum vor der Zulassung oder Registrierung** von Arzneimitteln ist der Informationsbeauftragte grundsätzlich nicht verantwortlich[17]. Zu diesem Zeitpunkt gibt es noch keine in den Verkehr gebrachte Arzneimittelkennzeichnung etc. und es darf auch noch keine Werbung geben (§ 3a HWG). Damit gibt es für den Informationsbeauftragten inhaltlich nichts zu prüfen. Er muss auch nicht überprüfen, ob der pharmazeutische Unternehmer vor der Zulassung das Verbot des § 3a HWG beachtet.

---

[7] Vgl. dazu etwa *Mandry*, S. 112 ff., 150.
[8] *Kloesel/Cyran*, § 74a Anm. 3; dazu auch § 27 V FSA-Kodex (Verhaltenskodex der Mitglieder der „Freiwillige Selbstkontrolle der Arzneimittelindustrie e. V." in der Fassung vom 8.5.2014, BAnz. Nr. 7).
[9] *Sander*, § 74a Erl. 8.
[10] Vgl. dazu *Sander*, § 74a Erl. 8.
[11] *Kloesel/Cyran*, § 74a Anm. 3.
[12] *Sander*, § 74a Erl. 8.
[13] Vgl. dazu *Sander*, § 74a Erl. 8.
[14] In Betracht kommt insofern insbes. eine Verantwortlichkeit nach §§ 14, 15 HWG.
[15] Die Erweiterung dieser Pflichten auf den Informationsbeauftragten erfolgte durch die 8. AMG-Novelle, vgl. BT-Drucks. 13/9996, S. 16; *Kloesel/Cyran*, § 66 Anm. 1 ff.
[16] Vgl. dazu *Doepner*, Einl. Rn. 55, § 2 Rn. 15, Vor § 14 Rn. 43; *Kloesel/Cyran*, § 74a Anm. 3.
[17] *Sander*, § 74a Erl. 7.

Nach erfolgter Zulassung muss er allerdings auf die Einhaltung des Verbots der Off-Label-Werbung und der oben dargestellten Anforderungen achten.

Art. 98 II RL 2001/83/EG verpflichtet den Zulassungsinhaber im Zusammenhang mit der Kom- **21** munikation über das Arzneimittel unter anderem

a) ein Exemplar jedes von seinem Unternehmen verbreiteten Werbetextes sowie ein Datenblatt mit Angabe des Empfängers, der Verbreitungsart und des Datums der ersten Verbreitung für die zuständigen Behörden zur Verfügung zu halten oder zu übermitteln,

b) zu prüfen, ob die von seinem Unternehmen beschäftigten Arzneimittelvertreter sachgemäß ausgebildet sind und ihre regulatorischen Verpflichtungen einhalten,

c) sich zu vergewissern, dass die von seinem Unternehmen durchgeführte Arzneimittelwerbung den Vorgaben der RL 2001/83/EG entspricht,

d) den für die Arzneimittelwerbung zuständigen Behörden die erforderlichen Informationen und die Hilfe geben, derer sie zur Ausführung ihres Auftrages bedürfen,

e) dafür zu sorgen, dass die Anordnungen der für die Kontrolle der Arzneimittelwerbung verantwortlichen Behörden oder Stellen unverzüglich und vollständig befolgt werden.

Manche der obigen Verpflichtungen des Zulassungsinhabers sind im deutschen Recht in anderen **22** Vorschriften geregelt, der obige Buchst. b) etwa in § 75, Buchst. d) und Buchst. e) etwa in den §§ 64ff., Buchst. c) ist bereits nach § 74a I 2 bereits dem Informationsbeauftragen zugewiesen. Damit verbleibt im Wesentlichen Buchst. a), also die Pflicht, ein Exemplar jeder Werbeunterlage und weitere Information vorzuhalten. § 64 IV Nr. 2 geht davon aus, dass solche Informationen im Unternehmen vorgehalten werden; eine unmittelbare Verpflichtung ergibt sich aus dem AMG weder für den Zulassungsinhaber oder pharmazeutischen Unternehmer noch für den Informationsbeauftragten; die RL 2001/83/EG kann diese Verpflichtung ebenfalls nicht unmittelbar begründen. Es gehört aber zur guten Praxis, dass solche Unterlagen vorgehalten werden – regelmäßig durch den Informationsbeauftragten.

Die Aufgaben, die Werbung zu prüfen gilt für jede Art der Arzneimittelwerbung, also auch für die **23** **fachliche Information** und Werbung auf Kongressen, in Kongressunterlagen und im Internet[18]. Ebenso fallen hierunter internationale **Kongresse,** die in Deutschland stattfinden. Medizinisch-wissenschaftliche Forschungsprojekte gehören hingegen nicht zum Bereich der Arzneimittelwerbung oder -kommunikation und daher auch nicht zum Verantwortungsbereich des Informationsbeauftragten. Soweit **sog.** **Patient-Support-Programme**[19] werblichen Charakter haben oder darin in sonstiger Weise über ein Arzneimittel informiert wird (was nicht zwingend der Fall ist), unterliegen sie ebenfalls der Prüfungspflicht des Informationsbeauftragten.

Ob der Aufgabenbereich eines **für Deutschland** zuständigen Informationsbeauftragten auch die **24** Information auf **internationalen Kongressen oder im weltweit verfügbaren Internet** umfasst, richtet sich danach, welcher Adressatenkreis mit der Information angesprochen, d.h. etwa welcher Besucherkreis erwartet wird. Werden gezielt auch deutsche Adressaten in Deutschland angesprochen, so ist auch der deutsche Informationsbeauftragte zuständig. Um zu gewährleisten, dass nur ein bestimmter Adressatenkreis Zugang zu einer Website im Internet hat, besteht die Möglichkeit, die Website mit einem **DocCheck-Passwort** zu versehen[20].

Diese Grundsätze sowie auch die Vorgaben des HWG gilt es auch im Zusammenhang mit dem **25** vermehrten werblichen Einsatz von **Social Media** (z.B. Twitter, Facebook, Foren, Blogs, Apps und sonstige digitale Medien) durch pharmazeutische Unternehmer zu beachten[21]. Die US-amerikanische Food and Drug Administration (FDA) hat im Juni 2014 den Entwurf der *„Guidance for Industry Internet/ Social Media Platforms: Correcting Independent Third-Party Misinformation About Prescription Drugs and Medical Devices"* veröffentlicht[22]. Es steht zu erwarten, dass sich die EMA bzw. die Europäische Kommission neben den durch die European Federation of Pharmaceutical Industries and Associations (EFPIA) veröffentlichten *„Code on the Promotion of Prescription-only medicines to, and Interactions with, Healthcare Professionals, Annex B Guidelines for Internet Websites available to Healthcare Professionals, Patients and the Public in Europe"*[23] an dem FDA Guidance Dokument orientieren werden. Die Besonderheiten der in der EU geltenden Grundsätze für die Werbung für Arzneimittel und Medizinprodukte werden dabei freilich Berücksichtigung finden müssen. Der Informationsbeauftragte ist gehalten, den Inhalt der Internet-Präsenz, soweit sie sich gezielt an Adressaten in Deutschland richtet, zu prüfen. Die Freigabe der Werbung ist stets zu dokumentieren.

5. Wissenschaftliche Anfragen. Die dem Informationsbeauftragten nach **Abs. 1 S. 1** zugewiesene **26** wissenschaftliche Information über Arzneimittel umfasst auch, dass **wissenschaftliche Anfragen** zu

[18] Vgl. allgemein zur Arzneimittelwerbung und -präsentation im Internet *Ernst,* PharmR 1998, 195 ff. m. w. N.
[19] Vgl. zu Patient-Support-Programmen *Maur,* A&R 2013, 259–263.
[20] *Doepner,* § 2 Rn. 15 m. w. N., § 4 Rn. 19.
[21] Vgl. auch *Franzen,* A&R 2013, 1, 2; zu den Grundsätzen zur Werbung in Social Media *Epping/Heimhalt/Spies,* A&R 2012, 51; *Bauer,* A&R 2014, 99; zum Vergleich mit den USA *Buechner,* 67 FOODDLJ 363.
[22] Abrufbar unter www.fda.gov.
[23] Abrufbar unter www.efpia.eu.

Arzneimitteln des pharmazeutischen Unternehmers sachgerecht beantwortet werden. Der pharmazeutische Unternehmer muss zu diesem Zweck gewährleisten, dass solche fachlichen Anfragen innerhalb des Unternehmens zuverlässig an den Informationsbeauftragten weitergeleitet werden, damit dieser seine Aufgaben ordnungsgemäß ausführen kann[24].

IV. Ausgeschlossene Personen (S. 4), Delegation, Stellvertretung

27   Andere Personen als der nach Abs. 1 S. 1 bestellte Informationsbeauftragte dürfen grundsätzlich gem. **Abs. 1 S. 4** dessen Tätigkeit nicht ausüben. § 74a schreibt allerdings nicht ausdrücklich vor, dass der Informationsbeauftragte die Aufgaben selbst ausüben muss. Es ist ihm grundsätzlich erlaubt, Hilfstätigkeiten, die sich auf die bloße Unterstützung beschränken, auf Dritte zu übertragen **(Delegation).** Daher ist es nicht erforderlich, dass er alle Werbematerialen selbst prüft und, wenn er Hilfspersonen entsprechend geschult hat, er sie überwacht. Delegiert der Informationsbeauftragte Aufgaben, so schließt dies seine **Verantwortung** nicht aus; er bleibt also verantwortlich. Der Informationsbeauftragte muss also die ordnungsgemäße Erfüllung seiner durch Abs. 1 S. 1 festgelegten Aufgaben sicherstellen und ist für dessen sachgerechte Ausführung verantwortlich. Bei mehreren Informationsbeauftragten s. Rn. 38.

28   Dass der Informationsbeauftragte 24 Stunden erreichbar sein muss, verlangt das Gesetz nicht[25]. Dennoch bietet sich die Bestellung eines **Stellvertreters** an. Die Stellvertretung ist im AMG nicht ausdrücklich vorgesehen. Von der Bedeutung der gesetzlichen Aufgabe her erscheint es aber selbstverständlich, dass die in § 74a genannten Aufgaben auch dann erfüllt werden müssen, wenn der Informationsbeauftragte selbst für die üblichen Abwesenheitszeiten (Urlaub, Krankheit)[26] seine Aufgaben nicht wahrnehmen kann[27]. Das Gesetz setzt aber die Möglichkeit voraus, da § 66 I 2 auch die Vertreter der Beauftragten nennt. Wird ein Stellvertreter bestellt, so muss der Stellvertreter über dieselbe nötige Sachkunde und Zuverlässigkeit verfügen und es treffen ihn sämtliche Pflichten des Informationsbeauftragten.

C. Personalunion (Abs. 2)

29   Nach **Abs. 2** besteht die Möglichkeit, dass die Tätigkeit des Informationsbeauftragten und des Stufenplanbeauftragten (§ 63a) sowie der sachkundigen Person (§ 14) in Personalunion ausgeübt wird (zur Personalunion von Informationsbeauftragtem, Stufenplanbeauftragtem, sachkundiger Person, s. § 63a Rn. 51).

D. Mitteilungspflichten (Abs. 3)

I. Mitteilung der Person des Informationsbeauftragten (S. 1)

30   Nach **Abs. 3 S. 1** hat der pharmazeutische Unternehmer der zuständigen Arzneimittelüberwachungsbehörde die Person des Informationsbeauftragten mitzuteilen. Dies gilt auch bei jedem **Wechsel** in der Person des Informationsbeauftragten. Sofern ein **Stellvertreter** bestellt ist, muss auch dieser der zuständigen Behörde namentlich genannt werden[28]. Zum Nachweis der Sachkenntnis einschließlich der erforderlichen Berufserfahrung s. Rn. 7.

31   Soweit ein pharmazeutischer Unternehmer **keinen Sitz in Deutschland** hat, stellt sich die Frage, ob und ggf. wo er seinen Informationsbeauftragten nach § 74a anzuzeigen hat. Es gibt für einen solchen Unternehmer schlicht keine zuständige Behörde. Die ZLG regelt hierzu nichts; auch das BfArM ist nicht zuständig. Nach hiesiger Ansicht gibt es in Ermangelung einer zuständigen Behörde **keine Mitteilungspflicht.** Die Verwaltungspraxis freilich ist, dass die Behörden den Nachweis über einen Informationsbeauftragten teilweise von örtlichen Vertretern des Zulassungsinhabers (§ 9 II 2) oder von demjenigen, der die Arzneimittel in Deutschland für den pharmazeutischen Unternehmer vertreibt, etwa eine deutsche Vertriebsgesellschaft des pharmazeutischen Unternehmers, verlangt. Das **BMG** hat sich auf Anfrage dahingehend geäußert, dass entsprechend der jeweiligen § 3 des Landes-VwVfG insbes. der Sitz der Betriebsstätte des pharmazeutischen Unternehmers bei betriebsbezogenen Angelegenheiten als Anknüpfungspunkt in Betracht kommt. Soweit sich hieraus keine örtliche Zuständigkeit der Behörde ergibt, kann Anknüpfungspunkt der Wohnsitz der natürlichen Person sein. Sofern beides nicht in Betracht kommt, kommt, soweit das jeweilige Landesrecht dies vorsieht, als Auffangtatbestand für die

---

[24] Vgl. *Mandry*, S. 151.
[25] Vgl. BT-Drucks. 15/5316, S. 35, wo darauf hingewiesen wird, dass die sachkundige Person (§ 14) nicht permanent im Betrieb anwesend sein muss, solange sie in der Lage ist, ihren Verpflichtungen nachzukommen. Für den Informationsbeauftragten muss Vergleichbares gelten.
[26] *Mandry*, S. 104; *Sander*, § 74a Erl. 9.
[27] *Kloesel/Cyran*, § 74a Anm. 4.
[28] *Mandry*, S. 105; *Sander*, § 74a Erl. 9, 14.

örtliche Zuständigkeit der Anlass für die Amtshandlung in Betracht. Dies ist beispielsweise der Ort, wohin die Arzneimittel vertrieben werden oder vertrieben werden sollen.

Für die Mitteilung besteht **kein Formerfordernis**. Es wird aber von einer schriftlichen Mitteilung 32 ausgegangen[29]. In der Praxis erfolgt die Mitteilung meist über einen Vordruck der jeweiligen Behörde.

Die Mitteilung ist **nicht konstitutiv**. Damit ist die Berufung, der Wechsel oder die Abbestellung bzw. 33 Niederlegung ein rein betriebsinterner Vorgang und wird nicht erst mit der Mitteilung an die Behörde wirksam. Die Behörde muss der Bestellung des Informationsbeauftragten auch nicht zustimmen, sondern diese lediglich entgegennehmen.

II. Unvorhergesehener Wechsel (S. 2)

Die Pflicht zur Mitteilung der Bestellung eines Informationsbeauftragten gilt auch bei einem unvor- 34 hergesehen Wechsel des Informationsbeauftragten. In diesem Fall hat die Mitteilung nach **Abs. 3 S. 2** unverzüglich, d. h. ohne schuldhaftes Zögern im Sinne von § 121 BGB zu geschehen.

E. Innerbetriebliche Organisation

I. Ausstattung und Unterstützung des Informationsbeauftragten

Damit der Informationsbeauftragte seine Aufgaben ordnungsgemäß erfüllen kann, ist der pharmazeu- 35 tische Unternehmer verpflichtet, hinreichende organisatorische, sachliche und personelle Voraussetzungen zu schaffen. Diese muss der Informationsbeauftragte angesichts seiner eigenständigen Verantwortung notfalls einfordern. Insbes. muss der Informationsbeauftragte nach der **innerbetrieblichen Organisation** die Befugnis haben, durch sein Veto die Verbreitung einer Werbung, die nicht den Vorgaben des Abs. 1 S. 2 entspricht, zu verhindern. Wird ihm seine ordnungsgemäße Aufgabenerfüllung dennoch organisatorisch nicht hinreichend ermöglicht, muss er sein Amt niederlegen[30], will er sich nicht den Haftungsrisiken einer nicht ordnungsgemäßen Aufgabenerfüllung hingeben. Da die Behördenmitteilung nach Abs. 3 deklaratorisch ist, genügt hierfür bereits die interne Niederlegung.

II. Verantwortungsbereiche und Organisationsplan

Gemäß § 12 II AMWHV hat der pharmazeutische Unternehmer die Verantwortungsbereiche des 36 Informationsbeauftragten nach Maßgabe des § 74a, des Stufenplanbeauftragten gemäß § 63a, der sachkundigen Person nach §§ 14, 15, 19 klar festzulegen und voneinander abzugrenzen. Dort, wo sich Überschneidungen ergeben, hat er die Aufgaben festzulegen. Der Informationsbeauftragte kann dennoch zur gleichen Zeit auch Stufenplanbeauftragter sein und die Tätigkeiten in Personalunion ausüben (s. Rn. 29). Es muss dann allerdings klar ersichtlich sein, in welcher Funktion er jeweils tätig wird. Darüber hinaus verlangt § 4 II AMWHV, dass die Aufgaben in **Arbeitsplatzbeschreibungen** festzulegen sind[31]. Die Ausführungen zu § 63a Rn. 27 gelten entsprechend.

III. Vertragsverhältnis zur „Beauftragung"

Nicht erforderlich ist, dass der Informationsbeauftragte **Arbeitnehmer** des von ihm betreuten Unter- 37 nehmens ist. Der Informationsbeauftragte kann also auch ein **vertraglich Beauftragter** (Externer) sein[32]. Möglich ist auch, dass ein Informationsbeauftragter für **mehrere Unternehmen** (insb. Mutter-/ Tochtergesellschaften oder verschiedene, eigenständige Vertriebseinheiten eines Unternehmens) tätig wird.

IV. Bestellung mehrerer Informationsbeauftragter

Der Wortlaut des Abs. 1 S. 1 schließt nicht aus, dass in einem Unternehmen mehrere Informations- 38 beauftragte bestellt werden[33]. Eine solche Verteilung der Aufgaben auf mehrere Informationsbeauftragte ist in der Praxis sogar häufig unentbehrlich, wenn die Größe des Betriebs bzw. des Produktportfolios oder die Distanz zwischen einzelnen Betriebsstätten deren Wahrnehmung durch eine Person unmöglich machen[34]. Auch dabei ist es nach § 4 II AMWHV erforderlich, die **Verantwortungsbereiche** der verschiedenen Informationsbeauftragten klar und lückenlos **abzugrenzen** und in einem Organisationsplan schriftlich festzuhalten.

---

[29] *Mandry*, S. 73.
[30] *Koyuncu*, in: Deutsch/Lippert, § 74a Rn. 37 ff.
[31] Für die Abgrenzung der Verantwortungsbereiche des Informationsbeauftragten von dem des Stufenplanbeauftragten, des Leiters der Herstellung und des pharmazeutischen Unternehmers vgl. *Anhalt*, PharmInd 2007, 768, 769 f.
[32] Ausführlich dazu *Mandry*, S. 67 ff. und 190 ff.
[33] *Anker*, in: Deutsch/Lippert, § 74a Rn. 45; *Mandry*, S. 85 ff.; *Sander*, § 74a Erl. 9.
[34] Vgl. *Mandry*, S. 110.

F. Sanktionen

I. Sanktionen nach dem AMG

39   § 97 II enthält für den pharmazeutischen Unternehmer wie für den Informationsbeauftragten **Ordnungswidrigkeitstatbestände** im Zusammenhang mit § 74a für vorsätzliches oder fahrlässiges Handeln. Nach § 97 III kann eine Ordnungswidrigkeit mit einer Geldbuße von bis zu 25.000 Euro geahndet werden. Die Verjährung beträgt nach § 31 II Nr. 1 OWiG drei Jahre.

40   **1. Informationsbeauftragter.** Nach § 97 II Nr. 27b handelt **ordnungswidrig,** wer entgegen Abs. 1 S. 4 eine Tätigkeit als Informationsbeauftragter ausübt. Der Tatbestand ist erfüllt, wenn der Handelnde nicht über die erforderliche Sachkenntnis oder Zuverlässigkeit verfügt. Die Vorschrift soll sicherstellen, dass nur Personen mit der erforderlichen Qualifikation die Tätigkeit ausüben[35]. In Betracht kommt ferner eine **Ordnungswidrigkeit** nach § 97 II Nr. 26, wenn der Informationsbeauftragte einer Duldungs- oder Mitwirkungspflicht nach § 66 zuwiderhandelt.

41   Zudem kann sich der Informationsbeauftragte nach § 96 Nr. 3 **strafbar** machen, wenn er es pflichtwidrig und vorsätzlich unterlässt, ein Arzneimittel zu überprüfen oder zurückzuhalten, das sodann entgegen § 8 I Nr. 2 in den Verkehr gebracht wird. Auch wenn der Informationsbeauftragte das Arzneimittel nicht selbst in den Verkehr bringt, so spricht seine regulatorische Verantwortung nach § 74a I für eine Strafbarkeit. Bei fahrlässigem Verhalten kommt eine **Ordnungswidrigkeit** nach § 97 I in Betracht.

42   **2. Pharmazeutischer Unternehmer.** Nach § 97 II Nr. 27a handelt **ordnungswidrig,** wer vorsätzlich oder fahrlässig entgegen Abs. 1 S. 1 einen Informationsbeauftragten nicht beauftragt oder entgegen Abs. 3 eine Mitteilung nicht, nicht vollständig oder nicht rechtzeitig erstattet. Der pharmazeutische Unternehmer handelt damit ordnungswidrig, wenn er die Bestellung eines Informationsbeauftragten gänzlich unterlässt, aber auch dann, wenn er zumindest fahrlässig einen nicht sachkundigen oder unzuverlässigen Informationsbeauftragten bestellt.

43   Der pharmazeutische Unternehmer kann sich ebenfalls nach § 96 Nr. 3 **strafbar** machen, wenn er vorsätzlich ein Arzneimittel entgegen § 8 I Nr. 2 in Verkehr bringt. Dafür genügt beispielsweise, dass er keinen Informationsbeauftragten beauftragt hat, daher Arzneimittel entgegen § 8 I Nr. 2 in Verkehr gelangen und er dies billigend in Kauf genommen hat. Bei fahrlässigem Verhalten ist nur eine **Ordnungswidrigkeit** nach § 97 I denkbar.

II. Sanktionen nach dem HWG

44   Pharmazeutischer Unternehmer und Informationsbeauftragter können sich gem. § 14 HWG **strafbar** machen, wenn sie vorsätzlich dem Verbot der irreführenden Werbung i. S. d. § 3 HWG zuwiderhandeln[36]. Die Tat ist mit Freiheitsstrafe bis zu einem Jahr oder Geldstrafe bedroht.

45   Nach § 15 HWG handelt ferner **ordnungswidrig,** wer vorsätzlich oder fahrlässig die in § 15 I Nr. 1–10 HWG genannten Verstöße gegen das Heilmittelwerbegesetz begeht oder fahrlässig dem Verbot der irreführenden Werbung (§ 3 HWG) zuwiderhandelt (§ 15 II HWG). Eine Ordnungswidrigkeit nach § 15 I HWG kann mit einer Geldbuße von bis zu 50.000 Euro geahndet werden, eine solche nach § 15 II HWG mit einer Geldbuße von bis zu 20.000 Euro (§ 15 III HWG). Auch diese Sanktion kann neben dem pharmazeutischen Unternehmer auch den Informationsbeauftragten treffen.

§ 75 Sachkenntnis

(1) [1]**Pharmazeutische Unternehmer dürfen nur Personen, die die in Absatz 2 bezeichnete Sachkenntnis besitzen, beauftragen, hauptberuflich Angehörige von Heilberufen aufzusuchen, um diese über Arzneimittel im Sinne des § 2 Abs. 1 oder Abs. 2 Nr. 1 fachlich zu informieren (Pharmaberater).** [2]**Satz 1 gilt auch für eine fernmündliche Information.** [3]**Andere Personen als in Satz 1 bezeichnet dürfen eine Tätigkeit als Pharmaberater nicht ausüben.**

(2) Die Sachkenntnis besitzen

1. **Apotheker oder Personen mit einem Zeugnis über eine nach abgeschlossenem Hochschulstudium der Pharmazie, der Chemie, der Biologie, der Human- oder der Veterinärmedizin abgelegte Prüfung,**
2. **Apothekerassistenten sowie Personen mit einer abgeschlossenen Ausbildung als technische Assistenten in der Pharmazie, der Chemie, der Biologie, der Human- oder Veterinärmedizin,**
3. **Pharmareferenten.**

---

[35] Vgl. BT-Drucks. 13/9996, S. 17.
[36] *Doepner,* Einl. Rn. 55; Vor § 14 Rn. 43, 55, 64.

(3) Die zuständige Behörde kann eine abgelegte Prüfung oder abgeschlossene Ausbildung als ausreichend anerkennen, die einer der Ausbildungen der in Absatz 2 genannten Personen mindestens gleichwertig ist.

Wichtige Änderungen der Vorschrift: Abs. 3 neu gefasst durch Art. 1 Nr. 40 des Achten Gesetzes zur Änderung des Arzneimittelgesetzes vom 7.9.1998 (BGBl. I S. 2649 ff.); Abs. 2 Nr. 3 neu gefasst durch Art. 1 Nr. 54 des Zwölften Gesetzes zur Änderung des Arzneimittelgesetzes vom 30.7.2004 (BGBl. I S. 2031 ff.).

Europarechtliche Vorgaben: Art. 93 I RL 2001/83/EG.

Literatur: *Bauer*, Digitale Medien in der Pharmaindustrie: Rechtsfragen und Fallstricke, A&R 2014, 99; *v. Loeper/Schmidt*, Arzt und Pharmaberater – Konflikt oder Konsens, PharmR 1986, 154.

Übersicht

A. Allgemeines

I. Inhalt

Personen, die die Tätigkeit eines **Pharmaberaters** ausüben, müssen über eine bestimmte **nach-** **1** **zuweisende Sachkenntnis** verfügen. In Abs. 1 wird der Pharmaberater legal definiert. Abs. 2 nennt die Berufsgruppen, deren Angehörige die erforderliche Sachkenntnis besitzen. Abs. 3 ermöglicht den Behörden, andere gleichwertige Prüfungen oder Ausbildungen anzuerkennen.

II. Zweck

Pharmaberater, oder wie es in der offiziellen Übersetzung der RL 2001/83/EG heißt „Arzneimittel- **2** vertreter", spielen bei der Verkaufsförderung von Arzneimitteln eine wichtige Rolle[1]. Durch ihren ständigen Kontakt mit Ärzten sollen Pharmaberater nach dem Willen des Gesetzgebers den wissenschaftlichen **Informationsaustausch zwischen Arzneimittelherstellern / pharmazeutischen Unternehmern und Arzneimittelanwendern** gewährleisten. Die geforderte Sachkunde stellt dabei die Qualität der Information sicher und dient der Arzneimittelsicherheit[2]. Die Vorschrift ist eine zulässige subjektive Berufszulassungsvoraussetzung (Art. 12 I GG)[3].

B. Anwendungsbereich (Abs. 1)

I. Pharmaberater (S. 1)

Der Pharmaberater ist in **Abs. 1 S. 1** legal definiert als eine Person, die hauptberuflich Angehörige **3** von Heilberufen aufsucht, um diese über Arzneimittel i. S. d. § 2 I oder II Nr. 1 fachlich zu informieren. Bei dem Begriff handelt es sich nicht um eine geschützte Berufsbezeichnung, sondern um eine **Tätigkeitsbeschreibung**[4].

Wer seine Tätigkeit nicht **hauptberuflich** ausübt, sondern nur gelegentlich über Arzneimittel des **4** pharmazeutischen Unternehmers informiert, ist kein Pharmaberater i. S. d. Abs. 1[5].

Zu den **Angehörigen der Heilberufe** gehören nicht nur Ärzte, sondern auch Tier- und Zahnärzte, **5** Heilpraktiker und Apotheker[6]. Der Wortlaut des Gesetzes verlangt für die Tätigkeit des Pharmaberaters, dass dieser die Angehörigen der Heilberufe **aufsucht** und **informiert.** Der Schutzzweck legt es jedoch

---

[1] Erwägungsgrund 49, RL 2001/83/EG.
[2] Vgl. BT-Drucks. 7/3060, S. 60.
[3] *Sander*, § 75 Erl. 1.
[4] BSG, NZS 2013,118, 119, Rn. 18; s. auch *Kloesel/Cyran*, § 75 Anm. 2.
[5] Zu Beispielen nicht hauptberuflicher Tätigkeit *Kloesel/Cyran*, § 75 Anm. 5; *Sander* § 75 Erl. 3 ff.
[6] *Kloesel/Cyran*, § 75 Anm. 2; *Sander*, § 75 Erl. 4.

nahe, bei jeder hauptberuflichen Beratung von Angehörigen der Heilberufe, etwa auf Kongressen und Fortbildungsveranstaltungen, die Sachkenntnis nach Abs. 2 zu fordern[7].

6   Schließlich fällt nur die fachliche Information über **Arzneimittel i. S. d. § 2 I oder II Nr. 1** unter die Tätigkeitsbezeichnung des Pharmaberaters. Wer über andere Mittel, wie z. B. In-Vitro-Diagnostika oder Grobdesinfektionsmittel[8] informiert, ist kein Pharmaberater i. S. d. Abs. 1 S. 1 und bedarf nicht der besonderen Sachkenntnis nach Abs. 2. Wer fachlich über Medizinprodukte (§ 3 Nr. 1 MPG) informiert, übt nicht die Tätigkeit des Pharmaberaters, sondern die des in § 31 MPG geregelten Medizinprodukteberaters aus.

7   Pharmaberater werden vom pharmazeutischen Unternehmer mit der fachlichen Information über Arzneimittel beauftragt. Dies kann **im Rahmen eines Arbeits- oder Dienstvertrages** geschehen. Um einen Dienstvertrag handelt es sich auch, wenn der pharmazeutische Unternehmer einen kompletten, von Dritten unterhaltenen Leihaußendienst beauftragt.

8   Übt der Pharmaberater seine Tätigkeit selbständig aus, so stellt sich die Frage, ob er **Handelsvertreter** (§ 84 HGB) ist und ihm damit bei Vertragsbeendigung ein Ausgleichsanspruch nach § 89b HGB zukommen kann[9]. Über diese Frage ist im Einzelfall nach dem Gesamtbild der Tätigkeit zu entscheiden[10]. § 84 HGB verlangt für einen Handelsvertreter, dass dieser ständig damit betraut ist, Geschäfte zu vermitteln oder für den Prinzipal abzuschließen. Klar ist, dass die Tätigkeit eines Pharmaberaters trotz der gesetzgeberischen Intention der fachlichen Information auch werblichen Charakter hat[11]. Soweit Ärzte nicht im Einzelfall direkte Kunden von Arzneimittellieferungen eines pharmazeutischen Unternehmers sind (vgl. etwa die Sondervertriebswege des § 47), ist die Werbung eines Pharmaberaters gegenüber Ärzten regelmäßig keine Handelsvertretertätigkeit. Bei der Werbung gegenüber direkten Kunden (Ärzten im Bereich der Sondervertriebswege oder Apothekern im Fall des Direktvertriebs) kann ein Pharmaberater im Einzelfall ein Handelsvertreter sein[12]. Dies gilt auch in dem Fall, wenn der Pharmaberater Bestellungen von Apotheken entgegen nehmen soll[13].

9   Zu den wichtigen Aufgaben des Pharmaberaters zählt auch das Erfassen und Übermitteln von ihm gemeldeten **Verdachtsfällen von Nebenwirkungen** (§ 76 I 2; s. dazu § 76 Rn. 7 ff.) an den Stufenplanbeauftragten bzw. das betriebliche Pharmakovigilanz-System. Hierüber ist der Pharmaberater auch ausreichend zu **schulen**. All dies wird auch bei Pharmakovigilanz-Inspektionen durch die Bundesoberbehörde geprüft.

II. Fernmündliche Information (S. 2)

10   Die in Abs. 1 S. 1 genannten Anforderungen gelten auch dann, wenn der Pharmaberater die Angehörigen der Heilberufe fernmündlich informiert **(Abs. 1 S. 2)**. Dazu gehört nicht nur die telefonische Informationsübermittlung, sondern auch Email, Kurznachrichten oder die Kommunikation über sonstige soziale Medien (s. § 76 Rn. 7)[14]. Dies bedeutet in der Konsequenz auch, dass in der medizinischen Information gegenüber Angehörigen der Fachkreise nur Personen tätig sein dürfen, die die Mindestanforderungen an den Pharmaberater erfüllen.

III. Ausgeschlossene Personen (S. 3)

11   Nach Abs. 1 S. 3 dürfen nur die in Abs. 1 S. 1 genannten Personen, die die dort aufgeführten Anforderungen erfüllen, Pharmaberater sein. Damit scheidet per se eine Stellvertretung oder Delegation aus, es sei denn, der Stellvertreter verfügt über die in Abs. 1 S. 1 geforderten Qualifikationen.

C. Nachweis der Sachkenntnis (Abs. 2)

12   **Abs. 2** listet auf, welche Berufsgruppen die erforderliche Sachkenntnis kraft ihres Berufes für die Tätigkeit des Pharmaberaters besitzen[15]. Nur wer diese Sachkenntnis besitzt, darf als Pharmaberater tätig werden (Abs. 1 S. 3). Dazu gehören Apotheker oder Personen mit einem Zeugnis über eine nach

---

[7] Vgl. *Ernst*, PharmR 1998, 195, 200; *Kloesel/Cyran*, § 75 Anm. 7 f.; *Sander*, § 75 Erl. 6.

[8] *Sander*, § 75 Erl. 4.

[9] Vgl. hierzu mit weiteren Nachweisen zur älteren Rspr. *BGH*, NJW 1984, 2695 f.

[10] *BGH*, NJW 1972, 1662, 1664; *BAG*, NZA 2004, 39, 40 f.; *OLG Düsseldorf*, NZA-RR 1998, 145, 147; *LG Münster*, MDR 1978, 230; *Baumbach/Hopt*, § 84 Rn. 5.

[11] Vgl. *Freund*, in: MüKo-StGB, Bd. 6/1, §§ 74a–76 Rn. 4; *Rehmann*, § 75 Rn. 1; ferner *LG Münster*, MDR 1978, 230. Zum werblichen Charakter vgl. auch den 49. Erwägungsgrund der RL 2001/83/EG und Art. 86 RL 2001/83/EG sowie *Loeper/Schmidt*, PharmR 1986, 154.

[12] Vgl. *BGH*, NJW 1984, 2695 f.

[13] *Follmer/Fleischfresser*, in: Fuhrmann/Klein/Fleischfresser, § 29 Rn. 12.

[14] Zur Email-Kommunikation *Kloesel/Cyran*, § 75 Anm. 6; *Follmer/Fleischfresser*, in: Fuhrmann/Klein/Fleischfresser, § 29 Rn. 15; *Bauer*, A&R 2014, 99, 101.

[15] Ausführlich zu den einzelnen Berufsgruppen *Follmer/Fleischfresser*, in: Fuhrmann/Klein/Fleischfresser, § 29 Rn. 3; *Sander*, § 75 Erl. 7 ff.

abgeschlossenem Hochschulstudium der Pharmazie, der Chemie, der Biologie, der Human- oder der Veterinärmedizin abgelegte Prüfung (Nr. 1), Apothekerassistenten[16] sowie Personen mit einer abgeschlossenen Ausbildung als technische Assistenten in der Pharmazie[17], der Chemie, der Biologie,[18] der Human- oder Veterinärmedizin[19] (Nr. 2), sowie Pharmareferenten (Nr. 3). Dazu gehören auch Diplom-Chemiker und Diplom-Ingenieure Chemie, Mikrobiologie[20]. Die Humanmedizin umfasst auch die Zahn-, Mund- und Kieferheilkunde[21].

Die unter Abs. 2 Nr. 3 genannten **Pharmareferenten** sind Personen, die nach einer beruflichen   **13** Fortbildung in verschiedenen Bereichen qualifiziert sein können. Die Qualifikations- und damit Prüfungsbereiche gliedern sich auf in die folgenden vier Hauptbereiche: (1) Naturwissenschaftliche und medizinische Grundlagen, (2) Pharmakologie, Pharmakotherapie und Krankheitsbilder, (3) Arzneimittelrecht, Gesundheitsmanagement und –ökonomie, und (4) Kommunikation, Pharmamarkt, Pharmamarketing (§ 3 I Verordnung über die Prüfung zum anerkannten Abschluss Geprüfter Pharmareferent/Geprüfte Pharmareferentin – PharmRefPrV). Die Prüfung besteht aus einem schriftlichen und einem mündlichen Teil und wird von der regional zuständigen Industrie- und Handelskammer abgenommen. Nur wer die Prüfungen bestanden hat, ist berechtigt, die Bezeichnung „Geprüfter Pharmareferent" zu führen[22]. Weitere Einzelheiten zur Prüfung und den Qualifikationsvoraussetzungen finden sich in der Pharm-RefPrV.

Die Bezeichnung als Pharmareferent ist im Gegensatz zu dem des Pharmaberaters eine **Berufs-** **14** **bezeichnung.**

Auf die **Übergangsvorschriften** § 115 und § 123 wird im Übrigen verwiesen.   **15**

D. Anerkennung gleichwertiger Prüfungen/Ausbildungen (Abs. 3)

Alternativ zu einem Nachweis der Qualifikation nach Abs. 2 kann die zuständige Behörde eine   **16** sonstige abgelegte Prüfung oder abgeschlossene Ausbildung als gleichwertig anerkennen (Abs. 3)[23]. In der Regel richtet der pharmazeutische Unternehmer hierfür einen **Antrag auf Erlass eines Anerkennungsbescheides** an die zuständige Landesbehörde.

Voraussetzung für eine Anerkennung ist, dass die **erforderlichen Kenntnisse für eine Tätigkeit als** **17** **Pharmaberater** erworben wurden (zu den Aufgaben des Pharmaberaters s. § 76 Rn. 3 ff.)[24]. Dem Wortlaut nach hat die zuständige Landesbehörde bei der Anerkennung der gleichwertigen Prüfung oder Ausbildung ein Ermessen. Um bundesweit eine möglichst einheitliche Anerkennungspraxis der Länder zu gewährleisten, sammelt die Zentralstelle der Länder für Gesundheitsschutz bei Arzneimitteln und Medizinprodukten (ZLG) Informationen über die Entscheidungen einzelner Landesbehörden[25]. Eine landesbehördliche Anerkennung gilt im Übrigen bundesweit[26].

Bestehen Schwierigkeiten bei der **Beurteilung der Gleichwertigkeit,** kann die Landesbehörde ein   **18** Gutachten bei der Geschäftsstelle der Kultusministerkonferenz einholen. Dies gilt insbes. für die Beurteilung der Gleichwertigkeit ausländischer Ausbildungsnachweise.

Als **gleichwertig anerkannt** werden regelmäßig die folgenden Studiengänge: Ökotrophologie, Bio- **19** chemie, Lebensmittelchemie, Mikrobiologie. Rechtskräftig abgelehnt wurde dagegen die Anerkennung einer Ausbildung als Chemikant[27].

---

[16] Vgl. § 1 Gesetz über die Rechtsstellung vorgeprüfter Apothekenanwärter vom 4.12.1973, BGBl. I S. 1813.

[17] Vgl. § 1 I Gesetz über den Beruf des pharmazeutisch-technischen Assistenten vom 18.3.1968, BGBl. I S. 2349; vgl. auch Ausbildungs- und Prüfungsordnung für pharmazeutisch-technische Assistentinnen und pharmazeutisch-technische Assistenten vom 23.9.1997, BGBl. I S. 2352.

[18] Die technischen Berufe der Chemie und Biologie richten sich nach Landesrecht. Nicht hierunter fallen die Berufe des Chemotechnikers und Chemielaboranten. Vgl. *Follmer/Fleischfresser,* in: Fuhrmann/Klein/Fleischfresser, § 29 Rn. 4.

[19] Vgl. Ausbildungs- und Prüfungsordnung für medizinisch-technische Laboratoriumsassistenten, – für medizinisch-technische Radiologieassistenten, – für technische-medizinisch-technische Assistenten.

[20] *Follmer/Fleischfresser,* in: Fuhrmann/Klein/Fleischfresser, § 29 Rn. 3.

[21] *Follmer/Fleischfresser,* in: Fuhrmann/Klein/Fleischfresser, § 29 Rn. 3.

[22] Näheres regelt die PharmRefPrV. Sie ersetzt die Vorgängerverordnung vom 2.5.1978 (BGBl. I S. 600 ff.); vgl. auch *v. Loeper/Schmidt,* PharmR 1986, 154, 156 f.; *Follmer/Fleischfresser,* in: Fuhrmann/Klein/Fleischfresser, § 29 Rn. 6 ff. Zu in der Praxis üblichen Rückzahlungsklauseln für vom Arbeitgeber übernommene Fortbildungskosten *LAG Baden-Württemberg,* Urt. v. 22.9.2000 – 5 Sa 96/99 – juris.

[23] Diese Befugnis ersetzt seit 1998 die Ermächtigungsnorm und die auf ihrer Grundlage ergangene Verordnung zur Anerkennung der Sachkenntnis als Pharmaberater vom 5.5.1978 (BGBl. I S. 606 ff.), aufgehoben durch Art. 13 des Gesetzes über die Bereinigung von Bundesrecht im Zuständigkeitsbereich des Bundesministeriums für Arbeit und Soziales und des Bundesministeriums für Gesundheit vom 14.8.2006 (BGBl. I S. 1869 ff.). Vgl. BT-Drucks. 13/9996, S. 17.

[24] *Kloesel/Cyran,* § 75 Anm. 22.

[25] Anhaltspunkte bei der Beurteilung der Gleichwertigkeit bietet für die Behörden die Verfahrensanweisung Nr. 1 511 0503 der Zentralstelle der Länder für Gesundheitsschutz bei Arzneimitteln und Medizinprodukten (ZLG).

[26] *Kloesel/Cyran,* § 75 Anm. 22; vgl. auch *Sander,* § 75 Erl. 9.

[27] *VG Saarland,* Urt. v. 14.2.2007 – 3 K 253/06 – BeckRS 2008, 31061; vgl. auch *Sander,* § 75 Erl. 9.

E. Sanktionen

20   Wer entgegen Abs. 1 S. 1 eine Person als Pharmaberater beauftragt, handelt nach § 97 II Nr. 28 **ordnungswidrig. Ordnungswidrig** handelt nach § 97 II Nr. 29 auch, wer entgegen Abs. 1 S. 3 die Tätigkeit als Pharmaberater ausübt. Die Ordnungswidrigkeit wird nach § 97 III mit einer Geldbuße von bis zu 25.000 Euro geahndet. Die Verjährung beträgt nach § 31 II Nr. 1 OWiG drei Jahre.

§ 76 Pflichten

(1) [1]**Der Pharmaberater hat, soweit er Angehörige der Heilberufe über einzelne Arzneimittel fachlich informiert, die Fachinformation nach § 11a vorzulegen.** [2]**Er hat Mitteilungen von Angehörigen der Heilberufe über Nebenwirkungen und Gegenanzeigen oder sonstige Risiken bei Arzneimitteln schriftlich aufzuzeichnen und dem Auftraggeber schriftlich mitzuteilen.**

(2) **Soweit der Pharmaberater vom pharmazeutischen Unternehmer beauftragt wird, Muster von Fertigarzneimitteln an die nach § 47 Abs. 3 berechtigten Personen abzugeben, hat er über die Empfänger von Mustern sowie über Art, Umfang und Zeitpunkt der Abgabe von Mustern Nachweise zu führen und auf Verlangen der zuständigen Behörde vorzulegen.**

Wichtige Änderungen der Vorschrift: Abs. 1 S. 1 präzisiert durch Art. 1 Nr. 47 des Fünften Gesetzes zur Änderung des Arzneimittelgesetzes vom 9.8.1994 (BGBl. I S. 2071).

Europarechtliche Vorgaben: Art. 93 II, III und 96 RL 2001/83/EG.

Literatur: *Bauer,* Digitale Medien in der Pharmaindustrie: Rechtsfragen und Fallstricke, A&R 2014, 99; *v. Loeper/Schmidt,* Arzt und Pharmaberater – Konflikt oder Konsens, PharmR 1986, 154; *Prinz/Rummel/Wiedner,* Abgabe von Fertigarzneimittel als Ärztemuster, PharmInd 2006, 55.

Übersicht

A. Allgemeines

I. Inhalt

1   § 76 regelt für die Arzneimittelsicherheit wichtige Pflichten des Pharmaberaters. Abs. 1 S. 1 enthält die Pflicht zur Vorlage der Fachinformation, Abs. 1 S. 2 Dokumentations- und Meldepflichten. In Abs. 2 ist die Musterabgabe und das Führen von Nachweisen geregelt.

II. Zweck

2   Da der Pharmaberater im ständigen persönlichen Kontakt mit Angehörigen der Heilberufe steht, kommt ihm eine zentrale Rolle im **Informationsaustausch** zwischen Arzneimittelhersteller und Arzneimittelanwender zu. Daher sind besonders wichtige Pflichten des Pharmaberaters – wie die Dokumentation und Meldung von Arzneimittelrisiken (Abs. 1 S. 2), über die er regelmäßig in seinen Fachgesprächen erfährt – gesetzlich manifestiert worden. Pharmaberater sind damit in die im 10. Abschnitt geregelte Pharmakovigilanz eingebunden.

B. Pflichten des Pharmaberaters (Abs. 1)

3   Die Aufzählung der Pflichten des Pharmaberaters in § 76 ist nicht abschließend. Deshalb sind zusätzlich Inhalt und Umfang der Pflichten **einzelvertraglich** zwischen dem Pharmaberater und dem pharmazeutischen Unternehmer festzulegen[1]. Freilich muss der Pharmaberater auch die Vorgaben des

---

[1] *Sander,* § 76 Erl. 1.

HWG beachten. Weitere, allerdings nicht-gesetzliche Pflichten ergeben sich soweit der Auftraggeber diesen unterworfen ist zudem aus den Kodices der **AKG**[2] sowie des **FSA** Fachkreise[3]. Da die Kodices für die Mitgliedsunternehmen verbindlich sind, haben diese die Einhaltung der Kodices durch ihre Pharmaberater sicherzustellen[4].

I. Vorlage der Fachinformation (S. 1)

Nach **Abs. 1 S. 1** hat der Pharmaberater die Fachinformation der Arzneimittel unaufgefordert[5] vor- **4** zulegen, über die er Angehörige der Heilberufe fachlich informiert. Werden Informationen über andere Arzneimittel seines Auftraggebers erbeten oder findet die Information per Telefon (§ 75 I 2) statt, so ist die Fachinformation so schnell wie möglich auf geeignetem Weg (etwa per Email oder Post) nachzureichen[6]. Der Informationsbeauftragte (§ 74a) hat sicherzustellen, dass dem Pharmaberater die jeweils aktuelle Fachinformation zur Verfügung steht[7]. Die Pflicht, die Fachinformation **vorzulegen,** bedeutet die Verpflichtung, die Fachinformation anzubieten. Der Arzt kann auch ablehnen, z. B. weil er bereits eine aktuelle Fachinformation vorliegen hat. Der Berater muss sie also nicht jedes Mal zwangsläufig aushändigen.

Verwendet der Pharmaberater während seines Gespräches mit dem Arzt beispielsweise ein Tablet-PC, **5** um Materialien vorzustellen, so ist er dennoch verpflichtet, die Fachinformation in Papierform abzulegen[8]. Wobei auch hier als ausreichend angesehen werden sollte, wenn der Pharmaberater noch während seines Gespräches die Fachinformation zugleich als Email an den Arzt senden kann, sollte der Arzt dies statt der Papierform bevorzugen. In jedem Fall sollte der Pharmaberater dokumentieren, dass er die Fachinformation angeboten hat, der Arzt aber den Empfang abgelehnt hat (z. B. weil er bereits eine aktuelle Fachinformation vorliegen hat).

Pharmaberater von Unternehmen, die Mitglied des AKG sind, haben nach **§ 15 IV des AKG-** **6** **Kodex**[9] auch Fachinformationen vorzulegen, die vom Unternehmen ohne eine gesetzliche Pflicht auf freiwilliger Basis erstellt wurden.

II. Dokumentation und Mitteilung von Nebenwirkungen, Gegenanzeigen und sonstige Risiken (S. 2)

Der Pharmaberater ist nach Abs. 2 S. 1 verpflichtet, Mitteilungen über Nebenwirkungen und Gegen- **7** anzeigen oder sonstige Arzneimittelrisiken, die ihm von den aufgesuchten Angehörigen der Heilberufe berichtet werden, **schriftlich aufzuzeichnen** und **schriftlich dem Auftraggeber mitzuteilen**[10] Konkret hat die Mitteilung an den Stufenplanbeauftragten des Auftraggebers bzw. seiner Pharmakovigilanz-Abteilung nach § 63a zu erfolgen[11]. Diese Pflicht gilt in Bezug auf sämtliche Arzneimittel des Auftraggebers (pharmazeutischen Unternehmers), nicht nur hinsichtlich derer, über die er bei seinem Besuch informiert[12].

Um dem Gebot der Arzneimittelsicherheit gerecht zu werden, hat seine Dokumentation lückenlos **8** und ohne Selektion zu erfolgen[13]. Dem Pharmaberater sind geeignete Formulare zur Verfügung zu stellen, um eine geordnete Aufnahme der Mitteilung und die Erfassung aller relevanten Informationen zu gewährleisten.[14] Dies kann beispielsweise auch über eine Applikation über ein elektronisches Medium (Tablet-PC) als elektronisches Meldeformular geschehen. Wichtig ist auch hier, dass sicher zu stellen ist, dass im Falle eines technischen Problems, die Meldungen jederzeit sicher abgelegt bzw. gespeichert sind und unverzüglich ans Unternehmen übermittelt werden. Darüber hinaus muss sich der Pharmaberater stets über den **aktuellen Stand der Wissenschaft** informieren. Dafür hat der pharmazeutische Unternehmer zu sorgen[15]. Er hat den Pharmaberater in die Lage zu versetzen, sein Wissen stetig auf den aktuellen Stand zu bringen[16].

---

[2] „Arzneimittel und Kooperation im Gesundheitswesen e. V." (AKG e. V.) in der Fassung vom 13.5.2014, BAnz. Nr. 59, S. 1465, enthält weitere Pflichten.

[3] Verhaltenskodex der Mitglieder der „Freiwillige Selbstkontrolle der Arzneimittelindustrie e. V." für die Zusammenarbeit der pharmazeutischen Industrie mit Ärzten, Apothekern und anderen Angehörigen medizinischer Fachkreise („FSA-Kodex Fachkreise) in der Fassung vom 27.11.2013, BAnz. Nr. AT v. 20.5.2014 B6. Zur Frage der Strafbarkeit von Pharmaberatern wegen Bestechung im geschäftlichen Verkehr vgl. *BGHSt* 57, 202.

[4] Ähnlich *Sander,* § 76 Erl. 1; vgl. insbes. § 27 II 2 FSA-Kodex und § 26 II 2 AKG-Kodex.

[5] Die frühere Pflicht, die Fachinformation nur auf Verlangen vorzulegen, gibt es seit der 5. AMG-Novelle nicht mehr.

[6] *Kloesel/Cyran,* § 76 Anm. 1.

[7] *Prinz/Rummel/Wiedner,* PharmInd 2006, 55, 56.

[8] *Bauer,* A&R 2014, 99, 101.

[9] Vgl. Rn. 2.

[10] Zum Umfang ausführlich *Sander,* § 75 Erl. 2.

[11] Vgl. Art. 93 III RL 2001/83/EG; vgl. auch *Rehmann,* § 76 Rn. 1.

[12] *Fuhrmann,* S. 176; *Rehmann,* § 76 Rn. 1.

[13] *Sander,* § 75 Erl. 2; auch *Follmer/Fleischfresser,* in: Fuhrmann/Klein/Fleischfresser, § 29 Rn. 19.

[14] *Hohm,* S. 294; *Kloesel/Cyran,* § 76 Anm. 5; *Prinz,* PharmInd 2005, 1327, 1328.

[15] Ausdrücklich normiert in § 19 VIII AMWHV.

[16] Näher dazu *Sander,* § 75 Erl. 6a.

9   Der Begriff der **Nebenwirkungen** ist in § 4 XIII legal definiert. Zu beachten ist, dass nunmehr der weite Begriff der Nebenwirkung gilt, der auch den nicht bestimmungsgemäßen Gebrauch einschließt (§ 4 Rn. 94). Zum Begriff der **Gegenanzeige** wird auf die Kommentierung in § 11 Rn. 81 verwiesen. Zum Begriff des **Arzneimittelrisikos** vgl. §§ 4 XXVII, 62. Der Stufenplanbeauftragte hat die Pharmaberater anzuhalten auch Informationen über Qualitätsmängel an ihn weiterzureichen, da der Stufenplanbeauftragte diese aufzuzeichnen hat (§ 19 I AMWHV). Dazu gehören auch Kennzeichnungs- und Verpackungsfehler wie etwa fehlende oder falsche Verpackung, fehlende oder falsche Packungsbeilage etc[17]. § 27 VII des FSA-Kodex Fachkreise[18] schreibt sogar vor, dass jegliche Informationen, die die Pharmaberater im Zusammenhang mit dem Gebrauch der Arzneimittel des Unternehmens erhalten, gemeldet werden müssen[19].

10   Die dokumentierten Meldungen sind nach Abs. 1 S. 2 an den Auftraggeber des Pharmaberaters schriftlich weiterzugeben. Telefonisch oder zur Niederschrift genügt nicht. Auch genügt es nicht, dass der Pharmaberater dem Arzt ein Formblatt überlässt, das der Arzt ausfüllen und dem Unternehmen übermitteln soll; selbst in diesem Fall muss der Pharmaberater intern zumindest die Information weitergeben, die er erfahren hat.

11   Art. 93 III RL 2001/83/EG sieht vor, dass die Mitteilung an die wissenschaftliche Stelle zu richten ist. Dies wäre in Deutschland der Informationsbeauftragte nach § 74a. Diese Regelung ist vom deutschen Gesetzgeber aber nicht umgesetzt. Nach deutschem Recht ist die Mitteilung an den **Auftraggeber,** also den pharmazeutischen Unternehmer zu machen. Sinnhaft ist es, wenn die Meldung gleich an dessen Stufenplanbeauftragten geht. Anderenfalls muss der pharmazeutische Unternehmer die Mitteilungen des Pharmaberaters umgehend an den Stufenplanbeauftragten weiterleiten[20].

C. Abgabe von Arzneimittelmustern (Abs. 2)

12   Die Abgabe von Arzneimittelmustern an berechtigte Personen nach § 47 III und IV muss vom Pharmaberater hinreichend dokumentiert werden. **Abs. 2** weist ihm für seinen Tätigkeitsbereich die allgemein in § 47 IV 4 angeordnete **Dokumentationspflicht** zu. Für die Einhaltung der Pflicht ist ebenfalls eine Person zu bestimmen, die dies prüft.

13   Die Dokumentation umfasst **Nachweise** hinsichtlich der Empfänger von Mustern sowie über Art, Umfang und Zeitpunkt der Abgabe als auch die schriftliche Anforderung des Arztes[21]. Die Nachweise können in Papierform oder elektronisch geführt werden. Es muss hieraus jederzeit möglich sein nachzuverfolgen, wie viele Muster an welchen Arzt gegangen sind; dies dient auch dazu, Doppelbemusterungen zu vermeiden. Soweit eine Fachinformation nach § 11a vorgeschrieben ist, hat der Pharmaberater den Mustern auch diese beizulegen (§ 47 IV 2). Die Nachweise sind für jeden Empfänger gesondert zu führen und auf Verlangen der zuständigen Behörde vorzulegen (§ 47 IV 4). § 20 I AMWHV schreibt vor, dass Dokumentationen vollständig mindestens bis ein Jahr nach Ablauf des Verfalldatums, zumindest aber nicht weniger als fünf Jahre aufzubewahren sind.

14   Die zur Abgabe durch den Pharmaberater vorgesehenen Muster werden häufig vom Pharmaberater selbst gelagert. Für die **ordnungsgemäße Lagerung** und den **Transport** (dies betrifft insbesondere die Temperaturkontrolle und den Schutz vor Zugang durch Dritte) gelten die Anforderungen des § 7 AMWHV. Damit sind die Vorgaben für die Lagerung durch Pharmaberater schriftlich festzulegen, etwa in einer **SOP.** Eine chargenbezogene Dokumentation ist gesetzlich nicht gefordert, aber ratsam, damit bei einem Produktrückruf einer Charge nicht alle beim Außendienst befindlichen Produkte zurückzurufen sind. Deren Einhaltung ist zu überwachen (§ 7 IV AMWHV).

D. Sanktionen

15   Verstößt der Pharmaberater vorsätzlich oder fahrlässig gegen eine Aufzeichnungs-, Mitteilungs- oder Nachweispflicht nach Abs. 1 S. 2 oder Abs. 2, handelt er **ordnungswidrig** gemäß § 97 II Nr. 30. Ausgenommen ist damit die Verletzung der Pflicht aus Abs. 1 S. 1 zur Vorlage der Fachinformation nach § 11a.

16   Soweit der Pharmaberater bei der Abgabe von Arzneimittelmustern die Vorschriften über das Inverkehrbringen von Arzneimitteln vorsätzlich oder fahrlässig nicht beachtet, kommt eine **Ordnungswidrigkeit** nach § 97 II Nr. 12a (Abgabe von Arzneimittelmustern ohne schriftliche Anforderung oder in

---

[17] *Follmer/Fleischfresser,* in: Fuhrmann/Klein/Fleischfresser, § 29 Rn. 18.
[18] Verhaltenskodex der Mitglieder der „Freiwillige Selbstkontrolle der Arzneimittelindustrie e. V." in der Fassung vom 8.5.2014, BAnz. Nr. 7.
[19] Entsprechendes regelt § 26 IV des Verhaltenskodex der Mitglieder des „Arzneimittel und Kooperation im Gesundheitswesen e. V." (AKG e. V.) in der Fassung vom 13.5.2014.
[20] Vgl. *Rehmann,* § 76 Rn. 1; *Sander,* § 74a Erl. 8; *Holm,* S. 294.
[21] Vgl. auch *Follmer/Fleischfresser,* in: Fuhrmann/Klein/Fleischfresser, § 29 Rn. 21.

einer anderen als der kleinsten Packungsgröße (zur Auslegung § 47 Rn. 83 f.) oder über die zulässige Menge hinaus) bzw. eine **Strafbarkeit** nach § 95 I Nr. 4 und 5 (Abgabe von verschreibungspflichtigen Arzneimitteln an Verbraucher) in Betracht[22].

Ordnungswidrigkeiten nach § 97 II können nach § 97 III mit einer Geldbuße von bis zu 25.000 **17** Euro geahndet werden. Die Verjährung beträgt nach § 31 II Nr. 1 OWiG drei Jahre.

---

[22] Vgl. *Freund*, in: MüKo StGB, Bd. 6/1, §§ 43–53 Rn. 18 f.

Fünfzehnter Abschnitt. Bestimmung der zuständigen Bundesoberbehörden und sonstige Bestimmungen

§ 77 Zuständige Bundesoberbehörde

(1) Zuständige Bundesoberbehörde ist das Bundesinstitut für Arzneimittel und Medizinprodukte, es sei denn, dass das Paul-Ehrlich-Institut oder das Bundesamt für Verbraucherschutz und Lebensmittelsicherheit zuständig ist.

(2) Das Paul-Ehrlich-Institut ist zuständig für Sera, Impfstoffe, Blutzubereitungen, Knochenmarkzubereitungen, Gewebezubereitungen, Gewebe, Allergene, Arzneimittel für neuartige Therapien, xenogene Arzneimittel und gentechnisch hergestellte Blutbestandteile.

(3) ¹Das Bundesamt für Verbraucherschutz und Lebensmittelsicherheit ist zuständig für Arzneimittel, die zur Anwendung bei Tieren bestimmt sind. ²Zum Zwecke der Überwachung der Wirksamkeit von Antibiotika führt das Bundesamt für Verbraucherschutz und Lebensmittelsicherheit wiederholte Beobachtungen, Untersuchungen und Bewertungen von Resistenzen tierischer Krankheitserreger gegenüber Stoffen mit antimikrobieller Wirkung, die als Wirkstoffe in Tierarzneimitteln enthalten sind, durch (Resistenzmonitoring). ³Das Resistenzmonitoring schließt auch das Erstellen von Berichten ein.

(4) Das Bundesministerium wird ermächtigt, durch Rechtsverordnung ohne Zustimmung des Bundesrates die Zuständigkeit des Bundesinstituts für Arzneimittel und Medizinprodukte und des Paul-Ehrlich-Instituts zu ändern, sofern dies erforderlich ist, um neueren wissenschaftlichen Entwicklungen Rechnung zu tragen oder wenn Gründe der gleichmäßigen Arbeitsauslastung eine solche Änderung erfordern.

Wichtige Änderungen der Vorschrift: Abs. 1 und 2 geändert, Abs. 3 eingefügt durch Art. 4 § 1 Nr. 1–4 des Gesetzes über die Neuordnung zentraler Einrichtungen des Gesundheitswesens – Gesundheitseinrichtungen-Neuordnungs-Gesetz (GNG) – vom 24.6.1994 (BGBl. I S. 1416); Abs. 4 eingefügt durch Art. 1 Nr. 48 des Fünften Gesetzes zur Änderung des Arzneimittelgesetzes vom 9.4.1994 (BGBl. I S. 2071); Abs. 1 und 3 geändert durch Art. 8 § 1 des Gesetzes zur Neuorganisation des gesundheitlichen Verbraucherschutzes und der Lebensmittelsicherheit vom 6.8.2002 (BGBl. I S. 3082); Abs. 2 und 3 geändert durch Art. 1 Nr. 68 des Gesetzes zur Änderung arzneimittelrechtlicher und anderer Vorschriften vom 17.7.2009 (BGBl. I S. 1990).

Literatur: *Brandner*, Grenzen des ministeriellen Weisungsrechts gegenüber nachgeordneten Behörden?, DÖV 1990, 966; *Pabel*, Arzneimittel- und Medizinproduktebewertung als res publica, PharmR 1997, 286.

Übersicht

A. Allgemeines

1   Die Errichtung des **Bundesinstituts für Arzneimittel und Medizinprodukte (BfArM)** als selbstständige Bundesoberbehörde i. S. d. Art. 87 GG erfolgte 1994 unter gleichzeitiger Auflösung des Bundesgesundheitsamtes (BGA) durch das GNG. Die Aufgabendurchführung regelt § 4 des Gesetzes über die Nachfolgeeinrichtungen des Bundesgesundheitsamtes (BGA-NachfG – Art. 1 des GNG). Das **Paul-Ehrlich-Institut** (**PEI** – Bundesinstitut für Impfstoffe und biomedizinische Arzneimittel) ist durch

Gesetz vom 7.7.1972 als selbstständige Bundesoberbehörde begründet worden[1]. Das mit dem GNG 1994 errichtete Bundesinstitut für gesundheitlichen Verbraucherschutz und Veterinärmedizin (BgVV) wurde durch das Gesetz zur Neuorganisation des gesundheitlichen Verbraucherschutzes und der Lebensmittelsicherheit aufgelöst[2] und die Zuständigkeit für die Tierarzneimittel dem gleichzeitig neu errichteten **Bundesamt für Verbraucherschutz und Lebensmittelsicherheit (BVL)** zugewiesen[3]. Die aktuellen Adressen der nach § 77 zuständigen Bundesoberbehörden sind in Rn. 5, 7 und 8 aufgeführt.

I. Inhalt

Die Vorschrift definiert den im AMG vielfach verwendeten Begriff der **„zuständigen Bundes-** **oberbehörde"**. Das BfArM ist das größte der drei Institute und immer dann zuständige Bundesoberbehörde i. S. d. AMG, wenn nicht durch Abs. 2 oder 3 oder durch eine Rechtsverordnung nach Abs. 4 eine Spezialzuständigkeit des PEI oder des BVL gegeben ist. Durch Rechtsverordnung nach Abs. 4 kann das in § 6 I bezeichnete Bundesministerium für Gesundheit eine Zuständigkeitsänderung zwischen BfArM und PEI im Interesse neuerer wissenschaftlicher Entwicklungen oder organisatorischer Erfordernisse vornehmen.

II. Zweck

Zweck der Regelung ist die **Aufgabenverteilung** zwischen BfArM, PEI und BVL für die Durchführung der im AMG nach den jeweiligen Regelungen den **Bundesoberbehörden** zugewiesenen Zuständigkeiten. Die Zuständigkeiten des PEI für die in Abs. 2 genannten Spezialpräparate entspricht der besonderen Fachkompetenz des Instituts[4]. Die Bundesoberbehörden sind insbesondere für die Zulassung (§§ 21 ff.) oder Registrierung (§§ 38 ff. und §§ 39a ff.) von Fertigarzneimitteln, für die Genehmigung der klinischen Prüfung eines Humanarzneimittels (§§ 40 f.) sowie für die Erfassung und Auswertung von Arzneimittelrisiken einschließlich der Koordinierung der insoweit zu ergreifenden Maßnahmen (§§ 62 f.) und der Überwachung der Betriebe und Einrichtungen nach § 63b Va zuständig. Insoweit dient die Regelung auch der z. B. in Art. 6 I (auch i. V. m. Art. 16g I) RL 2001/83 EG und Art. 5 I RL 2001/82 EG sowie in Art. 9 RL 2001/20/EG enthaltenen Vorgabe, dass zumindest der Genehmigungsakt durch zuständige Behörden der Mitgliedstaaten zu erfolgen hat.

III. Aufsicht

Soweit die Bundesoberbehörden für die Durchführung des AMG als Verwaltungsbehörden zuständig sind, unterliegen sie der **Fachaufsicht** des Bundesministeriums (§ 5 BGA-NachfG). Dies resultiert aus dem Demokratieprinzip des Art. 20 GG mit der parlamentarischen Verantwortung für die Leitung des Bundesministeriums[5]. Die Weisungskompetenz des Ressortministers wurde für so selbstverständlich gehalten, dass eine entsprechende Bestimmung aus dem Entwurf des Herrenchiemseer Verfassungskonvents nicht in Art. 86 GG übernommen wurde[6]. Die Fachaufsicht über die in § 77 genannten Bundesoberbehörden erstreckt sich auf die rechtmäßige und zweckmäßige Wahrnehmung der Aufgaben durch die nachgeordneten Dienststellen und umfasst auch die Erteilung fachlicher Aufträge, die Festsetzung von Arbeitszielen sowie die Art und den zeitlichen Ablauf der Durchführung[7] durch **Erlasse**. Die Auffassung, dass im Rahmen der Fachaufsicht über die Bundesinstitute durch Weisung auch – ggf. hochkomplexe wissenschaftliche –Einzelfallentscheidungen korrigiert werden können[8], erscheint im Hinblick auf die in § 4 BGA-NachfG geregelte Aufgabendurchführung nicht unproblematisch. Danach erledigen die Bundesinstitute ihre Aufgaben in ihrem Zuständigkeitsbereich. Die zugewiesenen Aufgaben werden durch die Bundesoberbehörden im Hinblick auf ihre fachwissenschaftliche Sach- und Fachkunde grundsätzlich selbstständig und in eigener Verantwortung erfüllt[9].

---

[1] Das Gesetz über die Errichtung eines Bundesamtes für Sera und Impfstoffe wurde durch Art. 4 des Gesetzes vom 17.7.2009 geändert (BGBl. I S. 1990).
[2] Vgl. zum BgVV ausführlich *Kloesel/Cyran*, § 77 Anm. 11.
[3] Gesetz vom 6.8.2002 (BGBl. I S. 3082).
[4] Vgl. zu der mit der 12. AMG-Novelle vorgenommenen Änderung des § 77 II BT-Drucks. 15/2109, S. 38.
[5] Vgl. zur Ministerverantwortung die zweite Beschlussempfehlung und Schlussbericht des 3. Untersuchungsausschusses des Deutschen Bundestages in der 12. Legislaturperiode BT-Drucks. 12/8591.
[6] *Ibler*, in: Maunz/Dürig, Art. 86 Rn. 13.
[7] *Pabel*, PharmR 1997, 286, 288.
[8] Dafür tritt offensichtlich *Sander*, § 77 Erl. 2 ein; einschränkend für ein Weisungsrecht des Ministers in Einzelfällen *Brandner*, DÖV 1990, 966 ff.
[9] *Pabel*, PharmR 1997, 286, 288; weitergehender noch *Brandner*, DÖV 1990, 966, 970.

B. Zuständigkeit des BfArM (Abs. 1)

5   Das **BfArM** hat – soweit in Abs. 2 oder 3 oder aufgrund einer Rechtsverordnung nach Abs. 4 keine Spezialzuständigkeit des PEI oder des BVL geregelt ist – nach dem AMG folgende **Aufgaben:**
 – Zulassung von Fertigarzneimitteln nach §§ 21 f.;
 – Registrierung homöopathischer Arzneimittel nach §§ 38 f.;
 – Registrierung traditioneller pflanzlicher Arzneimittel nach §§ 39a f.;
 – Genehmigung der klinischen Prüfung eines Humanarzneimittels nach §§ 40 f.;
 – Erfassung und Bewertung sowie Durchführung von Maßnahmen im Hinblick auf Arzneimittelrisiken nach § 62 f. einschließlich der Überwachung der Betriebe und Einrichtungen nach § 63b Va im Hinblick auf die Sammlung und Auswertung von Arzneimittelrisiken und die Koordinierung notwendiger Maßnahmen;
 – Standardzulasssungen nach § 26.

6   Durch § 1 der Verordnung zur Änderung der Zuständigkeit des Paul-Ehrlich-Instituts i. V. m. Abs. 4 ist dem BfArM die Zuständigkeit für homöopathische Arzneimittel, die aus Blut gewonnene Blutbestandteile oder Zubereitungen aus Blutbestandteilen sind oder enthalten, sowie für Arzneimittel aus Blut oder Blutbestandteilen von Tieren, soweit es sich nicht um Zubereitungen von Blutgerinnungsfaktoren, Seren oder Testseren handelt, zugewiesen.

7   Darüber hinaus ist das BfArM nach dem MPG zuständig für zentrale Erfassung und Bewertung von Risiken in Verbindung mit Medizinprodukten und die Genehmigung der klinischen Prüfung von Medizinprodukten sowie nach dem BtMG zuständig für die Überwachung des Verkehrs mit **Betäubungsmitteln.** Zur Errichtung des BfArM s. Rn. 1[10].

8   Die Anschrift des BfArM lautet: Bundesinstitut für Arzneimittel und Medizinprodukte, Kurt-Georg-Kiesinger-Allee 3, 53.175 Bonn Tel. 0228/99 307-30; www.bfarm.de; E-Mail: poststelle@bfarm.de

C. Zuständigkeit des PEI (Abs. 2)

9   Das **PEI** (zur Errichtung s. Rn. 1) ist zuständig für Sera (§ 4 III), Impfstoffe (§ 4 IV), Blutzubereitungen (§ 4 II), Gewebezubereitungen (§ 4 XXX), Allergene (§ 4 V), Arzneimittel für neuartige Therapien (§ 4 IX), xenogene Arzneimittel (§ 4 XXI) sowie für Gewebe, Knochenmarkzubereitungen und gentechnisch hergestellte Blutbestandteile. **Gewebe** sind nach § 1a Nr. 4 TPG alle aus Zellen bestehenden Bestandteile des menschlichen Körpers, die keine Organe nach § 1a Nr. 1 TPG sind, einschließlich einzelner menschlicher Zellen. Beispiele für Gewebe sind Herzklappen, Augenhornhäute, Knochen, Knorpel, Faszien und Sehnen (s. § 4 Rn. 234). **Knochenmarkzubereitungen** bauen im Wesentlichen auf eine Lebendspende vom Menschen auf. Die rechtliche Zulässigkeit der Knochenmarkspende von volljährigen, einwilligungsfähigen Personen richtet sich nach § 8 TPG. Die Entnahme von Knochenmark bei minderjährigen Personen ist nur nach den in § 8a TPG geregelten Voraussetzungen zulässig. Das PEI ist deshalb zuständig für Genehmigungen nach § 21a. Für zur Anwendung bei Tieren bestimmte Gewebezubereitungen ist das BVL zuständig.

10   Von der Zuständigkeit des PEI sind Arzneimittel ausgenommen, die Blutbestandteile lediglich als Hilfsstoff enthalten, sowie homöopathische Arzneimittel, die aus Blut gewonnene Blutbestandteile oder Zubereitungen aus Blutbestandteilen sind oder enthalten (s. Rn. 5). Arzneimittel, die Blutbestandteile von Menschen enthalten und radioaktiv markiert oder zur radioaktiven Markierung bestimmt sind, fallen in die Zuständigkeit des BfArM[11].

11   Nach § 2 der Verordnung zur Änderung der Zuständigkeit des Paul-Ehrlich-Instituts in Verbindung mit Abs. 4 ist das PEI zusätzlich zuständig für Arzneimittel, die gentechnologisch hergestellte Blutgerinnungsfaktoren enthalten, und BCG-Bakterien enthaltende Arzneimittel, die zur unspezifischen Stimulierung des Immunsystems bestimmt sind. Wie gentechnologisch hergestellte Blutgerinnungsfaktoren gehört auch ein rekombinant hergestelltes Protein C-Präparat in die Zuständigkeit des PEI[12].

12   Das PEI ist nach § 27 TFG zuständige Bundesoberbehörde i. S. d. **Transfusionsgesetzes** sowie nach § 21 TPG ebenfalls zuständige Bundesoberbehörde i. S. d. **Transplantationsgesetzes** für den Gewebebereich; insbesondere ist für Richtlinien der Bundesärztekammer für die Gewinnung von Blut und die

---

[10] Nach einem in der 15. Legislaturperiode des Deutschen Bundestages von der Bundesregierung beschlossenen Gesetzentwurf sollte das BfArM in eine bundesunmittelbare Anstalt des öffentlichen Rechts unter der Bezeichnung „Deutsche Arzneimittel- und Medizinprodukteagentur" **(DAMA)** überführt werden (BT-Drucks. 15/5599); wegen der vorzeitigen Beendigung der 15. Legislaturperiode konnte der Regierungsentwurf zur Errichtung einer DAMA nicht mehr abschließend behandelt werden; das Vorhaben wurde in der 16. Legislaturperiode erneut in den Deutschen Bundestag eingebracht (BT-Drucks. 16/4374), dort aber nicht abschließend beraten.
[11] *Kloesel/Cyran*, § 77 Anm. 9.
[12] *Kloesel/Cyran*, § 77 Anm. 10.

Nickel

Anwendung von Blutprodukten (§§ 12a und 18 TFG) sowie zum Stand der Erkenntnisse der medizinischen Wissenschaft zur Entnahme von Geweben und deren Übertragung nach § 16b I TPG jeweils das Einvernehmen des PEI erforderlich.

Nach § 2 II Nr. 1 **TierImpfStV 2006,** ist das PEI ferner zuständig für die Zulassung von Sera, **13** Impfstoffen, Immunmodulatoren und Tuberkulinen, die zur Anwendung bei Tieren bestimmt sind, soweit nicht die Bundesforschungsanstalt für Viruskrankheiten der Tiere für die Zulassung dieser Mittel zuständig ist. Auf Arzneimittel, die unter Verwendung von Krankheitserregern oder auf biotechnischem Weg hergestellt werden und zur Verhütung, Erkennung oder Heilung von Tierseuchen bestimmt sind, findet das AMG nach § 4a S. 1 Nr. 1 – mit Ausnahme von § 55 (s. § 4a S. 2) – keine Anwendung.

Für das PEI bestimmt Art. 1 Abs. 1 Nr. 6 des Gesetzes über die Errichtung eines Bundesamtes für Sera **14** und Impfstoffe, dass es auf dem Gebiet der Sera, Impfstoffe und der anderen Arzneimittel, für die es zuständig ist, zu forschen hat, insbesondere auf dem Gebiet der Prüfungsverfahren.

Die Anschrift des PEI lautet: Paul-Ehrlich-Institut, Paul-Ehrlich-Straße 51–59, 63225 Langen, Tele- **15** fon: +49 61 03 77 0, www.pei.de; E-Mail: pei@pei.de.

D. Zuständigkeit des BVL (Abs. 3)

I. Zuständigkeit (S. 1)

Das **BVL** (zur Errichtung und zum Vorgängerinstitut BgVV s. Rn. 1) ist dem Geschäftsbereich des **16** BMEL zugewiesen. Die Fachaufsicht über die Organisationseinheit Tierarzneimittel übt das BMG, die Dienstaufsicht das BMEL aus. Das BVL ist nach **Abs. 3 S. 1** zuständig für Arzneimittel, die zur Anwendung bei **Tieren** bestimmt sind. Damit korrespondiert die Aufgabenzuweisung an das BVL in § 2 I Nr. 6 des BVL-Gesetzes (BVLG)[13], wonach das BVL für die Zulassung und Registrierung von Arzneimitteln, die zur Anwendung bei Tieren bestimmt sind, ausgenommen Tierimpfstoffe (s. Rn. 7), zuständig ist. Das schließt biologisch bzw. biotechnologisch hergestellte Tierarzneimittel (z. B. Stammzellpräparate, Blutprodukte) ein. Von der Zulassung und Registrierung mit umfasst ist die Pharmakovigilanz. Daneben wurde 2002 das Bundesinstitut für Risikobewertung (BfR) errichtet[14].

II. Überwachung der Wirksamkeit von Antibiotika (S. 2)

Abs. 3 S. 2 weist dem BVL Zuständigkeiten auf dem Gebiet der Antibiotikaresistenzen zu. Ziel ist es, **17** eine aktuelle verlässliche Datenbasis zum Risikomanagement aufzubauen und Maßnahmen zu entwickeln, die der Entstehung von Resistenzen entgegen wirken sollen. Zum Zwecke der Überwachung der Wirksamkeit von Antibiotika führt das BVL wiederholte Beobachtungen, Untersuchungen und Bewertungen von Resistenzen tierischer Krankheitserreger gegenüber Stoffen mit antimikrobieller Wirkung, die als Wirkstoffe in Tierarzneimitteln enthalten sind, durch (gesetzlich legaldefinierter Begriff **Resistenzmonitoring**).

III. Erstellung von Berichten (S. 3)

Abs. 3 S. 3 stellt klar, dass auch eine Berichtserstellung zum **Resistenzmonitoring** vorgesehen ist. **18**

Die Anschrift der Abteilung Tierarzneimittel in der Dienststelle Berlin lautet: Bundesamt für Ver- **19** braucherschutz, und Lebensmittelsicherheit, Gebäude 247, Bundesallee 50, 38116 Braunschweig, Tel. 05 31/2 14 97-0, www.bvl.bund.de, E-Mail poststelle@bvl.bund.de.

E. Verordnungsermächtigung für Änderung der Zuständigkeit (Abs. 4)

Abs. 4 räumt dem BMG die Möglichkeit ein, die **Zuständigkeit** des BfArM und des PEI zu **ändern,** **20** sofern dies erforderlich ist, um neueren wissenschaftlichen Entwicklungen Rechnung zu tragen oder wenn Gründe der gleichmäßigen Arbeitsauslastung eine solche Änderung erfordern. Die Regelung soll eine raschere Zuständigkeitsänderung zwischen den Bundesbehörden BfArM und PEI ermöglichen.

Neuere wissenschaftliche Entwicklungen betreffen insbesondere ein neuartiges Verfahren der Arznei- **21** mittelherstellung oder eine neuartige Wirkungsweise von Arzneimitteln. Die Rechtsverordnung kann auch aus Gründen der gleichmäßigen Arbeitsauslastung erlassen werden, um damit organisatorischen Erfordernissen besser Rechnung zu tragen.

---

[13] Art. 2 des Gesetzes vom 6.8.2002 (BGBl. I S. 3082, 3084).
[14] Vgl. zur Entstehung und den Zuständigkeiten des Bundesinstituts für Risikobewertung ausführlich *Kloesel/Cyran,* § 77 Anm. 12 ff.

22   Die VO bedarf nicht der Zustimmung des Bundesrates, da es sich um eine organisatorische Regelung innerhalb der Bundesbehörden handelt.

23   Von der Ermächtigung hat das BMG mit seiner VO zur Änderung der Zuständigkeit des Paul-Ehrlich-Instituts vom 25.9.1996[15] Gebrauch gemacht. In § 1 dieser VO wurden einige Aufgaben dem BfArM und in § 2 dieser Verordnung dem PEI zusätzliche Aufgaben übertragen.

F. Sonstiges

I. Landesbehörden und ZLG

24   Die zuständigen Behörden der **Länder** sind insbesondere für die Erteilung der Herstellungserlaubnis (§ 13) und der Großhandelsbetriebserlaubnis (§ 52a), die Erlaubnis nach § 20b und § 20c, die Überwachungsaufgaben nach §§ 64 ff., die Einfuhr und Ausfuhr (§§ 72 ff.) sowie für die Bildung der Ethik-Kommission nach § 42 I zuständig. Soweit das AMG keine andere Zuständigkeitszuweisung trifft, führen die Länder nach Art. 83 GG das AMG als eigene Angelegenheit aus; das Nähere hierzu regelt das Landesrecht. In den meisten Ländern werden die o. g. Aufgaben durch die Regierungspräsidien oder Bezirksregierungen durchgeführt. Die durch Staatsvertrag der Länder gegründete **Zentralstelle der Länder für Gesundheitsschutz bei Arzneimitteln und Medizinprodukten (ZLG)** nimmt Aufgaben der Länder im Bereich der Medizinprodukte und Koordinierungsfunktionen im Arzneimittelbereich wahr. Die Anschrift lautet: ZLG, Sebastianstraße 189, 53115 Bonn; Tel.: +49 2 28 97 79 40, Fax +49 22 89 77 94 44; E-Mail zlg@zlg.nrw.de. Die Anschriften aller in Deutschland für den Arzneimittelbereich zuständigen Landesbehörden sind bei der ZLG abrufbar unter www.zlg.de.

II. DIMDI

25   Das mit Erlass des Bundesministers für Gesundheitswesen vom 1.9.1969 errichtete Deutsche Institut für medizinische Dokumentation und Information **(DIMDI)** unterhält u. a. Datenbanken, mit denen Daten der zuständigen Bundesoberbehörden online zur Verfügung stehen. Das **datenbankgestützte Informationssystem** ist in § 67a geregelt (s. die Kommentierung zu § 67a).

III. Europäische Arzneimittel-Agentur

26   Die Europäische Arzneimittel-Agentur (EMA) wurde errichtet durch die VO des Rates EWG Nr. 2309/93, die durch die VO (EG) Nr. 726/2004 abgelöst wurde. Sie hat ihren Sitz in London. Die EMA ist nach Art. 55 VO (EG) Nr. 726/2004 verantwortlich für die Koordinierung der vorhandenen Wissenschaftsressourcen, die ihr von den Mitgliedstaaten zur Beurteilung, Überwachung und Pharmakovigilanz von Arzneimitteln zur Verfügung gestellt werden. Die EMA und nationale Behörden bilden damit ein Netzwerk der Agenturen (zum zentralen Zulassungsverfahren (s. Vor §§ 21 Rn. 8 ff.).

IV. Amtshilfe

27   Nach Art. 35 I GG bzw. § 4 VwVfG besteht die Verpflichtung aller Behörden des Bundes und der Länder zur gegenseitigen **Amtshilfe.** Darüber hinaus bestimmt § 68 I Nr. 2, dass die für die Durchführung des AMG zuständigen Behörden des Bundes und der Länder verpflichtet sind, sich bei Zuwiderhandlungen und bei Verdacht auf Zuwiderhandlungen gegen Vorschriften des Arzneimittel- und Heilmittelwerberechts für den jeweiligen Zuständigkeitsbereich unverzüglich zu unterrichten und bei der Ermittlungstätigkeit gegenseitig zu unterstützen. Einzelheiten der Zusammenarbeit zwischen den Behörden des Bundes und der Länder sind in der nach § 82 erlassenen Allgemeinen Verwaltungsvorschrift geregelt (s. § 82 Rn. 8). Die Zusammenarbeit der deutschen Behörden mit der EMA und den nationalen Behörden in den Mitgliedstaaten der EU regelt insbesondere § 68 II und III.

§ 77a Unabhängigkeit und Transparenz

(1) [1]**Die zuständigen Bundesoberbehörden und die zuständigen Behörden stellen im Hinblick auf die Gewährleistung von Unabhängigkeit und Transparenz sicher, dass mit der Zulassung und Überwachung befasste Bedienstete der Zulassungsbehörden oder anderer zuständiger Behörden oder von ihnen beauftragte Sachverständige keine finanziellen oder sonstigen Interessen in der pharmazeutischen Industrie haben, die ihre Neutralität beeinflussen könnten.** [2]**Diese Personen geben jährlich dazu eine Erklärung ab.**

(2) Im Rahmen der Durchführung ihrer Aufgaben nach diesem Gesetz machen die zuständigen Bundesoberbehörden und die zuständigen Behörden die Geschäftsordnungen ihrer

---

[15] BGBl. I S. 3018.

Ausschüsse, die Tagesordnungen sowie die Ergebnisprotokolle ihrer Sitzungen öffentlich zugänglich; dabei sind Betriebs-, Dienst- und Geschäftsgeheimnisse zu wahren.

Europarechtliche Vorgaben: Art. 126b RL 2001/83/EG.

Literatur: *Trips-Hebert*, Informationsfreiheit und Arzneimittelrecht – mögliche Implikationen eines Informationsfreiheitsgesetzes für die pharmazeutische Industrie, PharmR 2005, 155.

Übersicht

A. Allgemeines

I. Inhalt

Die Vorschrift regelt in Abs. 1 das **Gebot der Unabhängigkeit** der mit Entscheidungen befassten **1** Bediensteten der Zulassungsbehörden oder anderer zuständiger Behörden oder der von ihnen beauftragten Sachverständigen. Diese Personen müssen hierzu jährlich eine Erklärung abgeben.

In Abs. 2 wird die **Transparenz behördlichen Handelns** normiert. Geschäftsordnungen und Tages- **2** ordnungen von behördlichen Ausschüssen und Kommissionen sowie die Ergebnisprotokolle ihrer Sitzungen sind von den Behörden öffentlich zugänglich zu machen. Sofern es im Zusammenhang mit Unterlagen wie Ergebnisprotokollen zur Vermeidung möglicher Konflikte mit dem Schutz von Betriebs- oder Geschäftsgeheimnissen sachdienlich ist, wird die zuständige Behörde betroffene Unternehmen informieren bevor bestimmte Informationen öffentlich zugänglich gemacht werden. Daneben bestehen die im IFG geregelten Rechte und Pflichten, die in Konkordanz zu Abs. 2 stehen.

II. Zweck

Zweck der Regelung in Abs. 1 ist in Umsetzung von Art. 126b RL 2001/83/EG die Wahrung der **3** **Unabhängigkeit** der mit Entscheidungen befassten Bediensteten der Zulassungsbehörden oder anderer zuständiger Behörden oder der von ihnen beauftragten Sachverständigen, um bereits den Anschein einer möglichen Parteilichkeit zu vermeiden. Die Regelung soll ähnlich wie §§ 20 und 21 VwVfG und die entsprechenden prozessrechtlichen Normen sicherstellen, dass das Handeln der Behörden im Interesse der optimalen Erfüllung öffentlicher Aufgaben und der Gesetzmäßigkeit der Verwaltung nach Möglichkeit von persönlichen Einflüssen freigehalten wird. Die Regelung gilt unmittelbar nur für jede auf das AMG gestützte Tätigkeit zur Durchführung des AMG und ist insbes. im Verhältnis zu §§ 20 und 21 VwVfG und den entsprechenden Regelungen in den Verwaltungsverfahrensgesetzen der Bundesländer eine ergänzende Spezialbestimmung.

Abs. 2 dient den berechtigten **Informationsinteressen** der Öffentlichkeit unter Wahrung der Prakti- **4** kabilitätsaspekte[1]. Die Aufnahme der Dienstgeheimnisse in Abs. 2 dient der **Klarstellung** im Interesse der behördlichen Aufgabenerfüllung[2].

---

[1] BT-Drucks. 15/5316, S. 45.
[2] BT-Drucks. 15/5656, S. 13; BT-Drucks. 15/5728, S. 83.

B. Unabhängigkeit behördlichen Handelns (Abs. 1)

I. Sicherstellung der Neutralität (S. 1)

5 **1. Erfasster Personenkreis.** Erfasster Personenkreis sind in Bundesoberbehörden oder Landesbehörden tätige **Bedienstete,** die mit der Zulassung von Arzneimitteln oder deren Überwachung befasst sind. Bedienstete können Beamte oder andere Personen sein, die in einem unbefristeten oder befristeten Beschäftigungsverhältnis stehen. Erfasst sind nicht nur leitende Amtsträger, sondern alle mit diesen Tätigkeiten befasste Personen, deren Mitwirkung in dem jeweiligen Verfahren in jeglicher Weise Auswirkung auf das Ergebnis des Verfahrens haben kann. **Nicht erfasst** sind Beschäftigte, die rein unterstützend oder neutral tätig sind, beispielsweise Schreibkräfte, Boten, Fahrer und Mitarbeiter der Registratur.

6 **Sachverständige,** die von den Behörden im Hinblick auf die Mitwirkung bei der Zulassung von Arzneimitteln und Überwachungstätigkeiten beauftragt werden, sind beispielsweise Hochschullehrer aus den Bereichen Pharmazie und Medizin für die Begutachtung von Einzelfragen, aber auch Dolmetscher für die Übersetzung von Unterlagen.

7 **a) Erfasste Personen in Bundesbehörden.** In den zuständigen **Bundesoberbehörden** – das sind nach § 77 das **BfArM,** das **PEI** sowie das **BVL** – sind Bedienstete erfasst, die mit der nationalen oder zentralen (insbesondere als Berichterstatter) **Zulassung** von Arzneimitteln oder auch mit Überwachungsaufgaben (z.B. nach § 63b Va oder auch nach § 64 II 3) betraut sind. Der Begriff der „Zulassung" ist weit zu verstehen. In Art. 126b RL 2001/83/EG ist von „Zulassungsbehörden" die Rede, in der englischen Textfassung heißt es *„competent authority responsible for granting authorisations".* Deshalb sind auch Mitarbeiter erfasst, die über Anträge auf **Registrierungen** nach §§ 38 f. oder 39a ff. oder auf Genehmigungen nach § 21a entscheiden. Erfasst sind auch Bedienstete der Bundesoberbehörden BfArM und PEI, die **Genehmigungen** für **klinische Prüfungen** erteilen, auch wenn dieser Bereich nicht Gegenstand der RL 2001/83/EG, sondern der eigenständigen RL 2001/20/EG ist. Bedienstete des **DIMDI** (s. § 77 Rn. 10) sind regelmäßig nicht erfasst, wenn sie lediglich Servicefunktionen ausüben und nicht auf das Ergebnis des Verwaltungsverfahrens einwirken.

8 Im Fall der Korrektur einer Einzelfallentscheidung im Rahmen der Fachaufsicht (s. § 77 Rn. 4) können auch mit der Weisung befasste Bedienstete der **obersten Bundesbehörden** (Bundesministerien) erfasst sein, weil insoweit eine Mitwirkung an dem Verwaltungsverfahren der Bundesoberbehörde gegeben ist. Betroffen sind auch Angehörige der obersten Bundesbehörden, wenn sie Einfluss auf eine fachaufsichtliche Weisung nehmen. Für Verwaltungsratsmitglieder, Ausschussmitglieder, Berichterstatter und Sachverständige der Europäischen Arzneimittel-Agentur gilt Art. 63 VO (EG) Nr. 726/2004.

9 **b) Erfasste Personen in Landesbehörden.** In den zuständigen Behörden der **Länder,** das sind in den meisten Ländern die Regierungspräsidien oder Bezirksregierungen, sind Bedienstete oder beauftragte Sachverständige (§ 64 II 2 und 4) erfasst, die insbesondere mit Überwachungsaufgaben nach §§ 64 ff. betraut sind. Überwachungsaufgaben bestehen z.B. im Rahmen der Herstellungserlaubnis (§ 13) oder der Großhandelsbetriebserlaubnis (§ 52a), sowie der Einfuhrerlaubnis (§ 72) oder des Einfuhrzertifikats (§ 72a). Im Fall der Korrektur einer Einzelfallentscheidung im Rahmen der Fachaufsicht können auch mit der Weisung befasste Bedienstete der **obersten Landesbehörden** erfasst sein, weil insoweit eine Mitwirkung an dem Verwaltungsverfahren der Landesbehörde gegeben ist. Bedienstete der **ZLG** (s. § 77 Rn. 10) sind regelmäßig nicht erfasst, wenn sie lediglich Koordinierungsfunktionen ausüben und nicht auf das Ergebnis des Verwaltungsverfahrens einwirken.

10 **2. Ausschlussgründe.** Die erfassten Bediensteten und Sachverständigen dürfen keine finanziellen oder sonstigen Interessen in der pharmazeutischen Industrie haben, die ihre **Neutralität** beeinflussen könnten. Unter die Regelung fallen in erster Linie finanzielle Interessen, die die Neutralität des Amtsträgers beeinflussen können. Finanzielle Interessen können insbesondere bei entgeltlichen (nebenberuflichen) Beschäftigungsverhältnissen oder auch entgeltlicher gutachterlicher Tätigkeit für ein pharmazeutisches Unternehmen bestehen. Problematisch könnte der Besitz von **Aktien** eines pharmazeutischen Unternehmens sein, nicht aber von Fondsanteilen. Zu berücksichtigen ist, dass die Arbeitsfähigkeit der Behörden nicht in Frage gestellt werden darf. Finanzielle oder sonstige Interessen von Familienangehörigen sind jedenfalls dann unbeachtlich, wenn eine Trennung dieser Interessen zwischen dem Bediensteten und seinen Familienangehörigen gegeben ist.

11 **3. Rechtsfolgen und Wirkung der Ausschlussgründe.** Adressat der Regelung sind die zuständigen Bundesoberbehörden und die zuständigen Behörden der Länder, die die Gewährleistung von Unabhängigkeit und Transparenz ihrer Bediensteten sicherstellen sollen.

12 Betroffene Bedienstete oder Sachverständige müssen in Verwaltungsverfahren von Firmen oder auch Produkten, mit oder bei denen finanzielle oder sonstige relevante Interessenkollisionen bestehen, jegliche **Mitwirkung** an der Entscheidungsfindung unterlassen.

II. Jährliche Erklärung (S. 2)

Nach Abs. 1 S. 2 geben die von Abs. 1 S. 1 erfassten Personen jährlich eine Erklärung zu **finanziellen** 13 **oder sonstigen Interessen** in der pharmazeutischen Industrie ab.

Die Erklärung umfasst alle in Betracht kommenden finanziellen oder sonstigen Interessen und ist auch 14 dann abzugeben, wenn keine Interessenkollisionen bestehen. Die erste Erklärung ist dann abzugeben, wenn eine erstmalige Befassung mit den betroffenen Tätigkeiten ansteht. Sie ist mindestens einmal pro Kalenderjahr erneut abzugeben.

Die Regelung enthält keine Vorgabe für die Form der Erklärung. Im Hinblick auf Sinn und Zweck 15 der Regelung ist eine schriftliche Erklärung zu verlangen, die von der betroffenen Person im Hinblick auf die Authentizität zu unterschreiben ist.

Nach Sinn und Zweck der Regelung müssen mindestens der Vorgesetzte und die für allgemeine 16 Personalfragen zuständigen Organisationseinheiten Zugang zu der Erklärung haben, um erforderlichenfalls Interessenkollisionen durch organisatorische Maßnahmen zu verhindern. Die Erklärung der betroffenen Personen ist hingegen nicht öffentlich zugänglich zu machen, es sei denn, die betroffene Person stimmt einer solchen Veröffentlichung zu.

Die Pflicht zur Abgabe der Erklärung ist eine gesetzliche Verpflichtung. Weigert sich eine betroffene 17 Person, die erforderliche Erklärung abzugeben, kann dies mit arbeitsrechtlichen oder beamtenrechtlichen Mitteln bis zur Kündigung oder Einleitung eines Disziplinarverfahrens durchgesetzt werden.

C. Transparenz behördlichen Handelns (Abs. 2)

I. Adressaten der Vorschrift

Adressaten der Regelung in Abs. 2 sind die zuständigen Bundesoberbehörden sowie die zuständigen 18 Behörden der Länder. Zuständige **Bundesoberbehörden** sind nach § 77 das **BfArM**, das **PEI** sowie das **BVL**. Das **DIMDI** (s. § 77 Rn. 10) ist damit grundsätzlich nicht von der Verpflichtung des Abs. 2 erfasst. Ebenso ist das BMG als oberste Bundesbehörde grundsätzlich nicht Adressat der Vorschrift.

Zuständige Behörden für die Durchführung des AMG sind in den meisten **Ländern** die Regierungs- 19 präsidien oder Bezirksregierungen. Die **Zentralstelle der Länder für Gesundheitsschutz bei Arzneimitteln und Medizinprodukten (ZLG)**, die Koordinierungsfunktionen im Arzneimittelbereich wahrnimmt (s. § 77 Rn. 10), ist von der Verpflichtung des Abs. 2 grundsätzlich nicht erfasst, soweit sie nicht selbst nach dem Staatsvertrag der Länder gesetzliche Aufgaben nach dem AMG wahrnimmt. Die **Gesundheitsministerkonferenz der Länder (GMK)** und die von ihr eingerichteten Arbeitsgruppen (z. B. die Arbeitsgruppe Arzneimittel, Apotheken, Transfusionsmedizin und Betäubungsmittel – **AATB**) sind nicht zur Transparenz nach Abs. 2 verpflichtet, weil sie keine Aufgaben nach dem AMG wahrnehmen, sondern allgemeine koordinierende Absprachen treffen.

II. Zu veröffentlichende Informationen

1. Geschäftsordnungen der Ausschüsse. Die Transparenzregelung betrifft zunächst die im AMG 20 verankerten **Ausschüsse.** Der aus Art. 126b RL 2001/83/EG übernommene Begriff **Ausschuss** ist grundsätzlich weit zu verstehen und umfasst insbesondere auch die im AMG genannten Kommissionen. Die Transparenzregelung gilt nicht nur für gesetzlich verankerte Ausschüsse, weil in Abs. 2 nicht von gesetzlich verankerten Ausschüssen, sondern von gesetzlichen Aufgaben der zuständigen Behörden die Rede ist.

Im Bereich der zuständigen **Bundesoberbehörden** sind insbesondere die in § 25 VI verankerten 21 Zulassungskommissionen und die in § 25 VIIa verankerte Kommission für Arzneimittel für Kinder und Jugendliche (KAKJ) Ausschüsse i. S. d. Abs. 2. Die Mitglieder der **Deutschen Arzneibuch-Kommission** (§ 55 IV), der **Deutschen Homöopathischen Arzneibuch-Kommission** (§ 55 VI) und des **Sachverständigenausschusses für die Verschreibungspflicht** nach § 48 werden zwar vom zuständigen Bundesministerium ernannt und wirken bei Maßnahmen des zuständigen Bundesministeriums mit. Diese Kommissionen sind aber beim BfArM kraft Gesetzes organisatorisch angesiedelt und deshalb auch Ausschüsse des BfArM. Die Pflichten nach Abs. 2 richten sich somit auch für diese Kommissionen und Ausschüsse an das BfArM. Entsprechendes gilt für die nach §§ 36 I; 45 I und 46 I vor Erlass von Rechtsverordnungen anzuhörenden **Sachverständigen-Ausschüsse,** die zwar ebenfalls durch Rechtsverordnung des zuständigen Bundesministeriums nach § 53 I errichtet, aber organisatorisch beim BfArM angesiedelt sind. Auch dies sind Ausschüsse des BfArM i. S. d. Abs. 2. Die **Koordinierungsgruppe** nach Art. 27 RL 2001/83/EG in Verfahren der gegenseitigen Anerkennung und dezentralisierten Verfahren ist nicht von der Transparenzregelung des Abs. 2 erfasst, weil es sich nicht um einen Ausschuss der zuständigen Bundesoberbehörde, sondern um eine durch das Gemeinschaftsrecht errichtete Koordinierungsgruppe handelt, die sich aus jeweils einem Vertreter je Mitgliedstaat zusammensetzt.

22   Nicht erfasst von Abs. 2 sind **interne Besprechungen** (z. B. Abteilungsleitersitzungen), wenn sie sich auf allgemeine, nicht auf konkrete Zulassungen bezogene Punkte beziehen. Solche allgemeinen nicht veröffentlichungspflichtigen Themen sind insbesondere Organisationsangelegenheiten, Finanzierungsfragen und Personalfragen.

23   Die Transparenzregelung gilt nicht nur für gesetzlich verankerte Ausschüsse. Deshalb unterliegen auch im AMG nicht ausdrücklich genannte Ausschüsse der zuständigen **Landesbehörden** der Transparenzregelung, beispielsweise eine regelmäßig tagende Gruppe von Inspektoren der zuständigen Landesbehörde. Die GMK, AOLG und AATB sind im Hinblick auf ihren länderübergreifenden Koordinierungscharakter keine Ausschüsse der zuständigen Landesbehörden („**ihrer** Ausschüsse").

24   **Geschäftsordnungen** sind rechtliche Ordnungen der Organisation eines Ausschusses oder einer Kommission.

25   **2. Tagesordnungen und Ergebnisprotokolle ihrer Sitzungen.** Tagesordnungen und Ergebnisprotokolle der Sitzungen der Ausschüsse sind ebenfalls zu veröffentlichen. Anknüpfungspunkt des Adjektivs „ihrer" ist nicht die Behörde, sondern der jeweilige Ausschuss der Behörde (s. Rn. 10). **Sitzung** ist eine Versammlung oder Zusammenkunft von mindestens zwei Personen, bei der über etwas beraten wird und bei der in der Regel Beschlüsse gefasst werden. Die Sitzung kann örtlich in einem Raum oder auch als Videokonferenz in mehreren Räumen mit einer optischen und akustischen Zusammenschaltung stattfinden. Keine Sitzung ist anzunehmen, wenn Angehörigen eines Ausschusses bloße (insbesondere spontane) Gespräche oder einen Meinungsaustausch ohne vorher festgelegte strukturelle Planung führen. **Tagesordnung** ist das geplante Programm der Sitzung. Das **Ergebnisprotokoll** muss den wesentlichen Inhalt und Ablauf der Sitzung und ggf. die gefassten Beschlüsse in Kurzform darstellen. Die Nennung von Namen ist im Hinblick auf **datenschutzrechtliche** Belange problematisch und in aller Regel auch für den Informationsgehalt von Ergebnisprotokollen nicht erforderlich. Zur Wahrung von Betriebs- oder Geschäftsgeheimnissen sowie Dienstgeheimnisse (s. Rn. 13).

26   **3. Art und Zeitpunkt der Veröffentlichung.** Zu Art und Zeitpunkt der Veröffentlichung enthält weder Abs. 2 noch Art. 126b RL 2001/83/EG eine Vorgabe. Die **Art der Veröffentlichung** ist grundsätzlich in das Ermessen der Behörde gestellt. Die betr. Informationen müssen in geeigneter Form öffentlich zugänglich gemacht werden. Dies kann insbesondere durch Informationen im Internet auf Websites der Behörden geschehen. Allerdings muss auf konkrete Anforderung die Information einem Interessenten auch in schriftlicher Form zugänglich gemacht werden. Hierfür ist der Gebührenrahmen der AMG-KostV für die Erteilung von Auskünften einschlägig. Eine Bekanntmachung im BAnz. ist ebenfalls eine geeignete Form der Veröffentlichung, eine Verpflichtung der Behörde für eine Veröffentlichung im BAnz. besteht aber im Hinblick auf die abschließende Aufzählung in § 34 I und II nicht.

27   Auch der **Zeitpunkt der Veröffentlichung** ist grundsätzlich in das Ermessen der Behörde gestellt, die sich dabei am Sinn und Zweck der Regelung zu orientieren hat. So werden Tagesordnungen von Sitzungen angemessen vor der Sitzung zu veröffentlichen sein. Ergebnisprotokolle sollten im Hinblick auf den Informationswert nicht später als sechs Monate nach der Sitzung zur Verfügung stehen.

III. Wahrung der Betriebs-, Dienst- und Geschäftsgeheimnisse

28   Sofern es im Zusammenhang mit Unterlagen wie Ergebnisprotokollen zur Vermeidung möglicher Konflikte mit dem Schutz von Betriebs- oder Geschäftsgeheimnissen sachdienlich ist, wird die zuständige Behörde betroffene Unternehmen informieren bevor bestimmte Informationen öffentlich zugänglich gemacht werden.

29   **1. Betriebsgeheimnisse und Geschäftsgeheimnisse.** Betriebsgeheimnisse oder Geschäftsgeheimnisse sind betriebliche oder geschäftliche Tatsachen, die nur einem begrenzten Personenkreis bekannt sind und an deren vertrauliche Behandlung der Unternehmer erkennbar ein berechtigtes, insbesondere wirtschaftliches Interesse hat. **Betriebsgeheimnisse** betreffen in erster Linie den technischen Bereich eines Unternehmens, beispielsweise Herstellungsverfahren oder Forschungsergebnisse. **Geschäftsgeheimnisse** umfassen den kaufmännischen Bereich eines Unternehmens, beispielsweise Marktstrategien[3]. Ist das „Geheimnis" einem breiten Personenkreis bekannt geworden, kann der Geheimnischarakter verloren gehen. Ein solcher breiter Personenkreis ist grundsätzlich nicht anzunehmen, wenn Informationen den Zulassungsbehörden zur Verfügung gestellt werden. Auch wenn ein Zulassungsantrag von vielen Bediensteten einer Zulassungsbehörde bearbeitet wird, bleibt es ein beschränkter und überschaubarer Kreis. Pharmazeutische Unternehmer stellen den Bundesoberbehörden insbes. im Rahmen eines Zulassungsantrags umfangreiche Informationen zur Verfügung. Die eingereichten Unterlagen haben oft einen besonderen wirtschaftlichen Wert für das Unternehmen. Sie dokumentieren in der Regel langjährige kostenintensive Forschungen und beinhalten beispielsweise wissenschaftliche Gutachten und Ergebnisse der analytischen, präklinischen und klinischen Prüfungen und beschreiben mithin technische

---

[3] *Kopp/Ramsauer*, § 30 Rn. 9a.

Herstellungsverfahren, die als Geschäftsgeheimnis einzuordnen sind[4]. Diesen wirtschaftlichen Wert berücksichtigen im Übrigen auch die in §§ 24a ff. enthaltenen Regelungen zum Unterlagenschutz. Der Begriff der Betriebs- und Geschäftsgeheimnisse wird in vielen anderen Gesetzen, z. B. auch in § 6 IFG verwendet[5].

2. Dienstgeheimnisse. Dienstgeheimnis ist eine dienstliche Angelegenheit, mit der eine Behörde **30** befasst ist, deren Kenntnis nicht über einen bestimmten Personenkreis hinausgeht und deren Geheimhaltung durch Gesetz, dienstliche Anordnung oder der Natur der Sache nach erforderlich ist. Um einen geschlossenen Personenkreis (z. B. Bereich einer Behörde) braucht es sich dabei nicht zu handeln; ein Geheimnis verliert diese Eigenschaft daher nicht, weil es z. B. außerhalb einer Behörde noch einzelnen Mitwissern bekannt ist[6].

3. Anhörung von Betroffenen. Gerade im Hinblick auf den unbestimmten Rechtsbegriff der **31** Betriebs- und Geschäftsgeheimnisse ist eine angemessene **Beteiligung** betroffener Unternehmen zur Vermeidung möglicher Konflikte mit dem Schutz von Betriebs- oder Geschäftsgeheimnissen erforderlich, bevor bestimmte Informationen von der Behörde öffentlich zugänglich gemacht werden. Die **Anhörung** des von einer Informationsweitergabe Betroffenen ist geboten, damit die Behörde, die im Einzelfall möglicherweise unzutreffend Informationen nicht als Betriebs- und Geschäftsgeheimnisse einordnet, durch die Veröffentlichung nicht „vollendete Tatsachen" schafft[7].

IV. Verhältnis zu Ansprüchen nach dem Informationsfreiheitsgesetz

Das IFG räumt jedem gegenüber den Behörden und sonstigen Einrichtungen des Bundes einen **32** Anspruch auf Information (z. B. Auskunftserteilung, Akteneinsicht) ein, ohne dass hierfür ein rechtliches oder sonstiges berechtigtes Interesse geltend gemacht werden muss. Gem. § 1 III IFG gehen Regelungen in anderen Rechtsvorschriften über den Zugang zu amtlichen Informationen dem Anspruch auf Informationszugang gem. § 1 I IFG vor.

Die Begründung zu § 1 III IFG führt aus, dass ein Vorrang auch dort bestehen kann, wo Spezialgesetze **33** einen engeren Informationszugang vorsehen als das IFG[8]. Hinweis für eine Charakterisierung als **Spezialnorm** i. S. d. § 1 III IFG ist, dass ein Zugang zu bestimmten öffentlichen Informationen geregelt wird. Dies ist bei § 77a II der Fall. Im Hinblick auf diese ausdrückliche Ausnahmeregelung des § 1 III IFG geht daher § 77a II Auskunftsansprüchen des IFG vor. Die von § 77a II erfassten Informationspflichten haben im Hinblick auf die Subsidiaritätsregelung des § 1 III IFG einen abschließenden Vorrang gegenüber dem IFG[9].

§ 78 Preise

(1) [1]**Das Bundesministerium für Wirtschaft und Energie wird ermächtigt, im Einvernehmen mit dem Bundesministerium und, soweit es sich um Arzneimittel handelt, die zur Anwendung bei Tieren bestimmt sind, im Einvernehmen mit dem Bundesministerium für Ernährung und Landwirtschaft durch Rechtsverordnung mit Zustimmung des Bundesrates**
1. **Preisspannen für Arzneimittel, die im Großhandel, in Apotheken oder von Tierärzten im Wiederverkauf abgegeben werden,**
2. **Preise für Arzneimittel, die in Apotheken oder von Tierärzten hergestellt und abgegeben werden, sowie für Abgabegefäße,**
3. **Preise für besondere Leistungen der Apotheken bei der Abgabe von Arzneimitteln**

festzusetzen. [2]**Abweichend von Satz 1 wird das Bundesministerium für Wirtschaft und Energie ermächtigt, im Einvernehmen mit dem Bundesministerium durch Rechtsverordnung, die nicht der Zustimmung des Bundesrates bedarf, den Anteil des Festzuschlags, der nicht der Förderung der Sicherstellung des Notdienstes dient, entsprechend der Kostenentwicklung der Apotheken bei wirtschaftlicher Betriebsführung anzupassen.** [3]**Die Preisvorschriften für den Großhandel aufgrund von Satz 1 Nummer 1 gelten auch für pharmazeutische Unternehmer oder andere natürliche oder juristische Personen, die eine Tätigkeit nach § 4 Absatz 22 ausüben bei der Abgabe an Apotheken, die die Arzneimittel zur Abgabe an den Verbraucher beziehen.** [4]**Die Arzneimittelpreisverordnung, die auf Grund von Satz 1 erlassen worden ist, gilt auch für Arzneimittel, die gemäß § 73 Absatz 1 Satz 1 Nummer 1a in den Geltungsbereich dieses Gesetzes verbracht werden.**

---

[4] *Trips-Hebert*, PharmR 2005, 155, 160.
[5] Näher hierzu *Trips-Hebert*, PharmR 2005, 155, 159.
[6] *Lenckner*, in: Schönke/Schröder, § 353b Rn. 4.
[7] *Trips-Hebert*, PharmR 2005, 155, 161.
[8] BT-Drucks. 15/4493, S. 8.
[9] Näher hierzu *Trips-Hebert*, PharmR 2005, 155, 158.

(2) ¹Die Preise und Preisspannen müssen den berechtigten Interessen der Arzneimittelverbraucher, der Tierärzte, der Apotheken und des Großhandels Rechnung tragen. ²Ein einheitlicher Apothekenabgabepreis für Arzneimittel, die vom Verkehr außerhalb der Apotheken ausgeschlossen sind, ist zu gewährleisten. ³Satz 2 gilt nicht für nicht verschreibungspflichtige Arzneimittel, die nicht zu Lasten der gesetzlichen Krankenversicherung abgegeben werden.

(3) ¹Für Arzneimittel nach Absatz 2 Satz 2, für die durch die Verordnung nach Absatz 1 Preise und Preisspannen bestimmt sind, haben die pharmazeutischen Unternehmer einen einheitlichen Abgabepreis sicherzustellen; für nicht verschreibungspflichtige Arzneimittel, die zu Lasten der gesetzlichen Krankenversicherung abgegeben werden, haben die pharmazeutischen Unternehmer zum Zwecke der Abrechnung der Apotheken mit den Krankenkassen ihren einheitlichen Abgabepreis anzugeben, von dem bei der Abgabe im Einzelfall abgewichen werden kann. ²Sozialleistungsträger, private Krankenversicherungen sowie deren jeweilige Verbände können mit pharmazeutischen Unternehmern für die zu ihren Lasten abgegebenen verschreibungspflichtigen Arzneimittel Preisnachlässe auf den einheitlichen Abgabepreis des pharmazeutischen Unternehmers vereinbaren.

(3a) ¹Gilt für ein Arzneimittel ein Erstattungsbetrag nach § 130b des Fünften Buches Sozialgesetzbuch, gibt der pharmazeutische Unternehmer das Arzneimittel zum Erstattungsbetrag ab. ²Abweichend von Satz 1 kann der pharmazeutische Unternehmer das Arzneimittel zu einem Betrag unterhalb des Erstattungsbetrages abgeben; die Verpflichtung in Absatz 3 Satz 1 erster Halbsatz bleibt unberührt. ³Der Abgabepreis nach Satz 1 oder Satz 2 gilt auch für Personen, die das Arzneimittel nicht als Versicherte einer gesetzlichen Krankenkasse im Wege der Sachleistung erhalten.

(4) ¹Bei Arzneimitteln, die im Fall einer bedrohlichen übertragbaren Krankheit, deren Ausbreitung eine sofortige und das übliche Maß erheblich überschreitende Bereitstellung von spezifischen Arzneimitteln erforderlich macht, durch Apotheken abgegeben werden und die zu diesem Zweck nach § 47 Abs. 1 Satz 1 Nr. 3c bevorratet wurden, gilt als Grundlage für die nach Absatz 2 festzusetzenden Preise und Preisspannen der Länderabgabepreis. ²Entsprechendes gilt für Arzneimittel, die aus für diesen Zweck entsprechend bevorrateten Wirkstoffen in Apotheken hergestellt und in diesen Fällen abgegeben werden. ³In diesen Fällen gilt Absatz 2 Satz 2 auf Länderebene.

Wichtige Änderungen der Vorschrift: Abs. 2 S. 2 angefügt durch Art. 1 Nr. 44 des Vierten Gesetzes zur Änderung des Arzneimittelgesetzes vom 11.4.1990 (BGBl. I S. 717); Abs. 1 und 2 geändert durch Art. 23 Nr. 5 des Gesetz zur Modernisierung der gesetzlichen Krankenversicherung (GKV-Modernisierungsgesetz – GMG) vom 14.11.2003 (BGBl. I S. 2190, 2254); Abs. 3 und 4 angefügt durch Art. 30 Nr. 5 des Gesetzes zur Stärkung des Wettbewerbs in der gesetzlichen Krankenversicherung (GKV-Wettbewerbsstärkungsgesetz – GKV-WSG) vom 26.3.2007 (BGBl. I S. 378, 461); Abs. 3a eingefügt durch das Gesetz zur Neuordnung des Arzneimittelmarktes in der gesetzlichen Krankenversicherung (Arzneimittelmarktneuordnungsgesetz – AMNOG) vom 22.12.2010 (BGBl. I S. 2262); Abs. 1 S. 3 angefügt durch Art. 13 des Gesetzes zur Verbesserung der Versorgungsstrukturen in der gesetzlichen Krankenversicherung (GKV-Versorgungsstrukturgesetz – GKV-VStG) vom 22.12.2011 (BGBl. I S. 2983); Abs. 1 S. 4 angefügt durch Art. 1 Nr. 64 des Zweiten Gesetzes zur Änderung arzneimittelrechtlicher und anderer Vorschriften vom 19.10.2012 (BGBl. I S. 2192); Abs. 1 S. 2 geändert durch Art. 2 des Gesetzes zur Förderung der Sicherstellung des Notdienstes von Apotheken (Apothekennotdienstsicherstellungsgesetz – ANSG) vom 15.7.2013 (BGBl. I S. 2420); Abs. 3a neu gefasst durch Art. 2a des Vierzehnten Gesetzes zur Änderung des Fünften Buches Sozialgesetzbuch (14. SGB V-ÄndG) vom 27.3.2014 (BGBl. I S. 261).

Europarechtliche Vorgaben: RL 89/105/EWG.

Literatur: *Andreas,* Preisbildung für Arzneimittel – Müssen Krankenkassen Fantasiepreise bezahlen?, ArztRecht 2011, 88; *Auerbach/Jung,* Erlaubt oder verboten? – Gutscheine und Bonuspunkte für Rezepte, ApR 2006, 52; *Butzer/Soffner,* Arzneimittel-Zwangsrabatte der PKV – Zur Verfassungsmäßigkeit von § 1 AMRabG, NZS 2011, 841; *v. Czettritz/Thewes,* Zur arzneimittelpreisrechtlichen Beurteilung der Gewährung von Skonti durch den pharmazeutischen Großhandel, PharmR 2014, 460; *Dettling,* Die internationale Anwendbarkeit des deutschen Arzneimittelrechts, PharmR 2003, 401; *ders.* Anwendbarkeit des nationalen Arzneimittelpreisrechts auf ausländische Versandapotheken, A&R 2008, 118; *ders.,* Höchstpreise, Sicherheit und Berufsfreiheit in der Arzneimittelversorgung, APR 2008, 10 und 34; *ders.* Jurisdiktion und Wettbewerb im internationalen Gesundheitswesen, GRUR-Prax 2013, 177;; *Diekmann/Idel,* Der einheitliche Apothekenabgabepreis für verschreibungspflichtige Arzneimittel – Preisbindung auch für ausländische Versandapotheken innerhalb der EU?, APR 2009, 93; *Dietel,* Das neue Rx-Boni-Verbot. Immer spürbar?, PharmR 2013, 449; *Ehlers,* Die Auswirkungen des AMNOG auf den Abgabepreis: Zum Verhältnis zwischen dem Erstattungsbetrag nach § 130b Abs. 1 und 2 SGB V und dem Abgabepreis des pharmazeutischen Unternehmers nach § 78 Abs. 3 und 3a AMG, PharmR 2012, 473; *ders.,* Auswirkungen der Arzneimittelpreisverordnung auf den Apotheker, A&R 2001, 68; *Kingreen,* Zur Neuordnung des Arzneimittelmarktes in der gesetzlichen Krankenversicherung, NZS 2011, 441; *Mand,* Internationale Anwendungsbereiche des deutschen Preisrechts für Arzneimittel gemäß AMG, APO und § 130a SGB V, PharmR 2008, 582.; *ders.* Rabatte und Zugaben durch Apotheken, NJW 2010, 3681; *ders.,* Karlsruhe locuta, causa finita! Zur Bindung ausländischer Versandapotheken an das deutsche Arzneimittelpreisrecht nach der Entscheidung des Gemeinsamen Senats der obersten Gerichtshöfe des Bundes vom 22. August 2012, A&R 2013, 60; *ders.,* Arzneimittelpreisrecht und Absatzförderung mit Rabatten und Zuwendungen, A&R 2014, 147; *ders.,* Bindung EU-ausländischer Apotheken an das deutsche Arzneimittelpreisrecht, NJW 2014, 3200; *ders.,* Einheitlicher Apothekenverkaufspreis für verschreibungspflichtige Arzneimittel in Gefahr? A&R 2015, 106; *Paal/Rehmann,* Arzneimittelrabattgesetz und frühe Nutzenbewertung nach dem AMNOG, A&R 2011, 51; *Papier/Krönke,* Verfassungswidrigkeit des Gesetzes über Rabatte für Arzneimittel, PharmR 2015, 269; *Schaks,* Schnelle Nutzenbewertung und Erstattungsbeträge als Anwendungsfälle der Transparenzrichtlinie 89/105/EWG, PharmR 2011, 305; *Willenbruch,* Juristische Aspekte der Regulierung von Arzneimittelpreisen, PharmR 2010, 321.

Übersicht

A. Allgemeines

I. Inhalt

Abs. 1 enthält die Grundlage für Preisregulierungen auf den Handelsstufen nach dem Inverkehr-bringen durch den pharmazeutischen Unternehmer[1], insbes. für die Festsetzung von **Preisspannen** für den Wiederverkauf. Dazu sieht Abs. 1 die Ermächtigung für eine zustimmungspflichtige Rechtsverordnung zur Festlegung von Preisspannen für Arzneimittel vor, die im Großhandel oder im Wiederverkauf von Apotheken oder von Tierärzten abgegeben werden. Daneben können in der Rechtsverordnung in besonderen Fällen **Preise** für Arzneimittel, für Abgabegefäße und für besondere Leistungen der Apotheken bei der Abgabe von Arzneimitteln festgesetzt werden. Der mit der Umgestaltung der AMPreisV im Rahmen des GMG neu geregelte Festzuschlag der Apotheken kann durch Rechtsverordnung ohne und, soweit er die Förderung der Sicherstellung des Notdienstes betrifft, mit Zustimmung des Bundesrates angepasst werden. Adressat der Ermächtigungen ist das allgemein für das Preisrecht zuständige

---

[1] § 5 AMPreisV regelt für den Fall der in Apotheken angefertigten (Fertig-)Arzneimittel ausnahmsweise die Preisbildung auf der Herstellerstufe.

BMWi, das an das Einvernehmen des für das Arzneimittelrecht jeweils zuständigen Fachressorts gebunden ist.

2   Abs. 2 enthält inhaltliche Anforderungen, die sich an den Verordnungsgeber richten. Sie betreffen insbes. die bei der Festsetzung von Preisen und Preisspannen zu berücksichtigenden berechtigten Interessen der Verkehrskreise und die Verpflichtung zur **Gewährleistung eines einheitlichen Apo-thekenabgabepreises** für verschreibungspflichtige Arzneimittel und andere apothekenpflichtige Arzneimittel, die zu Lasten der gesetzlichen Krankenversicherung abgegeben werden. Auf der Grundlage von § 78 ist die **Arzneimittelpreisverordnung (AMPreisV)** erlassen worden.

3   § 78 entspricht teilweise § 37 AMG 1961. Allerdings ist auf Grund dieser Ermächtigung keine VO erlassen worden. Vielmehr galt bis zum Erlass der am 1.1.1978 in Kraft getretenen **Preisspannenver-ordnung** die **Deutsche Arzneitaxe**[2]. Das parallel zum AMNOG 1976 beratene „Gesetz über Rege-lungen auf dem Arzneimittelmarkt" vom 24.8.1976, das zunächst eine Neufassung des § 37 AMG 1961 enthalten sollte, bestimmte dann, dass der mit dieser vorgesehenen Neufassung inhaltsgleiche § 78 AMG bereits am 2.9.1976 in Kraft trat. Auf Grund dieser Ermächtigung[3] wurde die Preisspannenverordnung erlassen, die 1980 durch die AMPreisV abgelöst wurde[4].

4   Im Rahmen der 4. AMG-Novelle wurde S. 2 an Abs. 2 angefügt mit der Verpflichtung zur Gewähr-leistung des einheitlichen Apothekenabgabepreises für apothekenpflichtige Arzneimittel.

5   Änderungen von Abs. 1 und 2 erfolgten durch Art. 23 Nr. 5 GMG mit der Erweiterung der Rechts-verordnungsermächtigung zur Anpassung des Festzuschlags und der Freigabe der Preise für die nicht zu Lasten der gesetzlichen Krankenversicherung abgegebenen nicht verschreibungspflichtigen Arzneimittel. Die AMPreisV wurde im Rahmen des GMG grundlegend umgestaltet[5]. Die Apotheken erhalten danach je Packung ein fixes Abgabehonorar (von zunächst 8,10 Euro) und einen Zuschlag von 3 % auf den Apothekeneinkaufspreis. Das Abgabehonorar wurde durch Rechtsverordnung des BMWi ab 1.1.2013 auf 8,35 € erhöht. Der Apothekenrabatt (Kassenabschlag) wurde zunächst mit 2 Euro je Packung festgesetzt und später erhöht; eine Anpassung ist von der Selbstverwaltung, d. h. zwischen GKV-Spitzen-verband und DAV, zu verhandeln, wobei zwischenzeitlich für 2011 und 2012 im Rahmen des AMNOG eine Festsetzung auf 2,05 Euro erfolgte (§ 130 I SGB V). Die Verhandlungspartner DAV und GKV-Spitzenverband haben im Mai 2013 eine Einigung erzielt, die für 2013 eine differenzierte Lösung, für 2014 1,80 € und für 2015 1,77 € vorsieht. Die bis dahin (2003) geltende AMPreisV gilt für nicht-verschreibungspflichtige Arzneimittel, die von den Kassen erstattet werden, fort

6   Änderungen (Anfügung S. 3 und 4 an Abs. 1) zur Klärung von Vollzugsfragen erfolgten im Jahre 2011 durch das GKV-VStG bezüglich des Großhandelszuschlags insbes. im „Direktgeschäft" (Lieferung seitens pharmazeutischer Unternehmer an Apotheken zur Abgabe an Verbraucher) sowie im Jahre 2012 durch das 2. AMG-ÄndG 2012 zur Klarstellung der Geltung der AMPreisV im Versandhandel aus ausländischen Apotheken (s. auch Rn. 43)[6].

7   Die Anfügung von Abs. 3 und 4 erfolgte durch Art. 30 Nr. 5 GKV-WSG mit der Verpflichtung der pharmazeutischen Unternehmer zur Sicherstellung eines einheitlichen Abgabepreises für verschreibungs-pflichtige und grundsätzlich auch für sonst verordnungsfähige Arzneimittel sowie mit Regelungen zu Rabatten in Abs. 3. In Abs. 4 wurden Spezialregelungen für Arzneimittel „im Fall einer bedrohlichen übertragbaren Krankheit, deren Ausbreitung eine sofortige und das übliche Maß erheblich überschreiten-de Bereitstellung von spezifischen Arzneimitteln erforderlich macht" (zur „Influenza-Pandemievorsorge" bevorratete Arzneimittel) getroffen; daneben erfolgte eine terminologische Präzisierung („Abgabepreis des pharmazeutischen Unternehmers" statt „Herstellerabgabepreis" im AMG und der AMPreisV). Die ursprünglich vorgesehene Umstellung der Arzneimittelpreise für verschreibungspflichtige Arzneimittel auf Höchstpreise entfiel im weiteren Gesetzgebungsverfahren zum GKV-WSG.[7]

8   Nach dem im Rahmen des AMNOG eingefügten Abs. 3a erhalten ab 2011 auch die private Kranken-versicherung und andere Kostenträger, insbes. Beihilfeträger, Arzneimittel-Rabatte (Erstattungsbeträge) nach § 130b SGB V). Abs. 3a wurde im Jahre 2014 neu gefasst durch das 14. SGB V-ÄndG mit dem Ziel der Klarstellung, dass der **Erstattungsbetrag** nach § 130b SGB V einheitlicher Abgabepreis und Grundlage für die Berechnung der Preisspannen ist.

9   Die bereits im Rahmen des AMG-ÄndG 2009 vorgesehene, damals aber im Gesetzgebungsverfahren im Deutschen Bundestag nicht verwirklichte Änderung der AMPreisV mit Umstellung des Großhandels-zuschlags nach dem Modell des Apothekenzuschlags ist im Rahmen des AMNOG erfolgt.

---

[2] Deutsche Arzneitaxe vom 1.1.1936, zuletzt 1968 geändert.
[3] Die AMPreisV bewegt sich vollständig im Rahmen der Ermächtigungsgrundlage des § 78 AMG, in dem dort feste Abgabepreise für Apotheken benannt werden, *OLG Naumburg*, PharmR 2012, 423.
[4] Zur historischen Entwicklung vgl. *Sander*, § 78 Erl. 1 ff.; *Kloesel/Cyran*, § 78 Anm. 2.
[5] BT-Drucks. 15/1525, S. 67, 166.
[6] Eine Notifizierungspflicht nach der RL 89/105/EWG bestand nicht; vgl. *BGH*, Urt. v. 26.2.2014 – I ZR 79/10 – BeckRS 2014, 07717; Entscheidungsbesprechung von *Stallberg*, GRUR-Prax 2014, 240; eine Notifizierungspflicht ablehnend auch *OLG Köln*, Urt. v. 19.2.2014 – 6 U 103/13 – BeckRS 2014, 04196.
[7] *Dettling*, APR 2008, 10 f. und 34 f.

Von Bedeutung im Zusammenhang mit § 78 und der AMPreisV sind Regelungen im HWG (§ 7) für **10** die danach geltenden Verbote und Beschränkungen für Rabatte, sowie Regelungen im SGB V, insbes. im Hinblick auf die Abschlagspflicht nach § 130a I SGB V.

II. Zweck

Die Amtliche Begründung zum Gesetz über Regelungen auf dem Arzneimittelmarkt vom 24.8.1976 **11** führt aus, dass die in der Praxis[8] erzielte Einheitlichkeit der Verbraucherpreise für Arzneimittel je Produkteinheit gesundheitspolitischen Bedürfnissen entspricht. Diese Einheitlichkeit erleichtere zugleich das Abrechnungsverfahren zwischen den Apotheken und der gesetzlichen Krankenversicherung (GKV). Voraussetzung für die Gewährleistung einheitlicher Apothekenabgabepreise im Rahmen einer Regelung der Apothekenspanne ist eine einheitliche Bezugsbasis für den Apothekenzuschlag[9]. Deshalb bedarf es auch einer Ermächtigung für die staatliche Festlegung einer Großhandelsspanne.

Diese Aussagen betreffen die **Gewährleistung eines einheitlichen Apothekenabgabepreises** ur- **12** sprünglich für alle apothekenpflichtigen Arzneimittel. Nachdem im Rahmen des GMG die Gewährleistung des einheitlichen Apothekenabgabepreises grundsätzlich auf **verschreibungspflichtige Arzneimittel** beschränkt wurde, hat der Zweck der Vorschrift eine Änderung erfahren. Im Bereich der **nicht verschreibungspflichtigen Arzneimittel** dient die grundsätzliche Freigabe[10] der Preise dazu, den **Preiswettbewerb** auf der Wiederverkaufsstufe zu ermöglichen. Der Zweck der Vorschrift beschränkt sich jetzt im Wesentlichen darauf, im Bereich der zu Lasten der GKV verordnungsfähigen verschreibungspflichtigen Arzneimittel dem versicherten Personenkreis einen einheitlichen Apothekenabgabepreis zu gewährleisten und dabei die berechtigten wirtschaftlichen Interessen der beteiligten Verkehrskreise zu berücksichtigen. Dies hat zur Folge, dass grundsätzlich davon ausgegangen werden kann, dass ein bestimmtes verschreibungspflichtiges Arzneimittel in jeder Apotheke zum gleichen Preis erworben werden kann. Für nicht verschreibungspflichtige aber verordnungsfähige Arzneimittel gilt dies nur, soweit diese zu Lasten der GKV abgegeben werden. Anlässlich der Anfügung des S. 4 an Abs. 1 mit der Klarstellung zur Geltung der AMPreisV auch für ausländische Versandapotheken wurde in der Begründung des 2. AMG-ÄndG 2012 erneut ausführlich die gesundheitspolitische Bedeutung des einheitlichen Apothekenabgabepreises für verschreibungspflichtige Arzneimittel und der zu seiner Sicherung getroffenen Regelungen im AMG und HWG hervorgehoben[11].

Der einheitliche Apothekenabgabepreis dient zugleich der wirtschaftlichen Existenzfähigkeit einer **13** hinreichenden Zahl von Apotheken und damit der Gewährleistung einer ausreichenden Arzneimittelversorgung in der Fläche[12].

III. Europarechtliche Regelungen

Nach Art. 4 III RL 2001/83/EG berühren die Bestimmungen dieser RL nicht die Zuständigkeiten **14** der Behörden der Mitgliedstaaten hinsichtlich der Festsetzung der Arzneimittelpreise und ihrer Einbeziehung in den Anwendungsbereich der innerstaatlichen Krankenversicherungssysteme aufgrund gesundheitlicher, wirtschaftlicher und sozialer Bedingungen. Eine entsprechende Vorschrift enthält Art. 1 VO (EG) Nr. 726/2004[13]. Die RL 89/105/EWG des Rates betreffend die Transparenz von Maßnahmen zur Regelung der Preisfestsetzung bei Arzneimitteln für den menschlichen Gebrauch und ihre Einbeziehung in die staatlichen Krankenversicherungssysteme **(Transparenzrichtlinie)** enthält allerdings Vorschriften um sicherzustellen, dass alle Betroffenen überprüfen können, dass die einzelstaatlichen Maßnahmen keine mengenmäßigen Beschränkungen für die Ein- oder Ausfuhr oder Maßnahmen gleicher Wirkung[14] darstellen. „Diese Anforderungen beeinflussen jedoch nicht die Politik der Mitgliedstaaten, die für die Preisfestsetzung für Arzneimittel den Regeln des freien Wettbewerbs den Vorrang geben. Die Anforderungen beeinflussen auch die einzelstaatliche Politik in Bezug auf die Preisfestsetzung und das Sozialversicherungssystem nur in dem Maße, in dem dies für die Transparenz i. S. d. RL 89/105/EWG notwendig ist"[15].

Die RL ist an die Mitgliedstaaten gerichtet (Art. 288 III AEUV). Sie enthält entsprechend ihrer **15** Zweckbestimmung insbes. Regelungen zur Transparenz behördlicher Entscheidungen, vor allem zu behördlichen Entscheidungsfristen und Begründungspflichten sowie zu Rechtsmittelbelehrungen bei

---

[8] Die Aussage bezieht sich auf die frühere Rechtslage und die Handhabung der Höchstzuschlagsregelung in der deutschen Arzneitaxe als Festzuschlagsregelung in der Praxis.

[9] Vgl. Art. 1 des Gesetzes über Regelungen auf dem Arzneimittelmarkt vom 24.8.1976 (BT-Drucks. 7/4557 S. 5).

[10] Eine Ausnahme von der Verpflichtung zur Gewährleistung eines einheitlichen Apothekenabgabepreises gilt nach § 78 II 3 für nicht verschreibungspflichtige Arzneimittel, die nicht zu Lasten der gesetzlichen Krankenversicherung abgegeben werden.

[11] BT-Drucks. 17/9341, S. 66.

[12] Vgl. *Dettling*, A&R 2008, 118 und APR 2008, 10 und 34.

[13] Diese Vorschriften stehen im Einklang mit Art. 168 VII AEUV.

[14] Solche Maßnahmen sind nach Art. 34 AEUV grundsätzlich unzulässig. Sie können allerdings nach Art. 36 AEUV insbes. aus Gründen des Gesundheitsschutzes gerechtfertigt sein.

[15] Vgl. die Erwägungsgründe der RL 89/105/EWG.

behördlichen Entscheidungen unter Einschluss von Verpflichtungen zur Veröffentlichung bestimmter Entscheidungen und Arzneimittellisten und von Pflichten zur Information der Kommission.

16   Art. 1 RL 89/105/EWG normiert die Verpflichtung der Mitgliedstaaten zur Beachtung der Anforderungen der RL bei **Preiskontrollen** oder Einschränkungen der unter die staatlichen Krankenversicherungssysteme fallenden Arzneimittel.

17   Art. 2 enthält Regelungen für den Fall, dass ein Arzneimittel erst nach **Genehmigung des Preises** durch die zuständigen Behörden eines Mitgliedstaates in den Verkehr gebracht werden darf. Dazu gehören insbes. die Bestimmung von Fristen für diese Genehmigung (90 Tage nach Vorliegen eines Antrags mit ausreichenden Angaben), die Forderung, bei negativer Entscheidung eine auf objektiven und überprüfbaren Kriterien beruhende Begründung und eine Rechtsmittelbelehrung vorzusehen, sowie die Verpflichtung der Mitgliedstaaten, eine jährliche Veröffentlichung der für die Arzneimittel genehmigten Preise vorzunehmen.

18   Entsprechendes gilt nach Art. 3 RL 89/105/EWG, wenn die **Erhöhung eines Preises** von einer behördlichen Genehmigung abhängig ist.

19   Art. 4 RL 89/105/EWG betrifft **Preisstopps** und sieht dazu die Pflicht zu deren mindestens jährlichen Überprüfung vor sowie die Pflicht der Behörden, grundsätzlich innerhalb von 90 Tagen[16] nach Beginn dieser Überprüfung zu erklären, ob und welche Preiserhöhungen oder -senkungen genehmigt werden. Im Wege der Vorabentscheidung im Rahmen eines Rechtsstreites zwischen Herstellern und Herstellerverbänden einerseits und dem belgischen Staat andererseits hat der *EuGH* Art. 4 I dahingehend ausgelegt, dass es Sache der Mitgliedstaaten ist, die Kriterien festzulegen anhand deren die in dieser Bestimmung vorgesehene Überprüfung der gesamtwirtschaftlichen Lage zu erfolgen hat, wobei diese Kriterien auf objektive und nachprüfbare Daten gestützt sein müssen. Zugleich hat der *EuGH*[17] festgestellt, dass Art. 4 I inhaltlich nicht so genau ist, dass sich ein Einzelner vor einem nationalen Gericht gegenüber einem Mitgliedstaat darauf berufen könnte[18], sowie dass ein Mitgliedstaat 18 Monate nach Beendigung eines acht Jahre währenden allgemeinen Preisstopps für Arzneimittel einen neuen Preisstopp für Arzneimittel ohne die in dieser Bestimmung vorgesehene Überprüfung der gesamtwirtschaftlichen Lage erlassen kann.

20   Art. 5 RL 89/105/EWG enthält Regelungen für den Fall eines Systems der unmittelbaren oder mittelbaren **Gewinnkontrollen** oder eines **System der Kontrolle der** Preise.

21   In Art. 6 RL 89/105/EWG werden Regelungen für eine **Positivliste** getroffen, d. h. eine Regelung nach der ein Arzneimittel durch das staatliche Krankenversicherungssystem nur gedeckt ist, wenn die zuständigen Behörden beschlossen haben, das betreffende Arzneimittel in eine Positivliste der unter das staatliche Krankenversicherungssystem fallenden Arzneimittel aufzunehmen. In diesem Fall werden Fristen für die Entscheidung über die Aufnahme in die Liste bestimmt und Begründungspflichten im Falle negativer Entscheidungen, einschließlich Rechtsmittelbelehrung und Publizitätspflichten betr. die anzuwendenden Kriterien und die getroffenen Entscheidungen statuiert. Die in Art. 6 Nr. 2 RL 89/105/EWG vorgesehene Begründungspflicht ist aufgrund des Erfordernisses der Transparenz auf eine Entscheidung anwendbar, die die Aufnahme eines Erzeugnisses in die Liste der unter das Krankenversicherungssystem fallenden Arzneimittel verlängert, aber die Erstattung der Kosten für dieses Erzeugnis auf eine bestimmte Gruppe von Patienten beschränkt[19]. Bei Streichung eines Arzneimittels aus der Liste gelten entsprechende Bestimmungen; bei Streichung einer Arzneimittelkategorie wird nur eine auf objektiven und überprüfbaren Kriterien beruhende Begründung und die Veröffentlichung in einer geeigneten amtlichen Bekanntmachung gefordert (zur Anwendung von Art. 6 RL 89/105/EWG auf die Liste verordnungsfähiger nicht verschreibungspflichtiger Arzneimittel durch den Gemeinsamen Bundesausschuss s. Rn. 24 und 124).

22   Art. 7 RL 89/105/EWG enthält entsprechende Bestimmungen für **Negativlisten,** d. h. für den Fall, dass bestimmte Arzneimittel oder Arzneimittelkategorien durch behördliche Entscheidung von dem staatlichen Krankenversicherungssystem ausgeschlossen werden.

23   Art. 8 RL 89/105/EWG regelt **Mitteilungspflichten der Mitgliedstaaten** gegenüber der Kommission, Art. 9 eine **Berichtspflicht der Kommission** und Art. 10 die Einsetzung eines Gremiums „**Beratender Ausschuss**" für die Durchführung der Richtlinie 89/105/EWG betreffend die Transparenz von Maßnahmen zur Regelung der Preisfestsetzung bei Arzneimitteln für den menschlichen Gebrauch und ihre Einbeziehung in die staatlichen Krankenversicherungssysteme" bei der Kommission, der sich aus je einem Vertreter jedes Mitgliedstaats zusammensetzt.

24   Art. 11 RL 89/105/EWG enthält die an die Mitgliedstaaten gerichtete Verpflichtung, die erforderlichen Rechts- und Verwaltungsvorschriften zu erlassen, um dieser RL spätestens am 31.12.1989 nachzukommen. Ein Großteil der Vorschriften betrifft Regelungen, die in Deutschland allgemein bereits durch das VwVfG und das SGB X getroffen worden sind. Die Umsetzungsverpflichtung wird im Übrigen so zu verstehen sein, dass Mitgliedstaaten, die das in der RL erfasste Instrumentarium wie

---

[16] Bei einer außergewöhnlich hohen Anzahl von Anträgen kann die Frist ein einziges Mal um 60 Tage verlängert werden.
[17] *EuGH,* Urt. v. 14.1.2010 – Rs. C-471/07 und C-472/07, Rn. 26, 31, 37 – AGIM u. a., PharmR 2010, 399.
[18] Mithin hat die Vorschrift keine unmittelbare Wirkung.
[19] *EuGH,* Urt. v. 26.2.2015 – Rs C-691/13 – Les Laboratoires Servier SA, PharmR 2015, 294.

Preiskontrollen, Preisstopps, Positivlisten oder Negativlisten bislang nicht genutzt haben, verpflichtet sind, die RL zu beachten, sofern sie später von diesem Instrumentarium Gebrauch machen. Der *EuGH*[20] hat im Rahmen eines Vorabentscheidungsverfahrens des *SG Köln* dem Art. 6 I unmittelbare Wirkung zuerkannt mit der Folge, dass er *„den Arzneimittelherstellern, die von einer Entscheidung betroffen sind, aufgrund derer bestimmte Arzneimittel, die von der Entscheidung erfasste Wirkstoffe enthalten, zur Kostenübernahme zugelassen sind, ein Recht auf eine mit Begründung und Rechtsbehelfsbelehrung versehene Entscheidung gewährt, auch wenn die mitgliedstaatliche Regelung weder ein entsprechendes Verfahren noch Rechtsbehelfe vorsieht"*. Zur Einfügung von § 78 I 4 hat der *BGH*[21] festgestellt, dass eine nicht vorgenommene Notifizierung dann nicht gegen Art. 11 RL 89/105/EWG verstoße, wenn es sich wie hier lediglich um eine deklaratorische Regelung handele, die keinen Einfluss auf das bereits bestehende Rabattverbot für verschreibungspflichtige Arzneimittel haben könne.

Die Kommission hat am 1.3.2012 den Vorschlag für eine neue Transparenzrichtlinie vorgelegt[22]. Ziel **25** ist ein rascher Marktzugang der Arzneimittel. Dazu wird die Verschlankung und Verkürzung der Entscheidungsverfahren der Mitgliedstaaten für Preisfestsetzung und Kostenerstattung vorgeschlagen.

B. Rechtsverordnungsermächtigung zugunsten des Bundesministeriums für Wirtschaft und Energie (Abs. 1)

I. Festsetzung von Preisspannen und Preisen für Arzneimittel oder besondere Leistungen der Apotheken bei der Abgabe von Arzneimitteln (S. 1)

1. Verfahren der Festsetzung von Preisen und Preisspannen. Das für das **Preisrecht** zuständige **26** BMWi wird in Abs. 1 S. 1 ermächtigt, für Arzneimittel und besondere Leistungen der Apotheken Preise und Preisspannen durch Rechtsverordnung festzusetzen. Diese Rechtsverordnung nach S. 1 bedarf der Zustimmung des Bundesrates. Erforderlich ist des Weiteren das Einvernehmen, also die Zustimmung des BMG als zuständiges Fachressort für das Arzneimittelrecht und des BMEL als zuständiges Fachressort für Regelungen zu Arzneimitteln, die zur Anwendung bei Tieren bestimmt sind. Wird eine zustimmungsbedürftige Rechtsverordnung, die des Einvernehmens beteiligter Ressorts bedarf, ohne Zustimmung des Bundesrates oder ohne Einvernehmen des betreffenden Ressorts erlassen, so ist die Verordnung nichtig (s. § 6 Rn. 5, 18).

2. Ausnahmecharakter und Rechtfertigung der Preisregulierung. Die Ermächtigung, Preise **27** und Preisspannen für bestimmte „Verbrauchsgüter" festzulegen, stellt im deutschen Recht eine Ausnahme dar. Grundsätzlich ist in Deutschland die Preisbildung für Waren auf Hersteller- und Handelsstufen frei[23]. Sie wird nur begrenzt durch Verbote im Bereich des unlauteren Wettbewerbs und flankiert durch die Verpflichtungen zur Preistransparenz im Bereich der Preisangaben.

Die Preisregulierung im Arzneimittelbereich beschränkte sich bislang auf die Handelsstufen. Auf der **28** Stufe des Inverkehrbringens industriell hergestellter Arzneimittel ist demgegenüber in Deutschland – anders als in einer Vielzahl anderer Staaten – die Preisbildung auf der Stufe des pharmazeutischen Unternehmers, der ein Arzneimittel unter seinem Namen in den Verkehr bringt, zunächst frei[24]. Mit Inkrafttreten des AMNOG (grundsätzlich am 1.1.2011) gelten allerdings neue Regelungen für Arzneimittelrabatte (§ 130 f. SGB V) und die Nutzenbewertung neuer innovativer Arzneimittel und infolge dessen entsprechende Erstattungsbeträge nach § 130b SGB V, die nach § 78 IIIa auch für Personen gelten, die Arzneimittel nicht als GKV-Versicherte im Wege der Sachleistung erhalten.

Die **preisregulierenden Maßnahmen auf den Handelsstufen** werden begründet mit dem Cha- **29** rakter des Arzneimittels als Ware besonderer Art, die anders als andere Verbrauchsgüter nicht unbeschränkt dem Regeln des Marktes unterworfen werden soll. Im Kern wird im Schrifttum als Regelungsziel „Schutz des Verbrauchers vor Überforderung"[25] angeführt, „weil er einerseits die Berechtigung einer bestimmten Preisforderung nicht abschätzen kann, aber andererseits auf das Arzneimittel angewiesen ist"[26]. Die Folgerung, dass der Patient sich darauf verlassen kann, das jeweilige Arzneimittel in jeder Apotheke zum gleichen Preis zu erhalten, er mithin nicht in der besonderen Situation einer Krankheit Preise vergleichen muss, beschränkt sich allerdings[27] auf den Bereich der verschreibungspflichtigen

---

[20] *EuGH*, Urt. v. 26.10.2006 – Rs. 317/05, Slg. 2006, I-10614 ff., *Pohl-Boskamp*, PharmR 2005, 402.
[21] *BGH*, Urt. v. 26.2.2014 – I ZR 79/10 – BeckRS 2014, 07717; Entscheidungsbesprechung von *Stallberg*, GRUR-Prax 2014, 240; eine Notifizierungspflicht ablehnend auch *OLG Köln*, Urt. v. 19.2.2014 – 6 U 103/13 – BeckRS 2014, 04196.
[22] http://ec.europa.eu/enterprise/sectors/healthcare/competitiveness/pricing-reimbursement/transparency/.
[23] Einschlägige Regelungen finden sich allerdings auch im Buchpreisbindungsgesetz mit der Folge, dass dazu getroffene Entscheidungen auch eine Orientierung für Fragen zu § 78 geben können.
[24] Übersicht zu Maßnahmen der Preisbildung, insbes. in EU-Mitgliedstaaten. „Wie kommt ein Arzneimittel zu seinem Preis" (ohne Verfasserangabe) in: „Der Arzneimittelbrief" 2008, 25 ff. und 65 ff.
[25] *Kloesel/Cyran*, § 78 Anm. 1.
[26] *Kloesel/Cyran*, § 78 Anm. 1.
[27] Seit der Änderung im Rahmen des GMG.

Arzneimittel. Der Gesetzgeber des GMG ist dabei davon ausgegangen, dass dieser Schutz nur noch bei diesen verschreibungspflichtigen Arzneimitteln, die häufiger als die nur apothekenpflichtigen bei gravierenden Krankheiten benötigt werden, erforderlich ist[28], während vom Verbraucher bei den nicht verschreibungspflichtigen, nur apothekenpflichtigen Arzneimitteln auf Grund seiner Eigenverantwortung und zu erwartenden Eigeninitiative entsprechende Preisvergleiche erwartet werden können[29].

30   Die Preisregulierung steht aber darüber hinaus im Zusammenhang mit der Stellung des Apothekers. Dieser ist Kaufmann und zugleich Angehöriger eines Heilberufs, d. h. eines freien Berufs. Im Bereich der freien Berufe ist die Honorierung auf Grund der besonderen ethischen Verantwortung und Verpflichtung der Berufsangehörigen nicht allein von wirtschaftlichen Gegebenheiten abhängig[30]. Vielmehr sind hier zur Abgeltung der Leistungen Gebührenordnungen vorgesehen. Dementsprechend steht auch die Preisregulierung in § 78 und in der AMPreisV im Zusammenhang mit den vom Gesetzgeber den Apotheken im Interesse einer ordnungsgemäßen Arzneimittelversorgung auferlegten Pflichten und den ihnen exklusiv übertragenen Aufgaben, insbes. dem **Versorgungsauftrag** nach § 1 ApG und den Vorschriften zur Apothekenpflicht in den §§ 43–46. Entsprechendes gilt auf Grund der auf das Gemeinwohl bezogenen Verpflichtungen der Tierärzte[31].

31   Die Preisregulierung ist damit als Mittel der Versorgungssicherheit verfassungsrechtlich und europarechtlich gerechtfertigt[32] (s. auch Rn. 47). Allerdings hat das *OLG Düsseldorf* dem *EuGH* mit Beschluss vom 24.3.2015 Fragen zur Vereinbarkeit der Preisbindung mit dem europäischen Recht vorgelegt[33]. Das *OLG Frankfurt*[34] ist der Bewertung des *OLG Düsseldorf* ausdrücklich nicht gefolgt.

32   **3. Festsetzung von Preisspannen nach Nr. 1.** Inhalt dieser Ermächtigung ist die Festsetzung von **Preisspannen für Arzneimittel,** die im Großhandel, in Apotheken oder von Tierärzten im Wiederverkauf abgegeben werden. Erfasst werden davon Fertigarzneimittel, dabei auch Arzneimittel in Großgebinden, die nicht unmittelbar zur Abgabe an den Verbraucher bestimmt sind (**„Bulkware",** § 4 I), weil auch diese im Großhandel im Wiederverkauf abgegeben werden. Die Erfassung dieser Großgebinde folgt unmittelbar aus § 78, so dass es hier nicht auf die im Rahmen der 14. AMG-Novelle vorgenommene Erweiterung des Fertigarzneimittelbegriffs ankommt. Allerdings hat die Erfassung von Bulkware nur geringe Relevanz, weil solche nicht an Patienten abgegeben werden darf und für die Abgabe an andere Stellen ohnehin nach § 1 III AMPreisV weitgehende Ausnahmen vom Anwendungsbereich bestimmt sind. § 4 I 2 schließt **Zwischenprodukte,** die für eine weitere Verarbeitung durch den Hersteller bestimmt sind, vom Fertigarzneimittelbegriff aus. Da Bulkware weder eine Bearbeitung, d. h. eine mechanische oder sonstige Einwirkung auf den Stoff, noch eine Verarbeitung, d. h. eine stoffliche Veränderung erfährt, wird sie von der Ausnahme in § 4 I 2 nicht erfasst (str., s. § 4 Rn. 19).

33   Als **Preisspannen** werden die Zuschläge auf den Herstellerabgabepreis bezeichnet, der bei der Berechnung ohne Umsatzsteuer (Mehrwertsteuer) zugrunde gelegt wird. Diese Zuschläge können Höchstzuschläge[35] oder Festzuschläge[36] sein. Die **Preisspanne** errechnet sich aus dem Apothekenverkaufspreis und dem Apothekeneinkaufspreis. Dazu wird die Differenz zwischen diesen beiden Preisen gebildet und diese Differenz in ein prozentuales Verhältnis zum Apothekenverkaufspreis gesetzt[37]. Die Berechnung der Spanne erfolgt dabei jeweils ohne die Umsatzsteuer.

34   **Tierärzte** sind anders als Humanmediziner, die kein **Dispensierrecht** haben (§ 43 I), befugt, im Rahmen des Betriebs einer tierärztlichen Hausapotheke Arzneimittel an die Halter der von ihnen behandelten Tiere abzugeben (§ 43 IV). Dementsprechend sind auch hier Zuschläge festzusetzen.

35   **4. Festsetzung von Preisen nach Nr. 2.** Nr. 2 erfasst **Preisfestsetzungen** für Rezepturarzneimittel und Defekturarzneimittel (aus Stoffen in Apotheken oder tierärztlichen Hausapotheken hergestellte Arzneimittel; s § 2 Rn. 55) sowie für die betr. Abgabegefäße.

36   **5. Festsetzung von Preisen für besondere Leistungen der Apotheken nach Nr. 3.** Die in Nr. 3 genannten besonderen Leistungen der Apotheken erfassen insbes. die Abgabe von Stoffen, die in Apotheken umgefüllt, abgefüllt, abgepackt oder gekennzeichnet werden, und die Abgabe von Zuberei-

---

[28] Vgl. BT-Drucks. 15/1170, S. 138; 15/1525, S. 75, 86.
[29] Vgl. auch BT-Drs. 17/9341 S. 66.
[30] Vgl. *Kloesel/Cyran,* § 78 Anm. 18.
[31] Nach § 1 BTÄO ist der Tierarzt als Angehöriger eines freien Berufes berufen, Leiden und Krankheiten der Tiere zu verhüten, zu lindern und zu heilen, zur Erhaltung und Entwicklung eines leistungsfähigen Tierbestandes beizutragen, den Menschen vor Gefahren und Schädigungen durch Tierkrankheiten sowie durch Lebensmittel und Erzeugnisse tierischer Herkunft zu schützen und eine Steigerung der Güte von Lebensmitteln tierischer Herkunft hinzuwirken.
[32] *BVerfG,* PharmR 1991, 121; *Rehmann,* § 78 Rn. 3; *Dettling,* APR 2008, 10 unter Hinweis auf *BVerfG,* NJW 2002, 3693 und *EuGH,* Urt. v. 29.11.1983 – Rs. C-181/82, Slg. 1983, I-3849 ff. – Roussel Laboratoria, Rn. 16 f.; zur Vereinbarkeit mit dem Unionsrecht vgl. *GmSOGB,* NJW 2013, 1425, PharmR 2013, 168.
[33] *OLG Düsseldorf,* PharmR 2015, 323; kritische Anmerkung von *Mand,* A&R 2015, 106.
[34] *OLG Frankfurt/M.,* PharmR 2015, 313.
[35] So in der AMPreisV festgelegt für die Großhandelszuschläge für Fertigarzneimittel.
[36] So in der AMPreisV festgelegt für die Apothekenzuschläge für Fertigarzneimittel.
[37] *Kloesel/Cyran,* § 78 Anm. 9 bezeichnet als Preisspanne das prozentuale Verhältnis zwischen dem Verkaufspreis und der Differenz zwischen Verkaufspreis und Einkaufspreis.

tungen aus einem oder mehreren Stoffen (Rezepturen). Eingeschlossen sind auch die Inanspruchnahme der Apotheke während der allgemeinen Ladenschlusszeiten und die Abgabe von Betäubungsmitteln, bei denen besondere Dokumentationspflichten zu beachten sind.

II. Anpassung des Festzuschlags (S. 2)

S. 2 betrifft die Anpassung des bei der grundlegenden Umgestaltung des Arzneimittel-Preisrechtes im **37** Rahmen des GMG neu geregelten **Festzuschlags.** Dieser besteht bei Abgabe von Fertigarzneimitteln durch Apotheken aus einem Abgabehonorar von 8,35 Euro je Packung[38] und einem Zuschlag von 3 % auf den Apothekeneinkaufspreis.

Wie die Amtliche Begründung ausführt, macht es die Umstellung des Apothekenzuschlags auf einen **38** solchen aus Abgabehonorar und prozentualem preisabhängigen Zuschlag bestehenden Festzuschlag erforderlich, dass dieser Festzuschlag in der Regel durch Rechtsverordnung, die nicht der Zustimmung des Bundesrates bedarf, angepasst werden kann. Die Anpassung soll sich dabei nach der jeweiligen Kostenentwicklung der Apotheken bei wirtschaftlicher Betriebsführung richten. In der Regel soll eine Überprüfung im Abstand von zwei Jahren erfolgen, um häufige Anpassungen im geringen Cent-Bereich zu vermeiden[39]. Auf die Zustimmung des Bundesrates wird bei dieser Rechtsverordnung im Hinblick auf den eher technischen Charakter der Anpassung verzichtet werden. Durch die Zweite Verordnung zur Änderung der AMPreisV[40] ist der Festzuschlag von 8,10 € auf 8,35 € erhöht worden.

Gesondert zu betrachten ist der Anteil des Festzuschlags, der zur Förderung der Sicherstellung des **39** Apothekennotdienstes vorgesehen ist. Eine Erhöhung des Festzuschlags, die der Förderung der Sicherstellung des Notdienstes dient, erfolgt mit Zustimmung des Bundesrates. „Auf Grund der Betroffenheit der Länder bei der flächendeckenden Aufrechterhaltung des Apotheken-Notdienstes ist der Bundesrat bei einer zukünftigen Anpassung dieses Anteils zu beteiligen"[41]. Eine (weitere) Änderung der AMPreisV, durch die erstmalig dem Festzuschlag 16 Cent zur Förderung der Sicherstellung des Notdienstes zugefügt wurden, ist durch das ANSG erfolgt[42].

III. Geltung der Preisvorschriften für den Großhandel bei jeder Ausübung der Großhandelstätigkeit (S. 3)

Durch das GKV-VStG wurde klargestellt, dass die Großhandelszuschläge nach der AMPreisV ein- **40** schließlich der Vorschriften zu den Möglichkeiten der Gewährung von Rabatten (s. Rn. 58 ff.) an Apotheken auch im Direktvertrieb von pharmazeutischen Unternehmern an Apotheken oder durch andere natürliche oder juristische Personen gelten[43]. Damit wurde eine Frage geklärt, die infolge der Umstellung des Großhandelszuschlags (s. Rn. 9, 60, 78) aufgetreten war und in der Praxis zu erheblicher Unsicherheit geführt hatte[44].

Die klarstellende Regelung gründet sich auf die Aussage, dass es maßgeblich darauf ankommt, ob **41** Großhandel i. S. d. § 4 XXII ausgeübt wird. „Für jede Tätigkeit des Großhandels i. S. dieser Begriffsbestimmung gilt dementsprechend die Preisbindung nach § 2 der Arzneimittelpreisverordnung i. V. m. § 78 Abs. 1 AMG. Der Großhandelsbegriff des AMG stellt auf die Wahrnehmung der Großhandelsfunktion ab, die grundsätzlich auch von pharmazeutischen Unternehmern wahrgenommen werden kann"[45].

IV. Geltung der AMPreisV für ausländische Versandapotheken (S. 4)

Die AMPreisV findet nach Abs. 1 S. 4 auch auf Versandapotheken anderer EU-Staaten Anwendung, **42** die Arzneimittel an deutsche Verbraucher versenden[46]. Die Rechtsprechung zur Anwendung der AMPreisV auf ausländische Versandapotheken war bis zur Entscheidung des *GmSOGB* nicht einheitlich. Angesichts divergierender Entscheidungen von *BSG* und *BGH* hatte Letzterer dem *GmSOGB* mit Vorlagebeschluss vom 9.9.2010 die Frage vorgelegt, ob das deutsche Arzneimittelpreisrecht auch für im Wege des Versandhandels nach Deutschland eingeführte Arzneimittel gilt[47].

---

[38] Die Krankenkassen erhalten von den Apotheken bei zu ihren Lasten abgegebenen Arzneimitteln für verschreibungspflichtige Fertigarzneimittel einen Abschlag (§ 130 I SGB V).
[39] BT-Drucks. 15/1525, S. 166.
[40] Zweite Verordnung zur Änderung der AMPreisV vom 17.9.2012 (BGBl. I S. 2063), am 1.1.2013 in Kraft getreten.
[41] BT-Drucks. 17/13081, S. 9.
[42] Apothekennotdienstsicherstellungsgesetz (BGBl. I S. 2420). Dieses Gesetz sieht einen pauschalen Zuschuss für die vom Gesetz erfassten Notdienste vor, dessen Finanzierung durch die Erhöhung des Zuschlags erfolgt. Dazu ist der entsprechende Betrag (16 Cent) vollständig an den DAV als durchführende Stelle abzuführen; er wird anschließend nach Maßgabe des ANSG als Zuschuss für vollständig erbrachte Notdienste verwendet. § 6 AMPreisV, der einen zusätzlichen Betrag für Inanspruchnahmen im Notdienst vorsieht, bleibt davon unberührt.
[43] BT-Drucks. 17/8005, S. 135.
[44] Vgl. *Gabriel/Schulz*, PharmR 2011, 448.
[45] BT-Drucks. 17/8005, S. 135.
[46] Vgl. *BGH*, PharmR 2014, 257.
[47] *BGH*, PharmR 2010, 634; vgl. hierzu auch *Mand,* NJW 2010, 36, 81 und NJW 2014, 3200.

43   Der Gesetzgeber hat mit seiner im Jahre 2012 getroffenen Regelung[48] auf diese divergierenden Entscheidungen mit BT-Beschluss[49] noch im Vorfeld einer Entscheidung des *GmSOGB*[50] reagiert. Im Hinblick auf die Entscheidung des *BGH* (s. Rn. 49) handelt es sich um eine Klarstellung, die allerdings durch die abweichende Entscheidung des *BSG* (s. Rn. 48) und die anstehende aber nicht kurzfristig erwartete Entscheidung des *GmSOGB* angezeigt schien[51]. Die Regelung gründet sich auf gesundheitspolitischen Erwägungen. Sie geht von der Erforderlichkeit der Vorschriften für den einheitlichen Abgabepreis und die korrespondierenden Regelungen zu unzulässigen Rabatten und anderen Zuwendungen in § 7 HWG aus. Ein Rabattverbot bei verschreibungspflichtigen Arzneimitteln ist daher aus Gründen des Gesundheitsschutzes auch dann geboten, wenn der Patient bei einer Versandapotheke einkauft, und zwar unabhängig davon, wo die Versandapotheke ihren Sitz hat. Dieser Schutz muss dann aber auch für die Patienten gelten, die in Deutschland bei einer ausländischen Versandapotheke einkaufen.

44   Der *GmSOGB* hat durch Beschluss vom 22.8.2012[52] entschieden, dass die deutschen Vorschriften für den Apothekenabgabepreis auch für verschreibungspflichtige Arzneimittel gelten, die Apotheken mit Sitz in einem anderen Mitgliedstaat der EU im Wege des Versandhandels nach Deutschland an Endverbraucher abgeben. Dies gelte sowohl für den vor dem *BGH* verfolgten wettbewerbsrechtlichen Unterlassungsanspruch als auch für den vor dem *BSG* verfolgten sozialversicherungsrechtlichen Anspruch auf Zahlung des Herstellerrabatts, soweit er von der Anwendung deutschen Arzneimittelpreisrechts abhängt. Die Anwendung deutschen Wettbewerbsrechts folge, wie sich aus dem Vorlagebeschluss des I. Zivilsenats des *BGH* ergebe, aus dem nunmehr in Art. I VO (EG) Nr. 864/2007 verankerten **Marktortprinzip.** Bei der Werbung und beim Versand von Arzneimitteln an Endverbraucher in Deutschland liege der Marktort im Inland, weil dort mit diesem Handel ausgehende Wirkungen auftreten. Das Angebot richte sich an Verbraucher in Deutschland, der Internetauftritt sei in deutscher Sprache gehalten und das Angebot betreffe in Deutschland zugelassene und in deutscher Sprache gekennzeichnete Arzneimittel. Auch kollisionsrechtlich richte sich die in der Vorlage aufgeworfene Frage nach deutschem Recht. Auf Grund des **Territorialitätsprinzips** sei es dem deutschen Staat erlaubt, den Endverbraucherpreis von Arzneimitteln festzusetzen, die aus dem Ausland im Wege des Versandhandels im Inland abgegeben werden, denn durch den Absatz in Deutschland sei ein hinreichender territorialer Bezug zum Inland gegeben. Entsprechendes gelte für die Arzneimittelversorgung von Versicherten der GKV.

45   Die Vorschriften, die den einheitlichen **Apothekenabgabepreis** bestimmen, unterscheiden nicht nach der Abgabe durch eine öffentliche Apotheke im üblichen Apothekenbetrieb oder im Versand oder nach dem Sitz der Apotheke im Inland oder in einem anderen Mitgliedstaat der EU, wie es auch ihrem Zweck und der Systematik des Gesetzes entspricht. Der an sich erwünschte Preiswettbewerb auf der Stufe der pharmazeutischen Unternehmer sei nicht ausgeschlossen, weil der das **Originalprodukt vertreibende pharmazeutische Unternehmer** und die **Re- und Parallelimporteure** für das gleiche Arzneimittel unterschiedliche Abgabepreise festsetzen könnten.

46   Die **Entstehungsgeschichte** der Bestimmungen über die Zulassung des Imports von Arzneimitteln durch eine in einem anderen Mitgliedstaat ansässige Versandapotheke widerspreche nicht der Anwendung inländischen Preisrechts auf die Abgabe von Arzneimitteln an Endverbraucher in Deutschland. Der Umstand, dass der Gesetzgeber die Anwendung des § 78 und der AMPreisV auf den Versandhandel aus dem Ausland nicht ausdrücklich bestimmt habe und auch die Gesetzesmaterialien sich hierzu nicht verhalten, lasse keinen abweichenden Schluss zu. Zahlreiche Vorschriften des AMG – etwa über die Zulassungspflicht oder über die Verschreibungspflicht – würden für ausländische Versandapotheken nicht ausdrücklich in Bezug genommen, ohne dass ihre Anwendung in Zweifel gezogen werde. Der *GmSOGB* führt weiter aus, dass weder § 73 I 1 Nr. 1a AMG noch § 130a IIIa und IIIb SGB V davon abweichende Regelungen enthalten.

47   Die Anwendung deutschen Arzneimittelpreisrechts steht nach Feststellung des *GmSOGB* mit dem primären und sekundären **Unionsrecht** im Einklang. Art. 4 III RL 2001/83/EG und Art. 1 II 1 der VO (EG) Nr. 726/2004 berühren ebenso wenig wie RL 89/105/EWG die Zuständigkeit der Behörden der Mitgliedstaaten hinsichtlich der Festsetzung der Arzneimittelpreise und ihrer Einbeziehung in den Anwendungsbereich des innerstaatlichen Krankenversicherungssystems (s. Rn. 14). Im Hinblick auf die Vereinbarkeit mit primärem Unionsrecht ordnet der *GmSOGB* die deutschen arzneimittelrechtlichen Preisvorschriften nicht als Maßnahme gleicher Wirkung i. S. d. Art. 34 AEUV ein, sondern als **Verkaufsmodalitäten**[53], die Umstände des Vertriebs regeln und für alle betroffenen Wirtschaftsteilnehmer im In- oder Ausland gleichermaßen gelten. Im Übrigen wäre die Regelung im deutschen Arzneimittelpreisrecht auch nach Art. 36 AEUV gerechtfertigt. Der dem deutschen Gesetzgeber zuerkannte Wertungsspielraum sei nicht dadurch überschritten, dass er verschreibungspflichtige Arzneimittel im Interesse der sicheren

---

[48] Vgl. 2. AMG-ÄndG 2012 vom 19.10.2012.
[49] 2./3. Lesung am 28.6.2012.
[50] *GmSOBG* v. 22.8.2012, PharmR 2013, 168.
[51] Vgl. BT-Drucks. 17/9341, S. 66.
[52] *GmSOGB*, PharmR 2013, 168.
[53] Vgl. *EuGH*, Slg. 1993, I-6097, NJW 1994, 121 Rn. 16 – Keck und Mithouard.

und qualitativ hochwertigen Arzneimittelversorgung der Bevölkerung einer umfassenden – und damit auch den grenzüberschreitenden Versandhandel einbeziehenden – Preisbildung unterstellt habe, um so der Gefahr eines ruinösen Preiswettbewerbs unter Apotheken entgegenzuwirken, eine flächendeckende und gleichmäßige Versorgung der Bevölkerung zu sichern und die Gefahr eines Fehl- oder Mehrgebrauchs von Medikamenten zu mindern. Da sich im vorliegenden Verfahren keine entscheidungserheblichen Rechtsfragen zur Auslegung des Unionsrechts stellen, die ein Vorabentscheidungsersuchen an den *EuGH* erfordern, sei eine entsprechende Vorlage nicht geboten[54].

Das **BSG** war in seinem Urteil vom 28.7.2008[55] zu dem Ergebnis gekommen, dass die AMPreisV **48** insoweit keine Anwendung finde. Die Arzneimittel-Preisvorschriften seien als klassisches hoheitliches Eingriffsrecht schon nach allgemeinen Grundsätzen (Ausdruck des völkerrechtlichen Territorialitätsprinzips) nicht auf Arzneimittel anwendbar, die sich außerhalb des Inlands befinden. Etwas speziell Abweichendes sei nicht geregelt[56]. Zum gleichen Ergebnis kam das *OLG Hamm*[57]: Der Gesetzgeber habe ausdrücklich eine Erstreckung der Preisbindung für Ausländer aus dem Bereich der EU nicht vorgesehen. Insbes. könne § 73 IV angesichts dessen Regelung bestimmter Sonderfälle im Umkehrschluss nicht entnommen werden, dass für andere Verbringungsfälle, insbes. den Versandhandel mit zugelassenen Arzneimitteln, alle Vorschriften des AMG ausnahmslos gelten sollen. § 73 erwähne zwar das nationale Recht in Bezug auf die Befugnis zum grenzüberschreitenden Versandhandel, nicht aber in Bezug auf dessen Durchführung.

Der **BGH**[58] wollte dieser Beurteilung nicht beitreten und hatte in Übereinstimmung mit der Vor- **49** instanz[59] mit umfassender Begründung seine Auffassung dargelegt, dass das deutsche Arzneimittelpreisrecht auch für im Wege des Versandhandels nach Deutschland eingeführte Arzneimittel gilt. Im Hinblick auf § 73 IV 2 widersprach der BGH unter Bezugnahme auf *Dettling*[60] und *Mand*[61] der Auffassung des BSG. Wenn schon für die in § 73 IV genannten vom deutschen Arzneimittelrechtsregime weitgehend freigestellten Arzneimittel das deutsche Preisrecht gelte, könne für die im Wege des grenzüberschreitenden Versandhandels eingeführten Arzneimittel, die in Deutschland zugelassen und in deutscher Sprache gekennzeichnet sein müssen, kaum etwas anderes gelten. Auch ansonsten seien Regelungen mit extraterritorialer Wirkung nach allgemeinem Völkerrecht gem. dem Marktortprinzip zulässig, wenn sie einen hinreichenden Bezug zum eigenen Souveränitätsbezug aufweisen. Auch enthalte das AMG mit § 73 I 1 Nr. 1a sogar eine einseitige Kollisionsnorm[62].

Bereits zuvor hatten das *OLG Hamburg*[63], das *OLG München*[64], das *OLG Frankfurt/M.*[65], das *LG* **50** *Hamburg*[66], das *LG München*[67] und das *LG Saarbrücken*[68] die Anwendung der AMPreisV auch für den grenzüberschreitenden Versandhandel unter Hinweis auf Wortlaut, Entstehungsgeschichte und Schutzzweck bejaht[69]. Aus hiesiger Sicht zutreffend wurde dabei auch auf § 73 I Nr. 1a, ebenso wie auf § 11a ApG Bezug genommen. Die Vereinbarkeit mit dem Unionsrecht hatte unter Bezugnahme auf Gründe des Gesundheitsschutzes bereits das *OLG Hamburg* bejaht[70]. In gleichem Sinne hatte sich *Mand* in einer kritischen Anmerkung zum Urteil des BSG geäußert und überzeugend dargelegt, dass ein Verstoß gegen die Warenverkehrsfreiheit durch die umfassende Preisbindung nicht gegeben ist, weil jedenfalls die deutschen Fixpreise zum Schutz der öffentlichen Gesundheit gem. Art. 30 EG (nunmehr Art. 36 AEUV) gerechtfertigt sind. Die von der Preisregulierung verfolgten Ziele einer flächendeckenden und qualitativ hochwertigen Versorgung mit preisgünstigen Arzneimitteln und der Schutz der Verbraucher vor Über-

---

[54] Vgl. zum inzwischen ergangenen Vorlagebeschluss des *OLG Düsseldorf*, PharmR 2015, 323.

[55] *BSG*, PharmR 2009, 595 ff.; *BSG*, MedR 2009, 619; zust. *Diekmann/Idel*, APR 2009, 93; ebenso *OLG Köln*, APR 2009, 109 und *LSG Essen*, NZS 2011, 466; noch offen gelassen vom *LSG Stuttgart*, Urt. v. 16.1.2008 – L 5 KR 3869/05 – BeckRS 2008, 51895.

[56] Hinzuweisen ist auf die am 1.1.2010 in Kraft getretene Neufassung des Rahmenvertrags (§ 129 II SGB V) zwischen dem GKV-Spitzenverband und dem DAV, nach dem ausländische Apotheken (EU, EWR und Schweiz) nach Beitritt nach § 78 abrechnen.

[57] *OLG Hamm*, MMR 2005, 101 ff., inzwischen rechtskräftig nach Rücknahme der Revision.

[58] *BGH*, NJW 2010, 3724.

[59] *OLG Frankfurt/M.*, GRUR-RR 2008, 306; *OLG Frankfurt/M.*, APR 2008, 98 (Ls. 3 dort unzutreffend); *OLG Frankfurt/M.*, GesR 2008, 663; *OLG Frankfurt/M.*, PZ 2008, 60.

[60] *Dettling*, A&R 2008, 204.

[61] *Mand*, PharmR 2008, 582.

[62] Vgl. im Einzelnen *BGH*, NJW 2010, 3724.

[63] *OLG Hamburg*, PharmR 2010, 410; *OLG Hamburg*, APR 2009, 32; *OLG Hamburg*, GesR 2009, 626.

[64] *OLG München*, PharmR 2009, 511; *OLG München*, GesR 2009, 626; *OLG München*, A&R 2009, 184; *OLG München*, APR 2009, 151; *OLG München*, A&R 2010, 279, vgl. dazu Anmerkung von *Mand* zum BGH in MedR 2012, 800, in der *Mand* klarstellt, dass im Fall der Europa-Apotheke Budapest bereits das *OLG München* als Vorinstanz die deutsche Apotheke antragsgemäß verurteilt hatte, es zu unterlassen, von der ungarischen Apotheke gelieferte preisgebundene Arzneimittel an der Pick-Up-Stelle vergünstigt abzugeben.

[65] *OLG Frankurt/M.*, GRUR-RR 2008, 306; *OLG Frankfurt/M.*, APR 2008, 98 (Ls. 3 dort unzutreffend); *OLG Frankfurt/M.*, GesR 2008, 663; *OLG Frankfurt/M.*, PZ 2008, 60; zust. *Dettling*, A&R 2008, 118.

[66] *LG Hamburg*, PharmR 2006, 477; vgl. dazu *Sucker-Sket*, DAZ 2006, 87.

[67] *LG München I*, A&R 2008, 192.

[68] *LG Saarbrücken*, Urt. v. 31.1.2007 – 71 O 103/06 – BeckRS 2008, 10858.

[69] So auch *Dettling*, PharmR 2003, 401.

[70] *OLG Hamburg*, APR 2009, 32.

vorteilung sind wichtige Gemeinschaftsbelange[71]. Dies wurde durch den Beschluss des *GmSOGB* im Ergebnis bestätigt.

C. Anforderungen an die festzusetzenden Preise und Preisspannen (Abs. 2)

I. Berücksichtigung der berechtigten Interessen der Arzneimittelverbraucher, der Tierärzte, der Apotheken und des Großhandels (S. 1)

51 Die Aufzählung der zu berücksichtigenden berechtigten Interessen steht in Verbindung mit dem Zweck der **Preisregulierung** (s. Rn. 11 und 12). Es geht sowohl im näher bestimmten Umfang um den Schutz kranker Verbraucher vor Überforderung (s. Rn. 29) sowie der Belange der Kostenträger, insbes. gesetzlicher und privater Krankenversicherungen[72] als auch um die Berücksichtigung der Aufgaben und Verantwortlichkeiten der Apotheker und Tierärzte als Angehörige freier Berufe (§ 1 BApO; § 1 II BTÄO). Diese haben eine öffentlich-rechtlich geregelte Verpflichtung zur ordnungsgemäßen Arzneimittelversorgung bzw. zur sachgerechten Versorgung von Tieren und Tierbeständen. Die Einbeziehung des Großhandels in die Regelungen gem. § 78 ist aus technischen Gründen erforderlich, weil zur Festlegung einer einheitlichen Bezugsbasis für die Apothekenspanne die Großhandelsspanne in die Berechnung des einheitlichen Apothekenabgabepreises eingehen muss. Die vom Gesetzgeber vorgegebene Berücksichtigung der berechtigten Interessen des Großhandels beruht auf dem öffentlichen Interesse an einem funktionierenden pharmazeutischen Großhandel, der erforderlich ist, damit die flächendeckende Versorgung mit Arzneimitteln rasch und zuverlässig gewährleistet ist. Im Zusammenhang damit ist durch das AMG-ÄndG 2009 die Vorschrift des **§ 52b** („**Bereitstellung von Arzneimitteln**") eingefügt worden, der für den vollsortierten Großhandel einen Versorgungsauftrag statuiert (s. § 52b Rn. 3).

II. Gewährleistung eines einheitlichen Apothekenabgabepreises (S. 2)

52 Die **Gewährleistung eines einheitlichen Apothekenabgabepreises** dient dem Schutz des Verbrauchers und trägt zugleich den berechtigten Interessen der Verkehrskreise Rechnung. Sie lag dem Konzept des Arzneimittelpreisrechts von Anfang an zu Grunde und hat dann durch die 4. AMG-Novelle Niederschlag im AMG gefunden. Basis für den einheitlichen Apothekenabgabepreis ist der Abgabepreis des pharmazeutischen Unternehmers (s. Rn. 55).

III. Ausnahme von S. 2 für nicht verschreibungspflichtige und nicht zu Lasten der GKV verordnungsfähige Arzneimittel (S. 3)

53 Durch das GMG wurden nicht verschreibungspflichtige Arzneimittel grundsätzlich aus der Leistungspflicht der gesetzlichen Krankenversicherung ausgeschlossen. Als Folge davon wurden zur Belebung des Preiswettbewerbs auf der Endverbraucherstufe die preisregulierenden Maßnahmen aufgehoben. Damit entfällt notwendigerweise auch die Verpflichtung zur Gewährleistung eines einheitlichen Apothekenabgabepreises. Der Gesetzgeber hat dabei erwartet, dass hier ein stärkerer **Preiswettbewerb** eintritt, von dem der Verbraucher als Patient profitieren kann. Die Erfahrungen nach Inkrafttreten des GMG haben diese Erwartung allerdings nicht bestätigt. Vielmehr war zu beobachten, dass sich der Preiswettbewerb im Bereich der nicht verschreibungspflichtigen Arzneimittel stärker durch Naturalrabatte auswirkte, die die pharmazeutischen Unternehmer den Apotheken gewähren. Solche **Naturalrabatte** wurden im Rahmen des AVWG durch Änderung des § 7 HWG[73] für verschreibungspflichtige und für nicht verschreibungspflichtige apothekenpflichtige Arzneimittel verboten[74]. Davon wurde insbes. auch eine Belebung des Preiswettbewerbs mit Auswirkungen auf die Endverkaufspreise erwartet.

D. Sicherstellung eines einheitlichen Abgabepreises (Abs. 3)

I. Verpflichtung der pharmazeutischen Unternehmer (S. 1)

54 Das GKV-WSG[75] hat mit der Anfügung von Abs. 3 die pharmazeutischen Unternehmer als Normadressaten ausdrücklich verpflichtet, einen einheitlichen Abgabepreis für die in S. 1 i. V. m. Abs. 2 S. 2 genannten Arzneimittel sicherzustellen. Dabei handelt es sich um die **preisgebundenen**[76] **verschrei-**

---

[71] *Mand*, PharmR 2008, 582 ff. Aus den genannten Gründen hielt auch *Mand* eine Vorlage an den *EuGH* nicht für erforderlich.

[72] Vgl. *Koyuncu* in *Deutsch/Lippert*, § 78 Rn. 18.

[73] § 7 HWG verbietet grundsätzlich die Werbung für Arzneimittel mit Zugaben und regelt Ausnahmen von diesem Zugabenverbot, insbes. auch betreffend Mengen- und Naturalrabatte.

[74] Im Zusammenhang damit wurde der Generikarabatt nach § 130a SGB V grundsätzlich befristet um 10 % erhöht.

[75] Vom 26.3.2007.

[76] Arzneimittel, für die durch die AMPreisV Preise oder Preisspannen bestimmt sind.

bungspflichtigen Fertigarzneimittel, die in Apotheken zur Abgabe an Endverbraucher bestimmt sind. Dies gilt für nicht verschreibungspflichtige Arzneimittel, die zu Lasten der GKV abgegeben werden, mit den in S. 1, 2. Halbs. beschriebenen Maßgaben, d. h. mit der Verpflichtung der pharmazeutischen Unternehmer, zum Zwecke der Abrechnung der Apotheken mit den Krankenkassen[77] ihren einheitlichen Abgabepreis anzugeben, von dem bei der Abgabe im Einzelfall abgewichen werden kann.

Nach hiesiger Auffassung hat die Verpflichtung zur Sicherstellung des einheitlichen Abgabepreises **55** **klarstellenden Charakter**[78]. „Der einheitliche Apothekenabgabepreis setzt, wie bereits nach vorher geltendem Recht, auf einem einheitlichen Abgabepreis des pharmazeutischen Unternehmers auf, dessen Höhe der pharmazeutische Unternehmer in freier Entscheidung bestimmt. Die Preisbildung des pharmazeutischen Unternehmers ist frei[79], er ist jedoch verpflichtet, ein bestimmtes Arzneimittel bei der Abgabe stets zum gleichen Preis anzubieten. Der einheitliche **Abgabepreis des pharmazeutischen Unternehmers** darf somit bei der Abgabe an den Großhandel[80] sowie die Apotheken nicht unterschritten werden, so dass eine Überschreitung der höchstzulässigen Zuschläge in den Handelsstufen ausgeschlossen ist. Die Vereinbarung von **Skonti** und **Zahlungsfristen** (s. Rn. 62) im Rahmen marktüblicher Bedingungen bleibt hiervon unberührt"[81]. Die bisher verwendete Terminologie („Herstellerabgabepreis") wurde im GKV-WSG auf den im AMG üblichen Sprachgebrauch umgestellt („Abgabepreis" des pharmazeutischen Unternehmers, **„APU"**).

II. Zulässigkeit der Vereinbarung von Preisnachlässen (S. 2)

Abweichend vom einheitlichen Abgabepreis können pharmazeutische Unternehmer „*in Verträgen mit* **56** *Sozialleistungsträgern, wie z. B. Krankenkassen, privaten Krankenversicherungen und deren jeweiligen Verbänden Preisnachlässe (Rabatte*[82]*) vereinbaren. Diese Regelung ermöglicht einen Wettbewerb der Krankenversicherungen*"[83]. In diese Verträge können auch Leistungsanbieter wie Ärzte sowie Dritte eingebunden werden (§ 130a VIII SGB V). „*Im Falle der Beauftragung z. B. von Apotheken oder Dritten mit der Durchführung von Verträgen über Preisnachlässe kann zur Wahrung der notwendigen Markttransparenz die Offenlegung der Verträge vereinbart werden. Grundlage für die höchstzulässigen Preisspannen der Handelsstufen bleibt auch bei Vereinbarung von Preisnachlässen der einheitliche Abgabepreis des pharmazeutischen Unternehmers.*" Gilt aber für ein Arzneimittel ein Erstattungsbetrag nach § 130b SGB V, wird dieser nach Abs. 3a zum einheitlichen Abgabepreis und zur Grundlage der Berechnung der Preisspannen.

Nach Abs. 3 S. 2 dürfen pharmazeutische Unternehmer Preisnachlässe auf ihren Abgabepreis nur den **57** genannten Kostenträgern, nicht aber auf den Handelsstufen gewähren. Preisnachlässe sollen in das System der Krankenversicherung fließen und so den Versicherten zugutekommen und einer unsachgemäße Beeinflussung der Apotheker in ihrem sonstigen Bestell- und Beratungsverhalten soll vorgebeugt werden, da ein solches die Volksgesundheit gefährden könnte[84]. Für den Fall der für Patienten individuell hergestellten Arzneimittelblister hat der *BGH*[85] unter Aufhebung eines Urteils des *OLG Stuttgart*[86] entschieden, dass die Preisbindung in diesem Fall nicht gilt, weil § 1 III 1 Nr. 7 AmPreisV eine Ausnahme für die Abgabe von aus Fertigarzneimitteln entnommenen Teilmengen vorsieht, die entgegen der Auffassung des *OLG Stuttgart* im Falle der patientenindividuellen Verblisterung greift. Insbes. muss eine ärztliche Verordnung für die patientenindividuell zusammengestellte Blister und für die Entnahme von Teilmengen nicht vorliegen.

Darüber hinaus sind im Falle produktbezogener Werbung[87] für preisgebundene (s. Rn. 54) und nicht **58** preisgebundene apothekenpflichtige Arzneimittel die grundsätzlich bestehenden Verbote von Zuwendungen und sonstigen Werbegaben nach **§ 7 I HWG** zu beachten. Diese Verbote stellen insbes. darauf ab, ob die Zuwendungen oder sonstigen Werbegaben entgegen den Preisvorschriften gewährt werden, die aufgrund des Arzneimittelgesetzes gelten. **Naturalrabatte**[88] dürfen weder an Großhändler und

---

[77] Vgl. § 129 Va SGB V.
[78] Vgl. dazu und zum folgenden die Amtliche Begründung zum Gesetzentwurf des GKV-WSG (BT-Drucks. 16/3100, S. 199); klarstellend ebenfalls die Aussage des *BGH*, Urt. v. 5.3.2015 – I ZR 185/13 – BeckRS 2015, 13675, dass dies die Anwendung der Arzneimittelpreisverordnung voraussetzt.
[79] Mit Inkrafttreten des AMNOG (grundsätzlich am 1.1.2011) gelten allerdings neue Regelungen für die Nutzenbewertung neuer innovativer Arzneimittel sowie entsprechende Erstattungsbeträge nach § 130b SGB V; vgl. auch Abs. 3a S. 1.
[80] So *LG Hamburg*, Urt. v. 12.4.2007 – 327 O 631/06 – juris; bespr. v. *Kaeding*, APR 2007, 155; *LG Hamburg*, Beschl. v. 26.6.2006 – 312 O 500/06 – juris.
[81] BT-Drucks. 16/3100, S. 199.
[82] Einfügung durch den Verfasser.
[83] Dazu und zum Folgenden BT-Drucks. 16/3100, S. 199.
[84] *OLG Stuttgart*, PharmR 2013, 541.
[85] *BGH*, Urt. v. 5.3.2015 – I ZR 185/13 – BeckRS 2015, 13675.
[86] *OLG Stuttgart*, PharmR 2013, 541.
[87] Das HWG findet auf Arzneimittel Anwendung, sofern die Werbung produktbezogen erfolgt, d. h. auf ein bestimmtes Mittel oder eine Mehr- oder auch Vielzahl von Arzneimitteln bezogen ist (vgl. insbes. *BGH*, PharmR 2011,18 mit weiteren Nachweisen).
[88] PharmR 2011,18 mit weiteren Nachweisen). Eine bestimmte oder auf eine bestimmte Art zu berechnende Menge gleicher Ware (§ 7 I 1 Nr. 2 Buchst. b HWG).

Apotheken noch an Krankenhäuser oder sonstige Endverbraucher gegeben werden, gleichgültig ob es sich um **preisgebundene oder nicht preisgebundene Arzneimittel** handelt. **Barrabatte**[89] für preisgebundene Arzneimittel dürfen an Endverbraucher nicht gewährt werden[90]. Demgegenüber sind für nicht preisgebundene Arzneimittel, die freien Preisvereinbarungen zugänglich sind, **Preisnachlässe** in den Handelsstufen und an Endverbraucher zulässig. Barrabatte des pharmazeutischen Unternehmers für preisgebundene Arzneimittel sind wegen Abs. 3 ausgeschlossen. Bei nicht preisgebundenen Arzneimitteln gilt für die Abrechnung mit der gesetzlichen Krankenversicherung die Verpflichtung zur Angabe eines einheitlichen Abgabepreises, von dem allerdings im Einzelfall abgewichen werden kann.

59   Im Rahmen des 3. AMG-ÄndG 2013 wurde in § 7 I 1 Nr. 1 HWG in Reaktion auf uneinheitliche Rechtsprechung (s. auch Rn. 113)[91] ferner bestimmt, dass der Verstoß gegen Preisvorschriften, die aufgrund des Arzneimittelrechts gelten, auch bei solchen Rabattaktionen für Arzneimittel, die nicht mit Barrabatten im Sinne des Abs. 1 S. 1 Nr. 2 Buchst. a), sondern mit Zugaben oder Werbegaben in Form von geringwertigen Kleinigkeiten im Sinne des Abs. 1 S. 1 Nr. 1 betrieben werden, zur Unzulässigkeit der Zuwendung oder Werbegabe (führt). Eine Differenzierung zwischen der Bewertung von Barrabatten und geldwerten Rabatten, die zu einem späteren Zeitpunkt eingelöst werden können, ist sachlich nicht gerechtfertigt. Der Verbraucher soll in keinem Fall durch die Aussicht auf Zugaben und Werbegaben unsachlich beeinflusst werden.[92, 93]

60   Für den **Großhandel,** dessen Handelszuschlag durch die im Rahmen des AMNOG geänderte AM-PreisV[94] neu geregelt worden ist (Festzuschlag von 70 Cent je Packung, zusätzlich 3,15 % auf den Abgabepreis des pharmazeutischen Unternehmers), gilt, dass Rabatte an Apotheken aus dem Zuschlag von 3,15 % zulässig sind. Aus dem Zuschlag von 70 Cent kann der Großhandel keine Rabatte geben, d. h. der preisunabhängige Bestandteil ist nicht rabattfähig[95]. Demgegenüber hat das *KG*[96] angenommen, dass entsprechend dem Wortlaut des § 2 I 1 AMPreisV („*darf … höchstens … erhoben werden*"), der Großhandel den durch die Großhandelsspanne festgelegten Preisrahmen unausgeschöpft lassen darf. Anders als in § 3 I 1 AMPreisV, in dem die Verordnung die Formulierung „*sind … zu erheben*" benutzt, enthalte die Verordnung für den Großhandel nicht die Festlegung eines Festpreises. Dem sind *Meyer*[97] in einer Anmerkung zu diesem Urteil und *Mand*[98] zu Recht unter Hinweis auf den geänderten Wortlaut der Vorschrift („*zuzüglich eines Festzuschlags*"), die Intention des Gesetzgebers sowie die Gesetzesmaterialien entgegengetreten.

61   Da es nach Abs. 1 S. 3 maßgeblich darauf ankommt, ob Großhandel i. S. d. § 4 XXII ausgeübt wird, ist das Gewähren von Rabatten auf den *fixen* Großhandelszuschlag demnach unzulässig, wenn pharmazeutische Unternehmer im Direktvertrieb Apotheken beliefern oder Apotheken entsprechende wirtschaftliche Betätigungen wahrnehmen. Bei Abgabe eines verschreibungspflichtigen Arzneimittels an eine Apotheke mit Großhandelserlaubnis kommt es dementsprechend darauf an, ob die Apotheke ihrerseits diese Arzneimittel in Ausübung der Großhandelsfunktion tatsächlich an Dritte (andere Personen als Verbraucher[99]) abgibt. Apotheken, die Arzneimittel zur Abgabe an den Verbraucher erhalten, üben die Großhandelsfunktion nicht aus, so dass die Gewährung von Rabatten auf den fixen Großhandelszuschlag von 70 Cent je Packung unzulässig ist. Nach § 2 I AMPreisV gilt der Großhandelszuschlag bei der Abgabe von Arzneimitteln durch Großhändler an Apotheken und damit **nicht für Zwischenverkauf zwischen Großhändlern auf gleicher Handelsstufe**[100].

62   Dementsprechend sind auch **Skonti** wie sonstige Preisnachlässe oder Funktionsrabatte nur zulässig, soweit sie den Wert des prozentualen Zuschlags nicht überschreiten. *Mand*[101] vertritt dazu eine differenzierende Auffassung. **Echte Skonti,** d. h. solche die eine vorzeitige Zahlung vergüten, sollen auch bei Überschreitung des durch den prozentualen Zuschlag gesetzten Rahmen zulässig sein, weil sie eine echte Gegenleistung für vertraglich nicht geschuldete Leistungen des Käufers darstellen. **Unechte Skonti,** die lediglich die ordnungsgemäße Erfüllung des Vertrages honorieren sollen, sind demgegenüber außerhalb dieses Rahmens unzulässig. Entsprechendes kann für **Funktionsrabatte** gelten. Solche Rabatte werden im absatzpolitischen Interesse des Verkäufers gewährt und betreffen z. B. vertraglich nicht geschuldete Vertriebsleistungen des Käufers oder stellen einen zusätzlichen Anreiz zur ordnungsgemäßen Erfüllung der

---

[89] Ein bestimmter oder auf eine bestimmte Art zu berechnender Geldbetrag (§ 7 I 1 Nr. 2 Buchst. a) HWG.
[90] So auch *Koyuncu,* in: Deutsch/Lippert, § 78 Rn. 32 unter ausdrücklicher Ablehnung anderer Auffassungen in der Literatur (insbes. *Kozianka,* in: FS für Sander, S. 177).
[91] Vgl *OVG Lüneburg,* NVwZ 2011, 1394 und *OVG Münster,* Beschl. v. 28.11.2011 – 13 B 1136/11 – BeckRS 2011, 56815, wie die der *BGH* in wettbewerbsrechtlichen Verfahren (vgl. *BGH,* PharmR 2011, 18) auch in berufsgerichtlichen Verfahren eine Geringfügigkeitsschwelle angewendet hatten, wohingegen *VG Berlin,* Pharm R 2013, 464, dies abgelehnt hatte.
[92] BT-Drucks. 17/13770, S. 20.
[93] Kritisch zur Gesetzesänderung und ihren Folgen äußert sich *Dietel,* PharmR 2013, 449.
[94] Die Änderung trat am 1.1.2012 in Kraft (Art. 12 III AMNOG).
[95] BT-Drucks. 17/2413, S. 36.
[96] *KG,* PharmR 2013, 33.
[97] *Meyer,* PharmR 2013, 39.
[98] *Mand,* A&R 2014, 147.
[99] Zusatz des Autors.
[100] BT-Drucks. 17/ 8005, S. 135.
[101] *Mand,* A&R 2014, 147.

die Warenwirtschaft betreffenden Vertragsabreden oder einen Anreiz für eine Ausweitung oder Bündelung von Bestellungen dar. *Mand* hält dies für zulässig, soweit die Funktionsrabatte eine Leistung des Käufers adäquat abgelten, die über die in der Arzneimittelvertriebskette im Kern gesetzlich vorgegebenen und vertraglich konkretisierten Leistungspflichten hinausgehen. Diese faktisch als Aufrechnung zu charakterisierende Verrechnung sei allerdings nur nach Prüfung des Einzelfalls unter Beachtung der gesetzlichen Wertungen sowie des grundsätzlich zu beachtenden Transparenzgebots zulässig. Entsprechendes müsste dann für andere Leistungen von wirtschaftlichem Wert gelten, die in der Praxis vielfältig ausgestaltet sein können. Dies spricht aus hiesiger Sicht im Interesse einer strikten Auslegung der Rabattbeschränkungen eher für einen restriktiven Ansatz bei der Zulässigkeit von Preisnachlässen. *v. Czettritz/Thewes*[102] sehen die Auffassung *Mands* als vertretbar an, weisen aber zu Recht darauf hin, dass die Gerichte eher einen restriktiveren Ansatz verfolgen. Eine abschließende gerichtliche Klärung bleibt abzuwarten.

E. Abgabe zum Erstattungsbetrag und Geltung der Erstattungsbeträge nach § 130b SGB V für PKV-Versicherte u. a. (Abs. 3a)

I. Abgabe zum Erstattungsbetrag nach § 130b SGB V durch den pharmazeutischen Unternehmer

Die klarstellende Bestimmung, nach der bei Bestehen einer Vereinbarung über den Erstattungsbetrag **63** der pharmazeutische Unternehmer das Arzneimittel zum Erstattungsbetrag abgibt, wurde im Rahmen des 14.SGB V-Änderungsgesetzes getroffen[103]. Sie war aufgrund unterschiedlicher Auslegungen des Begriffs Erstattungsbetrag und infolgedessen der Berechnungsgrundlage für die Preisspannen erforderlich geworden. „Nach § 130b SGB V wird der Erstattungsbetrag zwischen dem GKV-Spitzenverband und dem pharmazeutischen Unternehmer vereinbart. Da der pharmazeutische Unternehmer das Arzneimittel zum Erstattungsbetrag abgibt, ist eine nachträgliche Rückvergütung wie bei den Herstellerabschlägen nach § 130a SGB V entbehrlich. Der Erstattungsbetrag wird damit zum einheitlichen Abgabepreis nach Abs. 3 S. 1 1. Halbs. und wird somit zur Grundlage der Berechnung der Preisspannen nach der AMPreisV[104]. Abweichend vom Grundsatz nach S. 1 hat der pharmazeutische Unternehmer die Möglichkeit, den Erstattungsbetrag zu unterschreiten. Dies ist vor allem im Hintergrund der Neuregelung in § 130b IIIa SGB V, wonach grundsätzlich für alle Arzneimittel mit dem gleichen Wirkstoff ein einheitlicher Erstattungsbetrag gilt, insbes. für Re- und Parallelimporteure relevant, um die Vorgaben in § 129 I Nr. 2 SGB V[105] erfüllen zu können. Auch in diesem Fall bleibt die Verpflichtung nach Abs. 3 S. 1 erster Halbs. unberührt, einen einheitlichen Abgabepreis sicherzustellen, der als Berechnungsgrundlage für den Apothekenverkaufspreis dient"[106].

Da der pharmazeutische Unternehmer die Möglichkeit hatte und weiterhin hat, seinen Listenpreis frei **64** festzusetzen und auszuweisen, war die Auffassung vertreten worden, dass dieser Listenpreis nach wie vor als Abgabepreis des pharmazeutischen Unternehmers anzusehen und damit Grundlage für die Berechnung der Handelsspannen und des Apothekenabgabepreises ist. Dieser Auslegung, die von erheblichem wirtschaftlichem Interesse für die am Vertrieb beteiligten Unternehmen war, ist der Gesetzgeber durch die dargestellte Änderung des AMG sowie durch korrespondierende Änderungen der §§ 2 I und 3 II AMPreisV entgegengetreten[107].

II. Geltung der Erstattungsbeträge nach § 130b SGB V auch für PKV-Versicherte u. a.

In Abs. 3a wird bestimmt, dass Arzneimittelrabatte nach § 130b SGB V auch die private Kranken- **65** versicherung und staatliche Stellen, die Kosten für die Krankenbehandlung erstatten, insbes. die Beihilfeträger erhalten[108]. Der Gesetzgeber hat mit dieser Vorschrift berücksichtigt, dass in Deutschland seit 2007 eine Versicherungspflicht für alle Einwohner und damit auch in der privaten Krankenversicherung gilt. Nach der Entscheidung des *BVerfG*[109] trägt damit der Gesetzgeber auch Verantwortung dafür, dass die privaten Krankenversicherten nicht in unzumutbarer Weise belastet werden[110]. Der Einzug des Rabatts bei den pharmazeutischen Unternehmen erfolgt durch Einzugsstellen der Versicherungen und der Beihilfeträger entsprechend den Verfahren in der GKV. Ergänzend ist auf das im Rahmen des AMNOG erlassene Gesetz über Rabatte (AMRabG) für Arzneimittel zu verweisen, das entsprechende

---

[102] *v. Czettritz/Thewes*, PharmR 2014, 460.
[103] Vgl. BT-Drucks. 18/606 S. 14.
[104] Der Erstattungsbetrag ist des weiteren Grundlage für die Zuzahlung des Versicherten nach § 61 SGB V.
[105] Dies betrifft das Abstandsgebot für das preisgünstige importierte Arzneimittel zum Bezugsarzneimittel.
[106] BT-Drucks. 18/606, S. 14.
[107] Zur Auswirkung des neuen § 78 IIIa auf das Verhältnis von Erstattungsbetrag und Festbetrag vgl. die kritischen Äußerungen von *Grotjahn*, PharmR 2014, 381.
[108] Vgl. BT-Drucks. 17/3698, S. 58.
[109] *BVerfG*, NJW 2009, 2033; *BVerfG*, NZS 2009, 436.
[110] Vgl. BT-Drucks. 17/3698, S. 58.

Regelungen zu § 130a SGB V enthält. Als Regelungsziele verfolgt der Gesetzgeber[111] insbes. die Sicherung der Funktionsfähigkeit der PKV, die Sicherung eines ausreichenden und bezahlbaren Krankenversicherungsschutzes für Privatversicherte und die Vermeidung der Abwälzung der mit den Rabattzahlungen an die GKV verbundenen Kosten auf die Privatversicherten.

66   Das *OLG München*[112] hat in einer Entscheidung zu § 1 AMRabG diese Vorschrift als Berufsausübungsregelung als verfassungsgemäß und insbes. als mit Art. 12 I, 3 I GG vereinbar angesehen. Die Sicherung einer dauerhaften Funktionsfähigkeit der privaten Krankenversicherung sei ein vernünftiger Gemeinwohlbelang (nur) im Interesse einer ausreichenden und bezahlbaren Gesundheitsversorgung der Versicherten. Der verfolgte Zweck, einen bezahlbaren Krankenversicherungsschutz für privat Versicherte zu gewährleisten, stelle ein legitimes, vernünftiges Gemeinwohlinteresse dar. Das *LG München* I[113] als Vorinstanz hatte bereits die Rabattzahlungen pharmazeutischer Unternehmer an private Krankenversicherungsunternehmen als verfassungsgemäß, insbes. als verhältnismäßige Berufsausübungsregelungen angesehen. Es steht dem Gesetzgeber frei, eine Vollversicherung aus zwei Versicherungssäulen zu schaffen. Wählt der Gesetzgeber ein entsprechendes Modell aus zwei Versicherungssäulen – wozu er nach dem GG nicht verpflichtet ist, was ihm aber nach dem GG frei steht – so sind angesichts des existenziellen Bedeutung des privaten Krankenversicherungsrechts für die Versicherungsnehmer Einschränkungen der Berufsfreiheit der Versicherer aber auch der Leistungserbringer im System der PKV systemimmanent zulässig[114].

67   In der Literatur ist die Vereinbarkeit der „Arzneimittelzwangsrabatte zugunsten der PKV" mit dem GG strittig. *Paal/Rehmann*[115] äußern erhebliche Zweifel im Hinblick auf die Vereinbarkeit mit den Grundrechten der pharmazeutischen Unternehmer aus Art. 12 I GG i. V. m. Art. 3 I GG. *Papier/Krönke*[116] sehen einen Verstoß gegen Art. 12 GG und legen dar, dass bei abstrakter Betrachtung die Abschlagspflicht des AM-RabG zwar der Erreichung der Regelungszwecke grundsätzlich förderlich und damit geeignet sein kann, sie sich jedoch bei der gebotenen konkreten Bewertung ihrer Dringlichkeit und Effektivität sowie der Belastung der Betroffenen als eine unzumutbare Belastung der pharmazeutischen Unternehmer erweise. *Butzer/Soffner*[117] bejahen demgegenüber die Vereinbarkeit mit dem GG und darüber hinaus auch mit den Vorgaben des Europarechts.

F. Spezialregelungen für Fälle der Pandemievorsorge (Abs. 4)

68   Abs. 4 enthält ebenso wie § 11 AMPreisV die preisrechtlichen Vorschriften im Zusammenhang mit Maßnahmen, die von Behörden des Bundes und der Länder im Fall einer spezifischen Pandemievorsorge getroffen werden. Das Gesetz stellt auf eine bedrohliche übertragbare Krankheit ab, deren Ausbreitung eine sofortige und das übliche Maß erheblich überschreitende Bereitstellung von spezifischen Arzneimitteln erforderlich macht. Durch diese Konkretisierungen wird verdeutlicht, dass die spezifischen Vorschriften nicht bei jeder pandemischen Erkrankung Anwendung finden sollen, sondern anlässlich der drohenden Influenza-Pandemie getroffen wurden.

69   Die Regelung geht davon aus, dass nach § 47 I 1 Nr. 3c Arzneimittel von den Behörden des Bundes und der Länder, insbes. für den Fall einer solchen Influenzapandemie, vorsorglich beschafft und spezifisch gelagert wurden. Diese Arzneimittel sollen im Bedarfsfall auch über den normalen Vertriebsweg in den Verkehr gebracht werden. Für die von Abs. 4 erfassten Arzneimittel wird der Länderabgabepreis als Grundlage für die nach Abs. 2 festzusetzenden Preise und Preisspannen bestimmt. Die Regelung soll es ermöglichen, die spezifischen Aufwendungen, die bei den Ländern angefallen sind, aber auch mögliche Rabatte der pharmazeutischen Unternehmer an die Länder zu berücksichtigen. Die bisher bestehenden Ausnahmeregelungen nach § 1 III AMPreisV bleiben hiervon unberührt.

70   Abs. 4 erfasst spezifische Arzneimittel, die von Gesundheitsbehörden des Bundes oder der Länder oder von diesen im Einzelfall benannten Stellen bevorratet wurden und in diesen Fällen von Apotheken abgegeben werden. Erfasst werden ebenfalls Wirkstoffe, die für denselben (Pandemievorsorge-)-Zweck von den genannten Stellen bevorratet wurden und aus denen in Apotheken Arzneimittel hergestellt und in diesen (Pandemie-)Fällen abgegeben werden.

G. Inhalte der Arzneimittelpreisverordnung

71   Im Überblick dargestellt enthält die Arzneimittelpreisverordnung (AMPreisV) folgende Regelungen:
72   § 1 I und II AMPreisV bestimmen den **Anwendungsbereich der Verordnung**. Sie gilt für **apothekenpflichtige Arzneimittel**, sofern es sich zugleich um **verschreibungspflichtige Arzneimittel**

[111] Vgl. BT-Drucks. 17/3698, S. 58, 59.
[112] *OLG München*, PharmR 2014, 301; die Revision wurde zugelassen.
[113] *LG München* I, PharmR 2013, 531.
[114] *LG München* I; PharmR 2013, 535 unter Hinweis auf *BVerfG* NJW 2009, 2033; *BVerfG*, NZS 2009, 436.
[115] *Paal/Rehmann*, A&R 2011, 51.
[116] *Papier/Krönke*, PharmR 2015, 269.
[117] *Butzer/Soffner*, NZS 2011, 841.

handelt (§ 1 IV). Nicht erfasst werden die Fälle der Abgabe zwischen pharmazeutischem Unternehmer auf der einen und Großhändlern, Apotheken oder Tierärzten auf der anderen Seite. Vielmehr setzt die VO entsprechend dem Grundsatz, dass der Arzneimittelpreis auf der Herstellerstufe grundsätzlich frei kalkuliert wird, erst auf der Stufe des Wiederverkaufs an. Das bedeutet allerdings nicht, dass der Abgabepreis zwischen dem pharmazeutischen Unternehmer und Großhändlern, Apotheken oder Tierärzten in jedem konkreten Einzelfall frei vereinbart werden kann. Der vom Verordnungsgeber zu gewährleistende einheitliche Apothekenabgabepreis setzt vielmehr einen festen Abgabepreis des pharmazeutischen Unternehmers voraus. Auch wenn dieser in der Festlegung des Abgabepreises grundsätzlich frei ist, hat der Gesetzgeber ihn gleichwohl in Abs. 3 verpflichtet, einen einheitlichen Abgabepreis sicherzustellen. Vor dieser gesetzlichen Klarstellung ging die AMPreisV aber bereits nach Wortlaut und Systematik davon aus, dass es nur einen Abgabepreis für ein bestimmtes Arzneimittel gibt, anderenfalls wäre ein einheitlicher Apothekenabgabepreis nicht zu erzielen[118].

73 § 1 I AMPreisV verweist für Fertigarzneimittel[119] auf

– die Regelung der Preisspannen des Großhandels bei der Abgabe im Wiederverkauf an Apotheken oder Tierärzte (§ 2),
– die Preisspannen sowie die Preise für besondere Leistungen der Apotheken bei der Abgabe im Wiederverkauf (§§ 3, 6 und 7), und die Preisspannen der Tierärzte bei der Abgabe im Wiederverkauf an Tierhalter (§ 10).

74 § 1 II AMPreisV verweist für Arzneimittel, die in Apotheken oder von Tierärzten hergestellt werden (*Defekturarzneimittel* gem. § 21 II Nr. 1, Rezepturarzneimittel, s. § 2 Rn. 55) und deren Abgabe nach § 43 I und III[120] den Apotheken vorbehalten ist, auf

– die Preisspannen sowie die Preise für besondere Leistungen der Apotheken (§§ 4–7) und die Preisspannen der Tierärzte (§ 10).

75 § 1 III AMPreisV enthält zahlreiche und in der Praxis bedeutsame Ausnahmen für die Preisspannen und Preise der Apotheken, wenn es sich um eine Abgabe handelt

1. durch Krankenhausapotheken,
2. an Krankenhausapotheken und diesen nach § 14 VIII 2 ApG[121] gleichgestellte Einrichtungen sowie an Justizvollzugsanstalten und Jugendarrestanstalten,
3. an die in § 47 I Nr. 2–9[122] genannten Personen und Einrichtungen unter den dort bezeichneten Voraussetzungen[123],
3a. von Impfstoffen, die zur Anwendung bei öffentlich empfohlenen Schutzimpfungen im Sinne des § 20 III des Infektionsschutzgesetzes bestimmt sind und diese Impfstoffe an Krankenhäuser, Gesundheitsämter oder Ärzte abgegeben werden,
4. von Impfstoffen, die zur Anwendung bei allgemeinen, insbes. behördlichen oder betrieblichen Grippevorsorgemaßnahmen bestimmt sind,
5. an Gesundheitsämter für Maßnahmen der Rachitisvorsorge,
6. von Blutkonzentraten, die zur Anwendung bei der Bluterkrankheit, sowie von Arzneimitteln, die zur Anwendung bei der Dialyse Nierenkranker bestimmt sind,
7. von aus Fertigarzneimitteln entnommenen Teilmengen, soweit deren Darreichungsform, Zusammensetzung und Stärke unverändert bleibt[124],
   von Fertigarzneimitteln in parenteralen Zubereitungen[125].

76 Das Verhältnis von § 1 III Nr. 3 zu Nr. 6 AMPreisV wird in Rspr. und Lit. unterschiedlich beurteilt. Während das *LSG Sachsen-Anhalt*[126] für humane Blutgerinnungsfaktoren Nr. 6 einschränkend auslegt und folgert, dass Blutgerinnungsfaktoren nur dann nicht der Preisbindung unterliegen, wenn sie an Krankenhäu-

---

[118] *OLG Hamburg*, Urt. v. 23.2.2006 – 3 U 134/05 – juris.
[119] Die AMPreisV verwendet den „alten" Fertigarzneimittelbegriff (§ 4 I vor Änderung durch die 14. AMG-Novelle).
[120] Nach § 43 III werden bestimmte Arzneimittel auf Grund ärztlicher Verschreibung apothekenpflichtig.
[121] Aktualisiert durch AMG-ÄndG 2009.
[122] So erweitert durch AMG-ÄndG 2009.
[123] Diese Ausnahme gilt nur dann, wenn die Arzneimittel an die genannten Personen und Einrichtungen und unter den dort bezeichneten Voraussetzungen abgegeben werden, so *BSG*, GesR 2010, 405 (m. Anm. *Greiff*); wie Vorinstanz *LSG Hessen* zu einem aus Blutplasma gewonnenen Arzneimittel, PharmR 2009, 299; vgl. aber Hinweise zum Verhältnis von Nr. 3 zu Nr. 6.
[124] Nr. 7 angefügt durch GKV-WSG. Die Ausnahme erfasst individuell für einen Patienten für einen bestimmten Zeitraum aufgrund einer ärztlichen Verordnung hergestellte Arzneimittelblister sowie aus Fertigarzneimitteln entnommene Teilmengen (Auseinzelung). Die Preise hierfür sollen im Wettbewerb gebildet werden (§ 1 III 2 AMPreisV und BT-Drucks. 16/3100, S. 200; vgl. zur patientenindividuellen Neuverblisterung von Fertigarzneimitteln *Grau/KutluA&R* 2009, 153, 156 f.). Der *BGH*, Urt. v. 5.3.2015 – I ZR 185/13 – BeckRS 2015, 13675, hat ein Urteil des *OLG Stuttgart* (PharmR 2013, 541) aufgehoben, nach dem die Vorschrift nicht auf Verträge zwischen dem pharmazeutischen Unternehmer und dem Apotheker anwendbar sein sollte, sondern sich nur auf die Abgabe von Arzneimitteln durch den Apotheker erstrecke.
[125] Durch AMG-ÄndG 2009 angefügt.
[126] *LSG Sachsen-Anhalt*, Urt. v. 15.1.2014 – L 9 KA 5/12 – BeckRS 2014, 68980.

ser und Ärzte direkt vertrieben werden, vertreten *Schulte-Bosse* und *Burgardt*[127] sowie *Reese* und *Stallberg*[128] unter Würdigung der Entstehungsgeschichte der Norm, ihres Sinn und Zweck sowie der Grundsätze zum Vorrang von „lex specialis und lex posterior" die Auffassung, dass § 1 III Nr. 6 AMPreisV ohne die Einschränkungen nach § 1 III Nr. 3 AMPreisV Anwendung findet. Dies hat zur Folge, dass humane Blutgerinnungsfaktoren, auch wenn gentechnisch gewonnen, nicht der Preisbindung unterliegen. Strittig ist auch zwischen Kassen und betroffenen Unternehmen, ob das *BSG*[129] bereits in dieser Rechtsfrage, die sich im Zusammenhang mit der Abschlagspflicht nach § 130a I SGB V stellt, höchstrichterlich entschieden hat.

77   Nach § 1 IV AMPreisV sind die Preisspannen und Preise von nicht verschreibungspflichtigen Arzneimitteln ausgenommen (s. Rn. 12).

78   § 2 AMPreisV setzt die **Großhandelszuschläge für Fertigarzneimittel** bei der Abgabe an Apotheken oder Tierärzte fest. Dieser ist für Humanarzneimittel im Rahmen des AMNOG neu gestaltet[130] und an die Struktur der Apothekenvergütung angeglichen worden. Die Aufgabe des Großhandels, insbes. der öffentlichen Versorgungsauftrag nach § 52b, ist unabhängig vom Preis eines Arzneimittels zu erfüllen. Der Großhandel erhält deshalb für (verschreibungspflichtige) Fertigarzneimittel, die zur Anwendung bei Menschen bestimmt sind, einen preisunabhängigen Festzuschlag von 70 Cent je Packung. Damit sollen Warenverteilung und Transport vergütet werden. Dazu kommt ein Zuschlag von 3,15 %, höchstens jedoch 37,80 Euro, auf den Abgabepreis des pharmazeutischen Unternehmers[131]. Die für das (erstmalige) Inverkehrbringen des Fertigarzneimittels verantwortliche Person bestimmt, zu welchem Preis sie das Arzneimittel abgibt. Mit dem prozentualen Zuschlag sollen die Kosten für wertabhängige Aufwendungen[132] (z. B. Lagerhaltung und Versicherung) vergütet werden.

79   Korrespondierend zur Neufassung des Abs. 3a, nach der der pharmazeutische Unternehmer ggfs. zum geltenden Erstattungsbetrag abgibt (s. Rn 63), wurde in § 2 I 3 AMPreisV bestimmt, dass der Berechnung der Zuschläge jeweils der Betrag zugrunde zu legen ist, zu dem der pharmazeutische Unternehmer das Arzneimittel nach Abs. 3 oder Abs. 3a abgibt. Die Großhandelszuschläge nach der AMPreisV einschließlich der Vorschriften zu den Möglichkeiten der Gewährung von Rabatten an Apotheken gelten auch im Direktvertrieb von pharmazeutischen Unternehmern an Apotheken oder durch andere natürliche oder juristische Personen (s. Rn. 40).

80   Bei Fertigarzneimitteln, die zur Anwendung bei Tieren bestimmt sind, dürfen höchstens Zuschläge nach § 2 II oder III AMPreisV erhoben werden. Sie sind auf Grund der Besonderheiten dieses Marktes höher angesetzt.

81   Die prozentualen Großhandelszuschläge sind für Human- und Tierarzneimittel als Höchstzuschläge ausgestaltet, dürfen mithin unterschritten werden.

82   § 3 AMPreisV setzt die Apothekenzuschläge für die Abgabe von Fertigarzneimittel fest. Nach § 3 I 1 AMPreisV ist bei der Abgabe von Humanarzneimitteln ein *Festzuschlag* von 3 % zuzüglich 8,35 Euro (s. hierzu auch Rn. 5)[133] und zuzüglich 16 Cent zur Förderung der Sicherstellung des Notdienstes (s. Rn. 39) sowie die Umsatzsteuer zu erheben. Entsprechend § 2 I 3 AMPreisV ist der Berechnung des Zuschlags jeweils der Betrag zugrunde zu legen, zu dem der pharmazeutische Unternehmer das Arzneimittel nach Abs. 3 oder Abs. 3a abgibt.

83   Soweit Fertigarzneimittel, die zur Anwendung bei Menschen bestimmt sind, durch Apotheken zur Anwendung bei Tieren abgegeben werden, darf abweichend davon nach § 3 I 2 AMPreisV höchstens ein Zuschlag von 3 % zuzüglich 8,10 € sowie die Umsatzsteuer erhoben werden. Bei der Abgabe von Fertigarzneimitteln, die zur Anwendung bei Tieren bestimmt sind, durch die Apotheken dürfen nach § 3 I 3 AMPreisV zur Berechnung des Apothekenabgabepreises höchstens die in § 3 III oder IV der AMPreisV genannten Zuschläge sowie die Umsatzsteuer erhoben werden. Die Zuschläge in § 3 III und IV AMPreisV sind prozentual ausgewiesen und degressiv gestaltet. Die Regelungen in den beiden letztgenannten Fällen stehen im Einklang mit dem Grundsatz der AMPreisV, dass die Zuschläge für Arzneimittel, die zur Anwendung bei Tieren bestimmt sind, als Höchstzuschläge ausgestaltet sind, mithin unterschritten werden dürfen.

84   Nach § 3 II AMPreisV ist der Festzuschlag zu erheben
– bei Fertigarzneimitteln grundsätzlich auf den Betrag, der sich aus der Zusammenrechnung des bei der Belieferung des Großhandels geltenden Abgabepreises des pharmazeutischen Unternehmers ohne

---

[127] *Schulte-Bosse/Burgardt*, PharmR 2015, 149.
[128] *Reese/Stallberg*, PharmR 2015, 222.
[129] Vgl. *BSG*, Urt. v. 27.10.2009 – B 1 KR 7/09 R – BeckRS 2010, 65518 und *BSG*, Urt. v. 29.4.2010 – B 3 KR 3/09 R – BeckRS 2010, 70737, in denen über das Verhältnis von Nr. 3 zu Nr. 6 nicht ausdrücklich entschieden wurde.
[130] In Kraft getreten am 1.1.2012.
[131] Der inhaltsgleiche früher bis zum GKV-WSG verwendete Begriff Herstellerabgabepreis ging von der ehemals regelmäßigen Fallgestaltung aus, nach der ein Unternehmer das Arzneimittel herstellt und dann auch unter seinem Namen in den Verkehr bringt. Auf Grund der gewandelten tatsächlichen Umstände war der Begriff Hersteller in § 78 bereits früher so zu verstehen, dass es sich um den für das Inverkehrbringen verantwortlichen pharmazeutischen Unternehmer handelt, gleich ob dieser einige oder alle Herstellungsschritte selbst vornimmt oder das Arzneimittel vollständig durch einen Lohnhersteller herstellen lässt.
[132] Vgl. BT-Drucks. 17/2413, S. 36.
[133] Zum Apothekenrabatt vgl. § 130 I SGB V.

die Umsatzsteuer und des darauf entfallenden Großhandelshöchstzuschlags nach § 2 ergibt (§ 3 II Nr. 1),

– bei Fertigarzneimitteln, die nach § 52b II 3 nur vom Hersteller direkt zu beziehen sind (Arzneimittel, die dem Vertriebsweg des § 47 I 1 Nr. 2–9 oder des § 47a unterliegen), auf den bei Belieferung der Apotheken geltenden Abgabepreis des pharmazeutischen Unternehmers ohne die Umsatzsteuer (§ 3 II Nr. 2).

Entsprechend § 2 I 3 AMPreisV ist der Berechnung des Zuschlags jeweils der Betrag zugrunde zu **85** legen, zu dem der pharmazeutische Unternehmer das Arzneimittel nach Abs. 3 oder Abs. 3a abgibt.

Es kommt somit im erstgenannten Fall nicht darauf an, in welcher Höhe die Apotheke an den **86** Großhandel tatsächlich einen Großhandelszuschlag entrichtet hat (zur Rabatten nur auf den prozentualen Zuschlag s. Rn. 60). Das gleiche gilt, wenn die Apotheke das Arzneimittel direkt beim Hersteller bezogen hat (Direktgeschäft). Anders ist es aber im zweitgenannten Fall. Hier ist der Festzuschlag allein auf den Abgabepreis des pharmazeutischen Unternehmers zu entrichten.

Geltender Abgabepreis des pharmazeutischen Unternehmers ist grundsätzlich der Preis, den **87** der pharmazeutische Unternehmer in den im Markt üblichen Veröffentlichungsmedien[134] bekannt gibt. Die frühere Rspr. hat sich verschiedentlich mit der Frage befasst, welche Folgen sich ergeben, wenn die tatsächlichen Abgabepreise der pharmazeutischen Unternehmer (geltende Herstellerabgabepreise) auf Grund von Rabatten erheblich unter den Listenpreisen liegen: Nach Auffassung des *BGH* kann der Listenpreis in einem solchen Fall nicht als „geltend" bezeichnet werden. Vielmehr sei der geltende Abgabepreis nach einem Urteil des *BGH* aus dem Jahre 1984[135] derjenige Preis, den der Hersteller im Normalfall, also abgesehen von wenigen besonderen Ausnahmefällen verlangt, weil allein diese Interpretation der Vorschriften den Interessen der Verbraucher, der Tierärzte, der Apotheker und des Großhandels und der weiteren Zielsetzung des § 78 Rechnung trage, einen einheitlichen Apothekenverkaufspreis abzusichern[136]. Somit könne auch ein vom Listenpreis abweichender Preis maßgeblich sein, wenn der Listenpreis auf Grund von Rabatten oder sonstigen Vergünstigungen in beachtlichem Umfang nicht eingehalten werde[137].

Demgegenüber hatte das *LG Hamburg*[138] in einer Rabattaktion von Arzneimittelimporteuren keinen **88** Verstoß gegen den einheitlichen Apothekenabgabepreis gesehen, weil das Ziel, diesen zu gewährleisten, in keiner Weise durch eine höhere Gewinnspanne der Apotheke berührt werde. Später hat die Rechtsprechung erhebliche Abweichungen der tatsächlich geforderten Preise von den Listenpreisen als unzulässig angesehen. Das *OLG Hamburg*[139] und das *OLG Köln*[140] gingen in Entscheidungen aus dem Jahr 2006 immer dann von nach der Systematik der AMPreisV unzulässigen verschiedenen Herstellerabgabepreisen aus, wenn es sich nicht um eine Rabattgewährung im Einzelfall handelt, sondern um eine größere Rabattaktion und der Herstellerabgabepreis in jedenfalls nicht unerheblichem Umfang nicht eingehalten wird. Anders als das *OLG Saarbrücken* angenommen hat, bedarf es dabei nicht einer solchen Abweichung, dass sich der in der Lauer-Taxe niedergelegte Herstellerabgabepreis als „Mondpreis" darstellt.[141] Eine solche strengere Auslegung stützte die Preisregelungen nach § 78 und der AMPreisV. Das Verbot der Naturalrabatte und die Beschränkungen für Preisrabatte im Rahmen des AVWG[142] (s. Rn. 53), insbes. aber Abs. 3 S. 1, zielen jetzt darauf ab, solche Abweichungen vom geltenden Abgabepreis zu verhindern.

Eine **kostenlose Abgabe** von Arzneimitteln ist, soweit nicht die Voraussetzungen des § 47 III **89** vorliegen, als Naturalrabatt anzusehen und damit nach § 7 HWG unzulässig. Unzulässig ist auch die Gewährung eines Sonderrabatts für Arzneimittel mit kurzer Restlaufzeit[143].

Der durch das GKV-WSG neu angefügte Abs. 6 in § 3 AMPreisV hat eine Vergütungsregelung für die **90** **Rückgabe** und erneute Abgabe **nicht genutzter, verschreibungspflichtiger Fertigarzneimittelpackungen** geschaffen. Dadurch ist in Einrichtungen mit zentraler Lagerung von Arzneimitteln, wie Heimen und Hospizen, die Vergütung der Rücknahme und Wiederabgabe durch die Apotheken an Heimbewohner geregelt. Die Vergütung in Höhe von 5,80 Euro[144] kann die Apotheke bei Abgabe der Packung an Versicherte zu Lasten der Krankenkasse abrechnen, abzüglich des Apothekenrabatts nach

---

[134] Die Herstellerabgabepreise werden regelmäßig (14-tägig) aktualisiert und vom IFA in der Lauer-Taxe den Großhändlern und Apotheken zugänglich gemacht. Für Arzneimittel, die zur Anwendung bei Tieren bestimmt sind, gibt es abweichend davon lediglich Preislisten der jeweiligen Hersteller.

[135] *BGH*, PharmR 1984, 197 f.; *BGH*, NJW 1986, 1544.

[136] Vgl. *Kloesel/Cyran*, § 78 Anm. 11.

[137] Vgl. *BGH*, NJW 1986, 1544; *BGH*, PharmR 1984, 197 f.

[138] *LG Hamburg*, Urt. v. 17.5.2005 – 312 O 246/05 – juris, vgl. aber abw. Entscheidung des *OLG Hamburg* im Berufungsverfahren Fn. 53.

[139] *OLG Hamburg*, Urt. v. 23.2.2006 – 3 U 134/05 – juris.

[140] *OLG Köln*, PharmR 2007, 165; *OLG Köln*, GesR 2007, 361.

[141] *OLG Saarbrücken*, WRP 2004, 255; *OLG Saarbrücken*, PharmR 2004, 120, 125; ebenso *OLG Köln*, PharmR 2007, 165; *OLG Köln*, GesR 2007, 361; *LG Hamburg*, Beschl. v. 26.6.2006 – 312 O 500/06 – juris.

[142] Vgl. hierzu *Grunert*, PharmR 2006, 264.

[143] *OLG München*, Urt. v. 15.1.2009 – 29 U 3500/08 – BeckRS 2009, 10997.

[144] Im Gesetzgebungsverfahren im Bundestag beschlossen statt der ursprünglich vorgesehenen 6,10 €.

SGB V. Die Vergütung umfasst den Aufwand für die Rücknahme, Prüfung, Dokumentation und sichere Lagerung dieser Packungen und ist deshalb niedriger als bei erstmaliger Abgabe, weil ein finanzieller Anreiz zur kommerziellen Weiterverwertung nicht benutzter Arzneimittel ausgeschlossen werden soll. Apothekenpflichtige, nicht verschreibungspflichtige Arzneimittel sind aufgrund ihres durchschnittlich geringen Preises und des niedrigeren Risikoprofils von dieser Regelung ausgenommen.[145]

91   § 4 AMPreisV regelt die **Apothekenzuschläge für Stoffe.** Nach § 4 I der VO sind bei Abgabe eines Stoffes, der in Apotheken in **unverändertem Zustand** umgefüllt, abgefüllt, abgepackt oder gekennzeichnet wird (zu den Vorgängen „Umfüllen, Abfüllen, Abpacken, Kennzeichnen", die neben anderen die Definition des Begriffs „Herstellen" ausfüllen s. § 4 Rn. 115), ein Festzuschlag von 100 % (Spanne 50 %) auf den Apothekenpreis ohne Umsatzsteuer für Stoff und erforderliche Verpackung sowie die Umsatzsteuer zu erheben. Nach § 4 II AMPreisV ist dabei der Einkaufspreis der Apotheke für die abzugebende Menge in der üblichen Abpackung maßgeblich. § 4 III AMPreisV sieht die Möglichkeit **abweichender Vereinbarungen** der zugrunde zu legenden Apothekeneinkaufspreise zwischen den für die Wahrnehmung der wirtschaftlichen Interessen gebildeten maßgeblichen Spitzenorganisation der Apotheker (DAV e. V.) mit dem Spitzenverband Bund[146] vor. Ist eine solche Vereinbarung getroffen worden, so ist nach § 4 III 1 AMPreisV der Festzuschlag für die durch diese Vereinbarung erfassten Abgaben abweichend von § 4 I und II auf diese Preise zu erheben. Nach § 4 III 2 AMPreisV gilt das Gleiche, wenn Sozialleistungsträger, private Krankenversicherungen oder deren Verbände mit Apotheken oder deren Verbänden entsprechende Vereinbarungen treffen. Liegt eine solche Vereinbarung nicht vor, kann auf die nach § 4 III 1 AMPreisV vereinbarten Preise abgestellt werden.

92   § 5 AMPreisV regelt die **Apothekenzuschläge für Zubereitung aus Stoffen.** Bei der Abgabe einer Zubereitung aus einem Stoff oder mehreren Stoffen[147], die in Apotheken angefertigt sind, sind nach näherer Bestimmung dieser Vorschrift ein Festzuschlag von 90 % auf den Apothekeneinkaufspreis und ein Rezeptzuschlag nach § 5 III AMPreisV zu erheben. Erfasst werden hiervon insbes. Rezepturarzneimittel aber auch Arzneimittel, die nach § 21 II Nr. 1 **(Defekturarzneimittel)** in Apotheken hergestellt werden, gleich ob die Herstellung aus Stoffen oder Fertigarzneimitteln erfolgt. Nach § 5 II AMPreisV ist dabei der Apothekeneinkaufspreis der für die Zubereitung erforderlichen Menge an Stoffen und Fertigarzneimitteln in der üblichen Abpackung bzw. erforderlichen Packungsgröße, höchstens jedoch der Apothekeneinkaufspreis, der für Fertigarzneimittel bei Abgabe in öffentlichen Apotheken gilt, maßgeblich.

93   § 5 III AMPreisV bestimmt, differenziert nach der Art, insbes. Darreichungsform, mithin der Schwierigkeit der Rezeptur und Menge der anzufertigenden Zubereitung, den Rezepturzuschlag. Wie die Amtliche Begründung[148] feststellt, kann für jede Rezeptur nur einer der drei Rezepturzuschläge in Ansatz gebracht werden.

94   § 5 IV 1 und 2 AMPreisV sieht entsprechend § 4 III AMPreisV die Möglichkeit abweichender Vereinbarungen der zugrunde zu legenden Apothekeneinkaufspreise zwischen der für die Wahrnehmung der wirtschaftlichen Interessen gebildeten maßgeblichen Spitzenorganisation der Apotheker (DAV e. V.) mit dem Spitzenverband Bund[149] vor. Das Gleiche gilt, wenn Sozialleistungsträger, private Krankenversicherungen oder deren Verbände mit Apotheken oder deren Verbänden entsprechende Vereinbarungen treffen; liegt eine solche Vereinbarung nicht vor, kann auf die nach § 5 IV 1 vereinbarten Preise abgestellt werden Besteht keine Vereinbarung über abrechnungsfähige Einkaufspreise für Fertigarzneimittel in Zubereitungen nach § 5 IV 1 oder 2, ist höchstens der Apothekeneinkaufspreis zu berechnen, der bei Abgabe an Verbraucher auf Grund dieser Verordnung gilt.

95   § 5 V 1 AMPreisV bestimmt, dass im Falle von Vereinbarungen über die Höhe des Fest- oder Rezepturzuschlags diese bei der Preisberechnung zu berücksichtigen sind. Das Gleiche gilt nach § 5 V 2, wenn Sozialleistungsträger, private Krankenversicherungen oder deren Verbände mit Apotheken oder deren Verbänden entsprechende Vereinbarungen treffen. Liegt eine solche Vereinbarung nicht vor, kann auf die nach § 5 V 1 vereinbarten Preise abgestellt werden.

96   Bestehen keine Vereinbarungen über Apothekeneinkaufspreise für Fertigarzneimittel in parenteralen Zubereitungen, bestimmt Abs. 5 VI AMPreisV[150] abweichend von § 5 I oder III den Zuschlag für

---

[145] Vgl. BT-Drucks. 16/3100, S. 201.
[146] Die früher genannten Spitzenverbände der Krankenkassen sind die Bundesverbände der Krankenkassen (Orts-, Betriebs- und Innungskrankenkassen, landwirtschaftliche Krankenkassen) sowie die Bundesknappschaft, die See-Krankenkasse und die Verbände der Ersatzkassen; diesen Spitzenverbänden waren gesetzlich (SGB V) bestimmte gemeinsame Aufgaben zugewiesen. Nach Art. 33 GKV-WSG, der am 1.7.2008 in Kraft getreten ist, ist an die Stelle der Spitzenverbände der Krankenkassen der Spitzenverband Bund der Krankenkassen getreten.
[147] Die Formulierung „aus einem Stoff oder mehreren Stoffen" geht auf den Bundesrat zurück, der aus fachlichen Gründen und unter Bezugnahme auf die bisher gültige Deutsche Arzneitaxe auch Rezepturen aus nur einem Stoff erfasst sehen wollte; abgedruckt bei *Kloesel/Cyran*, M 34.
[148] Abgedruckt bei *Kloesel/Cyran*, M 34.
[149] Das früher bestehende Verbot von Vereinbarungen der Einkaufspreise wurde im Zusammenhang mit der Aufnahme der Ausnahme in § 1 III 1 Nr. 8 AMPreisV betr. Fertigarzneimittel in parenteralen Zubereitungen durch das AMGÄndG 2009 aufgehoben.
[150] Neu gefasst durch Art. 8 Nr. 3 AMNOG.

bestimmte parenterale Lösungen. Die Höhe der Zuschläge orientiert sich an den Vereinbarungen, die der Spitzenverband Bund der Krankenkassen und der Deutsche Apothekerverband gem. § 5 V 1 AMPreisV getroffen haben, und berücksichtigt darüber hinaus die Besonderheiten privatwirtschaftlicher Versicherungsverhältnisse[151].

§ 6 AMPreisV sieht für den Fall der Inanspruchnahme während der dort genannten Zeiten (früher: **97** der allgemeinen Ladenschlusszeiten) die Möglichkeit vor, einen zusätzlichen Betrag (2,50 Euro einschließlich Umsatzsteuer) zu berechnen. Diese Regelung besteht neben dem durch das ANSG eingeführten pauschalen Zuschuss für bestimmte durchgehend erbrachte Notdienste (s. Rn. 39).

§ 7 AMPreisV berücksichtigt, dass bei **Abgabe eines Betäubungsmittels** dessen Verbleib nach § 15 **98** BtMVV nachzuweisen ist, und ermöglicht die Berechnung eines zusätzlichen Betrags (0,26 Euro einschließlich Umsatzsteuer).

§ 8 AMPreisV ermöglicht für **Sonderbeschaffungen** die gesonderte Berechnung unvermeidbarer **99** Kosten der Beschaffung (z. B. Fernsprechgebühren, Porti, Zölle) mit Zustimmung des Kostenträgers.

§ 9 AMPreisV fordert bestimmte **Angaben auf der Verschreibung,** die von den Apotheken vor- **100** zunehmen sind (insbes. Apothekenabgabepreise, ggf. zusätzlich berechnete Beträge, Einzelbeträge und Zeit der Inanspruchnahme bei einem Betrag nach § 6 der VO).

§ 10 AMPreisV regelt die **Zuschläge der Tierärzte.** Diese sind anders als die Apothekenzuschläge **101** für Arzneimittel, die zur Anwendung bei Menschen bestimmt sind, als Höchstzuschläge ausgestaltet, die mithin unterschritten werden dürfen.

§ 11 AMPreisV regelt die Preise im Falle des § 78 IV („**Pandemievorsorge**"). **102**

H. Sanktionen

Eine Straf- oder Bußgeldbewehrung ist nicht vorgesehen. Verstöße gegen die Preisvorschriften können **103** allerdings in Wettbewerbsprozessen als Verstoß gegen Vorschriften des UWG relevant sein. Sie können insbes. nach § 7 HWG unzulässig sein, der neben § 78 Anwendung findet, weil er ein anderes Schutzziel verfolgt[152]. Auch kommen strafrechtliche Sanktionsnormen in Betracht.

I. Klinikware

Der *BGH*[153] hat sich in einem strafrechtlichen Verfahren zur Berechnung des Betrugsschadens beim **104** Drittverkauf von krankenhausbestimmten und preisprivilegierten Arzneimitteln (**Klinikware**) geäußert und den Schuldspruch der Vorinstanz wegen mittäterschaftlich begangenen Betrugs bestätigt. Die angeklagte Großhändlerin hatte über zwei Apotheken, die Arzneimittel für die Versorgung von Krankenhäusern bezogen, für den Klinikbedarf bestimmte Arzneimittel erworben, diese aber außerhalb des Klinikbereichs an andere Großhändler oder Apotheken gewinnbringend weiterverkauft.

Verstöße gegen UWG betreffen von einem ebenfalls Fälle der Abgabe von Klinikpackungen an andere **105** als berechtigte Stellen. Der *BGH* hat es als wettbewerbsverzerrend angesehen, wenn verbilligt bezogene Klinikpackungen (§ 1 III Nr. 2 AMPreisV) außerhalb des Krankenhauses weiterverkauft werden[154]. Die Frage, ob ein Verstoß gegen § 1 UWG vorliegt, wenn ein Apotheker, der über eine Genehmigung zur Versorgung von Krankenhäusern mit Arzneimitteln verfügt und Justizvollzugsanstalten mit für die Versorgung von Krankenhäusern bestimmten Klinikpackungen beliefert, war im Jahre 2004 Gegenstand einer weiteren Entscheidung des *BGH*[155]. Hier hat der *BGH* einen Verstoß gegen § 1 UWG verneint, weil mit der Weitergabe von Klinikpackungen an **Justizvollzugsanstalten** nicht in den Wettbewerb der Krankenhausapotheken und der Krankenhaus versorgenden Apotheken mit den öffentlichen Apotheken zu deren Nachteil eingegriffen wird. Denn die Abgabe von Arzneimitteln an Justizvollzugsanstalten ist von jeher im Hinblick auf das Preisgefüge der Abgabe an Krankenhäuser gleichgestellt gewesen[156]. Da die Versorgung von Justizvollzugsanstalten mit Arzneimitteln anders als die Versorgung von Krankenhäusern keiner besonderen Genehmigung bedarf, ist folglich jedem zum Betrieb einer öffentlichen Apotheke berechtigten Inhaber gestattet, verbilligte Anstalts- oder Klinikpackungen von Arzneimittelherstellern zu beziehen und an Justizvollzugsanstalten weiterzuverkaufen[157].

Das *BVerfG*[158] hat zur Verfassungsbeschwerde einer Apothekerin, die weder eine Krankenhausapotheke **106** noch eine krankenhausversorgende Apotheke betrieb, festgestellt, dass die Verhängung einer berufs-

---

[151] Vgl. BT-Drucks. 17/2413, S. 37.
[152] *BGH*, PharmR 2011, 18; *OLG Hamburg*, Urt. v. 19.2.2009 – 3 U 225/06 – BeckRS 2009, 20 765; *OLG Karlsruhe*, GRUR-RR 2009, 176.
[153] *BGH*, GesR 2013, 85 besprochen von *Geis*, NZS 2013, 61.
[154] *BGH*, GRUR 1990, 1010, 1012 – Klinikpackung I.
[155] *BGH*, GRUR 2004, 701; *BGH*, NJW-RR 2004, 1619.
[156] So *BGH*, GRUR 2004, 701; *BGH*, NJW-RR 2004, 1619 unter Hinweis auf die Berücksichtigung der Justizvollzugs- und Jugendarrestanstalten auf Vorschlag des Bundesrates in § 1 III Nr. 2 AMPreisV.
[157] *BGH*, GRUR 2004, 701; *BGH*, NJW-RR 2004, 1619.
[158] *BVerfG*, NJW 2002, 3693 ff.

gerichtlichen Geldbuße wegen der – dem Rezept entsprechenden – Abgabe eines Arzneimittels in einer Packungsgröße, die nur für die Versorgung von Krankenhäusern vorgesehen ist („Klinikware"), wegen Art. 103 II und Art. 12 I GG nicht gerechtfertigt ist. Das von den Berufsgerichten aus dem Gesetzeszweck der § 14 IV (jetzt § 14 VII) ApG, § 78 i. V. m. § 1 AMPreisV entnommene Verbot für öffentliche Apotheken, Anstaltspackungen an Kunden weiterzugeben, sei für die Normadressaten nicht hinreichend deutlich erkennbar. Auch konnte der beschwerdeführenden Apothekerin kein unlauterer Wettbewerb angelastet werden, weil unter den tatsächlichen Marktverhältnissen bestehende Wettbewerbsverzerrungen, „die vom Gesetzgeber möglicherweise missbilligt, aber nicht in klare Normen gefasst sind," nicht zur Grundlage der berufsgerichtlichen Verurteilung gemacht werden konnten. Vor dem Hintergrund der später statuierten Rabattverbote in § 7 HWG und der Verpflichtung zur Sicherstellung des einheitlichen Abgabepreises in § 78 III ist nunmehr eine andere wettbewerbsrechtliche Beurteilung denkbar, auch wenn AMG und AMPreisV kein ausdrückliches Verbot enthalten, Klinikpackungen preisgebundener Arzneimittel durch öffentliche Apotheken abzugeben.

II. Gutschriften, Bonuspunkten, Bonuszahlungen, Boni, Bonustalern o. ä.

107   Verstöße gegen die Preisvorschriften können auch bei **Gutschriften, Bonuspunkten, Bonuszahlungen, Boni, Bonustalern** oder ähnlichen Vorteilen vorliegen, die der Kunde beim Kauf eines verschreibungspflichtigen Arzneimittels seitens der Apotheke erhält[159]. Zur Zulässigkeit von Bonussystemen bei Abgabe verschreibungspflichtiger Arzneimittel hat der *BGH* im Jahre 2010 nach jahrelanger uneinheitlicher Rechtsprechung der Vorinstanzen entschieden, dass ein Verstoß gegen die arzneimittelrechtliche Preisbindung auch dann vorliegt, wenn für das preisgebundene Arzneimittel zwar der korrekte Preis angesetzt wird, dem Kunden aber gekoppelt mit dem Erwerb des Arzneimittels Vorteile gewährt werden, die den Erwerb für ihn wirtschaftlich günstiger erscheinen lassen[160].

108   Unzulässig war auch bereits zuvor nach der Rechsprechung die Gewährung eines solchen Vorteils unmittelbar beim Kauf eines verschreibungspflichtigen Arzneimittels, weil damit der einheitliche Apothekenabgabepreis umgangen würde. Unterschiedlich wurde es bislang von der Rechtsprechung beurteilt, wenn beim Kauf verschreibungspflichtiger Arzneimittel Gutscheine o. ä. ausgestellt werden, die beim späteren Kauf eines **nicht verschreibungspflichtigen Arzneimittels** oder sonstiger Ware eingelöst werden können[161]. Während das *OLG Rostock*[162] und das *OLG Naumburg*[163] den Kauf des verschreibungspflichtigen Arzneimittels und des späteren Kaufs nicht preisgebundener Arzneimittel getrennt betrachteten und damit eine Verletzung der AMPreisV verneinten, bejahten das *OLG Stuttgart*[164], *OLG München*[165], das *OLG Hamburg*[166], das *OLG Karlsruhe*[167], das *KG*[168], das *OLG Köln*[169], das *OLG Frankfurt*[170], das *LG Osnabrück*[171], und das *OVG Lüneburg*[172] einen Verstoß. Diese Entscheidungen haben zu Recht die Zustimmung des *BGH* gefunden. Der Ansatz einer isolierten Betrachtung eines die AMPreisV unberührt lassenden Erstkaufs und eines solche nachfolgenden Preisnachlasses auf nicht preisgebundene Apothekenartikel trägt der *„einem unmittelbaren Barnachlass gleichstehenden wirtschaftlichen Bedeutung"*[173] eines solchen Gutscheins nicht Rechnung. Diese gewinnen eine **Geldersatzfunktion**[174], die sie von handelsüblichen geringwertigen Zugaben unterscheiden. Abweichendes kann allenfalls gelten, wenn der Gutscheineinlösung wesentliche Hindernisse entgegenstehen oder die Vorteile nicht allein für den Erwerb der preisgebundenen Arzneimittel gewährt werden, etwa weil der Kunde beim Erwerb Unannehmlichkeiten in Kauf nehmen muss[175].

---

[159] Vgl. *Kuhlen*, APR 2009, 57 mit Überblick über die Rspr. vor der Entscheidung *BGH, NJW* 2010, 3721.
[160] *BGH, NJW* 2010, 3721; PharmR 2011, 18; A&R 2011, 272; vgl. auch die drei Parallelentscheidungen des *BGH*, Urt. v. 9.9.2010 – I ZR 37/08, I ZR 26/09 und I ZR 125/08 – BeckRS 2010, 23 772, 23 771, 23 769; vgl. auch *Maur*, PharmR 2011, 33 sowie *Meeser*, PharmR 2011, 113.
[161] Vgl. dazu *Auerbach/Jung*, APR 2006, 52 mit Hinweisen auf die Rspr.
[162] *OLG Rostock*, Urt. v. 4.5.2005 – 2 U 54/05 – BeckRS 2006, 08 324.
[163] *OLG Naumburg*, APR 2005, 163; *OLG Naumburg*, GRUR-RR 2006, 336; *OLG Naumburg*, WRP 2006, 398.
[164] *OLG Stuttgart*, PharmR 2010, 123 ff.
[165] *OLG München*, APR 2009, 151.
[166] *OLG Hamburg*, APR 2009, 32.
[167] *OLG Karlsruhe*, APR 2009, 31.
[168] *KG*, GewArch 2008, 320; *KG*, GRUR-RR 2008, 450.
[169] *OLG Köln*, APR 2005, 172.
[170] *OLG Frankfurt/M.*, GRUR-RR 2008, 454; *OLG Frankfurt/M.*, Urt. v. 5.6.2008 – 6 U 118/07 – BeckRS 2008, 13981; *OLG Frankfurt/M.*, GRUR-RR 2006, 233.
[171] *LG Osnabrück* und Aussagen zur Zulässigkeit der Berufung des *OLG Oldenburg*, WRP 2006, 913.
[172] *OVG Lüneburg*, NJW 2008, 3451 mit Bestätigung der *VG Osnabrück*, APR 2008, 108; vgl. auch *OVG Lüneburg*, PharmR 2011, 173 und die Parallelentscheidungen *OVG Lüneburg*, PharmR 2011, 335; *OVG Lüneburg*, Beschl. v. 8.7.2011 – 13 ME 95/11 – BeckRS 2011, 52333; *OVG Lüneburg*, Beschl. v. 8.7.2011 – 13 ME 111/11 – BeckRS 2011, 52 331 (jeweils mit Hinweis auf eine aufsichtsbehördliche „Eingriffsschwelle" von 1,50 Euro pro verschreibungspflichtigem Arzneimittel).
[173] *OLG Köln*, GRUR 2006, 88.
[174] *OLG Karlsruhe*, APR 2009, 31 f.
[175] Vgl. *BGH, NJW* 2010, 3721, mit Hinweisen auf Entscheidungen zu Ausnahmefällen.

Hofmann

Das *LG Bochum*[176] hat keinen Verstoß gegen § 78 darin gesehen, wenn „**Q-Taler**" in Verbindung mit **109**
dem innerhalb von zwei Tagen erfolgenden Nachweis eines **Arztbesuches** gewährt werden. Der Nachweis des Arztbesuches konnte dabei durch Vorlage eines Terminzettels oder auch durch Vermerk auf
einem Rezept erbracht werden. Die „Q-Taler" würden für den Nachweis des Arztbesuches, gerade nicht
aber für die Einlösung eines Rezeptes gewährt. Es erscheint zweifelhaft, ob diese Entscheidung mit den
Grundzügen der Rechtsprechung des *BGH* vereinbar ist. Das Aufsuchen der Apotheke nach Arztkontakt
ist regelmäßig mit dem Kauf eines (verschreibungspflichtigen oder nicht verschreibungspflichtigen)
Arzneimittels verbunden. Somit zielt die Werbung „Neu bei uns: 2 Taler nach Arztbesuch" wirtschaftlich
gesehen auf die Anbahnung eines Arzneimittelkaufs ab und die „Q-Taler", die in aller Regel im
Zusammenhang mit dem Kauf eines Arzneimittels gewährt werden, haben damit ebenfalls Geldersatzfunktion.

III. Spürbarkeitsschwelle

Gegenstand weiterer Entscheidungen war, bei welchem konkreten Wert des geldwerten Vorteils die **110**
im Wettbewerbsrecht maßgebliche **Spürbarkeitsschwelle** i. S. d. § 3 I UWG überschritten wird. Ein
Verstoß gegen Abs. 2 S. 2 und 3, Abs. 3 S. 1 und §§ 1 I und IV, 3 AMPreisV[177] ist dann nicht geeignet,
die Interessen von Mitbewerbern und sonstigen Marktteilnehmern spürbar zu beeinträchtigen, wenn die
für eine entsprechende Heilmittelwerbung nach § 7 I Nr. 1, 3, 4, und 5 HWG bestehenden Grenzen
eingehalten werden. Bei einer Publikumswerbung stelle eine Werbegabe von fünf Euro keine geringwertige Kleinigkeit i. S. v. § 7 I Nr. 1 2. Alt HWG dar; eine Werbegabe von einem Euro überschreitet
die Wertgrenze noch nicht[178]. Unter Bezugnahme auf die bisherige Senatsrechtsprechung hat der *BGH*[179]
2014 bekräftigt, dass ein Verstoß gegen die Bestimmungen des § 78 und der AMPreisV immer dann
vorliege, wenn der Wert der für den Bezug eines Arzneimittels gewährten Werbegabe einen Euro
übersteigt. Dabei bezieht sich die Spürbarkeitsschwelle und die entsprechende Bonusgewährung auf das
jeweils verschriebene Arzneimittel, unabhängig davon, ob auf dem Rezept ein, zwei oder drei Arzneimittel verordnet werden. Dies ist nach *OLG Jena* der einzig sinnvolle, willkürfreie Anknüpfungspunkt[180].
Bezug zu nehmen ist allerdings auf die 2013[181] erfolgte Änderung des § 7 I 1 Nr. 1 HWG, nach der auch
im Falle der Nr. 1 Zuwendungen oder Werbegaben für Arzneimittel unzulässig sind, soweit sie entgegen
den arzneimittelrechtlichen Preisvorschriften gewährt werden. Es bleibt abzuwarten, ob der *BGH*
nunmehr bei Zuwiderhandlung gegen das HWG jeden Verstoß als spürbar wertet oder eine Spürbarkeits-
schwelle/Geringwertigkeitsschwelle im Lauterkeitsrecht unabhängig vom HWG weiterhin anwendet[182].
Das *OLG Frankfurt*[183] hat unter Bezugnahme auf die Änderung des § 7 I 1 Nr. 1 HWG im Falle eines
Einkaufsgutscheins, der bei Abgabe eines rezeptpflichtigen, preisgebundenen Arzneimittels übergeben
und in einer Bäckerei einzulösen war einen Verstoß gegen das arzneimittelpreisrechtliche Verbot der
Gewährung von Vorteilen bejaht und darin zugleich einen spürbaren Wettbewerbsverstoß gesehen.

IV. Abholmodell

In weiteren Entscheidungen ging es um bestimmte Ausgestaltungen der Geschäftsmodelle zur Gewäh- **111**
rung von Vorteilen. So ging es in der Entscheidung des *BGH*[184] um die Frage, ob durch ein **Abholmo-
dell** eine Ausnahme von den deutschen Preisvorschriften erzielt werden kann. Der *BGH* hat entschieden,
dass eine Abgabe i. S. d. § 78 dann vorliegt, wenn durch einen auf ein Arzneimittel bezogenen Vorgang
bewusst und gewollt die Möglichkeit einer eigenen Verwendung in Form der Anwendung oder Weitergabe des Mittels durch einen anderen als den bisherigen Inhaber der Verfügungsgewalt geschaffen
wird. Bei ‚Abholmodellen' liegt der Ort der Abgabe daher zwar grundsätzlich dort, wo die vom
Empfänger mit der Abholung beauftragte Person das Mittel abholt; es ist jedoch jeweils zu prüfen, ob
tatsächlich eine dem unmittelbaren Besitz vergleichbare Zugriffsmöglichkeit besteht und ob die Regelung nicht allein der Umgehung zwingender apothekenrechtlicher oder arzneimittelrechtlicher Vorschriften dient. Dies ist dann der Fall, wenn eine hinsichtlich des Erfüllungsorts getroffene Regelung
ersichtlich der Umgehung des deutschen Arzneimittelpreisrechts dient[185]. Zu der entsprechenden Fallgestaltung hat der *VGH München* die Grundsätze der Versandhandelsentscheidung des *GmSOGB* für
anwendbar erklärt, denn wenn bereits Importarzneimittel, die – ohne Zwischenschaltung einer deutschen

---

[176] *LG Bochum*, Urt. v. 26.11.2014 – 13 O 137/14 – BeckRS 2015, 02471.
[177] Diese Vorschriften stellen nach *BGH,* NJW 2010, 3721, Marktverhaltensregelungen i. S. d. § 4 Nr. 11 UWG dar
und sind neben § 7 HWG anwendbar.
[178] *BGH,* PharmR 2011, 18; vgl. auch *Mand*, NJW 2010, 3681 und NJW 2014, 3200.
[179] *BGH,* BeckRS 2014, 07407; PharmR 2014, 190; A&R 2014, 88.
[180] *OLG Jena*, PharmR 2012, 348.
[181] Vgl. Art. 1a des 3. AMG-ÄndG 2013 vom 7.8.2013 (BGBl. I S. 3108).
[182] Vgl. *Mand*, A&R 2014, 147.
[183] *OLG Frankfurt*, PharmR 2015, 313 – „Brötchen-Gutschein".
[184] *BGH,* PharmR 2014, 190 – „Holland-Preise".
[185] *BGH,* PharmR 2014, 190 – „Holland-Preise".

Apotheke – im Wege des Versandhandels aus dem EU-Ausland in Deutschland an den deutschen Verbraucher abgegeben werden, der Arzneimittelpreisbindung unterliegen, kann für die Abgabe von Importarzneimitteln über eine deutsche Apotheke nichts anderes gelten[186].

V. Rabattkonzept „Vorteil 24"

112 Beim **Rabattkonzept „Vorteil 24"** hat das *OLG Celle*[187] in einem Beschluss nach § 91a ZPO einen Verstoß bejaht. Nach diesem Rabattkonzept wurden in der deutschen Apotheke Rezepte entgegen genommen und diese nach Einscannen auf elektronischem Weg an eine in den Niederlanden befindliche Präsenzapotheke weiter geleitet. Die Arzneimittel wurden an die deutsche Apotheke geliefert und dort an die Kunden, ggf. nach Beratung, ausgehändigt. Den Kaufpreis beziehungsweise den Zuzahlungsbetrag zog die deutsche Apotheke für die niederländische Apotheke ein. Von ihr wurde auf verschreibungspflichtige Arzneimittel ein Rabatt von 3 % gewährt, mindestens 2,50 €, maximal 15 €. Dieser Rabatt wurde entweder in Form der Verrechnung mit der Zuzahlung oder – bei Zuzahlungsfreiheit oder Übersteigen des Zuzahlungsbetrags – in Form eines in der deutschen Apotheke einzulösenden Gutscheins gewährt. Auch bei diesem Rabattkonzept wird zwar der korrekte Preis angesetzt, doch werden dem Kunden gekoppelt mit dem Erwerb des Arzneimittels Vorteile gewährt, die den Erwerb für ihn wirtschaftlich günstiger erscheinen lassen, so dass das *OLG Celle* unter Bezugnahme auf *BGH*[188] auch hier ein Verstoß gegen die Preisvorschriften bejaht hat.

VI. Berufsgerichte: Spürbarkeitsschwelle

113 Unterschiedlich beurteilt wurde von der Rechtsprechung der Berufsgerichte, inwieweit die von den Wettbewerbsgerichten, insbes. *BGH*[189], angewandte **Spürbarkeitsschwelle/Geringfügigkeitsschwelle** auch für die **berufsgerichtliche Beurteilung** im Rahmen einer Ermessensentscheidung der Behörde maßgeblich sein kann. Dies hatten *OVG Lüneburg*[190] und *OVG Münster*[191] sowie *VG Braunschweig*[192], auch in berufsgerichtlichen Verfahren so entschieden, während *OVG Koblenz*[193], *VG Berlin*[194] und *VG Gießen*[195] dies abgelehnt hatten. Dies hat zu der oben (Rn. 59) dargestellten Änderung des § 7 I 1 Nr. 1 HWG geführt, nach der eine Differenzierung zwischen der Bewertung von Barrabatten und geldwerten Rabatten als sachlich nicht gerechtfertigt behandelt wird. Das *VG Gelsenkirchen* hat in einem Verfahren nach § 80 V VwGO dementsprechend unter Hinweis auf die Rechtsänderung für „Drachentaler", die bei preisgebundenen Arzneimitteln abgegeben wurden, einen Verstoß gegen die Preisvorschriften bejaht[196].

VII. Werbung mit AVP

114 Eine nach dem UWG i. V. m. § 78 unzulässige Werbung kann auch vorliegen, wenn der vom pharmazeutischen Unternehmer zum Zwecke der Abrechnung mit den Kassen anzugebende einheitliche Abgabepreis dem eigenen Preis der Apotheke gegenüber gestellt wird. So äußert sich u. a. *OLG Frankfurt/Main*: „*Die in der Werbung einer Apotheke für nicht verschreibungspflichtige Arzneimittel vorgenommene Gegenüberstellung des eigenen Verkaufspreises mit höheren, als ‚AVP' bezeichneten einheitlichen Abgabepreis nach Abs. 3 S. 1, 2 Halbs. ist irreführend, wenn der Eindruck entstehen kann, bei dem ‚AVP' handele es sich um einen vom Hersteller empfohlenen Preis und der Charakter dieses Preises in der Werbung auch nicht hinreichend erläutert wird.*" (amtlicher Leitsatz) und *KG* sowie *LG Braunschweig*[197].

---

[186] *VGH München*, PharmR 2014, 109.

[187] *OLG Celle*, A&R 2012, 288.

[188] *BGH*, Urt. v. 9.9.2010 – I ZR 98/08 – BeckRS 2010, 26209, ein Verstoß wurde in diesem Fall aber abgelehnt, weil die Spürbarkeitsschwelle nicht überschritten wurde.

[189] *BGH*, PharmR 2011, 18.

[190] *OVG Lüneburg*, Beschl. v. 8.7.2011 – 13 ME 111/11 – BeckRS 2011, 52331; vgl. auch *OVG Lüneburg*, PharmR 2012, 464.

[191] *OVG Münster*, Beschl. v. 28.11.2011 – 13 B 1136/11 – BeckRS 2011, 56815.

[192] *VG Braunschweig*, PharmR 2012, 350.

[193] *OVG Koblenz*, PharmR 2013, 88.

[194] *VG Berlin* PharmR 2013, 464.

[195] *VG Gießen*, PharmR 2013, 335.

[196] *VG Gelsenkirchen*, Beschl. v. 19.9.2013 – 7 L 849/13 – BeckRS 2013, 57025; ob die Neuregelung in § 7 I Nr. 1 HWG gegen europarechtliche Vorgaben oder Art. 12 GG verstoße, müsse letztlich der Klärung im Hauptsacheverfahren vorbehalten bleiben. Jedenfalls lägen derartige Verstöße im vorliegenden vorläufigen Rechtsschutzverfahren nicht auf der Hand bzw. seien (betr. Art. 12 GG) eher fernliegend.

[197] *OLG Frankfurt/M.*, Urt. v. 20.3.2014 – 6 U 237/12 – BeckRS 2014, 06773; *KG*, PharmR 2014, 255; so auch bereits *KG*, PharmR 2014, 118; *LG Braunschweig*, Urt. v. 7.11.2013 – 22 O 1125/13 – BeckRS 2014, 03188.

I. Hinweis auf sozialrechtliche Regelungen mit Relevanz für die Kostenerstattung bei Arzneimitteln

Eine Reihe sozialrechtlicher Regelungen hat Einfluss auf Arzneimittelpreise und die Kosten der **115** Arzneimittelversorgung[198]. Grundsätzlich ist nach § 2 SGB V „Leistungen" das **Wirtschaftlichkeitsgebot** nach § 12 SGB V[199] zu beachten. Behandlungsmethoden, **Arznei- und Heilmittel der besonderen Therapierichtungen**[200] sind nach § 2 I 2 SGB V nicht ausgeschlossen. Der Fünfte Abschn. des SGB V „Leistungen bei Krankheit", Erster Titel „Krankenbehandlung" enthält die Regelungen für die Arzneimittelversorgung der gesetzlich versicherten Patienten. Einschlägig sind in diesem Titel insbes. § 31 „Arznei- und Verbandmittel", § 34 „Ausgeschlossene Arznei-, Heil- und Hilfsmittel", § 35 „Festbeträge für Arznei- und Verbandmittel[201], § 35a „Bewertung des Nutzens von Arzneimitteln mit neuen Wirkstoffen", § 35b „Kosten-Nutzen-Bewertung" und § 35c „Zulassungsüberschreitende Anwendung von Arzneimitteln."

Daneben sind im SGB V im Hinblick auf Arzneimittel insbes. § 92 „Richtlinien der Bundesausschüs- **116** se"[202], § 93 „Übersicht über ausgeschlossene Arzneimittel" und §§ 129–131 im Siebten Abschn. „Beziehungen zu Apotheken und pharmazeutischen Unternehmern" von Bedeutung. Grundsätzlich sind zulassungspflichtige Arzneimittel nur dann erstattungsfähig, wenn sie für das betreffende Anwendungsgebiet zugelassen sind[203].

Pharmazeutische Unternehmer sind nach §§ 130 f. SGB V verpflichtet, für erstattungsfähige Arznei- **117** mittel Herstellerabschläge[204] zu gewähren.

I. Festbeträge

Festbeträge sind keine staatlich festgelegten Preise[205], sondern Höchstbeträge für die Erstattung (§ 31 II **118** 1 SGB V). Sie können allerdings Auswirkungen auf die Festlegung des Herstellerabgabepreises haben, wenn der Hersteller oder pharmazeutische Unternehmer Anlass sieht, seinen Herstellerabgabepreis so festzusetzen, dass sein Arzneimittel zum Festbetrag erhältlich ist. Das Verfahren zur Festsetzung der Festbeträge ist in § 35 SGB V bestimmt[206].

II. Kosten-Nutzen-Bewertung

Mit Inkrafttreten des AMNOG gelten neue Regelungen für Arzneimittelrabatte (§ 130 f. SGB V) und **119** die Nutzenbewertung neuer innovativer Arzneimittel. Alle Arzneimittel stehen nach wie vor nach Markteinführung den Patienten zur Verfügung. Pharmazeutische Unternehmer können den Preis nach Markteinführung zunächst[207] frei festsetzen. Für solche Arzneimittel mit einem nach Nutzenbewertung durch GBA und IQWiG (§§ 139a–139c SGB V) gem. § 35a und b SGB V festgestellten Zusatznutzen[208] gegenüber der Vergleichstherapie vereinbart das pharmazeutische Unternehmen mit dem Spitzenverband Bund der Krankenkassen gem. § 130b SGB V einen GKV-Erstattungspreis als Rabatt auf den Abgabepreis. Erstattungsbeträge nach § 130 SGB V gelten als Rabatt auf den Abgabepreis des pharmazeutischen

---

[198] Vgl. die Hinweise bei *Koyuncu;* in: Deutsch/Lippert, § 78 Rn. 44 mit weiteren Nachweisen.

[199] Vgl. § 12 I und II SGB V: „(1) Die Leistungen müssen ausreichend zweckmäßig und wirtschaftlich sein; sie dürfen das Maß des Notwendigen nicht überschreiten. Leistungen, die nicht notwendig oder unwirtschaftlich sind, können Versicherte nicht beanspruchen, dürfen die Leistungserbringer nicht bewirken und die Krankenkassen nicht bewilligen. (2) Ist für eine Leistung ein Festbetrag festgesetzt, erfüllt die Krankenkasse ihre Leistungspflicht mit dem Festbetrag."

[200] Phytotherapie, Homöopathie und anthroposophische Medizin.

[201] Das *BVerfG* hat im Rahmen eines Vorlagebeschlusses des *BSG* am 17.12.2002 entschieden, dass die in § 35 vorgesehene Festsetzung von Festbeträgen mit dem Grundgesetz vereinbar ist (BGBl. 2003 I S. 126). § 35a SGB V, sah für einen Übergangszeitraum bis zum 31.12.2003 in bestimmtem Umfang Festbetragsregelungen durch den Verordnungsgeber (seinerzeit BMGS im Einvernehmen mit BMWA) vor.

[202] Vgl. die „Arzneimittelrichtlinien" nach § 92 I 2 Nr. 6 SGB V. Eine „Preisvergleichsliste" nach § 92 II SGB V ist noch nicht beschlossen worden.

[203] Vgl. *BSG,* NJW 2003, 460.

[204] Abrufbar unter http://www.bmg.bund.de.

[205] Zur Frage der Zulässigkeit eines Preisabschlags und eines Preismoratoriums hat sich das *BVerfG* mit Beschl. v. 1.9.1999 (NJW 2000, 1781 f.) geäußert. In der entsprechenden Regelung in Art. 30 I GSG, die für 1993 und 1994 entsprechende Regelungen vorsahen, hat es einen unverhältnismäßigen Eingriff in die Berufsausübungsfreiheit der Arzneimittelhersteller gesehen, weil davon auch Arzneimittel erfasst waren, die nicht, nur ausnahmsweise oder nur mit einem verhältnismäßig geringen Prozentsatz zu Lasten der gesetzlichen Krankenversicherung verordnet werden konnten.

[206] Kommentierungen der Festbetragsregelung finden sich in: *Krauskopf,* Soziale Krankenversicherung, Pflegeversicherung, Kommentar § 35 SGB V; *Orlowski,* GKV-Kommentar § 35 SGB V.

[207] Zum Verfahren der Nutzenbewertung (insbes. zur Übermittlung des Dossiers des pharmazeutischen Unternehmers) vgl. Arzneimittel-Nutzenbewertungsverordnung – AM-NutzenV. Vgl. auch die Verfahrensordnung des GBA, abrufbar unter www.g-ba. de.

[208] Vgl. *Roters,* NZS 2010, 612 ff.

Unternehmers auch für Personen, die nicht GKV-Versicherte sind oder als GKV-Versicherte Arzneimittel nicht im Wege der Sachleistung erhalten. Entsprechende Regelungen zu § 130a SGB V enthält das im Rahmen des AMNOG erlassene Gesetz über Rabatte für Arzneimittel. Arzneimittel ohne Zusatznutzen werden in das Festbetragssystem überführt, soweit sie grundsätzlich festbetragsfähig sind. Anderenfalls ist ein Erstattungsbetrag zu vereinbaren, bei dem die Therapiekosten nicht höher sind als bei Arzneimitteln mit vergleichbarem Nutzen.

III. Negativliste, Positivliste

120   Bestimmte Arzneimittel sind nach § 34 SGB V von der Versorgung nach § 31 SGB V ausgeschlossen (**„Negativliste"**). Dazu gehören grundsätzlich[209] die nicht verschreibungspflichtigen Arzneimittel. Daneben sind bei Versicherten, die das 18. Lebensjahr vollendet haben Arzneimittel in bestimmten Anwendungsgebieten[210] von der Versorgung ausgeschlossen. Ferner sind **„Lifestyle-Arzneimittel"**[211] von der Versorgung ausgeschlossen.

121   Eine (umfassende) **Positivliste** (Liste verordnungsfähiger Arzneimittel) ist nicht erlassen worden. Ansätze, dies durch Rechtsverordnung oder Gesetz zu bestimmen, waren weit entwickelt, sind aber nicht abgeschlossen worden[212].

122   Der GBA kann die Verordnung von Arzneimitteln einschränken oder ausschließen bei Unzweckmäßigkeit oder Unwirtschaftlichkeit (§ 92 I SGB V).

123   Grundsätzlich sind nur verschreibungspflichtige Arzneimittel[213] verordnungs- und erstattungsfähig[214]. Das *BVerfG*[215] hat mit Beschluss vom 12.12.2002 die Verfassungsbeschwerde eines chronisch kranken Versicherten als unbegründet angesehen. Weder werde diesen Kranken ein Sonderopfer auferlegt noch liege eine ungerechtfertigte Ungleichbehandlung im Hinblick auf Kranke vor, die verschreibungspflichtige Arzneimittel einnehmen; auch wurde die Erforderlichkeit einer Vorlage an den *EuGH* verneint.

124   Die Erstellung der Liste nicht verschreibungspflichtiger Arzneimittel, die vom Vertragsarzt ausnahmsweise verordnet werden dürfen, die nach § 34 I 2 SGB V durch den GBA erfolgt, unterliegt, wie der *EuGH*[216] erkannt hat, der Transparenzrichtlinie (RL 89/105/EWG, s. dazu Rn. 14) und erfordert deren Beachtung. Die Entscheidung des GBA stelle einen Komplex von Einzelentscheidungen dar, die die Inhaber der Genehmigungen für das Inverkehrbringen (Zulassungsinhaber) berühren und sie dementsprechend berechtigen, die in Art. 6 der RL 89/105/EWG eingeräumten Rechte geltend zu machen. Der *EuGH* hat in diesem Zusammenhang die unmittelbare Anwendung[217] des Art. 6 RL 89/105/EWG bejaht.

§ 79 Ausnahmeermächtigungen für Krisenzeiten

(1) Das Bundesministerium wird ermächtigt, im Einvernehmen mit dem Bundesministerium für Wirtschaft und Energie durch Rechtsverordnung mit Zustimmung des Bundesrates Ausnahmen von den Vorschriften dieses Gesetzes und der auf Grund dieses Gesetzes erlassenen Rechtsverordnungen zuzulassen, wenn die notwendige Versorgung der Bevölkerung mit

---

[209] Der Gemeinsame Bundesausschuss legt nach § 34 I SGB V in den Arzneimittelrichtlinien fest, welche nicht verschreibungspflichtigen Arzneimittel, die bei der Behandlung schwerwiegender Erkrankungen als Therapiestandard gelten, zur Anwendung mit Begründung vom Vertragsarzt ausnahmsweise verordnet werden können. Die auch altersabhängigen differenzierten Regelungen ergeben sich im Einzelnen aus § 34 SGB V.

[210] Vgl. im Einzelnen § 31 I 6 SGB V, insbes. Arzneimittel gegen Erkältungskrankheiten und grippale Infekte, Mund- und Rachentherapeutika, Abführmittel, Mittel gegen Reisekrankheiten.

[211] Vgl. § 34 I 7 und 8 SGB V: „Arzneimittel, bei deren Anwendung eine Erhöhung der Lebensqualität im Vordergrund steht", „Arzneimittel, die überwiegend zur Behandlung der erektilen Dysfunktion, der Anreizung sowie Steigerung der sexuellen Potenz, zur Raucherentwöhnung, zur Abmagerung oder zur Zügelung des Appetits, zur Regulierung des Körpergewichts oder zur Verbesserung des Haarwuchses dienen".

[212] Das am 1.1.1993 in Kraft getretene GSG sah die Bildung eines Instituts „Arzneimittel in der Krankenversicherung" beim Bundesausschuss der Ärzte und Krankenkassen vor, dessen unabhängige Sachverständige eine „Positivliste" erarbeiten sollten. Ein zweiter Ansatz zur Realisierung einer solchen Liste erfolgte nach der Bundestagswahl im Herbst 1998, der eine Lösung in Gesetzesform vorsah, aber im Jahr 2003 in Konsensgesprächen mit der Opposition aufgegeben wurde.

[213] Kritisch dazu *Schweim,* DAZ 2004, 2087.

[214] Das verstößt weder gegen Verfassungsrecht noch gegen Europarecht, so *BSG,* NZS 2009, 624.

[215] *BVerfG,* NJW 2013, 1220.

[216] *EuGH,* Urt. v. 26.10.2006 – Rs. C-317/05, Slg. 2006, I-10 614 ff. – Pohl-Boskamp (Vorlagebeschluss des *SG Köln,* PharmR 2005, 402 ff.).

[217] Nach st. Rspr. des *EuGH* kann sich der Einzelne in all den Fällen, in denen die Bestimmungen einer RL inhaltlich unbedingt und hinreichend genau sind, vor nationalen Gerichten gegenüber dem Staat auf diese Bestimmungen berufen, wenn dieser die RL nicht fristgemäß oder nur unzulänglich durch das nationale Recht umgesetzt hat. Eine Bestimmung ist unbedingt, wenn sie eine Verpflichtung normiert, die an keine Bedingung geknüpft ist und zu ihrer Durchführung oder Wirksamkeit auch keiner weiteren Maßnahmen der Gemeinschaftsorgane oder der Mitgliedstaaten bedarf. Eine Bestimmung ist hinreichend genau, wenn sie in einem Einzelnen geltend gemacht und vom Gericht angewandt werden zu können, wenn sie in unzweideutigen Worten eine Verpflichtung festlegt, vgl. *EuGH,* Urt. v. 26.10.2006 – Rs. C-317/05, Slg. 2006, I-10 614 ff. – Pohl-Boskamp, Rn. 40 f.

Arzneimitteln sonst ernstlich gefährdet wäre und eine unmittelbare oder mittelbare Gefährdung der Gesundheit von Menschen durch Arzneimittel nicht zu befürchten ist; insbesondere können Regelungen getroffen werden, um einer Verbreitung von Gefahren zu begegnen, die als Reaktion auf die vermutete oder bestätigte Verbreitung von krankheitserregenden Substanzen, Toxinen, Chemikalien oder eine Aussetzung ionisierender Strahlung auftreten können.

(2) Das Bundesministerium für Ernährung und Landwirtschaft wird ermächtigt, im Einvernehmen mit dem Bundesministerium und dem Bundesministerium für Wirtschaft und Energie durch Rechtsverordnung, die nicht der Zustimmung des Bundesrates bedarf, Ausnahmen von den Vorschriften dieses Gesetzes und der auf Grund dieses Gesetzes erlassenen Rechtsverordnungen zuzulassen, wenn die notwendige Versorgung der Tierbestände mit Arzneimitteln sonst ernstlich gefährdet wäre und eine unmittelbare oder mittelbare Gefährdung der Gesundheit von Mensch oder Tier durch Arzneimittel nicht zu befürchten ist.

(3) Die Rechtsverordnungen nach Absatz 1 oder 2 ergehen im Einvernehmen mit dem Bundesministerium für Umwelt, Naturschutz, Bau und Reaktorsicherheit, soweit es sich um radioaktive Arzneimittel und um Arzneimittel, bei deren Herstellung ionisierende Strahlen verwendet werden, oder um Regelungen zur Abwehr von Gefahren durch ionisierende Strahlung handelt.

(4) Die Geltungsdauer der Rechtsverordnung nach Absatz 1 oder 2 ist auf sechs Monate zu befristen.

(5) [1]Im Falle eines Versorgungsmangels der Bevölkerung mit Arzneimitteln, die zur Vorbeugung oder Behandlung lebensbedrohlicher Erkrankungen benötigt werden, oder im Fall einer bedrohlichen übertragbaren Krankheit, deren Ausbreitung eine sofortige und das übliche Maß erheblich überschreitende Bereitstellung von spezifischen Arzneimitteln erforderlich macht, können die zuständigen Behörden im Einzelfall gestatten, dass Arzneimittel, die nicht zum Verkehr im Geltungsbereich dieses Gesetzes zugelassen oder registriert sind,

1. befristet in Verkehr gebracht werden sowie
2. abweichend von § 73 Absatz 1 in den Geltungsbereich dieses Gesetzes verbracht werden.

[2]Satz 1 gilt, wenn die Arzneimittel in dem Staat rechtmäßig in Verkehr gebracht werden dürfen, aus dem sie in den Geltungsbereich dieses Gesetzes verbracht werden. [3]Die Gestattung durch die zuständige Behörde gilt zugleich als Bescheinigung nach § 72a Absatz 1 Satz 1 Nummer 3 oder nach § 72b Absatz 2 Satz 1 Nummer 3, dass die Einfuhr im öffentlichen Interesse liegt. [4]Im Falle eines Versorgungsmangels oder einer bedrohlichen übertragbaren Krankheit im Sinne des Satzes 1 können die zuständigen Behörden im Einzelfall auch ein befristetes Abweichen von Erlaubnis- oder Genehmigungserfordernissen oder von anderen Verboten nach diesem Gesetz gestatten. [5]Vom Bundesministerium wird festgestellt, dass ein Versorgungsmangel oder eine bedrohliche übertragbare Krankheit im Sinne des Satzes 1 vorliegt oder nicht mehr vorliegt. [6]Die Feststellung erfolgt durch eine Bekanntmachung, die im Bundesanzeiger veröffentlicht wird. [7]Die Bekanntmachung ergeht im Einvernehmen mit dem Bundesministerium für Umwelt, Naturschutz, Bau und Reaktorsicherheit, soweit es sich um radioaktive Arzneimittel und um Arzneimittel handelt, bei deren Herstellung ionisierende Strahlen verwendet werden.

(6) [1]Maßnahmen der zuständigen Behörden nach Absatz 5 sind auf das erforderliche Maß zu begrenzen und müssen angemessen sein, um den Gesundheitsgefahren zu begegnen, die durch den Versorgungsmangel oder die bedrohliche übertragbare Krankheit hervorgerufen werden. [2]Widerspruch und Anfechtungsklage gegen Maßnahmen nach Absatz 5 haben keine aufschiebende Wirkung.

Wichtige Änderungen der Vorschrift: Abs. 1 geändert durch Art. 1 Nr. 69 des Vierzehnten Gesetzes zur Änderung des Arzneimittelgesetzes vom 29.8.2005 (BGBl. I S. 2570); Abs. 5 eingefügt durch Art. 1 Nr. 69a des Gesetzes zur Änderung arzneimittelrechtlicher und anderer Vorschriften vom 17.7.2009 (BGBl. I, S. 1990); Abs. 5 geändert und Abs. 6 angefügt durch Art. 4 des Gesetzes zur Durchführung der Internationalen Gesundheitsvorschriften (2005) und zur Änderung weiterer Gesetze vom 21.3.2013 (BGBl. I S. 566).

Europarechtliche Vorgaben: Art. 5 Abs. 2 RL 2001/83/EG.

Übersicht

Nickel 1287

A. Allgemeines

I. Inhalt

1 Die Vorschrift gibt dem BMG (§ 6 I) in Abs. 1 eine Ermächtigungsgrundlage zum Erlass von Rechtsverordnungen für Krisenzeiten. Voraussetzung solcher Ausnahmeregelungen ist, dass einerseits die notwendige Versorgung der Bevölkerung mit Arzneimitteln sonst ernstlich gefährdet wäre und andererseits eine unmittelbare oder mittelbare Gefährdung der Gesundheit von Menschen durch Arzneimittel nicht zu befürchten ist. Betrifft die Rechtsverordnung die notwendige Versorgung der Tierbestände mit Arzneimitteln, die zur Anwendung bei Tieren bestimmt sind, wird die Rechtsverordnung nach Abs. 2 vom BMEL erlassen.

2 Im Hinblick auf dessen Zuständigkeit für Belange des Strahlenschutzes ist das BMU nach Abs. 3 Einvernehmensressort, wenn die Rechtsverordnung radioaktive Arzneimittel oder Arzneimittel betrifft, bei deren Herstellung ionisierende Strahlen verwendet werden. Das BMWi ist bei VO nach Abs. 1 und Abs. 2 stets Einvernehmensressort. Das BMG ist Einvernehmensressort bei VO des BMEL nach Abs. 2. Die **Geltungsdauer** einer auf § 79 gestützten Rechtsverordnung ist nach Abs. 4 auf sechs Monate zu befristen. Unbefristete Ausnahmen von Regelungen des AMG sind für den Bereich der Bundeswehr, der Bundespolizei, der Bereitschaftspolizei der Länder und des Zivil- und Katastrophenschutzes durch die **AMG-Zivilschutzausnahmeverordnung** vom 17.6.2003 auf der Grundlage des § 71 erlassen worden.

3 Abs. 5 ermächtigt die zuständigen Behörden der Länder im Falle eines **Versorgungsmangels** der Bevölkerung mit Arzneimitteln, die zur Vorbeugung oder Behandlung lebensbedrohlicher Erkrankungen benötigt werden, im Einzelfall ein befristetes Inverkehrbringen sowie die Einfuhr und das Verbringen von im Geltungsbereich des AMG nicht zugelassenen oder registrierten Arzneimitteln zu gestatten. Die auf der Grundlage des Abs. 5 getroffenen Maßnahmen müssen nach Abs. 6 verhältnismäßig sein, Rechtsbehelfe haben keine aufschiebende Wirkung.

II. Zweck

4 Bei § 79 handelt es sich um eine restriktiv zu interpretierende **Ausnahmevorschrift,** die es den zuständigen Bundesministerien erlaubt, in besonderen Krisensituationen im Bereich der Human- und Tierarzneimittel schnell und effektiv reagieren zu können. Der Ausnahmecharakter ergibt sich zunächst aus der Überschrift der Vorschrift, die auf **Krisenzeiten** verweist. Abweichungen von den normalerweise geltenden Verfahren sind daher nur unter ganz bestimmten, besonderen Umständen, wie z. B. bei einer terroristischen Bedrohung mit Biokampfstoffen, denkbar. Dieses restriktive Verständnis zeigt sich auch in der bisherigen Anwendungspraxis der Ermächtigungsnorm. So hat das BMGS auf Grundlage des geltenden § 79 AMG lediglich im Jahre 2002 eine Ausnahmeverordnung für Pockenimpfstoffe erlassen. Diese VO hatte den Zweck, die Versorgung der Bevölkerung mit Pockenimpfstoffen zu ermöglichen, die in Deutschland nicht oder nicht in der erforderlichen Menge frei verfügbar waren, die aber für die angezeigte medizinische Versorgung der Bevölkerung im Krisenfall unerlässlich gewesen wären.

III. Europäisches Recht

5 Die Notwendigkeit für eng umgrenzte Ausnahmeregelungen von den im europäischen Recht kodifizierten arzneimittelrechtlichen Regelungen wird auch durch das europäische Sekundärrecht anerkannt. So können die Mitgliedstaaten nach Art. 5 Abs. 2 RL 2001/83/EG „als Reaktion auf die vermutete oder bestätigte Verbreitung von krankheitserregenden Substanzen, Toxinen, Chemikalien oder einer Kernstrahlung, durch die Schaden hervorgerufen werden könnte, vorübergehend das Inverkehrbringen eines nicht genehmigten Arzneimittels gestatten". Unabhängig von dieser sekundärrechtlichen Vorschrift erkennt auch der AEUV die Notwendigkeit an, auf Krisensituationen innerhalb eines Mitgliedstaates effektiv reagieren zu können, wie sich den besonderen Notstandsregeln in Art. 347 AEUV entnehmen lässt.

B. Verordnung zur Versorgung der Bevölkerung mit Arzneimitteln (Abs. 1)

Die Ermächtigung ermöglicht dem BMG (§ 6 I), durch Rechtsverordnung, die der Zustimmung des **6** Bundesrates bedarf, im Fall von Krisensituationen die notwendigen Regelungen zur Versorgung der Bevölkerung mit Arzneimitteln zu treffen. Von der Verordnungsermächtigung ist bislang insbes. durch die Verordnung über die Zulassung von Ausnahmen von Vorschriften des Arzneimittelgesetzes für Krisenzeiten vom 15.11.2002 (AMG-Krisenverordnung 2002)[1] sowie die Blutspende-Pandemieverordnung vom 18.12.2009 (BGBl. I S. 3946) Gebrauch gemacht worden.

I. Krisenzeit

Eine Krisenzeit ist eine Situation, in der die Bevölkerung in Deutschland einschließlich der im **7** staatlichen Auftrag im Ausland befindlichen Personen im Hinblick auf die Arzneimittelversorgung einer Gefährdung ausgesetzt ist. Diese Situation muss noch nicht konkret eingetreten sein aber im Hinblick auf die in Abs. 4 normierte befristete Geltungsdauer drohen und nur durch kurzfristige Maßnahmen abwendbar sein[2]. Die Krisenzeit i. S. d. § 79 ist damit nicht mit dem Spannungsfall gem. Art. 80a GG oder mit dem inneren Notstand gleichzusetzen[3]. Die **Gefährdungseinschätzung** umfasst Szenarien, bei deren Eintreten eine Versorgung der gesamten Bevölkerung oder Teilen davon mit bestimmten Arzneimitteln notwendig wird. Dies ist beispielsweise bei einer militärischen oder terroristischen Bedrohung mit Biokampfstoffen der Fall. Dies wurde mit der 14. AMG-Novelle in Anpassung an Art. 5 II und III der geänderten RL 2001/83/EG[4] durch die vorgenommene Ergänzung in Abs. 1, 2. Halbs. klargestellt. Danach können insbes. Regelungen getroffen werden, um einer Verbreitung von Gefahren zu begegnen, die als Reaktion auf die vermutete oder bestätigte Verbreitung von krankheitserregenden Substanzen, Toxinen (also giftigen Stoffen), Chemikalien oder eine Aussetzung ionisierender Strahlung auftreten können. Die Versorgung der Bevölkerung mit kaliumiodidhaltigen Arzneimitteln bei radiologischen Ereignissen ist Gegenstand der auf der Grundlage des § 71 erlassenen **KIV** vom 5.6.2003, deren Geltung nicht befristet ist.

II. Mögliche Ausnahmeregelungen

Die Ausnahmeregelungen müssen sich im Hinblick auf den restriktiven Normcharakter an den **8** Besonderheiten der jeweiligen Krisensituation orientieren[5]. Ausnahmeregelungen kommen insbesondere zu den gesetzlichen Vorgaben des Zweiten (Kennzeichnung), Vierten (Zulassung), Siebten (Vertriebsweg), Achten (Arzneibuch), Dreizehnten (Einfuhr und Ausfuhr) und Sechzehnten (Haftung) Abschn. des AMG in Betracht.

So kann es erforderlich sein, bestimmte Arzneimittel, die bislang in Deutschland noch nicht oder nicht **9** in ausreichender Menge zur Verfügung stehen, rasch zu beschaffen und verfügbar zu halten, beispielsweise im Hinblick auf die schnellstmögliche Beschaffung von in Deutschland nicht zugelassenen Pockenimpfstoffen. Hierfür können zur Abwehr dringender Gefahren für die öffentliche Gesundheit auch Arzneimittel in den Verkehr gebracht werden, die mangels arzneimittelrechtlicher **Zulassung** nicht verkehrsfähig sind; dies war in § 2 AMG-Krisenverordnung 2002 normiert worden. In diesem Zusammenhang werden auch – wie in § 5 AMG-Krisenverordnung 2002 bestimmt worden war – Ausnahmen vom Zweiten Abschnitt des AMG im Hinblick auf **Kennzeichnung,** Packungsbeilage und Fachinformation zu normieren sein.

Besondere Ausnahmeregelungen sind für Krisenzeiten in aller Regel auch zu den im Siebten Abschn. **10** des AMG geregelten **Vertriebsvorschriften** angezeigt, um die Verteilung von Arzneimitteln zu erleichtern. So bestimmte § 3 II AMG-Krisenverordnung 2002, dass §§ 43 I 1, 48 I 1 und 49 I auf die von der VO erfassten Arzneimittel keine Anwendung fanden und die von der VO erfassten Arzneimittel vom pharmazeutischen Unternehmer unmittelbar an die zuständigen obersten Bundes- oder Landesbehörden oder die von ihnen beauftragten nachgeordneten Behörden abgegeben werden durften. Auch für die im

---

[1] BAnz. 2002 Nr. 234, S. 26 170.
[2] *Sander*, § 79 Erl. 1.
[3] *Ratzel*, in: Deutsch/Lippert, § 79 Rn. 1.
[4] Vgl. BT-Drucks. 15/5316, S. 45.
[5] *Sander*, § 79 Erl. 2.

Dreizehnten Abschn. des AMG geregelte Einfuhr und Ausfuhr sind Sonderregelungen für Krisenzeiten denkbar (§ 6 AMG-Krisenverordnung 2002).

11   Ausnahmeregelungen für die in §§ 84 ff. enthaltenen **Haftungsbestimmungen** sind beispielsweise in § 7 AMG-Zivilschutzausnahmeverordnung enthalten.

III. Keine Gefährdung der menschlichen Gesundheit

12   Die Ausnahmeregelungen sind nur zulässig, wenn und soweit eine unmittelbare oder mittelbare **Gefährdung** der Gesundheit von Menschen durch Arzneimittel **nicht zu befürchten** ist. Eine unmittelbare Gefährdung der menschlichen Gesundheit betrifft die Menschen, bei denen Arzneimittel aufgrund der Ausnahmeverordnung angewendet werden sollen. Eine mittelbare Gefährdung von Menschen kann von den Menschen ausgehen, bei denen aufgrund der Ausnahmeverordnung Arzneimittel angewendet worden sind. Ausnahmen von der Zulassungspflicht sind sorgsam abzuwägen. In der VO ist dann insbesondere ein Mindestmaß an Überwachung der Arzneimittel vorzusehen. Im Falle der Entbindung von der Pflicht zur Beifügung einer Packungsbeilage ist sicherzustellen, dass der Endverbraucher die erforderlichen Produktinformationen auf andere Weise erhält.

IV. Einvernehmen mit dem Bundesministerium für Wirtschaft und Energie

13   Die vom BMG (§ 6 I) zu erlassende VO bedarf des Einvernehmens mit dem BMWi (zum Einvernehmen s. § 6 Rn. 14). Ein ggf. erforderliches Einvernehmen des BMUV bei Belangen des Strahlenschutzes richtet sich nach Abs. 3 (s. Rn. 19).

C. Verordnung zur Versorgung der Tierbestände mit Arzneimitteln (Abs. 2)

14   Die Ermächtigung ermöglicht dem BMEL, durch Rechtsverordnung, die nicht der Zustimmung des Bundesrates bedarf, im Fall von Krisensituationen die notwendigen Regelungen zur Versorgung der Tierbestände mit Arzneimitteln zu treffen.

I. Krisenzeit

15   Eine Krisenzeit ist eine Situation, in der die Tierbestände in Deutschland im Hinblick auf die Arzneimittelversorgung einer Gefährdung ausgesetzt sind. Die **Gefährdungseinschätzung** umfasst Szenarien, bei deren Eintreten eine Versorgung der Tierbestände oder Teilen davon mit bestimmten Arzneimitteln notwendig wird. Zur Gefährdungseinschätzung wird im Übrigen auf die obigen Ausführungen in Rn. 5 verwiesen.

II. Mögliche Ausnahmeregelungen

16   Die Ausnahmeregelungen müssen sich im Hinblick auf den restriktiven Normcharakter an den Besonderheiten der jeweiligen Krisensituation orientieren. Ausnahmeregelungen kommen im Hinblick auf die oben unter Rn. 6 genannten Abschn. des AMG sowie insbes. zu den gesetzlichen Vorgaben des Neunten Abschn. des AMG in Betracht. Die Rechtsverordnung kann indessen keine Regelungen zu Tierimpfstoffen treffen, da das AMG – mit Ausnahme von § 55 – nach § 4a S. 1 Nr. 1 auf Arzneimittel, die unter Verwendung von Krankheitserregern oder auf biotechnischem Weg hergestellt werden und zur Verhütung, Erkennung oder Heilung von Tierseuchen bestimmt sind, keine Anwendung findet; insoweit gelten die Regelungen der TierImpfStV 2006.

III. Keine Gefährdung der tierischen und menschlichen Gesundheit

17   Die Ausnahmeregelungen sind nur zulässig, wenn und soweit eine unmittelbare oder mittelbare Gefährdung der Gesundheit von Menschen oder Tieren durch Arzneimittel nicht zu befürchten ist. Eine unmittelbare Gefährdung von Menschen kommt im Hinblick auf die von Menschen durchgeführte Anwendung von Arzneimitteln bei Tieren in Betracht. Eine mittelbare Gefährdung von Menschen kann von den Tieren ausgehen, bei denen Arzneimittel angewendet worden sind, z. B. wenn von diesen Tieren Lebensmittel für den menschlichen Verzehr gewonnen werden. Daher sind Ausnahmeregelungen sorgsam abzuwägen. Im Übrigen wird auf die Ausführungen in Rn. 7 verwiesen.

IV. Einvernehmen mit dem Bundesministerium für Gesundheit sowie dem Bundesministerium für Wirtschaft und Energie

18   Für die vom BMEL zu erlassende VO ist das Einvernehmen des BMG sowie das Einvernehmen des BMWi erforderlich. Ein ggf. erforderliches Einvernehmen des BMUB richtet sich nach Abs. 3 (s. Rn. 13).

D. Einvernehmensregelung bei Strahlenschutz (Abs. 3)

Abs. 3 bestimmt, dass für den Erlass einer Rechtsverordnung nach Abs. 1 oder Abs. 2 zusätzlich zu den **19** nach Abs. 1 und 2 verlangten Einvernehmensregelungen das Einvernehmen des BMUB erforderlich ist, soweit es sich um radioaktive Arzneimittel und um Arzneimittel handelt, bei deren Herstellung ionisierende Strahlen verwendet werden, oder um Regelungen zur Abwehr von Gefahren durch ionisierende Strahlung. Hintergrund der Regelung ist die Zuständigkeit des BMUB für Belange des Strahlenschutzes (zum Einvernehmen s. § 6 Rn. 19).

E. Geltungsdauer (Abs. 4)

Rechtsverordnungen nach Abs. 1 oder Abs. 2 sind nach Abs. 4 auf eine Geltungsdauer von **sechs 20 Monaten** zu befristen. Ist eine Befristung nicht geregelt oder ist eine längere Geltungsdauer bestimmt, ist die Rechtsverordnung insgesamt unwirksam[6]. Der Verordnungsgeber kann auch eine kürzere Geltungsdauer bestimmen, soweit die Ausnahmeregelungen nur für einen kürzeren Zeitraum erforderlich sind[7]. Eine Verlängerung der Geltungsdauer von sechs Monaten kommt weder während der Gültigkeit der Verordnung noch nach ihrem Außerkrafttreten in Betracht.

F. Behördliche Gestattung bei Versorgungsmangel oder einer bedrohlichen übertragbaren Krankheit (Abs. 5)

I. Notstandsregelung

Abs. 5 S. 1 ermächtigt die zuständigen Behörden der Länder für zwei Fallgestaltungen im Einzelfall **21** ein befristetes Inverkehrbringen sowie die Einfuhr und das Verbringen von im Geltungsbereich des AMG nicht zugelassenen oder registrierten Arzneimitteln zu gestatten. Das Vorgehen nach Abs. 5 ermöglicht eine flexible Reaktion der zuständigen Landesbehörden auf nicht vorhersehbare Notstandssituationen im Einzelfall und auf regionaler Ebene. Mit einer Ausnahmeverordnung nach Abs. 1 können hingegen nur bundesweite Ausnahmen von den Vorschriften des Arzneimittelgesetzes getroffen werden. Die amtliche Begründung führt hierzu aus, dass in diesen Fällen auf regionaler oder lokaler Ebene unterschiedliche Versorgungsprobleme auftreten können, die im Vorhinein weder vorhersehbar noch planbar sind[8]. Die erste Fallgestaltung betrifft einen Versorgungsmangel der Bevölkerung mit Arzneimitteln, die zur Vorbeugung oder Behandlung lebensbedrohlicher Erkrankungen benötigt werden, Damit soll eine schnelle Reaktion der zuständigen Behörden im Falle eines Versorgungsnotstandes der Bevölkerung mit lebenswichtigen Arzneimitteln ermöglicht werden. Die Regelung dient der Umsetzung des Art. 126a RL 2001/83/EG und ist damit nicht als besondere Zulassungsregelung, sondern als spezialgesetzliche Normierung des allgemeinen Notstands einzuordnen. Anlass für die Regelung waren Erfahrungen im Zusammenhang mit dem Ausfall mehrerer europäischer Forschungsreaktoren, durch den ein weltweiter Versorgungsengpass mit in der Nuklearmedizin benötigten Radionukliden eingetreten war[9]. Die zweite Fallgestaltung betrifft bedrohliche Infektionskrankheiten, die ein sofortiges und flexibles Reagieren der zuständigen Behörden bei der Bereitstellung und bei der praktischen Durchführung der Distribution vorhandener oder bevorrateter Arzneimittel erfordern. Diese Ergänzung wurde im Hinblick auf die Erfahrungen mit der sog. Schweinegrippe in den Jahren 2009 und 2010 durch Gesetz vom 21.3.2013 in Abs. 5 aufgenommen[10].

II. Bekanntmachung eines Versorgungsmangels oder einer bedrohlichen übertragbaren Krankheit

Das Vorliegen eines Versorgungsmangels einschließlich seiner Dauer bedarf nach Abs. 5 S. 5 der **22** Feststellung durch das zuständige Bundesministerium im Wege einer Bekanntmachung. Ein **Versorgungsmangel** liegt vor, wenn die Deckung des Bedarfs der Bevölkerung an Arzneimitteln zur Vorbeugung oder Behandlung lebensbedrohlicher Erkrankungen in Deutschland nicht mehr sichergestellt ist und diese Situation durch marktgerechte Maßnahmen nicht, nicht rechtzeitig oder nur mit unverhältnismäßigen Mitteln zu beheben ist. Versorgungsengpässe mit Reiseimpfstoffen gegen Erkrankungen, die in anderen Ländern auftreten, führen nicht zu einem Versorgungsmangel der Bevölkerung i. S. des Abs. 5. Auch das Vorliegen einer bedrohlichen übertragbaren Krankheit bedarf der Feststellung durch

---

[6] *Rehmann*, § 79 Rn. 2; *Sander*, § 79 Erl. 4.
[7] *Sander*, § 79 Erl. 4.
[8] BT-Drucks. 17/7576, S. 33.
[9] BT-Drucks. 16/13428, S. 86.
[10] BT-Drucks. 17/7576, S. 33.

Bekanntmachung. Als bedrohlich sind insbesondere solche übertragbaren Krankheiten anzusehen, die aufgrund schwerer Verlaufsformen oder der Gefahr ihrer raschen Weiterverbreitung eine Gefährdung der Bevölkerung darstellen[11]. Die Bekanntmachung eines Versorgungsmangels oder einer bedrohlichen übertragbaren Krankheit dient dazu, solche Arzneimittel, die unter Umständen im Ausland verfügbar sind, für die Versorgung in Deutschland verfügbar zu machen. Der Versorgungsmangel oder die bedrohliche übertragbare Krankheit muss nach Abs. 5 S. 6 durch Bekanntmachung des zuständigen Bundesministeriums (§ 6 I) festgestellt werden. Dadurch soll sichergestellt werden, dass die Beurteilung in den Ländern nicht unterschiedlich vorgenommen wird. Die Bekanntmachung ist erst mit der Veröffentlichung im BAnz. wirksam. Die Bekanntmachung ergeht nach Abs. 5 S. 7 im Einvernehmen mit dem BMUB, soweit es sich um radioaktive Arzneimittel und um Arzneimittel handelt, bei deren Herstellung ionisierende Strahlen verwendet werden (zum Einvernehmen s. § 6 Rn. 14). Die Gültigkeit der Bekanntmachung endet mit dem Tag, an dem die Beendigung des Versorgungsmangels im BAnz. oder im elektronischen BAnz. durch das Bundesministerium – gegebenenfalls wiederum im Einvernehmen mit anderen Bundesministerien – bekannt gemacht wird. Das BMG hat mit Bekanntmachung vom 28.11.2014[12] zum Ausbruch von Ebola-Fieber in Westafrika das Bestehen einer gesundheitlichen Notlage von internationaler Tragweite festgestellt. Mit Bekanntmachung vom 2.9.2015 wurde vom BMG das Bestehen einer gesundheitlichen Notlage hinsichtlich auf den Ausbruch von Skabies in Erstaufnahmeeinrichtungen festgestellt (BAnz. AT v. 2.9.2015, B6).

III. Gestattung der zuständigen Behörden

23   Im Fall der wirksamen Bekanntmachung eines Versorgungsmangels können die **zuständigen Behörden** (das sind mangels einer ausdrücklichen anderen Aufgabenzuweisung in Abs. 5 die zuständigen Behörden der Länder, die nach Art. 83 GG das AMG vollziehen und auch für die Überwachung zuständig sind, s. § 64 Rn. 43 ff.) im Einzelfall ein befristetes Inverkehrbringen sowie abweichend von § 73 I die Einfuhr und das Verbringen von Arzneimitteln gestatten, die nicht zum Verkehr im Geltungsbereich des AMG zugelassen oder registriert sind; die Gestattung durch die zuständige Behörde gilt nach Abs. 5 S. 3 zugleich als Bescheinigung nach § 72a I Nr. 3 oder nach § 72b II Nr. 3, dass die Einfuhr im öffentlichen Interesse liegt. Die benötigten Arzneimittel sollen unter Umständen kurzfristig nach Deutschland verbracht und in den Verkehr gebracht werden können, ohne dass die Beteiligten dem Risiko einer Strafverfolgung (insbesondere wegen eines Verstoßes gegen § 96 Nr. 5) ausgesetzt sind[13]. Abs. 5 S. 4 ermöglicht ebenfalls ein befristetes Abweichen von Erlaubnis- oder Genehmigungserfordernissen oder von anderen Verboten des AMG. So kann es nach der amtlichen Begründung beispielsweise im Einzelfall erforderlich sein, Großhändlern abweichend von § 13 II 2 die Möglichkeit eines Umpackens von Impfstoffen zu erlauben, Gesundheitsämtern die Entnahme von Teilmengen (Auseinzelung) und die Belieferung anderer Gesundheitsämter zu gestatten oder abweichend von § 8 III das Inverkehrbringen der von Bund und Ländern bevorrateten Arzneimittel auch mit abgelaufenem Verfalldatum zu gestatten, sofern diese Arzneimittel benötigt werden und deren Wirksamkeit und pharmazeutische Qualität nicht beeinträchtigt sind[14]. Die **Gestattung** ist ein Verwaltungsakt und erfolgt auf Antrag. Die Gestattung des Inverkehrbringens von nicht zum Verkehr im Geltungsbereich des AMG zugelassener oder registrierter Arzneimittel muss befristet sein; eine unbefristete Gestattung ist daher nicht zulässig. Die Gestattung der Einfuhr und des Verbringens von Arzneimitteln abweichend von § 73 I ist nach Abs. 5 S. 2 möglich, wenn sie in dem Staat in Verkehr gebracht werden dürfen, aus dem sie nach Deutschland verbracht werden (diese Regelung entspricht § 73 III 1 Nr. 2). Damit wird nur auf die **Verkehrsfähigkeit** der Arzneimittel in dem anderen Staat abgestellt, sie müssen also dort nicht zugelassen oder registriert sein.

24   Die **Überwachung** erfolgt ebenfalls durch die jeweils zuständigen Landesbehörden (s. § 64 Rn. 43 ff.).

G. Angemessenheit und Ausschluss der aufschiebenden Wirkung bei Rechtsbehelfen (Abs. 6)

25   Abs. 6 S. 1 bestimmt in Konkretisierung des **Grundsatzes der Verhältnismäßigkeit**, dass Maßnahmen der zuständigen Behörden auf das erforderliche Maß zu begrenzen sind und darüber hinaus angemessen sein müssen. Die Maßnahme muss auch geeignet sein, das angestrebte Ziel zu erreichen. Das Gebot der Angemessenheit bedeutet, dass die Gefahr, die durch das Abweichen von den arzneimittelrechtlichen Ge- oder Verboten entsteht, kleiner sein muss als die Gefahr, welche die zuständige Behörde abwenden möchte. Die zu schützenden Interessen müssen die möglicherweise beeinträchtigten Interessen

---

[11] BT-Drucks. 17/7576, S. 29.
[12] BAnz. AT v. 1.12.2014 B 4.
[13] BT-Drucks. 16/13428, S. 86.
[14] BT-Drucks. 17/7576, S. 33.

wesentlich überwiegen[15]. Maßnahmen der zuständigen Behörden nach Abs. 5 sind Maßnahmen der zuständigen Behörden, also insbesondere die Gestattung. Erfüllt die Maßnahme diese Vorgaben nicht, ist sie rechtswidrig und kann durch Rechtsbehelfe – insbes. Widerspruch und Anfechtungsklage gegen die Gestattung – aufgehoben werden. Die Bekanntmachung des zuständigen Bundesministeriums, auf deren Grundlage die Maßnahme der zuständigen Landesbehörde getroffen wird, kann im Rahmen eines Rechtsbehelfsverfahrens gegen die Maßnahme überprüft werden.

Gegen Maßnahmen der zuständigen Behörden, die auf der Grundlage des Abs. 5 erlassen wurden, **26** steht der Verwaltungsrechtsweg (§ 40 VwGO) offen (zu Verfahrensablauf, Rechtsbehelfen und Rechtsmitteln allgemein: § 64 Rn. 111 ff.). Abs. 6 S. 2 schließt die **aufschiebende Wirkung** von Widerspruch und Anfechtungsklage gegen Maßnahme der zuständigen Behörde nach Abs. 5 aus. Die in Abs. 5 enthaltenen Voraussetzungen beschreiben bereits tatbestandlich eine Situation, die ein unaufschiebbares Handeln der Behörden zwingend erfordert[16]. Auf Antrag des Betroffenen kann das Gericht der Hauptsache die aufschiebende Wirkung eines Rechtsbehelfs nach § 80 V VwGO ganz oder teilweise anordnen.

§ 80 Ermächtigung für Verfahrens- und Härtefallregelungen

[1]Das Bundesministerium wird ermächtigt, durch Rechtsverordnung, die nicht der Zustimmung des Bundesrates bedarf, die weiteren Einzelheiten über das Verfahren bei

1. der Zulassung einschließlich der Verlängerung der Zulassung,
2. der staatlichen Chargenprüfung und der Freigabe einer Charge,
3. den Anzeigen zur Änderung der Zulassungsunterlagen,
3a. der zuständigen Bundesoberbehörde und den beteiligten Personen im Falle des Inverkehrbringens in Härtefällen nach § 21 Abs. 2 Satz 1 Nr. 6 in Verbindung mit Artikel 83 der Verordnung (EG) Nr. 726/2004,
4. der Registrierung einschließlich der Verlängerung der Registrierung,
4a. der Veröffentlichung der Ergebnisse klinischer Prüfungen nach § 42b,
5. den Meldungen von Arzneimittelrisiken und
6. der elektronischen Einreichung von Unterlagen nach den Nummern 1, 3, 4, 4a und 5 einschließlich der zu verwendenden Formate

zu regeln; es kann dabei die Weiterleitung von Ausfertigungen an die zuständigen Behörden bestimmen sowie vorschreiben, dass Unterlagen in mehrfacher Ausfertigung sowie auf elektronischen oder optischen Speichermedien eingereicht werden. [2]Das Bundesministerium kann diese Ermächtigung ohne Zustimmung des Bundesrates auf die zuständige Bundesoberbehörde übertragen. [3]In der Rechtsverordnung nach Satz 3a können insbesondere die Aufgaben der zuständigen Bundesoberbehörde im Hinblick auf die Beteiligung der Europäischen Arzneimittel-Agentur und des Ausschusses für Humanarzneimittel entsprechend Artikel 83 der Verordnung (EG) Nr. 726/2004 sowie die Verantwortungsbereiche der behandelnden Ärzte und der pharmazeutischen Unternehmer oder Sponsoren geregelt werden, einschließlich von Anzeige-, Dokumentations- und Berichtspflichten insbesondere für Nebenwirkungen entsprechend Artikel 24 Abs. 1 und Artikel 25 der Verordnung (EG) Nr. 726/2004. [4]Dabei können auch Regelungen für Arzneimittel getroffen werden, die unter den Artikel 83 der Verordnung (EG) Nr. 726/2004 entsprechenden Voraussetzungen Arzneimittel betreffen, die nicht zu den in Artikel 3 Abs. 1 oder 2 dieser Verordnung genannten gehören. [5]Die Rechtsverordnungen nach den Sätzen 1 und 2 ergehen im Einvernehmen mit dem Bundesministerium für Ernährung und Landwirtschaft, soweit es sich um Arzneimittel handelt, die zur Anwendung bei Tieren bestimmt sind.

Wichtige Änderungen der Vorschrift: S. 1 Nr. 3a, S. 3 und 4 eingefügt durch Art. 1 Nr. 70 des Vierzehnten Gesetzes zur Änderung des Arzneimittelgesetzes vom 29.8.2005 (BGBl. I S. 2570); S. 1 Nr. 4 und 5 geändert, Nr. 6 angefügt durch Art. 1 Nr. 63 des Zweiten Gesetzes zur Änderung arzneimittelrechtlicher und anderer Vorschriften vom 19.10.2012 (BGBl. I S. 2192); S. 1 Nr. 4 und 6 geändert und Nr. 4a eingefügt durch Art. 3 des Ersten Pflegestärkungsgesetzes vom 17.12.2014 (BGBl. I S. 2222).

Europarechtliche Vorgaben: Art. 83 VO (EG) Nr. 726/2004.

Literatur: *Brixius,* Rechtmäßigkeit der AMG-Einreichungsverordnung unter besonderer Berücksichtigung von Nachzulassung und Registrierung traditioneller pflanzlicher Arzneimittel, PharmR 2005, 173; *Krämer,* AMG-Einreichungsverordnung und eGovernment, PharmR 2005, 428.

---

[15] BT-Drucks. 17/7576, S. 34.
[16] BT-Drucks. 17/7576, S. 34.

A. Allgemeines

I. Inhalt

1   Auf Grund der durch die 12. AMG-Novelle neu gefassten Ermächtigung zum Erlass von **Verfahrensregelungen** kann der Verordnungsgeber die weiteren technisch geprägten Einzelheiten über das Verfahren bei der Zulassung, der Registrierung, der staatlichen Chargenprüfung und der Freigabe einer Charge, den Anzeigen zur Änderung der Zulassungsunterlagen sowie den Meldungen von Arzneimittelrisiken regeln und dabei die Weiterleitung von Ausfertigungen an die zuständigen Behörden bestimmen sowie vorschreiben, dass Unterlagen in mehrfacher Ausfertigung sowie auf elektronischen oder optischen Speichermedien eingereicht werden. Durch die 14. AMG-Novelle wurde die Norm um die Ermächtigung zum Erlass von **Härtefallregelungen** (zum sog. **Compassionate use**) ergänzt. Die auf der Grundlage des § 80 zu erlassenden Rechtsverordnungen bedürfen keiner Zustimmung des Bundesrates. Das BMG kann die Verordnungsermächtigung nach S. 2 auf die zuständigen Bundesoberbehörden (§ 77) übertragen und hat davon mit der AMG-Befugnisverordnung Gebrauch gemacht.

II. Zweck

2   Die Regelung soll dem Verordnungsgeber die Möglichkeit einräumen, Verfahrensregelungen zur **effektiven Bearbeitung** der Verwaltungsverfahren bei den Zulassungsbehörden zu treffen. In diesem Zusammenhang dürfte es sich zur Erleichterung als notwendig erweisen, die Formulare für die Antragstellung und für die beizulegenden Unterlagen vorzuschreiben[1]. Dabei soll auch geregelt werden, wie viele Ausfertigungen einzureichen sind. Durch die Verwendung **elektronischer und optischer Speichermedien** im Zulassungsverfahren ist eine erhebliche Verfahrenserleichterung möglich. Beim Gebrauch dieser Ermächtigung ist den Belangen von kleinen und mittleren Unternehmen Rechnung zu tragen[2]. Die Sonderregelung zum Inverkehrbringen eines nicht zugelassenen Arzneimittels in Härtefällen („compassionate use") in § 21 II Nr. 6 erfordert Verfahrensregelungen, die in der neuen Nr. 3a näher bestimmt werden[3].

B. Rechtsverordnungen für Verfahrensregelungen (S. 1)

I. Inhalt der Verordnungsermächtigung (S. 1, 1. Halbs.)

3   Verordnungsgeber ist das BMG (§ 6 I), das die VO ohne Zustimmung des Bundesrates erlassen kann.

4   **1. Mögliche Inhalte einer Verordnung (S. 1 Nr. 1–3, 4–6). a) Erfasste Verfahren.** Der Verordnungsgeber kann Regelungen zu den Verfahren bei der **Zulassung** einschließlich der Verlängerung der Zulassung treffen. Mit dem Begriff der Zulassung wird das gesamte in §§ 21 ff. normierte Zulassungsverfahren in Bezug genommen. Der Begriff **Verlängerung** der Zulassung umfasst Verlängerungen nach

---

[1] BT-Drucks. 7/3060, S. 52.
[2] BT-Drucks. 13/9996, S. 15.
[3] BT-Drucks. 15/5316, S. 45.

§ 31 und § 105[4]. Die **Registrierung** betrifft Registrierungsverfahren nach §§ 38 f. sowie nach § 39a ff.[5] einschließlich der Verlängerung der Registrierung. Zum Begriff der staatlichen **Chargenprüfung** und der Freigabe einer Charge ist auf die gesetzliche Legaldefinition des Begriffs Charge in § 4 XVI und die Regelung zur staatlichen Chargenprüfung in § 32 zu verweisen. Anzeigen zur **Änderung** der Zulassungsunterlagen sind in § 29 geregelt. Die Voraussetzungen für die Meldungen von **Arzneimittelrisiken** sind in § 63b sowie in § 13 der GCP-V normiert. Ferner sind die Verfahren zur Veröffentlichung der Ergebnisse der klinischen Prüfungen nach § 42b erfasst. Für Anwendungsbeobachtungen bei Humanarzneimitteln enthält § 67 VI 9 eine spezielle gesetzliche Regelung über die elektronische Übermittlung der Angaben.

b) Mögliche Verfahrensregelungen. aa) Regelungen zur schriftlichen Einreichung. In der 5 Rechtsverordnung nach S. 1 können Inhalt und Ausgestaltung der **Zulassungsformulare** bestimmt werden, wobei sich die Gestaltungsgrenze aus den materiellen Anforderungen des AMG (z. B. §§ 21 ff. oder § 105) ergibt. In diesem Rahmen können die Zulassungsanforderungen durch die Formulare präzisiert werden[6]. Der Verordnungsgeber kann ferner vorschreiben, dass Unterlagen in **mehrfacher Ausfertigung** eingereicht werden (s. Rn. 8).

bb) Regelungen zur elektronischen Einreichung. Der Verordnungsgeber kann „vorschreiben, dass 6 Unterlagen **elektronisch** eingereicht werden". Erfasst ist insbes. der elektronische Postaustausch, insbes. die Web-Technologie **E-Mail**. Die Regelung ist lex specialis zu § 3a VwVfG.

2. Erlassene Rechtsverordnungen. a) Verordnung zur Festlegung von Anforderungen an den 7 Antrag auf Zulassung, Verlängerung der Zulassung und Registrierung von Arzneimitteln. Die auf Grund des – zwischenzeitlich aufgehobenen – § 35 I Nr. 1[7] erlassene AMZulRegAV bestimmt in § 1, dass die Antragsformulare für Zulassung, Nachzulassung und Registrierung von der zuständigen Bundesoberbehörde herausgegeben und im BAnz. bekannt gemacht werden. In der Bekanntmachung vom 21.1.2003 wurde der neue Formularsatz für den Antrag auf Zulassung eines Arzneimittels beim BfArM und beim PEI festgelegt[8]. § 2 legt fest, dass für das analytische Gutachten nach § 24 I 2 Nr. 1 grundsätzlich Formblätter zur Kurzdokumentation der Qualität zu verwenden sind, die von der zuständigen Bundesoberbehörde herausgegeben und im Bundesanzeiger bekannt gemacht werden. Die AMZulRegAV ist am 19.5.2015 nach § 3 AMGBefugV außer Kraft getreten, ist aber nach § 2 AMGBefugV weiter anwendbar, soweit Regelungen des BfArM, PEI oder BVL nach § 1 AMGBefugV nicht in Kraft sind.

b) AMG-Einreichungsverordnung. Die auf Grund des § 35 I Nr. 1 a. F.[9] erlassene **AMG-Einreichungsverordnung** (AMG-EV) vom 21.12.2000[10] bestimmt in ihrem § 1 für die Verfahren der 8 Zulassung nach § 21, der Verlängerung der Zulassung nach § 31 oder nach § 105 AMG sowie zur Erfüllung von Anzeigepflichten nach § 29 AMG, dass die Entwürfe für die Kennzeichnung nach § 10, die Packungsbeilage nach § 11, die Fachinformation nach § 11a sowie die Sachverständigengutachten nach § 24 AMG beim BfArM, beim PEI nach Maßgabe der nachfolgenden Vorschriften unter Verwendung des **elektronischen Postaustauschs** (EMail) einzureichen sind. Die Regelung konkretisiert die in §§ 21 ff., 31 oder 105 vorgegebenen Verfahrensregelungen im verfassungsrechtlich zulässigen Rahmen[11]. Die Rechtsfolgen eines etwaigen Verstoßes gegen die Vorgaben der AMG-EV ergeben sich aus den betreffenden Vorschriften des AMG. Nach § 3 AMG-EV kann die zuständige Bundesoberbehörde die ausschließliche schriftliche Einreichung von Unterlagen gestatten oder fordern, wenn für den Antragsteller oder sonstige Betroffene eine **unbillige Härte** vorliegt oder die elektronische Einreichung aus technischen Gründen unzweckmäßig ist. Die unbillige Härte dürfte beispielsweise bei bestimmten kleinen und mittleren Unternehmen gegeben sein, wenn die zu erwartenden Kosten für die Erstellung und Einreichung der Unterlagen in elektronischer Form in einem krassen Missverhältnis zu den zu erwartenden Umsätzen für das betreffende Arzneimittel stehen. Die zu beantragende Ausnahmegenehmigung nach § 3 Nr. 1 AMG-EV kann von der Zulassungsbehörde auch nur befristet erteilt

---

[4] *Krämer*, PharmR 2005, 428, 429; die noch für die zuvor in § 35 I Nr. 1 enthaltene Ermächtigungsgrundlage geäußerten Zweifel, ob das sog. Nachzulassungsverfahren nach § 105 von dem Begriff der Zulassung umfasst sei, sind mit der Regelung in § 80 endgültig ausgeräumt. Es besteht kein Zweifel, dass auch die Verfahrensregelungen zur Verlängerung nach § 105 Gegenstand einer VO nach § 80 sein können.

[5] A. A. offenbar *Brixius*, PharmR 2005, 173, 177 noch unter Hinweis auf § 35 I Nr. 1, der allerdings durch die 12. AMG-Novelle aufgehoben wurde.

[6] *Kloesel/Cyran*, § 35 Anm. 1.

[7] Die aufgehobene Ermächtigungsnorm berührt nicht die Gültigkeit der auf sie gestützten bereits erlassenen VO, die allerdings nur auf Grund der neuen Verordnungsermächtigung in § 80 aufgehoben werden kann.

[8] BAnz. Nr. 69a vom 9.4.2003.

[9] Vgl. Fn. 10.

[10] Das BfArM stellt Erläuterungen zum Vollzug der AMG-EV auf seinen Internetseiten zur Verfügung.

[11] *OVG Münster*, Urt. v. 29.4.2008 – 13 A 3183/05 – BeckRS 2008, 35030, das die AMG-EV im Nachzulassungsverfahren grundsätzlich für anwendbar erklärt und entschieden hat, dass § 35 I Nr. 1 a. F. im Hinblick auf die Geltung für das Nachzulassungsverfahren den Anforderungen an eine hinreichend bestimmte Ermächtigung genügt.

werden. Der geregelte Fall einer technischen Unzweckmäßigkeit kann beispielsweise bei plötzlich auftretenden Datenverarbeitungsproblemen in der zuständigen Bundesoberbehörde vorliegen[12]. Die AMG-EV ist am 19.5.2015 nach § 3 AMGBefugV außer Kraft getreten, ist aber nach § 2 AMGBefugV weiter anwendbar, soweit Regelungen des BfArM, PEI oder BVL nach § 1 AMGBefugV nicht in Kraft sind.

9   c) **AMG-Anzeigeverordnung.** Die auf der Grundlage des § 80 S. 1 Nr. 5 und S. 3 erlassene **AMG-AV** bestimmt Regelungen zur elektronischen Anzeige von Verdachtsfällen schwerwiegender Nebenwirkungen von Arzneimitteln gemäß den Anzeigepflichten nach § 63b AMG und § 13 GCP-V (Einzelfallberichte). Nach § 2 I dieser VO sind Inhaber und Antragsteller einer Zulassung oder Registrierung, pharmazeutische Unternehmer sowie Sponsoren klinischer Prüfungen (Anzeigepflichtige) verpflichtet, Einzelfallberichte gemäß den international geltenden technischen Standards **elektronisch** gegenüber der nach § 77 AMG zuständigen Bundesoberbehörde und gegenüber der EMA anzuzeigen. Um eine ordnungsgemäße Einführung des elektronischen Anzeigeverfahrens sicher zu stellen, teilt die zuständige Bundesoberbehörde jedem Anzeigepflichtigen den Zeitpunkt mit, ab dem elektronische Anzeigen gegenüber der Bundesoberbehörde vorzunehmen sind. Die Anzeige gegenüber der zuständigen Bundesoberbehörde hat nach § 2 II AMG-AV durch die Anzeigepflichtigen zusätzlich in Papierform zu erfolgen, solange die Bundesoberbehörde ihnen nichts Gegenteiliges mitteilt. Die Bundesoberbehörde hat auf die zusätzliche Anzeige in Papierform zu verzichten, sobald eine ordnungsgemäße elektronische Anzeige des Anzeigepflichtigen gewährleistet ist. § 3 I AMG-AVO normiert Ausnahmen von der Pflicht zur elektronischen Anzeige im Fall **unbilliger Härte** (s. Rn. 8). Nach § 3 II AMG-AV findet die Verpflichtung zur elektronischen Anzeige nach § 2 der VO ferner keine Anwendung bei klinischen Prüfungen, deren Sponsor kein pharmazeutischer Unternehmer oder eine von diesem beauftragte Person ist sowie bei Arzneimitteln, die Vollblut, Plasma oder Blutzellen menschlichen Ursprungs sind, mit Ausnahme von Arzneimitteln aus Plasma, bei deren Herstellung ein industrielles Verfahren zur Anwendung kommt. Die AMG-AV ist am 19.5.2015 nach § 3 AMGBefugV außer Kraft getreten, ist aber nach § 2 AMGBefugV weiter anwendbar, soweit Regelungen des BfArM, PEI oder BVL nach § 1 AMGBefugV nicht in Kraft sind.

II. Formelle Anforderungen (S. 1, 2. Halbs.)

10   Der Gesetzgeber gibt dem Verordnungsgeber in S. 1, 2. Halbs. die Ermächtigung, die Weiterleitung von Ausfertigungen an die zuständigen Behörden zu **bestimmen** sowie **vorzuschreiben**, dass Unterlagen in mehrfacher Ausfertigung sowie auf elektronischen oder optischen Speichermedien eingereicht werden. Die Anordnungen[13] bzw. Verpflichtungen, die durch eine auf der Grundlage des § 80 S. 1 erlassenen Rechtsverordnung begründet werden können, sind verbindlich. Dies ist Sinn und Zweck jeder Rechtsnorm[14]. Diese Verfahrensvorschriften konkretisieren die materiellen Anforderungen, die in den §§ 21 ff., 29, 31, 38, 39a ff. und 105 normiert sind. So bestimmt z. B. § 105 IVa 4 eine gesetzliche Ausschlussfrist, innerhalb der Unterlagen „einzureichen" sind. § 31 I Nr. 3 bestimmt, dass die Zulassung nach Ablauf von fünf Jahren seit ihrer Erteilung erlischt, es sei denn, dass spätestens sechs Monate vor Ablauf der Frist ein Antrag auf Verlängerung gestellt wird. Schreibt der Verordnungsgeber auf der Grundlage des § 80 S. 1 beispielsweise vor, dass Unterlagen elektronisch einzureichen sind, dann muss der Adressat der Regelung diese Formvorschrift beachten; andernfalls tritt die durch den Gesetzgeber (z. B. in § 105 IVa 4 oder § 31 I Nr. 3) bestimmte Rechtsfolge ein (z. B. das Erlöschen der Zulassung)[15].

C. Subdelegation (S. 2)

11   Nach S. 2 kann das BMG diese Ermächtigung ebenfalls ohne Zustimmung des Bundesrates auf die zuständige Bundesoberbehörde übertragen. Dieses Recht zur **Subdelegation** kann nach Artikel 80 I 4 GG durch VO ausgeübt werden, wobei die Übertragung einer Verordnungsermächtigung in der Regel durch eine **eigenständige** VO erfolgt, um die Feststellung der Zuständigkeit für den Erlass der VO zu erleichtern. Es kommt auch eine teilweise Übertragung bestimmter Regelungsbereiche an die zuständige Bundesoberbehörde in Betracht, beispielsweise die Regelung technischer Einzelheiten für die Einreichung von Unterlagen. Die zuständigen Bundesoberbehörden sind nach § 77 das PEI für die in § 77 II genannten Zuständigkeiten (s. § 77 Rn. 9), das BVL für die in § 77 III genannten Zuständigkeiten (Tierarzneimittel, § 77 Rn. 16) und das BfArM für die übrigen Zuständigkeiten (s. § 77 Rn. 5). Zum

---

[12] BR-Drucks. 745/00, S. 6.
[13] So *Rehmann*, § 35 Rn. 1.
[14] Unklar *Sander*, § 35 Erl. 3, der den Verordnungsgeber zum Erlass „reiner Ordnungsvorschriften" ermächtigt sieht.
[15] *OVG Münster*, Urt. v. 29.4.2008 – 13 A 3183/05 – BeckRS 2008, 35 030, das die AMG-EV im Nachzulassungsverfahren grundsätzlich für anwendbar erklärt und entschieden hat, dass §§ 2 I und 4 II auch für das Nachzulassungsverfahren anwendbar sind, weil eine sachgerechte und an verfassungsrechtlichen Grundsätzen orientierte Anwendung der in § 3 AMG-EV eingeräumten Dispensmöglichkeit erreichbar ist. A. A. *Brixius*, PharmR 2005, 173, 176.

Einvernehmen bei Tierarzneimitteln s. Rn. 12. Zu den weiteren allgemeinen Anforderungen an den Erlass von Rechtsverordnungen s. § 6 Rn. 4. Mit der AMG-Befugnisverordnung (AMGBefugV) hat das BMG die Ermächtigung zum Erlass von Rechtsverordnungen nach Abs. 1 S. 1 (außer Nr. 3a für Härtefallregelungen) auf BfArM, PEI und BVL übertragen und diese Bundesoberbehörden damit in die Lage versetzt, durch eigene Verordnungen Einzelheiten zur technischen Durchführung von Antrags-verfahren und Einreichung von Unterlagen nach dem AMG für ihren jeweiligen Zuständigkeitsbereich festzulegen. § 1 AMGBefugV regelt die Übertragung der Ermächtigungen zum Erlass von Rechtsver-ordnungen nach § 80 S. 1 Nr. 1 bis 3 und 4 bis 6 AMG. Es wird zudem klargestellt, dass die genannten Behörden nur innerhalb ihres Zuständigkeitsbereichs zum Erlass der Rechtsverordnungen ermächtigt werden. Zur Vermeidung von Rechtslücken wird in § 2 AMGBefugV die weitere Anwendbarkeit der aufgrund des § 80 Satz 1 Nr. 1 bis 3 und 4 bis 6 AMG erlassenen Rechtsverordnungen des BMG (s. Rn. 7 ff.) bis zum Inkrafttreten der Rechtsverordnungen der Behörden geregelt.

D. Rechtsverordnung für Härtefallregelungen (zum sog. compassionate use) nach S. 1 Nr. 3a und S. 3, 4

Vor Inkrafttreten des Art. 83 VO (EG) Nr. 726/2004 und der mit der 14. AMG-Novelle in § 21 II 1 **12** Nr. 6 aufgenommenen Ausnahme von der Zulassungspflicht und den in § 80 S. 1 Nr. 3a und S. 3 und 4 eingefügten neuen Ermächtigung für den Erlass von Regelungen über **Härtefalle** (sog. **compassionate use**) konnten neuartige Fertigarzneimittel bis zu ihrer Zulassung Patienten nicht zur Verfügung gestellt werden, ausgenommen im Rahmen einer klinischen Prüfung oder einer Abgabe unter Bezug auf einen rechtfertigenden Notstand. S. 1 Nr. 3a greift in Ergänzung zu der nach § 21 II 1 Nr. 6 vorzeitig geduldeten Anwendung von noch nicht zugelassenen Arzneimitteln bei Menschen in Härtefällen die in Art. 83 VO (EG) Nr. 726/2004 vorgesehenen Sonderregelungen zur vorzeitig geduldeten Anwendung eines noch nicht zugelassenen Arzneimittels aus humanitären Erwägungen („compassionate use") auf. Nach § 21 II Nr. 6 bedarf es einer Zulassung nicht für Arzneimittel, die unter den in Art. 83 VO (EG) Nr. 726/2004 genannten Voraussetzungen für eine Anwendung bei Patienten zur Verfügung gestellt werden, die an einer zu einer schweren Behinderung führenden Erkrankung leiden oder deren Krankheit lebensbedrohend ist, und die mit einem zugelassenen Arzneimittel nicht zufrieden stellend behandelt werden können (s. hierzu § 21 Rn. 65). Die Regelung stellt auf schwer kranke Patienten ab, die mit einem zugelassenen Arzneimittel bislang nicht zufriedenstellend behandelt werden konnten. Die betr. Arzneimittel müssen zudem nach Art. 83 VO (EG) Nr. 726/2004 entweder Gegenstand eines Antrags auf Zulassung nach Art. 6 dieser VO oder Gegenstand einer noch nicht abgeschlossenen klinischen Prüfung an Patienten sein. Es ist auch eine Bereitstellung von Arzneimitteln nach Abschluss einer klinischen Prüfung bis zum Abschluss des Zulassungsverfahrens an Patienten möglich, die dieses neu zuzulassende Arzneimittel im Rahmen einer klinischen Prüfung erhalten haben. Nach ihrer Zweck-bestimmung ist die Regelung zum „compassionate use" auf Arzneimittel beschränkt, für die die klinische Erprobung so weit fortgeschritten ist, dass seitens des Herstellers ausreichende Unterlagen zur Dokumen-tation von Wirksamkeit, Sicherheit und zur Qualität des Arzneimittels vorliegen[16].

In der Rechtsverordnung nach S. 1 Nr. 3a und S. 3 können über **Verfahrensregelungen** hinaus auch **13** **Aufgaben und Verantwortungsbereiche** der zuständigen Bundesoberbehörde im Hinblick auf die Beteiligung der EMA und des Ausschusses für Humanarzneimittel nach Art. 83 VO (EG) Nr. 726/2004 für die nach § 21 II 1 Nr. 6 vorzeitig geduldete Anwendung von noch nicht zugelassenen Arzneimitteln bei Menschen in Härtefällen außerhalb von klinischen Prüfungen geregelt werden. Dabei können nach **S. 4** auch Regelungen für Arzneimittel getroffen werden, die unter den Art. 83 VO (EG) Nr. 726/2004 entsprechenden Voraussetzungen Arzneimittel betreffen, die nicht zu den in Art. 3 I und II dieser VO dem zentralen Zulassungsverfahren zugewiesenen Arzneimitteln gehören und entsprechend § 21 II 1 Nr. 6 für schwerkranke Patienten bereitgestellt werden, die mit einem in der EU zugelassenen Arznei-mittel bislang nicht zufriedenstellend behandelt werden können. Die Anwendung eines zugelassenen Arzneimittels in einem nicht zugelassenen Anwendungsbereich („off label use") kann nicht in den Anwendungsbereich dieser VO fallen.

Gegenstand der VO können **Anzeige-, Dokumentations- und Berichtpflichten** insbes. für **14** Nebenwirkungen entsprechend Art. 24 I und Art. 25 VO (EG) Nr. 726/2004 sein. Dies umfasst auch Regelungen zu den Verantwortungsbereichen der behandelnden Ärzte und der pharmazeutischen Unternehmer oder Sponsoren, die insbes. dazu verpflichtet werden können, der zuständigen Bundes-oberbehörde die Anwendung eines nicht zugelassenen Arzneimittels für bestimmte Patienten anzuzeigen. Dabei kann beispielsweise ein Widerspruchsrecht der zuständigen Bundesoberbehörde verankert werden. Die zuständigen Bundesoberbehörden erfassen die Anwendung eines Arzneimittels und setzen die EMA in Kenntnis, wenn das Arzneimittel Gegenstand eines Antrags auf Erteilung einer Genehmigung für das Inverkehrbringen nach Art. 6 VO (EG) Nr. 726/2004 ist. Die Bedingungen für die Verwendung der

---

[16] BT-Drucks. 15/5316, S. 36.

betr. Arzneimittel und ihre Bereitstellung an die Patienten sind zu dokumentieren. Schließlich kann die VO auch im Hinblick auf die Verantwortungsbereiche der Beteiligten Regelungen zur Verschreibung und **Abgabe** der Arzneimittel treffen. Der behandelnde Arzt muss den Patienten im Hinblick auf seine haftungsrechtliche Verantwortung über den Status des Arzneimittels und die für die Anwendung wichtigen Aspekte aufklären. Der Verordnungsgeber hat von der ihm eingeräumten Rechtsverordnungsermächtigung durch die **AMHV** vom 14.7.2010 umfassend Gebrauch gemacht[17].

E. Einvernehmen bei Regelungen zu Tierarzneimitteln (S. 5)

15   Die vom BMG zu erlassende VO bedarf des Einvernehmens mit dem BMEL, soweit es sich um Arzneimittel handelt, die zur Anwendung bei **Tieren** bestimmt sind (S. 5). Dies betrifft alle in S. 1 genannten Regelungen für die in die Zuständigkeit des BVL fallenden Zulassungs- oder Registrierungsverfahren für Tierarzneimittel einschließlich Änderungsanzeigen und Meldungen von Arzneimittelrisiken (zum Einvernehmen s. § 6 Rn. 14).

§ 81 Verhältnis zu anderen Gesetzen

Die Vorschriften des Betäubungsmittel- und Atomrechts und des Tierschutzgesetzes bleiben unberührt.

A. Allgemeines

I. Inhalt

1   Die seit dem Inkrafttreten des AMG unveränderte Regelung bestimmt, dass die Vorschriften des Betäubungsmittel- und Atomrechts und des Tierschutzgesetzes unberührt bleiben. Vorschriften des Betäubungsmittelrechts sind insbesondere das **BtMG** und die auf seiner Grundlage erlassenen Rechtsverordnungen. Für das AMG relevante Regelungen des Atomrechts enthalten vor allem die auf der Grundlage des AtG erlassene **StrlSchV** und die **RöV**. Die Erwähnung des **TierSchG** erfolgte mit Blick auf Tierhaltungen im Rahmen des AMG[1].

II. Zweck

2   Die Regelung hat nicht nur deklaratorischen Charakter[2]. Sie informiert einerseits über die neben dem AMG bestehenden Rechtsgebiete. Diese bundesrechtlichen Regelungen werden in ihrer Geltung nach § 81 **nicht vom AMG beschränkt oder verdrängt,** sondern gehen im Fall von im Verhältnis zum AMG widersprüchlichen Regelungsinhalten grundsätzlich dem AMG als spezielleres Recht vor. Andererseits besteht auch keine Exklusivität des anderen Rechtsgebiets.

B. Vorschriften des Betäubungsmittelrechts

3   Arzneimittel unterliegen neben den Regelungen des AMG auch den Vorschriften des Betäubungsmittelrechts, wenn sie Stoffe enthalten, die in der Anlage zum **BtMG** als Betäubungsmittel aufgeführt sind. Die Einordnung eines Stoffes als Betäubungsmittel schließt damit nicht die Einstufung als Arzneimittel aus, vielmehr sind beide Rechtsbereiche nebeneinander anzuwenden[3]. Das BtMG setzt die Arzneimitteleigenschaft in bestimmten Fällen voraus (s. z.B. in § 6 I Nr. 1 BtMG). Die **Betäubungsmittelverschreibungsverordnung (BtMVV)** regelt die Verschreibung von Betäubungsmitteln durch ein Betäubungsmittelrezept für einen Patienten oder ein Tier und für den Praxisbedarf eines Arztes, Zahnarztes oder Tierarztes oder für den Stationsbedarf. Der Verbleib und der Bestand der Betäubungsmittel sind lückenlos nachzuweisen. Die in § 9 BtMVV normierten Anforderungen für die Angaben auf dem Betäubungsmittelrezept wurden 2005 erleichtert. Die **Betäubungsmittel-Binnenhandelsverordnung** (BtMBinHV) regelt die Anforderungen für die Abgabe von Betäubungsmitteln nach § 12 I BtMG, insbesondere die Pflicht zur Anfertigung eines Abgabebelegs. Die **Betäubungsmittel-Außenhandelsverordnung** (BtMAHV) enthält Anforderungen für die Einfuhr, Ausfuhr und Durchfuhr von Betäubungsmitteln. Die Erhebung von Kosten (Gebühren und Auslagen) für Amtshandlungen auf dem Gebiet des Betäubungsmittelverkehrs durch das BfArM regelt die Betäubungsmittel-Kostenverordnung

---

[17] Vgl. hierzu *Schweim/Behles*, A&R 2011, 27 ff. Umfassende Kritik an der AMHV übt *Fulda*, PharmR 2010, 517 ff.
[1] BT-Drucks. 7/5091.
[2] A. A. für die Erwähnung des Tierschutzgesetzes *Sander*, § 81 Erl. 3.
[3] *BVerfG*, NJW 2006, 2684; *OVG Münster*, Beschl. v. 30.12.2014 – 13 A 1203/14, Rn. 24 – juris.

(BtMKostV). Die Vorschriften des Betäubungsmittelrechts sind vor allem für die §§ 21 f. und die Vertriebsregelungen von Relevanz.

C. Vorschriften des Atomrechts

Für das AMG relevante Vorschriften des Atomrechts sind neben dem Atomgesetz insbesondere die **4** **Strahlenschutzverordnung** (StrlSchV) und die **Röntgenverordnung** (RöV). Mit der StrlSchV und der RöV wurden die Grenzwerte für die Bevölkerung gesenkt. Die Regelungen der StrlSchV sind insbes. für § 7 (s. § 7 Rn. 25) und die Vorschriften über die klinische Prüfung in §§ 40 ff. (s. § 40 Rn. 33 f.) von Bedeutung. Die zur StrlSchV erlassene Richtlinie „Strahlenschutz in der Medizin" wendet sich an die zuständigen obersten Landesbehörden und harmonisiert die Genehmigungsverfahren zur Gewährleistung einer einheitlichen Verwaltungspraxis und zur Erleichterung der staatlichen Aufsicht im medizinischen Bereich. Diese Richtlinie ermöglicht auch Transparenz für das im medizinischen Bereich tätige Personal im Hinblick auf die Genehmigungsverfahren im Strahlenschutzbereich.

D. Vorschriften des Tierschutzgesetzes

Das **Tierschutzgesetz** (TierSchG) ermächtigt das BMEL zum Erlass von Rechtsverordnungen u. a. in **5** den Bereichen Haltung, Tierversuche, Zucht und Schlachtung. Relevanz haben über das in § 81 genannte TierSchG hinaus auch die auf der Grundlage des TierSchG erlassene **Versuchstiermelde**verordnung (VersTierMeldV 2000), die Verordnung über Aufzeichnungen über Versuchstiere und deren Kennzeichnung sowie die Allgemeine Verwaltungsvorschrift zur Durchführung des TierSchG. Die Erwähnung des TierSchG erfolgte insbesondere im Hinblick auf die Anforderungen an toxikologische Prüfungen von Arzneimitteln, die in aller Regel bei Tieren durchgeführt werden und der Zulassungsbehörde im Rahmen des Zulassungsantrags nach § 22 II 2 Nr. 2 vorzulegen sind. Bei der Durchführung von Tierversuchen im Rahmen der toxikologischen Prüfung eines Arzneimittels müssen die Belange des Tierschutzes gewahrt werden. Gleiches gilt für klinische Prüfungen von Tierarzneimitteln bei Tieren (§ 59), deren Zweck es ist, die Wirkung des Tierarzneimittels nach Verabreichung der empfohlenen Dosierung nachzuweisen oder abzusichern, Anwendungsgebiete und Gegenanzeigen je nach Tierart, Alter, Gattung und Geschlecht, Gebrauchsanweisungen und mögliche Nebenwirkungen sowie die Unbedenklichkeit und Verträglichkeit des Erzeugnisses unter normalen Anwendungsbedingungen zu ermitteln (s. § 59 Rn. 1 ff.).

Der **Tierschutz** ist als **Staatsziel** in Art. 20a GG verankert. Die Staatszielbestimmung Tierschutz **6** enthält eine verfassungsrechtliche Wertentscheidung, die von der Gesetzgebung und von den Verwaltungsbehörden und Gerichten bei der Auslegung und Anwendung des geltenden Rechts zu beachten ist. Daraus leitet sich grundsätzlich kein Vorrecht gegenüber den Grundrechten ab.

§ 82 Allgemeine Verwaltungsvorschriften

¹Die Bundesregierung erlässt mit Zustimmung des Bundesrates die zur Durchführung dieses Gesetzes erforderlichen allgemeinen Verwaltungsvorschriften. ²Soweit sich diese an die zuständige Bundesoberbehörde richten, werden die allgemeinen Verwaltungsvorschriften von dem Bundesministerium erlassen. ³Die allgemeinen Verwaltungsvorschriften nach Satz 2 ergehen im Einvernehmen mit dem Bundesministerium für Ernährung und Landwirtschaft, soweit es sich um Arzneimittel handelt, die zur Anwendung bei Tieren bestimmt sind.

Wichtige Änderungen der Vorschrift: S. 1 und 2 geändert, S. 3 eingefügt durch Art. 1 Nr. 58 des Zwölften Gesetzes zur Änderung des Arzneimittelgesetzes vom 30.7.2004 (BGBl. I S. 2031).

A. Allgemeines

I. Inhalt

§ 82 stellt klar, dass die Bundesregierung mit Zustimmung des Bundesrates allgemeine Verwaltungs- **1** vorschriften zur Durchführung des AMG mit Wirkung für die zuständigen Behörden der Länder erlassen kann. Allgemeine Verwaltungsvorschriften, die an Bundesoberbehörden gerichtet sind, können durch das zuständige BMG erlassen werden; wenn diese an Bundesoberbehörden gerichtete Verwaltungsvorschriften Tierarzneimittel betreffen, ist das Einvernehmen des BMEL erforderlich. Der Erlass von Verwaltungsvorschriften durch die Bundesregierung ist auch in § 63 (Stufenplan) vorgesehen[1].

---

[1] Allgemeine Verwaltungsvorschrift zur Beobachtung, Sammlung und Auswertung von Arzneimittelrisiken (Stufenplan) nach § 63 AMG vom 9.2.2005, BAnz. Nr. 31 vom 15.2.2005, S. 2382.

II. Zweck

2   Durch die Ermächtigungsnorm soll ein **einheitlicher Vollzug des AMG** sichergestellt werden. Der Gesetzgeber hatte dabei insbes. die Intensivierung und Koordinierung der Überwachung im Blick[2]. Allgemeine Verwaltungsvorschriften können zur Durchführung von Bundesgesetzen durch die Landesbehörden bereits auf Grund des Art. 84 II GG erlassen werden. Durch die besondere Erwähnung in § 82 kommt der politische Wille des Gesetzgebers zur einheitlichen Durchführung des AMG verstärkt zum Ausdruck[3]. Die Regelungen in § 82 S. 2 zum Erlass allgemeiner Verwaltungsvorschriften für Bundesoberbehörden ist eine Spezialnorm zu Art. 86 GG. Im Einleitungssatz ist daher im Fall von allgemeinen Verwaltungsvorschriften der Bundesregierung Art. 84 II GG und im Fall von Verwaltungsvorschriften des Bundesministeriums § 85 S. 2 zu zitieren.

B. Erlass allgemeiner Verwaltungsvorschriften

I. Begriff der allgemeinen Verwaltungsvorschriften

3   Nach Art. 84 II GG kann die Bundesregierung mit Zustimmung des Bundesrates allgemeine Verwaltungsvorschriften erlassen. Das Grundgesetz stellt der vollziehenden Gewalt weder einen abschließenden Katalog bestimmter Handlungsformen zur Verfügung noch werden ausdrücklich erwähnte Handlungsformen inhaltlich im Einzelnen definiert. Als allgemeine Verwaltungsvorschriften i. S. d. Art. 84 II GG sind nur solche Regelungen zu verstehen, die für eine abstrakte Vielheit von Sachverhalten des Verwaltungsgeschehens verbindliche Aussagen treffen, ohne auf eine unmittelbare Rechtswirkung nach außen gerichtet zu sein[4]. Eine **Außenwirkung** können allgemeine Verwaltungsvorschriften durch eine ständige Verwaltungspraxis und die Selbstbindung der Verwaltung nach Art. 3 I GG erlangen[5].

4   § 82 wurde durch die 12. AMG-Novelle der neueren **Rechtsprechung des *BVerfG*** zum Erlass allgemeiner Verwaltungsvorschriften angepasst. Das *BVerfG* hatte durch Beschluss vom 2.3.1999[6] unter Abänderung seiner bisherigen Rechtsprechung[7] entschieden, dass allgemeine Verwaltungsvorschriften für den Vollzug der Bundesgesetze durch die Länder im Auftrage des Bundes gem. Art. 85 II 1 GG ausschließlich von der Bundesregierung als Kollegium mit Zustimmung des Bundesrates erlassen werden können. Dies hat auch Geltung für allgemeine Verwaltungsvorschriften nach Art. 84 II GG. Allgemeine Verwaltungsvorschriften für den Vollzug der Bundesgesetze durch die Länder können nach dieser Entscheidung ausschließlich von der **Bundesregierung** erlassen werden, während allgemeine Verwaltungsvorschriften, die an Bundesoberbehörden gerichtet sind, durch das zuständige **Bundesministerium** erlassen werden können. Allgemeine Verwaltungsvorschriften werden im BAnz. bekannt gemacht.

II. Erlass durch die Bundesregierung (S. 1)

5   Die an die zuständigen **Landesbehörden** gerichteten allgemeinen Verwaltungsvorschriften werden nach S. 1 von der **Bundesregierung** erlassen. Ein Erlass durch das Bundesministerium ist aus verfassungsrechtlichen Gründen nicht möglich (s. Rn. 3). Die Verwaltungsvorschriften sollen für die Durchführung des AMG erforderlich sein, wobei der Bundesregierung hierbei ein weiter Beurteilungsspielraum zusteht. Die Durchführung des AMG betrifft insbes. die Überwachung und Einhaltung des AMG für Arzneimittel, Wirkstoffe und für andere zur Arzneimittelherstellung bestimmte Stoffe gemäß § 64 (zu den Aufgaben der Landesbehörden s. § 77 Rn. 4). Die allgemeinen Verwaltungsvorschriften bedürfen der Zustimmung des Bundesrates; ohne Zustimmung des Bundesrates erlassene Verwaltungsvorschriften sind für die Länder unbeachtlich.

III. Erlass durch das Bundesministerium für Gesundheit (S. 2)

6   Allgemeine Verwaltungsvorschriften, die an Bundesoberbehörden gerichtet sind, werden durch das BMG (§ 6 I) erlassen. Auch die vom BMG an die Bundesoberbehörden gerichteten Verwaltungsvorschriften bedürfen der Zustimmung des Bundesrates. Von allgemeinen Verwaltungsvorschriften sind die mögliche Erteilung fachlicher Aufträge, die Festsetzung von Arbeitszielen sowie die Art und der zeitliche Ablauf der Durchführung der Aufgaben durch Erlasse an die zuständigen Bundesoberbehörden abzugrenzen (s. § 77 Rn. 4).

---

[2] Vgl. BT-Drucks. 7/5025 und Nr. 11 der Entschließung des Bundestages.
[3] *Kloesel/Cyran,* § 82 Anm. 7.
[4] *BVerfG,* NJW 1999, 977.
[5] Vgl. *Wolff/Bachof/Stober/Kluth,* § 24 Rn. 26 ff.
[6] *BVerfG,* NJW 1999, 977 ff.
[7] *BVerfG,* NJW 1970, 29 ff.

Nickel

IV. Einvernehmen (S. 3)

Wenn die an Bundesoberbehörden gerichteten Verwaltungsvorschriften Tierarzneimittel betreffen, ist **7**
das Einvernehmen des BMEL erforderlich.

C. Allgemeine Verwaltungsvorschrift zur Durchführung des AMG

Die von der Bundesregierung und dem BMG erlassene **Allgemeine Verwaltungsvorschrift zur** **8**
Durchführung des Arzneimittelgesetzes (AMGVwV) richtet sich an die zuständigen Behörden und
Stellen des Bundes und der Länder, soweit sie die Einhaltung der Bestimmungen des AMG für Arzneimittel, Wirkstoffe und für andere zur Arzneimittelherstellung bestimmte Stoffe gem. § 64 überprüfen,
insbes. bei Herstellern, beauftragten Betrieben nach § 14 IV, Vertriebsunternehmen, Großhandelsbetrieben, pharmazeutischen Unternehmern, Einführern, Ausführern oder sonstigen Händlern. Die Verwaltungsvorschrift findet nach § 1 II AMGVwV entsprechende Anwendung auf den Verkehr mit Arzneimitteln in der Bundeswehr; das BMVg kann jedoch unter Berücksichtigung der besonderen militärischen
Gegebenheiten besondere Verwaltungsvorschriften für die Bundeswehr erlassen. Die Verwaltungsvorschrift findet auch Anwendung auf die Überwachung der für den Katastrophenschutz vorgesehenen
Bevorratung mit Arzneimitteln, allerdings keine Anwendung auf die Überwachung der Arzneimittelversorgung der Bundespolizei und der Bereitschaftspolizeien der Länder sowie auf die ausschließlich für
den Zivilschutz vorgesehene Bevorratung von Arzneimitteln (§ 1 III AMGVwV).

§ 83 Angleichung an das Recht der Europäischen Union

Rechtsverordnungen oder allgemeine Verwaltungsvorschriften nach diesem Gesetz können
auch zum Zwecke der Angleichung der Rechts- und Verwaltungsvorschriften der Mitglied-
staaten der Europäischen Union erlassen werden, soweit dies zur Durchführung von Verord-
nungen, Richtlinien, Entscheidungen oder Beschlüssen der Europäischen Gemeinschaft oder
der Europäischen Union, die Sachbereiche dieses Gesetzes betreffen, erforderlich ist.

Wichtige Änderungen der Vorschrift: Abs. 2 aufgehoben durch Art. 1 Nr. 70 des Gesetzes zur Änderung
arzneimittelrechtlicher und anderer Vorschriften vom 17.7.2009 (BGBl. I S. 1990); Überschrift und Wortlaut geändert
durch Art. 1 Nr. 64 des Zweiten Gesetzes zur Änderung arzneimittelrechtlicher und anderer Vorschriften vom
19.10.2012 (BGBl I S. 2192).

A. Allgemeines

I. Inhalt

Die Vorschrift räumt dem Verordnungsgeber die Möglichkeit ein, im Rahmen des bestehenden **1**
Ermächtigungssystems die **Anpassung an europäisches Recht** zu vollziehen. Die bestehenden Ermächtigungsnormen des AMG zum Erlass von Rechtsverordnungen oder Allgemeinen Verwaltungsvorschriften werden dahingehend erweitert, dass die erforderliche Angleichung dieser nationalen Regelungen an Verordnungen, Richtlinien, Entscheidungen oder Beschlüsse der Europäischen Gemeinschaften oder der Europäischen Union, die Sachbereiche des AMG betreffen, von der jeweiligen
Ermächtigung mit umfasst ist.

II. Zweck

Bei § 83 handelt es sich um eine Regelung, die die **Umsetzung** europäischen Rechts in nationales **2**
Recht **erleichtern** soll[1]. Entsprechende Regelungen sind beispielsweise in § 30 TFG, § 70 V LFGB,
§ 53 IV Weingesetz und § 26 VI AEG enthalten. Die Regelung ist keine eigenständige Ermächtigung
zum Erlass von Rechtsverordnungen, sondern modifiziert die jeweiligen im AMG enthaltenen Ermächtigungsnormen zum Erlass von Rechtsverordnungen oder auch Allgemeinen Verwaltungsvorschriften im
Hinblick auf den Zweck der Ermächtigung. § 83 ist daher zusammen mit der anderen jeweiligen
Ermächtigungsnorm in der Rechtsverordnung zu zitieren.

III. Vorgaben des Vertrages über die Arbeitsweise der Europäischen Union (AEUV)

Art. 288, 289 AEUV (früher Art. 249 EGV) bestimmen, dass das Europäische Parlament und der Rat **3**
gemeinsam, der Rat und die Kommission nach Maßgabe des Vertrages u. a. Verordnungen, Richtlinien
und Beschlüsse erlassen. **Verordnungen** sind nach Art. 288 II AEUV in allen ihren Teilen verbindlich

---

[1] Vgl. *Rehmann*, § 83 Rn. 1.

und gelten unmittelbar in jedem Mitgliedstaat. Eine innerstaatliche Umsetzung ist deshalb nicht erforderlich. Die Mitgliedstaaten sind allerdings soweit erforderlich verpflichtet, geeignete innerstaatliche Maßnahmen zu ergreifen, um die uneingeschränkte Anwendbarkeit der Verordnung zu gewährleisten[2]. Nach Art. 288 III AEUV ist die **Richtlinie** für jeden Mitgliedstaat hinsichtlich des zu erreichenden Ziels verbindlich, überlässt jedoch den innerstaatlichen Stellen die Wahl der Form und der Mittel. Hinsichtlich der Umsetzung der RL sind dem durch Art. 288 III AEUV den Mitgliedstaaten gesetzten Gestaltungsspielraum jedoch Grenzen gesetzt, Form und Mittel sollen geeignet sein, das von der RL verbindlich vorgegebene Ziel zu erreichen[3]. Dies kann vor allem durch formales Gesetz oder durch Rechtsverordnung erfolgen. Die Umsetzung einer Richtlinie durch Verwaltungsvorschriften hat der *EuGH* nicht genügen lassen, da der einzelne nicht „Gewissheit über den Umfang seiner Rechte haben kann, um sie ggf. vor den nationalen Gerichten geltend machen zu können"[4]. Die **Beschlüsse** sind nach Art. 288 IV AEUV in allen ihren Teilen verbindlich; sind sie an bestimmte Adressaten gerichtet, so sind sie nur für diese verbindlich. Sie entfalten deshalb dann, wenn sie hinreichend bestimmt sind, unmittelbare Geltung und bedürfen deshalb grundsätzlich keines Umsetzungsaktes, es sei denn, sie selbst bestimmen etwas anderes[5]. Zu beachten ist, dass die Mitgliedstaaten nach Art. 4 IV RL 2001/83/EG für empfängnisverhütende oder schwangerschaftsunterbrechende Arzneimittel Rechtsvorschriften für Verbote oder Einschränkungen erlassen oder beibehalten können. Im Anwendungsbereich des Art. 4 IV RL 2001/83 wird der oben dargestellte Grundsatz der unmittelbaren Geltung von Verordnungen insbesondere für die **VO (EG) Nr. 726/2004** sowie der darauf gestützten **Beschlüsse** (z. B. zentrale Arzneimittelzulassungen) damit durchbrochen.

B. Erweiterte Ermächtigung zur Umsetzung von Gemeinschaftsrecht

I. Rechtsverordnungen und Allgemeine Verwaltungsvorschriften

4   Die bestehenden Ermächtigungsnormen des AMG zum Erlass von Rechtsverordnungen oder Allgemeinen Verwaltungsvorschriften werden durch im Hinblick auf die das AMG betreffende notwendige Durchführung und Umsetzung europäischen Rechts erweitert. Umsetzungsrelevanz haben insbesondere **Richtlinien,** deren Umsetzung aber nach der Rechtsprechung des *EuGH* zumindest durch **Rechtsverordnung,** nicht aber durch Allgemeine Verwaltungsvorschriften zu erfolgen hat (s. Rn. 3). Dementsprechend wurde die ursprünglich in § 26 enthaltene Ermächtigung zum Erlass von Allgemeinen Verwaltungsvorschriften durch Gesetz vom 27.4.2005[6] in eine entsprechende Rechtsverordnungsermächtigung geändert, um der Umsetzungsverpflichtung der in den Anhängen zu den RL 2001/82/EG und 2001/83/EG enthaltenen Anforderungen an Zulassungs- und Registrierungsunterlagen nachkommen zu können[7]. Maßnahmen zur uneingeschränkten Anwendbarkeit einer **Verordnung** (s. Rn. 3) können sowohl durch Rechtsverordnungen als auch durch Allgemeine Verwaltungsvorschriften getroffen werden. Im Fall eines durch einen **Beschluss** veranlassten Umsetzungsaktes ist jeweils zu prüfen, ob eine Rechtsverordnung oder eine Allgemeine Verwaltungsvorschrift zu ändern oder zu erlassen ist.

II. Durchführung europäischen Rechts

5   Die Angleichung der nationalen Regelungen an Verordnungen, Richtlinien oder Beschlüsse des Rates oder der Kommission der EU müssen erforderlich sein und Sachbereiche des AMG betreffen. Besondere Relevanz haben der **Gemeinschaftskodex Humanarzneimittel** (RL 2001/83/EG) und der **Gemeinschaftskodex Tierarzneimittel** (RL 2001/82/EG), die jeweils für Human- und Tierarzneimittel insbesondere Anforderungen an Herstellung, Zulassungsverfahren, Kennzeichnung und Pharmakovigilanz bestimmen. Daneben sind die RL 2001/20/EG sowie die RL 2003/94/EG von Bedeutung. Maßgebliche Verordnungen sind insbes. die **VO (EG) Nr. 726/2004** sowie die VO (EG) Nr. 141/2000. Daneben können auch andere VO und RL der Gemeinschaft Auswirkungen auf das AMG haben, z. B. aus dem Gentechnikrecht die RL 2001/18/EG, deren Art. 8 II und 25 Umsetzungsrelevanz für § 14 VI GCP-V hatten.

§ 83a Rechtsverordnungen in bestimmten Fällen

[1]**Das Bundesministerium wird ermächtigt, durch Rechtsverordnung ohne Zustimmung des Bundesrates Verweisungen auf Vorschriften in Rechtsakten der Europäischen Gemeinschaft oder der Europäischen Union in diesem Gesetz oder in aufgrund dieses Gesetzes**

---

[2] Vgl. *EuGH*, Urt. v. 22.6.1993, Rs. C-54/91, Slg. 1993, I-3399 Rn. 38 – Kommission/Deutschland.
[3] Vgl. *Biervert*, in: Schwarze, Art. 249 Rn. 28.
[4] Vgl. *EuGH*, Urt. v. 30.5.1991, Rs. C-361/88, Slg. 1991, I-2567 Rn. 20 – Kommission/Deutschland, zur TA Luft.
[5] Vgl. *Biervert*, in: Schwarze, Art. 249 Rn. 35.
[6] BGBl. I S. 1068.
[7] Vgl. BT-Drucks 15/4294, S. 6.

erlassenen Rechtsverordnungen zu ändern, soweit es zur Anpassung an Änderungen dieser Vorschriften erforderlich ist. [2] **Handelt es sich um Vorschriften über Arzneimittel oder Stoffe, die zur Anwendung am Tier bestimmt sind, tritt an die Stelle des Bundesministeriums das Bundesministerium für Ernährung und Landwirtschaft, das die Rechtsverordnung im Einvernehmen mit dem Bundesministerium erlässt.**

Die im Rahmen der 15. AMG-Novelle eingefügte Vorschrift enthält eine Ermächtigung für das BMG 1 (§ 6 I) oder je nach Zuständigkeit für das BMEL[1] zur Anpassung von Verweisungen auf das europäische Recht[2]. Die amtliche Begründung[3] hebt hervor, dass durch die Ermächtigung gewährleistet werden soll, dass auf Änderungen von Vorschriften in Rechtsakten der EG oder der EU zeitnah durch die entsprechende Anpassung von Bezugnahmen auf diese Vorschriften im Verordnungswege reagiert werden kann. So soll diese Ermächtigung dafür genutzt werden, bei Änderungen der VO (EU) Nr. 37/2010 Verweise auf diese VO in den neu gefassten §§ 95 und 96 zu ändern[4]. Aufgrund der für Straf- und Bußgeldbewehrungen geltenden besonderen Bestimmtheitsanforderungen kann in den genannten Vorschriften nicht pauschal auf die jeweils geltende Fassung der EU-Verordnung verwiesen werden. Zur Vermeidung von Diskrepanzen zwischen geltendem Unionsrecht und den zugehörigen Bewehrungen im nationalen Recht soll sichergestellt werden, dass die erforderlichen Anpassungen der Bewehrungen an Änderungen des Unionsrechts möglichst zügig vorgenommen werden können.

Von dieser Ermächtigung ist seit 2011[5] mehrfach Gebrauch gemacht worden. 2

§ 83b Verkündung von Rechtsverordnungen

Rechtsverordnungen nach diesem Gesetz können abweichend von § 2 Absatz 1 des Verkündungs- und Bekanntmachungsgesetzes im Bundesanzeiger verkündet werden.

Wichtige Änderungen der Vorschrift: Vorschrift eingefügt durch Art. 1 Nr. 10 des Sechzehnten Gesetzes zur Änderung des Arzeneimittelgesetzes vom 10.10.2013 (BGBl. I S. 3813).

A. Allgemeines

Verkündungsorgane des Bundes sind das Bundesgesetzblatt und der elektronische Bundesanzeiger 1 sowie das Verkehrsblatt. § 2 I des Verkündungs- und Bekanntmachungsgesetzes sieht vor, dass Rechtsverordnungen vorbehaltlich anderer gesetzlicher Bestimmungen auch im Bundesanzeiger verkündet werden können, wenn der Verordnungsgeber feststellt, dass ihr unverzügliches Inkrafttreten wegen Gefahr im Verzug oder zur Umsetzung oder Durchführung von Rechtsakten der Europäischen Union erforderlich ist. § 83b enthält die Möglichkeit, dass der Verordnungsgeber Rechtsverordnungen, die auf der Grundlage des AMG erlassen werden, im Bundesanzeiger verkünden kann, ohne dass die Voraussetzungen des § 2 I des Verkündungs- und Bekanntmachungsgesetzes vorliegen. Die Regelung ist damit eine eigenständige gesetzliche Ausnahme von Art. 82 I GG, der vorbehaltlich anderweitiger gesetzlicher Bestimmungen die Verkündung von Rechtsverordnungen im Bundesgesetzblatt vorsieht. Zweck der Verkündung von Rechtsvorschriften ist es, dass sich die Betroffenen verlässlich Kenntnis von Rechtsvorschriften verschaffen können[1*]. Durch die Regelung in § 83b soll der Verordnungsgeber die Möglichkeit erhalten, Rechtsverordnungen unverzüglich zu verkünden, weil der elektronische Bundesanzeiger regelmäßig fünfmal wöchentlich – und damit öfter als das Bundesgesetzblatt – erscheint.

B. Verkündung von Rechtsverordnungen

I. Begriff der Rechtsverordnung

Nach Art. 80 I GG kann die Bundesregierung, ein Bundesministerium oder eine Landesregierung 2 ermächtigt werden, **Rechtsverordnungen** zu erlassen. Hierunter fallen sowohl Stammverordnungen als auch Änderungsverordnungen. Rechtsverordnungen sind ebenso wie formelle Gesetze verbindliche Rechtsvorschriften. Die **Zuständigkeit** für den Erlass von Verordnungen ist im AMG durchweg speziell geregelt (s. § 6 Rn. 3). Im Einleitungssatz der Rechtsverordnung ist nach Art. 80 I Nr. 3 GG die

---

[1] Die Ermächtigung berücksichtigt die federführende Zuständigkeit des BMEL für Regelungen im Bereich der Tierarzneimittel – ausgenommen die Zulassung – wie sie im einschlägigen Organisationserlass des Bundeskanzlers vom 22.1.2001 (BGBl. I S. 127) festgelegt wurde.
[2] Eine entsprechende Ermächtigung für den BMEL enthält § 70 VI LFGB.
[3] BT-Drucks. 17/4231, S. 12.
[4] Vgl. § 95 I Nr. 11 i. V. m. § 59d I Nr. 1.
[5] Erste Verordnung zur Änderung EU-rechtlicher Verweisungen im Arzneimittelgesetz v. 19.7.2011 (BGBl. I S. 1398).
[1*] *BVerfGE* 65, 283, 291.

Ermächtigungsgrundlage zu **zitieren.** Eine Verordnung, die auf mehreren Ermächtigungsgrundlagen beruht, muss diese vollständig zitieren. Eine Missachtung des Zitiergebots führt zur Nichtigkeit der Verordnung[2].

II. Verkündung im Bundesanzeiger

3   Der Verordnungsgeber hat ein **Ermessen**, ob er die ordnungsgemäß zustande gekommene Rechtsverordnung (s. zu den formellen Anforderungen für den Erlass einer Verordnung § 6 Rn. 4) im Bundesgesetzblatt oder im Bundesanzeiger verkündet. Besondere Gründe für die Verkündung im elektronischen Bundesanzeiger muss der Verordnungsgeber nicht darlegen. Er wird die Verkündung im Bundesanzeiger wählen, wenn er an einer besonders schnellen Verkündung interessiert ist, sei es aus Gründen der Gefahr im Verzug, einer schnellen Umsetzung europäischen Rechts oder auch aus fiskalischen Erwägungen. Der Bundesanzeiger wird **ausschließlich elektronisch** herausgegeben; die gedruckte Ausgabe wurde auf Grund des Gesetzes zur Änderung von Vorschriften über Verkündung und Bekanntmachungen vom 22.12.2011[3] eingestellt. Die elektronische Ausgabe ist dauerhaft verfügbar. Die Veröffentlichung erfolgt im amtlichen Teil. Die Verkündung im Bundesanzeiger erfolgt durch die im Bundesamt für Justiz angesiedelte Schriftleitung.

---

[2] *BVerfG*, NJW 1999, 3253.
[3] BGBl. I S. 3044; vgl. zu den Motiven BT-Drucks. 17/6610, S. 16.

Sechzehnter Abschnitt. Haftung für Arzneimittelschäden

Vorbemerkung zu §§ 84–94a

Wichtige Änderungen der Vorschriften: Zweites Gesetz zur Änderung schadenersatzrechtlicher Vorschriften vom 19.7.2002 (BGBl. I S. 2674).
Europarechtliche Vorgaben: RL 85/374/EWG.

Literatur: *Bollweg,* Die Arzneimittelhaftung nach dem 2. Schadensersatzrechtsänderungsgesetz, MedR 2004, 486; *ders.,* Die Arzneimittelhaftung nach dem AMG zehn Jahre nach der Reform des Schadensersatzrechts, MedR 2012, 782; *Riedel/Karpenstein,* Europarechtliche Grenzen der geplanten Reform des Arzneimittelhaftungsrechts, MedR 1996, 193; *Wagner,* Die Reform der Arzneimittelhaftung im Entwurf eines Zweiten Schadensrechtsänderungsgesetzes, VersR 2001, 1334; *Wagner,* Das Zweite Schadensersatzrechtsänderungsgesetz, NJW 2002, 2049.

Übersicht

A. Entstehungsgeschichte

I. AMG 1976

1. Gefährdungshaftung. Das AMG 1976 führte eine eigene Regelung der Arzneimittelhaftung in **1** Form der Gefährdungshaftung ein. Auslöser waren die Contergan-Fälle. Die schädlichen Wirkungen des Contergan-Wirkstoffs Thalidomid konnten mit den damals dem Stand der Technik entsprechenden Prüfmethoden nicht festgestellt werden. Im Mittelpunkt der Überlegungen zur Neuregelung der Arzneimittelhaftung stand deshalb die **Haftung für Entwicklungsrisiken.** Die für die deliktsrechtliche Produzentenhaftung durch richterliche Rechtsfortbildung entwickelten Beweiserleichterungen wurden im Sinne eines umfassenden Opferschutzes als nicht ausreichend angesehen[1].

2. Deckungsvorsorge. Der Absicherung der Gefährdungshaftung dient die Verpflichtung zur De- **2** ckungsvorsorge mit gesetzlich definiertem Mindestumfang, der insbes. durch Abschluss einer **Haftpflichtversicherung** genügt werden kann. Ursprünglich war im Gesetzgebungsverfahren die Errichtung eines Entschädigungsfonds vorgesehen gewesen, jedoch dann durch das Prinzip der Deckungsvorsorge ersetzt worden[2].

II. Reformdiskussion

1. HIV-kontaminierte Blutprodukte als Auslöser. Die Ende der 80er Jahre sich häufenden Fälle **3** von HIV-kontaminierten Blutprodukten und damit einhergehenden HIV-Infektionen bei Hämophilie-Patienten machten die Grenzen des Arzneimittelhaftungsrechts deutlich[3]. Dabei ließ sich vielfach mangels ärztlicher Aufzeichnungen nicht mehr feststellen, welches Produkt bzw. welche Charge eines bestimmten

---

[1] Zur Entstehungsgeschichte des AMG 1976 *Kloesel/Cyran,* § 84 Anm. 1; *Sander,* § 84 Erl. 1 ff.
[2] *Sander,* § 84 Erl. 2; *Bollweg,* MedR 2004, 486, 488.
[3] Schlussbericht des 3. Untersuchungsausschuss des Deutschen Bundestags „HIV-Infektionen durch Blut und Blutprodukte", BT-Drucks. 12/8591, insbes. S. 153 f., 157, 210.

Produktes tatsächlich angewendet wurde. Zudem stellte der **Kausalitätsnachweis** die Geschädigten häufig vor unüberwindliche Schwierigkeiten. AMG-gestützte Haftungsansprüche gegen Hersteller wurden nur in geringer Zahl und ohne Erfolg gerichtlich geltend gemacht[4].

4 **2. HIV-Untersuchungsausschuss.** Zum gesamten Vorgang der HIV-kontaminierten Blutprodukte wurde in der 12. Legislaturperiode des Bundestags ein Untersuchungsausschuss eingesetzt[5]. In dem am 21.10.1994 vorgelegten Schlussbericht[6] wurden u. a. erhebliche Dokumentationsunzulänglichkeiten hinsichtlich der angewandten Blutprodukte festgestellt. Außerdem wurde vorgeschlagen zu prüfen, ob das individualistische Haftungssystem durch ein kollektives Entschädigungssystem in Form eines **Entschädigungsfonds** erweitert werden solle, um Fälle ungeklärter Kausalität oder fehlender Zulassung bzw. Deckungsvorsorge aufzufangen. Ferner wurden die hohen Beweisanforderungen für die Geschädigten kritisiert[7].

5 **3. Interministerielle Arbeitsgruppe Arzneimittelhaftung.** Parallel zum Untersuchungsausschuss setzte die Bundesregierung im April 1994 eine „Interministerielle Arbeitsgruppe Arzneimittelhaftung" unter Vorsitz des Bundesministeriums der Justiz ein. Diese ging in ihrem Bericht[8] auf die Vorschläge des HIV-Untersuchungsausschusses sowie die Forderung des Bundesrates vom 14.7.1995 nach **Verbesserungen der Arzneimittelhaftung**[9] ein. Im Wesentlichen befürwortete sie die Beibehaltung der bestehenden Regelung und erwog lediglich partielle Änderungen: Einführung eines gesetzlichen Auskunftsanspruchs, Beweislastumkehr für den Fehlerbereich und immateriellen Schadensersatz im Rahmen einer über die Arzneimittelhaftung hinausgehenden Gesamtlösung[10].

6 **4. Vorgängerentwurf eines zweiten Schadensersatzrechtsänderungsgesetzes und SPD-Entwurf zur Reform der Arzneimittelhaftung.** Ende der 13. Legislaturperiode legte die Bundesregierung den Entwurf eines zweiten Schadensersatzrechtsänderungsgesetzes vor[11]. Darin sollten die bestehenden Regelungen lediglich um einen Auskunftsanspruch gegen den pharmazeutischen Unternehmer und die Arzneimittelbehörden ergänzt werden. Zeitgleich brachte die SPD-Fraktion ihren Gesetzentwurf zur Reform des Arzneimittelhaftungsrechts mit **weit reichenden Reformvorstellungen** – Entschädigungsfonds und Beweislastumkehr für Fehlerbereich, Vertretbarkeit schädlicher Wirkungen und Kausalität – ein[12]. Der Regierungsentwurf wurde vom Bundesrat als „zu wenig vorbereitet, rechtssystematisch nicht ausgereift und praktisch schwer umsetzbar" kritisiert[13]. Dem SPD-Entwurf wurde demgegenüber in der Literatur insbes. Unvereinbarkeit mit der EG-Produkthaftungsrichtlinie 85/347/EWG entgegengehalten[14]. Eine Weiterentwicklung richtlinienälteren Sonderrechts könne nur nach den Vorgaben der RL erfolgen. Die RL sehe aber kollektive Haftungselemente wie einen Entschädigungsfonds nicht vor und erlege dem Anspruchsteller die Beweislast u. a. für die Kausalität auf.

7 **5. Neuer Entwurf eines zweiten Schadensersatzrechtsänderungsgesetzes.** In der 14. Legislaturperiode wurde am 24.9.2001 die Reform der Arzneimittelhaftung erneut mit Vorlage des Entwurfs eines zweiten Schadensersatzrechtsänderungsgesetzes von der – inzwischen gewechselten – Regierung in Angriff genommen[15]. Dieser Entwurf verfolgte unter Aufgabe weitergehender Forderungen des früheren SPD-Entwurfs die Intention, das Arzneimittelhaftungsrecht in der Tradition des deutschen Haftungsrechts vor dem Hintergrund der HIV-Hämophilie-Fälle im Sinne eines wirksamen Opferschutzes weiterzuentwickeln. Gleichzeitig sollten die unionsrechtlichen Risiken entschärft werden. An der Einführung eines Entschädigungsfonds wurde deshalb nicht festgehalten[16]. Die angedachte Beweislastumkehr für die Kausalität wurde auf eine **Kausalitätsvermutung** reduziert, während sie für den Fehlerbereichsnachweis fortbestehen sollte. Die Darlegungslast wurde zwischen Geschädigtem und Anspruchsgegner austariert und auf die jeweils eigene Sphäre zugeschnitten. Ergänzt wurde die Kausalitätsvermutung – wie im früheren Regierungsentwurf vorgesehen – durch einen **Auskunftsanspruch** gegen den pharmazeutischen Unternehmer und die Arzneimittelbehörden. Zudem wurde der Schmerzensgeldanspruch auf die arzneimittelrechtliche Gefährdungshaftung ausgedehnt und die Haftungsobergrenzen anlässlich der Währungsumstellung erhöht (von 1 Mio. DM auf 600.000 Euro für Einzel- und von 200 Mio. DM auf 120

[4] *LG Heidelberg*, NJW 1990, 294 m. Anm. *Deutsch*; *LG Marburg* Urt. v. 13.9.1990 – 1 O 144/89; *LG Kleve*, NJW 1991, 761; alle drei Klagen wurden in erster Instanz abgewiesen.

[5] 3. Untersuchungsausschuss des Deutschen Bundestags „HIV-Infektionen durch Blut und Blutprodukte", eingesetzt durch Beschlüsse des Deutschen Bundestags vom 29.10.1993 (BT-Drucks. 12/6048) und 4.2.1994 (BT-Drucks. 12/6749).

[6] BT-Drucks. 12/8591.

[7] BT-Drucks. 12/8591, S. 258 ff.

[8] BR-Drucks. 1012/96, Anlage.

[9] BR-Drucks. 379/95.

[10] BR-Drucks. 1012/96, Anlage, S. 26 ff., 40 ff.

[11] BR-Drucks. 265/98; BT-Drucks. 13/10435.

[12] BT-Drucks. 13/10019.

[13] Stellungnahme des Bundesrates vom 8.5.1998, BT-Drucks. 13/10766.

[14] *Riedel/Karpenstein*, MedR 1996, 193 ff.

[15] BT-Drucks. 14/7752.

[16] *Bollweg*, MedR 2012, 782, 785.

Mio. Euro für Serienschäden). Der Regierungsentwurf wurde im weiteren Gesetzgebungsverfahren nur unwesentlich modifiziert. Der Bundesrat schlug in seiner Stellungnahme vom 9.11.2001 lediglich Detailänderungen vor und brachte einige von der Interessenlage her widerstreitende Prüfbitten vor (Einführung eines Haftungsfonds einerseits und Einführung eines Auskunftsanspruchs des pharmazeutischen Unternehmers andererseits)[17]. Am 5.12.2001 beschloss die Bundesregierung eine Gegenäußerung[18] und leitete das Gesetzesvorhaben dem Bundestag zu. Nach Stellungnahme des Rechtsausschusses sowie der mitberatenden Ausschüsse[19] wurde das Gesetz am 18.4.2002 im Deutschen Bundestag in zweiter und dritter Lesung abschließend beraten und angenommen. Dabei wurde außerdem beschlossen, die Bundesregierung um Prüfung des Dokumentationsstandards für die Arzneimittelanwendung sowie um Vorlage eines Erfahrungsberichts nach drei Jahren zur Frage des Entschädigungsfonds zu bitten[20]. Im anschließenden zweiten Durchgang beim Bundesrat wurde die Frage des Entschädigungsfonds erneut thematisiert, aber von einer entsprechenden Entschließung sowie von der Anrufung des Vermittlungsausschusses abgesehen[21]. Das Zweite SchadensersatzrechtsÄndG wurde am 25.7.2002 im Bundesgesetzblatt verkündet[22] und ist gemäß seinem Art. 13 am 1.8.2002 in Kraft getreten. Durch das AMG-ÄndG 2009 wurde § 84a II geändert. Durch den neu eingefügten S. 3 wird bestimmt, dass Ansprüche nach dem IFG unberührt bleiben (s. § 84a Rn. 4).

III. EU-Produkthaftungsrichtlinie

1. Grundzüge. Am 25.7.1985 hat der Rat der damals aus zehn Mitgliedstaaten bestehenden Europäischen Gemeinschaften die Produkthaftungsrichtlinie verabschiedet (RL 85/374/EWG). Sie sollte erstmals eine einheitliche Anspruchsgrundlage für **verschuldensunabhängige Haftung** festlegen. Nur bei einer verschuldensunabhängigen Haftung des Herstellers können nach dem zweiten Erwägungsgrund der RL die Probleme fortschreitender Technisierung durch eine gerechte Zuweisung der mit der modernen technischen Produktion verbundenen Risiken in sachgerechter Weise gelöst werden. 8

2. Verhältnis zum AMG. Bereits die geplante Einführung der RL warf die Frage nach ihrem 9
Verhältnis zur Haftung des pharmazeutischen Unternehmers nach dem AMG auf. Die damalige Bundesregierung war nicht bereit, der RL zuzustimmen, wenn dies eine Abschaffung oder Anpassung der gerade erst eingeführten AMG-Haftung erfordert hätte. Vor dem Hintergrund der Contergan-Fälle wäre eine Abschaffung der AMG-Haftung, insbes. der Haftung für Entwicklungsrisiken, politisch weder opportun noch durchsetzbar gewesen[23]. Nach langem politischem Tauziehen wurde der **Kompromiss** gefunden, die damals bestehende Haftung nach dem AMG von den Vorgaben der RL zu befreien. So werden nach Art. 13 RL 85/374/EWG „Ansprüche, die ein Geschädigter aufgrund (…) einer zum Zeitpunkt der Bekanntgabe dieser Richtlinie bestehenden besonderen Haftungsregelung geltend machen kann, durch diese Richtlinie nicht berührt". Der deutsche Gesetzgeber hat diese Ausnahmeregelung in § 15 ProdHaftG dahingehend umgesetzt, dass das ProdHaftG im Anwendungsbereich der AMG-Haftung ausgeschlossen ist. Während dieses **Exklusivitätsverhältnis** teilweise von der Literatur kritisiert wird[24], geht die Rechtsprechung ohne weiteres von der Unionsrechtskonformität der Vorrangsregelung aus[25]. Auch die Kommission hat § 15 ProdHaftG nicht beanstandet[26].

3. Fortentwicklung der Arzneimittelhaftung. Mit Beginn der Reformbemühungen zur Arznei- 10
mittelhaftung stellte sich die Frage, ob die Ausnahmeregelung in Art. 13 RL 85/374/EWG überhaupt eine dynamische Fortentwicklung der Haftung nach dem AMG erlaubt oder ob die Vorschriften auf dem Stand von 1976 „eingefroren" wurden[27]. Bei engem Verständnis des Wortlauts wäre die besondere Haftungsregelung nur im „zum Zeitpunkt der Bekanntgabe der Richtlinie" bestehenden Umfang – nicht aber für alle Zeit – von den Vorgaben der RL freigestellt (**„Stichtagslösung"**). Für diese Auffassung spricht auch der 13. Erwägungsgrund der RL 85/374/EWG: „Soweit in einem Mitgliedstaat ein wirksamer Verbraucherschutz im Arzneimittelbereich auch bereits durch eine besondere Haftungs-

---

[17] BT-Drucks. 14/7752, S. 45 ff. und hierzu *Bollweg*, MedR 2004, 486, 488 f.
[18] BT-Drucks. 14/7752, S. 53 ff.
[19] BT-Drucks. 14/8780, S. 4 ff.
[20] BT-Drucks. 14/8799, S. 409 f. Inzwischen hat die Bundesregierung diesen Erfahrungsbericht vorgelegt (Beschl. v. 10.8.2005). Darin wird konstatiert, dass die bisherigen Erfahrungen keine Defizite des neuen Haftungsrechts zutage gefördert hätten und kein Anlass zur Schaffung eines ergänzenden Haftungsfonds bestehe.
[21] BR-Drucks. 358/02.
[22] BGBl. I S. 2674.
[23] Vgl. *Taschner/Frietsch*, Art. 13 Rn. 5; *Riedel/Karpenstein*, MedR 1996, 193, 195.
[24] *Sack*, VersR 1988, 439, 442; *Koch*, ZHR 152 (1988), 537, 560; *Sprau*, in: Palandt, § 15 ProdHaftG Rn. 2; *Kullmann/Pfister*, Kz. 3612, S. 3 f.
[25] S. nur *BGH*, NJW 1989, 1542 (Asthma-Spray); *OLG Frankfurt*, NJW-RR 1995, 406; *OLG Hamm*, NJWRR 2003, 1382.
[26] *BGH*, PharmR 2013, 459 m. w. N.
[27] *Hart*, Rechtsgutachten für den 3. Untersuchungsausschuss des Deutschen Bundestags „HIV-Infektionen durch Blut und Blutprodukte" – Die Sicherheit von Blutarzneimitteln, BT-Drucks. 12/8591, S. 510, 606 und *Riedel/Karpenstein*, MedR 1996, 193, 194.

regelung gewährleistet ist, müssen Klagen aufgrund dieser Regelung ebenfalls weiterhin möglich sein." Liest man den Verweis hingegen im Sinne einer generellen Freistellung der deutschen Arzneimittelhaftung (**„Bereichsausnahme"**), wäre die Haftung nach dem AMG gänzlich und in ihrer jeweils geltenden Form von den Vorgaben der RL ausgenommen. Diese Auslegungsfrage war lange ungeklärt und beeinflusste auch die oben geschilderten Reformbestrebungen.

11 Der *EuGH* hat zwischenzeitlich in ständiger Rechtsprechung klargestellt, dass die RL 85/374/EWG für die in ihr geregelten Punkte auf eine **vollständige Harmonisierung** der Rechts- und Verwaltungsvorschriften der Mitgliedstaaten abzielt[28]. Die RL setzt keinen bloßen Mindeststandard[29] für den Verbraucherschutz. Sie strebt eine vollständige Harmonisierung an und lässt es demzufolge nicht zu, dass die nationalen Vorschriften eine mildere oder schärfere Haftungsregelung vorsehen[30]. Dabei hat der *EuGH* deutlich gemacht, dass Ausnahmetatbestände in der RL mit Rücksicht auf die angestrebte vollständige Harmonisierung und die volle Wirksamkeit der unionsrechtlichen Regelung eng auszulegen sind. Diesem Ziel würde es zuwiderlaufen, wenn man dem deutschen Gesetzgeber gestatten würde, sich – über die seinerzeit akzeptierten Unterschiede hinaus – durch spätere Reformen noch weiter von der unionsrechtlichen RL zu entfernen, als dies bereits zu Anfang der Fall war.

12 **4. Teilweise Unionsrechtswidrigkeit?** Eine offene Frage ist, ob die durch das Zweite Schadensersatzrechts-ÄndG eingeführten Änderungen zumindest teilweise gegen die RL 85/374/EWG verstoßen. Noch unionsrechtskonform sein dürfte die Regelung zur Umkehr der Beweislast in Bezug auf den Nachweis des Fehlerbereichs nach § 84 III. Sie entspricht Art. 7b der RL (s. § 84 Rn. 130). Dasselbe gilt für die Einführung des Auskunftsanspruchs nach § 84a. Diesen Bereich regelt die RL nicht und macht nationalem Recht insoweit auch keine Vorgaben. Dies hat der *EuGH* bestätigt[31]. Die Richtlinienkonformität der **Kausalitätsvermutung** nach § 84 II hingegen ist zweifelhaft. Nach Art. 4 RL 85/374/EWG hat der Geschädigte „den Schaden, den Fehler und den ursächlichen Zusammenhang zwischen Fehler und Schaden zu beweisen". Demnach trifft den Geschädigten u. a. die Beweislast für die Kausalität.

13 Änderungen der Beweislast durch nationales Recht sind nicht zulässig. Die RL 85/374/EWG verbietet es den Mitgliedstaaten zwar nicht, dass sie unterschiedliche Anforderungen an das Beweismaß stellen. So gilt beispielsweise im Vereinigten Königreich das Beweismaß der überwiegenden Wahrscheinlichkeit („more likely than not"). Zulässig ist nach der RL ferner auch die Anwendung der traditionellen Beweiserleichterungen des Anscheinsbeweises, bei dem es sich um eine typisierte Ausprägung des Vollbeweises handelt. § 84 II ist jedoch nicht als Reduzierung des Beweismaßes zu verstehen (s. § 84 Rn. 124) und auch keine Form des Anscheinsbeweises. § 84 II 1 spaltet den Kausalitätsnachweis in unterschiedliche Teilbereiche. Danach hat der Geschädigte nur noch zu beweisen, dass das Arzneimittel im Einzelfall geeignet ist, den Schaden herbeizuführen. Dies verlangt keinen typischen Geschehensablauf, wie er beim Anscheinsbeweis erforderlich wäre. Im Ergebnis führt § 84 II dazu, dass der Ursachenzusammenhang zwischen der vorgebrachten Arzneimittelanwendung und dem vorgebrachten Schaden „vermutet" wird und keines über die Vermutungsbasis hinausgehenden Beweises durch den Anspruchsteller mehr bedarf. Ein Richtlinienverstoß hätte zur Folge, dass § 84 II nicht anwendbar wäre[32]. Eine Entscheidung des *EuGH* hierzu steht jedoch noch aus. Obwohl der *BGH* auch diese Problematik in seinem Vorlagebeschluss aufgeworfen hatte[33], enthielt sich der *EuGH* in seiner jüngsten Entscheidung einer Äußerung hierzu. Die Frage der Richtlinienkonformität der Kausalitätsvermutung nach § 84 II war in dem vom *EuGH* zu entscheidenden Fall nicht entscheidungserheblich. Der *EuGH* grenzte daher die Vorlagefrage des *BGH* auf die Beurteilung der Richtlinienkonformität des Auskunftsanspruchs in § 84a ein. Ob sich der *EuGH* durch die Bezugnahme auf Nr. 34 der Schlussanträge des Generalanwalts

---

[28] *EuGH*, Urt. v. 20.11.2014 – Rs. C-310/13, PharmR 2015, 15, 17, Rn. 23, mit Anm. *Brock/Konzal*; *EuGH*, Urt. v. 21.12.2011 – C-495/10 – BeckRS 2011, 81941 – Centre hospitalier universitaire de Besançon/Thomas Dutrueux u. a.; *EuGH*, Urt. v. 25.4.2002 – Rs. C-52/00, Slg. I 2002, 3827; *EuGH*, Urt. v. 25.4.2002 – Rs. C-183/00, EuZW 2002, 574 – González Sánchez; *EuGH*, Urt. v. 25.4.2002 – Rs. C-154/00, Slg. I 2002, 3879; *EuGH*, Urt. v. 10.1.2006 – Rs. C-402/03, NJW 2006, 1409 – Skov und Bilka; *EuGH*, Urt. v. 4.6.2009 – Rs. C 285/08 – Moteurs Leroy Somer.

[29] *EuGH*, Urt. v. 25.4.2002 – Rs. C-52/00, Slg. I 2002, 3827; *EuGH*, Urt. v. 25.4.2002 – Rs. C-183/00, EuZW 2002, 574 – González Sánchez; *EuGH*, Urt. v. 25.4.2002 – Rs. C-154/00, Slg. I 2002, 3879; *EuGH*, Urt. v. 10.1.2006 – Rs. C-402/03, NJW 2006, 1409 – Skov und Bilka; *EuGH*, Urt. v. 4.6.2009 – Rs. C 285/08 – Moteurs Leroy Somer; a. A. *Hart*, Rechtsgutachten für den 3. Untersuchungsausschuss des Deutschen Bundestags „HIV-Infektionen durch Blut und Blutprodukte" – Die Sicherheit von Blutarzneimitteln, BT-Drucks. 12/8591, S. 510, 606; *Rolland*, § 15 Rn. 8; *Wandt*, VersR 1998, 1059, 1064.

[30] *EuGH*, Urt. v. 25.4.2002 – Rs. C-52/00, Slg. I 2002, 3827; *EuGH*, Urt. v. 25.4.2002 – Rs. C-183/00, EuZW 2002, 574 – González Sánchez; *EuGH*, Urt. v. 25.4.2002 – Rs. C-154/00, Slg. I 2002, 3879; *EuGH*, Urt. v. 10.1.2006 – Rs. C-402/03, NJW 2006, 1409 – Skov und Bilka; *EuGH*, Urt. v. 4.6.2009 – Rs. C 285/08 – Moteurs Leroy Somer; *Kullmann*, in: FS für Steffen, 1995, S. 247, 252, 258; *Riedel/Karpenstein*, MedR 1996, 193, 195.

[31] *EuGH*, Urt. v. 20.11.2014 – Rs. C-310/13, PharmR 2015, 15, 17, Rn. 25, mit Anm. *Brock/Konzal*; *BGH*, PharmR 2015, 353.

[32] *EuGH*, Urt. v. 30.4.1996 – Rs. C-194/94, EuZW 1996, 379 – CIA Security; *EuGH*, Urt. v. 26.9.2000 – Rs. C-443/98, EuZW 2001, 153 – Unilever; *EuGH*, Urt. v. 25.4.2002 – Rs. C-183/00, EuZW 2002, 574 – González Sánchez; *EuGH*, Urt. v. 22.11.2005 – Rs. C-144/04, NJW 2005, 3695 – Mangold.

[33] *BGH*, PharmR 2013, 459.

vollständig auf die Seite des Generalanwalts schlägt, der in seinen Schlussanträgen für die „Stichtags-lösung" plädiert hatte[34], bleibt weiterhin offen[35].

B. Internationales Privatrecht

Für das internationale Privatrecht der Arzneimittelhaftung ist zwischen autonomem deutschen und   **14** dem Unionsrecht zu differenzieren. Das autonome deutsche internationale Privatrecht sieht für die Produzentenhaftung keine eigene Kollisionsnorm vor[36]. Daher richtet sich die Frage des auf die Arznei-mittelhaftung anwendbaren Rechts bisher grundsätzlich nach Art. 40 ff. EGBGB[37]. Jedoch beinhaltet § 84 I 1 seinerseits auch eine (einseitige[38]) Kollisionsnorm (Norm mit Doppelfunktion)[39]. Diese Vor-schrift bestimmte ihren räumlichen Anwendungsbereich somit (bislang) selbst[40]. Die arzneimittelrecht-liche Gefährdungshaftung ist gem. § 84 I 1 territorial zugeschnitten und sieht eine dreifache Inlands-anknüpfung vor, nämlich inländische Zulassungspflicht des Arzneimittels, inländisches Inverkehrbringen durch den pharmazeutischen Unternehmer und inländische Abgabe an den Verbraucher. Hierin liegt eine Sonderanknüpfung, die nach dem Rechtsgedanken von Art. 41 II Nr. 1 EGBGB gegenüber den konkurrierenden Rechtsordnungen des Handlungs- oder Erfolgsortes (Art. 40 I 2 EGBGB) zum Zuge kommt[41]. Mit Inkrafttreten der Verordnung über das auf außervertragliche Schuldverhältnisse anwend-bare Recht („**Rom II-VO**", VO (EG) Nr. 864/2007) am **11.1.2009**[42] wurde das autonome deutsche internationale Deliktsrecht wegen des Anwendungsvorrangs des europäischen Rechts für den Bereich der Arzneimittelhaftung irrelevant[43]. Auch der kollisionsrechtliche Gehalt von § 84 I 1 wird dann von Art. 5 VO (EG) Nr. 864/2007 verdrängt[44]. Nunmehr wird daher das im Bereich der Arzneimittelhaftung anwendbare Recht nur noch von der VO (EG) Nr. 864/2007 bestimmt werden. Die VO (EG) Nr. 864/ 2007 sieht in Art. 5 eine eigene Kollisionsnorm für die deliktische Produkthaftung vor, die – vorbehalt-lich eines gemeinsamen gewöhnlichen Aufenthaltes von pharmazeutischem Unternehmer und Geschä-digtem in demselben Staat (Art. 4 II, 5 I 1 VO (EG) Nr. 864/2007) – primär an den gewöhnlichen Aufenthaltsort der geschädigten Person anknüpft. Wenn das Produkt in diesem Staat in den Verkehr gebracht wurde, gilt dessen Recht (Art. 5 I 1 Buchst. a) VO (EG) Nr. 864/2007). Anderenfalls gilt das Recht des Staates, in dem das Produkt erworben wurde, wenn das Produkt dort in den Verkehr gebracht wurde (Art 5 I 1 Buchst. b) VO (EG) Nr. 864/2007). War dies nicht der Fall, ist das Recht desjenigen Staates anzuwenden, in dem der Schaden eingetreten ist (wenn das Produkt dort in Verkehr gebracht worden ist (Art 5 I 1 Buchst. c) VO (EG) Nr. 864/2007). Ist keine dieser Tatbestandsalternativen einschlägig, gilt die allgemeine Kollisionsnorm des Art. 4 VO (EG) Nr. 864/2007. Konnte in den Fällen des Art. 5 I VO (EG) Nr. 864/2007 der Hersteller das Inverkehrbringen seines Produktes in den jeweiligen Staaten nicht voraussehen, gilt abweichend von Art. 5 I 1 VO (EG) Nr. 864/2007 das Recht seines gewöhnlichen Aufenthaltsortes (Art. 5 I 2 VO (EG) Nr. 864/2007). Bei bestehender vertraglicher Beziehung zwischen Hersteller und Geschädigtem wird das Produkthaftungsstatut nach Art. 5 II VO (EG) Nr. 864/2007 i. d. R. akzessorisch an das Vertragsstatut angeknüpft[45].

---

[34] *EuGH*, Schlussanträge des Generalanwalts *Maciej Szpunar* v. 11.6.2014 – C-310/13, PharmR 2014, 351 m. Anm. *Moelle*.

[35] *EuGH*, Urt. v. 20.11.2014 – Rs. C-310/13, PharmR 2015, 15, 17, Rn. 21, mit Anm. *Brock/Konzal*.

[36] *Heldrich*, in: Palandt, 67. Aufl. 2008, Art. 40 EGBGB Rn. 10; das Haager Übereinkommen über das auf die Produkthaftung anzuwendende Recht vom 2.10.1973 ist von Deutschland bislang nicht ratifiziert worden, *Heldrich*, in: Palandt, 67. Aufl. 2008, Art. 40 EGBGB Rn. 2; die Gerichte der Vertragsstaaten dieses Übereinkommens bestimmen das auf die Produkthaftung anwendbare Recht somit abweichend von den übrigen EU-Staaten; dies ermöglicht den Parteien sogenanntes *forum shopping*, da die Brüssel I-VO (und die seit 10.1.2015 anwendbare Brüssel Ia VO) verschiedene Wahlgerichtsstände eröffnen (vgl. *Thorn*, in: Palandt, Art. 5 Rom II-VO Rn. 2); deutsche Gerichte wenden allein Art. 5 Rom II-VO an (vgl. *Thorn*, in: Palandt, , Art. 5 Rom II-VO Rn. 2).

[37] Dies gilt jedenfalls für eventuell parallel bestehende allgemeine deliktsrechtliche Ansprüche sowie für § 84 I 1 entsprechende ausländische Produkthaftungsnormen (innerhalb der EU kennt nur das deutsche Recht eine gesonderte Arzneimittelhaftung).

[38] D. h. eine nur die Anwendbarkeit eigenen (deutschen) Sachrechts regelnde Vorschrift.

[39] *v. Bar/Mankowski*, Bd. 1, § 4 Rn. 9; *Wandt*, Internationale Produkthaftung, § 9 Rn. 432 ff.

[40] *Geiger*, Deutsche Arzneimittelhaftung, S. 47; *Wandt*, Internationale Produkthaftung, § 9 Rn. 432 ff.

[41] *Kloesel/Cyran*, § 84 Anm. 7.

[42] Art. 32 Rom II-VO.

[43] Die Rom II-VO ist universell, also auch auf Fälle mit Berührung lediglich zu Nicht-EU-Staaten anzuwenden, Art. 3 Rom II-VO.

[44] Vgl. hierzu Art. 3 Nr. 1 Buchst. a) EGBGB sowie die Tatsache, dass sich die arzneimittelrechtliche Sonderhaftung in sämtlichen EU-Mitgliedstaaten außer Deutschland nicht nach einem speziellen Arzneimittelgesetz richtet, sondern nach den jeweiligen Umsetzungsvorschriften der Produkthaftungsrichtlinie, vgl. *Geiger*, Deutsche Arzneimittelhaftung, S. 39.

[45] Eingehend zum internationalen Produkthaftungsrecht nach der Rom II-VO *Wagner*, IPRax 2008, 1, 6 f.

C. Intertemporales Recht

I. Übergangsvorschrift

15   Die Übergangsregelung zum Zweiten SchadensersatzrechtsÄndG ist in Art. 229 § 8 EGBGB enthalten und lautet, soweit die §§ 84 ff. betroffen sind, folgendermaßen:

Art. 229

§ 8

Übergangsvorschriften zum Zweiten Gesetz zur Änderung schadensersatzrechtlicher Vorschriften vom 19. Juli 2002

(1) Die durch das Zweite Gesetz zur Änderung schadensersatzrechtlicher Vorschriften im

1. Arzneimittelgesetz,

…

geänderten Vorschriften sind mit Ausnahme des durch Artikel 1 Nr. 2 des Zweiten Gesetzes zur Änderung schadensersatzrechtlicher Vorschriften eingefügten § 84 a des Arzneimittelgesetzes und des durch Artikel 1 Nr. 4 des Zweiten Gesetzes zur Änderung schadensersatzrechtlicher Vorschriften geänderten § 88 des Arzneimittelgesetzes anzuwenden, wenn das schädigende Ereignis nach dem 31. Juli 2002 eingetreten ist.

(2) Der durch Artikel 1 Nr. 2 des Zweiten Gesetzes zur Änderung schadensersatzrechtlicher Vorschriften eingefügte § 84 a des Arzneimittelgesetzes ist auch auf Fälle anzuwenden, in denen das schädigende Ereignis vor dem 1. August 2002 eingetreten ist, es sei denn, dass zu diesem Zeitpunkt über den Schadensersatz durch rechtskräftiges Urteil entschieden war oder Arzneimittelanwender und pharmazeutischer Unternehmer sich über den Schadensersatz geeinigt hatten.

(3) Der durch Artikel 1 Nr. 4 des Zweiten Gesetzes zur Änderung schadensersatzrechtlicher Vorschriften geänderte § 88 des Arzneimittelgesetzes ist erst auf Fälle anzuwenden, in denen das schädigende Ereignis nach dem 31. Dezember 2002 eingetreten ist.

II. Stichtag; Ausnahmen für Auskunftsanspruch und Haftungshöchstgrenzen

16   Das neue Arzneimittelhaftungsrecht gilt grundsätzlich für schädigende Ereignisse, die nach dem 31.7.2002 eingetreten sind. Demgegenüber erfasst der **Auskunftsanspruch** des § 84a sämtliche an diesem Stichtag noch offenen Altfälle. Umgekehrt wird der Geltungszeitpunkt für die angehobenen **Haftungshöchstbeträge** des § 88 hinausgeschoben. Diese sollen, um Umstellungsschwierigkeiten bezüglich der ganzjährigen Vertragsbindung der Versicherungsunternehmen im Rahmen der Pharma-Rückversicherungsgemeinschaft zu vermeiden, erst für Neufälle ab dem 31.12.2002 gelten. Grund für die sofortige Geltung des Auskunftsanspruchs des § 84a ist, im Interesse prozessualer Chancengleichheit auch in Altfällen dem Geschädigten Zugang zu den relevanten Informationen zu ermögichen[46]. Zeitlicher Bezugspunkt der Übergangsregelung und damit Kriterium für die Abgrenzung von Alt- und Neufällen ist das **„schädigende Ereignis"**. Der Wortlaut macht deutlich, dass sich der Begriff nicht auf den Schadenseintritt bezieht[47]. Gemeint ist vielmehr das Ereignis, das die Schadensursache gesetzt hat. Während dies bei der Verschuldenshaftung die für den Schaden ursächliche Handlung ist[48], muss man bei der Gefährdungshaftung entsprechend auf die Schaffung der sich im Einzelfall realisierenden Gefahr abstellen und nicht etwa auf den Eintritt der Rechtsgutsverletzung[49]. Die Kollisionsnorm soll nach dem Willen des Gesetzgebers eine Rückwirkung ausschließen[50]. Die neuen Regelungen sollen nur zur Anwendung gelangen, wenn der pharmazeutische Unternehmer diese bei der schadensursächlichen Handlung bzw. bei der Schaffung der Gefahr berücksichtigen konnte. Für die Arzneimittelhaftung gilt damit der Zeitpunkt, zu dem das schadenstiftende Arzneimittel (d. h. die jeweilige Arzneimittelcharge) in den Verkehr gebracht wurde. Damit ist ein Gleichlauf mit dem allgemeinen Produkthaftungsrecht gewährleistet, wonach gemäß § 16 ProdHaftG als sachlich übereinstimmender Regelung[51] ebenfalls der Zeitpunkt des Inverkehrbringens des Produkts maßgeblich ist.

---

[46] BT-Drucks. 14/8780, S. 24.
[47] BT-Drucks. 14/7752, S. 44; *BGH*, VersR 2009, 1125; *Grüneberg*, in: Palandt, 70. Aufl., Art. 229 § 8 EGBGB Rn. 2; *Oetker*, in: MüKo BGB, Bd. 11, Art. 229 § 8 EGBGB Rn. 2; *Wagner*, NJW 2002, 2049, 2064.
[48] *Grüneberg* in: Palandt, 70. Aufl., Art. 229 § 8 EGBGB Rn. 2.
[49] *BGH*, VersR 2009, 1125; a. A. *BGH*, PharmR 2010, 468; *OLG Brandenburg*, Urt. v. 23.2.2011 – 13 U 128/08 – BeckRS 2011, 05564 m. w. N.; *Oetker* in: MüKo BGB, Bd. 11., Art. 229 § 8 EGBGB, Rn. 16 m. w. N.
[50] BT-Drucks. 14/7752, S. 44; *Wagner*, NJW 2002, 2049, 2064.
[51] *Grüneberg*, in: Palandt, Art. 229 § 8 EGBGB Rn. 2.

§ 84 Gefährdungshaftung

(1) [1]Wird infolge der Anwendung eines zum Gebrauch bei Menschen bestimmten Arzneimittels, das im Geltungsbereich dieses Gesetzes an den Verbraucher abgegeben wurde und der Pflicht zur Zulassung unterliegt oder durch Rechtsverordnung von der Zulassung befreit worden ist, ein Mensch getötet oder der Körper oder die Gesundheit eines Menschen nicht unerheblich verletzt, so ist der pharmazeutische Unternehmer, der das Arzneimittel im Geltungsbereich dieses Gesetzes in den Verkehr gebracht hat, verpflichtet, dem Verletzten den daraus entstandenen Schaden zu ersetzen. [2]Die Ersatzpflicht besteht nur, wenn

1. das Arzneimittel bei bestimmungsgemäßem Gebrauch schädliche Wirkungen hat, die über ein nach den Erkenntnissen der medizinischen Wissenschaft vertretbares Maß hinausgehen oder

2. der Schaden infolge einer nicht den Erkenntnissen der medizinischen Wissenschaft entsprechenden Kennzeichnung, Fachinformation oder Gebrauchsinformation eingetreten ist.

(2) [1]Ist das angewendete Arzneimittel nach den Gegebenheiten des Einzelfalls geeignet, den Schaden zu verursachen, so wird vermutet, dass der Schaden durch dieses Arzneimittel verursacht ist. [2]Die Eignung im Einzelfall beurteilt sich nach der Zusammensetzung und der Dosierung des angewendeten Arzneimittels, nach der Art und Dauer seiner bestimmungsgemäßen Anwendung, nach dem zeitlichen Zusammenhang mit dem Schadenseintritt, nach dem Schadensbild und dem gesundheitlichen Zustand des Geschädigten im Zeitpunkt der Anwendung sowie allen sonstigen Gegebenheiten, die im Einzelfall für oder gegen die Schadensverursachung sprechen. [3]Die Vermutung gilt nicht, wenn ein anderer Umstand nach den Gegebenheiten des Einzelfalls geeignet ist, den Schaden zu verursachen. [4]Ein anderer Umstand liegt nicht in der Anwendung weiterer Arzneimittel, die nach den Gegebenheiten des Einzelfalls geeignet sind, den Schaden zu verursachen, es sei denn, dass wegen der Anwendung dieser Arzneimittel Ansprüche nach dieser Vorschrift aus anderen Gründen als der fehlenden Ursächlichkeit für den Schaden nicht gegeben sind.

(3) Die Ersatzpflicht des pharmazeutischen Unternehmers nach Absatz 1 Satz 2 Nr. 1 ist ausgeschlossen, wenn nach den Umständen davon auszugehen ist, dass die schädlichen Wirkungen des Arzneimittels ihre Ursache nicht im Bereich der Entwicklung und Herstellung haben.

Wichtige Änderungen der Vorschrift: Abs. 1 S. 2 Nr. 1 geändert und Abs. 2, 3 neu eingefügt durch Art. 1 Nr. 1 des Zweiten Gesetzes zur Änderung schadenersatzrechtlicher Vorschriften vom 19.7.2002 (BGBl. I S. 2674).

Europarechtliche Vorgaben: RL 85/374/EWG.

Literatur: *Besch,* Produkthaftung für fehlerhafte Arzneimittel: Eine Untersuchung über die materiell- und verfahrens-, insbesondere beweisrechtlichen Probleme des Arzneimittelhaftungsrecht, 2000; *Bollweg,* Die Arzneimittelhaftung nach dem 2. Schadensersatzrechtsänderungsgesetz, MedR 2004, 486; *ders.,* Die Arzneimittelhaftung nach dem AMG zehn Jahre nach der Reform des Schadensersatzrechts, MedR 2012, 782; *Guttmann,* Die verschuldensunabhängige Arzneimittelhaftung in der Vioxx-Rechtsprechung, A&R 2010, 163; *Hart,* Kausalität und Unbedenklichkeit in der Arzneimittelhaftung, MedR 2009, 253; *Heitz,* Arzneimittelsicherheit zwischen Zulassungsrecht und Haftungsrecht, 2005; *Hieke,* Die Informationsrechte geschädigter Arzneimittelverbraucher, 2003; *Jenke,* Haftung für fehlerhafte Arzneimittel und Medizinprodukte, 2004; *Klevemann,* Das neue Recht der Arzneimittelhaftung, PharmR 2002, 393; *Melber/ Moelle,* Kausalitätsnachweis und Substantiierungslast im Arzneimittelhaftungsprozess, StoffR 2004, 75; *Pflüger,* Kausalitätsvermutung und Beweislastumkehr in der novellierten Arzneimittelhaftung, PharmR 2003, 363; *Räpple,* Das Verbot bedenklicher Arzneimittel, 1991; *Voit,* Beweisfragen im Arzneimittelhaftungsrecht – Erste Erfahrungen mit der Kausalitätsvermutung in § 84 Abs. 2 AMG und dem Auskunftsanspruch nach § 84a AMG, in: Festschrift für Axel Sander zum 65. Geburtstag, 2008; *Wagner,* Die reformierte Arzneimittelhaftung im Praxistest, PharmR 2008, 370; *Wagner,* Das Zweite Schadensersatzrechtsänderungsgesetz, NJW 2002, 2049; *Wagner,* Die Reform der Arzneimittelhaftung im Entwurf eines Zweiten Schadensrechtsänderungsgesetzes, VersR 2001, 1334; *Wagner,* Aktuelle Fragen der Arzneimittelhaftung, MedR 2014, 353.

Übersicht

A. Allgemeines

I. Inhalt

1   § 84 als Zentralnorm des deutschen Arzneimittelhaftungsrechts statuiert unter bestimmten Voraussetzungen eine **verschuldensunabhängige Haftung** des pharmazeutischen Unternehmers. Abs. 1 S. 1 stellt die grundsätzlichen Voraussetzungen für die Haftung des pharmazeutischen Unternehmers auf. Abs. 1 S. 2 normiert in Nr. 1 und Nr. 2 zusätzliche (alternative) Haftungsvoraussetzungen. Abs. 2 erleichtert dem Geschädigten den Nachweis der Kausalität durch Schaffung einer Kausalitätsvermutung, deren Voraussetzungen in einem Regel-Ausnahme-Verhältnis formuliert sind. Abs. 3 schließlich enthält einen Haftungsausschluss (die Haftung aus Abs. 1 S. 2 Nr. 1 betreffend) für den Fall, dass die schädlichen Wirkungen des betreffenden Arzneimittels ihre Ursache nicht im Bereich der Herstellung oder Entwicklung haben.

II. Zweck

Die Schaffung von § 84 resultierte aus der Erkenntnis, dass die Einnahme von Arzneimitteln unweigerlich mit Nebenwirkungen und Wechselwirkungen einhergeht[1]. Das Deliktsrecht wurde wegen seines Verschuldenserfordernisses als ungenügend zum Schutz geschädigter Arzneimittelanwender angesehen. **2**

B. Schadensersatzpflicht (Abs. 1)

I. Grundsätzliche Voraussetzungen der Ersatzpflicht (S. 1)

1. Gegenstand der Haftung und Haftender. a) Anwendung eines zulassungspflichtigen Humanarzneimittels. Objekt der arzneimittelrechtlichen Sonderhaftung sind allein **Humanarzneimittel**. Weitere Qualifizierungen des Haftungsobjekts liegen in der inländischen Zulassungspflicht des Arzneimittels und dem Erfordernis eines inländischen Abgabeortes wie eines inländischen Inverkehrbringens. Diese dreifache Inlandsanknüpfung beschreibt den territorialen Charakter der arzneimittelrechtlichen Sonderhaftung und des damit einhergehenden Risikovorsorgesystems mit obligatorischer Haftpflichtversicherung (zur Frage der Anknüpfung des Arzneimittelhaftungsrechts im Internationalen Privatrecht s. Vor §§ 84–94a Rn. 14). Die Formulierung „zum Gebrauch bei Menschen bestimmt" unterscheidet sich sprachlich geringfügig von den ähnlichen Umschreibungen in § 2 I 1 („Anwendung am oder im menschlichen Körper") und § 2 II 2 Nr. 1 („dauernd oder vorübergehend mit dem menschlichen Körper in Berührung"), ohne dass damit Bedeutungsunterschiede verbunden sind[2]. Entscheidend kommt es auf die **körperliche Einwirkung** an. Arzneimittel, die physikalisch nicht auf den menschlichen Körper einwirken, z. B. In-vitro-Diagnostika wie Testsera oder Testantigene, fallen nicht unter § 84[3]. **3**

Die arzneimittelrechtliche Sonderhaftung gilt nicht für **Tierarzneimittel.** Für diese verbleibt es bei der Anwendbarkeit des ProdHaftG und der deliktischen Produzentenhaftung. Die Abgrenzung zwischen Tier- und Humanarzneimitteln ist in der Regel problemlos und ergibt sich aus dem jeweiligen Zulassungsstatus. Zulassungen für Tierarzneimittel werden vom BVL erteilt (§ 77 III). Umverpackung, Gebrauchs- und Fachinformation enthalten den Hinweis „für Tiere" bzw. die Angabe der Tierarten oder Zieltierart (§§ 10 V 1 Nr. 12, 11 IV 1 Nr. 5, 11a Ic 1 Buchst. a). Für ein Tierarzneimittel besteht auch dann keine arzneimittelrechtliche Sonderhaftung, wenn es am Menschen angewendet wird, selbst wenn dies auf ärztlichen Rat bzw. ärztliche Verordnung erfolgt. Auch bei verbreitetem und dem pharmazeutischen Unternehmer bekanntem bestimmungswidrigen Gebrauch eines Tierarzneimittels beim Menschen kommt nach dem eindeutigen Wortlaut eine Haftung nach §§ 84 ff. nicht in Betracht. **4**

Die Haftung nach §§ 84 ff. gilt für **zulassungspflichtige** oder durch Standardzulassungsmonographie (Rechtsverordnung nach § 36 I) von der Zulassungspflicht freigestellte **Arzneimittel.** Zulassungspflichtig sind nach § 21 I Fertigarzneimittel, die durch Anwendung am oder im menschlichen Körper wirken sollen (§ 2 I). Weiterhin werden Gegenstände erfasst, die i. S. von § 2 II Nr. 1 ein solches Arzneimittel enthalten und deshalb als Arzneimittel gelten. Der Gefährdungshaftung nach dem AMG unterliegen grundsätzlich auch solche Arzneimittel, für welche die Zulassungspflicht durch Rechtsverordnung nach § 35 I Nr. 2 angeordnet wird[4]. Dies gilt nicht für Testsera und Testantigene. Sie sind zwar in der § 35 erlassenen Rechtsverordnung genannt, unterliegen gleichwohl nicht § 84, weil sie nicht zum Gebrauch bei Menschen bestimmt sind[5]. Die Haftung besteht unabhängig davon, ob die Zulassung national oder europäisch erteilt wird (§ 37 I 1). § 84 stellt auf die **Zulassungspflicht** ab, nicht das Bestehen der Zulassung. Dies kann eine Rolle spielen, wenn der pharmazeutische Unternehmer fälschlicherweise Zulassungsfreiheit annimmt und das Arzneimittel ohne Zulassung in den Verkehr bringt. An der Haftung nach §§ 84 ff. ändert dies nichts[6]. Liegt hingegen eine behördliche Klassifizierung vor, ist diese gem. § 2 IV 2 auch der Haftungsfrage zugrunde zu legen. Grundsätzlich besteht die Haftung für im Verkehr befindliche Arzneimittel fort, wenn die **Zulassung erlischt** bzw. ruht, zurückgenommen oder widerrufen wird. Bei Produktrückruf kann allerdings Mitverschulden des Geschädigten vorliegen[7]. **5**

---

[1] *Kloesel/Cyran*, § 84 Anm. 1.
[2] So auch *Sander*, § 84 Erl. 9a.
[3] So auch *Sander*, § 84 Erl. 9a; im Ergebnis ebenso *Kloesel/Cyran*, § 84 Anm. 14, die allerdings den Anwendungsbereich des § 84 grundsätzlich nicht eröffnet sehen, wenn die Zulassungspflicht lediglich durch Rechtsverordnung nach § 35 I Nr. 2 angeordnet wird.
[4] Ebenso *Sander*, § 84 Erl. 9c; a. A. *Kloesel/Cyran*, § 84 Anm. 14.
[5] *BGH*, NJW 1993, 2173.
[6] *Kloesel/Cyran*, § 84 Anm. 10.
[7] *Kloesel/Cyran*, § 84 Anm. 10.

6 Folgende Arzneimittel unterliegen mangels Zulassungspflicht **nicht** der **Arzneimittelhaftung:**

7 – Arzneimittel, die keine Fertigarzneimittel nach § 4 I sind. Hierunter fallen insbes. **Rezepturarzneimittel.** Sie werden nicht im Voraus, sondern auf Vorlage eines Rezepts in der Apotheke hergestellt. Hingegen gilt sog. **Bulkware,** d.h. in Großgebinden enthaltene Arzneimittel, die noch nicht zur Abgabe an den Verbraucher abgepackt sind, gem. § 4 I 1, 2. Alt. als Fertigarzneimittel („andere zur Abgabe an Verbraucher bestimmte Arzneimittel")[8].

8 – **Fiktive Arzneimittel** nach § 2 II Nr. 1a bis 4, im Übrigen auch, weil sie zur Anwendung bei Tieren bestimmt sind.

9 – Mittel, Stoffe und Produkte, die qua **Legaldefinition in § 2 III** keine Arzneimittel sind (z.B. Lebensmittel, Tabakerzeugnisse, Kosmetika usw.).

10 – Mittel, für welche die Zulassung mit der Begründung abgelehnt wurde, es liege **kein Arzneimittel** vor (§ 2 IV 2).

11 – **Defekturarzneimittel** (häufig auch „verlängerte Rezepturarzneimittel" genannt) i.S.v. § 21 II Nr. 1. Damit sind Arzneimittel gemeint, die aufgrund nachweislich häufiger ärztlicher oder zahnärztlicher Verschreibung in den wesentlichen Herstellungsschritten in einer Apotheke in einer Menge bis zu hundert abgabefertigen Packungen an einem Tag im Rahmen des üblichen Apothekenbetriebs hergestellt werden und zur Abgabe in dieser Apotheke bestimmt sind. Bei einer Individualverblisterung durch den Apotheker beispielsweise für pflegebedürftige Personen werden diese Bedingungen nicht erfüllt sein, da der Apotheker lediglich Abfüllung und Kennzeichnung übernimmt (s. auch § 13 Rn. 36)[9].

12 – **Individualarzneimittel und Seuchenschutz:** Defekturarzneimitteln gleich stehen bestimmte für einzelne Personen vorgesehene Arzneimittel, bei deren Herstellung Stoffe menschlicher Herkunft eingesetzt (§ 21 II Nr. 1a) oder die aufgrund einer Rezeptur als Therapieallergene hergestellt werden (§ 21 II Nr. 1g) sowie antivirale bzw. antibakterielle Arzneimittel, die von Bund oder Ländern für Zivilschutzsituationen („Pandemievorsorge") bevorratet werden (§ 21 II Nr. 1c).

13 – **Industrielle Neuverblisterung** von Arzneimitteln gem. § 21 II Nr. 1b b): Mit diesem durch die 14. AMG-Novelle neugeschaffenen Freistellungstatbestand kommt der Gesetzgeber Firmen entgegen, welche in Absprache mit Ärzten und Apothekern Wochenblister auf industrieller Basis fertigen. Hierfür ist keine Zulassung erforderlich. Auf die Individualverblisterung in Apotheken kann dieser Tatbestand nicht ohne weiteres übertragen werden[10].

14 – Arzneimittel, die zur **klinischen Prüfung** bestimmt sind (§ 21 II Nr. 2). Die klinische Prüfung eines Arzneimittels ist gem. § 40 I 3 Nr. 8 nur zulässig, wenn eine Versicherung das mit der Durchführung der klinischen Prüfung verbundene Risiko der Tötung und Verletzung von Körper und Gesundheit abdeckt. Der Mindestumfang dieser sog. **Probandenversicherung** wird in § 40 III beschrieben (s. § 40 Rn. 61)[11]. Aufgrund dieser spezialgesetzlichen Haftung besteht für eine zusätzliche Arzneimittelhaftung kein Bedürfnis mehr. Für die klinische Prüfung eines nicht bzw. nicht in der geprüften Indikation zugelassenen Präparates wären die Haftungsgründe des § 84 – unvertretbare schädigende Wirkungen (§ 84 I 2 Nr. 1) bzw. fehlerhafte Arzneimittelinformation (§ 84 I 2 Nr. 2) – aufgrund des begrenzten Erkenntnisstandes auch nicht sachgemäß. Diese Erwägung trifft jedoch **nicht** zu, wenn ein zugelassenes Arzneimittel in zugelassener Indikation (sogenannte klinische Prüfung der Phase IV, s. hierzu § 40 Rn. 75) oder als **Kontrollpräparat** eingesetzt wird. Hier stellt sich die Frage, ob die Probandenversicherung oder die Arzneimittelhaftung einschlägig ist. *Sander* möchte die Freistellung von der Gefährdungshaftung nach dem AMG auf solche Prüfarzneimittel begrenzen, die in der geprüften Indikation zugelassen sind bzw. in gegenüber der Zulassung veränderter Form eingesetzt werden[12]. Nur insoweit soll die Probandenversicherung gelten. Gegen eine Differenzierung danach, ob das Arzneimittel bei der Prüfung zulassungskonform eingesetzt wird, spricht, dass auch zugelassene Arzneimittel im Rahmen einer klinischen Prüfung (gleich ob sie als Prüf- oder Kontrollpräparat verwendet werden) nach einem vom Sponsor der klinischen Prüfung vorgegebenen Prüfplan angewendet werden. Für diesen übernimmt der Sponsor die Verantwortung und muss daher für entsprechenden Versicherungsschutz sorgen. Soweit eine Verblindung erfolgt, greift der Sponsor zudem in die äußere Aufmachung von Prüf- und Kontrollpräparat ein. Aber auch bei einer offenen klinischen Prüfung (Open Label Study) sollte bereits das Anbringen der Kennzeichnung „zur klinischen Prüfung bestimmt" ausreichen, um die Verantwortlichkeit des Sponsors für den Versicherungsschutz zu begründen[13].

---

[8] Vgl. BT-Drucks. 15/5316, S. 33 unter Berufung auf Art. 2 I RL 2001/83/EG.

[9] Vgl. *Goetting*, ApoR 2005, 151.

[10] Vgl. *VG Osnabrück*, ApoR 2005, 159 ff., das ein Inverkehrbringen bzw. eine Abgabe an den Anwender für den Fall verneint, dass der Patient vor Verblisterung mittels eines in den Geschäftsräumen des Apothekers befindlichen Automaten keine Verfügungsgewalt über die verblisterten Arzneimittel hatte und die Verblisterung nach Weisung des Verbrauchers stattfindet.

[11] Zur Frage, ob die Probandenversicherung auch Schmerzensgeldansprüche umfasst *Gödicke/Purnhagen*, MedR 2007, 139.

[12] *Sander*, § 84 Erl. 9c.

[13] So offensichtlich auch *Kloesel/Cyran*, § 84 Anm. 13.

b) Abgabe an Verbraucher im Geltungsbereich des AMG. Nach §§ 84 ff. wird nur für im Inland 15
an einen **Verbraucher** abgegebene Arzneimittel gehaftet. Verbraucher ist derjenige, an den das Arzneimittel in der Apotheke oder einer anderen Abgabestelle zur Anwendung ausgehändigt wird.[14] Darauf, ob
der das Arzneimittel empfangende Verbraucher das Arzneimittel selbst anwendet, kommt es nicht an.[15]
Verbraucher sind demnach auch alle Personen, die das Arzneimittel für jemand anderen erwerben, z. B.
Lebensgefährten, Eltern, Freunde. Verbraucher sind auch Einrichtungen der Gesundheits- und Krankenfürsorge, in denen Arzneimittel angewendet werden (s. § 4 Rn. 11)[16]. Wird das Arzneimittel an einen
Arzt zur unmittelbaren Anwendung am Patienten ausgehändigt, ist der Arzt Verbraucher.[17] Gibt der Arzt
das Arzneimittel an den Patienten zur Anwendung weiter, ist der Patient selbst Verbraucher. Für die
grundsätzliche Anwendbarkeit von § 84 kommt es auf diese Unterscheidung nicht an. Ein Unterschied
kann sich jedoch für die Frage der korrekten Arzneimittelinformation (§ 84 I 2 Nr. 2) ergeben
(s. Rn. 90).

Bei grenzüberschreitenden Veräußerungsgeschäften ist für die Anwendbarkeit der §§ 84 ff. auf den 16
inländischen Übergabeakt an den Verbraucher abzustellen (s. jedoch auch Vor §§ 84–94a Rn. 14).
Auf den **Ort der Anwendung** des Arzneimittels oder des Eintritts des Schadens kommt es nicht an.
Führt etwa ein Patient ein ihm in einer ausländischen Apotheke ausgehändigtes Arzneimittel nach
Deutschland ein, fehlt es – ungeachtet des Erfordernisses des inländischen Inverkehrbringens – bereits an
einer inländischen Abgabe. Ist die Übergabe an den Verbraucher in Deutschland erfolgt und liegen die
weiteren Anwendbarkeitsvoraussetzungen vor, bleibt der Anwendungsbereich der §§ 84 ff. eröffnet, auch
wenn der Patient das Arzneimittel sofort wieder ausführt, es im Ausland anwendet und dort ein Schaden
auftritt[18].

Die Abgabe von Arzneimitteln im Versandwege durch eine in- oder ausländische **Versandapotheke** 17
ist haftungsrechtlich nach den gleichen Regeln zu beurteilen: Versendet die ausländische Apotheke
mittels eines von ihr beauftragten Boten an einen inlandsansässigen Besteller, liegt eine inländische
Abgabe an den Verbraucher vor[19]. Als weitere Haftungsvoraussetzung muss es sich allerdings um ein
Arzneimittel handeln, das vom pharmazeutischen Unternehmer im Inland in Verkehr gebracht wurde
(s. Rn. 15). Bei ausländischen Versandapotheken greift deutsches Haftungsrecht somit nur ein, wenn in
Deutschland zugelassene oder von der Zulassungspflicht durch Rechtsverordnung befreite Arzneimittel
an inlandsansässige Besteller versandt werden. Im Ausland zugelassene Arzneimittel, die von inländischen
Bestellern auch ohne inländische Zulassung bezogen (§ 73 II Nr. 6a, III) bzw. ausnahmsweise in den in
§ 73 II genannten Situationen trotz fehlender Inlandszulassung nach Deutschland verbracht werden
dürfen, unterfallen hingegen gem. § 73 IV nicht der deutschen Arzneimittelhaftung.

c) Pharmazeutischer Unternehmer. Für Arzneimittelschäden haftet der pharmazeutische Unter- 18
nehmer, der das Arzneimittel im Inland in Verkehr gebracht hat. Diese Qualifizierung etabliert eine
weitere Inlandsanknüpfung. Pharmazeutischer Unternehmer ist nach § 4 XVIII 2, wer Arzneimittel
unter seinem Namen in Verkehr bringt. Hierfür ist darauf abzustellen, wer auf Umverpackung, Blisterpackung sowie in Gebrauchs- und Fachinformation als pharmazeutischer Unternehmer angegeben ist[20].
Auf den subjektiven Willen zur Übernahme der Produktverantwortlichkeit kommt es nicht an[21].
Demgemäß sind auch die auf den Packmitteln angegebenen **Mitvertreiber** pharmazeutische Unternehmer und damit Haftungssubjekt. Keine Haftung nach § 84 trifft hingegen, wer in der Gebrauchsinformation lediglich neben dem pharmazeutischen Unternehmer als Hersteller bezeichnet ist (§ 11 I 1
Nr. 6 Buchst. g), ohne gleichzeitig die Voraussetzungen der Definition des pharmazeutischen Unternehmers nach § 4 XVIII zu erfüllen; gleichwohl kann dieser nach allgemeinen deliktsrechtlichen Vorschriften haften.[22]

Mehrere pharmazeutische Unternehmer eines Arzneimittels haften **gesamtschuldnerisch** nach § 93. 19
Bei den sog. unechten Hausspezialitäten – Arzneimitteln, die von einem industriellen Hersteller für
mehrere Apotheken oder Einzelhandelsbetriebe produziert und unter deren Namen an Verbraucher
abgegeben werden – wird zur Erweiterung der Haftungssubjekte von der Standesvertretung empfohlen,
den Namen des industriellen Herstellers zusätzlich aufzudrucken[23] (s. hierzu auch § 91 Rn. 4).

Der **Zulassungsinhaber** ist bereits nach der jetzigen Praxis der deutschen Zulassungsbehörden regel- 20
mäßig als pharmazeutischer Unternehmer anzugeben. Dann ist er bereits durch äußere Bekundung nach

[14] *Kloesel/Cyran*, § 84 Anm. 8.
[15] *Kloesel/Cyran*, § 84 Anm. 8.
[16] Vgl. *Sander*, § 4 Erl. 4. In § 73 I 1 Nr. 1a ist demgegenüber – sprachlich präzisierend – im Zusammenhang mit
Versandhandel von „Endverbraucher" die Rede. Offenbar möchte das Gesetz dort die medizinische Anwendung durch
Fachkreise am Patienten nicht einbeziehen.
[17] *Kloesel/Cyran*, § 84 Anm. 8.
[18] *Kloesel/Cyran*, § 84 Anm. 7; *Sander*, § 84 Erl. 7.
[19] *Kloesel/Cyran*, § 84 Anm. 7.
[20] Vgl. *Gaßner/Reich-Malter*, MedR 2006, 147, 151.
[21] *Sander*, § 84 Erl. 6.
[22] *Rehmann*, § 84 Rn. 2.
[23] *Sander*, § 84 Erl. 6.

§ 4 XVIII 2 pharmazeutischer Unternehmer. Mit dem Inkrafttreten der 14. AMG-Novelle ist in Anpassung an europäisches Recht klargestellt, dass der Inhaber der Zulassung in jedem Fall als pharmazeutischer Unternehmer angesehen wird (§ 4 XVIII 1), auch wenn er nicht als solcher in der Kennzeichnung angegeben ist. Rückwirkung vermag diese begriffliche Erweiterung des Haftungssubjektes nicht zu entfalten.

21 Bei Arzneimitteln, deren Zulassung im **zentralen europäischen Verfahren** erfolgt, akzeptiert die EMA nur die Angabe des Zulassungsinhabers als für das Inverkehrbringen verantwortliches Unternehmen. Lokale Vertriebsunternehmen können lediglich als lokale Ansprechpartner in die Gebrauchsinformation aufgenommen werden. Hierdurch werden die lokalen Ansprechpartner, auch wenn sie in den Vertrieb eingebunden sein sollten, nicht zum Haftungssubjekt. Das ist in diesem Fall allein der Zulassungsinhaber, der auch nach außen als pharmazeutischer Unternehmer in Erscheinung tritt[24]. Nach § 9 II kann der pharmazeutische Unternehmer seinen Sitz auch in einem anderen EU-Mitgliedsstaat oder EWR-Vertragsstaat haben.

22 **Parallelimporte** (zum Begriff des Parallelimports s. Vor § 72 Rn. 4) und Reimporte (zum Begriff des Reimport s. Vor § 72 Rn. 5) bedürfen u. a. einer vereinfachten inländischen Zulassung, die auf Überprüfung der Identität mit dem Originalpräparat gerichtet ist (s. hierzu Vor § 72 Rn. 6 ff.). Pharmazeutischer Unternehmer gem. § 4 XVIII eines parallelimportierten Arzneimittels ist, wer in der Produktkennzeichnung als pharmazeutischer Unternehmer angegeben ist, sowie – falls nicht identisch – der Inhaber der Formalzulassung. Hingegen haftet nach AMG weder, wer das parallelimportierte Arzneimittel im Exportland in Verkehr gebracht hat, noch der Inhaber der inländischen Originalzulassung. Die neue haftungsrechtliche Verantwortlichkeit für das parallelimportierte Produkt gem. §§ 84 ff. wird durch das inländische Inverkehrbringen begründet. Bei **Reimporten** kann es sein, dass der Ausfuhr ins Exportland bereits ein inländisches Inverkehrbringen vorangegangen ist. Die ursprünglich nach § 84 begründete haftungsrechtliche Verantwortlichkeit wird dann durch diejenige des Reimporteurs abgelöst.

23 Die dargestellten Grundsätze sind auch für Parallelimporte von Arzneimitteln entsprechend gültig, die im **zentralen europäischen Verfahren** zugelassen worden sind. Die Situation wird hier dadurch verkompliziert, dass der Parallelimporteur für das inländische Inverkehrbringen keine Formalzulassung benötigt. Ihm kommt vielmehr Großhändlerstatus zu. Dennoch muss er, falls die Kennzeichnung des parallelimportierten Produktes nicht den inländischen Vorschriften entspricht, eine zusätzliche Kennzeichnung vornehmen. Dann muss man ihn auch als pharmazeutischen Unternehmer des neu gekennzeichneten Arzneimittels mit der Verpflichtung ansehen, sich in der Kennzeichnung als solcher zu erkennen zu geben[25].

24 Für **zur klinischen Prüfung** bestimmte Arzneimittel gilt die Definition des pharmazeutischen Unternehmers nicht (§ 4 XVIII 2 i. V. m. § 9 I 2). Hier werden die Produktrisiken über die Probandenversicherung abgedeckt (s. Rn. 14).

25 Eine entsprechende Anwendung von § 84 ist geboten, wenn Arzneimittel **anonym** oder **fälschlicherweise unter fremdem Namen** in den Verkehr gebracht werden. Der Schädiger soll nicht davon profitieren, das Arzneimittel unter Verletzung der Kennzeichnungsvorschriften in Verkehr gebracht zu haben[26]. Eine Haftung des Originalherstellers als Opfer von **Arzneimittelfälschungen** nach § 84 scheidet jedoch aus[27].

26 **d) Inverkehrbringen des Arzneimittels im Inland.** Gem. § 4 XVII ist Inverkehrbringen nicht nur die physische Übergabe des Arzneimittels, sondern bereits die **vorgelagerten Vertriebsaktivitäten** der Bewerbung und des Vorrätighaltens zum Verkauf (s. zum Begriff des Inverkehrbringens § 4 Rn. 139). Inländische Übergabe bzw. Bewerbung lassen sich meist leicht feststellen. Ist ein Arzneimittel in deutscher Sprache gem. den Kennzeichnungsvorschriften des AMG aufgemacht, kann regelmäßig auf ein inländisches Inverkehrbringen geschlossen werden[28].

27 Bei Fällen, in denen von vornherein **für den Export** produziert wird – etwa im Rahmen eines Lohnherstellungsvertrags –, ist die vorübergehende Lagerung der (regelmäßig bereits nach den Vorschriften des Exportlands gekennzeichneten) Ware im Inland vor Auslieferung an den Exporteur kein inländisches Inverkehrbringen. Umgekehrt liegt bei Ware, die nach den Vorgaben des AMG gekennzeichnet ist und zum Verkauf im Inland vorrätig gehalten wurde, ein vorübergehendes inländisches Inverkehrbringen auch dann vor, wenn die Ware von einem Exporteur erworben und ins Ausland gebracht wird. Aufgrund des weiteren Erfordernisses der inländischen Abgabe an den Verbraucher kommt es bei anschließendem ausländischen Vertrieb dennoch nicht zur Anwendung der deutschen

---

[24] *Rehmann,* § 84 Rn. 3.
[25] So auch *OLG Hamburg,* A&R 2005, 141, das auch die Bezeichnung des Originalherstellers als „pharmazeutischer Unternehmer" zulassen will, wenn gleichzeitig die für den inländischen Vertrieb verantwortlichen Parallelimporteure mit der Angabe „umgepackt und parallelvertrieben von" bezeichnet sind.
[26] *Sander,* § 84 Erl. 8.
[27] *Hornung/Fuchs,* PharmR 2012, 501, 504 ff.; *Hauke/Kremer,* PharmR 2013, 213, 215 f.
[28] *Kloesel/Cyran,* § 84 Anm. 9.

Arzneimittelhaftung. Anders hingegen, wenn der Exporteur das Arzneimittel abredewidrig im Inland in Verkehr bringt[29].

Bei **zentral zugelassenen Arzneimitteln** scheint das Erfordernis des inländischen Inverkehrbringens **28** in Widerspruch zur EU-weiten Geltung der Zulassung zu stehen. Jedoch ist die Kennzeichnung national unterschiedlich, so dass auch hier deutschsprachige Kennzeichnung ein Inverkehrbringen in Deutschland indiziert[30]. Aus den jeweiligen sozialrechtlichen Angaben, die in der so genannten „Blue Box" gemacht werden können – für Deutschland insbes. die N-Angabe zur Bezeichnung der Packungsgröße –, wird man im Verhältnis zu anderen deutschsprachigen EU-Mitgliedstaaten (z. B. Österreich) die Inlandszuordnung ableiten können[31].

2. Rechtsgutsverletzung. a) Tötung oder nicht unerhebliche Verletzung von Körper oder 29 Gesundheit eines Menschen. Eine für Abs. 1 relevante Rechtsgutsverletzung ist gegeben, wenn die Rechtsgüter Leben, Körper oder Gesundheit betroffen sind. Eine Ausweitung auf sonstige absolut geschützte Rechte i. S. v. § 823 I BGB ist nicht möglich[32]. Die Verletzung des **Lebens** entspricht dem Begriff im Strafrecht[33]. Das „Leben" endet mit dem Hirntod[34]. Eine **Körperverletzung** ist jede Verletzung der körperlichen Integrität einschließlich der zugefügten Schmerzen[35]. Unter einer **Gesundheitsverletzung** ist jede unbefugte, aus medizinischer Sicht behandlungsbedürftige Störung der körperlichen, geistigen oder seelischen Lebensvorgänge[36] zu verstehen. Beide Tatbestände sind nicht konturenscharf voneinander abgrenzbar, sondern gehen fließend ineinander über, weil die Verletzung der äußeren Integrität zu einer Störung der inneren Lebensvorgänge führt[37]. Hierzu ist eine umfangreiche Kasuistik gebildet[38]. Als Körperverletzung werden beispielsweise angesehen: Der Verlust der Haare[39], die Schädigung der Leibesfrucht[40], der Ausbruch der durch HIV verursachten AIDS-Krankheit[41], die Schädigung eines Organs[42]. Hingegen liegt etwa eine Gesundheitsverletzung vor bei der Infizierung mit HIV[43], bei Schlafstörungen[44], Vergiftungen[45] und sog. Schockschäden[46].

b) Beginn des Schutzes – vorgeburtliche Schäden. Der Schutzbereich des § 84 umfasst auch **30** Schäden des gezeugten, ungeborenen Kindes[47]. Geschützt ist ferner auch das noch nicht gezeugte Kind, sofern die Ursächlichkeit der Verletzung der Mutter oder des Vaters für die Schädigung des später gezeugten Kindes feststeht[48]. Bei Schädigungen des noch nicht geborenen oder gezeugten Kindes kann der Schaden nach Geburt des Kindes (§ 1 BGB) von dessen gesetzlichem Vertreter geltend gemacht werden[49]. Wird das Kind nicht lebend geboren, hat es keinen eigenen Ersatzanspruch. Schäden des Kindes im vorgeburtlichen Stadium sind dann als Schaden der Mutter (oder des Vaters) anzusehen[50].

c) Bagatellschäden. Für nicht erhebliche Körper- bzw. Gesundheitsschäden sieht das AMG keine **31** Haftung vor[51]. Ihren Grund hat diese Einschränkung darin, dass die verschuldensunabhängige Gefährdungshaftung im Interesse der Funktionsfähigkeit der Rechtspflege von Bagatellfällen freigehalten werden soll[52]. Für die Beurteilung der Erheblichkeit kann man sich an der Kasuistik zu **§ 69 II Nr. 3 StGB** orientieren[53]. Zu beachten ist demnach nicht nur die Qualität, sondern auch die Quantität der kör-

[29] *Kloesel/Cyran,* § 84 Anm. 9.
[30] *Rehmann,* § 84 Rn. 3.
[31] Nach a. A. reicht Kennzeichnung in deutscher Sprache bereits aus, *Rehmann,* § 84 Rn. 3.
[32] *Kullmann/Pfister,* Kz. 3800, S. 18.
[33] *Spindler,* in: BeckOK BGB, § 823 Rn. 29.
[34] *OLG Köln,* NJW-RR 1992, 1480, 1481.
[35] *Spindler,* in: BeckOK BGB, § 823 Rn. 30.
[36] *Spindler,* in: BeckOK BGB, § 823 Rn. 30.
[37] *Wagner,* in: MüKo BGB, Bd. 5, § 823 Rn. 133; *Larenz/Canaris,* Schuldrecht II/2, S. 378.
[38] Vgl. z. B. *Sprau,* in: Palandt, § 823 Rn. 4, 5.
[39] *AG Köln,* NJW-RR 2001, 1675 f.
[40] *Kloesel/Cyran,* § 84 Anm. 16; *Kullmann/Pfister,* Kz. 3800, S. 19.
[41] *BGH,* NJW 1991, 1948.
[42] *BGHZ* 101, 215, 217.
[43] *BGH,* NJW 1991, 1948.
[44] *BGH,* NJW 1993, 2173.
[45] *Wagner,* in: MüKo BGB, Bd. 5, § 823 Rn. 136.
[46] *BGHZ* 93, 351.
[47] *BGH,* NJW 1989, 1538, 1539; *BGH,* NJW 1972, 1126ff; *Larenz/Canaris,* Schuldrecht II/2, S. 385; *Wagner,* in: MüKo BGB, Bd. 5, § 823 BGB Rn. 129; *Hager,* in: Staudinger, § 823, B 42; *Spindler,* in: BeckOK BGB, § 823 Rn. 29, 34.
[48] *LG Aachen,* JZ 1971, 507, 514 (Contergan); *Kloesel/Cyran,* § 84 Anm. 16.
[49] *Rolfs,* JR 2001, 140, 142; *Heldrich,* JZ 1965, 593, 596; *BGHZ* 58, 48, 51; a. A. *Hager,* in: Staudinger, § 823, B 43.
[50] *OLG Oldenburg,* NJW 1991, 2355 f.; *OLG Koblenz,* NJW 1988, 2959, 2960; a. A. *OLG Düsseldorf,* NJW 1988, 777.
[51] Das Gesetz greift hier auf den römischen Rechtsgrundsatz „minima non curat praetor" zurück: „Um Kleinigkeiten kümmert sich der Praetor nicht", *Kullmann/Pfister,* Kz. 3800, S. 19.
[52] *Kloesel/Cyran,* § 84 Anm. 16. Der ursprüngliche Grund für diese Einschränkung war, den im Regierungsentwurf von 1976 vorgesehenen Entschädigungsfonds nicht mit Bagatellen zu belasten. Nachdem dieser Fonds zugunsten der Versicherungslösung des § 94 nicht realisiert wurde, hat man das Erheblichkeitskriterium beibehalten, um die pharmazeutischen Unternehmer vor Bagatellklagen zu schützen, vgl. auch *Kloesel/Cyran,* § 84 Anm. 20.
[53] *Kullmann/Pfister,* Kz. 3800, S. 19 f.

perlichen Beeinträchtigung[54]. Beispielsweise sind Dauer und Intensität der verursachten Schmerzen zu berücksichtigen[55]. Hierbei ist ein **objektiver Maßstab** anzusetzen. Individuelle Überempfindlichkeit des Opfers hat ebenso außer Betracht zu bleiben wie besondere Sorglosigkeit[56]. **Unerheblich** ist die Verletzung, wenn sie keiner Behandlung bedarf bzw. keine erhebliche Beeinträchtigung des körperlichen Wohlbefindens darstellt[57]. Beispiele sind leichtes Unwohlsein, einfache Hautrötungen, kurzzeitige Schweißausbrüche, kleinere und vorübergehende allergische Reaktionen[58].

32   **3. Kausalität.** Die Arzneimittelhaftung setzt nach Abs. 1 S. 1 voraus, dass die Gesundheitsbeeinträchtigung **„infolge"** der Arzneimittelanwendung aufgetreten ist.

33   **a) Naturwissenschaftlicher Ursachenzusammenhang.** Zwischen der Anwendung des Arzneimittels und der Gesundheitsbeeinträchtigung muss ein tatsächlicher Kausalzusammenhang im naturwissenschaftlichen Sinn bestehen. Die Anwendung des Arzneimittels hat demnach eine notwendige Bedingung **(condicio sine qua non)** für die Gesundheitsbeeinträchtigung zu sein, d. h. sie darf nicht hinweggedacht werden können, ohne dass der konkrete Erfolg entfiele. Diese einfache Denkoperation stößt allerdings in vielen Arzneimittelhaftungsfällen an ihre Grenzen[59]. Ob der jeweilige Gesundheitsschaden ohne die Einnahme des Arzneimittels nicht eingetreten wäre, verlangt u. a. die Kenntnis über die generelle Wirkungsweise des Arzneimittels als mögliche Schadensursache. Hingegen ist es häufig gerade fraglich, ob das Arzneimittel den jeweiligen Gesundheitsschaden überhaupt verursacht haben kann. Die Feststellung eines naturwissenschaftlichen Ursachenzusammenhangs zwischen der Arzneimittelanwendung und der Gesundheitsbeeinträchtigung erfolgt deshalb typischerweise in **zwei Schritten**[60]: Zunächst ist zu prüfen, ob das Arzneimittel generell geeignet ist, derartige Gesundheitsbeeinträchtigungen zu verursachen **(generelle Schadenseignung).** Dabei reicht eine bloße Vermutung im Sinne einer Hypothese für den Nachweis der Geeignetheit nicht aus[61]. Anschließend ist zu fragen, ob das Arzneimittel auch im konkreten Einzelfall die Gesundheitsbeeinträchtigung verursacht hat **(konkrete Kausalität).**

34   Allerdings reicht für den von dem Geschädigten zu erbringenden Kausalitätsnachweis der Nachweis der Mitursächlichkeit aus, und sei es nur im Sinne eines Auslösers neben erhebliche anderen Umständen, da die Mitursächlichkeit haftungsrechtlich der Alleinursächlichkeit in vollem Umfang gleich steht[62].

35   **aa) Generelle Schadenseignung.** Die generelle Schadenseignung ist vor allem von Bedeutung, wenn schädliche Wirkungen aus dem **Bereich der Entwicklung** in Frage stehen. Dabei geht es um die generellen pharmakologischen Wirkungen eines Arzneimittels. Dies können solche sein, die im Zulassungsverfahren entdeckt und in die Nutzen-Risiko-Bewertung einbezogen wurden. Sie sind haftungsrechtlich relevant, wenn sie häufiger auftreten als ursprünglich angenommen wurde, und aufgrund der erhöhten Häufigkeitsrate entweder die Nutzen-Risiko-Bewertung negativ oder die Arzneimittelinformation fehlerhaft ist. In der Praxis spielen aber pharmakologische Wirkungen die größte Rolle, die sich erst nach der Zulassung gezeigt haben, oder die erst im Haftungsprozess festgestellt werden sollen.

36   Die **Feststellung der generellen Schadenseignung** beruht meist auf einem entsprechenden statistischen Erfahrungssatz[63]. Häufig gibt es nämlich keine Gesetzmäßigkeit in dem Sinn, dass die Einnahme des betr. Arzneimittels stets zu der fraglichen Gesundheitsbeeinträchtigung führt. Es lassen sich regelmäßig nur Aussagen zur relativen Häufigkeit des Auftretens einer bestimmten (unerwünschten) Wirkung treffen. Von Bedeutung sind in diesem Zusammenhang vor allem klinische Prüfungen, Beobachtungsstudien und Einzelfallberichte. Dabei gibt es eine akzeptierte Datenhierarchie[64]. Den größten Erkenntniswert haben kontrollierte klinische Prüfungen. Der Erkenntniswert von Beobachtungsstudien ist zumeist geringer[65]. Einzelfallberichte über unerwünschte Nebenwirkungen können in der Regel keinen kausalen Zusammenhang nachweisen. Sie generieren allenfalls ein Signal oder liefern zusätzliche Informationen.

37   Die Feststellung der generellen Kausalität verlangt zudem, dass ein solcher Ursachenzusammenhang auch **plausibel** ist[66]. Dies ist insbes. dann der Fall, wenn es ein biologisches Modell gibt, das einen

---

[54] *Kullmann/Pfister*, Kz. 3800, S. 19.
[55] *Flatten*, MedR 1993, 463, 464.
[56] *Geppert*, in: LK, § 69 Rn. 83.
[57] *Kullmann/Pfister*, Kz. 3800, S. 20.
[58] *Kullmann/Pfister*, Kz. 3800, S. 20; *Kloesel/Cyran*, § 84 Anm. 20; *Sander*, § 84 Erl. 11.
[59] *Kaufmann*, JZ 1971, 574 (zum Contergan-Verfahren); zu den grundsätzlichen Einwänden gegen die condicio sine qua non-Formel vgl. *Eisele*, in: Schönke/Schröder, Vorb. § 13 Rn. 74 m. w. N.
[60] *Hart*, Rechtsgutachten, BT-Drucks. 12/8591, S. 510, 583; Bericht der interministeriellen Arbeitsgruppe für Arzneimittelhaftung, BR-Drucks. 1012/96, S. 16 ff.; *Brüggemeier*, S. 51 m. w. N.; *Wagner*, VersR 2001, 1334, 1337.
[61] *OLG Brandenburg*, Urt. v. 23.2.2011 – 13 U 128/08 – BeckRS 2011, 05564.
[62] *BGH*, PharmR 2013, 269, 270; PharmR 2010, 468, 469 (im konkreten Fall eine Mitursächlichkeit verneinend); VersR 2005, 942; vgl. hierzu *Guttmann*, A&R 2010, 166; *OLG Brandenburg*, PharmR 2011, 419, 422.
[63] *Mummenhoff*, Erfahrungssätze im Beweis der Kausalität, Köln 1997, S. 13 ff.; *Hieke*, S. 177.
[64] Vgl. *Rothman/Greenland*, Modern Epidemiology, 2005, S. 67 ff.; *Hart/Hilken/Merkel/Woggan*, S. 46; *Besch*, S. 168.
[65] Vgl. *Rothman/Greenland*, Modern Epidemiology, 2005, S. 72 ff.
[66] *Hieke*, S. 192 ff.

Kausalzusammenhang erklären kann[67]. Die Plausibilität eines Kausalzusammenhangs kann sich z. B. auch daraus ergeben, dass solche oder ähnliche Nebenwirkungen für vergleichbare Arzneimittel bekannt sind[68].

Allgemeine Schadenseignung liegt regelmäßig vor, wenn die behauptete Schadensursache auf einen **38** **Qualitätsmangel** bzw. eine **Kontamination** des Produkts zurückgeht. So sind zum Beispiel Blutprodukte, die nachweisbar mit Hepatitis oder HIV infiziert sind, generell schadensgeeignet. Schwieriger kann es bei bakterieller Kontamination und chemischer oder physikalischer Verunreinigung sein. Hier bedarf die Schadenseignung einer gesonderten Feststellung[69].

bb) Konkrete Kausalität. Ausgehend von den wissenschaftlichen Erkenntnissen zur generellen **39** Schadenseignung des Arzneimittels ist zu beurteilen, ob das Arzneimittel **im konkreten Einzelfall** die Gesundheitsbeeinträchtigung verursacht hat. Von wenigen Ausnahmen abgesehen gibt es keine ausschließlich für ein bestimmtes Arzneimittel charakteristischen Merkmale unerwünschter Wirkungen (Symptome, Laborwerte etc.), anhand derer sich im konkreten Fall ein Kausalzusammenhang zwischen der Anwendung eines Arzneimittels und einem nachfolgend aufgetretenen Gesundheitsschaden eindeutig feststellen ließe. Regelmäßig kann die Symptomatik auch andere Ursachen haben. Entsprechend geht es bei der Feststellung der konkreten Kausalität darum, die Wahrscheinlichkeit eines Zusammenhangs mit dem Arzneimittel gegen die (komplementäre) Wahrscheinlichkeit von Alternativursachen abzuwägen[70].

aaa) Arzneimitteleinnahme. Der Geschädigte muss das Arzneimittel tatsächlich eingenommen **40** haben. Bei verschreibungspflichtigen Arzneimitteln kann der **Nachweis** der Verschreibung durch Vorlage der einzelnen Rezepte geführt werden. Alternativ kann auf die Dokumentation des verschreibenden Arztes zurückgegriffen werden. Soweit ein Originalarzneimittel verordnet wurde, für das Parallelimporte oder wirkstoffgleiche und damit der Substitution durch den Apotheker zugängliche Generika verfügbar sind, kann der Nachweis, welches konkrete Arzneimittel abgegeben wurde, Schwierigkeiten bereiten. Ggf. sind die **Abrechnungsunterlagen der Krankenkasse** hinzuzuziehen. Ergeben sich darüber hinaus Zweifel an der tatsächlichen Einnahme des Arzneimittels bzw. deren genauen Umständen (Art, Dauer, Häufigkeit), kommt die Vernehmung von Zeugen oder des Geschädigten als Partei in Betracht.

bbb) Subsumtion des Einzelfalls. Sofern ein anerkannter Erfahrungssatz zur generellen Scha- **41** denseignung besteht, ist zu prüfen, ob im Einzelfall die Bedingungen hierfür vorliegen. Ist das Arzneimittel nur unter bestimmten Bedingungen geeignet, den Gesundheitsschaden zu verursachen – z. B. nach einer gewissen **Einnahmedauer oder Häufigkeit oder Dosierung** –, müssen diese Voraussetzungen auch im Einzelfall zutreffen. Die vom Geschädigten geltend gemachte Gesundheitsbeeinträchtigung muss ferner mit dem **Schadensbild** übereinstimmen, für das generelle Schadenseignung angenommen wird. Hierfür sind in erster Linie die Krankenunterlagen des Geschädigten auszuwerten, die seinen objektiven Gesundheitszustand dokumentieren[71]. Unter Umständen kann auch eine weitere Untersuchung erforderlich werden.

Für einen Kausalzusammenhang soll es nach den Entscheidungen einiger Gerichte sprechen, wenn die **42** Arzneimittelwirkungen **während oder unmittelbar** im Anschluss an die **Anwendung** auftreten[72]. Dies ist zu konkretisieren. Ohne Festlegung eines plausiblen Zeitfensters, in dem eine Nebenwirkung auftreten kann, kommt auch einem unmittelbaren zeitlichen Zusammenhang nur eine geringe Bedeutung zu. Die Schadenseignung setzt typischerweise voraus, dass das betreffende Schadensbild innerhalb eines bestimmten Zeitfensters eingetreten ist. Dieses Zeitfenster liegt zwischen der kürzesten und längsten bekannten Latenzzeit[73]. Die **Latenzzeit** hängt davon ab, wie schnell der Wirkstoff vom Körper aufgenommen bzw. ausgeschieden wird (pharmakokinetische Eigenschaften) und in welchem Zeitraum sich die weiteren biologischen Prozesse im Körper abspielen. Eine Arzneimittelwirkung kann unter Umständen bereits nach Sekunden oder Minuten auftreten, sich aber auch erst nach Stunden, Tagen oder Wochen zeigen. Dieses Zeitintervall kann bei bekannten Wirkungszusammenhängen aus der medizinischen Literatur und ggf. aus Datenbanken mit unerwünschten Ereignissen entnommen werden. Tritt die Gesundheitsbeeinträchtigung außerhalb dieses Zeitfensters auf, ist ein kausaler Zusammenhang nicht plausibel. In einem vom *LG Traunstein*[74] entschiedenen Fall traten bei dem Kläger zwölf Tage nach einer FSME[75]-Impfung neurologische Erscheinungen auf, wie sie grundsätzlich durch eine solche Impfung ausgelöst werden können. Das Gericht verneinte hier einen zeitlichen Zusammenhang, weil derartige Wirkungen bei FSME-Impfungen typischerweise nur in einem Zeitraum von sechs Stunden bis sechs

---

[67] Vgl. auch *BGH*, NJW 1990, 2560, 2562 (Lederspray).
[68] *Schosser/Quast*, PharmInd 1998, 185, 190.
[69] *Hieke*, S. 194 ff.
[70] *Schosser/Quast*, PharmInd 1998, 185, 187.
[71] *Hieke*, S. 206 f.
[72] *OLG Stuttgart*, VersR 1990, 631 (Impletol); *LG Hannover*, VersR 1984, 557 (Zyloric); *LG Karlsruhe*, in: Sander, Entscheidungssammlung, § 84 Nr. 6 (Breitbandbakterizidum).
[73] *Schosser/Quast*, PharmInd 1998, 185, 188.
[74] *LG Traunstein*, MedR 1995, 241.
[75] Frühsommer-Meningoenzephalitis.

Tagen auftreten. Bei bisher unbekannten Nebenwirkungen lässt sich das plausible Zeitfenster durch detaillierte Literaturrecherchen und –analysen oder über Experten ermitteln bzw. eingrenzen.

43   Bestimmte Arzneimittelwirkungen treten nur bei Patienten auf, die eine entsprechende **Prädisposition** aufweisen. Dies betrifft insbes. den Bereich der **Arzneimittelallergien.** In einer Entscheidung des *OLG Stuttgart*[76] kam es bei dem Kläger kurze Zeit nach der Anwendung des Lokalanästhetikums Impletol zur Bewusstlosigkeit, was der Kläger auf eine allergische Arzneimittelreaktion auf den Wirkstoff Procain zurückführte. Tatsächlich ging der Sachverständige davon aus, dass bei Patienten mit einem Mangel des Leberenzyms Cholesterase eine erhöhte Empfindlichkeit gegenüber Procain besteht. Der Kläger konnte jedoch nicht beweisen, dass ein solcher Mangel bei ihm vorlag.

44   **ccc) Weitere Kausalitätshinweise.** Für einen Kausalzusammenhang spricht es, wenn die Symptome nach dem Absetzen des Arzneimittels abklingen[77]. Dieser Test („Dechallenge") ist jedoch nicht möglich bei einmaliger Verabreichung des Arzneimittels oder langer Wirkdauer[78]. Ferner kommt ein **Absetzversuch** nur in Betracht, wenn die vermutete Arzneimittelwirkung reversibel ist.

45   Ein erheblicher Anhaltspunkt für einen Kausalzusammenhang ist das Wiederauftreten der Symptome nach der erneuten Arzneimittelanwendung („Rechallenge")[79]. Zum Nachweis einer positiven **Reexposition** müssen sich in der Regel allerdings im gleichen Zeitintervall die gleichen Symptome einstellen[80].

46   Ferner deutet der direkte Nachweis des **arzneimittelspezifischen Pathogens** (z. B. chemisch/ physikalische Verunreinigung oder bakterielle/virale Kontamination) sowohl im Körpergewebe bzw. einer Körperflüssigkeit als auch im Arzneimittel[81] auf einen Kausalzusammenhang hin. Ein Beispiel wäre eine Sepsis nach Infusionstherapie, wenn der Erreger sowohl in den Resten der Infusionslösung als auch im Blut des Patienten nachgewiesen wird.

47   **ddd) Ausschluss von Alternativursachen.** Ein Arzneimittel ist im konkreten Einzelfall nur dann als Schadensursache anzusehen, wenn andere Schadensursachen **zuverlässig** ausgeschlossen werden können[82]. Der Ausschluss alternativer Ursachen muss durch geeignete diagnostische Mittel und nach dem Stand des medizinischen Wissens erfolgen[83]. Eine extensive Ausschlussdiagnostik ist vor allem dann geboten, wenn die jeweilige Symptomatik bisher unbekannt, d. h. nicht in Fach- und Gebrauchsinformation beschrieben ist. Nur wenn Alternativursachen ausgeschlossen sind, kann der Kausalzusammenhang als „gesichert" gelten[84]. Sind Alternativursachen unwahrscheinlich, aber nicht auszuschließen, ist der Kausalzusammenhang medizinisch als „wahrscheinlich" zu beurteilen. Sind alternative Schadensursachen möglich, lässt sich auch die Kausalität des Arzneimittels allenfalls als „möglich" einstufen[85]. Ebenso wenn die Symptomatik auch idiopathisch, d. h. ohne fassbare Ursache, auftritt[86]. Kann demgegenüber eine Alternativursache bestätigt werden, ist ein Kausalzusammenhang zwischen der Anwendung des Arzneimittels und dem Auftreten der verdächtigen Symptomatik zu verneinen. Freilich darf dabei die Alternativursache nicht mit der Gabe des Arzneimittels oder Wechselwirkung in Verbindung stehen[87].

48   Arzneimittel werden bestimmungsgemäß zur Behandlung von Krankheiten eingesetzt. Es ist daher immer an die Möglichkeit zu denken, dass sich die **eigentliche Grunderkrankung** unabhängig von der Arzneimitteleinnahme verschlimmert oder weiterentwickelt hat. Andererseits können manche Arzneimittel unter bestimmten Umständen die zu behandelnde Krankheit gerade verschlimmern bzw. deren Symptome hervorrufen. Darüber hinaus kann die Gesundheitsbeeinträchtigung auf einer **Begleit- oder Neuerkrankung** beruhen[88]. In der Impletol-Entscheidung des *OLG Stuttgart*[89] ließ sich weder ein selbständiges Kammerflimmern noch ein Schlaganfall bzw. ein Ohnmachtsanfall ausschließen, so dass das Gericht nicht mit der erforderlichen Gewissheit feststellen konnte, dass die Bewusstlosigkeit durch die lokale Anästhesie ausgelöst wurde. In einer Entscheidung des *LG Waldshut-Tiengen*[90] traten fünf Tage nach der Auffrischung einer FSME[91]-Schutzimpfung verschiedene neurologische Beschwerden auf, wie sie grundsätzlich durch die Impfung verursacht sein konnten. Beim Kläger wurden allerdings auch

---

[76] *OLG Stuttgart,* VersR 1990, 631 (Impletol).
[77] *Schosser/Quast,* PharmInd 1998, 185, 190.
[78] *Schosser/Quast,* PharmInd 1998, 185, 190.
[79] *LG Traunstein,* MedR 1995, 241; *Schosser/Quast,* PharmInd 1998, 185; *Hieke,* S. 209.
[80] *Schosser/Quast,* PharmInd 1998, 185, 190; *Hieke,* S. 210.
[81] *Schosser/Quast,* PharmInd 1998, 185, 190; *Hieke,* S. 210.
[82] Vgl. *OLG Köln,* GesR 2007, 325.
[83] *Schosser/Quast,* PharmInd 1998, 185, 190.
[84] *Schosser/Quast,* PharmInd 1998, 185, 189.
[85] *Schosser/Quast,* PharmInd 1998, 185, 189.
[86] *Schosser/Quast,* PharmInd 1998, 185, 189.
[87] *Schosser/Quast,* PharmInd 1998, 185, 190.
[88] *OLG Köln,* GesR 2007, 325.
[89] *OLG Stuttgart,* VersR 1990, 631 (Impletol).
[90] *LG Waldshut-Tiengen,* PharmR 1998, 256 ff.
[91] Frühsommer-Meningoenzephalitis.

Borreliose-Antikörper festgestellt, die ebenfalls als Ursache der neurologischen Beschwerden in Betracht kamen. Ein Kausalzusammenhang ließ sich nicht sicher feststellen.

Ein Einfluss von **Alkohol** und **Drogen** (einschließlich Nikotin) wird von ärztlicher Seite routinemäßig **49** überprüft. Allerdings sind hier meistens nur anamnestische Angaben des Patienten vorhanden. Ferner gibt es ein weites Spektrum von **Umwelteinflüssen,** die als alternative Schadensursachen in Betracht kommen. Es reicht von der Einwirkung bestimmter Umweltgifte (z. B. Dioxin) über den Kontakt mit gesundheitsgefährdenden Stoffen (z. B. Asbest) bis hin zu chemischen Stoffen oder Kontaminationen in Nahrungsmitteln[92]. Im Contergan-Verfahren[93] wurde u. a. untersucht, ob die bei den betroffenen Neugeborenen aufgetretenen Polyneuritis-Schäden durch elektromagnetische Strahlung von Fernsehröhren, radioaktiven Niederschlag aufgrund von Atombombenversuchen oder Röntgenbestrahlung während der Schwangerschaft ausgelöst sein konnten. Keine dieser Ursachen kam letztlich ernsthaft in Betracht.

Einen eigenen Problemkreis stellt die mögliche Schadensverursachung durch **andere Arzneimittel 50** dar[94]. Zu denken ist hier zunächst an den Fall, dass der betr. Gesundheitsschaden durch zwei oder mehrere Arzneimittel mit verschiedenen Indikationen und verschiedenen Wirkstoffen jeweils selbständig hätte verursacht worden sein können. Wurde der Gesundheitsschaden hingegen durch das Zusammenwirken beider Arzneimittel verursacht (z. B. durch eine Wechselwirkung), sind beide Arzneimittel kausal (kumulative Kausalität). Lässt sich nicht feststellen, ob der Gesundheitsschaden durch das eine oder durch das andere Arzneimittel verursacht wurde, gelingt der Kausalitätsnachweis nicht (alternative Kausalität). Dies ist auch angemessen, so lange wenigstens eines der Arzneimittel fehlerfrei ist. Die Kausalitätsvermutungsregel des Abs. 2 ist insoweit gem. S. 4, 2. Halbs. blockiert (s. Rn. 123). Problematischer sind die Fälle, in denen der Gesundheitsschaden durch zwei oder mehrere Arzneimittel verursacht worden sein kann, die alle denselben fehlerhaften Wirkstoff beinhalten bzw. die alle mit demselben Erreger kontaminiert sind. Hier steht fest, dass der Gesundheitsschaden durch ein fehlerhaftes Arzneimittel verursacht wurde, es bleibt aber offen, von welchem Unternehmer das schadenstiftende Produkt stammte. In Deutschland ist die Problematik in den Fällen HIV- und Hepatitis-infizierter Blutprodukte bekannt geworden. Die Gerichte haben die entsprechenden Klagen allerdings – vor der Novellierung der Arzneimittelhaftung – durchwegs mangels Kausalität abgewiesen (s. Vor §§ 84–94a, Rn. 3). Dies führte schließlich zur Einführung von Abs. 2 S. 4 (s. Rn. 122).

cc) Freie Beweiswürdigung durch das Gericht. Die Feststellung eines ursächlichen Zusammen- **51** hangs zwischen Einnahme des Arzneimittels und eingetretenem Gesundheitsschaden unterliegt der freien Beweiswürdigung durch das Gericht (§ 286 ZPO).

Die Beweiswürdigung durch das Gericht ist eine wertende Entscheidung, die durch die wissenschaftli- **52** chen Erkenntnisse vorgezeichnet ist. Sie darf nicht gegen Denk- und Naturgesetze verstoßen und muss **gesicherte Erfahrungssätze** beachten[95]. Diese Vorgaben schränken den Beurteilungsspielraum des Gerichts hinsichtlich der Frage der Kausalität ein. Es ist weitgehend an das Gutachten des Sachverständigen gebunden[96]. Der **Sachverständige** hat die Aufgabe, das Gericht und die Parteien über die vorliegenden wissenschaftlichen Erkenntnisse zu informieren. Zu diesem Zweck hat er die in der Wissenschaft vertretenen Meinungen sowie die vorgetragenen Argumente zusammenzustellen und auf dieser Grundlage eine Einschätzung der Kausalität vorzunehmen[97]. Will das Gericht von dem Sachverständigengutachten abweichen, muss es seine abweichende Überzeugung begründen und erkennen lassen, dass es die erforderliche Sachkunde besitzt[98].

Besonders deutlich wird die Bindungswirkung bei der **generellen Kausalität.** Die Frage, ob zwischen **53** einem Arzneimittel und einem Schadensbild generell ein kausaler Zusammenhang besteht, betrifft letztlich das Bestehen oder Nichtbestehen eines Naturgesetzes. Manche Autoren sehen in der generellen Kausalität deshalb eine Tatsachenfrage, die der Wertung des Richters entzogen ist[99]. Einigkeit besteht darin, dass das Gericht jedenfalls dann an die Einschätzung der Wissenschaftler gebunden ist, wenn die Vertreter der maßgeblichen Fachkreise einen generellen Kausalzusammenhang aufgrund der vorliegenden Untersuchungsergebnisse übereinstimmend als gesichert ansehen oder übereinstimmend ablehnen[100]. Problematisch ist die Feststellung der generellen Schadenseignung, wenn die Existenz eines generellen Kausalzusammenhangs **wissenschaftlich umstritten** ist. Das Gericht wird hier in der Regel keinen kausalen Zusammenhang annehmen können[101]. Die praktische Schwierigkeit liegt darin, bei abweichenden wissenschaftlichen Auffassungen den Grad an wissenschaftlicher Konsensbildung festzustellen, ab dem von einem gesicherten Stand der Erkenntnisse gesprochen werden kann. Ausnahmsweise kann nach

---

[92] *Hieke,* S. 222.
[93] *LG Aachen,* JZ 1971, 507, 514; *Hieke,* S. 223.
[94] Vgl. *LG Berlin,* NJW 2007, 3582, 3584.
[95] *BGH,* NJW 1997, 796, 797; *Greger,* in: Zöller, § 286 Rn. 13; *Hieke,* S. 223.
[96] *Greger,* in: Zöller, § 402 Rn. 7a m. w. N.
[97] *BGH,* NJW 1995, 2930, 2932 (Holzschutzmittel); *Hieke,* S. 198.
[98] *BGH,* NJW 1989, 2948, 2949 m. w. N.
[99] *Eisele,* in: Schönke/Schröder, Vorb. § 13 Rn. 75a m. w. N. und *Kaufmann,* JZ 1971, 573 ff.
[100] *BGH,* NJW 1997, 796, 797; *BGH,* NJW 1995, 2930, 2932 (Holzschutzmittel).
[101] Vgl. *OLG Frankfurt a. M.,* NJW-RR 2003, 1177, 1179 (Amalgam-Füllungen).

der Rechtsprechung auch bei Mangel an gesicherten wissenschaftlichen Erkenntnissen im Rahmen der Beweiswürdigung im konkreten Einzelfall ein Kausalzusammenhang bejaht werden. Dies setzt voraus, dass über die wissenschaftlichen Erkenntnisse hinaus eindeutige zusätzliche Indizien für die Kausalität vorliegen und alternative Schadensursachen ausgeschlossen sind[102]. Dies war die Situation im **Conter-gan-Verfahren**[103]: Hier konnte bei Anlegung naturwissenschaftlicher Kriterien nicht eindeutig festgestellt werden, dass zwischen Thalidomid und den aufgetretenen Polyneuritis-Folgen ein genereller Kausalzusammenhang besteht. Trotzdem kam das *LG Aachen* aufgrund einer Gesamtwürdigung der untersuchten Fälle zu dem Ergebnis, dass vernünftigerweise von einem derartigen Wirkungszusammenhang auszugehen sei. Denn es waren bei zeitlich parallelen Vorgängen (Einnahme von Contergan in den ersten drei Monaten der Schwangerschaft) die gleichen charakteristischen Schäden eingetreten (Polyneuritis-Schäden an den neugeborenen Babys) und überdies die Polyneuritis-Fälle nach Markteinführung von Contergan deutlich gestiegen. Andere Schadensursachen waren nicht ersichtlich. Ähnliche Situationen ergaben sich im Lederspray-Fall[104] und im Holzschutzmittel-Fall[105].

54   Die grundsätzliche Bindungswirkung gilt auch für die **konkrete Kausalität**[106]. Das betrifft sowohl die Frage, ob im konkreten Einzelfall die Bedingungen vorliegen, unter denen von einer generellen Schadenseignung des Arzneimittels auszugehen ist (s. Rn. 35 ff.) als auch die zusätzlichen Anhaltspunkte des Einzelfalls sowie den Ausschluss möglicher Alternativursachen (s. Rn. 47 ff.). Die Anknüpfungstatsachen, auf denen die Kausalitätsbewertung beruht, sind hingegen unmittelbar durch das Gericht festzustellen[107], vor allem also die Einnahme des Arzneimittels sowie deren genaue Umstände (Beginn und Ende der Einnahme, Dosierung, Häufigkeit). Gleiches gilt für sonstige Tatsachen, zu deren Feststellung das Gericht keiner besonderen Sachkunde bedarf, z. B. für den zeitlichen Ablauf der Ereignisse oder dokumentierte Risikofaktoren.

55   **b) Weiterer Zurechnungszusammenhang.** Ein naturwissenschaftlicher Ursachenzusammenhang zwischen Einnahme des Arzneimittels und Auftreten des Schadens genügt nach Abs. 1 nicht. Der pharmazeutische Unternehmer haftet vielmehr nur, wenn sich mit der Gesundheitsbeeinträchtigung die **besondere Arzneimittelgefahr** verwirklicht hat[108].

56   **aa) Keine adäquate Kausalität.** Nicht erforderlich ist, dass der Kausalzusammenhang adäquat, also der Eintritt des Verletzungserfolges allgemein vorhersehbar war[109]. Denn der Gefährdungshaftung liegen keine Verhaltenspflichten zugrunde. Die Gefährdungshaftung dient dem Ausgleich für die Verwirklichung einer **an sich erlaubten Gefahr.** Maßgeblich ist deshalb, ob sich im Einzelfall gerade die besondere Arzneimittelgefahr verwirklicht hat, für die eine Haftung bestehen soll[110].

57   **bb) Sekundärgeschädigte.** Fraglich ist, ob der Schutzzweckzusammenhang nur den unmittelbaren Anwender des Arzneimittels erfasst oder auch Sekundärgeschädigte. Manche Autoren sehen es als Haftungsvoraussetzung an, dass der Geschädigte das Arzneimittel **selbst eingenommen** hat bzw. es ihm verabreicht wurde oder durch Infusion bzw. Transfusion zugeführt wurde[111]. Nicht geschützt wäre hiernach z. B., wer Opfer eines Verkehrsunfalls wird, weil der Arzneimittelanwender am Steuer aufgrund der Arzneimittelwirkung bewusstlos wird[112]. Ebenso wenig vom Schutzbereich erfasst wäre etwa derjenige, der sich bei jemandem mit HIV infiziert, bei dem ein HIV-kontaminiertes Blutprodukt angewendet wurde[113]. Der Gesetzgeber geht hingegen davon aus, dass Sekundärgeschädigte ihre Ansprüche auf § 84 stützen können[114], und hat in § 84 – entgegen dem Vorschlag des Bundesrates[115] – eine Klarstellung im Rahmen des Zweiten SchadensersatzrechtsÄndG für nicht erforderlich gehalten[116].

58   **cc) Fehlerhaftes Arzneimittel.** Aus dem Schutzzweck ergibt sich ferner, dass die Gesundheitsbeeinträchtigung **gerade auf der Fehlerhaftigkeit** des Arzneimittels beruhen muss. Im Fall von Abs. 1 S. 2 Nr. 1 muss die Gesundheitsbeeinträchtigung aus den schädigenden Eigenschaften des Arzneimittels folgen, auf denen sich das Unvertretbarkeitsurteil gründet. Nur dann steht dem Geschädigten ein Schadensersatzanspruch zu[117]. Wurde die Verletzung hingegen durch eine vertretbare Wirkung des

---

[102] *BGH*, NJW 1995, 2930, 2932 (Holzschutzmittel); NJW 1990, 2560 (Lederspray).
[103] *LG Aachen*, JZ 1971, 507.
[104] *BGH*, NJW 1990, 2560 (Lederspray).
[105] *BGH*, NJW 1995, 2930, 2932 (Holzschutzmittel).
[106] Strenger *Hieke*, S. 224.
[107] *Greger*, in: Zöller, § 402 Rn. 5 ff., § 404a Rn. 3.
[108] *Kullmann/Pfister*, Kz. 3800, S. 21; *Hieke*, Kz. 70 f.
[109] *Kullmann/Pfister*, Kz. 3800, S. 20 f.; *Kullmann*, PharmR 1981, 112; *Deutsch*, VersR 1979, 685, 689; *Hieke*, S. 70.
[110] *Kullmann/Pfister*, Kz. 3800, S. 20 f.; BGHZ 79, 259 ff.
[111] *Kullmann/Pfister*, Kz. 3800, S. 21 m. w. N.; *Koyuncu*, PHi 2007, 42, 44.
[112] Vgl. *Kullmann/Pfister*, Kz. 3800, S. 21.
[113] *Kullmann/Pfister*, Kz. 3800, S. 21; vgl. auch § 52 I 2 BSeuchG, der für diesen Fall explizit eine Haftungsregelung vorsieht.
[114] BT-Drucks. 12/8591, S. 173, 259.
[115] BT-Drucks. 14/7752, S. 45.
[116] BT-Drucks. 14/7752, S. 18, 19, 53; *Bollweg*, MedR 2004, 486, 489; so wohl auch *Kloesel/Cyran* § 84 Anm. 18.
[117] *Kullmann/Pfister*, Kz. 3800, S. 21 f.; *Hieke*, S. 76.

Arzneimittels hervorgerufen, kann er selbst dann keinen Schadensersatz verlangen, wenn das Arzneimittel darüber hinaus auch unvertretbare Nebenwirkungen hat[118]. Entsprechend setzt die Haftung nach Abs. 1 S. 2 Nr. 2 voraus, dass die Gesundheitsbeeinträchtigung zu den Arzneimittelwirkungen oder sonstigen mit der Anwendung verbundenen Gefahren gehört, über die nicht ordnungsgemäß informiert wurde. Ein Geschädigter kann sich daher nicht darauf berufen, dass die Arzneimittelinformation eine bestimmte Nebenwirkung nicht nennt und er in Kenntnis der Nebenwirkung das Arzneimittel nicht eingenommen hätte, wenn bei ihm eine ganz andere Nebenwirkung aufgetreten ist, die in der Arzneimittelinformation genannt war.

c) Allgemeine Beweisregeln. Die Beweislast für den Kausalzusammenhang zwischen der Anwen- **59** dung des Arzneimittels und der Rechtsgutsverletzung trägt nach allgemeinen Grundsätzen der Geschädigte[119]. Der Nachweis der Kausalität erfolgt im Arzneimittelrecht regelmäßig durch **Indizienbeweis.** Hier richtet sich die Beweisführung nicht auf die Kausalität als zu beweisende Haupttatsache, sondern auf Umstände, die für das Vorliegen der Kausalität sprechen. Diese Indiztatsachen müssen, soweit sie streitig sind, von der beweisbelasteten Partei nachgewiesen werden, damit sie das Gericht bei seiner Entscheidung berücksichtigen kann[120]. Am Ende nimmt das Gericht eine Gesamtwürdigung der einzelnen Indiztatsachen und der sich einander ergänzenden Erfahrungssätze vor[121]. Aus den einzelnen Indiztatsachen kann das Gericht dabei nur dann Kausalität ableiten, wenn andere Schlussfolgerungen nicht ernstlich in Betracht kommen.

Auch der **Anscheinsbeweis** fällt in den Bereich der Beweiswürdigung[122]. Die Anwendung der **60** Grundsätze über den Anscheinsbeweis kommt immer dann in Frage, wenn das Schadensereignis nach allgemeiner Lebenserfahrung eine typische Folge der Pflichtverletzung darstellt[123]. Der Anscheinsbeweis setzt einen typischen Geschehensablauf voraus, d. h. einen Sachverhalt, bei dem nach der Lebenserfahrung (oder wissenschaftlichen Erkenntnissen) auf einen ursächlichen Zusammenhang geschlossen werden kann[124]. Der Sachverhalt muss entweder unstreitig oder voll bewiesen sein[125] und zusammen mit dem bestehenden Erfahrungssatz die volle Überzeugung des Gerichts von der Kausalität begründen[126]. Eine Risikoerhöhung nach statistischen Erfahrungssätzen genügt dabei nicht für die Annahme eines typischen Kausalverlaufs[127]. Zeigt z. B. eine klinische Prüfung, dass die Einnahme eines Arzneimittels das Risiko von Magenbeschwerden um 50 % erhöht, so bedeutet dies nicht, dass auch im Einzelfall typischerweise ein Kausalzusammenhang zwischen dem Arzneimittel und dem Auftreten von Magenbeschwerden besteht. Der Anscheinsbeweis kehrt die Beweislast ferner nicht um. Zur Entkräftung genügt es, dass der pharmazeutische Unternehmer Tatsachen darlegt und beweist, aus denen sich die ernsthafte Möglichkeit eines anderen Geschehensablaufs ergibt, etwa aufgrund von beim Geschädigten vorhandenen Risikofaktoren[128]. Die Grundsätze des Anscheinsbeweises kommen insbes. bei den Fällen von **HIV-Infektionen** aufgrund kontaminierter Blutprodukte zum Tragen. Gehört der Infizierte zu keiner HIV-Risikogruppe und erhielt er ein mit HIV kontaminiertes Blutprodukt, so ist nach der Lebenserfahrung die HIV-Infektion als Folge der Verabreichung des Blutproduktes zu sehen[129]. Der Geschädigte trägt dabei die Darlegungs- und Beweislast hinsichtlich der Nichtzugehörigkeit zu einer Risikogruppe und der Kontamination des oder der verwendeten Blutprodukte. Ist der pharmazeutische Unternehmer allerdings entgegen seiner Dokumentationspflicht nicht in der Lage, Angaben zur Chargennummer der verwendeten Blutprodukte zu machen, kann nach den Grundsätzen der sekundären Darlegungslast von der Kontamination des Blutproduktes im Einzelfall ausgegangen werden[130].

Der *BGH* geht im Übrigen davon aus, dass die für im Arzthaftungsprozess entwickelten Grundsätze **61** der Beweislastumkehr im Produkthaftungsprozess in Fällen der Verletzung von Warnpflichten durch den Hersteller nicht anwendbar sind und überträgt diese Rechtsprechung auch auf den Arzneimittelhersteller beim Vorhalt unzureichender Informationen über die einem Arzneimittel möglicherweise anhaftenden

[118] *OLG München*, Urt. v. 25.11.2009 – 20 U 3065/09 – BeckRS 2009, 87185; OLGR Koblenz 2009, 399; *OLG Karlsruhe*, A&R 2008, 280; *Kullmann/Pfister*, Kz. 3800, S. 22.
[119] *BGH*, PharmR 2013, 269, 270 m. w. N.
[120] *BGH*, NJW 1970, 946, 949 (Anastasia).
[121] *BGH*, NJW 1970, 946, 949 (Anastasia); *BGH*, NJW-RR 1994, 1112, 1113; *Hieke*, S. 158.
[122] *RGZ* 130, 357, 359; *RGZ* 134, 237, 242; *BGH*, VersR 1987, 587, 588; *BGH*, NJW 1998, 79, 81.
[123] *BGH*, PharmR 2010, 468, 470; *BGH*, VersR 2010, 392.
[124] *BGH*, PharmR 2013, 269. 273; *BGHZ* 2, 5; *OLG München*, Urt. v. 25.11.2009 – 20 U 3065/09 – BeckRS 2009, 87185; OLGR Koblenz 2009, 399–401; *Greger*, in: Zöller, Vorb. § 284 Rn. 29; *Grüneberg*, in: Palandt, Vorb. § 249 Rn. 130 ff.
[125] *BGH*, NJW 1982, 2448.
[126] *BGH*, NJW 1998, 79 ff.
[127] *BGH*, PharmR 2013, 269, 273; *BGH*, Beschl. v. 26.1.2010 – VI ZR 72/09 – BeckRS 2010, 02742; *OLG Brandenburg*, PharmR 2011, 419, 423.
[128] *BGH*, PharmR 2013, 269. 273; *BGH*, PharmR 2010, 468, 470; *BGHZ* 8, 239, 240, m. w. N.; *OLG Brandenburg*, PharmR 2011, 419, 423; OLGR Koblenz 2009, 399–401; *OLG Celle*, VersR 1983, 1143; vgl. auch *BGH*, BB 1987, 295; *OLG Stuttgart*, VersR 2002, 577, 578.
[129] *BGH*, PharmR 2010, 468, 470; *BGH*, NJW 2005, 2614, 2616; *BGH*, NJW 1991, 1948 ff.; *Lenze/Vierheilig*, PHi 2005, 232, 233; *Kloesel/Cyran*, § 84 Anm. 32; *Voit*, in: FS für Sander, S. 367 ff.
[130] *BGH*, NJW 2005, 2614, 2616; *Lenze/Vierheilig*, PHi 2005, 232, 233.

Risiken. Folgerichtig lehnt der *BGH* eine Anwendung der im Arzthaftungsprozess anerkannten Beweiserleichterungen für den Kausalitätsbeweis bei Vorliegen eines groben Behandlungsfehlers auf Arzneimittelhersteller ab[131].

62   d) **Kausalitätsvermutung.** Unter den Voraussetzungen von Abs. 2 S. 1 greift zugunsten des Anspruchstellers eine Kausalitätsvermutung ein (s. Rn. 109 ff.).

II. Weitere Voraussetzungen der Ersatzpflicht (S. 2)

63   Der pharmazeutische Unternehmer haftet gem. Abs. 1 S. 2 nur für Schäden, die durch ein **fehlerhaftes** Arzneimittel entstanden sind.

64   **1. Der Fehlerbegriff im Arzneimittelhaftungsrecht.** Der Begriff des Fehlers findet in § 84 keine ausdrückliche Erwähnung. Die weiteren Haftungsvoraussetzungen in Abs. 1 S. 2 Nr. 1 und Nr. 2 sind allerdings den aus dem Produkthaftungsrecht bekannten **Fehlerkategorien** angelehnt. Abs. 1 S. 2 Nr. 1 beschäftigt sich mit den unvertretbaren schädlichen Wirkungen des Arzneimittels. Haben diese ihren Ursprung in der Entwicklung des Arzneimittels, spricht man von einem Entwicklungsfehler[132]. Gehen die schädlichen Wirkungen auf eine Unregelmäßigkeit im Herstellungsprozess zurück, handelt es sich um einen Herstellungsfehler[133]. Für diese beiden Fehlerkategorien obliegt dem pharmazeutischen Unternehmer der sogenannten Fehlerbereichsnachweis (Abs. 3). Abs. 1 S. 2 Nr. 2 entspricht dem Instruktionsfehler.

65   **2. Unvertretbare schädliche Wirkung (Nr. 1).** Nach Abs. 1 S. 2 Nr. 1 haftet der pharmazeutische Unternehmer, wenn das Arzneimittel schädliche Wirkungen hat, die über ein nach den Erkenntnissen der medizinischen Wissenschaft vertretbares Maß hinausgehen. Mit anderen Worten besteht die Haftung nur für Arzneimittel, die ein **negatives Nutzen-Risiko-Verhältnis** aufweisen. Damit trägt die Vorschrift dem Umstand Rechnung, dass es sich bei Arzneimitteln um Produkte handelt, die unvermeidbar neben ihren therapeutischen Wirkungen auch Risiken haben[134].

66   a) **Verbindung mit dem Recht der Arzneimittelsicherheit.** Die Vorschrift knüpft an die Formulierung in § 5 an, wonach keine Arzneimittel in den Verkehr gebracht werden dürfen, bei denen „nach dem jeweiligen Stand der wissenschaftlichen Erkenntnisse der begründete Verdacht besteht, dass sie bei bestimmungsgemäßem Gebrauch schädliche Wirkungen haben, die über ein nach den Erkenntnissen der medizinischen Wissenschaft vertretbares Maß hinausgehen". Nach § 25 II Nr. 5 ist die Zulassung für solche bedenklichen Arzneimittel zu versagen (s. dazu § 25 Rn. 57). Tritt der begründete Verdacht später auf, ist die Zulassung nach § 30 I zu widerrufen. Durch diese Regelungen wird die Arzneimittelhaftung mit dem Recht der Arzneimittelsicherheit verbunden[135]. Der Begriff des haftungsrechtlichen Produktfehlers nach dem AMG ist mit dem sicherheitsrechtlichen Kriterium der Unbedenklichkeit weitgehend deckungsgleich[136]. Insbes. legt das Arzneimittelsicherheitsrecht nicht nur einen Mindestsicherheitsstandard fest[137]. Auch dieses richtet sich nach dem Stand der wissenschaftlichen Erkenntnisse und strebt einen hohen Verbraucherschutz an. Der Unterschied besteht nach h. M. darin, dass bei der Zulassung (und ggf. späterer Reevaluierung des Arzneimittels) eine **Prognose** im Sinne einer Risikoentscheidung zu treffen ist, während das Haftungsrecht **retrospektiv** einen abgeschlossenen Sachverhalt beurteilt[138]. Zulassungsentscheidung und Entscheidung über die Haftung unterscheiden sich demnach um den zeitpunktabhängigen Wissensfaktor[139]. Daraus folgt, dass die im Zeitpunkt der Zulassung bekannten schädlichen Wirkungen eine Haftung gem. § 84 nicht begründen können[140]. Für sie ist durch ausführliche Prüfung mit anschließender Zulassung entschieden, dass sie vertretbar sind. Neben der erstmaligen Zulassung gilt dies auch für spätere Risiko-Bewertungsverfahren, die mit einer Entscheidung über das Fortbestehen der Zulassung abschließen (Art. 30 ff. RL 2001/83/EG). Die Risiko-Nutzen-Abwägung kann sich bei § 84 nur auf schädliche Wirkungen beziehen, die nach der Zulassung entdeckt wurden[141]. Anders als im Rahmen der prognostischen Zulassungsentscheidung, wo ein begründeter Verdacht ausreicht, müssen die schädlichen Wirkungen für eine Haftung nach § 84 bewiesen sein[142].

---

[131] *BGH*, PharmR 2013, 269, 273 f.;, PharmR 2010, 468, 470.
[132] Entspricht dem (objektiv verstandenen) Konstruktionsfehler, wobei auch die Haftung für Entwicklungsrisiken eingeschlossen ist.
[133] Entspricht dem Fabrikationsfehler.
[134] *Besch*, S. 51, 54; *Sieger*, VersR 1989, 1014.
[135] *Kullmann/Pfister*, Kz. 3800, S. 27 f.; ausführlich *Heitz*, S. 374 ff.
[136] *Heitz*, S. 384.
[137] *Heitz*, S. 378 ff.
[138] *Heitz*, S. 418.
[139] *Heitz*, S. 431.
[140] *Kullmann/Pfister*, Kz. 3800, S. 27 f.; *Vogeler*, MedR 1984, 132.
[141] *Besch*, 2000, S. 54.
[142] *Kullmann/Pfister*, Kz. 3800, S. 29.

b) Bestimmungsgemäßer Gebrauch. Die schädlichen Wirkungen müssen nach Abs. 1 S. 2 Nr. 1 **67** „bei bestimmungsgemäßem Gebrauch" des Arzneimittels eintreten. Ob das Arzneimittel bei bestimmungswidrigem Gebrauch schädliche Wirkungen hat, ist für die Haftung nach dieser Vorschrift gleichgültig[143] (die Änderung des Nebenwirkungsbegriffs in § 4 XIII hat hierauf keine Auswirkungen, s. § 4 Rn. 95). Hintergrund dieser Einschränkung ist die Tatsache, dass das Nutzen-Risiko-Verhältnis eines Arzneimittels nur im Zusammenhang mit seiner **Zweckbestimmung** bewertet werden kann. Nutzen und Risiken hängen von mehreren Faktoren ab: Bei welcher Indikation soll das Arzneimittel eingesetzt werden, bei welchen Patienten, in welcher Dosierung usw.? Das beste Arzneimittel stellt keine geeignete Therapie dar, wenn es falsch oder beim falschen Patienten angewendet wird. Die Nutzen-Risiko-Abwägung findet daher in einem festen Rahmen statt. Das Merkmal des bestimmungsgemäßen Gebrauchs definiert diesen Rahmen.

aa) Zweckbestimmung des pharmazeutischen Unternehmers. Der bestimmungsgemäße Ge- **68** brauch wird durch die Zweckbestimmung des pharmazeutischen Unternehmers vorgegeben[144]. Sie ergibt sich in erster Linie aus dem Inhalt der **Fachinformation** und der **Gebrauchsinformation** (Packungsbeilage) des Arzneimittels[145]. Die darin gem. §§ 11, 11a vorgeschriebenen Angaben zu Indikationen, Kontraindikationen, Dosierung und Wechselwirkungen sowie Warnhinweisen kennzeichnen die Grenze zwischen bestimmungsgemäßem und bestimmungswidrigem Gebrauch. Wird die Arzneimittelinformation geändert und der bestimmungsgemäße Gebrauch weiter eingeschränkt, wirkt diese Änderung (nur) für die Zukunft[146].

bb) Indikation. Bestimmungsgemäß ist grundsätzlich nur der Gebrauch, der im Rahmen der **zuge-** **69** **lassenen Indikation** stattfindet. Die Indikation definiert positiv, für welche Krankheiten bzw. Symptome das Arzneimittel angewendet werden soll[147]. Bestehen für ein Arzneimittel verschiedene Indikationen, ist für jede Indikation eine gesonderte Nutzen-Risiko-Prüfung durchzuführen[148]. Fällt sie für die einzelnen Indikationen unterschiedlich aus, können nur solche Patienten einen Anspruch geltend machen, bei denen eine Indikation mit negativem Nutzen-Risiko-Profil einschlägig ist. Die Verwendung eines Arzneimittels außerhalb der zugelassenen Indikation (sogenannter **Off-Label-Use**) eines Arzneimittels ist demgegenüber regelmäßig bestimmungswidriger Gebrauch[149]. Die haftungsrechtliche Verantwortung trifft hier den verschreibenden Arzt[150]. Davon gibt es zwei praktisch bedeutsame Ausnahmen:

Nach §§ 35c I, 92 I 2 Nr. 6 SGB V können zugelassene Arzneimittel für nicht zugelassene Indikatio- **70** nen in die Arzneimittelrichtlinie des Gemeinsamen Bundesausschusses aufgenommen werden[151]. Dem hat eine positive Bewertung des Nutzen-Risiko-Verhältnisses durch eine Expertengruppe beim BfArM vorauszugehen (§ 35c I SGB V). Hierdurch wird klargestellt, dass die Anwendung des Arzneimittels in der nicht zugelassenen Indikation dem Stand der wissenschaftlichen Erkenntnisse entspricht[152]. Nach § 35c I 7 SGB V sollen Bewertungen nur mit Zustimmung der betroffenen pharmazeutischen Unternehmer erstellt werden, was in der Praxis auch geschieht. Wenn der pharmazeutische Unternehmer seine Zustimmung erteilt, dürfte ihm die Erweiterung der Zweckbestimmung zurechenbar und seine haftungsrechtliche Verantwortung zu bejahen sein. Davon geht auch die Gesetzesbegründung zum Gesetz zur Modernisierung der gesetzlichen Krankenversicherung aus (zur Haftpflichtversicherung bei Off-Label-Use s. § 94 Rn. 45 ff.)[153]. Darüber hinaus ist der Off-Label-Use dem pharmazeutischen Unternehmer dann zurechenbar, wenn er auf neu erkannte Anwendungsmöglichkeiten ausdrücklich hinweist und diese empfiehlt, z. B. im Rahmen von Fachtagungen, Vorträgen oder Aufsätzen[154]. Durch eine aktive, einen Therapieimpuls setzende Informationsverbreitung schafft der pharmazeutische Unternehmer bei den Ärzten Vertrauen auf die Unbedenklichkeit der Anwendung[155]. Die bloße **Duldung** eines von Ärzten praktizierten Off-Label-Use setzt hingegen keinen Vertrauenstatbestand und erweitert die Zweckbestimmung nicht[156]. Allerdings kann in diesen Fällen eine Haftung nach Abs. 1 S. 2 Nr. 2 bzw. § 823 BGB wegen unterlassener Warnung in Betracht kommen.

[143] Anders wohl *BGH*, , PharmR 2015, 353.
[144] *Besch*, S. 52; *Heitz*, S. 203; *Kullmann/Pfister*, Kz. 3800, S. 24.
[145] *Kloesel/Cyran*, § 84 Anm. 23; *Jenke*, S. 46; *Hieke*, S. 64 f.; *Hart/Hilken/Woggan/Merkel*, 1988, S. 160.
[146] *Kullmann/Pfister*, Kz. 3800, S. 25.
[147] Vgl. *European Commission*, A guideline on summary of product characteristics (SmPC), September 2009, S. 7.
[148] Vgl. Guideline on good pharmacovigilance practices (GVP), Module VII – Periodic safety update report, S. 31 („*A risk-benefit balance is specific to an indication and population. Therefore, for products authorised for more than one indication, risk-benefit balances should be evaluated and presented by each indication individually*"); *Besch*, S. 54; *Hart/Hilken/Merkel/Woggan*, S. 160; *Hart*, Rechtsgutachten, BT-Drucks. 12/8591, S. 510, 545.
[149] *Krüger*, PharmR, 2004, 52, 55.
[150] Vgl. hierzu *Parzeller/Rüdiger/Schulze*, StoffR 2006, 213.
[151] Zuletzt geändert am 22.1.2015, veröffentlicht im BAnz. AT v. 10.3.2015 B3.
[152] BT-Drucks. 15/1525, S. 89.
[153] BT-Drucks. 15/1525, S. 89.
[154] *Krüger*, PharmR 2004, 52, 54; *Flatten*, MedR 1993, 463, 464; *Kullmann/Pfister*, Kz. 3800, S. 24; *Kloesel/Cyran*, § 84 Anm. 23.
[155] Ähnlich *Krüger*, PharmR 2004, 52, 54.
[156] *Krüger*, PharmR 2004, 52, 55; weitergehend *Sander* § 84 Anm. 13; *Kullmann/Pfister*, Kz. 3800, S. 24.

71   cc) **Kontraindikationen.** Die Kontraindikationen (Gegenanzeigen) grenzen negativ Patienten aus, bei denen das Arzneimittel nicht angewendet werden soll. Bei der Nutzen-Risiko-Bewertung des Arzneimittels sind **absolute** Kontraindikationen von vornherein auszunehmen. Deshalb liegt bei einer absolut kontraindizierten Anwendung auch kein bestimmungsgemäßer Gebrauch vor, so dass auch keine Ansprüche aus § 84 wegen eines negativen Nutzen-Risiko-Verhältnisses des Arzneimittels bestehen können. Bei einer **relativen** Kontraindikation verbleibt dem Arzt (und ggf. dem Patienten) ein Ermessensspielraum bei der Anwendung, indem vor oder während der Behandlung eine (kontinuierliche) individuelle Nutzen-Risiko-Entscheidung über den Einsatz des Arzneimittels zu treffen ist. Dies ist der Fall, wenn es in der Fachinformation z. B. heißt: „Das Arzneimittel darf nur mit besonderer Vorsicht angewendet werden bei Patienten mit eingeschränkter Nierenfunktion". Ein bestimmungsgemäßer Gebrauch setzt voraus, dass „besondere Vorsicht" vor und während der Anwendung des Arzneimittels geübt wurde, d. h. wenn der Arzt eine medizinisch vertretbare Nutzen-Risiko-Abwägung vorgenommen und die Anwendung überwacht hat.

72   dd) **Dosierung, Art und Dauer der Anwendung und Wechselwirkungen.** Verstöße gegen diese Anwendungshinweise führen ohne weiteres zu einem bestimmungswidrigen Gebrauch, wenn Arzt und Patienten eine **klare Handlungsanweisung** vorgegeben ist. Dies ist der Fall bei Formulierungen wie „Tageshöchstdosis", „diese Dosis darf/soll nicht überschritten werden", „das Arzneimittel darf/soll nicht länger als sieben Tage angewendet werden" oder „das Arzneimittel darf/soll nicht in Kombination mit Cholinesterase-Inhibitoren angewendet werden". Dosierungsempfehlungen oder Empfehlungen über die Art und Dauer der Anwendung, die einen Handlungsspielraum eröffnen, schränken den bestimmungsgemäßen Gebrauch nicht ohne weiteres ein. Hierunter fallen Formulierungen wie das Arzneimittel „sollte nicht häufiger als drei mal täglich" oder das Arzneimittel „sollte nicht länger als zehn Tage" eingenommen werden. Für die Haftung des pharmazeutischen Unternehmers bei ärztlicher Ausübung des Ermessensspielraums werden ähnliche Überlegungen anzustellen sein wie hinsichtlich relativer Kontraindikationen. Setzt sich hingegen der Patient ohne Rücksprache beim Arzt über die Empfehlungen der Gebrauchsinformation hinweg, wird darin bei verschreibungspflichtigen Arzneimitteln regelmäßig ein bestimmungswidriger Gebrauch liegen.

73   ee) **Warnhinweise.** Bei Warnhinweisen ist zu unterscheiden, ob die Warnung eine korrekte Anwendung des Arzneimittels gewährleisten oder den Arzt und Patienten lediglich über die Risiken der Arzneimitteltherapie aufklären soll. Nur Warnhinweise, die auf die **korrekte Anwendung** abzielen, können den bestimmungsgemäßen Gebrauch einschränken. Beispiele hierfür sind Formulierungen wie „bei bestehender Infektion darf das Arzneimittel nur unter gleichzeitiger antiinfektiöser Therapie angewendet werden", „vor der Behandlung mit dem Arzneimittel ist eine Malignität des Ulcus auszuschließen", „bei einer Erhöhung der Leberwerte ist die Therapie zu beenden". Bloße Empfehlungen schränken den bestimmungsgemäßen Gebrauch nicht ohne weiteres ein (s. Rn. 72). Allerdings kann der Anspruch auch hier wegen Mitverschuldens gekürzt werden oder gar wegfallen. Die Angabe von Nebenwirkungen und die Hervorhebung bestimmter Risiken unter der Überschrift „Warnhinweise" schränken den bestimmungsgemäßen Gebrauch nicht ein.

74   ff) **Fehlgebrauch.** Zu beachten ist ferner, dass auch ein **naheliegender** Fehlgebrauch kein bestimmungsgemäßer Gebrauch ist[157]. Allerdings kann eine Haftung nach Abs. 1 S. 2 Nr. 2 in Betracht kommen (s. Rn. 106).

75   c) **Sachverhaltsgrundlage der Nutzen-Risiko-Abwägung.** Das Nutzen-Risiko-Verhältnis umfasst nach § 4 XXVIII eine Bewertung der positiven therapeutischen Wirkungen im Vergleich zum Risiko des Arzneimittels[158].

76   aa) **Nutzen.** Arzneimittel werden zur Prävention, Therapie oder Diagnose eingesetzt und sollen ein vorgegebenes Behandlungsziel erreichen. Unter dem Nutzen eines Arzneimittels versteht man seine therapeutische Wirksamkeit für die angesprochene Zielgruppe[159]. Die Wirksamkeit eines Arzneimittels lässt sich anhand verschiedener Parameter bemessen. Diese beinhalten[160]: (1) Das Ausmaß, in dem das Arzneimittel die Krankheit therapiert oder die Symptome lindert, (2) die Häufigkeit, mit der das Arzneimittel anspricht („Responder Rate") und (3) die Dauer des Therapieerfolges. Bei prophylaktischen Arzneimitteln kann als Nutzen die zu erwartende geringere Schwere oder Häufigkeit der Erkrankung

---

[157] *Kullmann/Pfister*, Kz. 3800, S. 27.
[158] Vgl. *Hart*, in: Preuss, S. 165, 185.
[159] *Heitz*, S. 212.
[160] VOLUME 9A of The Rules Governing Medicinal Products in the European Union, Guidelines on Pharmacovigilance for Medicinal Products for Human Use, September 2008, S. 107 („*The benefit of a medicinal product can be seen as the decrease in disease burden associated with its use. Benefit is composed of many parameters including: the extent to which the medicinal product cures or improves the underlying condition or relieves the symptoms; the response rate and duration and quality of life.*").

angesehen werden[161]. Der Nutzen eines Arzneimittels kann nicht allein produktbezogen evaluiert werden[162], es muss vielmehr das pharmazeutische Umfeld mit alternativen Therapiemöglichkeiten berücksichtigt werden (s. Rn. 81)[163].

bb) Risiko. Das Risiko eines Arzneimittels sind seine **schädlichen Wirkungen**[164]. Schädliche Wir- **77** kungen eines Arzneimittels sind in erster Linie unerwünschte Wirkungen, die neben oder anstelle der eigentlichen therapeutisch gewünschten (Haupt-)Wirkung auftreten (Nebenwirkungen, s. zum Begriff § 4 Rn. 87). Schädliche Wirkungen i. S. d. I 2 Nr. 1 sind ferner auch solche, die im Zusammenspiel mit anderen Arzneimitteln oder sonstigen Stoffen auftauchen (Wechselwirkungen)[165]. Ob ein Arzneimittel schädliche Wirkungen verursacht, hängt von seinen pharmakologischen Eigenschaften ab. Diese werden in erster Linie von den Wirkstoffen des Arzneimittels bestimmt (seltener von Hilfsstoffen)[166]. Beispiele für die häufigsten Pathomechanismen schädlicher Wirkungen sind[167]: Toxische Wirkung (z. B. Haarausfall), Blockierung der Synthese körpereigener Substanzen (z. B. Magenbeschwerden), immunologische Wirkung (z. B. Anaphylaxie), Induktion von Autoimmunmechanismen (z. B. Lupus erythematodes), Aktivierung von Mediatoren (z. B. allergische Reaktionen, Bronchospasmen) und Infektiosität (HIV- und Hepatitis-Infektion durch nicht ausreichend virusinaktivierte Blutprodukte). Die **Wirkungslosigkeit des Arzneimittels** stellt nach überwiegender Auffassung keine schädliche Wirkung dar[168]. So liegt z. B. in dem Umstand, dass bestimmte Krankheitserreger gegen ein Arzneimittel resistent sind[169], keine schädliche Wirkung des Arzneimittels. Auch der ausgebliebene Heilungserfolg aufgrund einer zu geringen Wirkstoffmenge soll nicht als schädliche Wirkung anzusehen sein[170]. Davon unabhängig kann das Nutzen-Risiko-Verhältnis für ein unwirksames Arzneimittel negativ sein, weil der Nutzen eines wirkungslosen oder in seiner Wirkung eingeschränkten Arzneimittels aufgehoben oder gemindert ist, was vor allem bei Herstellungsfehlern relevant wird. Für Neben- und Wechselwirkungen kann dann eine Haftung bestehen.

Die **Feststellung der Risiken** geschieht in einem stufenweisen Prozess. Dieser erfordert Identifikati- **78** on, Bestätigung, Charakterisierung und Quantifizierung der Risiken in der anvisierten Patientenpopulation[171]. Es sind alle verfügbaren Datenquellen auszuwerten, wobei hier eine anerkannte Datenhierarchie besteht (s. Rn. 36). Die zuverlässigsten Daten liefern kontrollierte klinische Prüfungen. Erst nachrangig sind u. a. Beobachtungsstudien, experimentelle Studien, medizinische Literatur sowie Daten aus Spontanmeldesystemen einzubeziehen[172]. Das Risiko bemisst sich nach Schwere und Häufigkeit der schädlichen Wirkungen (sowohl absolut als auch relativ im Vergleich zu anderen Therapien). Zu berücksichtigen sind ferner Risikodeterminanten, d. h. Umstände, die das Risiko erhöhen oder senken, sowie Maßnahmen, die das Risiko beherrschbar machen[173].

d) Abwägung von Nutzen und Risiken. aa) Definition der Patientenpopulation. Die Nutzen- **79** Risiko-Abwägung hat **abstrakt-generellen** Charakter[174]. Sie ist nicht bezogen auf den individuell Geschädigten oder Untergruppen innerhalb der durch die Indikation angesprochenen Patientengruppe vorzunehmen. Die Abwägung der individuellen Vor- und Nachteile der Arzneimitteltherapie im konkreten Einzelfall ist Aufgabe des Arztes[175]. Die Nutzen-Risiko-Abwägung findet jeweils für die **gesamte** durch die Indikationsangabe vom pharmazeutischen Unternehmer anvisierte Patientenpopulation statt[176]. Diese wird durch den bestimmungsgemäßen Gebrauch festgelegt und definiert sich über Indikationen

---

[161] VOLUME 9A of The Rules Governing Medicinal Products in the European Union, Guidelines on Pharmacovigilance for Medicinal Products for Human Use, September 2008, S. 107 („*In the case of prophylactic medicinal products, the benefit may be considered as the reduction of the expected severity or incidence of the disease.*").

[162] *Heitz*, S. 213.

[163] VOLUME 9A of The Rules Governing Medicinal Products in the European Union, Guidelines on Pharmacovigilance for Medicinal Products for Human Use, September 2008, S. 108 („*Whenever possible, both benefits and risks should be considered in absolute terms and in comparison to alternative treatments.*").

[164] *Hart*, in: Preuss, S. 165, 184; *Flatten*, MedR 1993, 463, 465.

[165] *Kullmann/Pfister*, Kz. 3800, S. 24.

[166] *Hieke*, S. 11.

[167] *Schosser/Quast*, PharmInd 1998, 185, 187.

[168] *Kullmann/Pfister*, Kz. 3800, S. 35; *Kullmann*, PharmR 1983, 196, 200; *Deutsch*, in: Deutsch/Lippert, § 84 Rn. 20; *Hieke*, S. 64; *Hart/Hilken/Woggan/Merkel*, S. 161; *Jenke*, S. 76; a. A. *Flatten*, MedR 1993, 463, 465; *Vogeler*, MedR 1984, 132, 134.

[169] Hierzu *Kresken*, Pharmazie in unserer Zeit 2004, S. 20–27.

[170] A. A. *Kloesel/Cyran*, § 84 Anm. 19.

[171] VOLUME 9A of The Rules Governing Medicinal Products in the European Union, Guidelines on Pharmacovigilance for Medicinal Products for Human Use, September 2008, S. 107.

[172] VOLUME 9A of The Rules Governing Medicinal Products in the European Union, Guidelines on Pharmacovigilance for Medicinal Products for Human Use, September 2008, S. 107.

[173] VOLUME 9A of The Rules Governing Medicinal Products in the European Union, Guidelines on Pharmacovigilance for Medicinal Products for Human Use, September 2008, S. 107; *Besch*, S. 61; *Hart*, in: Preuss, S. 165ff.

[174] *OLG Schleswig-Holstein*, NJW-RR 2014, 805, 806; *Besch*, S. 61; *Kullmann/Pfister*, Kz. 3800, S. 27 ff.

[175] Die beim konkret eingetretene schädliche Wirkung ist nur insofern relevant, als sie zu den schädlichen Wirkungen gehören muss, wegen derer das Nutzen-Risiko-Verhältnis des Arzneimittels negativ ist.

[176] *OLG Schleswig-Holstein*, NJW-RR 2014, 805, 806.

und Kontraindikationen des Arzneimittels (s. Rn. 67 ff.). Die Indikation zieht dabei den äußeren Rahmen für die Patientenpopulation, während Patienten mit einer Kontraindikation herauszunehmen sind. Hat das Arzneimittel mehrere Indikationen, wird das Nutzen-Risiko-Verhältnis jeweils gesondert untersucht[177]. Zeigt die Nutzen-Risiko-Bewertung, dass das Risiko für eine bestimmte Gruppe von Patienten höher ist als für die Patientenpopulation insgesamt, berührt dies das generelle Nutzen-Risiko-Verhältnis des Arzneimittels nicht, solange der Nutzen des Arzneimittels für die gesamte Patientenpopulation überwiegt. Das Arzneimittel kann folglich auf dem Markt bleiben. Es muss aber – je nach Art und Höhe des Risikos – nachträglich ein besonderer Warnhinweis oder eine Kontraindikation in die Arzneimittelinformation aufgenommen werden. War ein entsprechender Hinweis nach den Erkenntnissen der medizinischen Wissenschaft schon vorher erforderlich, haftet der pharmazeutische Unternehmer möglicherweise nach Abs. 1 S. 2 Nr. 2. Lässt sich das Risiko hingegen nicht durch besondere Warnhinweise oder die Einführung einer Kontraindikation steuern, kann das gesamte Nutzen-Risiko-Verhältnis mit den in §§ 5, 25 II Nr. 5, 30 vorgesehenen Folgen kippen. Dann liegt auch Fehlerhaftigkeit nach Abs. 1 S. 2 Nr. 1 vor. Anspruchsberechtigt sind aber nur Geschädigte, die zu der Patientengruppe gehören, wegen der das gesamte Nutzen-Risiko-Verhältnis des Arzneimittels negativ zu bewerten ist.

80   **bb) Abwägungsvorgang.** Welches Risiko sich als vertretbar einstufen lässt, hängt von der Indikation des Arzneimittels sowie seiner therapeutischen Wirksamkeit ab[178]. **Je besser** die therapeutische Wirksamkeit des Arzneimittels und je gravierender die Indikation, **desto schwerere** schädliche Wirkungen können toleriert werden[179]. Wird das Arzneimittel z.B. zur Behandlung einer Krankheit mit hoher Sterblichkeitsrate eingesetzt, sind unter Umständen auch besonders schwerwiegende und möglicherweise tödliche Nebenwirkungen hinzunehmen[180]. Auch bei Arzneimitteln, die zur Behandlung sonstiger schwerer Krankheiten oder chronischer Krankheitszustände eingesetzt werden, können schwere und sogar tödliche Nebenwirkungen vertretbar sein, solange deren Eintrittswahrscheinlichkeit eher gering ist oder sich die Gefahr durch entsprechende Hinweise in der Arzneimittelinformation steuern lässt. Bei Arzneimitteln, die nur zur Behandlung leichter Symptome bestimmt sind, ist ein hoher Sicherheitsstandard erforderlich, und bereits leichte Nebenwirkungen können als unvertretbar zu bewerten sein[181]. Auch wenn das Arzneimittel keine oder fast keine Wirksamkeit aufweist, sind bereits geringe Nebenwirkungen als unvertretbar anzusehen[182].

81   Bei der Prüfung des Nutzen-Risiko-Verhältnisses sollte nach Möglichkeit neben der absoluten Bewertung von Nutzen und Risiken auch eine **relative Bewertung** im Vergleich zu **alternativen Therapien** erfolgen[183]. Das Nutzen-Risiko-Verhältnis eines Arzneimittels kann nicht isoliert betrachtet werden, wenn es andere Therapiemöglichkeiten gibt[184]. Stehen für dieselbe Indikation andere Therapien zur Verfügung, die gleich wirksam sind, aber ein geringeres Risiko aufweisen, sind die schädlichen Wirkungen nicht mehr vertretbar[185]. Beim Vergleich mit anderen Therapien sind neben der im konkreten Fall relevanten schädlichen Wirkung des Arzneimittels auch die Risiken der jeweiligen Therapiealternativen zu berücksichtigen[186]. Führt das auf dem Prüfstand stehende Arzneimittel z.B. häufiger zu Magenbeschwerden als ein Präparat mit derselben Indikation und der gleichen Wirksamkeit, so wäre diese schädliche Wirkung nicht als unvertretbar anzusehen, wenn das andere Präparat statt dessen häufiger zu Muskelkrämpfen oder Hautausschlägen führt. Es liegt dann am Arzt zu entscheiden, welches Arzneimittel besser für welchen Patienten geeignet ist. Ferner ist zu berücksichtigen, dass auch gleich wirksame Arzneimittel mit einem ähnlichen Risikoprofil bei unterschiedlichen Patienten unterschiedlich gut

---

[177] VOLUME 9A of The Rules Governing Medicinal Products in the European Union, Guidelines on Pharmacovigilance for Medicinal Products for Human Use, September 2008, S. 107 (*„Risk-benefit assessment should be conducted separately in the context of each indication and population, which may impact on the conclusions and actions."*); Besch, S. 54; Hart/ Hilken/Merkel/Woggan, S. 160; Hart, Rechtsgutachten, BT-Drucks. 12/8591, S. 510, 545.

[178] VOLUME 9A of The Rules Governing Medicinal Products in the European Union, Guidelines on Pharmacovigilance for Medicinal Products for Human Use, September 2008, S. 108 (*„The magnitude of risk that may be considered acceptable is dependent on the seriousness of disease being treated and on the efficacy of the medicinal product"*); Räpple, S. 114; Kullman/Pfister, Kz. 3800, S. 29; Wagner, VersR 2001, 1334, 1340; Besch, S. 55.

[179] Kullmann/Pfister, Kz. 3800, S. 29; Wagner, VersR 2001, 1334, 1340.

[180] VOLUME 9A of The Rules Governing Medicinal Products in the European Union, Guidelines on Pharmacovigilance for Medicinal Products for Human Use, September 2008, S. 108; Kullmann/Pfister, Kz. 3800, S. 30.

[181] VOLUME 9A of The Rules Governing Medicinal Products in the European Union, Guidelines on Pharmacovigilance for Medicinal Products for Human Use, September 2008, S. 108.

[182] Jenke, S. 54; Räpple, S. 112 f.; Kullmann/Pfister, Kz. 3800, S. 32; VOLUME 9A of The Rules Governing Medicinal Products in the European Union, Guidelines on Pharmacovigilance for Medicinal Products for Human Use, September 2008, S. 108.

[183] VOLUME 9A of The Rules Governing Medicinal Products in the European Union, Guidelines on Pharmacovigilance for Medicinal Products for Human Use, September 2008, S. 108 (*„Whenever possible, both benefits and risks should be considered in absolute terms and in comparison to alternative treatments."*); Räpple, S. 112; Jenke, S. 54; Lewandowski, PharmR 1983, 193.

[184] VOLUME 9A of The Rules Governing Medicinal Products in the European Union, Guidelines on Pharmacovigilance for Medicinal Products for Human Use, September 2008, S. 108; Hart, Rechtsgutachten, BT-Drucks. 12/8591, S. 545.

[185] Kullmann/Pfister, Kz. 3800, S. 29, 30.

[186] OLG Frankfurt a. M., OLGR Frankfurt 2002, 344.

wirken können. Im Zweifel spricht daher einiges für eine breite Auswahl an Therapiemöglichkeiten. Wenn möglich, sollte die Gefahrsteuerung deshalb durch eine umfassende Arzneimittelinformation gewährleistet werden.

cc) Prüfungsmaßstab: Erkenntnisse der medizinischen Wissenschaft. Gem. Abs. 1 S. 2 Nr. 1 **82** richtet sich die Prüfung der Vertretbarkeit der schädlichen Wirkungen allein nach den Erkenntnissen der medizinischen Wissenschaft. Andere Faktoren, etwa die wirtschaftlichen Interessen des pharmazeutischen Unternehmers oder die Interessen bzw. Erwartungen des Geschädigten, spielen keine Rolle[187]. Entsprechend kommt es auch nicht darauf an, ob die schädliche Wirkung als allgemeines Lebens- und Gesundheitsrisiko gesellschaftlich akzeptiert ist[188]. Maßgeblich für die Bewertung des Nutzen-Risiko-Verhältnisses sind die **gesicherten** wissenschaftlichen Erkenntnisse[189]. Ähnlich wie bei der Kausalitätsfeststellung ist das Gericht bei der Prüfung des Nutzen-Risiko-Verhältnisses weitgehend an die Einschätzungen medizinischer Sachverständiger gebunden (s. Rn. 51 ff.)[190]. Für diese Beurteilung ist die Entscheidung einer fachkundig besetzten Zulassungsbehörde ein gewichtiges Indiz. Verbleiben nach Auswertung des Sachverständigengutachtens Zweifel, kann das Gericht nicht davon ausgehen, dass die schädliche Wirkung unvertretbar ist.

dd) Maßgeblicher Zeitpunkt. Der Kenntnisstand der medizinischen Wissenschaft entwickelt sich **83** ständig fort. Zum Beispiel können Anwendungsbeobachtungen mit dem bereits zugelassenen Arzneimittel **neue Erkenntnisse** zu Nutzen und Risiken des Arzneimittels liefern. Neue Hinweise können sich ferner aus der klinischen Forschung und der Entdeckung bisher unbekannter Pathomechanismen ergeben. Damit stellt sich die Frage, auf welchen Zeitpunkt für die Nutzen-Risiko-Bewertung abzustellen ist: Die h. M. differenziert hinsichtlich des maßgeblichen Zeitpunkts zwischen dem Stand der Erkenntnisse und dem objektiven Stand der Entwicklung (dem „pharmazeutischen Umfeld")[191].

Bezüglich der **Erkenntnisse**, die in die Nutzen-Risiko-Abwägung eingehen, ist auf den Zeitpunkt **84** der Bewertung[192], im Prozess also auf den Zeitpunkt der letzten mündlichen Verhandlung, abzustellen[193]. Sinn und Zweck der Arzneimittelhaftung nach Abs. 1 S. 2 Nr. 1 ist es, Entschädigung auch in denjenigen Fällen vorzusehen, in denen die unvertretbaren schädlichen Wirkungen ursprünglich nicht erkennbar waren[194].

Im Hinblick auf den objektiven **Stand der Entwicklung** dieses oder vergleichbarer Arzneimittel soll **85** hingegen auf den Zeitpunkt abgestellt werden, zu dem das konkret schadenstiftende Arzneimittel in den Verkehr gebracht wurde[195]. Die heutigen Erkenntnisse sind danach auf den Zeitpunkt des Inverkehrbringens des Arzneimittels **zurück zu projizieren**[196]. Die Frage ist demnach, ob die schädlichen Eigenschaften – wenn sie zu diesem Zeitpunkt bekannt gewesen wären – angesichts der damals verfügbaren alternativen Therapiemöglichkeiten vertretbar gewesen wären oder schon damals die Versagung bzw. den Entzug der Zulassung erfordert hätten[197]. So wird verhindert, dass der pharmazeutische Unternehmer dafür haftet, dass infolge des medizinischen Fortschritts wirksamere oder weniger schädliche Arzneimittel entwickelt werden. Der Schaden beruht in diesem Fall nicht auf einem typischen Entwicklungsrisiko, da sich das Schadenspotential nicht nachträglich als größer erweist, als man zum Zeitpunkt des Inverkehrbringens angenommen hat. Vielmehr liegt eine sog. Entwicklungslücke vor, die durch den Fortschritt der Wissenschaft geschlossen wird[198]. Auf dem Boden dieser h. M. sind demnach

---

[187] *Hieke,* S. 66; *Kullmann/Pfister,* Kz. 3800, S. 31; *Besch,* S. 58; *Flatten,* MedR 1993, 463, 465; *Hager,* VersR 1987, 1053, 1056. *Deutsch,* VersR 1979, 685, 687, und *Deutsch/Spickhoff,* Rn. 1916 wollen hingegen auch die Akzeptanz der Nebenwirkung durch die Patienten sowie die wirtschaftlichen Aufwendungen für alternative Therapien berücksichtigen; für die Einbeziehung wirtschaftlicher Aspekte plädieren auch *Eichholz,* NJW 1991, 732, 735 und *Weitnauer,* PharmInd 1978, 425, 427.

[188] So aber *Hart,* in: Preuss, S. 165, 186.

[189] *Kullmann/Pfister,* Kz. 3800, S. 31; vgl. auch *Lewandowski,* PharmR 1980, 106, 108; *Vogeler,* MedR 1984, 132, 133; *Räpple,* S. 96; *Besch,* S. 60.

[190] Vgl. zum Arzthaftungsrecht *BGH,* NJW 1989, 2948; *BGH,* NJW 1994, 2419.

[191] *OLG Stuttgart,* VersR 1990, 631, 633 (Impletol); *Kullmann/Pfister,* 2003, Kz. 3800, S. 34; *Kloesel/Cyran,* § 84 Anm. 26; *Rehmann,* § 84 Rn. 5; *Hieke,* S. 66 f.; *Jenke,* S. 60 ff.; *Flatten,* MedR 1993, 463, 465; *Hager,* VersR 1987, 1053, 1057; *Vogeler,* MedR 1984, 132, 133; *Sieger,* VersR 1989, 1014, 1017 f.; *Medicus,* in: FS für Zeuner, S. 243, 250. Auf den Zeitpunkt, zu dem das (konkret schadenstiftende) Arzneimittel in den Verkehr gebracht wurde, stellen ab: *LG Kleve,* NJW 1991, 761, 762 (Faktor VIII Präparat); *Vogeler,* MedR 1984, 132, 134; *Weitnauer,* PharmInd 1978, 425, 427.

[192] *OLG Stuttgart,* VersR 1990, 631, 633 (Impletol); *Kullmann/Pfister,* Kz. 3800, S. 34; *Kloesel/Cyran,* § 84 Anm. 26; *Rehmann,* § 84 Rn. 5; *Hieke,* S. 66 f; *Jenke,* S. 60 ff.; *Flatten,* MedR 1993, 463, 465; *Hager,* VersR 1987, 1053, 1057; *Vogeler,* MedR 1984, 132, 133; *Sieger,* VersR 1989, 1014, 1017 f.; *Medicus,* in: FS für Zeuner, S. 243, 250.

[193] *OLG Schleswig-Holstein,* NJW-RR 2014, 805, 806; *Kullmann/Pfister,* Kz. 3800, S. 34; *Kloesel/Cyran,* § 84 Anm. 26.

[194] BT-Drucks. 7/3060, S. 43, 61; *Hieke,* S. 66 m. w. N.

[195] *Kullmann/Pfister,* Kz. 3800, S. 34; *Hieke,* S. 67; *Hart,* Rechtsgutachten, BT-Drucks. 12/8591, S. 510, 559; *Flatten,* MedR 1993, 463, 465; *Medicus,* in: FS für Zeuner, S. 243, 250. Für den Zeitpunkt der Anwendung des Arzneimittels insoweit *Besch,* S. 64; für den Zeitpunkt des erstmaligen Inverkehrbringens *Sieger,* VersR 1989, 1014, 1017.

[196] *Kullmann/Pfister,* Kz. 3800, S. 34.

[197] *Kullmann/Pfister,* Kz. 3800, S. 34.

[198] *Hieke,* S. 67.

z. B. HIV-kontaminierte Blutprodukte nicht fehlerhaft, wenn zur Zeit des Inverkehrbringens objektiv kein Verfahren zur Inaktivierung des Virus existierte[199]. Auch in diesem Fall besteht eine Entwicklungslücke.

86   **3. Instruktionsfehler (Nr. 2).** Nach Abs. 1 S. 2 Nr. 2 haftet der pharmazeutische Unternehmer für Schäden, die aufgrund einer nicht den Erkenntnissen der medizinischen Wissenschaft entsprechenden **Arzneimittelinformation** eingetreten sind.

87   **a) Inhalt und Zweck.** Die Arzneimittelinformation soll eine **korrekte Anwendung** des Arzneimittels und damit Schutz der Rechtsgüter Leben, Körper und Gesundheit sicherstellen. Daneben soll die Arzneimittelinformation Ärzte und Patienten über mögliche vertretbare Risiken der Arzneimitteltherapie **aufklären** und so eine individuelle Nutzen-Risiko-Abwägung ermöglichen[200]. Die Schadensersatzpflicht nach Abs. 1 S. 2 Nr. 2 sanktioniert eine ungenügende Arzneimittelinformation und tritt damit ergänzend neben die Haftung für unvertretbare Arzneimittel nach Abs. 1 S. 2 Nr. 1. Dies ist insbes. erforderlich, wenn das Arzneimittel keine unvertretbaren schädlichen Wirkungen hat[201].

88   **b) Verbindung mit der Arzneimittelsicherheit.** Die haftungsrechtlichen Instruktionspflichten sind eng mit dem Recht der Arzneimittelsicherheit verknüpft und können nicht isoliert betrachtet werden.

89   **aa) Relevante Informationsmedien.** Die Haftung wird nach Abs. 1 S. 2 Nr. 2 **nur** durch Instruktionsfehler in der Kennzeichnung (§ 10), der Gebrauchsinformation (§ 11) und der Fachinformation (§ 11a) begründet. Fehlerhafte Angaben des pharmazeutischen Unternehmers in anderen Medien, z. B. in der **Werbung,** sind hiervon nicht umfasst[202]. In diesem Fall greift unter Umständen die Verschuldenshaftung[203].

90   **bb) Form und Inhalt der Information.** Auch die Anforderungen an Form und Inhalt der Information ergeben sich im Wesentlichen aus §§ 10, 11 und 11 a. Sie gliedern sich in Pflichtangaben (§§ 10 I 1, 11 I 1, 11a I 1), erläuternde Angaben (§ 11 I 2) und weitere Angaben (§§ 10 I 3, 11 I 5, 11a I 3). Zu den **Pflichtangaben** gehören u. a. Angaben über Zusammensetzung, Anwendungsgebiete (Indikationen), Gegenanzeigen (Kontraindikationen), Dosierung sowie Art und Dauer der Anwendung, Warnhinweise und Vorsichtsmaßnahmen für die Anwendung, Wechsel- und Nebenwirkungen. Werden diese Angaben nicht gemacht, entspricht die Information nicht den Erkenntnissen der medizinischen Wissenschaft, da der Kenntnisstand ein anderer ist[204]. Das kommt in der Praxis allerdings kaum vor. Nach § 11 I 1 müssen die Angaben in der Gebrauchsinformation **allgemeinverständlich** formuliert sein. Eine den wissenschaftlichen Erkenntnissen entsprechende, für den Patienten aber unverständliche Gebrauchsinformation genügt den sicherheitsrechtlichen Anforderungen nicht. Daraus kann sich sowohl eine Haftung nach § 823 II BGB ergeben als auch nach § 84 I 2 Nr. 2[205].

91   **cc) Sicherheitsniveau.** Knüpft Abs. 1 S. 2 Nr. 2 ausschließlich an die sicherheitsrechtlichen Informationsmedien an, so richtet sich auch die Haftung[206] in erster Linie nach dem **sicherheitsrechtlich maßgeblichen Informationsniveau**[207]. Es ist zwar nicht von vornherein ausgeschlossen, dass die haftungsrechtlichen Pflichten weiter reichen als die Anforderungen der Arzneimittelsicherheit. Tatsächlich sind die sicherheitsrechtlichen Vorgaben für Arzneimittel heute jedoch so hoch, dass darüber hinausgehende haftungsrechtliche Pflichten kaum in Betracht kommen. Weitergehende haftungsrechtliche Pflichten sind im Wesentlichen für besondere Warnhinweise denkbar[208]. Dies gilt insbes. für Gefahren aus der Fehlanwendung des Arzneimittels[209]. Denn das Schwergewicht der sicherheitsrechtlichen Prüfung der Arzneimittelinformation liegt auf den Gefahren bei bestimmungsgemäßer Anwendung. Soweit Angaben über Anwendungsgebiete und Gegenanzeigen, Dosierung sowie Art und Dauer der Anwendung und Nebenwirkungen betroffen sind, kann man die sicherheitsrechtliche Prüfung praktisch als abschließend bezeichnen.

92   **dd) Arzneimittelinformation bei Zulassung.** Die Fach- und Gebrauchsinformation sind Teil der Zulassungsunterlagen (§ 22; Art. 6 VO (EG) Nr. 726/2004, Art. 19 RL 2001/83/EG). Sie werden daher von der zuständigen **Behörde** vor Zulassung des Arzneimittels daraufhin geprüft, ob sie mit den Ergebnissen der analytischen, pharmakologisch-toxikologischen und klinischen Prüfungen übereinstim-

---

[199] S. *LG Kleve*, NJW 1991, 761, 762 (Faktor VIII Präparat).
[200] *Besch*, S. 72; *Hart/Hilken/Merkel/Woggan*, S. 163.
[201] *Kullmann/Pfister*, Kz. 3800, S. 36 f.; *Besch*, S. 71 f.
[202] *Besch*, S. 68; *Kullmann*, PharmR 1981, 112, 116.
[203] *Jenke*, S. 62 f.
[204] *Jenke*, S. 65 f.; *Besch*, S. 69 f.; *Rolland*, § 15 ProdHaftG Rn. 41; *Kullmann/Pfister*, Kz. 3800, S. 37.
[205] A. A. *Kullmann/Pfister*, Kz. 3800, S. 36; *Hart/Hilken/Merkel/Woggan*, S. 163 f.; *Hieke*, S. 72.
[206] *Besch*, S. 57; *Heitz*, S. 281 f.
[207] *Hart*, Rechtsgutachten, BT-Drucks. 12/8591, S. 510, 562; BT-Drucks. 12/8591, S. 170.
[208] *Hart*, Rechtsgutachten, BT-Drucks. 12/8591, S. 510, 562.
[209] *BGH*, NJW 1989, 1542, 1544 (Asthma-Spray).

men. Soweit die erforderlichen Daten in den Zulassungsunterlagen enthalten sind, ist damit festgestellt, dass die Arzneimittelinformation den wissenschaftlichen Erkenntnissen entspricht.

ee) Arzneimittelinformation nach der Zulassung. Die haftungsrechtlich relevanten Instruktions- **93** pflichten beziehen sich vor allem auf den Zeitraum nach der Zulassung. Auch insoweit besteht ein dichtes Netz an regulatorischen Vorschriften, die gewährleisten sollen, dass die Arzneimittelinformation auf dem **aktuellen Stand** der wissenschaftlichen Erkenntnisse bleibt.

So muss der pharmazeutische Unternehmer ausführliche Unterlagen über alle **Verdachtsfälle von** **94** **Nebenwirkungen** führen (§ 63c I). Ferner muss er alle bekannt gewordenen Verdachtsfälle über schwerwiegende vermutete Nebenwirkungen innerhalb von 15 Tagen bei der zuständigen Behörde elektronisch anzeigen (§ 63c II – V; Art. 28 ff. VO (EG) Nr. 726/2004 i. V. m. Art. 107 Nr. 3 RL 2001/ 83/EG. Dies schließt die Anzeige eines bekannt gewordenen Missbrauchs des Arzneimittels ein. Darüber hinaus muss der pharmazeutische Unternehmer der zuständigen Behörde nach Zulassung regelmäßig aktualisierte Unbedenklichkeitsberichte[210] **(Periodic Safety Update Reports – PSURs)** vorlegen. Dieser Bericht soll den Arzneimittelbehörden den Stand der wissenschaftlichen Erkenntnis zu den mit der Anwendung eines Arzneimittels verbundenen Risiken weltweit darstellen und umfasst eine Aufzeichnung über alle Nebenwirkungen[211]. Etwaige Signale, die auf eine bislang unbekannte Nebenwirkung hindeuten, werden so möglichst frühzeitig erfasst.

Änderungen der Arzneimittelinformation werden in Kooperation mit den zuständigen Arznei- **95** mittelbehörden vorgenommen. Insoweit ist zwischen nationalen und europäischen Änderungsverfahren zu unterscheiden.

Eine Reihe von sicherheitsrelevanten Änderungen der Arzneimittelinformation muss der pharmazeu- **96** tische Unternehmer nach **nationalem Recht** bei der zuständigen Bundesoberbehörde anzeigen (§ 29 I). Das betrifft z. B. die Aufnahme von Nebenwirkungen, Wechselwirkungen und Kontraindikationen. Daneben gibt es einen Katalog von Angaben, die der pharmazeutische Unternehmer nicht ohne die Zustimmung der Behörde ändern darf. Hinsichtlich der vom Inhaber der Zulassung anzuzeigenden Änderungen nach § 29 kann auf die dortige Kommentierung, insbes. zu § 29 V verwiesen werden.

Bei Arzneimitteln, die nach **europäischem Recht** zentral oder im Wege der gegenseitigen Anerken- **97** nung dezentral zugelassen sind, bedürfen die meisten sicherheitsrelevanten Änderungen der Genehmigung durch die zuständige Behörde. Sie prüft (ggf. in Kooperation mit den Behörden der anderen betroffenen Mitgliedstaaten), ob die Änderung mit der vorliegenden Datenlage übereinstimmt. Das betrifft u. a. die Aufnahme von Nebenwirkungen, Wechselwirkungen und Kontraindikationen sowie Warnhinweisen. Die Einzelheiten ergeben sich aus der VO (EG) Nr. 1234/2008 (s. auch § 29 Rn. 98 ff. zur sog. Variations-VO).

Die Prüfung durch die zuständigen Behörden erfolgt typischerweise durch oder in Zusammenarbeit **98** mit Arzneimittelexperten auf der Grundlage aller verfügbaren Daten. Das betrifft vor allem die Prüfung vor der Änderungsgenehmigung, gilt aber auch für die Prüfung nach einer Änderungsanzeige. Der positive Abschluss dieses Verfahrens **indiziert,** dass eine Änderung den Erkenntnissen der medizinischen Wissenschaft entspricht. Genehmigungsbedürftige Änderungen dürfen zudem nicht vor der Genehmigung geändert werden und sie dürfen nur so geändert werden, wie es die Behörde genehmigt. Hierdurch kann der pharmazeutische Unternehmer in einen legislativen Konflikt zwischen der Nichtbeachtung des Genehmigungserfordernis (mit strafrechtlichen Konsequenzen, §§ 95 ff.) und der zivilrechtlichen Haftung geraten. Tritt eine derartige Situation ein, sollte man dem pharmazeutischen Unternehmer analog § 1 II Nr. 4 ProdHaftG auch den **Einwand vorschriftsmäßigen Verhaltens** („Regulatory Compliance") zusprechen[212].

c) Erkenntnisse der medizinischen Wissenschaft. Die erforderlichen Instruktionen bestimmen **99** sich nach den Erkenntnissen der medizinischen Wissenschaft. Die Erkenntnisse der medizinischen Wissenschaft bestehen zum einen aus den medizinischen Informationen, die Teil der Zulassungsunterlagen sind, d. h. aufgrund der Prüfungsunterlagen bekannt sind. Zum anderen zählen hierzu sämtliche sonstigen wissenschaftlich anerkannten Sachverhalte, einschließlich des jeweils geltenden allgemeinmedizinischen Wissensstandes[213]. Dies bedeutet nicht, dass die jeweiligen Erkenntnisse unter Wissenschaftlern unumstritten sein müssen. Neue wissenschaftliche Erkenntnisse unterliegen häufig Unschärfen und Unsicherheiten. Ob zwischen der Arzneimittelanwendung und einer unerwünschten schädlichen Wirkung ein Zusammenhang besteht, lässt sich oft **nicht eindeutig** feststellen.

aa) Zeitpunkt der Entstehung der Instruktionspflicht. Damit stellt sich die Frage, ab welchem **100** Zeitpunkt eine Information zu den Erkenntnissen der medizinischen Wissenschaft gehört, und sie dem-

---

[210] § 63d III (vgl. auch Art. 107c RL 2001/83/EG).
[211] Guideline on good pharmacovigilance practices (GVP), Module VII – Periodic safety update report.
[212] Vgl. hierzu *Wagner*, in: MüKo BGB, Bd. 5, ProdHaftG § 1 Rn. 42 ff.
[213] *OLG Frankfurt a. M.*, NJW-RR 1995, 406, 408; *OLG Köln*, NJW-RR 1994, 91, 92; *Kloesel/Cyran*, § 84 Anm. 27; *Deutsch/Spickhoff*, Rn. 1926.

nach in die Arzneimittelinformation aufzunehmen ist, d. h. welche qualitative Absicherung der Information vorausgesetzt wird[214].

101   Für den Bereich der **Warnhinweise** ist eine Verpflichtung zur Information anzunehmen, wenn aufgrund der Datenlage oder sonstiger Erfahrungen davon auszugehen ist, dass ohne die Hinweise ein Gesundheitsschaden für den Patienten eintreten kann[215]. Nach einem Teil der Rspr. und Lit. müssen derartige wissenschaftliche Erkenntnisse im Rahmen von Abs. 1 S. 2 Nr. 2 gesichert sein[216]. Dies ergebe sich aus dem Wortlaut; eine andere Auffassung würde zu Rechtsunsicherheit führen. Nach h. M. muss der pharmazeutische Unternehmer hingegen schon dann eine Warnung aussprechen, wenn aufgrund eines ernstzunehmenden Verdachts zu befürchten ist, dass Gesundheitsschäden entstehen können[217]. Dem ist mit der Maßgabe zuzustimmen, dass der ernstzunehmende Verdacht auf validen Daten beruht und wissenschaftlich abgesichert ist.

102   Insbes. für den Bereich der **Nebenwirkungen** bestehen insofern klare behördliche Vorgaben. Nach den Leitlinien der Kommission[218] soll der Abschnitt über Nebenwirkungen nur solche Nebenwirkungen enthalten, für die zumindest der Verdacht eines Kausalzusammenhangs besteht[219]. Die Beurteilung schließt vor allem Daten aus klinischen Prüfungen, Beobachtungsstudien und Einzelfallberichten ein. Auch gibt es hier klare Vorgaben, ab welcher Häufigkeit und vor allem in welcher Form diese in der Information aufzuführen sind[220]. Schädliche Wirkungen ohne einen vermuteten Kausalzusammenhang sollen nicht in die Arzneimittelinformation aufgenommen werden[221].

103   Diese Grundsätze lassen sich entsprechend auf die Angaben von **Wechselwirkungen** übertragen[222]. Auch sie müssen bereits dann in die Arzneimittelinformation aufgenommen werden, wenn sich aufgrund der Datenlage und der tatsächlichen Erfahrungen der ernsthafte Verdacht ergibt, dass das Arzneimittel in Kombination mit anderen Präparaten schädliche Wirkungen hat. Hingegen ist der pharmazeutische Unternehmer nicht nach Abs. 1 S. 2 Nr. 2 verpflichtet, das Arzneimittel aktiv auf Gefahren zu überprüfen, die sich aus der Kombination mit anderen Präparaten ergeben[223]. Diese Erkenntnisse – oder ein durch entsprechende Daten abgesicherter ernsthafter Verdacht – bestehen vor der Durchführung entsprechender Tests gerade nicht. Insofern kommt nur eine Haftung nach § 823 I BGB wegen mangelhafter Produktbeobachtung in Betracht[224].

104   **bb) Zeitpunkt der Beurteilung.** Für die Beurteilung, ob die Arzneimittelinformation den Erkenntnissen der medizinischen Wissenschaft entsprochen hat, kommt es auf den Zeitpunkt an, zu dem das konkret schadenstiftende Arzneimittel (die jeweilige Charge) **in Verkehr gebracht wurde**[225]. D. h. es besteht keine Haftung für Angaben oder Informationsdefizite, die sich erst nach neueren Erkenntnissen als unrichtig herausstellen oder eine Aufnahme in die Arzneimittelinformation erfordern würden. Es handelt sich bei Abs. 1 S. 2 Nr. 2 demnach im Grunde um eine Haftung für objektiv sorgfaltswidriges Verhalten[226].

105   **d) Bestimmungsgemäßer Gebrauch.** Grundsätzlich ist auch für Abs. 1 S. 2 Nr. 2 Voraussetzung, dass der Geschädigte das Arzneimittel bestimmungsgemäß angewendet hat (s. § 4 Rn. 95). Dies gilt insbes. für Hinweise auf **Nebenwirkungen**. Ein Geschädigter kann damit nicht behaupten, dass eine durch das Arzneimittel verursachte Leberschädigung durch das Fehlen eines Hinweises auf Leberschädigung verursacht wurde, wenn er das Arzneimittel in einer zu hohen Dosierung eingenommen hat. Das ist offensichtlich, wenn eine Leberschädigung nur bei Überdosierung eintritt, gilt aber auch dann, wenn schon bei bestimmungsgemäßer Dosierung Leberschäden auftreten können. Dann ist die Arzneimittelinformation zwar unter Umständen fehlerhaft, durch diesen Fehler wurde der Schaden jedoch nicht verursacht. Der Wortlaut des Abs. 1 2 Nr. 2 stellt zwar nicht ausdrücklich auf einen bestimmungsgemäßen Gebrauch des Arzneimittels ab[227]. Gleichwohl geht § 84 insgesamt von der bestimmungs-

---

[214] *Heitz*, S. 287; *Letzel/Wartensleben*, PharmR 1989, 2, 5.

[215] *BGH*, NJW 1989, 1542, 1544 (Asthma-Spray); *LG Aachen*, JZ 1971, 507, 516 (Contergan); *Heitz*, S. 287; *Hieke*, S. 72 f.

[216] *OLG Frankfurt*, NJW-RR 1995, 406, 408, das *BGH*, NJW 1989, 1542, 1544 (Asthma-Spray) nur für § 823 BGB anwenden will; ähnlich *Deutsch/Spickhoff*, Rn. 1929, 1931; *Spickhoff/Spickhoff*, § 84 Rn. 21.

[217] *BGH*, NJW 1989, 1542, 1544 (Asthma-Spray); *OLG Schleswig-Holstein*, NJW-RR 2014, 805, 807; *LG Aachen*, JZ 1971, 507, 516 (Contergan); *Heitz*, S. 287; *Hieke*, S. 72 f.

[218] *European Commission*, A guideline on summary of product characteristics (SmPC), September 2009.

[219] *European Commission*, A guideline on summary of product characteristics (SmPC), September 2009, S. 15.

[220] *European Commission*, A guideline on summary of product characteristics (SmPC), September 2009, S. 15.

[221] *European Commission*, A guideline on summary of product characteristics (SmPC), September 2009, S. 15 („*Adverse events, without at least a suspected causal relationship, should not be listed in the SmPC*").

[222] *Kloesel/Cyran*, § 84 Anm. 28; *Hager*, VersR 1987, 1053, 1054; *Jenke*, S. 78 f.

[223] A. A. *Hager*, VersR 1987, 1053, 1054.

[224] Insofern zutreffend *Hager*, VersR 1987, 1053, 1058.

[225] *BGH*, NJW 1989, 1542, 1544 (Asthma-Spray); *OLG Schleswig-Holstein*, NJW-RR 2014, 805, 807; *OLG Celle*, VersR 1983, 1143, 1144 (Tuberkulose-Impfstoff); *OLG Stuttgart*, VersR 1990, 631, 633 (Impletol); *Kullmann/Pfister*, Kz. 3800, S. 40; *Hieke*, S. 73; *Heitz*, S. 286.

[226] *Kullmann/Pfister*, Kz. 3800, S. 40; *Deutsch*, VersR 1979, 685, 688; *ders.*, VersR 1992, 521, 523; *Deutsch/Spickhoff*, Rn. 1931; *Hieke*, S. 73.

[227] *BGH*, Urt. v. 12.5.2015 – VI ZR 328/11 – BeckRS 2015, 10535, Rn. 31.

gemäßen Anwendung des betroffenen Arzneimittels aus. Dies ergibt sich aus Abs. 2 S. 2, wonach sich die für das Eingreifen der Kausalitätsvermutung in Abs. 2 S. 1 erforderliche Eignung im Einzelfall – u. a. – nach der Art und Dauer der **bestimmungsgemäßen** Anwendung des Arzneimittels beurteilt. Die Änderung des Nebenwirkungsbegriffs in § 4 XIII hat somit keinen Einfluss auf die vorgenannten Grundsätze (s. näher § 4 Rn. 95).

Der bestimmungsgemäße Gebrauch des Arzneimittels ist nur dann nicht Voraussetzung einer Haftung **106** nach Abs. 1 S. 2 Nr. 2, wenn der behauptete Instruktionsfehler darin liegt, dass das Arzneimittel nicht vor den Gefahren eines Fehlgebrauchs warnt. Nach der Rspr. muss der pharmazeutische Unternehmer nämlich auch vor den Gefahren eines **naheliegenden Fehlgebrauchs** warnen[228]. In Extremfällen muss der pharmazeutische Unternehmer darüber hinaus auch vor den möglichen Folgen eines exzessiven Gebrauchs bzw. einer unvernünftigen, missbräuchlichen Anwendung warnen[229]. Nur um die Haftung in diesen Fällen nicht von vornherein auszuschließen, wurde der bestimmungsgemäße Gebrauch des Arzneimittels nicht in die Anspruchsvoraussetzungen für die Haftung nach Abs. 1 S. 2 Nr. 2 aufgenommen[230].

e) Kausalität der fehlerhaften Information. Die Haftung besteht nach Abs. 1 S. 2 Nr. 2 nur, wenn **107** der Schaden infolge einer fehlerhaften Instruktion eingetreten ist. Es genügt also nicht, dass der Schaden durch das Arzneimittel verursacht wurde und die Arzneimittelinformation fehlerhaft war. Vielmehr muss der Schaden **gerade auf die fehlerhafte Arzneimittelinformation** zurückgehen (doppelte Kausalität)[231]. Damit stellt sich die Frage, ob der Schaden bei ordnungsgemäßer Arzneimittelinformation mit an Sicherheit grenzender Wahrscheinlichkeit vermieden worden wäre[232]. Bei verschreibungspflichtigen Arzneimitteln erfordert dies, dass der Arzt die Fachinformation gelesen und das Arzneimittel dem geschädigten Patienten bei richtiger Information nicht oder nicht zu den Bedingungen verordnet hätte, die zu dem Schaden führten[233]. Bei nicht verschreibungspflichtigen Arzneimitteln kommt es entsprechend darauf an, ob der geschädigte Patient die Gebrauchsinformation zur Kenntnis genommen hat und das Arzneimittel bei richtiger Information nicht oder nicht zu den schädigenden Bedingungen eingenommen hätte. Bei einem fehlenden Hinweis auf eine Nebenwirkung scheitert dieser Beweis regelmäßig, wenn die Therapie medizinisch geboten war oder ähnlich starke Nebenwirkungen beschrieben waren, die den Geschädigten auch nicht von der Einnahme des Arzneimittels abhielten[234].

Der vom Anspruchsteller zu führende Nachweis, dass Arzt bzw. Patient die korrekte Arzneimittel- **108** information zur Kenntnis genommen und diese entsprechend darauf reagiert hätten, betrifft einen **hypothetischen Geschehensablauf,** auf den anhand von Indizien und Erfahrungen geschlossen werden kann[235]. Die im Vorfeld des Zweiten Gesetzes zur Änderung schadensersatzrechtlicher Vorschriften diskutierten insoweit Beweiserleichterungen wurden nicht übernommen[236]. Beweiserleichterungen aufgrund allgemeiner Regelungen finden nur in sehr engen Grenzen Anwendung. So würde die Anwendung des Anscheinsbeweises voraussetzen, dass es sich bei der Verordnung und Anwendung von Arzneimitteln um typische Sachverhalte handelt. An einer solchen Typizität des Verhaltens fehlt es allerdings in den meisten Fällen[237]. Dies gilt insbes. für die Anwendung rezeptfreier Arzneimittel durch den Patienten. Ein Erfahrungssatz, nach dem sich die Patienten typischerweise nach den Hinweisen in der Gebrauchsinformation richten, gibt es nicht. Vielmehr haben empirische Untersuchungen gezeigt, dass Gebrauchshinweise von den Verbrauchern überwiegend nicht gelesen werden (v. a. Indikationen und Kontraindikationen)[238]. Dagegen ist von einem pflichtbewussten Arzt zu erwarten, dass er die Fachinformation zur Kenntnis nimmt und die Hinweise über Dosierung, Art und Dauer der Anwendung sowie die weiteren für die individuelle Nutzen-Risiko-Bewertung maßgeblichen Instruktionen beachtet[239]. Der pharmazeutische Unternehmer kann einen solchen Anscheinsbeweis erschüttern, wenn er Tatsachen behauptet und beweist, aus denen sich die ernsthafte Möglichkeit ergibt, dass der behandelnde Arzt die Fachinformation nicht beachtet hat oder das Arzneimittel auch in Kenntnis der fehlenden Information verordnet hätte[240].

---

[228] *BGH,* NJW 1972, 2217, 2221 (Estil).
[229] *BGH,* NJW 1989, 1542, 1544 (Asthma-Spray).
[230] *Kullmann/Pfister,* Kz. 3800, S. 22.
[231] *Besch,* S. 72; *Jenke,* S. 75; *Hieke,* S. 74; *Deutsch/Spickhoff,* Rn. 1932; *Kullmann/Pfister,* Kz. 3800, S. 40.
[232] *BGH,* NJW 1989, 1542, 1543 (Asthma-Spray); *OLG Stuttgart,* VersR 1990, 631, 634 (Impletol); *Hieke,* S. 74.
[233] *OLG Stuttgart,* VersR 1990, 631, 634 (Impletol); danach differenzierend, ob der Patient die Packungsbeilage erhält (bei Verschreibung) oder nicht (z. B. bei Injektion in Krankenhäusern) *BGH,* Urt. v. 12.5.2015 – VI ZR 328/11 – BeckRS 2015, 10535, Rn. 37.
[234] *Kullmann/Pfister,* Kz. 3800, S. 39.
[235] *Hieke,* S. 300.
[236] Vgl. z. B. den Entwurf der SPD-Fraktion vom 4.3.1998, BT-Drucks. 13/10019, S. 2; Sondervotum der SPD-Fraktion, Bericht des 3. Untersuchungsausschusses BT-Drucks. 12/8591, S. 267; vgl. auch *Jenke,* S. 72; *Hieke,* S. 302.
[237] *Hieke,* S. 303; *Kullmann/Pfister,* Kz. 1526, S. 17 f.
[238] *Hieke,* S. 303; *Kullmann/Pfister,* Kz. 1526, S. 17 f.
[239] *BGH,* NJW 1972, 2217, 2221 (Estil); *Hieke,* S. 303.
[240] *Flatten,* MedR 1993, 463, 466.

C. Kausalitätsvermutung (Abs. 2)

109   Mit dem Zweiten Gesetz zur Änderung schadensersatzrechtlicher Vorschriften[241] hat der Gesetzgeber in Abs. 2 nach dem Konzept von §§ 6 ff. UmweltHG eine Kausalitätsvermutung eingeführt. Eine direkte Übertragung der dort anerkannten Auslegungsgrundsätze ist jedoch nicht möglich, da die Arzneimittel-haftung gegenüber der Umwelthaftung Besonderheiten aufweist. Zur Frage der **Unionsrechtskonfor-mität** der Kausalitätsvermutung s. Vor §§ 84–94a Rn. 12 f.

I. Überblick

110   Die Regelung zur Kausalitätsvermutung in Abs. 2 beschreibt ein verschachteltes Regel-Ausnahme-Verhältnis, mit dem eine angemessene Verteilung der Beweislast zwischen Geschädigtem und pharma-zeutischem Unternehmer – ohne Reduktion des Beweismaßes – erreicht werden soll[242]. Nach **Abs. 2 S. 1** muss der Geschädigte darlegen und beweisen, dass das Arzneimittel nach den Umständen des Einzelfalls **geeignet** ist, den Schaden zu verursachen. Gelingt der Nachweis der konkreten Schadens-eignung, wird die Kausalität vermutet. **Abs. 2 S. 2** zählt beispielhaft **einzelne Umstände** auf, nach denen sich die Schadenseignung beurteilt und fügt schließlich noch einen generalklauselartigen Auffang-tatbestand („allen sonstigen Gegebenheiten") hinzu. Die Kausalitätsvermutung gilt nach **Abs. 2 S. 3** nicht, wenn (mindestens) ein **anderer Umstand** ebenfalls geeignet ist, den Schaden zu verursachen. D. h. die Kausalitätsvermutung ist nicht nur widerlegt, sie „gilt (erst gar) nicht"[243]. **Abs. 2 S. 4** enthält eine Ausnahmeregelung für **andere Arzneimittel,** die den Schaden ebenfalls verursacht haben können. Sie stellen nach dem ersten Halbs. der Vorschrift grundsätzlich keinen anderen Umstand dar, der die Kausalitätsvermutung ausschließt. Eine Rückausnahme enthält der zweite Halbs. Danach bilden andere schadensgeeignete Arzneimittel doch einen die Kausalitätsvermutung ausschließenden Umstand, wenn die behauptete schädliche Wirkung bei diesen Arzneimitteln aus anderen Gründen als der fehlenden Kausalität nicht zu einer Haftung führen würde. Diese Regelung kommt vor allem dann zur Anwen-dung, wenn die anderen Arzneimittel nicht fehlerhaft sind[244].

II. Eignung zur Schadensverursachung (S. 1)

111   Der jetzigen Fassung des Abs. 2 gingen verschiedene Gesetzentwürfe voraus. Der Gesetzgeber hat es vorgezogen, den Kausalitätsnachweis in Kontinuität zur Konzeption des bisherigen Rechts und in Anlehnung an existierende Modelle in der Umwelthaftung und Gentechnik **zu erleichtern.** Nach **Abs. 2 S. 1** wird vermutet, dass das Arzneimittel den Schaden verursacht hat, wenn das Arzneimittel nach den Gegebenheiten des Einzelfalls geeignet ist, den Schaden zu verursachen.

112   Das Arzneimittel muss zunächst generell geeignet sein, die Gesundheitsbeeinträchtigung zu verursa-chen[245]. Demzufolge muss der **generelle** Kausalzusammenhang zwischen Arzneimittel und eingetretenem Gesundheitsschaden naturwissenschaftlich gesichert sein (generelle Schadenseignung, s. Rn. 35 ff.)[246]. Andernfalls kann nur bei besonders eindeutigen Indizien von einer Schadenseignung ausgegangen werden (s. Rn. 53).

113   Abs. 2 ist gem. Art. 229 § 8 I EGBGB anzuwenden, wenn das schädigende Ereignis nach dem 31.7.2002 eingetreten ist. Weil § 84 eine Gefährdungshaftung des pharmazeutischen Unternehmers anordnet, ist dabei nach den allgemeinen Grundsätzen auf den Zeitpunkt des Eintritts der Rechtsgutver-letzung abzustellen, da erst diese die Haftung auslöst[247].

III. Kriterien für die Eignung (S. 2)

114   Der Nachweis der generellen Schadenseignung allein genügt nicht, um die Kausalitätsvermutung in Gang zu setzen[248]. Abs. 2 S. 1 erfordert mehr als die nur abstrakt-generelle Schadenseignung des Arznei-mittels. Das Arzneimittel muss nämlich nach dem Wortlaut des Abs. 2 S. 1 „nach den Gegebenheiten des Einzelfalls" geeignet sein, den Schaden zu verursachen. Nach der Rspr. des *BGH* muss die Eignung daher auf Grund der konkreten Umstände des jeweiligen Einzelfalls festgestellt werden (konkrete Möglichkeit der Schadensverursachung)[249]. D. h. es müssen **im konkreten Einzelfall** diejenigen Voraussetzungen

---

[241] BGBl. I 2002, S. 2674.
[242] *BGH,* PharmR 2013, 269, 271 m. w. N.
[243] *OLG Hamm,* NJW-RR 2003, 1382; BT-Drucks. 14/7752, S. 19; *Wagner,* VersR 2001, 1334, 1337.
[244] Vgl. zu dieser Thematik *Wagner,* NJW 2002, 2049, 2051; *Wagner,* VersR 2001, 1334, 1340; *Kullmann/Pfister,* Kz. 3800, S. 50; *Kloesel/Cyran,* § 84 Anm. 41.
[245] BT-Drucks. 14/7752, S. 19; *Melber/Moelle,* StoffR 2004, 75, 78.
[246] *Melber/Moelle,* StoffR 2004, 75, 79; *Hieke,* S. 255; *Voit,* in: FS für Sander, S. 371.
[247] *BGH,* PharmR 2010, 468, 469.
[248] BT-Drucks. 14/7752, S. 19; *Melber/Moelle,* StoffR 2004, 75, 78.
[249] *BGH,* PharmR 2013, 269, 271 m. Anm. *Brock/Rekitt;* BT-Drucks. 14/7752, S. 19.

vorliegen, unter denen eine generelle Schadenseignung des Arzneimittels anzunehmen ist **(konkrete Schadenseignung).** In Abs. 2 S. 3 ist der Begriff der Eignung zur Schadensverursachung ebenso auszulegen (s. Rn. 120)[250].

Abs. 2 S. 2 nennt **beispielhaft** einzelne Umstände, nach denen sich die Schadenseignung des Arznei- **115** mittels bestimmt. Sie richten sich nach den bekannten Faktoren, die für die Kausalitätsbewertung maßgeblich sind (s. Rn. 39 ff.). Zu beachten ist, dass eine bloße Risikoerhöhung durch das Arzneimittel für den Nachweis der Schadenseignung nicht ausreicht[251].

Besonderes Augenmerk ist dem **gesundheitlichen Zustand** des Geschädigten im Zeitpunkt der **116** Arzneimittelanwendung zu widmen. Er kann sowohl für als auch gegen die konkrete Schadenseignung sprechen. Falls ein Arzneimittel nur bei Patienten mit einer bestimmten Disposition ein signifikantes Schadensrisiko beinhaltet (s. Rn. 43), muss der Geschädigte darlegen und beweisen, dass bei ihm eine solche Disposition vorliegt. Andererseits kann der gesundheitliche Zustand des Geschädigten auch auf eine selbständige Erkrankung oder eine sonstige eigene physiologische Störung als Ursache des Gesundheitsschadens hindeuten (s. Rn. 48). Sind diese Indiztatsachen so gewichtig, dass sie als Schadensursache angesehen werden können, ist die konkrete Schadenseignung zu verneinen. Sind Alternativursachen hingegen nur möglich oder gar unwahrscheinlich, fehlt es nicht bereits an der konkreten Schadenseignung des Arzneimittels. Es wird jedoch häufig **Abs. 2 S. 3** eingreifen.

Schließlich sind alle **sonstigen Gegebenheiten,** die im Einzelfall **für oder gegen** die Schadensver- **117** ursachung sprechen, zu berücksichtigen. Für eine Schadensverursachung spricht z. B. ein positiver Absetz- bzw. Reexpositionsversuch (s. Rn. 44 ff.) und umgekehrt. Mit dem Kriterium der konkreten Schadenseignung als Anknüpfung für die Kausalitätsvermutung spaltet der Gesetzgeber den Kausalitätsbeweis in **zwei Teilbereiche** auf. Die Schadenseignung beschreibt denjenigen Teil der Kausalitätsbewertung, der mit dem Arzneimittel zu tun hat (s. Rn. 33). Sie muss vom Geschädigten bewiesen werden (s. Rn. 124). Dann wird der Rest der Kausalkette vermutet. Praktisch wird der Geschädigte damit vor allem davon freigestellt, den Ausschluss alternativer Schadensursachen nachzuweisen. Konsequenterweise gilt die Vermutung nicht, wenn der pharmazeutische Unternehmer darlegt und ggf. beweist, dass im Einzelfall Umstände vorliegen, die ebenfalls geeignet sind, den Schaden zu verursachen. Damit wird nicht das Beweismaß für den Nachweis der Kausalität abgesenkt[252]. Das wäre der Fall, wenn den Kläger zwar nach wie vor die Beweislast für alle Elemente des Kausalitätsnachweises träfe – also auch für den Ausschluss alternativer Ursachen –, hingegen die Anforderungen an die Überzeugung des Gerichts hinsichtlich des Nachweises der gesamten Kausalkette gesenkt wären. Diesen Ansatz wählt § 84a, wonach der kausale Zusammenhang – hinsichtlich der ganzen Kausalkette – plausibel sein muss (s. § 84a Rn. 13 ff.). Bei der Kausalitätsvermutung nach Abs. 2 geht der Gesetzgeber einen anderen Weg.

Die Kausalitätsvermutung gemäß Abs. 2 S. 1 stellt eine gesetzliche Vermutung i. S. d. § 292 ZPO dar. **118** Der pharmazeutische Unternehmer kann die Vermutung daher durch den Beweis des Gegenteils widerlegen[253]. Hierfür ist der Gegenbeweis zu führen, dass die Gesundheitsbeeinträchtigung nicht durch das Arzneimittel verursacht wurde. Nachdem sich die Kausalität bei festgestellter Schadenseignung aber nur durch den Nachweis einer anderen Schadensursache positiv widerlegen lässt, spielt diese Möglichkeit in der Praxis keine Rolle.

IV. Ausschluss der Kausalitätsvermutung (S. 3)

Neben der Möglichkeit des Gegenbeweises kann die Kausalitätsvermutung nach **Abs. 2 S. 3** und **4 119** unter erleichterten Voraussetzungen ausgeschlossen sein. **Abs. 2 S. 3** und **4** regeln den **Ausschluss** der Kausalitätsvermutung. Unter den dort genannten Voraussetzungen braucht der pharmazeutische Unternehmer die Kausalitätsvermutung nicht zu widerlegen, er muss also nicht beweisen, dass das Arzneimittel nicht schadensursächlich geworden ist. Es genügt, wenn er die konkrete Möglichkeit darlegt und ggf. beweist, dass nach den Gegebenheiten des Einzelfalls (auch) ein anderer Umstand geeignet ist, den Schaden zu verursachen (zur Beweislast s. ausführlich unten Rn. 124 ff.). Gelingt dieser Nachweis, ist die Kausalitätsvermutung von vornherein nicht anwendbar[254].

Mit anderen Worten: Legt der pharmazeutische Unternehmer dar und beweist ggf., dass im konkreten **120** Einzelfall andere Umstände vorliegen, die (allein) geeignet waren, das vorgebrachte Ereignis zu verursachen, ist die Anwendung der Kausalitätsvermutung ausgeschlossen. Dies gilt selbst dann, wenn die Wahrscheinlichkeit der Schadensverursachung durch das Arzneimittel im Einzelfall höher wäre als durch die anderen Umstände i. S. d. Abs. 2 S. 3. Auf die Frage, ob das Arzneimittel nach den konkreten Umständen des Einzelfalls geeignet ist, den vorgebrachten Gesundheitsschaden zu verursachen, kommt es

---

[250] *BGH,* PharmR 2013, 269, 271 m. Anm. *Brock/Rekitt.*

[251] *BGH,* Beschl. v. 26.1.2010, VI ZR 72/09 – BeckRS 2010, 02 742.

[252] *BGH,* PharmR 2013, 269, 271; *Melber/Moelle,* StoffR 2004, 75, 80; *Kloesel/Cyran,* § 84 Anm. 39.

[253] *BGH,* PharmR 2013, 269, 271; *Melber/Moelle,* StoffR 2004, 75, 80.

[254] *BGH,* PharmR 2013, 269, 270; *OLG Köln,* VersR 2012, 991; *BGH,* Beschl. v. 26.1.2010 – VI ZR 72/09 – BeckRS 2010, 02 742; vgl. auch *BGH,* Urt. v. 16.3.2010 – VI ZR 64/09, PharmR 2010, 468; *OLG Brandenburg,* PharmR 2011, 419, 423.

dann gar nicht (mehr) an. Dieses Ergebnis ist auch sachgerecht. In Abs. 2 spiegelt sich ein ausbalanciertes Regel-Ausnahme-Verhältnis wider, wodurch eine angemessene Verteilung der Beweislast zwischen Anspruchsteller und pharmazeutischem Unternehmer erreicht werden soll. Zugunsten des Anspruchstellers lässt Abs. 2 S. 1 die bloße Schadenseignung (im konkreten Einzelfall) gelten. Im Gegenzug stellt Abs. 2 S. 3 auf denselben Maßstab ab. Müsste der pharmazeutische Unternehmer hingegen darlegen und ggf. beweisen, dass das vorgebrachte Ereignis tatsächlich (oder überwiegend) durch andere Umstände verursacht wurde, würde dies im Ergebnis einer Beweislastumkehr gleichkommen. Dass dies der Gesetzgeber nicht beabsichtigt hat, zeigt sich auch an Abs. 3, der vorsieht, dass den pharmazeutischen Unternehmer (lediglich) die Darlegungs- und Beweislast dafür trifft, dass die vorgebrachten schädlichen Wirkungen ihre Ursache nicht im Bereich der Entwicklung und Herstellung haben. Auch eine Beweismaßreduktion über eine Wahrscheinlichkeitsabwägung beim Kausalitätsnachweis nach der etwa im englischen Recht geltenden Theorie der sogenannten „balance of probabilities" findet in § 84 keine Stütze[255].

121　**Andere Umstände** i. S. v. Abs. 2 S. 3 können in der Person des Geschädigten begründet sein, z. B. in Form von Vor- bzw. Grunderkrankungen bzw. Prädispositionen, hinzutretenden Erkrankungen und sonstigen **Risikofaktoren** für den in Rede stehenden Schaden[256]. Auch besondere Lebensgewohnheiten wie Zigaretten- und Alkoholkonsum kommen als anderer Umstand in Betracht[257]. Es kommen aber auch äußere Umstände in Betracht wie ärztliche Applikationsfehler und Umwelteinflüsse. Eine Abs. 2 S. 2 entsprechende Aufzählung einzelner Kriterien zur Bestimmung der Eignung anderer Umstände fehlt im Rahmen von Abs. 2 S. 3. Das Schadensbild, der gesundheitliche Zustand des Geschädigten und eine zeitliche Korrelation zum Schadenseintritt sind aber selbstverständlich ebenso zu berücksichtigen wie alle anderen Gegebenheiten, die im Einzelfall für oder gegen die Schadensverursachung durch den anderen Umstand sprechen. Ein anderer Umstand i. S. v. Abs. 2 S. 3 liegt auch dann vor, wenn die entsprechende Symptomatik idiopathisch auftreten kann, d. h. ohne dass sich die Ursache der Erkrankung konkret benennen ließe. In diesem Fall steht fest, dass es einen anderen Umstand gibt, der geeignet ist, den Schaden zu verursachen, er lässt sich nach dem Stand der medizinischen Wissenschaft nur nicht bezeichnen. Zudem würde man in diesem Fall sonst die Kausalität bejahen, obwohl der Ursachenzusammenhang tatsächlich allenfalls als „möglich" eingestuft werden kann[258]. Dies liefe dem Willen des Gesetzgebers zuwider, das Beweismaß nicht auf die überwiegende Wahrscheinlichkeit abzusenken (s. Rn. 117). In dem gleichen Sinn ist zu entscheiden, wenn eine erforderliche Ausschlussdiagnostik nicht durchgeführt wurde oder die entsprechenden Untersuchungsberichte nicht mehr vorhanden sind. Auch hier ließe sich der Kausalzusammenhang nicht höher als „möglich" einstufen. In diesen Fällen wäre es zudem im Hinblick auf Art. 4 der Produkthaftungsrichtlinie (s. Vorb. §§ 84–94a Rn. 8) bedenklich, eine Kausalität anzunehmen.

V. Kein anderer Umstand (S. 4)

122　Nach der gesetzlichen Regelung in **Abs. 2 S. 4, 1. Halbs.** liegt in der **Anwendung anderer Arzneimittel,** die ebenfalls geeignet sind, den Schaden zu verursachen, im Grundsatz **kein anderer Umstand** i. S. v. Abs. 2 S. 3. Die in dieser Situation auftretenden Unklarheiten sollen nicht zu Lasten des Geschädigten gehen, wenn feststeht, dass der Schaden durch eines der schadensgeeigneten Arzneimittel verursacht worden ist, und sich lediglich nicht klären lässt, welches dieser Arzneimittel den Schaden tatsächlich ausgelöst hat[259]. Nach der neuen Regelung haften beide Unternehmer als Gesamtschuldner (§ 93).

123　Eine **Rückausnahme** enthält **Abs. 2 S. 4, 2. Halbs.** Danach kann sich der pharmazeutische Unternehmer auf ein anderes Arzneimittel als geeignete Schadensursache berufen, wenn Schadensersatzansprüche wegen dieses Arzneimittels aus anderen Gründen als der fehlenden Kausalität ausgeschlossen sind. Zu denken ist hier in erster Linie daran, dass das andere Arzneimittel nicht fehlerhaft i. S. v. Abs. 1 S. 1 Nr. 1 oder Nr. 2 ist bzw. der Schaden seine Ursache nicht im Bereich der Entwicklung und Herstellung des Arzneimittels hat (Abs. 3). Eine gesamtschuldnerische Haftung wäre hier unangemessen[260]. Man würde sonst nämlich dem Geschädigten den Nachweis, dass der Schaden durch ein fehlerhaftes Arzneimittel entstanden ist, abnehmen und diese Frage in den Gesamtschuldnerausgleich verlegen[261]. In der Praxis kann sich der pharmazeutische Unternehmer z. B. dann auf andere Arzneimittel als geeignete Schadensursache berufen, wenn der jeweilige Gesundheitsschaden in der Fach- und Gebrauchsinformation des anderen Arzneimittels als Nebenwirkung genannt ist.

[255] *Brock/Rekitt,* Anm. zu *BGH,* Urteil vom 29.3.2013 – VI ZR 109/12, PharmR 2013, 269, 276.
[256] *BGH,* PharmR 2013, 269, 272.
[257] *BGH,* PharmR 2013, 269, 272.
[258] *Schosser/Quast,* PharmInd 1998, 185, 189.
[259] BT-Drucks. 14/7752, S. 19, 20.
[260] BT-Drucks. 14/7752, S. 45.
[261] Ähnlich die Stellungnahme des Bundesrates, BT-Drucks. 14/7752, S. 45; vgl. hierzu auch *Wagner,* VersR 2001, 1334, 1339 f.

VI. Darlegungs- und Beweislast

Den **Geschädigten** trifft daher die Darlegungs- und Beweislast für die konkrete Schadenseignung des 124
Arzneimittels nach Abs. 2 S. 1. D. h. der Geschädigte muss zunächst alle Tatsachen vortragen und ggf.
beweisen, die für die Schadenseignung im Einzelfall sprechen. Dabei hat der Geschädigte die einzelnen
Indiztatsachen **voll zu beweisen.** Nur bewiesene Tatsachen gehen in die Beurteilung der konkreten
Eignung ein[262]. Abs. 2 regelt die Verteilung der Beweislast, enthält jedoch keine Reduktion des Beweismaßes[263]. Ist die Eignung nicht zur vollen Überzeugung des Gerichts im Sinn von § 286 ZPO nachgewiesen, greift die Kausalitätsvermutung nach Abs. 2 S. 1 nicht ein.

Im Rahmen von Abs. 2 gilt darüber hinaus eine **erweiterte Darlegungslast.** Der Geschädigte kann 125
sich nicht darauf beschränken, nur die für ihn günstigen Tatsachen vorzutragen. Nach dem Wortlaut von
Abs. 2 S. 2 gehören zu den vom Geschädigten darzulegenden Umständen u. a. sein Gesundheitszustand
sowie alle sonstigen Gegebenheiten, die im Einzelfall **für oder gegen** die Schadensverursachung
sprechen. Der Geschädigte hat demnach alle für die Einzelfallbeurteilung relevanten Tatsachen vorzutragen[264]. Es soll sichergestellt werden, dass das Gericht sich ein umfassendes Bild über die Schadenseignung auf der Grundlage aller zur Beurteilung des Einzelfalls relevanten Informationen machen kann.
Dies schließt gerade auch solche Informationen ein, über die nur der Geschädigte verfügt, wie z. B.
Grund- und Parallelerkrankungen, Risikofaktoren sowie die Einnahme anderer Arzneimittel[265]. Die
erweiterte Darlegungslast ist Ausgleich für das Fehlen eines eigenen Auskunftsanspruchs des pharmazeutischen Unternehmers gegen den Geschädigten[266].

Seiner Darlegungslast kommt der Geschädigte in erster Linie durch die Vorlage **seiner Kranken-** 126
unterlagen nach. Relevant sind nicht nur Krankenunterlagen, die Informationen über die Grunderkrankung und Verordnung des Arzneimittels sowie das Schadensereignis enthalten. Erforderlich ist
darüber hinaus die Vorlage aller Krankenunterlagen, in denen über Parallelerkrankungen, Lebensumstän-
de und sonstige Risikofaktoren berichtet wird. Legt der Geschädigte keine oder unvollständige Krankenunterlagen vor, ist sein Vortrag unsubstantiiert. Dabei dürfen die Anforderungen an den Vortrag des
Geschädigten nicht überspannt werden, um ein Leerlaufen der vom Gesetzgeber intendierten Beweiserleichterung zu verhindern[267].

Es obliegt dem **pharmazeutischen Unternehmer** nach Abs. 2 S. 3, darzulegen und zu beweisen, dass 127
im konkreten Fall (mindestens) ein anderer Umstand geeignet war, den Schaden zu verursachen. Für die
Eignung eines anderen Umstands, den Schaden zu verursachen, kommt es – analog der Prüfung für das
Arzneimittel selbst – auf die Darlegung und erforderlichenfalls den Nachweis der **konkreten Möglich-**
keit der Schadensverursachung durch den pharmazeutischen Unternehmer an. Es gilt derselbe Prüfungsmaßstab wie im Rahmen von Abs. 2 S. 1[268]. Der pharmazeutische Unternehmer muss mithin ausreichend
konkret darlegen und ggf. beweisen, dass die Alternativursache geeignet ist, allein (oder im Zusammenwirken mit anderen, dem pharmazeutischen Unternehmer ebenfalls nicht zuzurechnenden Ursachen) den
vorgebrachten Schaden herbeizuführen[269]. Der pharmazeutische Unternehmer kann dabei an den Tatsa-
chenvortrag des Geschädigten – einschließlich der vorzulegenden Krankenunterlagen – anknüpfen[270],
sofern sich darin andere Umstände finden lassen, die geeignet waren, den Schaden zu verursachen[271].

D. Fehler im Bereich der Herstellung oder Entwicklung (Abs. 3)

Nach Abs. 3 ist die Ersatzpflicht nach Abs. 1 S. 2 Nr. 1 **ausgeschlossen,** wenn nach den Umständen 128
davon auszugehen ist, dass die schädlichen Wirkungen ihre Ursache nicht im Bereich der Herstellung
oder Entwicklung haben.

Dem Bereich der **Entwicklung** sind schädliche Wirkungen zuzuordnen, die Konzeption bzw. Design 129
des Arzneimittels betreffen[272]. Kennzeichnend hierfür ist, dass die schädliche Wirkung jedem Produkt

---

[262] *Wagner*, NJW 2002, 2049, 2052; *Kloesel/Cyran* § 84 Anm. 39; a. A. *Mummenhoff*, PharmR 2005, 9, 14.
[263] *BGH*, PharmR 2013, 269, 270.
[264] *LG Berlin*, NJW 2007, 3582, 3583 f.; bestätigt durch *KG*, Urt. v. 5.11.2007, 10 U 262/06 – juris, eingehend
hierzu *Wagner*, PharmR 2008, 370 ff. Entscheidung des *KG* aufgehoben durch *BGH*, NJW 2008, 2994. Auch der *BGH*
ging von der erweiterten Darlegungslast des Geschädigten aus, hat aber im konkreten Fall die Darlegungslast als erfüllt
angesehen. *Melber/Moelle*, StoffR 2004, 75, 78; *Klevemann*, PharmR 2002, 393, 397; *Kullmann/Pfister*, Kz. 3800, S. 49;
Voit, in: FS für Sander, S. 376. Vgl. auch BT-Drucks. 14/7752, S. 21 und die Gegenäußerung der Bundesregierung zur
Stellungnahme des Bundesrats, BT-Drucks. 14/7752, S. 54 f.
[265] *Melber/Moelle*, StoffR 2004, 75, 78; *Klevemann*, PharmR 2002, 393, 397.
[266] BT-Drucks. 14/7752, S. 21; *Melber/Moelle*, StoffR 2004, 75, 78.
[267] *BGH*, MedR 2009, 281; *BGH*, VersR 1991, 780 (zu § 84 a. F.); *Deutsch*, NJW 2007, 3586, 3587.
[268] *BGH*, PharmR 2013, 269, 271; NJW 1997, 2748, 2750 zu § 7 UmweltHG.
[269] Vgl. zum Ganzen *BGH*, PharmR 2013, 269, 271 f.; *OLG Schleswig-Holstein*, NJW-RR 2014, 805, 808.
[270] *Melber/Moelle*, StoffR 2004, 75, 80; *Wagner*, NJW 2002, 2049, 2052.
[271] *Melber/Moelle*, StoffR 2004, 75, 80; *Wagner*, NJW 2002, 2049, 2052.
[272] *Hieke*, S. 69; *Flatten*, MedR 1993, 463, 465; *Vogeler*, MedR 1984, 132, 134.

desselben Arzneimittels anhaftet. In den Bereich der **Herstellung** fallen schädliche Wirkungen, die auf pharmazeutisch-technische Qualitätsmängel zurückgehen[273]. Beispiele für Herstellungsfehler sind Abweichungen von der Standardqualität oder der Wirkstoffkonzentration oder eine mangelhafte Verpackung des Produkts. Nach Abs. 3 haftet der pharmazeutische Unternehmer damit nicht für Fehler, die erst nach Inverkehrbringen entstanden sind. Keine Haftung liegt daher vor z. B. bei fehlerhaftem Transport und bei falscher Lagerung in der Apotheke, im Krankenhaus oder beim Verbraucher[274]. Praktische Bedeutung erlangt Abs. 3 nur für den Bereich der Herstellung. Schädliche Wirkungen, die auf den pharmakologischen Eigenschaften des Arzneimittels beruhen, sind dem Arzneimittel von Anfang an eigen und entstehen nicht erst, nachdem das Arzneimittel in Verkehr gebracht wurde.

130   Nach bisherigem Recht musste der Geschädigte nachweisen, dass die schädlichen Wirkungen ihre Ursache im Bereich der Herstellung oder Entwicklung hatten. Die Regelung in dem zum 1.8.2002 eingeführten (s. Vor 84–94a, Rn. 12) Abs. 3 dreht die **Beweislast** für den **Fehlerbereichsnachweis** in Anlehnung an Art. 7 Buchst. b) der europäischen Produkthaftungsrichtlinie 85/374/EWG und § 1 II Nr. 2 ProdHaftG um[275]. Sie trifft nun den pharmazeutischen Unternehmer und nicht mehr den Geschädigten[276]. Allerdings muss sich das Gericht nicht davon überzeugen, dass der Fehler nicht im Bereich der Herstellung oder Entwicklung lag. Vielmehr genügt es, wenn nach den Umständen davon auszugehen ist. Das Beweismaß wird damit auf die überwiegende Wahrscheinlichkeit reduziert[277].

E. Anspruchsübergang

131   Ein **Anspruchsübergang** nach den §§ 86 VVG, 116 SGB X, 76 BBG und § 6 EFZG ist möglich. Andere Erwägungen, die im Gesetzgebungsverfahren angestellt wurden, haben sich nicht durchsetzen können[278].

132   **§ 86 VVG** betrifft den Anspruchsübergang auf private Haftpflicht- oder Krankenversicherer, soweit der Versicherer dem Versicherten den Schaden ersetzt. **§ 116 SGB X** behandelt den Anspruchsübergang auf den Sozialversicherungsträger, wenn dieser aufgrund des Schadensereignisses Sozialleistungen zu erbringen hat, die der Behebung eines Schadens der gleichen Art dienen und sich auf denselben Zeitraum wie der vom Schädiger zu leistende Schadenersatz beziehen. **§ 6 EntgFG** regelt den Anspruchsübergang auf den Arbeitgeber, wenn dieser Lohnfortzahlung im Krankheitsfall zu leisten hat. **§ 76 BBG** betrifft den Anspruchsübergang auf den Dienstherrn bei Leistungen, die er auf Grund des schädigenden Ereignisses für den Geschädigten als Dienstverpflichteten zu erbringen hat.

133   Vor allem § 86 VVG wird in der Arzneimittelhaftung besondere Bedeutung erlangen, da die **Krankenkassen** in Arzneimittelhaftungsprozessen von ihrer besonderen Erfahrung in diesem Bereich Gebrauch machen können[279].

F. Verjährung

134   § 90 a. F. als zentrale Verjährungsvorschrift der Arzneimittelhaftung wurde mit Art. 1 des Gesetzes zur Anpassung von Verjährungsvorschriften an das Gesetz zur Modernisierung des Schuldrechts vom 9.12.2004[280] aufgehoben. Damit gelten nun die **allgemeinen Vorschriften** der §§ 195, 199 BGB auch für Ansprüche aus Arzneimittelhaftung. Materiellrechtlich ergeben sich jedoch keine wesentlichen Änderungen.

135   Die alte und die neue Verjährungsregelung sehen jeweils eine Verjährungsfrist von **drei Jahren** vor. Eine § 90 I, 2. Halbs. a. F. ähnliche Regelung findet sich in § 199 II BGB, wonach Schadensersatzansprüche, die aus Verletzungen des Lebens, des Körpers oder der Gesundheit rühren, unabhängig von der subjektiven Kenntnis oder grob fahrlässigen Unkenntnis in 30 Jahren von der Begehung der Handlung, der Pflichtverletzung oder dem sonstigen, den Schaden auslösenden Ereignis an verjähren.

---

[273] *Hieke*, S. 69.

[274] *AG München*, Urt. v. 7.10.1986 – 10 C 14 763/84 in: Sander, Entscheidungssammlung, § 84 Nr. 3; *Deutsch/Spickhoff*, Rn. 1922; *Hieke*, S. 70.

[275] Vgl. BT-Drucks. 14/7752, S. 19; *Wagner*, NJW 2002, 2049, 2050; *BGH*, NJW 1995, 2162;, NJW 1988, 2611.

[276] Abs. 3 war früher in § 84 I 2 Nr. 1 a. F. integriert. Damit war das Vorhandensein eines Fehlers im Bereich der Herstellung oder Entwicklung haftungsbegründendes Tatbestandsmerkmal.

[277] *Wagner*, NJW 2002, 2049, 2050; *Kloesel/Cyran*, § 84 Anm. 42.

[278] Im Gesetzgebungsverfahren war diskutiert worden, ob Schadensersatzansprüche nach dem AMG nicht im Wege der cessio legis aufgrund der genannten Vorschriften übergehen sollen. Ein Anspruchsübergang wäre nur dann möglich gewesen, wenn der Pharmaunternehmer auch aus §§ 823 ff. BGB haftet. Eine solche Abwälzung des Haftungsrisikos auf die Schadensversicherer, Sozialversicherungsträger oder Arbeitgeber wurde jedoch als unbillig im Sinne einer Kollektivierung von Risiken gesehen, vgl. BT-Drucks. vom 28.4.1976, 7/5091.

[279] Mit der Bezeichnung dieses Aspekts als „große(s) finanzielle(s) Risiko" der Arzneimittelhaftung, *Kullmann/Pfister*, Kz. 3805, S. 10.

[280] BGBl. I 2004, S. 3214.

Der **zeitliche Übergang** zwischen alten und neuen Vorschriften ist in Art. 229 EGBGB § 12 **136** geregelt. Die Übergangsvorschrift verweist auf Art. 229 EGBGB § 6, der die Überleitung der Verjährungsvorschriften von altem zu neuem Schuldrecht betrifft. Der Übergang von § 90 a. F. zu §§ 195, 199 BGB sollte entsprechend gehandhabt werden[281]. Nach Art. 229 EGBGB § 12 gilt für Ansprüche, die bis zum 14.12.2004 verjährt sind, nur § 90 a. F. Für Ansprüche, die ab dem 15.12.2004 verjähren, sind nur die §§ 195 ff. BGB anwendbar. Für Ansprüche, die vor dem 15.12.2004 entstanden und die zu diesem Zeitpunkt noch nicht verjährt sind, greifen § 90 a. F. und §§ 195, 199 BGB **parallel**. Die Verjährung richtet sich dann nach der Norm, die für den konkreten Anspruch früher zur Verjährung führt. Der Lauf der Verjährung nach §§ 195, 199 BGB beginnt allerdings frühestens mit dem 31.12.2004. Unterschiede des **Verjährungsbeginns** bestehen hinsichtlich des Kriteriums der Kenntnis des Anspruchs. Nach § 90 I a. F. setzte der Verjährungsbeginn positive Kenntnis des Anspruchs und des Anspruchsgegners voraus. Nach neuer Rechtslage genügt hingegen nach § 199 I Nr. 2 BGB die grob fahrlässige Unkenntnis[282]; dann beginnt der Lauf der Verjährung nun nach Art. 229 EGBGB i. V. m. §§ 195, 199 BGB am 31.12.2004.

Die **Hemmung der Verjährung** infolge von Verhandlungen über den Anspruch entsprechend § 90 **137** II a. F. findet sich in § 203 S. 1 BGB. Besonders zu beachten ist § 203 S. 2 BGB, wonach die Verjährung frühestens drei Monate nach Ende der Hemmung eintritt.

§ 84a Auskunftsanspruch

(1) ¹Liegen Tatsachen vor, die die Annahme begründen, dass ein Arzneimittel den Schaden verursacht hat, so kann der Geschädigte von dem pharmazeutischen Unternehmer Auskunft verlangen, es sei denn, dies ist zur Feststellung, ob ein Anspruch auf Schadensersatz nach § 84 besteht, nicht erforderlich. ²Der Anspruch richtet sich auf dem pharmazeutischen Unternehmer bekannte Wirkungen, Nebenwirkungen und Wechselwirkungen sowie ihm bekannt gewordene Verdachtsfälle von Nebenwirkungen und Wechselwirkungen und sämtliche weiteren Erkenntnisse, die für die Bewertung der Vertretbarkeit schädlicher Wirkungen von Bedeutung sein können. ³Die §§ 259 bis 261 des Bürgerlichen Gesetzbuchs sind entsprechend anzuwenden. ⁴Ein Auskunftsanspruch besteht insoweit nicht, als die Angaben auf Grund gesetzlicher Vorschriften geheim zu halten sind oder die Geheimhaltung einem überwiegenden Interesse des pharmazeutischen Unternehmers oder eines Dritten entspricht.

(2) ¹Ein Auskunftsanspruch besteht unter den Voraussetzungen des Absatzes 1 auch gegenüber den Behörden, die für die Zulassung und Überwachung von Arzneimitteln zuständig sind. ²Die Behörde ist zur Erteilung der Auskunft nicht verpflichtet, soweit Angaben auf Grund gesetzlicher Vorschriften geheim zu halten sind oder die Geheimhaltung einem überwiegenden Interesse des pharmazeutischen Unternehmers oder eines Dritten entspricht. ³Ansprüche nach dem Informationsfreiheitsgesetz bleiben unberührt.

Wichtige Änderungen der Vorschrift: Abs. 2 S. 3 neu eingefügt durch Art. 1 Nr. 71 des Gesetzes zur Änderung arzneimittelrechtlicher und anderer Vorschriften vom 17.7.2009 (BGBl. I S. 1990).

Literatur: *Bollweg,* Die Arzneimittelhaftung nach dem AMG zehn Jahre nach der Reform des Schadensersatzrechts, MedR 2012, 782; *Brock/Morbach,* Die geplante Änderung des § 84a AMG, Erweiterter Informationszugang durch die 15. AMG-Novelle, PharmR 2009, 108; *Hieke,* Die Auskunftspflicht des pharmazeutischen Unternehmers nach § 84a Abs. 1 AMG, PharmR 2005, 35; *ders.,* Die Informationsrechte geschädigter Arzneimittelverbraucher, Frankfurt am Main, 2003; *Krüger,* Der Auskunftsanspruch gegen den pharmazeutischen Unternehmer nach § 84a AMG, PharmR 2007, 232; *Oeben,* Die Rechtsfolgenseite des § 84a Abs. 1 AMG – Inhalt und Grenzen des arzneimittelrechtlichen Auskunftsanspruchs, PharmR 2013, 221; *Voit,* Beweisfragen im Arzneimittelhaftungsrecht – Erste Erfahrungen mit der Kausalitätsvermutung in § 84 Abs. 2 AMG und dem Auskunftsanspruch nach § 84a AMG, in: Festschrift für Axel Sander zum 65. Geburtstag, 2008; *Wagner,* Die reformierte Arzneimittelhaftung im Praxistest, PharmR 2008, 370; *ders.,* Aktuelle Fragen der Arzneimittelhaftung, MedR 2014, 353; *Wudy,* Auskunftsansprüche des durch Humanarzneimittel Geschädigten gegen Behörden – Eine Analyse von § 84a Abs. 2 AMG und § 1 IFG, PharmR 2009, 161.

Übersicht

---

[281] Vgl. zur Anwendung von Art. 229 § 6 EGBGB ausführlich *Ellenberger,* in: Palandt, Art. 229 § 6 Rn. 2 bis 9 EGBGB.

[282] Zum Begriff der grob fahrlässigen Unkenntnis vgl. *Ellenberger,* in: Palandt, § 199 Rn. 39.

A. Allgemeines

I. Inhalt

1   Der Auskunftsanspruch wurde durch das Zweite SchadensersatzrechtsÄndG eingeführt, um dem Geschädigten die **prozessuale Durchsetzung** eines Haftungsanspruchs aus § 84 **zu erleichtern**[1]. Abs. 1 enthält einen Auskunftsanspruch gegenüber dem pharmazeutischen Unternehmer. Abs. 2 normiert einen entsprechenden Auskunftsanspruch gegen die Zulassungs- und Überwachungsbehörden, da ihnen Erkenntnisse zur Vertretbarkeit des angewendeten Arzneimittels vorliegen. § 84a findet auch Anwendung, wenn das schädigende Ereignis vor Inkrafttreten der Vorschrift am 1.8.2002 eingetreten ist (Art. 229 § 8 II EGBGB)[2].

II. Zweck

2   § 84a soll zum einen die beweisrechtliche Stellung des Geschädigten im Arzneimittelprozess stärken[3], indem ihm Zugang zu bei Anspruchsgegner und Zulassungs- und Überwachungsbehörden vorhandenen anspruchsrelevanten Informationen eingeräumt wird[4]. § 84a ist ein **selbständiger Hilfsanspruch** zu § 84. Er ergänzt insbes. die Kausalitätsvermutung in § 84 II hinsichtlich Beschaffung der aus der Sphäre des Anspruchsgegners stammenden Informationen[5]. § 84a setzt voraus, dass die von dem Auskunftsverlangen umfassten Tatsachen für die Feststellung eines Haftungsanspruchs erforderlich sind[6]. Die über § 84a erlangten Informationen dürfen auch zur Begründung eines Anspruchs aus § 823 BGB verwendet werden[7].

3   Zum anderen soll § 84a die **prozessuale Waffengleichheit** herstellen[8]. Es soll nicht nur die beweisrechtliche Stellung des Anspruchstellers im Prozess verbessert, sondern ihm auch bereits im Vorfeld einer gerichtlichen Auseinandersetzung ermöglicht werden, das Prozess- und Kostenrisiko eines Haftungsprozesses besser einzuschätzen[9]. Andererseits soll der Auskunftsanspruch **nicht zur Ausforschung** dienen[10]. Weiterhin soll

---

[1] *BGH*, Urt. v. 12.5.2015 – VI ZR 328/11 – BeckRS 2015, 10535, Rn. 10; BT-Drucks. 14/7752, S. 18 ff.
[2] Vgl. hierzu *OLG Brandenburg*, MedR 2010, 789.
[3] *BGH*, Urt. v. 12.5.2015 – VI ZR 328/11 – BeckRS 2015, 10535, Rn. 10; PharmR 2013, 269, 274.
[4] *BGH*, NJW 2011, 1815, 1816; *Gaßner/Reich-Malter*, MedR 2006, 147, 151; vgl. BT-Drucks. 14/7752, S. 20; hierzu *Bérézowsky*, S. 111 ff.
[5] BT-Drucks. 14/7752, S. 20.
[6] BT-Drucks. 14/7752, S. 20.
[7] *Kloesel/Cyran*, § 84a Anm. 24 m. w. N.
[8] *BGH*, PharmR 2013, 269, 274; NJW 2011, 1815, 1816; *Kloesel/Cyran*, § 84a Anm. 1.
[9] BT-Drucks. 14/7752, S. 20; *Hieke*, S. 323 f.; *Krüger*, PharmR 2005, 232, 233.
[10] BT-Drucks. 14/7752, S. 21.

vermieden werden, dass dem Auskunftsanspruch ein sog. Nuisance Value[11] zukommt, wie es im US-amerikanischen Haftungsrecht bekannt ist. Dort werden nicht selten unberechtigte Ansprüche im Vergleichswege befriedigt, weil Unternehmen die zeit- und kostenintensiven Aufklärungsmaßnahmen im Rahmen der Pre-trial Discovery scheuen[12].

III. Entstehungsgeschichte

Vor dem Inkrafttreten des § 84a war die Durchsetzung des Haftungsanspruchs für den Geschädigten mit **4** **Beweisschwierigkeiten** verbunden. Im Gegensatz zum pharmazeutischen Unternehmer kann der Arzneimittelanwender den Weg des Arzneimittels von der ersten Forschung über die Erprobung bis zu dessen Herstellungsprozess nicht überschauen[13]. Im Rahmen des § 84 a. F. lag aber die volle Beweislast für sämtliche Anspruchsvoraussetzungen beim Geschädigten[14]. Da ein allgemeiner verfahrensunabhängiger zivilrechtlicher Auskunftsanspruch nicht existierte[15], wurde der Ruf nach einem speziellen Auskunftsanspruch laut[16]. Die – durch Einführung des Auskunftsanspruchs überholte – Praxis hatte sich bis dahin dadurch beholfen, dass an die Substantiierungslast des Geschädigten im Rahmen des § 84 S. 2 Nr. 1 a. F. nur maßvolle Anforderungen gestellt wurden[17]. Der Abschlussbericht der Interministeriellen Arbeitsgruppe Arzneimittelhaftung[18] führte in der 13. Legislaturperiode zu einem Vorläuferentwurf eines Zweiten SchadensersatzrechtsÄndG[19] (ausführlicher s. Vor §§ 84–94a Rn. 6). Die neue Bundesregierung brachte in der nachfolgenden Legislaturperiode ein Gesetzgebungsverfahren in Gang, das mit dem Erlass des Zweiten SchadensersatzrechtsÄndG abgeschlossen wurde und Beweiserleichterungen und Auskunftsanspruch nunmehr kombiniert (s. Vor §§ 84–94a Rn. 7). Durch das AMG-ÄndG 2009 wurde Abs. 2 geändert. Durch den neu eingefügten S. 3 wird klargestellt, dass Ansprüche nach dem IFG unberührt bleiben.

IV. § 35 GenTG und §§ 8, 9 UmweltHG als Auslegungshilfen

Der Auskunftsanspruch des § 84a ist den Regelungen der §§ 8 ff. UmweltHG sowie des § 35 GenTG **5** nachgebildet[20]. Daraus folgt, dass diese Vorschriften als Auslegungshilfen herangezogen werden können, wobei den Besonderheiten der Arzneimittelhaftung Rechnung zu tragen ist.

B. Auskunftsanspruch gegen den pharmazeutischen Unternehmer (Abs. 1)

I. Anspruchsvoraussetzungen (S. 1)

1. Positive Anspruchsvoraussetzungen (1. Halbs.). Voraussetzung des Auskunftsanspruchs ist das **6** Vorliegen eines relevanten Schadens i. S. d. Abs. 1 Satz 1. Zudem müssen Tatsachen gegeben sein, die die Annahme begründen, dass das angewendete Arzneimittel den Schaden verursacht hat.

a) Arzneimittelanwendung. Der Geschädigte hat darzulegen und zur vollen Überzeugung des **7** Gerichts zu beweisen, dass bei ihm ein Arzneimittel des auf Auskunftserteilung in Anspruch genommenen pharmazeutischen Unternehmers angewendet wurde (s. § 84 Rn. 18 ff.).

Anspruchsgegner ist der pharmazeutische Unternehmer, der das fragliche Arzneimittel in Verkehr **8** gebracht hat. Es obliegt dem Geschädigten, das fragliche Arzneimittel einem verantwortlichen pharmazeutischen Unternehmer zuzuordnen. Der Auskunftsanspruch des Abs. 1 kommt dem Geschädigten nicht bereits bei der Aufklärung der Identität des Arzneimittels und des pharmazeutischen Unternehmers zugute[21]. Bei den hier bestehenden Schwierigkeiten, etwa bei mangelhafter Dokumentation der Medikation oder Spät- bzw. Latenzschäden, ist der Geschädigte auf Informationen der behandelnden Ärzte oder des Praxis- oder Klinikpersonals angewiesen[22]. Soweit die Abgabe von Parallelimporten oder eine Substitution durch den Apotheker in Frage stehen, werden grundsätzlich erst die Abrechnungsunterlagen der Krankenkassen Klarheit bringen können[23].

---

[11] „Nuisance Value" beschreibt den Geldbetrag, den ein Anspruchsgegner, obwohl er den Anspruch für unbegründet hält, zu zahlen bereit ist, um weitere Unannehmlichkeiten aus der Angelegenheit zu vermeiden und die Sache abzuschließen, s. a.: *Koyuncu*, S. 71. S. a. *Wagner*, VersR 2001, 1334, 1344.

[12] *Koyuncu*, S. 71.

[13] Vgl. BT-Drucks. 14/7752, S. 20.

[14] *Rehmann*, 1. Aufl., 1999, § 84 a. F. Rn. 1.

[15] *BGH*, NJW 1981, 1733; vgl. hierzu *Berezowsky*, S. 105 ff.

[16] Vgl. BT-Drucks. 14/7752, S. 20.

[17] *BGH*, NJW 1991, 2351.

[18] BR-Drucks. 1012/96, Anlage.

[19] BR-Drucks. 265/98; BT-Drucks. 13/10766.

[20] „An dem Vorbild der Regelungen der §§ 8 f. UmweltHG sowie des § 35 GenTG orientiert", BT-Drucks. 14/7752, S. 20.

[21] *Hieke*, S. 333.

[22] *Hieke*, S. 333 f. Vgl. zur Problematik der Ermittlung des Herstellers *Westermann/May*, DZWiR 1993, 257 ff. („DES"-Fälle).

[23] *Hieke,* S. 172.

9   Hat zwischen dem Inverkehrbringen des Arzneimittels und Auskunftsverlangen durch Übertragung der Zulassung ein **Wechsel in der Person** des pharmazeutischen Unternehmers stattgefunden, so ist derjenige auskunftspflichtig, der für das Inverkehrbringen des Arzneimittels verantwortlich war[24]. Es ist die Frage aufgeworfen worden, ob daneben auch der derzeitige Inhaber der Zulassung auskunftspflichtig ist[25]. Ihm werden mit der Übertragung regelmäßig alle Sicherheitsdaten zur Verfügung gestellt worden sein. In solchen wie in anderen Fällen, in denen die begehrte Information bei einem anderen pharmazeutischen Unternehmer als dem für das Inverkehrbringen verantwortlichen vorhanden ist (z. B. bei parallelimportierten Arzneimitteln oder bezugnehmenden Zulassungen), sollte der in Verkehr bringende pharmazeutische Unternehmer Auskunftsschuldner verbleiben, wobei Informationslücken sich durch Inanspruchnahme der Behörden auf Auskunft schließen lassen dürften.

10   **b) Schaden.** Der Geschädigte muss einen konkreten, nicht unerheblichen[26] Schaden i. S. d. § 84 I erlitten haben (s. § 84 Rn. 29). Aus dem Wortlaut des Abs. 1 S. 1, der in Übereinstimmung mit § 84 I 2 Nr. 1 und § 84 II auf „den Schaden" und nicht „einen Schaden" abstellt, ergibt sich, dass hiermit die **Rechtsgutsverletzung im Rahmen des § 84 I 1** gemeint ist[27]. Der Nachweis kann durch Vorlage der Krankenunterlagen, Sachverständigengutachten sowie der Vernehmung des behandelnden Arztes als sachverständigen Zeugen erfolgen[28].

11   **c) Verbindung zwischen Arzneimittelanwendung und Schaden.** Der Geschädigte hat Tatsachen vorzutragen und ggf. zu beweisen, die die Annahme begründen, dass das angewendete Arzneimittel den Schaden verursacht hat[29].

12   **Tatsachen** sind konkrete, dem Beweis zugängliche Umstände. Spekulation oder ein unbestimmter Verdacht genügen nicht[30]. Anderenfalls würde der Anspruch auf eine Ausforschung des pharmazeutischen Unternehmers hinauslaufen, die durch § 84a gerade nicht ermöglicht werden soll[31]. Mögliche Tatsachen sind etwa das Auftreten der Gesundheitsbeeinträchtigung im engen zeitlichen Zusammenhang mit der Arzneimittelanwendung[32], das Wiederauftreten der Symptome nach Reexposition[33], das Verschwinden der Symptome nach Absetzen des Arzneimittels[34], Parallelerkrankungen anderer Patienten[35], die abstrakte Schadenseignung des Arzneimittels[36] sowie der Ausschluss anderer schadensgeneigter Faktoren[37] (s. § 84 Rn. 39 ff.). Die Indiztatsachen sind vom Geschädigten vollumfänglich zu beweisen[38].

13   Der Wortlaut bringt klar zum Ausdruck, dass der Geschädigte keinen **Vollbeweis** der Kausalität erbringen muss[39]. Andererseits genügt auch nicht die bloße Möglichkeit der Ursächlichkeit. Vielmehr erfordert § 84a ein Wahrscheinlichkeitsurteil im Sinne einer Plausibilitätsprüfung dahingehend, ob die vorgetragenen Tatsachen den Schluss auf eine Ursachen-Wirkungsbeziehung zwischen dem betroffenen Arzneimittel und dem vorgebrachten Schaden des Auskunftsgläubigers ergeben[40]. Die vom Anspruchsteller dargelegten und ggf. bewiesenen Tatsachen müssen die **Annahme begründen**, dass das Arzneimittel den Schaden verursacht hat. Das Gericht hat zu beurteilen, ob die vorgetragenen Tatsachen den Schluss auf eine Ursachen-Wirkungsbeziehung zwischen dem vom pharmazeutischen Unternehmer in den Verkehr gebrachten Arzneimittel und der Rechtsgutsverletzung des Anspruchstellers zulassen[41].

---

[24] *Kloesel/Cyran*, § 84a Anm. 21.

[25] *Kloesel/Cyran*, § 84a Anm. 21.

[26] *Krüger*, PharmR 2007, 232, 233.

[27] *Wagner*, VersR 2001, 1334, 1342; *Hieke*, S. 333.

[28] *Hieke*, S. 333.

[29] *BGH*, PharmR 2015, 353; PharmR 2015, 349.

[30] *BGH*, Urt. v. 12.5.2015 – VI ZR 328/11 – BeckRS 2015, 10535, Rn. 12; PharmR 2013, 269, 274; *LG Berlin*, NJW 2007, 3584, 3585; *Kloesel/Cyran*, § 84a Anm. 2.

[31] *BGH*, Urt. v. 12.5.2015 – VI ZR 328/11 – BeckRS 2015, 10535, Rn. 12; BT-Drucks. 14/7752, S. 20; *Kloesel/Cyran*, § 84a Anm. 4.

[32] *BGH*, Urt. v. 12.5.2015 – VI ZR 63/14 – BeckRS 2015, 10536, Rn. 15; *Krüger*, PharmR 2007, 232, 235; *LG Hannover*, VersR 1984, 557 (Zyloric); *OLG Stuttgart*, VersR 1990, 631, 633 (Impletol); *Hieke*, S. 335. S. a. *LG Berlin*, NJW 2007, 3584, 3585, wo eine zeitliche Nähe nicht mehr vorlag; kritisch *Deutsch*, NJW 2007, 3586, 3587. Die Entscheidung des *LG Berlin* wurde durch *KG*, Beschl. v. 24.5.2007 – 8 U 214/06 – juris, bestätigt; zustimmend *Wagner*, PharmR 2008, 370, 374 ff.

[33] *LG Traunstein*, MedR 1995, 241; *Hieke*, PharmR 2005, 35.

[34] *LG Hannover*, VersR 1984, 557 (Zyloric); *Hieke*, PharmR 2005, 35 f.

[35] *Hieke*, PharmR 2005, 35 f.; *BGH*, NJW 1982, 2447, 2448.

[36] *BGH*, Urt. v. 12.5.2015 – VI ZR 63/14 – BeckRS 2015, 10536, Rn. 15.

[37] *LG Hannover*, VersR 1984, 557 (Zyloric); *Hieke*, PharmR 2005, 35 f. A. A. *OLG Brandenburg*, MDR 2010, 789; *KG*, Urt. v. 8.6.2009 – 10 U 262/06 – BeckRS 2008, 25143 für den Fall, dass zur Substantiierung anderer schadensgeneigter Faktoren ein Sachverständigenbeweis erforderlich werden sollte.

[38] *Kullmann/Pfister*, Kz. 3800, S. 57; *Kloesel/Cyran*, § 84a Anm. 2; *LG Berlin*, NJW 2007, 3584, 3585.

[39] *BGH*, Urt. v. 12.5.2015 – VI ZR 328/11 – BeckRS 2015, 10535, Rn. 12; Urt. v. 12.5.2015 – VI ZR 63/14 – BeckRS 2015, 10536, Rn. 11; PharmR 2013, 269. 274; *Krüger*, PharmR 2007, 232, 234.

[40] *BGH*, Urt. v. 12.5.2015 – VI ZR 63/14 – BeckRS 2015, 10536, Rn. 11; PharmR 2013, 269. 274; *OLG Brandenburg*, MedR 2010, 789; *LG Berlin*, NJW 2007, 3584, 3585; *Wagner*, PharmR 2008, 370, 374 ff.; *Krüger*, PharmR 2007, 232, 234; ebenso für das UmweltHG: *Paschke*, § 8 Rn. 44; *Kohler*, in: Staudinger, § 8 UmweltHG Rn. 20.

[41] *Hieke*, S. 336; BT-Drucks. 14/7752, S. 20.

Die begründete Annahme der Schadensverursachung stellt einen **niedrigeren Grad an Wahrschein- 14 lichkeit** dar als das Regel-Beweismaß der vollen richterlichen Überzeugung von der Wahrheit (§ 286 I 1 ZPO)[42]. Der Wahrscheinlichkeitsgrad, ab dem von der geforderten Plausibilität auszugehen ist, lässt sich nur schwer abstrakt bestimmen. Dem allgemeinen Sprachgebrauch folgend kann man einen Kausal- zusammenhang zwischen Arzneimitteleinnahme und Schaden dann annehmen, wenn man zu dem Ergebnis gelangt, dass mehr für einen Kausalzusammenhang spricht als dagegen. Nicht mehr annehmen kann man einen Kausalzusammenhang hingegen dann, wenn mehr gegen ihn spricht als dafür. Dies wäre vom natürlichen Wortsinn des Begriffs der „begründeten Annahme" nicht mehr gedeckt[43]. In jedem Fall hat aber eine **einzelfallbezogene Betrachtung** zu erfolgen[44].

Die **Anforderungen an die Darlegung** des Geschädigten dürfen nicht überspannt werden, um den 15 Zweck des Auskunftsanspruchs nicht zu vereiteln. Der Richter hat insbes. Sachverhaltsaufklärungs- schwierigkeiten des Geschädigten angemessen zu berücksichtigen[45]. Bezüglich des **Umfangs** muss ein vollständiger Sachvortrag des Anspruchstellers erfolgen, denn dieser ist durch das Tatbestandsmerkmal „begründete Annahme" nicht von seiner Substantiierungslast befreit[46]. Eine Beschränkung auf jene Tatsachen, die für die Schadensverursachung durch das Arzneimittel sprechen, ist nicht zulässig. Nur wenn alle sowohl für als auch gegen die Schadensverursachung sprechenden Tatsachen vorgetragen werden, kann der Richter im Rahmen der Plausibilitätsprüfung eine Gesamtwürdigung treffen. Daher muss der gesamte mit der behaupteten Gesundheitsbeeinträchtigung und der Arzneimittelanwendung im Zusammenhang stehende Lebenssachverhalt vom Geschädigten dargelegt werden[47]. Insbes. sind Einzel- heiten der Arzneimittelanwendung und der Gesundheitsbeeinträchtigung, Vorerkrankungen, Risikofak- toren, medizinische Eingriffe sowie die Einnahme anderer Arzneimittel[48] darzutun. Regelmäßig ist hierfür die Vorlage der vollständigen einschlägigen Krankenunterlagen erforderlich. Im Hinblick auf die **Art der Tatsachen** kann zwar nach dem Willen des Gesetzgebers nicht verlangt werden, solche Tatsachen vorzutragen, die umfangreiche sachverständige Stellungnahmen erfordern[49]. Zu weit ginge es aber, jedes Tatsachenvorbringen ausreichen zu lassen, solange es nicht ins Blaue hinein erfolgt[50]. Daher muss der Geschädigte sämtliche in seiner Sphäre liegenden Umstände auf eine mögliche Verbindung zwischen Rechtsgutsverletzung und Arzneimittelanwendung auf eigene Kosten untersuchen, wobei er auch zu Nachforschungen verpflichtet sein kann[51].

Der pharmazeutische Unternehmer kann auf die Plausibilitätsprüfung einwirken, indem er Indizien 16 vorträgt, die gegen die Verursachung der Rechtsgutsverletzung sprechen[52]. Der bloße Hinweis auf eine mögliche **Alternativursache** reicht hierzu aber nicht aus. Kommt den Alternativursachen hingegen eine überwiegende Schadenswahrscheinlichkeit zu, ist ein Kausalzusammenhang mit dem Arzneimittel nicht mehr anzunehmen[53]. Bei substantiiertem Bestreiten des pharmazeutischen Unternehmers ist der Geschädigte zudem im Rahmen seiner Substantiierungslast gezwungen, seinen Sachvortrag um die in seiner Sphäre liegenden, dem Unternehmer nicht zugänglichen medizinischen Informationen zu ergänzen[54].

2. Negative Anspruchsvoraussetzungen (2. Halbs.). Der Auskunftsanspruch besteht nicht, wenn 17 dies zur Feststellung, ob ein Anspruch aus § 84 begründet ist, **nicht erforderlich** ist (S. 1, 2. Halbs.). Die Erforderlichkeit der Auskunft besteht nur, wenn die Möglichkeit besteht, dass die mit der Auskunft begehrten Informationen überhaupt der Durchsetzung des Schadensersatzanspruchs nach § 84 dienen können[55]. Ist dies nicht der Fall, lassen sich durch den Auskunftsanspruch die vom Gesetzgeber angestrebten Ziele der Herstellung prozessualer Chancengleichheit und der Stärkung der beweisrecht- lichen Stellung des Anspruchstellers im Hinblick auf den Schadensersatzanspruch nach § 84 nicht erreichen und die Erforderlichkeit ist zu verneinen[56]. Dies ist auch sachgerecht. § 84a stellt einen Eingriff in mehrere grundrechtlich geschützte Positionen dar (Art. 12 GG, Art. 14 GG). Der pharma- zeutische Unternehmer wird durch § 84a verpflichtet, Daten über geschäftliche und innerbetriebliche

[42] *BGH*, Urt. v. 12.5.2015 – VI ZR 328/11 – BeckRS 2015, 10535, Rn. 12; Urt. v. 12.5.2015 – VI ZR 63/14 – BeckRS 2015, 10536, Rn. 11.
[43] Teilweise wird in Anlehnung an § 35 GenTG sowie § 8 UmweltHG auch das Kriterium der ernsthaften Möglich- keit herangezogen, vgl. *Hieke*, PharmR 2005, 35 f.
[44] *Kloesel/Cyran*, § 84a Anm. 2.
[45] BT-Drucks. 14/7752, S. 20.
[46] *Hieke*, PharmR 2005, 35 f.
[47] *Hieke*, PharmR 2005, 35 f.; *Koyuncu*, S. 258 f.; *Wagner*, PharmR 2008, 370, 376 f.
[48] *Hieke*, PharmR 2005, 35, 37.
[49] BT-Drucks. 14/7752, S. 20.
[50] So für das UmweltHG, *Paschke*, § 8 Rn. 46. Schließlich soll eine Ausforschung des pharmazeutischen Unterneh- mers gerade vermieden werden.
[51] *Hieke*, S. 338.
[52] *Cahn*, Rn. 68.
[53] Vgl. hierzu auch *Hieke*, PharmR 2005, 38.
[54] *Hieke*, PharmR 2005, 38; *Wagner*, PharmR 2008, 370, 376 f.
[55] *BGH*, Urt. v. 12.5.2015 – VI ZR 328/11 – BeckRS 2015, 10535, Rn. 21; Urt. v. 12.5.2015 – VI ZR 63/14 – BeckRS 2015, 10536, Rn. 19.
[56] *BGH*, Urt. v. 12.5.2015 – VI ZR 328/11 – BeckRS 2015, 10535, Rn. 21; PharmR 2013, 269, 275 m. w. N.

Vorgänge offenzulegen. Die sorgfältige Erfüllung des Auskunftsanspruchs erfordert seitens des pharmazeutischen Unternehmers zudem einen erheblichen organisatorischen, logistischen, zeitlichen und nicht zuletzt auch finanziellen Aufwand (zu den Rechtsfolgen einer nicht sorgfaltsgemäßen Auskunftserteilung s. Rn. 43 ff.). Das Kriterium der **Erforderlichkeit** soll daher sicherstellen, dass der pharmazeutische Unternehmer nur in dem im Einzelfall erforderlichen Umfang belastet wird. Der Auskunftsanspruch soll **keine Ausforschung** des pharmazeutischen Unternehmers ermöglichen[57]. Schließlich besteht die Gefahr, dass Anspruchsteller den Auskunftsanspruch zur Verfolgung zweckfremder Ziele, etwa zur reinen Druckausübung, missbrauchen. Dies hat auch der Gesetzgeber erkannt und daher vorgesehen, dass ein Auskunftsanspruch nach § 84a nur dann besteht, wenn ein Schadensersatzanspruch ernsthaft in Betracht kommt[58].

18 Nicht erforderlich ist die Auskunft vor diesem Hintergrund, wenn bereits feststeht, dass der **Anspruch aus § 84** – nach beiden Alt. des § 84 I 2 –[59], dessen Durchsetzung § 84a ermöglichen soll, **nicht besteht**[60], weil beispielsweise die vorgebrachte Gesundheitsverletzung unerheblich ist, der Auskunftsgläubiger lediglich einen Vermögensschaden erlitten hat, der Anspruch aus § 84 I bereits verjährt ist, die Aktivlegitimation des Auskunftsersuchenden entfallen ist[61] oder nach dem Ergebnis der Beweisaufnahme der Ursachenzusammenhang zwischen der Einnahme des Arzneimittels und der vorgebrachten Gesundheitsschädigung nicht nachweisbar ist, etwa weil beim Kläger vorhandene Risikofaktoren für sich allein den Gesundheitsschaden herbeigeführt haben können. Solche Risikofaktoren können durch die begehrte Auskunft nicht ausgeräumt werden. Ist unabhängig von der Auskunft eine Haftung des pharmazeutischen Unternehmers nach beiden Alt. des § 84 I offensichtlich ausgeschlossen[62], ist die Auskunft in diesem Fall nicht geeignet, die beweisrechtliche Stellung des Klägers zu stärken[63]. Auch vor diesem Hintergrund ist die Beweisfrage nach anderen Umständen stets vorrangig zu beantworten[64]. Des Weiteren fehlt es an der Erforderlichkeit, wenn die begehrten Informationen anderweitig beschafft werden können. Auch bei Unstreitigkeit hinsichtlich der Umstände, über die Auskunft verlangt werden soll, fehlt es an der Erforderlichkeit[65]. Durch das Kriterium der Erforderlichkeit soll sichergestellt werden, dass der pharmazeutische Unternehmer nur im benötigten Umfang mit Pflichten belastet wird[66]. Der Auskunftsanspruch soll keine Ausforschung des pharmazeutischen Unternehmers ermöglichen (s. Rn. 3)[67]. Die Erforderlichkeit ist damit Ausdruck des auf § 242 BGB basierenden Rechtsgedankens von Treu und Glauben, der auch § 84a begrenzt[68].

19 Die **Beweislast** für die mangelnde Erforderlichkeit trifft entgegen § 35 GenTG und § 8 UmweltHG nach dem Wortlaut der Vorschrift („es sei denn") den pharmazeutischen Unternehmer[69]. Dabei ist im Auskunftsverfahren keine Beweiserhebung zu Tatsachen, die den Anspruchsinhalt betreffen, etwa der Vertretbarkeit des Nutzen-Risiko-Verhältnisses, durchzuführen[70]. Allerdings kommt dem Geschädigten eine **erweiterte Darlegensobliegenheit** für solche Tatsachen zu, die ausschließlich in seiner Sphäre liegen (s. auch Rn. 15 f.)[71].

20 **a) Anspruch nach § 84 besteht nicht.** Der Anspruch aus § 84 besteht insbes. dann nicht, wenn das Arzneimittel nicht bestimmungsgemäß angewendet wurde, ein unerheblicher Schaden entstanden, das Arzneimittel nicht fehlerhaft oder der Anspruch untergegangen oder verjährt ist. In all diesen Fällen kann § 84a seine Funktion nicht mehr erfüllen, nämlich die Geltendmachung und Durchsetzung eines Schadensersatzanspruchs aus § 84 vorzubereiten und zu erleichtern[72].

21 Im Falle eines **nicht bestimmungsgemäßen Gebrauchs** hat sich nicht das Risiko einer unsachgemäßen Arzneimittelbeschaffenheit verwirklicht, sondern einer unsachgemäßen Anwendung des Arzneimittels (zur umstrittenen Frage, ob ein „Off-label-Use" als bestimmungsgemäßer Gebrauch anzusehen ist s. § 84 Rn. 69 ff.)[73]. Für den bestimmungsgemäßen Gebrauch trifft den Geschädigten bei Bestreiten durch den pharmazeutischen Unternehmer die sekundäre Darlegungslast, da die Umstände der Arznei-

---

[57] *Brock/Rekitt*, Anm. zu *BGH*, PharmR 2013, 269, 276 f.; BT-Drucks. 14/7752, S. 21.
[58] *Brock/Rekitt*, Anm. zu *BGH*, PharmR 2013, 269, 277.
[59] *BGH*, Urt. v. 12.5.2015 – VI ZR 328/11 – BeckRS 2015, 10535, Rn. 22.
[60] *BGH*, Urt. v. 12.5.2015 – VI ZR 328/11 – BeckRS 2015, 10535, Rn. 26.
[61] *BGH*, Urt. v. 12.5.2015 – VI ZR 328/11 – BeckRS 2015, 10535, Rn. 26; gem. Rn. 25 f. nicht hingegen bei bloßer Behauptung des pharmazeutischen Unternehmers, bei der in Frage stehenden Nebenwirkung handle es sich um eine „vertretbare" Nebenwirkung.
[62] *BGH*, Urt. v. 12.5.2015 – VI ZR 328/11 – BeckRS 2015, 10535, Rn. 26, 31.
[63] Vgl. zum Ganzen ausführlich *BGH*, PharmR 2013, 269, 275.
[64] *Brock/Rekitt*, Anm. zu *BGH*, PharmR 2013, 269, 277.
[65] *BGH*, PharmR 2013, 269, 275; *Krüger*, PharmR 2007, 232, 236.
[66] BT-Drucks. 14/7752, S. 21.
[67] Vgl. *Kloesel/Cyran*, § 84a Anm. 4.
[68] *Kohler*, in: Staudinger, § 8 UmweltHG Rn. 14; *Paschke*, § 8 Rn. 112 ff.
[69] *BGH*, Urt. v. 12.5.2015 – VI ZR 328/11 – BeckRS 2015, 10535, Rn. 23; *BGH*, Urt. v. 12.5.2015 – VI ZR 63/14 – BeckRS 2015, 10536, Rn. 19; *BGH*, PharmR 2013, 269, 275 m. w. N.
[70] *BGH*, Urt. v. 12.5.2015 – VI ZR 328/11 – BeckRS 2015, 10535, Rn. 29.
[71] *LG Berlin*, NJW 2007, 3584, 3586; *Wagner*, PharmR 2008, 370, 376 f.; *Hieke*, PharmR 2005, 35, 38 f.
[72] *Hieke*, PharmR 2005, 35, 38.
[73] *Hieke*, S. 344; *Krüger*, PharmR 2007, 232, 233.

mitteleinnahme in seinen alleinigen Wahrnehmungsbereich fallen[74]. Allerdings kann eine Haftung nach **§ 84 I 2 Nr. 2** eröffnet sein, wenn den pharmazeutischen Unternehmer eine gesteigerte Informationspflicht trifft, der er in Produktkennzeichnung und -information nicht nachgekommen ist (s. § 84 Rn. 105 ff.). Eine solche Pflichtensteigerung wurde von der Rechtsprechung im Hinblick auf Gefahren eines **naheliegenden Fehlgebrauchs**[75] und die Folgen einer Überdosierung von Arzneimitteln, die typischerweise in lebensbedrohlichen Situationen angewendet werden[76], angenommen.

Allerdings muss der Geschädigte nichts schon bereits im Rahmen der Geltendmachung des Auskunfts- **22** anspruchs die **Bestimmungsgemäßheit der Anwendung** des Arzneimittels darlegen und ggf. beweisen[77]. Die Frage der „bestimmungsgemäßen Anwendung" wird sich oftmals erst durch einen Sachverständigenbeweis klären lassen, was Gegenstand eines nachfolgenden Schadenersatzprozesses sein sollte[78]. Außerdem wird in § 84a der bestimmungsgemäße Gebrauch bzw. die entsprechende Anwendung des Arzneimittels nicht zur Tatbestandsvoraussetzung des Auskunftsanspruchs gemacht[79].

Bei Beurteilung der **Vertretbarkeit** gem. § 84 I 2 Nr. 1 ist im Rahmen des § 84a zu beachten, dass **23** diese Vorschrift den Haftungsanspruch des § 84 nur vorbereiten und dessen Prüfung nicht vorwegnehmen soll. Daher besteht kein Raum für umfangreiche sachverständige Untersuchungen[80]. Die Vertretbarkeit ist im Auskunftsprozess nur summarisch zu prüfen[81]. Die **Beweislast** für die Vertretbarkeit trifft im Rahmen der Einwendung des § 84a den pharmazeutischen Unternehmer (s. Rn. 18). Von besonderer Bedeutung sind hierbei behördliche Entscheidungen zur Vertretbarkeit, z. B. aus nationalen und internationalen Risikobewertungsverfahren. Sind Arzneimittelzulassungsbehörden in Kenntnis aller Umstände von der Verkehrsfähigkeit des Arzneimittels überzeugt, ist kein Raum für einen auf die Unvertretbarkeit zielenden Auskunftsanspruch.

Typische Fälle des **Anspruchuntergangs** sind Erfüllung oder Unmöglichkeit. Beruft sich der Unter- **24** nehmer berechtigterweise auf **Verjährung** des Anspruchs aus § 84, so entfällt das Informationsinteresse des Geschädigten i. S. v. § 84a[82].

b) Anderweitige Informationsmöglichkeit. An der Erforderlichkeit fehlt es auch, wenn sich der **25** Geschädigte die begehrte Information aus öffentlich zugänglichen Quellen unschwer **selbst beschaffen** kann[83]. Die Ausübung des § 84a wäre in einem derartigen Fall treuwidrig[84]. Freilich ist Zurückhaltung geboten, den Geschädigten auf andere Quellen zu verweisen, da er grundsätzlich ein berechtigtes Interesse hat, die Vollständigkeit und Korrektheit der Angaben unmittelbar von dem betroffenen pharmazeutischen Unternehmer oder den zuständigen Behörden bestätigt zu bekommen.

Der pharmazeutische Unternehmer kann den Geschädigten nicht auf einen behördlichen Auskunfts- **26** anspruch nach Abs. 2 verweisen[85]. Aus dem Wortlaut von Abs. 2 („auch") ergibt sich ein **Nebeneinander** der Ansprüche aus Abs. 1 und Abs. 2. Nach der Gesetzesbegründung ist eine Parallelität beider Ansprüche gewollt, um es dem Geschädigten zu ermöglichen, Informationen des pharmazeutischen Unternehmers auf ihre Richtigkeit zu überprüfen oder schneller Auskunft zu erhalten[86].

Ebenso wenig kann der Geschädigte darauf verwiesen werden, dass bereits **anderen** Geschädigten **27** entsprechende Auskunft erteilt worden ist[87]. Insoweit liegen keine öffentlich zugänglichen Quellen vor.

II. Verjährung des Auskunftsanspruchs

Der Auskunftsanspruch nach § 84a unterliegt der **regelmäßigen Verjährungsfrist** nach §§ 195, 199 **28** I BGB[88]. Bis zum 14.12.2004 bestimmte sich die Verjährung des Auskunftsanspruchs nach der speziellen Verjährungsvorschrift des § 90 a. F.

Die für den **Verjährungsbeginn** maßgebliche Kenntnis oder grob fahrlässige Unkenntnis bezieht sich **29** gem. § 84a auf jene Tatsachen, aus denen sich die begründete Annahme ergibt, dass die vorgebrachten

---

[74] *BGH*, Urt. v. 12.5.2015 – VI ZR 328/11 – BeckRS 2015, 10535, Rn. 31; *LG Berlin*, NJW 2007, 3584, 3586; vgl. auch *Voit*, in: FS für Sander, S. 383, wonach die Beweislast bezüglich der Frage, ob eine Arzneimittelanwendung bestimmungsgemäß war, als Anspruchsvoraussetzung den Anspruchsteller trifft.
[75] *Sander,* § 84 Erl. 17; *Flatten*, MedR 1993, 463, 465; *Kullmann/Pfister*, Kz. 3800, S. 27.
[76] *BGH*, NJW 1989, 1542 ff.; *Deutsch*, JZ 1989, 855, 856; *Otto*, MDR 1990, 588, 589.
[77] *OLG Köln*, Urt. vom 26.1.2011 – 5 U 81/10 Rn. 32, *OLG Brandenburg*, MedR 2010, 789; *KG*, Urt. 8.6.2009 – 10 U 262/06 – BeckRS 2008, 25143; a. A. *Krüger*, PharmR 2007, 232, 233.
[78] *BGH*, Urt. v. 12.5.2015 – VI ZR 328/11 – BeckRS 2015, 10535, Rn. 29.
[79] *OLG Brandenburg*, MedR 2010, 789.
[80] BT-Drucks. 14/7752, S. 20; *Hieke*, S. 346.
[81] *Hieke*, S. 346.
[82] *Hieke*, S. 347.
[83] *Krüger*, PharmR 2007, 232, 236.
[84] *Kohler*, in: Staudinger, § 8 UmweltHG Rn. 14; *Paschke*, § 8 Rn. 114 ff.
[85] *Kohler*, in: Staudinger, § 8 UmweltHG Rn. 14; *Kloesel/Cyran*, § 84a Anm. 3.
[86] Gegenäußerung der Bundesregierung zur Stellungnahme des Bundesrates zum Entwurf des Zweiten SchadensersatzrechtsÄndG vom 7.12.2001, BT-Drucks. 14/7752, S. 54.
[87] *Hieke*, S. 348.
[88] *OLG Brandenburg*, PharmR 2011, 419, 420; *OLG München*, Urt. v. 25.11.2009 – 20 U 3065/09 – BeckRS 2009, 87185.

Beschwerden durch die Anwendung des Arzneimittels verursacht wurden. Ein lediglich unbegründeter Verdacht setzt die Verjährung noch nicht in Gang. Dies geschieht erst, wenn dem Geschädigten Tatsachen bekannt sind bzw. grob fahrlässig unbekannt geblieben sind, die dem Richter eine Plausibilitätsprüfung hinsichtlich Ursache-Wirkungsbeziehung von Arzneimittel und Schaden erlauben[89]. Auf die Fehlerhaftigkeit des Arzneimittels (§ 84 I 2 Nr. 1 oder Nr. 2) kommt es für die Verjährung des Auskunftsanspruchs von vornherein nicht an. Die Fehlerhaftigkeit des Arzneimittels ist im Bereich des § 84a kein anspruchsbegründender Umstand. Ebenso wenig kommt es auf Kenntnisse im Hinblick auf das Nutzen-Risiko-Verhältnis an[90].

30   Die Verjährung des Auskunftsanspruchs wird nach h. M. nicht nach §§ 204 I 1 Nr. 1 BGB, 253 I ZPO durch die Erhebung einer **Schadensersatzklage** gehemmt. Die Erhebung einer Klage unterbricht die Verjährung nach § 204 I Nr. 1 BGB nur im Hinblick auf den streitgegenständlichen prozessualen Anspruch[91]. Bei dem Auskunftsanspruch nach § 84a und dem Schadensersatzanspruch nach § 84 handelt es sich um zwei selbständig nebeneinander stehende Ansprüche. Der Auskunftsanspruch verfolgt ein anderes Anspruchsziel als der Schadensersatzanspruch. Ferner knüpft er an andere Tatbestandsvoraussetzungen an als der Schadensersatzanspruch[92]. Der Auskunftsanspruch nach § 84a stellt daher weder ein „Minus“ noch eine „spezielle Ausprägung“ des Schadensersatzanspruchs nach § 84 dar[93]. Eine Hemmung der Verjährung des Auskunftsanspruchs folgt auch nicht aus § 213 BGB[94].

III. Inhalt und Form des Auskunftsanspruchs (S. 2)

31   **1. Inhalt.** Inhaltlich richtet sich der Auskunftsanspruch gem. **Abs. 1 S. 2** auf alle dem pharmazeutischen Unternehmer bekannten Wirkungen, Nebenwirkungen und Wechselwirkungen sowie Verdachtsfälle von Neben- oder Wechselwirkungen und sämtliche weiteren Erkenntnisse, die für die Bewertung der Vertretbarkeit schädlicher Wirkungen von Bedeutung sein können. Ausgangspunkt für den im konkreten Fall geschuldeten Inhalt der Auskunft ist der jeweilige Tenor des Urteils[95].

32   Von der Auskunftspflicht umfasst sind nur **Tatsachen,** keine Schlussfolgerungen oder Wertungen[96]. Es kommt nicht darauf an, ob die Informationen dem pharmazeutischen Unternehmer durch Eigenforschung, durch Beauftragung Dritter[97] oder zufällig bekannt geworden sind.

33   Zeitlich erstreckt sich die Mitteilungspflicht auf alle Tatsachen, die **bis zum Zeitpunkt des Auskunftsbegehrens** bekannt geworden sind, und nicht nur auf solche, die zum Zeitpunkt des Inverkehrbringens bekannt waren[98].

34   Der Auskunftsanspruch umfasst solche Informationen, die durch **Ausschöpfung aller** im Unternehmensbereich vorhandenen **Informationsquellen** erlangt werden können[99]. Dabei kommt dem Anspruchsteller zugute, dass der pharmazeutische Unternehmer im Rahmen seiner arzneimittelsicherheitsrechtlichen Gefahrerforschungspflicht und deliktischen Produktbeobachtungspflicht zur Sachverhaltserforschung verpflichtet ist[100]. Die dabei gewonnenen Erkenntnisse kann der Geschädigte abschöpfen. Den pharmazeutischen Unternehmer trifft im Rahmen des § 84a aber keine allgemeine Pflicht zur Sachverhaltsaufklärung[101]. Gegen eine Informationsbeschaffungspflicht spricht bereits der Wortlaut des Gesetzes in Abs. 1 S. 2 („bekannte“). Zudem reicht es zur Herstellung der prozessualen Waffengleichheit aus, Informationen abzuschöpfen[102]. Eine Pflicht zur Informationsrecherche würde dem Geschädigten mehr geben als vom Gesetzgeber gewollt. Das wird vor allem bei firmenexternen Quellen relevant. Werden beispielsweise selbständige Vertriebsgesellschaften, Lizenzhersteller, Parallel- bzw. Reimporteure oder Generika-Hersteller in Anspruch genommen, so verfügen diese typischerweise über keine näheren Informationen zur klinischen Prüfung. Deren Lieferant oder Lizenzgeber wird auch regelmäßig nicht gewillt sein, die jeweiligen Informationen zu offenbaren. Solche Personen können also nur in beschränktem Umfang Auskunft erteilen[103].

[89] *BGH*, Urt. v. 12.5.2015 – VI ZR 328/11 – BeckRS 2015, 10535, Rn. 12; *OLG Köln*, NJW-RR 2011, 1319, 1320.
[90] *OLG Brandenburg*, PharmR 2011, 419, 421.
[91] *OLG Brandenburg*, PharmR 2011, 419, 421 m. umfangreichen w. N.; *OLG München*, Urt v. 25.11.2009 – 20 U 3065/09 – BeckRS 2009, 87185; *Ellenberger*, in: Palandt, § 204 Rn. 13.
[92] *OLG Brandenburg*, PharmR 2011, 419, 421; *OLG München*, Urt. v. 25.11.2009 – 20 U 3065/09 – BeckRS 2009, 87 185.
[93] *OLG Brandenburg*, PharmR 2011, 419, 421.
[94] *OLG Brandenburg*, PharmR 2011, 419, 421.
[95] *Oeben*, PharmR 2013, 221, 221.
[96] *Hieke*, S. 329.
[97] *Kloesel/Cyran*, § 84a Anm. 5.
[98] *Hieke*, PharmR 2005, 35, 40; sogar nur auf den Zeitpunkt des Schadenseintritts abstellend *Oeben*, PharmR 2013, 221, 224.
[99] *Paschke*, § 8 Rn. 139; *BGH*, NJW 1989, 1601, 1602; *BGHZ*, 81, 21, 25.
[100] *Hieke*, PharmR 2005, 35, 43 f.
[101] *Oeben*, PharmR 2013, 221, 223; *Hieke*, PharmR 2005, 35, 43 f.; *Klevemann*, PharmR 2002, 393, 394.
[102] *Hieke*, S. 360.
[103] *Hieke*, PharmR 2005, 35, 44; *Hieke*, S. 361.

Hinsichtlich des **Umfangs der Auskunft** stehen sich das Interesse des Geschädigten an möglichst viel **35** Information sowie das Interesse des pharmazeutischen Unternehmers an möglichst wenig Information gegenüber. Das Spannungsfeld zwischen diesen gegenläufigen Interessen ist dahingehend aufzulösen, dass nur solche Informationen mitzuteilen sind, die sich auf die im konkreten Fall behaupteten schädlichen Arzneimittelwirkungen, mithin das im Einzelfall vorgebrachte **Krankheitsbild**, beziehen und in einem Zusammenhang mit der Rechtsgutsverletzung stehen[104]. Diese Einschränkung ergibt sich aus Sinn und Zweck des Auskunftsanspruchs nach § 84a als Hilfsanspruch zu § 84. Auskünfte zu anderen als den im konkreten Fall behaupteten schädlichen Wirkungen können nicht der Prüfung bzw. Durchsetzung eines etwaigen Schadensersatzanspruchs nach § 84 I dienen, daher kann sie der Verbraucher auch nicht vom pharmazeutischen Unternehmer verlangen[105]. Ist etwa nur ein einzelnes Organ geschädigt, so sind nur die dieses Organ betreffenden Erkenntnisse anzugeben, soweit sie in dem konkreten Fall eine Rolle spielen können. Eine Mitteilungspflicht für alle anderen Informationen würde den Auskunftsanspruch zu Gunsten des Geschädigten überdehnen[106]. Für diese Informationen muss die Auskunft aber vollständig sein.

Mitzuteilen sind bekannte **Wirkungen, Nebenwirkungen und Wechselwirkungen.** Bei den **36** Wirkungen handelt es sich in Abgrenzung zu den Neben- und Wechselwirkungen um die positiven körperlichen Veränderungen, die den therapeutischen Nutzen des Arzneimittels ausmachen[107]. Der Auskunftsanspruch erschöpft sich allerdings nicht in der Wiederholung der Angaben in Fach- und Gebrauchsinformation, sondern umfasst beispielsweise auch die Mitteilung von relevanten pharmakologischen Eigenschaften sowie Angaben über Pharmakokinetik und die Bioverfügbarkeit[108].

Ebenso sind alle dem pharmazeutischen Unternehmer bekannt gewordenen **Verdachtsfälle von** **37** **Neben- und Wechselwirkungen** offenzulegen, auch wenn die Aussagekraft von Verdachtsfällen gering ist. Mitzuteilen sind lediglich solche Verdachtsfälle, die ein vergleichbares Schadensbild mit der eingetretenen Gesundheitsschädigung aufweisen. Nur dann können Verdachtsfälle einen Beitrag zur Erforschung des Kausalzusammenhangs liefern und damit dem Zweck des Auskunftsanspruchs dienen[109]. Vom pharmazeutischen Unternehmer vorgenommene Schlussfolgerungen und Wertungen sind keine Tatsachen und damit nicht Auskunftsgegenstand[110]. Dies ergibt sich aus dem eindeutigen Wortlaut des § 84a I 2, der sich nur auf „dem pharmazeutischen Unternehmer bekannte Wirkungen, Nebenwirkungen und Wechselwirkungen sowie ihm bekannt gewordene Verdachtsfälle von Nebenwirkungen und Wechselwirkungen und sämtliche weitere **Erkenntnisse**, die für die Bewertung der Vertretbarkeit schädlicher Wirkungen von Bedeutung sein können", bezieht. Bei den vom pharmazeutischen Unternehmer durchgeführten internen Bewertungen handelt sich nicht um „Erkenntnisse" in diesem Sinne, sondern um die vom pharmazeutischen Unternehmer aufgrund derartiger „Erkenntnisse" gezogenen Schlussfolgerungen. Auch die Gesetzesbegründung spricht stets von „Tatsachen" bzw. „Fakten"[111]. Somit fällt die Bewertung des Stufenplanbeauftragten nach § 63a I 1, ob im Verdachtsfall ein Arzneimittelrisiko vorliegt, nicht unter Abs. 1 S. 2. Dasselbe gilt für die nach § 63d I vom pharmazeutischen Unternehmer gegenüber der zuständigen Arzneimittelbehörde vorgenommene Bewertung.

Der Auskunftsanspruch umfasst auch **sämtliche weiteren für die Bewertung der Vertretbarkeit** **38** **schädlicher Wirkungen bedeutsamen Erkenntnisse.** Dies wurde als zu unbestimmt kritisiert. Es wurde befürchtet, dass der Anspruchsteller hierdurch in die Lage versetzt werde, unberechtigte Schadensersatzansprüche durchzusetzen[112]. Insbes. die Möglichkeit, dass der Auskunftsanspruch des § 84a als Druckmittel eingesetzt wird, um den pharmazeutischen Unternehmer zu einem Vergleich zu bewegen, ist nicht gänzlich von der Hand zu weisen. Dem sollte durch eine restriktive Interpretation der Vorschrift begegnet werden[113]. Es sind daher grundsätzlich nur solche Informationen zu offenbaren, die einen Bezug zum Krankheitsbild des Geschädigten aufweisen[114]. Zu beachten ist auch, dass nach dem Wortlaut („für die Bewertung der Vertretbarkeit schädlicher Wirkungen") nur Auskunft über Erkenntnisse, welche für die Geltendmachung eines Anspruchs nach § 84 I 2 Nr. 1 erforderlich sind, verlangt werden kann. Alle anderen Informationen dienen nicht der Vorbereitung der Geltendmachung des Haftungsanspruchs, sondern einer Ausforschung des pharmazeutischen Unternehmers.

2. Form. § 84a dient der Informationsbeschaffung und Beweissicherung zur Vorbereitung eines **39** Haftungsprozesses. Somit hat die Auskunft typischerweise **schriftlich** zu erfolgen[115]. § 84a vermittelt

---

[104] *Moelle* in *Dieners/Reese*, § 13 Arzneimittelhaftung, Rn. 81; *Kloesel/Cyran*, § 84a Anm. 3.
[105] *Moelle* in *Dieners/Reese*, § 13 Arzneimittelhaftung, Rn. 81; *Kloesel/Cyran*, § 84a Anm. 3.
[106] A. A. *Koyuncu*, S. 68 f.
[107] *Hieke*, S. 353.
[108] *Hieke*, S. 353.
[109] *Moelle* in *Dieners/Reese*, § 13 Arzneimittelhaftung, Rn. 81; *Kloesel/Cyran*, § 84aAnm.. 3; *Oeben*, PharmR 2013, 221, 222; *Hieke*, PharmR 2005, 35, 40.
[110] *Hieke*, PharmR 2005, 35, 41; *Moelle* in *Dieners/Reese*, § 13 Arzneimittelhaftung, Rn. 75, 79.
[111] BT-Drucks. 14/7752, S. 20; *Oeben*, PharmR 2011, 221, 223.
[112] *Wagner*, VersR 2001, 1334, 1343 f.
[113] A. A. *Koyuncu*, S. 69 f.
[114] *Hieke*, PharmR 2005, 35, 42.
[115] *Kullmann/Pfister*, Kz. 3800, S. 58; *Kloesel/Cyran*, § 84a Anm. 7.

keinen Anspruch auf (Akten-)Einsicht[116]. Auch die Herausgabe von Kopien der Originaldokumente ist im Rahmen des § 84 I nicht geschuldet[117]. Tut der pharmazeutische Unternehmer dies dennoch, stellt dies eine überobligatorische Erfüllung des Auskunftsanspruchs dar[118]. § 84a I 3 verweist zwar auf die §§ 259 bis 261 BGB. Durch diese Verweisung sollen jedoch nur die Voraussetzungen für die Abgabe einer eidesstattlichen Versicherung festgelegt werden. Eine Rechenschaftspflicht des pharmazeutischen Unternehmers soll hierdurch nicht begründet werden[119] (s. Rn. 43 ff.). Der pharmazeutische Unternehmer kann die vom Auskunftsanspruch erfassten Erkenntnisse daher auch in einem separaten Dokument für den Auskunftsgläubiger zusammenstellen („exzerpieren")[120].

40   Die Auskunft muss so dargestellt werden, dass sie ein zum Lesen und Verstehen von naturwissenschaftlichen und technischen Aussagen **qualifizierter Fachmann** versteht[121]. Eine weitergehende, am Verständnishorizont eines durchschnittlich gebildeten Verbrauchers orientierte Auskunftspflicht kann vom pharmazeutischen Unternehmer nicht erwartet werden[122]. Denn aufgrund der Komplexität der Vorgänge ist es nicht erforderlich, die Auskunft allgemeinverständlich zu formulieren. Zweck des Auskunftsanspruchs ist es, dem Geschädigten das für die Beurteilung der Haftungssituation maßgebliche Tatsachenmaterial an die Hand zu geben. Erfüllt der pharmazeutische Unternehmer diese Pflicht, so hat er alles aus seiner Sicht Erforderliche getan[123]. Es kann daher insbes. nicht von ihm verlangt werden, die Kosten einer sachverständigen Auswertung der Auskunft zu tragen. Vielmehr liegt es in der Sphäre des Geschädigten, die Auskunft – ggf. unter Hinziehung geeigneter Hilfspersonen – auszuwerten und anhand der sich aus ihr ergebenden Informationen substantiiert vorzutragen[124]. Auch eine **Übersetzung** der von der Auskunft erfassten Informationen kann der Auskunftsgläubiger nicht verlangen, wenn die von der Auskunft erfassten Informationen aufgrund einschlägiger regulatorischer Vorschriften zulässigerweise (nur) in englischer Sprache beim pharmazeutischen Unternehmer vorliegen[125].

41   **3. Kosten.** Anders als § 261 II BGB enthält § 84a keine gesetzliche Grundlage für eine **Kostenerstattungspflicht** des Anspruchstellers. Somit verbleibt es dabei, dass der pharmazeutische Unternehmer als Anspruchsverpflichteter nach allgemeinen zivilrechtlichen Grundsätzen die Kosten der Auskunft zu tragen hat[126]. Ebenso verhält es sich, wenn zur Erteilung der Auskunft die Zuziehung eines Sachverständigen erforderlich sein sollte[127]. Das ist auch sachgerecht. Der Geschädigte ist für die Auswertung der Auskunft unter Umständen gezwungen, auf eigene Kosten einen Sachverständigen zu beauftragen (s. Rn. 38).

42   In der Literatur wird in eng begrenzten **Ausnahmefällen** eine sich aus Treu und Glauben ergebende Kostenbeteiligung des Anspruchstellers vorgeschlagen, etwa wenn der Aufwand der Auskunftserteilung für den pharmazeutischen Unternehmer unverhältnismäßig oder unzumutbar sei[128]. Dagegen wird ins Feld geführt, dass im Arzneimittelhaftungsrecht nicht von vornherein mit einer schikanösen Instrumentalisierung des Auskunftsanspruchs gerechnet werden muss[129]. Hier muss die Praxis zeigen, ob tatsächlich ein Bedürfnis für einen Rückgriff auf Treu und Glauben besteht.

IV. Verweisung auf §§ 259 bis 261 BGB (S. 3)

43   Nach Abs. 1 S. 3 sind die §§ 259–261 BGB im Rahmen des Auskunftsanspruchs **entsprechend** anzuwenden. Hierdurch soll sorgfältige, zutreffende und vollständige Auskunftserteilung sichergestellt werden[130]. Erforderlich ist aber stets, dass ein Auskunftsanspruch nach § 84a besteht, denn Gegenstand der eidesstattlichen Versicherung kann nur Auskunft sein, nicht Einsicht oder Besichtigung[131].

44   § 84a begründet **keine Pflicht** des pharmazeutischen Unternehmers zur Rechenschaftslegung und damit **zur Vorlage von Dokumenten**[132]. Nach der Gesetzesbegründung sollte S. 3 nur die Voraussetzungen bestimmen, unter denen der Unternehmer zur Abgabe einer eidesstattlichen Versicherung

---

[116] *VG Köln*, Urt. v. 16.4.2013 – 7 K 268/12 – BeckRS 2013, 50460.
[117] *Oeben*, PharmR 2011, 221, 224; *Kleveman*, PharmR 2002, 393, 394; *Kloesel/Cyran*, § 84a Anm. 12.
[118] *Oeben*, PharmR 2011, 221, 224.
[119] *Kleveman*, PharmR 2002, 393, 394; a. A. *Rehmann*, § 84a Rn. 3.
[120] *Hieke*, PharmR 2005, 36, 41, 44.
[121] *Hieke*, S. 357 f.
[122] *VG Köln*, Urt. v. 16.4.2013 – 7 K 268/12 – BeckRS 2013, 50460; *Oeben*, PharmR 2011, 221, 224; *Hieke*, S. 357 unter Berufung auf BT-Drucks. 14/7752, S. 21; so aber wohl *Kullmann/Pfister*, Kz. 3800, S. 58; *Paschke*, § 8 Rn. 142.
[123] *VG Köln*, Urt. v. 16.4.2013 – 7 K 268/12 – BeckRS 2013, 50460; *Hieke*, S. 357 f.; *Paschke*, § 8 Rn. 141.
[124] *VG Köln*, Urt. v. 16.4.2013 – 7 K 268/12 – BeckRS 2013, 50460.
[125] So für den Auskunftsanspruch gegenüber den Behörden nach § 84 II, *VG Köln*, Urt. v. 16.4.2013 – 7 K 268/12 – BeckRS 2013, 50460.
[126] *Hieke*, S. 368; *Paschke*, § 8 Rn. 143; *Kloesel/Cyran*, § 84a Anm. 23.
[127] *Paschke*, § 8 Rn. 144; *BGH*, GRUR 1957, 336.
[128] *Hieke*, S. 368; *Paschke*, § 8 Rn. 143.
[129] *Kloesel/Cyran*, § 84a Anm. 23 ist dafür, den pharmazeutischen Unternehmer immer mit den Kosten zu belasten.
[130] *Kloesel/Cyran*, § 84a Anm. 12.
[131] *Paschke*, § 8 Rn. 166.
[132] A. A. *Rehmann*, § 84a Rn. 1; *Wagner*, NJW 2002, 2049, 2052.

verpflichtet ist[133]. Gleiches besagen die Gesetzesmaterialien[134] und Kommentarliteratur zu den verwandten Vorschriften der § 35 I 2 GenTG[135] und § 8 IV UmweltHG[136]. Zudem bezweckt der Auskunftsanspruch, dem Geschädigten solche Informationen zu verschaffen, die ihm für einen späteren Haftungsprozess nützlich sind. Eine Rechenschaftslegung hat aber für den Geschädigten geringen praktischen Nutzen[137] (s. Rn. 31 ff.).

Im Gesetzgebungsverfahren hatte der Bundesrat vorgeschlagen, dass der pharmazeutische Unternehmer auf bloßes Verlangen des Geschädigten hin seine Auskunft **eidesstattlich zu versichern** habe, ohne dass die einzelnen Voraussetzungen der §§ 259–261 BGB erfüllt sein müssten. Weigere er sich, so seien hieran beweisrechtliche Nachteile zu knüpfen. Nur so wäre der pharmazeutische Unternehmer faktisch zur Abgabe einer eidesstattlichen Versicherung zu zwingen[138]. Dem ist die Bundesregierung ausdrücklich nicht gefolgt, sondern hat es bei der Verweisung auf §§ 259–261 BGB belassen[139]. Der Anspruchsteller kann danach vom pharmazeutischen Unternehmer die Abgabe einer eidesstattlichen Versicherung i. S. v. §§ 259 II, 260 II BGB verlangen, wenn Grund zur Annahme besteht, dass die Auskunftserteilung aufgrund mangelnder Sorgfalt inhaltlich unrichtig bzw. unvollständig ist[140]. Grund zur Annahme einer Unrichtigkeit bzw. Unvollständigkeit der Auskunft einerseits und Grund zur Annahme mangelnder Sorgfalt andererseits müssen mithin **kumulativ** vorliegen. 45

Die **Beweislast** hierfür trifft den Geschädigten als Anspruchsteller. Eine Sorgfaltspflichtverletzung des pharmazeutischen Unternehmers kann etwa im Verschweigen wichtiger Tatsachen[141], in dauerhafter Auskunftsverweigerung hinsichtlich bestimmter Informationen sowie in widersprüchlichen oder mehrfach berichtigenden Angaben[142] liegen. Widersprüchlichkeit ist auch bei entgegenstehenden Angaben der Behörde nach Abs. 2 anzunehmen. 46

Verpflichtet wird durch den Anspruch auf Abgabe der eidesstattlichen Versicherung der Geschäftsführer bzw. der Vorstand als **organschaftlicher Vertreter** des pharmazeutischen Unternehmers[143]. Aufgrund der höchstpersönlichen Natur des Anspruchs ist es nicht möglich, dass etwa Stufenplanbeauftragte oder sonstige Personen mit größerer Sachnähe, etwa besonders spezialisierte Mitarbeiter, verpflichtet werden[144]. 47

V. Geheimhaltungsbedürfnis (S. 4)

Der Auskunftsanspruch besteht ferner nicht, soweit die durch § 84a erlangten Angaben geheim zu halten sind (S. 4). Durch diese Regelung sollen die gegenläufigen Interessen des Geschädigten, des pharmazeutischen Unternehmers und etwaiger schutzbedürftiger Dritter nach den Umständen des Einzelfalls in einem ausgewogenen Verhältnis berücksichtigt werden[145]. Die Vorschrift ist Ausdruck des Verhältnismäßigkeitsprinzips. Die **Beweislast** für das Geheimhaltungsbedürfnis trifft nach dem Wortlaut der Vorschrift („besteht insoweit nicht") den pharmazeutischen Unternehmer. 48

1. Gesetzliche Geheimhaltungsgebote (1. Alt.). Gesetzliche Geheimhaltungsgebote führen nur dann zu Anspruchsausschluss bzw. -begrenzung („soweit"), wenn sie sich an den pharmazeutischen Unternehmer **als solchen** richten. Folglich besteht der Auskunftsanspruch nicht bei Geheimhaltungspflichten, die sich nur an Amtsträger[146] oder an einzelne Mitarbeiter[147] des Unternehmens wenden. Einschlägige gesetzliche Geheimhaltungspflichten finden sich z. B. in §§ 17 II, 18 UWG und § 28 BDSG. Betreffend §§ 17 II, 18 UWG ist zu beachten, dass die Preisgabe der Information durch den pharmazeutischen Unternehmer nach § 84a nicht zum Ziel hat, sich einen Wettbewerbs- oder Vermögensvorteil zu verschaffen. Daher ist der pharmazeutische Unternehmer durch §§ 17 II, 18 UWG nicht gehindert, geheime Herstellungsverfahren, die aufgrund eines Lizenzvertrages erworben worden sind, im Rahmen des § 84a mitzuteilen[148]. Allerdings können der Auskunft in diesem Fall überwiegende Interessen des Lizenzgebers entgegenstehen (s. hierzu Rn. 54). 49

2. Überwiegendes Interesse an der Geheimhaltung (2. Alt.). Zu Anspruchsausschluss bzw. -begrenzung führt ebenso ein überwiegendes Interesse an der Geheimhaltung. Zu dessen Feststellung sind 50

---

[133] BT-Drucks. 14/7752, S. 21.
[134] BT-Drucks. 11/5622, S. 35 (GenTG); BT-Drucks. 11/7104, S. 20 (UmweltHG).
[135] *Hirsch/Schmidt-Didzuhn*, § 35 Rn. 11.
[136] *Paschke*, § 8 Rn. 165 ff.
[137] *Hieke*, S. 352.
[138] So die Stellungnahme des Bundesrates zum Entwurf des SchadensersatzrechtsÄndG, BT-Drucks. 14/7752, S. 46.
[139] BT-Drucks. 14/7752, S. 54.
[140] *Hieke*, S. 414; *Kloesel/Cyran*, § 84a Anm. 12 f.
[141] *BGH*, NJW 1964, 1469, 1470.
[142] *BGH*, LM § 259 BGB, Nr. 8; *BGH* LM § 254 ZPO, Nr. 6; *Krüger*, in: MüKo BGB, Bd. 2, § 259 BGB Rn. 39.
[143] *Krüger*, in: MüKo BGB, Bd. 2, § 259 BGB Rn. 41.
[144] *Krüger*, in: MüKo BGB, Bd. 2, § 259 BGB Rn. 41; *Bittner*, in: Staudinger, § 259 BGB Rn. 38.
[145] BT-Drucks. 14/7752, S. 21.
[146] Z. B. § 203 II StGB; § 30 VwVfG.
[147] Z. B. § 17 I UWG; §§ 93 I 2, 404 AktG; § 151 GenG.
[148] *Hieke*, S. 370.

zunächst die schutzwürdigen Interessen des pharmazeutischen Unternehmers oder des betroffenen Dritten herauszuarbeiten und diese sodann in einer **Interessenabwägung** mit dem Auskunftsinteresse des Geschädigten zu bewerten. Jedoch können nicht jegliche Geheimhaltungsinteressen berücksichtigt werden. Vielmehr sind nur solche Interessen schutzwürdig, die dem Zweck des § 84a nicht zuwiderlaufen[149]. Keinesfalls schutzwürdig ist damit das Interesse, nicht zur Haftung herangezogen zu werden[150].

51   **a) Schutzwürdige Interessen des pharmazeutischen Unternehmers.** Schutzwürdige Interessen können die Wahrung von Betriebs- oder Geschäftsgeheimnissen[151], Schutz vor Strafverfolgung sowie Schutz vor Rufschädigung sein. Unter **Betriebs- und Geschäftsgeheimnisse** fallen unternehmensbezogene Tatsachen, die nicht offenkundig sind, nach dem Willen des Unternehmers geheim gehalten werden sollen und an deren Geheimhaltung der Unternehmer ein berechtigtes wirtschaftliches Interesse hat[152]. Ein berechtigtes wirtschaftliches Interesse besteht insbes. dann, wenn die Tatsache für die Wettbewerbsfähigkeit des Unternehmens von Bedeutung ist, ihr Bekanntwerden also fremden Wettbewerb fördern oder eigenen Wettbewerb schwächen kann[153]. Dieser Schutz wird von der Rechtsordnung durch eine Vielzahl gesetzlicher Vorschriften im Zivil-, Straf- und öffentlichen Recht sichergestellt[154]. Die jeweiligen Schutzsphären sind identisch und werden unter Rückgriff auf § 17 UWG bestimmt[155]. Stets müssen vorhanden sein: Unternehmensbezogenheit, Nichtoffenkundigkeit sowie ein berechtigtes wirtschaftliches Geheimhaltungsinteresse.

52   **Schutzwürdig** sind hierbei insbes. Informationen über Vertriebsmenge und Herstellung. Ebenso Informationen, aus welchen Rückschlüsse auf Geheimverfahren, technische Neuerungen, Umsatzzahlen des Arzneimittels, Rohdaten der Arzneimittelprüfung sowie sonstiger Forschungsarbeiten gezogen werden können[156]. Nicht schutzwürdig sind Informationen über spezifische Gesundheitsrisiken und über beobachtete Verdachtsfälle unerwünschter Arzneimittelwirkungen des fraglichen Produkts[157]. Ebenso wenig sind Informationen, die das Erscheinungsbild in der Öffentlichkeit betreffen und nicht von konkurrierenden Unternehmen für eigene Unternehmenszwecke verwertet werden können, geheimhaltungsbedürftig[158].

53   Von Bedeutung ist auch die Frage, ob ein durch **Vertragsstrafen** bewehrtes Vertraulichkeitsgebot des pharmazeutischen Unternehmers in Lizenzverträgen als schutzwürdiges Interesse anzuerkennen ist. Die besseren Gründe sprechen dagegen, da sonst das Innenverhältnis zwischen pharmazeutischem Unternehmer und Lizenzgeber wie ein Vertrag zu Lasten Dritter die Rechte des Geschädigten einschränken könnte.

54   Hinsichtlich des Interesses an **Schutz vor Strafverfolgung** ist zu beachten, dass die juristische Person selbst nicht in den Anwendungsbereich des Strafrechts fällt[159]. Jedoch kann die dahinter stehende Person ein Fahrlässigkeitsvorwurf treffen[160]. Das Interesse des pharmazeutischen Unternehmers, seine gesetzlichen Vertreter oder Mitarbeiter vor strafrechtlicher Verfolgung zu bewahren, ist allerdings nicht schutzwürdig[161]. Unabhängig hiervon kann im anschließenden Strafprozess ein Verwertungsverbot für die im Auskunftsprozess gewonnenen Informationen bestehen[162].

55   Als drohende **Rufschädigung** kann zunächst nicht der Imageverlust gerade durch den drohenden Haftungsprozess des Geschädigten angeführt werden. Durch Veröffentlichungen über Verdachtsfälle unerwünschter Nebenwirkungen oder Produktionsfehler, die nicht im Zusammenhang mit dem Anspruch des Geschädigten stehen, kann jedoch eine unzumutbare Rufschädigung entstehen[163].

56   **b) Schutzwürdige Interessen eines Dritten.** Neben den Interessen des pharmazeutischen Unternehmers können auch solche eines **Dritten** schutzwürdig sein. Hierbei kann es sich z. B. um Betriebs- oder Geschäftsgeheimnisse eines Lizenz gebenden Dritten handeln oder um Schutz vor Rufschädigung des Lizenzgebers.

---

[149] *Paschke*, § 8 Rn. 129.
[150] BT-Drucks. 14/7752, S. 21.
[151] *Hieke*, PharmR 2005, 35, 39 f.; *Paschke*, § 8 Rn. 123.
[152] *Paschke*, § 8 UmweltHG Rn. 124; *Köhler*, in: Köhler/Bornkamm § 17 UWG Rn. 4 ff.; *BGH*, GRUR 2003, 356, 358.
[153] *Köhler*, in: Köhler/Bornkamm, § 17 UWG Rn. 9.
[154] Z. B. § 404 AktG; § 30 VwVfG; § 203 StGB; § 17 UWG.
[155] *Rützel*, GRUR 1995, 557; *Hüffer*, § 93 AktG Rn. 6–8.
[156] *Hieke*, PharmR 2005, 35, 40; *Hieke*, S. 395, S. 371 ff.
[157] *Hieke*, PharmR 2005, 35, 40.
[158] *Hieke*, PharmR 2005, 35, 40; *Hieke*, S. 393, gegen „eine Einbeziehung aller unternehmensbezogener Informationen, die für das Produkt- oder Unternehmensimage relevant sind, spricht zudem, dass dies zu einer uferlosen Ausweitung des Begriffs der Betriebs- und Geschäftsgeheimnisse führen würde".
[159] *Heine/Weißer*, in: Schönke/Schröder, § 25 Vorb. Rn. 121; anders ist dies bei Ordnungswidrigkeiten, vgl. § 30 OWiG.
[160] *BGH*, NJW 1990, 2560 (Lederspray).
[161] BGHZ 41, 318, 325; *Kloesel/Cyran*, § 84a Anm. 19; *Hieke*, S. 396; *Paschke*, § 8 Rn. 136.
[162] *Paschke*, § 8 Rn. 136; *Stürner*, NJW 1981, 1757, 1760.
[163] *Hieke*, S. 399.

c) Interessenabwägung. Bestehen schutzwürdige Interessen des pharmazeutischen Unternehmers **57** oder eines Dritten, so genügt das noch nicht, um den Auskunftsanspruch auszuschließen oder zu begrenzen. Dem Geheimhaltungsinteresse steht nämlich das Informationsinteresse des Geschädigten gegenüber. Der Wortlaut von Abs. 1 S. 4 besagt, dass § 84a nur bei einem „überwiegenden" Interesse ausgeschlossen ist. **Überwiegend** ist das Interesse des pharmazeutischen Unternehmers, wenn eine umfassende Güter- und Interessenabwägung zugunsten des pharmazeutischen Unternehmers ausfällt. Hierbei ist nicht von vornherein bestimmten Interessen Vorrang zu gewähren. Das Interesse des Geschädigten an körperlicher Unversehrtheit hat somit nicht generell Vorrang vor dem eigentumsrechtlichen Schutz von Betriebs- oder Geschäftsgeheimnissen[164]. Anderenfalls überwöge stets das Auskunftsinteresse, da Haftungsfälle typischerweise die körperliche Unversehrtheit betreffen. Es muss vielmehr eine **einzelfallabhängige Bewertung** der widerstreitenden Interessen erfolgen[165].

Auf Seiten des **Geschädigten** sind insbes. zu berücksichtigen: Schadensumfang, Schadensart, Rever- **58** sibilität des Schadens, Möglichkeit anderweitiger Informationsbeschaffung und etwaiges Mitverschulden[166]. Seitens des **pharmazeutischen Unternehmers** ist vor allem die Art des Geheimnisses zu berücksichtigen. Die Schutzwürdigkeit nimmt graduell von innovativen Geschäfts- oder Betriebsgeheimnissen hin zu Informationen, die das Firmenimage beschädigen können, ab.

d) Abwendungsmöglichkeiten für den Geschädigten. Im Rahmen der Interessenabwägung ist **59** auch zu prüfen, ob einem berechtigten Geheimhaltungsinteresse des pharmazeutischen Unternehmers oder eines Dritten durch Einschaltung eines **unabhängigen Sachverständigen** Rechnung getragen werden kann, etwa indem dieser Daten in einer sog. Inhaltsdarstellung für den Geschädigten komprimiert zusammenstellt[167]. Eine vertragliche Verpflichtung des Geschädigten, über etwaige Geheimnisse Stillschweigen zu bewahren, kann dagegen nicht genügen, da die Information ja gerade zur Vorbereitung des öffentlichen Haftungsprozesses begehrt wird und außerdem eine vertragliche Sanktion keine ausreichende Gewähr für Verschwiegenheit bietet.

C. Auskunftsanspruch gegen Behörden (Abs. 2)

Beim Anspruch nach Abs. 2 handelt es sich um einen **öffentlich-rechtlichen Anspruch.** Abs. 2 **60** begründet ein subjektiv-öffentliches Recht auf Auskunft. Zuvor wurden Auskünfte an Arzneimittelgeschädigte nur auf Grundlage von Ermessensentscheidungen erteilt[168]. Der Schutzzweck von Abs. 2 ist wie bei Abs. 1, dem Geschädigten Informationen zur Verfügung zu stellen, die dieser zur Prüfung und Durchsetzung seines Schadensersatzanspruchs benötigt[169]. Daneben hat Abs. 2 aber eigenständige Bedeutung. Die Auskunftspflicht von Abs. 2 greift, obwohl inhaltlich gleich ausgestaltet, in einigen Fällen weiter als die des Abs. 1.

I. Anspruchsvoraussetzungen und -inhalt (S. 1)

Voraussetzungen und Inhalt des Anspruchs verlaufen grundsätzlich parallel zu denen des Abs. 1. **61**

Abs. 2 knüpft den Auskunftsanspruch gegen Behörden an die **gleichen Voraussetzungen** wie **62** denjenigen gegen den pharmazeutischen Unternehmer. Auch Abs. 2 soll der – mittelbaren – Ausforschung des pharmazeutischen Unternehmers nicht Vorschub leisten[170]. Dem Geschädigten muss also ein Schaden entstanden sein, und es müssen Tatsachen vorliegen, die die Annahme begründen, dass der Schaden durch die Anwendung eines konkreten Arzneimittels hervorgerufen wurde. Die Einwendungen sind wie bei Abs. 1 zu prüfen. Insbes. scheidet der Anspruch bei mangelnder Erforderlichkeit oder nach Abs. 2 S. 2 bei vorhandenem Geheimhaltungsbedürfnis aus. Als gesetzliche Geheimhaltungsgebote sind insbes. § 30 VwVfG sowie §§ 203 I Nr. 1, 204 und 353b StGB zu beachten.

Inhaltlich zielt der Auskunftsanspruch nach Abs. 2 auf dieselben Auskünfte in derselben Art und **63** Weise wie Abs. 1 (s. Rn. 31 ff.).

Gegen den Willen des Auskunftssuchenden ist Auskunftserteilung durch **Gewährung von Akten- 64 einsicht** nicht möglich[171]. Eine erläuternde und schriftliche Auskunftserteilung ist aussagekräftiger als die bloße Einsicht der betr. Akten[172] und kann Vorteile bei einer späteren Beweisführung mit sich bringen. Aus Gründen der Nachprüfbarkeit für alle Beteiligten sollte von Gewährung von Akteneinsicht zur Erfüllung des Auskunftsanspruchs jedoch auch dann abgesehen werden, wenn sie mit dem Willen des

---

[164] So auch *Hieke,* S. 412; a. A. *Kloesel/Cyran,* § 84a Anm. 19; *Peter,* in: Salje/Peter, § 8 UmweltHG Rn. 29.
[165] *Hieke,* S. 412.
[166] *Kloesel/Cyran,* § 84a Anm. 19; *Hieke,* S. 412.
[167] *Kloesel/Cyran,* § 84a Anm. 20; *Peter,* in: Salje/Peter, § 8 UmweltHG Rn. 30.
[168] *Kloesel/Cyran,* § 84a Anm. 27, 92; so zum Umwelt HG *Kohler,* in: Staudinger, § 9 UmweltHG Rn. 2.
[169] *VG Köln,* Urt. v. 16.4.2013 – 7 K 268/12 – BeckRS 2013, 50460.
[170] *Kloesel/Cyran,* § 84a Anm. 28.
[171] *Peter,* in: Salje/Peter, § 8 UmweltHG Rn. 35.
[172] *Peter,* in: Salje/Peter, § 8 UmweltHG Rn. 35.

Geschädigten erfolgt[173], zumal vor Gewährung von Akteneinsicht diese auf geheimhaltungsbedürftige Informationen durchgesehen werden müssten.

65 Die Auskunftserteilung hat aus denselben Gründen wie bei Abs. 1 **schriftlich** zu erfolgen[174]. Eine **Frist** für die Auskunftserteilung ist im Gesetz nicht bestimmt. Die angemessene Frist bestimmt sich daher allgemein nach dem Umfang des Sachverhalts[175]. Die **Kosten** der Auskunft hat mangels einer Rechtsverordnungsermächtigung für Gebührentatbestände die Behörde zu tragen[176].

II. Anspruchsgegner (S. 2)

66 **Passivlegitimiert** gem. Abs. 2 sind die Zulassungs- oder Überwachungsbehörden bzw. deren Rechtsträger.

67 Für Humanarzneimittel nach § 77 I i. V. m. § 21 I 1 ist das BfArM und für Sera, Impfstoffe, Testallergene, Testsera und Testantigene sowie für Blutzubereitungen das PEI **Zulassungsbehörde** (s. § 77 Rn. 5 ff.). Dies trifft auch zu, wenn die Zulassung im dezentralen europäischen Verfahren erteilt wird. Im zentralisierten Verfahren ist die europäische Arzneimittelbehörde (EMA) Zulassungsbehörde. Sie unterliegt nicht deutschem öffentlichen Recht; jedoch werden deutsche Zulassungsbehörden bei zentral zugelassenen Arzneimitteln Auskunft analog § 84 II bezüglich solcher Erkenntnisse, die sie durch Beteiligung im CHMP-Ausschuss der EMA erhalten haben, zu gewähren haben.

68 Die **Überwachungsaufgaben** der §§ 64–69a obliegen den Ländern, die das AMG aufgrund Art. 83 GG als eigene Angelegenheit ausführen (s. § 64 Rn. 44)[177].

III. Verhältnis zum Informationsfreiheitsgesetz (S. 3)

69 Durch Art. 1 Nr. 71 des AMG-ÄndG 2009 wurde an § 84a II 2 der folgende Satz angefügt: „Ansprüche nach dem Informationsfreiheitsgesetz bleiben unberührt." Entsprechend der Begründung des Gesetzentwurfs soll der im Einzelfall weitergehende Informationsanspruch nach dem IFG gerade nicht durch den zur Stärkung der Rechte eines potentiell geschädigten Patienten eingeführten Auskunftsanspruch nach § 84a gesperrt werden[178].

70 Bisher wurde der allgemeine Informationszugangsanspruch nach dem IFG gem. § 1 III IFG als durch § 84a II verdrängt angesehen. § 84a hatte gegenüber den Regelungen des IFG Vorrang[179]. Das IFG spielte daher bisher im Bereich der Arzneimittelhaftung keine bedeutende Rolle[180].

71 Dies hat sich durch das AMG-ÄndG 2009 nun geändert. Künftig soll jedermann gem. § 1 I IFG gegenüber den Bundesbehörden, insbes. dem BfArM, einen Anspruch auf Zugang zu amtlichen Informationen haben, die die Behörde durch ihre Überwachungstätigkeit und als Zulassungsbehörde erlangt. Der Anspruch nach § 1 I IFG ist an keine besonderen Voraussetzungen geknüpft. Insbes. verlangt er nicht die Geltendmachung eines berechtigten Interesses an der Auskunftserteilung. Auch muss der Antragsteller keine Tatsachen darlegen, welche die Annahme begründen, dass ein Arzneimittel einen bestimmten Schaden verursacht hat. Auf die Erforderlichkeit der Auskunft kommt es ebenfalls nicht an.

72 Eingeschränkt wird der Auskunftsanspruch lediglich durch § 6 IFG. Danach steht dem pharmazeutischen Unternehmen in Bezug auf Betriebs- und Geschäftsgeheimnisse ein Vetorecht zu. Von diesem Begriff nicht erfasst sind jedoch nach einer in der Literatur vertretenen Ansicht Meldungen über Nebenwirkungen[181]. Verdachtsmeldungen von Nebenwirkungen wären danach jedermann ungehindert zugänglich[182].

---

[173] Ebenso *Kloesel/Cyran*, § 84a Anm. 30.

[174] *Kloesel/Cyran*, § 84a Anm. 30.

[175] Vgl. *Kloesel/Cyran*, § 84a Anm. 9.

[176] *Kloesel/Cyran*, § 84a Anm. 34; zum UmweltHG *Peter*, in: Salje/Peter, § 8 UmweltHG Rn. 38; *Kohler*, in: Staudinger, § 9 UmweltHaftG Rn. 32.

[177] Im Einzelnen wird die Arzneimittelüberwachung durchgeführt von (Bundesland/zuständige Stelle): Baden-Württemberg/Regierungspräsidien; Bayern/Regierungen; Berlin/Landesamt für Gesundheit und Soziales Berlin; Brandenburg/Landesamt für Umwelt, Gesundheit und Verbraucherschutz; Bremen/Der Senator für Gesundheit; Hamburg/Behörde für Gesundheit und Verbraucherschutz; Hessen/Regierungspräsidien; Mecklenburg-Vorpommern/Landesamt für Gesundheit und Soziales; Niedersachsen/Landesamt für Verbraucherschutz und Lebensmittelsicherheit; Gewerbeaufsichtsämter; Nordrhein-Westfalen/Bezirksregierungen, Landesamt für Natur, Umwelt und Verbraucherschutz, Gesundheitsamt der Stadt Düsseldorf; Rheinland-Pfalz/Landesamt für Soziales, Jugend, Versorgung; Saarland/Landesamt für Verbraucherschutz; Sachsen/ Landesdirektion; Sachsen-Anhalt/Landesamt für Verbraucherschutz, Landesverwaltungsamt; Schleswig-Holstein/Landesamt für soziale Dienste, Landeslabor; Thüringen/Landesamt für Verbraucherschutz.

[178] Vgl. BT-Drucks. 16/12256, S. 56; vgl. dazu auch *Brock/Morbach*, PharmR 2009, 108.

[179] *Kloesel/Cyran*, § 34 Anm. 17, § 84a Anm. 35; *Trips-Hebert*, PharmR 2005, 155, 158; a. A. *Anker*, in: Deutsch/Lippert, § 34 Rn. 6; *Wudy*, PharmR 2009, 161, 163 f.

[180] *Brock/Morbach*, PharmR 2009, 108, 109.

[181] *Hieke*, PharmR 2005, 35, 40.

[182] *Brock/Morbach*, PharmR 2009, 108, 110.

D. Auskunftsansprüche des pharmazeutischen Unternehmers

Grundsätzlich steht der Auskunftsanspruch des Abs. 1 nur dem Geschädigten gegen den pharmazeuti- **73** schen Unternehmer zu. Fraglich ist, ob der Auskunftsanspruch auch von einem regressberechtigten **pharmazeutischen Unternehmer** geltend gemacht werden kann[183]. Hat der pharmazeutische Unternehmer einem Geschädigten nach § 84 Schadensersatz geleistet, so soll er gegenüber einem anderen pharmazeutischen Unternehmer, den er als Mitverursacher ansieht, ebenfalls den Auskunftsanspruch entsprechend Abs. 1 geltend machen können. Zur Begründung wird aufgeführt, dass § 84a integraler Bestandteil des arzneimittelrechtlichen Haftungssystems ist und in vollem Umfang auf den Regress-fordernden übergeht[184].

Im Gesetzgebungsverfahren ist diskutiert worden, einen **gegenläufigen Auskunftsanspruch** des **74** pharmazeutischen Unternehmers gegen den Geschädigten einzuführen[185] (s. Vor §§ 84–94a Rn. 7, § 84 Rn. 124). Gegen einen solchen Anspruch spricht der Schutz der Privatsphäre des Geschädigten aus Art. 2 I GG i. V. m. Art. 1 I GG. Andererseits muss das Verfahrensrecht beiden Parteien gleichwertige Möglichkeiten zur Ausübung ihrer prozessualen Rechte geben **(prozessuale Waffengleichheit).** Das stellt nach der Rechtsprechung des *EGMR*[186] einen Bestandteil des „Fair Trial"-Grundsatzes dar[187]. Dennoch hat der Gesetzgeber bewusst von einem Auskunftsanspruch des pharmazeutischen Unternehmers gegen den Geschädigten **abgesehen,** den z.B. § 10 UmweltHG, nicht jedoch § 35 GenTG vorsieht[188]. Ein Rückgriff auf § 242 BGB scheidet deshalb aus[189].

Grund für die Nichtnormierung des Auskunftsanspruchs gegen den Geschädigten war, dass den **75** Geschädigten bereits gem. § 84 II 2 („alle sonstigen Gegebenheiten, die im Einzelfall für oder gegen die Schadensverursachung sprechen") eine **weitergehende Darlegungsobliegenheit** trifft, um die Kausali-tätsvermutung auszulösen[190]. Insbes. hat der Geschädigte sämtliche in seiner Sphäre liegenden anspruchs-relevanten Umstände vorzutragen[191]. Dabei hat er auch solche Aspekte seiner Krankengeschichte vor-zubringen, die seinem Anspruch abträglich sein können. In der Regel wird er die vollständigen Kranken-unterlagen vorlegen müssen, soweit sie für das Schadensereignis von Relevanz sein können, und dem Anspruchsgegner so die Verteidigung im Hinblick auf „andere Umstände" ermöglichen, die geeignet waren, den Schaden zu verursachen (s. § 84 Rn. 119 f., 125).

E. Prozessuales

I. Auskunftsanspruch gegen den pharmazeutischen Unternehmer

Der Auskunftsanspruch nach Abs. 1 ist vor den **Zivilgerichten** geltend zu machen[192]. Die **örtliche** **76** **Zuständigkeit** richtet sich nach den §§ 12 ff. ZPO. Daneben wird dem Geschädigten durch § 94a ein weiterer Gerichtsstand zur Verfügung gestellt. Er kann an seinem Wohnsitz oder, in Ermangelung eines solchen, an seinem gewöhnlichen Aufenthaltsort klagen (s. § 94a Rn. 1 ff.). Die **sachliche Zuständig-keit** ergibt sich aus § 1 ZPO i. V. m. § 23 Nr. 1, 71 I GVG. Die Höhe des Streitwerts wird nach freiem Ermessen des Gerichts gem. § 3 ZPO als Bruchteil des Haftungsprozessstreitwerts festgesetzt[193]. Üb-licherweise ist der **Streitwert** zwischen 1/10 bis 1/4 des Werts des Zahlungsanspruchs[194]. Entscheidend ist, wie hoch der Kenntnisstand des Klägers bezüglich der Tatsachengrundlage des Haftungsanspruchs ist. Je geringer der Kenntnisstand, desto höher ist das Interesse an der Auskunft zu bewerten[195]. Deshalb ist auch unter Umständen eine höhere Bewertung bis zum Betrag des Haftungsanspruchs angebracht, wenn z.B. der Kläger seinen Anspruch ohne Auskunft nicht weiterverfolgen könnte[196].

Der Auskunftsanspruch nach Abs. 1 kann unabhängig vom Schadensersatzanspruch aus § 84 im Wege **77** der **Leistungsklage** geltend gemacht werden[197]. Der Geschädigte trägt dann nur das Kostenrisiko des Auskunftsprozesses. Hinsichtlich des Bestimmtheitserfordernisses des § 253 II Nr. 2 ZPO ist darauf zu achten, dass die begehrte Auskunft so genau wie möglich eingegrenzt wird. Dabei ist nicht nur der

---

[183] *Wagner,* VersR 2001, 1334, 1345.
[184] *Wagner,* VersR 2001, 1334, 1345; *Kullmann/Pfister,* Kz. 3800, S. 59; *Kloesel/Cyran,* § 84a Anm. 22.
[185] Vgl. Prüfbitte des Bundesrates, BT-Drucks. 14/7752, S. 47 f.; *Bollweg,* MedR 2004, 486, 488 f.
[186] *EGMR,* NJW 1995, 1413.
[187] *Leipold,* in: Stein/Jonas, vor § 128 ZPO Rn. 115 ff.
[188] Vgl. BT-Drucks. 14/7752, S. 21.
[189] Einen eigenständigen Auskunftsanspruch aus § 242 BGB bejaht *Hieke,* PharmR 2005, 35, 39.
[190] BT-Drucks. 14/7752, S. 20; kritisch *Wagner,* VersR 2001, 1334, 1344.
[191] *BGH,* NJW-RR 2004, 989, 990; *Hieke,* PharmR 2005, 35, 38 f.; *Koyuncu,* S. 254, 255.
[192] BT-Drucks. 14/7752, S. 21.
[193] *BGH,* NJW 1997, 1016.
[194] *Heinrich,* in: Musielak, § 3 Rn. 23 (Auskunft).
[195] *Heinrich,* in: Musielak, § 3 Rn. 23 (Auskunft).
[196] *BGH,* FamRZ 1996, 500; *Hartmann,* in: Baumbach/Lauterbach/Albers/Hartmann, Anh. § 3 Rn. 24.
[197] *Hieke,* S. 415.

Informationsgegenstand zu bezeichnen, sondern auch der Zeitraum anzugeben, auf den sich die Auskunft erstrecken soll[198]. Die bloße Wiederholung des gesetzlichen Wortlauts ist nicht ausreichend. Eine Verfolgung des Auskunftsanspruchs im Wege einer **Stufenklage** i. S. v. § 254 ZPO ist hingegen nicht möglich, denn die von dem Geschädigten begehrte Auskunft gem. § 84a dient nicht dem Zweck der Bestimmbarkeit eines Leistungsanspruchs nach § 84, sondern mit ihm will sich der Geschädigte vielmehr sonstige mit der Bestimmbarkeit als solcher nicht in Zusammenhang stehende Informationen zur Rechtsverfolgung verschaffen[199]. Die Stufenklage steht als Ausnahme zu dem Bestimmtheitsgrundsatz des § 253 II Nr. 2 ZPO nur dann zur Verfügung, wenn dem Geschädigten Informationen fehlen, die für eine Bezifferung der Anspruchshöhe nötig sind[200]. Im Falle des § 84a möchte der Kläger durch die begehrte Information jedoch erst in Erfahrung bringen, ob überhaupt ein Anspruch besteht[201].

78   Der Auskunftsanspruch kann grundsätzlich nicht im Wege einer einstweiligen Verfügung durchgesetzt werden, da dies die Hauptsache vorwegnehmen würde[202].

79   Die Auskunftserteilung ist als Wissenserklärung des Schuldners allein von dessen Willen abhängig und daher eine unvertretbare Handlung[203]. Die **Vollstreckung** richtet sich nach § 888 ZPO, wonach entweder Zwangsgeld oder Zwangshaft angeordnet werden kann, um den Schuldner zur Gewährung der Auskunft anzuhalten.

II. Auskunftsanspruch gegen Behörden

80   Da es sich um eine öffentlich-rechtliche Norm handelt, ist für Klagen aus § 84a II gegen Behörden der **Verwaltungsrechtsweg** eröffnet[204]. Die sich bei Geltendmachung eines Amtshaftungsanspruchs ergebende Rechtswegspaltung ist als vom Gesetzgeber gewollt hinzunehmen[205]. Die **örtliche Zuständigkeit** richtet sich nach § 52 VwGO i. V. m. dem AG-VwGO des jeweiligen Bundeslandes[206]. Für Auskunftsklagen gegen das BfArM mit Sitz in Bonn ist gem. § 1 II Buchst. e) AG-VwGO NRW das VG Köln örtlich zuständig, für Auskunftsklagen gegen das PEI mit Sitz in Langen (s. Rn. 65) nach § 1 II Nr. 1 AG-VwGO Hessen das VG Darmstadt.

81   Als **Rechtsbehelfe** des Geschädigten gegen abgelehnte bzw. unterbliebene Auskunft kommen grundsätzlich Widerspruch, Verpflichtungsklage sowie einstweilige Anordnung in Betracht. Nach § 68 I VwGO ist vor Erhebung der Verpflichtungsklage (vorbehaltlich abweichender landesrechtlicher Regelungen) ein Widerspruchsverfahren durchzuführen. Die Auskunft als solche ist zwar bloßer Realakt, vorgeschaltet ist jedoch eine verbindliche Entscheidung der Behörde über das „Ob" der Auskunftserteilung. Diese Entscheidung ist ein Verwaltungsakt i. S. v. § 35 VwVfG[207]. Statthafte Klageart ist demgemäß die Verpflichtungsklage[208] nach § 42 I, 2. Alt. VwGO[209].

82   In Bezug auf **vorläufigen Rechtsschutz** ist einem Antrag des Geschädigten auf einstweilige Anordnung nach § 123 I VwGO nicht stattzugeben, weil dies auf eine Vorwegnahme der Hauptsache hinausliefe (s. Rn. 78).

83   Der pharmazeutische Unternehmer kann gegen die Auskunftsentscheidung der Behörde **Drittanfechtungsklage** gem. § 42 I, 1. Alt. VwGO erheben. Er wird durch die behördliche Auskunft, die ja regelmäßig zur Geltendmachung von Haftungsansprüchen gegen den pharmazeutischen Unternehmer dient, in seinem Grundrecht aus Art. 12 GG betroffen. Faktisch wird es dem pharmazeutischen Unternehmer in Fällen, in denen die Auskunftserteilung und die Herausgabe geheim zu haltender Informationen bereits erfolgt ist, aber nicht mehr möglich sein, die Kenntnisnahme des Geschädigten zu verhindern. Eine tatsächliche Rücknahme der Auskunftserteilung über den allgemeinen Folgenbeseitigungsanspruch ist nicht möglich. Deswegen hat die Behörde den pharmazeutischen Unternehmer vor Erteilung der Auskunft von Amts wegen nach § 13 II 1 VwVfG **beizuziehen.** Ist die Auskunft erteilt, kommt eine **Fortsetzungsfeststellungsklage** i. S. v. § 113 I 4 VwGO in Betracht.

---

[198] *Hieke*, S. 416. Nicht ausreichend ist daher etwa der Antrag, „die Beklagte wird verurteilt, dem Kläger Auskunft über die bekannten Wirkungen, Nebenwirkungen und Wechselwirkungen zu erteilen". Möglich wäre aber die Formulierung: „Die Beklagte wird verurteilt, an den Kläger für den Zeitraum ab dem 1.1.1999 bis 20.10.2004 Auskunft zu erteilen über alle bekannte Wirkungen, Nebenwirkungen und Wechselwirkungen des Medikaments Z, Zulassungs-Nr. XYZ, die im Zusammenhang mit Atemnot stehen können."

[199] *BGH*, NJW 2011, 1815, 1816.

[200] *Greger*, in: Zöller, § 254 Rn. 1.

[201] *BGH*, NJW 2002, 2952 f.; *Roth*, in: Stein/Jonas, § 254 Rn. 2.

[202] *Hieke*, S. 417.

[203] *Hieke*, S. 417; zum UmweltHG, *Peter*, in: Salje/Peter, § 8 UmweltHG Rn. 33; *Lackmann*, in: Musielak, § 887 Rn. 9.

[204] BT-Drucks. 14/7752, S. 21; *Kullmann/Pfister*, Kz. 3800, S. 61; *Klevemann*, PharmaR 2002, 393, 396; *Wagner*, NJW 2002, 2049, 2053; *VG Berlin*, PharmR 2005, 229 f.

[205] BT-Drucks. 14/7752, S. 21.

[206] *VG Berlin*, PharmR 2005, 229 f.

[207] *Stelkens*, in: Stelkens/Bonk/Sachs, § 35 Rn. 99 ff.; a. A. *Kloesel/Cyran*, § 84a Rn. 33; *Koyuncu*, S. 252, Fn. 1114.

[208] In Form der Versagungsgegenklage.

[209] *Kopp/Schenke*, § 42 VwGO Rn. 6.

Im Auskunftsprozess gegen die Behörde ist der pharmazeutische Unternehmer nach § 65 I VwGO **84** **beizuladen.**

Bei rechtswidriger Auskunftserteilung kann der Unternehmer nach § 839 BGB i. V. m. Art. 34 GG **85** einen **Amtshaftungsanspruch** geltend machen. Die Verletzung einer drittschützenden Amtspflicht liegt in der pflichtwidrigen Erteilung der den Unternehmer belastenden Auskunft[210]. Unterlässt die Behörde bei rechtmäßiger Auskunftserteilung nur die vorherige Beiziehung des Unternehmers, so stehen diesem grundsätzlich keine Amtshaftungsansprüche zu. Bei rechtmäßigem Alternativverhalten der Behörde wäre nämlich der Schaden des pharmazeutischen Unternehmers ebenfalls entstanden.

§ 85 Mitverschulden

Hat bei der Entstehung des Schadens ein Verschulden des Geschädigten mitgewirkt, so gilt **§ 254 des Bürgerlichen Gesetzbuchs.**

Literatur: *Koyuncu,* Das Mitverschulden des Patienten in der Arzneimittelhaftung, PharmR 2005, 289; *ders.,* Das Mitverschulden in der Produkthaftung am Beispiel des Patientenmitverschuldens in der Arzneimittelhaftung, PHi 2007, 42.

Übersicht

A. Allgemeines

I. Inhalt

§ 85 begrenzt die Schadensersatzpflicht des pharmazeutischen Unternehmers bei Mitverschulden des **1** Geschädigten, indem er vollumfänglich auf § 254 BGB verweist. Der Verweis erfasst trotz des missverständlichen Wortlauts von § 85 nicht nur ein Mitverschulden bei Schadensentstehung, sondern auch bei Schadensvertiefung[1].

II. Zweck

Die Norm grenzt die **Verantwortungsbereiche** der Fremd- und Eigenverantwortung zwischen **2** pharmazeutischem Unternehmer und Geschädigtem voneinander ab. Der pharmazeutische Unternehmer soll nur insoweit zu Schadensersatz verpflichtet sein, wie der Schaden auf dem § 84 unterfallenden Produktfehler beruht[2]. Dem Geschädigten hingegen wird sein eigenes Verhalten zur Last gelegt, das den entstandenen Schaden – für ihn erkennbar – begünstigte und ihm deshalb vom Schädiger billigerweise entgegengehalten werden kann[3]. Seine Interessen werden dadurch gewahrt, dass die Beweislast für das Mitverschulden beim pharmazeutischen Unternehmer liegt[4].

B. Verweis auf § 254 BGB

Gesetzestechnisch verweist § 85 auf § 254 BGB als allgemeine Regelung des Zivilrechts zum Mit- **3** verschulden[5]. § 254 I BGB sieht eine **Anspruchskürzung** bei Schadensentstehung vor, § 254 II BGB

---

[210] Vgl. zu den weiteren Tatbestandsvoraussetzungen, die in diesen Fällen erfüllt sein werden *Papier,* MüKo BGB, Bd. 5, § 839 Rn. 1 ff.
[1] Amtliche Begründung zu § 85, abgedruckt in *Sander,* § 85 Erl. A.
[2] *Rehmann,* § 85 Rn. 1.
[3] Vgl. *BGH,* NJW 1970, 944, 946.
[4] Vgl. *BGH,* NJW-RR 1986, 1083; *BGHZ* 91, 234, 260.
[5] Auch § 846 BGB verweist auf § 254 BGB.

bei Schadensvertiefung. § 278 BGB ist, obwohl nur in § 254 II 2 BGB erwähnt, in beiden Fällen entsprechend anwendbar[6].

I. Tatbestandsvoraussetzungen des § 254 BGB

4   Der Geschädigte muss seinen eigenen Schaden durch eine schuldhafte Handlung oder ein schuldhaftes Unterlassen adäquat kausal mitverursacht haben[7]. Eine vorwerfbare, rechtswidrige Verletzung einer gegenüber einem anderen oder der Allgemeinheit obliegenden Pflicht ist nicht erforderlich[8]. Vielmehr handelt es sich um einen Verstoß gegen Gebote des eigenen Interesses (**„Obliegenheiten"**), um ein „Verschulden gegen sich selbst"[9].

5   **1. Verletzung einer Sorgfaltsobliegenheit. a) Sorgfaltsmaßstab.** Mitverschulden bei der Entstehung des Schadens liegt vor, wenn es der Geschädigte unterlässt, den Schaden abzuwenden oder zu mindern, obwohl er dazu körperlich und geistig in der Lage ist[10]. Der Geschädigte muss die jedem **ordentlichen und verständigen** Menschen obliegende Sorgfalt, um sich selbst vor einem Schaden zu bewahren, außer Acht gelassen haben[11]. Dabei ist zu beachten, dass von einem **medizinisch geschulten Patienten** haftungsrechtlich ein höherer Sorgfaltsstandard erwartet wird als von einem Laien[12].

6   **b) Fallgruppen der Sorgfaltsobliegenheiten des Patienten.** Der Geschädigte hat im Eigeninteresse bei der Arzneimittelanwendung in vielfacher Hinsicht Sorgfalt walten zu lassen. Diese Sorgfaltsobliegenheiten können nach dem Zeitpunkt, auf den sie sich beziehen, in **Fallgruppen** eingeteilt werden.

7   Die **erste Gruppe** von Sorgfaltsobliegenheiten betrifft die Ermittlung der **Indikation und Eignung der Arzneimitteltherapie.** Der Patient hat den Arzt auf besondere persönliche Prädispositionen und die Einnahme einer Begleitmedikation aufmerksam zu machen. Er hat bei der vom Arzt durchgeführten Anamnese (Ermittlung der Vorgeschichte) gewissenhaft mitzuwirken. Außerdem hat er die Packungsbeilage gewissenhaft zu lesen[13] und aufgetretene Fragen durch Rückfragen beim Arzt oder Apotheker zu klären[14].

8   Die **zweite Gruppe** von Sorgfaltsobliegenheiten bezieht sich auf die **Arzneimitteleinnahme.** Ärztliche Anweisungen sind zu befolgen[15]. Der pharmazeutische Unternehmer darf davon ausgehen, dass von seinem Arzneimittel ein sachgemäßer, durchschnittlich sorgfältiger Gebrauch gemacht wird[16]. Anweisungen zu Dauer und Häufigkeit der Einnahme sind zu beachten. Der Anwender hat eine eigenmächtige zusätzliche Selbstmedikation zu unterlassen und seine Lebensführung der Einnahme der Medikamente anzupassen. Außerdem sind ärztliche Nachsorge- und Kontrolltermine einzuhalten. Genussmittel sind nur im erlaubten Rahmen einzunehmen. Nicht zu den Sorgfaltsobliegenheiten i. S. v. § 85 gehört die bestimmungsgemäße Einnahme des Arzneimittels (s. dazu § 84 Rn. 67 ff.). Fehlt sie, ist die Haftung von vornherein ausgeschlossen.

9   Eine **weitere** Gruppe lässt sich für die Beobachtung von **Nebenwirkungen** bilden. Der Anwender muss bei Nebenwirkungen ärztlichen Rat einholen[17] oder die Anweisungen der Packungsbeilage beachten. Der Hinweis, bei Auftreten gewisser Nebenwirkungen das Arzneimittel abzusetzen, ist zu befolgen.

10   Eine **letzte Gruppe** betrifft die Obliegenheit zur **Schadensminderung.** Der Patient muss sich in angemessenem Umfang ärztlicher Behandlung unterziehen, um einen aufgetretenen Gesundheitsschaden gering zu halten[18]. Die Rechtsprechung fordert für die Annahme eines Mitverschuldens jedoch eine hohe Wahrscheinlichkeit einer Heilung oder einer wesentlichen Besserung im Befinden des Verletzten durch die hypothetische unterlassene Heilbehandlung[19]. Dabei ist dem Patienten auch die Duldung einer Operation zuzumuten, sofern sie gefahrlos und nicht mit besonderen Schmerzen verbunden ist sowie

---

[6] *Grüneberg* in: Palandt, § 254 Rn. 48.
[7] Es existiert für den Einzelnen keine allgemeine Pflicht, sich selbst vor Schaden zu bewahren. Dritte trifft diese Pflicht hingegen schon. Daher kommt es darauf an, ob das eigene Verhalten, als das eines Fremden gedacht, eine objektiv pflichtwidrige und subjektiv vorwerfbare, d. h. schuldhafte Handlung darstellen würde.
[8] *BGH*, NJW 1982, 168; *BGH*, NJW 1965, 1075; *Koyuncu*, PHi 2207, 42, 48.
[9] So bereits *RGZ* 149, 7; *RGZ* 156, 207; *BGHZ* 57, 145; *BGHZ* 3, 49; *Grüneberg* in: Palandt, § 254 Rn. 1.
[10] *Sander*, § 85 Erl. 3.
[11] *Grüneberg* in: Palandt, § 254 Rn. 8; *Schiemann*, in: Staudinger, § 254 Rn. 39; *BGH,* NJW 2001, 149, 150; *BGH*, NJW 1972, 36, 38; *OLG Düsseldorf*, VersR 2002, 611, 613.
[12] *OLG Hamm,* VersR 1998, 322 f.
[13] *LG Dortmund,* MedR 2000, 331.
[14] Sog. Abklärungsobliegenheit.
[15] *Koyuncu*, PHi 2007, 42, 50; *Grüneberg*, in: Palandt, § 254 Rn. 38.
[16] *Koyuncu*, PharmR 2005, 289, 295 m. w. N.
[17] Die Heranziehung eines Naturheilkundigen anstelle eines Arztes begründet nicht ohne weiteres Verschulden, vgl. *RGZ* 139, 135.
[18] *Kloesel/Cyran*, § 85 Anm. 5; hierzu restriktiv *BGH,* NJW 1997, 3090.
[19] Vgl. *BGHZ* 10, 18, 19.

begründete Aussicht auf Heilung oder wesentliche Besserung bietet[20]. Das gleiche gilt für eine neuerliche Arzneimitteltherapie oder andere Behandlungsformen[21]. Dem Geschädigten obliegt ferner im Rahmen des Zumutbaren, die ihm verbliebene Arbeitskraft zur Abwendung oder zur Verminderung eines **Erwerbsschadens** zu verwenden[22].

Kein Fall des Mitverschuldens ist die **schuldhafte Herbeiführung des behandlungsbedürftigen** **11** **Zustandes** vor der ersten Einnahme des Arzneimittels[23]. Eine Prädisposition des Geschädigten, die den Schaden verschlimmert oder eine Schadensminderung erschwert, ist ebenfalls nicht als Mitverschulden anzusehen, denn es handelt sich nicht um ein steuerbares Verhalten[24].

Die **Rechtsprechung** war bei der Annahme einer Sorgfaltspflichtverletzung des Geschädigten bisher **12** eher zurückhaltend[25]. Diese Zurückhaltung der Rechtsprechung zugunsten des Geschädigten könnte jedoch nach der erheblichen Besserstellung der Geschädigten mit dem zweiten Schadensersatzrechts-ÄndG[26] möglicherweise aufgegeben werden.

2. Kausalität. Der Sorgfaltsverstoß des Patienten muss zunächst für den Schaden **mitursächlich** **13** gewesen sein[27]. Für § 254 BGB gilt ebenfalls, dass die Zurechnung einer Obliegenheitsverletzung durch den Schutzzweck der Norm begrenzt wird[28].

3. Verschulden (Vorwerfbarkeit des Sorgfaltsverstoßes). Der Patient muss die ihm obliegende **14** Sorgfalt in subjektiv vorwerfbarer Weise verletzt haben. Verschulden setzt keine Geschäftsfähigkeit, sondern lediglich **Zurechnungsfähigkeit** voraus. §§ 827, 828 BGB gelten für § 254 BGB entsprechend[29]. Entscheidend ist die Fähigkeit zur Einsicht, dass man sich selbst vor Schaden zu bewahren hat[30].

4. Zurechnung des Mitverschuldens Dritter. Der Geschädigte wird denselben Zurechnungskrite-**15** rien unterworfen wie der Schädiger[31]. § 278 BGB findet nach § 254 II 2 BGB entsprechende Anwendung. Dieser ist wie ein selbständiger Abs. 3 in § 254 BGB zu lesen, so dass § 278 BGB auch beim haftungsbegründenden Vorgang zum Zuge kommt[32]. Bedeutung erlangen kann dies in Fällen, in denen der Geschädigte minderjährig ist. Dann kommt es nämlich auch auf ein mögliches Verschulden **des** **gesetzlichen Vertreters** an. Insbes. ist an Fehler der Eltern bei der Behandlung ihrer Kinder zu denken[33], wobei allerdings eine schuldrechtliche Sonderbeziehung zwischen Geschädigtem und pharmazeutischem Unternehmer – etwa infolge Nachfrage bei der Informations-Hotline – existieren muss. **Nach Schadenseintritt** ist dem Geschädigten Mitverschulden seiner gesetzlichen Vertreter und anderer Hilfspersonen bei der Schadensminderung als Folge des entstandenen deliktsrechtlichen Schuldverhält-nisses zuzurechnen[34].

II. Rechtsfolge

Mitverschulden führt grundsätzlich zur **Kürzung des Schadensersatzanspruchs.** Die Höhe der **16** Kürzung richtet sich nach einer Würdigung und Abwägung der Umstände des Einzelfalls. Entscheidend ist jedoch in erster Linie das Maß der beiderseitigen Verursachung[35]. Nach allgemeiner Meinung wird das Maß der schuldhaften Verursachung des Geschädigten auf der einen Seite und der bloßen Gefährdungs-

---

[20] Sog. Behandlungsobliegenheit, s. *BGH*, VersR 1987, 408. Hingegen besteht keine Duldungspflicht bei einer risikoreichen Operation oder wenn die Aussicht auf Besserung zweifelhaft ist (*OLG Oldenburg*, NJW 1978, 1200, 1201). Ein Mitverschulden entfällt auch, wenn der Hausarzt von der Operation abrät, vgl. *RGZ* 129, 399.

[21] *Koyuncu*, PHi 2007, 42, 52.

[22] Vgl. *BGHZ* 10, 20.

[23] Vgl. *Kloesel/Cyran*, § 85 Anm. 2. Dementsprechend kann auch die verspätete Konsultation eines Arztes vor erstmaliger Einnahme des Arzneimittels keinen Fall des Mitverschuldens darstellen, wenn die Einnahme noch von der Indikation gedeckt ist, vgl. *Kullmann/Pfister*, Kz. 3805, S. 7.

[24] Vgl. *RGZ* 155, 37, 41.

[25] Vgl. *BGH*, NJW 2005, 1716; NJW 2003, 2309; NJW 1997, 3090; NJW 1989, 1542; *OLG Düsseldorf*, VersR 2002, 611. Der *BGH* nahm beispielsweise in einem Fall, in dem der Geschädigte ein Asthma-Spray 25-fach über-dosierte, kein Mitverschulden an, *BGH*, NJW 1989, 1542 ff. Vielmehr hätte der pharmazeutische Unternehmer eindeutig vor den möglichen Folgen einer Überdosierung warnen müssen. Großzügiger bei der Annahme eines Mitverschuldens das *LG Itzehoe*, VersR 1969, 265 f.: Eine Frau hatte statt der Antibabypille Eugynon® das „Magen-extrakt" Enzynorm® erhalten. Obwohl die Frau die Verwechslung nach Lektüre der Packungsbeilage bemerkt hatte, nahm sie das Mittel ein und wurde später schwanger. Das *LG Itzehoe* nahm ein hälftiges Mitverschulden an.

[26] Vgl. auch *Koyuncu*, PharmR 2005, 289, 290.

[27] *BGHZ* 3, 46, 48.

[28] *BGHZ* 96, 98, 101: Keine Anwendung von § 254 BGB bei einem Selbstmordversuch eines wegen Suizidverdachts eingelieferten Patienten; vgl. auch *OLG Koblenz*, OLGZ 91, 331; *Grüneberg*, in: Palandt, § 254 Rn. 13.

[29] *BGHZ* 24, 327.

[30] *OLG Celle*, NJW 1968, 2146, 2147.

[31] *BGH*, VersR 1992, 1229.

[32] Vgl. nur *BGH*, NJW 1951, 477; *Grüneberg*, in: Palandt, § 254 Rn. 48.

[33] *OLG Stuttgart*, VersR 1987, 515, 518; *OLG München*, VersR 1984, 1095.

[34] *BGHZ* 9, 316; *Grüneberg* in: Palandt, § 254 Rn. 55; *Koyuncu*, S. 27. Kein Erfüllungsgehilfe ist allerdings der vom Geschädigten hinzugezogene Arzt, vgl. *RGZ* 72, 219, 220.

[35] Vgl. *Grüneberg*, in: Palandt, § 254 Rn. 58 ff.

haftung des pharmazeutischen Unternehmers auf der anderen Seite ohne qualitative Unterscheidung gleich gewichtet[36].

17   Im Ergebnis ist eine **Teilung** des Schadens, ein kompletter Wegfall der Schadensersatzpflicht oder auch eine volle Haftung des Schädigers möglich. Haftungsanteile des Geschädigten von unter 10 % werden von der Rechtsprechung in der Regel nicht berücksichtigt[37]. Eine Haftung des pharmazeutischen Unternehmers ist in der Regel dann ausgeschlossen, wenn sich der Geschädigte selbst oder mit Hilfe eines anderen vorsätzlich einen Schaden zufügt[38]. Zur Berücksichtigung eines eventuellen Mitverschuldens im Rahmen der Bemessung eines Schmerzensgeldanspruchs s. § 87 Rn. 10.

III. Beweislast

18   Verfahrensrechtlich ist der Mitverschuldensvorwurf eine von Amts wegen zu beachtende Einwendung, sofern entsprechende Tatsachen vorgetragen werden[39]. Die **Beweislast** für ein behauptetes Mitverschulden des Geschädigten und dessen Ursächlichkeit trägt der pharmazeutische Unternehmer als Haftender[40]. Dem Geschädigten obliegt es jedoch, bei Tatsachen aus seiner Sphäre im Sinne der sekundären Darlegungslast[41] bei der Aufklärung mitwirken. In diesem Zusammenhang können auch die Grundsätze der Rechtsprechung zur Beweisvereitelung herangezogen werden[42].

19   Das Gericht kann über §§ 142, 144 ZPO Informationen Dritter in den Prozess einführen. Für den Beweis des Mitverschuldens gilt § 286 ZPO einschließlich der Regeln des **Anscheinsbeweises.** Es ist Sache des Patienten, diesen Anschein zu erschüttern, da die maßgeblichen Tatsachen wiederum in seiner Sphäre liegen. § 287 ZPO wird für die Frage herangezogen, inwieweit sich ein Mitverschulden ausgewirkt hat[43].

§ 86 Umfang der Ersatzpflicht bei Tötung

(1) [1]Im Falle der Tötung ist der Schadensersatz durch Ersatz der Kosten einer versuchten Heilung sowie des Vermögensnachteils zu leisten, den der Getötete dadurch erlitten hat, dass während der Krankheit seine Erwerbsfähigkeit aufgehoben oder gemindert oder eine Vermehrung seiner Bedürfnisse eingetreten war. [2]Der Ersatzpflichtige hat außerdem die Kosten der Beerdigung demjenigen zu ersetzen, dem die Verpflichtung obliegt, diese Kosten zu tragen.

(2) [1]Stand der Getötete zur Zeit der Verletzung zu einem Dritten in einem Verhältnis, vermöge dessen er diesem gegenüber kraft Gesetzes unterhaltspflichtig war oder unterhaltspflichtig werden konnte, und ist dem Dritten infolge der Tötung das Recht auf Unterhalt entzogen, so hat der Ersatzpflichtige dem Dritten insoweit Schadensersatz zu leisten, als der Getötete während der mutmaßlichen Dauer seines Lebens zur Gewährung des Unterhalts verpflichtet gewesen sein würde. [2]Die Ersatzpflicht tritt auch dann ein, wenn der Dritte zur Zeit der Verletzung erzeugt, aber noch nicht geboren war.

Literatur: *Küppersbusch/Höher*, Ersatzansprüche bei Personenschaden, 2013.

Übersicht

---

[36] *BGH*, NJW 1972, 1415.

[37] Vgl. *Grüneberg* in: Palandt, § 254 Rn. 64; teilweise wird die Grenze auch bei 20 % gezogen, vgl. *OLG Hamm*, VersR 1971, 914.

[38] Ein solches Vorgehen führt aber ohnehin zumeist zum Wegfall des bestimmungsgemäßen Gebrauchs. Vgl. aber auch *BGHZ* 96, 98, 101 zum Selbstmordversuch bei Suizidgefährdeten.

[39] *BGH*, NJW 1991, 166, 167; *BAG*, NJW 1971, 957, 958; *Grüneberg*, in: Palandt, § 254 Rn. 72.

[40] *BGH*, NJW-RR 1986, 1083 f.

[41] Vgl. *Greger*, in: Zöller, vor § 284 Rn. 34; *BGH*, NJW 1998, 3706, 3707; *BGH*, NJW 1996, 652, 653.

[42] *Greger*, in: Zöller, § 286 Rn. 14 a. Weigert sich der Geschädigte, Krankenunterlagen vorzulegen, sind unabhängig von der mangelnden Darlegung der Voraussetzungen von § 84 II 1, 2 auch die prozessualen Folgen nach §§ 427, 442 ZPO zu beachten.

[43] *BGH*, NJW 1986, 985.

A. Allgemeines

I. Inhalt

1 § 86 regelt Ersatzansprüche Dritter im Falle der **Tötung** des unmittelbar Geschädigten. Im Wesentlichen inhaltsgleiche Vorschriften finden sich im allgemeinen Deliktsrecht (§§ 842–844 BGB) sowie in anderen Bereichen der Gefährdungshaftung (§§ 10 StVG, 5 HaftpflichtG, 35 LuftVG, 7 ProdHaftG, 32 IV GenTG, 12 UmweltHG, 28 AtG).

2 In Abs. 1 S. 1 geht es um Schadensersatz für **Schäden des unmittelbar Verletzten,** die vor seinem Tod entstanden sind und die ihm nach § 87 S. 1 zu ersetzen gewesen wären. Im Fall des Todes gehen diese Ansprüche gemäß § 1922 BGB auf die Erben über. Abs. 1 S. 1 hat daher lediglich klarstellende Funktion. Dies erlaubt allerdings nicht den Rückschluss, dass andere Ansprüche – insbes. Schmerzensgeldansprüche nach § 87 S. 2 – von einem Übergang auf den Erben ausgeschlossen sein sollen[1].

3 Bei den beiden weiteren Fallgruppen (Beerdigungskosten nach Abs. 1 S. 2 und Unterhaltsentzugsschaden nach Abs. 2) handelt es sich hingegen um originäre **Ersatzansprüche mittelbar Geschädigter.** Insofern stellt § 86 eine Ausnahmeregelung zum allgemeinen zivilrechtlichen Grundsatz dar, dass nur die unmittelbar verletzte Person Schadensersatz fordern kann[2]. Die Vorschrift ist daher eng auszulegen. Es verbietet sich insbes. eine analoge Anwendung zu Gunsten anderer mittelbar Geschädigter[3] und auf Schäden, die nicht durch Tötung, sondern durch Verletzung des unmittelbar Betroffenen entstanden sind[4]. Auch Ersatzansprüche für entgangene Dienste, wie sie § 845 BGB kennt, gibt es im AMG nicht.

II. Zweck

4 Sinn und Zweck von § 86 und den vergleichbaren schadensrechtlichen Vorschriften ist es, Lücken im Schadensrecht für den Fall der Tötung des unmittelbar Geschädigten zu schließen: Dessen Angehörige würden durch Einbuße von Unterhaltsansprüchen und Beerdigungskosten doppelt belastet, wenn die Tötung schadensrechtlich sanktionslos bliebe[5]. Die genannten Vorschriften **erweitern** daher den **Kreis der Anspruchsberechtigten** und legen den Umfang der Ansprüche Dritter fest.

III. Allgemeine Voraussetzungen für Ansprüche Dritter

5 Ansprüche Dritter nach § 86 bestehen nur, wenn den pharmazeutischen Unternehmer gegenüber dem Getötetem dem Grunde nach eine **Ersatzpflicht gem. § 84** traf. Nicht erforderlich ist dabei, dass dem Getöteten selbst noch zu Lebzeiten ein Schaden entstanden ist, denn der Schädiger soll durch den Tod des unmittelbar Verletzten nicht besser gestellt sein als im Fall der bloßen Verletzung. Der Ersatzpflichtige kann auch dem mittelbar Geschädigten alle Einwendungen und Einreden entgegenhalten, die ihm gegen Ansprüche des Getöteten zugestanden hätten[6]. Bei Mitverschulden des Getöteten können auch die originären Ansprüche der Dritten gemindert oder ganz ausgeschlossen sein; insofern gilt § 846 BGB[7]. Zur Schadensminderungsobliegenheit s. § 85 Rn. 10.

6 Werden die Kosten der Heilbehandlung vom Sozialversicherungsträger oder einem privaten Versicherer getragen, oder zahlt ein Sozialversicherungsträger aufgrund verminderter Erwerbsfähigkeit eine Rente, findet gem. § 116 SGB X bzw. § 86 I VVG ein **Forderungsübergang** statt (s. § 84 Rn. 131 ff.). Gleiches gilt im Falle der Hinterbliebenenversorgung durch einen Sozialversicherungsträger oder den

---

[1] *Kohler,* in: Staudinger, § 12 UmweltHG Rn. 3.
[2] „Tatbestandsprinzip des deutschen Deliktsrechts", vgl. *Wagner,* in: MüKo BGB, Bd. 5, § 844 Rn. 1 m. w. N.; *Paschke,* § 12 Rn. 3.
[3] *Röthel,* in: Staudinger, § 844 Rn. 23 m. w. N.; vgl. aber allgemein zur Frage der Berücksichtigung Sekundärgeschädigter § 84 Rn. 57: Die Bundesregierung hat sich verschiedentlich dahingehend geäußert, dass Sekundärgeschädigte in die Arzneimittelhaftung einbezogen sind und deshalb auch eine vom Bundesrat verlangte Klarstellung zurückgewiesen, BT-Drucks. 14/7752, S. 18 f., 45, 53.
[4] *BGH,* NJW 1986, 984.
[5] *Wagner,* in: MüKo BGB, Bd. 5, § 844 Rn. 1 m. w. N.
[6] *Paschke,* § 12 Rn. 5.
[7] *Röthel,* in: Staudinger, § 846 Rn. 4 m. w. N.; *Paschke,* § 12 Rn. 5.

Dienstherren (§ 76 BBG). In der Praxis wickeln daher insbes. den Ersatz von Heilbehandlungkosten häufig Schädiger bzw. deren Haftpflichtversicherer und (Sozial-)Versicherungsträger direkt untereinander ab[8].

B. Schadensposten bei Verletzung mit Tötungsfolge (Abs. 1)

I. Schadensposten des Getöteten selbst (S. 1)

7   **1. Kosten versuchter Heilung (1. Alt.).** Hinsichtlich der Heilungskosten ist § 249 II 1 BGB die allgemein zivilrechtliche Parallelvorschrift. Die Kosten versuchter Heilung umfassen alle Aufwendungen für Maßnahmen, die zur Beseitigung der durch das fehlerhafte Arzneimittel hervorgerufenen Gesundheitsbeschädigung **tatsächlich vorgenommen** wurden, wenn diese nicht unvernünftig oder zwecklos waren[9]. Anders als bei Sachschäden ist der persönlich Geschädigte also bei der Verwendung der ihm zustehenden Ersatzleistung nicht frei, er hat keine Dispositionsbefugnis[10]. Ebenso umfasst sind Aufwendungen, die einer weiteren Verschlechterung des Gesundheitszustands vorbeugen sollten[11]. Die Maßnahmen müssen erforderlich, d. h. vom Standpunkt eines verständigen Menschen vom gegebenen Sachlage medizinisch zweckmäßig und angemessen erscheinen[12]. Angesichts der fortschreitenden Kürzungen der gesetzlichen Krankenversicherungsleistungen stellt sich im Rahmen der Angemessenheit zunehmend die Frage, inwieweit auch geschädigte Kassenpatienten einen Anspruch auf Ersatz der Kosten einer Behandlung haben können, die die gesetzliche Krankenversicherung nicht übernimmt. Grundsätzlich hat ein Kassenpatient zwar keinen Anspruch auf die **Mehrkosten der privatärztlichen Behandlung.** Die Umstände des Einzelfalls können jedoch die Inanspruchnahme privatärztlicher Leistungen rechtfertigen. Dies gilt beispielsweise dann, wenn sich der Geschädigte aufgrund seines persönlichen Lebensstandards auch ohne das Bestehen eines Schadensersatzanspruchs in dieser Weise hätte behandeln lassen[13]. Nach neuerer Rechtsprechung umfasst die Haftpflicht insbes. auch dann die Kosten der privatärztlichen Behandlung, wenn das Leistungssystem der gesetzlichen Krankenversicherung nur unzureichende Möglichkeiten zur Schadensbeseitigung bietet (z. B. Zahnersatz) oder die Inanspruchnahme der vertragsärztlichen Leistung aufgrund besonderer Umstände dem Geschädigten nicht zumutbar ist[14]. Auf den Erfolg der versuchten Heilbehandlungsmaßnahme kommt es nicht an[15]. Die ersatzfähigen Kosten der versuchten Heilung sind abzugrenzen von den nicht vom Schadensersatz umfassten Kosten zur Behandlung der ursprünglichen Krankheit, die mit dem fehlerhaften Arzneimittel therapiert werden sollte[16]. Kosten für die **Besuche nächster Angehöriger** bei stationärem Aufenthalt des Geschädigten sind in den durch die Rechtsprechung gezogenen Grenzen ersatzfähig[17].

8   **2. Beeinträchtigung der Erwerbsfähigkeit (2. und 3. Alt.).** Das allgemein deliktsrechtliche Pendant zum Ersatz von Erwerbsschäden findet sich in §§ 842, 843 BGB, deren Grundsätze man hier übertragen kann. Soweit der Getötete aufgrund der durch das Arzneimittel hervorgerufenen Erkrankung in seiner Erwerbsfähigkeit beeinträchtigt war, ist sein **Erwerbsschaden** zu ersetzen. Es ist anhand der tatsächlichen Erwerbsminderung der **konkrete Vermögensnachteil** zu ermitteln, nicht ersatzfähig ist die **Minderung der Arbeitsfähigkeit** als solche[18]. Bei unselbständig Tätigen ist dies der Differenzbetrag zwischen dem Einkommen, das ohne die durch das Arzneimittel hervorgerufene Erkrankung erzielt worden wäre, und dem tatsächlich erzielten[19]. Bei Selbständigen oder Gesellschaftern ist maßgeblich, wie sich das Unternehmen und der Gewinn ohne die Verletzung voraussichtlich entwickelt hätten.

9   Als Erwerbsschaden sind auch die Nachteile zu berücksichtigen, die daraus folgen, dass die Verletzung den beruflichen Aufstieg erschwert oder verhindert und der Geschädigte damit Einkommensverbesserungen verspätet oder gar nicht erreicht **(Fortkommensschaden).** Der Erwerbsschaden umfasst nicht nur den Verlust des Einkommens, sondern alle wirtschaftlichen Beeinträchtigungen, die der Geschädigte erleidet, weil er seine Arbeitskraft nicht verwerten kann. Dazu zählt beispielsweise der Wegfall des Arbeitslosengelds bei Arbeitsunfähigkeit eines Arbeitslosen[20].

---

[8] *Küppersbusch/Höher,* Rn. 252.
[9] *Sander,* § 86 Erl. 3 m. w. N.
[10] Ansonsten könnte der Geschädigte entgegen der Wertung des § 253 I aus ideellen Schäden ein finanzielles Geschäft machen, *Grüneberg,* in: Palandt, § 249 Rn. 6 m. w. N.
[11] *Paschke,* § 13 Rn. 16.
[12] BGH, NJW 1969, 2281; VersR 1970, 129.
[13] BGH, VersR 1970, 129.
[14] BGH, NJW 2004, 3324.
[15] BGH, VersR 1965, 439.
[16] *Rehmann,* § 86 Rn. 1.
[17] BGH, VersR 1991, 559; BGH, NJW 1979, 598; ausführlich *Küppersbusch/Höher,* Rn. 236 ff.
[18] BGH, NJW 1970, 1411.
[19] BGH, NJW-RR 1992, 1050.
[20] BGH, NJW 1984, 1811.

Der **haushaltsführende Ehegatte** erleidet einen Erwerbsschaden, soweit es sich bei seiner Arbeits- **10** leistung um einen Beitrag zum Familienunterhalt handelt[21].

3. Vermehrung der Bedürfnisse (4. Alt.). Schadensersatz für vermehrte Bedürfnisse ist allgemein **11** deliktsrechtlich in § 843 BGB geregelt. Unter Vermehrung der Bedürfnisse sind alle **Mehraufwendungen für die persönliche Lebensführung** zu verstehen, die dem Betroffenen infolge der dauernden Beeinträchtigung seines körperlichen Wohlbefindens im Vergleich zu einem gesunden Menschen entstehen[22]. Anders als bei den Heilungskosten ist es hier unerheblich, ob der Geschädigte selbst die Mehraufwendungen tatsächlich erbracht hat, oder ob Verwandte und Freunde dem Getöteten ausgeholfen hatten[23]. Zu den vermehrten Bedürfnissen zählen beispielsweise laufende Ausgaben für bessere Verpflegung, Kuren, Erneuerung künstlicher Gliedmaßen, Inanspruchnahme öffentlicher Verkehrsmittel, Pflegepersonal, zusätzliche Benutzung von Kraftfahrzeugen oder einen der Behinderung angepassten Umbau eines Hauses[24].

II. Beerdigungskosten (S. 2)

Hinsichtlich der Beerdigungskosten findet sich eine nahezu identische Regelung zu Abs. 1 S. 2 in **12** § 844 I BGB. Ersatzberechtigt ist derjenige, der die Kosten der Beerdigung zu tragen hat. In erster Linie sind dies **Erben** (§ 1968 BGB), subsidiär auch unterhaltspflichtige Verwandte in gerader Linie (§ 1615 II BGB), der Ehegatte bzw. die Ehegattin (§ 1360a III i. V. m. § 1615 II BGB) sowie weitere gesetzlich zur Übernahme der Beerdigungskosten Verpflichtete (§§ 1615m, 1361 IV 4 BGB, § 5 S. 2 LPartG). Auch ein kraft Vertrags Kostentragungspflichtiger kann Anspruchsinhaber sein[25]. Kommt jemand, z.B. der nichteheliche Lebenspartner des Verstorbenen, ohne rechtliche Verpflichtung für die Beerdigungskosten auf, ergibt sich dessen Ersatzanspruch allenfalls aus Geschäftsführung ohne Auftrag (§§ 683, 677 BGB)[26].

Zu ersetzen sind **tatsächlich angefallene** Kosten einer angemessenen und würdigen Beerdigung[27]. **13**

C. Unterhaltsentzugsschaden Dritter (Abs. 2)

I. Inhalt der Ersatzpflicht (S. 1)

1. Allgemeines. Nach Abs. 2 ist der Schaden zu ersetzen, der Dritten dadurch entsteht, dass sie **14** aufgrund des Todes des unmittelbar Verletzten einen **Unterhaltsanspruch verlieren,** der ihnen kraft Gesetzes gegen diesen zustand. Dieser Anspruch ist dem Grunde nach identisch mit der allgemein deliktsrechtlichen Regelung in § 844 II BGB. Es handelt sich um einen echten Schadensersatzanspruch der Hinterbliebenen, nicht um einen Unterhaltsanspruch[28]. Der Anspruch auf Ersatz des Unterhaltsentzugsschadens besteht nur, wenn ohne die Tötung ein Unterhaltsanspruch des Dritten nach familienrechtlichen Vorschriften bestünde[29]. Machen mehrere Familienmitglieder jeweils ihren Unterhaltsentzugsschaden geltend, sind die Ansprüche für jeden Anspruchsteller gesondert zu berechnen; es besteht keine Gesamtgläubigerschaft[30].

2. Gesetzliche Unterhaltspflicht. Gesetzliche Unterhaltspflichten kennt allein das **Familienrecht.** **15** Sie können sich insbes. ergeben aus § 1601 BGB (Verwandte in gerader Linie, ggf. i. V. m. § 1615a BGB oder § 1754 BGB), § 1360 f. BGB (Ehegatten), § 1569 ff. BGB (Geschiedene), § 1615l BGB (nicht miteinander verheiratete Eltern) und § 5 LPartG (gleichgeschlechtliche Lebenspartner).

3. Zur Zeit der Verletzung. Die dem gesetzlichen Unterhaltsanspruch zugrunde liegende **familien- 16 rechtliche Beziehung** muss im Zeitpunkt der Verletzung bereits vorgelegen haben. In Fällen, in denen der Tod nicht unmittelbar eintritt, sondern ihm eine Körper- oder Gesundheitsverletzung vorausgeht, kommt es also auf den Eintritt der Verletzung und nicht auf den Todeszeitpunkt an[31]. Um Manipulationen zu vermeiden, hat demnach beispielsweise der verwitwete Ehepartner keinen Ersatzanspruch, wenn er die Ehe mit dem Verstorbenen erst nach der Verletzung geschlossen hat[32] (zum Sonderfall des nasciturus in Abs. 2 S. 2 s. Rn. 21).

---

[21] *BGH*, NJW 1974, 41; zur Bemessung des Schadens in diesen Fällen vgl. *Sprau*, in: Palandt, § 843 Rn. 8 m. w. N.; *Wagner*, in: MüKo BGB, Bd. 5, § 842, § 843 Rn. 50 ff.; *Küppersbusch/Höher*, Rn. 180 ff.; vgl. dazu *Schulz-Borck/Pardey*.
[22] *BGH*, NJW-RR 1992, 791; NJW 1982, 757.
[23] Rechtsgedanke des § 843 IV BGB i. V. m. § 89 II; vgl. auch *BGH*, VersR 1971, 442; NJW 1958, 627.
[24] *BGH*, NJW 1982, 757; NJW 1974, 41, 42.
[25] *Sprau*, in: Palandt, § 844 Rn. 4.
[26] *KG Berlin*, VersR 1979, 379.
[27] *BGH*, NJW 1973, 2103; *Wagner*, in: MüKo BGB, Bd. 5, § 844 Rn. 18.
[28] *Wagner*, in: MüKo BGB, Bd. 5, § 844 Rn. 30.
[29] *Sprau*, in: Palandt, § 844 Rn. 7.
[30] *BGH*, NJW 1972, 1130.
[31] *Wagner*, in: MüKo BGB, Bd. 5, § 844 Rn. 29.
[32] *OLG Frankfurt*, VersR 1984, 449.

17 **4. Aktuelle oder potentielle Unterhaltspflicht.** Es kommt dagegen nach dem Wortlaut des Abs. 2 S. 1 nicht darauf an, ob der Unterhaltsanspruch des Hinterbliebenen im Zeitpunkt der Verletzung bereits bestand. Sofern die gesetzliche Unterhaltsbeziehung im Zeitpunkt der Verletzung bestand, ist es ausreichend, dass der Unterhaltsanspruch voraussichtlich zu einem späteren Zeitpunkt entstanden wäre. War der Unterhaltsberechtigte also im Zeitpunkt der Verletzung beispielsweise nicht bedürftig oder war der Verstorbene nicht leistungsfähig, so sind Ansprüche aus § 86 II **lediglich aufgeschoben**[33]. Die Ersatzpflicht tritt dann ab dem Zeitpunkt ein, zu dem der unterhaltsberechtigte Dritte bedürftig wird bzw. ab dem Zeitpunkt, zu dem der Verstorbene voraussichtlich seine Leistungsfähigkeit wiedererlangt hätte.

18 **5. Unterhaltsschaden durch Tötung.** Der pharmazeutische Unternehmer ist nur soweit zum Ersatz verpflichtet, als dem Dritten **durch den Tod** des Unterhaltsverpflichteten der Unterhaltsanspruch entzogen worden ist. Nach § 1615 I BGB, auf den §§ 1360a III, 1361 IV, 1615a BGB verweisen, erlischt mit dem Tod des Unterhaltspflichtigen der Großteil der familienrechtlichen Unterhaltsansprüche. Kein kausaler Unterhaltschaden ist jedoch in den Fällen gegeben, in denen die Unterhaltsverpflichtung ausnahmsweise auf die Erben übergeht[34]. Hier ist ein Unterhaltsschaden nur denkbar, wenn die Erben tatsächlich nicht zur Leistung in der Lage sind oder von ihren gesetzlichen Möglichkeiten zur Haftungsbeschränkung[35] Gebrauch machen[36]. Nach § 89 II AMG i. V. m. § 843 IV BGB entlastet es den pharmazeutischen Unternehmer in der Regel nicht, wenn ein anderer dem Dritten Unterhalt zu gewähren hat. Nach höchstrichterlicher Rechtsprechung ist § 843 IV BGB jedoch ausnahmsweise unanwendbar, wenn auch nach dem Tode des ursprünglichen Unterhaltspflichtigen der Unterhalt aus denselben Einkünften gewährt wird, also nur der Unterhaltspflichtige, nicht aber die Unterhaltsquelle gewechselt hat[37]. Dies ist vor allem dann der Fall, wenn das Vermögen des Getöteten, aus dieser den Unterhalt bestritt, infolge seines Todes auf den nunmehr Leistungspflichtigen im Erbwege übergegangen ist. Liegt offen zu Tage, dass der Getötete auf Dauer zu keinerlei Zahlungen in der Lage gewesen wäre, haftet auch der für seine Tötung Verantwortliche nicht. Dasselbe gilt, wenn der Getötete sich aller Wahrscheinlichkeit nach seinen Unterhaltspflichten entzogen hätte[38].

19 **6. Höhe und Dauer des Unterhaltsschadens.** Für die Ermittlung der Schadenshöhe ist grundsätzlich der rechtlich geschuldete Unterhalt maßgeblich, so wie er in einem **„fiktiven Unterhaltsprozess"** berechnet worden wäre[39].

20 Der Anspruch auf Ersatz des Unterhaltsentzugsschadens besteht **solange,** wie ein Unterhaltsanspruch des Dritten gegen den Getöteten bestanden hätte. Hier hat das Gericht unter Anwendung von § 287 ZPO eine Prognose über die voraussichtliche Bedürftigkeit des Unterhaltsberechtigten und über die „mutmaßliche Lebensdauer" des Unterhaltsverpflichteten zu treffen.

II. Nasciturus (S. 2)

21 Zum Zeitpunkt der Verletzung gezeugte, aber noch nicht geborene Kinder (Nasciturus) sind nach Abs. 2 S. 2 ersatzberechtigt (s. § 84 Rn. 30 zu parallelen Problematik bei § 84).

D. Vorteilsausgleichung

22 Allgemeine Voraussetzung für eine Vorteilsausgleichung ist, dass der Vorteil **auf demselben Schadensereignis** beruht, das den Nachteil verursacht hat[40]. Eine Anrechnung von Kompensationsleistungen privater und öffentlicher (Sozial-)Versicherungen kommt auch dann nicht in Betracht, wenn ausnahmsweise kein Forderungsübergang an die leistende Versicherung stattfindet[41]. Im Rahmen der Ersatzpflicht für Heilungskosten unterliegen der Vorteilsausgleichung die Ersparnisse, die durch den Wegfall der üblichen Aufwendungen für Ernährung, Telefonkosten und ähnliches während eines stationären Krankenhausbehandlung oder eines Kuraufenthalts entstehen[42]. In der Praxis dürften heute etwa pro Tag 10 Euro als Ersparnis zu berücksichtigen sein[43].

---

[33] *Wagner*, in: MüKo BGB, Bd. 5, § 844 Rn. 32.
[34] § 1586b I 1 BGB (geschiedene Ehegatten), § 16 II 2 LPartG (gleichgeschlechtliche Lebenspartner) und § 1615l III 5 BGB (Unterhaltsansprüche der Mutter eines nichtehelichen Kindes gegenüber dessen Vater).
[35] Z. B. bei geschiedene Ehegatten § 1586b III 3, 1975 ff. BGB.
[36] *Sprau*, in: Palandt, § 844 Rn. 7; *Wagner*, in: MüKo BGB, Bd. 5, § 844 Rn. 35.
[37] BGH, NJW 1969, 2008.
[38] BGH, NJW 1974, 1373.
[39] BGH, VersR 1987, 1243; vgl. zur Berechnung des Unterhaltsschadens im Detail: *Sprau*, in: Palandt, § 844 Rn. 10 ff.; *Wagner*, in: MüKo BGB, Bd. 5, § 844 Rn. 36 ff.; *Küppersbusch/Höher*, Rn. 319 ff.
[40] BGH, NJW 1976, 747.
[41] BGH, NJW 2001, 754.
[42] BGH, NJW 1984, 2628.
[43] *Küppersbusch/Höher*, Rn. 241.

Fällt dem Unterhaltsgeschädigten der **Nachlass des Getöteten** zu, unterliegt der Stammwert der 23 Erbmasse zwar grundsätzlich nicht der Vorteilsausgleichung, da dieser dem Erben ohnehin zugefallen wäre. Die Erträge der Erbmasse unterliegen aber der Vorteilsausgleichung, sofern sie für Unterhaltsleistungen und nicht zur weiteren Vermögensbildung eingesetzt worden wären. In Ausnahmefällen ist auch der Vermögensstamm schadensmindernd zu berücksichtigen, wenn aus ihm die Unterhaltsleistungen bestritten worden wären[44].

§ 87 Umfang der Ersatzpflicht bei Körperverletzung

[1]**Im Falle der Verletzung des Körpers oder der Gesundheit ist der Schadensersatz durch Ersatz der Kosten der Heilung sowie des Vermögensnachteils zu leisten, den der Verletzte dadurch erleidet, dass infolge der Verletzung zeitweise oder dauernd seine Erwerbsfähigkeit aufgehoben oder gemindert oder eine Vermehrung seiner Bedürfnisse eingetreten ist.** [2]**In diesem Fall kann auch wegen des Schadens, der nicht Vermögensschaden ist, eine billige Entschädigung in Geld verlangt werden.**

Wichtige Änderungen der Vorschrift: S. 2 angefügt durch Art. 1 Nr. 3 des Zweiten Gesetzes zur Änderung schadensersatzrechtlicher Vorschriften vom 19.7.2002 (BGBl. I S. 2674).

Literatur: *Küppersbusch/Höher*, Ersatzansprüche bei Personenschaden, 2013.

Übersicht

A. Allgemeines

I. Inhalt

§ 87 regelt den **Umfang der Ersatzansprüche des unmittelbar Verletzten** im Falle einer Körper- 1 oder Gesundheitsverletzung, die der Verletzte überlebt. Im Wesentlichen inhaltsgleiche Vorschriften finden sich in anderen Bereichen der Gefährdungshaftung (§§ 11 StVG, 6 HaftpflG, 36 LuftVG, 8 ProdHaftG, 32 V GenTG, 13 UmweltHG, 29 AtG). Parallele Vorschrift im allgemeinen Zivilrecht ist § 843 I BGB. Im Vergleich hierzu beschränkt § 87 jedoch die Haftung bei Körper- und Gesundheitsverletzungen abschließend auf Heilbehandlungskosten, Erwerbsschäden, Vermehrung der Bedürfnisse und Schmerzensgeld. Reine **Vermögensschäden** oder **Sachschäden** sind demnach nicht ersatzfähig[1].

II. Zweck

§ 87 als schadensrechtliche Vorschrift dient einerseits der **Konkretisierung** des genauen **Haftungs-** 2 **umfangs** des pharmazeutischen Unternehmers bei Bestehen einer Schadensersatzpflicht nach § 84 I 1. Andererseits **grenzt** diese Vorschrift die **Haftung ein,** indem sie eine Haftung auf die dort genannten Schäden beschränkt und reine Vermögensschäden oder Sachschäden von einer Ersatzpflicht ausnimmt.

III. Allgemeine Anspruchsvoraussetzungen

Voraussetzung für den Ersatz von Schäden nach § 87 ist, dass den pharmazeutischen Unternehmer 3 gegenüber dem Verletzten **dem Grunde nach eine Ersatzpflicht aus § 84** trifft. Anders als bei § 86 ist hier stets nur der unmittelbar Verletzte anspruchsberechtigt, auch wenn anderen Personen durch die Verletzung materielle Nachteile entstehen. Für immaterielle Schäden gilt der Grundsatz des deutschen Rechts, dass die Hinterbliebenen für den Verlust naher Angehöriger kein Schmerzensgeld verlangen können. Ihnen steht lediglich der nach § 1922 BGB auf die Erben übergehende Schmerzensgeldanspruch des ursprünglich Verletzten zu[2].

Gem. § 116 SGB X bzw. § 86 VVG findet für Schadensersatzansprüche aus §§ 84, 87 in der Praxis 4 häufig ein **Forderungsübergang** statt, wenn Sozialversicherungsträger oder private Versicherer die Kosten der Heilbehandlung oder aufgrund verminderter Erwerbsfähigkeit eine Rente bezahlt haben (s.

---

[44] *Wagner*, in: MüKo BGB, Bd. 5, § 844 Rn. 78.
[1] Vgl. *Paschke*, § 13 Rn. 5.
[2] *Wagner*, in: MüKo BGB, Bd. 5, § 844 Rn. 3 m. w. N.

§ 86 Rn. 6 sowie § 84 Rn. 131 ff.). Nach § 6 EntgFG bzw. § 76 BBG kann im Falle der Erwerbsunfähigkeit eine Legalzession auch zugunsten des Arbeitgebers bzw. Dienstherren erfolgen, wenn er dem Verletzten das Gehalt bzw. sonstige Leistungen fortgezahlt hatte. Mangels Kongruenz zwischen den Ansprüchen auf Entgeltfortzahlung und Sozialleistungen einerseits und dem Schmerzensgeldanspruch andererseits findet für das Schmerzensgeld kein Übergang auf Dienstherren oder Versicherungsträger statt[3]. Zu Mitverschulden und insbes. zur Schadensminderungspflicht des Verletzten s. § 85 Rn. 4 ff.

B. Materielle Schäden des Verletzten (S. 1)

5   Die **Kosten der Heilung** (Alt. 1) umfassen alle angemessenen Aufwendungen für zweckmäßige Maßnahmen, die zur Beseitigung der durch das fehlerhafte Arzneimittel hervorgerufenen Gesundheitsbeschädigung tatsächlich vorgenommen wurden. Darunter fallen auch Aufwendungen für im Ergebnis erfolglose Maßnahmen, die nach medizinischer Erkenntnis zunächst erfolgversprechend erschienen[4]. Das Risiko des Fehlschlagens trägt der Schädiger. Dass die Ersatzfähigkeit solcher Kosten nur in § 86 I, nicht aber in § 87 S. 1 ausdrücklich erwähnt ist, beruht also nicht auf einer gesetzgeberischen Wertentscheidung[5]. Zu Einzelheiten und weiterführenden Nachweisen s. § 86 Rn. 7, zur Vorteilsausgleichung s. § 86 Rn. 22 f.

6   Bei der **Aufhebung oder Minderung der Erwerbsfähigkeit** (Alt. 2 und 3) handelt es sich um den konkreten, anhand der tatsächlichen Erwerbsminderung zu ermittelnden Vermögensschaden, der bei Angestellten nach dem Arbeitseinkommen, bei Selbständigen als entgangener Gewinn zu berechnen ist. Zu Einzelheiten und weiterführenden Nachweisen s. § 86 Rn. 8 f., zur Vorteilsausgleichung s. § 86 Rn. 22 f.

7   Unter **Vermehrung der Bedürfnisse** (Alt. 4) sind alle Mehraufwendungen für persönliche Lebensführung zu verstehen, die dem Betroffenen infolge der dauernden Beeinträchtigung seines körperlichen Wohlbefindens im Vergleich zu einem gesunden Menschen entstehen. Zu Einzelheiten und weiterführenden Nachweisen s. § 86 Rn. 11, zur Vorteilsausgleichung s. § 86 Rn. 22 f.

C. Nichtvermögensschaden (S. 2)

8   Das Zweite SchadensersatzrechtsÄndG führte durch § 253 II BGB im deutschen Recht einen allgemeinen Anspruch auf Ersatz von immateriellem Schaden bei Personenschäden ein. Gleichzeitig sah das Zweite SchadensersatzrechtsÄndG den neuen § 87 S. 2 und Einfügungen in anderen Gesetzen[6] vor. Seither umfassen auch Ansprüche aus Gefährdungshaftung **Schmerzensgeld.** Bis zum Inkrafttreten des Zweiten SchadensersatzrechtsÄndG am 1.8.2002 konnten Arzneimittel-Geschädigte Schmerzensgeld nur im Falle des Verschuldens des Arzneimittelherstellers nach § 91 i. V. m. §§ 823 I, 847 BGB verlangen. Übergangsvorschrift ist Art. 229 § 8 EGBGB. Die neue Rechtslage gilt demnach für Fälle, in denen das schädigende Ereignis nach dem 31.7.2002 eingetreten ist (s. hierzu Vor. §§ 84–94a Rn. 16 f.)

9   Nach der langjährigen Rechtsprechung des *BGH* kommt dem Schmerzensgeld eine **Doppelfunktion** zu[7]. Der Verletzte soll zum einen Ausgleich für erlittene Schmerzen und Leiden erhalten. Zum anderen dient das Schmerzensgeld grundsätzlich auch der Genugtuung für das, was der Schädiger dem Geschädigten angetan hat. Der Genugtuungsgedanke wird in der Praxis der Arzneimittelhaftung allerdings eine nachgeordnete Rolle spielen. Er kommt je nach Grad des Verschuldens zum Tragen, hat also vor allen Dingen bei Vorsatztaten eine eigenständige Bedeutung. Im Bereich der Arzneimittelhaftung dürfte eine vorsätzliche Schädigung aber wohl kaum relevant werden. Im Rahmen der Bemessung des Schmerzensgelds soll es nach einer Entscheidung des *OLG Celle* auch unerheblich sein, ob der Schädiger nur aus Gefährdung oder daneben auch aus einfacher Fahrlässigkeit haftet[8]. Dies sollte in vielen Fällen die Beweisaufnahme zur Frage eines etwaigen Verschuldens überflüssig machen.

10   Die **Bemessung** der als angemessen erachteten Entschädigung in Geld steht nach § 287 ZPO im freien Ermessen des Gerichts. Dabei hat das Gericht Höhe und Maß aller Beeinträchtigungen für die körperliche und seelische Verfassung des Verletzten zu berücksichtigen. Darunter fallen z. B. Schmerzen, Unbehagen, Bedrückung infolge Entstellung, Wesensänderung, Schmälerung der Lebensfreude oder nervliche Belastung durch Todesangst[9]. Ein **Mitverschulden** des Verletzten ist ebenfalls als Bemessungsfaktor für das Schmerzensgeld maßgeblich. Abweichend vom Ersatzanspruch für materielle Schäden ist das Schmerzensgeld also nicht rein rechnerisch entsprechend dem Mithaftungsanteil zu quotieren (s. § 85

---

[3] *Grüneberg,* in: Palandt, § 253 Rn. 22.
[4] BT-Drucks. 11/2447, S. 22.
[5] Vgl. *Oechsler,* in: Staudinger, § 8 ProdHaftG Rn. 2.
[6] § 11 S. 2 StVG, § 6 S. 2 HaftpflG, § 36 S. 2 LuftVG, § 32 V GenTG, § 13 S. 2 UmweltHG, § 29 II AtG, § 8 S. 2 ProdHaftG.
[7] *BGH,* NJW 1995, 781; grundlegend, NJW 1955, 1675.
[8] *OLG Celle,* NJW 2004, 1185.
[9] *Küppersbusch/Höher,* Rn. 275 ff. m. w. N.

Rn. 16 f.), sondern die Mithaftung ist nach freiem richterlichen Ermessen als einer unter vielen Bemessungsfaktoren zu berücksichtigen[10]. In der Rechtsprechungspraxis führt dies jedoch zumeist zum gleichen Ergebnis wie eine Quotierung[11]. Bei der Ausübung des Ermessens hat das Gericht zu beachten, dass vergleichbare Verletzungen annähernd gleiche Entschädigungen zur Folge haben[12]. Da verbindliche Kataloge fehlen, dienen die auf einer Auswertung zahlreicher Gerichtsentscheidungen beruhenden „**Schmerzensgeldtabellen**"[13] als Orientierungsmaßstab. Sie hindern das zur Entscheidung berufene Gericht jedoch nicht, die Entschädigung im konkreten Einzelfall abweichend festzulegen, es unterliegt hierbei aber einer besonderen Begründungslast[14].

Hat die Anwendung des Arzneimittels unmittelbar zum Tod geführt, so dass der Verletzte nach **11** menschlichem Ermessen weder Schmerzen noch Todesangst erlitten hat, besteht kein Anspruch auf Schmerzensgeld[15]. Bei alsbaldigem Versterben infolge einer Verletzung hat die Bemessung des Schmerzensgelds im Rahmen einer Gesamtbetrachtung unter Berücksichtigung von Art und Schwere der Verletzung und des Zeitraums zwischen Verletzung und Tod zu erfolgen[16]. Führen schwerste Schädigungen des überlebenden Opfers zum weitgehenden **Verlust der Wahrnehmungs- und Empfindungsfähigkeit** (z.B. Komafälle), so entsteht unter dem Aspekt des Ausgleichs für die Zerstörung der Persönlichkeit ein zu ersetzender immaterieller Schaden[17]. Eine Vorteilsausgleichung findet beim Anspruch auf Schmerzensgeld nicht statt[18].

Im Gegensatz zu den in § 89 aufgezählten Ansprüchen auf Ersatz materieller Schäden ist das Schmer- **12** zensgeld regelmäßig als **Kapital** zu entrichten. Bei schweren Dauerschäden, die der Verletzte immer wieder schmerzlich empfindet, kann jedoch auch eine **Rente** zuzubilligen sein[19].

§ 88 Höchstbeträge

[1] **Der Ersatzpflichtige haftet**
1. **im Falle der Tötung oder Verletzung eines Menschen nur bis zu einem Kapitalbetrag von 600 000 Euro oder bis zu einem Rentenbetrag von jährlich 36 000 Euro,**
2. **im Falle der Tötung oder Verletzung mehrerer Menschen durch das gleiche Arzneimittel unbeschadet der in Nummer 1 bestimmten Grenzen bis zu einem Kapitalbetrag von 120 Millionen Euro oder bis zu einem Rentenbetrag von jährlich 7,2 Millionen Euro.**
[2] **Übersteigen im Falle des Satzes 1 Nr. 2 die den mehreren Geschädigten zu leistenden Entschädigungen die dort vorgesehenen Höchstbeträge, so verringern sich die einzelnen Entschädigungen in dem Verhältnis, in welchem ihr Gesamtbetrag zu dem Höchstbetrag steht.**

Übersicht

---

[10] Ständige Rechtsprechung, vgl. z.B. *OLG Brandenburg*, VersR 2002, 863; kritisch zu dieser Auffassung *Küppersbusch/Höher*, Rn. 282.

[11] Vgl. Beispiele bei *Küppersbusch/Höher*, Rn. 282.

[12] *BGH*, VersR 1970, 134.

[13] Z.B. *Hacks/Wellner/Häcker*, Schmerzensgeld-Beträge, 33. Aufl., 2015.

[14] *Oetker*, in: MüKo BGB, Bd. 2, § 253 Rn. 37.

[15] *Jaeger*, MDR 1998, 450.

[16] *BGH*, NJW 1998, 2741.

[17] *BGH*, NJW 1993, 781.

[18] *Grüneberg*, in: Palandt, § 253 Rn. 18.

[19] *BGH*, NJW 1957, 383.

A. Allgemeines

I. Inhalt

1   § 88 enthält eine **Haftungsbegrenzung** auf die dort genannten Höchstbeträge. Übersteigt der Schaden die Beträge des § 88, so kann der Geschädigte vollständigen Ersatz nur nach dem allgemeinen Deliktsrecht (§ 91) verlangen, sofern ein Verschulden des pharmazeutischen Unternehmers vorliegt[1]. Die angegebenen Höchstbeträge bedeuten keine Erleichterung beim Nachweis des Schadens. Vielmehr hat jeder Geschädigte Art und Höhe seiner jeweiligen Schadenspositionen nach allgemeinen Regeln konkret nachzuweisen[2].

2   Notwendige **Rechtsverfolgungskosten** und **Verzugsschäden** sind nicht in § 88 einzurechnen[3]. Anderenfalls ginge es zu Lasten des Geschädigten, wenn der pharmazeutische Unternehmer es auf einen Prozess ankommen lassen oder sich in Verzug befinden würde. **Mitverschulden des Geschädigten** mindert die Höchstbeträge des § 88 nicht zusätzlich[4]. Es vermindert sich in diesen Fällen nur der dem Geschädigten zustehende Ersatzanspruch, der aber von § 88 ungekürzt zu erfüllen ist, wenn er sich innerhalb der Haftungshöchstgrenzen befindet[5].

II. Zweck

3   Haftungsbegrenzungen wie die des § 88 finden sich typischerweise im Zusammenhang mit Gefährdungshaftungstatbeständen[6]. Sie sollen eine zu weitgehende Inanspruchnahme des pharmazeutischen Unternehmers verhindern und die **Versicherbarkeit** ermöglichen[7].

B. Haftungshöchstgrenzen (S. 1)

I. Individuelle Haftungshöchstgrenze (Nr. 1)

4   Wird durch ein fehlerhaftes Arzneimittel ein **einzelner Mensch** verletzt oder getötet, so stehen für die Ersatzansprüche gem. § 84 I 1 i. V. m. §§ 86, 87 nur die in § 88 I Nr. 1 bezeichneten Höchstbeträge zur Verfügung. Somit haftet der pharmazeutische Unternehmer entweder einmalig mit einem Kapitalbetrag in Höhe von 600.000 Euro oder einem jährlichen Rentenbetrag in Höhe von 36.000 Euro.

5   Die Limitierung bezieht sich jeweils nur auf das **gleiche Arzneimittel** (zum Begriff s. Rn. 15). Dies besagt S. 1 Nr. 1 zwar nicht ausdrücklich. In der Zusammenschau mit Nr. 2 ergibt sich aber, dass Nr. 1 eine Begrenzung nur für das gleiche Arzneimittel erreichen will. Denn anderenfalls würde der einzelne Geschädigte, wenn mehrere Arzneimittel bei ihm Schäden verursacht haben, schlechter stehen als mehrere Geschädigte zusammen nach S. 1 Nr. 2. Für die Schadensverursachung durch mehrere Arzneimittel bedeutet dies, dass die Höchstbeträge so oft zur Verfügung stehen, wie verschiedene Arzneimittel schadensursächlich waren[8].

6   Ist das gleiche Arzneimittel zeitlich versetzt **von mehreren Fehlern** betroffen (z. B. zunächst Fehler bei der Herstellung, sodann weitere Fehler bei der Kennzeichnung oder in der Fach- oder Gebrauchsinformation), so liegt trotzdem nur ein Arzneimittel vor. Folglich ist die Haftung bei allen Fehlern insgesamt auf die Höchstbeträge des S. 1 Nr. 1 beschränkt[9]. Die Gegenauffassung[10] begrenzt die Haftung pro Fehler. Hierfür spricht zwar, dass durch die fehlerübergreifende Begrenzung der unsorgfältige pharmazeutische Unternehmer, dessen Arzneimittel gleich mehrfach fehlerhaft ist, privilegiert wird. Andererseits ist es unter anderem der Zweck von § 88, die Versicherbarkeit der Gefährdungshaftung aus § 84 sicherzustellen und die Haftung zu diesem Zweck betragsmäßig zu limitieren. Zudem kommt es bei der Gefährdungshaftung gerade nicht auf das Verschulden an. Daher überzeugt das Beispiel vom privilegierten unsorgfältigen Unternehmer im Rahmen der Gefährdungshaftung nicht. Außerdem liegt in diesen Fällen ohnehin meist ein Verschulden vor, was zur unbegrenzten Haftung aus allgemeinem Deliktsrecht (§ 91) führt.

7   Zur **Berechnung der Entschädigung** wird zuerst die Höhe des Haftungsanspruchs nach § 84 abzüglich eines etwaigen Mitverschuldensanteils des Geschädigten gem. § 85 feststellt[11]. Sodann muss

---

[1] *Sander,* § 88 Erl. 1.
[2] *Sander,* § 88 Erl. 1.
[3] *Kullmann/Pfister,* Kz. 3805, S. 4.
[4] *BGH,* NJW 1964, 1898 f.; *Kloesel/Cyran,* § 88 Anm. 3.
[5] *Kullmann/Pfister,* Kz. 3805, S. 4.
[6] So z. B. in § 10 ProdHaftG, § 31 AtG, § 37 LuftVG, § 12 StVG.
[7] *Sander,* § 88 Erl. 1; *Kloesel/Cyran,* § 88 Anm. 1.
[8] *Sander,* § 88 Erl. 2.
[9] *Sander,* § 88 Erl. 2; a. A. *Kloesel/Cyran,* § 88 Anm. 2.
[10] *Kullmann/Pfister,* Kz. 3805, S. 5; *Kloesel/Cyran,* § 88 Anm. 2.
[11] *Sander,* § 88 Erl. 2; *Kullmann/Pfister,* Kz. 3805, S. 4.

unterschieden werden, ob ein Kapitalbetrag oder eine Geldrente auszuzahlen ist, oder ob beides erfolgen soll. Soll **alternativ** nur das Kapital oder die Rente ausbezahlt werden, so ist der festgestellte Haftungsanspruch, sofern summenmäßig höher als die in S. 1 Nr. 1 genannten Beträge, auf die jeweiligen Höchstbeträge für Kapital bzw. Rente zu kürzen.

Hat der Geschädigte jedoch **kumulativ** einen Anspruch auf Kapital- und Rentenzahlung, dann **8** mindern die Kapitalzahlungen den Höchstbetrag für die Rentenzahlungen[12]. Folgendes Beispiel[13] soll dies verdeutlichen: Der in § 88 festgelegte Rentenhöchstbetrag von 36.000 Euro jährlich entspricht 6 % des Kapitalhöchstbetrags von 600.000 Euro. Die maximale Rentenauszahlung verhält sich also wie eine jährliche Zinszahlung aus einem Kapital von 600.000 Euro zum Zinssatz in Höhe von 6 %. Mit anderen Worten will der Gesetzgeber dem Geschädigten entweder sofort einen Kapitalbetrag in Höhe von 600.000 Euro zur Verfügung stellen oder auf unbestimmte Zeit jährlich 6 % Zinsen aus diesem Betrag zukommen lassen. Zahlt aber der pharmazeutische Unternehmer zunächst einen Kapitalbetrag in Höhe von 300.000 Euro, so mindert sich der Kapitalhöchstbetrag auf 300.000 Euro. Als Rentenhöchstbetrag kann der Geschädigte dann hiervon jährlich 6 %, also höchstens 18.000 Euro im Jahr beanspruchen.

Fand ein Anspruchsübergang auf den Versicherungsträger oder Träger der Sozialhilfe gem. § 116 **9** SGB X statt[14], so ist, wenn der Gesamtanspruch die Höchstgrenzen der S. 1 Nr. 1 überschritten hat, für die Berechnung des dem Geschädigten persönlich und des dem Träger zustehenden Teils S. 2 entsprechend anzuwenden[15]. Zu beachten ist allerdings das **Quotenvorrecht des Geschädigten** nach § 116 II SGB X, der vorrangig befriedigt wird. Danach verbleibt der Anspruch insoweit beim Geschädigten, als er zum Ausgleich von dessen Schaden erforderlich ist. Der Sozialversicherungsträger erhält nur die ggf. verbleibende Restforderung[16].

II. Haftungshöchstgrenze bei Serienschaden (Nr. 2)

Werden **mehrere Menschen** durch das gleiche Arzneimittel getötet oder verletzt, so liegt ein Serien- **10** schaden vor[17]. In der Praxis kann ein angemessener Betrag der Höchstsumme zurückbehalten werden, falls damit zu rechnen ist, dass sich nach Auszahlung der Höchstsumme noch weitere Geschädigte melden (s. Rn. 24).

1. Doppelte Limitierung. Bei S. 1 Nr. 2 findet eine **doppelte Limitierung** statt. Zunächst gilt für **11** die dem Einzelnen zustehenden Ansprüche die Begrenzung des S. 1 Nr. 1. Die Summe der so gekürzten Einzelansprüche ist wiederum durch die Höchstgrenzen des S. 1 Nr. 2 beschränkt, wenn diese überschritten werden. Bei dieser zweiten Kürzung ist nach S. 2 zu verfahren.

Folgendes **Beispiel** soll dies verdeutlichen: Werden 300 Menschen verletzt und erleidet jeder von **12** ihnen einen Schaden in Höhe von 900.000 Euro, ist zunächst jeder Einzelanspruch gemäß S. 1 Nr. 1 auf 600.000 Euro zu kürzen. Sodann addiert man die gekürzten Einzelansprüche, was zur Haftungssumme von 180 Mio. Euro (300 x 600.000 Euro) führt. Diese überschreitet die Höchstgrenze des S. 1 Nr. 2 und ist deswegen auf 120 Mio. Euro zu kürzen. Steht nun jedem Geschädigten (praktisch indes kaum denkbar) ein Anspruch aus § 84 in gleicher Höhe zu, so ergibt sich aus S. 2, dass auf jeden der 300 Geschädigten ein Anspruch in Höhe von 400.000 Euro entfällt (120 Mio. Euro/300). Steht jedem Geschädigten ein Anspruch in unterschiedlicher Höhe zu, so ist nach S. 2 zu verfahren und anteilig zu kürzen.

Wie bei S. 1 Nr. 1 sind Ansprüche, die nach § 116 SGB X auf Versicherungsträger bzw. Träger der **13** Sozialhilfe übergegangen sind, in die Kürzung mit einzubeziehen[18]. Zu beachten ist auch hier wiederum das **Quotenvorrecht des Geschädigten** aus § 116 II SGB X (s. Rn. 9).

Hat der Geschädigte **kumulativ** einen Anspruch auf Kapital- und Rentenzahlung, so errechnet sich **14** der Rentenbetrag aus 6 % des nach Kapitalzahlung verbleibenden Restbetrags (s. Rn. 8)[19]. Dies ergibt

---

[12] *Kullmann/Pfister*, Kz. 3805, S. 4.
[13] Entnommen aus *Kullmann/Pfister*, Kz. 3805, S. 4.
[14] § 116 SGB X lautet auszugsweise:
„§ 116 Ansprüche gegen Schadensersatzpflichtige
(1) Ein auf anderen gesetzlichen Vorschriften beruhender Anspruch auf Ersatz eines Schadens geht auf den Versicherungsträger oder Träger der Sozialhilfe über, soweit dieser aufgrund des Schadensereignisses Sozialleistungen zu erbringen hat, die der Behebung eines Schadens der gleichen Art dienen und sich auf denselben Zeitraum wie der vom Schädiger zu leistende Schadensersatz beziehen. Dazu gehören auch 1. die Beiträge, die von Sozialleistungen zu zahlen sind, und 2. die Beiträge zur Krankenversicherung, die für die Dauer des Anspruchs auf Krankengeld unbeschadet des § 224 im Fünften Buches zu zahlen wären.
(2) Ist der Anspruch auf Ersatz eines Schadens durch Gesetz der Höhe nach begrenzt, geht er auf den Versicherungsträger oder Träger der Sozialhilfe über, soweit er nicht zum Ausgleich des Schadens des Geschädigten oder seiner Hinterbliebenen erforderlich ist. (…)".
[15] *Kullmann/Pfister*, Kz. 3805, S. 4 f.
[16] So für das ProdHaftG auch *Kullmann/Pfister*, Kz. 3608, S. 10; *Bieresborn*, in: v. Wulffen/Schütze SGB X, § 116 Rn. 18.
[17] *Sander*, § 88 Erl. 3; *Kullmann/Pfister*, Kz. 3805, S. 5.
[18] *Sander*, § 88 Erl. 3.
[19] *Kullmann/Pfister*, Kz. 3805, S. 7 f.

sich daraus, dass auch im Rahmen des S. 2 die jährliche Maximalrente wiederum 6 % der maximalen Kapitalentschädigung beträgt (7,2 Mio. Euro von 120 Mio. Euro).

15   **2. Gleiches Arzneimittel.** Erhebliche Probleme ergeben sich bei der Feststellung, ob die Schäden durch das gleiche Arzneimittel hervorgerufen worden sind. Es stellt sich hierbei die Frage, ob ein Arzneimittel in **unterschiedlicher Darreichungsform** (z. B. Tabletten, Zäpfchen, Salbe, Injektionslösung oder Tropfen), aber gleicher Wirkstoffzusammensetzung als „gleiches Arzneimittel" anzusehen ist. Dieselbe Frage stellt sich, wenn die Darreichungsform gleich, die Wirkstoffmenge aber anders ist (z. B. anstatt einmal 50 mg Wirkstoff zweimal 25 mg).

16   Liegt ein Arzneimittel in **gleicher Wirkstoffmenge, aber verschiedener Darreichungsform** vor, handelt es sich nicht um das gleiche Arzneimittel[20]. Zwar spricht § 25 IX seinem Wortlaut nach dafür, dass es sich um das gleiche Arzneimittel handelt[21]. Seit der 14. AMG Novelle kann nämlich nach § 25 IX eine einheitliche umfassende Zulassung beantragt werden, die alle weiteren – auch zukünftigen – Änderungen beinhaltet. Dagegen allerdings spricht, dass § 25 IX nun so weit gefasst ist, dass ein Arzneimittel trotz ganz erheblicher Änderungen immer noch als das gleiche Arzneimittel angesehen werden könnte. Wissenschaftlich belegt ist aber, dass eine Abänderung der Darreichungsform zu unvorhergesehenen Risiken führen kann, weil der Wirkstoff je nach Applikationsart unterschiedlich wirksam sein kann. § 25 IX kann damit nicht als Argument dafür dienen, dass ein gleiches Arzneimittel vorliegt. Vielmehr ist § 29 II a 1 Nr. 3 heranzuziehen. Hiernach ist eine Änderung der Darreichungsform erst nach Zustimmung der zuständigen Bundesoberbehörde erlaubt. Daraus ist zu folgern, dass es sich nicht um das gleiche Arzneimittel handeln kann, wenn vorher eine behördliche Zustimmung zu seiner Änderung eingeholt werden muss.

17   Sollte ein Arzneimittel in **verschiedener Wirkstoffmenge, aber gleicher Darreichungsform** gegeben sein, so liegt ebenso wenig ein gleiches Arzneimittel vor. Dies ergibt sich aus § 29 III 1 Nr. 1, wonach bei verschiedener Wirkstoffmenge eine neue Zulassung zu beantragen ist, sowie erst recht aus der Tatsache, dass bei einer Änderung der Wirkstoffmenge die Gefahr unvorhergesehener Risiken besteht.

18   **Beispiele für ein gleiches Arzneimittel:** Die bloße Änderung der Arzneimittelbezeichnung (§ 29 II). Durch einen Fehler bei der Herstellung eines Arzneimittels erleidet der Patient einen Herzschaden, durch einen Fehler in der Gebrauchsinformation desselben Arzneimittels kommt es beim Patienten zu einem Lungenschaden (Fall des gleichen Arzneimittels trotz unterschiedlicher Fehler). Oder es liegt nur ein Fehler vor, treten aber unabhängige Schäden auf, z. B. zunächst ein Herz-, dann ein Lungenschaden. Auch bei Wechsel der Charge handelt es sich um das gleiche Arzneimittel.

19   **Beispiele für verschiedene Arzneimittel:** Alle Fälle des § 29 IIa, III. Obwohl dreimal täglich eine Tablette verordnet wurde, nimmt der Patient morgens eine Tablette, mittags Saft und abends Tropfen jeweils in derselben Wirkstoffkonzentration wie eine Tablette ein (Fall verschiedener Arzneimittel trotz derselben Wirkstoffmenge).

20   Treten trotz gleichen Arzneimittels zeitlich versetzt in einem Jahr mehrere Fehler auf, so ist auch hier die Haftung auf die Höchstbeträge in der Fehlerzusammenschau zu **begrenzen** (s. Rn. 6).

III. Haftung mehrerer Schädiger

21   Mehrere Schädiger haften im Verhältnis zum Geschädigten **nur auf den Gesamtbetrag** des § 88. Dies ergibt sich aus dem Wortlaut des § 93 S. 1. Eine Kumulation der Haftungshöchstgrenzen würde dazu führen, dass ein Schädiger im internen Haftungsausgleich des § 93 S. 2 eventuell auf einen höheren Betrag als nach § 88 haften würde[22]. Zur Verdeutlichung dient folgendes Beispiel: Haften zwei Arzneimittelhersteller 300 Personen gegenüber nach § 84, so ist der Haftungshöchstbetrag nicht zweimal 120 Mio. Euro, sondern nur einmal 120 Mio. Euro. Anderenfalls könnte der Fall eintreten, dass ein Arzneimittelhersteller dem anderen Arzneimittelhersteller im Innenverhältnis nach § 93 S. 2 auf weitere 120 Mio. Euro, insgesamt also auf 240 Mio. Euro haftet.

C. Kürzung des Ersatzanspruchs (S. 2)

I. Berechnungsformel

22   Falls die nach S. 1 Nr. 2 zu leistenden Beträge die dort genannte Höchstgrenze übersteigen, sind nach S. 2 die mehreren Geschädigten zustehenden Ansprüche in dem Verhältnis **zu kürzen,** in welchem ihr Gesamtbetrag zu dem Höchstbetrag des S. 1 Nr. 2 steht. Der dem einzelnen Geschädigten schließlich zustehende Ersatzanspruch (Haftungsquote) ist für jeden Geschädigten besonders zu berechnen und ergibt sich aus folgender Formel:

---

[20] Ebenso *Kloesel/Cyran*, § 88 Anm. 2; a. A. *Sander*, § 88 Erl. 4; *Kullmann/Pfister*, Kz. 3805, S. 5.
[21] So auch *Sander*, § 88 Erl. 4.
[22] Für das ProdHaftG *Kullmann/Pfister*, Kz. 3608, S. 10.

$$\frac{Haftungsh\ddot{o}chstbetrag}{Gesamtforderung} \times Einzelforderung = Haftungsquote$$

Haftungshöchstbetrag	=	der Betrag des § 88 1 Nr. 2
Einzelforderung	=	die dem Geschädigten zustehende, ggf. nach § 88 1 Nr. 1 gekürzte Forderung gegen den pharmazeutischen Unternehmer abzüglich einer etwaigen Mitverschuldensquote (s. Rn. 2)[23]
Gesamtforderung	=	die Summe aller den Geschädigten zustehenden Forderungen vor Kürzung durch § 88 1 Nr. 2

II. Absehbare Schadensentwicklungen

Bei absehbarer Schadensentwicklung ergeben sich **keinerlei Probleme** bei der Berechnung nach S. 2. **23** Dies ist etwa der Fall, wenn die Schadensentwicklung bei allen Geschädigten in kurzer Zeit nach dem Schadensereignis abgeschlossen ist. Etwaige Rentenzahlungen beeinträchtigen die Berechnung grundsätzlich nicht. Denn sie sind kapitalisiert in die Gesamtrechnung einzustellen und nach entsprechender Kürzung wieder zu verrenten (s. Rn. 8)[24].

III. Nicht absehbare Schadensentwicklungen

Bei nicht absehbarer Schadensentwicklung können sich Schwierigkeiten ergeben. Entwickeln sich die **24** Schäden über viele Jahre hinweg – wie bei Serienschäden gelegentlich vorkommend – und haben die zuerst Geschädigten bereits die Schadensersatzleistungen unter Umständen in voller Höhe erhalten, so ist umstritten, wie zu verfahren ist. Eine Ansicht befürwortet folgende Vorgehensweise[25]: Der pharmazeutische Unternehmer hat sich Gewissheit darüber zu verschaffen, welche Forderungen auf ihn insgesamt zukommen. Forderungen, die der Höhe nach noch nicht bestimmt sind, hat er zu **schätzen** und danach die Berechnung der jedem Anspruchsberechtigten zustehenden Quote vorzunehmen. Schätzt er die Forderung zu hoch oder verändern sich die Verhältnisse, nach denen die Einzelansprüche zu kürzen sind, so muss die Verteilungsrechnung rückwirkend abgeändert werden. Die Anpassung erfolgt hierbei nach §§ 323, 767 ZPO. Obiger Weg ist für den pharmazeutischen Unternehmer allerdings nachteilig. Ihm wird das Insolvenzrisiko einzelner Geschädigter aufgebürdet, wenn er zuviel gezahlte Beträge zurückfordern will[26]. Deswegen verdient die Auffassung den Vorzug, die dem pharmazeutischen Unternehmer ein **Zurückbehaltungsrecht** einräumt[27]. Im Ergebnis kann also der pharmazeutische Unternehmer bei unklarer Sachlage bis zur Klärung einen angemessenen Betrag aus der Höchstsumme zurückbehalten. Eine Hinterlegung scheidet grundsätzlich aus, solange keine Unklarheit über die geschädigten Personen besteht[28]. Die Geschädigten werden also im Rahmen von S. 2 zu einer **Notgemeinschaft** zusammen gezwungen[29]. Jeder Geschädigte hat nur einen Anspruch auf die Quote – ähnlich einem Insolvenzgläubiger. Im Gegensatz zur InsO bietet aber das AMG für den Geschädigten keinerlei Möglichkeit einer Forderungsanmeldung[30]. Im Vergleich zur InsO ist die praktische Durchsetzbarkeit dadurch erschwert, dass sich die Geschädigten faktisch auf eine Quote einigen müssen[31]. Insoweit liegt eine Gesetzeslücke vor.

Prozessual ergibt sich bei S. 2 für den Geschädigten die Besonderheit, dass auch er keine exakte **25** Berechnung seiner zustehenden Forderungen vornehmen kann. Will er das Risiko einer Teilabweisung seiner Klage nicht eingehen, ist ihm zu folgender Vorgehensweise zu raten: Der Geschädigte hat den bezifferbaren Teilbetrag durch Leistungsklage einzuklagen und für den Restbetrag Feststellungsklage zu erheben oder Antrag auf Feststellung der Zahlungspflicht des pharmazeutischen Unternehmers zu stellen, jeweils vorbehaltlich einer Herabsetzung nach S. 2[32].

§ 89 Schadensersatz durch Geldrenten

(1) Der Schadensersatz wegen Aufhebung oder Minderung der Erwerbsfähigkeit und wegen Vermehrung der Bedürfnisse des Verletzten sowie der nach § 86 Abs. 2 einem Dritten zu gewährende Schadensersatz ist für die Zukunft durch Entrichtung einer Geldrente zu leisten.

---

[23] Für das ProdHaftG *Kullmann/Pfister*, Kz. 3608, S. 11.
[24] Für § 10 II ProdHaftG *Kullmann/Pfister*, Kz. 3608, S. 11.
[25] Für § 10 II ProdHaftG *Kullmann/Pfister*, Kz. 3608, S. 12.
[26] Vgl. *Oechsler*, in: Staudinger, § 10 ProdHaftG Rn. 13.
[27] Für § 10 II ProdHaftG *Kullmann/Pfister*, Kz. 3608, S. 12; *Oechsler*, in: Staudinger, § 10 ProdHaftG Rn. 13.
[28] Ebenso für § 10 II ProdHaftG *Kullmann/Pfister*, Kz. 3608, S. 12; a. A. *Oechsler*, in: Staudinger, § 10 ProdHaftG Rn. 13.
[29] Vgl. *Oechsler*, in: Staudinger, § 10 ProdHaftG Rn. 14.
[30] Vgl. *Oechsler*, in: Staudinger, § 10 ProdHaftG Rn. 14.
[31] Vgl. *Oechsler*, in: Staudinger, § 10 ProdHaftG Rn. 14.
[32] Ebenso für § 10 II ProdHaftG *Kullmann/Pfister*, Kz. 3608, S. 12.

(2) Die Vorschriften des § 843 Abs. 2 bis 4 des Bürgerlichen Gesetzbuchs und des § 708 Nr. 8 der Zivilprozessordnung finden entsprechende Anwendung.

(3) Ist bei der Verurteilung des Verpflichteten zur Entrichtung einer Geldrente nicht auf Sicherheitsleistung erkannt worden, so kann der Berechtigte gleichwohl Sicherheitsleistung verlangen, wenn die Vermögensverhältnisse des Verpflichteten sich erheblich verschlechtert haben; unter der gleichen Voraussetzung kann er eine Erhöhung der in dem Urteil bestimmten Sicherheit verlangen.

Literatur: *Küppersbusch/Höher,* Ersatzansprüche bei Personenschaden, 2004; *Lang,* Der Abfindungsvergleich beim Personenschaden, VersR 2005, 894.

Übersicht

A. Allgemeines

I. Inhalt

1   § 89 regelt Art und Weise der Schadensersatzleistung **für die Zukunft** bei Erwerbsschäden und Vermehrung der Bedürfnisse nach § 87 S. 1, Alt. 2, 3 und 4 sowie bei Unterhaltsentzugsschäden nach § 86 II. Nach Abs. 1 ist der Schadensersatz für die Zukunft grundsätzlich als **Geldrente** zu leisten. Abs. 2 regelt über eine Verweisung in das BGB die Modalitäten der Rentenzahlung. Insbes. ist über die Verweisung auf § 843 III BGB die Möglichkeit der Kapitalisierung der Rentenforderung eröffnet. Abs. 3 gibt schließlich dem Anspruchsteller das Recht, nachträglich die Anordnung einer Sicherheitsleistung zu verlangen, wenn das Gericht ursprünglich von einer solchen Anordnung abgesehen hatte.

2   Im Wesentlichen inhaltsgleiche Vorschriften finden sich in den anderen Bereichen der Gefährdungshaftung (§ 13 StVG, § 8 HaftpflG, § 38 LuftVG, § 9 ProdHaftG, § 32 VI GenTG, § 14 UmweltHG, § 30 AtG).

II. Zweck

3   § 89 verfolgt das Ziel, die Abwicklung von sich erst **in der Zukunft konkretisierenden Schäden** in einem Verfahren sicherzustellen und dadurch zu vermeiden, dass der Anspruchsteller regelmäßig wiederkehrend abrechnen und seinen Ersatzanspruch immer wieder erneut einklagen muss[1].

B. Rentenanspruch (Abs. 1)

I. Verhältnis zwischen Rentenzahlung und Kapitalisierung

4   Abs. 1 greift nur dann ein, wenn dem Grunde nach eine Ersatzpflicht des pharmazeutischen Unternehmers aus § 84 besteht und es aufgrund der Verletzung bzw. Tötung zu einem Erwerbsschaden, zu einem Schaden wegen vermehrter Bedürfnisse oder zu einem Unterhaltsentzugsschaden Dritter gekommen ist. Die gesetzliche Anordnung, dass die Schadensersatzleistung grundsätzlich durch Rentenzahlung zu erfolgen habe, beruht auf dem Gedanken, dass eine laufende Zahlung dem Schadensausgleich durch Naturalrestitution (§ 249 I BGB) am nächsten kommt[2]. In der Praxis ist das **Regel-Ausnahme-Verhältnis** zwischen Rentenzahlung und Kapitalisierung allerdings umgekehrt, da in vielen Fällen die Kapitalisierung allen Beteiligten größere Vorteile bietet[3].

---

[1] Vgl. *Salje* in: Salje/Peter, § 14 UmweltHG Rn. 1.
[2] *Paschke*, § 14 Rn. 2.
[3] Vgl. *Wagner*, in: MüKo, Bd. 5, §§ 842, 843 Rn. 75 ff.; *Lang*, VersR 2005, 894.

Anders als § 843 I BGB erfasst der Rentenanspruch aus § 89 I nur Schäden für die Zukunft, d. h. bei **5** prozessualer Durchsetzung nicht die bereits vor Abschluss der mündlichen Tatsachenverhandlung[4] entstandenen Schäden. In der Praxis ist diese Unterscheidung jedoch wenig relevant, da die Rechtsprechung dem Geschädigten wegen des in der Vergangenheit eingetretenen Schadens ein **Wahlrecht** zwischen Kapital- und Rentenzahlung auf Grundlage des § 251 BGB eingeräumt hat (s. hierzu Rn. 11)[5].

II. Höhe der Rente

Für die Bemessung der Rente ist von den **konkreten Verhältnissen** auszugehen, die zum Zeitpunkt **6** der letzten mündlichen Tatsachenverhandlung bestehen. Erforderliche Zukunftsprognosen hat das Gericht nach pflichtgemäßem Ermessen unter Anwendung des § 287 ZPO zu erstellen. Zu den Einzelheiten der Schadensberechnung bei Erwerbsschäden s. § 86 Rn. 8, zur Vermehrung der Bedürfnisse § 86 Rn. 11, zum Unterhaltsentzugsschaden § 86 Rn. 14. In jedem Fall gelten die Höchstgrenzen des § 88.

III. Dauer des Rentenanspruchs

Beginn und Ende der Rentenzahlungen sind **im Urteil kalendermäßig festzulegen.** Bei der Rente **7** für Erwerbsschäden ist ebenfalls unter Anwendung des § 287 ZPO auf die voraussichtliche Dauer der Erwerbstätigkeit des Verletzten ohne Eintritt des schädigenden Ereignisses abzustellen[6]. Die Rentenzahlung zum Ausgleich für vermehrte Bedürfnisse ist in der Regel auf Lebenszeit zuzusprechen, es sei denn, eine zeitliche Begrenzung des Mehrbedarfs ist vorauszusehen. Zur Dauer der Rente beim Unterhaltsentzugsschaden Dritter, s. § 86 Rn. 19.

C. Modalitäten der Rentenzahlung (Abs. 2)

I. Zahlungstermin (§§ 843 Abs. 2 S. 1, 760 BGB)

Der Rentenanspruch entsteht in seiner Gesamtheit bereits mit der Verursachung der in Abs. 1 **8** genannten Schäden; die **Fälligkeit** der einzelnen Rentenbeträge ist jedoch hinausgeschoben[7]. Gem. §§ 89 II i. V. m. §§ 843 II 1, 760 BGB sind Erwerbsschadens- und Mehrbedarfsrenten sowie Renten für Unterhaltsentzugsschäden für drei Monate im voraus zu zahlen. Die Beteiligten können aber einvernehmlich abweichende Zahlungsmodalitäten festlegen. In der Praxis ist es üblich, monatliche Vorauszahlungen zu vereinbaren[8]. Wurde ein anderer Zahlungsmodus als der gesetzlich vorgesehene Dreimonatszeitraum zugrunde gelegt, so endet die Zahlungspflicht mit dem nächsten vereinbarten Stichtag nach dem Tod des Berechtigten[9].

II. Sicherheitsleistung durch den Ersatzpflichtigen (§ 843 Abs. 2 S. 2 BGB)

Zur Verbesserung der Chancen auf Durchsetzung des Rentenanspruchs kann das Gericht nach pflicht- **9** gemäßem Ermessen die Stellung einer Sicherheitsleistung durch den pharmazeutischen Unternehmer anordnen. Dazu wird sich das Gericht nur in Fällen entschließen, in denen die Einkommens- oder Vermögensverhältnisse des Beklagten **Zweifel an seiner finanziellen Leistungsfähigkeit** begründen oder sonstige Anhaltspunkte dafür erkennbar sind, dass er seiner künftigen Zahlungsverpflichtung nicht nachkommen wird[10]. Angesichts der sich aus § 94 ergebenden Pflicht des pharmazeutischen Unternehmers zur Deckungsvorsorge sind solche Fälle in der Praxis selten.

Bei **nachträglichen Zweifeln** an der Realisierbarkeit des Rentenanspruchs findet Abs. 3 Anwen- **10** dung, der im Wesentlichen § 324 ZPO nachgebildet ist. Demnach kann der Geschädigte nachträglich die Anordnung oder Erhöhung der Sicherheitsleistung verlangen, wenn sich später aufgrund von Veränderungen der Vermögensverhältnisse des pharmazeutischen Unternehmers eine Gefährdung der Realisierbarkeit künftiger Rentenansprüche ergibt. Dieser Anspruch ist durch Nachforderungsklage geltend zu machen. Andere Umstände als eine erhebliche Verschlechterung der Vermögensverhältnisse, aus denen sich eine nachträgliche Gefährdung der Durchsetzung der Rentenansprüche ergibt, reichen aufgrund des eindeutigen Wortlauts der Vorschrift nach der zu § 324 ZPO herrschenden Meinung nicht für die Anspruchsbegründung aus[11]. **Verbessert** sich die Vermögenslage des pharmazeutischen Unternehmers

---

[4] *Paschke*, § 14 Rn. 3.
[5] *Wagner*, in: MüKo, Bd. 5, §§ 842, 843 Rn. 6 m. w. N.; *BGH*, NJW 1972, 1711, 1712.
[6] *Sprau*, in: Palandt, § 843 Rn. 12.
[7] *BGH*, VersR 1986, 392.
[8] *Wagner*, in: MüKo, Bd. 5, §§ 842, 843 Rn. 71.
[9] *Habersack*, in: MüKo, Bd. 5, § 760 Rn. 2; a. A. *Vieweg*, in: Staudinger, § 843 Rn. 32 (Rente beim Tod des Verletzten stets bis Ablauf des Dreimonatszeitraums garantiert) und *Sprau*, in: Palandt, § 843 Rn. 11 (Ende des Rentenanspruchs mit Ablauf des Todesmonats des Berechtigten, ohne Differenzierung).
[10] *Wagner*, in: MüKo, Bd. 5, § 843 Rn. 72.
[11] *Gottwald*, in: MüKo ZPO, Bd. 1, § 324 Rn. 5; *Musielak*, § 324 Rn. 3.

aber nachträglich, so kann dieser nach der herrschenden Auffassung in analoger Anwendung der Vorschrift zu seinen Gunsten die Herabsetzung oder Aufhebung der Sicherheitsleistung fordern[12]. Einzelheiten zur Sicherheitsleistung sind in den §§ 232 bis 240 BGB allgemein geregelt.

III. Kapitalabfindung (§ 843 Abs. 3 BGB)

11   Bei Vorliegen eines **wichtigen Grundes** kann der Geschädigte bis zum Schluss der mündlichen Verhandlung anstelle der Geldrente die Zahlung eines einmaligen Kapitalbetrags beanspruchen. Ein solches **Wahlrecht** steht dem ersatzpflichtigen pharmazeutischen Unternehmer hingegen nicht zu[13]. Ein wichtiger Grund ist gegeben, wenn der Geschädigte objektiv ein besonderes Interesse an der Kapitalabfindung hat. Anerkannte Beispiele sind Existenzgründungsvorhaben des Geschädigten, Pläne zu einer Betriebssanierung oder ein voraussichtlicher günstiger Einfluss der Kapitalabfindung auf die gesundheitliche Entwicklung des Verletzten[14]. Das besondere Interesse an der Kapitalabfindung kann aber auch aus der Sphäre des ersatzpflichtigen pharmazeutischen Unternehmers kommen, beispielsweise bei sachlich begründeter Sorge, der Unternehmer bzw. seine Haftpflichtversicherung werde in der Zukunft nicht mehr in der Lage sein, den Verpflichtungen zur Rentenzahlung nachzukommen[15].

12   Auch wenn kein „wichtiger Grund" im geschilderten Sinne gegeben ist, können die Parteien einvernehmlich im Wege des Vergleichs eine Kapitalabfindung **vereinbaren.** Von dieser Möglichkeit machen die Beteiligten in der Praxis überwiegend Gebrauch (s. Rn. 4).

13   Für die **Berechnung** der Abfindungssumme gilt der vom *BGH* aufgestellte Grundsatz, dass der Kapitalbetrag ausreichen muss, um, während der voraussichtlichen Laufzeit einer Rente zusammen mit seinem Zinsertrag die an sich geschuldete Rente zu zahlen[16]. Mathematische Hilfsmittel zur Berechnung sind die sog. **Kapitalisierungstabellen,** die die Laufzeit des zu zahlenden Schadenersatzes, die Höhe der Abzinsung, die Zahlweise der Rente und das statistische Sterberisiko des Geschädigten berücksichtigen. Von dem sich mit Hilfe der Kapitalisierungstabelle errechneten Abfindungsbetrag sind je nach den Besonderheiten des einzelnen Schadensfalls Zu- bzw. Abschläge vorzunehmen[17].

14   Auch für die Kapitalabfindung gilt die **Höchstgrenze** des § 88. Treffen Renten- und Kapitalansprüche zusammen, so dürfen sie gemeinsam die Höchstbeträge nicht übersteigen[18] (s. dazu § 88 Rn. 8).

IV. Leistungen Dritter (§ 843 Abs. 4 BGB)

15   Der Rentenanspruch ist nicht ausgeschlossen, wenn ein anderer dem Verletzten Unterhalt zu gewähren hat. § 843 IV BGB ist Ausdruck des **allgemeinen Rechtsgedankens,** dass auf den Schaden keine Leistungen anderer anzurechnen sind, die nach ihrer Natur nicht dem Schädiger zugute kommen sollen[19]. Die Rechtsprechung weitet daher den Anwendungsbereich der Vorschrift aus auf Fälle, in denen ein Dritter Unterhalt leistet, ohne dazu verpflichtet ist[20]. Darunter fallen beispielsweise materielle und persönliche Unterhaltsleistungen von Verwandten oder Leistungen des Arbeitgebers aus rein sozialen Erwägungen. Ebenso wenig stellen freiwillige Leistungen Dritter einen nach den Grundsätzen der Vorteilsausgleichung ausgleichspflichtigen Vorteil dar, wenn es um andere als die in Abs. 1 genannten Schadensposten geht. Dies hat insbes. im Zusammenhang mit der Erstattung von Heilungskosten Bedeutung, beispielsweise wenn ein Familienangehöriger, der von Beruf Arzt ist, den Verletzten kostenlos behandelt[21]. Zu möglichen Fällen der Vorteilsausgleichung s. § 86 Rn. 22.

D. Nachträgliche Anordnung einer Sicherheitsleistung (Abs. 3)

16   Bei nachträglichen Zweifeln an der Realisierbarkeit des Rentenanspruchs kann der Geschädigte unter den Voraussetzungen des Abs. 3 die Anordnung oder Erhöhung einer Sicherheitsleistung verlangen (s. dazu oben Rn. 10).

---

[12] *Gottwald,* in: MüKo ZPO, Bd. 1, § 324 Rn. 8; *Musielak,* § 324 Rn. 3.

[13] *Wagner,* in: MüKo, Bd. 5, § 843 Rn. 75.

[14] *Sprau,* in: Palandt, § 843 Rn. 18; *Wagner,* in: MüKo, Bd. 5, §§ 842, 843 Rn. 77.

[15] *Wagner,* in: MüKo, Bd. 5, §§ 842, 843 Rn. 77 m. w. N.

[16] *BGH,* VersR 1981, 283.

[17] Zu Einzelheiten der Berechnung s. *Küppersbusch/Höher,* Rn. 853 ff. sowie die dort im Anhang abgedruckten Kapitalisierungstabellen.

[18] *Sander,* § 89 Erl. 2.

[19] *BGH,* NJW 1963, 1051.

[20] *BGH,* NJW 1984, 2520, 2522.

[21] Vgl. *Wagner,* in: MüKo, Bd. 5, §§ 842, 843 Rn. 86.; *Küppersbusch/Höher,* Rn. 37.

E. Prozessuales

Erhebt der Geschädigte **Leistungsklage,** muss er deutlich machen, ob er Rente oder Kapitalabfin- **17** dung begehrt. Die Leistungsklage ist gem. § 258 ZPO auch mit Blick auf erst künftig fällig werdende Rentenleistungen zulässig. Die Höhe und Dauer der Rente sowie die Höhe der Kapitalabfindung muss der Kläger nicht beziffern, sondern kann sie in das Ermessen des Gerichts stellen, sofern er die für eine Schadensschätzung gem. § 287 ZPO notwendigen Tatsachen vorträgt sowie die Größenordnung der begehrten Ersatzleistung angibt.

Einer **Feststellungsklage** fehlt in der Regel gem. § 256 I ZPO das erforderliche Feststellungsinteres- **18** se, wenn der Schaden für den Kläger bezifferbar oder im Wege des § 287 ZPO schätzbar ist[22]. Demzufolge kommt die Feststellungsklage vor allen Dingen dann in Betracht, wenn die Bezifferung bzw. Schätzung des Schadens (noch) nicht vollständig möglich ist.

Zur wirtschaftlichen Sicherstellung des Verletzten sind Rentenurteile gem. § 89 II i. V. m. § 708 Nr. 8 **19** ZPO ohne Sicherheitsleistung des Gläubigers für **vorläufig vollstreckbar** zu erklären.

Beide Parteien können nach § 323 ZPO eine **Abänderungsklage** anstrengen, wenn sich die Verhält- **20** nisse, die dem Urteil auf künftige Rentenzahlung zugrunde lagen, durch nachträgliche Veränderungen der Umstände wesentlich ändern. Im Falle einer Kapitalabfindung ist die Abänderungsklage nicht zulässig.

Die gerichtlich zugesprochene oder vergleichsweise vereinbarte Schadensersatzrente ist nach § 850b I **21** Nr. 1 ZPO nur **bedingt pfändbar.** In der Praxis häufig relevant ist die Konstellation des § 850b II ZPO, wonach die Rentenforderung bei erfolglos gebliebenen Vollstreckungsversuchen in das sonstige bewegliche Vermögen entsprechend dem Arbeitseinkommen nach Maßgabe der §§ 850a bis 850i ZPO pfändbar ist. Sind die Voraussetzungen des § 850b II ZPO nicht gegeben und ist die Rentenforderung daher nach § 850b I ZPO unpfändbar, so sind die Aufrechnungs- und Abtretungsverbote nach §§ 394, 400 BGB zu beachten. Im praktisch häufigen Fall des gesetzlichen **Forderungsübergangs** auf einen Versicherungsträger (z. B. § 86 I VVG, § 116 SGB X) entfallen im Wege der teleologischen Reduktion sowohl das Pfändungshindernis als auch die Aufrechnungs- und Abtretungsverbote, da diese lediglich dem sozialen Schutz des Verletzungsopfers dienen sollen[23].

§ 90 (weggefallen)

§ 91 Weitergehende Haftung

Unberührt bleiben gesetzliche Vorschriften, nach denen ein nach § 84 Ersatzpflichtiger im weiteren Umfang als nach den Vorschriften dieses Abschnitts haftet oder nach denen ein anderer für den Schaden verantwortlich ist.

Literatur: *Gaßner/Reich-Malter,* Die Haftung bei fehlerhaften Medizinprodukten und Arzneimitteln – Recht und Rechtsprechung, MedR 2006, 147.

Übersicht

A. Allgemeines

I. Inhalt

§ 91 stellt klar, dass die Regelungen der §§ 84 ff. nicht abschließender Natur sind[1], indem er eine **1** weitergehende Haftung des pharmazeutischen Unternehmers oder Dritter (insbes. nach den §§ 823 ff. BGB) ausdrücklich zulässt.

---

[22] *Wagner,* in: MüKo, Bd. 5, §§ 842, 843 Rn. 97 f.
[23] *BGH,* NJW 1961, 1966.
[1] Vgl. *Rehmann,* § 91 Rn. 1.

II. Zweck

2   Die Anwendbarkeit auch anderer Haftungsnormen neben den §§ 84 ff. (für welche die Haftungshöchstgrenzen des § 88 nicht gelten) entspricht dem **verbraucherschützenden Zweck** dieser Vorschriften. Dem Geschädigten sollen durch die §§ 84 ff. zusätzliche Möglichkeiten der Geltendmachung eines Schadens eröffnet werden.

B. Anspruchskonkurrenz

3   In Sachverhalten, aus denen sich eine Haftung aus § 84 ergeben kann, kommen weitere Anspruchsgrundlagen in Betracht. Jeder dieser Ansprüche ist **unabhängig** von den anderen Ansprüchen zu beurteilen[2]. Es handelt sich maßgeblich um Ansprüche aus **vertraglicher Haftung,** der **allgemeinen deliktischen Haftung,** dem **ProdHaftG** und dem **GenTG.** Diese Ansprüche stehen (mit grundsätzlicher Ausnahme der Vorschriften des ProdHaftG wegen § 15 I ProdHaftG und der Haftung nach dem GenTG gem. § 37 I GenTG), in freier Anspruchskonkurrenz zu den Vorschriften aus §§ 84 ff.

I. Vertragliche Haftung

4   Die Haftung aus Vertrag ist neben der Haftung aus dem AMG weiterhin anwendbar. Es wird jedoch nur **selten** zu einem direkten vertraglichen Verhältnis zwischen Verbraucher und pharmazeutischem Unternehmer kommen[3]. Denkbar wäre eine vertragliche Haftung bei Arzneimitteln, die in Apotheken hergestellt werden oder bei „unechten Hausspezialitäten" (s. hierzu § 84 Rn. 19). Die Haftung würde sich aus § 280 I 1 i. V. m. § 437 Nr. 3 BGB (Haftung für Mangelfolgeschäden) ergeben, wobei gem. § 249 II 1 BGB Geldersatz und gem. § 253 II BGB Schmerzensgeld verlangt werden könnte.

5   Zu beachten ist, dass es sich dann um einen **Verbrauchsgüterkauf** i. S. v. §§ 474 ff. BGB handelt. Der Apotheker ist Unternehmer i. S. v. § 14 BGB und der Käufer i. d. R. Verbraucher i. S. v. § 13 BGB. Macht der Käufer Mängelrechte geltend, so sind für das Verhältnis zwischen Apotheker und pharmazeutischem Unternehmer oder Großhändler die Vorschriften über den Unternehmerregress (§§ 478 f. BGB) zu beachten.

6   Bei einer Haftung aus 280 I 1 i. V. m. § 437 Nr. 3 BGB wegen Schlechtleistung ist die **Vermutung des Vertretenmüssens** nach § 280 I 2 BGB zu berücksichtigen. Der Verkäufer muss insofern beweisen, dass er die Schlechtleistung nicht zu vertreten hat. Für das Verschulden von Erfüllungsgehilfen kommt wegen § 278 BGB keine Exkulpation in Betracht.

7   Eine Haftung des pharmazeutischen Unternehmers aus einem **Vertrag mit Schutzwirkung zugunsten Dritter** gem. den in der Rechtsprechung entwickelten Grundsätzen[4] ist abzulehnen. Es fehlt schon am Einbeziehungsinteresse[5]. Im Regelfall kommt zwischen Apotheker und pharmazeutischem Unternehmer aber ohnehin kein Vertrag zustande, da ein Großhändler in der Vertriebskette zwischengeschaltet wird (§ 47).

II. Allgemeine deliktische Haftung

8   Es bleibt dem Geschädigten unbenommen, Ansprüche aus den §§ 823 ff. BGB geltend zu machen. Aufgrund der eingeführten Beweiserleichterung des § 84 II 1 wird sich der Rückgriff auf §§ 823 ff. BGB in der Praxis allerdings nach und nach erübrigen (s. dazu § 84 Rn. 109 ff.). Vorteile ergeben sich bei §§ 823 ff. BGB insbes. aus den **fehlenden Haftungshöchstgrenzen**[6]. Ferner greift § 823 BGB auch bei Schäden aufgrund Wirkungslosigkeit des Arzneimittels (zur Frage der Haftung für wirkungslose Arzneimittel s. § 84 Rn. 77) und bei Schäden von Sekundärgeschädigten[7] ein (zur Frage der Einbeziehung von Sekundärgeschädigten in die Arzneimittelhaftung s. § 84 Rn. 57). Zusätzlich ist § 842 BGB anwendbar. § 842 BGB („Erwerb und Fortkommen") geht insofern weiter als § 87 S. 1, als auch zusätzliche Ausbildungskosten oder vermögenswerte Nachteile infolge verminderter Heiratschancen zu ersetzen sind[8]. §§ 823, 253 BGB haben hingegen keine besondere Bedeutung mehr, da nun auch nach § 87 S. 2 Schmerzensgeld gewährt wird.

---

[2] *BGHZ* 66, 315, 319; *Kullmann/Pfister,* Kz. 3805, S. 14.
[3] *Gaßner/Reich-Malter,* MedR 2006, 147, 148.
[4] Hierzu *Grüneberg,* in: Palandt, § 328 Rn. 13 ff.
[5] Zu diesem Erfordernis *BGHZ* 51, 91, 95 f.; *Grüneberg,* in: Palandt, § 328 Rn. 17a.
[6] *Koyuncu,* PHi 2007, 42, 46.
[7] *Koyuncu,* PHi 2007, 42, 46; *BGH,* NJW 2005, 2614, 2617. Die Bundesregierung hat sich hingegen verschiedentlich dahingehend geäußert, dass Sekundärgeschädigte in die Arzneimittelhaftung einbezogen sind und deshalb auch eine vom Bundesrat verlangte Klarstellung zurückgewiesen, BT-Drucks. 14/7752, S. 18 f., 45, 53. Vgl. auch *Heitz,* S. 182.
[8] *Kullmann/Pfister,* Kz. 3805, S. 14.

§ 823 BGB verlangt einen Nachweis des **Verschuldens** des pharmazeutischen Unternehmers. Es sind **9** jedoch die vom *BGH* entwickelten Beweiserleichterungen für den Bereich der Produzentenhaftung zu berücksichtigen[9].

Zu § 823 I BGB ist anzumerken, dass § 5 anerkanntermaßen ein **Schutzgesetz** im Sinne dieser **10** Vorschrift darstellt[10]. Zusätzlich zur Verletzung dieses Schutzgesetzes ist jedoch auch hier ein Verschuldensnachweis gem. § 823 II 2 BGB erforderlich.

III. Produkthaftungsgesetz

Nach § 15 I ProdHaftG sind Ansprüche aus diesem Gesetz neben dem AMG ausgeschlossen. § 15 I **11** ProdHaftG verdrängt § 91 als besondere Vorschrift. Bei einem **Sachschaden** (der nach dem AMG wegen § 87 S. 1 nicht ersatzfähig ist, s. § 87 Rn. 1 f.), der durch die Anwendung eines Arzneimittels verursacht wird, kommen die Regelungen des ProdHaftG nach § 15 I ProdHaftG jedoch zur Anwendung.

Das ProdHaftG ist ferner **anwendbar,** wenn schon gar kein zulassungspflichtiges Humanarzneimittel **12** vorliegt. Dementsprechend gelten die Vorschriften des ProdHaftG für Tierarzneimittel und Arzneimittel, die im Einzelfall für den Patienten nach ärztlicher Verschreibung in Apotheken hergestellt werden oder den Ausnahmen des § 21 II unterliegen (s. § 21 Rn. 11). Schließlich findet das ProdHaftG Anwendung auf nicht zugelassene Prüfpräparate der Phasen I–III[11] sowie auf zugelassene Arzneimittel, die für eine neue, bisher nicht zugelassene Indikation erprobt werden (Phase V).

Es werden teilweise **Bedenken** gegen die Rechtmäßigkeit von § 15 I ProdHaftG im Hinblick auf die **13** haftungsrechtlichen Vorgaben der Produkthaftungsrichtlinie geäußert[12] (s. ausführlich unter Vorb. §§ 84–94a Rn. 9).

IV. Gentechnikgesetz

§ 37 I GenTG normiert einen Vorrang der Haftung nach den §§ 84 ff. Führen gentechnisch ver- **14** änderte Organismen als Bestandteil eines Arzneimittels zu einem Personenschaden, so ist die Haftung nach den §§ 32–36 GenTG **ausgeschlossen,** wenn für das Arzneimittel eine Haftung nach §§ 84 ff. besteht. Bei gentechnisch veränderten Arzneimitteln, für die eine Haftung nach §§ 84 ff. nicht besteht, sind §§ 32–36 GenTG weiterhin anwendbar. Das betrifft zum einen nicht zugelassene Arzneimittel, die zur klinischen Prüfung bestimmt sind. Für diese muss jedoch nach § 40 I Nr. 8, III die Pflicht zum versicherungsrechtlichen Schutz der Probanden beachtet werden. § 40 III 2 bestimmt, dass ein Anspruch auf Schadensersatz erlischt, soweit aus der Versicherung geleistet wird. Der Versicherungsschutz muss sich pro Person auf mindestens 500.000 Euro belaufen (s. § 40 Rn. 62). Zum anderen sind homöopathische Arzneimittel betroffen, die gentechnisch veränderte Organismen enthalten[13]. Dann kommt eine Haftung nach § 32 GenTG in Betracht.

Führt die Anwendung eines gentechnisch veränderten Arzneimittels zu einem **Sachschaden,** so sind **15** wegen § 37 II GenTG die Regelungen des ProdHaftG anwendbar, da § 15 I ProdHaftG ebenfalls nicht greift. Schäden jedoch, die schon bei der Herstellung des Arzneimittels unter Verwendung gentechnisch veränderter Organismen entstehen, fallen unter §§ 32 ff. GenTG. Die Anwendung von § 37 I GenTG setzt nämlich die Abgabe des Arzneimittels an den Verbraucher voraus.

C. Haftung Dritter

Von besonderem Interesse ist auch der Anspruch aus § 839 BGB. Die **Amtshaftung** kann sich aus der **16** Pflicht des BfArM bzw. PEI zur Arzneimittelprüfung und Zulassung ergeben sowie aus der Pflicht zur Überwachung und der Pflicht zur Auskunftserteilung. Passivlegitimiert ist die Bundesrepublik Deutschland als Rechtsträgerin des BfArM bzw. PEI sowie die betreffenden Bundesländer, soweit es um Ansprüche gegen Überwachungsbehörden der Länder geht. Die Pflichten zur Arzneimittelsicherheit sind **drittbezogen** und bestehen nicht nur im öffentlichen Interesse[14]. Die Amtshaftung wird jedoch in der

---

[9] *Gaßner/Reich-Malter*, MedR 2006, 147, 148 f.; *Sprau*, in: Palandt, § 823 BGB Rn. 184 f. Ausführlich zur Produzentenhaftung nach § 823 BGB *Wagner*, in MüKo, Bd. 5, § 823 BGB Rn. 617 ff.
[10] *BGH*, NJW 1991, 2351; *OLG Stuttgart*, VersR 1990, 631, 632; *Hieke*, S. 93 m. w. N. Vgl. auch *Sander*, § 91 Erl. 2a, wonach Schutzgesetze auch Vorschriften des AMG in Betracht kommen. Weitere Vorschriften, bei denen eine Haftung als Schutzgesetz i. S. v. § 823 II BGB in Betracht kommt, sind §§ 8, 10, 11, 11a, 21, vgl. *Hieke*, S. 94 m. w. N.
[11] *Sander*, § 40 Erl. 10.
[12] *Rehmann*, § 84 Rn. 1 und § 91 Rn. 1, a. E. Ausführlich zum Diskussionsstand *Hieke*, S. 95 ff. und *Heitz*, S. 188 ff. Die haftungsrechtlichen Vorgaben der Produkthaftungsrichtlinie sind auch für die Problematik der Haftung für Sekundärschäden von Bedeutung. Nach der Produkthaftungsrichtlinie haftet der Produzent für Sekundärschäden. Die Haftung für Sekundärschäden nach dem AMG ist umstritten, s. § 84 Rn. 10.; vgl. ebenfalls *Kloesel/Cyran*, § 84 Anm. 18; *Kullmann/Pfister*, Kz. 3800, S. 21.
[13] *Landsberg/Lülling*, in: Eberbach/Lange/Ronellenfitsch, § 37 Rn. 13.
[14] Ausdrücklich *Rehmann*, § 91 Rn. 1; s. a. *Sander*, § 91 Erl. 3.

Praxis häufig wegen § 839 I 2 BGB leer laufen. Die staatliche Haftung greift bei fahrlässigem Verhalten der Behörden grundsätzlich nur dann, wenn der Geschädigte nicht auf andere Weise Ersatz zu erlangen vermag. In diesem Fall wird die Amtshaftung durch die Arzneimittelhaftung ausgeschlossen. Jedoch gilt die Subsidiaritätsklausel des § 839 I 2 BGB im Bereich der Arzneimittelhaftung nicht ausnahmslos. So schließt § 117 IV 1 VVG, der bei Vorliegen einer (obligatorischen) Haftpflichtversicherung (§ 94 I)[15] des pharmazeutischen Unternehmers gem. § 94 II anwendbar ist, in den Fällen des § 117 I und II VVG eine Anwendbarkeit der Subsidiaritätsklausel des § 839 I 2 BGB aus. Dies gilt wiederum nicht, wenn der Beamte im haftungsrechtlichen Sinn „persönlich haftet" (§ 117 IV 2 VVG). Umgekehrt lässt die Zulassungsentscheidung der Arzneimittelbehörden, auch wenn sie in vorwerfbarer Weise fehlerhaft erfolgt, die zivil- und strafrechtliche Verantwortlichkeit des pharmazeutischen Unternehmers unberührt (§ 25 X).

§ 92 Unabdingbarkeit

[1] **Die Ersatzpflicht nach diesem Abschnitt darf im voraus weder ausgeschlossen noch beschränkt werden.** [2] **Entgegenstehende Vereinbarungen sind nichtig.**

A. Allgemeines

I. Inhalt

1   Nach S. 1 kann die Haftung des pharmazeutischen Unternehmers nach § 84 I 1 vor Entstehung eines Schadens („im Voraus") nicht ausgeschlossen oder auch nur beschränkt werden. Erfolgt ein Haftungsausschluss oder eine Haftungsbeschränkung dennoch, so ist diese(r) gemäß S. 2 unwirksam.

II. Zweck

2   Die Vorschrift dient dem **Schutz des Verbrauchers**[1]. Sie sichert die faktische Wirksamkeit der Arzneimittelhaftung. Der pharmazeutische Unternehmer soll eine überlegene Verhandlungsposition und den Vorsprung an geschäftlicher Erfahrung nicht ausnutzen können. Die Norm orientiert sich an anderen Regelungen der Gefährdungshaftung (§ 8a StVG, §§ 49, 54 Satz 2 LuftVG und § 14 ProdHaftG) und stellt eine Erweiterung von §§ 276 III und 202 BGB dar[2]. Der durch das AMG vermittelte Schutz soll nicht durch in Unkenntnis der Anspruchsvoraussetzungen getroffene Individualvereinbarungen oder durch Allgemeine Geschäftsbedingungen abgeschwächt werden. Daher sind auch bloße Beschränkungen der Haftung ausgeschlossen[3]. Dem Schutzzweck entspricht die Anordnung der Nichtigkeitsfolge entgegenstehender Vereinbarungen durch S. 2.

B. Vereinbarungen im Voraus (S. 1)

I. Anwendungsbereich

3   Die Haftung kann weder durch Individualvereinbarungen noch durch Allgemeine Geschäftsbedingungen im Voraus ausgeschlossen werden[4]. „Im Voraus" bedeutet vor **Entstehung des Schadens**[5]. Im Hinblick auf den Schutzzweck von § 92 wird man noch einen Schritt weiter gehen und erst auf den Zeitpunkt der verjährungsauslösenden, subjektiven Kenntnis der Anspruchsvoraussetzungen abstellen dürfen[6].

4   § 92 bezieht sich auch auf Ansprüche, die im Wege der **cessio legis**, z.B. nach § 116 SGB X und § 86 VVG, auf Dritte übergehen[7]. Die Ansprüche entstehen nämlich zumindest für eine juristische Sekunde beim Verbraucher.

5   Ein **Verzicht** auf die bereits entstandenen Ansprüche ist jedoch nach erfolgtem Schadenseintritt bzw. nach Kenntnis der Anspruchsvoraussetzungen möglich. Gleiches gilt für einen danach geschlossenen Vergleich.

---

[15] Oder einer (in der Praxis jedoch irrelevanten, s. § 94 Rn. 2) Freistellungs- und Gewährleistungsverpflichtung bestimmter Kreditinstitute (§ 94 I 3 Nr. 2, III).

[1] *Kloesel/Cyran*, § 92; *Sander*, § 92 Erl. 1.

[2] *Sander*, § 92 Erl. 1.

[3] *Rehmann*, § 92 Rn. 1.

[4] So wäre es unzulässig, in Fachinformationen, Gebrauchsinformationen oder auf Packmitteln die Haftung auszuschließen. Hierin läge auch ein wettbewerbswidriges Verhalten gemäß § 4 Nr. 11 UWG, vgl. *Rehmann*, § 92 Rn. 1, wenngleich solche Versuche noch nicht praxisrelevant geworden sind.

[5] *Sander*, § 92 Erl. 1.

[6] So wohl auch *Rehmann*, § 92 Rn. 1.

[7] So auch zu § 14 ProdHaftG *Kullmann/Pfister*, Kz. 3611, S. 4.

§ 92 betrifft nach seinem Sinn und Zweck auch Beschränkungen der **Verjährung,** da diese die 6
zeitliche Dauer der Realisierbarkeit des Schadensersatzanspruchs verkürzen können[8]. Nach Entstehung
der Ersatzpflicht richtet sich die Zulässigkeit von Vereinbarungen über die Verjährung nach § 202 BGB.

Nicht unter § 92 fallen die Angaben in der **Gebrauchsinformation** und **Fachinformation** über 7
Risiken und Nebenwirkungen des Arzneimittels, trotz ihres haftungsbegrenzenden Charakters.

Nicht unter § 92 fallen **Ansprüche aus Delikt** oder aus **kaufrechtlicher Gewährleistung.** Das folgt 8
aus dem Wortlaut der Vorschrift („Ersatzpflicht nach diesem Abschnitt"). Die Haftung aus diesen
Anspruchsgrundlagen kann weiterhin auch im Voraus ausgeschlossen werden[9], wobei jedoch insbes.
§§ 305 ff., 475, 478 IV, V, 479 II, III BGB zu beachten sind.

II. Gesamtschuldnerausgleich und Schadensteilungsabkommen der Versicherer

§ 92 bezieht sich nicht auf das Innenverhältnis mehrerer Hersteller untereinander, die als Gesamt- 9
schuldner[10] haften, oder auf Schadensteilungsabkommen[11] der Versicherer. Der verbraucherschützende
Zweck von § 92 greift hier nicht[12]. Schadensteilungsabkommen sind vertragliche Vereinbarungen, die im
allgemeinen die Haftpflichtversicherer mit privaten Krankenkassen, Trägern der Sozialversicherung oder
Unternehmen zum Zwecke der vereinfachten Abwicklung von Schadensfällen abschließen[13].

C. Nichtigkeit entgegenstehender Vereinbarungen (S. 2)

Im Sinne eines umfassenden Verbraucherschutzes sind Vereinbarungen, mit denen die Ersatzpflicht 10
nach dem Sechzehnten Abschn. des AMG im Voraus ausgeschlossen oder beschränkt sind, nichtig (§ 134
BGB). Die Nichtigkeitssanktion ist eindeutig und nicht auslegungsfähig[14].

§ 93 Mehrere Ersatzpflichtige

[1]**Sind mehrere ersatzpflichtig, so haften sie als Gesamtschuldner.** [2]**Im Verhältnis der Ersatzpflichtigen zueinander hängt die Verpflichtung zum Ersatz sowie der Umfang des zu leistenden Ersatzes von den Umständen, insbesondere davon ab, inwieweit der Schaden vorwiegend von dem einen oder dem anderen Teil verursacht worden ist.**

Literatur: *Wagner,* Das Zweite Schadensersatzrechtsänderungsgesetz, NJW 2002, 2049.

Übersicht

---

[8] *Sander,* § 90 Erl. 5. Die Abschaffung des – neben § 852 BGB als überflüssig angesehenen – § 90 hat an der
Rechtslage nichts geändert.

[9] *Kullmann/Pfister,* Kz. 3611, S. 2, insbes. Fn. 15 m. w. N.

[10] Gegen die Anwendung von § 92 bei Gesamtschuldnern vgl. *Kullmann/Pfister,* Kz. 3611, S. 2 zum sinngleichen
§ 14 ProdHaftG. Für eine Anwendbarkeit auf den Gesamtschuldnerausgleich i. S. v. § 93 spricht der Wortlaut der
Vorschrift („die Ersatzpflicht nach diesem Abschnitt").

[11] Für eine Anwendbarkeit von § 92 auch auf Schadensteilungsabkommen *Kullmann/Pfister,* Kz. 3805, S. 10 f., 16.

[12] Hierzu *Kullmann/Pfister,* Kz. 3805, S. 11.

[13] Vgl. auch *BGH,* VersR 1982, 333, der die grundsätzliche Frage bejaht, ob auf dem Gebiet der Produzentenhaftung
Teilungsabkommen anwendbar sind. Diese Entscheidung hat jedoch keine Bedeutung für das Verhältnis von Schadensteilungsabkommen und § 92. § 823 BGB als Anspruchsgrundlage der Produzentenhaftung kennt nämlich kein Verbot
der vorherigen Haftungsbeschränkung i. S. von § 92.

[14] Vgl. dazu *Ellenberger,* in: Palandt, § 134 Rn. 6 a.

A. Allgemeines

I. Inhalt

1　　S. 1 regelt das Verhältnis mehrerer Ersatzpflichtiger gegenüber dem Geschädigten **(Außenverhältnis).** Insoweit entspricht die Vorschrift § 840 I BGB. S. 2 normiert die interne Schadensverteilung und die Ausgleichspflicht der Ersatzpflichtigen untereinander **(Innenverhältnis)** und ist § 254 I, 2. Halbs. BGB nahezu wortgetreu nachgebildet.

II. Zweck

2　　§ 93 ist keine eigene Anspruchsgrundlage, sondern eine Regelung über die **Haftungsverteilung**[1]. Die Norm begründet also keinen Ersatzanspruch, sondern setzt eine Ersatzpflicht voraus[2]. Sie ordnet die Gesamtschuldnerschaft von miteinander Haftenden an[3]. § 93 greift ein, wenn mehrere Schädiger jeweils für sich – wenn auch unter Umständen in unterschiedlichem Umfang – für denselben Schaden haften[4].

III. Haftungsgrund

3　　§ 93 greift erst auf der zweiten Stufe, dem Umfang des Schadensersatzes, wenn mehrere Ersatzpflichtige dem Geschädigten gegenüber haften. Wer hingegen **auf der ersten Stufe** – dem Grunde nach – zum Schadensersatz verpflichtet ist, richtet sich nach § 84[5].

IV. Konkurrenzen

4　　Neben § 93 gelangen über § 91 die allgemeinen Regeln zur Anwendung[6]. Eine Gesamtschuldnerschaft ist in der Arzneimittelhaftung folglich in **mehreren Konstellationen**[7] denkbar:

(1) Alle miteinander Haftenden haften aufgrund von § 84. Dann sind sie gem. § 93 Gesamtschuldner.

(2) Nur ein Mithaftender haftet aufgrund von § 84, der oder die andere(n) jedoch aufgrund von §§ 823 ff. BGB. Dann kommen die allgemeinen Regeln und damit §§ 830, 840 BGB analog zur Anwendung[8].

(3) Alle miteinander Haftenden sind lediglich nach den allgemeinen deliktischen Regeln verantwortlich. Dann gelten §§ 823 ff. BGB, also insbes. auch §§ 830, 840 BGB direkt. Folglich ist nicht nur eine gesamtschuldnerische Haftung zwischen mehreren pharmazeutischen Unternehmern denkbar, sondern auch zwischen Ärzten und pharmazeutischen Unternehmen oder sogar zwischen Apothekern und pharmazeutischen Unternehmern. Nur wenn alle aufgrund von § 84 haften, ist § 93 eröffnet. In den anderen Fällen greifen jedoch über § 91 die allgemeinen Regeln ein (§§ 823 ff., 830, 840 BGB).

(4) Aufgrund der Neufassung des § 94 durch das Gesetz zur Reform des Versicherungsvertragsrechts (VVRG) vom 23.11.2007 und der Schaffung eines – nur unter sehr engen Voraussetzungen bestehenden – **Direktanspruchs des Geschädigten**[9] gegen den Versicherer[9] des pharmazeutischen Unternehmers aus § 115 I 1 VVG i. V. m. § 94 II kann (zumindest theoretisch[10]) nunmehr gem. § 115 I 4 VVG auch eine Gesamtschuldnerschaft zwischen dem pharmazeutischen Unternehmer und dessen Haftpflichtversicherer bestehen. Auf dieses Verhältnis findet jedoch § 116 VVG Anwendung, so dass daneben für eine Anwendbarkeit von § 93 kein Raum mehr ist (s. hierzu näher § 94 Rn. 59).

B. Außenverhältnis (S. 1)

I. Nebeneinander verantwortlich

5　　Haften mehrere pharmazeutische Unternehmer für den eingetretenen Schaden, so sind sie im Außenverhältnis, d. h. also dem Ersatzberechtigten gegenüber, nach **S. 1 Gesamtschuldner.** Wann eine Haftung mehrerer in diesem Sinne vorliegt, bestimmt sich nach den allgemeinen Regeln. Nebeneinander ersatzpflichtig sind demnach **Mittäter, Teilnehmer** und **Nebentäter.** Wesentlich ist die kausale Verknüpfung[11].

---

[1] Hierzu auch *Sprau*, in: Palandt, § 840 Rn. 1 mit Verweis auf *BGH*, NJW 1979, 544.
[2] *Sander*, § 93 Erl. 2.
[3] So *Deutsch*, in: Deutsch/Lippert, § 93 Rn. 1 m. w. N.
[4] So zu § 840 BGB *Sprau*, in: Palandt, § 840 Rn. 1.
[5] *Rehmann*, § 93 Rn. 1.
[6] *Rehmann*, § 93 Rn. 1.
[7] *Deutsch*, in: Deutsch/Lippert, § 93 Rn. 1 m. w. N.; vgl. ferner *Sander*, § 93 Erl. 2.
[8] *Sander*, § 93 Erl. 2, möchte die Regeln über die Gesamtschuldregeln über § 93 direkt zur Anwendung bringen.
[9] Oder gegen das eine Freistellungs- oder Gewährleistungsverpflichtung abgebende Kreditinstitut (§ 94 I 3 Nr. 2., II).
[10] In der Praxis wird diese Fallgruppe wohl bedeutungslos sein, da der Direktanspruch gegen den Versicherer des pharmazeutischen Unternehmers nur im Falle von dessen Insolvenz besteht (§ 115 I Nr. 2 VVG i. V. m. § 94 II). S. dazu § 94 Rn. 54 ff.
[11] So *Deutsch*, in: Deutsch/Lippert, § 93 Rn. 2 m. w. N.

Auch **alternative Kausalität** (§ 830 I 2 BGB) ist haftungsbegründend. Ein Fall der alternativen **6** Kausalität liegt vor, wenn

- mehrere Personen unabhängig voneinander eine für den Rechtskreis des Geschädigten gefährliche Handlung begangen haben,
- eine dieser Handlungen den Schaden tatsächlich verursacht hat,
- die Handlung einer jeden Person den Schaden verursacht haben kann und
- der wirkliche Urheber des Schadens sich nicht ermitteln lässt[12].

Dann haften bei Vorliegen der weiteren Haftungsvoraussetzungen in der Person jedes Schädigers alle **7** als Gesamtschuldner. Das kann beim Vorliegen der Kausalitätsvermutung für mehrere Arzneimittel nach § 84 II 1 oder nach § 830 I 2 BGB der Fall sein. Wenn der Geschädigte fehlerhafte Arzneimittel mehrerer pharmazeutischer Unternehmer eingenommen hat und unklar bleibt, welches Arzneimittel den Schaden verursacht hat, kommt gesamtschuldnerische Haftung in Frage. Es muss feststehen, dass ein Arzneimittel der betreffenden Unternehmer **kausal** für den Schaden war. Eine Art „Verdachtshaftung" hingegen will die Regel über die Alternativtäterschaft nicht begründen[13]. Ihrem Sinn und Zweck nach wird die Regelung über die alternative Kausalität (§ 830 I 2 BGB) auch auf den Fall erstreckt, dass sich nicht ermitteln lässt, welchen Schadensanteil der einzelne Beteiligte verursacht hat, sein Verhalten aber für den gesamten Schaden kausal sein kann **(kumulative Kausalität)**[14].

II. Abgrenzung

Kein Fall der gesamtschuldnerischen Haftung liegt vor, wenn schädigende Handlungen **unverbunden** **8** nebeneinander stehen[15]. Ein solcher Fall liegt vor, wenn zwei pharmazeutische Unternehmer fehlerhafte Arzneimittel auf den Markt gebracht haben, die unterschiedliche und abgeschlossene Verletzungen und Schäden nach sich gezogen haben. Dann haftet jeder dieser pharmazeutischen Unternehmer jeweils nur für sich. Die Vorschrift greift nicht, wenn der Geschädigte lediglich den Hersteller nicht identifizieren kann.

III. Gesamtschuldnerische Haftung

Bei einer Haftung als Gesamtschuldner finden die **§§ 421 ff. BGB** Anwendung. Jeder Schädiger ist **9** gegenüber dem Ersatzberechtigten zum Ersatz des gesamten Schadens verpflichtet, der Ersatzberechtigte darf den Schadensersatz aber nur einmal fordern (§ 421 BGB)[16]. Er kann nach seinem Belieben von jedem Verpflichteten ganz oder teilweise Schadensersatz fordern. Bis zur Bewirkung der ganzen Leistung bleiben sämtliche Schuldner dem Ersatzberechtigten gegenüber verpflichtet[17]. Daraus folgt jedoch nicht, dass die Haftung mehrerer Verantwortlicher stets gleich hoch sein muss. Vielmehr kann der Haftungsumfang unterschiedlich sein[18]. Beispielsweise greift für einen pharmazeutischen Unternehmer, der nur nach § 84 haftet, die Höchstbetragsregelung des § 88 ein, während ein deliktsrechtlich Mitverantwortlicher unbegrenzt haftet[19]. Auch im Hinblick auf Haftungsbeschränkungen und Haftungsvereinbarungen zwischen Erst- und Zweitschädiger gelten die zu § 840 I BGB entwickelten Grundsätze[20].

C. Innenverhältnis (S. 2)

I. Anlehnung an § 254 Abs. 1, 2. Halbs. BGB

S. 2 regelt das Innenverhältnis, wobei S. 2 ab dem Wort „Verpflichtung" wortgleich ist mit § 254 I **10** BGB. Er wird auch in Anlehnung an diese Norm ausgelegt werden müssen. Nach ständiger Rechtsprechung ist nicht nur der Anteil an der **Verursachung** für die Haftungsverteilung im Innenverhältnis maßgebend, sondern auch ein eventuell hinzukommendes **Verschulden**[21].

Im Innenverhältnis richtet sich die Haftungsverteilung nach dem **Schadensbeitrag** des einzelnen **11** Ersatzpflichtigen. Obwohl es im Außenverhältnis (s. Rn. 5) für eine Haftung auf ein Verschulden des jeweiligen pharmazeutischen Unternehmers nicht ankommt, bestimmt im Innenverhältnis das Maß

---

[12] So *Belling/Eberl-Borges,* in: Staudinger, § 830 Rn. 69.

[13] So *Deutsch,* in: Deutsch/Lippert, § 93 Rn. 2; s. auch Rn. 8 zur Abgrenzung zu unverbundenen Kausalbeiträgen.

[14] *Belling/Eberl-Borges,* in: Staudinger, § 830 Rn. 71.

[15] *Deutsch,* in: Deutsch/Lippert, § 93 Rn. 3.

[16] *Sprau,* in: Palandt, § 840 Rn. 3.

[17] *Rehmann,* § 93 Rn. 1 m. w. N.

[18] *Sprau,* in: Palandt, § 840 Rn. 3.

[19] *Sander,* § 93 Erl. 2.

[20] *Sprau,* in: Palandt, § 840 Rn. 4 f.

[21] *Wagner,* NJW 2002, 2049, 2051. Theoretisch ist, wie in der allgemeinen Rechtsprechung zur Gefährdungshaftung insbes. im Straßenverkehr etabliert, auch eine „erhöhte Betriebsgefahr" zu berücksichtigen, so *Deutsch,* in: Deutsch/Lippert, § 93 Rn. 4 m. w. N. In der Arzneimittelhaftung ist ein Fall, in dem sich die erhöhte Betriebsgefahr eines pharmazeutischen Unternehmers im Gesamtschuldner-Innenausgleich erhöhend auswirken könnte, aber nur sehr schwer denkbar.

seiner Schuld an dem Schadenseintritt den Umfang der Haftung. Es können insofern die zu § 254 BGB entwickelten Grundsätze über eine Schadensverteilung bei einem Mitverschulden des Geschädigten entsprechend mit herangezogen werden[22]. Unabhängig hiervon sind selbstverständlich auch interne Haftungsverteilungsabsprachen, die zwischen den Betroffenen getroffen wurden, zu beachten. Diese haben im Innenverhältnis Vorrang vor gesetzlichen Verteilungsregeln[23].

II. Schadensausgleich

12   Im Innenverhältnis kann es also zu einer **Teilung** des Schadens, einer **Quotelung** in einem anderen Verhältnis oder dazu kommen, dass ein Beteiligter **ausschließlich** haftet[24]. Soweit ein Ersatzpflichtiger von mehreren im Außenverhältnis Haftenden den Schaden allein reguliert, erwirbt er im Innenverhältnis Ausgleichsansprüche. Nach § 426 II BGB gehen die Ansprüche des befriedigten Ersatzberechtigten auf ihn in Höhe der bestehenden Ausgleichsforderung über (cessio legis)[25].

D. Verjährung

I. Streichung des § 90

13   § 90 a. F. als zentrale Verjährungsvorschrift der Arzneimittelhaftung wurde durch Art. 1 des Gesetzes zur Anpassung von Verjährungsvorschriften an das Gesetz zur Modernisierung des Schuldrechts vom 9.12.2004[26] **aufgehoben** (s. § 84 Rn. 134 ff.).

II. Verjährung unter Gesamtschuldnern

14   Häufig macht der geschädigte Arzneimittelanwender – selbst wenn eine gesamtschuldnerische Haftung in Frage kommt – seinen Anspruch zunächst nur gegenüber einem pharmazeutischen Unternehmer gerichtlich geltend. Es fragt sich, welche **Auswirkungen** dies auf die Verjährung der Ansprüche gegenüber dem/den anderen pharmazeutischen Unternehmer(n) hat und wie die Verjährung im Gesamtschuldner-Innenausgleich ausgestaltet ist.

15   **1. Unterschiedliche Verjährungsfristen.** Eine Gesamtschuld entsteht trotz unterschiedlicher Verjährungsfristen der Ansprüche gegenüber den Gesamtschuldnern[27]. Der Eintritt der Verjährung sowie deren Hemmung (§§ 203 ff. BGB), Ablaufhemmung (§§ 210 f. BGB) oder Neubeginn (§ 212 BGB; früher: Unterbrechung) gestalten sich nach den persönlichen Verhältnissen der einzelnen Gesamtschuldner **verschieden.** Wird zunächst nur ein pharmazeutischer Unternehmer gerichtlich in Anspruch genommen, so berührt dies die Verjährung der Ansprüche gegenüber dem anderen potentiell gesamtschuldnerisch Mithaftenden nicht.

16   **2. Verjährung im Gesamtschuldner-Innenausgleich.** Der Ausgleichsanspruch eines Gesamtschuldners im Innenverhältnis zu einem anderen Gesamtschuldner nach § 426 I BGB beruht auf einer selbständigen Verpflichtung des Mitschuldners. Folglich ist dieser Ausgleichsanspruch – wie der gem. § 426 II BGB übergegangene Gläubigeranspruch – aus dem die Gesamtschuld begründenden Rechtsverhältnis abgeleitet, sondern ein **selbständiger Anspruch**[28]. Damit unterliegt er im Innenverhältnis auch hinsichtlich der Verjährung seinen eigenen Regeln. Mangels Sondervorschriften gilt hier wiederum die Regelverjährung der §§ 195, 199 BGB (drei Jahre)[29]. Als Anknüpfungspunkt für den Beginn des Fristlaufs ist auf den Zeitpunkt der **Entstehung der Gesamtschuld** abzustellen[30]. Folge dieses Anknüpfungspunkts kann sein, dass der Ausgleichsanspruch eines Gesamtschuldners im Innenverhältnis verjährt ist, bevor der ausgleichsberechtigte Gesamtschuldner subjektiv Kenntnis von seinem Ausgleichsanspruch erlangt. Dieses Problem ergibt sich insbes. aus der erheblichen Verkürzung der Regelverjährung in §§ 195, 199 BGB von 30 auf drei Jahre. Mit der Verkürzung der Regelverjährung ist man jedoch dem früher oftmals als unbefriedigend empfundenen Ergebnis entgegengetreten, dass ein Gesamtschuldner im Innenausgleich weit über die Verjährungsfristen im Außenverhältnis hinaus haftet[31] – wohl unter bewusster Inkaufnahme des angesprochenen neuen Problems, dass Ausgleichsansprüche im Innenverhältnis vor der Möglichkeit der subjektiven Kenntnisnahme verjährt sein können.

---

[22] *Rehmann*, § 93 Rn. 2.
[23] *Rehmann*, § 93 Rn. 2.
[24] *Deutsch*, in: Deutsch/Lippert, § 93 Rn. 4.
[25] *Rehmann*, § 93 Rn. 2.
[26] BGBl. I S. 3214.
[27] *BGH*, WM 1971, 101; *BGHZ* 58, 216.
[28] *Grüneberg*, in: Palandt, § 426 Rn. 4.
[29] *Grüneberg*, in: Palandt, § 426 Rn. 4.
[30] So schon *RGZ*, 69, 426; 146, 101. Vgl. auch *Müller*, VersR 2001, 429 ff.; *BGH*, NJW 1981, 681 ff.
[31] S. dazu noch *BGH*, NJW 1972, 942, 943.

§ 94 Deckungsvorsorge

(1) [1]Der pharmazeutische Unternehmer hat dafür Vorsorge zu treffen, dass er seinen gesetzlichen Verpflichtungen zum Ersatz von Schäden nachkommen kann, die durch die Anwendung eines von ihm in den Verkehr gebrachten, zum Gebrauch bei Menschen bestimmten Arzneimittels entstehen, das der Pflicht zur Zulassung unterliegt oder durch Rechtsverordnung von der Zulassung befreit worden ist (Deckungsvorsorge). [2]Die Deckungsvorsorge muss in Höhe der in § 88 Satz 1 genannten Beträge erbracht werden. [3]Sie kann nur

1. durch eine Haftpflichtversicherung bei einem im Geltungsbereich dieses Gesetzes zum Geschäftsbetrieb befugten unabhängigen Versicherungsunternehmen, für das im Falle einer Rückversicherung ein Rückversicherungsvertrag nur mit einem Rückversicherungsunternehmen, das seinen Sitz im Geltungsbereich dieses Gesetzes, in einem anderen Mitgliedstaat der Europäischen Union, in einem anderen Vertragsstaat des Abkommens über den Europäischen Wirtschaftsraum oder in einem von der Europäischen Kommission auf Grund von Artikel 172 der Richtlinie 2009/138/EG des Europäischen Parlaments und des Rates vom 25. November 2009 betreffend die Aufnahme und Ausübung der Versicherungs- und Rückversicherungstätigkeit (Solvabilität II) (ABl. L 335 vom 17.12.2009, S. 1) als gleichwertig anerkannten Staat hat, besteht, oder
2. durch eine Freistellungs- oder Gewährleistungsverpflichtung eines inländischen Kreditinstituts oder eines Kreditinstituts eines anderen Mitgliedstaates der Europäischen Union oder eines anderen Vertragsstaates des Abkommens über den Europäischen Wirtschaftsraum

erbracht werden.

(2) Wird die Deckungsvorsorge durch eine Haftpflichtversicherung erbracht, so gelten der § 113 Abs. 3 und die §§ 114 bis 124 des Versicherungsvertragsgesetzes sinngemäß.

(3) [1]Durch eine Freistellungs- oder Gewährleistungsverpflichtung eines Kreditinstituts kann die Deckungsvorsorge nur erbracht werden, wenn gewährleistet ist, dass das Kreditinstitut, solange mit seiner Inanspruchnahme gerechnet werden muss, in der Lage sein wird, seine Verpflichtungen im Rahmen der Deckungsvorsorge zu erfüllen. [2]Für die Freistellungs- oder Gewährleistungsverpflichtung gelten der § 113 Abs. 3 und die §§ 114 bis 124 des Versicherungsvertragsgesetzes sinngemäß.

(4) Zuständige Stelle im Sinne des § 117 Abs. 2 des Versicherungsvertragsgesetzes ist die für die Durchführung der Überwachung nach § 64 zuständige Behörde.

(5) Die Bundesrepublik Deutschland und die Länder sind zur Deckungsvorsorge gemäß Absatz 1 nicht verpflichtet.

Wichtige Änderungen der Vorschrift: Abs. 2, 3 und 4 geändert durch Art. 9 Abs. 1 des Gesetzes zur Reform des Versicherungsvertragsrechts (VVRG) vom 23.11.2007 (BGBl. I S. 2631); Abs. 1 S. 3 Nr. 1 geändert durch Art. 1 Nr. 65 des Zweiten Gesetzes zur Änderung arzneimittelrechtlicher und anderer Vorschriften vom 19.10.2012 (BGBl. I S. 2192).

Literatur: *Hess,* Haftung für Arzneimittel und Versicherung, VW 1997, 682; *Jannott,* Aspekte zum Arzneimittelhaftpflichtrisiko in der Bundesrepublik Deutschland und seiner Rückversicherung, VersR 1983, Beiheft zu Nr. 33, 129; *Serdiuk/Visser,* Die rechtlichen Neuerungen in § 94 Abs. 1 Satz 3 Nr. 1 AMG: Deklaratorische Unabhängigkeit von Versicherungsunternehmen und verfassungswidrige Einschränkung bei der Rückversichererauswahl?, PHi 2013, 162; *Swik,* Zur Bedeutung der Versicherungsdeckungen im AMG, in: Festschrift für Axel Sander zum 65. Geburtstag, 2008; *ders.* Wird die Deckungsvorsorgepflicht des § 94 AMG in Deutschland von neuen Entwicklungen auf dem internationalen Versicherungsmarkt im Ausland überholt?, VersR 2011, 446.

Übersicht

A. Allgemeines

I. Inhalt

1   Die Gefährdungshaftung des § 84 begründet einen Bedarf zur **Deckung des Haftpflichtrisikos** des pharmazeutischen Unternehmers. Dies wird vor allem in Großschaden-Szenarien deutlich, da hier die Haftungssumme sehr hohe Beträge erreichen kann. Dem Geschädigten hilft ein unabdingbarer gesetzlicher Schadensersatzanspruch nicht, wenn dieser aufgrund der Insolvenz des pharmazeutischen Unternehmers wirtschaftlich wertlos ist. Dieses Problem erkannte der Gesetzgeber des AMG 1976 und löste es im Rahmen des § 94[1].

2   Abs. 1 S. 1 schreibt vor, dass der pharmazeutische Unternehmer eine ausreichende finanzielle Deckung zur Erfüllung eventueller Schadensersatzverpflichtungen aus § 84 I 1 sicherzustellen hat (**Deckungsvorsorge**). Dies kann auf zwei Wegen geschehen: Entweder durch den Abschluss einer Haftpflichtversicherung (Abs. 1 S. 3 Nr. 1, Abs. 2) oder durch eine Freistellungs- bzw. Gewährleistungsverpflichtung eines Kreditinstitutes (Abs. 1 S. 3 Nr. 2, Abs. 3). In der Praxis wird Deckungsvorsorge fast ausschließlich im Wege der **Haftpflichtversicherung erbracht.** Die Freistellungs- oder Gewährleistungsverpflichtung von Kreditinstituten hat keine praktische Bedeutung erlangt[2].

3   Durch das Gesetz zur Reform des Versicherungsvertragsrechts (VVRG) vom 23.11.2007 wurden die Verweisungen auf das VVG in den Abs. 2, 3 und 4 geändert. Dadurch besteht nunmehr im Bereich der Arzneimittelhaftung erstmals[3] – in engen Ausnahmefällen wie der Insolvenz des pharmazeutischen Unternehmers – ein **Direktanspruch** des Geschädigten gegen den Haftpflichtversicherer des pharmazeutischen Unternehmers (§ 115 I VVG).

4   **Ähnliche Regelungen** zur Pflichtversicherung finden sich etwa in §§ 4a, 7 II Nr. 3, 13 ff. AtG oder §§ 43, 50 LuftVG.

II. Zweck

5   Ziel des § 94 ist es, den **Geschädigten vor einer Insolvenz des pharmazeutischen Unternehmers zu schützen**[4]. Diesem Normzweck verpflichtet wurde nunmehr für den Fall der Insolvenz des pharmazeutischen Unternehmers ein Direktanspruch des Geschädigten gegen den Haftpflichtversicherer des pharmazeutischen Unternehmers eingeführt.

B. Pflicht zur Deckungsvorsorge (Abs. 1)

I. Voraussetzungen und Umfang der Verpflichtung (S. 1)

6   **1. Persönlicher Anwendungsbereich: Der pharmazeutische Unternehmer.** § 94 verpflichtet den pharmazeutischen Unternehmer (zu diesem Begriff s. § 4 Rn. 145 und § 84 Rn. 18). Im Rahmen der 14. AMG-Novelle wurde die Legaldefinition in § 4 XVIII geändert. Nun ist pharmazeutischer Unternehmer bei zulassungs- oder registrierungspflichtigen Arzneimitteln nicht nur derjenige, der das Arzneimittel in Verkehr bringt, sondern auch der Inhaber der Zulassung oder Registrierung (s. § 4 Rn. 147)[5].

7   Ein **Mitvertreiber** ist nach dem Wortlaut des § 4 XVIII als pharmazeutischer Unternehmer anzusehen und unterliegt der Verpflichtung des § 94[6]. Bei **Joint-Venture-Gesellschaften** handelt es sich um rechtlich und organisatorisch selbstständige Unternehmen. Sind diese Inhaber der Zulassung und bringen

---

[1] BT-Drucks. 7/5091, S. 21.

[2] *Sander*, § 94 Erl. 4.

[3] Die frühere Verweisung auf das Recht der Pflichtversicherung umfasste nicht den „alten" Direktanspruch gegen den Pflichtversicherer aus § 3 PflVG a. F. Daher galt das Grundprinzip der Haftpflichtversicherung, wonach dem Schädiger nur ein Befreiungsanspruch gegen seinen Haftpflichtversicherer gegeben wird, der Geschädigte aber keinen direkten Anspruch gegen die Versicherung erhält, vgl. *Littbarski*, Vorb., Rn. 46.

[4] BT-Drucks. 7/5091, S. 21; *Kloesel*/Cyran, § 94 Anm. 1; *Sander*, § 94 Erl. 1; *Hess*, VW 1997, 682, 684.

[5] Um allerdings nicht den Sponsor einer klinischen Prüfung zum pharmazeutischen Unternehmer zu machen, wurde durch den Ausschuss für Gesundheit und Soziale Sicherung in § 4 XVIII der Satz „außer in den Fällen des § 9 I 2 AMG" angehängt. Hierdurch wird sichergestellt, dass die Abgabe von Prüfpräparaten kein Inverkehrbringen i. S. v. § 9 I 1 ist. Dies führt dazu, dass etwa Universitätskliniken auch weiterhin nicht als pharmazeutischer Unternehmer anzusehen sind, vgl. BT-Drucks. 15/5728, S. 80.

[6] BT-Drucks. 15/5316, S. 33.

sie das Arzneimittel auch in Verkehr, so sind auch nur sie als pharmazeutischer Unternehmer anzusehen. Ist jedoch ein beteiligtes Unternehmen Inhaber der Zulassung und bringt das Joint-Venture-Unternehmen das Arzneimittel in Verkehr, so sind beide pharmazeutische Unternehmer mit eigener Verpflichtung zur Deckungsvorsorge.

Bei „**unechten Hausspezialitäten**" (s. hierzu § 84 Rn. 19 sowie § 91 Rn. 4)[7] trifft die Verpflich- **8** tung nach § 94 auch den Apotheker. Nach § 4 XVIII ist in diesen Fällen neben dem Hersteller auch der Apotheker pharmazeutischer Unternehmer, was die Gefährdungshaftung des § 84 und die Verpflichtung zur Deckungsvorsorge gem. § 94 zur Folge hat[8]. Diese doppelte Versicherungspflicht lässt sich ggf. gegen einfache Prämie abdecken, welche nach dem Umsatz zum Apothekenabgabepreis zu berechnen ist[9]. Hierbei werden für beide Versicherungsnehmer zusammen pro Arzneimittel einmal 120 Mio. Euro Deckungssumme gewährt. Dies ist jedoch ausreichend, denn Hersteller und Apotheker haften gem. § 93 als Gesamtschuldner. Sollte aber eine „**verlängerte Rezeptur**" (zum Begriff s. § 84 Rn. 11) nach § 21 II Nr. 1 gegeben sein, entfällt die Pflicht zur Deckungsvorsorge nach § 94[10].

Die Sondervorschrift des § 73 VII bestimmt, dass bei Einfuhr zulassungs- bzw. registrierungspflichtiger **9** Arzneimittel aus Mitgliedstaaten der EU bzw. Vertragsstaaten des EWR Arzneimittelgroßhändler und Apotheker Deckungsvorsorge nach § 94 nachzuweisen haben (s. § 73 Rn. 102).

2. Sachlicher und zeitlicher Umfang der Verpflichtung. Sachlich besteht die Verpflichtung nur **10** im Hinblick auf zulassungspflichtige bzw. durch Rechtsverordnung von der Zulassungspflicht befreite Arzneimittel, die zum Gebrauch bei Menschen bestimmt sind. Dies gilt auch für homöopathische Arzneimittel, die der **Zulassung** unterliegen[11]. Erfasst sind von der Verpflichtung alle Schäden i. S. v. § 87, die auf der Verletzung der Rechtsgüter Leben, Körper oder Gesundheit beruhen[12]. Ein Ausschluss bestimmter Schadensarten seitens des Versicherers kann nicht erfolgen[13].

Beginn der Verpflichtung ist der Zeitpunkt der erstmaligen Abgabe des Arzneimittels an den Ver- **11** braucher[14]. Dies ist auch der maßgebliche Anfangszeitpunkt für eine Haftung aus § 84 (s. § 84 Rn. 15). **Ende** der Verpflichtung tritt ein, wenn mit dem Arzneimittel kein Umsatz mehr gemacht wird[15].

Von Bedeutung ist die Frage nach dem **relevanten Schadenszeitpunkt,** denn nach Ziffer 1.1. **12** AHB[16] besteht nur dann Versicherungsschutz, wenn das Schadensereignis in den Versicherungszeitraum fällt. Hierbei wird nicht auf den Zeitpunkt des Kausalereignisses abgestellt, sondern auf den konkreten Schadens (Schadensereignistheorie)[17]. Kommen allerdings – wie in Fällen des § 94 stets – die Besonderen Bedingungen und Risikobeschreibungen für die Versicherung der Produkt-Haftpflicht (Inland) der pharmazeutischen Unternehmer („**BBR-Pharma**"[18], s. Rn. 15 ff.) zur Anwendung, so ist nach deren Ziff. 7.1 als Schadenszeitpunkt auf denjenigen Zeitpunkt abzustellen, zu welchem der Geschädigte erstmals einen Arzt wegen Symptomen konsultiert hat, die sich bei diesem Anlass oder später als Symptome des betreffenden Personenschadens erweisen (sog. **Doktorklausel**)[19]. Alle Schäden, die durch das gleiche Arzneimittel und denselben Fehler verursacht wurden, gelten als in diesem Zeitpunkt eingetreten (Ziff. 7.2 BBR-Pharma). Der Schadenszeitpunkt entscheidet darüber, welcher Versicherer haftet, wenn der pharmazeutische Unternehmer Versicherungen zur Deckungsvorsorge nacheinander bei verschiedenen Versicherern abgeschlossen hat.

Besonderheiten ergeben sich, wenn der pharmazeutische Unternehmer seinen Betrieb einstellt. Denn **13** dann entfällt auch die Versicherungspflicht des § 94. Da in der Praxis auf § 94 basierende Versicherungsverträge typischerweise mit jeweils einjähriger Laufzeit abgeschlossen werden, kann sich bei später auftretenden Schäden das Problem ergeben, dass der pharmazeutische Unternehmer noch nach § 84 haftet, obwohl kein Versicherungsschutz mehr besteht. Um diese Konsequenz zu vermeiden, bietet die Versicherungswirt-

---

[7] Hierunter versteht man Arzneimittel, die der Apotheker vom Hersteller bezieht und ohne Veränderung in Verkehr bringt, wobei sowohl der Name des Herstellers, als auch der des Apothekers angegeben ist, vgl. *BVerwG*, NJW 1992, 1579; *Sander*, § 94 Erl. 2.

[8] *BVerwG*, NJW 1992, 1579; *Sander*, § 94 Erl. 2.

[9] *Sander*, § 94 Erl. 2; *Hess*, VW 1997, 682, 685.

[10] *Kloesel/Cyran*, § 84 Anm. 12.

[11] *BVerwG*, NJW 1989, 2342; *Kloesel/Cyran*, § 84 Anm. 11.

[12] Ebenso *Hess*, VW 1997, 682, 683.

[13] *Jannott*, VersR 1983, Beiheft zu Nr. 33, 129, 132.

[14] *Sander*, Anh. II/11 (Pharmaversicherung), Besondere Bedingungen und Risikobeschreibungen für die Versicherung der Produkt-Haftpflicht (Inland) der pharmazeutischen Unternehmer, S. 1.

[15] *Sander*, § 94 Erl. 10.

[16] Allgemeine Versicherungsbedingungen für die Haftpflichtversicherung (AHB); s. Musterbedingungen des GDV, Stand Januar 2015 ; abrufbar unter http://www.gdv.de unter Service, Wissenswertes, Versicherungsbedingungen, Schaden- und Unfallversicherung, Haftpflichtversicherung.

[17] Zur Abgrenzung von Kausalereignistheorie und der Schadensereignistheorie und der Entstehungsgeschichte von § 1 Nr. 1 AHB *Littbarski*, § 1 Rn. 7 ff.

[18] Besondere Bedingungen und Risikobeschreibungen für die Versicherung der Produkt-Haftpflicht (Inland) pharmazeutischer Unternehmer (AMG-Pharma-ProdH); s. Musterbedingungen des GDV, Stand: April 2007; abrufbar unter http://www.gdv.de unter Service, Wissenswertes, Versicherungsbedingungen, Schaden- und Unfallversicherung, Haftpflichtversicherung.

[19] Ziffer 4 BBR-Pharma.

schaft den pharmazeutischen Unternehmern für diese Fälle der Einstellung des Betriebes eine sogenannte **Nachhaftungsversicherung** an. Damit wird für eine gewisse Periode für nach der Betriebseinstellung eintretende Schadenereignisse eine Versicherungsdeckung gewährt. Haftungslücken sind aber denkbar, zumal bei Personenschäden die Verjährungsfrist maximal 30 Jahre beträgt (§ 199 II BGB).

II. Höhe der Deckung (S. 2)

14   Die vorgeschriebene Deckungssumme richtet sich nach den Höchstbeträgen des § 88 (s. § 88 Rn. 4 ff.). § 94 bezieht sich nach vorzugswürdiger Ansicht **auf alle Anspruchsgrundlagen,** die eine Haftung des pharmazeutischen Unternehmers für die Tötung oder Verletzung eines Menschen begründen. Die Gegenauffassung sieht hingegen als Sinn und Zweck des § 94 an, den Geschädigten vor einer durch § 84 drohenden Insolvenz des pharmazeutischen Unternehmers zu bewahren, weshalb nur die Haftung nach § 84 von der Deckungsvorsorge umfasst sei[20]. Eine Deckungsvorsorge, die auch Verschuldenshaftungstatbestände, etwa § 823 I BGB, beinhalte, scheide somit aus. Jedoch bezieht sich die Formulierung in Abs. 1 S. 1 „gesetzliche Verpflichtungen" nicht nur auf das AMG, denn § 91 lässt konkurrierende Ansprüche gerade zu. Weiterhin war vor Einführung der Deckungsvorsorge ursprünglich ein Entschädigungsfonds geplant, der subsidiär auch die Verschuldenshaftung abdecken sollte[21]. Schließlich sprechen Sinn und Zweck für die hier vertretene Auffassung. Denn dem pharmazeutischen Unternehmer droht aufgrund verschuldensabhängiger Haftung unter Umständen ebenso die Insolvenz. Es gibt daher keinen Grund, dem pharmazeutischen Unternehmer für diejenigen Ansprüche, die neben § 84 gegeben sein mögen, die Deckung zu verwehren[22].

15   Keine Verpflichtung zur Deckungsvorsorge gibt es bei **Sachschäden** (zur Haftung für Sachschäden s. § 91 Rn. 11 sowie § 87 Rn. 1) mangels Haftung aus § 84. Dementsprechend sind die BBR-Pharma auf Personenschäden beschränkt[23].

16   Bei **Überschreitung der Deckungssumme** gilt: Im Haftpflichtverhältnis, also zwischen pharmazeutischem Unternehmer und Geschädigten, verringern sich nach § 88 die den Geschädigten zu zahlenden Beträge in dem Verhältnis, in welchem ihr Gesamtbetrag zu dem Höchstbetrag steht. Die Beträge aus Verschuldenshaftung bleiben allerdings von der Kürzung des § 88 unberührt, vgl. § 91. Im Versicherungsverhältnis, also zwischen Erstversicherer und pharmazeutischem Unternehmer, findet § 109 S. 1 VVG[24] Anwendung. Danach werden alle Ansprüche, also auch solche aus Verschuldenshaftung, quotenmäßig erfasst[25]. Wenn die Deckungssumme allein durch Ansprüche aus § 84 überschritten würde, sind die lediglich auf Verschuldenshaftung beruhenden Ansprüche quotenmäßig von der Versicherung gedeckt.

17   Ein **Jahreshöchstlimit** der Deckungsvorsorge gibt es nicht. Der Haftungsrahmen des § 88 und damit auch die Deckung beziehen sich jeweils auf das „gleiche Arzneimittel". Es ist daher möglich, dass der Versicherer bei verschiedenen Arzneimitteln mit dem gleichen Wirkstoff, aber verschiedener Wirkstoffmenge oder Darreichungsform mehrfach mit der vorgeschriebenen Deckungssumme von jeweils 120 Mio. Euro einstehen muss[26] (s. § 88 Rn. 14).

III. Möglichkeiten der Deckung (S. 3)

18   **1. Haftpflichtversicherung (Nr. 1).** Der pharmazeutische Unternehmer muss die Haftpflichtversicherung bei einem im Geltungsbereich des AMG zum Geschäftsbetrieb befugten **unabhängigen Versicherungsunternehmen** schließen. Dies sind auch solche mit Sitz in einem anderen Mitgliedstaat der EU oder einem EWR-Vertragsstaat, wenn sie in Deutschland nach § 110a VAG zum Geschäftsbetrieb befugt sind. Mit dem 2. AMG-ÄndG 2012 wurde zur Verwirklichung eines umfassenden Opferschutzes der Zusatz des „unabhängigen" Versicherungsunternehmens in Abs. 1 S. 3 Nr. 1 eingefügt. Der Gesetzgeber bezweckte hiermit eine *„klarstellende Präzisierung des gesetzgeberischen Willens"*, dem der Gedanke zugrunde liege, dass *„der Verletzte im Schadenfall seinen Entschädigungsanspruch voll realisieren kann, was sonst im Fall der Insolvenz eines pharmazeutischen Unternehmers nicht gewährleistet wäre"*[27]. Der pharmazeutische Unternehmer dürfe sich vor diesem Hintergrund nicht an der Erbringung der Deckungsvorsorge beteiligen. Ferner wurden mit dem 2. AMG-ÄndG 2012 besondere Anforderungen an Rückversicherungsverträge in Abs. 1 S. 3 Nr. 1 eingeführt. Nach der Neuregelung muss das Rückversicherungsunternehmen ab dem 1.1.2014 (s. § 146 XXII) seinen Sitz in der EU, im EWR oder in einem anderen Staat, der nach Art. 172 RL 2009/138/EG von der Kommission als gleichwertig anerkannt ist, haben[28].

[20] *Kullmann/Pfister*, Kz. 3805, S. 17.
[21] *Bollweg*, MedR 2004, 486, 488; *Sander*, § 94 Erl. 3.
[22] Ebenso *Hess*, VW 1997, 682, 684; *Swik* in FS für Sander, S. 359, 364.
[23] Hiernach ist gemäß Ziffer 2.2 der BBR-Pharma „die gesetzliche Haftpflicht des Versicherungsnehmers wegen Personenschäden […]" versichert.
[24] Entspricht § 156 III 1 VVG a. F.
[25] So auch *Sander*, § 94 Erl. 13; vgl. auch *Langheid*, in: Römer/Langheid, § 109 Rn. 1 ff.
[26] *Jannott*, VersR 1983, Beiheft zu Nr. 33, 129, 131; intensiv dazu *Swik*, VersR 2011, 446 f.
[27] BT-Drucks 17/10156, S. 90; BT-Drucks. 7/5091, S. 21.
[28] Vorbereitend dazu *Swik*, VersR 2011, 446, 450 f; vgl auch *Serdiuk/Visser*, PHI 2013, 162, 163.

a) Abschluss des Versicherungsvertrags. Der Versicherer unterliegt rechtlich **keinem Kontrahie-** 19 **rungszwang**[29]. Dies sah der Gesetzgeber als einen zu starken Eingriff in die Privatautonomie an[30]. Vielmehr verließ sich der Gesetzgeber auf das unter den Versicherern bestehenden Wettbewerb, aufgrund dessen jeder pharmazeutische Unternehmer den von ihm geforderten Versicherungsschutz erlangen kann[31]. Hierbei ließ man sich offenbar von dem Gedanken leiten, dass einzelne Versicherungen die Deckungsvorsorge, ähnlich wie bei der Betriebshaftpflichtversicherung, anbieten können[32]. Tatsächlich stellte sich aber heraus, dass angesichts der Deckungssumme von früher 200 Mio. DM, jetzt 120 Mio. Euro, kein Versicherer diese Aufgabe alleine bewältigen kann was schließlich zur Pharmapool-Lösung führte (s. Rn. 21 ff.).

Den mangelnden Kontrahierungszwang haben die Versicherer dadurch kompensiert, dass sie sich im 20 Rahmen von **geschäftsplanmäßigen Erklärungen** gegenüber dem Bundesaufsichtsamt für das Versicherungswesen bereiterklärt haben, jedem pharmazeutischen Unternehmer Haftpflicht-Versicherungsschutz in Höhe der gesetzlich vorgeschriebenen Deckungssumme und nach Maßgabe der AHB sowie der BBR-Pharma gegen risikogerechte, den tatsächlichen Verhältnissen angemessene Prämien zu gewähren[33]. Die Risikoselektion seitens der Versicherer findet über die Prämie statt[34].

b) Pharmapool (Pharma-Rückversicherungsgemeinschaft). aa) Entstehungsgeschichte. 21 Nach § 88 besteht für die AMG-Haftung eine Höchstschadenssumme in Höhe von 120 Mio. Euro pro Arzneimittel. Tatsächlich geht das Haftungspotential schnell in die Höhe, wenn ein schädlicher Wirkstoff oder Bestandteil in **mehr als nur einem Arzneimittel** oder in verschiedenen Darreichungsformen eines Arzneimittels sowie mit unterschiedlichen Wirkstoffmengen vorkommt. Liegen mehrere Arzneimittel mit dem gleichen Wirkstoff vor, so ist auch für jedes Arzneimittel eine eigene Deckungsvorsorge abzuschließen, wobei sich die Haftungshöchstgrenzen entsprechend vervielfachen (s. § 88 Rn. 15). Befindet sich z. B. ein schädlicher Wirkstoff in 10 Arzneimitteln, beträgt die potentielle Einstandspflicht des Haftpflichtversicherers 10 x 120 Mio. Euro = 1,2 Mrd. Euro. Dabei wirkt sich ebenso aus, dass eine Deckungsbegrenzung auf ein Jahreshöchstlimit (**„Aggregate Limit"**[35]) im Rahmen der Deckungsvorsorge des § 94 nicht zulässig ist[36]. Einzelne Versicherungsgesellschaften waren und sind deswegen nicht in der Lage, dieses Haftungsrisiko ohne Unterstützung zu bewältigen.[37]

Dies führte dazu, dass ca. 120 Erst- und Rückversicherer im Zusammenwirken mit dem Bundes- 22 verband der pharmazeutischen Industrie und dem HUK-Verband am 8.10.1976 die Pharma-Rückversicherungsgemeinschaft (**Pharmapool**) gegründet haben[38]. Der Pharmapool nahm am 1.1.1978 seine Tätigkeit auf. Geschäftsführendes Mitglied ist die Münchener Rückversicherungs-Gesellschaft AG. Mitglieder der Gemeinschaft können deutsche und ausländische Erstversicherer sowie deutsche und ausländische Rückversicherer sein. Der Pharmapool selbst ist eine Gesellschaft bürgerlichen Rechts[39].

Die wesentlichen **Grunddaten** des Pharmapools sind: Der Quotenanteil eines Mitglieds ergibt sich 23 aus dem Verhältnis des von ihm gezeichneten Betrags zu der Summe der von allen Mitgliedern gezeichneten Beträge (= Selbstbehalt der Gemeinschaft), wobei die Mindestzeichnung ein Anteil in Höhe von 150.000 Euro beträgt. Die Mitglieder haften in Höhe der übernommenen Quotenanteile, der grundsätzlich für eigene Rechnung zu halten ist. Über den Selbstbehalt der Gemeinschaft hinausgehende Beträge sind für gemeinsame Rechung der Mitglieder im Rahmen der Möglichkeiten des Markts weiter im Wege der **Retrozession** rückzuversichern.

bb) Deckungskonzept. Basierend auf dem Pharmapool hat die Versicherungswirtschaft für die 24 Deckungsvorsorge des § 94 folgendes Konzept erarbeitet: Die Höchstsumme von 120 Mio. Euro wird in **zwei Tranchen** aufgeteilt – und zwar in eine erste Tranche in Höhe von 6 Mio. Euro und eine zweite Tranche in Höhe von 114 Mio. Euro. Die erste Tranche (6 Mio. Euro) übernimmt der Erstversicherer selbst bzw. er sorgt insoweit in eigener Verantwortung für eine Rückversicherung[40]. Die zweite Tranche zeichnet der Erstversicherer zwar mit derselben Police und trägt sie auch im Außenverhältnis. Sie wird jedoch in vollem Umfang in den Pharmapool eingebracht[41].

---

[29] *Sander*, § 94 Erl. 5.
[30] *Sander*, § 94 Erl. 5; Ausschussbericht zum AMNOG 1976, BT-Drucks. 7/5091.
[31] *Sander*, § 94 Erl. 5.
[32] *Sander*, § 94 Erl. 5.
[33] *Sander*, § 94 Erl. 5 Fn. 2 hat diese im Wortlaut abgedruckt: „Wir werden jedem pharmazeutischen Unternehmer, der nach § 94 des Arzneimittelgesetzes zur Deckungsvorsorge verpflichtet ist, hierfür Haftpflicht-Versicherungsschutz in Höhe der gesetzlich vorgeschriebenen Mindestdeckungssumme und nach Maßgabe der Allgemeinen Versicherungs-Bedingungen für die Haftpflichtversicherung sowie der Besonderen Bedingungen für die Versicherung der Produkt-Haftpflicht pharmazeutischer Unternehmer gegen risikogerechte, den tatsächlichen Verhältnissen angemessene Prämien gewähren. Dies gilt nicht in den Fällen des § 5 Abs. 4 des Pflichtversicherungsgesetzes."
[34] A. A. offenbar *Jannott*, VersR 1983, Beiheft zu Nr. 33, 129, 131, der eine Risikoselektion verneint.
[35] Zum Begriff s. SWISSRE, Einführung in die HUK Tarifierung, S. 23, abrufbar unter http://www.swissre.com.
[36] *Jannott*, VersR 1983, Beiheft zu Nr. 33, 129, 132.
[37] Dazu ausführlich *Swik*, VersR 2011, 446.
[38] *Hess*, VW 1997, 682, 685.
[39] *Kullmann/Pfister*, Kz. 3805, S. 17.
[40] *Kullmann/Pfister*, Kz. 3805, S. 17; *Jannott*, VersR 1983, Beiheft zu Nr. 33, 129, 133; *Sander*, § 94 Erl. 5.
[41] *Sander*, § 94 Erl. 5; *Swik*, VersR 2011, 446, 450.

25   Die **Prämien** hinsichtlich der **ersten Tranche** unterliegen dem freien Wettbewerb und die Erstversicherer können sie frei bestimmen[42]. Der Beitrag berechnet sich dabei aus dem Umsatz, den der
pharmazeutische Unternehmer im Geltungsbereich des AMG durch an Verbraucher abgegebene Arzneimittel erzielt, für deren Gefahren nach § 94 eine Deckungsvorsorge zu treffen ist. Der pharmazeutische
Unternehmer hat am Ende eines jeden Jahres dem Erstversicherer den im abgelaufenen Jahr erzielten
Umsatz zur endgültigen Beitragsberechnung mitzuteilen.

26   Die Beiträge für die **zweite Tranche** ergeben sich aus fünf Tarifen (1, 1a, 2, 2a, 3), aus denen die der
pharmazeutische Unternehmer alternativ auswählen kann und die ihrerseits wiederum drei Gefahren-
klassen für die versicherten Produkte unterscheiden. Dabei wird der Versicherungsbeitrag in der Gefahrenklasse I (rezeptpflichtige Arzneimittel) mit dem höchsten, in der Gefahrenklasse II (sonstige apothekenpflichtige Arzneimittel) mit einem geringeren und in der Gefahrenklasse III (freiverkäufliche Arzneimittel) mit dem niedrigsten Beitragssatz berechnet. Bei den Tarifen nimmt der Beitragssatz von Tarif 1
(Basistarif), welcher am höchsten ist, bis hin zu dem in Tarif 3 systematisch ab. Darüber hinaus kommen
Mindestbeiträge für Kleinrisiken und Umsatzgrößen-Rabatte für eine individualisierte Beitragskalkulati-
on bei größeren Risiken zur Anwendung. Für den bisher guten Verlauf der AMG-Pharma-Produkthaft-
pflicht-Versicherung ist in allen Tarifen ein widerruflicher „Vorausrabatt" in Höhe von 31 % berücksichtigt.

27   **Beitragstabelle Pharmapool (Stand: 1.1.2015):**
     Die nachfolgenden Beitragssätze gelten für die Rückversicherungsstrecke 114 Mio. Euro nach 6 Mio.
Euro jeweils pro gleichem Arzneimittel auch für das Jahr 2016:

Beitragssätze des Basistarifes und der schadenabhängigen Tarife in Promille ab Fälligkeit **1.1.2015**:					
Gefahrenklasse	Basistarif	schadenabhängige Tarife Vorbeitrag			
	Tarif 1	Tarif 1A	Tarif 2	Tarif 2A	Tarif 3
1	4,553	4,097	3,642	3,187	2,959
2	3,809	3,428	3,047	2,666	2,475
3	1,933	1,739	1,546	1,353	1,256

Auf den Basistarif und die schadenabhängigen Tarife wird ein Vorausrabatt in Höhe von 31 % gewährt. Daraus ergeben sich folgende Promille-Sätze:					
Gefahrenklasse	Basistarif	schadenabhängige Tarife Vorbeitrag			
	Tarif 1	Tarif 1A	Tarif 2	Tarif 2A	Tarif 3
1	3,141	2,826	2,512	2,199	2,041
2	2,628	2,365	2,102	1,839	1,707
3	1,333	1,199	1,066	0,933	0,866

Auf den Rückversicherungsbeitrag werden seit Fälligkeit 1.1.2012 folgende Umsatzrabatte angewendet:		
Bei einem Gesamtumsatz	Umsatzrabatt	voller Rabatt ab
bis 10 Mio. €	–	–
über 10 Mio. € bis 37,5 Mio. €	>0 % bis 7 %	10.752.688 €
über 37,5 Mio. € bis 100 Mio. €	>7 % bis 11 %	39.185.393 €
über 100 Mio. € bis 250 Mio. €	>11 % bis 15 %	104.705.882 €
über 250 Mio. € bis 500 Mio. €	>15 % bis zu 17,5 %	257.575.757 €
über 500 Mio. € bis 1 Mrd. €	>17,5 % bis zu 19 %	509.259.259 €
über 1 Mrd. €	>19 % bis zu 21 %	1.025.316.456 €
Der Höchstbeitrag der jeweils geringeren Rabattstufe ist zugleich der Mindestbeitrag für die nächst höhere Rabattstufe. Danach sind die Umsatzrabattsätze voll anrechenbar.		

28   Die **Mindestbeiträge** werden dann erhoben, wenn sich bei einem Versicherungsnehmer aufgrund
der Berechnung aus Beitragssatz und Umsatz ein Prämienbetrag ergäbe, der niedriger ist als der Mindest-

---

[42] *Sander*, § 94 Erl. 6.

beitrag. Der Mindestbeitrag beträgt 225,00 €. Bei ausschließlichem Direktvertrieb der Arzneimittel an den Endverbraucher beträgt der Mindestbeitrag 112,50 €.

Die schadensabhängigen Tarife 1a, 2, 2a und 3 werden „Optimisten"-Tarife genannt und unterschei- **29** den zwischen einem **Vorbeitrag,** der sofort erhoben wird, sowie einem schadenabhängigen **erhöhten Nachbeitrag.** Bei diesen Optimisten-Tarifen korrelieren die in zunehmender Höhe verminderten Vorbeiträge der Tarife 1a bis 3 mit den jeweils entsprechend höheren Nachbeiträgen im Schadenfall. Ist ein pharmazeutischer Unternehmer hinsichtlich eines ja möglichen Schadeneintrittes besonders optimistisch, wählt er den höchsten Vorbeitragsrabatt des Tarifs 3, läuft aber Gefahr, im bedingungsgemäßen Schadenfall den höchsten Nachbeitrag nachentrichten zu müssen. Daher der Name „Optimisten"-Tarif. Nur der Basistarif 1 bietet dann die Sicherheit, nicht zu Nachbeiträgen herangezogen zu werden.Nachbeiträge werden höchstens für die jeweils 5 vergangenen Kalenderjahre erhoben, wenn die Schadenquote das Niveau von 65 % der tatsächlichen Beitragseinnahmen aller in den Pharmapool eingebrachten Versicherungen für diesen Zeitraum überschreitet. Die Schadensquote ergibt sich dabei aus dem Verhältnis der Beitragszahlungen aller Versicherten zu den vom Pharmapool auf von der Versichertengemeinschaft verursachte Schäden geleisteten Ersatzzahlungen. Die Höhe des Nachbeitrages bemisst sich dabei bis zu dem Beitrag, der erforderlich ist, um die Schadensquote auf 65 % der Beiträge (einschließlich der Nachbeiträge) zu senken. Nachbeiträge werden im gegebenen Fall von allen Versicherten erhoben, die einen Optimisten-Tarif gewählt haben, unabhängig davon, ob sie individuell zu dem Schaden beigetragen haben oder nicht.

Ist im Laufe eines Kalenderjahres für den Pharmapool ersichtlich, dass am Jahresende Nachbeiträge **30** von mehr als 5 Mio. Euro zu erheben sind, können **Vorschüsse** gefordert werden. Zeigt sich dagegen im Zuge der Schadenabwicklung, dass eine Nachbeitragserstattung von mehr als 2,5 Mio. Euro zu erwarten ist, werden entsprechende Vorschüsse an die Versicherten geleistet.

Das Bundesaufsichtsamt für das Versicherungswesen hat mit Rundschreiben vom 8.5.1991[43] alle zum **31** Betrieb der Produkthaftpflicht-Versicherung von Pharma-Risiken zugelassenen Schaden- und Unfallversicherungsunternehmen zur Bildung einer gesonderten Rückstellung **(Pharma-Großrisikenrückstellung)** für diese Risiken verpflichtet. Diese Rückstellung soll die dauernde Erfüllbarkeit der Verpflichtungen aus derartigen Versicherungsverträgen sicherstellen. Unter bestimmten Voraussetzungen ist diese Pharma-Großrisikenrückstellung steuerlich anzuerkennen[44].

c) Inhalt des Versicherungsvertrags. Der **Inhalt** des Versicherungsverhältnisses zwischen Erstver- **32** sicherer und pharmazeutischem Unternehmer wird neben der kaufmännischen Prämiengestaltung für die zwei Tranchen primär durch die BBR-Pharma, die AHB (Allgemeine Versicherungsbedingungen für die Haftpflichtversicherung) sowie subsidiär durch das VVG bestimmt (§ 114 II VVG, auf den § 94 II verweist).

Mit Inkrafttreten des Dritten Durchführungsgesetzes/EWG am 29.7.1994 ist die Genehmigungspflicht **33** für die AVB (Allgemeine Versicherungsbedingungen) des Massengeschäftes abgeschafft worden. Jedes Versicherungsunternehmen ist seitdem dazu berechtigt, eigene AVB zu entwerfen[45]. Die Musterbedingungen des GDV (Gesamtverband der Deutschen Versicherungswirtschaft) sind daher nicht mehr verbindlich, werden allerdings in der Praxis immer noch von den meisten Versicherern einheitlich verwendet[46].

Vereinbart der pharmazeutische Unternehmer mit einem Dritten, etwa dem Zulieferer, einen **Re-** **34** **gressverzicht,** so ist dieser nur wirksam, wenn der Erstversicherer ausdrücklich zustimmt[47]. Der Grund hierfür ist die Regelung in §§ 86 I, 87 VVG[48], die ohne Mitwirkung des Versicherers nicht zu seinen Lasten abdingbar ist. Andernfalls wäre der zwischen pharmazeutischem Unternehmer und Drittem vereinbarte Regressverzicht ein unzulässiger Vertrag zu Lasten Dritter, in diesem Fall des Versicherers.

Das **Verhältnis zwischen BBR-Pharma und AHB** war bis zur Neufassung des Produkthaftpflicht- **35** Modells unklar. Sowohl die BBR Pharma als auch die AHB sind allgemeine Versicherungsbedingungen i. S. d. §§ 305 ff. BGB[49]. Allerdings werden nun nach der Systematik des neuen Produkthaftpflicht-Modells Leistungsausschlüsse nach den AHB nur noch angewendet, soweit das Modell selbst keine Sonderregeln vorsieht[50]. Daraus ergibt sich, dass die BBR Pharma die AHB ergänzen oder modifizieren und ihnen daher als leges speciales vorgehen[51].

---

[43] DStR 1991, 746 = BStBl. I 1991, 535.
[44] Vgl. hierzu das Rundschreiben in DStR 1991, 746 = BStBl. I 1991, 535.
[45] *Römer,* in: Römer/Langheid, Vorbem. zu § 1, Rn. 7.
[46] *Beckmann,* in: Beckmann/Matusche-Beckmann, Versicherungsrechts-Handbuch, 3. Aufl., § 10 Rn. 6; *Baumann,* Die Bedeutung der Entstehungsgeschichte für die Auslegung von Allgemeinern Geschäfts- und Versicherungsbedingungen, r+s 2005, 313, 315.
[47] *Sander,* § 94 Erl. 12 a.
[48] Entspricht § 67 VVG a. F.
[49] *Schneider,* in: Beckmann/Matusche-Beckmann, Versicherungsrechts-Handbuch, 3. Aufl., § 25, Rn. 7.
[50] *Stempfle,* in: Terbille/Höra, § 15, Rn. 14.
[51] *Mühlbauer,* in: Foerste/Graf von Westphalen, Produkthaftungshandbuch, 3 Aufl., § 64, Rn. 8.

36   Die bisherigen unverbindlichen Musterbedingungen (Stand 1. Januar 2004) wurden vom Gesamtverband der deutschen Versicherungswirtschaft überarbeitet und mit den beteiligten Kreisen abgestimmt. Sie lauten (Stand April 2007) folgendermaßen:

Besondere Bedingungen und Risikobeschreibungen für die Versicherung der Produkt-Haftpflicht (Inland) pharmazeutischer Unternehmer (Stand April 2007)

1.   *Vertragsgrundlagen*
     Grundlage dieser Produkthaftpflichtversicherung sind
     a)   *die Bestimmungen dieses Vertrages und*
     b)   *soweit dieser Vertrag keine Regelungen enthält, die Allgemeinen Versicherungsbedingungen für die Haftpflichtversicherung (AHB Musterbedingungen des GDV, Stand 2007).*
2.   *Gegenstand der Versicherung*
   2.1.   *Versicherungsschutz wird dem Versicherungsnehmer gewährt in dessen Eigenschaft als pharmazeutischer Unternehmer im Sinne des § 4 Abs. 18 des Arzneimittelgesetzes (AMG) vom 24.8.1976 für die Herstellung und/oder den Vertrieb von solchen Arzneimitteln, für deren Gefahren er nach § 94 AMG eine Deckungsvorsorge zu treffen hat.*
   2.2.   *Versichert ist die gesetzliche Haftpflicht des Versicherungsnehmers wegen Personenschäden durch im Geltungsbereich des Arzneimittelgesetzes (AMG) ab 1.1.1978 – im bisherigen Geltungsbereich des AMG der DDR ab 3. Oktober 1990 – an den Verbraucher abgegebene Arzneimittel.*
   2.3.   *Nicht unter die Deckung fallen Aufwendungen, die damit in Zusammenhang stehen, dass Arzneimittel aus dem Verkehr gezogen, umgepackt, nachgebessert oder sonst wie verändert werden. Dies gilt auch für Packungsbeilagen, Etiketten, Verpackungen o. ä..*
3.   *Mitversicherte*
     Mitversichert ist die gleichartige persönliche gesetzliche Haftpflicht der gesetzlichen Vertreter des Versicherungsnehmers und sämtlicher übriger Betriebsangehöriger.
     Mitversichert ist auch die gleichartige gesetzliche Haftpflicht des jeweiligen Zulassungsinhabers in seiner Eigenschaft als pharmazeutischer Unternehmer, soweit der Vertrieb durch ein unter diesem Vertrag versichertes Unternehmen erfolgt.
4.   *Auslandsdeckung*
     Eingeschlossen ist abweichend von Ziffer 7.9 AHB auch der im Ausland eingetretene Personenschaden.
     Vom Versicherungsschutz ausgeschlossen bleiben Ansprüche auf Entschädigung mit Strafcharakter, insbesondere punitive oder exemplary damages.
     Hinsichtlich Kosten bei Versicherungsfällen in den USA/US-Territorien und Kanada oder bei in den USA/US-Territorien und Kanada geltend gemachten Ansprüchen siehe Ziffer 8.3.
5.   *Strahlenschäden*
     Eingeschlossen sind – abweichend von Ziffer 7.12 AHB – auch Personenschäden durch radioaktive oder mit ionisierenden Strahlen behandelte Arzneimittel, soweit für diese Arzneimittel keine atomrechtliche Deckungsvorsorge besteht.
6.   *Gentechnische Risiken*
     Die Bestimmungen der Ziffer 7.13 AHB finden keine Anwendung.
7.   *Versicherungsfall und Serienschaden*
   7.1.   *Versicherungsfall ist das während der Wirksamkeit der Versicherung eingetretene Schadenereignis gem. Ziffer 1.1 AHB. Für den Fall, dass der Zeitpunkt des Eintrittes des Schadenereignisses nicht eindeutig feststellbar ist, gilt dieses als in dem Zeitpunkt eingetreten, in dem der Geschädigte erstmals einen Arzt wegen Symptomen konsultiert hat, die sich bei diesem Anlass oder später als Symptome des betreffenden Personenschadens erweisen.*
   7.2.   *Mehrere Versicherungsfälle, die auf das gleiche Arzneimittel und dieselbe Ursache zurückzuführen sind, gelten als ein Versicherungsfall und unabhängig von ihrem tatsächlichen Eintritt als in dem Zeitpunkt eingetreten, in dem der erste dieser Versicherungsfälle eingetreten ist.*
        Teilweise abweichend von Ziffer 1.1 AHB bezieht sich die zeitliche Geltung des Versicherungsschutzes ausschließlich auf Versicherungsfälle solcher Serien, deren erster Versicherungsfall während der Wirksamkeit der Versicherung eingetreten ist, aber auch auf alle Versicherungsfälle dieser Serie.
        Ziffer 6.3 AHB wird gestrichen.
8.   *Versicherungssumme*
   8.1.   *Die Versicherungssumme beträgt teilweise abweichend von den Ziffern 6.1 und 6.2 AHB*
     8.1.1.   *im Falle der Tötung oder Verletzung eines Menschen EUR … Kapitalbetrag oder EUR … jährlicher Rentenbetrag,*
     8.1.2.   *im Falle der Tötung oder Verletzung mehrerer Menschen durch das gleiche Arzneimittel EUR … Kapitalbetrag oder EUR … jährlicher Rentenbetrag unbeschadet der in Ziffer 8.1.1 genannten Begrenzungen für den Einzelnen.*
   8.2.   *Unabhängig von der jeweiligen Ursache steht die Versicherungssumme teilweise abweichend von den Ziffern 6.1. und 6.2 AHB*
     –   *Gem. Ziffer 8.1.1 auch im Falle der mehrmaligen, voneinander unabhängigen Verletzungen (auch mit Todesfolge) eines Menschen durch das gleiche Arzneimittel bzw.*
     –   *Gem. Ziffer 8.1.2 für den Fall der Tötung oder Verletzung mehrerer Menschen durch das gleiche Arzneimittel*
     –   *selbst bei Vorliegen mehrerer Versicherungsfälle im Sinne der Ziffer 7 nur einmal zur Verfügung.*
     Schadenaufwendungen (Zahlungen, Reserven) aus anderen gleichartigen Versicherungen (AMG-Pharma-ProdH) für das gleiche Arzneimittel werden ebenfalls auf die Versicherungssumme angerechnet.
   8.3.   *Bei Versicherungsfällen in den USA/US-Territorien und Kanada oder in den USA/US-Territorien und Kanada geltend gemachten Ansprüchen, werden – abweichend von Ziffer 6.5 AHB – die Aufwendungen des Versicherers für Kosten als Leistungen auf die Versicherungssumme angerechnet.*
     Kosten sind:
     Anwalts-, Sachverständigen-, Zeugen- und Gerichtskosten, Aufwendungen zur Abwendung oder Minderung des Schadens bei oder nach Eintritt des Versicherungsfalls sowie Schadenermittlungskosten, auch Reisekosten, die dem Versicherer nicht selbst entstehen. Das gilt auch dann, wenn die Kosten auf Weisung des Versicherers entstanden sind.
   8.4.   *Die Leistungen des Versicherers erfolgen in Euro. Soweit der Zahlungsort außerhalb der Staaten, die der Europäischen Währungsunion angehören, liegt, gelten die Verpflichtungen des Versicherers mit dem Zeitpunkt als erfüllt, in dem der Euro-Betrag bei einem in der Europäischen Währungsunion gelegenen Geldinstitut angewiesen ist.*

9. *Meldeobliegenheit bei Off-Label Use*

In Ergänzung zu Ziffer 24 AHB hat der VN den Versicherer zu informieren, wenn er über die Einleitung eines Verfahrens vor einer im Geltungsbereich des Arzneimittelgesetzes (AMG) zuständigen Expertengruppe (z. B. nach § 35b Absatz 3 Satz 1 SGB V)[52] zur Bewertung des Off-Label Use eines von ihm in den Verkehr gebrachten Arzneimittels Kenntnis erlangt. Die Mitteilung hat innerhalb eines Monats nach Kenntnis des Versicherungsnehmers von der Einleitung des Verfahrens zu erfolgen. Kenntnis in diesem Sinne liegt vor, wenn die Expertengruppe den Versicherungsnehmer über die beabsichtigte Feststellung schriftlich informiert hat. Über den Ausgang des Verfahrens hat der Versicherungsnehmer den Versicherer unverzüglich nach Bekanntmachung der abschließenden Bewertung der Expertengruppe zu informieren.

Off-Label Use im Sinne dieses Vertrags ist die Anwendung von Arzneimitteln außerhalb des in der Zulassung von der zuständigen Behörde genehmigten Gebrauchs. Dies beinhaltet alle von der Zulassung abweichenden Anwendungen, insbesondere hinsichtlich Indikation, Dosierung, Dosierungsintervall und Applikation.

10. *Rückgriffsrechte*

Dem Versicherer steht ein Rückgriffsrecht in voller Höhe gegen den Versicherungsnehmer und/oder gegen mitversicherte Unternehmen in den nachfolgenden Fällen zu, soweit die genannten Voraussetzungen durch das in Regress genommene Unternehmen oder seine gesetzlichen Organe verwirklicht worden sind.

Ein solches Rückgriffsrecht besteht,

10.1. wenn der Versicherer Haftpflichtansprüche wegen Schäden durch solche Produkte befriedigt, deren Verkauf oder Abgabe durch eine rechtskräftige oder für sofort vollziehbar erklärte Anordnung einer zuständigen Behörde im Geltungsbereich des AMG wegen Schädlichkeit einzustellen war, soweit solche Schäden auf Arzneimittel zurückzuführen sind, die nach der Rechtskraft des Verbotes oder der Anordnung seiner sofortigen Vollziehbarkeit in den Verkehr gebracht wurden;

10.2. unbeschadet der Ziffer 10.1, wenn der Schaden durch bewusstes Abweichen von Gesetzen, Verordnungen, rechtskräftigen oder für sofort vollziehbar erklärten behördlichen Anordnungen oder Verfügungen herbeigeführt wurde;

10.3. wenn er Haftpflichtansprüche wegen Schäden befriedigt, die durch den Off-Label Use eines Arzneimittels verursacht wurden.

Ein solcher Rückgriff erfolgt unbeschadet der Ziffern 10.1 und 10.2 nur

– wenn eine im Geltungsbereich des Arzneimittelgesetzes (AMG) gesetzlich zuständige Expertengruppe (z. B. nach § 35b Absatz 3 SBG V)[53] in ihrer Bewertung festgestellt hat, dass das Arzneimittel bei dieser Anwendung schädliche Wirkungen haben kann, die über ein nach den Erkenntnissen der medizinischen Wissenschaft vertretbares Maß hinausgehen (negatives Votum) oder

– wenn die Expertengruppe Auflagen festlegt, die sicherstellen sollen, dass das Arzneimittel bei dieser Anwendung keine schädlichen Wirkungen haben kann, die über ein nach den Erkenntnissen der medizinischen Wissenschaft vertretbares Maß hinausgehen, und die Einhaltung dieser Auflagen für die weitere Anwendung in diesem bestimmten Off-Label Use für notwendig erachtet wird (positives Votum unter Auflagen);

– und nach Bekanntgabe der Bewertung nicht die angemessenen Maßnahmen (z. B. Information der Fachkreise) unternommen worden sind, um einen bestimmungsgemäßen Gebrauch außerhalb der arzneimittelrechtlichen Zulassung, auf den der Schaden zurückzuführen ist, zu unterbinden (negatives Votum) oder ihn auf den von der Expertengruppe positiv bewerteten Umfang zu begrenzen (positives Votum unter Auflagen);

– und der Schaden weder auf Mängel der pharmazeutischen Qualität des Arzneimittels noch auf andere Umstände zurückzuführen ist, die nicht die negative Risikobewertung bzw. die Auflagen des positiven Votums begründet haben.

Das vorgenannte Rückgriffsrecht findet keine Anwendung, wenn der konkret eingetretene Schaden auch bei unverzüglicher Ergreifung von angemessenen Maßnahmen nicht hätte vermieden werden können.

11. *Erhöhungen und Erweiterungen des Risikos/neue Risiken*

11.1. Abweichend von Ziffer 3.1 (2), 2. Satz AHB umfasst der Versicherungsschutz auch die gesetzliche Haftpflicht aus Erhöhungen oder Erweiterungen der im Versicherungsschein und seinen Nachträgen angegebenen Risiken.

11.2. Risiken, die nach Abschluss der Versicherung neu entstehen, sind nicht versichert. Die Bestimmungen der Ziffer 3.1 (3) und der Ziffer 4 AHB (Vorsorgeversicherung) finden keine Anwendung.

Erläuterungen 37

Zu 1.: Diese Formulierung spricht für die Spezialität der BBR-Pharma gegenüber den AHB (s. Rn. 34).

Zu 2.: Aus Ziff. 2.1 ergibt sich, dass die Deckungsvorsorge nur im Rahmen des § 94 zu treffen ist. 38 Eine **Policenerweiterung** kann nicht erfolgen. Zum Begriff des pharmazeutischen Unternehmers, s. § 4 Rn. 127 und § 84 Rn. 18. In Ziff. 2.3 erfolgt die ausdrückliche Klarstellung, dass die Deckungsvorsorge **Rückrufkosten** und Vorsorgekosten nicht umfasst.

Zu 3: Aus Abs. 1 ergibt sich die Mitversicherung von gesetzlichen Vertretern und den übrigen 39 Betriebsangehörigen des Versicherungsnehmers. Der neu eingefügte Abs. 2 stellt klar, dass sich der Versicherungsschutz beim Vertrieb des Arzneimittels durch den Versicherungsnehmer auch auf den Zulassungsinhaber erstreckt.

Zu 4.: Ziff. 4 erweitert den Versicherungsschutz auf im Ausland eingetretene Personenschäden. 40 Gleichzeitig wird der Versicherungsschutz für Strafschadensersatz ausgeschlossen, wie er vor allem aus common law Staaten bekannt ist.

Zu 5.: Ziff. 5 hebt Ziff. 7.12 AHB auf und regelt das **Verhältnis** der AMG-Police zur Deckungs- 41 vorsorge nach StrlSchV und AtDeckV[54].

---

[52] Mittlerweile findet sich die Regelung in § 35c SGB V.
[53] Mittlerweile findet sich die Regelung in § 35c SGB V.
[54] *Sander*, Anh. II/11, S. 4 (Pharmaversicherung).

42   Zu 6.: Ziff. 6 hebt Ziff. 7.13 AHB auf. Innerhalb des Anwendungsbereichs der AMG-Police sind auch Haftpflichtansprüche wegen Schäden, die auf gentechnische Arbeiten, gentechnisch veränderte Organismen oder entsprechende Erzeugnisse zurückzuführen sind, vom Versicherungsschutz umfasst.

43   Zu 7.: Ziff. 7.1 legt den relevanten **Schadenszeitpunkt** (s. Rn. 12) grundsätzlich, Ziff. 7.2 für Fälle von Serienschäden fest, falls die Schäden auf das gleiche Arzneimittel und dieselbe Ursache zurückzuführen sind. Die allgemeine Regelung betreffend Serienschäden gemäß Ziff. 6.3 AHB bleibt für den Bereich der BBR-Pharma ausdrücklich ausgeschlossen.

44   Zu 8.: Diese Regelung orientiert sich an der Vorschrift des § 94 I 2 und soll klare Verhältnisse schaffen[55]. Ziffer 8.1 enthält Deckungshöchstsummen bei Verletzung/Tötung eines sowie mehrerer Menschen. Ziff. 8.2 enthält eine auf das Pharmarisiko zugeschnittene **Serienschadenklausel**, die die Deckung der entsprechenden Haftungsregelung im AMG anpassen soll[56]. Zudem ist dort die Anrechnung von Schadenaufwendungen, insbes. für den Fall des Versichererwechsels[57] geregelt. Ziff. 8.3 regelt den Gegenstand des Versicherungsschutzes bei Versicherungsfällen in den USA und Kanada (vgl. Ziff. 1 der bisherigen Musterbedingungen, Stand 1. Januar 2004).

45   Zu 9.: Durch Aufnahme in die Arzneimittelrichtlinie nach einer Bewertung gem. § 35c SGB V führt ein „**Off-Label-Use**" zur Haftung nach § 84, wenn der pharmazeutische Unternehmer keine Kontraindikation aufnimmt (s. § 84 Rn. 69 ff.). Hierfür hat dann auch der Versicherer einzustehen, weil diese Haftung unter § 94 fällt.[58] Nach § 35c I 7 SGB V sollen Bewertungen nur mit Zustimmung der betroffenen pharmazeutischen Unternehmer erstellt werden[59].

46   In die BBR-Pharma wurde eine **Meldeobliegenheit** des pharmazeutischen Unternehmers gegenüber seinem Versicherer aufgenommen. Danach hat der pharmazeutische Unternehmer dem Versicherer innerhalb eines Monats anzuzeigen, sobald er Kenntnis von der Einleitung einer Bewertung nach § 35c SGB V]hat[60]. Außerdem besteht die Obliegenheit, den Versicherer unverzüglich über die abschließende Bewertung zu informieren. Tut er das nicht, kann der Versicherungsnehmer nach den entsprechenden Regelungen in den AHB (Ziff. 23 ff.) unter Umständen den Versicherungsschutz verlieren. In Abs. 2 findet sich eine Definition des „**Off-Label-Use**".

47   Zu 10.: Die Bestimmungen in Ziff. 10.1 und 10.2 haben nur **inländische Verbote** zum Gegenstand. Diese Verbote begründen ein Rückgriffsrecht des Versicherers, wenn sie rechtskräftig geworden sind und die Ursache für den Schaden nach Eintritt der Rechtskraft oder Anordnung der sofortigen Vollziehbarkeit gesetzt wurde[61].

48   Ziffer 10.3 regelt unter welchen genauen Voraussetzungen dem Versicherer ein Rückgriffsrecht bei Befriedigung von Haftpflichtansprüchen, die auf einen „**Off-Label-Use**" zurückzuführen sind, zusteht (zum „**Off-Label-Use**" s. Ziff. 9).

49   Zu 11: Ziff. 11.1 stellt klar, dass sich der Versicherungsschutz auch auf die gesetzliche Haftpflicht aus Erhöhungen oder Erweiterungen der im Versicherungsschein angegebenen Risiken erstreckt. Ziff. 11.2 beinhaltet einen Ausschluss für Risiken, die nach Abschluss des Versicherungsvertrags neu entstehen.

50   **2. Freistellungs- und Gewährleistungsverpflichtung (Nr. 2, Abs. 3).** Anstatt einer Haftpflichtversicherung kann der pharmazeutische Unternehmer die Deckungsvorsorge auch durch eine Freistellungs- oder Gewährleistungsverpflichtung eines inländischen **Kreditinstituts** oder eines Kreditinstituts eines anderen Mitgliedstaats der EU oder eines anderen Vertragsstaats des Abkommens über den EWR erbringen. Diese Möglichkeit der Deckungsvorsorge hat in der Praxis schon wegen der Höhe der durch das Kreditinstitut zu übernehmenden Verbindlichkeit keine Bedeutung[62]. Unklar ist zudem, wie die in **Abs. 3 S. 1** sehr allgemein formulierte Anforderung an die Liquidität des Kreditinstituts zu erfüllen ist[63].

51   Praktisch relevant kann eine Freistellungs- oder Gewährleistungsverpflichtung eines inländischen Kreditinstituts jedoch dann werden, wenn für das deutsche Tochterunternehmen eines ausländischen Konzerns eine Versicherung bei einem **ausländischen, im Inland nicht zugelassenen Versicherungsunternehmen** besteht und dieses bereit ist, einem deutschen Kreditinstitut den im Schadensfall zu erbringenden Betrag zu erstatten[64].

---

[55] So jedenfalls *Sander*, Anh. II/11, S. 3 (Pharmaversicherung).
[56] *Sander*, Anh. II/11, S. 3 (Pharmaversicherung).
[57] *Sander*, Anh. II/11, S. 3 (Pharmaversicherung).
[58] So auch *Swik*, FS für Sander, S. 359ff, 364.
[59] *Buchner/Jäkel*, PharmR 2003, 433, 437.
[60] Die Musterbedingungen Stand 2007, Ziffer 9, enthalten noch den Verweis auf diese (veraltete) Vorschrift.
[61] *Sander*, Anh. II/11, S. 5 (Pharmaversicherung).
[62] *Rehmann*, § 94 Rn. 2; *Swik*, VersR 2011, 446.
[63] *Sander*, § 94 Erl. 12; hierzu für die Versicherungsdeckung klärend *Swik*, VersR 2011, 446, 449.
[64] *Sander*, § 94 Erl. 12.

C. Verweis auf § 113 Abs. 3 sowie §§ 114 bis 124 VVG (Abs. 2)

In § 94 finden sich in den Abs. 2, Abs. 3 S. 2, und Abs. 4 Verweisungen auf Vorschriften des VVG. **52**

I. Allgemeine Vorschriften

§ 113 III VVG stellt zunächst klar, dass die §§ 114 bis 124 VVG auch dann anwendbar sind, wenn **53** eine über die gesetzlichen Mindestvoraussetzungen hinausgehende Deckung vereinbart worden ist. § 114 I VVG stellt Mindestversicherungssummen auf, die jedoch wesentlich geringer als diejenigen des § 88 sind und daher im Bereich der Deckungsvorsorge des § 94 nicht zum Tragen kommen. § 114 II VVG betrifft Inhalt und Umfang des Versicherungsvertrages und stellt diese grundsätzlich zur Disposition der Vertragsparteien (s. Rn. 32 ff.). § 118 VVG statuiert eine Rangordnung der Ansprüche auf die Versicherungssumme, wobei die hier interessierenden Ansprüche wegen Personenschäden erstrangig zu bedienen sind (§ 118 Abs. 1 Nr. 1 VVG).

II. Direktanspruch gegen den Haftpflichtversicherer (§ 115 VVG)

Nach der Neufassung des § 94 durch das Gesetz zur Reform des Versicherungsvertragsrechts (VVRG) **54** vom 23.11.2007 steht dem Geschädigten nunmehr in wenigen Ausnahmefällen ein **direkter Anspruch** gegen den Versicherer des pharmazeutischen Unternehmers zu. Der Anspruch besteht nicht unbedingt, sondern nur unter sehr **engen Voraussetzungen.** So kann der Geschädigte den Haftpflichtversicherer praktisch nur im Falle der Insolvenz[65] des pharmazeutischen Unternehmers direkt in Anspruch nehmen (§ 115 I 1 Nr. 2 VVG). Die anderen Fallgruppen des § 115 I 1 VVG haben für den Bereich der Arzneimittelhaftung keine praktische Relevanz.

Zusätzliche Voraussetzung eines Direktanspruchs ist, dass der Versicherer dem pharmazeutischen **55** Unternehmer gegenüber zur Leistung **verpflichtet** ist oder die Leistungsverpflichtung gem. § 117 VVG nur dem geschädigten Dritten gegenüber bestehen bleibt (§ 115 I 2 VVG, s. Rn. 58 f.).

Die **Verjährung** des Direktanspruches richtet sich gem. § 115 II VVG grundsätzlich nach dem **56** Anspruch des Geschädigten gegen den pharmazeutischen Unternehmer aus § 84 I 1. So wird ein weitgehender Gleichlauf der Verpflichtungen von pharmazeutischem Unternehmer und Versicherer erreicht. Demselben Zweck dient auch die **Rechtskrafterstreckung** von zwischen dem geschädigten Dritten und entweder dem pharmazeutischen Unternehmer oder dem Versicherer ergangenen rechtskräftigen Urteilen auf das Verhältnis zum jeweils anderen Teil (§ 124 VVG).

Der pharmazeutische Unternehmer und der Haftpflichtversicherer haften im Falle des Bestehens des **57** Direktanspruchs gemäß § 115 I 4 VVG als **Gesamtschuldner,** wobei im Innenverhältnis im Regelfall alleine der Haftpflichtversicherer zur Schadenstragung verpflichtet ist (§ 116 I 1 VVG). Etwas anderes gilt z.B. nach § 117 VVG, wenn der Versicherer dem pharmazeutischen Unternehmer gegenüber aus dem Versicherungsverhältnis nicht (mehr) zur Leistung verpflichtet ist, wohl aber dem geschädigten Dritten gegenüber (§ 116 I 2 VVG). Leistet entweder der pharmazeutische Unternehmer (was wegen dessen Insolvenz praktisch nicht vorkommen wird) oder der Versicherer eine Zahlung an den Geschädigten, obwohl der Leistende nach der Haftungsverteilung des § 116 I VVG dazu im Innenverhältnis nicht verpflichtet ist, so kann er nach § 116 I 1 VVG **Regress** nehmen. Die Verjährung dieses Regressanspruchs richtet sich nach § 116 II VVG.

III. Bestehenbleiben der Leistungsverpflichtung gegenüber Dritten (§ 117 I VVG)

Die Anwendung dieser Vorschrift aus dem Recht der Pflichtversicherung stellt eine **zusätzliche** **58** **Sicherung** der Ansprüche des Geschädigten dar. Der Versicherer bleibt selbst dann gegenüber einem Geschädigten zur Leistung von Schadensersatz verpflichtet bleibt, wenn der Versicherer gegenüber dem Versicherungsnehmer von der Verpflichtung zur Leistung ganz oder teilweise befreit wäre[66].

Es besteht allerdings **keine** Haftung, wenn und soweit der Geschädigte in der Lage ist, Ersatz seines **59** Schadens von einem anderen Schadensversicherer oder von einem Sozialversicherungsträger zu erlangen (§ 117 III 2 VVG). Soweit der Versicherer den Geschädigten befriedigt, ohne dass ein Direktanspruch (§ 115 I VVG) und damit Gesamtschuldnerschaft (§ 116 VVG) zwischen Versicherer und pharmazeutischem Unternehmer bestand, geht dessen Forderung gegen den pharmazeutischen Unternehmer auf die Versicherungsgesellschaft nach § 117 V VVG über. Wichtig ist, dass der Geschädigte nach § 119 II VVG dem Versicherer, insbes. in den Fällen des § 117 VVG die Geltendmachung des Anspruchs gegen den Versicherungsnehmer anzuzeigen hat. Bei Missachtung dieser Obliegenheit drohen dem Geschädigten hierdurch gem. § 120 VVG Nachteile.

---

[65] Genauer: Im Falle der Eröffnung des Insolvenzverfahrens über das Vermögen des pharmazeutischen Unternehmers oder der Abweisung des Eröffnungsantrages mangels Masse bzw. der Bestellung eines vorläufigen Insolvenzverwalters.
[66] *Hess,* VW 1997, 682, 684.

D. Freistellungs- und Gewährleistungsverpflichtung eines Kreditinstituts (Abs. 3)

60   Es kann auf die Kommentierung zu Abs. 1 S. 3 Nr. 2 verwiesen werden (s. Rn. 50).

E. Meldung an die zuständige Stelle (Abs. 4)

61   Aus § 117 II VVG i. V. m. § 94 II, III ergibt sich, dass der Versicherer gewisse Umstände, die das Nichtbestehen oder die Beendigung des Versicherungsverhältnisses zur Folge haben (sei es auch nur bloßer Zeitablauf, § 117 II 2 VVG), der zuständigen staatlichen **Behörde anzeigen** muss. Die Beendigung des Versicherungsvertrages wirkt dem Geschädigten gegenüber erst mit dem Ablauf eines Monats nach der Anzeige (§ 117 II VVG)[67]. Die zuständige Behörde bestimmt sich gem. § 94 IV nach § 64 (s. § 64 Rn. 43 ff.)[68]. Auch diese Regelung bezweckt den Schutz des Geschädigten.

F. Freistellung des Bundes und der Länder (Abs. 5)

62   Sollten die Bundesrepublik Deutschland oder die Länder als pharmazeutischer Unternehmer i. S. v. § 4 XVIII tätig werden (z. B. Krankenhausapotheken, Landesimpfanstalten, Bundeswehr), so sind sie nach Abs. 5 **nicht** zur Deckungsvorsorge nach § 94 verpflichtet. Dies hat seinen Grund darin, dass in diesen Fällen die Liquidität unterstellt wird und der eigentliche Zweck des § 94 – den Geschädigten von dem Risiko der Insolvenz des pharmazeutischen Unternehmers zu befreien – nicht einschlägig ist[69]. Diese Freistellung gilt dem Wortlaut nach nicht für andere öffentlich-rechtliche Gebietskörperschaften wie Landkreise, Bezirke oder Landschaftsverbände.

G. Bedeutung für die Zulassung

63   Die Deckungsvorsorge ist **keine Voraussetzung für die Zulassung** eines Arzneimittels, wie dies etwa bei einer atomrechtlichen Genehmigung gem. §§ 7 II Nr. 3, 13 AtG der Fall ist. Ebensowenig ist sie, wie sich aus § 4 XVIII ergibt, Voraussetzung für die Eigenschaft als pharmazeutischer Unternehmer oder die Erteilung einer Herstellungserlaubnis nach § 13.

H. Überwachung

64   Die Deckungsvorsorge unterliegt der **Betriebsüberwachung** gem. § 64 IV Nr. 2 und 3. Die im Rahmen der staatlichen Arzneimittelüberwachung gem. §§ 64 ff. beauftragten Behörden können die auf § 94 bezogenen Akten des pharmazeutischen Unternehmers einsehen, Abschriften erstellen sowie Auskünfte verlangen[70]. Auch kann die Behörde nach § 64 IV Nr. 4 vorläufige Anordnungen treffen (s. § 64 Rn. 116).

I. Sanktionen

65   Verstößt der pharmazeutische Unternehmer vorsätzlich gegen die Pflicht zur Deckungsvorsorge, so macht er sich nach § 96 Nr. 19 **strafbar**[71] (s. § 96 Rn. 50). Bei Fahrlässigkeit des pharmazeutischen Unternehmers liegt eine **Ordnungswidrigkeit** vor, § 97 I Nr. 1[72].

---

[67] *Sander*, § 94 Erl. 14.
[68] Die jeweils zuständigen Landesbehörden (Bundesland/zuständige Stelle) sind: Baden-Württemberg/Regierungspräsidium; Bayern/Regierung; Berlin/Landesamt für Arbeitsschutz, Gesundheitsschutz und technische Sicherheit; Brandenburg/Landesamt für Soziales und Versorgung; Bremen/Ortspolizeibehörde; Hamburg/Behörde für Umwelt und Gesundheit; Hessen/Regierungspräsidium; Mecklenburg-Vorpommern/Arzneimittelüberwachungs- und Prüfstelle; Niedersachsen/Gewerbeaufsichtsämter; Nordrhein-Westfalen/Regierung sowie Kreise, bzw. kreisfreie Städte; Rheinland-Pfalz/Landesamt für Soziales, Jugend, Versorgung; Saarland/Minister für Frauen, Arbeit, Gesundheit und Soziales; Sachsen/Regierungspräsidium; Sachsen-Anhalt/Landesamt für Versorgung und Soziales; Schleswig-Holstein/Landesamt für Gesundheit und Arbeitssicherheit; Thüringen/Landesamt für Lebensmittelsicherheit und Verbraucherschutz.
[69] *Sander*, § 94 Erl. 15; *Kloesel/Cyran*, § 94 Anm. 4.
[70] *Kullmann/Pfister*, Kz. 3805, S. 19.
[71] *Freund,* in: MüKo StGB, Bd. 6, § 94 Rn. 4; *Swik*, in: FS für Sander, S. 365.
[72] *Freund,* in: MüKo StGB, Bd. 6, § 94 Rn. 4; *Swik*, in: FS für Sander, S. 365.

§ 94a Örtliche Zuständigkeit

(1) Für Klagen, die auf Grund des § 84 oder des § 84a Abs. 1 erhoben werden, ist auch das Gericht zuständig, in dessen Bezirk der Kläger zur Zeit der Klageerhebung seinen Wohnsitz, in Ermangelung eines solchen seinen gewöhnlichen Aufenthaltsort hat.

(2) Absatz 1 bleibt bei der Ermittlung der internationalen Zuständigkeit der Gerichte eines ausländischen Staates nach § 328 Abs. 1 Nr. 1 der Zivilprozessordnung außer Betracht.

Wichtige Änderungen der Vorschrift: § 94a eingefügt durch das Erste Gesetz zur Änderung des Arzneimittelgesetzes vom 24.2.1983 (BGBl. I S. 169); Abs. 1 geändert durch Art. 1 Nr. 5 des Zweiten Gesetzes zur Änderung schadenersatzrechtlicher Vorschriften vom 19.7.2002 (BGBl. I S. 2674).

A. Allgemeines

I. Inhalt

Die Vorschrift schafft zur Erleichterung der Prozessführung für den Geschädigten einen **besonderen** 1 **deliktischen Gerichtsstand** an dessen Wohnsitz bzw. an dessen gewöhnlichen Aufenthaltsort. Nach Ansicht des *BGH* ist nach Sinn und Zweck der Vorschrift stets auf den **Wohnsitz bzw. Aufenthalt des tatsächlich Verletzten** abzustellen. Ebenso wie beim besonderen Gerichtsstand der unerlaubten Handlung nach § 32 ZPO ist es also ohne Bedeutung, wer im Einzelfall die Klage erhebt, sei es der Verletzte selbst oder seine Erben bzw. sein Versicherer aus übergegangenem Recht[1]. Das gilt auch dann, wenn der Verletzte bereits vor Klageerhebung verstorben ist[2].

II. Zweck

Nach dem Willen des Gesetzgebers sollte dem Geschädigten neben dem Gericht, in dessen Bezirk der 2 beklagte pharmazeutische Unternehmer nach §§ 12, 17 ZPO seinen allgemeinen Gerichtsstand hat, zur Geltendmachung seiner Ansprüche auch ein Gericht in seiner Nähe zur Verfügung stehen[3]. Damit verlängert § 94a den in §§ 84 ff. materiellrechtlich festgeschriebenen **Schutz der Arzneimittelgeschädigten** in das Prozessrecht.

B. Anwendungsbereich (Abs. 1)

Der besondere Gerichtsstand nach § 94a gilt **nur bei Geltendmachung von Ansprüchen aus** 3 **§§ 84 und 84a I**. Nicht anwendbar ist § 94a auf ggf. parallel geltend gemachte Ansprüche aus §§ 823 ff. BGB. Insoweit bestimmt sich die örtliche Zuständigkeit allein nach der ZPO.

Daneben ist sowohl auf Ansprüche aus § 84[4] als auch aus § 84a[5] der besondere Gerichtsstand des 4 Begehungsorts nach **§ 32 ZPO** anwendbar. Begehungsort i. S. dieser Vorschrift ist sowohl der Ort, an dem der Schädiger gehandelt hat **(Handlungsort)**, als auch der Ort, an dem der Verletzungserfolg eingetreten ist **(Erfolgsort)**[6]. Die Entwicklung und Planung des Arzneimittels stellen dabei bloße Vorbereitungshandlungen ohne Außenwirkung dar, daher ist deren Ort nicht Handlungsort in diesem Sinne[7]. Das Delikt wird erst begangen, wenn das Arzneimittel den Herstellungsprozess verlässt (Handlungsort) und dann zu Gesundheitsschäden bei den Anwendern führt (Erfolgsort)[8]. Nicht maßgeblich ist hingegen der **Vertriebsort,** also der Ort, an dem der Verbraucher das fehlerhafte Produkt erworben hat[9]. Erfolgsort und Wohnort des Verletzten fallen in der Praxis meistens zusammen, da sich eine Körperverletzung an dem Ort auswirkt, wo der Verletzte wohnt und lebt[10]. Der Gerichtsstand am Wohnort des Verletzten ergibt sich demnach häufig auch aus § 32 ZPO. Ein anderes Ergebnis ist allerdings denkbar, wenn der Verletzte das Arzneimittel außerhalb seines Wohnorts angewendet hat und dort auch die Gesundheitsbeeinträchtigung eingetreten ist.

Mit Einführung des Auskunftsanspruchs nach § 84a durch das Zweite SchadensersatzrechtsÄndG 5 **erweiterte** der Gesetzgeber den Anwendungsbereich des besonderen Gerichtsstands nach § 94a **auf Auskunftsansprüche** gegen den pharmazeutischen Unternehmer (§ 84a I). Eine analoge Anwendung

---

[1] *BGH,* NJW 1990, 1533.
[2] *BGH,* NJW 1990, 2316.
[3] BT-Drucks. 9/1598, S. 16 (der Gesetzgeber geht in seiner Begründung auf § 32 ZPO nicht ein).
[4] *Vollkommer,* in: Zöller, § 32 Rn. 7; *Roth,* in: Stein/Jonas, § 32 Rn. 18, 20; *Heinrich,* in: Musielak, § 32 Rn. 3; *Hartmann,* in: Baumbach/Lauterbach/Albers/Hartmann, § 32 Rn. 6, 9.
[5] *OLG Düsseldorf,* GRUR 1959, 540, 541; *Roth,* in: Stein/Jonas, § 23 Rn. 22.
[6] *Vollkommer,* in: Zöller, § 32 Rn. 16.
[7] *Heinrich,* in: Musielak, § 32 Rn. 15 (zu allgemeinen Produkthaftungsfällen).
[8] *Heinrich,* in: Musielak, § 32 Rn. 15 (zu allgemeinen Produkthaftungsfällen).
[9] *OLGR Frankfurt,* 1995, 119 (zu allgemeinen Produkthaftungsfällen).
[10] *BGH,* NJW 1990, 1533.

auf Auskunftsansprüche gegen Behörden nach § 84a II scheidet mangels planwidriger Regelungslücke aus[11]. Für diese Ansprüche ist nämlich der Verwaltungsgerichtsweg gem. § 40 I VwGO eröffnet, da es sich um eine öffentlich-rechtliche Streitigkeit aufgrund einer öffentlich-rechtlichen Norm handelt (s. § 84a Rn. 80). Von einer Zuweisung des Auskunftsanspruchs gegen Behörden zu den Zivilgerichten hat man bewusst abgesehen. Der Gesetzgeber sah die Konzentration von Auskunftsklagen bei den Gerichten, in deren Bezirk die Zulassungsbehörden ihren Sitz haben, als vorteilhaft an. Der Rechtsausschuss hob in seiner Beschlussempfehlung die besondere Sachkunde und Erfahrung hervor, die diese Verwaltungsgerichte im Zusammenhang mit Auskunftsklagen erwerben würden, was auch den Arzneimittelgeschädigten zugute käme[12]. Der Vorschlag des Bundesrats[13], die örtliche Zuständigkeit nach § 94a auf Auskunftsbegehren nach § 84a II zu erstrecken, wurde nicht aufgegriffen.

C. Beschränkung des besonderen Gerichtsstands auf Inlandsfälle (Abs. 2)

6   Nach § 328 I Nr. 1 ZPO ist die **Anerkennung** eines **ausländischen Urteils** ausgeschlossen, wenn die Gerichte des Staats, dem das ausländische Gericht angehört, nach deutschem Recht nicht zuständig sind[14]. Nach Abs. 2 ist der besondere Gerichtsstand am Wohnsitz des Arzneimittelanwenders für die Ermittlung der internationalen Zuständigkeit in diesem Zusammenhang nicht maßgeblich. Damit sollte der besondere Gerichtsstand am Wohnsitz des Klägers auf Deutschland beschränkt werden. Als Motiv des Gesetzgebers wird genannt, die Einheitlichkeit der Rechtsprechung zu §§ 84 ff. zu gewährleisten[15]. Diese Vorschrift zielt ab auf die Fallkonstellation, in der das Arzneimittel einem im Ausland wohnhaften Patienten in Deutschland abgegeben wird und die Gesundheitsbeeinträchtigung ebenfalls in Deutschland eintritt. Ein Urteil, das der im Ausland wohnhafte Geschädigte dann gegen den pharmazeutischen Unternehmer vor dem Gericht seines Heimatortes erwirkt, ist wegen § 94a II i. V. m. § 328 I Nr. 1 ZPO in Deutschland **nicht anerkennungsfähig.** Die internationale Zuständigkeit eines ausländischen Gerichts ist aber nach § 32 ZPO[16] oder Art. 5 Nr. 3 EuGVVO bzw. Art. 5 Nr. 3 LugÜ eröffnet, wenn die Gesundheitsbeeinträchtigung infolge eines in Deutschland an den Verbraucher abgegebenen Arzneimittels im Ausland eingetreten ist.

---

[11] *VG Berlin*, PharmR 2005, 229.

[12] Beschlussempfehlung des Rechtsausschusses, BT-Drucks. 14/8780, S. 21.

[13] BT-Drucks. 14/7752, S. 48.

[14] § 328 ZPO ist wegen des Anwendungsvorrangs der Art. 33 ff. EuGVVO bzw. Art. 26 ff. LugÜ nur anwendbar, wenn die Anerkennung von Urteilen der Gerichte eines Nicht-EU-Staates in Frage steht, *Nagel/Gottwald*, 2007, § 11 Rn. 3 (nach Inkrafttreten des Abkommens zwischen der Europäischen Gemeinschaft und dem Königreich Dänemark über die gerichtliche Zuständigkeit und die Anerkennung und Vollstreckung von Entscheidungen in Zivil- und Handelssachen am 1. Juli 2007 (ABl. (EG) Nr. L 299 vom 16.11.2005, S. 62) ist die EuGVVO entgegen Art. 1 III EuGVVO nun auch im Verhältnis zu Dänemark anwendbar.).

[15] Ausschussbericht zur 1. AMG-Novelle, BT-Drucks. 9/ 2221, S. 27, 28; vgl. auch *Kloesel/Cyran*, § 94a.

[16] § 32 ZPO greift nur ein, wenn der Anwendungsbereich der EuGVVO nicht eröffnet ist (s. auch Fn. 14).

Siebzehnter Abschnitt. Straf- und Bußgeldvorschriften

Vorbemerkung zu §§ 95–98a

Literatur: *Birkenstock*, Die Bestimmtheit von Straftatbeständen mit unbestimmten Gesetzesbegriffen – am Beispiel der Verletzung des Verkehrsverbots bedenklicher Arzneimittel unter besonderer Berücksichtigung der Tatbestandslehre der Rechtsprechung des Bundesverfassungsgerichts, 2004; *Blasius*, Sport- und arzneimittelrechtliches Dopingverbot, DRiZ 2010, 240; *Broch/Diener/Klümper*, Nachgehakt: 15. AMG-Novelle mit weiteren Änderungen beschlossen, PharmR 2009, 373; *Erbs/Kohlhaas*, Strafrechtliche Nebengesetze, 171. Erg.Lieferung; *Floeth*, Anm. z. Urt. des BGH vom 18.9.2013, 2 StR 535/12 und 2 StR 365/12, Zur Strafbarkeit des Inverkehrbringens von Placebos, PharmR 2014, 115; *Glocker*, Die strafrechtliche Bedeutung von Doping, 2009; *Guttau/Winnands*, Verschreibungspflicht zentral zugelassener Arzneimittel, PharmR 2009, 274; *Leipold*, Strafrechtliche Aspekte des Dopings, NJW-Spezial 2006, 423; Münchener Kommentar zum Strafgesetzbuch, Bd. 5, Nebenstrafrecht I, 2007; *Meinicke/von Harten*, Neue psychoaktive Substanzen und Arzneimittelstrafrecht, StraFo 2014, 9; *Norouzi/Summerer*, SpuRt 2015, 63 *Oswald*, Heilversuch, Humanexperiment und Arzneimittelforschung, in: Handbuch des Medizinstrafrechts, 4. Aufl., 2010; *Parzeller*, Zur Bedeutung des Stoffrechts für das Sportrecht und den Sport, StoffR 2010, 183; *ders.*, Verbotene Dopingstoffe – Transparente oder kryptische Regelungen im Arzneimittelgesetz, StoffR 2010, 278; *Plaßmann*, „Legal Highs": Keine Arzneimittel i. S. v. Art 1 Nr. 2 Buchst. b) RL 2001/83/EG, StoffR 2014, 157; *Pfohl*, Strafbarkeit von Amtstierärzten, NuR 2009, 238; *Tilmanns*, Arzneimittelfälschungen – regulatorische Rahmenbedingungen und Haftungsfragen, PharmR 2009, 66; *Steiner*, Deutschland als Antidopingstaat, ZRP 2015, 51; *Vergho*, Strafrechtliche Probleme bei der Abgrenzung von Lebensmitteln und Arzneimitteln, PharmR 2009, 221; *Weber*, Die Erweiterung des arzneimittelrechtlichen Ordnungswidrigkeitenrechts auf der Grundlage der europäischen „Kinderarzneimittel-Verordnung", PharmR 2009, 442.

Übersicht

A. Allgemeines

Die **straf-** und **bußgeldrechtlichen** Vorschriften sollen die Regelungsinhalte des Gesetzes absichern **1** und sie durchsetzen. Sie gliedern sich nach der Schwere des Verstoßes in drei Gruppen, die nach den Sanktionsfolgen zu unterscheiden sind. Die Verletzung der in **§ 95** genannten Pflichten führt im Grundtatbestand zu **Freiheitsstrafe** bis zu **drei Jahren,** der Ausnahmestrafrahmen des Abs. 3 reicht sogar bis 10 Jahre; sowohl der Versuch (Abs. 2) als auch die fahrlässige Begehung (Abs. 4) sind Straftatbestände. Zuwiderhandlungen, die von **§ 96** erfasst werden, sind mit **Freiheitsstrafe** bis zu **einem Jahr** bedroht, und es besteht weder eine Versuchsstrafbarkeit noch unterfällt die fahrlässige Begehung dem Straftatbestand. Die fahrlässige Verwirklichung der Straftatbestände des § 96 wird aber als **Ordnungswidrigkeit** nach § 97 I geahndet. Schließlich bestimmt § 97 II eine Vielzahl von Tatbeständen als Ordnungswidrigkeiten, bei denen sowohl die vorsätzliche als auch die fahrlässige Begehung bußgeldbewehrt ist. Es handelt sich dabei um Verstöße gegen das AMG selbst, auf seiner Grundlage ergangene Rechtsverordnungen sowie gegen europarechtliche Bezugsnormen, deren Verletzung dadurch bußgeldbewehrt wird.

Die Sanktionsnormen sind durch die **14. AMG-Novelle** – von redaktionellen Anpassungen abge- **2** sehen – im Wesentlichen unangetastet geblieben[1]. Danach ist allerdings durch das **Dopingbekämp-**

---

[1] Vgl. BT-Drucks. 15/5316, S. 45.

fungsgesetz vom 24.10.2007 (AntiDopingG)[2] eine für die strafrechtliche Praxis bedeutungsvolle Erweiterung von Kriminalstraftaten erfolgt. Die einzelnen Änderungen werden – soweit sie wesentlich sind – bei den jeweiligen Strafvorschriften näher bezeichnet. Mit dem AMNOG, das zum 1.1.2011 in Kraft trat, waren geringfügige Änderungen im Bereich der §§ 95 bis 97 verbunden. So wurde § 95 I Nr. 2 Buchst. b) ergänzt, § 96 Nr. 18 Buchst. b) und § 97 II Nr. 9 Buchst. a) neu eingefügt. Die **15. AMG-Novelle** enthält in Folge der Änderung des § 59d geringfügige Änderungen des § 95 bzw. eine Ergänzung des § 96. Das **3. AMG-ÄndG 2013** enthält Modifikationen zur Dopingstrafbarkeit, weil auch der Erwerb der unter die Besitzverbotsregelungen fallenden Arzneimittel und Wirkstoffe unter Strafe gestellt wird.

B. Arzneimittelstrafrecht als Blankettstrafrecht

3   Der Gesetzgeber arbeitet im Bereich des Arzneimittelstrafrechts bzw. -ordnungswidrigkeitenrechts durchgängig mit **Blankettnormen**[3]. Das heißt, der strafrechtlich relevante Normbefehl wird nicht als eigenständiger Tatbestand formuliert, sondern nimmt **Bezug** auf **arzneimittelrechtliche Verhaltenspflichten.** Die strafrechtliche (oder bußgeldrechtliche) Folge wird daran geknüpft, dass gegen eine arzneimittelrechtlich gebotene Verhaltens- oder Unterlassungspflicht schuldhaft (mithin also vorsätzlich oder zumindest fahrlässig) verstoßen wird. Mit dieser Regelungstechnik, die sich in einer Vielzahl nebenstrafrechtlicher Bestimmungen wiederfindet, soll das Strafrecht flexibler ausgestaltet werden[4]. Auf gesellschaftliche Veränderungen und notwendige Anpassungen im Bereich des Arzneimittelrechts kann so flexibler reagiert werden, weil nur die in Bezug genommene arzneimittelrechtliche Vorschrift verändert werden muss. Im Übrigen vermeidet ein solches Verweisungssystem auch Wertungswidersprüche oder zumindest Unklarheiten, die auftreten könnten, wenn der Gesetzgeber arzneimittelrechtliche Grundtatbestände und Sanktionstatbestände jeweils unabhängig voneinander formulieren müsste.

I. Formen der Bezugnahme

4   Die straf- und bußgeldrechtlichen Sanktionstatbestände nehmen dabei auf **drei** verschiedene Arten Bezug auf arzneimittelrechtliche Normen.

5   **1. Direkter Verweis.** Die gängigste Verweisung ist der **Bezug** auf eine **gesetzliche Regelung**, die ihrerseits die konkrete arzneimittelrechtliche Verhaltenspflicht **abschließend regelt.** Diese Verweisungstechnik ist grundsätzlich unbedenklich, weil der Bundesgesetzgeber die Straf- (oder die Bußgeld-) Bewehrung an einen von ihm geschaffenen Tatbestand knüpft. Verfassungsrechtliche Probleme können sich hier nur insoweit ergeben, als die Verweisung oder die in Bezug genommenen Tatbestände nicht ausreichend konkret und eindeutig gefasst sind, so dass der Straftatbestand in seiner Gänze nicht eindeutig genug formuliert ist[5]. Dabei muss nicht nur die Verweisung hinreichend bestimmt sein, sondern auch die ausfüllende Norm, die den Anforderungen an das strafrechtliche Bestimmtheitsgebot genügen muss[6].

6   **2. Verweis an Verordnungsgeber, Rückverweisungsklausel.** Der zweite Verweisungstyp nimmt zwar auch auf eine **gesetzliche Regelung Bezug,** diese **ermächtigt** aber ihrerseits den **Verordnungsgeber,** den Inhalt der strafbewehrten Pflicht näher zu konkretisieren (z. B. § 95 I Nr. 2, § 96 Nr. 2, 5, 8, 16; § 97 II Nr. 31). Der Verweis auf die Rechtsverordnung darf nicht dazu führen, dass der Gesetzgeber dem Verordnungsgeber die Festlegung strafrechtlich relevanten Verhaltens überlässt. Deshalb müssen die Voraussetzungen der Strafbarkeit und die Art der Strafe für den Bürger schon aufgrund des Gesetzes vorhersehbar sein[7].

7   Zum Teil wird – strafbarkeits- oder bußgeldbegründend – verlangt, dass die Rechtsverordnung auf die Straf- bzw. Bußgeldvorschrift **konkret zurückverweist**[8] (vgl. etwa § 96 Nr. 2, § 97 II Nr. 31). Gegen diese Gestaltungsform, insbesondere wegen der **Rückverweisungsklauseln,** wurde in der Literatur vorgebracht, dass hierdurch die Exekutive (Verwaltung) in die Lage versetzt werde, strafbares Verhalten zu bestimmen. Dies sei mit dem verfassungsrechtlichen Gebot, wonach allein der Gesetzgeber Straftatbestände schaffen dürfe, nicht vereinbar[9]. Diese Kritik überzeugt nicht. Was die **Rückverweisungsklausel**

---

[2] BGBl. I S. 2510.

[3] Enger allerdings *BGHSt* 6, 30, 41, der eine Blankettvorschrift dann nicht annimmt, wenn lediglich die Strafvorschriften am Ende eines Gesetzes zusammengefasst und darin aus Gründen der Vereinfachung auf vorangegangene Tatbestände desselben Gesetzes verwiesen wird.

[4] *Freund,* in: MüKo StGB, Bd. 6/I, Vor §§ 95 ff. AMG Rn. 46.

[5] *BVerfGE* 75, 329, 342; *Dannecker,* in: LK, § 1 Rn. 51; *Fischer,* § 1 Rn. 10.

[6] *BVerfGE* 78, 374, 381; 41, 314, 319; 14, 245, 252; dies gilt ebenso für Bußgeldtatbestände, vgl. *BVerfGE* 38, 348, 371.

[7] *BVerfGE* 75, 329, 342; 78, 374, 382.

[8] Auch als qualifizierte Blankettgesetze bezeichnet, vgl. *Volkmann,* ZRP 1995, 220; *Freund,* in: Müko StGB, Bd. 6/I, Vor § 95 AMG Rn. 53; vgl. hierzu auch *Birkenstock,* Die Bestimmtheit von Straftatbeständen mit unbestimmten Gesetzesbegriffen – am Beispiel der Verletzung des Verkehrsverbots bedenklicher Arzneimittel unter besonderer Berücksichtigung der Tatbestandslehre der Rechtsprechung des Bundesverfassungsgerichts, 2004.

anbelangt, wird die Interpretation, hierdurch werde strafrechtliches Verhalten geschaffen, der eigentlichen Zielsetzung dieser Rückverweisungen nicht gerecht. Die **Rückverweisungsklausel** begründet keine Strafbarkeit und ist deshalb **verfassungsrechtlich unbedenklich.** Sie ist vielmehr eine besondere Sicherung, um dem Bürger die Sanktion für einen etwaigen Verstoß vor Augen zu führen. Insoweit bedeutet das Erfordernis der Rückverweisungsklausel nur, dass der Gesetzgeber die Strafbarkeit davon abhängig macht, dass die Exekutive eine solche Rückverweisung tatsächlich auch vornimmt[10]. Unterlässt die Rechtsverordnung die Rückverweisung, dann ist der Normunterworfene nicht beschwert, weil keine Strafbarkeit eintritt. Dieser zusätzliche Schutz zugunsten des Normadressaten kann deshalb nicht in dem Sinne verstanden werden, dass der Exekutive – entgegen Art. 103 II GG – die Beschreibung strafbaren Handelns überlassen bliebe. Vielmehr gilt die **Vorgabe** des **Art. 80 GG.** Eine Weiterverweisung auf eine Rechtsverordnung setzt nämlich voraus, dass die gesetzliche Ermächtigung nach Inhalt, Zweck und Ausmaß hinreichend bestimmt ist. Nur wenn diese Vorgabe beachtet ist, kann überhaupt wirksam durch den Vorordnungsgeber ein Straftatbestand konkret ausgefüllt werden und eine Strafbarkeit entstehen[11].

3. Verweis auf europarechtliche Regelungen. Die **dritte Gruppe** bilden schließlich die Sankti-   8
onsbestimmungen, die **auf** Rechtsvorschriften des **Gemeinschaftsrechts verweisen.** Insgesamt ist das AMG durch eine starke Europäisierung geprägt, weil die Vorschriften des nationalen Rechts der Umsetzung gemeinschaftsrechtlicher Vorgaben dienen[12]. Die richtlinienkonforme Umsetzung ins nationale Recht ist jedoch von der Bezugnahme zu unterscheiden. Die Umsetzung schafft nationales Recht, auf das der nationale Gesetzgeber ohne weiteres (auch dynamisch) verweisen kann. Dagegen ist der Bezug auf eine unmittelbar geltende gemeinschaftsrechtliche Vorschrift, in der Regel auf die VO, ein Bezug auf den Rechtsakt eines anderen Rechtsträgers[13]. Damit wird nach innerstaatlichem Recht ein Verstoß gegen EU-rechtliche Pflichten einer straf- oder ordnungswidrigkeitsrechtlichen Sanktion unterworfen (Beispiele für diesen Verweisungstyp sind § 96 Nr. 20, § 97 IIa bis IIc).

Bereits der Wortlaut dieser Sanktionsnormen macht aber deutlich, dass es sich um eine **statische**   9
Verweisung handelt. Demnach wird auf den Zeitpunkt des Inkrafttretens des die Strafbarkeit konstituierenden AMG abgestellt. Strafbar ist deshalb nur ein Verhalten, das nach der europarechtlichen Vorschrift zu diesem Zeitpunkt bereits verboten war[14]. Spätere Erweiterungen des jeweiligen Verbotstatbestands nach dem EU-Recht bleiben unberücksichtigt, weil ansonsten die EU-Rechtsetzung Straftatbestände nach deutschem Recht schaffen könnte, obwohl ihr hierfür die Kompetenz fehlt[15]. Deshalb darf der deutsche Gesetzgeber nicht durch eine Blankettnorm die inhaltliche Ausfüllung seiner Straftatbestände aus der Hand geben. Der statische Charakter der Strafnorm bewirkt freilich auch, dass an sich Änderungen des gemeinschaftsrechtlichen Bezugstatbestands zugunsten der Normunterworfenen die Strafbarkeit unverändert lassen würden. Diese Folge wäre allerdings unsinnig, weil nicht ein Verhalten bestraft werden kann, das europarechtlich nicht mehr verboten ist. Insoweit setzt sich der Vorrang des Europarechts durch. Als Ergebnis lässt sich deshalb festhalten, dass **Änderungen** des **Gemeinschaftsrechts,** die nach dem Inkrafttreten des AMG erfolgen, **nur** dann Beachtung finden, wenn sie sich **zugunsten** des **Betroffenen** auswirken[16].

II. Auslegungserfordernisse im Blankettstrafrecht

Das Blankettnormensystem birgt weiter insoweit Schwierigkeiten, als die strafrechtliche Bezugnahme   10
auch **die Auslegung** des ursprünglichen **arzneimittelrechtlichen Tatbestands** beeinflussen kann. Neben dem besonderen (nachfolgend zu behandelnden) Schulderfordernis müssen bei der strafrechtlichen Würdigung des in Bezug genommenen arzneimittelrechtlichen Verbots die **allgemeinen strafrechtlichen Auslegungsgrundsätze** gelten. Dies verlangt die grundgesetzliche Verbürgung des Art. 103 II GG, der sog. nullum crimen sine lege-Grundsatz, der eine Bestrafung nur dann zulässt, wenn die Strafbarkeit vor Tatbegehung gesetzlich bestimmt war (§ 1 StGB)[17]. Dieses Verfassungsgebot erstreckt sich auch auf Ordnungswidrigkeiten, was durch § 3 OWiG ausdrücklich klargestellt wurde.

---

[9] *Freund,* in: MüKo StGB, Bd. 6/I, Vor § 95 AMG Rn. 53; *Volkmann,* ZRP 1995, 220, m. w. N.

[10] So wohl auch *BVerfGE* 75, 329, 343.

[11] *BVerfGE* 78, 374, 382.

[12] Vgl. allein die Nachweise zu den durch das AMG in der Neufassung vom 12.12.2005 umgesetzten EU-Richtlinien, BGBl. I S. 3395.

[13] Vgl. *BGH,* Beschl. v. 17.3.2011 – 5 StR 543/10.

[14] Zu den Publizitätsanforderungen für unmittelbar geltende EU-Normen bei strafrechtlicher Relevanz vgl. *BGHSt* 41, 127, 132 f.

[15] *BGHSt* 41, 127, 131.

[16] Zum vergleichbaren Rechtszustand bei Kartellordnungswidrigkeiten, die auf einer Verletzung europäischen Rechts beruhen, siehe *Raum,* in: Langen/Bunte, § 81 GWB Rn. 75.

[17] Zur Problematik strafbarkeitsbegründender Verweisungsketten *BVerfGE* 75, 329, 341; 78, 374, 382; *Eser,* in: Schönke/Schröder, § 1 Rn. 20; dabei gilt im Übrigen der Grundsatz, dass eine Konkretisierung umso wichtiger und die Anforderungen umso strenger sind, je schwerer die angedrohte Strafe ist (*Dannecker,* in: LK, § 1 Rn. 166).

11   **1. Rückwirkungsverbot.** Diese besonderen verfassungsrechtlichen Anforderungen können es erforderlich machen, dass arzneimittelrechtliche Tatbestände, die Verhaltenspflichten auferlegen, dann **enger auszulegen** sind, wenn es um die **strafrechtlichen Folgen** einer solchen arzneimittelrechtlich bestimmten Verhaltenspflicht geht[18]. Denn auch die in Bezug genommene Norm muss, soweit sie die Grundlage für eine Strafbarkeit bildet, den besonderen verfassungsrechtlichen Anforderungen genügen[19]. Strafrechtlich **unzulässig** ist jedwede Form der **Rückwirkung.** Anders als im sonstigen Verwaltungsrecht, das – insbesondere in der Form der sog. unechten Rückwirkung – zulässige Formen rückwirkender Pflichten kennt, ist das Verbot im Bereich des Strafrechts **absolut.** Eine strafrechtliche Haftung kann den Handelnden deshalb nur treffen, soweit das ihm zur Last gelegte Verhalten zum Zeitpunkt der Verletzung strafbewehrt war[20]. Diese Voraussetzung fehlt im Übrigen auch dann, wenn zum Tatzeitpunkt ein Erlaubnistatbestand (z.B. in der Form eines Rechtfertigungsgrundes) bestanden hat[21]. Dies gilt hinsichtlich der Strafzumessung in gleicher Weise. Spätere Verschärfungen der Strafandrohung bleiben demnach unberücksichtigt (§ 2 III StGB; § 4 III OWiG).

12   **2. Analogieverbot.** Gegen strafrechtliche Grundsätze würde jede Form der **analogen Ausdehnung** von arzneimittelrechtlichen Verletzungstatbeständen **verstoßen.** Eine Analogie ist nur zugunsten des Beschuldigten zulässig. Ansonsten bildet der **mögliche Wortsinn** eines Tatbestandes die **äußerste Grenze zulässiger Auslegung**[22]. Der Wortsinn, der im Übrigen auch bei einer verfassungskonformen Auslegung nicht überschritten werden darf, ist aus der Sicht der Allgemeinheit der Bürger zu bestimmen. An dieses Begriffsverständnis, von dem der Gesetzgeber ausgeht und das er dem Normtext zugrunde legt, ist der Richter gebunden[23]. Damit verbietet sich die Auslegung einer Vorschrift gegen ihren Wortlaut allein im Hinblick auf ihren Normzweck[24]. Dies kann aber gerade im allgemeinen Arzneimittelrecht jenseits der Anwendung strafrechtlicher Vorschriften geboten sein. Demgegenüber dürfen arzneimittelrechtliche Vorschriften in ihrem strafrechtlichen Bezug über ihren Wortlaut hinaus aber zugunsten des Täters angewandt werden, wenn dies durch den Normzweck gefordert ist[25].

C. Strafrechtliche Schuld und Schuldformen

13   Bei der strafrechtlichen Verfolgung spielt der Gesichtspunkt der **Schuld** eine zentrale Rolle. Während zivil- oder öffentlich-rechtlich meist der bloße Verstoß für die Sanktionsmaßnahme ausreicht, muss – als Rechtfertigung für eine straf- oder bußgeldrechtliche Ahndung – ein den Handelnden treffender individueller Schuldvorwurf hinzutreten. Im strafrechtlichen Bereich sind nur zwei grundlegende Schuldformen möglich, nämlich **Vorsatz** und **Fahrlässigkeit,** wobei Fahrlässigkeit nur dann ausreicht, wenn eine Ahndung für fahrlässiges Verhalten gesetzlich ausdrücklich angeordnet ist (§ 15 StGB, § 10 OWiG).

I. Vorsatz

14   Der Vorsatzprüfung kommt gerade bei den Blanketttatbeständen besondere Bedeutung[26] zu.

15   **1. Begriff des Vorsatzes.** Der Vorsatz wird im Strafrecht und Ordnungswidrigkeitenrecht einheitlich verstanden. Man unterscheidet **drei Vorsatzformen:**

– die Absicht, die ein zielgerichtetes Handeln zur Herbeiführung eines Erfolges verlangt,

– die Wissentlichkeit, die das sichere Wissen der Tatumstände voraussetzt sowie

– den bedingten Vorsatz, wonach es für die vorsätzliche Begehungsschuld ausreicht, wenn der Täter den Erfolg für möglich hält und ihn billigend in Kauf nimmt, was auch dann gegeben ist, wenn sich der Täter mit dem Erfolg abfindet, mag ihm der Erfolgseintritt auch an sich unerwünscht sein[27].

16   In der Praxis spielt die Feststellung eines zumindest bedingten Vorsatzes – in Abgrenzung zur bewussten Fahrlässigkeit (s. Rn. 24) – die entscheidende Rolle. Da meistens keine unmittelbaren Beweismittel für die **Ermittlung** der **inneren Tatseite** zur Verfügung stehen, ist regelmäßig der Vorsatz aus dem objektiven Geschehensablauf rückzuschließen. Für den Richter hat dies die Folge, dass er umso

---

[18] *BVerfGE* 14, 245, 251 f.; vgl. auch *Dannecker,* in: LK, § 1 Rn. 395.

[19] *BVerfGE* 41, 314, 319.

[20] Dies gilt sowohl für das „Ob" als auch das „Wie" der Strafbarkeit (vgl. *Fischer,* § 1 Rn. 17; mit Blick auf die Blankettstraftatbestände; vgl. auch *Dannecker,* in: LK, § 1 Rn. 394 f.; allerdings keine Geltung nur für verfahrensrechtliche Voraussetzungen, vgl. *BGHSt* 46, 310, 317 ff.

[21] *BVerfGE* 95, 96, 132.

[22] *BVerfGE* 75, 329, 341; 71, 108, 115.

[23] *BVerfGE* 71, 108, 115; *Fischer,* § 1 Rn. 21.

[24] *Dannecker,* in: LK § 1 Rn. 250 ff.; vgl. auch *BVerfGE* 64, 389, 393.

[25] *Fischer,* § 1 Rn. 23; vgl. auch *BGHSt* 28, 53, 55.

[26] Vgl. *Sternberg-Lieben/Schuster,* in: Schönke/Schröder, § 15 Rn. 99 ff.

[27] *BGHSt* 36, 1, 9.

eingehendere Feststellungen treffen muss, je schwieriger sich die Klärung der subjektiven Tatseite gestaltet[28].

2. Irrtumsformen. Der Täter muss allerdings nicht nur die maßgeblichen Tatsachen kennen, sondern **17** auch die **normativen Tatbestandsmerkmale** zutreffend **erfassen.** Er handelt deshalb nur dann vorsätzlich, wenn er den sozialen Sinngehalt des Merkmals richtig verstanden hat. Dies wird mit der Formel der „**Parallelwertung in der Laiensphäre**" beschrieben[29]. Sie hat insbes. in Irrtumsfällen Bedeutung. Erfasst der Täter nämlich ein normatives Tatbestandsmerkmal nicht richtig, vollzieht er es mithin nicht einmal in seiner Laiensphäre inhaltlich zutreffend nach, so führt ein solcher Irrtum wie jeder Tatbestandsirrtum auch zu einem Tatbestandsirrtum i. S. d. § 16 StGB (§ 11 I OWiG)[30]. Es bleibt jedoch – soweit dies gesetzlich angeordnet ist – die Möglichkeit der Ahndung wegen einer Fahrlässigkeitstat[31].

Anders ist der Fall zu behandeln, wenn der Täter zwar den Normbefehl an sich kennt, aber meint, der **18** Sachverhalt sei hiervon nicht erfasst. Solche **rechtliche Fehlbewertungen** führen zu einem bloßen Verbotsirrtum nach § 17 StGB, der nur im Falle seiner Unvermeidbarkeit zur Straflosigkeit führt.

Um die im Einzelfall schwierige und in der Praxis immer wieder streitige Frage[32] an einem **Beispiel 19** zu verdeutlichen, kann auf die Strafvorschrift des § 95 I Nr. 4 verwiesen werden, die den unerlaubten Handel mit verschreibungspflichtigen Arzneimitteln unter Strafe stellt. Weiß der Täter generell nicht, dass eine solche Strafnorm überhaupt existiert, liegt ein Verbotsirrtum i. S. d. § 17 StGB vor. Kennt er zwar die Strafbarkeit, nimmt aber an, dass die von ihm gehandelten Güter keine Arzneimittel in diesem Sinne darstellen (z. B. weil er sie für apothekenfrei i. S. d. § 44 AMG hält), ist zu unterscheiden. Täuscht er sich lediglich im Rechtssinne, legt er – unter Umständen auch in seiner Laiensphäre – die Vorschrift falsch aus, ist ein **Subsumtionsirrtum** gegeben, der grundsätzlich unbeachtlich ist. Hält er sein Tun für straflos, weil ihm der Straftatbestand oder die Verbotsnorm, auf die der Straftatbestand Bezug nimmt, nicht bekannt sind, ist ein **Verbotsirrtum** gegeben. Dagegen befindet sich der Täter in einem **Tatbestandsirrtum**, wenn er die Grundstoffe nicht kennt, die eine Verschreibungspflicht auslösen.

Welche Irrtumsform vorliegt, hat der Tatrichter oder im Ordnungswidrigkeitsverfahren die Buß- **20** geldbehörde zu ermitteln. Diese **Abgrenzung** setzt zum einen den zutreffenden rechtlichen Ansatz voraus. Sie erfordert aber zudem eine **kritische Überprüfung** des **Vorstellungsbilds des Täters.** Dabei ist nicht kritiklos seiner Einlassung zu folgen, sondern aufgrund der Gesamtumstände zu würdigen, was sich der Täter in der Situation vernünftigerweise hätte vorstellen können[33]. In der Praxis ist häufig schon fraglich, ob überhaupt ein Irrtum vorliegt. Ein Irrtum kann nämlich schon dann zweifelhaft sein, wenn der Täter mit der Möglichkeit einer Strafbarkeit rechnet, die Handlung aber dennoch vornimmt[34]. Ist der Täter im Pharmabereich erfahren, bedarf es regelmäßig konkreter Anhaltspunkte dafür, dass es im Einzelfall an einer Bedeutungskenntnis der vorgegebenen arzneimittelrechtlichen Umstände gefehlt haben könnte[35].

a) Tatbestandsirrtum (§ 16 StGB, § 11 I OWiG). Kommt der Tatrichter zu dem Ergebnis, dass ein **21** **Tatbestandsirrtum** vorliegt, macht dies regelmäßig die Prüfung einer fahrlässigen Straftat oder Ordnungswidrigkeit notwendig (§ 16 I 2 StGB). Ein Tatbestandsirrtum ist immer gegeben, wenn sich der Täter **im rein Tatsächlichen irrt.** Dies ist der Fall, wenn er von falschen tatsächlichen Voraussetzungen ausgeht. Solche Fehlvorstellungen können sich auf den Tatbestand wie auch auf die tatsächlichen Voraussetzungen eines Rechtfertigungsgrunds beziehen.

b) Verbotsirrtum (§ 17 StGB, § 11 II OWiG). Der **Verbotsirrtum** nach § 17 StGB wirkt sich **22** schuldausschließend aus, wenn er unvermeidbar war. Für die Unrechtseinsicht reicht das Bewusstsein des sittlich Verwerflichen oder Sozialwidrigen nicht aus[36]. Erforderlich ist vielmehr, dass der Täter den Verstoß gegen geltendes Recht erkennt, wobei nicht erforderlich ist, dass dem Täter zugleich die strafrechtliche Relevanz des Unerlaubten deutlich ist[37]. Kein Verbotsirrtum ist es deshalb, wenn der Täter meint, sein Verhalten sei nur zivil- oder verwaltungsrechtlich verboten[38].

Die **Vermeidbarkeit** des **Verbotsirrtums** lässt die Schuld nicht entfallen. Vermeidbar ist ein Verbots- **23** irrtum grundsätzlich dann, wenn der Täter sein Gewissen anspannen und alle seine Erkenntniskräfte und sittlichen Wertvorstellungen hätte einsetzen und so das Unerlaubte seines Handelns hätte bemerken

---

[28] *BGH*, 7.12.1998, BGHR StGB § 15 Vorsatz, bedingter 11; *BGH*, 22.3.1990; BGHR StGB § 15 Vorsatz 1.

[29] *BGHSt* 3, 248, 255; 4, 347, 352; 5, 90, 92; *Fischer*, § 16 Rn. 14.

[30] Bei dem umgekehrten Fall, also die Fehlbewertung normativer Tatbestandsmerkmale i. S. d. irrtümlichen Annahme eines Tatbestandsmerkmals, kommt ein untauglicher Versuch in Betracht, vgl. *BGHSt* 38, 144, 155 f.

[31] Wobei sich die Fahrlässigkeit auf den Irrtum beziehen muss – vgl. *BGH*, NJW 1992, 516, 517; *Sternberg-Lieben/Schuster*, in: Schönke/Schröder, § 16 Rn. 22.

[32] Prägnant in der Abgrenzung *Fischer*, § 16 Rn. 13.

[33] Vgl. *BGHSt* 48, 108, 117; *BGH*, NJW 2005, 2242, 2245; *BGHR*, StGB § 16 Umstand 2 bis 4.

[34] *BGHSt* 54, 243, 258; 52, 307, 313.

[35] Zur vergleichbaren Situation im Kartellrecht *BGH*, WuW/E, BGH 2145, 2147 – Nordmende.

[36] *BGHSt* [GS] 11, 263, 266; 2, 194, 202.

[37] *BGHSt* [GS] 11, 263, 266; *BGHSt* 45, 97, 101; *BGH*, wistra 1986, 218 mit umfangreichen Nachweisen aus der Rspr.

[38] *BGHSt* 11, 263, 266; *BGH*, Beschl. v. 24.2.2011 – 5 StR 514/09, Rn. 34 f., *BGHSt* 56, 174.

können[39]. Ob dieser Ansatz, der eine innere Verbindung von der Kategorie „Gewissen" zu der Ebene „Strafrecht" schafft, im Blick auf die Vielzahl von straf- und bußgeldbewehrten Regelungen noch angemessen ist, mag zweifelhaft sein[40]. Für den Bereich des Arzneimittelrechts wird es auf eine solche Beziehung nur selten ankommen. Die Straf- und Bußgeldtatbestände sind Regelungen, die berufs- oder berufsähnliche Pflichten betreffen und bestimmte Verstöße im Umgang mit Arzneimitteln ahnden. Wer aber mit Arzneimitteln umgeht, weiß, dass er in einem normativ sensiblen Bereich tätig wird[41]. Deshalb ist ihm auch zuzumuten, qualifizierten Rechtsrat einzuholen[42]. Auch der vermeidbare Verbotsirrtum kann zu einer **Strafmilderung** führen. Diese Möglichkeit eröffnet § 17 S. 2 StGB ausdrücklich[43]. Insoweit muss auch ein entsprechendes strafgerichtliches Urteil erkennen lassen, dass das Gericht eine in Betracht kommende Milderung geprüft hat. Für **Bußgeldtatbestände** fehlt eine entsprechende Bestimmung. Hier ergibt sich jedoch aus allgemeinen Grundsätzen, dass ein entsprechender Irrtum des Betroffenen auch im Falle seiner Vermeidbarkeit insoweit bußgeldmindernd zu bewerten ist[44].

II. Fahrlässigkeit

24   Die Fahrlässigkeit ist die alternative Schuldform. Im Unterschied zum Zivilrecht, das in § 276 II BGB die Fahrlässigkeit legal definiert, enthält das Strafrecht keine Begriffsbestimmung der Fahrlässigkeit[45]. Anders als das Zivilrecht unterscheidet das Strafrecht nicht zwischen einfacher und grober Fahrlässigkeit. Es kennt allerdings die Figur der **leichtfertigen** Tatbestandsverwirklichung. Dieser Unterfall der Fahrlässigkeit (vgl. etwa § 30 I Nr. 3 BtMG; §§ 178, 251 StGB), der eine Fahrlässigkeit in der Form grober Achtlosigkeit beschreibt[46], ist im Arzneimittelstrafrecht nicht eingeführt. Die **bewusste Fahrlässigkeit** wird in Abgrenzung zum Vorsatz verwendet. Im Falle der bewussten Fahrlässigkeit erkennt der Täter die Möglichkeit der Tatbestandsverwirklichung, ist aber mit ihr nicht einverstanden und vertraut darauf, dass der Erfolg nicht eintrifft[47].

25   Nach der Rechtsprechung des *BGH* handelt fahrlässig, wer eine objektive Pflichtwidrigkeit begeht, sofern er diese nach seinen subjektiven Kenntnissen und Fähigkeiten vermeiden konnte, und wenn gerade die Pflichtwidrigkeit objektiv und subjektiv vorhersehbar den Erfolg gezeigt hat[48]. Der Fahrlässigkeitsvorwurf ist nach allgemeinem Verständnis gekennzeichnet durch die Verletzung einer Sorgfaltspflicht, die vorhersehbar und vermeidbar zu einem bestimmten tatbestandlichen Erfolg führt. Während der **Sorgfaltsmaßstab** ein **objektiver** ist[49], muss die Vermeidbarkeit und Vorhersehbarkeit individuell bestimmt werden. Sie richtet sich aus an den **jeweiligen Kenntnissen** und **Fähigkeiten des Täters**[50]. Dies bleibt letztlich immer eine Frage der Analyse des Einzelfalls.

26   Eine wichtige rechtstechnische Funktion hat die Fahrlässigkeit auch insoweit, als die fahrlässige Deliktsbegehung immer als **Auffangtatbestand** bildet[51], wenn sich nicht zweifelsfrei klären lässt, ob der Täter vorsätzlich oder fahrlässig gehandelt hat. Damit kann eine Bestrafung wegen fahrlässiger Tatbegehung erfolgen, wenn sich bei dem Täter der **Vorsatz nicht nachweisen** lässt.

D. Sanktionen gegen juristische Personen

27   Das Strafrecht richtet sich – ebenso wie das Ordnungswidrigkeitenrecht – an natürliche Personen. Dies ist zwar nicht selbstverständlich, weil andere Staaten ein Unternehmensstrafrecht vorsehen, entspricht aber deutscher Rechtstradition, die an die persönliche Schuld anknüpft. Danach gibt es grundsätzlich keine Zurechnung. Die einzige Ausnahme ist die sog. **Verbandsgeldbuße** nach **§ 30 OWiG**[52]. Diese ermöglicht die Verhängung von Bußgeldern gegen die **juristische Person,** die hinter dem Handelnden steht. Andere Sanktionsmaßnahmen (Betriebsstilllegungen, Tätigkeitsverbote) können allenfalls sicherheitsrechtlich begründet werden. Sowohl für **Straftaten** als auch für **Ordnungswidrigkeiten** kann ein hinter dem Täter stehendes Unternehmen deshalb lediglich mit einer Geldbuße belegt werden. Während in einigen Rechtsbereichen (z. B. im Kartellrecht) hiervon sehr weitgehend Gebrauch gemacht wird, ist

---

[39] *BGHSt* [GS] 2, 194, 206 ff.; *BGHSt* 4, 1, 5.
[40] Vgl. *BGHSt* [GS] 2, 194, 202; *BGHSt* 46, 279, 287; *Sternberg-Lieben/Schuster*, in: Schönke/Schröder, § 17 Rn. 16.
[41] *BGHSt* 40, 257, 264 f.; *BGH*, NStZ 1996, 236, 237.
[42] *BGH*, WuW/E BGH 1891; *Raum*, in: Langen/Bunte, § 81 Rn. 64.
[43] *BGH*, StV 1998, 186; *Fischer*, § 17 Rn. 12.
[44] *Lemke/Mosbacher*, § 11 Rn. 26.
[45] *Fischer*, § 15 Rn. 12; die zivilrechtliche Definition ist auf das Strafrecht nicht übertragbar – *Grüneberg*, in: Palandt, § 276 Rn. 12.
[46] *BGHSt* 33, 66, 67; *BGH*, StV 1994, 480; *Rahlf*, in: Müko StGB, Bd. 6/I, § 30 BtMG Rn. 173.
[47] *Fischer*, § 15 Rn. 13.
[48] *BGHSt* 49, 1, 5; *BGHR* StGB, § 222 Pflichtverletzung 5.
[49] *BGH*, NStZ 2003, 657, 658; NJW 2000, 2754, 2758; *Fischer*, § 15 Rn. 16, der von der „objektiven Maßstabsperson" spricht.
[50] *BGHR*, StGB § 222 Fahrlässigkeit 3; *Sternberg-Lieben/Schuster*, in: Schönke/Schröder, § 15 Rn. 199.
[51] *BGHSt* [GS] 9, 390, 393; *BGHSt* 32, 48, 50.
[52] Vgl. *Raum*, in: Wabnitz/Janovsky, S. 324 ff.

die Verhängung von Bußgeldern gegen Unternehmen im Strafverfahren selten, obwohl es gerade im Bereich des Nebenstrafrechts – wie im Arzneimittelrecht – durchaus angezeigt sein kann, insbesondere wenn das Fehlverhalten von Mitarbeitern zu Vermögensvorteilen bei dem hinter ihnen stehenden Unternehmen führt. Die Anordnung einer Geldbuße gegen das begünstigte Unternehmen ist nur unter folgenden Voraussetzungen möglich:

I. Tauglicher Täterkreis

Eine Sanktionsmöglichkeit entsteht nicht bei Fehlverhalten von jedem Mitarbeiter gegenüber dem **28** hinter ihm stehenden Unternehmen. In Betracht kommen nur solche natürlichen Personen, die in einer **qualifizierten Stellung** zu der juristischen Person oder Personenvereinigung stehen. Es handelt sich dabei im Wesentlichen um Organe, leitende Mitarbeiter oder für das Unternehmen in gehobener Position Verantwortliche. Die Funktionen sind in **§ 30 I Nr. 1 bis 5 OWiG** im Einzelnen genannt. Dabei braucht der Bestellungsakt nicht wirksam zu sein; es reicht, wenn er faktisch umgesetzt ist[53]. Der Handelnde braucht als Person nicht festzustehen. Es reicht aus, wenn die Tat zweifelsfrei einem Verantwortlichen zugewiesen werden kann[54]. Beteiligen sich mehrere an der Tat, kann die Geldbuße nach § 30 OWiG aber nur einheitlich gegen das Unternehmen festgesetzt werden[55].

II. Bezugstat

Die Ahndung nach § 30 OWiG kann sowohl an einer Straftat als auch an einer Ordnungswidrigkeit **29** anknüpfen. Dabei sieht § 30 I OWiG grundsätzlich zwei Tatvarianten vor. Einmal kann die Verletzung einer die juristische Person treffenden Pflicht begangen worden sein. Damit sind diejenigen Pflichten gemeint, die das Unternehmen als Teilnehmer am wirtschaftlichen Leben in seiner Eigenschaft als Rechtssubjekt treffen. Diese **Pflichten** müssen **betriebsbezogen** sein. Das ist der Fall, wenn sie den Tätigkeitsbereich des Normadressaten konkretisieren. Diese Voraussetzung wird für die Straf- und Ordnungswidrigkeitenvorschriften nach diesem Gesetz praktisch immer vorliegen. Deshalb spielt die weitere (alternative) Voraussetzung, dass die **juristische Person bereichert** ist, für die Verstöße nach dem AMG praktisch keine wesentliche Rolle.

In der Praxis von zentraler Bedeutung ist allerdings, dass die **Aufsichtspflicht** i. S. d. **§ 130 OWiG 30** ihrerseits eine betriebsbezogene Pflicht darstellt[56]. Selbst wenn also der handelnde Täter keine Leitungsfunktion i. S. d. § 30 I Nr. 1 bis 5 OWiG ausübt, kann dennoch eine Zurechnung zulasten der juristischen Person erfolgen, wenn eine Leitungsperson i. S. d. Vorschrift ihre Aufsichtspflicht verletzt hat. Da schon eine fahrlässige Verletzung ausreicht, erfolgt hierüber eine Zurechnung gegenüber dem Unternehmen und ist so häufig die Verhängung einer Geldbuße gegen dieses möglich.

III. Ahndung

Gegen das hinter dem Täter stehende Unternehmen kann eine Geldbuße verhängt werden. Die **31** einzelnen **Bußgeldrahmen** ergeben sich aus **§ 30 II OWiG**. Gravierender ist aber die Möglichkeit über das Bußgeld den gezogenen **Vorteil** nach § 30 III i. V. m. **§ 17 IV OWiG abzuschöpfen**[57]. Insoweit besteht auch keine Obergrenze für das unter Abschöpfung verhängte Bußgeld.

§ 95 Strafvorschriften

(1) Mit Freiheitsstrafe bis zu drei Jahren oder mit Geldstrafe wird bestraft, wer

1. entgegen § 5 Absatz 1 ein Arzneimittel in den Verkehr bringt oder bei anderen anwendet,
2. eine Rechtsverordnung nach § 6, die das Inverkehrbringen von Arzneimitteln untersagt, zuwiderhandelt, soweit sie für einen bestimmten Tatbestand auf diese Strafvorschrift verweist,
2a. entgegen § 6a Abs. 1 Arzneimittel zu Dopingzwecken im Sport in den Verkehr bringt, verschreibt oder bei anderen anwendet,
2b. entgegen § 6a Absatz 2a Satz 1 ein Arzneimittel oder einen Wirkstoff erwirbt oder besitzt,
3. entgegen § 7 Abs. 1 radioaktive Arzneimittel oder Arzneimittel, bei deren Herstellung ionisierende Strahlen verwendet worden sind, in den Verkehr bringt,
3a. entgegen § 8 Abs. 1 Nr. 1 oder Absatz 2, auch in Verbindung mit § 73 Abs. 4 oder § 73a, Arzneimittel oder Wirkstoffe herstellt, in den Verkehr bringt oder sonst mit ihnen Handel treibt,

---

[53] *BGHSt* 21, 101.
[54] *Raum*, in: Langen/Bunte, § 81 Rn. 40.
[55] *BGH*, WuW/E BGH 2904 „Unternehmenssubmission".
[56] *BGH*, WuW/E BGH 2394 „Zweigniederlassung".
[57] Zur Vorteilsermittlung vgl. *BGH*, NJW 2006, 163, 164 ff.; NJW 2007, 3792 ff.

4. entgegen § 43 Abs. 1 Satz 2, Abs. 2 oder 3 Satz 1 mit Arzneimitteln, die nur auf Verschreibung an Verbraucher abgegeben werden dürfen, Handel treibt oder diese Arzneimittel abgibt,

5. Arzneimittel, die nur auf Verschreibung an Verbraucher abgegeben werden dürfen, entgegen § 47 Abs. 1 an andere als dort bezeichnete Personen oder Stellen oder entgegen § 47 Abs. 1a abgibt oder entgegen § 47 Abs. 2 Satz 1 bezieht,

5a. entgegen § 47a Abs. 1 ein dort bezeichnetes Arzneimittel an andere als die dort bezeichneten Einrichtungen abgibt oder in den Verkehr bringt,

6. entgegen § 48 Abs. 1 Satz 1 in Verbindung mit einer Rechtsverordnung nach § 48 Abs. 2 Nr. 1 oder 2 Arzneimittel, die zur Anwendung bei Tieren bestimmt sind, die der Gewinnung von Lebensmitteln dienen, abgibt,

7. Fütterungsarzneimittel entgegen § 56 Abs. 1 ohne die erforderliche Verschreibung an Tierhalter abgibt,

8. entgegen § 56a Abs. 1 Satz 1, auch in Verbindung mit Satz 3, oder Satz 2 Arzneimittel verschreibt, abgibt oder anwendet, die zur Anwendung bei Tieren bestimmt sind, die der Gewinnung von Lebensmitteln dienen, und nur auf Verschreibung an Verbraucher abgegeben werden dürfen,

9. Arzneimittel, die nur auf Verschreibung an Verbraucher abgegeben werden dürfen, entgegen § 57 Abs. 1 erwirbt,

10. entgegen § 58 Abs. 1 Satz 1 Arzneimittel, die nur auf Verschreibung an Verbraucher abgegeben werden dürfen, bei Tieren anwendet, die der Gewinnung von Lebensmitteln dienen oder

11. entgegen § 59d Satz 1 Nummer 1 einen verbotenen Stoff einem dort genannten Tier verabreicht.

(2) Der Versuch ist strafbar.

(3) ¹In besonders schweren Fällen ist die Strafe Freiheitsstrafe von einem Jahr bis zu zehn Jahren. ²Ein besonders schwerer Fall liegt in der Regel vor, wenn der Täter

1. durch eine der in Absatz 1 bezeichneten Handlungen
   a) die Gesundheit einer großen Zahl von Menschen gefährdet,
   b) einen anderen der Gefahr des Todes oder einer schweren Schädigung an Körper oder Gesundheit aussetzt oder
   c) aus grobem Eigennutz für sich oder einen anderen Vermögensvorteile großen Ausmaßes erlangt oder

2. in den Fällen des Absatzes 1 Nr. 2a
   a) Arzneimittel zu Dopingzwecken im Sport an Personen unter 18 Jahren abgibt oder bei diesen Personen anwendet oder
   b) gewerbsmäßig oder als Mitglied einer Bande handelt, die sich zur fortgesetzten Begehung solcher Taten verbunden hat, oder

3. in den Fällen des Absatzes 1 Nr. 3a gefälschte Arzneimittel oder Wirkstoffe herstellt oder in den Verkehr bringt und dabei gewerbsmäßig oder als Mitglied einer Bande handelt, die sich zur fortgesetzten Begehung solcher Taten verbunden hat.

(4) Handelt der Täter in den Fällen des Absatzes 1 fahrlässig, so ist die Strafe Freiheitsstrafe bis zu einem Jahr oder Geldstrafe.

Wichtige Änderungen der Vorschrift: Abs. 1 Nr. 2b eingefügt 00und Abs. 3 neu gefasst durch Art. 2 Nr. 4 des Gesetzes zur Bekämpfung des Dopings im Sport vom 24.10.2007 (BGBl. I S. 2510); Abs. 1 Nr. 3a und Abs. 3 S. 2 Nr. 3 geändert durch Art. 1 Nr. 72 des Gesetzes zur Änderung arzneimittelrechtlicher und anderer Vorschriften vom 17.7.2009 (BGBl. I S. 1990); Abs. 1 Nr. 11 geändert durch Art. 1 Nr. 24 des Fünfzehnten Gesetzes zur Änderung des Arzneimittelgesetzes vom 25.5.2011 (BGBl. I S. 946); Abs. 1 Nr. 3a geändert durch Art. 1 Nr. 66 des Zweiten Gesetzes zur Änderung arzneimittelrechtlicher und anderer Vorschriften vom 19.10.2012 (BGBl. I S. 2192); Abs. 1 Nr. 2b geändert durch Art. 1 Nr. 9 des Dritten Gesetzes zur Änderung arzneimittelrechtlicher und anderer Vorschriften vom 7.8.2013 (BGBl. I S. 3108).

Europarechtliche Vorgaben: Vgl. die Kommentierung zu den jeweils in Bezug genommenen Normen.

Übersicht

A. Allgemeines

I. Inhalt

Die in **§ 95** aufgeführten **Straftatbestände** sind dadurch charakterisiert, dass sie bei besonders **1** schweren Fällen einen Strafrahmen bis zu 10 Jahren auslösen können und sowohl in der **Vorsatz-** als auch in der **Fahrlässigkeitsvariante strafbar** sind. Weiterhin enthalten diese Vorschriften eine Versuchsstrafbarkeit. Dies unterscheidet die Straftatbestände nach § 95 – neben ihrer höheren Strafandrohung im Grundtatbestand – von denen des § 96. Die Tatbestände des § 95 I sind enumerativ aufgezählt. Sie sind **Blanketttatbestände** (s. Vorbemerkung vor §§ 95 ff. Rn. 3 ff.). Dadurch wird ein bestimmtes **arzneimittelrechtliches Verbot** zugleich **strafbewehrt.**

Da der Schwerpunkt der Regelung in den arzneimittelrechtlichen Grundtatbeständen liegt, beschränkt **2** sich die Kommentierung an dieser Stelle auf eine Erläuterung **strafrechtlicher Besonderheiten.** Dabei darf freilich nicht übersehen werden, dass insbesondere bei den in § 95 in Bezug genommenen Tatbeständen die strafgerichtliche Judikatur einen nicht unwesentlichen Beitrag zur Auslegung geleistet hat. Dies liegt daran, dass wegen ihres überwiegend kriminellen Hintergrunds etliche Fallgestaltungen im Zusammenhang mit dem Umgang mit Arzneimitteln häufig erst im strafgerichtlichen Verfahren eine nähere Aufarbeitung erfahren haben. Schwerpunkt der folgenden Ausführungen ist nicht eine nochmalige Kommentierung arzneimittelrechtlicher Tatbestände, sondern die Darstellung wie diese strafrechtlich umgesetzt werden.

II. Arzneimittelbegriff in der strafrechtlichen Judikatur

3   Voranzustellen ist eine Übersicht der **Auslegung** des **Arzneimittelbegriffs** in der **Rechtsprechung** der **Strafgerichte.** Diese haben sich insbesondere immer wieder mit dem Arzneimittelbegriff (s. hierzu § 2 Rn. 250) auseinandersetzen müssen, weil gerade an dieser Stelle häufig Ansatzpunkte für Verteidigungsvorbringen gesehen werden. Deshalb ist die Rechtsprechung hierzu auch durch die Judikatur der Strafgerichte und vor allem durch den *BGH* in Strafsachen wesentlich mitbestimmt. Der Arzneimittelbegriff hat jetzt jüngst durch das Urteil des *EuGH* vom 10.7.2014[1], das auf eine Anfrage des 3. Strafsenats[2] des Bundesgerichtshofs im Zusammenhang mit sog. Kräutermischungen ergangen ist, eine freilich sinnvolle Einengung gefunden. Seit dem vorgenannten Urteil des *EuGH* reicht es nämlich für die Annahme eines Arzneimittels nicht aus, dass die Stoffe lediglich die menschlichen physiologischen Funktionen beeinflussen. Es muss vielmehr die Eignung hinzutreten, dass sie der menschlichen Gesundheit unmittelbar oder mittelbar zuträglich sind. Für entsprechende Kräutermischungen, die nur konsumiert werden, um einen Rauschzustand herbeizuführen und dabei gesundheitsschädlich sind, hat der *EuGH* dies ausgeschlossen[3]. Mit dieser Änderung der Rechtsprechung sind damit auch frühere Entscheidungen des Bundesgerichtshofs obsolet geworden, die eine bloße Einwirkung des Stoffes auf physiologische Vorgänge als ausreichend erachteten. Weder Gamma-Butyrolacton[4], das als Grundstoff oder als Lösungsmittel Verwendung findet, aber auch eine euphorisierende Wirkung hat, noch **„Designerdrogen"**[5] können nunmehr noch als Arzneimittel angesehen werden. Mit der Entscheidung des *EuGH* ist auch die Tendenz der Rechtsprechung, **Rauschmittel**, die (noch) nicht vom BtMG erfasst sind, unter die Straftatbestände des AMG zu subsumieren, obsolet geworden.

4   **1. Zweckbestimmung.** Dennoch ist damit die Zweckbestimmungslehre als Ausgangspunkt für die Qualifikation eines Stoffes als Arzneimittel nicht gegenstandslos geworden. Der *BGH* hat in Auslegung von § 2 Arzneimittel als Stoffe oder Zubereitungen angesehen, die zu einem der in § 2 I näher umrissenen Zweck bestimmt sind. In dieser **Zweckbestimmung** hat er das maßgebliche Kriterium für die Beurteilung gefunden, ob ein Stoff oder eine Zubereitung als Arzneimittel anzusehen ist. Korrekturbedürftig ist in diesem Zusammenhang nur, dass der maßgebliche Zweck nicht nur auf die allgemeine Beeinflussung physiologischer Funktionen gerichtet ist, sondern verengt werden muss auf die therapeutische Zielrichtung der Stoffe. Diese Zweckbestimmung, die einem der in § 2 I näher spezifizierten Ziele dienen muss, hat eine **objektive** und eine **subjektive Komponente**[6]. Es dominiert die objektive Komponente. Maßgeblich ist, für welchen Zweck ein Mittel nach der allgemeinen Verkehrsauffassung, nach der Ansicht eines beachtlichen Teils der Verbraucher oder – insbesondere bei neuartigen Mitteln, für die sich eine Verbraucherauffassung noch nicht gebildet hat – nach der Auffassung der Wissenschaft bestimmt ist. Ein Mittel kann auch mehrere Zweckbestimmungen aufweisen, wenn es in mehrerlei Hinsicht eingesetzt werden kann. Maßgeblich ist hier, ob sich für die jeweilige mit dem Stoff verbundene Verwendungsmöglichkeit eine entsprechende Verkehrsanschauung gebildet hat. Jedenfalls wenn nicht nur einzelne, sondern zahlreiche Verbraucher die (z. B. therapeutische) Wirkungsweise eines Mittels kennen, und sich eine entsprechende Verbrauchsgewohnheit gebildet hat, liegt schon aus objektiven Gründen ein Arzneimittel vor.

5   Nach der neueren Rechtsprechung des *BGH* dient das Kriterium der objektiven **Zweckbestimmung** einer **Begrenzung** der **Strafbarkeit,** nicht jedoch ihrer Ausweitung[7]. Dieses Verständnis ist der **restriktiven Auslegung** des Arzneimittelbegriffs geschuldet, die aus verfassungsrechtlichen Gründen notwendig ist, um den Arzneimittelbegriff sinnvoll zu begrenzen[8]. Nur so können Substanzen, die zwar die in § 2 I Nr. 2 geschilderten Wirkungsweisen entfalten, aber nicht zum Zwecke der therapeutischen Einflussnahme auf den menschlichen Körper eingesetzt werden sollen, den arzneimittelrechtlichen Strafvorschriften entzogen werden[9].

6   **2. Auffassung des Herstellers.** Die **Auffassung** des **Herstellers** als **subjektive Komponente** tritt im Regelfall zurück. Ausnahmen gelten bei Stoffen, für die **mehrere Verwendungszwecke** in Betracht kommen oder wenn es sich um Substanzen handelt, die sich nicht im Verkehr befinden. In diesen Fällen kommt der Zweckbestimmung, die der Hersteller oder Abgebende dem Stoff gibt, wesentliche Bedeutung zu.. Da es auf die therapeutische Zweckbestimmung ankommt, können aber auch **Eigenblut- oder Eigenurinzubereitungen** Arzneimittel darstellen, obwohl sie an sich Körperbestandteile bzw. Stoff-

---

[1] *EuGH*, StrFo 2014, 343 = StoffR 2014, 162 mit zust. Anm. von *Plaßmann* StoffR 2014, 157 ff.
[2] *BGH*, PharmR 2013, 379; ihm folgend auch der *5. Strafsenat*, PharmR 2014, 296.
[3] So jetzt im Anschluss auch *BGH,* PharmR 2015, 177 und StV 2015, 264.
[4] *BGH*, PharmR 2010, 30.
[5] *BGHSt* 43, 336 ff.
[6] *BGHSt* 43, 336, 338 f.; *BGH*, StoffR 2008, 195; vgl. auch *Eschelbach,* in: Graf/Jaeger/Wittig, Vorbem. zu § 95 AMG Rn. 5.
[7] *BGH*, PharmR 2010, 30, Tz. 11.
[8] *BVerfG*, NJW 2006, 2684, 2685.
[9] *BGH*, PharmR 2010, 30, Tz. 11.

wechselprodukte sind. Werden sie nämlich verselbständigt und dann wieder zugeführt, um Krankheitszustände bekämpfen, werden sie um ihrer heilenden Wirkung willen verwendet[10].

3. Unerheblichkeit der Eignung. Ob der Stoff für die Zweckbestimmung letztlich **geeignet** ist, ist **7** unerheblich. Ebenso wenig kommt es auf das Erreichen einer bestimmten **Produktionsstufe** an. Im Hinblick auf Produktionsstufen ist die Grenze zum Arzneimittel vielmehr dann überschritten, wenn die Bestimmung eines Anwendungszwecks i. S. d. § 2 I möglich ist und erkennbar vorliegt. Im Fall einer solchen Zweckbestimmung stellen dann auch **Zwischenprodukte Arzneimittel** dar[11]. Deshalb hat der *BGH* Streckmittel für Heroin, die aus einem Gemisch von Paracetamol, Koffein und Farbstoff bestanden, als Arzneimittel qualifiziert, weil die aus dem besonderen Mischungsverhältnis sich ergebende pharmakologische Wirkung den besonderen Charakter des Streckmittels ausmacht. Es soll die Wirkung des Heroins überlagern und unerwünschten Nebenwirkungen entgegengewirkt werden[12]. Die Entscheidung dürfte auch durch die vorgenannte Verengung des Arzneimittelbegriffs nicht überholt sein. Der Wirkstoff Paracetamol ist ein Arzneimittel und weil er (zumindest auch) im Interesse der Vermeidung schädlicher Nebenwirkungen eingesetzt wird, ist er auch zum Zwecke des Erhalts der menschlichen Gesundheit verwendet worden[13].

4. Abgrenzung von Arzneimitteln zu Lebensmitteln und Kosmetika. Abzugrenzen ist das **8** Arzneimittel vom **Lebensmittel**, weil nach § 2 III Nr. 1 (s. § 2 Rn. 158) Lebensmittel **keine Arzneimittel** i. S. d. Gesetzes sind. Nach Art. 2 I VO (EG) Nr. 178/2002, auf den § 2 II LFGB verweist, sind Lebensmittel alle Stoffe oder Erzeugnisse, die dazu bestimmt sind oder von denen nach vernünftigem Ermessen erwartet werden kann, dass sie in verarbeitetem, teilweise verarbeitetem oder unverarbeitetem Zustand von Menschen aufgenommen werden. Auch wenn Art. 2 I VO (EG) Nr. 178/2002 ausdrücklich nur auf die „Aufnahme" von Stoffen oder Erzeugnissen abstellt, kommt es für den Begriff des Lebensmittels entscheidend auf den **Ernährungszweck** an (s. § 2 Rn. 147). Dabei umfasst der Begriff der Ernährung die Zufuhr von Nährstoffen zur Deckung der energetischen und stofflichen Bedürfnisse des menschlichen Organismus, wozu u. a. Vitamine und Mineralstoffe gehören[14]. Da sich die Qualifizierung als Arznei- und Lebensmittel begrifflich ausschließen[15], ist bei der Abgrenzung auf die Zweckbestimmung abzustellen[16]. Maßgeblich ist die überwiegende objektive Zweckbestimmung, die sich wiederum nach der allgemeinen Verkehrsanschauung bestimmt[17]. Eine besonders hohe Dosierung kann insoweit einen Anhalt für das Vorliegen eines Arzneimittels geben, wenn eine pharmakologische Wirkung damit verbunden sein soll, die auf eine überwiegend arzneiliche Zweckbestimmung hinlenkt. Dabei ist das **Gesamtprodukt** zu betrachten. Es darf nicht nur ein einzelner Bestandteil herausgegriffen werden, es sei denn, dass dieser Stoff nach der Verbrauchererwartung so im Vordergrund steht, dass vor allem deshalb von einer arzneilichen Zweckbestimmung auszugehen ist[18]. Ebenso wenig kann allein auf die Darreichungsform oder die Wirkungsbeschreibung in der Packungsbeilage abgestellt werden[19]. Auch solche Gesichtspunkte können nur im Rahmen einer Gesamtwürdigung Gewicht erlangen. Lässt sich eine überwiegende arzneiliche Zweckbestimmung nicht feststellen, ist das Produkt als Lebensmittel anzusehen[20]. Für die Abgrenzung zwischen **Kosmetika** und Arzneimittel (s. § 2 Rn. 190), die sich aufgrund deren Negativabgrenzung nach § 2 III Nr. 2 gegenseitig ausschließen, gilt gleichfalls das Kriterium der überwiegenden **Zweckbestimmung**[21].

5. Verhältnis zu Betäubungsmitteln. Für das Verhältnis von Arzneimitteln zu Betäubungsmitteln **9** gilt Folgendes: Die **Vorschriften** des **Betäubungsmittelrechts** bleiben – ebenso wie die Vorschriften des Atomrechts – nach § 81 **unberührt.** Das bedeutet, dass neben den betäubungsrechtlichen Bestimmungen grundsätzlich zusätzlich diejenigen des Arzneimittelrechts anwendbar sind, wenn der in Frage stehende Stoff zugleich die Voraussetzungen eines Arzneimittels erfüllt[22]. Allerdings gehen die betäubungsmittelrechtlichen Regelungen den arzneimittelrechtlichen als speziellere Vorschriften vor (s. § 81 Rn. 3). Anderes gilt allerdings für **zugelassene Arzneimittel.** Solange die Zulassung besteht, fehlt nach § 1 III BtMG die Ermächtigung, diese Stoffe oder Zubereitung in die Anlagen I bis III zu § 1 BtMG aufzunehmen und sie dadurch als Betäubungsmittel zu qualifizieren[23]. Deshalb können aber arzneimittel-

---

[10] Vgl. *BayObLG*, NJW 1998, 3430, 3431, das zutreffend zugleich von der Eigenblutentnahme während einer Operation abgrenzt.

[11] *BGH*, StoffR 2008, 195.

[12] *BGH*, StoffR 2008, 197; *Winkler*, jurisPR-StrafR 2/2008 Anm. 4.

[13] Vgl. dazu auch *Meinicke/von Harten*, StraFo 2014, 9 ff.

[14] *BGHSt* 46, 380, 382.

[15] *BGH*, NJW 1995, 1615 – Knoblauchkapseln; *BGH*, ZLR 2000, 375, 378 – L-Carnitin.

[16] *OVG Münster*, PharmR 2015, 142.

[17] *BGHSt* 46, 380, 383.

[18] *BGHSt* 46, 380, 389.

[19] *BGH*, ZLR 2000, 375, 380 – L-Carnitin.

[20] *BGH*, NJW 1976, 1154 – Fencheltee.

[21] *BVerwGE* 106, 90, 92; 97, 132, 135; *BGHSt* 46, 380, 384; *Rehmann*, § 2 Rn. 30.

[22] *BGHSt* 43, 336, 342.

[23] *BGHSt*, 43, 336, 342, mit Hinweis auf die Gesetzesmaterialien (BT-Drucks. 12/989, S. 54); vgl. auch *Rahlf*, in: MüKo StGB, Bd. 6/I, § 1 BtMG Rn. 24.

rechtlich relevante Wirkstoffe grundsätzlich sowohl dem BtMG als auch dem AMG unterfallen, soweit es sich nicht um zugelassene Arzneimittel handelt. Gleichwohl entspricht es der Praxis, wenn ein Betäubungsmitteldelikt vorliegt, alleine dieses auszuurteilen, zumal die Strafandrohungen im Betäubungsmittelrecht deutlich höher liegen.

10   Es war bislang streitig, ob auch Arzneimittel **Grundstoffe** im Sinne des § 1 Nr. 1 und § 3 GÜG sein können und dann der Strafvorschrift unterfallen. Der Bundesgerichtshof hat diese Frage dem *EuGH* vorgelegt[24], der diese Frage verneint hat. Der *EuGH* hat in seinem Urteil vom 5.2.2015[25] entschieden: Der jeweilige Art. 2 Buchst. a) der VO (EG) Nr. 273/2004 des Europäischen Parlaments und des Rates vom 11.2.2004 betreffend Drogenausgangsstoffe und der VO (EG) Nr. 111/2005 des Rates vom 22.12.2004 zur Festlegung von Vorschriften für die Überwachung des Handels mit Drogenausgangsstoffen zwischen der Gemeinschaft und Drittländern ist dahin auszulegen, dass ein Arzneimittel i. S. d. Definition von Art. 1 Nr. 2 der Richtlinie 2001/83/EG als solches, selbst wenn es einen in Anhang I der VO (EG) Nr. 273/2004 und im Anhang der VO (EG) Nr. 111/2005 genannten Stoff enthält, der leicht verwendet oder leicht und wirtschaftlich extrahiert werden kann, nicht als ‚erfasster Stoff' eingestuft werden kann. Zusammen mit arzneimittelstrafrechtlichen Tatbeständen können deshalb solche nach dem GÜG (etwa § 19), die in Idealkonkurrenz stehen würden, niemals vorliegen, wenn die dort erfassten Grundstoffe zugleich auch Arzneimittel sind[26].

11   Der *BGH* hat deshalb die sog. **Designerdrogen,** bevor sie als Betäubungsmittel eingestuft wurden, als bedenkliche Arzneimittel behandelt[27].

B. Straftatbestände (Abs. 1)

I. Inverkehrbringen bedenklicher Arzneimittel (Nr. 1)

12   Die Regelung der **Nr. 1**, die verbietet, Arzneimittel in den Verkehr zu bringen, bei denen ein **begründeter Verdacht** auf **schädliche Wirkungen** besteht, ist die Grundnorm des Arzneimittelstrafrechts. Sie bestimmt eine **arzneimittelrechtliche Produktverantwortung**[28], indem sie das arzneimittelrechtliche Gebot des § 5 I, bedenkliche Arzneimittel nicht in den Verkehr zu bringen oder anzuwenden, unter strafrechtlichen Schutz stellt. Die Regelung erfasst allerdings nur das Inverkehrbringen (bzw. die Anwendung). Dagegen unterfällt das **Herstellen** bedenklicher Arzneimittel[29] ebenso wenig dieser Bestimmung wie ihre **Verschreibung**[30].

13   **1. Begriff des Inverkehrbringens.** Das **Inverkehrbringen** ist in § 4 XVII **legal definiert** als Vorrätighalten zum Verkauf oder zur sonstigen Abgabe, das Feilhalten, das Feilbieten und die Abgabe an andere (s. § 4 Rn. 139). Der Begriff des Vorrätighaltens setzt Besitz voraus, wobei mittelbarer Besitz ausreicht[31]. Der Besitz muss aber von der Absicht getragen sein, das Arzneimittel zu verkaufen. Demnach erfasst das Inverkehrbringen auch **Vorstufen** des **Verkaufs,** nämlich schon die Lagerhaltung zum Zweck des Verkaufs, ohne dass sich die Sache bereits am Ort des Verkaufs oder in einem verkaufsfertigen Zustand befunden haben muss. Dagegen ist die bloße Einfuhr eines Betäubungsmittels noch kein Inverkehrbringen, solange noch keine Lagerhaltung begründet wurde[32].

14   **2. Bedenklichkeit des Arzneimittels.** Zentrales Merkmal dieser Vorschrift ist die **Bedenklichkeit** des Arzneimittels. Diese kann unabhängig davon bestehen, ob ein Präparat zugelassen ist oder nicht[33]. Bedenklich i. S. d. § 5 II i. V. m. § 95 I Nr. 1 ist ein Arzneimittel dann, wenn nach dem jeweiligen Stand der wissenschaftlich begründete Verdacht besteht, dass die betreffenden Arzneimittel bei bestimmungsgemäßem Gebrauch schädliche Wirkungen haben, die über ein nach den Erkenntnissen der medizinischen Wissenschaft vertretbares Maß hinaus gehen. Begründeter Verdacht bedeutet dabei eine aus **Tatsachen,** also nicht bloß aus Vermutungen und Besorgnissen, **ableitbare Gefahr**[34]. Unter **schädlichen Wirkungen** sind alle (eindeutig erkennbaren) durch ein Arzneimittel unmittelbar oder mittelbar ausgelösten physischen oder psychischen Reaktionen des menschlichen Körpers zu verstehen, welche die Gesundheit nachteilig beeinflussen. Hierzu zählen auch die Neben- und Wechselwirkungen eines Medikaments[35]. Auch wenn die Gefahr durch ihre Tatsachenfundierung verobjektiviert ist, enthält der

---

[24] Beschl. v. 22.10.2013 (3. Strafsenat) und v. 5.12.2013 (1. Strafsenat).
[25] *EuGH*, PharmR 2015, 108 ff.
[26] So jetzt *BGH* , Beschl. v. 30.4.2015 – 1 StR 388/13 – BeckRS 2015, 11646, und 1 StR 426/13 – BeckRS 2015, 11647; anders noch *BGH*, Beschl. v. 12.4.2011 – 5 StR 463/10; NStZ 2011, 583.
[27] *BGHSt*, 43, 336 ff.
[28] Vgl. *Mayer*, PharmR 2008, 236; *Rehmann*, § 95 Rn. 5.
[29] *Kloesel/Cyran*, § 95 Rn. 2.
[30] *Freund*, in: Müko StGB, Bd. 6/I, § 95 AMG Rn. 43.
[31] *BGH*, BGHR AMG § 96 Nr. 5 – Inverkehrbringen 1; *RGSt* 42, 209, 210; *Horn*, NJW 1997, 2219.
[32] *BGH*, BGHR AMG § 96 Nr. 5 – Inverkehrbringen 1.
[33] *BGH*, BGHR AMG § 95 Abs. 1 – Nr. 1 Arzneimittel 2.
[34] Zur Definition vgl. *BGH*, BGHR AMG § 95 Abs. 1 Nr. 1 – Arzneimittel 3.
[35] *Mayer*, in: Fuhrmann/Klein/Fleischfresser, § 45 Rn. 14.

Tatbestand normative Elemente, weil auch die schädlichen Wirkungen als Merkmal auslegungsfähig sind. Die Rechtsprechung hat den Tatbestand trotz seiner Wertausfüllungsbedürftigkeit als vereinbar mit dem verfassungsrechtlichen Bestimmtheitsgebot gem. Art. 103 II GG angesehen. Es reicht aus, wenn sich mit Hilfe der üblichen Auslegungsmethoden eine zuverlässige Grundlage für die Auslegung und Anwendung des Gesetzes gewinnen lässt[36]. Maßgeblich bei der Prüfung der Bedenklichkeit bleibt immer eine **Nutzen-Risiko-Abwägung,** die der Täter – bei der vorsätzlichen Begehung – auch nachvollzogen haben muss. Dabei wird unterschieden zwischen **absoluter** und **relativer Bedenklichkeit**[37]. Während bei der absoluten Bedenklichkeit die Kosten-Nutzen-Bilanz für sich genommen bereits negativ ist, fällt sie bei der relativen Bedenklichkeit an sich positiv aus. Hier ergibt sich die Bedenklichkeit im Rechtssinne dann daraus, dass schonendere Alternativpräparate zur Verfügung stehen.

3. Bestimmungsgemäßer Gebrauch. Ein **Gebrauch** ist immer dann **bestimmungsgemäß**, wenn 15 er den vom Hersteller abgegebenen Gebrauchsinformationen entspricht. Jenseits dessen kann ein aber auch als bestimmungsgemäßer Gebrauch i. S. d. Vorschrift angesehen werden, wenn das Arzneimittel für einen bestimmten Adressatenkreis eingeführt und verabreicht wird. Ist denjenigen, die das Arzneimittel in den Verkehr bringen, bewusst, dass mit dem Arzneimittel von ihren **Adressaten** in **bestimmter Art und Weise umgegangen** wird, dann stellt deren Verhalten den **bestimmungsgemäßen Gebrauch** dar. Deshalb hat der *BGH* das Einnahmeverhalten der sog. Fitnessszene als den bestimmungsgemäßen Gebrauch von Anabolika angesehen[38]. Ebenso hat die Rechtsprechung des *BGH* es ausreichen lassen, wenn eine bestimmte Verordnungspraxis von Ärzten entstanden ist, die von den abgebenden Apotheken in bewusstem und gewolltem Zusammenwirken umgesetzt wird. Die auf einer solchen Verordnungspraxis beruhende undifferenzierte und massenweise Anwendung von Schlankheitskapseln kann dann den bestimmungsgemäßen Gebrauch darstellen[39]. Das eigentlich als Grundstoff und Lösungsmittel eingesetzte Gamma-Butyrolacton hat der *BGH*[40] als bedenkliches Arzneimittel angesehen (s. Rn. 4), weil es bei der Anwendung als Ersatz für das stimulierende Betäubungsmittel „liquid ecstasy" zu Krämpfen und komatösen Zuständen kommen kann. Diese Entscheidung ist mittlerweile allerdings obsolet geworden, weil der Wirkstoff schon gar nicht als Arzneimittel angesehen werden kann (s. Rn. 3).

II. Verwenden unzulässiger Stoffe (Nr. 2)

Die Strafvorschrift der **Nr. 2** enthält eine Strafbewehrung für Verstöße gegen eine auf **§ 6 gestützte** 16 **VO.** Damit sind für die Strafbarkeit zwei Voraussetzungen erforderlich. Einmal muss die VO ausdrücklich auf § 6 gestützt sein, mithin muss § 6 zitiert sein. Zum anderen ist Voraussetzung für die Strafbarkeit, dass die VO zurückverweist auf den Straftatbestand (s. vor §§ 95 Rn. 7). Inhaltlich ermächtigt § 6 zum Erlass sog. Verwendungsvorschriften im Hinblick auf Stoffe, Zubereitungen oder Gegenstände des Herstellungsprozesses. Im Vergleich zum Verbotsumfang nach der VO ist aber der Straftatbestand der Nr. 2 enger, weil er nur das **Inverkehrbringen** (s. Rn 12) unter Strafe stellt, nicht aber schon die bloße Verwendung[41]. Dies ergibt sich auch aus § 96 Nr. 2, der die übrigen Formen der Zuwiderhandlung gegen eine auf § 6 gestützte Rechtsverordnung (mit geringerer Strafdrohung) pönalisiert (s. § 96 Rn. 5).

III. Verstöße gegen das Dopingverbot (Nr. 2a und 2b)

Die Strafvorschriften der **Nr. 2a und 2b** betreffen **Verstöße gegen § 6a,** also Zuwiderhandlungen 17 gegen das Dopingverbot. Während nach **Nr. 2a** als Tathandlung das Inverkehrbringen, das Verschreiben und die Anwendung bei Dritten strafbar sind, pönalisiert die durch das AntiDopingG vom 24.10.2007 eingefügte Regelung der **Nr. 2b** den Besitz von nach § 6a verbotenen Dopingmitteln in nicht geringer Menge. Beide Tatbestände beziehen sich zudem auf unterschiedliche Stofflisten. Was „*nicht geringe Menge*" bedeutet, ist dabei von der Verordnung vorgegeben. Nach § 6a IIa ist die „*nicht geringe Menge*" in der VO des BMG im Einvernehmen mit dem BMI nach Sachverständigenanhörung festzulegen. Diese Festlegung unterliegt dann freilich einer Inzidentkontrolle durch die Strafgerichte[42].

1. Schutzgut. Beide Straftatbestände knüpfen damit unmittelbar an die Regelung des § 6a an (s. § 6a 18 Rn. 9)[43]. **Schutzgut** dieser Dopingverbote[44] ist dabei weniger der gesundheitliche Schutz des Athleten vor sich selbst (jedenfalls soweit dieser bereits volljährig ist), sondern in erster Linie der Gedanke der

---

[36] *BGH,* BGHR AMG § 95 Abs. 1 Nr. 1 – Arzneimittel 3; *BGHSt* 43, 336, 343; *BVerfG,* NJW 2006, 2684, 2685.
[37] *Mayer,* in: Fuhrmann/Klein/Fleischfresser, Rn. 17 f.
[38] *BGH,* BGHR AMG § 95 Abs. 1 Nr. 1 – Arzneimittel 2.
[39] *BGH,* BGHR AMG § 95 Abs. 1 Nr. 1 – Arzneimittel 3.
[40] *BGH,* PharmR 2010, 30.
[41] *Rehmann,* § 95 Rn. 8.
[42] Vgl. zur Bestimmung *BGHSt* 32, 162 ff.; 33, 8; 35, 179.
[43] Kritisch hierzu *Parzeller,* StoffR 2010, 278 ff.
[44] Im Zusammenhang mit der Debatte um ein strafbewehrtes Besitzverbot vgl. *Steiner,* ZRP 2015, 51; *Norouzi/ Summerer,* SpuRt 2015, 63.

Chancengleichheit im Sport[45]. Der auf Dopingmittel verzichtende (saubere) Athlet soll umgekehrt nicht zur Einnahme gesundheitlich beeinträchtigender Dopingmittel genötigt werden, um sich seine Chancen im sportlichen Wettbewerb zu erhalten. Die Regelung dient damit dem Schutz des „sauberen Sportlers"[46]. Sie schützt aber auch die **Arzneimittelsicherheit,** indem die Zubereitung der auch im Breitensport häufig verwendeten und meist gesundheitsschädlichen Dopingmittel eingedämmt wird[47].

19 **2. Begriff des Dopings.** Unter die Strafbewehrung fallen gem. der in Bezug genommenen Norm des § 6a I Arzneimittel, die zu Dopingzwecken im Sport gebraucht werden sollen. Der **Begriff** des **Dopings,** der in der allgemeinen Diskussion im Sinne einer (verbotenen) Leistungssteigerung gebraucht wird, ist legal nicht definiert[48]. Er erfährt nur eine mittelbare Eingrenzung durch die Bezugnahme in den Abs. 2 und 2a des § 6a. Nach § 6a II liegt verbotenes Doping nur vor, wenn das **Doping durch Arzneimittel** bewirkt wird, die im Anhang zu dem Übereinkommen gegen Doping vom 16.11.1989 oder in einer Rechtsverordnung nach § 6a III ausdrücklich genannt werden. Aber auch insoweit enthält das Verbot des § 6a kein absolutes Verbot, sondern nur ein relatives. Verboten ist lediglich der Einsatz für Dopingzwecke im Sport.

20 **3. Dopingstoffe.** Verbotenes Doping i. S. d. § 6a I setzt voraus, dass der **Stoff** ein Arzneimittel nach dem **Übereinkommen gegen Doping** ist (§ 6a II). Damit verweist § 6a II auf das Übereinkommen gegen Doping vom 16.11.1989, das durch Gesetz vom 2.3.1994 (BGBl. 1994 II S. 334) ratifiziert worden ist. Maßgeblich ist dabei der Anhang zu dem Übereinkommen, der durch die beobachtende Begleitgruppe ständig aktualisiert wird. Dort sind – unterschieden nach Dopingwirkstoffen und Dopingmethoden – die unter dem Gesichtspunkt des Verbotsgesetzes und damit auch strafrechtlich relevanten Dopingformen **enumerativ** aufgezählt[49]. Da in dem ratifizierten Übereinkommen eine ständige Aktualisierung ausdrücklich zugelassen ist, mag hierin zwar eine dynamische Verweisung zu sehen sein, die aber unschädlich ist, solange nicht völlig neue Stoffe einbezogen werden sollen[50]. Dies ist seit dem 2. AMG-ÄndG 2012 ausdrücklich klargestellt, ergab sich aber auch vorher eindeutig aus dem Regelungs- und Sinnzusammenhang der Norm[51]. Durch das 3. AMG-ÄndG 2013 wurde zudem der Erwerb der unter die Besitzverbotsregelungen fallenden Arzneimittel und Wirkstoffe einer Strafbarkeit unterstellt[52].

21 **4. Einsatz zu Dopingzwecken im Sport.** Weiteres Tatbestandsmerkmal ist der Einsatz des Arzneimittels zu Dopingzwecken **„im Sport"**[53]. Danach soll alles erfasst werden, was auf die Steigerung der Leistung im Zusammenhang mit sportlichen Aktivitäten abzielt. Diese **Begriffsbestimmung,** die dem **nationalen Gesetz** zugrunde liegt, ist weiter als die nach dem Übereinkommen, weil auch Hobbyathleten und Freizeitsportler umfasst sind[54]. Auch der *BGH* hat es hierbei ausreichen lassen, dass Arzneimittel für „Bodybuilding" erworben werden, ohne dass es darauf ankommt, ob die erstrebte Leistungssteigerung auf Aktivitäten im Wettkampf, im Training oder in der Freizeit gerichtet ist[55]. Maßgeblich ist der Schutz der Gesundheit[56]. Allerdings spielt es für die Strafzumessung eine bestimmende Rolle, ob die Dopingmittel – über die Selbstgefährdung hinaus – auch zu Wettkampfzwecken bestimmt waren, wodurch dann die Chancengleichheit im Sport und die Belange der Konkurrenten gefährdet sein könnten[57].

22 **5. Tathandlungen. Tathandlungen** sind das **Inverkehrbringen** (s. Rn. 13), das **Verschreiben** sowie die **Anwendung** bei einem anderen. Tauglicher Täter für die Tatvariante des Verschreibens kann nur ein nach § 48 I 1 verschreibungsberechtigter Arzt, Zahnarzt oder Tierarzt sein. Die Verschreibung ist die ärztliche Versorgung eines verschreibungspflichtigen Arzneimittels und damit Voraussetzung für dessen Abgabe[58]. Die Anwendung als weitere Tatvariante erfasst den tatsächlichen Vorgang der Applikation des Dopingmittels oder der Dopingmethode.

---

[45] Zum Schutzgut *Blasius*, DRiZ 2010, 240 ff.
[46] Dieser Gedanke trägt auch im Amateursport, wenngleich dort Dopingmittel praktisch nicht kontrolliert werden – zum Schutzgut dieser Bestimmung vgl. *Freund,* in: MüKo StGB, Bd. 6/I, § 6a AMG Rn. 8 ff.; *Körner,* § 95 AMG Rn. 23.
[47] BT-Druck 16/5526, S. 8 f.; kritisch *Eschelbach,* in:: Graf/Jäger/Wittig, § 95 AMG Rn. 24 f.
[48] vgl. hierzu *Glocker,* S. 175 ff.
[49] *Körner,* § 95 AMG Rn. 83; *Freund,* in: MüKo StGB, Bd. 6/I, § 6a AMG Rn. 41.
[50] Zweifelnd *Glocker,* S. 175.
[51] Kritisch dazu *BGH* (2. Strafsenat), NJW 2014, 325, wobei die Annahme, der Gesetzgeber habe mit jeder Novelle die Änderungen immer wieder in seinen Willen aufgenommen, nicht überzeugt, weil strafrechtlich eine nachträgliche Billigung irrelevant wäre, vgl. hierzu auch *Freund,* JZ 2014, 362.
[52] BT-Drucks., 17/13083, S. 7.
[53] Vgl. *Parzeller,* StoffR 2010, 183 zum Verhältnis Sport und Stoffrecht.
[54] *Glocker,* S. 175 ff.; *Freund,* in: MüKo StGB, Bd. 6/I, § 6a AMG Rn. 38, der aber einen zumindest entfernten Wettkampfsbezug verlangt.
[55] *BGH,* NStZ 2010, 170; NJW 2014, 325.
[56] *BGH,* PharmR 2012, 158 mit zust. Anm. von *Krüger.*
[57] *BGH,* PharmR 2012, 158 mit zust. Anm. von *Krüger.*
[58] *Rehmann,* § 48 Rn. 1.

6. Absicht. Der **finale Bezug** zwischen der beabsichtigten **Leistungssteigerung** bei dem Sportler 23
und der hierfür verwendeten **leistungssteigernden Substanz** muss gegeben sein; insoweit ist der
Tatbestand ein **Absichtsdelikt.** Dies ist bei der Prüfung des Vorsatzes zu beachten. Die Absicht braucht
sich aber nur auf den Dopingzweck zu beziehen. Hinsichtlich der übrigen Merkmale (z. B. der Doping-
qualität der eingesetzten Substanz) genügt bedingter Vorsatz (s. vor §§ 95 Rn. 15).

7. Besitz. Seit dem Dopingbekämpfungsgesetz vom 24.10.2007 ist durch **Abs. 1 Nr. 2b** schon der 24
bloße **Besitz von Arzneimitteln** zu Dopingzwecken im Sport in **nicht geringer Menge** unter Strafe
gestellt worden[59]. Mit dem AMNOG wurde der Tatbestand auf Wirkstoffe erweitert, um Strafbarkeitslücken zu schließen. Durch die Strafbarkeit des Besitzes sollte eine wirksame Eindämmung der auch
schon im Breitensport verwendeten Dopingmittel erzielt werden[60]. Auch der Besitz muss mit der Absicht
erfolgen, die Mittel zu Dopingzwecken im Sport einzusetzen (s. Rn. 21). Welche Substanzen hiernach als
Dopingmittel gelten, bestimmt das Bundesministerium. § 6a IIa 3 ermöglicht dem Bundesministerium
mit Zustimmung des Bundesrats weitere Stoffe zu bestimmen, die unter das Dopingverbot des Abs. 1 der
Vorschrift fallen[61]. Gleichermaßen kann auch insoweit die „*nicht geringe Menge*" für diese Stoffe bestimmt
werden.

8. Erwerb. Seit dem 3. AMG-ÄndG 2013 ist der Tatbestand um die weitere Handlungsvariante des 25
Erwerbs erweitert, weil der Erwerb einen vergleichbaren Unrechtsgehalt aufweist[62]. **Erwerb** ist, ent-
sprechend der Definition im Betäubungsmittelstrafrecht die Verschaffung von Verfügungsmacht an dem
Stoff.

IV. Inverkehrbringen radioaktiver Arzneimittel (Nr. 3)

Die Strafvorschriften der Nr. 3 betreffen das Inverkehrbringen (s. Rn. 13) radioaktiver Arzneimittel 26
oder solche Arzneimittel, bei deren Herstellung ionisierende Strahlen verwendet worden sind. Der
Straftatbestand nimmt dabei Bezug auf die arzneimittelrechtliche Vorschrift des § 7, die ihrerseits in
Abs. 2 eine Ermächtigung für den Verordnungsgeber enthält, solche Arzneimittel zuzulassen, soweit dies
zu medizinischen Zwecken geboten und für die Gesundheit von Mensch oder Tier unbedenklich
erscheint. Bei dem repressiven Verbot mit Genehmigungsvorbehalt entfällt eine Strafbarkeit nur dann,
wenn sich aus der VO ein Erlaubnistatbestand ergibt.

V. Herstellen und Inverkehrbringen verfälschter Arzneimittel (Nr. 3a)

Nach **Nr. 3a** ist die Herstellung und das Inverkehrbringen von verfälschten Arzneimitteln strafbar. Die 27
Vorschrift wurde durch das 2. AMG-ÄndG 2012 geändert, weil zugleich die Bezugsnorm des § 8
geändert wurde. Die neu gefasste Vorschrift des § 8 II ersetzt den § 8 I Nr. 1a a. F. und enthält das
Verbot, gefälschte Arzneimittel oder gefälschte Wirkstoffe herzustellen, in den Verkehr zu bringen oder
sonst mit ihnen Handel zu treiben.

1. Verfälschte Arzneimittel. Was unter **verfälschten Arzneimitteln** im Sinne dieses Straftat- 28
bestands zu verstehen ist, wird durch § 8, den Verboten zum Schutz vor Täuschung, im Einzelnen
bestimmt. Diese Bestimmung dient dem Schutz des Verbrauchers, der vor mit gefälschten, mangelhaften
oder irreführenden Angaben und Bezeichnungen versehenen Arzneimitteln geschützt werden soll. Der
Straftatbestand, der früher nur unter geringer strafbare Verstöße nach § 96 fiel, wurde dadurch deutlich
verschärft, dass er in den mit einem höheren Strafrahmen versehenen § 95 eingefügt wurde. Da Straftaten
nach dieser Bestimmung häufig der organisierten Kriminalität zuzurechnen sind, hat der Gesetzgeber
hierfür nach § 98a die Möglichkeit der Anordnung des erweiterten Verfalls geschaffen.

2. Inverkehrbringen und Herstellen. Für das Tatbestandsmerkmal des Inverkehrbringens, gilt das 29
oben Ausführte (s. Rn. 13). Das (alternative) Tatbestandmerkmal des **Herstellens** hat die Rechtsprechung – wie im Betäubungsmittelstrafrecht – als **Unternehmensdelikt** qualifiziert. Der Begriff des
Herstellens ist in beiden Gesetzen ähnlich. In § 4 XIV ist das **Herstellen legal definiert** (s. § 4
Rn. 115 f.). Der Sammeltatbestand des Herstellens umfasst sämtliche Tätigkeiten des Produktions- und
Verarbeitungsprozesses bis hin zum verkaufsfertig verpackten Arzneimittel. Der Herstellungsbegriff ist
bewusst weit gefasst; es soll sichergestellt werden, dass die nach dem AMG vorgesehenen Sicherungsmaßnahmen, insbes. die Überwachung der an der Arzneimittelherstellung beteiligten Personen (§ 13),
lückenlos bleiben. Bei natürlicher Betrachtung stellt sich ein Arzneimittel als das Ergebnis mehrerer
aufeinanderfolgender Herstellungstätigkeiten i. S. v. § 4 XIV dar[63]. Die **Tat** ist dann **vollendet,** wenn
nur eines der vorgenannten Herstellungsstadien abgeschlossen ist. Eine Vollendung der Herstellung liegt

---

[59] Diese Änderung geht auf einen Vorschlag des Bundesrats zurück, der insoweit Forderungen der Strafverfolgungs-
behörden aufgriff, vgl. BT-Drucks. 17/2413, S. 36.
[60] BT-Drucks. 16/5526, S. 8.
[61] Vgl. BT-Drucks. 16/5526, S. 14 f.
[62] BT- Drucks. 17/13083, S. 7.
[63] *BGH*, Urt. v. 4.9.2012 – 1 StR 534/11, *BGHSt* 57, 312 = PharmR 2013, 41.

bereits vor, wenn durch die Synthese verschiedener Stoffe die Vorstufe eines Arzneimittels, ein Zwischen-oder ein Endprodukt erarbeitet wird[64].

30   In der Diskussion war in der letzten Zeit die Herstellung von **Zytostatika-Zubereitungen** und ihre rechtliche Einordnung. Diese allerdings auch unter dem Gesichtspunkt des Betrugs geführte Diskussion dreht sich um die Frage, ob es sich um ein Rezeptur- oder ein Fertigarzneimittel handelt und wie dieses abzurechnen ist. Der 1. Strafsenat des *BGH* hat entschieden, dass es grundsätzlich eine Frage des Einzelfalls darstellt, ob aus den eingesetzten Fertigarzneimitteln ein neues Arzneimittel entsteht[65]. Verneint hat der *BGH* dies, wenn lediglich die Darreichungsform geändert wird. Dies soll auch dann gelten, wenn chemisch-pharmazeutisch auf das Fertigarzneimittel eingewirkt wird. Der 5. Strafsenat des *BGH* hat – auch für die betrugsrechtlichen Folgeüberlegungen – hieran Zweifel erkennen lassen, diese Fallkonstellation aber letztlich über einen Vorsatzausschluss gelöst[66].

VI. Handeltreiben und Abgabe verschreibungspflichtiger Arzneimittel (Nr. 4)

31   Nach **Nr. 4** wird das **unerlaubte Handeltreiben** mit verschreibungspflichtigen Arzneimitteln oder **die Abgabe von diesen** unter Strafe gestellt. Geschütztes Rechtsgut ist dabei die Sicherheit des Arzneimittelverkehrs, also dass Arzneimittel nur auf den gesetzlich vorgesehenen Wegen (§ 43) vertrieben werden[67]. Nur die berufs- oder gewerbsmäßige Abgabe von Arzneimitteln, die apothekenpflichtig oder von einem Arzt verschrieben worden sind, an Endverbraucher außerhalb von Apotheken unterliegt allerdings der Strafbarkeit nach §§ 95 I Nr. 4, 43 III 1[68]. Der Verwendungszweck der Wirkstoffe ist deshalb festzustellen[69].

32   **1. Begriff des Handeltreibens.** Der **Begriff** des **Handeltreibens** ist dabei wie im Betäubungsmittelstrafrecht zu verstehen. Handeltreiben setzt voraus, dass der Täter mit **Gewinnerzielungsabsicht** tätig wird, die bloße Entgeltlichkeit reicht hierfür nicht aus[70]. Auch im Übrigen ist das Tatbestandsmerkmal des Handeltreibens in Übereinstimmung mit dem Betäubungsmittelrecht (s. §§ 29 I 1 Nr. 1, § 29a I Nr. 2, § 30 I Nr. 1, 30a BtMG) auszulegen[71]. Den weiten Begriff des Handeltreibens hat der Große Senat des *BGH* in seiner Entscheidung vom 26.10.2005 im Wesentlichen bestätigt[72]. Danach wird Handeltreiben definiert als jede eigennützige auf den Umsatz von Betäubungsmitteln gerichtete Tätigkeit[73]. Die Straftat ist – als sog. unechtes Unternehmensdelikt – bereits dann **vollendet,** wenn der Täter das Geschäft in die Wege leitet und konkrete Ankaufs-, Verkaufs- oder Vermittlungsbemühungen entfaltet. Dabei reicht die bloße Entgeltlichkeit nicht aus, vielmehr muss sich ein eigener Nutzen des Täters aus dem Geschäft ergeben[74]. Ebenso wie im Betäubungsmittelrecht bilden sämtliche Teilakte im Hinblick auf eine einmal erworbene Erwerbsmenge eine Bewertungseinheit[75].

33   **2. Strafbare Abgabe.** Die nach derselben Bestimmung **strafbare Abgabe** ist nicht nur ein Unterfall des Handeltreibens, sondern ein selbstständiges Tatbestandsmerkmal. Im Gegensatz zum Handeltreiben setzt die Abgabe keine Gewinnerzielungsabsicht voraus. Sie verlangt aber, dass der Täter einem anderen die tatsächliche Verfügungsgewalt verschafft[76]. Die strafbare Abgabe beschränkt sich – wie aus dem Bezug auf § 43 deutlich wird – allein auf den Verstoß gegen § 43 Nr. 2, also die Abgabe von juristischen Personen an ihre Mitglieder.

34   **3. Keine Strafbarkeit bei Weitergabe zwischen Privatpersonen.** Durch die Bezugnahme auf **§ 43 I 2** ist zugleich klargestellt worden, dass nur das **Handeltreiben pönalisiert** ist. Im Gegenschluss daraus ergibt sich, dass die Abgabe von Arzneimitteln, soweit sie unterhalb der Stufe des Handeltreibens liegt, nach dieser Vorschrift nicht strafbar ist. Es bleibt lediglich eine Strafbarkeit nach § 96 Nr. 13 (s. § 96 Rn. 37), die allerdings die nicht berufs- oder gewerbsmäßige Weitergabe verschreibungspflichtiger Arzneimittel zwischen Privatpersonen nicht erfasst[77].

---

[64] *BGHSt* 43, 336, 344 f., wonach die „Anfertigung" des Zwischenprodukts MBDB-Base bereits als vollendetes Herstellen eines Arzneimittels gewertet wird.

[65] *BGH,* Urt. v. 4.9.2012 – 1 StR 534/11, *BGHSt* 57, 312 = PharmR 2013, 41 mit Anm. von *Kölbel,* JZ 2013, 849 und *Wesser,* jurisPR-MedizinR 8/2012 Anm. 4.

[66] *BGH,* Urt. v. 10.12.2014 – 5 StR 136/14 und 405/13, medstra 2015, 169 ff. mit Anm. von *Saalfrank,* jurisPR-MedizinR 4/2015 Anm. 3.

[67] Zur Entstehungsgeschichte *Körner,* § 95 AMG Rn. 185 ff.

[68] *OLG Stuttgart,* NStZ-RR 2012, 154.

[69] *KG,* NStZ-RR 2011, 353.

[70] *BGH,* NStZ 2004, 457 mit Anm. von *Rotsch,* JR 2004, 248.

[71] *OLG Hamm,* Beschl. v. 14.6.2005 – 3 Ss 195/05 – BeckRS 2005, 11964.

[72] *BGHSt* 50, 252 ff.

[73] *BGHSt* 50, 252, 256 mit umfangreichen Nachweisen.

[74] *BGH,* NStZ 2004, 457.

[75] *BGH,* PharmR 2012, 158.

[76] *BGH,* NStZ 2004, 457.

[77] Vgl. *OLG Hamburg,* NStZ 1995, 508.

VII. Unerlaubte Abgabe durch pharmazeutische Unternehmen und Großhändler (Nr. 5)

Die Strafbestimmung der **Nr. 5** schützt ebenfalls den gesetzlich geregelten Weg des Arzneimittels zum **35** Endverbraucher. Diese Regelung pönalisiert **Zuwiderhandlungen** gegen § 47 I (s. § 47 Rn. 3 ff.), § 47 **Ia** (s. § 47 Rn. 52) und § 47 II (s. § 47 Rn. 59 ff.). Die Vorschrift der Nr. 5 betrifft allerdings nur verschreibungspflichtige Arzneimittel, insoweit schränkt der Wortlaut der Strafvorschrift der Nr. 5 die allgemeine Verbotsnorm des § 47 ein[78]. Nr. 5 schützt die gesetzlich vorgegebenen Vertriebswege. Die Strafvorschrift stellt ein Sonderdelikt für pharmazeutische Unternehmer und Großhändler dar. Es kommt aber nicht darauf an, dass dieser Personenkreis den Großhandel erlaubt betreibt. Deshalb unterfallen der Strafbarkeit auch Apotheker, die Großhandelstätigkeiten jenseits des üblichen Apothekenbetriebs vornehmen, ohne eine Erlaubnis zu besitzen (§ 52 VII)[79]. Der Schutzzweck des § 47 erfordert es nämlich, auch einem Apotheker zu verbieten, sich als Großhändler zu betätigen und (verschreibungspflichtige) Arzneimittel an nicht zugelassene Händler weiter zu veräußern[80]. Die Strafnorm will insbesondere den illegalen Handel mit Tierarzneimitteln unterbinden. Begegnet werden sollte unter anderem den Gefahren der illegalen Anwendung von Antibiotika und hormonellen Stoffen[81]. Die von der Strafbestimmung erfasste Handlungsform des Abgebens[82] entspricht derjenigen nach Nr. 4 (s. Rn. 31).

Die zweite unter Strafe gestellte Handlungsform ist das **Beziehen.** Beziehen bedeutet – als Gegen- **36** begriff der Abgabe – die Begründung eigenen Besitzes. Entgeltlich muss der Erwerb nicht sein, so dass auch der unentgeltliche Bezug von Arzneimittelmustern und -proben erfasst wird[83].

VIII. Mittel zum Schwangerschaftsabbruch (Nr. 5a)

Die Strafbestimmung der **Nr. 5a** betrifft **Mittel** zum **Schwangerschaftsabbruch.** Sie erfasst Zu- **37** widerhandlungen nach § 47a I (s. § 47a Rn. 4). Tathandlungen sind die verbotene Abgabe (s. Rn. 31) und das Inverkehrbringen (s. Rn. 12).

IX. Unzulässige Abgabe von Tierarzneimitteln (Nr. 6)

Nr. 6 sanktioniert Verstöße bei der **Abgabe von Arzneimitteln,** die für die **Anwendung bei** **38** **Tieren** bestimmt sind. Die zu beachtenden Pflichten ergeben sich aus § 48 I 1 i. V. m. einer entsprechenden Rechtsverordnung, die auf der Grundlage von § 48 II Nr. 1 oder 2 erlassen wurde. Die Strafbarkeit ist beschränkt auf solche Tiere, die der Produktion von Lebensmitteln dienen. Sie erfasst nach dem ausdrücklichen Wortlaut der in Bezug genommenen Vorschrift des § 48 I 1 nur verschreibungspflichtige Arzneimittel. Eine erweiternde Auslegung auf apothekenpflichtige Arzneimittel scheidet jedenfalls für eine Strafbarkeit nach dieser Bestimmung aus, wohl aber kann die Abgabe verschreibungspflichtiger Tierarzneimittel durch Unbefugte unter diese Bestimmung fallen.

X. Tatbestände der Nr. 7 bis 11

Nach **Nr. 7** wird die Abgabe von Fütterungsarzneimitteln entgegen § 56 I (s. § 56 Rn. 3) unter Strafe **39** gestellt. Die Strafvorschrift der **Nr. 8** erfasst Verstöße gegen die Verschreibungsvorschriften des § 56a I (s. § 56a Rn. 2), die gleichfalls Arzneimittel für Tiere der Lebensmittelproduktion betreffen. In **Nr. 9** ist der Erwerb verschreibungspflichtiger Arzneimittel für Tiere außerhalb des gesetzlich vorgeschriebenen Vertriebsweges unter Strafe gestellt. Nach **Nr. 10** ist die Zuwiderhandlung gegen § 58 im Hinblick auf Tiere, die der Gewinnung von Lebensmitteln dienen, strafbar. Die Strafbestimmung der **Nr. 11,** die durch die 15. AMG-Novelle neu gefasst wurde, verweist auf § 59d 1 Nr. 1 (s. § 59d Rn. 2) und pönalisiert die Verabreichung der dort genannten Arzneimittel an Tiere, die der Gewinnung von Lebensmitteln dienen. Diese Strafnorm erfasst nur die verbotenen Stoffe des Anhangs Tabelle 2 der VO (EG) 37/2010; andere Stoffe i. S. d. § 59d Nr. 2 unterfallen lediglich der milderen Strafdrohung des § 96 Nr. 18a[84].

---

[78] Für nur apothekenpflichtige Arzneimittel besteht nur ein Bußgeldtatbestand nach § 97 II Nr. 12; vgl. *BGH,* Beschl. v. 12.4.2011 – 5 StR 463/10, NStZ 2011, 583.
[79] *BGH,* Beschl. v. 12.4.2011 – 5 StR 463/10, NStZ 2011, 583.
[80] *BGH,* Beschl. v. 12.4.2011 – 5 StR 463/10, NStZ 2011, 583.
[81] Vgl. *BGH,* NStZ 1987, 514.
[82] Zum Versuch des Abgebens *BGH,* StV 1998, 663 f.
[83] *Pelchen/Anders,* in: Erbs/Kohlhaas, 171. Lieferung, § 95 AMG Rn. 20.
[84] Vgl. BT-Drucks. 17/4231, S. 12.

C. Versuchsstrafbarkeit nach Abs. 2

40 Die Regelung des **Abs. 2** bestimmt die **Strafbarkeit des Versuchs.** Diese Anordnung ist im Hinblick auf § 23 I StGB erforderlich, weil bei Vergehen der Versuch nur dann strafbar ist, wenn die Strafbarkeit des Versuchs gesetzlich bestimmt ist. Denkbar ist der Versuch nur bei einer Vorsatztat. Einen fahrlässigen Versuch kennt das Gesetz ebenso wenig wie den Versuch einer Fahrlässigkeitstat[85]. Der Versuch ist einerseits von der bloßen Vorbereitungshandlung, andererseits von der Vollendung abzugrenzen. Diese Abgrenzung hat im Hinblick auf den konkreten Straftatbestand zu erfolgen.

41 Die **Fehlvorstellung** eines Täters, ein Stoff stelle ein **Arzneimittel** dar, begründet dagegen noch **keine Versuchsstrafbarke**it. Sie führt lediglich zu einem straflosen Wahndelikt, weil der Täter in einem umgekehrten Verbotsirrtum die definitorischen Grenzen des Tatbestandsmerkmals „ Arzneimittel" verkennt[86].

I. Abgrenzung zur Vorbereitungshandlung

42 Von der **bloßen Vorbereitung** unterscheidet sich der **Versuch** dadurch, dass sich der Täter gemäß § 22 StGB nach seiner Vorstellung unmittelbar zur Tat angesetzt haben muss. Nach der höchstrichterlichen Rechtsprechung ist hierfür ein subjektives und ein objektives Element erforderlich. Subjektiv ist die Beurteilungsgrundlage dafür, ob der Täter unmittelbar angesetzt hat, sein Vorstellungsbild von der Tat. Maßgeblich ist, wie sich der **Täter** zum Zeitpunkt seiner Handlung das **Tatgeschehen vorstellt.** Ein Versuch ist nach der Vorstellung des Täters erst dann gegeben, wenn die Handlung bei ungestörtem Ablauf in die Tatbestandsverwirklichung unmittelbar einmündet oder mit ihr in unmittelbarem räumlichen und zeitlichen Zusammenhang steht[87]. Als objektives Element muss hinzutreten, dass der Täter nicht nur meint, dass er in das Versuchsstadium eingetreten ist. Vielmehr ist dies aufgrund einer objektiven Beurteilung seines konkreten Tatplans zu entscheiden. Unproblematisch sind dabei diejenigen Fälle, in denen der Täter bereits **ein Tatbestandsmerkmal verwirklicht** hat, wobei aber auch hier erforderlich ist, dass der Täter – nach seinem Tatplan – sämtliche Tatbestandsmerkmale verwirklichen will[88]. Schwieriger sind diejenigen Fälle, in denen noch kein Tatbestandsmerkmal erfüllt ist. Maßgeblich ist dann für die Abgrenzung, ob für die Tatbestandserfüllung noch ein Zwischenschritt des Täters erforderlich ist[89]. Diese Frage ist im Blick auf den konkreten Tatbestand zu beantworten. So reicht für den Versuch des Inverkehrbringens noch nicht die bloße Einfuhr aus[90]; erforderlich ist vielmehr, dass der Täter unmittelbare Handlungen vornimmt, um die Stoffe für einen Weiterverkauf vorrätig zu halten. Der **Versuch der Abgabe** – ebenso wie der **Versuch des Bezugs** – wird erst vorliegen, wenn der Übergebende bzw. der Übernehmende am vereinbarten Übergabeort erscheinen[91].

II. Abgrenzung zur Vollendung

43 Andererseits ist der **Versuch** gegenüber der **Vollendung** abzugrenzen. Vollendung liegt vor, wenn der tatbestandliche Erfolg eingetreten ist. Ob dies der Fall ist, muss ausgehend vom konkreten Tatbestand entschieden werden.

44 **1. Herstellen.** So bedeutet etwa das **Herstellen** nicht nur die Fertigstellung eines Endprodukts. Ein vollendetes Herstellen kann schon bei der Schaffung eines Zwischenprodukts vorliegen, wenn dieses selbst Arzneimittelqualität hat. Dann hat der Täter ein Arzneimittel angefertigt. Das Herstellen ist ein Unternehmensdelikt. Es reicht deshalb aus, wenn der Täter einen der in § 4 XIV genannten Herstellungsvarianten abgeschlossen hat[92].

45 **2. Handeltreiben.** Beim Tatbestandsmerkmal des **Handeltreibens** ist wegen dessen weiter Auslegung die **Vollendungsschwelle** deutlich **nach vorne verlegt,** weil dieses Merkmal jede auf den Umsatz von Arzneimitteln gerichtete Tätigkeit umfasst[93]. Damit bleibt für die Annahme eines Versuchs praktisch kein Spielraum, weil der Täter, wenn er durch irgendwie geartete Aktivitäten zum Handeltreiben ansetzt, zugleich immer auch den (erfolgsunabhängigen) Tatbestand vollendet. Dies hat die Folge, dass ihm eine Rücktrittsmöglichkeit gemäß § 24 StGB verwehrt ist, weil ein Rücktritt nur vom Versuch möglich, bei einer sofort im Vollendungsstadium gelangten Handlung mithin ausgeschlossen ist.

---

[85] *Eser/Bosch*, in: Schönke/Schröder, § 22 Rn. 22.
[86] *OLG Koblenz*, Beschl. v. 20.1.2014 – 2 Ws 759/13 – BeckRS 2014, 03691; vgl. dazu auch *Tierel*, jurisPR-StrafR 12/2014 Anm. 2.
[87] Vgl. *BGHSt* 43, 177, 179; 40, 257, 268; 37, 294, 296 jeweils mit weiteren Nachweisen.
[88] *Eser/Bosch*, in: Schönke/Schröder, § 22 Rn. 21.
[89] *BGHSt* 43, 177, 179, 40, 257, 268; *BGH*, NJW 2008, 1460, 1461.
[90] *BGH*, MedR 1999, 270, 271; a. *A. Körner*, § 95 AMG Rn. 62.
[91] Vgl. *BGH*, NJW 2008, 1460, 1461.
[92] *BGHSt* 43, 336, 344.
[93] *BGHSt* [GS] 50, 252 zum Betäubungsmittelrecht mit umfassenden Nachweisen.

D. Sonderstrafrahmen (Abs. 3)

In Abs. 3 sieht der Straftatbestand des § 95 für besonders schwere Fälle einen erhöhten Strafrahmen **46** von **einem** Jahr bis **zehn** Jahre Freiheitsstrafe vor.

I. Systematik des besonders schweren Falls

Der Gesetzgeber bedient sich dabei der **Regelbeispielstechnik.** Er bildet tatbestandsähnlich aus- **47** geformte Regelbeispiele, bei deren Vorliegen die Vermutung besteht, dass ein besonders schwerer Fall gegeben ist, der dann auch den hierfür vorgesehenen Strafrahmen auslöst. Der Richter muss nicht mehr zusätzlich prüfen, ob der Fall solche Strafschärfungsgesichtspunkte enthält, dass er sich von den Durchschnittsfällen nach oben abhebt. Das Vorliegen eines **Regelbeispiels indiziert** den **besonders schweren Fall**[94]. Dieser entfällt nur dann, wenn die Regelwirkung kompensiert wird. Solche Umstände müssen jeweils für sich oder in ihrer Gesamtheit so gewichtig sein, dass sie die Indizwirkung des Regelbeispiels entkräften und die Anwendung des erhöhten Strafrahmens unangemessen erscheinen lassen[95]. Liegt **kein Regelbeispiel** vor, ist es umgekehrt **nicht ausgeschlossen,** dass ein besonders schwerer Fall gegeben sein kann. Diese Konstellation tritt ein, wenn Strafschärfungsgründe von erheblichem Gewicht vorhanden sind. Ergibt eine Gesamtwürdigung, dass sich das Gewicht von Unrecht und Schuld vom Durchschnitt der praktisch vorkommenden Fälle so weit abhebt, dass die Anwendung des Ausnahmestrafrahmens geboten ist, dann liegt ein sogenannter unbenannter besonders schwerer Fall vor, der den Strafrahmen des besonders schweren Falls eröffnet[96]. Auch der Versuch kann einen besonders schweren Fall darstellen, wenn nach dem Tatplan ein Regelbeispiel verwirklicht wäre[97]. Durch die Regelbeispiele wird kein Verbrechenstatbestand geschaffen (§ 12 III StGB), sondern lediglich ein schärferer Strafrahmen für besonders schwere Fälle.

II. Einzelne Regelbeispiele

1. Handlungen nach Nr. 1. Die Regelungen des S. 2 Nr. 1 enthalten Regelbeispiele, die für **48** sämtliche Tatbestände des Abs. 1 gelten. Sie umschreiben Taten, die im Blick auf die Tatfolgen und den kriminellen Unrechtsgehalt sich vom Durchschnittsfall deutlich abheben.

a) Gefahr für eine große Anzahl von Menschen (Buchst. a)). Nach **Buchst. a)** stellt die **49** **Gefährdung** der **Gesundheit** einer **großen Anzahl** von Menschen ein Regelbeispiel dar. Diese Gefährdung darf nicht nur abstrakt sein. Es ist aber auf der anderen Seite nicht erforderlich, dass bereits feststehen muss, welche Menschen tatsächlich und konkret durch die Tat in ihrer Gesundheit betroffen waren[98]. Es reicht grundsätzlich aus, dass durch den Verstoß nach Abs. 1 in einer Vielzahl von Fällen die Möglichkeit eines Schadens für die menschliche Gesundheit als wahrscheinlich gelten kann. Das ist der Fall, wenn die Verletzung einer großen Zahl von Menschen in bedrohliche Nähe gerückt war und nur noch vom Zufall abhängt. Es muss deshalb nicht das potentielle Gefährdungsopfer schon identifizierbar sein. Es genügt, wenn durch die Tat einem größeren Kreis von Menschen gesundheitliche Schäden drohen[99]. Wann eine **„größere Zahl von Menschen"** erreicht ist, muss tatbestandsspezifisch bestimmt werden. Das Merkmal entzieht sich dabei einer starren Mengenfestlegung. Maßgeblich ist deshalb eine Bewertung des Unrechts, die das Ausmaß der möglicherweise Betroffenen aber auch den Gefährlichkeitsgrad miteinschließt[100]. Nach der Rechtsprechung des *BGH* ist diese Grenze jedenfalls bei 20 Menschen erreicht[101]. Regelmäßig reicht es für die Bejahung des Regelbeispiels aus, wenn das Arzneimittel dergestalt zu den Ausgabestellen gelangt ist, dass es den Endverbrauchern in großer Zahl zur Verfügung steht und infolge dessen arzneimittelbedingte Gesundheitsschäden ernsthaft zu befürchten sind[102].

b) Todesgefahr und Gefahr schwerer Gesundheitsbeschädigung (Buchst. b)). Nach **50** **Buchst. b)** liegt ein Regelbeispiel dann vor, wenn durch eine Handlung nach Abs. 1 ein anderer der **Gefahr des Todes** oder **einer schweren Schädigung an Körper oder Gesundheit** ausgesetzt wird. Für die Gefährdung der Gesundheit reicht es aus, wenn eine lange und ernsthafte Krankheit droht oder

---

[94] *BGH,* NStZ 2004, 265, 266; *BGH,* BGHR StGB vor § 1/besonders schwerer Fall – Verneinung 2.
[95] *BGHSt* 20, 121, 125; *BGH,* BGHR StGB vor § 1/besonders schwerer Fall – Verneinung 2.
[96] *BGH,* BGHR StGB vor § 1/besonders schwerer Fall – Prüfungsumfang 1; zu möglichen Fallkonstellationen, die einen unbenannten besonders schweren Fall nach § 95 darstellen können, vgl. *Körner,* § 95 AMG, Rn. 349.
[97] *BGHSt* 33, 375 f.; *Eschelbach,* in: Graf/Jäger/Wittig, § 95 AMG Rn. 53.
[98] *BGH,* BGHR AMG § 95 – Gefährdung 1, für die illegale Lieferung verschreibungspflichtiger Tierarzneimittel an Fleischproduzenten.
[99] *BGH,* BGHR AMG § 95 – Gefährdung 1; *Freund,* in: Müko StGB, Bd. 6/I, § 95 AMG Rn. 63 f.
[100] *BGHSt* 44, 175 ff.
[101] *BGH,* Beschl. v. 27.1.2015 – 5 StR 549/14 – BeckRS 2015, 02368.
[102] *Mayer,* in: Fuhrmann/Klein/Fleischfresser, § 45 Rn. 20.

die Arbeitsfähigkeit nachhaltig beeinträchtigt ist, ohne dass der Schweregrad nach § 226 StGB erreicht sein muss[103]. Tritt die schwere Schädigung tatsächlich ein, liegt das Gefährdungsmerkmal immer vor. Für die Erfüllung dieser Regelbeispiels ist die Gefährdung nur eines Menschen ausreichend. Dieser muss allerdings **konkret gefährdet** und **individualisierbar** sein. Der Vorsatz des Täters muss sich auf die Gefährdung beziehen, wobei bedingter Vorsatz (s. vor §§ 95 Rn. 15) ausreicht.

51 **c) Vermögensvorteil großen Ausmaßes (Buchst. c)).** Nach **Buchst. c)** stellt es in der Regel einen besonders schweren Fall dar, wenn der Täter aus grobem Eigennutz für sich oder einem anderen **Vermögensvorteile großen Ausmaßes** erlangt. Erforderlich ist auch hier eine Gesamtbetrachtung der Tatumstände. Grober Eigennutz liegt erst dann vor, wenn sich der Täter bei seinem Verhalten von dem Streben nach eigenem Vorteil in besonders anstößiger Weise hat leiten lassen[104]. Der Vermögensvorteil großen Ausmaßes muss mindestens € 50.000,00 betragen[105].

52 **2. Handlungen nach Abs. 1 Nr. 2a (Nr. 2).** Die beiden Regelbeispiele nach **Nr. 2** betreffen allein die arzneimittelrechtlichen **Dopingverstöße** nach Abs. 1 Nr. 2 a.

53 **a) An Minderjährige (Buchst. a)).** Buchst. **a)** erfasst die **Abgabe** oder **Anwendung** bei **Minderjährigen**. Abgabe bedeutet Überlassung der Arzneimittel zu Dopingzwecken an den Minderjährigen. Anwenden heißt, dass der Täter den Minderjährigen selbst medikamentiert. Dies kann auch dadurch erfolgen, dass er die Anwendung der Dopingsubstanzen bei dem Minderjährigen über Dritte steuert. Der Täter muss aber wissen, dass der Empfänger bzw. die Person, bei der die Dopingmittel angewendet werden, minderjährig ist.

54 **b) Gewerbsmäßig oder als Bande (Buchst. b)).** Buchst. b) beschreibt die **Gewerbsmäßigkeit** oder das Handeln als **Mitglied einer Bande,** die sich zur fortgesetzten Begehung solcher Taten verbunden hat. Dieses Regelbeispiel entspricht sinngemäß dem Regelbeispiel des § 263 III 2 Nr. 1 StGB, das für den Betrug und die Untreue (§ 266 II i. V. m. § 263 III StGB) Anwendung findet. Insoweit kann auf die Judikatur hierzu zurückgegriffen werden. Beide Varianten sind alternativ. Liegen sie − wie häufiger − kumulativ vor, kann dies im Rahmen der Strafzumessung zusätzlich schulderhöhend berücksichtigt werden.

55 **aa) Gewerbsmäßigkeit. Gewerbsmäßig** handelt der Täter dann, wenn er sich eine **fortlaufende** und **dauernde Einkunftsquelle** sichern will[106]. Der zu erwartende Ertrag darf nicht völlig untergeordnet sein. Gewerbsmäßigkeit setzt jedoch nicht voraus, dass der Täter hieraus seinen Lebensunterhalt allein oder überwiegend bestreitet[107]. Der Gewerbsmäßigkeit steht entgegen, wenn durch die Taten nur das hinter dem Täter stehende Unternehmen gewinnt[108]. Ist er selbst nicht am Gewinn beteiligt oder kann er nicht selbst auf den Unternehmensgewinn zugreifen, scheidet Gewerbsmäßigkeit aus[109].

56 **bb) Bandenmäßige Begehung.** Wann eine **bandenmäßige Begehung** vorliegt, ist durch die Rechtsprechung des Großen Senats des *BGH* geklärt[110]. Danach setzt der Begriff der Bande den Zusammenschluss von mindestens **drei Personen** voraus, die sich mit dem Willen verbunden haben, künftig für eine gewisse Dauer mehrere Selbstständige, im Einzelnen noch ungewisse Straftaten des jeweiligen Deliktstypus zu begehen[111]. Ein gefestigter Bandenwille oder ein Tätigwerden in einem übergeordneten Bandeninteresse ist nicht erforderlich. Es ist auch nicht erforderlich, dass die Bandenmitglieder vor Ort zusammenwirken. Die Bande kann auch arbeitsteilig so organisiert sein, dass zum Beispiel letztlich die Dopingabgabe durch einen bandenfremden Täter ausgeführt wird[112]. Das **bandenmäßige Zusammenwirken** beschränkt sich nur auf **eine Handelsstufe**[113]. Selbst wenn Käufer und Verkäufer in einem festen Geschäftskontakt stehen, können sie deshalb keine Bande bilden. Die bandenmäßige Verbindung ersetzt nicht die Zurechnung der einzelnen Tatbeiträge nach den Grundsätzen der Mittäterschaft und Teilnahme. Diese muss anhand der §§ 25 ff. StGB eigenständig erfolgen[114].

57 **3. Handlungen nach Abs. 1 Nr. 3a (Nr. 3).** Das **Regelbeispiel** nach **Nr. 3** bezieht sich nur auf die Taten nach Abs. 1 Nr. 3a. Es setzt **kumulativ** die Gewerbsmäßigkeit (s. Rn. 51) und das Handeln als Bandenmitglied (s. Rn. 52) voraus. Nur wenn beide Merkmale vorliegen, ist das Regelbeispiel erfüllt.

---

[103] *Freund,* in: MüKo StGB, Bd. 6/I, § 95 AMG Rn. 64.
[104] Vgl. *BGH,* BGHR AO § 370 Abs. 3 Nr. 1 − Eigennutz 4; *BGH,* BGHR StGB § 264 Abs. 3 − Strafrahmenwahl 1.
[105] Dieser Wert entspricht spiegelbildlich dem Vermögensverlust großen Ausmaßes, vgl. hierzu *BGHSt* 48, 360.
[106] *BGHSt* 49, 177, 181.
[107] *BGH,* NStZ 2015, 396.
[108] *BGH,* NStZ 2004, 265, 266.
[109] *BGH,* wistra 2008, 379; *BGH,* NStZ 2008, 282.
[110] *BGHSt* 46, 321.
[111] *BGH,* NStZ-RR 2015, 113.
[112] Vgl. *BGHSt* 46, 321, 338.
[113] *BGHSt* 42, 255, 257 ff.; *BGH,* NStZ 2004, 696.
[114] *BGH,* NStZ-RR 2008, 275; *BGH,* StraFo 2007, 78.

E. Fahrlässigkeitsstrafbarkeit (Abs. 4)

Abs. 4 bestimmt die Strafbarkeit der **fahrlässigen Begehung** der **Straftatbestände** nach Abs. 1. Die **58** ausdrückliche Anordnung ist nach **§ 15 StGB** Voraussetzung einer Fahrlässigkeitsstrafbarkeit. Ihre Bedeutung lässt sich im Bereich des Arzneimittelstrafrechts im Wesentlichen auf die Straftaten nach Nr. 1 reduzieren. Hinsichtlich der übrigen Straftaten bleiben praktisch nur Fallgestaltungen, bei denen der Betreffende normative Tatbestandsmerkmale in ihrer Bedeutung verkannt hat (s. vor §§ 95 Rn. 20 f.) und die Tat somit nur noch nach § 16 StGB als Fahrlässigkeitstat zu bestrafen ist.

Bei Straftaten nach **Abs. 1 Nr. 1** können **Sorgfaltspflichten,** die dann über die Fahrlässigkeitsdelikte **59** strafrechtlichen Schutz erlangen, eine wesentliche Rolle spielen[115]. Insoweit kann es eine entscheidende Rolle spielen, inwieweit die Bedenklichkeit eines Arzneimittels für den Verantwortlichen **vorhersehbar** war oder nicht (s. vor §§ 95 Rn. 25). Pflichtverstöße bei der Auswahl oder Überwachung der handelnden Personen können für eine Strafbarkeit bis in die höchsten Hierarchieebenen eines Unternehmens führen. Dies wird vor allem in Betracht kommen, wenn **Kontrollpflichten** vernachlässigt wurden, weil Fahrlässigkeitsdelikte auch durch Unterlassen begangen werden können[116].

F. Exkurs: Straftat nach § 314 Abs. 1 Nr. 2 StGB

Als Straftatbestand ausgestaltet und im StGB verankert, ist der Tatbestand der **gemeingefährlichen 60 Vergiftung (§ 314 StGB).** Dessen Nr. 2 kann den Umgang mit Arzneimitteln erfassen. Voraussetzung hierfür ist, dass der Täter entweder Gegenständen, die zum öffentlichen Verkauf oder Verbrauch bestimmt sind, gesundheitsschädliche Stoffe beigibt oder solche Stoffe verkauft, feilhält oder sonst in den Verkehr bringt. Anders als § 95 I Nr. 1, mit dem § 314 I Nr. 2 StGB in Tateinheit stehen kann[117], setzt § 314 I Nr. 2 StGB eine erwiesene Gesundheitsschädlichkeit des Produkts voraus[118], worauf sich der (zumindest bedingte) Vorsatz des Täters beziehen muss[119]. Maßstab für die Prüfung der Gesundheitsschädlichkeit ist auch hier der bestimmungsgemäße Gebrauch.

§ 96 Strafvorschriften

Mit Freiheitsstrafe bis zu einem Jahr oder mit Geldstrafe wird bestraft, wer

1. **entgegen § 4b Absatz 3 Satz 1 ein Arzneimittel abgibt,**
2. **einer Rechtsverordnung nach § 6, die die Verwendung bestimmter Stoffe, Zubereitungen aus Stoffen oder Gegenständen bei der Herstellung von Arzneimitteln vorschreibt, beschränkt oder verbietet, zuwiderhandelt, soweit sie für einen bestimmten Tatbestand auf diese Strafvorschrift verweist,**
3. **entgegen § 8 Abs. 1 Nr. 2, auch in Verbindung mit § 73a, Arzneimittel oder Wirkstoffe herstellt oder in den Verkehr bringt,**
4. **ohne Erlaubnis nach § 13 Absatz 1 Satz 1 oder § 72 Absatz 1 Satz 1 ein Arzneimittel, einen Wirkstoff oder einen dort genannten Stoff herstellt oder einführt,**
4a. **ohne Erlaubnis nach § 20b Abs. 1 Satz 1 oder Abs. 2 Satz 7 Gewebe gewinnt oder Laboruntersuchungen durchführt oder ohne Erlaubnis nach § 20c Abs. 1 Satz 1 Gewebe oder Gewebezubereitungen be- oder verarbeitet, konserviert, prüft, lagert oder in den Verkehr bringt,**
5. **entgegen § 21 Abs. 1 Fertigarzneimittel oder Arzneimittel, die zur Anwendung bei Tieren bestimmt sind, oder in einer Rechtsverordnung nach § 35 Abs. 1 Nr. 2 oder § 60 Abs. 3 bezeichnete Arzneimittel ohne Zulassung oder ohne Genehmigung der Europäischen Gemeinschaft oder der Europäischen Union in den Verkehr bringt,**
5a. **ohne Genehmigung nach § 21a Abs. 1 Satz 1 Gewebezubereitungen in den Verkehr bringt,**
5b. **ohne Bescheinigung nach § 21a Absatz 9 Satz 1 eine Gewebezubereitung erstmalig verbringt,**
6. **eine nach § 22 Abs. 1 Nr. 3, 5 bis 9, 11, 12, 14 oder 15, Abs. 3b oder 3c Satz 1 oder § 23 Abs. 2 Satz 2 oder 3 erforderliche Angabe nicht vollständig oder nicht richtig macht oder eine nach § 22 Abs. 2 oder 3, § 23 Abs. 1, Abs. 2 Satz 2 oder 3, Abs. 3, auch in Verbindung mit § 38 Abs. 2, erforderliche Unterlage oder durch vollziehbare Anordnung**

---

[115] Vgl. auch *Freund,* in: MüKo StGB, Bd. 6/I, § 95 AMG Rn. 36.
[116] *Raum,* in: Wabnitz/Janovsky, S. 270 f. mit umfangreichen Nachweisen.
[117] *Krack,* in: MüKo StGB, § 314 Rn. 24.
[118] *Mayer,* in: Fuhrmann/Klein/Fleischfresser, § 45 Rn. 29.
[119] *Lackner/Kühl, StGB,* § 314 Rn. 6; vgl. auch *BGHSt* 23, 286.

nach § 28 Absatz 3, 3a, 3b oder Absatz 3c Satz 1 Nummer 2 geforderte Unterlage nicht vollständig oder mit nicht richtigem Inhalt vorlegt,

7. entgegen § 30 Abs. 4 Satz 1 Nr. 1, auch in Verbindung mit einer Rechtsverordnung nach § 35 Abs. 1 Nr. 2, ein Arzneimittel in den Verkehr bringt,

8. entgegen § 32 Abs. 1 Satz 1, auch in Verbindung mit einer Rechtsverordnung nach § 35 Abs. 1 Nr. 3, eine Charge ohne Freigabe in den Verkehr bringt,

9. entgegen § 38 Abs. 1 Satz 1 oder § 39a Satz 1 Fertigarzneimittel als homöopathische oder als traditionelle pflanzliche Arzneimittel ohne Registrierung in den Verkehr bringt,

10. entgegen § 40 Abs. 1 Satz 3 Nr. 2, 2a Buchstabe a, Nr. 3, 4, 5, 6 oder 8, jeweils auch in Verbindung mit Abs. 4 oder § 41 die klinische Prüfung eines Arzneimittels durchführt,

11. entgegen § 40 Abs. 1 Satz 2 die klinische Prüfung eines Arzneimittels beginnt,

12. entgegen § 47a Abs. 1 Satz 1 ein dort bezeichnetes Arzneimittel ohne Verschreibung abgibt, wenn die Tat nicht nach § 95 Abs. 1 Nr. 5a mit Strafe bedroht ist,

13. entgegen § 48 Abs. 1 Satz 1 Nr. 1 in Verbindung mit einer Rechtsverordnung nach § 48 Abs. 2 Nr. 1, 2 oder Nummer 7 Arzneimittel abgibt, wenn die Tat nicht in § 95 Abs. 1 Nr. 6 mit Strafe bedroht ist,

14. ohne Erlaubnis nach § 52a Abs. 1 Satz 1 Großhandel betreibt,

14a. entgegen § 52c Absatz 2 Satz 1 eine Tätigkeit als Arzneimittelvermittler aufnimmt,

15. entgegen § 56a Abs. 4 Arzneimittel verschreibt oder abgibt,

16. entgegen § 57 Abs. 1a Satz 1 in Verbindung mit einer Rechtsverordnung nach § 56a Abs. 3 Satz 1 Nr. 2 ein dort bezeichnetes Arzneimittel in Besitz hat,

17. entgegen § 59 Abs. 2 Satz 1 Lebensmittel gewinnt,

18. entgegen § 59a Abs. 1 oder 2 Stoffe oder Zubereitungen aus Stoffen erwirbt, anbietet, lagert, verpackt, mit sich führt oder in den Verkehr bringt,

18a. entgegen § 59d Satz 1 Nummer 2 einen Stoff einem dort genannten Tier verabreicht,

18b. entgegen § 72a Absatz 1 Satz 1, auch in Verbindung mit Absatz 1b oder Absatz 1d, oder entgegen § 72a Absatz 1c ein Arzneimittel, einen Wirkstoff oder einen in den genannten Absätzen anderen Stoff einführt,

18c. ohne Erlaubnis nach § 72b Abs. 1 Satz 1 Gewebe oder Gewebezubereitungen einführt,

18d. entgegen § 72b Abs. 2 Satz 1 Gewebe oder Gewebezubereitungen einführt,

18e. entgegen § 73 Absatz 1b Satz 1 ein gefälschtes Arzneimittel oder einen gefälschten Wirkstoff in den Geltungsbereich dieses Gesetzes verbringt,

19. ein zum Gebrauch bei Menschen bestimmtes Arzneimittel in den Verkehr bringt, obwohl die nach § 94 erforderliche Haftpflichtversicherung oder Freistellungs- oder Gewährleistungsverpflichtung nicht oder nicht mehr besteht oder

20. gegen die Verordnung (EG) Nr. 726/2004 des Europäischen Parlaments und des Rates vom 31. März 2004 zur Festlegung von Gemeinschaftsverfahren für die Genehmigung und Überwachung von Human- und Tierarzneimitteln und zur Errichtung einer Europäischen Arzneimittel-Agentur (ABl. L 136 vom 30.4.2004, S. 1), die zuletzt durch die Verordnung (EU) Nr. 1027/2012 (ABl. L 316 vom 14.11.2012, S. 38) geändert worden ist, verstößt, indem er

    a) entgegen Artikel 6 Absatz 1 Satz 1 der Verordnung in Verbindung mit Artikel 8 Absatz 3 Unterabsatz 1 Buchstabe c bis e, h bis iaa oder Buchstabe ib der Richtlinie 2001/83/EG des Europäischen Parlaments und des Rates vom 6. November 2001 zur Schaffung eines Gemeinschaftskodexes für Humanarzneimittel (ABl. L 311 vom 28.11.2001, S. 67), die zuletzt durch die Richtlinie 2012/26/EU (ABl. L 299 vom 27.10.2012, S. 1) geändert worden ist, eine Angabe oder eine Unterlage nicht richtig oder nicht vollständig beifügt oder

    b) entgegen Artikel 31 Abs. 1 Satz 1 der Verordnung in Verbindung mit Artikel 12 Abs. 3 Unterabsatz 1 Satz 2 Buchstabe c bis e, h bis j oder k der Richtlinie 2001/82/EG des Europäischen Parlaments und des Rates vom 6. November 2001 zur Schaffung eines Gemeinschaftskodexes für Tierarzneimittel (ABl. EG Nr. L 311 S. 1), geändert durch die Richtlinie 2004/28/EG des Europäischen Parlaments und des Rates vom 31. März 2004 (ABl. EU Nr. L 136 S. 58), eine Angabe nicht richtig oder nicht vollständig beifügt.

Wichtige Änderungen der Vorschrift: Nr. 4a, 5a, 18a und b eingefügt durch Art. 2 Nr. 19d des Gewebegesetzes vom 20.7.2007 (BGBl. I S. 1574); Nr. 1, 18c eingefügt durch Art. 1 Nr. 73 Buchst. a) und e) AMG-ÄndG 2009 vom 17.7.2009 (BGBl. I S. 1990); Nr. 18a (jetzt 18b) eingefügt durch Art. 7 Nr. 8 des Gesetzes zur Neuordnung des Arzneimittelmarktes in der gesetzlichen Krankenversicherung vom 22.12.2010 (BGBl. I S. 2262); Nr. 18a eingefügt durch Art. 1 Nr. 25 des Fünfzehnten Gesetzes zur Änderung des Arzneimittelgesetzes vom 25.5.2011 (BGBl. I S. 946); Nr. 4a und 5 geändert, Nr. 5b eingefügt, Nr. 6 und 13 geändert, Nr. 14a eingefügt, Nr. 20 einleitender Satzteil geändert, Buchst. a) neu gefasst durch Art. 1 Nr. 67 des Zweiten Gesetzes zur Änderung arzneimittelrechtlicher und anderer Vorschriften vom 19.10.2012 (BGBl. I S. 2192).

Europarechtliche Vorgaben: Vgl. bei den einzelnen in Bezug genommenen Vorschriften.

Übersicht

A. Allgemeines

Die Regelung des § 96 enthält weitere **Strafvorschriften,** die im Vergleich zu denjenigen des § 95 **1** eine deutlich **niedrigere Strafandrohung** enthalten. Die hier erfassten Tatbestände ermöglichen als Höchststrafe Freiheitsstrafe nur bis zu einem Jahr. Anders als bei § 95 (dort Abs. 3, s. Rn. 46 ff.) fehlt eine Erhöhung des Strafrahmens für besonders schwere Fälle. Ebenso ist keine Versuchsstrafbarkeit angeordnet (§ 23 I StGB), weshalb nur vollendete Taten einer Strafbarkeit unterliegen. Gleichfalls besteht keine Strafbarkeit bei fahrlässiger Begehung. Ist eine der Tatvarianten des § 96 fahrlässig verwirklicht, liegt nach § 97 I nur eine Ordnungswidrigkeit vor (s. § 97 Rn. 4).

Sämtliche in § 96 enthaltenen Strafbestimmungen sind **Blankettvorschriften** (s. vor §§ 95 Rn. 3). **2** Sie nehmen Bezug auf andere arzneimittelrechtliche Tatbestände oder – wie Nr. 20 – auf Rechtsakte der

EU. Auch hier beschränkt sich die Kommentierung auf die Darstellung strafrechtsrelevanter Gesichtspunkte; hinsichtlich der Einzelheiten zur Auslegung der arzneimittelrechtlichen Bezugsnormen wird auf die Ausführungen zu den jeweiligen Vorschriften verwiesen.

3   Das 2. AMG-ÄndG 2012 hat weitere Straftatbestände (Nr. 5b, 14a) sowie zusätzliche Tatvarianten (Nr. 4a und Nr. 13) gebracht. Diese neuerliche Ausdehnung von Strafbarkeiten ist rechtspolitisch fraglich, weil dieses Vorgehen dem Strafrecht mit seinem ultima ratio Charakter nicht gerecht wird Mit dem 3. AMG-ÄndG 2013 wurden schließlich nur noch Anpassungen der Straftatbestände der Nr. 20 an geänderte europarechtliche Regelungen vorgenommen.

B. Die einzelnen Tatbestände

I. Abgabe entgegen § 4b Abs. 3 S. 1 (Nr. 1)

4   **Nr. 1** ist neu eingefügt worden durch das AMG-ÄndG 2009. Strafbewehrt ist nunmehr im Zusammenhang mit der durch dasselbe Gesetz geschaffenen Sondervorschrift für Arzneimittel für neuartige Therapien nach § 4b die **Abgabe von solchen besonderen Arzneimitteln** im Zusammenhang mit neuartigen Therapien i. S. d. § 4b I 1 (s. § 4b Rn. 33), **ohne** dass eine **vorherige Genehmigung** der zuständigen Bundesoberbehörde eingeholt wurde. Tathandlung ist mithin die Abgabe (s. zum Begriff der Abgabe § 95 Rn. 33).

II. Zuwiderhandlung gegen eine Rechtsverordnung nach § 6 (Nr. 2)

5   **Nr. 2** ist im Zusammenhang mit § 95 I Nr. 2 (s. § 95 Rn. 15) zu sehen. Die Vorschrift pönalisiert **Verstöße gegen eine auf § 6 gestützte VO,** allerdings nur soweit diese auf den Straftatbestand verweist (zur verfassungsrechtlichen Problematik dieser „Rückverweisung" s. vor §§ 95 Rn. 7). Der Unterschied zu § 95 I Nr. 2 liegt in den jeweiligen Handlungsformen. Während § 95 I Nr. 2 nur die (kriminologisch besonders gefährliche) Variante des Inverkehrbringens erfasst, stellt die Vorschrift der Nr. 2 schon die Herstellung solcher Arzneimittel unter Strafe. Faktisch ist der Tatbestand **Vorfelddelikt,** das eigentlich dann relevant wird, wenn sich ein Inverkehrbringen (noch nicht einmal der Versuch dessen) nachweisen lässt. Das Merkmal „Herstellen" ist in § 4 XIV legal definiert (s. § 4 Rn. 115 f.). Ein vollendetes Herstellen kann bereits dann angenommen werden (s. § 95 Rn. 29), wenn durch die Synthese verschiedener Stoffe die Vorstufe eines Arzneimittels, ein Zwischen- oder ein Endprodukt erarbeitet wird[1].

III. Irreführende Bezeichnung (Nr. 3)

6   **Nr. 3** stellt die **Herstellung** oder das **Inverkehrbringen** von Arzneimitteln oder Wirkstoffen mit **irreführender Bezeichnung, Angabe oder Aufmachung** unter Strafe. Damit ist der Verstoß gegen § 8 I Nr. 2 pönalisiert, der die Irreführung i. S. d. Tatbestands näher beschreibt (s. § 8 Rn. 13).

7   **1. Tathandlung.** Die Regelung enthält in den Buchst. a)–c) des § 8 Abs. 1 Nr. 2 verschiedene Varianten, die zur Irreführung des Verkehrs führen können (s. § 8 Rn. 14 ff.). Der **Irreführung** steht grundsätzlich auch nicht entgegen, dass die Abnehmer tatsächlich nicht getäuscht wurden, weil sie eingeweiht waren. Entscheidend ist allein, dass die relevante Unrichtigkeit überhaupt geeignet ist, mögliche Verbraucher irrezuführen[2]. Der Täter muss dabei allerdings keine Täuschung oder gar Schädigung bewirkt haben. Der *BGH* hat es deshalb für eine Irreführung ausreichen lassen, wenn zum Zwecke der Mastförderung hergestellte Tierarzneimittel als „Beruhigungsmittel" deklariert veräußert wurden, auch wenn die eingeweihten Käufer die Falschbezeichnung kannten[3]. Ebenso liegt nach der Rechtsprechung des *BGH* eine Irreführung in diesem Sinne vor, wenn der Täter ein (zugelassenes) Mittel eines anderen Herstellers umbenennt, um so die Kunden an sich zu binden[4]. Der Strafvorschrift unterfallen auch Imitate, also Arzneimittel, die unter dem Namen und der Aufmachung der Herstellerfirma des Originalmittels produziert und vertrieben werden[5]. Ebenso ist es irreführend, wenn der Hersteller die Wirksamkeit des Arzneimittels behauptet, diesen Nachweis aber nicht mit wissenschaftlich gesicherten Erkenntnissen führen kann[6]. Durch den Verweis auf § 73a wird die Strafbarkeit erweitert auf die Ausfuhr von Arzneimitteln, die gegen § 8 I Nr. 2 verstoßen und für die keine Einfuhrgenehmigungen vorliegen. Tathandlungen sind aber auch hier nur das Herstellen und das Inverkehrbringen.

---

[1] *BGHSt* 43, 336, 344 f., wonach die „Anfertigung" des Zwischenprodukts MBDB-Base bereits als vollendetes Herstellen eines Arzneimittels gewertet wird.
[2] *BGHSt* 25, 1, 3 f.
[3] *BGHSt* 25, 1, 3 f.
[4] *BGH,* Urt. v. 3.7.2002 – 1 StR 453/02, teilweise abgedruckt in JR 2004, 245, 246.
[5] *BGH,* Beschl. v. 6.1.1981 – 5 StR 681/80; *Körner,* § 96 AMG Rn. 16.
[6] *Körner,* § 96 AMG Rn. 16; *Eschelbach,* in: Graf/Jäger/Wittig, § 96 AMG Rn. 10.

2. Vorsatzdelikt. Da die Tat nur als **Vorsatzdelikt** strafbar ist, muss hinsichtlich des Bewusstseins des **8** Täters unterschieden werden. Die Differenzierung kann gerade (wenn der objektive Tatbestand erfüllt ist) hinsichtlich der subjektiven Tatseite hier schwierig sein. Der Täter muss – was bei dem betroffenen Kreis allerdings nahe liegt – in seiner Laiensphäre erkennen, dass eine Irreführung in der Präsentation der Arzneimittel gegeben ist oder eine Genehmigungsbedürftigkeit nach § 73a für entsprechende Arzneimittel besteht. Andernfalls liegt ein **Tatbestandsirrtum** i. S. d. § 16 StGB vor. Bewertet der Täter dagegen trotz (zumindest laienhafter) Kenntnis der rechtlichen und tatsächlichen Umstände die Fallgestaltung rechtlich unzutreffend, bewegt er sich im Bereich eines Verbots- oder gar eines unbeachtlichen Subsumtionsirrtums (s. vor §§ 95 Rn. 17 ff.).

IV. Unerlaubte Herstellung und Einfuhr (Nr. 4)

Die Regelung der **Nr. 4**, die durch das AMG-ÄndG 2009 wesentlich verschlankt und übersichtlicher **9** gestaltet wurde, betrifft die **unerlaubte Herstellung** oder alternativ die **unerlaubte Einfuhr**[7] von Arzneimitteln, Wirkstoffen oder anderen ausdrücklich genannten Stoffen.

1. Herstellung. Tathandlung ist die **unerlaubte gewerbsmäßige** oder **berufsmäßige Herstel-** **10** **lung von Arzneimitteln.** Durch das AMG-ÄndG 2009 wurde allerdings die Strafbarkeit erweitert auf Wirkstoffe und die in § 13 I 1 Nr. 1–4 genannten weiteren Substanzen (s. § 13 Rn. 1)[8]. Wesentliches Merkmal des Tatbestands ist insoweit der Begriff **„unerlaubt".** Hierbei nimmt die Vorschrift Bezug auf § 13 I (s. § 13 Rn. 4 ff.), der die Erlaubnispflicht für die Herstellung vorschreibt[9]. Da bereits § 13 I 1 die Erlaubnispflicht für die gewerbsmäßige oder berufsmäßige Herstellung verlangt, bedarf es der – wie in der Vorläuferfassung überflüssigen – nochmaligen Erwähnung dieses Merkmals in der Strafbestimmung nicht. Eine Herstellung in diesem Sinne hat das *BayObLG* auch in dem Fall angenommen, dass dem Patienten vom Arzt aufbereitetes Eigenblut (oder Eigengewebe) mitgegeben wurde. Herstellen in diesem Sinne liegt vor, wenn ein Produkt geschaffen wird, das in den Verfügungsbereich eines anderen übertragen und nach dessen Entscheidung dann appliziert wird[10]. Im Rahmen der Strafbestimmung nach § 96 Nr. 4 i. V. m. § 13 I sind aber selbstverständlich die Ausnahmen von der Erlaubnispflicht nach § 13 II – III relevant. Liegt ein Ausnahmetatbestand vor, ist die Herstellung (zum Begriff s. § 95 Rn. 27) nicht unerlaubt.

2. Einfuhr. Für die Einfuhr gilt – als die zweite Tatbestandsalternative nach Nr. 4 – spiegelbildlich **11** Vergleichbares. Maßgeblich ist hier der Erlaubnistatbestand des § 72 I 1. Die Vorschrift gilt aber nur für Importe aus den Nicht-EU-Ländern, soweit diese nicht wenigstens Vertragsstaaten des Abkommens über den EWR[11] sind (sog. Drittländer). Durch das AMG-ÄndG 2009 wurde der sachlich-rechtliche Bezug über den Arzneimittelbegriff (§ 72 I Nr. 1) hinaus erweitert und auf Wirkstoffe (§ 72 I Nr. 2) bzw. zur Arzneimittelherstellung bestimmte Stoffe menschlicher Herkunft (§ 72 I Nr. 3) ausgedehnt (s. § 72 Rn. 9). Die neu gefasste Nr. 4 hat bewusst die Strafdrohung auf die Herstellung und Einfuhr von Wirkstoffen mikrobieller Herkunft erstreckt, um deren Gefährdungspotential Rechnung zu tragen[12].

V. Handlungen ohne Erlaubnis nach §§ 20b und 20c (Nr. 4a)

Nr. 4a erfasst die Verletzung von Vorschriften im Zusammenhang mit der Gewinnung von **Gewebe.** **12** Unter Strafe gestellt sind vorsätzliche Verstöße gegen § 20b I 1 (s. dort Rn. 7), II (s. dort Rn. 24), sowie gegen § 20c I 1 (s. dort Rn. 5) Tathandlung ist allerdings auch das durch das AMG-ÄndG 2009 eingeführte „Prüfen"[13], weil dieses Merkmal jetzt auch in der Strafbestimmung – im Gegensatz zu den anderen Verletzungsformen nach § 20c I 1 – aufgeführt wird, nachdem es infolge eines redaktionellen Fehlers offensichtlich zunächst vergessen wurde.

VI. Inverkehrbringen ohne Zulassung (Nr. 5)

Nr. 5 pönalisiert den Verstoß gegen § 21 I und bezieht sich auf das Inverkehrbringen von Arznei- **13** mitteln, ohne dass für diese Arzneimittel eine Zulassung vorliegt. Erfasst sind von der Vorschrift Fertigarzneimittel nach § 4 I (s. § 4 Rn. 4 ff.) sowie die gleichgestellten Arzneimittel nach § 45 I Nr. 2 bzw. § 60 III. Entscheidendes Unrechtselement dieser Strafbestimmung ist die **fehlende Zulassung des Arzneimittels** nach § 21 I 1. Die Arzneimitteleigenschaft muss für eine strafrechtliche Verfolgung

---

[7] Die Bestimmung ist hinreichend bestimmt und verfassungsgemäß – vgl. *BGH*, NJW 1998, 836 ff. = *BGHSt* 43, 336, 343.
[8] Kritisch *Rehmann*, § 96 Rn. 6.
[9] *BGH*, NJW 1998, 836 ff.
[10] *BayObLG*, NJW 1998, 3430, 3431; ebenso *Freund*, in: Müko StGB, Bd. 6/I, § 96 AMG Rn. 9.
[11] Dies betrifft Norwegen, Irland und Liechtenstein, die neben den EU-Mitgliedern diesem Abkommen beigetreten sind; vgl. 46th Annual Report of the European Free Trade Association.
[12] BT-Drucks. 16/12256, S. 57.
[13] Allerdings handelt es sich hierbei wohl um einen redaktionellen Fehler, weil sich aus den Materialien nichts ergibt, warum der Verbotstatbestand das „Prüfen" einschließt, der Straftatbestand jedoch nicht.

zweifelsfrei nachgewiesen sein[14]. Wer für die Zulassung zuständig ist, ergibt sich aus den arzneirechtlichen Vorschriften, einschließlich derjenigen des Europäischen Rechts (s. § 21 Rn. 3 ff.), die § 21 I nachrichtlich nennt. Liegt eine Zulassung durch eine an sich nicht zuständige Behörde vor, bleibt dies jedenfalls strafrechtlich unbeachtlich, solange kein offensichtlicher, die Nichtigkeit begründender Fehler (§ 44 VwVfG) gegeben ist und der Adressat diesen Fehler auch tatsächlich erkannt hat. **Tathandlung** im Rahmen der Nr. 5 ist nur das Inverkehrbringen (s. § 95 Rn. 12), das in § 4 XVII legal definiert ist. Der fehlenden Zulassung steht die erloschene Zulassung gleich. Ist die Zulassung nach § 31 I erloschen, muss jedoch die Übergangsfrist nach § 31 IV beachtet werden (s. § 31 Rn. 53), die für bestimmte Erlöschensfallgruppen die Erlaubnis begründet, die Arzneimittel noch für weitere zwei Jahre in den Verkehr zu bringen.

VII. Inverkehrbringen ohne Genehmigung nach § 21a Abs. 1 S. 1 (Nr. 5a)

14   **Nr. 5a** betrifft das Inverkehrbringen von Gewebezubereitungen, ohne die gem. § 21a I 1 erforderliche Genehmigung.

VIII. Inverkehrbringen ohne Bescheinigung nach § 21a Abs. 9 Satz 1 (Nr. 5b)

15   **Nr. 5b** stellt nunmehr auch das erstmalige Verbringen in den Geltungsbereich des Gesetzes unter Strafe, soweit der Verbringer im Bescheinigungsverfahren nach § 21a IX keine Bescheinigung erlangt hat (s. 21a Rn. 48 ff.).

IX. Falschangaben im Zulassungsverfahren (Nr. 6)

16   **Nr. 6** stellt **Falschangaben** im **Zulassungsverfahren** unter Strafe.

17   **1. Unrichtige Angaben.** Sie bezieht sich auf den Zulassungsantrag und pönalisiert unrichtige Angaben im Zusammenhang mit den Zulassungsunterlagen. Schutzgut der Strafbestimmung ist, es der zur Entscheidung berufenen Behörde zu ermöglichen, auf der Grundlage eines zutreffenden und vollständigen Sachverhalts über den Zulassungsantrag befinden zu können. Erfasst sind allerdings nur die in der Strafvorschrift **ausdrücklich genannten Erklärungsgegenstände**, mithin Nr. 3, Nr. 5–9, Nr. 11, Nr. 12, Nr. 14, nr. 15; Abs. 3b, Abs. 3c S. 1 sowie zusätzlich in Anträgen über Tierarzneimittel noch die Angaben nach § 23 II 2 und 3.Mit dem 2. AMG-ÄndG 2012 hat der Gesetzgeber die Strafbarkeit nunmehr noch um die Verstöße im Zusammenhang mit der Auflagenbefugnis nach § 28 IIIb ergänzt (s. dazu § 28 Rn. 48 ff.). Die unterschiedliche Sanktionsform erklärt sich daraus, dass bei den Punkten, bei denen die Verletzung der Wahrheitspflicht unter Strafe gestellt ist, die Behörde in besonderem Maße auf die Angaben des Antragstellers vertrauen muss. Tathandlung ist (alternativ) das Machen unrichtiger oder unvollständiger Angaben. Diese Tatbestandsmerkmale, die wortgleich auch in anderen Strafbestimmungen Verwendung gefunden haben (§ 399 Nr. 1 AktG, § 313 UmwG, § 82 GmbHG), sind grundsätzlich inhaltsgleich zu den dortigen Regelungen auszulegen. Angaben i. S. d. Vorschrift sind – anders als beim Betrug (§ 263 StGB) – nicht nur **Tatsachenangaben**, sondern auch **Wertungen.** Auch Wertungen können falsch sein[15]. Dies kann bei falschen tatsächlichen Grundannahmen, aber auch bei unvertretbaren Schlussfolgerungen hieraus oder bei Zugrundelegung wissenschaftlich nicht haltbarer Prämissen der Fall sein. Von der Unrichtigkeit hat sich der Tatrichter unter Beachtung des Zweifelssatzes zu überzeugen.

18   **2. Unvollständige Angaben.** Die Unrichtigkeit kann auch in der **Unvollständigkeit** bestehen. Die Strafvorschrift nennt „unvollständige Angaben" als eigenständiges Merkmal. Damit ist nicht jedwede Lücke gemeint. Maßgeblich ist vielmehr, dass durch die Unvollständigkeit ein falsches Gesamtbild entstehen kann. Andernfalls steckt in unvollständigen Angaben auch kriminologisch keine Gefahr, weil die Behörde dann den Zulassungsantrag schon wegen der (offenkundig) unvollständigen Angaben ablehnen kann. Die Unvollständigkeit muss deshalb immer i. S. einer Unrichtigkeit gesehen werden[16]. Das Merkmal ist dann erfüllt, wenn der Erklärungspflichtige zwar unrichtige Einzelangaben macht, aber **wesentliche Aspekte verschweigt** und sich beim Adressaten durch das Weglassen bestimmter Informationen ein **unrichtiges Bild** ergibt. Entscheidend ist deshalb immer eine Bewertung dessen, was verschwiegen wird. Maßgeblich ist, welchen Schutzzweck die jeweilige Erklärungspflicht verfolgt und inwieweit dieser durch die unvollständige Information beeinträchtigt sein kann[17].

---

[14] *Vergho*, PharmR 2009, 221.
[15] Vgl. etwa zu § 399 AktG *Schaal*, in: Müko AktG, Bd. 9/II, § 399 AktG Rn. 55 ff.; *Raum*, in: Henssler/Strohn, AktG, § 399 Rn. 3.
[16] *BGH*, NJW 1982, 775 = BGHSt 30, 285.
[17] *BGH*, NJW 1955, 678, 679; *Raum*, in: Henssler/Strohn, AktG, § 399 Rn. 3.

X. Inverkehrbringen bei zurückgenommener oder widerrufener Zulassung (Nr. 7)

Nr. 7 betrifft das **Inverkehrbringen** von Arzneimitteln, deren Zulassung **zurückgenommen** oder **19** **widerrufen** wurde. Die rechtlichen Wirkungen einer Zurücknahme, eines Widerrufs oder des Ruhens einer Zulassung (zum Begriff des Ruhens s. § 30 Rn. 6) sind in **§ 30 Abs. 4** im Einzelnen bestimmt (s. § 30 Rn. 45 ff.). Die Strafbarkeit nach Nr. 7 knüpft dagegen – wie sich aus dem ausdrücklichen Wortlaut der Strafbestimmung ergibt – allein an die Regelung des § 30 IV Nr. 1 an, dem Inverkehrbringen (§ 4 XIV). Die weitere Alternative des § 30 IV Nr. 2 führt nur zu einer Ordnungswidrigkeit nach § 97 II Nr. 8. Ebenso wenig ist der Straftatbestand auf die in § 31 genannten Fälle des Erlöschens einer Zulassung anwendbar. Diese Fallgruppe wird von Nr. 5 erfasst, weil nach Erlöschen der Zulassung der Täter, der zulassungspflichtige Arzneimittel in den Verkehr bringt, ohne Zulassung handelt (s. Rn. 12). Die Rücknahme, der Widerruf oder das Ruhen kann auch **durch eine VO auf** der Grundlage des § 35 I Nr. 2 angeordnet werden (s. § 35 Rn. 4). Ergeht eine solche VO, steht sie im Fall eines Verstoßes in ihrer strafrechtlichen Folge dem Einzelverwaltungsakt gleich. Anders als bei Einzelentscheidungen durch Verwaltungsakt, die auch dann Wirksamkeit entfalten, wenn sie nur rechtswidrig aufhebbar (aber nicht nichtig nach § 44 VwVfG) sind, führt bei der VO grundsätzlich jeder Rechtsverstoß zu deren Unwirksamkeit, was dann zugleich die Strafbarkeit entfallen lässt. Erforderlich ist bei solchen Entscheidungen im Verordnungswege zudem, dass der Täter den Erlass der VO gekannt hat, was unter Umständen dann im Nachweis problematisch sein kann, wenn den Täter keine individuelle Zustellung der Maßnahme erreicht hat.

XI. Inverkehrbringen von Chargen ohne Freigabe (Nr. 8)

Nr. 8 pönalisiert das Inverkehrbringen (s. § 95 Rn. 12) von **Chargen** ohne **Freigabe** unter Verstoß **20** gegen § 32 I 1. Der Begriff der **Charge** ist in § 4 XVI **legaldefiniert** (s. § 4 Rn. 134) als die jeweils aus derselben Ausgangsmenge in einem einheitlichen Herstellungsvorgang oder bei einem kontinuierlichen Herstellungsverfahren in einem bestimmten Zeitraum erzeugte Menge eines Arzneimittels. Die Strafbarkeit bezieht sich auf Chargen eines Serums (§ 4 III – s. § 4 Rn. 27), eines Impfstoffs (§ 4 IV – s. § 4 Rn. 33) oder eines Allergens (§ 4 V – s. § 4 Rn. 38). **Tathandlung** ist der Verstoß gegen § 32 I 1, also das Inverkehrbringen ohne Freigabe. Täter kann nur der pharmazeutische Unternehmer bzw. Mitvertreiber sein, nicht jedoch die sachkundige Person gem. § 14 (s. § 19 Rn. 34). Letztere begeht aber eine Ordnungswidrigkeit, wenn sie eine Charge oder einen Wirkstoff nicht menschlicher Herkunft unter Verstoß gegen § 16 I bzw. § 25 I AMWHV freigibt (§ 42 Nr. 1 AMWHV).

XII. Pflanzliche Arzneimittel ohne Registrierung (Nr. 9)

Nr. 9 bestimmt die Strafbarkeit des Inverkehrbringens (s. § 95 Rn. 12) von **Fertigarzneimitteln** als **21** **homöopathische** (§ 4 XXVI – s. § 4 Rn. 201) oder **traditionell pflanzliche Arzneimittel** (§ 4 XXIX – s. § 4 Rn. 204) ohne Registrierung. Die Registrierungspflicht für homöopathische Arzneimittel ist in § 38 I 1 (s. § 38 Rn. 5 f.), für traditionell pflanzliche Arzneimittel in § 39a I 1 geregelt. Traditionell pflanzliche Arzneimittel sind dabei solche pflanzlichen Arzneimittel (s. § 39a Rn. 8 f.), die zum Zeitpunkt der Stellung des Registrierungsantrags seit mindestens 30 Jahren, davon mindestens 15 Jahre in der EU medizinisch oder tiermedizinisch verwendet werden[18].

XIII. Straftaten im Zusammenhang mit klinischen Prüfungen (Nr. 10)

Nr. 10 stellt Rechtsverstöße im Zusammenhang mit der klinischen Prüfung eines Arzneimittels unter **22** Strafe.

1. Allgemeines. Wann eine klinische Prüfung in diesem Sinne vorliegt, ist in § 4 XXIII legaldefiniert **23** (s. § 4 Rn. 184). Dass gleichzeitig eine Heilungsabsicht vorliegt, dem u. U. sogar das Hauptinteresse gilt, befreit nicht von den rechtlichen Bindungen, denen eine klinische Prüfung unterliegt[19]. Die Zulässigkeitsvoraussetzungen an solche klinischen Prüfungen sind in § 40 I 3 aufgezählt. Dabei führt jedoch nicht jedweder Verstoß zu einer Strafbarkeit, sondern nur solche gegen diejenigen Einzelvorschriften, die in der Strafnorm im Einzelnen bezeichnet sind.

2. Strafbewehrung einzelner Pflichten (§ 40 Abs. 1 S. 3). Folgende Verstöße gegen einzelne **24** Tatbestände des § 40 I 3 sind strafbewehrt:

a) Verstoß gegen § 40 Abs. 1 S. 3 Nr. 2. Nr. 2 verlangt grundsätzlich eine **Güter- und Interes-** **25** **senabwägung.** Danach müssen die vorhersehbaren Risiken und Nachteile gegenüber dem Nutzen für die Person, bei der sie durchgeführt werden soll (betroffene Person), und der voraussichtlichen Bedeu-

---

[18] *Rehmann*, § 39a Rn. 1.
[19] *Freund*, in: MüKo StGB, Bd. 6/I, §§ 40–42 AMG Rn. 9.

tung des Arzneimittels für die Heilkunde ärztlich vertretbar sein. Obwohl es um eine „ärztliche Abwägung" geht, bleibt sie dennoch eine rechtliche Wertung, die zwar von dem jeweiligen Arzt vorzunehmen ist, die jedoch einer **Richtigkeitskontrolle** unterzogen werden kann[20]. In ihrer strafrechtlichen Dimension verbleibt freilich nur eine Vertretbarkeitskontrolle. Strafrechtliche Relevanz haben **Abwägungsfehler** hier nur, wenn das Abwägungsergebnis nicht mehr hinnehmbar ist. Dies bedeutet im Regelfall, dass ein strafrechtlich relevanter Verstoß nur gegeben ist, soweit erkannte Nachteile bewusst beiseitegeschoben werden. Der Täter muss die Risiken und Nachteile kennen, die für die betroffene Person **die klinische Prüfung unverantwortbar** erscheinen lassen[21]. Andernfalls kommt nur eine fahrlässige Begehung in Betracht, die eine Ordnungswidrigkeit nach § 97 I darstellt.

26   **b) Verstoß gegen § 40 Abs. 1 S. 3 Nr. 2a. Nr. 2a** erweitert das Abwägungsgebot im Falle des Einsatzes von Arzneimitteln mit **gentechnischem Hintergrund.** In diesen Fällen sind zudem die Risiken für die Gesundheit Dritter sowie für die Umwelt einzubeziehen. Hinsichtlich der strafrechtlichen Relevanz von Abwägungsfehlern gelten die oben zu Nr. 2 ausgeführten Grundsätze (s. Rn. 23). Strafrechtlich relevant sind – was wegen des zumindest in diesem Zusammenhang relativ vagen Schutzguts Umwelt sinnvoll erscheint – nur falsche Risikoabwägungen im Blick auf mögliche Gefahren für die Gesundheit Dritter (Verweisung ausdrücklich nur auf Nr. 2a Buchst. a)).

27   **c) Verstoß gegen § 40 Abs. 1 S. 3 Nr. 3. Nr. 3** betrifft den Gesamtkomplex **„Einwilligung"** im Zusammenhang mit der klinischen Prüfung (s. § 40 Rn. 46). Die Einwilligung hat insoweit eine ganz zentrale Bedeutung. In der besonderen Gefährdungslage des Prüfungsverfahrens mit noch nicht ausgetesteten Arzneimitteln soll der Betroffene möglichst weitgehend die Risikobewertung nachvollziehen und auf dieser Grundlage eine Entscheidung treffen können. **Schutzgut** ist die autonome und selbstbestimmte **Willensentscheidung** des **Betroffenen.** Wird sie verletzt, führt dies zu einer Strafbarkeit. Freilich muss der Tatbestand – jedenfalls in seiner strafrechtlichen Umsetzung – insoweit restriktiv ausgelegt werden, als nicht jeder Verstoß gegen Nr. 3 i. V. m. Abs. 4 i. V. m. § 41 zu einer Strafbarkeit führen darf. Nicht ausreichend sind deshalb Verstöße, die eher den Charakter eines normalen Ordnungsverstoßes haben, das Selbstbestimmungsrecht des Patienten aber unberührt lassen. Dies gilt namentlich für die in Nr. 3 in Bezug genommenen Formalvorschriften nach Abs. 2a. Insoweit scheint, soweit eine tragfähige Aufklärung gegeben wurde, die dem Patienten eine zulässige Risikoeinschätzung ermöglicht, eine teleologische Reduktion des Straftatbestands auf einwilligungsrelevante Umstände angemessen. Hierfür könnte auch sprechen, dass Abs. 2a – anders als Abs. 4 oder § 41 – nicht nochmals ausdrücklich in Bezug genommen worden ist.

28   **aa) Einwilligungsvoraussetzungen.** Hinsichtlich der Einzelheiten der **Einwilligungsvoraussetzungen** und des **-verfahrens** ist auf die Kommentierung zu § 40 (s. dort Rn. 46 f.) und § 41 (s. dort Rn. 2) zu verweisen. Für die strafrechtliche Folge ist wichtig, dass durch die geltende Gesetzeslage das Urteil des *BayObLG* vom 12.12.1989[22] gegenstandslos ist. Wie sich aus § 41 III Nr. 3 ergibt, ist die **Einwilligung des gesetzlichen Vertreters** nur dann einzuholen, wenn die **volljährige Person** nicht in der Lage ist, Wesen, Bedeutung und Tragweite der klinischen Prüfung zu erkennen (§ 41 III 1). Dagegen gibt für **minderjährige Personen** die **Einwilligung** immer der gesetzliche Vertreter ab, der sich allerdings am Kindeswohl zu orientieren hat (§ 40 IV Nr. 3 S. 2)[23].

29   **bb) Einwilligungsmängel. Fehler** im Rahmen der **Einwilligung** führen aber nicht nur zu einer Strafbarkeit nach dieser Bestimmung. Ist die Einwilligung unwirksam, kommt ihr im Rahmen des § 228 StGB auch keine rechtfertigende Wirkung zu. Die gesetzlich ausformulierten Regelungen über die klinische Prüfung konkretisieren den Maßstab der Sittenwidrigkeit i. S. d. **§ 228 StGB.** Sind diese Voraussetzungen nicht eingehalten, begründet dies regelmäßig die Sittenwidrigkeit. Die klinische Prüfung wird dadurch, kommt es zu (auch nur vorübergehenden) Gesundheitsbeeinträchtigungen, zur Körperverletzung i. S. d. § 223 StGB.

30   **d) Verstoß gegen § 40 Abs. 1 S. 3 Nr. 4. Nr. 4 i. V. m. § 40 I 3** begründet das **Verbot,** klinische Prüfungen mit Personen durchzuführen, die auf gerichtliche oder behördliche Anordnung in einer **Anstalt untergebracht** sind (s. § 40 Rn. 55). Hintergrund dieser Vorschrift ist, dass bei einem Personenkreis, der in einem besonderen staatlichen Gewaltverhältnis steht, a priori Zweifel an einer autonomen Willensentschließung bestehen[24]. Vor diesem Hintergrund sind deshalb nicht nur Strafgefangene, Sicherungsverwahrte (§ 66 StGB) oder nach §§ 63, 64 StGB Untergebrachte, sondern sämtliche Personen, die sich aufgrund gerichtlicher oder behördlicher Anordnung in Kliniken oder sozialtherapeuti-

---

[20] *Freund,* in: MüKo StGB, Bd. 6/I, §§ 40–42 AMG Rn. 14.
[21] Problematisch ist die Unterscheidung bei *Pelchen/Anders,* in: Erbs/Kohlhaas, § 96 AMG Rn. 28, die bei reinen Fehlbewertungen nur einen Verbotsirrtum annehmen wollen; dies dürfte deshalb nicht zutreffen, weil der Täter die Unrichtigkeit seiner Abwägung kennen muss; hierfür ist es aber unerheblich, ob er über die Risiken irrt oder eine fehlsame Bewertung vornimmt.
[22] *BayObLG,* NJW 1990, 1552; kritisch hierzu auch *Freund,* in: MüKo StGB, Bd. 6/I, §§ 40–42 AMG Rn. 72 ff.
[23] So ausdrücklich auch Art. 4 Buchst. a) RL 2001/20/EG.
[24] *Rehmann,* § 40 Rn. 6.

schen Einrichtungen aufhalten, nicht einwilligungsfähig. Eine Einwilligung dieser Personen beseitigt deshalb nicht eine Strafbarkeit nach dieser Bestimmung.

e) Verstoß gegen § 40 Abs. 1 S. 3 Nr. 5. Nr. 5 i. V. m. § 40 I 3 stellt **Mindestanforderungen** an **31** den **Prüfer.** Der Begriff des Prüfers ist in § 4 XXV legal definiert (s. § 4 Rn. 197). Problematisch i. S. d. strafrechtlichen Bestimmtheit ist das Merkmal des „angemessen qualifizierten" Prüfers. Jedenfalls im strafrechtlichen Sinne ist dieses Tatbestandsmerkmal nur dann erfüllt, wenn die Betrauung der Person objektiv unvertretbar erscheint. Eine **strafrechtliche Haftung anderer** in die **Prüfung involvierter Personen** kommt nur in Betracht, soweit diese Kenntnis von den Umständen haben, aus denen sich die Unvertretbarkeit der Prüferstellung ergibt. Von diesem Straftatbestand sind allein fachliche Mängel in der Person des Prüfers erfasst. Fachliche Mängel in der Ausführung werden dagegen regelmäßig durch Nr. 2 pönalisiert.

f) Verstoß gegen § 40 Abs. 1 S. 3 Nr. 6. Nr. 6 des § 40 I 3 bezieht sich auf die **Einhaltung** des **32** entsprechenden **Stands** der **wissenschaftlichen Erkenntnisse** bei der pharmazeutisch-toxikologischen Prüfung eines Arzneimittels. Auch dieses Merkmal ist prüfungsbezogen, d. h. pönalisiert wird eine Prüfung, die wissenschaftlich nicht auf der Höhe des wissenschaftlichen Standards ist. Der strafrechtlich relevante Bezug besteht aber nur dann, wenn sich der Mangel dahingehend auswirkt, dass die Betroffenen mehr als medizinisch indiziert belastet wurden oder die gesamte klinische Prüfung obsolet geworden ist. Der maßgebliche Prüfungsmaßstab dafür, ob die Anforderungen eingehalten wurden, ergibt sich indiziell aus den Arzneimittelprüfrichtlinien.

g) Verstoß gegen § 40 Abs. 1 S. 3 Nr. 8. Nr. 8 des § 40 I 3 bezieht sich auf das **Fehlen** einer **33** **Versicherung,** die verschuldensunabhängig ausgestaltet sein muss[25]. Welche Mindestanforderungen ein entsprechender Versicherungsvertrag aufweisen muss, ergibt sich aus § 40 III (s. § 40 Rn. 100).

3. Verstoß gegen § 41. Die Regelung des § 41 konkretisiert die Anforderungen an die klinische **34** Prüfung bei Kranken. Aus ethischen Gründen werden hierzu Sonderregelungen aufgestellt[26], die am strafrechtlichen Schutz nach dieser Bestimmung teilhaben. Diese weiter einschränkenden Vorschriften dienen vor allem dem Schutz von Minderjährigen (s. § 41 Rn. 10) oder einwilligungsunfähigen voll-jährigen Kranken (s. § 41 Rn. 16).

XIV. Fehlende Zustimmungen (Nr. 11)

Die Strafbarkeit nach **Nr. 11** knüpft daran an, dass die formellen Voraussetzungen nach § 40 I 2 **35** (Zustimmung der **Ethikkommission** und Genehmigung der **Bundesoberbehörde**) nicht eingehalten wurden[27]. **Vollendet** ist die Tat, wenn – ohne dass die formellen Voraussetzungen vorliegen – die klinische Prüfung begonnen wird, mithin die der Prüfung unterliegenden Proben dem ersten Betroffe-nen verabreicht werden.

XV. Mittel zum Schwangerschaftsabbruch (Nr. 12)

Nr. 12 pönalisiert den **nicht gesetzmäßigen Gebrauch** von **Mitteln** zum **Schwangerschafts-** **36** **abbruch.** Allerdings ist der verbotene Umgang mit diesen Mitteln nach § 96 nur strafbar, soweit nicht schon eine Strafbarkeit nach § 95 I Nr. 5a besteht (s. dort Rn. 34). Diese ist dann gegeben, wenn das Mittel nicht an eine i. S. d. § 13 SchKG geeignete Einrichtung abgegeben wird. Die Strafbarkeit nach dieser (milderen) Bestimmung ist dagegen erfüllt, wenn zwar der Vertriebsweg an eine solche Einrichtung eingehalten, das Mittel jedoch ohne ärztliche Verschreibung abgegeben wurde[28]. **Täter** kann aber jeder sein, der das an die Einrichtung gelieferte Mittel der Schwangeren verabreicht.

XVI. Verstoß gegen die Verschreibungspflicht (Nr. 13)

1. Subsidiarität gegenüber § 95 Abs. 1 Nr. 6. Nr. 13 ist ebenfalls nur ein im Verhältnis zu § 95 I **37** Nr. 6 (s. § 95 Rn. 35) subsidiärer Tatbestand, der den Verstoß gegen § 48 I unter Strafe stellt. Die **Tathandlung** liegt in der Verletzung der Verschreibungspflicht, wonach bestimmte Arzneimittel, die in einer Rechtsverordnung gem. § 48 II als verschreibungspflichtig gekennzeichnet sind, nur auf **ärztliche Verschreibung abgegeben** werden **dürfen.** Die **speziellere** (und härtere) Strafvorschrift des § 95 I Nr. 6 betrifft nur die Abgabe in der Untergruppe derjenigen verschreibungspflichtigen Arzneimittel, die zur **Anwendung bei Tieren** bestimmt sind, die der **Gewinnung** von **Lebensmitteln dienen**[29]. Daneben kommt aber auch eine (gleichfalls speziellere und damit die mildere Strafvorschrift des § 96 verdrängende) Strafbarkeit nach § 95 I Nr. 4 in Betracht, wenn ein Verstoß gegen § 43 vorliegt (s. § 95

---

[25] *Freund,* in: MüKo StGB, Bd. 6/I, §§ 40–42 AMG Rn. 59.
[26] *Rehmann,* § 41 Rn. 1.
[27] Missverständlich *Rehmann,* § 40 Rn. 8.
[28] *Rehmann,* § 96 Rn. 16; *Pelchen/Anders,* in: Erbs/Kohlhaas, § 96 AMG Rn. 31.
[29] Zu Recht kritisch im Blick auf den rechtspolitischen Sinn dieser Unterscheidung *Rehmann,* § 96 Rn. 17.

Rn. 28). Wird das verschreibungspflichtige Arzneimittel überhaupt nicht über Apotheken vertrieben, ist schon die Strafbarkeit nach **§ 95 I Nr. 4** gegeben, wenn damit Handel getrieben wird. Von § 95 I Nr. 4 ist deshalb die berufs- oder gewerbsmäßige Abgabe von Arzneimitteln außerhalb der Apotheken (oder sonstigen gesetzlich zugelassenen Vertriebswegen – s. § 43 Rn. 33) erfasst. Eine weitere Ausdehnung der Strafbarkeit bringt die Regelung des 2. AMG-ÄndG 2012, indem die Strafbarkeit auf Verstöße gegen Rechtsverordnungen nach § 48 II Nr. 7 erweitert wurde. Damit können auch Verletzungen der dort vorgesehenen Regeln über Inhalt und Form der Verschreibung strafbewehrt werden.

38   **2. Sonderdelikt für Apotheker.** Der Straftatbestand des Verstoßes gegen das Verbot verschreibungspflichtige Arzneimittel ohne Verschreibung an Verbraucher abzugeben, ist **Sonderdelikt** für **Apotheker** sowie für **pharmazeutische Unternehmer** und **Großhändler,** sofern sie nach § 47 abgeben dürfen[30]. Dies ergibt sich schon aus dem Zusammenspiel der Regelungen über die Apothekenpflicht (§§ 43 ff.) einerseits und der Verschreibungspflicht (§ 48) andererseits, die der Sache nach mit der Verschreibung ein zusätzliches Erfordernis für die Abgabe aufstellt. Damit wird auch die nicht gewerbs- oder berufsmäßige Abgabe von verschreibungspflichtigen Arzneimitteln von einem **Endverbraucher** an einen **anderen Endverbraucher nicht pönalisiert.** Dies ist auch sachdienlich, weil andernfalls jedes gefälligkeitshalber abgegebene verschreibungspflichtige Arzneimittel zwischen Privatpersonen eine Strafbarkeit nach dieser Vorschrift entstehen lassen würde. Sie wäre auch überbordend. Es reicht insoweit aus, die gesetzlich vorgesehenen wesentlichen Vertriebswege zu sichern. Dabei ist es sachgerecht, die Strafbarkeit auf diejenigen Berufsgruppen zu beschränken, denen für die Arzneimittelsicherheit eine besondere Verantwortung auferlegt ist.

39   **3. Keine Prüfpflicht.** Der **Apotheker** braucht grundsätzlich **nicht** zu **prüfen,** ob die Verschreibung begründet ist oder der Arzt zu der Verschreibung allgemein oder im Einzelfall befugt war. Die Verschreibung durch den Arzt, Zahnarzt oder Tierarzt legitimiert ihn zur Abgabe[31]. Ist das **Rezept gefälscht,** so kommt eine Strafbarkeit nur in Betracht, wenn der Apotheker dies **erkannt** hat. Hat er die Täuschung nicht erkannt, bleibt eine fahrlässige Tat als Ordnungswidrigkeit nach § 97 I möglich. Dies setzt aber Anhaltspunkte voraus, aufgrund derer er die Fälschung hätte erkennen können.

40   **4. Ausnahmen.** Die Vorlage einer Verschreibung kann in Einzelfällen **entbehrlich** sein, wenn die Voraussetzungen der Ausnahmevorschrift des § 4 AMVV gegeben sind. Danach genügt in Eilfällen eine **fernmündliche Unterrichtung** durch den Arzt über die Rechtmäßigkeit der Abgabe, wenn sich diese über die Person des anrufenden Arztes vergewissert hatte. Insoweit ist der Eilfall schon dann anzunehmen, wenn der Patient keine Verschreibung vorlegen kann, aber aus der Sicht des Apothekers ein dringender Fall nach ärztlicher Diagnose gegeben ist[32]. In eiligen Fällen können auch schwere Entzugserscheinungen ausreichen, selbst wenn diese erst unmittelbar bevorstehen[33]. Im Übrigen kann die Abgabe unter den Voraussetzungen eines rechtfertigenden Notstands nach § 34 StGB gerechtfertigt sein[34]. Straflos ist es auch, wenn ein Apotheker **Testkäufe** in anderen Apotheken organisiert, sofern er unmittelbar die Verfügungsmacht über das erworbene verschreibungspflichtige Arzneimittel erlangt[35].

XVII. Großhandel ohne Erlaubnis (Nr. 14)

41   **Nr. 14** pönalisiert das **Betreiben** von **Großhandel, ohne** die nach § 52a I 1 hierfür erforderliche **Erlaubnis.** Tathandlung ist die Aufnahme von Großhandelstätigkeit, solange der Betreffende noch über keine Erlaubnis nach § 52a I 1 verfügt. Das bloße Sondieren von Bezugs- oder Absatzmöglichkeiten reicht dabei ebenso wenig aus wie der Abschluss entsprechender Verträge. Der weite Begriff des Handeltreibens (s. § 95 Rn. 32) ist wegen der Unterschiedlichkeit der kriminalpolitischen Ausrichtung nicht anwendbar. Da Schutzzweck der Vorschrift hier der Arzneimittelsicherheit ist (s. § 52a Rn. 2), besteht kein Bedürfnis für eine Kriminalisierung von Vorfeldaktivitäten, die zudem durch Erlangung einer Erlaubnis zur Belieferung der Arzneimittel noch legalisiert werden könnten. Deshalb ist die Strafbarkeitsschwelle erst überschritten und die **Tat vollendet,** wenn Arzneimittel in großhandelsmäßiger Form ohne Erlaubnis tatsächlich umgesetzt werden. Dem Straftatbestand können grundsätzlich auch Apotheker unterfallen, die über den gewöhnlichen Apothekenbetrieb hinaus Großhandel betreiben. Ohne Erlaubnis gilt dies, auch wenn sie Arzneimittel erwerben und an pharmazeutische Großhändler weiterveräußern[36].

[30] *BGHSt* 21, 291; *OLG Hamburg*, NStZ 1995, 508; *OLG Köln*, NStZ 1981, 444 (alle allerdings zu § 96 Nr. 11 a. F.).
[31] *Pelchen/Andres*, in: Erbs/Kohlhaas, § 96 AMG Rn. 34.
[32] *BayObLG*, NJW 1996, 1606.
[33] *LG Berlin*, StV 1997, 309.
[34] *OLG Düsseldorf*, PharmR 1988, 116.
[35] *OLG Oldenburg*, NJW 1999, 2751; *Freund*, in: MüKo StGB, Bd. 6/I, § 96 AMG Rn. 19.
[36] *BGH*, NStZ 2011, 583; vgl. auch *AG Zwickau*, ApoR 2003, 131.

XVIII. Verbotene Tätigkeit als Arzneimittelvermittler (Nr. 14a)

Die durch das 2. AMG-ÄndG 2012 eingefügte Strafvorschrift stellt die unerlaubte Tätigkeit als Arznei- **42** mittelvermittler unter Strafe, der entgegen § 52c II 1 (s. § 52c Rn. 7) eine Tätigkeit als Arzneimittelvermittler aufnimmt.

XIX. Verbotene Verschreibung oder Abgabe durch Tierarzt (Nr. 15)

Nr. 15 begründet eine Strafbarkeit des **Tierarztes,** wenn er dem Tierhalter Arzneimittel verschreibt **43** oder an diesen abgibt, obwohl ihm dies gem. § 56a IV aufgrund einer **Rechtsverordnung** nach § 56a III 1 Nr. 2 **verboten ist.** Damit soll gewährleistet werden, dass das Arzneimittel allein durch den Tierarzt selbst angewendet wird (s. § 56a Rn. 2). Die Strafnorm ist i. S. d. § 28 I StGB ein Sonderdelikt nur für Tierärzte; andere Personen − z. B. der Tierhalter − können nur Teilnehmer sein. Insoweit ist aber für diesen Personenkreis zu beachten, dass der Straftatbestand nach Nr. 16 für sie das speziellere Delikt ist, das häufig die Teilnahmeform nach dieser Bestimmung konsumiert. Etwas anderes kann aber dann gelten, wenn der Tierhalter (als Anstifter) auf den Tierarzt einwirkt, um ihn zu dem nach § 56a IV verbotenen Verhalten zu bestimmen.

XX. Unerlaubter Besitz dem Tierarzt vorbehaltener Arzneimittel (Nr. 16)

Nr. 16 stellt den Besitz von Arzneimitteln, die der Tierarzt nur selbst anwenden darf (§ 56 IV i. V. m. **44** III 1 Nr. 2), beim Tierhalter unter Strafe. Dieser Tatbestand ist Sonderdelikt für den Tierhalter, seine Hilfspersonen können nur Teilnehmer sein; sie werden aber regelmäßig für den Tierhalter den Besitz ausüben, jedenfalls wenn kein anderer Bezug erkennbar ist. Für den Tierarzt konsumiert regelmäßig die Strafbarkeit nach Nr. 15 eine Teilnehmerstrafbarkeit nach dieser Vorschrift.

XXI. Lebensmittelerzeugung von Tieren aus klinischen Prüfungen (Nr. 17)

Nr. 17 pönalisiert die Herstellung von Lebensmitteln **aus Tieren,** an denen klinische **Prüfungen** **45** oder **Rückstandsprüfungen** durchgeführt wurden. Damit wird das relative Verbot des § 59 II 1 strafbewehrt. Die zugelassene Ausnahme nach § 59 II 2 gilt auch hier, setzt jedoch voraus, dass ein entsprechendes Verfahren zur Festlegung einer Wartezeit durchgeführt wurde.

XXII. Unerlaubte Verabreichung an Tiere (Nr. 18, 18a)

Nr. 18 stellt **Verstöße** gegen § 59a I oder II unter Strafe. Es ist ein **abstraktes Gefährdungsdelikt**[37] **46** und soll bereits im Vorfeld alle möglichen Handlungen erfassen, die in eine unerlaubte Verabreichung der Stoffe an Tiere münden könnten (s. § 59a Rn. 1). Für eine strafrechtliche Handlung ist jedoch immer erforderlich, dass die Innentendenz des Täters nachgewiesen wird. Unter Beachtung des Grundsatzes „in dubio pro reo" muss festgestellt werden, dass die in der jeweiligen Strafnorm aufgeführten Tathandlungen in der Absicht begangen werden, den Stoff an Tiere zu verabreichen. **Nr. 18a,** als Strafvorschrift durch die 15. AMG-Novelle eingeführt, bezieht sich auf das Verbot des **§ 59d 1 Nr. 2** und betrifft Tiere, die der Lebensmittelgewinnung dienen (s. § 95 Rn. 39). Das in der Verbotsnorm enthaltene Merkmal „pharmakologisch wirksam" muss dabei vom Vorsatz des Täters umfasst sein.

XXIII. Einfuhr entgegen § 72a (Nr. 18b)

Nr. 18b wurde (dort zunächst als Nr. 18a) durch das AMNOG eingefügt, um ein Redaktionsversehen **47** zu berichtigen, weil die Strafbestimmung im Zuge der letzten Änderung durch das Gesetz vom 17.7.2009 versehentlich entfallen ist[38]. Bestraft werden nach dieser Bestimmung **Verstöße** gegen **§ 72a.** Täter nach dieser Vorschrift ist der Einführer, wenn er entgegen der in § 72a I 1 genannten Zertifizierungserfordernissen Arzneimittel oder Wirkstoffe einführt. Nach § 72a I Buchst. d) erstreckt sich die Strafbarkeit auf die zur Arzneimittelherstellung bestimmten Stoffe menschlicher Herkunft, soweit ihre Überwachung durch eine Rechtsverordnung nach § 54 geregelt ist. Das Fehlen entsprechender Zertifikate kann sich sowohl auf Zertifikate ausländischer Behörden (vom Herstellungsort) als auch auf solche der nach diesem Gesetz zuständigen Behörde beziehen.

XXIV. Verstoß gegen § 72b (Nr. 18c und 18d)

Nr. 18c und 18d erfassen die **unerlaubte Einfuhr** von **Gewebe** oder **Gewebezubereitungen.** **48** Diese sind nach § 72b I, II erlaubnispflichtig (s. § 72b Rn. 3).

---

[37] *Rehmann,* § 96 Rn. 22.
[38] BR-Drucks. 484/10, S. 56.

XXV. Verbringungsverbot von gefälschten Arzneimitteln (Nr. 18e)

49   **Nr. 18e** pönalisiert **Verstöße** gegen das **Verbringungsverbot** von gefälschten Arzneimitteln und Wirkstoffen gem. **§ 73 Ib 1** (s. dazu § 73 Rn. 26). Die Strafbestimmung, die durch die 15. AMG-Novelle eingeführt wurde, wollte den strafrechtlichen Schutz vor gefälschten Arzneimitteln schon auf das Verbringen ausdehnen[39]. Der Begriff des gefälschten Arzneimittels ist am Begriffsinhalt des § 8 II orientiert, die durch die genannte Novelle um das Merkmal des „gefälschten Wirkstoffs" erweitert wurde[40]. Die Herstellung und das Inverkehrbringen solcher Fälschungen ist von § 95 I Nr. 3 erfasst (s. § 95 Rn. 27 f.).

XXVI. Verstoß gegen die Versicherungspflicht (Nr. 19)

50   **Nr. 19** stellt den Verstoß gegen die **Versicherungspflicht** nach § 94 unter Strafe. Diese Pflicht zur sog. Deckungsvorsorge nach § 94 I 1 (s. § 94 Rn. 6) trifft den **pharmazeutischen Unternehmer.** Bei Unternehmen in der Form juristischer Personen sind dies die nach § 14 StGB strafrechtlich haftenden natürlichen Personen. Die Deckungsvorsorge richtet sich in der Höhe nach dem durch § 88 S. 1 bestimmten Betragsumfang. Da die Tat ein abstraktes Gefährdungsdelikt ist, das die Erfüllung möglicher Schadensersatzansprüche von Verbrauchern sichern soll[41], ist der Tatbestand sowohl bei fehlender oder nicht mehr bestehender Versicherung als auch im Falle einer **betragsmäßig nicht ausreichenden Versicherung** verwirklicht.

XXVII. Verstöße gegen EU-Genehmigungsanforderungen

51   **Nr. 20** pönalisiert Verstöße gegen **EU-Recht**, wobei diese Verweisungen auf EU-Recht statische Verweisungen darstellen (s. vor §§ 95 Rn. 9). Beide Straftatbestände, die mit dem 2. AMG-ÄndG 2012 im Blick auf Rechtsänderungen in den zugrundeliegenden Verordnungen und Richtlinien aktualisiert wurden, betreffen den **Genehmigungsantrag** nach Unionsrecht. Die in Bezug genommenen EU-Regelungen sehen insoweit inhaltliche Voraussetzungen hierfür vor. Da das Europäische Recht keine Kompetenz für die Schaffung eigener Strafvorschriften hat, war es Aufgabe des nationalen Rechts, hier einen Straftatbestand zu schaffen, der inhaltlich dem der Nr. 6 des § 96 entspricht. Falsche Angaben im europäischen Zulassungsverfahren sind damit im Grundsatz ebenso strafbar wie solche im nationalen Bereich. Nr. 20 Buchst. a) und b) unterscheiden sich lediglich darin, dass **Buchst. a) Human-** und **Buchst. b) Tierarzneimittel** betreffen.

§ 97 Bußgeldvorschriften

(1) Ordnungswidrig handelt, wer eine in

1. § 96 Nummer 1 bis 5b, 7 bis 18e oder Nummer 19 oder
2. § 96 Nummer 6 oder Nummer 20

bezeichnete Handlung fahrlässig begeht.

(2) Ordnungswidrig handelt auch, wer vorsätzlich oder fahrlässig

    1. entgegen § 8 Absatz 3 ein Arzneimittel in den Verkehr bringt,

    2. entgegen § 9 Abs. 1 Arzneimittel, die nicht den Namen oder die Firma des pharmazeutischen Unternehmers tragen, in den Verkehr bringt,

    3. entgegen § 9 Abs. 2 Arzneimittel in den Verkehr bringt, ohne seinen Sitz im Geltungsbereich dieses Gesetzes oder in einem anderen Mitgliedstaat der Europäischen Union oder in einem anderen Vertragsstaat des Abkommens über den Europäischen Wirtschaftsraum zu haben,

    4. entgegen § 10, auch in Verbindung mit § 109 Abs. 1 Satz 1 oder einer Rechtsverordnung nach § 12 Abs. 1 Nr. 1, Arzneimittel ohne die vorgeschriebene Kennzeichnung in den Verkehr bringt,

    5. entgegen § 11 Abs. 1 Satz 1, auch in Verbindung mit Abs. 2a bis 3b oder 4, jeweils auch in Verbindung mit einer Rechtsverordnung nach § 12 Abs. 1 Nr. 1, Arzneimittel ohne die vorgeschriebene Packungsbeilage in den Verkehr bringt,

    5a. entgegen § 11 Abs. 7 Satz 1 eine Teilmenge abgibt,

    6. einer vollziehbaren Anordnung nach § 18 Abs. 2 zuwiderhandelt,

    7. entgegen

       a) den §§ 20, 20b Absatz 5, § 20c Absatz 6, auch in Verbindung mit § 72b Absatz 1 Satz 2, entgegen § 52a Absatz 8, § 67 Absatz 8 Satz 1 oder § 73 Absatz 3a Satz 4,

---

[39] BT-Drucks. 16/12256, S. 57.
[40] Vgl. *Tilmanns*, PharmR 2009, 66.
[41] *Freund*, in: Müko StGB, Bd. 6/I, § 94 AMG Rn. 4.

    b) § 21a Absatz 7 Satz 1, § 29 Absatz 1 Satz 1, auch in Verbindung mit Satz 2, entgegen § 29 Absatz 1c Satz 1, § 63c Absatz 2, § 63h Absatz 2, § 63i Absatz 2 Satz 1 oder

    c) § 67 Absatz 1 Satz 1, auch in Verbindung mit Satz 2, jeweils auch in Verbindung mit § 69a, entgegen § 67 Absatz 5 Satz 1 oder Absatz 6 Satz 1 eine Anzeige nicht, nicht richtig, nicht vollständig oder nicht rechtzeitig erstattet,

  7a. entgegen § 29 Abs. 1a Satz 1, Abs. 1b oder 1d eine Mitteilung nicht, nicht richtig, nicht vollständig oder nicht rechtzeitig macht,

   8. entgegen § 30 Abs. 4 Satz 1 Nr. 2 oder § 73 Abs. 1 oder 1a Arzneimittel in den Geltungsbereich dieses Gesetzes verbringt,

   9. entgegen § 40 Abs. 1 Satz 3 Nr. 7 die klinische Prüfung eines Arzneimittels durchführt,

  9a. ohne einen Stellvertreter nach § 40 Absatz 1a Satz 3 benannt zu haben, eine klinische Prüfung durchführt,

  9b. entgegen § 42b Absatz 1 oder Absatz 2 die Berichte nicht, nicht richtig, nicht vollständig oder nicht rechtzeitig zur Verfügung stellt,

  10. entgegen § 43 Abs. 1, 2 oder 3 Satz 1 Arzneimittel berufs- oder gewerbsmäßig in den Verkehr bringt oder mit Arzneimitteln, die ohne Verschreibung an Verbraucher abgegeben werden dürfen, Handel treibt oder diese Arzneimittel abgibt,

  11. entgegen § 43 Abs. 5 Satz 1 zur Anwendung bei Tieren bestimmte Arzneimittel, die für den Verkehr außerhalb der Apotheken nicht freigegeben sind, in nicht vorschriftsmäßiger Weise abgibt,

  12. Arzneimittel, die ohne Verschreibung an Verbraucher abgegeben werden dürfen, entgegen § 47 Abs. 1 an andere als dort bezeichnete Personen oder Stellen oder entgegen § 47 Abs. 1a abgibt oder entgegen § 47 Abs. 2 Satz 1 bezieht,

  12a. entgegen § 47 Abs. 4 Satz 1 Muster ohne schriftliche Anforderung, in einer anderen als der kleinsten Packungsgröße oder über die zulässige Menge hinaus abgibt oder abgeben lässt,

  13. die in § 47 Abs. 1b oder Abs. 4 Satz 3 oder in § 47a Abs. 2 Satz 2 vorgeschriebenen Nachweise nicht oder nicht richtig führt, oder der zuständigen Behörde auf Verlangen nicht vorlegt,

  13a. entgegen § 47a Abs. 2 Satz 1 ein dort bezeichnetes Arzneimittel ohne die vorgeschriebene Kennzeichnung abgibt,

  14. entgegen § 50 Abs. 1 Einzelhandel mit Arzneimitteln betreibt,

  15. entgegen § 51 Abs. 1 Arzneimittel im Reisegewerbe feilbietet oder Bestellungen darauf aufsucht,

  16. entgegen § 52 Abs. 1 Arzneimittel im Wege der Selbstbedienung in den Verkehr bringt,

  17. entgegen § 55 Absatz 8 Satz 1 auch in Verbindung mit Satz 2, einen Stoff, ein Behältnis oder eine Umhüllung verwendet oder eine Darreichungsform anfertigt,

  17a. entgegen § 56 Abs. 1 Satz 2 eine Kopie einer Verschreibung nicht oder nicht rechtzeitig übersendet,

  18. entgegen § 56 Abs. 2 Satz 1, Abs. 3 oder 4 Satz 1 oder 2 Fütterungsarzneimittel herstellt,

  19. entgegen § 56 Absatz 4 Satz 2 eine verfütterungsfertige Mischung nicht, nicht richtig, nicht vollständig, nicht in der vorgeschriebenen Weise oder nicht rechtzeitig kennzeichnet,

  20. entgegen § 56 Abs. 5 Satz 1 ein Fütterungsarzneimittel verschreibt,

  21. entgegen § 56a Abs. 1 Satz 1 Nr. 1, 2, 3 oder 4, jeweils auch in Verbindung mit Satz 3, Arzneimittel,

    a) die zur Anwendung bei Tieren bestimmt sind, die nicht der Gewinnung von Lebensmitteln dienen, und nur auf Verschreibung an Verbraucher abgegeben werden dürfen,

    b) die ohne Verschreibung an Verbraucher abgegeben werden dürfen, verschreibt, abgibt oder anwendet,

  21a. entgegen § 56a Abs. 1 Satz 4 Arzneimittel-Vormischungen verschreibt oder abgibt,

  22. Arzneimittel, die ohne Verschreibung an Verbraucher abgegeben werden dürfen, entgegen § 57 Abs. 1 erwirbt,

  22a. entgegen § 57a Arzneimittel anwendet,

  23. entgegen § 58 Abs. 1 Satz 2 oder 3 Arzneimittel bei Tieren anwendet, die der Gewinnung von Lebensmitteln dienen,

  23a. entgegen § 58a Absatz 1 Satz 1 oder 2 oder Absatz 3, Absatz 4 Satz 1, Satz 2 oder Satz 3 oder § 58b Absatz 1 Satz 1, 2 oder 3 oder Absatz 2 Satz 2 Nummer 2 oder Absatz 3 eine Mitteilung nicht, nicht richtig, nicht vollständig, nicht in der vorgeschriebenen Weise oder nicht rechtzeitig macht,

23b. entgegen § 58d Absatz 1 Nummer 2 eine dort genannte Feststellung nicht, nicht richtig oder nicht rechtzeitig aufzeichnet,

23c. entgegen § 58d Absatz 2 Satz 1 Nummer 2 einen dort genannten Plan nicht, nicht richtig, nicht vollständig, nicht in der vorgeschriebenen Weise oder nicht rechtzeitig erstellt,

23d. einer vollziehbaren Anordnung nach § 58d Absatz 3 oder Absatz 4 Satz 1 zuwiderhandelt,

24. einer Aufzeichnungs- oder Vorlagepflicht nach § 59 Abs. 4 zuwiderhandelt,

24a. entgegen § 59b Satz 1 Stoffe nicht, nicht richtig oder nicht rechtzeitig überlässt,

24b. entgegen § 59c Satz 1, auch in Verbindung mit Satz 2, einen dort bezeichneten Nachweis nicht, nicht richtig oder nicht vollständig führt oder nicht oder nicht mindestens drei Jahre aufbewahrt oder nicht oder nicht rechtzeitig vorlegt,

24c. entgegen § 63a Abs. 1 Satz 1 einen Stufenplanbeauftragten nicht beauftragt oder entgegen § 63a Abs. 3 eine Mitteilung nicht, nicht vollständig oder nicht rechtzeitig erstattet,

24d. entgegen § 63a Abs. 1 Satz 6 eine Tätigkeit als Stufenplanbeauftragter ausübt,

24e. entgegen § 63b Absatz 1 ein Pharmakovigilanz-System nicht betreibt,

24 f. entgegen § 63b Absatz 2 Nummer 1 eine dort genannte Maßnahme nicht oder nicht rechtzeitig ergreift,

24g. entgegen § 63b Absatz 2 Nummer 3 eine Pharmakovigilanz-Stammdokumentation nicht, nicht richtig oder nicht vollständig führt oder nicht, nicht richtig, nicht vollständig oder nicht rechtzeitig zur Verfügung stellt,

24h. entgegen § 63b Absatz 2 Nummer 4 ein Risikomanagement-System für jedes einzelne Arzneimittel nicht, nicht richtig oder nicht vollständig betreibt,

24i. entgegen § 63b Absatz 3 Satz 1 eine dort genannte Information ohne die dort genannte vorherige oder gleichzeitige Mitteilung veröffentlicht,

24j. entgegen § 63d Absatz 1, auch in Verbindung mit Absatz 3 Satz 1 oder Absatz 3 Satz 4, einen Unbedenklichkeitsbericht nicht, nicht richtig, nicht vollständig oder nicht rechtzeitig vorlegt,

24k. entgegen § 63f Absatz 1 Satz 3 einen Abschlussbericht nicht oder nicht rechtzeitig übermittelt,

24l. entgegen § 63g Absatz 1 einen Entwurf des Prüfungsprotokolls nicht, nicht richtig oder nicht rechtzeitig vorlegt,

24m. entgegen § 63g Absatz 2 Satz 1 mit einer Unbedenklichkeitsprüfung beginnt,

24n. entgegen § 63g Absatz 4 Satz 1 einen Prüfungsbericht nicht, nicht richtig, nicht vollständig oder nicht rechtzeitig vorlegt,

24o. entgegen § 63h Absatz 5 Satz 1, 2 oder Satz 3 einen Bericht nicht, nicht richtig, nicht vollständig oder nicht rechtzeitig vorlegt,

24p. entgegen § 63i Absatz 3 Satz 1 eine Meldung nicht, nicht richtig oder nicht rechtzeitig macht,

24q. entgegen § 63i Absatz 4 Satz 1 einen Bericht nicht, nicht richtig oder nicht rechtzeitig vorlegt,

25. einer vollziehbaren Anordnung nach § 64 Abs. 4 Nr. 4, auch in Verbindung mit § 69a, zuwiderhandelt,

26. einer Duldungs- oder Mitwirkungspflicht nach § 66, auch in Verbindung mit § 69a, zuwiderhandelt,

27. entgegen einer vollziehbaren Anordnung nach § 74 Abs. 1 Satz 2 Nr. 3 eine Sendung nicht vorführt,

27a. entgegen § 74a Abs. 1 Satz 1 einen Informationsbeauftragten nicht beauftragt oder entgegen § 74a Abs. 3 eine Mitteilung nicht, nicht vollständig oder nicht rechtzeitig erstattet,

27b. entgegen § 74a Abs. 1 Satz 4 eine Tätigkeit als Informationsbeauftragter ausübt,

28. entgegen § 75 Abs. 1 Satz 1 eine Person als Pharmaberater beauftragt,

29. entgegen § 75 Abs. 1 Satz 3 eine Tätigkeit als Pharmaberater ausübt,

30. einer Aufzeichnungs-, Mitteilungs- oder Nachweispflicht nach § 76 Abs. 1 Satz 2 oder Abs. 2 zuwiderhandelt,

30a. *(aufgehoben)*

31. einer Rechtsverordnung nach § 7 Abs. 2 Satz 2, § 12 Abs. 1 Nr. 3 Buchstabe a, § 12 Abs. 1b, § 42 Abs. 3, § 54 Abs. 1, § 56a Abs. 3, § 57 Absatz 2 oder Absatz 3, § 58 Abs. 2 oder § 74 Abs. 2 oder einer vollziehbaren Anordnung auf Grund einer solchen Rechtsverordnung zuwiderhandelt, soweit die Rechtsverordnung für einen bestimmten Tatbestand auf diese Bußgeldvorschrift verweist.

32.–36. *(aufgehoben)*

(2a) Ordnungswidrig handelt, wer vorsätzlich oder fahrlässig gegen Artikel 1 der Verordnung (EG) Nr. 540/95 der Kommission vom 10. März 1995 zur Festlegung der Bestimmungen für die Mitteilung von vermuteten unerwarteten, nicht schwerwiegenden Nebenwirkungen, die innerhalb oder außerhalb der Gemeinschaft an gemäß der Verordnung (EWG) Nr. 2309/93 zugelassenen Human- oder Tierarzneimitteln festgestellt werden (ABl. L 55 vom 11.3.1995, S. 5), in Verbindung mit § 63h Absatz 7 Satz 2 verstößt, indem er nicht sicherstellt, dass der Europäischen Arzneimittel-Agentur und der zuständigen Bundesoberbehörde eine dort bezeichnete Nebenwirkung mitgeteilt wird.

(2b) Ordnungswidrig handelt, wer gegen die Verordnung (EG) Nr. 726/2004 verstößt, indem er vorsätzlich oder fahrlässig

1. entgegen Artikel 16 Absatz 2 Satz 1 oder Satz 2 in Verbindung mit Artikel 8 Absatz 3 Unterabsatz 1 Buchstabe c bis e, h bis iaa oder Buchstabe ib der Richtlinie 2001/83/EG oder entgegen Artikel 41 Absatz 4 Satz 1 oder 2 in Verbindung mit Artikel 12 Absatz 3 Unterabsatz 1 Satz 2 Buchstabe c bis e, h bis j oder Buchstabe k der Richtlinie 2001/82/EG, jeweils in Verbindung mit § 29 Absatz 4 Satz 2, der Europäischen Arzneimittel-Agentur oder der zuständigen Bundesoberbehörde eine dort genannte Mitteilung nicht, nicht richtig, nicht vollständig oder nicht rechtzeitig macht,

2. entgegen Artikel 28 Absatz 1 in Verbindung mit Artikel 107 Absatz 1 Unterabsatz 2 der Richtlinie 2001/83/EG nicht dafür sorgt, dass eine Meldung an einer dort genannten Stelle verfügbar ist,

3. entgegen Artikel 49 Absatz 1 Satz 1 oder Absatz 2 Satz 1, jeweils in Verbindung mit § 29 Absatz 4 Satz 2, nicht sicherstellt, dass der zuständigen Bundesoberbehörde oder der Europäischen Arzneimittel-Agentur eine dort bezeichnete Nebenwirkung mitgeteilt wird,

4. entgegen Artikel 49 Absatz 3 Satz 1 eine dort bezeichnete Unterlage nicht, nicht richtig oder nicht vollständig führt.

(2c) Ordnungswidrig handelt, wer gegen die Verordnung (EG) Nr. 1901/2006 des Europäischen Parlaments und des Rates vom 12. Dezember 2006 über Kinderarzneimittel und zur Änderung der Verordnung (EWG) Nr. 1768/92, der Richtlinien 2001/20/EG und 2001/83/EG sowie der Verordnung (EG) Nr. 726/2004 (ABl. L 378 vom 27.12.2006, S. 1) verstößt, indem er vorsätzlich oder fahrlässig

1. entgegen Artikel 33 Satz 1 ein dort genanntes Arzneimittel nicht, nicht richtig oder nicht rechtzeitig in den Verkehr bringt,

2. einer vollziehbaren Anordnung nach Artikel 34 Absatz 2 Satz 4 zuwiderhandelt,

3. entgegen Artikel 34 Absatz 4 Satz 1 den dort genannten Bericht nicht oder nicht rechtzeitig vorlegt,

4. entgegen Artikel 35 Satz 1 die Genehmigung für das Inverkehrbringen nicht oder nicht rechtzeitig auf einen dort genannten Dritten überträgt und diesem einen Rückgriff auf die dort genannten Unterlagen nicht oder nicht rechtzeitig gestattet,

5. entgegen Artikel 35 Satz 2 eine Unterrichtung nicht, nicht richtig oder nicht rechtzeitig vornimmt, oder

6. entgegen Artikel 41 Absatz 2 Satz 2 ein Ergebnis der dort genannten Prüfung nicht, nicht richtig oder nicht rechtzeitig vorlegt.

(3) Die Ordnungswidrigkeit kann mit einer Geldbuße bis zu 25 000 Euro geahndet werden.

(4) Verwaltungsbehörde im Sinne des § 36 Absatz 1 Nummer 1 des Gesetzes über Ordnungswidrigkeiten ist in den Fällen

1. des Absatzes 1 Nummer 2, des Absatzes 2 Nummer 7 Buchstabe b, Nummer 7a, 9b und 24e bis 24q, der Absätze 2a bis 2c und

2. des Absatzes 2 Nummer 7 Buchstabe c, soweit die Tat gegenüber der zuständigen Bundesoberbehörde begangen wird,

die nach § 77 zuständige Bundesoberbehörde.

Wichtige Änderungen der Vorschrift: Abs. 2 Nr. 17, 24d und 34 bis 36 sowie Abs. 4 eingefügt durch Art. 1 Nr. 74 des Gesetzes zur Änderung arzneimittelrechtlicher und anderer Vorschriften vom 17.7.2009 (BGBl. I S. 1990); Abs. 2 Nr. 9a eingefügt durch Art. 7 Nr. 9 des Gesetzes zur Neuordnung des Arzneimittelmarktes in der gesetzlichen Krankenversicherung vom 22.12.2010 (BGBl. I S. 2262); Abs. 2 Nr. 1 und 7 neu gefasst, Nr. 9a eingefügt, bisherige Nr. 9a wird Nr. 9b, Nr. 24e und 24f neu gefasst, Nr. 24g – 36 aufgehoben, Abs. 2a – 2c eingefügt, Abs. 4 neu gefasst durch Art. 1 Nr. 68 des Zweiten Gesetzes zur Änderung arzneimittelrechtlicher und anderer Vorschriften vom 19.10.2012 (BGBl. I S. 2192); Abs. 2 Nr. 19 neu gefasst, Nr. 23a – 23d eingefügt, Nr. 31 geändert durch Art. 1 Nr. 11 des Sechzehnten Gesetzes zur Änderung des Arzneimittelgesetzes vom 10.10.2013 (BGBl. I S. 3813).

Übersicht

A. Allgemeines

I. Inhalt

1   Der **Bußgeldtatbestand** des § 97 komplettiert das arzneimittelrechtliche Sanktionensystem. Er gliedert sich in zwei Regelungsbereiche. Während Abs. 1 die fahrlässige Begehung der in § 96 aufgeführten Tatbestände unter Buße stellt, enthält Abs. 2 eine Fülle von Bußgeldtatbeständen, die regelmäßig als **Blankettnormen** auf arzneimittelrechtliche Gebots- oder Verbotsnormen Bezug nehmen. § 97 hat wegen seiner Bezüge nahezu ins gesamte Arzneimittelrecht praktisch mit jeder Novelle eine Änderung erfahren. Die umfassendste Umgestaltung hat die Norm jetzt durch das 2. AMG-ÄndG 2012 erhalten, das eine Welle neuer Bußgeldtatbestände (viele aus den Nr. 24a bis q; Abs. 2 Buchst. a) bis c) gebracht hat. Die späteren Änderungen durch das 3. AMG-ÄndG 2013[1] und der 16. AMG-Novelle[2] waren vor allem redaktioneller Art.

II. Zweck

2   Das gesamte Sanktionensystem erfasst damit weitgehend die Pflichtenverstöße nach dem Arzneimittelrecht. Ob diese Sanktionsbreite zusätzlich zu den jeweiligen verwaltungsrechtlichen Zwangsmitteln und den zivilrechtlichen Haftungsfolgen erforderlich ist, mag zweifelhaft sein. Eine konsequente Ahndung sämtlicher Pflichtverstöße belastet jedenfalls die Verfolgungsbehörden nicht unerheblich. Ebenso fragwürdig mag im Hinblick auf manche Tatbestände sein, ob die Einordnung bestimmter Zuwiderhandlungen als Straftat oder Ordnungswidrigkeit immer gelungen ist. Rechtliche Bedenken ergeben sich hieraus jedenfalls nicht. Dem Gesetzgeber kommt insoweit ein weiter Gestaltungsspielraum zu[3]. Zwar impliziert der Vorwurf einer Straftat regelmäßig auch ein besonderes ethisches Unwerturteil (auch wenn dieser Aspekt in der allgemeinen Meinung der Bevölkerung weitgehend seine Bedeutung verloren haben dürfte), in der Rechtsanwendungspraxis unterscheiden sich hinsichtlich der tatsächlichen Sanktionsfolgen aber Ordnungswidrigkeiten und Straftaten nicht mehr wesentlich[4], zumal in der weit überwiegenden Zahl nur Geldstrafen im eher unteren Bereich verhängt werden.

III. Verjährung

3   Die Ordnungswidrigkeiten **verjähren** gem. § 31 II Nr. 1 OWiG in **drei Jahren.** Dies gilt für die Ordnungswidrigkeiten nach § 97 I und die vorsätzlichen Ordnungswidrigkeiten nach § 97 II. Fahrlässige Ordnungswidrigkeiten nach § 97 II verjähren wegen ihres verminderten Höchstmaßes (s. Rn 16) gem. § 31 II Nr. 2 OWiG in zwei Jahren. Zu beachten sind die Zeiten des Ruhens der Verjährung (§ 32 OWiG) und ihrer Unterbrechung (§ 33 OWiG). Die **absolute Verjährung** des § 33 III 3 OWiG beträgt das Doppelte der gesetzlichen Verjährung. Die Verjährung beginnt mit der Beendigung der Tat (§ 31 III OWiG).

---

[1] Vgl. BT-Drucks. 17/13083, S. 7.
[2] BT-Drucks. 17/11293, S. 19.
[3] *BVerfGE* 45, 272, 288; 27, 18, 30.
[4] *Freund,* in: MüKo StGB, Bd. 6/I, § 97 Rn. 2.

B. Fahrlässige Begehung der Tathandlungen nach § 96 (Abs. 1)

Abs. 1 stellt die fahrlässige Begehung der in § 96 aufgeführten Tatbestände unter Strafe. Fahrlässigkeit **4** bedeutet, dass der Täter die im Verkehr erforderliche Sorgfalt nicht beachtet[5] und in Folge der Pflicht-widrigkeit für ihn vorhersehbar der tatbestandliche Erfolg eintritt. Es gilt im Hinblick auf die Vorherseh-barkeit ein subjektiver Maßstab (s. vor §§ 95 ff. Rn. 24). Soweit die Arzneimittelsicherheit im Verhältnis zum Endverbraucher unmittelbar betroffen ist, sind – wie der *BGH* für die ärztliche Sorgfaltspflicht bereits entschieden hat[6], was für die Sorgfaltspflichten im Arzneimittelbereich aber gleichermaßen gilt – an das **Maß der Sorgfalt** hohe Anforderungen zu stellen, da hier besonders ernste Folgen entstehen können und der Patient regelmäßig die Zweckmäßigkeit oder Fehlerhaftigkeit der Handlung nicht erkennen kann. Handelt es sich um einen besonders gefahrenträchtigen Bereich (in dem entschiedenen Fall Transfusionsmedizin) gelten diese Sorgfaltsanforderungen erst recht[7].

Bedeutung hat der Fahrlässigkeitstatbestand bei Zuwiderhandlungen häufig auch deshalb, weil **kein 5 vorsätzliches Handeln feststellbar** ist. Dies liegt vor, wenn sich der Täter in einem Tatbestandsirrtum (§ 16 StGB) befand (vgl. Einführung vor §§ 95 ff. Rn. 21). Eine Ahndung von fahrlässigem Verhalten kommt auch in Betracht, soweit sich eine vorsätzliche Begehung nicht nachweisen lässt, weil der Fahrlässigkeitstatbestand im Verhältnis zum Vorsatztatbestand immer auch **Auffangtatbestand** ist (s. vor §§ 95 ff. Rn. 26).

C. Ordnungswidrigkeitentatbestände (Abs. 2)

Abs. 2 enthält in den Nr. 1–36 – teilweise mit noch weiteren Untergliederungen – eine Vielzahl von **6 Bußgeldtatbeständen**, die Verstöße nach diesem Gesetz, den hierzu ergangenen Rechtsverordnungen (zur verfassungsrechtlichen Zulässigkeit s. vor §§ 95 Rn. 9) oder EU-Rechtsakten mit einem Bußgeld ahnden. Bußgeldbewehrt sind dabei sämtlich – weil die fahrlässige Begehung durchweg gesetzlich ausdrücklich bußgeldbewehrt gestellt wurde (§ 10 OWiG) – sowohl Vorsatz- als auch Fahrlässigkeits-taten.

I. Allgemeines

Die durch Abs. 2 in Bezug genommenen Tatbestände sind Blanketttatbestände und enthalten durch-**7** weg Verweisungen. Für Bußgeldsachen gelten dieselben Grundsätze, die auch für Straftatbestände maß-gebend sind (s. vor §§ 95 Rn. 4 ff.). Verweisungen auf Rechtsquellen des Gemeinschaftsrechts sind immer statisch, d. h. Änderungen in der in Bezug genommenen Vorschrift wirken sie sich nur aus, wenn sie für den Betroffenen günstiger sind (s. vor §§ 95 Rn. 9). Die Vorschriften sollen nicht im Einzelnen erörtert werden, weil sich die jeweiligen Zuwiderhandlungen regelmäßig schon aus der jeweiligen Kommentierung zur Einzelvorschrift ergeben. Maßgeblich für die Verwirklichung des Bußgeldtat-bestands ist dann lediglich, dass der Verstoß schuldhaft erfolgt sein muss, also entweder in der Schuldform des Vorsatzes oder der Fahrlässigkeit.

II. Spezielle Bußgeldtatbestände

Zu den **einzelnen Bußgeldnormen** ist gesondert noch Folgendes zu bemerken: **8**

1. Verstoß gegen § 43 (Nr. 10). Nr. 10 stellt Verstöße gegen § 43 I, II, III 1 unter Ahndung. Hierzu **9** zählt auch die Fallgestaltung, dass der Arzt angebrochene Arzneimittel zurücknimmt, um sie an andere Patienten unentgeltlich zu verteilen. Hierin liegt ein berufsmäßiges Vertreiben i. S. d. Ordnungswidrig-keit[8].

2. Verstoß gegen § 50 Abs. 1 (Nr. 14). Nr. 14 stellt den Verstoß gegen § 50, der den Verkehr mit **10** Arzneimitteln außerhalb von Apotheken regelt, unter Ahndung. Der die Arzneimittel anbietende Unternehmer, der allein tauglicher Täter nach dieser Bußgeldvorschrift ist, verhält sich ordnungswidrig, wenn er die Waren anbietet, ohne dass jedenfalls eine mit dem Verkauf betraute Person die erforderliche Sachkunde besitzt. Dies kann auch eine staatlich geprüfte Apothekenhelferin sein[9]. Anbieten kann auch im Wege der Selbstbedienung erfolgen[10].

---

[5] *BGHSt* 49, 1, 5.
[6] *BGHSt* 6, 282, 288; *BGH*, BGHR StGB, § 15 – Fahrlässigkeit 3.
[7] *BGH*, BGHR StGB, § 15 – Fahrlässigkeit 3.
[8] *AG Detmold*, MedR 2003, 351; vgl. dazu auch *Riemer*, MedR 2003, 352.
[9] *OLG Düsseldorf*, ZLR 1990, 150 ff.
[10] *OLG Düsseldorf*, ZLR 1990, 150 ff.; *OLG Düsseldorf*, PharmR 1985, 230.

11   **3. Verstoß gegen § 52 Abs. 1 (Nr. 16). Nr. 16** erfasst den Verstoß gegen das Selbstbedienungsverbot nach § 52 (vgl. 52 Rn. 1). Dies gilt absolut für apothekenpflichtige Waren und ist verfassungsgemäß[11].

12   **4. Verstoß gegen Gemeinschaftsrecht Abs. 2 Buchst. a) bis c).** Für die ursprünglich durch das AMG-ÄndG 2009 in **Nr. 36** (unterteilt in Buchst. a) bis f)) geschaffenen Bußgeldtatbestände[12] wurden durch das das 2. AMG-ÄndG 2012 zum Zwecke der besseren Lesbarkeit eigene Absätze gebildet[13]. Es handelt sich sämtlich um Blanketttatbestände, die auf europarechtliche Quellen Bezug nehmen (s. Vor §§ 95–98a Rn. 8 f.).

13   **Abs. 2 Buchst. a)** enthält die Bußgeldbewehrung von Verstößen gegen die Mitteilungspflicht von Nebenwirkungen nach der Verordnung (EG) Nr. 540/95.

14   **Abs. 2 Buchst. b)** sanktioniert Verstöße gegen die Verordnung (EG) Nr. 726/2004. Tathandlungen sind Verletzungen von Mitteilungs- oder Meldepflichten sowie die nicht ordnungsgemäße Führung von Unterlagen.

15   Mit **Abs. 2 Buchst. c)** sollen die Rechtspflichten aus der **VO (EG) Nr. 1901/2006** vom 12.12.2006 über **Kinderarzneimittel** bußgeldbewehrt gestellt werden[14]. Um die Versorgung mit pädiatrischen Arzneimitteln sicherzustellen, stellt es nach Nr. 1 i. V. m. Art. 33 der VO einen ahndbaren Verstoß dar, wenn – obwohl ein Arzneimittel mit einem gebilligten und ausgeführten pädiatrischen Prüfungskonzept zugelassen ist – der Genehmigungsinhaber bei einem bereits im Verkehr befindlichen Arzneimittel dieses nicht mit der pädiatrischen Indikation in Verkehr bringt. Insoweit ist seine unternehmerische Freiheit zugunsten der Verfügbarkeit pädiatrischer Arzneimittel eingeschränkt wie bei dem Bußgeldtatbestand nach Nr. 4 i. V. m. Art. 35 S. 1 der VO. Danach wird der Genehmigungsinhaber verpflichtet, einem Dritten die Genehmigung zu übertragen oder ihm den Zugriff auf seine Unterlagen zu gestatten, wenn er selbst plant, das Inverkehrbringen einzustellen[15]. Die übrigen Tatbestände des Abs. 2 Buchst. c) sanktionieren Formalverstöße, wie Verstöße gegen Auflagen (Nr. 2)), Verstöße gegen Berichtspflichten nach Art. 34 Abs. 4 (Nr. 3) bzw. Art. 35 S. 2 der VO (Nr. 5) oder die Nichtveröffentlichung von Prüfungsergebnissen gem. Art. 41 II der VO (Nr. 6).

D. Bußgeldrahmen (Abs. 3)

16   **Abs. 3** setzt die Obergrenze des **Bußgeldrahmens** auf € 25.000,00 fest. Die Untergrenze beträgt gem. § 17 I OWiG € 5,00. Der Bußgeldrahmen ist im Falle fahrlässiger Begehung nach § 17 II OWiG im Höchstmaß halbiert, beträgt also € 12.500,00. Innerhalb dieses Rahmens ist dann die Einzelzuweisung vorzunehmen, die sich nach § 17 III OWiG an der Bedeutung der Ordnungswidrigkeit und der persönlichen Vorwerfbarkeit orientiert[16]. Prinzipiell gelten insoweit die allgemeinen Zumessungsgesichtspunkte des Strafrechts sinngemäß, so insbesondere die Berücksichtigung des Vorliegens eines Geständnisses oder von Vorahndungen. Die wirtschaftlichen Verhältnisse des Täters sind gleichfalls für die Höhe des festzusetzenden Bußgelds bedeutsam[17].

17   Hat der Täter einen **Vorteil**[18] erlangt, soll dieser mit der Geldbuße **abgeschöpft** werden (§ 17 IV OWiG). Hierfür kann das Höchstmaß der Geldbuße überschritten werden. Das Höchstmaß bildet dann die Summe aus dem gezogenen Vorteil und dem gesetzlichen Höchstbetrag[19].

18   Derselbe **Bußgeldrahmen** gilt auch für die Verhängung von Geldbußen[20] gegen das hinter dem Täter stehende **Unternehmen** (s. vor §§ 95 Rn. 31) nach **§ 30 II 2 OWiG**. Auch ihnen gegenüber kann das Bußgeld nach § 30 III i. V. m. § 17 IV OWiG zum Zwecke der Vorteilsabschöpfung erhöht werden, auch wenn hierdurch das Höchstmaß überschritten wird.

E. Zuständigkeit (Abs. 4)

19   **Abs. 4** regelt die für die Verfolgung der Ordnungswidrigkeit i. S. d. § 36 I Nr. 1 OWiG zuständige Behörde für eigens dort aufgeführte Ordnungswidrigkeittatbestände und bestimmt hierzu die nach § 77 zuständige Bundesbehörde. Die Vorschrift wurde redaktionell angepasst und der Bundesoberbehörde die Ahndung der Verstöße gegen die Pharmakovigilanz-Pflichten zugewiesen[21]. Im Übrigen gilt für die

---

[11] *OLG Köln*, NJW 1984, 2642; vgl. auch *BVerfGE* 75, 166 ff.
[12] Vgl. *Weber*, PharmR 2009, 442 ff.
[13] BT-Drucks. 17/9341, S. 68.
[14] BT-Drucks. 16/12256, S. 57.
[15] Vgl. BT-Drucks., 16/12256, S. 57.
[16] Zur Bemessung vgl. *BGH*, 24.4.1991, wistra 1991, 268 – Bußgeldbemessung; *Raum*, in: Langen/Bunte, § 81 Rn. 161 ff.
[17] *BGH*, NJW 2005, 1381, 1382.
[18] Zur Bestimmung des Vorteils *BGHSt* 52, 1; *BGH*, wistra 2005, 384.
[19] *Rehmann*, § 97 Rn. 42.
[20] Vgl. *BGH*, Urt. v. 27.5.1986, NStZ 1986, 518; *Raum*, in: Langen/Bunte, § 81 Rn. 162 ff.
[21] BT-Drucks. 17/9341, S. 68.

Verfolgungszuständigkeit gem. § 35 OWiG der Grundsatz, dass die Verfolgungszuständigkeit der Verwaltungszuständigkeit folgt.

§ 98 Einziehung

[1] **Gegenstände, auf die sich eine Straftat nach § 95 oder § 96 oder eine Ordnungswidrigkeit nach § 97 bezieht, können eingezogen werden.** [2] **§ 74a des Strafgesetzbuches und § 23 des Gesetzes über Ordnungswidrigkeiten sind anzuwenden.**

Literatur: *Schmidt,* Gewinnabschöpfung im Straf- und Bußgeldverfahren, 2006.

Übersicht

A. Allgemeines

Die Regelung des § 98 stellt klar, dass Gegenstände, auf die sich eine Straftat oder eine Ordnungs- **1** widrigkeit bezieht, eingezogen werden können. Diese **Nebenfolge der Tat** ergibt sich eigentlich bereits aus den allgemeinen Vorschriften des Strafrechts (§ 74 StGB) bzw. des Ordnungswidrigkeitenrechts (§ 22 OWiG). Der eigenständige Regelungsgehalt des § 98 besteht jedoch in seiner Erstreckung auf Fahrlässigkeitsdelikte und in seiner Verweisung auf § 74a StGB bzw. § 23 OWiG. Nach diesen Vorschriften, auf die aber durch das Spezialgesetz ausdrücklich Bezug genommen werden muss, **erweitert** sich der Umfang der Einziehung gegenüber den allgemeinen Regelungen des Straf- und Ordnungswidrigkeitenrechts **in dreierlei Hinsicht.** Einmal wird auch die Einziehung bei Fahrlässigkeitsdelikten ermöglicht[1]. Zum anderen kann die Einziehung gegenüber Dritten unter den erleichterten Voraussetzungen des § 74a StGB bzw. des § 23 OWiG erfolgen. Weiterhin wird durch § 98 die Einziehung auch im Hinblick auf die sog. Beziehungsgegenstände zugelassen.

B. Rechtscharakter der Einziehung

Die Einziehung nach dem Grundtatbestand des § 74 II 1 StGB hat – anders als der Verfall – **Straf- 2 charakter**[2]. Ihre Anordnung ist, soweit sie sich gegen den Tatbeteiligten richtet, damit eine Strafzumessungsentscheidung, die auch als solche zu begründen ist. Sie steht im Ermessen des Gerichts, welches aber erkennen lassen muss[3], dass es eine Ermessensbetätigung vorgenommen hat. Wird die Einziehung ausgesprochen, hat dies – jedenfalls bei werthaltigen Gegenständen – Auswirkungen auf die Hauptstrafe, die im Blick auf das zusätzliche Übel der Einziehung gemildert werden muss[4]. Daneben ist die Einziehung nach § 74 II 2 StGB auch als **Sicherungseinziehung** zulässig, wenn sie dem Schutz gegen Gefahren dient. Beide Voraussetzungen können auch kumulativ vorliegen. In jedem Fall muss das Gericht – wegen der möglichen Entschädigungsfolgen – deutlich machen, auf welche Alternative es die Anordnung stützt[5].

---

[1] *Freund,* in: MüKo StGB, Bd. 6/I, § 98 AMG Rn. 1.
[2] *BGHSt* 6, 82; 8, 205, 214; 16, 47.
[3] *BGHR* StGB § 74 Abs. 1 – Ermessensentscheidung 1.
[4] *BGHSt* 10, 28, 33 = NJW 1957, 351; *BGH,* Beschl. v. 26.4.1983 – 1 StR 28/83, NJW 1983, 2710, 2711.
[5] *Eser,* in: Schönke/Schröder, § 74 Rn. 42.

C. Gegenstand der Einziehung

3   Der Kreis der einer Einziehung unterliegenden Gegenstände wird durch **§ 74 StGB** bestimmt. Unter Gegenstände im Sinne dieser Vorschrift sind sowohl **Sachen** (wozu auch Tiere zu rechnen sind[6]) als auch **Rechte** zu verstehen. Dass Rechte ebenfalls einziehbar sein sollen, wird durch die Verwendung des Begriffs „zustehen" deutlich und entspricht allgemeiner Meinung[7].

I. Grundtatbestände nach dem StGB

4   **1. Durch die Tat hervorgebracht.** Danach unterfallen gem. **§ 74 I, 1. Alt. StGB** der Einziehung die **durch die Tat hervorgebrachten Gegenstände (sog. producta sceleris).** „Durch die Tat" bedeutet in diesem Zusammenhang, dass die mit Strafe bedrohte Handlung den Gegenstand geschaffen hat[8]. Dies ist etwa der Fall beim Herstellen illegaler Arzneimittel (vgl. etwa § 95 I Nr. 3, § 96 Nr. 4, Nr. 17). Diese Voraussetzungen liegen auch vor, wenn ein schon vorhandenes Arzneimittel in strafbarer Weise verändert wird.

5   **2. Tatmittel.** Nach **§ 74 I, 2. Alt. StGB** muss der Gegenstand zur Begehung der Tat gebraucht worden oder bestimmt gewesen sein. Damit sind die Mittel gemeint, die der Täter als **Mittel** zur Verwirklichung seines Tatplans einsetzt oder nach seinem Tatplan einsetzen will (sog. **instrumenta sceleris**)[9]. In welcher Phase der Tatbegehung diese Mittel verwendet oder verwendet werden sollen, ist dabei unerheblich. Die Tatbegehung in diesem Sinne reicht von Vorbereitungshandlungen bis zur Tatbeendigung[10]. Arzneimittelstrafrechtlich sind dabei in erster Linie die Gegenstände erfasst, die der Täter z. B. für das Inverkehrbringen benötigt (etwa Transportmittel[11], Kommunikationsmittel). Arzneimittel können aber auch Tatmittel für andere Straftaten sein (Körperverletzungs-, Tötungs- oder Sexualdelikte). Dann unterliegen sie deshalb der Einziehung.

II. Erweiterung in § 98

6   Durch die in **§ 98 erfolgte Erweiterung** sind auch solche Gegenstände von der Einziehung betroffen, die sog. **Beziehungsgegenstände** sind. § 98 ist eine besondere Vorschrift i. S. d. § 74 IV StGB, die eine Einziehung über die Voraussetzungen des § 74 I StGB hinaus zulässt. Die Erweiterung besteht darin, dass nach § 98 auch solche Gegenstände der Einziehung unterliegen, auf die sich die Straftat nach §§ 95, 96 bezieht[12]. Dies sind diejenigen Gegenstände, deren Verwendung begrifflich zur Erfüllung des Tatbestandes gehört[13]. Bei den Arzneimittelstraftaten sind dies regelmäßig die tatbestandsmäßig verwandten Arzneimittel[14].

III. Sondervorschrift für Ordnungswidrigkeiten

7   Im Bereich der **Ordnungswidrigkeiten** nach **§ 97** ist **nur** eine **Einziehung** der **Beziehungsgegenstände** zulässig. Die Regelung des § 22 OWiG erlaubt die Einziehung, soweit dies (spezial-) gesetzlich vorgeschrieben ist. Die spezialgesetzliche Vorschrift des § 98 i. V. m. § 97 ermöglicht aber allein die Einziehung der Gegenstände, auf die sich die Ordnungswidrigkeit bezieht.

D. Voraussetzungen der Einziehung

8   Sämtliche Formen der Einziehung sind nur unter den Voraussetzungen des § 74 II Nr. 1 oder Nr. 2 StGB zulässig:

I. Täter oder Teilnehmer gehörend

9   Nach **Nr. 1** müssen die Gegenstände dem **Täter** oder **Teilnehmer gehören** oder **zustehen.** Maßgeblicher Zeitpunkt ist derjenige der letzten tatrichterlichen Verhandlung. Grundsätzlich entscheidet die zivilrechtliche Lage. Der Täter bzw. der Teilnehmer muss Alleineigentümer bzw. alleiniger Rechtsinhaber sein[15]. Das bloße Anwartschaftsrecht reicht nicht aus[16]; dieses kann allerdings ebenso wie der Mit-

---

[6] *OLG Karlsruhe*, NJW 2001, 2488.
[7] *BGH*, NStZ 1991, 496; *Schmidt*, Rn. 151.
[8] *Schmidt*, Rn. 153.
[9] BGHSt 8, 205, 213; *BGH*, NStZ-RR 1997, 318.
[10] *BGH*, BGHR StGB § 74 Abs. 1 – Tatmittel 4.
[11] *BGH*, NStZ 2005, 232.
[12] *BGH*, StV 2002, 260; NStZ-RR 2002, 118; *Schmidt*, Rn. 156.
[13] Vgl. *Schmidt*, Rn. 153; BGHSt 10, 28.
[14] *LG Limburg*, PharmR 2013, 190, 206 f.
[15] Ausgeschlossen ist gleichfalls die Einziehung eines sicherungsübereigneten Gegenstands, vgl. BGHSt 24, 222.
[16] Eingehend *Schmidt*, Rn. 172 ff. mit umfangreichen Nachweisen.

eigentumsanteil als solcher der Einziehung unterliegen. Eingezogen wird dann das hierdurch verkörperte Recht[17]. Ist Eigentümer bzw. Rechtsinhaber eine juristische Person, ist eine Einziehung nur unter den Voraussetzungen des § 75 StGB möglich, also nur wenn ein Leitungsorgan (i. S. v. Nr. 1 bis Nr. 5 der Vorschrift) gehandelt hat, dessen Tun der juristischen Person zugerechnet werden kann. Allerdings bedarf es einer Einziehungsgrundlage für die Leitungsperson. Soweit diese nicht selbst gehandelt hat, kommt eine Aufsichtspflichtverletzung nach § 130 OWiG in Betracht, die dann die Einziehung der im Eigentum der juristischen Person stehenden Gegenstände ermöglicht.

II. Erweiterung durch § 74a

Die Vorschrift des **§ 74a StGB** (bzw. für Ordnungswidrigkeiten nach § 97 diejenige des **§ 23 OWiG**) **10** erweitert die Möglichkeiten einer Verfallsanordnung, wenn der Täter bzw. der Teilnehmer nicht Rechtsinhaber ist. Danach reicht es nach **§ 74a Nr. 1 StGB** aus, wenn der Rechtsinhaber wenigstens leichtfertig dazu beigetragen hat, dass der Gegenstand zum Tatmittel geworden ist.

Nach **§ 74a Nr. 2 StGB** (entspricht **§ 23 Nr. 2 OWiG**) ist eine Einziehung auch zulässig, wenn der **11** Rechtsinhaber in Kenntnis der Umstände, welche die Einziehung zugelassen hätten, in verwerflicher Weise erworben hat. Bedingter Vorsatz reicht im Hinblick auf den Wortlaut der Vorschrift deshalb nicht aus[18]. Verwerflich ist der (allein von der Bestimmung erfasste) nachträgliche Erwerb nur dann, wenn er dazu dient, die Einziehung zu vereiteln[19].

III. Sicherungseinziehung

Nach **§ 74 II 2 StGB** ist die Einziehung zum **Schutz vor Gefahren** zulässig (sog. **Sicherungs-** **12** **einziehung**). Nach § 74 III StGB ist die Einziehung nach dieser Vorschrift sogar zulässig, wenn der Täter ohne Schuld gehandelt hat. Auf die Eigentumsverhältnisse kommt es insoweit nicht an; ggf. ist nach § 74f StGB zu entschädigen. Maßgeblich ist allein die Gefährdung der Allgemeinheit durch den Gegenstand oder die Gefahr, dass er zur Begehung rechtswidriger Taten dienen wird. Beide Voraussetzungen können für Arzneimittel relevant werden, insbesondere wenn das Arzneimittel aufgrund seiner Beschaffenheit selbst die Gefahrenquelle darstellt.

E. Rechtmäßigkeit der Einziehungsanordnung

Daneben bilden für die Einziehung der **Bestimmtheits-** und der **Verhältnismäßigkeitsgrundsatz** **13** die wesentlichen Grenzen.

I. Bestimmtheit

Die eingezogenen Gegenstände müssen **ausreichend konkret bezeichnet** sein. Nach der ständigen **14** Rechtsprechung des *BGH* müssen einzuziehende Gegenstände so genau angegeben werden, dass bei allen Beteiligten und den Vollstreckungsorganen Klarheit über den Umfang der Einziehung besteht[20]. Die Bezugnahme auf die Anklageschrift oder ein Asservatenverzeichnis genügt hierzu nicht[21].

Trifft die Einziehung einen tatunbeteiligten Dritten, so erfolgt deren Anordnung im Verfahren gegen **15** denjenigen, auf dessen Tat sie gestützt ist. Für den Dritten gelten dann die §§ 430 ff. StPO[22]. Auch gegenüber dem Dritten müssen die aus seiner Sphäre eingezogenen Gegenstände konkret und bestimmbar bezeichnet sein.

II. Verhältnismäßigkeit

Nach **§ 74b StGB** muss weiterhin der Grundsatz der **Verhältnismäßigkeit** gewahrt sein. Diese sich **16** schon aus dem Verfassungsrecht ergebende Pflicht[23] steht im Zusammenhang mit dem strafähnlichen Charakter der Einziehung[24]. Sie gilt unmittelbar gem. § 74b I StGB für die Einziehungen nach § 74 II 1 StGB und begrenzt das dem Tatrichter eingeräumte Ermessen. Die Einziehung darf deshalb nicht angeordnet werden, wenn sie für den Betroffenen außer Verhältnis zum Unrechtsgehalt der Tat und dem ihn treffenden Schuldvorwurf steht[25]. Dies kommt namentlich bei geringer Schuld und in Fällen ohne

---

[17] *BGH*, NStZ 1991, 496.
[18] *Jöcks*, in: MüKo StGB, § 74a Rn. 16; a. A. *Schmidt*, Rn. 222.
[19] *Schmidt*, Rn. 225.
[20] *BGH*, StraFo 2015, 22–23.
[21] *BGH*, NJW 1994, 1421, 1423; *BGH*, BGHR StGB § 74 Abs. 1 – Urteilsformel 1; *BGH*, Beschl. v. 25.8.2009 – 3 StR 291/09 – BeckRS 2009, 25659.
[22] *Eser*, in: Schönke/Schröder, 74 Rn. 44.
[23] *BGHSt*, 23, 267, 269.
[24] *BGH*, NStZ 1981, 104.
[25] *Schmidt*, Rn. 377; *BGHSt* 16, 282, 288 ff.

erhebliches kriminelles Gewicht in Betracht. Für Ordnungswidrigkeiten gilt der Verhältnismäßigkeitsgrundsatz gem. § 24 OWiG gleichermaßen und hat dort naturgemäß noch größeres Gewicht, weil der gemeinschädliche Gehalt der Ordnungswidrigkeit im Vergleich zur Straftat abgeschwächt ist.

17   Die **Sicherungseinziehung** ist von **§ 74b I StGB** nicht erfasst. Auch insoweit ist jedoch der Verhältnismäßigkeitsgrundsatz zu wahren[26], wobei – da sie der Gefahrenabwehr dient – insbesondere das von dem Gegenstand ausgehende Gefährdungspotential ganz wesentlich zu berücksichtigen ist. Soweit möglich, müssen nach § 74b II StGB auch hier mildere Maßnahmen ergriffen werden[27].

F. Einziehung und Verfall

18   Nicht der Einziehung unterliegt der aus einem Geschäft erworbene Geldbetrag. Insoweit handelt es sich nicht um einen Gegenstand i. S. d. § 98, sondern um das aus der bzw. für die Tat Erlangte i. S. d. § 73 I 1 StGB[28]. Eine Einziehung kommt in diesem Sinne nur in Betracht, wenn das Geld bereits wieder zur Durchführung weiterer illegaler Arzneimittelgeschäfte bestimmt war und diese Geschäfte ebenfalls Gegenstand der Anklage sind[29]. Durch die Anordnung der Einziehung darf aber in keinem Fall die Schutzvorschrift zugunsten der Geschädigten (§ 73 I 2 StGB) umgangen werden[30].

§ 98a Erweiterter Verfall

In den Fällen des § 95 Abs. 1 Nr. 2a sowie der Herstellung und des Inverkehrbringens gefälschter Arzneimittel nach § 95 Abs. 1 Nr. 3a in Verbindung mit § 8 Absatz 2 ist § 73d des Strafgesetzbuches anzuwenden, wenn der Täter gewerbsmäßig oder als Mitglied einer Bande, die sich zur fortgesetzten Begehung solcher Taten verbunden hat, handelt.

1   Die durch das **AntiDopingG** vom 24.10.2007 **eingeführte Vorschrift** eröffnet den erweiterten Verfall nach § 73d StGB für bestimmte (enumerativ aufgezählte) Straftaten. Die Regelung dient dazu, den in diesem Bereich tätigen kriminellen Netzwerken die finanzielle Basis zu entziehen[1]. Die Bestimmungen entsprechen denen, die auch für andere Bereiche der organisierten Kriminalität gelten[2]. Die Änderung im Zusammenhang mit dem 2. AMG-ÄndG 2012 ist redaktioneller Art[3].

2   Die Vorschrift des **§ 98a knüpft** an **§ 95 I Nr. 2a** (Inverkehrbringen von Dopingmitteln) und an **Nr. 3a** (Inverkehrbringen von verfälschten Arzneimitteln) **an** und unterwirft solche Taten auch nur dann dem erweiterten Verfall, wenn der Täter gewerbsmäßig oder als Mitglied einer Bande gehandelt hat. Insoweit nimmt die Norm Bezug auf die Regelbeispiele des § 95 III Nr. 2 Buchst. b) (s. § 95 Rn. 54) bzw. Nr. 3 (s. § 95 Rn. 57). Es reicht dabei aus, dass das Regelbeispiel vorliegt. Nicht erforderlich ist die tatsächliche Anwendung des Regelstrafrahmens hinsichtlich des Täters.

3   Der erweiterte Verfall betrifft solche Gegenstände, die **nicht** einer **konkreten Straftat zuzuordnen** sind. Sind sie als „Erlangtes" aus oder für eine Tat zweifelsfrei identifizierbar, ist der Verfall nach § 73 StGB anzuordnen. Vor der Anwendung des § 73d StGB muss unter Ausschöpfung aller prozessualen Möglichkeiten ausgeschlossen werden, dass die Voraussetzungen der §§ 73, 73a StGB erfüllt sind[4].

4   Der erweiterte Verfall i. S. d. § 73d StGB kommt vielmehr dann in Betracht, wenn der Tatrichter nach erschöpfender Beweiserhebung und -würdigung die **uneingeschränkte Überzeugung** von der **deliktischen Herkunft** der betreffenden Gegenstände gewonnen hat[5]. Dabei dürfen an die Überzeugung keine überspannten Anforderungen gestellt werden, allerdings reichen bloße Wahrscheinlichkeitserwägungen noch nicht aus. Der Wahrscheinlichkeit einer deliktischen Herkunft, die sich einem objektiven Betrachter aufdrängt, genügt für die Verfallsanordnung gem. § 73d StGB[6]. Die Regelung ist – in dieser restriktiven Auslegung – verfassungsgemäß[7].

5   Auf den erweiterten Verfall ist nunmehr – wie durch den neu gefassten § 73d I 3 StGB klargestellt worden ist – **§ 73 I 2 StGB** anzuwenden[8]. Dies hat insbes. im Hinblick auf den Handel mit gefälschten Arzneimitteln Auswirkungen, weil die Abnehmer insoweit häufig Verletzte i. S. d. § 73 I 2 StGB sein können. In diesen Fällen bleibt nur der Weg über § 111i II StPO.

---

[26] *BGH*, NJW 2009, 692.
[27] *BGH*, NStZ 1981, 104.
[28] *BGH*, NStZ-RR 2002, 118; StraFo 2003, 205, 206; NStZ-RR 2003, 57.
[29] *BGH*, NStZ-RR 2003, 57.
[30] *BGH*, Beschl. v. 25.3.2010 – 5 StR 518/09, wistra 2010, 264.
[1] BT-Drucks. 16/5526, S. 7.
[2] BT-Drucks. 16/5526, S. 9.
[3] Bloße Folgeänderung zu § 8, vgl. BT-Drucks. 17/9341, S. 68.
[4] *BGH*, NStZ-RR 2003, 75, 76; 422, 423; NStZ-RR 2006, 138, 139.
[5] *BGHSt* 40, 371; *BGH*, BGHR StGB § 73d – Gegenstände 4.
[6] Vgl. *BGH*, NStZ-RR 2003, 75; *Nack*, GA 2003, 879, 885; *Schmidt*, Rn. 120 ff.
[7] *BVerfG*, NJW 2004, 2073.
[8] BT-Drucks. 16/700, S. 20.

Achtzehnter Abschnitt. Überleitungs- und Übergangsvorschriften

Erster Unterabschnitt. Überleitungsvorschriften aus Anlass des Gesetzes zur Neuordnung des Arzneimittelrechts

§ 99 Arzneimittelgesetz 1961

Arzneimittelgesetz 1961 im Sinne dieses Gesetzes ist das Gesetz über den Verkehr mit Arzneimitteln vom 16. Mai 1961 (BGBl. I S. 533), zuletzt geändert durch das Gesetz vom 2. Juli 1975 (BGBl. I S. 1745).

Die Vorschrift dient allein der begrifflichen Klarstellung. Durch das Gesetz zur Neuordnung des **1** Arzneimittelrechts (AMNOG 1976)[1] wurde das bis dahin gültige Gesetz über den Verkehr mit Arzneimitteln[2] abgelöst. Die Begriffsbestimmung ermöglicht ein besseres Verständnis der ursprünglich in Art. 3 AMNOG 1976 befindlichen und nunmehr in den §§ 100 bis 124 genannten Überleitungsvorschriften, die auf jenes *„Arzneimittelgesetz 1961"* Bezug nehmen. Falsch, in der Sache aber ohne praktische Konsequenz, ist allerdings der Verweis auf das „Gesetz vom 2. Juli 1975". Bei diesem handelt es sich um das FMG, welches keine Auswirkungen auf das AMG hatte.

§ 100 [Herstellungserlaubnis]

(1) Eine Erlaubnis, die nach § 12 Abs. 1 oder § 19 Abs. 1 des Arzneimittelgesetzes 1961 erteilt worden ist und am 1. Januar 1978 rechtsgültig bestand, gilt im bisherigen Umfange als Erlaubnis im Sinne des § 13 Abs. 1 Satz 1 fort.

(2) Eine Erlaubnis, die nach § 53 Abs. 1 oder § 56 des Arzneimittelgesetzes 1961 als erteilt gilt und am 1. Januar 1978 rechtsgültig bestand, gilt im bisherigen Umfange als Erlaubnis nach § 13 Abs. 1 Satz 1 fort.

(3) War die Herstellung von Arzneimitteln nach dem Arzneimittelgesetz 1961 von einer Erlaubnis nicht abhängig, bedarf sie jedoch nach § 13 Abs. 1 Satz 1 einer Erlaubnis, so gilt diese demjenigen als erteilt, der die Tätigkeit der Herstellung von Arzneimitteln am 1. Januar 1978 seit mindestens drei Jahren befugt ausübt, jedoch nur, soweit die Herstellung auf bisher hergestellte oder nach der Zusammensetzung gleichartige Arzneimittel beschränkt bleibt.

A. Allgemeines

Abs. 1 erklärt den Fortbestand einer Herstellungserlaubnis, die nach den Vorschriften des AMG 1961 **1** erteilt worden ist. Abs. 2 fingiert den Fortbestand einer fiktiven Herstellungserlaubnis nach den Vorschriften des AMG 1961. Abs. 3 regelt schließlich den Fall, dass die Herstellung von Arzneimitteln nach dem AMG 1961 nicht von einer Erlaubnis abhängig war, und erlaubt die Fortsetzung dieser Tätigkeit unter bestimmten Voraussetzungen.

Die Vorschrift trägt dem **Bestandsschutz** Rechnung und gewährleistet, dass Herstellungstätigkeiten, **2** die nach dem AMG 1961 erlaubt oder erlaubnisfrei waren, auch nach Inkrafttreten des Gesetzes zur Neuordnung des Arzneimittelrechts (AMNOG 1976)[1*] weiterhin zulässig sind. Dies betrifft sowohl Erlaubnisse, die nach den Vorschriften des AMG 1961 erteilt wurden als auch von diesem fingierte Herstellungserlaubnisse. Ebenfalls umfasst sind Herstellungstätigkeiten, die nach dem AMG 1961 nicht von einer Erlaubnis abhängig waren, nunmehr jedoch erlaubnispflichtig sind.

B. Fortgeltung von Herstellungserlaubnissen (Abs. 1)

Abs. 1 schreibt den Fortbestand einer nach den Vorschriften des AMG 1961 erteilten Erlaubnis vor, **3** die am 1.1.1978 rechtsgültig bestand. Die Norm umfasst zum einen die Herstellungserlaubnis gemäß § 12 I AMG 1961, die Arzneimittel i. S. d. § 1 I AMG 1961 und chirurgisches Nahtmaterial betraf. Zum anderen betrifft die Norm die nach § 19 I AMG 1961 erteilte Erlaubnis zur Herstellung von Sera,

---

[1] Gesetz zur Neuordnung des Arzneimittelrechts vom 24.8.1976 (BGBl. I S. 2445).
[2] Gesetz über den Verkehr mit Arzneimitteln vom 16.5.1961 (BGBl. I S. 533).
[1*] Gesetz zur Neuordnung des Arzneimittelrechts vom 24.8.1976 (BGBl. I S. 2445).

Impfstoffen, Blut-, Plasma-, Serumkonserven, Blutbestandteilen oder Zubereitungen aus Blutbestand-teilen. Die Erlaubnis muss am 1.1.1978 rechtsgültig bestanden haben, d. h. sie darf weder widerrufen noch zurückgegeben worden sein. Die genannten Erlaubnisse gelten nunmehr als Herstellungserlaubnisse i. S. d. § 13 I 1 im Rahmen ihres bisherigen Umfangs.

C. Alterlaubnisse (Abs. 2)

4   Abs. 2 bezieht sich auf die Übergangsbestimmungen der §§ 53 I, 56 AMG 1961. Die fiktive Her-stellungserlaubnis nach diesen Vorschriften gilt in ihrem bisherigen Umfang als Herstellungserlaubnis nach § 13 I 1. Dies betrifft zum einen Arzneimittel, die bei Inkrafttreten des AMNOG 1976 am 1.1.1978 seit mindestens zwei Jahren befugt hergestellt wurden (§ 53 I AMG 1961) sowie die aufgrund der geltenden landesrechtlichen Vorschriften hergestellten Sera und Impfstoffe[2].

D. Bestandsschutz (Abs. 3)

5   Abs. 3 betrifft den Fall, dass vor dem 1.1.1978, d. h. unter der Geltung des AMG 1961, die Herstellung von Arzneimitteln erlaubnisfrei war, sie jedoch nunmehr nach § 13 I 1 einer Erlaubnis bedarf. Demjeni-gen, der die Herstellung von Arzneimitteln am 1.1.1978 seit mindestens drei Jahren befugt ausgeübt hat, gilt die Herstellungserlaubnis nach § 13 I 1 als erteilt. Die Sonderregelung nach Abs. 3 betrifft insbes. die Herstellung von Arzneimitteln i. S. v. § 2 II Nr. 1, die zum 1.1.1978 erlaubnispflichtig wurde (s. nunmehr § 13 I 1 Nr. 1)[3]. Auch Etikettierbetriebe und Betriebe, die im Auftragsverfahren einzelne Teile der Herstellung übernahmen (z. B. Extraktion, Versprühung, Verkapselung, Abpackung etc.), bedurften am 1.1.1978 einer Herstellungserlaubnis[4]. Schließlich gilt Einzelhändlern, die Arzneimittel zur Abgabe in unveränderter Form an den Verbraucher umfüllen, abpacken oder kennzeichnen, die eine Sachkenntnis nach § 50 jedoch nicht nachweisen konnten, eine Erlaubnis als erteilt[5].

6   Die fiktive Herstellungserlaubnis nach Abs. 3 berechtigt zur Herstellung der bisher zum Stichtag 1.1.1978 hergestellten Arzneimittel sowie zur Herstellung von Arzneimitteln, die nach der Zusammen-setzung gleichartig sind. Dies schließt es aus, dass aufgrund einer fiktiven Herstellungserlaubnis Arznei-mittel mit gleicher Wirkung hergestellt werden[6]. Der Wortlaut „*gleichartige Zusammensetzung*" zeigt jedoch, dass sich die fiktive Herstellungserlaubnis nach Abs. 3 nicht auf die Herstellung von Arznei-mitteln einer „*identischen Zusammensetzung*" beschränkt. „*Gleichartige Zusammensetzung*" meint, dass die für die Arzneimittelwirkung wesentlichen Bestandteile die gleichen in der gleichen Menge sein müssen[7]. Die übrigen Bestandteile wie Trägerstoffe, Farb- oder Geschmacksstoffe dürfen variieren, so dass es zulässig ist, Arzneimittel herzustellen, die sich bei gleicher Zusammensetzung und Menge der Wirkstoffe in ihrer Darreichungsform, Farbe oder Geschmack unterscheiden[8].

7   Die Regelungen des Art. 3 § 1 III 2–4 AMNOG 1976, die dem Inhaber einer fiktiven Herstellungs-erlaubnis nach Abs. 3 Anzeigepflichten aufgaben und bei nicht fristgerechter Anzeige das Erlöschen der Erlaubnis anordneten, wurden im Zuge der Übernahme in das AMG durch Art. 1 Nr. 60 Buchst. i) der 5. AMG-Novelle gestrichen, da die Vorschriften aufgrund des Zeitablaufs gegenstandslos geworden waren.

§ 101 (weggefallen)

§ 102 [Sachkenntnis]

(1) Wer am 1. Januar 1978 die Tätigkeit des Herstellungsleiters befugt ausübt, darf diese Tätigkeit im bisherigen Umfang weiter ausüben.

(2) [1] **Wer am 1. Januar 1978 die Sachkenntnis nach § 14 Abs. 1 des Arzneimittelgesetzes 1961 besitzt und die Tätigkeit als Herstellungsleiter nicht ausübt, darf die Tätigkeit als Herstel-lungsleiter ausüben, wenn er eine zweijährige Tätigkeit in der Arzneimittelherstellung nach-weisen kann.** [2] **Liegt die praktische Tätigkeit vor dem 10. Juni 1965, ist vor Aufnahme der Tätigkeit ein weiteres Jahr praktischer Tätigkeit nachzuweisen.**

---

[2] Vgl. § 56 AMG 1961.
[3] *Kloesel/Cyran*, § 100 Anm. 6.
[4] *Kloesel/Cyran*, § 100 Anm. 6.
[5] *Kloesel/Cyran*, § 100 Anm. 7.
[6] *Kloesel/Cyran*, § 100 Anm. 5.
[7] *Kloesel/Cyran*, § 100 Anm. 5.
[8] *Kloesel/Cyran*, § 100 Anm. 5.

(3) [1]Wer vor dem 10. Juni 1975 ein Hochschulstudium nach § 15 Abs. 1 begonnen hat, erwirbt die Sachkenntnis als Herstellungsleiter, wenn er bis zum 10. Juni 1985 das Hochschulstudium beendet und mindestens zwei Jahre lang eine Tätigkeit nach § 15 Abs. 1 und 3 ausgeübt hat. [2]Absatz 2 bleibt unberührt.

(4) Die Absätze 2 und 3 gelten entsprechend für eine Person, die die Tätigkeit als Kontrollleiter ausüben will.

Europarechtliche Vorgaben: Art. 50 RL 2001/83/EG.

A. Allgemeines

Die Vorschrift regelt die Voraussetzungen, unter denen Herstellungs- und Kontrollleiter auch nach **1** Inkrafttreten des Gesetzes zur Neuordnung des Arzneimittelrechts[1] ihre Tätigkeit weiter ausüben dürfen. Demjenigen, der zu diesem Zeitpunkt als Herstellungsleiter tätig war, wird die Fortsetzung seiner Tätigkeit durch Abs. 1 erlaubt. Abs. 2 regelt die Sachkenntnis, die die betreffende Person aufweisen muss, wenn sie zu diesem Zeitpunkt nicht als Herstellungsleiter tätig war. Abs. 3 betrifft schließlich den Erwerb der erforderlichen Sachkenntnis in dem Sonderfall, dass der Betreffende vor dem 10.6.1975 ein Hochschulstudium nach § 15 I begonnen hat. Abs. 4 erklärt die vorgenannten Abs. 2 und 3 für entsprechend anwendbar für eine Person, die die Tätigkeit als Kontrollleiter ausüben will.

Die Vorschrift gewährleistet die in Art. 12 I GG verankerte Berufsfreiheit und ermöglicht es dem **2** Herstellungs- und Kontrollleiter, auch nach Inkrafttreten des Gesetzes zur Neuordnung des Arzneimittelrechts, den Beruf weiter auszuüben. Dazu werden Übergangsregelungen aufgestellt, die die betreffenden Personen zumindest teilweise von den strengen Anforderungen der §§ 14, 15 entbinden.

B. Ausübung der Herstellungsleitertätigkeit (Abs. 1)

Das AMG i. d. F. des am 1.1.1978 in Kraft getretenen Gesetzes zur Neuordnung des Arzneimittelrechts **3** (AMNOG 1976) verlangte für die Erteilung einer Herstellungserlaubnis die Zusammenarbeit von drei Personen: Herstellungsleiter, Kontrollleiter und Vertriebsleiter[2]. Nach dem Inkrafttreten der 14. AMG-Novelle, bedarf der Hersteller zwar auch einer Leitung der Herstellung und Qualitätskontrolle (§ 12 AMWHV), die Letztverantwortlichkeit gemäß der gemeinschaftsrechtlichen Vorgabe (Art. 41 RL 2001/83/EG) ist aber in der sachkundigen Person nach § 15 konzentriert. Allgemeine Übergangsvorschriften, die den wechselnden Anforderungen an die sachkundige Person (§ 15) bzw. die Verantwortlichen für die Prüfung und Herstellung von Arzneimitteln gemäß der gesetzlichen Bestimmungen (§ 19 S. 1) Rechnung tragen, sind in den §§ 102, 138 II, 141 III enthalten. Übergangsregelungen für den Herstellungs- und Kontrollleiter bzw. die sachkundige Person betr. Blutzubereitungen und Sera treffen zudem die §§ 132 II b, 134, 139[3].

Abs. 1 erlaubt es der Person, die am 1.1.1978 die Tätigkeit des Herstellungsleiters ausgeübt hat, diese **4** Tätigkeit auch nach Inkrafttreten des AMNOG 1976 weiter auszuüben. Da sich die Anforderungen an diese Personen verschärft haben, bedurfte es im Hinblick auf die grundrechtlich geschützte Berufsfreiheit Übergangsregelungen. Der Herstellungsleiter muss nicht den Nachweis der von § 15 geforderten Sachkenntnis erbringen. Das Gesetz sieht es als ausreichend an, wenn er vor dem 1.1.1978 die Tätigkeit des Herstellungsleiters befugt ausgeübt hat und somit entweder über die erforderliche Sachkenntnis nach § 14 AMG 1961 verfügt oder bereits bei Inkrafttreten des AMG 1961 als Herstellungsleiter tätig war und ein Widerruf gemäß § 53 II 2 AMG 1961 nicht in Betracht kam. Im Falle des Abs. 1 ist der Herstellungsleiter auf den bisherigen Umfang seiner Tätigkeit beschränkt, d. h. er ist nach § 16 S. 1 AMG 1961 für die Einhaltung der für die Herstellung geltenden gesetzlichen Bestimmungen verantwortlich. Er ist nicht befugt, an die Stelle der sachkundigen Person zu treten und deren Verantwortung für die Freigabe des Arzneimittels zu übernehmen.

C. Sachkenntnis (Abs. 2)

Abs. 2 ist eine Übergangsvorschrift, die Anwendung auf die Personen findet, die am 1.1.1978 zwar die **5** erforderliche Sachkenntnis nach § 14 I AMG 1961 besaßen, eine Tätigkeit als Herstellungsleiter jedoch nicht ausübten. In diesen Fällen darf eine betroffene Person die Tätigkeit als Herstellungsleiter nur ausüben, wenn sie eine zweijährige Tätigkeit in der Arzneimittelherstellung nachweisen kann. Sofern die praktische Tätigkeit – auch nur zum Teil[4] – vor dem 10.6.1965 erfolgte, musste die betroffene Person vor

---

[1] Gesetz zur Neuordnung des Arzneimittelrechts vom 24.8.1976 (BGBl. I S. 2445).
[2] Vgl. § 14 I Nr. 1–3 des Gesetzes zur Neuordnung des Arzneimittelrechts vom 24.8.1976 (BGBl. I S. 2445).
[3] Eine weitere Sonderregelung für Arzneimittel i. S. d. § 15 IIIa ist § 135 II zu entnehmen.
[4] Vgl. *Kloesel/Cyran*, § 102 Anm. 2.

ihrer Aufnahme der Tätigkeit als Herstellungsleiter ein weiteres Jahr praktischer Tätigkeit nachweisen. Im Ergebnis stellt Abs. 2 die Person, die die Sachkenntnis nach § 14 I AMG 1961 besitzt, am 1.1.1978 die Tätigkeit als Herstellungsleiter aber nicht ausübte, besser als die Person, die die Tätigkeit des Herstellungsleiters ausgeübt hat. Letztgenannte Person darf ihre Tätigkeit nur im bisherigen Umfang weiter ausüben (§ 16 S. 1 AMG 1961). Diese Beschränkung ist für die von Abs. 2 betroffene Person nicht vorgesehen. Die Tätigkeit ist damit in den Grenzen des § 19 I AMNOG 1976 zulässig, d. h. die Person nach Abs. 2 ist dafür verantwortlich, dass die Arzneimittel gesetzeskonform *„hergestellt, gelagert und gekennzeichnet sowie mit der vorgeschriebenen Packungsbeilage versehen sind"*. Auch die Person nach Abs. 2 ist aber nicht befugt, an die Stelle der sachkundigen Person zu treten.

D. Hochschulstudium (Abs. 3)

6   Abs. 3 befreit von den Anforderungen, die § 15 II an den Unterricht im Rahmen eines Hochschulstudiums i. S. d. § 15 I stellt. Die in § 15 II genannten Voraussetzungen beruhen auf den gemeinschaftsrechtlichen Vorgaben von Art. 23 RL 75/319/EWG, die erst am 9.6.1975 verkündet wurde[5]. Wer bis zu diesem Tag ein Hochschulstudium nach § 15 I begonnen hatte, konnte sich nicht auf die Anforderung nach § 15 II einstellen. Im Interesse dieser Person sieht das Gesetz eine Erleichterung von den gesetzlichen Anforderungen vor. Die Fassung des Abs. 3 geht dabei unmittelbar auf Art. 24 II RL 75/319/EWG zurück.

7   Auf die Erleichterung gemäß Abs. 3 kann sich berufen, wer vor dem 10.6.1975 ein Hochschulstudium nach § 15 I begonnen hat. Dieses Studium muss er bis zum 10.10.1985 beendet haben. Er muss zudem eine mindestens zwei Jahre dauernde Tätigkeit nach § 15 I und III ausgeübt haben. Der sprachlichen Fassung von Abs. 3 lässt sich nicht entnehmen, ob die praktische Tätigkeit in der Zeit bis zum 10.6.1985 erfolgt sein muss. Zur Auslegung kann jedoch auf Art. 24 II RL 75/319/EWG zurückgegriffen werden, der vorsieht, dass die fachliche Tätigkeit vor Ablauf der gesetzlich genannten Frist ausgeübt worden sein muss[6].

E. Kontrollleiter (Abs. 4)

8   Abs. 4 erklärt die Abs. 2 und 3 für entsprechend anwendbar für eine Person, die die Tätigkeit als Kontrollleiter ausüben will. Da bis zum Inkrafttreten des AMNOG 1976 ein Kontrollleiter gesetzlich nicht vorgesehen war, kann Abs. 1 bereits tatbestandlich keine Anwendung finden. Der Kontrollleiter wurde erst durch das AMNOG 1976 in § 14 I Nr. 2 installiert und dem Herstellungsleiter zur Seite gestellt.

§ 102a *(weggefallen)*

§ 103 [Zulassungsfiktion für Sera und Impfstoffe]

(1) ¹Für Arzneimittel, die nach § 19a oder nach § 19d in Verbindung mit § 19a des Arzneimittelgesetzes 1961 am 1. Januar 1978 zugelassen sind oder für die am 1. Januar 1978 eine Zulassung nach Artikel 4 Abs. 1 des Gesetzes über die Errichtung eines Bundesamtes für Sera und Impfstoffe vom 7. Juli 1972 (BGBl. I S. 1163) als erteilt gilt, gilt eine Zulassung nach § 25 als erteilt. ²Auf die Zulassung finden die §§ 28 bis 31 entsprechende Anwendung.

(2) (weggefallen)

Wichtige Änderungen der Vorschrift: Abs. 2 aufgehoben durch Art. 1 Nr. 45 des Achten Gesetzes zur Änderung des Arzneimittelgesetzes vom 7.9.1998 (BGBl. I S. 2649).

A. Allgemeines

1   § 103 beinhaltet Übergangsvorschriften für die sog. **automatischen Nachzulassungen** von Sera, Impfstoffen, Testallergenen, Testsera und Testantigenen. Diese Arzneimittel, die nach dem alten System eine Zulassung durch das PEI bedurften, dürfen weiter vertrieben werden, wenn sie am 1.1.1978 legal im Verkehr waren. Eine Zulassung nach § 25 gilt als erteilt. § 103 entspricht Artikel 3 § 5 AMNOG 1976.

2   Durch die Zulassungsfiktion des § 103 sollte es den pharmazeutischen Unternehmern gestattet werden, bis zur Bescheidung des fristgerecht eingereichten Zulassungsantrags die genannten Produkte weiter zu vertreiben.

---

[5] ABl. L 147 vom 9.6.1975, S. 13–22.
[6] Ebenso *Kloesel/Cyran*, § 102 Anm. 3; *Rehmann*, § 102 Rn. 4.

I. Anwendungsbereich (S. 1)

Die fiktive Zulassung gilt zum einen für solche Arzneimittel, die nach den §§ 19a, 19d I und II 1 **3** AMG 1961 zugelassen waren. Eine Zulassungspflicht durch das PEI sah das AMG 1961 für Sera und Impfstoffe, die zur Anwendung am oder im menschlichen Körper bestimmt sind, für Arzneimittel, die Antigene oder halb Antigene enthalten und die dazu bestimmt sind, beim Menschen zur Erkennung von spezifischen Abwehr- oder Schutzstoffen gegen übertragbare Krankheiten i. S. d. BSeuchG angewandt zu werden **(Testallergene)** sowie für Sera und Arzneimittel, die Antigene oder halb Antigene enthalten und die dazu bestimmt sind, ohne am oder im menschlichen Körper angewendet zu werden, die Beschaffenheit, den Zustand oder die Funktion des menschlichen Körpers erkennen zu lassen, oder der Erkennung von Krankheitserregern bei Menschen zu dienen **(Testsera)**. Zusätzlich zu der Zulassung durch das PEI war eine Registrierung gem. § 20 AMG 1961 durch das BGA erforderlich, wenn das Arzneimittel als Arzneispezialität in den Verkehr gebracht werden sollte. Heute wird eine Aufgabenteilung zwischen Zulassung von Sera, Impfstoffen und Testallergenen durch das PEI und deren Registrierung nicht mehr vorgenommen. Das PEI ist ausschließlich für die präventive Kontrolle zuständig[1]. Die Übergangsregelung gilt weiterhin für **Testsera und Testantigene** die nach § 19d II 2 AMG 1961 von der Zulassung freigestellt wurden waren.

Sera, Impfstoffe, Testallergene, Testsera und Testantigene, die sich bei Errichtung des PEI bereits im **4** Verkehr befanden und nach landesrechtlichen Vorschriften vom PEI geprüft worden waren, hatten bereits nach dem AMG 1961 eine fiktive Zulassung. Durch § 103 gelten sie, nun auch für das neue AMG, als zugelassen.

Die Zulassungen für solche Sera, Impfstoffe, Testallergene, Testsera und Testantigene, die bei Inkraft- **5** treten des PEI-Gesetzes am 1.11.1972 bereits im Verkehr waren, nach landesrechtlichen Vorschriften nicht der Prüfung durch das PEI unterlagen und für die ein fristgerechter Zulassungsantrag gestellt worden ist, gelten ebenfalls als erteilt[2]. Erforderlich war somit lediglich ein ordnungsgemäßer Antrag, zu dem das PEI aufgerufen hatte. Für bearbeitete Anträge und erteilte Zulassungen ist diese Überleitungsregelung damit bedeutungslos geworden[3].

II. Entsprechende Anwendung von §§ 28 bis 31 (S. 2)

Unabhängig von der fiktiven Zulassung können für die genannten Arzneimittel nachträglich Auflagen **6** erteilt werden (§ 28), die Anzeigepflicht nach § 29 I, mit den in Abs. 2 und 3 genannten Folgen besteht weiter, und auch die Rücknahme, der Widerruf und das Ruhen der Zulassung nach § 30 sind möglich. Auch war gemäß § 31 nach Ablauf von fünf Jahren ein neuer Zulassungsantrag zu stellen.

B. Chargenfreigabe (Abs. 2 a. F.)

Für freigegebene oder freigestellte Chargen eines Serums, Impfstoffs oder Testallergens enthielt Abs. 2 **7** eine dem in Abs. 1 hinsichtlich der Zulassung entsprechende Regelung. Waren solche Chargen am 1.1.1978 im Verkehr, so galten sie als freigegeben (§ 32 I 1) bzw. als von der Staatlichen Chargenprüfung freigestellt (§ 32 IV). Da der Regelungsbedarf hinfällig geworden ist, wurde die Vorschrift durch die 8. AMG-Novelle aufgehoben.

§ 104 *(weggefallen)*

§ 105 [Fiktive Zulassung, Nachzulassung]

(1) Fertigarzneimittel, die Arzneimittel im Sinne des § 2 Abs. 1 oder Abs. 2 Nr. 1 sind und sich am 1. Januar 1978 im Verkehr befinden, gelten als zugelassen, wenn sie sich am 1. September 1976 im Verkehr befinden oder auf Grund eines Antrags, der bis zu diesem Zeitpunkt gestellt ist, in das Spezialitätenregister nach dem Arzneimittelgesetz 1961 eingetragen werden.

(2) [1] Fertigarzneimittel nach Absatz 1 müssen innerhalb einer Frist von sechs Monaten seit dem 1. Januar 1978 der zuständigen Bundesoberbehörde unter Mitteilung der Bezeichnung der wirksamen Bestandteile nach Art und Menge und der Anwendungsgebiete angezeigt werden. [2] Bei der Anzeige homöopathischer Arzneimittel kann die Mitteilung der Anwendungsgebiete entfallen. [3] Eine Ausfertigung der Anzeige ist der zuständigen Behörde unter

---

[1] Vgl. *Sander*, § 103 Erl. 2.
[2] Zu den notwendigen Anträgen auf Zulassung s. Bekanntmachung des PEI vom 4.11.1975 (BAnz. Nr. 212).
[3] *Rehmann*, § 103 Rn. 1.

Mitteilung der vorgeschriebenen Angaben zu übersenden. [4]Die Fertigarzneimittel dürfen nur weiter in den Verkehr gebracht werden, wenn die Anzeige fristgerecht eingeht.

(3) [1]Die Zulassung eines nach Absatz 2 fristgerecht angezeigten Arzneimittels erlischt abweichend von § 31 Abs. 1 Nr. 3 am 30. April 1990, es sei denn, dass ein Antrag auf Verlängerung der Zulassung oder auf Registrierung vor dem Zeitpunkt des Erlöschens gestellt wird, oder das Arzneimittel durch Rechtsverordnung von der Zulassung oder von der Registrierung freigestellt ist. [2]§ 31 Abs. 4 Satz 1 findet auf die Zulassung nach Satz 1 Anwendung, sofern die Erklärung nach § 31 Abs. 1 Satz 1 Nr. 2 bis zum 31. Januar 2001 abgegeben wird.

(3a) [1]Bei Fertigarzneimitteln nach Absatz 1 ist bis zur erstmaligen Verlängerung der Zulassung eine Änderung nach § 29 Abs. 2a Satz 1 Nr. 1, soweit sie die Anwendungsgebiete betrifft, und Nr. 3 nur dann zulässig, sofern sie zur Behebung der von der zuständigen Bundesoberbehörde dem Antragsteller mitgeteilten Mängeln bei der Wirksamkeit oder Unbedenklichkeit erforderlich ist; im Übrigen findet auf Fertigarzneimittel nach Absatz 1 bis zur erstmaligen Verlängerung der Zulassung § 29 Abs. 2a Satz 1 Nr. 1, 2 und 5 keine Anwendung. [2]Ein Fertigarzneimittel nach Absatz 1, das nach einer im Homöopatischen Teil des Arzneibuches beschriebenen Verfahrenstechnik hergestellt ist, darf bis zur erstmaligen Verlängerung der Zulassung abweichend von § 29 Abs. 3

1. in geänderter Zusammensetzung der arzneilich wirksamen Bestandteile nach Art und Menge, wenn die Änderung sich darauf beschränkt, dass ein oder mehrere bislang enthaltene arzneilich wirksame Bestandteile nach der Änderung nicht mehr oder in geringerer Menge enthalten sind,
2. mit geänderter Menge des arzneilich wirksamen Bestandteils und innerhalb des bisherigen Anwendungsbereiches mit geänderter Indikation, wenn das Arzneimittel insgesamt dem nach § 25 Abs. 7 Satz 1 in der vor dem 17. August 1994 geltenden Fassung bekannt gemachten Ergebnis angepasst wird,
3. (weggefallen)
4. mit geänderter Menge der arzneilich wirksamen Bestandteile, soweit es sich um ein Arzneimittel mit mehreren wirksamen Bestandteilen handelt, deren Anzahl verringert worden ist, oder
5. mit geänderter Art oder Menge der arzneilich wirksamen Bestandteile ohne Erhöhung ihrer Anzahl innerhalb der gleichen Anwendungsbereichs und der gleichen Therapierichtung, wenn das Arzneimittel insgesamt einem nach § 25 Abs. 7 Satz 1 in der vor dem 17. August 1994 geltenden Fassung bekannt gemachten Ergebnis oder einem vom Bundesinstitut für Arzneimittel und Medizinprodukte vorgelegten Muster für ein Arzneimittel angepasst und das Arzneimittel durch die Anpassung nicht verschreibungspflichtig wird,

in den Verkehr gebracht werden; eine Änderung ist nur dann zulässig, sofern sie zur Behebung der von der zuständigen Bundesoberbehörde dem Antragsteller mitgeteilten Mängel bei der Wirksamkeit oder Unbedenklichkeit erforderlich ist. [3]Der pharmazeutische Unternehmer hat die Änderung anzuzeigen und im Falle einer Änderung der Zusammensetzung die bisherige Bezeichnung des Arzneimittels mindestens für die Dauer von fünf Jahren mit einem deutlich unterscheidenden Zusatz, der Verwechslungen mit der bisherigen Bezeichnung ausschließt, zu versehen. [4]Nach einer Frist von sechs Monaten nach der Anzeige darf der pharmazeutische Unternehmer das Arzneimittel nur noch in der geänderten Form in den Verkehr bringen. [5]Hat die zuständige Bundesoberbehörde für bestimmte Arzneimittel durch Auflage nach § 28 Abs. 2 Nr. 3 die Verwendung einer Packungsbeilage mit einheitlichem Wortlaut vorgeschrieben, darf das Arzneimittel bei Änderungen nach Satz 2 Nr. 2 abweichend von § 109 Abs. 2 nur mit einer Packungsbeilage nach § 11 in den Verkehr gebracht werden.

(4) [1]Dem Antrag auf Verlängerung der Zulassung sind abweichend von § 31 Abs. 2 die Unterlagen nach § 22 Abs. 1 Nr. 1 bis 6 beizufügen. [2]Den Zeitpunkt der Einreichung der Unterlagen nach § 22 Abs. 1 Nr. 7 bis 15, Abs. 2 Nr. 1 und Abs. 3a, bei Arzneimittel-Vormischungen zusätzlich die Unterlagen nach § 23 Abs. 2 Satz 1 und 2 sowie das analytische Gutachten nach § 24 Abs. 1 bestimmt die zuständige Bundesoberbehörde im Einzelnen. [3]Auf Anforderung der zuständigen Bundesoberbehörde sind ferner Unterlagen einzureichen, die die ausreichende biologische Verfügbarkeit der arzneilich wirksamen Bestandteile des Arzneimittels belegen, sofern das nach dem jeweiligen Stand der wissenschaftlichen Erkenntnisse erforderlich ist. [4]Ein bewertendes Sachverständigengutachten ist beizufügen. [5]§ 22 Abs. 2 Satz 2 und Abs. 4 bis 7 und § 23 Abs. 3 finden entsprechende Anwendung. [6]Die Unterlagen nach den Sätzen 2 bis 5 sind innerhalb von vier Monaten nach Anforderung der zuständigen Bundesoberbehörde einzureichen.

(4a) [1]Zu dem Antrag auf Verlängerung der Zulassung nach Absatz 3 sind die Unterlagen nach § 22 Abs. 2 Nr. 2 und 3 sowie die Gutachten nach § 24 Abs. 1 Satz 2 Nr. 2 und 3 bis zum 1. Februar 2001 nachzureichen, soweit diese Unterlagen nicht bereits vom Antragsteller vorgelegt worden sind; § 22 Abs. 3 findet entsprechende Anwendung. [2]Satz 1 findet keine Anwendung auf Arzneimittel, die nach einer im Homöopathischen Teil des Arzneibuches beschriebenen Verfahrenstechnik hergestellt sind. [3]Für Vollblut, Plasma und Blutzellen menschlichen Ursprungs bedarf es abweichend von Satz 1 nicht der Unterlagen nach § 22 Abs. 2 Nr. 2 sowie des Gutachtens nach § 24 Abs. 1 Satz 2 Nr. 2, es sei denn, dass darin Stoffe enthalten sind, die nicht im menschlichen Körper vorkommen. [4]Ausgenommen in den Fällen des § 109a erlischt die Zulassung, wenn die in den Sätzen 1 bis 3 genannten Unterlagen nicht fristgerecht eingereicht worden sind.

(4b) Bei der Vorlage der Unterlagen nach § 22 Absatz 2 Nummer 2 kann bei Tierarzneimitteln, die pharmakologisch wirksame Stoffe enthalten, die in Tabelle 1 des Anhangs der Verordnung (EU) Nr. 37/2010 aufgeführt sind, auf die nach den Vorschriften eines auf Artikel 13 der Verordnung (EG) Nr. 470/2009 gestützten Rechtsakts eingereichten Unterlagen Bezug genommen werden, soweit ein Tierarzneimittel mit diesem pharmakologisch wirksamen Bestandteil bereits in einem Mitgliedstaat der Europäischen Union zugelassen ist und die Voraussetzungen für eine Bezugnahme nach § 24a erfüllt sind.

(4c) Ist das Arzneimittel nach Absatz 3 bereits in einem anderen Mitgliedstaat der Europäischen Union oder anderen Vertragsstaat des Abkommens über den Europäischen Wirtschaftsraum entsprechend der Richtlinie 2001/83/EG oder der Richtlinie 2001/82/EG zugelassen, ist die Verlängerung der Zulassung zu erteilen, wenn

1. sich das Arzneimittel in dem anderen Mitgliedstaat im Verkehr befindet und
2. der Antragsteller
   a) alle in § 22 Abs. 6 vorgesehenen Angaben macht und die danach erforderlichen Kopien beifügt und
   b) schriftlich erklärt, dass die eingereichten Unterlagen nach den Absätzen 4 und 4a mit den Zulassungsunterlagen übereinstimmen, auf denen die Zulassung in dem anderen Mitgliedstaat beruht,

es sei denn, dass die Verlängerung der Zulassung des Arzneimittels eine Gefahr für die öffentliche Gesundheit, bei Arzneimitteln zur Anwendung bei Tieren eine Gefahr für die Gesundheit von Mensch oder Tier oder für die Umwelt, darstellen kann.

(4d) [1]Dem Antrag auf Registrierung sind abweichend von § 38 Abs. 2 die Unterlagen nach § 22 Abs. 1 Nr. 1 bis 4 beizufügen. [2]Die Unterlagen nach § 22 Abs. 1 Nr. 7 bis 15 und Abs. 2 Nr. 1 sowie das analytische Gutachten nach § 24 Abs. 1 sind bei der zuständigen Bundesoberbehörde auf Anforderung einzureichen. [3]§ 22 Abs. 4 bis 7 mit Ausnahme des Entwurfs einer Fachinformation findet entsprechende Anwendung. [4]Die Unterlagen nach den Sätzen 2 und 3 sind innerhalb von zwei Monaten nach Anforderung der zuständigen Bundesoberbehörde einzureichen.

(4e) Für die Entscheidung über den Antrag auf Verlängerung der Zulassung oder Registrierung nach Absatz 3 Satz 1 finden § 25 Abs. 5 Satz 5 und § 39 Abs. 1 Satz 2 entsprechende Anwendung.

(4f) [1]Die Zulassung nach Absatz 1 ist auf Antrag nach Absatz 3 Satz 1 um fünf Jahre zu verlängern, wenn kein Versagungsgrund nach § 25 Abs. 2 vorliegt; für weitere Verlängerungen findet § 31 Anwendung. [2]Die Besonderheiten einer bestimmten Therapierichtung (Phytotherapie, Homöopathie, Anthroposophie) sind zu berücksichtigen.

(4g) Bei Arzneimitteln, die Blutzubereitungen sind, findet § 25 Abs. 8 entsprechende Anwendung.

(5) [1]Bei Beanstandungen hat der Antragsteller innerhalb einer angemessenen Frist, jedoch höchstens innerhalb von zwölf Monaten nach Mitteilung der Beanstandungen, den Mängeln abzuhelfen; die Mängelbeseitigung ist in einem Schriftsatz darzulegen. [2]Wird den Mängeln nicht innerhalb dieser Frist abgeholfen, so ist die Zulassung zu versagen. [3]Nach einer Entscheidung über die Versagung der Zulassung ist das Einreichen von Unterlagen zur Mängelbeseitigung ausgeschlossen. [4]Die zuständige Bundesbehörde hat in allen geeigneten Fällen keine Beanstandung nach Satz 1 erster Halbsatz auszusprechen, sondern die Verlängerung der Zulassung auf der Grundlage des Absatzes 5a Satz 1 und 2 mit einer Auflage zu verbinden, mit der dem Antragsteller aufgegeben wird, die Mängel innerhalb einer von ihr nach pflichtgemäßem Ermessen zu bestimmenden Frist zu beheben.

(5a) [1]Die zuständige Bundesoberbehörde kann die Verlängerung der Zulassung nach Absatz 3 Satz 1 mit Auflagen verbinden. [2]Auflagen können neben der Sicherstellung der in § 28 Abs. 2 genannten Anforderungen auch die Gewährleistung von Anforderungen an die Qualität, Unbedenklichkeit und Wirksamkeit zum Inhalt haben, es sei denn, dass wegen gravieren-

der Mängel der pharmazeutischen Qualität, der Wirksamkeit oder der Unbedenklichkeit
Beanstandungen nach Absatz 5 mitgeteilt oder die Verlängerung der Zulassung versagt werden muss. [3] Satz 2 gilt entsprechend für die Anforderung von Unterlagen nach § 23 Abs. 1
Nr. 1. [4] Im Bescheid über die Verlängerung ist anzugeben, ob der Auflage unverzüglich oder
bis zu einem von der zuständigen Bundesoberbehörde festgelegten Zeitpunkt entsprochen
werden muss. [5] Die Erfüllung der Auflagen ist der zuständigen Bundesoberbehörde unter
Beifügung einer eidesstattlichen Erklärung eines unabhängigen Gegensachverständigen mitzuteilen, in der bestätigt wird, dass die Qualität des Arzneimittels dem Stand der wissenschaftlichen Erkenntnisse entspricht. [6] § 25 Abs. 5 Satz 5, 6 und 8 sowie § 30 Abs. 2 Satz 1
Nr. 2 zweite Alternative gelten entsprechend. [7] Die Sätze 1 bis 6 gelten entsprechend für die
Registrierung nach Absatz 3 Satz 1.

(5b) [1] Ein Vorverfahren nach § 68 der Verwaltungsgerichtsordnung findet bei Rechtsmitteln
gegen die Entscheidung über die Verlängerung der Zulassung nach Absatz 3 Satz 1 nicht statt.
[2] Die sofortige Vollziehung soll nach § 80 Abs. 2 Nr. 4 der Verwaltungsgerichtsordnung angeordnet werden, es sei denn, dass die Vollziehung für den pharmazeutischen Unternehmer
eine unbillige, nicht durch überwiegende öffentliche Interessen gebotene Härte zur Folge
hätte.

(5c) [1] Abweichend von Absatz 3 Satz 1 erlischt die Zulassung eines nach Absatz 2 fristgerecht angezeigten Arzneimittels, für das der pharmazeutische Unternehmer bis zum
31. Dezember 1999 erklärt hat, dass er den Antrag auf Verlängerung der Zulassung nach
Absatz 3 Satz 1 zurücknimmt, am 1. Februar 2001, es sei denn, das Verfahren zur Verlängerung der Zulassung ist nach Satz 2 wieder aufzugreifen. [2] Hatte der pharmazeutische Unternehmer nach einer vor dem 17. August 1994 ausgesprochenen Anforderung nach Absatz 4
Satz 2 die nach Absatz 4 erforderlichen Unterlagen fristgerecht eingereicht oder lag der
Einreichungszeitpunkt für das betreffende Arzneimittel nach diesem Datum oder ist die
Anforderung für das betreffende Arzneimittel erst nach diesem Datum ausgesprochen worden, so ist das Verfahren zur Verlängerung der Zulassung von der zuständigen Bundesoberbe-
hörde auf seinen Antrag wieder aufzugreifen; der Antrag ist bis zum 31. Januar 2001 unter
Vorlage der Unterlagen nach Absatz 4a Satz 1 zu stellen.

(5d) Absatz 3 Satz 2 und Absätze 3a bis 5c gelten entsprechend für Arzneimittel, für die
gemäß § 4 Abs. 2 der EG-Recht-Überleitungsverordnung vom 18. Dezember 1990 (BGBl. I
S. 2915) Anlage 3 zu § 2 Nr. 2 Kapitel II Nr. 1 und 2 bis zum 30. Juni 1991 ein Verlängerungsantrag gestellt wurde.

(6) (weggefallen)

(7) Die Absätze 1 bis 5d gelten auch für zur Anwendung bei Tieren bestimmte Arzneimittel, die keine Fertigarzneimittel sind, soweit sie der Pflicht zur Zulassung oder Registrierung unterliegen und sich am 1. Januar 1978 im Verkehr befinden.

Wichtige Änderungen der Vorschrift: Zahlreiche Änderungen durch Art. 1 Nr. 60a) des Fünften Gesetzes zur
Änderung des Arzneimittelgesetzes vom 9.8.1994 (BGBl. I S. 2071) und Art. 1 Nr. 5 des Zehnten Gesetzes zur
Änderung des Arzneimittelgesetzes vom 4.7.2000 (BGBl. I S. 1002); Abs. 4a neu gefasst durch Art. 1 Nr. 26 des
Fünfzehnten Gesetzes zur Änderung des Arzneimittelgesetzes vom 25.5.2011 (BGBl. I S. 946).

Europarechtliche Vorgaben: Art. 24 RL 65/65/EWG; RL 75/318/EWG; RL 75/319/EWG.

Literatur: *Brixius*, Abermals: Die Streichung von der Traditionsliste als anfechtbarer Verwaltungsakt, PharmR 2004,
354, 382; *Brixius/Schneider*, Nachzulassung und AMG-Einreichungsverordnung, 2004; *Denninger*, Grenzen der Auflagenbefugnis im arzneimittelrechtlichen Zulassungsverfahren, PharmR 2009, 327; *Gawrich*, Auswirkung der 10. AMG-
Novelle auf die Nachzulassung, PharmR 2001, 170; *Heßhaus*, Zur (Un-)Zulässigkeit des „Totalaustausches", PharmR
2006, 510; *Hofmann/Nickel*, Die Nachzulassung von Arzneimitteln nach der 10. Novelle zum Arzneimittelgesetz, NJW
2000, 2700; *Kaltenborn/Herr*, Die Streichung von der Traditionsliste als anfechtbarer Verwaltungsakt, PharmR 2004,
166; *Kügel/Heßhaus*, Das Arzneimittelrecht nach der 10. AMG-Novelle, MedR 2001, 349; *Schwerdtfeger*, Mängelbeseitigungsverfahren nach § 105 V AMG, Sofortvollzug nach § 105 Vb S. 2 AMG, PharmR 2003, 272.

Übersicht

A. Allgemeines

Die Vorschrift des § 105 wurde ursprünglich als Art. 3 § 7 AMNOG 1976 in das Arzneimittelrecht **1** aufgenommen. Sie sollte eine zeitlich gestreckte Anpassung der zum Stichtag 1.1.1978 im Verkehr befindlichen Arzneimittel an das europarechtlich determinierte Zulassungsregime ermöglichen.

Das AMG 1961 sah zwar eine Erlaubnispflicht für die Arzneimittelherstellung sowie eine Anzeige- **2** pflicht für die sog. **Arzneispezialitäten**[1] beim BGA vor. Eine Überprüfung der Arzneimittel, insbes. auf ihre Wirksamkeit und Unbedenklichkeit, erfolgte aber nicht. Diese Befugnis zur Überprüfung nicht allgemein bekannter Stoffe wurde vielmehr erst durch die 2. AMG-Novelle 1964 eingeführt. Mit der RL 65/65/EWG wurden dann auf europäischer Ebene Anforderungen an die Zulassung sowie den Nachweis der Wirksamkeit aufgestellt. Art. 24 RL 65/65/EWG verpflichtete die Mitgliedstaaten, dafür Sorge zu tragen, dass alle bereits im Verkehr befindlichen Arzneimittel im Rahmen einer sog. Nachzulassung diese Anforderungen nachträglich erfüllen. Mit den RL 75/318/EWG und 75/319/EWG wurden zur Umsetzung die bereits in der RL 65/65/EWG geforderten Grundsätze weitere Detailanforderungen sowie verfahrensrechtliche Regelung erlassen.

Die gemeinschaftlichen Vorgaben wurden im Rahmen des Arzneimittelneuordnungsgesetzes (AM- **3** NOG 1976) ins nationale Recht transformiert, welches am 1.1.1978 in Kraft trat. Die ca. 140.000 Arzneimittel[2] in einem geordneten Verfahren der Nachzulassung zuzuführen, war zum damaligen Zeitpunkt in kurzer Zeit nicht möglich. Deshalb enthielten die Vorschriften des AMNOG 1976 anfänglich **Übergangsvorschriften,** welche die **Verkehrsfähigkeit** der Präparate bis zum Abschluss der Nachzulassung sicherstellen sollten.

Angesichts der Fülle der zu prüfenden Arzneimittel hat die Nachzulassung die Bundesoberbehörde **4** nun mehr als ein Vierteljahrhundert beschäftigt. Offiziell wurde die Nachzulassung am 31.12.2005 abgeschlossen. Es sind aber weiterhin noch Verfahren bei den zuständigen Verwaltungsgerichten anhängig, wobei diese Verfahren in absehbarer Zeit abgeschlossen sein dürften.

B. Fiktive Zulassung (Abs. 1)

Die Übergangsvorschrift des Abs. 1 bezieht sich auf Fertigarzneimittel i. S. v. § 2 I oder II Nr. 1, **5** welche sich am 1.1.1978 im Verkehr befunden haben, d. h. vom Hersteller an Groß- oder Einzelhändler

---

[1] Begriff der Arzneimittelspezialität war in § 4 AMG 1961 legal definiert und entspricht mutatis mutandis dem heutigen Begriff des Fertigarzneimittels.
[2] AMG-Erfahrungsbericht, BT-Drucks. 12/5226, S. 10.

ausgeliefert waren[3]. Diese Arzneimittel gelten als zugelassen (sog. **fiktive Zulassung**) und sind damit **verkehrsfähig**[4], wenn sie sich entweder am 1.9.1976 im Verkehr befunden haben oder bis zu diesem Zeitpunkt eine Eintragung in das vom damaligen BGA geführte Register für Arzneispezialitäten beantragt worden ist.

C. Anzeigepflicht (Abs. 2)

6   Die nach diesen Maßstäben im Verkehr befindlichen Arzneimittel mussten innerhalb einer Frist von sechs Monaten (**Ausschlussfrist**[5]), die am 1.1.1978 begann[6], bei der zuständigen Bundesoberbehörde angezeigt werden. In der Mitteilung mussten die wirksamen Bestandteile (arzneilich wirksame Bestandteile[7] und Wirkung zeigende Hilfsstoffe[8]) nach Art und Menge sowie die Anwendungsgebiete angegeben werden. Die **Anzeige der Anwendungsgebiete** konnte bei homöopathischen Arzneimitteln entfallen (§ 105 II 2); sie war gleichwohl zulässig. In diesem Fall durfte das Arzneimittel abweichend von § 5 HWG auch mit Anwendungsgebieten beworben werden[9]. Sofern die Anzeige nicht innerhalb der sechsmonatigen Frist erfolgte, durften die Fertigarzneimittel nicht weiter in den Verkehr gebracht werden (§ 105 II 4) und es bedurfte einer neuen Zulassung. Die Wiedereinsetzung in den vorherigen Stand gem. § 32 VwVfG kam unter den dort genannten Voraussetzungen grundsätzlich in Betracht[10].

D. Erlöschen der Zulassung (Abs. 3)

7   Die fiktive Zulassung nach Abs. 1 und 2 erlosch, sofern nicht bis zum 30.4.1990 ein Antrag (sog. Kurzantrag) auf Verlängerung der Zulassung bzw. der Registrierung gestellt (sog. **Nachzulassung**) oder eine Freistellung von der Zulassung oder Registrierung durch Rechtsverordnung angeordnet worden ist. Die Vorschrift verdrängt damit im Wesentlichen die allgemeine Verlängerungsvorschrift in § 31 I Nr. 3, nach der die arzneimittelrechtliche Zulassung fünf Jahre nach ihrer Erteilung erlischt. Wurde der Verlängerungsantrag fristgerecht gestellt, ist das Arzneimittel bis zur bestandskräftigen Entscheidung über den Verlängerungsantrag verkehrsfähig[11].

8   Fraglich ist, ob der Antragsteller einen **Anspruch auf Bescheidung** binnen drei Monaten gem. § 31 III hat[12]. Dafür spricht, dass die Sonderregelung zum Erlöschen der arzneimittelrechtlichen Zulassung in Abs. 3 zwar die allgemeinen Erlöschenstatbestände des § 31 I verdrängt. Soweit in § 105 aber keine speziellen Regelungen enthalten sind, finden die allgemeinen Vorschriften und damit letztlich auch § 31 III Anwendung[13].

9   Wurde der Verlängerungsantrag nicht fristgerecht gestellt, erlosch die Zulassung. Das Erlöschen war nach § 34 I 1 Nr. 5 bekanntzumachen[14]. Abweichend von § 31 IV bestand für in der Nachzulassung befindliche Arzneimittel die Möglichkeit des sog. **Abverkaufs** nur eingeschränkt[15]. Nach Abs. 3 S. 2 konnte ein Abverkauf nur sichergestellt werden, wenn eine Verzichtserklärung i. S. v. § 31 I 1 Nr. 2 bis zum 31.1.2010 abgegeben wurde.

E. Änderungsmöglichkeiten während der Nachzulassung (Abs. 3a)

I. Überblick über den Regelungsbereich

10   Die in § 29 geregelten Voraussetzungen und Rechtsfolgen bei einer Änderung zugelassener Arzneimittel erschienen dem Gesetzgeber für in der Nachzulassung befindliche Präparate ungeeignet. Getragen von der Überlegung, den pharmazeutischen Unternehmern die Möglichkeit zu geben, potentiell bedenkliche Stoffe zu eliminieren bzw. Arzneimittel an Aufbereitungsmonographien i. S. v. § 25 VII anzupassen, erschien das von § 29 III vorgesehene Erlöschen der Zulassung bei einer entsprechenden Änderung des Arzneimittels zurecht als ungeeignete und diesen Zielen konträre Rechtsfolge.

---

[3] *Kloesel/Cyran*, § 105 Anm. 1.
[4] *Rehmann*, § 105 Rn. 1.
[5] *Rehmann*, § 105 Rn. 2.
[6] Die Frist endete somit am 30.6.1978.
[7] Wirkstoffe i. S. d. § 4 XIX.
[8] *Kloesel/Cyran*, § 105 Anm. 10.
[9] *Rehmann*, § 105 Rn. 2.
[10] *Brixius/Schneider*, § 105 Abs. 2 S. 11 f.
[11] *Kloesel/Cyran*, § 105 Anm. 14.
[12] Ablehnend *Kloesel/Cyran*, § 105 Anm. 14.
[13] So *Brixius/Schneider*, § 105 III 1 S. 23.
[14] *Kloesel/Cyran*, § 105 Anm. 15.
[15] *Rehmann*, § 105 Rn. 3.

Vor diesem Hintergrund wurde durch die 1. AMG-Novelle der ursprüngliche Abs. 3 erweitert, um **11** eine Reduzierung arzneilich wirksamer Bestandteile[16] durch eine Änderungsanzeige bei der zuständigen Bundesoberbehörde zu ermöglichen. Durch die 4. AMG-Novelle wurde dieser Abs. 3 S. 2 in den neu geschaffenen Abs. 3a überführt und insgesamt um weitere Änderungsmöglichkeiten für fiktiv zugelassene Arzneimittel erweitert. Durch die von § 29 abweichenden Änderungsmöglichkeiten sollte eine Anpassung der Arzneimittel an den medizinischen Erkenntnisstand, wie insbes. in den Aufbereitungsmonographien bzw. Aufbereitungsmustern der zuständigen Bundesoberbehörde dokumentiert, gewährleistet werden.

Hierdurch sollte einerseits die Arzneimittelsicherheit verbessert, andererseits aber auch eine Arbeits- **12** erleichterung für die zuständige Bundesoberbehörde geschaffen werden[17]. Die Änderungsmöglichkeiten wurden im Rahmen der 10. AMG-Novelle schließlich erheblich eingeschränkt[18], um den schleunigen Abschluss der Nachzulassung nicht zu gefährden[19].

II. Abweichungen von den Änderungsmöglichkeiten des § 29 Abs. 2a (S. 1)

Um Verzögerungen bei der Nachzulassung durch Änderungsanzeigen möglichst einzuschränken, **13** werden die in § 29 IIa geregelten zustimmungspflichtigen Änderungen eines Arzneimittels für Nachzulassungspräparate begrenzt[20]. Bis zur erstmaligen Verlängerung der Zulassung – danach ist § 105 IIIa 1 nicht mehr anwendbar[21] – sind Änderungen der Indikationen sowie der Darreichungsform nur zur **Mängelbeseitigung** zulässig. Das bedeutet, dass derartige Änderungen nur dann vorgenommen werden dürfen, wenn zuvor eine entsprechende Mängelmitteilung der zuständigen Bundesoberbehörde ergangen ist, um Defizite bei der Wirksamkeit oder Unbedenklichkeit des Arzneimittels zu beseitigen[22]. Die hierauf vorgenommenen Änderungen müssen der Mängelbeseitigung dienen[23].Nicht zulässig ist demnach eine von der zuständigen Bundesbehörde nicht geforderte Änderung der Indikation von einer „Schutztherapie" in eine (bloß) adjuvante Behandlung[24].

§ 29 IIa 1 Nr. 1, 2 und 5 finden ausweislich des 2. Halbs. des S. 1 bis zur erstmaligen Verlängerung der **14** Zulassung keine Anwendung, so dass entsprechende Änderungen während der Nachzulassung ohne Genehmigung möglich sind[25]. Diese Änderungen dürfen nach vorhergehender Anzeige (§ 29 I 1) sofort vollzogen werden[26].

III. Änderung eines homöopathischen Arzneimittels (S. 2)

1. Zulässige Änderungen. Abs. 3a S. 2 stellt eine Ausnahme zu § 29 III für homöopathische Arznei- **15** mittel i. S. d. § 4 XXVI dar. Die Änderungen nach Nr. 1–5 sind zulässig, ohne dass es einer Neuzulassung (§ 29 III) bedarf; an ihre Stelle tritt die Änderungsanzeige (§ 29 I 1)[27]. Nach Einreichung des Nachzulassungsantrags (§ 105 III) ist eine Änderung allerdings nur noch zulässig, wenn sie zur Behebung von Mängeln bei der Wirksamkeit oder Unbedenklichkeit erforderlich ist (Abs. 3a S. 2, 2. Halbs.). Der **Verzicht auf die Neuzulassung** betrifft die folgenden Änderungen:

a) Änderung der arzneilich wirksamen Bestandteile (Nr. 1). Zunächst darf nach S. 2 Nr. 1 eine **16** Änderung der arzneilich wirksamen Bestandteile vorgenommen werden, sofern deren Anzahl (durch Eliminierung eines Bestandteils) oder Menge (durch Dosisminderung) reduziert wird[28]. Diese Sonderregelung betrifft sowohl Mono- als auch Kombinationspräparate[29]. Ausweislich des Wortlauts kann auch auf mehrere arzneilich wirksame Bestandteile verzichtet werden. Gleichfalls ist es zulässig, eine quantitative Reduzierung vorzunehmen. Auf (nicht arzneilich) wirksame Bestandteile[30] findet die Vorschrift entsprechende Anwendung[31]. Unzulässig ist es hingegen, die arzneilich wirksamen Bestandteile auszutauschen. Dies soll nach der Rechtsprechung den Fall der Potenzerhöhung betreffen, die als Änderung der Art der Zusammensetzung anzusehen sei[32].

---

[16] Wirkstoffe i. S. d. § 4 XIX.
[17] BT-Drucks. 11/5373, S. 19.
[18] *Kügel/Heßhaus*, MedR 2001, 248 ff.
[19] BT-Drucks. 14/2292, S. 8.
[20] BT-Drucks. 14/2292, S. 8.
[21] *Brixius/Schneider*, § 105 Abs. 3a S. 29.
[22] *Brixius/Schneider*, § 105 Abs. 3a S. 29 und 31; *Rehmann*, § 105 Rn. 4.
[23] *Brixius/Schneider*, § 105 Abs. 3a S. 34 f.
[24] *BVerwG*, NVwZ-RR 2013, 693.
[25] *Kloesel/Cyran*, § 105 Anm. 19a.
[26] *Brixius/Schneider*, § 105 Abs. 3a S. 29.
[27] *Kloesel/Cyran*, AMG, § 105 Anm. 22.
[28] *Brixius/Schneider*, § 105 Abs. 3a S. 42 f.; BT-Drucks. 11/5373, S. 19.
[29] *Brixius/Schneider*, § 105 Abs. 3a S. 42.
[30] Sie unterstützen die durch die arzneilich wirksamen Bestandteile hervorgerufenen Hauptwirkungen.
[31] *Brixius/Schneider*, § 105 Abs. 3a S. 44.
[32] *OVG Münster*, PharmR 2009, 465, 466.

17   **b) Anpassung an Monographie (Nr. 2).** Nach S. 2 Nr. 2 ist eine Anpassung an eine Monographie (§ 25 VII) bei Monopräparaten zulässig, wenn der ursprüngliche Anwendungsbereich beibehalten wird. Die Fassung des Gesetzes lässt damit auch eine Erhöhung der Dosierung des arzneilich wirksamen Bestandteils ohne weiteres zu[33].

18   **c) Reduzierung und Erhöhung wirksamer Bestandteile (Nr. 4).** Bei homöopathischen Komplexmitteln ist nach S. 2 Nr. 4 eine Erhöhung der Menge der arzneilich wirksamen Bestandteile zulässig, wenn zugleich die Anzahl der arzneilich wirksamen Bestandteile reduziert wird (d. h. Elimination zumindest eines arzneilich wirksamen Bestandteils[34]). **Potenzänderungen** können nicht unter diese Ausnahmevorschrift subsumiert werden[35].

19   **d) Änderung von Art oder Menge der Wirkstoffe (Nr. 5).** Nach S. 2 Nr. 5 können Arzneimittel auch durch eine Anpassung an ein nach § 25 VII 1 bekannt gemachtes Ergebnis geändert werden. Die zulässigen Änderungen beziehen sich auf die Art oder Menge der arzneilich wirksamen Bestandteile, wobei eine Erhöhung ihrer Anzahl ausgeschlossen ist. Darüber hinaus muss der ursprünglich bei der zuständigen Bundesoberbehörde angezeigte Anwendungsbereich sowie die Therapierichtung beibehalten werden. Schließlich darf das Arzneimittel durch die Änderung nicht verschreibungspflichtig werden[36]. Der Begriff des „Anwendungsbereichs" ist nach der Rechtsprechung eng auszulegen; es sollen nur diejenigen Fälle erfasst sein, in denen die Anwendungsgebiete des ursprünglichen und des geänderten Arzneimittels sich nicht wesentlich unterscheiden, zumindest aber nahe verwandt sind[37].

20   **2. Sog. Totalaustausch.** Im Rahmen der Nachzulassung war lange Zeit umstritten, ob derartige Monographie- oder Musteranpassungen nach § 105 II Nr. 5 auch dann zulässig sind, wenn sämtliche Wirkstoffe des Arzneimittels ausgetauscht werden (sog. **Totalaustausch**)[38]. Das *BVerwG* hat mit Urteil vom 21.5.2008 klargestellt, dass für eine teleologische Reduktion der Norm kein Raum bleibt[39]. Die von den Verwaltungsgerichten und den Oberverwaltungsgerichten angenommene Teilidentität der Wirkstoffe sei nicht erforderlich, da es sich nicht um die zur notwendigen Individualisierung des Arzneimittels erforderliche Kategorie handele. Ein Vergleich mit den sonstigen Änderungsmöglichkeiten des S. 2 setzt nach Auffassung des *BVerwG* insofern lediglich die Beibehaltung des gleichen Anwendungsbereichs sowie der Therapierichtung voraus, um weiterhin vom gleichen Arzneimittel sprechen zu können. Im Übrigen würden Monopräparate, welche nur einen einzigen Wirkstoff besitzen, von der Änderungsmöglichkeit des S. 2 Nr. 5 vollständig ausgeschlossen, was zu einer nicht gerechtfertigten Ungleichbehandlung gegenüber Vielstoffpräparaten führen würde[40].

IV. Anzeigepflicht und Inverkehrbringen (S. 3–5)

21   **Abs. 3a S. 3** verpflichtet den pharmazeutischen Unternehmer, Änderungen nach S. 1 oder S. 2 entsprechend § 29 I 1 anzuzeigen; auf die dortige Kommentierung wird verwiesen (s. § 29 Rn. 5 ff.). Um Verwechslungen auszuschließen sind unterscheidende Zusätze in die Hauptbezeichnung des geänderten Arzneimittels aufzunehmen, wenn sich die Zusammensetzung (**Abs. 3a S. 2**) geändert hat. Das Arzneimittel in seiner bisherigen Zusammensetzung darf nur noch sechs Monate ab Zugang der Änderungsanzeige bei der zuständigen Behörde vom pharmazeutischen Unternehmer abverkauft werden. Die weiteren Handelsstufen sind von dieser **Abverkaufsregelung** nicht betroffen[41].

F. Antrag auf Verlängerung der Zulassung (Abs. 4)

I. Überblick über die Regelung

22   Die Vorschrift enthält Regelungen zum Inhalt des Antrages auf Verlängerung der Zulassung und knüpft an Abs. 3 S. 1 an, wonach die arzneimittelrechtliche Zulassung eines nach Abs. 2 fristgerecht angezeigten Arzneimittels am 30.4.1990 erlischt, wenn nicht zuvor ein Antrag auf Verlängerung der Zulassung oder Registrierung gestellt worden ist. Abs. 4 sowie die nachträglich in das Gesetz aufgenommenen Abs. 4–4g regeln detailliert den Umfang und die Modalitäten der einzureichenden Unterlagen (sog. Langantrag). Die Regelungen enthalten damit Abweichungen von § 31 II, der im Rahmen der eigentlichen Zulassungsverlängerung im Wesentlichen lediglich einen Bericht dazu fordert, ob und in

---

[33] So auch *Rehmann*, § 105 Rn. 6.
[34] *Brixius/Schneider*, § 105 Abs. 3a S. 55.
[35] *OVG Münster*, PharmR 2009, 465, 466; *Brixius/Schneider*, § 105 Abs. 3a S. 56 f.
[36] *Brixius/Schneider*, § 105 Abs. 3a S. 63.
[37] *OVG Münster*, PharmR 2009, 465, 466.
[38] Vgl. hierzu *Brixius/Schneider*, § 105 Abs. 3a S. 60 ff.
[39] *BVerwG*, PharmR 2008, 378 ff.; vgl. auch *Heßhaus*, PharmR 2008, 382 ff.
[40] *BVerwG*, PharmR 2008, 378, 381.
[41] *Brixius/Schneider*, § 105 Abs. 3a S. 65.

welchem Umfang sich die Beurteilungsmerkmale für das Arzneimittel während der vergangenen fünf Jahre geändert haben.

Die Vorschrift des Abs. 4 ist im Zuge der 4. AMG-Novelle vor allem mit Blick auf die neu einge- **23** führten sog. Einreichungstakte an die Bearbeitungssituation der Bundesoberbehörden angepasst worden. Durch die nach Wirkstoffen gestaffelte Einreichung der Nachzulassungsunterlagen sollte der Bearbeitungsaufwand bei den Nachzulassungsbehörden kanalisiert werden, um so die Verwaltungseffektivität zu erhöhen.

II. Verlängerungsantrag

Anders als bei der Verlängerung der Zulassung nach § 31 sind im Rahmen der Nachzulassung die **24** Formalangaben gem. § 22 I Nr. 1–6 bei der Bundesoberbehörde einzureichen (**Abs. 4 S. 1**). Daneben sind die weiteren Angaben und Unterlagen nach § 22 I Nr. 7–15, II Nr. 1 und IIIa vorzulegen. Bei Arzneimittel-Vormischungen (§ 4 XI) müssen zudem die Unterlagen nach § 23 I 1 sowie das analytische Gutachten nach § 24 I eingereicht werden. Den Zeitpunkt der Einreichung bestimmt die zuständige Bundesoberbehörde (**Abs. 4 S. 2**).

Der Verweis auf § 22 II Nr. 1 verpflichtet den pharmazeutischen Unternehmer neben den in § 22 I **25** geregelten Formalangaben auch zur Vorlage eines analytischen Gutachtens zur Arzneimittelqualität. Ebenfalls vorzulegen ist aufgrund der Inbezugnahme von § 22 IIIa eine **Kombinationsbegründung** bei Mehrstoffpräparaten[42]. Mit der Kombinationsbegründung ist zu belegen, dass jeder Wirkstoff einen Beitrag zur positiven Beurteilung des Arzneimittels leistet. Eine nicht ausreichende Kombinationsbegründung führt zur Versagung der Zulassungsverlängerung gem. § 105 IVf i. V. m. § 25 II 1 Nr. 5a (s. § 25 Rn. 67 ff.).

Nach **Abs. 4 S. 3** sind auf Anforderung der Bundesoberbehörde Unterlagen zur **Bioverfügbarkeit** **26** vorzulegen, sofern es nach dem Stand der wissenschaftlichen Erkenntnisse erforderlich ist. Unter Bioverfügbarkeit sind die Geschwindigkeit und das Ausmaß der Resorption des in einem Arzneimittel enthaltenen arzneilich wirksamen Bestandteils aus der für das Fertigarzneimittel gewählten Darreichungsform in die systemische Zirkulation zu verstehen[43]. Aus der „Erforderlichkeit" der Vorlage von Unterlagen zur Kontrolle der Bioverfügbarkeit folgt die Pflicht der Bundesoberbehörde, die arzneilich wirksamen Bestandteile zu benennen, für welche Bioverfügbarkeitsuntersuchungen vorzulegen sind[44].

III. Fristen

Es ist zu differenzieren: Während der Verlängerungsantrag (Abs. 3) sowie die in Abs. 4 S. 1 genannten **27** formalen Angaben zum Arzneimittel und zum pharmazeutischen Unternehmer zwingend bis zum 30.4.1990 gemacht werden mussten, sind die übrigen Angaben innerhalb der von der Bundesoberbehörde festzusetzenden Fristen vorzunehmen.

Bei Nichteinhaltung der Fristen kommt im Fall der nicht rechtzeitigen Antragstellung sowie Ein- **28** reichung der Formalangaben bis zum 30.4.1990 (Abs. 3 S. 1) eine **Wiedereinsetzung in den vorherigen Stand** aufgrund des Gesetzeswortlauts nicht in Betracht. Die fiktive Zulassung erlischt kraft Gesetzes. In den Fällen der **Abs. 4 S. 2–6** ist – sofern die Voraussetzungen des § 32 VwVfG gegeben sind – eine Wiedereinsetzung in den vorherigen Stand dagegen möglich[45].

Aus **Abs. 4 S. 6** ergibt sich, dass die nach S. 2 bis 5 einzureichenden Unterlagen innerhalb von vier **29** Monaten nach Anforderung der zuständigen Bundesoberbehörde einzureichen sind (sog. **Taktfrist**[46]). Werden die Anforderungen im BAnz. bekannt gemacht (§ 34 II), ist aufgrund dann divergierender Daten von Anforderung und Bekanntmachung[47] von der Bundesoberbehörde der Fristablauf konkret zu benennen[48].

G. Einreichung der ex-ante-Unterlagen (Abs. 4a)

I. Einreichung weiterer Unterlagen (S. 1)

Die Vorschrift wurde im Rahmen der 10. AMG-Novelle in das Gesetz eingefügt und dient der **30** vollständigen Umsetzung der Vorgaben aus Art. 24 RL 65/65/EWG. Nach der bisherigen Rechtslage waren im Nachzulassungsverfahren weder pharmakologisch-toxikologische noch klinische Prüfungsergebnisse vorzulegen. Gemeinschaftsrechtlich wurde dies jedoch nicht für zulässig erachtet[49]. Vor diesem

---

[42] *BVerwG*, NVwZ-RR 2009, 240, Rn. 17.
[43] *Brixius/Schneider*, § 105 Abs. 4 S. 71.
[44] *Brixius/Schneider*, § 105 Abs. 4 S. 71.
[45] Vgl. BT-Drucks. 11/5373, S. 19.
[46] *Brixius/Schneider*, § 105 Abs. 4 S. 73.
[47] § 34 II 2: zwei Wochen nach Erscheinen des Bundesanzeigers.
[48] *Kloesel/Cyran*, § 105 Anm. 51.
[49] Zur historischen Entwicklung dieser Vorschrift vgl. *Brixius/Schneider*, § 105 Abs. 4a S. 81 f.

Hintergrund mussten bis zum 1.2.2001 entsprechende Unterlagen nach § 22 II Nr. 2 und 3 sowie die Gutachten nach § 24 I 2 Nr. 2 und 3 nachgereicht werden. Wegen des Verweises auf § 22 III kann alternativ oder ergänzend auch sonstiges wissenschaftliches Erkenntnismaterial vorgelegt werden. Die Modalitäten dieser Einreichung der sog. ex-ante-Unterlagen erfolgt verfahrensrechtlich unter Beachtung der 43. Bekanntmachung des BfArM[50], die jedoch mit Inkrafttreten der AMG-EV vom 21.12.2000 an Bedeutung verloren hat[51].

31   Abs. 4a findet sowohl auf die Nachzulassungsverfahren Anwendung, die im Zeitpunkt des Inkrafttretens der 10. AMG-Novelle auf Verwaltungsebene noch nicht beschieden wurden, als auch auf die zu diesem Zeitpunkt bereits gerichtshängigen Verfahren[52].

II. Keine Einreichungspflicht bei homöopathischen Arzneimitteln (S. 2)

32   Die Verpflichtung, die in Abs. 4a S. 1 benannten Unterlagen bereits mit Antragstellung einzureichen, besteht nicht für Homöopathika i. S. d. § 4 XXVI. Für diese sind im Rahmen der Nachzulassung keine Unterlagen über eine pharmakologisch-toxikologische oder eine klinische Prüfung vorzulegen[53]. Die Sondervorschrift entbindet aber nicht von der Pflicht, überhaupt wissenschaftliches Erkenntnismaterial einzureichen[54]. Solches ist beispielsweise zur Kombinationsbegründung (§§ 22 IIIa; 25 II Nr. 5a) oder für den Fall, dass keine Aufbereitungsmonographien vorliegen oder solche keine hinreichende Bewertung zulassen erforderlich[55].

III. Sonderregelung für Vollblut, Plasma und Blutzellen (S. 3)

33   Für Vollblut, Plasma und Blutzellen menschlichen Ursprungs (s. § 4 Rn. 21 ff.) nach Abs. 4a S. 3 bestehen Sonderregeln. Die Nachzulassung dieser Produkte ist im Gemeinschaftsrecht nicht geregelt[56]. Für sie sind die Unterlagen nach § 22 II Nr. 2 sowie das Gutachten nach § 24 I 2 Nr. 2 nicht einzureichen, wenn nicht in den vorgenannten Produkten Stoffe enthalten sind, die nicht im menschlichen Körper vorkommen.

IV. Rechtsfolgen nicht rechtzeitiger Einreichung (S. 4)

34   Eine nicht rechtzeitige Einreichung der Unterlagen bis zum 1.1.2001 führt nach Abs. 4a S. 4 zwingend zum Erlöschen der Zulassung (**materiell-rechtliche Ausschlussfrist**[57]); eine Wiedereinsetzung in den vorherigen Stand oder eine Heilung durch spätere Vorlage kommt nicht in Betracht[58]. Der Bundesoberbehörde steht kein Ermessen zu[59]. Spätestens ab Bekanntmachung des Erlöschens der Zulassung im BAnz. dürfen die Arzneimittel nicht mehr in Verkehr gebracht werden[60]. Ein Abverkauf ist – von Abs. 3 S. 2 abgesehen – nicht zulässig[61].

H. Besonderheiten bei Tierarzneimitteln (Abs. 4b)

35   Abs. 4b sieht eine Erleichterung und Vereinfachung bei Tierarzneimitteln vor, die pharmakologisch wirksame Stoffe enthalten, die in Tabelle 1 des Anhangs der VO (EU) Nr. 37/2010 aufgeführt sind. In diesem Fall kann der Antragsteller bei Vorlage von Unterlagen nach § 22 II Nr. 2 auf die nach den Vorschriften eines auf Art. 13 VO (EG) Nr. 470/2009 gestützten Rechtsakts eingereichten Unterlagen Bezug nehmen, soweit ein Tierarzneimittel mit diesem pharmakologisch wirksamen Bestandteil bereits in einem Mitgliedstaat der EU zugelassen ist und die Voraussetzungen für eine Bezugnahme nach § 24a erfüllt sind.

36   Die Vorschrift wurde im Zuge der 15. AMG-Novelle neu formuliert, da die ursprünglich genannte VO (EWG) Nr. 2377/90 mit Inkrafttreten der VO (EG) Nr. 470/2009 am 6.7.2009 aufgehoben wurde. Zwar enthielt Art. 29 II VO (EG) Nr. 470/2009 eine Übergangsvorschrift, nach der die Anhänge I bis IV sowie Anhang V der VO (EWG) Nr. 2377/90 vorerst weiter galten. Mit Inkrafttreten der VO (EU)

---

[50] 43. Bekanntmachung des BfArM vom 18.4.2000, BAnz. S. 9084.
[51] *Brixius/Schneider*, § 105 Abs. 4a S. 84 f. Die AMG-EV ist durch § 3 II AMGBefugV außer Kraft getreten. Die AMG-EV ist jedoch in ihrer bis zum 18.5.2015 geltenden Fassung solange weiter anzuwenden, soweit Regelungen nach § 1 AMGBefugV nicht in Kraft sind.
[52] *BVerwG*, NVwZ-RR 2009, 240, Rn. 21.
[53] *BVerwG*, NVwZ-RR 2007, 776, 777, Rn. 34.
[54] *BVerwG*, NVwZ-RR 2009, 240, Rn. 22.
[55] *OVG Münster*, PharmR 2009, 465, 467; *VG Köln*, Urt. vom 17.12.2013 – 7 K 4955/12 – BeckRS 2014, 45375.
[56] *Kloesel/Cyran*, § 105 Anm. 56 unter Verweis auf die frühere Regelung der RL 89/381/EWG, die durch das Inkrafttreten der RL 2001/83/EG aufgehoben wurde.
[57] *Rehmann*, § 105 Rn. 13; *Brixius/Schneider*, § 105 Abs. 4a S. 86 f.
[58] *Kloesel/Cyran*, § 105 Anm. 58; *Brixius/Schneider*, § 105 Abs. 3a S. 86.
[59] *Kloesel/Cyran*, § 105 Anm. 58.
[60] *Kloesel/Cyran*, § 105 Anm. 58.
[61] *Brixius/Schneider*, § 105 Abs. 3a S. 87 f.

Nr. 37/2010 ist diese Übergangsvorschrift aber obsolet geworden. Wie zuvor in Anhang V der VO (EWG) Nr. 2377/90 für einen Antrag auf Festsetzung einer Rückstandshöchstmenge einzureichende Unterlagen werden nunmehr im Wege von auf der Grundlage des Art. 13 VO (EG) 470/2009 erlassenen Durchführungsbestimmungen festgelegt[62].

I. Europäische Zulassungen (Abs. 4c)

Arzneimittel, die bereits in einem Mitgliedsstaat der EU oder in einem Vertragsstaat des EWR nach **37** Maßgabe der RL 65/65/EWG bzw. 81/851/EWG zugelassen sind, erfahren durch Abs. 4c eine besondere Stellung in der Nachzulassung. Wenn die Voraussetzungen der Norm erfüllt sind, ist die **Nachzulassung zwingend** zu erteilen, wenngleich nicht zwingend in identischer Gestalt[63]. Das setzt voraus, dass sich das Arzneimittel in einem Mitgliedstaat der EU im Verkehr befindet und der Antragsteller alle in § 22 VI geregelten Angaben macht und diese durch entsprechende Kopien belegt. Ferner muss der Antragsteller schriftlich erklären, dass die eingereichten Unterlagen den Anforderungen der Abs. 4 und Abs. 4a entsprechen[64]. Nach Auffassung des *BVerwG* schließen Abweichungen des Referenzarzneimittels eine Zulassung nach dieser Vorschrift nicht aus, wenn der Antragsteller die Anpassungen der Merkmale des nachzuzulassenden Arzneimittels an das Referenzarzneimittel anstrebt und die Änderung auch im Übrigen zulässig ist[65].

Ein Anspruch auf Verlängerung der Zulassung besteht nur dann nicht, wenn die Nachzulassung eine **38** **Gefahr für die öffentliche Gesundheit** bzw. bei Tierarzneimitteln für die Gesundheit von Mensch oder Tier oder die Umwelt darstellen würde. Nach der Rechtsprechung des *BVerwG* besteht eine **Gefahr für die öffentliche Gesundheit** nur dann, wenn diese zu schwerwiegenden Folgen führen kann. Das ist dann der Fall, wenn die von der Arzneimittelzulassung ausgehenden Folgen den Tod oder erhebliche körperliche Schäden bewirken können oder eine stationäre Behandlung erforderlich machen[66]. Der Antragsteller, dem eine Frist zur Mängelbeseitigung nach Abs. 5 S. 1 gesetzt wurde, kann sich nach Auffassung des *BVerwG* auch noch nach dem Ablauf der Mängelbeseitigungsfrist auf die Zulassung des Arzneimittels in einem anderen EU-Mitgliedstaat bzw. EWR-Vertragsstaat berufen, solange das Nachzulassungsverfahren nicht bestandskräftig abgeschlossen ist[67]. Dem steht nicht die Präklusion in Abs. 5 S. 1 entgegen, da sich diese Vorschrift nur auf die Verteidigung gegen zuvor gerügte Mängel beschränkt[68]. Präkludiert ist nur das Einreichen von Unterlagen „zur Mängelbeseitigung" (Abs. 5 S. 3), nicht hingegen die Möglichkeit, den Antrag auf Verlängerung der Zulassung zusätzlich oder alternativ auf § 105 IVc zu stützen[69]. Das *BVerwG* spricht sich auch dafür aus, dass der Antragsteller nicht auf das Verfahren der gegenseitigen Anerkennung nach § 25b II als gleichwertige Alternative verwiesen werden kann.

J. Registrierung (Abs. 4d)

Abs. 4d enthält eine Sonderregelung zu Abs. 4 für die Registrierung homöopathischer Arzneimittel. **39** Abweichend von § 38 II sind dem Antrag auf Registrierung vorerst nur die Unterlagen nach § 22 I Nr. 1–4 beizufügen **(Abs. 4d S. 1)**. Entsprechend der zeitlich abgestuften Vorlageregelung in Abs. 4 ist der Antragsteller nach **Abs. 4d S. 2** nur auf Anforderung der zuständigen Bundesoberbehörde verpflichtet, die Unterlagen nach § 22 I Nr. 7–15 und II Nr. 1 sowie das analytische Gutachten nach § 24 I einzureichen. In Übereinstimmung mit Abs. 4 S. 5 findet § 22 IV–VII mit Ausnahme des Entwurfs einer Fachinformation, derer es nach § 11a I 4 bei homöopathischen Arzneimitteln nicht bedarf, entsprechende Anwendung **(Abs. 4d S. 3)**.

Entgegen Abs. 4 S. 6 hat der Antragsteller nach Anforderung der entsprechenden Unterlagen durch **40** die zuständige Bundesoberbehörde nur zwei Monate Zeit, diese einzureichen **(Abs. 4d S. 4)**. Die Frist beginnt mit dem Zugang der Anforderung durch die zuständige Bundesoberbehörde.

---

[62] Vgl. BT-Drucks. 17/4231, S. 12.
[63] *Kloesel/Cyran*, § 105 Anm. 62.
[64] *Rehmann*, § 105 Rn. 13, *OVG Münster*, PharmR 2013, 292.
[65] *BVerwG*, PharmR 2015, 118.
[66] Vgl. hierzu *BVerwG*, MedR 2012, 379; zuvor bereits *OVG Münster*, PharmR 2011, 9 ff.
[67] *BVerwG*, PharmR 2011, 132 ff.; *BVerwG*, NVwZ-RR 2011, 369 ff.; a. A. *OVG Münster*, PharmR 2011, 9 ff.; *OVG Münster*, PharmR 2010, 75 ff.; *OVG Münster*, PharmR 2010, 24 ff.; wie das BVerwG jetzt aber *OVG Münster*, PharmR 2013, 292.
[68] *OVG Münster*, PharmR 2013, 292.
[69] Vgl. *OVG Münster*, A&R 2012, 138.

K. Sachverständige (Abs. 4e)

41   Zur Vorbereitung der Entscheidung über den Nachzulassungs- oder Registrierungsantrag kann die zuständige Bundesoberbehörde externen Sachverstand (Sachverständige) hinzuziehen[70]; auf die entsprechende Kommentierung in § 25 Rn. 131 wird verwiesen.

L. Erteilung der Nachzulassung (Abs. 4f)

42   Der Antragsteller hat nach **Abs. 4f S. 1** einen **Rechtsanspruch** auf Erteilung der Nachzulassung, wenn das Arzneimittel über eine fiktive Zulassung verfügt[71] und keiner der Versagungsgründe des § 25 II vorliegt (s. hierzu § 25 Rn. 8)[72]. Insoweit kommt einer **Änderung des Arzneimittels** wesentliche Bedeutung zu, da nur eine zulässige Änderung die fiktive Zulassung bewahrt, ohne diese aber keine Verlängerung möglich ist[73]. Der Zulassungsinhaber kann aber durch eine weitere Änderungsanzeige einen verkehrsfähigen Zustand herstellen, sofern eine entsprechende Mängelmitteilung vorliegt[74]. Vom Gesetz geforderte Begründungen der therapeutischen Wirksamkeit des Arzneimittel (vgl. § 25 II 1 Nr. 4) setzt in diesem Zusammenhang auch entsprechende Darlegungen zur Zweckmäßigkeit der Arzneimittel-Dosierung voraus[75].

43   Wenn die zuständige Bundesoberbehörde im Nachzulassungsverfahren die Zulassung eines Arzneimittels verlängert, kann dem pharmazeutischen Unternehmer, der sich gegen Auflagen oder Beschränkungen der Nachzulassung wehrt, nicht mit Erfolg entgegengehalten werden, die Zulassung sei bereits vor der Verlängerungsentscheidung wegen einer unzulässigen Änderung des Arzneimittels erloschen[76]. Die Zulassungsbehörde kann sich auf einen Versagungsgrund nach § 25 II zudem nur berufen, wenn zuvor ein Mängelbeseitigungsverfahren nach Abs. 5 durchgeführt wurde[77].

44   In jüngerer Zeit ist die Frage, ob eine Zulassungsverlängerung wegen einer „unzweckmäßigen" Dosierung des Arzneimittels versagt werden kann, diskutiert werden. Das *OVG Münster* vertritt hierzu die Ansicht, dass die Frage nach der Zweckmäßigkeit der Dosierung Bestandteil der Prüfung der therapeutischen Wirksamkeit eines Arzneimittels sei.[78] Eine fehlende tragfähige Begründung für die beanspruchte Dosierung könne daher zur Versagung des Nachzulassungsantrages führen. Demgegenüber will eine in der Literatur vertretene Ansicht die über Abs. 4f anwendbaren Versagungsgrund des § 25 II 1 Nr. 4 Var. 2 grundrechtskonform für seit langer Zeit unbeanstandet im Verkehr befindliche Arzneimittel einschränkend auslegen. Eine Versagung soll danach jedenfalls dann unverhältnismäßig sein, wenn im Rahmen des Nachprüfungsantrages hinreichend valides Erkenntnismaterial eingereicht wurde, das die Wirksamkeit und Unbedenklichkeit des Präparats belegt.[79] Allerdings erscheint zweifelhaft, ob der pauschale Verweis auf die „Besonderheiten" des Nachzulassungsverfahrens die vom Gesetzgeber angeordnete Anwendbarkeit der Versagungsgründe des § 25 II einschränken kann. Grundsätzlich wird daher auch im Fall der medizinisch/nicht ausreichend therapeutisch begründeten Dosierung von einer Versagung des Nachzulassungsantrages auszugehen sein.

45   Nach **Abs. 4f S. 2** sind die Besonderheiten einer der benannten **besonderen Therapierichtungen** zu berücksichtigen[80]. Bei homöopathischen Arzneimitteln kann deshalb aus dem Fehlen der Unterlagen, die der Beurteilung der therapeutischen Wirksamkeit und Unbedenklichkeit eines Arzneimittels zu Grunde zu legen sind (§§ 22 II Nr. 2 und 3; 24 I 2 Nr. 2 und 3), keine unzureichende Prüfung i. S. d. § 25 II 1 Nr. 2 hergeleitet werden, da diese Unterlagen bei Homöopathika nach Abs. 4a S. 2 nicht nachzureichen sind[81].

46   Das *VG Köln* hatte sich auch mit der Frage auseinanderzusetzen, ob die spezifischen mit **homöopathischen Arzneimitteln** verbundenen Risiken der Erstverschlimmerung und der Arzneimittelprüfsymptomatik unter den Begriff des Risikos fallen und damit ein ungünstiges Nutzen-Risiko-Verhältnis begründen können. Das Gericht hat dies mit dem Hinweis darauf verneint, dass unter den Begriff des Risikos bzw. der Gesundheitsgefahr nur pharmakologisch-toxikologische Risiken fallen[82]. Dem ist das *BVerwG* in einem Urteil vom 19.11.2009 nachdrücklich entgegengetreten[83].

---

[70] *Kloesel/Cyran*, § 105 Anm. 64.
[71] *OVG Münster*, PharmR 2010, 427; *VG Köln*, PharmR 2009, 465.
[72] Vgl. auch *BVerwG,* DÖV 2013, 780; *Brixius/Schneider*, § 105 Abs. 4f S. 116 ff.
[73] *BVerwG*, DÖV 2013, 780; *OVG Münster*, PharmR 2009, 465, 465 f.; *Kloesel/Cyran*, § 105 Anm. 18a.
[74] *Kloesel/Cyran*, § 105 Anm. 18a.
[75] *BVerwG*, PharmR 2015, 118.
[76] *BVerwG*, PharmR 2010, 364 ff.
[77] *BVerwG*, PharmR 2010, 481, Rn. 17; *OVG Münster*, PharmR 2009, 460, 462.
[78] *OVG Münster*, Urt. v. 22.11.2013 – 13 A 692/10 – BeckRS 2013, 59531.
[79] *Ghazarian/Koenig*, PharmR 2014, 181.
[80] Dazu jüngst auch *VG Köln*, Urt. v. 19.8.2014 – 7 K 366/13 – BeckRS 2014, 55832.
[81] *BVerwG*, NVwZ-RR 2007, 776, 777, Rn. 34.
[82] *VG Köln*, PharmR 2009, 288 ff.; *VG Köln*, Urt. v. 20.1.2009 – 7 K 5813/07 – BeckRS 2009, 31432. A. A. *Fuhrmann*, in: Fuhrmann/Klein/Fleischfresser, § 10 Rn. 189 ff., der eine derartige Eingrenzung für unzulässig hält, weil auch von Hilfsstoffen schädliche Wirkungen ausgehen könnten und Arzneimittel auch durch immunologische und metabolische Wirkungen gekennzeichnet sind.
[83] *BVerwG*, PharmR 2010, 192.

M. Blutzubereitungen (Abs. 4g)

Blutzubereitungen sind in § 4 II legal definiert (s. § 4 Rn. 21 ff.). § 25 VIII findet entsprechende **47** Anwendung auch in der Nachzulassung (s. dazu § 25 Rn. 217 ff.), ausgenommen ist § 25 VIII 4. Zur Vermeidung von Arzneimittelrisiken sollen der zuständigen Behörde besondere Befugnisse eingeräumt werden[84].

N. Mängelbeseitigung (Abs. 5)

I. Anforderungen an die Mängelbeseitigung (S. 1)

Genügen das Arzneimittel oder der Antrag auf Verlängerung der Zulassung (§ 105 III) nach Auffassung **48** der zuständigen Bundesoberbehörde nicht den gesetzlichen Anforderungen, hat sie vor einer Versagungsentscheidung dem Antragsteller entsprechende Beanstandungen mitzuteilen (**Mängelbescheid**). Die Regelung in Abs. 5 entspricht der Mängelbeseitigungsvorschrift in § 25 IV, wird jedoch hinsichtlich der Mängelbeseitigungsfrist erweitert. Während nach § 25 IV dem Antragsteller längstens sechs Monate zur Mängelbeseitigung eingeräumt werden können (s. § 25 Rn. 105 ff.), erweitert Abs. 5 S. 1 die Mängelbeseitigungsfrist auf bis zu zwölf Monate[85]. Eine Fristverlängerung über zwölf Monate hinaus ist unzulässig[86]. Welche Frist dem Antragsteller eingeräumt wird, bemisst sich nach dem vom Zulassungsinhaber objektiv zu leistenden Aufwand[87].

Nur eine **ordnungsgemäße Beanstandung** löst die Mängelbeseitigungspflicht aus. Die zuständige **49** Behörde muss hierzu den Mangel bezeichnen, Gründe benennen, die ihn belegen sollen und – soweit Abhilfe möglich ist – einen Weg aufzeigen, wie der Mangel ausgeräumt werden kann[88]. Ob die mitgeteilten Mängel vorliegen, ist demgegenüber keine Frage der ordnungsgemäßen Beanstandung durch die Behörde, sondern ist im Zusammenhang mit den Versagungsgründen zu prüfen.[89]

Ob § 25 IV im Übrigen subsidiär gegenüber der spezielleren Regelung in Abs. 5 herangezogen **50** werden kann[90] oder von der spezielleren Regelung vollständig verdrängt wird[91], ist umstritten. In der Praxis dürften die unterschiedlichen Auffassungen aber nicht zu divergierenden Ergebnissen kommen, da die zuständige Bundesoberbehörde in jedem Fall vor einer Versagungsentscheidung eine angemessene Mängelbeseitigungsfrist einräumen muss.

Das Mängelbeseitigungsverfahren verfolgt zwei Ziele[92]: Zunächst dient die Einräumung der Möglich- **51** keit, Beanstandungen der Bundesoberbehörde durch eine Nachbesserung des Verlängerungsantrages zu beseitigen, dem Grundrechtsschutz des pharmazeutischen Unternehmers. Mit Blick auf das Eigentumsgrundrecht aus Art. 14 I GG sowie die Berufsausübungsfreiheit aus Art. 12 I GG stellt das Mängelbeseitigungsverfahren im Gegensatz zur Versagung des Verlängerungsantrages ein Interventionsminimum dar. Auf der anderen Seite dienen die Vorschriften zur Mängelbeseitigung aber auch der Effizienz und Straffung des Nachzulassungsverfahrens, da durch die Eröffnung eines gesetzlich geregelten Verfahrens zur Mängelbeseitigung im Zusammenspiel mit der in Abs. 5 S. 2 enthaltenen **Präklusionsvorschrift** eine Konzentrationswirkung eintritt (zur Präklusion s. § 25 Rn. 127).

II. Versagung der Zulassung (S. 2)

Nach Abs. 5 S. 2 ist die Zulassung zwingend zu versagen, wenn den Mängeln – dies soll sowohl **52** verspätete inhaltliche als auch verspätete formelle Abhilfebemühungen betreffen[93] – nicht innerhalb der nach Abs. 5 S. 1 genannten Frist ab Zugang der Beanstandung beim Antragsteller[94] abgeholfen ist. Dem Antragsteller ist es gleichwohl nicht verwehrt darzulegen, dass die von ihm fristgerecht vorgebrachten Unterlagen geeignet waren, den aufgezeigten Mängeln abzuhelfen[95]. Hierzu darf er auch weitere Unterlagen vorlegen, die seine Ansicht stützen. Im gerichtlichen Verfahren steht ihm insoweit der Sachverständigenbeweis offen.

---

[84] Vgl. BT-Drucks. 12/7572, S. 8.

[85] Ursprünglich betrug die Frist drei Jahre und wurde erst auf 18 (vgl. BT-Drucks. 12/7572, S. 7) und dann auf 12 Monate gekürzt, vgl. *Kloesel/Cyran*, § 105 Anm. 68 f.

[86] *OVG Münster*, PharmR 2009, 460, 462 f.; *Rehmann*, § 105 Rn. 19.

[87] *OVG Münster*, PharmR 2009, 460, 462.

[88] *BVerwG*, PharmR 2010, 481, Rn. 17.

[89] *VG Köln*, Urt. vom 17.12.2013 – 7 K 4955/12 – BeckRS 2014, 45375.

[90] So *Rehmann*, § 105 Rn. 19.

[91] So *Brixius/Schneider*, S. 123.

[92] Zur Auslegung, Sinn und Zweck sowie Verfassungsmäßigkeit des § 105 II vgl. *OVG Münster*, PharmR 2010, 24 ff.

[93] *OVG Münster*, PharmR 2010, 24, 27.

[94] *Kloesel/Cyran*, § 105 Anm. 70.

[95] *Kloesel/Cyran*, § 105 Anm. 71; *Guttmann*, in: Prütting, § 25 AMG Rn. 43.

III. Präklusion (S. 3)

53   Abs. 5 S. 3 enthält eine materielle Präklusion im Hinblick auf Unterlagen, die zur Mängelbeseitigung nach einer Entscheidung über die Versagung der Zulassung bei der zuständigen Bundesoberbehörde eingereicht werden (s. dazu § 25 Rn. 127)[96]. Die Vorschrift dient der Verfahrensbeschleunigung und soll verhindern, dass sich das Nachzulassungsverfahren durch Nachreichen von Unterlagen zur weiteren Beseitigung von Zulassungsmängeln verzögert. Der Ausschluss verfolgt legitime Ziele der Verfahrensökonomie und ist daher auch unter verfassungsrechtlichen Gesichtspunkten nicht zu beanstanden.[97] Die Präklusion in Abs. 5 S. 1 steht nicht entgegen, wenn sich der pharmazeutische Unternehmer gem. Abs. 4c auf die Zulassung des Arzneimittels in einem anderen EU-Mitgliedstaat oder EWR-Vertragsstaat berufen kann, da sich Abs. 5 nur auf die Verteidigung gegen zuvor gerügte Mängel beschränkt. Präkludiert ist nur das Einreichen von Unterlagen „zur Mängelbeseitigung" (Abs. 5 S. 3), nicht hingegen die Möglichkeit, den Antrag auf Verlängerung der Zulassung zusätzlich oder alternativ auf § 105 IVc zu stützen[98]. Nach Auffassung des *OVG Münster* muss das vorzulegende Erkenntnismaterial bei ausreichender Begründung der therapeutischen Begründung der therapeutischen Wirksamkeit sowie hinreichende Darlegungen zur Zweckmäßigkeit der angegebenen Dosierung enthalten. Dazu kann unter anderem auf die geltende Arzneibücher, aber auch die nach § 26 I erlassenen Arzneimittelprüfrichtlinien abgestellt werden. Weitere Erkenntnisquellen ergeben sich aus den verschiedenen Leitlinien gemeinschafts- bzw. unionsrechtlichen Ursprungs[99].

IV. Auflagenbefugnis (S. 4)

54   Ausweislich Abs. 5 S. 4 geht die **Auflagenerteilung** nach Abs. 5a dem Mängelbescheid vor. Das Mängelbeseitigungsverfahren ist damit auf die Fälle begrenzt, in denen die Erteilung der Nachzulassung unter Auflagen nicht in Betracht kommt. Es ist zwingend vor einer auf § 25 II gestützten Versagung der Verlängerung durchzuführen[100], ungeachtet dessen, ob die zuständige Behörde den Mangel für behebbar betrachtet oder nicht.

O. Auflagenbefugnis der Bundesoberbehörde (Abs. 5a)

55   **Abs. 5a S. 1** erlaubt es der zuständigen Bundesoberbehörde, die Verlängerung der Zulassung (Abs. 3 S. 1) mit Auflagen zu verbinden. Die Auflagen können im Rahmen der Befugnis nach **Abs. 5a S. 2** erteilt werden. Die zuständige Behörde kann sich zum einen auf die Auflagenbefugnisse nach § 28 II stützen (s. § 28 Rn. 16 ff.). Zum anderen können Auflagen zur Gewährleistung der Anforderungen an die Qualität, Unbedenklichkeit und Wirksamkeit (§ 1) erteilt werden, wenn nicht aufgrund erheblicher Mängel die Durchführung eines Mängelbeseitigungsverfahrens nach Abs. 5 tunlich ist oder die aufgetretenen Mängel zur Versagung der Zulassung zwingen, weil eine Behebung nicht möglich ist. Der Versagung der Zulassung muss aber, wie sich dies aus dem Wortlaut nicht erschließt, das Mängelbeseitigungsverfahren nach Abs. 5 vorangehen. Die Zulassungsbehörde darf nicht auf das Mängelbeseitigungsverfahren verzichten oder es durch sehr kurze Fristbemessung zu einer Förmelei herabstufen, selbst wenn sie gravierende Mängel beanstandet, die nach ihrer Ansicht nicht innerhalb von zwölf Monaten zu beheben sind[101]. In diesen Fällen muss sie vielmehr eine zwölfmonatige Frist gewähren[102]. Auflagen können zudem nach **Abs. 5a S. 3** erlassen werden im Hinblick auf die Unterlagen nach § 23 I Nr. 1 (Wartezeit und Rückstandsprüfung).

56   Die zuständige Bundesoberbehörde hat die **Frist** festzusetzen, bis zu der die Auflage umzusetzen ist. Abweichend von Abs. 5 S. 1 darf die Frist auch zwölf Monate überschreiten. Der Antragsteller hat innerhalb der nach **Abs. 5a S. 4** bestimmten Frist der zuständigen Bundesoberbehörde die Erfüllung der Auflagen zu bestätigen. Er bedarf dazu der eidesstattlichen Erklärung eines unabhängigen Gegensachverständigen gem. **Abs. 5a S. 5**[103]. In diesem Zusammenhang erklärt § 105 **Abs. 5a S. 6** die §§ 25 V 5, 6 und 8 sowie § 30 II 1 Nr. 2 für entsprechend anwendbar.[104] Die zuständige Bundesoberbehörde kann sich zur Beurteilung der Unterlagen im Nachzulassungsverfahren externen Sachverstands bedienen. Der Antragsteller hat das Recht, dass von ihm gestellte Sachverständige von der zuständigen Bundesoberbehörde gehört werden (s. § 25 Rn. 166).

---

[96] Zur Verfassungsmäßigkeit jüngst *BVerwG*, PharmR 2014, 161.
[97] *BVerwG*, PharmR 2014, 161, 163, abweichend *Meier/v. Czettritz*, PharmR 2003, 333.
[98] Vgl. *BVerwG*, PharmR 2011, 132 ff.
[99] *OVG Münster*, Urt. v. 22.11.2013 – 13 A 692/10 – BeckRS 2013, 59531; insoweit nicht abgeändert durch *BVerwG*, PharmR 2015, 118.
[100] *OVG Münster*, PharmR 2009, 460, 462.
[101] *OVG Münster*, PharmR 2009, 460, 462.
[102] *OVG Münster*, PharmR 2009, 460, 462.
[103] Vgl. BT-Drucks. 12/7572, S. 7.
[104] *VG Braunschweig*, PharmR 2012, 38.

Der Verweis auf § 30 II 1 Nr. 2, 2. Alt. eröffnet der zuständigen Bundesoberbehörde die Möglichkeit, **57** die Nachzulassung zu **widerrufen,** wenn eine der nach § 105 Va 2 und 3 angeordneten Auflagen nicht oder nicht fristgerecht eingehalten oder umgesetzt wurde[105]. Auch ohne expliziten Verweis darf die Zulassungsbehörde gestützt auf § 30 I die Nachzulassung **aufheben,** wenn die entsprechenden Voraussetzungen gegeben sind (s. § 30 Rn. 8 ff.).

Abs. 5a S. 7 stellt abschließend klar, dass die S. 1–6 auch auf die Registrierung nach Abs. 3 S. 1 und **58** Abs. 4d Anwendung finden.

P. Rechtsschutzmöglichkeiten (Abs. 5b)

I. Vorverfahren nach § 68 VwGO (S. 1)

Das an sich obligatorische Vorverfahren nach § 68 VwGO **(Widerspruchsverfahren)** findet gem. **59** Abs. 5b S. 1 bei Rechtsmitteln gegen die Entscheidung über die Verlängerung der Zulassung nach § 105 III 1 **nicht** statt. Es ist direkt Klage beim zuständigen Verwaltungsgericht zu erheben. Da die Klage aufschiebende Wirkung hat, wenn ein Sofortvollzug gem. § 80 II Nr. 4 VwGO nicht angeordnet wurde, darf das Arzneimittel, für welches die Verlängerung der Zulassung beantragt wurde, weiter in seiner aktuellen Fassung in Verkehr gebracht werden[106]. Der Wortlaut („Verlängerung der Zulassung") beschränkt den Anwendungsbereich dieser Vorschrift auf die Zulassung, gegen die Versagung einer Registrierung ist vor Klageerhebung das Widerspruchsverfahren durchzuführen[107].

II. Sofortige Vollziehung (S. 2)

Abs. 5b S. 2 betrifft die Entscheidung, mit der die Nachzulassung versagt wird. Im Regelfall soll die **60** sofortige Vollziehbarkeit dieser Entscheidung angeordnet werden, es sei denn, dass die Vollziehung für den pharmazeutischen Unternehmer eine unbillige, nicht durch **überwiegende öffentliche Interessen** gebotene Härte zur Folge hätte.[108] Hierdurch sollen das gesamte Nachzulassungsverfahren beschleunigt und die Zulassungsbehörden von der Belastung durch angestrengte Gerichtsverfahren mit geringer Erfolgsaussicht, die nur eingeleitet werden, um eine weitere Verkehrsfähigkeit des Arzneimittels auch nach Ablehnung der Verlängerung der Zulassung zu erreichen, entlastet werden[109].

Die Soll-Vorschrift stellt nicht von den tatbestandlichen Voraussetzungen des § 80 II Nr. 4 VwGO **61** frei[110]. Es ist zudem das öffentliche Interesse schriftlich zu begründen (§ 80 III 1 VwGO). Dieses wird allgemein in der Notwendigkeit, das Nachzulassungsverfahren alsbald abzuschließen, gesehen. Es ist gegen das Interesse des Antragstellers an der weiteren Verkehrsfähigkeit des Arzneimittels abzuwägen[111].

Q. Antragsrücknahme (Abs. 5c)

Abs. 5c hat nur noch rechtshistorische Bedeutung. In der Fassung der 5. AMG-Novelle wurde den **62** pharmazeutischen Unternehmern eine Frist bis zum 31.12.1995 eingeräumt, innerhalb derer sie erklären konnten, ob sie ihren Antrag auf Nachzulassung zurücknehmen. Für diesen Fall wurde ihnen das Privileg gewährt, das Arzneimittel noch bis zum 31.12.2004 in Verkehr zu bringen[112]. Diese Privilegierung wurde zwischenzeitlich aufgehoben. Ausweislich **Abs. 5c S. 1** in seiner aktuellen Fassung erlischt die fiktive Zulassung am 1.1.2001, wenn nicht das Verfahren zur Verlängerung der Zulassung wieder aufgegriffen wird. Die Voraussetzungen für ein Wiederaufgreifen des Verfahrens benennt **Abs. 5c S. 2.** Will der pharmazeutische Unternehmer das Nachzulassungsverfahren nicht wieder aufgreifen, ist er gezwungen, nach Abs. 3 S. 2 auf die Zulassung zu verzichten (§ 31 I 1 Nr. 2), da ihm nur so die Möglichkeit des Abverkaufs gemäß § 31 IV bleibt.

R. Übergangsvorschrift für DDR-Arzneimittel (Abs. 5d)

Die Sonderregelung in Abs. 5d betrifft die sog. DDR-Arzneimittel. Diese galten aufgrund der EG- **63** Recht-Überleitungsverordnung vom 18.12.1990[113] als zugelassen, wenn sie im Zeitpunkt des Wirksamwerdens des Beitritts der DDR dort rechtmäßig in Verkehr waren[114]. Diese fiktive Zulassung erlosch

---

[105] *VG Braunschweig,* PharmR 2012, 38, 39.
[106] *Kloesel/Cyran,* § 105 Anm. 77.
[107] A. A. *Kloesel/Cyran,* § 105 Anm. 77 (ohne weitere Begründung).
[108] *Fuhrmann,* PharmR 2012, 1.
[109] *Kloesel/Cyran,* § 105 Anm. 78; *Rehmann,* § 105 Rn. 21.
[110] *Kloesel/Cyran,* § 105 Anm. 78; *Rehmann,* § 105 Rn. 21.
[111] *Kloesel/Cyran,* § 105 Anm. 78.
[112] Vgl. BT-Drucks. 12/7572, S. 7 f.
[113] BGBl. I S. 2915.
[114] Vgl. *Rehmann,* § 105 Rn. 23.

am 30.6.1991, wenn nicht zuvor ein Registrierungs- oder Verlängerungsantrag gestellt wurde oder eine Freistellung von der Zulassung oder Registrierung erfolgte[115]. Die Vergleichbarkeit dieser Vorgaben mit dem Nachzulassungsverfahren rechtfertigt es, die Vorschriften über die Verlängerung der Nachzulassung in Abs. 3 S. 2, 3a–5c gleichsam auf die DDR-Arzneimittel anzuwenden.

S. Tierarzneimittel (Abs. 7)

64   Abs. 7 stellt klar, dass Abs. 1–5d auch auf Tierarzneimittel Anwendung finden, die keine Fertigarzneimittel nach § 4 I sind, soweit diese Arzneimittel der Zulassungs- oder Registrierungspflicht unterliegen und sich am 1.1.1978 in Verkehr befunden haben.

§ 105a [Fachinformation]

(1) (weggefallen)

(2) (weggefallen)

(3) Die zuständige Bundesoberbehörde kann bei Fertigarzneimitteln, die nicht der Verschreibungspflicht nach § 49 unterliegen, zunächst von einer Prüfung der vorgelegten Fachinformation absehen und den pharmazeutischen Unternehmer von den Pflichten nach § 11a und den Pharmaberater von der Pflicht nach § 76 Abs. 1 Satz 1 freistellen, bis der einheitliche Wortlaut einer Fachinformation für entsprechende Arzneimittel durch Auflage nach § 28 Abs. 2 Nr. 3 angeordnet ist.

(4) Die Absätze 1 bis 3 gelten nicht für Arzneimittel, die zur Anwendung bei Tieren bestimmt sind oder die in die Zuständigkeit des Paul-Ehrlich-Instituts fallen.

A. Allgemeines

1   Die noch bestehenden Abs. 3 und 4 sind aus Art. 3 § 7a III und IV AMNOG 1976 in der durch die 3. AMG-Novelle geänderten Fassung hervorgegangen. Im Rahmen der 4. AMG-Novelle entfiel in Abs. 3 die Bezugnahme auf „Fertigarzneimittel nach Abs. 1" – in Abs. 1 war ein vereinfachtes Zulassungsverfahren für mit bereits zugelassenen Arzneimitteln identischen Präparaten enthalten – und statt dessen wurde geregelt, dass Abs. 3 für Fertigarzneimittel gilt, „die nicht der Verschreibungspflicht nach § 49 unterliegen" und dass die Bundesoberbehörde „zunächst von einer Prüfung der vorgelegten Fachinformation absehen" kann. Hiermit sollte erreicht werden, dass bei Arzneimitteln mit bekannten Wirkungen die Fachinformationen gruppenweise festgelegt und eingeführt werden können[1].

B. Freistellung von der Vorlage der Fachinformation (Abs. 3)

2   Abs. 3 ermöglicht es der zuständigen Bundesoberbehörde (§ 77) bei Arzneimitteln, die nicht der ehemals in § 49 a. F.[2] geregelten automatischen Verschreibungspflicht unterlagen, den pharmazeutischen Unternehmer von den Pflichten nach § 11a und den Pharmaberater von der Pflicht nach § 76 I freizustellen und einen einheitlichen Wortlaut der Fachinformation durch Auflage nach § 28 II Nr. 3 anzuordnen. Infolge des Fortfalls der automatischen Verschreibungspflicht nach § 49 a. F. ist der Anwendungsbereich des § 105a III – ebenso wie der des mit der Vorschrift verzahnten § 128 I 2 – vom Ausgangspunkt her für jedes verschreibungspflichtige Arzneimittel eröffnet. Der Entwurf der Fachinformation ist erst nach Aufforderung der zuständigen Bundesoberbehörde vorzulegen. Es wird im Übrigen auf die Kommentierung in § 128 Rn. 2 hingewiesen.

C. Einschränkung des Anwendungsbereichs (Abs. 4)

3   Gemäß Abs. 4 gilt Abs. 3 nicht für Tierarzneimittel oder für Arzneimittel, die in den Zuständigkeitsbereich des PEI fallen; die Bezugnahme auf Abs. 1 und 2 sind durch deren Fortfall obsolet geworden. Bezweckt hatte der historische Gesetzgeber mit Abs. 4, dass das ursprünglich in Abs. 1 vorgesehene vereinfachte Zulassungsverfahren aus fachlichen Gründen nicht für die in Abs. 4 genannten Arzneimittel

---

[115] Vgl. *Rehmann*, § 105 Rn. 23.
[1] Vgl. BT-Drucks. 11/5373, S. 19. Vgl. auch § 128 I 2, der gleichfalls mit der 4. AMG-Novelle als Ergänzung zur 2. AMG-Novelle in das Gesetz aufgenommen wurde.
[2] § 49 wurde im Rahmen der 14. AMG-Novelle aufgehoben; die ehemals automatische Verschreibungspflicht findet sich modifiziert in § 48 wieder, vgl. BT-Drucks. 15/5316, S. 42.

gelten sollte[3]. Es ist nicht ersichtlich, weshalb im Hinblick auf den verbliebenen Regelungsgehalt des § 105a – der Suspension der Vorlage einer Fachinformation durch die zuständige Bundesoberbehörde – bei den in Abs. 4 genannten Arzneimitteln eine entsprechende Freistellung durch die Bundesoberbehörde nicht zulässig sein sollte.

§ 105b [Kostenverjährung]

Der Anspruch auf Zahlung von Gebühren und Auslagen, die nach § 33 Abs. 1 in Verbindung mit einer nach § 33 Abs. 2 oder einer nach § 39 Abs. 3 erlassenen Rechtsverordnung für die Verlängerung der Zulassung oder die Registrierung eines Fertigarzneimittels im Sinne des § 105 Abs. 1 zu erheben sind, verjährt mit Ablauf des vierten Jahres nach der Bekanntgabe der abschließenden Entscheidung über die Verlängerung der Zulassung oder die Registrierung an den Antragsteller.

Wichtige Änderungen der Vorschrift: Geändert durch Art. 1 Nr. 63 des Zwölften Gesetzes zur Änderung des Arzneimittelgesetzes vom 30.7.2004 (BGBl. I S. 2048); geändert durch Art. 2 § 8 Abs. 24 Nr. 3 des Gesetzes zur Strukturreform des Gebührenrechts des Bundes vom 7.8.2013 (BGBl. I S. 3154).

Die Regelung des § 105b wurde als spezialgesetzliche Regelung zur **Verjährung** von **Kosten**, die im **1** Rahmen von **Nachzulassungsverfahren** anfallen, mit der 8. AMG-Novelle eingeführt. Bis zur Einführung dieser Bestimmung unterlag das Verjährungsrecht ausschließlich dem VwKostG[1].

In Abweichung von den Vorgaben des VwKostG wird bestimmt, dass der Kostenanspruch mit Ablauf **2** des vierten Jahres nach Bekanntgabe der abschließenden Entscheidung über die Zulassungsverlängerung gegenüber dem Antragsteller verjährt. Anders als nach den Vorgaben des VwKostG wird der Verjährungsbeginn von der Antragstellung (§ 11 I VwKostG)[2], auf die **Bekanntgabe** der abschließenden **Nachzulassungsentscheidung** verschoben und damit deutlich zu Lasten der Antragsteller nach hinten verlegt. Außerdem wird die Vierjahresfrist, die § 20 I VwKostG als absolute Verjährungsfrist normiert[3], mit § 105b zur Regelverjährungsdauer bestimmt. Die im VwKostG festgelegte **Verjährungsdauer** von drei Jahren für fällige Kostenansprüche wird damit für den Bereich der Kosten des Nachzulassungsverfahrens um ein Jahr verlängert.

In Anpassung an die Änderungen im Rahmen der Strukturreform des Gebührenrechts des Bundes **3** wurden die Begriffe Gebühren und Auslagen anstelle des ursprünglich verwendeten Begriffs der Kosten eingeführt. Die Definition beider Begriffe findet sich im BGebG[4].

Die Regelungswirkung des § 105b ist beschränkt. Bis zur Einführung des § 105b beurteilte sich die **4** Verjährung der Kosten des Nachzulassungsverfahrens ausschließlich nach den Vorgaben des VwKostG. Danach ist die im Zeitpunkt der Antragstellung entstandene Kostenschuld auch ohne die durch Bekanntgabe eintretende Fälligkeit vier Jahre nach Entstehung verjährt und damit erloschen. Die Kostenforderungen im Nachzulassungsverfahren waren daher zum Zeitpunkt der Einführung des § 105b in der überwiegenden Zahl der Fälle aufgrund Verjährungseintritts bereits erloschen. Die erloschenen Kostenansprüche wurden durch Einführung des § 105b nicht berührt[5], insbesondere kommt § 105b **keine Rückwirkung** zu[6].

Im Vorfeld der 12. AMG-Novelle bestand die Absicht, die verjährten Kostenansprüche aus dem **5** Nachzulassungsverfahren wieder aufleben zu lassen und einer neuen Verjährung zu unterstellen[7]. Eine entsprechende Regelung, der im Hinblick auf die damit einhergehende Rückwirkung erheblichen verfassungsrechtlichen Bedenken begegnet wären, wurde nicht umgesetzt.

§§ 106–108 *(weggefallen)*

§ 108a [Überleitungsregelung zum Einigungsvertrag]

[1]Die Charge eines Serums, eines Impfstoffes, eines Testallergens, eines Testserums oder eines Testantigens, die bei Wirksamwerden des Beitritts nach § 16 der Zweiten Durchführungsbestimmung zum Arzneimittelgesetz vom 1. Dezember 1986 (GBl. I Nr. 36 S. 483) freigegeben ist, gilt in dem in Artikel 3 des Einigungsvertrages genannten Gebiet als freigegeben im Sinne des § 32 Abs. 1 Satz 1. [2]Auf die Freigabe findet § 32 Abs. 5 entsprechende Anwendung.

---

[3] Vgl. BT-Drucks. 11/2357, S. 7.
[1] Vgl. *Burgard*, in: Fuhrmann/Klein/Fleischfresser, § 6 Rn. 273 ff.
[2] Vgl. *Burgard*, in: Fuhrmann/Klein/Fleischfresser, § 6 Rn. 275.
[3] *BVerwGE* 123, 92 ff.
[4] Art. 1 des Gesetzes zur Strukturreform des Gebührenrechts des Bundes vom 7.8.2013 (BGBl. I S. 3154).
[5] *BVerwGE* 123, 92 ff.
[6] *Sander*, § 105b.
[7] BT-Drucks. 15/2489, S. 75 ff.

Wichtige Änderungen der Vorschrift: § 108a geändert durch Art. 1 Nr. 60 des Fünften Gesetzes zur Änderung des Arzneimittelgesetzes vom 9.8.1994 (BGBl. I S. 2082).

1   Die Vorschrift wurde auf Grundlage des Art. 8 des **Einigungsvertrages** in Verbindung mit Anlage I, Kapitel X, Sachgebiet D, Abschnitt II Nr. 23 aufgenommen. Sie erfasst Sera, Impfstoffe, Testallergene, Testsera und Testantigene, die zum Zeitpunkt der Wiedervereinigung nach dem Recht der DDR freigegeben waren. Sie dient der **Sicherung der Verkehrsfähigkeit** der Chargen entsprechender Arzneimittel über den Zeitpunkt der Wiedervereinigung hinaus. Wegen Zeitablaufs hat die Regelung mittlerweile ihre Bedeutung verloren.

§ 108b *(weggefallen)*

§ 109 [Kennzeichnung]

(1) [1]**Auf Fertigarzneimittel, die Arzneimittel im Sinne des § 2 Absatz 1 oder Absatz 2 Nummer 1 sind und sich am 1. Januar 1978 im Verkehr befunden haben, findet § 10 mit der Maßgabe Anwendung, dass anstelle der in § 10 Absatz 1 Satz 1 Nummer 3 genannten Zulassungsnummer, soweit vorhanden, die Registernummer des Spezialitätenregisters nach dem Arzneimittelgesetz 1961 mit der Abkürzung „Reg.-Nr." tritt.** [2]**Satz 1 gilt bis zur Verlängerung der Zulassung oder der Registrierung.**

(2) [1]**Die Texte für Kennzeichnung und Packungsbeilage sind spätestens bis zum 31. Juli 2001 vorzulegen.** [2]**Bis zu diesem Zeitpunkt dürfen Arzneimittel nach Absatz 1 Satz 1 vom pharmazeutischen Unternehmer, nach diesem Zeitpunkt weiterhin von Groß- und Einzelhändlern, mit einer Kennzeichnung und Packungsbeilage in den Verkehr gebracht werden, die den bis zu dem in Satz 1 genannten Zeitpunkt geltenden Vorschriften entspricht.**

(3) [1]**Fertigarzneimittel, die Arzneimittel im Sinne des § 105 Abs. 1 und nach § 44 Abs. 1 oder Abs. 2 Nr. 1 bis 3 oder § 45 für den Verkehr außerhalb der Apotheken freigegeben sind und unter die Buchstaben a bis e fallen, dürfen unbeschadet der Regelungen der Absätze 1 und 2 ab 1. Januar 1992 vom pharmazeutischen Unternehmer nur in den Verkehr gebracht werden, wenn sie auf dem Behältnis und, soweit verwendet, der äußeren Umhüllung und einer Packungsbeilage einen oder mehrere der folgenden Hinweise tragen:**
„**Traditionell angewendet:**

a) **zur Stärkung oder Kräftigung,**

b) **zur Besserung des Befindens,**

c) **zur Unterstützung der Organfunktion,**

d) **zur Vorbeugung,**

e) **als mild wirkendes Arzneimittel."**

[2]**Satz 1 findet keine Anwendung, soweit sich die Anwendungsgebiete im Rahmen einer Zulassung nach § 25 Abs. 1 oder eines nach § 25 Abs. 7 Satz 1 in der vor dem 17. August 1994 geltenden Fassung bekannt gemachten Ergebnisses halten.**

Wichtige Änderungen der Vorschrift: Abs. 1 und 2 neu gefasst durch Art. 4 I Nr. 6 des Zehnten Gesetzes zur Änderung des Arzneimittelgesetzes vom 4.7.2000 (BGBl. I S. 1002).

Übersicht

A. Allgemeines

1   Die Vorschrift, die ursprünglich als Art. 3 § 7 AMNOG im Zuge der 4. AMG-Novelle eingeführt worden ist, enthält Kennzeichnungsregelungen für in der Nachzulassung befindliche Arzneimittel. Durch die Neuregelung im Rahmen der 10. AMG-Novelle wurde das Kennzeichnungsrecht für die am 1.1.1978 im Verkehr befindlichen Arzneimittel im Wesentlichen an die **Kennzeichnungsvor-**

schriften des § 10 angepasst. Im Rahmen des 2. AMG-ÄndG 2012 wurde Abs. 1 redaktionell neu gefasst[1].

Einzelne Besonderheiten bestehen weiterhin hinsichtlich der Angabe der **Registernummer** anstelle 2 der **Zulassungsnummer** für noch nicht nachzugelassene Präparate sowie für bestimmte freiverkäufliche Arzneimittel.

B. Anwendung der allgemeinen Kennzeichnungsvorschriften (Abs. 1)

Seit dem 1.8.2001 müssen auch Arzneimittel, die bereits sich am 1.1.1978 im Verkehr befunden haben, 3 den Kennzeichnungsvorschriften des § 10 entsprechen. **Abs. 1 S. 1** nimmt hiervon lediglich die Angabe der Zulassungsnummer aus, solange das Nachzulassungsverfahren noch nicht beendet ist. An dessen Stelle tritt – soweit vorhanden – die Registernummer des Spezialitätenregisters des AMG 1961, die mit der Abkürzung **„Reg-Nr."** anzugeben ist.

Aus **Abs. 1 S. 2** ergibt sich, dass diese **Ausnahmevorschrift** längstens bis zur Verlängerung der 4 Zulassung oder der Registrierung als homöopathisches Arzneimittel bzw. traditionelles pflanzliches Arzneimittel gilt.

Die Vorschrift des Abs. 1 ist durch das AMG-ÄndG 2009 wesentlich geändert worden. Die ursprüng- 5 liche Fassung enthielt eine Regelung zur Packungsbeilage, in der der Hinweis enthalten sein muss: *„Dieses Arzneimittel ist nach den gesetzlichen Übergangsvorschriften im Verkehr. Die behördliche Prüfung auf pharmazeutische Qualität, Wirksamkeit und Unbedenklichkeit ist noch nicht abgeschlossen."*. Dieser Hinweis musste auch in die Fachinformation aufgenommen werden.

Abgesehen davon, dass für einen derartigen Hinweis keinerlei europarechtliche Grundlage bestand, 6 waren die mit dem **Warnhinweis** verbundenen Zielsetzungen zweifelhaft. Die Information, dass ein Arzneimittel nach „Übergangsvorschriften" im Verkehr ist, konnte den angesprochenen Verkehrskreisen kaum verdeutlichen, dass es sich um ein **komplexes arzneimittelrechtliches Zulassungsverfahren** handelt. Insbesondere aber der Hinweis darauf, dass die behördliche Prüfung auf pharmazeutische Qualität, Wirksamkeit und Unbedenklichkeit noch nicht abgeschlossen sei, konnte sogar zu der irrtümlichen Annahme führen, dass es sich um vollkommen ungeprüfte Medikamente handelte. Das war aber gerade nicht der Fall, da es sich um Arzneimittel handelte, die seit Jahrzehnten auf dem Markt etabliert sind. Das *LG Hamburg* hat daher im Fall des Verzichts auf diesen „Warnhinweis" keinen Verstoß gegen § 1 UWG angenommen[2]. Folgerichtig sind die bisherigen S. 2 und 3 des Abs. 1 durch das AMG-ÄndG 2009 gestrichen worden und der bisherige S. 4 des Abs. 1 neu gefasst worden[3].

C. Vorlage von Texten für Kennzeichnung und Packungsbeilage (Abs. 2)

Der im Rahmen der 10. AMG-Novelle neu gefasste Abs. 2 verpflichtete den pharmazeutischen 7 Unternehmer zur Vorlage der Texte für die **Kennzeichnung** und die **Packungsbeilage** bis spätestens zum 31.7.2001. Nach diesem Zeitpunkt durften Arzneimittel, die am 1.1.1978 im Verkehr waren, nur noch von Groß- und Einzelhändlern mit einer Kennzeichnung nach Maßgabe des AMG 1961 in den Verkehr gebracht werden. Soweit die Vorschrift in diesem Zusammenhang auch die Packungsbeilage erwähnt, läuft die Vorschrift weitgehend leer, da das AMG 1961 selbst keine ausdrücklichen Regelungen zum Inhalt der Packungsbeilage enthielt. Allerdings verlangte das damalige BGA im Regelfall die Mitteilung des Wortlautes einer **Packungsbeilage,** die dann auch Bestandteil der Registrierung wurde[4].

D. Besondere Kennzeichnungsvorschriften für freiverkäufliche Arzneimittel (Abs. 3)

Freiverkäufliche Arzneimittel, die dem Anwendungsbereich des § 105 I unterfallen, dürfen un- 8 abhängig von den Sonderregelungen in § 109 I und II seit dem 1.1.1992 nur noch mit einer der in **Abs. 3 S. 1** festgelegten Kennzeichnungen in den Verkehr gebracht werden. Voraussetzung für die speziellen Kennzeichnungsvorschrift ist zunächst, dass es sich um ein Arzneimittel i. S. v. § 2 I oder § 2 II Nr. 1 handelt, welches sich am 1.1.1978 im Verkehr befunden hat. Das Arzneimittel muss zudem ausschließlich zu anderen Zwecken als zur Beseitigung und Linderung von Krankheiten, Leiden oder Körperschäden oder krankhaften Beschwerden bestimmt sein.

---

[1] BR-Drucks. 91/2, S. 110.
[2] *LG Hamburg*, NJOZ 2001, 2181 ff.
[3] Der Gesetzgeber hat dies zum einen damit begründet, dass die Erforderlichkeit nach Abschluss der Nachzulassung nicht mehr gegeben sei und zum anderen, dass damit zugleich die Konsequenz aus erheblichen Zweifeln an der europarechtlichen Zulässigkeit einer solchen Angabe in der Packungsbeilage gezogen wird, vgl. BT-Drucks. 16/12256, S. 58.
[4] *Sander*, Art. 3 § 11 AMNG Anm. 5.

9   Daneben unterfallen auch solche Arzneimittel dem Anwendungsbereich der Vorschrift, die den Anforderungen des § 44 II Nrn. 1 bis 3 unterfallen oder freiverkäuflich nach der Verordnung über apothekenpflichtige und freiverkäufliche Arzneimittel sind[5]. Die Verwendung der in III enumerativ genannten Hinweise für Arzneimittel, die für den Verkehr außerhalb der Apotheken nicht freigegeben sind, ist unzulässig und **wettbewerbswidrig**[6].

10   Eine weitere **Einschränkung des Regelungsbereichs** der Norm liegt in der Beschränkung auf die Arzneimittel, welche unter die Buchst. a) bis e) fallen. Es muss sich also um Arzneimittel handeln, welche traditionell zur Stärkung oder Kräftigung, zur Besserung des Befindens, zur Unterstützung der Organfunktion, zur Vorbeugung oder als mild wirkendes Arzneimittel angewendet werden. Andere Arzneimittel unterfallen der Vorschrift nicht.

11   In diesem Zusammenhang stellt **Abs. 3 S.** 2 klar, dass Indikationen, die im Rahmen einer **regulären Zulassung** nach § 25 I erteilt werden können oder der Indikation einer Aufbereitungsmonographie gem. § 25 VII 1 i. d. F. bis zum Inkrafttreten der 5. AMG-Novelle entsprechen, nicht verpflichtet sind, die Kennzeichnung gem. Abs. 3 S. 1 zu verwenden.

12   Nach der Rechtsprechung kommt Abs. 3 zudem eine begrenzende Funktion insofern zu, als die dort aufgeführten Kennzeichnungen ausschließlich Arzneimitteln i. S. v. Abs. 3 S. 1 in der Nachzulassung nach § 109a i. V. m. § 105 zugänglich sein sollen[7]. Die Vorschrift ist demnach nicht eine bloße **Kennzeichnungsvorschrift,** sondern aufgrund der Bezugnahme durch § 109a I 1 erlangt sie darüber hinausreichende Bedeutung[8].

E. Sanktionen

13   Verstöße gegen die Kennzeichnungsvorschriften stellen nach § 97 I Nr. 4 eine **Ordnungswidrigkeit** dar.

§ 109a [Nachzulassung frei verkäuflicher Arzneimittel]

(1) Für die in § 109 Abs. 3 genannten Arzneimittel sowie für Arzneimittel, die nicht verschreibungspflichtig und nicht durch eine Rechtsverordnung auf Grund des § 45 oder des § 46 wegen ihrer Inhaltsstoffe, wegen ihrer Darreichungsform oder weil sie chemische Verbindungen mit bestimmten pharmakologischen Wirkungen sind oder ihnen solche zugesetzt sind, vom Verkehr außerhalb der Apotheken ausgeschlossen sind, kann die Verlängerung der Zulassung nach § 105 Abs. 3 und sodann nach § 31 nach Maßgabe der Absätze 2 und 3 erteilt werden.

(2) [1]**Die Anforderungen an die erforderliche Qualität sind erfüllt, wenn die Unterlagen nach § 22 Abs. 2 Nr. 1 sowie das analytische Gutachten nach § 24 Abs. 1 vorliegen und von Seiten des pharmazeutischen Unternehmers eidesstattlich versichert wird, dass das Arzneimittel nach Maßgabe der allgemeinen Verwaltungsvorschrift nach § 26 geprüft und die erforderliche pharmazeutische Qualität aufweist.** [2]**Form und Inhalt der eidesstattlichen Versicherung werden durch die zuständige Bundesoberbehörde festgelegt.**

(3) [1]**Die Anforderungen an die Wirksamkeit sind erfüllt, wenn das Arzneimittel Anwendungsgebiete beansprucht, die in einer von der zuständigen Bundesoberbehörde nach Anhörung von einer vom Bundesministerium berufenen Kommission, für die § 25 Abs. 6 Satz 4 bis 6 entsprechende Anwendung findet, erstellten Aufstellung der Anwendungsgebiete für Stoffe oder Stoffkombinationen anerkannt sind.** [2]**Diese Anwendungsgebiete werden unter Berücksichtigung der Besonderheiten der Arzneimittel und der tradierten und dokumentierten Erfahrung festgelegt und erhalten den Zusatz: „Traditionell angewendet".** [3]**Solche Anwendungsgebiete sind: „Zur Stärkung oder Kräftigung des …", „Zur Besserung des Befindens …", „Zur Unterstützung der Organfunktion des …", „Zur Vorbeugung gegen …", „Als mild wirkendes Arzneimittel bei …".** [4]**Anwendungsgebiete, die zur Folge haben, dass das Arzneimittel vom Verkehr außerhalb der Apotheken ausgeschlossen ist, dürfen nicht anerkannt werden.**

(4) Die Absätze 1 bis 3 finden nur dann Anwendung, wenn Unterlagen nach § 105 Abs. 4a nicht eingereicht worden sind und der Antragsteller schriftlich erklärt, dass er eine Verlängerung der Zulassung nach § 105 Abs. 3 nach Maßgabe der Absätze 2 und 3 anstrebt.

---

[5] Vom 24.11.1988, BGBl. I S. 2150, BGBl. I 1989, S. 254, zuletzt geändert durch Verordnung vom 19.12.2006 (BGBl. I S. 3276).
[6] *OLG Düsseldorf,* NJWE WettbR 1998, 125, 128.
[7] *VG Köln,* Urt. v. 12.2.2007 – 24 K 8317/04 – juris.
[8] A. A. *Sander,* § 109a Anm. 4.

(4a) Abweichend von Absatz 4 finden die Absätze 2 und 3 auf Arzneimittel nach Absatz 1 Anwendung, wenn die Verlängerung der Zulassung zu versagen wäre, weil ein nach § 25 Abs. 7 Satz 1 in der vor dem 17. August 1994 geltenden Fassung bekannt gemachtes Ergebnis zum Nachweis der Wirksamkeit nicht mehr anerkannt werden kann.

Wichtige Änderungen der Vorschrift: Abs. 4a angefügt durch Art. 1 Nr. 63a des Zwölften Gesetzes zur Änderung des Arzneimittelgesetzes vom 30.7.2004 (BGBl. I S. 2031).

Literatur: *Brixius,* Abermals: Die Streichung von der Traditionsliste als anfechtbarer Verwaltungsakt, PharmR 2004, 354 ff., 382; *Brixius/Schneider,* Nachzulassung und AMG-Einreichungsverordnung, 2004; *Denninger,* Grenzen der Auflagenbefugnis im arzneimittelrechtlichen Zulassungsverfahren, PharmR 2009, 327; *Gawrich,* Auswirkung der 10. AMG-Novelle auf die Nachzulassung, PharmR 2001, 170; *Heßhaus,* Zur (Un-)Zulässigkeit des „Totalaustausches", PharmR 2006, 510; *Hofmann/Nickel,* Die Nachzulassung von Arzneimitteln nach der 10. Novelle zum Arzneimittelgesetz, NJW 2000, 2700; *Kaltenborn/Herr,* Die Streichung von der Traditionsliste als anfechtbarer Verwaltungsakt, PharmR 2004, 166; *Kügel/Heßhaus,* Das Arzneimittelrecht nach der 10. AMG-Novelle, MedR 2001, 349; *Schwerdtfeger,* Mängelbeseitigungsverfahren nach § 105 V AMG, Sofortvollzug nach § 105 Vb S. 2 AMG, PharmR 2003, 72.

Übersicht

A. Allgemeines

I. Inhalt

Die Vorschrift wurde im Rahmen der 5. AMG-Novelle in das Gesetz aufgenommen. Mit ihr wurde **1** ein **pauschaliertes Prüfverfahren** für traditionell angewendete Arzneimittel eingeführt, welches den Besonderheiten dieser Arzneimittel entspricht und nach dem Willen des Gesetzgebers der **Verfahrensbeschleunigung** dienen sollte[1]. Das vereinfachte Nachzulassungsverfahren nach Maßgabe der Vorschrift erstreckt sich auf freiverkäufliche Präparate, welche die Anforderungen des § 109 III erfüllen (traditionelle Anwendung), auf verschreibungsfreie Arzneimittel sowie auf solche, die den freiverkäuflichen nach Maßgabe von Abs. 1 gleichstehen.

Der Nachweis der arzneimittelrechtlich erforderlichen Qualität erfolgt bei diesen Präparaten durch die **2** Vorlage der Ergebnisse der physikalischen, biologischen oder mikrobiologischen Versuche sowie das analytische Gutachten gem. § 24 I. Anstelle des pharmakologisch-toxikologischen Gutachtens und des klinischen Gutachtens muss der pharmazeutische Unternehmer eidesstattlich versichern, dass das Präparat nach Maßgabe der Allgemeinen Verwaltungsvorschrift nach § 26 geprüft ist und die erforderliche pharmazeutische Qualität aufweist. Der Wirksamkeitsnachweis kann durch Bezugnahme auf eine durch die zuständige Bundesoberbehörde erstellte Liste (sog. **Traditionsliste**) erbracht werden (Abs. 3).

Im Zuge der 10. AMG-Novelle wurde die Vorschrift zunächst durch Einfügung des Abs. 4 und im **3** Rahmen der 12. AMG-Novelle durch Abs. 4a ergänzt, die das Verhältnis des pauschalierten Prüfverfahrens zum regulären Nachprüfungsverfahren nach § 105 regeln.

II. Zweck

Die Vorschriften sollen nach dem Willen des Gesetzgebers der **Konzentration der behördlichen** **4** **Ressourcen** dienen und den pharmazeutischen Unternehmer veranlassen, sich verbindlich zu entscheiden, ob er die Nachzulassung nach § 105 oder nach §§ 105, 109a anstrebt[2]. Daher ist eine traditionelle Nachzulassung ausgeschlossen, wenn die Unterlagen nach § 105 Abs. 4a (sog. **ex-ante-Unterlagen**) eingereicht worden sind.

---

[1] BT-Drucks. 12/7572, S. 8.
[2] BT-Drucks. 14/3320, S. 16.

5   Zugleich stellt Abs. 4a klar, dass Arzneimittel, die einer **Aufbereitungsmonographie** oder einem **Muster** gem. § 25 VII 1 entsprechen, grundsätzlich von der Nachzulassung als traditionelles Arzneimittel ausgeschlossen sind. Etwas anderes gilt nur dann, wenn die in Bezug genommene Monographie bzw. das entsprechende Muster zum Nachweis der Wirksamkeit nicht mehr anerkannt wird.

B. Verlängerung der Zulassung für bestimmte Arzneimittel (Abs. 1)

6   Die Regelung in Abs. 1 stellt zunächst klar, dass eine Verlängerung der arzneimittelrechtlichen Zulassung (Nachzulassung) als **traditionell angewendetes Arzneimittel** grundsätzlich nach den Vorgaben des § 105 erfolgt, der hinsichtlich des Qualitäts- und des Wirksamkeitsnachweises lediglich durch die Abs. 2 und 3 ergänzt und modifiziert wird. Erfasst sind von diesen Erleichterungen die in § 109 III genannten Arzneimittel. Das sind zunächst freiverkäufliche Arzneimittel gem. § 44 I **(Vorbeugemittel)** sowie die in **§ 44 II Nr. 1 bis 3** genannten Präparate (natürliche und künstliche Heilwässer, auch in Tabletten- oder Pastillenform, Peloide, Zubereitungen zur Herstellung von Bädern und Seifen, ferner Pflanzen und Pflanzenteile, Pflanzenmischungen, Destillate aus Pflanzen und Pflanzenteilen sowie Presssäfte aus frischen Pflanzen und Pflanzenteilen, sofern sie ohne Lösungsmittel mit Ausnahme von Wasser hergestellt sind).

7   Neben den in § 109 III positiv genannten Arzneimitteln enthält die Norm verschiedene Negativ-Merkmale, die eine traditionelle Nachzulassung ausschließen. Die Verlängerung der Zulassung nach dieser Vorschrift ist danach für **verschreibungspflichtige Arzneimittel** ausgeschlossen. Ebenfalls nach dieser Maßgabe nicht nachzulassungsfähig sind Arzneimittel, die nach **§§ 45 oder 46** wegen ihrer Inhaltsstoffe, Darreichungsform oder aufgrund bestimmter pharmakologischer Wirkungen vom Verkehr außerhalb der Apotheken ausgeschlossen sind. Das Gesetz verweist damit auf die **AMVerkRV.** Im Einzelnen sind davon Arzneimittel erfasst, die Inhaltsstoffe nach § 7 I der genannten Verordnung i. V. m. deren Anlagen 4 oder 1b enthalten oder denen entsprechende Stoffe oder Zubereitungen aus Stoffen zugesetzt sind.

8   Darüber hinaus ist der Weg der **traditionellen Nachzulassung** solchen Arzneimitteln verschlossen, die nach § 10 AMVerkRV vom Verkehr außerhalb der Apotheken ausgeschlossen sind. Dazu zählen Arzneimittel zur Injektion oder Infusion, zur rektalen oder intrauterinen Anwendung, zur intramammären oder vaginalen Anwendungen bei Tieren, als Implantate oder als Aerosole bis zu einer mittleren Größe von nicht mehr als 5 μm.

9   Nicht anwendbar ist die Vorschrift auch auf Arzneimittel, die chemische Verbindungen mit **folgenden pharmakologischen Wirkungen** i. S. v. § 9 AMVerkRV haben: Antibiotische, blutgerinnungsverzögernde, histaminwidrige, hormonartige, parasympathicomimetische (cholinergische) oder parasympathicolytische, sympathicomimetische (adrenergische) oder sympathicolytische.

10   Schließlich sind nach Abs. 3 S. 4 **Indikationen** von der **traditionellen Nachzulassung** ausgeschlossen, die zur Folge hätten, dass das Arzneimittel vom Verkehr außerhalb der Apotheken ausgeschlossen ist. Insoweit bezieht sich das Gesetz auf die Regelung in § 7 I Nr. 4 AMVerkRV i. V. m. deren Anlage 3.

C. Anforderungen an den Qualitätsnachweis (Abs. 2)

11   Abweichend von Neuzulassungsverfahren muss im Rahmen der Nachzulassung traditionell angewendeter Arzneimittel gem. Abs. 1 kein **pharmakologisch-toxikologisches Gutachten** sowie kein **klinisches Gutachten** vorgelegt werden. Das Gesetz schränkt die Anforderungen an den erforderlichen Qualitäts-Nachweis auf die Vorlage der Unterlagen nach § 22 II Nr. 1, also die Ergebnisse physikalischer, chemischer, biologischer oder mikrobiologischer Versuche und die zu ihrer Ermittlung angewandten Methoden (analytische Prüfung) sowie das analytische Gutachten nach § 24 I 2 Nr. 1 ein.

12   Ergänzend muss der pharmazeutische Unternehmer durch eine **eidesstattliche Versicherung** erklären, dass das Arzneimittel nach Maßgabe der Arzneimittelprüfrichtlinien geprüft worden ist und die erforderliche pharmazeutische Qualität aufweist. Diese Beschränkung der vorzulegenden Unterlagen dient in erster Linie der **Verfahrensökonomie,** um im Rahmen des pauschalierten Prüfverfahrens die Nachzulassung zu beschleunigen[3].

13   **Form und Inhalt der eidesstattlichen Versicherung** werden nach S. 2 durch die zuständige Bundesoberbehörde festgelegt. Die ursprüngliche Vorgabe des BfArM und des BgVV im Rahmen der 26. Bekanntmachung[4] wurde zwischenzeitlich durch die Bekanntmachung vom 30.1.2001[5] aktualisiert.

---

[3] *Brixius/Schneider,* § 109a II Anm. 15.2.
[4] Bek. v. 26.7.1995, BAnz. Nr. 51, S. 8893.
[5] BAnz. S. 1720.

D. Anforderung an die Wirksamkeit (Abs. 3)

I. Pauschalierter Wirksamkeitsnachweis durch Listenbezug (S. 1)

1. Gegenstand der Regelung. Die zentrale Erleichterung des Nachzulassungsverfahrens für traditio- **14** nelle Arzneimittel liegt in dem **vereinfachten Nachweis der arzneilichen Wirksamkeit.** Der pharmazeutische Unternehmer muss für diese Arzneimittel nicht die präparatespezifische Wirksamkeit nachweisen; vielmehr ist eine pauschale Bezugnahme auf die in **Abs. 3 S. 1** erwähnte Aufstellung der Anwendungsgebiete für Stoffe oder Stoffkombinationen ausreichend. Damit trägt der Gesetzgeber dem Umstand Rechnung, dass die entsprechenden Präparate seit langem im Verkehr sind und ihre **Anwendung kaum Risiken bergen**[6]. Allerdings ist die Unbedenklichkeit des Stoffs ungeschriebenes Tatbestandsmerkmal der Norm. Bedenkliche Stoffe sind daher nach Sinn und Zweck der Vorschrift von ihrem Anwendungsbereich ausgenommen[7].

Die Aufstellung der Anwendungsgebiete für **Stoffe oder Stoffkombinationen** wird von einer vom **15** BMG berufenen **Kommission** erstellt. Das Gesetz erklärt für die Berufung der Kommission die Regelungen in § 25 VI 4–6 für entsprechend anwendbar. Bei der Berufung der Kommission sind daher die Vorschläge der Kammern der Heilberufe, der Fachgesellschaften der Ärzte, Zahnärzte, Tierärzte, Apotheker sowie Heilpraktiker sowie der maßgeblichen Spitzenverbände der pharmazeutischen Unternehmer sowie der Patient und Verbraucher zu berücksichtigen. Bei der Einsetzung der Kommission sind zudem die jeweiligen Besonderheiten der Arzneimittel besonders zu beachten.

Daher erfolgt die Einrichtung einer entsprechenden Listenposition in der sog. Traditionsliste nicht **16** präparate-, sondern stoffbezogen. Hierdurch soll eine „rasterförmige" Prüfung der Wirksamkeit im Rahmen der Aufstellung der Traditionsliste eingeführt werden. Durch die pauschalierte Prüfung soll eine Beschleunigung des Nachzulassungsverfahrens unter anderem dadurch erfolgen, dass die Verwertbarkeit der Listenposition auch für andere Arzneimittel sichergestellt wird[8].

Die Aufnahme in die Traditionsliste nach Abs. 3 S. 1 kommt nur in Betracht, wenn sich der Stoff oder **17** die Stoffkombination bereits vor dem 1.8.1961 im Verkehr befand und bis zum 1.1.1978 aufgrund einer bis dahin gewonnenen „tradierten Erfahrung" bewährt hat, wobei vor einer Versagung der Aufnahme in die Liste die vom Bundesministerium berufene Kommission nicht zu hören ist[9].

2. Rechtsnatur der Listenposition. Welche rechtliche Bedeutung die Einrichtung bzw. – als actus **18** contrarius die Streichung – einer Position in der sog. Traditionsliste, also der Aufstellung der Anwendungsgebiete für Stoffe oder Stoffkombinationen hat, war in der Vergangenheit umstritten. Während das *VG Berlin* in der Einrichtung/Streichung einer entsprechenden Listenposition einen Verwaltungsakt i. S. v. § 35 VwVfG erblickt hat[10], sprach das *OVG Berlin* dieser Behördenhandlung die Verwaltungsaktqualität mangels Außenwirkung ab[11]. Das *BVerwG* hat vor diesem Hintergrund grundsätzlich entschieden, dass es sich jeweils um **feststellende Verwaltungsakte** handelt, da die zuständige Bundesoberbehörde insoweit eine konstitutive Entscheidung trifft, die für die Verlängerung der arzneimittelrechtlichen Zulassung von erheblicher Bedeutung ist[12]. Die nach § 35 VwVfG erforderliche Regelungswirkung besteht darin, dass durch die Aufnahme in die Traditionsliste der **therapeutische Wirksamkeitsnachweis** feststeht und dem pharmazeutischen Unternehmer die Möglichkeit der Inanspruchnahme des vereinfachten Nachzulassungsverfahrens eröffnet wird.

Für die **Nachzulassungspraxis** ist die Entscheidung von erheblicher Bedeutung, da den betroffenen **19** pharmazeutischen Unternehmern vor einer Entscheidung über die Einrichtung oder Streichung einer Listenposition rechtliches Gehör im Rahmen des § 28 VwVfG zu gewähren ist und die zuständige Bundesoberbehörde zudem dem **Begründungserfordernis** des § 39 VwVfG unterliegt[13].

II. Formulierung der Anwendungsgebiete (S. 2 und 3)

Nach **Abs. 3 S. 2** werden die Anwendungsgebiete in der sog. Traditionsliste unter Berücksichtigung **20** der Besonderheiten der Arzneimittel sowie der tradierten und dokumentierten Erfahrungen festgelegt. Die entsprechende Indikation ist zwingend mit dem Zusatz **„Traditionell angewendet"** zu versehen. Die allein zulässigen Anwendungsgebiete lauten nach **Abs. 3 S. 3:** „Zur Stärkung oder Kräftigung des ...", „Zur Besserung des Befindens ...", „Zur Unterstützung der Organfunktion des ...", „Zur Vor-

---

[6] *BVerwG*, NJW 2007, 859.
[7] *BVerwG*, NVwZ-RR 2007, 774; *OVG Münster*, Beschl. v. 4.3.2011 – 13 A 439/10 – BeckRS 2011, 48484.
[8] *OVG Münster*, Urt. v. 18.9.2007 – 13 A 4644/06 – BeckRS 2007, 26716. Zur Aufnahme in die Traditionsliste vgl. auch *VG Köln*, PharmR 2006, 168 ff.
[9] *OVG Münster*, PharmR 2010, 185.
[10] *VG Berlin*, Urt. v. 9.3.2000 – VG 14 A 244.99 – juris.
[11] *OVG Berlin*, Urt. v. 13.12.2001 – OVG 5 B 23.00 – juris.
[12] *BVerwG*, PharmR 2004, 195 ff.; so auch *OVG Münster*, Beschl. v. 4.3.2011 – 13 A 439/10 – BeckRS 2011, 48484.
[13] Zu den Auswirkungen der Entscheidung auch ausführlich *Brixius/Schneider*, § 109a Abs. 3 Anm. 16.2 ff.

beugung gegen …“, „Als mild wirkendes Arzneimittel bei …“[14]. Diese Ergänzungen der allgemeinen Kennzeichnungsvorschriften sind abschließend.

21   Weder aus § 109a noch aus der allgemeinen **Auflagenbefugnis des § 28** lässt sich eine Ermächtigungsgrundlage für die zuständige Bundesoberbehörde ableiten, ergänzend die Aufnahme eines allgemeinen sog. **differentialdiagnostischen Hinweis** anzuordnen. Hierbei handelt es sich um einen allgemein gehaltenen Warnhinweis, dass bei Auftreten anhaltender oder wiederholter Beschwerden der Arzt aufgesucht werden sollte.

22   Nach Ansicht des *BVerwG* entspricht die dahinter stehende Befürchtung, ein Patient könne trotz ernsthafter Erkrankung im Vertrauen auf die Wirksamkeit eines solchen Arzneimittels auf eine angemessene Therapie verzichten, weder den Wertungen des Gesetzgebers noch den tatsächlichen Gegebenheiten. Nach Auffassung des Gerichtes wird durch die vorbezeichneten Hinweise auf die **traditionelle Anwendung** eine ausreichende Information über Charakter und Funktion der Arzneimittel gewährleistet. Zudem handele es sich durchweg um **freiverkäufliche Präparate,** so dass auch der spezielle Vertriebsweg gegen die Annahme spricht, ein Patient werde durch das Vertrauen auf die Heilkraft von einer wirksamen Behandlung abgehalten[15].

III. Anforderungen an Traditionsnachweis

23   Die **traditionelle Verwendung** für Stoffe oder Stoffkombinationen muss sich auf tradierte und dokumentierte Erfahrungen stützen können, welche die traditionelle Überzeugung der Wirksamkeit dokumentieren[16]. Die Rechtsprechung sieht als **geeignete Erkenntnisquellen** einschlägige pharmazeutische Handbücher oder Lehrbücher der besonderen Therapierichtungen sowie die Aufbereitungsmonographien der Kommission nach § 25 VII an. So liegt eine traditionelle Anwendung nahe, wenn die Vielzahl von Arzneimitteln in einem bestimmten Anwendungsgebiet seit längerer Zeit Verwendung finden[17]. Allein das Abstellen auf die langjährige Marktpräsenz ist allein noch kein Beleg für eine traditionelle Anwendung im beanspruchten Anwendungsbereich[18], wobei allerdings eine jahrzehntelange Verwendung ohne Beanstandung der Wirksamkeit und Unbedenklichkeit zumindest ein gewichtiges Indiz für eine traditionelle Anwendung bietet[19].

IV. Apothekenpflichtige Arzneimittel (S. 4)

24   Für apothekenpflichtige Arzneimittel ist der Weg über eine „traditionelle Zulassung“ im Nachzulassungsverfahren ausgeschlossen.

E. Einreichung von ex-ante-Unterlagen (Abs. 4)

25   Die Regelung in Abs. 4 ist im Rahmen der 10. AMG-Novelle in das Gesetz aufgenommen worden. Sie enthält die entscheidende Weichenstellung zur Abgrenzung der Nachzulassungsverfahren nach § 105 einerseits und §§ 105, 109a andererseits. Der pharmazeutische Unternehmer musste sich bis zum Stichtag 31.1.2001 entscheiden, ob er für das nachzulassende Arzneimittel der **„regulären“ Nachzulassung** wählt oder die Erleichterungen nach § 109a in Anspruch nehmen möchte.

26   Nach der eindeutigen gesetzlichen Regelung ist die Inanspruchnahme der Erleichterungen des § 109a II und III ausgeschlossen, wenn die sog. **ex-ante-Unterlagen** gem. § 105 IVa eingereicht worden sind. Darüber hinaus musste der pharmazeutische Unternehmer schriftlich erklären, dass er eine Verlängerung der Zulassung nach Maßgabe der Abs. 2 und 3 anstrebt.

F. Monographie- und musterkonforme Arzneimittel (Abs. 4a)

27   Der Gesetzgeber hat im Rahmen der 12. AMG-Novelle die Regelung in Abs. 4a eingeführt, die den **Bestandsschutz** auch solcher Präparate gewährleistet, die sich zum Nachweis der Wirksamkeit[20] nur auf solche Aufbereitungsmonographien gem. § 25 VII 1 stützen können, die zum Zeitpunkt der Nachzulassungsentscheidung wissenschaftlich nicht mehr anerkannt werden können. Der Gesetzgeber hat durch diese Regelung zudem den zuvor schon von der Rechtsprechung angenommenen Ausschluss **monographiekonformer Arzneimittel** vom Verfahren nach § 109a bestätigt[21].

---

[14] Zur unzulässigen Bewerbung eines Arzneimittels mit dem Anwendungsgebiet „Zur Besserung des Allgemeinbefindens“ vgl. *OLG Köln,* MD 2010, 82 ff.
[15] *BVerwG,* PharmR 2007, 110 f. m. Anm. *Pabel.*
[16] *VG Köln,* Urt. v. 24.1.2006 – 7 K 738/01 – juris.
[17] *VG Köln,* Urt. v. 21.4.2009 – 7 K 4601/06 – BeckRS 2009, 34 910.
[18] *VG Köln,* Urt. v. 24.1.2006 – 7 K 738/01 – juris.
[19] *OVG Münster,* Urt. v. 6.9.2007 – 13 A 4643/06 – BeckRS 2007, 26715 (bezogen auf die Dosierung).
[20] Nicht auch der Unbedenklichkeit, wie von *Brixius/Schneider,* § 109a Anm. 18.3, angenommen.
[21] *VG Köln,* Urt. v. 22.2.2007 – 24 K 8317/04 – BeckRS 2007, 28417.

Durch die Vorschrift wird darüber hinaus die in Abs. 4 verortete Weichenstellung zwischen der **28** regulären Nachzulassung gem. § 105 und der traditionellen Zulassungsverlängerung nach § 109a teilweise aufgehoben. Nach Abs. 4 ist eine **traditionelle Nachzulassung** im Fall der Einreichung der sog. **ex-ante-Unterlagen** innerhalb der Frist des § 105 IVa 1 ausgeschlossen. Der pharmazeutische Unternehmer musste sich daher bis zum 31.1.2001 entscheiden, welche der beiden Nachzulassungsarten er in Anspruch nehmen wollte. Durch die Regelung in Abs. 4a wird in den Fällen eine Ausnahme von dem Ausschluss gemacht, in denen durch die einschlägige Aufbereitungsmonographie bzw. das Muster der Wirksamkeitsnachweise aufgrund zwischenzeitlich eingetretener neuer Erkenntnisse nicht mehr erbracht werden kann.

§ 110 [Warnhinweise]

Bei Arzneimitteln, die nach § 21 der Pflicht zur Zulassung oder nach § 38 der Pflicht zur Registrierung unterliegen und die sich am 1. Januar 1978 im Verkehr befinden, kann die zuständige Bundesoberbehörde durch Auflagen Warnhinweise anordnen, soweit es erforderlich ist, um bei der Anwendung des Arzneimittels eine unmittelbare oder mittelbare Gefährdung von Mensch oder Tier zu verhüten.

A. Allgemeines

§ 110 enthält die Befugnis für das BfArM, für zulassungs- oder registrierungspflichtige Arzneimittel **1** bereits vor Erteilung der Nachzulassung durch Auflagen Warnhinweise vorzuschreiben.

Auch bei noch nicht zugelassenen Arzneimitteln, die aufgrund der fiktiven Zulassung weiter ver- **2** trieben werden dürfen, muss es der zuständigen Behörde erlaubt sein, Warnhinweise zu erlassen und so die sichere Anwendung des Arzneimittels zu gewährleisten. Da die §§ 10 II und 11 II nur für zugelassene Arzneimittel gelten, schließt § 110 diese Lücke.

B. Warnhinweise (S. 1)

§ 110 (Art. 3 § 12 AMNOG 1976) ergänzt § 109. Die **Auflagenbefugnis zur Anordnung von** **3** **Warnhinweisen** erstreckt sich hiermit auch auf Arzneimittel, deren Kennzeichnung noch nach den Vorschriften des alten, vor dem AMNOG 1976 geltenden AMG erfolgen darf. Die Bundesoberbehörde wird ermächtigt, für diese Arzneimittel schon vor Erteilung der Nachzulassung durch Auflagen Warnhinweise vorzuschreiben. Inhaltlich besteht kein Unterschied zu den allgemein geltenden Vorschriften für zugelassene Arzneimittel (§ 28 II Nr. 1a – s. § 28 Rn. 18 ff. –, § 10 II und § 11 II).

C. Fortgeltung alten Rechts – Verweis auf § 38a (Satz 2)

Satz 2 stellt klar, dass eine durch Art. 9 Nr. 1 AMNOG 1976 vorgesehene Fortgeltung der Verord- **4** nung nach § 38a AMG 1961 unberührt bleibt. Dieser Verweis ist jedoch überholt. Art. 9 Nr. 1 AMNOG 1976 ist durch § 38a AMG 1961 aufgehoben worden, so dass keine Vorschrift mehr besteht, die den dort enthaltenen Warnhinweis für nicht verschreibungspflichtige Schmerz-, Schlaf- und Abmagerungsmittel definiert. Insofern ist dieser Verweis ein **Redaktionsversehen**[1], da hiermit keine materielle Fortgeltungsregelung für § 38a AMG 1961 bezweckt wird. Diese materiellen Regelungen existieren nicht mehr. Inhaltlich gibt es auch keinen Grund für den Verweis, da dem damals zuständigen Bundesminister für Jugend, Familie und Gesundheit die Befugnis eingeräumt wurde, die nach AMG 1961 erlassenen Rechtsverordnungen an die Straf- und Bußgeldvorschriften des neuen AMG anzupassen.

§ 111 *(weggefallen)*

§ 112 [Einzelhandel]

Wer am 1. Januar 1978 Arzneimittel im Sinne des § 2 Abs. 1 oder Abs. 2 Nr. 1, die zum Verkehr außerhalb der Apotheken freigegeben sind, im Einzelhandel außerhalb der Apotheken in den Verkehr bringt, kann diese Tätigkeit weiter ausüben, soweit er nach dem Gesetz über die Berufsausübung im Einzelhandel vom 5. August 1957 (BGBl. I S. 1121), geändert durch Artikel 150 Abs. 2 Nr. 15 des Gesetzes vom 24. Mai 1968 (BGBl. I S. 503), dazu berechtigt war.

---

[1] So auch *Kloesel/Cyran*, § 110 Anm. 2.

A. Allgemeines

1   Die Vorschrift entspricht Art. 3 § 14 AMNOG 1976. Sie wahrt den **Besitzstand** derjenigen natürlichen Personen, die bei Inkrafttreten des AMNOG 1976 berechtigterweise **Einzelhandel mit Arzneimitteln** betrieben haben, die für den Verkehr außerhalb der Apotheken freigegeben sind.

2   § 112 stellt eine Übergangsregelung zum Sachkenntniserfordernis nach § 50 dar.

B. Frühere Rechtslage

3   Bis zum Inkrafttreten des AMNOG 1976 und insbesondere § 50 AMG galt für die Sachkenntnis im Einzelhandel mit freiverkäuflichen Arzneimitteln das Gesetz über die Berufsausübung im Einzelhandel vom 5.8.1957 (BGBl. I S. 1121) und die Verordnung über den Nachweis der Sachkunde für den Einzelhandel vom 4.3.1960 (BGBl. I S. 172). Beide Vorschriften wurden durch § 50 AMG abgelöst und durch Art. 9 Nr. 3 und 4 AMNOG 1976 aufgehoben.

C. Umfang der Übergangsregelung

4   Die Vorschrift sichert den Besitzstand für diejenigen, die bei Inkrafttreten dieses Gesetzes Arzneimittel (§ 2 I und II) nach Maßgabe des Gesetzes über die Berufsausübung im Einzelhandel rechtmäßig in den Verkehr bringen. Die Vorschrift gewährleistet wie in der Amtlichen Begründung zu Art. 3 § 13 AMNOG 1976-E ausgeführt insbesondere den Besitzstand für die bei Inkrafttreten dieses Gesetzes rechtmäßig bestehenden Drogenschränke[1].

5   Erfasst werden **Arzneimittel i. S. d. § 2 I oder II Nr. 1**, die **zum Verkehr außerhalb der Apotheken freigegeben** sind, d. h. die Arzneimittel, für die § 50 das Sachkenntniserfordernis statuiert. Die Übergangsregelung gilt somit nicht für Arzneimittel, die bei Inkrafttreten des AMNOG 1976 apothekenpflichtig waren oder dies später wurden.

6   § 112 gilt nur für **natürliche Personen**[2]. Dies ergibt sich trotz des insoweit nicht ganz eindeutigen Wortlauts des zweiten Satzes der Amtlichen Begründung insbesondere aus dem systematischen Zusammenhang mit § 50. Nach dieser Vorschrift ist die Sachkenntnis des Unternehmers, einer zur Vertretung des Unternehmens gesetzlich berufenen oder einer von dem Unternehmer mit der Leitung des Unternehmens oder mit dem Verkauf beauftragten Person erforderlich. Die Übergangsvorschrift betrifft infolgedessen das übergangsweise geltende Sachkenntniserfordernis der in § 50 angesprochenen natürlichen Personen.

7   § 112 gilt für die Personen, die Arzneimittel im Einzelhandel außerhalb der Apotheken in den Verkehr bringen, mithin für Personen, die eine **selbständige Tätigkeit** ausüben. Eine entsprechende Übergangsregelung für **nicht selbständig tätige Personen** findet sich in § 11 der Verordnung über den Nachweis der Sachkenntnis im Einzelhandel mit freiverkäuflichen Arzneimitteln[3]. Danach hat den Nachweis der Sachkenntnis im Einzelhandel mit freiverkäuflichen Arzneimittel auch erbracht, wer nachweist, dass er bis zum 1.1.1978 die Voraussetzungen der Sachkunde für den Einzelhandel mit Arzneimitteln nach den Vorschriften des Gesetzes über die Berufsausübung im Einzelhandel und der Verordnung über den Nachweis der Sachkunde für den Einzelhandel, jeweils in ihrer bis zum 1.1.1978 geltenden Fassung oder der Sachkenntnis als Herstellungsleiter nach § 14 I Nr. 2 AMG 1961 erfüllt hat.

8   Der Umfang der von der Übergangsregelung erfassten selbständigen Tätigkeit, insbesondere im Hinblick auf die **Zahl der Betriebsstätten** ist nicht eindeutig bestimmt. Aus dem Wortlaut, der es gestattet, *diese* Tätigkeit weiter auszuüben, kann geschlossen werden, dass der bisherige Umfang der Tätigkeit geschützt wird, d. h. auch eine auf den genannten Zeitpunkt (1.1.1978) bezogene von § 50 I 2 abweichende Regelung gilt. Dies hat zur Folge, dass zum Zeitpunkt des Inkrafttretens bestehende Filialbetriebe wie bis dahin weiter betrieben werden durften. Demgegenüber gilt für eine später erfolgte Erweiterung des Unternehmens durch Filialbetriebe § 50 I 2, weil in diesem Fall weder die Tätigkeit (im bisherigen Umfang) weiter ausgeübt wird, noch sonst eine ausdrücklich abweichende Regelung zu § 50 I 2 statuiert wurde[4].

---

[1] BT-Drucks. 7/3060, S. 66.
[2] Vgl. *Kloesel/Cyran*, § 112, Anm. 4; *Rehmann*, § 112 Rn. 1.
[3] Verordnung vom 20.6.1978 (BGBl. I S. 753), zuletzt geändert durch Verordnung vom 6.8.1998 (BGBl. I S. 2044).
[4] Im Ergebnis ebenso *Kloesel/Cyran*, § 112 Anm. 5.

D. Sanktionen

Personen, die die Voraussetzungen der Übergangsregelung nach § 112 nicht erfüllen und gleichwohl **9** Einzelhandel mit freiverkäuflichen Arzneimitteln ohne die nach § 50 erforderliche Sachkenntnis betreiben, handeln ordnungswidrig nach § 97 II Nr. 14.

§ 113 [Kennzeichnung von Tierarzneimitteln]

Arzneimittel dürfen abweichend von § 58 Abs. 1 angewendet werden, wenn aus der Kennzeichnung oder den Begleitpapieren hervorgeht, dass das Arzneimittel nach § 105 Abs. 1 weiter in den Verkehr gebracht werden darf.

Die Vorschrift enthält eine Übergangs- und Klarstellungsregelung zur Kennzeichnung von Tierarznei- **1** mitteln, die sich im sogenannten Nachzulassungsverfahren befinden. Diese Präparate sind zwar gem. § 105 I (fiktiv) zugelassen, sie verfügen aber über keine Zulassungsnummer. In der Praxis können daher Zweifel aufkommen, ob diese Tierarzneimittel die Voraussetzungen des § 58 I erfüllen, der die Anwendung von Arzneimitteln bei Lebensmittel liefernden Tieren regelt. Danach muss ein derartiges Präparat insbesondere eine arzneimittelrechtliche Zulassung besitzen, die regelmäßig durch die Angabe der Zulassungsnummer belegt wird. Da diese Zulassungsnummer bei den Arzneimitteln nach § 105 I fehlt, muss sich deren Verkehrsfähigkeit aus der Kennzeichnung oder aus den Begleitpapieren ergeben. *Rehmann* schlägt in diesem Zusammenhang die Verwendung einer vom damaligen BGA entworfenen Formulierung zu § 9 AMG 1961 vor[1].

Die Vorschrift entspricht Art. 3 § 15 AMNOG 1976. Zu den Voraussetzungen einer Verkehrsfähigkeit **2** nach § 105 I kann auf die dortige Kommentierung verwiesen werden.

§ 114 *(weggefallen)*

§ 115 [Pharmaberater]

Eine Person, die am 1. Januar 1978 die Tätigkeit eines Pharmaberaters nach § 75 ausübt, bedarf des dort vorgeschriebenen Ausbildungsnachweises nicht.

Bei Inkrafttreten des § 75 zum 1.1.1978 waren in Deutschland etwa 8.000 Pharmaberater tätig, die **1** über die erforderliche Mindestsachkenntnis nach § 75 II nicht verfügten.[1*] Zu deren Schutz ordnet § 115 an, dass sie auch nach dem 1.1.1978 weiterhin als Pharmaberater tätig sein dürfen (sog. **Besitzstandsklausel**). Dabei ist nach dem Wortlaut einzige Voraussetzung, dass die Tätigkeit des Pharmaberaters zum 1.1.1978 tatsächlich ausgeübt wurde. Unerheblich ist damit, wie lange und wo der Pharmaberater zuvor als solcher gearbeitet hat. Somit werden nicht nur deutsche Staatsangehörige geschützt.[2] Auch die unter § 115 fallenden Personen müssen die Pflichten des Pharmaberaters nach § 76 erfüllen.[3]

§ 116 [Dispensierrecht]

[1]Ärzte, die am 1. Januar 1978 nach landesrechtlichen Vorschriften zur Herstellung sowie zur Abgabe von Arzneimitteln an die von ihnen behandelten Personen berechtigt sind, dürfen diese Tätigkeit im bisherigen Umfang weiter ausüben. [2]§ 78 findet Anwendung.

A. Dispensierrecht (S. 1)

Die Vorschrift dient der Wahrung des Besitzstandes zugunsten der Ärzte, denen bei Inkrafttreten des **1** Gesetzes zur Neuordnung des Arzneimittelrechts (AMNOG 1976)[1**] das Dispensierrecht nach landesrechtlichen Vorschriften zustand[2]. Vor dessen Inkrafttreten konnten bestimmte Ärzte in Gegenden mit einer schlechten Arzneimittelversorgung aufgrund landesrechtlicher Vorschriften die Erlaubnis (Dispensierrecht) erhalten, Arzneimittel für die von ihnen behandelten Personen herzustellen und an diese

---

[1] *Rehmann*, § 113 Rn. 1.
[1*] *Sander*, § 115 Erl. 1.
[2] *Kloesel/Cyran*, § 115 Anm. 3.
[3] *Kloesel/Cyran*, § 115 Anm. 2.
[1**] Gesetz zur Neuordnung des Arzneimittelrechts vom 24.8.1976 (BGBl. I S. 2445).
[2] BT-Drucks. 7/3060, S. 67.

abzugeben[3]. Da es an einer entsprechenden Regelung im AMG in den Fassungen nach dem 1.1.1978 fehlt, kommt die Verleihung neuer Dispensierrechte nicht in Betracht. Ärzte, die am 1.1.1978 Inhaber eines Dispensierrechts waren, dürfen von ihrer Erlaubnis zur Herstellung und Abgabe von Arzneimitteln weiterhin Gebrauch machen. Die praktische Relevanz des Dispensierrechts ist über 30 Jahre nach Inkrafttreten des Gesetzes zur Neuordnung des Arzneimittelrechts gleichwohl sehr gering.

2   Gibt ein Arzt Arzneimittel aufgrund des ihm verliehenen Dispensierrechts an Patienten ab, wird er nicht in Ausübung heilberuflicher Tätigkeit sondern gewerblich tätig[4].

B. Arzneimittelpreise (S. 2)

3   § 78 findet auf Arzneimittel, die aufgrund des Dispensierrechts gemäß § 116 an Patienten abgegeben werden, Anwendung. Ärzte, die aufgrund ihres Dispensierrechts Arzneimittel an Patienten abgeben, haben ebenso wie Apotheken die AMPreisV zu beachten[5].

§ 117 *(weggefallen)*

§ 118 [Gefährdungshaftung]

§ 84 gilt nicht für Schäden, die durch Arzneimittel verursacht werden, die vor dem 1. Januar 1978 abgegeben worden sind.

1   Die Vorschrift bestimmt, dass die am 1.1.1978 in Kraft getretenen Bestimmungen zur Gefährdungshaftung keine **Rückwirkung** haben. Der pharmazeutische Unternehmer haftet für Schäden durch Arzneimittel, die vor diesem Datum abgegeben wurden, allenfalls nach den schon davor geltenden Grundsätzen der Verschuldenshaftung (§§ 823 ff. BGB).

2   Zu den **Übergangsregelungen** zum Zweiten SchadensersatzrechtsÄndG s. Vorb. §§ 84–94a Rn. 15[1].

§ 119 [Überleitungsregelung zum Einigungsvertrag]

[1] **Fertigarzneimittel, die Arzneimittel im Sinne des § 2 Abs. 1 oder Abs. 2 Nr. 1 sind und sich bei Wirksamwerden des Beitritts in dem in Artikel 3 des Einigungsvertrages genannten Gebiet im Verkehr befinden, dürfen ohne die in § 11 vorgeschriebene Packungsbeilage noch von Groß- und Einzelhändlern in Verkehr gebracht werden, sofern sie den vor Wirksamwerden des Beitritts geltenden arzneimittelrechtlichen Vorschriften der Deutschen Demokratischen Republik entsprechen.** [2] **Die zuständige Bundesoberbehörde kann durch Auflagen Warnhinweise anordnen, soweit es erforderlich ist, um bei der Anwendung des Arzneimittels eine unmittelbare oder mittelbare Gefährdung von Mensch oder Tier zu verhüten.**

Wichtige Änderung der Vorschrift: Geändert durch Art. 1 Nr. 49 des Achten Gesetzes zur Änderung des Arzneimittelgesetzes vom 7.8.1998 (BGBl. I S. 2649).

1   Die angesichts der Verfalldaten von Arzneimitteln mittlerweile praktisch wohl bedeutungslose[1*] Übergangsvorschrift des § 119 S. 1 erlaubt es, den dem pharmazeutischen Unternehmer nachgeordneten Handelsstufen, also Großhändlern, Apotheken und ggf. sonstigen Einzelhändlern, Fertigarzneimittel, die sich bei Wirksamwerden des Beitritts der DDR zur Bundesrepublik Deutschland am 3.10.1990 im Beitrittsgebiet[2] bereits im Verkehr befunden haben, weiterhin in den Verkehr zu bringen, ohne dass es der nach § 11 vorgeschriebenen **Packungsbeilage** bedarf. Die Fertigarzneimittel müssen aber nach den Vorschriften der DDR hergestellt und gekennzeichnet sein[3]. Das im Verkehr befinden setzt ein Inverkehrbringen voraus, wofür ein Vorrätighalten der zum Inverkehrbringen freigegebenen Ware zur Abgabe genügt (§ 4 XVII). Allerdings dürfen nur noch Groß- und Einzelhändler die Arzneimittel i. S. d. § 119 weiter in Verkehr bringen, d. h. die Arzneimittel müssen vom pharmazeutischen Unternehmer bis zum 31.12.1991 an diese ausgeliefert worden sein und den Handelsstufen ist lediglich ein „Abverkauf" erlaubt[4].

---

[3] §§ 12 III Nr. 2; 28 IV Nr. 1 AMG 1961; vgl. *Kloesel/Cyran*, AMG 1961, § 12 Anm. 12 und § 28 Anm. 5.
[4] *BFH*, NJW 1978, 608.
[5] *Kloesel/Cyran*, § 116 Anm. 2.
[1] Vgl. auch *Sander*, § 118 Erl. 2; *Kloesel/Cyran*, § 118; *Rehmann*, § 118 Rn. 1.
[1*] Vgl. auch *Rehmann*, § 119 Rn. 1.
[2] Art. 3 Einigungsvertrag nennt die Länder Brandenburg, Mecklenburg-Vorpommern, Sachsen, Sachsen-Anhalt, Thüringen und den auf die DDR entfallenden Teil des Landes Berlin.
[3] Vgl. *Rehmann*, § 119 Rn. 1.
[4] Vgl. *Sander*, § 119 Erl. 3.

Nach § 5 des Kap. II der Anlage 3 zur **EGRechtÜblV** ist § 24 1, also nunmehr § 119 S. 1, mit der **2** Maßgabe anzuwenden, dass die dort genannten Arzneimittel auch mit einer von § 10 abweichenden **Kennzeichnung** in den Verkehr gebracht werden dürfen.

§ 119 S. 2 ermöglicht es der jeweils zuständigen Bundesoberbehörde (§ 77), auf Risiken für Mensch **3** und Tier zu reagieren und Warnhinweise per Auflagen anzuordnen, wenn die bestehende Kennzeichnung nicht ausreicht, diesen Risiken zu begegnen.

§ 120 [Klinische Prüfung – Einigungsvertrag]

Bei einer klinischen Prüfung, die bei Wirksamwerden des Beitritts in dem in Artikel 3 des Einigungsvertrages genannten Gebiet durchgeführt wird, ist die Versicherung nach § 40 Abs. 1 Nr. 8 abzuschließen.

Die Aufnahme des § 120 AMG erfolgte auf der Grundlage des Art. 8 des Einigungsvertragsgesetzes **1** vom 23.9.1990[1]. Die Bestimmung bezieht sich auf die Notwendigkeit des Abschlusses einer Probandenversicherung für die Durchführung der klinischen Prüfung im Gebiet des Einigungsvertrages.

§ 121 *(weggefallen)*

§ 122 [Anzeigepflichtige Tätigkeit – Einigungsvertrag]

Die Anzeigepflicht nach § 67 gilt nicht für Betriebe, Einrichtungen und für Personen in dem in Artikel 3 des Einigungsvertrages genannten Gebiet, die bereits bei Wirksamwerden des Beitritts eine Tätigkeit im Sinne jener Vorschrift ausüben.

Durch diese Vorschrift werden Betriebe, Einrichtungen und Personen in den neuen Bundesländern, **1** die bereits vor dem 3.10.1990 eine Tätigkeit i. S. v. § 67 ausgeübt haben, von der **Anzeigepflicht nach** § 67 befreit.

Die Befreiung von der Anzeigepflicht beruht auf dem Gedanken des **Bestandsschutzes**. Die durch **2** das AMG vorgesehenen Erlaubnispflichten bleiben hierdurch freilich unberührt.

§ 123 [Pharmaberater – Einigungsvertrag]

Die erforderliche Sachkenntnis als Pharmaberater nach § 75 Abs. 2 Nr. 2 besitzt auch, wer in dem in Artikel 3 des Einigungsvertrages genannten Gebiet eine Ausbildung als Pharmazieingenieur, Apothekenassistent oder Veterinäringenieur abgeschlossen hat.

§ 123 stellt hinsichtlich der erforderlichen Sachkenntnis als Pharmaberater solche Personen mit den in **1** § 75 II Nr. 2 Genannten gleich, die in der ehemaligen DDR eine der genannten Ausbildungen abgeschlossen haben. Die Vorschrift wurde aufgrund Art. 8 des Einigungsvertrags[1*] i. V. m. Anlage I, Kapitel X, Sachgebiet D, Abschn. II Nr. 23 ins AMG aufgenommen.

§ 124 [Gefährdungshaftung – Einigungsvertrag]

Die §§ 84 bis 94a sind nicht auf Arzneimittel anwendbar, die in dem in Artikel 3 des Einigungsvertrages genannten Gebiet vor Wirksamwerden des Beitritts an den Verbraucher abgegeben worden sind.

Nach Art. 8 des Einigungsvertrags trat mit dem Wirksamwerden des Beitritts der Deutschen Demo- **1** kratischen Republik **(DDR)** zur Bundesrepublik Deutschland am 3.10.1990 auf dem Gebiet der ehemaligen DDR grundsätzlich das Recht der Bundesrepublik Deutschland in Kraft. § 124 wurde durch Anhang I, Kapitel X, Sachgebiet D, Abschnitt II Nr. 23 des Einigungsvertrags eingeführt und ist Folge dieser Überleitung von Bundesrecht. Die Vorschrift stellt klar, dass die Bestimmungen zur Gefährdungshaftung **nicht rückwirkend** für Arzneimittel gelten, deren **Abgabe** an den Verbraucher vor dem 3.10.1990 erfolgte. Anders als die vom Gesetzgeber in § 16 ProdHaftG gewählte Lösung stellt die Übergangsvorschrift des § 124 also ausdrücklich nicht auf das Inverkehrbringen, sondern auf die Abgabe des Arzneimittels ab.

---

[1] BGBl. I S. 835, 1084.
[1*] Vertrag zwischen der Bundesrepublik Deutschland und der Deutschen Demokratischen Republik über die Herstellung der Einheit Deutschlands vom 31.8.1990 (BGBl. II S. 889 ff.).

2   Für die **allgemeinen deliktischen Schadenersatzansprüche** gilt Art. 232 § 10 EGBGB, wonach die §§ 823 bis 853 BGB nur auf Handlungen anwendbar sind, die am 3.10.1990 oder danach **begangen** wurden. Maßgeblicher Zeitpunkt im Rahmen des Art. 232 § 10 EGBGB ist die Vornahme der Verletzungshandlung. Dies ist wie in § 16 ProdHaftG das Inverkehrbringen des Arzneimittels. Der Zeitpunkt des Schadenseintritts spielt dagegen keine Rolle[1]. Diese Diskrepanz zwischen der Haftung aus dem BGB und dem AMG nimmt der Gesetzgeber entsprechend der Wertung des § 91 bewusst in Kauf.

3   Für Fälle, in denen §§ 823 ff. BGB zeitlich nicht anwendbar sind, gilt weiterhin das **Recht der DDR** (§§ 323 bis 351 ZGB-DDR). Zu den Übergangsregelungen zum Zweiten SchadensersatzrechtsÄndG vom 19.7.2002 s. Vorb. §§ 84–94a Rn. 15.

Zweiter Unterabschnitt. Übergangsvorschriften aus Anlass des Ersten Gesetzes zur Änderung des Arzneimittelgesetzes

§ 125 [Rückstandsnachweis]

(1) Die zuständige Bundesoberbehörde bestimmt nach Anhörung der Kommissionen nach § 25 Abs. 6 und 7 für Arzneimittel, die am 2. März 1983 zugelassen sind, die Frist, innerhalb derer die Unterlagen über die Kontrollmethode nach § 23 Abs. 2 Satz 3 vorzulegen sind.

(2) Für Arzneimittel, deren Zulassung nach dem 1. März 1983 und vor dem 4. März 1998 beantragt worden ist, gelten die Vorschriften des § 23 mit der Maßgabe, dass Unterlagen über die Kontrollmethoden nicht vor dem aus Absatz 1 sich ergebenden Zeitpunkt vorgelegt werden müssen.

(3) Ist eine Frist für die Vorlage von Unterlagen über die Kontrollmethode nach Absatz 1 bestimmt worden und werden Unterlagen nicht vorgelegt oder entsprechen sie nicht den Anforderungen des § 23 Abs. 2 Satz 3, kann die Zulassung widerrufen werden.

Wichtige Änderungen der Vorschrift: Abs. 1–3 geändert durch Art. 1 Nr. 63 des Fünften Gesetzes zur Änderung des Arzneimittelgesetzes vom 9.8.1994 (BGBl. I S. 2071) und Art. 1 Nr. 27 des Siebten Gesetzes zur Änderung des Arzneimittelgesetzes vom 25.2.1998 (BGBl. I S. 374).

A. Bestimmung von Übergangsfristen (Abs. 1)

1   § 125 entspricht Art. 2 § 2 der 1. AMG-Novelle. Für Tierarzneimittel, die sich bei Inkrafttreten dieser 1. AMG-Novelle bereits im Verkehr befanden, gilt ebenfalls die Pflicht zur Vorlage der Unterlagen nach § 23. § 125 bestimmt hierfür **Übergangsfristen und darauf bezogene weitere Regelungen.** Diese Übergangsvorschrift geht also davon aus, dass die Unterlagen über die Kontrollmethode nach § 23 II 3 vorzulegen sind. Hinsichtlich des zusätzlichen Aufwands an Laborarbeiten und den damit verbundenen Kosten sind jedoch die in Abs. 1 vorgesehenen Übergangsfristen als erforderlich angesehen worden[1]*. Die Vorlage von Rückstandsnachweisen ist jedoch aufgehoben worden, da die Festsetzung von Höchstmengen für Tierarzneimittelrückstände und die Bestimmung der Rückstandsnachweisverfahren mittlerweile auf Gemeinschaftsebene erfolgt[2].

2   Der Zweck der Übergangsvorschriften bzgl. der Vorlage von Rückstandsnachweisverfahren und Unterlagen über Kontrollmethoden bei im Verkehr befindlichen Tierarzneimitteln ist, dass eine stärkere Beschränkung auf das zunächst Machbare zu einem Mehr für den Verbraucherschutz führen würde. Um hier Prioritäten setzen zu können, ist eine Anhörung der Kommissionen nach § 25 VI und VII vorgesehen.

B. Angemessenheit der Fristen (Abs. 2)

3   Nach Abs. 2 kann sich für Zulassungsanträge, die zwischen dem 1.3.1983 und dem 4.3.1998 gestellt worden sind, nicht über die Fristbestimmung des Abs. 1 hinweggesetzt werden. Unterlagen über Kontrollmethoden müssen nicht vor dem dort bestimmten Zeitpunkt vorgelegt werden und die Bearbeitung der Anträge kann nicht davon abhängig gemacht werden[3].

---

[1] *BGHZ* 127, 57 ff.; *Wagner,* in: MüKo BGB, Bd. 11, Art. 232 § 10 EGBGB Rn. 1, 3, 14; *Kühnholz,* in: Bamberger/Roth, Art. 232 § 10 EGBGB Rn. 2; *Rauscher,* in: Staudinger, Art. 232 § 10 EGBGB Rn. 3.

[1]* Vgl. Amtliche Begründung abgedruckt bei *Kloesel/Cyran,* § 125.

[2] Vgl. VO (EWG) Nr. 2377/90, dort werden Höchstmengen von Tierarzneimitteln in Lebensmitteln tierischer Herkunft geregelt. Die VO ist zuletzt geändert durch die VO (EG) Nr. 287/2007 der Kommission vom 16.3.2007 (ABl. L 78 S. 13). Die VO ist für den Arzneimitteleinsatz mit Ausnahme von Impfungen in der Tiermedizin von zentraler Bedeutung und die Bezugnahmemöglichkeiten auf ein danach geprüftes Verfahren.

[3] So auch *Rehmann,* § 125 Rn. 1.

C. Rechtsfolgen (Abs. 3)

Wird die ermittelte Frist für die Vorlage der Unterlagen versäumt, oder entsprechen diese nicht den **4** Anforderungen des § 23 II 3, so kann nach Abs. 3 die **Zulassung widerrufen** werden. Diese Kann-Vorschrift erfordert jedoch eine ordnungsgemäße Ermessensentscheidung der Behörde. Sowohl bei einer Fristversäumnis als auch bei Nichtentsprechen der Anforderungen hat die Bundesoberbehörde daher im Rahmen ihrer Ermessensausübung auch andere Entscheidungsoptionen in Erwägung zu ziehen, um das Verhältnismäßigkeitsprinzip zu wahren. Hier wird in der Regel die Anordnung des Ruhens der Zulassung das mildere Mittel darstellen.

§ 126 [Tierarzneimittel – Einigungsvertrag]

Für Arzneimittel, die zur Anwendung bei Tieren bestimmt sind und die bei Wirksamwerden des Beitritts in dem in Artikel 3 des Einigungsvertrages genannten Gebiet zugelassen sind, gilt § 125 Abs. 1 und 3 entsprechend.

Die Vorschrift enthält eine Übergangsregelung für **Tierarzneimittel,** die in der ehemaligen DDR **1** zugelassen waren. Die Regelungen wurden im Zuge der 1. AMG-Novelle in das Gesetz aufgenommen. Danach finden die in § 125 I und III genannten Vorschriften entsprechende Anwendung. Auf die dortigen Kommentierungen kann verwiesen werden.

Dritter Unterabschnitt. Übergangsvorschriften aus Anlass des Zweiten Gesetzes zur Änderung des Arzneimittelgesetzes

§ 127 [Verfalldatum, Wirkstoffangabe]

(1) [1]Arzneimittel, die sich am 1. Februar 1987 im Verkehr befinden und den Kennzeichnungsvorschriften des § 10 unterliegen, müssen ein Jahr nach der ersten auf den 1. Februar 1987 erfolgenden Verlängerung der Zulassung oder nach der Freistellung von der Zulassung, oder, soweit sie homöopathische Arzneimittel sind, fünf Jahre nach dem 1. Februar 1987 vom pharmazeutischen Unternehmer entsprechend der Vorschrift des § 10 Abs. 1 Nr. 9 in den Verkehr gebracht werden. [2]Bis zu diesem Zeitpunkt dürfen Arzneimittel nach Satz 1 vom pharmazeutischen Unternehmer, nach diesem Zeitpunkt weiterhin von Groß- und Einzelhändlern ohne Angabe eines Verfalldatums in den Verkehr gebracht werden, wenn die Dauer der Haltbarkeit mehr als drei Jahre oder bei Arzneimitteln, für die die Regelung des § 109 gilt, mehr als zwei Jahre beträgt. [3]§ 109 bleibt unberührt.

(2) Arzneimittel, die sich am 1. Februar 1987 im Verkehr befinden und den Kennzeichnungsvorschriften des § 10 Abs. 1a unterliegen, dürfen vom pharmazeutischen Unternehmer noch bis zum 31. Dezember 1988, von Groß- und Einzelhändlern auch nach diesem Zeitpunkt ohne die Angaben nach § 10 Abs. 1a in den Verkehr gebracht werden.

A. Angabe eines Verfalldatums (Abs. 1)

Abs. 1 trägt der Änderung des § 10 durch die 2. AMG-Novelle Rechnung, wonach ein Arzneimittel **1** nunmehr mit dem Verfalldatum und dem Hinweis „verwendbar bis" zu kennzeichnen ist. Arzneimittel, die sich bereits am 1.2.1987 im Verkehr befanden, waren erst nach Ablauf der in Abs. 1 S. 1 genannten Fristen mit dem Verfalldatum zu kennzeichnen. Ein Inverkehrbringen ist bereits erfolgt, wenn der pharmazeutische Unternehmer mit Erteilung der Freigabe zum Inverkehrbringen (§ 16 AMWHV) die Herstellung abgeschlossen hat und die Arzneimittel zur Abgabe vorrätig hält. Praktische Bedeutung hat die Übergangsvorschrift allenfalls noch für **fiktiv zugelassene Arzneimittel** i. S. d. § 105[1], bei denen das Nachzulassungsverfahren, welches an sich schon längst abgeschlossen sein sollte[2] noch nicht beendet ist, weil beispielsweise noch ein Rechtsstreit anhängig ist. Bis zum Ablauf der in Abs. 1 S. 1 genannten Frist dürfen der pharmazeutische Unternehmer und der Groß- und Einzelhändler, nach Ablauf dieser Frist nur noch der Groß- und Einzelhändler die Arzneimittel ohne Angabe eines Verfalldatums in den Verkehr bringen, wenn die Dauer der Haltbarkeit des Arzneimittels mindestens drei bzw. bei Arzneimitteln nach § 109 zwei Jahre beträgt.

---

[1] Vgl. *Rehmann,* § 127 Rn. 1.
[2] Vgl. die Pressemitteilung des BfArM vom 9.1.2004; *Wagner,* in: Dieners/Reese, § 6 Rn. 171.

B. Monopräparate (Abs. 2)

2   Im Zuge der 2. AMG-Novelle wurde in § 10 ein Abs. 1a eingefügt. Die damalige Fassung[3] des § 10 Ia bezog sich ausschließlich auf sog. Monopräparate mit einem Wirkstoff. Die Monopräparate, die sich am 1.2.1987 bereits im Verkehr befunden haben, dürfen nach § 127 II, auch wenn sie den Kennzeichnungsvorschriften des § 10 Ia unterliegen, von Groß- und Einzelhändlern weiterhin ohne diese Angaben in den Verkehr gebracht werden.

§ 128 [Fachinformation]

(1) [1]Der pharmazeutische Unternehmer hat für Fertigarzneimittel, die sich am 1. Februar 1987 im Verkehr befinden, mit dem ersten auf den 1. Februar 1987 gestellten Antrag auf Verlängerung der Zulassung oder Registrierung der zuständigen Bundesoberbehörde den Wortlaut der Fachinformation vorzulegen. [2]Satz 1 gilt nicht, soweit die zuständige Bundesoberbehörde bis auf weiteres Arzneimittel, die nicht der Verschreibungspflicht nach § 49 unterliegen, von den Pflichten nach § 11a freigestellt hat; in diesem Fall ist der Entwurf der Fachinformation nach Aufforderung der zuständigen Bundesoberbehörde vorzulegen.

(2) [1]In den Fällen des Absatzes 1 gelten die §§ 11a, 47 Abs. 3 Satz 2 und § 76 Abs. 1 ab dem Zeitpunkt der Verlängerung der Zulassung oder Registrierung oder der Festlegung einer Fachinformation durch § 36 Abs. 1 oder in den Fällen des Absatzes 1 Satz 2 sechs Monate nach der Entscheidung der zuständigen Bundesoberbehörde über den Inhalt der Fachinformation. [2]Bis zu diesem Zeitpunkt dürfen Fertigarzneimittel in den Verkehr gebracht werden, bei denen die Packungsbeilage nicht den Vorschriften des § 11 Abs. 1 in der Fassung des Zweiten Gesetzes zur Änderung des Arzneimittelgesetzes entspricht.

A. Vorlage der Fachinformation (Abs. 1)

1   Mit der 2. AMG-Novelle wurde die Vorschrift des § 11a zur Fachinformation in das AMG eingefügt. Ausweislich § 11a III ist ein Muster der Fachinformation der zuständigen Bundesoberbehörde (§ 77) unverzüglich zu übersenden, soweit nicht das Arzneimittel von der Zulassung freigestellt ist. Abs. 1 S. 1 gewährt dem pharmazeutischen Unternehmer eine **Übergangsfrist**; für Fertigarzneimittel, die sich am 1.2.1987 im Verkehr befinden, d. h. deren Herstellungsprozess mit Erteilung der Freigabe zum Inverkehrbringen (§ 16 AMWHV) abgeschlossen ist (§ 4 XIV) und die zur Abgabe vorrätig gehalten werden (§ 4 XVII), ist die von § 11a geforderte Fachinformation erst mit dem ersten auf den 1.2.1987 folgenden Verlängerungsantrag einzureichen.

2   Abs. 1 S. 2 wurde mit Art. 4 der 4. AMG-Novelle angefügt. Die Vorschrift enthält eine Ausnahmeregelung zu Abs. 1 S. 1 für die Fälle, in denen die zuständige Bundesoberbehörde (§ 77) Arzneimittel, die nicht der ehemals in § 49 a. F.[1] geregelten automatischen Verschreibungspflicht unterlagen, von den Pflichten nach § 11a freigestellt hat. Infolge des Fortfalls der automatischen Verschreibungspflicht nach § 49 a. F. ist der Anwendungsbereich des Abs. 1 S. 2 vom Ausgangspunkt her für jedes verschreibungspflichtige Arzneimittel eröffnet. Der Entwurf der Fachinformation ist erst nach Aufforderung der zuständigen Bundesoberbehörde vorzulegen. Diese Regelung ermöglicht es, die Fachinformationen gruppenweise festzulegen und zu beurteilen[2] und ist mit dem gleichfalls mit der 4. Novelle modifizierten § 105a III verzahnt; durch die Ausnahmeregelung des Abs. 1 S. 2 wird ermöglicht, dass entgegen Abs. 1 S. 1 und in Übereinstimmung mit § 105a III bei entsprechender Freistellung von den Pflichten nach §§ 11a und 76 I bis auf Aufforderung der Bundesoberbehörde keine Fachinformation vorzulegen ist.

B. Anwendungsbereich der §§ 11 und 11a (Abs. 2)

I. Zeitliche Geltung der §§ 11a, 47 Abs. 3 S. 2, 76 Abs. 1 (S. 1)

3   Abs. 2 bestimmt, dass in den Fällen des § 128 I die §§ 11a, 47 III 2, 76 I erst ab dem in § 128 II 1 genannten Zeitpunkt – also der Verlängerung der Zulassung oder Registrierung oder der Festlegung einer **Fachinformation** durch die StandZV nach § 36 I[3] oder sechs Monate nach der Entscheidung der Bundesoberbehörde im Rahmen des § 128 I 2 – anzuwenden sind. Da für Registrierungen keine

---

[3] „Bei Arzneimitteln, die nur einen arzneilich wirksamen Bestandteil enthalten, muss der Angabe nach Abs. 1 Nr. 2 die Bezeichnung dieses Bestandteils mit dem Hinweis ‚Wirkstoff:' folgen."
[1] § 49 wurde im Rahmen der 14. AMG-Novelle aufgehoben; die ehemals automatische Verschreibungspflicht findet sich modifiziert in § 48 wieder, vgl. BT-Drucks. 15/5316, S. 42.
[2] Vgl. BT-Drucks. 11/5373, S. 20.
[3] Die StandZV sieht nicht vor, dass für Standardzulassungen Fachinformationen erstellt werden müssen.

Fachinformation nach § 11a erforderlich ist (s. § 11a Rn. 5), ist die Bezugnahme auf die Verlängerung der Registrierung in § 128 II obsolet. Sowohl § 11a als auch § 76 I normieren eine Pflicht zur Vorlage der Fachinformation. Mit der Bezugnahme auf § 47 III 2, der sich mit der Abgabe von Mustern eines Fertigarzneimittels an Ausbildungsstätten für Heilberufe befasst, ist dem Gesetzgeber ein redaktionelles Versehen unterlaufen[4]. Richtigerweise müsste § 128 II 1 auf § 47 IV 2 verweisen; demnach ist in den Fällen des § 128 I bei der Abgabe von Mustern keine Fachinformation zu übersenden.

Bis zu dem in Abs. 2 S. 1 genannten Zeitpunkt, ab dem die Verwendung einer Fachinformation nach **4** § 11a zur Pflicht wird, ist es dem pharmazeutischen Unternehmer unbenommen, auf freiwilliger Basis eine Fachinformation zu verwenden. Diese Fachinformation muss zwar nicht den Vorgaben des § 11a entsprechen, sie darf jedoch nicht irreführend sein[5].

II. Gebrauchsinformation (S. 2)

Abs. 2 S. 2 enthält eine weitere Sonderregelung für die Fassung und den Inhalt der Packungsbeilage. **5** Bis zu dem in Abs. 2 S. 1 genannten Zeitpunkt, ab dem eine Fachinformation nach § 11a erstmalig verwendet und übersandt werden muss, muss auch die Packungsbeilage nicht den Vorgaben des § 11 I in der Fassung der 2. AMG-Novelle entsprechen.

§ 129 [Packungsbeilage]

§ 11 Abs. 1a findet auf Arzneimittel, die sich am 1. Februar 1987 im Verkehr befinden, mit der Maßgabe Anwendung, dass ihre Packungsbeilage nach der nächsten Verlängerung der Zulassung oder Registrierung der zuständigen Behörde zu übersenden ist.

§ 129 enthält eine Sonderregelung zu § 11 Ia, wonach ein Muster der Packungsbeilage der zuständi- **1** gen Bundesoberbehörde (§ 77) zu übersenden ist, soweit nicht das Arzneimittel von der Zulassung oder Registrierung freigestellt ist. Entsprechend § 128 II 2, wonach erst ab dem Zeitpunkt der Verlängerung der Zulassung oder Registrierung (s. § 128 Rn. 3) Fertigarzneimitteln, die sich am 1.2.1987 im Verkehr befinden (s. § 128 Rn. 1), eine Packungsbeilage beiliegen muss, die den Anforderungen des § 11 entspricht, erlaubt es § 129, das Muster dieser Packungsbeilage der zuständigen Bundesoberbehörde erst nach der Verlängerung der Zulassung oder Registrierung zu übersenden.

§ 130 [Private Sachverständige]

Wer am 1. Februar 1987 als privater Sachverständiger zur Untersuchung von Proben nach § 65 Abs. 2 bestellt ist, darf diese Tätigkeit im bisherigen Umfang weiter ausüben.

Durch diese Regelung wird **privaten Sachverständigen** zur Untersuchung von Proben nach § 65, **1** die nach § 65 II a. F. bereits bis zum 1.2.1987 bestellt waren, die weitere Ausübung der Tätigkeit gestattet. Sie sind vom Nachweis der Sachkenntnis nach § 65 IV Nr. 1 befreit, da ihre Sachkenntnis aufgrund der bisherigen Tätigkeit vermutet wird. Die Regelung dient also dem **Bestandsschutz**.

Ungeachtet der Befreiung vom Nachweis der **Sachkenntnis** kann allerdings die Bestellung widerru- **2** fen werden, wenn sich eine mangelnde Sachkenntnis der betr. Personen herausstellen sollte. Außerdem müssen auch die bis zum 1.2.1987 bestellten Sachverständigen die weiteren Voraussetzungen nach § 65 IV Nr. 2 und 3 erfüllen.

§ 131 [Fachinformation – Einigungsvertrag]

Für die Verpflichtung zur Vorlage oder Übersendung einer Fachinformation nach § 11a gilt § 128 für Arzneimittel, die sich bei Wirksamwerden des Beitritts in dem in Artikel 3 des Einigungsvertrages genannten Gebiet in Verkehr befinden, entsprechend.

Die praktisch wohl bedeutungslose Vorschrift[1] sieht Erleichterungen zur Vorlage- und Übersendungs- **1** pflicht einer **Fachinformation** nach § 11a für solche Arzneimittel vor, die sich beim Beitritt der DDR zur Bundesrepublik Deutschland im Beitrittsgebiet (s. § 119 Rn. 1) im Verkehr befanden. Eine Fachinformation i. S. d. § 11a ist bei diesen Arzneimitteln erst mit dem ersten Antrag auf Verlängerung der Zulassung oder Registrierung vorzulegen und zu verwenden. Gleiches gilt über den Wortlaut des § 131 hinaus für die **Gebrauchsinformation** nach § 11, die erst ab diesem Zeitpunkt den gesetzlichen Vorgaben des § 11 entsprechen muss.[2]

---

[4] Vgl. *Rehmann*, § 128 Rn. 2.
[5] Vgl. *OLG Hamburg*, PharmR 1998, 77 f.
[1] Vgl. *Rehmann*, § 131 Rn. 1.
[2] Vgl. *Rehmann*, § 131 Rn. 1.

Vierter Unterabschnitt. Übergangsvorschriften aus Anlass des Fünften Gesetzes zur Änderung des Arzneimittelgesetzes

§ 132 [Übergangsvorschriften aus Anlass des Fünften Gesetzes zur Änderung des Arzneimittelgesetzes]

(1) [1] Arzneimittel, die sich am 17. August 1994 im Verkehr befinden und den Vorschriften der §§ 10 und 11 unterliegen, müssen ein Jahr nach der ersten auf den 17. August 1994 erfolgenden Verlängerung der Zulassung oder, soweit sie von der Zulassung freigestellt sind, zu dem in der Rechtsverordnung nach § 36 genannten Zeitpunkt oder, soweit sie homöopathische Arzneimittel sind, fünf Jahre nach dem 17. August 1994 vom pharmazeutischen Unternehmer entsprechend den Vorschriften der §§ 10 und 11 in den Verkehr gebracht werden. [2] Bis zu diesem Zeitpunkt dürfen Arzneimittel nach Satz 1 vom pharmazeutischen Unternehmer, nach diesem Zeitpunkt weiterhin von Groß- und Einzelhändlern mit einer Kennzeichnung und Packungsbeilage in den Verkehr gebracht werden, die den bis zum 17. August 1994 geltenden Vorschriften entspricht. [3] § 109 bleibt unberührt.

(2) [1] Der pharmazeutische Unternehmer hat für Fertigarzneimittel, die sich am 17. August 1994 in Verkehr befinden, mit dem ersten auf den 17. August 1994 gestellten Antrag auf Verlängerung der Zulassung der zuständigen Bundesoberbehörde den Wortlaut der Fachinformation vorzulegen, die § 11a in der Fassung dieses Gesetzes entspricht. [2] § 128 Abs. 1 Satz 2 bleibt unberührt.

(2a) [1] Eine Herstellungserlaubnis, die nicht dem § 16 entspricht, ist bis zum 17. August 1996 an § 16 anzupassen. [2] Satz 1 gilt für § 72 entsprechend.

(2b) Wer am 17. August 1994 die Tätigkeit als Herstellungsleiter für die Herstellung oder als Kontrollleiter für die Prüfung von Blutzubereitungen ausübt und die Voraussetzungen des § 15 Abs. 3 in der bis zum 17. August 1994 geltenden Fassung erfüllt, darf diese Tätigkeit weiter ausüben.

(3) *(aufgehoben)*

(4) [1] § 39 Abs. 2 Nr. 4a und 5a findet keine Anwendung auf Arzneimittel, die bis zum 31. Dezember 1993 registriert worden sind, oder deren Registrierung bis zu diesem Zeitpunkt beantragt worden ist oder die nach § 105 Abs. 2 angezeigt worden sind und nach § 38 Abs. 1 Satz 3 in der vor dem 11. September 1998 geltenden Fassung in den Verkehr gebracht worden sind. [2] § 39 Abs. 2 Nr. 4a findet ferner keine Anwendung auf Arzneimittel nach Satz 1, für die eine neue Registrierung beantragt wird, weil ein Bestandteil entfernt werden soll oder mehrere Bestandteile entfernt werden sollen oder der Verdünnungsgrad von Bestandteilen erhöht werden soll. [3] § 39 Abs. 2 Nr. 4a und 5a findet ferner bei Entscheidungen über die Registrierung oder über ihre Verlängerung keine Anwendung auf Arzneimittel, die nach Art und Menge der Bestandteile und hinsichtlich der Darreichungsform mit den in Satz 1 genannten Arzneimitteln identisch sind. [4] § 21 Abs. 2a Satz 5 und § 56a Abs. 2 Satz 5 gelten auch für zur Anwendung bei Tieren bestimmte Arzneimittel, deren Verdünnungsgrad die sechste Dezimalpotenz unterschreitet, sofern sie gemäß Satz 1 oder 2 registriert worden sind oder sie von der Registrierung freigestellt sind.

Wichtige Änderungen der Vorschrift: Abs. 3 aufgehoben durch Art. 1 Nr. 27 des Fünfzehnten Gesetzes zur Änderung des Arzneimittelgesetzes vom 25.2.2011 (BGBl. I S. 946).

Übersicht

A. Inhalt

Die Vorschrift enthält **Übergangsregelungen,** die im Rahmen der 5. AMG-Novelle erforderlich **1** wurden und in das AMG eingefügt wurden. Die ersten beiden Absätze enthalten Regelungen zu Kennzeichnung, Packungsbeilage und Fachinformation. Die Abs. 2a und 2b beinhalten Übergangsvorschriften für die Herstellungs- und Einfuhrerlaubnis sowie die Tätigkeit als Herstellungs- oder Kontrollleiter bei Blutzubereitungen.

In Abs. 3 wurden Übergangsregelungen im Hinblick auf die **VO (EWG) Nr. 2377/90** getroffen, mit **2** der gemeinschaftliche Festlegungen von Höchstwerten für Tierarzneimittelrückstände in Lebensmitteln tierischen Ursprungs vorgenommen wurden. Nach Aufhebung der VO (EWG) Nr. 2377/90 durch die VO (EG) Nr. 470/2009 sowie die VO (EU) Nr. 37/2010 hatte sich der Regelungsgegenstand von Abs. 3 erschöpft. Die Vorschrift wurde im Zuge der 15. AMG-Novelle aufgehoben.[1]

Abs. 4 sieht schließlich Übergangs- und Besitzstandsvorschriften für bestimmte **homöopathische 3 Arzneimittel** vor.

B. Kennzeichnung (Abs. 1)

Die im Rahmen der 5. AMG-Novelle eingefügten **Kennzeichnungsvorschriften** in §§ 10, 11 **4** müssen auf die seit deren Inkrafttreten am 17.8.1994 in den Verkehr gebrachten Arzneimittel angewendet werden. Arzneimittel, die zum Stichtag bereits im Verkehr waren, bedurften einer Umstellungsfrist. Die Vorschrift enthält die dazu erforderlichen Übergangsregelungen. Soweit diese Arzneimittel dem Anwendungsbereich der §§ 10 und 11 unterlagen, mussten sie erst ein Jahr nach der ersten auf den 17.8.1994 folgenden Verlängerung der Zulassung nach Maßgabe der §§ 10 und 11 in den Verkehr gebracht werden. **Homöopathische Arzneimittel** mussten die Kennzeichnungsvorschriften erst ab dem 17.8.1999 einhalten.

Bis zum Ablauf der Übergangsfristen durften Arzneimittel mit bisheriger Kennzeichnung vom **5** pharmazeutischen Unternehmer weiterhin in den Verkehr gebracht werden. Arzneimittel, die bereits an Groß- oder Einzelhändler ausgeliefert worden waren, konnten auch über diesen Zeitpunkt hinaus nach den ursprünglichen Vorschriften abverkauft werden.

Für in der Nachzulassung befindliche Arzneimittel gem. § 105 I gelten ergänzend die Kennzeich- **6** nungsregelungen in **§ 109.** Die Regelung in Abs. 1 S. 3 lässt die dort enthaltenen Kennzeichnungsvorschriften ausdrücklich unberührt. Zu den Einzelheiten kann auf die dortige Kommentierung verwiesen werden.

C. Fachinformation (Abs. 2)

Arzneimittel, die sich zum Zeitpunkt des Inkrafttretens der **5. AMG-Novelle** bereits im Verkehr **7** befanden, mussten mit dem auf den 1.8.1994 folgenden Antrag auf Verlängerung der Zulassung einen den Anforderungen des § 11a entsprechenden Text für die **Fachinformation** vorlegen. Bis zu diesem Zeitpunkt konnten die Präparate nach dem bisherigen Recht in den Verkehr gebracht werden.

Durch den Verweis auf **§ 128 I 2** gilt die Pflicht zur Einreichung der Texte für die Fachinformation **8** nicht im Fall der Freistellung von den Pflichten nach § 11a bei Arzneimitteln, die nicht der Verschreibungspflicht nach § 49 unterliegen. Soweit die zuständige Bundesoberbehörde eine Befreiung von der Pflicht zur Vorlage einer Fachinformation erteilt hat, muss der entsprechende Text erst nach Aufforderung durch die zuständige Bundesoberbehörde vorgelegt werden.

D. Herstellungs- und Einfuhrerlaubnis (Abs. 2a)

In Übereinstimmung mit Art. 42 III RL 2001/83/EG ist die Herstellungserlaubnis durch § 16 sachlich **9** (auf bestimmte Arzneimittel und Darreichungsformen) und örtlich (für eine bestimmte Betriebsstätte) begrenzt. **Herstellungserlaubnisse,** die diesen Anforderungen nicht entsprachen, mussten bis zum 17.8.1996 den aktuellen gesetzlichen Anforderungen angepasst werden. Das Gleiche galt für die **Einfuhrerlaubnisse** gem. § 72.

---

[1] Vgl. BT-Drucks. 17/4231, S. 12.

E. Herstellungs- und Kontrollleiter (Abs. 2b)

10   Mit Blick auf die im Zuge der 5. AMG-Novelle modifizierten Sachkenntnisanforderungen an den Herstellungs- und Kontrollleiter bei **Blutzubereitungen** bedurfte es einer Besitzstands- und Übergangsregelung, die durch Abs. 2b erfolgt. Danach darf derjenige, der bis zum 17.8.1994 die Anforderungen des § 15 III a. F. erfüllt hat, die entsprechende Tätigkeit weiter ausüben.

F. Tierarzneimittel (Abs. 3)

11   Die Vorschrift wurde durch die 15. AMG-Novelle aufgehoben, da sie sich zeitlich überholt hatte[2].

G. Homöopathika (Abs. 4)

12   Die Regelung in Abs. 4 dient der grundrechtlich abgesicherten **Besitzstandswahrung** bestimmter **homöopathischer Arzneimittel** mit Blick auf die im Rahmen der 5. AMG-Novelle teilweise neu aufgenommenen Versagungsgründe in § 39 II. Voraussetzung ist, dass ein Arzneimittel entweder bis zum 31.12.1993 registriert wurde oder seine Registrierung zumindest bis zu diesem Zeitpunkt beantragt worden ist. Ebenfalls erfasst werden Arzneimittel, deren Inverkehrbringen nach Maßgabe von § 105 II angezeigt worden ist oder die generell nach § 38 I 3 von der Registrierung freigestellt sind. In diesen Fällen finden die Versagungsgründe in § 39 II Nr. 4a und 5a keine Anwendung.

13   Der erstgenannte Versagungsgrund erfasst **homöopathische Tierarzneimittel,** die zur Anwendung bei Tieren bestimmt sind, welche der Gewinnung von Lebensmittel dienen und einen pharmakologischen wirksamen Bestandteil enthalten, der nicht in Anhang II der VO (EWG) Nr. 2377/90 genannt.

14   Der Versagungsgrund in § 39 II Nr. 5a schließt grundsätzlich **homöopathische Humanarzneimittel** von der Registrierung aus, die nicht zur Einnahme oder zur äußerlichen Anwendung bestimmt sind. Nach der Übergangsvorschrift konnten Arzneimittel auch in anderen Applikationsformen (z. B. rektal oder per Injektion) registriert werden.

15   Bei **homöopathischen Tierarzneimitteln** findet der Versagungsgrund des § 39 II Nr. 4a auch bei solchen nach Abs. 1 bestandsgeschützten Arzneimitteln keine Anwendung, wenn bei Kombinationsarzneimitteln ein oder mehrere Bestandteile entfernt werden sollen oder der Verdünnungsgrad erhöht werden sollte. Auch wenn in diesen Fällen das bestandsgeschützte Arzneimittel selbst nicht mehr in seiner ursprünglichen Form existiert, soll sich die Übergangsvorschrift auch auf entsprechend geänderte Arzneimittel erstrecken. Hintergrund der Regelung war die Einführung von maximal zulässigen **Rückstandsmengen** in Arzneimitteln durch die **VO (EWG) Nr. 2377/90.** Die Festlegung von maximalen Rückstandsmengen für Arzneimittel, die zur Anwendung bei Lebensmittel liefernden Tieren angewendet werden sollen, veranlasste zahlreiche pharmazeutische Unternehmer zur Reduzierung der Bestandteile eines Arzneimittels bzw. zur Anhebung der Verdünnungsstufe. In diesen Fällen sollten die Arzneimittel gleich behandelt werden mit fiktiv zugelassenen Arzneimitteln, bei denen nach § 105 IIIa 2 Nr. 4 entsprechende Änderungen ebenfalls nicht zum Erlöschen der fiktiven Zulassung führen[3].

16   Die Versagungsgründe in § 39 II Nr. 4a und 5a finden schließlich auch auf solche **homöopathische Arzneimittel** keine Anwendung, die den in S. 1 genannten privilegierten Präparaten hinsichtlich ihrer Bestandteile und Darreichungsformen entsprechen. Damit wird die Bestandsschutzsicherung in S. 1 erweitert auf identische Arzneimittel, ohne dass es darauf ankäme, dass das konkrete Arzneimittel zum Stichtag im Verkehr war. Hierdurch werden auch Neuentwicklungen erfasst und mit vergleichbaren Arzneimitteln gleichgestellt.

17   Homöopathische Tierarzneimittel, welche die **Verdünnungsstufe 1 bis zu 1 Mio. (D6) unterschreiten** und bei denen die besitzstandswahrenden Voraussetzungen der S. 1 oder 2 erfüllt sind, unterfallen nicht den Beschränkungen des § 21 IIa 1–4 sowie des § 56a I 1 Nr. 3. Das bedeutet, dass derart verdünnte homöopathische Tierarzneimittel auch außerhalb des Therapienotstandes **„off label"**, also für ein anderes als das zugelassene Anwendungsgebiet für die betreffende Tierart hergestellt bzw. durch den Tierarzt verschrieben, abgegeben und angewendet werden dürfen.

---

[2] Vgl. BT-Drucks. 17/4231, S. 12.
[3] Vgl. dazu den Ausschussbericht zur 8. AMG-Novelle, abgedruckt bei *Kloesel/Cyran*, AMG, § 132.

Fünfter Unterabschnitt. Übergangsvorschrift aus Anlass des Siebten Gesetzes zur Änderung des Arzneimittelgesetzes

§ 133 [Übergangsvorschrift aus Anlass des Siebten Gesetzes zur Änderung des Arzneimittelgesetzes]

Die Anzeigepflicht nach § 67 in Verbindung mit § 69a gilt für die in § 59c genannten Betriebe, Einrichtungen und Personen, die bereits am 4. März 1998 eine Tätigkeit im Sinne des § 59c ausüben mit der Maßgabe, dass die Anzeige spätestens bis zum 1. April 1998 zu erfolgen hat.

Durch diese Überleitungsbestimmung wurde den in § 59c genannten Betrieben, Einrichtungen und **1** Personen, die bereits zum Zeitpunkt des Inkrafttretens der **Anzeigepflicht** tätig waren, aufgegeben, die Anzeigepflicht bis zum 1.4.1998 zu erfüllen.

Ein Verstoß gegen die Anzeigepflicht nach § 67 i. V. m. § 133 stellt gem. § 97 II Nr. 7 eine Ordnungs- **2** widrigkeit dar.

Sechster Unterabschnitt. Übergangsvorschriften aus Anlass des Transfusionsgesetzes

§ 134 [Übergangsvorschriften aus Anlass des Transfusionsgesetzes]

[1] Wer bei Inkrafttreten des Transfusionsgesetzes vom 1. Juli 1998 (BGBl. I S. 1752) die Tätigkeit als Herstellungsleiter für die Herstellung oder als Kontrollleiter für die Prüfung von Blutzubereitungen oder Sera aus menschlichem Blut ausübt und die Voraussetzungen des § 15 Abs. 3 in der zu dem genannten Zeitpunkt geltenden Fassung erfüllt, darf diese Tätigkeit weiter ausüben. [2] Wer zu dem in Satz 1 genannten Zeitpunkt die Tätigkeit der Vorbehandlung von Personen zur Separation von Blutstammzellen oder anderen Blutbestandteilen nach dem Stand von Wissenschaft und Technik ausübt, darf diese Tätigkeit weiter ausüben.

§ 134 dient der Besitzstandswahrung für diejenigen, die bereits vor Inkrafttreten des TFG am **1** 1.7.1998[1] befugt eine Tätigkeit als Herstellungsleiter für die Herstellung oder als Kontrollleiter für die **Prüfung von Blutzubereitungen oder Sera aus menschlichem Blut** ausgeübt haben. Diese Personen dürfen diese Tätigkeiten auch nach Inkrafttreten des TFG weiter ausüben, vorausgesetzt sie genügen den Anforderungen des § 15 III i. d. F. des AMG vor dem TFG. Dies bedeutet, dass der Herstellungsleiter oder Kontrollleiter den Nachweis der erforderlichen Sachkenntnis dadurch erbringen muss, dass er entweder über die Approbation als Apotheker oder das Zeugnis über eine nach abgeschlossenem Hochschulstudium der Pharmazie, der Chemie, der Biologie, der Human- oder der Veterinärmedizin abgelegte Prüfung verfügt[2]. Der Herstellungsleiter oder Kontrollleiter muss zudem eine mindestens dreijährige Tätigkeit auf dem Gebiet der medizinischen Serologie oder der medizinischen Mikrobiologie sowie im Falle von Blutzubereitungen zusätzlich ein Jahr Erfahrung in der Transfusionsmedizin nachweisen können. Ausweislich § 15 IV i. d. F. vor Inkrafttreten des TFG muss die praktische Tätigkeit in einem Betrieb abgeleistet worden sein, der über die erforderliche Herstellungserlaubnis verfügte. Die Erfahrungen in der Transfusionsmedizin können durch die Vorlage von Zeugnissen, Arbeitspapieren oder sonstigen Bestätigungen der Stelle, bei der die Erfahrungen gesammelt wurden, belegt werden[3].

S. 2 betrifft die Personen, die bei Inkrafttreten des TFG die Tätigkeit der Vorbehandlung von Personen **2** zur **Separation von Blutstammzellen oder anderen Blutbestandteilen** nach dem Stand von Wissenschaft und Technik ausgeübt haben. Diese Personen dürfen, wenn sie den fachlichen Anforderungen von Wissenschaft und Technik genügen, ihre Tätigkeit auch nach Inkrafttreten des TFG weiter ausüben.

---

[1] Transfusionsgesetz vom 1.7.1998 (BGBl. I S. 1752).
[2] § 15 I i. d. F. vor Inkrafttreten des TFG.
[3] Vgl. *Rehmann*, § 134 Rn. 1.

Siebter Unterabschnitt. Übergangsvorschriften aus Anlass des Achten Gesetzes zur Änderung des Arzneimittelgesetzes

§ 135 [Übergangsvorschriften aus Anlass des Achten Gesetzes zur Änderung des Arzneimittelgesetzes]

(1) [1]Arzneimittel, die sich am 11. September 1998 im Verkehr befinden und den Vorschriften der §§ 10 und 11 unterliegen, müssen ein Jahr nach der ersten auf den 11. September 1998 erfolgenden Verlängerung der Zulassung oder, soweit sie von der Zulassung freigestellt sind, zu dem in der Rechtsverordnung nach § 36 genannten Zeitpunkt oder, soweit sie homöopathische Arzneimittel sind, am 1. Oktober 2003 vom pharmazeutischen Unternehmer entsprechend den Vorschriften der §§ 10 und 11 in den Verkehr gebracht werden. [2]Bis zu diesem Zeitpunkt dürfen Arzneimittel nach Satz 1 vom pharmazeutischen Unternehmer, nach diesem Zeitpunkt weiterhin von Groß- und Einzelhändlern mit einer Kennzeichnung und Packungsbeilage in den Verkehr gebracht werden, die den bis zum 11. September 1998 geltenden Vorschriften entspricht. [3]§ 109 bleibt unberührt.

(2) [1]Wer am 11. September 1998 die Tätigkeit als Herstellungs- oder Kontrollleiter für die in § 15 Abs. 3a genannten Arzneimittel oder Wirkstoffe befugt ausübt, darf diese Tätigkeit im bisherigen Umfang weiter ausüben. [2]§ 15 Abs. 4 findet bis zum 1. Oktober 2001 keine Anwendung auf die praktische Tätigkeit für die Herstellung von Arzneimitteln und Wirkstoffen nach § 15 Abs. 3a.

(3) Homöopathische Arzneimittel, die sich am 11. September 1998 im Verkehr befinden und für die bis zum 1. Oktober 1999 ein Antrag auf Registrierung gestellt worden ist, dürfen abweichend von § 38 Abs. 1 Satz 3 bis zur Entscheidung über die Registrierung in den Verkehr gebracht werden, sofern sie den bis zum 11. September 1998 geltenden Vorschriften entsprechen.

(4) § 41 Nr. 6 findet in der geänderten Fassung keine Anwendung auf Einwilligungserklärungen, die vor dem 11. September 1998 abgegeben worden sind.

A. Kennzeichnung (Abs. 1)

1   Durch die 8. AMG-Novelle wurden die §§ 10 und 11 geändert. **Abs. 1 S. 1** trägt dieser Gesetzesänderung Rechnung und erlaubt es, Arzneimittel die sich am 11.9.1998 im Verkehr befanden, d. h. deren Herstellung mit Erteilung der Freigabe für das Inverkehrbringen abgeschlossen war und die zumindest zur Abgabe vorrätig gehalten wurden (§ 4 XVII), weiter in den Verkehr zu bringen, auch wenn sie nicht den Anforderungen der §§ 10 und 11 entsprechen. Nach **Abs. 1 S. 2** durften bis zu dem in Abs. 1 S. 1 genannten Zeitpunkt – ein Jahr nach der ersten auf den 11.9.1998 erfolgenden Verlängerung der Zulassung oder dem in der StandZV genannten Zeitpunkt oder bei homöopathischen Arzneimitteln bis zum 1.10.2003 – vom pharmazeutischen Unternehmer und dem Groß- und Einzelhandel Arzneimittel mit einer Kennzeichnung und Packungsbeilage in den Verkehr gebracht werden, die den gesetzlichen Vorgaben vor Inkrafttreten der 8. AMG-Novelle entsprach. Nach diesem Zeitpunkten war ihr Inverkehrbringen nur von den Handelsstufen, also dem Groß- und Einzelhandel, insbesondere auch den Apotheken, erlaubt. Ausweislich **Abs. 1 S. 3** findet die Sonderregelung des § 109 vorrangig Anwendung.

B. Herstellungs- und Kontrollleiter (Abs. 2)

2   **Abs. 2 S. 1** wahrt den Besitzstand der Personen, die am 11.9.1998 die Tätigkeit als Herstellungs- oder Kontrollleiter für die in § 15 IIIa genannten Arzneimittel oder Wirkstoffe befugt ausübten. § 15 IIIa wurde im Rahmen der 8. AMG-Novelle neu eingefügt und enthielt seinerzeit Sonderregelungen zur Sachkenntnis der sachkundigen Person im Hinblick auf die Herstellung und Prüfung von Arzneimitteln zur Gentherapie und zur In-vivo-Diagnostik mittels Markergenen, Transplantaten, radioaktiven Arzneimittel und Wirkstoffen. Derjenige, der bei diesen Arzneimitteln oder Wirkstoffen als Herstellungs- oder Kontrollleiter tätig war, darf seine Tätigkeit im bisherigen Umfang weiter ausüben.

3   Zum Nachweis der erforderlichen Sachkenntnis als sachkundige Person nach § 14 verlangt § 15 I eine zweijährige praktische Tätigkeit, die nach § 15 IV in einem Betrieb mit Herstellungserlaubnis oder einer entsprechenden Erlaubnis eines EU-Mitgliedstaates oder EWR-Vertragsstaates abgeleistet werden muss. Aufgrund der geringen Zahl an Betrieben, die eine Erlaubnis für die Herstellung der in § 15 IIIa genannten Arzneimittel und Wirkstoffe besitzen, regelt **Abs. 2 S. 2**, dass § 15 IV bis zum 1.10.2001 auf

die praktische Tätigkeit für die Herstellung der von der Vorschrift erfassten Arzneimittel und Wirkstoffe nicht anzuwenden ist[1].

C. „1.000-er Regelung" für homöopathische Arzneimittel (Abs. 3)

Die sog. 1000er-Regelung in § 38 I 3, wonach es einer Registrierung nicht für homöopathische **4** Arzneimittel bedarf, die von einem pharmazeutischen Unternehmer in Mengen bis zu 1.000 Packungen in einem Jahr in den Verkehr gebracht werden, wurde im Zuge der 8. AMG-Novelle erheblich eingeschränkt und findet seither keine Anwendung mehr auf die in § 38 I 3 Nr. 1–3 genannten Arzneimittel (s. hierzu die Kommentierung in § 38 Rn. 12 ff.). Der pharmazeutische Unternehmer darf diese Arzneimittel nicht mehr ohne eine Registrierung in den Verkehr bringen. Abs. 3 enthält daher eine Ausnahmeregelung für die homöopathischen Arzneimittel, die sich am 11.9.1998 bereits im Verkehr befanden und für die bis zum 1.10.1999 ein Antrag auf Registrierung gestellt worden ist. Sofern diese Arzneimittel den Vorschriften des AMG i. d. F. bis zum 11.9.1998 entsprachen, sind sie bis zur Entscheidung über die Registrierung weiter verkehrsfähig.

D. Einwilligungserklärung in der klinischen Prüfung (Abs. 4)

Mit der 8. AMG-Novelle wurde § 41 Nr. 6 neu gefasst und in Bezug auf klinische Prüfungen an **5** Personen, die an einer Krankheit leiden, zu deren Behebung das zu prüfende Arzneimittel bestimmt ist, geregelt, dass die **Einwilligung eines Kranken**, der nicht in der Lage ist, diese schriftlich zu erteilen, auch wirksam ist, wenn sie mündlich gegenüber dem behandelnden Arzt in Gegenwart eines Zeugen abgegeben wird. Zum Schutz des Patienten sollte der Verzicht auf die Schriftform nur beim Vorliegen besonderer Umstände zulässig sein[2]. Gem. Abs. 4 bleiben jedoch Einwilligungserklärungen, die vor dem 11.9.1998 abgegeben wurden, weiterhin wirksam.

Achter Unterabschnitt. Übergangsvorschriften aus Anlass des Zehnten Gesetzes zur Änderung des Arzneimittelgesetzes

§ 136 [Übergangsvorschriften aus Anlass des Zehnten Gesetzes zur Änderung des Arzneimittelgesetzes]

(1) [1]**Für Arzneimittel, bei denen die nach § 105 Abs. 3 Satz 1 beantragte Verlängerung bereits erteilt worden ist, sind die in § 105 Abs. 4a Satz 1 bezeichneten Unterlagen spätestens mit dem Antrag nach § 31 Abs. 1 Nr. 3 vorzulegen.** [2]**Bei diesen Arzneimitteln ist die Zulassung zu verlängern, wenn kein Versagungsgrund nach § 25 Abs. 2 vorliegt; für weitere Verlängerungen findet § 31 Anwendung.**

(1a) **Auf Arzneimittel nach § 105 Abs. 3 Satz 1, die nach einer nicht im Homöopathischen Teil des Arzneibuchs beschriebenen Verfahrenstechnik hergestellt sind, findet § 105 Abs. 3 Satz 2 in der bis zum 12. Juli 2000 geltenden Fassung bis zu einer Entscheidung der Kommission nach § 55 Abs. 6 über die Aufnahme dieser Verfahrenstechnik Anwendung, sofern bis zum 1. Oktober 2000 ein Antrag auf Aufnahme in den Homöopathischen Teil des Arzneibuchs gestellt wurde.**

(2) **Für Arzneimittel, bei denen dem Antragsteller vor dem 12. Juli 2000 Mängel bei der Wirksamkeit oder Unbedenklichkeit mitgeteilt worden sind, findet § 105 Abs. 3a in der bis zum 12. Juli 2000 geltenden Fassung Anwendung.**

(2a) **§ 105 Abs. 3a Satz 2 findet in der bis zum 12. Juli 2000 geltenden Fassung bis zum 31. Januar 2001 mit der Maßgabe Anwendung, dass es eines Mängelbescheides nicht bedarf und eine Änderung nur dann zulässig ist, sofern sie sich darauf beschränkt, dass ein oder mehrere bislang enthaltene arznlich wirksame Bestandteile nach der Änderung nicht mehr enthalten sind.**

(3) **Für Arzneimittel, die nach einer im Homöopathischen Teil des Arzneibuches beschriebenen Verfahrenstechnik hergestellt worden sind, gilt § 105 Abs. 5c weiter in der vor dem 12. Juli 2000 geltenden Fassung.**

---

[1] Vgl. BT-Drucks. 13/9996, S. 14.
[2] Vgl. BT-Drucks. 13/9996, S. 15.

A. Inhalt

1   Die Vorschrift enthält Übergangsregeln, die im Zuge der **10. AMG-Novelle** in das Gesetz eingefügt worden sind. Insbesondere findet sich eine Bestimmung für bisher nicht dem homöopathischen Teil des Arzneibuchs entsprechende Arzneimittel, für die eine Möglichkeit zur Erweiterung des Anwendungsbereichs der im **HAB** beschriebenen Verfahrenstechniken eingeräumt wird. Die Norm soll die pharmazeutischen Unternehmen, aber auch die zuständige Bundesoberbehörde (§ 77) in die Lage versetzen, die neu gefassten Vorgaben des Nachzulassungsrechts (§ 105) umzusetzen[1].

B. Vorlage von Unterlagen bei erteilten Nachzulassungen (Abs. 1)

2   Die im Zuge der 10. AMG-Novelle in § 105 IVa eingeführte Verpflichtung zur Vorlage der sog. **ex-ante-Unterlagen** bedingte eine Regelung für die Fälle, in denen die Nachzulassung (Verlängerung der Zulassung nach § 105) bereits vor Inkrafttreten dieser Pflicht erteilt worden war. Die entsprechenden Unterlagen zur Wirksamkeit und Unbedenklichkeit des Arzneimittels müssen in diesen Fällen erst mit dem anschließenden Verlängerungsantrag nach § 31 I Nr. 3 vorgelegt werden[2]. Lagen die Unterlagen der Bundesoberbehörde bereits vor, müssen sie nicht erneut vorgelegt werden[3]. Die Vorschrift stellt zudem klar, dass die Verlängerung der Zulassung entsprechender Arzneimittel nur in den in § 25 II genannten Fällen versagt werden darf. Bei der anschließenden weiteren Verlängerung der Zulassung (Zweit-Verlängerung) gelten im Übrigen die Regelungen des § 31 III (s. § 31 Rn. 48 ff.).

3   Die Vorschrift erstreckt sich mithin auf sämtliche Arzneimittel, deren Nachzulassung bis zum Inkrafttreten der 10. AMG-Novelle am 12.7.2000 erteilt worden ist. Allerdings beschränkt sich nach der Rechtsprechung des *BVerwG* der Anwendungsbereich der Norm auf **bestandskräftige Verlängerungsentscheidungen**. Entgegen dem insoweit eindeutigen Wortlaut der Vorschrift geht das *BVerwG* davon aus, dass die Erleichterungen des Abs. 1 nicht auch bereits zu diesem Zeitpunkt rechtshängige Verfahren erfassen[4].

4   Nach der Rechtsprechung des *OVG Münster* folgt aus § 141 VI 7, der die Regelung des Abs. 1 unberührt lässt, dass die Verlängerung nach § 31 **nicht zeitlich unbefristet** (§ 31 Ia) erteilt wird. Die Vorschrift des Abs. 1 knüpft nach dieser Judikatur unmittelbar an § 31 I Nr. 3 und damit an die befristete Geltungsdauer einer arzneimittelrechtlichen Zulassung von fünf Jahren an[5].

C. Homöopathische Arzneimittel (Abs. 1a)

5   Die Übergangsregel enthält spezifische Bestimmungen für **homöopathische Arzneimittel**. Abs. 1a regelt den Status der **nicht-HAB-konformen Arzneimittel**. Die pharmazeutischen Unternehmen konnten für diese Homöopathika bis zum 1.10.2000 einen Antrag auf Aufnahme der Verfahrenstechnik in den homöopathischen Teil des Arzneibuchs stellen. In diesem Fall kann der Antrag auf Verlängerung der Registrierung auch unabhängig von einer bereits bestehenden Anerkennung im HAB weiter verfolgt werden. Die im Zuge der 10. AMG-Novelle geänderte Vorschrift des § 105 III 2 findet erst dann Anwendung, wenn die **Arzneibuchkommission** über diesen Antrag entschieden hat.

D. Mängelmitteilung (Abs. 2)

6   Nach Abs. 2 müssen mitgeteilte Mängel bei der Wirksamkeit und Unbedenklichkeit, die dem pharmazeutischen Unternehmer vor dem Inkrafttreten der 10. AMG-Novelle bekanntgegeben worden sind, nach Maßgabe der bis zum 12.7.2000 geltenden Fassung des § 105 IIIa beseitigt werden. Nach Auffassung des *OVG Münster* ist der Begriff der mitgeteilten Mängel in Abs. 2 i. S. eines **„Mängelbescheides"**, also einer Beanstandung nach § 105 V 1 anzusehen. Es reicht nach dieser Rechtsprechung nicht aus, wenn die zuständige Bundesoberbehörde in anderem Zusammenhang oder außerhalb eines entsprechenden **Mängelbescheides** auf mögliche Defizite des Verlängerungsantrages hingewiesen hat[6].

---

[1] BT-Drucks. 14/2292, S. 10.
[2] Vgl. *OVG Münster*, A&R 2011, 235.
[3] *VG Köln*, Urt. v. 13.1.2015 – 7 K 4280/72 – BeckRS 2015, 43184.
[4] *BVerwG*, Urt. v. 16.10.2008 – 3 C 23/07 – BeckRS 2008, 41342; so auch *Kloesel/Cyran*, § 136 Anm. 1, a. A. *Rehmann*, § 136 Rn 1.
[5] *OVG Münster*, A&R 2011, 235; *OVG Münster*, Beschl. v. 7.7.2010 – 13 A 1674/09 – BeckRS 2010, 50949.
[6] *OVG Münster*, Beschl. v. 17.11.2008 – 13 A 2287/06 – BeckRS 2008, 40911.

E. Änderungen (Abs. 2a)

Darüber hinaus enthält Abs. 2a eine Übergangsregelung hinsichtlich der **Änderungsmöglichkeiten** 7
in § 105 IIIa 2. Die durch die 10. AMG-Novelle stark eingeschränkten Änderungsmöglichkeiten dieser
Vorschrift galten in ihrer bisherigen Fassung bis zum Ende der Übergangsfrist am 31.1.2001 fort. Eine
Änderung, die sich darauf beschränkt, einen oder mehrere Wirkstoffe (arzneilich wirksame Bestandteile)
zu eliminieren, bedarf im Übrigen keiner Mängelmitteilung durch die Bundesoberbehörde.

F. Fortgeltung des § 105 Abs. 5c (Abs. 3)

Homöopathische Arzneimittel, die HAB-konform sind, unterfallen weiterhin der ursprünglichen 8
Fassung des **§ 105 Vc,** der sog. **2004-Regelung.** Es handelt sich um ein zeitlich befristetes Weiterbeste-
hen einer arzneimittelrechtlichen Zulassung bis zum 1.1.2005, sofern der pharmazeutische Unternehmer
bis zum 31.12.1999 erklärt hat, den Antrag auf Verlängerung der Zulassung zurücknehmen zu wollen.
Hintergrund dieser Privilegierung ist der Umstand, dass die Verlängerung der Zulassung bzw. Registrierung homöopathischer Arzneimittel europarechtlich nicht harmonisiert ist und daher keine Kollision
mit europäischem Recht besteht.

Neunter Unterabschnitt. Übergangsvorschriften aus Anlass des Elften Gesetzes zur Änderung des Arzneimittelgesetzes

§ 137 [Übergangsvorschriften aus Anlass des Elften Gesetzes zur Änderung des Arznei- mittelgesetzes]

[1] **Abweichend von § 13 Abs. 2, § 47 Abs. 1 Nr. 6, § 56 Abs. 2 Satz 2 und Abs. 5 Satz 1
dürfen Fütterungsarzneimittel noch bis zum 31. Dezember 2005 nach den bis zum 1. November 2002 geltenden Regelungen hergestellt, in Verkehr gebracht und angewendet werden.** [2] **Bis
zum 31. Dezember 2005 darf die Herstellung eines Fütterungsarzneimittels dabei abweichend
von § 56 Abs. 2 Satz 1 aus höchstens drei Arzneimittel-Vormischungen, die jeweils zur
Anwendung bei der zu behandelnden Tierart zugelassen sind, erfolgen, sofern**
1. **für das betreffende Anwendungsgebiet eine zugelassene Arzneimittel-Vormischung nicht
zur Verfügung steht,**
2. **im Einzelfall im Fütterungsarzneimittel nicht mehr als zwei antibiotikahaltige Arzneimittel-Vormischungen enthalten sind und**
3. **eine homogene und stabile Verteilung der wirksamen Bestandteile in dem Fütterungsarzneimittel gewährleistet ist.**
[3] **Abweichend von Satz 2 Nr. 2 darf im Fütterungsarzneimittel nur eine antibiotikahaltige
Arzneimittel-Vormischung enthalten sein, sofern diese zwei oder mehr antibiotisch wirksame
Stoffe enthält.**

Die Vorschrift hat eine Übergangsregelung zur 11. AMG-Novelle zum Inhalt. Sie regelt das **Inver-** 1
kehrbringen von Fütterungsarzneimitteln bis zum 31.12.2005. Bis zu diesem Datum durften
Fütterungsarzneimittel noch nach den bis zum 1.11.2002 geltenden Bestimmungen hergestellt, in den
Verkehr gebracht und angewendet werden, wenn sie bestimmte Voraussetzungen erfüllten. Die Vorschrift
steht im Zusammenhang mit den Änderungen zum **tierärztlichen Dispensierrecht.** Sie sollte einerseits
den betroffenen Herstellern von Fütterungsarzneimitteln hinreichend Zeit zur Umstellung auf die
geänderten Voraussetzungen für das Herstellen und das Inverkehrbringen bzw. die Anwendung von
Fütterungsarzneimitteln einräumen und andererseits weiterhin eine ausreichende Versorgung mit Fütterungsarzneimitteln gewährleisten[1].

Da sich die ursprünglich vorgesehene Übergangsfrist von zwei Jahren als nicht angemessen erwiesen 2
hat, wurde die zunächst bis zum 1.9.2004 befristete Übergangsregelung im Zuge der 12. AMG-Novelle
bis zum 31.12.2005 verlängert.

Ebenfalls im Rahmen der 12. AMG-Novelle wurden die S. 2 und 3 eingefügt. Sie stellen klar, dass 3
Fütterungsarzneimittel abweichend von § 56 II 1 aus höchstens drei zugelassenen Arzneimittel-Vormischungen hergestellt werden dürfen. Diese Ausnahmevorschrift, die ebenfalls **bis zum 31.12.2005
befristet** war, galt allerdings nur im sog. Therapienotstand. Sie setzte voraus, dass eine zugelassene
Arzneimittel-Vormischung für die konkrete Behandlung nicht zur Verfügung stand, in dem Fütterungs-

---

[1] BT-Drucks. 14/9252, S. 24.

arzneimittel nicht mehr als zwei antibiotikahaltige Arzneimittel-Vormischungen enthalten waren und eine homogene und stabile Verteilung der wirksamen Bestandteile in dem Fütterungsarzneimittel gewährleistet waren. Sofern bereits eine Arzneimittel-Vormischung mehr als einen **antibiotisch wirksamen Stoff** enthielt, durfte in dem Fütterungsarzneimittel gem. S. 3 nur noch eine antibiotikahaltige Arzneimittel-Vormischung enthalten sein.

Zehnter Unterabschnitt. Übergangsvorschriften aus Anlass des Zwölften Gesetzes zur Änderung des Arzneimittelgesetzes

§ 138 [Übergangsvorschriften aus Anlass des Zwölften Gesetzes zur Änderung des Arzneimittelgesetzes]

(1) [1]Für die Herstellung und Einfuhr von Wirkstoffen, die mikrobieller Herkunft sind, sowie von anderen zur Arzneimittelherstellung bestimmten Stoffen menschlicher Herkunft, die gewerbs- oder berufsmäßig zum Zwecke der Abgabe an andere hergestellt oder in den Geltungsbereich dieses Gesetzes verbracht werden, finden die §§ 13, 72 und 72a in der bis zum 5. August 2004 geltenden Fassung bis zum 1. September 2006 Anwendung, es sei denn, es handelt sich um zur Arzneimittelherstellung bestimmtes Blut und Blutbestandteile menschlicher Herkunft. [2]Wird Blut zur Aufbereitung oder Vermehrung von autologen Körperzellen im Rahmen der Gewebezüchtung zur Geweberegeneration entnommen und ist dafür noch keine Herstellungserlaubnis beantragt worden, findet § 13 bis zum 1. September 2006 keine Anwendung.

(2) Wer am 5. August 2004 befugt ist, die Tätigkeit des Herstellungs- oder Kontrollleiters auszuüben, darf diese Tätigkeit abweichend von § 15 Abs. 1 weiter ausüben.

(3) Für klinische Prüfungen von Arzneimitteln bei Menschen, für die vor dem 6. August 2004 die nach § 40 Abs. 1 Satz 2 in der bis zum 6. August 2004 geltenden Fassung erforderlichen Unterlagen der für den Leiter der klinischen Prüfung zuständigen Ethik-Kommission vorgelegt worden sind, finden die §§ 40 bis 42, 96 Nr. 10 und § 97 Abs. 2 Nr. 9 in der bis zum 6. August 2004 geltenden Fassung Anwendung.

(4) Wer die Tätigkeit des Großhandels mit Arzneimitteln am 6. August 2004 befugt ausübt und bis zum 1. Dezember 2004 nach § 52a Abs. 1 einen Antrag auf Erteilung einer Erlaubnis zum Betrieb eines Großhandels mit Arzneimitteln gestellt hat, darf abweichend von § 52a Abs. 1 bis zur Entscheidung über den gestellten Antrag die Tätigkeit des Großhandels mit Arzneimitteln ausüben; § 52a Abs. 3 Satz 2 bis 3 findet keine Anwendung.

(5) [1]Eine amtliche Anerkennung, die auf Grund der Rechtsverordnung nach § 54 Abs. 2a für den Großhandel mit zur Anwendung bei Tieren bestimmten Arzneimitteln erteilt wurde, gilt als Erlaubnis im Sinne des § 52a für den Großhandel mit zur Anwendung bei Tieren bestimmten Arzneimitteln. [2]Der Inhaber der Anerkennung hat bis zum 1. März 2005 der zuständigen Behörde dem § 52a Abs. 2 entsprechende Unterlagen und Erklärungen vorzulegen.

(6) Wer andere Stoffe als Wirkstoffe, die menschlicher oder tierischer Herkunft sind oder auf gentechnischem Wege hergestellt werden, am 6. August 2004 befugt ohne Einfuhrerlaubnis nach § 72 in den Geltungsbereich dieses Gesetzes verbracht hat, darf diese Tätigkeit bis zum 1. September 2005 weiter ausüben.

(7) [1]Arzneimittel, die vor dem 30. Oktober 2005 von der zuständigen Bundesoberbehörde zugelassen worden sind, dürfen abweichend von § 10 Abs. 1b von pharmazeutischen Unternehmern bis zur nächsten Verlängerung der Zulassung, jedoch nicht länger als bis zum 30. Oktober 2007, weiterhin in den Verkehr gebracht werden. [2]Arzneimittel, die von pharmazeutischen Unternehmern gemäß Satz 1 in den Verkehr gebracht worden sind, dürfen abweichend von § 10 Abs. 1b von Groß- und Einzelhändlern weiterhin in den Verkehr gebracht werden.

Wichtige Änderungen der Vorschrift: Abs. 1 S. 2 angefügt durch Art. 1 Nr. 74a des Vierzehnten Gesetzes zur Änderung des Arzneimittelgesetzes vom 29.8.2005 (BGBl. I S. 2570).

Literatur: *Dörfer/Klein*, Braille – Aktuelle Fragestellungen anlässlich des Vollzug des § 10 Absatz 1b AMG im Kontext der Artikel 56a RL 83/2001/EG, PharmR 2008, 89; *Pannenbecker*, Verhältnis der Richtlinien 2004/23/EG und 2006/17/EG gegenüber abweichenden Anforderungen der §§ 13 ff. AMG und der PharmBetrV/AMWHV für Stellen, die menschliche Gewebe oder Zellen zum Zweck der Arzneimittelherstellung entnehmen, PharmR 2006, 363; *Saame*, Das 12. Gesetz zur Änderung des Arzneimittelgesetzes, PharmR 2004, 309.

A. Überblick über den Regelungsbereich

Die Vorschrift enthält verschiedene **Übergangsvorschriften,** die im Zusammenhang mit der 12. **1** AMG-Novelle erforderlich geworden sind. Die Regelungen wurden durch die sog. **Kleine AMG-Novelle (12a AMG-Novelle)**[1] durch Zufügung des Abs. 7 ergänzt.

Im Zuge der **14. AMG-Novelle** wurde die in Abs. 1 geregelte **Stichtagsregelung** hinsichtlich der **2** Herstellung und Einfuhr von Wirkstoffen mikrobieller Herkunft oder anderen zur Arzneimittelherstellung bestimmten Stoffen menschlicher Herkunft verlängert und durch Hinzufügung eines weiteren Satzes präzisiert. Danach fanden die Herstellungsanforderungen gem. § 13 für Blut zur Aufbereitung oder Vermehrung von autologen Körperzellen im Rahmen der Gewebezüchtigung zur Geweberegeneration erst zum 1.9.2006 Anwendung.

B. Einzelne Regelungen

I. Anforderungen an die Herstellungs- und Einfuhrerlaubnis (Abs. 1)

Abs. 1 regelt die **Übergangsvorschriften für die Herstellung und Einfuhr** von Wirkstoffen **3** mikrobieller Herkunft sowie anderen zur Arzneimittelherstellung bestimmten Stoffen menschlicher Herkunft, sofern diese gewerbs- oder berufsmäßig zum Zwecke der Abgabe an andere hergestellt oder in den Geltungsbereich des AMG verbracht werden. Für diese Wirkstoffe fanden die durch die 12. AMG-Novelle geänderten Anforderungen an die **Herstellungs- und Einfuhrerlaubnis** zunächst erst ab dem 1.9.2005 Anwendung. In der Praxis hatte sich jedoch gezeigt, dass diese Übergangsfrist zu kurz bemessen war. Insbesondere mit Blick auf die Herstellung neuer biotechnologischer Gewerbezubereitungen (z. B. **Tissue-Engineering-Produkte)** mussten entsprechende Kooperationen der Gewebe verarbeitenden Unternehmen mit den Krankenhäusern aufgebaut werden. Die Übergangsfrist wurde daher um ein Jahr bis zum 1.9.2006 verlängert[2]. Die Übergangsbestimmungen galten jedoch nicht für zur Arzneimittelherstellung bestimmtes **Blut und Blutplasma.** Ebenfalls im Rahmen der 14. AMG-Novelle wurde Abs. 1 S. 2 eingefügt, der für Fälle der Entnahme von körpereigenem Blut zur Herstellung autologe Tissue-Engineering-Produkte gewährt.

II. Sachkenntnis des Herstellungs- oder Kontrollleiters (Abs. 2)

Abs. 2 betrifft eine **Übergangsregelung** hinsichtlich der Sachkenntnis des Herstellungs- oder Kon- **4** trollleiters. Mit den im Rahmen der **12. AMG-Novelle** geänderten Anforderungen an die Sachkenntnis des Herstellungs- und Kontrollleiters gem. § 15 a. F. musste eine Bestandsschutzregelung in das Gesetz aufgenommen werden, die dem Schutz derjenigen Personen dient, die im Zeitpunkt vor der Gesetzesänderung am 6.8.2004 (Inkrafttreten des 12. Änderungsgesetzes) Herstellungs- oder Kontrollleiter waren und nicht nachträglich verschärften Sachkundevoraussetzungen unterworfen werden sollten[3]. Nach der Regelung in Abs. 2 war derjenige, der am **5.8.2004** befugt war, die Tätigkeit des Herstellungs- oder Kontrollleiters auszuüben, berechtigt, dies auch abweichend vom damals neu gefassten § 15 I weiter auszuüben.

III. Klinische Prüfung von Humanarzneimitteln (Abs. 3)

Abs. 3 enthält eine Klarstellung, dass die bisherigen Regelungen für **klinische Prüfungen** bis zum **5** **6.8.2004** auch dann Anwendung fanden, wenn die bis zu diesem Zeitpunkt erforderlichen Unterlagen bei der zuständigen Ethik-Kommission vorgelegt worden waren. Insoweit kam es nicht auf den faktischen Beginn der klinischen Prüfung an. Darüber hinaus stellt die **Übergangsregelung** klar, dass auch die bisherigen Straf- und Bußgeldandrohungen bei Verstößen gegen die §§ 40–42 in der bis zum 30.8.2004 geltenden Fassung Anwendung auf den geregelten Sachverhalt finden.

IV. Übergangsregelungen für den Großhandel (Abs. 4 und 5)

Die Abs. 4 und 5 enthalten **Übergangsvorschriften für die Großhandelserlaubnis.** Nach Abs. 5 **6** darf derjenige, der bis zum Inkrafttreten der 12. AMG-Novelle befugt war, als Großhändler tätig zu sein, die Großhandelstätigkeit weiter ausüben, wenn er bis zum **1.12.2004** einen Antrag auf Erlaubnis nach § 52a I gestellt hat. Seine Tätigkeit konnte er mit dieser Übergangsregelung bis zur Entscheidung über den Antrag auf Erlaubnis weiter ausüben. In Abs. 5 ist zudem geregelt, dass eine aufgrund von § 54 IIa

[1] Gesetz zur Änderung arzneimittelrechtlicher Vorschriften vom 15.4.2005 (BGBl. I S. 1068).
[2] Beschlussempfehlung und Bericht des Ausschusses für Gesundheit und Soziale Sicherung, BT-Drucks. 15/5728, S. 97.
[3] Vgl. *VG Köln,* Urt. v. 17.12.2007 – 24 K 2342/07 – BeckRS 2007, 32085.

a. F. für den **Großhandel mit Tierarzneimitteln** erteilte amtliche Anerkennung, einer Erlaubnis i. S. d. § 52a gleichwertig ist. Der Inhaber der Anerkennung hatte bis zum **1.3.2005** die für die Erteilung der Großhandelserlaubnis vorzulegenden Unterlagen und Erklärungen beizubringen.

V. Einfuhrerlaubnis für Wirkstoffe (Abs. 6)

7   Abs. 6 enthält eine **Übergangsregelung** für die Einfuhrerlaubnis für **Wirkstoffe**. Für die im Rahmen der 12. AMG-Novelle erweiterten **Einfuhrvorschriften** in § 72 bedurfte es einer Übergangsregelung für die Einfuhr von Wirkstoffen, soweit sie nicht menschlicher oder tierischer Herkunft sind oder nicht auf gentechnischem Weg hergestellt werden. Danach war derjenige, der am 6.8.2004 ohne Einfuhrerlaubnis entsprechende Wirkstoffe in den Geltungsbereich des Gesetzes verbringen durfte, berechtigt, diese Tätigkeit bis zum 1.9.2005 auszuüben.

VI. Übergangsregelungen zur Blindenschrift (Abs. 7)

8   Abs. 7 betrifft **Übergangsregelungen** zur Blindenschrift. Die mit der 12. AMG-Novelle eingeführte **Kennzeichnungspflicht von Arzneimitteln in Blindenschrift** sollte im Interesse einer möglichst einheitlichen Umsetzung in der EU nur für nach dem **30.10.2005** zugelassene oder hinsichtlich ihrer Zulassung verlängerte Arzneimittel gelten. Die Übergangsregelung in Abs. 7, die im Rahmen der „kleinen" AMG-Novelle (12a-Novelle) eingefügt wurde, lässt es zu, die Arzneimittelbezeichnung in Blindenschrift auf der äußeren Umhüllung für solche Arzneimittel, die vor dem 30.10.2005 zugelassen worden sind, erst nach der nächsten arzneimittelrechtlichen Zulassungsverlängerung, spätestens aber ab dem 1.11.2007 anzugeben. Bereits in den Verkehr gebrachte Arzneimittel dürfen zeitlich unbegrenzt von Groß- und Einzelhändlern abverkauft werden.

Elfter Unterabschnitt. Übergangsvorschriften aus Anlass des Ersten Gesetzes zur Änderung des Transfusionsgesetzes und arzneimittelrechtlicher Vorschriften

§ 139 [Übergangsvorschriften aus Anlass des Ersten Gesetzes zur Änderung des Transfusionsgesetzes und arzneimittelrechtlicher Vorschriften]

Wer bei Inkrafttreten von Artikel 2 Nr. 3 des Ersten Gesetzes zur Änderung des Transfusionsgesetzes und arzneimittelrechtlicher Vorschriften vom 10. Februar 2005 (BGBl. I S. 234) die Tätigkeit als Herstellungsleiter oder als Kontrollleiter für die Prüfung von Blutstammzellenzubereitungen ausübt und die Voraussetzungen des § 15 Abs. 3 in der bis zu diesem Zeitpunkt geltenden Fassung erfüllt, darf diese Tätigkeit weiter ausüben.

1   Die Vorschrift enthält eine **Besitzstandswahrung** für Personen, die bei Inkrafttreten des Ersten Gesetzes zur Änderung des **Transfusionsgesetzes** und arzneimittelrechtlicher Vorschriften am 19.2.2005 die Tätigkeit als Herstellungs- oder Kontrolleiter für die Prüfung von Stammzellzubereitungen ausgeübt haben. Für diese Tätigkeit ist durch das genannte Gesetz der nach § 15 III 3 Nr. 4 erforderliche Zeitraum für Erfahrungen in dieser Tätigkeit von einem auf zwei Jahre heraufgesetzt worden.

2   Für den Anwendungsbereich dieser Übergangsvorschrift hat § 138 II keine Bedeutung, weil sich dieser auf die in der 12. AMG-Novelle geforderte zweijährige praktische Tätigkeit in der Arzneimittelprüfung nach § 15 I bezieht und § 15 III für die dort genannten Arzneimittel spezielle Regelungen zu der geforderten praktischen Tätigkeit enthält.

3   § 141 III hingegen findet auch i. V. m. § 139 Anwendung und bewirkt, dass diejenige Person als sachkundige Person gilt, die vor Inkrafttreten der 14. AMG-Novelle die in § 19 beschriebenen Tätigkeiten einer sachkundigen Person ausgeübt hat, also insbesondere die Freigabe der jeweiligen Chargen verantwortet hat.

Zwölfter Unterabschnitt. Übergangsvorschriften aus Anlass des Dreizehnten Gesetzes zur Änderung des Arzneimittelgesetzes

§ 140 [Übergangsvorschriften aus Anlass des Dreizehnten Gesetzes zur Änderung des Arzneimittelgesetzes]

Abweichend von § 56a Abs. 2 und § 73 Abs. 3 dürfen Arzneimittel bei Tieren, die nicht der Gewinnung von Lebensmitteln dienen, noch bis zum 29. Oktober 2005 nach den bis zum

1. September 2005 geltenden Regelungen in den Geltungsbereich dieses Gesetzes verbracht, verschrieben, abgegeben und angewandt werden.

Europarechtliche Vorgaben: Art. 3 RL 2004/28/EG.

Die Vorschrift bezieht sich auf Änderungen des § 56a II und teilweise des § 73 III[1], die zur Anpassung **1** des nationalen Rechts an die Richtlinie erforderlich waren. Als Konsequenz dieser Änderung wurden die Behandlungsmöglichkeiten für Tiere, die nicht der Gewinnung von Lebensmitteln dienen, erheblich eingeschränkt, insbes. weil der Import von Arzneimitteln aus Drittstaaten nicht mehr möglich ist[2]. Die auf Vorschlag des Bundesrates eingefügte Übergangsvorschrift diente dazu, die von der RL 2004/28/EG bis Ende Oktober 2005 eingeräumte Frist vollständig auszuschöpfen.

Dreizehnter Unterabschnitt. Übergangsvorschriften aus Anlass des Vierzehnten Gesetzes zur Änderung des Arzneimittelgesetzes

§ 141 [Übergangsvorschriften aus Anlass des Vierzehnten Gesetzes zur Änderung des Arzneimittelgesetzes]

(1) [1]Arzneimittel, die sich am 5. September 2005 im Verkehr befinden und den Vorschriften der §§ 10 und 11 unterliegen, müssen zwei Jahre nach der ersten auf den 6. September 2005 folgenden Verlängerung der Zulassung oder Registrierung oder, soweit sie von der Zulassung oder Registrierung freigestellt sind, zu dem in der Rechtsverordnung nach § 36 oder § 39 genannten Zeitpunkt oder, soweit sie keiner Verlängerung bedürfen, am 1. Januar 2009 vom pharmazeutischen Unternehmer entsprechend den Vorschriften der §§ 10 und 11 in den Verkehr gebracht werden. [2]Bis zu den jeweiligen Zeitpunkten nach Satz 1 dürfen Arzneimittel vom pharmazeutischen Unternehmer, nach diesen Zeitpunkten weiter von Groß- und Einzelhändlern mit einer Kennzeichnung und Packungsbeilage in den Verkehr gebracht werden, die den bis zum 5. September 2005 geltenden Vorschriften entsprechen. [3]§ 109 bleibt unberührt.

(2) Der pharmazeutische Unternehmer hat für Fertigarzneimittel, die sich am 5. September 2005 im Verkehr befinden, mit dem ersten nach dem 6. September 2005 gestellten Antrag auf Verlängerung der Zulassung der zuständigen Bundesoberbehörde den Wortlaut der Fachinformation vorzulegen, die § 11a entspricht; soweit diese Arzneimittel keiner Verlängerung bedürfen, gilt die Verpflichtung vom 1. Januar 2009 an.

(3) Eine Person, die die Sachkenntnis nach § 15 nicht hat, aber am 5. September 2005 befugt ist, die in § 19 beschriebenen Tätigkeiten einer sachkundigen Person auszuüben, gilt als sachkundige Person nach § 14.

(4) Fertigarzneimittel, die sich am 5. September 2005 im Verkehr befinden und nach dem 6. September 2005 nach § 4 Abs. 1 erstmalig der Zulassungspflicht nach § 21 unterliegen, dürfen weiter in den Verkehr gebracht werden, wenn für sie bis zum 1. September 2008 ein Antrag auf Zulassung gestellt worden ist.

(5) Die Zeiträume für den Unterlagenschutz nach § 24b Abs. 1, 4, 7 und 8 gelten nicht für Referenzarzneimittel, deren Zulassung vor dem 30. Oktober 2005 beantragt wurde; für diese Arzneimittel gelten die Schutzfristen nach § 24a die in der bis zum Ablauf des 5. September 2005 geltenden Fassung und beträgt der Zeitraum in § 24b Abs. 4 zehn Jahre.

(6) [1]Für Arzneimittel, deren Zulassung vor dem 1. Januar 2001 verlängert wurde, findet § 31 Abs. 1 Nr. 3 in der bis zum 5. September 2005 geltenden Fassung Anwendung; § 31 Abs. 1a gilt für diese Arzneimittel erst dann, wenn sie nach dem 6. September 2005 verlängert worden sind. [2]Für Zulassungen, deren fünfjährige Geltungsdauer bis zum 1. Juli 2006 endet, gilt weiterhin die Frist des § 31 Abs. 1 Nr. 3 in der vor dem 6. September 2005 geltenden Fassung. [3]Die zuständige Bundesoberbehörde kann für Arzneimittel, deren Zulassung nach dem 1. Januar 2001 und vor dem 6. September 2005 verlängert wurde, das Erfordernis einer weiteren Verlängerung anordnen, sofern dies erforderlich ist, um das sichere Inverkehrbringen des Arzneimittels weiterhin zu gewährleisten. [4]Vor dem 6. September 2005 gestellte Anträge auf Verlängerung von Zulassungen, die nach diesem Absatz keiner Verlängerung mehr bedürfen, gelten als erledigt. [5]Die Sätze 1 und 4 gelten entsprechend für Registrierungen. [6]Zulassungsverlängerungen oder Registrierungen von Arzneimitteln, die nach § 105 Abs. 1 als zugelassen galten, gelten als Verlängerung im Sinne dieses Absatzes. [7]§ 136 Abs. 1 bleibt unberührt.

---

[1] In der bei Inkrafttreten der 13. AMG-Novelle am 2.9.2005 geltenden Fassung.
[2] Vgl. § 73 IIIa 1 Nr. 2.

(7) Der Inhaber der Zulassung hat für ein Arzneimittel, das am 5. September 2005 zugelassen ist, sich aber zu diesem Zeitpunkt nicht im Verkehr befindet, der zuständigen Bundesoberbehörde unverzüglich anzuzeigen, dass das betreffende Arzneimittel nicht in den Verkehr gebracht wird.

(8) Für Widersprüche, die vor dem 5. September 2005 erhoben wurden, findet § 33 in der bis zum 5. September 2005 geltenden Fassung Anwendung.

(9) § 25 Abs. 9 und § 34 Abs. 1a sind nicht auf Arzneimittel anzuwenden, deren Zulassung vor dem 6. September 2005 beantragt wurde.

(10) [1] Auf Arzneimittel, die bis zum 6. September 2005 als homöopathische Arzneimittel registriert worden sind oder deren Registrierung vor dem 30. April 2005 beantragt wurde, sind die bis dahin geltenden Vorschriften weiter anzuwenden. [2] Das Gleiche gilt für Arzneimittel, die nach § 105 Abs. 2 angezeigt worden sind und nach § 38 Abs. 1 Satz 3 in der vor dem 11. September 1998 geltenden Fassung in den Verkehr gebracht worden sind. [3] § 39 Abs. 2 Nr. 5b findet ferner bei Entscheidungen über die Registrierung oder über ihre Verlängerung keine Anwendung auf Arzneimittel, die nach Art und Menge der Bestandteile und hinsichtlich der Darreichungsform mit den in Satz 1 genannten Arzneimitteln identisch sind.

(11) [1] § 48 Abs. 1 Satz 1 Nr. 2 ist erst ab dem Tag anzuwenden, an dem eine Rechtsverordnung nach § 48 Abs. 6 Satz 1 in Kraft getreten ist, spätestens jedoch am 1. Januar 2008. [2] Das Bundesministerium für Ernährung und Landwirtschaft gibt den Tag nach Satz 1 im Bundesgesetzblatt bekannt.

(12) § 56a Abs. 2a ist erst anzuwenden, nachdem die dort genannte Liste erstellt und vom Bundesministerium für Ernährung und Landwirtschaft im Bundesanzeiger bekannt gemacht oder, sofern sie Teil eines unmittelbar geltenden Rechtsaktes der Europäischen Gemeinschaft oder der Europäischen Union ist, im Amtsblatt der Europäischen Union veröffentlicht worden ist.

(13) Für Arzneimittel, die sich am 5. September 2005 im Verkehr befinden und für die zu diesem Zeitpunkt die Berichtspflicht nach § 63b Abs. 5 Satz 2 in der bis zum 5. September 2005 geltenden Fassung besteht, findet § 63b Abs. 5 Satz 3 nach dem nächsten auf den 6. September 2005 vorzulegenden Bericht Anwendung.

(14) [1] Die Zulassung eines traditionellen pflanzlichen Arzneimittels, die nach § 105 in Verbindung mit § 109a verlängert wurde, erlischt am 30. April 2011, es sei denn, dass vor dem 1. Januar 2009 ein Antrag auf Zulassung oder Registrierung nach § 39a gestellt wurde. [2] Die Zulassung nach § 105 in Verbindung mit § 109a erlischt ferner nach Entscheidung über den Antrag auf Zulassung oder Registrierung nach § 39a. [3] Nach der Entscheidung darf das Arzneimittel noch zwölf Monate in der bisherigen Form in den Verkehr gebracht werden.

Übersicht

A. Allgemeines

1   § 141 enthält die wegen der 14. AMG-Novelle erforderlichen Übergangsvorschriften, die in Anbetracht des umfangreichen Novellierungsprogramms dieses Änderungsgesetzes in 14 Absätze unterteilt wurden.

B. Kennzeichnung und Packungsbeilage (Abs. 1)

Die §§ 10 und 11 wurden im Zuge der 14. AMG-Novelle umfassend geändert (s. hierzu die **2** Kommentierung zu den §§ 10, 11). Nach dem Vorbild bisher üblicher Übergangsbestimmungen[1] dürfen Arzneimittel, die sich bei Inkrafttreten der 14. AMG-Novelle am 5.9.2005 im Verkehr befinden und den Kennzeichnungsvorschriften der §§ 10 und 11 unterliegen, vorerst weiterhin ohne Anpassung an die neue Regelung in den Verkehr gebracht werden[2]. Dies betrifft Arzneimittel, deren Herstellung mit Erteilung der Freigabe für das Inverkehrbringen (§ 16 AMWHV) am 5.9.2005 abgeschlossen war und die vom pharmazeutischen Unternehmer zumindest zur Abgabe vorrätig gehalten werden und damit gemäß § 4 XVII in den Verkehr gebracht werden. Diese Arzneimittel müssen erst zu dem in **Abs. 1 S. 1** genannten Zeitpunkt – zwei Jahre nach der ersten, auf den 6.9.2005 folgenden Verlängerung der Zulassung oder Registrierung oder, soweit es sich um Standardzulassungen oder Standardregistrierungen handelt, zu den in der jeweiligen Rechtsverordnung genannten Zeitpunkten[3] oder, soweit sie keiner Verlängerung bedürfen, ab dem 1.1.2009 – den Kennzeichnungsvorschriften der §§ 10 und 11 i. d. F. der 14. AMG-Novelle entsprechen.

Abs. 1 S. 2 erlaubt dem Groß- und Einzelhandel über den Übergangszeitraum hinaus den Abverkauf **3** der Arzneimittel, die bereits zuvor vom pharmazeutischen Unternehmer ausgeliefert waren[4], deren Inverkehrbringen durch diesen also bei Ablauf des in Abs. 1 S. 1 genannten Zeitpunkts abgeschlossen war.

Abs. 1 S. 3 sichert die vorrangige Anwendung des § 109. Zum Verhältnis des § 141 I zu § 141 X (s. **4** die Kommentierung in Rn. 35).

C. Fachinformation (Abs. 2)

Abs. 2 trägt den Änderungen des § 11a Rechnung. Die Überleitungsvorschrift nimmt dabei Bezug auf **5** § 11a III, wonach der zuständigen Bundesoberbehörde (§ 77) ein Muster der Fachinformation und geänderte Fassungen unverzüglich zu übersenden sind. Diese Verpflichtung besteht nach Abs. 2 für den pharmazeutischen Unternehmer in Anlehnung an die Regelung des Abs. 1[5] erst mit dem ersten nach dem 6.9.2005 gestellten Antrag auf Verlängerung der Zulassung bzw. ab dem 1.1.2009, wenn das Arzneimittel keiner Verlängerung bedarf. Aus dieser Übergangsfrist folgt zugleich, dass der pharmazeutische Unternehmer auch seine Fachinformation erst ab dem in Abs. 2 genannten Zeitpunkt an die Änderungen im Rahmen der 14. AMG-Novelle anpassen muss.

D. Sachkundige Person (Abs. 3)

Abs. 3 enthält eine Besitzstandswahrung für Personen, die bei Inkrafttreten der 14. AMG-Novelle die **6** Aufgaben der sachkundigen Person wahrgenommen haben, ohne über die nach § 15 erforderliche Sachkunde zu verfügen. Ausweislich der Gesetzesbegründung sind hiermit die Personen nach § 138 II gemeint[6], die bei Inkrafttreten der 12. AMG-Novelle befugt waren, die Tätigkeit als Herstellungs- und Kontrolleiter auszuüben. Ausweislich § 15 I i. d. F. vor dem 6.8.2004 mussten diese neben der Approbation als Apotheker oder der Ableistung eines abgeschlossenen einschlägigen Hochschulstudiums eine mindestens zweijährige praktische Tätigkeit in der Arzneimittelherstellung oder in der Arzneimittelprüfung nachweisen. Der Herstellungs- und der Kontrolleiter haben vor Inkrafttreten der 14. AMG-Novelle die Aufgaben der sachkundigen Person nach § 19 S. 1 wahrgenommen; der Herstellungsleiter war für die ordnungsgemäße Herstellung, der Kontrolleiter für die ordnungsgemäße Prüfung der Arzneimittel verantwortlich[7]. Diese Personen dürfen gemäß § 138 II zwar weiterhin ihre Tätigkeit als Herstellungs- und Kontrollleiter ausüben, § 141 III ermöglicht es ihnen aber, ungeachtet der Voraussetzungen des § 15, die Tätigkeit einer sachkundigen Person nach § 14 zu übernehmen.

---

[1] Vgl. BT-Drucks. 15/5316, S. 46.

[2] Zur für homöopathische Arzneimittel im Vergleich mit § 135 I unangemessenen Übergangsfrist vgl. *Pannenbecker/ Natz*, PharmR 2005, 266, 272.

[3] Gem. § 2a StandZV, der mit der Elften Verordnung zur Änderung der Verordnung über Standardzulassungen v. 19.10.2006 (BGBl. 2006 I S. 2287) in die Verordnung aufgenommen wurde, müssen standardzugelassene Arzneimittel ab dem 1.1.2009 entsprechend § 10 gekennzeichnet und entsprechend § 11 mit einer Packungsbeilage versehen werden. Nach § 2 StandRegV, der durch die Dritte Verordnung zur Änderung der Verordnung über Standardregistrierungen von Arzneimitteln v. 7.7.2007 (BGBl. I S. 1387) neu gefasst wurde, müssen standardregistrierte homöopathische Arzneimittel ab dem 1.1.2009 entsprechend § 10 gekennzeichnet und entsprechend § 11 mit einer Packungsbeilage versehen werden.

[4] Vgl. *Sander*, § 141 Erl. 1.

[5] Vgl. BT-Drucks. 15/5316, S. 46.

[6] BT-Drucks. 15/5316, S. 46.

[7] Vgl. § 19 I und II i. d. F. des AMG vor dem 6.9.2005.

7   Problematisch ist die Fassung des Abs. 3 insoweit, als sie auch die Personen in ihren Anwendungsbereich einschließt, die aufgrund der Übergangsregelung des § 102 befugt sind, als Herstellungs- und
Kontrollleiter tätig zu sein. Im Ergebnis führt dies dazu, dass die Verantwortung einer sachkundigen
Person nach § 19 S. 1 Personen übernehmen dürfen, die lediglich die „Bestellung als Apotheker" oder
das Zeugnis eines erfolgreich abgeschlossenen Hochschulstudiums der Chemie, der Medizin, der Zahnmedizin, der Tiermedizin oder der Biologie nachweisen können, wobei es nur in letzterem Fall einer
mindestens zweijährigen praktischen Tätigkeit in der Arzneimittelherstellung bedarf (§ 14 I AMG 1961).

E. Zulassungspflicht (Abs. 4)

8   Mit der 14. AMG-Novelle wurde der Begriff des **Fertigarzneimittel** neu definiert und die
ursprüngliche Definition ausgeweitet. Aufgrund dieser Erweiterung sind Fertigarzneimittel nunmehr
jedenfalls auch alle Arzneimittel, die mittels eines industriellen Verfahrens oder gewerblich hergestellt
wurden.

9   Dem Begriff des Fertigarzneimittels kommt im AMG eine zentrale Funktion zu. So richtet sich z.B.
die Zulassungspflichtigkeit danach, ob ein Fertigarzneimittel vorliegt[8]. Die Ausweitung der Definition in
§ 4 I hat dazu geführt, dass bereits seit Jahren rechtmäßig ohne Zulassung in Verkehr befindliche
Arzneimittel erstmals als Fertigarzneimittel zu qualifizieren sind und damit der **Zulassungspflicht**
unterliegen. Um mit der Definitionsänderung und der daraus resultierenden (Neu-)Zulassungspflicht
nicht unmittelbar die Verkehrsfähigkeit entsprechender Arzneimittel zu beseitigen, wurde die **Übergangsbestimmung** des Abs. 4 eingeführt.

10 Abs. 4 sieht vor, dass Arzneimittel, die erst aufgrund der Ausweitung der Definition des Begriffs
„Fertigarzneimittel" zulassungspflichtig geworden sind, zunächst ohne Zulassung im Verkehr bleiben
dürfen. Diese Regelung berücksichtigt neben dem Bestandsschutz der Inverkehrbringenden auch die
Versorgungssicherung in Bezug auf entsprechende Arzneimittel.

11 Nach der Übergangsregelung durften entsprechende Arzneimittel ohne Zulassung bis zum 1.9.2008 in
Verkehr gebracht werden. Die Einreichung eines (Neu-)Zulassungsantrags bei der zuständigen Bundesoberbehörde bis zum 1.9.2008 führt zum **Fortbestand der Verkehrsfähigkeit** bis zu einer rechtskräftigen Entscheidung über den Zulassungsantrag. Die Zulässigkeit der Arzneimittelabgabe ohne Zulassung besteht in diesem Fall über den **1.9.2008** hinaus. Nur fristwahrende Anträge führen zum
Fortbestand der Verkehrsfähigkeit. Die Bundesoberbehörde kann die gesetzliche Frist zur Einreichung
des (Neu-)Zulassungsantrags nicht über den gesetzlich bestimmten Termin hinaus verlängern. Die
zulassungserhaltende Wirkung der rechtzeitigen Antragstellung tritt nur ein, wenn sich der Antrag auf das
bereits am 5.9.2005 in Verkehr befindliche Arzneimittel bezieht.

12 Das Inverkehrbringen eines aufgrund der Erweiterung der Definition des § 4 I erstmals nach dem
6.9.2005 zulassungspflichtigen Arzneimittels nach dem 1.9.2008 ist als Inverkehrbringen eines Arzneimittels ohne Zulassung nach § 96 Nr. 5 **strafbar,** wenn nicht bis zum 1.9.2008 ein Zulassungsantrag
gestellt wurde.

F. Unterlagenschutz (Abs. 5)

13 Abs. 5 bestimmt entsprechend den gemeinschaftsrechtlichen Vorgaben, dass die neuen Fristen für den
Unterlagenschutz im Sinne der sog. 8+2+1-Regelung nur für solche Referenzarzneimittel gelten, deren
Zulassung nach dem 30.10.2005 beantragt worden ist (s. dazu im Einzelnen § 24b Rn. 63 f.).

G. Zulassungsverlängerung (Abs. 6)

14 Abs. 6 normiert Übergangsbestimmungen im Zusammenhang mit den im Rahmen der 14. AMG-
Novelle geänderten Bestimmungen zum Erlöschen und zur Verlängerung von Zulassungen. Diese gelten
nicht für registrierte homöopathische Arzneimittel nach Abs. 10 der Vorschrift.

15 Mit der 14. AMG-Novelle wurden durch Einfügung des § 31 Ia die Regelungen zur Befristung von
Zulassungen geändert. Zulassungen sind nach ihrer ersten Erteilung für einen Zeitraum von fünf Jahren
in ihrem Bestand begrenzt. Nach Ablauf der 5 Jahre ist aber grundsätzlich nur noch eine weitere
Verlängerung durch die zuständige Behörde erforderlich, um eine zeitlich unbefristete Zulassung zu
erlangen (zu der Möglichkeit einer weiteren Verlängerung s. § 31 Rn. 35 f.).

16 Nach **S. 1, 1. Halbs.** ist § 31 I Nr. 3 in der bis zum 5.9.2005 geltenden Fassung[9] weiterhin auf
Arzneimittel anzuwenden, deren Zulassung vor dem 1.1.2001 verlängert wurde. Dabei ist die Regelung

---

[8] Vgl. *LG Hamburg*, PharmR 2010, 546, zur Unanwendbarkeit der Übergangsbestimmung des § 141 Abs. 4 für ein
auf Bestellung an Krankenhäuser und Kliniken geliefertes Stickstoffmonoxid-/Stickstoffgasgemisch.
[9] Datum des Tages vor dem Inkrafttreten der 14. AMG-Novelle.

des S. 6 zu beachten. Danach gilt die Erteilung der Nachzulassung als Verlängerung. Dies gilt entgegen der Auffassung des BfArM auch dann, wenn gegen Auflagen im Zusammenhang mit der Nachzulassung geklagt wurde, die eigentliche Zulassungsentscheidung jedoch Bestandskraft erlangt hat[10]. S. 1 normiert eine Abweichung von der in der aktuellen Fassung des § 31 I Nr. 3 normierten Frist, nach der der Zulassungsverlängerungsantrag sechs Monate vor Ablauf der fünfjährigen Geltungsdauer einer Zulassung zu stellen ist. Für Arzneimittel, deren Zulassung zuletzt vor dem 1.1.2001 verlängert wurde, sind Verlängerungsanträge auch weiterhin bis zu drei Monate vor Ablauf der fünfjährigen Geltungsdauer einzureichen[11].

Nach **S. 1, 2. Halbs.** findet § 31 Ia nur auf Arzneimittel Anwendung, die nach dem 1.1.2001 **17** zugelassen wurden. Zulassungsverlängerungen, die vor diesem Datum erteilt wurden, führen nicht zur zeitlich unbeschränkten Wirksamkeit der Zulassung. Für diese Arzneimittel ist ein weiterer Verlängerungsantrag erforderlich. Zulassungen, die nach dem 1.1.2001 erteilt wurden, gelten zeitlich unbeschränkt. Dies gilt auch für nach dem 1.1.2001 erteilte Nachzulassungen (s. S. 6). Eine Ausnahme soll bestehen für Nachzulassungen, die vor Geltung des § 136 I ohne Vorlage von ex-ante-Unterlagen (§ 105 IVa 1) erteilt wurden. In diesen Fällen soll auch eine nach dem 1.1.2001 erteilte Nachzulassung nicht zur zeitlich unbeschränkten Gültigkeit der Zulassung führen[12]. Vielmehr wird – mit zweifelhafter Begründung – ein weiterer Verlängerungsantrag für erforderlich gehalten. Dies wird aus § 141 VI 7 i.V.m. § 136 I abgeleitet[13].

S. 2 bestimmt anstelle der sechsmonatigen Frist des § 31 I Nr. 3 in der geltenden Fassung des Gesetzes **18** die Fortgeltung der bisherigen dreimonatigen Frist, wenn die fünfjährige Geltungsdauer einer Zulassung bis zum 1.7.2006 endete. Die Regelung ist erforderlich, da aufgrund des nach S. 1 sich bestimmenden zeitlichen Anwendungsbereichs des § 31 I Nr. 3 die neu eingeführte Sechsmonatsfrist des § 31 I Nr. 3 für Arzneimittel, die z.B. zwischen 2.1.2001 und 6.3.2001 zugelassen wurden, bereits im Zeitpunkt der gesetzlichen Änderung der Fristlänge abgelaufen war, so dass ohne eine entsprechende Übergangsregelung evtl. das Erlöschen dieser Zulassungen aufgrund nicht rechtzeitig gestellter Verlängerungsanträge die Folge gewesen wäre.

S. 3 räumt in Abweichung von § 31 Ia und **S. 1, 2. Halbs.** der zuständigen Bundesoberbehörde die **19** Befugnis ein, für nach dem 1.1.2001 und vor dem 6.9.2005 erteilte Zulassungen, eine weitere Zulassungsverlängerung anzuordnen. Voraussetzung ist die Erforderlichkeit einer weiteren Zulassungsverlängerung zur Gewährleistung des sicheren Inverkehrbringens des Arzneimittels (s. zu den Voraussetzungen der Anordnung einer weiteren Zulassungsverlängerung s. § 31 Rn. 38). Die Anordnung einer weiteren Zulassungsverlängerung ist ein Verwaltungsakt, der im Wege des Widerspruchs bzw. der Klage mit aufschiebender Wirkung angefochten werden kann.

Nach **S. 4** gelten Verlängerungsanträge, die vor dem Inkrafttreten der 14. AMG-Novelle gestellt **20** wurden und die nicht nach den Bestimmungen des Abs. 6 einer weiteren Verlängerung bedürfen, als erledigt. Diese Verlängerungsanträge müssen von der Behörde nicht beschieden werden. Es besteht kein Anspruch auf Bescheidung seitens des Antragstellers.

S. 5 ordnet die entsprechende Anwendung der in den S. 1–4 getroffenen Regelungen für Zulassun- **21** gen auf Registrierungen an. Für Registrierungen homöopathischer Arzneimittel findet Abs. 6 keine Anwendung (§ 141 X). Die Registrierungsbestimmungen der §§ 39a ff. sind in diesem Zusammenhang nicht relevant, da die §§ 39a ff. erst mit der 14. AMG-Novelle eingeführt wurden.

Die Erteilung der Nachzulassung bzw. Nachregistrierung für ein nach § 105 I fiktiv zugelassenes **22** Arzneimittel ist nach **S. 6** als Verlängerung der Zulassung bzw. der Registrierung zu behandeln. Eine nach dem 1.1.2001 erteilte Nachzulassung führt nach S. 1, 2. Halbs. i.V.m. § 31 Ia daher zur zeitlich unbefristeten Wirksamkeit der Nachzulassung. Eines weiteren Verlängerungsantrages bedarf es in diesen Fällen nicht. Abweichend davon soll sich nach der Rechtsprechung das Erfordernis eines weiteren Verlängerungsantrags ergeben, wenn die Unterlagen nach § 136 I bei der Nachzulassungsentscheidung noch nicht vorlagen[14].

Für Arzneimittel, deren Nachzulassung erteilt wurde, bevor die Vorschrift des § 105 IVc im Rahmen **23** der 10. AMG-Novelle in das AMG aufgenommen wurde, bestimmt § 136 I, dass die Unterlagen zur Wirksamkeit und Unbedenklichkeit spätestens mit dem nächsten Verlängerungsantrag nach § 31 I Nr. 3 vorzulegen sind. Diese Vorlageverpflichtung bleibt bestehen **(S. 7)**. Das Abstellen auf den nächsten Verlängerungsantrag in § 136 I ist nach der Rechtsprechung nicht lediglich als zeitliche Anknüpfung zu verstehen, sondern als Anordnung einer entgegen S. 1 i.V.m. § 31 Ia bestehenden Antragspflicht[15]. Zwar

---

[10] So auch *Sander*, § 141 Erl. 9.
[11] Vgl. zur Fristberechnung *BVerwG*, Urt. v. 9.6.2004 – 3 C 22.04.
[12] So die Verwaltungspraxis des BfArM, bestätigt durch *VG Köln*, Urt. v. 3.6.2009 – 24 K 2996/08; das erstinstanzliche Urteil bestätigend *OVG NRW*, B. v. 7.7.2010 – 13 A 1674/09; so wohl auch *Sander*, § 141 Erl. 14; ausdrücklich *Lietz*, in: Fuhrmann/Klein/Fleischfresser, § 9 Rn. 7 sowie *Schneider*, in: Fuhrmann/Klein/Fleischfresser, § 7 Rn. 231 ff.
[13] *VG Köln*, Urt. v. 3.6.2009 – 24 K 2996/08; das erstinstanzliche Urteil bestätigend *OVG NRW*, B. v. 7.7.2010 – 13 A 1674/09.
[14] Vgl. die Nachweise in Fn. 12.
[15] Vgl. die Nachweise in Fn. 13.

normiert § 136 I selbst keine Antrags- und Verlängerungspflicht, sondern nur die Verpflichtung zur Unterlageneinreichung und allein diese Verpflichtung bleibt nach S. 7 von den Regelungen des Abs. 6 unberührt. Gleichwohl folgert die Rechtsprechung und ihr folgend Teile der Literatur, dass der Fortbestand der Vorlagepflicht nach § 136 I zu einer Antragspflicht führt und dass im Falle der nicht fristgerechten Antragsstellung die Zulassung erlischt[16].

H. Anzeigeverfahren (Abs. 7)

24   Mit der 14. AMG-Novelle wurde § 31 I Nr. 1 als **Erlöschenstatbestand** eingeführt. Danach erlischt eine Zulassung, wenn das zugelassene Arzneimittel für den Zeitraum von drei aufeinander folgenden Jahren bzw. innerhalb von drei Jahren ab Erteilung der Zulassung nicht in Verkehr gebracht wird (sog. **sunset clause**). Die Einführung des Erlöschenstatbestandes wird flankiert durch die Meldepflicht nach § 29 Ic (s. § 29 Rn. 37 ff.). Danach muss der Zulassungsinhaber der zuständigen Bundesoberbehörde anzeigen, wenn er das Inverkehrbringen eines Arzneimittels einstellt.

25   Nach Abs. 7 muss der Inhaber der Zulassung eines bereits vor dem 5.9.2005 zugelassenen Arzneimittels, das zu diesem Zeitpunkt aber nicht bzw. nicht mehr in Verkehr gebracht wurde, der zuständigen Bundesoberbehörde diesen Umstand anzeigen. Die Anzeigepflicht dient der Ausweitung der behördlichen Überwachungsmöglichkeiten, die mit Einführung der Meldepflicht nach § 29 Ic geschaffen wurden. Da die von Abs. 7 erfassten Arzneimittel nicht unter die Meldepflicht nach § 29 Ic fallen, war die Einführung einer entsprechenden **Sonderbestimmung** für bereits zugelassene und nicht im Verkehr befindliche Arzneimittel erforderlich, um die vollständige Überwachung des Zulassungsstatus im Hinblick auf den Erlöschenstatbestand des § 31 I Nr. 1 zu ermöglichen.

26   Die Meldung, dass sich ein zugelassenes Arzneimittel nicht in Verkehr befindet, hat nach Abs. 7 unverzüglich, also **ohne schuldhaftes Zögern** zu erfolgen. Grundsätzlich müssen daher entsprechende Arzneimittel der zuständigen Behörde bereits gemeldet sein.

27   Grundsätzlich ist im Rahmen der Meldeverpflichtung jede Zulassung **isoliert** zu betrachten. Die in der Vergangenheit u. U. für verschiedene Stärken oder Darreichungsformen eines Arzneimittels erteilten Zulassungen sind nicht als eine einheitliche Zulassung anzusehen, so dass ggf. für jede Stärke eines Arzneimittels – sofern sie Gegenstand einer eigenen Zulassung ist – die Meldepflicht nach Abs. 7 besteht. Umfasst eine Zulassung mehrere Packungsgrößen und werden eine oder mehrere dieser Packungsgrößen nicht in Verkehr gebracht, ist eine Meldung nicht erforderlich, solange sich mindestens eine der zugelassenen Packungsgrößen in Verkehr befindet.

28   Das unvollständige oder nicht rechtzeitige Melden nach Abs. 7 ist anders als ein Verstoß gegen die Meldeverpflichtung des § 29 Ic **nicht** als **Ordnungswidrigkeit** einzustufen. Es fehlt eine der Regelung des § 97 II Nr. 7a vergleichbare Bestimmung.

29   Die Zulassung eines Arzneimittels, das bereits vor dem 5.9.2005 nicht in Verkehr gebracht wurde und danach bis zum 6.9.2008 nicht in Verkehr gebracht wurde, ist unabhängig von der Meldung nach Abs. 7 erloschen. Die Meldung nach Abs. 7 ermöglicht der Behörde lediglich die Überwachung des § 31 I Nr. 1. Die Meldung ist für das Erlöschen jedoch nicht konstitutiv. Das Inverkehrbringen eines Arzneimittels, dessen Zulassung erloschen ist, ist nach § 96 Nr. 5 **strafbar**.

I. Widerspruchsverfahren (Abs. 8)

30   .Mit der 14. AMG-Novelle wurde die ursprüngliche Kostenfreiheit des Widerspruchsverfahrens gestrichen. **Widerspruchsverfahren** sind seitdem nach § 33 I kostenpflichtig. Für Widersprüche, die vor dem 5.9.2005 erhoben wurden, ordnet Abs. 8 jedoch die Fortgeltung des § 33 in der vor der 14. AMG-Novelle geltenden Fassung und damit den Fortbestand der **Kostenfreiheit** des Widerspruchsverfahrens an. Im Falle eines erfolgreichen Widerspruchs erfolgt in diesen Verfahren auch keine **Aufwendungserstattung.**

31   Maßgeblich für die Bestimmung der Anwendbarkeit alten bzw. neuen Rechts ist nach dem Wortlaut des Abs. 8 der Zeitpunkt der Erhebung des Widerspruchs. Der **Erhebungszeitpunkt** bestimmt sich nach dem Zeitpunkt, in dem der Widerspruch der Widerspruchsbehörde zugeht[17]. Es kommt daher auf den Zeitpunkt an, zu dem die Behörde Verfügungsgewalt über den Widerspruch erlangt, nicht beispielsweise auf den Zeitpunkt der Postaufgabe o. ä. Bei einem durch behördliches Verhalten schuldhaft verzögerten Zugang des Widerspruchs ist zu Gunsten des Widerspruchsführers der Zeitpunkt als Zeitpunkt der Erhebung anzunehmen, zu dem ohne das schuldhafte Verhalten der Behörde der Widerspruch nach dem regelmäßigen Lauf der Dinge zugegangen wäre.

---

[16] Vgl. die Nachweise in Fn. 12.
[17] *Kopp/Schenke*, § 70 Rn. 8 a.

J. Tierarzneimittel (Abs. 9)

Ausweislich Abs. 9 finden die Vorschriften der §§ 25 IX, 34 Ia keine Anwendung auf Arzneimittel, **32** deren Zulassung vor Inkrafttreten der 14. AMG-Novelle beantragt wurde. Dies betrifft die Möglichkeit der Erteilung einer einheitlichen Zulassung für verschiedene Stärken, Darreichungsformen, Verabreichungswege und Ausbietungen eines Arzneimittels (§ 25 IX) und die Verpflichtung der zuständigen Bundesoberbehörde zur Information der Öffentlichkeit über eine Zulassungserteilung, den Beurteilungsbericht und etwaige Auflagen, mit der eine Zulassung versehen ist. Der Gesetzgeber begründet die Übergangsvorschrift damit, dass bei Tierarzneimitteln noch Maßnahmen der Kommission ausstünden[18]. In diesem Fall wäre eine Begrenzung der Nichtanwendung der Vorschriften auf Tierarzneimittel angebracht gewesen.

K. Registrierung homöopathischer Arzneimittel (Abs. 10)

Mit der 14. AMG-Novelle wurden auch die §§ 38, 39 geändert; insbesondere wurde mit § 39 II **33** Nr. 5b ein neuer Versagungsgrund eingefügt, wonach die Registrierung bei einem unzureichenden Verdünnungsgrad zu versagen ist (s. § 39 Rn. 28). Dieser Versagungsgrund sowie die sonstigen, durch die 14. AMG-Novelle vorgenommenen Änderungen sind gemäß **Abs. 10 S. 1** auf homöopathische Arzneimittel, die entweder bis zum 6.9.2005 registriert worden sind oder deren Registrierung vor dem 30.4.2005 beantragt wurde, nicht anzuwenden[19]. Im Hinblick auf den durch die 14. AMG-Novelle neu gefassten Versagungsgrund des § 39 II Nr. 7a ist jedoch zu beachten, dass die vorhergehende Fassung dieser Vorschrift mit Art. 14, 15 RL 2001/83/EG unvereinbar ist[20], weshalb § 39 II Nr. 7a a. F. entgegen der Annahme des *VG Köln*[21] auch im Rahmen des § 141 X nicht bedeutsam sein kann (s. im Übrigen auch § 39 Rn. 33).

Abs. 10 S. 2 und 3, die erst im Zuge des Beratungsverfahrens in das Gesetz aufgenommen wurden, **34** sehen ergänzende Bestandsschutzregelungen für homöopathische Arzneimittel vor, die nach § 38 I 3 in den Verkehr gebracht werden sowie für homöopathische Arzneimittel, die mit den dem Bestandsschutz unterliegenden Arzneimitteln identisch sind[22]. Gemäß **Abs. 10 S. 2** sind die Vorschriften des AMG in der Fassung vor der 14. AMG-Novelle auch anzuwenden auf Arzneimittel, die nach § 105 II angezeigt und nach dem 1000 er-Regelung des § 38 I 3 in der vor dem 11.9.1998 geltenden Fassung in den Verkehr gebracht wurden (s. § 135 Rn. 4 und § 38 Rn. 14 f.). Nach **Abs. 10 S. 3** wird der Bestandsschutz durch Ausschluss der Anwendung des § 39 II Nr. 5b auf homöopathische Arzneimittel erstreckt, die nach Art und Menge der Bestandteile und hinsichtlich der Darreichungsform mit denjenigen identisch sind, die dem Bestandsschutz nach Abs. 10 S. 1 unterliegen.

§ 141 I stellt eine Sonderregelung für die in den Packmitteltexten zu machenden Angaben dar und ist **35** insofern gegenüber § 141 X vorrangig[23]. Da in § 141 I nicht von der Zulassung, sondern auch von der Registrierung die Rede ist, muss die Vorschrift im Hinblick auf §§ 10, 11 als gegenüber § 141 X vorrangige **Spezialnorm** betrachtet werden. Auch für homöopathische Arzneimittel, die nach dem 6.9.2005 registriert worden sind und die somit nicht in den Anwendungsbereich der Übergangsregelung des § 141 X 1 fallen, ist die Dosierung ein integraler Bestandteil der Registrierung, weil die Übergangsregelung im Hinblick auf die die Dosierung betreffenden Angaben, die vom Antragsteller gemäß § 38 II i. V. m. § 22 I 1 Nr. 10 dem Antrag beizufügen sind, keinerlei Auswirkungen hat; diese Angaben sind nach der derzeitigen Rechtslage vom Antragsteller ebenso vorzulegen, wie vor dem Inkrafttreten der 14. AMG-Novelle (s. auch § 11 Rn. 66).

Außerdem geht auch § 141 VI 5 der Regelung des § 141 X vor, da wiederum für den begrenzten **36** Regelungsbereich der Verlängerung der Registrierung **Sonderregelungen** für homöopathische Arzneimittel getroffen werden, die spezieller sind als die Allgemeinregelung in § 141 X. Die Registrierungen i. S. d. § 141 VI 5 können nicht auf Registrierungen gemäß §§ 39a ff. bezogen sein, da diese erst mit der

---

[18] BT-Drucks. 15/5316, S. 46.

[19] Vgl. *Pannenbecker/Natz*, PharmR 2005, 266, 273.

[20] Vgl. *EuGH*, Urt. v. 12.5.2005 – Rs. C-444/03 – meta Fackler, PharmR 2005, 274; *Sander*, § 39 Erl. 10a; *Pannenbecker*, PharmR 2004, 181 ff.

[21] Vgl. *VG Köln*, Urt. v. 29.1.2008 – 7 K 4227/04 – BeckRS 2008, 34194.

[22] Vgl. BT-Drucks. 15/5728, S. 84.

[23] Vgl. „Fragen und Antworten" zur Veranstaltung „BfArM im Dialog" vom 30.3.2006 mit Stand vom 26.6.2006, S. 9 zu der Frage: „Kann a) die Übergangsvorschrift in § 141 Abs. 10 AMG so verstanden werden, dass für bereits registrierte Arzneimittel die alten Kennzeichnungsvorschriften nach §§ 10 und 11 AMG in der Fassung vor Inkrafttreten der 14. AMG-Novelle fortgelten oder b) ist § 141 Abs. 1 AMG auch für registrierte Homöopathika verbindlich?" die Antwort: „a) nein. Für die Kennzeichnung nach § 10 und § 11 AMG gelten die speziellen Regelungen des § 141 Abs. 1 AMG. Die Vorschriften des § 141 Abs. 10 bestimmen die allgemeinen Regeln beim Übergang der zum Zeitpunkt des Inkrafttretens der 14. AMG-Novelle bestehenden Registrierungen. b) Ja. Die Übergangsvorschriften des § 141 Abs. 1 zur Kennzeichnung der Arzneimittel nach § 10 und § 11 AMG sind auf alle Arzneimittel, die den Vorschriften des § 10 und 11 AMG unterliegen, anzuwenden. ...“

14. Novelle in das AMG aufgenommen wurden und dem Gesetzgeber keine sinnlose Gesetzesvorschrift unterstellt werden kann.

L. Lebensmittel liefernde Tiere (Abs. 11)

37   Durch die Neuregelung in § 48 I 1 Nr. 2, durch die Arzneimittel zur Anwendung bei **Lebensmittel liefernden Tieren** der Verschreibungspflicht unterstellt worden sind, bedurfte es im Zuge der 14. AMG-Novelle einer Übergangsregelung.

38   Nach Abs. 11 kommt die Vorschrift erst zur Anwendung, wenn eine entsprechende Rechtsverordnung nach § 48 VI 1 in Kraft getreten ist, spätestens aber zum 1.1.2008. Die ursprünglich in Abs. 11 enthaltene Übergangsfrist zum 1.1.2007 wurde aufgrund von Art. 5 des Gesetzes zur Neuordnung des Tierzuchtrechts sowie zur Änderung des Tierseuchengesetzes, des Tierschutzgesetzes und des Arzneimittelgesetzes vom 21.12.2006 um ein Jahr verlängert[24].

39   Das BMEL hat am 20.3.2008 mitgeteilt, dass die 3. Verordnung zur Änderung der Arzneimittelverschreibungsverordnung vom 18.7.2007 (BGBl. I S. 1427) nach ihrem Art. 2 I als die hier angesprochene Rechtsverordnung am 1.10.2007 in Kraft getreten sei[25].

M. Arzneimittel für Einhufer (Abs. 12)

40   Nach § 56a IIa bestehen verschiedene Ausnahmeregelungen für die Anwendung, Abgabe und Verschreibung von bestimmten **Tierarzneimitteln** zur Behandlung von Einhufern mit ansonsten nach EU-Recht verbotenen Stoffen. Diese Regelung findet nach der Übergangsvorschrift in Abs. 12 erst dann Anwendung, wenn eine Stoffliste i. S. v. Art. 10 III RL 2001/82/EG erstellt ist[26]. Die Vorschrift wurde durch das 2. AMG-ÄndG an die Terminologie des Vertrages von Lissabon angepasst.

N. Intervall von Unbedenklichkeitsberichten (Abs. 13)

41   Die Vorschrift ist durch die Änderung der Fristenregelung für den vom Inhaber der Zulassung nach § 63b V vorzulegenden regelmäßig aktualisierten Bericht über die Unbedenklichkeit des Arzneimittels erforderlich geworden. Der längstmögliche Zeitraum zwischen zwei Berichten wurde insofern von fünf auf drei Jahre verkürzt. Nach dem sprachlich missglückten Abs. 13 gilt für Arzneimittel, die sich am 5.9.2005 im Verkehr befunden haben und für die zu diesem Zeitpunkt die Fünfjahresfrist des früheren Abs. 5 S. 2 galt, § 63b V 3 in seiner bis zum 2. AMG-ÄndG 2012 geltenden Fassung mit der auf **drei Jahre** verkürzten Vorlagefrist erst nach Vorlage des ersten nach diesem Stichtag zu erstattenden Fünfjahresberichts[27]. Die Vorschrift des § 63b V 3 (Fassung bis zum 2. AMG-ÄndG 2012) findet sich nunmehr in § 63d III 5 Nr. 2 a. E. Das dortige Vorlageintervall von drei Jahren gilt weiterhin für Arzneimittel, die vor dem 26.10.2012 zugelassen sind sowie rein national zugelassene Arzneimittel, soweit deren Vorlageintervall mittlerweile nicht in der Zulassung oder nach Art. 107c IV, V oder VI RL 2011/83/EG geregelt ist (s. hierzu § 63d Rn. 28 ff.).

O. Traditionelle pflanzliche Arzneimittel (Abs. 14)

42   Die Vorschrift enthält Übergangsvorschriften für **traditionelle pflanzliche Arzneimittel**, deren Zulassung nach Maßgabe der §§ 105, 109a verlängert worden sind. Die Zulassung dieser Präparate erlischt kraft Gesetzes am 30.4.2011. Mit dieser Stichtagsregelung hat der deutsche Gesetzgeber den durch Art. 2 II RL 2004/24/EG gesetzten zeitlichen Rahmen zur Umsetzung der Richtlinie vollständig ausgenutzt.

43   Eine Ausdehnung der **Verkehrsfähigkeit** über den vorgenannten Stichtag hinaus ist nur dann möglich, wenn vor dem 1.1.2009 ein Antrag auf Zulassung oder Registrierung als traditionelles pflanzliches Arzneimittel nach § 39a gestellt worden ist (**S. 1**). In diesem Fall bleibt das Arzneimittel auch über den 30.4.2011 hinaus verkehrsfähig, unabhängig davon, ob bis dahin positiv über den Zulassungs- oder Registrierungsantrag entschieden worden ist.

44   Im Zuge des 15. AMG-ÄndG hat der Gesetzgeber die Vorschrift ergänzt. Durch den neu eingefügten **S. 2** wird verdeutlicht, dass die Verlängerung der Zulassung nach §§ 105, 109a unabhängig von der Stichtagsregelung in S. 1 auch nach einer positiven oder negativen Entscheidung über einen Zulassungs-

---

[24] Gesetz vom 21.12.2006 (BGBl. I S. 3294).
[25] Bekanntmachung vom 20.3.2008 (BGBl. I S. 484).
[26] Siehe VO (EG) Nr. 1950/2006 der Kommission vom 13.12.2006, ABl. EU Nr. 2 367/33.
[27] Vgl. Nr. 2 Buchst. f) der Bekanntmachung des BfArM und des PEI über die Vorlage von regelmäßig aktualisierten Berichten vom 14.9.2005, BAnz. S. 14 550.

antrag bzw. einen Registrierungsantrag nach § 39a erlischt. Der Gesetzgeber bringt dadurch den **subsidiären Charakter** der Übergangsvorschrift zum Ausdruck. Um dem pharmazeutischen Unternehmer in diesem Fall die **Marktzugangsberechtigung** zu erhalten, darf das Arzneimittel für eine Übergangsfrist von zwölf Monaten noch in der bisherigen Form in den Verkehr gebracht und damit abverkauft werden.

Vierzehnter Unterabschnitt. [Übergangsvorschriften aus Anlass des Gewebegesetzes]

§ 142 Übergangsvorschriften aus Anlass des Gewebegesetzes

(1) **Eine Person, die am 1. August 2007 als sachkundige Person die Sachkenntnis nach § 15 Abs. 3a in der bis zu diesem Zeitpunkt geltenden Fassung besitzt, darf die Tätigkeit als sachkundige Person weiter ausüben.**

(2) **Wer für Gewebe oder Gewebezubereitungen bis zum 1. Oktober 2007 eine Erlaubnis nach § 20b Abs. 1 oder Abs. 2 oder § 20c Abs. 1 oder eine Herstellungserlaubnis nach § 13 Abs. 1 oder bis zum 1. Februar 2008 eine Genehmigung nach § 21a Abs. 1 oder bis zum 30. September 2008 eine Zulassung nach § 21 Abs. 1 beantragt hat, darf diese Gewebe oder Gewebezubereitungen weiter gewinnen, im Labor untersuchen, be- oder verarbeiten, konservieren, lagern oder in den Verkehr bringen, bis über den Antrag entschieden worden ist.**

(3) **Wer am 1. August 2007 für Gewebe oder Gewebezubereitungen im Sinne von § 20b Abs. 1 oder § 20c Abs. 1 eine Herstellungserlaubnis nach § 13 Abs. 1 oder für Gewebezubereitungen im Sinne von § 21a Abs. 1 eine Zulassung nach § 21 Abs. 1 besitzt, muss keinen neuen Antrag nach § 20b Abs. 1, § 20c Abs. 1 oder § 21a Abs. 1 stellen.**

A. Allgemeines

I. Inhalt

§ 142 enthält die anlässlich des Gewebegesetzes in das AMG aufgenommenen Übergangsvorschriften. **1** Abs. 1 stellt sicher, dass sachkundige Personen, die vor dem Inkrafttreten des Gewebegesetzes am 1.8.2007 (Art. 8 GewebeG) die seinerzeitigen Anforderungen an die Sachkenntnis erbracht haben, auch weiterhin als sachkundige Person tätig sein dürfen. Auf der Grundlage des Abs. 2 darf derjenige, der in Bezug auf Gewebe oder Gewebezubereitungen Anträge auf eine Erlaubnis gem. §§ 20b I, II, 20c I oder 13 I oder auf eine Genehmigung nach § 21a I oder auf eine Zulassung nach § 21 I bis zum jeweils genannten Stichtag beantragt hat, die in der Vorschrift genannten Tätigkeiten weiter ausüben, bis über den Antrag entschieden worden ist. Abs. 3 regelt, dass eine bereits bei Inkrafttreten des GewebeG für Gewebe oder Gewebezubereitungen i.S.d. §§ 20b I, 20c I erteilte Herstellungserlaubnis nach § 13 I oder eine zu diesem Zeitpunkt bereits für Gewebezubereitungen i.S.d. § 21a I erteilte Zulassung weiter gültig sind und kein neuer Antrag nach den mit dem GewebeG neu in das AMG aufgenommenen §§ 20b I, 20c I oder 21a gestellt werden muss.

II. Zweck

§ 142 dient der Wahrung des **Verhältnismäßigkeitsprinzips** und des **Vertrauens- bzw. Bestands-** **2** schutzes.

B. Vertrauensschutz der sachkundigen Person (Abs. 1)

Abs. 1 beinhaltet eine **Besitzstandswahrung** für solche sachkundigen Personen, die bis zum Inkraft- **3** treten des GewebeG nach § 15 IIIa für die Herstellung von „Transplantaten" – die nunmehr als Gewebezubereitungen bezeichnet werden – die Funktion der sachkundigen Person nach § 14 wahrgenommen haben[1]. Hierfür war als praktische Tätigkeit eine dreijährige Tätigkeit auf dem Gebiet der Gewebetransplantation erforderlich, wohingegen nach der durch das GewebeG vorgenommenen Novellierung des § 15 IIIa 2 eine mindestens zweijährige Tätigkeit auf dem Gebiet der Herstellung und Prüfung von Gewebezubereitungen vonnöten ist. Da vor dem Inkrafttreten des GewebeG die Be- und Verarbeitung von Gewebezubereitungen, die seither § 20c unterliegen, in den Anwendungsbereich des § 13 fiel, sind auch Personen, die nunmehr die Tätigkeit einer verantwortlichen Person nach § 20c ausüben (§ 20c II 1 Nr. 1) als sachkundige Person" i.S.d. § 142 I anzusehen, die nach dieser Vorschrift die Tätigkeit weiter

---

[1] Vgl. BT-Drucks. 16/3146, S. 42.

ausüben dürfen, sofern sie am 1.8.2007 die Sachkenntnis nach § 15 IIIa in der bis zu diesem Zeitpunkt geltenden Fassung besitzen. Es ist insofern im Auge zu behalten, dass § 142 I seit dem Regierungsentwurf des GewebeG, in dem § 20c noch nicht enthalten war, sondern nach dem dessen Regelungsgehalt in § 13 integriert werden sollte[2], unverändert geblieben ist. Mit dem AMG-ÄndG 2009 ist § 15 IIIa neu gefasst worden; insofern gilt die Bestandsschutzregelung des § 144 IV (s. § 144 Rn. 7).

C. Übergangsregelung zur Antragstellung (Abs. 2)

4   Abs. 2 wurde zum Abschluss des Gesetzgebungsverfahrens des GewebeG maßgeblich verändert. Hiernach darf derjenige, der für Gewebe oder Gewebezubereitungen bis zum **1.10.2007 eine Erlaubnis nach §§ 20b I, II, 20c I oder 13 I** oder bis zum **1.2.2008 eine Genehmigung nach § 21a I** oder bis zum **30.9.2008 eine Zulassung nach § 21 I** beantragt hat, diese Gewebe oder Gewebezubereitungen weiter gewinnen, im Labor untersuchen, be- oder verarbeiten, konservieren, lagern oder in den Verkehr bringen, bis über seinen Antrag entschieden worden ist. § 142 II darf nicht dahingehend fehlinterpretiert werden, dass es Antragstellern aufgrund dieser Vorschrift bis zum Stichtag freistünde, zu entscheiden, ob sie für die Be- oder Verarbeitung einer Gewebezubereitung eine Herstellungserlaubnis nach § 13 I oder eine Erlaubnis gemäß § 20c beantragen[3]. Durch § 142 II werden nicht bis zum jeweiligen Stichtag die Tatbestandsmerkmale der genannten Erlaubnis-, Genehmigungs- oder Zulassungstatbestände zur Disposition des Antragstellers gestellt. Für die Be- oder Verarbeitung von Gewebezubereitungen, die nicht von § 20c I erfasst werden (s. § 20c Rn. 4) ist nach dem Inkrafttreten des GewebeG eine Herstellungserlaubnis nach § 13 zu beantragen, wohingegen für die von § 20c erfassten Gewebezubereitungen eine Erlaubnis nach dieser Vorschrift zu beantragen ist, sofern der Antragsteller nicht bereits über eine gemäß § 142 III fortgeltende Herstellungserlaubnis verfügen sollte.

5   Mit der Regelung in Abs. 2 hat sich die Rechtslage im Hinblick auf die Gewinnung von Gewebe maßgeblich geändert; während bis zum Inkrafttreten des GewebeG aufgrund des Ablaufs der Übergangsfrist des § 138 I seit dem 1.9.2006 für die Gewinnung von Gewebe, welches zur Arzneimittelherstellung bestimmt ist, eine **Herstellungserlaubnis nach § 13** oder aber eine Einbeziehung der entsprechenden Tätigkeit in eine bereits bestehende Herstellungserlaubnis nach § 14 IV Nr. 4 i. V. m. § 16 erforderlich war, wird die Gewinnung von Gewebe seither nicht mehr von § 13, sondern von **§ 20b** erfasst. § 142 II geht insofern als jüngere und speziellere Regelung § 138 I vor.

6   Es fällt auf, dass § 142 II nach seinem Wortlaut nur eine Übergangsregelung für das Inverkehrbringen von Gewebezubereitungen nach § 21a I, aber keine Aussage zu den gleichfalls von dieser Vorschrift erfassten Blutstammzellzubereitungen zur autologen oder gerichteten Anwendung (§ 21a I 3) enthält. Da die Endfassung der Vorschrift vom Gesetzgeber als Folgeänderung u. a. zum Genehmigungstatbestand des § 21a eingestuft wird[4], sollte die Vorschrift dahingehend interpretiert werden, dass sie auch die **Blutzubereitungen** gem. § 21a I 3 und damit Blutstammzellzubereitungen aus peripherem Blut oder Nabelschnurblut erfasst. Diese Auffassung entspricht einer Empfehlung des BMG[5].

D. Fortbestand einer erteilten Herstellungserlaubnis oder Zulassung (Abs. 3)

7   Infolge der Regelung in Abs. 3 behalten die vor dem Inkrafttreten des GewebeG nach der damaligen Rechtslage erteilten Herstellungserlaubnisse nach § 13 I oder Zulassungen gemäß § 21 I ihre Gültigkeit und es ist nicht erforderlich, neue Anträge entsprechend der aktuellen Rechtslage zu stellen. Hierdurch wird für zugelassene Gewebezubereitungen, die nach dem GewebeG in den Anwendungsbereich des § 21a I fallen, dass Gewebehandelsverbot aus § 17 I 2 Nr. 2 TPG suspendiert.

Fünfzehnter Unterabschnitt. Übergangsvorschriften aus Anlass des Gesetzes zur Verbesserung der Bekämpfung des Dopings im Sport

§ 143 [Übergangsvorschriften aus Anlass des Gesetzes zur Verbesserung der Bekämpfung des Dopings im Sport]

(1) Fertigarzneimittel, die vor dem 1. November 2007 von der zuständigen Bundesoberbehörde zugelassen worden sind und den Vorschriften des § 6a Abs. 2 Satz 2 bis 4 unterliegen,

---

[2] Vgl. Art. 2 Nr. 2 des Regierungsentwurfs, BT-Drucks. 16/3146, S. 16.
[3] So offenbar *Roth*, PharmR 2008, 108 f., 110.
[4] Vgl. BT-Drucks. 16/5443, S. 59.
[5] Vgl. *Huber*, „Information zu Genehmigungsverfahren von autologen und gerichteten allogenen Stammzellzubereitungen aus Knochenmark, peripherem Blut bzw. Nabelschnurblut nach § 21a AMG", Folie 8 eines Vortrag auf einer Informationsveranstaltung des PEI am 20.11.2007, abrufbar unter www.pei.de.

dürfen auch ohne die in § 6a Abs. 2 Satz 2 und 3 vorgeschriebenen Hinweise in der Packungs-beilage von pharmazeutischen Unternehmern bis zur nächsten Verlängerung der Zulassung, jedoch nicht länger als bis zum 31. Dezember 2008, in den Verkehr gebracht werden.

(2) ¹Wird ein Stoff oder eine Gruppe von Stoffen in den Anhang des Übereinkommens vom 16. November 1989 gegen Doping (BGBl. 1994 II S. 334) aufgenommen, dürfen Arzneimit-tel, die zum Zeitpunkt der Bekanntmachung des geänderten Anhangs im Bundesgesetzblatt zugelassen sind und die einen dieser Stoffe enthalten, auch ohne die in § 6a Abs. 2 Satz 2 und 3 vorgeschriebenen Hinweise in der Packungsbeilage von pharmazeutischen Unterneh-mern bis zur nächsten Verlängerung der Zulassung, jedoch nicht länger als bis zum Ablauf eines Jahres nach der Bekanntmachung des Anhangs im Bundesgesetzblatt, in den Verkehr gebracht werden. ²Satz 1 gilt entsprechend für Stoffe, die zur Verwendung bei verbotenen Methoden bestimmt sind.

(3) Arzneimittel, die von pharmazeutischen Unternehmern gemäß Absatz 1 in den Verkehr gebracht worden sind, dürfen von Groß- und Einzelhändlern weiter ohne die in § 6a Abs. 2 Satz 2 und 3 vorgeschriebenen Hinweise in der Packungsbeilage in den Verkehr gebracht werden.

(4) Die in Absatz 1 und 2 genannten Fristen gelten entsprechend für die Anpassung des Wortlauts der Fachinformation.

A. Allgemeines

Die Vorschrift normiert Übergangsbestimmungen für den durch das am 1.11.2007 in Kraft getretene **1** **Gesetz zur Verbesserung der Bekämpfung des Dopings im Sport** in § 6a II 2 vorgegebenen **Warnhinweis in der Packungsbeilage** (Abs. 1) und der **Fachinformation** (Abs. 4) sowie für den Abverkauf von Arzneimitteln mit Packungsbeilagen ohne Warnhinweis durch **Groß- und Einzelhänd-ler** (Abs. 3). Ferner wird in Abs. 2 eine Übergangsvorschrift für den Warnhinweis in der Packungsbeilage und der Fachinformation im Fall der **Änderung des Anhangs des Übereinkommens gegen Doping** normiert. Der Gesetzesentwurf der Bundesregierung für ein AntiDopingGesetz sieht in Art. 2 eine Änderung von Abs. 1 und Abs. 2 S. 1 und Abs. 3 vor, mit dem der Anwendungsbereich auf Fälle beschränkt wird, die dem bisherigen § 6a unterfallen¹.

Bei § 143 handelt es sich um eine Übergangsvorschrift, die aus Gründen der **Verhältnismäßigkeit** **2** für die durch das Gesetz zur Verbesserung der Bekämpfung des Dopings im Sport neu normierten Warnhinweispflichten in Packungsbeilage und Fachinformation für pharmazeutische Unternehmer sowie den Groß- und Einzelhandel geboten ist.

B. Übergangsvorschrift für Warnhinweis in der Packungsbeilage (Abs. 1)

Fertigarzneimittel (§ 4 I), die vor dem 1.11.2007 von der zuständigen Bundesoberbehörde zugelassen **3** worden sind, dürfen auch ohne die in § 6a II 2 und 3 vorgeschriebenen Hinweise in der Packungsbeilage von pharmazeutischen Unternehmern bis zur nächsten Verlängerung der Zulassung, jedoch nicht länger als bis zum 31.12.2008, in den Verkehr gebracht werden. Nach § 6a II 2 lautet der **Warnhinweis**: „*Die Anwendung des Arzneimittels [Bezeichnung des Arzneimittels einsetzen] kann bei Dopingkontrollen zu positiven Ergebnissen führen.*" Nach Ablauf der gesetzlichen Frist ist ein Inverkehrbringen ohne den vorgeschriebe-nen Warnhinweis für Fertigarzneimittel, die den Vorschriften des § 6a II 2–4 unterliegen (s. § 6a Rn. 19), nicht mehr zulässig. Nach § 6a II 4 findet die Hinweispflicht keine Anwendung auf Arznei-mittel, die nach einer **homöopathischen Verfahrenstechnik** hergestellt worden sind.

In den zur Information der Patientinnen und Patienten bestimmten Texten (Packungsbeilage) und in **4** der Fachinformation einzelner in Deutschland im Rahmen der gegenseitigen Anerkennung zugelassener Arzneimittel sind schon vor dem Inkrafttreten des Gesetzes zur Verbesserung der Bekämpfung des Dopings im Sport Hinweise auf mögliche positive Reaktionen bei einem Dopingtest bei Anwendung des Arzneimittels in den Zulassungsverfahren angeordnet worden. Sofern diese durch Auflage angeordneten Warnhinweise von der gesetzlichen Vorgabe des Abs. 2 S. 2 abweichen, können sie nach § 143 I bis zur nächsten Verlängerung der Zulassung, jedoch nicht länger als bis zum 31.12.2008, in den Verkehr gebracht werden; danach sind sie an die gesetzliche Formulierung anzupassen.

---

¹ BT-Drucks. 18/4898.

C. Übergangsvorschrift bei Änderung des Anhangs des Übereinkommens gegen Doping (Abs. 2)

5   Abs. 2 enthält eine Übergangsvorschrift für den Warnhinweis in der Packungsbeilage und der Fachinformation im Fall der **Änderung des Anhangs des Übereinkommens gegen Doping.** Arzneimittel, die zum Zeitpunkt der Bekanntmachung des geänderten Anhangs im BGBl. Teil II zugelassen sind und die einen dieser Stoffe enthalten, dürfen auch ohne die in § 6a II 2 und 3 vorgeschriebenen Hinweise in der Packungsbeilage von pharmazeutischen Unternehmern bis zur nächsten Verlängerung der Zulassung, jedoch nicht länger als bis zum Ablauf eines Jahres nach der Bekanntmachung des Anhangs im BGBl., in Verkehr gebracht werden. Gleiches gilt nach S. 2 für Stoffe, die zur Verwendung bei verbotenen Methoden bestimmt sind. Maßgeblich für die Fristberechnung ist der Tag der Veröffentlichung im BGBl. Teil II.

D. Übergangsvorschrift für Abverkauf durch Groß- und Einzelhändler (Abs. 3)

6   Arzneimittel, die von pharmazeutischen Unternehmern nach Abs. 1 in den Verkehr gebracht worden sind, dürfen von Groß- und Einzelhändlern weiter ohne die in § 6a II 2 und 3 vorgeschriebenen Hinweise in der Packungsbeilage **abverkauft** werden. Davon unberührt bleibt die Beratungspflicht nach § 20 ApBetrO.

E. Übergangsvorschrift für Warnhinweis in der Fachinformation (Abs. 4)

7   Die in Abs. 1 und 2 normierten Übergangsfristen gelten nach Abs. 4 entsprechend für die Anpassung des Wortlauts der für die Fachkreise bestimmten **Fachinformation** nach § 11a.

Sechzehnter Unterabschnitt. Übergangsvorschriften aus Anlass des Gesetzes zur Änderung arzneimittelrechtlicher und anderer Vorschriften

§ 144 [Übergangsvorschriften aus Anlass des Gesetzes zur Änderung arzneimittelrechtlicher und anderer Vorschriften]

(1) Wer die in § 4b Absatz 1 genannten Arzneimittel für neuartige Therapien am 23. Juli 2009 befugt herstellt und bis zum 1. Januar 2010 eine Herstellungserlaubnis beantragt, darf diese Arzneimittel bis zur Entscheidung über den gestellten Antrag weiter herstellen.

(2) Wer die in § 4b Absatz 1 genannten Arzneimittel für neuartige Therapien mit Ausnahme von biotechnologisch bearbeiteten Gewebeprodukten am 23. Juli 2009 befugt in den Verkehr bringt und bis zum 1. August 2010 eine Genehmigung nach § 4b Absatz 3 Satz 1 beantragt, darf diese Arzneimittel bis zur Entscheidung über den gestellten Antrag weiter in den Verkehr bringen.

(3) Wer biotechnologisch bearbeitete Gewebeprodukte im Sinne von § 4b Absatz 1 am 23. Juli 2009 befugt in den Verkehr bringt und bis zum 1. Januar 2011 eine Genehmigung nach § 4b Absatz 3 Satz 1 beantragt, darf diese Arzneimittel bis zur Entscheidung über den gestellten Antrag weiter in den Verkehr bringen.

(4) Eine Person, die am 23. Juli 2009 als sachkundige Person die Sachkenntnis nach § 15 Absatz 3a in der bis zu diesem Zeitpunkt geltenden Fassung besitzt, darf die Tätigkeit als sachkundige Person weiter ausüben.

(4a) [1]Eine Person, die vor dem 23. Juli 2009 als sachkundige Person die Sachkenntnis nach § 15 Absatz 1 und 2 für Arzneimittel besaß, die durch die Neufassung von § 4 Absatz 3 in der ab dem 23. Juli 2009 geltenden Fassung Sera sind und einer Sachkenntnis nach § 15 Absatz 3 bedürfen, durfte die Tätigkeit als sachkundige Person vom 23. Juli 2009 bis zum 26. Oktober 2012 weiter ausüben. [2]Dies gilt auch für eine Person, die ab dem 23. Juli 2009 als sachkundige Person die Sachkenntnis nach § 15 Absatz 1 und 2 für diese Arzneimittel besaß.

(5) Wer am 23. Juli 2009 für die Gewinnung oder die Laboruntersuchung von autologem Blut zur Herstellung von biotechnologisch bearbeiteten Gewebeprodukten eine Herstellungserlaubnis nach § 13 Absatz 1 besitzt, bedarf keiner neuen Erlaubnis nach § 20b Absatz 1 oder 2.

(6) Die Anzeigepflicht nach § 67 Absatz 5 besteht ab dem 1. Januar 2010 für Arzneimittel, die am 23. Juli 2009 bereits in den Verkehr gebracht werden.

(7) ¹Wer am 23. Juli 2009 Arzneimittel nach § 4a Satz 1 Nummer 3 in der bis zum 23. Juli 2009 geltenden Fassung herstellt, muss dies der zuständigen Behörde nach § 67 bis zum 1. Februar 2010 anzeigen. ²Wer am 23. Juli 2009 eine Tätigkeit nach § 4a Satz 1 Nummer 3 in der bis zum 23. Juli 2009 geltenden Fassung ausübt, für die es einer Erlaubnis nach den §§ 13, 20b oder § 20c bedarf, und bis zum 1. August 2011 die Erlaubnis beantragt hat, darf diese Tätigkeit bis zur Entscheidung über den Antrag weiter ausüben.

Übersicht

A. Allgemeines

I. Inhalt

§ 144 sind die Übergangsvorschriften aus Anlass des Gesetzes zur Änderung arzneimittelrechtlicher **1** und anderer Vorschriften¹ zu entnehmen. Die Abs. 1 bis 3 betreffen die in § 4b enthaltenen Sondervorschriften für Arzneimittel für neuartige Therapien. Abs. 4 erlaubt es einer Person, die die Sachkenntnis nach § 15 IIIa a. F. besitzt, die Tätigkeit auch nach dem AMG-ÄndG 2009 weiter auszuüben. Abs. 5 betrifft die Gewinnung oder die Laboruntersuchung von autologem Blut zur Herstellung von biotechnologisch bearbeiteten Gewebeprodukten und erlaubt es dem Inhaber einer Herstellungserlaubnis nach § 13 I, seine Tätigkeit unabhängig von einer Erlaubnis nach § 20b I oder II fortzusetzen. Abs. 6 regelt, ab wann für Arzneimittel, die am 23.7.2009 bereits in den Verkehr gebracht werden, die Anzeigepflicht nach § 67 V besteht. Abs. 7 trägt dem Wegfall des § 4a 1 Nr. 3 a. F. Rechnung und enthält entsprechende Übergangsregelungen.

II. Zweck

Die in § 144 genannten Übergangsregelungen sind erforderlich, um ein unproblematisches Inkraft- **2** treten des AMG-ÄndG 2009 zu gewährleisten. Die in den Abs. 1 bis 3 genannten Regelungen sind geboten, weil dem AMG nun erstmals Sondervorschriften für Arzneimittel für neuartige Therapien zu entnehmen sind, die nicht der VO (EG) Nr. 1394/2007 unterliegen. Aufgrund des in § 4b III 1 enthaltenen Genehmigungserfordernisses bedarf es Übergangsfristen, um den Betroffenen eine Anpassung und Erstellung der erforderlichen Unterlagen für einen entsprechenden Genehmigungsantrag zu ermöglichen². Die Ausnahmeregelung des Abs. 4 wurde erforderlich, da sich die Anforderungen in § 15 IIIa geändert haben. Entsprechendes gilt für die Übergangsvorschrift gemäß Abs. 5, da es aufgrund der Neuregelung in § 20b IV für diese Tätigkeiten nunmehr eine Erlaubnis nach § 20b I oder II bedarf.

B. Herstellung von Arzneimitteln für neuartige Therapien (Abs. 1)

Abs. 1 ermöglicht es Personen, die bei Inkrafttreten des AMG-ÄndG 2009 Arzneimittel für neuartige **3** Therapien erlaubnisfrei herstellen durften, dies – losgelöst von der Restriktion des § 13 IIb S. 2 – weiter zu tun, sofern bis zum 1.1.2010 eine **Herstellungserlaubnis** beantragt wird. Geht man der Frage nach, welcher Personenkreis vor dem Inkrafttreten der Novelle Arzneimittel für neuartige Therapien, die ja zugleich Arzneimittel i. S. d. § 2 I Nr. 2 sind, erlaubnisfrei herstellen durfte, kommt man zu dem Ergebnis, dass dies zur Ausübung der Heilkunde berechtigte Personen, insbesondere Ärzte, waren, die im Rahmen des § 4a 1 Nr. 3 a. F. außerhalb des Anwendungsbereichs des AMG handelten. Außerdem war eine erlaubnisfreie Herstellung nach § 13 I 1 möglich, wenn die Herstellung nicht zum Zwecke der Abgabe an andere erfolgte. Auf der Grundlage des § 144 I ist eine erlaubnisfreie Herstellung übergangs-

---

¹ Gesetz zur Änderung arzneimittelrechtlicher und anderer Vorschriften vom 17.7.2009 (BGBl. I S. 1990).
² BT-Drucks. 16/12256, S. 58.

weise losgelöst von den Restriktionen des § 13 IIb 2 zulässig. Für **Gewebezubereitungen,** die allein wegen eines sog. **non-homologous use** als somatische Zelltherapeutika[3] oder als biotechnologisch bearbeitete Gewebeprodukte (Art. 2 I Buchst. c), 2. Spiegelstrich VO (EG) Nr. 1394/2007) eingestuft werden, muss von Ärzten im Rahmen der Übergangsregelung kein Antrag auf Erteilung einer Herstellungserlaubnis gestellt werden, da diese gemäß § 13 IIb 1 weiterhin erlaubnisfrei hergestellt werden dürfen, sofern die Herstellung unter deren unmittelbarer fachlicher Verantwortung zum Zwecke der persönlichen Anwendung erfolgt; für diese Präparate greift die Restriktion des § 13 IIb 2 nicht.

4   Die Herstellung darf abweichend von § 13 bis zur Entscheidung über den Antrag erlaubnisfrei erfolgen, sofern ein Antrag auf Erteilung einer Herstellungserlaubnis bis zum **1.1.2010** gestellt wurde, also bei der zuständigen Behörde eingegangen ist. Demgegenüber gewährt der erst im Zuge des Gesetzgebungsverfahrens in die Novelle aufgenommene **Abs. 7 S. 2** für diejenigen, die zuvor auf der Grundlage des § 4a S. 1 Nr. 3 a. F. außerhalb des Anwendungsbereichs des AMG und damit auch erlaubnisfrei tätig waren, eine Frist zur Beantragung der Herstellungserlaubnis nach § 13 bis zum **1.8.2011**. Abs. 7 S. 2 erfasst sämtliche Tätigkeiten, die vor dem AMG-ÄndG 2009 gemäß § 4a 1 Nr. 3 a. F. aus dem Anwendungsbereich des AMG ausgenommen waren[4]. Abs. 7 S. 2 stellt daher eine gegenüber Abs. 1 vorrangige **Spezialvorschrift** dar; sofern die Herstellung bis zum AMG-ÄndG 2009 nach § 4a 1 Nr. 3 a. F. erlaubnisfrei erfolgte, gewährt der Gesetzgeber die längere Antragsfrist.

C. Inverkehrbringen von Gentherapeutika und somatischen Zelltherapeutika (Abs. 2)

5   Abs. 2 enthält in Bezug auf das für die Abgabe an andere gemäß § 4b III 1 erforderliche Genehmigungsverfahren für **Gentherapeutika** und **somatische Zelltherapeutika** eine Übergangsregelung, wonach diese Arzneimittel bis zur Entscheidung über den Antrag auch ohne die Genehmigung an andere abgegeben werden können, sofern der nach § 4b III 1 erforderliche Antrag bis zum **1.8.2010** gestellt wird.

D. Inverkehrbringen von biotechnologisch bearbeiteten Gewebeprodukten (Abs. 3)

6   Für **biotechnologisch bearbeitete Gewebeprodukte** enthält Abs. 3 eine entsprechende Übergangsregelung, wobei die Übergangsfrist zur Einreichung des Antrags bei der zuständigen Bundesoberbehörde auf den **1.1.2011** festgesetzt worden ist. Die unterschiedlichen Übergangsfristen sind in Anlehnung an die Differenzierung in Art. 29 I und II VO (EG) Nr. 1394/2007 festgelegt worden und sollen eine Anpassung und Erstellung der erforderlichen Unterlagen ermöglichen[5].

E. Sachkundige Person (Abs. 4)

7   Abs. 4 erlaubt es einer Person, die bei Inkrafttreten des AMG-ÄndG 2009 die Sachkenntnis nach § 15 IIIa a. F. besitzt, ungeachtet dessen, ob sie auch den Anforderungen des § 15 IIIa n. F. genügt, die Tätigkeit als sachkundige Person weiter auszuüben. Ausweislich des Gesetzestextes muss diese Person bei Inkrafttreten des AMG-ÄndG 2009 die Tätigkeit als sachkundige Person ausgeübt haben. Die Übergangsregelung stellt somit eine **Besitzstandswahrung** für solche sachkundigen Personen dar, die bisher eine entsprechende Tätigkeit ausgeübt haben[6].

F. Herstellung von biotechnologisch bearbeiteten Gewebeprodukten (Abs. 5)

8   Abs. 5 trägt dem Umstand Rechnung, dass die bislang dem § 13 I unterfallende Gewinnung oder Laboruntersuchung von autologem Blut zur Herstellung von biotechnologisch bearbeiteten Gewebeprodukten aufgrund der Neufassung des § 20b IV dem § 20b I bis III unterfallen. Diese enthalten von § 13 I unabhängige Regelungen zur Erlaubniserteilung. Die Übergangsvorschrift gewährleistet, dass Inhaber einer Erlaubnis nach § 13 I für die genannten Tätigkeiten mit Inkrafttreten des AMG-ÄndG 2009 keiner neuen Erlaubnis nach § 20b I oder II bedürfen.

---

[3] Vgl. Anhang I Teil IV 2.2a) 2. Alt. RL 2001/83/EG i. d. F. der RL 2009/120/EG: „… Zellen oder Geweben, die im Empfänger im Wesentlichen nicht denselbe(n) Funktion(en) dienen sollen wie im Spender oder es enthält derartige Zellen oder Gewebe."

[4] Vgl. BT-Drucks. 16/13428, S. 86.

[5] Vgl. BT-Drucks. 16/12256, S. 58.

[6] BT-Drucks. 16/12256, S. 58.

G. Anzeigepflicht (Abs. 6)

§ 67 V hat im Rahmen des AMG-ÄndG 2009 insoweit eine Änderung erfahren, als die Anzeigepflicht   **9**
für die von der Pflicht zur sog. Standardzulassung freigestellten Arzneimittel auf nicht apothekenpflichtige
Arzneimittel ausgedehnt wurde[7]. Diese Anzeigepflicht gilt für Arzneimittel, die bei Inkrafttreten des
AMG-ÄndG 2009 bereits in Verkehr gebracht werden, erst ab dem 1.1.2010. Dies ermöglicht es dem
pharmazeutischen Unternehmer den Anforderungen des § 67 V nachzukommen.

H. Von Heilberufausübenden hergestellte Arzneimittel (Abs. 7)

Die Übergangsvorschrift gem. Abs. 7 war in der ursprünglichen Gesetzesfassung[8] nicht vorgesehen.   **10**
Erst die Stellungnahme des Bundesrates sah eine entsprechende Übergangsregelung vor[9]. Seine nunmehr
Gesetz gewordene Fassung hat Abs. 7 durch die Beschlussempfehlung und den Bericht des Ausschusses
für Gesundheit erlangt[10].

Die Übergangsregelung trägt dem Umstand Rechnung, dass § 4a 1 Nr. 3 a. F. im Rahmen des AMG-   **11**
ÄndG 2009 gestrichen wurde. Gem. § 4a 1 Nr. 3 a. F. fand das AMG keine Anwendung auf Arzneimittel, die ein Arzt, Tierarzt oder eine andere Person, die zur Ausübung der Heilkunde befugt ist, bei
Mensch oder Tier anwendet, soweit die Arzneimittel ausschließlich zu diesem Zweck unter der unmittelbaren fachlichen Verantwortung des anwendenden Arztes, Tierarztes oder der anwendenden Person, die
zur Ausübung der Heilkunde befugt ist, hergestellt worden sind. Aufgrund der Streichung dieser Vorschrift unterliegen die genannten Tätigkeiten nunmehr auch der Erlaubnispflicht nach den §§ 13, 20b
oder 20c und der Anzeigepflicht nach § 67[11].

Abs. 7 S. 1 erlaubt es den Heilberufausübenden, ihrer Anzeigepflicht gemäß § 67 bis 1.2.2010 zu   **12**
genügen. Eine zeitlich begrenzte Erlaubnis zur Fortsetzung der in § 4a 1 Nr. 3 a. F. genannten Tätigkeiten folgt aus **Abs. 7 S. 2**. Bedarf es nach Inkrafttreten des AMG-ÄndG 2009 für die genannten
Tätigkeiten nunmehr einer Erlaubnis nach den §§ 13, 20b oder 20c, durfte der Heilkundeausübende
diese Tätigkeit vorerst bis zum **1.8.2011** weiter ausüben. Abs. 7 S. 2 verpflichtete ihn, bis zum 1.8.2011
eine entsprechende Erlaubnis zu beantragen. Kam der Heilkundeausübende dieser Pflicht nach, durfte er
die in § 4a 1 Nr. 3 a. F. genannte Tätigkeit bis zur Entscheidung über seinen Antrag weiter ausüben.

Siebzehnter Unterabschnitt. [Übergangsvorschriften aus Anlass des Gesetzes zur Neuordnung des Arzneimittelmarktes]

**§ 145 Übergangsvorschriften aus Anlass des Gesetzes zur Neuordnung des Arzneimittel-
marktes**

**[1] Für Arzneimittel, die zum Zeitpunkt des Inkrafttretens bereits zugelassen sind, haben der
pharmazeutische Unternehmer und der Sponsor die nach § 42b Absatz 1 und 2 geforderten
Berichte erstmals spätestens 18 Monate nach Inkrafttreten des Gesetzes der zuständigen
Bundesoberbehörde zur Verfügung zu stellen. [2] Satz 1 findet Anwendung für klinische Prüfungen, für die die §§ 40 bis 42 in der ab dem 6. August 2004 geltenden Fassung Anwendung
gefunden haben.**

§ 145 regelt den Übergangszeitraum für die **Veröffentlichungspflicht** des pharmazeutischen Unter-   **1**
nehmers und des Sponsors aufgrund des neu eingefügten § 42b[1]. Die Übergangsvorschrift bezieht sich
nur auf solche Arzneimittel, die zum Zeitpunkt des Inkrafttretens der Änderung des AMG bereits
zugelassen sind. Für die Veröffentlichung der Berichte über die Ergebnisse der klinischen Prüfungen wird
ein Übergangszeitraum von 18 Monaten nach Inkrafttreten der Gesetzesänderung eingeräumt. Dies gilt
allerdings nur für diejenigen klinischen Prüfungen, die nach den neuen Vorgaben der 12. AMG-Novelle
(ab dem 6.8.2004) durchgeführt wurden. Dies ist sachgerecht, weil ab diesem Zeitpunkt die Verpflichtung, einen Studienbericht zu veröffentlichen, unter anderem in der GCP-V etabliert wurde[2]. Ferner
wird sichergestellt, dass alle klinischen Prüfungen unter den gleichen gesetzlichen Vorgaben genehmigt

[7] BT-Drucks. 16/12256, S. 54.
[8] BT-Drucks. 16/12256, S. 26.
[9] BT-Drucks. 16/12677, S. 9.
[10] BT-Drucks. 16/13428, S. 71 f.
[11] BT-Drucks. 16/13428, S. 131.
[1] Vgl. BT-Drucks. 17/2413, S. 36.
[2] Vgl. BT-Drucks. 17/2413, S. 36.

und durchgeführt wurden. Sog. Altstudien sind damit von der Veröffentlichungspflicht des § 42b ausgenommen (s. zu Alt-Studien und deren Übergangsfristen § 40 Rn. 7, 8).

Achtzehnter Unterabschnitt. Übergangsvorschrift

§ 146 Übergangsvorschriften aus Anlass des Zweiten Gesetzes zur Änderung arzneimittelrechtlicher und anderer Vorschriften

(1) [1]Arzneimittel, die sich am 26. Oktober 2012 im Verkehr befinden und der Vorschrift des § 10 Absatz 1 Nummer 2 unterliegen, müssen zwei Jahre nach der ersten auf den 26. Oktober 2012 folgenden Verlängerung der Zulassung oder Registrierung oder soweit sie von der Zulassung oder Registrierung freigestellt sind oder soweit sie keiner Verlängerung bedürfen, am 26. Oktober 2014 vom pharmazeutischen Unternehmer entsprechend der Vorschrift des § 10 Absatz 1 Nummer 2 in den Verkehr gebracht werden. [2]Bis zu den jeweiligen Zeitpunkten nach Satz 1 dürfen Arzneimittel vom pharmazeutischen Unternehmer, nach diesen Zeitpunkten weiter von Groß- und Einzelhändlern mit einer Kennzeichnung in den Verkehr gebracht werden, die der bis zum 26. Oktober 2012 geltenden Vorschrift entspricht.

(2) [1]Arzneimittel, die sich am 26. Oktober 2012 im Verkehr befinden und der Vorschrift des § 11 unterliegen, müssen hinsichtlich der Aufnahme des Standardtextes nach § 11 Absatz 1 Satz 1 Nummer 5 zwei Jahre nach der ersten auf die Bekanntmachung nach § 11 Absatz 1b zu dem Standardtext nach § 11 Absatz 1 Satz 1 Nummer 5 folgenden Verlängerung der Zulassung oder Registrierung oder, soweit sie von der Zulassung freigestellt sind, oder, soweit sie keiner Verlängerung bedürfen, zwei Jahre, oder, soweit sie nach § 38 registrierte oder nach § 38 oder § 39 Absatz 3 von der Registrierung freigestellte Arzneimittel sind, fünf Jahre nach der Bekanntmachung nach § 11 Absatz 1b zu dem Standardtext nach § 11 Absatz 1 Satz 1 Nummer 5 vom pharmazeutischen Unternehmer entsprechend der Vorschrift des § 11 in den Verkehr gebracht werden. [2]Bis zu den jeweiligen Zeitpunkten nach Satz 1 dürfen Arzneimittel vom pharmazeutischen Unternehmer, nach diesen Zeitpunkten weiter von Groß- und Einzelhändlern mit einer Packungsbeilage in den Verkehr gebracht werden, die der bis zum 26. Oktober 2012 geltenden Vorschrift entspricht.

(2a) Wer am 26. Oktober 2012 Arzneimittel nach § 13 Absatz 2a Satz 2 Nummer 1 oder 3 herstellt, hat dies der zuständigen Behörde nach § 13 Absatz 2a Satz 3 bis zum 26. Februar 2013 anzuzeigen.

(3) Der pharmazeutische Unternehmer hat hinsichtlich der Aufnahme des Standardtextes nach § 11a Absatz 1 Satz 3 für Fertigarzneimittel, die sich am 26. Oktober 2012 im Verkehr befinden, mit dem ersten nach der Bekanntmachung nach § 11a Absatz 1 Satz 9 zu dem Standardtext nach § 11a Absatz 1 Satz 3 gestellten Antrag auf Verlängerung der Zulassung der zuständigen Bundesoberbehörde den Wortlaut der Fachinformation vorzulegen, die § 11a entspricht; soweit diese Arzneimittel keiner Verlängerung bedürfen, gilt die Verpflichtung zwei Jahre nach der Bekanntmachung.

(4) Für Zulassungen oder Registrierungen, deren fünfjährige Geltungsdauer bis zum 26. Oktober 2013 endet, gilt weiterhin die Frist des § 31 Absatz 1 Satz 1 Nummer 3, des § 39 Absatz 2c und des § 39c Absatz 3 Satz 1 in der bis zum 26. Oktober 2012 geltenden Fassung.

(5) Die Verpflichtung nach § 22 Absatz 2 Satz 1 Nummer 5a gilt nicht für Arzneimittel, die vor dem 26. Oktober 2012 zugelassen worden sind oder für die ein ordnungsgemäßer Zulassungsantrag bereits vor dem 26. Oktober 2012 gestellt worden ist.

(6) Wer die Tätigkeit des Großhandels bis zum 26. Oktober 2012 befugt ausübt und bis zum 26. Februar 2013 einen Antrag auf Erteilung einer Erlaubnis zum Betrieb eines Großhandels mit Arzneimitteln gestellt hat, darf abweichend von § 52a Absatz 1 bis zur Entscheidung über den gestellten Antrag die Tätigkeit des Großhandels mit Arzneimitteln ausüben; § 52a Absatz 3 Satz 2 bis 3 findet keine Anwendung.

(7) [1]Die Verpflichtung nach § 63b Absatz 2 Nummer 3 gilt für Arzneimittel, die vor dem 26. Oktober 2012 zugelassen wurden, ab dem 21. Juli 2015 oder, falls dies früher eintritt, ab dem Datum, an dem die Zulassung verlängert wird. [2]Die Verpflichtung nach § 63b Absatz 2 Nummer 3 gilt für Arzneimittel, für die vor dem 26. Oktober 2012 ein ordnungsgemäßer Zulassungsantrag gestellt worden ist, ab dem 21. Juli 2015.

(8) Die §§ 63f und 63g finden Anwendung auf Prüfungen, die nach dem 26. Oktober 2012 begonnen wurden.

(9) Wer am 2. Januar 2013 eine Tätigkeit als Arzneimittelvermittler befugt ausübt und seine Tätigkeit bei der zuständigen Behörde bis zum 2. Mai 2013 anzeigt, darf diese Tätigkeit bis zur Entscheidung über die Registrierung nach § 52c weiter ausüben.

(10) Betriebe und Einrichtungen, die sonst mit Wirkstoffen Handel treiben, müssen ihre Tätigkeit bis zum 26. April 2013 bei der zuständigen Behörde anzeigen.

(11) Wer zum Zweck des Einzelhandels Arzneimittel, die zur Anwendung bei Menschen bestimmt sind, im Wege des Versandhandels über das Internet anbietet, muss seine Tätigkeit unter Angabe der in § 67 Absatz 8 erforderlichen Angaben bis zum … [einsetzen: Datum vier Monate nach dem Inkrafttreten nach Artikel 15 Absatz 4] bei der zuständigen Behörde anzeigen.

(12) Die in § 94 Absatz 1 Satz 3 Nummer 1 genannten Anforderungen finden für Rückversicherungsverträge ab dem 1. Januar 2014 Anwendung.

A. Allgemeines

§ 146 enthält die wegen des Inkrafttretens des 2. AMG-ÄndG 2012 erforderlichen Übergangsvorschriften, die in Anbetracht der umfangreichen Änderungen, die mit diesem Gesetz vorgenommen wurden, in 13 Absätze unterteilt wurden. **1**

B. Kennzeichnung (Abs. 1)

I. Übergangsfrist (S. 1)

Abs. 1 S. 1 regelt, dass Arzneimittel, die sich zum Zeitpunkt des Inkrafttretens des 2. AMG-ÄndG **2** 2012 am 26.10.2012 im Verkehr befinden und der Vorschrift des § 10 I 1 Nr. 2 unterliegen, vom pharmazeutischen Unternehmer erst nach Ablauf der dort näher bezeichneten Übergangsfrist entsprechend § 10 I 1 Nr. 2 in den Verkehr gebracht werden müssen. Hiermit wird die Ergänzung des § 10 I 1 Nr. 2 aufgegriffen, wonach bei Arzneimitteln, die bis zu drei Wirkstoffen enthalten, im Anschluss an die Bezeichnung der internationale Freiname (INN) oder mangels eines solchen die gebräuchliche Bezeichnung aufgeführt werden muss, sofern nicht die Wirkstoffbezeichnung nach § 10 I 1 Nr. 8 bereits in der Bezeichnung des Arzneimittels enthalten ist (s. § 10 Rn. 29). Die Vorschrift enthält gestaffelte Übergangsfristen: Soweit die Arzneimittel nach 26.10.2012 noch einer Zulassungsverlängerung nach § 31 bedürfen, ist die Kennzeichnung zwei Jahre nach der ersten Verlängerung der Zulassung an § 10 I 1 Nr. 2 anzupassen. Handelt es sich um standardzugelassene Arzneimittel oder ist für das Arzneimittel nach dem 26.10.2012 keine weitere Verlängerung der Zulassung erforderlich, so darf es vom pharmazeutischen Unternehmer ab dem 26.10.2014 nur noch mit einer § 10 I 1 Nr. 2 genügenden Kennzeichnung in den Verkehr gebracht werden.

Die Einbeziehung von registrierten oder standardregistrierten Arzneimitteln in § 146 I 1 ist schlechter- **3** dings unverständlich, denn für diese Arzneimittel gilt gemäß § 10 IV 1 überhaupt nicht der Katalog der Angaben nach § 10 I 1 Nr. 1–14 und damit auch nicht § 10 I 1 Nr. 2 (s. § 10 Rn. 7).

II. Abverkaufsfrist (S. 2)

4   **Abs. 1 S. 2** stellt in Ergänzung zu Abs. 1 S. 1 nochmals klar, dass pharmazeutische Unternehmer Arzneimittel nur bis zu den dort genannten Zeitpunkten mit einer noch nicht den Vorgaben des § 10 I 1 Nr. 2 genügenden Kennzeichnung in den Verkehr bringen dürfen. Überdies regelt Abs. 1 S. 2, dass Groß- und Einzelhändler – darunter sind auch Apotheken zu fassen – die Arzneimittel weiterhin mit der Kennzeichnung in den Verkehr bringen dürfen, die § 10 in der bis zum 26.10.2012 geltenden Fassung entspricht.

C. Packungsbeilage (Abs. 2)

I. Übergangsfristen (S. 1)

5   **Abs. 2 S. 1** bestimmt, dass Arzneimittel, die sich zum Zeitpunkt des Inkrafttretens des 2. AMG-ÄndG 2012 am 26.10.2012 im Verkehr befinden und der Vorschrift des § 11 unterliegen, hinsichtlich der Aufnahme des Standardtextes nach § 11 I 1 Nr. 5 erst nach Ablauf der dort näher bezeichneten Übergangsfrist mit dem Standardtext entsprechend § 10 I 1 Nr. 2 in den Verkehr gebracht werden müssen. Auch diese Norm enthält verschiedene Übergangsfristen, wobei Anknüpfungspunkt nicht das Inkrafttreten des 2. AMG-ÄndG 2012, sondern die Bekanntmachung des Standardtextes durch die zuständige Bundesoberbehörde nach § 11 Ib (s. § 10 Rn. 29) ist, die am 7.8.2013 im Bundesanzeiger gem. § 11 Ib bekannt gemacht worden ist. Soweit die Arzneimittel nach diesem Zeitpunkt der Bekanntmachung noch einer Zulassungsverlängerung nach § 31 bedürfen, ist in die Gebrauchsinformation **zwei Jahre** nach der ersten Verlängerung der Zulassung der Standardtext aufzunehmen. Handelt es sich um ein standardzugelassenes Arzneimittel oder ist für das Arzneimittel nach der Bekanntmachung des Standardtextes keine weitere Verlängerung der Zulassung erforderlich, so darf es vom pharmazeutischen Unternehmer nach dem Ablauf von **zwei Jahren** nach der Bekanntmachung, also mit Ablauf des 7.8.2015, nur noch mit einer den Standardtext enthaltenden Gebrauchsinformation in den Verkehr gebracht werden.

6   Auch für § 146 II 1 ist die Einbeziehung von registrierten oder standardregistrierten Arzneimitteln nicht nachzuvollziehen, denn für diese Arzneimittel gilt nach § 11 III 1 nicht der Angabenkatalog gem. § 11 I 1 Nr. 1–8, sondern es sind die Angaben gem. § 10 IV zu wiederholen. Damit ist auch kein Standardtext gem. § 11 I 1 Nr. 5 in die Packungsbeilage dieser Arzneimittel aufzunehmen (s. § 11 Rn. 64).

II. Abverkaufsfrist (S. 2)

7   **Abs. 2 S. 2** stellt ergänzend zu Abs. 2 S. 1 nochmals klar, dass pharmazeutische Unternehmer Arzneimittel nur bis zu den dort genannten Zeitpunkten mit einer noch nicht den Standardtext enthaltenden Packungsbeilage in den Verkehr bringen dürfen. Außerdem bestimmt Abs. 2 S. 2, dass Groß- und Einzelhändler – dazu zählen auch Apotheken – die Arzneimittel weiterhin mit der Packungsbeilage in den Verkehr bringen dürfen, die dem § 11 in der bis zum 26.10.2012 geltenden Fassung entspricht.

D. Anzeigepflicht für bestimmte Herstellungstätigkeiten (Abs. 2a)

8   Es handelt sich um eine Übergangsbestimmung für die nach § 13 IIa 3 durch das 2. AMG-ÄndG eingeführte Anzeigepflicht für die in § 13 IIa 2 Nr. 1–3 genannten Tätigkeiten (s. § 13 Rn. 61 ff.)[1].

E. Fachinformation (Abs. 3)

9   **Abs. 3** beinhaltet die wegen der Aufnahme des Standardtextes gem. § 11a I 3 in der Fachinformation erforderliche Übergangsregelung für Arzneimittel, die am 26.10.2012 in Verkehr befinden. Bezugspunkt der Übergangsfristen ist auch hier (wie in § 146 II) die Bekanntmachung des Standardtextes nach § 11a I 9 durch die zuständige Bundesoberbehörde (s. § 11a Rn. 19) am 7.8.2013. Hiernach hat der pharmazeutische Unternehmer für am 26.10.2012 im Verkehr befindliche Arzneimittel mit dem ersten nach der Bekanntmachung vom 7.8.2013 gestellten Antrag auf Verlängerung der Zulassung der zuständigen Bundesoberbehörde den Wortlaut der den Anforderungen des § 11a entsprechenden Fachinformation vorzulegen. Bedarf ein am 26.10.2012 im Verkehr befindliches Arzneimittel nach der Bekanntmachung keiner Zulassungsverlängerung, ist die neue Fachinformation **zwei Jahre** nach der Bekanntmachung, also spätestens mit Ablauf des 7.8.2015 vorzulegen.

---

[1] Vgl. BT-Drucks. 17/10156, S. 90.

F. Fortgeltung der bisherigen Fristen (Abs. 4)

Mit der Übergangsvorschrift aus Anlass des 2. AMG-ÄndG 2012 sollen unbillige Härten im Zusammenhang mit Verlängerungsanträgen vermieden werden. Daher regelt Abs. 4, dass die geänderte Frist für den Verlängerungsantrag nicht für die Arzneimittel gilt, deren fünfjährige Geltungsdauer 12 Monate nach dem Inkrafttreten des Gesetzes enden. Für diese findet die alte Antragsfrist von sechs Monaten Anwendung[2]. **10**

G. Unterlagen zur Pharmakovigilanz (Abs. 5)

Abs. 5 enthält eine Übergangsvorschrift zu der mit dem 2. AMG-ÄndG eingeführten Verpflichtung, im Zulassungsverfahren für Humanarzneimittel die in § 22 Abs. 2 S. 1 Nr. 5a genannten Unterlagen zur Pharmakovigilanz, das sind der für das zur Zulassung beantragte Arzneimittel einzuführende Risikomanagement-Plan und das Risiko-Managementsystem (zur Begriffsbestimmung § 4 XXXVI und XXXVII), vorzulegen. **11**

Konkret gilt diese Vorlageverpflichtung erst für Zulassungsanträge, die nach dem 26.10.2012 (Inkraft- **12** treten des 2. AMG-ÄndG) gestellt werden. Sämtliche vor diesem Stichtag gestellte Zulassungsanträge und bereits erteilte Zulassungen sind von dieser Verpflichtung nicht betroffen. Wie in § 22 Rn. 65 bereits ausgeführt, werden diese Unterlagen bereits mit der Einreichung des Zulassungsantrags verlangt, aber in der Praxis in der Regel während des Zulassungsverfahren mit der zuständigen Behördenabteilung erarbeitet und abgestimmt, so dass diese Stichtagsregelung für Anträge, die vom Antragsteller vor Inkrafttreten dieser Neuregelung bereits fertig gestellt aber noch nicht gestellt worden sind, abgefedert wird.

H. Übergangsregelung für den Großhandel (Abs. 6)

Durch das Zweite Gesetz zur Änderung arzneimittelrechtlicher und anderer Vorschriften wurde die **13** Erlaubnispflicht für Großhandlungstätigkeiten auf bestimmte – zuvor erlaubnisfreie – Tätigkeiten in § 52a Abs. 1 ausgedehnt. Abs. 6 sieht für diese Tätigkeiten eine Übergangsregelung für derartige Großhandelstätigkeiten vor. Demnach darf eine nunmehr an sich erlaubnispflichtige Großhandelstätigkeit noch **vorübergehend erlaubnisfrei** ausgeübt werden, wenn der Großhändler spätestens bis zum 26.2.2013 einen Antrag auf Erteilung der Großhandelserlaubnis gestellt hatte. Diese ausnahmsweise Freistellung gilt bis zur Entscheidung über die Erteilung der Großhandelserlaubnis. Die Behörde ist aber ihrerseits von der Entscheidungsfrist in § 52a III 2 bis 3 freigestellt. Hierdurch wird zum einen der bisherige Besitzstand gewahrt, zugleich ein Anreiz für die zügige Antragstellung begründet und darüber hinaus die Behörden vor einem übermäßigen Zugzwang hinsichtlich der Entscheidung bewahrt.

I. Pharmakovigilanz-Stammdokumentation (Abs. 7)

Abs. 7 regelt Übergangsvorschriften für die in § 63b II Nr. 3 geforderte Pharmakovigilanz-Stamm- **14** dokumentation. Was die Pharmakovigilanz-Stammdokumentation ist, ist legal definiert in § 4 Abs. 39 (s. § 4 Rn. 307 ff.).

Der Zulassungsinhaber muss für Arzneimittel, die vor dem 26.10.2012 zugelassen wurden, ab dem **15** 21.7.2015 oder, falls dies früher eintritt, ab dem Datum, an dem die Zulassung verlängert wird, die Pharmakovigilanz-Stammdokumentation führen (**Abs. 7 S. 1**). Gleichermaßen muss ab dem 21.7.2015 für Arzneimittel, für die vor dem 26.10.2012 ein ordnungsgemäßer Zulassungsantrag gestellt wurde, eine Pharmakovigilanz-Stammdokumentation geführt werden (**Abs. 7 S. 2**). Mit anderen Worten: Für Arzneimittel, die vor dem 26.10.2012 zugelassen oder für die vor diesem Zeitpunkt ein Zulassungsantrag gestellt wurde, gilt die Pflicht, eine Pharmakovigilanz-Stammdokumentation zu führen, erst ab dem 21.7.2015, sofern ihre Zulassung nicht vor dem 21.6.2015 verlängert wurde; bei vorheriger Zulassungsverlängerung ist ab dem Zeitpunkt der Zulassungsverlängerung die Stammdokumentation zu führen.

J. Nichtinterventionelle Unbedenklichkeitsprüfungen (Abs. 8)

Abs. 8 bestimmt, dass die Vorschriften für nichtinterventionelle Unbedenklichkeitsprüfungen nicht für **16** solche Prüfungen Anwendung finden, die zum Zeitpunkt des Inkrafttretens des 2. AMG-ÄndG 2012 bereits begonnen wurden. Die Regelung entspricht den Vorgaben der RL 2010/84/EU nach Art. 2 I[3].

---

[2] BT-Drucks. 17/9341, S. 68.
[3] Vgl. Begründung zum Referentenentwurf vom 17.2.2012, BR-Drucks. 91/12, S. 111.

Damit gelten für nichtinterventionelle Unbedenklichkeitsprüfungen, die bis zum 26.10.2012 begonnen wurden, weiterhin die Vorschriften über Anwendungsbeobachtungen und die entsprechende Anzeigepflicht nach § 67 VI. Für die Festlegung des **Beginns der Prüfung** kann die Definition des Art. 37 der Durchführungsverordnung (EU) Nr. 520/2012 herangezogen werden, wonach der Beginn der Datenerhebung der Zeitpunkt ist, ab dem Informationen über den ersten Probanden erstmals im Datensatz der Studie aufgezeichnet werden, oder bei der Verwendung von Daten aus zweiter Hand, den Zeitpunkt, zu dem die Datenextraktion beginnt.

K. Übergangsregelung für den Arzneimittelvermittler (Abs. 9)

17   Auch noch nach Inkrafttreten der Registrierungspflicht für Arzneimittelvermittler nach § 52c II darf die Tätigkeit als Arzneimittelvermittler **vorübergehend ohne Registrierung** ausgeübt werden, wenn sie bereits zum 2.1.2013 ausgeübt wurde und bis zum 2.5.2013 bei der zuständigen Behörde angezeigt wird. Die registrierungsfreie Arzneimittelvermittlung ist zulässig bis zur Entscheidung der Behörde über die Registrierung. Hierdurch wird der Besitzstand bereits tätiger Arzneimittelvermittler gewahrt.

L. Übergangsregelung für die Anzeige des Handels mit Wirkstoffen (Abs. 10)

18   Nach Abs. 10 gilt eine Übergangsfrist für die durch § 67 I 8 begründete Anzeige des **Handels mit Wirkstoffen** bis zum 26.4.2013.

M. Übergangsregelung für die Anzeige des Versandhandels (Abs. 11)

19   Abs. 11 enthält eine Übergangsregelung für die nach § 67 VIII begründete Anzeigepflicht für den **Einzelhandel im Wege des Versandhandels** mit Arzneimitteln. Die Frist für die Anzeige wird auf vier Monate nach dem Inkrafttreten nach Art. 15 IV des 2. AMG-ÄndG 2012 festgesetzt. Die Frist endet demnach spätestens zehn Monate, nachdem die Europäische Arzneimittel-Agentur bekanntgegeben hat, dass die Datenbank nach Art. 24 der Verordnung (EG) Nr. 726/2004 über die erforderliche Funktion nach Art. 2 III der Richtlinie 2010/84/EU verfügt. Da dieser Rechtsakt derzeit noch nicht in Kraft getreten ist, läuft die Anzeigepflicht aber gegenwärtig leer.

N. Übergangsvorschriften aus Anlass des Zweiten Gesetzes zur Änderung arzneimittelrechtlicher und anderer Vorschriften (Abs. 12)

20   Die Vorschrift bestimmt, dass die mit dem Zweiten Gesetz zur Änderung arzneimittelrechtlicher und anderer Vorschriften vom 19.10.2012 (BGBl. I S. 2192) eingeführten besonderen Anforderungen an Rückversicherungsverträge ab dem 1.1.2014 Anwendung finden. Bestandsverträge konnten bis zum 1.1.2014 an die neuen Anforderungen angeglichen werden[4].

Neunzehnter Unterabschnitt. Übergangsvorschrift

§ 147 Übergangsvorschrift aus Anlass des Dritten Gesetzes zur Änderung arzneimittelrechtlicher und anderer Vorschriften

Für nichtinterventionelle Unbedenklichkeitsprüfungen nach § 63f und Untersuchungen nach § 67 Absatz 6, die vor dem 13. August 2013 begonnen wurden, finden § 63f Absatz 4 und § 67 Absatz 6 bis zum 31. Dezember 2013 in der bis zum 12. August 2013 geltenden Fassung Anwendung.

1   Die neue Übergangsvorschrift wurde im Gesetzgebungsverfahren erst aufgrund der Beschlussempfehlung des Gesundheitsausschusses in das AMG aufgenommen[1]. Die Übergangsvorschrift ermöglicht es den Anzeigepflichtigen bei bereits laufenden Untersuchungen, ihre Dokumentation den geänderten Anzeigen anzupassen. Um unbillige Härten zu vermeiden, wird den Anzeigepflichtigen (darunter sind neben pharmazeutischen Unternehmen auch Universitäten und andere Forschungseinrichtungen) eine verlängerte Frist für die **Umstellung der Anzeigen** eingeräumt[2].

---

[4] *Rehmann*, § 146 Rn. 9.
[1] Beschlussempfehlung v. 5.6.2013, BT-Drucks. 17/13770, S. 1.
[2] Vgl. Begründung zur Beschlussempfehlung vom 5.6.2013, BT-Drucks. 17/13770, S. 27.

Anhang (zu § 6a Abs. 2a)

Stoffe gemäß § 6a Abs. 2a Satz 1 sind:

I. Anabole Stoffe

  1. Anabol-androgene Steroide

    a) Exogene anabol-androgene Steroide

- 1-Androstendiol
- 1-Androstendion
- Bolandiol
- Bolasteron
- Boldenon
- Boldion
- Calusteron
- Clostebol
- Danazol
- Dehydrochlormethyltestosteron
- Desoxymethyltestosteron
- Drostanolon
- Ethylestrenol
- Fluoxymesteron
- Formebolon
- Furazabol
- Gestrinon
- 4-Hydroxytestosteron
- Mestanolon
- Mesterolon
- Metandienon
- Metenolon
- Methandriol
- Methasteron
- Methyldienolon
- Methyl-1-testosteron
- Methylnortestosteron
- Methyltestosteron
- Metribolon, synonym Methyltrienolon
- Miboleron
- Nandrolon
- 19-Norandrostendion
- Norboleton
- Norclostebol
- Norethandrolon
- Oxabolon
- Oxandrolon
- Oxymesteron
- Oxymetholon
- Prostanozol
- Quinbolon
- Stanozolol
- Stenbolon
- 1-Testosteron
- Tetrahydrogestrinon
- Trenbolon
- Andere mit anabol-androgenen Steroiden verwandte Stoffe

    b) Endogene anabol-androgene Steroide

- Androstendiol
- Androstendion
- Androstanolon, synonym Dihydrotestosteron
- Prasteron, synonym Dehydroepiandrosteron (DHEA)
- Testosteron

  2. Andere anabole Stoffe

- Clenbuterol

Anhang (zu § 6a Abs. 2a)

Selektive Androgen-Rezeptor-Modulatoren (SARMs)
Tibolon
Zeranol
Zilpaterol

II. Peptidhormone, Wachstumsfaktoren und verwandte Stoffe

1. Erythropoese stimulierende Stoffe

Erythropoetin human (EPO)
Epoetin alfa, beta, delta, omega, theta, zeta und analoge rekombinante humane Erythropoetine
Darbepoetin alfa (dEPO)
Methoxy-Polyethylenglycol-Epoetin beta, synonym PEG-Epoetin beta, Continuous Erythropoiesis Receptor Activator (CERA)
Peginesatid, synonym Hematid

2. Choriongonadotropin (CG) und Luteinisierendes Hormon (LH)

Choriongonadotropin (HCG)
Choriogonadotropin alfa
Lutropin alfa

3. Corticotropine

Corticotropin
Tetracosactid

4. Wachstumshormon, Releasingfaktoren, Releasingpeptide und Wachstumsfaktoren

Somatropin, synonym Wachstumshormon human, Growth Hormone (GH)
Somatrem, synonym Somatotropin (methionyl), human
Wachstumshormon-Releasingfaktoren, synonym Growth Hormone Releasing Hormones (GHRH)
Sermorelin
Somatorelin
Wachstumshormon-Releasingpeptide, synonym Growth Hormone Releasing Peptides (GHRP)
Mecasermin, synonym Insulin-ähnlicher Wachstumsfaktor 1, Insulin-like Growth Factor-1 (IGF-1)
IGF-1-Analoga

III. Hormone und Stoffwechsel-Modulatoren

1. Aromatasehemmer

Aminoglutethimid
Anastrozol
Androsta-1,4,6-trien-3,17-dion, synonym Androstatriendion
4-Androsten-3,6,17-trion (6-oxo)
Exemestan
Formestan
Letrozol
Testolacton

2. Selektive Estrogen-Rezeptor-Modulatoren (SERMs)

Raloxifen
Tamoxifen
Toremifen

3. Andere antiestrogen wirkende Stoffe

Clomifen
Cyclofenil
Fulvestrant

4. Myostatinfunktionen verändernde Stoffe

Myostatinhemmer
Stamulumab

5. Stoffwechsel-Modulatoren

Insuline
PPARδ (Peroxisome Proliferator Activated Receptor Delta)-Agonisten, synonym PPAR-delta-gonisten
GW051516, synonym GW 1516
AMPK (PPARδ-AMP-activated protein kinase)-Axis-Agonisten
AICAR.
Die Aufzählung schließt die verschiedenen Salze, Ester, Ether, Isomere, Mischungen von Isomeren, Komplexe oder Derivate mit ein.

Sachverzeichnis

Fettgedruckte Zahlen = Paragraphen, magere Zahlen = Randnummern

Sachverzeichnis

Sachverzeichnis

Sachverzeichnis

Sachverzeichnis

Sachverzeichnis

Sachverzeichnis

Sachverzeichnis

Sachverzeichnis